DER BROCKHAUS IN EINEM BAND

DER BROCKHAUS
IN EINEM BAND

8., vollständig überarbeitete und aktualisierte Auflage

F. A. BROCKHAUS
Leipzig · Mannheim

Redaktionelle Leitung der 8. Auflage:
Wolfram Schwachulla

Redaktionelle Mitarbeit:
Brigitte Röser, Dr. Karl Henning Wolf

Umwelthinweis:
Dieses Buch wurde auf chlorfrei gebleichtem Papier gedruckt. Die Einschrumpffolie – zum Schutz vor Verschmutzung – ist aus umweltfreundlicher und recyclingfähiger PE-Folie.

Die Deutsche Bibliothek – CIP-Einheitsaufnahme

Der **Brockhaus:** in einem Band
8., vollst. überarb. und aktualisierte Aufl.
[red. Leitung: Wolfram Schwachulla].
Leipzig; Mannheim: Brockhaus, 1998

ISBN 3-7653-1678-4

NE: Schwachulla, Wolfram [Red.]

Das Werk wurde in neuer Rechtschreibung verfasst.

Druck: ADV – Augsburger Druck- und Verlagshaus
Karten: Geographisch-Kartographisches Institut Meyer, Mannheim
Bindearbeit: Franz Spiegel Buch GmbH, Ulm-Jungingen
Printed in Germany

ISBN 3-7653-1678-4

VORWORT

Der »Brockhaus in einem Band«, ein seit Jahrzehnten bewährtes Kompaktlexikon für Schule, Beruf und Alltag, bietet mit seinem neu bearbeiteten und vielfach ergänzten Stichwortbestand fundiertes Wissen zeitnah.

In klaren und verständlichen Texten konzentriert das Werk sich auf das Wesentliche in allen Wissensbereichen, widmet dabei dem Zeitgenössischen ebenso Aufmerksamkeit wie dem Vergangenen, dokumentiert die tief greifenden Veränderungen der letzten Jahre, ohne dabei Herkömmliches zu vernachlässigen.

In bewährter Weise ergänzen, veranschaulichen und vertiefen sorgfältig ausgewählte Bilder, Karten, Übersichten und Tabellen die Textinformation. Die gewohnte alphabetische Stichwortfolge erleichtert dem Benutzer den schnellen Zugriff auf die von ihm gewünschte Information.

Mannheim, im März 1998 F. A. Brockhaus

A

a, A, 1) Vokal, der erste Buchstabe im Alphabet, **A und O, Alpha und Omega,** der erste und der letzte Buchstabe im griech. Alphabet, daher Anfang und Ende (Apk. 1,8). – **2)** der 6. Ton der C-Dur-Tonleiter. Das eingestrichene a **(a[1])** ist der Stimmton (→Kammerton). – **3) A,** Einheitenzeichen für Ampere. – **4)** Abk. für lat. **anno.** – **5) a,** Einheitenzeichen für →Ar. – **6)** auf dt. Münzen **A** Zeichen der Münzstätte Berlin. – **7)** internat. Länderkennzeichen für Österreich (**A**ustria).

ä, Ä, Umlaut des A.

a..., A... (vor Vokalen an..., An...), verneinende Vorsilbe (z. B. asozial).

à, für je, das Stück zu.

å, Å [ɔ, o], Buchstabe im Schwed., Dän., Norweg. (steht hinter dem Z).

Å, Einheitenzeichen für →Ångström.

Aa, Aach, Ache [ahdt. »Wasser«] *die,* Name vieler dt. Flüsse und Bäche.

AA, Abk. für **A**uswärtiges **A**mt.

Aachen, Stadt in NRW; Heilbad mit 243 200 Ew.; TH, Fachhochschulen, Priesterseminar, Museen; Internat. Reitturnier; Spielbank; Textil-, Maschinen-, Gummi-, elektrotechn. Ind., Süßwarenherstellung **(Aachener Printen).** – A. war vom 13. bis 18. Jh. Reichsstadt, 936 bis 1531 wurden hier die dt. Könige gekrönt. – **Aachener Münster,** im Kern eine Pfalzkapelle Karls d. Gr. (um 800 geweiht, achtseitiger Zentralbau mit 16-seitigem Umgang), um den die Vorhalle, der got. Chor und 5 Kapellen gruppiert sind (gehört zum Weltkulturerbe), got. Rathaus.

Aaiún, Laâyoune, Hauptort der Westsahara, rd. 139 000 Ew.; nahebei Phosphatabbau. – Bis 1976 Verw.-Sitz von Span.-Sahara.

Aal, Flussaal, schlangenförmiger räuber. Knochenfisch, wertvoller Speisefisch in Süßgewässern Europas; wandert zum Laichen in die Sargassosee. Die weidenblattförmigen Larven entwickeln sich, während sie im Golfstrom europawärts treiben, zu farblosen **Glasaalen.** Die Elterntiere (Männchen bis 42 cm, Weibchen bis über 1 m lang) sterben im Meer. Die Jungaale färben sich während der Stromaufwanderung dunkel.

Aalen, industriereiche Krst. in Bad.-Württ., 66 500 Ew.; 1360 bis 1803 Reichsstadt.

Aalquappe, Aalrutte, bis 80 cm lange Dorschfischart im Süßwasser der nördl. N-Halbkugel.

Aalst, frz. **Alost,** Stadt in Ostflandern, Belgien, 76 400 Ew.; Brauereien, Textilind., Schnittblumenzucht.

Aalstrich, dunkler Haarstreifen in der Rückenmitte vieler Säugetiere.

Aalto, Alvar, finn. Architekt, *1898, †1976; schuf weltweit Bauten von internat. Bedeutung in regionsbezogenen Formen; entwarf auch Möbel, Glasgefäße u. a. BILD S. 8

Aaltonen, Väinö, finn. Bildhauer; *1894, †1966; v. a. Denkmäler und Porträtbüsten.

a. a. O., **a**m **a**ngeführten **O**rt (bei Quellenangaben in Büchern).

Aarau, Hptst. des Kt. Aargau, Schweiz, 16 500 Ew.; feinmechan., Metall-, Maschinenind.; Schlössli (11. bis 14. Jh., Museum).

Aare *die,* linker Nebenfluss des Rheins in der Schweiz, 295 km; Kraftwerke.

Aargau, Kt. im N der Schweiz, 1 404 km², 512 000 Ew., umfasst das Hügelland beiderseits der Aare bis zum Rhein; Hptst. Aarau. Elektro-, Textilind. Seit 1415 von den Eidgenossen verwaltet; 1803 Kanton.

Aaron, im A. T. der Bruder des Moses.

Aas, verwesender Tierkörper.

Aasgeier, Greifvogel (→Geier).

Aaskäfer, Aas fressende Käfer mit keulenförmigen Fühlern, bes. die **Totengräber; Rüben-A.** sind Pflanzenschädlinge.

Abadan, iran. Erdölausfuhrhafen im Pers. Golf, 296 000 Ew.; Erdölraffinerie.

Abaelardus, Abälard, Peter, frz. Mönch, *1079, †1142, führender Vertreter der Scholastik, wurde wegen seiner Liebe zu Héloise entmannt. Ihre Liebesgeschichte hat A. selbst dichterisch gestaltet. A.s Hauptbedeutung liegt in seinen Äußerungen zur Logik und zur Ethik.

Abakus *der,* **1)** Rechenbrett für die vier Grundrechenarten. – **2)** ⌂ Deckplatte des Säulenkapitells.

Abalonen, Meeresschnecken der Gattung Meerohren, der fleischige Fuß ist ein geschätztes Nahrungsmittel.

Abano Terme, ital. Heilbad südwestl. von Padua, 16 500 Ew.; radioaktive Kochsalzthermen (87 °C), Schwefelquellen, Schlammbäder.

ABB, Abk. für →**A**sea **B**rown **B**overi.

Abbado, Claudio, ital. Dirigent, *1933; 1968 bis 1986 Chefdirigent der Mailänder Scala, seit 1990 Leiter der Berliner Philharmoniker.

Abbasi, alte pers. Silbermünze.

Abbasiden, Kalifendynastie in Bagdad 749 bis 1258, danach bis 1517 in Kairo.

Abbau, 1) Einschränkung, Leistungsabfall. – **2)** ⚒ die Gewinnung von Bodenschätzen, auch Bezeichnung für die Grubenräume. – **3)** ⚗ Zerfall komplizierter chem. Verbindungen (A.-Reaktion). – **4) Ausbau,** Verlegung eines Bauernhofs auf neu zugewiesenes Land. – **5)** ❀ die innerhalb oder außerhalb der Zelle stattfindende Zerlegung von großen Molekülen und organ. Substanzen in kleinere Einheiten (z. B. bei der Verdauung).

Abbe, Ernst, dt. Physiker, *1840, †1905; Prof. in Jena, wurde 1889 Alleininhaber der Firma Carl Zeiss und übergab diese 1891 an die von ihm gegr. sozialreformer. Carl-Zeiss-Stiftung; konstruierte viele opt. Geräte. BILD S. 8

Abbé [frz. »Abt«] *der,* in Frankreich Titel des Weltgeistlichen.

Abbildung, Darstellung räuml. Figuren in der Ebene. **1) opt. A.** eines Gegenstands in der Bildebene mittels Lichtstrahlen und opt. System (Linsen, Spiegel u. a.). – **2)** √ eindeutige Zuordnung zw. Elementen zweier Mengen (im Falle von Zahlenmengen meist →Funktion genannt).

Abbinden, 1) ⌂ Festwerden von Mörtel, Beton. – **2)** ⚕ Umschnüren von Blutgefäßen zur Stillung einer Blutung.

Abbreviatur *die,* Abkürzung.

ABC [eɪbiːˈsiː], Abk. für **A**merican **B**roadcasting **C**ompanies, amerikan. Rundfunkgesellschaft.

Abchasien, autonome Rep. innerhalb Georgiens, erstreckt sich vom Schwarzen Meer in den Großen Kaukasus, 8 600 km², 537 000 Ew., Hptst. Suchumi. Die

Aachen Stadtwappen

Aarau Stadtwappen

Aargau Kantonswappen

Claudio Abbado

Alvar Aalto. Konzert- und Kongresshaus Finlandia in Helsinki

rd. 87 000 **Abchasen,** ein mit den Georgiern verwandtes nordwestkaukas. Volk, verlangen die Unabhängigkeit; 1992 und 1993 kam es zu heftigen Kämpfen zw. abchas. und georg. Truppen.

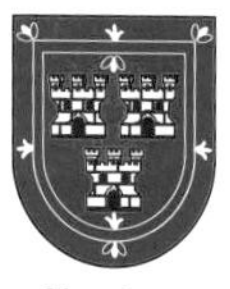

Aberdeen Stadtwappen

ABC-Staaten, **A**rgentinien, **B**rasilien, **C**hile.

ABC-Waffen, **a**tomare, **b**iolog. und **c**hem. Waffen. Sprengladungen von **Kernwaffen** bestehen aus Kernsprengstoffen; sie wirken durch Druckwellen, Hitzestrahlen und radioaktive Strahlung. Man unterscheidet Kernspaltungsbomben (Spaltung von Uran 235 oder Plutonium) und Kernfusionsbomben (Verschmelzung leichter Atomkerne zu Helium; Wasserstoff- oder H-Bombe). Die ersten Atombomben wurden von den USA entwickelt und 1945 zum Einsatz über Hiroshima und Nagasaki gebracht. Ihre Weiterverbreitung soll durch den Atomwaffensperrvertrag von 1968 verhindert werden. **Biolog.** bzw. bakteriolog. Kampfstoffe verbreiten Krankheitserreger (Bakterien, Viren, Pilze) bei Menschen, Tieren und Pflanzen. Sie sind bisher nicht zum Einsatz gekommen, ihre Anwendung ist völkerrechtswidrig. **Chem.** Kampfstoffe kamen schon im 1. Weltkrieg zum Einsatz (Gaskrieg); im Vietnamkrieg wurden Entlaubungsmittel, im 1. Golfkrieg Giftstoffe eingesetzt. Man unterscheidet Augen-, Nasen-und-Rachen-Reizstoffe sowie psychotox. Kampfstoffe, Lungen-, Haut- und Nervengifte. Die von der UNO 1992 verabschiedete Konvention zum Verbot aller Chemiewaffen trat 1997 nach ihrer Ratifikation durch 65 Staaten in Kraft.

Aberrationsellipse
S'_P S'_A
S
Sonne
A P
Erdbahn

Aberration 1) die jährliche Aberration eines Sterns S auf der Himmelskugel (A Aphel, P Perihel)

Abd [arab. »Knecht«], häufig in arab. Personennamen.

Abdampf, aus Dampf entstandene Abwärme.

Abdankung, förmliche Amtsentsagung eines Staatsoberhaupts, bes. eines Monarchen.

Abd ar-Rahman I. [-raxˈmaːn], omaijad. Herrscher (756 bis 788), begründete das arab. Emirat von Córdoba; unter Kalif (seit 929) **A. ar-R. III.** (Emir 912 bis 961) Blütezeit des arab. Spanien.

Abdecker [von Decke = Haut], Gewerbetreibender zur Beseitigung und Verwertung von Tierleichen (heute in Tierkörperverwertungsanstalten).

Abd el-Kader, arab. Emir, * um 1808, † 1883; Führer alger. Berberstämme gegen die Franzosen.

Abd el-Krim, arab. Emir, * 1880, † 1963; Führer der Rifkabylen, kämpfte gegen die Spanier und Franzosen, 1926 bis 1947 auf Réunion verbannt.

Abdera, altgriech. Stadt in Thrakien. **Abderiten** waren in der Antike Narren (Schildbürger).

Abderhalden, Emil, schweizer. Physiologe, * 1877, † 1950; erforschte bes. Stoffwechselvorgänge, entdeckte die Abwehrenzyme (Blutplasmaenzyme, die der Körper zur Abwehr fremder Eiweiße bildet).

Abdomen *das,* Unterleib, Bauch; **akutes A.:** Zustandsbild bei Erkrankungen von Bauchorganen.

Abel, im A. T. der 2. Sohn Adams, → Kain.

Abel, Niels Hendrik, norweg. Mathematiker, * 1802, † 1829; wichtige Beiträge zur Analysis und Funktionentheorie.

Abendland, Okzident, Europa im Ggs. zum Morgenland (Orient).

Abendländisches Schisma, große Kirchenspaltung des Abendlands (1378 bis 1417) mit gleichzeitig zwei oder auch drei Päpsten.

Abendmahl, die als Gedächtnismahl gefeierte Wiederholung des letzten Mahls Jesu mit seinen Jüngern; Höhepunkt des Gottesdienstes. In der kath. Kirche meist »unter einer Gestalt« (nur das Brot) ausgeteilt; die ev. Kirchen teilen »unter beiderlei Gestalt« (Brot und Wein) aus. Luther lehrte die wirkl. Gegenwart Christi in Brot (Leib) und Wein (Blut); für Zwingli war das A. eine sinnbildl. Handlung, Calvin lehrte die geistige Gegenwart Christi.

Abendrot, entsteht bei langem atmosphär. Lichtweg durch Beugung des Sonnenlichts an Staubteilchen und Tröpfchen in der Luft, wobei der blaue Anteil des Lichts stärker absorbiert und gestreut wird als der rote; ähnlich das **Morgenrot.**

Abendschulen, Einrichtungen des 2. Bildungswegs für Berufstätige; neben **Abendkursen** der Volkshochschulen gibt es **Abendgymnasien, -realschulen, -hauptschulen** und **-fachschulen.**

Abendstern, der Planet → Venus.

Aberdeen [æbəˈdiːn], Hafenstadt an der O-Küste Schottlands, 216 000 Ew.; kath. und anglikan. Bischofssitz, Univ.; got. Kathedrale; Fischereihafen, Schiffbau; Versorgungszentrum für die brit. Erdölbohrungen in der Nordsee.

Aberglaube, Glaube an naturgesetzlich unerklärte Kräfte, soweit diese nicht in der Religionslehre selbst begründet sind; mag. Weltanschauung, oft verbunden mit Zauberbräuchen, Riten, Geisterglauben, Wahrsagerei, Talismanen.

Ab|erkennung, ⚖ Absprechen, z. B. der bürgerl. → Ehrenrechte.

Ab|erration, 1) ☼ Winkel zw. der Richtung, in der ein Stern erscheint, und derjenigen, in der er erscheinen würde, wenn die Erde stillstände. – **2)** in opt. Systemen (z. B. Linsensystemen) entstehende **Abbildungsfehler.** Sie bewirken, dass der abzubildende Gegenstand nicht getreu abgebildet wird, weil sich nicht sämtl. von einem Punkt ausgehenden Strahlen wieder an einem Punkt vereinigen. Eine Sonderform ist die Farbabweichung (chromat. A.).

Abessini|en, früherer Name Äthiopiens.

Abfahrtslauf, Disziplin des alpinen Skisports: Abfahrtsstrecke mit Kontrolltoren.

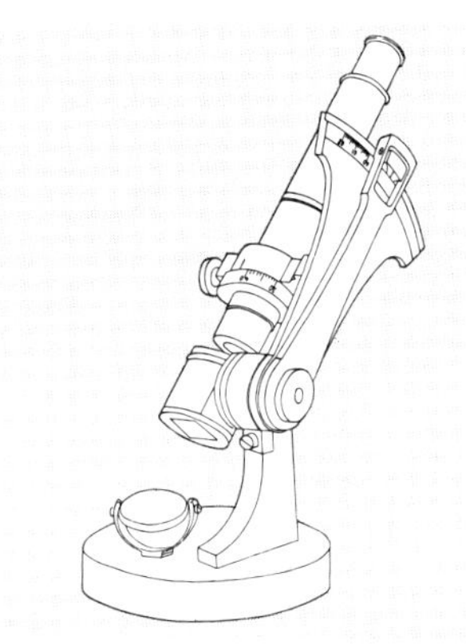

Ernst Abbe Bis 1945 gebautes Refraktometer

Abfall, Rückstände, die bei der Produktion, bei der Energiegewinnung und im Konsumbereich anfallen und nicht, nur begrenzt oder erst nach Aufbereitung (→ Recycling) verwertbar sind.
Abfallbeseitigung, i. e. S. die Beseitigung von Abfallstoffen, v. a. des Hausmülls. Sie umfasst Sammlung, Transport, Behandlung, Vernichtung oder Deponie der Abfallstoffe. Zur Verminderung der bisher ständig wachsenden Müllmengen werden versch. Techniken beim Sammeln (Trennung nach Müllsorten) und bei der Verwertung (→ Duales System Deutschland) erprobt.
Abfindung, ⚖ Abgeltung von Rechtsansprüchen durch eine einmalige Geldentschädigung.
Abführmittel, ⚕ Mittel zur Förderung des Stuhlgangs, z. B. Glaubersalz, Rizinusöl.
Abgaben, Zahlungen, die von einer Behörde oder öffentl.-rechtl. Körperschaft erhoben werden (Steuern, Zölle, Beiträge, Gebühren u. a.).
Abgase, bei einem techn. oder chem. Prozess entstehende Gase, bes. Verbrennungsgase aus Kfz, Feuerungsanlagen u. a.; enthalten zahlreiche Schadstoffe.

Abgasgrenzwerte in der EU

Schadstoffe	Grenzwerte g je km Fahrleistung Lkw/Busse[1]	Pkw[2] (Benzin)	Pkw[2] (Diesel)
Kohlenmonoxid	4,0	2,2	1,0
Kohlenwasserstoffe	1,1	0,5[3]	0,7[3]
Stickoxide	7,0	0,5[3]	0,7[3]
Rußpartikeln	0,15	-	0,08

[1] in g/kWh, seit 1995/96. – [2] in g/km, seit 1996/97. – [3] Summengrenzwert für Kohlenwasserstoffe und Stickoxide

Abgas|untersuchung, 🚗 Abk. **AU,** in Dtl. gesetzl. vorgeschriebene jährl. Überprüfung der Abgase von Kfz (Gehalt an Kohlenmonoxid) und Überprüfung von Leerlaufdrehzahl und Zündzeitpunkt. Seit 1. 12. 1993 müssen auch Kfz mit → Katalysator und Dieselfahrzeuge alle zwei Jahre zum Abgastest. Die **Abgasgrenzwerte** fixieren die zulässige Höchstmenge an Schadstoffen in Kfz-Abgasen. Neue EU-Bestimmungen traten Ende 1996 in Kraft.
ABGB, Abk. für **A**llgemeines **B**ürgerliches **G**esetz**b**uch (für Österreich, in Kraft seit 1812).
Abgeordnetenhaus, Volksvertretung, z. B. Name der preuß. 2. Kammer 1855 bis 1918, der Volksvertretung in Berlin.
Abgeordneter, Mitglied einer Volksvertretung oder öffentlich-rechtl. Körperschaft.
Abgottschlange, eine → Riesenschlange.
Abhörgerät, U **Wanze,** versteckt angebrachtes elektroakust. oder elektron. Gerät zum Mithören und/oder Aufzeichnen von Gesprächen; Verwendung nur in gesetzl. fixierten Einzelfällen erlaubt.
Abidjan, Reg.-Sitz, wichtigster Hafen und Ind.standort der Rep. Elfenbeinküste, 2,5 Mio. Ew., kath. Erzbischofssitz, Univ., Theater, Nationalmuseum; Ausfuhrhafen auch für Burkina Faso.
Abitur *das,* **Reifeprüfung,** Abschluss der gymnasialen Oberstufe, führt zur allg. Hochschulreife.
Abklingbecken, wassergefülltes Becken, in dem radioaktive Stoffe (z. B. Kernbrennstäbe) so lange aufbewahrt werden, bis ihre Aktivität auf einen gewünschten Wert abgeklungen ist.
Ablagerung, Sedimentation, ⊕ Vorgang der Gesteinsbildung durch Anhäufung von Gesteinsbruchstücken, Sand, durch chem. Lösungsstoffe, Anreicherung von Tier- und Pflanzenresten.
ablandig, vom Land zum Meer gerichtet (Wind, Strömung).

Ablass, kath. Kirche: außersakramentaler Erlass zeitl. Sündenstrafen; Missstände im A.-Wesen waren ein Auslöser der → Reformation.
Ablation *die,* Abschmelzen von Eis und Schnee, bes. der Gletscher.
Ablativ *der,* Kasus, z. B. im Lateinischen, der einen Ausgangspunkt, eine Entfernung oder Trennung angibt.
Ablaut, regelmäßige Lautveränderung (Vokalwechsel) in der Stammsilbe, z. B. bei starken Verben: binden, band, gebunden.
Ableger, junge Pflanze, aus einem Seitentrieb der Mutterpflanze **(Absenker).**
Ablehnung, ⚖ Im Prozessrecht besteht das Recht zur A. von Gerichtspersonen, wenn diese kraft Gesetzes ausgeschlossen sind oder Besorgnis der Befangenheit besteht.
Ablenkung, ✻ ◌ Richtungsänderung eines Körpers oder von Teilchen durch eine Kraftwirkung. Von großer Bedeutung ist die Strahl-A., z. B. in Bildröhren und Teilchenbeschleunigern.
ABM, 1) Abk. für **A**rbeits**b**eschaffungs**m**aßnahmen (→ Arbeitsbeschaffung). – **2)** Abk. für **A**nti **B**allistic **M**issile, Abfangflugkörper zur Abwehr ballistischer Interkontinentalraketen.
Abmusterung, Beendigung des Dienstverhältnisses der Seeleute vor dem Seemannsamt.
Åbo [ˈoːbuː], schwed. Name für → Turku.
Abolition *die,* **1)** Niederschlagung eines Strafverfahrens. – **2)** Abschaffung der Sklaverei.
Abonnement [abɔnəˈmã:] *das,* meist verbilligter Dauerbezug von Druckschriften; auch Dauermiete bei Theater, Konzert usw.
Aborigines, Aboriginals [æbəˈrɪdʒiniːz, -dʒɪnls] *Pl.,* die Ureinwohner Australiens.
Abort *der,* die → Fehlgeburt.
ab ovo [lat. »vom Ei an«], von Anfang an.
Abplattung, bei Himmelskörpern die Abweichung von der Kugelform durch Rotationskräfte.
Abraham, bibl. Stammvater der Israeliten.
Abraham, Paul, ungar. Komponist, * 1892, † 1960; erfolgreiche Operetten (»Die Blume von Hawaii«, 1931).
Abraham a Sancta Clara, eigtl. Johann Ulrich **Megerle,** dt. Prediger und Schriftsteller, * 1644, † 1709; Hofprediger (in Wien) und volkstüml. Kanzelredner.
Abrasion, 1) ⊕ abtragende Tätigkeit der Brandungswellen an Küsten. – **2)** ⚕ **Abrasio,** die → Ausschabung.
Abraum, ⚒ unbrauchbares Gestein über oberflächennahen Lagerstätten.
Abraxas, hellenist. Zauberformel, mag. Ausdruck.
Abreaktion, Lösung einer seel. Spannung durch Worte, Gebärden oder Handlungen (z. B. Aggressionen, Weinen, Spiele).
Abrechnung, Verrechnung der gegenseitigen Forderungen und Schulden zw. Kaufleuten zur Verringerung der Barzahlungen. **A.-Verkehr** im internat. Handel → Clearing.

Abraxas auf einer Gemme (Abraxasgemme) mit typischer hahnenköpfiger und schlangenbeiniger Gestalt mit Schild und Peitsche

Abgasuntersuchung
Fahrzeugplakette

Abidjan
Stadtwappen

Paul Abraham

Abraham a Sancta Clara

abstrakte Kunst. Wassily Kandinsky, Durchgehender Strich (1923)

Abrogans, etwa 765 bis 770 entstandene dt. Bearbeitung einer lat. Synonymensammlung, ältestes dt. Literaturdenkmal.

Abrüstung, Abbau militär. Potenzials, i.w.S. auch Rüstungskontrolle und -begrenzung; (vergebl.) Bestrebungen bestanden schon auf den Haager Friedenskonferenzen (1899; 1907) und im Völkerbund (seit 1932). Die Rüstungen zur See wurden zw. den Hauptseemächten 1922 bis 1937 mehrmals begrenzt. Einseitige Rüstungsbegrenzungen wurden den besiegten Mächten nach dem 1. Weltkrieg, Italien nach dem 2. Weltkrieg auferlegt. Dtl. und Japan wurden nach dem 2. Weltkrieg einer völligen A. unterworfen. 1963 wurde ein Atomteststoppabkommen vereinbart, 1968 ein Vertrag über die Nichtweiterverbreitung von Kernwaffen und spaltbarem Material (Atomwaffensperrvertrag). Die wichtigsten A.-Vereinbarungen wurden allein zw. den USA und der UdSSR ausgehandelt, v.a. bei der Begrenzung strateg. Waffen (→SALT). Gespräche zum Abbau konventioneller Waffen wurden 1973 bis 1989 (ergebnislos) in Wien geführt (MBFR = Mutual Balanced Forces Reductions); im Dez. 1987 schlossen die USA und die UdSSR ein Abkommen, das weltweit ihre landgestützten Mittelstreckenwaffen beseitigte (INF-Vertrag). Im Juni 1991 trafen die USA mit der Sowjetunion bzw. im Jan. 1993 mit Russland Abkommen über die Verringerung der strateg. Waffen (→START). Kurz vor Auflösung des Warschauer Pakts vereinbarte dieser mit der NATO im Nov. 1990 einen Vertrag über die konventionelle A. in Europa (VKSE), der die geplante A. zw. Atlantik und Ural bis 1994 regelt (Juli 1992 Abschließende Akte über die Reduzierung der Truppenstärken). Im Jan. 1993 unterzeichneten 130 Staaten eine zuvor von der UNO verabschiedete Konvention zum Verbot und zur Zerstörung von Chemiewaffen, die 1997 in Kraft trat.

Abruzzen *Pl.,* ital. Gebirgslandschaft im mittleren Teil des Apennin, nordöstl. von Rom, im O im Gran Sasso d'Italia 2914 m hoch; Viehwirtschaft, Fremdenverkehr; im S der Nationalpark A. (rd. 400 km^2).

Abs, Hermann Josef, dt. Bankier, * 1901, † 1994; war leitend im dt. Kreditwesen (u.a. Dt. Bank) tätig.

ABS, Abk. für →**Anti**b**lockier**s**ystem.**

Absalom, im A.T. der 3. Sohn Davids.

Absatz, Abgabe von Gütern oder Dienstleistungen durch ein Unternehmen an Dritte. Die **A.-Höhe** wird bestimmt durch Preis, Qualität, Produktgestaltung, Sortiment und Werbung. Die Anwendung des gesamten A.-Wesens wird auch als **Marketing** bezeichnet.

Abscheider, techn. Einrichtungen zum Abtrennen von flüssigen oder festen Stoffen aus Gasen, Dämpfen oder Flüssigkeiten, z.B. von Benzin, Fett, Öl aus dem Abwasser.

Abschiebung, Verwaltungsmaßnahme zur Entfernung unerwünschter Personen aus einem Staatsgebiet. Die A. darf nach dt. Recht nicht in Staaten erfolgen, in denen der Ausgewiesene verfolgt wird.

Abschied, 1) die Entlassung von Beamten und Offizieren aus dem Dienst. – **2)** Zusammenfassung der Beschlüsse einer Versammlung.

Abschirmung, 1) der Schutz elektr. Bauelemente oder Geräte durch metall. Umhüllung gegenüber elektr. oder magnet. Beeinflussung. – **2)** in der Kern- oder Röntgentechnik der Schutz vor radioaktiven oder Röntgenstrahlen.

Abschlag, 1) Disagio (→Agio). – **2)** Verminderung, Preissenkung. – **3)** Golf: (engl. **Tee**) ebene Grasfläche, Startplatz für das zu spielende Loch. – **4)** im Fußballspiel Abspielen des Balls aus der Hand des Torwarts.

Abschluss, 1) Zustandekommen eines Vertrags oder Handelsgeschäfts. – **2)** Jahresabschlussrechnung; vorgeschriebene Prüfung durch einen unabhängigen **Abschlussprüfer.**

Abschöpfung, Anpassung des Warenpreises bei der Einfuhr an den im Inland festgelegten oder angestrebten Preis.

abschrecken, rasch abkühlen, z.B. ein glühendes Werkstück beim Härten.

Abschreibung, rechner. Ermittlung der Wertminderungen betriebl. Vermögensgegenstände; die A. dient einem zutreffenden Vermögensausweis in der Bilanz und geht in die Kalkulation ein.

Abseits, Regelverstoß u.a. im Fußball: Ein Spieler ist im A., wenn er in der gegner. Spielhälfte in dem Augenblick, in dem der Ball gespielt wird, der gegner. Torlinie näher ist als der Ball. Ausnahmen: 1) 2 Spieler der gegner. Mannschaft stehen ihrer Torlinie näher als er, 2) der Ball wurde zuletzt von einem Gegner berührt, 3) er erhält den Ball direkt von einem Abstoß, Eckstoß, Einwurf.

Absinth, Branntwein aus Wermutkraut.

Absolutbetrag, der positiv genommene Wert einer Zahl; Zeichen | |. Beispiele: |4,9| = 4,9; |–2,73| = 2,73.

absoluter Nullpunkt, die tiefste mögl. Temperatur von –273,15 °C; Anfangspunkt der →Kelvin-Skala.

absolutes Gehör, Fähigkeit, die Tonhöhe allein durch das Gehör (ohne Hilfsmittel) zu bestimmen.

Absolution *die,* Freisprechung von Sünden in der kath. Kirche; in den ev. Kirchen Abschluss der Beichte, Zuspruch und Vergebung der Sünden durch Gott.

Absolutismus *der,* Regierungsform, in der der Herrscher die unbeschränkte gesetzgebende und vollziehende Gewalt innehat, im 17. und 18. Jh. in vielen europ. Staaten verbreitet; Höhepunkt in Frankreich unter Ludwig XIV. Wandelte sich später zum **aufgeklärten A.** (Preußen unter Friedrich II., Österreich unter Joseph II.), der den Herrscher als ersten Diener des Staates sah.

Absolvent, jemand, der eine Schule, ein Studium bis zur Prüfung durchlaufen hat.

Absonderung, 1) Abgabe von Stoffen durch Drüsen oder Haargefäßwände nach außen (Exkrete) oder in Körperhöhlen bzw. ins Blut (Sekrete, auch Inkrete). – **2)** Herausnahme eines Gegenstands, an dem ein Pfand- oder Zurückbehaltungsrecht besteht, aus der Konkursmasse zur vorzugsweisen Befriedigung des (Pfand-)Gläubigers.

Absorberstab, Stab aus Neutronen absorbierendem Material (z.B. Borverbindungen) zur Regelung und Beendigung des Neutronenflusses im Kernreaktor.

Absorption *die,* **1)** Aufnahme von Gasen durch Flüssigkeiten oder Feststoffe. – **2)** Aufnahme von Flüssigkeiten, Gasen, auch Energie in den Organismus über die Zellen. – **3)** Schwächung von Strahlen beim Durchgang durch Materie.

Abstammungslehre, Deszendenzlehre, Evolutionslehre, Lehre, dass alle Organismen sich während sehr langer Zeiträume aus einfacheren Formen durch Höherentwicklung und Spezialisierung herausgebildet haben. Die heute weitgehend gültige A. wurde 1859 durch C. Darwin begründet. Beweise für die A. liefern Funde vorweltl. Lebewesen (Fossilien), die Entwicklungsgeschichte (bes. die Verknüpfung von Stammes- und Individualentwicklung), die vergleichende Anatomie und Morphologie, die Tier- und Pflanzengeographie.

Abstand, 1) Zahlung für das Überlassen einer Sache oder für Aufwendungen. – **2)** kürzeste Entfernung zweier parallelen Geraden oder Ebenen bzw. eines Punktes von einer Geraden oder einer Ebene.

Abstich, die Öffnung des Ausflusses und das Auslaufenlassen von flüssigem Metall aus dem Schmelzofen.

Abstimmung, 1) Verfahren zur Ermittlung des Willens einer Gesamtheit von Personen oder Staaten über einen Vorschlag oder Antrag. **Öffentl. A.:** durch Zuruf, namentl. Stimmabgabe, →Hammelsprung. **Geheime A.:** durch verdeckte Abgabe von Zetteln. – **2)** Einstellen des Schwingungskreises eines Senders oder Empfängers auf die gewünschte Frequenz oder Wellenlänge.

Abstinenz *die,* Enthaltsamkeit, bes. Verzicht auf Alkohol.

Abstoßungsreaktion, durch das Immunsystem bewirkte normale biolog. Abwehrreaktion des Körpers nach Übertragung von körperfremden Geweben. (→Transplantation)

abstrakte Kunst, im Allg. von jeder gegenständlichen Darstellung losgelöste Kunstrichtung des 20. Jh.; zahlreiche Varianten (→moderne Kunst).

Abstraktion, Heraussondern des Wesentl. aus dem Unwesentl.; das Bilden von allg. Begriffen (z. B. Gerechtigkeit).

Abstrich, Entnahme von Zellen oder Schleimhautabsonderungen zur bakteriolog. oder zytolog. Untersuchung.

Absud, durch Abkochen z. B. von zerkleinerten Heilkräutern gewonnene Flüssigkeit.

absurdes Theater, will durch absurde Handlungen und Dialoge die Sinnlosigkeit der menschl. Existenz in einer sinnentleerten Welt darstellen. Bekannte Vertreter: S. Beckett, E. Ionesco, F. Arrabal.

Abszess *der,* Entzündung im Körpergewebe mit Eiterbildung.

Abszisse *die,* →Koordinaten.

Abt [von Abba »Vater«], Vorsteher eines Männerklosters v. a. der kath. Orden.

Abtei, unter einem Abt oder einer Äbtissin stehendes verwaltungs- und vermögensrechtlich selbstständiges Kloster.

Abteufen, ⚒ Herstellen eines senkrecht stehenden Grubenbaus oder Bohrlochs.

Äbtissin, Vorsteherin eines Frauenklosters.

Abtragung, die auf Einebnung der Oberflächenformen des Festlands hinwirkenden Vorgänge.

Abtreibung →Schwangerschaftsabbruch.

Abtretung, Zession, **1)** Übertragung einer Forderung oder eines Rechts (Urheber-, Patentrecht) vom bisherigen Gläubiger auf einen neuen. – **2)** Wechsel der Gebietshoheit über ein Territorium durch völkerrechtl. Vereinbarung.

Abtrieb, 1) →Kahlhieb. – **2)** Heimkehr der Herde von der Sommerweide. – **3)** Energieabgabepunkt am Ausgang eines Getriebes.

Abu [arab. »Vater«], oft in arab. Eigennamen.

Abu Bekr, Abu Bakr, erster Kalif, *um 573, †634; Schwiegervater Mohammeds.

Abu Dhabi, Hptst. des Emirats A. D. (73 548 km², 670 100 Ew.; Erdölfelder) und der →Vereinigten Arabischen Emirate, 243 000 Ew., auf einer Insel im Pers. Golf; Hafen.

Abuja, Hptst. (seit 1991) Nigerias, 379 000 Ew., im Landesinnern, wurde ab 1979 aufgebaut, ersetzt die alte Hptst. Lagos.

Abukir, ägypt. Seebad bei Alexandria; 1. 8. 1798 brit. Seesieg (Nelson) über die frz. Flotte.

Abundanz *die,* **1)** Häufigkeit einer tier. oder pflanzl. Art pro Flächeneinheit. – **2)** →Redundanz.

Abu Simbel, zwei Felsentempel Ramses' II. in Oberägypten, am westl. Nilufer. Beide Tempel wurden 1964 bis 1968 zerlegt und 65 m höher wieder aufgebaut, da sie sonst im neu angelegten Stausee von Assuan versunken wären; von der UNESCO zum Weltkulturerbe erklärt.

Abusus *der,* Missbrauch, bes. von Arzneimitteln, Alkohol, Drogen.

Abwärme, in Kraftwerken und bei Produktionsprozessen als Verlustwärme auftretender Energieanteil. Um die Energieverluste durch A. zu verringern, wird deren Nutzung in Wärmeaustauschern und durch Kraft-Wärme-Kopplung angestrebt.

Abwasser, verunreinigtes Wasser aus Haushaltungen, Gewerbe- und Industriebetrieben sowie Niederschlagswasser, das vor der Einleitung in einen Wasserlauf in einer Kläranlage zu reinigen ist. Die groben Stoffe werden durch Sandfänge, Rechen, Schlammabsetzbecken entfernt. Fäulnisfähige Stoffe können durch Chemikalien (z. B. Chlor) oder durch biolog. Abbau unschädlich gemacht werden. Das beim Ausfaulen entstehende Gas (zu 80% Methan) kann als Heiz- oder Treibgas verwendet werden.

Abweichung, →Deklination.

Abwertung, Devalvation, Herabsetzung des Wertes (Parität) einer inländ. Währung gegenüber ausländ. Währungen. Wird notwendig, wenn in einem Land ein wesentl. Unterschied zw. dem Devisenkurs und der tatsächl. Kaufkraft einer Währung besteht.

Abydos, 1) ägypt. **Abodu,** oberägypt. Ruinenstätte mit Tempel- (Osiris) und Grabanlagen. – **2)** altgriech. Stadt in Kleinasien, an der engsten Stelle des Hellespont.

Abzahlungsgeschäft, Verkauf gegen Teilzahlungen (Raten), bei dem die Kaufsache sogleich übergeben wird. Der Käufer kann jede von ihm abgegebene Kauferklärung innerhalb einer Woche und ohne Be-

Abu Simbel. Lage der beiden Felsentempel nach deren Wiederaufbau

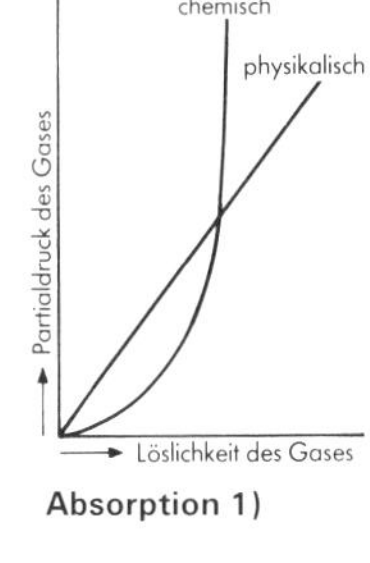

Absorption 1)

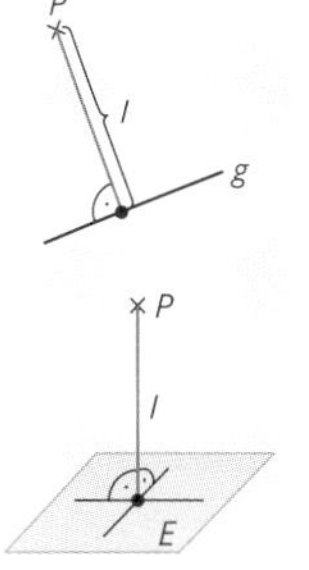

Abstand 2) Abstand *l* eines Punktes *P* von einer Geraden *g* (oben) und von einer Ebene *E* (unten)

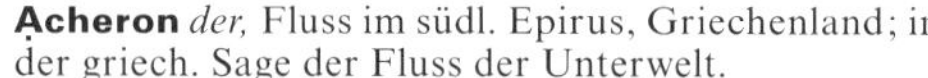

gründung widerrufen. Der Verkäufer muss den Käufer schriftlich auf sein Widerrufsrecht hinweisen. Weiter sind Angaben über den Barzahlungs- und Teilzahlungspreis sowie über den effektiven Jahreszins vorgeschrieben.

Abzeichen, **1)** Kennzeichnung der Zugehörigkeit, des Dienstgrads, auch des Verwendungszwecks u. a. – **2)** ♡ in der Farbe von der Grundfärbung des Körpers abweichende Haar- und Hautflecken bei Haustieren (z. B. Blesse).

Anna Andrejewna Achmatowa

Abzug, **1)** Öffnung zum Entweichen von Gasen: **Dunst-, Rauch-A.** – **2)** Kopie (Lichtbild, Druck). – **3)** Vorrichtung zum Abfeuern von Schusswaffen.

abzugsfähige Auslagen, Ausgaben, die das steuerpflichtige Einkommen mindern; z. B. Ausgaben zur Erzielung von Einkünften (Werbungskosten) sowie Betriebsausgaben.

Ac, chem. Symbol für →Actinium.

a. c., Abk. für **1)**→**a**nni **c**urrentis. – **2)**→**a c**onto.

Académie française [- frã'sɛ:z], Akademie für frz. Sprache und Literatur, 1635 gegr., zählt 40 gewählte Mitglieder. Vergibt Literaturpreise.

a cappella, 𝄞 mehrstimmiger Gesang (Chorgesang) ohne Instrumentalbegleitung.

Acapulco, amtl. **A. de Juárez,** mexikan. Hafenstadt am Pazif. Ozean, 592 000 Ew., hervorragender Naturhafen; internat. Seebad.

Accessoire [aksɛso'a:r] *das,* mod. Zubehör zur Kleidung (Gürtel, Schal u. a.).

Accra [ə'krɑ:], **Akkra,** Hptst. von Ghana, 950 000 Ew.; Diamanthandel, Univ., Nationalbibliothek, -museum; Hafen, Flughafen. Festung und Schloss (17. Jh.) gehören zum Weltkulturerbe.

Acetate *Pl.,* Salze und Ester der Essigsäure; wichtige Lösemittel.

Aceton *das,* CH_3COCH_3, →Keton, farblose, brennbare Flüssigkeit, Lösungsmittel für Fette und Lacke.

Acetylcellulose, Essigsäureester der Zellulose; dient zur Herstellung von Chemiefasern, Lacken, Folien, Kunststoffen.

Acetylen *das,* **Äthin,** HC≡CH, gasförmiger, giftiger Kohlenwasserstoff aus der Gruppe der Alkine; hergestellt durch Pyrolyse von Kohlenwasserstoffen (etwa 1 500 °C), früher durch Zersetzung von CaC_2 mit Wasser. Wichtiger Grundstoff für die Herstellung zahlreicher Verbindungen, z. B. Carbide, Schweißgas (bis 3 000 °C heiß).

Acetylsalicylsäure, Derivat der Salicylsäure, wird als fiebersenkendes, schmerzstillendes und entzündungshemmendes Mittel verwendet.

Achaia, griech. Landschaft im NW der Peloponnes, Hptst. Patras. Ab 27 v. Chr. Name Griechenlands als röm. Provinz.

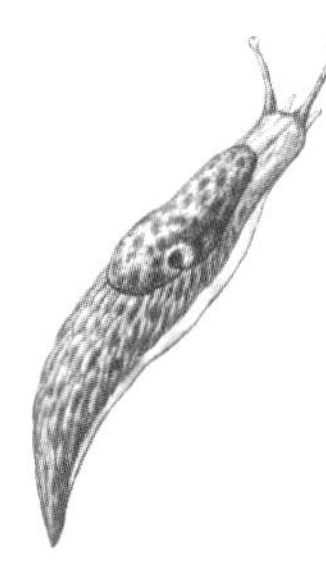

Ackerschnecke

Achaier, Achäer, frühgriech. Stamm, Träger der myken. Kultur; bei Homer alle Griechen.

Achaiischer Bund, altgriechischer Städtebund (281/280 bis146 v. Chr.), umfasste zeitweise die ganze Peloponnes, 146 neu konstituiert, bestand der Bund bis in die röm. Kaiserzeit.

Achaimeniden, altpers. Herrschergeschlecht; erlosch 330 v. Chr. mit Dareios III. Blütezeit der iran. Kunst (Persepolis).

Achard [a'ʃa:r], Franz Carl, dt. Chemiker, * 1753, † 1821; begründete die industrielle Rübenzuckerproduktion.

Achat *der,* verschiedenfarbig gebänderter Schmuckstein aus der Gruppe der Chalcedone.

Acheloos *der,* Fluss in W-Griechenland, 220 km lang; der wasser- und schwemmsandreiche A. soll im Oberlauf z. T. nach Thessalien umgeleitet werden (geplant sind 6 Staudämme, 5 Kraftwerke und 4 Wasserstollen); ökolog. umstrittenes Projekt.

Achensee, größter See Tirols, Österreich, 6,8 km²; künstl. Ausfluss zum A.-Kraftwerk.

Acheron *der,* Fluss im südl. Epirus, Griechenland; in der griech. Sage der Fluss der Unterwelt.

Achill, griech. **Achilleus,** lat. **Achilles,** bei Homer der tapferste griech. Held vor Troja, Sohn des Peleus (daher: »der Pelide«) und der Thetis, tötete Hektor, weil dieser seinen Freund Patroklos erschlagen hatte, fiel durch Paris. Nach späterer Sage war er nur an der Ferse verwundbar **(Achillesferse).**

Achillessehne, Sehne des Wadenmuskels, setzt am Fersenbein an.

Achmatowa, Anna Andrejewna, russ. Lyrikerin, * 1889, † 1966; 1946 bis 1950 Druckverbot in der UdSSR; knapper, mit Elementen der Umgangssprache arbeitender Stil.

achromatisch bezeichnet von Farbfehlern freie opt. Systeme (Objektive). Der **Achromat** ist ein a. Linsensystem.

Achse, **1)** gedachte gerade Linie, um die ein Körper sich dreht **(Rotations-A.),** z. B. Erd-A. – **2)** √ **Symmetrie-A.,** →Symmetrie. – **3) opt. A.,** Gerade durch die Mittelpunkte von Linsen und Spiegeln eines opt. Geräts; auch optisch ausgezeichnete Gerade in Kristallen. – **4)** ⚙ Maschinenteil, zum Abstützen von Rädern, Rollen, Scheiben (Starr-, Pendel-, Lenker-A.). – **5)** ⚘ Stängel, Schaft, Halm, Stamm, Wurzelstock.

Achsenmächte, seit 1936 Bezeichnung für Dtl. und Italien (Achse Berlin–Rom), dann auch für Japan u. a. mit dem natsoz. Dtl. verbündete Staaten.

Achslast, auf eine Fahrzeugachse entfallender Anteil der Gesamtmasse; darf bei Einzelachsen 10 t, bei Doppelachsen 16 t nicht überschreiten.

Achsstand, bei Schienenfahrzeugen der Abstand zw. den Mitten zweier Achsen, bei Kraftfahrzeugen der Abstand zw. den äußeren Achsen, der **Radstand.**

Acht *die,* im german. Recht die Ausstoßung eines Friedensbrechers aus der Gemeinschaft; jeder durfte ihn bußlos töten. Im MA. die weltl. Strafe neben dem kirchl. Bann (»in A. und Bann tun«).

achter, niederdt. hinter. **achtern,** hinten. – **Achterdeck,** rückwärtiges Schiffsdeck.

Achter, ⛵ Sportboot für 8 Ruderer und einen Steuermann.

Achternbusch, Herbert, dt. Schriftsteller, Filmemacher, * 1938; sozialkrit. Prosa (»Alexanderschlacht«, 1971), z. T. surrealist. Filme (»Heilt Hitler«, 1986).

Achtundvierziger, Teilnehmer an der Revolution von 1848/49, bes. die Vertreter der republikan. und demokrat. Strömungen.

Acid ['æsɪd], halluzinogene Drogen, bes. LSD. **Acid Rock** (unter Drogengenuss entstandene Rockmusik).

Acidität *die,* Säuregrad einer Lösung. →pH-Wert.

Acireale [-tʃ-], Hafenstadt und Seebad auf Sizilien, 46 200 Ew.; radioaktive Thermen.

Acker, altes Feldmaß, 19 bis 65 Ar.

Ackerbau, Agrikultur, Anbau von Kulturpflanzen, oft verbunden mit Viehzucht und -haltung. Wirtschaftsgeschichtlich ist der A. eine Entwicklungsstufe der Menschheit, die durch die Verwendung von Pflug, Hacke und Zugtier (vorher Grab- bzw. Pflanzstöcke) gekennzeichnet ist.

Ackerschnecke, graue bis rötliche Nacktschnecke, Pflanzenschädling, bis 6 cm lang.

Aconcagua, der höchste Berg Amerikas, 6 959 m, in den argentin. Anden.

a conto [ital. »auf Rechnung«], Abk. **a. c.,** Abschlagszahlung auf eine Schuld.

acre ['eikə], Flächenmaß in den angloamerikan. Ländern (1 a. ≈ 4 047 m²).

Acrylfarben, wässrige Dispersionen von Polyacrylharzen, schnell trocknend.

Acrylharze →Polyacrylharze.

Acrylnitril, Vinylcyanid, wichtiger Rohstoff für Polymerisationskunststoffe, v. a. in der Chemiefaserherstellung; Atemgift, Krebs erregender Arbeitsstoff.

Actionpainting. Jackson Pollock, Kathedrale (1947)

Acrylsäure, einfachste ungesättigte organ. Säure, $CH_2=CH-COOH$.
act [ækt], im angloamerikan. Recht: Gesetz, Beschluss, auch Rechtshandlung, Willenserklärung.
ACTH, Abk. für **a**dreno**c**ortico**t**ropes **H**ormon, ein Hormon des Vorderlappens der Hirnanhangdrüse, steuert die Sekretion der Nebennierenrinde.
Actinium *das,* Symbol **Ac,** radioaktives chem. Element, OZ 89.
Actinoide, die chem. Elemente, die im Periodensystem auf das Actinium folgen.
Action directe [aksjõdiˈrɛkt], linksextremist. frz. Terrororganisation, 1982 verboten; verübte zahlreiche Anschläge.
Action française [aksjõ frãˈsɛ:z], frz. royalist. und chauvinist. Gruppe, bestand 1898 bis 1936; ihre Mitglieder unterstützten ab 1940 das Regime Pétain; Führer: C. Maurras und L. Daudet.
Actionpainting [ˈækʃənpeɪntɪŋ], abstrakte Malweise, die das Erlebnis entfesselter Aktion im Malvorgang unmittelbar sichtbar werden lässt. Wichtigster Vertreter: J. Pollock.
ad [lat. »zu«], Vorsilbe in Fremdwörtern: an..., bei..., zu...; **ad acta** (zu den Akten, als erledigt betrachten), **ad rem** (zur Sache!).
a. D., 1) Abk. für **a**ußer **D**ienst. – **2) A. D.,** Abk. für anno Domini (→anno).
ADA [nach Augusta Ada Byron,* 1815, † 1852, arbeitete mit C. Babbage zusammen], eine modular aufgebaute Programmiersprache.
ADAC, Abk. für **A**llgemeiner **D**eutscher **A**utomobil-**C**lub.
adagio [aˈda:dʒo], 𝄞 langsam. **Adagio** *das,* langsamer Satz einer Sonate, Sinfonie.

Adalbert, 1) Erzbischof von Hamburg-Bremen, * um 1000, † 1072, missionierte die nord. Länder bis Island und Grönland; 1063 bis 1066 Vormund Heinrichs IV., 1066 bis 1069 vom Hofe verbannt. – **2) A. von Prag,** eigentl. **Vojtěch,** * um 956, Bischof von Prag, wurde 997 von den Preußen erschlagen; Heiliger (Tag: 23. 4.).
Adam [hebr. »Mensch«] und **Eva** [hebr. »Leben«], im A. T. das erste Menschenpaar.
Adam [aˈdã], Adolphe Charles, frz. Opernkomponist, * 1803, † 1856; Oper »Der Postillon von Lonjumeau« (1836), Ballett »Giselle« (1841).
Adamaua, Gebirgsland im Grenzgebiet von Kamerun, Nigeria und der Zentralafrikan. Republik.
Adamello, vergletscherte Gebirgsgruppe in den ital. S-Alpen, bis 3 554 m hoch.
Adams [ˈædəmz], **1)** Henry, Enkel von 3), amerikan. Historiker und Geschichtsphilosoph, * 1838, † 1918. – **2)** John, 2. Präs. der USA (1797 bis 1801), * 1735, † 1826; schloss 1783 den Frieden mit England. – **3)** John Quincy, Sohn von 2), 6. Präs. der USA (1825 bis 1829), * 1767, † 1848.
Adams|apfel, hervortretender Teil des Schildknorpels am Kehlkopf des Mannes.
Adam's Peak [ˈædəmz ˈpi:k], Berg auf Ceylon, 2 243 m hoch. Wallfahrtsziel für Hindus, Muslime und Buddhisten.
Adam von Bremen, dt. Geschichtsschreiber, † zw. 1081 und 1085; schrieb eine Kirchengeschichte Hamburg-Bremens mit Berichten über die Völker Skandinaviens, Islands und Grönlands.
Adana, Prov.-Hptst. im S der Türkei, 916 000 Ew.; Textil-, Baustoff-, Nahrungsmittelind., Baumwollbörse; seit dem Altertum Handelsstadt.
Adapter *der,* ⚙ Verbindungsstück zur Erweiterung und/oder Anpassung verschiedenartiger Geräte oder Teile miteinander.
adaptieren, anpassen. **Adaptation** *die,* Anpassung, z. B. der Lichtempfindlichkeit des Auges an die Beleuchtung.
Adda *die,* linker Nebenfluss des Po, Italien, 310 km lang.
Addams [ˈædəmz], Jane, amerikan. Sozialreformerin, * 1860, † 1935; tätig in der internat. Friedensbewegung, engagierte sich für Frauenrechte. Friedensnobelpreis 1931 (mit N. M. Butler).
Addis Abeba [amhar. »neue Blume«], Hauptstadt von Äthiopien, 2 420 m ü. M., 1,5 Mio. Ew.; Flughafen, Bahn nach Djibouti. Univ., TH, Sitz der OAU; Industrie.
Addison [ˈædɪsn], Thomas, brit. Arzt, * 1793, † 1860; beschrieb u. a. die **Addisonsche Krankheit** (Erkrankung mit bronzegelber Verfärbung der Haut **[Bronzehautkrankheit]**) beim Fehlen von Nebennierenrindenhormon.
Addition *die,* →Grundrechnungsarten.
Adel [ahdt. adal »Geschlecht«, »Abstammung«], ein ehem. durch Abstammung und Besitz bevorrechteter Stand. Der auf german. und röm. Ursprünge zurückgehende A. im MA. gliederte sich in den Reichs-A. (den späteren Hoch-A.), der alle führenden Stellen in Heer, Verwaltung und Kirche besetzte, und die →Ministerialen, die durch Kriegsdienste und Lehen aufstiegen. Im Spät-MA. wurden A.-Titel und Rangstufen unterschieden. Seit dem 14. Jh. wurde der A. auch durch kaiserl. **A.-Brief** verliehen **(Brief-A.).** Die A.-Vorrechte wurden im 19. Jh. beseitigt. Seit 1919 werden die A.-Titel (Herzog, Fürst, Graf, Freiherr oder Baron, Ritter, Edler und das bloße »von«) nicht mehr verliehen; sie sind in Dtl. nur Teil des Namens.

ADAC Emblem und Schriftzug

Adelaide [ˈædəlɪd], Hptst. von Südaustralien, 1,04 Mio. Ew.; 2 Univ., Ind., Hochseehafen.
Adelboden, Kurort und Wintersportplatz im Berner Oberland, Schweiz, 1 353 m ü. M., 3 300 Einwohner; Mineralquelle.

Konrad Adenauer

Adelheid, *um 931, †999, burgund. Königstochter, seit 951 2. Gemahlin Kaiser Ottos I., führte 991 bis 994 für ihren Enkel Otto III. die Regentschaft; Heilige.

Adélieland [ade'li-], frz. Überseeterritorium in der Antarktis, sturmreichstes Gebiet der Erde.

Adelsberger Grotten, 23 km langes Höhlensystem bei Postojna, Slowenien; 5 km sind Schauhöhle.

Aden, Hafenstadt in Jemen, 285 000 Ew., Univ., Erdölraffinerie. Die bis 1955 brit. Kolonie A. war seit 1963 als **State of Aden** Glied der Südarabischen Föderation, 1967 bis 1990 Hptst. der VR Jemen.

Adenauer, Konrad, dt. Politiker, *1876, †1967; 1917 bis 1933 und 1945 Oberbürgermeister von Köln, Mitgründer und (bis 1966) Vors. der CDU, Bundeskanzler 1949 bis 1963, 1951 bis 1955 auch Außenmin. A. stellte in enger Anlehnung an die Westmächte 1955 die Souveränität der Bundesrepublik her, setzte sich für die europ. Einigung ein, erreichte die Verständigung mit Frankreich, stellte die diplomat. Beziehungen zur Sowjetunion her. 1965 bis 1968 erschienen seine »Erinnerungen«.

Adenin *das,* **Vitamin B_4, 6-Aminopurin,** wichtigster Baustein der →Nukleinsäuren; besitzt Leberschutzwirkung und ist blutdrucksenkend.

Adenom *das,* gutartige Drüsengeschwulst.

Adenosin *das,* organ. Verbindung aus der Purinbase Adenin und dem Zucker Ribose. **Adenosintriphosphat, ATP,** ist chemisch gespeicherter Energievorrat der lebenden Zelle.

Adept *der,* (in eine Geheimlehre) Eingeweihter, Anhänger einer Lehre.

Aderlass, Blutentnahme aus einer Vene mittels Hohlnadel oder Venenschnitt; früher zu Heilzwecken durchgeführt.

Adern, 1) die →Blutgefäße. – **2)** mit Mineralien gefüllte kleine Gänge im Gestein. – **3)** Längs- und Querrippen im Insektenflügel.

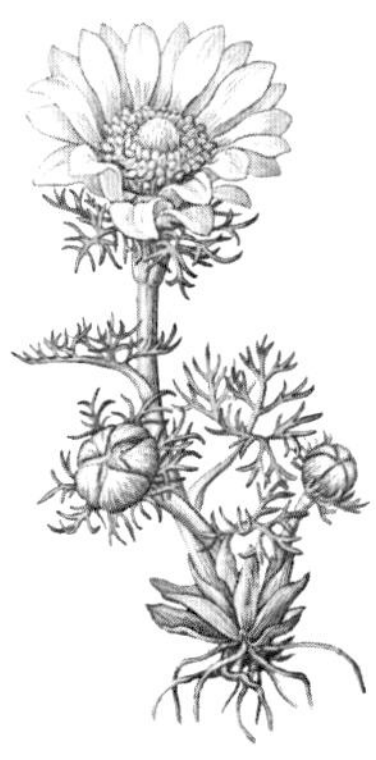
Frühlings-
Adonisröschen

Adhäsion [lat. »Anhaften«] *die,* **1)** ✻ Aneinanderhaften von versch. Stoffen, z. B. Kreide an der Wandtafel; beruht auf molekularen Anziehungskräften. – **2)** bindegewebige Verwachsung sonst nicht miteinander verbundener Organe, z. B. von Lunge und Rippenfell.

ad hoc, eigens zu diesem Zweck, aus dem Stegreif.

adiabatisch nennt man chem. oder physikal. Vorgänge (Ausdehnung eines Gases u. Ä.), bei denen keine Wärme zw. dem System und der Umgebung ausgetauscht wird.

Adige ['a:didʒe], ital. für →Etsch.

Ädilen *Pl.,* im antiken Rom Beamte, die die Ordnungs-, Markt-, Sitten- und Gesundheitsbehörde vertraten.

Adipinsäure, Butan-1,4-dicarbonsäure, wichtiger Grundstoff der Nylon-, Alkydharz- und Polyurethanproduktion.

ADI-Wert, Abk. für engl. **a**cceptable **d**aily **i**ntake (»akzeptierbare tägl. Aufnahme«), tägl. Höchstmenge eines Pflanzenschutzmittelrückstands, die auch bei lebenslanger Aufnahme dem Menschen nicht schadet.

Adjani [adʒa'ni], Isabelle, frz. Filmschauspielerin, 1955; trat 18-jährig an der Comédie Française auf, dann sehr erfolgreich in Filmen u. a. »Die Ohrfeige« (1974); »Camille Claudel« (1988); »Die Bartholomäusnacht« (1994); »Diabolisch« (1996).

Adjektiv *das,* →Eigenschaftswort.

Mario Adorf

Adler, 1) Greifvögel mit kurzem, gerundetem Schwanz, Hakenschnabel, befiederten Läufen und mächtigen Krallen: **Stein-A.** (bis 230 cm Spannweite), horstet auch in den Alpen; **Kaiser-A.** (SO-Europa). **Fisch-A.** (NO-Europa) und **See-A.** (N-Amerika) gehören zu den Adlerartigen. – Der A. war Heereszeichen bei den Persern, Ägyptern und Römern, bei den napoleon. Heeren; ferner Wappentier vieler Staaten, Städte und Fürsten. Als Sinnbild kaiserl. Macht im antiken Rom von Karl d. Gr. übernommen, wurde der A.

Adler. Steinadler

seit dem 12. Jh. Reichswappen (später ein Doppeladler). Der einköpfige A. wurde 1871 Reichswappen und in der 1919 geänderten Form 1950 Bundeswappen. – **2)** ✩ nördl. Sternbild in der Milchstraße mit Atair.

Adler, 1) Alfred, österr. Psychiater, *1870, †1937; Begründer der Individualpsychologie, erklärte viele seel. Störungen aus mangelhaft befriedigtem Geltungsstreben. – **2)** Viktor, österr. Politiker, *1852, †1918; Gründer und Führer der Sozialdemokrat. Partei Österreichs.

Adlerfarn, weltweit verbreitete Tüpfelfarnart mit bis zu 2 m hohen Blattwedeln.

Adlergebirge, tschechisch **Orlické hory** [-tskɛ -], westlicher Teil der Mittelsudeten, ČR, bis 1 115 m hoch.

Adler|orden, 2 preuß. Orden: **Schwarzer A.,** der höchste preuß. Orden (1701 bis 1918), **Roter A.,** zweithöchster preuß. Orden (1792 bis 1918).

ad maiorem Dei gloriam [lat. »zur größeren Ehre Gottes«], Wahlspruch der Jesuiten.

Administration *die,* Verwaltung, in den USA svw. Regierung.

Admiral, 1) oberster Dienstgrad in einer Kriegsmarine. Die **Admiralität** ist die oberste Verwaltungs- und Kommandobehörde einer Kriegsmarine. – **2)** bis 7 cm spannender schwarzrotweißer Tagschmetterling.

Admiralitäts-Inseln, Inselgruppe im Bismarck-Archipel; 2 070 km²; Hauptinsel: Manus; Teil von Papua-Neuguinea.

Admont, österr. Luftkurort in der Steiermark, 641 m ü. M., 3 300 Ew.; Benediktinerabtei.

Adnex *der,* Anhang; ⚕ die seitl. Anhänge (Eierstock, Eileiter) der Gebärmutter.

Adobe *der,* luftgetrockneter Lehmziegel; Baustoff in vielen Trockengebieten.

Adoleszenz *die,* Jugendalter, der Abschnitt zw. Pubertät und Erwachsensein.

Adolf-Grimme-Preis, seit 1964 vom Dt. Volkshochschul-Verband vergebener Fernsehpreis für vorbildl. Produktionen aller Programmsparten.

Adolf von Nassau, dt. König (1292 bis 1298), *um 1250, †1298; abgesetzt am 26. 6. 1298, fiel im Kampf gegen Albrecht v. Österreich bei Göllheim (2. 7. 1298).

Adonai [hebr. »mein Herr«], im A. T. Titel Gottes.

Adonis, 1) syr. Naturgott, in der griech. Mythologie Geliebter der Aphrodite; Ü schöner Jüngling. – **2)** ✩ ein Planetoid.

Adonisröschen, Gattung der Hahnenfußgewächse. Das gelb blühende **Frühlingsadonisröschen** wird in der Homöopathie verwendet.

Adoption *die,* →Annahme als Kind.

Adorf, Mario, dt. Schauspieler, *1930; bei Bühne und Film (»Bomber und Paganini«, 1976; »Ex und hopp«,

1991; »Rossini – oder die mörder. Frage, wer mit wem schlief«, 1996) und Fernsehen (»Der große Bellheim«, 1992); Erzählungen (»Der Mäusetöter«, 1992).

Adorno, Theodor W., eigentl. T. **Wiesengrund,** dt. Philosoph, Soziologe, Musiktheoretiker, * 1903, † 1969. Mit Max →Horkheimer Begründer der Frankfurter Schule, wichtiger Vertreter der →kritischen Theorie.

Adrenalin *das,* Hormon des Nebennierenmarks, regt den Stoffwechsel in Gefahren- und Stresssituationen an, steigert Blutdruck und Zuckergehalt des Bluts.

adrenocorticotropes Hormon, das →ACTH.

Adresse, 💻 Kennzeichnung eines Speicherplatzes in der Datenverarbeitung.

Adriatisches Meer, Adria, nördl. Nebenmeer des Mittelmeers zw. Apennin- und Balkanhalbinsel, 132 000 km², bis 1 260 m tief. Haupthäfen: Triest, Venedig.

Adschari|en, autonome Rep. in Georgien, vom Schwarzen Meer bis in den Kleinen Kaukasus, 3 000 km², 393 000 Ew., Hptst. Batumi; Weinbau, Anbau von Tee und Obst; Erdölverarbeitung. – 1921 wurde die Adschar. ASSR als Teilrep. der Georgischen SSR gebildet. Die **Adscharen** sind Georgier.

adsorbieren, ansaugen. **Adsorption** *die,* Aufnahme von Gasen, Dämpfen oder gelösten Stoffen an der Oberfläche fester Körper.

Adstringenti|en *Pl.,* →zusammenziehende Mittel. **adstringieren,** zusammenziehen.

Adulagebirge, Teil der Schweizer Alpen (Graubünden, Tessin), im Rheinwaldhorn 3 402 m.

Adular, Mondstein, Schmuckstein der Feldspatgruppe.

adult, erwachsen, geschlechtsreif.

ad usum, zum Gebrauch.

Adveniat, 1961 gegr. kath. Hilfswerk zur Unterstützung der Kirche in Lateinamerika.

Advent [lat. »Ankunft«], Vorbereitungszeit auf das Fest der Geburt Christi, beginnt mit dem 4. Sonntag vor Weihnachten (zugleich Beginn des Kirchenjahrs).

Adventisten, 1832 in den USA gegr. christl. Religionsgemeinschaft, die die baldige Wiederkehr Christi erwartet; Bedeutung erlangte nur die Gruppe der **Siebenten-Tags-Adventisten:** Gesamtzahl etwa 4 Mio., in Dtl. etwa 35 000.

Adventivpflanzen, Pflanzen eines Gebiets, die dorthin erst durch den Menschen eingeführt bzw. verschleppt wurden.

Adverb *das,* **Umstandswort,** mit dem (unbeugbaren) A. werden Umstände der Zeit (z. B. gestern), des Ortes (hier), der Art und Weise (gern) oder des Grundes (deshalb) bezeichnet.

Advocatus Dei [lat. »Anwalt Gottes«], bei Selig- und Heiligsprechungsprozessen der Befürworter des Antrags; die Einwände bringt der **Advocatus Diaboli** [»Anwalt des Teufels«] vor.

Advokat *der,* älterer Ausdruck für →Rechtsanwalt.

Adygeische Republik, Adygea, Adygi|en, autonome Rep. in Russland, im nordwestl. Vorland des Großen Kaukasus, 7 600 km², 436 000 Ew., v. a. Tscherkessen (Eigenbezeichnung **Adyger**), Hptst. Maikop; Anbau von Weizen, Mais, Sonnenblumen, Erdgasgewinnung.

aero..., in Fremdwörtern: luft... **Aerodynamik** *die,* Lehre von den Bewegungsgesetzen der Gase. **Aerologie** *die,* Lehre von der Erforschung der Lufthülle. **Aerosol** *das,* schwebestoffhaltige Luft; das medizin. Aerosol enthält nebelförmig verteilte Arzneimittel zur Inhalation. **Aerostatik** *die,* Lehre vom Gleichgewicht der Gase.

aerob, bei Anwesenheit von Sauerstoff lebend; Ggs.: anaerob.

Aerobic [ɛəˈrɔbɪk] *das,* Fitnesstraining, bei dem durch tänzer. und gymnast. Übungen der Umsatz von Sauerstoff im Körper verstärkt wird.

Aeroflot, Abk. **AER,** russ. Luftfahrtgesellschaft, gegr. 1923, Sitz Moskau.

Aetius, Flavius, röm. Feldherr und Staatsmann, * 390, † 454; schlug 451 Attila auf den Katalaun. Feldern.

AFC, Abk. für **A**utomatic **F**requency **C**ontrol, automat. Scharfabstimmung bei Radios.

Affekt *der,* heftige Gemütsbewegung.

Affen, Unterordnung der Herrentiere, umfasst die Tierarten, die dem Menschen am nächsten verwandt sind. Die meisten A. sind Baumbewohner. Hand und Fuß (Greiffuß) sind dem Klettern angepasst. Die A. leben gesellig in trop. Gebieten und sind vorwiegend Pflanzenfresser. Die **Altwelt-A.** oder **Schmalnasen** leben in Afrika, Gibraltar und Asien, z. B. Meerkatzen, Paviane, Makaken, Menschenaffen. Die **Neuwelt-A.** oder **Breitnasen,** z. B. Brüll-A., Kapuziner-A., Klammer-A., leben in Mittel- und Südamerika.

Affenbrotbäume, bis 20 m hohe Bäume mit flaschenförmigen, Wasser speichernden Stämmen. Der **Afrikan. A.** (Baobab) ist der charakterist. Baum der afrikan. Savanne.

Affidavit *das,* eidesstattl. Beurkundung, bes. im angelsächs. Recht als Beweismittel.

Affinität [lat. »Verwandtschaft«] *die,* ⚗ Bestreben von Atomen oder Atomgruppen, sich miteinander zu vereinigen oder umzusetzen.

Affix *das,* Ⓢ bei der Wortbildung vorangestellte (Präfix), eingeschobene (Infix) oder nachgestellte Silbe (Suffix).

Affront [aˈfrɔ̃ː], Kränkung, Beleidigung.

Afghane, Afghanischer Windhund, aus Afghanistan stammende schlanke, langhaarige Windhundrasse.

Theodor W. Adorno

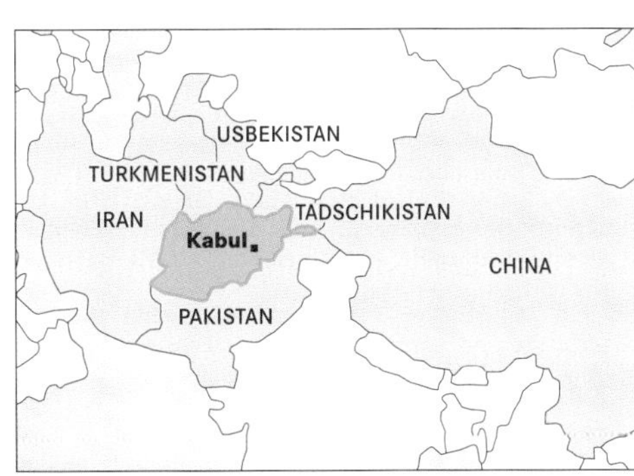

Afghanistan, Rep. in Zentral- und Vorderasien, 647 497 km², 19,1 Mio. Ew.; Hptst. Kabul. A. ist gebirgiges Binnenland, teilweise Steppe mit trockenem Kontinentalklima und spärl. Pflanzenwelt in den Gebirgen (Hindukusch, bis 7 500 m); größter Fluss ist der Helmand. Bev.: Paschtunen (Afghanen), Tadschiken, türk., mongol. und iran. Stämme. Staatsreligion: Islam. In den bewässerten Tälern Ackerbau und Obstbau, im Gebirge Viehzucht (Karakulschafe). Bodenschätze: Kohle, Lapislazuli, Erdöl, Erdgas. Ausfuhr: Karakulfelle, Obst, Baumwolle, Wolle, Teppiche, Erdgas. Die anhaltenden Kämpfe haben die Wirtschaft stark geschädigt. Geringe Verkehrserschließung, internat. ✈ in Kabul.

Geschichte. Seit dem 2. Jt. v. Chr. von iran. Stämmen besiedelt; im 10. und 11. Jh. n. Chr. war A. Mittelpunkt eines iran.-islam. Staates, im 16. und 17. Jh. zw. Persien und den Großmoguln aufgeteilt. Ein afghan. Reich wurde 1747 unter Ahmed Schah gegr., geriet unter engl. Einfluss, konnte aber seine Selbstständigkeit behaupten. 1919 erlangte es völlige Unabhängigkeit; 1919 bis 1973 Kgr., seither Rep. Nach einem kommunistisch orientierten Umsturz 1978 rebellierten weite

Afghanistan

Staatswappen

Staatsflagge

Internationales Kfz-Kennzeichen

Teile der Bev. gegen gesellschaftl. Veränderungen. Mit ihrem Einmarsch (Dez. 1979) suchte die UdSSR den Widerstand zu brechen. Muslim. Freiheitskämpfer (Mudjahedin) erzwangen 1989 den Abzug der sowjet. Truppen. Im April 1992 kam es zur Übergabe der Macht an eine Koalition der Mudjahedin, die jedoch schnell zerfiel. In heftigen Kämpfen, u. a. um und in Kabul, wurde A. in Einflusszonen verschiedener Stammesfürsten und Kriegsherren aufgeteilt. Exponenten der verfeindeten Gruppen sind u. a. Staatspräs. (seit Juni/Dez. 1992) B. Rabbani, Min.-Präs. (seit Juni 1993) G. Hekmatyar, im NO der usbek. General R. Dostom. 1994 bis Mitte 1997 brachten die radikal-fundamentalist. Taliban-Milizen nahezu das gesamte Staatsgebiet (einschließlich der Hauptstadt Kabul) unter ihre Kontrolle und errichteten in ihrem Herrschaftsbereich einen streng islam. ausgerichteten Staat.

AFL/CIO, Abk. für **A**merican **F**ederation of **L**abor/ **C**ongress of **I**ndustrial **O**rganizations, Dachorganisation der amerikan. Gewerkschaften.

AFP, Abk. für →**A**gence **F**rance-**P**resse.

Afra, Märtyrerin, † (verbrannt) um 304 unter Diokletian in Augsburg; Heilige (Tag: 7. 8.).

Afrika, Kontinent der Alten Welt, mit Inseln 30,3 Mio. km², umfasst $^1/_5$ der Landfläche der Erde, liegt beiderseits des Äquators; hafenarme Küste. Im NO hängt A. durch die Landenge von Suez mit Asien zusammen.

Landesnatur. Der größere nördl. Teil, im NW vom Atlas (bis 4165 m), im S von den Beckenlandschaften des Sudan begrenzt, wird vom Tafelland der Sahara durchzogen; im Südteil Hochländer (Sambesi-Hochland) und durch Schwellen begrenzte Beckenlandschaften (Kongo, Kalahari); im O eine Zone von Grabenbrüchen (Ostafrikan. Graben) und Vulkanen (Kilimandscharo 5895 m). – Hauptströme: In das Mittelmeer mündet der Nil; in den Ind. Ozean Sambesi und Limpopo; in den Atlant. Ozean Oranje, Kongo, Niger, Volta, Gambia und Senegal; Bewässerung und Energiegewinnung durch Stauanlagen am Volta (Akosombo), Sambesi (Kariba, Cabora Bassa), Nil (Assuan). In den Wüsten zahlreiche Trockentäler (Wadis, Riviere). – Der größte See A.s ist der Victoriasee im O; zu den abflusslosen Binnenseen gehört der Tschadsee.

Klima. Äquatoriale Tropenzone mit Regen zu allen Jahreszeiten bei geringen Temperaturschwankungen; im N und S angrenzend Zonen mit Wechsel von Regen- und Trockenzeiten; kaum oder wenig Niederschläge haben die Sahara, die Kalahari und die Namib an der W-Küste von Süd-A.; der N-Rand und Süd-A. zeigen subtrop. Einflüsse. Schnee fällt nur in den Hochgebirgen.

Pflanzenwelt. Immergrüner Regenwald im Kongobecken und in Guinea; nach N und S schließen sich aufeinander folgend Feucht-, Trocken- und Dornsavannen an; Sahara und Namib sind reine Wüsten; im subtrop. NW und S gibt es immergrünen Pflanzenwuchs.

Tierwelt. Reich an Großsäugern wie Elefant, Nashorn, Büffel, Zebra, Giraffe, Antilope; Raubtiere wie Löwe, Leopard, Schakal, Hyäne; viele Affenarten, Krokodil, Flusspferd, Strauß, Termiten. Haustiere: Rind, Esel, Schaf, Ziege, Kamel.

Bevölkerung. Rd. 682 Mio. Gesamt-Bev. In den Gebieten südl. der Sahara (Schwarz-A.) leben v. a. Schwarze (Bantu-, Sudanvölker), nördl. von ihnen (Weiß-A.) bes. Araber, Berber u. a. hamit. und semit. Völker, im O und SO auch Asiaten (Einwanderer). Die ältesten einheim. Völker sind die Buschmänner und Hottentotten im S und die Zwergvölker (Pygmäen) im trop. A. – 48,0 % der Bev. gehören dem Christentum, 40,8 % dem Islam, 10,3 % traditionellen afrikan. Religionen an.

Wirtschaft. A. ist weitgehend agrarisch strukturiert. Haupterzeugnisse der Landwirtschaft sind Erdnüsse, Bananen, Kakao, Palmöl, Sisal, Kaffee, Baumwolle.

Afrika
(staatliche Gliederung)

Staat (Jahr der Unabhängigkeit)	Fläche (in 1000 km²)	Ew. (in 1000)
Ägypten (1922)	1001	54842
Algerien (1962)	2382	26346
Angola (1975)	1247	9888
Äquatorialguinea (1968)	28	369
Äthiopien	1104	49941
Benin (1960)	113	4918
Botswana (1966)	582	1348
Burkina Faso (1960)	274	9513
Burundi (1962)	28	5458
Djibouti (1977)	22	542
Elfenbeinküste (1960)	322	10816
Eritrea (1993)	124	3040
Gabun (1960)	268	1237
Gambia (1965)	12	908
Ghana (1957)	239	15959
Guinea (1958)	246	6116
Guinea-Bissau (1974)	36	1006
Kamerun (1960)	475	12198
Kap Verde (1975)	4	337
Kenia (1963)	583	25230
Komoren (1975)	2	585
Kongo, Demokratische Rep. (1960)	2345	39882
Kongo, Republik (1960)	342	2368
Lesotho (1966)	30	1836
Liberia (1847)	111	2751
Libyen (1951)	1760	4875
Madagaskar (1960)	587	12827
Malawi (1964)	118	8556
Mali (1960)	1240	9818
Marokko (1956)	459	26318
Mauretanien (1960)	1031	2143
Mauritius (1968)	2	1098
Moçambique (1975)	800	14872
Namibia (1990)	824	1402
Niger (1960)	1267	8252
Nigeria (1960)	924	115664
Ruanda (1962)	26	7165
Sambia (1964)	753	8638
São Tomé und Príncipe (1975)	1	124
Senegal (1960)	197	7736
Seychellen (1976)	0	72
Sierra Leone (1961)	72,4	4376
Simbabwe (1980)	391	10402
Somalia (1960)	638	9204
Südafrika (1910)	1127	37218
Sudan (1956)	2506	26656
Swasiland (1958)	17	792
Tansania (1964)	945	27829
Togo (1960)	57	3763
Tschad (1960)	1284	5846
Tunesien (1956)	155	8401
Uganda (1962)	236	18674
Zentralafrikan. Republik (1960)	623	3170
Nichtselbstständige Gebiete		
Westsahara (von Marokko besetzt)	252	250
Großbritannien:		
St. Helena	0,12	6
British Indian Ocean Territory	0,05	1
Frankreich:		
Réunion	2,5	624
Mayotte	0,4	94
Jemen:		
Sokotra	3,6	80
Portugal:		
Madeira	0,8	272
Spanien:		
Kanarische Inseln	7	1615
Nordafrikanische Besitzungen	0,03	127

afrikanische Kunst. Terrakottakopf aus Nok

A. ist reich an Bodenschätzen. So werden in der Rep. Südafrika, in Namibia, Sambia, Simbabwe und der Demokrat. Rep. Kongo z. B. Gold, Diamanten, Platinmetalle, Antimon, Kupfer, Mangan und Chrom abgebaut. Erdölförderung in Nigeria, Algerien, Libyen. – Ausfuhr: Neben den landwirtschaftl. und Bergbauerzeugnissen werden auch Edelhölzer ausgeführt. Haupthandelspartner: EU-Staaten, USA.

Verkehr. Eisenbahnnetze bestehen nur in Nord- und Süd-A.; das Straßennetz wird ausgebaut, bed. Luftverkehr, daneben im Binnenverkehr Flussschifffahrt.

Geschichte. In A. stammen die ältesten Zeugnisse für das Auftreten des Menschen aus der Übergangszeit vom Tertiär zum Quartär (mehr als 2,5 Mio. Jahre: Olduvai, Tansania, Algerien). Im N bildeten sich versch. jungsteinzeitl. Kulturgruppen (Felsbilder in der Sahara). Mit der Vereinigung von Ober- und Unterägypten um 2800 v. Chr. beginnt die Geschichte des Pharaonenreiches (→Ägypten). Im Altertum galt A. als Teil Asiens, wozu auch das Reich der ägypt. Pharaonen gerechnet wurde. Seit dem 12. Jh. v. Chr. entfaltete sich die phönik. Stadt Karthago zu einer großen See- und Handelsmacht, bis sie im 3. und 2. Jh. v. Chr. den Römern erlag. Das röm. Kaiserreich umfasste alle Küstenländer N-Afrikas. Im 7. Jh. n. Chr. begann die Eroberung des größten Teils von Nord- und Ost-A. durch die muslim. Araber, deren Vorherrschaft bis in die Neuzeit dauerte. Am Niger lagen die drei bekanntesten afrikan. Reiche im Sudan: Gana, Mali und Songhai; an der westafrikan. Küste entstanden im Zusammenhang mit dem Sklavenhandel die Staaten Aschanti, Dahome, Yoruba und Benin. Im übrigen Schwarzafrika bestanden das Kongoreich, das Reich des Monomotapa in Simbabwe und die Himastaaten im O. Seit dem 15. Jh. setzte die systemat. Erschließung A.s ein: Die Portugiesen, dann auch die Niederländer, Briten, Franzosen und Dänen gründeten Handelsstützpunkte an den Küsten. Seit etwa Mitte des 19. Jh. erfolgte die Aufteilung A.s unter die europ. Kolonialmächte. Anfang des 20. Jh. stand mit Ausnahme von Äthiopien und Liberia ganz A. unter der Herrschaft der Weißen. Nach dem 2. Weltkrieg erlangten die afrikan. Völker im Rahmen der ehem. Kolonialgrenzen ihre Unabhängigkeit. – Gesamtafrikan. Probleme suchen die afrikan. Staaten in der →OAU zu lösen.

Afrikaans *das,* früher **Kapholländisch,** Sprache der Buren in der Rep. Südafrika.

afrikanische Kunst, die Kunst Schwarzafrikas. Zu den ältesten Zeugnissen zählen keram. Figuren aus Nigeria (zw. 500 v. Chr. und 200 n. Chr.). In die Frühphase der afrikanischen Kunst fallen die Plastiken (v. a. Bronzen) aus Nok, Ife und v. a. Benin. Porträthafte Züge tragen die Figuren im Kubareich (Kongo) und bei den Baule an der Elfenbeinküste. Neigung zur Abstraktion zeigen die Dogon, Kurumba, Bobo und Bambara in W-Afrika. Bes. zahlreich sind die Masken. Allg. Stilmerkmale der afrikanischen Kunst sind Unbewegtheit und eine Überbetontheit des Kopfes. Seit der Mitte des 20. Jh. entwickelten sich neben der stark zunehmenden Souvenirproduktion neue künstler. Formen und Inhalte, wobei vielfach naiv und figurativ gestaltete Alltagsszenen, Mythen u. a. hervorstechen.

Afrikanischer Nationalkongress, engl. **African National Congress** [ˈæfrɪkən ˈnæʃnl ˈkɔŋgrəs], Abk. **ANC,** 1912 gegr. südafrikan. Partei der Bantu, fordert soziale und polit. Gleichberechtigung, 1960 bis 1990 im Untergrund. Im Juli 1991 wurde N. Mandela zum Präs. gewählt. Seit 1992 Verhandlungen mit der (weißen) Regierung, die zur im Dez. 1993 verabschiedeten Verf. führten; 1994 Wahlsieg mit absoluter Mehrheit.

After, Anus, Ausmündung des Mastdarms.

Ag, chem. Symbol für →Silber (Argentum).

AG, Abk. für →Aktiengesellschaft.

a. G., auf Gegenseitigkeit (Versicherungen).

Aga, Agha, früherer türk. Titel für Offiziere und Beamte; Anrede: Herr.

Agadir, Hafenstadt in S-Marokko; 1960 durch Erdbeben fast völlig zerstört, 110 500 Ew.; Fischverarbeitung, Seebad.

ägäische Kultur, bronzezeitl. Kultur des 3. und 2. Jt. v. Chr. auf dem griech. Festland **(hellad.,** ihr folgend die **myken. Kultur),** den Inseln des griech. Archipels **(Kykladenkultur),** Kreta (nach dem sagenhaften König Minos: **minoische Kultur**) und an der Küste Kleinasiens (Troja). Zu ihrer Blüte kam sie auf Kreta seit 1550 v. Chr.: Paläste von Knossos, Phaistos, Mallia mit Höfen, Freitreppen. Wandmalerei, Bildhauerei kamen zu hoher Vollendung. Die myken. Kultur stand unter kret. Einfluss, zeigte aber in Burgen mit gewaltigen Mauerringen, Palästen, Kuppelgräbern (Schatzhaus des Atreus), in der Plastik eigene gestalter. Kraft.

Ägäisches Meer, Ägäis, Teil des Mittelmeers zw. Balkanhalbinsel und Kleinasien, 179 000 km^2, bis 2962 m tief, umschließt die **Ägäischen Inseln:** Kykladen, Sporaden und Dodekanes.

Aga Khan, religiöses Oberhaupt der Ismailiten, einer islam. (schiit.) Sekte; Karim al-Husaini Schah (* 1937) ist der 4. Aga Khan.

Agamemnon, griech. Sage: König von Mykene oder Argos, Sohn des Atreus, nach Homer griech. Oberfeldherr vor Troja, nach der Rückkehr auf Anstiften seiner Gattin Klytämnestra von Ägisth ermordet; Kinder: Orest, Iphigenie, Elektra.

Agamen, Echsen der warmen altweltl. Gebiete, z. B. der **Flugdrache** im trop. Asien.

Agamogonie *die,* ungeschlechtl. Vermehrung durch Zellteilung.

Agape *die,* **1)** Nächstenliebe als Forderung der christl. Ethik. – **2)** Liebesmahl im frühen Christentum.

Agar-Agar *der* oder *das,* Trockenprodukt aus Zellwänden versch. Rotalgen; Geliermittel, Nährboden für Bakterienzucht, Textilappretur u. a.

Agatha, sizilian. Märtyrerin, † um 250 unter Kaiser Decius; Heilige (Tag: 5. 2.).

Agave *die,* Pflanzengattung mit 300 Arten aus dem wärmeren Amerika; A. blühen nur einmal, oft erst nach vielen Jahren, und sterben dann ab. **Sisal-A.** liefern Fasern, andere Arten liefern Agavensaft zur Herstellung von Schnaps (z. B. Pulque).

afrikanische Kunst Kultstatuette der Bamum aus Kamerun

Blühende Sisal-**Agaven** im Hochland des westlichen Kenia

AGB, Abk. für →Allgemeine Geschäftsbedingungen.
Agen [aˈʒɛ̃], Hptst. des frz. Dép. Lot-et-Garonne, 32 200 Ew.; Obsthandel, Textilien.
Agence France-Presse [aˈʒɑ̃s frɑ̃sˈprɛs] *die,* Abk. **AFP,** frz. Nachrichtenagentur, gegr. 1944 als Nachfolger des **Bureau Havas.**
Agenda *die,* Merkbuch, Schreibtafel.
Agens *das,* wirkende Ursache, Triebkraft.
Agent, 1) svw. Spion. – **2)** selbstständiger Vertreter (Versicherungen, Presse, Künstler). – **3) politischer A.,** Person, die im Auftrag einer Reg., Partei oder polit. Gruppierung zur Herstellung von geheimen (oft auch illegalen) Verbindungen zu politisch Andersdenkenden tätig wird.
Agent provocateur [aˈʒɑ̃ prɔvɔkaˈtœ:r], Lockspitzel.
Agentur *die,* Geschäftsstelle, auch Vertretung für Künstler (v. a. von Film und Theater) sowie Autoren (literar. Agentur).
Agglomerat [lat. »Zusammengeballtes«] *das,* ⊕ Anhäufung meist eckiger, loser Gesteinstrümmer, bes. Lavabrocken.
Agglomeration *die,* Ballung von Bevölkerung und Ind. in Siedlungsräumen.
Agglutination *die,* ⚕ Verklebung, Zusammenballung von Krankheitserregern oder Blutkörperchen.
Aggregat *das,* **1)** ⚒ Verwachsung von Mineralien gleicher oder versch. Art. – **2)** √ mehrgliedrige algebraische Summe. – **3)** ⚙ Maschinensatz aus mehreren Teilen.
Aggregatzustand, Zustandsform eines Stoffes: fest, flüssig oder gasförmig sowie der Plasmazustand (→Plasma).
Aggression *die,* Angriffsverhalten. Die Psychoanalyse geht von einem **A.-Trieb** aus. Im Völkerrecht der Angriff auf einen anderen Staat. **Aggressivität,** Angriffsbereitschaft.
Ägide *die,* Schutz, Obhut, Schirmherrschaft.
Ägidius, frz. Abt, † um 723, einer der 14 Nothelfer; Heiliger (Tag: 1. 9.).
Agilolfinger, das älteste bayer. Herzogsgeschlecht, 788 entmachtet; 794 mit Tassilo III. erloschen.
Ägina, griech. Insel im Saron. Golf; frühgriech. Siedlungsreste, dor. Aphaiatempel im NO der Insel.
Agio [ˈa:dʒo], **Aufgeld,** Betrag, der über den Nennwert eines Wertpapiers oder die Parität einer Geldsorte hinausgeht; Ggs.: **Disagio** (Abschlag).
Ägisth, griech. **Aigisthos,** griech. Sage: aus dem fluchbeladenen Geschlecht des Tantalus; verführte Klytämnestra, die Gattin Agamemnons, den er ermordete, wofür ihn Orest erschlug.
Agitation, aggressive Werbung, meist für polit. Ziele. Der **Agitator** betreibt Agitation.
Agitprop, im kommunist. Sprachgebrauch: **Agit**ation und **Prop**aganda mit Mitteln der Kunst.
Agnaten *Pl.,* **1)** röm. Recht: die durch Geburt oder Adoption unter derselben väterl. Gewalt Stehenden. – **2)** Lehnsrecht: die männl. Blutsverwandten in männl. Linie **(Schwertmagen).**
Agnes, Märtyrerin in Rom, † 258/259 oder 304; Heilige (Tag: 21. 1.).
Agnon, Schmuel Josef, eigentl. J. S. **Czaczkes,** israel. Erzähler, * 1888, † 1970; erhielt 1966 den Nobelpreis für Literatur (mit N. Sachs). Er schrieb u. a.: »Gestern, Vorgestern« (1936), »Nur wie ein Gast zur Nacht« (1938/39).
Agnostizismus *der,* philosoph. Lehre, die die Erkennbarkeit von Wirklichkeiten, die nicht durch Erfahrung zugänglich sind, bestreitet.
Agnus Dei [lat. »Lamm Gottes«], **1)** Bez. Jesu und symbol. Darstellung als Lamm Gottes. – **2)** Bittruf zum Brotbrechen vor der Kommunion.
Agonie *die,* Todeskampf.
Agora *die,* griech. Volks- (auch Heeres-)versammlung, später auch der Versammlungsort, i. d. R. der Marktplatz der griech. Stadt.

Ägypten

Staatswappen

Staatsflagge

Internationales Kfz-Kennzeichen

Agoraphobie →Platzangst.
Agoult [aˈgu], Marie Catherine Sophie, Gräfin d'A., frz. Schriftstellerin, * 1805, † 1876; Lebensgefährtin von F. Liszt (1835 bis 1839), Mutter von Cosima Wagner.
Agra, Stadt in Uttar Pradesh, Indien, 770 000 Ew.; Univ.; Textil-, Lederind.; Perlmoschee, Grabmal →Taj Mahal. Die Festung aus rotem Sandstein gehört zum Weltkulturerbe.
Agraffe *die,* Schmuckspange.
Agram, dt. Name für →Zagreb.
Agrarpolitik, Landwirtschaftspolitik, staatl. Maßnahmen zum Schutz und zur Förderung der Landwirtschaft, z. B. Einfuhrzölle auf landwirtschaftl. Erzeugnisse, Preisstützung, Subventionen, Hebung von Produktivität und Wettbewerbsfähigkeit. In der EU wird die Weiterentwicklung der bäuerl. Struktur bei gleichzeitiger Verringerung der Überproduktion gefördert.
Agrarreform →Bodenreform.
Agrarstaat, Staat, dessen Wirtschaft überwiegend durch Land- und Forstwirtschaft bestimmt wird.
Agreement [əˈgri:mənt] *das,* Einverständnis, Vereinbarung (→Gentlemen's Agreement).
Agricola, 1) Georgius, eigentl. Georg **Bauer,** dt. Naturforscher, * 1494, † 1555; Begründer der Mineralogie, Metallurgie und Bergbaukunde. – **2)** Rudolf, niederländ. Frühhumanist, * 1444, † 1485; entwarf das Ideal des vielseitig gebildeten Menschen.
Agrigent, ital. **Agrigento,** Stadt an der S-Küste Siziliens, 54 600 Ew.; Schwefelgewinnung. Im Altertum bedeutende griech. Stadt **Akragas** mit dorischen Tempelruinen.
Agrikultur →Ackerbau.
Agrippa, Marcus Vipsanius, röm. Feldherr und Staatsmann, * 64/63, † 12 v. Chr.; Freund und Schwiegersohn des Augustus; siegte 31 v. Chr. bei Aktium; Erbauer des Pantheons in Rom.
Agrippa von Nettesheim, dt. Arzt, Theologe, Philosoph, * 1486, † 1535; bekämpfte die scholast. Wiss. und die Hexenprozesse.
Agrippina, A. die Jüngere, Gattin des Kaisers Claudius, den sie vergiften ließ; * 15 n. Chr., 59 n. Chr. auf Befehl ihres Sohnes Nero ermordet.
Agronom *der,* akadem. ausgebildeter Landwirt.
Agutis, Familie hasengroßer Nagetiere in Südamerika, z. B. der Goldhase.

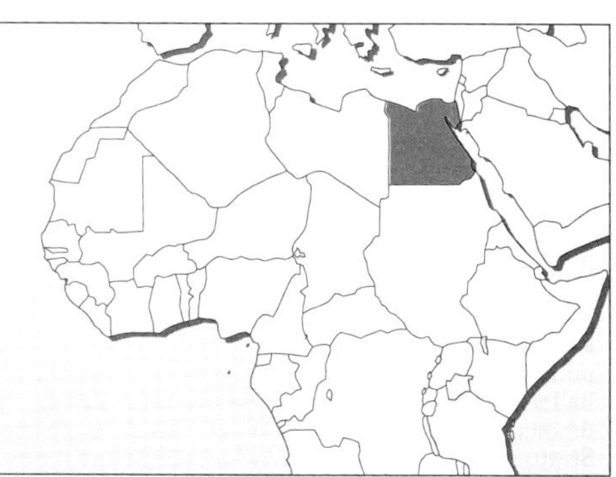

Ägypten, Rep. im NO Afrikas, rd. 1 Mio. km², davon rd. 35 600 km² bebautes Land, 54,8 Mio. Ew., Hptst. Kairo.
Ä. hat eine präsidiale Verf.; Gesetzgebungsorgan ist die Nationalversammlung, der Präs. hat ein Prüfungsrecht. Gouverneure stehen den 25 Verwaltungsgebieten vor.
Landesnatur. Ä. umfasst das fruchtbare Niltal mit Schwemmland als Hauptlebensraum; zw. Nil und Rotem Meer erstreckt sich die felsige Arab. Wüste, im W die Hochfläche der Libyschen Wüste, die ³/₄ des Lan-

Kunst aus **Ägypten.** 1,75 m hohe Sitzstatuette aus bemaltem Sandstein

des einnimmt; verbunden mit Asien durch die Landenge von Suez und die Sinai-Halbinsel.
Klima. Die Winter sind mild, die Sommer heiß und trocken; Staudämme (Assuan) ermöglichen die künstl. Bewässerung des Niltals.
Bevölkerung. Araber (Fellachen, Beduinen), Nubier, Europäer. 93% Muslime, knapp 7% Christen (Kopten). Staatsreligion: Islam.
Wirtschaft. Anbau von Weizen, Mais, Reis, Gerste, Zuckerrohr, Baumwolle, Gemüse; etwas Viehzucht; ⚒ auf Phosphate, Eisenerze, Erdöl, Erdgas. Ind.: Textilien, Nahrungsmittel, Maschinen, Chemikalien, Erdöl, Tabak, Eisen und Stahl; Ausfuhr: Baumwolle, Textilien, Bergbauprodukte; Einfuhr: Lebensmittel, Chemikalien, Rohstoffe, Maschinen. Das Niltal vom Deltagebiet bis Assuan ist verkehrsmäßig (Straße, Bahn, Binnenwasserstraße) gut erschlossen. Haupthäfen: Alexandria, Port Said, Suez (der Suezkanal ist eine wichtige Deviseneinnahmequelle).
Geschichte. Nach der Niederlage der letzten Ptolemäerin Kleopatra VII., d. Gr., gegen den späteren Kaiser Augustus war Ä. 30 v. Chr. bis 395 n. Chr. röm. Prov. Im 7. Jh. wurde Ä. von den Arabern erobert und dem Kalifenreich einverleibt. Im 10. bis 12. Jh. herrschten die Fatimiden, seit dem 13. Jh. die Mamelucken. 1517 wurde Ä. von den Türken erobert, die Mameluckenhäuptlinge (Beis; 1517 bis 1798) machten sich weitgehend unabhängig. Der ägypt. Feldzug Napoleons I. (1798 bis 1801) scheiterte. Der türk. Statthalter Mehmed Ali (1805 bis 1849) schuf sich eine fast unabhängige erbl. Herrschaft; seit 1867 wurden die Statthalter Khediven (Vizekönige) genannt. 1869 Eröffnung des Suezkanals; 1882 brit. Besetzung des Landes; 1883 Aufstand des Mahdi im Sudan; 1898 Niederwerfung des Aufstands durch die Briten und Abtrennung des Sudans von Ä. Im 1. Weltkrieg wurde Ä. brit. Protektorat, 1922 unter Fuad ein dem Namen nach unabhängiges Kgr., behielt aber eine brit. Besatzung, die 1936 auf die Suezkanalzone zurückgezogen wurde. König Faruk I. (seit 1936) wurde 1952 abgesetzt. 1956 räumte Großbritannien die Suezkanalzone. Das brit.-ägypt. Kondominat über den Sudan wurde 1955 beendet, der Sudan unabhängig. Die Verstaatlichung der Suezkanalgesellschaft 1956 löste einen Krieg zw. Israel, Großbritannien, Frankreich und Ä. aus; unter dem Druck der USA, der UNO und der UdSSR Rückzug der Gegner. 1967 besiegte Israel Ä. und eroberte die Sinai-Halbinsel. Der Krieg gegen Israel 1973 endete ohne Sieg mit einem Waffenstillstand. Im März 1979 unterzeichneten Ä. (Präs. A. as-Sadat, ermordet 1981) und Israel (Min.-Präs. M. Begin) einen von den anderen arab. Staaten nicht anerkannten Friedensvertrag, der u.a. den Rückzug Israels von der Sinai-Halbinsel beinhaltete. Während des Golfkriegs 1991 unterstützte Ä. unter H. Mubarak (Präs. seit Okt. 1981) die multinat. Streitkräfte gegen den Irak. Seit 1993 zunehmend Terroranschläge islam. Fundamentalisten gegen die staatl. Ordnung.
ägyptische Kunst. Nach den Megalithkulturen ist die ä. K. die erste, die mächtige Bauten aus behauenem Naturstein errichtete. Hauptwerke: (3. Jt. v. Chr., Altes Reich) Pyramiden, Totentempel (2. Jt., Mittleres Reich), Göttertempel, Felsengräber. Einzigartiges schufen gleichzeitig auch die Bildhauer (Figuren von Göttern, Königen, Sphingen, Tieren; Reliefs) und Maler, die in der Kunst von Amarna (Neues Reich) zu einem erstaunl. Realismus kamen. Bedeutend war auch das Kunstgewerbe: Möbel, Alabastergefäße, Steinschneidekunst, Goldschmuck. – Auch Wiss. und Technik erreichten teilweise (Astronomie, Mathematik, Medizin) einen hohen Entwicklungsstand.
Ahab, König von Israel (873 bis 853 v. Chr.), führte Israel zur Großmacht; duldete gegen den Widerstand u.a. des Elias den phönik. Baalkult.
Aha-Erlebnis, (nach dem Psychologen K. Bühler) ein befreiendes Erlebnis bei plötzl. Erkennen eines lange gesuchten Zusammenhangs.
Ahaggar, Gebirge und Volksstamm (der Tuareg) in der südalger. Sahara.
Ahasverus → Ewiger Jude.
Ahlbeck, Ostseebad in Meckl.-Vorp., auf Usedom, 5300 Einwohner.
Ahlen, Ind.stadt in NRW, im Münsterland, 52800 Ew.; Kohlenbergbau; Metallindustrie. 1947 **Ahlener Programm** der rheinisch-westfäl. CDU (u.a. Mitbestimmung, Sozialisierung von Großbetrieben).
Ahmadabad, Stadt in Gujarat, W-Indien, 3,3 Mio. Ew.; Moscheen, Grabmäler; Univ., Baumwollindustrie.

Kunst aus **Ägypten.** Die Pyramide des Königs Chephren (4. Dynastie) mit Sphinx und Sphinxtempel bei Giseh

Daten zur altägyptischen Geschichte
Die ägyptischen Dynastien mit den bedeutendsten Königen

Frühzeit		
1. Dynastie		um 2900-2760
2. Dynastie		um 2760-2620
Altes Reich		
3. Dynastie	Residenz Memphis; Djoser: erste Pyramide Snofru, Cheops, Chephren, Mykerinos	um 2620-2570
4. Dynastie	u.a.: Pyramiden von Dahschur und Giseh Userkaf, Sahure, Unas: Pyramiden von Sakkara	um 2570-2460
5. Dynastie	Teti, Pepi I. und II.: Pyramiden von Sakkara	um 2460-2320
6. Dynastie		um 2320-2150
7./8. Dynastie		um 2150-2100
Erste Zwischenzeit		
9./10. Dynastie	Residenz Herakleopolis	um 2100-2040
Mittleres Reich		
11. Dynastie	Residenz Theben; Mentuhotep	2040-1991
12. Dynastie	Amenemhet I.-III., Sesostris I.-III.: Pyramiden zw. Sakkara und dem Becken von Al Faijum	1991-1785
13./14. Dynastie		1785-1650
Zweite Zwischenzeit		
15./16. Dynastie	Hyksos	1650-1540
17. Dynastie	Residenz Theben	1650-1551
Neues Reich		
18. Dynastie	Amosis I., Amenophis I.-IV., Thutmosis I.-IV., Hatschepsut, Tut-ench-Amun, Eje, Haremheb: Residenz Theben, Königsgräber	1551-1305
19. Dynastie	Sethos I., Ramses I. und II., Merenptah: Residenz im Ostdelta, Königsgräber in Theben	1305-1186
20. Dynastie	Ramses III.-XI.	1186-1080
Dritte Zwischenzeit		
21. Dynastie	Gottesstaat in Theben	1080-945
22./23. Dynastie	Libyer: Osorkon I. und III., Scheschonk I. und II., Takelothis I.	945-715
24. Dynastie	im Delta: Tefnacht, Bokchoris	725-712
Spätzeit		
25. Dynastie	Kuschiten: Schabaka, Taharka	715-664
26. Dynastie	Psammetich I.-III., Necho II., Apries, Amasis (Amosis II.)	664-525
27. Dynastie	erste Perserherrschaft	525-404
28. Dynastie		404-399
29. Dynastie		399-380
30. Dynastie	Nektanebos I. und II.	380-342
31. Dynastie	zweite Perserherrschaft	342-332
Alexander der Große		332-323
Dynastie der Ptolemäer		323-30

Ähnlichkeit, √ Gleichheit der Form von Figuren bei unterschiedl. Größe (Zeichen ~); liegt vor, wenn entsprechende Winkel und entsprechende Seitenverhältnisse gleich sind.

Ahorn, Holzgewächse auf der Nordhalbkugel mit geflügelten Spaltfrüchten und meist gelappten Blättern. Mitteleurop. Arten: **Berg-A., Spitz-A., Feld-A.** Aus dem nordamerikan. **Zucker-A.** wird Sirup gewonnen.

Ahr *die,* linker Nebenfluss des Rheins aus der Eifel, 89 km lang, mündet bei Sinzig; Weinbau.

Ähre, Blütenstand mit an einer Achse sitzenden ungestielten Einzelblüten. Die Ä. der Getreidearten ist ein zusammengesetzter Blütenstand, dessen Teilblütenstände **Ährchen** heißen.

Ahrensburg, Stadt nordöstlich von Hamburg, Schlesw.-Holst., 27 500 Ew.; Renaissanceschloss.

Ahriman, altiran. Geist des Bösen.

Ahura Masda, Ormuzd, höchster Gott und Weltschöpfer in der altiran. Religion.

Ahwas, Ahvaz, Hptst. der Prov. Khusistan, SW-Iran, 580 000 Ew.; Univ., Erdölfeld.

Ai *das,* südamerikan. Dreifingerfaultier.

Aibling, Bad A., Moorheilbad in Oberbayern, 12 600 Einwohner.

Aichach, Krst. in Bayern, 16 200 Ew., spätgot. Pfarrkirche; Industrie. Bei A. Ruine der 1209 zerstörten Stammburg der Wittelsbacher.

Aichinger, Ilse, dt. Schriftstellerin, * 1921; Erzählungen, Hörspiele, oft visionär gestaltet; Mitgl. der »Gruppe 47«; ⚭ mit Günter Eich († 1972).

Aide-mémoire [ɛdme'mwar] *das,* Niederschrift einer mündl. Erklärung (im diplomat. Verkehr).

Aids, Abk. für engl. Acquired immune deficiency syndrome (»erworbenes Immundefekt-Syndrom«), durch Viren (→ HIV) hervorgerufene Abwehrschwäche (erstmals 1981 beschrieben), die zum Zusammenbruch des körpereigenen menschlichen Abwehrsystems führt. Die Übertragung geschieht durch Körpersekrete: Sperma, Blut, Blutprodukte (z. B. bei Transfusionen), auch von der infizierten Mutter auf das ungeborene Kind. Nachweisbare Antikörper lassen sich erst 4 bis 7 Wochen nach Ansteckung feststellen. Waren zunächst v. a. Risikogruppen (Homosexuelle, Bluter, Heroinabhängige) betroffen, tritt die Krankheit jetzt immer häufiger bei Heterosexuellen auf. Eine spezif. Therapie wurde noch nicht gefunden; empfohlen werden die Benutzung von Kondomen, Einwegspritzen, häufige und schärfere Kontrollen bei Blutspenden. Der Weltgesundheitsorganisation (WHO) waren 1994 rd. 900 000 HIV-Erkrankte gemeldet. Nach ihren Schätzungen beläuft sich die Zahl der Infizierten weltweit auf etwa 22,6 Millionen.

Aikido, jap. Selbstverteidigungskunst, nutzt die Kraft des Gegners aus.

Ainu [»Menschen«] *Pl.,* Selbstbezeichnung eines altasiat. Volks auf Hokkaidō, Japan, früher auch auf Kamtschatka, Sachalin und den Kurilen, gelten als Randgruppe der Europiden.

Air [ɛ:r] *das,* Melodie, Weise, Lied.

Aïr, Gebirgsmassiv in der S-Sahara, von Tuareg bewohnt, Hauptort Agadès; Uranbergbau. Die Oasenlandschaft des A. gehört zum Weltkulturerbe.

Airbag ['ɛəbæg], bei einem Aufprall sich selbsttätig aufblasender Luftsack zum Insassenschutz im Pkw.

Airbus ['ɛ:rbʊs], Sammelbezeichnung für versch. europ. Großraumflugzeuge für Kurz- und Mittelstrecken, von in den **A. Industries** (Toulouse) zusammengeschlossenen frz., dt., engl. und span. Firmen gebaut, seit 1975 im Einsatz.

Airedaleterrier ['ɛədeɪl-], lebhafte Hunderasse, braungelb mit schwarzen Pfoten.

Airolo, Gemeinde im Kt. Tessin, Schweiz, 1 700 Ew.; S-Ausgang des Gotthardtunnels.

Aischa, einflussreiche Lieblingsfrau Mohammeds, Tochter des Abu Bekr, * um 613/614, † 678.

Ais|chylos, griech. Dichter, * 525, † 456 v. Chr.; eigentl. Schöpfer der abendländ. Tragödie. Von 90 Dramen sind nur 7 erhalten (u. a. die Orestie: »Agamemnon«, »Choephoren« und »Eumeniden«, »Perser«, »Gefesselter Prometheus«).

Aisne [ɛ:n] *die,* linker Nebenfluss der Oise in Frankreich, 280 km lang.

Aix-en-Provence [ɛksãprɔ'vãs], Stadt in S-Frankreich, 126 800 Ew., Erzbischofssitz, Univ.; altes Heilbad; Wein-, Oliven- und Mandelkulturen; zahlreiche Paläste und Kirchen, berühmter Kreuzgang aus dem 11. Jh.; Musikfestspiele. – 102 v. Chr. schlug hier Marius die Teutonen (**Aquae Sextiae**).

Aix-les-Bains [ɛksle'bɛ̃], Stadt in Savoyen, Frankreich, 24 800 Ew., seit der Römerzeit Badeort, Wintersportort.

Ajaccio [a'jattʃo], Hptst. der frz. Insel Korsika, 59300 Ew.; Winterkurort, Hafen; Geburtsort Napoleons I.

Ajanta [-dʒ-], buddhist. Höhlenanlage in N-Indien, 1. Jh. v. Chr. und 5. bis 7. Jh. n. Chr., mit reich gegliedertem plast. Schmuck; von der UNESCO zum Weltkulturerbe erhoben.

Ajatollah, religiöser Führer der Schiiten.

Ajmer [ædʒ'mɪə], Stadt in Rajasthan, Indien, 402000 Ew.; Prachtbauten: Palast Akbars, Hofmoschee. Bedeutende muslim. Pilgerstätte.

Ajtmatow, Aitmatow, Tschingis, russ.-kirgis. Schriftsteller, * 1928; verbindet in seiner Prosa Poesie mit zeitgenöss. Problematik (Erz. »Dshamila«, 1958).

Akaba, Stadt am **Golf von A.,** der Bucht des Roten Meeres zw. Sinai und Arabien, einziger Hafen Jordaniens, 33000 Einwohner.

Akademie *die,* **1)** von Platon 385 v. Chr. gegr. Philosophenschule in einem nordwestl. von Athen gelegenen Heiligtum; 529 n. Chr. geschlossen. – **2)** Vereinigung von Gelehrten zur Förderung der Wiss.; z. B. Académie française, Leopoldina, Preuß. A. der Wiss. Berlin (von Friedrich III. 1700 gestiftet, 1946 bis 1972 Dt. A. zu Berlin, 1972 bis 1990 A. der Wiss. der DDR, 1991 aufgelöst), Göttinger A. der Wiss. (gegr. 1751 durch A. v. Haller), Bayer. A. der Wiss., München (1759), Sächs. A. der Wiss., Leipzig (1846), A. in Wien (1847), Heidelberger A. (1909), A. der Wiss. und Literatur in Mainz (1949). – **3)** Name für versch. Hochschulen und höhere Fachschulen in Dtl., z. B. Berg-A., A. für bildende Kunst, für Musik.

akademische Freiheit, von W. v. Humboldt (anlässl. der Gründung der Univ. Berlin) geprägter Begriff für die Freiheit des Forschens, Lehrens und Lernens; existiert heute nur noch mit Einschränkungen (Numerus clausus, Studienordnungen).

akademische Grade, von Hochschulen und Fachhochschulen nach vollendetem Studium verliehene Titel, z. B. → Diplom, → Magister Artium, → Doktor.

Akan, afrikan. Stammes- und Sprachgruppe in W-Afrika.

Akanthus *der,* **1) Bärenklau,** staudige Pflanzengattung mit weißen, blassvioletten oder bläul. Blüten; in trockenen Gebieten Asiens und Afrikas und am Mittelmeer. – **2)** ⌂ nach dem A.-Blatt gebildetes Pflanzenornament, z. B. am korinth. Kapitell.

Akazie, baum- und strauchförmige Gattung der Mimosengewächse in wärmeren, trockenen Gebieten. Einige afrikan. und austral. Arten liefern Gummi, Gerbstoff.

Akbar [arab. »der Große«], Großmogul von Indien, * 1542, † 1605; Blütezeit des Mogulreichs; versuchte Islam und Hinduismus zu verbinden.

Akazie (links) und **Akelei** (rechts)

Akelei *die,* Gattung der Hahnenfußgewächse mit fünfsporigen Blüten.

Akihito, Kaiser von Japan, * 1933; heiratete 1959 Shōda Michiko, folgte seinem 1989 verstorbenen Vater Hirohito auf dem Thron.

Akita, jap. Hafenstadt auf Honshū, 294000 Ew., Univ., Erdölraffinerie.

Akkad, ehem. Hptst. (2300 bis 2100 v. Chr.) des **Reichs von A.** in N-Babylonien, Vorläuferin Babylons; nach ihr werden die Bev. und die Sprache Altbabyloniens als **akkadisch** bezeichnet.

Akklamation *die,* Zuruf; Wahl durch Zuruf, im MA. z. B. bei Königswahlen.

Akklimatisation *die,* Anpassung an veränderte klimat. Bedingungen, z. B. bei Reisen.

Akko, Stadt in N-Israel, 40000 Ew., maler. Altstadt; ehemals wichtige Hafenstadt in Palästina, 1191 bis 1291 Hauptsitz der Kreuzfahrer.

Akkommodation *die,* Anpassung, bes. die Einstellungsfähigkeit des Auges auf verschieden unterschiedl. Entfernungen.

Akkord *der,* **1)** 𝄞 Verbindung von mindestens 3 Tönen zu einem Zusammenklang (→ Dreiklang). – **2) politischer A.,** Bezahlung nach Leistungseinheiten, meist **Stücklohn.**

Akkordeon *das,* 1829 in Wien entwickeltes Harmonika-Instrument mit feststehenden, durch Knopfdruck (bis 140 Knöpfe) ausgelösten Akkorden auf der (linken) Bass- oder Begleitseite und mit verkleinerter Klaviertastatur auf der (rechten) Diskant- oder Melodieseite. Die Töne werden durch frei schwingende Zungen erzeugt, die von Zug und Druck des Blase- oder Faltenbalgs bewegt werden.

akkreditieren, 1) beglaubigen (einen Gesandten). – **2)** eine Bank anweisen, einem Dritten auf Abfordern Geldbeträge bis zu einer bestimmten Gesamthöhe auszuzahlen. Das **Akkreditiv** ist die darüber ausgestellte Urkunde.

Akkumulation *die,* Anhäufung, Speicherung.

Akkumulator *der,* **1)** ⚡ Abk. **Akku,** Sammler, dient zum Speichern elektr. Energie in Form von chem. Energie. Meist verwendet wird der **Blei-A.:** In ein Bleigitter wird für die positive Elektrode Bleidioxid, für die negative Elektrode fein verteiltes, poröses Blei gepresst; Elektrolyt ist verdünnte Schwefelsäure. Beim Entladen liefert der A. Gleichstrom (Nennspannung 2 Volt), auf beiden Platten wird Bleisulfat gebildet, die Säuredichte fällt. Beim Laden mit Gleichstrom verläuft der Vorgang in umgekehrter Richtung. Fassungsvermögen (Kapazität) wird in Amperestunden (Ah) gemessen und hängt von der Plattengröße ab. Stromausbeute etwa 90%, Energieausbeute etwa 75%. Für höhere Spannungen werden Zellen zu **A.-Batterien** hintereinander geschaltet; z. B. ergeben 6 Zellen hintereinander in Kraftfahrzeugen 12 V. Robuster, aber weniger leistungsfähig sind **Nickel-Eisen-A.** und **Nickel-Cadmium-A.** Neuentwicklungen wie der **Natrium-Schwefel-A.** oder die **Lithiumchloridzelle** verwenden feste Ionenleiter oder Salzschmelzen als Elektrolyt und zielen auf eine höhere Speicherkapazität und längere Lebensdauer. (BILD S. 22) – **2) hydraul. A.,** Druckwasserspeicher zum Betrieb von Arbeits- und Kraftmaschinen. – **3)** ⚙ Ergebnisregister von Rechenanlagen. BILD S. 22

Akkusativ *der,* **Wenfall,** 4. Fall in der Deklination (Beugung), bezeichnet die Sache oder Person, auf die sich eine Tätigkeit richtet.

Akmola, bis 1992 **Zelinograd,** Gebietshptst. in Kasachstan, 277000 Ew.; Maschinenbau.

Akne *die,* Hauterkrankung, v. a. als **A. vulgaris** in der Pubertät; Pusteln durch Verstopfung von Talgdrüsenausgängen.

Akosombo, Ort, Staudamm und Kraftwerk am Volta in Ghana.

Ajaccio
Stadtwappen

Tschingis Ajtmatow

Akihito

Akanthus
Bärenklau

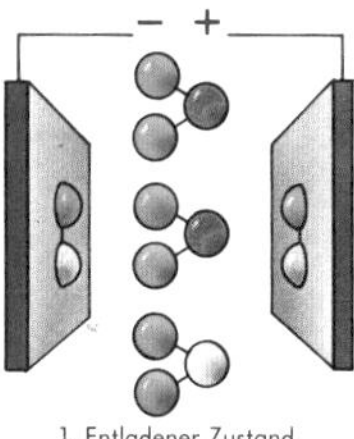

1. Entladener Zustand

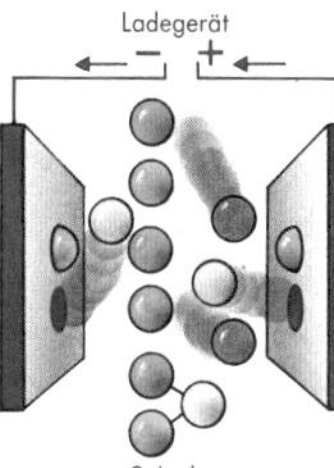

2. Laden

– +

3. Geladener Zustand

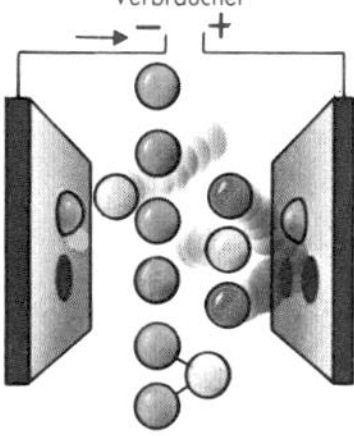

4. Entladen

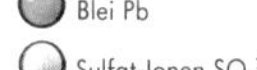

Elektrochemische Vorgänge in einem Blei-**Akkumulator**

AKP-Staaten, die Entwicklungsländer (insgesamt 70) aus Afrika, der **K**aribik und dem **P**azifik, die mit der EU durch die Abkommen von Lomé assoziiert sind.

Akquisition *die,* Kundenwerbung durch Vertreter **(Akquisiteur),** v. a. im Anzeigengeschäft.

Akromegalie *die,* ⚕ nach Abschluss des normalen Wachstums einsetzende Vergrößerung (Hände, Füße, Nase) infolge einer Erkrankung der Hypophyse.

Akronym *das,* Kurzwort aus den Anfangsbuchstaben mehrerer Wörter, z. B. NATO (aus **N**orth **A**tlantik **T**reaty **O**rganisation).

Akropolis [griech. »Oberstadt«] *die,* hoch gelegener, befestigter Teil vieler antiker griech. Städte; z. B. die A. von Athen mit ihren Tempeln.

Akrostichon *das,* Gedicht, in dem die Anfangsbuchstaben, -silben oder -worte der einzelnen Verse einen Namen oder Spruch ergeben.

Aksum, Stadt in Äthiopien, 20 000 Ew.; ehem. Krönungsstadt der äthiop. Kaiser. Die Ruinen der Palastanlage gehören zum Weltkulturerbe.

Akt, 1) Handlung, Vorgang. – **2)** Aufzug des Bühnenstücks im Schauspiel. – **3)** Darstellung des nackten menschl. Körpers.

Aktaion, Gestalt der griech. Sage: wird von Artemis, die er beim Baden beobachtete, in einen Hirsch verwandelt und von den eigenen Hunden zerrissen.

Akti|e *die,* Anteil, Teilbetrag des Grundkapitals einer Aktiengesellschaft; auch die Urkunde, die die Rechte des Inhabers **(Aktionär)** verbrieft. Die A. ist ein Wertpapier und wird i. d. R. an der Börse gehandelt. Der dort erzielte Preis ist der **Aktienkurs;** mehrere A. einer AG in einer Hand bilden ein **Aktienpaket.**

Akti|engesellschaft, Abk. **AG,** eine Handelsgesellschaft, deren Gesellschafter **(Aktionäre)** mit Einlagen auf das in **Aktien** zerlegte Grundkapital (mindestens 100 000 DM) beteiligt sind, ohne persönl. für die Verbindlichkeiten der A. zu haften. Organe: **Vorstand** (vom Aufsichtsrat bestellt; Aufgaben: Geschäftsführung, Vertretung der A.), **Aufsichtsrat** (bei Betrieben mit über 2 000 Arbeitnehmern paritätische Mitbestimmung: gleichmäßige Beschickung des Aufsichtsrats durch Vertreter der Anteilseigner und der Arbeitnehmer, seit 1976; Aufgaben: Überwachung der Geschäftsführung), **Hauptversammlung** der Aktionäre (alljährl. Entlastung von Vorstand und Aufsichtsrat, Beschluss über Gewinnverteilung, → Dividende, gegebenenfalls Satzungsänderung). – Aktiengesetz vom 6. 9. 1965.

Akti|enindex, eine Durchschnittsberechnung von Aktienkursen, zeigt die Kursentwicklung an.

Aktinometrie *die,* Messung einer Lichtstrahlung.

Aktion Sorgenkind, Hilfsaktion für behinderte Kinder, gegr. 1964 vom ZDF und Spitzenverbänden der freien Wohlfahrtspflege; finanziert durch Spenden und die Erlöse der Fernsehlotterie »Der Große Preis«.

Aktionsradius, Wirkungsbereich, Reichweite; bei Fahrzeugen die ohne Ergänzung des Kraftstoffvorrats mögl. Fahrstrecke.

Aktionsstrom, eine elektr. Begleiterscheinung körperl. Vorgänge; bes. der bei Tätigkeit von Nerven, Gehirn, Muskeln, Herz ableitbare Strom.

Aktiv, Aktivum *das,* Ⓢ Tätigkeitsform des → Verbs.

Aktiva *Pl.,* Vermögenswerte eines Unternehmens im Ggs. zu den Schulden **(Passiva),** stehen auf der (linken) Aktivseite der Bilanz.

Aktivgeschäft, Bankgeschäft, bei dem die Bank Kredite an Dritte gewährt.

Aktivierungs|energie, zum Einleiten einer chem. Reaktion benötigte Energie.

Aktivismus *der,* Tätigkeitsdrang, zielbewusstes Handeln.

Aktivkohle, stark adsorbierende Kohle, dient häufig zur Reinigung von Flüssigkeiten und Gasen.

Aktor *der,* ⚡ Wandler, der elektr. Signale in andere physikal. Größen umsetzt.

Akupressur *die,* ⚕ Heilmethode, bei der durch leichten Druck der kreisenden Fingerspitzen auf die den jeweiligen Organen zugeordneten Körperpunkte Schmerzlinderung erreicht wird.

Akupunktur *die,* ⚕ altes Verfahren der chin. Heilkunde; zur Erkennung und Heilung von Krankheiten und zur Schmerzausschaltung werden feine Metallnadeln an bestimmten Hautstellen eingestochen; Reiztherapie bes. bei Rheumatismus, Neuralgien, Migräne, Asthma.

Akustik *die,* Teilgebiet der Physik, die Lehre vom → Schall.

Akustikkoppler, 🖳 Gerät zur Datenfernübertragung z. B. zw. Computern über das Telefonnetz. Der Telefonhörer wird hierzu auf den A. gelegt.

akut, 1) plötzlich auftretend, vordringlich. – **2)** ⚕ rasch, heftig verlaufend; Ggs.: chronisch.

Akzeleration *die,* **1)** ☼ nichtperiod. Änderung der Mondbewegung (in 100 Jahren um 8″). – **2)** ⚕ Beschleunigung der Entwicklungsvorgänge bei Jugendlichen.

Akzent *der,* **1)** Betonung, Hervorheben einer Silbe im Wort oder eines Wortes im Satz durch lautl. Mittel. – **2)** diakrit. Zeichen, das in Schrift oder Druck eine bestimmte Aussprache oder Betonung angibt. – **3)** Tonfall, Aussprache, Sprachmelodie.

Akzept *das,* Anerkennung der in einem Wechsel ausgesprochenen Zahlungsaufforderung durch den Bezogenen **(Akzeptant).**

Akzeptanz *die,* Bereitschaft, etwas zu billigen.

Akzeptor *der,* Fremdatom in einem → Halbleiter, das ein Valenzelektron weniger als die Atome des Halbleiters aufweist; dieser wird dadurch p-leitend.

akzessorisch, hinzukommend; nebensächlich.

Al, chem. Symbol für Aluminium.

Alabama, Abk. **Ala.,** Bundesstaat im SO der USA, 133 915 km², 4,06 Mio. Ew., davon 30 % Schwarze; Hptst. Montgomery. Den größten Teil des Landes bildet die z. T. versumpfte Golfküstenebene. Anbau von Mais, Erdnüssen, Sojabohnen und Baumwolle; ⚒ auf Kohle, Eisenerz, Erdöl- und Erdgasförderung; Stahl-, chem. Ind.; Raumfahrtforschung. Haupthafen: Mobile.

Alabama Flagge

Chinesische **Akupunktur**-Karte aus der Ming-Zeit

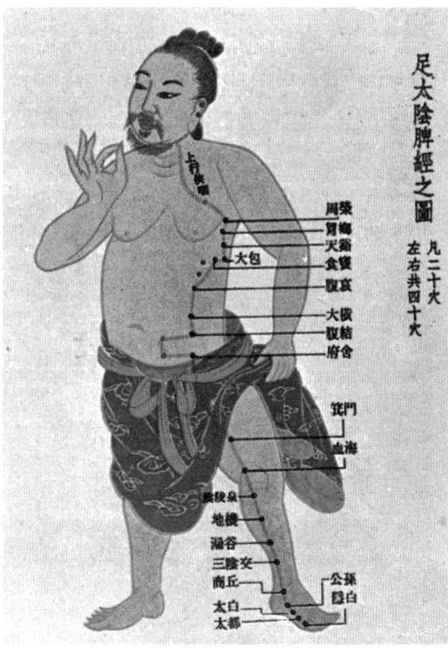

Alabaster *der,* feinkörnige, durchscheinende Art des Gipses, weiß, rot oder grau.

Alaigebirge, Hochgebirge in Kirgistan und Tadschikistan, am N-Rand des Pamir, bis 5539 m.

Alain-Fournier [alɛ̃fur'nje], Henri, eigentl. Henri-Alban **Fournier,** frz. Schriftsteller, * 1886, † 1914; schrieb u. a. den symbolist. Roman »Der große Kamerad«.

Alamo ['æləməʊ], ehem. Missionsstation von San Antonio (Texas), die im texan. Unabhängigkeitskampf 2 Wochen lang gegen eine mexikan. Übermacht verteidigt wurde; Nationaldenkmal.

Åland|inseln ['o:land-], autonome finn. Inselgruppe in der Ostsee, Hauptort Mariehamn; überwiegend schwed. Bev., Amts- und Schulsprache Schwedisch.

Alanen, iran. Reitervolk nördl. des Kaukasus, um 350 von den Hunnen unterworfen und nach W gedrängt; drangen mit den Wandalen bis nach Spanien vor. Von den A. stammen die → Osseten ab.

Alanya, türk. Stadt an der Mittelmeerküste, 22 200 Ew.; Seebad. Burgberg, Bauten aus seldschuk. Zeit.

Alarich I., König der Westgoten, * um 370, drang auf seinen Eroberungszügen in Makedonien und Griechenland seit 401 in Italien ein, eroberte Rom, starb 410 in Unteritalien und wurde im Busento begraben (Gedicht von A. v. Platen).

Alarm [ital. »zu den Waffen!«] *der,* **1)** plötzlich angeordnete Marsch- oder Gefechtsbereitschaft. – **2)** Gefahrmeldung.

Alaska, Abk. **Alas.,** größter Bundesstaat der USA, im NW Kanadas, 1,53 Mio. km², 550 000 Ew., davon mehr als $^1/_6$ Eskimo und Indianer; Hptst. Juneau; größte Städte: Anchorage (226 500 Ew.) und Fairbanks (31 000 Ew.). Im S die A.-Kette (im Mount McKinley 6 193 m), Hauptfluss ist der Yukon (3 700 km). Erzeugnisse: Lachs, Pelze, Holz, Papier, Gold, Kupfer, größte Erdöllagerstätten Nordamerikas; A.-Pipeline zum eisfreien Hafen Valdez; die Verkehrserschließung ist noch gering, A.-Highway (1942 gebaut) von Dawson Creek (NW-Kanada) nach Fairbanks. Wichtig ist der Luftverkehr. – 1867 kauften die USA A. von Russland.

Alassio, Hafenstadt und Seebad in Italien, am Golf von Genua (Riviera di Ponente), 12 800 Ew.; meteorolog. Observatorium.

Alaun *der,* Doppelsalz aus Kaliumsulfat und Aluminiumsulfat; zum Gerben, als Beizmittel in der Färberei und zum Blutstillen verwendet.

Alb *der,* Elfe.

Alb, *die,* Teil von landschaftl. Namen, z. B. Schwäbische Alb.

Alb *der,* nächtl. Dämon, der den **Albdruck** oder **Albtraum** verursachen soll.

Alba, Fernando **Álvarez de Toledo,** Herzog von A., span. Feldherr und Staatsmann, * 1507, † 1582; entschied 1547 durch den Sieg bei Mühlberg/Elbe im Wesentlichen den Schmalkald. Krieg für Kaiser Karl V., war 1567 bis 1573 Statthalter der Niederlande, wo er gegen den Protestantismus und die Stände einschritt (Hinrichtung Egmonts). Sein Gewaltregiment führte zum Abfall der N-Prov. unter Wilhelm von Oranien.

Albacete [alβa'θete], span. Prov.-Hptst. in Kastilien, 130 000 Ew.; barockes Stadtbild.

Alba Longa, der älteste Hauptort des latin. Stammesbundes, am Ausfluss des Albaner Sees gelegen, heute Castel Gandolfo; der Sage nach von Ascanius, dem Sohn des Äneas, gegr., von den Römern schon um 640 v. Chr. zerstört.

Albaner, Skipetaren, Nachkommen thrakisch-illyr. Stämme mit indogerman. Sprache, in Albanien (Tosken im S, Gegen im N), Kosovo, S-Italien, Makedonien, N-Griechenland.

Albaner Berge, ringförmiges vulkan. Bergland südöstl. von Rom mit dem **Albaner See,** alte Kulturlandschaft.

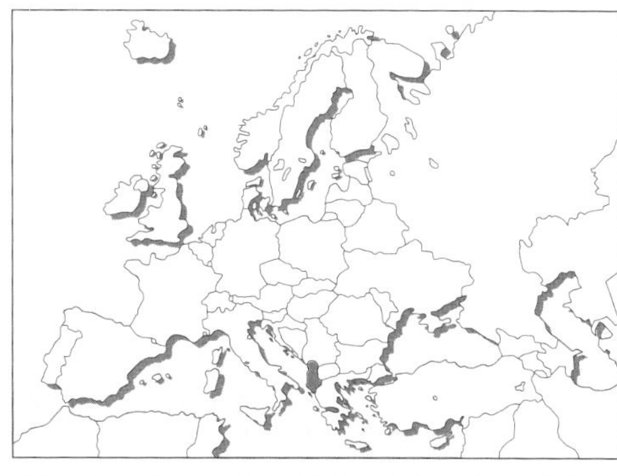

Albani|en, Rep. auf der Balkanhalbinsel, am Adriat. Meer; 28 748 km², 3,34 Mio. Ew.; Hptst. Tirana. – Das stark zerklüftete Bergland Inner-A.s mit Becken- und Seenlandschaften steht im Ggs. zum fruchtbaren Hügelland und dem flachen Küstenland, mediterranes Klima an der Küste, Kontinentalklima im Landesinneren; Bev.: neben → Albanern griech. und slaw. Minderheiten, rd. 1,3 Mio. Muslime. – Anbau von Mais, Weizen, Oliven, Südfrüchten. ⚒ auf Erdöl, Chrom- und Kupfererze. Ausfuhr: Erdöl, Erze, landwirtschaftl. Produkte. Haupthafen: Durrës.

Albany ['ɔ:lbənɪ], Hptst. des Bundesstaates New York, USA, am Hudson, 116 000 Ew.; Univ.; Verwaltungs- und Handelsmittelpunkt, Textilind.; Binnenhafen an der Einmündung des Erie Canal in den Hudson.

Albatros, bis 1,3 m großer langflügliger, schneller Sturmvogel südl. Meere; ausdauernder Segler.

Albedo [lat. albus »weiß«] *die,* Rückstrahlvermögen eines nicht selbstleuchtenden Körpers. Ein vollkommen weißer Körper hat die A. 1, sonst ist sie stets kleiner als 1.

Albee ['ɔ:lbɪ], Edward, amerikan. Dramatiker, * 1928; »Wer hat Angst vor Virginia Woolf?« (1962), »Der Mann, der drei Arme hatte« (1984).

Alberich, in der german. Sage ein Zwerg, Hüter des Nibelungenhorts, von Siegfried bezwungen, seiner Tarnkappe und des Horts beraubt.

Daten zur Geschichte Albaniens

um 1000 v. Chr.	Einwanderung der Illyrer
168 v. Chr.	Röm. Provinz
395 n. Chr.	Zugehörigkeit zum Oström. Reich
883–14. Jh.	Wechselnde Zugehörigkeit zu Bulgarien, Byzanz, Epirus, Nikaia, Venedig, Neapel, Serbien
1444–1469	Fürst Skanderbeg organisiert den Widerstand gegen die Osmanen Türk. (osman.) Herrschaft
1479–1912	Unabhängiges Fürstentum
1913	(Fürst Wilhelm zu Wied) Achmed Zogu wird Ministerpräsident,
1923	1925 Staatspräsident, 1928 König (Zogu I.)
1939	Italien besetzt Albanien
1943	Deutsche Truppen besetzen Albanien
1944	E. Hoxha wird Ministerpräsident
1946	Kommunist. Volksrepublik
1961	Bruch mit der Sowjetunion, Anlehnung an China
1992	Freie Wahlen, demokrat. Verfassung S. Berisha wird Staatspräsident
1997	Zusammenbruch der staatl. Ordnung Entsendung einer multinat. Friedenstruppe zur Sicherung der Hilfsgüterverteilung; Sieg der Sozialisten bei Wahlen; R. Mejdani wird Präsident

Albanien
Staatswappen

Staatsflagge

AL
Internationales Kfz-Kennzeichen

Ålandinseln
Wappen

Alaska
Flagge

Albers, Hans, dt. Schauspieler, * 1892, † 1960; Filme: »Münchhausen« (1943), »Große Freiheit Nr. 7« (1944), »Vor Sonnenuntergang« (1956).
Albert [dal'bɛ:r], Eugen d', dt. Pianist und Komponist, * 1864, † 1932; Oper »Tiefland« (1903).
Albert, Herrscher: **1) A.**, Prinz von Sachsen-Coburg und Gotha, * 1819, † 1861; Prinzgemahl der engl. Königin Viktoria. – **2) A.**, König von Sachsen, * 1828, † 1902; König seit 1873, kämpfte 1866 gegen Preußen und 1870/71 gegen Frankreich. – **3) A. I.**, König der Belgier, * 1875, † 1934; König seit 1909. – **4) A. II.**, * 1934; seit 1993 belg. König.
Alberta [æl'bə:tə], Prov. im SW Kanadas mit Anteil an den Rocky Mountains, 661 185 km^2, 2,47 Mio. Ew.; Hptst. Edmonton. Ackerbau mit Anbau von Weizen, Gerste, Futterpflanzen, Hafer; bedeutende Viehzucht. ⚒ auf Erdöl, Erdgas, Kohle. Chem. u. a. Industrie.
Albertina, staatl. Sammlung von Handzeichnungen und Grafik in Wien, gegr. 1769 von Herzog Albrecht von Sachsen-Teschen.
Albertsee, in der Demokrat. Rep. Kongo; offiziell **Mobutu-Sese-Seko-See,** See in O-Afrika, 5 347 km^2, sein Abfluss ist der Albertnil (Weißer Nil).
Albertus Magnus, dt. Philosoph und Theologe, * um 1200, † Köln 1280; Dominikaner; lehrte als Scholastiker in Paris und Köln, erschloss dem Abendland die Schriften des Aristoteles; Thomas von Aquino war sein Schüler; Heiliger, Tag: 15. 11.
Albertville [albɛr'vil], Stadt in SO-Frankreich, in Savoyen, 18 100 Ew.; 1992 Austragungsort der Olymp. Winterspiele.
Albertz, Heinrich, dt. Politiker und ev. Theologe, * 1915, † 1993; 1966/67 Regierender Bürgermeister (SPD) von Berlin; engagierte sich später stark in der Friedensbewegung.
Albi, Stadt in S-Frankreich, am Tarn, 48 700 Ew.; Erzbischofssitz; festungsartige Kathedrale (1282 ff.).
Albigenser, nach Albi benannte Gruppe der → Katharer im 12./13. Jh.; als Gegner der Kirche und des Papsttums wurden sie in blutigem Kreuzzug (**A.-Kriege,** 1209 bis 1229) vernichtet.
Albino, Mensch oder Tier mit angeborenem Pigmentmangel, der erbl. bedingt ist. Bei totalem **Albinismus** hat der A. weiße Haare und Haut sowie rötl. Augen.
Albion, poet. Name für England, wohl kelt. Ursprungs.
Alboin, Albuin, Langobardenkönig, eroberte 568 Italien bis zum Tiber, wurde 572 ermordet.
Ålborg ['ɔ:lbɔr], Hafenstadt in N-Jütland, Dänemark, am Limfjord, 154 800 Ew.; Flugplatz.
Albrecht, Gerd,* 1939; dt. Dirigent.
Albrecht, Herrscher: **1) A. I.,** dt. König, * 1255, † 1308; Sohn Rudolfs I. von Habsburg, erlangte nach seinem Sieg über Adolf von Nassau 1298 die Königswürde; Hausmachtpolitiker; von seinem Neffen Johann Parricida ermordet. – **2) A. der Bär,** * um 1100, † 1170; wurde 1134 Markgraf der Nordmark (Altmark), gründete im Kampf gegen die Wenden die Mark Brandenburg. – **3) A. II.,** * 1490, † 1545; Markgraf von Brandenburg, Erzbischof von Magdeburg und Mainz (Kurfürst), ließ von Tetzel den Ablass einrichten, gegen den sich Luther stellte. – **4) A.,** Herzog in Preußen, * 1490, † 1568; seit 1510 Hochmeister des → Deutschen Ordens, verwandelte auf Luthers Rat den Ordensstaat 1525 in ein weltl. Erbherzogtum unter poln. Lehnsoberhoheit; führte die Reformation ein; Stifter der Univ. Königsberg.
Albright ['ɔ:lbraɪt], Madeleine, amerikan. Politikerin tschech. Herkunft, * 1937; war 1993 bis 1997 Ständige Vertreterin der USA bei den Vereinten Nationen; seit 1997 Außenministerin.
Albstadt, Stadt in der Zollernalb, Bad.-Württ., 48 900 Ew.; Textilind.; 1975 durch Zusammenschluss von Ebingen und Tailfingen entstanden.

Vicente Aleixandre

Albulapass → Alpen (Alpenpässe, ÜBERSICHT).
Albumine *Pl.,* Gruppe von Eiweißkörpern (→ Eiweiß); **albuminös,** eiweißhaltig.
Albuquerque ['ælbəkə:kɪ], Stadt in New Mexico, USA, 367 000 Ew., 2 Univ., Zentrum der Atom- und Sonnenenergieforschung, Abbau von Uranerzen.
Albuquerque [-'kɛrkə], Afonso de, port. Eroberer, * um 1462, † 1515; entdeckte Sansibar, eroberte Goa, Malakka, Hormus, 1508/09 bis 1515 Vizekönig von Indien.
Alcatraz [ælkə'træz], Felseninsel in der Bucht von San Francisco, USA; 1934 bis 1963 Zuchthaus, heute Touristenattraktion.
Alcázar [al'kaθar, arab. »Burg«] *der,* Bezeichnung vieler Burgen und Schlösser in Spanien.
Älchen, meist schmarotzende Arten von Fadenwürmern, z. B. das Rübenälchen; Kulturpflanzenschädlinge.
Alchimie, Alchemie *die,* bis in das 17./18. Jh. die oft mit mag. Vorstellungen durchflochtene experimentelle Beschäftigung mit chem. Stoffen.
Aldebaran *der,* Stern (1. Größe) im Sternbild des Stiers; roter Riese, Doppelstern.
Aldehyde, ♁ organ. Verbindungen, die durch Oxidation von Alkoholen entstehen; meist flüchtige, farblose Flüssigkeiten. **A.-Harze,** durch alkal. Kondensation von A. entstehende Kunstharze für Farben und Lacke. Bekannt sind v. a. → Benzaldehyd und → Formaldehyd.
Alder, Kurt, dt. Chemiker, * 1902, † 1958; arbeitete über organ. Synthesen; 1950 Nobelpreis für Chemie (mit O. Diels).
Aldosteron *das,* Hormon der Nebennierenrinde, regelt Elektrolythaushalt, Stickstoff- und Kohlenhydratstoffwechsel des Körpers.
Ale [eɪl], obergäriges engl. Bier.
alea iacta est [lat. »Der Würfel ist geworfen«], die Entscheidung ist gefallen; angebl. Ausspruch Caesars beim Überqueren des Rubikon 49 v. Chr.
Aleixandre [aleɪ'ksandre], Vicente, span. Dichter, * 1898, † 1984; Vertreter eines romant. Surrealismus. 1977 Nobelpreis für Literatur.
Alemannen, Alamannen, westgerman. Stammesverband, aus versch. Stämmen an der Elbe hervorgegangen, um 213 ins Maingebiet abgewandert. Sie besiedelten im 3. bis 5. Jh. SW-Dtl., das Elsass und die O-Schweiz; um 500 von den Franken unterworfen. Aus ihrem Gebiet bildete sich das Herzogtum → Schwaben. Im roman. Sprachraum Bezeichnung für die Bewohner von Dtl. (Allemagne).
Alembert [alã'bɛ:r], Jean **le Rond d',** frz. Naturwissenschaftler und Philosoph, * 1717, † 1783; gab mit Diderot die »Encyclopédie« heraus.
Alençon [alã'sɔ̃], Hptst. des nordfrz. Dép. Orne, 31 100 Ew.; Spitzen-, Fayencenherstellung.
Alentejo [alen'teʒu] *der,* Landschaft in S-Portugal, südl. des Tejo bis zur Algarve; Viehzucht. Anbau von Getreide; Gewinnung und Verarbeitung von Korkeichenrinde.
Aleph, Anfangsbuchstabe des hebr. Alphabets.
Aleppo, Haleb, Stadt im NW von Syrien, 1,2 Mio. Ew.; Textilind. Mittelalterl. Zitadelle. Die Altstadt gehört zum Weltkulturerbe.
Alessandria, Ind.- und Messestadt in Piemont, Italien, 95 000 Einwohner.
Ålesund ['o:ləsyn], Hafenstadt in W-Norwegen, 36 000 Ew.; größter norweg. Fischereihafen.
Aletschgletscher, Großer A., der größte (86,8 km^2) und längste (24,7 km) Gletscher der Alpen, an der Südseite der Jungfrau (Schweiz).
Aleuten *Pl.,* gebirgige Inselgruppe zw. Beringmeer und Pazif. Ozean, gehört zu Alaska. Tundrenvegetation, 17 666 km^2, 7 800 Ew.; Fischerei, Pelztierfang. Entdeckt 1741 von V. Bering.

Alexanderschlacht. Alexander d. Gr. (links auf dem Pferd) gegen Darius III. (im Streitwagen auf der Flucht)

Alexander, Herrscher: **Bulgarien. 1) A. I.,** Prinz von Battenberg, * 1857, † 1893; wurde 1879 Fürst von Bulgarien, musste 1886 wegen Spannungen mit Russland abdanken. – **Jugoslawien. 2) A. I.,** König (1921 bis 1934), * 1888, † 1934; errichtete 1929 eine Diktatur (bis 1931); in Marseille ermordet. – **Makedonien. 3) A. der Große,** König (336 bis 323 v. Chr.), * 356, † Babylon 323 v. Chr.; Sohn Philipps II., erzogen von Aristoteles, begann nach der Festigung seiner Herrschaft in Makedonien und Griechenland den Krieg gegen die Perser, schlug sie 334 am Granikos, 333 bei Issos, zog nach Ägypten, gründete 331 Alexandria, schlug Dareios III. 331 vernichtend bei Gaugamela, eroberte die östl. Teile des Perserreichs und drang 327/325 bis nach Indien vor. Seine Eroberungen eröffneten der griech. Kultur den Weg nach Asien und Ägypten; damit begann das Zeitalter des Hellenismus. Nach seinem Tod zerfiel das Reich (→Diadochen). – **Russland. 4) A. I.,** Zar (1801 bis 1825), * 1777, † 1825; kämpfte 1805 bis 1807 mit Österreich und Preußen gegen Napoleon I., schloss dann ein Bündnis mit ihm. 1812 bis 1815 blieb er Sieger gegen Napoleon, wieder verbündet mit Preußen und Österreich (→Freiheitskriege). 1815 stiftete er die Heilige Allianz. – **5) A. II.,** Zar (1855 bis 1881), * 1818, † (ermordet) 1881; beendete 1856 den Krimkrieg und hob 1861 die Leibeigenschaft auf. – **6) A. III.,** Zar (1881 bis 1894), * 1845, † 1894; Sohn von 5); begünstigte das Altrussentum und panslawist. Bestrebungen. – **Serbien. 7) A. I. Obrenović** [-vitç], König (1889 bis 1903), * 1876, † 1903 (von Offizieren ermordet).

Alexander, Päpste: **1) A. III.** (1159 bis 1181), Gegner Friedrichs I. Barbarossa und Heinrichs II. von England. – **2) A. VI.** (1492 bis 1503), förderte Kunst und Wiss., missbrauchte die päpstl. Macht zur Versorgung seiner Kinder (→Borgia).

Alexanderschlacht, Mosaik (um 100 v. Chr.) aus der Casa del Fauno in Pompeji, 5,12 x 2,77 m groß, das den Sieg Alexanders d. Gr. über Dareios III. darstellt Das Mosaik gilt als eine Kopie eines griech. Gemäldes vom Ende des 4. Jh. vor Christus.

Alexandria, zweitgrößte Stadt Ägyptens, 2,89 Mio. Ew., wichtigster Hafen des Landes am äußersten W-Ende des Nildeltas; 2 Univ., Museum griech.-ägypt. Altertümer, Museum für Meereskunde. Ind.; ✈. – A. wurde 331 v. Chr. durch Alexander d. Gr. gegründet; unter den Ptolemäern geistiger Mittelpunkt der hellenist. Welt **(alexandrin. Zeitalter)** mit Hochschule und **Alexandrin. Bibliothek,** zur Zeit der Römer Weltverkehrsplatz, unter den Arabern (seit 641 n. Chr.) Verfall, erneuter Aufschwung im 19. Jh. Der mit dem Festland verbundene Leuchtturm von Pharos war eines der sieben Weltwunder.

Alexandriner, ein zwölfsilbiger, bei weibl. Ausgang dreizehnsilbiger Vers mit einem Einschnitt (Zäsur) nach der 6. Silbe. Der A. ist in der klass. frz. und dt. Dichtung beliebt.

Alexis, Willibald, eigentl. Wilhelm **Häring,** dt. Schriftsteller, * 1798, † 1871; schrieb nach dem Vorbild von W. Scott histor. Romane (»Die Hosen des Herrn von Bredow«, 1846 bis 1848).

Alfagras, Süßgrasgattung in Spanien und N-Afrika; liefert Rohfasern: **Alfa** und →Esparto, für die Seiler-, Flecht- und Papierindustrie.

Al-Fatah, 1958 gegr. militante palästinens. Kampforganisation, Kern der PLO, seit 1967 unter Führung von J. Arafat; Streitigkeiten führten zur Abspaltung von Terrororganisationen, z. B. »Schwarzer September«.

Alfeld (Leine), Krst. in Ndsachs., an der Leine, 22 500 Ew.; Papier-, Schuhindustrie.

Alfieri, Vittorio Graf, ital. Dramatiker, * 1749, † 1803; Tragödien (»Philipp II.«, 1783, u. a.).

Alfons, Herrscher: **Asturien, León, Kastilien. 1) A. X., der Weise,** König von Kastilien und Léon (1252 bis 1282), * 1221, † 1284; förderte Kunst und Wissenschaft, ließ die **Alfonsinischen Tafeln,** ein astronom. Werk, erstellen. 1256 wurde er zum dt. König gewählt, übte seine Herrschaft jedoch nie aus. – **Spanien. 2) A. XIII.,** König (seit 1902), * 1886, † 1941; billigte 1923 die Errichtung einer Militärdiktatur, ging nach dem republikan. Wahlsieg 1931 ins Exil.

Alfred der Große, angelsächs. König (871 bis 899), * 848 oder 849, † 899; brach die Macht der dän. Wikinger in England, förderte u. a. die Verwaltung und das Schulwesen.

Algarve *die,* Landschaft und histor. Prov. in S-Portugal, Distrikt Faro; Korkverarbeitung, Fischfang, Bewässerungskulturen; Fremdenverkehr.

Algebra *die,* Teil der Mathematik, urspr. die Lehre von den →Gleichungen, heute Theorie der Gruppen, Ringe, Körper u. a. Der **Fundamentalsatz der A.** (1799 von C. F. Gauß bewiesen) besagt, dass im Bereich der komplexen Zahlen jede Gleichung n-ten Grades genau n Lösungen (»Wurzeln«) hat.

Algeciras [alxe'θiras], span. Hafenstadt am Golf von Gibraltar, 97 000 Ew., Seebad. 1906 **A.-Konferenz** über die Marokkofrage.

Algerien

Staatswappen

Staatsflagge

Internationales Kfz-Zeichen

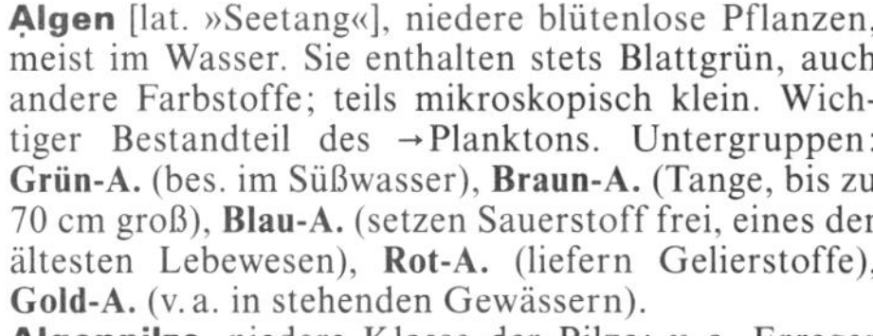

Algen [lat. »Seetang«], niedere blütenlose Pflanzen, meist im Wasser. Sie enthalten stets Blattgrün, auch andere Farbstoffe; teils mikroskopisch klein. Wichtiger Bestandteil des →Planktons. Untergruppen: **Grün-A.** (bes. im Süßwasser), **Braun-A.** (Tange, bis zu 70 cm groß), **Blau-A.** (setzen Sauerstoff frei, eines der ältesten Lebewesen), **Rot-A.** (liefern Gelierstoffe), **Gold-A.** (v. a. in stehenden Gewässern).

Algenpilze, niedere Klasse der Pilze; u. a. Erreger der Kopfschimmel auf Lebensmitteln.

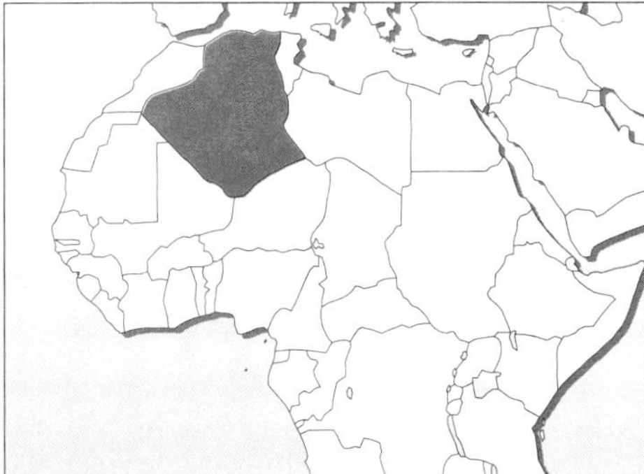

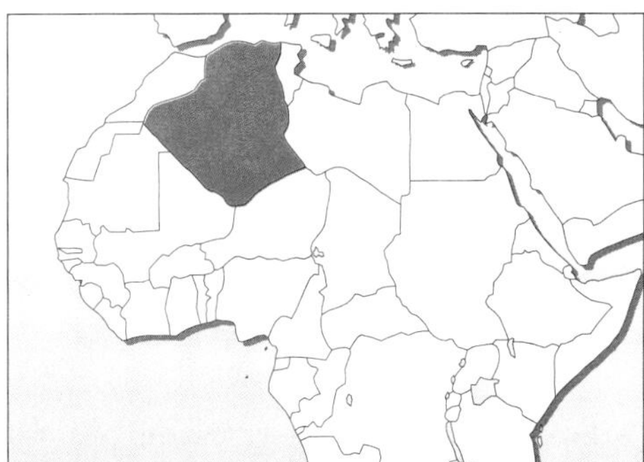

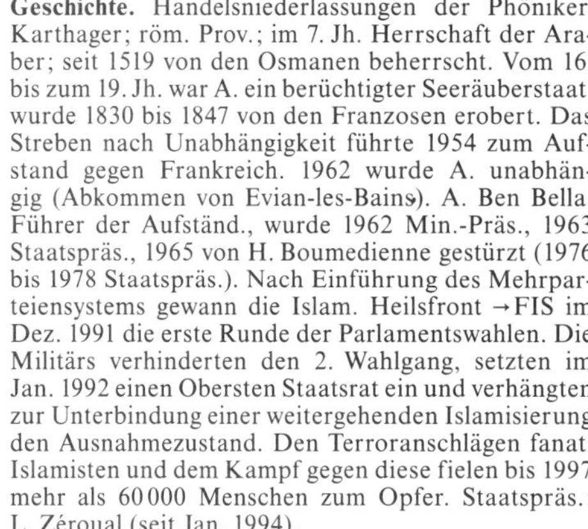

Algeri|en, Rep. in N-Afrika, 2,382 Mio. km², 26,34 Mio. Ew.; Hptst. Algier. A. ist eine Präsidialrepublik. Nord-A., der eigentl. Lebensraum, gliedert sich in die fruchtbare Küstenebene, den beckenreichen Tellatlas, das Hochland der Schotts und den Saharaatlas. Im S hat A. mit 85 % der Staatsfläche Anteil an der Sahara; Dünengebiete und Gebirge (der bis zu 3000 m hohe Hoggar (Ahaggar) und das Tassilibergland). – Bev.: Araber, Berber (Kabylen); Staatsreligion: Islam. Anbau von Getreide, Wein, Südfrüchten und Datteln; Viehwirtschaft. Bergbau auf Erdöl, Erdgas, Eisenerz, Phosphate. Metall-, Baustoffind.; Ausfuhr: Erdöl und -gas (95 %), Eisenerze, Phosphate, Datteln. Haupthandelspartner: Frankreich.

Geschichte. Handelsniederlassungen der Phöniker, Karthager; röm. Prov.; im 7. Jh. Herrschaft der Araber; seit 1519 von den Osmanen beherrscht. Vom 16. bis zum 19. Jh. war A. ein berüchtigter Seeräuberstaat, wurde 1830 bis 1847 von den Franzosen erobert. Das Streben nach Unabhängigkeit führte 1954 zum Aufstand gegen Frankreich. 1962 wurde A. unabhängig (Abkommen von Evian-les-Bains). A. Ben Bella, Führer der Aufständ., wurde 1962 Min.-Präs., 1963 Staatspräs., 1965 von H. Boumedienne gestürzt (1976 bis 1978 Staatspräs.). Nach Einführung des Mehrparteiensystems gewann die Islam. Heilsfront →FIS im Dez. 1991 die erste Runde der Parlamentswahlen. Die Militärs verhinderten den 2. Wahlgang, setzten im Jan. 1992 einen Obersten Staatsrat ein und verhängten zur Unterbindung einer weitergehenden Islamisierung den Ausnahmezustand. Den Terroranschlägen fanat. Islamisten und dem Kampf gegen diese fielen bis 1997 mehr als 60000 Menschen zum Opfer. Staatspräs.: L. Zéroual (seit Jan. 1994).

Algier Stadtwappen

Alicante Stadtwappen

Algier [ˈalʒir], Hptst. Algeriens, 2,6 Mio. Ew.; Kultur-, Wirtschaftszentrum und Haupthafen des Landes; Univ., archäolog. Museum. Die Altstadt (Kasbah) gehört zum Weltkulturerbe.

Algol *der,* Doppelstern im Sternbild Perseus.

ALGOL, Abk. aus engl. **algo**rithmic **l**anguage, →Programmiersprache.

Algonkin *Pl.,* indian. Sprachfamilie in Nordamerika mit zahlreichen Stämmen.

Algorithmus *der,* systemat. Rechenverfahren, das zu einer Eingabe nach endlich vielen Schritten ein Ergebnis liefert.

Alken

Alhambra [arab. »die Rote«] *die,* Festung der maur. Herrscher auf einem Bergrücken oberhalb von Granada, Spanien, im prachtvollen islam. Stil (13./14. Jh.). Die Anlage besteht aus mehreren um Höfe gruppierten Palästen. – Der Generalifepalast (1319 begonnen, mit Gartenanlagen und Wasserspielen) wurde zum Weltkulturerbe erklärt.

Alibi [lat. »anderswo«] *das,* ⚖ Beweis, dass der Angeschuldigte zur Tatzeit nicht am Tatort war.

Alicante, Hafenstadt in S-Spanien, am Mittelmeer, 265400 Ew.; Fischereizentrum; Seebad; ⚓.

Alice Springs [ˈælɪs sprɪŋz], Stadt im Zentrum Australiens; 23000 Ew., Verkehrsknotenpunkt; Viehzucht, Fremdenverkehr.

Aligarh, Stadt in Uttar Pradesh, Indien, 320000 Ew., bedeutende Festung, alte Moschee, muslim. Univ.; Textil-, Metallindustrie.

Alimente [lat. »Nahrungsmittel«] *Pl.,* Unterhaltsbeiträge, bes. für nichtehel. Kinder.

aliphatische Verbindungen, organ. Verbindungen mit geraden oder verzweigten (nicht ringförmigen) Kohlenstoffketten, z. B. Fette, Seifen. Ggs.: aromat. Verbindungen.

alitieren, ⚙ aluminiumhaltige Schutzschicht auf Eisen- und Stahlgegenständen durch Glühen in Aluminium erzeugen.

Alizarin *das,* Krapprot, Farbstoff der Krappwurzel, künstlich aus Anthracen gewonnen.

Alkali|en, *Sg.* **Alkali** *das,* Hydroxide und Carbonate der Alkalimetalle.

Alkalimetalle, Metalle der 1. Hauptgruppe des Periodensystems: Lithium, Natrium, Kalium, Rubidium, Cäsium, Francium.

alkalisch, basisch, laugenhaft.

Alkaloide, ✿ bas. Stickstoffverbindungen, die in allen Pflanzenteilen vorkommen können, mit oft giftiger Wirkung.

Alkalose *die,* ⚕ Anhäufung bas. Stoffe im Blut, Ansteigen des pH-Werts; Ggs.: **Azidose.**

Alkane, Paraffine, gesättigte azykl. Kohlenwasserstoffe mit der allg. Summenformel C_nH_{2n+2}.

Alken, *Sg.* **Alk** *der,* gesellig lebende Meeresvögel nord. Felsküsten; tauchen und schwimmen sehr gut, sind aber schlechte Flieger.

Alkene, Olefine, ungesättigte Kohlenwasserstoffe mit n Atomen Kohlenstoff und 2n Atomen Wasserstoff. Sie enthalten eine Kohlenstoffdoppelbindung, die sie bes. reaktionsfähig macht. Einfachste Vertreter sind Äthen (Äthylen), Propen (Propylen), Buten.

Alkestis, Alkeste, griech. Sage: Gemahlin des Königs Admetos, den sie durch ihr freiwilliges Sterben vor dem Tod bewahrte; sie wurde von Herakles aus dem Hades (Unterwelt) befreit.

Alkibiades, athen. Staatsmann und Feldherr, * um 450, † 404 v. Chr.; setzte 415 den (gescheiterten) Feldzug nach Sizilien durch, schlug sich auf die Seite der Spartaner, auch der Perser, später wieder auf die der Athener, besiegte die Spartaner im Peloponnes. Krieg 411 bei Abydos, 410 bei Kyzikos. Prototyp des bindungslosen Machtmenschen.

Alkmaar, Stadt in den Niederlanden, nördl. von Amsterdam, 89000 Ew.; Metall-, Möbelind., Käsemarkt, Fremdenverkehr; maler. Altstadt mit zahlreichen spätgot. Bauten.

Alkmene, griech. Sage: Gemahlin des Amphitryon, durch Zeus Mutter des Herakles.

Alkohol *der,* Trink-A. (Äthanol, Äthyl-A.) wird meist durch Gärung von zuckerhaltigen Flüssigkeiten hergestellt (Spiritusbrennerei). Der A. des Handels enthält stets Wasser. Durch Kalk wasserfrei gemachter A. heißt **absoluter A.** Äthanol ist eine wasserhelle, leicht entzündliche Flüssigkeit, siedet bei 78,3 °C, erstarrt bei – 114 °C. A. wird als Lösungsmittel für viele Stoffe, zur Herstellung von Teerfarben, Lacken, Fir-

Alhambra. Myrtenhof (14. Jh.)

nissen, Frostschutzmitteln, zur Beleuchtung und bes. für alkohol. Getränke verwendet.
alkoholische Getränke, durch alkohol. Gärung, zusätzl. Destillation oder Alkoholzusatz gewonnene Getränke. Der Genuss a. G. ist weltweit verbreitet, die Verträglichkeit individuell sehr unterschiedlich. Auch kleine Mengen können gesundheitsgefährdend sein.
Alkoholismus *der,* **Alkoholkrankheit,** durch Alkoholgenuss hervorgerufene Krankheit, gekennzeichnet durch einen länger als ein Jahr anhaltenden Alkoholmissbrauch und den Verlust der Trinkkontrolle sowie die dadurch bedingten körperl., psych. und sozialen Schädigungen. Zu den körperl. Schädigungen zählen v.a. chron. Entzündung der Magenschleimhaut, Leberschäden, Nervenschäden und psychiatr. Krankheitsbilder. A. zählt zu den Suchtkrankheiten.
Alkoholtest, Verfahren zur Bestimmung der Blutalkoholkonzentration durch die →Blutprobe oder die Messung des Alkoholgehalts der ausgeatmeten Luft. Bekannt ist der »Blastest«, bei dem über ein Prüfröhrchen Luft in einen mit Chromat und Schwefelsäure gefüllten Beutel geleitet wird; modernere Geräte messen elektronisch oder arbeiten nach dem Infrarot-Absorptionsverfahren.
Alkoholvergiftung, durch einmaligen Genuss einer großen Alkoholmenge hervorgerufene Vergiftung, führt über ein Erregungs- zu einem Schlaf- und einem Narkosestadium; kann tödlich enden.
Alkoven *der,* fensterlose Bettnische, durch eine Balustrade, später eine Tür abgetrennt.
Alkuin, angelsächs. Gelehrter, *um 730, †804; Ratgeber Karls des Großen in kirchl. und kulturellen Belangen.
Alkyl *das,* ⚗ Gruppenname für einwertige Radikale (Kohlenwasserstoffreste), z.B. Methyl CH_3, Äthyl C_2H_5.
Alkyone *die,* hellster Stern der Plejadengruppe, im Sternbild Stier.
Allah, islam. Name Gottes.
Allahabad, Stadt in Uttar Pradesh, N-Indien, am Ganges, 858 000 Ew.; Univ.; Wallfahrtsort der Hindu.
Allais [aˈlɛ], Maurice, frz. Wirtschaftswissenschaftler, *1911; Nobelpreis 1988 für Forschungen zur Theorie des Marktes.
Alldeutscher Verband, 1894 gegr. polit. Vereinigung mit nationalist. Zielen; agitierte nach 1918 gegen die Weimarer Rep.; 1939 aufgelöst.
Allegheny [ˈælɪgenɪ], **1) A. River,** nördl. Quellfluss des Ohio in Pennsylvania, USA, 523 km lang. – **2) A. Mountains** [- ˈmaʊntɪnz], **Alleghenies,** Gebirgszug in den nördl. Appalachen.
Allegorie *die,* Gleichnis; Darstellung abstrakter Begriffe in Dichtung und Kunst, z. B. der Tod als Sensenmann. **allegorisch,** gleichnishaft.
allegretto, 𝄞 mäßig schnell.
allegro, 𝄞 freudig, lebhaft. **Allegro** *das,* schneller Satz eines Musikstücks.
Allen [ˈælən], Woody, amerikan. Filmregisseur und -schauspieler, *1935; »Der Stadtneurotiker« (1977), »Manhattan« (1978), »Schatten und Nebel« (1992).
Allende [aˈjende], **1)** Isabel, chilen. Schriftstellerin, *1942, Nichte von 2); im Exil entstand ihr bekanntester Roman »Das Geisterhaus« (1982). – **2) A. Gossens,** Salvador, chilen. Politiker, *1908, †1973; vertrat als Präs. 1970 ein sozialist. Wirtschaftsprogramm, wurde 1973 von den Militärs gestürzt, kam dabei auf bisher ungeklärte Weise ums Leben.
Allenstein, poln. **Olsztyn** [ˈɔlʃtin], Hptst. der poln. Wwschaft Olsztyn, an der Alle, 147 100 Ew., Maschinenbau, Autoreifenfabrik; ehem. Ordensburg (1348 ff.), gotische Kathedrale (Backsteingotik).
Aller *die,* rechter Nebenfluss der Weser, 211 km lang, entspringt westl. von Magdeburg.
Allergie *die,* teils angeborene, teils erworbene Immunreaktion (Überempfindlichkeit) auf bestimmte Stoffe **(Allergene);** so wird Heuschnupfen durch Pollen, Bronchialasthma oft durch Staubarten hervorgerufen. **Allerg. Krankheiten** (Allergosen) sind auch manche Hautkrankheiten (z. B. Ekzem) und Magen-Darm-Störungen. Die **alimentäre A.** ist auf Nahrungsmittel (z. B. Erdbeeren), die **Arzneimittel-A.** auf Medikamente (z. B. Penicillin) zurückzuführen. Schwerste allerg. Reaktionen laufen beim anaphylakt. Schock ab. Über eine künstl. Erhöhung der Antikörper im Blut wird eine Desensibilisierung im Organismus zur Therapie versucht.
Allergiepass, Ausweis, in den vom Arzt die zu meidenden Ursachen für eine Allergie eingetragen werden.

Alkoholgehalte (in Vol.-%)

Biere	
Lagerbier	4,5
Exportbier	5,3
Pilsener	4,5
Dunkles Starkbier	6,2
Berliner Weißbier	3,7
Bayer. Weißbier	5,3
Porter (Stout)	8,4
Weine	
Deutscher Weißwein	7–11
Deutscher Rotwein	8–12
Frz./ital. Rotwein	8–16
Tokayer, Ruster Ausbruch	12,5
Dessertweine	14–20
Schaumweine	9–13
Obstweine	5–7
Trinkbranntweine	
Klarer	40–55
Korn	32–38
Arrak	38–60
Rum	38–80
Whisky	38–65
Weinbrand	38

Maurice Allais

Woody Allen

Salvador Allende Gossens

Allerheiligen, Fest der kath. Kirche zum Gedächtnis aller Heiligen (1. November).

Allerheiligstes, in der kath. Kirche die konsekrierten, im Tabernakel aufbewahrten Hostien.

Allerseelen, kath. Fest zum Gedächtnis der Verstorbenen (2. November).

Allgäu *das,* Alpen- und Voralpenland östl. vom Bodensee, umfasst Teile von Schwaben, Vorarlberg und Tirol; wald- und wiesenreich, Viehzucht, Milchverarbeitung. Mittelpunkt: Kempten; Fremdenverkehr.

Allgemeine Elektricitäts-Gesellschaft, Abk. **AEG,** Berlin-Frankfurt am Main, dt. Elektrokonzern, gegr. 1883, 1967 nach Eingliederung der Telefunken AG Umfirmierung in AEG-Telefunken, seit 1985 Aktienmehrheit bei der Daimler-Benz AG; seit 1994 AEG Daimler-Benz Industrie; Unternehmen 1996 nach Veräußerung von Teilen aufgelöst.

Allgemeine Geschäftsbedingungen, Abk. **AGB,** für eine Vielzahl von Verträgen vorformulierte Vertragsbedingungen, die eine Vertragspartei (Verwender) der anderen bei Abschluss eines Vertrages stellt (z. B. Lieferungs-, Zahlungsbedingungen, auch als »Kleingedrucktes« bezeichnet).

Allgemeine Ortskrankenkassen, Abk. **AOK,** Träger der gesetzlichen Krankenversicherung für alle Pflichtversicherten, Versicherungsberechtigten und freiwillig Weiterversicherten eines örtlichen Bezirks, die keiner anderen Krankenkasse angehören; gegr. 1883.

Allgemeines Bürgerliches Gesetzbuch, Abk. **ABGB,** seit 1. 1. 1812 gültiges, mehrfach ergänztes und verändertes österr. Gesetzbuch.

Allianz *die,* Bündnis (zw. Staaten).

Allier [al'je] *der,* schiffbarer linker Nebenfluss der Loire, Frankreich, 410 km lang.

Alligator *der,* Familie der Reptilien (Krokodile) im trop. und subtrop. Amerika und in SO-Asien. Zur Ledergewinnung werden A. auch in Farmen gehalten.

Alligator

Alliierte, Verbündete (im Kampf gegen Napoleon); im 1. und 2. Weltkrieg die gegen das Dt. Reich verbündeten Mächte.

Alliteration *die,* → Stabreim.

Allmende *die,* früher Teil der Gemeindeflur (Wald, Weide), der gemeinsam genutzt wurde.

allo..., griech. Vorsilbe: anders..., fremd...

Allonge [a'lɔ̃ʒ] *die,* Anhang; bei Schriftstücken, bes. Wechseln, ein angeklebtes Blatt als Verlängerungszettel. – **A.-Perücke,** lange Lockenperücke, v. a. im 17. Jahrhundert; heute noch z. T. von Amtspersonen (z. B. brit. Richtern) getragen.

Almería
Stadtwappen

allons! [a'lɔ̃, frz. »gehen wir!«], vorwärts! – Allons, enfants de la patrie!, Anfang der frz. Nationalhymne (Marseillaise).

Allopathie *die,* ⚕ Heilverfahren, das Krankheiten mit entgegengesetzt wirkenden Mitteln zu heilen versucht, im Ggs. zur → Homöopathie.

Allotropie *die,* Eigenschaft chem. Elemente, in versch. Zustandsformen **(allotropen Modifikationen)** aufzutreten, z. B. Kohlenstoff als Diamant, Graphit oder Fulleren.

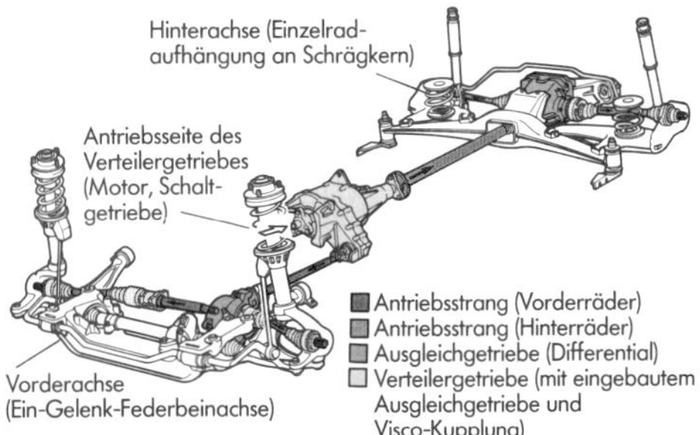

Allradantrieb. Schema eines Allradstrangs

Allrad|antrieb, auf alle Räder und Achsen wirkender Antrieb, bes. bei geländegängigen Fahrzeugen; führt zu höherer Fahrstabilität.

Allstromgerät, elektr. Gerät für Gleich- und Wechselstrombetrieb.

Alm, Alp *die,* Bergweide oberhalb der Dauersiedlungen, oft oberhalb der Waldgrenze; nur in den Sommermonaten als Viehweide genutzt, z. T. mit einfachen Baulichkeiten, Sennereibetrieb. **Almauftrieb** im Frühling und **-abtrieb** im Herbst werden oft festlich begangen.

Alma-Ata, Hptst. von Kasachstan, 1,15 Mio. Ew.; Univ.; kultureller und wirtschaftl. Mittelpunkt, schönes Stadtbild; Hochgebirgs-Eisstadion Medeo.

Almadén [-ðen], span. Bergbaustadt in Neukastilien, 8 000 Ew.; reichste Quecksilberminen der Erde; schon in der Antike abgebaut.

Almagro, Diego de, span. Konquistador, * 1475, † (ermordet) 1538; verband sich mit F. Pizarro zur Eroberung Perus, führte 1535 bis 1537 eine Expedition ins heutige Chile.

Alma Mater [lat. »nährende Mutter«], Bezeichnung für die Universität.

Almanach *der,* Jahrbuch; urspr. Kalender mit belehrenden Beiträgen.

Almansor → Mansur.

Almería, span. Hafenstadt am Mittelmeer, 155 000 Ew.; Ausfuhr von Erzen und landwirtschaftl. Erzeugnissen; Fischereiwirtschaft, Meersalzgewinnung; ⛴. Auf dem **Calar Alto** Dt.-Span. Astronom. Zentrum (DSAZ).

Almodóvar, Pedro, span. Filmregisseur, 1951; dreht skurrile Filme, u. a. »Kika« (1991), »Mein blühendes Geheimnis« (1995).

Almohaden, aus einer islam. Sekte hervorgegangene span.-arab. Dynastie (1147 bis 1269).

Almoraviden, aus einem islam. Missionsorden hervorgegangene berber. Dynastie (1061 bis 1147), von den Almohaden gestürzt.

Aloe *die,* Gattung staudiger, dickblättriger Liliengewächse, bes. in den Trockengebieten Afrikas. Der Saft dient als Heil-, Räucher- und Konservierungsmittel.

Alp → Alm.

Alpaka *das,* **1)** Haustierform der Familie → Lama. – **2)** Gewebe aus Baumwollgarn mit A.-Wolle oder Mohärgarn. – **3)** veraltet für → Neusilber.

Alpe-d'Huez [alpə'dɥɛ:z], Wintersportzentrum in den frz. Alpen, östl. von Grenoble; zahlreiche Seilbahnen und Lifte; Höhenflugplatz.

Alpen *Pl.,* das höchste Gebirge Europas, zieht in weitem Bogen vom Golf von Genua bis zur Donau bei Wien, rd. 1 200 km lang, 150 bis 250 km breit. Die höchsten Erhebungen (Montblanc 4 808 m, Monte Rosa 4 637 m) liegen im W; höchste Gipfel der Ost-A. sind Bernina 4 049 m, Ortler 3 899 m, Großglockner

3 797 m; höchster dt. Gipfel ist die Zugspitze (2 962 m). Die A. sind nur noch gering vergletschert, größter Gletscher ist der Aletschgletscher. Die Schneegrenze liegt in den Randgebieten bei 2 500 bis 2 600 m, im Inneren bei 2 800 bis 3 100 m ü. M.

Gliederung. Eine Linie Bodensee–Rheintal–Splügen–Comer See teilt die A. in **Ost-** und **West-A.** Von N nach S unterscheidet man die Nördl. Kalk-A. und die Zentral-A. (Granit, Gneis, Schiefer), im O v. a. die Südl. Kalk-A., z. B. die Dolomiten. – Die A. entstanden v. a. im Tertiär durch Faltung, Heraushebung und Überschiebung (Deckengebirge).

Klima. Niedrigere Durchschnittstemperatur als im nördl. Vorland; in größeren Höhen auch geringere Jahresschwankung. Wärmster Monat ist der August, kältester der Februar; im S machen sich mediterrane Einflüsse bemerkbar. Die Winde sind, wie Berg- und Talwind oder Föhn, stark von den örtl. Verhältnissen abhängig.

Gewässer. Die A. gehören zu den Hauptstromgebieten von Rhône, Rhein, Donau und Po; einige Flüsse fließen direkt zum Ligur. oder Adriat. Meer; die von Gletschern gespeisten erreichen ihren Hochstand im Sommer. Seen sind im N: Vierwaldstätter See, randlich Bodensee, Zürichsee und Genfer See; im S: Lago Maggiore, Luganer-, Comer-, Gardasee; viele kleine hoch gelegene Seen sind die Reste (Karseen) ehem. Gletscher.

Pflanzen- und Tierwelt. Zw. Schnee- und Waldgrenze (1500 bis 2 200 m) liegen die alpinen Matten (mit Alpenpflanzen), die talwärts vom Krummholzgürtel abgeschlossen werden. Auf die Nadelwaldzone folgt die Laubwaldzone (1000 bis 1500 m), auf den wärmsten Talböden im S gedeihen Walnuss, Edelkastanie, Wein. – Kennzeichnend für die Tierwelt sind, über der Baumgrenze lebend, Murmeltier, Gämse, Steinbock, Steinadler, Schneehuhn.

Verkehr und Wirtschaft. Viele Längs- und einige Quertäler sowie zahlreiche Pässe machen die A. zu einem der wegsamsten Gebirge der Erde. Zahlreiche Gipfel sind durch Bergbahnen für den Fremdenverkehr erschlossen. Im A.-Transitverkehr wird eine Verlagerung des Gütertransportes von der Straße auf die Schiene angestrebt. Haupterwerbszweige sind Viehzucht (Almwirtschaft) und Holzverarbeitung; Ackerbau wird nur in den Tälern, Weinbau nur im S betrieben. Bergbau gibt es bes. in den Ost-A. (Kohle, Salz, Blei-, Zink-, Eisen-, Kupfer-, Silber-, Magnesit- und Graphitvorkommen). Die Wasserkraftnutzung ist stark ausgebaut. Zahlreiche Solbäder, Mineralquellen und Thermen treten auf. Der Fremdenverkehr ist von größter Bedeutung. Die negativen Auswirkungen v. a. des Skitourismus führen zur Zerstörung von Natur und Landschaft.

Alpendohle, gut segelnder, gelbschnäbliger, rotbeiniger Rabenvogel der Hochgebirge Eurasiens.

Alpenglöckchen, Primelgewächse mit violetten Glockenblüten, in den Alpen und höheren Mittelgebirgen **(Soldanelle, Troddelblume).**

Alpenglühen, Widerschein des nach Sonnenuntergang auftretenden Purpurlichts an nach W gewandten Fels- und Eisgipfeln.

Alpenrose, Almrausch, die Zwergalpenrose, → Rhododendron.

Alpensteinbock, Wildziegenart der Alpen.

Alpenveilchen, Cyclamen, Gattung weißer bis purpurfarbener Primelgewächse; viele Arten sind beliebte Zierpflanzen.

Alpenvereine, dienen der Erschließung (Wege- und Hüttenbau) und Erforschung (Schrifttum, Karten) der Bergwelt sowie der Förderung des Bergsteigens und -wanderns. **Deutscher A.,** gegr. 1869, Sitz München; **Österr. A.,** gegr. 1862, Sitz Innsbruck (beide waren 1873 bis 1945 vereinigt); **Schweizer Alpen-Club,**

Alpen: Alpenpässe
(Auswahl)

Passstraße	Staat	Scheitelpunkt (m)	max. Steigung (%)	im Winter offen
Achenpass (Kreuth-Achental mit Abzweig zum Sylvensteinsee	D/A	941	10	ja
Albulapass (Bergün-La Punt); auch Bahntunnel	CH	2312	10	nein
Arlberg (Bludenz-Landeck)				
1. Passstraße	A	1793	12	ja
2. Tunnelstraße; Maut; auch Bahntunnel	A	1318	1,7	ja
Berninapass (Pontresina-Tirano); auch Bahn	CH/I	2328	10	ja
Brenner (Innsbruck-Sterzing); auch Bahn				
1. Autobahn; Maut	A/I	1380	6	ja
2. Bundesstraße	A/I	1371	12	ja
Felber Tauern (Mittersill-Matrei)	A	2545	9	ja
Fernpass (Ehrwald-Imst)	A	1209	8	ja
Flüelapass (Davos-Susch)	CH	2383	12	ja
Furkapass (Goms-Urseren); auch Bahntunnel	CH	2431	10	nein
Gerlospass (Zell am Ziller-Mittersill)	A	1628	9	ja
Grimselpass (Gletsch-Innertkirchen)	CH	2165	9	nein
Großer Sankt Bernhard (Martigny-Aosta)				
1. Passstraße	CH/I	2472	11	nein
2. Tunnelstraße; Maut	CH/I	1924	9	ja
Großglockner-Hochalpenstraße (Zell am See-Lienz); Maut	A	2505	12	nein
Iseran, Col de l' (Val d'Isère-Bonneval-sur-Arc)	F	2769	12	nein
Jaufen (Sterzing-Meran)	I	2094	12	nein
Julierpass (Tiefencastel-Silvaplana)	CH	2284	12	ja
Karawanken (Rosenbach-Jesenice); auch Bahntunnel	A/SLO	673	2	ja
Katschberg (Sankt Michael im Lungau-Rennweg)	A	1641	15	ja
Klausenpass (Altdorf-Linthal)	CH	1952	9	nein
Kleiner Sankt Bernhard (Albertville-Aosta)	F/I	2188	12	nein
Loiblpass (Klagenfurt-Ljubljana); Tunnelstraße	A/SLO	1368	17	ja
Lötschberg (Kandersteg-Brig); Bahntunnel mit Autoverladung	CH			ja
Malojapass (Sankt Moritz-Chiavenna)	CH/I	1815	9	ja
Montblanc-Straßentunnel (Chamonix-Aosta)	F	1392	8	ja
Mont Cenis (Grenoble-Susa); auch Bahntunnel	F/I	2083	12	nein
Mont Genèvre (Briançon-Cesana)	F/I	1854	8	ja
Oberalppass (Andermatt-Disentis)	CH	2048	9	nein
Oberjoch (Hindelang-Reutte)	D/A	1164	7	ja
Plöckenpass (Kötschach-Mauthen-Tolmezzo)	A/I	1360	13	ja
Radstädter Tauern (Radstadt-Mauterndorf)	A	1739	15	ja
Reschenpass (Nauders-Graun im Vintschgau)	A/I	1504	9	ja
San Bernardino, Passo di (Hinterrhein-Mesocco)				
1. Passstraße	CH	2065	12	nein
2. Tunnelstraße	CH	1644	6	ja
Sankt Gotthard (Andermatt-Airolo)				
1. Passstraße	CH	2108	10	nein
2. Tunnelstraße (ab Göschenen); auch Bahntunnel	CH	1175	1,4	ja
Schoberpass (Ennstal mit Murtal); auch Bahn	A	849	8	ja
Semmering (Gloggnitz-Mürzzuschlag)	A	985	6	ja
Simplon (Brig-Domodossola); auch Bahntunnel	CH/I	2005	9	ja
Splügen (Thusis-Chiavenna)	CH/I	2117	9	nein
Stilfser Joch (Prad-Bormio mit Abzweig nach Santa Maria im Münstertal [CH])	I	2757	12	nein
Susten (Innertkirchen-Wassen[-Andermatt])	CH	2224	9	nein
Tauerntunnel (Eben-Rennweg); auch Bahntunnel	A	1340	2	ja
Tenda, Colle di (Nizza-Turin); Tunnelstraße; auch Bahntunnel	F/I	1873	9	ja
Timmelsjoch (Oetz-Meran); Maut	A/I	2509	11	nein
Wurzen (Villach-Podkoren)	A/SLO	1073	18	ja

gegr. 1863, Sitz Bern. Fast alle nat. A. sind in der **Union Internationale des Associations d'Alpinisme,** gegr. 1932, Sitz in Genf, zusammengeschlossen.

Alpha, erster Buchstabe des griech. Alphabets. **A. und Omega,** Anfang und Ende.

Alphabet [nach der griech. Buchstabenreihe: Alpha, Beta, ...] *das,* **Abc,** die Reihenfolge der Buchstaben einer Schriftsprache.

alphanumerische Zeichen, ▣ Zeichenvorrat, der mindestens aus den Dezimalziffern und den Buchstaben des Alphabets besteht.

Alphastrahlen, α-Strahlen, von radioaktiven Atomkernen mit sehr großer Geschwindigkeit ausgestrahlte Heliumkerne **(Alphateilchen).** A. besitzen eine kurze Reichweite, sind im magnet. Feld stark ablenkbar, rufen auf Zinksulfidschirmen Lichtblitze hervor und können in der Nebelkammer indirekt sichtbar gemacht werden. Das Alphateilchen besteht aus 2 Protonen und 2 Neutronen.

Alraune

Alpheios *der,* längster (110 km), jedoch nicht schiffbarer Fluss der Peloponnes (Griechenland).

Alphorn, Holzblasinstrument (bis 10 m lang), v. a. in der Schweiz.

alpin, die Alpen betreffend.

alpine Kombination, Skiwettbewerb, der aus Abfahrtslauf, Slalom und/oder Riesenslalom besteht.

Alpini, Alpenjäger, ital. Gebirgstruppe.

Alpinismus *der,* **1)** Alpenkunde. – **2)** sportl. Betätigungen, v. a. Bergsteigen im Hochgebirge.

Alpirsbach, Stadt und Luftkurort im Schwarzwald, Bad.-Württ., 6 400 Ew.; Holzind.; Brauerei im ehem. Benediktinerkloster.

Alraune *die,* **Alraun** *der,* Wurzelstock des giftigen Nachtschattengewächses Mandragora, hat oft menschenähnl. Gestalt, gilt als Zauberpflanze, Liebes-, Glücksbringer.

Alsace [alˈzas], frz. Name für das → Elsass.

Alse *die,* Heringsfisch in Nordsee und im westl. Mittelmeer, laicht in Flüssen.

Alsen, dän. **Als,** dän. Insel im Kleinen Belt, 314 km²; Hauptort Sonderburg. 1864 preuß., 1920 dänisch.

Alsfeld, Stadt in Hessen, 16 700 Ew.; mittelalterliches Stadtbild, u. a. Fachwerkrathaus (16. Jh.).

Alster *die,* rechter Nebenfluss der Elbe, erweitert sich in Hamburg seenartig zur **Außen-** und **Binnenalster.**

Alt [ital. alto »hoch«] *der,* 𝄞 tiefe Frauen- oder tiefe Knabenstimme; Umfang a (f) bis f″.

Altai *der,* innerasiat. Gebirge in Russland, China und der Mongolei, in der Belucha 4 506 m hoch, reiche Erzlagerstätten.

Flügel-**Altar**

Altamira, Höhle in der Prov. Santander, Spanien, mit altsteinzeitl. farbigen Felsbildern von Tieren der Eiszeit; zum Weltkulturerbe erklärt.

Altan *der,* Söller, Balkon.

Altar *der,* erhöhte Opfer- und Andachtsstätte; in christl. Kirchen anfangs ein Tisch, seit dem 4. Jh. oft mit Baldachin, seit dem 11. Jh. mit Aufsatz, später auch mit Flügeln **(Flügel-A.);** Mittelpunkt des Gotteshauses.

Felsbild aus **Altamira** (Hirschkuh und kleiner Wisent)

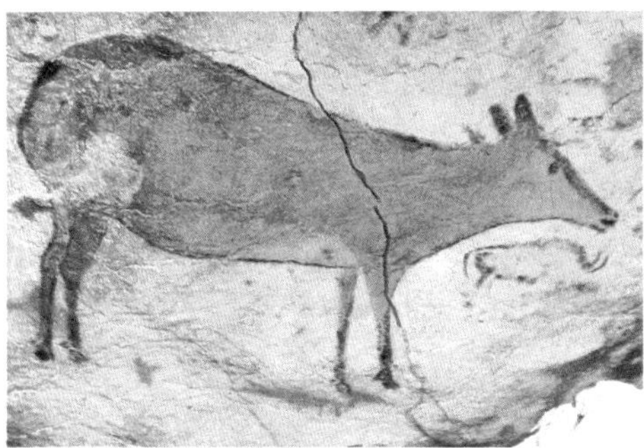

Albrecht Altdorfer. Donaulandschaft bei Regensburg (1520/25)

Altarsakrament → Eucharistie, → Abendmahl.

Altdorf, 1) A. b. Nürnberg, Stadt in der Oberpfalz, Bayern, 12 500 Ew.; altes Stadtbild; Univ. (1623 bis 1809). – **2) A. (UR),** Hauptort des Kt. Uri, Schweiz, 8 200 Ew.; Schauplatz der Tell-Sage.

Altdorfer, Albrecht, dt. Maler, Kupferstecher und Baumeister, * um 1480, † 1538; Meister der Donauschule, schuf das erste reine Landschaftsbild in der europ. Malerei sowie die »Alexanderschlacht« (1529), ein Historiengemälde.

Altena, Stadt in NRW, im Sauerland, 24 000 Ew.; Drahtzieherei, Metallverarbeitung; Burg des 12. Jh.

Altenberg, ehem. Zisterzienserabtei nordöstl. von Köln, NRW, got. Wallfahrtskirche (Bergischer Dom).

Altenbourg, [-burg], Gerhard, dt. Maler und Grafiker, * 1926, † 1989; Beiträge zum Fantastischen Realismus.

Altenburg, Krst. in Thür., 48 000 Ew., Herstellung von Spielkarten, Elektrogeräten; Renaissancerathaus, Schloss; 1603 bis 1672 und 1826 bis 1918 Hptst. von Sachsen-Altenburg.

Altenteil, Ausgedinge, Leibgedinge, Leistungen, die zur Versorgung eines Bauern auf Lebenszeit bei der Hofübereignung an den Nachfolger festgesetzt werden (z. B. Wohnung, Rente).

Altentreptow, Krst. in Meckl.-Vorp., 7 800 Ew.; got. Backsteinhallenkirche.

Alter, der letzte Abschnitt in der Entwicklung der Lebewesen. Beim Menschen kommt es durch die nachlassende Tätigkeit der wachstumsfördernden Hormondrüsen zu bestimmten Veränderungen: Die Knochen werden brüchig, das Unterhautfett schwindet, die Oberhaut wird faltig, die Organe verlieren an Leistungsfähigkeit. Körperl. und geistige Kräfte nehmen ab **(Altersschwäche);** auch seel. Veränderungen können eintreten. – **Alternsforschung** (Gerontologie) und **Altersheilkunde** (Geriatrie) dienen der Gesunderhaltung und der Vorbeugung von Altersschäden und -krankheiten. Im biolog. Sinn ist **Altern** ein über das ganze Leben sich erstreckender Wandlungsprozess.

Alter Bund, das Alte Testament.

Alter Ego [lat. »das andere Ich«], **1)** vertrauter Freund. – **2)** in der Psychoanalyse S. Freuds das Es.
Alternative *die,* eine von zwei Möglichkeiten.
alternative Medizin, Richtung der Medizin, die naturgemäße, z. T. auch historisch überlieferte Heilmethoden (z. B. Akupunktur, Volksmedizin) einsetzt.
Alternativ|energie, jede zur Energieversorgung nutzbare, sich erneuernde Energie, z. B. Wind-, Gezeiten-, Sonnen-, geotherm. Energie. Ggs.: Kernenergie, Energie aus fossilen Brennstoffen.
Alters|aufbau, Altersgliederung, die Gliederung einer Bev. nach Altersklassen; graf. dargestellt z. B. in der **Alterspyramide.** Infolge gestiegener Lebenserwartung und rückläufiger Geburtenzahlen verschiebt sich der A. in den industrialisierten Ländern in Richtung höherer Altersstufen.
Altersbestimmung, zeitl. Festlegung von geolog. Ereignissen (z. B. durch die Abfolge von Fossilien) oder vorgeschichtl. Funden, heute oft mithilfe der radioaktiven A. (auch C-14-Methode), der Dendrochronologie (Jahresringchronologie) oder der Eiweißuhr (Veränderung der Aminosäuren in Knochen).
Alterspräsident, ältestes Mitglied eines Parlaments, das nach Neuwahlen bis zur Wahl des Präsidenten dessen Geschäfte führt.
Alterssichtigkeit, Nachlassen der Akkommodationsfähigkeit des Auges, tritt etwa vom 45. Lebensjahr an als Folge des Starrwerdens der Linse auf, äußert sich in der Erschwerung des Nahsehens.
Altersstufen, Einteilung, die die vom Lebensalter abhängigen Rechte und Pflichten widerspiegelt.
Alters|übergangsgeld, Geldleistung für Arbeitslose ab 55 Jahren in der ehem. DDR für längstens 5 Jahre (bis zum Eintritt ins Rentenalter) in Höhe von 65% des letzten durchschnittlichen Nettoarbeitsentgeltes. Anspruch auf A. haben nur Arbeitnehmer, die bis zum 31. 12. 1992 arbeitslos wurden.
Altersversorgung, Alterssicherung, in der Sozialpolitik zusammenfassende, nicht einheitl. abgegrenzte Bez. für alle Maßnahmen oder Regelsysteme zur Unterhaltssicherung von altershalber aus dem Berufsleben ausscheidenden Menschen. In Dtl. bildete sich eine A. nach dem Dreisäulenkonzept heraus. Neben der **gesetzlichen A.** (Renten-, Handwerker-, Künstlersozialversicherung, Alterssicherung der Landwirte, Beamtenversorgung) gibt es die freiwillige **betriebliche A.** sowie als dritte Form die individuell zu nutzende **private Ersparnisbildung** (z. B. Lebensversicherung).

Altenburg. Renaissancerathaus

Altersstufen: Lebensalter im Recht

ab Geburt: Beginn der Rechts- und Parteifähigkeit	
ab Vollendung des Lebensjahres:	
6.	Schulpflichtbeginn (geregelt in den Landesschulgesetzen)
7.	a) beschränkte Geschäftsfähigkeit §§ 106 ff. BGB b) beschränkte Deliktsfähigkeit nach bürgerl. Recht im Bereich der unerlaubten Handlungen § 828 Abs. 2 BGB
10./12.	Recht auf Anhörung bzw. Zustimmungserfordernis zum Bekenntniswechsel – Gesetz über die religiöse Kindererziehung
14.	a) religiöses Selbstbestimmungsrecht b) bedingte strafrechtl. Verantwortlichkeit §§ 1, 3 Jugendgerichtsgesetz
15.	Antrags- und Leistungsempfangsrecht für Sozialleistungen § 36 Sozialgesetzbuch I
16.	a) beschränkte Testierfähigkeit §§ 2229 Abs. 1; 2247 Abs. 4 BGB b) beschränkte Ehefähigkeit § 1 Abs. 2 EheG c) Beginn der Eidesfähigkeit §§ 393, 455 ZPO; § 60 StPO d) Pflicht zum Besitz eines Personalausweises § 1 PersonalausweisG e) Recht zum Erwerb der Fahrerlaubnis Klasse 1 b, 4 und 5 § 7 Straßenverkehrs-Zulassungs-Ordnung
18.	Volljährigkeit a) volle Geschäfts-, Testier-, Ehe- und Deliktsfähigkeit nach bürgerl. Recht b) strafrechtl. Verantwortlichkeit als Heranwachsender – §§ 1, 105, 106 JugendgerichtsG c) aktives und passives Wahlrecht (Letzteres in manchen Bundesländern erst ab dem 21. Lebensjahr) zum Bundestag und den Länderparlamenten d) Recht zum Erwerb der Fahrerlaubnis Klasse 1 a und 3 e) Wehrpflichtbeginn für Männer
20.	Recht zum Erwerb der Fahrerlaubnis Klasse 1
21.	a) strafrechtliche Verantwortlichkeit als Erwachsener b) Recht zum Erwerb der Fahrerlaubnis Klasse 2
25.	Adoptionsrecht
40.	Wählbarkeit zum Bundespräsidenten – Art. 54 GG
45.	Ende der Wehrpflicht für Mannschaften
60.	a) Ende der Wehrpflicht für Offiziere und Unteroffiziere b) Rentenansprüche für Frauen (§ 39 SGB VI) und für Männer (Arbeitslose; § 38 SGB VI) c) Rentenansprüche für Schwerbehinderte
63.	Rentenansprüche für langjährig Versicherte (§ 36 SGB VI)
65.	a) Altersgrenze für Beamte und Richter (Eintritt in den Ruhestand schon ab vollendetem 62. Lebensjahr möglich) b) Anspruch auf Regelaltersrente (§ 35 SGB VI) c) Steuervergünstigungen (Altersfreibetrag – zum Teil schon nach Vollendung des 60. und 64. Lebensjahres)

Altertum, Zeit von den Anfängen schriftl. geschichtl. Überlieferung (im Alten Orient um 3000 bis 2800 v. Chr.) bis zum Beginn des europ. MA. (4. bis 6. Jh.). **Klass. A., Antike,** die Zeit der Griechen und Römer. – **A.-Wissenschaft,** Erforschung und Darstellung der Kultur des A. – **Altertümer** (Antiquitäten), die aus Vor- und Frühgeschichte eines Volkes stammenden Zeugnisse, bes. Kunstdenkmäler.
Alterung, allmähl. Änderung spezif. Werkstoffeigenschaften metall. und nichtmetall. Stoffe.
Altes Land, linkselbige Marschlandschaft (Obstbau) in Ndsachs., zw. Hamburg und Stade.
Ältestenrat, Organ des Bundestags, das den Bundestagspräs. unterstützt.
Altes Testament, Abk. **A. T.,** → Bibel.
Alte Welt, die Erdteile Asien, Afrika, Europa, im Ggs. zu Amerika, der **Neuen Welt.**
Altgläubige → Raskolniki.
Althing *das,* Volksvertretung Islands (seit 930).
Althochdeutsch, älteste Stufe des Hochdeutschen, von etwa 750 bis 1100.
Altiplano *der,* Hochebene in den zentralen Anden, in Bolivien und Peru, mit dem Titicacasee.
Altkatholiken, christliche Religionsgemeinschaft, trennte sich 1870 von der kath. Kirche wegen der Ablehnung des Dogmas von der Unfehlbarkeit des Papstes.
Altlasten, ehem. Mülldeponien, Aufschüttungen, Grubenverfüllungen, militär. Gelände und oberflächl.

Altenburg Stadtwappen

Fundorte der **Altsteinzeit** (Auswahl)

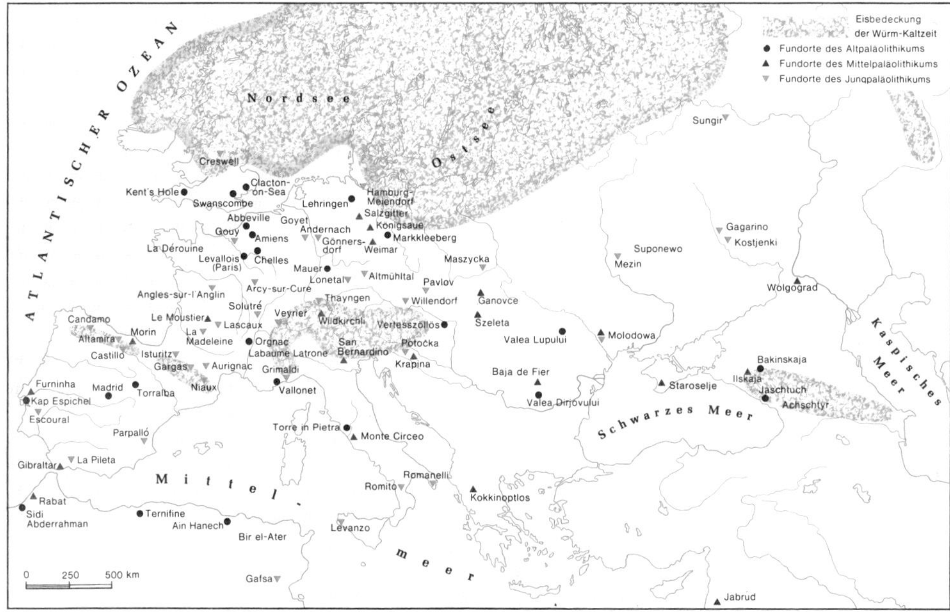

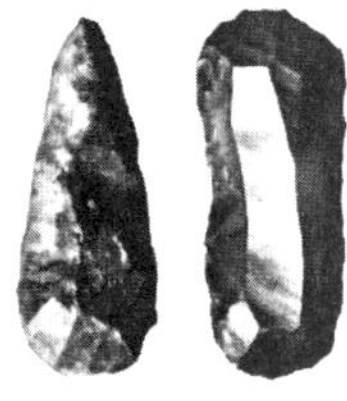

Feuersteingeräte der **Altsteinzeit**

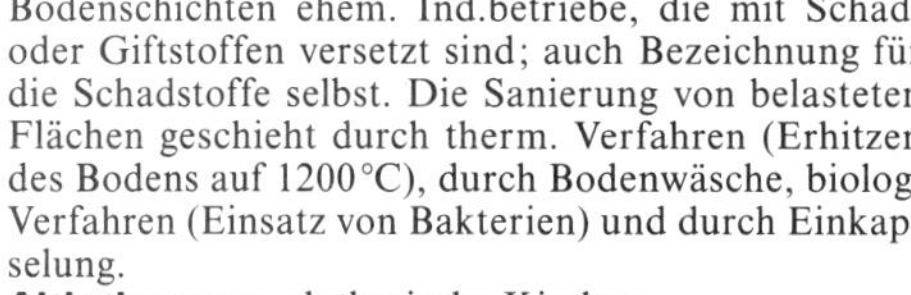

Bodenschichten ehem. Ind.betriebe, die mit Schad- oder Giftstoffen versetzt sind; auch Bezeichnung für die Schadstoffe selbst. Die Sanierung von belasteten Flächen geschieht durch therm. Verfahren (Erhitzen des Bodens auf 1200 °C), durch Bodenwäsche, biolog. Verfahren (Einsatz von Bakterien) und durch Einkapselung.

Altlutheraner →lutherische Kirchen.

Altman [ˈɔ:ltmən], **1)** Robert, amerikan. Filmregisseur, * 1925; drehte satirische Spielfilme, »M.A.S.H.« (1969), »Short Cuts« (1993). – **2)** Sidney, kanad. Biochemiker, * 1939; erhielt 1989 für seine Forschungen zur Ribonukleinsäure mit T. R. Cech den Nobelpreis für Chemie.

Altmark, histor. Landschaft westl. der Elbe in Sa.-Anh.; Hauptort Stendal; ehem. Stammland Brandenburgs.

Altmühl *die,* linker Nebenfluss der Donau, in Bayern, 220 km, mündet bei Kelheim; Teil des Rhein-Main-Donau-Großschifffahrtswegs.

altnordische Literatur, im norweg.-isländ. Bereich die Eddalieder, die Skaldendichtung und die Sagaliteratur; Blütezeit im 10./11., Aufzeichnung erst im 13./14. Jahrhundert.

Alto Adige [-ˈa:didʒe], →Südtirol.

Altöle, Schmieröle, die durch Temperatureinwirkung, Oxidation und Feuchtigkeit verschmutzt sind.

Alt|ötting, Krst. in Oberbayern, im Inntal, 10 600 Ew.; Wallfahrtsort (karoling. Hl. Kapelle).

Altsteinzeit. Höhlenlöwe aus Elfenbein (9,2 cm)

Altpapier, in der Papierind. wieder verwertbare Papier-, Karton- und Pappenabfälle; in Dtl. beträgt der A.-Verbrauch in der Produktion etwa 50 % (Dänemark: 80 %, Schweden: 12 %).

Altpreußische Union, Vereinigung der luther. und ref. Kirchen Preußens (1817), aus der 1953 die **Ev. Kirche der Union** (EKU) innerhalb der EKD hervorging.

Altruismus *der,* dem Egoismus entgegengesetzte Einstellung, Selbstlosigkeit.

Altsteinzeit, Paläolithikum, ältester Abschnitt der Menschheitsgeschichte, begann vor etwa 2,5 Mio. Jahren mit dem Auftreten des Menschen am Ende des Tertiärs, dauerte bis zum Ende der letzten Eiszeit. **Altpaläolithikum** (etwa 2,5 Mio. bis etwa 200 000 v. Chr.): Pithecanthropus; Vervollkommnung der Feuersteinwerkzeuge (Faustkeile, Klingen, Bohrer), Tieropfer. **Mittelpaläolithikum** (etwa 200 000 bis etwa 40 000 v. Chr.): Neandertaler; älteste Bestattungen. **Jungpaläolithikum** (etwa 40 000 bis etwa 8 000 v. Chr.): erste Stufe des Homo sapiens; neue Werkstoffe: Knochen, Horn, Holz; Höhepunkt der Feuersteintechnik, Erfindung des Bogens und der Harpune; aus dem Jagdzauber erwuchs die Tierdarstellung (Höhlenmalereien und Schnitzereien).

Altvatergebirge, tschech. **Hrubý Jeseník** [ˈhrubi: ˈjɛsɛnji:k], südöstl. Teil der Sudeten, ČR, bis 1491 m hoch.

Altweibersommer, Schönwetterlage im Frühherbst.

ALU, Abk. für Arithmetic and Logic Unit, der Teil innerhalb der Zentraleinheit eines Computers, der zur Ausführung arithmet. und log. Operationen mit den Daten dient.

Aluminate, Salze der Aluminiumsäure; werden durch Erhitzen wasserfrei und sind dann säurebeständig.

Aluminieren, Aufbringen von Überzügen aus Aluminium z. B. durch Plattieren, Schmelztauchen, Metallspritzen, Aufdampfen oder Galvanisieren.

Aluminium *das,* Symbol **Al,** chem. Element, silberweißes, sehr dehnbares Leichtmetall, OZ 13, D 2,699 g/cm^3, Fp 660,4 °C, Sp 2467 °C. A. besitzt gute elektr. Leitfähigkeit und ist an der Luft infolge Bildung feiner, dichter Oxidhäute gut beständig; es ist schmied-, hämmer-, schweiß- und walzbar **(A.-Folien).** – A. ist

das auf der Erde am weitesten verbreitete Metall, kommt aber nur in Verbindungen vor (Feldspat, Glimmer, Tonminerale). Aus dem Rohstoff Bauxit wird nach versch. Verfahren **A.-Oxid** (Tonerde) hergestellt, dieses in geschmolzenem Kryolith gelöst und das A. durch Elektrolyse abgeschieden (hoher Bedarf an elektr. Energie). – Verwendung: rein und in Form von Legierungen im Geräte-, Fahrzeug-, Flugzeugbau, im Hoch- und Ingenieurbau, für Freileitungen, Verpackungen und vieles andere.

Alvarez ['ælvəriz], Luis, amerikan. Kernphysiker, * 1911, † 1988; entdeckte die erste Elementarteilchenresonanz, erhielt 1968 den Nobelpreis für Physik.

Alveole *die,* Hohlraum in Geweben und Organen, z. B. die Zahnhöhle im Kieferknochen zur Verankerung des Zahnes; auch das einzelne Lungenbläschen.

Alzey, Krst. in Rheinhessen, Rheinl.-Pf., 15 000 Ew.; Textil-, Möbel-, Maschinenind., Weinbau.

Alzheimer-Krankheit [nach dem dt. Neurologen A. Alzheimer], meist zw. dem 50. und 70. Lebensjahr auftretende, bisher unheilbare degenerative Erkrankung der Großhirnrinde mit zunehmender Demenz. Als Ursachen werden neben genet. v. a. Stoffwechselstörungen vermutet.

Am, chem. Symbol für Americium.

Amado [a'madu], Jorge, brasilian. Schriftsteller, * 1912; sozialkrit. und unterhaltende Romane; »Viva Teresa« (1972).

Amagasaki, jap. Hafenstadt auf Honshū, westl. von Ōsaka, 499 000 Ew.; Schwer-, chem. und Baumwollindustrie.

Amalasuntha, Amalaswintha, Tochter Theoderichs d. Gr., nach dessen Tod (526) Regentin für ihren Sohn Athalarich, 535 ermordet.

Amaler, ostgot. Herrschergeschlecht (erlosch 536), die **Amelungen** der Heldensage.

Amalfi, südital. Hafenstadt und Seebad am Golf von Salerno, 6 000 Ew.; Erzbischofssitz; Dom aus dem 11. Jh.; im MA. Seerepublik.

Amalgam *das,* ⚗ Legierung eines Metalls mit Quecksilber; **Silber-A.** wird wegen seiner leichten Verformbarkeit für Zahnfüllungen verwendet (wegen mögl. Nebenwirkungen neuerdings stark umstritten). Zum Großeinsatz kommen A. bei der Edelmetallgewinnung.

Amaltheia, griech. Sage: die Nährmutter des Zeus, eine Nymphe oder Ziege; wurde unter die Sterne versetzt.

Amarant *der,* **Fuchsschwanz,** Zierpflanze mit purpurnen Blütenrispen.

Amarillo [æmə'rɪləʊ], Stadt in Texas, USA, 149 000 Ew.; Univ.; Erdgas- und Erdölfelder, chem. Ind., Zinkhütte.

Amarna, Tell el-A., Ruinenstätte in Oberägypten, dem Sonnengott Aton geweiht (damals **Achet-Aton**), 1360 v. Chr. von Echnaton gegr.; Tempel, Paläste, Häuserblocks, ein Tontafelarchiv mit Briefen in Keilschrift; in einer Bildhauerwerkstatt fand man die Büste der Nofretete.

Amaryllis *die,* Pflanzengattung, bekannte Art **Belladonnalilie,** Zierpflanze mit großen Blüten.

Amateur [frz. »Liebhaber«] *der,* übt eine Tätigkeit aus Liebhaberei aus; Sportler, der im Ggs. zum Profi den Sport ohne materiellen Gewinn betreibt.

Amati, italienische Geigenbauerfam. in Cremona (16./17. Jh.); Vertreter: Andrea, Antonio, Girolamo, Nicola.

Amazonas *der,* längster Strom Südamerikas (ohne Krümmungen 6 518 km) mit dem größten Stromgebiet der Erde (7,2 Mio. km^2), entsteht durch Vereinigung der Quellflüsse Marañón, Huallaga und Ucayali, wird im Mittellauf auch **Solimões** genannt, fließt von den Anden zum Atlant. Ozean (in der Mündung 250 km breit); $^4/_5$ der Länge sind schiffbar, von den über 200 Nebenflüssen sind etwa 100 befahrbar. Das 3,6 Mio. km^2 große **A.-Tiefland** ist das größte zusammenhängende Regenwaldgebiet und damit größter Sauerstoffproduzent der Erde; durch groß angelegte bergbaul. Erschließung und großräumige Rodung stark bedroht.

Amazonen, in der griech. Sage ein krieger. Frauenvolk, kämpfte unter Penthesilea vor Troja, wobei diese von Achill getötet wurde.

Amber *der,* → Ambra.

Amberg, Krst. in der Oberpfalz, Bayern, 43 200 Ew.; vielseitige Ind.; mittelalterl. Altstadt mit Wehranlage.

Ambesser, Axel von, eigentl. A. **von Oesterreich,** dt. Schriftsteller und Regisseur, * 1910, † 1988; schrieb Komödien.

ambi..., Vorsilbe: beid..., doppel...

Ambiente *das,* spezif. Umwelt, bes. Atmosphäre.

Ambivalenz *die,* Doppelwertigkeit.

Ambler ['æmblə], Eric, engl. Schriftsteller, * 1909; schreibt realist. Kriminal- und Spionageromane. »Die Maske des Dimitrios« (1939).

Ambo *der,* in altchristl. Basiliken erhöhte Lesebühne vor den Chorschranken.

Ambo, Ovambo, Bantustamm in Angola und Namibia; Pflanzer und Viehzüchter.

Amboise [frz. ã'bwa:z], frz. Stadt an der Loire, 11 500 Ew.; Schloss (1492 bis 1498).

Ambon, Molukkeninsel bei Ceram, Indonesien, 813 km^2; Gewürznelkenanbau.

Amboss, 1) ⚙ stählerne Unterlage beim Schmieden. – **2)** ⚕ Gehörknöchelchen im Ohr.

Ambra *die,* **Amber,** öliges Stoffwechselprodukt des Pottwals; Rohstoff für Parfüms.

Ambrosia *die,* in der griech. Sage die Speise, die den Göttern Unsterblichkeit verleiht (→ Nektar).

Ambrosiana, Bibliothek und Gemäldegalerie in Mailand, Anfang des 17. Jh. gegründet.

Ambrosius, lat. Kirchenvater, * um 340, † 397; seit 374 Bischof von Mailand, förderte den Kirchengesang (**ambrosian. Gesang);** Heiliger, Tag: 7. 12.

ambulant, nicht ortsfest, wandernd; **ambulante Behandlung,** Behandlung in der Praxis oder Klinik während der Sprechstunde; **ambulantes Gewerbe,** Reise-, Straßen-, Hausierhandel; **Ambulanz,** Krankenwagen, Feldlazarett.

Ameisen, zu den Hautflüglern gehörige Staaten bildende Insekten, mit rd. 12 000, weltweit verbreiteten Arten; errichten kunstvolle Wohnbauten. Das A.-Volk besteht aus geflügelten Männchen und befruchteten Weibchen (Königinnen) sowie den zahlenmäßig überwiegenden ungeflügelten, geschlechtl. unterentwickelten Weibchen (Arbeiterinnen), die Nestbau, Ernährung, Brutpflege und Verteidigung (Soldaten) besorgen. Die Nahrung bilden Kleintiere, Pflanzensäfte, Samen, ferner die zuckerreichen Ausscheidungen z. B. von Blattläusen, die von den A. »gemolken« werden. Die A. verständigen sich durch gegenseitiges Betasten und bilden hoch organisierte Staaten. Die **Roten Wald-A.** vertilgen Schadinsekten, weshalb ihnen eine

Sidney Altman

Eric Ambler

Ameisenbär

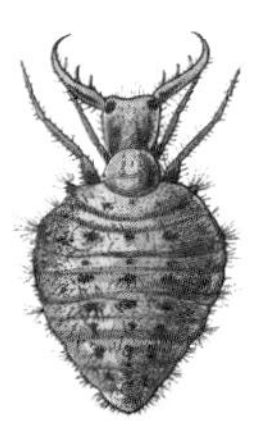
Ameisenlöwe

Carl Amery

Jean Améry

große Bedeutung bei der Schädlingsbekämpfung zukommt (**A.-Hege**). Die »A.-Eier« (verpuppte Larven) dienen als Vogel- und Fischfutter. **Weiße A.** →Termiten.

Ameisenbär, zahnloses Säugetier in Südamerika, mit langer Zunge und Grabkrallen, scharrt Ameisen und Termiten aus; mit Schwanz bis 2,10 m lang. BILD S. 33

Ameisengäste, mit Ameisen zusammen lebende Insekten, z. B. Blattläuse.

Ameisen|igel, stachelige Säugetiere in Australien, Neuguinea, fressen Ameisen u. a. Insekten; zählen zu den Kloakentieren und legen Eier.

Ameisenlöwe, Larve des libellenähnl. Netzflüglers **Ameisenjungfer,** lauert in selbst gegrabenen Sandtrichtern auf Ameisen.

Ameisenpflanzen, trop. Gewächse, die von Ameisen bewohnt werden; auch Pflanzen, an deren Verbreitung Ameisen beteiligt sind.

Ameisensäure, HCOOH, einfachste organ. Säure, Bestandteil des Ameisen- und Brennnesselgiftes; Konservierungsmittel. Die Salze nennt man **Formiate.**

Ameland, eine der Westfries. Inseln, Niederlande, 57 km^2; Seebäder.

Amelie *die,* angeborenes Fehlen von Gliedmaßen bei Menschen und Tieren.

Amelungen →Amaler.

Amen [hebr. »Ja, gewiss«], bibl. Bekräftigungsformel, von Christentum und Islam übernommen.

Amendment [əˈmendmənt] *das,* Änderungsantrag im Verfassungsrecht; Verbesserungs- oder Ergänzungsvorschlag zu einem Gesetz; in den USA Zusatzartikel zur Verfassung.

Amenophis, ägypt. **Amenhotep,** Name von 4 ägypt. Königen der 18. Dynastie; der bedeutendste war A. IV. (Echnaton), 1364 bis 1347 v. Chr.

Amenorrhöe, Amenorrhö *die,* Ausbleiben der Menstruation.

American Broadcasting Companies [əˈmerıkən ˈbrɔ:dkɑ:stıŋ ˈkʌmpənız], →ABC.

American Express Company [əˈmerıkən ıksˈpres ˈkʌmpənı], Abk. **AMEXCO,** amerikan. Finanzdienstleistungs- und Reiseunternehmen (1850 gegr.); heute u. a. Kreditkarten.

American Football [əˈmerıkən ˈfʊtbɔ:l], →Football.

Americium, Symbol **Am,** künstl. hergestelltes radioaktives Element, ein →Transuran, OZ 95.

Amerika [nach Amerigo Vespucci], die beiden Erdteile →Nordamerika und →Südamerika, die als Neue Welt der Alten Welt gegenübergestellt werden und durch die Land- und Inselbrücke →Mittelamerika miteinander verbunden sind. A. liegt zw. Atlant. und Pazif. Ozean und reicht vom äußersten N (auf Ellesmere Island, 83° nördl. Breite) bis zum äußersten S (Kap Froward in Patagonien, fast 54° südl. Breite) über 15 500 km ohne die beiderseits vorgelagerten Inselgruppen über 14 500 km mit einer Fläche von mehr als 42 Mio. km^2. Es erstreckt sich über alle Klimazonen der Erde (mit Ausnahme der antarkt.). Nord- und Süd-A. haben fast die gleiche Breite von 5 000 km. Bezeichnend für den Bau des Doppelkontinents sind der auf der W-Seite durchlaufende Zug erdgeschichtlich junger Hochgebirge, auf der O-Seite alte Rumpfgebirge, in der Mitte große Tafel- und Stromtiefländer.

Geschichte. Die ersten Entdecker A.s waren um 1000 n. Chr. Normannen oder Wikinger (→Vinland), vielleicht auch schon im 6. Jh. irische Mönche (St. Brendan). Die eigentl. Erschließung begann 1492 mit Kolumbus. Bald danach setzte die Gründung von Kolonien ein. Im 16. Jh. war A. zunächst span. und port. Kolonialgebiet, erst im 17. Jh. folgten andere westeurop. Mächte (v. a. in Nord-A.). Franzosen setzten sich in Kanada und im Mississippigebiet, Engländer an der Atlantikküste fest. In dem langen Ringen um die Vorherrschaft blieben die Engländer 1763 Sieger über die Franzosen, verloren jedoch durch den amerikan. Unabhängigkeitskampf (1775 bis 1783) außer Kanada alle Kolonien, die sich zu den Vereinigten Staaten von Amerika zusammenschlossen.

Im 19. Jh. schüttelten auch die span. und port. Kolonien in Mittel- und Süd-A. (Latein-A.) die Herrschaft ihrer Mutterländer ab.

Ameisenigel

Amerikahäuser, in Dtl. und Österreich Informationszentren der USA (seit 1946), die kulturpolitische Aufgaben wahrnehmen; unter anderen (unterschiedl.) Bezeichnungen in zahlreichen Ländern der Erde.

Amerikanerreben, Rebarten amerikan. Ursprungs; dienen wegen ihrer Widerstandsfähigkeit gegen Rebläuse und gegen einige Pilze als Unterlagen für die Herstellung von Pfropfreben.

amerikanische Kunst →nordamerikanische Kunst, →lateinamerikanische Kunst.

amerikanische Literaturen →nordamerikanische Literatur, →lateinamerikanische Literatur.

Amerikanisch-Samoa, Territorium der USA im Pazifik, →Samoa-Inseln.

Amerikanismen, Eigentümlichkeiten der engl. Sprache in Nordamerika; auch Entlehnung aus dem amerikan. Englisch.

Amerikanistik *die,* **1)** Erforschung der Geschichte und Kultur Amerikas in vorspan. Zeit. – **2)** Wiss. von der Sprache und Literatur Nordamerikas.

Amersfoort, Stadt in der niederländ. Prov. Utrecht, 96 000 Ew.; Elektroind., Metallverarbeitung; histor. Stadtkern.

Amery, Carl, eigentl. Christian Anton **Mayer,** dt. Schriftsteller, * 1922; schreibt als krit. Katholik Essays, Romane; widmet sich v. a. Umweltthemen.

Améry [ameˈri], Jean, eigentl. Hans **Mayer,** österr. Schriftsteller, * 1912, † 1978; behandelte in Essays (auch persönl.) Probleme der Gegenwart.

Amethyst *der,* violette bis purpurrote Schmucksteinvarietät des Quarzes.

Amfortas, in Wolfram von Eschenbachs Dichtung der König des Grals, Parzivals Oheim.

Amhara, 1) äthiop. Landschaft um den Tanasee. – **2)** Volk im Hochland von Äthiopien; **Amharisch** ist Staatssprache in Äthiopien.

Amide, ☊ Verbindungen, bei denen ein oder mehrere Wasserstoffatome des Ammoniaks durch organ. Säurereste ersetzt sind, z. B. **Acetamid,** $CH_3CO \cdot NH_2$.

Amiens [aˈmjɛ̃], Hptst. des frz. Dép. Somme, Picardie, 136 200 Ew.; got. Kathedrale (gehört zum Weltkulturerbe); Textilind., Universität.

Ämilische Straße, Via Aemilia, vom Konsul Marcus Aemilius Lepidus 187 v. Chr. angelegte Römerstraße von Rimini nach Piacenza.

Amin Dada, Idi, ugand. Politiker, * 1925; errichtete nach einem Militärputsch 1971 ein Terrorregime in

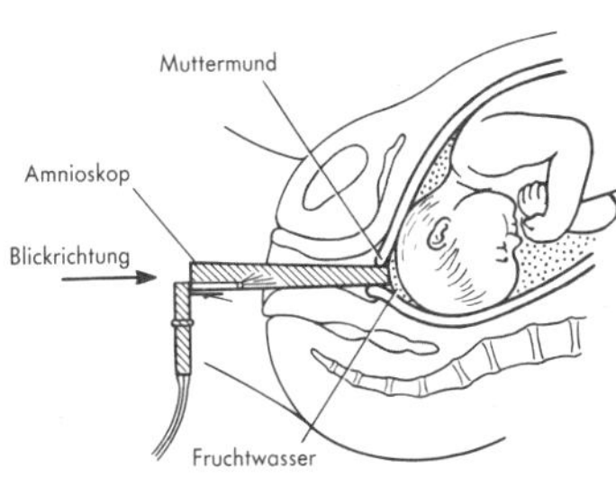

Amnioskopie

Uganda, wurde 1979 nach einem Bürgerkrieg gestürzt; lebt im Exil.

Amine, ⚗ organ. Basen, gebildet durch Ersatz von Wasserstoffatomen des Ammoniaks durch Alkyle oder Aryle.

Aminoplaste, härtbare Kunstharze und Pressmassen auf der Grundlage von Formaldehyd und organ. Verbindungen mit Aminogruppen; wegen der Gefahren durch Formaldehyddämpfe ist ihre Produktion rückläufig.

Aminosäuren, organ. Säuren, bei denen an Kohlenstoff gebundene Wasserstoffatome durch die Aminogruppe $-NH_2$ ersetzt sind. Einige A. sind lebensnotwendig **(essenzielle A.).** A., die nicht im Körper synthetisiert werden können, müssen mit der Nahrung aufgenommen werden.

Amman, Hptst. Jordaniens, 835 000 Ew.; Univ., Industriezentrum; Residenz der Könige.

Amman, Jost, schweizer. Grafiker, * 1539, † 1591; wirkte in Nürnberg, Holzschnitte zur Bibel sowie aus dem Leben seiner Zeit.

Ammann [Amtmann], Beamter, bes. Bezirks- oder Gemeindevorsteher in schweizer. Kantonen.

Ammenzeugung, Form des →Generationswechsels (Wechsel von geschlechtl. und ungeschlechtl. Generation).

Ammer *die,* im Unterlauf **Amper,** linker Nebenfluss der Isar, 170 km lang, durchfließt den **Ammersee** (48 km², Fremdenverkehr).

Ammern, Unterfamilie der Finken mit Garten- (Ortolan), Grau-, Goldammer.

Ammon, Amun, ägypt. Reichsgott, auch als Sonnengott verehrt.

Ammoniak *das,* NH_3, farbloses Gas mit stechendem Geruch, reizt Schleimhäute und Augen; entsteht in der Natur bei der Verwesung organ. Stickstoffverbindungen, technisch als Nebenprodukt bei der Stadtgas- und Koksgewinnung **(A.-Wasser),** synthetisch aus Luftstickstoff und Wasserstoff (Haber-Bosch-Verfahren). A. lässt sich durch Druckanwendung leicht verflüssigen, es siedet bei −33,5°C mit großem Wärmeverbrauch und wird deshalb in Kältemaschinen verwendet. Gasförmiges A. ist sehr leicht löslich in Wasser **(Salmiakgeist).** A. dient u. a. zur Herstellung von Düngemitteln, Salpetersäure, Harnstoff.

Ammoniten, Ammonshörner, Ende der Kreidezeit ausgestorbene Kopffüßer mit spiraligem Kalkgehäuse; wichtige Leitfossilien.

Ammonium *das,* NH_4, ⚗ Atomgruppe, Radikal, das als selbstständiges Molekül nicht auftritt, vertritt in Salzen die Stelle eines einwertigen Metalls (A.-Salze).

Amnesie *die,* ⚕ zeitl. begrenzte Erinnerungslücke infolge Bewusstseinsstörung.

Amnestie *die,* ⚖ allg. Strafbefreiung.

Amnesty International ['æmnəstɪ ɪntə'næʃnl], Abk. **ai,** internat. Hilfsorganisation für polit. Gefangene, gegr. 1961; betreut Menschen, die aus polit., rass. oder religiösen Gründen in Haft sind, versucht Freilassung oder Strafmilderung zu erwirken; kämpft gegen Folter und Todesstrafe. Etwa 1 Mio. Mitglieder in über 150 Ländern. Friedensnobelpreis 1977.

Amnion *das,* **Schafhaut,** innere Schicht der Fruchtblase um den Embryo der höheren Wirbeltiere **(Amnioten),** die das Fruchtwasser enthält. **Amnioskopie,** Fruchtwasseruntersuchung mithilfe eines Endoskops **(Amnioskop).**

Amöben, mikroskop. kleine Einzeller aus der Klasse der Wurzelfüßer, von veränderl. Gestalt **(Wechseltierchen).** Der Körper bildet lappenartige Fortsätze, Scheinfüßchen, die zur Fortbewegung und Nahrungsaufnahme dienen. Die meisten A. leben im Süßwasser, einige als Schmarotzer im Darm **(A.-Ruhr).**

Amoklaufen, plötzl. Verwirrtheitszustand mit sinnloser Angriffs- und Mordwut bei aggressivem Bewegungsdrang.

Amor *der,* altröm. Liebesgott.

Amorbach, Stadt in Bayern, 4 300 Ew.; Luftkurort im südl. Odenwald; ehem. Benediktinerabtei mit Barockkirche.

amoroso, 𝄞 zärtlich, innig.

amorph, gestaltlos; Ggs. kristallinisch.

Amortisation [zu lat. »Tod«] *die,* **1)** planmäßige Tilgung einer langfristigen Schuld (z. B. Hypothek). – **2)** Rückfluss des investierten Kapitals durch Verkaufserlöse.

Amos, israelit. Prophet des A. T., um 750 v. Chr., verkündete den Untergang Israels.

Ampere [nach A. M. Ampère], Zeichen **A,** Einheit der elektr. Stromstärke: die Stärke eines zeitlich unveränderl. Stroms durch 2 parallele lange Leiter im Vakuum, die im Abstand von 1 m eine Kraft von $2 \cdot 10^{-7}$ Newton je Meter Länge der Doppelleiter aufeinander ausüben.

Ampère [ã'pɛːr], André Marie, frz. Mathematiker und Physiker, * 1775, † 1836; untersuchte die elektrodynam. Erscheinungen.

Amperemeter, Messgerät für elektrische Ströme.

ampèresches Gesetz: Parallele und gleichgerichtete elektr. Ströme ziehen sich an, parallele, aber entgegengesetzt gerichtete stoßen sich ab.

Amperestunde, Zeichen **Ah,** Einheit der Elektrizitätsmenge, z. B. bei Autobatterien.

Ampex®-Verfahren, magnet. Aufzeichnungsverfahren für Fernsehsignale (Handelsname).

Ampezzo, Talschaft der Dolomiten; Hauptort →Cortina d'Ampezzo; Fremdenverkehr.

Ampfer *der,* Gattung der Knöterichgewächse mit Rispen oder Trauben unscheinbarer Blütchen. **Großer** und **Kleiner Sauer-A.** enthalten Oxalsäure.

André Marie Ampère zugeschriebenes Selbstbildnis

Ammon
in typischer Gestalt

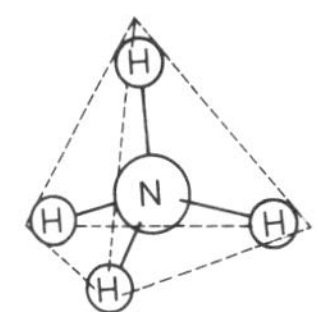

Molekulare Struktur eines **Ammonium**-Ions (N Stickstoffatom, H Wasserstoffatom)

Süßwasser-**Amöbe** (schematisch)

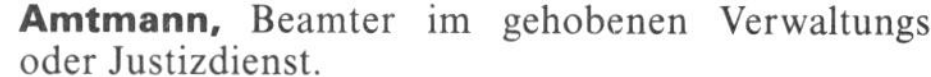

Amphora

amphi..., Vorsilbe mit der Bedeutung doppel..., beid..., zwei...; herum...

Amphibilen, die →Lurche. **A.-Fahrzeug,** schwimmfähiges Kraftfahrzeug.

Amphitheater, im Röm. Reich offener Großbau für Tier- und Gladiatorenkämpfe mit ellipt. Arena und stufenförmig ansteigenden Sitzreihen.

Amphitryon, in der griech. Sage König von Tiryns; Gemahl der Alkmene, der Mutter des von Zeus in Gestalt des A. gezeugten Herakles.

Amphora, Amphore *die,* großes Tongefäß mit 2 Henkeln.

Amplitude *die,* ❀ Schwingungsweite; größter Abstand von der Ruhelage (z. B. beim Pendel).

Amplitudenmodulation →Modulation.

Ampulle *die,* **1)** in der Spätantike bauchiges Kännchen oder Fläschchen für wohlriechende Essenzen u. a. – **2)** kleines Glasgefäß mit leicht abzufeilendem Hals für keimfreie Arzneiflüssigkeiten (zur Injektion).

Amputation *die,* ⚕ operative Abtrennung eines verletzten oder kranken Körperteils.

Amritsar, Stadt im Pandschab, Indien, 589 000 Ew.; Univ.; Textilind.; religiöses Zentrum der Sikhs (»Goldener Tempel«, 18. Jh.).

Amrum, eine der Nordfries. Inseln, 20 km², vor der W-Küste von Schlesw.-Holst.; Seebäder Wittdün und Norddorf.

Amsberg, Jonkheer Claus van, Prinz der Niederlande, * 1926, 1961 bis 1965 im dt. diplomat. Dienst; ⚭ 1966 mit Beatrix der Niederlande.

Amsel, Schwarzdrossel, häufiger Singvogel in N-Afrika, Europa, Vorderasien, Männchen schwarz mit gelbem Schnabel, Weibchen braunschwarz.

Amselfeld, Gebirgsbecken in der Prov. Kosovo, Serbien; Braunkohlevorkommen, Weinbau. – Auf dem A. besiegten die Türken 1389 die Serben, 1448 die Ungarn.

Amsterdam
Stadtwappen

Amsterdam, Hptst. (nicht Reg.-Sitz) der Niederlande, 713 400 Ew.; 2 Univ., Akademie der Wiss., Kernforschungsinstitut; Rijksmuseum, Rijksmuseum Vincent van Gogh, Rembrandthaus; zahlreiche Grachten in der histor. Altstadt (»Venedig des Nordens«); Handels- und Stapelplatz, bes. für Tabak, Kaffee, Tee, Kakao, Kautschuk, Erdöl; See- und Rheinhafen; Diamantschleiferei, chem. Ind., Maschinen- und Fahrzeugbau, Verlage; internat. ✈ in Schiphol.

Amt, auf Dauer festgelegter Aufgabenkreis im Dienst anderer. **1)** i. e. S.: **öffentl. Amt,** der nach der Zuständigkeit abgegrenzte Geschäftsbereich der Staatsgewalt oder Selbstverwaltung. – **2)** Behörde oder deren Sitz. – **3) Amtsbezirk,** Verwaltungseinheit (in Schlesw.-Holst.).

Analog-Digital-Wandler mit Codierscheibe und Photozellen für digitales Ablesen der Winkelstellung einer Welle (L für lichtdurchlässiges, O für schwarzes Feld der Codierscheibe)

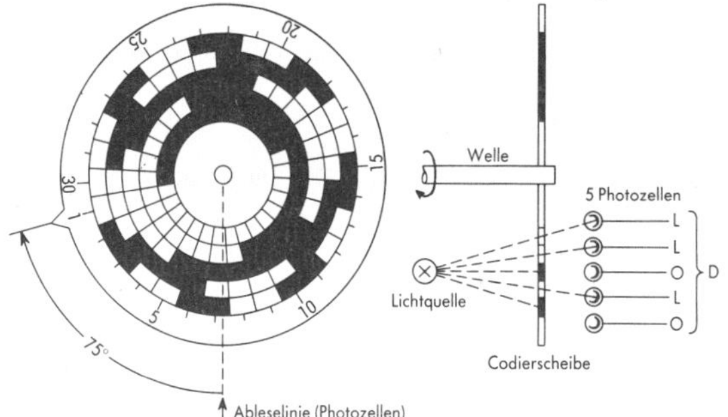

Amtmann, Beamter im gehobenen Verwaltungs- oder Justizdienst.

Amtsanmaßung, unbefugte (strafbare) Ausübung eines öffentl. Amts.

Amtsanwalt, Vertreter der Staatsanwaltschaft beim Amtsgericht.

Amtsarzt, in der amtl. Gesundheitsverwaltung (z. B. Gesundheitsamt) tätiger Arzt.

Amtseid, Diensteid, Eid, den ein Staatsoberhaupt, Minister, Beamte, Soldaten vor Dienstantritt leisten.

Amtsgeheimnis, Dienstgeheimnis, Verpflichtung zur Verschwiegenheit in Amtsangelegenheiten. (→Berufsgeheimnis).

Amtsgericht, unterste Stufe der ordentl. Gerichtsbarkeit in Dtl.; das A. trifft Entscheidungen in der Zivil- und Strafgerichtsbarkeit; zuständig u. a. auch in Familien-, Nachlass-, Konkurs- und Registersachen.

Amtshaftung, Verantwortlichkeit eines Beamten (oder übergeordnet der öffentl. Hand) für die Gesetzmäßigkeit seiner (ihrer) Handlungen.

Amtsrat, Beamter im gehobenen Dienst, steht über dem Amtmann.

Amtsvormundschaft, staatlich geregelte Vormundschaft; wird vom Jugendamt ausgeübt.

Amudarja *der,* Fluss in Zentralasien, 2 540 km lang, entspringt im afghan. Hindukusch, durchfließt Usbekistan und Turkmenistan; Zufluss des Aralsees, den er wegen Wasserentnahme zu Bewässerungszwecken meist nicht mehr erreicht.

Amulett *das,* Gegenstand, der Dämonen, Unglück oder Gefahren abwenden soll.

Amun, ägypt. Gott, →Ammon.

Amundsen, Roald, norweg. Polarforscher, * 1872, verschollen 1928 im Nördl. Eismeer, entdeckte 1903 bis 1906 die Nordwestl. Durchfahrt, erreichte am 14. 12. 1911 als erster Mensch den Südpol, überflog 1926 den Nordpol.

Amur *der,* Strom in O-Asien, 2 824 km lang, im Mittellauf Grenze zw. Russland und der Mandschurei (China).

Amygdalin *das,* Glykosid in bitteren Mandeln und manchen Obstkernen, Zersetzungsprodukte sind Traubenzucker, Benzaldehyd und Blausäure.

Amylalkohol, Pentanol, Hauptbestandteil des Fuselöls; Verwendung als Lösungsmittel.

Amylase *die,* Stärke abbauendes Enzym; Vorkommen in Malz und Hefen, in der Bauchspeicheldrüse und im Speichel.

ana..., Vorsilbe mit der Bedeutung wieder, auf, gemäß, z. B. **Anabaptist,** Wiedertäufer.

Anabasis [griech. »Hinaufstieg«] *die,* Name antiker Feldzugsberichte: von Xenophon über Kyros d. J., von Arrian über Alexander den Großen.

Anabiose *die,* Eigenschaft niederer Lebewesen, ungünstige Lebensbedingungen in scheinbar leblosem Zustand zu überstehen.

Anabolika, anabole Steroide, den Eiweißaufbau des Körpers fördernde, sich von den Androgenen ableitende chem. Stoffe; Arzneimittel, gelten im Sport als Dopingmittel.

Anachoret *der,* Einsiedler; christl. Asket, bes. im Mönchtum der frühen Kirche.

Anachronismus *der,* **1)** falsche zeitl. Einordnung. – **2)** überholte Einrichtung, Ansicht.

anaerob, ohne Sauerstoff lebend; Ggs.: aerob.

Anaeroben *Pl.,* Lebewesen, die keinen Luftsauerstoff zum Leben brauchen, z. B. Hefen, viele Bakterien, Würmer im Darm.

Anaglyphen, zwei zusammengehörende rote und grüne Teilbilder, die durch eine Brille mit grünen und roten Gläsern betrachtet einen räuml. Eindruck vermitteln.

Anagramm *das,* Buchstabenumstellung, um ein neues Wort, Decknamen oder Rätsel zu bilden.

Anaheim ['ænəhaɪm], Stadt in Kalifornien, USA, im SO von Los Angeles, 220 000 Ew.; Vergnügungspark **Disneyland;** ⛯.
Anakonda *die,* südamerikan. → Riesenschlange.
Anakreon, griech. Dichter, * um 580, † nach 495 v. Chr.; schrieb Trink- und Liebeslieder.
Anakreontiker, dt. Dichter des 18. Jh., die, von Anakreon beeinflusst, galante Lyrik und Naturlyrik schrieben (Gleim, Uz, der junge Goethe).
anal, den After betreffend.
Analeptika *Pl.,* → Anregungsmittel.
An|algesie *die,* Schmerzlosigkeit. **An|algetika** *Pl.,* schmerzstillende Mittel.
analog, 1) entsprechend, gleichartig; übertragbar; ähnlich. - **2)** stetig veränderbar; Ggs. digital.
Analog-Digital-Wandler, A/D-Wandler, Einrichtung zum Umsetzen analoger in digitale Signale, elektromechan. z. B. beim Kilometerzähler im Pkw, elektron. in Computern oder Übertragungssystemen.
Analogie *die,* **1)** Ähnlichkeit, Entsprechung. Im **A.-Schluss** werden aus der Ähnlichkeit zweier Dinge in bestimmten Punkten Folgerungen auf ihre Ähnlichkeit in anderen gezogen; Wahrscheinlichkeitsschluss. - **2)** ⚖ sinngemäße Anwendung eines Rechtssatzes auf einen vom Gesetz noch nicht geregelten Tatbestand.
Analogrechner, Rechenanlage, die Rechengrößen durch kontinuierlich veränderl. physikal. Größen wie Längen, Winkel, Ströme darstellt.
An|alphabet *der,* des Lesens und Schreibens unkundiger oder den schriftsprachl. Anforderungen des Alltags nicht gewachsener Mensch. Nach Schätzung der UNESCO leben auf der Welt rd. 948 Mio. A., davon in Dtl. rd. 3 Mio. A., in den USA bis zu 30 Millionen.
Analyse *die,* **1)** Zerlegung, Auflösung; z. B. in der Logik die Auflösung eines Begriffs in seine wesentl. Merkmale; Ggs.: Synthese. - **2)** ⚗ **qualitative A.,** Ermittlung der Bestandteile einer chem. Verbindung oder eines Gemenges; **quantitative A.,** Ermittlung der Mengen der Bestandteile einer chem. Verbindung.
Analysis *die,* √ baut auf den Grundbegriffen Zahl, Funktion und Grenzwert auf; umfasst Infinitesimalrechnung, Funktionentheorie (komplexe A.), Differenzial- und Integralgleichungen.
analytische Geometrie. √ Geometr. Gebilde (z. B. Geraden, Kurven) werden punktweise durch Zahlen (→ Koordinaten) festgelegt, die zw. diesen bestehenden Beziehungen durch Gleichungen ausgedrückt.
Anämie *die,* **Blutarmut,** krankhafter Mangel an rotem Blutfarbstoff mit oder ohne Verminderung der roten Blutkörperchen.
Anamnese [griech. »Erinnerung«] *die,* ⚕ Vorgeschichte einer Krankheit.
Ananas *die,* trop. Gewächs aus Mittelamerika, fleischige, wohlschmeckende Frucht im zapfenförmigen Fruchtstand; Hauptanbaugebiete: Thailand, Hawaii, Brasilien, Florida u. a.
Anapher *die,* eindruckssteigernde Wiederholung eines Wortes oder einer Wortgruppe am Anfang mehrerer Satzglieder; z. B. »Das Wasser rauscht, das Wasser schwoll.«
anaphylaktischer Schock, schwere allerg. Reaktion des Gesamtorganismus gegen körperfremde Eiweiße, die nicht durch den Darm aufgenommen werden, sondern auf anderen Wegen in den Körper gelangen; führt nicht selten zu tödl. Kreislaufversagen.
Anarchie *die,* Herrschafts-, Gesetzlosigkeit.
Anarchismus, polit. Ideologie, Theorie der Anarchie, die jede allgemein gültige, staatl. und rechtl. Ordnung ablehnt; der **individualist. A.** im 19. Jh. forderte schrankenlose Freiheit für den Einzelnen, der **kommunist. A.** absolute Freiheit für alle und die Abschaffung des Privateigentums. Im 20. Jh. entstand in Frankreich, Italien, Spanien der **Anarchosyndikalismus** (→ Syndikalismus).

Das Benediktinerkloster in **Andechs**

Anästhesie *die,* ⚕ → Betäubung. - **Anästhesiologie,** Lehre von der Schmerzbetäubung. **Anästhesist,** Narkosefacharzt.
Anastigmat *der,* opt. Linsensystem, das frei von → Astigmatismus und Farbfehlern ist.
Anatoli|en, die Halbinsel Kleinasien.
Anatomie [von griech. »zerschneiden«] *die,* **1)** Lehre vom äußeren und inneren Bau der Lebewesen (Menschen, Tiere, Pflanzen). **Mikroskop. A.:** Lehre von den Zellen und Geweben. Die **systemat. A.** erforscht die Bestandteile des Körpers. Sie gliedert sich in Knochen- und Knorpellehre, Muskel-, Bänder-, Gefäß-, Nerven-, Eingeweidelehre und Lehre von den Sinneswerkzeugen. Die **topograph. A.** beschreibt die Körpergegenden und -teile nach ihrer Lage; spielt bes. in der Chirurgie eine Rolle. Die **vergleichende A.** vergleicht den Bau aller tier. Wesen, Grundlage der wiss. Tierkunde. - **2) A., anatom. Institut,** Lehr- und Forschungseinrichtung an Hochschulen.
Anaxagoras, griech. Philosoph, * um 500, † 428 v. Chr.; sah in der Vernunft die verursachende Kraft alles erkennbaren Seins.
Anaximander, griech. Philosoph, * um 610, † um 546 v. Chr.; gilt als Begründer der wiss. Geographie; Naturphilosoph. Dinge entstehen in Gegensätzen aus dem Grenzenlosen (Apeiron) und vergehen wieder in ihm.
Anaximenes, griech. Philosoph, im 6. Jh. v. Chr., Schüler des Anaximander, dessen Begriff des »Grenzenlosen« er mit der Luft gleichsetzte.
ANC, Abk. für African National Congress, → Afrikanischer Nationalkongress.
Anchorage ['æŋkərɪdʒ], größte Stadt und wichtigstes Handelszentrum des Staates Alaska, USA, 231 000 Ew.; Univ.; ⛯.
Anchovis *die,* **Anschovis, Sardelle,** ein Heringsfisch; auch der konservierte Fisch; in Norwegen Bezeichnung für eingedoste Sprotten.
Ancona, ital. Hafenstadt am Adriat. Meer, Hptst. der Marken, 101 300 Ew.; Schiffbau, Zuckerind., Musikinstrumentenbau.
Andalusi|en, histor. Landschaft im S Spaniens, im W fruchtbares Tiefland am Guadalquivir, im O vom **Andalus. Gebirge** mit der Sierra Nevada (3 478 m) durchzogen. Anbau von Weizen, Wein, Südfrüchten, Tomaten, Gemüse und Sonnenblumen; Schaf-, Pferde- und Kampfstierzucht. Erzlager: Eisen, Kupfer, Blei, Zink; Fremdenverkehr. Städte: Sevilla, Córdoba, Granada, Málaga, Cádiz u. a.
Andamanen, Inselkette im Golf von Bengalen (Ind. Ozean), bilden mit den Nikobaren das ind. Unionster-

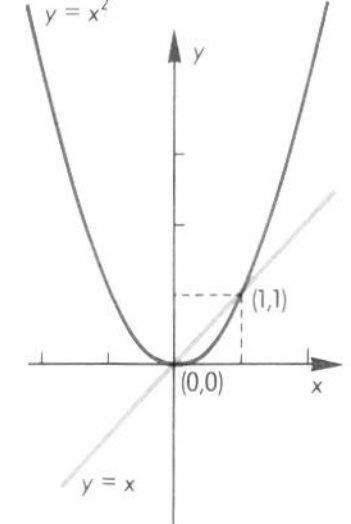

analytische Geometrie

Andorra

Staatswappen

Staatsflagge

Internationales Kfz-Kennzeichen

ritorium **A. und Nikobaren,** 8 293 km², rd. 280 000 Ew. Ausfuhr: Kopra. – Die Ureinwohner (Negritos) sind fast ausgestorben.

andante, 𝄞 mäßig langsam. **Andante** *das,* mäßig langsamer Satz eines Tonstücks.

Andechs, Wallfahrtsort in Oberbayern, 2 700 Ew., Benediktinerkloster mit Brauerei. BILD S. 37

Anden *Pl.,* die südamerikan. → Kordilleren.

Andenpakt, Vertrag von 1968 über wirtschaftl. Zusammenarbeit zw. Chile (bis 1976), Kolumbien, Venezuela (1973 beigetreten), Peru (Mitgliedschaft ruht seit 1992), Ecuador und Bolivien; seit Okt. 1992 Zollfreiheit.

Andermatt, Höhenluftkurort in der Schweiz, 1 350 Ew., 1444 m ü. M., an der Gotthard-, Furka- und Oberalpstraße, Wintersport.

Andernach, Stadt in Rheinl.-Pf., am Rhein, 28 200 Ew.; Kunststoffind., Metallverarbeitung; roman. Liebfrauenkirche, mittelalterl. Stadtmauer.

Andersch, Alfred, dt. Schriftsteller, * 1914, † 1980; Romane »Sansibar oder der letzte Grund« (1957), »Winterspelt« (1974).

Andersen, 1) Hans Christian, dän. Dichter, * 1805, † 1875. Seine Märchen zählen zur Weltliteratur: »Die Prinzessin auf der Erbse«, »Das häßliche Entlein«, »Des Kaisers neue Kleider«. – **2)** Lale, dt. Chansonsängerin, * 1910, † 1972; wurde durch den Schlager »Lili Marleen« (1938) während des 2. Weltkriegs weltbekannt.

Hans Christian Andersen. Zeitgenössischer Kupferstich und Autogramm

Andersen-Nexø ['anərsən 'negsø], Martin, dän. Schriftsteller, * 1869, † 1954; schildert in seinen Romanen die soziale Not (»Pelle der Eroberer«, 1906 bis 1910).

Anderson ['ændəsn], **1)** Carl David, amerikan. Physiker, * 1905, † 1991; entdeckte das Positron und das Myon; erhielt 1936 den Nobelpreis für Physik. – **2)** Lindsay, brit. Filmregisseur, * 1923, † 1994; drehte unabhängige Filme; »If« (1968), »Hospital Britannia« (1982). – **3)** Philip Warren, amerikan. Physiker, * 1923; Beiträge zur Quantentheorie; erhielt 1977 den Nobelpreis für Physik. – **4)** Sherwood, amerikan. Erzähler, * 1876, † 1941; wegweisend für die Kurzgeschichte (»Winnesburg, Ohio«, 1919).

Alfred Andersch

Änderungsantrag, Antrag im Parlament zur Änderung eines Gesetzentwurfs.

Andischan, Stadt in Usbekistan, 293 000 Ew.; Verkehrszentrum im Ferganabecken; Erdöl- und Erdgaslager, Maschinenbau.

Andorra, Fürstentum in den östl. Pyrenäen, 453 km², 48 000 Ew.; Hauptort: A. la Vella. Staatsoberhäupter sind der frz. Staatspräs. und der span. Bischof von Urgel; 1993 erste demokrat. Verfassung. – Viehzucht, Fremdenverkehr.

Andrássy ['ɔndrɑːʃi], Gyula (Julius), Graf, österr.-ungar. Politiker, * 1823, † 1890; 1867 bis 1871 ungar. Min.-Präs., 1871 bis 1879 österr.-ungar. Außenmin., schloss den → Zweibund.

André [ã'dre], Maurice, frz. Trompeter, * 1933; sein Repertoire reicht vom Barock bis zur zeitgenöss. Musik (einschließlich Jazz).

Andreas, hl. Apostel (Tag: 30. 11.), Schutzpatron Russlands, Schottlands und der Bergleute, Bruder des Petrus, wurde nach der Legende an einem schrägen Kreuz gekreuzigt **(A.-Kreuz).**

Andres, Stefan, dt. Erzähler, * 1906, † 1970; Novelle »Wir sind Utopia« (1943); Roman »Die Sintflut« (1949 bis 1959).

Andrić ['andritɕ], Ivo, serb. Schriftsteller, * 1892, † 1975; Romane, Erz. aus der Gesch. Bosniens, »Die Brücke über die Drina« (1965); Nobelpreis für Literatur 1961.

Androgene *Pl.,* männl. Geschlechtshormone.

androgyn, 1) zwitterig. – **2)** ⚘ rein männl. und rein weibl. Blüten am selben Individuum ausbildend.

Androide *der,* ein Automat in Menschengestalt.

Andromache, griech. Sage: Gattin Hektors.

Andromeda, 1) griech. Sage: Königstochter, die sich rühmte, schöner als die Nereiden zu sein; zur Besänftigung des Götterzorns einem Meerungeheuer preisgegeben; Perseus befreite und heiratete sie. – **2)** ✡ nördl. Sternbild, mit dem **A.-Nebel,** dem nächsten Sternsystem.

Andros, nördlichste Kykladeninsel, 380 km².

Androsteron, männl. Geschlechtshormon; Umwandlungsform des Testosteron.

Andrzejewski [andʒɛ-], Jerzy, poln. Schriftsteller, * 1909, † 1983; Romane »Asche und Diamant« (1948), »Finsternis bedeckt die Erde« (1957), »Die Appellation« (1968) u. a.

Äneas, griech. Sage: trojan. Held, flüchtete nach dem Fall Trojas, erreichte nach Irrfahrten, die Vergil in der **Äneis** schildert, Italien. Sein Sohn Ascanius gründete Alba Longa.

Anekdote *die,* kurze, heitere, auch scharf charakterisierende Erzählung über eine histor. Persönlichkeit oder Begebenheit.

Anemometer *das,* Gerät zur Messung der Windgeschwindigkeit.

Anemone *die,* Gattung der Hahnenfußgewächse; darunter das einheim. weiß-rötlich blühende **Buschwindröschen.**

Anerkenntnis, ⚖ **1)** Erklärung des Beklagten im Zivilprozess, dass der Anspruch des Klägers berechtigt sei. – **2)** vertragl. Anerkennung eines bestehenden Schuldverhältnisses.

Anerkennung, ⚖ 1) Zugeständnis, dass ein Rechtsverhältnis besteht; v. a. die A. der nichtehel. Vaterschaft. – **2)** Bereitschaft eines Staates, mit einem neuen Staat (diplomat.) Beziehungen aufzunehmen.
Aneroidbarometer → Barometer.
Aneto, Pico de A., höchster Gipfel der Pyrenäen, 3 404 m, im Maladettamassiv an der span.-frz. Grenze.
Aneurin, das Vitamin B_1.
Aneurysma *das,* örtlich begrenzte, krankhafte Erweiterung einer Arterie oder der Herzwand.
Anfechtung, 1) Versuchung. – **2)** ⚖ Herbeiführen der Unwirksamkeit einer Willenserklärung (z. B. Kaufvertragsangebot, Testament), wenn diese durch Irrtum, Täuschung oder Drohung zustande gekommen ist.
Anfrage, parlamentarische A., das Ersuchen von Abgeordneten an die Regierung um Auskunft über bestimmte Tatsachen: **Mündl. A., Kleine A., Große Anfrage.**
Angara *die,* Nebenfluss des Jenissej, O-Sibirien, Abfluss des Baikalsee, 1 779 km lang.
Angebot, 1) ⚖ verbindl. Willenserklärung, die auf einen Vertragsschluss gerichtet ist. – **2)** ✐ Gesamtheit der zum Verkauf auf den Markt gebrachten Güter; Ggs.: Nachfrage.
Angehöriger, Verwandter oder Verschwägerter. Im Strafrecht sind A. Verwandte oder Verschwägerte auf- und absteigender Linie, Adoptiv- und Pflegeeltern und -kinder, Ehegatten, Geschwister und deren Ehegatten sowie Verlobte.
Angeklagter, ⚖ Beschuldigter, gegen den die Eröffnung des Hauptverfahrens beschlossen ist.
Angelfall [ˈeɪndʒəl-], **Salto Angel,** der höchste Wasserfall der Erde, Fallhöhe 978 m, im Bergland von Guayana, Venezuela.
Angelfischerei, Angeln, Fischfang mit der Handangel; **Wurfangeln** (für Forellen, Lachse) haben eine biegsame, zusammenlegbare **Angelrute,** eine **Schnur** aus Seide oder Kunstfaser, den durch Köder getarnten **Angelhaken** und das **Vorfach** (lösbare Verbindung zw. Haken und Schnur).
Angelico [anˈdʒɛːliko], **Fra A.,** ital. Maler, * um 1401/02, † 1455, Künstler der Frührenaissance, v. a. kontemplativ-religiöse Szenen.
Angelsachsen *Pl.,* **1)** die german. Stämme der **Sachsen, Angeln** und **Jüten,** die im 5. und 6. Jh. vom nördl. Ndsachs. und Schlesw.-Holst. aus den Hauptteil Britanniens eroberten und zum Kern des engl. Volkes wurden. Ihr Reich erlag 1066 den Normannen. – **2)** in den USA Bezeichnung für Amerikaner brit. Abstammung.
Angelus *der,* Bote, Engel. **A. Domini,** kath. Gebet, verrichtet morgens, mittags und abends beim **A.-Läuten.**

Andromeda-Nebel

Angelus Silesius [lat. »Schles. Bote«], eigentl. Johann **Scheffler,** dt. geistl. Dichter, getauft 1624, † 1677; Spruchgedichte »Cherubinischer Wandersmann«, Kirchenlieder.
Anger *der,* früher großer, zentraler, in Gemeindebesitz befindl. Dorfplatz.
Angermanland [ˈɔŋər-], Landschaft in N-Schweden; stark bewaldet, mit zahlreichen Wasserfällen.
Angermünde, Stadt in Bbg., 10 900 Ew., in der Uckermark; got. Pfarrkirche.
Angers [ãˈʒe], Stadt in NW-Frankreich, an der Maine, 146 100 Ew.; Univ., Kathedrale (12./13. Jh.), Anjou-Schloss (13. Jh.); Textilind., Maschinenbau.
Angeschuldigter, Beschuldigter, gegen den die öffentl. Klage erhoben, aber das Hauptverfahren noch nicht eröffnet worden ist.

Maurice André

Angestellte, Arbeitnehmer, die nicht Beamte oder Arbeiter sind; sie erhalten ein Monatsgehalt. Man unterscheidet kaufmänn., techn., Verwaltungs- u. a. A. Unterschiede zw. A. und Arbeitern verwischen.
Angina *die,* ⚕ Entzündung im Rachenbereich, Halsentzündung, → Mandelentzündung.
Angina pectoris, Stenokardie, Anfälle von heftigen Herzschmerzen, bis in die linke Schulter ausstrahlend, verbunden mit einem Engegefühl und Todesangst; beruhen auf einer Funktionsstörung der Herzkranzgefäße.
Angiographie *die,* **Vasographie,** Röntgenuntersuchung von Blutgefäßen nach Einspritzen eines Kontrastmittels.
Angiologie *die,* ⚕ Lehre von den Blut- und Lymphgefäßen.
Angiom *das,* Geschwulst des Gefäßgewebes.
Angiospermen, ⚘ die Bedecktsamigen, → Blüte.
Angkor, Ruinenstadt in Kambodscha; 889 n. Chr. als Hauptstadt des Khmerreiches gegr., Höhepunkt der Bautätigkeit im 12. Jh. (u. a. Errichtung der dreistufi-

Tempelanlage **Angkor** Wat

Anhalt
Wappen des Herzogtums

Anhalt
Wappen des Freistaats

gen Tempelpyramide **A. Wat**); Zerstörung der Stadt 1431 durch die Thai. Gehört zum Weltkulturerbe.

anglikanische Kirche, engl. prot. Staatskirche; schließt sich im Bekenntnis der ev. Kirche an, steht nach Gottesdienst und Verfassung der kath. Kirche nahe, 1534 durch den Bruch Heinrichs VIII. mit dem Papsttum von der röm. Kirche getrennt. Gottesdienst und Glaubenslehre wurden v. a. durch das Common Prayer Book (1549) geregelt. Oberster Kirchenherr ist der König; es gibt 2 Erzbischöfe (Canterbury, York) und 43 Bischöfe, sie haben Sitz im Oberhaus. 1994 ordinierte die a. K. erstmals Frauen zu Priesterinnen.

Anglistik *die,* Wiss. von der engl. Sprache und Literatur.

Anglizismus *der,* in eine andere Sprache übernommene engl. Spracheigentümlichkeit.

Angloamerikaner, Amerikaner engl. Herkunft oder Abkunft.

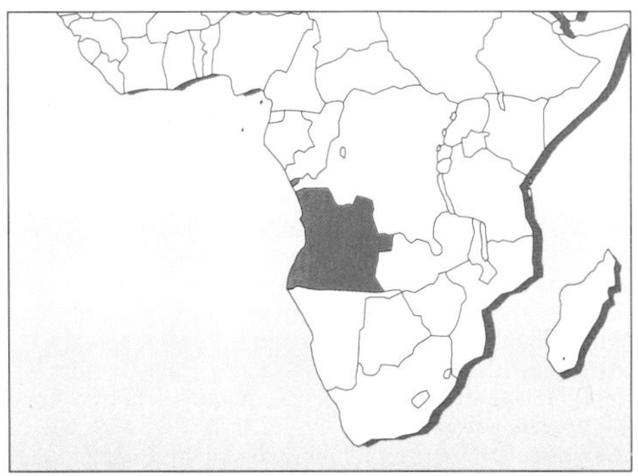

Angola

Staatswappen

Staatsflagge

Internationales Kfz-Kennzeichen

Angola, Rep. in SW-Afrika, mit Cabinda 1,25 Mio. km², 9,9 Mio. Ew. (meist Bantus); etwa 52% Christen; Hptst. Luanda. A. ist eine von Flüssen zerschnittene Hochfläche, im Innern bis zu 2620 m hoch, mit Steilabfall zum schmalen Küstensaum. Klima tropisch warm, auf dem Hochland gemildert; vorherrschend Savanne, der äußerste SW ist Wüste. – Ausfuhr: Kaffee, Diamanten, Erdöl, Eisenerz. Wichtigster Hafen: Lobito; die Wirtschaft ist durch den Bürgerkrieg zerrüttet. – A. wurde nach der Entdeckung durch Diego Cão 1483 port. Prov. (Port.-Westafrika), im Nov. 1975 unabhängig. 3 Unabhängigkeitsbewegungen kämpften um die Herrschaft, es siegte die von der UdSSR und Kuba unterstützte kommunist. MPLA (Volksbewegung für die Befreiung A.s), die die VR A. ausrief, wogegen die prowestl. Befreiungsbewegung UNITA unter J. Savimbi rebellierte; der Bürgerkrieg wurde 1991 beendet. 1992 fanden Parlamentswahlen statt, nach denen der Bürgerkrieg aber erneut aufflammte, da die UNITA das Wahlergebnis nicht anerkannte. 1994 erneuter Friedensschluss; 1997 Bildung einer »Reg. der nationalen Einheit«. Staatspräs.: J. E. Dos Santos (seit 1979).

Angorawolle, das feine Haar der Angoraziege, kommt als Mohär in den Handel, auch das lange Seidenhaar des Angorakaninchens.

Angosturarinde, bittere Rinde südamerikan. Rautengewächse; appetit- und verdauungsanregend.

Angoulême [ãgu'lɛ:m], Stadt in SW-Frankreich nordöstlich von Bordeaux, 46 200 Ew., roman. Kathedrale; Papierfabriken, Zentrum eines Weinbaugebietes, Weinhandel.

Angst, Reaktion auf eine unbestimmte Bedrohung im Ggs. zur Furcht, die sich auf eine bestimmte Bedrohung bezieht.

Ångström [nach dem schwed. Physiker A. J. Ångström, *1814, †1874], veraltete Längeneinheit in der Physik: 1 Å = 10^{-10} m = 0,1 nm.

Anguilla [æŋ'gwɪlə], Insel der Kleinen Antillen, in der Karibik, brit. Kolonie, rd. 7 000 Ew.; Salzgewinnung, Fischfang.

Anhalt, histor. Territorium, als Land des Dt. Reiches, 2 326 km² mit (1939) 432 000 Ew., im Gebiet des Unterharzes und beiderseits der mittleren Elbe. – A. ist als Fürstentum der Askanier entstanden. 1806/07 bis 1918 bestanden die Herzogtümer A.-Bernburg, A.-Dessau und A.-Köthen, 1919 bis 1933 war A. Freistaat, 1933 bis 1945 unterstand es mit Braunschweig einem gemeinsamen Reichsstatthalter, nach 1945 kam es zu Sa.-Anh., 1952 zu großen Teilen zum Bez. Halle, seit 1990 ist Sa.-Anh. Bundesland.

Anhydride, ⚗ Verbindungen, die aus Säuren oder Basen durch Wasserentzug entstehen.

Anhydrit *der,* $CaSO_4$, Mineral, »wasserfreier Gips«; in Salzlagerstätten; verwendet als Bindemittel.

Anilin *das,* **Aminobenzol,** farblose, giftige Flüssigkeit, die an der Luft schnell bräunt, gewonnen aus Nitrobenzol und Steinkohlenteer; dient zur Herstellung von **A.-Farben, A.-Harzen** und Arzneimitteln; starkes Blut- und Nervengift.

Animateur [-'tø:r], Freizeitberater, Organisator von Urlaubsaktivitäten.

Animation, beim →Trickfilm das Beleben unbelebter Objekte.

Animismus [lat. von anima »Seele«] *der,* Glaube an die Beseeltheit der Natur und der Naturkräfte, urspr. bei Naturvölkern.

Anion *das,* negativ geladenes →Ion.

Anis *der,* weißblütiger Doldenblütler aus dem östl. Mittelmeergebiet. Die Früchte und das aus ihnen gewonnene äther. **A.-Öl** werden als Gewürz, für Parfüms und in der Medizin verwendet. **Anisette,** A.-Likör.

an|isotrop, nicht →isotrop.

Anjou [ã'ʒu], alte Grafschaft in NW-Frankreich. Seitenlinien des frz. Königshauses der Kapetinger. Nach Aussterben der frz. Linie 1480 wurde »Herzog von A.« Titel der 3. Söhne der frz. Könige.

Ankara, Hptst. der Türkei und der Provinz A., im nördl. Inneranatolien, 2,25 Mio. Ew.; 3 Univ.; Fahrzeugbau, Zementfabrik u. a. Ind.; ✈. Thermen, Tempel u. a. aus röm. Zeit (antiker Name **Ankyra**), Zitadelle (7. und 9. Jh.).

Anker, 1) ⚓ Gerät zum Festlegen von Schiffen. Schiff und A. sind durch eine Gliederkette verbunden. Der A. liegt bei größeren Schiffen in der **A.-Klüse,** einem schräg nach oben verlaufenden Rohr. Beim Fallenlassen gräbt er sich in den Grund; mit einer Winde **(A.-Spill)** wird er hochgezogen. – **2)** ⚡ der bewegl. Teil eines Stromkreises, der bei Einschalten des Stroms angezogen wird und dabei z. B. Schalter, Bremsen, Membrane betätigt. – **3)** ⌂ Stab aus Stahl, Stahlbeton, auch Holz zum Zusammenhalten von Bauteilen. – **4)** von der Unruh gesteuerter Teil der Steigradhemmung mechan. Uhren.

Anklage, durch die Staatsanwaltschaft (außer bei einer Privatklage) bei Gericht gestellter Antrag auf Einleitung eines Strafverfahrens.

Anklam, Krst. in Meckl.-Vorp., 19 000 Ew., Zuckerraffinerie, Metallind.; got. Marienkirche.

Ankylose *die,* ⚕ Gelenkversteifung.

Anlage, 1) bei der Geburt vorhandene Bestimmtheiten und Bereitschaften (Dispositionen), die sich im Lauf der persönl. Entwicklung zu bestimmten Verhaltensbereitschaften, Fähigkeiten oder Krankheitsneigungen ausprägen. Manche A. sind vererbbar. – **2)** ❀ Bereich, aus dem sich spezif. Einzelmerkmale (z. B. ein Organ oder Körperteil) entwickeln; i. e. S. die **Erbanlagen,** die in einer Zelle oder einem Zellkomplex liegen.

Anlagekapital, Anlagevermögen, langfristig angelegte Vermögensteile eines Unternehmens (Grundstücke, Gebäude, Maschinen).

Zeitgenössisches Porträt von **Anna Amalia**, Herzogin von Sachsen-Weimar-Eisenach (im Maskenkostüm)

Anlasser, 1) ⚡ Niederspannungsschaltgerät zum Verringern des Einschaltstroms von Elektromotoren. – 2) 🚗 → Starter.

Anlaut, Anfangslaut einer Silbe, eines Wortes oder eines Satzes.

Anleihe, langfristige Geldaufnahme, bes. durch den Staat, Gemeinden, Unternehmen.

Anlieger, Eigentümer eines Hauses (Grundstücks) an einer öffentl. Straße.

Anmusterung, Abschluss des Heuervertrags → (Heuer).

Anna, Heilige (Tag: 26. 7.), nach Legenden die Mutter der Jungfrau Maria, Frau des Joachim; Schutzheilige der Mütter.

Anna, Herrscherinnen: **Sachsen-Weimar-Eisenach. 1) A. Amalia,** Herzogin, * 1739, † 1807, Nichte Friedrichs d. Gr., führte 1758 bis 1775 für ihren Sohn Karl August die Regentschaft; machte Weimar zu einem Kulturmittelpunkt (Goethe). – **England. 2) A. Boleyn** [ˈbʊlɪn], * 1507, † 1536, Geliebte, dann 2. Gemahlin des engl. Königs Heinrich VIII., Mutter der späteren Königin Elisabeth I., wegen angebl. Ehebruchs enthauptet. – **3) A. Stuart** [ˈstjʊət], * 1665, † 1714, Königin seit 1702; unter ihrer Regentschaft wurde der Span. Erbfolgekrieg erfolgreich beendet.

Annaba, früher **Bône,** Hafenstadt in Algerien, 256 000 Ew.; Düngemittelfabrik, ⚒.

Annaberg-Buchholz, Krst. im Erzgebirge, Sa., 24 800 Ew.; elektrotechn., Posamentenind.; spätgot. Stadtkirche.

Annahme als Kind, Adoption, Begründung eines Eltern-Kind-Verhältnisses ohne Rücksicht auf die biolog. Abstammung; ein Kind, das von anderen Eltern abstammt, erhält durch die A. a. K. die volle rechtl. Stellung eines ehel. Kindes und wird auch mit den Verwandten der Adoptiveltern verwandt.

Annalen [lat. »Jahrbücher«] *Pl.,* Aufzeichnungen geschichtl. Ereignisse nach Jahren geordnet.

Annam, Kernland von Vietnam; ehem. Kaiserreich in Indochina.

Annan, Kofi, ghana. Politiker, * 1938; bekleidete seit 1962 versch. Ämter in der UNO, seit 1997 deren Gen.-Sekretär.

Annapolis [əˈnæpəlɪs], Hptst. von Maryland, USA, 33 400 Ew.; Marineakademie. 1783/84 Versammlungsort des Kongresses.

Annapurna, Gebirgsgruppe im nepales. Himalaya, der A. I ist 8 091 m hoch, Erstbesteigung 1950.

Ann Arbor [æn ˈɑːbə], Stadt in Michigan, USA, 109 600 Ew.; Univ., Elektronikind., Maschinenbau.

Anna selbdritt, Darstellung der hl. Anna mit ihrer Tochter Maria und dem Jesuskind.

Annecy [anˈsi], Hptst. des frz. Dép. Haute-Savoie, 51 100 Ew.; am **Lac d'A.,** Metallverarbeitung; Fremdenverkehr.

Annecy Stadtwappen

Annex *der,* Zubehör, Anhängsel, Anbau.

Annexion *die,* völkerrechtswidrige Einverleibung fremden Staatsgebiets.

anno, im Jahre; **a. Domini,** im Jahre des Herrn (d. h. nach Christus).

Anno II., Erzbischof v. Köln, * um 1010, † 1075; brachte 1062 den minderjährigen Kaiser Heinrich IV. in seine Obhut und regierte für ihn (ab 1063 mit Adalbert von Bremen). Ihm zu Ehren wurde das »Annolied« (um 1080) verfasst. Heiliger (Tag: 4. 12.).

Annuität *die,* Jahresrate zur Abtragung und Verzinsung einer Schuld.

annullieren, für ungültig erklären.

Annunzio, Gabriele D', → D'Annunzio, Gabriele.

Anode *die,* Elektrode, die positive Ladungen abgibt; Ggs. Kathode.

anomal, regelwidrig. **Anomalie** *die,* Abweichung von der Regel.

anonym, ohne Namensnennung. **Anonymus** *der,* ungenannte Person.

Anonyme Alkoholiker, Abk. **A. A.,** von ehem. Alkoholabhängigen 1935 in den USA gegr., heute weltweit verbreitete Selbsthilfeorganisation Alkoholkranker.

Anopheles *die,* → Malariamücken.

an|organisch, nicht zur belebten Natur gehörend. Die **a. Chemie** umfasst alle Grundstoffe mit ihren Verbindungen außer den organ. Verbindungen des Kohlenstoffs.

anormal, regelwidrig, krankhaft.

Anouilh [aˈnuj], Jean, frz. Dramatiker, * 1910, † 1987; psycholog. aufgebaute Dramen mit geistreichen Dialogen. »Antigone« (1943), »Jeanne oder die Lerche« (1953), »Becket oder die Ehre Gottes« (1959).

Jean Anouilh

Anpassung, 1) ❀ Einstellung eines Organismus (Lebewesen, Zelle) auf die jeweiligen Umweltbedingungen. – 2) Angleichung des Einzelmenschen an Formen, Gesetze, Forderungen seiner sozialen Umwelt. – 3) ⚡ Angleichung des Widerstands eines Stromverbrauchers an den der Stromquelle.

Anrechnungszeiten, Ausfallzeiten, beitragslose Zeiten in der Rentenversicherung, die unter bestimmten Voraussetzungen angerechnet werden: Arbeitsunfähigkeit durch Krankheit oder Unfall (ohne Lohnfortzahlung), Maßnahmen zur Erhaltung und Wieder-

Anpassung einer Spannerraupe; in Ruhestellung gleicht sie einem blattlosen Zweig

Ansbach
Stadtwappen

herstellung der Erwerbsfähigkeit, Schwangerschaft, Ausbildungszeiten.

Anregung, ⚛ Energiezufuhr an ein Atom oder Molekül durch Wärme (therm. A.), Stoß (Stoß-A.), Strahlung (Strahlungs-A.).

Anregungsmittel, Stimulantia, Analeptika, Mittel, die die Erregbarkeit des Zentralnervensystems steigern, z. B. Koffein und die →Weckamine.

Ansbach, Stadt in Mittelfranken, Bayern, 38 200 Ew.; Elektro-, Maschinenind.; Residenz mit Hofgarten (16. bis 18. Jh.).

Ansbach-Bayreuth, ehem. fränk. Markgrafschaft der Hohenzollern, die 1805 (Ansbach) und 1810 (Bayreuth) an Bayern fiel.

Anschlussbewegung, Bestrebungen nach 1918 zur staatl. Vereinigung Österreichs mit dem Dt. Reich, sie wurde 1938 von Hitler erzwungen.

Anschovis →Anchovis.

Anschuldigung, ⚖ falsche Verdächtigung.

Anselm von Canterbury [-ˈkæntəbərı], engl. Theologe und Philosoph, * 1033, † 1109; ab 1093 Erzbischof von Canterbury, Hauptvertreter der Frühscholastik; Heiliger (Tag: 21. 4.).

Ansgar, Erzbischof von Bremen (seit 845), * um 801, † 865; missionierte in Schweden, Jütland und Schleswig (»Apostel des Nordens«). Heiliger (Tag: 3. 2.).

Anshan, Ind.stadt in NO-China, 1,3 Mio. Ew.; Stahl-, chem. und Zementindustrie.

Anspruch, das Recht, von einem andern ein Tun oder Unterlassen zu verlangen (§ 194 BGB).

Antananarivo
Stadtwappen

Anstalt des öffentlichen Rechts, öffentl.-rechtliche Verw.-Einrichtung mit eigener Rechtspersönlichkeit, die bestimmte Aufgaben unter staatl. Aufsicht erfüllt; z. B. Rundfunkanstalten.

Anstand, 1) von einer Gesellschaft oder Gesellschaftsschicht gefordertes, als gutes Benehmen bewertetes Verhalten. – **2)** 🦌 **Ansitz,** Versteck, an dem der Jäger auf Wild wartet.

ansteckende Krankheiten →Infektionskrankheiten.

Anstiftung, ⚖ vorsätzl. Verleitung eines anderen zu einer Straftat. Der **Anstifter** wird wie der Täter bestraft (§ 26 StGB).

Antagonismus *der,* Gegenwirkung, Gegensatz, Widerstreit.

Antaios, Riese der griech. Sage: unbesiegbar, solange er die Erde, seine Mutter, berührte; Herakles hob ihn hoch und erwürgte ihn.

Antakya, Hafenstadt im äußersten S der Türkei, 109 000 Ew.; das antike →Antiochia.

Antalya, türk. Hafenstadt in S-Anatolien, 258 000 Ew.; Handelszentrum; Seebad; ✈.

Antenne. UHF- und VHF-Dipolkreis einer Sichtpeilanlage für die Flugsicherung

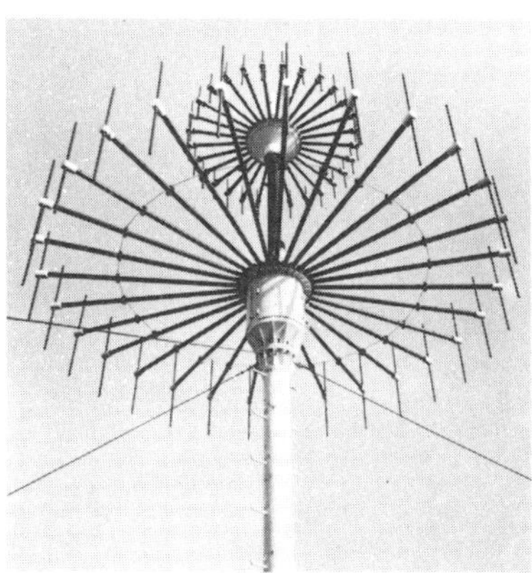

Cassegrain-**Antennen** für den Rundfunk

Antananarivo, bis 1976 **Tananarive,** Hptst. von Madagaskar, im Innern der Insel, 1,05 Mio. Ew.; ehem. Palast der Königin; Univ.; verarbeitende Ind.; ✈.

Antares *der,* ✩ roter Riese, hellster Stern im Skorpion.

Antarktis, Südpolargebiet, Land- und Meeresgebiete um den Südpol, etwa 21,2 Mio. km². Besteht in der Mitte aus einem gebirgigen Festlandteil, **Antarktika,** mit Inseln 12,4 Mio. km², der von Schelfeis umgeben ist; weitgehend von einer rd. 2 000 m (an einigen Stellen 4 000 m) mächtigen Inlandeisdecke eingenommen; nur 200 000 km² (Berge,Küsten) sind eisfrei; höchster Punkt ist der Mount Vinson (5 140 m), auch tätige Vulkane (Mount Erebus); polares Klima, 1983 wurde mit −89,2 °C die tiefste Temperatur der Erde gemessen. Reichhaltiges Pflanzen- und Tierleben in den antarkt. Meeren (Algen, Krill, Wale, Robben, zahlreiche Seevögel, v. a. Pinguine), auf dem Festland nur Flechten, Moose, einige wirbellose Tiere. An Bodenschätzen, die nicht ausgebeutet werden dürfen, wurden nachgewiesen: Erdöl, Kohle, Eisen-, Kupfer-, Nickelerze u. a. Von Forschungsstationen abgesehen, unbesiedelt. – Die Aufteilung der A. in Form von Sektoren vom Südpol aus wird von den USA und Russland nicht anerkannt. – Erste Umsegelung 1772 bis 1775 durch J. Cook; im Dez. 1911 erreichte R. Amundsen den geograph. Südpol, wenig später, im Januar 1912, R. F. Scott. 1929 flog R. E. Byrd als Erster zum Südpol. Die erste A.-Durchquerung zu Fuß und ohne techn. Hilfsmittel unternahmen 1989/90 R. Messner und A. Fuchs.

ante, vor; **a. Christum [natum],** vor Christi Geburt; **a. meridiem,** Abk. **a. m.,** vormittags.

Antenne *die,* **1)** 🐞 Fühler der Gliedertiere. – **2)** ⚡ Vorrichtung zum Abstrahlen oder zum Empfang elektromagnet. Schwingungen. A. sollen eine leitungsgeführte elektromagnet. Welle möglichst verlustarm in eine Freiraumwelle umwandeln **(Sende-A.)** oder umgekehrt **(Empfangs-A.);** außerdem ist eine Bündelung der abgestrahlten elektromagnet. Energie in eine bestimmte bzw. der Empfang aus einer bevorzugten Richtung erwünscht. Jede A. kann grundsätzlich zum Senden und Empfangen verwendet werden und weist in beiden Verwendungsarten die gleichen Eigenschaften auf. Es gibt zwei große Gruppen von A., die **Linearstrahler,** das sind A., deren Länge groß ist gegen ihre Querabmessungen, also »schlanke« A., und die **Aperturstrahler** (Flächenstrahler), bei denen die von einem Erreger ausgehende Strahlung durch Reflektor- oder Linsenanordnungen in eine ebene Welle verwandelt und dann von der Öffnungsebene (Apertur) der A. abgestrahlt wird. Ein typ. Linearstrahler ist die aus zwei gleich langen dünnen Leitern bestehende **Dipol-A.** (Dipol). Die einfachste Form eines Aperturstrahlers ist die symmetr. **Parabol-A.,** die die Form eines Paraboloids hat. **Cassegrain-A.** schaffen bei Erdefunkstellen die Nachrichtenverbindungen über Satelliten.

Antes, Horst, dt. Maler und Bildhauer, *1936; im Mittelpunkt seiner Bilder steht der »Kopffüßler«, eine von ihm erfundene Kunstfigur.

Anthologie [griech. »Blütenlese«] *die,* Sammlung von Gedichten, Sprüchen, Prosa.

Anthracen *das,* ⚗ fester aromat. Kohlenwasserstoff im Steinkohlenteer, der durch Oxidation Anthrachinon liefert.

Anthrachinon *das,* ⚗ Ausgangsstoff für die wichtigen **A.-Farbstoffe** (auch Alizarin- oder Anthracenfarbstoffe), gelbe Kristalle.

Anthrazit *der,* Glanzkohle, sehr harte Mineralkohle mit größtem Heizwert.

anthropo... [griech. »Mensch«], als Vorsilbe: auf den Menschen bezüglich, Menschen...

Anthropologie *die,* Lehre vom Menschen, seiner Entwicklung, seinen körperl. und geistig-seel. Eigenschaften. Die **biolog. A.** beschäftigt sich mit Erb-, Abstammungslehre, Rassenkunde. Die **philosoph. A.** untersucht das Wesen des Menschen, seine Sonderstellung im Kosmos, sein Verhältnis zur Umwelt, sein körperlich-geist. Doppelwesen.

Anthropomorphismus *der,* Übertragung menschl. Wesens und menschl. Gestalt auf andere Lebewesen, bes. Götter.

Anthroposophie *die,* von R. Steiner begründete Weltanschauungslehre, die die Welt in einer stufenweisen Entwicklung begriffen sieht, die der Mensch einfühlend und erkennend nachzuvollziehen hat, um »höhere« seel. Fähigkeiten zu entwickeln und mit ihrer Hilfe »übersinnl.« Erkenntnisse zu erlangen. Sie beruft sich in starkem Maße auf Goethe; sie ist ferner von christl., ind., gnost. und kabbalist. Gedanken beeinflusst. Einfluss übt die A. auf pädagog. Gebiet mit den von ihrer Gesellschaft ins Leben gerufenen **Freien Waldorfschulen** aus.

Anthurium *das,* Gattung trop.-amerikan. Aronstabgewächse, z. B. die **Flamingoblume.**

anti..., Vorsilbe mit der Bedeutung: gegen...

Antiallergika *Pl.,* Mittel gegen allerg. Leiden.

antiautoritäre Erziehung, Schlagwort (seit Mitte der 1960er-Jahre) einer radikalen Kritik an herkömml. Erziehungspraktiken, soweit diese mit Zwang und Unterdrückung der kindl. Wünsche und Bedürfnisse arbeiten; heute zunehmend infrage gestellt.

Antibabypille, hormonelles Verhütungsmittel der Frau, →Empfängnisverhütung.

Antibes [ã'tib], frz. Hafenstadt an der Côte d'Azur, 70 700 Ew.; Spielcasino; mit den Badeorten **Cap d'Antibes** und **Juan-les-Pins.**

Antibiotika *Pl.,* ⚕ von Mikroorganismen (Pilzen, Bakterien) gebildete, heute auch synthetisch hergestellte Stoffwechselprodukte, die andere Lebewesen zu hemmen oder zu zerstören vermögen; wichtige Heilmittel.

Antiblockiersystem, Abk. **ABS,** elektron. Regeleinrichtung an Radfahrzeugen, die beim Bremsen das Blockieren der Räder verhindert.

antichambrieren [-ʃã-], ein Anliegen durch wiederholte Vorsprachen (im »Vorzimmer«, frz. antichambre) durchzubringen versuchen.

Antichrist, der große (teufl.) Gegenspieler des wiederkommenden Christus in der Endzeit.

Antidepressiva *Pl.,* ⚕ Arzneimittel mit stimulierender Wirkung zur Behandlung von Depressionen.

Antidiabetika *Pl.,* ⚕ blutzuckersenkende Arzneimittel, bes. Insulin.

Antidot *das,* ⚕ Gegenmittel.

Antifaschismus, Gegnerschaft zum →Faschismus und Nationalsozialismus (→Widerstandsbewegung).

Antigen-Antikörper-Reaktion, Abk. **AAR,** Immunreaktion, bei der aus →Antigen und →Antikörper ein Antigen-Antikörper-Geflecht entsteht; durch Neutralisation von Giftstoffen werden so Krankheiten verhindert. AAR können aber auch Krankheiten (z. B. Allergien) auslösen.

Antigene *Pl.,* ⚕ artfremdes Eiweiß, Bakteriengifte, die im Körper die Bildung von Abwehrstoffen (→Antikörper) oder Reaktionen von Immunzellen hervorrufen.

Antigone, in der griech. Sage Tochter des Ödipus und der Iokaste, bestattete gegen Kreons Gebot ihren Bruder Polyneikes; lebendig eingemauert, tötete sie sich selbst. Tragödie von Sophokles.

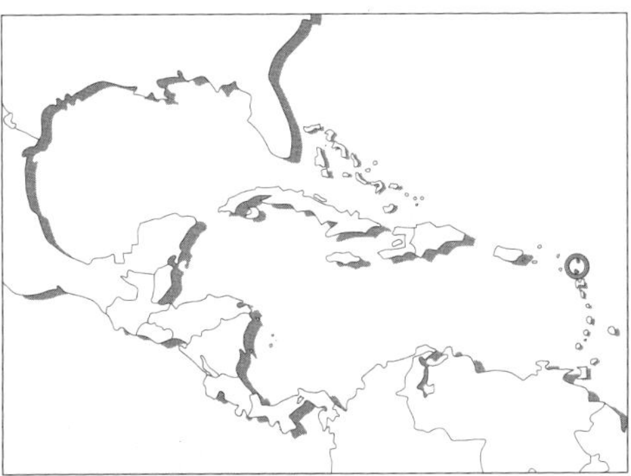

Antigua und Barbuda [æn'ti:gə - ba:'bu:də], Staat im Karib. Meer, auf den Kleinen Antillen, umfasst die Inseln Antigua, Barbuda und Redonda, 442 km², 81 000 Ew. (zu 92 % Schwarze), Hptst. Saint John's; Anbau von Baumwolle, Gemüse, Zuckerrohr; Fremdenverkehr. – Seit 1981 staatl. Unabhängigkeit von Großbritannien.

Antigua und Barbuda

Staatswappen

Staatsflagge

Antike *die,* die Zeit des griech.-röm. oder klass. →Altertums. **antik,** die Antike betreffend; alt, altertümlich.

Antiklopfmittel, Zusätze (meist Bleiverbindungen) zu Treibstoffen, um das →Klopfen der Motoren zu verhindern; gelten als umweltschädigend (in Dtl. nur noch im Superbenzin zulässig).

Antikoagulantilen *Pl.,* gerinnungshemmende Mittel, verhindern Blutgerinnsel.

Antikominternpakt →Komintern.

Antikonzeptivum *das,* empfängnisverhütendes Mittel.

Antikörper, ⚕ durch Antigene hervorgerufene Abwehrstoffe; Serumeiweiße (Immunglobuline).

Antilibanon, dem Libanon gleichlaufendes Gebirge in Syrien, bis 2 629 m hoch; stark verkarstet.

Antillen *Pl.,* Inselgruppe in Mittelamerika, die sich in einem weiten Bogen von Kuba bis nach Trinidad erstreckt und das Karib. Meer vom Atlantik trennt. Man unterscheidet die **Großen A.** (Kuba, Jamaika, Hispaniola [mit Haiti], Puerto Rico) und die **Kleinen A.,** geteilt in **Inseln über dem Winde** (Virgin Islands bis Trinidad) und **Inseln unter dem Winde** (vor der Küste Venezuelas). Die A. sind meist gebirgig (in Haiti bis 3 175 m hoch); auf einigen tätige Vulkane. Klima tropisch, mit Wirbelstürmen. Bevölkerung: Schwarze,

antiparallel

Michelangelo Antonioni

Antwerpen Stadtwappen

Anubis in typischer Gestalt

Mulatten, Inder, Weiße; Indianer fast ausgerottet. Erzeugnisse: Zucker, Kaffee, Tabak, Früchte, Baumwolle, Gewürze, Farbhölzer, Erze. Große Bedeutung hat der Fremdenverkehr.

Antilopen, zahlreiche versch. Arten von Horntieren, bes. in Afrika, Mittel- und S-Asien.

Antimaterie, ⚛ aus Antiteilchen (→Elementarteilchen) aufgebaute Atome; Materie und A. zerstrahlen beim Aufeinandertreffen; kann mit Beschleunigern künstlich erzeugt werden. 1995 gelang erstmals der experimentelle Nachweis eines A.-Atoms.

Antimetabolite, Stoffe, die aufgrund ihrer chem. Ähnlichkeit mit Zellbestandteilen deren Platz in der Zelle einnehmen, ohne aber deren Funktionen zu erfüllen; kommen z.B. in der Chemotherapie zum Einsatz.

Antimon *das,* Symbol **Sb** [von lat. Stibium], chem. Element, graues, sprödes Halbmetall. Fp 630,74 °C, Sp 1750 °C, D 6,7 g/cm³; wird als härtender Legierungszusatz verwendet. Viele A.-Salze sind giftig.

Antimykotika *Pl.,* ⚕ Arzneimittel zur Behandlung von Pilzinfektionen.

Antineuralgika *Pl.,* ⚕ schmerzstillende Mittel.

Antinomie *die,* unaufhebbarer Widerspruch zw. zwei für sich genommen richtigen Aussagen.

Antiochia, hellenist. Stadt am Orontes in Syrien, 300 v.Chr. gegr., eine der größten Städte des Röm. Reiches; heute →Antakya.

antiparallel, zwei gerichtete, parallel verlaufende Geraden, Strecken, Vektoren, Kräfte u.a. mit entgegengesetzter Richtung.

Antipasti *Pl.,* Vorspeisen beim ital. Menü.

Antiphlogistika *Pl.,* ⚕ entzündungshemmende Mittel.

Antipode *der,* Bewohner der entgegengesetzten Seite der Erdhalbkugel; Ü Vertreter eines entgegengesetzten Standpunkts.

Antiproton, ⚛ negativ geladenes Antiteilchen zum Proton.

Antipyretika *Pl.,* ⚕ fiebersenkende Mittel.

Antiqua *die,* Buchschrift nach dem Vorbild der antiken Inschriften.

Antiquar *der,* Buchhändler, der mit älteren und gebrauchten, oft seltenen Büchern handelt.

Antiquitäten, ältere kunsthandwerkl. und Gebrauchsgegenstände. Der **A.-Handel** ist Teil des Kunsthandels.

Antisemitismus *der,* 1879 von W. Marr geprägter Begriff für Bestrebungen gegen Juden (nicht gegen die Gesamtheit der semit. Völker). Antisemit. Ausschreitungen sind mit der Geschichte der Juden verbunden, seit diese über die Welt verstreut wurden (Diaspora, →Juden). Bes. stark ist der A. in christl. Kulturen hervorgetreten (Überlieferung des N.T.). Als sich die bürgerl. Gleichstellung (Emanzipation) der Juden im 18. und (in Dtl.) 19. Jh. durchsetzte, fand der A. bes. in Dtl. und Frankreich neuen Antrieb und wurde zum polit. Schlagwort einzelner Parteien und Politiker (so A. Stoecker, G. v. Schönerer u.a.). Schwere Judenverfolgungen (Pogrome) gab es in Russland. Weit verbreitete Schriften, wie die von E. Renan, J. A. Graf Gobineau und H. S. Chamberlain, sowie Fälschungen, wie die »Protokolle der Weisen von Zion«, suchten dem A. eine scheinwiss. Grundlage zu geben. Seinen furchtbaren Höhepunkt erreichte der A. nach 1933 unter Hitler mit der systemat. Ausrottung der Mehrzahl der europ. Juden (etwa 6 Mio. Opfer). Die Antisemiten versuchten, ihre Feindschaft mit tatsächl. oder vorgebl. Unterschieden der Religion, der Rasse, der wirtschaftl. Stellung, der polit. Haltung usw. zu begründen. Nach 1945 ist der A. als kollektives Vorurteil keineswegs überwunden, wie rechtsradikal-antisemit. Ausschreitungen auch in Dtl. zeigen. – Der Beseitigung des A. dienen u.a. internat. Verträge zur Gewährleistung der Menschenrechte und die entsprechenden innerstaatl. Verbote der unterschiedl. Behandlung wegen Abstammung, Rasse, Herkunft, Glauben, religiöser oder polit. Anschauung.

Antisepsis *die,* Abtötung der Krankheitserreger in der Wunde und auf ärztl. Instrumenten mit chem. Mitteln; Vorläufer der →Asepsis.

Antispasmodika *Pl.,* ⚕ krampflösende Mittel.

Antiteilchen →Elementarteilchen.

Antithese *die,* Gegenbehauptung; Gegenüberstellung gegensätzl. Begriffe und Gedanken (entstammt der scholast. Dialektik).

Antitoxin *das,* ⚕ Gegengift, wird im Körper zum Unschädlichmachen eingedrungener, v.a. von Bakterien erzeugter Gifte **(Toxine)** gebildet.

Antitrustgesetzgebung [-ˈtrʌst-], Bewegung gegen wirtschaftl. Machtzusammenballung; entstand 1873 in den USA mit dem Verbot der offenen Monopolbildung und leitete eine Gesetzgebung ein, die den freien Wettbewerb sichern soll.

Antizipation *die,* Vorwegnahme.

Antizyklone *die,* Hochdruckgebiet.

Antofagasta, Hafenstadt in N-Chile, an der Morenobucht, 205 000 Ew.; Univ.; Erzbischofssitz; Ausfuhrhafen für Kupfer; Salpeterlager.

Antonello da Messina, ital. Maler der Frührenaissance, * um 1430, † 1479; vermittelte die altniederländ. Harzölmalerei nach Italien.

Antoninus Pius, röm. Kaiser (138 bis 161), * 86, † 161; von Hadrian adoptiert; seine Herrschaft war eine Zeit großen Wohlstands; ließ in Schottland den Antoninuswall anlegen.

Antonioni, Michelangelo, ital. Filmregisseur, * 1912; stilbildende, gesellschaftskrit. Filme: »Blow up« (1966), »Identifikation einer Frau« (1982).

Antonius, Marcus, **Mark Anton,** röm. Staatsmann, * um 82 v.Chr., † (Freitod) 30 v.Chr.; Anhänger Caesars, schloss das Triumvirat mit Gaius Octavius (→Augustus) und Lepidus, erhielt 42 v.Chr. die östl. Reichshälfte; von der ägypt. Königin Kleopatra beeinflusst; unterlag Octavian 31 bei Actium.

Antonius, Heilige. **1) A. der Große** (Tag: 17. 1.), * 251/252, † 356; Einsiedler in der ägypt. Wüste (Versuchung des hl. A.), Patriarch der Mönche. Attribut: T-förmiges **A.-Kreuz.** – **2) A. von Padua** (Tag: 13. 6.), * um 1195, † 1231, Franziskaner; Patron der Liebenden; das Sankt-A.-Brot ist eine Gabe für Arme.

Antragsdelikt, ⚖ strafbare Handlung, die nur auf Antrag des Verletzten verfolgt wird, z.B. Beleidigung, Hausfriedensbruch.

Antrieb, 1) ⚙ der einem Körper (Maschine) zugeführte Impuls; i.w.S. die Kraftmaschine, die den mechan. A. liefert, und die Anlagen- oder Maschinenteile, die die Bewegung übertragen. – **2)** Ⓟ Impulse, die zielgerichtet das Handeln auslösen: Instinkte, Triebe, Motive und Wollen.

Antwerpen, frz. **Anvers** [ãˈvɛːr], größter Seehafen Belgiens, an der Schelde, 467 500 Ew.; kultureller Mittelpunkt der Flamen; 3 Univ., Oper, Rubenshaus; Diamantenbörse; Erdölraffinerien, Großchemie, Diamantschleifereien, Werften; Kanäle zu Maas und Rhein, v.a. Containerverkehr, ⚓. – Got. Kathedrale, Marktplatz mit Renaissancehäusern. – A. wurde 1291 Stadt, später Mitglied der Hanse; im 16. Jh. reichste Handelsstadt Europas.

Anubis, ägypt. Totengott mit Schakalkopf.

Anuradhapura, im 3./2. Jh. v.Chr. Hptst. eines buddhist. Reichs auf Ceylon mit acht Heiligtümern; im 9. Jh. aufgegeben, heute nach Ausgrabungen wieder Pilgerziel; zählt zum Weltkulturerbe.

Anurie *die,* ⚕ fehlende Harnausscheidung etwa durch Ausfall der Nierentätigkeit.

Anus *der,* ⚕ After; **A. praeternaturalis,** künstl. angelegter After.

Heiligtum in **Anuradhapura** (restauriert)

Anwalt → Rechtsanwalt.

Anwaltszwang, ⚖ Verpflichtung der Parteien, sich vor Land- und höheren Gerichten durch einen zugelassenen Anwalt vertreten zu lassen.

Anwartschaft, dem **Anwärter** zustehende Aussicht auf ein später zu erwerbendes Recht, Leistung oder Amt.

Anweisung, 1) ⚖ schriftl. Aufforderung, durch die jemand (der **Anweisende**) einen anderen (den **Angewiesenen**) anweist, einem Dritten **(Anweisungsempfänger)** Geld, Wertpapiere oder andere vertretbare Sachen zu leisten. Der Dritte erhält das Recht, die Leistung im eigenen Namen zu erheben. Bes. Arten der A. sind Wechsel und Scheck. - **2)** 🖳 in einem Programm eine auszuführende Vorschrift, z. B. Sprunganweisung.

Anzeige, 1) Straf-A., Veranlassung zu strafrechtl. Verfolgung. - **2) Annonce** [aˈnɔ̃sə], **Inserat,** von Auftraggebern ausgehende Veröffentlichung (Geschäfts-, Familien-, amtl. A.) in einem Druckwerk (Zeitung, Katalog usw.). - **3)** ⚕ **Heil-A.,** → Indikation.

Anzeigepflicht, 1) im Strafrecht die Pflicht zur Anzeige eines bekannten drohenden Verbrechens (z. B. Mord, Raub). - **2)** die Pflicht zur Anzeige von Geburten und Sterbefällen beim Standesamt. - Verletzung ist strafbar.

Anzengruber, Ludwig, österr. Schriftsteller, * 1839, † 1889; naturalist. Volksstücke (»Der Meineidbauer«, 1871) und Romane.

Anziehung, ⚛ Kraftwirkung, die den Abstand zweier Körper zu verkleinern sucht, z. B. die Massenanziehung.

ANZUS-Pakt → Pazifik-Pakt.

ao., a. o., Abk. für **au**ßer**o**rdentlich.

AOK, Abk. für **A**llgemeine **O**rts**k**rankenkasse.

Äolier, Äoler, griech. Volksstamm in Äolien (Kleinasien), urspr. in Thessalien und Böotien.

Äolische Inseln → Liparische Inseln.

Äolsharfe, Windharfe, mit gestimmten Saiten bespannter Schallkasten; der Wind erzeugt die Töne.

Äolus, der griech. Gott der Winde.

Äon *der,* meist **Äonen** *Pl.,* Zeitraum, Ewigkeit; auch: antike Gottheit.

Aorta *die,* Hauptschlagader, die aus der linken Herzkammer entspringende Arterie. Aus der A. gehen alle Arterien des Körpers hervor; → Blutkreislauf.

Aostatal, ital. **Valle d'Aosta,** autonome Region in N-Italien, südl. des Montblanc, 3 262 km², 115 400 Ew., überwiegend frz.-sprachig; Hptst. Aosta (35 900 Ew.; Ausgangspunkt der Passstraßen über den Großen und Kleinen Sankt Bernhard).

AP, Abk. für → Associated Press.

Apachen [-tʃ-], Indianerstämme im SW der USA (z. B. Mescalero, Lipan), urspr. krieger. Nomaden (bedeutende Häuptlinge waren Cochise und Geronimo), heute meist Viehzüchter in Reservaten.

Apanage [-ˈnaːʒ] *die,* materielle Zuwendung an die nicht regierenden Angehörigen von Fürsten- und Königshäusern.

Apartheid [afrikaans »Gesondertheit«] *die,* in der Rep. Südafrika die seit 1948 von der Reg. praktizierte und gesetzl. verankerte Politik der Rassentrennung zw. weißer und farbiger (Bantu, Mischlinge, Asiaten) Bevölkerung; seit 1990 schrittweise und mit In-Kraft-Treten der Verf. von 1993 endgültig aufgehoben. Ziel der A. war die Sicherung des Herrschaftssystems der privilegierten weißen Minderheit.

Apathie *die,* Teilnahmslosigkeit.

Apatit *der,* meist weißes Mineral, chlor- oder fluorhaltiges Calciumphosphat.

APEC, Abk. für **A**sian-**P**acific **E**conomic **C**ooperation (»Asiat.-Pazif. wirtschaftl. Zusammenarbeit«), 1989 gegr. Arbeitsgemeinschaft von (1997) 18 Staaten (u. a. USA, Japan, China, die ASEAN-Staaten), die den Abbau von Handelsbarrieren zum Ziel hat. Der Raum gilt als wirtschaftl. Zukunftsmarkt.

Apeldoorn, Stadt in Gelderland, Niederlande, 147 000 Ew.; Schulstadt; Metallind.; nördl. von A. die königl. Sommerresidenz Het Loo.

Apennin *der,* Gebirgssystem der ital. Halbinsel, 1 500 km lang, höchste Erhebung: Gran Sasso d'Italia in den Abruzzen, 2 914 m hoch; im Altertum bewaldet, heute weitgehend gerodet; Wanderweidewirtschaft.

Apenrade, Åbenrå, dän. Hafenstadt in Jütland, an der Ostsee, 21 200 Ew.; Kohlekraftwerk (eines der größten dän. Kraftwerke); Nikolaikirche aus dem 13. Jh.

Aperçu [apɛrˈsy] *das,* geistreiche Bemerkung.

Aperitif *der,* appetitanregendes alkohol. Getränk, z. B. Sherry.

Apex *der,* ✡ der Punkt, auf den die Bewegung der Erde in ihrer Bahn um die Sonne gerichtet ist.

Aosta Stadtwappen

Apfelbaum, Baum der Rosengewächse; heim. Kernobst; in Europa veredelt in rd. 1 600 Zuchtformen mit zahlreichen Sorten. Rosa Blüten sitzen in Büscheln. Verwertung des **Apfels** als Tafel-, Dörrobst, Fruchtgallert **(Apfelkraut, -gelee)** und zu Getränken **(Apfelsaft, -most, -wein).** Der bis 10 m hohe Baum liefert hartes Nutzholz.

Apfelblütenstecher, Rüsselkäfer, dessen Made die Apfelblütenknospen ausfrisst.

Apfelschimmel, grau geflecktes weißes Pferd.

Apfelsine [niederländ. »Apfel aus China«] *die,* **Orange,** wichtigste Zitrusfrucht mit vielen Sorten: Navelorangen, Blutorangen u. a.; angebaut in den Mittelmeerländern, in China, in Südamerika und Kalifornien sowie in Israel.

Apfelwickler, Kleinschmetterling, → Wickler.

Aphel *das,* ✡ Sonnenferne, → Apsiden.

Aphorismus *der,* knappe, treffende Formulierung eines Gedankens; Sinnspruch.

Aphrodisiakum *das,* Mittel, das den Geschlechtstrieb und die Potenz steigern soll.

Aphrodite, griech. Göttin der Liebe, nach der Göttersage aus dem Schaum des Meeres geboren; von den Römern der Venus gleichgestellt.

Aphthen *Pl.,* Ausschlag der Lippen und Mundschleimhaut, durch Infektionen (z. B. Herpes) hervorgerufen oder anlagebedingt.

Apis *der,* altägypt. Stiergott.

APL, Abk. für **A** **P**rogramming **L**anguage, 1962 entwickelte → Programmiersprache.

Aplanat *der,* fotograf. Linsensatz, der frei ist von Verzeichnung, Farbfehlern und der nur einen geringen Astigmatismus aufweist.

Apachen-Häuptling Geronimo

Apnoe *die,* **Atemstillstand,** Aufhören der Atembewegungen, hervorgerufen durch Arzneimittel, Giftstoffe oder Hirnverletzungen; tritt vorübergehend auch bei starkem Schnarchen auf.

APO, Abk. für → **Au**ßer**p**arlamentarische **O**pposition.

Apoll
Archaische Statuette

Apotheken-Zeichen

Appenzell Innerrhoden
Wappen des Halbkantons

Appenzell Außerrhoden
Wappen des Halbkantons

Ausschnitt aus einer **Aquatinta** von Goya

Apochromat *der,* Objektiv, bei dem der chromat. Abbildungsfehler für drei Wellenlängen (rot, grün, blau) korrigiert ist.

apodiktisch, unwiderleglich; keinen Widerspruch duldend.

Apogäum, ☼ Erdferne, →Apsiden.

Apokalypse [griech. »Offenbarung«] *die,* →Offenbarung des Johannes.

Apokalyptik *die,* prophet. Offenbarungsschrifttum, in allen Religionen vorhanden, in denen die Frömmigkeit von der Erwartung eines Weltendes und Weltgerichts mitbestimmt ist. Die Weissagungen werden meist in dunkler, doppelsinniger Sprache gegeben. Zur **jüd. A.** zählen u.a. das Daniel-, Henoch-, 4. Esrabuch und die Testamente der 12 Patriarchen; zur **christl. A.** neben der Johannesoffenbarung u.a. die Petrus- und die Paulusapokalypse, der Hirt des Hermas.

apokalyptische Reiter, sinnbildl. Gestalten für Pest, Krieg, Hungersnot, Tod; berühmter Holzschnitt von A. Dürer (1498).

Apokryphen [griech. »verborgene«] *Pl.,* den kanon. Büchern nicht gleichgestellte jüd. und christl. Schriften, im A.T. z.B. Makkabäer, Judith, Tobias, Jesus Sirach.

Apolda, Krst. in Thür., bei Weimar, 26200 Ew.; Herstellung von Wirkwaren, Glocken, Maschinen, Möbeln.

Apoll, lat. **Apollo,** griech. **Apollon,** Sohn des Zeus und der Leto, Zwillingsbruder der Artemis; Gott der Reinheit, der Weissagung (Delphi), des Saitenspiels und Gesangs, der Rede und des Maßes; Licht- und Sonnengott.

Apollinaire [apɔliˈnɛ:r], Guillaume, frz. Dichter und Kunstkritiker, *1880, †1918; bedeutender Einfluss auf die erste Nachkriegsgeneration.

Apollofalter, Tagschmetterling in den Gebirgen der N-Halbkugel, weißschwarz, Hinterflügel mit rotem Augenfleck.

Apollonios, 1) A. von Rhodos, hellenist. Epiker, *um 295, †215. Sein Epos »Argonautika« beeinflusste die röm. Literatur; Gegner des Kallimachos. – **2) A. von Perge,** griech. Mathematiker, *um 262, †um 190 v.Chr. Seine Lehre von den Kegelschnitten ist ein Höhepunkt antiker Mathematik.

Apollo-Programm →Raumfahrt.

Apologetik *die,* Verteidigung des Christentums durch Schriften und Lehre, Rechtfertigung des Glaubens vor dem eigenen Denken.

Apologie *die,* Verteidigungsrede, -schrift.

Apoplexie *die,* ⚕ →Schlaganfall.

Apostel [griech. »Sendbote«] *der,* **1)** im N.T. Bez. für die 12 von Jesus berufenen Jünger; ferner auch Paulus. – **2)** Ehrentitel bedeutender Missionare, z.B. Bonifatius, der »A. der Deutschen«. **A.-Geschichte,** Fortsetzung des Lukasevangeliums des Neuen Testaments; schildert die Ausbreitung der Kirche nach Jesu Auferstehung von Jerusalem bis Rom; eine wichtige Quelle für die früheste Kirchengeschichte.

a posteriori [lat. »vom Späteren her«], Erkenntnis aus Erfahrung; Ggs.: a priori.

apostolisch, von den Aposteln herkommend oder auf diese bezogen. **Apostol. Gemeinden,** von den Aposteln gestiftete Gemeinden, z.B. Jerusalem, Ephesos, Korinth. **Apostol. Nuntius,** Vertreter des Papstes bei einem Staatsoberhaupt. **Apostol. Stuhl,** Bischofssitz des Papstes in Rom. **Apostol. Segen,** päpstl. Segen.

Apostolisches Glaubensbekenntnis, Apostolicum, »Ich glaube an Gott den Vater ...«, das älteste christl. Glaubensbekenntnis, der kath. und den reformator. Kirchen gemeinsam.

Apostroph *der,* Auslassungszeichen; in Lautschriften die Betonung.

Apotheke *die,* Herstellungs- und Verkaufsstätte von Arzneien. Für die Eröffnung und den Betrieb einer A. ist eine behördl. Erlaubnis nötig.

Apotheose *die,* Vergöttlichung, Huldigung; auch das mit großem Aufwand inszenierte Schlussbild einer Schaustellung.

Appalachen *Pl.,* engl. **Appalachians** [æpəˈleɪtʃənz], Gebirgssystem im O Nordamerikas, von Neufundland bis Alabama, über 3000 km lang, bis 2037 m hoch (Mount Mitchell); Kohlen, Eisenerze.

Apparatschik *der,* abwertende Bezeichnung für Parteibürokraten in totalitären Staaten.

Appeasement [əˈpi:zmənt], Beschwichtigung, Beruhigung; polem. Bezeichnung für die brit. Außenpolitik gegenüber Hitler 1933 bis 1939.

Appell *der,* Aufruf; Antreten einer Truppe zur Befehlsausgabe.

Appellation *die,* ⚖ Anrufung eines höheren Gerichts (→Berufung).

Appendix *der,* **1)** Anhang. – **2)** Wurmfortsatz des →Blinddarms.

Appendizitis *die,* Blinddarmentzündung, →Blinddarm.

Appenzell, 2 Halb-Kt. (seit 1513) im NO der Schweiz: **A.-Innerrhoden,** 173 km², 14500 Ew. (Hauptort A., Fremdenverkehr), und **A.-Außerrhoden,** 243 km², 53400 Ew. (Hauptort Herisau).

Appetitzügler, Arzneimittel, die das Hungergefühl vermindern oder ein Sättigungsgefühl erzeugen; bei unkontrollierter Anwendung Gefahr von Gesundheitsschädigungen.

Appische Straße, Via Appia, alte Römerstraße von Rom nach Capua, später bis Brindisi.

Applikation *die,* sinnvolle Anwendung, z.B. von Medikamenten; in der Nadelarbeit: Aufnähen von Mustern aus Leder, Filz oder Stoff.

Applikatur *die,* 𝄞 →Fingersatz.

Apposition *die,* Ⓢ Beifügung, zur näheren Bestimmung des Substantivs.

Appretur *die,* Textilausrüstung, die dem Gewebe den gewünschten Charakter gibt bezügl. Aussehen, Glanz, Griff, Fülle usw.

Approbation *die,* **1)** Bestallung, für die Ausübung der Heilkundeberufe (Ärzte usw.) erforderl. staatl. Bestätigung. – **2)** bischöfl. Genehmigung von religiösen Druckschriften.

approximativ, annähernd, ungefähr.

Aprikose *die,* **Marille,** Steinobstart, die orangegelbe Frucht ist säuerlich süß.

April, 4. Monat des julian. und gregorian. Kalenders, hat 30 Tage. Der 1. A. ist der Tag der **A.-Scherze** (in Dtl. seit dem 17. Jh. belegt).

a priori [lat. »vom Früheren her«], Erkenntnis, unabhängig von aller Erfahrung, sie ist allgemein gültig; Ggs.: a posteriori.

apropos [aprɔˈpo], nebenbei bemerkt, übrigens.

Apscheron, Halbinsel am W-Ufer des Kasp. Meeres, Aserbaidschan; Erdöl- und Erdgasförderung bei Baku.

Apsiden *Pl.,* die beiden Punkte der ellipt. Bahn eines Himmelskörpers, an denen er dem Himmelskörper, den er umkreist, am nächsten bzw. fernsten ist. Bei der Erdbahn heißen sie **Perihel** (Sonnennähe) und **Aphel** (Sonnenferne), bei der Mondbahn **Perigäum** (Erdnähe) und **Apogäum** (Erdferne).

Apsis *die,* nischenartiger Raumabschluss, schließt im Kirchenbau Langhaus oder Chor ab.

APT, 🖳 Abk. für **A**utomatic **P**rogramming for **T**ools, spezielle Programmiersprache zur automat. Steuerung von numer. Werkzeugmaschinen.

Apuleius, Lucius, röm. Schriftsteller, *um 125 n.Chr., †um 180; Hauptwerk »Metamorphosen« (Der Goldene Esel) mit der Novelle »Amor und Psyche«; daneben philosoph. Schriften.

Apuli|en, Landschaft in SO-Italien, im Innern trockene Kalkhochfläche (Weiden), an der Küste fruchtbar (Olivenbäume, Weinbau, Getreide); dicht bevölkert; größte Stadt ist Bari.
Aqua, lat. Ausdruck für Wasser, **A. destillata,** durch Destillation gewonnenes chem. reines (destilliertes) Wasser.
Aquädukt *der,* der oberird. Teil der röm. Wasserleitung, oft auf brückenartigem Bau.
Aquakultur, planmäßige Bewirtschaftung und Nutzung von Gewässern mit dem Ziel dauerhafter Erträge von Fischen, Muscheln, Kressen u. a. Wasserorganismen; 75% der A.-Produkte (auch Algen) werden in SO-Asien erzeugt.
Aquamanile *das,* Gießgefäß, im MA. oft in Tierform; kath. Kirche: Gießgefäß zur Handwaschung des Priesters während der Messe.
Aquamarin *der,* Mineral, ein →Beryll.
Aquaplaning, Schwimmen oder Gleiten von Fahrzeugreifen auf Wasseransammlungen auf der Fahrbahn; tritt auf, wenn durch das Reifenprofil nicht mehr genügend Wasser abgeleitet wird; dabei wird die Bodenhaftung aufgehoben.
Aquarellmalerei, Malerei mit Wasserfarben **(Aquarellfarben).**
Aquarium, Wasserbehälter zur Züchtung und Haltung von Wassertieren und Wasserpflanzen, mit Süß- oder Seewasser gefüllt.
Aquatinta *die,* Kupferstichverfahren, erzielt tuscheähnl. Wirkungen.
Äquator [lat. »Gleichmacher«] *der,* **1) Erd-Ä.** ist der größte Breitenkreis der Erdkugel, 40 075 km lang. Von N- und S-Pol gleich weit entfernt, scheidet er die Erde in eine nördl. und eine südl. Halbkugel. - **2) Himmels-Ä.** ist der dem Erd-Ä. entsprechende größte Kreis der (gedachten) Himmelskugel. Alle im Ä. stehenden Sterne verweilen 12 Stunden über und ebenso lange unter dem Horizont. Wenn die Sonne im Ä. steht, sind auf der ganzen Erde der Tag und die Nacht gleich lang (Tagundnachtgleiche, z. Z. des Frühlings- und des Herbstanfangs).

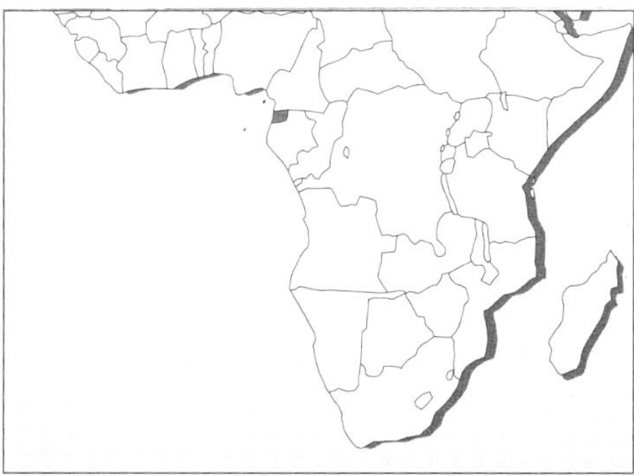

Äquatorialguinea [-gi-], Rep. in W-Afrika, umfasst u. a. die Inseln Pagalu und Bioko (früher Fernando Póo) und auf dem Festland die Prov. Mbini, 28 051 km², 369 000 Ew. Trop. Regenwaldgebiete; Ausfuhr von Holz (Mbini), Kaffee, Kakao (Bioko); Hptst. Malabo auf Bioko. - 1843 von den Spaniern erworben, unabhängig seit 1968, 1969 bis 1979 Terrorregime unter F. Macías Nguema; Staatspräs.: T. Obiang Nguema Mbasogo (seit 1979, 1996 durch Wahl bestätigt).
Aquavit [lat. »Lebenswasser«] *der,* mit Kümmel aromatisierter Branntwein.
Aquileja, Stadt in N-Italien, 9 km von der Adria entfernt, 3 300 Ew.; bedeutende röm. Handelsstadt; im MA. Sitz eines Patriarchen; Fremdenverkehr (röm. und roman. Bauwerke).

Aquarellmalerei. Albrecht Dürer, Innenhof (1494)

Aquilibrist *der,* Artist, der die Kunst des Gleichgewichtshaltens beherrscht, z. B. Seiltänzer.
Aquino [-'ki-], Corazon Cojuangco, philippin. Politikerin, * 1933; trat nach der Ermordung ihres Mannes, eines Oppositionsführers, polit. hervor und kandidierte 1986 bei den Parlamentswahlen gegen F. Marcos; 1986 bis 1992 Staatspräsidentin.
Äquinoktium *das,* Zeit der →Tagundnachtgleiche.
Aquitanilen, histor. Landschaft in SW-Frankreich zw. Pyrenäen, Garonne und Atlantik.
äquivalent, gleichwertig.
Äquivalentmasse, die Masse eines Elements oder Moleküls in Gramm, die bei einer chem. Reaktion einem Mol Wasserstoff (= 1,008 g) oder einem Mol Elektronen (= 96 450 Coulomb) äquivalent ist. Die Ä. ist im Allg. der Quotient aus Atom- oder Molekulargewicht und Wertigkeit.
Ar, 1) *das,* Zeichen **a,** Flächenmaß: 1 a = 100 m². - **2)** chem. Symbol für →Argon.
Ara, umgangssprachl. Bezeichnung für 3 Gattungen großer langschwänziger Papageien, in den amerikan. Tropen, lebhaft gefärbt.
Ära *die,* Zeitalter; Zeitrechnung von einem bestimmten wichtigen geschichtl. Ereignis an; z. B. **christl. Ä.,** von Christi Geburt an; seit dem 10. Jh. bei den abendländ. Christen allg. üblich, seit Ende des 18. Jh. auch für die vorchristl. Zeit rückwärts. **Muslim. Ä., Hidschra,** vom Tage der Auswanderung des Propheten von Mekka nach Medina an (16. 7. 622 n. Chr.), die **buddhist. Ä., Nirvana,** vom Todesjahr Buddhas an (483 v. Chr.).
Araber, 1) Bewohner der Arab. Halbinsel; i. w. S. alle Menschen, die Arabisch als Muttersprache sprechen (von SW-Asien über N-Afrika bis in den mittleren und östl. Sudan und an die O-Küste Afrikas, etwa 150 Mio.). Die A. sind teils Nomaden (Beduinen), teils sesshafte Bauern (Fellachen), Handwerker und Händler. - Seit dem 7. Jh. Hauptträger des Islams, drangen die A. über N-Afrika bis nach Spanien vor. Im MA. bedeutende Leistungen in Dichtung (→arabische Literatur) und Wiss. (→arabische Wissenschaft). Im 16. Jh. gerieten die A. unter osman., in neuerer Zeit z. T. unter brit. oder frz. Herrschaft; nach dem Ersten und Zweiten Weltkrieg entstanden unabhängige arab. Staaten. - **2) Arab. Vollblut,** →Pferd.
Arabeske *die,* Muster aus verschlungenen stilisierten Blattranken, in der hellenist.-röm. Antike ausgebildet, von der islam. Kunst übernommen.

Äquatorialguinea

Staatswappen

Staatsflagge

Ara

Aquamarin (geschliffen)

Arabische Liga Flagge

Jasir Arafat

Louis Aragon

Arabi|en, histor. und polit. Synonym für die **Arab. Halbinsel,** etwa 3,5 Mio. km², stellt über die Landenge von Suez die Verbindung mit Afrika her. A. ist ein rd. 1 000 m hohes, von Randgebirgen umrahmtes Tafelland, das nach O allmählich abfällt. Extrem trockenes Binnenklima; nur die Randgebiete, bes. Jemen und Oman, sind fruchtbar. Im Innern Wüsten mit wenigen Oasen (Dattelpalmen), nach den Rändern zu in Steppen übergehend. A. hat große Erdöllager. – In A. liegen die hl. Städte des Islam, Mekka und Medina. – Staatlich gliedert sich A. in Saudi-A., Jemen, Oman, Vereinigte Arab. Emirate, Katar, Bahrain und Kuwait. Jordanien und Irak haben Anteil an Arabien.
Geschichte. Mit dem Auftreten Mohammeds (um 600) griff A. verstärkt in die Gesch. ein. Der Islam gab den Stämmen polit. Stoßkraft (hl. Krieg gegen die Ungläubigen). In Asien, Afrika und Spanien entstanden arab. Reiche (Höhepunkt nach 700). Im 10. bis 12. Jh. löste sich das arab. Gesamtreich in Teildynastien auf; Kämpfe gegen die Kreuzfahrer. Das Innere A. blieb ungeordnetes Beduinenland. Im 16. Jh. kam A. unter osman. Herrschaft, die es erst nach dem 1. Weltkrieg abschütteln konnte. Das mit brit. Hilfe errichtete Kgr. Hidjas konnte sich nicht halten. Der Herrscher des innerarab. Wahhabitenreichs, Ibn Saud, eroberte 1924/25 das Hidjas und schuf das Kgr. Saudi-A. Mit der Erschließung der Erdölvorkommen um 1930 setzte eine neue wirtschaftl. und polit. Entwicklung ein.
arabische Kunst → islamische Kunst.
Arabische Liga, Zusammenschluss (1945) von Saudi-Arabien, Ägypten, Irak, Jordanien, Jemen, Syrien und Libanon zu polit., wirtschaftl. und kultureller Zusammenarbeit. Zw. 1945 und 1993 traten weitere 14 Staaten und die PLO bei. 1979 bis 1989 war Ägypten wegen des mit Israel geschlossenen Friedensvertrags ausgeschlossen. Gen.-Sekr. Esmat Abdel Meguid (seit 1991); Sitz Kairo (seit 1990).
arabische Literatur. Die ältesten Denkmäler der a. L. sind altarab. Gedichte, die vor Mohammed erschienen (Liebes-, Jagd-, Naturlieder), darunter die Sammlung Muallakat (Oden) und Gedichtsammlungen (Diwane) aus dem 6. Jh. Nach Mohammeds Tod wurde die Liebesdichtung, unter den Abbasiden Trink- und Jagdlieder gepflegt. Bestimmend für die Prosa war der Koran, dazu kamen mündl. vorgetragene Erz., später Geschichtsromane. Indisch-pers. Märchen wurden Grundlage der Sammlung »Tausendundeine Nacht«. In der 2. Hälfte des 19. Jh. entstand die a. L. neu. Der Anstoß ging von Europa aus, wobei engl. und frz. Vorbilder Pate standen. In jüngster Zeit greift die a. L. häufig soziale, v. a. aber polit. Probleme auf.
arabische Schrift, geht auf die altsemit. Konsonantenschrift zurück, sie hat 28 Mitlautzeichen; die 6 Vokalzeichen werden nur im Koran gebraucht. Sie läuft von rechts nach links.
Arabisches Meer, der NW-Teil des Ind. Ozeans.
arabische Sprache, bildet mit der äthiop. den südwestl. Zweig der semit. Sprachen. Durch den Islam wurde sie in Vorderasien, N-Afrika und Spanien verbreitet; man unterscheidet 5 Hauptdialekte. Eine Sonderform ist die maltes. Sprache.
arabische Wissenschaft, die im MA. im arab. Raum betriebene Wiss. Zu ihren Verdiensten zählen u. a. die Bewahrung und Übermittlung antiken Wissens (z. B. Aristoteles, Euklid) und Beiträge u. a. zur Geometrie, Algebra und Optik sowie zur Alchemie. Bedeutende Vertreter: Ibn al-Haitham (* 965, † 1040), Omar-i Chajjam (* 1021, † 1122), Al-Charismi (2. Hälfte 9. Jh.), Nasir ad-Din at-Tusi (* 1201, † 1274). Auch die Medizin (→ Avicenna) und die Astronomie (Al-Battani) erreichten einen hohen Entwicklungsstand.
Arabische Wüste, Gebirgswüste in Ägypten, zw. Nil und Rotem Meer.
arabische Ziffern, die heute gebräuchl. Ziffern, die im MA. durch arab. Vermittlung aus Indien nach Europa kamen.
Arad, Stadt in W-Rumänien, am Maros, 188 000 Ew.; Waggon-, Maschinenbau, Düngemittelfabrik; ⚓.
Arafat, Jasir, palästinens. Politiker, * 1929; beteiligt am Aufbau der Untergrundorganisation → Al-Fatah, Vors. des Exekutivrats der PLO; beteiligte sich 1993 erstmals an Friedensgesprächen mit Israel, die 1994 zu einem autonomen Palästinensergebiet um Jericho und im Gaza-Streifen führten. 1996 wurde A. zum Präs. des Autonomierats (palästinens. Selbstverwaltungsrat) gewählt. – Mit I. Rabin und S. Peres Friedensnobelpreis 1994.
Arago, Dominique François, frz. Physiker und Astronom, * 1786, † 1853; arbeitete u. a. über die Polarisation des Lichts.
Aragon [-ˈgõ], Louis, frz. Schriftsteller, * 1897, † 1982; Dadaist, Surrealist; Gedichte und Romane: »Die Karwoche« (1958) u. a.
Aragoni|en, histor. Prov. und Landschaft im NO Spaniens, Hptst. Saragossa; flachwellige Tafellandschaft; Weidewirtschaft, Anbau auf Bewässerungsflächen im Ebrobecken; Bergbau. – Seit 1035 Königreich; durch die Ehe Ferdinands II. von A. mit Isabella I. von Kastilien (1469) entstand (seit 1479) der span. Gesamtstaat.
Aral AG, Vertriebsgesellschaft für Mineralölerzeugnisse, Sitz Bochum, gegr. 1898.
Aralsee, abflussloser See im Tiefland von Turan, zw. Kasachstan und Usbekistan, schwach salzig, früher fischreich. Die Wasserfläche (früher 64 500 km²) ist durch die enorme Wasserentnahme aus den Zuflüssen Syrdarja und Amudarja um rd. 50 % geschrumpft.
Aramäer, semit. Nomadenstämme, die im 2. Jt. v. Chr. nach Syrien und Mesopotamien eindrangen; seit dem 11. Jh. v. Chr. wurde Babylonien von aramäischen Stämmen beherrscht. Das **Aramäische,** ein Zweig des Semitischen, war z. Z. Christi, auch schon vorher, Umgangssprache in Palästina.
Aranjuez [araŋˈxu̯εθ], Stadt in Spanien, am Tajo, 36 000 Ew.; Sommerresidenz der span. Könige.
Aräometer *das,* **Senkwaage,** Gerät zur Bestimmung der Dichte von Flüssigkeiten.
Arapaima *der,* größter Süßwasserfisch (bis 4 m lang, 250 kg), in Südamerika.
Ararat *der,* erloschener zweigipfeliger Vulkan in der östl. Türkei, nahe der iran.-armen. Grenze; **Großer A.** 5 137 m. Im A. T. wird ein Land A. als Landungsstelle der Arche Noah genannt.
Araukaner, Indianervolk in den südl. Anden, Chile und Argentinien.

Araukarie. Andentanne

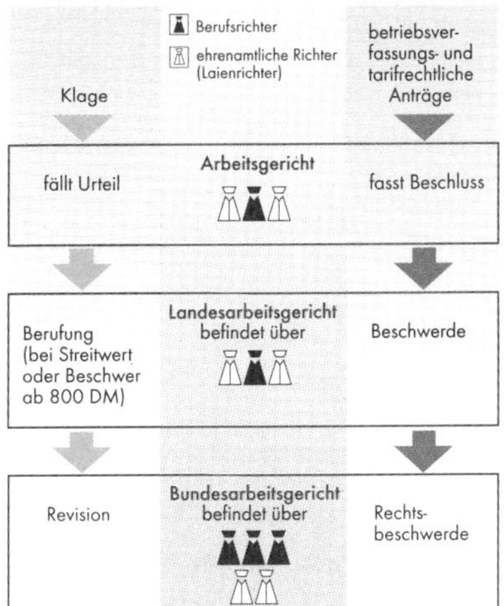

Arbeitsgerichtsbarkeit

Araukarie *die,* Gattung bis 60 m hoher Nadelbäume; z. B. die **Norfolktanne** (»Zimmertanne«) und die **Andentanne.**

Arbeit, 1) bewusstes Handeln zur Befriedigung von Bedürfnissen. – ✐ A. ist eine Grundlage der Gütererzeugung und der Bedarfsdeckung sowohl der Gesamtheit wie des Einzelnen; neben Kapital und Boden einer der 3 Produktionsfaktoren. – **2)** ✻ im einfachsten Fall das Produkt der an einem Körper angreifenden Kraft und des unter deren Einfluss zurückgelegten Wegs; im Allg. erhält man ein Integral. Einheiten: Joule (J), Newtonmeter (Nm), Kilowattstunde (kWh).

Arbeiter, i. w. S. jeder Berufstätige, bes. der Arbeitnehmer; i. e. S. der gegen Lohn beschäftigte, überwiegend körperl. tätige A.; nach Ind.gruppen unterschieden in Berg-, Bau-, Metall-A. u. a.

Arbeiterbewegung, der seit dem 19. Jh. erfolgte Zusammenschluss der abhängigen Lohnarbeiter mit dem Ziel, die bestehenden wirtschaftl., sozialen und polit. Verhältnisse zu ändern. Die ersten Äußerungen der A. waren ungeregelt und ohne klare Zielsetzung (Maschinenstürmerei). Geistige Grundlagen boten später die Theorien des Sozialismus, bes. die Lehren von K. Marx. Träger der A. wurden die Arbeiterparteien und ihre Presse (politisch), die Gewerkschaften (Vertretung der wirtschaftl. Forderungen) und die Genossenschaften (als Einrichtungen der wirtschaftl. Selbsthilfe). Durch das Kommunist. Manifest (1848) war die A. zum internat. Zusammenschluss aufgerufen worden (→ Internationale). – Seit 1918 haben in vielen Ländern sozialdemokrat., sozialist. und kommunist. Politiker die Regierungsverantwortung allein oder in einer Koalition mitübernommen.

Arbeiterrentenversicherung, Zweig der gesetzl. → Rentenversicherung.

Arbeiter-und-Soldaten-Räte, Vertretung der Arbeiter und Soldaten zur Durchführung der Revolution; 1905 und 1917 (Sowjets der Arbeiter- und Soldatendeputierten) in Russland, 1918/19 für kurze Zeit im Dt. Reich; hier von den rechtsradikalen Freikorps gewaltsam unterdrückt.

Arbeiterwohlfahrt e.V., Abk. **AWO,** Spitzenverband der freien Wohlfahrtspflege; Sitz Bonn.

Arbeitgeber, Person, die andere gegen Entgelt zur Leistung von Diensten verpflichtet.

Arbeitgeberverbände, freiwillige Zusammenschlüsse der Arbeitgeber zur gemeinschaftl. Wahrnehmung der Belange ihrer Mitglieder. Die A. sind die Partner der Gewerkschaften in den Verhandlungen um die Tarifverträge. Sie sind nach Branchen und Bezirken organisiert; Spitzenverband ist die »Bundesvereinigung der Dt. A. e. V.« (BDA) mit Sitz in Köln.

Arbeitnehmer, Person, die sich einem anderen gegen Entgelt (Lohn, Gehalt) zur Leistung von Diensten verpflichtet hat (bes. Arbeiter und Angestellte, nicht aber Beamte, Selbstständige und mithelfende Familienangehörige). **A.-Verbände** → Gewerkschaften.

Arbeitsamt, unterste Verwaltungsstelle der Bundesanstalt für Arbeit zur Arbeitsvermittlung, Berufsberatung, Umschulung, Gewährung von Arbeitslosengeld u. a.

Arbeitsbeschaffung, wirtschafts-, sozial- und arbeitspolit. Maßnahmen und Einrichtungen zur Schaffung oder Bereitstellung und Finanzierung von Arbeitsplätzen für Arbeitslose. **A.-Maßnahmen** (ABM) obliegen in Dtl. der Bundesanstalt für Arbeit und ergänzenden Länderprogrammen.

Arbeitsdienst, nach dem Ersten Weltkrieg entstandene Einrichtung vieler Länder mit dem Ziel, die männl. (z. T. auch die weibl.) Jugendlichen für eine bestimmte Zeit zur Ableistung gemeinsamer Arbeit für den Staat zusammenzufassen. 1935 bis 1945 war der **Reichs-A.** (RAD) in Dtl. Pflicht.

Arbeitsdirektor, Leiter des Arbeits- und Sozialwesens in Betrieben, die der Mitbestimmung unterliegen (z. B. Bergbau).

Arbeitserlaubnis, Erlaubnis, die ausländ. Arbeitnehmer (Ausnahme: Angehörige der EU und heimatlose Ausländer) in Dtl. für die Arbeitsaufnahme benötigen; erteilt von der Bundesanstalt für Arbeit.

Arbeitsförderungsgesetz, Abk. **AFG,** Ges. von 1969, regelt die Aufgaben und Leistungen der Bundesanstalt für Arbeit.

Arbeitsgerichtsbarkeit, Gerichtsbarkeit für arbeitsrechtl. Streitigkeiten (bes. zw. Arbeitnehmern und -gebern aus dem Arbeitsverhältnis, zw. Tarifvertragsparteien sowie zw. Arbeitnehmern aus der gemeinsamen Arbeit); geregelt im Arbeitsgerichtsges. vom 2. 7. 1979. Zuständig sind die **Arbeitsgerichte** als 1. Instanz, die **Landesarbeitsgerichte** als Berufungsinstanz und das **Bundesarbeitsgericht** (Sitz Kassel, geplant Erfurt) als Revisionsinstanz.

Arbeitslenkung, Beeinflussung des Arbeitsmarktes durch Beratung und Umschulung Arbeitsloser, bei staatl. Wirtschaftsplanung durch Kontrolle des Arbeitsplatzwechsels und durch Dienstverpflichtung.

Arbeitslosenversicherung, Pflichtversicherung der Arbeitnehmer gegen die Folgen der Arbeitslosigkeit. Träger der A. ist die Bundesanstalt für Arbeit, Durchführungsbehörden sind die Arbeitsämter. Die Beiträge werden je zur Hälfte von Arbeitnehmern und Arbeitgebern aufgebracht. Die A. gewährt **Arbeitslosengeld** in Höhe von 60%, bei Erwerbslosen mit Kind 67%, des letzten Nettolohns. Die Bezugsdauer für das Arbeitslosengeld ist nach der Dauer der vorhergehenden versicherungspflichtigen Beschäftigung gestaffelt (78 bis 312 Tage, nach Vollendung des 54. Lebensjahres bis zu 832 Tage). Arbeitslose, die keinen Anspruch auf Arbeitslosengeld haben, erhalten **Arbeitslosenhilfe** (53 bzw. 57% des letzten Nettoarbeitslohns). Weitere Leistungen der A. sind Konkursausfallgeld, Kurzarbeiter- und Winterausfallgeld.

Arbeitslosigkeit, Mangel an Erwerbsgelegenheit für Arbeitsfähige und Arbeitswillige. Man unterscheidet: **saisonale A.** infolge der Saisonabhängigkeit versch. Berufe (Baugewerbe, Landwirtschaft), **konjunkturelle A.** in wirtschaftl. Krisenzeiten, **strukturelle A.** infolge tief greifender Veränderungen in der Volkswirtschaft (z. B. Rückgang des Bergbaus). 1996 waren in Dtl. über 4 Mio. Erwerbsfähige arbeitslos.

Arbeitsmedizin, untersucht die Einwirkung von Arbeitsprozessen auf den Körper, v. a. die durch die berufl. Tätigkeit entstandenen Gesundheitsschäden.

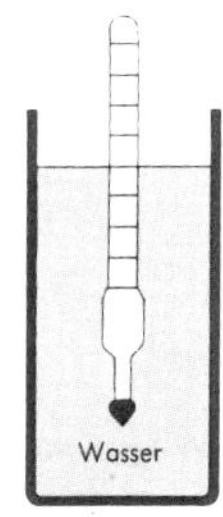

Dichte 1,0 g/cm³

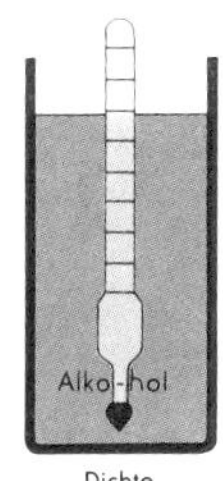

Dichte 0,79 g/cm³

Das **Aräometer** sinkt umso tiefer ein, je geringer die Dichte der Flüssigkeit ist

Arbeiterwohlfahrt e. V.

Arbeitspapiere, die für ein rechtl. geordnetes Arbeitsverhältnis notwendigen Unterlagen des Arbeitnehmers, v. a. Steuerkarte, Versicherungsnachweis, Zeugnisse, Arbeits- bzw. Dienstvertrag.

Arbeitsphysiologie, Teilgebiet der Arbeitsmedizin, untersucht die günstigsten Bedingungen für die menschl. Arbeit.

Arbeitsplatz, allg.: Aufgabengebiet des Arbeitnehmers; betrieblich: Stelle im Betrieb, an der eine Person beschäftigt ist.

Arbeitsrecht, Sonderrecht der Arbeitnehmer, in Dtl. nicht einheitlich zusammengefasst. Hauptgegenstände: Arbeitsschutzrecht, Kündigungsschutz Arbeitsvertrag, Tarifvertrag, Betriebsverfassung, Mitbestimmung, Betriebsvereinbarungen, Arbeitsgerichtsbarkeit, Sozialversicherung.

Werner Arber

Arbeitsschutz, gesetzl. Schutz der Arbeitnehmer vor Gefahren, die sich aus der Arbeit ergeben. Wichtige Bereiche sind Arbeitszeitschutz, Betriebs- und Unfallschutz. Mit der Überwachung des A. sind die Gewerbeaufsichtsämter betraut.

Arbeitsspeicher, 🖳 zur Zentraleinheit eines Rechners gehörender Speicher, der Programme und Zwischenergebnisse aufnimmt.

Arbeitsteilung, 1) ✐ Aufgliederung einer Arbeitsleistung in Teilverrichtungen und ihre Verteilung auf versch. Erwerbszweige und Berufe, Hauptkennzeichen der modernen Industriegesellschaft. – **2)** ♡ in Tierstaaten (Bienen, Ameisen usw.) die mit der Körperdifferenzierung verbundene Unterschiedlichkeit der Leistungen; ebenso bei den Einzelwesen im Tierstock (z. B. Staatsqualle) und den Zellverbänden im Lebewesen.

Arbeitsverhältnis, Rechtsverhältnis zw. Arbeitgeber und Arbeitnehmer, entsteht durch Arbeitsvertrag oder vielfach schon durch die tatsächl. Aufnahme der Arbeit.

Hannah Arendt

Arbeitsvertrag, Vertrag zw. Arbeitgeber und Arbeitnehmer über zu verrichtende Arbeit, Entgelt, Arbeitszeit und Urlaub, an Tarifverträge und Ges. gebunden.

Arbeitswerttheorie, volkswirtschaftliche Lehre, die den Wert aller Güter allein durch die zu ihrer Herstellung aufgewendete Arbeit bestimmt (A. Smith, D. Ricardo, K. Marx u. a.).

Arbeitszeit, Dauer der vom Arbeitnehmer tägl. zu erbringenden Arbeit. Die wöchentl. A. betrug 1992 durchschnittl. 39,5 Stunden, in der Ind. und im öffentl. Dienst 38 (37,5) Stunden an 5 Tagen.

Arber, Großer A., höchster Berg des Böhmerwalds, 1456 m hoch, im Bayer. Wald.

Arber, Werner, schweizer. Mikrobiologe, * 1929; Entdeckung der Restriktionsenzyme. 1978 Nobelpreis für Physiologie oder Medizin.

Arbitrage [-ˈtra:ʒə] *die,* Ausnutzung der Kursunterschiede zw. versch. Börsenplätzen im Wechsel- und Geldsortenhandel.

Arcachon [arkaˈʃɔ̃], Seebad in SW-Frankreich, an der Atlantikküste, 12 100 Ew.; Spielkasino, Fischerei (Austern) und Jachthafen; höchste Düne Europas (über 100 m).

Archaeopteryx [griech. »Urflügel«] *der,* älteste bekannte fossile Vogelgattung, zeigt noch Merkmale der Reptilien; Abdrücke aus dem Plattenkalk bei Solnhofen.

Archaikum *das,* Erdzeitalter, Hauptabschnitt des Präkambriums; vor 4 bis 2,6 Mrd. Jahren.

archaisch, altertümlich; Frühphase eines Stils, bes. die Epoche vor der griech. Klassik.

Archangelsk, Hafenstadt in N-Russland, 416 000 Ew.; im Mündungsgebiet der Nördl. Dwina ins Weiße Meer; Hochschulen; Werften, Fischverarbeitung.

Archäologie *die,* Altertumskunde, Erforschung der materiellen Hinterlassenschaften, z. B. Kunstdenkmäler (nicht aber Schriftquellen).

Arche [lat. »Kasten«] *die,* Schiff Noahs.

Archetypen *Pl.,* Urbilder, Ideen.

Archi..., Vorsilbe mit der Bedeutung »erster, Ober..., Haupt..., Ur...«.

Archimandrit *der,* in der Ostkirche Klostervorsteher, auch Ehrentitel höherer Geistlicher.

Archimedes, griech. Mathematiker, Physiker und Ingenieur, * um 285 v. Chr., † 212 v. Chr.; entdeckte das Hebelgesetz, das spezif. Gewicht u. a.; berechnete Flächen- und Rauminhalte sowie die Zahl π; **archimed. Prinzip** → Auftrieb.

Archipel *der,* Inselgruppe.

Archipenko, Alexander, amerikan. Bildhauer ukrain. Herkunft, * 1887, † 1964; kubist. und futurist. Plastiken.

Architekt *der,* entwerfend tätiger Baufachmann.

Architektur *die,* **1)** → Baukunst. – **2) Rechner-A., System-A.,** in der Datenverarbeitung Aufbau und grundsätzliche Struktur von Rechnern, Rechnerkomponenten und Rechnernetzen.

Architrav *der,* ⌂ von Säulen oder Pfeilern getragene waagerechte Balken.

Archiv *das,* geordnete Sammlung von Urkunden und Akten **(Archivali|en). Archivar,** wiss. ausgebildeter Betreuer eines Archivs.

ARD, Abk. für **A**rbeitsgemeinschaft der öffentl.-rechtl. **R**undfunkanstalten der Bundesrep. **D**tl., Zusammenschluss der Landesrundfunkanstalten in Dtl. (Bayer. Rundfunk, BR; Hess. Rundfunk, HR; Mitteldt. Rundfunk, MDR; Norddt. Rundfunk, NDR; Ostdt. Rundfunk Brandenburg, ORB; Radio Bremen, RB; Saarländ. Rundfunk, SR; Sender Freies Berlin, SFB; Süddt. Rundfunk SDR; Südwestfunk, SWF; Westdt. Rundfunk, WDR), strahlen in ihrem Sendegebiet bis zu 5 Hörfunkprogramme aus und gestalten das 1. Programm des Dt. Fernsehens.

Ardèche [arˈdɛʃ] *die,* rechter Nebenfluss der Rhône, S-Frankreich, 120 km; Kanusportrevier.

Ardenne, Manfred von, dt. Physiker, * 1907, † 1997; entwickelte als Autodidakt Neuerungen in Funk- und Fernsehtechnik sowie in der Elektronenoptik, ferner die Sauerstoffmehrschritt-Therapie.

Ardennen *Pl.,* waldreiches Mittelgebirge in Luxemburg, Belgien und N-Frankreich, der westl. Flügel des Rhein. Schiefergebirges, im **Hohen Venn** 694 m hoch; Forst- und Viehwirtschaft, Fremdenverkehr.

Arendt, Hannah, dt.-amerikan. Politologin, * 1906, † 1975; Studien zum Totalitarismusproblem; schrieb »Über die Revolution« (1963).

Areopag *der,* Hügel im antiken Athen und der nach ihm benannte Gerichtshof.

Daten zur Geschichte Argentiniens

1516	J. D. de Solís entdeckt die Mündung des La Plata
1776	Einrichtung des Vizekönigtums Río de La Plata, Hauptstadt Buenos Aires
1810–1816	Unabhängigkeitsbewegung
1816	Der Kongress von Tucumán erklärt die Unabhängigkeit der »Vereinigten Provinzen des Río de La Plata«
1825	Konföderation der 14 La-Plata-Provinzen, nachdem sich Paraguay, Bolivien und Uruguay für selbstständig erklärt hatten
1829–1852	Diktatur von J. M. de Rosas
1855	Beginn der Masseneinwanderung aus Europa, wirtschaftlicher Aufschwung
1943–1946	Militärdiktatur
1946–1955	Autoritäre Regierung von J. D. Perón
1973–1974	Perón wieder Staatspräsident, nach seinem Tod 1974 folgt ihm seine Witwe Isabella Perón bis 1976
1976	Militärputsch
1982	Niederlage im Falkland-Krieg gegen Großbritannien, Rückkehr zur Demokratie
1989	C. S. Menem wird Staatspräsident

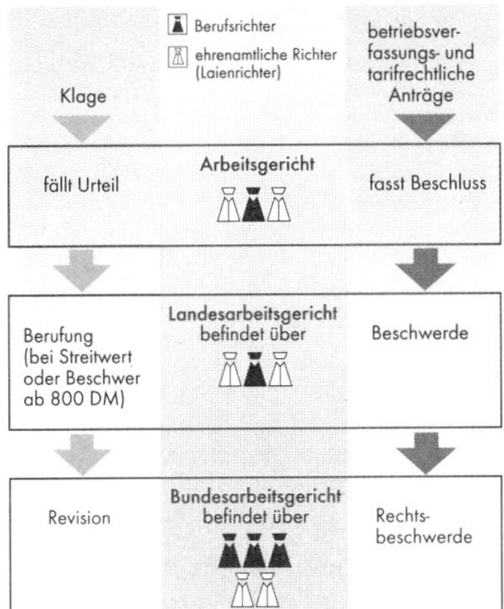

Arbeitsgerichtsbarkeit

Araukarie *die,* Gattung bis 60 m hoher Nadelbäume; z. B. die **Norfolktanne** (»Zimmertanne«) und die **Andentanne.**

Arbeit, 1) bewusstes Handeln zur Befriedigung von Bedürfnissen. – ✐ A. ist eine Grundlage der Gütererzeugung und der Bedarfsdeckung sowohl der Gesamtheit wie des Einzelnen; neben Kapital und Boden einer der 3 Produktionsfaktoren. – **2)** ⚛ im einfachsten Fall das Produkt der an einem Körper angreifenden Kraft und des unter deren Einfluss zurückgelegten Wegs; im Allg. erhält man ein Integral. Einheiten: Joule (J), Newtonmeter (Nm), Kilowattstunde (kWh).

Arbeiter, i. w. S. jeder Berufstätige, bes. der Arbeitnehmer; i. e. S. der gegen Lohn beschäftigte, überwiegend körperl. tätige A.; nach Ind.gruppen unterschieden in Berg-, Bau-, Metall-A. u. a.

Arbeiterbewegung, der seit dem 19. Jh. erfolgte Zusammenschluss der abhängigen Lohnarbeiter mit dem Ziel, die bestehenden wirtschaftl., sozialen und polit. Verhältnisse zu ändern. Die ersten Äußerungen der A. waren ungeregelt und ohne klare Zielsetzung (Maschinenstürmerei). Geistige Grundlagen boten später die Theorien des Sozialismus, bes. die Lehren von K. Marx. Träger der A. wurden die Arbeiterparteien und ihre Presse (politisch), die Gewerkschaften (Vertretung der wirtschaftl. Forderungen) und die Genossenschaften (als Einrichtungen der wirtschaftl. Selbsthilfe). Durch das Kommunist. Manifest (1848) war die A. zum internat. Zusammenschluss aufgerufen worden (→Internationale). – Seit 1918 haben in vielen Ländern sozialdemokrat., sozialist. und kommunist. Politiker die Regierungsverantwortung allein oder in einer Koalition mitübernommen.

Arbeiterrentenversicherung, Zweig der gesetzl. →Rentenversicherung.

Arbeiter-und-Soldaten-Räte, Vertretung der Arbeiter und Soldaten zur Durchführung der Revolution; 1905 und 1917 (Sowjets der Arbeiter- und Soldatendeputierten) in Russland, 1918/19 für kurze Zeit im Dt. Reich; hier von den rechtsradikalen Freikorps gewaltsam unterdrückt.

Arbeiterwohlfahrt e. V., Abk. **AWO,** Spitzenverband der freien Wohlfahrtspflege; Sitz Bonn.

Arbeitgeber, Person, die andere gegen Entgelt zur Leistung von Diensten verpflichtet.

Arbeitgeberverbände, freiwillige Zusammenschlüsse der Arbeitgeber zur gemeinschaftl. Wahrnehmung der Belange ihrer Mitglieder. Die A. sind die Partner der Gewerkschaften in den Verhandlungen um die Tarifverträge. Sie sind nach Branchen und Bezirken organisiert; Spitzenverband ist die »Bundesvereinigung der Dt. A. e. V.« (BDA) mit Sitz in Köln.

Arbeitnehmer, Person, die sich einem anderen gegen Entgelt (Lohn, Gehalt) zur Leistung von Diensten verpflichtet hat (bes. Arbeiter und Angestellte, nicht aber Beamte, Selbstständige und mithelfende Familienangehörige). **A.-Verbände** →Gewerkschaften.

Arbeitsamt, unterste Verwaltungsstelle der Bundesanstalt für Arbeit zur Arbeitsvermittlung, Berufsberatung, Umschulung, Gewährung von Arbeitslosengeld u. a.

Arbeitsbeschaffung, wirtschafts-, sozial- und arbeitspolit. Maßnahmen und Einrichtungen zur Schaffung oder Bereitstellung und Finanzierung von Arbeitsplätzen für Arbeitslose. **A.-Maßnahmen** (ABM) obliegen in Dtl. der Bundesanstalt für Arbeit und ergänzenden Länderprogrammen.

Arbeitsdienst, nach dem Ersten Weltkrieg entstandene Einrichtung vieler Länder mit dem Ziel, die männl. (z. T. auch die weibl.) Jugendlichen für eine bestimmte Zeit zur Ableistung gemeinsamer Arbeit für den Staat zusammenzufassen. 1935 bis 1945 war der **Reichs-A.** (RAD) in Dtl. Pflicht.

Arbeitsdirektor, Leiter des Arbeits- und Sozialwesens in Betrieben, die der Mitbestimmung unterliegen (z. B. Bergbau).

Arbeitserlaubnis, Erlaubnis, die ausländ. Arbeitnehmer (Ausnahme: Angehörige der EU und heimatlose Ausländer) in Dtl. für die Arbeitsaufnahme benötigen; erteilt von der Bundesanstalt für Arbeit.

Arbeitsförderungsgesetz, Abk. **AFG,** Ges. von 1969, regelt die Aufgaben und Leistungen der Bundesanstalt für Arbeit.

Arbeitsgerichtsbarkeit, Gerichtsbarkeit für arbeitsrechtl. Streitigkeiten (bes. zw. Arbeitnehmern und -gebern aus dem Arbeitsverhältnis, zw. Tarifvertragsparteien sowie zw. Arbeitnehmern aus der gemeinsamen Arbeit); geregelt im Arbeitsgerichtsges. vom 2. 7. 1979. Zuständig sind die **Arbeitsgerichte** als 1. Instanz, die **Landesarbeitsgerichte** als Berufungsinstanz und das **Bundesarbeitsgericht** (Sitz Kassel, geplant Erfurt) als Revisionsinstanz.

Arbeitslenkung, Beeinflussung des Arbeitsmarktes durch Beratung und Umschulung Arbeitsloser, bei staatl. Wirtschaftsplanung durch Kontrolle des Arbeitsplatzwechsels und durch Dienstverpflichtung.

Arbeitslosenversicherung, Pflichtversicherung der Arbeitnehmer gegen die Folgen der Arbeitslosigkeit. Träger der A. ist die Bundesanstalt für Arbeit, Durchführungsbehörden sind die Arbeitsämter. Die Beiträge werden je zur Hälfte von Arbeitnehmern und Arbeitgebern aufgebracht. Die A. gewährt **Arbeitslosengeld** in Höhe von 60 %, bei Erwerbslosen mit Kind 67 %, des letzten Nettolohns. Die Bezugsdauer für das Arbeitslosengeld ist nach der Dauer der vorhergehenden versicherungspflichtigen Beschäftigung gestaffelt (78 bis 312 Tage, nach Vollendung des 54. Lebensjahres bis zu 832 Tage). Arbeitslose, die keinen Anspruch auf Arbeitslosengeld haben, erhalten **Arbeitslosenhilfe** (53 bzw. 57 % des letzten Nettoarbeitslohns). Weitere Leistungen der A. sind Konkursausfallgeld, Kurzarbeiter- und Winterausfallgeld.

Arbeitslosigkeit, Mangel an Erwerbsgelegenheit für Arbeitsfähige und Arbeitswillige. Man unterscheidet: **saisonale A.** infolge der Saisonabhängigkeit versch. Berufe (Baugewerbe, Landwirtschaft), **konjunkturelle A.** in wirtschaftl. Krisenzeiten, **strukturelle A.** infolge tief greifender Veränderungen in der Volkswirtschaft (z. B. Rückgang des Bergbaus). 1996 waren in Dtl. über 4 Mio. Erwerbsfähige arbeitslos.

Arbeitsmedizin, untersucht die Einwirkung von Arbeitsprozessen auf den Körper, v. a. die durch die berufl. Tätigkeit entstandenen Gesundheitsschäden.

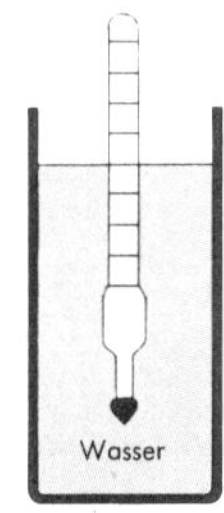

Dichte 1,0 g/cm³

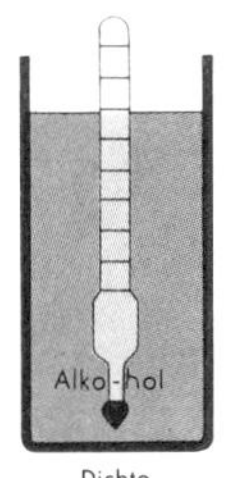

Dichte 0,79 g/cm³

Das **Aräometer** sinkt umso tiefer ein, je geringer die Dichte der Flüssigkeit ist

Arbeiterwohlfahrt e. V.

Arbeitspapiere, die für ein rechtl. geordnetes Arbeitsverhältnis notwendigen Unterlagen des Arbeitnehmers, v. a. Steuerkarte, Versicherungsnachweis, Zeugnisse, Arbeits- bzw. Dienstvertrag.

Arbeitsphysiologie, Teilgebiet der Arbeitsmedizin, untersucht die günstigsten Bedingungen für die menschl. Arbeit.

Arbeitsplatz, allg.: Aufgabengebiet des Arbeitnehmers; betrieblich: Stelle im Betrieb, an der eine Person beschäftigt ist.

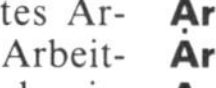

Arbeitsrecht, Sonderrecht der Arbeitnehmer, in Dtl. nicht einheitlich zusammengefasst. Hauptgegenstände: Arbeitsschutzrecht, Kündigungsschutz Arbeitsvertrag, Tarifvertrag, Betriebsverfassung, Mitbestimmung, Betriebsvereinbarungen, Arbeitsgerichtsbarkeit, Sozialversicherung.

Werner Arber

Arbeitsschutz, gesetzl. Schutz der Arbeitnehmer vor Gefahren, die sich aus der Arbeit ergeben. Wichtige Bereiche sind Arbeitszeitschutz, Betriebs- und Unfallschutz. Mit der Überwachung des A. sind die Gewerbeaufsichtsämter betraut.

Arbeitsspeicher, zur Zentraleinheit eines Rechners gehörender Speicher, der Programme und Zwischenergebnisse aufnimmt.

Arbeitsteilung, 1) Aufgliederung einer Arbeitsleistung in Teilverrichtungen und ihre Verteilung auf versch. Erwerbszweige und Berufe, Hauptkennzeichen der modernen Industriegesellschaft. – **2)** in Tierstaaten (Bienen, Ameisen usw.) die mit der Körperdifferenzierung verbundene Unterschiedlichkeit der Leistungen; ebenso bei den Einzelwesen im Tierstock (z. B. Staatsqualle) und den Zellverbänden im Lebewesen.

Arbeitsverhältnis, Rechtsverhältnis zw. Arbeitgeber und Arbeitnehmer, entsteht durch Arbeitsvertrag oder vielfach schon durch die tatsächl. Aufnahme der Arbeit.

Hannah Arendt

Arbeitsvertrag, Vertrag zw. Arbeitgeber und Arbeitnehmer über zu verrichtende Arbeit, Entgelt, Arbeitszeit und Urlaub, an Tarifverträge und Ges. gebunden.

Arbeitswerttheorie, volkswirtschaftliche Lehre, die den Wert aller Güter allein durch die zu ihrer Herstellung aufgewendete Arbeit bestimmt (A. Smith, D. Ricardo, K. Marx u. a.).

Arbeitszeit, Dauer der vom Arbeitnehmer tägl. zu erbringenden Arbeit. Die wöchentl. A. betrug 1992 durchschnittl. 39,5 Stunden, in der Ind. und im öffentl. Dienst 38 (37,5) Stunden an 5 Tagen.

Arber, Großer A., höchster Berg des Böhmerwalds, 1456 m hoch, im Bayer. Wald.

Arber, Werner, schweizer. Mikrobiologe, * 1929; Entdeckung der Restriktionsenzyme. 1978 Nobelpreis für Physiologie oder Medizin.

Arbitrage [-'tra:ʒə] *die,* Ausnutzung der Kursunterschiede zw. versch. Börsenplätzen im Wechsel- und Geldsortenhandel.

Arcachon [arka'ʃɔ̃], Seebad in SW-Frankreich, an der Atlantikküste, 12 100 Ew.; Spielkasino, Fischerei (Austern) und Jachthafen; höchste Düne Europas (über 100 m).

Archaeopteryx [griech. »Urflügel«] *der,* älteste bekannte fossile Vogelgattung, zeigt noch Merkmale der Reptilien; Abdrücke aus dem Plattenkalk bei Solnhofen.

Archaikum *das,* Erdzeitalter, Hauptabschnitt des Präkambriums; vor 4 bis 2,6 Mrd. Jahren.

archaisch, altertümlich; Frühphase eines Stils, bes. die Epoche vor der griech. Klassik.

Archangelsk, Hafenstadt in N-Russland, 416 000 Ew.; im Mündungsgebiet der Nördl. Dwina ins Weiße Meer; Hochschulen; Werften, Fischverarbeitung.

Archäologie *die,* Altertumskunde, Erforschung der materiellen Hinterlassenschaften, z. B. Kunstdenkmäler (nicht aber Schriftquellen).

Arche [lat. »Kasten«] *die,* Schiff Noahs.

Archetypen *Pl.,* Urbilder, Ideen.

Archi..., Vorsilbe mit der Bedeutung »erster, Ober..., Haupt..., Ur...«.

Archimandrit *der,* in der Ostkirche Klostervorsteher, auch Ehrentitel höherer Geistlicher.

Archimedes, griech. Mathematiker, Physiker und Ingenieur, * um 285 v. Chr., † 212 v. Chr.; entdeckte das Hebelgesetz, das spezif. Gewicht u. a.; berechnete Flächen- und Rauminhalte sowie die Zahl π; **archimed. Prinzip** → Auftrieb.

Archipel *der,* Inselgruppe.

Archipenko, Alexander, amerikan. Bildhauer ukrain. Herkunft, * 1887, † 1964; kubist. und futurist. Plastiken.

Architekt *der,* entwerfend tätiger Baufachmann.

Architektur *die,* **1)** → Baukunst. – **2) Rechner-A., System-A.,** in der Datenverarbeitung Aufbau und grundsätzliche Struktur von Rechnern, Rechnerkomponenten und Rechnernetzen.

Architrav *der,* von Säulen oder Pfeilern getragene waagerechte Balken.

Archiv *das,* geordnete Sammlung von Urkunden und Akten **(Archivali|en). Archivar,** wiss. ausgebildeter Betreuer eines Archivs.

ARD, Abk. für **A**rbeitsgemeinschaft der öffentl.-rechtl. **R**undfunkanstalten der Bundesrep. **D**tl., Zusammenschluss der Landesrundfunkanstalten in Dtl. (Bayer. Rundfunk, BR; Hess. Rundfunk, HR; Mitteldt. Rundfunk, MDR; Norddt. Rundfunk, NDR; Ostdt. Rundfunk Brandenburg, ORB; Radio Bremen, RB; Saarländ. Rundfunk, SR; Sender Freies Berlin, SFB; Süddt. Rundfunk SDR; Südwestfunk, SWF; Westdt. Rundfunk, WDR), strahlen in ihrem Sendegebiet bis zu 5 Hörfunkprogramme aus und gestalten das 1. Programm des Dt. Fernsehens.

Ardèche [ar'dɛʃ] *die,* rechter Nebenfluss der Rhône, S-Frankreich, 120 km; Kanusportrevier.

Ardenne, Manfred von, dt. Physiker, * 1907, † 1997; entwickelte als Autodidakt Neuerungen in Funk- und Fernsehtechnik sowie in der Elektronenoptik, ferner die Sauerstoffmehrschritt-Therapie.

Ardennen *Pl.,* waldreiches Mittelgebirge in Luxemburg, Belgien und N-Frankreich, der westl. Flügel des Rhein. Schiefergebirges, im **Hohen Venn** 694 m hoch; Forst- und Viehwirtschaft, Fremdenverkehr.

Arendt, Hannah, dt.-amerikan. Politologin, * 1906, † 1975; Studien zum Totalitarismusproblem; schrieb »Über die Revolution« (1963).

Areopag *der,* Hügel im antiken Athen und der nach ihm benannte Gerichtshof.

Daten zur Geschichte Argentiniens

1516	J. D. de Solís entdeckt die Mündung des La Plata
1776	Einrichtung des Vizekönigtums Río de La Plata, Hauptstadt Buenos Aires
1810–1816	Unabhängigkeitsbewegung
1816	Der Kongress von Tucumán erklärt die Unabhängigkeit der »Vereinigten Provinzen des Río de La Plata«
1825	Konföderation der 14 La-Plata-Provinzen, nachdem sich Paraguay, Bolivien und Uruguay für selbstständig erklärt hatten
1829–1852	Diktatur von J. M. de Rosas
1855	Beginn der Masseneinwanderung aus Europa, wirtschaftlicher Aufschwung
1943–1946	Militärdiktatur
1946–1955	Autoritäre Regierung von J. D. Perón
1973–1974	Perón wieder Staatspräsident, nach seinem Tod 1974 folgt ihm seine Witwe Isabella Perón bis 1976
1976	Militärputsch
1982	Niederlage im Falkland-Krieg gegen Großbritannien, Rückkehr zur Demokratie
1989	C. S. Menem wird Staatspräsident

Arequipa [areˈkipa], Stadt im südl. Peru, 592 000 Ew.; 2 370 m ü. M.; Univ.; Erzbischofssitz; Textilind. und -handel; ⛯; Kolonialbauten.
Ares, griech. Kriegsgott, Liebhaber der Aphrodite; entspricht dem röm. Mars.
Aretino, Pietro, ital. Dichter, * 1492, † 1556; burleske Komödien, Satiren.
Arezzo, Stadt in der Toskana, Italien, 90 500 Ew.; Kunsthandwerk; Dom, Adelspaläste.
Argenteuil [arʒɑ̃ˈtœj], frz. Ind.stadt bei Paris, 94 100 Ew.; chem., Kfz- und Flugzeugindustrie.

Argentinilen, Staat in Südamerika, 2,78 Mio. km², 33,1 Mio. Ew., rd. 90 % europ. Abstammung, 10 % Mestizen; Hptst. Buenos Aires. Amtssprache: Spanisch.
Verfassung. A. ist Bundesrep. mit Präsidialverfassung; Einteilung in 22 Prov., den Bundesdistrikt Buenos Aires und das Nationalterritorium Feuerland.
Landesnatur. Der größere östl. Teil ist Flachland, meist Grasland (Pampa, Gran Chaco), jetzt z. T. Getreidefluren und Fettweiden, nur im NO bewaldet. Der W wird von den Anden (Aconcagua 6 959 m) eingenommen. Im S (Patagonien) karge Steppen. Klima: warm- bis kühl-gemäßigt, trocken.
Wirtschaft. In der östl. Pampa Ackerbau und Viehzucht (Rinder); im trockenen W Schaf- und Rinderzucht und Bewässerungsfeldbau (auch Wein); im N Waldnutzung, Zuckerrohr- und Baumwollanbau; im S Schafzucht. Reiche Fischgründe; Erdölgewinnung; Nahrungsmittel- (Fleisch, Zucker), Maschinen-, Textil-, Schwerindustrie. Ausfuhr: Fleisch, Getreide, Wolle. Haupthafen und Mittelpunkt des Bahn- (Transandenbahnen), Straßen- und Luftverkehrs ist Buenos Aires.

Argentinien

Staatswappen

Staatsflagge

Internationales Kfz-Kennzeichen

Argentum, chem. Symbol **Ag,** → Silber.
Ärgernis, ⚖ Verletzung des religiösen oder sittl. Gefühls; strafbar, sobald Mitmenschen daran Anstoß nehmen.
Arglist, ⚖ vorsätzl. Täuschung eines anderen durch bewusste Angabe falscher oder Unterdrückung wahrer Tatsachen. Wer zur Abgabe einer Willenserklärung durch **arglistige Täuschung** bestimmt worden ist, kann die Erklärung binnen Jahresfrist nach Entdeckung der Täuschung anfechten.
Argolis, nordöstl. Halbinsel der Peloponnes, Griechenland. Nach einer Blüte in der Frühbronzezeit wurde A. Kernlandschaft der myken. Kultur.
Argon *das,* Symbol **Ar,** farb- und geruchloses Edelgas, OZ 18, D 1,7837 g/l, Fp – 189,2 °C, Sp – 185,7 °C; in der Luft (1,3 %), wird gewonnen durch Destillation von flüssiger Luft. Füllung für Glühlampen und Leuchtröhren.
Argonauten, Helden der griech. Sage, die unter Iasons Führung auf dem Schiff Argo aus Kolchis das → Goldene Vlies zurückholten.
Argonnen *Pl.,* bewaldetes Bergland in NO-Frankreich; Kriegsschauplatz in den dt.-frz. Kriegen.
Argos, Stadt auf der Peloponnes, die antike Hptst. der → Argolis.
Argus, in der griech. Sage: hundertäugiger Riese, Wächter der Io. Ü **A.-Augen:** wachsame Augen.
Århus [ˈɔrhus], Hafenstadt in Dänemark, am Kattegat, 260 000 Ew.; Bischofssitz; Univ.; Nahrungsmittel- und Textilind.; ⛯; Dom (1201 ff.).
Ariadne, in der griech. Sage: Tochter des Minos, verhalf Theseus mit einem Garnknäuel (**A.-Faden**) zur Rückkehr aus dem Labyrinth, wo er den Minotaurus getötet hatte.
Ariane, von der Europ. Weltraumorganisation (ESA) entwickelte europ. Satelliten-Trägerrakete.
Arianer, die Anhänger des Priesters Arius († 336) in Alexandria, der die Wesensgleichheit Christi mit Gott dem Vater verneinte. Der **Arianismus** wurde auf den Konzilen von Nicäa 325 und Konstantinopel 381 verdammt.
arid, trocken, dürr; im **a. Klima** ist die Verdunstung größer als der Niederschlag.
Arile *die,* 𝄞 instrumental begleiteter Sologesang in Opern, Oratorien u. a.
Arilel, 1) im A. T. u. a. symbol. Name für Jerusalem. – **2)** Uranusmond. – **3)** Luftgeist bei Shakespeare.
Ariler [Sanskrit »der Edle«], die dem indoiran. Zweig der indogerman. Sprache angehörenden Völker. Im Nationalsozialismus wurde der Begriff unwissenschaftl. zur Bez. für »Angehörige der nord. Rasse«, allg. für »Nichtjuden« verwendet.
Ariosto, Ludovico, ital. Dichter, * 1474, † 1533; schrieb Lustspiele und Epen (»Der rasende Roland«, 1516) nach antikem Muster.
Ariovist, german. Heerführer, † um 54 v. Chr.; drang über den Rhein nach Gallien vor, wurde 58 v. Chr. von Caesar geschlagen.
Aristarchos von Samos, griech. Astronom des 3. Jh. v. Chr.; entwickelte als Erster ein Weltbild, bei dem die Sonne im Mittelpunkt stand.
Aristides, athen. Staatsmann und Feldherr, † um 467 v. Chr.; einer der Anführer in der Schlacht bei Marathon, Gründer des Att.-Del. Seebunds.
Aristokratie [griech. »Herrschaft der Besten«] *die,* **1)** Staatsform, bei der eine privilegierte soziale Gruppe (Adel) die oberste Staatsgewalt innehat, im Ggs. zur → Monarchie und zur → Demokratie. – **2)** adelige Führungsschicht.
Aristophanes, griech. Dichter, * um 445, † Athen um 385 v. Chr.; bedeutendster Vertreter der att. Komödie (»Lysistrata«, »Die Vögel«).
Aristoteles, griech. Philosoph in Athen, * 384, † 322 v. Chr.; Lehrer Alexanders d. Gr., Schüler Platons,

Aristoteles
Porträtbüste

Szene aus einer Komödie des **Aristophanes** auf einer Amphora (4. Jh. v. Chr.)

Arktis. Oben: blühender Alpenehrenpreis (im Juli). Unten: Packeis der Tschuktschensee

von dem er sich durch stärkere Hinwendung zum Erfahrungswissen zunehmend entfernte. Seine Logik, Metaphysik, Physik, Ethik, Politik, Poetik u. a. waren von tief greifender Wirkung auf das Abendland. Das Wesen jedes Dinges oder Geschehens verwirklicht sich nach A. aus dem viele Möglichkeiten bergenden Stoff durch eine bewegende formende Kraft (Entelechie). Die Wiederaufnahmen seines Systems im MA. nennt man **Aristotelismus.**

Arithmetik *die,* √ Zahlenlehre, befasst sich mit den Zahlen und ihren Verknüpfungen; umfasst u. a. die Grundrechenarten und die Potenzrechnung.

arithmetisches Mittel →Mittel.

Arizona Landesflagge

Arizona [ærɪˈzəʊnə], Abk. **Ariz.,** Bundesstaat im SW der USA; 295 260 km², 3,67 Mio. Ew.; Hptst.: Phoenix. Hochplateau mit trockenem Klima, z. T. Wüste; Anbau in Bewässerungsgebieten (Baumwolle, Obst). ⚒ auf Gold, Kupfer. Flugzeug-, Raketenbau. Reger Fremdenverkehr.

Arkade *die,* ⌂ von Pfeilern oder Säulen getragener Bogen, meist fortlaufend als Bogengang.

Arkansas Landesflagge

Arkadilen, im antiken Griechenland die Kernlandschaft der Peloponnes; von Vergil idyll. verklärt; **arkad. Poesie,** die →Schäferdichtung.

Arkansas [ˈɑːkənsɔː], **1) A. River** *der,* rechter Nebenfluss des Mississippi, 2 333 km lang. - **2)** Abk. **Ark.,** Bundesstaat der USA, westl. des Mississippi; 137 754 km², 2,35 Mio. Ew.; Hptst.: Little Rock. Anbau von Sojabohnen, Reis, Baumwolle; Geflügelzucht; ⚒ auf Bauxit.

Arkebuse *die,* Anfang des 15. Jh. entwickelte schwere Handfeuerwaffe, wurde beim Schießen auf eine Hakenstange gelegt.

Arkona, Nordkap der Insel Rügen, Meckl.-Vorp., 46 m hoher Kreidefelsen, mit Leuchtturm und frühgeschichtl. Burganlage.

Arktis, Nordpolargebiet, die um den Nordpol gelegenen Land- und Meeresgebiete; im Zentrum liegt das größtenteils ständig von Eis bedeckte Nordpolarmeer (etwa 18 Mio. km²). Die Landgebiete der A. sind Grönland, der Kanad.-Arkt. Archipel, die sibir. Inseln und die nördl. Teile von Europa, Asien und Amerika (rd. 8 Mio. km²); lange, kalte Winter und kurze, kühle, oft nebelreiche Sommer. Außerhalb der Eis- und Felsschuttwüsten bildet Tundra die Vegetation. Die Tierwelt ist artenarm; reichhaltig vertreten sind Vögel, bes. Seevögel, sowie Meerestiere (Fische, Wale, Robben, Seehunde, Walrosse). In der A. leben etwa 1,2 bis 2 Mio. Menschen; Polarvölker sind die Eskimo, Lappen, Jakuten u. a. sibir. Völker sowie Indianervölker. Wichtige Wirtschaftszweige sind Pelztierjagd und -zucht, Rentierzucht, Fischerei und Bergbau: Erdöl (Alaska, Sibirien), Kohle (Spitzbergen), Nickel (Halbinsel Kola) u. a.

Arktur *der,* der hellste Stern (α) im Sternbild Bootes, mit einer scheinbaren Helligkeit von 0,04 mag der vierthellste Stern am Himmel.

Arlberg, Alpenpass zw. Tirol und Vorarlberg (→Alpen, Übersicht Alpenpässe) mit der **A.-Bahn** Innsbruck–Bludenz, die den Pass in dem 10,3 km langen **A.-Tunnel** unterfährt.

Arles [arl], Stadt in S-Frankreich, an der Rhône, 52 600 Ew.; chem. Ind.; die Reste röm. Bauten (Amphitheater, jetzt Stierkampfarena), roman. und got. Bauten sind Weltkulturerbe. - Im 6. Jh. v. Chr. griech. Kolonie, gegen Ende des 2. Jh. v. Chr. römisch, im MA. Hptst. des burgund. Königreichs Arelat.

Arlesheim, Bez.-Hauptort im Kt. Basel-Landschaft, Schweiz, 8 300 Ew.; barocke Domkirche.

Arm, paarige, obere bzw. vordere Gliedmaße des Menschen und des Affen, besteht aus Oberarm, Unterarm (mit Elle und Speiche) und der Hand (8 Handwurzelknochen, 5 Mittelhandknochen und 14 Fingergliedknochen). Durch sein freies Schultergelenk ist der A. des Menschen der beweglichste Körperteil.

Armada *die,* allg. für eine mächtige Kriegsflotte, bes. die große **span. A.** Philipps II., die dieser zur Niederwerfung Englands aussandte, wurde 1588 im Kanal von den Engländern abgewehrt, großenteils beim Rückzug im Sturm gesunken.

Armagh [ɑːˈmɑː, engl.], Stadt in Nordirland, 13 000 Ew.; Sitz des Primas der Kirche in Irland; Bischofskathedrale des 13. Jh.; Marktzentrum.

Armagnac [-ˈɲak], **1)** ehem. frz. Grafschaft in der Gascogne, Hptst. Auch. - **2)** Weinbrand aus dem A. - **Armagnaken,** frz. Söldner (15. Jh.).

Armaturen, Ausrüstung von techn. Anlagen mit Bedienungs- und Messgeräten; auch drossel- und Absperrvorrichtungen.

Armbrust, Schusswaffe für Bolzen und Pfeile, Verbesserung des Bogens; in Europa seit dem 12. Jh. gebräuchlich, im 17. Jh. von der Handfeuerwaffe abgelöst. Heute auch Sportgerät im Schießsport.

Armee *die,* **1)** die gesamten Streitkräfte oder auch nur Landstreitkräfte eines Staats. - **2)** größerer Truppenverband unter einheitlichem Oberbefehl.

Ärmelkanal, Der Kanal, engl. **English Channel,** frz. **La Manche,** Meeresstraße zw. der frz. N- und der engl. S-Küste, die eine Verbindung des Atlant. Ozeans mit der Nordsee herstellt; zahlreiche Fährverbindungen. Der 1993 fertig gestellte Eurotunnel nahm 1994 seinen Betrieb auf.

Armenbibel, Biblia pauperum, Ende des 13. Jh. aufgekommenes bibl. Bilderbuch, gedacht als Hilfsmittel für die Predigt, zur Ausbildung oder als Ausstattung von Predigern. Die A. verbanden häufig die Darstellung von Altem und Neuem Testament.

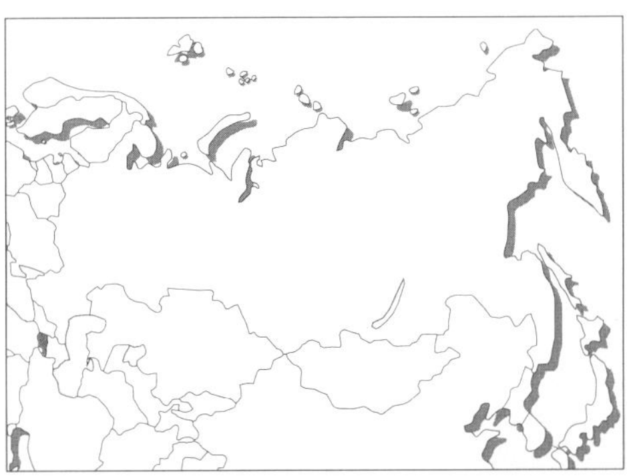

Armeni|en, Hochland in Vorderasien zw. dem Anatol. und dem Iran. Hochland, Beckenlandschaften wechseln mit Gebirgen und Hochplateaus (vorwiegend Steppe), mit Gipfeln bis 5 137 m (Ararat). Bevölkerung: Armenier, Kurden, Türken. Weidewirtschaft, Anbau von Getreide. Politisch ist A. aufgeteilt zw. der Rep. A., Türkei, Iran, Aserbaidschan und Georgien.

Armeni|en, Rep. im Hochland von A., Vorderasien, 29 800 km², 3,5 Mio. Ew.; Hptst. Jerewan. – Die Bev. setzt sich zu mehr als 90% aus Armeniern zusammen. – Maschinenbau, chem., Textil- und Nahrungsmittelind.; ⚒ auf Kupfer, Bauxit, Zink, Molybdän, Gold; Weinbau, Anbau von Obst, Gemüse, Tabak; Schaf- und Ziegenzucht. – Im 9. Jh. v. Chr. Reich Urartu, im 7. Jh. v. Chr. wanderten die Armenier ein; um 300 christianisiert; geriet ab dem 7. Jh. unter arab. Herrschaft; West-A. seit dem 13. Jh. osmanisch; 1722, 1813 bis 1828 russ. Annexion von Teilen Nord-A.s; 1915/16 und in den 20er-Jahren türk. Völkermord an den Armeniern; 1918 bis 1920 unabhängige Rep.; 1920 sowjet. Einverleibung von Teilen A.s (1936 bis 1991 Armen. SSR); Forderungen nach Anschluss →Bergkarabachs an die Armen. SSR führten seit 1988 zum Anwachsen der Nationalbewegung (Regierungsübernahme 1990) und zu krieger. Auseinandersetzungen mit Aserbaidschan. Unabhängigkeitserklärung am 21. 9. 1991; Mitglied der GUS.

Armeni|er, Eigenbezeichnung **Haikh,** indogerman. Volk, im Hochland von Armenien, durch Vertreibung und Emigration weltweit verbreitet (insgesamt fast 6 Mio. A.). Symbol der Zusammengehörigkeit war die **armen. Kirche,** in Aufbau und Liturgie der Ostkirche ähnlich.

armenische Kunst, bis ins 13. Jh. blühende Kirchenbaukunst, Zentral- wie auch Langhausbauten mit Reliefplatten aus Lava und Tuff verkleidet, von Kuppeln überwölbt. Fresken und reiche Buchmalerei sind erhalten.

Armenrecht, ⚖ die →Prozesskostenhilfe.

Armer Konrad, ein aufständ. Bauernbund von 1514 in Württemberg.

Armfüßer, Brachiopoden, kalk- oder hornschalige muschelähnliche Meerestiere, wichtiges Fossil im Erdaltertum (Devon) mit über 7 000 Arten, heute noch 260.

Arminius, verdeutscht **Hermann,** Fürst der Cherusker, * um 16 v. Chr., † um 21 n. Chr.; schlug 9 n. Chr. die Römer (unter Varus) im »Teutoburger Wald« (nach neuen Ausgrabungen lag der Schlachtort in der Kalkrieder Senke beim Wiehengebirge); um 21 n. Chr. von Verwandten ermordet. – Hermannsdenkmal bei Detmold.

Armleuchter|algen, in Süß- und Brackwasser wachsende, hoch organisierte Grünalgen mit schachtelhalmartigem Vegetationskörper.

Armorika, alte kelt. Bezeichnung für die Bretagne und einen Teil der Normandie.

Armstrong [ˈɑːmstrɔŋ], **1)** Louis Daniel, gen. **Satchmo,** amerikan. Jazztrompeter, Sänger, * 1900, † 1971. – **2)** Neil Alden, amerikan. Astronaut, * 1930, betrat 1969 als erster Mensch den Mond.

Armut, wirtschaftl. Situation, in der es Einzelnen oder ganzen Bev.-Gruppen nicht möglich ist, sich ihren Lebensbedarf (Existenzminimum) aus eigenen Kräften zu beschaffen. **Absolute A.** ist eine Mangelsituation, in der die Existenz des Menschen unmittelbar (durch Verhungern etwa) oder mittelbar (durch fehlende Abwehrkräfte) bedroht ist. Bei **relativer A.** wird das soziokulturelle Existenzminimum deutlich unterschritten. Nach Angaben der Weltbank lebten 1991 rd. 1,1 Mrd. Menschen in absoluter A. bei einem Jahreseinkommen von weniger als 420 Dollar. Die Zahl der Armen steigt ständig, bes. in Schwarzafrika.

Armutszeugnis, ⚖ →Prozesskostenhilfe.

Arndt, Ernst Moritz, dt. Schriftsteller, * 1769, † 1860; floh 1806 bis 1809 vor Napoleon nach Schweden, 1812 bis 1815 Privatsekretär des Freiherrn vom Stein, schrieb patriot. Lieder und Flugschriften; wirkte für die polit. Freiheit und Einheit der Deutschen. Hauptwerk: »Geist der Zeit« (1806 bis 1818).

Arnheim, niederländ. **Arnhem,** Stadt in den Niederlanden, am Rhein, in Gelderland, 129 000 Ew.; Kunstseidefabrik, Maschinen- und Druckind.; Fremdenverkehr; Freilichtmuseum. Schwere Schäden im Zweiten Weltkrieg (Schlacht um A., 1944).

Arnhemland [ˈɑːnəmlænd], Halbinsel im Nordterritorium Australiens, 80 000 km², z. T. trop. Regenwald, am Küstensaum Mangrove; die reichen Erzfunde (Uran, Gold) schaffen Konflikte mit den Aborigines (Reservate) und dem Naturschutz.

Arnika *die,* **Wohlverleih,** Korbblütlerstaude mit großen, dottergelben Blüten; Heilpflanze. **A.-Tinktur** fördert die Durchblutung.

Arnim, 1) Achim von, dt. Dichter, * 1781, † 1831; Vertreter der Romantik, gab mit C. Brentano die Volksliedersammlung »Des Knaben Wunderhorn« heraus, schrieb auch geschichtl. Romane. – **2)** Elisabeth von, genannt Bettina, dt. Schriftstellerin, Schwester von C. Brentano, Gattin von 1), * 1785, † 1859; »Goethes Briefwechsel mit einem Kinde« (1835).

Arno *der,* Fluss in Italien, 241 km, entspringt im Apennin, fließt durch Florenz, mündet bei Pisa in das Ligur. Meer.

Arnsberg, Stadt im Sauerland, NRW, 76 100 Ew.; Papierfabriken; Altstadt über der Ruhr.

Arnstadt, Stadt in Thür., an der Gera, 28 500 Ew.; Lederind.; got. Liebfrauenkirche.

Arnulf von Kärnten, röm.-dt. Kaiser (896 bis 899), * um 850, † 899; schlug als dt. König (seit 887) die Normannen bei Löwen 891.

Achim von Arnim (Ausschnitt aus einem zeitgenössischen Ölbild) und **Bettina von Arnim** (Ausschnitt aus einer zeitgenössischen Bleistiftzeichnung)

Louis Armstrong

Armenien

Staatswappen

Staatsflagge

Arles
Stadtwappen

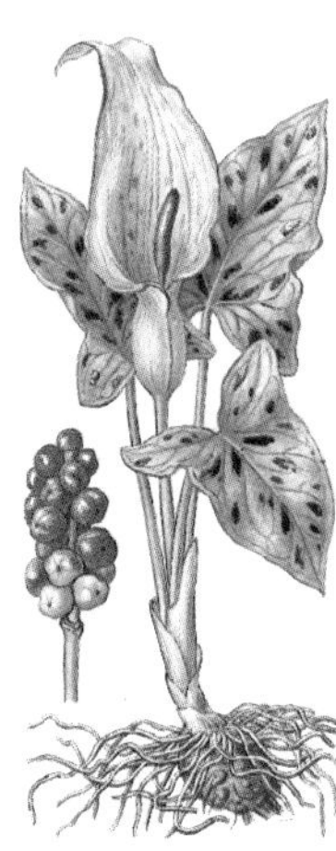
Aronstab mit Fruchtstand (links)

Arnulf von Metz, * um 580, † 640?, einer der Stammväter der Karolinger. Seit 614 Bischof von Metz, 622 mit Pippin d. Ä. Regent von Austrasien, 629 Einsiedler; Heiliger (Tag: 19. 8.).

Arolsen, Stadt in Hessen, 15 000 Ew.; Heilbad; ehem. Residenz der Fürsten von Waldeck; Barockschloss.

aromatische Verbindungen, ☊ vom Benzol abgeleitete zykl. organ. Verbindungen; sie bilden rd. $^1/_3$ aller organ. Verbindungen.

Aronstab, Pflanze mit kolbigem Blütenstand in tütenförmiger Hülle, mit giftigen Beeren, der Wurzelstock dient als Wundheilmittel.

Arosa, schweizer. Wintersportplatz und Luftkurort in Graubünden, 3 800 Ew., 1 740 bis 1 920 m ü. M.

Arp, Hans, dt. Dichter, Maler, Bildhauer, * 1887, † 1966; dadaist. und surrealist. Werke.

Árpád ['a:rpa:d], erster Großfürst der Magyaren, † um 907; führte sein Volk 895 aus S-Russland nach Ungarn, Stammvater des Königshauses der **Arpaden.**

Arpeggio [ar'pɛdd͡ʒo] *das,* 𝄞 harfenartig gebrochener Akkord.

Arrabal, Fernando, span. Schriftsteller, * 1932; schreibt in frz. Sprache surrealist. und absurde Dramen, Romane, Gedichte.

Arrak *der,* Branntwein im Nahen bis Fernen Osten, meist aus Reis, Zuckerrohrmelasse und Kokospalmensaft destilliert.

Arrangement [arãʒ'mã], **1)** Anordnung, Übereinkommen. – **2)** 𝄞 Bearbeitung einer Komposition für mehrere Instrumente.

Arras, Stadt in N-Frankreich, 42 700 Ew.; Wollind.; Bischofssitz; Bauten im fläm. Stil.

Arrau, Claudio, chilen. Pianist, * 1903, † 1991; Konzertpianist.

Arrest *der,* ⚖ **1)** Beschlagnahme von Vermögensgegenständen des Schuldners **(dingl. A.)** oder notfalls Verhaftung des Schuldners **(persönl. A.),** wenn die künftige Zwangsvollstreckung gefährdet ist. – **2)** Strafrecht: Freiheitsstrafe, in Dtl. nur für Jugendliche **(Jugend-A.)** oder Soldaten **(Strafarrest).**

Arrondissement [arɔ̃dis'mã] *das,* frz. Verwaltungsgebiet.

Arrowroot ['ærəʊru:t] *das,* trop. Stärkemehl aus den Knollen der **Pfeilwurz,** auch Bezeichnung der Pflanze.

Ars *die,* lat. für Kunst, Wiss., Geschicklichkeit.

Arsen *das,* Symbol **As,** chem. Element, Halbmetall; D des grauen metall. A. 5,73, des gelben nichtmetall. A. 1,97 g/cm³, OZ 33, Fp 817 °C, sublimiert bei 613 °C. In der Natur kommt A. nur in der metall. Modifikation vor, teils in elementarer Form **(Scherbenkobalt),** teils in Verbindungen **(A.-Kies).** Die Gewinnung von A. geschieht meist durch Erhitzen von A.-Kies unter Luftabschluss. Gediegenes A. wird als Legierungszusatz für Schrottmetall verwendet. Nahezu alle A.-Verbindungen sind giftig.

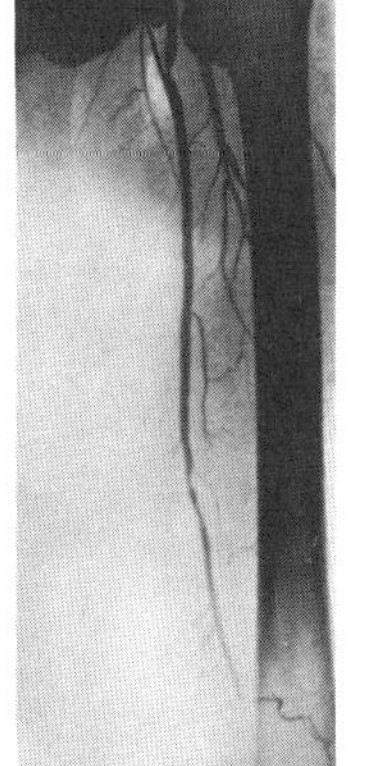
Arteriographie der Hauptoberschenkelarterie

Arsenal *das,* Zeughaus, Waffenlager.

Arsenik, Arsentrioxid, As_2O_3, giftige Arsenverbindung, wird in der Gerberei und Glasherstellung verwendet. **A.-Vergiftung** (Arsenvergiftung) erzeugt Schwindel, Leibschmerzen mit blutigen Durchfällen, Atemlähmung, Kollaps. Die tödl. Dosis liegt bei 0,1 g.

Art, lat. **Spec|es,** Gruppe gleicher oder ähnl. Gegenstände (oder Lebewesen), Teil einer Gattung. ❀ Gruppe von Populationen ähnl. Einzelwesen, die sich frei kreuzen. Genbedingte physiolog. und morpholog. Ursachen verhindern eine Vermischung mit anderen Gruppen.

Artaud [ar'to], Antonin, frz. Schriftsteller, * 1896, † 1948; hatte großen Einfluss auf die avantgardist. Dramatiker; »Das Theater der Grausamkeit« (1935).

Artaxerxes, pers. Könige: **1) A. I.** (464 bis 424 v. Chr.), schloss 448 den »Kalliasfrieden«, der die Perserkriege beendete. – **2) A. II.** (404 bis 363? v. Chr.), beherrschte Kleinasien, hatte nach 386 (Frieden des »Antalkidas«) großen Einfluss auf Griechenland.

Geschlossener Blütenstand der **Artischocke**

Art déco [a:rde'ko, frz.], künstler. Richtung, v. a. im Kunsthandwerk, zw. 1920 und 1930.

arte, Abk. für **a**ssociation **r**elative à la **t**élévision **e**uropéenne, frz.-dt. Fernsehprogramm; strahlt seit Mai 1992 überwiegend Kultursendungen aus.

Artefakt *das,* etwas von Menschenhand künstl. Hergestelltes.

Artemis, griech. Göttin, Tochter des Zeus und der Leto, Zwillingsschwester Apolls; Göttin der Jagd, Schützerin der Geburten. Die Römer stellten A. der Diana gleich.

Artenschutz, naturschutzrechtl. Maßnahmen zum Schutz seltener oder vom Aussterben bedrohter Tier- und Pflanzenarten; u. a. das Washingtoner Artenschutzabkommen (1973) und die Bundesartenschutzverordnung (1980).

Arte povera, Kunstrichtung, die auf einfache Formen zurückgeht, v. a. in Italien seit 1970.

Arteri|en, ⚕ die → Schlagadern.

Arteriographie *die,* Darstellung der Arterien im Röntgenbild.

Arterio|sklerose, Arteri|enverkalkung, ein bes. nach dem 40. Lebensjahr auftretendes Blutgefäßleiden; beginnt mit Einlagerung von Fett, Cholesterin, schließlich Kalk in die Gefäßwand. Völliger Gefäßverschluss führt zu Thrombosen, Herzinfarkt, Schlaganfall.

artesischer Brunnen → Brunnen.

Artes liberales *die,* → Freie Künste.

Arthritis *die,* → Gelenkentzündung.

Arthropoden *Pl.,* → Gliederfüßer.

Arthrose *die,* Gelenkleiden durch Abnutzung und Abbau der Gelenkknorpel.

Artikel *der,* **1)** Ⓢ das Geschlechtswort. – **2)** Abschnitt eines Gesetzes, eines Schriftstücks. – **3)** schriftsteller. Beitrag, Aufsatz (in der Presse).

Artikulation *die,* **1)** Ⓢ Lautbildung. – **2)** 𝄞 Bindung oder Trennung von Tönen.

Artillerie *die,* mit Geschützen oder Raketen ausgerüstete Truppe.

Artischocke, distelartiger Korbblütler, nur in Kultur bekannt; v. a. der Blütenboden ist essbar.

Artmann, H[ans] C[arl], österr. Schriftsteller, * 1921; schreibt Dialektgedichte und zeitkrit. artist. Sprachkunstwerke.

Artois [ar'twa] *das,* geschichtl. Landschaft (früher Grafschaft) in NO-Frankreich. Hauptort ist Arras.

Artothek, Galerie, Museum u. a., das Kunstwerke ausleiht.

Artus, Arthur, sagenhafter König der kelt. Briten, um 500 n. Chr.; die A.-Sage wurde mit dem mittelalterl. Sagenkreis um den Gral verknüpft; um A. scharen sich die 12 tapferen Ritter der »Tafelrunde«, darunter Erek, Lancelot, Iwein, Parzival, Tristan. **A.-Höfe,** seit dem 14. Jh. Körperschaften zur Pflege der Geselligkeit nach dem Vorbild der »Tafelrunde«.

Aruak, eine der größten Völker- und Sprachfamilien der südamerikan. Indianer.

Aruba, Insel der Kleinen Antillen, vor der N-Küste Südamerikas; überseeisches Gebiet der Niederlande; Erdölraffinerie, Fremdenverkehr.

Arve *die,* → Zirbelkiefer.

Arzneimittel, Medikamente, Pharmaka, Stoffe zur Erkennung, Verhütung und Behandlung von Krankheiten oder als Ersatz für körpereigene Stoffe. Man verwendet Stoffe chem., pflanzl. oder tier. Ursprungs (auch Viren). A. werden als **Tabletten, Pulver, Dragees** eingenommen, unter die Haut **(subkutan),** in die Muskeln **(intramuskulär)** oder in die Venen **(intravenös)** eingespritzt, als Einlauf oder Zäpfchen in den Mastdarm **(rektal)** eingeführt, durch Einatmen in die Lunge aufgenommen. Herstellung, Kennzeichnung, Verschreibung und Abgabe von A. unterliegen staatlicher Kontrolle.

Arzneipflanzen → Heilpflanzen.
Arzt, Hochschulabsolvent, der nach bestandenen Prüfungen die staatl. Zulassung zur Ausübung der Heilkunde (Approbation) erhält. Nach der Approbation kann sich der A. zum Facharzt weiterbilden.
As, *der,* röm. Gewicht und Bronzemünze.
As, chem. Symbol für Arsen.
ASA ['eɪes'eɪ], Abk. für die von der American Standards Association festgelegte Einheit für die Lichtempfindlichkeit fotograf. Materials.
Asam, bayer. Künstlerfamilie des 17./18. Jh.; Baumeister, Bildhauer, Maler; Meister des süddt. Barocks und Rokokos; berühmt v.a. die Brüder Cosmas Damian (* 1686, † 1739) und Egid Quirin (* 1692, † 1750).
Asbest [griech. »unauslöschlich«] *der,* faserige Minerale aus Serpentin (feuerfest) oder Hornblende (auch säurefest). Die langen, verspinnbaren Fasern werden für feuerfeste Schutzkleidung usw., kürzere wurden zu Dichtungen, Isolierungen, A.-Zement, Füllstoffen verwendet. Der bei der Verarbeitung von A. und durch Abrieb entstehende **A.-Staub** gilt als Krebs erregend oder führt zur **Asbestose;** Produktion und Einsatz wurden stark eingeschränkt.
Aschaffenburg, Stadt in Unterfranken, Bayern, am Main, 64 300 Ew.; Hafen, Bekleidungs-, Maschinen-, Papierindustrie; Renaissanceschloss.
Aschchabad, Hptst. von Turkmenistan, 416 400 Ew.; Univ., Textilind., Maschinenbau.
Asche, ☌ Rückstand bei der Verbrennung von (festen) Stoffen.
Äsche *die,* forellenähnlicher Lachsfisch.
Aschermittwoch, Mittwoch nach Fastnacht, in der kath. Kirche Beginn der Fastenzeit.
Aschersleben, Krst. in Sa.-Anh., 32 000 Ew.; Maschinenbau; Papierverarbeitung; Gewürzkräuteranbau, Saatzucht; alte Stadtbefestigung.
Aschkenasim *Pl.,* im A.T. Völkerschaft im N Palästinas, dann Bezeichnung für die mittel- und osteurop. Juden; Ggs.: Sephardim.
Aschoka, ind. König (etwa zw. 273 und 237 v. Chr.), schuf ein Großreich, Förderer des Buddhismus, den er über ganz Indien verbreitete.
ASCII, ▣ Abk. für American Standard Code for Information Interchange, aus 7 oder 8 Bits bestehende Codierung für die Darstellung alphanumer. Zeichen in der EDV.
Ascona, Kurort im Kt. Tessin, Schweiz, am Lago Maggiore, 4 800 Einwohner.
Ascorbinsäure, chem. Verbindung, hat als Vitamin C große physiolog. Bedeutung.
Ascot ['æskət], engl. Gemeinde, südwestlich von Windsor; jährlich stattfindende Galopprennen auf der 1711 eröffneten Rennbahn.

Aschaffenburg. Renaissanceschloss

Asea Brown Boveri ['braʊn], Abk. **ABB,** 1988 durch Fusion von Allmänna Svenska Elektrika A. B. und Brown, Boveri & Cie. AG (BBC) entstandenes Unternehmen der Elektroindustrie.
ASEAN, Abk. für Association of South East Asian Nations, 1967 gegr. Bündnis südostasiat. Staaten – Brunei (seit 1984), Indonesien, Malaysia, Philippinen, Singapur, Thailand, Vietnam (seit 1995) sowie Burma, Laos (seit 1997) – zur Förderung der polit., wirtschaftl. und sozialen Zusammenarbeit; 1993 trat der Vertrag über die Freihandelszone **AFTA** (ASEAN Free Trade Area) in Kraft.
Asen *Pl.,* german. Göttergeschlecht, an seiner Spitze Odin; Wohnsitz ist **Asgard.**
Asepsis *die,* Keimfreiheit, verhindert Wundinfektion u.a. A. wird erzielt durch → Desinfektion.
Aserbaidschan, histor. Gebiet in Vorderasien, westl. des Kasp. Meers; den nördl. Teil bildet die Rep. A., der S gehört zu Iran.

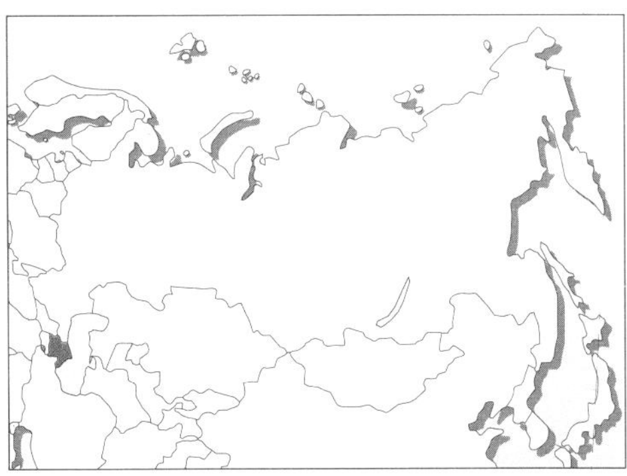

Aserbaidschan, Rep. in SW-Asien, 86 600 km², 7,3 Mio. Ew.; Hptst. Baku. Zu A. gehören die autonomen Gebiete → Bergkarabach und Nachitschewan. – Kerngebiet ist das nach W zum Armen. Hochland und Kaukasus ansteigende Steppentiefland entlang des Kasp. Meers. – Bev.: über 80% den Türken nahe stehende Aserbaidschaner (75% Schiiten, 25% Sunniten). – Erdgas- und Erdölförderung; Eisen- und Stahl erzeugende, petrochem., elektrotechn., Textil- und Nahrungsmittelind., Maschinen- und Gerätebau; Anbau von Baumwolle, Obst, Weinbau; Schafzucht und Fischfang. – 643 von den Arabern erobert, die den Islam einführten; im 11. Jh. türkisiert; seit 1501 bzw. 1603 zu Persien. Nord-A. fiel 1828 an Russland, der S blieb bei Persien; der N wurde 1918 unabhängige Rep., 1920 Teil der Sowjetunion (1936 bis 1991 Aserbaidschan. SSR); seit 1989 Auseinandersetzungen mit Armenien um Bergkarabach; Unabhängigkeitserklärung am 30. 8. 1991; Staatsoberhaupt ist der direkt gewählte Präs. (seit 25. 6. 1993 G. A. Alijew); Mitglied der GUS.

Aserbaidschan

Staatswappen

Staatsflagge

Internationales Kfz-Kennzeichen

Ashanti [-ʃ-], **Aschanti,** Volk der Akan-Gruppe in W-Afrika; bedeutende Goldschmiedekunst.
Ashdod [-ʃ-], Stadt im S von Israel, 70 000 Ew.; Erdölraffinerie; Hauptausfuhrhafen.
Asi|en, der größte Erdteil, einschließl. Binnenmeere 44,4 Mio. km², das sind 33% der Landfläche der Erde, mehr als 3 Mrd. Ew. A. reicht vom Nördl. Eismeer bis 10° südl. Breite, in W-O-Richtung von 26° östl. Länge bis 170° westl. Länge. Nur aus geschichtl. Gründen werden A. und Europa als zwei Erdteile betrachtet; als Grenze gelten Uralgebirge, Uralfluss, das Kasp. Meer, die Manytschniederung und das Schwarze Meer.
Landesnatur. Die Festlandmasse ist nur wenig durch Randmeere gegliedert. Die wichtigsten Halbinseln sind: Anatolien, Arabien, Vorderindien, Hinterin-

Asien (staatliche Gliederung)		
Staat	**Fläche** (in 1000 km²)	**Ew.** (in 1000)
Afghanistan	647	19100
Armenien	29,8	3500
Aserbaidschan	86,6	7300
Bahrain	0,7	533
Bangladesh	144	119288
Bhutan	47	1612
Birma (Myanmar)	678	43668
Brunei	5,8	270
China	9562	1165817
Georgien	70	5471
Indien	3288	879548
Indonesien	1919	191170
Irak	435	19290
Iran	1648	58110
Israel	21	5168
Japan	378	124491
Jemen	528	12535
Jordanien	89	4291
Kambodscha	181	8774
Kasachstan	2717	17048
Katar	11	453
Kirgisien	199	4518
Korea (Nord)	121	22618
Korea (Süd)	99	44163
Kuwait	18	1970
Laos	237	4469
Libanon	10	2838
Malaysia	330	18792
Malediven	0,3	227
Mongolei	1565	2260
Nepal	147	20577
Oman	212	1637
Pakistan	796	124773
Philippinen	300	65186
Russland (asiatischer Teil)	12698	22774
Saudi-Arabien	2200	16929
Singapur	0,6	2769
Sri Lanka	66	17666
Syrien	185	13276
Tadschikistan	143	5587
Taiwan	36	20455
Thailand	513	56129
Türkei	756	54037
Turkmenistan	488	3861
Usbekistan	447	21453
Vereinigte Arabische Emirate	84	1670
Vietnam	330	69485
Zypern	9,2	762
Nichtselbstständige Gebiete		
Portugal:		
Macao	0,02	492

dien, Korea, Kamtschatka und die Tschuktschenhalbinsel. Mit Afrika ist A. durch die Landenge von Suez verbunden, nach Australien leitet die Inselbrücke des Malaiischen Archipels hinüber, nach Amerika die Aleuten. Im O und SO sind Inselketten (Japan, Philippinen, Indonesien) vorgelagert. Zentral-A. setzt sich aus versch. Hochländern zusammen, u.a. Tibet, dessen Randgebirge die höchsten Gipfel der Erde tragen (Mount Everest 8846 m). Junge Faltengebirge durchziehen A. von Anatolien und dem Kaukasus über das Iran. Hochland und Pamir bis nach Hinterindien und in die Mongolei. Den NW und N nehmen weite Tiefländer (W-Sibirien) ein. Zentral-A. und weite Gebiete West-A.s sind ohne Abfluss zum Meer; die Flüsse enden in salzigen Endseen oder Sümpfen. In das Nördl. Eismeer münden Ob, Jenissej, Lena; in den Pazif. Ozean: Amur, Hwangho, Jangtsekiang, Mekong; in den Ind. Ozean: Ganges, Brahmaputra, Indus, Euphrat und Tigris. Größte Seen sind das Kasp. Meer, Aral-, Baikal-, Balchaschsee und Issykkul.

Klima vorherrschend kontinental. Im N sehr kalte Winter (Kältepol der N-Halbkugel in Sibirien) und gemäßigte Sommer, in Arabien und Zentral-A. heiße, trockene Sommer, in Vorder-A. z.T. Mittelmeerklima, in Süd- und Ost-A. Monsunklima mit Wechsel von Regen- und Trockenzeit. Im äußersten S (Malaiischer Archipel, Sri Lanka) z.T. Tropenklima.

Pflanzenwelt. Im N polare Steppe (Tundra), daran anschließend sibir. Nadelwald (Taiga); Vorder- und Zentral-A. haben meist Steppen, Salzsteppen und Wüsten mit Oasen; in S- und O-A. Laub- und Mischwälder, in den Tropengebieten Regenwald.

Tierwelt. Im N artenarme arkt. Tierwelt (Lemming, Ren, Polarfuchs). N- und Zentral-A. bilden mit Europa eine Tierregion; Vorder-A. gehört zur Mittelmeerfauna. Im S und SO ist die Tierwelt tropisch (mit Elefant, Löwe).

Bevölkerung. Zu den Europiden gehören die indogerman. (Afghanen, Belutschen, Hindu, Perser, Russen) und semit. Völker (Araber); ihnen stehen die Altsibirier und die Ainu (auf Japan) nahe. Zu den Mongoliden zählen die inner- (Mongolen, Tibeter), ost- (Chinesen, Japaner, Koreaner), nordost- (Tungusen, Tschuktschen) und südostasiat. Völker (Thai, Vietnamesen); Zwischen- und Übergangsformen bilden die Turkvölker und Malaien. Im S Reste älterer Besiedlungsschichten, die kleinwüchsigen Wedda und Zwergvölker (Negrito).

Religion. Alle Hochreligionen sind in A. entstanden und auch heute vertreten; daneben Naturreligionen.

Wirtschaft. Eine wirtschaftl. Vormachtstellung nimmt das hoch industrialisierte Japan ein; doch beträgt der Anteil A.s am Weltsozialprodukt insgesamt nur rd. 25%. Haupterzeugnisse der Landwirtschaft: Reis (China, Indien), Kautschuk (Malaysia, Indonesien), Jute (Indien, Bangladesch), Kopra (Indonesien), Tee (Indien, Sri Lanka, China), Baumwollsamen (China, Indien), Sojabohnen (China); Fischfang (Japan, Russland, China). ⚒ auf Zinn (Malaysia), Wolfram (China), Steinkohle (Russland, China), Erdöl (Kuwait, Saudi-Arabien, Russland u.a.), Antimon (China), Eisenerz (Indien, China), Manganerz (Indien, China) u.a. Stärker industrialisiert sind außer Japan Russland u.a. Rep. der GUS, China (einschl. Hongkong), Indien, Israel, Taiwan, Korea (N- und S-Korea) und Singapur. – *Ausfuhr.* Reis, Tee, Tabak, Gummi, Baumwolle, Jute, Zucker, Kopra, Ölfrüchte; Erdöl, Zinn; industrielle Massenerzeugnisse (Japan u.a.). – Über ein dichtes Eisenbahnnetz verfügen Indien, Pakistan, Japan und einige Rep. der GUS. Moderne Straßennetze haben Japan, Indien, Pakistan, Indonesien. Zunehmende Bedeutung des Luftverkehrs.

Geschichte. A. ist das Gebiet der ältesten Staatengründungen: in Mesopotamien (Sumerer, Babylonier), Kleinasien (Phöniker), Indien und China. Seine Geschichte wird bestimmt durch den Ggs. zw. den alten Hochkulturen und den Nomadenvölkern Zentral-A.s und Arabiens. Griechen und Römer standen mit Vorder-A. (bis nach Indien) und China (Seidenstraße) in regem Verkehr, die Araber mit Südchina. Um 1500 begann der koloniale Zugriff der Europäer auf asiat. Gebiete (Portugiesen in Indien). Die Engländer errichteten ihre Herrschaft in Indien, die Niederländer in Indonesien, die Franzosen in Indochina und die Spanier, später die Amerikaner, auf den Philippinen. Russland besetzte Sibirien und eroberte im 19. Jh. Zentral-A. Nach 1945 wurden u.a. Birma (Myanmar), Ceylon (Sri Lanka), Indien, Indonesien, Pakistan und die Philippinen, Laos, Kambodscha, Vietnam und der Malaiische Bund unabhängige Staaten. Im arab. Bereich endete die brit. und frz. Mandatsherrschaft. Der Kommunismus setzte sich in China, der Äußeren Mongolei, N-Korea, Vietnam und Kambodscha durch und übte in weiteren Ländern großen

Einfluss aus. Die polit. und ideolog. Gegensätze zw. der VR China, der UdSSR und den USA beeinflussten die Entwicklung bes. in Südost-A. (→Vietnamkrieg). Weltpolit. Bedeutung erlangten auch der Nahostkonflikt, die sowjet. Besetzung Afghanistans (1979 bis 1989), der 2. Golfkrieg sowie die islam. Revolution in Iran. Die danach einsetzende Re-Islamisierung bestimmte in vielen arab. Ländern das öffentl. Leben und griff auch auf die mittelasiat. Rep. der UdSSR über. Über die Erdölpolitik suchten die arab. Staaten ihre polit. Stellung gegenüber den Ind.nationen aufzuwerten. Demokratisierungsforderungen in der VR China wurden 1989 blutig niedergeworfen. Der wirtschaftliche Zusammenbruch der UdSSR und ihrer Satelliten, das Ende der kommunist. Herrschaft und der Zerfall der UdSSR in souveräne Staaten, die Bildung der GUS (1991) sowie der Ausbruch teilweise schwerer Nationalitätenkonflikte haben das polit. Gefüge A.s grundlegend verändert.

Askese [griech. »Übung«] *die,* mönch. Entsagung, harte Selbstzucht, Enthaltsamkeit.

Äskulap, griech. **Asklepios,** bei Griechen und Römern Gott der Heilkunde. Sinnbild: ein schlangenumwundener Stab **(Ä.-Stab).**

Äskulapnatter, bis 2 m lange, ungiftige Schlange, in Dtl. nur bei Schlangenbad, Hirschhorn, Lörrach, Passau.

Asmara, Hptst. von Eritrea, am N-Rand des Äthiop. Hochlands, 445 000 Ew.; Univ.; Textilind.; Flughafen.

Äsop, sagenhafter griech. Fabeldichter (6. Jh. v. Chr.); die ihm zugeschriebenen Fabeln wurden in der Spätantike gesammelt.

Asowsches Meer, flaches, fischreiches Nebenmeer des Schwarzen Meers.

Asparagus →Spargel.

Aspekt *der,* **1)** Blickwinkel, Betrachtungsweise, Gesichtspunkt. – **2)** ☼ eine von der Erde aus gesehene besondere Winkelstellung zweier Planeten (einschließl. Sonne und Mond) zueinander; von Einfluss auf die Astrologie.

Asphalt *der,* natürl. oder künstlich hergestelltes, braunes bis schwarzes, zähes Gemisch aus Bitumen und Mineralstoffen. Verwendung bes. als geräuschdämpfende, staubfreie Straßendecke, als Isolierung, Kitt und Korrosionsschutz.

Aspiration *die,* **1)** Ⓢ Behauchung, Aussprache eines Verschlusslauts. – **2)** Streben, Ehrgeiz.

Ass, *das,* bei vielen Kartenspielen das höchste Blatt.

Assad, Asad, Hafis al-A., syr. General und Politiker, * 1930; seit 1971 Staatspräs., seit 1973 auch Oberbefehlshaber der Streitkräfte; erstrebt eine Führungsrolle Syriens in der arab. Welt.

Die Doppelkirche in **Assisi**

Assam, Staat im NO Indiens, 78 438 km², 24,6 Mio. Ew.; Hptst. Dispur; A. liefert den Großteil der ind. Tee-Ernte; Erdölförderung.

Asseln, Krebstiere mit käferähnl. Aussehen, im Wasser und auf dem Land.

Assembler, eine maschinenorientierte Programmiersprache.

Assessor [lat. »Beisitzer«] *der,* Dienstbezeichnung für Beamte und Richter im höheren Dienst während ihrer Probezeit.

Assimilation *die,* **1)** ❀ Umwandlung von Nahrung in körpereigene Stoffe unter Energieverbrauch. Man unterscheidet die A. von Kohlenstoff, bei der das Kohlendioxid der Luft und Wasser unter Abgabe von Sauerstoff zu Kohlenhydraten (z. B. Traubenzucker, Stärke) aufgebaut werden; diese Umwandlung ist nur im Licht möglich (Photosynthese); die A. von Stickstoff und die A. von Schwefel und Phosphor. – **2)** Ⓢ Angleichung zweier Laute zur Vereinfachung der Aussprache, z. B. Assimilation für **Ad**similation. – **3)** Hineinwachsen in eine andere Kultur.

Assisi, Stadt in Umbrien, Mittelitalien, 24 000 Ew.; bedeutender Wallfahrtsort; Geburtsort des hl. Franz von A., sein Grab in der Doppelkirche mit Fresken von Cimabue und Giotto.

Assistent *der,* **1)** Gehilfe. – **2)** Fachkraft zur Unterstützung von Naturwissenschaftlern, Ingenieuren, Ärzten u. a.

Assmannshausen, Weinort (Rotwein) am Rhein, Thermalquelle; seit 1977 Stadtteil von Rüdesheim am Rhein.

Associated Press [əˈsəʊʃɪeɪtɪd ˈpres], Abk. **AP,** amerikan. Nachrichtenagentur.

Assoziation *die,* **1)** Ⓟ Verknüpfung von Vorstellungen aufgrund ihrer Ähnlichkeit. – **2)** Soziologie: freiwilliger Zusammenschluss von Personen (auch von Kapitalien) zur Verwirklichung gemeinsamer Interessen. – **3)** Zusammenlagerung zweier oder mehrerer Moleküle zu Verbänden.

Assoziierung, Form der Beteiligung eines Staates an einer Staatenverbindung.

ASSR, Abk. für (ehem.) **A**utonome **S**ozialistische **S**owjet**r**epublik.

Assuan, Stadt in Oberägypten, am Nil, 196 000 Ew.; Univ.; Fremdenverkehr (zahlreiche kulturhistor. Stätten). Südlich der Assuanhochdamm, der den **Nassersee** staut.

Assyrien, altes Reich in Vorderasien, urspr. das Land am mittleren Tigris (heute N-Irak), dehnte seinen Einfluss rasch aus. Sein erster Aufstieg begann im 20. Jh. v. Chr.; im 13. und 12. Jh. wurde es die bedeutendste Macht neben Babylonien. Nach Rückschlägen begann etwa seit 900 der 2. bedeutendere Aufstieg (Eroberung Babyloniens). 612 v. Chr. erlag es den Erhebungen der Meder und Babylonier. Hptst. Assur, daneben Ninive, Kalach, Dur-Scharrukin. Die assyr. Kunst entwickelte einen großartigen Realismus, bes. in Reliefs (Jagd- und Kriegsszenen).

AStA, Abk. für **A**llgemeiner **St**udenten**a**usschuss.

Astaire [əsˈteə], Fred, amerikan. Tänzer, Sänger und Filmschauspieler, * 1899, † 1987; trat häufig mit Ginger Rogers auf; zahlreiche Revuefilme.

Astarte, meist nackt dargestellte Fruchtbarkeits- und Kriegsgöttin Palästina-Syriens.

Astat *das,* Symbol **At,** seltenes radioaktives chem. Element, OZ 85.

Aster [griech. »Stern«] *die,* Korbblütler, wild wachsend **(Strand-A., Alpen-A.)** und als Gartenpflanze **(Herbst-A.).**

Asterix, Titelheld einer frz. Comicserie mit aktuellen satir. Anspielungen.

Asteroiden, die Planetoiden, →Planeten.

Astheniker, Mensch von schmächtigem Körperbau. (→Konstitution)

Äskulap-Stab

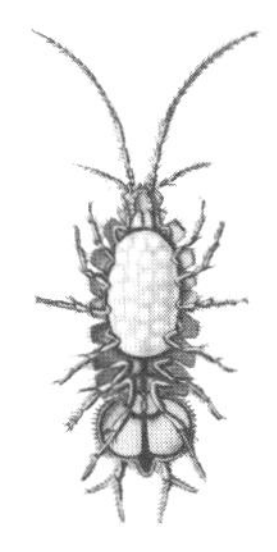

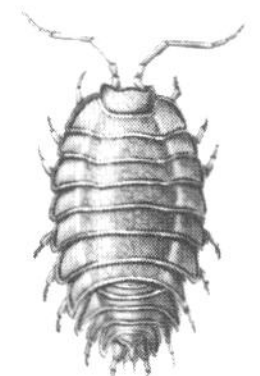

Asseln (vergrößert) Bauchseite der Wasserassel, Rückenansicht der Kellerassel

Fred Astaire

Hafis al-Assad

Ästhetik *die,* Theorie, die das Schöne in der Natur und bes. in der Kunst zum Gegenstand hat.

Ästhetizismus *der,* Überbewertung des Schönen im Verhältnis zu den anderen (religiösen, ethischen, praktischen) Werten.

Asti
Stadtwappen

Asthma *das,* anfallsweise auftretende Atemnot. **1) Bronchial-A.,** beruht auf einer Verengung der bronchialen Atemwege mit starker Schleimabsonderung, oft ausgelöst durch Überempfindlichkeit (Allergie) gegen bestimmte Substanzen. – **2) Herz-A.,** tritt bei Herzklappenfehler und arteriellem Hochdruck auf.

Asti, Stadt in Oberitalien, 75 000 Ew.; Handel mit Gemüse, Trüffeln und Wein, bes. Schaumwein **(Asti Spumante).**

Astigmatismus *der,* Fehler bei opt. Abbildungen: die abzubildenden Punkte werden nicht in der gleichen Bildebene abgebildet, sondern dahinter oder davor. Der A. des Auges beruht auf Ungleichmäßigkeiten in der Oberfläche der brechenden Fläche, bes. der Hornhaut; Korrektur durch zylindrisch geschliffene Gläser.

Astor, Johannes Jacob, *Walldorf bei Heidelberg 1763, †New York 1848; wurde durch Pelzhandel und Grundstückspekulationen in den USA Millionär.

Astrachan
Historisches Stadtwappen

Astra, Name mehrerer direkt strahlender luxemburg. Fernsehsatelliten; werden von Privatsendern sowie ARD und ZDF genutzt.

Astrachan, russ. Hafenstadt im Mündungsgebiet der Wolga, 509 000 Ew.; Werften, Holz-, Fischind. (Kaviar).

Astrachan *der,* **1)** schwarzbraune Schaflammfelle. – **2)** gemusterter Plüsch.

Astralleib, im Okkultismus ein dem ird. Leib innewohnender äther. Leib.

Astrodynamik *die,* Anwendung der Himmelsmechanik auf Planung und Berechnung der Bahnen von Raumfahrzeugen.

Astrologie *die,* **Sterndeutung,** Versuch, aus der Stellung der Gestirne das Schicksal der Menschen vorherzusagen. (→Horoskop)

Miguel Ángel Asturias

Astronautik *die,* →Raumfahrt. **Astronaut,** Besatzungsmitglied eines Raumflugzeugs (in Russland: **Kosmonaut**).

Astronomie *die,* **Himmelskunde, Sternkunde,** untersucht die Bewegungen und räuml. Entfernungen sowie den physikal. Zustand der Himmelskörper. **Astronom. Ort,** Standort eines Gestirns an der Himmelskugel. **Astronom. Zeichen,** in der A. und in Kalendern angewendete Symbole für Sonne, Mond, Planeten und die 12 Tierkreiszeichen. **Astronom. Einheit,** Abk. **AE,** Längeneinheit, etwa der mittlere Abstand Erde-Sonne; 1 AE = 149,6 Mio. km.

Astrophysik *die,* Zweig der Astronomie, erforscht chem. und physikal. Aufbau, Zustand und Entwicklung der Sterne.

Astronomische Zeichen

Himmelskörper	Wochentag	Metall
☉ Sonne	Sonntag	Gold
☿ Merkur	Mittwoch	Quecksilber
♀ Venus	Freitag	Kupfer
♁ Erde		Antimon
☾ Mond	Montag	Silber
♂ Mars	Dienstag	Eisen
♃ Jupiter	Donnerstag	Zinn
♄ Saturn	Samstag	Blei
♅ Uranus		
♆ Neptun		
♇ Pluto		

Tierkreis	
♈ Widder	♎ Waage
♉ Stier	♏ Skorpion
♊ Zwillinge	♐ Schütze
♋ Krebs	♑ Steinbock
♌ Löwe	♒ Wassermann
♍ Jungfrau	♓ Fische

Aspekt	Mondphase
☌ Konjunktion	● Neumond
□ Quadratur	☽ erstes Viertel
☍ Opposition	○ Vollmond
	☾ letztes Viertel

Astronomie. Astronomische Uhr, Südseite des Altstädter Rathauses in Prag (1490)

Ästuar *das,* durch den Einfluss von Ebbe und Flut trichterförmig erweiterte Flussmündung, z. B. Elbe, Themse.

Asturias, Miguel Ángel, guatemaltek. Schriftsteller, *1899, †1974; Romane und Erz., »Der Herr Präsident« (1946). Nobelpreis 1967.

Asturilen, gebirgige Landschaft in N-Spanien; in den Tälern Anbau von Weizen, Mais, Obst und Wein. Bodenschätze: Kohle, Eisen. Schwerind., Maschinen- und Schiffbau. Hptst. Oviedo.

ASU, Abk. für →**Abgassonderuntersuchung.**

Asunción [asunˈsjɔn], Hptst. von Paraguay, 945 000 Ew.; 2 Univ., Handel, Ind.; Flusshafen.

Asyl *das,* Zuflucht, Unterkunft. – **A.-Bewerber, Asylant,** um A. Nachsuchender.

Asylrecht, Recht eines politisch, rassisch, religiös oder anderweitig Verfolgten zur sicheren Aufnahme in einem anderen Staat; auch das in den einzelnen Staaten die Asylgewährung regelnde Recht, in Dtl. Art. 16 Abs. 2 Satz 2 GG; am 1. 7. 1993 trat eine GG-Änderung in Kraft, mit der das A. eingeschränkt wird. Als polit. nicht verfolgt gilt ein Asylbewerber, der aus einem sicheren Drittland einreist.

Asymmetrie *die,* Mangel an →Symmetrie, Ungleichmäßigkeit.

Asymptote *die,* √ Gerade, der sich eine Kurve (z. B. eine Hyperbel) annähert, ohne sie im Endlichen jemals zu berühren.

Asynchronmotor →Elektromotor.

Aszendent *der,* ☼ Aufgangspunkt eines Gestirns.

at, Einheitenzeichen für **t**echn. →**At**mosphäre.

At, chem. Symbol für Astat.

A.T., Abk. für **A**ltes **T**estament.

Atacama, fast regenlose Wüste in N-Chile, zw. Küste und Kordilleren, mit Salzseen und -pfannen, reich an Kupfer, Silber, Salpeter.

Atair, der hellste Stern (α) im Sternbild Adler.

Ataman *der,* Kosakenführer.

Atatürk, türk. Politiker, →Kemal Atatürk.

Atavismus *der,* Wiederauftreten von urspr. Merkmalen stammesgeschichtl. Vorfahren, z. B. extrem starke Körperbehaarung beim Menschen.

Ataxie *die,* ⚕ Störung im Ablauf und in der Koordination von Muskelbewegungen.

Atbara *der,* nördlichster rechter Nebenfluss des Nils, 1 120 km lang.

Atelier [atəlˈje:] *das,* Werkstätte, bes. für Künstler und Fotografen.

Atemschutzgeräte, Arbeits- und/oder Rettungsgeräte, die beim Vorhandensein giftiger Gase, Schwebstoffe oder bei Sauerstoffmangel in der Umgebungsluft eingesetzt werden. Anwendung u. a. im Bergbau, bei der Feuerwehr; unterschieden werden **Filtergeräte** (z. B. Gasmaske), **Frischluftgeräte** mit Zufuhr atembarer Luft von außen; **Sauerstoffschutzgeräte** und **Pressluftatmer** reichern die Atemluft mit Sauerstoff aus einem Behälter an.

Atemstillstand → Apnoe.

Atemwurzeln, in die Luft ragende Seitenwurzeln von Bäumen; erleichtern die Sauerstoffaufnahme (Mangroven).

Athabasca *der,* Strom in Kanada, Nordamerika, 1 231 km lang, mündet in den A.-See.

Äthan, Ethan, *das,* ⚗ gasförmiger Kohlenwasserstoff, C_2H_6, in Erdgasen.

Athanasianisches Glaubensbekenntnis, eins der 3 allg. christl. Glaubensbekenntnisse, enthält die Lehren von der Dreieinigkeit und der Menschwerdung Gottes in Christus; fälschlich dem Kirchenlehrer Athanasios zugeschrieben.

Athanasios, griech. Kirchenlehrer, Bischof in Alexandria, * um 295, † 373; vertrat die Lehre von der Wesensgleichheit Christi mit Gott.

Äthanol, Ethanol, ⚗ fachsprachl. Bezeichnung für Äthylalkohol (→ Alkohol).

Atheismus [griech. atheos »ohne Gott«] *der,* das Leugnen des Daseins Gottes. **Atheist** *der,* Gottesleugner.

Athen, Hptst., geistiger, kultureller und wirtschaftl. Mittelpunkt Griechenlands, in Attika, 3,03 Mio. Ew. mit Agglomeration; Univ., Flughafen, Hafen → Piräus. Der älteste Teil, die Akropolis, mit Parthenon, Erechtheion, Niketempel und Propyläen, gehört zum Weltkulturerbe. – A. ist seit dem 3. Jt. v. Chr. als Siedlung nachweisbar, um 1000 wurde A. Hauptort Attikas. Die Königsherrschaft ging im 7. Jh. in Adelsherrschaft über. A. erreichte im 5. Jh. v. Chr. den Höhepunkt seiner Macht. Im MA. unbedeutend. Im Befreiungskampf gegen die Türken wurde es 1834 Hptst. Griechenlands.

Athenäum *das,* urspr. Heiligtum der Athene, später Name höherer Unterrichtsanstalten, Akademien, Gesellschaften.

Athene, Pallas A., griech. Sage: Göttin, urspr. wohl minoisch, von den Römern mit Minerva gleichgesetzt, dem Haupt ihres Vaters Zeus entsprungen, die »Jungfräuliche« (Parthenos), Schutzgöttin der Helden, der Städte, der Wiss. und Künste. Die Eule war ihr heilig.

Äther, Ether *der,* ⚗ Anhydride der Alkohole, in denen 2 Alkoholreste durch ein Sauerstoffatom verbunden sind. Der wichtigste ist der gewöhnliche Ä. (Diäthyl-Ä.) $C_2H_5OC_2H_5$, eine farblose, leicht entzündliche Flüssigkeit, die bei 35 °C siedet: Lösungsmittel für Fette, Betäubungsmittel. Ä.-Dämpfe sind extrem feuergefährlich.

ätherisch, 1) zart, vergeistigt. – **2)** ⚗ flüchtig. **ä. Öle,** flüchtige, stark riechende, flüssige Öle, aus Pflanzen gewonnen, für Duftstoffe.

Atherom *das,* ⚕ → Grützbeutel.

Äthin *das,* ⚗ → Acetylen.

Äthiopi|en, früher **Abessini|en,** Rep. in O-Afrika, 1,104 Mio. km², 49,94 Mio. Ew.; Hptst. Addis Abeba; Staatssprache: Amharisch. – Überwiegend Hochland

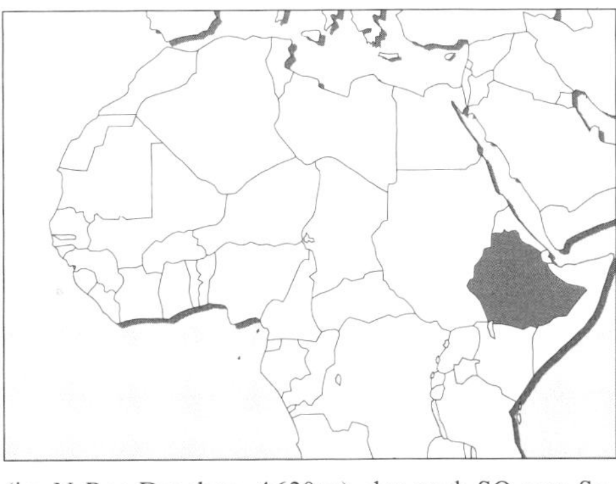
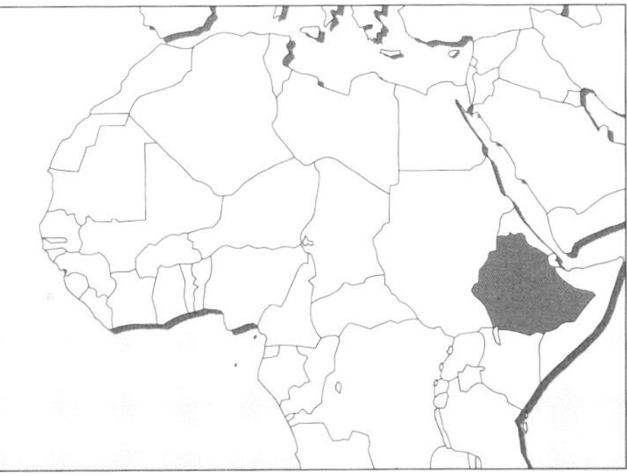

(im N Ras Daschan, 4620 m), das nach SO zum Somali-Hochland abfällt. Abfluss durch den Nil (Blauer Nil, Atbara). Im NO Halbwüste. Die Bewohner (Äthiopier) sind Semiten und Hamiten, wenig Schwarze (führendes Staatsvolk: Amhara). Staatskirche: Äthiop. Kirche (57 %); daneben Islam (32 %). Wichtige Erzeugnisse: Getreide, Kaffee, Häute und Felle, Ölsaaten.

Athlet *der,* urspr. Teilnehmer an den antiken Festspielen, heute Hochleistungssportler.

Athletiker *der,* Körperbautypus, → Konstitution.

Athos, griech. Halbinsel im Ägäischen Meer. Die Mönchsrep. auf dem Berg A. umfasst 20 Großklöster (ältestes 10. Jh.); gehört zum Weltkulturerbe.

Äthyl *das,* **Ethyl,** ⚗ die einwertige Alkylgruppe C_2H_5–. **Ä.-Alkohol** → Alkohol.

Äthylen *das,* **Ethylen, Äthen, Ethen,** ⚗ gasförmiger ungesättigter Kohlenwasserstoff, das erste Glied der Alkene. Ä. ist farb- und fast geruchlos; einer der wichtigsten chem. Grundstoffe, aus dem der größte Teil der Kunststoffe (Polyäthylen), Narkosemittel, Alkohol, Essigsäure u. a. hergestellt wird.

Atkinson [ˈætkɪnsn], Rowan Sebastian, brit. Filmschauspieler, * 1955; bekannt v. a. durch die von ihm geschaffene und verkörperte Figur des »Mr. Bean«.

Atlant *der,* ⌂ männl. Figur, die anstelle eines Wandpfeilers ein Gebälk oder eine Konsole stützt.

Atlanta [ətˈlæntə], Hptst. von Georgia, USA, 495 000 Ew.; mehrere Univ.; Handels- und Verkehrszentrum, vielseitige Industrie. – 1996 Austragungsort der Olymp. Sommerspiele.

Atlantic City [ətˈlæntɪk ˈsɪtɪ], Stadt im Staat New Jersey, USA, 48 000 Ew.; Seebad. Seit 1978 erstes legales Spielcasino der USA außerhalb Nevadas.

Atlantikcharta, die am 14. 8. 1941 auf einem Kriegsschiff im Atlantik von F. D. Roosevelt und W. Chur-

Daten zur Geschichte Äthiopiens

4. Jh.	Annahme des Christentums im Reich von Aksum
1541–1543	Sieg gegen die eindringenden Muslime mit portugiesischer Hilfe
18. Jh.	Herrschaft der Provinzstatthalter (Ras)
1889	Menelik II. wird Kaiser
1896	Sieg Meneliks II. über die Italiener in der Schlacht von Adua
1930	Haile Selassie wird Kaiser
1936–1941	Italienische Besetzung
1952	Föderation mit Eritrea (Annexion 1962)
1963	Beginn des Grenzkriegs mit Somalia um die Prov. Ogaden
1974	Sturz Haile Selassies, Ausrufung der Republik 1975, Mengistu Haile Mariam übernimmt die Staatsführung
1991	Sturz Mengistu Haile Mariams, Meles Zenawi wird Staatspräsident
1993	Eritrea wird unabhängig
1995	Erste freie Wahlen nach dem Sturz Mengistus

Äthiopien

Staatswappen

Staatsflagge

Internationales Kfz-Kennzeichen

Athen
Stadtwappen

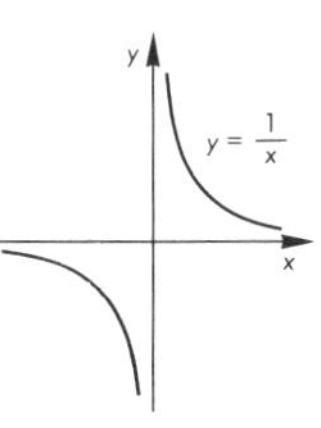

Asymptote

chill vereinbarte Erklärung der USA und Großbritanniens über die Grundlagen einer künftigen Weltordnung. Am 24. 9. 1941 schloss sich u. a. die UdSSR an. Am 1. 1. 1942 erkannten alle damaligen Kriegsgegner Dtl.s die A. als gemeinsames Programm an.

Atlantis, im Altertum eine sagenhafte Insel, die im Meer versunken sein soll; nach Platon außerhalb der Säulen des Herakles (Gibraltar) gelegen.

Atlantischer Ozean, Atlantik, zweitgrößter Ozean, einschließlich der Nebenmeere 106,6 Mio. km², trennt Nord- und Südamerika von Eurasien und Afrika. Mittlere Tiefe 3 293 m, größte 9 219 m (Puerto-Rico-Graben).

Atlas *der,* **1)** griech. Sage: Sohn des Titanen Iapetos, Träger des Himmelsgewölbes. – **2)** ⚕ oberster Halswirbel. – **3)** *Pl.* **Atlasse,** Satin, glänzendes Gewebe mit bes. → Bindung. – **4)** ⊕ Gebirge in NW-Afrika; gleichlaufende Ketten: Tell-A., Sahara-A., fortgesetzt im Hohen A., 4 165 m hoch, und Anti-A., dazwischen die Hochebene der Schotts. – **5)** *Pl.* **Atlanten,** Kartenband, → Landkarte.

Atmosphäre *die,* **1)** Umgebung, Stimmung, Ausstrahlung. – **2)** ☼ Gashülle eines Sterns oder eines Planeten; bes. die Lufthülle der Erde. Der untere Teil der A. ist die zw. 8 und 16 km hohe **Troposphäre,** in der alles Wettergeschehen sich abspielt. Daran schließt sich bis zu 40 bis 45 km Höhe die sauerstoffarme, wenig bewegte **Stratosphäre** an (in ihr zw. 20 und 30 km Höhe die Ozonschicht), von 45 bis 85 km Höhe die ozonreiche **Mesosphäre** und endlich die **Ionosphäre** oder **Thermosphäre,** der Schauplatz der Nordlichterscheinungen; die sich in 400 km Höhe anschließende **Exosphäre** bildet den Übergang zum Weltraum. – **3)** Einheiten: 1) **physikal. A.,** Einheitenzeichen **atm,** Vergleichsmaß für den mittleren Atmosphärendruck, keine gesetzl. Einheit; 1 atm = 760 Torr = 1,01325 bar = 101 325 Pa. 2) **techn. A.,** Einheitenzeichen **at,** veraltete, nicht gesetzl. Einheit des Drucks; 1 at = 1 kp/cm² = 0,980 665 bar = 98 066,5 Pascal.

Atmosphäre
Zusammensetzung

Atmung, lebensnotwendige Körpervorgänge, durch die der Sauerstoff der Luft oder des Wassers dem Blut zugeführt und das im Blut angehäufte Kohlendioxid aus dem Körper entfernt wird **(äußere A.)**; Hauptorgane: Lungen, Kiemen, Tracheen. Die Atembewegungen des Menschen werden unwillkürlich infolge des Reizes ausgelöst, den das mit Kohlensäure beladene Blut auf das im verlängerten Rückenmark gelegene **Atemzentrum** ausübt; sie können für kürzere Zeit willkürlich unterdrückt werden. Die Einatmung geschieht durch Erweiterung der Brusthöhle und damit der Lungen infolge der Tätigkeit der Rippenhebemuskeln und des Zwerchfells, die Ausatmung durch Zurückfedern des Brustkorbs. Erwachsene atmen 16- bis 20-mal in der Minute, Säuglinge und Fieberkranke häufiger. Bei ruhiger A. wird etwa ½ Liter Luft je Atemzug gewechselt, bei angestrengter A. bis zu 3½ Liter. Die in 1 min gewechselte Luft **(Atemgröße)** beträgt bei vollständiger Ruhe 4½ bis 6 Liter, bei starker Arbeit bis über 50 Liter. Die eingeatmete Luft enthält 21 % Sauerstoff und 0,03 % Kohlendioxid, die ausgeatmete Luft 16 bis 17 % Sauerstoff und 3 bis 4 % Kohlendioxid. Der Austausch von Sauerstoff und Kohlendioxid zw. Blut und Körpergewebe heißt **Gewebe-A.,** die Energie liefernden chem. Vorgänge bei der Verbrennung von Nahrungs- oder Körperstoffen **innere Atmung.**

Ätna *der,* tätiger Vulkan an der Ostküste Siziliens, 3 369 m hoch.

Ätoli|en, Landschaft Mittelgriechenlands.

Atoll *das,* ringförmiges Korallenriff trop. Meere, umschließt eine seichte Lagune.

Atom [griech. »unteilbar«] *das,* elektrisch neutrale kleinste Einheit eines chem. Elements, das mit chem. Mitteln nicht weiter teilbar ist. Die Größe aller A. liegt im Bereich von 10^{-10} bis 10^{-9} m (1 milliardstel m). Nach der Theorie von N. Bohr (1913) ist jedes A. aufgebaut aus einem elektrisch positiv geladenen **A.-Kern** (Durchmesser ≈ 10^{-14} m), der fast die ganze Masse des A. enthält, und der **A.-Hülle** aus negativ geladenen Elektronen, die den Kern umgibt und die positive Kernladung absättigt. Der A.-Kern selbst ist aus Nukleonen (Protonen und Neutronen) zusammengesetzt (→ Kernphysik). Die Anzahl der Elektronen, die mit der Zahl der positiven Ladungen im Kern übereinstimmt, ist die **Ordnungszahl** (OZ) des betreffenden A. (Platznummer des Elements im Periodensystem). Der Anordnung der Elektronen in der Hülle entspringen die Gesetzmäßigkeiten des → Periodensystems der Elemente. Gegenwärtig sind 112 versch. A.-Arten (und damit chem. Elemente) bekannt, von denen Uran mit der OZ 92 die letzte natürlich vorkommende A.-Art ist. Die → Transurane müssen künstlich erzeugt werden. Durch Energiezufuhr von außen (Stoß, Strahlung) können die Elektronen auf weiter außen gelegene »Bahnen« in der Hülle gebracht werden. Bei der Rückkehr auf die urspr. Bahn strahlen sie die aufgenommene Energie als Licht oder andere magnet. Strahlung ab. Bei genügend großer Energiezufuhr kann ein Elektron aus der Hülle losgerissen und das Atom ionisiert werden (→ Ion). Wechselwirkungen der Hüllenelektronen zweier oder mehrerer A. untereinander sind die Ursachen der chem. → Bindung.

Atombombe, Bombe, deren vernichtende Kraft auf das plötzl. Freiwerden von Atomenergie durch → Kernspaltungen zurückgeht; Wirkung durch sehr hohe Temperaturen (bei der Explosion bis zu 20 Mio. °C), starke Druckwelle und intensive radioaktive

Vereinfachte **Atom**-Modelle. Links: Wasserstoffatom, das aus einem Proton (p) und einem Elektron (e) besteht; die Abstände der Quantenbahnen des Grundzustands (n = 1) und der angeregten Zustände (n = 2, 3 ...) vom Kern sind nicht maßstabgerecht. Mitte: Sauerstoffatom (mit dem Kern in der Mitte), dessen innere Elektronenschale mit zwei Elektronen abgeschlossen, die äußere Elektronenschale mit sechs Elektronen nicht abgeschlossen ist. Rechts: Atome verschiedener Elemente; die abgeschlossenen Elektronenschalen der Edelgase Neon (Ne) und Argon (Ar) können keine weiteren Elektronen mehr aufnehmen

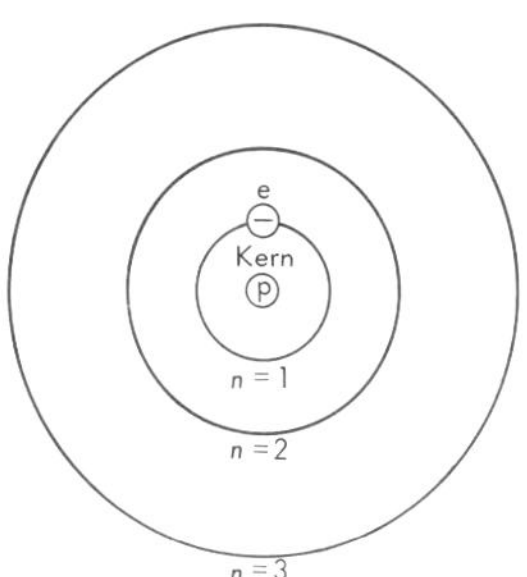

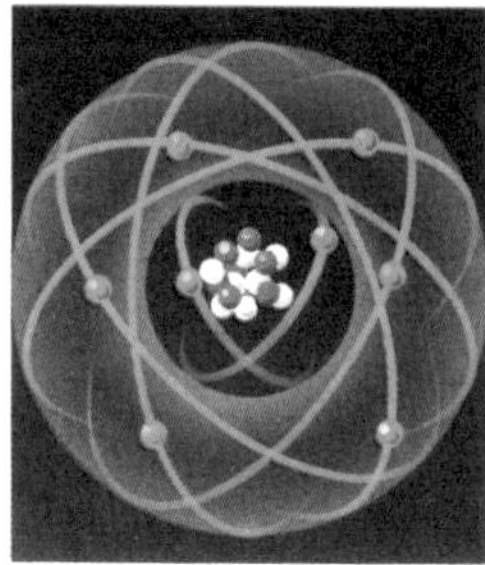

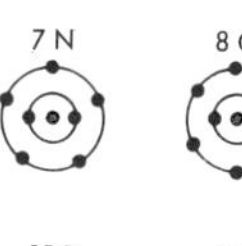

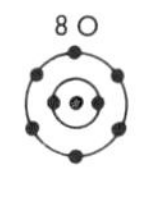

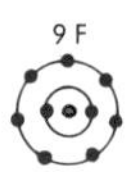

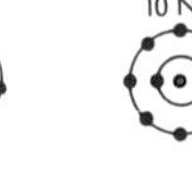

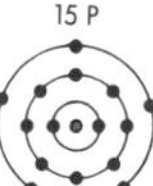

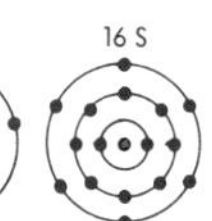

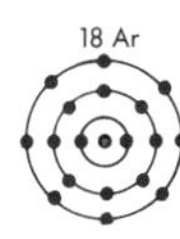

Aubusson. Fragment eines gewirkten Bildteppichs (17. Jh.)

Strahlung. Man unterscheidet **Kernspaltungsbomben** und **Kernfusionsbomben** (→Kernverschmelzung). →Kernwaffen.

Atom|energie →Kernenergie.

Atomismus *der,* **Atomistik,** Naturphilosophie, nach der das Naturgeschehen von einer Vielzahl kleinster Urteilchen (Atome) verursacht ist.

Atommasse, relative A., die durchschnittl. Masse der Atome eines chem. Elements, bezogen auf $^1/_{12}$ der Masse des Kohlenstoffisotops mit der Massenzahl 12.

Atom|uhr, Zeitmessgerät höchster Genauigkeit, nutzt die Frequenz der Übergangsstrahlung von Cäsium- oder Rubidiumatomen als Zeitmaß.

Atom|umwandlung →Radioaktivität.

Atomvolumen, der von einem Mol eines chem. Elements im festen Zustand eingenommene Raum.

Atomwaffen →Kernwaffen.

Atomwaffensperrvertrag, am 1. 7. 1968 von den USA, der UdSSR und Großbritannien unterzeichneter Vertrag (in Kraft seit 1970) zur Nichtverbreitung von Kernwaffen; Dtl. ist dem A. beigetreten.

Atomwärme, Wärmemenge, die erforderlich ist, um 1 Mol eines chem. Elements um 1 Kelvin zu erwärmen.

atonale Musik →Zwölftonmusik.

Atonie *die,* Erschlaffung; Zustand, in dem die leichte Dauerspannung **(Tonus)** der menschlichen und tierischen Gewebe nachgelassen hat.

ATP →Adenosin.

Atreus, griech. Sage: König von Mykene, Sohn des Pelops, Vater des Agamemnon und Menelaos, der **Atriden,** von Ägisth erschlagen.

Atrium *das,* **1)** Hauptraum des altitalischen Hauses. – **2)** Vorhof frühchristl. Kirchen.

Atrophie *die,* ⚕ Verkleinerung eines Körperteils oder Organs (z. B. bei nicht bewegten Muskeln).

Atropin *das,* hochgiftiges Alkaloid in Nachtschattengewächsen, bes. in der Tollkirsche (lat. Atropa belladonna), hemmt Schweiß- und Speichelbildung; löst Krämpfe der Eingeweide, erweitert die Pupillen.

Attaché [ataˈʃe], Angehöriger des Vorbereitungsdienstes für den höheren auswärtigen Dienst; Sachverständiger bei einer Auslandsvertretung: z. B. **Militär-A., Handels-A.** u. a.

Attacke *die,* **1)** Angriff, bes. zu Pferde. – **2)** ⚕ Schmerz-, Krankheitsanfall.

Attenborough [ˈætnbrə], Sir (seit 1976) Richard, brit. Schauspieler und Regisseur, * 1923; »A chorus line« (1985), »Schrei nach Freiheit« (1987).

Richard Attenborough

Attentat *das,* Anschlag auf das Leben eines (polit.) Gegners.

Attersee, Kammersee, größter See des Salzkammerguts, Österreich, 20 km lang, 45,9 km², 467 m ü. M.

Attika, Landschaft im SO Mittelgriechenlands, Hptst. Athen; kahle Gebirgszüge; Wein, Öl, Feigen; Marmor, Blei, Zink.

Attila *der* oder *die,* kurzer, schnurbesetzter ungar. Männerrock, dann der Husarenrock.

Attila [got. »Väterchen«], König der Hunnen, der **Etzel** der german. Sage, † 453; dehnte das Hunnenreich im O bis zum Kaukasus, im W fast bis zum Rhein aus, wurde 451 auf den Katalaun. Feldern von dem weström. Feldherrn Aëtius geschlagen.

Atto..., Vorsatzzeichen **a,** Vorsatz vor Einheiten für 10^{-18} (Trillionstel).

Attribut *das,* **1)** wesentl. Merkmal, Eigenschaft. – **2)** Kennzeichen (Sinnbild) eines Heiligen. – **3)** Ⓢ **Beifügung,** Satzglied zur näheren Bestimmung eines anderen.

Atwood [ˈætwʊd], Margaret, kanad. Schriftstellerin, * 1939; »Die eßbare Frau« (1969), »Der Report der Magd« (1985), »Katzenauge« (1989), »Alias Grace« (1996).

Margaret Atwood

ätzen, 1) mit auflösenden Mitteln Teile der Oberfläche eines Werkstoffs entfernen. **Ätzmittel:** Säuren, Chloride; nicht zu verändernde Stellen sind durch den **Ätzgrund** (Wachs u. a.) geschützt. Von bes. Bedeutung ist das Ä. bei der Herstellung mikroelektron. Schaltungen und in der Druckformherstellung. – **2)** gefärbte Gewebe durch **Ätzbeizen** mustern (→Zeugdruck). – **3)** ⚕ Körpergewebe durch chem. Mittel (Säuren, Laugen, Höllenstein) zerstören.

Au, chem. Symbol für Gold (Aurum).

Aube [o:b], **1)** *die,* rechter Nebenfluss der Seine, Frankreich, 248 km. – **2)** Dép. in NO-Frankreich, 6 002 km², 289 200 Ew.; Hpst. Troyes.

Auber [oˈbɛ:r], Daniel, frz. Komponist, * 1782, † 1871; Opern: »Die Stumme von Portici« (1828), »Fra Diavolo« (1830) u. a.

Aubergine [obɛrˈʒi:nə] *die,* **Eierfrucht, Eierpflanze,** Nachtschattengewächs mit gurkenähnl. Früchten.

Aubergine

Aubusson [obyˈsɔ̃], Stadt in Mittelfrankreich, 5 500 Ew.; Kunstgewerbeschule; Gobelins und Teppiche.

Auckland [ˈɔ:klənd], größte Stadt und Überseehafen Neuseelands, 865 000 Ew.; Univ., Flughafen; chem., landwirtschaftl. Erzeugnisse.

audiovisuell, opt. und akust. wahrnehmbar.

Auditorium *das,* **1)** Hörsaal. – **2)** Zuhörerschaft.

Aue, Krst. im Erzgebirge, Sa., 26 000 Ew.; Textil-, Metallindustrie.

Auer, Carl Freiherr **v. Welsbach,** österr. Chemiker, * 1858, † 1929, erfand das Gasglühlicht **(A.-Licht)** und die Metallfadenlampe.

Auerbachs Keller, Weinkeller in Leipzig, 1530 erbaut, Ort einer Szene in Goethes »Faust«.

Auerbach/Vogtland, Krst. in Sa., 21 000 Ew.; Textilindustrie.

Auerhuhn, größtes europ. Waldhuhn, bis 90 cm; Hahn schwarz und weiß, Brust grün schimmernd, Henne kleiner, rebhuhnbraun gefärbt.

Auerochs, Ur, ausgestorbenes europ. Wildrind; Stammform des Hausrinds.

Auerstedt, Dorf nahe Jena; 14. 10. 1806 Sieg der Franzosen über die Preußen.

Aufbereitung, 1) ⚒ Vorbereitung der Rohstoffe für hüttenmäßige Verarbeitung und Verkauf. – **2)** Brennstoff-A. in der Kerntechnik.

Aufbewahrungspflicht, Verpflichtung der Vollkaufleute, Handelsbücher, Bilanzen, Inventare 10

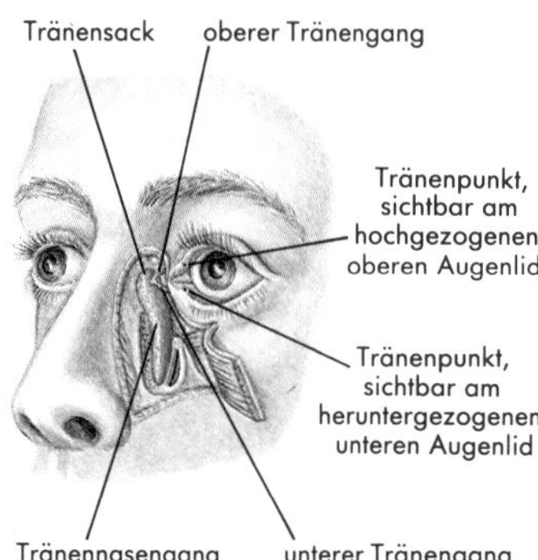

Auge. Tränenapparat des linken Auges

Jahre, Handelsbriefe 6 Jahre aufzubewahren (§§ 44 HGB, 147 AO).

Aufbringen, Wegnahme eines Handelsschiffes durch ein Kriegsschiff (→ Prise).

Aufenthaltsgenehmigung, in Dtl. nach dem Ausländerges. v. 1990 erforderl. behördl. Genehmigung für Ausländer für den Aufenthalt; Angehörige der EU-Staaten fallen nicht unter diese Regelung. – Die **Aufenthaltsberechtigung** wird als Daueraufenthaltsrecht erteilt.

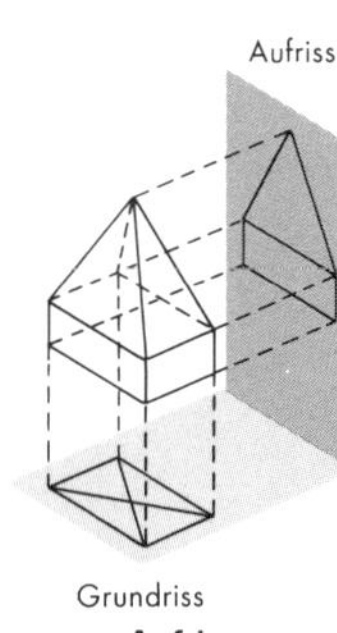

Aufriss

Auferstehung Christi, die im N. T. bezeugte Wiedererweckung Jesu nach seinem Kreuzestod, verstanden als Anfang der Erfüllung der erwarteten Auferstehung der Toten; Grundlage für die Bildung der christl. Gemeinde und grundlegendes Bekenntnis christl. Glaubens.

Aufforstung, erste Waldanlegung auf einer freien Fläche oder Wiederbesetzung eines Kahlschlags.

Aufführungsrecht → Urheberrecht.

Aufgebot, 1) gerichtl. Aufruf, Rechte oder Ansprüche anzumelden, mit der Wirkung, dass eine unterlassene Anmeldung Rechtsnachteile zur Folge hat (z. B. vor Todeserklärung, Kraftloserklärung von Urkunden). – **2)** durch öffentl. Aushang des Standesbeamten erfolgender Hinweis auf eine beabsichtigte Eheschließung.

Aufgeld → Agio.

Aufgusstierchen, Infusorilen, einzellige Tierchen mit Wimperfortsätzen (zur Fortbewegung).

Aufklärung, geistige Strömung, die, im 17. Jh. von England ausgehend, im 18. Jh. über Frankreich ganz Europa erreichte. Sie wurzelte im neuzeitl.-physikal. Weltbild (I. Newton), im engl. **Empirismus** (J. Locke) und **Parlamentarismus** und im frz. **Skeptizismus** (Montaigne). Ausgangspunkt der A. ist die Loslösung des Denkens vom überlieferten christl. Offenbarungsglauben und dem durch das Christentum begründeten theolog.-metaphys. Weltbild zugunsten religiöser Toleranz und der Vorstellung einer »natürl. Religion« ohne konfessionelle Grenzen. Die Vorstellung, dass die Vernunft das Wesen des Menschen darstelle, wodurch alle Menschen gleich seien **(Egalitarismus),** ließen das **Erziehungswesen** und die **Volksbildung** zu einem Hauptanliegen der A. werden (u. a. → Enzyklopädisten). In Dtl. hatte in der **Philosophie** v. a. I. Kant die A. kritisch verarbeitet und weitergebildet; in der **Literatur** wurde G. E. Lessing zu ihrem Hauptvertreter. In der **Rechts- und Staatslehre** führte v. a. die Forderung Montesquieus nach einer »Teilung der Gewalten« zu polit. Reformen (aufgeklärter Absolutismus), die letztlich die Frz. Revolution vorbereiteten.

Aufladung, 1) Aufnehmen positiver oder negativer Ladung gegenüber der Umgebung. – **2)** Vorverdichtung der Verbrennungsluft oder des Luft-Kraftstoff-Gemischs bei Verbrennungsmotoren (→ Turbolader).

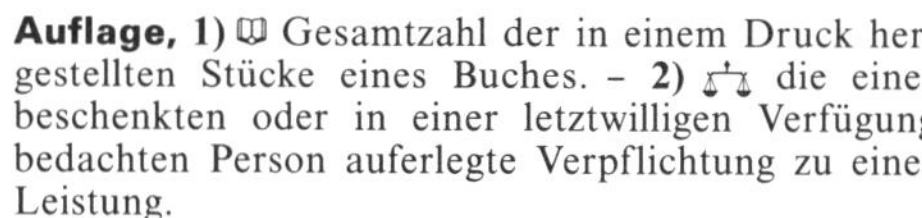

Auflage, 1) Gesamtzahl der in einem Druck hergestellten Stücke eines Buches. – **2)** die einer beschenkten oder in einer letztwilligen Verfügung bedachten Person auferlegte Verpflichtung zu einer Leistung.

Auflassung, 1) Stilllegung (Betrieb, Bergwerk). – **2)** zur rechtsgeschäftl. Übertragung des Eigentums an einem Grundstück erforderl. Einigung von Veräußerer und Erwerber; muss in Anwesenheit beider vor einem Notar erklärt werden (§ 925 BGB).

Auflösung, 1) Fortschreiten der Töne eines Dissonanzakkords zur Konsonanz. – **2)** Optik: Zerlegung eines Bilds in getrennt wahrnehmbare Elemente. – **3)** vorzeitige Beendigung der Legislaturperiode einer Volksvertretung.

Auflösungsvermögen, bei opt. Geräten der kleinste Abstand zweier Punkte, die noch getrennt wahrgenommen werden können.

Aufrechnung, Kompensation, Tilgung einer Schuld durch die Verrechnung mit einer fälligen gleichartigen Gegenforderung.

Aufriss, Darstellung eines Gegenstands in einer senkrechten Ebene (→ Projektion).

aufschließen, schwer lösl. Stoffe in wasser- und säurelösl. Form bringen.

Aufsichtspflicht, gesetzl. Pflicht zur Beaufsichtigung von Personen, die wegen Minderjährigkeit oder wegen ihres körperl. oder geistigen Zustandes der Aufsicht bedürfen.

Aufsichtsrat → Aktiengesellschaft.

Auftakt, unbetonter Taktteil am Anfang eines Tonstücks, eines Themas.

Auftrag, 1) U Abschluss eines entgeltl. Vertrags zur Lieferung von Waren oder Erbringung von Leistung. – **2)** Vertrag, durch den sich der Beauftragte verpflichtet, ein ihm vom Auftraggeber übertragenes Geschäft unentgeltlich zu besorgen.

Auftrieb, Kräfte entgegen der Schwerkraft, die in Flüssigkeiten und Gasen durch Druckunterschiede entstehen. Die durch den A. bewirkte Gewichtsverminderung ist gleich der Gewichtskraft der verdrängten Flüssigkeits- oder Gasmenge **(archimedisches Prinzip).**

Aufwandslentschädigung, Vergütung für Ausgaben im Dienst; zur Entschädigung der Abgeordneten → Diäten.

Aufwendungen, Aufwand, in der Gewinn-und-Verlust-Rechnung der Verbrauch an Gütern und Leis-

Auge (schematisch). Schnitt durch die Netzhaut

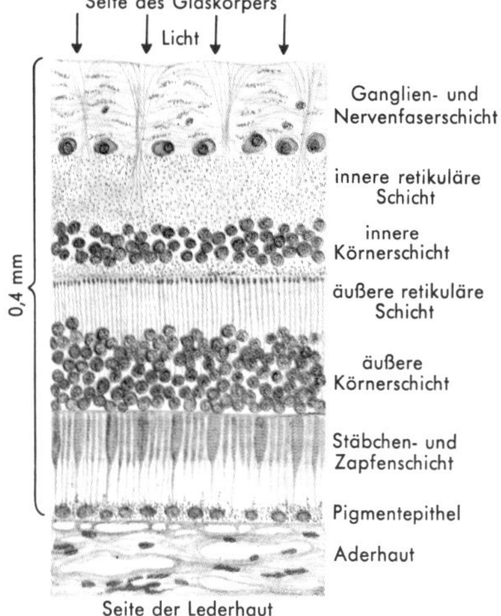

tungen (Löhne und Gehälter, Abschreibungen, Zinsen, Steuern u.a.).

Aufwertung, **1)** nachträgl. Erhöhung des Nennbetrags einer Geldschuld zum Ausgleich einer Geldentwertung. - **2)** Erhöhung der Parität einer Währung gegenüber ausländ. Währungen **(Revalvation).**

Aufzug, Lift, senkrechte oder schräge Förderanlage für Personen und Lasten zur Überwindung von Höhenunterschieden.

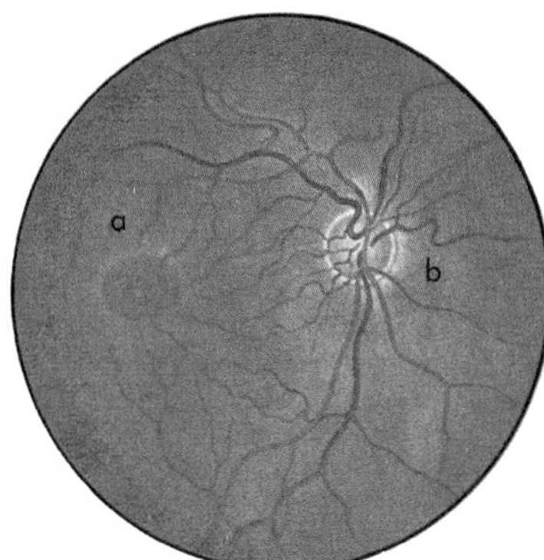

Auge. Innenwand des Augapfels: a gelber Fleck, b blinder Fleck

Auge, Sinnesorgan zur bildhaften Wahrnehmung der Außenwelt. Es besteht aus Schutzorganen (Lidern, Wimperhaaren, Brauen) und dem in der knöchernen **A.-Höhle** gelegenen **Augapfel,** der von den **A.-Muskeln** bewegt und vorn von der zarten, durchscheinenden **A.-Bindehaut** überzogen wird. Der Augapfel ist umschlossen von der **Lederhaut** (der harten Haut oder dem Weißen), die vorn in die uhrglasförmige, durchsichtige **Hornhaut** übergeht; ihr folgt nach innen die gefäßreiche **Aderhaut,** von der aus der Augapfel ernährt wird, im Innern die **Netzhaut** mit den lichtempfindl. Stäbchen und den farbenempfindl. Zapfen, an die die Enden des Sehnervs herantreten. Nach vorn geht die Aderhaut in die ringförmige, je nach Dichte und Anordnung des Farbstoffs (Pigments) grau, blau oder braun gefärbte **Regenbogenhaut** (Iris) über, in deren Mittelpunkt das Sehloch (die **Pupille**) liegt. Hinter der Iris befindet sich die durchsichtige **A.-Linse,** die die Lichtstrahlen bricht und durch den hinter ihr gelegenen durchsichtigen Glaskörper auf die Netzhaut wirft. Zw. Hornhaut und Vorderfläche von Linse und Iris befindet sich die **vordere,** zw. Hinterfläche der Iris und Glaskörper die **hintere A.-Kammer,** beide mit wässriger Flüssigkeit angefüllt. Nach oben oder außen über dem Augapfel folgt die Tränendrüse; der Abfluss der Tränen vom inneren Augenwinkel aus erfolgt durch den Tränennasengang in die Nase. An der Eintrittsstelle (Papille) des Sehnervs hat die Netzhaut keine Stäbchen und Zapfen und ist deshalb für Lichteindrücke unempfindlich **(blinder Fleck);** die empfindlichste Stelle der Netzhaut, der Pupille gegenüber, ist der **gelbe Fleck. - Facetten-A.,** hoch entwickeltes Lichtsinnesorgan bei Insekten und anderen Gliederfüßern, das bienenwabenartig aus vielen Einzelaugen zusammengesetzt ist.

Augendiagnose, Erkennen von Organkrankheiten aus der Beschaffenheit der Regenbogenhaut; von der Schulmedizin abgelehnt.

Augenfalter, weltweit verbreitete Familie der Tagfalter mit Augenflecken.

Augenspiegel, ⚕ Gerät zur Untersuchung des Augeninnern; durchbohrter Hohlspiegel; heute meist elektr. Augenspiegel.

Augentrost, Rachenblütler, Halbschmarotzer auf Wiesen, mit weißen oder bläul. Rachenblüten.

Augias, griech. Sage: König von Elis, reich an Vieh; eine der Aufgaben des Herakles war das Ausmisten des **A.-Stalls** in nur einem Tag; heute Ü für korrupte oder schmutzige Angelegenheiten beseitigen.

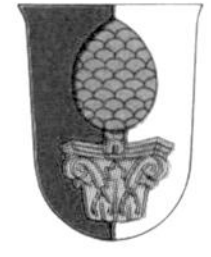

Augsburg Stadtwappen

Augsburg, Hptst. des Reg.-Bez. Schwaben, Bayern, am Lech, 243000 Ew.; Bischofssitz, Univ.; Dom, Rathaus, Fuggerei; Maschinen-, Textil-, Elektro- u.a. Ind. - Als röm. Militärkolonie 15 v.Chr. gegründet, seit dem 6. Jh. Bistum, 1276 bis 1805 Reichsstadt, im 15./16. Jh. blühende Handelsstadt, bedeutende Reichstage der Reformationszeit: 1530, 1548, 1555.

Augsburger Religionsfriede, den weltl. Reichsständen des Augsburg. Bekenntnisses Besitz und freie Religionsausübung gewährendes Reichsgesetz von 1555. Geistl. Fürsten verloren bei Glaubenswechsel ihre Ämter.

Augsburgisches Bekenntnis, lat. **Confessio Augustana,** Abk. **CA,** Bekenntnisschrift der luther. Kirche, von Melanchthon lat. und dt. verfasst, auf dem Reichstag in Augsburg 1530 Kaiser Karl V. überreicht.

Augstein, Rudolf, dt. Publizist, * 1923; Herausgeber des wöchentlich erscheinenden Nachrichtenmagazins »Der Spiegel«.

Rudolf Augstein

Auguren, *Sg.* **Augur** *der,* altröm. Priester, die bei wichtigen Staatshandlungen aus Vogelflug u.a. Zeichen den Willen der Götter erkundeten. Ü **A.-Lächeln,** Lächeln über Leichtgläubige.

August *der,* 8. Monat; der 6. der altröm. Zeitrechnung, nach Kaiser Augustus benannt; hat 31 Tage.

August II., der Starke, König von Polen und als **Friedrich August I.** Kurfürst von Sachsen (1694 bis 1733), * 1670, † 1733; erlangte durch Übertritt zum Katholizismus 1697 die poln. Krone, wurde im Nord. Krieg vom Schwedenkönig Karl XII. besiegt und zum Verzicht auf die poln. Krone gezwungen (1706 bis 1709); prachtliebend, verschönerte er Dresden durch Barockbauten (Zwinger, Frauenkirche), ebenso Warschau.

Augusta [ɔ:ˈgʌstə], Hptst. von Maine, USA, 22000 Ew.; Verkehrsknoten, Flughafen, Textil-, Papier-, Schuhindustrie.

Augusta, dt. Kaiserin und Königin von Preußen, * 1811, † 1890, ⚭ mit dem späteren Kaiser Wilhelm I.; Gegnerin Bismarcks.

Auguste Viktoria, letzte dt. Kaiserin, Gemahlin Wilhelms II., * 1858, † 1921.

Augustiner, kath. Ordensgenossenschaft, leben nach der **A.-Regel** (11. Jh.). **A.-Chorherren:** in klösterl. Gemeinschaft lebende Domherren. **A.-Eremiten:** Bettelorden, tragen schwarze Kutte, **A.-Barfüßer,** unbeschuhte A. mit strenger, asket. Lebensweise.

Augustinus, Aurelius, abendländ. Kirchenlehrer, * 354 (Mutter: hl. Monika), † 430; Bischof von Hippo Regius, Heiliger (Tag: 28. 8.). Seine Schriften, bes. die Lehre von Sünde und Gnade, haben die abendländ. Theologie und Philosophie beeinflusst.

Augustus Marmorstatuette (nach 20 v. Chr.)

Augustus, urspr. Gaius **Octavius,** nach seiner Adoption **Octavianus,** 1. röm. Kaiser, * 63 v.Chr., † 14 n.Chr.; verband sich 43 mit Antonius und Lepidus zum 2. Triumvirat; schlug 42 bei Philippi Brutus und Cassius, die Mörder seines Adoptivvaters Caesar. In der Auseinandersetzung mit Antonius errang er 31 durch den Sieg bei Actium die Alleinherrschaft, erhielt 27 vom Senat den Ehrennamen A., der zum Titel der röm. Kaiser wurde. Seine Regierung **(Augusteisches Zeitalter)** war die Blütezeit röm. Dichtung (Vergil, Horaz, Ovid, Livius) und Kunst.

Auktion *die,* Versteigerung. **Auktionator** *der,* berufsmäßiger Versteigerer.

Aula *die,* **1)** Innenhof im altgriech. Haus. - **2)** Vorhof altchristl. Kirchen. - **3)** Festsaal in Schulen und Hochschulen.

Aurich
Stadtwappen

Aulis, altgriech. Hafen an der Ostküste Böotiens. Ausgangsort des Zugs gegen Troja.

Aung San Suu Kyi, birman. Politikerin, * 1945; führend in der Opposition gegen das diktator. Reg.-System der birman. Militärjunta, 1989 bis 1995 und erneut seit Ende 1996 unter Hausarrest, erhielt 1991 den Friedensnobelpreis.

au pair [oˈpɛ:r »zum gleichen (Wert)«], Arbeitsleistung gegen Wohnung und Kost, gegebenenfalls Taschengeld.

Aura *die,* **1)** Okkultismus: lichtartiger Schein. – **2)** Ü Ausstrahlung eines Menschen.

Aurelian, eigentl. Lucius **Domitius Aurelianus,** röm. Kaiser (270 bis 275), * 214, † (ermordet) 275; kämpfte erfolgreich gegen Goten und Wandalen, sicherte Rom mit der rd. 19 km langen **Aurelian. Mauer.**

Aureole *die,* **1)** Heiligenschein. – **2)** Hof um Sonne oder Mond.

Aung San Suu Kyi

Aurich, Krst. in Ndsachs., am Ems-Jade-Kanal, 36 000 Ew.; Viehmärkte.

Aurignacien [oriɲaˈsjɛ̃] *das,* nach der Höhle von Aurignac (Haute Garonne, Frankreich) benannte Kulturperiode der Altsteinzeit. Das A. bildet das älteste Zeugnis für das Auftreten von Rassengruppen der heutigen Menschheit (Homo sapiens; **Aurignac-Mensch**).

Aurora, röm. Göttin der Morgenröte.

Aurorafalter, Weißlingschmetterling.

Aurum, das → Gold.

Ausbildungsberufe, nach dem Berufsbildungsgesetz staatlich anerkannte Berufe, für die Ausbildungsverordnungen (Rechtsverordnungen) erlassen worden sind.

Ausbildungsförderung, Geldleistungen öffentl.-rechtl. Gemeinwesen zur allg. und berufl. Förderung; im Bundesausbildungsförderungsgesetz (BAföG) für Studenten, im Ausbildungsförderungsgesetz für Maßnahmen berufl. Bildung geregelt.

Ausbürgerung, Aberkennung der → Staatsangehörigkeit.

Rose Ausländer

Auschwitz, poln. **Oświecim** [ɔɕˈfjɛntɕim], Stadt in der poln. Wwschaft Bielsko-Biała, 46 000 Ew. A. kam 1772 zu Österreich, 1919 zu Polen. 1940 errichtete die SS bei A. ein Konzentrationslager und erweiterte es 1941 mit 39 Außen- und Nebenlagern zum Vernichtungslager, in dem bis 1945 zw. 2,5 und 4 Mio. Juden ermordet wurden. Das Gelände ist heute staatliches Museum (mit Gedenkstätte).

Ausdehnung, 1) Längen- oder Volumenzunahme von Körpern bei Erwärmung. – **2)** ✡ **A. des Weltalls,** die angenommene zeitlich fortschreitende Vergrößerung des Weltalls.

Ausdruck, 1) Ⓟ Sichtbarwerden seel. Zustände oder Vorgänge in körperl. Erscheinungen, Verhaltensweisen, Handlungen und in Resultaten menschl. Tätigkeit. – **2)** 🖳 Verarbeitungsvorschrift, deren Ausführung einen Wert liefert; auch (allg.) ausgedruckte Daten auf einem Drucker.

Ausdruckstanz, zu Beginn des 20. Jh. entstandene, durch Isadora Duncan geförderte Richtung der Tanzkunst. Ziel ist die tänzer. Gestaltung seel. Erlebnisse. Bedeutendste Vertreterin des A. war Mary Wigman.

Ausfallzeiten → Anrechnungszeiten.

Ausfluss, 1) Ausströmen von Flüssigkeit oder Gas durch die Öffnung eines Gefäßes. – **2)** Abfluss. – **3)** ⚕ **Fluor,** verstärkte Flüssigkeitsabsonderung aus den weiblichen Geschlechtswegen.

Ausführungsgesetze, Durchführungsgesetze, Gesetze, die Einzelheiten zu anderen Gesetzen enthalten.

Auskragung

Ausgabe, engl. **Output,** 🖳 Übergabe von Programmen oder Daten an Peripheriegeräte, z. B. Bildschirm, Drucker.

Ausgedinge *das,* → Altenteil.

Ausgleichsgetriebe, Differenzialgetriebe, Zahnrad-(Planeten-)Getriebe, gleicht verschieden schnelle Drehung der Räder in den Kurven aus.

Ausgleichsrente, im Rahmen der Kriegsopferversorgung gewährter einkommensabhängiger Rentenbestandteil.

Ausgrabung, das Freilegen von Überresten der Vergangenheit; Mittel der archäolog., prähistor. und paläontolog. Forschung; erste A. in Italien im 15. Jh., wiss. A. begannen im 19. Jahrhundert.

Aushärtung, ⚙ Wärmebehandlung von Legierungen durch Glühen und Abschrecken; bei härtbaren Kunstharzen (Duroplaste) der Endzustand, der durch Erhitzen oder durch chem. Einwirkung erreicht werden kann.

Auskragung, ⌂ Vorspringen von Bauteilen oder ganzen Stockwerken über die Stützwand (Erker u. a.).

Auskunftei, Dienstleistungsunternehmen, das gewerbsmäßig Auskünfte über private oder geschäftl. Verhältnisse anderer, bes. über die Kreditwürdigkeit von Unternehmen und Privatpersonen erteilt.

Auskunftspflicht, ⚖ Pflicht des Einzelnen, den Behörden über ihn selbst betreffende Angelegenheiten Auskunft zu geben. Sie kann nur durch Gesetz auferlegt werden, z. B. im Steuerrecht.

Ausländer, Person, die eine andere als die Staatsangehörigkeit ihres Aufenthaltslands besitzt. Ein A., der das gewährte Gastrecht verletzt, kann ausgewiesen werden. Der A. hat in Dtl. i. d. R. kein Wahlrecht (Änderungen werden diskutiert) und ist von der Wehrpflicht befreit. Im Straf-, Privat- und Steuerrecht ist er dem Inländer gleichgestellt.

Ausländer, Rose, dt. Lyrikerin, * 1901, † 1988; Vertreterin der Lyrik des 20. Jh.; u. a. »Blinder Sommer« (1965), »Mutterland« (1978), »Ich spiele noch« (1987). Lebte 1941 bis 1944 versteckt im Getto von Czernowitz; ab 1946 in den USA, ab 1965 in Düsseldorf; schrieb in dt. und engl. Sprache.

ausländische Arbeitnehmer, Bez. für Personen, die (vorübergehend) in einem Land arbeiten, dessen Staatsangehörigkeit sie nicht besitzen; i. d. R. kommen die a. A. aus industriell unterentwickelten Ländern mit unzureichenden Beschäftigungsmöglichkeiten in Ind.länder, in denen Arbeitskräftemangel v. a. für arbeitsintensive, häufig geringe Qualifikation erfordernde und schlecht bezahlte Tätigkeiten besteht; auch **Gastarbeitnehmer, Gastarbeiter** genannt.

Ausläufer, ⚘ über den Boden kriechender, wurzelnder Seitentrieb (z. B. bei der Erdbeere), dient der Vermehrung.

Auslaut, Ⓢ Endlaut einer Silbe. (→ Inlaut)

Ausleger *der,* **1)** ⚓ bei Ruderbooten Gestell zum Auflegen der Riemen. – **2)** ⚓ mit dem Boot verbundener Schwimmkörper, der gegen das Umschlagen sichert. – **3)** bei Kränen das über die Tragkonstruktion hinausragende Gerüst.

Auslegung, 1) Interpretation, die Deutung von Schriftwerken, bes. der Bibel **(Exegese).** – **2)** ⚖ Klarstellung des Sinns von Rechtssätzen und Rechtsgeschäften.

Auslese, 1) ❀ **Selektion,** Ausmerzung schwächerer, weniger gut an ihre Umwelt angepasster Individuen und Überleben der am besten angepassten. (→ Darwinismus). – **2)** Wein aus vollreifen oder von Edelfäule befallenen Beeren.

Auslieferung, Übergabe eines Ausländers an seinen Heimatstaat oder an einen dritten Staat zur Strafverfolgung oder -vollstreckung. Eine völkerrechtl. Verpflichtung zur A. besteht nur kraft gegenseitiger **A.-Abkommen.** Politisch Verfolgte genießen Asylrecht. Kein Deutscher darf an das Ausland ausgeliefert werden (Artikel 16 GG).

Auslösemechanismus, Abk. **AM,** in der Verhaltensforschung Ausdruck für einen Mechanismus, der auf bestimmte Schlüsselreize anspricht und die zugehörende Reaktion auslöst; kann angeboren sein (**angeborener A.**, Abk. **AAM**).

Ausnahmezustand, staatl. →Notstand, bei dem außerordentl. Maßnahmen zur Wiederherstellung der öffentl. Sicherheit und Ordnung getroffen werden.

Ausonius, lat. Dichter, * um 310, † um 395; bekannt durch sein Preisgedicht »Mosella«.

Auspizi|en [lat. auspicium »Vogelschau«] *Pl.,* von den Auguren überwachter Brauch der Römer, durch Beobachtung des Vogelflugs u. a. den Willen der Götter zu erforschen.

Auspuffanlage, Gesamtheit aller Bauteile, mit denen die Abgase einer Verbrennungskraftmaschine aus dem Zylinder ins Freie abgeführt werden, bestehend aus **Auspuffkrümmer, -leitung** (-rohr), **-topf** (Schalldämpfer) und Abgaskatalysator (bei Benzinmotoren).

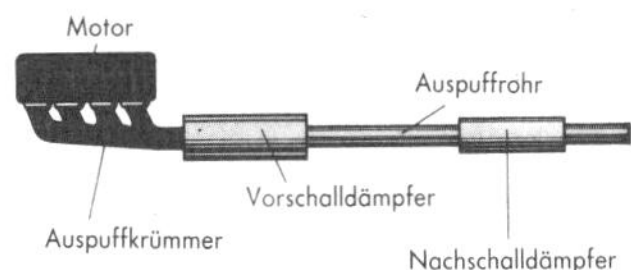

Auspuffanlage

Ausrüstung, 1) Bekleidung, Waffen und Gerät für den Einzelsoldaten wie für die Truppe. – **2)** Appretur eines Gewebes.

Aussage, 1) Erklärung (z. B. vor Gericht). – **2)** geistiger Gehalt. – **3)** Logik: Behauptungssatz.

Aussatz →Lepra.

Ausschabung, Kürettage, Abrasio, ⚕ Auskratzung der Gebärmutter mit der **Kürette.**

Ausschlag, Exanthem, ⚕ Hauterkrankung, charakterist. bei Infektionskrankheiten (Masern, Scharlach, Röteln, Windpocken u. a.).

Ausschuss, 1) aus einer Körperschaft, einer Gesellschaft usw. gewählter, mit bes. Aufgaben betrauter Kreis von Mitgliedern, z. B. parlamentar. A. – **2)** Stoffe oder Ware mit Fehlern.

Ausschwitzung →Exsudation.

Außenbordmotor, Sonderbauart eines außenseitig meist am Heck befestigten Bootsmotors (meist Zweitakt-Ottomotor).

Außenhandel, der Teil der Warenumsätze, der über die Landesgrenzen geht (Einfuhr und Ausfuhr), im Unterschied zum **Binnenhandel.** Die **A.-Statistik** erfasst Menge und Wert des A., die **Handelsbilanz** gibt einen Überblick über den gesamten A. eines Staates. **A.-Banken** vermitteln die Finanzierung (Devisengeschäfte). – Teil der →Außenwirtschaft.

Außenpolitik, Gestaltung der Beziehungen eines Staats zu fremden Staaten und zu zwischenstaatl. Einrichtungen.

Außenseiter, engl. **Outsider,** Wettkämpfer mit geringen Aussichten auf den Sieg.

Außenstände, unbeglichene Forderungen.

Außenwirtschaft, alle Wirtschaftsbeziehungen zw. Staaten. Die A. umfasst den Außenhandels-, Dienstleistungs- und Kapitalverkehr; eine Übersicht darüber gibt die **Zahlungsbilanz.**

Außerparlamentarische Opposition, Abk. **APO,** in der Bundesrepublik 1966 entstandene Gruppierungen, die ihre polit. Überzeugungen nicht von den parlamentar. Parteien vertreten sahen; gingen nach 1969 in der →neuen Linken auf.

Aussetzung, ⚖ **1)** bedingter Strafaufschub. – **2)** vorläufiger Stillstand eines Gerichtsverfahrens. – **3)** vorsätzl. Verlassen einer hilflosen Person.

Aussiedler, dt. Staats- oder Volksangehörige, denen nach 1951 (Ende der allg. Vertreibungsmaßnahmen) die Übersiedlung aus den Ländern des Ostblocks aufgrund bilateraler Verträge gestattet wurde.

Aussig, tschech. **Ústí nad Labem,** Stadt in der ČR, an der Elbe, 106 000 Ew.; Hafen, chem., Glas-, Porzellanind. – 31. 7. 1945 Massaker an Deutschen.

Aussig
Stadtwappen

Aussonderung, ⚖ im Konkurs die Rückgabe von Gegenständen, die dem Gemeinschuldner nicht gehören, an den Berechtigten.

Aussperrung, Entlassung aller oder eines Teils der Arbeitnehmer als Gegenmaßnahme der Arbeitgeber gegen Streik; darf grundsätzlich nur mit **suspendierender Wirkung** erfolgen; d. h., dass nach Beendigung des Arbeitskampfs die Arbeitsverhältnisse wieder aufleben müssen.

Ausstattung, 1) ⚖ Zuwendung der Eltern an ein Kind, das heiraten oder eine selbstständige Lebensstellung erlangen will (§§ 1624 f. BGB). – **2)** Aufmachung von Waren.

Aussterben, Verschwinden von Arten, Gattungen oder Stämmen von Lebewesen, heute v. a. durch Vernichtung ihrer Lebensräume und durch Umweltverschmutzung.

Aussteuerung, bei der gesetzl. Krankenversicherung Erlöschen des Anspruchs auf Krankengeld, bei der Arbeitslosenversicherung des Anspruchs auf Arbeitslosengeld; jeweils nach Ausschöpfung der gesetzl. geregelten Fristen.

Austausch, 1) durch kleinräumige, schnell wechselnde Luftbewegungen erfolgende Durchmischung der atmosphär. Luft unter Änderung von Temperatur, Wärmeinhalt, Wasserdampf- und Staubgehalt. – **2)** eine bei atomaren Systemen auftretende Erscheinung, die auf der Ununterscheidbarkeit und folglich Vertauschbarkeit gleichartiger Teilchen beruht und daher nur mit der Quantentheorie zu erklären ist.

Austen [ˈɔːstɪn], Jane, brit. Schriftstellerin, * 1775, † 1817; Romane: »Stolz und Vorurteil« (1813), »Mansfield Park« (1814), »Emma« (1816) u. a.

Auster *die,* schmackhafte Meermuschel; in **Austernbänken** kultiviert.

Austernfischer

Austerity [ɔˈsterɪtɪ, engl. »strenge Einfachheit«], die nach 1945 von der engl. Labourregierung propagierte Politik der Sparsamkeit; seitdem auch auf ähnl. Sparprogramme angewandt.

Austerlitz, tschech. **Slavkov u Brna,** Stadt in Südmähren, ČR; 6 300 Ew.; 1805 »Dreikaiserschlacht«: Napoleon I. besiegte die Russen unter Alexander I. und die Österreicher unter Franz II.

Austernfischer, taubengroßer Watvogel aus der Gruppe der Regenpfeifer.

Austin [ˈɔːstɪn], Hptst. von Texas, USA, am Colorado, 467 000 Ew.; Universität.

austral, südlich.

Australi|en [lat. »Südland«], der kleinste Erdteil. Er wird länderkundlich mit Tasmanien, Neuguinea, Neuseeland sowie der Inselwelt Ozeaniens (→Ozeanien, Übersicht) zu **A. und Ozeanien** zusammengefasst: insgesamt 8,5 Mio. km² mit 26,0 Mio. Ew. Das eigentliche A. und die Insel Tasmanien bilden **Festland-Australien.**

Festland-A. liegt beiderseits des südl. Wendekreises, hat wenig gegliederte Küsten; nur an der SW- und SO-Küste gute Hafenbuchten. Im W trockenes, z. T. wüstenhaftes Tafelland, im genügend bewässerten O teils Gebirge (Austral. Kordillere, bis 2 230 m hoch), teils Hügelland. Nur ein größeres Stromsystem (Murray-Darling), sonst meist nur zeitweise Wasser führende Flüsse (Creeks) und im S Seen ohne Abfluss zum Meer (Eyre-, Torrens-See); viele Salzsümpfe. Klimatisch gehört Nord-A. zu den Tropen, Süd-A. zur gemäßigten Zone, das Innere zum subtrop. Trockengürtel (Wüste, Buschland). Pflanzenwelt: Eukalyptus, Akazien, Flaschen- und Grasbäume sind bestimmend, im NO Urwald. Tierwelt: Die höheren Säugetiere fehlen fast ganz. Vorherrschend sind altertümliche Tierarten: Beuteltiere (Känguru, Koala u. a.), Schnabeltier, Dingo, Emu, Leierschwanz, Schwarzer Schwan.

Australischer Bund

Staatswappen

Staatsflagge

Internationales Kfz-Kennzeichen

Australien, Australischer Bund, engl. **Commonwealth of Australia,** Bundesstaat, das Festland A.s, Tasmanien und kleinere Inseln, 7,68 Mio. km², 17,4 Mio. Ew; Hptst. Canberra.
A. ist parlamentar. Monarchie innerhalb des Commonwealth of Nations; Staatsoberhaupt: brit. Königin, vertreten durch Gen.-Gouv.; Einteilung in 6 Bundesstaaten, 2 unmittelbare Bundesgebiete. – Bev. fast nur in den Randbez., bes. im SO und O; überwiegend Weiße, meist brit. Abstammung, daneben rd. 30 000 reinblütige sowie 110 000 mischblütige Ureinwohner (Aborigines). Religion: versch. christl. Kirchen, bes. die anglikanische.
Wirtschaft. Im O und SW Landwirtschaft (Weizen), im O und W und in weiten Gebieten des Innern Viehzucht, bes. Schafe. In der Welterzeugung von Wolle steht A. an 1. Stelle. ⚒ auf Stein- und Braunkohle, Bauxit, Uran, Erze. Eisen-, Stahl-, Zement-, Elektro-, chem. u. a. Ind. Ausfuhr: Wolle, Weizen, Bergbauprodukte. Haupthandelspartner: Japan, EU-Länder (v. a. Großbritannien und Dtl.). Wichtigste Verkehrsmittel sind Auto und Flugzeug. Haupthäfen: Sydney, Melbourne, Fremantle, Newcastle, Geelong.

Australopithecus, afrikan. Gattung der Hominiden, vor etwa 3 Mio. Jahren.

Austrasien, Austrien [»Ostreich«], unter den Merowingern der Osten des Fränk. Reichs (im Ggs. zum Westreich, →Neustrien) mit den Residenzen Reims und Metz.

Austria, lat. Name für Österreich.

Austrofaschismus, polit. Bewegung in Österreich (1919 bis 1938), stützte sich v. a. auf die Heimwehr; vom ital. Faschismus beeinflusst.

Austromarxismus, österr. Form des Marxismus: orth. marxist. Lehre mit Mehrheitsherrschaft in demokrat.-parlamentar. Regierungsform.

Ausverkauf, Veräußerung vorhandener Warenvorräte zu niedrigen Preisen, genehmigungspflichtig; als **Saisonschlussverkäufe** bes. Ende des Sommers und Winters.

Auswanderung, Verlassen des Heimatstaats, um sich in einem fremden Staat niederzulassen. Zunehmend aus wirtschaftl. Gründen; polit. begründete A. nennt man Emigration (→Emigranten). – Nach den großen A. nach Übersee im 19. Jh. und nach dem 1. Weltkrieg gewann die A. nach 1945 erneut an Bedeutung, bes. in West-Dtl., wohin über 10 Mio. Vertriebene, Verschleppte und Flüchtlinge geströmt waren.

Auswärtiges Amt, für die dt. Außenpolitik zuständige Behörde unter dem Bundesminister des Auswärtigen.

Ausweisung, Aufenthaltsverbot mit der Pflicht, das Staatsgebiet zu verlassen, und polizeil. Abschiebung, wenn das Verbot nicht befolgt wird. Deutsche können aus Dtl. nicht ausgewiesen werden. Die A. von Ausländern ist unter bestimmten Voraussetzungen rechtlich zulässig.

Auswinterung, 1) Absterben eines Nutzpflanzenbestands durch Winterschäden. – **2)** Ersticken der Fische unter dem Eis.

Auswuchten, ⚙ Beseitigen von **Unwuchten** (ungleichmäßige Massenverteilung in Bezug auf die Drehachse) bei Rädern und rotierenden Maschinenteilen.

Auswurf, Sputum, durch Husten aus den Atmungswegen herausbeförderte Stoffe. Untersuchung des A. ist für Erkennung von Krankheiten wichtig, z. B. Tuberkulose.

Auszubildender, umgangssprachliche Abk. **Azubi,** Jugendlicher oder Erwachsener, der einen →Ausbildungsberuf in einem Betrieb der Wirtschaft, in vergleichbaren Einrichtungen (öffentl. Dienst, freie Berufe) oder Haushalten erlernt; früher als **Lehrling** bezeichnet. Die Rechte und Pflichten der A. sind im Berufsbildungsgesetz geregelt.

Autarkie *die,* Selbstgenügsamkeit. Wirtschaftl. **autark** ist ein Land, das alles selbst besitzt oder erzeugt, was es braucht.

Authentizität *die,* Echtheit einer Schrift oder Urkunde; **authentisch,** echt.

Autismus *der,* in der Psychiatrie Begriff für psychot. (meist schizophrene) Persönlichkeitsstörungen, die durch extreme Insichgekehrtheit einer Person gekennzeichnet sind.

auto..., in Fremdwörtern: selbst...

Autobahn, Schnellverkehrsweg mit getrennten, kreuzungsfrei geführten Richtungsfahrbahnen (in jeder Richtung zwei- oder mehrspurig). Streckenlänge 1994: Dtl. (Bundes-A., Abk. BAB) 11 080 km.

Autobiographie *die,* literar. Beschreibung des eigenen Lebens.

autochthon, alteingesessen, bodenständig

Autodafé [port. »Glaubensakt«] *das,* öffentl. Verkündigung, auch Vollstreckung eines Urteils der →Inquisition in Spanien und Portugal (meist durch Feuertod).

Autodidakt *der,* durch Selbstunterricht Gebildeter.

autogenes Training [- ˈtrɛːnɪŋ], psychotherapeut., stufenweise erlernbare Konzentrationsübungen, um bestimmte Körperfunktionen unter Kontrolle zu bringen.

Autogramm *das,* eigenhändige Unterschrift einer bekannten Persönlichkeit.

Autograph *das,* vom Verfasser eigenhändig geschriebenes Schriftstück.

Daten zur Geschichte Australiens

1606	Niederländ. Seefahrer gelangen an die N-Küste Australiens
1642	A. Tasman entdeckt Van Diemen's Land (Tasmanien)
1770	J. Cook entdeckt die O-Küste
1788	Gründung von Strafkolonien in Port Jackson, Gründung von Sydney
1851	Goldfunde verursachen verstärkte Einwanderung
1901	Verkündung des Commonwealth of Australia mit Dominionstatus
1914–1918	Teilnahme am 1. Weltkrieg auf der Seite der Entente
1931	Statut von Westminster gewährt A. die Souveränität
1939–1945	A. erklärt am 3. 9. 1939 dem Dt. Reich den Krieg. Totale Mobilmachung 1942 wegen der jap. Bedrohung
1954	Gründungsmitglied der SEATO
1996	J. W. Howard Premierminister

Auto|intoxikation *die,* Selbstvergiftung durch Stoffe, die im Körper gebildet werden, meist bei Funktionsstörungen von Leber und Nieren, z. B. Harnvergiftung.
Autokephalie *die,* Stellung einer orth. Nationalkirche mit eigener gesetzgeber. Gewalt unter dem Ehrenprimat von Konstantinopel.
Autoklav *der,* luftdicht verschließbares Metallgefäß zum Erhitzen unter Druck.
Autokratie *die,* Selbstherrschaft, Staatsform, bei der der Herrscher, der **Autokrat,** die unumschränkte Staatsgewalt innehat.
Automat [griech. »Selbstbeweger«] *der,* **1)** mechan. oder elektron. Einrichtung, bei der nach In-Gang-Setzen ein Vorgang selbsttätig abläuft. Münz-A. verabfolgen eine Ware (z. B. Briefmarken, Zigaretten) oder eine Leistung (z. B. Fernsprech-, Wiege-A.) nach Einwurf eines Geldstücks. In elektr. Anlagen bewirken Schalt- und Sicherungs-A. das Abschalten bei Kurzschluss oder Überlastung. Bes. Bedeutung kommt dem A. als Werkzeugmaschine zu (z. B. Dreh-, Fräs-, Bohr-, Schleif-A.). – **2)** jedes System, das Informationen aufnimmt, selbstständig verarbeitet und abgibt, wird als A. bezeichnet.
Automatisierung, Automation, Anwendung von techn. Mitteln, mit deren Hilfe ohne Einflussnahme des Menschen Arbeitsmittel teilweise oder ganz nach vorgegebenen Programmen bestimmte Operationen durchführen; angewandt bes. in der Energie-, Verfahrens-, Fertigungs-, Förder-, Nachrichtentechnik, in der Verkehrstechnik. – Die A. bewirkt eine Zunahme von Produktion und Produktivität, höheren Lebensstandard, höhere Löhne bei kürzerer Arbeitszeit, Entlastung von schwerer körperl. Arbeit, kann aber auch unerwünschte Folgen haben, v. a. Freisetzung von Arbeitskräften. Diesen versucht man zu begegnen durch bessere Schul- und Berufsausbildung, Umschulung, Weiterbildung, Anpassungsbeihilfen, Rationalisierungsschutz-Abkommen.
Autonomie *die,* Selbstgesetzgebung, Unabhängigkeit; das Recht eines Gemeinwesens, seine Angelegenheiten durch eigene Satzung zu ordnen. **autonom,** eigengesetzlich.
Autopsie *die,* ⚕ Leichenöffnung.
Autorisation *die,* Erteilung einer Vollmacht.
Autorität *die,* **1)** Ansehen, Geltung. – **2)** maßgeblicher Fachmann.
Autun [o'tœ̃], Stadt in Burgund, Frankreich, 19 400 Ew.; das röm. **Augustodunum** war Hauptort der Äduer; Baureste aus röm. Zeit; roman. Kathedrale Saint-Lazare.
Auvergne [o'vɛrɲ] *die,* Hochland in Mittelfrankreich; viele erloschene Vulkane, im Zentralmassiv bis 1 886 m hoch; Viehzucht, Erz-, Steinkohlenlager.
Auxerre [o'sɛ:r], Hptst. des Dép. Yonne, Frankreich, 40 600 Ew.; röm. Gründung. Die Kathedrale Saint-Étienne ist ein Hauptwerk der burgund. Gotik.
Aval *der,* Wechselbürgschaft.
Avance [a'vɑ̃s] *die,* **1)** Vorteil. – **2)** ermutigendes Entgegenkommen.
Avantgarde [avɑ̃'gard] *die,* militärisch und übertragen: Vortrupp, Vorhut. **Avantgardist,** Vorkämpfer einer Idee oder Richtung (Literatur, Kunst).
Ave [lat.], »sei gegrüßt!«, »lebe wohl!«; **Ave Maria,** Gruß des Erzengels Gabriel an Maria (Lk. 1, 28), daher **Englischer Gruß.**
Aventin *der,* einer der 7 Hügel Roms.
Aventurin *der,* rötlich braune Art des Quarzes, goldschimmernder Schmuckstein.
Averkamp, Ludwig, dt. kath. Theologe, * 1927; seit 1995 Erzbischof des neu errichteten Erzbistums Hamburg.
Averro|es, arab. **Ibn Ruschd,** islam. Philosoph, * 1126, † 1198; seine Kommentare zu Aristoteles beeinflussten die mittelalterliche Weltanschauung.

Die etwa 13 m hohe mittelalterliche Stadtmauer von **Ávila**

Avers *das,* die Vorderseite einer Münze, oft mit Kopfbild oder Wappen; Rückseite: Revers.
Aveyron [ave'rɔ̃], **1)** *der,* rechter Nebenfluss des Tarn, S-Frankreich, 250 km lang. – **2)** Dép. in Frankreich, Hptst. Rodez.
Avicenna, arab. **Ibn Sina,** pers. Arzt und Philosoph, * 980, † 1037; entwickelte den Aristotelismus, speziell in seiner neuplaton. Fassung, weiter. Sein medizin. Handbuch »Kanon der Medizin« war 700 Jahre lang bis zum Beginn der modernen Medizin unbestrittene Autorität.

Auvergne
Historisches Wappen

Avignon [avi'ɲɔ̃], Stadt in S-Frankreich, an der Rhône, 89 400 Ew.; Kirchen (got. Kathedrale), Klöster; Papstpalast (14. Jh.); Wahrzeichen: die teilweise zerstörte Brücke aus dem 12. Jh.; Handelsplatz. – A. gehörte im MA. zur Grafschaft Provence, 1309 bis 1376 Sitz der Päpste.

Avignon
Stadtwappen

Ávila, Stadt in Spanien, 44 600 Ew.; Altstadt und Kirchen gehören zum Weltkulturerbe; Wallfahrtsort.
Avis [a'vi:(s)], Nachricht, Ankündigung; allg. im Sinne einer Vorankündigung gebraucht; 1) im Überweisungsverkehr zw. Banken, wenn Geld über eine dritte Bank angeschafft wird; 2) im Warenverkehr als Versand-A.; 3) im Wechsel- und Scheckrecht die Mitteilung des Ausstellers an den Bezogenen über die Deckung der Wechsel- oder Schecksumme. Die A.-Klausel lautet entweder »mit A. (Bericht)« oder »ohne A. (Bericht)«.
Avitaminosen *Pl.,* Vitaminmangelkrankheiten.
Avocado, birnenähnl. dunkelgrüne Frucht eines südamerikan. Lorbeergewächses; als Salat oder Vorspeise.
avogadrosches Gesetz, von dem ital. Physiker A. C. Avogadro (* 1776, † 1856) aufgestellte Regel: Alle Gase enthalten in der Raumeinheit die gleiche Anzahl von Molekülen (bzw. Atomen bei den Edelgasen), wenn Druck und Temperatur gleich sind. Die **avogadrosche Konstante** (Formelzeichen N_A) gibt die Anzahl der Atome oder Moleküle an, die in einem Mol eines Stoffes enthalten sind: $N_A = 6{,}022\,136\,7 \cdot 10^{23}\ \mathrm{mol}^{-1}$.
AWACS ['eɪwæks; Abk. für Airborne early Warning and Control System »fliegendes Warn- und Steuersystem«], luftgestütztes, in den USA entwickeltes militär. Frühwarnsystem v. a. der NATO.
Awaren, Avaren, 1) den Hunnen verwandtes nomadisierendes Steppenvolk, gründete um 565/570 in Ungarn ein eigenes Reich, das nach der Niederlage (791 bis 803) gegen Karl d. Gr. verfiel. – **2)** Kaukasusvolk in Dagestan, zw. dem Großen Kaukasus und dem Kasp. Meer.
Awesta *das,* hl. Schriften der altpers. Religion (→ Zarathustra).
axial, in Richtung der Achse gelegen.

Avocado

Charles Aznavour

Axiom *das,* Ursatz, der nicht bewiesen (abgeleitet) werden kann.
Axolotl *der,* nord- und mittelamerikan., oft weißer Wassermolch, schon als Kiemen tragende Larve fortpflanzungsfähig.
Ayers Rock ['εəz -], größter Inselberg der Erde, in Australien, 9 km Umfang, mythischer Ort der Ureinwohner.
Azalee, Azali|a *die,* ostasiat. Heidekrautgewächs der Gattung Rhododendron, vornehmlich Ziersträucher mit großen roten, rosa, weißen oder gelben Blüten; auch Topfpflanzen.
azeotropes Gemisch, Gemisch von Flüssigkeiten, die durch einfache Destillation nicht zu trennen sind, sondern bei einem bestimmten Mischungsverhältnis konstant sieden (z. B. 95,57 Gew.-% Äthanol und 4,43 Gew.-% Wasser).
Azide, die Salze der Stickstoffwasserstoffsäure.
Azidität *die,* Säuregehalt. **Azidimetrie,** Bestimmung der A. durch Neutralisation.
Azimut *der* und *das,* **1)** ☼ Winkel zw. dem Südpunkt und dem Schnittpunkt des Vertikalkreises eines Gestirns mit dem Horizont. – **2)** Winkel zw. der Richtung zu einem Objekt und der Nordrichtung.
Aznar Lopez, José María, span. Politiker, * 1953; Jurist; seit 1990 Vors. des Partido Popular; seit Mai 1996 Ministerpräsident.
Aznavour [azna'vu:r], Charles, eigentl. C. **Aznavourian,** frz. Schauspieler und Sänger armen. Herkunft, * 1924; komponierte und textete zahlreiche Chansons, z. B. für J. Gréco, G. Bécaud.
Azofarbstoffe, synthet. Farbstoffe, v. a. im gelben bis roten Bereich; zum Färben von Textilien u. a.; Methylrot und Methylorange sind Indikatorfarbstoffe.
Azoren [»Habichtsinseln«] *Pl.,* 9 port. Inseln im Atlant. Ozean, vulkanisch, fruchtbar (Bananen, Ananas), mildes Klima.
Azteken, mächtigstes Indianervolk Mexikos, dessen Reich von den Spaniern unter Cortés 1519 bis 1521 unterworfen wurde. Um 1350 gründeten sie ihre Hptst. Tenochtitlán (das heutige Mexicocity). Die A. waren Feldbauer und Händler; Handwerk und Kunsthandwerk standen auf hoher Stufe. Eine eigene Bilderschrift sowie ein auf astronom. Beobachtung fußender Kalender wurden entwickelt. Den Göttern, neben eigenen Gottheiten wie dem Sonnen- und Kriegsgott Huitzlipochtli standen auch Götter benachbarter oder früherer Kulturen, wurden z. T. blutige Menschenopfer in großer Zahl gebracht. Die oberste Kontrolle lag bei einem Kaiser, die Oberschicht hatte die polit. Ämter inne und kontrollierte das Land. Die Unterschicht musste an sie Pacht und Tribut zahlen. Die soziale Stellung war erblich, sozialer Aufstieg möglich. Die Nachfahren der A. bilden heute einen Teil der Bev. Mexikos.
Azuero [a'suero], Halbinsel im Golf von Panama, Hauptviehzuchtgebiet Panamas.
Azulejos, [aθu'lεxɔs, span.], bunt glasierte Fayence-Wandfliesen mit geometr. oder pflanzl. Mustern, von den Mauren im 14. Jh. in Spanien eingeführt; reiche Entfaltung im heutigen Portugal.
Azur *der,* himmelblaue Farbe.

B

Babylonien
Statue eines Beters, 29 cm hoch (um 2600 v. Chr.)

b, B, 1) stimmhafter Lippenverschlusslaut; der 2. Buchstabe des dt. Alphabets. – **2)** 𝄞 **b,** um einen Halbton erniedrigtes h; als Vorzeichen (♭) erniedrigt es die Note, vor der es steht, um einen halben Ton. – **3)** auf Münzen: **B** Zeichen für Hannover (bis 1878) und Wien (1938 bis 1944). – **4) B,** ⚗ chem. Symbol für Bor.
Ba, ⚗ chem. Symbol für Barium.
Baader, Franz Xaver von, * 1765, † 1841; dt. kath. Theologe und Philosoph.
Baader-Meinhof-Prozesse, 1975 bis 1977 durchgeführte Strafverfahren gegen Mitglieder der terrorist. »Rote-Armee-Fraktion« (RAF; »Baader-Meinhof-Gruppe« nach ihren Anführern A. Baader [* 1944, † 1977] und U. Meinhof [* 1934, † 1976]), die die Staats- und Gesellschaftsordnung gewaltsam umstürzen wollte. Die Angeklagten wurden nach langwierigen Prozessen zu lebenslangen (A. Baader, G. Ensslin, J.-C. Raspe, M. Grashof, K. Jünschke) bzw. zu langjährigen Freiheitsstrafen verurteilt.
Baal [hebr. »Herr«], Gott der Westsemiten, als Stier oder Mensch dargestellt, Bauerngott der Kanaaniter, von den jüd. Propheten bekämpft.
Baalbek, Balbek, Prov.-Hptst. in Libanon, rd. 20 000 Ew.; in hellenist. Zeit **Heliopolis,** bedeutend v. a. in der röm. Kaiserzeit; die Reste großartiger Tempelbauten gehören zum Weltkulturerbe.
Baar *die,* raue Hochebene in Bad.-Württ., zw. südl. Schwarzwald und Schwäb. Alb.
Baath-Partei, »Sozialist. Partei der arab. Wiedergeburt« v. a. in Syrien und im Irak, tritt für eine Föderation der arab. Staaten ein.
Bab Al Mandeb [arab.], 26 km breite Meerenge zw. Rotem Meer und dem Golf von Aden.
Babbage ['bæbɪdʒ], Charles, brit. Mathematiker, * 1792, † 1871; konstruierte Rechenautomaten, deren Bau an techn. Problemen scheiterte.
Babenberger, Fürstengeschlecht, das 976 bis 1246 in Österreich herrschte.
Babeuf [ba'bœf], François Noël, frz. Revolutionär und Vertreter des Jakobinerterrors, * 1760, † (hingerichtet) 1797.
Babij Jar, Schlucht bei Kiew, in der im Sept. 1941 von Angehörigen eines dt. Polizeibataillons über 30 000 Juden ermordet wurden.
Babisten, islam. Erneuerungssekte in Iran, gegr. im 19. Jh. von Ali Mohammed (* 1820, † 1850), blutig verfolgt; lebt in der → Bahai-Religion fort.
Babits ['bɔbitʃ], Mihály, ungar. Schriftsteller, * 1883, † 1941; Lyrik, Gegenwartsromane, Übersetzungen (Dante, Shakespeare, Goethe).
Babylon [»Tor Gottes«], bibl. **Babel,** seit etwa 2000 v. Chr. Hptst. Babyloniens, beiderseits des Euphrats, von den Assyrern mehrfach zerstört, im 7./6. Jh., bes. durch Nebukadnezar II., glanzvoll aufgebaut. 539 v. Chr. von Kyros II., 331 v. Chr. von Alexander d. Gr. erobert.
Babyloni|en, im Altertum wegen seiner Fruchtbarkeit begehrtes Tiefland am unteren Euphrat und Tigris, Ausgangspunkt großer Reiche. Im S herrschten seit dem 3. Jt. v. Chr. die Sumerer, im N seit 2600 v. Chr. die Akkader, die unter Sargon und Naramsin das erste Großreich schufen. Ihr Vermächtnis nahmen um 2000 die Könige von Ur, um 1700 Hammurapi auf. In der Folge beherrschten erst die Kassiten B., dann geriet es in Abhängigkeit von Assyrien. Das **Neubabylon. Reich** wurde unter Nebukadnezar II. (605 bis 562)

noch einmal Großmacht; 539 wurde es vom Perserkönig Kyros II. erobert. Tempel-, Palastbau (Ziegel) und Bildkunst gehen auf sumer. Kultwerke zurück. - Das babylon. Gilgamesch-Epos gehört zur Weltliteratur.

Babylonische Gefangenschaft, Aufenthalt der Juden in Babylonien nach der Eroberung und Zerstörung Jerusalems durch Nebukadnezar II. (597 und 586 v. Chr.) bis zur Rückkehr unter Kyros II. (538 v. Chr.).

Babylonischer Turm, etwa 90 m hohes Heiligtum des Marduk in Babylon. Nach 1. Mos. 11 wurde die Vollendung durch die Sprachverwirrung verhindert **(babylonische Verwirrung).**

Bacchanal *das,* altröm. Fest des Gottes Bacchus, oft ausschweifend begangen.

Bacchant *der,* Teilnehmer an einem Bacchanal; im MA. auch fahrender Schüler; **bacchantisch, bacchisch,** wild, freudetoll, trunken.

Bacchus, röm. Gott der Fruchtbarkeit und des Weins (griech. →Dionysos).

Bach, Johann Sebastian, einer der größten Komponisten und der bedeutendste prot. Kirchenmusiker, * 1685, † 1750, seit 1723 Thomaskantor in Leipzig. Seine von tiefster Frömmigkeit getragene Musik verbindet die kontrapunkt. Mehrstimmigkeit mit dem jungen, harmonisch bestimmten Konzertstil. Fuge und Kanon erhielten durch ihn ihre klass. Gestalt. Werke: 200 Kirchenkantaten, Weihnachtsoratorium (1734), Johannes- und Matthäuspassion (1724, 1727 oder 1729), h-Moll-Messe (1724 bis um 1747/49), Präludien und Fugen, Fantasien, Choralvorspiele für Orgel; Klavierwerke: Inventionen, »Das wohltemperierte Klavier« (1722, 1744), Suiten u. a.; Instrumentalkonzerte: 6 Brandenburg. Konzerte (1721), Violinkonzerte u. a.; »Das musikal. Opfer« (1747); »Die Kunst der Fuge« (1750, unvollendet). Von seinen Söhnen waren die begabtesten Wilhelm Friedemann B. (* 1710, † 1784), Carl Philipp Emanuel B. (* 1714, † 1788), Johann Christian B. (* 1735, † 1782).

Bacharach, Stadt am Rhein, Rhld.-Pf., 2 200 Ew.; Weinbau und -handel. Über B. die Burgruine Stahleck.

Bache *die,* Wildsau, die mindestens einmal Junge geworfen hat oder älter als 2 Jahre ist.

Bachler, Klaus, österr. Schauspieler und Regisseur, * 1951; seit 1996 Leiter der Wiener Volksoper.

Bachmann, Ingeborg, österr. Lyrikerin, * 1926, † 1973; schrieb von Intellekt und Poesie geprägte Gedichte (»Die gestundete Zeit«, 1953), Romane (»Malina«, 1971), Erzählungen (»Das dreißigste Jahr«, 1961), Hörspiele.

Bachofen, Johann Jakob, schweizer. Rechts- und Altertumsforscher in Basel, * 1815, † 1887; stellte die These auf, dass das Matriarchat dem Patriarchat vorausgegangen sei (»Das Mutterrecht«, 1861).

Bachstelzen, Singvögel, Wasser liebende Zugvögel mit langem Schwanz, jagen Insekten; in Mitteleuropa: **Weiße B.** (weiß-schwarz-grau), **Gebirgs-** oder **Bergstelze** (gelbbauchig), **Schafstelze** (grünlich).

Bachtaran [-x-], bis 1986 **Kermanschah,** Prov.-Hptst. in Iran, 560 000 Ew.; Erdölraffinerien, Textilindustrie.

Backbord *der* und *das,* ⚓ linke Schiffsseite.

Backnang, Große Krst. an der Murr, Bad.-Württ., 30 000 Ew.; Textilien; Elektrotechnik.

Backpulver, Treibmittel zum Lockern des Teiges, meist Mischung von Natriumbicarbonat mit sauren Salzen.

Backsteinbau, Bau aus Backsteinen (durch Brennen gehärtete Ziegel aus Lehm oder Tonerde) ohne oder mit Verputz oder Verkleidung; in Mesopotamien schon seit dem 4. Jt. v. Chr., im MA. bes. in Nord-Dtl. gepflegt **(Backsteingotik).**

Bacon [ˈbeɪkən] *der,* engl. Frühstücksspeck.

Bacon [ˈbeɪkən], **1)** Francis, engl. Staatsmann und Philosoph, * 1561, † 1626; wurde 1618 Großkanzler. Als Gegner mittelalterl. Buchwissens sah er in der Erfahrung die einzig verlässl. Erkenntnisquelle. - **2)** Francis, brit. Maler, * 1910, † 1992; Autodidakt. Seine krass schockierenden Bilder zeigen in verwischter Malweise den deformierten Menschen. - **3)** →Roger Bacon.

Johann Sebastian Bach. Ausschnitt aus einem zeitgenössischen Ölgemälde und Autogramm

Bad, 1) staatlich anerkannter Kurort mit natürl. Heilquellen. - **2)** Eintauchen des Körpers in warmes oder kaltes Wasser mit oder ohne Zusätze, zur Reinigung, Abhärtung oder Heilwirkung (Wasserheilverfahren; Heilquellen); angewendet als **Voll-** oder **Teil-B.** (Sitz-, Arm-, Fuß-B.). I. w. S. spricht man von B. auch beim **Sand-B.,** bei der Anwendung von Wasserdampf **(Dampf-B.),** von heißer oder kühler Luft **(Heißluft-B., elektr. Licht-, Luft-B.),** beim **Sonnen-B.,** bei der Anwendung von Elektrizität **(Vierzellen-B., elektr. Wasser-B.).** Kombinierte B. sind u. a. **Türk. B., Sauna.** - Die Römer schätzten bes. warme Bäder (Thermen). In N- und Mitteleuropa findet sich sehr früh neben dem Fluss-B. das Warm-B. Im MA. gab es viele öffentl. Badestuben. Durch Kriege und Seuchen ging im 17. Jh. das Badewesen stark zurück. Erst im 19. Jh. nahm es wieder großen Aufschwung. Heute ist ein Badezimmer Wohnstandard.

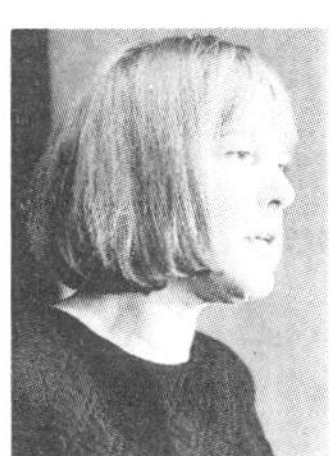

Ingeborg Bachmann

Badajoz [-ðaˈxɔθ], span. Prov.-Hptst. in der südl. Estremadura, nahe der port. Grenze (»Schlüssel Portugals«), 112 600 Ew.; Reste der maur. Stadtmauer, Kathedrale (1258 ff.), Brücke von 1596.

Backnang Stadtwappen

Baden, histor. Land am Oberrhein; umfasst die Gebiete rechts des Rheins vom Hochrhein und mittleren Bodensee bis in den südl. Odenwald und das untere Taubertal. - Im 11. Jh. entstand die Markgrafschaft B. unter den Zähringern aus versch. Lehen des ehem. Herzogtums Schwaben. Karl Friedrich († 1811) vergrößerte sie in der napoleon. Zeit um die rechtsrhein. Kurpfalz und den Breisgau; er wurde 1806 Großherzog. 1818 wurde eine liberale Verfassung eingeführt.

Baden-Württemberg. Verwaltungsgliederung

Baden bei Wien
Stadtwappen

Baden-Württemberg
Kleines Landeswappen

1848/49 kam es zu republikan. Aufständen. 1918 wurde B. Freistaat, 1945 kam Nord-B. zu Württ.-B., Süd-B. wurde als B. eigenes Bundesland; 1952 zu → Baden-Württemberg zusammengeschlossen.

Baden, 1) Kurort und Heilbad in Niederösterreich, bei Wien, 28 000 Ew. – **2)** Bezirkshauptort, Ind.- und Badestadt im schweizer. Kt. Aargau, 14 000 Einwohner.

Baden-Baden, Stadt in Bad.-Württ., im nordwestl. Schwarzwald, an der Oos, 51 000 Ew.; seit der Römerzeit Heilbad; Pferderennen; Spielbank; früher Residenz der Markgrafen von Baden.

Baden-Powell [ˈbeɪdn ˈpəʊel], Sir Robert Stephenson Smyth, britischer General, *1857, †1941; Gründer (1907/08) der Pfadfinderbewegung.

Badenweiler, Heilbad im südl. Schwarzwald, Bad.-Württ., 3600 Ew.; im Kurpark u. a. Reste einer röm. Badeanlage.

Baden-Württemberg, Land der Bundesrep. Dtl., 35 751 km^2, 10,15 Mio. Ew.; Hptst. Stuttgart. 4 Reg.-Bez.: Stuttgart, Karlsruhe, Freiburg, Tübingen.
B.-W. umfasst den rechtsrhein. Teil der Oberrhein. Tiefebene bis zum südl. Odenwald, den Schwarzwald, den vulkan. Hegau, den westl. Teil des Alpenvorlands zw. Bodensee, Iller und Donau, die Schwäb. Alb und die Hügellandschaften beiderseits des Neckars bis zur Tauber im O, die von den fruchtbaren Gäuflächen und von bewaldeten Höhenrücken durchzogen werden. Wichtigste Flüsse: Donau, Neckar mit Nebenflüssen. Bodenschätze: Salzlager im Neckarland, Kali und Erdöl in der Oberrheinebene, viele Mineralquellen (Baden-Baden, Rippoldsau, Mergentheim, Wildbad u. a.). – B.-W. ist das am stärksten industrialisierte dt. Bundesland: Stahl- und Maschinenbau, Elektro-, Textil-, chem., Spiel-, Schmuckwaren-, feinmechan., opt., Uhrenind. Viehzucht; Getreide-, Obst-, Weinbau,

Forstwirtschaft; Wasserkraftwerke, Erdölraffinerien; Kernforschungszentrum Karlsruhe; Fremdenverkehr. – B.-W. wurde 1952 aus den Ländern Württemberg-Baden, Baden und Württemberg-Hohenzollern gebildet. Min.-Präs. E. Teufel (seit 1991) steht seit 1996 einer Koalition aus CDU und FDP vor.

Badminton ['bædmɪntən] *das,* turniermäßiges Federballspiel.

Baedeker, dt. Buchhändlerfamilie. Karl B. (* 1801, † 1859) gründete 1827 den Reisehandbücherverlag Baedeker.

Baer, Karl Ernst v., * 1792, † 1876; dt. Zoologe. Seine Entdeckung, dass Säugetiere Eizellen entwickeln (1826), ließ ihn zum Begründer der modernen Embryologie werden.

Baffin ['bæfɪn], William, engl. Seefahrer, * 1584, † 1622; nahm 1612 bis 1616 an Entdeckungsfahrten im Nördl. Eismeer teil.

Baffinland ['bæfɪn-], größte Insel des Kanadisch-Arkt. Archipels, Kanada, 688 808 km²; Eisenerzvorkommen.

Bagage [ba'ga:ʒə] *die,* **1)** Gepäck. – **2)** Tross eines Heeres. – **3)** Gesindel.

Bagdad, Hptst. des Irak, am Tigris, 3,3 Mio. Ew. (städt. Agglomeration); 3 Univ., Ind. – Im MA. Sitz der arab. Kalifen, Mittelpunkt von Kunst und Wiss.; die Zerstörungen des Golfkriegs 1991 sind weitgehend beseitigt.

Bagger, Baumaschine zum Lösen und Transport großer Mengen von Erde, Kies, Kohlen u. a. **Trocken-B.** fahren an Land, auf fester Gleisanlage oder auf Raupenketten, **Nass-B.** sind in Schiffe eingebaut. Beim **Eimerketten-B.** läuft an einer heb- und senkbaren Eimerleiter eine endlose, mit Schürfeimern besetzte Kette um, der **Schräm-B.** hat statt Eimern Kratzeisen. Bis zu einem Löffelinhalt von 9 m³ haben sich **Hydraulik-B.** durchgesetzt, deren Bewegungsfunktionen von Arbeitszylindern und Hydraulikmotoren übernommen werden. Der **Löffel-B.** besitzt als Schürfgerät ein Grabgefäß (Löffel), beim **Schaufelrad-B.** löst ein an einem bewegl. Ausleger umlaufendes Rad mit Eimern das Gut und gibt es auf ein Förderband. Der **Saug-B.** pumpt ein Gemisch aus Wasser und festen Teilen vom Gewässergrund ab.

Bahai-Religion, aus dem Babismus (→ Babisten) hervorgegangene humanitär-aufklärer. Glaubensbewegung, benannt nach ihrem Künder Bahá'u'lláh (* 1817, † 1892).

Bahamas, Staat auf den Bahama-Inseln, einer Inselgruppe Westindiens, zw. Florida und Haiti, 13 878 km², 264 000 Ew.; Hptst. Nassau. Südfrüchte, Hölzer. – Auf den B. betrat Kolumbus 1492 zuerst amerikan. Boden; seit 1718 britisch, seit 1973 unabhängig.

Bahia [ba'ia], **1)** alter Name von → Salvador. – **2)** Küstenstaat Brasiliens, 566 979 km², 11,74 Mio. Ew.; Erdöl; Anbau von Kaffee, Tabak und Kakao, im Hochland Baumwolle.

Bahía Blanca, Ausfuhrhafen Argentiniens für landwirtschaftliche Erzeugnisse, 224 000 Einwohner.

Bahn, 1) ⚛ Weg, den ein Körper zurücklegt. – **2)** ☼ **B.-Elemente,** Bestimmungsstücke zur B.-Berechnung von Himmelskörpern. – **3)** → Eisenbahn.

BahnCard, käuflich zu erwerbende Berechtigungskarte der Dt. Bahn AG (DB), gegen deren Vorlage dem Inhaber ein Jahr lang eine Fahrpreisermäßigung von 50 % im Streckennetz der DB gewährt wird.

Bahnhof, Anlage der Eisenbahn für den Personen- und Güterverkehr. Nach der Lage zum Bahnnetz unterscheidet man **End-** und **Zwischen-B.,** nach dem Grundriss **Kopf-** oder **Sack-B.** (in denen die Gleise enden) und **Durchgangs-B.** (mit durchlaufenden Hauptgleisen). – Auf **Verschiebe-(Rangier-)B.** werden Güterzüge zusammengestellt und getrennt, auf **Lokomotiv-B.** werden Lokomotiven gewartet.

Bahnhofsmission, auf größeren Bahnhöfen Fürsorgeeinrichtungen konfessioneller Verbände zur Betreuung hilfsbedürftiger Reisender.

Bahnpolizei, Sonderpolizei zur Überwachung und Sicherung des Eisenbahnbetriebs; ihre Aufgaben übernahm 1992 der Bundesgrenzschutz.

Bahr, Egon, dt. Politiker (SPD), * 1922; arbeitete an der Neukonzeption der dt. Ostpolitik mit (»Wandel durch Annäherung«); 1976 bis 1991 Präsidiumsmitglied der SPD; seit 1984 bis 1994 Leiter des »Instituts für Friedensforschung und Sicherheitspolitik« (Hamburg).

Bähr, George, Baumeister des dt. Barocks, * 1666, † 1738; u. a. Frauenkirche in Dresden.

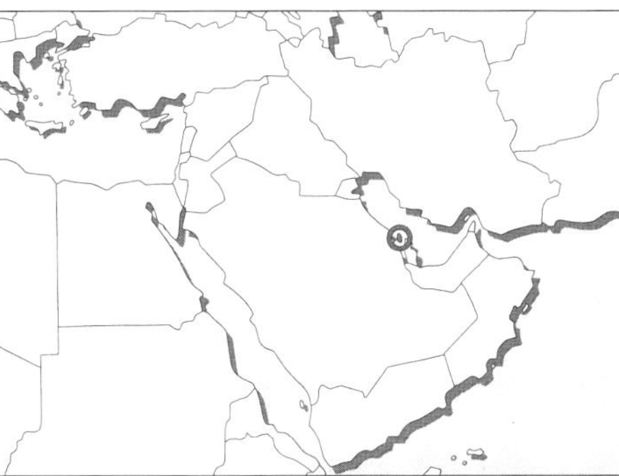

Bahrain [bax'raɪn], Inselstaat im Pers. Golf, selbstständiges Scheichtum, bis 1971 brit. Protektorat, 688 km², 533 000 Ew.; Hptst. Menama; Erdöl.

Bai, engl. **Bay** [beɪ] *die,* Meeresbucht.

Baia Mare, Bergwerksstadt im nördl. Siebenbürgen, Rumänien, 136 000 Ew.; Kupfer-, Gold- und Silbererze.

Baiersbronn, Luftkurort im nördlichen Schwarzwald, 14 400 Ew.; mit über 19 000 ha größte Landgemeinde in Bad.-Württ.; Holzindustrie.

Baikal-Amur-Magistrale, Abk. **BAM,** russ. Eisenbahnlinie nördlich der Transsib, 3 100 km lang, im Sept. 1984 fertig gestellt; dient der Erschließung von Bodenschätzen in Sibirien.

Baikalsee, Binnensee im südl. Sibirien, Russland, 31 500 km²; tiefster See der Erde, 1 620 m; Abfluss nach dem Jenissej. Der B. wird im S von der Sibir. Eisenbahn umfahren. Am NW-Ufer das **B.-Gebirge,** bis 2 572 m hoch, reich an Metallen.

Baikonur, Siedlung in Kasachstan, nordöstl. des Aralsees; Raumfahrtzentrum.

Bairam, Beiram *der,* muslim. Feste nach dem Fastenmonat Ramadan.

Baisse [bɛs] *die,* Sinken der Börsenkurse; Ggs.: Hausse.

Bajadere *die,* ind. Tänzerin.

Bahamas

Staatswappen

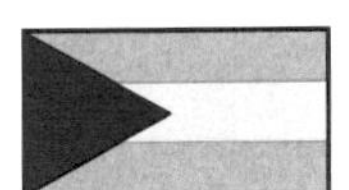

Staatsflagge

Internationales Kfz-Kennzeichen

Bahrain

Staatswappen

Staatsflagge

Internationales Kfz-Kennzeichen

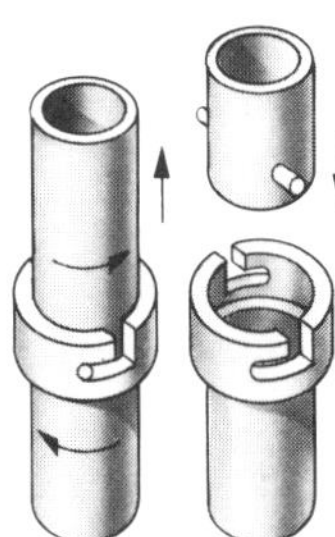

Bajonettverschluss

Josephine Baker

Baku
Stadtwappen

Gemeiner **Baldrian**

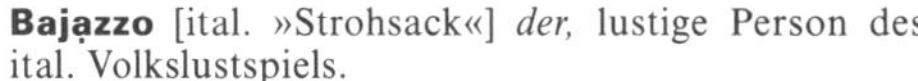

Bajazzo [ital. »Strohsack«] *der,* lustige Person des ital. Volkslustspiels.

Ba Jin [- dʒɪn], chin. Schriftsteller, * 1904; meist autobiograph. Romane, Kurzgeschichten und Novellen über die Auflösung des traditionellen Familienverbands.

Bajonett [nach dem Herstellungsort Bayonne] *das,* Stoßwaffe am Gewehrlauf, später das aufgepflanzte Seitengewehr.

Bajonettverschluss, leicht lösbare Verbindung von Stangen, Hülsen, Rohren, bei der die Krallen des einen Teiles in entsprechende Schlitze des anderen gesteckt und bis zum Anschlag verdreht werden; wird z. B. bei fotograf. Kameras mit Wechselobjektiven (Bajonettfassung) verwendet.

Bake *die,* **1)** ⚓ an Land fest stehendes Seezeichen. – **2)** 🚂 Tafeln mit 1, 2 und 3 schrägen, schwarzen Strichen 100, 175 und 250 m vor dem Vorsignal. – **3)** 🚗 1) weiße Tafeln mit 1 bis 3 roten, rückstrahlenden Schrägstrichen 80, 160 und 240 m vor einem Bahnübergang. 2) blaue Hinweistafeln mit 3 bis 1 weißen Schrägstreifen 300, 200 und 100 m vor einer Autobahnausfahrt.

Baker ['beɪkə], Josephine, frz. Tänzerin und Sängerin afroamerikan. Herkunft, * 1906, † 1975.

Baker-Eddy ['beɪkə'edɪ], Mary, * 1821, † 1910, Amerikanerin, gründete die →Christian Science.

Bakkalaureus *der,* früher der akadem. Titel für den Studenten. Das **Bakkalaureat,** ein niederer akadem. Grad in angloamerikan. Ländern; in Frankreich: Abitur.

Bakkarat, Baccara *das,* Kartenglücksspiel.

Bakony ['bɔkonj], Gebirge in Ungarn, westl. Teil des Transdanub, höchste Erhebung Kőrishegy (719 m).

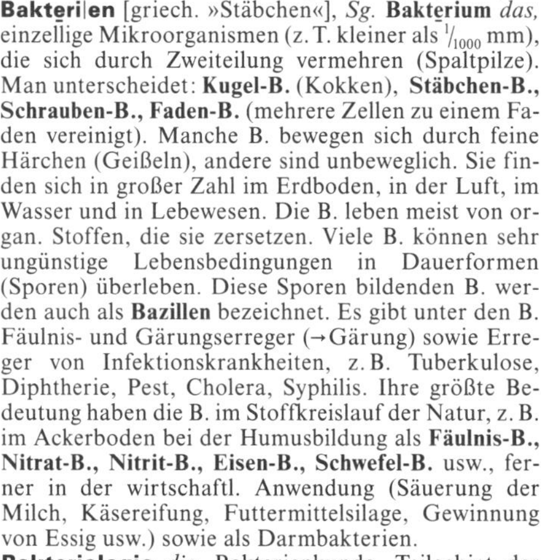

Bakteri|en [griech. »Stäbchen«], *Sg.* **Bakterium** *das,* einzellige Mikroorganismen (z. T. kleiner als $^1/_{1000}$ mm), die sich durch Zweiteilung vermehren (Spaltpilze). Man unterscheidet: **Kugel-B.** (Kokken), **Stäbchen-B., Schrauben-B., Faden-B.** (mehrere Zellen zu einem Faden vereinigt). Manche B. bewegen sich durch feine Härchen (Geißeln), andere sind unbeweglich. Sie finden sich in großer Zahl im Erdboden, in der Luft, im Wasser und in Lebewesen. Die B. leben meist von organ. Stoffen, die sie zersetzen. Viele B. können sehr ungünstige Lebensbedingungen in Dauerformen (Sporen) überleben. Diese Sporen bildenden B. werden auch als **Bazillen** bezeichnet. Es gibt unter den B. Fäulnis- und Gärungserreger (→Gärung) sowie Erreger von Infektionskrankheiten, z. B. Tuberkulose, Diphtherie, Pest, Cholera, Syphilis. Ihre größte Bedeutung haben die B. im Stoffkreislauf der Natur, z. B. im Ackerboden bei der Humusbildung als **Fäulnis-B., Nitrat-B., Nitrit-B., Eisen-B., Schwefel-B.** usw., ferner in der wirtschaftl. Anwendung (Säuerung der Milch, Käsereifung, Futtermittelsilage, Gewinnung von Essig usw.) sowie als Darmbakterien.

Bakteriologie *die,* Bakterienkunde, Teilgebiet der Mikrobiologie.

Bakteriophagen, Phagen, Viren, die Bakterien befallen und zerstören. B. sind meist in Kopf- und Schwanzteil gegliedert.

bakterizid, Bakterien tötend.

Baktri|en, im Altertum das Gebiet des oberen Oxus (Amu-Darja); pers. Satrapie.

Baku, Hptst. von Aserbaidschan, wichtigster Hafen am Kasp. Meer, 1,6 Mio. Ew.; Univ.; Erdölförderung.

Bakunin, Michail, russ. Revolutionär, * 1814, † 1876; Anarchist, Gegenspieler von Marx, 1872 aus der 1. Internationale ausgeschlossen.

Balakirew, Milij, russ. Komponist, * 1837, † 1910; vereinte in seinem Werk nat. und oriental. Elemente; strebte eine Erneuerung der russ. Kunstmusik an.

Balalaika *die,* russ. Zupfinstrument mit 3 Saiten und meist dreieckigem Klangkörper.

Balanchine [balã'ʃin], Georges, amerikan. Tänzer und Choreograph russ. Herkunft, * 1904, † 1983; einer der Begründer des tänzer. Neoklassizismus.

Balboa, Vasco **Núñez de,** span. Eroberer, * um 1475, † 1517; entdeckte 1513 den Pazif. Ozean.

Balchaschsee, abflussloser Steppensee in Kasachstan, 17 000 bis 22 000 km².

Baldachin *der,* eine Art Dach; fest als Bett-, Thron-, Altarhimmel; auf Stangen bei Prozessionen als Traghimmel.

Balder, Baldur, Baldr, german. Lichtgott, auf Anstiften Lokis von seinem blinden Bruder Hödr (Hödur) getötet.

Baldower *der,* Gauner, der Diebstahlgelegenheiten auskundschaftet; **baldowern, ausbaldowern,** auskundschaften.

Baldrian, Speik, Valeriana, Gattung der B.-Gewächse, Kräuter oder Halbsträucher mit gegenständigen Blättern und blassroten bis weißl. Blüten in Trugdolden. Der **Gemeine B.** (Katzenkraut) enthält in der Wurzel das stark riechende **B.-Öl,** das in Form von Tee oder Tropfen beruhigend, krampflösend, blutdrucksenkend wirkt.

Baldung, Hans, gen. **Grien,** Maler und Zeichner, * 1484/85, † 1545; bedeutendster Schüler Dürers. Altäre (Freiburger Münster u. a.), Andachtsbilder, Bildnisse, Entwürfe zu Glasmalereien, Holzschnitte.

Baldwin ['bɔːldwɪn], James, afroamerikan. Schriftsteller, * 1924, † 1987; seit den 1960er-Jahren einer der wirkungsvollsten Sprecher des schwarzen Protests; Romane, Dramen.

Balearen *Pl.,* gebirgige span. Inselgruppe im westl. Mittelmeer; umfasst Mallorca, Menorca, Cabrera, die Pityusen. Hptst. Palma de Mallorca. Oliven, Südfrüchte; Fremdenverkehr.

Balfour ['bælfə], Arthur James, Earl of B. (1922), brit. Staatsmann, * 1848, † 1930; Min.-Präs. 1902 bis 1905, Außenmin. 1916 bis 1919, gab 1917 die **B.-Erklärung** ab (Errichtung einer nat. Heimstätte der Juden in Palästina).

Balgfrucht, Balgkapsel, Trockenfrucht, die längs einer Naht aufspringt (z. B. Rittersporn).

Balggeschwulst, ⚕ →Grützbeutel, →Zyste.

Bali, westlichste der Kleinen Sunda-Inseln, Indonesien; Reisanbau mit künstl. Bewässerung.

Hans Baldung. Zwei Wetterhexen (1523)

Ballett. Don Quichote, Choreographie von Rudolf Nurejew (1973)

Balingen, Krst. und Verwaltungssitz des Zollernalbkreises an der Eyach, Bad.-Württ., am Rande der Schwäb. Alb, 30300 Einwohner.
Balkan [türk. »Gebirge«] *der,* Gebirge in Bulgarien, in der Höhenregion flachkuppig, im Botew 2376 m hoch; zahlreiche Pässe.
Balkanhalbinsel, südöstl. Halbinsel Europas, wird im N bis zur Save und unteren Donau gerechnet; Anteil haben Kroatien, Slowenien, Serbien, Montenegro, Bosnien und Herzegowina, Makedonien, Bulgarien, Albanien, Griechenland, Türkei. Verschiedentlich wird Rumänien mit einbezogen. Die B. ist vorherrschend gebirgig (Rilagebirge 2925 m, Olymp 2911 m, Balkan 2376 m); Tiefländer im östl. Thrakien, in O-Rumelien und N-Bulgarien. Hauptflüsse: Donau mit Save, Morawa, Maritza. Im Inneren Binnen-, an den Küsten Mittelmeerklima; in den Bergländern Wälder, in den östl. Tiefländern Steppen; an den Küsten Macchie, u.a. Anbau von Wein, Oliven.
Balkankriege, 1) 1912/13 Balkanbund (Bulgarien, Serbien, Griechenland, Montenegro) gegen die Türkei. – **2)** Sommer 1913 Griechenland, Serbien, Montenegro, Rumänien, Türkei gegen Bulgarien, das vernichtend geschlagen wurde.
Balkon [-ˈkɔŋ, auch -ˈkoːn] *der,* Vorbau mit Brüstung; seit dem 11. Jh. an Burgen, wurde in Dtl. im 14. Jh. in den Wohnbau übernommen.
Ballade [ital. »Tanzlied«] *die,* seit dem 12. Jh. bei den südroman. Völkern kürzeres Tanzlied; der Name wurde im 18. Jh., zuerst in England, auf alte erzählende Volkslieder übertragen. Die engl.-schott. B. leitete um 1770 eine dt. Kunstballadendichtung ein. B.-Dichter: Bürger, Goethe, Schiller, Liliencron, B. v. Münchhausen, A. Miegel u.a.; Komponisten: Zumsteeg, Schubert, C. Loewe.
Ballast, schweres Material zum Gewichtsausgleich (Schiffe, Ballone); Ü überflüssige Bürde.
Ballaststoffe, vom Menschen nicht oder nur teilweise verwertbare Nahrungsbestandteile, v.a. Zellulose, Pektine und Lignin; notwendig zur Anregung der →Peristaltik. Reich an B. sind Vollkornprodukte, Gemüse und Obst.
Ballei *die,* Verwaltungsbez. der geistl. Ritterorden, umfasst mehrere Komtureien.
Ballenstedt, Kurort am Unterharz, Sa.-Anh., 9000 Ew. Die Burg B. war Stammsitz der Askanier.
Ballerina *die,* Balletttänzerin; **Prima-B.,** erste Solotänzerin eines Ensembles.
Ballett *das,* von Musik begleiteter künstler. Bühnentanz, auch das Ensemble.
Ballhausschwur, Schwur des dritten Stands (Nationalversammlung) am 20. 6. 1789 im Ballhaus von Versailles, nicht eher auseinander zu gehen, bis Frankreich eine Verfassung habe.
Ballin, Albert, dt. Reeder, *1857, †(Freitod) 1918; Generaldirektor der Hamburg-Amerika-Linie, Vertrauter Kaiser Wilhelms II.
Ballistik *die,* Lehre vom Verhalten und von der Bewegung geworfener oder geschossener Körper (→Flugbahn, →Wurf).
Ballon [baˈlɔŋ] *der,* **1)** durch den stat. Auftrieb eines Füllgases (z.B. Helium, Heißluft), getragenes Luftfahrzeug. – **2)** große, bauchige, kurzhalsige Glasflasche bis etwa 50 Liter.
Ballotage [baloˈtaːʒə], Abstimmung mit weißen (ja) und schwarzen (nein) Kugeln; heute in Frankreich Bez. für die Stichwahl.
Balmoral Castle [bælˈmɔrəl ˈkɑːsl], Schloss bei Aberdeen, Sommersitz der engl. Könige.
Balmung, dt. Sage: das Schwert Siegfrieds.
Balneologie *die,* Bäderkunde.
Balsaholz, sehr leichtes Holz aus Mittel- und Südamerika.
Balsam *der,* natürl. Gemisch aus Harzen und äther. Ölen, das in vielen Baumarten vorkommt. Verwendung als Riech- und Heilmittel, auch zu techn. Zwecken.
Balsamine *die,* Pflanzen mit Spornblüten. Im Laubwald **Springkraut,** mit gelber Blüte und schotenähnl. Frucht, die beim Berühren plötzlich aufspringt und die Samen ausstreut. Zimmerpflanze: **Fleißiges Lieschen** mit karmin- oder rosaroten Blüten; im Garten **Garten-B.,** rosenrot und weiß blühend.
Balten, 1) balt. Völker; Gesamtbev. der balt. Staaten Litauen, Lettland und Estland. – **2)** seit der Mitte des 19. Jh. Bezeichnung der Deutschen in den russ. Ostseeprov. **(Deutschbalten).**
Balthasar, einer der Heiligen →Drei Könige.
Baltikum *das,* Estland, Lettland und Litauen.
Baltimore [ˈbɔːltɪmɔː], Stadt im Staat Maryland, USA, 751000 Ew.; Univ.; Akademie der Wiss. Hafen, Docks, Industrie.
Baltischer Höhenrücken, das Küstengebiet der südl. Ostsee umrahmender Höhenzug, bis zu 200 km breit; im S vom Thorn-Eberswalder Urstromtal begrenzt: eine End- und Grundmoränenlandschaft mit zahlreichen Seen.
Baltisches Meer, die →Ostsee.
Baltrum, kleinste der Ostfries. Inseln, Ndsachs.; Seebad.
Baltschik, Seebad an der bulgar. Schwarzmeerküste, nördl. Warna.
Balustrade *die,* ⌂ Brüstungsgeländer aus gedrehten Säulen **(Baluster, Docken).**
Balz *die,* Paarungszeit und Begattung bei Auer-, Birkwild u.a. Vögeln. Die Hähne umwerben das Weibchen mit **B.-Tänzen** oder **-flügen** (Zurschaustellung des Gefieders, **B.-Rufen**).
Balzac [balˈzak], Honoré de, frz. Schriftsteller, *1799, †1850; schilderte in seinem Hauptwerk, dem Romanzyklus »Die menschl. Komödie«, die Gesellschaft seiner Zeit.
Bamako, Hptst. und Wirtschaftszentrum der Rep. Mali, Afrika, am oberen Niger, 740000 Einwohner.
Bamberg, Stadt in Oberfranken, Bayern, an der Regnitz, 69100 Ew.; Erzbischofssitz, Dom (Bamberger Reiter); Univ.; Textilind. Die Altstadt gehört zum Weltkulturerbe.
Bambi, 1) Trickfilmfigur von Walt Disney, ein Rehkitz. – **2)** dt. Filmpreis.
Bambus *der,* **Bambusrohr,** trop. Grasgattung; viele Arten baumförmig, bis 40 m hoch. Die knotigen, hohlen Halme (bis 30 cm dick) werden zu Bau- und Möbelholz, Röhren, Gefäßen, Stöcken **(Pfefferrohr)** verwendet, die Fasern zu Geflecht, Stricken u.a.
Bambuti →Pygmäen.
Bamm, Peter, eigentl. Curt **Emmrich,** dt. Schriftsteller, *1897, †1975; »Die unsichtbare Flagge« (1953), »Frühe Stätten der Christenheit« (1955).
Banane *die,* trop. Pflanzengattung, Scheinstamm und Schopf sind palmenähnlich. Der traubige Fruchtstand

James Baldwin

Arthur James Balfour

Honoré de Balzac
Daguerreotypie (1842)

Bamberg
Stadtwappen

hat Früchte mit musartigem, stärke- und zuckerreichem Fleisch.

Banat *das,* histor. Landschaft zw. Theiß, Donau, Mieresch und Karpaten, mit dem **Banater Gebirge** (wald-, kohlen- und erzreich); Hptst. Temesvar. Das B. fiel 1718 an Österreich und wurde unter Maria Theresia z.T. mit dt. Bauern (Banater Schwaben) besiedelt, im Vertrag von Trianon (1920) zw. Jugoslawien, Ungarn und Rumänien aufgeteilt.

Banause [griech. »Handwerker«] *der,* für Kunst unempfängl., spießiger Mensch.

Band [bænd] *die,* Tanz-, Jazzkapelle.

Band *das,* **1)** ⚙ Beschlag an Türen und Fenstern, mit denen die Flügel an den Rahmen beweglich befestigt werden. – **2)** ⚕ aus Bindegewebe bestehende, strang- oder plattenförmige Verbindung zw. Skelettelementen des Körpers, z.B. an den Enden der Gelenke. – **3)** schmaler Bereich von Frequenzen.

Bandage [ban'da:ʒə] *die,* Verband, Schutzbinde.

Banda-Inseln, Inselgruppe der Molukken, Indonesien, Hauptort ist **Bandoneira;** Gewürzanbau.

Bande, 1) urspr. Söldnerhaufen, Freischärlertruppe. – **2)** Zusammenschluss von Personen zur Begehung von Straftaten (Räuber-, Gangster-B.). – **3)** Einfassung eines Spielfelds (Eishockey), einer Reit- und Kegelbahn u.Ä.; häufig mit Bandenwerbung versehen.

Banderilla [bande'rilja] *die,* mit Fähnchen geschmückter Speer mit Widerhaken beim span. Stierkampf.

Bandung
Stadtwappen

Bändermodell, ⚛ theoret. Modell zur Beschreibung elektron. Energiezustände (Bänder) in Festkörpern. Die Bänder sind durch **Bandlücken** (verbotene Zonen) voneinander getrennt. Das B. erklärt die unterschiedl. elektr. Leitfähigkeiten von Metallen, Halbleitern und Isolatoren.

Banderole *die,* Streifband als Zeichen der Versteuerung, z.B. bei Tabakwaren.

Bandgenerator, 1931 von R. J. van de Graaff entwickelte Maschine zur Erzeugung sehr hoher elektr. Spannungen.

Bandkeramik, Kulturkreis der Jungsteinzeit in Mitteleuropa (2. Hälfte 6. Jt. und 5. Jt. v.Chr.), bes. im Donauraum, benannt nach bandförmigen Verzierungen der Gefäße.

Bandoneon [nach dem Erfinder H. Band, *1821, †1860] *das,* eine Art Ziehharmonika.

Bandscheibe, ⚕ zw. die Wirbelkörper eingebettete Knorpelscheibe, kann in den Wirbelkanal vorquellen (**B.-Vorfall;** meist an der Lenden- oder Halswirbelsäule) und durch Druck auf Rückenmark oder Nervenwurzeln Schmerzen und Lähmungen verursachen.

Bandung, Stadt auf Java, Indonesien, 1,5 Mio. Ew.; TH, Univ. In B. tagte 1955 die afrikan.-asiat. **B.-Konferenz** (29 Staaten), die auf der Basis der Blockfreiheit beschloss, das Gewicht der Dritten Welt u.a. durch kulturelle, wirtschaftl. und polit. Zusammenarbeit zu erhöhen.

Bandura *die,* russ. Basslaute mit 6 bis 8 Spiel- und bis zu 40 Begleitsaiten.

Bandwürmer, zu den Plattwürmern gehörige Schmarotzer des Menschen und der Wirbeltiere. Der Körper der B. ist bandförmig abgeplattet und wird bis 10 m und länger. Der stecknadelgroße Kopf ist mit Saugnäpfen und Hakenkränzen ausgestattet. Er bildet an seinem Hinterende die einzelnen Glieder der B.-Kette, die die zwittrigen Geschlechtsorgane enthalten. Sinnes- und Verdauungsorgane fehlen, das Nervensystem ist stark rückgebildet. Die B. leben im Dünndarm, heften sich mit dem Kopf an der Darmwand fest und nehmen die Nahrungssäfte durch die Hautoberfläche auf. Die Vermehrung der B. ist mit einem Generations- und Wirtswechsel verbunden. Die wichtigsten den Menschen befallenden B.: **Schweine-B.** (Kopf mit Hakenkranz, als Finne im Schwein), **Rinder-B.** (Finne im Rind). **Hunde-B.** (Hülsen-B.), nur 5 mm lang (Finne in Leber, Lunge, Magen oder Gehirn), wachsen durch Knospung zu einem kindskopfgroßen Gebilde heran. Durch nahen Umgang mit Hunden kann sich der Mensch mit den Eiern infizieren und lebensgefährlich erkranken. **Fisch-B.** (Breiter B., Grubenkopf), als Finne in Fischen. Andere B.: **Quesen-B.,** erzeugt als Finne im Gehirn von Schafen (auch beim Menschen) die Drehkrankheit. B. verursachen Koliken, Erbrechen, Schwindel, Abmagerung. Durch Genuss von Waldbeeren und Pilzen ohne vorheriges Erhitzen kann sich der Mensch mit dem sehr gefährlichen **Fuchs-B.** infizieren.

Bang, Herman, dän. Schriftsteller, *1857, †1912; Vertreter des literar. Impressionismus.

Bangalore ['bæŋgəlɔ:], Hptst. von Karnataka, Indien, 2,63 Mio. Ew.; Flugzeugwerke, Textilind., Universität.

Bangemann, Martin, dt. Politiker (FDP), *1934; 1972 bis 1980 MdB, 1984 bis 1988 Wirtschaftsmin.; 1985 bis 1988 Vors. der FDP; seit 1989 einer der Vizepräs. der EG bzw. EU.

Bangka, Banka, Insel Indonesiens, östl. von Sumatra, 11 924 km^2, Hauptort Pankalpinang.

Bangkok, Hptst. von Thailand, Hafen, an der Mündung des Menam, 5,6 Mio. Ew. (Agglomeration); große Tempelanlagen, Klöster, Paläste; Hochschulen; internat. Flughafen.

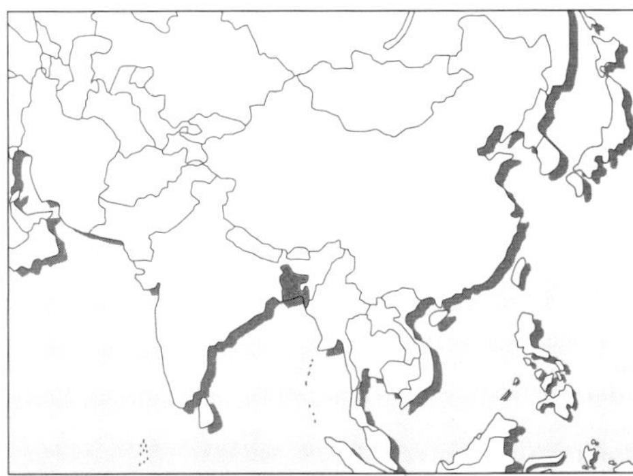

Bangladesh

Staatswappen

Staatsflagge

Internationales Kfz-Kennzeichen

Bangladesh [-ʃ], Rep. in Vorderindien. 143 998 km^2 mit 119,3 Mio. Ew (86% Muslime, 13,5% Hindu). B. liegt im Mündungsgebiet von Ganges und Brahmaputra. Hptst. Dhaka. Haupterwerbszweig Landwirtschaft (Reis, Hülsen- und Ölfrüchte, Jute, Tabak, Tee). Erdgasfelder im O. Führender Ind.ort ist Chittagong mit Stahlwerk, Erdölraffinerie, Schiffbau, Papier-, chem., Maschinenind. Ausfuhr Jute, Textilien. ✈ Dhaka, Chittagong.

Aus einer Autonomiebewegung entwickelte sich in O-Pakistan 1971 eine Unabhängigkeitsbewegung. Mit ind. Hilfe gelang es dieser 1972, den Staat B. zu errichten. Staatspräs. Shahabuddin Achmad (seit 1996), Min.-Präsidentin Sheik Hasina Wajed (seit 1996).

bangsche Krankheit → Brucellosen.

Bangui, Hptst. der Zentralafrikan. Rep., 600 000 Ew.; am Ubangi.

Banja Luka, Stadt in Bosnien und Herzegowina, 183 000 Ew.; Braunkohlentagebau; erstmals 1494 erwähnt.

Banjo *das,* gitarrenähnl. Zupfinstrument, zweifelliges Tamburin, 4 bis 7 Saiten.

Banjul, bis 1973 **Bathurst,** Hptst. von Gambia, 45 000 Ew.; Wirtschaftszentrum, Hafen, Flughafen.

Bänkelsang [nach der Bank, auf der die Bänkelsänger standen], Vortrag von Räuber- und Schauergeschichten (Moritaten); verbreitet auf den Jahrmärkten des 17. bis 19. Jahrhunderts.

Die buddhistische Tempelanlage Wat Phra Keo (1785) in **Bangkok**

Banken, Unternehmen für Geldverkehr und Kreditvermittlung. Wichtigste Arten: **Zentralnoten-B.** (geben Banknoten aus) und **Geschäfts-B.** (darunter: Kredit-B., Realkreditinstitute, Sparkassen, private Spezialkreditinstitute, Postbank). - Haupttätigkeit der B.: **Aktivgeschäfte,** bei denen die Bank Geld gibt (Kontokorrent-, Diskont-, Lombard-, Hypotheken-, Akkreditiv-, langfristiges Kreditgeschäft), **Passivgeschäfte,** bei denen sie Geld nimmt (Depositen-, Noten-, Pfandbriefgeschäft), und **Dienstleistungsgeschäfte,** bei denen sie Geschäftsbesorgungen übernimmt (Zahlungsverkehrs-, Inkasso-, Münz- und Sorten-, Effekten- und Depotgeschäft). Aufgrund des Ges. über Kreditwesen in der Fassung vom 3. 5. 1976 unterliegt das gesamte dt. Bankwesen der **Bankenaufsicht.**

Bank für Internationalen Zahlungsausgleich, Abk. **BIZ,** Basel, gegr. 1930 von mehreren Notenbanken und einer amerikan. Bankengruppe, bes. als Treuhänder für internat. Zahlungsgeschäfte tätig.

Bankgeheimnis, Verpflichtung einer Bank, die Vermögenswerte und die Aufträge ihrer Kunden geheim zu halten. Die Finanzbehörden können in gewissen Fällen Auskünfte verlangen.

Bankhalter, derjenige Spieler beim Glücksspiel, der die Kasse (die »Bank«) verwaltet und damit meist gegen die übrigen Teilnehmer spielt.

Bankier [baŋ'kje], Kaufmann, der berufsmäßig Bankgeschäfte betreibt.

Bankleitzahl, Abk. **BLZ,** in Dtl. achtstellige Schlüsselzahlen zur numer. Kennzeichnung der Bankstellen. Die ersten 3 Ziffern kennzeichnen den LZB-Bankplatz, die 4. Ziffer die Bankengruppe, Ziffer 5 und 6 den Ort der Niederlassung, Ziffer 7 und 8 innerbetriebl. Leitwege.

Banknote, von den Notenbanken (in Dtl. von der Dt. Bundesbank) ausgegebener Geldschein; einziges unbeschränktes Zahlungsmittel. Meist ist zur Ausgabe nur die Zentralnotenbank berechtigt **(B.-Monopol).**

Bankrott *der,* Unvermögen eines Schuldners, seine Gläubiger zu befriedigen (→Konkurs); strafbar, wenn der Schuldner durch leichtsinniges Gebaren, z. B. übermäßigen Aufwand, nachlässige Buchführung **(einfacher B.)** oder durch betrüger. Manipulationen **(betrüger. B.)** die Zahlungseinstellung oder Konkurseröffnung verursachte.

Bank von England, Bank of England, brit. Zentralnotenbank, Sitz London, gegr. 1694, 1946 verstaatlicht.

Bank von Frankreich, Banque de France, frz. Zentralnotenbank, Sitz Paris, gegr. 1800, 1946 verstaatlicht.

Bann *der,* **1)** im MA. Recht der Könige und Grafen, bei Strafe zu gebieten und zu verbieten; auch dieses Gebot oder Verbot selbst. - **2)** der Bezirk, der unter der Gewalt des Bannherrn stand. - **3)**→Kirchenbann.

Bannen, im Volksglauben das Unschädlichmachen böser Geister.

Banner *das,* Fahne, die an einer mit dem Schaft verbundenen Querstange befestigt ist.

Banngut, Bannware, 1) Schmuggelware. - **2)** im Krieg die Waren, deren Transport in feindl. Häfen ein Krieg Führender untersagt.

Bannmeile, 1) im MA. Umgebung eines Ortes bis zu einer Meile, innerhalb deren kein Fremder Handel oder Gewerbe treiben durfte. - **2)** für polit. Kundgebungen gesperrter Bez., bes. um Parlamentsgebäude.

Bannrechte, Rechte, aufgrund deren die Ew. eines Bez. gezwungen waren, lebensnotwendige Gegenstände bei bestimmten Berechtigten zu erwerben. Aufgehoben durch die Gewerbeordnung 1869.

Frederick Grant Banting

Bantamgewicht, Gewichtsklasse beim Boxen, Ringen, Gewichtheben, Taekwondo.

Banting ['bæntɪŋ], Frederick Grant, kanad. Arzt, *1891, †1941; entdeckte 1921 das Insulin; 1923 Nobelpreis für Physiologie oder Medizin.

Bantu [»Menschen«] *Pl.,* viele Völker und Stämme im südl. und mittleren Afrika, rd. 100 Mio. Menschen, die die **B.-Sprachen** sprechen.

Banz, Schloss und ehem. Benediktinerkloster (gegr. 1071; Barockkirche) in Oberfranken, Bayern.

Baobab *der,* →Affenbrotbäume.

Baptisten [griech. »Täufer«], christl. Gemeinschaft mit Erwachsenentaufe; gehören zu den Freikirchen. In England im 17. Jh. entstanden, nach Nordamerika verbreitet, in Dtl. seit 1834.

Baptisterium *das,* **1)** Taufkirche, Taufkapelle. - **2)** Taufbecken.

Bar [engl. »Schranke«] *die,* Gaststätte zum Ausschank alkohol. **(Bier-B.)** oder anderer Getränke **(Milch-B.).** **Barkeeper,** Inhaber oder Schankkellner einer B., **Barmixer, Bartender, Bardame,** Angestellte einer Bar.

Baptisterium des Doms von Ravenna (451 bis 460)

Bar *das,* Zeichen **bar,** Einheit des Drucks; 1 bar = 10^5 Pa. Übl. Vorsätze in der Meteorologie **Millibar** (mbar, durch Hektopascal, hPa, ersetzt), in der Akustik **Mikrobar** (µbar).

Bär, 1) Raubtier, → Bären. – **2)** 2 Sternbilder des Nordhimmels: **Großer B.** (hellste Sterne bilden den Großen Wagen) und **Kleiner B.** (hellste Sterne bilden den Kleinen Wagen, Deichselstern ist der Polarstern).

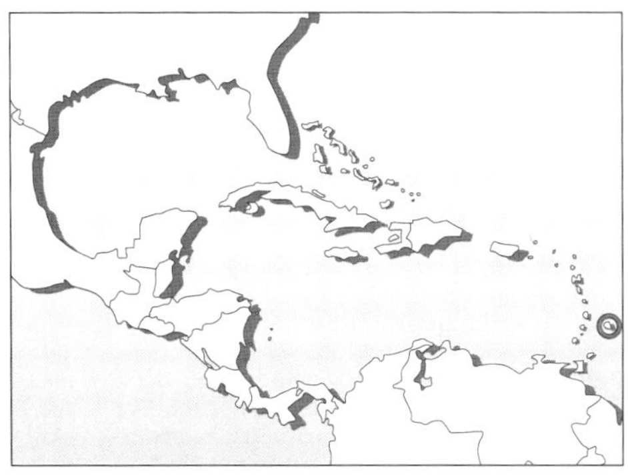

Barbados

Staatswappen

Staatsflagge

Internationales Kfz-Kennzeichen

Barbados, die östlichste Insel der Kleinen Antillen und unabhängiger Staat, 431 km², 259 000 Ew.; Hptst. Bridgetown. Ausfuhr: Zucker, Rum. – B., seit 1652 britisch, ist seit 1966 unabhängig. Formales Staatsoberhaupt: brit. Königin vertreten durch einheim. Gen-Gouverneurin.

Barbar [griech. »der Stammelnde«, »der Fremde«] *der,* **1)** Altertum: Nichtgrieche. – **2)** ungebildeter, roher oder grausamer Mensch. **Barbarei** *die,* Grausamkeit; **barbarisch,** roh, grausam.

Barbara [griech. »die Fremde«], legendäre Märtyrerin, Nothelferin bei Gewittern.

Barbarossa [ital. »Rotbart«], Beiname Kaiser Friedrichs I.; **B.-Höhle,** Höhle am Kyffhäuser, in der B. der Sage nach schläft.

Barbe, Karpfenfisch europ. Flüsse, bis 80 cm lang, mit 4 Bartfäden (Barteln); zur Laichzeit ist der Rogen giftig **(Barbencholera).** Ind. **Pracht-** und **Zebra-B.** sind Zierfische.

Barber [ˈbɑːbə], **1)** Chris, brit. Jazzposaunist, * 1930; erfolgreicher Bandleader des traditionellen Jazz. – **2)** Samuel, amerikan. Komponist, * 1910, † 1981; v. a. Orchesterwerke, Oper: »Vanessa«.

Barbiturate, Abkömmlinge der **Barbitursäure,** einer zykl. organ. Verbindung mit einem Pyrimidingrundgerüst. B. werden als Schlafmittel, in höheren Dosen auch als Narkosemittel verwendet. Alkohol kann ihre Wirkung bis zum Rausch verstärken. Manche B. führen zur Sucht.

Barbizon [barbiˈzɔ̃], Dorf bei Fontainebleau, Frankreich, durch seine Kolonie **(Schule von B.)** von Landschaftsmalern (Corot, T. Rousseau, Millet, Daubigny u. a.) bekannt geworden.

Barbusse [barˈbys], Henri, frz. Schriftsteller, * 1873, † 1935; pazifist. Roman »Das Feuer« (1916).

Bari
Stadtwappen

Barcelona [bartseˈloːna, span. baθeˈlona], katalan. **Barcelonès,** nordostspan. Hafenstadt am Mittelmeer, 1,7 Mio. Ew.; kultureller Mittelpunkt Kataloniens; Verwaltungssitz einer Prov.; zwei Univ.; zahlreiche Museen. Bedeutender Handels- und Umschlagplatz, führendes Ind.zentrum des Landes; internat. ✈. Kathedrale (katalan. Gotik), Kirche San Pedro de las Puellas (10. Jh.), roman. Kirche San Pablo del Campo, »Templo de la Sagrada Familia« (1884 von A. Gaudí begonnen; unvollendet); Casa Milá, Park und Placio Güell von A. Gaudí gehören zum Weltkulturerbe. – Austragungsort der olympischen Sommerspiele 1992.

Barde *der,* im MA. kelt. Sänger und Dichter.

Bardeen [bɑːˈdiːn], John, amerikan. Physiker, * 1908, † 1991; für seine Forschungen zur Theorie der Supraleitung sowie für die Entwicklung des Transistors Nobelpreis für Physik 1956 und 1972 (jeweils mit anderen).

Bardot [barˈdo], Brigitte, frz. Filmschauspielerin, * 1934; wurde zum mod. Leittyp der 1960er- und 70er-Jahre, tritt heute als engagierte Tierschützerin in Erscheinung.

Bären, Familie der Raubtiere, in Asien, Amerika, Europa, Sohlengänger, mit dichtem, zottigem Pelz, Allesfresser. Der **Braunbär,** bis 2 m lang und 350 kg schwer, lebt in einsamen Waldgebieten Skandinaviens, Russlands und der Balkanhalbinsel und ist ein geschickter Kletterer. Der **Eisbär** wird bis 2,5 m lang, hat ein zottiges, weißgelbes Fell; er jagt im Nördl. Eismeer Robben und Fische; guter Schwimmer. In Nordamerika leben der **Grislibär** und der **Baribal,** in Südamerika der **Brillen-** oder **Andenbär,** der **Kragenbär** in Innerasien. In der Eiszeit lebte der mächtige **Höhlenbär.** Zur Familie der **Klein-B.** gehören der Bambusbär, der nordamerikan. Waschbär, der Nasen- oder Rüsselbär und → Koala.

Barenboim, Daniel, israel. Pianist und Dirigent, * 1942; u. a. Leiter der Oper »Unter den Linden«, Berlin.

Bärenfluss, Zufluss des Mackenziestroms aus dem Großen Bärensee (31 329 km²) in Kanada.

Bären-Insel, norweg. Insel südl. von Spitzbergen, 178 km²; Kohlen-, Phosphatlager; meteorologische Station.

Bärenklau, 1) Doldenblütler (Herkulesstaude); so der **Wiesen-B.** (Pferdekümmel) mit weißen Blüten, über 1 m hoch. – **2)** → Akanthus.

Bärenspinner, Schmetterlingsfamilie, langhaarige Raupen (Bärenraupen). Der **Braune B.** ist etwa 7 cm breit.

Bärentraube, Wolfsbeere, Heidekrautgewächs; Zwergstrauch in Heide und Nadelwald. Das Blatt wird als Tee gegen Blasen- und Nierenleiden verwendet.

Barents-See [nach W. Barentsz], Meeresteil zw. Spitzbergen und Nowaja Semlja.

Barentsz, Barents, Willem, niederländ. Polarfahrer, * um 1550, † 1597; entdeckte 1596 Spitzbergen und die Bären-Insel.

Barett *das,* schirmlose Kopfbedeckung, erhalten in Amtstrachten.

Barfüßerorden, kath. Orden, deren Mitglieder barfüßig in Sandalen gehen (Franziskaner, reformierte [»unbeschuhte«] Karmeliten u. a.).

bargeldloser Zahlungsverkehr, Bezahlung durch Wechsel, Scheck, Überweisung u. a.

Bargello [barˈdʒɛllo], ehem. Palast des Podestà von Florenz, heute Nationalmuseum. 1255 ff. erbaut, im 16. Jh. restauriert.

Bari, Hptst. der ital. Region Apulien, Hafen am Adriat. Meer, 358 900 Ew.; wichtiges wirtschaftl. Zentrum; jährl. Messe, ✈. Stauf. Kastell, roman. Kathedrale, Basilika San Nicola (um 1087 bis 1196).

barisches Windgesetz, Gesetz über die Beziehung zw. Windrichtung und Luftdruckverteilung: Auf der Nordhalbkugel strömt der Wind im Uhrzeigersinn um ein Hochdruckgebiet, gegen den Uhrzeigersinn um ein Tiefdruckgebiet.

Bariton *der,* 𝄞 Männerstimme zw. Bass und Tenor (etwa G–g¹).

Barium *das,* Symbol **Ba,** chem. Element, silberweißes, weiches Metall, OZ 56, D 3,7 g/cm³, Fp 725 °C; oxidiert leicht an der Luft, zersetzt Wasser unter Wasserstoffentwicklung. Vorkommen als Schwerspat. Darstellung durch Schmelzelektrolyse von B.-Chlorid oder durch Reduktion von B.-Oxid mit Aluminium. Verwendung nur in seinen Verbindungen: **B.-Sulfat** $BaSO_4$ als Röntgenkontrastbrei, für weiße Anstrich-

farben, in der Papierind.; **B.-Chromat** $BaCrO_4$ als gelbe, **B.-Manganat** $BaMnO_4$ als grüne Malerfarbe; **B.-Nitrat** $Ba(NO_3)_2$ in der Feuerwerkerei (Grünfeuer); **B.-Oxid** BaO mit B. gemischt als Kathodenmetall in Elektronenröhren; B.-Titanat $BaTiO_3$ für elektr. Kondensatoren.
Bark *die,* Segelschiff mit 3 Masten, der hintere mit Gaffel- anstatt Rahsegel.
Barkarole *die,* Schiffer- oder Gondellied der Venezianer (auch Kunstmusik).
Barkasse *die,* **1)** das größte Beiboot auf Kriegsschiffen. – **2)** kleines Motorboot.
Barke *die,* kleines Boot.
Barkhausen, Heinrich, dt. Physiker, * 1881, † 1956; **B.-Kurz-Schaltung** dient der Erzeugung von Dezimeterwellen.
Bar Kochba, eigentl. Simon **ben Kosiba,** jüd. Freiheitskämpfer, gefallen 135 n. Chr.; Führer des jüd. Aufstands gegen die Römer 132.
Barlach, Ernst, dt. Bildhauer, Grafiker, * 1870, † 1938. Seine Bildwerke (meist aus Holz oder Bronze) drücken die Erdgebundenheit alles Menschlichen aus. B. schrieb auch Dramen (»Der arme Vetter«, 1918), ferner die Autobiographie »Ein selbst erzähltes Leben«.
Bärlapp *der,* Gattung der Farnpflanzen, moosähnl., blütenlose, immergrüne, meist kriechende Pflanzen. Der einheim. **Keulen-B.** bildet Sporen, die im Feuer sprühen (Hexenmehl).
Bar-le-Duc [barlə'dyk], Hptst. des Dép. Meuse, am Rhein-Marne-Kanal, Frankreich, 18 500 Ew.; Burg »Bar« (950), Kirche (15./16. Jh.).

Ernst Barlach. Singender Mann, Bronze (1930)

Barletta, ital. Hafenstadt in Apulien, 86 000 Ew.; Burg.
Barlog, Boleslaw, dt. Regisseur, * 1906; 1951 bis 1972 Intendant des Schiller-Theaters in Berlin; schrieb Erinnerungen »Theater lebenslänglich«.
Barmherzige Brüder, kath. Männergenossenschaften zur Krankenpflege; entsprechend **Barmherzige Schwestern,** kath. Frauengenossenschaften für Krankenpflege: **Vinzentinerinnen, Borromäerinnen, Franziskanerinnen** u. a.
Barnabas, Begleiter des Apostels Paulus auf seiner ersten Missionsreise; Heiliger (Tag: 11. 6.).
Barnack, Oskar, dt. Feinmechaniker, * 1879, † 1936; Konstrukteur der »Ur-Leica« (Kleinbildkamera).
Barnard ['bɑ:nəd], Christiaan Neethling, südafrikan. Herzchirurg, * 1922; führte 1967 die erste erfolgreiche Herztransplantation am Menschen durch.
Barnes [bɑ:nz], Djuna, amerikan. Schriftstellerin, * 1892, † 1982; Theaterstücke, brillante Prosa (»Nachtgewächs«, 1936).
Barnim *der,* brandenburg. Landschaft zw. Oder, mittlerer Spree, Havel und Uckermark.
Barock *der* oder *das,* Kunstrichtung vom Ausgang des 16. bis zur Mitte des 18. Jh., gekennzeichnet durch die bewegte Linie in Grundriss und Aufbau, durch Sinnenfreudigkeit bis zur Pracht, leidenschaftl. Ausdruck bis zur Ekstase. Von Italien ausgehend, verbreitete sich der B. in starken nat. Varianten über ganz Europa, es entstanden in Rom der Petersplatz (G. L. Bernini), die Residenz in Würzburg (J. B. Neumann), das Schloss in Versailles (L. Le Vau, J. Hardouin-Mansart). Weitere wichtige Baumeister: F. Borromini, J. B. Fischer von Erlach, Familie Dientzenhofer, M. Pöppelmann und die Brüder Asam.
Bildhauerei. Kennzeichnend ist die freie, maler., meist stark bewegte Art der Gestaltung. Weithin wirkender Schöpfer des neuen Stils war C. L. Bernini in Rom. Ihm nahe verwandt P. Puget In Frankreich. In Dtl. ragten v. a. B. Permoser, G. R. Donner, E. Q. Asam und J. A. Feuchtmayer hervor.
Malerei. In Italien waren v. a. Annibale Carraci, G. Reni tätig; im Mittelpunkt der fläm. Malerei standen P. P. Rubens, A. van Dyck und J. Jordaens. In den Niederlanden wirkten Rembrandt, F. Hals, J. Vermeer van Delft, J. Ruisdael, in Spanien D. Velázquez, B. E. Murillo, F. Zurbarán; die Franzosen C. Lorrain und N. Poussin sowie A. Elsheimer lebten in Rom; Deckenmalerei schuf P. Troger.
Literatur. In Spanien sind M. de Cervantes, Lope de Vega und P. Calderón zu nennen; ital. Vertreter ist T. Tasso. In Frankreich beginnt die Gestaltung barocker Themen mit M. de Montaigne und endet mit J. Racine und Molière. Am Beginn der B.-Literatur in Dtl. steht das »Buch von der Poeterey« von M. Opitz, Lyriker waren J. Risl, P. Gerhardt, S. Dach, P. Fleming, A. Gryphius, Angelus Silesius u. a., wichtiger Romanautor war H. J. C. v. Grimmelshausen.
Musik. Hier gilt C. Monteverdi als der bedeutende frühe Opernkomponist. Als neue Gattungen entstanden geistl. Konzert, Kantate, Oper, Oratorium, in der Instrumentalmusik Sinfonia und Sonate, aus denen sich Concerto grosso, Solokonzert und -sonate entwickelten. Mit dem Schaffen A. Vivaldis und D. Scarlattis in Italien, F. Couperins und J.-P. Rameaus in Frankreich, H. Purcells und G. F. Händels in England, J. S. Bachs und G. P. Telemanns in Dtl. erreichte die Musik des B. ihre Spätphase. Bachs kontrapunkt. Meisterwerk, die »Kunst der Fuge«, schloss 1750 diese ab. BILD S. 78
Barometer *das,* Luftdruckmesser; geht auf eine Beobachtung Torricellis (1643) zurück. Bei **Flüssigkeits-B.** wird die auf die Flächeneinheit bezogene Gewichtskraft einer Flüssigkeitssäule (meist Quecksilber), die dem Luftdruck das Gleichgewicht hält, gemessen. **Aneroid-B.** enthalten eine luftleere, federnde Metalldose, die bei Luftdruckschwankungen ihre Form ändert und dadurch einen Skalenzeiger bewegt. Der **Barograph** ist ein B. mit Aufzeichnung der Luftdruckkurve.
Baron *der,* in Dtl. Anrede für den Freiherrn; in England unterste Stufe des Hochadels. **Baronin,** Freifrau; **Baronesse,** Freifräulein.
Barranquilla [baran'kija], Hafenstadt in Kolumbien, am Magdalenenstrom, 9 000 Einwohner.
Barras [ba'ra:s], Paul Vicomte de, frz. Politiker, * 1755, † 1829; stürzte 1794 Robespierre, wurde Präs. des Konvents, 1795 Mitglied des Direktoriums, 1799 von Napoleon verbannt.
Barrault [ba'ro:], Jean-Louis, frz. Schauspieler, Regisseur und Theaterleiter, * 1910, † 1994; »Kinder des Olymp« (1945).
Barrel ['bærəl] *das,* engl. und amerikan. Raummaß, nach der Ware sehr verschieden; 1 **Petroleum-B.** = 158,987 Liter.

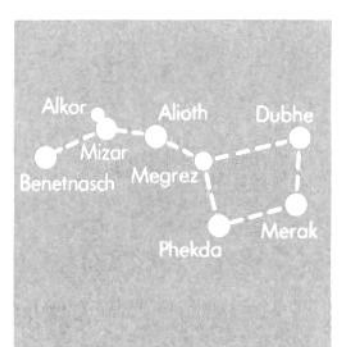

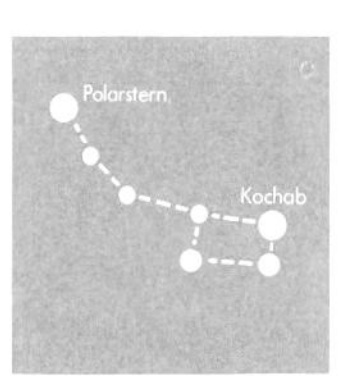

Bär
Die Sterne des Großen Wagens im Sternbild Großer Bär (oben), die des Kleinen Wagens im Kleinen Bären (unten)

Brigitte Bardot

Jean-Louis Barrault

Barock. Andrea Pozzo, Apotheose des heiligen Ignatius, Ausschnitt aus einem Deckenfresko in S. Ignazio, Rom (1685)

Karl Barth

Basalt Säulenförmige Basaltablagerung in Südisland

Barren, 1) in versch. Weise geformtes, unbearbeitetes Metall (v.a. Edelmetall). – **2)** Turngerät mit 2 durch Stützen gehaltenen, parallel verlaufenden Holmen (Holzstangen), die auch auf unterschiedl. Höhe eingestellt werden können **(Stufen-B.)**. – **3)** umstrittenes Verfahren im Pferdesport, wobei ein Springpferd durch Schlagen mit einer Stange an die Vorder- oder Hinterbeine dazu gebracht werden soll, so hoch zu springen, dass es ein Hindernis fehlerfrei überwindet.

Barrès [baˈrɛs], Maurice, frz. Schriftsteller und Politiker, * 1862, † 1923; als nationalist. Politiker Vertreter der Revancheidee, der Rechtsopposition gegen die 3. Rep. und der antisemit. Kräfte im Dreyfuß-Prozess.

Barriereriff, Großes Barriereriff, 2000 km langes Korallenriff vor der O-Küste von Australien.

Barrowspitze [ˈbærəʊ-], Nordkap Alaskas; nördlichster Punkt der USA.

Barsch *der,* Ordnung der Knochenfische. **Fluss-B.** mit schwärzl. Querstreifen, roten Flossen; Raubfisch mit schmackhaftem Fleisch; außerdem **Zander, Kaul-B.,** die amerikan. Arten **Schwarz-** und **Forellenbarsch.**

Barschel, Uwe, dt. Politiker (CDU), * 1944, † (Selbstmord?) 1987; 1982 bis 1987 (zurückgetreten) Min.-Präs. von Schlesw.-Holstein. Seine persönl. Verantwortung für die Verleumdungskampagne gegen B. Engholm (SPD) **(B.-Affäre),** wird heute, trotz Bejahung durch einen Untersuchungsausschuss des schleswig.-holstein. Landtags, eher skeptisch gesehen.

Barsortiment, Buchhandelsbetrieb zw. Verlag und Buchhandel.

Bart, die beim Menschen (und bei Affen) auf bestimmte Teile des Gesichts (Wangen, Kinn, Hals) beschränkte, unterschiedlich starke Behaarung, bes. als sekundäres männl. Geschlechtsmerkmal ausgeprägt. Der B. hatte urspr. sinnbildl. Bedeutung (Kraft), später war er stark der Mode unterworfen.

Barte *die,* **1)** Hornplatte am Gaumen der Bartenwale (→ Wale). – **2)** Beil, Streitaxt.

Bartflechte, 1) ⚘ fadenförmige, verästelte → Flechten, bilden auf Nadelholz in Bergwäldern Zweigbehang. – **2)** ⚕ eitrige Entzündung der Haarbälge und der Bartgegend, Erreger: Bakterien oder Fadenpilze.

Bartgeier, Lämmergeier, Greifvogel, in Hochgebirgen Europas, Afrikas, Asiens.

Barth, Hafenstadt in Meckl.-Vorp., 12 500 Ew.; Schiffswerft.

Barth, 1) Heinrich, dt. Afrikaforscher, * 1821, † 1865. – **2)** Karl, schweizer. ref. Theologe, * 1886, † 1968; Vertreter der → dialektischen Theologie; u.a. »Der Römerbrief« (1919), »Kirchl. Dogmatik« (1932 bis 1967).

Barthes [bart], Roland, frz. Literaturkritiker und Essayist, * 1915, † 1980; »Lust am Text« (1973).

Bartholomäus, Jünger Jesu und Apostel, Märtyrer (B.-Tag: 24. 8.).

Bartholomäusnacht, Ermordung von 5000 bis 10 000 Hugenotten in Paris in der Nacht zum 24. 8. 1572 anlässlich der Hochzeit **(Pariser Bluthochzeit)** des Protestanten Heinrich von Navarra (später König Heinrich IV.) mit Margarete von Valois, deren Mutter, Katharina von Medici, die B. angeordnet hatte.

Bartók [ungar. ˈbɔrto:k], Béla, ungar. Komponist und Pianist, * 1881, † 1945; knüpfte an die osteurop. Volksmusik an; Vorkämpfer der neuen Musik; Forschungsarbeiten zur Volksmusik.

Bartolomeo, Fra B., ital. Maler, * 1472, † 1517; religiöse Bilder im Stil der Hochrenaissance, von starkem Einfluss auf Raffael.

Bartsch *die,* poln. **Barycz,** rechter Nebenfluss der Oder in Polen, 131 km lang, mündet oberhalb Glogau.

Baruch, Freund und Begleiter des Propheten Jeremias nach Ägypten; ihm zugeschrieben: das nichtkanon. **Buch B.** aus unbekannter Zeit.

Baryonen, *Sg.* **Baryon** *das,* ⚛ Oberbegriff für Nukleonen und Hyperonen.
Baryt *der,* → Schwerspat.
Barzel, Rainer, dt. Politiker (CDU), * 1924; Jurist, 1962 bis 1963 Bundesmin. für gesamtdt. Fragen, 1971 bis 1973 Vors. der CDU. Unterlag 1972 als Kanzlerkandidat beim konstruktiven Misstrauensvotum gegen W. Brandt; 1983 bis 1984 Bundestagspräsident.
Basalt *der,* schwarzes, bas. Ergussgestein, besteht im Wesentl. aus Feldspat (Plagioklas), Augit, Olivin. **B.-Lava** erstarrt oft in sechsseitigen Säulen; Bau- und Beschotterungsstoff.
Basaltemperatur, Aufwachtemperatur, die morgens vor dem Aufstehen gemessene Körpertemperatur, die bei der Frau nach der Ovulation (Eisprung) um 0,4 bis 0,6 °C ansteigt und in der 2. Zyklushälfte bis zur Menstruation erhöht bleibt. Die B. gibt u. a. Hinweise auf das Bestehen einer Schwangerschaft, dient u. a. auch der Empfängnisverhütung.
Basar, Bazar *der,* **1) Suk,** Markt- und Geschäftsviertel oriental. Städte. – **2)** Wohltätigkeitsverkauf.
Baschkiren, Turkvolk in Baschkirien; 1,47 Mio.; wohl schon im 10. Jh. islamisiert; gehörten zur Goldenen Horde; seit dem 19. Jh. Ackerbauern.
Baschkirilen, autonome Rep. innerhalb Russlands, im S-Ural, 143 600 km², 3,96 Mio. Ew., Hptst. Ufa. – Erdölförderung, -verarbeitung. In der Landwirtschaft überwiegen Getreideanbau und Viehhaltung.
Base *die,* **1)** weibl. Verwandte; Kusine. – **2)** ⚗ chem. Verbindungen, die mit Säuren Salze bilden (z. B. die Hydroxide der Alkali- und Erdalkalimetalle). Ihre wässrigen Lösungen färben Lackmus blau.
Baseball ['beɪsbɔ:l], dem Schlagball ähnl. Rasenspiel zw. 2 Mannschaften von je 9 Spielern; Duell zw. dem Schlagmann (engl. Batter) der Schlagpartei und dem Werfer (engl. Pitcher) der Fangpartei. Nationalspiel in den USA.
Basedow [-do], Johann Bernhard, dt. Pädagoge, * 1724, † 1790; gründete 1774 das Philanthropinum (→ Philanthrop) in Dessau; bemüht um »natürl. Erziehung«.
basedowsche Krankheit [nach dem Arzt Karl v. Basedow, * 1799, † 1854], Form der Schilddrüsenüberfunktion; vorwiegend bei Frauen im 3. bis 4. Lebensjahrzehnt. Sie äußert sich in Nervosität, Abnahme der Leistungsfähigkeit, Wärmeempfindlichkeit, Gewichtsabnahme, ständigem Angstgefühl, Glotzaugen, Kropf und Herzjagen. Behandlung erfolgt medikamentös, durch Bestrahlungen mit radioaktivem Jod oder durch teilweise operative Entfernung der Schilddrüse.
Basel, 1) Kt. der Schweiz, besteht seit 1833 aus 2 Halb-Kt.: **B.-Stadt,** 37 km², 196 600 Ew., umfasst außer der Stadt B. noch 2 Landgemeinden rechts des Rheins; **B.-Land(schaft),** 428 km², 233 200 Ew., Hptst. Liestal, waldreiches Juragebiet mit Getreidebau, Viehzucht, vielseitiger Ind. – **2)** Hptst. des Halb-Kt. B.-Stadt, 174 600 Ew.; zu beiden Seiten des Rheins, Rheinhafen; Univ.; Seiden-, chem., pharmazeut. und Metallind.; bedeutender Handel. B. war ein alter Bischofssitz, trat 1501 der Schweizer. Eidgenossenschaft bei. Im Münster fand 1431 bis 1449 das **Basler Konzil** statt, das erfolglos eine Reform der mittelalterl. Kirche versuchte. 1795 wurde der **Basler Friede** zw. Frankreich und Preußen geschlossen.
Baselitz, Georg, eigentl. Hans-Georg **Kern,** dt. Maler und Grafiker, * 1938; Vertreter des Neoexpressionismus; breitflächige Malweise. Seit 1969 stellt B. die Motive auf den Kopf.
BASF AG, internat. Unternehmen der chem. Ind., Sitz Ludwigshafen am Rhein; gegr. 1865 als **B**adische **A**nilin- und **S**oda-**F**abrik AG.
BASIC ['beɪsɪk], 💻 Abk. für **B**eginner's **A**ll-purpose **S**ymbolic **I**nstruction **C**ode, techn.-wiss. Programmiersprache v. a. für den direkten Dialog zw. Nutzer und Rechner.
Basie ['beɪsɪ], Count, amerikan. Jazzpianist, * 1904, † 1984; Gründer einer berühmten Bigband mit bedeutenden Solisten.
Basililenkraut, Basilikum, Lippenblütler, Küchengewürz; enthält würziges Öl.
Basilika [griech. »königl. Halle«] *die,* bei Griechen und Römern Gebäude für Gerichts- und Marktzwecke, eines der Vorbilder des frühchristl. und mittelalterl. Kirchenbaus: ein Langraum, durch Pfeiler oder Säulen in 3 oder mehr Schiffe geteilt.
Basilisk *der,* **1)** trop.-amerikan. Echsen, Insekten fressende Baumtiere. – **2)** Fabelwesen, geflügelte Schlange, deren Blick tötet **(Basiliskenblick).**
Basis, Base *die,* **1)** Grundlage, Ausgangspunkt. – **2)** ⌂ Säulen- oder Pfeilerfuß. – **3)** √ Grundzahl einer Potenz oder eines Logarithmus, auch Grundlinie einer geometrischen Figur.
Basiseinheiten, zu den Basisgrößen gehörende Einheiten (→ Internationales Einheitensystem).
Basisgrößen, voneinander unabhängige physikal. Größen, die nicht aus anderen Größen abgeleitet werden, Grundlagen eines Größensystems.
Basken, Volksstamm in den westl. Pyrenäen, rd. 700 000 in 4 span. Provinzen; rd. 100 000 in Frankreich. Das **Baskische** ist die einzige lebende nichtindogerman. Sprache W-Europas.
Baskenland, bask. **Euskadi,** autonome nordspan. Region am Golf von Biskaya mit eigener wirtschaftl. Struktur, Sprache, Kultur und eigenem Volkstum.
Baskenmütze, schirm- und randlose, meist dunkelblaue Wollmütze der Basken.
Basketball [engl. »Korb«], dem Korbball verwandtes Spiel zw. 2 Mannschaften von je 5 Spielern (bis zu 7 Ersatzspieler).
Basküleverschluss, Tür- und Fensterverschluss mit Riegelstangen.
Basra, irak. Hafenstadt am Schatt el-Arab, am Zusammenfluss von Euphrat und Tigris, 617 000 Ew.; Umschlaghafen.
Basrelief [barə'ljɛf], das Flachrelief (→ Relief).
Bass [ital. basso »tief«] *der,* 𝄞 **1)** tiefste Männerstimme (F–f¹) und tiefste Stimme im mehrstimmigen Tonsatz. – **2) Bassgeige,** → Kontrabass.
Bassschlüssel, 𝄞 Notenschlüssel F auf der 4. Linie.

Basel
Stadtwappen

Basel-Landschaft
Kantonswappen

Basilikum

Basilika. Rekonstruktion der Pilgerkirche San Paolo fuori le mura in Rom (4./5. Jh.) und die fünfschiffige Kirche der Geburt Christi in Jerusalem (335) im Grundriss

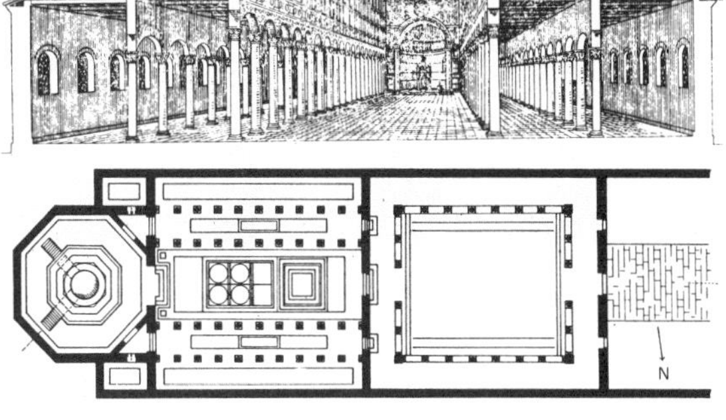

Bast, 1) ⚘ Zellgewebe in Stängel und Rinde, aus gebündelten, spindelförmigen, dickwandigen Zellen (**B.-Fasern**) bestehendes Festigungsmittel der Pflanze; gibt Binde-, Flecht-, Spinnstoff (so von Flachs, Hanf, Jute). – **2)** das Fell auf wachsendem Geweih.

Bastard *der,* **1)** früher: anerkanntes unehel. Kind eines Adligen und einer nicht standesgemäßen Frau; später abwertend: nichtehel. Kind. – **2) Mischling,** Abkömmling zweier Lebewesen versch. Rasse, Art oder Gattung (z. B. Maultier und Maulesel, von Pferd und Esel, unfruchtbar). Auch bei Pflanzen (**Hybride).**

Bastarnen, ostgerman. Stamm, im 2. Jh. v. Chr. auf dem Balkan, ging in den Goten auf.

Bastei *die,* **1)** Felsgruppe im Elbsandsteingebirge bei Wehlen, Sa., 305 m ü. M. (194 m über der Elbe); beliebtes Touristenziel. – **2)** → Bastion.

Bastia, Hafen- und Handelsstadt auf Korsika, 38 700 Ew.; maler. Altstadt.

Bastille [basˈtiːj] *die,* Kastell in Paris, im 14. Jh. erbaut, nachher Staatsgefängnis, 14. 7. 1789 von der revolutionären Menge eingenommen (daher der 14. 7. frz. Nationalfeiertag), später zerstört.

Bastion *die,* **Bastei,** vorspringendes Bollwerk einer Festung, bes. nach der Bauart Vaubans.

Bastonnade *die,* im Orient Prügelstrafe, erfolgte auf Fußsohlen und Rücken; heute noch Teil des islamisch bestimmten Strafrechts.

Basuto → Sotho.

Basutoland → Lesotho.

BAT, Abk. für **B**undes**a**ngestellten**t**arif.

Bataille [baˈtaːj], Schlacht, kleines Gefecht.

Bataillon [batalˈjoːn] *das,* Unterabteilung eines Regiments, bes. bei der Infanterie.

Charles Baudelaire

Batate *die,* Süßkartoffel, Knollenwinde aus dem trop. Amerika; die stärkereichen, süßen Knollen dienen als Nahrungsmittel.

Bataver, german. Stamm an der Rheinmündung; 69 n. Chr. Aufstand gegen die Römer.

Bath [bɑːθ], Stadt, Badeort in SW-England, 80 000 Ew. Die histor. Bauten (röm. Thermenanlagen, spätgot. Kathedrale, Royal Crescent) gehören zum Weltkulturerbe.

Bathseba, Frau des → Uria, dann Davids.

Bathyscaph *der,* Tiefseeboot von A. Piccard.

Batik *der* oder *die,* aus Indonesien stammende Stofffärbetechnik. Eine aufgebrachte Wachsschicht schützt die nicht zu färbenden Musterteile. Sprünge im Wachs verursachen Geäder.

Batist *der,* feines, leinwandartiges Gewebe.

Baton Rouge [ˈbætn ˈruːʒ], Hptst. von Louisiana, USA, 219 000 Ew.; Univ.; Erdölindustrie.

Baudouin I.

Batschka *die,* fruchtbare Landschaft zw. unterer Theiß und Donau. Nach den Türkenkriegen wurde die B. im 18. Jh. u. a. mit Deutschen (Schwaben) besiedelt. 1920 fiel der größte Teil des Landes an Jugoslawien, nur ein Sechstel blieb bei Ungarn. 1944/45 wurden die meisten Deutschen vertrieben.

Battelle Memorial Institute [bəˈtel mɪˈmɔːrɪəl ˈɪnstɪtjuːt], nach dem amerikan. Industriellen Gordon Battelle (* 1883, † 1923) benannte, 1925 gegr. Einrichtung für Vertragsforschung u. a. für Physik, Chemie, Metallurgie und Werkstoffkunde. In Dtl. in Frankfurt am Main (seit 1952).

Battenberg, Name eines 1314 erloschenen hess. Grafengeschlechts; 1851 wieder aufgelebt als fürstl. Familie, Nachkommen des Prinzen Alexander von Hessen († 1888) und der poln. Gräfin v. Hauke. Der engl. Zweig wählte 1917 die anglifizierte Namensform Mountbatten.

Batterie *die,* **1)** kleinste Einheit bei der Artillerie, meist zu 4 Geschützen. – **2)** ⚡ Zusammenschaltung mehrerer gleichartiger Geräte (Stromquellen, Kondensatoren u. a.). **Trocken-B.** (Primärzellen) sind elektrochem. Elemente mit eingedicktem Elektrolyten.

Reste von Thermen des römischen Aquae Sulis in **Bath**

Batumi, Hptst. der Adschar. Autonomen Rep. in Georgien, am Schwarzen Meer, 130 000 Ew. (vor den Kämpfen zw. Georgiern und Abchasen); Erdölleitung von Baku, Erdölausfuhrhafen.

Batzen *der,* frühere Silbermünze in der Schweiz und Süd-Dtl. zu 4 Kreuzer.

Bau, Erdhöhle kleinerer Raubtiere (z. B. Fuchs) und der Wildkaninchen, besteht aus den Gängen (**Röhren)** und dem Hauptraum (**Kessel).**

Bauch, der untere Teil des Rumpfes, enthält unter dem Zwerchfell die **B.-Höhle** mit den B.-Eingeweiden. Die Innenwand des B. und die Oberfläche der meisten B.-Eingeweide sind von dem glatten und feuchten **B.-Fell** überzogen. Hinter dem Magen befindet sich die **B.-Speicheldrüse** (Pankreas): Die eigentl. Drüsenzellen ergießen Verdauungssäfte (**B.-Speichel)** in den Zwölffingerdarm, während die für den Zuckerstoffwechsel wichtigen, rundliche Zellhaufen bildenden **langerhansschen Inseln** das in ihnen gebildete Insulin unmittelbar an das Blut abgeben.

Bauchpilze, mehrere Ordnungen von Ständer-(Basidien-)Pilzen mit knolligen Fruchtkörpern, die platzen und Sporen ausstäuben; **Eierbovist, Flaschenbovist** (beide jung essbar), **Kartoffelbovist** (giftig!), **Stinkmorchel, Erdstern.**

Bauchspeicheldrüse, *die,* 14 bis 18 cm lange Drüse, die gemeinsam mit dem Gallengang in den Zwölffingerdarm mündet, in den sie den **Bauchspeichel,** einen Verdauungssaft absondert. An das Blut gibt sie die für den Zuckerstoffwechsel wichtigen Hormone Insulin und Glucagon ab, die in rundl. Zellhaufen (**langerhanssche Inseln)** gebildet werden.

Baucis → Philemon und Baucis.

Baud *das,* Zeichen **Bd,** Einheit der Schrittgeschwindigkeit in der Fernmelde- und Datenübertragungstechnik. Werden binäre Signale übertragen, so stimmt die Schrittgeschwindigkeit mit der Datenübertragungsrate überein, 1 Bd = 1 Bit/s.

Baudelaire [boˈdlɛːr], Charles, frz. Dichter, * 1821, † 1867; Begründer des Symbolismus. Prägte für seine Dichtung den Begriff »Moderne«; bekanntestes Werk »Blumen des Bösen« (1857).

Baudouin I. [boˈdwɛ̃, frz.], fläm. **Boudewijn I.**, König der Belgier seit 1951, * 1930, † 1993.

Bauer, 1) Eigentümer oder Pächter eines landwirtschaftl. Betriebs (heutige Berufsbezeichnung →Landwirt), der i. d. R. ohne fremde Arbeitskräfte bewirtschaftet wird und der den überwiegenden Teil des Familieneinkommens erbringt. Kleinbäuerl. Betriebe haben in Mitteleuropa 2 bis 5 ha, mittelbäuerl. 5 bis 20 ha, großbäuerl. 20 bis 100 ha nutzbare Bodenfläche; heute wird v. a. nach dem Erwerbscharakter unterschieden zw. Voll-, Zu- und Nebenerwerbsbetrieben. Geschichtlich steht das **Bauerntum** als Urberuf am Anfang aller höheren Kultur. – **2)** Figur im Schachspiel; Bube im Kartenspiel. – **3)** Vogelkäfig.

Bauer, 1) Bruno, dt. ev. Theologe, Schriftsteller, * 1809, † 1882; scharfer Bibelkritiker, wandelte sich zum Atheisten. – **2)** Gustav, dt. Politiker (SPD), * 1870, † 1944; Gewerkschaftsführer, 1919 bis 1920 Reichskanzler. – **3)** Josef Martin, dt. Schriftsteller, * 1901, † 1970; Romane (»Soweit die Füße tragen«, 1955), Hörspiele. – **4)** Karl Heinrich, dt. Krebsforscher, * 1890, † 1978; Mitbegründer des Dt. Krebsforschungszentrums in Heidelberg. – **5)** Otto, österr. Politiker, * 1881, † 1938; Wortführer des →Austromarxismus.

Bauernbefreiung, Aufhebung der bäuerl. Leibeigenschaft und Ablösung der bäuerl. Frondienste und Lasten: in Frankreich durch die Revolution von 1789 durchgeführt; in Preußen von Stein (1807) und Hardenberg (1811) begonnen, aber hier und in den anderen dt. Ländern erst durch die Revolution von 1848/49 vollendet; in Russland unter Alexander II. (1861).

Bauernhaus, Wohn- und Wirtschaftsstätte des Bauern. Ihre Eigenart hängt von Naturbedingungen, wirtschaftl. Anforderungen, Kulturüberlieferung und Wohlstand ab. Hauptformen: 1) **Friesenhaus:** Einhaus, jedoch Wohn- und Wirtschaftsteil getrennt, Vorratsraum in der Mitte, seitlich Dreschdiele und Stallungen; – 2) **Niedersachsenhaus:** Einhaus, dreischiffig, Längsdiele mit beidseitigen Kübbungen für die Ställe; – 3) **mitteldt. Gehöft:** durch Wohn- und Wirtschaftsgebäude gebildeter, meist geschlossener Hof mit Abschluss gegen die Straße durch Hoftor oder Querhaus mit Tor; – 4) **oberdt. Einhaus:** ursprüngl. Eingang von der Traufenseite, durch Querflur abgeschlossen; – 5) **oberdt. Zwiehofanlage:** dreigliedriges Wohn-Speicher-Haus mit Rauchstube, Wirtschaftsgebäude getrennt. Die mitteldt. Gehöftform ist durch ihre Ausstrahlung nach O-Europa kulturgeschichtl. am wichtigsten. In Nord- und Mittel-Dtl. ist der Fachwerkbau heimisch, in Ober-Dtl. Ständerbohlenbau und Blockverband.

Bauernkrieg, die große Erhebung der süd- und mitteldt. Bauern 1524/25. Sie forderten Einschränkung ihrer Frondienste und Lasten, vielfach auch eine Neuordnung des Reichs; die religiöse Erregung der Reformation förderte den Ausbruch des B. Zu seinen Führern gehörten u. a. T. Müntzer, auch Ritter wie Florian Geyer und Götz v. Berlichingen. Die Fürsten warfen den Aufstand nieder.

Bauernlegen, gewaltsame Einziehung von Bauernhöfen durch die adligen Gutsherren, bes. in England und Ost-Dtl. im 16./17. Jahrhundert.

Bauernregeln, Wetterregeln der Bauern, die sich auf bestimmte Jahrestage beziehen und einen Zusammenhang zw. Wetter und Ernteerfolg herstellen.

Bauersfeld, Walther, dt. Physiker, * 1879, † 1959; entwickelte das zeisssche Projektionsplanetarium.

Baugenehmigung, Erklärung der B.-Behörde, dass einem Bauvorhaben nach öffentl. Recht keine Hindernisse entgegenstehen. Eine B. ist nach den Bauordnungen der Länder erforderlich bei Neu- und Erweiterungsbauten, bei wesentl. Umbauten, für bestimmte Abbrucharbeiten u. a.

Bauhaus, Hochschule für Baukunst und Gestaltung, gegr. 1919 in Weimar von W. Gropius, seit 1925 in Dessau, 1932 in Berlin, 1933 aufgelöst; Neugründung 1937 in Chicago; daraus entstand eine Nachfolgeschule des B. als »Institute of Design«. **B.-Stil,** zweckgerechte, techn.-geometr. Gestaltung von Bauten u. a.

Bauhütte, 1) Aufenthaltsraum und Werkstätte der Arbeiter an einem Bau. – **2)** im MA. die Genossenschaften der Baukünstler und Bauhandwerker, Blütezeit im 13. Jh. Sie gaben sich eigene Gesetze und hüteten die Regeln der Baukunst als ihr Geheimnis. Die B. verfielen seit der Reformation. Name, Bräuche, Erkennungszeichen u. a. wurden von den Freimaurern übernommen.

Baukastensystem, Gestaltung von Maschinen- oder Bauteilen derart, dass die Teile in Fertigerzeugnissen versch. Art verwendet und in Großserien hergestellt werden können.

Baukostenzuschuss, Leistung des Mieters an den Bauherrn zu Neu-, Ausbau oder Instandsetzung eines Hauses; weitgehend durch Mieterdarlehen oder Mietvorauszahlung abgelöst.

Baukunst, Architektur, gliedert sich histor. in kirchl. **(Sakralbau)** und weltl. B. **(Profanbau).** Die Aufgabe des Bauwerks bestimmt in erster Linie seine Form, der Baustoff die Bauart und das Baugefüge. I. e. S. versteht man unter B. die Entwicklung der künstler. **Baustile** der versch. Völker und Zeiten.

Bauland, fruchtbare Landschaft in Bad.-Württ. zw. Odenwald, Neckar, Jagst und Tauber.

Baulini|e, durch Bebauungsplan festgelegte Linie, um eine einheitl. Bauflucht zu erzielen.

Baum, Vicki, österr. Schriftstellerin, * 1888, † 1960; schrieb Romane (»Menschen im Hotel«), Drehbücher.

Baum, 1) Holzgewächs mit Stamm und Krone: **Laubbäume** und **Nadelbäume.** – **2)** ⚓ rundes Holz zum Spreizen der Segel.

Baumeister, Willi, dt. Maler, * 1889, † 1955; Vorkämpfer der abstrakten Kunst.

Bäumer, Gertrud, dt. Schriftstellerin, * 1873, † 1954; führende Vertreterin der Frauenbewegung, schrieb sozialpolit. Werke und histor. Romane.

Gertrud Bäumer

Baumgarten, Alexander Gottlieb, dt. Philosoph, * 1714, † 1762; begründete die wiss. Ästhetik in Dtl.; »Metaphysica« (1739), »Ethica philosophica« (1740).

Baumgrenze, in Gebirgen die Grenze, bis zu der Bäume wachsen; liegt oberhalb des geschlossenen Waldes (der **Waldgrenze**).

Baumkult, Verehrung von Bäumen und Hainen, bei Natur- und Kulturvölkern.

Baumläufer, Gattung kletternder Singvögel mit langem Schnabel; Insektenfresser; einheimische Arten: Garten-B. und Waldbaumläufer.

Baumwolle, Samenhaare versch. gelb blühender Malvengewächse; Unterscheidung der Arten bes. nach der Länge der Haare (12 bis 50 mm). Der Anbau der B. erfordert hohe Wärme und während der Ernte Trockenheit. Aus dem Samen wird Speiseöl, aus dem Pressrückstand B.-Saatmehl (Futtermittel) gewonnen. Als Kulturpflanze (einjährige Arten) ist die B. seit Ende des 18. Jh. (Erfindung der Spinnmaschine) von bes. Bedeutung. **Baumwollspinnerei:** Die Samenhaare werden in Watte verwandelt, dann durch Kämmen und Krempeln in Faserband, dieses durch Strecken und Drehen in Fäden.

Baumwolle
Unreife und reife geöffnete Kapsel der Baumwollpflanze

Baurecht, Gesamtheit der Vorschriften über das Bauwesen, erlassen bes. aus Gründen der Sicherheit und Gesundheit, städtebauliche, raumordnende Vorschriften, bes. unter sozialen, hygien., verkehrspolit. und künstler. Gesichtspunkten. In Dtl. liegt die Baugesetzgebung bei den Ländern und ist z. T. den Gemeinden übertragen (Ortsbausatzungen). Die Baugenehmigung und -überwachung liegt bei den Bauaufsichtsbehörden.

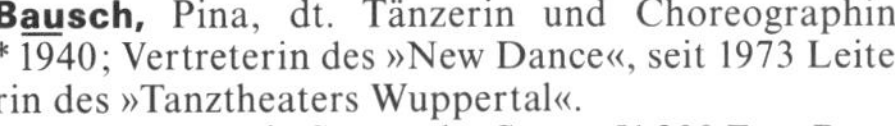

Pina Bausch

Bausch, Pina, dt. Tänzerin und Choreographin, *1940; Vertreterin des »New Dance«, seit 1973 Leiterin des »Tanztheaters Wuppertal«.

Bautzen, Krst. in Sa., an der Spree, 51 200 Ew.; Reste alter Befestigungen, u. a. die »Alte Wasserkunst« (1558); Zentrum der Sorben mit Institut für sorb. Volksforschung; Ingenieurschule für Maschinenbau; Ind.: Papier, chem. Erzeugnisse, Fernmeldetechnik.

Bauxit *der,* $Al_2O_3 \cdot H_2O$, Hauptrohmaterial für die Aluminiumerzeugung.

Bavaria, 1) lat. Name für Bayern. – **2)** Bronzestandbild in München, mit Sockel 30 m hoch.

Bayard [ba'ja:r], Pierre du **Terrail,** Seigneur de B., *um 1476, †1524; erwarb sich in den Italienkriegen der frz. Könige den Ehrentitel »Ritter ohne Furcht und Tadel«.

Bayer AG, Chemiekonzern, gegr. 1863, seit 1972 heutiger Name, Sitz Leverkusen; zahlreiche Beteiligungen im In- und Ausland.

Bayern
Kleines Staatswappen

Bayerische Alpen, bayer. Teil der Nördl. Kalkalpen zw. Lech und Inn.

Bayerischer Wald, südwestl. Teil des Böhmerwaldes, im Einödriegel 1121 m hoch.

Bayern, Freistaat im S der Bundesrep. Deutschland, 70 554 km², 11,77 Mio. Ew.; Hptst. München. 7 Reg.-Bez.: Ober-B., Nieder-B., Oberpfalz, Oberfranken, Unterfranken, Mittelfranken, Schwaben.
B. hat im S Anteil an den Nördl. Kalkalpen (Zugspitze 2 963 m); umfasst zw. Alpen und Donau das an Seen (Ammersee, Starnberger See, Chiemsee) reiche Alpenvorland; nördlich der Donau den O-Teil des Schwäb.-Fränk. Schichtstufenlands (Frankenhöhe,

Bauwerke (Höhe in m)	
Michaeliskirche, Hamburg	133
Cheopspyramide bei Giseh	137
Peterskirche, Rom	138
Münster, Straßburg	142
Dom, Köln	160
Münster, Ulm	161
Staumauer am Colorado, USA	220
Golden-Gate-Brücke, San Francisco	259
Eiffelturm, Paris	300
Fernsehturm, Berlin	365
World Trade Center, New York	412
Sears Tower, Chicago	443
Empire State Building, New York	448
Fernsehturm, Moskau	518
Fernmeldeturm, Toronto	553

Bayern
Verwaltungsgliederung

Fränk. Alb, Mittelfränk. Becken), umgeben von Spessart, Rhön, Fichtelgebirge, Franken-, Oberpfälzer-, Böhmer-, Bayer. Wald. Flüsse: Donau und Main mit Nebenflüssen.

Wirtschaft. Angebaut werden bes. Getreide, Hackfrüchte, Hopfen; im Alpenvorland Viehzucht, Butter- und Käseerzeugung (Allgäu); Forstwirtschaft. An Bodenschätzen ist B. arm (Braunkohle, Pechkohle, Eisenerze, Salz, Graphit, Erdöl, Erdgas). Die Ind. hat sich seit dem 2. Weltkrieg stark entwickelt: Wälzlager, Kugellager, Maschinenbau, Elektrotechnik, Luft- und Raumfahrt-, Fahrzeug-, Textil-, feinkeram., feinmechan., chem., Glas-, Bleistift-, Spielwaren- u. a. Ind.; Brauereien; Wasser-, Wärme-, Kernkraftwerke, Erdölraffinerien. Fremdenverkehr.

Bayeux [ba'jø], Stadt in der Normandie, Frankreich, 15 100 Ew.; bekannt der **Teppich von B.** mit Darstellung der normann. Eroberung Englands (11. Jh.).

Bayle [bɛl], Pierre, frz. Philosoph, * 1647, † 1706; beeinflusste mit krit. Gedanken das 18. Jh. (»Dictionnaire historique et critique«).

Bayonne [ba'jɔn], Stadt in SW-Frankreich, 41 800 Ew.; Kathedrale (13. bis 16. Jh.), Zitadelle (17. Jh., von S. Vauban); Eisen- und elektron. Industrie.

Bayreuth, Stadt im Reg.-Bez. Oberfranken, Bayern, am Roten Main, 69 800 Ew.; Textil- und Radioind.; Univ.; Stadt Jean Pauls, Franz Liszts und Richard Wagners (Haus Wahnfried, Richard-Wagner-Festspielhaus); **Bayreuther Festspiele.**

Bazillen, *Sg.* **Bazillus** [spätlat. bacillus »Stäbchen«] *der,* Gruppe der → Bakterien.

BBC, 1) **B**ritish **B**roadcasting **C**orporation, brit. Rundfunkgesellschaft. – **2)** **B**rown, **B**overi & **C**ie.; seit 1988 zu ABB Asea Brown Boveri.

BDA, 1) Abk. für **B**und **D**t. **A**rchitekten. – **2)** **B**undesvereinigung **D**t. **A**rbeitgeberverbände e. V.

Be, chem. Symbol für Beryllium.

Beaconsfield ['bi:kənzfi:ld], → Disraeli, Benjamin.

Beamtenhaftung → Amtshaftung.

Beamter, Person, die zum Staat, zu einem Land oder zu einer öffentl.-rechtl. Körperschaft in einem öffentl.-rechtl. Dienstverhältnis steht, das sie zu angemessener Dienstleistung, zu Gehorsam und Treue verpflichtet. Nach Art des Dienstherrn unterscheidet man Staats-, Landes-, Gemeinde- und Kirchen-B., nach der Art ihrer Obliegenheiten Finanz-, Justiz-B. u. a., nach dem Dienstrang B. des höheren, gehobenen, mittleren und einfachen Dienstes. Der B. hat einen Diensteid zu leisten; er hat Anspruch auf Dienstbezüge. Das B.-Verhältnis endet durch Tod oder Eintritt in den Ruhestand. Eine Entlassung ist nur in den gesetzlich bestimmten Fällen möglich.

Beardsley ['bɪədzlɪ], Aubrey Vincent, brit. Zeichner, * 1872, † 1898; Buchillustrationen; beeinflusste den Jugendstil.

Beat [bi:t, engl. »Schlag«], harter Schlag der Rhythmusgruppe im Jazz, auch Bezeichnung für eine stark rhythm. Tanzmusik.

Beatles [bi:tlz], erfolgreiche Beatgruppe aus Liverpool: G. Harrison (Melodiegitarre), J. Lennon († 1980, ermordet; Rhythmusgitarre), P. McCartney (Bassgitarre) und R. Starr (Schlagzeug); trennten sich 1970.

Beatrix, Königin der Niederlande (seit 1980), * 1938; ⚭ mit Claus von Amsberg (seit 1966).

Beatty ['bi:tɪ], Warren, amerikan. Filmschauspieler und Regisseur, * 1937; »Bonnie and Clyde« (1967), »Reds« (1981), »A perfect love affair« (1995).

Beaufort-Skala ['bəʊfət-, nach dem brit. Admiral Sir F. Beaufort] *die,* Windskala von 12 Stärkegraden, 1949 auf 17 Stufen erweitert (→ Wind).

Beauharnais [boar'nɛ], **1)** Alexandre de, frz. General, * 1760, † 1794. – **2)** Eugène de, * 1781, † 1824, Sohn von 1) und 4), von Napoleon adoptiert. – **3)** Hortense de, * 1783, † 1837, Tochter von 1) und 4), Mutter Napoleons III., Königin von Holland, ⚭ mit Louis Bonaparte (seit 1802). – **4)** Josephine de, * 1763, † 1814, Kaiserin der Franzosen (seit 1804). Ihre Ehe mit Napoleon I. (1796) blieb kinderlos; 1809 geschieden. Gemahlin von 1). – **Palais B.,** Dt. Botschaft in Paris.

Daten zur Geschichte Bayerns

6. Jh.	Landnahme der Bajuwaren unter den Agilofingern
788	Absetzung Herzog Tassilos III. durch Karl d. Gr., Ende der Herrschaft der Agilofinger
10. Jh.	Herzog Arnulf (907 bis 937) begründet das Stammesherzogtum neu, Abwehr der Ungarn
1070–1180	Die Welfen in B., 1156 Abtrennung von Österreich, 1180 der Steiermark
1180	Die Wittelsbacher erhalten Bayern
16. Jh.	B. wird Vormacht der Gegenreformation, Maximilian I. (1597 bis 1651) wird der Führer der Kath. Liga im Dreißigjährigen Krieg
1623	B. erhält die pfälz. Kurwürde und 1628 die Oberpfalz
1704	Im Span. Erbfolgekrieg wird B. nach der Schlacht von Höchstädt von kaiserl. Truppen besetzt
1742	Kurfürst Karl Albrecht (1728 bis 1745) wird Kaiser (Karl VII.)
1806	B. wird Königreich, verdoppelt fast sein Territorium
1818	Bayer. Verfassung
1848	Märzrevolution, Ludwig I. dankt ab
1871	Beitritt zum Dt. Reich gegen Gewährung von Sonderrechten
1918	Ausrufung der Republik
1919	kurzlebige Räterepublik
1945	Wiedereinrichtung des Freistaats B. (ohne die Pfalz)
1978–1988	F.-J. Strauß (CSU) Ministerpräsident
1993	E. Stoiber (CSU) Ministerpräsident

Beaujolais [boʒɔ'lɛ], Landschaft in O-Frankreich, zw. Loire und Saône; Weinbau **(B.-Weine).**

Beaumarchais [bomar'ʃɛ], Pierre Augustin Caron de, frz. Bühnendichter, * 1732, † 1799; Lustspiele: »Der Barbier von Sevilla« (1775), »Figaros Hochzeit« (1785).

Beaune [bo:n], Stadt in Burgund, Frankreich, 22 100 Ew.; Weinhandel, ehem. Hospital Hôtel-Dieu (1443 bis 1451), Burgund. Weinmuseum.

Beauvais [bo'vɛ], Stadt in NO-Frankreich, 56 200 Ew.; got. Kathedrale; Textilindustrie.

Beauvoir [bo'vwa:r], Simone de, frz. Schriftstellerin, * 1908, † 1986; Lebensgefährtin von J.-P. Sartre; engagierte Vertreterin der Frauenemanzipation, z. B. »Das andere Geschlecht« (1949).

Simone de Beauvoir

Beatles. Paul McCartney, George Harrison, John Lennon, Ringo Starr nach einer Ordensverleihung durch Königin Elizabeth II. (1965)

Bebra
Stadtwappen

Beaverbrook ['bi:vəbrʊk], William, Lord, brit. konservativer Politiker und Verleger, * 1879, † 1964; mehrfach Min.; baute ein Presseimperium auf (»Daily Express« u. a.).

Bebel, August, dt. Politiker, * 1840, † 1913; Drechslermeister, gründete mit W. Liebknecht die Sozialdemokrat. Arbeiterpartei (1869); war deren Vors., seit 1867 MdR, mehrmals inhaftiert.

Bebop ['bi:bɔp], Anfang der 1940er-Jahre ausgeprägter Jazzstil, gekennzeichnet durch hektisch-nervöse Rhythmik und sprunghafte Melodik.

Bebra, Stadt im Reg.-Bez. Kassel, Hessen, an der Fulda, 15 200 Ew.; Bahnknotenpunkt.

Becher, Johannes R., dt. Schriftsteller, * 1891, † 1958; schrieb sozialist. Lyrik, Erz., Dramen, emigrierte 1933 bis 1945 in die UdSSR; 1954 Min. für Kultur in der DDR, deren Nationalhymne er verfasste.

Becherflechten, sehr weit verbreitete Gruppe von Strauchflechten.

Beck, 1) Kurt, dt. Politiker, * 1949; seit 1979 MdL von Rheinland-Pfalz, seit 1994 Min.-Präs. in Rheinland-Pfalz. – **2)** Ludwig, dt. Generaloberst, * 1880, † 1944; 1935 Generalstabschef des Heeres, Gegner von Hitlers Kriegsplänen, trat 1938 zurück; Mitglied der →Widerstandsbewegung; maßgebl. an der Vorbereitung des Attentats vom 20. 4. 1944 beteiligt, nach misslungenem Selbstmordversuch erschossen.

Becken, 1) 🌐 weiträumige Eintiefung der Landoberfläche, durch Ausräumung, tekton. Vorgänge u. a. entstanden. Im geolog. Sinne sind B. gewöhnlich schüsselförmige Ablagerungsräume (z. B. Pariser Becken). – **2)** ⚕ bei Mensch und Wirbeltieren: aus Kreuzbein, Steißbein und den beiden Hüftbeinen gebildeter knöcherner Ring; schließt die Bauchhöhle nach unten ab und verbindet Rumpf und Beine. – **3)** 𝄞 Schlaginstrument, 2 Metallteller.

Boris Becker

Beckenbauer, Franz, dt. Fußballspieler, * 1945; mehrfach Dt. Meister, Europa- und Weltpokalsieger, Weltmeister 1974; 1984 bis 1990 »Teamchef« der dt. Nationalmannschaft.

Becker, 1) Boris, dt. Tennisspieler, * 1967; Wimbledonsieger 1985, 1986, 1989. – **2)** Gary Stanley, amerikan. Wirtschafts- und Sozialwissenschaftler, * 1930; Nobelpreis 1992. – **3)** Jurek, dt. Schriftsteller, * 1937, † 1997; Romane: »Jakob der Lügner« (1968), »Bronsteins Kinder« (1986) u. a.; Drehbücher (u. a. »Liebling Kreuzberg«, Fernsehserie 1986 bis 1990).

Becket ['bekɪt], Thomas, →Thomas.

Beckett ['bekɪt], Samuel, irischer Dramatiker, * 1906, † 1989; einer der Hauptvertreter des absurden Theaters; Dramen: »Warten auf Godot« (1952), »Endspiel« (1957), »Glückliche Tage« (1961). Nobelpreis 1969.

Samuel Beckett

Beckmann, Max, dt. Maler und Grafiker, * 1884, † 1950. Nach einer expressionist. Phase mit stark satir. Einschlag fand er einen Stil von zwingender Einfachheit des Bildaufbaus.

Beckmesser, Sixtus, Nürnberger Meistersinger des 16. Jh.; Ü: kleinl. Kritiker.

Becquerel [bɛ'krɛl], Zeichen **Bq,** SI-Einheit der Aktivität einer radioaktiven Substanz, 1 Bq = 1 s^{-1}.

Becquerel [bɛ'krɛl], Antoine Henri, frz. Physiker, * 1852, † 1908, Entdecker der radioaktiven Strahlen; Nobelpreis 1903 mit M. und P. Curie.

Beda, B. Venerabilis, engl. Benediktiner, Kirchenlehrer, * um 672/673, † 735; Verfasser der ersten Geschichte Englands.

Bedarf, am Markt auftretende Nachfrage. Innerhalb der Marktforschung untersucht die **B.-Forschung** die von den **B.-Trägern** (Personen, Betrieben u. a.) ausgehende Nachfrage.

Bedecktsamige, Decksamer *Pl.,* die Angiospermen, →Blüte.

Bedingung, 1) ⚖ Nebenbestimmung eines Rechtsgeschäfts (auch eines Verwaltungsakts), durch die die Rechtswirkung des Geschäfts von einem zukünftigen ungewissen Ereignis abhängig gemacht werden kann. – **2)** 💻 in Programmiersprachen verwendeter boolescher Ausdruck, welcher die Abarbeitungsreihenfolge in einem Programm direkt beeinflusst. Bei bedingten Anweisungen werden B. zur Auswahl der nächsten auszuführenden Anweisung verwendet; auch legen die B. in Schleifen fest, wie oft eine bestimmte Anweisung ausgeführt werden soll.

Bedingungssatz, Konditionalsatz, Nebensatz mit den Konjunktionen wenn, falls, sofern u. a.

Bednorz, Johannes Georg, dt. Physiker, * 1950; Entdecker einer neuen Gruppe von Supraleitern, 1987 mit K. A. Müller Nobelpreis.

Beduinen [arab. »Wüstenbewohner«], arab. Nomadenstämme in den Steppen und Wüsten Arabiens, Syriens und Nordafrikas; Viehzüchter, die mit ihren Herden wandern.

Beecher-Stowe ['bi:tʃə 'stəʊ], Harriet, amerikan. Schriftstellerin, * 1811, † 1896; »Onkel Toms Hütte« (1852, gegen Negersklaverei).

Beefsteak ['bi:fsteɪk] *das,* gebratene Rindsschnitte. **Dt. B.**, gebratenes Hackfleisch.

Beelzebub [hebr. »Herr der Fliegen«], **1)** Gottheit der Philister. – **2)** N. T.: oberster Teufel.

Beere, Frucht mit saft- und zuckerreicher Mittel- und Innenschicht der Fruchtwand, mit zähhäutiger Außenschicht und meist vielen Samen, z. B. Stachelbeere, Tomate, Gurke, Kürbis.

Beerscheba, Beer Sheva [-ʃ-], israel. Stadt am N-Rand der Wüste Negev, 115 000 Ew.; Univ. mit Institut für Wüstenforschung; frühgeschichtl. Ausgrabungen.

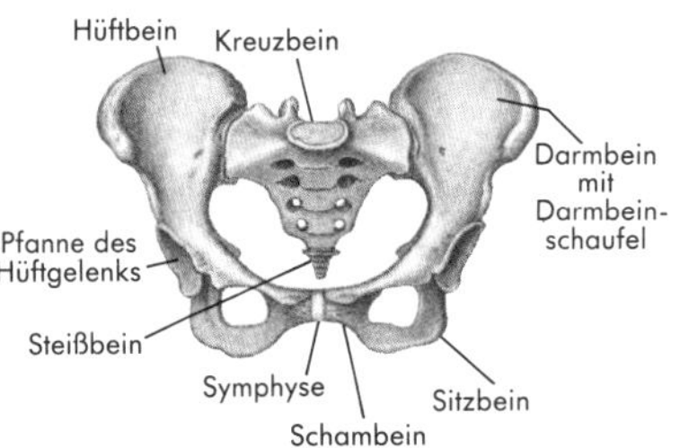

Das menschliche **Becken**

Beethoven, Ludwig van, dt. Komponist, * Bonn 1770, † Wien 1827, wo er seit 1792 lebte; wurde 1784 Mitglied der Hofkapelle in Bonn; war seit 1819 völlig taub. Von Haydn und Mozart ausgehend, hat B. die überlieferten Formen der Sonate, Sinfonie und Kammermusik durch den Reichtum und die Kühnheit der themat. Verarbeitung und die Kraft der rhythm. Bewegung zu Ausdrucksmittlern leidenschaftl. innerer Empfindungen gemacht. Werke: 9 Sinfonien, darunter Nr. 3 Es-Dur, »Eroïca« (1803/04), Nr. 5 c-Moll, »Schicksalssinfonie« (1804 bis 1808), Nr. 6 F-Dur, »Pastorale« (1807/08), Nr. 9 d-Moll mit Schlusschor »An die Freude« (1822 bis 1824); Violinkonzert D-Dur (1806), 10 Violinsonaten (»Kreutzersonate«, 1802/03), 5 Klavierkonzerte; 16 Streichquartette und andere Kammermusik; 32 Klaviersonaten, u. a. »Pathétique« (1798/99), »Mondscheinsonate« (1801), »Waldsteinsonate« (1803/04), »Appassionata« (1804/05); die Oper »Fidelio« (1804/05, 1806, 1814); Missa solemnis (große Messe, 1819 bis 1823), Lieder u. a.

Befähigungsnachweis, Nachweis vorschriftsmäßiger Ausbildung; Vorbedingung für selbstständige Ausübung eines Gewerbes sowie zur Zulassung zu bestimmten Berufen.

Befehl, 1) Anweisung zu einem bestimmten Verhalten, erteilt von einem Vorgesetzten. – **2)** Anweisung zur Ausführung einer Rechneroperation. Die Gesamtmenge der Befehle einer Rechenanlage ist der **B.-Vorrat.**

Befeuerung, Kennzeichnung der Fahrstrecke von Schiffen und Luftfahrzeugen, der Küsten und Flughäfen durch Leucht- oder Funkfeuer.

Befreiungskriege, die → Freiheitskriege.

Befreiungstheologie, v. a. in Lateinamerika vertretene, umstrittene Richtung der kath. Kirche, fordert gewaltlose Befreiung politisch Unterdrückter und sozial Benachteiligter.

Befruchtung, Verschmelzung einer männl. und einer weibl. Keimzelle oder der entsprechenden Zellkerne, grundlegender Vorgang der geschlechtl. (sexuellen) Fortpflanzung bei Menschen, Tieren und Pflanzen → (Vererbung). Aus der befruchteten weibl. Zelle (Eizelle) entwickelt sich der neue Organismus. Beim Menschen und bei höheren Tieren: **innere B.** (Begattung). Die Samenzelle wird durch Begattungsorgane (Penis, Rute) in den weibl. Körper gebracht und dringt dort in die Eizelle. Bei wasserlebenden, niederen Tieren erfolgt **äußere B.** (Besamung). Samen und Eizellen werden ins Wasser entleert und vereinigen sich dort, angelockt durch B.-Stoffe (Gamone). Bei Blütenpflanzen geht der B. die → Bestäubung voraus. Bei niederen Pflanzen gelangen die männl. Geschlechtszellen durch Eigenbewegungen zu der Eizelle. **Künstl. B.** → In-vitro-Fertilisation, → künstliche Besamung.

Begabung, Anlage zu bestimmten Leistungen. Die **B.-Forschung** sucht Höhe und Richtung der B. festzustellen (→ Test); durch Begabtenauslese und -förderung versucht die Gesellschaft, den Einzelnen zu fördern und seine B. für die Allgemeinheit nutzbar zu machen.

Begas, Reinhold, dt. Bildhauer, * 1831, † 1911; v. a. durch den Neptunbrunnen und seine Denkmäler in Berlin bekannt.

Begattung, körperl. Vereinigung zur → Befruchtung.

Begin, Menachem, israel. Politiker, * 1913, † 1992; 1977 bis 1984 Min.-Präs. Friedensnobelpreis 1978 mit A. as-Sadat.

Beginen, Beghinen, im 12. Jh. entstandene Frauengemeinschaften zu gemeinsamem andächtigem Leben. Die entsprechenden Männergemeinschaften hießen **Begharden.**

Beglaubigung, amtl. Bescheinigung der Richtigkeit, z. B. einer Unterschrift oder Abschrift, durch Gericht, Notar oder Verwaltungsbeamte.

Begnadigung, Aufhebung rechtskräftiger Straf- oder Dienststrafurteile durch Verfügung der Staatsgewalt (Bundespräs., z. T. die Länder).

Begonile *die,* **Schiefblatt,** krautige und strauchige, größtenteils trop.-amerikan. Gattung der Schiefblattgewächse. Zierpflanzen: **Blatt-B., Fleißiges Lieschen** u. a.

Begriff, mit einem Wort verbundene Bedeutung. Der B. ist nicht das Wort selbst, sondern eine Vorstellung, die sich auf einen Gegenstand bezieht.

Begum *die,* ind. Titel für Fürstinnen und fürstl. Witwen.

Begünstigung, Unterstützung des Täters nach begangenem Verbrechen oder Vergehen, um ihn der Bestrafung zu entziehen oder ihm die Vorteile der Tat zu sichern (§§ 257 ff. StGB).

Behaim, Martin, dt. Seefahrer und Kaufmann, * Nürnberg um 1459, † 1507; fertigte 1492 den heute ältesten Erdglobus an.

Beham, 1) Barthel, dt. Maler und Kupferstecher, * 1502, † 1540, Bruder von 2), mit ihm 1525 als religiöser Sektierer aus Nürnberg verbannt; Porträts. – **2)** Hans Sebald, dt. Buchillustrator, * 1500, † 1550; Holzschnitte und Kupferstiche.

Porträt (gemalt von J. K. Stieber, 1819) und Autogramm von **Ludwig van Beethoven**

Beharrungsvermögen → Trägheit.

Behaviorismus [bihevjə'-, aus engl. behavio(u)r »Verhalten«], 1912 von dem Amerikaner J. B. Watson begründete psycholog. Richtung, die nur objektiv beobachtbares Verhalten als Gegenstand wiss. Forschung zulässt. Aus diesem Verhalten leitet der B. Regeln für die Erziehung und das menschl. Zusammenleben ab.

Behinderte, Personen, die durch angeborene oder erworbene Schädigungen in unterschiedl. Schweregrad bleibend geistig, körperlich oder seelisch beeinträchtigt sind; sie bedürfen daher entweder dauernder Betreuung oder sonderpädagog. Hilfe sowie im Berufsleben besonderer Ein- oder Wiedereingliederungsmaßnahmen.

Behindertensport, wettkampfmäßig oder spielerisch betriebene Sportausübung Körperbehinderter; häufig Teil der Rehabilitation. Seit 1976 **B.-Olympiade** (Paralympics).

Menachem Begin

Behnisch, Günther, dt. Architekt, * 1922; Schul-, Sport- und Bundesbauten, z. B. für die Olymp. Spiele in München, Plenarsaal in Bonn.

Behrens, 1) Hildegard, dt. Sängerin (Sopran), * 1937. – **2)** Peter, dt. Architekt, * 1868, † 1940; Vertreter des dt. Jugendstils, Ind.- und Verwaltungsbauten.

Behring, Emil v., dt. Arzt und Forscher, * 1854, † 1917; Entdecker von Impfstoffen (Seren) gegen Diphtherie und Tetanus. 1901 Nobelpreis.

Bei, Bey [türk. Beg »Herr«] *der,* ehem. türk. Titel, bes. für höhere Beamte und Offiziere.

Beichte [ahdt. bijiht »Bekenntnis«], reumütiges Sündenbekenntnis vor einem Beichtvater zur Erlangung der Lossprechung (Absolution), seit dem 5. Jh. als **Privat-B.** nur vor den Ohren des Priesters (Ohren-B.). **General-B.** ist eine das ganze Leben oder einen Lebensabschnitt umfassende B. Die kath. Kirche hat das Beicht- und Bußsakrament (→ Buße). Die ev. Kirche hat die **allg. B.:** Bejahung eines vom Geistlichen vorgesprochenen Sündenbekenntnisses. **Beichtsiegel, Beichtgeheimnis,** Verpflichtung des Beichtvaters, das ihm Gebeichtete zu verschweigen; hebt die gerichtl. Zeugnispflicht der Geistlichen für alles in der B. Erfahrene auf. **Beichtstuhl,** meist dreiteiliger Stuhl mit Sprechgittern zur Abhaltung der kath. Ohrenbeichte.

Beifuß, Art der Korbblütlergattung Artemisia, mitteleurop. Ödlandstaude; Würzkraut. **B.-Öl,** aus Blättern einer afrikan. Art, in der Parfümerie verwendet.

beige [be:ʃ], gelbgrau, sandfarben.

Beigeordneter, auf Zeit gewählter, ehren- oder hauptamtl. Beamter der Gemeindeverwaltung.

Beize. Falke mit Haube vor der Jagd

Beihilfe, ⚖ vorsätzl. Hilfeleistung durch Rat oder Tat zu einem Verbrechen oder Vergehen. Der Gehilfe kann ebenso schwer bestraft werden wie der Täter (§ 27 StGB).

Beijing [beɪdzɪŋ], →Peking.

Beil, Werkzeug zum Behauen und Trennen von Holz, Fleisch; einseitig zugeschärft; kurzer Stiel.

Bein, 1) Gebein, allg. für Knochen. – **2)** Körperteil, besteht aus Oberschenkel, Unterschenkel (Schien-B. und Waden-B.), Fuß (Fußwurzelknochen, Mittelfuß und Zehen). Verkrümmung der Knochen oder winkelige Stellung derselben zueinander bewirken krumme B. (**X-B.** oder **Bäcker-B.,** Knie nach innen; **O-B.** oder **Säbel-B.,** Knie nach außen).

Beinwell *der,* Gattung der Borretschgewächse; raublättrige Gewächse, am bekanntesten **Schwarzwurz** und **Rauer Beinwell,** dessen Wurzel in der Volksmedizin Verwendung findet.

Belgrad Stadtwappen

Beira [ˈbɛira], Hafenstadt in Moçambique, 270 000 Ew.; Transithandel (Simbabwe, Malawi u. a.).

Beiram →Bairam.

Beirut, Hptst. und bedeutende Hafenstadt der Rep. Libanon, 702 000 Ew.; Univ. – Die Innenstadt wurde im libanes. Bürgerkrieg (1975 bis 1990), bei den Kämpfen (1982) zw. israel. Truppen und Palästinensern sowie danach bei Kämpfen rivalisierender Gruppen stark zerstört.

Beischlaf, der →Geschlechtsverkehr.

Beisitzer, ⚖ Mitglied eines Kollegialgerichts im Unterschied zum Vorsitzenden (Verhandlungsleiter).

Beitel *der,* **Stemm|eisen,** meißelartiges Werkzeug zum Ausstemmen von Löchern in Holz.

Beize *die,* **1)** Lösung von Säuren, Laugen, Salzen, Farbstoffen zum Reinigen von Metallen, Unterdrücken schädlicher Keime (Fleisch-, Getreide-B.), Färben von Holz, Haltbarmachen der Farbe auf der Faser. **Ätz-B.** →Zeugdruck. – **2)** ♈ Jagd auf Feder- und Haarwild mit abgerichteten Greifvögeln, bes. Falken (**Beizfalken**). – **3)** →Marinade.

Belfast Stadtwappen

Béjart [beˈʒaːr], Maurice, frz. Tänzer, Choreograph, * 1927; Ballettdirektor, schuf auch provokative Operninszenierungen.

Bekassine *die,* **Sumpfschnepfe,** Gattung schnepfenartiger Vögel mit sehr langen Schnäbeln; Zugvögel in N-Europa und Asien.

Bekennende Kirche, ev. kirchl. Bewegung, die seit 1934 dem Machtanspruch des Nationalsozialismus und der »Dt. Christen« entgegentrat und ihre theolog. Grundsätze in der **Barmer Theolog. Erklärung** formulierte.

Bekenntnis, 1) Bezeugung des eigenen Glaubens. – **2)** Zusammenstellung des Glaubensinhaltes einer Gemeinschaft in den **B.-Schriften. Allg.-christlich:** das Apostol., das Nicän. und das Athanasian. Glaubensbekenntnis. **Kath. Kirche:** die Beschlüsse späterer Kirchenversammlungen, bes. des Tridentin. Konzils; Glaubensbekenntnis Pauls VI. (1969). **Luther. Kirche:** die beiden Katechismen Luthers, das Augsburg. B. und ihre Apologie, die Schmalkald. Artikel, die Konkordienformel, alle vereinigt im Konkordienbuch. **Reformierte:** Confessio Helvetica, der Heidelberger Katechismus.

Bekenntnisschule, im Unterschied zur →Gemeinschaftsschule eine Schule, in der (über den obligator. Religionsunterricht hinaus) die Anschauungen einer Konfession eine maßgebl. Rolle spielen.

Belarus →Weißrussland.

belasten, ✐ Beträge auf der Sollseite buchen.

Belastung, 1) ⚖ bei Grundstücken die das Eigentum einschränkenden Rechte, z. B. Erbbaurechte, Dienstbarkeiten, Hypotheken. – **2)** ⚙ an Bau- und Maschinenkonstruktionen auftretende Kräfte und Drehmomente und die an elektr. Maschinen und Leitungen auftretenden Ströme. – **3)** verschmutzender Stoff, der in ein Gewässer eingeleitet wird.

Belau, Republik B., →Palau-Inseln.

Belcanto, der tonschöne Gesang der ital. Schule.

Belchen *der,* mehrere Gipfel des Schwarzwalds und der Vogesen, bes. **1) B.,** dritthöchster Berg im Schwarzwald, 1 414 m. – **2) Großer B., Sulzer B.,** frz. **Grand Ballon,** höchste Erhebung der Vogesen, 1 424 m.

Beleg, 1) Schriftstück, das als Unterlage für eine Buchung dient (Quittung, Zahlkartenabschnitt). – **2)** 🖳 Datenträger, der Informationen in Klartext oder codiert enthält. Die Eingabe der Informationen in den Rechner erfolgt mit **B.-Lesern.**

Belegschaft, Gesamtheit der Beschäftigten eines Betriebs.

Belehnung, Investitur, im MA. die feierl. Übertragung eines Lehens, im röm.-kath. Kirchenrecht die Amtseinführung der Pfarrer.

Beleidigung, vorsätzliche Kränkung der Ehre eines anderen, sie kann sich auch gegen Personengemeinschaften richten. Die B. ist nur auf Antrag strafbar. Das StGB unterscheidet 3 Arten: 1) **einfache B.:** herabsetzende Werturteile und tätl. B. (§ 185). 2) **üble Nachrede:** Behaupten oder Verbreiten ehrenrühriger, nicht erweislich wahrer Tatsachen (§ 186). 3) **verleumder. B.:** Behaupten oder Verbreiten unwahrer, ehrenrühriger oder kreditgefährdender Tatsachen wider besseres Wissen (§ 187).

Daten zur Geschichte Belgiens

1815	Die südl. Niederlande werden in das Königreich Niederlande eingegliedert
1830	Revolution und Abspaltung der südl. Niederlande, Bildung des Königreichs Belgien
1831	Leopold von Sachsen-Coburg wird König der Belgier
1898	Völlige Gleichstellung des Niederländischen mit dem Französischen
1908	B. übernimmt die Privatkolonie König Leopolds II., den Kongostaat, als Kolonie Belgisch-Kongo
1914–1918	Dt. Einmarsch, fast völlige Besetzung Belgiens
1940–1944	Dt. Besetzung
1957	Beitritt zur EWG (jetzt Europäische Union)
1962	Gesetzl. Festlegung der Sprachgrenze zw. dem Niederländischen und Französischen
1970	Aufteilung in die 3 Regionen Flandern, Wallonien und Brüssel
1992	J. L. Dehaene wird Premierminister
1993	Albert II. wird König

Beleihung, Beleihen, Krediteinräumung gegen ein Unterpfand in bestimmtem Verhältnis zu dessen Wert (→ Lombardgeschäft).

Belém [beˈlẽj], **1)** Stadtviertel von Lissabon; das Hieronymitenkloster (1502 bis 1572) sowie der Torre de B. gehören zum Weltkulturerbe. – **2)** Hptst. des brasilian. Staates Pará, im Amazonasmündungsgebiet, 756 000 Ew.; Exporthafen; Univ., Erzbischofssitz.

Belemnịten, ausgestorbene Kopffüßer des Jura- und Kreidemeers. Ein Teil der Kalkschale, häufig in Juraablagerungen, heißt im Volksmund **Donnerkeil.**

Beleuchtung, natürl. oder künstl. Bestrahlung eines nicht leuchtenden Körpers mit Licht; auch die Ausrüstung von Räumen, Außenanlagen, Fahrzeugen u. Ä. mit B.-Körpern. Gute B. erfordert ausreichende B.-Stärke, örtl. und zeitl. Gleichmäßigkeit (→ Duoschaltung), genügende Schattigkeit, Blendungsfreiheit, geeignete Lichtfarbe. Die Straßenverkehrs-Zulassungsordnung regelt die B. der Kraftfahrzeuge.

Beleuchtungsstärke, Zeichen *E*, Quotient aus dem senkrecht auf eine Ebene fallenden Lichtstrom Φ und der Größe *A* dieser Fläche: $E = \Phi/A$; SI-Einheit: Lux (lx).

Belfa̲st, Hptst. von Nordirland und Verw.-Sitz der Distrikte B. und Castlereagh, 300 000 Ew.; Sitz eines kath. Bischofs und eines Bischofs der Church of England, Univ., techn. College, Museen, Galerien, Theater, Oper, botan. Garten; Schiff-, Flugzeug-, Maschinen- und Elektrogerätebau. B. besitzt den wichtigsten ⚓ Nordirlands und einen ✈; es entstand zu Beginn des 17. Jh. bei einer normann. Burg.

Belfort [bɛlˈfɔːr], Hptst. des Dép. B., vor der Burgund. Pforte, 51 900 Ew. B. kam mit dem Sundgau 1648 an Frankreich.

Bẹlfried, hoher, schlanker Glockenturm v. a. in alten flandr. Städten.

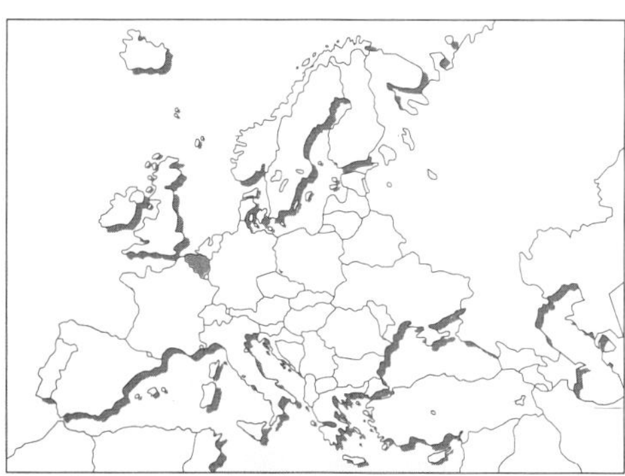

Bẹlgi|en, frz. **La Belgique,** niederländ. **België,** Königreich in W-Europa, 30 518 km², 10,07 Mio. Ew.; Hptst. Brüssel.

Verfassung von 1831 (mehrfach geändert), parlamentar. Erbmonarchie (Haus Sachsen-Coburg); Volksvertretung: Senat, Abgeordnetenhaus; 3 Regionen (wallon., fläm., Brüsseler Region), 3 Gemeinschaften (frz., fläm. und dt.-sprachige) sowie 4 Sprachgebiete (das frz., das fläm., das dt. und das Brüsseler Sprachgebiet). Eine Verfassungsreform mit dem Ziel der Schaffung eines Bundesstaats wurde Anfang 1993 abgeschlossen.

Landesnatur. Der S und SO ist hügelig bis gebirgig, vorwiegend von den Ardennen durchzogen; an ihrem N-Rand (Sambre- und Maastal) erstrecken sich Kohle- und Eisenerzlager. Mittel-B. ist ein meist fruchtbares Hügelland. Nach NW schließt sich das Küstenland an, teils sandige Geest (Kempenland, ausgedehnte Kohlenlager), teils Marschland. Hauptflüsse: Schelde und Maas; viele Kanäle. B. hat mildes, feuchtes Meeresklima.

Bevölkerung. 60 % Flamen, 39 % Wallonen, 0,7 % Deutschsprechende. Religion: etwa 90 % Katholiken.

Wirtschaft. Wichtigster Zweig ist die Ind.: Maschinen-, Fahrzeug-, Schiffbau, Textil-, Glas-, chem., Zementind.; Erdölraffinerien. Hoch entwickelte Landwirtschaft (Niederflandern, Hennegau): Getreide, Flachs, Zuckerrüben, Kartoffeln, Viehwirtschaft. – Als ein Staat mit verarbeitender Ind. hat B. die stärkste Außenhandelsabhängigkeit unter den EU-Ländern. Haupthandelspartner: EU-Länder, USA. Mit den Niederlanden und Luxemburg ist es wirtschaftlich bes. eng zu den → Beneluxstaaten zusammengeschlossen.

Bẹlgisch-Kọngo, ehem. belg. Kolonie, → Kongo, Demokratische Republik.

Bẹlgorod, Gebietshptst. in Russland, 300 000 Ew.; Ind.stadt, Verkehrsknoten.

Bẹlgrad, serb. **Beọgrad** [»weiße Burg«], Hptst. der Bundesrep. Jugoslawien, im Mündungswinkel zw. Save und Donau, 1,47 Mio. Ew.; im 2. Weltkrieg stark zerstört; Univ.; Festung; Leicht- u. Schwerind., Luftverkehrsknoten. Belgrad war im 9./10. Jh. bulgar., 1427 ungar., seit 1521 türk., nach dem Sieg Prinz Eugens 1717 bis 1739 österr.; im 19. Jh. wurde es Hptst. Serbiens, 1918 Hptst. Jugoslawiens.

Belichtung → Fotografie.

Bẹlisar, Feldherr des oström. Kaisers Justinian I., † 565; zerstörte 533/534 das Wandalenreich in Afrika, bekämpfte dann die Ostgoten in Italien.

Belịtung, indones. Insel zw. Sumatra und Borneo, 4 833 km², 164 000 Ew.; Zinnbergbau.

Belize [bəˈliːz], Hafenstadt im Staat Belize, bis 1970 dessen Hauptstadt; 40 000 Ew. – B. wurde Mitte des 17. Jh. von brit. Siedlern gegründet.

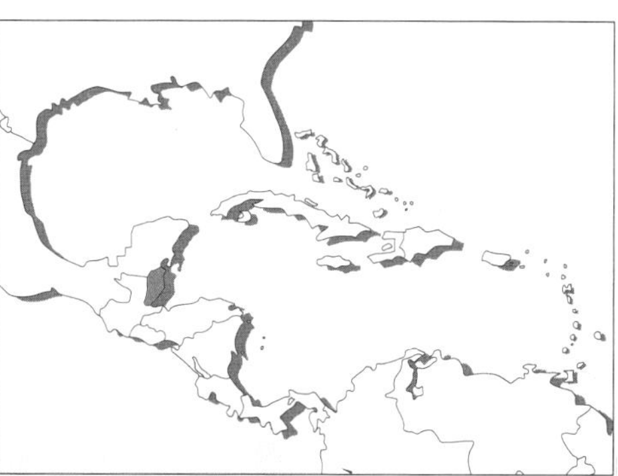

Belize [bəˈliːz], bis 1973 als **Brit.-Honduras** brit. Kolonie an der O-Küste Zentralamerikas, seit 1981 unabhängige Rep., 22 965 km², 198 000 Ew.; Hptst. Belmopan. Im Innern trop. Busch- und Sumpfwälder. Erzeugnisse: Holz, Zuckerrohr, Bananen, Zitrusfrüchte, Kokosnüsse.

Bẹll, Alexander Graham, amerikan. Erfinder, * 1847, † 1922; schuf 1876 das erste brauchbare Telefon.

Belladọnna *die,* → Tollkirsche.

Bellarmịno, Roberto, ital. Theologe, * 1542, † 1621; Verteidiger der kath. Lehre der Gegenreformation. 1930 heilig gesprochen (Tag: 13. 5.).

Belle-Alliance [bɛlaˈljãs], → Waterloo.

Belle Epoque [bɛleˈpɔk] *die,* in Frankreich die Zeit von 1890 bis 1914, die durch Modernisierung der Technik, der Wohnkultur sowie durch Betonung des gesellschaftl. Lebens gekennzeichnet ist.

Belletrịstik *die,* Unterhaltungsliteratur.

Bellevue [bɛlˈvyː, frz. »schöne Aussicht«], Name zahlreicher Schlösser, Aussichtspunkte.

Bẹlling, Rudolf, dt. Bildhauer, * 1886, † 1972; dem Expressionismus nahe stehend, sein »Dreiklang« (1919) gilt als ein frühes abstraktes Werk.

Belgien

Staatswappen

Staatsflagge

Internationales Kfz-Kennzeichen

Belize

Staatswappen

Staatsflagge

Internationales Kfz-Kennzeichen

Saul Bellow

David Ben Gurion

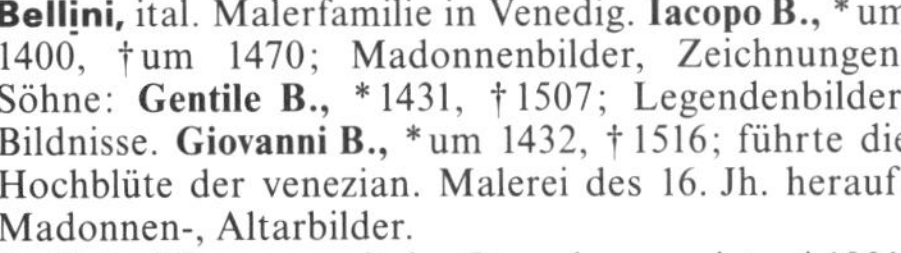

Bellini, ital. Malerfamilie in Venedig. **Iacopo B.,** *um 1400, †um 1470; Madonnenbilder, Zeichnungen. Söhne: **Gentile B.,** *1431, †1507; Legendenbilder, Bildnisse. **Giovanni B.,** *um 1432, †1516; führte die Hochblüte der venezian. Malerei des 16. Jh. herauf: Madonnen-, Altarbilder.

Bellini, Vincenzo, ital. Opernkomponist, *1801, †1835; »Norma« (1831), »Die Puritaner« (1835).

Bellinzona, Hptst. des Kt. Tessin, Schweiz, 17500 Ew.; Knotenpunkt der Gotthardbahn, Ausgangspunkt der San-Bernardino-Straße.

Bellman, Carl Michael, volkstüml. schwed. Dichter, *1740, †1795; Liebes-, Trinklieder.

Bellow ['belɘʊ], Saul, amerikan. Schriftsteller, *1915; naturalist., von der Psychoanalyse beeinflusste Romane im Großstadtmilieu. Nobelpreis für Literatur 1976.

Belmondo, Jean-Paul, frz. Filmschauspieler, *1933; »Cartouche - der Bandit« (1961).

Belo Horizonte [bɛlori'zonti], Hptst. des brasilian. Staates Minas Gerais, 1,44 Mio. Ew.; Univ.; Bergbau und Schwerindustrie.

Belsazar, †wohl 539 v. Chr.; Sohn des letzten Königs von Babylon, 539 v. Chr. von Kyros II. geschlagen; im A. T. Sohn Nebukadnezars II., der durch das → Menetekel vor dem Untergang Babylons gewarnt wird.

Belt *der,* **Großer** und **Kleiner B.,** 2 Meeresstraßen, die mit dem Sund Ostsee und Nordsee verbinden.

Belucha *die,* Berg im Russ. Altai, 4506 m.

Belutschistan, von dem iran. Volk der Belutschen bewohnte Gebirgslandschaften im SO des Hochlands von Vorderasien. Der W gehört zu Iran, der O zu Pakistan, der N zu Afghanistan.

Belvedere [ital. »schöne Aussicht«], Name von Aussichtspunkten und Lustschlössern, z. B. das B. in Wien (1721 bis 1723 erbaut).

Benares, früherer Name von → Varanasi.

Benatzky, Ralph, dt. Operettenkomponist, *1884, †1957; »Casanova« (1928), »Im Weißen Rößl« (1930), »Meine Schwester und ich« (1930).

Benedetti, Vincent Graf, frz. Diplomat, *1817, †1900; 1864 bis 1870 Botschafter in Berlin, bekannt durch die Unterredung mit Wilhelm I. in Ems, Juli 1870 (→ Emser Depesche).

Benedictus [lat. »gepriesen«], **1)** Lobgesang des Zacharias (Lk. 1, 68 bis 79). - **2)** Teil der kath. Messe mit dem Sanctus, auch der luther. Abendmahlsordnung.

Benediktenkraut, Bitterdistel, distelähnl., grüngelb blühender, filziger Korbblütler; gerb- und bitterstoffreiche Heilpflanze; Blattauszüge sind Grundlage von Kräuterlikören.

Benediktiner, lat. **Ordo Sancti Benedicti,** Abk. **OSB,** Mönchsorden, gestiftet von Benedikt von Nursia. Die einzelnen Klöster sind in Landesverbänden (Kongregationen) zusammengeschlossen und unterstehen dem Abtprimas in Rom. In Dtl. wirken die Bayer., die Beuroner und die Missionskongregation von St. Ottilien. Ordenstracht: schwarz. Durch Kloster- und Kirchenbauten, Landwirtschaft, Handwerk und Schulen waren die B. die Erzieher Europas bis weit ins MA. hinein. **Benediktinerinnen,** der weibl. Zweig des Ordens.

Benediktion *die,* Segnung.

Benedikt von Nursia, *um 480, †547; gründete 529(?) das Stammkloster der Benediktiner, Monte Cassino in Latium. Durch die von ihm verfasste **Benediktregel** wurde B. der Begründer des abendländ. Mönchtums. Heiliger (Tag: 11. 7.).

Benedikt XV., Papst (1914 bis 1922), *1854, †1922; suchte im 1. Weltkrieg (1914 und 1917) zwischen den Kriegsparteien zu vermitteln.

Benefiz *das,* Theater- oder Musikaufführung, deren Ertrag einem Künstler oder wohltätigen Zwecken zufließt.

Benefiziant, Wohltäter. **Benefiziar,** Inhaber einer Pfründe. **Benefiziat,** Inhaber eines Leihguts, auch einer Pfründe.

Benefizium [lat. »Wohltat«], → Pfründe.

Beneluxstaaten, Sammelname für **Be**lgien, **Ne**derlande (**Ne**derland) und **Lux**emburg, soweit sie zusammenwirken und als Einheit auftreten. 1960 volle Wirtschaftsunion; Gründungsmitglieder der EWG.

Beneš [-ʃ], Edvard, tschechoslowak. Politiker, *1884, †1948; Mitbegründer der Tschechoslowakei; 1918 bis 1935 Außenmin., betrieb den Abschluss der Kleinen Entente; 1935 bis 1938 und 1945 bis 1948 Staatspräsident.

Benevent, Hptst. der gleichnamigen ital. Prov. in der Region Kampanien, nordöstlich von Neapel, 65600 Ew.; Erzbischofssitz; römische Altertümer (Triumphbogen Trajans).

Bengalen, Landschaft am Unterlauf des Ganges und des Brahmaputra; dicht besiedelt; 1947 geteilt in den ind. Staat West-B., Hptst. Kalkutta, und die pakistan. Prov. Ost-B. (Ost-Pakistan), die 1971 als → Bangladesh unabhängig wurde.

Bengali, neuind. Sprache, in Bengalen, S-Assam, einem Teil von Bihar und von Orissa.

bengalisches Feuer → Feuerwerk.

Bengalisches Meer, Teil des Ind. Ozeans zw. Vorder- und Hinterindien.

Bengasi, Hptst. der libyschen Prov. Cyrenaica, 650000 Ew.; Univ., Ind., Hafen, ✈.

Ben-Gavriêl, Moscheh Ya'akov, früher Eugen **Hoeflich,** israel. Schriftsteller österr. Herkunft, *1891, †1965; Romane über jüd. Schicksale.

Benguela, Hafenstadt in Angola, 41000 Ew.; Ausgangsort der B.-Bahn durch die Demokrat. Rep. Kongo, Sambia, Simbabwe nach Beira (Moçambique).

Benguelastrom, kalte Meeresströmung im Atlant. Ozean, an der W-Küste S-Afrikas.

Ben Gurion, David, israel. Politiker, *1886, †1973; Min.-Präs. 1948 bis 1953 und 1955 bis 1963.

Beni, Río B., Fluss in Bolivien, rd. 1700 km lang, von den Kordilleren in den Río Madeira.

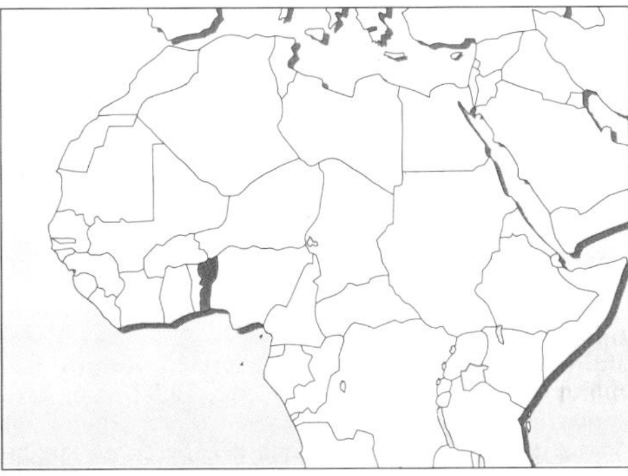

Benin

Staatswappen

Staatsflagge

Internationales Kfz-Kennzeichen

Benin, bis 1975 **Dahomey,** Rep. in W-Afrika, 112622 km², 4,92 Mio. Ew.; Hptst. Porto Novo; größte Stadt und Haupthafen: Cotonou; Amtssprache: Französisch. Im S vielfach Feuchtwälder, im N Buschland und Savannen. Erzeugnisse: Mais, Maniok, Yamswurzeln, Palmöl, Erdnüsse, Baumwolle. Haupthandelspartner: Frankreich. Flughafen in Cotonou. - 1904 bis 1958 Gebiet Frz.-Westafrikas, dann Rep. in der Frz. Gemeinschaft. Nach dem Staatsstreich 1972 wurde 1975 die »VR Benin« proklamiert. 1990 wurde die marxist.-leninistisch ausgerichtete Militärreg. nach einer Volksabstimmung abgelöst; 1991 bis 1996 war der reformorientierte N. Soglo Präs.; bei den Präsidentschaftswahlen 1996 setzte sich M. Kérékou (Präs. 1972 bis 1991) durch.

Benin, ehem. afrikan. Reich am unteren Niger; Elfenbeinschnitzereien, Bronzen. B. wurde 1897 bis 1899 von den Briten Nigeria einverleibt. Das Küstengebiet war im 18.und 19. Jh. Zentrum des Sklavenhandels.

Benjamin, israelit. Stamm in Mittelpalästina, als Stammvater gilt in der Bibel B., der jüngste Sohn Jakobs und der Rahel.

Benjamin, Walter, dt. Schriftsteller, *1892, †(Freitod) 1940; vom Marxismus beeinflusste Essays, Literatur- und Zeitkritiken (»Einbahnstraße«, »Passagen-Werk« u. a.).

Benn, Gottfried, dt. Lyriker und Essayist, *1886, †1956; zunächst expressionist. Frühwerk, das der Rationalität das Rauschhafte entgegensetzte; später Bekenntnis zu Form und Kunst, die das Dasein als ästhet. Phänomen rechtfertigen.

Bennett ['benɪt], **1)** Arnold, brit. Erzähler, *1867, †1931; schildert das Schicksal einfacher Menschen. – **2)** James Gordon, amerikan. Journalist, *1795, †1872; begründete den modernen amerikan. Journalismus.

Ben Nevis, der höchste Berg der Brit. Inseln, in W-Schottland, 1 343 m hoch.

Benno, Bischof von Meißen (seit 1066), †1106; Heiliger, Schutzpatron Altbayerns und Münchens. Gegen seine Heiligsprechung (1523) schrieb Luther »Wider den neuen Abgott«. Tag: 16. 6.

Benrather Linie, nach dem Düsseldorfer Stadtteil Benrath benannte Grenzlinie der hochdt. Lautverschiebung, die »maken/machen-Linie«.

Bensheim, Stadt an der Bergstraße, Hessen, 34 000 Ew.; Papierind., Wein-, Obstbau.

Benue *der,* linker Nebenfluss des Niger, Afrika; 1 400 km lang; in der Regenzeit 900 km schiffbar.

Benz, Carl, dt. Ingenieur, *1844, †1929; baute 1885 den ersten entwicklungsfähigen Kraftwagen; gründete in Mannheim die Benzwerke.

Benzaldehyd *der,* einfachster aromat. Aldehyd, verwendet als künstl. Bittermandelöl.

Benzanthron *das,* ⚗ aromat. Verbindung, Ausgangsprodukt für →Küpenfarbstoffe.

Benzin *das,* ⚗ Gemisch leicht siedender Kohlenwasserstoffe, das bei der Destillation des Erdöls gewonnen wird; dient als Vergaserkraftstoff für Motoren, da es mit Luft ein explosibles Gemisch gibt, sowie als Lösungsmittel für Fette, Öle, Harze (Reinigungsmittel). **Synthet. B.** kann durch Kohlehydrierung oder Fischer-Tropsch-Synthese gewonnen werden.

Benzineinspritzung, Einspritzung des Kraftstoffs in die Verbrennungsluft beim Ottomotor, durch Einspritzdüsen direkt in den Brennraum (innere Gemischbildung) oder vor die Einlassventile (äußere Gemischbildung, heute üblich); dadurch höhere Leistung, geringerer Verbrauch, weniger schädl. Abgase.

Benzoeharz, vanilleartig duftendes Baumharz südostasiat. und indones. Styraxarten zur Herstellung u. a. von Parfümen.

Benzoesäure, $C_7H_6O_2$, einfachste aromat. Carbonsäure, kommt in Benzoeharz vor. **Natriumbenzoat** dient als Konservierungsmittel.

Benzol *das,* C_6H_6, wasserheller, flüssiger Kohlenwasserstoff, 6 ringförmig verbundene Kohlenstoffatome **(B.-Ring)** und angelagert 6 Wasserstoffatome. B., im Steinkohlenteer enthalten, ist ein Nebenerzeugnis der Kokereien und Gasanstalten, wird heute aber vorwiegend durch Destillation oder Extraktion aus Benzin gewonnen; dient u. a. zur Herstellung von Nitro-B. und Anilin in der Farbenind. sowie als Lösungsmittel.

Beowulf, altengl. Heldengedicht in Stabreimversen, aus dem 8. oder 9. Jahrhundert.

Béranger [berã'ʒe], Pierre Jean de, frz. Dichter, *1780, †1857; volkstüml. Lieder.

Berber, 1) europide Stämme in NW-Afrika, u. a. Kabylen, Guanchen, Tuareg; meist Bauern und Viehzüchter; leben in vaterrechtl. Großfamilien (bei den Tuareg Reste matriarchal. Strukturen). Durch die arab. Eroberung N-Afrikas wurden die B. im 7. Jh. islamisiert, im 11. Jh. arabisiert. – **2)** von den Berbern geknüpfter, hochfloriger Teppich aus naturfarbener Wolle. – **3)** Selbstbezeichnung Nichtsesshafter.

Berberitze *die,* **Sauerdorn,** Strauch mit Dornen, mit gelben Blüten und roten, sauren Beeren. B. ist Zwischenwirt des Getreideschwarzrostes.

Berceuse [bɛr'søːz] *die,* Wiegenlied, auch Instrumentalstück.

Berchtesgaden, Luftkurort im SO Bayerns, nahe dem Königssee, 570 m ü. M., 7 500 Ew.; Solbad; Salzbergwerk.

Bereicherung, ungerechtfertigte B., ⚖ Vermögenszuwachs auf Kosten eines anderen ohne rechtl. Grund. Der Geschädigte kann das durch B. Erlangte i. d. R. zurückfordern (§ 812 ff. BGB).

Bereichsüberschreitung, in der EDV das Nichtausreichen der Stellen zur Darstellung einer Zahl. **Überlauf** bedeutet, die Zahl ist größer als die Stellenzahl, **Unterlauf,** die Zahl ist kleiner als die kleinste darstellbare.

Beresina *die,* rechter Nebenfluss des Dnjepr, östl. von Minsk, Weißrussland, 613 km lang. 1812 verlustreicher Übergang des frz. Heeres unter Napoleon I. beim Rückzug von Moskau.

Berg, über die Umgebung deutlich herausragende Geländeerhebung, einzeln oder Teil eines Gebirges, gegliedert in Fuß, Hang und Gipfel. Die Form ist von der Gesteinsart und der geolog. Vergangenheit abhängig.

Berg, ehem. Herzogtum auf dem rechten Rheinufer mit der Hptst. Düsseldorf, 1614 an Pfalz-Neuburg, 1777 an Bayern, 1806 **Großherzogtum B.;** seit 1815 preußisch.

Berg, 1) Alban, österr. Komponist, *1885, †1935; Vertreter der →Zwölftonmusik. – **2)** Claus, dt. Bildschnitzer, *um 1475, †um 1535; schuf den Schnitzaltar in Odense (Dänemark). – **3)** [bɔːg], Paul, amerikan. Biochemiker, *1926; Nobelpreis für Chemie 1980 für Arbeiten über Nukleinsäuren.

Berge der Erde (Auswahl)

Name	m ü. M.	Gebirge	Land
Europa			
Montblanc	4808	Savoyer Alpen	Frankreich/Italien
Dufourspitze (Monte Rosa)	4637	Walliser Alpen	Schweiz/Italien
Großglockner	3797	Hohe Tauern	Österreich
Mulhacén	3478	Sierra Nevada	Spanien
Pico de Aneto	3404	Pyrenäen	Spanien
Zugspitze	2962	Wettersteingebirge	Deutschland
Afrika			
Kibo	5895	Kilimandscharo	Tansania
Kenia	5194	-	Kenia
Amerika			
Aconcagua	6959	Anden	Argentinien
McKinley	6193	Alaskagebirge	Alaska
Citlaltépetl	5700	Kordilleren	Mexiko
Asien			
Mount Everest	8846	Himalaya	China/Nepal
K2, Chogori	8607	Karakorum	Indien
Kangchendzönga	8586	Himalaya	Indien (Sikkim)
Lhotse	8516	Himalaya	China/Nepal
Australien und Ozeanien			
Gunung Jaya (Carstensz-Spitze)	5033	Zentralgebirge	Neuguinea
Mauna Kea	4205	-	Hawaii
Mount Kosciusko	2223	Snowy Mountains	Australien
Mount Cook	3764	Neuseeländ. Alpen	Neuseeland
Antarktis			
Vinsonmassiv	5140	Ellsworthhochland	
Mount Erebus	3794	Ross-Insel	

Bergbau. Streckenvortriebsmaschine im Steinkohlenbergbau

Bergakademi|en, Hochschulen zur wiss. Ausbildung der höheren Berg- und Hüttenbeamten; Clausthal-Zellerfeld (gegr. 1775, jetzt TU), Freiberg (1765), in Österreich: Leoben (1849).

Werner Bergengruen

Bergamo, ital. Prov.-Hptst. in der Lombardei, am Fuß der Alpen, 119 000 Ew.; Textil-, Zementindustrie; Bauwerke aus MA. und Renaissance.

Bergamotte *die,* **1)** Pomeranzenunterart, aus der das **Bergamottöl** gewonnen wird. – **2)** Sorten der Birnen.

Bergbahn → Zahnradbahn, → Seilbahn.

Bergbau, Aufsuchen und Untersuchen von natürl. Lagerstätten nutzbarer Mineralien und mineral. Rohstoffe, das Erschließen, Gewinnen, Fördern und Aufbereiten des Lagerstätteninhalts. – B. erstreckt sich auf Steinkohle, Braunkohle, Torf, Erdöl, Erdgas, Ölschiefer, Ölsande; auf Metallerze; Bauxit, Kaolin; auf Schwefel, Steinsalz, Kalisalze, Phosphate und Stickstoffmineralien; auf Edelsteine sowie Steine und Erden aller Art.

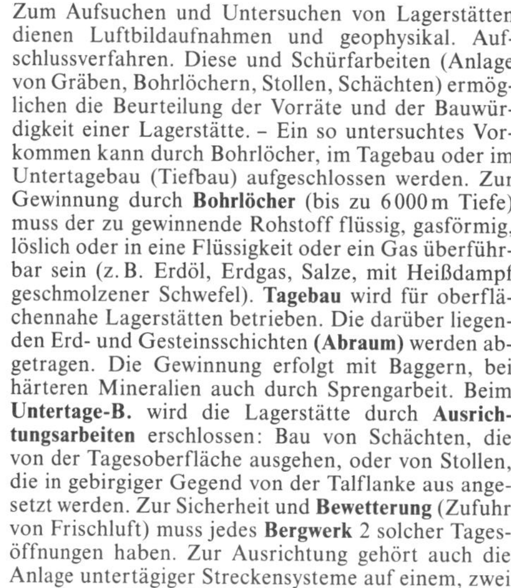

Zum Aufsuchen und Untersuchen von Lagerstätten dienen Luftbildaufnahmen und geophysikal. Aufschlussverfahren. Diese und Schürfarbeiten (Anlage von Gräben, Bohrlöchern, Stollen, Schächten) ermöglichen die Beurteilung der Vorräte und der Bauwürdigkeit einer Lagerstätte. – Ein so untersuchtes Vorkommen kann durch Bohrlöcher, im Tagebau oder im Untertagebau (Tiefbau) aufgeschlossen werden. Zur Gewinnung durch **Bohrlöcher** (bis zu 6 000 m Tiefe) muss der zu gewinnende Rohstoff flüssig, gasförmig, löslich oder in eine Flüssigkeit oder ein Gas überführbar sein (z. B. Erdöl, Erdgas, Salze, mit Heißdampf geschmolzener Schwefel). **Tagebau** wird für oberflächennahe Lagerstätten betrieben. Die darüber liegenden Erd- und Gesteinsschichten **(Abraum)** werden abgetragen. Die Gewinnung erfolgt mit Baggern, bei härteren Mineralien auch durch Sprengarbeit. Beim **Untertage-B.** wird die Lagerstätte durch **Ausrichtungsarbeiten** erschlossen: Bau von Schächten, die von der Tagesoberfläche ausgehen, oder von Stollen, die in gebirgiger Gegend von der Talflanke aus angesetzt werden. Zur Sicherheit und **Bewetterung** (Zufuhr von Frischluft) muss jedes **Bergwerk** 2 solcher Tagesöffnungen haben. Zur Ausrichtung gehört auch die Anlage untertägiger Streckensysteme auf einem, zwei oder mehr Niveaus (Sohlen), die verbunden sein können.

Ingmar Bergman

Ingrid Bergman

Die bei nicht standfestem Gestein durch Ausbau gesicherten Grubeneingänge müssen Bergwerksmaschinen, elektr. Einrichtungen und Versorgungsleitungen aufnehmen **(Herrichtung).** Wasserzuflüsse aus dem Gebirge werden durch die **Wasserhaltung** (Sammeln des Wassers an der tiefsten Stelle des Bergwerks und Abpumpen) beherrscht. Erze und Salze werden v. a. durch Bohren von Sprenglöchern, Sprengen, Steinkohle vorwiegend schneidend durch **Schrämmaschinen** und **-lader** oder schälend mit **Kohlenhobeln** gewonnen. Das Fördergut gelangt über **Fördereinrichtungen** (z. B. Kettenkratzerförderer, gleislose Transportfahrzeuge, Förderbänder, Grubenbahnen) zum Schacht und von dort nach über Tage. – **Steinkohle** wird in Dtl. im Ruhrgebiet, bei Aachen und im Saargebiet gefördert, **Braunkohle** im Rheinland, bei Helmstedt, in Bayern, Sa.-Anh. und in der Lausitz.

Bergell *das,* Tallandschaft im schweizer. Kt. Graubünden und der ital. Prov. Sondrio, vom Malojapass (1 815 m) bis Chiavenna (320 m).

Bergen, 1) wichtigste Hafenstadt in SW-Norwegen, 211 000 Ew.; Univ.; Fischerei; Schiffbau; im 15./16. Jh. Haupthandelsplatz der dt. Hanse. – **2) B./Rügen,** Krst. in Meckl.-Vorp., 19 000 Ew.; Nahrungsmittelindustrie.

Bergen-Belsen, ehem. Konzentrationslager bei Bergen, Kr. Celle, Nd.-Sachs.; heute Gedenkstätte für die mindestens 50 000 Opfer.

Bergengruen [-gry:n], Werner, dt. Schriftsteller, * 1892, † 1964; sah die Aufgabe des Dichtens darin, die göttl. Ordnung in Natur und Gesch. offenbar werden zu lassen. Schrieb u. a. »Der Großtyrann und das Gericht« (1935), »Das Feuerzeichen« (1949).

Bergfried, Hauptturm und letzte Zuflucht der mittelalterl. Burg.

Bergisches Land, Landschaft zw. Ruhr und Sieg, NRW, im Gebiet des ehem. Herzogtums → Berg.

Bergisch Gladbach, Krst. in NRW, 101 000 Ew.; Papierind., Maschinenbau.

Bergisel, Berg bei Innsbruck, 746 m, Skisprungschanze; im Tiroler Freiheitskampf 1809 umkämpft.

Bergius, Friedrich, dt. Chemiker, * 1884, † 1949; entwickelte das **B.-Verfahren** zur Herstellung flüssiger Kohlenwasserstoffe aus Kohle (→ Kohlehydrierung).

Bergkamen, Stadt im Kr. Unna, NRW, 47 700 Ew.; entstand 1966 durch Zusammenschluss mehrerer Gemeinden des Landkreises Unna. Steinkohlen-⚒, chem. Industrie.

Bergkarabach, autonomes Gebiet innerhalb Aserbaidschans, 4 400 km², 188 000 Ew. (1989); der aserbaidschan. Bev.-Teil ist infolge der Kämpfe geflohen, Hptst. Stepanakert. Das Bestreben der armen. Bevölkerungsmehrheit in B., sich Armenien anzuschließen, führte seit 1988 wiederholt zu nationalistisch geprägten blutigen Unruhen zw. Aserbaidschan und Armenien u. a. nach 1991, als B. seine Unabhängigkeit von Aserbaidschan erklärt hatte.

Bergkrankheit → Höhenkrankheit.

Bergkristall, wasserhelle, reinste Kristallform des Quarzes, sechsseitig.

Bergman ['bærj-], **1)** Ingmar, schwed. Filmregisseur und Drehbuchautor, * 1918; »Wilde Erdbeeren« (1957), »Das Schweigen« (1962), »Szenen einer Ehe« (1973), »Fanny und Alexander« (1983), »Die Gesegneten« (TV-Film, 1986). – **2)** Ingrid, schwed. Filmschauspielerin, * 1915, † 1982; spielte in »Casablanca« (1942), »Wem die Stunde schlägt« (1943), »Herbstsonate« (1978).

Bergmann, Ernst von, dt. Chirurg, * 1836, † 1907; Prof. u. a. in Berlin; einer der Begründer der Asepsis und der Hirnchirurgie.

Bergner, Elisabeth, österr.-brit. Schauspielerin, * 1897, † 1986; kam 1922 nach Berlin; emigrierte 1933 nach Großbritannien.

Bergpartei, in der Frz. Revolution die Radikalen (Jakobiner und Cordeliers).

Bergpredigt, Rede Jesu (Mt. 5 bis 7), zusammengefasst im Gebot der Nächstenliebe.
Bergrecht, Gesamtheit der den Bergbau betreffenden Rechtssätze, in Dtl. geregelt im Bundesbergges. v. 1980; unterschieden werden **grundeigene Bodenschätze** und **bergfreie Bodenschätze,** die nicht vom Eigentum am Grundstück erfasst werden, von denen aber einige (Kohle, Steinsalz u. a.) dem Staat vorbehalten sind. Für das Aufsuchen und Gewinnen bergfreier Bodenschätze ist eine **Bergbauberechtigung** erforderlich. **Bergbehörden** sind das Bergamt und das Oberbergamt.
Bergson [bɛrk'sɔn], Henri, frz. Philosoph, * 1859, † 1941; vertrat gegenüber dem bloß Verstandesmäßigen den Vorrang der Intuition: Das Leben als schöpfer. Geschehen (élan vital) lasse sich nicht in feste Begriffe bannen.
Bergstraße, warmer, obst- und weinreicher Landstrich am Westfuß des Odenwalds.
Bergström ['bærj-], Sune, schwed. Biochemiker, * 1916; erhielt mit B. Samuelsson und J. Vane für Arbeiten über Prostaglandine (Gewebehormone) den Nobelpreis für Physiologie oder Medizin 1982.
Bergwacht, Organisation, die bei Unglücksfällen in den Bergen Hilfe leistet; in Dtl. besteht die **Dt. B.** des Dt. Alpenvereins.
Bergwerk → Bergbau.
Beriberi *die,* durch Vitamin-B-Mangel hervorgerufene Nervenerkrankung, v. a. in Ländern, deren Bevölkerung sich hauptsächlich von geschältem Reis ernährt; Symptome (u. a.): krankhafte psych. Erregbarkeit, schnelle Erschöpfung, Lähmung der Muskulatur, Herzmuskelschädigung.

Berlin. Kongresshalle (1957, nach Teileinsturz 1986 wieder aufgebaut) mit der Plastik »Large Butterfly« von Henry Moore (1986)

Berichterstatter, 1) Referent, jemand, der mit der unparteiischen Darlegung eines Sachverhalts beauftragt ist, bes. als Mitglied einer Behörde, eines Gerichts, eines Ausschusses. – **2) Reporter,** ständiger Mitarbeiter einer Zeitung, des Rundfunks oder Fernsehens, der Mitteilungen über Tagesereignisse liefert.
Berija, Lawrentij Pawlowitsch, sowjet. Politiker, * 1899, † 1953; im staatl. Sicherheitsdienst lange einer der mächtigsten Politiker, wurde nach Stalins Tod im Zug parteiinterner Machtkämpfe gestürzt und hingerichtet.
Bering, Vitus, dän. Seefahrer, * 1680, † 1741; erforschte das **B.-Meer,** den nördl. Teil des Pazif. Ozeans, und durchfuhr die 75 bis 100 km breite **B.-Straße** zw. Alaska und Sibirien.
Berio, Luciano, ital. Komponist, * 1925; trug zur Entwicklung der elektron. Musik bei.
Berka, Bad B., Luftkurort in Thür., an der Ilm, 4 500 Ew.; Mineralquellen.
Berkeley ['bə:klɪ], Ind.stadt in Kalifornien, USA, 103 000 Ew.; Universität.
Berkeley ['bə:klɪ], George, engl. Philosoph, Theologe, * 1685, † 1753; Vertreter des → Sensualismus, der behauptete, Gegenstände existierten nur insofern, als sie wahrgenommen werden.
Berkelium *das,* Symbol **Bk,** künstliches, radioaktives chem. Element, ein Transuran.
Berlage, Hendrik Petrus, niederländ. Architekt, * 1856, † 1934; streng sachl. Architekturauffassung (Börse Amsterdam).
Berlichingen, Götz v., fränk. Ritter, * 1480, † 1562; verlor bei einer Fehde seine rechte Hand, die durch eine eiserne ersetzt wurde. Im Bauernkrieg 1525 übernahm er gezwungenermaßen die Führung der Bauern. Drama von Goethe (1773).
Berlin, Hptst. der Bundesrepublik Deutschland, zugleich Bundesland; 882 km², 3,44 Mio. Ew. Zahlreiche Hochschulen (u. a. Humboldt-Univ. [gegr. 1800/10], Freie Univ. [gegr. 1948], TU), Schauspielschule, Sitz des Bundespräs. und vieler Bundesbehörden (u. a. Bundesgesundheitsamt, Bundeskartellamt, Umweltbundesamt, Bundesverwaltungsgericht, Außenstellen sämtl. Bundesministerien, Forschungsinstitute, Dt. Staatsbibliothek, Theater (u. a. Staatsoper, Dt. Oper B., Schaubühne am Lehniner Platz, Schlosspark-Theater), Philharmonie, Galerien, zahlreiche Museen (u. a. Museumsinsel mit Pergamonmuseum, Stiftung Preuß. Kulturbesitz), botan. und zoolog. Gärten. Elektroindustrie (Siemens, AEG). Starker Güterverkehr auf den Binnenwasserstraßen mit Verbindung zu Elbe und Oder. Flughäfen in Tegel, Schönefeld und Tempelhof. Bekannte Bauten: Jagdschloss Grunewald (1542), Zeughaus (1706 von A. Schlüter erbaut, heute Museum), Schloss Charlottenburg (1695 bis 1791); die Gärten und Schlösser in B. gehören zum Weltkulturerbe. Hedwigs-Kathedrale (1747 bis 1773), → Brandenburger Tor, Neue Wache (1816 bis 1818 von K. F. Schinkel, heute Mahnmal), Reichstagsgebäude (1884 bis 1894 von P. Wallot); nach dem 1. Weltkrieg bedeutender Siedlungsbau (Siemensstadt); Bau des Funkturms (1924 bis 1926), Olympiastadion (1934 bis 1936). Im 2. Weltkrieg stark zerstört; danach Siedlungsbau (Hansaviertel 1957, Märk. Viertel 1964), Kongresshalle (1957 von Hughs A. Stubbins, 1980 eingestürzt, Wiederaufbau 1986), Neubau der Kaiser-Wilhelm-Gedächtniskirche (1957 bis 1963 von E. Eiermann), Philharmonie (1960 bis 1963 von H. Scharoun), Internat. Congress-Centrum (ICC, 1976 bis 1979), Fernsehturm am Alexanderplatz (365 m hoch; 1966 bis 1969), Hotel »Stadt Berlin« (1969). An der Stelle des Berliner Stadtschlosses wurde der Marx-Engels-Platz mit dem Palast der Rep. (1973 bis 1976) und dem Staatsratsgebäude (1962 bis 1964) angelegt.
Mit der Vereinigung der 1948 bis 1990 getrennten Stadthälften wird die Stadtplanung vor neue Probleme gestellt. Zur Neuplanung steht u. a. der Potsdamer Platz an sowie das Gelände am Reichstag (neues Regierungsviertel).
B. ist aus den dt. Siedlungen B. (erste Erwähnung 1244) und Cölln (1237 erstmals genannt) entstanden, die 1307 eine Union eingingen und 1432 vereinigt wurden. Seit 1470 war es der ständige Regierungssitz der brandenburg. Kurfürsten und preuß. Könige; 1871 bis 1945 Reichshptst. Im 2. Weltkrieg wurde B. durch Luftangriffe weitgehend zerstört, 1945 von sowjet. Truppen erobert. Nach dem Einzug westl. Truppen und der Errichtung der 4 Sektoren wurde B. Sitz des Alliierten Kontrollrats, den die Sowjets 1948 verließen. Sie verhängten über die W-Sektoren die → Berliner Blockade. Die Verdrängung des gewählten Magistrats aus B. (Ost) zog die Spaltung (30. 11. 1948)

Henri Bergson

Berlin
Stadtwappen

Elisabeth Bergner

Berliner Mauer am Potsdamer Platz (1964)

nach sich. Von B. (Ost) ging 1953 der Juniaufstand aus. F. Ebert (SED) wurde Oberbürgermeister in B. (Ost), das 1949 bis 1990 Hptst. der DDR war; in B. (West) wurde im Dez. 1948 E. Reuter zum Oberbürgermeister gewählt. Mit dem Bau der Berliner Mauer am 13. 8. 1961 war bis zu deren Öffnung am 9. 11. 1989 die Freizügigkeit in B. aufgehoben worden.
Nach der Vereinigung der beiden dt. Staaten wurde das vereinte B. Bundesland. Die Alliierten gaben ihre Kontrollrechte auf (2. 10. 1990). Erste Wahlen zum Abgeordnetenhaus des vereinten B. fanden am 2. 12. 1990 statt; E. Diepgen bildete einen CDU-SPD-Senat. 1996 scheiterte die geplante Zusammenlegung von B. und Brandenburg. – Am 20. 6. 1991 beschloss der Dt. Bundestag, nach einer Übergangszeit den Sitz von Reg. und Bundestag nach B. zu verlegen.

Bern
Kantonswappen

Bern
Stadtwappen

Berlin [ˈbəːlɪn], Irving, amerikan. Komponist, * 1888, † 1989; Musicals, u. a. »Annie, get your gun«, 1946.

Berlinabkommen, 1971 ausgehandelter Rahmenvertrag zw. den USA, Großbritannien, Frankreich und der UdSSR über die Bindungen West-Berlins an die Bundesrep. Deutschland.

Berliner Blau, tiefblauer Farbstoff aus gelbem Blutlaugensalz und Eisensalzen.

Berliner Blockade, von der Sowjetunion verhängte Sperrung der Land- und Wasserwege für den Personen- und Güterverkehr zw. Berlin (West) und Westdeutschland vom 24. 6. 1948 bis 12. 5. 1949, während der die Versorgung von Berlin (West) durch die von den USA und Großbritannien errichtete Luftbrücke sichergestellt werden konnte (in fast 200 000 Flügen wurden 1,44 Mio. t Güter eingeflogen).

Berliner Ensemble [- ãˈsãbl], → Brecht, Bertolt.

Berliner Kongress, Tagung der europ. Großmächte und der Türkei unter dem Vorsitz Bismarcks 1878; ordnete nach dem Russ.-Türk. Krieg die staatl. Verhältnisse der Balkanhalbinsel.

Berliner Mauer, von der DDR-Reg. mit Zustimmung der Mitglieder des Warschauer Pakts errichtetes Sperrsystem, das seit 13. 8. 1961 die Sektorengrenze zw. Berlin (Ost) und Berlin (West) bis auf wenige Übergänge hermetisch abriegelte; sollte v. a. den damals steigenden Flüchtlingsstrom stoppen; beim Versuch, die B. M. in Richtung Westen zu überwinden, wurden in der Folge zahlreiche Menschen getötet. Im Zusammenhang mit den polit. Umwälzungen in der

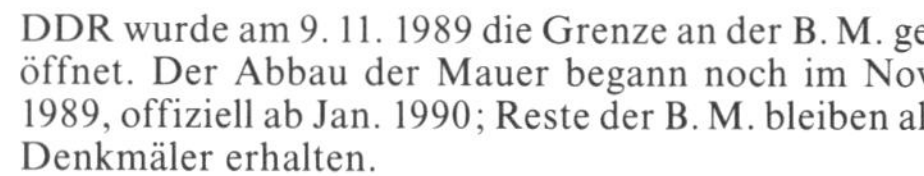

DDR wurde am 9. 11. 1989 die Grenze an der B. M. geöffnet. Der Abbau der Mauer begann noch im Nov. 1989, offiziell ab Jan. 1990; Reste der B. M. bleiben als Denkmäler erhalten.

Berliner Porzellan, Erzeugnisse der 1751 gegr., seit 1763 königl., seit 1918 staatl. Porzellanmanufaktur (KPM) in Berlin.

Berliner Weiße, helles, obergäriges Bier aus Weizen- und Gerstenmalz; vielfach mit Zusatz von Korn oder Himbeersaft (B. W. »mit Schuss«).

Berlioz [bɛrˈljoːz], Hector, frz. Komponist, * 1803, † 1869; verfeinerte die Instrumentation, vertrat eine tonmalende Programm-Musik: Sinfonien (»Harold in Italien«, 1834), Opern (»Benvenuto Cellini«, 1838).

Berlitzschulen, private Sprachschulen mit bes. Unterrichtsmethodik; gegr. 1878 von dem Amerikaner M. D. Berlitz († 1921).

Berlusconi [-sk-], Silvio, ital. Politiker und Unternehmer, * 1936; erzielte mit der von ihm 1993 gegründeten »Forza Italia« bei den Parlamentswahlen 1994 den größten Stimmenanteil, Min.-Präs. einer Rechtskoalition (Mai bis Dezember 1994).

Bermuda-Inseln, Bermudas, Inselgruppe im Atlant. Ozean, südöstl. von Kap Hatteras (USA); brit. Kronkolonie, seit 1968 Selbstverwaltung, 61 000 Ew.; Fremdenverkehr; amerikan. Flugstützpunkt; Hptst. Hamilton.

Bern, 1) Kt. der Westschweiz, 6 049 km², 945 500 Ew. (deutschsprachig, überwiegend ev.); Berner Oberland (Fremdenverkehr), Berner Mittelland (Viehzucht, Käse, Getreide-, Obst-, Wein-, Maschinenbau, Weberei). 1978 entstand durch Volksabstimmung aus den ehem. zum Kt. Bern gehörenden Bez. Delsberg, Pruntrut und Freiberge der neue Kt. Jura. – **2)** Hptst. (Bundesstadt) der Schweiz und Hptst. von 1), an der Aare, 141 000 Ew.; Sitz der Bundesverwaltung sowie versch. internat. Organisationen und ausländ. Vertretungen; hat u. a. Münster, botan. und zoolog. Garten, Univ. – B. wurde 1191 gegr., trat 1353 der Schweizer. Eidgenossenschaft bei, beherrschte 1536 bis 1798 auch die Waadt; seit 1848 Bundeshptst. Die Altstadt gehört zum Weltkulturerbe. – **3)** altdt. Name für Verona.

Bernadette [-ˈdɛt], eigentl. B. **Soubirous,** frz. kath. Ordensschwester, * 1844, † 1879; erlebte 1858 in einer Höhle bei Lourdes, das dadurch zu einem bedeutenden kath. Wallfahrtsort wurde, 18 Marienerscheinungen. Heilige (Tag: 16. 4.).

Bernadotte [-ˈdɔt], **1)** Jean-Baptiste, frz. Marschall, wurde als → Carl XIV. Johan König von Schweden (1818 bis 1844). – **2)** Folke Graf, * 1895, als Vermittler der UNO zw. Arabern und Juden in Palästina 1948 ermordet.

Bernanos, Georges, frz. Schriftsteller, * 1888, † 1948; behandelte in Romanen den Kampf zw. Gott und Satan im Menschen: »Die Sonne Satans« (1926), »Tagebuch eines Landpfarrers« (1936).

Bernauer, Agnes, Barbierstochter aus Augsburg, 1432 heimlich mit Herzog Albrecht III. von Bayern vermählt, auf Geheiß von dessen Vater 1435 als Zauberin in der Donau ertränkt, Trauerspiel von Hebbel, Oper von C. Orff.

Bernburg, Krst. in Sa.-Anh., an der Saale, 41 000 Ew.; Kali-, Steinsalz-, Soda-Industrie.

Berneck im Fichtelgebirge, Bad B. i. F., Luftkur-, Kneippkurort, Bayern, 4 600 Einwohner.

Berner Klause, Engpass im Etschtal, östlich vom Gardasee, Zugang zur oberital. Ebene.

Berner Konvention, Vertrag vom 9. 10. 1874, durch den der Allg. Postverein, jetzt → Weltpostverein, gegr. wurde.

Berner Oberland, Berner Alpen, Teil der W-Alpen, vom Rhône- bis zum Aaretal (Haslital). Westl. Teil von Les Diablerets bis zum Wildstrudel; östl. Teil zw. Gemmi- und Grimselpass mit Finsteraarhorngruppe.

Berner Übereinkunft, 1886 geschlossener (mehrmals revidierter) völkerrechtl. Vertrag zum Schutz des →Urheberrechts an Werken der Literatur, Musik und der bildenden Kunst.

Bernhard, Herzog von Sachsen-Weimar, prot. Feldherr im Dreißigjährigen Krieg, * 1604, † 1639; schloss sich Gustav Adolf an und entschied nach dessen Tod die Schlacht bei Lützen; 1634 bei Nördlingen geschlagen; verband sich mit Frankreich, eroberte 1638 Breisach.

Bernhard, Thomas, österr. Schriftsteller, * 1931, † 1989; lyr. Frühwerk; danach v.a. Romane u.a. »Frost« (1963), »Das Kalkwerk« (1970) und autobiographische Prosa, grotesk-komödiant. Theaterstücke (»Heldenplatz«, 1988).

Bernhardiner, **1)** Mönchsorden, →Zisterzienser. – **2)** großer, braun und weiß gefleckter Hund, im Kloster auf dem Großen Sankt Bernhard gezüchtet; Lawinensuchhund.

Bernhardt [bɛrˈnaːr], Sarah, frz. Schauspielerin, * 1844, † 1923.

Bernhard von Clairvaux [klɛrˈvo], Kirchenlehrer, * 1091, † 1153; frühscholast. Mystiker, Erneuerer des Zisterzienserordens, Gründungsabt des Klosters Clairvaux; predigte für den 2. Kreuzzug (1147); Heiliger; Tag: 20. 8.

Bernina *die,* Gebirgsstock der Rät. Alpen, an der Grenze zw. Schweiz und Italien. Höchster Berg: Piz B. in Graubünden 4049 m, östlich davon der **B.-Pass** (2328 m; Hospiz) mit Alpenstraße und der **B.-Bahn** von Sankt Moritz nach Tirano.

Bernini, Gian Lorenzo, ital. Baumeister und Bildhauer, * 1598, † 1680, Hauptmeister des Barocks in Rom; schuf Kirchen (Kolonnaden von St. Peter), Altäre, Paläste, Bildnisse.

Bernkastel-Kues [-ˈkuːs], Stadt an der Mosel, Rheinl.-Pf., 6800 Ew.; Weinbau; Geburtsort des Nikolaus von Kues.

Bernoulli [bɛrˈnʊli], schweizer. Gelehrtenfamilie, der z.B. die Mathematiker Jakob (* 1654, † 1705) und Johann (* 1667, † 1748) sowie Daniel (* 1700, † 1782) B. entstammen.

Bernstein [»Brennstein«] *der,* Harz von Nadelhölzern der Tertiärzeit. B. ist gelb bis rotbraun und enthält oft tier. oder pflanzl. Einschlüsse. Hauptfundort: Küsten Ost- und Westpreußens; im Samland **(B.-Küste)** aus dem Meer gefischt wie auch im Tagebau gewonnen. Verwendung zu Schmuck, Isoliermaterial und Verarbeitung zu **B.-Lack.**

Bernstein, **1)** Eduard, dt. sozialist. Schriftsteller und Politiker, * 1850, † 1932; Vertreter des →Revisionismus. – **2)** [ˈbəːnstaɪn], Leonard, amerikan. Dirigent, Komponist, * 1918, † 1990; »West Side Story« (1957).

Bernstorff, dän. Adelsfamilie, der die Reformmin. Andreas Peter (* 1735, † 1797) und Johann Hartwig Ernst (* 1712, † 1772) B. entstammen.

Bernward, Bischof von Hildesheim (seit 993), * um 960, † 1022, Gelehrter, Künstler; Schutzheiliger der Goldschmiede (Tag: 26. 11.).

Beromünster, Gemeinde im schweizer. Kt. Luzern, 1900 Ew.; barockisierte Stiftskirche. In der Nähe der schweizer. Landessender Beromünster.

Berry [ˈberɪ], Chuck, eigentl. Charles Edward B., amerikan. Rockmusiker (Gitarrist, Sänger), * 1931; Vorbild vieler Beatgruppen.

Berserker [»Bärenhäuter«], altnord. Sage: Kämpfer mit der Kraft von 12 Männern.

Bertelsmann AG, Medienkonzern in Gütersloh, Stammhaus gegr. 1835; pflegt fast alle Sparten der Fach- und Unterhaltungsliteratur; beteiligt an elektron. Medien, an privaten Rundfunk- und Fernsehsendern und an Druckereien.

Berthold von Regensburg, dt. Franziskanermönch, † 1272, Volksprediger des MA.

Bertolucci [bertoˈluttʃi], Bernardo, ital. Filmregisseur, * 1941; Erfolge mit »Der letzte Tango in Paris« (1972), »La Luna« (1979), »Der letzte Kaiser« (1987) u.a.

Bertram, Meister B., dt. Maler und Bildschnitzer, * um 1340, † 1414 oder 1415; schuf den Grabower Altar.

Bertran de Born [bɛrˈtrã də -], frz. Troubadour, * um 1140, † vor 1215; hinterließ Minne- und Kampflieder.

Bertrich, Bad B., staatl. Heilbad in der Eifel, Rheinl.-Pf., 1100 Ew.; Glaubersalztherme.

Beruf [zu mhd. beruof »Leumund«, seit Luther in der heutigen Bedeutung, zunächst als »Berufung«, dann auch für »Stand« und »Amt«], die Tätigkeit (Erwerbstätigkeit) des Einzelnen, die auf dem Zusammenwirken von Kenntnissen, Erfahrungen und Fertigkeiten beruht und durch die sich der Mensch in die Volkswirtschaft eingliedert. Der B. dient als Existenzgrundlage. In den industriellen Leistungsgesellschaften ist er aber auch zum sozialen Statussymbol geworden.

Berufsakademie, Abk. **BA,** berufl. Bildungseinrichtung für Abiturienten (v.a. in Bad.-Württ.), die betriebl. und schul. Ausbildung miteinander verbindet.

Berufsberatung, Beratung über Ausbildungsmöglichkeiten bei Berufswahl und -wechsel durch die Arbeitsämter; Träger der B. und Lehrstellenvermittlung ist die Bundesanstalt für Arbeit durch die Arbeitsämter.

Berufsgeheimnis, Verpflichtung der Ärzte, Apotheker, Hebammen, Rechtsanwälte, Wirtschaftsprüfer, Steuerberater usw. sowie deren Gehilfen, Privatgeheimnisse, die ihnen kraft ihres Berufs anvertraut sind, nicht zu offenbaren. Im Prozess besteht insoweit Zeugnisverweigerungsrecht (→Zeuge). Verletzung des B. ist strafbar.

Berufsgenossenschaften, die Träger der gesetzl. Unfallversicherung. In den B. sind alle Unternehmer der versicherungspflichtigen Betriebe zusammengefasst; Körperschaften des öffentl. Rechts mit Selbstverwaltung; nach Wirtschaftszweigen oder örtlich gegliedert.

Berufskrankheiten, von den Berufsgenossenschaften als urspr. auf den Beruf zurückgehend anerkannte und somit entschädigungspflichtige Erkrankungen, z.B. Staublunge, Bleivergiftung.

Berufsschule, 3-jährige Pflichtschule für Auszubildende, die in 8 bis 10 Wochenstunden, zunehmend auch im mehrwöchigen Blockunterricht die prakt. Berufsausbildung begleitet und nach der fachlich-theoret. und z.T. auch nach der prakt. Seite ergänzt; auch Pflichtschule für Jugendliche ohne Lehrvertrag. Arten: gewerbl., kaufmänn., land- und hauswirtschaftl. B. **Berufsfachschule,** ein- bis dreijährige freiwillige Vollzeitschule für kaufmänn., hauswirtschaftl., gewerbl., techn. u.a. Berufe. **Berufsaufbauschulen** vermitteln den Anschluss an die Fachschule (Fachschulreife), zunehmend durch Fachoberschulen und die 10. Klassen an Hauptschulen ersetzt.

Berufssportler, Profi, Sportler, der eine Sportart berufsmäßig betreibt und dadurch seinen Lebensunterhalt erwirtschaftet; Ggs.: Amateur.

Berufsunfähigkeit, Minderung der Erwerbsfähigkeit eines in der gesetzl. Rentenversicherung Versicherten auf weniger als die Hälfte der Erwerbsfähigkeit. Bei Erfüllung der Wartezeit wird B.-Rente gewährt.

Berufsverband, freie unabhängige Vereinigung von Angehörigen einer Berufsgruppe (z.B. Fußballspieler) zur Vertretung berufl., kultureller, wirtschaftl. Interessen, fachlich und/oder regional gegliedert (z.B. Arbeitgeberverbände, Gewerkschaften).

Berufsverbot, Untersagung der Berufsausübung für einen bestimmten Zeitraum oder für immer durch Strafurteil oder Verwaltungsakt (z.B. bei [berufl.] Unzuverlässigkeit eines Gewerbetreibenden). – Im allg.

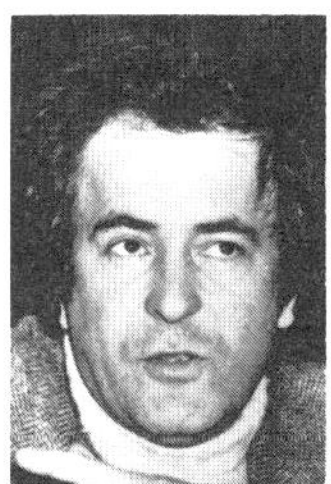

Bernardo Bertolucci

Thomas Bernhard

Hector Berlioz

Leonard Bernstein

Besenginster

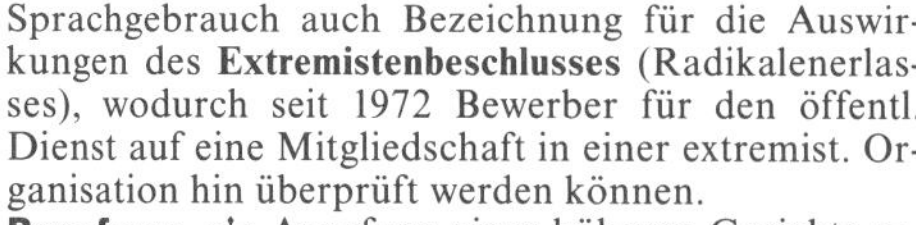

Sprachgebrauch auch Bezeichnung für die Auswirkungen des **Extremistenbeschlusses** (Radikalenerlasses), wodurch seit 1972 Bewerber für den öffentl. Dienst auf eine Mitgliedschaft in einer extremist. Organisation hin überprüft werden können.

Berufung, ⚖ Anrufung eines höheren Gerichts gegen ein erstinstanzl. Urteil zu neuer Sach- und Rechtsprüfung (§§ 511 ff. ZPO, 312 ff. Strafprozessordnung), früher auch **Appellation** genannt.

Beruhigungsmittel, Sedativa, ⚕ Arzneimittel, die die Erregbarkeit des Zentralnervensystems herabsetzen und damit beruhigend wirken; man unterscheidet: 1) Stoffe, die in höheren Dosen als Schlafmittel wirken (z. B. Barbiturate); 2) → Tranquillantien; 3) **Neuroleptika,** die zur Behandlung von Psychosen verwendet werden.

Beryll *der,* Mineral, grün, lichtblau, gelb oder rosarot. **Gemeiner B.** ist durchscheinend. Edelsteinvarietäten: grüner **Smaragd,** blauer **Aquamarin,** gelber **Gold-B.,** grünlich gelber **Heliodor,** rosenroter **Morganit.**

Beryllium *das,* Symbol **Be,** chem. Element, Leichtmetall; OZ 4, relative Atommasse 9,012182, D 1,85 g/cm³, Fp 1278 ± 5 °C; findet sich im Beryll; Verwendung als Leichtmetall in Raumfahrt- und Reaktortechnik.

Besançon
Stadtwappen

Berzelius, Jöns Jacob, schwed. Chemiker, * 1779, † 1848; führte 1811 die noch heute gebräuchl. chem. Zeichen- und Formelsprache ein.

Besamung, eine Art der → Befruchtung.

Besan *der,* ⚓ Segel am Besan- und am Kreuzmast bei Segelschiffen mit mehreren Masten.

Besançon [bəzãˈsɔ̃], Stadt am Rand des Jura, Frankreich, am Doubs, 119 200 Ew.; Hptst. der Franche-Comté; Univ., Erzbischofssitz; Uhrenind.; Kathedrale (12./13. Jh.), Zitadelle (17. Jh.). B. war 1307 bis 1648 Freie Reichsstadt (dt. Name Bisanz) und kam 1678 an Frankreich.

Besatzungsstatut, die am 21. 9. 1949 verkündete Grundregelung des Besatzungsrechts der Westmächte im Bereich der Bundesrep. Deutschland. Das B. wurde am 6. 3. 1951 gelockert und durch die Pariser Verträge (1955) aufgehoben (→ Deutschlandvertrag).

Henry Bessemer

Beschäftigungstherapie, gezielter Einsatz von Bewegungsabläufen und Verhaltensweisen zur Aktivierung von nicht erworbener oder zur Wiederherstellung (Rehabilitation) verloren gegangener körperl. und seel. Leistungsfunktionen.

Beschäler, Deckhengst, Zuchthengst.

Beschälseuche, Zuchtlähme, durch Trypanosomen hervorgerufene anzeigepflichtige Geschlechtskrankheit der Pferde.

Beschlagnahme, Sicherungs- und Zwangsmaßnahme, durch die ein Gegenstand der behördlichen Verfügungsgewalt unterworfen wird.

Beschleuniger, → Betatron, → Linearbeschleuniger, → Synchrotron, → Zyklotron.

Beschleunigung, ✻ Geschwindigkeitsänderung in der Zeiteinheit (Sekunde) nach Größe oder/und Richtung (→ Schwerkraft, → Fall).

Beschluss, ⚖ im Prozess eine gerichtl. Entscheidung, die im Ggs. zum Urteil ohne vorhergehende mündl. Verhandlung ergehen kann.

Charles Herbert Best

Beschlussfähigkeit, Voraussetzung für die Befugnis einer Körperschaft, wirksame Beschlüsse zu fassen (z. B. Anwesenheit der vorgeschriebenen Mitgliederzahl).

Beschneidung, Ein- oder Abschneiden der Vorhaut des männl. Glieds; bei Juden, Muslimen und vielen Naturvölkern.

Beschuldigter, Person, gegen die sich das Ermittlungsverfahren der Strafverfolgungsbehörde richtet; nach Erhebung der Anklage als **Angeschuldigter,** nach Eröffnung des Hauptverfahrens als **Angeklagter** bezeichnet.

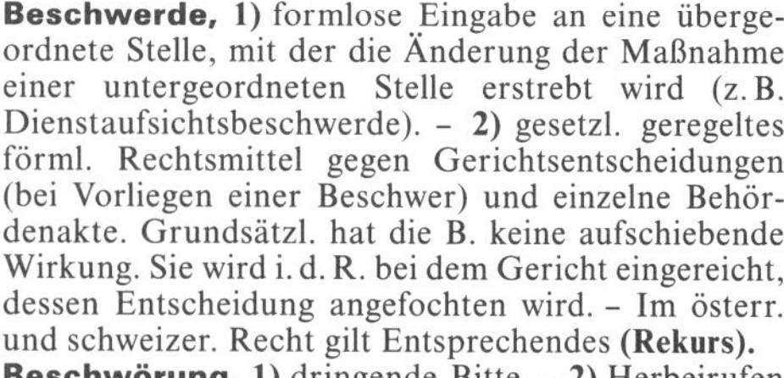

Beschwerde, **1)** formlose Eingabe an eine übergeordnete Stelle, mit der die Änderung der Maßnahme einer untergeordneten Stelle erstrebt wird (z. B. Dienstaufsichtsbeschwerde). – **2)** gesetzl. geregeltes förml. Rechtsmittel gegen Gerichtsentscheidungen (bei Vorliegen einer Beschwer) und einzelne Behördenakte. Grundsätzl. hat die B. keine aufschiebende Wirkung. Sie wird i. d. R. bei dem Gericht eingereicht, dessen Entscheidung angefochten wird. – Im österr. und schweizer. Recht gilt Entsprechendes **(Rekurs).**

Beschwörung, **1)** dringende Bitte. – **2)** Herbeirufen von Geistern (bei Naturvölkern).

Besenginster, Schmetterlingsblütler mit rutenförmigen Zweigen.

Besessenheit, wahnhafte Geistesstörung, Erregungszustand. Religiös wird die B. nicht auf natürl. Ursachen zurückgeführt, sondern als Besitzergreifung des menschl. Leibs durch einen bösen Geist (Dämon) verstanden. Übertragen auch: starkes Ergriffensein von einer Idee, Aufgabe.

Besetzung → Okkupation.

Besitz, ⚖ tatsächl. Herrschaft einer Person über eine Sache (§§ 854 ff. BGB), im Unterschied zu der rechtl., dem → Eigentum.

Beskiden, Teil der W-Karpaten, einschließl. der nördl. Waldkarpaten, bis 1725 m hoch.

Besoldung, Arbeitsvergütung der Beamten, durch bes. Gesetze geregelt; nach Gruppen abgestuft, besteht aus Grundgehalt, Ortszuschlag, Kindergeld, Zulagen in bes. Fällen.

Besprechen, Aberglaube: menschl. und tier. Krankheiten mit Zaubersprüchen behandeln.

Bessarabien, fruchtbare Landschaft zw. Schwarzem Meer, Dnjestr, Pruth und Donau, zum größten Teil in Moldawien gelegen. Hptst. Chișinău, Bev. meist Rumänen, Ukrainer. Die Deutschen wurden 1940 ausgesiedelt. B. war bis 1812 türkisch, bis 1918 russisch, dann rumänisch (der S schon 1856 bis 1876); 1940 an die UdSSR abgetreten, 1941 kam B. zurück an Rumänien, 1944 wieder zur UdSSR. Mit der Unabhängigkeit Moldawiens im Aug. 1991 wurde B. in den Konflikt um die mehrheitlich von Russen bewohnte Dnjestr-Region hineingezogen.

Bessarion, Johannes, byzantin. Theologe, * 1403 (?), † 1472; Erzbischof von Nicäa, seit 1439 Kardinal. B. förderte die Wiederbelebung der klass. Wiss. und die Union der griech. (orthodoxen) mit der lateinischen (kath.) Kirche, zu der er übertrat. Als päpstl. Legat befürwortete er einen Kreuzzug zur Rückeroberung der von den Türken besetzten Länder.

Bessel, Friedrich Wilhelm, dt. Astronom und Mathematiker, * 1784, † 1846; bestimmte genaue Werte für Präzession, Nutation, Aberration, Schiefe der Ekliptik u. a.; schloss aus der Störung der Eigenbewegungen von Fixsternen auf die Existenz von Doppelsternen.

Bessemer, Sir Henry, brit. Ingenieur, * 1813, † 1898; erfand 1855 den birnenförmigen **B.-Konverter,** ein mit feuerfesten Steinen ausgekleidetes Metallgefäß zur Stahlerzeugung (→ Stahl).

Best, Charles Herbert, kanad. Physiologe amerikan. Herkunft, * 1899, † 1978; mit F. G. Banting 1921 Entdecker des Insulins.

Bestallung, **1)** Anstellung als Beamter. – **2)** → Approbation 1).

Bestäubung, ⚘ Übertragung des Blütenstaubs (Pollen) auf die Narbe einer Blüte. Bei **Selbst-B.** (Autogamie) werden Pollen der gleichen Blüte übertragen, bei **Fremd-B.** (Allogamie) Pollen aus einer anderen Blüte gleicher Art. Der Pollen wird übertragen durch: Wind **(Windblütler),** Wasser **(Wasserblütler),** Tiere **(Tierblütler).**

Bestechung, ⚖ Versprechen oder Gewähren von Geschenken oder anderen Vorteilen an einen Beam-

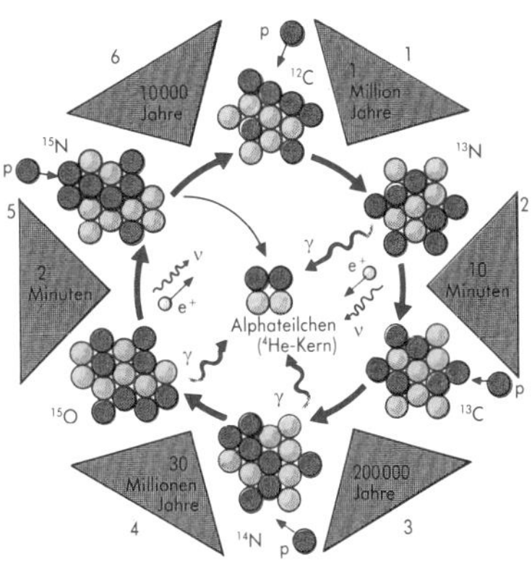

Bethe-Weizsäcker-Zyklus. Schema mit Angaben der Zeitspannen, die im Mittel zwischen den einzelnen Prozessen verstreichen (p Proton, γ Gammaquant, e^+ Positron, ν Neutrino)

ten, um diesen zu einer pflichtwidrigen Handlung zu veranlassen (**aktive B.**, § 334 StGB). Der Beamte, der darauf eingeht, macht sich der **passiven B.** schuldig, selbst wenn das Handeln nicht pflichtwidrig ist. – B. von Angestellten zählt zum unlauteren Wettbewerb.

Besteck, 1) Messer, Gabel, Löffel. – **2)** ⚕ für einen bestimmten Zweck (z. B. Operation) zusammengestellte ärztl. Instrumente. – **3)** ⚓ durch navigator. Bestimmung der geograph. Länge und Breite festgelegter Ort eines Schiffs auf hoher See.

Besti|e *die,* **1)** wildes Tier. – **2)** Unmensch.

Bestrahlung, in der Lebensmitteltechnik die Behandlung von Lebensmitteln mit ionisierenden Strahlen zur Keimhemmung, Insektenbekämpfung, Pasteurisierung oder Sterilisation.

Bestseller, Buch, das überdurchschnittliche Verkaufserfolge erzielt.

Beta *das,* β, 2. Buchstabe des griech. Alphabets.

Betablocker, β-Blocker, ⚕ Arzneimittel, die aufgrund ihrer chem. Ähnlichkeit mit Noradrenalin und Adrenalin, den natürl. Überträgersubstanzen des Sympathikus, in der Lage sind, die Wirkung einer sympath. Erregung zu verhindern oder aufzuheben; zur Behandlung von Bluthochdruck, Herzrhythmusstörungen, Glaukom u. a., vorbeugend zur Verhinderung eines Herzinfarkts.

Betastrahlen, β-Strahlen, energiereiche Strahlen aus schnellen Elektronen β^- oder Positronen β^+. Sie entstehen beim natürl. oder künstl. radioaktiven Zerfall vieler Atomkerne (Betazerfall) oder werden durch Beschleunigung von Elektronen z. B. im Betatron künstlich erzeugt.

Betatron *das,* Beschleunigungsanlage zur Erzeugung von sehr schnellen und energiereichen Elektronen; Einsatz in der Kernphysik, der Werkstoffprüfung und Strahlentherapie.

Betäubung, Bewusstlosigkeit, hervorgerufen durch Einwirkung auf das Gehirn, z. B. Schlag, Stoffe, die das Großhirn lähmen, z. B. Alkohol, Opium, seel. Einflüsse. **Künstl. B.** wird mit **B.-Mitteln** (Narkotika) zu Heilzwecken durchgeführt, als allg. B. **(Narkose)** oder zum Unempfindlichmachen einzelner Körperteile ohne Ausschaltung des Bewusstseins als **Lokalanästhesie.** Herstellung, Verordnung und Abgabe von B.-Mitteln, deren Missbrauch zu Sucht führen kann, sind durch das **B.-Mittelgesetz** geregelt.

Beteigeuze *der,* hellster Stern im → Orion mit etwa 500fachem Sonnendurchmesser.

Beteiligung, kapitalmäßige Anteilnahme an einer Unternehmung. Bei Kapitalgesellschaften gilt als B. der Besitz von 25 % des Grund- oder Stammkapitals. **B.-Gesetz** → Holdinggesellschaft.

Betel *der,* Anregungs- und Genussmittel in SO-Asien und O-Afrika, besteht aus einer gerösteten B.-Nussscheibe, die in ein mit Kalk bestrichenes Blatt des B.-Pfeffers gewickelt und intensiv gekaut wird; färbt Speichel rot, Zähne schwarz.

Bethani|en [hebr. »Dattelhaus«], Ort bei Jerusalem; Wohnort des Lazarus, den Jesus auferweckte; danach Name christl. Krankenhäuser.

Bethe, Hans Albrecht, amerikan. Physiker dt. Herkunft, * 1906; führend in der Kernphysik; Theorie der Elektronenbremsung durch Materie (**B.-Heitler-Formel,** 1934); 1967 Nobelpreis.

Bethel [hebr. »Gotteshaus«], **1) Bat-El,** Dorf im N von Jerusalem, im A. T. Ort eines von Jakob errichteten Heiligtums. – **2)** danach benannt: die Wohlfahrtsanstalt B. im gleichnamigen Bielefelder Ortsteil, v. a. für Anfallskranke und milieugeschädigte Jugendliche, gegr. von F. v. → Bodelschwingh.

Bethe-Weizsäcker-Zyklus, ✻ geschlossener Ablauf von Kernreaktionen, bei dem Wasserstoffkerne zu Heliumkernen vereinigt werden; Hauptenergiequelle in vielen Sternen.

Bethlehem, 1) Stadt südl. von Jerusalem, 30 000 Ew.; Geburtsort Jesu; über der Geburtsgrotte wurde 326 bis 354 die Geburtskirche erbaut. – **2)** [ˈbeθlɪhem], Stadt in Pennsylvania, USA, 70 400 Ew.; Hauptsitz der Brüdergemeine in den USA.

bethlehemitischer Kindermord, nach Matth. 2, 13 bis 18 von Herodes d. Gr. angeordnete Tötung aller Knaben unter 2 Jahren in und um Bethlehem, um den Jesusknaben zu beseitigen.

Bethmann Hollweg, Theobald von, dt. Staatsmann, * 1856, † 1921; 1909 bis 1917 Reichskanzler, erstrebte vergebens eine dt.-brit. Verständigung, geriet im 1. Weltkrieg in Ggs. zur Obersten Heeresleitung und zum Reichstag, trat im Juni 1917 zurück.

Beton [beˈtɔŋ] *der,* Baustoff aus Zement als Bindemittel, feinen (Sand) und groben (Steine) Zuschlagstoffen, wird mit Wasser angerührt und zum Abbinden in die Form gegossen. B. hat große Druckfestigkeit, ohne Bewehrung (Armierung) aber nur geringe Zugfestigkeit; dieser Nachteil wird durch Stahleinlagen aufgehoben, **Stahl-B.** und **Schütt-B.** werden lose geschüttet, **Stampf-** und **Rüttel-B.** durch Stampfen oder Rütteln verdichtet. **Schleuder-B.** (für Rohre, Leitungsmaste), gegen die sich drehende Schalung geschleudert, wird sehr dicht. – **Spann-B.** nennt man einen B.-Körper, der im unbelasteten Zustand künstlich vorgespannt wird (bei bewehrtem B. durch Spannen der Armierung, bei unbewehrtem durch Pressen zw. Widerlagern); so vermeidet man Haarrisse und unzulässige Zugspannungen.

Betreuung, 1990 mit Wirkung zum 1. 1. 1992 gesetzlich eingeführtes Rechtsinstitut, das das Recht der Erwachsenenvormundschaft und der Gebrechlichkeitspflegschaft ersetzt. Die → Entmündigung wurde abgeschafft; die B. regelt die Rechtsstellung Volljähriger, die psychisch krank oder körperlich, geistig oder seelisch behindert sind und ihre Angelegenheiten deshalb nicht oder nur teilweise besorgen können.

Betrieb, organisierte Wirtschaftseinheit, die produziert oder Dienstleistungen erbringt; im Unterschied zum Unternehmen, das eine kapitalmäßige Einheit darstellt und auch mehrere B. umfassen kann.

betriebliche Alters- und Hinterbliebenenversorgung, unwiderrufl. oder widerrufl. Zusage des Arbeitgebers, dem Arbeitnehmer nach Erfüllung einer Wartezeit und bei Vorliegen bestimmter Voraussetzungen (z. B. Erreichen der Altersgrenze) eine Geldleistung (meist in Form einer Rente) zu gewähren.

betriebliches Rechnungswesen, zusammenfassende Bezeichnung für Finanzbuchhaltung, Bilanz-

Ganze und aufgeschnittene **Betel**-Nuss

Hans Albrecht Bethe

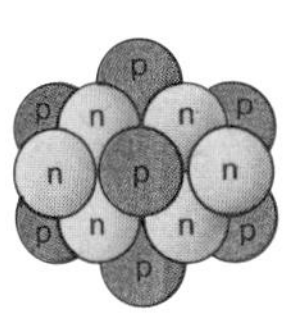

Betastrahlen β^+-Zerfall des Na-21-Atomkerns ($T_{1/2}$ = Halbwertszeit)

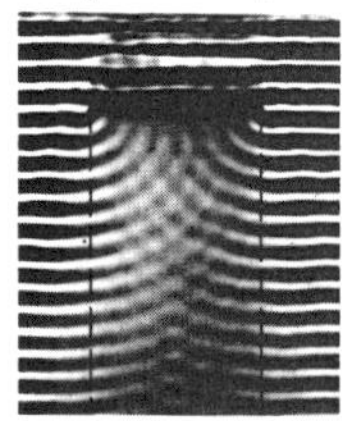

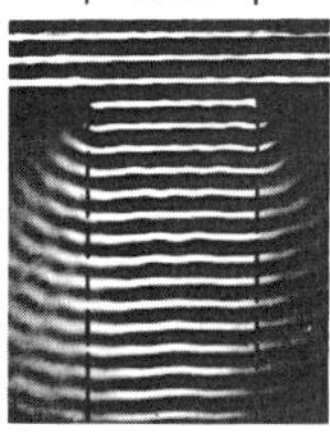

Beugung von Wasserwellen am Hindernis und am Spalt

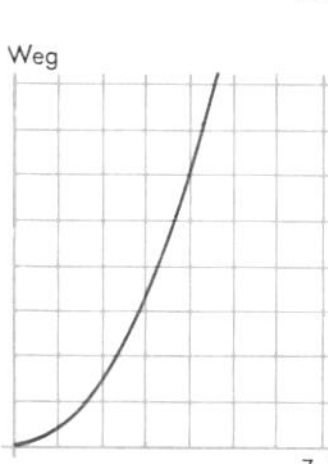

Gleichförmige **Bewegung** (oben) und gleichförmig beschleunigte Bewegung (unten)

buchhaltung, Kostenrechnung, betriebl. Statistik, Vergleichs- und Planungsrechnung, um zahlenmäßig darstellbare, auf den Betrieb bezogene wirtschaftl. Zustände und Vorgänge zu erfassen und auszuwerten.

Betriebsart, Art und Weise, in der ein Computer Aufträge bearbeitet. Man unterscheidet z. B. Stapel-, Dialog-, Echtzeit-, Mehrprogramm-, Mehrbenutzer- und Timesharingbetrieb.

Betriebsarzt, nach dem Bundesgesetz über Betriebsärzte, Sicherheitsingenieure u. a. Fachkräfte für Arbeitssicherheit vom Arbeitgeber unter bestimmten Voraussetzungen zu bestellender Arzt, berät den Arbeitgeber beim Arbeitsschutz und bei der Unfallverhütung in allen Fragen des Gesundheitsschutzes.

Betriebserlaubnis, Erlaubnis zur Inbetriebnahme eines Kraftfahrzeugs (Zulassung). In Österreich: die **Typengenehmigung.**

Betriebsgeheimnis → Geschäftsgeheimnis.

Betriebskapital → Umlaufvermögen.

Betriebskrankenkassen, Krankenkassen, die der Arbeitgeber bei mindestens 450 Versicherungspflichtigen (in der Landwirtschaft bei mindestens 150) errichten kann. Die satzungsmäßigen Leistungen müssen denen der maßgebenden Krankenkassen mindestens gleichwertig sein.

Betriebsprüfung, steuerliche Prüfung der Buchführung eines Betriebs durch das Finanzamt.

Betriebsrat, einheitl. Vertretung der Arbeitnehmerschaft eines Betriebs. Das Betriebsverfassungsgesetz schreibt die Bildung von B. in allen Betrieben mit mindestens 5 Arbeitnehmern vor (bei 5 bis 20 Arbeitnehmern 1 **Betriebsobmann**). Der B. wird von den über 18 Jahre alten Arbeitnehmern in geheimer Wahl auf 3 Jahre gewählt. Die Mitgliederzahl richtet sich nach der Größe des Betriebs (höchstens 35). In Unternehmen mit mehreren Betrieben kann zusätzlich ein **Gesamt-B.** gebildet werden. Die Mitglieder sind ehrenamtlich tätig. Sie stehen unter besonderem Kündigungsschutz. Die Kosten des B. trägt der Arbeitgeber.

Betriebsstilllegung, auf Dauer beabsichtigte Einstellung des ganzen Betriebs oder wesentl. Bereiche; bei einer B. muss der Betriebsrat nach § 102 Betriebsverfassungsgesetz beteiligt werden.

Betriebssystem, anlagespezif. System von Programmen einer Datenverarbeitungsanlage, das den Ablauf von Benutzerprogrammen steuert und überwacht.

Betriebsvereinbarung, Vereinbarung zw. Arbeitgeber und Betriebsrat über betriebl. Fragen. Hauptfeld der B. ist der soziale Bereich, sie legt auch die **Betriebsordnung** (Regelung des Verhaltens der Arbeitnehmer untereinander, zu den Vorgesetzten, im Betrieb im Allg.) fest. Die B. setzt im Einzelbetrieb autonomes Recht, doch hat der Tarifvertrag Vorrang.

Betriebsverfassungsgesetz, Ges. vom 11. 10. 1952 in der Fassung vom 15. 1. 1972, das bestimmt, in welchen Fragen und in welcher Form die Arbeitnehmer in nichtöffentl. Betrieben mitzubestimmen oder mitzuwirken haben. Das B. regelt den Teil der Betriebsverfassung, der nicht den Tarifverträgen vorbehalten ist, bes. Stellung und Aufgaben der Organe der Arbeitnehmer (Betriebsrat, Betriebsversammlung), die Einrichtung des Wirtschaftsausschusses, die Vertretung der Arbeitnehmer in den Aufsichtsräten. Es gilt nicht für öffentl.-rechtl. Betriebe und Verwaltungen (Personalvertretungsges.) sowie für Religionsgemeinschaften und deren Einrichtungen, mit Einschränkungen für → Tendenzbetriebe. Für den Bergbau und die Eisen und Stahl erzeugenden Ind. wurde das Mitbestimmungsges. geschaffen.

Betriebswirt, Berufsbezeichnung für einen Wirtschaftswissenschaftler, der das Studium der Betriebswirtschaftslehre an einer Hochschule als Diplomkaufmann, Diplom-B. oder Diplomfinanzwirt abgeschlossen hat.

Betriebswirtschaftslehre, Disziplin der Wirtschaftswiss., die sich mit den wirtschaftl. Entscheidungen in Betrieben und Unternehmungen befasst, v. a. Art und Menge der zu beschaffenden Produktionsmittel (menschl. Arbeitskraft, Werkstoffe, Werkzeuge), Beschaffung und Verwendung der Finanzmittel, Einsatz der beschafften Produktionsmittel (Fertigung), Veräußerung der Erzeugnisse und Leistungen. Danach gliedert man die B. heute in eine Theorie der Investition, der Finanzierung, der Produktion und des Absatzes. Dazu kommt das betriebl. Rechnungswesen (bes. Kostenrechnung).

Betriebswissenschaft, angewandte Wiss. der Betriebsführung (→ Scientific Management).

Betrug, ⚖ Vermögensschädigung eines anderen in Bereicherungsabsicht (§ 263 StGB); Strafe: Freiheitsstrafe bis zu 10 Jahren.

Bettelheim, Bruno, amerikan. Kinderpsychologe österr. Herkunft, * 1903, † 1990; »Kinder brauchen Märchen« (1976), »Kinder brauchen Bücher« (1982).

Bettelorden, Ordensgemeinschaften, deren Angehörige **(Bettelmönche)** von Arbeit oder Almosen leben, v. a. Dominikaner, Franziskaner, Kapuziner.

Bettwanze, eine Art der → Wanzen.

Beugung, 1) Ⓢ **Flexion,** Veränderungen von Hauptwort (Substantiv), Eigenschaftswort (Adjektiv) und Fürwort (Pronomen) je nach ihrer Stellung im Satz: Bilden der B.-Fälle (Kasus) Werfall (Nominativ), Wesfall (Genitiv), Wemfall (Dativ), Wenfall (Akkusativ). – **2)** ⚛ **Diffraktion,** bei Wasser-, Schall-, elektromagnet. und Materiewellen die Abweichung von der geradlinigen Ausbreitung in der Nähe scharfer Kanten; sie hängt von der Größe der Wellenlänge ab und ist umso stärker, je größer diese im Vergleich zur Breite des Hindernisses oder der Öffnung (z. B. Spalt) ist. Beim Durchgang von weißem Licht durch einen Spalt und an einem **B.-Gitter** (Durchgang und/oder Reflexion) entsteht ein **B.-Spektrum.** Die B. von Röntgenstrahlen an Atomen wird zur Strukturaufklärung benutzt (Röntgenspektroskopie).

Beule *die,* ⚕ schmerzhafte Anschwellung der Haut und des Unterhautzellgewebes durch Blutung, Ödem oder Entzündung.

Beurkundung, ⚖ Aufnahme eines Protokolls durch Richter oder Notar über eine vor diesem abgegebene Erklärung (z. B. Grundstücksverkauf).

Beuron, Wallfahrts- und Luftkurort in Bad.-Württ., im oberen Donautal, 900 Ew.; **Kloster B.,** gegr. um 1077 als Augustiner-Chorherrenstift, seit 1884 Mutterhaus der Beuroner Benediktinerkongregation mit theolog. Hochschule.

Beuteltiere, Marsupialia, urtüml. Säugetiere in Australien, Neuguinea und Südamerika. Charakteristisch für die B. ist, dass die ohne echte Plazenta in der Gebärmutter sich entwickelnden Keimlinge noch als solche und erst etwa 0,5 bis 3 cm groß geboren werden und dann aktiv die Zitzen in einem bes. Brutbeutel der Mutter aufsuchen. Bis zum Ende der Säugezeit bleiben die Jungen fest mit der mütterl. Zitze verbunden. Wichtige B.: → Känguru, Beutelbär (→ Koala), Beuteldachs, Beutelmarder, Beutelratten (Opossum).

Beuthen, poln. **Bytom,** Ind.stadt in der poln. Wwschaft Katowice, Oberschlesien, 240 000 Ew.; seit dem MA. Bergbau.

Beuys [bɔis], Joseph, dt. Künstler, * 1921, † 1986; wollte mit Objekten aus Fett, Filz, Kupfer und Wachs und durch Aktionen die Rationalität unserer Gesellschaft, das Vorverständnis von Kunst und festgefahrene Verhaltensmuster aufbrechen.

Beveridge [ˈbevərɪdʒ], William Henry, seit 1946 Lord B., brit. Sozialpolitiker, * 1879, † 1963. Seine Denkschrift über Sozialversicherung und verwandte Gebiete (**B.-Plan,** 1942) beeinflusste maßgebend die brit. Sozialpolitik.

Bezoarziege. Männliches Tier

Bevölkerung, Bewohner eines bestimmten Gebiets ohne Rücksicht auf ihre Staatsangehörigkeit. Die B.-Zahl wird durch Volkszählungen festgestellt und in der Zwischenzeit entsprechend der **B.-Bewegung** (Geburten, Sterbefälle, Wanderungen) fortgeschrieben. Nach Schätzungen und Zählungen betrug die B. der Erde (in Mio. Ew.) 1800: 906, 1850: 1171, 1900: 1608, 1950: 2423, 1969: 3552, 1976: 4045, 1985: 4832, 1990: 5290; geschätzte Weiterentwicklung 2000: 6261, 2025: 8504. Die B. ist sehr ungleich über die Erde verteilt, die größte **B.-Dichte** (Einw. je km^2) haben Teile O- und S-Asiens (Bangladesh 828, Taiwan 568, Japan 330) und W- und Mitteleuropa (Niederlande 365, Dtl. 225), die geringste u. a. das Sahara- und das Amazonasgebiet. Die durchschnittliche B.-Dichte der Erde beträgt 28. – Der →Altersaufbau der B. ist wesentlich vom Verhältnis der Geburten zu den Sterbefällen bestimmt, wobei der Anteil der zeugungs- und gebärfähigen Jahrgänge gegenüber den älteren Jahrgängen ausschlaggebend ist. – Die **B.-Statistik** gliedert nach Alter, Geschlecht, Familienstand, Beruf, Staatsangehörigkeit, Muttersprache und Religion.

Bewährungsfrist, ⚖ im Strafrecht ein vom Gericht festgesetzter Zeitraum, in dem der Verurteilte durch gute Führung erreichen kann, dass der Vollzug einer zunächst ausgesetzten Freiheitsstrafe erlassen wird.

Bewässerung, Zufuhr von Wasser zur Förderung des Pflanzenwachstums, zur Erhöhung der Bodentemperatur und zur Vermeidung von Spätfrösten im Frühjahr. Am einfachsten ist die zeitweise künstl. **Überstauung.** Bei der **Berieselung** fließt Wasser von der höchsten Stelle her durch Verteilgräben auf das Gelände. Bei der **künstl. Beregnung** wird Wasser aus Regnern versprüht.

Bewegung, ☼ Ortsveränderung eines Körpers oder Massenpunkts. B. mit konstanter Geschwindigkeit heißen gleichförmig, mit veränderl. Geschwindigkeit beschleunigt. Geradlinige B. mit gleich bleibender Beschleunigung heißen gleichförmig beschleunigt.

Beweis, ⚖ Verfahren, das dem Gericht die Überzeugung von der Wahrheit oder Unwahrheit einer Behauptung verschaffen soll. **B.-Mittel:** Augenschein, Zeugen, Sachverständige, Urkunden, Parteivernehmung. **B.-Last,** den Parteien im Zivilprozess obliegende Verpflichtung, die von ihnen behaupteten Tatsachen zu beweisen.

Bewertung, Festlegung des Buchwerts von Vermögensgegenständen in der Bilanz.

Bewusstlosigkeit, Besinnungslosigkeit, völlige Ausschaltung des Bewusstseins. Die B. kann Sekunden bis Minuten **(Synkope)** oder auch Stunden bis Tage **(Koma)** anhalten. Sie ist keine eigenständige Erkrankung, sondern Folge z. B. von Verletzungen (Gehirnprellung, große Blutverluste u. a.) oder Erkrankungen (Schlaganfall).

Bewusstsein, unmittelbares Wissen um geistige und seel. Zustände und Erlebnisse; auch das Aufmerken auf Einzelne von ihnen. Die Psychologie unterscheidet zw. vor- und halbbewussten Zuständen wie Drang, Trieb usw. und Akten höchster Bewusstheit wie Denk- und Willensakten.

Beyle [bɛl], Marie Henri, →Stendhal.

Béziers [beˈzje], Stadt in S-Frankreich, 72300 Ew.; Wein-, Branntweinhandel. Altstadt u. a. mit der ehem. Kathedrale Saint-Nazaire (12. bis 15. Jh.).

Bezirk, Verwaltungseinheit in einigen Staaten, Ländern und Gemeinden.

Bezirksgericht →Gerichtswesen (ÜBERSICHT).

Bezoarziege, Wildziege auf Kreta und in W-Asien, Stammform der Hausziege.

Bezogener, bei Wechseln: derjenige, der zahlen soll.

Bezugsrecht, ⚖ Recht der Aktionäre auf Zuteilung neuer Aktien bei Kapitalerhöhung.

Bezugssystem, Koordinatensystem, auf das eine Bewegung bezogen wird.

BfG Bank AG, Kreditinstitut für Bankgeschäfte aller Art, Sitz Frankfurt am Main; gegr. 1958 als **Bank für Gemeinwirtschaft** durch Verschmelzung von 6 regionalen Gemeinwirtschaftsbanken. Ursprünglich in Gewerkschaftsbesitz; seit 1991 jetziger Name; seit 1993 mehrheitlich im Besitz der Crédit Lyonnais.

BGB, Abk. für **B**ürgerliches **G**esetz**b**uch.

BGBl., Abk. für **B**undes**g**esetz**bl**att.

Bhagavadgita [Sanskrit, »Gesang des Erhabenen«], religiös-philosoph. Gedicht, eingebaut in das ind. Epos Mahabharata.

Bhagwan-Bewegung [Bhagwan, altind. »der Göttliche«], inoffizieller Name für eine religiöse Bewegung um den Inder Bhagwan Rajneesh Chandra Mohan (* 1931, † 1990).

Bhopal, Hptst. des ind. Staats Madhya Pradesh, 672000 Ew.; Bahnknoten. – Am 3. 12. 1984 kam es in B. zu einer Giftgaskatastrophe (rd. 3000 Tote, 200000 Verletzte).

Bhumibol Aduljadeh, Rama IX., König (seit 1946) von Thailand, * 1927; ⚭ 1950 mit Sirikit.

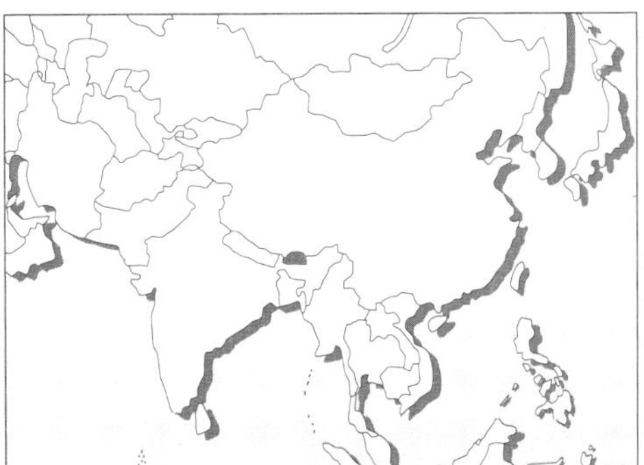

Bhutan, Kgr. im östl. Himalaya, 47000 km^2 mit 1,61 Mio. Ew. tibet. Sprache; Hptst. Thimbu. Religion: lamaist. Buddhismus. B. wird außenpolitisch durch Indien vertreten.

Joseph Beuys

William Henry Beveridge

Bhumibol Aduljadeh

Bhutan

Staatswappen

Staatsflagge

Bibel: Bücher des Alten Testaments

Vulgata	Lutherbibel	Abkürzungen
Genesis	1. Buch Mose	1. Mos.
Exodus	2. Buch Mose	2. Mos.
Leviticus	3. Buch Mose	3. Mos.
Numeri	4. Buch Mose	4. Mos.
Deuteronomium	5. Buch Mose	5. Mos.
Josua	Buch Josua	Josua
Richter	Buch der Richter	Ri.
Ruth	Buch Ruth	Ruth
1 Samuel (1 Könige)	1. Buch Samuel	1. Sam.
2 Samuel (2 Könige)	2. Buch Samuel	2. Sam.
1 Könige (3 Könige)	1. Buch von den Königen	1. Kön.
2 Könige (4 Könige)	2. Buch von den Königen	2. Kön.
1 Chronik (1 Paralipomenon)	1. Buch der Chronik	1. Chron.
2 Chronik (2 Paralipomenon)	2. Buch der Chronik	2. Chron.
Esdras (1 Esdras)	Buch Esra	Esra
Nehemias (2 Esdras)	Buch Nehemia	Neh.
Tobias (Tobit)	*Buch Tobias*	Tob.
Judith	*Buch Judith*	Jdt.
Esther	*Buch Esther*	Est.
1 Makkabäer	*1. Buch der Makkabäer*	1. Makk.
2 Makkabäer	*2. Buch der Makkabäer*	2. Makk.
Job (Hiob)	Buch Hiob	Hiob
Psalmen	Psalter	Ps.
Sprüche	Sprüche Salomos	Spr.
Prediger (Ecclesiastes)	Prediger Salomos	Koh.
Hohes Lied	Hohelied Salomos	Hld.
Buch der Weisheit	*Weisheit Salomos*	Weish.
Jesus Sirach (Ecclesiasticus)	*Buch Jesus Sirach*	Sir.
Isaias	Jesaja	Jes.
Jeremias	Jeremia	Jer.
Klagelieder	Klagelieder Jeremias	Klgl.
Baruch	*Buch Baruch*	Baruch
Ezechiel	Hesekiel	Ez.
Daniel	Daniel	Dan.
Osee (Hosea)	Hosea	Hosea
Joel	Joel	Joel
Amos	Amos	Amos
Abdias	Obadja	Ob.
Jonas	Jona	Jona
Michäas	Micha	Mi.
Nahum	Nahum	Nahum
Habakuk	Habakuk	Hab.
Sophonias	Zephanja	Zeph.
Aggäus	Haggai	Hag.
Zacharias	Sacharja	Sach.
Malachias	Maleachi	Mal.

Kursiv gesetzt sind die apokryphen bzw. deuterokanonischen Bücher.

Bibel: Bücher des Neuen Testaments

Vulgata	Lutherbibel	Abkürzungen
Matthäus-Evangelium	Evangelium des Matthäus	Mt.
Markus-Evangelium	Evangelium des Markus	Mk.
Lukas-Evangelium	Evangelium des Lukas	Lk.
Johannes-Evangelium	Evangelium des Johannes	Joh.
Apostelgeschichte	Apostelgeschichte des Lukas	Apg.
Römerbrief	Brief des Paulus an die Römer	Röm.
1. und 2. Korintherbrief	1. und 2. Brief des Paulus an die Korinther	1./2. Kor.
Galaterbrief	Brief des Paulus an die Galater	Gal.
Epheserbrief	Brief des Paulus an die Epheser	Eph.
Philipperbrief	Brief des Paulus an die Philipper	Phil.
Kolosserbrief	Brief des Paulus an die Kolosser	Kol.
1. und 2. Thessalonicherbrief	1. und 2. Brief des Paulus an die Thessalonicher	1./2. Thess.
1. und 2. Timotheusbrief	1. und 2. Brief des Paulus an Timotheus	1./2. Tim.
Titusbrief	Brief des Paulus an Titus	Tit.
Philomonbrief	Brief des Paulus an Philemon	Phlm.
Hebräerbrief	Brief des Paulus an die Hebräer	Hebr.
Jakobusbrief	Brief des Jakobus	Jak.
1. und 2. Petrusbrief	1. und 2. Brief des Petrus	1./2. Petr.
1. 2., 3. Johannesbrief	1., 2., 3. Brief des Johannes	1./2./3. Joh.
Judasbrief	Brief des Judas	Jud.
Geheime Offenbarung (Apokalypse)	Offenbarung des Johannes	Apk.

Bhutto, 1) Benazir, pakistan. Politikerin, * 1953, Tochter von 2); übernahm 1979 die Führung der Pakistan People's Party; 1988 bis 1990 als erste Frau in einem islam. Staat Min.-Präs., erneut 1993 bis 1996. – **2)** Zulfikar Ali, pakistan. Politiker, * 1928, † 1979 (hingerichtet); 1973 bis 1977 Min.-Präs.; nach Militärputsch verhaftet und 1978 wegen Anstiftung zum Mord an einem polit. Gegner zum Tode verurteilt.

Bi, chem. Symbol für Wismut.

bi..., als Vorsilbe: doppelt, zweifach.

Biafra, die ehem. O-Region von → Nigeria.

Białystok [bja'ui-], Stadt im nordöstl. Polen, an der Biała (zum Narew), 260 000 Ew.; Textilind.; barockes ehem. Schloss und Rathaus (restauriert).

Biarritz, Seebad am Golf von Biscaya (S-Frankreich); 28 900 Einwohner.

Biathlon *das,* Winterwettkampf: Skilanglauf für Herren über 10 km mit 2 und über 20 km mit 4 Schießübungen; 4 × 7,5-km-Staffel mit 2 Schießübungen pro Läufer; Damenwettbewerbe über 5, 10 und 3 × 5 km.

Bibel [griech. »die Bücher«] *die,* **Heilige Schrift,** Sammlung der Schriften, die von den christl. Kirchen als Urkunden der göttl. Offenbarung, das Wort Gottes, und als verbindlich für Glauben und Leben angesehen werden; besteht aus dem hebr. **Alten Testament** (A. T.) und dem griech. **Neuen Testament** (N. T.). Handschriften: Die alttestamentl. Handschriften verteilen sich nach ihrer Entstehung etwa über ein Jahrtausend und sind mehrfach überarbeitet worden. Die Handschriften des N. T. sind gleich nach ihrer Entstehung vielfach abgeschrieben worden. Die wichtigsten neutestamentl. Handschriften sind der Codex Sinaiticus (4. Jh; in London), der Codex Vaticanus (4. Jh.; in Rom), der Codex Alexandrinus (5. Jh.; in London), der Codex Ephraemi Syri rescriptus (5. Jh.; in Paris). Übersetzungen: älteste griech. des A. T. ist die → Septuaginta; die lat., die → Vulgata, ist in der kath. Kirche maßgebend, Luthers dt. Übersetzung (1522 das N. T. und 1523 bis 1534 das A. T.) für die ev. Kirchen. Ältere german. Übersetzungen: die got. des Wulfila; die altdt. Evangelienharmonien.

Bibelforscher → Zeugen Jehovas.

Bibelgesellschaften, ev. Vereine zur Herstellung und Verbreitung der Bibel; älteste dt. B.: v. Cansteinsche Bibelanstalt (1710).

Biber *der,* **1)** Familie der Nagetiere mit waagrecht abgeplattetem Schwanz und Schwimmfüßen; gesellige Wassertiere im N Europas, Asiens und Amerikas; fällen Bäume durch Nagen, fressen Rinde, errichten Dämme und Wohnbauten aus Holz und Schlamm; ihr Pelz ist wertvoll. Der **Europ. B.** ist etwa 1,30 m lang, der Schwanz 30 cm. – **2)** raues, kräftiges Baumwollgewebe.

Biberach an der Riß, Krst. in Baden-Württ., 28 100 Ew.; Elektro-, Baumaschinenindustrie.

Bibernelle *die,* **Pimpernell,** Gattung der Doldengewächse; Wurzeln als Heilmittel.

Biberratte, Nutria, Nager im gemäßigten Südamerika, bis 90 cm lang; liefert geschätztes Pelzwerk, auch als Zuchttier in Farmen.

Bibliographie *die,* Verzeichnis von Büchern und Zeitschriften, alphabet., zeitl. oder sachl. geordnet. **Allg. B.,** die literar. Erzeugnisse ohne Rücksicht auf fachl. Zugehörigkeit verzeichnen, sind z. B. für Dtl. die »Dt. National-B.« und die »Dt. Bibliographie«.

Bibliographisches Institut & F. A. Brockhaus AG, Verlagsunternehmen, Sitz Mannheim; entstanden 1984 durch Vereinigung der Bibliograph. Institut AG mit dem Verlag F. A. Brockhaus. Das Bibliograph. Institut, gegr. 1826 in Gotha von Joseph Meyer, seit 1874 in Leipzig (1946 enteignet), seit 1953 in Mannheim, wurde bekannt durch Meyers Lexika, Meyers Atlanten, Brehms Tierleben, den Rechtschreibduden, illustrierte Standardwerke u. a.

Biblis. Die 2 Blöcke des größten Kernkraftwerks der Bundesrepublik Deutschland

Bibliophilie, Liebhaberei für schöne und kostbare Bücher.
Bibliothek *die,* Bücherei, auch das Gebäude, worin die Bücher aufbewahrt werden. Die **öffentl. B.** (verwaltet von **Bibliothekaren**) sind entweder wiss. B. oder →Volksbüchereien. **Allg. B.** pflegen sämtl. Wissensgebiete, **Spezial-** oder **Fach-B.** einzelne Wissenschaften.
Biblis, Gemeinde im Hess. Ried, 8 000 Ew.; größtes Kernkraftwerk in Dtl. (2 Blöcke mit zus. 2 500 MW).
Bichsel, Peter, schweizer. Schriftsteller, *1935; Erz. (»Eigentlich möchte Frau Blum den Milchmann kennenlernen«, 1964).
Biedenkopf, Kurt, dt. Politiker (CDU), *1930; 1973 bis 1977 Gen.-Sekr. der CDU, seit Okt. 1990 Min.-Präs. von Sachsen.
Biedermeier [nach L. Eichrodts Gedichten »Biedermaiers Liederlust«, seit 1855], treuherziger, einfacher, kleinbürgerl. Mensch. **B.-Zeit,** etwa von 1815 bis 1848. Der bürgerlich bestimmte **B.-Stil** äußerte sich außer in der Kleidung v.a. in der Wohn- und Möbelkunst mit ihrer schlichten Behaglichkeit, ihren klaren, leicht geschwungenen Formen und ihrer Gediegenheit. Beschaulichkeit und gute Beobachtung kennzeichnen die Malerei.
Biegen, ⚙ spanlose Formung von Werkstücken. Metalle werden auf Biegemaschinen gebogen, Holz unter Einfluss von Wärme und Feuchtigkeit um Formen. Von Kunststoffen können nur Thermoplaste angewärmt über Formen gebogen werden.
Biel (BE), frz. **Bienne** [bjen], Stadt in der Schweiz, Kt. Bern, am Fuße des Jura, 52 000 Ew.; Uhrenind.; mittelalterl. Oberstadt. In der Nähe der **Bieler See.**

Biedermeier. Franz Krüger, Parade am Opernplatz, Ausschnitt (1839)

Bielefeld, Stadt in NRW, am Teutoburger Wald, 305 000 Ew.; Mittelpunkt der westfäl. Leinenind.; Nähmaschinen-, Fahrrad-, Nährmittelfabriken; Bauernmuseum, Univ., Bodelschwinghsche Anstalten.
Bieler, Manfred, dt. Schriftsteller, *1934; zeithistor. Romane (»Der Mädchenkrieg«, 1975).
Bielitz-Biała, poln. **Bielsko-Biała** [ˈbjɛlskɔ ˈbjau̯a], Stadt in Polen, 178 000 Ew.; Tuchindustrie.
Biene, Imme, Honigbiene, Staaten bildender Hautflügler der Familie Bienen. Zu einem **B.-Volk** (B.-Stock) gehören 10 000 bis 60 000 **Arbeits-B.** (Weibchen mit zurückgebildeten Geschlechtsorganen), eine **Königin** (Weibchen mit entwickeltem Geschlechtsapparat) und im Sommer 500 bis 2 000 **Drohnen** (Männchen). Die beim Hochzeitsflug (Schwärmen) von 6 bis 10 Drohnen begattete Königin **(Weisel)** legt die Eier (täglich rd. 1200). Aus ihnen schlüpfen weiße Maden, die sich verpuppen. Nach etwa 3 Wochen sind die geflügelten B. entwickelt. Aus befruchteten Eiern entstehen entweder Arbeits-B. (Arbeiterinnen) oder zur Schwarmzeit in bes. Zellen (Weiselzellen) Königinnen, aus den unbefruchteten Eiern Drohnen. Die Arbeiterinnen bauen und säubern die Waben, sammeln Nektar, der in dem Honigmagen zu Honig umgewandelt wird, und Blütenstaub (Pollen), füttern die Larven mit Honig und Pollen. Der Blütenstaub wird in den »Körbchen« an den Hinterbeinen heimgetragen (Höschen). – Die **Waben** bestehen aus 2 Schichten sechseckiger Zellen; sie werden aus Wachs gefertigt, das die B. an der Bauchseite ausschwitzen. B. verständigen sich durch Tänze (Rundtänze, Schwänzeltänze) über ertragreiche Nahrungsquellen **(B.-Sprache).** Der Mensch hat die B. als Haustier gezüchtet **(B.-Zucht, Imkerei).** – Außer den gesellig lebenden Honig-B. gibt es einzeln lebende B. wie die **Grab-, Mauerbiene.**
Bienek, Horst, dt. Schriftsteller, *1930, †1990; zeithistorische Romane (»Die erste Polka«, 1975).
Bienenkäfer, bunt gefärbte, behaarte Käfer, deren Larven in Bienenstöcken schmarotzen.
Bienenlaus, 1 mm große flügellose Fliege, Schmarotzer der Bienenkönigin.
Bienenmotten, Wachsmotten, Kleinschmetterlinge, legen ihre Eier in Bienenstöcke. Die Raupen fressen das Wachs der Waben.
Bi|ennale *die,* alle 2 Jahre wiederkehrende internat. Kunstausstellung in den »Öffentl. Gärten« von Venedig (seit 1895). Auch die Filmfestspiele von Venedig.
Bier, alkohol., kohlendioxidhaltiges Getränk, wird durch Gärung mit Hefe aus Gerstenmalz (Weizenmalz), Wasser, Hopfen hergestellt. Arbeitsgang in der **Brauerei:** 1) **Malzbereitung** (→Malz); 2) **Würzebereitung:** Ausziehen des Malzes durch Kochen in der Brau- oder Maischpfanne, hierauf Trennung der Flüssigkeit (Würze) von den unlösl. Trebern, ferner wird der Hopfen, der die Haltbarkeit des B. erhöht, zugesetzt; 3) **Vergärung** der Würze durch Hefe: Umwandlung des Zuckers (aus dem Malz) in Alkohol und Koh-

Benazir Bhutto

Kurt Biedenkopf

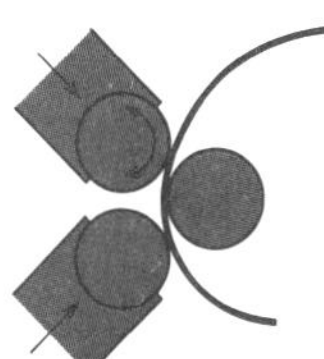
Biegen Dreiwalzen-Biegemaschine

Die wichtigsten Biersorten

Biersorten	Stammwürzegehalt in %	Alkoholgehalt in Vol.-%	Charakteristik, Farbe
Lagerbier	11–12	etwa 3,5	untergärig, hell und dunkel, v.a. in Bayern
Pilsner Bier	mehr als 11	etwa 3,5	untergärig, stark gehopft, sehr hell
Exportbier	mehr als 12	etwa 3,5–4,5	untergärig, regional unterschiedl. stark eingebraut; hell und dunkel
Märzenbier	mindestens 12,5	etwa 3,8–4,5	untergärig, mäßig gehopft; hell bis braungold
Bockbier	mehr als 16,0	5,5–6,0	Maibock, untergärig; hell bis goldbraun
Altbier	mindestens 12,5	3,8–4,2	obergärig, stark gehopft; dunkel
Kölsch	mehr als 11	3,5–4,0	obergärig, stark gehopft; hell
Berliner Weiße	7–8	etwa 3,0	obergärig, säuerlicher Geschmack; hell
Weizenbier	11–14	etwa 3,5	obergärig, Hefebodensatz in der Flasche; hell bis goldbraun
Süß- und Karamellbier	2,0–5,5	1,5–1,8	obergärig, Herstellung unterliegt nicht dem Reinheitsgebot; dunkel
Diätpils	10,5–11,5	4,5–5,0	untergärig, hoch vergoren; sehr hell

lendioxid. Untergärung (Hefen setzen sich nach beendeter Gärung am Boden des Gärbehälters ab) bei 5 bis 10,5 °C liefert haltbare Lagerbiere (z. B. Pils), Obergärung (Hefen schwimmen nach beendeter Gärung auf) bei 12,5 bis 25 °C ergibt obergärige B. (z. B. Weiß-B., Alt-B., Kölsch, Porter, Ale); 4) **Lagern** des B. in Fässern zur Klärung und Nachgärung, nach 3 bis 6 Wochen **einfaches B.** trinkfertig, nach mehreren Monaten das **Lager-B. Alkoholfreies B.** hat weniger als 0,5 Vol.-% Alkohol, während **alkoholreduziertes B.** (Leicht-B.) weniger als 1,5 Vol.-% Alkohol aufweist.

August Bier

Bier, August, dt. Chirurg, * 1861, † 1949; entwickelte die Lumbalanästhesie, führte die Blutstauung als Behandlungsmethode ein, trat für die Homöopathie ein.

Bierbaum, Otto Julius, dt. Schriftsteller, * 1865, † 1910; schrieb Chansons, Erzählungen und satir. Zeitromane.

Biermann, Wolf, dt. Schriftsteller und Liedersänger, * 1936; siedelte 1953 in die DDR um; 1976 ausgebürgert. Schreibt und komponiert polemisch-kritische Lieder, die er selbst vorträgt. U. a. »Die Drahtharfe« (1965) und »Deutschland ein Wintermärchen« (1972).

biermersche Krankheit [nach A. Biermer, * 1827, † 1892], → perniziöse Anämie.

Biese *die,* **1)** Vorstoß an der Uniform. – **2)** Ziernaht an Schuhen und Kleidungsstücken.

Biesfliegen → Dasselfliegen.

Biest [lat. bestia »Bestie«], **1)** *das,* Tier, Vieh. – **2)** *der,* **B.-Milch**, die erste Milch der Kuh nach dem Kalben.

Bietigheim-Bissingen, Große Krst. in Bad.-Württ., 36 800 Ew.; Linoleumindustrie.

Bifokalgläser → Brille.

Bigamie *die,* **Doppelehe,** Eingehen einer weiteren Ehe bei bereits bestehender Ehe; strafbar nach § 171 StGB. Die 2. Ehe ist nichtig.

Bigband [-ˈbænd], größere Jazzkapelle oder Tanzorchester.

Bigbang [-ˈbæŋ] *der,* → Urknall.

Big Ben, volkstüml. Name der Stundenglocke bzw. des Glockenturms des Londoner Parlamentsgebäudes.

Biggetalsperre, mit 172 Mio. m^3 zweitgrößte Talsperre in NRW, nahe Attendorn.

Bihorgebirge, Gebirgszug zw. ungar. Ebene und siebenbürg. Hochland, bis 1 848 m.

Bikaner, Stadt in Rajasthan, Indien, 260 000 Ew.; Moscheen, Tempel, Paläste.

Bikini, 1) Atoll in der Südsee (Marshall-Inseln), bekannt durch Kernwaffenversuche. – **2)** zweiteiliger Damenbadeanzug.

bikonkav, bikonvex, → Linse.

Bilanz *die,* kontenmäßige Gegenüberstellung der Aktiva (Vermögen: Mittelverwendung) und der Passiva (Kapital: Mittelherkunft) eines Unternehmens zu einem bestimmten Zeitpunkt **(Bilanzstichtag).** Die B. dient der Erfolgsermittlung und der Vermögensübersicht. Sie wird aufgrund der Bestandsaufnahme (Inventur) und der Buchhaltung hergestellt und lässt die Entwicklung des Geschäftsgangs (Gewinn, Verlust) als Saldo erkennen. Eine B. ist aufzustellen bei der Eröffnung eines Geschäfts **(Eröffnungs-B.),** am Ende jedes Geschäftsjahrs (**Jahresabschluss,** bestehend aus B. und Gewinn-und-Verlust-Rechnung) und bei Auflösung eines Geschäfts **(Liquidations-B.).** Vorschriften über Form und Inhalt der B. bestehen für die AG (§ 151 AktGes.). – Von der handelsrechtl. B. **(Handels-B.)** ist die **Steuer-B.** zu unterscheiden, die der Besteuerung des Einkommens, des Ertrags und des Vermögens zugrunde liegt.

bilateral, zweiseitig.

Bilbao, Ind.-, Hafen- und Handelsstadt an der N-Küste Spaniens, nahe dem Golf von Biscaya, 382 000 Ew., Univ.; Eisenverhüttung.

Bilche, Schläfer, Familie maus- bis rattengroßer Nagetiere in Eurasien und Afrika; nachtaktiv, geschickte Kletterer, bissig, im Allg. lang- und buschschwänzig; halten in kälteren Gegenden langen Winterschlaf. Zu den B. gehören Haselmaus, Garten-, Baum- und Siebenschläfer.

Bild *das,* **1)** Darstellung von Dingen auf einer Fläche (Gemälde, Druck u. a.). – **2)** geometr. Optik: → Abbildung.

bildende Kunst, Oberbegriff für Baukunst, Plastik, Malerei, Grafik und Kunsthandwerk.

Bilderrätsel, Rebus, aneinander gereihte Bilder und Zeichen, die einen neuen Begriff ergeben, der mit den Bildern in keinem log. Zusammenhang steht.

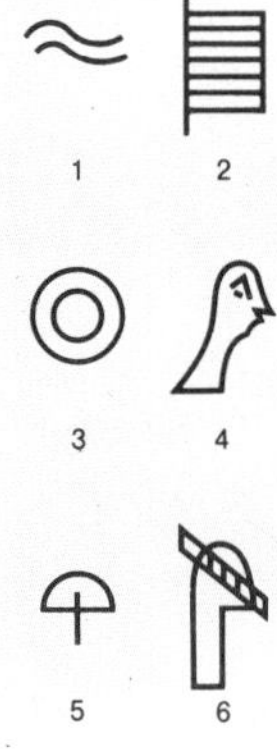

Bilderschrift der Sumerer: 1 Wasser, 2 Feld, 3 Brunnen, 4 Kopf, 5 Auge, 6 Geheimnis

Bilderschrift, Schrift, die Gedanken in bildhafter Form darstellt (z. B. die B. der Maya und z. T. die ägypt. Hieroglyphenschrift). Aus einer B. wurde u. a. auch die chin. Schrift entwickelt.

Bildfernsprechen, Bildtelefonie, Form der Telekommunikation mit Bewegtbildübertragung während des Ferngesprächs zw. den Teilnehmern.

Bildhauerkunst, die Kunst, aus festen Stoffen wie Ton, Gips, Stein, Metall, Holz, Elfenbein körperhafte Gebilde zu schaffen; man unterscheidet nach Größe zw. Klein- und Monumentalplastik oder nach der Form zw. Rundplastik und Relief.

Bildleiter, Bündel von → Lichtleitfasern, an deren Enden die Fasern die gleiche Lage zueinander haben; dienen zur rasterförmigen Bildübertragung (z. B. bei Wechsel-Verkehrszeichen).

Bildnis, künstler. oder fotograf. Wiedergabe eines Menschen, bes. seines Antlitzes. Nicht jedes Menschenbild, das eine bestimmte Person darstellt, ist B. im Sinne der Ähnlichkeit. Die vorderasiat., ägypt., griech., mittelalterl. Kunst kannten nur ein ideales B. Die Kunst muss wie die röm. und die abendländ. seit dem 15. Jh. realistisch sein, um das individuell ähnl. B.

zu wollen. Meister solcher B. waren J. van Eyck, Dürer, Rembrandt, Bernini, Velázquez, Manet.
Bildplatte, Videoplatte, schallplattenähnl. audiovisueller Informationsträger aus metallisiertem Kunststoff. Die Bild- und Tonsignale sind in einer Tiefenschrift mit 200 bis 600 Rillen/mm eingraviert, die von einem Laserstrahl abgetastet werden; Wiedergabe mit Bildplattenspieler über ein Fernsehgerät.
Bildröhre, braunsche Röhre im Fernsehempfänger. Der in seiner Intensität gesteuerte Elektronenstrahl wird zeilenweise über den Leuchtschirm geführt, wobei das Bild entsteht.
Bildschirm, Leuchtschirm von Elektronenstrahlröhren, z. B. in Fernseh- und Datensichtgeräten.
Bildschirmtext, Abk. **BTX** oder **Btx,** Form der Telekommunikation zur Übertragung von Texten über Kanäle (z. B. Fernsprechkanäle) mit Wiedergabe auf Fernsehempfängern.
Bildstock, Betsäule, Bildwerk mit Kruzifix, Heiligenfigur u. a. (Stein, Holz), meist frei stehend als Andachtsbild; auch zur Erinnerung an Verstorbene errichtet.
Bildtelegrafie, elektron.-opt. Fernübertragung von Fotografien mit tonrichtiger Wiedergabe der Grauwerte. Das Bild wird durch einen Lichtstrahl zeilenweise abgetastet. Das den Grauwerten der Bildpunkte entsprechend reflektierte Licht liefert über ein Halbleiterphotoelement übertragbare elektr. Signale. Am Empfangsort werden sie verstärkt und in einer Kerr-Zelle wieder in Helligkeitsschwankungen eines Lichtstrahls umgewandelt. Dieser belichtet Punkt für Punkt ein fotograf. Papier. Auch die Übermittlung von farbigen Vorlagen ist möglich.

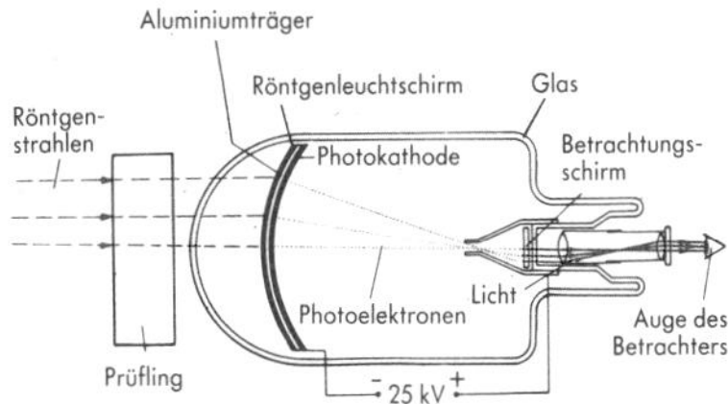

Bildwandler. Röntgenbildwandler

Bildumwandler, Gerät zur Betrachtung eines fotograf. Negativs als Positiv.
Bildung, bewusste, planmäßige Entwicklung der natürlich vorhandenen geistigen und körperl. Anlagen des Menschen. Auch der durch diese Entwicklung erreichte Zustand wird B. genannt (Ggs.: Unbildung, Halb-B.). Die **B.-Forschung** dient der B.-Planung auf lange Sicht. Zentrum in Dtl. ist das Institut für B.-Forschung in der Max-Planck-Gesellschaft, Berlin (seit 1963).
Bildungsroman, im 18./19. Jh. entstandener, spezifisch dt. Romantypus, in dem die innere Entwicklung (Bildung) eines Menschen gestaltet wird; u. a. Goethe, »Wilhelm Meister«; Keller, »Der grüne Heinrich«.
Bildungswärme, Wärmemenge, die beim Aufbau einer Verbindung frei (exotherme Reaktion) oder benötigt wird (endotherme Reaktion).
Bildwandler, Photozelle, die ein auf sie projiziertes Licht-, Infrarot-, Ultraviolett-, Röntgenbild in ein Elektronenbild auf einem Leuchtschirm umwandelt. Verwendung: Helligkeitssteigerung von Röntgen- und Himmelsaufnahmen, in Verbindung mit einem Infrarotscheinwerfer als Nachtsichtgerät.
Bilge *die,* Kielraum eines Schiffes.
Bilharziose [nach dem dt. Tropenarzt T. Bilharz, * 1825, † 1862] *die,* tropische Wurmerkrankung bei Mensch und Tier, befallen werden v. a. Leber, Darm.
Bill [engl. »Urkunde«] *die,* im engl. und amerikan. Recht der dem Parlament vorgelegte Gesetzentwurf. **B. of Rights,** engl. Staatsgrundgesetz von 1689, legte wichtige Rechte des Parlaments und Volks gegenüber dem Königtum fest.
Bill, Max, schweizer. Bildhauer, Architekt, Designer, * 1908, † 1994.
Billard ['biljard, frz. bi'ja:r] *das,* Spiel mit 3 Bällen **(Karambolage-B.)** und einem mit Lederkuppe versehenen Stock (Queue); Spieltisch mit Platte aus Schiefer oder Marmor, mit grünem Tuch überzogen und einem federnden Rand **(Bande).** Beim **Snooker Pool** müssen 15 nummerierte Bälle mit dem Spielball in bestimmte Löcher befördert werden.
Billbergia, Gattung der Ananasgewächse, schönblütige Zierpflanze.
Billet [bil'jɛt] *das,* Briefchen, Zettel, Einlass-, Fahrkarte.
Billiarde *die,* 1000 Billionen = 10^{15}.
billige Flaggen, Flaggen mancher Staaten (z. B. Panama), unter denen fremde Reeder Schiffe wegen steuerl. Vorteile registrieren.
Billigkeit, ⚖ Form der Gerechtigkeit, bei der nicht so sehr das Recht als vielmehr die Besonderheiten des Einzelfalls im Vordergrund stehen.
Billigtarif, im öffentl. Fernsprechnetz verbilligter Tarif für Gespräche zw. 18 und 8 Uhr sowie an Samstagen, Sonntagen und gesetzl. Feiertagen.
Billinger, Richard, österr. Schriftsteller, * 1890, † 1965; Gedichte, Schauspiele, Romane aus seiner bäuerl. österr. Heimat.
Billion *die,* 1 Million Millionen (1 mit 12 Nullen, 10^{12}); in den USA nur 1000 Millionen (1 mit 9 Nullen, 10^{9}).
Billroth, Theodor, dt. Chirurg, * 1829, † 1894; entfernte erstmals Teile des Magens bei Magenkrebs. **B.-Batist,** wasserdichter Verbandstoff.
Billunger, Fürstengeschlecht (1106 erloschen), erhielt mit Hermann Billung um 961 die sächs. Herzogswürde.
Bilsenkraut, Nachtschattengewächs mit gelber, violett geaderter Blüte, an Wegen; giftige Arzneipflanze.
Biluxlampe, Handelsname einer häufig verwendeten Zweifadenlampe für Fahrzeugscheinwerfer mit 2 getrennt schaltbaren Leuchtkörpern.
Bimetall, ⚙ Verbindung zweier Metallstreifen mit versch. Wärmeausdehnungskoeffizienten. Bei Erwärmung dehnt sich der Streifen mit der größeren Dehnzahl stärker als der andere und krümmt den B.-Streifen nach der entgegengesetzten Seite; Anwendung als Temperaturregler, zur Steuerung elektr. Kontakte u. a.
Bimetallismus → Doppelwährung.
Bimsbaustoffe, bes. für den Leichtbau geeignete Stoffe aus Bimsstein und hydraul. Bindemitteln.
Bimsstein, helles, sehr poröses Gesteinsglas, entstanden durch das Durchströmen von Gasen und Dämpfen durch flüssige Lava; Polier-, Schleifmittel, Betonzusatz.
binär, √ aus 2 Einheiten bestehend.
Binärcode [-kot], **Dualcode,** Code, der nur aus 2 Zeichen aufgebaut ist, durch 0 und 1 symbolisiert.
Bindegewebe, gallertartiges, faseriges oder netzförmiges Gewebe im Tier- und Menschenkörper, bildet Sehnen und Bänder, Teile der Haut (Lederhaut); Stützgewebe der Organe. Die **B.-Massage** sucht durch gezielte Reize auf das B. Durchblutung und Organfunktionen zu verbessern.
Bindehaut, Teil des → Auges. Die **B.-Entzündung** (Konjunktivitis) ist eine meist harmlose Augenerkrankung mit Rötung und Tränenfluss.
Bindemittel, chem., mineral. oder organ. Stoffe zur Bindung oder Verkittung, z. B. im Bauwesen Mörtel, Teer und Bitumen, in der Malerei Öl oder Leim.
Bindewort, die → Konjunktion.
Binding, Karl, dt. Jurist, * 1841, † 1920; Vertreter der klass. Strafrechtsschule.

Wolf Biermann

Theodor Billroth

Bilsenkraut

Bingelkraut

Bingen
Stadtwappen

Gerd Binnig

Ludwig Binswanger

Birmingham
Stadtwappen

Otto von Bismarck

Bindung, 1) Zusammenhalt der Atome eines Moleküls oder Kristalls durch elektrostat. Kräfte zw. Ionen (z. B. bei Salzen), durch 1, 2 oder 3 gemeinsame Elektronenpaare zw. 2 Atomen (z. B. bei organ. Verbindungen), durch gemeinsame Gitterelektronen eines Kristalls, durch Dipolkräfte u. a. Kommt es zw. Nukleonen zu einer B. durch Austauschkräfte, tritt ein →Massendefekt auf. – **2)** Art der textilen Fadenvereinigung. Bei einem Gewebe kreuzen sich 2 Fadensysteme rechtwinklig; je nach Art der Fadenkreuzung unterscheidet man **Leinwand-**, **Köper-**, **Atlas-B.** Bei Wirk- und Strickwaren wird meist von einem Faden das Maschensystem gebildet.

Bingelkraut, Gattung der Wolfsmilchgewächse mit grünl. Blüte. BILD S. 101

Bingen, Stadt in Rheinl.-Pf., 23 100 Ew.; am Einfluss der Nahe in den Rhein; Weinbau. Im Rhein der →Mäuseturm; am **Binger Loch** beginnt das Durchbruchtal des Rheins durch das Rhein. Schiefergebirge. Über B. die Burg Klopp; östl. der Rochusberg (Wallfahrtsort).

Bingo, lottoähnl. Kartenglücksspiel mit 75 Zahlen.

Binnenhandel, Handel innerhalb der Grenzen eines Staats; Ggs.: Außenhandel.

Binnenmarkt, Gesamtheit des Güterangebots und der -nachfrage innerhalb eines räumlich abgegrenzten Wirtschaftsgebiets.

Binnenschifffahrt, Schifffahrt auf Flüssen, Kanälen, Seen, Binnenseen. Die Beförderung auf **Binnenwasserstraßen** ist billig, aber langsam und abhängig von der Witterung. Befördert werden u. a. haltbare Massengüter (Kohle, Erze, Getreide). Größter dt. **Binnenhafen:** Duisburg.

Binnenwanderung, Wechsel des Wohnsitzes von Personen oder Haushalten innerhalb eines Staates.

Binnig, Gerd, dt. Physiker, *1947; entwickelte mit H. Rohrer das Rastertunnelmikroskop; 1986 mit diesem und E. Ruska Nobelpreis.

Binoche [biˈnɔʃ], Juliette, frz. Filmschauspielerin, *1964; internat. bekannt durch »Die unerträgl. Leichtigkeit des Seins« (1987; nach dem Roman von M. Kundera); weitere Filme: »Der Husar auf dem Dach« (1995), »Der engl. Patient« (1996).

binokular, mit beiden Augen zugleich.

Binom *das,* √ Summe aus 2 Gliedern, z. B. a + b. **Binomischer Satz** oder **Binomialreihe:** Darstellung einer Potenz eines B. durch eine Reihe, z. B. $(a+b)^2 = a^2 + 2ab + b^2$.

Binse *die,* Binsengewächsgattung; grasähnliche Ufer- und Sumpfpflanzen.

Binswanger, Ludwig, schweizer. Psychiater, *1881, †1966; entwickelte eine neue Form der psychotherapeut. Behandlung (Daseinsanalyse).

Binz, Seebad an der O-Küste von Rügen, Meckl.-Vorp., 6 000 Ew.; mit steinfreiem Sandstrand.

Bio... [griech. bios »Leben«], Lebens...

Biochemie *die,* Lehre von der chem. Zusammensetzung der Lebewesen und den chem. Vorgängen im Körper.

biochemischer Sauerstoffbedarf, Abk. **BSB,** Kenngröße für den Gehalt an biologisch abbaubaren Wasserinhaltsstoffen. Es ist die Sauerstoffmenge, die von Mikroorganismen verbraucht wird, beim BSB_5 z. B. in 5 Tagen.

Biogas, brennbares Gasgemisch, entsteht bei der Zersetzung von Biomasse (z. B. Fäkalien, Stroh) durch Bakterien.

biogenetisches Grundgesetz, von Ernst Haeckel u. a. aufgestelltes entwicklungsgeschichtl. Gesetz, dass die Entwicklung eines Einzelwesens eine kurze Wiederholung seiner Stammesentwicklung sei. So erinnern z. B. die kiemenatmenden Froschlarven an die Abstammung der Lurche von den Fischen.

Biographie *die,* Lebensbeschreibung.

Bio|indikatoren, Organismen und biolog. Präparate zum Schadstoffnachweis in Luft und Wasser.

Bioklimatologie *die,* Lehre von den Beziehungen der Lebewesen zum Klima, bes. in gesundheitl. Hinsicht.

Bioko, Bioco, seit 1979 Name der Insel →Fernando Póo.

Biologie *die,* Naturwiss. vom Lebendigen. Sie beschäftigt sich mit den Pflanzen **(Botanik),** den Tieren **(Zoologie),** dem Menschen **(Anthropologie)** und den Einzellern. Die allen Lebewesen gemeinsamen Erscheinungen wie Bau und Leben der Zelle, Vererbung werden in der **allg. B.** behandelt. Teilgebiete sind u. a.: Systematik, Morphologie, Zytologie, Physiologie, Genetik, Verhaltensforschung, Entwicklungs-B. Die Geschichte des Lebens in den früheren Erdzeitaltern ist Gegenstand der Paläontologie und teilweise der Urgeschichte des Menschen. Durch die Entdeckungen von Cuvier, Lamarck und Darwin gewann die B. seit dem 18. und 19. Jh. Einfluss auf die allg. Weltanschauung (Mechanismus, Vitalismus, Deszendenztheorie, Darwinismus, Vererbungslehre). Biolog. Begriffe und Vorstellungen werden vielfach auf andere Wissensgebiete übertragen **(Biologismus).**

biologische Kampfmittel, B-Waffen, militär. Einsatzmittel zur Verbreitung von biolog. Kampfstoffen (Viren, pathogene Pilze u. a.).

biologischer Landbau, alternative Landwirtschaft, im Unterschied zur herkömml. Landwirtschaft eine die biolog. Selbstregulation des Ökosystems anstrebende und ausnutzende Form des Landbaus, verzichtet auf synthet. Dünger, Herbizide und Pestizide, schont Bodenorganismen.

Biomasse, Gesamtheit aller lebenden, toten und zersetzten Organismen eines Lebensraums (auch der gesamten Erde), einschließlich der von ihnen produzierten organ. Substanzen.

Bionik, engl. **bionics** [baɪˈɔniks, aus **bio**logy und tech**nics**], Entwicklung von techn. Anlagen nach Funktionsvorbildern in der belebten Welt.

Biophysik *die,* naturwiss. Grenzgebiet zw. Physik und physikal. Chemie einerseits und Biologie, Medizin und Biochemie andererseits.

Biopsie *die,* ‡ Untersuchung von Geweben, Körperflüssigkeiten u. a. des lebenden Menschen zur Krankheitserkennung.

Biosynthese, Aufbau biochem. (organ.) Substanzen durch lebende Organismen mithilfe von Enzymen.

Biotechnologie, Wiss. von den Methoden und Verfahren zur techn. Nutzung biolog. Prozesse, z. B. in der biolog. Abwasserreinigung, bei Herstellung von Antibiotika; auch gentechnolog. Methoden.

Biotin *das,* in Leber und Hefe auftretendes Vitamin H; von Bedeutung für Wachstumsvorgänge.

Biotop [griech. »Lebensstätte«] *der* oder *das,* von der Umwelt abgegrenzter, relativ einheitlich gestalteter Lebensraum, z. B. Wiese, Moor, See.

bipolar, zweipolig.

Bipolartechnik, Technik zum Aufbau integrierter Schaltungen aus Bipolartransistoren.

Bipolartransistor, Transistor mit 2 eng benachbarten p-n-Übergängen, an dessen Funktion beide Ladungsträgerarten (Elektronen und Defektelektronen) beteiligt sind.

Bircher-Müsli, Bircher-Benner-Müsli [nach Maximilian Bircher-Benner, *1867, †1939], Diätspeise aus rohen Hafer- u. a. Getreideflocken, Obst, Nüssen u. a.; eingeweicht in Milch.

Birgel, Willy, dt. Schauspieler, *1891, †1973; beliebter Filmstar (»... reitet für Deutschland«, 1941; »Rittmeister Wronski«, 1954, u. a.).

Birgitta, Brigitta, schwed. Mystikerin, Heilige, *1303, †Rom 1373; stiftete den **Birgittenorden** (Salvator-, Erlöserorden), Mönchs- und Nonnenorden in Doppelklöstern.

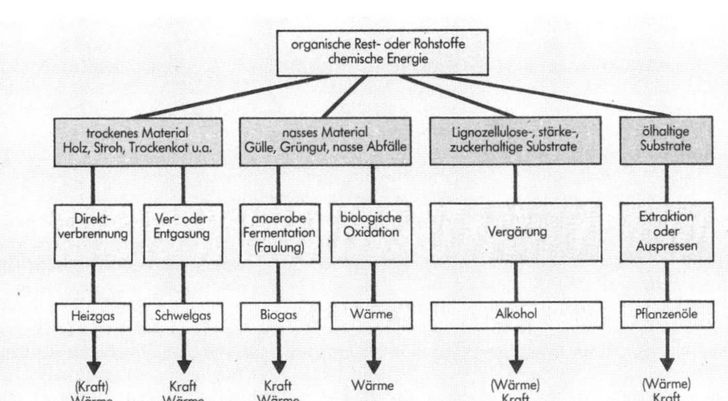

Umwandlung und Nutzung von Energie aus **Biomasse** (Schema)

Michael J. Bishop

Birke *die,* **Betula,** Gattung der Birkengewächse, rd. 40 Arten, in der nördl. gemäßigten und kalten Zone, wächst auf sandigem wie auf moorigem Boden. Die **Haar-** oder **Schwarz-B.** geht weiter nach N. **Strauch-B.** und **Zwerg-B.** wachsen auf Torfmooren im nördl. bis arkt. Europa, Asien und Amerika. In Dtl. wächst die B. in Mittelgebirgen. – B.-Holz wird als Schälholz für Sperrplatten und als Möbelholz verwendet.

Birkhuhn, Hühnervogel, lebt in Moor, Heide und Mischwald.

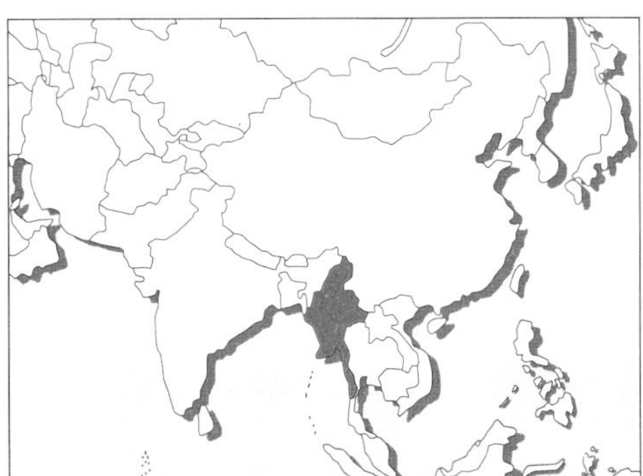

Birma, seit 1989 amtl. Name **Myanmar,** engl. **Burma** ['bə:mə], Rep. im NW Hinterindiens, 678 033 km², 43,7 Mio. Ew.; Hptst. Rangun, amtl. Yangon. – B. ist im O und W von Gebirgsketten durchzogen, zw. denen das Stromland des Irawadi (Verkehrsader) liegt. Das Klima steht unter Monsuneinfluss. Im S Urwald. Die **Birmanen** (75% der Ew.) gehören zur mongoliden Rasse und zur tibetobirman. Sprachfamilie. Hauptreligion: Buddhismus. Ausfuhr: Reis, Teakholz, Bergbauprodukte. Gut ausgebautes Eisenbahnnetz, Binnenschifffahrt; internat. ✈ in Rangun. – Das Kgr. B. wurde 1885/86 mit Brit.-Indien vereinigt, 1948 unabhängig. Staatsoberhaupt: Gen. Than Shwe (seit April 1992); die Macht liegt bei einer Militärjunta. Die Parlamentswahlen 1990 gewann die oppositionelle Nationale Liga für Demokratie (von der Militärreg. nicht anerkannt) unter Führung von Aung San Suu Kyi.

Birmingham ['bə:mɪŋəm], **1)** größte Fabrikstadt und zweitgrößte Stadt Großbritanniens; 1,01 Mio. Ew.; Zentrum der brit. Metallverarbeitung; Univ.; Sitz eines kath. Erz- und eines anglikan. Bischofs. Elektro- und elektron. Industrie. – **2)** Stadt in Alabama, USA, 284 500 Ew.; u. a. Zentrum der Eisen und Stahl verarbeitenden Ind. im S der USA.

Birnbaum, Birne, Kernobstbaum, Gattung der Rosengewächse. **Wilder B.,** dorniger Waldbaum in Europa und Asien, mit kleiner, saurer, harter Frucht **(Holzbirne).** Dieser B. und die asiat. Birnen sind die Stammpflanzen der vielen Gartensorten, z. B. **Butterbirne, Bergamotten, Flaschenbirne, Muskatellerbirne** u. a.

Birobidschan, Hptst. des Jüd. Autonomen Gebiets in Russland, westl. von Chabarowsk, 82 000 Ew.; Nahrungsmittelindustrie.

Bisam *der,* **1)** → Moschus. – **2)** Fell der Bisamratte.

Bisamratte, Nagetier der Familie **Wühler,** urspr. im N Nordamerikas, 30 bis 40 cm (ohne den seitlich abgeplatteten Schwanz), in der Lebensweise biberähnlich, des wertvollen Pelzes wegen in Europa eingeführt.

Biscaya, Golf von B., große Bucht des Atlant. Ozeans zw. N-Spanien und W-Frankreich, bis 5 872 m tief, wegen häufiger Stürme gefürchtet.

Bischkek, bis 1991 **Frunse,** Hptst. Kirgistans, 641 000 Einwohner.

Bischof [griech. episkopos »Aufseher«], oberster kirchl. Würdenträger in einem bestimmten Gebiet. In der kath. Kirche gebührt dem B. die unbeschränkte Kirchengewalt in seinem Bistum. Amtstracht: Brustkreuz, B.-Stab, Mitra, B.-Hut u. a. Neben dem **Diözesan-B.** gibt es B. ohne Diözesangewalt **(Titular-B.).** In der Ostkirche wird der B. nur aus den Priestermönchen gewählt. In der ev. Kirche ist das B.-Amt im röm. Sinn aufgehoben. Am stärksten hat noch die anglikan. Kirche Weihe und Rechtsstellung des kath. B. beibehalten.

Bischofsmütze, 1) Mitra, Kopfbedeckung des kath. Bischofs beim Gottesdienst. – **2)** Bezeichnung für einige Pflanzen- und Tierarten.

Bischofswerda, Stadt in Sa., 13 000 Ew.; Glas-, Textilindustrie.

Biserta, Hafenstadt an der N-Küste Tunesiens, 98 900 Ew.; Erdölraffinerie.

Bisexualität, Zweigeschlechtlichkeit. **Bisexuelle Potenz** ist die Fähigkeit der Zellen, sich in männl. oder weibl. Richtung entwickeln zu können. B. beim Menschen bezeichnet das Erstreben oder Ausüben sexueller Handlungen mit gleich- und auch andersgeschlechtl. Partnern.

Bishop ['bɪʃəp], Michael J., amerikan. Mediziner, * 1936; Nobelpreis 1989 (mit H. E. Varmus) für Krebsforschungen.

Biskra, Oase und Luftkurort in Algerien, am Nordrand der Sahara, 128 300 Einwohner.

Bismarck, Otto Fürst von, dt. Politiker, Reichskanzler, * 1815, † 1898. B. wurde 1847 preuß. Abgeordneter, 1851 Gesandter am Frankfurter Bundestag. Seit

Birma

Staatswappen

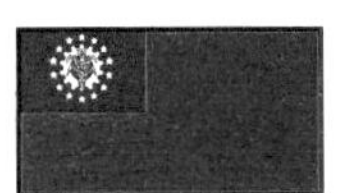

Staatsflagge

Internationales Kfz-Kennzeichen

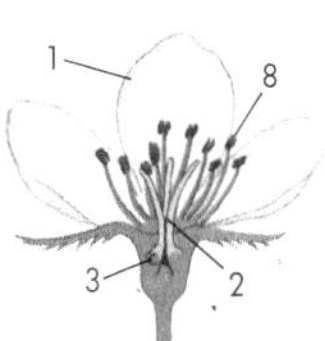

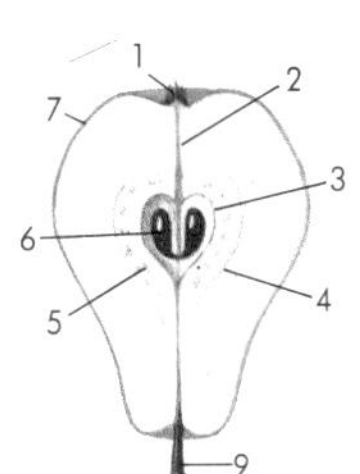

Birne
Blüte und Frucht im Querschnitt: 1 Kelch, 2 Griffel, 3 Fruchtblätter, 4 Leitbündel, 5 Steinzellennester, 6 Samen, 7 Schale, 8 Staubblätter, 9 verholzter Blütenstiel

Georges Bizet

Björnstjerne Björnson

Boris Blacher

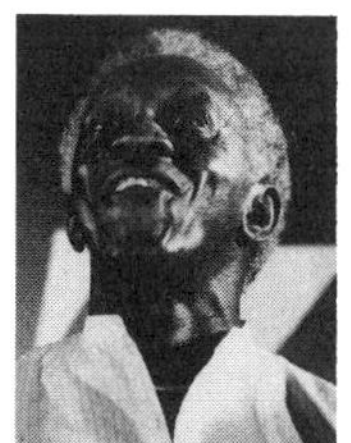
Art Blakey

Herbst 1862 preuß. Min.-Präs., verteidigte er die Heeresreform König Wilhelms I. gegen das Abgeordnetenhaus, gewann 1864 mit Österreich im Krieg gegen Dänemark Schleswig-Holstein und begründete 1866 durch den Krieg gegen Österreich die preuß. Vormachtstellung in Dtl. Mit der Gründung des Norddt. Bunds 1867, dessen Bundeskanzler B. wurde, war die Vorherrschaft Preußens in Dtl. durchgesetzt; der Ausgang des Dt.-Frz. Kriegs 1870/71 gab den Anstoß zur Gründung des Dt. Reichs unter Führung Preußens. In den Fürstenstand erhoben, übernahm B. als Reichskanzler die Führung der Politik. In den 1870er-Jahren führte er den »Kulturkampf« gegen den polit. Katholizismus (Zentrumspartei). 1878 setzte er das →Sozialistengesetz durch; gleichzeitig leitete er den →Berliner Kongress, 1879 schloss er das dt.-österr. Bündnis, 1882 den →Dreibund; dabei war er bestrebt, die Freundschaft mit Russland zu erhalten (→Rückversicherungsvertrag). Die Sozialgesetze (1881 bis 1889) verbesserten die Lage der Arbeitnehmer. Zu Kaiser Wilhelm II. geriet er bald in Gegensatz, sodass er 1890 seinen Rücktritt einreichte. – Zu B.s Amtszeit wurden die ersten dt. Schutzgebiete (Kolonien) erworben.

Bismarck-Archipel, zu Papua-Neuguinea gehörende melanesische Inselgruppe, mit Neubritannien, Neuirland, Lavongai und den Admiralitäts-Inseln; 49 900 km^2; Hauptort und Hafen: Rabaul. 1884 bis 1918 dt. Schutzgebiet.

Bismillah [arab. »Im Namen Gottes«], Formel, mit der jede Koransure beginnt.

Bison *der,* nordamerikan. Wildrind, früher in großen Herden, von weißen Büffeljägern fast ausgerottet, heute geschützt. Verwandter des europ. →Wisents.

Bissau, Hptst. von Guinea-Bissau, 126 900 Ew.; Hafen; Hartholz- und Kopraexport.

Bistritz, rumän. **Bistrița** [-tsa], **1)** *die,* im Oberlauf **Goldene B.,** Nebenfluss des Sereth in Rumänien. – **2)** Stadt in N-Siebenbürgen, Rumänien, 87 000 Ew.; Holz-, Nahrungsmittel-, Textilindustrie.

Bistro *das,* v. a. in Frankreich kleine Gaststätte.

Bistum →Diözese.

Bit [Abk. von engl. **bi**nary digi**t** »Binärstelle«] *das,* kleinste Informationseinheit im binären Zahlensystem, Maßeinheit für den Informationsgehalt.

Bitburg, Krst. in der Eifel, Rheinl.-Pf., 12 500 Ew.; Brauerei, Textilindustrie.

Bithynilen, antike Landschaft im NW Kleinasiens, heute Türkei; 297 bis 74/64 v. Chr. Kgr., dann röm. Prov. B. und Pontus.

Bitola, Stadt südlich von Skopje, Makedonien, 75 400 Ew.; orientalisch geprägtes Stadtbild.

Bitterfeld, Krst. in Sa.-Anh., 17 000 Ew.; chem. Industrie und Maschinenanlagenbau.

Bitterklee, Fieberklee, weiß bis rosa blühende enzianartige Sumpfstaude; Heilpflanze.

Bitterling, 1) Karpfenfisch mit bitterem Fleisch, legt seine Eier durch eine Legeröhre in die Kiemen der Teichmuschel. – **2)** Vertreter der →Röhrenpilze.

Bittermandel|öl, Samenöl bitterer Mandeln, Pflaumen u. a.; künstl. B. für Aromen →Benzaldehyd.

Bittersalz, Magnesiumsulfat, Abführmittel.

Bitterstoffe, in Pflanzen vorkommende Verbindungen; regen als Bittermittel den Appetit an.

Bittersüß *das,* Nachtschattenart, Schlingstrauch; violette Blüten, scharlachrote Beeren; giftig.

Bittner, Julius, österr. Komponist, * 1874, † 1939; Chorwerke, Lieder, Opern.

Bitumen *das,* braunschwarze, brennbare Kohlenwasserstoffgemische; im Asphalt und im Destillationsrückstand des Erdöls.

Biwak *das,* Lager im Freien (auch in Zelten oder Hütten), bes. von Soldaten oder Bergsteigern.

Bizeps [lat. »zweiköpfig«] *der,* der zweiköpfige Oberarmmuskel.

Bizet [biˈze], Georges, frz. Komponist, * 1838, † 1875; Oper: »Carmen« (1875); Suite: »L'Arlésienne« (1872).

Björnson, Björnstjerne, norweg. Dichter, * 1832, † 1910; Gedichte, Vaterlandslieder, Erz. aus dem norweg. Bauernleben, Schauspiele über Zeitfragen; Nobelpreis 1903.

Bk, chem. Symbol für Berkelium.

Blacher, Boris, dt. Komponist, * 1903, † 1975; Opern, Orchesterwerke, Ballette u. a.

Black [blæk], James Whyte, brit. Pharmakologe, * 1924; für Forschungen zur Arzneimittelbehandlung 1988 Nobelpreis für Physiologie oder Medizin (mit G. B. Elion und G. H. Hitchings).

Blackbox [ˈblækˈbɔks], Teil eines kybernet. Systems mit unbekannter innerer Struktur und Wirkungsweise; eindeutig bekannt und bestimmbar sind nur die auf die Eingangssignale folgenden Ausgangssignale.

Blackburn [ˈblækbəːn], Stadt in England, im N von Manchester, 106 000 Ew.; Leichtindustrie.

Black Muslims [ˈblæk ˈmʊslɪmz], Bewegung eines Teils der schwarzen Bev. in den USA, nach deren Selbstverständnis die Schwarzen Muslime sind; bekanntester Vertreter: Malcolm X.

Blackpool [ˈblækpuːl], bekanntes engl. Seebad an der Irischen See, 146 300 Einwohner.

Blackpower [ˈblækˈpaʊə], Schlagwort der radikalen Bürgerrechtsbewegung der schwarzen Bev. in den USA seit 1965; seit 1973 keine einheitl. Bewegung mehr.

Blagoweschtschensk, Hptst. des Amurgebietes, Russland, 214 000 Ew.; Ind.zentrum.

Blähungen, Gase im Magen-Darm-Kanal durch blähende Speisen oder Verdauungsstörungen.

Blair [blɛə], Anthony (Tony) Charles Lynton, brit. Politiker, * 1953; seit 1983 Abg. im Unterhaus, seit 1994 als Vorsitzender der Labour Party dort Oppositionsführer; am 1. 5. 1997 als Nachfolger von J. Major zum Premierminister gewählt.

Bison

Blake [bleɪk], **1)** Robert, engl. Admiral, * 1599, † 1657; Flottenführer Cromwells, besiegte die royalist., 1653 die niederländ., 1655 die tunes., 1657 die span. Flotte. – **2)** William, engl. Maler, Grafiker, Dichter, * 1757, † 1827; Mystiker; Illustrationen zum Buch Hiob, Dante, Milton u. a.

Blakey [ˈbleɪkɪ], Art, amerikan. Jazzmusiker, * 1919, † 1990; explosiv-rhythm. Schlagzeuger des Hardbop.

Blankenburg, Bad B., Stadt in Thür., Luftkurort im Schwarzatal, 9 500 Einwohner.

blanko [span. »weiß«], leer, unausgefüllt, z. B. eine **B.-Vollmacht,** unbeschränkte Vollmacht, **B.-Scheck,** unterschriebenes Scheckformular ohne Summenangabe.

Blankvers, reimloser iamb. Fünffüßer, im engl. Drama bes. durch Shakespeare und seine Zeitgenossen verbreitet. Im dt. Schauspiel ist der B. seit J. E. Schlegel, C. M. Wieland und G. E. Lessing (»Nathan der Weise«) vorherrschend.

Blattflöhe. Apfelblattsauger

Blantyre ['blæntaɪə], Haupthandels- und Ind.stadt in Malawi, 331 600 Einwohner.
Blasco Ibáñez [- i'βaɲεθ], Vicente, span. Schriftsteller, *1869, †1928; bedeutendster Vertreter des span. Naturalismus; auch histor. Romane.
Blase, die →Harnblase.
Blasen|ausschlag, Pemphigus *der,* ⚕ durch Blasenbildung charakterisierte, gefährliche, meist chron. Hautkrankheit.
Blasenfüße, Fransenflügler, ca. 1 bis 2 mm lange Insekten, z. T. schädlich als Pflanzensauger.
Blasenkatarrh, Erkrankung der Harnblase.
Blasenmole *die,* ⚕ blasige Entartung des Mutterkuchens.
Blasenspiegel →Zystoskop.
Blasensteine →Harnsteine.
Blasenstrauch, Blasenschote, südeurop. gelb blühender Zierstrauch.
Blasentang, Fucus *der,* Braunalge mit Luftblasen, die die Alge im Wasser aufrecht halten.
Blas|instrumente, Musikinstrumente, bei denen die in einem festen Körper eingeschlossene Luft in Schwingung versetzt wird; **Flöteninstrumente** (Flöte, Blockflöte), **Rohrblattinstrumente** (Oboe, Englischhorn, Fagott; Klarinette, Saxophon), **Trompeteninstrumente** (Trompete, Posaune, Horn, Tuba). Zu den B. gehört i. w. S. auch die Orgel.
Blasius, Märtyrer, †316(?), einer der 14 Nothelfer; Heiliger, soll nach der Legende ein Kind, das an einer Fischgräte zu ersticken drohte, gerettet haben.
Blasphemie *die,* →Gotteslästerung.
Blasrohr, Jagd- und Kriegswaffe bei Naturvölkern, z. B. in Indonesien, Südamerika.
Blässhuhn, Blässralle, knapp entengroßer, schwarzer Wasservogel mit weißem Stirnschild.
Blastula, Blasenkeim →Entwicklung.
Blatt, 1) ⚘ Teil der höheren Pflanze, von begrenztem Wachstum, flächiger Gestalt und verhältnismäßig zartem Bau; enthält Chlorophyll, dient der →Photosynthese und →Transpiration. Weniger flächig als das Laub-B. ist das B. als **Nadel** der Nadelhölzer. Als Leitungen für die Nährstoffe durchziehen Gefäßbündel den **B.-Stiel,** die sich auf der B.-Fläche **(Spreite)** als **B.-Rippen** und **B.-Adern** (B.-Nerven) verästeln. – **2)** ⚘ ♈ **Schulter-B.,** Schulterstück des Wilds, des Rinds. – **3)** ⚙ breiter, flacher Teil, z. B. der Axt, des Ruders.
Blättermagen, dritter Abschnitt des Wiederkäuermagens, mit Längsfalten.
Blattern →Pocken.
Blätterpilze, Blätterschwämme, Gruppe der Ständerpilze, mit schirm- oder hutförmigem, Sporen tragendem »Frucht«körper; auf der Unterseite fächerartige blattähnl. Leisten (Blätter, Lamellen) mit den Sporen.
Blattflöhe, sprungfähige zikadenähnliche Pflanzensauger. Schädlich sind z. B. die einheim. **Apfelblattsauger.**
Blattfüßer, niedere Krebse mit blattartigen, Kiemen tragenden Beinen, z. B. die Wasserflöhe.
Blattgold, reines Gold, zu feinen Blättchen von etwa 0,00010 mm Dicke ausgeschlagen; zum Vergolden bes. von Buchschnitt, Kuppeln, Denkmälern. **Unechtes B., Rauschgold, Knittergold,** Legierung aus Kupfer und Zink.
Blattgrün →Chlorophyll.
Blatthornkäfer, Familie der Käfer mit blattartig verbreiterten Fühlerenden; z. B. Mai-, Mist-, Hirschkäfer.
Blattkohl, Grünkohl, Form des Kohls mit einzelständigen, krausen Blättern.
Blattläuse, Pflanzensauger, deren zuckerhaltige Exkremente (Honigtau) von Ameisen verzehrt werden. Einige B. rufen auch Pflanzengallen hervor. Bes. schädlich ist die Reblaus.
Blattpflanzen, Pflanzen mit dekorativem Laub und meist unscheinbaren Blüten.
Blattwickler, Kleinschmetterlinge, →Wickler.
blau, Farbengruppe im Spektrum zw. grün und violett, Wellenlänge 440 bis 485 nm.
Blaubart, Märchen von C. Perrault: Ein Ritter tötet 6 seiner Frauen, die aus Neugier ein verbotenes Zimmer (das Mordzimmer) betreten. Die 7. wird von ihren Brüdern gerettet, B. getötet.
Blaubeere →Heidelbeere.
Blaubeuren, Stadt in Bad.-Württ., am Blautopf (20 m tiefe Quelle der Blau), 11 900 Ew. Das 1086 gestiftete Kloster ist seit 1817 ev.-theolog. Seminar; Klosterkirche mit Hochaltar von G. Erhart.
Blaubücher →Farbbücher.
Blaue Berge, engl. **Blue Mountains,** Gebirge: 1) in NO-Oregon und SO-Washington, USA; 2) in Australien (Neusüdwales); 3) auf Jamaika.
blaue Blume, Symbol für die romant. Dichtung bzw. für die Sehnsucht nach dem Unendlichen; aus Novalis' Roman »Heinrich von Ofterdingen« (1802).
Blaue Division, División Azul [- a'θul], span. Freiwilligenverband im 2. Weltkrieg, auf dt. Seite (1941 bis 1943, danach aufgelöst).
Blaue Grotte, Uferhöhle der Insel Capri; bei Tag mit lasurblauem Licht erfüllt.
blauer Brief, nach dem blauen Umschlag benanntes Schreiben, mit dem in Preußen Offiziere zur Kündigung veranlasst wurden; heute: Kündigung (Schule: Nichtversetzung möglich).
blauer Montag, Montag, an dem nicht gearbeitet (»blaugemacht«) wird; urspr. arbeitsfreier Tag nach dem Jahresfest einer Handwerkerzunft, an dem für die Toten eine blaue Messe (nach der Farbe des Messgewands) gehalten wurde.

Der Blautopf in **Blaubeuren**

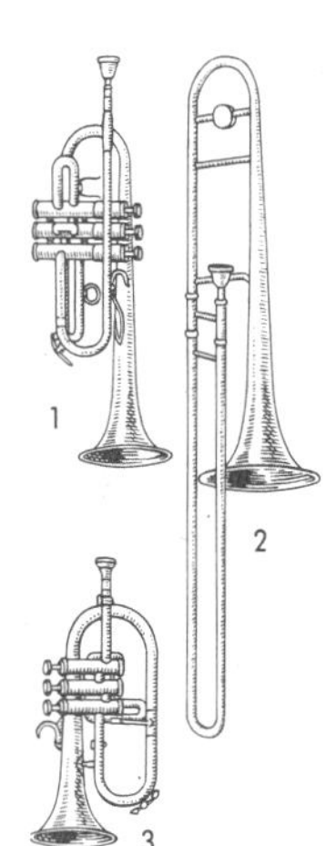

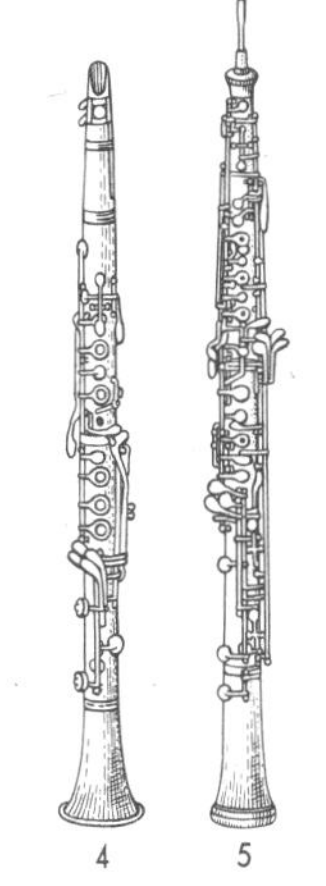

Blasinstrumente
1 Trompete, 2 Posaune, 3 Flügelhorn, 4 Klarinette, 5 Oboe, 6 Saxophon

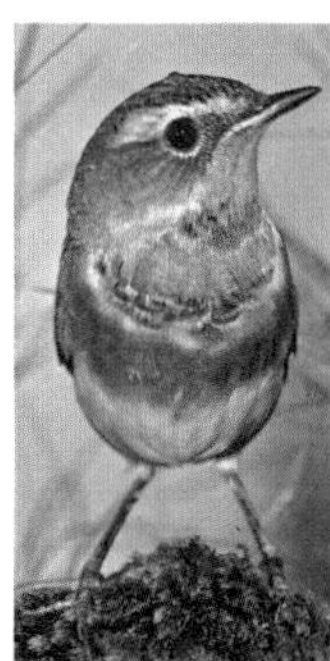
Blaukehlchen

Hauhechel-**Bläuling**

Mine

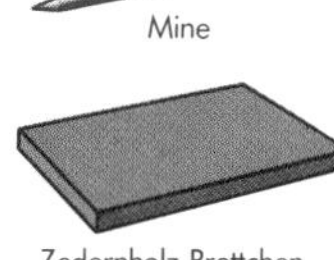
Zedernholz-Brettchen

Rillen (Minenbett) ausgefräst

verleimte Brettchen

Bleistift-Rohling

lackierter Bleistift

Bleistift
Fertigungsstufen

Blauer Reiter, 1911 in München gegr. Künstlervereinigung von großem Einfluss auf die Malerei; Mitglieder u. a. Kandinsky, Klee, Macke, Marc.
Blaues Band des Ozeans, Auszeichnung des schnellsten Fahrgastschiffs auf der Atlantikstrecke.
Blaues Kreuz, christl. Bewegung zur Bekämpfung des Alkoholismus, gegr. 1877.
Blaufelchen *der,* **Renke,** schmackhafter Lachsfisch v. a. in Alpenseen; bis 70 cm lang.
Blauhelme, umgangssprachlich für Angehörige der UN-Friedenstruppen, nach den von ihnen getragenen blauen Schutzhelmen.
Blaukehlchen, Singvogel, das Männchen zur Brutzeit mit blauer Kehle; bes. in Sumpfdickichten.
Blaulicht, 1) kurzwelliger Teil des sichtbaren Lichts. **B.-Bestrahlung** verstärkt die Gewebsatmung. – **2)** Warnlicht an Einsatzfahrzeugen (Polizei, Feuerwehr, Krankenwagen).
Bläulinge, kleine Tagschmetterlinge mit asselförmigen Raupen; rote **Gold-** oder **Feuerfalter, Adonisfalter.**
Blaumeise, etwa 11 cm große Meisenart in Europa, W-Asien und NW-Afrika, Flügelenden und Schwanz metallisch dunkelblau.
Blausäure, Cyanwasserstoff, HCN, sehr giftige Flüssigkeit, die stark nach bitteren Mandeln riecht und in den Kernen der Steinfrüchte als Amygdalin enthalten ist; Verwendung u. a. zur Vernichtung von Ungeziefer. **B.-Vergiftung** kann zum Tod durch Atemstillstand führen.
Blauschimmel, Krankheit der Tabakpflanze durch Pilz, seit 1959 in Europa.
Blaustrumpf, Spottname für intellektuelle Frauen; nach dem literar. Kreis der Lady Montague in London (um 1750), zu dem der Naturforscher Stillingfleet angeblich in blauen Kniestrümpfen erschien.
Blausucht, Zyanose, Blaufärbung des Körpers (bes. Gesicht, Nägel) infolge ungenügender Sauerstoffaufnahme in den Lungen: z. B. bei Herz- und Lungenkrankheiten, bei angeborenen Herzfehlern.
Blauwal, bis 33 m lang, 130 t schwer, größtes Tier der Erde, immer seltener, lebt im N-Atlantik. (→ Wale)
Blavatsky, Helena, russ. Okkultistin, * 1831, † 1891; begründete 1875 mit H. S. Olcott in New York die Theosoph. Gesellschaft.
Blazer ['bleɪzə] *der,* leichte Klubjacke.
Blech, gewalztes Metall.
Blech, Leo, dt. Dirigent und Komponist, * 1871, † 1958; Lieder und Spielopern.
Blechen, Karl, dt. Maler, * 1798, † 1840; fand, von der Romantik ausgehend, den Weg zu einer realist. Freilichtmalerei.
Bled, Veldes [f-], Kurort in Slowenien, 5 600 Ew.; Thermalquellen.
Blei, lat. **Plumbum,** Symbol **Pb,** chem. Element, weiches Schwermetall, OZ 82, relative Atommasse 207,2, D 11,39 g/cm³, Fp 327,5 °C, Sp 1 751 °C. Aus den weit verbreiteten B.-Erzen (wichtigstes ist der → Bleiglanz) wird das B. meist durch Röstreduktionsverfahren gewonnen. Man erhält **Werk-B.,** das durch Raffination gereinigt wird. Dabei fallen meist andere Schwer- und Edelmetalle an. Verwendung: Ummantelung von Kabeln, Akkumulatorenplatten, Munition, Letternmetall, Dichtungen, Legierungen, Abschirmstoff für Röntgen- und Gammastrahlen. (→ Bleivergiftung)
Blei *der,* Karpfenfisch, → Brachsen.
Blei, Franz, österr. Schriftsteller, * 1871, † 1942; Essayist, Kritiker, Herausgeber und Übersetzer; emigrierte 1933 in die USA.
Bleibtreu, Karl, dt. Schriftsteller, * 1859, † 1928. Seine Schrift »Revolution der Literatur« (1886) wurde zum Programm des Frühnaturalismus.
Bleichen, 1) Aufhellen von Farbtönen bei Textilien, Papier, Fellen u. a. **Bleichmittel** wirken meist oxidierend oder reduzierend. **Physikal. B.** beruht auf Verwendung opt. Aufheller **(opt. B.).** – **2)** in der Fotografie die Umwandlung des schwarzen Bildsilbers in lösl. Silberverbindungen, die im Fixierbad herausgelöst werden. – **3)** Züchtung von blattgrünfreiem Gemüse (z. B. Endivien) durch Kellerhaltung, Lichtentzug.
Bleifarben, weiße oder gefärbte, meist giftige Farbpulver aus Bleiverbindungen: **Bleiweiß, Mennige** u. a.
bleifreies Benzin → katalytische Nachverbrennung.
Bleigießen, alter Orakelbrauch: Geschmolzenes Blei wird in Wasser geschüttet, die entstehenden Gebilde werden gedeutet.
Bleiglanz, Galenit, PbS, wichtigstes Bleierz, grau, kristallisiert meist in Würfeln.
Bleiglas, Bleioxid enthaltendes Glas; Strahlenschutzglas, opt. Glas, starke Lichtbrechung **(Kristallglas).**
Bleikammern, berüchtigtes Staatsgefängnis unter dem Bleidach des Dogenpalasts in Venedig, 1797 zerstört.
Bleilochtalsperre, Stausee an der oberen Saale, Thür., mit 215 Mio. m³ Stauraum.
Bleistift, Schreib- und Zeichenstift mit Graphitmine in Holzfassung. **Kopier-** und **Tintenstifte** enthalten Teerfarbstoffe, **Farbstifte** Teer- oder Mineralfarbstoffe.
Bleivergiftung, Bleikrankheit, Folge der Aufnahme von Blei in den Körper. Merkmale der **chron. B.:** Verstopfung, Kopfschmerzen, Anfälle von heftigen Leibschmerzen **(Bleikolik),** fahle Hautfarbe, Krämpfe, Lähmungen, bes. der Fingerstrecker **(Bleilähmung),** auch Augen- und Nierenschädigungen.
Bleiweiß → Bleifarben.
Blende, 1) in opt. Geräten Einrichtung zur Verkleinerung bzw. Vergrößerung der Objektivöffnung. – **2)** stark glänzendes Sulfidmineral, z. B. Zinkblende. – **3)** ñ der Mauer zur Gliederung vorgesetzter Bauteil, z. B. Blendbogen.
Blendung, 1) Zerstörung des Sehvermögens als Strafe nach antikem und mittelalterl. Recht für Meineid, Diebstahl, Falschmünzerei u. a. – **2)** Störung des Sehvermögens durch zu hohe Leuchtdichten.
Blennorrhö *die,* **Eiterfluss,** eitrige Absonderung einer Schleimhaut, bes. der Harnröhre; meist infolge Tripper.
Blériot [ble'rjo], Louis, frz. Flugtechniker, * 1872, † 1936; überflog 1909 als Erster den Ärmelkanal von Calais nach Dover.
Blesse *die,* weißer Stirnfleck bei Tieren.
Blinddarm, sackförmiger Anfangsteil des Dickdarms im rechten Unterleib, in den der Dünndarm mündet; der B. hat einen (durchschnittl. 8 cm langen) **Wurmfortsatz** (Appendix). **B.-Entzündung:** Entzündung dieses Wurmfortsatzes **(Appendizitis).** Sie kommt häufig vor und beginnt mit unbestimmten Bauchschmerzen (erst später im rechten Unterbauch, der druckempfindlich wird), leichtem Fieber, Übelkeit, Erbrechen. Meist muss der Wurmfortsatz durch Operation entfernt werden **(Appendektomie).**
Blinddruck, Prägedruck ohne Farbe.

Blindenschrift

Alphabet:

A B C D E F
G H I J K L
M N O P Q R
S T U V W X
Y Z Ä Ö Ü AU
ÄU EU EI CH SCH IE

Blinde, Menschen, denen das Sehvermögen fehlt. Bei völliger Blindheit **(Amaurose)** ist jede Lichtempfindlichkeit erloschen. Nach dem Sozialgesetz gilt auch als blind, wer weniger als $^1/_{25}$ der normalen Sehschärfe hat. Blindheit kann angeboren sein; meist ist sie erworben durch Erkrankung, Verletzung oder Verlust der Augen. Betreuung der B. durch staatl. und private **B.-Fürsorge.** Körperl. und seel. Betreuung, Erziehung, Studium, Umschulung in **B.-Anstalten** und **B.-Heimen** durch B.-Lehrer. Grundlage des Lesens und Schreibens ist die **B.-Schrift** (Schriftzeichen aus erhabenen Punkten, in Papier eingedrückt, die beim Lesen mit dem Zeigefinger von links nach rechts abgetastet werden). Der Tastsinn muss den Gesichtssinn ersetzen. Zum Führen von B. werden Hunde ausgebildet.
Blindflug, Führen von Flugzeugen ohne Sicht, nur nach den Angaben der Bordinstrumente.

Blois. Achteckiger Treppenturm des Schlosses (1515 bis 1524)

Blindholz, das zw. Edelholzplatten liegende billigere Füllholz.
Blindleistung, ⚡ beim techn. Wechselstrom derjenige Teil der elektr. Leistung, der nicht in Arbeit übergeführt werden kann.
Blindschleiche, beinlose, schlangenförmige und lebend gebärende Echse des europ. Waldes; wird bis 50 cm lang; vertilgt Regenwürmer und Nacktschnecken; die schlüpfenden Jungen sind 8 bis 9 cm lang.
Blinklicht, **1)** Blinkleuchten an Kraftwagen als Fahrtrichtungsanzeiger. – **2)** gelbes B. im Straßenverkehr bedeutet »Vorsicht!«. – **3)** vom Zug gesteuerte Signalanlagen an Bahnübergängen geben rotes B.; bedeutet »Halt!«.
Blitz, Ausgleich hoher elektr. Aufladungen zw. Wolken und Erde oder zw. Wolken. Die häufigste Form ist der oft verzweigte **Linien-B.** Die Stromstärke kann bis 100 000 A, die Spannung viele Mio. V betragen. Äußerst selten sind der **Perlschnur-** und der **Kugel-B.** Der B. ist meist von →Donner begleitet, kann Gegenstände zertrümmern und entzünden, Lebewesen töten. Gebäude, v. a. hoch ragende, werden durch **B.-Ableiter** geschützt, bestehend aus Fang-, Gebäude- und Erdleitungen, die, möglichst in Form eines Ringerders, das Gebäude umgeben sollen. Dachtraufen, Regenfallrohre u. a. Metallteile sind mit der B.-Schutzanlage zu verbinden. Elektr. Installationen sind in ausreichender Entfernung von der B.-Schutzanlage zu verlegen oder über Überspannungsableiter mit dieser zu verbinden. – Der B.-Ableiter wurde 1752 von B. Franklin erfunden.
Blitzlampe, künstliche Lichtquelle hoher Leuchtdichte für Kurzzeitbelichtung in der Fotografie. Meist verwendet man Metalldrähte oder -folien, die in luftgefüllten Glas- oder Kunststoffkolben durch elektr. Funken gezündet werden **(Vakublitz),** oder man lässt in einer Gasentladungsröhre einen Funken überspringen **(Elektronenblitz, Blitzröhrengerät).**
Blixen, Tania, eigentl. Baronin Karen Christence **B.-Finecke,** dän. Schriftstellerin, * 1885, † 1962; Schilderungen vom Leben in Afrika; u. a. »Out of Africa« (1937).
Blizzard ['blɪzəd] *der,* verheerender Schneesturm in Nordamerika mit Windgeschwindigkeiten über 15 m/s.
Bloch, 1) Ernest, schweizer. Komponist, * 1880, † 1959; um Erneuerung der jüd. Musik bemüht; Opern, Sinfonien. – **2)** Ernst, dt. Philosoph, * 1885, † 1977; entwickelte, an den Marxismus und ältere Sozialutopien anknüpfend, eine Philosophie der Hoffnung; Hauptwerk »Das Prinzip Hoffnung«, 3 Bände (1954 bis 1959).
Block, Bündnis mehrerer selbstständiger Parteien oder Länder. **Blockfreie Staaten** streben danach, zw. solchen Bündnissen neutral zu bleiben.
Blockade *die,* **1)** wirksame Absperrung eines Hafens oder Küstenstrichs durch die feindl. Streitmacht. B.-Brecher können aufgebracht und ohne Entschädigung eingezogen werden. – **2)** i. w. S. Absperrung jeglicher Zufuhr.
Blockflöte, Langflöte mit Schnabelmundstück und Grifflöchern, von weichem Klang, als Sopran-, Alt-, Tenor-, Bass-B. gebaut.
Blockhaus, Haus mit Wänden aus Baumstämmen.
blockieren, 1) sperren, ausschalten. – **2)** 🕮 noch auszufüllende Lücken durch »Fliegenköpfe« (▮▮) kennzeichnen.
Blocksberg, volkstüml. für mehrere dt. Berge, bes. den Brocken, als Versammlungsort der Hexen.
Blockschrift, lat. Druckschrift aus gleichmäßig starken Grundstrichen.
Bloemfontein [blu:mfɔn'teɪn], Hptst. des Oranje-Freistaats, Rep. Südafrika, 126 900 Ew.; Univ.; wichtiger Verkehrsknotenpunkt.
Blohm & Voss AG, Werft in Hamburg, 1877 gegr., 1945 Demontage, 1951 Wiederaufbau.
Blois [blwa], Stadt in Mittelfrankreich, an der Loire, 49 300 Ew.; Ind., Fremdenverkehr; Kathedrale, Schloss (13. bis 17. Jh.).
Blok, Aleksandr, russ. romantisch-symbolist. Lyriker, * 1880, † 1921; Revolutionsepen »Die Zwölf« und »Skythen«.
Blondel [blɔ̃'dɛl], Maurice, frz. Philosoph, * 1861, † 1949; vertrat eine Philosophie der Tat und der religiösen Existenz.
Bloodhound ['blʌdhaʊnd], **Bluthund,** Jagdhund mit gut entwickeltem Spürsinn (Laufhund).
Bloy [blwa], Léon, frz. Schriftsteller, * 1846, † 1917; beeinflusste, stark religiös engagiert, spätere Vertreter eines christl. Humanismus.
Blücher, Gebhard Leberecht Fürst **B. von Wahlstatt,** preuß. Feldmarschall, volkstümlichster Feldherr der Freiheitskriege (»Marschall Vorwärts«), * 1742, † 1819; siegte an der Katzbach und bei Möckern (1813), überschritt am 1. 1. 1814 den Rhein bei Kaub und schlug Napoleon bei La Rothière und bei Laon. 16. 6. 1815 bei Ligny geschlagen, entschied er am 18. 6. den Sieg bei Belle-Alliance (Waterloo).
Bludenz, Bez.-Hptst. in Vorarlberg, Österreich, 14 600 Ew., an der Ill; vielseitige Industrie.
Bluejeans ['blu:'dʒi:ns], auch: →Jeans.
Blues [blu:z] *der,* **1)** urspr. weltl. Volkslied der schwarzen Sklaven in den Südstaaten der USA seit der 2. Hälfte des 19. Jh.; wirkte maßgeblich auf die musikal. Form des Jazz. – **2)** seit 1923 unabhängig von der Liedgattung entstandener Gesellschaftstanz im $^4/_4$-Takt.
Bluff [blʌf, engl. blœf], *der,* Prahlerei, gewisse Irreführung.

Blitz
Linienblitz

Tania Blixen

Ernst Bloch

Gebhard Leberecht Fürst Blücher von Wahlstatt
Zeitgenössische Lithographie

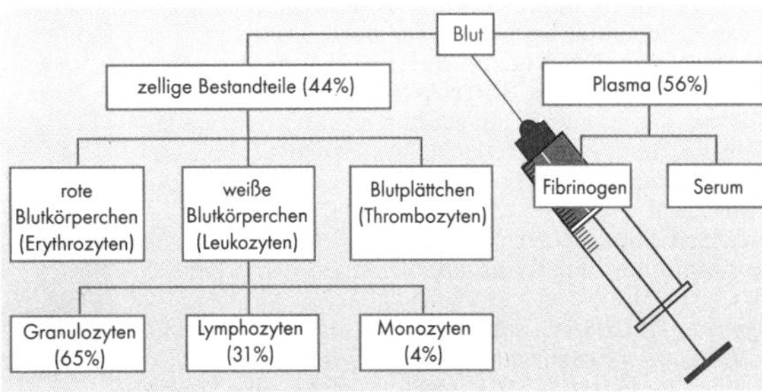

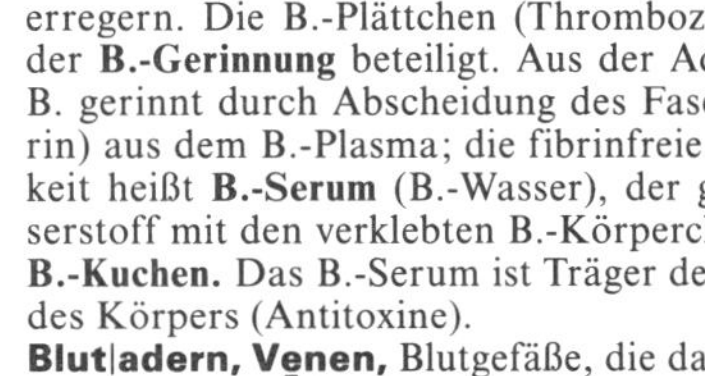

Blut. Schema der Hauptbestandteile

Blum, 1) Léon, frz. Politiker, * 1872, † 1950; Sozialist, mehrfach Min.-Präs. – **2)** Robert, dt. Politiker, * 1807, † 1848; Führer der demokrat. Linken in der Frankfurter Nationalversammlung 1848; wegen Teilnahme am Wiener Oktoberaufstand zum Tode verurteilt und erschossen.

Blüm, Norbert, dt. Politiker (CDU), * 1935; seit 1982 Bundesmin. für Arbeit und Sozialordnung, seit 1987 CDU-Vors. in NRW.

Blumberg ['blʊmbəːg], Baruch Samuel, amerikan. Mediziner, * 1925; entdeckte den Erreger der Serumhepatitis B; 1976 zus. mit D. C. Gajdusek Nobelpreis für Physiologie oder Medizin.

Robert Blum

Norbert Blüm

Baruch Samuel Blumberg

Blume, 1) farbschöne Blüte, auch: blühende Pflanze. – **2)** Schaumkrone (Bier). – **3)** Duft (Bukett) des Weins. – **4)** ♆ weiße Schwanzspitze von Fuchs, Wolf; Schwanz des Hasen. – **5)** Kugelstück aus der Rindskeule.

Blumenau, Stadt in S-Brasilien, 144 000 Ew., 1852 von dt. Siedlern (u. a. H. Blumenau) gegr., Industriezentrum.

Blumenbach, Johann Friedrich, dt. Anthropologe, Zoologe, * 1752, † 1840; lehrte in Göttingen als Erster vergleichende Anatomie.

Blumenberg, Hans, dt. Philosoph, * 1920, † 1996; Arbeiten zur Begriffs- und Wissenschaftsgeschichte.

Blumenfliegen, artenreiche Familie der Fliegen, leben vom Nektar und Blütenstaub.

Blumenkohl, Kulturform des Gemüsekohls, Blütenstände und obere Blätter weißfleischig verwachsen.

Blumenrohr, Zierpflanze, → Canna.

Blumenthal, Oskar, dt. Schriftsteller, * 1852, † 1917; Gründer des Lessing-Theaters zu Berlin (1888), Lustspiele (»Im weißen Rößl«, 1898).

Blumentiere *die,* → Korallentiere.

Blumhardt, Christoph Friedrich, dt. ev. Pfarrer, * 1842, † 1919; Begründer des religiösen Sozialismus, 1900 bis 1906 MdL in Württemberg.

Blümlisalp *die,* vergletscherter Bergstock der Berner Alpen, 3 664 m hoch.

Blut, Körperflüssigkeit, vermittelt durch den → Blutkreislauf den Stoffaustausch im Körper; es nimmt vom Darm Nährstoffe, in den Lungen Sauerstoff auf und führt sie z. B. dem Gehirn, den Muskeln, den Drüsen zu; es leitet umgearbeitete Stoffe zur Ablagerung, verbrauchte zur Ausscheidung weiter. Die B.-Flüssigkeit **(B.-Plasma)** enthält neben gelöstem B.-Zucker, Salzen, Gasen usw. die zahlreichen roten und die spärl. weißen **B.-Körperchen** und die **B.-Plättchen.** Die B.-Menge des Erwachsenen beträgt etwa 4,5 bis 6 Liter. Die roten B.-Körperchen (Erythrozyten), bei den Säugetieren kernlose, meist runde Scheibchen, bestehen zu etwa $^1/_3$ aus → Blutfarbstoff; beim Menschen etwa 4,5 bis 5 Mio. in 1 mm³. Die weißen B.-Körperchen (Leukozyten; eins auf etwa 750 rote) sind farblose Zellen mit Kern und z. T. mit Eigenbewegung; sie bedeuten eine Schutzvorrichtung des Körpers, bes. zur Unschädlichmachung von Krankheitserregern. Die B.-Plättchen (Thrombozyten) sind bei der **B.-Gerinnung** beteiligt. Aus der Ader gelassenes B. gerinnt durch Abscheidung des Faserstoffes (Fibrin) aus dem B.-Plasma; die fibrinfreie klare Flüssigkeit heißt **B.-Serum** (B.-Wasser), der geronnene Faserstoff mit den verklebten B.-Körperchen bildet den **B.-Kuchen.** Das B.-Serum ist Träger der Schutzstoffe des Körpers (Antitoxine).

Blutladern, Venen, Blutgefäße, die das Blut aus den Haargefäßen aufnehmen und zum Herzen zurückführen. Die B. unterscheiden sich von den → Schlagadern durch dünnere Wandung, bei den meisten B. durch Klappen im Innern, die ein Rückfließen des Blutes verhindern, und durch größere Zahl. Das Blut in den B. (außer in den Lungenvenen) ist sauerstoffarm, dunkelrot und fließt gleichmäßig.

Blutlalgen, durch Pigmentstoffe rot gefärbte Algen, häufig durch Wind oder Niederschläge verbreitet (→ Blutregen).

Blutlarmut → Anämie.

Blutbank, Sammelstelle für Blutkonserven.

Blutbann *der,* nach altem dt. Recht die Gerichtsbarkeit über Leben und Tod.

Blutbild → Bluntuntersuchungen.

Blutdruck, der durch die Herztätigkeit erzeugte Druck in den Blutgefäßen. Die Höhe des B. ist innerhalb des Blutkreislaufsystems unterschiedlich und außerdem abhängig von der Schlagkraft des Herzens und der Beschaffenheit **(Tonus)** der Blutgefäße. Normalerweise steigt der B. mit dem Lebensalter. Er unterliegt innerhalb bestimmter Grenzen physiolog. Schwankungen, ändert sich vorübergehend auch bei seel. Erregung, nach Kaffeegenuss. Gemessen wird der B. seit langem in der nicht gesetzl. Einheit zum Quecksilber (Hg), als neuere Druckeinheit wird auch das Kilopascal (kPa) verwendet (Umrechnung: mm Hg × 0,133 = kPa). Erhöhter B. **(Hypertonie)** bei Arteriosklerose, Nierenerkrankungen; erniedrigter B. **(Hypotonie)** bei Kreislaufschwäche.

Blüte, Organ der Blüten- oder Samenpflanzen. Die meist grünen Kelchblätter und die bunten B.-Blätter schützen die männl. und weibl. Fortpflanzungsorgane: **Staubblätter** (Staubgefäße) oder **Fruchtblätter.** Nur in Zwitter-B. sind beide gleichzeitig vorhanden. Die Staubblätter bestehen aus Staubfaden und Staubbeutel, der die B.-Staubkörner **(Pollen)** enthält. Die Fruchtblätter können als freie Fruchtblätter oder als **Stempel** ausgebildet sein. Bei freien Fruchtblättern sitzen die Samenanlagen **(Samenknospen)** frei auf dem Fruchtblatt. Man nennt solche Pflanzen (z. B. die Nadelhölzer) Nacktsamige. Die Stempel sind röhrig verwachsene Fruchtblätter. Der obere Teil des Stempels ist der **Griffel** mit der **Narbe;** der untere, der **Frucht-**

Blutgruppen-Bestimmung (Schema)

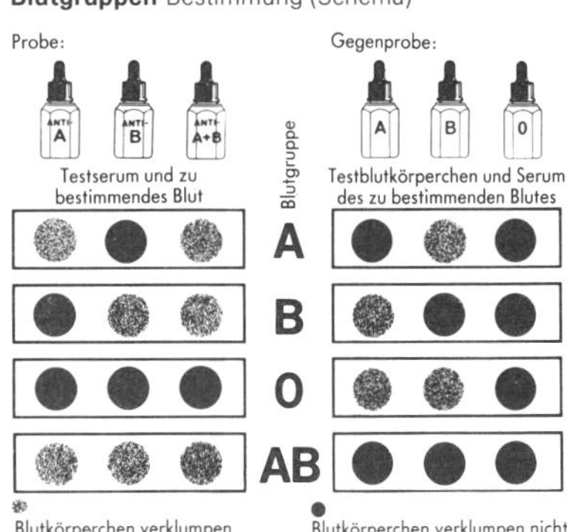

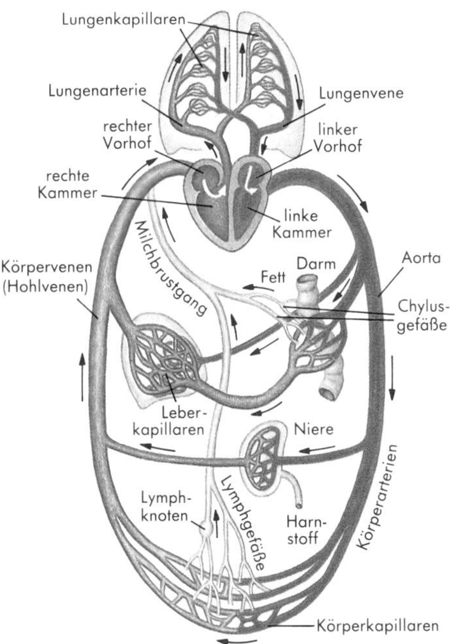

Schema des menschlichen **Blutkreislaufs** (arterielles Blut rot, venöses Blut blau)

knoten, ist der Behälter für die Samenanlagen. Pflanzen mit Fruchtknoten nennt man daher Bedecktsamige (Angiospermen). Es gibt nur wenige Pflanzen mit einer einzelnen B. (z.B. Tulpe), die Mehrzahl bringt mehrere B. hervor, die zus. den **Blütenstand** bilden. Nach der Anordnung der Stängel (Achsen) unterscheidet man mehrere Blütenstandsformen.

Blut|egel, mit 2 Saugnäpfen ausgestattete Ringelwürmer mit rd. 300 Arten; leben meist im Wasser; ernähren sich hauptsächlich von Tiersäften. Der **Medizin. B.** wird zur Blutentziehung benutzt; der **Pferdeegel,** schwärzlich, setzt sich bei Haustieren während des Saufens im Maul fest; der **Fischegel,** bunt, ist häufig an Karpfen zu finden.

Blütenpflanzen, Samenpflanzen, Phanerogamen, Hauptabteilung des Pflanzenreichs, die am höchsten entwickelten Pflanzen. Von den →Sporenpflanzen (blütenlose Pflanzen) sind sie darin verschieden, dass ihre Fortpflanzungsorgane in Blüten eingeschlossen sind. Sie bilden Frucht und Samen.

Blütenstecher, Brenner, Rüsselkäfer, deren Weibchen Blütenknospen anstechen und darin ihre Eier ablegen. Die Larven nagen die Blüten an, sodass sie verdorrt und verbrannt aussehen **(Apfel-B., Baumwollkapselkäfer, Erdbeerstecher).**

Blut|erguss, Hämatom, Austritt von Blut in Bindegewebe, Muskulatur oder Gelenke. – Ursachen: Gefäßzerreißung, bes. der kleinen Haargefäße.

Bluter|krankheit, Hämophilie, erbbedingte Störung der Blutgerinnung, wodurch es bei kleinsten Verletzungen zu lebensbedrohl. Blutungen kommen kann. Die weibl. Mitglieder einer Bluterfamilie erkranken nicht, vererben aber die Krankheit.

Blutfarbstoff, Hämoglobin, besteht aus dem eisenhaltigen Farbstoff **Hämochromogen** und dem eisenfreien Eiweißkörper **Globin.** Der B. ist in den roten Blutkörperchen enthalten.

Blutfink →Dompfaff.

Blutgefäße, Adern, die →Schlagadern (Arterien), →Blutadern (Venen) und →Haargefäße (Kapillaren). Alle B. zus. bilden mit dem Herzen als treibender Pumpe den →Blutkreislauf.

Blutgerinnung →Blut.

Blutgruppen, erbbedingte serolog. Merkmale des Blutes, die auf dem Vorhandensein charakterist. Oberflächeneigenschaften v.a. der roten Blutkörperchen beruhen. Sie wirken als Antigene, wenn sie mit Blut von Trägern fremder Blutgruppen zusammenkommen, und werden durch Antikörper **(Agglutinine),** die sich in dessen Serum befinden, zusammengeballt (→Agglutination). – Man unterscheidet über ein Dutzend versch. **B.-Systeme** mit insgesamt weit über 100 Blutkörperchenantigenen (B.-Merkmalen). Das wichtigste B.-System ist: 0 (Null), A, B, AB. B. müssen bei →Blutübertragungen beachtet werden, bei Vaterschaftsgutachten sind B. ein wichtiges Beweismittel. Die B. werden durch Testseren festgestellt. Das Merkmal Rh des Rhesussystems (→Rhesusfaktor) ist ein Blutkörperchenantigen.

Blutharnen, Hämaturie, krankhafte Beimischung von Blut zum Harn; es stammt aus Harnröhre, Blase, Harnleitern oder Nieren.

Bluthochzeit, Pariser B., →Bartholomäusnacht.

Bluthund →Bloodhound.

Bluthusten, Blutspucken, Beimengung von hellrotem, schaumigem Blut zum Auswurf bei Blutungen aus Kehlkopf, Luftröhre oder Lungen.

Blutkonserve, keimfrei aufbewahrtes Blut zur Blutübertragung.

Blutkörperchensenkungsgeschwindigkeit, Geschwindigkeit, mit der sich die roten Blutkörperchen in einem dünnen, in mm eingeteilten Glasröhrchen im ungerinnbar gemachten Blut absetzen. Erhöhte B. bedeutet Gewebszerfall, Erkennungszeichen für Krankheiten.

Blutkreislauf, der durch die gleichmäßig wiederkehrenden Zusammenziehungen und Entspannungen des Herzens verursachte Umlauf des Blutes in den Blutgefäßen. Beim Menschen geht das zum Herzen strömende Blut durch die Blutadern zum rechten Vorhof (→Herz), von dort zur rechten Herzkammer, dann durch die Lungenarterie zur Lunge, wo es Sauerstoff aufnimmt, dann durch die Lungenvene zum linken Vorhof und zur linken Herzkammer und wird durch diese in die große Körperschlagader (Aorta) und die Schlagadern getrieben **(großer** oder **Körperkreislauf,** im Ggs. zum **kleinen** oder **Lungenkreislauf).** Beim Erwachsenen beträgt die Umlaufdauer der gesamten Blutmenge etwa 1 min. Das Kind im Mutterleib erhält Nahrung und Sauerstoff durch Austauschvorgänge mit dem mütterl. Blut im →Mutterkuchen. Störungen des B. kommen bei Herz- oder Gefäßkrankheiten vor, wenn das Herz die Fähigkeit verliert, die Wirkung krankhafter, den B. störender Einflüsse auszugleichen; Zeichen: Vergrößerung des Herzens, Herzbeschwerden, Wasseransammlungen.

Blutegel

Blutlaugensalz, ☍ **1) gelbes B.,** Kaliumferrocyanid, in der Färberei als Reagens verwendet, gibt mit Eisensalzen Berliner Blau. – **2) rotes B.,** Kaliumferricyanid, dient als Stahlhärtungsmittel, Holzbeize, früher zur Herstellung von Blaupausen.

Blutlaus, schädl. Blattlaus mit blutroter Körperflüssigkeit und weißen Wachsausscheidungen, verursacht bei Apfelbäumen Anschwellen und Aufplatzen der Rinde **(Rindenkrebs).**

Blutprobe, Blutentnahme zur Feststellung der Blutgruppe bei Abstammungsstreitigkeiten sowie des Alkoholgehalts bei Verkehrskontrollen; auch gegen den Willen des Betroffenen (§ 81 a Strafprozessordnung).

Blutrache, bei vielen Stämmen für Familien- oder Sippenangehörige eines Ermordeten bestehende Pflicht, den Mörder (auch seine Angehörigen) zu töten. Reste der B. finden sich in Europa noch in Albanien und auf Korsika.

Blutregen, Blut|tau, Blutschnee, Rotfärbung von Erdboden, Tümpeln, Regen und Schnee; hervorgerufen durch rötl. Staub, →Blutalgen oder Insektenausscheidungen.

Blutreinigung, Heilmethode der Volksmedizin: Aderlass, Fastenkuren.

Blutsbrüderschaft, Brauch bei vielen Völkern, nach dem sich nicht verwandte Männer durch einen Bund Rechte und Pflichten von Brüdern geben, symbolisiert durch Vermischen von Blutstropfen u. Ä.

Blutschande, veraltete Bezeichnung für →Inzest.

Blutsenkung, ⚕ →Blutkörperchensenkungsgeschwindigkeit.

Blutstauung, Hyper|ämie, vermehrter Blutgehalt eines Organs infolge verminderter Blutabfuhr.

blutstillende Mittel, Mittel, die die Blutgefäße zusammenziehen (Adrenalin) oder Blut zum Gerinnen bringen (Vitamin K).

Blutströpfchen, 1) Schmetterlingsgruppe. – **2)** volkstüml. Name für rot blühende Pflanzen wie Ackergauchheil und Herbst-Adonisröschen.

Blutsturz, plötzl. Blutung aus Mund und Nase; sofort Arzt rufen.

Blut|übertragung, Blut|transfusion, Übertragung von Blut von einem Menschen zum andern; darf nur mit blutgruppen- und rhesusgleichem (→Rhesusfaktor) Blut vorgenommen werden, da es sonst zu Allergie-Erscheinungen mit schweren Schockzuständen kommen kann; ein Blutspender mit der Blutgruppe 0 kann allen andern Blutgruppen Blut spenden; ein Mensch der Blutgruppe AB kann von allen andern Blutgruppen Blut erhalten. B. wird angewendet bei großen Blutverlusten, zur Entgiftung bei schweren Verbrennungen und Vergiftungen, zur Anregung der Abwehr- und Heilkräfte des Körpers.

Enid Blyton

Blutung, ⚕ Austreten von Blut aus der Blutbahn. Bei B. aus einer Schlagader (hellrotes Blut in Pulsstößen) muss die Schlagader oberhalb der blutenden Stelle abgebunden werden. Bei B. aus Blutader (dunkelrotes, gleichmäßig fließendes Blut) genügt Druckverband, bei B. aus Haargefäßen (sickerndes Blut) keimfreier Verband.

Blut|untersuchungen, Verfahren zur Feststellung der Blutzusammensetzung. Das **Blutbild** dient zur Blutfarbstoffbestimmung. **Chem. B.** dienen dem Nachweis normaler oder krankhafter Konzentrationen von Bestandteilen des Blutserums (Mineralien, Enzyme, Eiweiße, Gerinnungsstoffe). Durch **serolog. B.** werden die Blutgruppen bestimmt und Antikörper nachgewiesen; die **bakteriolog. B.** identifiziert vorhandene Bakterien.

Blutvergiftung, Sepsis, ⚕ lebensbedrohende Allgemeinerkrankung des Körpers durch Überschwemmung des Blutes mit bakteriellen Krankheitserregern.

Luigi Boccherini
Zeitgenössischer Stich

Blutwäsche, ⚕ versch. Therapieverfahren: Blutübertragung mit bis zu 95% Spenderblut, Hämodialyse (→künstliche Niere) und Oxidationstherapie.

Blutzucker, der in der Blutflüssigkeit gelöste Traubenzucker, normal 75 bis 120 mg/100 ml.

Blyton [blaɪtn], Enid, brit. Schriftstellerin, *1896, †1968; Abenteuerbücher für Kinder und Jugendliche; u. a. Serie »Hanni und Nanni«.

BMW, Abk. für **B**ayerische **M**otorenwerke AG, München, Fahrzeugbauunternehmen.

Boa *die,* Königsschlange (→Riesenschlange).

Board [bɔːd] *das,* Tisch; Amt, Behörde; z. B. **B. of Trade,** das brit. Außenhandelsministerium.

Boatpeople [ˈbəʊtpiːpl, engl. »Bootsleute«], Flüchtlinge aus Vietnam, die das Land (seit etwa 1978) mit oft seeuntüchtigen Booten über das Südchin. Meer verlassen haben; in den Ankunftsländern zumeist nur vorübergehend aufgenommen.

Bob, Sportschlitten, dessen vorderes Kufenpaar durch Seilzug oder Lenkrad gesteuert wird.

Bobby, 1) Kurzform für Robert. – **2)** Spitzname für die Londoner Polizisten.

Bober *der,* poln. **Bóbr,** linker Nebenfluss der Oder, 272 km lang, entspringt im Riesengebirge; **Bobertalsperre** bei Mauer (poln. Pilchowice).

Bober-Katzbach-Gebirge, poln. **Góry Kaczawskie,** Bergland in Niederschlesien, Polen; 724 m hoch.

Bobigny [bobiˈɲi], Hptst. des frz. Dép. Seine-Saint-Denis, 44600 Ew.; metallurg., chem. und elektron. Industrie.

Böblingen, Krst. in Bad.-Württ., südwestl. von Stuttgart, 46500 Ew.; Maschinenindustrie.

Bobo-Dioulasso [-diu-], zweitgrößte Stadt in Burkina Faso, 231200 Ew.; Verkehrsknotenpunkt, Flugplatz; Handelszentrum.

Bobrujsk, Stadt in Weißrussland, an der Beresina, 226000 Ew.; Textil-, Holzindustrie.

Bobtail [ˈbɔbteɪl], **Altenglischer Schäferhund,** Begleithund mit grauem oder geschecktem langhaarigem Fell und Stummelrute.

Boccaccio [bokˈkattʃo], Giovanni, ital. Dichter, Humanist, *1313, †1375; bemühte sich um Wiederbelebung der lat. und griech. Studien, wurde mit seinem »Decamerone« der Schöpfer der ital. Novellenform.

Giovanni Boccaccio. Ausschnitt aus einem Fresko des italienischen Malers Andrea des Castagno (1446)

Boccherini [-kk-], Luigi, ital. Komponist, *1743, †1805; Kammermusik, Sinfonien.

Boccia [ˈbɔttʃa] *das* oder *die,* Spiel: Einer als Ziel ausgeworfenen Kugel müssen die Spieler ihre Kugeln durch Wurf möglichst nahe bringen.

Boccioni [botˈtʃoːni], Umberto, ital. Maler und Bildhauer, *1882, †1916; Mitbegründer des ital. Futurismus (1910).

Bocholt, Stadt in NRW, im westl. Münsterland nahe der niederländ. Grenze, 70600 Ew.; Textil-, Eisenind., Gerberei.

Bochum, Stadt in NRW, 399300 Ew.; Automobilproduktion, Schwer-, chem., Bau-, Textil-, Tabak-, Elektroind.; Sitz der Bundesknappschaft; Bergbaumuseum; Sternwarte mit Institut für Satelliten- und Weltraumforschung; Ruhr-Univ. (gegr. 1961); Freizeitzentrum Kemnade am Ruhrstausee.

Bock *der,* **1)** Männchen geweih- und horntragender Tierarten, auch von Kaninchen. – **2)** Turngerät für Springübungen. – **3)** Käfer, →Bockkäfer. – **4)** Stützkonstruktion (Sägebock u. a.).

Bockbier, Starkbier mit mind. 16% Stammwürze.

Böckh, August, dt. Altertums- und Sprachforscher, * 1785, † 1867; begründete die histor. Altertumswiss. und die griech. Inschriftenkunde.

Bockhuf, missgestalteter Pferdehuf; oft angeboren.

Bockkäfer, Böcke, schlanke Käfer mit langen, bogenförmig zurückgelegten, perlschnurförmigen Fühlern. Die Larven fressen in krautigen Pflanzenteilen und Holz; bes. gefährl. Holzschädlinge sind **Hausbock, Sägebock** in altem Nadelholz; **Heldbock** in Eichen; **Moschusbock** an Weiden; **Zimmerbock** bes. in Kiefern.

Böckler, Hans, dt. Gewerkschaftsführer, * 1875, † 1951; organisierte nach 1945 den Wiederaufbau der Gewerkschaften; 1949 bis 1951 Vors. des DGB.

Böcklin, Arnold, schweizer. Maler, * 1827, † 1901; malte Landschaften im Stil der Spätromantik, in z. T. leuchtendem Kolorit, von mytholog. Gestalten belebt.

Bocksbart, Gattung der Korbblütler. Der gelb blühende, bis 70 cm hohe **Wiesen-B.** mit grasähnl. Blättern und Milchsaft öffnet seine Blütenkörbe nur vormittags.

Bocksbeutel *der,* bauchige, breit gedrückte Flasche für Frankenweine, einige bad. und Südtiroler Weine.

Bocksdorn, Teufelszwirn, strauchige, z. T. dornige Gattung der Nachtschattengewächse.

Bockshornklee, Gattung staudiger Schmetterlingsblütler; Fruchthülsen hornförmig.

Bocuse [bɔˈky:z], Paul, frz. Küchenmeister, * 1926; schuf die »Nouvelle Cuisine« mit leicht bekömmlichen, z. T. kalorienarmen Gerichten.

Bodden *der,* seichte, unregelmäßig geformte Bucht mit enger Öffnung zum Meer, durch Überflutung entstanden, typ. für die Ostseeküsten Mecklenburg-Vorpommerns.

Bode *die,* linker Nebenfluss der Saale, 169 km lang, kommt vom Brocken, durchfließt das maler. Bodetal (Treseburg bis Thale) des Harzes, mündet bei Nienburg/Saale; mehrere Talsperren.

Bode, Wilhelm v., dt. Kunsthistoriker, * 1845, † 1929; Jurist, 1905 bis 1920 Generaldirektor der Berliner Museen; Mitbegründer des modernen Museumswesens.

Bodega *die,* span. für Keller, Weinschenke.

Bodelschwingh, 1) Friedrich v., dt. ev. Pastor, * 1831, † 1910; Gründer der christl. Wohlfahrts- und Missionsanstalten in Bethel bei Bielefeld (erste Arbeiterkolonien, Wandererfürsorge, Fürsorge für Epileptiker und Geisteskranke). – 2) Friedrich v., Sohn von 1), * 1877, † 1946; führte das Werk seines Vaters fort.

Boden, lebenerfüllte Schicht der Erdoberfläche, die aus festem und lockerem Gestein durch den Einfluss der Verwitterung und des organ. Lebens entsteht. Haupteinflüsse, die zur **B.-Bildung** führen: Klima, Organismen, Gesteinsart, Wassergehalt und -ansammlung sowie menschl. Bearbeitung. Der organ. Anteil des B., der →Humus, ist von kennzeichnender Bedeutung. Wichtige **B.-Arten:** Stein-, Sand-, Lehm-, Ton-B. Die wertvollsten Acker-B. sind die milden, sandigen Lehm-B., bes. die Löss-B. Der landwirtschaftl. Wert der B. nimmt ab, je mehr es sich um Sand- oder Kies-B. handelt und je größer der Tongehalt des B. wird (schwere Lehm- und Ton-B.).

Bodenbiologie, Lehre von den pflanzl. und tier. Bodenorganismen, deren Leistungen und Lebensweise.

Boden|effektfahrzeug *das,* →Luftkissenfahrzeug.

Boden|erosion *die,* durch Wasser und Wind verursachte Abtragung von Böden.

Boden|ertrag, Rohertrag des landwirtschaftl. genutzten Bodens. Der B. ist abhängig von Bodenart und Klima sowie vom Einsatz von Kapital (Düngemittel) und Arbeit. Der vermehrte Einsatz von Kapital und Arbeit hat von einer bestimmten Grenze ab kein entsprechendes Steigen des B. zur Folge (**Gesetz vom abnehmenden B.** nach Turgot).

Bodenfreiheit, der kleinste Abstand eines maximal zulässig belasteten Kraftfahrzeugs von der Standebene.

Bodenkontamination *die,* Verunreinigung des Bodens mit für die Gesundheit des Menschen und für die Umwelt unverträgl. oder giftigen Substanzen.

Bodenkunde, Wiss. von der Entstehung, Herkunft und Zusammensetzung von Böden, der in ihnen ablaufenden Prozesse sowie den Möglichkeiten zu deren Verbesserung.

Boden|organismen, die ständig frei im Boden lebenden Organismen, zumeist Kleinstlebewesen (Bakterien, Pilze, Milben, kleine Würmer); bauen v. a. tote organ. Substanz ab.

Bodenreform, Agrarreform, 1) i. w. S.: Reform des Besitzrechts am Boden, bes. des Rechts an Wohnungs- und Siedlungsland. Ihre Vertreter erstreben a) gänzl. oder teilweise Vergemeinschaftung von Grund und Boden durch Enteignung (**Agrarsozialismus;** bes. K. Marx) oder b) Beseitigung der Grundrente, wobei grundsätzlich am Privateigentum festgehalten wird, aber der Boden, da er nicht wie eine Ware beliebig vermehrbar ist, rechtl. vor Missbrauch geschützt und seine Wertsteigerung dem Volksganzen zugeführt werden soll (**Bodenreformer:** J. S. Mill, A. Damaschke). – **2)** i. e. S.: Änderung der Besitzverhältnisse an landwirtschaftl. genutztem Boden aus polit. oder wirtschaftl. Gründen, kann Teil einer umfassenden Agrarreform sein; in der ehem. UdSSR z. B. die Kollektivierung der Landwirtschaft. – Nach 1945 wurde in der sowjet. Besatzungszone Dtl.s aller Grundbesitz über 100 ha entschädigungslos enteignet. In den westdt. Ländern wurden gestaffelte Landabgaben für Betriebe über 100 und 150 ha gegen Entschädigung eingeführt.

Hans Böckler

Bodenschätze, natürliche Anreicherungen von volkswirtschaftlich bedeutenden Mineralen, Gesteinen, chem. Verbindungen; u. a. Erze, Kohle, Erdöl, Salze, Grund- und Quellwasser.

Bodensee [nach der karoling. Pfalz Bodman], **Schwäbisches Meer,** der größte und tiefste dt. See (mit kleineren schweizer. und österr. Anteilen), am Nordfuß der Alpen, an der schweizer. Grenze, 395 m ü. M. Der B. wird vom Rhein durchflossen, ist 571,5 km² groß, das Hauptbecken (**Obersee**) 63,5 km lang, bis 14 km breit, 254 m tief. Im W 2 Zipfel: **Untersee, Überlinger See.** Hafenorte: Lindau, Konstanz, Friedrichshafen, Rorschach (Schweiz), Bregenz (Österreich). Inseln: Reichenau, Mainau. Der B. ist bedeutend für die Trinkwasserversorgung bes. im Großraum Stuttgart.

Friedrich von Bodelschwingh, * 1831, † 1910

Bodenstedt, Friedrich v., dt. Schriftsteller, * 1819, † 1892; Gedichte, Übersetzungen.

Bodenturnen, Form des Kunstturnens auf vorgeschriebener Bodenfläche (12 × 12 m).

Bodhisattva [Sanskrit »Erleuchtungswesen«] *der,* im Buddhismus ein Wesen auf dem Weg zur Buddhaschaft; zukünftiger Buddha.

Bodin [bɔˈdɛ̃], Jean, frz. Rechtsgelehrter, * 1529/30, † 1596; Vertreter der Naturrechtslehre, entwickelte den Begriff der Souveränität, trat für religiöse Toleranz ein.

Bodmer, Johann Jakob, schweizer. Gelehrter, * 1698, † 1783; betonte die Fantasie als poet. Grundkraft, geriet deshalb in Streit mit Gottsched; förderte die Wiedererweckung der mittelalterl. dt. Dichtung.

Bochum Stadtwappen

Bodybuilding [ˈbɔdɪbɪldɪŋ], Muskelbildung durch gezieltes Training; auch Wettkampfsport für Frauen und Männer in versch. Gewichtsklassen mit Pflicht und Kür.

Bodycheck [ˈbɔdɪtʃek], im Eishockey: hartes, aber nach den Regeln erlaubtes Sperren oder Rempeln des Gegners mit dem Körper unter Einsatz von Schulter und Hüfte.

Humphrey Bogart

Karl Böhm

Rundbogen

Flachbogen

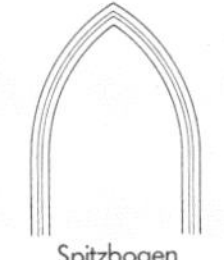
Spitzbogen

Bogen

Bogotá
Stadtwappen

Niels Bohr

Boehringer Ingelheim, Unternehmensverband der chem.-pharmazeut. Ind. mit der Holdinggesellschaft C. H. Boehringer Sohn und der eng verbundenen Boehringer Ingelheim GmbH, gegr. 1885, Sitz des Stammhauses Ingelheim am Rhein.

Boehringer Mannheim GmbH, weltweit operierendes pharmazeut. Unternehmen, gegr. 1817, Sitz Mannheim; 1997 von dem schweizer. Pharmakonzern F. Hoffmann-La Roche & Co. AG übernommen.

Boeing Company Inc. ['bəʊɪŋ 'kʌmpənɪ], amerikan. Unternehmen der Luft- und Raumfahrtind., gegr. 1916, Sitz Seattle.

Boethius, Anicius, röm. Staatsmann, Philosoph, *um 480, †um 524; Konsul und Palastmin. unter Theoderich d. Gr., von diesem, des Hochverrats beschuldigt, hingerichtet. Schrieb im Kerker »Trost der Philosophie«.

Boff, Leonardo, brasilian. kath. Theologe, *1938; führender Vertreter der Befreiungstheologie.

Bogart ['bəʊgɑ:t], Humphrey, amerikan. Filmschauspieler, *1899, †1957; Charakterdarsteller in Kriminal- und Abenteuerfilmen (»Die Spur des Falken«, 1941, »Casablanca«, 1942, »African Queen«, 1951).

Boğazkale [bɔ:'ɑzkɑlə], Dorf in der Türkei, 150 km östl. von Ankara, mit Resten der Hptst. Hattusa des Reiches der Hethiter, 14./13. Jh. v. Chr. Bes. wertvoll sind Funde von Tontafelurkunden mit Keilschrifttexten in hethit. Sprache.

Bogen, 1) ⌂ Tragwerk, das eine Öffnung überwölbt. Arten: Die Wölblinie bildet einen Halbkreis: **Rund-B.,** oder den flachen Abschnitt eines Kreises: **Flach-B.,** eine halbe Ellipse: **Korb-B.,** 2 winklig zusammenstoßende Kreis-B.: **Spitz-B.,** einen Dreiviertelkreis: **Hufeisen-B.,** einen gedrückten Spitz-B.: **Tudor-B.,** oder einen Spitz-B. mit schlank ausgezogener Spitze: **Eselsrücken-B.;** ein gedrückter Eselsrücken heißt **pers.** oder **Kiel-B.** – **2)** Waffe für Krieg und Jagd, seit der Altsteinzeit bekannt, in Europa als Waffe bis zum Ende des 15. Jh. gebräuchlich. Der B. besteht aus federndem Holzbügel und Sehne und dient zum Abschießen von Pfeilen. – **3)** 𝄞 Geigenbogen. – **4)** 🕮 rechteckig geschnittenes Papier; der **Druck-B.** wird im Allg. zu 16 oder 32 Seiten ausgeschossen.

Bogen|entladung, ⚡ elektr. Gasentladung hoher Strom- und Leuchtdichte. Eine B. bzw. ein **Lichtbogen** bildet sich z. B. aus, wenn man 2 Kohlestäbe, an denen eine Spannung von mindestens 60 Volt liegt, kurz zur Berührung bringt und dann wieder auseinander zieht; prakt. Anwendung in der Bogenlampe, beim Lichtbogenschweißen, im Lichtbogenofen.

Bogengänge, Gleichgewichtsorgane im Innenohr der Wirbeltiere als Teil des Labyrinths (→Ohr).

Bogenlampe, elektr. Lichtquelle hoher Leuchtdichte, bei der zw. den Elektroden ein Lichtbogen brennt. Die bis 4000 K heiße positive Elektrode liefert bei B. mit reinen Kohlestäben den Hauptteil des Lichts. In allen heute wichtigen B. brennt der Bogen zw. Wolframelektroden bei höheren Drücken in einem gasdichten Gefäß, dessen Hauptfüllung der Lampe den Namen gibt, z. B. Xenonlampe.

Bogenminute, √ der 60. (Altgrad) oder 100. (Neugrad) Teil eines **Bogengrades** (Winkeleinheit).

Bogomilen, in Kleinasien und SO-Europa, bes. Bulgarien, seit dem 11. Jh. verbreitete Sekte; ihre Lehre ist dem Manichäismus verwandt.

Bogomolez, Aleksandr, russ. Arzt und Physiologe, *1881, †1946; stellte ein antigenhaltiges Serum her, das die körpereigenen Abwehrkräfte anregen soll.

Bogotá, Hptst. Kolumbiens, 4,8 Mio. Ew.; 2650 m ü. M.; wichtigstes Kultur-, Wirtschafts- und Finanzzentrum Kolumbiens; mehrere Univ., kolonialzeitl. Kirchen, Kathedrale. 1538 von Spaniern gegründet.

Boheme [bɔ'ɛ:m] *die,* Welt der Künstler; Thema der Opern von Puccini und Leoncavallo.

Bohl, Friedrich, dt. Jurist, Politiker, *1945; seit Nov. 1991 Bundesmin. für bes. Aufgaben und Chef des Bundeskanzleramts.

Bohley, Bärbel, dt. Malerin, Grafikerin, *1945; seit Anfang der 1980er-Jahre in der Friedensbewegung der DDR tätig; Sept. 1989 Mitbegründerin des »Neuen Forums«.

Bohm, Hark, dt. Filmregisseur, *1939; u. a. »Nordsee ist Mordsee« (1976), »Für immer und immer« (1996).

Böhm, Karl, österr. Dirigent, *1894, †1981; bekannt v. a. als Interpret der Werke von Mozart, Strauss und Wagner.

Böhme, Jakob, dt. Theosoph und prot. Mystiker, *1575, †1624; urspr. Schuhmachermeister in Görlitz. Er verschmolz Naturphilosophie und Mystik; übte große Wirkung auf die pietist. Bewegung und die Romantik aus.

Boğazkale. Die Ruinen von Hattusa (Türkei): Götterrelief

Böhmen, tschech. **Čechy** ['tʃɛxi], geschichtl. Landschaft im W der ČR; bildet ein Becken, das nach N von der Elbe und der Moldau entwässert wird; umgrenzt von waldreichen Randgebirgen: Fichtelgebirge, Erzgebirge, Sudeten, Böhm.-Mähr. Höhen, Böhmerwald. B. ist industriell hoch entwickelt; ⚒ auf Steinkohle, Braunkohle, Erze; Land- und Forstwirtschaft; Heilquellen.

Böhmerwald, Böhmisch-Bayerisches Waldgebirge, dicht bewaldetes Mittelgebirge, zieht sich vom Fichtelgebirge nach SO zur Donau hin: im N der **Oberpfälzer Wald,** meist unter 900 m, im S der **B.** (Großer Arber, 1456 m), im SW längs der Donau der **Bayer. Wald** (Einödriegel, 1121 m).

Böhmische Brüder, Mährische Brüder, religiöse Gemeinschaft in Böhmen, hervorgegangen im 15. Jh. aus den Hussiten, nach dem Dreißigjährigen Krieg gingen Reste zur →Brüdergemeine über.

Böhmisches Mittelgebirge, bewaldete Gebirgsgruppe in N-Böhmen, beiderseits der Elbe; Obst- und Gemüseanbau.

Bohne, 1) Same, Hülsenfrucht und Pflanze einer trop. und subtrop. Gattung der Schmetterlingsblütler. Aus Amerika stammen die **Garten-B.** (windende **Stangen-B.** und niedrige **Busch-B.**) und die **Feuer-B.,** eine Zierpflanze. – **2) Kunde,** dunkle Vertiefung des Pferdezahns als Altersmerkmal.

Bohr, 1) Aage Niels, dän. Physiker, *1922, Sohn von 2); entwickelte eine Theorie der Kernstruktur; Nobelpreis für Physik 1975 mit B. Mottelson und J. Rainwater. – **2)** Niels, dän. Physiker, *1885, †1962; entwickelte 1913 ein neues Atommodell, maßgeblich an der Ausformulierung der Quantenmechanik beteiligt, Nobelpreis für Physik 1922. Nach ihm wurde 1992 das Element 107 als Nielsbohrium benannt.

Bohrer, ⚙ Werkzeug zum Herstellen von Löchern in Werkstoffen aller Art, besteht meist aus einem runden Schaft mit 2 geschliffenen Schneidkanten. Wichtigster Metall-B. ist der **Wendel-B.** (Spiral-B.) mit 2 schraubenförmig angeordneten Nuten zur selbsttätigen Späneabführung. Weitere Formen: **Nagel-B.** für Holz, **Schnecken-B.** für Erde und Holz, **Diamant-B.** für Gestein. B. werden mit Bohrknarre, Bohrwinde, Drillbohrer, elektr. Handbohrmaschine (Schlagbohrer) und ortsfesten Bohrmaschinen gedreht.
Bohr|insel, fest stehender oder schwimmender Geräteträger zum Abteufen von Bohrungen nach Erdöl und -gas im Meer.
Bohrkäfer, Holzbohrkäfer, dunkle Käfer mit gewölbtem Halsschild. B. und ihre Larven bohren Gänge in abgestorbenem, verbautem oder verarbeitetem Holz.
Bohrmuscheln, meeresbewohnende Muscheln, die sich mit ihren gezähnten Schalen in Gestein oder Holz einbohren.
Bohrturm → Tiefbohrungen.
Boieldieu [bwalˈdjø], François, frz. Komponist, * 1775, † 1834; zahlreiche Opern, u. a. »Der Kalif von Bagdad«, »Die weiße Dame«.
Boileau-Despréaux [bwalodepreˈo], Nicolas, frz. Schriftsteller und Kritiker, * 1636, † 1711; Historiograph Ludwigs XIV. Sein Lehrgedicht »L'art poétique« galt als ästhetisch maßgeblich.
Boiler *der,* Warmwasserbereiter.
Bois [bwa], Curt, dt. Schauspieler und Regisseur, * 1901, † 1991; nach Emigration 1933 in die USA seit 1950 wieder in Berlin. »Der Himmel über Berlin« (1987).
Boisserée [bwaˈsre], Melchior, dt. Kunstgelehrter, * 1786, † 1851; Sammler der dt. Kunst des MA., setzte sich mit seinem Bruder Sulpiz (* 1783, † 1854) für den Weiterbau des Kölner Doms ein.
Boito, Arrigo, ital. Komponist und Dichter, * 1842, † 1918; Kantaten, Opern, Opernlibretti.
Bojar *der,* altruss. Adliger.
Boje *die,* tonnenförmiger Schwimmkörper, Seezeichen zur Markierung des Fahrwassers.
Bola *die,* südamerikan. Schleuderwaffe, durch Riemen verbundene Kugeln.
Bolero *der,* **1)** span. Volkstanz im $^3/_4$-Takt, von 2 Personen mit Gitarren- und Kastagnettenbegleitung getanzt. – **2)** kurzes Jäckchen der span. Tracht.
Bolid *der,* Meteor, Feuerkugel.

Daten zur Geschichte Böhmens

2. Jh. v. Chr.	Germanen siedeln in Böhmen
6. Jh. n. Chr.	Westslaw. Stämme dringen nach Böhmen vor, nachdem die Germanen abgezogen waren
10. Jh.	Die Přemysliden werden dt. Reichsfürsten
1198	Ottokar I. wird böhm. König
13. Jh.	Zuzug dt. Handwerker, Bauern und Bergleute; im Kurfürstenkolleg hat der böhm. König eine bevorzugte Stellung
1278	Schlacht auf dem Marchfeld, Niederlage Ottokars II. gegen Rudolf von Habsburg
1310	Die Luxemburger treten die Regierung an (bis 1437)
1346–1378	Regierung Karls I. (als Kaiser Karl IV.)
1348	Gründung der Prager Universität (älteste Universität des Reiches nördlich der Alpen)
15. Jh.	Hussitenkriege
1526	Ferdinand I. von Habsburg wird König von Böhmen
1618–1620	Böhm. Aufstand, Beginn des Dreißigjährigen Krieges
1742	Schlesien, das zu Böhmen gehörte, wird von Preußen erobert
1848	Revolution in Prag, Erstarken der tschech. Nationalbewegung
1918	Böhmen geht in der Tschechoslowakei auf
1993	Kernland der Tschechischen Republik

Bolingbroke [ˈbɔlɪŋbrʊk], Saint-John, Viscount B., brit. Staatsmann und Schriftsteller, * 1678, † 1751. Auf ihn geht der Spitzname »John Bull« für die Engländer zurück.
Bolívar, Simón, südamerikan. Nationalheld, * 1783, † 1830; Führer im Unabhängigkeitskampf des nördl. Südamerika gegen die span. Herrschaft; Bolivien wurde nach ihm benannt.

Bolivien

Staatswappen

Staatsflagge

Internationales Kfz-Kennzeichen

Bolivi|en, Rep. in Südamerika, 1,1 Mio. km², 7,52 Mio. Ew.; Amtssprache: Spanisch. Hptst. Sucre; Regierungssitz: La Paz. – Präsidialverfassung; Volksvertretung: Senat und Abgeordnetenhaus.
Landesnatur. West- und Süd-B. haben Anteil an den Kordilleren, im O und N Tiefland; zw. den Ketten der W-Kordilleren und der O-Kordilleren (Illimani, 6 882 m) liegt das Bolivian. Hochland (3 600 bis 4 000 m ü. M., mit der Hptst.); das Hochland ist trocken, kühl, mit abflusslosen Becken (Titicacasee) und Salzpfannen. Im SO der O-Kordilleren das Bolivian. Bergland, das nach S in das Buschland des Gran Chaco, nach N ins Amazonastiefland (Urwald) übergeht.
Bevölkerung. Hochlandindianer (rd. 55 %). Religion: kath. (93 %).
Wirtschaft. Grundlage ist der Mineralreichtum B.s (bes. Zinn, Blei; Erdöl). Anbau von Kaffee, Getreide, Kokastrauch; Viehwirtschaft. Ausfuhr: Zinn, Zink, Blei, Erdöl. Eisenbahnverbindung nach Chile, Argentinien, Brasilien; internat. ✈ in La Paz und Santa Cruz.
Geschichte. B., Teil des alten Inkareichs, im 16. Jh. von den Spaniern (Pizarro) unterworfen, 1824 unabhängige Rep., nannte sich nach S. Bolívar. 1884 verlor es sein Küstengebiet an Chile; 1932 bis 1935 unterlag es im Chacokrieg gegen Paraguay. Nach mehrjähriger Militärdiktatur seit Okt. 1982 Zivilreg. unter einem gewählten Präs. (seit 1997 General Hugo Banzer).

Böhmen
Historisches Wappen

Heinrich Böll

Böll, Heinrich, dt. Schriftsteller, * 1917, † 1985; realist. Erzähler und Satiriker: »Und sagte kein einziges Wort« (1953), »Billard um halb zehn« (1959), »Ende einer Dienstfahrt« (1966), »Gruppenbild mit Dame« (1971), »Fürsorgliche Belagerung« (1979). 1972 Nobelpreis für Literatur.
Bollandisten, Herausgeber der Acta Sanctorum (seit 1643), der Heiligenbiographien; nach dem Jesuiten J. Bolland (* 1596, † 1665).
Böller *der,* kleines Geschütz zu Salutschüssen; Salutschuss, laut knallender Feuerwerkskörper.
Bollwerk, 1) Befestigungs- und Stützbauwerk für Festungen, Baugruben u. a. – **2)** Uferschutz und Anlegestelle für Schiffe; aus starken Bohlen, die durch eingerammte Pfähle gehalten werden.
Bologna [boˈloɲa], Hauptstadt der Prov. B., Oberitalien, 401 300 Ew.; Erzbischofssitz; bedeutende Kunststadt, eine der ältesten Univ. Europas (1087 gegr.); Wirtschaftsmittelpunkt.
Bologneser [-ɲ-], bis 30 cm hoher Zwerghund, dichtes, büschelig weißes Kräuselhaar.

Bologna
Stadtwappen

Bolometer *das,* Gerät zum Messen der Energie von Licht und zur berührungslosen Temperaturmessung.

Bölsche, Wilhelm, dt. Schriftsteller, *1861, †1939; Mitbegründer des Naturalismus; Darstellungen naturwiss. Probleme.

Bolschewismus [von russisch bolsche »mehr«] *der,* radikale Lehre und Herrschaftsform des →Kommunismus in der UdSSR. Die **Bolschewiki** bildeten seit 1903 den radikalen Flügel der russ. Sozialdemokraten im Ggs. zu den **Menschewiki** (Minderheitler). Seit der russ. Oktoberrevolution (1917) bis 1990 allein herrschende Partei in der ehem. UdSSR.

Dietrich Bonhoeffer

Bolschoi-Ballett, Ballett des Bolschoi-Theaters in Moskau, gegr. 1776.

Bolton ['bəʊltən], engl. Ind.stadt bei Manchester, 139 000 Einwohner.

Boltzmann, Ludwig, österr. Physiker, *1844, †1906; Arbeiten über kinet. Gastheorie. **B.-Konstante,** nach B. benannte wichtige Konstante der Atomphysik, Zeichen: k.

Bolus, Bol, Zersetzungsprodukt u. a. granitener und basalt. Gesteine; Verwendung für keram. Produkte, als Farberde und Malgrund; **Weißer B.** in Pulverform: aufsaugendes Mittel (Adsorbens, z. B. bei Durchfall).

Bolzano, ital. Name für Bozen.

Bolzano, Bernhard, böhm. Philosoph, Mathematiker, Religionswissenschaftler, *1781, †1848; bedeutender Logiker.

Bolzen, 1) Metallstift zum Verbinden von Maschinenteilen. - **2)** Geschoss der Armbrust.

Bombage [bɔm'ba:ʒə] *die,* Auswölben von Boden und Deckel von Konservendosen, z. B. durch bakterielle Gasentwicklung (bei der Zersetzung des Inhalts).

Bombardierkäfer, kleiner Laufkäfer; stößt bei Gefahr einen stechend riechenden Stoff (Chinone) aus dem Hinterleib aus.

Bombardon [bɔ̃bar'dɔ̃] *das,* um 1835 entwickelte Basstuba (Blechblasinstrument).

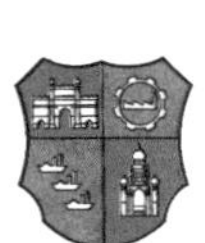

Bombay
Stadtwappen

Bombast *der,* Schwulst; **bombastisch,** schwülstig, hochtrabend, prahlerisch.

Bombay ['bɔmbeɪ], Hptst. von Maharashtra, Indien, bedeutendster Hafen des Landes, 9,9 Mio. Ew.; Univ.; Finanz- und Wirtschaftszentrum; internat. ✈; im S B.s →Türme des Schweigens.

Bombe, 1) meist zylinderförmiger Hohlkörper mit Sprengladung und Zünder, Abwurfgeschoss der Luftwaffe (Brand-, Splitter-, Spreng-B., Luftmine). - **2)** dickwandiges drucksicheres Stahlgefäß für stark komprimierte Gase. - **3)** ausgeschleudertes Lavastück.

bombieren, ☺ hochwölben.

Bon [bɔ̃, frz. »gut«] *der,* Gutschein; Kassenzettel (einer Registrierkasse).

Bonaparte, urspr. **Buonaparte,** kors. Familie aus Ajaccio, der die frz. Kaiser →Napoleon I. und →Napoleon III. entstammen. Weitere Familienmitglieder: **1)** Elisa, früher Marie Anna, älteste Schwester Napoleons I., *1777, †1820; Fürstin von Lucca und Piombino, verwaltete auch das Großherzogtum Toskana. - **2)** →Jérôme Bonaparte, Bruder Napoleons I. - **3)** →Joseph Bonaparte, Bruder Napoleons I. - **4)** Caroline, früher Marie-Annonciade, jüngste Schwester Napoleons I., *1782, †1839; ⚭ mit J. Murat. - **5)** Maria Letizia, Mutter Napoleons I., *1750, †1836. - **6)** Lucien, Bruder Napoleons I., *1775, †1840. - **7)** →Ludwig, Bruder Napoleons I. - **8)** Pauline, früher Carlotta, Schwester Napoleons I., *1780, †1825; heiratete in 2. Ehe den Fürsten Camillo Borghese.

Bonn
Stadtwappen

Bonatz, Paul, dt. Architekt, *1877, †1956; Vertreter des neuen zweck- und werkstoffgerechten Bauens: Hauptbahnhof Stuttgart (1913 bis 1927), Staatsoper Ankara (1947 bis 1948).

Bonaventura, eigentl. Johannes **Fidanza,** ital. Theologe, Philosoph und Kirchenlehrer, *1221 (?), †1274; einer der bedeutendsten Vertreter der Scholastik, Ordensgeneral der Franziskaner; Mystiker; Heiliger (Tag: 15. 7.).

Bonbons [bɔ̃'bɔ̃:s], Zuckerwaren, hergestellt durch Einkochen von Zuckerlösung mit Stärkesirup oder Invertzucker sowie Geruch und Geschmack gebenden Zusätzen.

Bond *der,* verzinsl. Wertpapier (Schuldverschreibung) in Großbritannien und den USA.

Bond, Edward, brit. Schriftsteller, *1934; (gesellschaftskrit.) Dramen (»Gerettet«, 1965), Filmdrehbücher.

Bonden, Anbringen der elektr. Kontakte an Halbleiterbauelementen durch Schweiß- oder Lötverfahren.

Bongo *das* oder *die,* Rhythmusinstrument im Jazz, eine kleine, meist zylindrisch geformte, einfellige lateinamerikan. Trommel.

Bonhoeffer, Dietrich, dt. prot. Theologe, *1906, †(hingerichtet) 1945; tätig in der Bekennenden Kirche und in der Widerstandsbewegung.

Bonifacio [bonifas'jo; boni'fa:tʃo], Stadt an der S-Spitze Korsikas, 2 700 Ew. **Straße von B.,** 12 km breite Meeresstraße zw. Korsika und Sardinien.

Bonifatius, eigentl. **Winfrid,** »Apostel der Deutschen«, *Wessex 672/73, erschlagen am 5. 6. (Gedächtnistag) 754 in Friesland. B. war Benediktinermönch, predigte seit 716 das Christentum in Friesland, Hessen, Thüringen, 747 Erzbischof von Mainz, gründete Klöster (Fritzlar, Fulda) und Bistümer; Heiliger; im Dom zu Fulda begraben.

Katharina von Bora. Gemälde von Lucas Cranach d. Ä. (1529)

Bonifatius VIII., Papst 1294 bis 1303, erneuerte mit der Bulle »Unam sanctam« die Forderung nach dem Vorrang der geistl. vor der weltl. Gewalt.

Bonifatiusverein, kath. Verein (seit 1849) zur Pflege des kath. Lebens in der Diaspora; Sitz Paderborn.

Bonität *die,* Güte; Zahlungsfähigkeit.

Bonmot [bɔ̃'mo:] *das,* geistreicher Ausspruch.

Bonn, Bundesstadt der Bundesrep. Deutschland, kreisfreie Stadt in NRW, 298 600 Ew., am Rhein; 1949 bis 1990 Hptst. der Bundesrepublik Deutschland; nach dem endgültigen Umzug von Reg., Parlament und Bundesrat nach Berlin soll B. Standort internat. Organisationen werden, einige UN-Unterorganisationen bereits angesiedelt (u. a. UN-Freiwilligenprogramm); Univ.; Geburtshaus Beethovens; Industrie. B. geht auf ein röm. Kastell (Bonna) zurück; war 1273 bis 1794 Sitz der Kurfürsten von Köln.

Bonnard [bɔ'na:r], Pierre, frz. impressionist. Maler und Buchgrafiker, *1867, †1947.

Bonsai [jap. »Zwergbäume«], aus Samen, Stecklingen oder Pfropfreisern durch kunstvolles Beschneiden der Zweige und Wurzeln gezogene, nur wenige Zentimeter hohe Bäumchen; traditionelle jap. Kunst.

Bonsels, Waldemar, dt. Schriftsteller, *1880, †1952; »Die Biene Maja und ihre Abenteuer« (1912).

Bonus *der,* Sondervergütung, z. B. an Aktionäre neben der Dividende; Rabatt.

Bonvivant [bɔ̃vi'vã] *der,* Lebemann.

Bonze *der,* **1)** buddhist. Priester. – **2)** einflussreicher Funktionär.

Boogie-Woogie ['bʊgɪ'wʊgɪ] *der,* jazzverwandter Klavierstil des Blues; daraus entstanden Gesellschaftstänze: Jitterbug, Bebop, Rock 'n' Roll.

Boole [bu:l], George, brit. Mathematiker und Logiker, * 1815, † 1864; Begründer der mathemat. Logik.

Boom [bu:m] *der,* wirtschaftl. Aufschwung, Hochkonjunktur.

Booster ['bu:stə] *der,* Hilfs- oder Zusatzeinrichtung an einer Maschine, Rakete oder Schaltung zur Leistungssteigerung.

Boot *das,* offenes, halb oder ganz gedecktes kleineres Wasserfahrzeug, durch Ruder, Segel oder Motor fortbewegt.

Booth [bu:ð], William, * 1829, † 1912; Gründer und erster General (1878) der → Heilsarmee.

Böoti|en, Landschaft und Verw.-Gebiet in Griechenland, zw. dem Kanal von Euböa und dem Golf von Korinth; Hauptorte: Levadia, Theben, Petromagula. – Im Altertum zeitweise polit. und wirtschaftl. von Bedeutung (371 bis 338 v. Chr. Vorherrschaft Thebens).

BophuthaTswana, ehem. Bantu-Homeland in der Rep. Südafrika, etwa 2,5 Mio. Ew. (meist Tswana); 1977 von Südafrika für unabhängig erklärt; nach blutigen Unruhen im März 1994 wieder in die Rep. Südafrika eingegliedert, verteilt sich auf die Prov. Nordwesten, Oranje-Freistaat und Gauteng.

Bopp, Franz, dt. Sprachforscher, * 1791, † 1867; wies die Verwandtschaft der indogerman. Sprachen nach. Hauptwerk: »Vergleichende Grammatik ...« (1833 bis 1852).

Boppard, Stadt in Rheinl.-Pf., am linken Rheinufer, zw. Bingen und Koblenz, 16 400 Ew.; Weinbau; Fremdenverkehr.

Bor, Symbol **B,** nichtmetall. chem. Element, OZ 5, relative Atommasse 10,81, D 1,73 g/cm^3, tritt als braunes Pulver **(amorphes B.)** oder als sehr hartes, schwarzes **kristallisiertes B.** auf. Natürlich kommt es als **Borsäure** oder in Form der Natriumsalze **Kernit** und **Borax** vor. Borax dient zum Glasieren, Emallieren, Lösen, Schmelzen von Metallen.

Bora *die,* kalter Fallwind an der dalmatin. Küste.

Bora, Katharina v., * 1499, † 1552, Luthers Ehefrau (seit 1525); zuvor Nonne im Kloster Nimbschen bei Grimma.

Borås [bu'ro:s], schwed. Stadt in Småland, 102 800 Ew.; Textilind.; Getreidehandel.

Borate *Pl.,* die Salze der Borsäure.

Borax → Bor.

Borchardt, Rudolf, dt. Schriftsteller, * 1877, † 1945; von konservativer, nat. Gesinnung, Vertreter strenger künstler. Form; Erzählungen, Gedichte, Essays.

Borchers, Elisabeth, dt. Schriftstellerin, * 1926; Verlagslektorin; Gedichte, Hörspiele (»Rue des Pompiers«, 1965), Erzählungen, Kinderbücher.

Borchert, 1) Jochen, dt. Politiker (CDU), * 1940; seit 1993 Bundesmin. für Landwirtschaft, Ernährung und Forsten. – **2)** Wolfgang, dt. Schriftsteller, * 1921, † 1947; Drama (zuerst Hörspiel) »Draußen vor der Tür« (1947), eine szen. Gestaltung der Situation des Kriegsheimkehrers.

Bord *der,* **1)** Rand, Einfassung **(B.-Stein).** – **2)** oberster Schiffsrand. – **3) B.** *das,* Wandbrett, Regal.

Börde *die,* fruchtbare, vorwiegend landwirtschaftl. genutzte Niederung, z. B. Magdeburger B., Soester Börde.

Bordeaux [bɔr'do], Hptst. des Dép. Gironde, kultureller Mittelpunkt sowie Haupthandels- und Hafenstadt SW-Frankreichs, an der Garonne, 210 300 Ew.; in der Weinlandschaft **Bordelais;** mittelalterl. Kirchen (Saint-André, Saint-Michel, Sainte-Croix); Stadtbild des 18. Jh.; Erzbischofssitz, Univ.; Erdölraffinerien, Schiffbau, Werkzeug-, Elektro- u. a. Industrie.

Cesare Borgia (Porträt, vermutlich von Giorgione) und **Lucrezia Borgia** (Ausschnitt aus einem Fresko von Pinturicchio)

Bordeauxweine [bɔr'do-], Weine aus dem Gebiet um Bordeaux (Bordelais); **rote B.:** Médoc, Saint-Émilion u. a.; **weiße B.:** Sauternes, Graves u. a.

bördeln, Bleche am Rand aufbiegen.

Borderline-Syndrom ['bɔ:dəlaɪn-], ⚕ seelische Krankheiten, die nicht eindeutig einer Neurose oder Psychose zuzuordnen sind.

Bordighera [-'ge:ra], Kurort und Seebad in Italien, an der Riviera di Ponente, 11 100 Einwohner.

Bordun *der,* 𝄞 unveränderl. fortklingender tiefer Begleit- oder Halteton; auch die diesen Ton hervorbringende Pfeife (beim Dudelsack) oder Saite (bei Drehleier, Basslaute).

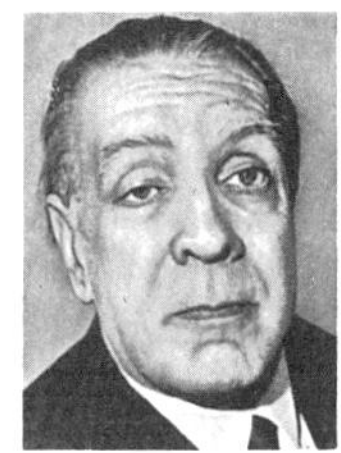

Jorge Luis Borges

Bordzeit, dem Standort eines Schiffs oder Flugzeugs entsprechende Ortszeit.

boreal, dem nördl. Klima Eurasiens und Amerikas zugehörend (in der Pflanzen- und Tiergeographie).

Boreas *der,* Nordwind in der Ägäis.

Boretsch → Borretsch.

Borges ['bɔrxes], Jorge Luis, argentin. Schriftsteller, * 1899, † 1986; Vertreter einer surrealistisch-fantast. Literatur, Essayist; beeinflusste u. a. die moderne südamerikan. Literatur.

Borghese [bɔrg-], röm. Adelsfamilie, aus der Papst Paul V. (1605 bis 1621) stammt. Die Kunstschätze der **Villa B.** befinden sich z. T. in Paris, darunter die hellenist. Statue des **Borghes. Fechters.**

Borgia ['bɔrdʒa], röm. Adelsfamilie, die aus Spanien stammte. Bekannteste Mitglieder: Papst **Alexander VI.** (1492 bis 1503) und seine Kinder **Cesare B.** († 1507) und **Lucrezia B.** († 1519). Cesare B. war das Vorbild für Machiavellis »Principe«; seine Schwester zog als Herzogin von Ferrara Dichter und Gelehrte an ihren Hof.

Boris, Herrscher. **Bulgarien: 1) B. I.** (852 bis 889), erster christl. Fürst und Nationalheiliger der Bulgaren, † als Mönch 907; Tag: 15. 5. – **2) B. III.,** * 1894, † 1943, Zar von Bulgarien (ab 1918). – **Russland: 3) B. Feodorowitsch Godunow,** russ. Zar, * um 1551, † 1605; machte 1589 die russ. Kirche unabhängig vom Patriarchat Konstantinopel.

Borke *die,* äußerster, abgestorbener Teil der Rinde bei Holzgewächsen.

Bordeaux Stadtwappen

Borken, Krst. im westl. Münsterland, NRW, 38 900 Ew.; Textil-, Glas-, Metallindustrie.

Borkenkäfer, bis 12 mm lange Käfer, Forstschädlinge, z. B. Buchdrucker, Kupferstecher. Die ♀ nagen unter der Baumrinde bzw. im Holz einen Muttergang, in dessen Seiten die Eier abgelegt werden. Larven und Käfer schädigen v. a. kranke und altersschwache Bäume.

Borkum, die westlichste der Ostfries. Inseln, Nd.-Sachs., 31 km^2; mit Stadt B. (5 900 Ew.).

Teilansicht der Tempelanlage **Borobudur**

Bormann, Martin, dt. natsoz. Politiker, *1900, †1945(?); 1941 Leiter der Parteikanzlei mit den Vollmachten eines Reichsmin., einer der radikalsten Ratgeber Hitlers. Er soll am 2. 5. 1945 in Berlin Selbstmord verübt haben. 1946 in Abwesenheit zum Tode verurteilt.

Max Born

Born, Max, dt. Physiker, *1882, †1970; Forschungen zur Quantenmechanik, Festkörperphysik, Relativitätstheorie und Wellenmechanik; 1954 Nobelpreis für Physik (mit W. Bothe).

Börne, Ludwig, dt. Schriftsteller, Theaterkritiker, *1786, †1837; führender Vertreter der Richtung »Junges Deutschland«.

Borneo, indones. **Kalimantan,** eine der Großen Sunda-Inseln, 754 770 km²; meist gebirgig und von Urwald bedeckt, die Küste sumpfig. Klima feucht, heiß. Bodenschätze: Kohle, Erdöl, Gold, Diamanten. Erzeugnisse: Kautschuk, Tabak, Kopra. Der größte Teil B.s gehört zu Indonesien, der N und NW mit Sarawak und Sabah zu Malaysia; Brunei ist seit 1984 unabhängig.

Ludwig Börne
Ausschnitt aus einer Lithographie

Bornholm, dän. Insel mit steilen Küsten vor der SO-Spitze Schwedens; 588 km², 45 100 Ew. Fischerei, Viehzucht, Ackerbau; Fremdenverkehr; 4 alte Rundkirchen (12./13. Jh.). Hauptort: Rønne.

Bornholm-Krankheit, grippeähnlich verlaufende Virusinfektion beim Menschen.

Bor|nitrid, hochpolymere, äußerst hitzebeständige Bor-Stickstoff-Verbindung, die u. a. als Hochtemperaturschmiermittel und als Isolationsstoff zur Auskleidung von Brennkammern genutzt wird.

Borobudur, um 1830 entdeckte, in 9 Terrassen aufsteigende buddhist. Tempelanlage auf Java, 824 n. Chr. errichtet; Anfang der 1970er-Jahre grundlegend restauriert; zählt zum Weltkulturerbe.

Borodin, Aleksandr Porfirjewitsch, russ. Komponist, *1833, †1887; Mediziner und Chemiker; komponierte u. a. Sinfonien, Lieder, Oper »Fürst Igor«.

Aleksandr Borodin

Borretsch, Boretsch *der,* **Gurkenkraut,** einjähriges, stark behaartes Raublattgewächs; himmelblaue Blüten; Gewürzpflanze.

Borromäische Inseln, kleine Felseninseln im Lago Maggiore, Italien (u. a. **Isola Bella**), mit Palästen und prachtvollen Gärten.

Borromäus, Karl, eigentl. Carlo **Borromeo,** ital. kath. Theologe, *1538, †1584; 1560 bis 1584 Kardinal, Erzbischof von Mailand, wirkte in der kath. Reformbewegung durch seine Reformdekrete bis nach Frankreich und Dtl.; Heiliger (Tag: 4. 11.).

Borromäusverein, kath. Verein zur Verbreitung guter Bücher (gegr. 1844).

Borromini, Francesco, *1599, †1667; eigenwilliger Baumeister des röm. Hochbarocks.

Borsäure, H_3BO_3, schwache Säure, bildet bei Zimmertemperatur weiße Kristalle; findet sich frei in heißen Quellendämpfen (z. B. bei Sasso, Toskana).

Börse, regelmäßige Zusammenkunft von Kaufleuten zum Handel in vertretbaren Sachen (bes. Wertpapieren und Waren); Arten: **Wertpapier-(Effekten-, Fonds-)B.** und **Waren-(Produkten-)B.** Die B. führt Angebot und Nachfrage marktmäßig zusammen und gleicht sie durch Festsetzung von Preisen **(Kursen)** aus, zu denen möglichst viele Geschäfte zustande kommen. Die **B.-Geschäfte** sind entweder Kassageschäfte (Lieferung und Zahlung innerhalb kürzester Frist) oder Termin-(Zeit-)Geschäfte (Lieferung und Zahlung zu einem späteren Zeitpunkt). Im Rahmen der Neustrukturierung des dt. B.-Wesens wurde die →Dt. Börse AG gegründet. – Das internat. B.-Wesen ist u. a. gekennzeichnet durch die Schaffung neuer B.-Produkte (Derivate) sowie eine zunehmende Computerisierung des B.-Handels **(Computer-B.).**

Börsenverein des Deutschen Buchhandels e. V., früher **Börsenverein der Dt. Buchhändler,** Standesorganisation der dt. Verleger und Buchhändler, gegr. 1825 in Leipzig, umfasste auch Österreich und die dt.-sprachige Schweiz. Nach 1945 wurde der Verein in Leipzig unter dem früheren Namen neu errichtet, 1948 entstand in der Bundesrep. der **Börsenverein Dt. Verleger- und Buchhändlerverbände e. V.,** Frankfurt am Main, 1955 umgewandelt in den B. d. D. B. Am 1. 1. 1991 Wiedervereinigung der Börsenvereine mit Sitz in Frankfurt am Main und Filialbüro in Leipzig.

Borsig, Johann Friedrich August, dt. Industrieller, *1804, †1854; begründete die Lokomotiv- und Maschinenfabrik A. Borsig, seit 1968 »Borsig GmbH«, seit 1970 im Besitz der Dt. Babcock AG.

Borstenwürmer, (nichtsystemat.) Oberbegriff für Ringelwürmer, deren Körperabschnitte Borsten tragen. **1) Vielborster,** leben meist im Meer, frei schwimmend (Seeraupen, Palolowurm) oder fest sitzend in selbst gefertigten Röhren (Sandwurm). – **2) Wenigborster,** leben im Süßwasser oder auf dem Land; die bekannteste Art ist der →Regenwurm.

Hieronymus Bosch. Teufelsbote, Ausschnitt aus der »Versuchung des heiligen Antonius« (zwischen 1490 und 1505)

Borussia, lat. Name für Preußen.

Bosch, 1) Carl, dt. Ingenieur und Chemiker, *1874, †1940; entwickelte die großtechn. Ammoniaksynthese **(Haber-Bosch-Verfahren);** Nobelpreis für Chemie 1931 zus. mit F. Bergius. – **2)** [bɔs], Hieronymus, niederländ. Maler, *um 1450, †1516; fantast. Darstellungen des Volkslebens, der Höllenstrafen, Sünden, Versuchungen. – **3)** Robert, dt. Techniker, Industrieller, *1861, †1942; brachte 1902 die Hochspannungs-Magnetzündung für Ottomotoren heraus. Gründete 1886 die »R. B., Werkstätte für Feinmechanik und Elektrotechnik«, seit 1937 »Robert Bosch GmbH«, Stuttgart.

Carl Bosch

Bosco, Don Giovanni, ital. kath. Priester, *1815, †1888; Sozialpädagoge; begründete 1859 den Salesianerorden, Heiliger (Tag: 31. 1.).

Bosetzky, Horst, dt. Soziologe und Schriftsteller, *1938; schreibt unter dem Pseudonym **-ky** Kriminalliteratur mit sozialkrit. Elementen.

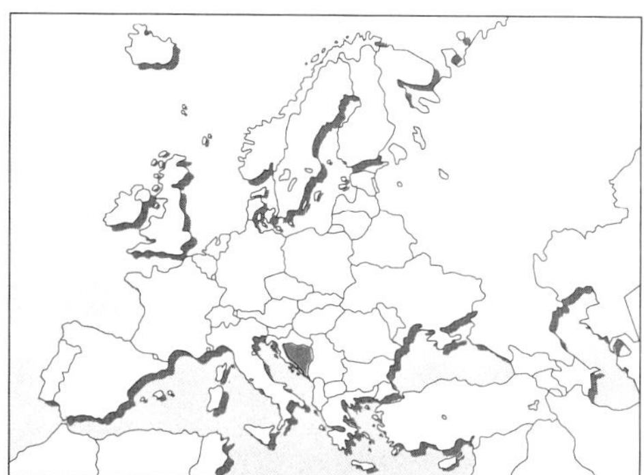

Bosnilen und Herzegowina, Rep. auf der Balkanhalbinsel, 51 129 km², 3,5 Mio. Ew.; Hptst. Sarajevo. B. u. H. grenzt im S, W und N an Kroatien und im O an Serbien und Montenegro. Im SW hat es einen schmalen Zugang (20 km) zum Adriat. Meer (ohne Hafen). Im N liegt der Landesteil Bosnien (Hptst. Sarajevo), im SW der Landesteil Herzegowina (Hptst. Mostar). B. ist meist gebirgig, waldreich; im W dürftig bewachsenes Karstgebirge, im N schmale, landwirtschaftlich intensiv genutzte Ebene längs der Save. Bev. zu 45% Bosnier (Muslime), 33% Serben (orth.), 18% Kroaten (kath.). Bergbau auf Kohle und Eisenerz; Anbau von Getreide, Obst, Tabak; Viehzucht (Landwirtschaft und Ind. leiden noch stark unter den Folgen des Bürgerkriegs).

Geschichte. B. u. H. war seit 1463 türkisch, 1878 bis 1918 österreichisch; 1918 Teil des neu gegr. (späteren) Jugoslawien; 1946 Rep. des Bundesstaats Jugoslawien; Ende Juli 1990 durch Verfassungsänderung Abkehr vom Einparteiensystem. Nach Wahlen im Nov. 1990 muslim. Präs. A. Izetbegović. Oktober 1991 Unabhängigkeitserklärung nach dem Scheitern aller Pläne zum Erhalt Jugoslawiens. Im April 1992 wurde B. u. H. international als unabhängiger Staat anerkannt. In der Folge kam es zw. serb., von der serbisch dominierten ehem. jugoslaw. Armee unterstützten Freischärlern und muslim., aber auch kroat. Verbänden zu einem mit großer Härte geführten Bürgerkrieg, in dessen Verlauf die serb. Verbände die nach ihrer Auffassung zu Serbien gehörigen Gebiete von B. u. H. eroberten und die nichtserb. Bev. vertrieben oder ermordeten. Ende Mai 1992 von der UNO verhängte Sanktionen gegen Serbien vermochten die Kämpfe nicht zu beenden. 1994 vereinbarten Kroaten und Muslime einen kantonal aufgebauten Bundesstaat. Auf der Friedenskonferenz von Dayton (Ohio) und im Friedensabkommen von Paris (14. 12. 1995) einigten sich die Parteien auf die Bildung eines einheitl. Staates B. u. H., bestehend aus einer muslim.-kroat. Föderation Bosnien (51% des Staatsgebiets) und der serb. Republik in Bosnien (49% des Staatsgebiets). Eine internat. Friedenstruppe unter NATO-Kommando löste die UN-Schutztruppe ab und wurde zur Überwachung des Waffenstillstands und zur Truppenentflechtung in B. u. H. stationiert. Im Sept. 1996 wurde A. Izetbegović zum Staatspräs. (Vors. des dreiköpfigen Staatspräsidiums) gewählt. Min.-Präs. der gesamtstaatl. Reg. wurde H. Muratović. Trotz der staatl. Einheit dauerten die ethnisch bedingten tief greifenden Probleme zw. den Bev.-Gruppen an.

Bosporus, Meerenge zw. Europa und Asien, die das Schwarze Meer mit dem Marmarameer verbindet; 30 km lang, bis 3 km breit; Straßenbrücke seit 1973.

Bossi, Umberto, ital. Politiker, *1941; Gründer und Vors. der »Lega Lombarda« (heute Lega Nord).

Walter Bothe

Bossieren, 1) Herausschlagen der Rohform einer Skulptur (Bosse). – **2)** Behauen des roh gebrochenen Felsens zu einem winkelrechten Block. **Bossenwerk, Rustika,** Mauerwerk aus Quadern mit rauer Oberfläche und hervorgehobenen Fugen.

Boston [ˈbɔstən], Hptst. des Staates Massachusetts, USA, an der Massachusetts Bay, 574 300 Ew.; alte, reiche Hafen-, Handels- und Industriestadt, auch kulturelles Zentrum; 4 Univ., im nahe gelegenen Cambridge Harvard-Univ. und Massachusetts Institute of Technology; Museen, Bibliotheken. – 1630 von Puritanern gegr., Ausgangspunkt des Unabhängigkeitskriegs.

Boswell [ˈbɔzwəl], James, schott. Schriftsteller, *1740, †1795; klass. Biographie S. Johnsons.

Botanik *die,* → Pflanzenkunde.

botanischer Garten, Anlage für Forschung und Unterricht in Pflanzenkunde.

Botero, Fernando, kolumbianischer Maler, *1932; großformatige groteske Porträts und Gruppen.

Botha, Louis, südafrikan. General und Politiker, *1862, †1919; kämpfte im Burenkrieg gegen die Briten, trat dann für eine Politik der Versöhnung mit Großbritannien ein, wurde 1910 der 1. Min.-Präs. der Südafrikan. Union; eroberte 1915 Dt.-Südwestafrika.

Bothe, Walter, dt. Physiker, *1891, †1957; entdeckte die künstl. Kernanregung; mit M. Born 1954 Nobelpreis für Physik.

Bothwell [ˈbɔθwəl], James **Hepburn,** Earl of B., schott. Adliger, *um 1536, †1578; 3. Gemahl Maria Stuarts; ließ 1567 deren 2. Mann Lord Darnley ermorden.

Botokuden, Indianerstamm im O Brasiliens, etwa 2000 Menschen; früher Jäger und Sammler, heute Feldbauern.

Botschafter → Gesandter.

Bosnien und Herzegowina

Staatswappen

Staatsflagge

Internationales Kfz-Kennzeichen

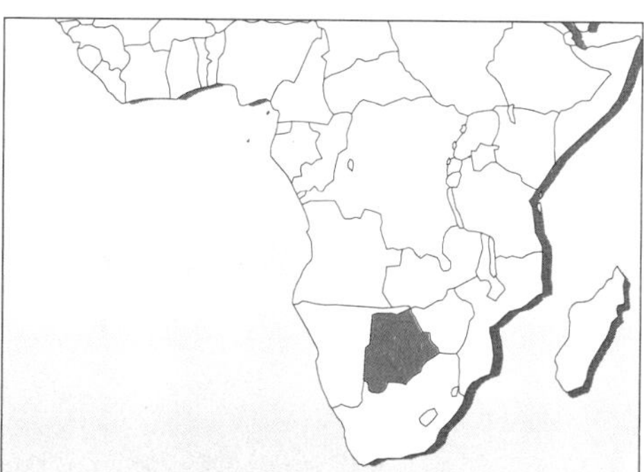

Botswana, Rep. im südl. Afrika, zw. Namibia, Simbabwe und der Rep. Südafrika, 581 730 km², 1,35 Mio. Ew. (überwiegend Tswana); Hptst. Gaborone. B. umfasst den inneren Teil des südafrikan. Beckens im wei-

Botswana

Staatswappen

Staatsflagge

Internationales Kfz-Kennzeichen

ten, unfruchtbaren Steppenhochland der Kalahari (800 bis 1 300 m hoch). – Diamantengewinnung, ⚒ auf Kupfer, Nickel, Steinkohle; Haupthandelspartner ist die Rep. Südafrika; das Eisenbahnnetz verbindet die Rep. Südafrika und Simbabwe; mehrere ✈. – B. war als **Betschuanaland** von 1885 bis 1966 brit. Schutzgebiet; seit 1966 ist es unabhängige Rep. Staatspräs.: Quett K. J. Masire (seit 1980).

Böttcher, Schäffler, Küfer, Fassbinder, Handwerker, der Holzgefäße (Fässer, Zuber) herstellt.

Böttger, Johann Friedrich, dt. Alchimist, * 1682, † 1719; kam, wegen »Goldmacherei« in Preußen flüchtig, in den Gewahrsam Augusts des Starken, wurde dem Physiker E. Tschirnhaus unterstellt, dem 1706 die Erzeugung des roten – fälschlich B.-Porzellan genannten – Steinzeugs gelang; 1708 erreichte B. die Herstellung des weißen Porzellans. 1710 wurde die »Meißner Porzellanmanufaktur« gegründet.

Botticelli [botti'tʃɛlli], Sandro, ital. Maler, * 1445, † 1510; ein Hauptmeister der Frührenaissance, Bilder mit großer Ausdruckskraft der Linien: »Der Frühling«, »Geburt der Venus«, Madonnenbilder.

Bottnischer Meerbusen, nördlicher Teil der Ostsee zw. Schweden und Finnland.

Bottrop, Stadt im Ruhrgebiet, NRW, 121 500 Ew.; Bergbau u. a. Industrie.

Botulismus *der,* meldepflichtige bakterielle Lebensmittelvergiftung nach Genuss von verdorbenen Fleisch-, Wurst-, Fisch-, Gemüsekonserven, die das Gift **(Botulin)** des Bakteriums **Clostridium botulinum** enthalten; beginnt mit Erbrechen, Augenmuskellähmungen, Schluckbeschwerden.

Bourbonen
Wappen

Bouaké [bwa'ke], Stadt in der Rep. Elfenbeinküste, 329 900 Ew.; Handelsplatz, Straßenknotenpunkt, ✈.

Boucher [bu'ʃe], François, frz. Maler, * 1703, † 1770; mytholog. und gesellschaftl. Themen, galante Szenen.

Bouclé [bu'kle] *das,* Garn mit Schlingen und Knoten sowie Gewebe daraus mit buckeliger Oberfläche.

Bourges
Stadtwappen

Bougainville [bugɛ̃'vil, nach L.-A. de Bougainville], größte der Salomon-Inseln, bildet mit Buka u. a. Inseln die Prov. North Solomons von Papua-Neuguinea, 100 000 Ew.; seit 1988 Autonomiebestrebungen.

Bougainville [bugɛ̃'vil], Louis-Antoine de, frz. Seefahrer, * 1729, † 1811; entdeckte mehrere Inseln der Salomon-Inseln und der Tuamotu-Gruppe.

Bougainvillea [bugɛ̃'vil-, nach L.-A. de Bougainville], Kletterstrauch in Südamerika und neuerdings auch im Mittelmeergebiet mit röhrigen Blütenhüllen und roten, weißen, violetten Hochblättern.

Sandro Botticelli. Geburt der Venus (zwischen 1482 und 1486)

Bouillabaisse [buja'bɛ:s] *die,* provenzal. würzige Fischsuppe.

Bouillon [bu'jɔ̃] *die,* Fleischbrühe.

Bouillon [bu'jɔ̃], Landschaft in den belg. Ardennen; seit 1023 Herzogtum, das Gottfried von B. 1095 an den Bischof von Lüttich verpfändete.

Boulanger [bulɑ̃'ʒe], Georges, frz. General, Politiker, * 1837, † 1891; als Kriegsmin. 1886/87 Wortführer der Revanche gegen Deutschland.

Boule [bu:l, frz. »Kugel«] *das,* frz. Kugelspiel, ähnlich der Boccia.

Boulevard [bul'va:r] *der,* Haupt- und Prachtstraße. **B.-Presse,** sensationell aufgemachte, meist auf der Straße verkaufte Zeitungen.

Boulez [bu'lɛ:z], Pierre, frz. Komponist, Dirigent, * 1925; serielle und elektron. Musik.

Boulle [bul], André Charles, frz. Kunsttischler, * 1642, † 1732; schuf Möbel von einfachen Grundformen, aber mit reichen Dekorationen.

Boulogne [bu'lɔɲ], **1) B.-Billancourt** [-bilɑ̃'ku:r], Vorstadt von Paris, Park: **Bois de B.** – **2) B.-sur-Mer** [-syr'mɛ:r], Seebad, größter frz. Fischereihafen, wichtiger Handels- und Passagierhafen; 43 600 Einwohner.

Boumedienne [bume'djɛn], Houari, alger. Offizier und Politiker, * 1927, † 1978; ab 1960 Generalstabschef im alger. Unabhängigkeitskrieg (1954 bis 1962); nach Sturz Ben Bellas 1965 bis 1978 Staatschef.

Bourbonen [bur-], frz. Herrschergeschlecht, Nebenlinie der Kapetinger, nach dem Schloss **Bourbon** [burbɔ̃] im Bourbonnais genannt, regierte 1589 bis 1792 und 1814 bis 1830. Nebenlinien herrschten in Spanien (1700 bis 1808, 1814 bis 1868, 1874 bis 1931, seit 1975), in Neapel-Sizilien (1735 bis 1860) und im Herzogtum Parma. Weitere Nebenlinie → Orléans.

Bourbonnais [burbɔ'nɛ], geschichtl. Landschaft im mittleren Frankreich, fruchtbar, zahlreiche Mineralquellen. Stammland der Bourbonen.

Bourgeois [bur'ʒwa] *der,* wohlhabender Bürger.

Bourgeoisie [burʒwa'zi:] *die,* das besitzende Bürgertum, als Stand und geistige Haltung.

Bourges [burʒ], alte Stadt in Mittelfrankreich, 75 600 Ew.; got. Kathedrale, Erzbischofssitz; Handel (Getreide), Ind. (Metall, Waffen).

Bourgogne [bur'gɔɲ], → Burgund.

Bourguiba [burgi'ba], Habib, tunes. Politiker und Staatsmann, * 1903; Jurist, Gründer der Neo-Destur-Partei, 1957 bis 1987 Staatspräs., 1956 erstmals Min.-Präs.; 1987 amtsenthoben.

Bournemouth ['bɔ:nməθ], Seebad in S-England, am Ärmelkanal, 155 500 Einwohner.

Bourrée [bu're:] *die,* frz. Volkstanz im $^3/_4$-, später $^4/_4$-Takt; in abgewandelter Kunstform Bestandteil der Suite.

Bourtanger Moor ['bu:r-], Hochmoor westl. der Ems im dt.-niederländ. Grenzgebiet, 800 000 ha; Landwirtschaft, Torfabbau, Erdölförderung.

Boutros Ghali ['butrɔs 'ga:li], Boutros, → Ghali, Boutros Boutros.

Bouts [bɔuts], Dieric, niederländ. Maler, * um 1415, † 1475; detailgetreue Bilder in warmen, leuchtenden Farben.

Bouzouki [bu'zuki] → Busuki.

Boveri, Theodor, dt. Zoologe, * 1862, † 1915; begründete die Chromosomentheorie der Vererbung.

Bovist → Bauchpilze.

Bowdenzug ['baʊdən-], Drahtzug, bei dem Kräfte durch einen in einem Metallschlauch verschiebbaren Draht übertragen werden (z. B. Fahrradbremse).

Bowiemesser [engl. 'bəʊɪ, dt. 'bo:vi], dolchartiges Jagdmesser.

Bowle ['bo:lə] *die,* **1)** kaltes Mischgetränk aus Wein, Sekt, Früchten oder Pflanzen (Waldmeister). – **2)** Gefäß hierfür.

Bowling ['bəʊlɪŋ] *das,* Art des Kegelspiels.

Johannes Brahms. Porträt und Autogramm

Box *die,* **1)** Büchse, Schachtel. – **2)** Verschlag im Stall. – **3)** kastenförmige Kleinkamera.

Boxcalf [ˈbɔkskaːf] *das,* chromgegerbtes, feinnarbiges Kalbsleder.

Boxen, Faustkampf nach festen Regeln, im Boxring. Jeder Boxkampf geht über Runden, höchstens 15; Dauer der Runde: 3 min. Fauststöße nur erlaubt gegen die Körpervorderseite vom Scheitel bis zur Gürtellinie. Entscheidungen: **Knock-out (K. o.)** durch Niederschlag: der Gegner bleibt länger als 10 Sekunden am Boden; **techn. K. o.:** Abbruch des Kampfes bei ernster Gefahr für einen Gegner; Sieg durch **Aufgabe; Punktwertung** nach den erteilten und empfangenen Schlägen. – In Dtl. wurde 1995 das Frauen-B. bei den Amateuren offiziell eingeführt.

Boxer, bis 63 cm widerristhohe, kurz- und glatthaarige Hunderasse, kurze Schnauze mit herabhängenden Lefzen, Fellfarbe: gelb, braun, auch gestromt.

Boxer, chin. Geheimbund, entfachte 1900 einen fremdenfeindl. Aufstand (**B.-Aufstand;** Ermordung des dt. Gesandten); darauf griffen die europ. Mächte und die USA militärisch ein.

Boxermotor, ein Verbrennungsmotor, bei dem sich die Zylinder in einer Ebene gegenüberliegen und die Pleuel um 180° versetzt die Kurbelwelle antreiben.

Boyen, Hermann von, preuß. Feldmarschall, Heeresreformer, * 1771, † 1848; Mitarbeiter G. J. v. Scharnhorsts; Kriegsmin. 1814 bis 1819, 1841 bis 1847.

Boykott [nach dem brit. Güterverwalter C. Boycott] *der,* Verrufserklärung als polit., wirtschaftl. oder soziale Kampfmaßnahme, durch die eine Person, ein Unternehmen oder ein Staat vom Geschäftsverkehr ausgeschlossen wird. In der Privatwirtschaft unzulässig, wenn gegen die Grundsätze der Verhältnismäßigkeit und Sittlichkeit verstoßen wird.

Boyle [bɔɪl], Robert, engl. Physiker, * 1627, † 1691; entdeckte das nach ihm und E. Mariotte benannte **Boyle-Mariotte-Gesetz,** wonach das Produkt aus Druck und Rauminhalt eines idealen Gases bei konstanter Temperatur unverändert bleibt.

Bozen, ital. **Bolzano,** Stadt in Südtirol, Italien, 97 900 Ew.; südlich vom Brenner am Eisack, Verkehrsknotenpunkt; Handel: Wein, Obst, Gemüse, Konserven; Metallind.; Fremdenverkehr.

Br, chem. Symbol für Brom.

Brabant, Landschaft in Belgien und den Niederlanden, umfasst die belg. Prov. B. und das niederländ. Nord-B.; B. war einst selbstständiges Herzogtum, im 15./16. Jh. Mittelpunkt der niederländ. Kultur.

Brač [braːtʃ], drittgrößte dalmatin. Insel, Kroatien, 396 km², südlich von Split.

Brache *die,* unbebauter Acker →(Dreifelderwirtschaft); **brachliegen,** ungenutzt sein.

brachial, zum (Ober-)Arm gehörig. **Brachialgewalt,** rohe Kraft, rohe Gewalt.

Brachiopoden, ⚘ →Armfüßer.

Brachkäfer, Gattung der Laubkäfer.

Brachschwalben, Unterfamilie der Watvögel, bewohnen die Steppen in Eurasien, Afrika, Australien; z. B. Europäische Brachschwalbe, Krokodilwächter.

Brachsen, Brassen, Karpfenfische; die bekannteste Art, der **Blei,** bewohnt Flüsse und Seen nördlich der Alpen.

Brachsenkräuter, schnittlauchähnliche Bärlappgewächse, meist Wasserpflanzen.

Brachvögel, Gattung der Schnepfenvögel, den Regenpfeifern verwandt; Watvögel mit sehr langem, gebogenem Schnabel. Der **Große B.** (Keilhaken, Brachschnepfe) ist krähengroß, brütet in Gras- und Moorlandschaften Mitteleuropas. Der **Regen-B.** ist kleiner und hat einen kürzeren Schnabel.

Brackwasser, schwach salzhaltiges Wasser in Flussmündungen und Haffen.

Bradford [ˈbrædfəd], Ind.stadt in N-England, 480 000 Einwohner.

Bradley [ˈbrædlɪ], **1)** Francis Herbert, brit. Philosoph, * 1846, † 1924; vertrat eine idealist. Philosophie. – **2)** James, brit. Astronom, * 1692, † 1762; entdeckte 1728 die Aberration des Fixsternlichts und konnte daraus die Lichtgeschwindigkeit berechnen.

Brady [ˈbreɪdɪ], Mathew B., amerikan. Fotograf, * 1823, † 1896; Bilddokumentation des amerikan. Bürgerkriegs (1861 bis 1865).

Bradykardie *die,* länger anhaltende Pulsverlangsamung (→Puls).

Bradykinin, Gewebshormon, gefäßerweiternd, blutdrucksenkend.

Bragança [braˈɣãsa], port. Dynastie, 1640 bis 1910 (zuletzt als Königshaus Sachsen-Coburg-Gotha-B.); in Brasilien (1822 bis 1889).

Bragg [bræg], Sir William Henry, brit. Physiker, * 1862, † 1942; entwickelte zus. mit seinem Sohn Sir William Lawrence B. (* 1890, † 1971) ein Verfahren zur Strukturbestimmung von Kristallen und zur Wellenlängenbestimmung von Röntgenstrahlen. Nobelpreis für Physik 1915 mit seinem Sohn.

Bragi, ältester mit Namen bezeugter norweg. Skalde (9. Jh.), Dichter der Ragnarsdrápa.

Brahe, Tycho, dän. Astronom, * 1546, † 1601; bedeutendster beobachtender Astronom vor Erfindung des Fernrohrs; seine Forschungsarbeiten wurden von J. Kepler fortgesetzt.

Brahmane *der,* Mitglied der obersten Kaste der Hindus (Priester, Gelehrte, Politiker).

Brahmanismus *der,* 2. Zeitstufe der ind. Religion, die der ältesten **ved.** folgt (seit 1000 v. Chr.) und in die neuere **hinduist.** (2. Hälfte des 1. Jt. n. Chr.) übergeht. Charakteristisch sind das Hervortreten eines unpersönl. obersten Gottes **(Brahma),** das Kastenwesen, die Anfänge des Seelenwanderungsglaubens, der Erlösungssehnsucht und der Askese und die Macht des erbl. Priestertums.

Brahmaputra *der,* Strom in Asien, etwa 3 000 km lang. Er entspringt nördlich des Himalaya im südwestl. Tibet, umfließt als **Tsangpo** den östl. Himalaya, durchströmt die Tiefebene Indiens und mündet in das Delta des Ganges im Golf von Bengalen.

Brahms, Johannes, dt. Komponist, * 1833, † 1897. Seine Musik, die den klaren Formaufbau der Klassi-

Pierre Boulez

Habib Bourguiba

William Henry Bragg

Bozen
Stadtwappen

Brabant
Wappen

Elsa Brändström

Willy Brandt

Brandenburg
Landeswappen

ker erstrebt, ist bestimmt durch volle Harmonik, vielfältige Rhythmik, ausdrucksvolle Melodik: 4 Sinfonien u. a. Orchesterwerke, Kammermusik, Klavierstücke, Lieder, Chorwerke (»Ein deutsches Requiem«, 1866 bis 1868). BILD S. 119

Brăila [brə'ila], Stadt in Rumänien, an der Donau, 236 300 Ew., bedeutendster Hafen Rumäniens.

Braille [bra:j], Louis, frz. Blindenlehrer, * 1809, † 1852; erblindete als Kind, schuf die Blindenschrift.

Braindrain ['breındreın] *der,* die Abwanderung von Fach- und Führungskräften ins Ausland.

Brainstorming ['breınstɔ:mıŋ] *das,* von A. F. Osborn entwickelte Technik zur Anregung kreativen Denkens in Gruppendiskussionen.

Braintrust ['breıntrʌst] *der,* Beratergruppe, urspr. die Berater Präs. F. D. Roosevelts beim → New Deal.

Bräker, Ulrich, schweizer. Schriftsteller, * 1735, † 1798; »Lebensgeschichte und natürl. Ebentheuer des Armen Mannes im Tockenburg« (1789; Autobiographie).

Brakteat [lat. »Blech«] *der,* Münze (Pfennig) aus Silberblech, einseitig geprägt (12. bis 14. Jh.).

Bramante, ital. Baumeister und Maler, * 1444, † 1514; entwickelte den Stil der ital. Hochrenaissance: Bauten in Mailand, Rom.

Brambach, Bad B., Stadt im Elstergebirge, Sa., 2 400 Ew.; radonhaltige Heilquellen.

Bramsche, Stadt in Ndsachs., 31 060 Ew.; Textilfachschule, Nahrungsmittel-, Maschinen- und Metallind., Tapetenfabrik.

Bramstedt, Bad B., Stadt in Schlesw.-Holst., 11 300 Ew.; Heilbad (Solquellen, Moor), Rheumaklinik; Fremdenverkehr.

Branagh ['brænɑ:], Kenneth, brit. Schauspieler und Regisseur, * 1960; bed. Shakespearedarsteller; drehte »Viel Lärm um Nichts« (1993), »Othello« (1995), »Hamlet« (1996), daneben »Mary Shelley's Frankenstein« (1994) und »Ein Winternachtstraum« (1995).

Brâncuși [brıŋ'kuʃj], Constantin, rumän. Bildhauer, * 1876, † 1957; lebte in Paris; schuf Plastiken von äußerster Reduktion und Abstraktion.

Brandenburg. Verwaltungsgliederung

Brand, 1) ⚕ **Nekrose,** örtl. Absterben eines Körper- oder Organteils infolge Störung oder Aufhebung der Blutversorgung; **feuchter B.** (Gangrän), mit Hinzutreten von Eiter- oder Fäulnisvorgängen. – **2)** ⚘ durch Brandpilze verursachte Pflanzenkrankheiten; braune oder schwarze Flecken an befallenen Pflanzenteilen, Kümmerwuchs; gefährl. Getreideschädlinge.

Brandauer, Klaus Maria, eigentl. K. M. **Steng,** österr. Schauspieler, * 1943; vielseitiger Charakterdarsteller, seit 1972 am Wiener Burgtheater; Filme »Mephisto« (1981), »Oberst Redl« (1985), »Jenseits von Afrika« (1986); verheiratet seit 1963 mit der Filmregisseurin Karin Brandauer (* 1942, † 1992).

Brandenburger Tor

Brandenburg, Land im NO Dtl.s, 29 475 km², 2,54 Mio. Ew.; Hptst. Potsdam. B. umfasst die Hauptteile des Spree- und Havelgebiets und Teile der linken unteren Oderniederung; inmitten von B. liegt das Land Berlin. – Waldreiche Landschaft, karger, sandiger Boden, nur die trockengelegten Brüche ergeben bessere Ackerbaugebiete; Seen, viele Flussarme, dichtes Kanalnetz. – Nach der Völkerwanderung von Slawen (u. a. Liutizen) besiedelt. Nach gescheiterten fränk. bzw. ostfränk.-dt. Eroberungen wurde 1134 der Askanier Albrecht der Bär mit der »Nordmark« belehnt; er erschloss das Land der dt. Ostsiedlung und der Christianisierung und nannte sich seit 1157 Markgraf von B. Die Markgrafen stiegen im 13. Jh. in den Kreis der Kurfürsten auf. 1323 kam die **Mark B.** (auch **die Mark** gen.) an die Wittelsbacher, 1373 an die Luxemburger, 1411 an die Hohenzollern. 1539 Einführung der Reformation; 1614 Erwerb des Herzogtums Kleve und der Grafschaften Mark und Ravensberg, 1618 des Herzogtums Preußen (als poln. Lehen). Eigentl. Begründer des brandenburg.-preuß. Staates war Friedrich Wilhelm, der Große Kurfürst (1640 bis 1688; → Preußen). 1945 um die Gebiete östl. der Oder (Neumark) verkleinert, wurde das Land B. 1952 in die Bezirke Potsdam, Frankfurt und Cottbus der DDR geteilt, nach der dt. Vereinigung 1990 wieder errichtet. 1996 scheiterte die geplante Zusammenlegung mit Berlin in einer Volksabstimmung. Min.-Präs. M. Stolpe (SPD) seit 1990.

Brandenburg an der Havel, kreisfreie Stadt in Bbg., an der Havel, 85 200 Ew.; mittelalterl. Baudenkmäler; Automobil-, Fahrrad-, Textil-, Leder-, Metallind. B. war als Brendaburg Hauptort der slaw. Heveller; im MA. Bischofssitz.

Brandenburger Tor, in Berlin, 1788 bis 1791 von C. G. Langhans erbaut, mit Quadriga von G. Schadow. 1961 bis 1989 geschlossen (Berliner Mauer).

Brandgans, Brand|ente, Höhlenbrüter im Küstengebiet der Nord- und Ostsee; schwarzweiß mit rostroter Binde um Brust und Vorderrücken.

Brandklassen, amtl. Einteilung von brennbaren Stoffen bzw. Objekten.

Brandmauer, Mauer, die mindestens 1 Stein (24,5 cm) oder 15 cm Beton stark ist, ohne Öffnungen und Hohlräume, als Feuerschutz zw. 2 Gebäuden.

Brandklassen		
Brandklasse	Art des brennenden Stoffs	Löschmittel
A	brennbare feste Stoffe (außer Metall)	Wasser, Schaum, Trockenlöschmittel
B	brennbare Flüssigkeiten	Schaum, Trockenlöschmittel
C	brennbare Gase und Dämpfe	Trockenlöschmittel
D	brennbare Leichtmetalle	Gesteinsstaub, trockener Sand
E	brennbare elektrische Einrichtungen	Trockenlöschmittel, Schaum

Brando ['brændəʊ], Marlon, amerikan. Filmschauspieler, *1924; Filme »Die Faust im Nacken« (1954), »Der Pate« (1971), »Apocalypse now« (1979) u.a.
Brandschatzung, Erpressen einer Abgabe durch Drohung mit Plünderung und Brand.
Brandsohle, innere Sohle des Schuhs.
Brandstiftung, ⚖ In-Brand-Setzen bestimmter Gegenstände, wie Gebäude, Wald, Schiffe usw.; Freiheitsstrafen von 1 Jahr bis zu lebenslänglich, bei fahrlässiger B. Geldstrafe oder Freiheitsstrafe unter 1 Jahr.
Brändström, Elsa, schwed. Philanthropin, *1888, †1948; war als Delegierte des schwed. Roten Kreuzes im 1. Weltkrieg für dt. Kriegsgefangene in Russland tätig (»Engel von Sibirien«).
Brandt, Willy, früher Herbert Ernst Karl **Frahm,** dt. Politiker (SPD), *1913, †1992; Journalist, emigrierte 1933 (Norwegen und Schweden, bis 1945), war 1957 bis 1966 Regierender Bürgermeister von Berlin, 1964 bis 1987 Vors. der SPD; 1966 bis 1969 Vizekanzler und Außenmin.; 1969 bis 1974 (Rücktritt im Zusammenhang mit einer Spionageaffäre) Bundeskanzler. Erstrebte durch seine Ostpolitik (Verträge mit der UdSSR, Polen, DDR und ČSSR) eine Verbesserung der Beziehungen zu diesen Staaten. Friedensnobelpreis 1971. Präs. der Sozialist. Internationale 1976 bis 1992.
Brandung *die,* Überstürzen (»Brechen«, »Branden«) der Meereswellen an der Küste.
Brandwunden →Verbrennung.
Brandys, Kazimierz, poln. Schriftsteller, *1916; antistalinist. Romane und Erz., »Die Eroberung Granadas« (1956), »Rondo« (1982).
Brandzeichen, bei Pferden →Gestüt.
Branntwein, aus gegorenen Flüssigkeiten durch Destillation (»Brennen«) gewonnenes alkohol. Getränk; auch trinkbares Gemisch von Alkohol und Wasser mit Aromastoffen. Aus vergorenen Weintrauben gewinnt man den **Weinbrand** (zuerst in der frz. Stadt Cognac hergestellt: daher dort **Cognac**), aus Saft von Kirschen und Zwetschen, der durch wilde Hefen der Obstoberfläche vergoren ist, das **Kirsch-** bzw. **Zwetschenwasser.** Melasse vom Zuckerrohr gibt den echten **Rum,** eine mit Palmsäften versetzte Maische aus Reis in Ostindien den **Arrak.** Die meisten B. Europas werden aus Getreide (Roggen-, Weizen-, Gerstenmalz) gewonnen, z.B. der **Korn-B.** und der **Whisky.** Die ausgepressten Schalen der Weinbeeren (Trester) geben **Trester-B.** (Franz-B.). Der Alkoholgehalt des B. beträgt im dt. Handel etwa 38 Vol.-%, bei Arrak, Rum, Obst-B. auch mehr.
Brant, Sebastian, dt. Dichter, Humanist, *1457, †1521; geißelt im »Narrenschiff« (1494) die Laster und Torheiten seiner Zeit.
Braque [brak], Georges, frz. Maler, *1882, †1963; entwickelte mit P. Picasso den Kubismus, oft unter Verwendung von →Collagen; später v.a. auf wenige Farbtöne beschränkte Stillleben und Interieurs.
Brasília, Hptst. Brasiliens (seit 1960) und Bundesdistrikt, auf der Hochebene von Goiás, 1,7 Mio. Ew.; nach modernen städtebaul. Gesichtspunkten von namhaften Architekten errichtet; von der UNESCO zum Weltkulturerbe erklärt.

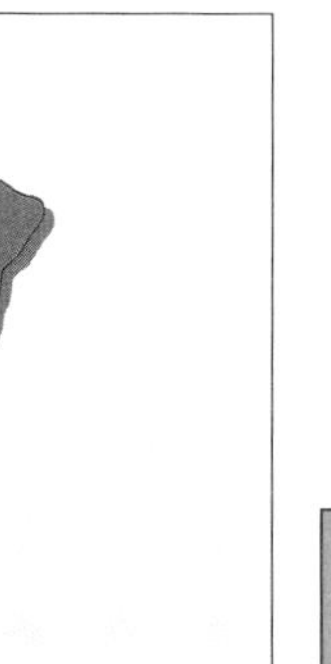

Brasilien

Staatswappen

Staatsflagge

Internationales Kfz-Kennzeichen

Georges Braque

Brasilien, Bundesstaat in Südamerika; 8,51 Mio. km², 154,11 Mio. Ew.; Hptst. Brasília; Amtssprache: Portugiesisch.
Verfassung. Der Präs. ist Staatsoberhaupt und Regierungschef (Präsidialsystem). B. ist eingeteilt in 26 Staaten und 1 Bundesdistrikt.
Landesnatur. Kernlandschaft B.s ist das Brasilian. Bergland (im Pico da Bandeira 2890 m hoch). Ihm schließt sich nach N das Amazonastiefland an. Im äußersten N hat B. Anteil am Bergland von Guayana. Hauptflüsse: im N der Amazonas mit seinen Nebenflüssen, im O der Rio São Francisco. Klima: überwiegend tropisch heiß, sehr feucht im Amazonastiefland und an der SO-Küste (Urwald), trockener im inneren Bergland (Grassteppen, lichte Buschwälder). Der S hat subtrop. Klima (Laub- und Nadelwälder).
Bevölkerung. Rd. 60% Weiße (bes. im S), 25% Mischlinge (bes. in Mittel-B.), 11% Schwarze (bes. im NO), 1% Indianer und Asiaten. 95% Katholiken.
Wirtschaft. Die Bedeutung der Landwirtschaft nimmt seit dem 2. Weltkrieg ab (22% der Erwerbstätigen, rd. 10% des BSP), weist aber großes Produktionspotenzial auf; die Ind. wird staatlich stark gefördert. - Erzeugnisse: Kaffee (rd. $^1/_3$ der Welternte), Baumwolle, Kakao, Sojabohnen, Tabak, Mais, Reis, Kartoffeln, Zuckerrohr, Viehzucht; im S reiche Bodenschätze: Eisenerz (bes. in Minas Gerais), Mangan, Bauxit, Zinn;

Daten zur Geschichte Brasiliens	
1500	P. Á. Caral nimmt Brasilien für Portugal in Besitz
1630	Niederländer erobern weite Teile Brasiliens
1654	Vertreibung der Niederländer (Westind. Kompanie)
1685	Erste Goldfunde, 1730 Entdeckung großer Diamantenvorkommen
18. Jh.	Verträge von Madrid (1750) und San Ildefonso (1777) legen die heutigen Grenzen Brasiliens fest
1822	Unabhängigkeit von Portugal, der port. Kronprinz wird als Peter I. Kaiser von Brasilien
1888	Abschaffung der Sklaverei
1889	Brasilien wird Republik
1942	Kriegserklärung an die Achsenmächte
1964-1985	Militärdiktatur
1992	Präs. F. Collor de Mello (seit 1990) tritt wegen Amtsmissbrauchs zurück, I. Franco wird Präsident
1995	Der Sozialdemokrat F. H. Cardoso wird Präsident

Walter Houser Brattain

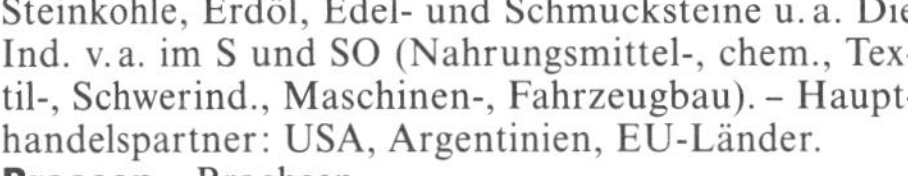

Steinkohle, Erdöl, Edel- und Schmucksteine u. a. Die Ind. v. a. im S und SO (Nahrungsmittel-, chem., Textil-, Schwerind., Maschinen-, Fahrzeugbau). – Haupthandelspartner: USA, Argentinien, EU-Länder.

Brassen → Brachsen.

Bratsche *die,* Streichinstrument, größer und tiefer gestimmt als die Geige.

Bratsk, Stadt in Russland (S-Sibirien), 259 400 Ew.; Stausee der Angara mit Kraftwerk.

Brattain ['brætn], Walter Houser, amerikan. Physiker, * 1902, † 1987; erhielt mit J. Bardeen und W. Shockley 1956 den Nobelpreis für Physik für die Entdeckung des Transistoreffekts.

Brauchitsch, Walther v., dt. Generalfeldmarschall, * 1881, † 1948; 1938 bis 1941 Oberbefehlshaber des Heeres.

Brauerei → Bier.

Braun, 1) Felix, österr. Schriftsteller, * 1885, † 1973; Lyriker, Erzähler, Dramatiker. – **2)** Karl Ferdinand, dt. Physiker, * 1850, † 1918; Pionier der Funktechnik (braunsche Röhre); Nobelpreis 1909 mit G. Marconi. – **3)** Otto, dt. Politiker (SPD), * 1872, † 1955; seit 1920 wiederholt Min.-Präs. von Preußen, 1932 durch Reichskanzler F. v. Papen abgesetzt, emigrierte 1933. – **4)** Volker, dt. Schriftsteller, * 1939; Lyrik mit sozialist. Pathos, Dramatiker. – **5)** Wernher v., amerikan. Raketenkonstrukteur dt. Herkunft, * 1912, † 1977; seit 1945 in den USA, hatte bedeutenden Anteil an der Raumfahrtforschung der USA.

Braunschweig Stadtwappen

Braun|eisenstein, braunschwarzes Eisenerz.

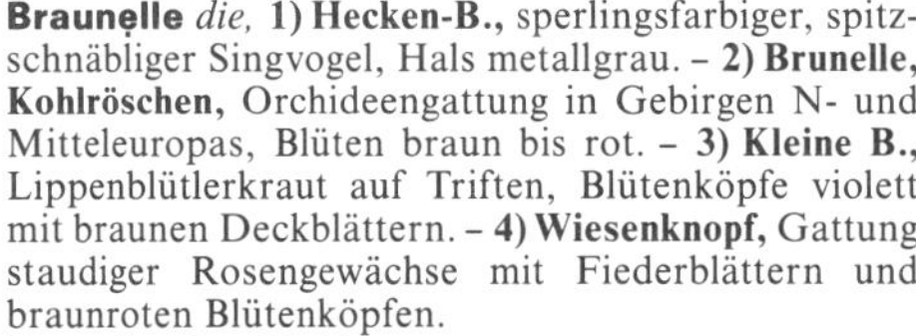

Braunelle *die,* **1) Hecken-B.,** sperlingsfarbiger, spitzschnäbliger Singvogel, Hals metallgrau. – **2) Brunelle, Kohlröschen,** Orchideengattung in Gebirgen N- und Mitteleuropas, Blüten braun bis rot. – **3) Kleine B.,** Lippenblütlerkraut auf Triften, Blütenköpfe violett mit braunen Deckblättern. – **4) Wiesenknopf,** Gattung staudiger Rosengewächse mit Fiederblättern und braunroten Blütenköpfen.

Braunkohle → Kohle.

Braunlage, Stadt im Kr. Goslar, Ndsachs.; 6 000 Ew., Luftkurort und Wintersportplatz im Oberharz, 550 bis 900 m.

Bertolt Brecht

Braunsberg (Ostpreußen), poln. **Braniewo,** Stadt in der poln. Wwschaft Elbląg, 17 000 Ew.; 1254 gegr., Hansestadt; erhalten u. a. barocke Heiligkreuzkirche, Reste der Stadtmauern.

braunsche Röhre, von Karl Ferdinand Braun erfundene → Kathodenstrahlröhre.

Braunschweig, 1) ehem. Land des Dt. Reiches, 3 673 km², (1939) 583 300 Ew. – Aus dem niedersächs. Eigenbesitz der Welfen (seit 1137) wurde 1235 das Herzogtum B.-Lüneburg gebildet, dann aber wiederholt geteilt. Aus dem Teilherzogtum B.-Wolfenbüttel ist das Land B., aus der Vereinigung der übrigen Teilgebiete das Land Hannover hervorgegangen. 1807 bis 1813 gehörte B. zum napoleon. Kgr. Westfalen. Als 1884 die Herzöge von B. ausstarben, wurden zunächst Regenten eingesetzt, bis 1913 Ernst August aus der hannoverschen Linie Herzog wurde; 1918 dankte er ab. Als Freistaat erhielt B. 1922 eine neue demokrat. Verfassung. 1933 bis 1945 unterstand es mit Anhalt einem gemeinsamen Reichsstatthalter. 1946 kam B. zum Land Ndsachs. – **2)** Hptst. des Reg.-Bez. B., Ndsachs., 252 300 Ew.; Innenstadt kriegsbedingt stark zerstört, roman. Dom mit dem Grabmal Heinrichs des Löwen und das Gewandhaus wiederhergestellt; alter Hauptbahnhof (ältester dt. Bahnhofsbau, 1843/44); Biolog. Bundesanstalt für Land- und Forstwirtschaft, Bundesforschungsanstalt für Landwirtschaft, Physikal.-Techn. Bundesanstalt, Luftfahrt-Bundesamt, Dt. Forschungsanstalt für Luft- und Raumfahrt, TU (gegr. 1745, die älteste Dtl.s) u. a. Hoch- und Fachschulen. Ind.: Kraftfahrzeugachsen, Verpackungen, Klaviere, opt. Geräte, elektrotechn., feinmechan. sowie chem. Betriebe, Fleisch- und Gemüsekonserven.

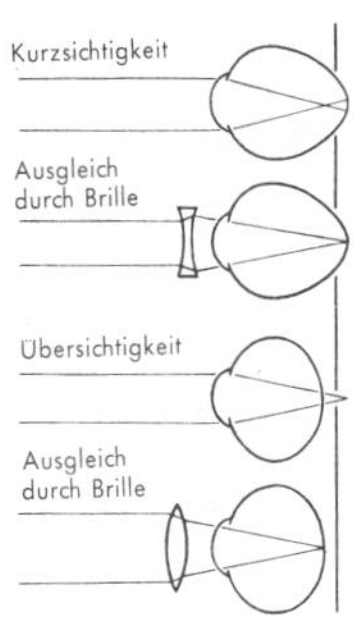

Brechungsfehler des Auges

Braunstein, Pyrolusit, MnO_2, metallisch glänzendes Mineral; Manganerz.

Braunwurz *die,* staudige Pflanzengattung, Rachenblütler; **Knotige B.,** braungrüne Blüten, bis 1 m hoch.

Braut und **Bräutigam,** die Verlobten während der Brautzeit. **Brautexamen,** kath. Kirche: zur Vorbereitung der Eheschließung vorgeschriebene Prüfung durch den Pfarrer (Feststellung des Fehlens kanon. Ehehindernisse, Prüfung der Kenntnis religiöser Grundwahrheiten). **Brautunterricht,** religiöse Unterweisung über Ehe und Ehesakrament. **Brautgeschenke** können, wenn das Verlöbnis nicht zur Ehe führt, zurückgefordert werden (§ 1 301 BGB).

Braut in Haaren → Schwarzkümmel.

Brautkauf, bei manchen Völkern übl. Sitte, dem Brautvater oder dessen Sippe Zahlungen zu leisten oder Wertgegenstände zu übergeben (als Entschädigung für den Verlust des Sippenmitglieds und als Pfand für gute Behandlung).

Brazzaville [braza'vil], Hptst. der Rep. Kongo, 937 600 Ew.; Flusshafen am Kongo, Eisenbahn zur Küste (Pointe-Noire). Univ.; internat. ✈.

Break [breɪk] *der,* **1)** ⚔ Durchbruch aus der Verteidigung (v. a. beim Eishockey); Durchbrechen des gegner. Aufschlags (Tennis); Trennkommando (Boxsport). – **2)** 𝄞 Solisteneinlage im Jazz und in der Rockmusik.

Breakdance ['breɪkdɑ:ns], in den USA entstandener Modetanz mit betont rhythm., artist. Bewegungen und roboterhaften pantomim. Einlagen; urspr. Straßentanz.

Brechdurchfall, ⚕ Magen-Darm-Erkrankung mit Erbrechen, Durchfall, Leibschmerzen, Fieber; meist nach Genuss verdorbener Lebensmittel; Behandlung: Bettruhe, Nahrungsenthaltung, Tee, Chemotherapie; bei Säuglingen 24 Stunden nur Tee, Arzt rufen.

Brechmittel, Emetika, ⚕ Erbrechen hervorrufende Arzneimittel.

Brechnuss, 1) Samen des Wolfsmilchgewächses **Jatropha curcas,** Brech- und Abführmittel. – **2)** Samen einer Strychnosart, enthält die Alkaloide Strychnin und Brucin.

Brecht, Bertolt, dt. Dichter, Dramaturg, * 1898, † 1956; lebte 1933 bis 1947 im Exil, seit 1948 in Berlin-Ost; dort gründete er mit seiner Frau Helene Weigel das »Berliner Ensemble«; B. schrieb gesellschaftskrit. Gedichte, Songs (»Dreigroschenoper«, 1928, Musik von K. Weill), Lehrstücke und sozialist.-realist. Dramen: »Die heilige Johanna der Schlachthöfe« (1929 bis 1930); »Mutter Courage und ihre Kinder« (1938 bis 1939); »Leben des Galilei« (1938 und 1956) u. a.

Brechung, Refraktion, Richtungsänderung von Wellen und Strahlen, z. B. Licht, Röntgenstrahlen, Schallwellen, beim Übergang aus einem Stoff in einen anderen mit verschieden großer Ausbreitungsgeschwindigkeit. Das B.-Verhältnis eines Stoffes gegen das Vakuum ist seine **Brechzahl** (B.-Index).

Brechungsfehler des Auges, Refraktionsanomalie, Fehler in der Einstellung des Auges auf den Fernpunkt. Das **normale** Auge ist im Ruhestand so eingestellt, dass es in der Ferne scharf sieht, d. h., parallel einfallende Strahlen vereinigen sich auf der Netzhaut. Das **kurzsichtige** Auge ist zu lang, das **übersichtige** zu kurz gebaut. Parallel einfallende Strahlen vereinigen sich also bereits vor oder erst hinter der Netzhaut, sodass auf dieser nur ein unscharfes Bild entsteht. Zum scharfen Sehen ist bei Kurzsichtigkeit eine Brille mit Zerstreuungs-, bei Weitsichtigkeit eine mit Sammellinse erforderlich. Zu den B. gehören noch die → Alterssichtigkeit und der → Astigmatismus.

Brechwurzel, Ipecacuanha [-nja], Wurzel des brasilian. Brechveilchens; Arzneimittel.

Breda, Stadt in der niederländ. Prov. N-Brabant, südöstl. von Rotterdam, 129 100 Ew.; Bischofssitz; Flusshafen, Bahnknotenpunkt; Industrie.

Bredow [-do:], Hans, dt. Elektroingenieur, * 1879, † 1959; baute den dt. Schiffs- und Überseefunkdienst sowie den dt. Rundfunk auf.

Breeches ['britʃız] *Pl.,* Reithose, am Oberschenkel weit, vom Knie an eng.

Breg *die,* rechter Quellfluss der Donau im südl. Schwarzwald.

Bregenz, Hptst. von Vorarlberg, Österreich, 28 100 Ew.; am Bodensee, überragt vom Pfänder (1064 m); Techn. Bundeslehr- und Versuchsanstalt, Theater, Seebühne; Bregenzer Festspiele (seit 1946); Ind.: Textilien, Nahrungsmittel, chem. Erzeugnisse, Metallwaren.

Brehm, 1) Alfred Edmund, dt. Zoologe, * 1829, † 1884; war Direktor des Hamburger, später des Berliner Zoolog. Gartens; schrieb »Tierleben« (6 Bände, 1864 bis 1869). – **2)** Bruno, österr. Schriftsteller, * 1892, † 1974; stellte in seinen Romanen das alte Österreich dar.

Breisach am Rhein, Stadt in Bad.-Württ., 11 900 Ew.; Stephansmünster mit Fresken von M. Schongauer (1488 bis 1491), spätgot. Schnitzaltar des Meisters H. L. (1523 bis 1526).

Breisgau, Landschaft in Bad.-Württ., am Oberrhein zw. Rhein (W), Schwarzwald (O), Markgräfler Land (S) und Ortenau (N); gehörte vom 14. Jh. bis 1801 zu Österreich.

Breit, Ernst, dt. Gewerkschafter, * 1924; 1982 bis 1990 Vors. des DGB.

Breitbach, Joseph, dt. Schriftsteller und Journalist, * 1903, † 1980; Romane (»Bericht über Bruno«, 1962), Erzählungen.

Breitband|antibiotika, gegen versch. Arten von Krankheitserregern wirksame Antibiotika.

Breitbandkabel, symmetr. oder koaxiales Kabel zur hochfrequenten Signalübertragung, z. B. Hör- und Fernsehrundfunk, Fernsprechdienst.

Breitbandkommunikation, Abk. **BBK,** Sammelbegriff für Formen der →Telekommunikation wie z. B. Kabelfernsehen, Datenübertragungssysteme; möglich durch den Einsatz von Kabeln, Verstärkern usw. mit breiten Frequenzbereichen und Datenübertragungsraten im Bereich Mbit/s (→Lichtleitfasern).

Breite, 1) ☼ als **ekliptikale B.** der Winkelabstand eines Gestirns von der Ekliptik, als **galakt. B.** vom galakt. Äquator; gemessen in Winkelgraden. – **2)** 🜨 **geograph. B., Breitengrad,** Winkel, den die Verbindungslinie eines Orts mit dem Erdmittelpunkt und die Ebene des Erdäquators bilden (die Erde als Kugel betrachtet); Orte gleicher B. liegen auf einem zum Äquator parallel laufenden Kreis **(Breitenkreis).** Die Breitengrade werden vom Äquator ab gezählt: je 90° nach Norden **(nördl. B.)** und Süden **(südl. B.).**

Breitensport, jede sportl. Betätigung breiter Bevölkerungskreise mit oder ohne Wettkampfcharakter im Ggs. zum Leistungssport; v. a. in Sportvereinen.

Breitinger, Johann Jakob, schweizer. Gelehrter, * 1701, † 1776; hat mit J. J. Bodmer zum Sturz der auf der klass. Dichtung Frankreichs fußenden Richtung Gottscheds beigetragen (»Critische Dichtkunst«, 2 Bände, 1740).

Breitscheid, Rudolf, dt. Politiker (SPD), * 1874, † KZ Buchenwald 1944; 1920 bis 1933 MdR, trat als außenpolit. Sprecher der SPD und Befürworter der Außenpolitik G. Stresemanns hervor, 1933 nach Frankreich emigriert, 1940 von dort an die Gestapo ausgeliefert.

Breitschwanz, Handelsbezeichnung für das kurzhaarige, ungelockte Fell des Karakulschafs.

Breitseite, 1) Längsseite eines Schiffs. – **2)** beim Kriegsschiff gleichzeitiges Abfeuern aller Geschütze einer Seite.

Breitspurbahn, Eisenbahn mit größerer Spurweite (bis 1,676 m) als Normalspur (1,435 m).

Breitwandverfahren, ein Filmwiedergabeverfahren, bei dem das Seitenverhältnis 1 : 1,37 bis 1 : 2,55 beträgt.

Breiumschlag, Kataplasma, heißer Umschlag aus Wärme speichernden pflanzl. (z. B. Kartoffeln, Leinsamen) oder mineral. Stoffen (z. B. Fango); steigert die Durchblutung; angewandt z. B. bei Blutergüssen und Furunkeln.

Breker, Arno, dt. Bildhauer, * 1900, † 1991; Monumentalskulpturen an natsoz. Repräsentativbauten; Porträtbüsten.

Bremen, 1) Freie Hansestadt B., kleinstes Land der Bundesrep. Dtl., umfasst die Städte Bremen und Bremerhaven, 404 km², 680 000 Ew. Landesreg. ist der Senat (Bürgermeister H. Scherf, SPD, seit 1995 Koalitionsreg. von SPD und CDU). – **2)** nach Hamburg wichtigste dt. Seehafenstadt, an der Weser, 549 200 Ew.; an Kunstdenkmälern reiche Altstadt (Dom, Rathaus, der steinerne Roland u. a.); Univ., Hochschulen, Überseemuseum; Handelsplatz (Importe); Ind.: Schiffbau, Maschinenbau, Elektrotechnik, Kaffee- und Teeverarbeitung.

Geschichte. 787 wurde B. Bischofssitz, 845 anstelle Hamburgs Erzbischofssitz, trat 1358 der Hanse bei, wurde 1541/1646 Reichsstadt, die ihre Unabhängigkeit wahren konnte, während das Hochstift 1648 an Schweden, 1715 an Hannover fiel. Seit 1815 ist B. Freie Hansestadt.

Bremerhaven, Stadt im Land Freie Hansestadt Bremen, 130 800 Ew.; großer Fischerei-, Handels- und Passagierhafen (unterhalb B.s seit 1964 Erzumschlaghafen »Weserport«); Werften.

Bremervörde, Stadt im Landkr. Rotenburg (Wümme), Ndsachs., an der Oste, 19 100 Ew.; Kunststoff-, Textilindustrie.

Bremse, Vorrichtung zum Verlangsamen oder Aufheben einer Bewegung (z. B. von Rädern, Wellen), und zwar durch äußere Reibung **(Backen-, Lamellen-, Band-, Scheiben-B.),** durch innere Reibung einer Flüssigkeit **(Flüssigkeits-B., Stoßdämpfer)** oder durch elektr. Strom **(Wirbelstrom-, Kurzschluss-** oder **Motor-B., Gegenstrom-B.).** B., die mit äußerer Reibung arbeiten, werden mechanisch (z. B. durch Seilzug), hydraulisch, elektrisch oder durch Druckluft betätigt. Bei der vor allem bei Fahrzeugen verwendeten **Druckluft-B.** werden die Bremsbacken durch Federn angezogen, durch Druckluft abgehalten. Kraftfahrzeuge müssen mit Zweikreis-B. zur Erhöhung der Sicherheit ausgerüstet sein.

Bremsen, Viehfliegen, Familie der Fliegen mit rd. 100 Arten, nur die ♀ sind Blutsauger und übertragen auch Krankheiten. Die Larven leben in der Erde. Die **Vieh-B.** (Rinder-B.) bis 2½ cm groß; kleiner die **Regenbremse.**

Bremsstrahlung, ⚛ die bei Abbremsung oder Beschleunigung schneller Elektronen in elektr. Kraftfeldern entstehende elektromagnet. Strahlung.

Bremsweg, Weg eines Fahrzeugs vom Betätigen der Bremse bis zum Stillstand.

Brennelement, Brennstoffelement, Kerntechnik: kleinste Brennstoffeinheit bei Leichtwasserreaktoren, aus mehreren **Brennstäben** zusammengesetzt; bei Kugelreaktoren werden **B.-Kugeln** verwendet.

Brennende Liebe, ⚘ **1)** eine →Lichtnelke. – **2)** die Zierpflanze Tränendes Herz.

Brenner *der,* Alpenpass in Tirol, 1371 m hoch, zw. Ötztaler und Zillertaler Alpen; niedrigster und stärkst frequentierter Übergang zw. Österreich und Italien. **B.-Straße, B.-Autobahn,** (gebaut 1959 bis 1974) und **B.-Bahn** (seit 1867) verbinden Innsbruck und Bozen. Über den B. verläuft seit 1919 die ital.-österr. Grenze.

Bremen
Landes- und Stadtwappen

Bremerhaven
Stadtwappen

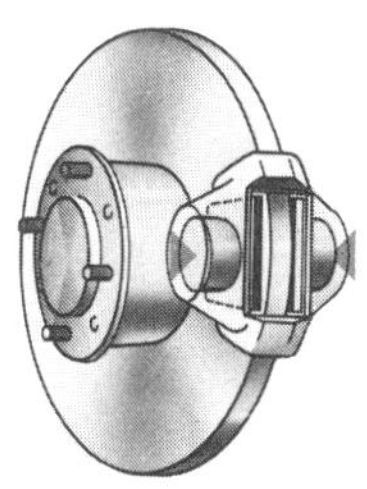

Bremse
Scheibenbremse (oben)
Backenbremse (unten)

Birgit Breuel

Breslau Stadtwappen

Brest 1) Stadtwappen

Brighton Stadtwappen

Brisbane Stadtwappen

Bristol Stadtwappen

Brennerei, Herstellung von Branntwein.

Brennglas, Sammellinse, →Linse.

Brennhaar, hautreizende Flüssigkeit enthaltendes, hohles, brüchiges, oft widerhakiges Haar an Nesselpflanzen und Schmetterlingsraupen; ruft Jucken und Brennen hervor.

Brennnessel →Nessel.

Brennpunkt, 1) √ ausgezeichneter Punkt eines Kegelschnitts. – **2)** ❋ **Fokus,** Punkt, in dem sich achsenparallele Lichtstrahlen nach Brechung durch eine Linse oder Reflexion an einem Hohlspiegel vereinigen; sein Abstand vom Spiegel- oder Linsenmittelpunkt heißt **Brennweite.** – **3)** ⚗ diejenige Temperatur, bei der eine brennbare Flüssigkeit nach Annähern einer Zündflamme zu brennen beginnt und weiterbrennt. (→Flammpunkt)

Brennstoffe, 1) Stoffe, die zur Wärmeerzeugung verbrannt werden. – **2)** Kernenergietechnik: →Kernbrennstoff.

Brennstoff|element, 1) →Brennelement. – **2) Brennstoffzelle,** Stromquelle, bei der durch Direktumwandlung elektr. Energie aus chem. Energie (kalte Verbrennung) gewonnen wird. Als Reaktionsstoffe werden Sauerstoff und Wasserstoff bzw. Methanol oder Ammoniak und Hydrazin verwendet.

Brennstoffkreislauf, in der Kerntechnik die Verfahrensschritte von der Uranerzgewinnung über die Herstellung der Brennelemente, deren Entsorgung und Wiederaufbereitung, bis zur Endlagerung der radioaktiven Abfälle.

Brenta, 1) *die,* Fluss in Oberitalien, 160 km lang, mündet in das Adriat. Meer. – **2)** Gruppe der Kalkalpen in Italien (Cima Tosa 3176 m hoch).

Brentano, 1) Bernard von, dt. Erzähler und Essayist, * 1901, † 1964. – **2)** Bettina, →Arnim, Bettina von. – **3)** Clemens, dt. Dichter, Bruder von 2), * 1778, † 1842; ein Hauptvertreter der jüngeren Romantik; gab mit A. v. Arnim die Volksliedersammlung »Des Knaben Wunderhorn« heraus, schrieb u. a. »Die Geschichte vom braven Kasperl und dem schönen Annerl«, den Roman »Godwi«, Märchen (»Gockel, Hinkel und Gackeleia«). – **4)** Franz, dt. Philosoph, * 1838, † 1917; verband die Philosophie eng mit der Psychologie.

Brera *die,* Gemäldegalerie, Kunstakademie und Bibliothek in Mailand.

Breschnew, Leonid Iljitsch, sowjet. Politiker, * 1906, † 1982; 1960 bis 1964 und 1977 bis 1982 Vors. des Präsidiums des Obersten Sowjets (Staatsoberhaupt), seit 1964 Erster (seit 1966 General-)Sekretär des Zentralkomitees der KPdSU. Außenpolit. v. a. um die Sicherung der Weltmachtstellung der UdSSR und deren Hegemonie in Osteuropa **(B.-Doktrin)** bemüht, innenpolit. Förderung des militärisch-industriellen Komplexes und der wirtschaftl.-techn. Modernisierung bei restaurativen Tendenzen.

Brescia ['brɛʃʃa], Stadt in N-Italien, 191 800 Ew.; Dom, Museen; Handel, Textil-, Eisenindustrie.

Breslau, poln. **Wrocław,** Hptst. der poln. Wwschaft Wrocław, 640 700 Ew.; größte Stadt sowie wiss., kulturelles und wirtschaftl. Zentrum Schlesiens; Erzbischofssitz, Univ., TH; spätgot. Rathaus; Ind.standort. – Um 1000 wurde B. Bischofssitz, kam 1335 an Böhmen, 1526 an die Habsburger, 1742 an Preußen, 1945 unter poln. Verw., seit 1991 völkerrechtlich zu Polen.

Bresson [brɛ'sɔ̃], Robert, frz. Filmregisseur, * 1907; drehte u. a. »Tagebuch eines Landpfarrers« (1950), »Das Geld« (1983).

Brest, 1) frz. Kriegs- und Handelshafen an der W-Küste der Bretagne; 147 900 Ew. – **2)** bis 1921 **Brest-Litowsk,** Stadt in Weißrussland, am westl. Bug, 289 000 Ew.; Bahnknotenpunkt. Am 3. 3. 1918 **Friede von B.-L.** zwischen den Mittelmächten und Sowjetrussland.

Bretagne [brə'taɲ] *die,* nordwestl. Halbinsel Frankreichs, zugleich Region, Hptst. Rennes. Häfen; das Landesinnere mit Heiden und Mooren, Gemüse- und Obstbau in der Küstenebene. Haupthafen: Brest.

Breton [brə'tɔ̃], André, frz. Schriftsteller, * 1896, † 1966; Theoretiker des Surrealismus (»Manifeste du surréalisme«, 1924; »Second manifeste du surréalisme«, 1930).

Bretonen, kelt. Stamm in der Bretagne, im 5./6. Jh. aus Cornwall (England) eingewandert. Das **Bretonische** bildet einen Teil des britann. Zweigs des kelt. Sprachstamms.

Bretten, Stadt im Kraichgau, Bad.-Württ., 26 000 Ew.; Geburtsort von P. Melanchthon.

Bretton Woods ['brɛtən 'wudz], Ort in New Hampshire, USA, Tagungsort der Währungs- und Finanzkonferenz der UNO 1. bis 23. 7. 1944 (Gründung des →Internationalen Währungsfonds, der →Internationalen Bank für Wiederaufbau und Entwicklung).

Breuel, Birgit, dt. Wirtschaftspolitikerin (CDU), * 1937; 1978 bis 1986 Wirtschaftsmin., 1986 bis 1990 Finanzmin. und Min. für Frauenpolitik in Ndsachs.; seit 1990 Vorstandsmitglied, 1991 bis 1994 Präs. der Treuhandanstalt in Berlin; seit 1995 Expo-Generalkommissarin (Weltausstellung 2000 in Hannover).

Breughel ['brø:xəl], niederländ. Malerfamilie, →Bruegel.

Breuil [brœj], Henri, frz. Prähistoriker, * 1877, † 1961; begründete die systemat. Erforschung der vorgeschichtl. Kultur (v. a. der Felsbilder).

Breve *das,* **Apostolischer Brief,** kurzer päpstl. Erlass.

Brevier *das,* Gebetbuch der kath. Geistlichen für das kanon. Stundengebet.

Briand [bri'ã], Aristide, frz. Staatsmann, * 1862, † 1932; war elfmal Min.-Präs., 1925 bis 1932 Außenmin., beteiligt am →Locarno-Pakt. B. erhielt 1926 mit G. Stresemann den Friedensnobelpreis.

Bricken, die →Neunaugen.

Bridge [brɪdʒ], von 4 Personen mit 52 frz. Karten gespieltes Kartenspiel.

Bridgetown ['brɪdʒtaʊn], Hptst. von Barbados, 6 700 Ew.; Hafen, internat. ✈.

Bridgman-Verfahren ['brɪdʒmən], nach dem amerikanischen Physiker Percy W. Bridgman (* 1882, † 1961) benannte Methode zur Züchtung einkristalliner Halbleitermaterialien.

Brie [bri:], Landschaft in Frankreich, östl. von Paris; bekannt durch den **B.-Käse.**

Brief [lat. brevis »kurz«], **1)** jede offene oder verschlossene, an Abwesende gerichtete schriftl. Mitteilung. – **2)** Börsenwesen: angeboten zu dem dabei bemerkten Preise, dem **B.-Kurs** (Abk. B; Ggs.: →Geld).

Briefgeheimnis. ⚖ Die Unverletzlichkeit des B. ist in Artikel 10 GG als Grundrecht gewährleistet; das vorsätzl. unbefugte Öffnen eines verschlossenen Briefs o. Ä. wird auf Antrag des Verletzten nach § 202 StGB bestraft.

Briefkastenfirma, Firmenniederlassung ohne bes. Wirtschaftstätigkeit in einem Niedrigsteuerland; dient zur Erlangung von Steuervorteilen.

Briefmarke, aufklebbares Wertzeichen zum Freimachen von Postsendungen **(Postwertzeichen).** Man unterscheidet einerseits **Sonder-B.** (Wohlfahrts-, Gedenk- u. a. B.) von den **Dauerserien,** andererseits **B. für bestimmte Zwecke** (Dienst-, Luftpost-, Zeitungs- u. a. Marken). – Die ersten B. erschienen 1840 in England, die erste dt. B. kam 1849 in Bayern heraus.

Briefsendungen, Briefe, Postkarten, Drucksachen, Brief- und Massendrucksachen, Bücher-, Blinden-, Waren- und Wurfsendungen, Päckchen.

Brieftauben, Reisetauben, Sporttauben, Rasse ausdauernd fliegender Tauben mit ausgeprägtem Heimfindevermögen; Tagesleistung 800 bis 1 000 km.

Bretagne. Atlantikküste

Briefwahl, Stimmzettelabgabe im verschlossenen Umschlag mit Beförderung durch die Post.

Brieg, poln. **Brzeg,** Stadt in der poln. Wwschaft Opole, an der Oder, 37 700 Ew.; Renaissanceschloss der Piasten.

Brienz, Kurort im Kt. Bern, Schweiz, 3 000 Ew.; am **Brienzer See** und **Brienzer Rothorn** (2 350 m); Geigenbau, Holzschnitzerei.

Bries *das,* **Bries|chen,** → Kalbsmilch.

Brigach *die,* linker Quellfluss der Donau im südl. Schwarzwald.

Brigade *die,* **1)** Bundeswehr: kleinster Großverband des Heeres, der aus versch. Waffengattungen besteht und selbstständig Gefechte führen kann. – **2)** in den ehem. kommunist. Ländern das aus mehreren Arbeitern bestehende kleinste Kollektiv.

Brigantine *die,* **1)** Segelschiff, Schonerbrigg. – **2)** mit Eisenplättchen besetztes Lederhemd (14. Jh.).

Brigg *die,* zweimastiges Segelschiff mit Rahsegeln.

Brig-Glis, Gemeinde im Kanton Wallis, Schweiz, 11 200 Ew., an der Rhône; Bahnknoten am N-Eingang des Simplontunnels.

Brighton [braɪtn], engl. Stadt und Seebad am Ärmelkanal, 146 100 Ew.; Univ., TH, Museen.

Brikett *das,* in Form von Quadern, Würfeln, Eiern gepresste Stein-, Braunkohle, Erz u. a.

Brillant [brilˈjant, frz. »glänzend«] *der,* im **B.-Schliff** geschliffener Diamant (bes. starke Lichtbrechung).

Brillat-Savarin [briˈja savaˈrɛ̃], Jean Anthelme, frz. Schriftsteller, * 1755, † 1826; Lehrbuch der Gastronomie »Physiologie des Geschmacks« (1825).

Brille, Augenglas zum Ausgleich von Brechungsfehlern oder zum Schutz der Augen (z. B. Sonnenbrille). Die Gläser sind Kugel- oder Zylinderlinsen. **Zerstreuungsgläser** (hohl, konkav) gleichen die Kurzsichtigkeit aus, **Sammelgläser** (erhaben, konvex) die Übersichtigkeit. Zylindergläser braucht man bei Astigmatismus. **Bifokalgläser** dienen zugleich der Fern- und der Nahsicht. Die Brechkraft eines B.-Glases von 1 m Brennweite bezeichnet man als 1 Dioptrie; eine Linse von $^1/_2$ ($^1/_3$, $^1/_4$ ...) m Brennweite hat 2 (3, 4 ...) Dioptrien.

Brillenschlangen, Hutschlangen, Kobras, Giftnatternarten, die ihren Hals flach schildförmig auftreiben können; z. B. **Indische B.** mit deutl. Brillenzeichnung und → Uräusschlange.

Brilon, Stadt im Hochsauerland, NRW, 27 500 Ew.; Holz, Eisen verarbeitende Ind.; Wintersportplatz, Luftkurort.

Brindisi, ital. Prov.-Stadt in S-Italien, am Adriat. Meer, 95 500 Ew. Erzbischofssitz; Naturhafen; chem., petrochem. Industrie.

Brinellhärte [nach dem schwed. Metallurgen J. A. Brinell, * 1849, † 1925], → Härte.

Bringschuld → Holschuld.

Brioche [briˈɔʃ], feines (Butter-)Hefegebäck.

Brion, Friederike, Goethes Jugendliebe, * 1752, † 1813; Tochter des Pfarrers B. in Sesenheim (Elsass).

Brionische Inseln, Inselgruppe an der SW-Küste von Istrien (Kroatien). Insel **Brioni** ist Touristenzentrum und Seebad.

Brisanz *die,* **1)** zündende Wirkung, Explosivität. – **2)** Zertrümmerungskraft eines Sprengstoffs.

Brisbane [ˈbrɪzbən], Hptst. von Queensland, Australien, 1,45 Mio. Ew.; Univ.; Ind., Erdölraffinerie; Seehafen, internat. ✈.

Bristol [brɪstl], Hafenstadt in SW-England, 370 300 Ew., am schiffbaren Avon; Univ.; Maschinenbau, Luft-, Raumfahrtindustrie.

Bristolkanal [ˈbrɪstl-], tiefe Meeresbucht im südwestl. England; 128 km lang.

Britannicus, Tiberius Claudius Caesar, Sohn des Kaisers Claudius und der Messalina, * 41 n. Chr., † 55; auf Befehl Neros vergiftet.

Britanni|en, lat. **Britannia,** histor. Name für England.

Briten, 1) kelt. Bewohner Britanniens, seit dem 5. Jh. n. Chr. von Angelsachsen zurückgedrängt. – **2)** Bewohner Großbritanniens.

Britische Inseln, Inselgruppe NW-Europas, umfasst die Hauptinsel Großbritannien mit England, Schottland und Wales, die Insel Irland, die Shetland- und Orkney-Inseln, die Hebriden, die Inseln Man, Wight und Anglesey und zahlreiche kleinere Inseln, zus. 315 000 km² mit rd. 59,2 Mio. Einwohnern.

Britisches Museum, Bibliothek und Museum in London, gegr. 1753; etwa 7 Mio. Bände, 105 000 Handschriften. Die Altertümersammlungen enthalten Hauptwerke der altoriental. und griech. Kunst (Parthenonskulpturen), graf. Sammlungen sowie Münzen und Medaillen.

Britisches Reich und Commonwealth [- ˈkɔmənwelθ], engl. **British Empire,** unabhängige Staaten, die die brit. Krone als Symbol ihrer »freien Vereinigung« betrachten. Die Mitgliedsstaaten des Commonwealth of Nations standen früher als Kolonien, Protektorats- oder Treuhandgebiete in einem Abhängigkeitsverhältnis zu Großbritannien.

Geschichte. Seit etwa 1600 hatte England mit der Ausweitung seiner Seeherrschaft Überseegebiete durch Eroberung, Abtretung (von Frankreich, Spanien, den Niederlanden) und Siedlung erworben. Privilegierte Gesellschaften (Ostind. Kompanie) trieben diese Ent-

Indische **Brillenschlangen**

Iossif A. Brodskij

wicklung voran. Nach dem Rückschlag durch die Unabhängigkeitserklärung der USA (1776) folgten Eroberungen in Asien (Ceylon, Singapur, Aden, Hongkong), Australien, Neuseeland und Afrika (Sierra Leone, Mauritius, Seychellen). In der Zeit des Imperialismus kam es zu weiteren Erwerbungen, bes. in Afrika. Die größte Ausdehnung erreichte das B. R. u. C. nach dem 1. Weltkrieg; doch hatten die großen Siedlungskolonien Kanada, Australien, Südafrikan. Union und Neuseeland schon als »Dominions« eine weitgehende Eigenstaatlichkeit gewonnen. Weitere Zugeständnisse forderten der irische Freiheitskampf und der Widerstand in Indien. Das Statut von Westminster (1931) wandelte das »British Empire« zur losen Gemeinschaft des **British Commonwealth of Nations** (seit etwa 1947 nur noch: **Commonwealth of Nations**). – Seit dem 1. und bes. seit dem 2. Weltkrieg haben immer mehr Länder ihre Bindungen gelockert oder sind ganz aus dem Commonwealth ausgeschieden. Der Prozess der Entkolonialisierung ist im Wesentlichen abgeschlossen. 1971 gab die brit. Reg. eine ihrer jahrhundertealten kolonialpolit. Grundmaximen auf: im asiat. Raum »östlich von Suez« wesentl. Interessen zu besitzen. Die Regierungschefs der Commonwealth-Länder treffen sich unter dem Vorsitz des brit. Premiermin. in unregelmäßigen Abständen zu Konferenzen. Als erstes Land, das nie brit. Kolonie war, schloss sich Moçambique 1995 dem B. R. u. C. an. – Zum 1.7. 1997 wurde die brit. Kronkolonie Hongkong an China zurückgegeben.

Britisch-Guayana → Guyana.

Britisch-Honduras → Belize.

Britisch-Indi|en, bis 1947 die unter brit. Herrschaft stehenden Teile Indiens, Birmas und Pakistans.

Benjamin Britten

British Broadcasting Corporation ['brɪtɪʃ 'brɔ:dkɑ:stɪŋ kɔ:pə'reɪʃn], **BBC,** brit. Rundfunkgesellschaft, 1922 gegr., seit 1927 öffentl.-rechtl. Körperschaft.

British Columbia ['brɪtɪʃ kə'lʌmbɪə], **Britisch-Kolumbi|en,** südwestl. Prov. Kanadas, 948 596 km², 3,3 Mio. Ew.; Hptst. Victoria, größte Stadt: Vancouver; Holzind., Fischerei, ⚒ auf Erze, Erdöl, -gas.

British Indian Ocean Territory ['brɪtɪʃ 'ɪndɪən 'əʊʃn 'terɪtərɪ], brit. Kolonie im Ind. Ozean, 1965 gebildet; seit 1976 nur noch die Chagos-Inseln.

British Petroleum Company p.l.c. ['brɪtɪʃ pɪ'trəʊljəm 'kʌmpənɪ], Abk. **BP,** europ. Erdölkonzern (gegr. 1909).

Britten, Benjamin, brit. Komponist, *1913, †1976; Opern (»Peter Grimes«, 1945; »Billy Budd«, 1951); Orchester- und Chorwerke.

Hermann Broch

Britting, Georg, dt. Schriftsteller, *1891, †1964; bildhafte Gedichte, Erzählungen.

Brixen, ital. **Bressanone,** Stadt in Südtirol, Italien, am Eisack, 17 300 Ew.; Bischofssitz; Fremdenverkehr.

Brjansk, Stadt in Russland, an der Desna, 456 000 Ew.; Traktoren-, Lkw-, Lokomotivenbau. – 1941 Schlacht von Wjasma und Brjansk.

Broadway ['brɔ:dweɪ] *der,* Hauptstraße von New York, mehr als 20 km lang.

Broccoli *Pl.,* Spargelkohl, Abart des Blumenkohls.

Broch, Hermann, österr. Schriftsteller, *1886, †1951; zeitkrit. Essays, Romane (Trilogie »Die Schlafwandler«, 1931/32).

Brockdorff-Rantzau, Ulrich Graf v., dt. Diplomat, *1869, †1928; lehnte 1919 als Reichsaußenmin. die Unterzeichnung des Versailler Vertrags ab; 1922 bis 1928 Botschafter in Moskau.

Brocken *der,* höchster Berg des Harzes (1 142 m) in Sa.-Anh.; Wetterstation, Wintersport. – **B.-Gespenst,** Schatten auf einer Nebelwand v. a. bei Sonnenuntergang.

Brockhaus, Friedrich Arnold, dt. Verleger, *1772, †1823; Gründer des Verlags **F. A. Brockhaus** (1805; seit 1817/18 in Leipzig, seit 1945 in Wiesbaden, 1984 Fusion mit der »Bibliograph. Institut AG«, gemeinsa-

mer Firmensitz seit 1985 Mannheim. Nachschlagewerke, Sachbücher).

Brod, Max, österr.-israel. Schriftsteller, *1884, †1968; Nachlassverwalter und Biograph F. Kafkas; Romane »Tycho Brahes Weg zu Gott« (1916), »Die Rosenkoralle« (1961) u. a.

Brodskij, Iossif Aleksandrowitsch, russ. Schriftsteller, *1940, †1996; 1972 aus der UdSSR ausgewiesen, seit 1977 amerikan. Staatsbürger; u. a. »Erinnerungen an Leningrad« (engl. 1986); 1987 Nobelpreis.

Broglie [brɔj], Louis de B., Herzog von B., frz. Physiker, *1892, †1987; führte den Begriff der Materiewelle und mit ihm den des Welle-Teilchen-Dualismus in die Physik ein; Nobelpreis für Physik 1929 zus. mit O. W. Richardson.

Brokat *der,* reich gemusterter, von Gold- und Silberfäden durchzogener Stoff für kostbare Gewänder u. a.

Britisches Reich und Commonwealth
(Mitglieder des Commonwealth of Nations)

Staat	Jahr der Unabhängigkeit
Großbritannien und Nordirland	
Antigua und Barbuda	1981
Australischer Bund	1931
Bahamas	1973
Bangladesh (früher O-Pakistan)	1972
Barbados	1966
Belize (früher Britiscn-Honduras)	1981
Botswana (früher Betschuanaland)	1966
Brunei	1984
Dominica	1978
Gambia	1965
Ghana (früher Goldküste)	1957
Grenada	1974
Guyana	1966
Indien	1947
Jamaika	1962
Kamerun	1995
Kanada	1931
Kenia	1963
Kiribati (früher Gilbert-Inseln)	1979
Lesotho (früher Basutoland)	1966
Malawi (früher Njassaland)	1964
Malaysia (früher Malaiischer Bund)	1957
Malediven	1965
Malta	1964
Mauritius	1968
Moçambique	1995
Namibia (bis 1966 Südwestafrika)	1990
Nauru	1968
Neuseeland	1931
Nigeria (Mitgliedschaft 1995 ausgesetzt)	1960
Pakistan	1947
Papua-Neuguinea	1975
Saint Kitts and Nevis	1983
Saint Lucia	1979
Saint Vincent and the Grenadines	1979
Salomoninseln	1979
Sambia	1964
Seychellen	1975
Sierra Leone	1961
Simbabwe (früher Südrhodesien)	1980
Singapur (1963–1965 zu Malaysia)	1965
Sri Lanka (früher Ceylon)	1948
Südafrika	1931
Swasiland	1968
Tansania (1964 Zusammenschluss von Tanganjika, Sansibar und Pemba)	1961
Tonga	1970
Trinidad und Tobago	1962
Tuvalu (früher Ellice-Inseln)	1978
Uganda	1962
Vanuatu	1980
Westsamoa	1962
Zypern	1960

Brokdorf, Gemeinde an der Unterelbe, Schlesw.-Holst., 1 000 Ew.; Kernkraftwerk.
Broker ['brəukə] *der,* Börsenmakler.
Brom [griech. »Gestank«], Symbol **Br,** chem. Element, ein →Halogen, OZ 35, relative Atommasse 79,916, D 3,12 g/cm³, eine dunkelrotbraune Flüssigkeit (Fp −7,2 °C, Sp 58,78°C). In der Natur kommt es in Form von **Bromiden,** Salzen der **Bromwasserstoffsäure,** vor; technisch wird es aus Abraumsalzen (Staßfurt) oder Meerwasser gewonnen. **Silberbromid** wird wegen seiner Lichtempfindlichkeit zur Herstellung fotograf. Schichten verwendet.
Brombeere, mehrere Arten der Rosengewächsgattung Rubus; weiße Blüten, himbeerenähnl., schwarze Früchte, die jungen Blätter werden als Tee verwendet.
Bromberg, poln. **Bydgoszcz** ['bidgɔʃtʃ], Stadt in Polen, nahe der Mündung der Brahe in die Weichsel, 383 600 Ew.; wichtige Ind.- und Handelsstadt. B. war 1772 bis 1919 preußisch.
Bromelie *die,* südamerikan. Gattung der Ananasgewächse.
Bromfield ['brɔmfi:ld], Louis, amerikan. Schriftsteller, *1896, †1956; Welterfolge: »Der große Regen« (1937), »Mrs. Parkington« (1943) u. a.
Bronchien, *Sg.* **Bronche** *die,* die Äste der Luftröhre bis zu 1 mm Durchmesser; die feinsten Verzweigungen heißen **Bronchiolen.** – **Bronchial-Asthma** →Asthma. **Bronchial-Katarrh, Bronchitis,** Entzündung der B.-Schleimhaut.
Brontë ['brɔntı], Anne (*1820, †1849), Charlotte (*1816, †1855), Emily (*1818, †1848), brit. Erzählerinnen, Schwestern; C. B. schrieb u. a. den Roman »Jane Eyre« (1847), E. B. »Die Sturmhöhe« (1847).
Brontosaurus, ein →Dinosaurier.
Bronx, Stadtteil von New York; 1,2 Mio. Einwohner.
Bronze ['brɔ̃:sə] *die,* nicht zu den Messingen gehörende Kupferlegierungen mit mehr als 60 % Kupfergehalt und mit Blei, Zinn, Aluminium, Silicium, Beryllium als Legierungszusätzen.
Bronzehautkrankheit →Addison, Thomas.
Bronzezeit, das auf die Jungsteinzeit folgende vorgeschichtl. Zeitalter, dessen techn. und kulturelles Gepräge durch die Erfindung der Zinnbronze bestimmt ist. Beginn im Vorderen Orient im 3. Jt. v. Chr., im Abendland um 1800 v. Chr.; um 700 v. Chr. von der Eisenzeit abgelöst. Vorwiegend bäuerl. Wirtschaftsform, z. T. weiträumige Handelsbeziehungen, soziale Gliederung. – **Nord. Kulturkreis** (Germanen), **Mitteleurop. Kreis** (Hügelgräberkultur, bes. Kelten; Lausitzer Kultur, Illyrer), **Südwesteurop.** und **Osteurop. Kreis.** Bestattungsweise: zunächst Skelett-, später Brand- und Urnengräber. Zu den Funden (Grabbeigaben, Depot- oder Hortfunde) gehören Schmuckstücke, Waffen, getriebene Bronzegefäße, selten figurale Kunstwerke sowie kunstvolle Töpferwaren, die auf eine hohe Kultur hinweisen.

Charlotte Brontë (Stahlstich) und **Emily Brontë** (Gemäldeausschnitt)

Brook [brʊk], Peter, brit. Regisseur, *1925; wegweisende Shakespeare-Inszenierungen, Theaterexperimente.
Brooklyn ['brʊklın], Hafen- und Ind.viertel von New York, am Westende von Long Island, 2,29 Mio. Ew.; botanischer Garten.
Brooks [brʊks], Mel, eigtl. Melvyn **Kaminsky,** amerikan. Filmregisseur und Schauspieler, *1926; dreht seit 1967 satir. Filme, u. a. »Frühling für Hitler« (1967), »Frankenstein junior« (1974), »Spaceballs« (1987), »Mel Brooks' Dracula – Tot aber glücklich« (1995).
Brosche *die,* Schmuck-, Anstecknadel.
broschieren, Druckbogen durch Heften und Rückenleimung zu einem Heft oder Buch mit Papier- oder Kartonumschlag vereinen **(Broschüre).**
Brot, Nahrungsmittel, hergestellt durch Backen von Teig aus Mehl, Wasser und Gärungsmitteln (Sauerteig für Roggen- und Roggenmisch-B., Hefe für Weizen- und Weiß-B., auch Backpulver). Die vom Gärungsmittel abgeschiedenen Kohlendioxidblasen und Alkoholdampf lockern den Teig und lassen ihn vor dem Backen »aufgehen«. Während des Backvorgangs gerinnt der Kleber, das frei werdende Wasser wird an die Stärke gebunden. Die Oberfläche, an der die Stärke Wasser abgibt und röstet, bräunt zur Kruste. – **Vollkorn-B.** enthält Weizen- oder Roggenschrot; **Knäcke-B.** wird aus voll ausgemahlenem Roggen oder Weizen ohne Hefe hergestellt.
Brotfruchtbaum, baumförmiges Maulbeergewächs, verbreitet von S-Asien bis zu den trop. Inseln des Pazifiks; die kopfgroßen, mehligen, süßen Früchte werden gebacken wie Brot.
Brot für die Welt, jährl. Sammelaktion der ev. Kirche und der ev. Freikirchen in Dtl. gegen Not in der Welt; Beginn 1959.

Blüten mit Blättern sowie Früchte der **Brombeere**

Bromberg Stadtwappen

Bronzezeit. Hängegefäß (um 800 v. Chr.) und zwei Äxte, untere Axt mit Goldeinlagen (etwa 12./10. Jh. v. Chr.)

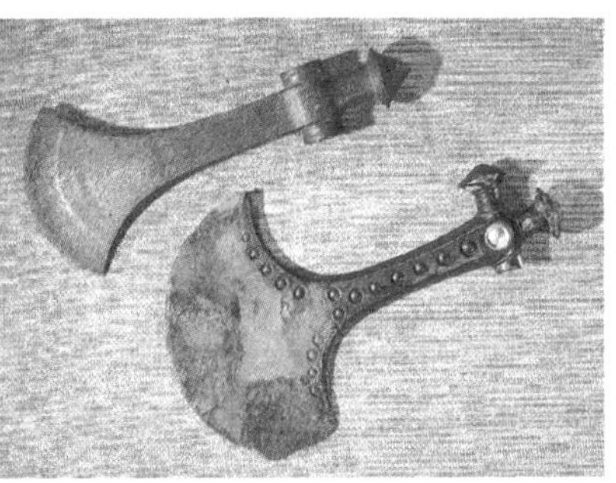

Herbert Charles Brown

Michael Stuart Brown

Elizabeth Browning (Zeichnung)

Brügge Stadtwappen

Brouwer ['brɔuwər], Adriaen, niederländ. Maler, * um 1606, † 1638; malte derbe Genrebilder, z. B. Wirtshaus- und Prügelszenen.

Brown [braʊn], **1)** Herbert Charles, amerikan. Chemiker brit. Herkunft, * 1912; Arbeiten über die Zusammenhänge zw. Molekülstruktur und chem. Verhalten von Stoffen; Nobelpreis für Chemie 1979 mit G. Wittig. – **2)** Michael Stuart, amerikan. Mediziner, * 1941; Nobelpreis 1985 (mit J. L. Goldstein) für Forschungen über den Cholesterinstoffwechsel.

Browning ['braʊnɪŋ] *der,* Selbstladepistole mit Patronenstreifen im Griff.

Browning ['braʊnɪŋ], **1)** Elizabeth, geb. Barrett, Frau von 2), engl. Dichterin, * 1806, † 1861; schrieb »Port. Sonette« (1847, von R. M. Rilke übersetzt). – **2)** Robert, engl. Dichter, * 1812, † 1889; sprachgewaltige dramat. Monologe, ep. Dichtung: »Der Ring und das Buch« (1868/69).

brownsche Bewegung [braʊn-], völlig regellose, zitternde Bewegung kleiner, in einer Flüssigkeit oder in einem Gas schwebender Teilchen, verursacht durch die Wärmebewegung der Flüssigkeits- oder Gasmoleküle; von dem engl. Botaniker Robert Brown 1827 beschrieben.

Browsing ['braʊsɪŋ], in der Datenverarbeitung das rasche Durchmustern von Daten.

BRT, Abk. für **B**rutto**r**egister**t**onne, → Registertonne.

Bruce [bru:s], Robert, König von Schottland (seit 1306), * 1274, † 1329; siegte 1314 bei Bannockburn über Eduard II. von England.

Brucellosen, fiebrige Infektionskrankheiten bei Haus- und Wildtieren, auf den Menschen übertragbar; verursacht durch Bakterien der Gattung **Brucella;** z. B. bangsche Krankheit (seuchenhaftes »Verwerfen« beim Rind).

Bruch, Max, dt. Komponist und Dirigent, * 1838, † 1920; Chorwerke; Violinkonzerte.

Bruch, 1) √ Verhältnis zw. 2 ganzen Zahlen, z. B. $4:3 = \frac{4}{3}$ oder $^4/_3$. Die Zahl über dem Bruchstrich heißt **Zähler,** die darunter **Nenner.** Ein **echter B.** ist kleiner als 1, bei ihm ist der Zähler kleiner als der Nenner (z. B. $^3/_4$); umgekehrt beim **unechten B.** ($^4/_3$). Beim **Dezimal-B.,** dessen Nenner immer 10 oder eine Potenz von 10 ist, erkennt man den Nenner aus der Stellung des Zählers rechts vom Komma, z. B. $0,5 = {}^5/_{10}$, $0,05 = {}^5/_{100}$ usw. – **2)** ⚕ **Hernie, Eingeweide-B.,** das Hindurchtreten eines Teils der Eingeweide der Brust- oder Bauchhöhle durch eine vorgebildete oder erworbene Lücke. – **3)** ♆ auf die Wildfährte und das erlegte Wild gelegter, auch als Beutezeichen am Hut getragener grüner Zweig **(Schützen-B.).** – **4)** *der* oder *das,* mit Bäumen und Gesträuch bestandenes Sumpfland. – **5)** ⊕ → Verwerfung. – **6)** ⚙ Trennung eines Werkstoffgefüges infolge äußerer Kräfte.

Bruchsal, Große Krst. in Bad.-Württ., 40 400 Ew., am W-Rand des Kraichgaus; Barockschloss (Treppenhaus von J. B. Neumann); Elektro-, Maschinen-, Holz-, Papier- u. a. Industrie.

Bruck an der Leitha, Bez.-Hptst. südöstlich von Wien, NÖ, 7 300 Ew.; Schloss Harrach (13., 18./19. Jh.) mit Engl. Garten (um 1829).

Bruck an der Mur, Bez.-Hptst. in der Steiermark, Österreich, 15 700 Ew.; Stahl- und Kabelwerke, Papierfabrik.

Brücke, 1) Bauwerk, führt Straßen, Eisenbahngeleise, Rohrleitungen u. a. über natürl. oder künstl. Hindernisse (Täler, Flüsse, Verkehrswege); besteht aus **Überbau** (Tragwerk) und **Unterbau** (Pfeiler, Widerlager, Fundamente). Nach der Wirkungsweise des Tragwerks unterscheidet man **Balken-B.** (Hauptträger ein Balken, der bei senkrechten Lasten nur einen senkrechten Druck ausübt), **Bogen-B.** (der Bogen, meist aus Stahlbeton, stützt die Lasten auf die Widerlager ab) und **Hänge-B.** (Tragwerk ist ein nach unten durchhängender Gurt, an den Enden über hohe Pfeiler zu den Verankerungen geführt). – Bewegl. B. sind **Dreh-, Hub-, Zug-** und **Klapp-B.;** bei **Ponton-B.** wird die Fahrbahn über Schwimmkörper gelegt. – **2)** ⚕ Art des Zahnersatzes (→ Zähne).

Anton Bruckner. Porträt und Autogramm

Brücke, Die B., Gemeinschaft expressionist. Maler, 1905 in Dresden gegr. von E. L. Kirchner, E. Heckel und K. Schmidt-Rottluff; Mitglieder waren M. Pechstein, E. Nolde, O. Mueller u. a., bestand bis 1913.

Brückenau, Bad B., Stadt im Kr. Kissingen, Bayern, 7 300 Ew.; Heilquellen und Moorbäder.

Brückenechse, Tuatera, einzige noch lebende Art einer sonst ausgestorbenen altertüml. Kriechtiergruppe, 0,5 m lang, mit Scheitelauge; kleine Bestände auf neuseeländ. Inseln.

Brückenkopf, ⚔ Stellung, die im ersten Fußfassen nach dem Übersetzen am feindl. Ufer eines Flusses, Sees u. a. errungen oder beim Rückzug mit letzten Einheiten gehalten wird.

Bruckner, 1) Anton, österr. Komponist, * 1824, † 1896; Domorganist in Linz, dann Lehrer am Konservatorium in Wien. Seine von religiösem Erleben getragene Musik vereint die Pracht und Feierlichkeit des Barocks, die melod. Tiefe der Romantik und den Frohsinn der Volksweise. Sinfonien; Streichquintett; 3 große Messen, Tedeum u. a. Kirchenmusik; Männerchöre. – **2)** Ferdinand, eigentl. Theodor **Tagger,** österr. Schriftsteller, Dramaturg, * 1891, † 1958; schrieb naturalist., zeit- und gesellschaftskrit. Stücke, u. a. »Krankheit der Jugend« (1929), »Das irdene Wägelchen« (1957).

Brückner, Christine, dt. Schriftstellerin, * 1921, † 1996; bekannte Romane u. a. »Nirgendwo ist Poenichen« (1977), »Die Quints« (1985).

Brüdergemeine, dem Pietismus verwandte ev. Freikirche, geht auf die Böhmischen Brüder zurück, die 1722 unter dem Schutz des Grafen Zinzendorf in der Oberlausitz die Kolonie Herrnhut gründeten **(Herrnhuter);** heute bestehen Kolonien in Europa, Amerika und Afrika. Die B. unterhält Schulen, betreibt Missionstätigkeit.

Bruderschaften, 1) kath.-kirchl. Vereinigungen zur Förderung der Frömmigkeit, der Nächstenliebe und des Gottesdienstes. – **2)** ev. **Kommunitäten,** die Pfarrer und Laien zu geistl.-diakon. Leben in klosterähnl. Wohngemeinschaft vereinen.

Bruegel ['brø:xəl], **Breughel,** niederländ. Malerfamilie. Der bedeutendste, **Pieter d. Ä.** (»Bauern-B.«), * um 1525/30, † 1569, malte drast. Bauernbilder, meisterl. Landschaften. Von seinen beiden Söhnen malte

Pieter d. J. (»Höllen-B.«), *um 1564, † 1638, spukhafte Darstellungen, Bauernkirmessen und Winterlandschaften, **Jan d. Ä.** (»Samt-B.«, »Blumen-B.«), * 1568, † 1625, kleine Landschaften, Blumenstillleben.

Brügge, fläm. **Brugge,** frz. **Bruges,** Hptst. der belg. Prov. W-Flandern, 116 900 Ew., 15 km von der Küste, mit dem Meer durch den B.-Seekanal verbunden; mittelalterl. Gebäude. Schiffswerften, Motorenbau, Stahlwerke, Blumen-, bes. Orchideenzucht. – Im MA. bedeutender Seehafen (an später versandetem Meerbusen).

Brüggemann, Hans, dt. Bildschnitzer, *um 1480, † nach 1523; berühmt ist der Bordesholmer Altar aus unbemaltem Eichenholz (1514 bis 1521), seit 1666 im Schleswiger Dom.

Brühl, Stadt in NRW, südl. von Köln, 43 700 Ew.; Schloss Augustusburg nach Entwürfen von J. C. Schlaun, Rokokotreppenhaus von J. B. Neumann; Schloss und Jagdschlösschen Falkenlust gehören zum Weltkulturerbe. Eisen und Papier verarbeitende Ind., Bierbrauerei.

Brühl, Heinrich Graf von, kursächs. Staatsmann, * 1700, † 1763; seit 1746 leitender Min. Friedrich Augusts II. von Sa.; häufte Reichtümer an, ließ in Dresden die **Brühlsche Terrasse** als Garten seines Palais anlegen.

Brüll|affen, Gattung der kapuzinerartigen Affen in Süd- und Mittelamerika; langer Greifschwanz, ♂ mit stark ausgebildeten Stimmorganen.

Brumaire [bryˈmɛːr] *der,* 2. Monat im frz. Revolutionskalender, 22./23. bzw. 24. 10. bis 20./21. bzw. 22. 11. Am 18. B. des Jahres VIII (9. 11. 1799) wurde Napoleon durch Staatsstreich Erster Konsul.

Brunch [brʌntʃ; aus engl. **br**eakfast »Frühstück« und l**unch** »Mittagessen«], spätes, ausgedehntes, reichl. Frühstück und zugleich Mittagessen.

Brundtland, Gro Harlem, norweg. Politikerin, * 1939; 1990 bis 1996 Min.-Präs.; Karlspreisträgerin.

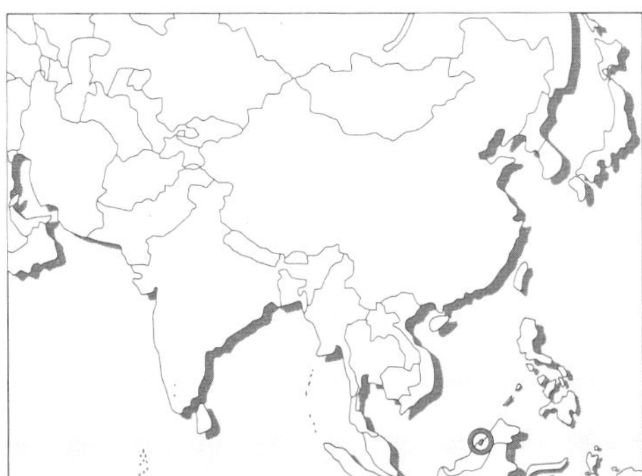

Brunei, Sultanat im N Borneos; 5 765 km², 279 000 Ew., Hptst. Bandar Seri Begawan; Erdöl-, Erdgas- und Kautschukgewinnung, daneben Pfeffer- und Holzexport. Seit 1888 brit. Protektorat, erhielt 1971 innere Autonomie; unabhängig seit 1984.

Brunelle *die,* → Braunelle.

Brunelleschi [-ˈleski], Filippo, ital. Baumeister, * 1377, † 1446; Hauptvertreter der ital. Frührenaissance (Pazzikapelle, San Lorenzo, Santo Spirito, Domkuppel in Florenz); Entdecker der zentralperspektiv. Raumkonstruktion.

Brunft *die,* → Brunst.

Brunhild, Brünhild, 1) Gestalt aus dem → Nibelungenlied. – **2)** eine → Walküre.

Brünieren *das,* Oberflächenbehandlung von Eisen und Stahl in oxidierenden Salzlösungen, wodurch eine dünne dunkelbraune bis schwarze Oxidschicht entsteht.

Brüning, Heinrich, dt. Politiker, * 1885, † 1970; Geschäftsführer des (christl.) Dt. Gewerkschaftsbunds, als Führer der Zentrumspartei 1930 bis 1932 Reichskanzler; suchte die schwere Wirtschaftskrise durch Notverordnungen zu bekämpfen, erreichte die Beseitigung der Reparationen; 1934 Emigration in die USA.

Brünn, tschech. **Brno,** südmähr. Bez.-Hptst., ČR, 190 km südöstl. von Prag, 389 700 Ew., an der Schwarzawa; Univ., TH; Bischofssitz; zahlreiche Barockbauten, Dom (14. Jh.); Maschinen-, Textil-, Leder- und chem. Ind., Messe, wichtiger Handelsplatz. Oberhalb von B. der **Spielberg** (Festung, Staatsgefängnis).

Brunnen, Anlage zur Förderung von Grundwasser. **Schacht-B.,** Schacht aus Mauerwerk oder Stahlbetonringen. Das Wasser wird mit Schöpfeimer (Zieh-B.) oder Pumpe gehoben. **Rohr-B.,** ein Bohrloch wird durch ein Metallrohr ausgekleidet. Das Wasser wird durch eine Pumpe gefördert. **Ramm-B.** (Abessinier-B.), ein eisernes Rohr mit Spitze und Schlitzen wird in den Boden getrieben. **Artes. B.,** das Wasser tritt selbsttätig zutage (Überdruck), wenn es sich zw. 2 wasserundurchlässigen Schichten ansammelt und der Grundwasserspiegel höher als die Entnahmestelle liegt.

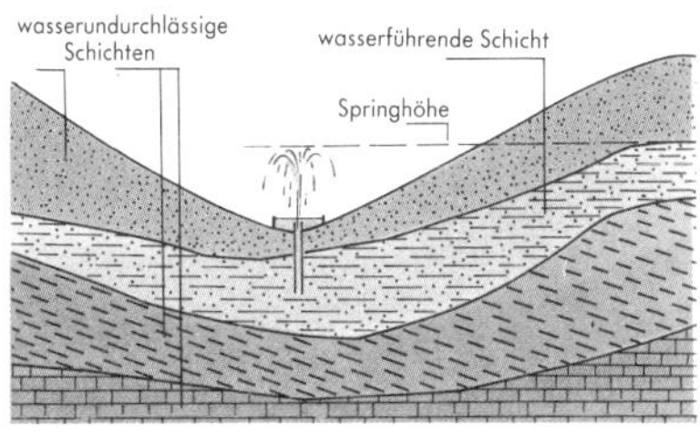

Artesischer **Brunnen**

Brunnenkresse → Kresse, → Schaumkraut.

Brunner, 1) Emil, schweizer. ref. Theologe, * 1889, † 1966; ein Begründer der dialekt. Theologie. – **2)** Karl, schweizer. Volkswirtschaftler, * 1916, † 1989; Geldtheoretiker, einer der Hauptvertreter des Monetarismus.

Bruno, Giordano, ital. Philosoph, Dominikaner, * 1548, 1600 als Ketzer verbrannt; neigte pantheist. Gedanken zu; beeinflusste u. a. Spinoza, Herder, Goethe, Schelling.

Bruno, Heilige: **1) B. von Querfurt,** Apostel der Preußen, † (erschlagen) 1009; Missionar der Polen, Ungarn und Preußen (Tag: 9. 3.). – **2) B. von Köln,** * um 1032, † 1101; gründete den Orden der Kartäuser, Tag: 6. 10.

Brunsbüttel, Stadt im Landkr. Dithmarschen, Schlesw.-Holst., 14 000 Ew.; an der Mündung des Nord-Ostsee-Kanals in die Elbe; großer Umschlaghafen (Erdöl). Stahl-, Leichtmetall-, chem. Ind.; Kernkraftwerk.

Brunst [von brennen] *die,* bei Säugetieren Zustand geschlechtl. Erregung, der i. d. R. zur Paarung führt; beim wiederkäuenden Schalenwild **Brunft,** beim Schwarzwild **Rauschzeit,** beim Raubwild **Ranzzeit,** bei Hase und Kaninchen **Rammelzeit** genannt. Die B. ist häufig verbunden mit **B.-Spielen,** Hervortreten besonderer Farben oder Organe (Brunstfeige der Gämsen).

Brüssel, fläm. **Brussel,** frz. **Bruxelles,** Hptst. von Belgien, an der Senne und dem Brüsseler Seekanal, 134 900 Ew. (mit Vororten 949 100); mehrere Univ.; die fläm. Altstadt ist der Sitz des Geschäftslebens; Zunfthäuser, mittelalterl. Rathaus, Schloss u. a.; Ind.- und Handelsstadt; Maschinen-, Textilfabriken (Brüsseler Spitzen); internat. ✈. B. ist Behördensitz, u. a.

Brüssel Stadtwappen

Gro Harlem **Brundtland**

Brünn Stadtwappen

Brunei

Staatswappen

Staatsflagge

Internationales Kfz-Kennzeichen

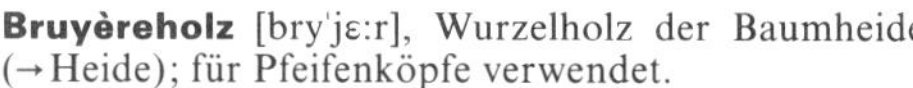

der EU-Kommission, des Hauptquartiers der NATO. – Im MA. war B. Sitz der Herzöge von Brabant, dann Hptst. der spanisch-habsburg. Niederlande.

Brüsseler Vertrag, Vertrag vom 17. 3. 1948 zw. Belgien, Frankreich, Großbritannien, Luxemburg und den Niederlanden über wirtschaftl., soziale und kulturelle Zusammenarbeit und kollektive Selbstverteidigung. Nach dem Scheitern der Europäischen Verteidigungsgemeinschaft traten die Bundesrep. Dtl. und Italien durch die → Pariser Verträge vom 23. 10. 1954 dem geänderten und seiner gegen Dtl. gerichteten Spitze entkleideten B. V. bei. 1955 wurde der B. V. in die → Westeuropäische Union umgewandelt.

Brust, bei Mensch und Wirbeltieren der obere oder vordere Teil des Rumpfes, bei Gliederfüßern der mittlere Teil des Körpers. Beim Menschen wird die **B.-Höhle** durch das Zwerchfell und vom **B.-Korb** (Thorax), bestehend aus B.-Wirbelsäule, Rippen und **B.-Bein,** umschlossen. In der B.-Höhle liegen die **B.-Eingeweide:** Lungen, Herz, Luft- und Speiseröhre, Lymphknoten, Thymusdrüse.

Günter de Bruyn

Brustdrüsen, Milchdrüsen, Drüsen der Säugetiere, die die zur Aufzucht der Jungen notwendige Milch absondern, bei der Frau in Form der **Brüste** entwickelt.

Brustfell → Rippenfell.

Brustfellentzündung → Rippenfellentzündung.

Brustkrebs, bösartige Geschwulst der Brustdrüsen (→ Krebs).

Brustkreuz, goldenes Kreuz der Kardinäle, Bischöfe, Äbte; auch Amtszeichen des ev. Bischofs.

Brusttee, Mischung von Eibischwurzel, Süßholz, Veilchenwurzel, Huflattichblättern, Wollblumen und Anis; wirkt schleimlösend.

Martin Buber

Brüten, 1) Erwärmen der Eier durch das Elterntier bis zum Ausschlüpfen der Jungen, bes. bei Vögeln, meist durch das ♀, zumeist in mehr oder weniger kunstvoll gebauten Nestern; man unterscheidet **Höhlen-** und **Freibrüter** (Busch- und Bodenbrüter). Die Brutzeit beträgt bei kleinen Vogelarten 10 bis 14, bei größeren bis zu 80 Tage. In der Geflügelzucht betreibt man auch **künstl. B.** in **Brutöfen, -schränken, -maschinen.** – **2)** Erzeugung von neuem Spaltstoff aus nicht spaltbarem Material im Kernreaktor **(Brutreaktor).**

Brutfürsorge, Brutpflege, instinktive Vorsorgemaßnahmen der Elterntiere für das Gedeihen ihrer Nachkommenschaft (Bewachen der Brut, Beschaffen von Nahrung, Füttern u. a.).

Ignatz Bubis

Brutkasten, Inkubator, durchsichtige, klimatisierte, sterile Kammer zur Pflege und Behandlung von Früh- und Neugeborenen.

Brutparasitismus, Verhaltensweise bei einigen Insekten und Vögeln, bei der das Ausbrüten und die Pflege der Nachkommen einer anderen Tierart, oft auf Kosten von deren Brut, überlassen wird; Beispiel: Kuckuck.

Brutreaktor, Brüter, → Brüten 2).

brutto, roh, bes. in Zusammensetzungen gebräuchlich: **Bruttoeinnahme,** Roheinnahme, von der noch die Unkosten abzurechnen sind; **Bruttolohn,** Lohn, von dem noch die Steuern und Sozialabgaben abgehen. **Bruttogewicht,** Gewicht der Ware mit Verpackung. **Bruttoregistertonne** → Registertonne.

Bruttosozialprodukt, Abk. **BSP,** in Geldeinheiten ausgedrückter Wert aller Güter und Dienstleistungen, die in einer Volkswirtschaft während einer bestimmten Periode (meist bezogen auf ein Jahr) konsumiert, investiert und exportiert werden und die einen Marktpreis besitzen, vermindert um die Importe.

Brutus, 1) Lucius Iunius, angebl. Befreier Roms von der Herrschaft der Tarquinier 509 v. Chr. – **2)** Marcus Iunius, * 85 v. Chr., einer der Mörder Caesars; unterlag 42 v. Chr. bei Philippi Antonius und Octavian und tötete sich.

Bruyèreholz [bry'jɛ:r], Wurzelholz der Baumheide (→ Heide); für Pfeifenköpfe verwendet.

Bruyn [brœjn], Günter de, dt. Schriftsteller, * 1926; schreibt krit.-satir. Erz. (u. a. »Babylon«, 1986), Romane (»Buridans Esel«, 1968; »Neue Herrlichkeit«, 1984); Autobiographie (»Zwischenbilanz«, 1992), Hörspiele; Heinrich-Böll-Preis 1990.

BSB, Abk. für → biochemischer Sauerstoffbedarf.

BSE, Abk. für **b**ovine **s**pongiforme **E**nzephalopathie (→ Rinderwahnsinn).

BSP, Abk. für → **B**rutto**s**ozial**p**rodukt.

Btx, BTX, Abk. für → Bildschirmtext.

Buber, Martin, jüd. Religionsphilosoph, * 1878, † 1965; führender Zionist, machte u. a. die Lehren und Legenden des → Chassidismus bekannt; dt. Bibelübersetzung.

Bubis, Ignatz, dt. Kaufmann, * 1927; seit Sept. 1992 Vors. des Zentralrats der Juden in Deutschland.

Bubo *der,* Pl. **Bubonen,** entzündl. Anschwellung der Lymphknoten in der Leistengegend. **Bubonenpest** → Pest.

Bucaramanga, Hptst. des Dep. Santander, Kolumbien, 349 400 Ew.; Handels- und Ind. zentrum, Tabak- und Kaffeeanbau, TU, ✠.

Bucer, Butzer, Martin, dt. Reformator, * 1491, † 1551; wirkte in Straßburg, Ulm, Hessen und Köln, zuletzt in Cambridge; vermittelte im Abendmahlsstreit zw. Luther und den Oberdeutschen; führte die Konfirmation ein.

Bucerius, Gerd, dt. Verleger und Publizist, * 1906, † 1995; Jurist; Mitbegründer und Verleger der polit. Wochenzeitung »Die Zeit«, Mitbegründer des Verlags **Gruner + Jahr,** Hamburg.

Buch [urspr. die zusammengehefteten Buchenholztafeln, auf die man schrieb], mehrere zu einem Ganzen zusammengeheftete bedruckte, beschriebene oder leere Blätter, die in einen B.-Einband eingebunden oder eingeheftet sind (→ Buchbinderei). – Die Bücher der Babylonier und Assyrer (etwa 3000 v. Chr.) bestanden aus gebrannten Tontafeln, die der Inder aus zusammengeschnürten Palmblättern; in China wurden etwa ab 1300 v. Chr. mit Bändern zusammengehaltene Bambus- oder Holzstreifen benutzt. Ägypter, Griechen und Römer hatten Papyrusrollen. Ab dem 3. Jh. v. Chr. kam das Pergament auf, später im Abendland für lange Zeit der einzige Beschreibstoff. Mit ihm wurde die flache, viereckige Buchform **(Codex)** üblich. Das Pergament war sehr haltbar, aber teuer. Verbilligung brachte das von den Arabern und Chinesen schon seit dem 8., im Abendland erst seit dem 13. Jh. gebrauchte Papier und seit dem 15. Jh. der → Buchdruck, der eine Massenerzeugung von Büchern ermöglichte.

Buchara, Gebietshptst. in Usbekistan, südöstl. des Aralsees, 249 600 Ew.; Baumwollanbau, Seidenraupenzucht, Karakulzucht; Textil- und Pelzverarbeitung, Erdgasförderung; ehem. bedeutende Teppichknüpferei. – Das Gebiet B. (Transoxanien) war im MA. ein wichtiger islam. Kultur- und Handelsmittelpunkt.

Bucharin, Nikolaj Iwanowitsch, sowjet. Politiker, * 1888, † (hingerichtet) 1938; führender bolschewist. Wirtschaftstheoretiker, enger Mitarbeiter Lenins, von Stalin in einem Schauprozess zum Tode verurteilt; 1988 postum rehabilitiert.

Buchbinderei, Gesamtheit der Arbeiten vom Falzen der einzelnen Druckbogen bis zur Fertigstellung eines Buches; Zusammenheften, Pressen, Beschneiden des Buchblocks; Herstellung und Anbringen des Buchdeckels.

Buchdruck, Hochdruckverfahren für den Druck von Büchern, Bildern, Zeitungen. Die wichtigsten Arbeitsvorgänge: Zunächst wird der Schriftsatz hergestellt. Beim **Handsatz** reiht der Setzer nach dem Manuskript

Georg Büchner. Porträt und Autogramm

die Lettern zu einer Zeile, die er im Winkelhaken auf die eingestellte Zeilenlänge bringt. **Setzmaschinen** liefern den Schriftsatz entweder in Einzelbuchstaben **(Monotype)** oder in ganzen Zeilen **(Linotype).** Der erste Druck wird als **Fahne** für die Korrektur auf einer Presse abgezogen **(Bürstenabzug). Umbruch** ist das Zusammenstellen des Satzes zu Druckseiten durch den Metteur. Die nun fertigen Seiten werden zur Druckform zusammengestellt und in die Druckmaschine (Tiegeldruckmaschine, Schnellpresse, Rotationsmaschine) eingehoben. Für den Rotationsdruck wird von jeder Druckform eine Matrize geprägt und mit Schriftmetall zu einer gerundeten Druckplatte ausgegossen. In der Buch-, Zeitungs- und Katalogproduktion ist der B. vom Offset- und Tiefdruck verdrängt worden (→Druckverfahren). – Der B. mit gegossenen bewegl. Lettern wurde von J. →Gutenberg erfunden.

Buchdrucker →Borkenkäfer.

Buche, Rotbuche, bis 30 m hoch wachsender Waldbaum Mitteleuropas, Gattung der →Buchengewächse. Das Holz der B. ist gutes Brenn- und Nutzholz; die Frucht, die **Buchecker** oder **Buchel,** wird zur Viehmast verwendet. Eine Spielart ist die rotblättrige **Blut-B.; Hain-B.** →Weißbuche.

Buchengewächse, Familie zweikeimblättriger Holzgewächse mit 7 Gattungen und rd. 600 Arten; bes. in den gemäßigten Klimagebieten. Zu den B. gehören Eiche, Rotbuche, Scheinbuche, Hopfenbuche und Edelkastanie.

Buchenland →Bukowina.

Buchenspinner, Nachtschmetterlinge: **1)** →Rotschwanz. – **2) Gabelschwänze,** mehrere Arten der Zahnspinner mit grünl. Raupen, fressen an Buchen u. a. Laubhölzern.

Buchenwald, 1937 bis 1945 natsoz. KZ (etwa 56 000 Todesopfer), 1945 bis 1950 sowjet. Internierungslager, auf dem Ettersberg bei Weimar; Mahnmal und Gedenkstätte.

Bücherei →Bibliothek.

Bücherlaus, kleines, flügelloses Insekt; ernährt sich von Schimmelpilzen, befällt feuchtes Papier.

Bücherrevisor →Buchprüfer.

Bücherskorpion, nützl. Spinnentier, 3 mm lang, v. a. in alten Büchern, Herbarien und Insektensammlungen; vertilgt Milben und Staubläuse.

Buchfink →Finken.

Buchführung, Buchhaltung, zeitl. und sachl. geordnete, lückenlose Aufzeichnung aller erfolgs- und vermögenswirksamen Geschäftsvorfälle. Einen Überblick über die geführten Konten und die Prinzipien, nach denen sie eingeteilt werden, gibt der Kontenplan. Die B. umfasst als Teilbereiche die **Finanz-(Geschäfts-)Buchhaltung** (zur Aufzeichnung der Außenbeziehungen einer Betriebswirtschaft) und die **Betriebsbuchhaltung** (zur Überwachung des innerbetriebl., leistungsbezogenen Werteverzehrs). Als grundsätzl. versch. B.-Systeme unterscheidet man die kameralist., die einfache und die doppelte B. Die **kameralist. B.** (auch **Verwaltungs-** oder **Behörden-B.** genannt) verzeichnet Einnahmen und Ausgaben und ermittelt in Form eines Soll-Ist-Vergleichs die Abweichungen von den jeweiligen [Haushalts]plänen. Die **einfache B.** stellt eine reine Bestandsverrechnung dar, die nur die eingetretenen Veränderungen der Vermögensposten in chronolog. Reihenfolge festhält. Dabei besteht jede Buchung ledigl. in einer Last- oder Gutschrift. Der Erfolg wird durch Gegenüberstellung des Reinvermögens (Eigenkapital) am Anfang und am Ende einer Rechnungsperiode ermittelt, ohne die einzelnen Erfolgskomponenten (Aufwand und Ertrag) zu berücksichtigen. Die **doppelte B.** (Doppik) ermittelt den Erfolg einmal durch Bestandsvergleich (Bilanz) und andererseits durch eine eigenständige Aufwands-und-Ertrags-Rechnung. Jeder Geschäftsvorfall hat dabei zwei wertgleiche Buchungen (Soll- und Habenbuchung) zur Folge. Die allg. **B.-Pflicht** wird im Handelsgesetzbuch (§ 238 Abs. 1) definiert: Jeder Kaufmann ist verpflichtet, Bücher zu führen und in diesen seine Handelsgeschäfte und die Lage seines Vermögens ersichtl. zu machen.

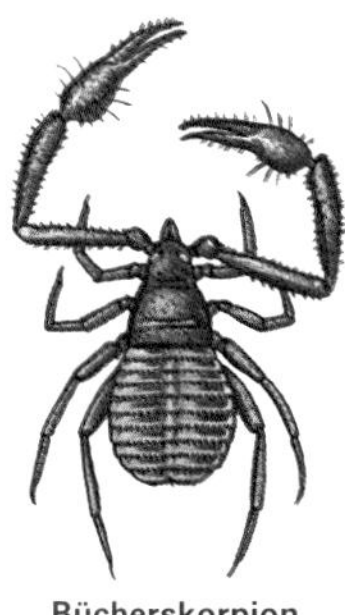

Bücherskorpion

Buchgeld, Giralgeld [ʒi-], die gesamten Bankguthaben, die neben dem Bargeld zu bargeldlosem Zahlungsverkehr dienen.

Buchgemeinschaft, Buchklub, Lesering, verlagsartiges Unternehmen, das Bücher und Tonträger zum verbilligten Preis vertreibt, verbunden mit der Pflicht zur Abnahme eines bestimmten Angebots innerhalb einer bestimmten Frist; z. B. »Dt. Buchgemeinschaft«, »Büchergilde Gutenberg«, »Bertelsmann Lesering«.

Buchhandel, Wirtschaftszweig, der sich mit Herstellung und Vertrieb von Werken des Schrifttums, der Tonkunst, der bildenden Kunst und Fotografie befasst, die durch ein graf. oder fotomechan. Verfahren vervielfältigt sind (Bücher, Zeitschriften, Musikalien, Kunstblätter, Atlanten, Landkarten, Globen). Gewerbsmäßige Herstellung und Verbreitung von Gegenständen des B. ist Aufgabe des **Verlags-B.,** während sich der **Sortiments-B.,** der **Reise- und Versand-B.,** der **Werbende Buch- und Zeitschriftenhandel,** der **Bahnhofs-** und der **Antiquariats-B.** dem Einzelvertrieb widmen. Zw. Verlag und Sortiment vermitteln **Kommissions-B., Barsortiment, Großbuchhandel.** (→Börsenverein des Deutschen Buchhandels e. V.)

Buchheim, Lothar-Günther, dt. Verleger, Schriftsteller, Fotograf und Maler, *1918; gründete 1951 den Kunstbuchverlag Buchheim-Verlag, Feldafing; besitzt bedeutende Sammlung expressionist. Malerei. Bekannt sein realist. Roman »Das Boot« (1973; verfilmt 1981); daneben Monographien zum Expressionismus, Fotobände.

Buchholz, 1) →Annaberg-Buchholz. – **2) B. in der Nordheide,** Stadt im Kr. Harburg, Ndsachs., in der nördl. Lüneburger Heide, 34 200 Ew.; chem. und Holzind., Metallverarbeitung.

Buchkredit, in laufender Rechnung gewährter kurzfristiger Kredit, bes. der Kontokorrentkredit.

Buchmacher, gewerbsmäßiger Vermittler von Wetten, z. B. für Pferderennen.

Buchmalerei →Miniatur.

Budapest. Parlamentsgebäude (1884 bis 1902)

Buchman ['bʌkmən], Frank Nathan David, amerikan. luther. Geistlicher, *1878, †1961; Leiter der Bewegung für Moralische Aufrüstung.

Büchmann, Georg, dt. Philologe, *1822, †1884; Herausgeber der Zitatensammlung »Geflügelte Worte« (1864; Neuausgabe 1994).

Budapest Stadtwappen

Buchmesse, Fachmesse des Buchhandels; urspr. Teil der allg. Handelsmessen; bedeutende dt. B. in Frankfurt am Main und Leipzig.

Büchner, Georg, dt. Dichter, *1813, †1837; musste wegen seiner Kampfschrift »Der Hess. Landbote« (1834) fliehen; ab 1836 Privatdozent für Medizin in Zürich; Tragödie »Dantons Tod« (1835), Lustspiel »Leonce und Lena« (1836), Tragödie »Woyzeck« (1836). BILD S. 131

Buchprüfer, vereidigter B., öffentl. bestellter Sachverständiger für alle Fragen des Rechnungswesens der Unternehmungen (Buchhaltung, Bilanz, Kostenrechnung).

Buchsbaum, immergrüner Strauch; im Mittelmeergebiet heimisch; Zierstrauch.

Buchschuld, 1) Geldschulden, die lediglich durch Eintrag in den Hauptbüchern nachgewiesen werden. – **2)** Staatsschulden, für die keine Wertpapiere ausgegeben, sondern nur die Gläubiger im Staatsschuldbuch eingetragen sind.

Pearl S. Buck

Büchse, 1) Gewehr mit gezogenem Lauf für Kugelpatronen zu Jagd und Sport. – **2)** Behälter, meist zylindrisch, z. B. für Konserven.

Büchsflinte *die,* ein Jagdgewehr mit einem gezogenen Lauf (Büchsenlauf, für Kugel) und einem glatten Lauf (Flintenlauf, für Schrot).

Buchung, 1) Buchführung: Eintragung von Geschäftsvorfällen. – **2)** Platzbestellung für Schiffs-, Flugreisen usw.

Buchweizen, Gattung der Knöterichgewächse. 2 Arten: **Echter B.,** weiß und rosa blühend; **Tatar. B.,** grün blühend. Die dreikantigen Nüsschen werden zu Mehl, Grütze und Viehfutter verarbeitet.

Buchwert, Wert, mit dem Vermögensgegenstände oder Schulden eines Unternehmens in den Büchern oder der Bilanz eingetragen sind.

Buck [bʌk], Pearl S[ydenstricker], amerikan. Schriftstellerin, *1892, †1973; wuchs in China auf; schildert in ihren Romanen den chin. Menschen im Konflikt zw. Tradition und Moderne: »Ostwind–Westwind« (1930), »Mandala« (1970) u. a.; Nobelpreis für Literatur 1938.

Symbol des **Buddhismus**

Bückeberge, zum Wesergebirge gehöriger Höhenzug, Fortsetzung des Deisters, Ndsachs., 367 m hoch, Teil des Naturparks Weserbergland.

Bückeburg, Stadt in Ndsachs., am Rand des Weserberglands, 20 900 Ew.; ehem. Hptst. von Schaumburg-Lippe.

Buckel, Kyphose, Rundrücken, Wirbelsäulenverkrümmung nach hinten.

Buckelwal, etwa 11,5 bis 15 m langer, etwa 29 t schwerer Furchenwal; Oberseite schwarz, Unterseite heller; vorwiegend in küstennahen Gewässern.

Buckingham Palace ['bʌkɪŋəm 'pælɪs], Schloss, seit 1837 königl. Residenz in London; Anfang des 18. Jh. als Landhaus für den Herzog von Buckingham erbaut, mehrmals erweitert.

Buckinghamshire ['bʌkɪŋəmʃɪə], County in S-England.

Bückling, schwach gesalzener, bei starker Hitze geräucherter Hering.

Budapest, Hptst. Ungarns, 2 Mio. Ew., an der Donau. Auf den Anhöhen des rechten Ufers liegt Buda (dt. Ofen) mit Burg und Regierungsgebäuden, am linken Ufer die Geschäftsstadt Pest. B. ist kultureller Mittelpunkt (6 Univ., mehrere TH und Fachhochschulen, Hochschule für Musik und bildende Kunst, Bibliotheken, zahlreiche Museen u. a.) und Verkehrs- und Wirtschaftsmittelpunkt Ungarns. Maschinen-, Fahrzeug-, Schiffbau, Feinmechanik, chem. und Textilind.; Heilquellen; ✈. – Pest und Ofen entstanden im MA. als dt. Stadtgemeinden, 1526/41 bis 1686 waren sie türkisch.

Buddha [Sanskrit »der Erwachte, der Erleuchtete«], Ehrenname des ind. Religionsstifters **Siddhartha Gautama,** *um 560, †um 480 v. Chr. (beide Daten vielleicht auch etwa 100 Jahre später), aus dem Adelsgeschlecht der Shakya. B. verließ mit 29 Jahren seine Familie und suchte Erlösung; er sammelte umherziehend eine Gemeinde und gründete den buddhist. Mönchsorden.

Buddhismus *der,* die von Buddha im 6. oder 5. Jh. v. Chr. im nördl. Vorderindien gestiftete Religion. Ausgangspunkt der Lehre des B. ist der von Buddha in Benares verkündete Grundsatz der »vier edlen Wahrheiten«: 1) Alles Leben ist unablässigem Leiden unterworfen, 2) die Ursache des Leidens sind die Leidenschaften (die Begierde nach Lust, der Wille zum Leben), 3) die Befreiung von den Leidenschaften, vom Willen zum Leben, hebt das Leiden auf, 4) der Weg zur Aufhebung ist der »heilige, achtfache Pfad«: rechte Anschauung und Gesinnung, rechtes Reden, rechtes Handeln und Leben, rechtes Streben, rechtes Denken und Sichversenken. Dieser Heilsweg kann auf 3 Stufen zurückgeführt werden: ethisch-asket. Zucht, Versenkung und erlösende Erkenntnis als »dreifaches Wissen«: Erinnerung an die früheren Geburten, Erkenntnis des Gesetzes vom →Karma, Erkenntnis der 4 edlen Wahrheiten. Sie vermag jeden Einzelnen durch völlige Selbstentäußerung aus dem Kreislauf der Geburten (Samsara) zu lösen. Der Zustand des endgültigen Erlöschens, in den der Erlöste eingeht, ist das Nirvana. Der B. kennt keine ewigen, unvergängl. Substanzen, weder Materie noch Seele, weder einen persönl. Weltenherrn noch ein unpersönl. Absolutes, das den Urgrund der Welt bildet; von Anfang an ist er durch Toleranz geprägt. – Im 3. Jh. v. Chr. wurde der B. unter König Aschoka in Indien Staatsreligion; von da an begann eine ausgedehnte Missionstätigkeit. Dabei hat der B. viele Veränderungen erfahren. Man unterscheidet den südl. B. (**Hinayana,** »Kleines Fahrzeug«) und den nördl. B. (**Mahayana,** »Großes Fahrzeug«). Das Hinayana versprach die Erlösung nur wenigen, das Mahayana wollte alle Wesen zur Erlösung führen und zählte auf tätige Hilfe vieler Buddhas und Bodhisattvas (Erleuchtungswesen). Der B. verbreitete sich über O-Asien. In Indien wurde er durch den Hinduismus verdrängt und war seit dem 7. Jh. n. Chr. erloschen. In Hinterindien und Sri Lanka blieb er erhalten (Hinayana). In Tibet entstand die Sonderform des →Lamaismus, in Japan die des →Zen. In neuerer Zeit hat der B. auch Anhänger in Europa und Amerika gefunden.

Budget [by'dʒe] *das,* →Haushaltsplan.

Büdingen, Stadt in Hessen, am Rande der Wetterau, Luftkurort, 20 400 Ew.; mittelalterl. Stadtbild, Fürstlich Ysenburgisches Schloss.

Budjonnyj [bu'djɔni], Semjon Michajlowitsch, Marschall der Sowjetunion, * 1883, † 1973; Führer der »Roten Reiterarmee« im Bürgerkrieg, 1941 Oberbefehlshaber der sowjet. SW-Front.

Budo *das,* Sammelbezeichnung für alle ostasiat. waffenlosen Selbstverteidigungs- und Kampfsportarten, z. B. Judo, Jujutsu, Karate, Aikido, Kendo und Taekwondo.

Budweis, tschech. **České Budějovice,** Hptst. Südböhmens, an der Moldau, ČR, 97 000 Ew.; kath. Bischofssitz; Metallwaren-, Möbel- und Lebensmittelind., Bleistiftherstellung, Bierbrauerei. 1265 als königl. Stadt gegründet. Frühgot. Dominikanerkloster, barockes Rathaus u. a. Baudenkmäler.

Buenaventura, wichtigster Hafen Kolumbiens, am Pazif. Ozean; 156 000 Einwohner.

Buenos Aires, Hptst. Argentiniens und zweitgrößte Stadt Südamerikas, am Río de la Plata, 2,96 Mio. Ew.; polit., geistiger und wirtschaftl. Mittelpunkt Argentiniens; Erzbischofssitz; mehrere Univ., Kunstakademie, Museen, zahlreiche Theater; botan. Garten, Zoo; Automobilwerke, Textil-, Nahrungs- und Genussmittel-, chem. Ind.; moderne Hafenanlagen; internat. ✈. – B. A. wurde 1536 von den Spaniern gegr., nach Indianerüberfällen 1580 neu aufgebaut.

Büfett, Buffet [by'fe] *das,* **1)** Schrank für Geschirr, Schanktisch, Anrichtetisch. – **2) kaltes B.,** zur Selbstbedienung angerichtete kalte Speisen.

Buff, Charlotte, * 1753, † 1828; 1772 Freundin Goethes, in vielen Zügen Vorbild für die Lotte in Goethes »Werther«.

Buffa *die,* Posse. **Opera buffa,** kom. Oper.

Buffalo ['bʌfələʊ], Stadt im Staat New York, USA, am Eriesee, 328 100 Ew.; Umschlagplatz für Massengüter, Stahl-, Flugzeug- u. a. Industrie.

Buffalo Bill ['bʌfələʊ -], eigentl. William F. **Cody** ['kəʊdɪ], amerikan. Pionier und Offizier, * 1845, † 1917; nahm an den Indianerkriegen teil; brachte 1887 die erste Wildwestschau nach Europa.

Büffel, Gruppe der Wildrinder mit langen, oft gebogenen Hörnern. **Ind. B.** (Arni, Wasser-B.), auch gezähmt als Haus-B., bes. für Arbeiten auf sumpfigem Gelände. **Kaffern-B.** in Mittel- und Südafrika.

Buffet [by'fɛ], Bernard, frz. Maler, Grafiker und Bildhauer, * 1928; gestaltet streng geometrisch komponierte Bilder.

Bug *der,* **1)** vorderster Teil des Schiffs oder Flugzeugs. – **2)** Schulterteil der Säugetiere, Blatt; Schulterfleisch.

Bug *der,* Flüsse: **1) Südl. B.** in der Ukraine, mündet in das Haff (Liman) des Dnjeprs, 806 km. – **2) Westl. B.,** linker Nebenfluss des Narew, aus O-Galizien, 772 km, bildet im Mittellauf die poln.-sowjet. Grenze.

Bugatti, Ettore, frz. Autokonstrukteur ital. Herkunft, * 1881, † 1947; baute Kompressorrennwagen und Luxuslimousinen.

Bügelhorn, trompetenähnliche Blechblasinstrumente mit weitem, kon. Rohr und Kesselmundstück, z. B. Tuba, Sousaphon.

Bugenhagen, Johannes, dt. Reformator, Mitarbeiter Luthers, * 1485, † 1558; verfasste Kirchenordnungen und eine Gesch. Pommerns.

Buggy ['bʌgɪ] *der,* **1)** leichter zwei- oder vierrädriger einspänniger Wagen. – **2)** offenes, geländegängiges Freizeitauto. – **3)** zusammenklappbarer, leichter Kinderwagen.

Bugspriet *das,* beim Segelschiff ein über den Bug vorstehendes Rundholz zum Befestigen der Vorsegel.

Bühl, Krst. in Bad.-Württ., am Westfuß des Schwarzwalds, 27 100 Ew.; Obstbaugebiet (»Bühler Zwetschen«); chem. und Elektroind., Metallverarbeitung, Granitwerke.

Bühler, 1) Charlotte, Frau von 2), dt. Psychologin, * 1893, † 1974; befasste sich mit Entwicklungspsychologie. – **2)** Karl, dt. Psychologe, * 1879, † 1963, ⚭ mit 1); Beiträge zur Sprach-, Entwicklungspsychologie.

Buhne *die,* senkrecht vom Ufer aus in das Wasser gebauter Damm zur Strömungsregulierung und Förderung der Ablagerung fester Stoffe.

Bühne, erhöhte Plattform für Darbietungen in Theater-, Konzert- oder Vorführungsräumen; im Theater als **B.-Haus** ein bes. Gebäudeteil. **B.-Bild,** die bildhafte szen. Gestaltung der B. durch Kulissen, Prospekte.

Bühnen|aussprache, für die Bühne verbindlich festgelegte und normierte Aussprache des Hochdeutschen, systematisiert in dem Werk »Dt. Bühnenaussprache« (zuerst 1898) von T. Siebs.

Bujumbura, Hptst. von Burundi, Afrika, nordöstlich des Tanganjikasees, 300 000 Ew. Wirtschafts- und Kulturzentrum, Univ., internat. Flughafen.

Bukarest, rumän. **București** [-'rɛʃti], Hptst. Rumäniens, 2,06 Mio. Ew.; Sitz des Metropoliten der rumän. orth. Kirche und eines kath. Erzbischofs; Univ., Hochschulen für Musik, Kunst, Handel u. a., Museen; bedeutender Handel, Ind. (Lebensmittel-, Textil-, Metall-, Öl-, chem., Elektro- u. a. Ind.), 2 Flughäfen.

Bukett *das,* **1)** Blumenstrauß. – **2)** der Duft des Weins, die **Blume.**

bukolische Dichtung →Schäferdichtung.

Bukowina *die,* **Buchenland,** geschichtl. Landschaft in den NO-Karpaten, im rumän.-ukrain. Grenzgebiet. Hptst. Tschernowzy. Die B. fiel 1919 an Rumänien; der nördl. Teil gehörte seit 1944 zur UdSSR (heute Ukraine). Die rd. 96 000 Deutschen wurden 1940 nach Dtl. umgesiedelt.

Bukowski, Charles, amerikan. Schriftsteller, * 1920, † 1994; schilderte in seinen Gedichten, Kurzgeschichten und Romanen illusionslos die Randexistenzen der amerikan. Gesellschaft; u. a. »Kaputt in Hollywood« (1972), »Roter Mercedes« (1989).

Bukowskij, Wladimir, russ. Schriftsteller und Bürgerrechtler, * 1942, »Opposition. Eine neue Geisteskrankheit in der Sowjetunion« (1971), »Der stechende Schmerz der Freiheit« (1983).

Bulawayo, Stadt in Simbabwe, 480 000 Ew.; kath. u. anglikan. Bischofssitz; Ind.-, Verkehrs-, Handelszentrum.

Bülbüls, Haarvögel, etwa drosselgroße Singvögel Afrikas und Asiens; Arten mit wohlklingender Stimme sind beliebte Stubenvögel, z. B. Rotohrbülbül.

Bulette *die,* **Frikadelle,** gebratenes Klößchen aus Hackfleisch, eingeweichtem Brot, Ei und Gewürzen.

Echter
Buchweizen

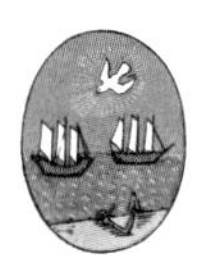
Buenos Aires
Stadtwappen

Bukarest
Stadtwappen

Bulgakow, Michail Afanasjewitsch, russ. Schriftsteller, *1891, †1940; satir. Erz., Schauspiele, Romane (»Der Meister und Margarita«, postum 1966/67, vollständig 1974).

Bulgarilen, Rep. in SO-Europa, 110 912 km², 8,9 Mio. Ew.; Hptst.: Sofia.

Bulgarien

Staatsflagge

Internationales Kfz-Kennzeichen

Nach der Verf. vom 12. 7. 1991 ist B. eine parlamentar. Rep. mit polit. Pluralismus und marktwirtschaftl. System. Staatsoberhaupt ist der aus direkter Volkswahl hervorgehende Präs. Die Führungsrolle der Bulgar. Kommunist. Partei wurde Jan. 1990 von der Nationalversammlung aus der Verf. gestrichen. Verwaltungseinteilung in 9 Gebiete. – B. grenzt im N an Rumänien, im O an das Schwarze Meer, im SO an die Türkei, im S an Griechenland und im W an Serbien und Makedonien. Klima: meist kontinental. Bev.: meist Bulgaren (Orthodoxe), rd. 8% Türken (Muslime). – Industriezweige: Maschinenbau, Hüttenwesen, Elektro-, chem., Textil- und Nahrungsmittelind.; landwirtschaftl. Produktion: u.a. Getreide, Tabak, Zuckerrüben, Obst, Sonnenblumen, Baumwolle, Rosen. Eisenbahnnetz: 4300 km; Straßennetz: rd. 37000 km; internat. ✈ bei Sofia, Plowdiw, Warna und Burgas.

Bulimie *die,* gestörtes Essverhalten mit Heißhungerattacken und anschließend selbsttätig herbeigeführtem Erbrechen.

Bulldogge, Bullenbeißer, kurzhaarige, 40 bis 45 cm schulterhohe engl. Hunderasse, gedrungener muskulöser Körperbau.

Bulldozer [-do:zər] *der,* schweres Raupenfahrzeug für Erdbewegungen, Planierraupe mit gerade stehendem Schild.

Daten zur Geschichte Bulgariens

679	Gründung des Ersten Bulgarischen Reichs unter Khan Asparuch
1018	Einverleibung in das Byzantin. Reich
1187	Zweites Bulgarisches Reich
1393–1396	Bulgarien wird von den Osmanen erobert
1877/78	Russ.-Türk. Krieg, Bulgarien wird 1878 als Fürstentum unabhängig
1908	Bulgarien wird Königreich
1912/13	1. und 2. Balkankrieg, Bulgarien wird geschlagen, Gebietsverluste
1915–1918	1. Weltkrieg aufseiten der Mittelmächte, Gebietsverluste
1941	Schließt sich den Achsenmächten an, Kriegseintritt
1944	Die UdSSR erklärt Bulgarien den Krieg
1946	Bulgarien wird kommunist. Volksrepublik
1947	Friede von Paris
1991	Demokrat. Verfassung, Präs. S. Schelew
1997	Präs. P. Stojanow; Sieg des oppositionellen antikommunist. Parteienbündnisses »Union Demokrat. Kräfte«; Min.-Präs. I. Kostow

Bulle *der,* geschlechtsreifes männl. Rind.

Bulle *die,* **1)** Schutzkapsel für ein metallenes Urkundensiegel. – **2)** mit einer Schnur an der Urkunde befestigtes Metallsiegel. – **3)** päpstl. Erlass (bezeichnet mit den Anfangsworten des lat. Wortlauts, z. B. die B. »Unam sanctam«).

Bulletin [byl'tɛ̃] *das,* (amtl.) Bekanntmachung, Tagesbericht.

Bullinger, Heinrich, schweizer. Reformator, *1504, †1575; Nachfolger Zwinglis in Zürich; Verfasser der 2. Helvet. Konfession (1562).

Bullterrier [-tɛriər] *der,* aus Bulldoggen und Terriern gezüchteter, kurzhaariger, 42 bis 48 cm schulterhoher, kräftiger engl. Rassehund.

Bülow [-o], **1)** Bernhard Heinrich Martin Fürst von, dt. Politiker, *1849, †1929; 1900 bis 1909 Reichskanzler; gewandter Diplomat, konnte jedoch die Bildung der Entente nicht verhindern. – **2)** Hans Guido von, dt. Pianist und Dirigent, *1830, †1894; ⚭ mit F. Liszts Tochter Cosima; Hofkapellmeister in München, Hannover und Meiningen. – **3)** Vico von, → Loriot.

Bultmann, Rudolf, dt. ev. Theologe, *1884, †1976; Vertreter der dialekt. Theologie; programmat. »Entmythologisierung« des N. T.

Bulwer ['bʊlwə], Edward, Lord **Lytton** [lɪtn], brit. Politiker und Schriftsteller, *1803, †1873; Roman »Die letzten Tage von Pompeji« (1834).

Bumbry ['bʌmbrɪ], Grace, amerikan. Sängerin (Mezzosopran), *1937; Opern- und Liedersängerin.

Bumerang *der,* gebogenes Wurfholz; kann im Schraubenflug zum Werfer zurückkommen; urspr. Waffe der austral. Aborigines.

Bund, 1) Soziologie: Grundform der sozialen Gruppe. Bei vielen Naturvölkern sind Bünde unverheirateter Männer **(Männerbünde)** Träger bestimmter Handlungen (z. B. Krieg, Jagd, Erziehung, Zauberei). Sehr bedeutend sind die Bünde in vielen geistigen, polit. und religiösen Bewegungen, oft als → Geheimbünde. In neuerer Zeit wurde die Form des B. vor allem von der dt. Jugendbewegung und den Pfadfindern aufgegriffen. – **2)** Bibel: von Gott zw. ihm und den Menschen gestiftete Gemeinschaft. **Alter B.,** A. T.; **Neuer B.,** N. T. – **3)** 𝄞 bei Laute, Gitarre, Mandoline, Zither: die schmalen Querleisten, die das Griffbrett in bestimmte Tonabstände einteilen. – **4)** ⚖ → Bundesstaat. – **5)** ringförmiges Verschlussstück.

BUND, Abk. für **B**und für **U**mwelt und **N**aturschutz **D**eutschland e. V., Zusammenschluss von Umweltschutzverbänden zur Förderung des ökolog. Verständnisses, gegr. 1975, Sitz Bonn.

Bund der Heimatvertriebenen und Entrechteten, BHE, in der Bundesrep. Dtl. 1950 gebildete rechtsgerichtete polit. Partei, stellte 1952 ihrem Namen den Zusatz »Gesamtdt. Block« voran, 1961 mit der »Dt. Partei« zur »Gesamtdt. Partei« (GDP) zusammengeschlossen; nur in den ersten Jahren der Bundesrep. Dtl. von gewisser polit. Bedeutung.

Bund der Steuerzahler, überparteiliche gemeinnützige Organisation zur Wahrung der Interessen der Steuerzahler, gegr. 1949, Sitz Wiesbaden.

Bund der Vertriebenen, Vereinigte Landsmannschaften und Landesverbände, Abk. **BdV,** Spitzenorganisation der Heimatvertriebenen; entstanden 1958 durch Zusammenschluss der beiden Verbände »Bund der vertriebenen Deutschen« (BvD) und »Verband der Landsmannschaften« (VdL); Sitz Bonn.

Bünde, Ind.stadt im Kr. Herford, NRW, 39 100 Ew.; Hauptsitz der westfäl. Zigarrenfabrikation.

Bündelpfeiler, got. Pfeilertyp, um dessen Kern dünne Rundpfeiler (Dienste) gelegt sind.

Bundeslämter, in Dtl. Bundesoberbehörden für bestimmte Sachgebiete.

Bundeslanstalten, in Dtl. Einrichtungen des Bundes für bestimmte Sachgebiete, die vom Bund unmit-

Bundesämter (B), Bundesanstalten (BA), Bundesforschungsanstalten (BFA), Bundesinstitute (BI) oder Einrichtungen mit ähnlichem Status in der Bundesrepublik Deutschland
(Auswahl; geordnet nach den Geschäftsbereichen der Bundesministerien)

Arbeit und Sozialordnung:
Bundesversicherungsamt, Berlin
BA für Arbeitsschutz und Arbeitsmedizin, Dortmund und Berlin
BA für Arbeit, Nürnberg

Auswärtiges:
Deutsches Archäologisches Institut, Berlin (Zentraldirektion)

Bildung, Wissenschaft, Forschung und Technologie:
BI für Berufsbildung, Berlin
Deutsches Historisches Institut, Paris
Deutsches Historisches Institut, Rom
Kunsthistorisches Institut, Florenz
Biologische Anstalt Helgoland, Hamburg

Ernährung, Landwirtschaft und Forsten:
BA für Landwirtschaft und Ernährung, Frankfurt am Main
Bundessortenamt, Hannover
BFA für Landwirtschaft, Braunschweig
Biolog. BA für Land- und Forstwirtschaft, Berlin und Braunschweig
BA für Milchforschung, Kiel
BFA für Fischerei, Hamburg
BFA für Forst- und Holzwirtschaft, Hamburg
BA für Getreide-, Kartoffel- und Fettforschung, Detmold und Münster
BFA für Viruskrankheiten der Tiere, Tübingen
BA für Fleischforschung, Kulmbach
BFA für Ernährung, Karlsruhe
BA für Züchtungsforschung an Kulturpflanzen, Quedlinburg

Finanzen:
BA für vereinigungsbedingte Sonderaufgaben, Berlin
Bundesmonopolverwaltung für Branntwein/Bundesmonopolamt, Offenbach am Main
Bundesschuldenverwaltung, Bad Homburg v. d. Höhe
B für Finanzen, Bonn
Bundesaufsichtsamt für das Kreditwesen, Berlin
Bundesaufsichtsamt für das Versicherungswesen, Berlin
Bundesaufsichtsamt für den Wertpapierhandel, Frankfurt am Main
Versorgungsanstalt des Bundes und der Länder, Karlsruhe
Kreditanstalt für Wiederaufbau, Frankfurt am Main
B zur Regelung offener Vermögensfragen, Berlin
BA für Post- und Telekommunikation Dt. Bundespost, Bonn

Inneres:
Statistisches Bundesamt, Wiesbaden
Bundesverwaltungsamt, Köln
Bundesarchiv, Koblenz
Institut für Angewandte Geodäsie, Frankfurt am Main
Bundeszentrale für polit. Bildung, Bonn
BI für ostdt. Kultur und Geschichte, Oldenburg
BI für ostwissenschaftl. und internat. Studien, Köln
BI für Sportwissenschaft, Köln
B für die Anerkennung ausländ. Flüchtlinge, Nürnberg
B für Verfassungsschutz, Köln
B für Zivilschutz, Bonn
Bundeskriminalamt, Wiesbaden
Akademie für zivile Verteidigung, Bonn
Bundesausgleichsamt, Bad Homburg v. d. Höhe
BI für Bevölkerungsforschung, Wiesbaden

Familie, Senioren, Frauen und Jugend:
B für den Zivildienst, Köln
Bundesprüfstelle für jugendgefährdende Schriften, Bonn

Gesundheit:
B für Sera und Impfstoffe, Paul-Ehrlich-Institut, Frankfurt am Main
Bundeszentrale für gesundheitl. Aufklärung, Köln
BI für Arzneimittel und Medizinprodukte, Berlin

Justiz:
Deutsches Patentamt, München

Raumordnung, Bauwesen und Städtebau:
BFA für Landeskunde und Raumordnung, Bonn
Bundesbaudirektion, Berlin

Umwelt, Naturschutz und Reaktorsicherheit:
Umweltbundesamt, Berlin
BFA für Naturschutz, Bonn
B für Strahlenschutz, Salzgitter

Verkehr:
Deutscher Wetterdienst, Offenbach am Main
BA für den Güterverkehr, Köln
Kraftfahrt-B, Flensburg
B für Seeschifffahrt und Hydrographie, Hamburg
Luftfahrt-B, Braunschweig
BA für Straßenwesen, Köln
BA für Gewässerkunde, Koblenz
BA für Wasserbau, Karlsruhe
Bundesoberseeamt, Hamburg
Eisenbahn-B, Bonn
Bundeseisenbahnvermögen, Frankfurt am Main

Verteidigung:
B für Wehrtechnik und Beschaffung, Koblenz
B für Wehrverwaltung, Bonn
Bundessprachenamt, Hürth
Militärgeschichtl. Forschungsamt, Potsdam

Wirtschaft:
Physikalisch-Technische BA, Braunschweig
B für Wirtschaft, Eschborn
Bundesstelle für Außenhandelsinformation, Köln
Bundeskartellamt, Berlin
BA für Materialforschung und -prüfung, Berlin
BA für Geowissenschaften und Rohstoffe, Hannover
Regulierungsbehörde für Telekommunikation und Post, Bonn*)

*) ab 1. 1. 1998

telbar finanziert werden und der Aufsicht des entsprechenden Bundesmin. unterstehen (z. B. **B. für Arbeit,** gegr. 1952 als »B. für Arbeitsvermittlung und Arbeitslosenversicherung«, Sitz Nürnberg); Anstalten des öffentl. Rechts.

Bundes|anwalt, 1) Dtl.: Staatsanwalt beim Bundesgerichtshof. – **2)** Schweiz: vom Bundesrat ernannter Staatsanwalt in Bundesstrafsachen und Leiter der gerichtl. Polizei.

Bundes|anzeiger, amtliches, vom Bundesmin. der Justiz herausgegebenes Veröffentlichungsorgan der Bundesrep. Dtl. für Verwaltungsverordnungen, Personalfragen u. a. Veröffentlichungen.

Bundes|arbeitsgericht → Arbeitsgerichtsbarkeit.

Bundes|archiv, Zentralarchiv der Bundesrep. Dtl.; 1952 errichtet, Sitz Koblenz; 1990 Eingliederung des Zentralen Staatsarchivs der DDR in Potsdam.

Bundes|aufsicht, in Dtl. die Aufsichtsbefugnis der Bundesregierung gegenüber den Ländern, die die Ausführung der Bundesgesetze sicherstellen soll (Artikel 84 und 85 GG).

Bundes|autobahn, Abk. **BAB,** → Autobahn.

Bundesbahn → Deutsche Bahn AG.

Bundesbank → Deutsche Bundesbank.

Bundesfernstraßen, in Dtl. die öffentl. Straßen, die im Unterschied zu den Landstraßen ein zusammenhängendes Verkehrsnetz bilden und dem Fernverkehr dienen (Autobahnen, Bundesstraßen).

Bundesministerien der Bundesrepublik Deutschland (Stand Sept. 1996)	
Bundesministerium	Hauptzuständigkeitsbereiche
Auswärtiges Amt (AA)	auswärtige Angelegenheiten
der Finanzen (BMF)	Bundeshaushalt, Steuer- und Finanzpolitik, oberste Leitung der Bundesfinanzbehörden, Regelung der finanziellen Beziehungen zw. Bund und Ländern, Verwaltung der Bundeshauptkasse, Währungs-, Geld- und Kreditpolitik
der Justiz (BMJ)	Gesetzgebung, Rechtswesen des Bundes, Überprüfung von Gesetz- und Verordnungsentwürfen anderer B. auf Einhaltung der Rechts- und Verfassungsmäßigkeit, Vorbereitung der Wahl der Bundesrichter beim Bundesverfassungsgericht und bei allen obersten Gerichtshöfen des Bundes
der Verteidigung (BMVtdg)	Verteidigungsfragen, Bundeswehr
des Innern (BMI)	Verfassungsrecht, Staatsrecht, allg. Verwaltung, Verwaltungsgerichtsbarkeit, Verfassungsschutz, zivile Verteidigung, Rechtsverhältnisse in der öffentl. Verwaltung, Sport, Medienpolitik, Kommunalpolitik, Asylfragen, Polizeiangelegenheiten, Katastrophenschutz, Datenschutz
für Arbeit und Sozialordnung (BMA)	Versorgung der Kriegsbeschädigten und Kriegshinterbliebenen, Arbeitsrecht einschl. Betriebsverfassung, Arbeitsschutz, Arbeitsmarktpolitik, Sozialversicherung einschließl. Arbeitslosen-, Renten- und Pflegeversicherung, Europ. und internat. Sozialpolitik, ausländ. Arbeitnehmer
für Bildung, Wissenschaft, Forschung und Technologie (BMBWFT)	Grundsatzfragen in Wissenschaftsförderung, Bildungsplanung und -forschung; Ausbildungsförderung, berufl. Bildung, Rahmengesetzgebung für das Hochschulwesen, Koordination der Forschung im Zuständigkeitsbereich des Bundes, Grundlagenforschung; Förderung der technolog. Entwicklung
für Ernährung, Landwirtschaft und Forsten (BML)	Ernährungs-, Land- und Forstwirtschaft, Fischereiwesen, Agrarpolitik (bes. im Rahmen der EU)
für Familie, Senioren, Frauen und Jugend (BMFSFJ)	Schutz der Familie, Ehe- und Familienrecht, familienpolit. und seniorenpolit. Fragen (Steuer-, Sozial- und Wohnungsbaupolitik), Kindergeldgesetzgebung, Jugendhilfe, Jugendschutz, Frauenfragen, Gleichberechtigung, Zivildienst
für Gesundheit (BMG)	Gesundheitspolitik, Krankenversicherung, Human- und Veterinärmedizin, Arzneimittel, Apothekenwesen, Verbraucherschutz, Lebensmittelwesen
für Raumordnung, Bauwesen und Städtebau (BMBau)	Städtebau, Wohnungsbau, Wohnungsbauförderung, Siedlungswesen, Wohnungswirtschaft, Bauten auf dem Gebiet des Zivilschutzes
für Verkehr (BMV)	Eisenbahnwesen, Straßenverkehr, Binnenschifffahrt, Seeverkehr, Luftfahrt, Straßenbau, Wasserstraßenbau, Wetterdienst
für Wirtschaft (BMWi)	allg. Wirtschaftspolitik, Mittelstands-, Industrie-, Energie-, Rohstoff-, Außenwirtschaftspolitik, wirtschaftspolit. Fragen der EU
für wirtschaftliche Zusammenarbeit (BMZ)	Grundsätze, Programm und Koordination der Entwicklungspolitik und Entwicklungshilfe
für Umwelt, Naturschutz und Reaktorsicherheit (BMU)	Sicherheit kerntechn. Anlagen (einschließl. nukleare Ver- und Entsorgung), Umweltpolitik, Umweltschutz, Naturschutz und Ökologie

Bundesfinanzhof, Abk. **BFH,** oberstes dt. Finanzgericht, Sitz München.

Bundesforschungs|anstalten, öffentl.-rechtl. Einrichtungen des Bundes mit bestimmten Forschungsaufgaben.

Bundesgerichte, in Bundesstaaten Gerichte des Gesamtstaats, die organisator. (und oft auch im Instanzenzug) unabhängig neben den Gerichten der Einzelstaaten bestehen. In der **Bundesrep. Dtl.** sind B. die obersten Gerichtshöfe des Bundes (Bundesarbeitsgericht, Bundesfinanz-, Bundesgerichtshof, Bundessozialgericht, Bundesverwaltungsgericht), der Gemeinsame Senat der obersten Gerichtshöfe des Bundes sowie das Bundespatentgericht, das Bundesdisziplinargericht und die Truppendienstgerichte. Einen bes. Platz unter den Gerichten des Bundes nimmt das Bundesverfassungsgericht ein. Nach **österr. Recht** ist die Ausübung der Gerichtsbarkeit ausschließl. Sache des Bundes. In der **Schweiz** sind nur die höchsten Gerichte B.: das **Bundesgericht,** Sitz Lausanne, und das **Eidgenössische Versicherungsgericht,** Sitz Luzern.

Bundesgerichtshof, → Gerichtswesen (ÜBERSICHT).

Bundesgesetzblatt, Abk. **BGBl.,** amtl. Verkündungsblatt in Dtl. für Gesetze und Rechtsverordnungen des Bundes; entsprechend in Österreich.

Bundesgesetze, in einem Bundesstaat die vom Gesamtstaat erlassenen Gesetze, im Unterschied zu den Landesgesetzen. In Dtl. können B. nur erlassen werden, soweit dem Bund die Gesetzgebungskompetenz zusteht.

Bundesgrenzschutz, Abk. **BGS,** in der Bundesrep. Dtl. 1951 errichtete Sonderpolizei des Bundes zum Schutz des Bundesgebiets und seiner Grenzen; dem Innenmin. unterstellt, auch Sicherheitsorgan auf Bahnhöfen und Flughäfen.

Bundes|institute, Einrichtungen des Bundes mit vorwiegend wiss. Aufgaben.

Bundesjugendplan, 1950 von der Bundesregierung eingeleitete Maßnahmen zur Förderung der Jugendarbeit.

Bundesjugendring, Deutscher B., → Jugendverbände.

Bundesjugendspiele, sportl. Leistungsprüfungen für Jugendliche (8. bis 21. Lebensjahr; seit 1951).

Bundeskanzler, 1) Dtl.: Leiter der → Bundesregierung. – **2)** Österreich: Vorsitzender der Bundesregierung. – **3)** Schweiz: Leiter der **Bundeskanzlei,** der dem Bundespräs. unterstellten Kanzlei von Bundesrat und Bundesversammlung.

Bundeskartell|amt, eine Bundesbehörde, → Bundesämter (ÜBERSICHT).

Bundeskriminal|amt, Abk. **BKA,** → Bundesämter (ÜBERSICHT).

Bundeslade, Kasten mit den Gesetzestafeln im Allerheiligsten des jüd. Tempels zu Jerusalem; ging bei dessen Zerstörung verloren.

Bundesliga, in Dtl. höchste Spielklasse in versch. Sportarten.

Bundesministerium, die oberste Verwaltungsbehörde eines Bundesstaats für einen bestimmten Zuständigkeitsbereich.

In Dtl. wird das B. von einem Bundesminister geleitet: Bundesminister und Bundeskanzler bilden die → Bundesregierung. An der Spitze des Ministerialapparats steht i. d. R. ein beamteter Staatssekretär. Innerhalb der Abteilungen bestehen Referate.

In Österreich gilt Entsprechendes nach Artikel 77 Bundes-Verfassungsges.

In der Schweiz entsprechen den B. die Departements.

Bundesnachrichtendienst, Abk. **BND,** dt. Auslandsnachrichtendienst, dem Bundeskanzleramt unterstellt; Sitz Pullach i. Isartal.

Bundespost → Deutsche Bundespost.

Bundespräsident, 1) Dtl.: Staatsoberhaupt (→ deutsche Geschichte, ÜBERSICHT). Der B. wird von der → Bundesversammlung für 5 Jahre gewählt und kann anschließend nur einmal wieder gewählt werden. Befugnisse: Der B. vertritt den Bund völkerrechtl. und schließt die Staatsverträge ab. Er fertigt die Gesetze aus und verkündet sie. Er kann den Bundestag in 2 Ausnahmefällen (Artikel 63, 68 GG) auflösen und den → Gesetzgebungsnotstand erklären. Seine Befugnisse bei Eintritt des Verteidigungsfalls ergeben sich aus Artikel 59a GG. Er schlägt den Bundeskanzler zur Wahl vor und ernennt ihn; er entlässt ihn auf Vorschlag des Bundestags. Er ernennt und entlässt die Bundesmin. auf Vorschlag des Bundeskanzlers und die Bundesrichter, Bundesbeamten, Offiziere und Unteroffiziere, soweit gesetzlich nichts anderes bestimmt ist. Der B. hat für den Bund das Begnadigungsrecht. Anordnungen und Verfügungen des B. bedürfen der Gegenzeichnung des Bundeskanzlers oder des zuständigen Bundesministers. – **2)** in Österreich das Staatsoberhaupt, das vom Volk in unmittelbarer Wahl auf 6 Jahre gewählt wird. – **3)** Schweiz: der Vorsitzende des Bundesrats.

Bundesrat, 1) in Dtl. das Bundesorgan, durch das die Länder bei der Gesetzgebung und Verwaltung des Bundes mitwirken. Er besteht aus Mitgliedern der Landesregierungen. Die Stimmenzahl richtet sich nach der Bevölkerungszahl des Landes. Es haben NRW, Bayern, Ndsachs., Bad.-Württ. je 6; Hessen 5; Berlin, Bbg., Rheinl.-Pf., Sa., Sa.-Anh., Schlesw.-Holst. und Thür. je 4; Bremen, Hamburg, Meckl.-Vorp., Saarland je 3 Stimmen. Der Präs. wird für 1 Jahr gewählt. Wichtigste Befugnisse: Gesetzesvorlagen der Bundesreg. gehen zunächst an den B. zur Stellungnahme. Vom Bundestag beschlossene Gesetze werden dem B. zugeleitet. Verfassungsändernde Gesetze und die im GG aufgeführten, die bundesstaatl. Grundordnung berührenden Gesetze bedürfen der Zustimmung des B. Gegen die übrigen Gesetze hat er, nach Beratung im Vermittlungsausschuss, das Recht zum Einspruch, den der Bundestag überstimmen kann. Bestimmte Rechtsverordnungen und Verwaltungsvorschriften des Bundes bedürfen der Zustimmung des B. Er kann den Bundespräs. vor dem Bundesverfassungsgericht anklagen. Er wählt die Hälfte der Mitglieder dieses Gerichts. Weit gehende Befugnisse hat er bei →Gesetzgebungsnotstand und →Bundeszwang. - **2)** Österreich: Vertretung der Länder beim Bund. - **3)** Schweiz: oberste leitende und vollziehende Regierungsbehörde: 7 von der Bundesversammlung auf 4 Jahre ernannte Mitglieder. - **4)** Dt. Reich 1871 bis 1918: Vertretung der einzelstaatl. Regierungen und oberstes Reichsorgan sowie Träger der Souveränität.

Bundesrechnungshof, Sitz Frankfurt am Main, überwacht die Haushaltsführung der Bundesorgane und -einrichtungen; in den Ländern bestehen Landesrechnungshöfe.

Bundesregierung, 1) Dtl.: Zur allg. Leitung des Bundes berufenes kollegiales Bundesorgan. Die B. besteht aus dem **Bundeskanzler** und den **Bundesministern.** Der Bundeskanzler wird vom Bundestag auf Vorschlag des Bundespräs. gewählt und von diesem ernannt. Auf seinen Vorschlag ernennt und entlässt der Bundespräs. die Bundesmin. Der Bundeskanzler leitet die Geschäfte der B. und bestimmt die Richtlinien der Politik. Die Befehls- und Kommandogewalt über die Bundeswehr hat der Bundesverteidigungsmin., im Verteidigungsfall der Bundeskanzler. Über grundlegende polit. Fragen (bes. Gesetzesvorlagen) beschließt die B. in Kabinettssitzungen. Im Rahmen der Regierungsrichtlinien und -beschlüsse leitet jeder Bundesmin. seinen Geschäftsbereich eigenverantwortlich. Der Bundestag kann dem Bundeskanzler durch Wahl eines Nachfolgers das Misstrauen aussprechen (konstruktives Misstrauensvotum). Wird der von ihm gestellte Vertrauensantrag vom Bundestag abgelehnt, kann der Bundeskanzler dem Bundespräs. die Auflösung des Bundestags vorschlagen. - **2)** Österreich: kollegiales Regierungsorgan des Bundes.

Bundesrepublik Deutschland, →Deutschland.

Bundessozialgericht, oberstes dt. Sozialgericht (seit 1953; Sitz Kassel).

Bundesstaat, Staatenverbindung, in der mehrere Staaten so zu einem Gesamtstaat zusammengefasst sind, dass die Gliedstaaten ihre Staatlichkeit behalten, der Gesamtstaat aber über alle Fragen entscheidet, die für die Einheit und den Bestand des Ganzen wesentlich sind; die Gliedstaaten sind an der Willensbildung des Gesamtstaats beteiligt. Beispiele: Dt. Reich von 1871 bis 1933, Bundesrep. Dtl., Österreich, Schweiz, Mexiko, USA. Vom B. verschieden ist der **Staatenbund,** ein loserer Zusammenschluss von Staaten zu gemeinsamen polit. Zwecken, z.B. der Dt. Bund 1815 bis 1866.

Bundesstraßen, in Dtl. die für den gesamten weiträumigen Straßenverkehr bestimmten Straßen (früher: Reichsstraßen), rd. 42000 km.

Bundespräsidenten der Republik Österreich

Karl Seitz[1]	1919-1920
Michael Hainisch	1920-1928
Wilhelm Miklas	1928-1938
Karl Renner	1945-1950
Theodor Körner	1951-1957
Adolf Schärf	1957-1965
Franz Jonas	1965-1974
Rudolf Kirchschläger	1974-1986
Kurt Waldheim	1986-1992
Thomas Klestil	seit 1992

[1] Erster Präsident der konstituierenden Nationalversammlung

Bundestag, 1) Deutscher B., Volksvertretung der Bundesrep. Dtl., gewählt für 4 Jahre; oberstes Bundesorgan. Die B.-Abgeordneten (MdB) werden in allg., unmittelbarer, freier, gleicher und geheimer Wahl gewählt. Der B. beschließt die Bundesgesetze, wählt den Bundeskanzler, kann den Bundespräs. mit $^2/_3$-Mehrheit wegen Verfassungsbruchs anklagen, wählt die Hälfte der Mitglieder des Bundesverfassungsgerichts, kann dieses in bestimmten Fällen anrufen, ist an der Wahl der Mitglieder der anderen Bundesgerichte beteiligt und kann Untersuchungsausschüsse einsetzen. Er übt die parlamentar. Kontrolle über die Bundesreg. und die einzelnen Min. aus und beschließt über den Bundeshaushalt. Die Arbeit des B. vollzieht sich z.T. im Plenum, z.T. in den Ausschüssen. Die Mitglieder des B. sind zugleich Mitglieder der Bundesversammlung. **B.-Wahlen:** 14. 8. 1949; 6. 9. 1953; 15. 9. 1957; 17. 9. 1961; 19. 9. 1965; 28. 9. 1969; 19. 11. 1972; 3. 10. 1976; 5. 10. 1980; 6. 3. 1983; 25. 1. 1987; 2. 12. 1990 (1. gesamtdt. B.-Wahl); 16. 10. 1994. - **2)** im Dt. Bund: die →Bundesversammlung.

Bundesverband der Deutschen Industrie e.V., Abk. **BDI,** Spitzenorgan der dt. Ind.fachverbände, Sitz Köln; vertritt die wirtschaftl. und wirtschaftspolit. Interessen der dt. Industrie.

Bundesverdienstkreuz, Kurzbezeichnung für den →Verdienstorden der Bundesrepublik Deutschland.

Bundesvereinigung der Deutschen Arbeitgeberverbände e.V., Abk. **BDA,** →Arbeitgeberverbände.

Bundesverfassungsgericht, Abkürzung **BVerfG,** oberstes dt. Verfassungsgericht, Sitz Karlsruhe; entscheidet u.a. über die Auslegung des GG, über Vereinbarkeit des Bundes- und Landesrechts mit dem GG (Normenkontrolle), über Anklagen gegen den Bundespräs., gegen Bundes- und Landesrichter, über Verfassungswidrigkeit polit. Parteien, über Verfassungsbeschwerden und Verwirkung von Grundrechten. Das B. besteht aus 2 Senaten mit je 8 Richtern. Sie werden je zur Hälfte vom Bundestag und Bundesrat gewählt und vom Bundespräs. ernannt. Amtszeit: 12 Jahre.

Bundes-Verfassungsgesetz, Abk. **B-VG,** die geltende österr. Verfassung in der Fassung von 1929.

Bundesversammlung, 1) Bundesrep. Dtl.: Organ für die Wahl des Bundespräs., besteht aus den Mitgliedern des Bundestags und einer gleichen Zahl von Mitgliedern, die von den Landtagen der Länder gewählt werden. - **2)** Dt. Bund: Gesandtenkongress der Gliedstaaten (auch **Bundestag** genannt), tagte 1815 bis 1866 in Frankfurt am Main unter österr. Vorsitz. - **3)** Schweiz: oberstes Bundesorgan (Nationalrat und Ständerat).

Bundesversicherungsanstalt für Angestellte, Abk. **BfA,** Träger der Rentenversicherung für Angestellte; gegr. 1953, Sitz Berlin.

Bundesverwaltungsgericht, Abk. **BVG, BVerwG,** oberstes dt. Verwaltungsgericht sowie Disziplinargericht, Sitz Berlin; entscheidet v.a. über die Revision gegen Urteile der Oberverwaltungsgerichte.

Bundschuh. Aufständische Bauern mit der Bundschuhfahne (Holzschnitt; 16. Jh.)

Bundeswehr, Streitkräfte der Bundesrep. Dtl. Ihre Angehörigen sind Wehrpflichtige, Freiwillige auf Lebenszeit (Berufssoldaten) oder auf Zeit. Wehrpflichtig sind alle Männer vom 18. bis zum 45., im Verteidigungsfall bis zum 60. Lebensjahr; Offiziere und Unteroffiziere bis zum 60. Lebensjahr. Allg. Wehrpflicht: 10 Monate; daran schließt sich eine 2-monatige Verfügungsbereitschaft an. Kriegsdienstverweigerer leisten 13-monatigen Zivildienst. Die B. besteht aus den Teilstreitkräften Heer, Luftwaffe, Bundesmarine und der B.-Verwaltung. Befehls- und Kommandogewalt hat der Bundesmin. der Verteidigung, im Verteidigungsfall der Bundeskanzler. Friedenspersonalstärke rd. 338 000 Mann.

Luis Buñuel

Bundeszentrale für politische Bildung, Behörde zur Förderung der staatsbürgerl. Erziehung in Dtl.; dem Bundesmin. des Innern unterstellt. In den Bundesländern bestehen Landeszentralen für polit. Bildung.

Bundeszwang, in Dtl. die Maßnahmen, die die Bundesreg. mit Zustimmung des Bundesrats treffen kann, um ein Land zur Erfüllung seiner ihm gegenüber dem Bund obliegenden Pflichten zu zwingen.

Bund für Umwelt und Naturschutz Deutschland e.V. →BUND.

Bündnis, völkerrechtl. Vertrag zw. souveränen Staaten über die Leistung von Beistand im Kriegsfall bzw. im Verteidigungsfall bei Angriff durch Drittstaaten.

Bündnis 90, im Sept. 1991 gegr., aus den Bürgerrechtsbewegungen der DDR hervorgegangene polit. Partei; gewann bei den ersten gesamtdt. Wahlen am 2. 12. 1990 als Wahlbündnis Bündnis 90/Grüne 8 Sitze im Dt. Bundestag.

Bündnis 90/Die Grünen, polit. Partei in Dtl., die im Mai 1993 aus dem Zusammenschluss von Bündnis 90 und der Partei Die Grünen entstanden ist.

Bundschuh, im MA. der oben zugebundene Bauernschuh; Feldzeichen der aufständischen Bauern, auch Bezeichnung für die Aufstände 1493 bis 1517 in SW-Deutschland.

Bungalow [-lo, engl. ˈbʌŋgələʊ] *der* oder *das,* **1)** leicht gebautes, einstöckiges Europäerhaus in Indien. – **2)** ebenerdiges Wohnhaus.

Bunin, Iwan, russ. Schriftsteller, *1870, †1953; seit 1917 im Exil, 1933 Nobelpreis für den Roman »Im Anbruch der Tage« (1930/39; auch als »Das Leben Arsenjews«, 1979).

Bunker *der,* (unterird.) Schutzanlage; Vorratsraum zur Lagerung von Gütern.

Bunsen, Robert Wilhelm, dt. Chemiker und Physiker, *1811, †1899; begründete mit G. R. Kirchhoff die →Spektralanalyse; erfand das Eiskalorimeter, die Wasserstrahlpumpe und den Bunsenbrenner; begründete die Jodometrie.

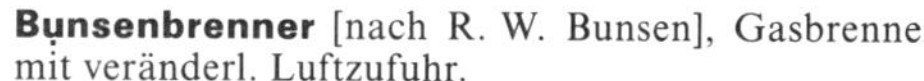

Bunsenbrenner [nach R. W. Bunsen], Gasbrenner mit veränderl. Luftzufuhr.

Buntmetalle, Nichteisenmetalle, z. B. Kupfer, Blei, Zink, Zinn, Nickel, Kobalt, Cadmium und ihre Legierungen.

Buntsandstein, unterste Stufe der Trias. Roter Sandstein ist geschätztes Baumaterial.

Buntspechte, schwarz, weiß, rot gefiederte Spechte in Europa, N-Afrika und N-Asien. Einheimisch der **Große B.,** amselgroß, mit rotem Querband im Genick; der **Mittlere B.,** dem vorigen sehr ähnlich, jedoch kleiner, und der **Kleine B.,** etwa sperlingsgroß.

Buñuel [buˈɲuɛl], Luis, span. Filmregisseur, *1900, †1983; schuf zunächst (mit S. Dalí) surrealist., später sozialkrit. Filme, z. B. »Die Vergessenen« (1950), »Viridiana« (1961), »Der diskrete Charme der Bourgeoisie« (1972) u. a.

Bunzlau, poln. **Bolesławiec,** Stadt in der poln. Wwschaft Jelenia Góra, Niederschlesien, 44 100 Ew.; Tonwaren **(Bunzlauer Gut).**

Burckhardt, 1) Carl Jacob, schweizer. Diplomat, Historiker, *1891, †1974; war 1937 bis 1939 Völkerbundskommissar in Danzig; 1944 bis 1948 Präs. des Internat. Roten Kreuzes. – **2)** Jacob, schweizer. Kultur- und Kunsthistoriker, *1818, †1897; Hauptwerke: »Die Zeit Constantins des Großen« (1853), »Die Kultur der Renaissance in Italien« (1860), »Cicerone« (1855), »Griech. Kulturgeschichte« (1898 bis 1902), »Weltgeschichtl. Betrachtungen« (1905).

Burda Holding GmbH & Co. KG, dt. Druck- und Verlagsunternehmen, Sitz Offenburg, gegr. 1908, seit 1971 GmbH, seit 1995 B. H. GmbH & Co. KG; Herausgabe u. a. von Publikums- und Modezeitschriften; Film- und Videoproduktion; auch Hörfunk- und Fernsehbeteiligungen, Online-Mediendienste.

Buren [niederländ. »Bauern«], **Afrikaander, Afrikaaner,** Nachkommen der niederländ., niederdt. und Hugenottensiedler in Südafrika. Sprache: Afrikaans. Als die niederländ. Kapkolonie 1806 britisch wurde, zogen die B. großenteils nach N und gründeten den **Oranjefreistaat, Natal** und **Transvaal.** Auch hier wurden sie im **B.-Krieg** (1899 bis 1902) von den Engländern unterworfen, errangen aber in der Südafrikan. Union (seit 1910) die polit. Führung.

Büren, 1) Stadt südwestl. von Paderborn, an der Alme, NRW, 21 600 Ew.; Landesgehörlosenschule, Zement- und Möbelind. – **2) B. an der Aare,** Bez.-Stadt im schweizer. Kt. Bern, östl. von Biel, 3 200 Ew.; Uhren und elektron. Geräte.

Bürette *die,* ♀ geeichtes Maßrohr zur maßanalyt. Volumenbestimmung von Flüssigkeiten und Gasen.

Burg [zu bergen], durch Wall und Graben, später auch mit Mauern befestigter Platz, auf einem Berg oder von Wasser umgeben. Im MA. Wohnsitz eines Grundherrn. Um 1500 erlosch mit dem Rittertum die Bedeutung der B. als Wehrbau.

Burg, 1) Krst. in Sa.-Anh., 26 100 Ew.; Maschinenbau, Leder-, Knäckebrotfabrik. – **2) B. auf Fehmarn,** Hauptort der Insel Fehmarn, Schlesw.-Holst., 5 900 Ew.; Fischerei; Seebad.

Burgas, bulgar. Hafenstadt am Schwarzen Meer, 198 400 Ew.; Museen, Theater, Hochschule; Fischfang; Erdölraffinerie, chem., Textil-, Nahrungsmittelind; Seebad; internat. ✈.

Burgdorf, 1) Stadt in Ndsachs., 30 400 Ew.; Elektronik-, Textil-, Getränke-, Metall-, Gummiindustrie. – **2)** Bez.-Hptst. im schweizer. Kt. Bern, am Eingang ins Emmental, 14 600 Ew.; Maschinenbau, Schuh-, Textilind., Käsereien.

Burgenland, Bundesland Österreichs, 3 965 km², 276 700 Ew.; Hptst. Eisenstadt. B. grenzt im NO an die Slowak. Rep., im O an Ungarn, im S an Slowenien. Der S ist waldreiches Berg- und Hügelland, der N fruchtbare Ebene mit dem Neusiedler See. Bev.:

90,5% Deutschsprachige, ferner 7% Kroaten, 2% Ungarn. Überwiegend Agrarland (Zuckerrüben, Getreide, Obst, Wein u.a.); Elektro-, Elektronik-, Nahrungs- und Genussmittelindustrie. – Das B. fiel 1919 an Österreich; 1921 kam Ödenburg nach nicht einwandfreier Volksabstimmung an Ungarn; 1938 bis 1945 auf Niederösterreich und Steiermark aufgeteilt; 1945 wiederhergestellt.

Bürgenstock, Berg (1128 m), Kt. Unterwalden, Schweiz, am S-Ufer des Vierwaldstätter Sees; elektr. Seilbahn (1888 als erste der Welt errichtet).

Burger, Hermann, schweizer. Schriftsteller, *1942, †1989; Romane und Erz.: »Schilten« (1976), »Diabelli« (1979), »Brunsleben« (1989).

Bürger, im MA. der freie, voll berechtigte Stadtbewohner, zunächst v.a. der wenigen wohlhabenden »Geschlechter«. Erst im ausgehenden MA. erweiterte sich der Kreis der B., die Anteil am polit. und sozialen Leben der Stadt hatten. Das B.-Recht war erblich und in erster Linie begründet auf städt. Grundbesitz. Kein B.-Recht besaßen Juden, Kleriker und v.a. unterbürgerl. Schichten (Gesellen, Gesinde, Arme). Im Zeitalter des Absolutismus entstand der neue Begriff des B., der, frei von v.a. städt. oder steuerl. Lasten, dem Staat diente oder zum unternehmer. Großbürgertum zählte. Die Frz. Revolution brachte dann die Gleichsetzung des B. mit dem Staatsbürger.

Burg. Alcázar von Segovia

Bürger, 1) Gottfried August, dt. Dichter, *1747, †1794; schrieb Balladen (»Lenore«), übersetzte »Münchhausens Reisen und Abenteuer« von E. R. Raspe aus dem Engl. ins Deutsche zurück. – **2)** Max, dt. Internist, *1885, †1966; Begründer der neuzeitl. Geriatrie (Altersheilkunde).

Bürger|antrag, in einigen Gemeindeordnungen (z.B. in Bad.-Württ.) das Recht der Bürgerschaft zu beantragen, dass der Gemeinderat eine bestimmte, den gemeindl. Wirkungskreis betreffende Angelegenheit behandelt.

Bürgerforum, polit. Sammlungsbewegung in der ČSSR, gegr. im Nov. 1989; in ihr vertreten u.a. die Gruppe Charta '77, das Helsinkikomitee, Künstlerverbände und die Kirchen. Das B. wurde zum Sprachrohr der Demokratiebewegung und errang bei den Parlamentswahlen im Juni 1990 die absolute Mehrheit; bedeutendster Repräsentant war der spätere Staatspräs. V. Havel. Das B. zerfiel 1991 in mehrere polit. Parteien.

Bürgerhaus, das städt. Familienwohnhaus, das auch der Berufsausübung dienen kann (seit dem 12. Jh.). Das B. ist vom städt. Herrenhaus (Palais) und vom neuzeitl. Mietshaus abzugrenzen. Zu unterscheiden sind der niederdt. und der oberdt. B.-Typus. Das **niederdt. B.** hat seinen Vorläufer im nordwesteurop. Hallenhaus (seit etwa 500 v.Chr. nachgewiesen). Der Einraum (Diele) diente der Berufsausübung ebenso wie dem Haushalt. Das **oberdt. B.** scheint von Beginn an auf Mehrräumigkeit angelegt gewesen zu sein. Vielfach findet sich als Ausgangsform das »Zweifeuerhaus« mit einem Herdraum als Küche oder Werkstatt und mit einer heizbaren Stube.

Bürger|initiative, Zusammenschluss gleich gesinnter Bürger außerhalb von Parteien und Verbänden; versucht solche Bürgerinteressen zu artikulieren und durchzusetzen, die nach ihrer Ansicht von kommunalen, regionalen oder nationalen Exekutiv- und Legislativorganen nicht genügend berücksichtigt worden sind.

Bürgerkrieg, mit Waffen ausgetragener Machtkampf zw. Aufständischen (Rebellen, Insurgenten) und der Regierung oder zw. organisierten polit., nationalen, religiösen oder sozialen Gruppen um die Herrschaft im Staat.

Bürgerliches Gesetzbuch, Abk. **BGB,** das die bürgerl. Rechtsverhältnisse in Dtl. regelnde Gesetzbuch, in Kraft seit 1. 1. 1900; war in der DDR am 1. 1. 1976 durch das neue **Zivilgesetzbuch** (ZGB) ersetzt worden. Seit dem 3. 10. 1990 gilt das BGB auch in den neuen Bundesländern.

bürgerliches Recht, Privatrecht, Ordnung der Rechtsbeziehungen des Einzelnen im Verhältnis zu seinen Mitmenschen; z.B. Familien-, Vermögens-, Handels-, Wechselrecht, im Unterschied zum →öffentlichen Recht.

Bürgermeister, leitender Gemeindebeamter, →Gemeinde. In Berlin, Bremen, Hamburg im Rang eines Ministerpräsidenten.

Bürgerrechtsbewegung, 1) in den USA zu Beginn des 20. Jh. entstandene Bewegung zur Beseitigung der Rassentrennung sowie zur polit. und wirtschaftl. Gleichstellung der Schwarzen. – **2)** kleine Gruppen in den Staaten des Ostblocks, forderten bes. seit der Unterzeichnung der Schlussakte von Helsinki (1975; →KSZE) von den kommunist. Partei- und Staatsführungen die Verwirklichung der Menschenrechte und der Grundrechte, z.B. in der UdSSR A. Sacharow (†1989), in der DDR R. Havemann (†1982), in der Nachfolge das »Neue Forum« (1989) u.a., in der ČSSR das →Bürgerforum, in Polen die →Solidarność; an den 1989 begonnenen gesellschaftspolit. Reformprozessen entscheidend beteiligt.

Bürgerschaft, 1) Gesamtheit der Bürger einer Gemeinde. – **2)** in den Stadtstaaten Hamburg und Bremen: das Parlament.

Bürgertum, in der Stadt ansässiger Bevölkerungsteil, der sich im MA. zum eigenen Stand entwickelte. Das B. war der Hauptträger des techn. u. wirtschaftl. Fortschritts sowie der Aufklärung. Der krasse Widerspruch zw. seiner ökonom. und kulturellen Bedeutung und seiner polit. Rolle führte zur Frz. Revolution von 1789, die das klass. Zeitalter des B. einleitete.

Burgess ['bəːdʒɪs], Anthony, eigentl. John B. **Wilson,** weiteres Pseud. Joseph **Kell,** engl. Schriftsteller, *1917, †1993; als Romanautor Vertreter der Satire und des schwarzen Humors; u.a. »Uhrwerk Orange« (1962; verfilmt von S. Kubrick, 1971).

Burgfriede, 1) im MA.: vertraglich vereinbartes Friedensgebot innerhalb der ummauerten Bereiche einer Burg oder Stadt; stellte jede Fehde unter strengste Strafe. – **2)** polit. Schlagwort für die Einstellung parteipolit. Kämpfe in Notzeiten (v.a. der B. der Reichstagsfraktionen 1914 bis 1917).

Burghausen, Stadt in Oberbayern, 18000 Ew., an der Salzach; größte dt. Burg, erbaut 13. bis 15. Jh., einst Sitz der Herzöge von Niederbayern; Erdölraffinerie, Solarzellenforschung.

Großer **Buntspecht**

Burkina Faso

Staatswappen

Staatsflagge

Internationales Kfz-Kennzeichen

Burghley, Burleigh ['bə:lɪ], William **Cecil,** Baron B., engl. Staatsmann, * 1520, † 1598; leitete die Politik der Königin Elisabeth I. gegen Spanien und den Katholizismus.

Burgkmair, Hans, d. Ä., dt. Maler, Zeichner und Holzschneider, * 1473, † 1531; Altartafeln, Bildnisse; Holzschnittwerke u. a. für das Versepos »Theuerdank« Kaiser Maximilians I.

Bürglen, Gem. im Kt. Uri, Schweiz, 3 800 Ew., am Eingang des Schächentals; Tellkapelle angeblich an der Stelle von W. Tells Wohnhaus.

Burgos, Hptst. der span. Prov. B., im NO der altkastil. Hochebene, 164 200 Ew.; Erzbischofssitz, Industriezentrum; got. Kathedrale (Weltkulturerbe); Heimat des span. Nationalhelden Cid.

Bürgschaft, Vertrag, durch den sich eine Person, der **Bürge,** gegenüber dem Gläubiger eines Dritten, des Hauptschuldners, verpflichtet, für die Verbindlichkeit des Dritten einzustehen (§§ 765 ff. BGB). Grundsätzlich muss das B.-Versprechen schriftlich erfolgen.

Burgtheater, bis 1918 **Hofburgtheater,** österr. Bundestheater in Wien; von Maria Theresia 1741 gegr. Bis 1888 war es im Ballhaus; das neue Haus am Ring (1874 bis 1888 erbaut von C. Freiherr von Hasenauer nach Ideen von G. Semper) wurde im 2. Weltkrieg weitgehend zerstört und 1953 bis 1955 wieder aufgebaut.

Burgund, 1) frz. **Bourgogne** [bur'gɔɲ], geschichtl. Landschaft in O-Frankreich, zw. Jura und Pariser Becken, das Kernland des früheren Herzogtums B., Hptst. Dijon. – **2)** nach 443 von den Burgundern gegr. Reich im Rhônegebiet, 534 von den Franken unterworfen. – **3)** das fränk. Teilreich **Burgundia,** aus dem nach der Teilung von Verdun 843 das Kgr. und das Herzogtum B. hervorgingen. – **4) Kgr. B.** oder **Arelat** [nach der Hauptstadt Arles], vereinigte das Kgr. Provence und das Juragebiet, fiel 1032 an das Hl. Röm. Reich. Der Hauptteil (Provence, Dauphiné) kam im späteren MA. an Frankreich, 1678 auch der nördl. Teil, die **Freigrafschaft B.** (Franche-Comté) und die Reichsstadt Besançon. – **5) Herzogtum B.,** von Nebenlinien des frz. Königshauses regiert. Im 14. Jh. erwarben die Herzöge den größten Teil der Niederlande (damals einschließlich Belgiens, Frz.-Flanderns und des Artois) und schufen einen mächtigen Staat. Als Herzog Karl der Kühne 1477 im Kampf gegen die Schweizer gefallen war, kam das Herzogtum B. wieder an Frankreich, die übrigen Länder an die Habsburger **(Burgund. Reichskreis).**

Richard Burton

Burgunder, 1) ostgerman. Volk, urspr. in Skandinavien und auf Bornholm (Burgundarholm) siedelnd, im 2. Jh. zw. der mittleren Weichsel und Oder, ließen sich 406/407 am Rhein nieder (nach der Nibelungensage um Worms). Nach ihrer Niederlage 436 durch die hunn. Verbündeten des Aetius von diesem im Rhônegebiet angesiedelt (→ Burgund 2). – **2) B.-Reben, Pinotreben** (weiß und rot), aus der wahrscheinl. Stammform **Blauer Spät-B.** (Pinot noir) entstandene Sorten: Ruländer (Grauburgunder, Pinot gris), Weiß-B., Pinot meunier (Schwarzriesling), Pinot Chardonnay; Anbau in Dtl.: v. a. Kaiserstuhl, Ortenau.

George Bush

Buridan, Johannes, frz. Gelehrter, † nach 1358; Aristoteleskommentare; ihm zugeschrieben das Gleichnis von **B.s Esel:** ein Esel, der zw. 2 gleichen Heubündeln steht und verhungert, weil er sich nicht entscheiden kann.

Burjaten, mongol. Volk in der Burjat. Rep. innerhalb der Russ. Föderation, der Mongolei und in China, meist Lamaisten.

Burjatische Republik, Teilrep. der Russ. Föderation, am O- und S-Ufer des Baikalsees, 351 300 km², 1 Mio. Ew., Hptst. Ulan-Ude. – 1923 Bildung der Burjat.-Mongol. ASSR; 1958 Umbenennung in Burjat. ASSR, 1990 Deklaration der Unabhängigkeit.

Burke [bə:k], Edmund, brit. Politiker, Publizist, * 1729, † 1797; Gegner der Frz. Revolution, entwickelte eine konservative Staatsphilosophie; von großem Einfluss auf konservative Denker des 19. Jh. (u. a. Freiherr vom Stein, F. Gentz).

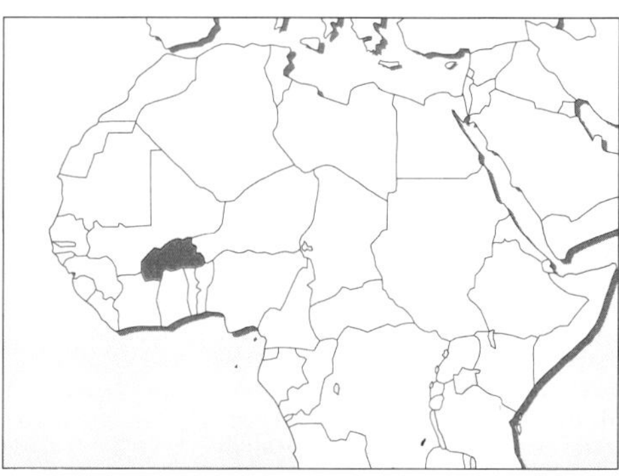

Burkina Faso, bis 1984 **Obervolta,** Rep. in W-Afrika, 274 200 km², 9,5 Mio. Ew. (Mosi u. a. Stämme); Hptst. Ouagadougou; Amtssprache: Französisch. – B. F. umfasst das Gebiet der Quellflüsse des Volta; überwiegend Savanne. Erzeugnisse: Hirse, Mais, Jamswurzel, für die Ausfuhr Baumwolle, Erdnüsse. Viehzucht. Haupthandelspartner: Elfenbeinküste, Frankreich. Internat. Flughafen: Ouagadougou, Bobo-Dioulasso. – Ehem. Gebiet von Frz.-Westafrika, 1960 unabhängig. Staatspräs. (nach Militärputsch): B. Compaoré (seit 1987).

burlesk, possenhaft. **Burleske** *die,* derb-kom. Dichtung; humorist., heiteres Tonstück.

Burma ['bə:mə], → Birma.

Burne-Jones [bə:n 'dʒəʊnz], Sir Edward Coley, brit. Maler, * 1833, † 1898; malte in der dichterisch-romant. Art der Präraffaeliten; gilt als Vorläufer des Jugendstils.

Burnout [bə:n'aʊt], in der Kerntechnik das Durchbrennen der Brennstoffumhüllung von Brennelementen eines Kernreaktors.

Burns [bə:nz], Robert, schott. Dichter, * 1759, † 1796; Vorläufer der Romantik. Viele seiner proschottischen, patriot. Lieder (u. a. »My heart's in the Highlands«) wurden zu Volksliedern.

Burnus *der,* arab. Mantel mit Kapuze.

Bürokratie *die,* Form staatl., polit. oder privat organisierter Verw., die durch hierarch. Befehlsgliederung, klar abgegrenzte Aufgaben und Zuständigkeiten, festgelegte Laufbahnen, an die jeweilige Funktion gekoppelte Bezahlung und genaue Aktenführung gekennzeichnet ist. Die B. als grundlegendes Organisationsprinzip moderner Staaten wird heute wegen ihrer Tendenz zur Verselbstständigung und Schwerfälligkeit **(Bürokratisierung)** zunehmend kritisiert.

Büromaschinen, meist elektr. betriebene Maschinen(systeme) zur Erledigung von Büroarbeiten: Schreib-, Rechen-, Buchhaltungs-, Diktier-, Adressier-, Frankiermaschinen; heute weitgehend durch Datenverarbeitungsanlagen abgelöst.

Bursa, Brussa, Stadt in NW-Anatolien, Türkei, unweit des Marmarameers, 838 200 Ew.; Univ.; Konserven-, Metallind.; Thermalquellen.

Burschenschaft, aus den freiheitl. und vaterländ. Bestrebungen der student. Jugend nach den Freiheitskriegen hervorgegangene student. → Verbindung **(Korporation)** an den Hochschulen; nach dem 2. Weltkrieg 1950 als Dt. B. wieder errichtet.

Burse *die,* Studentenheim (bes. im MA.).

Bürste, ⚡ federnd schleifendes Metall- oder Kohlenstück zur Abnahme oder Zufuhr des elektr. Stroms.

Burton [bə:tn], Richard, eigtl. R. Walter **Jenkins** [ˈdʒeŋkınz], brit. Theater- und Filmschauspieler, * 1925, † 1984; bedeutender Shakespeare-Darsteller; zahlreiche Filme, u. a. »Blick zurück im Zorn« (1959), »Cleopatra« (1962), »Wer hat Angst vor Virginia Woolf?« (1966).

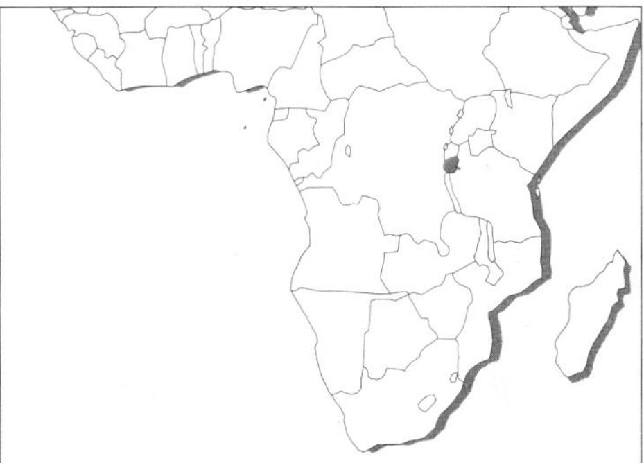

Burundi, Rep. in O-Afrika, 27 834 km^2, 5,5 Mio. Ew. (85% Hutu, 14% Tutsi, Pygmäen; 50% kath.); Hptst.: Bujumbura. B. ist Feuchtsavannenhochland im NO des Tanganjikasees mit äquatorialem Regenklima, Agrarland. – Anbau von Kaffee, Baumwolle, Tabak, Bananen; Viehzucht. ⚒ auf Zinn. – B. war bis zur Unabhängigkeitserklärung (1962) als Urundi Teil des belg. Treuhandgebiets Ruanda-Urundi; seit 1966 Rep. Der andauernde ethn. Konflikt zw. Tutsi und Hutu führte nach der ersten demokrat. Wahl seit der Unabhängigkeit am 21. 10. 1993 zum Staatsstreich von Tutsi-Offizieren, bei dem Präs. Ndadaye ermordet wurde. Sein Nachfolger C. Ntaryamira wurde 1994 bei einem Flugzeugabschuss getötet. Präs. wurde S. Ntibantunganya; seither latente Spannungen zw. Hutu-Milizen und der von Tutsi dominierten Armee, die den Präs. Juli 1996 stürzte. Staatschef seither P. Buyoya.

Burundi

Staatswappen

Staatsflagge

Bürzel *der,* Hinterrücken der Vögel mit der **B.-Drüse,** deren Fett der Vogel zum Einölen des Gefieders benutzt.

Burzenland, fruchtbares Becken im O Siebenbürgens mit der Stadt Kronstadt; war 1211 bis 1225 im Besitz des Dt. Ordens.

Bus, 1) *der,* Omnibus. – **2)** mehradrige Sammelleitung für den Informationsaustausch in einer EDV-Anlage.

Busch, Wilhelm, dt. Zeichner, Maler, Dichter, * 1832, † 1908; Werke: »Münchener Bilderbogen« (1859 bis 1871) und Bücher voll Humor und Witz in Wort und Bild (»Max und Moritz«, 1865, »Die fromme Helene«, 1872), auch ernste Dichtungen; zahlreiche Genre- und Landschaftsbilder.

Büschelkiemer, Unterordnung der Röhrenmaulartigen Fische von meist bizarrer Gestalt; leben überwiegend in tropischen und subtropischen Meeren; u. a. Seepferdchen und Seenadel.

Buschmänner, kleinwüchsiges, hellfarbiges Khoisan-Volk S-Afrikas (Botswana, Namibia, Angola); urspr. Wildbeuter, heute ihrer traditionellen Kultur beraubt und meist als sozial auf unterster Stufe stehende Arbeiter lebend.

Buschmeister, über 3 m lange bräunlich gelbe, sehr gefährl. Giftschlange Brasiliens.

Buschwindröschen → Anemone.

Busen *der,* die weibl. Brüste; im übertragenen Sinn: Ausbuchtung, Bucht, z. B. Meerbusen.

Busento *der,* Fluss in Kalabrien, Italien, in dem der Sage nach 410 Alarich begraben wurde.

Bush [bʊʃ], George, amerikan. Politiker und Diplomat (Republikan. Partei), * 1924; 41. Präs. der USA (1989 bis 1993).

bushel [ˈbʊʃl] *der,* engl. Hohlmaß, in Großbritannien 36,37 Liter, in den USA 35,24 Liter.

Bushido [-ʃ-], **Buschido,** Lebensregeln des jap. Ritters: Treue, Todesverachtung, Waffentüchtigkeit, Selbstzucht.

Busoni, Ferruccio, dt.-ital. Komponist und Pianist, * 1866, † 1924; v. a. Klavierwerke, darunter virtuose Transkriptionen (J. S. Bach, W. A. Mozart), und Opern: »Turandot« (1917), »Doktor Faust« (1925, vollendet von P. Jarnach).

Bussard *der,* Name zweier einheim. Greifvögel; **Mäuse-B.,** braun, unten hell, 60 cm hoch, in Wald und Feld, oft in großer Höhe kreisend, Mäusevertilger; **Wespen-B.,** dem obigen sehr ähnlich, Wespenfresser.

Buße, religiöse Leistung (Opfer, Fasten, Beten) zur Sühnung einer Gewissensschuld. Im N.T. die aus Sündenerkenntnis erwachsende Sinnesänderung; in der kath. Kirche ist die B. ein Sakrament mit 4 wesentl. Stücken: Reue, Beichte, Genugtuung, Lossprechung. (→ Beichte)

Büßerschnee, Schnee- und Firnpyramiden v. a. in subtrop. und trop. Hochgebirgen, die durch die Schmelz- und Verdunstungswirkung der Sonnenstrahlung entstehen.

Bußgeldverfahren → Ordnungswidrigkeit.

Bussole *die,* der Magnetkompass (→ Kompass).

Buß- und Bettag, deutscher ev. (in Sachsen gesetzl.) Feiertag, meist am Mittwoch vor dem letzten Sonntag im Kirchenjahr.

Büste, plast. Darstellung eines Menschen vom Kopf bis zur Brust.

Bustelli, Franz Anton, dt. Porzellanmodelleur, * 1723, † 1763; schuf als Modellmeister der Manufaktur Nymphenburg zahlreiche Rokokofiguren und -gruppen.

Büstenhalter, Abk. **BH,** um 1920 aufgekommener Teil der weibl. Unterkleidung, als Stütze und zur Formung der Brust getragen.

Busuki *die,* **Bouzouki,** griech. Lauteninstrument, in der Volksmusik verwendet; wahrscheinl. türk.-arab. Herkunft.

Büsum, Nordseebad und Fischereihafen an der Meldorfer Bucht, Landkreis Dithmarschen, Schlesw.-Holst., 4 600 Einwohner.

Butadien *das,* ungesättigter, gasförmiger Kohlenwasserstoff, der für die Herstellung des Kunstkautschuks (→ Kautschuk) wichtig ist.

Butandiole, 4 zweiwertige Alkohole, Abkömmlinge des geradkettigen Butans; verwendet als Lösungsmittel, Weichmacher und zur Herstellung u. a. von Butadien.

Butane, *Sg.* **Butan** *das,* C_4H_{10}, die beiden gasförmigen aliphat. gesättigten Kohlenwasserstoffe (Alkane); Heiz- und Treibgas.

Butenandt, Adolf, dt. Biochemiker, * 1903, † 1995; 1960 bis 1972 Präs. der Max-Planck-Gesellschaft; entdeckte und isolierte die Geschlechtshormone Östron, Androsteron und Progesteron; Nobelpreis für Chemie 1939 zus. mit Leopold Ružička.

Adolf Butenandt

Buthelezi [-zi], Gatsha Mongosuthu, südafrikanischer Stammesführer und Politiker, * 1928; war seit 1972 Chefmin. des Homelands KwaZulu, seit 1975 Führer der Inkatha; seit 1994 Innenmin. der Rep. Südafrika.

Gatsha Mongosuthu Buthelezi

Butjadingen, Marschlandschaft in Ndsachs., zw. Jadebusen und Unterweser, Landkr. Wesermarsch, Hauptort Brake (Unterweser); Viehzucht (v. a. Pferde, Rinder).

Butler [ˈbʌtlə], Diener eines größeren (und vornehmen) Haushalts.

Butor [byˈtɔ:r], Michel, frz. Schriftsteller, * 1926; Vertreter des → Nouveau Roman, schrieb u. a. »Paris-Passage de Milau« (1954), »Paris-Rom oder Die Modifikation« (1957).

Butt *der,* ein Plattfisch, z. B. Steinbutt.

Büttenpapier, handgeschöpftes oder fast naturgetreu maschinell hergestelltes Papier aus Hadern (original) oder Zellstoff, hat ungleichmäßigen Rand und fast keine Laufrichtung.
Büttenrede, Karnevalsrede; erstmals 1827 in Köln aus einem Fass (»Bütt«) heraus gehalten.
Butter, aus Fettkügelchen der Milch zusammengeronnenes Fett. Durch Stehenlassen oder Schleudern der Milch wird der **Rahm** von der **Magermilch** getrennt. Aus dem Rahm gewinnt man im **B.-Fass** oder der **B.-Maschine** die B.; der dabei entstehende Rückstand ist die **B.-Milch.** Chemisch ist B. ein Gemisch aus versch. Fetten, Wasser (höchstens 18 % erlaubt), Casein und Salzen.
Butterblume, volkstümliche Bezeichnung versch. gelb blühender Pflanzen, bes. Hahnenfußgewächse, Löwenzahn.

byzantinische Kunst. Kaiserin Theodora mit Gefolge, Mosaik aus der Kirche San Vitale in Ravenna (6. Jh.)

Butterfly [ˈbʌtəflaɪ], Schmetterlingsstil beim Schwimmen.
Butterpilz, etwa 10 cm hoher, essbarer Röhrenpilz mit gelb- bis dunkelbraunem, bei Feuchtigkeit schleimigem Hut, zitronengelben Röhren und gelbl., später violett-olivfarbenem Stielring.
Buttersäure, ⚗ zwei strukturisomere gesättigte Carbonsäuren, dicke, ranzig riechende Flüssigkeit, an Glycerin gebunden im Butterfett enthalten; wird beim Ranzigwerden von Butter frei.
Button [bʌtn] *der,* Ansteckplakette (meist mit Aufschrift), mit der man seine Meinung oder Einstellung zu erkennen gibt.
Butzbach, erstmals 773 erwähnte Stadt am O-Abfall des Taunus, im Wetteraukreis, Hessen, 24 400 Ew.; mittelalterliches Stadtbild, Solmssches Schloss (15. Jh.), landgräfliches Schloss (1610); Maschinen-, Apparate-, Klimaanlagenbau, Schuh-, Nahrungsmittelindustrie.
Butzenscheiben, kleinere runde Glasscheiben, in der Mitte mit einer einseitigen Erhöhung **(Butzen);** durch Bleifassungen zu Fenstern zusammengesetzt. **B.-Dichtung,** sentimentale Dichtungen des 19. Jh.
Buxtehude, Stadt 20 km südwestl. von Hamburg, Ndsachs., 35 400 Ew.; Lebensmittel-, Metall-, Bauind., Fachhochschule für Architektur und Bauwesen.
Buxtehude, Dietrich, dt. Organist und Komponist, * 1637(?), † Lübeck 1707; Orgel- und Choralwerke, zahlreiche Kantaten.
Buzzati, Dino, ital. Schriftsteller, * 1906, † 1972; von F. Kafka und M. Maeterlinck beeinflusste Romane, Novellen, Erzählungen.
BVG, Abk. für **1)** Bundesversorgungsgesetz. – **2)** Bundesverwaltungsgericht.
BWV, Abk. für das Bach-Werke-Verzeichnis.
Byblos, akkad. **Gubla,** hebr. **Gabal,** Hafenstadt des Altertums (heute **Djubail**), 30 km nördlich von Beirut; kommerzieller und religiöser Mittelpunkt der früheren phönik. Mittelmeerküste. Die Ruinen von B. gehören zum Weltkulturerbe.
Bypass [ˈbaɪpɑːs], **1)** allg. eine Umgehungsleitung. – **2)** Blutgefäßtransplantat, das die Verschlussstelle des Gefäßes (Arterie) umgeht.
Byrd [bəːd], **1)** Richard Evelyn, amerikan. Marineoffizier und Polarforscher, * 1888, † 1957; erste Überfliegung des Südpols (1929). – **2)** William, engl. Komponist, * 1543, † 1623; erster großer Meister des engl. Madrigals; Cembalomusik, Messen, Chöre.
Byron [ˈbaɪrən], George Gordon Noel, Lord B., engl. Dichter, * 1788, † 1824 im griech. Freiheitskampf, Vertreter der Romantik; schrieb u. a. »Ritter Harolds Pilgerfahrt« (1812 bis 1818), »Manfred« (1817).
Byssus *der,* **1)** im Altertum feines Leinengewebe. – **2)** hornig-fädige Abscheidung aus der Fußdrüse bestimmter Meeresmuscheln.
Byte [baɪt] *das,* 💻 zusammengehörige Folge von 8 Bits, kleinste adressierbare Einheit.
byzantinische Kunst. Die b. K. entwickelte sich im 4. und 5. Jh. n. Chr. im Herrschafts- und Einflussbereich des Byzantin. Reichs aus der spätantiken Kunst, erlebte im 6.und 7. Jh. ihre erste, im 9. bis 12. ihre 2. und im 14. Jh. ihre 3. Blüte. Kirchenbaukunst (u. a. Zentralbau mit Kuppel) mit Wandmalereien und Mosaiken, hoch entwickelte Buchmalerei, Elfenbeinschnitzerei, Email-, Gold- und Silberschmiedekunst.
Byzantinisches Reich, Oströmisches Reich, entstand 395 bei der Teilung des Röm. Reichs als dessen griech.-oriental. Osthälfte. Hptst. Konstantinopel (Byzanz). Kaiser Justinian I. (527 bis 565) zerstörte das Wandalenreich in N-Afrika und das Ostgotenreich in Italien. Im 7. Jh. gingen Ägypten und Syrien an den Islam verloren; wie die Araber im S, bedrohten auf dem Balkan die Bulgaren das B. R., das sich aber in zähem Ringen behauptete. Den Höhepunkt des B. R. bedeutete das makedon. Kaiserhaus (867 bis 1056). 1071 setzten sich die türk. Seldschuken in Kleinasien fest. 1204 eroberten die Kreuzfahrer Konstantinopel und gründeten dort das »Lat. Kaiserreich«. 1261 wurde das B. R. noch einmal wiederhergestellt, erlag aber 1453 den osman. Türken (Eroberung Konstantinopels).
Byzantinismus [nach dem byzantin. Herrscherzeremoniell] *der,* kriecher. Unterwürfigkeit, Schmeichelei.
Byzanz, griech. **Byzantion,** im Altertum Handelsstadt am Bosporus, griech. Kolonie, um 660 v. Chr. von Megara aus gegr., 330 n. Chr. von Konstantin d. Gr. als Konstantinopel (→ Istanbul) zur Reichshptst. erhoben.

C

c, C, 1) der 3. Buchstabe des dt. Alphabets; wird vor a, o, u wie k, vor ä, e, i, ö, y wie z gesprochen. Die Römer sprachen c wahrscheinl. wie k. – **2)** röm. Zahlzeichen: C (Centum) = 100, CC = 200. – **3)** C, Einheitenzeichen für Celsius und für Coulomb. – **4)** C, chem. Symbol für Kohlenstoff. – **5)** Anfangs- und Grundton der Grundtonleiter (C-Dur).

C, universell einsetzbare Programmiersprache; urspr. für das Betriebssystem Unix entwickelt; 1986 wesentl. Erweiterung durch objektorientierte Ergänzungen (C++).

Ca, chem. Symbol für Calcium.

Cabinda, Exklave von Angola, 7270 km², 163000 Ew., nördlich der Kongomündung; Kaffee-, Kakaoplantagen, Edelholz-, Erdölgewinnung; Hauptort und Verw.-Sitz ist Cabinda.

Cabora-Bassa-Staudamm, Staudamm im unteren Sambesi (Moçambique). Der größte Teil des dort erzeugten Stroms wird in die Rep. Südafrika exportiert.

Caboto, 1) Giovanni, ital. Seefahrer, * um 1450, † um 1499; erreichte 1497 in Labrador, das er für China hielt, das amerikan. Festland. – **2)** Sebastiano, ital.-engl. Seefahrer und Kartograph, * 1474/83, † 1557, Sohn von 1); erforschte 1526 bis 1530 den Río de la Plata, Paraná und Uruguay; entwarf 1544 eine berühmte Weltkarte.

Cabral [kaˈβral], Pedro Álvares, * 1467/68, † um 1520; port. Seefahrer, entdeckte 1500 Brasilien.

Cache-Speicher [kæʃ-], Pufferspeicher in einer Datenverarbeitungsanlage zw. Arbeitsspeicher und Zentralspeicher.

Cachucha [kaˈtʃʊtʃa] *die,* andalus. Volkstanz mit Kastagnettenbegleitung.

Cäcilia, Märtyrerin im 3. Jh., Schutzheilige der Musik (Tag: 22. 11.); Symbol: Orgel.

CAD, Abk. für engl. **C**omputer **A**ided **D**esign, rechnergestützter Entwurf und Konstruktion von techn. Produkten, z. B. hochintegrierte Schaltkreise.

Caddie [ˈkædɪ], Berater und Helfer eines Golfspielers; auch (markenrechtl. geschützte Bez.) der Wagen zum Schlägertransport beim Golfspiel.

Cádiz [ˈkaðiθ], Hptst. der span. Prov. C., im südlichsten Andalusien, bedeutender Handels- und Kriegshafen, 155600 Ew.; auf einer schmalen Landenge im **Golf von C.;** Ausfuhr von Seesalz, Fischen, Früchten, Kork, Wein und Öl. Phönik. Gründung (um 1100 v. Chr.), Blütezeit unter röm. Herrschaft, erneut als Hafen der span. Silberflotte (16. Jh.); 1810 bis 1813 Hptst. Spaniens; maler. Altstadt.

Cadmium *das,* Symbol **Cd,** chem. Element, silberweißes Metall, sehr giftig, OZ 48, relative Atommasse 112,41, D 8,65 g/cm³, Sp 767 °C, Fp 321 °C. Gewinnung aus cadmiumhaltigen Zinkerzen, Verwendung in Legierungen für Lagermetall, für leicht schmelzende Legierungen (→woodsches Metall), als Elektrode in Nickel-C.-Akkumulatoren. **C.-Sulfid,** CdS, dient als Malerfarbe **(C.-Gelb),** auch wichtiger Halbleiter; Verwendung von C. und C.-Verbindungen wegen der vermuteten Krebs erregenden Wirkung eingeschränkt.

CAE, Abk. für **C**omputer **A**ided **E**ngineering, rechnerunterstützte Ingenieurtätigkeit, umfasst →CAD, →CAM und →CAP.

Caen [kã], frz. Hafen- und Ind.stadt in der Normandie, 112800 Ew.; Kirchen im normannisch-roman. Stil; Verw.-Zentrum, Univ.; Hütten- und Stahlind., Maschinenbau.

Caesar, Beiname eines Zweigs des röm. Geschlechts der Julier, auch röm. Herrscher und Thronfolger. Aus dem Namen C. entstanden die Wörter Kaiser und Zar.

Caesar, Gaius Iulius, **Cäsar,** Gajus Julius, röm. Feldherr und Staatsmann, * 100 v. Chr., † (ermordet) 44 v. Chr. C. wurde 59 Konsul und unterwarf 61 bis 58 Gallien. Sein Ggs. zu Pompeius führte zum Bürgerkrieg. Er zog 49 nach Rom, vertrieb Pompeius und schlug ihn 48 bei Pharsalos; 15. 3. 44 von republikan. Verschwörern unter Brutus und Cassius ermordet. C. suchte eine monarch. Regierungsform zu begründen. Schriften: »Gallischer Krieg«, »Bürgerkrieg«.

Caesarea, Name von Städten des Röm. Reiches zu Ehren eines Kaisers.

Caesium →Cäsium.

John Cage

Cage [keɪdʒ], John, amerikan. Komponist und Pianist, * 1912, † 1992; gehörte zu den richtungweisenden Köpfen der experimentellen Musik der 2. Hälfte des 20. Jahrhunderts.

Cagliari [ˈkaʎari], Verw.-Sitz der ital. autonomen Region Sardinien, 178000 Ew.; Erzbischofssitz, Univ.; Hafen, Ausfuhr: Erze, Salz.

Cagliostro [kaˈʎɔstro], Alessandro, Graf, eigentl. Giuseppe **Balsamo,** ital. Abenteurer, * 1743, † 1795; bekannt als Alchimist und Geisterbeschwörer.

Cahors [kaˈɔr], Hptst. des frz. Dép. Lot, 19700 Ew.; Marktzentrum eines Wein- und Tabakbaugebiets; altes Bistum (Kathedrale Saint-Étienne, 1119 ff.); im W der Stadt der Pont Valentré (14. Jh.).

Caisson [kɛˈsɔ̃] *der,* unten offener eiserner Senkkasten, Arbeitsraum bei Bauten unter Wasser. Das Wasser wird durch Einpumpen von Druckluft fern gehalten.

Cakewalk [ˈkeɪkwɔːk], um 1870 entstandener afroamerikan. Gesellschaftstanz im $^{2}/_{4}$-Takt.

cal, Einheitenzeichen für →Kalorie.

Cádiz
Stadtwappen

Calais [kaˈlɛ], Hafenstadt und Seebad im nördl. Frankreich, an der schmalsten Stelle des Kanals, 75300 Ew.; einer der wichtigsten Häfen für die Überfahrt nach England (Dover), bei C. (Fréthun) Eisenbahntunnel nach Folkstone/England. Tüll- und Spitzenind. – C. war 1347 bis 1558 englisch.

Calar Alto, höchste Erhebung der Sierra de los Filabres in der span. Prov. Almería, 2168 m. Observatorium des Max-Planck-Instituts für Astronomie.

Calbe/Saale, Ind.stadt am Rand der Magdeburger Börde, Sa.-Anh., 13200 Ew.; Metallbau, Förderanlagen; Flusshafen.

Calciferole, die →Vitamine D_2 und D_3.

Calcit *der,* →Kalkspat.

Caen
Stadtwappen

Calcium *das,* Symbol **Ca,** chem. Element aus der Gruppe der Erdalkalimetalle; OZ 20, relative Atommasse 40,08, D 1,53 g/cm³, Sp 1482 °C, Fp 851 °C. Das silberweiße Metall oxidiert an der Luft und wird von Wasser und verdünnten Säuren heftig angegriffen. C. kommt als chem. Element frei nicht vor, ist aber in Form seiner Verbindungen (hauptsächlich als Carbonat, Phosphat, Silikat, Sulfat) weit verbreitet. Es wird durch Elektrolyse von geschmolzenem C.-Chlorid gewonnen und zur Herstellung von Legierungen verwendet. Verbindungen: **C.-Carbid, Carbid,** CaC_2, wird durch Erhitzen von Kalk und Kohle im elektr. Ofen

Links: **Calderón,** Ausschnitt aus einem zeitgenössischen Stich. Rechts: **Cervantes,** Ausschnitt aus einem zeitgenössischen Gemälde

hergestellt; gibt mit Wasser Acetylen. **C.-Oxid, C.-Hydroxid,** → Kalk; **C.-Chlorid, Chlor-C.,** $CaCl_2$, stark feuchtigkeitsanziehende Verbindung, die zum Trocknen von Gasen und organ. Flüssigkeiten dient. **C.-Carbonat,** $CaCO_3$, auch kohlensaurer Kalk genannt, bildet oft ganze Gebirgsmassen (Urkalk, Marmor, Kalkstein), kristallisiert als Kalkspat oder Aragonit; ist Hauptbestandteil der Korallenriffe, der Eierschalen u. a. Es löst sich schon in schwachen Säuren unter Abgabe von Kohlendioxid, dient zur Herstellung von Mörtel, als Düngemittel u. a. **C.-Bicarbonat,** $Ca(HCO_3)_2$, ist in den meisten Gewässern enthalten; es zersetzt sich leicht zu $CaCO_3$ und bildet dabei z. B. Kesselstein, in Höhlen Tropfstein. **C.-Phosphate** sind Bestandteile der Knochen und Zähne und kommen mineralisch als Apatit und Phosphorit vor. **C.-Silicat,** $CaSiO_3$, ist Bestandteil von Glas, Zement und Hochofenschlacke. **C.-Sulfat,** $CaSO_4$, kommt in der Natur als Gips vor.

Johannes Calvin

Calder ['kɔ:ldə], Alexander, amerikan. Bildhauer und Maler, * 1898, † 1976; »Mobiles« und »Stabiles«: Konstruktionen aus Metall.

Caldera *die,* durch Einsturz und Erosion erweiterter Vulkankrater.

Calderón de la Barca, Pedro, größter span. Dramatiker, * 1600, † 1681. Seine farbenreichen Schauspiele und Sakramentsspiele (Autos sacramentales) mit ihrem strengen Ehrbegriff und ihrer Freude am Wunderbaren sind ein Spiegel span. Lebens. »Dame Kobold« (um 1629), »Das große Welttheater« (1633/36), »Die Andacht zum Kreuz« (1636), »Das Leben ein Traum« (1636), »Der Richter von Zalamea« (1642).

Caldwell ['kɔ:ldwəl], **1)** Erskine, amerikan. Schriftsteller, * 1903, † 1987; schildert das Los der »armen Weißen« und der Schwarzen in den Südstaaten; »Die Tabakstraße« (1932). – **2)** Taylor, amerikan. Schriftstellerin, * 1900, † 1985; »Einst wird kommen der Tag« (1939), »Mit dem Herzen eines Löwen« (1970).

Calgary ['kælgərɪ], Haupthandelsplatz der kanad. Prov. Alberta, 710 600 Ew.; Bischofssitz, Univ., jährl. Rodeo; Getreidemühlen, Fleisch-, Erdöl-, chem. Industrie.

Cali, Stadt in W-Kolumbien, 1,62 Mio. Ew.; Erzbischofssitz, 2 Univ., Ind.standort; Bahnknotenpunkt, ✈.

Caliban ['kælɪbæn], halbtier. Ungeheuer in Shakespeares »Sturm«.

Californium *das,* Symbol **Cf,** künstlich hergestelltes radioaktives Element; ein Transuran, OZ 98, relative Atommassen 249,0748 bzw. 251,080, Fp etwa 900 °C. D der metall. Modifikationen 8,7, 13,7, 15,1 g/cm³.

Caligula [lat. »Soldatenstiefelchen«], eigentl. Gaius **Iulius Caesar Germanicus,** * 12 n. Chr., † 41; röm. Kai-

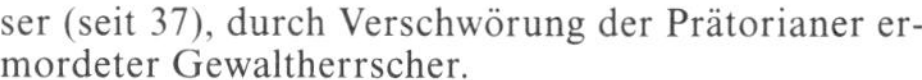

ser (seit 37), durch Verschwörung der Prätorianer ermordeter Gewaltherrscher.

Calla, Kalla *die,* **Schlangenwurz,** Gattung der Aronstabgewächse, saftige, giftige Staude mit weißem Blütenhüllblatt, roten Beeren, Sumpfpflanze. Die Zimmerkalla gehört nicht zu dieser Gattung.

Callao [ka'jao], Haupthafen von Peru, nahe der Hptst. Lima; 638 000 Ew.; Marinestützpunkt, Fischereihafen; Meeresforschungsinstitut, Werften.

Callas, Maria, griech. Sängerin (Sopran), * 1923, † 1977; berühmt v. a. durch ihr weit gefächertes Repertoire und die dramat. Dichte ihrer Rollengestaltung.

Callgirl ['kɔ:lgə:l], *das,* telefonisch vermittelte Prostituierte.

Calmette [kal'mɛt], Albert, frz. Arzt, * 1863, † 1933; führte mit Camille Guérin einen Impfstoff **(BCG-Impfstoff)** zur Tuberkuloseschutzimpfung ein, entwickelte Seren gegen Schlangengifte.

Calvados *der,* frz. Apfelbranntwein, benannt nach dem gleichnamigen Dép. in der Normandie.

Calvin, 1) Johannes, frz.-schweizer. Reformator, * 1509, † 1564; wirkte seit 1536 hauptsächlich in Genf, wo er eine strenge Kirchenzucht einführte, die von einem Konsistorium mit Unterstützung der weltl. Behörden geübt wurde. Im Mittelpunkt seiner Lehre, des **Calvinismus,** steht die → Prädestination, die Lehre von der Gnadenwahl, und die von Luther und Zwingli abweichende Abendmahlslehre. C. ist neben Zwingli Begründer der ref. Kirche. Der Calvinismus verbreitete sich über W-Dtl., die Niederlande, Frankreich (→ Hugenotten), England (→ Puritaner) und Nordamerika. – **2)** ['kælvɪn], Melvin, amerikan. Chemiker, * 1911, † 1997; erforschte die chem. Reaktion der → Photosynthese; Nobelpreis für Chemie 1961.

Calvino, Italo, ital. Schriftsteller, * 1923, † 1985; war Mitglied der antifaschist. Widerstandsbewegung, schrieb politisch orientierte, später fantast.-märchenhafte Romane und Erzählungen.

Calw [-f], Große Krst. in Bad.-Württ., im nordöstl. Schwarzwald, 23 700 Ew.; Textil-, Holz-, Motorenind. C. wurde 1975 mit → Hirsau zusammengeschlossen.

CAM, Abk. für engl. **C**omputer **A**ided **M**anufacturing, EDV-Unterstützung zur Steuerung und Überwachung der Betriebsmittel im Fertigungsprozess. Dabei unterscheidet man die Ebene der zentralen Fertigungsleitrechner und die der lokalen Steuerungseinheiten (z. B. CNC-Werkzeugmaschinen).

Camagüey [kama'ɣuɛi], Stadt in Kuba, im Zentrum der Insel, 287 300 Ew.; Bischofssitz, Univ., Zentrum der Rinderzucht; Bahnknotenpunkt, ✈.

Camargue [ka'marg], Landschaft in S-Frankreich, Deltainsel der Rhône; Strandseen, Sumpfflächen; reiche Vogelwelt; z. T. Landwirtschaft, Kampfstier- und Pferdezucht; Naturschutzgebiet.

Cambrai [kã'brɛ], frz. Stadt im Artois, an der oberen Schelde, 33 000 Ew.; Herstellung von Baumwollbatist (Cambric), Gießereien, Mühlen.

Cambridge ['keɪmbrɪdʒ], **1)** neben Oxford bedeutendste Universitätsstadt Großbritanniens (C. University, gegr. 1209, heute etwa 30 Colleges), 80 km nördlich von London; 95 800 Ew.; Museen, botan. Garten; in C. lehrten u. a. I. Newton und Erasmus von Rotterdam; Ind.forschung, Druckereien, Verlage, Instrumentenbau. – **2)** Vorort von Boston (Massachusetts), Sitz der Harvard University.

Camcorder [kæm'kɔ:də], Kunstwort aus engl. **Ca**mera und **Recorder,** eine Videokamera mit integriertem Videorekorder.

Camembert [kamã'bɛ:r] *der,* vollfetter Weichkäse, nach dem normann. Dorf C. benannt.

Camera obscura, Lochkamera, → Fotografie.

Camões [ka'mõiʃ], Luis de, port. Dichter, * 1524/25, † 1580; verfasste das Nationalepos »Os Lusiadas« (1572) und lyr. Dichtung.

Camorra, neapolitan. mafioser Geheimbund; 1911 weitgehend vernichtet; lebte jedoch nach den Weltkriegen wieder auf; heute Bezeichnung für das organisierte Verbrechen in Neapel.

Campagna [kam'paɲa] *die,* Ebene um Rom.

Campanella, Tommaso, ital. Philosoph, * 1568, † 1639; schildert im »Sonnenstaat« (1602) einen utop. christl.-kommunist. Staat.

Campanile *der,* frei neben der Kirche stehender Glockenturm.

Campanula *die,* → Glockenblume.

Campe, Joachim Heinrich, dt. Jugendschriftsteller, Pädagoge, * 1746, † 1818; Hauptwerk: »Robinson der Jüngere« (1779/1780).

Campendonk, Heinrich, dt. Maler und Grafiker, * 1889, † 1957; Gemälde und Glasmalereien von farbig reicher, oft traumhafter Wirkung.

Campin, Robert, niederländ. Maler, wohl ident. mit dem Meister von → Flémalle.

Campina Grande, Stadt im brasilian. Staat Paraíba, 326 100 Ew.; Bischofssitz, Univ., Nahrungsmittel- u. a. Industrie.

Camping ['kæmpɪŋ] *das,* Freiluftleben unter Verwendung von Zelt, Wohnwagen.

Campoformio, amtl. **Campoformido,** ital. Dorf bei Udine. Friedensschluss vom 17. 10. 1797 zw. Frankreich und Österreich, das die österr. Niederlande und das linke Rheinufer abtrat und Venetien links der Etsch, Dalmatien und Istrien erhielt.

Canossa. König Heinrich IV., Abt Hugo von Cluny und Markgräfin Mathilde von Tuszien auf der Burg Canossa, Malerei auf Pergament (um 1114)

Campos ['kampus], in Innerbrasilien eine Vegetationsform mit lichtem Gehölz bzw. Grasfluren mit spärl. Baumwuchs.

Camposanto [ital. »hl. Feld«], Friedhof; berühmt der C. neben dem Dom von Pisa; von Arkadengängen umgeben, mit Fresken geschmückt.

Campus, **1)** allg. Fläche; freier Platz. – **2)** Universitätsgelände. – **3) C. Martius,** 1) das → Marsfeld; 2) das → Märzfeld.

Camus [ka'my:], Albert, frz. Schriftsteller, * 1913, † 1960; zeigt die »Absurdität« der menschl. Existenz und fordert aktiven Humanismus. Romane »Die Pest« (1947), »Der Fall« (1956); Drama »Caligula« (1942); 1957 Nobelpreis für Literatur.

Canal du Midi [kanaldymi'di], Schifffahrtskanal in S-Frankreich, verbindet Atlantik und Mittelmeer, verläuft von der Garonne bei Toulouse nach der Hafenstadt Sète am Mittelmeer.

Canaletto, eigentl. Giovanni Antonio **Canal,** ital. Maler, * 1697, † 1768; zahlreiche Städtebilder (Veduten), bes. von Venedig, Rom, London.

Canaris, Wilhelm, dt. Admiral, * 1887, † (hingerichtet) 1945; 1938 Leiter des Amtes Ausland/Abwehr im OKW, in der Widerstandsbewegung tätig, nach dem 20. 7. 1944 verhaftet, zum Tode verurteilt.

Canasta, südamerikan. Kartenspiel mit 104 Karten und 4 bis 6 Jokern, für 2 bis 6 Personen.

Canaveral, Cape C. [keɪp kə'nævərəl], Kap an der Ostküste von Florida, USA, 1963 bis 1973 umbenannt in Cape Kennedy, Raketenstartgelände.

Canberra ['kænbərə], Hptst. des Austral. Bundes (1913 gegr.), 328 000 Ew.; Parlamentssitz seit 1927, Sitz des kath. Erzbischofs und anglikan. Bischofs, Nationalbibliothek und -archiv, Austral. Akademie der Wiss., Univ., botan. Garten; ✈.

Canberra Stadtwappen

Cancan [kã'kã] *der,* schneller frz. Tanz im $^2/_4$-Takt; heute Bühnenschautanz.

cand., Abk. für lat. **cand**idatus, Kandidat, z. B. »cand. med.« Kandidat der Medizin.

Candela, Abk. **cd,** gesetzl. Einheit der Lichtstärke, eine Basiseinheit des SI-Systems. Ihre Definition bezieht sich auf eine Wellenlänge, bei der die Hellempfindlichkeit des menschl. Auges am größten ist.

Candida, Hefepilzgattung; einige Arten besiedeln Haut und Schleimhaut.

Canetti, Elias, Schriftsteller, * 1905, † 1994; schrieb in dt. Sprache Romane, Dramen, essayist. Werke, Autobiographisches (»Die gerettete Zunge«; 1977); Nobelpreis für Literatur 1981.

Canisius, Petrus, dt. Jesuit, * 1521, † 1597; gründete viele Jesuitenniederlassungen in Dtl., wirkte durch seinen Katechismus (1555); Heiliger (Tag: 21. 12.). **C.-Verein,** für Jugenderziehung.

Canna Indisches Blumenrohr

Canna *die,* **Blumenrohr,** Pflanzengattung des trop. Amerika; bis 2 m hohe Stauden.

Cannae, alte Stadt in Apulien (Italien), am Aufidus (Ofanto), 216 v. Chr. Niederlage der Römer gegen Hannibal (gilt als Muster einer Umfassungsschlacht).

Cannes [kan], Seebad und Kurort an der frz. Riviera, 68 600 Ew.; spätgot. Kirche Notre-Dame-de-l'Espérance; internat. Filmfestspiele, bedeutende Parfümindustrie.

Cannes Stadtwappen

Cannstatt → Stuttgart.

Cañon [ka'ɲɔn], engl. **Canyon** *der,* schluchtartiges Engtal in Gebieten mit waagerechter Gesteinslagerung, z. B. Grand C. des Colorado.

Canossa, Felsenburg in Oberitalien, südwestl. von Reggio nell'Emilia. Hier erreichte Kaiser Heinrich IV. durch dreitägige Buße 1077 von Papst Gregor VII. die Aufhebung des Kirchenbanns **(C.-Gang).**

Canova, Antonio, ital. Bildhauer, * 1757, † 1822; Hauptmeister des Klassizismus.

Canstein, Karl Hildebrand Freiherr von, dt. pietist. Theologe, * 1667, † 1719; gründete 1710 die **Cansteinsche Bibelanstalt** in Halle.

Cantal [kã'tal] *der,* erloschener vulkan. Berg in der Auvergne (S-Frankreich), zweithöchster Berg des Zentralmassivs, 1 858 m; Mineralquellen.

Canterbury ['kæntəbəri], Stadt im SO Englands, nordwestl. von Dover, 36 500 Ew.; Sitz des anglikan. Primas von England; die Kathedrale (11. bis 15. Jh.) gehört zum Weltkulturerbe.

Albert Camus

Cantor, Georg, dt. Mathematiker, * 1845, † 1918; Begründer der Mengenlehre.

Cantus *der,* Gesang; Melodie. **C. firmus** [»feste Melodie«], im mehrstimmigen Satz die Melodie, die die Grundlage (lat. Tenor) für die Führung der anderen Stimmen bildet.

CAP, 1) Abk. für engl. **C**omputer **A**ided **P**lanning, rechnergestützte Planung. – **2)** Abk. für **C**omputer **A**ided **P**ublishing, rechnerunterstützte Publikationsherstellung.

Cape [keɪp] *das,* ärmelloser Umhang.

Čapek ['tʃapɛk], **1)** Josef, tschech. Maler und Schriftsteller, * 1887, † 1945; Buchillustrationen (bes. Bücher

Carnac. Steinalleen

seines Bruders Karel Č.), polit. Karikaturen, Zeichnungen aus Bergen-Belsen, wo er ums Leben kam; Roman »Schatten der Farne« (1930). – **2)** Karel, tschech. Schriftsteller, * 1890, † 1938; philosoph. Erz., Dramen, utop. Romane (»W. U. R.«, 1922), Biographie T. G. Masaryks (1936).

Capone [ka'po:ne, kə'pəʊn], Al[phonse] oder Alfonso, gen. Scarface, amerikan. Bandenchef, * 1899, † 1947; kontrollierte in den 1920er-Jahren das organisierte Verbrechen in Chicago.

Capote [kə'pəʊtɪ], Truman, amerikan. Schriftsteller, * 1924; † 1984; Kurzgeschichten, Romane (»Die Grasharfe«, 1951; »Kaltblütig«, 1966).

Truman Capote

Cappuccino [kapu'tʃi:no], heißes Kaffeegetränk, mit aufgeschäumter Milch (oder Sahne) und etwas Kakaopulver serviert.

Capri, ital. Felseninsel im Golf von Neapel; mildes Klima, an der N-Seite die →Blaue Grotte. Fremdenverkehr; Hauptorte Capri und Anacapri.

Capriccio [ka'prɪtʃo] *das,* eigenwilliges scherzhaftes Fantasiestück in Musik und Literatur.

Caprivi, Georg Leo Graf v., * 1831, † 1899; preuß. General, 1890 bis 1894 Reichskanzler, Nachfolger Bismarcks.

Capua, Stadt in Italien, nördl. von Neapel, 19 400 Ew. Das alte C., 4 km südöstl. des heutigen, war eine der reichsten Städte Italiens.

Carabinieri *Pl.,* die ital. Gendarmen; paramilitär. Truppe, dem Innenmin. unterstellt.

Caracalla, urspr. Lucius **Septimus Bassianus,** röm. Kaiser (211 bis 217), * 188, † (ermordet) 217; verlieh 212 allen freien Reichsangehörigen das röm. Bürgerrecht; baute in Rom die **Thermen des Caracalla.**

Caracas
Stadtwappen

Caracas, Hptst. Venezuelas, 1,8 Mio. Ew.; im Hochtal des Río Guaire; 9 km südl. der Seehafen La Guaira; Erzbischofssitz, 5 Univ., Akademien, Konservatorien, Nationalarchiv und -museum; Nahrungsmittel-, Textil-, chem. und pharmazeut. Industrie.

Caravaggio [kara'vaddʒo], Michelangelo da, ital. Maler, * 1573, † 1610; die naturnahe Sachlichkeit seiner Bilder mit starken Hell-Dunkel-Kontrasten waren Vorbild für die Barockmalerei.

Carcassonne
Stadtwappen

Caravan *der,* Wohnwagen; Kombiwagen (mit Ladefläche).

Carbide *die,* ⚗ Elementarverbindungen des Kohlenstoffs; die C. des Bors und Siliciums besitzen große Härte.

Carbo..., in Fremdwörtern: Kohlen...

Carbol, Carbolsäure →Phenole.

Carbonate, ⚗ Salze der Kohlensäure; C. sind die häufigsten chem. Verbindungen in der unbelebten Natur, z. B. Calcit.

Carbonsäuren, ⚗ organ. Säuren, die die Carboxylgruppe –COOH enthalten. Einfachste C. ist die Ameisensäure H–COOH.

Carcassonne [karka'sɔn], Stadt südöstl. von Toulouse, Frankreich, 43 400 Ew.; alte Befestigungsanlagen; Bischofssitz seit dem 6. Jh.; Textilind., Landmaschinenbau, Gummiind.; Wein- und Getreidehandel.

Cardano, lat. **Cardanus,** Geronimo, ital. Mathematiker, Arzt und Naturforscher, * 1501, † 1576; beschrieb die schon vor ihm erfundene →kardanische Aufhängung.

Cardenal, Ernesto, nicaraguan. Lyriker und Politiker, * 1925; urspr. kath. Priester; 1979 bis 1990 Kultusmin.; verbindet in seinen prosanahen Dichtungen religiöses Empfinden mit polit. Engagement; 1980 Friedenspreis des Dt. Buchhandels.

Cardiff ['kɑ:dɪf], Hptst. von Wales, Großbritannien, 279 100 Ew.; zeitweise größter Kohlenexporthafen der Welt; heute: Eisen-, Maschinen-, Autoindustrie; Dienstleistungszentrum.

Cardin [kar'dɛ̃], Pierre, frz. Modeschöpfer, * 1922; schuf 1960 die erste Modekollektion für Herren.

Cardinale, Claudia, ital. Filmschauspielerin, * 1939; spielte u. a. in »Cartouche, der Bandit« (1961), »A Man in Love« (1987).

Carducci [kar'duttʃi], Giosuè, ital. Schriftsteller, * 1835, † 1907; Oden auf Italien und die Antike (»Odi barbare«, 1877 bis 1889); Nobelpreis 1906.

CARE, Abk. für urspr. **C**ooperative for **A**merican **R**emittances to **E**urope, später ... to **E**verywhere, 1946 gegr. Zusammenschluss amerikan. Wohlfahrtsorganisationen; Hilfssendungen **(CARE-Pakete)** nach Europa, später in alle Welt.

care of →c/o.

Cargo *der,* Ladung, bes. eines Schiffes.

Caritas *die,* Liebe, bes. christl. Nächstenliebe. **Dt. C.-Verband, C.-Verband für das kath. Dtl.,** Vereinigung zur kath. Wohlfahrtspflege; gegr. 1897, Sitz Freiburg im Breisgau.

Carl, Herrscher, **Schweden. 1) C. XIV. Johan,** König (seit 1818), * 1763, † 1844; als Jean-Baptiste Bernadotte frz. Revolutionsgeneral und Marschall Napoleons I., 1810 zum schwed. Kronprinzen ernannt, 1813 Oberbefehl über die Nordarmee der Verbündeten gegen Napoleon, zwang Dänemark 1814 zur Abtretung Norwegens. – **2) C. XVI. Gustaf,** König (seit 1973), * 1946; seit 1975 auf repräsentative Pflichten und Rechte beschränkt; heiratete 1976 Silvia Sommerlath, * 1943.

Carlisle [kɑ:'laɪl], Haupt- und Ind.stadt der Grafschaft Cumbria im nordwestl. England, 71 500 Ew.; Baumwoll-, Metall-, Nahrungsmittelind., Bahnknotenpunkt, ⊛.

Carlos, Don C., * 1545, † 1568; ältester Sohn Philipps II. von Spanien; körperlich und geistig zurückgeblieben, später psychopathisch; starb, mit dem Vater entzweit, im Gefängnis. Literar. Darstellung seines Schicksals u. a. durch Schiller.

Carlsson, Ingvar Gösta, schwed. Politiker (Sozialdemokrat. Arbeiterpartei), * 1934; Politikwissenschaftler. Nach der Ermordung Olof Palmes war C. 1986 bis 1991 dessen Nachfolger als Parteivors. und Min.-Präs., erneut Min.-Präs. 1994 bis 1996.

Carlyle [kɑ:'laɪl], Thomas, engl. Schriftsteller, * 1795, † 1881; orientierte sich naturphilosophisch an Goethe und geschichtsphilosophisch an Fichte, vertrat die Auffassung, Weltgeschichte sei die Geschichte der großen Persönlichkeiten, schrieb eine viel beachtete Biographie Friedrichs d. Gr. (1857 bis 1867).

Carmina Burana, Sammlung mittellat. Vagantenlieder aus dem 13. Jh.; einige Texte wurden von C. Orff für sein szen. Oratorium »C. B.« vertont.

Carnac [kar'nak], Ort in der Bretagne, Frankreich, 4 200 Ew.; in der Nähe: vorgeschichtl. Steinreihen (Menhire).

Carnallit *der,* KCl · $MgCl_2 \cdot 6H_2O$, ein Kalisalz; Rohstoff für die Magnesiumgewinnung.

Carnap, Rudolf, dt.-amerikan. Philosoph, * 1891, † 1970; Vertreter des log. Empirismus.

Carné [karˈne], Marcel, frz. Filmregisseur, * 1909, † 1996; Begründer des poetisch-realist. frz. Filmstils (»Kinder des Olymp«, 1943 bis 1945).

Carnegie [ˈkɑːnəgɪ], Andrew, amerikan. Stahlindustrieller, * 1835, † 1919; machte große Stiftungen für Wissenschaft, Kunst, Wohlfahrt (C. Hall in New York).

Carnot [karˈno], **1)** Lazare Graf v., frz. Staatsmann, Militärschriftsteller und Mathematiker, * 1753, † 1823; Schöpfer der frz. Revolutionsheere. – **2)** Sadi, frz. Physiker und Ingenieur, * 1796, † 1832, Sohn von 1); erarbeitete die physikal. Grundlagen der Funktion der Dampfmaschine; berechnete unter Annahme des **Carnot-Prozesses** das mechanische Wärmeäquivalent (→ Wärme).

Carnuntum, ehem. röm. Festung an der Donau bei Petronell und Bad Deutsch-Altenburg, NÖ, um 400 n. Chr. zerstört; bedeutende Ausgrabungen: 2 Amphitheater, Thermen, Palast u. a.

Caro, Heinrich, dt. Chemiker und Industrieller, * 1834, † 1910; entdeckte zahlreiche Farbstoffe; stellte erstmals Indigo und Mauvein großtechnisch her.

Carolina *die,* **Constitutio Criminalis Carolina,** Abk. **CCC,** die von Kaiser Karl V. 1532 zu Regensburg erlassene »Peinliche Gerichtsordnung«, das erste dt. Gesetzbuch, das Strafrecht und -verfahren reichseinheitlich regelte.

Carolus Magnus, lat. Name Karls des Großen.

Carossa, Hans, dt. Schriftsteller, * 1878, † 1956; Arzt; schrieb Gedichte, autobiograph. Werke, Romane: »Der Arzt Gion« (1931).

Carothers [kəˈrʌðəz], Wallace Hume, amerikan. Chemiker, * 1896, † 1937; stellte 1932 die erste Chemiefaser aus Polyamiden her (Nylon).

Carotin *das,* ☊ gelbroter Pflanzenfarbstoff, Vorstufe des Vitamins A; kommt in der Mohrrübe vor.

Carpaccio [karˈpattʃo], Vittore, ital. Maler, * zw. 1455 und 1465, † 1525/26; Andachtsbilder, Altarwerke, die Heiligenlegenden in seine venezian. Umwelt versetzen.

Carrà, Carlo, ital. Maler, * 1881, † 1966; begründete 1910 den Futurismus, bestimmte als Theoretiker dessen Entwicklung.

Carracci [karˈrattʃi], Malerfamilie aus Bologna; **Agostino C.** (* 1557, † 1602), **Annibale C.** (* 1560, † 1609), Altar- und Landschaftsbilder im Idealstil des röm. Barocks, Hauptwerk: Fresken im Palazzo Farnese, Rom; **Lodovico C.** (* 1555, † 1619), begründete in Bologna eine Akademie.

Carrara, Stadt in der Toskana, Italien, 66 000 Ew.; Marmorbrüche, zahlreiche Marmorschleifereien und Bildhauerwerkstätten.

Carreras, José, span. Sänger (Tenor), * 1946; Interpret ital. Opern.

Carriers [ˈkærɪəz], stoffübertragende Substanzen; in der Biochemie chem. Verbindungen mit der Eigenschaft, Elektronen, Ionen oder Moleküle auf andere Moleküle zu übertragen.

Carroll [ˈkærəl], Lewis, eigentl. Charles Lutwidge **Dodgson** [ˈdɔdʒsən], engl. Schriftsteller, * 1832, † 1898; Prof. für Mathematik, schrieb schrullig-nachdenkl. Kinderbücher (»Alice im Wunderland«, 1865).

Carstens, 1) Asmus Jakob, dt. Maler, Zeichner, * 1754, † 1798; Meister des dt. Klassizismus. – **2)** Karl, dt. Politiker (CDU), * 1914, † 1992; Jurist, 1979 bis 1984 Bundespräsident.

Cartagena [kartaˈxɛna], **1)** Hafenstadt an der SO-Küste Spaniens, 176 100 Ew.; bedeutendster Kriegshafen Spaniens; Erzbischofssitz; Hütten-, Metall-, Textilind.; Erzausfuhr. – **2)** Hafenstadt in Kolumbien, 688 400 Ew.; Erzbischofssitz; Univ.; Hafen und Befestigungen gehören zum Weltkulturerbe.

Carte [kart] *die,* **1)** Blatt, Karte. **C. blanche,** unbeschränkte Vollmacht. – **2)** Speisekarte; **à la c.,** nach der Karte (essen).

Carter [ˈkɑːtə], **1)** Howard, brit. Archäologe, * 1873, † 1939; entdeckte im Tal der Könige bei Theben das Grab des → Tut-ench-Amun. – **2)** James (Jimmy) Earl, amerikan. Politiker (Demokrat), * 1924; 39. Präs. der USA (1977 bis 1981). C. erklärte 1980 unter dem Eindruck der Invasion der UdSSR in Afghanistan die Golfregion zum amerikan. Interessengebiet (»Carter-Doktrin«).

Cartesius, frz. Philosoph, → Descartes, René.

Cartoon [kɑːˈtuːn] *der, das,* graf. Form pointierter satir. Darstellung einer sozialen oder auch polit. Situation.

Cartwright [ˈkɑːtraɪt], **1)** Edmund, brit. Erfinder, * 1743, † 1823; Pfarrer und Domherr in Lincoln; erfand 1786 den mechan. Webstuhl. – **2)** Thomas, engl. prot. Theologe, * 1535, † 1603; unter Königin Elisabeth I. einflussreichster Führer der Puritaner.

Carus, Carl Gustav, dt. Arzt, Maler, Philosoph, * 1789, † 1869; förderte die Schädellehre, Schriften zur Psychologie des Unbewussten, von C. D. Friedrich beeinflusste Landschaftsgemälde.

Caruso, Enrico, ital. Sänger (Tenor), * 1873, † 1921; berühmtester Operntenor seiner Zeit.

Casa, Lisa della, schweizer. Sängerin (Sopran), * 1919; bekannt als Interpretin von Opernpartien W. A. Mozarts und R. Strauss'.

Casablanca, arab. **Dar el-Beida,** Haupthafen und größte Stadt Marokkos, am Atlant. Ozean, 2,9 Mio. Ew.; um die winklige arab. Altstadt entstand die großzügig angelegte Ind.- und Europäerstadt. **Konferenz von C.** (14. bis 26. 1. 1943): Churchill und Roosevelt einigten sich auf die »bedingungslose Kapitulation« der Achsenmächte.

Casadesus [kasaˈdsy], Robert, frz. Pianist und Komponist, * 1899, † 1972; Mozart-Interpret.

Casals, Pablo, span. Cellist, Dirigent und Komponist, * 1876, † 1973; größter Cellist seiner Zeit, begründete die Festspiele in Prades (Pyrénées-Orientales, Frankreich).

Casanova, Giacomo, ital. Abenteurer, * 1725, † 1798; floh aus den Bleikammern Venedigs und führte ein abenteuerl. Wanderleben, das er in seinen Erinnerungen beschrieb. Als legendärer Liebhaber Gestalt zahlreicher literar. Werke.

Cäsar → Caesar.

Casaroli, Agostino, ital. kath. Theologe, * 1914; päpstl. Diplomat, Kardinal (1979); 1979 bis 1990 Staatssekretär von Vatikanstadt; 1984 bis 1990 Stellv. des Papstes in der Kirchenverwaltung.

Casas → Las Casas, Bartolomé de.

Cascade Range [kæsˈkeɪd ˈreɪndʒ], über 1 100 km langer Gebirgszug im W der USA, verläuft von N-Kalifornien bis ins südliche British Columbia (Kanada); Mount Rainier 4 392 m hoch; Mount Saint Helens, aktiver Vulkan.

Casein *das,* phosphorsäurehaltiger Eiweißkörper; als Calciumsalz in der Milch; fällt bei der Milchgerinnung (»Sauerwerden«) als unlösliches Para-C. aus; C. ist ein hochwertiger Nahrungsstoff; Grundstoff für die Käseherstellung.

Casella, Alfredo, ital. Komponist, * 1883, † 1947; Opern, Orchester- und Kammermusik.

Caserta, Hptst. der südital. Prov. C., nördl. von Neapel, 70 500 Ew.; barockes Lustschloss, das »ital. Versailles«.

cash and carry [kæʃ ənd ˈkærɪ, engl. »bar zahlen und abholen«], handelsrechtl. Vertragsklausel: Der Käufer holt die Ware ab und bezahlt sofort. **cash-and-Carry-Märkte:** Betriebsform im Groß- und auch Einzel-

Ernesto Cardenal

Claudia Cardinale

Enrico Caruso

Pablo Casals

Ernst Cassirer

Fidel Castro Ruz

Cattleya
Laeliocattleya Varycolor

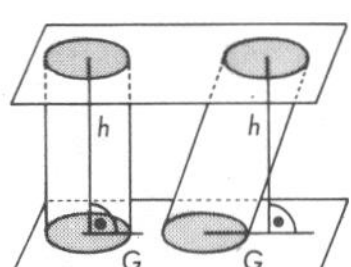

cavalierisches Prinzip
(*h* Höhe und *G* Grundfläche der Körper)

handel: Für Verzicht auf Dienstleistungen gibt es Preisnachlässe.

Cashewnuss [ˈkæʃu-], essbare Frucht des Nierenbaums.

Cashflow [kæʃfləʊ], Finanzmittelüberschuss, der einem Unternehmen in einer Periode nach Abzug aller Kosten verbleibt.

Casiquiare [kasikiˈare] *der,* Fluss im S Venezuelas, verbindet den oberen Orinoco mit dem zum Amazonas fließenden Río Negro.

Cäsium, Caesium *das,* Symbol **Cs,** chem. Element, weiß glänzendes, weiches Alkalimetall; OZ 55, relative Atommasse 132,9054, D 1,87 g/cm³, Sp 705 °C, Fp 28,5 °C; verwendet für Photozellen, Atomuhren; radioaktives Isotop Cs 137 zur Strahlenbehandlung bei Krebs.

Cassadó, Gaspar, span. Cellist und Komponist, * 1897, † 1966; Schüler von P. Casals; Kammermusik.

Cassata, ital. Eisspezialität.

Cassin [kaˈsɛ̃], René, frz. Jurist, * 1887, † 1976; Friedensnobelpreis 1968 für seine Mitwirkung an der Menschenrechtserklärung der UNO.

Cassini, Giovanni Domenico, frz. Astronom ital. Herkunft, * 1625, † 1712; bestimmte die Rotationsperioden von Mars, Venus und Jupiter, entdeckte 4 Monde des Saturn, eine Teilung des Saturnrings **(cassinische Teilung)** u. a.

Cassino, Stadt in Süditalien, 32 800 Ew.; überragt von der Benediktinerabtei → Montecassino.

Cassirer, 1) Ernst, dt. Philosoph, * 1874, † 1945; »Philosophie der symbol. Formen« (1923 bis 1929), »Vom Mythos des Staates« (1949). – **2)** Paul, dt. Kunsthändler und Verleger, * 1871, † 1926; ⚭ mit T. Durieux; unterstützte die Berliner Sezession; gab H. Mann u. a. Expressionisten heraus.

Cassius, Gaius **C. Longinus,** hoher röm. Beamter, † 42 v. Chr., mit Brutus Anführer der Caesarmörder.

Casteau [kasˈto], Ortsteil der belg. Stadt Soignies, seit 1967 Hauptquartier der NATO in Europa (SHAPE).

Castel del Monte, Jagdschloss von Kaiser Friedrich II., dem Staufer, in Apulien (Italien); um 1250 fertig gestellt.

Castel Gandolfo, Stadt in der ital. Prov. Rom, am Albaner See, 7 100 Ew.; päpstl. Sommersitz.

Castellammare di Stabia, ital. Hafenstadt, Kurort am Golf von Neapel, 67 500 Ew.; Werften.

Castellón de la Plana [-ˈʎɔn-], Prov.-Hptst. in Ostspanien, 137 900 Ew.; Bischofssitz; Textil-, Keramikind., Erdölraffinerie.

Castiglione [kastiˈʎoːne], Baldassare Graf, ital. Schriftsteller, Diplomat, * 1478, † 1529; zeichnete in seinem »Cortegiano« (1528) das Bild des idealen Hofmannes.

Casting, [ˈkɑːstɪŋ] *das,* **1)** bei Film und Fernsehen die Rollenbesetzung. – **2)** wettkampfmäßig ausgeübte Form des Angelsports.

Castor und Pollux → Dioskuren.

Castrop-Rauxel, Stadt im östl. Ruhrgebiet, NRW, 77 700 Ew.; chem. Grundstoff- und Baustoffind., Maschinen- und Apparatebau; Hafen am Rhein-Herne-Kanal.

Castro Ruz [-rus], Fidel, kuban. Politiker, * 1927; Rechtsanwalt, kämpfte 1956 bis 1959 mit einer Rebellenarmee gegen Staatspräs. Batista y Zaldívar, übernahm 1959 die Macht, wurde Min.-Präs., seit 1976 als Vors. des Staatsrats auch Präs.; ab 1961 gestaltete er Kuba in eine sozialist. Diktatur um.

Casus, Kasus *der,* **1)** Fall, Zufall, bes. rechtlich. **C. Belli,** Kriegsfall. – **2)** in der Grammatik der Beugefall, → Beugung.

Çatal Hüyük [tʃaˈtal hyˈjyk], vorgeschichtl. Ruinenhügel (Großsiedlung aus der frühen Jungsteinzeit) in der Türkei, 52 km südöstlich von Konya.

Catania, Hptst. der ital. Prov. C. im O Siziliens, am Südfuß des Ätna, 327 100 Ew.; Hafen; Erzbischofssitz; 1444 gegr. Univ.; Schwefel-, Wein-, Obsthandel; Konserven-, Textilindustrie.

Catanzaro, Hptst. der südital. Region Kalabrien, 96 800 Ew.; Erzbischofssitz; Textilindustrie.

Catch-as-catch-can [ˈkætʃ æz ˈkætʃ ˈkæn, engl. »greife, wie du greifen kannst«], Ringkampf, bei dem dem **Catcher** mit geringen Ausnahmen alle Griffe erlaubt sind.

Catchup → Ketschup.

Catechine, Bestandteile vieler natürlicher pflanzl. Gerbstoffe.

Catecholamine, Sammelbezeichnung für die Hormone Adrenalin, Noradrenalin und Dopamin.

Catgut [ˈkætgʌt], → Katgut.

Cather [ˈkæðə], Willa Sibert, amerikan. Schriftstellerin, * 1876, † 1947; psycholog.-realist. Schilderung der Einwanderer.

Catilina, Lucius Sergius, röm. Politiker, * um 108, † 62 v. Chr.; stiftete die **Catilinar. Verschwörung** zum Sturz der Senatsherrschaft an. Von Cicero 63 v. Chr. in den **Catilinar. Reden** angeklagt, floh er und fiel 62 im Kampf.

Cato, Marcus Porcius, **1) C. d. Ä.,** röm. Staatsmann und Schriftsteller, * 234, † 149 v. Chr.; kämpfte gegen den Verfall der alten Sitten, erbitterter Feind Karthagos; bekannt ist sein Ausspruch: »Ceterum censeo Carthaginem esse delendam« (Im Übrigen bin ich der Ansicht, dass Karthago zerstört werden muss). – **2) C. d. J.,** * 95, † 46 v. Chr.; als Vertreter republikan. Freiheit und altröm. Gesinnung Gegner Caesars; gab sich nach dessen Sieg den Tod.

Cattleya *die,* Gattung der Orchideen im trop. Amerika; farbenprächtige Gewächshauspflanzen, beliebte Schnittblumen.

Catull, Catullus, Gaius Valerius, röm. Dichter, * um 84, † um 54 v. Chr.; Liebesgedichte, Spottverse, Epigramme.

Cauchy [koˈʃi], Augustin Louis Baron, frz. Mathematiker und Physiker, * 1789, † 1857; zahlreiche Veröffentlichungen, bes. zu Differenzialgleichungen, zur Theorie der unendl. Reihen, zur Funktionentheorie, Wahrscheinlichkeitstheorie und Elastizitätslehre.

Çatal Hüyük. Auf zwei katzenartige Tiere gestützte Göttin, die ein Kind gebiert, gebrannter Ton (um 5800 v. Chr.)

Caudillo [kaʊˈdɪljo, span. »Anführer«], polit. Machthaber; amtl. Titel des früheren span. Staatschefs F. Franco Bahamonde.

Causa *die,* **1)** Ursache, Grund. – **2)** Rechtsgrund. – **3)** Rechtsfall, Prozess.

Cavaco Silva, Aníbal, port. Politiker, * 1939; Wirtschaftswissenschaftler, 1985 bis 1995 Vors. der Sozialdemokrat. Partei und Min.-Präsident.

Cavalieri, Bonaventura, ital. Mathematiker, * 1598, † 1647; Prof. in Bologna; entdeckte das **cavalierische**

Prinzip, wonach 2 Körper raumgleich sind, wenn in gleicher Höhe geführte Schnitte jeweils flächengleich sind.
Cavallini, Pietro, eigentl. P. **dei Corroni,** ital. Maler, *um 1250, †um 1330; Hauptmeister der röm. Malerei vor dem Auftreten Giottos; stellte als erster plastisch klare Figuren in statuar. Auffassung und einheitl. Beleuchtung dar.
Cavendish [ˈkævəndɪʃ], Henry, brit. Naturforscher, *1731, †1810; bestimmte die Gravitationskonstante und die Zusammensetzung der Luft, entdeckte den Stickstoff, wies durch Verbrennen von Wasserstoff die nichtelementare Natur des Wassers nach.
Cavour [kaˈvur], Camillo Graf, ital. Staatsmann, *1810, †1861; seit 1852 Min.-Präs. in Sardinien-Piemont, führte seit 1859, anfangs im Bunde mit Napoleon III., die nat. Einigung Italiens (bis auf Rom und Venetien) durch.
Cayenne [kaˈjɛn], Hptst. von Frz.-Guayana, auf der Insel C., Südamerika, 41 600 Ew.; mehrere Forschungsinstitute, botan. Garten; Hafen, internat. ✈; ehem. Strafkolonie (»Pfefferküste«).
Cayennepfeffer → Paprika.
Cayman-Inseln [ˈkeɪmən-], 3 Koralleninseln im Karib. Meer, südl. von Kuba; brit. Kronkolonie. Hauptstadt Georgetown.
CB-Funk [Abk. für **C**itizen-**B**and], **Jedermann-Funk,** Sprechfunk im Frequenzbereich 26,960 bis 27,410 MHz mit kleiner vorgeschriebener Leistung und entsprechend geringer Reichweite.
CC, Abk. für **C**orps **c**onsulaire.
CCD, Abk. für **C**harge-**C**oupled **D**evice, ladungsgekoppeltes Bauelement in MOS-Technik; bes. geeignet für Bildsensoren.
CCITT, Abk. für **C**omité **C**onsultatif **I**nternational **T**élégraphique et **T**éléphonique, beratender Ausschuss der Internat. Fernmeldeunion.
cd, Einheitenzeichen für → Candela.
Cd, chem. Symbol für Cadmium.
CD, 1) Abk. für **C**orps **d**iplomatique, dt. diplomat. Korps. – **2)** Abk. für → Compact Disc.
CD-I, Abk. für **C**ompact **D**isc-**I**nteractive; → Compact Disc.
CD-ROM [Abk. für **C**ompact **D**isc **R**ead-**O**nly **M**emory], Speicherplatte (Festwertspeicher) für Personalcomputer, die nach dem Prinzip der Compact Disc mit Laserabtastung arbeitet.
CDU → Christlich Demokratische Union Deutschlands.
Ce, chem. Symbol für Cer.
Ceaușescu [tʃeauˈʃesku], Nicolae, rumän. Politiker, *1918, †1989; seit 1965 Erster Sekretär (später Generalsekretär) des ZK der KPR, seit 1974 Staatspräs.; regierte zunehmend diktatorisch, wurde durch einen vom Militär mitgetragenen Volksaufstand im Dez. 1989 gestürzt, in Geheimprozess mit seiner Frau Elena (*1919) zum Tod verurteilt und sofort hingerichtet.
Cebu, Insel der Philippinen, Landwirtschaft, Fischerei, Kupfererzabbau; an der O-Küste gleichnamige Prov.-Hptst., 610 000 Ew., 6 Univ., bedeutende Ind.; Hafen, internat. ✈.
Cech [setʃ], Thomas Robert, amerikan. Biochemiker, *1947; für die Entdeckung der katalyt. Eigenschaften der Ribonukleinsäure erhielt er 1989 mit S. Altman den Nobelpreis für Chemie.
Cedille [seˈdi:j], Häkchen unter dem c (ç), bezeichnet den Laut [s] vor a, o, u im Französischen, Portugiesischen und Katalanischen.
Cela [ˈθela], Camilo José, span. Schriftsteller, *1916; realist. Romane (»Der Bienenkorb«, 1951), Nobelpreis für Literatur 1989.
Celan [tseˈla:n], Paul, eigentl. P. **Antschel,** dt.-sprachiger Lyriker, *1920, †(Freitod) 1970; Übersetzer frz. und russ. Lyrik; erste Gedichtsammlung 1938 bis 1944 (mit der »Todesfuge«).

Celebes. Traditionelles Gehöft (Wohnhaus und Reisspeicher) im Zentrum der Insel

Celebes, seit 1949 **Sulawesi,** eine der Großen Sunda-Inseln, zu Indonesien gehörig, 189 216 km², 12,5 Mio. Ew., meist Malaien. Um den gebirgigen Kern liegen mehrere Halbinseln, z. T. von jungen Vulkanen gebildet. Höchster Berg (3 458 m) ist der Rantekombola; im Inneren immergrüne trop. Urwälder; Landwirtschaft, Fischerei, Holzeinschlag; ⚒ auf Nickelerz.
Celesta [tʃeˈlɛsta] *die,* klavierähnl. zart klingendes Tasteninstrument mit Stahlplatten zur Tonerzeugung.
Celibidache [tʃelibiˈdake], Sergiu, Dirigent rumän. Herkunft, *1912, †1996; Leiter der Berliner Philharmoniker 1946 bis 1952, seit 1979 Generalmusikdirektor und Leiter der Münchner Philharmoniker.
Celle, Krst. in Ndsachs., an der Aller, 73 700 Ew.; Schloss (13. bis 18. Jh.), Altes Rathaus (1561 bis 1579), Fachwerkhäuser; Bundesforschungsamt für Kleintierzucht, Landesinstitut für Bienenforschung, Fachschulen, Landessozialgericht; Nahrungs-, Genussmittelind., Landesgestüt. – C. war vom 14. Jh. bis 1705 Residenz des welf. Fürstentums Lüneburg.
Cellini [tʃelˈli:ni], Benvenuto, ital. Bildhauer, Erzgießer, Goldschmied, *1500, †1571; Meister der Spätrenaissance (Manierismus). Selbstbeschreibung seines abenteuerl. Lebens, dt. von Goethe.
Cello [ˈtʃɛlo] *das,* → Violoncello.
Cellophan *das,* Handelsname für → Zellglas.
Celluloid → Zelluloid.
Cellulose → Zellulose.
Celsius, Anders, schwed. Astronom, *1701, †1744; schlug die Temperatureinteilung in 100 gleiche Teile zw. Gefrier- (100 °C) und Siedepunkt (0 °C) des Wassers vor (erst Linné kehrte die Skala um).
Celtis, Konrad, eigentl. K. **Pickel,** dt. Humanist, Dichter, *1459, †1508. Erhielt als erster Deutscher 1487 von Kaiser Friedrich III. die Dichterkrone.
Cembalo [ˈtʃɛmbalo] *das,* → Klavier.
Cent [von lat. centum »hundert«] *der,* kleinste Scheidemünze = $^1/_{100}$ Gulden, $^1/_{100}$ Dollar; **Centavo** = $^1/_{100}$ Escudo, $^1/_{100}$ Peso, $^1/_{100}$ Cruzeiro; **Centesimo** [tʃɛnˈtezimo] = $^1/_{100}$ Lira; **Centime** [sãˈtim] = $^1/_{100}$ Franc; **Centimo** [ˈθɛntimo] = $^1/_{100}$ Peseta. Abkürzungen: c, cts.
CENTO, Abk. für **Cen**tral **T**reaty **O**rganization, der 1955 abgeschlossene Verteidigungspakt (bis 1959 **Bagdadpakt**) zw. Großbritannien, Irak, Iran, Pakistan und der Türkei; Sitz Bagdad (bis 1959), seitdem Ankara. Seit 1957 gehörten die USA dem Pakt an; 1979 aufgelöst.
Centre National d'Art et de Culture Georges Pompidou [sãtr nasjɔˈnal da:r e də kylˈty:r ʒɔrʒ pɔ̃piˈdu], Paris, Stadtteil Beaubourg, auch **Centre**

Cayman-Inseln
Wappen

Paul Celan

Celle
Stadtwappen

Beaubourg, Kulturzentrum, von Renzo Piano (* 1937) und Richard George Rogers (* 1933) erbaut (1977): Museum, Filmsammlung, öffentl. Bibliothek, Musikschule.

Centurio *der,* röm. Hauptmann, befehligte eine **Centuria** oder **Zenturie** (Hundertschaft).

centweight ['sentweɪt] *das,* Abk.: **cwt.,** Handelsgewicht in den USA, entspricht 45,39 kg.

Cephe|iden, ☼ Gruppe von veränderl. Sternen (benannt nach dem Sternbild **Cepheus**) mit bes. hoher Leuchtkraft, deren Dichte, Radius, Temperatur, Helligkeit einen periodisch verlaufenden Wechsel zeigen.

Claude Chabrol

Cer *das,* **Cerium,** Symbol **Ce,** chem. Element aus der Gruppe der Lanthanoide; OZ 58, relative Atommasse 141,12, D 6,67 bis 8,23 g/cm³, Sp 3 468 °C, Fp 795 °C; wird aus Monazitsand gewonnen; meist als C.-Mischmetall für Legierungen und Zündsteine verwendet.

Ceram → Seram.

Ceram, C. W., eigentl. Kurt W. **Marek,** dt. Schriftsteller, * 1915, † 1972; Sachbücher, u. a. »Götter, Gräber und Gelehrte« (1949), »Enge Schlucht und schwarzer Berg« (1955), »Der erste Amerikaner« (1972).

Cerberus → Zerberus.

Cerealilen [nach Ceres], Getreide und Feldfrüchte.

cerebral → zerebral.

Ceres, altröm. Göttin des pflanzl. Wachstums, der griech. Demeter gleichgesetzt.

Cereus → Säulenkaktus.

CERN, Abk. für **C**onseil **E**uropéen pour la **R**echerche **N**ucléaire, → Europäische Organisation für Kernforschung.

Cerro de Pasco, zentralperuan. Dep.-Hptst., eine der höchstgelegenen Städte der Erde (4 338 m hoch); Bergbauzentrum (Gold, Silber, Kupfer); 66 800 Einwohner.

Cervantes Saavedra [θεr'βantes saa'βeðra], Miguel de, span. Dichter, * 1547, † 1616. Sein Roman → Don Quijote, als Satire gegen die Ritterromane der Zeit geplant, wurde zu einer der großen Dichtungen der Weltliteratur. Bedeutend auch seine Novellen, Komödien und Einakter. BILD S. 144

Césaire [se'zɛ:r], Aimé, frz. Dichter, * 1913; Mitbegründer der → Négritude.

Cetan *das,* ein Kohlenwasserstoff ($C_{16}H_{34}$).

Cetanzahl, Messzahl für die Zündwilligkeit von Dieselkraftstoffen; gibt an, wie viele Prozent Cetan dem schwer zündenden α-Methylnaphthalin zugemischt werden müssen, damit dieses die gleiche Zündwilligkeit wie der zu prüfende Kraftstoff erhält.

Cetinje, Stadt in Montenegro, Jugoslawien, 15 900 Ew.; kultureller Mittelpunkt Montenegros.

Četnici ['tʃɛtni:tsi], **Tschetniks,** Ende des 19. Jh. serb. Freischärler zum Schutz der serb. Bev. in Makedonien. Im 2. Weltkrieg nationalserb. und monarchist. Partisanengruppen, die in Bosnien und Herzegowina gegen die dt. Besatzung sowie in serb. besiedelten Gebieten Kroatiens gegen die Ustascha sowie seit 1943 gegen die kommunist. Partisanen kämpften; 1944 von Titos Partisanen aufgerieben. - Unter dem Namen Č. kämpften 1991 nationalist. serb. Freischärler in Kroatien und seit 1992 in Bosnien für die Durchsetzung großserb. Ziele.

Ceuta ['θeuta], span. Hafenstadt an der Nordspitze Marokkos, gegenüber Gibraltar; 67 600 Ew.; seit 1580 spanisch.

Cevapcici [tʃe'vaptʃitʃi:], stark gewürzte Hackfleischröllchen.

Cevennen *Pl.,* der SO-Rand des frz. Zentralmassivs mit gebirgsartigem Steilabfall zur Rhôneniederung, rund 1 500 m hoch; z. T. Nationalpark.

Ceylon → Sri Lanka.

Cézanne [se'zan], Paul, frz. Maler, * 1839, † 1906. Vom Impressionismus ausgehend, fand er, ohne das Naturvorbild aufzugeben, einen konstruktiven, den Körper und die Farbe der Fläche zuwendenden Stil; gilt als Vorstufe der abstrakten und kubist. Malerei.

Cf, chem. Symbol für Californium.

CFA-Franc, Währungseinheit in den afrikan. Staaten der Französischen Gemeinschaft.

CFK, Abk. für **C**arbon**f**aser-**K**unststoff, eine Gruppe von Verbundwerkstoffen für hoch beanspruchte Teile.

CGS-System, Centimeter-Gramm-Sekunden-System, Maßsystem mit den Basisgrößen Länge, Kraft, Zeit und den Basiseinheiten cm für Länge, g für Masse und s für Zeit. Heute ist das CGS-System ersetzt durch das → Internationale Einheitensystem.

C. H., Confoederatio **H**elvetica, Schweizer. Eidgenossenschaft; Autokennzeichen: **CH.**

Chabarowsk, russ. Gebietshptst. an der Mündung des Ussuri in den Amur, 613 000 Ew.; Kultur- und Wissenschaftszentrum, mehrere Hochschulen; Schiff- und Maschinenbau; Verkehrsknotenpunkt (Station der Transsibir. Eisenbahn), internat. ✈.

Chablais, Le C. [ʃa'blɛ], Landschaft in O-Frankreich, Savoyen, südl. vom Genfer See.

Chablis [ʃa'bli] *der,* weißer Burgunderwein.

Chabrol [ʃa'brɔl], Claude, frz. Filmregisseur, * 1930; drehte Filme der »Neuen Welle« (»Die Enttäuschten«, 1958; »Schrei, wenn du kannst«, 1959; »Stille Tage in Clichy«, 1990); »Biester« (1995).

Cha-Cha-Cha [tʃa-], Gesellschaftstanz lateinamerikan. Ursprungs.

Chaco ['tʃakɔ] *der,* → Gran Chaco.

Chadwick ['tʃædwɪk], Sir James, brit. Physiker, * 1891, † 1974; Entdecker des Neutrons; Nobelpreis für Physik 1935.

Marc Chagall. Abraham bittet Gott um Gnade für die Städte Sodom und Gomorrha, Ausschnitt aus dem Chorfenster der Pfarrkirche Sankt Stephan in Mainz (1978)

Chagall, Marc, russ.-jüd. Maler und Grafiker, * 1887, † 1985; lebte ab 1949 in der Provence; thematisierte seine Erinnerungen an die russ. Heimat und die Welt des Chassidismus in Bildern von starker Leuchtkraft der Farben. Er schuf auch Buchillustrationen, Bühnendekorationen sowie Entwürfe für Glasmalereien und Mosaike.

Chagas-Krankheit ['ʃa:gas-], fiebrige, durch Raubwanzen übertragbare Infektionskrankheit (Erreger: Trypanosomen) in Mittel- und Südamerika; gekennzeichnet u. a. durch hohes Fieber, Lymphknotenschwellungen, Herzrhythmusstörungen.

Chagrin [ʃa'grɛ̃] *der,* **1)** Ärger, Kummer. - **2)** Spaltleder mit aufgepresstem Narbenmuster.

Chain [tʃeɪn], Sir Ernst Boris, brit. Biochemiker, * 1906, † 1979; klärte mit H. W. Florey die chemotherapeut. Wirkung und chem. Struktur des Penicillins auf; Nobelpreis für Physiologie oder Medizin mit A. Fleming und Florey 1945.

Chaironeia, Chäronea, altgriech. Stadt in W-Böotien; 338 v.Chr. Sieg Philipps II. von Makedonien über Athener und Thebaner.

Chakassen, Abakan-Tataren, Turkvolk in S-Sibirien, Russ. Föderation, v.a. in **Chakassien,** 61 900 km², 584 000 Ew., Hptst. Abakan. Bodenschätze: Steinkohle, Eisen, Gold, Wolfram, Baryte.

Chalcedon, Chalzedon *der,* Mineral, Abart des Quarzes; neben →Achat sind Schmucksteine: roter **Karneol,** grüner **Chrysopras,** brauner rot durchscheinender **Sardonyx,** ferner **Jaspis, Moosachat** und **Onyx.**

Chaldäer, aramäischer Volksstamm im SW-Teil Babyloniens **(Chaldäa),** über das sie 626 v.Chr. unter Nabopolassar die Herrschaft erlangten. Sein Sohn Nebukadnezar II. war der glänzendste Vertreter der chaldäischen Dynastie. Seither hießen die Babylonier, bes. aber die Priester, Astrologen, Vorzeichendeuter und Beschwörer, auch Chaldäer.

chaldäische Kirche, mit Rom unierte Teile der alten ostsyr. Kirche, etwa 200 000 Christen; Sitz des Oberhaupts ist Bagdad.

Chalkidike, gebirgige Halbinsel Makedoniens, N-Griechenland, springt in 3 schmalen Halbinseln (**Kassandra, Sithonia** und **Ajion Oros,** im Berg Athos 2 033 m hoch) ins Ägäische Meer vor.

Chalkis, Hptst. der griech. Insel Euböa, 51 600 Ew.; in der Antike mächtige Handelsstadt.

Chalkogene, die chem. Elemente Sauerstoff, Schwefel, Selen und Tellur.

Challenger [ˈtʃælɪndʒə], **1)** brit. Forschungsschiff, mit dem 1872 bis 1876 die **C.-Expedition** durch 3 Ozeane durchgeführt wurde. – **2)** Orbiter des amerikan. Raumtransporters, Jan. 1986 beim 10. Start mit 7 Astronauten an Bord explodiert.

Châlons-sur-Marne [ʃalɔ̃syrˈmarn], frz. Stadt an der Marne, 48 400 Ew.; Kathedrale Saint-Étienne (13. Jh.); Bischofssitz, Maschinenbau, Elektro- und Textilind.; Champagnerhandel.

Chalon-sur-Saône [ʃalɔ̃syrˈsoːn], Stadt in Burgund, Frankreich, 54 500 Ew.; Wein- und Getreidehandel, metallurg. Ind.; Flusshafen.

Chamäleons, baumbewohnende Echsen mit Klammerfüßen und Wickelschwanz; ergreifen ihre Beute mit der sehr langen Zunge, die sie weit herausschnellen können **(Wurmzüngler).** C. sind 25 bis 30 cm lang, vermögen je nach Stimmungslage (Hunger, Angst) ihre Körperfarbe schnell zu wechseln; C. leben in Afrika, S-Spanien, Kleinasien und Indien.

Chamberlain [ˈtʃeɪmbəlɪn], **1)** Arthur Neville, brit. Staatsmann, * 1869, † 1940; konservativer Parteiführer, mehrfach Min., 1937 bis 1940 Premiermin.; betrieb gegenüber Hitler zunächst eine Politik des Ausgleichs, die 1938 zum Münchener Abkommen führte, dann eine Politik des Widerstands bis zur Kriegserklärung an Dtl. 1939. – **2)** Houston Stewart, dt. Schriftsteller brit. Herkunft, * 1855, † 1927; ⚭ mit R. Wagners Tochter Eva, wirkte durch seine umstrittene Verherrlichung des Germanentums stark auf die Rassenlehre des Nationalsozialismus ein. – **3)** Sir Joseph Austen, brit. Staatsmann, * 1863, † 1937; konservativer Politiker, war 1924 bis 1929 Außenmin., am Abschluss des Locarnopakts 1925 beteiligt; erhielt den Friedensnobelpreis 1925 mit Charles Gates Dawes. – **4)** Owen, amerikan. Physiker, * 1920; entdeckte 1955 mit E. G. Segré das Antiproton; Nobelpreis für Physik 1959.

Chambéry [ʃãbeˈri], Stadt in SO-Frankreich, 54 100 Ew.; Erzbischofssitz, Univ.; Schloss, Kathedrale; Textil-, Lederind.; ehem. Hptst. Savoyens.

Chambord [ʃãˈbɔːr], frz. Renaissanceschloss an der Loire (1519 bis 1538), gehört zum Weltkulturerbe.

Chambre [ʃãbr], Zimmer; Kammer. **C. des Députés,** frz. Abgeordnetenkammer. **C. garnie,** möbliertes Zimmer. **C. séparée,** Nebenzimmer.

Chamenei, Hodjatoleslam Ali, →Khamenei, Hodjatoleslam Ali.

Chamisso [ʃaˈmɪso], Adelbert von, eigentl. Louis Charles Adelaïde de **C. de Boncourt,** dt. Dichter und Naturforscher, * 1781, † 1838; schrieb stimmungsvolle Gedichte, z.T. mit sozialen Themen; Balladen, Märchen »Peter Schlemihls wundersame Geschichte« (1814). Sein Liederkreis »Frauen-Liebe und -Leben« (1831) ist von R. Schumann 1840 vertont worden. 1815 bis 1818 nahm er als Naturforscher an einer Weltumsegelung teil (»Reise um die Welt ...«, 1821 bis 1836).

Chalcedon
Chrysopras

Chamois [ʃamoˈa], weiches Gämsen-, Ziegen- oder Schafleder; **chamois,** »gämsfarben«, gelbl. Färbung des Untergrunds bei Fotopapieren.

Chamonix-Mont-Blanc [ʃamɔnimɔ̃ˈblã], frz. Fremdenverkehrsort am Fuße der Montblanc-Gruppe, 1037 m hoch, 9 700 Einwohner.

Chamorro [tʃa-], Violeta Barrios de, →Barrios de Chamorro, Violeta.

Champagne [ʃãˈpaɲ] *die,* nordfrz. Landschaft, im W Getreide- und Futterbau, im O Viehzuchtgebiet; an den Rändern Weinbau; Herstellung von Champagner.

Champagne
Historisches Wappen

Champagner [ʃãˈpaɲər, Wein aus der Champagne] *der,* frz. Schaumwein.

Champignon [ˈʃampɪɲɔŋ] *der,* Gattung der Blätterpilze, Hut und Stiel weißl. bis hellbräunl., Lamellen jung rosa, im Alter braun bis braunschwarz werdend; gute Speisepilze **(Feld-C., Wald-C.).** Formen des Garten- und Wiesen-C. werden als **Zucht-C.** auf einem Stroh-Pferdemist-Gemisch in feuchten Räumen (Kellern u.a.) für die Vermarktung herangezogen. Beim Sammeln von C. Vorsicht vor Pilzen mit Karbolgeruch und Verwechslung mit dem giftigen →Knollenblätterpilz! Dieser hat weiße Lamellen.

Champion [ˈtʃæmpjən] *der,* Sportler, der eine Meisterschaft **(Championat)** errungen hat.

Champollion [ʃãpɔˈljɔ̃], Jean François, frz. Ägyptologe, * 1790, † 1832; Begründer der Ägyptologie, entzifferte die Hieroglyphen.

Champs-Elysées [ʃãzeliˈze], **Avenue des C.,** Prachtstraße in Paris, von der Place de la Concorde zur Place de Charles de Gaulle.

Gewöhnliches
Chamäleon

Chamsin, Kamsin *der,* trockenheißer Wüstenwind in Ägypten, weht bes. im Frühjahr aus S oder SO.

Chamson [ʃaˈsɔ̃], André, frz. Schriftsteller, * 1900, † 1983; psycholog.-realist. Bauernromane (»Blüte unterm Schnee«, 1953); polit. und philosoph. Essays.

Chan *der,* **Han,** Gasthof, Karawanserei in Vorderasien.

Chan →Khan.

Chancellor [ˈtʃɑːnsələ], Kanzler, Rektor einer Univ.; **C. of the Exchequer,** Schatzkanzler, der brit. Finanzminister.

Chan Chan [ˈtʃan ˈtʃan], größte Stadt des vorkolumb. Amerika, in NW-Peru, 6 km nordwestl. von Trujillo; gegr. um 800 n.Chr., ab 1000 Residenz der Fürsten von →Chimú. 1463 von den Inka erobert; gehört zum Weltkulturerbe.

Chandigarh [tʃ-], Hptst. von Punjab und vorläufige Hptst. von Haryana sowie Unionsterritorium, Indien, 511 000 Ew. Die moderne Stadt mit Univ. (seit 1947) ist nach Plänen von Le Corbusier angelegt; kath. Erzbischofssitz.

Chandler [ˈtʃɑːndlə], Raymond Thornton, amerikan. Kriminalschriftsteller, * 1888, † 1959; Klassiker des Detektivromans, u.a. »Der tiefe Schlaf« (1939), »Die kleine Schwester« (1949).

Coco Chanel

Chandrasekhar [tʃændrəˈʃeɪkə], Subrahmanyan, amerikan. Astrophysiker ind. Herkunft, * 1910, † 1995; erhielt für theoret. Studien über die Struktur der Sterne 1983 den Nobelpreis für Physik mit W. A. Fowler.

Chanel [ʃaˈnɛl], Coco, eigentl. Gabrielle **Chasnel** [ʃaˈnɛl], französische Modeschöpferin, * 1883, † 1971; kreierte das »kleine Schwarze« sowie das C.-Kostüm.

Changaigebirge, Gebirge in der nördl. Mongolei, bis 4031 m hoch.

Changchiakou → Zhangjiakou.

Changchun [tʃaŋtʃ-], Hptst. der Prov. Jilin, China, 2,13 Mio. Ew., Univ.; Waggon-, Maschinen-, Lokomotiv-, Kraftfahrzeugbau, chem., pharmazeut. Ind. - C., im 18. Jh. als regionales Handelszentrum gegr., seit der 1. Hälfte des 20. Jh. als Verkehrsknotenpunkt bedeutend, war 1932 bis 1945 als Sinking (Xinjing) Hptst. des von Japan abhängigen Staats Mandschukuo.

Charles
Prince of Wales

Change [ʃãʒ, frz.; tʃeɪndʒ, engl.], Tausch, Geldwechsel.

Chang Jiang → Jangtsekiang.

Changsha [tʃaŋʃa], Hptst. der Prov. Hunan, China, am Xian Jiang (Siangkiang), 1,33 Mio. Ew., Univ.; Buntmetall-, Schwerind.; ✈.

Chanson [ʃãˈsõ] *das,* (Liebes-, Trink-)Lied, heute oft mit politisch-satir. Inhalt.

Chansonnette [ʃãsɔˈnɛt], *die,* Varietee- oder Kabarettsängerin.

Chantilly [ʃãtiˈji], frz. Stadt im N von Paris, 11500 Ew.; Schloss, Pferderennen. **C.-Spitze,** feine konturierte Klöppelspitze.

Chanukka, Lichterfest, achttägiges jüd. Fest im Dez. zur Erinnerung an die Wiedereinweihung des Tempels in Jerusalem (164 v. Chr.). An jedem Tag des Festes wird ein Licht mehr am **C.-Leuchter** angezündet.

Chaos *das,* ungeordnete Masse, Unordnung; **chaotisch,** ungeordnet, wirr.

Chaosforschung, wiss. Disziplin, die sich mit Systemen befasst, denen zwar determinist. Gesetzmäßigkeiten zugrunde liegen, deren Verhalten jedoch irregulär (Ausbildung »chaot. Strukturen«) und langfristig nicht vorhersagbar ist. Die C. spielt für viele naturwiss. und techn., aber auch wirtschaftl. und ökolog. Probleme eine wichtige Rolle.

Charlie Chaplin

Chaplin [ˈtʃæplɪn], Charlie, eigentl. Charles Spencer C., brit. Filmschauspieler, Komiker, Regisseur, Autor, * 1889, † 1977; differenzierte die groteske Situationskomik der Slapstickcomedy mithilfe pantomim., mim. und psycholog. Mittel zur Tragikomödie des »kleinen Mannes«; Filme: »Goldrausch« (1925), »Lichter der Großstadt« (1931), »Moderne Zeiten« (1936), »Der große Diktator« (1940), »Rampenlicht« (1952).

Char [ʃ-], René, frz. Schriftsteller, * 1907, † 1988; zunächst surrealist., dann zeitgenöss. Lyrik.

Charakter *der,* **1)** Kennzeichen, Merkmal, Gepräge. - **2)** Das Strukturgefüge der seel. Anlagen, das die individuelle Geprägtheit des Menschen bestimmt.

Charakterstück, 1) Bühnenstück mit bes. Zeichnung eines oder mehrerer Charaktere. - **2)** 𝄞 kurzes, seinen Titel musikal. deutendes Stück (z. B. R. Schumanns »Träumerei«).

Chardin [ʃarˈdɛ̃], Jean Baptiste, frz. Maler, * 1699, † 1779; Meister des Stilllebens und alltägl. Szenen; klarer Bildaufbau, feinste Farbigkeit.

Charente [ʃaˈrãt], **1)** *die,* Fluss im westl. Frankreich, mündet in den Atlant. Ozean (Golf von Biskaya), 361 km lang. - **2)** frz. Dép. an 1); Hptst. Angoulême.

Charga, Kharga, Oasengebiet in der Libyschen Wüste, Ägypten, etwa 200 km lang und 20 bis 50 km breit; die **Oasis magna** des Altertums.

Charge [ʃarʒ] *die,* **1)** Dienstgrad, Rangstufe. - **2)** beim Theater die Nebenrolle mit einem einseitig gezeichneten Charakter. - **3)** einer der 3 Vors. einer student. Verbindung. - **4)** Beschickungsmenge und Material bei techn. Anlagen, auch bei der Arzneimittelherstellung.

Chargé d'affaires [ʃarʒedaˈfɛ:r] *der,* Geschäftsträger (→ Gesandter).

Charisma *das,* bes. Begabung zu einem Dienst in der christl. Gemeinde (Predigt, Prophetie), Gnadengabe; i. w. S. eine als übernatürl. empfundene Befähigung (»Ausstrahlung«) eines Menschen, die ihm Autorität verleiht.

Charité [ʃariˈte] *die,* Barmherzigkeit; Name v. a. für Krankenhäuser, z. B. die **Berliner C.,** gegr. 1710; der Humboldt-Univ. angeschlossen.

Chariten, Charitinnen, griech. Göttinnen der Anmut: **Aglaia** (Glanz), **Euphrosyne** (Frohsinn), **Thalia** (blühendes Glück). Von den Römern wurden die C. **Grazien** genannt.

Charkow [ˈxarkɔf], Gebietshptst. im NO der Ukraine, 1,62 Mio. Ew.; Wirtschaftszentrum und Verkehrsknotenpunkt; Turbogeneratorenwerk, Lokomotiv-, Traktoren-, Flugzeug-, Nahrungsmittel-, Tabakindustrie. Univ., TH, Museum, Bibliothek, U-Bahn, Flughafen.

Charlemagne [ʃarlˈmaɲ], frz. für Karl der Große.

Charles [tʃɑ:lz], Philip Arthur George, Prince of Wales, brit. Thronfolger, * 1948; ⚭ 1981 mit Lady Diana Spencer (* 1961, † 1997), ⚮ 1996.

Charleston [ˈtʃɑ:lstən] *der,* 1926 von Nordamerika ausgehender Gesellschaftstanz.

Charleston [ˈtʃɑ:lstən], **1)** zweitgrößte Stadt in South Carolina, USA, an der Atlantikküste, 80400 Ew.; Militärakademie; Schiffbau, Erdölraffinerie; Hafen, Flughafen. - **2)** Hptst. von West Virginia, USA, 57300 Ew.; Glas-, chem., Kunstfaserind., Druckereien; Flughafen.

Charlottenburg, Verwaltungsbezirk Berlins; Schloss von J. A. Nehring, G. von Knobelsdorff und J. F. Eosander von Göthe.

Charm [tʃɑ:m] *das,* ⚛ ein Elementarteilchen.

Charme [ʃarm] *der,* Anmut, Liebreiz. **charmant,** bezaubernd, anmutig.

Charon, 1) griech. Sage: Fährmann, der die Verstorbenen über den Fluss der Unterwelt (Styx) setzte, Unbestattete aber zurückwies; hieß bei den Etruskern **Charun.** - **2)** Mond des Planeten Pluto.

Charpak [ʃarˈpak], Georges, frz. Physiker, * 1924; erhielt für die Entwicklung von Hochleistungsdetektoren zur Registrierung ionisierender Teilchen den Nobelpreis für Physik 1992.

Charpentier [ʃarpãˈtje], **1)** Gustave, frz. Komponist, * 1860, † 1956; Schüler J. Massenets; Spätromantiker. - **2)** Marc Antoine, frz. Komponist, * zw. 1645 und 1650, † 1704.

Charrat [ʃaˈra], Janine, frz. Tänzerin und Choreographin, * 1924; gründete 1951 »Les Ballets J. C.« (»Ballets de France«), seit 1980 Direktorin für Tanz am Centre Georges Pompidou in Paris.

Charrière [ʃaˈrjɛ:r], Henri-Antoine, frz. Schriftsteller, * 1906, † 1973; schrieb die Sträflingsromane »Papillon« (1969) und »Banco« (1972).

Charta *die,* Urkunde; **1)** Grundgesetz; z. B. die engl. → Magna Charta (1215); die frz. Verfassungen von 1814 und 1830 **(Charte).** - **2)** Vereinbarung, zwischenstaatl. Satzung, z. B. die C. der Vereinten Nationen. - **3) C. 77,** → Bürgerforum.

Chartergesellschaft [ˈtʃar-, ˈʃar-], Gesellschaft, die Personen oder Güter mit gemieteten (gepachteten) Verkehrsmitteln befördert.

Chartismus [tʃ-], die erste große sozialist. Arbeiterbewegung in Großbritannien; bes. 1835 bis 1848; ging durch die aufkommenden Gewerkschaften zurück. Der C. beeinflusste K. Marx und F. Engels.

Chartres [ʃartr], frz. Stadt südwestl. von Paris, 39500 Ew.; Bischofssitz, Wallfahrtsort; Nahrungs-, Futtermittel-, elektrotechn. Ind., Maschinenbau. - Die Kathedrale ist ein Hauptwerk der nordfrz. Hochgotik des 13. Jh., gehört zum Weltkulturerbe.

Chartreuse [ʃarˈtrø:z], **1) La Grande C.** [-grãd-], Mutterkloster des Kartäuserordens nördl. von Grenoble, Frankreich, gegr. 1084 von Bruno von Köln. - **2)** *der,* **gelber** und **grüner Chartreuse®,** sehr feine, nach dem Kloster benannte Kräuterliköre (seit 1605).

Chartres. Westfassade der Kathedrale (13. Jh.)

Charts [tʃɑ:ts] *Pl.,* **1)** graf. Darstellungen des Kursverlaufs einzelner Aktien oder von Aktienindizes. – **2)** periodisch zusammengestellte Listen der beliebtesten Hits, meistverkauften Schallplatten und CD.

Charybdis *die,* in der griech. Sage ein gefährl. Meeresstrudel gegenüber der →Skylla (später oft mit der Meerenge von Messina identifiziert); beide bedrohten die Vorüberfahrenden.

Chasaren, [xa...], halbnomad. Turkstamm, beherrschte vom 4. bis 11. Jh zw. Dnjepr und Wolga und Kaukasus weite Gebiete; im 8. Jh. Blütezeit; Ende seiner Vorherrschaft im 9./10. Jh.; nach 1223 nicht mehr bezeugt.

Chassidismus *der,* myst. Richtung im Judentum; war bes. im 18. und 19. Jh. in O-Europa volkstümlich. Herausragende Interpreten des C. waren M. Buber und M. Chagall.

Chassis [ʃa'si] *das,* Fahrgestell des Kraftwagens; Montagegestell (Elektrik, Elektronik).

Chateau [ʃa'to] *das,* Schloss, Burg.

Chateaubriand [ʃatobri'ã] *das,* gebratenes, dick geschnittenes Steak aus der Rinderlende.

Chateaubriand [ʃatobri'ã], François René Vicomte de, frz. Schriftsteller und Politiker, * 1768, † 1848; war Gegner der Revolution, später Gesandter Napoleons, trat 1814 für die Rückkehr der Bourbonen ein; schrieb »Atala«, »René«, »Geist des Christentums«.

Chatham ['tʃætəm], früher bedeutender engl. Kriegshafen, östl. von London, 71 700 Ew.; Eisenindustrie.

Chatschaturjan [x-], Aram Iljitsch, armen. Komponist, * 1903, † 1978; Sinfonien, Konzerte für Klavier, Violine, Violoncello, Ballettmusiken (»Gajaneh«, 1942 und 1952), Kammermusik.

Chaucer ['tʃɔ:sə], Geoffrey, * um 1340, † 1400; bedeutendster engl. Dichter des MA., sein Meisterwerk sind die »Canterbury Tales«.

Chauvinismus [ʃovi'nɪsmʊs] *der,* maßloser Nationalismus, meist militarist. Prägung.

Chavín de Huantar [tʃa'βin de ṷan'tar], Ruinenstätte (gehört zum Weltkulturerbe) eines Heiligtums im westl. Zentralperu; Hauptmotive der **C.-Kultur** sind göttliche Mischwesen.

checken ['tʃekən], nachprüfen, kontrollieren; **einchecken,** Passagiere, Gepäck (vor einem Flug) abfertigen.

Checkpoint ['tʃekpɔɪnt], Kontrollpunkt.

Che Guevara →Guevara Serna, Ernesto.

Chelsea ['tʃelsi], Stadtteil von London; Künstlerviertel; im 18. Jh. bekannte Porzellanfabrik: **C.-Porzellan,** Weichporzellan mit bunter Bemalung.

Cheltenham ['tʃeltnəm], Bad im mittleren England, Cty. Gloucestershire, 86 000 Ew.; mineral. Heilquellen; Flugzeugindustrie, Herstellung von Präzisionsinstrumenten.

Chemie *die,* Naturwiss., die sich mit dem Aufbau und der Umwandlung von Stoffen beschäftigt.

Die **anorgan. C.** umfasst die Elemente und Verbindungen vorwiegend der unbelebten Natur, die **organ. C.** mit wenigen Ausnahmen alle Kohlenstoffverbindungen. Die **analyt. C.** entwickelt und benutzt Verfahren zur Erkennung von Elementen und Verbindungen, die **synthet. C.** stellt künstlich Verbindungen aus Elementen und Molekülen her.

In der **theoret. C.** werden Verfahren und Denkweisen der Physik angewendet; sie kann daher als Quantentheorie der Atome und Moleküle verstanden werden. Daneben beschäftigt sie sich mit der Beschreibung und rechner. Erfassung bes. von Erscheinungen wie Mesomerie, elektr. Wechselwirkung, Assoziation sowie mit der Deutung von Elementarreaktionen, Anregungs- und Übergangszuständen u. a.

Die **angewandte C.** gliedert sich nach Anwendungsgebieten in Mineral-, Agrikultur-, Nahrungsmittel-, pharmazeut., gerichtl., Farben-, Textil-, techn. C. u. a.

Chemiefasern, Sammelname für halbsynthet. (Zellwolle, Reyon u. a.) und vollsynthet. Fasern; bekannte Handelsnamen: Perlon, Terylene, Orlon, Nylon u. a.

Chemikalien, durch chem. Verfahren hergestellte Stoffe, die meist als Rohstoffe zur Herstellung anderer Verbindungen dienen.

Chemilumineszenz, Chemolumineszenz *die,* die Aussendung von Licht, die durch chem. Vorgänge (Reaktionen) ohne wesentliche Temperaturerhöhung bewirkt wird. Die C. von Tieren und Pflanzen, **Biolumineszenz,** beruht auf der Oxidation bestimmter Leuchtstoffe **(Luciferine)** unter katalyt. Wirkung des Enzyms **Luciferase;** oft unter Beteiligung symbiontisch leuchtender Bakterien.

chemische Elemente, chemische Grundstoffe, Stoffe, die durch kein chem. Verfahren in einfachere zerlegt werden können. Man kennt (1997) 112 Elemente, von denen 11 in gasförmiger, 2 in flüssiger, alle anderen in fester Form vorliegen; ihre Häufigkeit in der Natur ist sehr verschieden, einige können überhaupt nur künstlich hergestellt werden (Transurane). Die kleinsten Teilchen eines c. E. sind die →Atome. (→Periodensystem der Elemente, ÜBERSICHT S. 154)

chemische Geräte, im chem. Laboratorium verwendete Geräte aus Glas oder Porzellan.

chemische Kampfstoffe, den ABC-Kampfstoffen zugerechnete, die Atmungsorgane, die Augen, die Haut und das Zentralnervensystem schädigende chem. Stoffe, die den Gegner kampfunfähig machen oder auch töten. Hierzu gehören Tränengas, Blaukreuz-, Grünkreuz-, Gelbkreuzkampfstoffe, Nerven- und Psychogifte sowie i. w. S. Entlaubungsmittel, Rauch- und Nebelmunition.

Aram Iljitsch Chatschaturjan

chemische Keule, Gassprühgerät, das Tränen- und Atemwegsreizstoffe enthält.

chemische Radikale, meist kurzlebige, sehr reaktionsfähige, bindungsmäßig nichtgesättigte anorgan. und organ. Atomgruppen.

chemische Reaktionen, alle zw. chem. Verbindungen oder Elementen stattfindenden Vorgänge, die mit einer stoffl. Umwandlung und Bildung neuer Stoffe verbunden sind.

chemische Reinigung, Reinigung von Textilien, Leder und Pelzen ohne Anwendung von Wasser mit chem. Lösungsmitteln (früher v. a. Benzin, heute meist Tetrachloräthylen u. a.).

chemische Elemente[1]

Name	Chem. Symbol	Ordnungszahl	Relative Atommasse[2]	Name	Chem. Symbol	Ordnungszahl	Relative Atommasse[2]
Actinium	Ac	89	227,278	Meitnerium	Mt	109	(266)
Aluminium	Al	13	26,9815	Mendelevium	Md	101	(258)
Americium	Am	95	(243)	Molybdän	Mo	42	95,94
Antimon	Sb	51	121,75	Natrium	Na	11	22,9897
Argon	Ar	18	39,948	Neodym	Nd	60	144,24
Arsen	As	33	74,9216	Neon	Ne	10	20,179
Astat	At	85	(210)	Neptunium	Np	93	237,0482
Barium	Ba	56	137,33	Nickel	Ni	28	58,69
Berkelium	Bk	97	(247)	Niob	Nb	41	92,9064
Beryllium	Be	4	9,0122	Nobelium	No	102	(259)
Blei	Pb	82	207,2	Osmium	Os	76	190,2
Bohrium	Bh	107	(261)	Palladium	Pd	46	106,42
Bor	B	5	10,81	Phosphor	P	15	30,9737
Brom	Br	35	79,904	Platin	Pt	78	195,08
Cadmium	Cd	48	112,41	Plutonium	Pu	94	(244)
Calcium	Ca	20	40,08	Polonium	Po	84	(209)
Californium	Cf	98	(251)	Praseodym	Pr	59	140,9077
Cäsium	Cs	55	132,9054	Promethium	Pm	61	(145)
Cer	Ce	58	140,12	Protactinium	Pa	91	213,0359
Chlor	Cl	17	35,453	Quecksilber	Hg	80	200,59
Chrom	Cr	24	51,996	Radium	Ra	88	226,0254
Curium	Cm	96	(247)	Radon	Rn	86	(222)
Dubnium	Db	105	(262)	Rhenium	Re	75	186,207
Dysprosium	Dy	66	162,50	Rhodium	Rh	45	102,9055
Einsteinium	Es	99	(254)	Rubidium	Rb	37	85,4678
Eisen	Fe	26	55,847	Ruthenium	Ru	44	101,07
Element 110		110		Rutherfordium	Rf	104	(261)
Element 111		111		Samarium	Sm	62	150,36
Element 112		112		Sauerstoff	O	8	15,9994
Erbium	Er	68	167,26	Scandium	Sc	21	44,9559
Europium	Eu	63	151,96	Schwefel	S	16	32,06
Fermium	Fm	100	(257)	Seaborgium	Sg	106	(263)
Fluor	F	9	18,9984	Selen	Se	34	78,96
Francium	Fr	87	(223)	Silber	Ag	47	108,868
Gadolinium	Gd	64	157,25	Silicium	Si	14	28,0855
Gallium	Ga	31	69,72	Stickstoff	N	7	14,0067
Germanium	Ge	32	72,59	Strontium	Sr	38	87,62
Gold	Au	79	196,9665	Tantal	Ta	73	180,9479
Hafnium	Hf	72	178,49	Technetium	Tc	43	(98)
Hassium	Ha	108	(265)	Tellur	Te	52	127,60
Helium	He	2	4,0026	Terbium	Tb	65	158,9254
Holmium	Ho	67	164,9304	Thallium	Tl	81	204,383
Indium	In	49	114,82	Thorium	Th	90	232,0381
Iod	I	53	126,9045	Thulium	Tm	69	168,9342
Iridium	Ir	77	192,22	Titan	Ti	22	47,88
Joliotium	Jl	105	(262)	Uran	U	92	238,0289
Kalium	K	19	39,0983	Vanadium	V	23	50,9415
Kobalt	Co	27	58,9332	Wasserstoff	H	1	1,0079
Kohlenstoff	C	6	12,011	Wismut	Bi	83	208,9804
Krypton	Kr	36	83,80	Wolfram	W	74	183,85
Kupfer	Cu	29	63,56	Xenon	Xe	54	131,29
Lanthan	La	57	138,9055	Ytterbium	Yb	70	173,04
Lawrencium	Lr	103	(260)	Yttrium	Y	39	88,9059
Lithium	Li	3	6,941	Zink	Zn	30	65,38
Lutetium	Lu	71	174,967	Zinn	Sn	50	118,69
Magnesium	Mg	12	24,305	Zirconium	Zr	40	91,22
Mangan	Mn	25	54,9380				

[1] Die Namensgebung für die Elemente 102–109 folgt dem Vorschlag der Nomenklaturkommission der IUPAC von 1995. – Für die mittlerweile nachgewiesenen Elemente 110, 111 und 112 gibt es noch keine Namensvorschläge. – [2] Bei Transuranen oder sehr instabilen Elementen die Massenzahl des Isotops mit der längsten Halbwertszeit (in Klammern).

Chemnitz
Stadtwappen

chemische Sinne, Fähigkeiten von Mensch und Tier, chem. Substanzen mithilfe von Chemorezeptoren wahrzunehmen; Geschmacks- und Geruchssinn.

chemische Symbole, die Abk. für die chem. Elemente in **chem. Formeln.** So bedeutet die Formel des Wassers (H_2O), dass sich ein Wassermolekül aus 2 Atomen Wasserstoff (H) und einem Atom Sauerstoff (O) zusammensetzt. Um chem. Umsetzungen (Reaktionen) auszudrücken, bedient man sich der **chemischen Gleichung,** z. B. $HCl + NaOH = NaCl + H_2O$. Um die Wertigkeit der Elemente anzugeben und den Bau des Moleküls zu veranschaulichen, wählt man die **Strukturformel,** z. B. Äthan, $CH_3 - CH_3$.

chemische Verbindungen, Stoffe, die sich in ihren Eigenschaften immer von denen der Ausgangselemente unterscheiden.

chemische Waage, Analysenwaage, Hebelwaage mit einer Genauigkeit von ±0,1 mg.

Chemnitz ['kɛm-], 1953 bis 1990 **Karl-Marx-Stadt,** kreisfreie Stadt im Erzgebirg. Becken an der Chemnitz, Sa., 266 700 Ew., TU; Textil-, Maschinen- und chem. Ind. sowie Fahrzeugbau. 1990 wurde nach Bürgerentscheid der alte Stadtname wieder eingeführt.

Chemosynthese *die,* Assimilation des Kohlenstoffs bei autotrophen, farblosen Bakterien; die nötige Energie wird durch Oxidation von anorgan. Verbindungen gewonnen (bei der → Photosynthese durch Lichtquantenabsorption).

Chemotherapie, Behandlung von Infektionskrankheiten und Krebserkrankungen mit chem. Mitteln, **Chemotherapeutika,** z. B. Antibiotika, Sulfonamiden, Zytostatika u. a.

Chengdu, Chengtu, Tschengtu, Hptst. der chin. Prov. Sichuan, 2,84 Mio. Ew.; im 2. Jh. v. Chr. entstanden, zentraler Palastbezirk (Ming- und Yuandynastie); Univ.; Museen; Maschinenbau, Elektronik, Holz-, Textil-, Lederindustrie.

Chenonceaux [ʃənɔ̃'so], frz. Ort am Cher, Dép. Indre-et-Loire, 30 km östl. von Tours. Das Renaissanceschloss wurde 1515 bis 1522 in das Flussbett eingebaut.

Cheops, ägypt. **Chufu,** ägypt. König um 2551 bis 2528 v. Chr.; sein Grabmal ist die **C.-Pyramide** bei Giseh.

Chephren, ägypt. **Chaefre,** ägypt. König, regierte um 2500 v. Chr., Sohn des Cheops; erbaute die **C.-Pyramide** bei Giseh.

Chequers Court ['tʃekəz 'kɔ:t], engl. Landsitz 50 km nordwestlich Londons, Grafschaft Buckingham; seit 1917 Landsitz der brit. Premierminister.

Cher [tʃɛr], eigtl. Cherilyn Lapierre **Sarkisian,** amerikan. Popsängerin und Schauspielerin, * 1946; mit ihrem damaligen Ehemann Sonny Bono (* 1940) als »Sonny & Cher« zahlr. Hits, seit den 1970er-Jahren Solokarriere; auch Filmdarstellerin, u. a. »Mondsüchtig« (1988), »Der Hochzeitstag« (1995).

Cherbourg [ʃɛr'bu:r], frz. Hafenstadt an der N-Küste der Halbinsel Cotentin, Dép. Manche, 27 100 Ew. Nat. Kriegs- und Befreiungsmuseum; Schiffbau, petrochem. und elektrotechn. Ind.; bedeutender frz. Kriegshafen.

Cherokee ['tʃerəki:], ehem. Indianerstamm in den südl. Appalachen, heute v. a. in Oklahoma, USA; sprechen eine irokes. Sprache; entwickelten Anfang des 19. Jh. eine Silbenschrift.

Cherson, Gebietshptst. in der Ukraine am Dnjepr, Hafen an der Dnjeprmündung, 368 000 Ew.; Hochschulen, Museen; Baumwoll-, elektrotechn., Metall- und Nahrungsmittelind., Landmaschinen-, Schiffbau.

Chersones *der,* im Altertum Name mehrerer Halbinseln; **Thrak. C.,** jetzt Gelibolu; **Taur.** oder **Skyth. C.,** jetzt Krim; **Kimbr. C.,** jetzt Jütland.

Cherub *der,* Lichtengel, himml. Wächter.

Cherubini [keru'bini], Luigi, ital. Komponist, * 1760, † 1842; lebte ab 1788 in Paris; Opern, Messen.

Cherusker, german. Volk im Wesergebiet, kämpfte unter Arminius gegen die Römer.

Chesapeake Bay ['tʃesəpi:k beɪ], stark gegliederte Bucht an der O-Küste der USA, 320 km lang, überspannt von mehreren Brücken, mehrere bedeutende Hafenstädte, u. a. Baltimore.

Chester ['tʃestə], Verw.-Sitz der brit. Cty. Cheshire, am Dee, NW-England, 80 100 Ew.; anglikan. Bischofssitz; Tabak-, Maschinenind., Zentrum eines landwirtschaftl. geprägten Gebiets; danach benannt **C.-Käse,** ein orangegelbl. Hartkäse.

Chesterfield ['tʃestəfi:ld], Ind.stadt in Mittelengland, Cty. Derbyshire, 71 900 Ew.; Maschinenbau, Glas-, elektrotechn., chem. Industrie.

Chesterton ['tʃestətn], Gilbert Keith, brit. Schriftsteller, * 1874, † 1936; Gedichte, Romane, parodist. Detektivgeschichten, u. a. »Das Geheimnis des Pater Brown« (1927).

Chevalier [ʃəval'je], Maurice, frz. Chansonsänger, Filmschauspieler, * 1888, † 1972; Filmrollen u. a. in »Gigi« (1957).

Chevreauleder [ʃə'vro-], Ziegenleder.

Cheyenne [ʃaɪ'ɛn], Prärieindianerstamm, Algonkin; Nord-C. in SO-Montana, Viehzüchter; Süd-C. in Oklahoma, meist Farmer.

Chiang Ch'ing → Jiang Qing.

König **Chephren** auf seinem Thron, Höhe 1,68 m (um 2500 v. Chr.)

Chiang Kai-shek [tʃiaŋkaɪʃɛk], **Tschiang Kaischek,** eigentl. **Chiang Chung-cheng,** chin. Politiker und Marschall, * 1887, † 1975; schloss sich nach der Revolution 1911 der Reformbewegung Sun Yat-sens an; nach dessen Tod (1925) führender General und Politiker der Kuo-min-tang-Regierung in Kanton; brach 1927 mit den Kommunisten und mit der UdSSR; kontrollierte 1926 bis 1928 ganz S-China; Präs. der chin. Republik ab 1928; floh nach Kapitulation der Kuomin-tang-Truppen Ende 1949 mit den Resten seiner Armee nach Taiwan (dort 1950 Staatspräsident).

Chiang Mai, Chiengmai [tʃiəŋ-], Stadt in N-Thailand, am Ping, 170 300 Ew., kath. Bischofssitz; Univ. (gegr. 1964); Teakholzhandel; Herstellung von Seidengeweben, Töpfer-, Silber- und Lackwaren; ✈. – Zahlreiche Tempel (13./15. Jh.), Monument der Weißen Elefanten (um 1200).

Chianti [kj-], **1)** Landschaft in der Toskana, Italien; Weinbau. – **2)** dort erzeugter, kräftiger Rotwein.

Chester
Stadtwappen

Chiapas ['tʃiapas], Staat in S-Mexiko, Hauptstadt: Tuxtla Gutierrez, erstreckt sich vom Pazifik bis in das Tiefland der Golfküste; Landwirtschaft, Fischerei; Erdöl- und Erdgasförderung. Ruinenstätten der Maya, u. a. Palenque. - 1994 Ausbruch eines Indio-Aufstands; 1996 Unterzeichnung eines Abkommens zw. Reg. und Zapatist. Nat. Befreiungsarmee über die Rechte der Indio-Bevölkerung.

Chiasso ['kiasso], schweizer. Grenzort gegen Italien, Kt. Tessin, 8 200 Ew.; liegt an der Gotthardbahn.

Chiba [tʃiba], Prov.-Hptst. auf der jap. Insel Honshū, östl. von Tokio; 834 000 Ew.; Forschungsinst., petrochem., Metallind.; Hafen.

Chicago
Stadtwappen

Chibcha ['tʃɪptʃa], Gruppe von sprachverwandten Indianerstämmen in Mittel- und Südamerika zw. Nicaragua und Ecuador.

Chicago [ʃɪ'kɑ:gəʊ], zweitgrößte Stadt der USA, in Illinois, am Michigan-See (Seehafen); 2,78 (als Metropolitan Area 8,46) Mio. Ew.; TH, 3 Univ. (Kernforschungszentrum), Kunsthochschule, Bibliotheken, Museen, Oper; Elektrotechnik, Schwerind., Landmaschinen- und Waggonbau; Getreidesilos und Viehhöfe (Großschlachtereien, Konservenfabriken). Größter Eisenbahnknotenpunkt, einer der größten Binnenhäfen der Erde, der durch den Anschluss an den Sankt-Lorenz-Seeweg auch Seehafen wurde; internat. Flughafen.

Chicanos [tʃi-], die spanischsprachige Bevölkerungsgruppe mexikan. Herkunft in den USA.

Chichén Itzá. Kriegertempel und Tausendsäulenkomplex (um 1000)

Chichén Itzá [tʃiˈtʃen itˈsa], Ruinenstätte der →Maya, im NO von Yucatán, 110 km von Mérida; älteste Siedlungsreste um 300 bis 100 v. Chr., Blütezeit 11. bis 13. Jh.; Weltkulturerbe.
Chichester [ˈtʃɪtʃɪstə], Hptst. der Cty. West Sussex, S-England, 26 600 Ew.; Kathedrale Holy Trinity (1085) mit frei stehendem Glockenturm (14. Jh.).
Chicle [ˈtʃikle], Milchsaft des Sapotillbaums; Rohstoff für die Kaugummiherstellung.
Chicorée [ʃikoˈre:] *die* oder *der,* der durch Treiben im Dunkeln gebleichte Blattschopf der Salatzichorie; Gemüse- und Salatpflanze.
Chiemsee [ˈki:m-], größter See Bayerns, 80 km², größte Tiefe 69 m, 518 m ü. M., im Alpenvorland **(Chiemgau).** Im westl. Teil die Herreninsel (ehem. Abtei, Prunkschloss Herrenchiemsee Ludwigs II.), die Fraueninsel (Benediktinerinnenabtei) und die Krautinsel (unbewohnt).
Chieti [ˈki̯ɛ:ti], Hptst. der mittelital. Prov. C., 56 000 Ew.; Erzbischofssitz; Univ.; Wein-, Getreidehandel, Textilindustrie.
Chiffon [ʃiˈfɔ̃] *der,* feines, schleierähnl. Seiden-, Baumwoll- oder Kunststoffgewebe.
Chiffre [ˈʃifrə] *die,* **1)** Geheimzeichen. – **2)** Namenszeichen.
Chihuahua [tʃiˈu̯au̯a], **1)** Staat Mexikos, 247 087 km², 2,44 Mio. Ew.; Silber, Uran, Blei, Kupfer, Landwirtschaft. – **2)** Hptst. von 1), 516 200 Ew.; wichtiger wirtschaftl. Mittelpunkt; Silber-, Bleiminen, Hüttenindustrie. – **3)** Zwerghunderasse.

Chile

Staatswappen

Staatsflagge

Internationales Kfz-Kennzeichen

Chile [ˈtʃile], Staat an der SW-Küste Südamerikas, 756 945 km², 13,2 Mio. Ew.; Hptst. Santiago de C., Amtssprache: Spanisch. – Nach der Verfassung von 1980, 1989 per Referendum gebilligt, liegt die vollziehende Gewalt beim Präsidenten.
Landesnatur. C. erstreckt sich (rd. 4 300 km lang, 90 bis 435 km breit) vom extrem trockenen Nord-C. (Wüste Atacama) bis zum stürm., kühlen, regenreichen Patagonien, im O durch die passarmen, vulkanreichen Kordilleren begrenzt. Im S große Wälder und Weideflächen, in Mittel-C. (mit subtrop. Klima) das Hauptanbaugebiet. – Bev. (zu ¾ in Mittel-C.) meist Mestizen, in den einfachen Schichten mit stärkerem indian. Einschlag; Deutschstämmige bes. in Mittel-C.; Bev. überwiegend katholisch.
Wirtschaft. Der Bergbau (Kupfer, Eisenerz, Steinkohle, Erdöl, Salpeter, Erdgas) erbringt 80 % der Ausfuhr. Die Abhängigkeit von der Kupferausfuhr (50 %) soll durch Ausbau der Ind. (Nahrungsmittel-, Textil-, chem., Schwerind.) beseitigt werden. Landwirtschaft: Ackerbau (bes. Weizen, ferner Kartoffeln, Zuckerrüben), Weinbau; Rinder- und Schweinezucht bes. in Mittel-C., Schafzucht in Patagonien und Feuerland. Ausfuhr: bes. Kupfer, daneben Eisenerz, Salpeter, landwirtschaftl. Erzeugnisse. Eisenbahnnetz (rd. 8 000 km) mit Hauptverkehrsader von N nach S (3 300 km); Straßen 80 000 km. Haupthäfen: Valparaíso, Antofagasta, San Antonio, Arica.
Chili [ˈtʃi:li] *der,* **Cayennepfeffer,** →Paprika.
Chiliasmus *der,* Erwartung eines 1 000-jährigen Reichs nach Christi Wiederkunft (Apk. 20, 2 ff.).
Chillida [tʃiˈʎiða], Eduardo, span. Metallbildner, * 1924; schuf geschmiedete konstruktivist. Plastiken, auch Zeichnungen.

Daten zur Geschichte Chiles

1535–1541	Eroberung durch die Spanier
1810–1818	Aufstände gegen Spanien, 1818 Unabhängigkeit
1865	Krieg gegen Spanien
1879–1883	»Salpeterkrieg« gegen Peru und Bolivien, Gewinn der Prov. Arica, Antofagasta und Tarapacá
1973	Sturz der sozialist. Reg. S. Allende; bis 1990 Militärdiktatur unter General A. Pinochet
1990	Nach demokrat. Wahlen von 1989 wird P. Aylwin Präsident
1993	E. Frei Ruiz-Tagle gewinnt die Präsidentschaftswahl

Chimäre *die,* **1)** dreiköpfiges bzw. dreigestaltiges (Löwe, Ziege, Schlange) Feuer schnaubendes Fabeltier. – **2) Schimäre,** Unding, Hirngespinst. – **3)** Individuen (Pflanzen, Tiere), die insgesamt oder in einzelnen Teilen aus genetisch unterschiedl. Zellen bestehen.
Chimborazo [tʃimboˈraso], Vulkan der W-Kordillere von Ecuador, 6 310 m.
Chimbote [tʃ-], Ind.- und Hafenstadt in Peru, 296 600 Ew.; Eisen- und Stahlindustrie.
Chimú [tʃiˈmu], ausgestorbener Indianerstamm von hoher Kultur an der Küste N-Perus; vorkolumb. Reich (1000 bis 1470) mit der Hptst. Chan Chan; Goldschmiedekunst, schwarze Keramik.
China, Republik C. →Taiwan.
China, Volksrepublik C., VR in O-Asien, rd. 9,56 Mio. km², 1,16 Mrd. Ew., der drittgrößte, jedoch volkreichste Staat der Erde. Hptst. Peking.
Verfassung und Verwaltung. Die Verfassung bezeichnet die VR C. als einen sozialist. Staat, der auf dem Bündnis von Arbeitern und Bauern beruht. Höchstes Organ ist der indirekt gewählte Nat. Volkskongress; er überträgt die Geschäfte einem »Ständigen Ausschuss«. Nach der im Dez. 1982 vom Nat. Volkskongress angenommenen, 1993 geänderten, Verf. steht ein Staatspräs. an der Spitze der VR. Die vollziehende Gewalt liegt bei der Staatsregierung, dem »Staatsrat«, unter dem Min.-Präs. Die führende Rolle fällt der Kommunist. Partei C.s und ihrem ZK zu. Verwaltungseinteilung in 22 Prov.: Anhui, Fujian, Gansu, Guangdong, Guizhou, Hainan, Hebei, Heilongjiang, Henan, Hubei, Hunan, Jiangsu, Jiangxi, Jilin, Liaoning, Qinghai, Shaanxi, Shandong, Shanxi, Sichuan,

China

Staatswappen

Staatsflagge

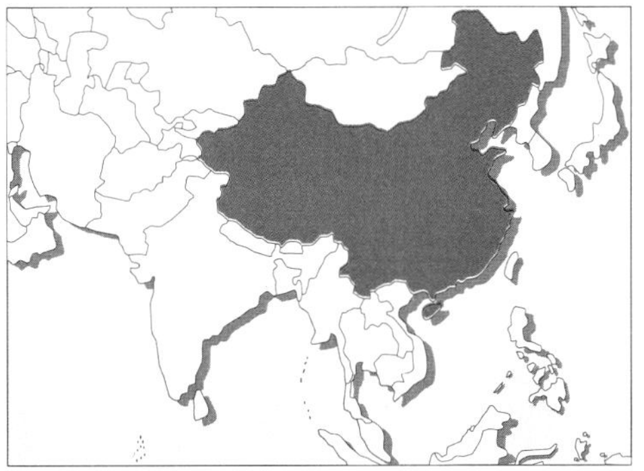

Yunnan, Zhejiang; 5 autonome Regionen: Guanxhi Zhuan, Innere Mongolei, Ningxia Hui, Sinkiang (Xinjiang), Tibet; 3 provinzfreie Städte: Peking, Schanghai, Tientsin; Sonderverwaltungszone Hongkong.
Landesnatur. C. reicht vom südl. Festlandsteil O-Asiens (ohne Hinterindien) bis zum Pamir im W, im N bis zum Amur; es ist vorwiegend gebirgig: im W das Hochland von Tibet mit seinen Randgebirgen (Kunlun, über 7000 m); nördlich davon das Tarimbecken, anschließend der Tienshan. Im lössbedeckten Nord-C. fällt das Hochland stufenförmig zur Großen Ebene (am unteren Hwangho und Jangtsekiang) ab. Das Südchin. Bergland hat meist Mittelgebirgshöhen. Hauptströme: Hwangho, Jangtsekiang, Sikiang.
Klima. In der Mandschurei und der Inneren Mongolei winterkalt, im Innern Wüstenklima, in den südl. Küstenzonen tropisch feucht. Starke jahreszeitl. Wärmeschwankungen. An der Küste treten Taifune auf. Reichliche Niederschläge im S und SO.
Bevölkerung. Über 90% Chinesen, daneben Turkvölker (Sinkiang), Mongolen, Tibeter u. a. Der O und S sind sehr dicht (1000 bis 2000 Ew. je km^2), die großen Gebiete im W spärlich besiedelt. – **Religion.** Schätzungsweise über 70% der Bev. sind konfessionslos bzw. Atheisten. Der Konfuzianismus, bis 1911 Staatskult, hat seine Vorrangstellung verloren. Daneben bestehen Buddhismus und Islam.
Wirtschaft, Verkehr. Die Wirtschaft, die seit der kommunist. Machtübernahme im Zeichen der Sozialisierung und Kollektivierung stand, befindet sich seit Ende der 70er-Jahre in einem Wandel (u. a. Auffächerung der Eigentumsstruktur). In der Landwirtschaft ist die Privatisierung am stärksten vorangeschritten. Haupterzeugnisse: Reis, Sojabohnen, Baumwolle, Weizen, Mais, Tee; Viehzucht (bes. Rinder-, Schweinehaltung); Fischerei. Industrialisierung mithilfe von Fünfjahresplänen (seit 1953). Auslandsunternehmen und ausländ. Technologie tragen zur Modernisierung der chin. Ind. bei, v. a. in der Elektronik-, Maschinenbau-, Automobil-, Chemie- und Textilindustrie. Grundlagen der Industrialisierung sind die Bodenschätze (Steinkohle, Erdöl, Eisenerz, NE-Metalle) und die Wasserkraft. Ausfuhr: tierische Erzeugnisse, Sojabohnen, Tee, Seide, Textilien. Handelspartner: Japan, Dtl., Australien, Frankreich, USA. Eisenbahn-, Straßen- und Luftverkehr im Ausbau; erster Weltraumsatellit 1970; wichtig sind Binnen- und Küstenschifffahrt; in den 90er-Jahren bedeutender wirtschaftl. Aufschwung durch Einführung marktwirtschaftl. Elemente, v. a. in den Sonderzonen und in Hongkong (seit 1997 wieder Bestandteil Chinas).
Chinagras → Ramie.
Chinakohl, Pekingkohl, ostasiat. Kohlart; locker, strunklos, längl.; Verwendung als Gemüse oder Salat.
Chinarinde, Fieberrinde, bitter schmeckende, getrocknete Rinde versch. Arten des v. a. in Südamerika kultivierten **C.-Baumes;** enthält neben zahlreichen anderen Alkaloiden u. a. Chinidin und → Chinin.

Daten zur Geschichte Chinas

ca. 16. Jh. v. Chr.	Beginn der histor. Epoche
221 v. Chr.	Ende der Periode der »Streitenden Reiche«, der Staat Qin eint China, erster Qin-Kaiser ist Qin Shi Huangdi. Vereinheitlichung von Schrift, Maßen und Gewichten, Kalender, Währung; Beginn des Baus der Chin. Mauer
202 v. Chr. bis 220 n. Chr.	Han-Dynastie, Ausdehnung des chin. Machtbereichs v. a. nach S und W (Seidenstraße); der Konfuzianismus wird zur offiziellen Weltanschauung erklärt; nach Aufständen geht die Macht an Heerführer über, die das Land aufteilen (»Zeit der Drei Reiche«, bis 280 n. Chr.)
618–907	Tang-Dynastie, kulturelle Glanzzeit; Ausbau der Verwaltung
907–960	Zeit der »Fünf Dynastien«
960–1279	Song-Dynastie
1280–1368	Mongolenherrschaft (Yuan-Dynastie); China kommt durch Marco Polo mit Europa in Berührung
1368–1644	Einheim. Ming-Dynastie, despot. Absolutismus des chin. Kaisertums, direkte Handelsbeziehungen mit europ. Staaten, Macao wird 1557 port. Niederlassung, Aufständische erobern Peking, der letzte Ming-Kaiser begeht Selbstmord
1644–1911/12	Qing-Dynastie (Mandschukaiser), eine Fremddynastie, gliedert die Mongolei ein, Grenzverträge mit Russland (1689 und 1727), Eroberung von Tibet (1720) und O-Turkestan (1758). Birma (1788), Vietnam (1789) und Nepal (1792) erkennen ein Tributverhältnis zu China an, 1842 Niederlage im Opiumkrieg (Hongkong wird an Großbritannien abgetreten), weitere »ungleiche Verträge« 1844 mit Frankreich und den USA sowie mit Russland 1858 und 1860, weitgehende Auflösung der Tributverhältnisse, 1894 Niederlage im Krieg gegen Japan, Korea wird unabhängig, Formosa wird an Japan abgetreten, 1897/98 erzwungene Verpachtungen von Port Arthur, Weihaiwei, Kiautschou und Kuangtschouwan an europ. Mächte, 1900 Niederschlagung des Boxeraufstands durch ein europ.-japan. Heer, 1911 bürgerl.-demokrat. Revolution, Ausrufung der Rep. durch Sun Yat-sen
1916–1926	Zeit innerer Wirren, Auflösung der Zentralgewalt
1928	Chiang Kai-shek, General der Kuo-min-tang, eint China (National-Reg. in Nanking), unterdrückt seine ehem. Verbündeten, die Kommunisten, das führt zum Bürgerkrieg
1931	Japan besetzt die Mandschurei und gründet mit Mandschukuo einen Satellitenstaat (1932)
1934/35	»Langer Marsch« der Kommunisten, deren Führer Mao Zedong wird, nach Yanan
1937–1945	Chinesisch-Jap. Krieg
1947	Erneuter Bürgerkrieg zwischen der kommunist. Volksarmee und der Kuo-min-tang
1949	Sieg der Volksarmee, Gründung der VR China unter Führung Mao Zedongs in enger Zusammenarbeit mit der UdSSR (Vertrag 1950; 1980 gekündigt), Rückzug Chiang Kai-sheks nach Taiwan
1950	Besetzung von Tibet
1950–1953	Beteiligung am Korea-Krieg zugunsten Nordkoreas
Seit 1956	Seit der Entstalinisierung in der UdSSR Konflikt zw. China und der UdSSR über die Führung im Weltkommunismus
1958–1961	Kampagne des »Großen Sprungs nach vorn« (Forcierung der Agrarrevolution durch Volkskommunen, Erhöhung des Wirtschaftswachstums)
1962	Indisch-Chin. Krieg um Ladakh
1964	Zündung einer chin. Atombombe
1966–1968/69	Große Proletar. Kulturrevolution (»Säuberung von Partei und Staat«)
1969	Wiederherstellung der Vormachtstellung der Kommunist. Partei, die während der Kulturrevolution durch die »Roten Garden« (radikale Anhänger Mao Zedongs) erschüttert worden war
1971	Die VR China wird UN-Mitglied und erhält Sitz und Stimme im Sicherheitsrat
1976	Tod Mao Zedongs
Seit etwa 1980	Deng Xiaoping bestimmender Politiker in der VR China. Die von ihm eingeleitete wirtschaftl. Öffnung zieht Forderungen nach mehr innenpolit. Freiheiten nach sich
1987	Li Peng wird Ministerpräsident
1989	Blutige Niederschlagung der Studentendemonstrationen auf dem Platz des Himmlischen Friedens in Peking; Fortführung der repressiven Politik
1993	Wahl Jiang Zemins zum Staatspräsidenten
1997	Hongkong fällt an China zurück

Chinchillas [tʃinˈtʃ-], **1) Hasenmäuse,** in Südamerika beheimatete Familie der Nagetiere mit 3 Gattungen, etwa meerschweinchen- bis kaninchengroß; wertvolles Pelzwerk. Seit den 1920er-Jahren werden v. a. die Langschwanz-C. in Pelztierfarmen gehalten (blaugraues, seidiges Fell). – **2)** Hauskaninchenrasse mit aschgrauem, weichhaarigem Fell; Pelzlieferanten.
Chinesen, Hanchinesen, staatstragendes Volk der VR China und Taiwans, etwa 1,02 Mrd. Die C. gehö-

Chinesische Mauer nordöstlich von Peking

ren zum mongoliden Rassenkreis. Aus mehreren, Anfang des 2. Jt. v. Chr. am unteren Hwangho siedelnden Stämmen entstanden.

chinesische Kunst. Verzierte Keramik ist ab etwa 6000 v. Chr. nachweisbar. In die Shang- und Yin-Zeit (ca. 16. bis 11. Jh. v. Chr.) fällt eine erste kulturelle Blüte (z. B. Bronzekultgefäße aus Anyang). In der Zhou-Zeit (11. Jh. bis 249 v. Chr.) treten zunehmend realist. Bildmotive auf, die Tauschierungstechnik ist bekannt, Jade wird mit hoher Kunstfertigkeit verarbeitet. Einblicke in die Kunst der Qin-Zeit (221 bis 206 v. Chr.) gewähren die 1974 entdeckten über 7000 individuell gestalteten, lebensgroßen, bemalten Soldaten aus der Grabanlage des Kaiser Qin Shi Huangdi. Die Malerei hat ihre Blüte in der Wudai-, Song- sowie Yuan-Zeit (907 bis 1368) mit den einfarbigen Tuschbildern, v. a. Landschaften. Das blauweiße Porzellan erreicht Höhepunkte in der Gestaltung in der Ming-Zeit und im frühen 18. Jh. Die Lackkunst, Seiden- und Brokatweberei sowie Jadeschnitzereien gelangen in der Ming- und Qing-Zeit (1368 bis 1911/12) zur höchsten Perfektion. Charakteristisch für die chin. Baukunst (vorwiegend Holz) sind die auf Pfosten ruhenden geschweiften Dächer, die im Prinzip schon im chin. Neolithikum bekannt waren. Die Bautätigkeit nach 1949 folgte internat. Stilrichtungen.

chinesische Literatur. In der Zhou-Zeit (11. Jh. bis 249 v. Chr.) entstanden das Buch der Lieder (»Shijing«) und das Buch der Wandlungen (»Yijing«). Mit den gesammelten Gesprächen (»Lun-yu«) des Konfuzius bilden sie später mit 10 weiteren Werken (darunter Buch der Urkunden, »Shu-jing«; Buch der Sitte, »Li-ji«) die »13 kanon. Bücher«. Bis zur Tang-Zeit (618 bis 907) entfaltet sich das Kunstgedicht »Shi«; die Song-Zeit (960 bis 1279) ist der Höhepunkt des klass. Liedes »Ci« (nach komplizierten Rhythmen). In der Yuan-Zeit (1280 bis 1368) erreicht das Drama einen Höhepunkt, in der Ming-Zeit (1368 bis 1644) der Roman. Die Qing-Zeit (1644 bis 1911/12) ist u. a. die Blütezeit der klass.-philolog., wiss. Literatur. Die Revolution von 1911 brachte den Bruch mit der nur den Gelehrten verständl. Literatursprache und damit die Umgangssprache in die c. L. Nach 1949 dominierte der sozialist. Realismus, nach der Kulturrevolution setzte eine intensive Beschäftigung mit der eigenen klass. und der westl. Literatur ein.

Chinesische Mauer, Große Mauer, mit etwa 6250 km Gesamtlänge größte Schutzanlage der Erde, N-China, verläuft von Gansu (chin. Turkestan) bis zum Golf von Liaodong (Pazifik); vom 3. Jh. v. Chr. bis 15. Jh. n. Chr. zum Schutz Chinas gegen die Nomaden errichtet; bis zu 16 m hoch, 5 bis 8 m breit; zahlreiche befestigte Tore und Wachtürme, gehört zum Weltkulturerbe.

chinesische Schrift, Wortschrift (im 2. Jt. v. Chr. aus einer Bilderschrift hervorgegangen). Von den etwa 50000 Zeichen reichen etwa 3500 für den tägl. Bedarf. In der VR China wurden 1956 vereinfachte Kurzzeichen, die Schreibung von links nach rechts, und 1979 für den Verkehr mit dem Ausland eine lat. Umschrift (Pinyin) eingeführt. Da die c. S. von der Aussprache unabhängig ist, dient sie den Sprechern versch. chin. Dialekte zur Verständigung.

chinesische Sprache, diejenige sinotibet. Sprache mit den meisten Sprechern auf der Erde; sie gehört zu den isolierenden Sprachen (die grammat. Bedeutung der Wörter innerhalb des Satzes u. a. durch Stellung und Intonation – im Hochchin. 4 Töne – ausdrückt). Der wichtigste der zahlreichen Dialekte ist der Peking-Dialekt, der die Grundlage der heutigen Hochsprache bildet.

Chingtechen → Jingdezhen.

Chinin *das,* in der Chinarinde enthaltenes Alkaloid; wirkt Fieber senkend und schmerzlindernd, Malariamittel; heute vollsynthet. hergestellt.

Chinoiserie [ʃinwazˈriː] *die,* im Rokoko verbreitete Stilrichtung, verwendete chin. Zierformen und Szenen aus dem chin. Leben bei der Ausstattung von Innenräumen, in Kunsthandwerk und Gartenkunst.

Chinolin *das,* ☠ giftige organ. chem. Verbindung; durch Destillation von Steinkohlenteer oder chem. Synthese hergestellt; Ausgangsstoff für Arzneimittel und Farbstoffe.

Chinone, sauerstoffhaltige, stark färbende aromat. chem. Verbindungen, **Anthrachinon** ist Ausgangsstoff der Alizarinfarbstoffe.

Chintz [tʃɪnts] *der,* dichter leinwandbindiger, bunt bedruckter Baumwollstoff mit glatter, glänzender Oberfläche.

Chioggia [ˈkjɔddʒa], ital. Fischereihafen, 54000 Ew., am S-Ende der Lagune von Venedig.

Chios, griech. Insel im Ägäischen Meer, 806 km², 51100 Ew.; bis 1267 m hoch; Wein- und Gemüseanbau, Gewinnung von Mastixharz; Fremdenverkehr. An der O-Küste liegt die Hptst. **Chios,** 22900 Ew.; Sitz eines orth. Bischofs, Museen; 9 km westl. das Frauenkloster Nea Moni (1042 bis 1054) mit bedeutenden Goldmosaiken (gehört zum Weltkulturerbe).

Chip [tʃɪp] *der,* dünnes Halbleiterplättchen (Größe zw. 0,2 und rd. 200 mm²) als Träger integrierter Schaltungen (IC). Herstellung (jeweils einer Vielzahl gleicher C.) auf **Wafers,** meist Siliciumeinkristallscheiben von etwa 10 bis 20 cm Durchmesser, durch gezieltes Aufbringen elektrisch leitender, halbleitender und isolierender Schichten sowie von Dotierungsstoffen, genauestes Bearbeiten (Reinstraumtechnik), Anbringen von Kontakten, Einbringen bzw. Vergießen in Gehäusen. C. können Mio. elektron. Schaltelemente enthalten und komplizierteste Funktionen ausführen. C. dienen auch als Datenspeicher in Computern, wobei der **Megabit-C.** 1 Mio. Bit (entspricht etwa 100 Schreibmaschinenseiten) speichern kann.

Chipkarte [ˈtʃɪp-], Kunststoffkarte mit Speicherchip oder programmierbarem Mikroprozessor (64 kBit), Verwendung v. a. als Kredit-, daneben auch als Telefon- und Ausweiskarte.

Chippendale [ˈtʃɪpəndeɪl], engl. Möbelstil, benannt nach dem Kunsttischler Thomas C. (* 1718, † 1779); feste, zweckmäßige Formen, Rokokoschmuckwerk mit chin. Motiven.

Chips [tʃɪps], **1)** frittierte Kartoffelscheiben. – **2)** Spielmarken.

Chirac [ʃiˈrak], Jacques, frz. Politiker, * 1932; 1974 bis 1976 und 1986 bis 1988 Min.-Präs.; 1976 bis 1995 Präs. des Rassemblement pour la République (RPR); 1977 bis 1995 Bürgermeister von Paris; seit Mai 1995 Staatspräsident.

Chirico [k-], Giorgio De, → De Chirico, Giorgio.

Chiron, 1) Cheiron, griech. Sage: ein Zentaur, lehrte Heilkunde, Jagd und Leierspiel. – **2)** 1977 entdeckter Komet zw. Jupiter- und Uranusbahn.

Chiropraktik, ⚕ Handgriffe zum Einrenken verschobener Wirbelkörper und Bandscheiben.

Chirurgie *die,* medizin. Fachgebiet; befasst sich mit der Heilung von Wunden, Knochenbrüchen, mechan. verursachten Organerkrankungen, blutigen Eingriffen (Operationen von Geschwülsten, Missbildungen u. a.).

Chișinău [kiʃiˈnəʊ], bis 1991 **Kischinjow,** Hptst. Moldawiens, 665 000 Ew., Univ., Moldaw. Akademie der Wiss.; Museen, Theater; Weinkellerei, Obst- und Gemüsekonservenind., Tabak-, Textil-, Leder-, Metall verarbeitende Ind.; Flughafen.

Chissano, Joaquim Alberto, moçambiquan. Politiker, * 1939; 1962 Mitbegründer der FRELIMO, seit 1986 deren Vors. und Staatspräs. von Moçambique.

Chitin *das,* stickstoffhaltiges, zelluloseähnl. Kohlenhydrat, Baustoff des Körpergerüsts der Insekten und Krebstiere sowie der Pilzzellwände.

Chiton *der,* altgriech. ärmelloses Gewand.

Chittagong [tʃ-], Hafenstadt in Bangladesh, am Golf von Bengalen, 1,36 Mio. Ew.; Univ., Banken, Stahlwerk, Textil- und Papierindustrie, Erdölraffinerie; Flughafen.

Chiusi [ˈkju:si], mittelital. Stadt in der Toskana, 9 100 Ew.; etrusk. Nekropole; etrusk. Museum, Fremdenverkehr.

Chladni, Ernst, dt. Physiker, * 1756, † 1827; grundlegende Arbeiten über Akustik, Entdecker der → Klangfiguren.

Chlodwig I., König der Franken, aus dem Geschlecht der Merowinger, * 466, † 511; unterwarf den größten Teil Galliens und die Alemannen, trat (wohl 498) zum Christentum über. Er ist der Gründer des fränk. Großreichs.

Chip als System integrierter Schaltkreise (IC); die dünnen Drähte verbinden die Anschlüsse des Chips mit den Kontaktfüßen des Bauelement-Trägers (Fläche etwa 2 cm^2)

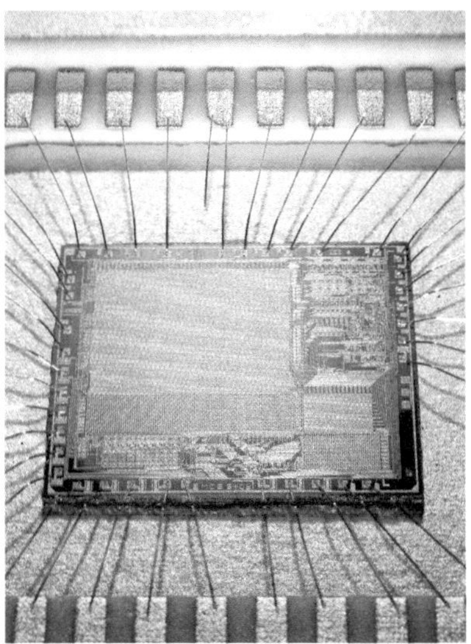

Chlor, Symbol **Cl,** chem. Element aus der Gruppe der Halogene, OZ 17, relative Atommasse 35,453; D 3,214 g/l bei 0 °C, Erstarrungspunkt – 100,98 °C, Sp – 34,06 °C; gelblich grünes Gas von erstickendem Geruch, das die Schleimhäute stark reizt. C. wirkt stark oxidierend sowie keimtötend und auf organ. Farbstoffe ausbleichend, kommt in der Natur nicht frei vor, in großer Menge aber an Metalle gebunden. Verwendet bei der Herstellung von Kunststoffen (PVC) und chlorhaltigen Lösungsmitteln.

Chlorfluorkohlenwasserstoffe → Fluorchlorkohlenwasserstoffe.

Chloride, ⚗ Salze der Salzsäure (HCl); sie entstehen auch durch unmittelbare Vereinigung von Chlor mit Metallen.

Chlorkalk, weiße, nach Chlor riechende Substanz, Desinfektions- und Bleichmittel.

Chloroform *das,* $CHCl_3$, süßlich riechende, farblose, flüchtige, nicht brennbare Flüssigkeit; Lösungsmittel; Einatmen von C.-Dämpfen ruft Bewusstlosigkeit hervor. – Bis zur Jahrhundertwende Narkosemittel.

Chlorophyll *das,* **Blattgrün,** grüner Pflanzenfarbstoff, chem. verwandt mit dem roten Blutfarbstoff Hämin, stets an die Farbstoffträger der Pflanzenzelle **(Chloroplasten)** gebunden. C. vermag Licht zu absorbieren, dessen Energie zur Photosynthese notwendig ist. Verwendung in Medizin und Kosmetik (gegen Körpergeruch).

Chloroquin *das,* Chinolinabkömmling, wichtiges Mittel gegen Malaria.

Chlorose *die,* Gelbfärbung der grünen Blätter bei Lichtmangel.

Chlorwasserstoffsäure, die → Salzsäure.

Chodowiecki [xodoˈvjɛtski], Daniel, dt. Maler, Radierer, * 1726, † 1801. Seine kleinformatigen Radierungen, meist Buchillustrationen, z. B. zu Dichtungen Klopstocks, Goethes, Schillers schildern die bürgerl. Welt seiner Zeit.

Choke [tʃəʊk], Bedienungsknopf für die Luftklappe (Starterklappe) bei Ottomotoren; wird bei kaltem Motor geschlossen, um durch kraftstoffreicheres Gemisch das Betreiben des Motors zu erleichtern; wird zunehmend durch eine elektromechanisch arbeitende → Startautomatik ersetzt.

Cholera *die,* Magen- und Darmerkrankung mit Erbrechen, heftigem dünnflüssigem Durchfall und beträchtl. Kräfteabnahme. Eine durch den **C.-Bazillus** (Kommabazillus, Vibrio cholerae) hervorgerufene lebensgefährl. Krankheit. Übertragung meist durch infiziertes Wasser. Ausbruch der ersten Krankheitserscheinungen nach 2 bis 4 Tagen. Bei Behandlung mit Breitbandantibiotika ist reichlich Flüssigkeit zuzuführen. Vorbeugend wirken Schutzimpfungen sowie persönl. Hygiene.

Choleriker *der,* ein leidenschaftlicher, jähzorniger Mensch. **cholerisch,** leicht erregbar.

Cholesterin *das,* wichtigstes, in allen tier. Geweben vorkommendes Sterin, hauptsächl. in Leber und Darmtrakt gebildet. Ein zu hoher **C.-Spiegel** im Blut (normal 200 mg [bei 20-jährigen] bis 250 bis 290 mg pro 100 ml Blut [im Alter]) fördert häufig die Entstehung von Arteriosklerose. Eine Ernährung mit hochungesättigten pflanzl. Fetten verringert den C.-Spiegel. Physiolog. Abbau- und Umbauprodukte: Gallensäuren, Steroidhormone, Vitamin D_3.

Cholula de Rivadabia [tʃoˈlula dɛ rriβaˈðaβi̯a], mexikan. Stadt im zentralen Hochland, 28 000 Ew.; war Mittelpunkt toltekischer Kultur, Mitte des 15. Jh. von den Azteken erobert, von den Spaniern 1519 zerstört. Größte Pyramide (160 000 m^2 Grundfläche, 55 m Höhe) Mesoamerikas, Quetzalcoatl geweiht.

Chomeini → Khomeini, Ruhollah Mussawi.

Chomsky [tʃ-], Avram Noam, amerikan. Linguist, * 1928; entwickelte die generative Transformationsgrammatik.

Chongqing [tʃuŋtʃiŋ], **Chungking,** chin. Stadt am Jangtsekiang, 3,01 Mio. Ew.; Univ., städt. Museum; u. a. Schwerind., Erdölraffinerie, ⚓. – 1937/38 bis 1946 Sitz der Nationalreg. Chinas.

Frédéric Chopin

Chopin [ʃɔ'pɛ̃], Frédéric, poln. Pianist und Komponist, * 1810, † 1849; Schöpfer eines romant.-poet. Klaviermusikstils mit Anklängen an die poln. Nationalmusik.

Chor *der,* **1)** im alten Griechenland: Tanzplatz, Kulttanz und -gesang, Drama. – **2)** Vereinigung von Sängern (Männer-, Frauen-, Knaben-C., gemischter C.). – **3)** mehrstimmiger Gesang. – **4)** ⌂ der abgesonderte Altarraum der Kirche; auch: Empore für Orgel und Sänger.

Choral *der,* seit dem Spät-MA. Sammelbezeichnung für die einstimmigen, lat. liturg. Gesänge **(gregorian. Choral)** der abendländ. kath. Kirche; seit dem Ende des 16. Jh. auch das volkssprachige ev. Kirchenlied.

Chorasan, Khorasan [x-], gebirgige Landschaft im NO Irans, die nach W und S in die Wüste Lut übergeht. Prov.-Hptst. ist Meschhed; Teppichweberei **(C.-Teppiche).**

Chorda ['kɔrda] *die,* **1)** Sehne, Darmsaite. – **2) C. dorsalis, Rückensaite,** knorpelähnl. Vorstufe der Wirbelsäule, die sich bei den **Chordaten** (Wirbeltiere, Manteltiere) findet.

Chorea *die,* der → Veitstanz.

Choreographie *die,* **Tanzschrift,** Aufzeichnung der Tänze durch Zeichen.

Chorgestühl, Sitzreihen aus Holz an den Seitenwänden des Chors für Mönche oder Kleriker.

Chorherren, Canonici Regulares, Ordensleute, die nicht nach einer Mönchsregel, sondern nach den Richtlinien **(Canones)** für gemeinsam unter den 3 Ordensgelübden stehende Kleriker leben. Sie entstanden im Gefolge der mittelalterl. Kirchenreform (gregorian. Reform).

Peter Otto Chotjewitz

Chorin, ehem. Zisterzienserkloster in der Uckermark, Bbg.; Meisterwerk der Backsteingotik (1273 bis 1334).

Chorsabad, jetziger Name des assyr. **Dur-Scharrukin,** heute in N-Irak, mit Resten der Residenz König Sargons II. (713 bis 708 v. Chr.).

Chorus ['kɔ:rəs], im Jazz das einer Komposition zugrunde liegende Form- und Akkordschema, das zugleich die Basis für die Improvisation ist.

Chotjewitz ['kɔtjəvɪts], Peter Otto, dt. Schriftsteller, * 1934; Prosatexte, Gedichte und Hörspiele.

Chou En-lai → Zhou Enlai.

Chow-Chow [tʃaʊtʃaʊ], aus China stammende Hunderasse mit langhaarigem, dichtem, meist braunem Fell und blauvioletter Zunge.

Chrétien de Troyes [kretjɛ̃də'trwa], altfrz. Dichter, * vor 1135, † vor 1190; bedeutendster Vertreter des höf. Versepos, Vorbild und Quelle für das dt. Ritterepos im MA. (Hartmann von Aue: »Erec«, »Iwein«; Wolfram von Eschenbach: »Parzival«).

Chrisma *das,* **Chrisam** *der,* Salböl, in der kath. Kirche am Gründonnerstag vom Bischof geweiht.

Christchurch ['kraɪsttʃə:tʃ], größte Stadt der Südinsel Neuseelands, 312 600 Ew.; Sitz eines anglikan. Erzbischofs und eines kath. Bischofs; Univ.; Wollfabrikation, Nahrungsmittel-, chem. Industrie; Hafen.

Christengemeinschaft, 1922 gegr. unabhängige Religionsgemeinschaft; erstrebt die Erneuerung des religiösen Lebens auf der Grundlage des kosmisch gedeuteten Christentums; erhielt Anregungen von der Anthroposophie.

Christentum *das,* Offenbarungsreligion, die in Jesus von Nazareth den Christus (Messias), d. h. den Heilbringer des einen Gottes, sieht. Sie gründet sich auf die Tatsache, dass Jesus gelebt und gewirkt hat und am Kreuz starb, und auf das Glaubenszeugnis der ältesten Gemeinde, dass er auferstanden ist, lebt und wie-

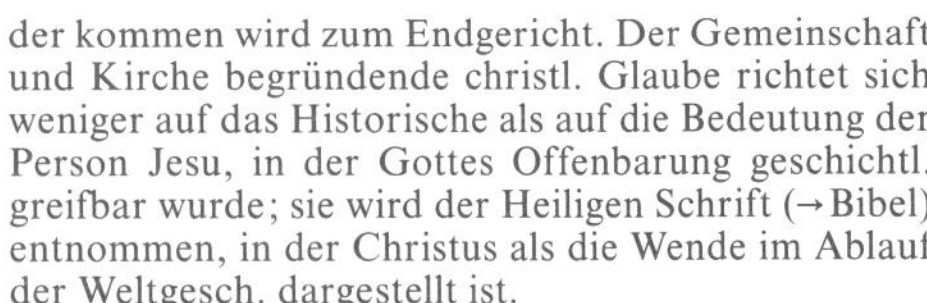

der kommen wird zum Endgericht. Der Gemeinschaft und Kirche begründende christl. Glaube richtet sich weniger auf das Historische als auf die Bedeutung der Person Jesu, in der Gottes Offenbarung geschichtl. greifbar wurde; sie wird der Heiligen Schrift (→ Bibel) entnommen, in der Christus als die Wende im Ablauf der Weltgesch. dargestellt ist.

Geschichtlich erhebt sich das C. auf dem Boden der jüd. Religion des A.T. als Erfüllung der dort gegebenen Weissagungen und zugleich als Überwindung der an das Volk Israel gebundenen Gesetzlichkeit. Im Ur-C. des 1. Jh. gewinnt es die Gestalt einer alle Volksgrenzen sprengenden Kirche und entfaltet sich zur Weltkirche unter gleichzeitiger Ausgestaltung des Vorrangs (Primat) des Bischofs von Rom als des Nachfolgers des Apostels Petrus (Mt. 16,18). Die Einheit der Kirche wurde endgültig 1054 durch die Spaltung (Schisma) in die → katholische Kirche und die → Ostkirche (griechisch-orthodoxe) gebrochen. Von der kath. Kirche trennte sich seit 1517 durch die → Reformation die ev. Kirche, der Protestantismus, 1534 die → anglikanische Kirche ab. Im Zeitalter des modernen Individualismus entstanden zahlreiche Freikirchen und Sondergemeinschaften. Seit Beginn des 20. Jh. ist eine Bewegung der Sammlung aller christl. Gemeinschaften zu erkennen, die zum Zusammenschluss mit Ausnahme der kath. Kirche in der → ökumenischen Bewegung führte. Die Gesamtzahl der Christen beträgt etwa 1,58 Mrd., davon etwa 907 Mio. kath., 300 Mio. ev., 68 Mio. anglikan., 130 Mio. orthodoxe sowie 172 Mio. kleinere Gemeinschaften (»Sekten«), Freikirchen u. a.

Kulturgeschichte: Das C. wirkte bereits in den ersten 3 Jh., als es sich über das Röm. Reich trotz Christenverfolgungen ausbreitete, mannigfach auf die antike Kultur, in verstärktem Maße, nachdem es durch Konstantin d. Gr. zur Reichsreligion erhoben worden war. Seit dem 4. Jh. wurde es die bestimmende Geistesmacht der ausgehenden antiken Geschichte. Wichtiger noch ist die Wirkung auf die german. Stämme der Völkerwanderungszeit und ihre Staatenbildungen. Das C. trug entscheidend zur abendländ. Kultur bei. Alle mittelalterl. Kunstübung ist am Kirchenbau und in den Klöstern erwachsen. Die Wiss. war in ihrem Kerngehalt Theologie, und das weltl. Einzelwissen

Westfassade der Backsteinbasilika von **Chorin** (1273 bis 1334)

war deren Lehrgebäuden eingefügt (→Scholastik). Seit dem Beginn der Neuzeit, bes. seit Humanismus und Renaissance, erwuchs in allen europ. Ländern eine weltl. Geistigkeit, doch auch die Diesseitskultur der abendländ. Neuzeit ist eine Verbindung antiken und christl. Erbes.

Christenverfolgungen, Versuche röm. Kaiser, das Christentum auszurotten. Die erste C. fand unter Nero statt (64), die letzte unter Diokletian und Galerius (303 bis 311). Konstantin d. Gr. erließ das Mailänder Toleranzedikt von 313.

Christian, Herrscher: **Dänemark. 1) C. I.,** * 1426, † 1481; König seit 1448, seit 1450 auch in Norwegen und Schweden (1457), 1460 auch in Schleswig-Holstein zum Landesherrn gewählt. - **2) C. IV.,** * 1577, † 1648; König von Dänemark und Norwegen seit 1588, griff auf prot. Seite in den Dreißigjährigen Krieg ein. - **3) C. IX.,** * 1818, † 1906; König seit 1863, aus der Glücksburger Linie, verlor 1864 Schlesw.-Holst. - **4) C. X.,** * 1870, † 1947; König seit 1912, erließ 1915 eine demokrat. Verfassung.

Christiania, 1624 bis 1924 Name für Oslo.

Christian Science ['krɪstjən 'saɪəns], **Christliche Wissenschaft,** christl. Freikirche, gegr. 1879 in Boston (Massachusetts) von Mary Baker-Eddy (* 1821, † 1910). Sie betrachtet Gott als das allein Wirkliche, die Krankheit als eine Frucht der Unwissenheit und Sünde. Mittel der Heilung ist das Gebet. Über 2000 Kirchen und Vereinigungen in 69 Ländern, 98 in Deutschland.

Christie ['krɪstɪ], Dame (seit 1971) Agatha, brit. Schriftstellerin, * 1890, † 1976; verfasste zahlreiche Kriminalromane, häufig um Miss Jane Marple und den belg. Detektiv Hercule Poirot; auch Kurzgeschichten, Schauspiele.

Christie's ['krɪstɪz], eigentl. **Christie, Manson and Woods Ltd.** ['krɪstɪ 'mænsən ænd 'wʊdz-], von James Christie (* 1730, † 1803) 1766 gegr. Kunstauktionshaus in London.

Christine, Königin von Schweden (1632 bis 1654), * 1626, † 1689; Tochter Gustav Adolfs, förderte Künste und Wiss.; dankte 1654 ab und trat zum Katholizismus über.

Christkatholische Kirche, Kirche der →Altkatholiken in der Schweiz.

Christkönigsfest, kath. Fest am Sonntag vor Allerheiligen zur Feier der Herrschaft Christi.

Christlich Demokratische Union Deutschlands, Abk. **CDU,** nach dem 2. Weltkrieg in allen 4 Besatzungszonen Dtl.s gegr. Partei. Sie entstand aus dem Gedanken, den Staat auf christl. Grundlage zu erneuern, und vereinigt in sich Kräfte der beiden christl. Konfessionen. In der **Bundesrep. Deutschland** war sie 1949 bis 1969 führende Reg.-Partei, wieder seit 1982. Sie vertritt innenpolit. ein demokrat. föderatives Prinzip, wirtschaftspolit. die soziale Marktwirtschaft, außenpolit. die Integration Europas, polit. und militär. die Anlehnung an den Westen bei gleichzeitiger Öffnung der atlant. Allianz für die östl. Reformstaaten. Vors.: 1950 bis 1966 K. Adenauer, 1966 bis 1967 L. Erhard, 1967 bis 1971 K. G. Kiesinger, 1971 bis 1973 R. Barzel, seit 1973 H. Kohl. In der **DDR** beugte sie sich 1947 bis 1989 dem Führungsanspruch der SED. Nach den polit. Umwälzungen im Spätherbst 1989 profilierte sie sich zunehmend als eigenständige polit. Kraft; aus den ersten demokrat. Wahlen in der DDR am 18. 3. 1990 ging die CDU im Rahmen der »Allianz für Deutschland« als stärkste Partei hervor und stellte den Min.-Präs. (L. de Maizière). Am 1./2. 10. 1990 vereinigte sie sich mit der westdt. CDU.

Christlicher Verein Junger Menschen, Abk. **CVJM,** ev. Vereinigung ohne kirchl. Bindung; in den USA **Young Men's Christian Association** (YMCA).

christlich-soziale Bewegung, im 19. Jh. aufgekommene kirchl. Bewegung, erstrebte die Erneuerung der sozialen Ordnung auf der religiösen und sittl. Grundlage des Christentums. Auf prot. Seite waren in England T. Carlyle u. a. führend, in Dtl. J. H. Wichern, A. Stoecker, F. Naumann. Einrichtungen wie die Innere Mission, die Ev. Kirchentage und die Ev. Akademien erhalten den Gedanken lebendig. Auf kath. Seite ist die c.-s. B. vorwiegend kirchl. bestimmt, bes. durch die kath. Gesellschaftslehre; in Dtl. waren A. Kolping und Bischof W. E. Freiherr v. Ketteler führend.

Christo. The Pont Neuf wrapped, Paris (1976 bis 1985)

Christlichsoziale Partei, in Österreich, gegr. 1880 von K. Lueger; war von 1919 bis 1934 führende Regierungspartei. Ihre Tradition wurde 1945 von der Österr. Volkspartei übernommen.

Christlich Soziale Union in Bayern, Abk. **CSU,** eine nur in Bayern bestehende, 1945 gegr. polit. Partei, im Bundestag mit der CDU in einer Fraktion zusammengeschlossen; Vors.: H. Ehard (bis 1955), H. Seidel (1955 bis 1961), F. J. Strauß (1961 bis 1988), seitdem T. Waigel.

Agatha Christie

Christologie, Lehre von der Person Christi und seiner Gottessohnschaft.

Christophorus, Nothelfer, trug nach der Legende das Christuskind durch einen Strom; Heiliger (Tag: 24. 7.); Kennzeichen: Jesukind, Stab.

Christo und Jeanne Claude [-ʒan 'klo:d], eigentl. C. **Jawatschew** und J.-C. **de Guillebon** [gijebɔ], amerikan. Künstlerpaar bulgar. bzw. frz. Herkunft, beide * 1935. Für C. u. J.-C. ist der Wert eines Kunstwerks nicht an Stabilität oder Permanenz gebunden. Sie verhüllen vorübergehend Gegenstände, Gebäude (1995 Reichstag in Berlin) und Teile der Landschaft mit Stoffen oder Kunststoffgeweben.

Christrose, die Schwarze →Nieswurz.

Christus, griech. Übersetzung von hebr. **Messias,** der Gesalbte, →Jesus Christus.

Christine, Königin von Schweden Kupferstich (17. Jh.)

Christusbild, bildl. Darstellung Christi. Bis zum hohen MA. unterscheidet man 2 Haupttypen: das von der antiken Gottesvorstellung her bestimmte bartlos-jugendl. und das wohl im Osten entstandene bärtige C., das sich auch im Abendland durchsetzte.

Christusdorn, Pflanzen, die der Legende nach die Dornenkrone Christi geliefert haben sollen, so die →Gleditschie.

Christusmonogramm, 1) sinnbildl. Zeichen für den Namen Christus, aus den griech. Buchstaben X (Ch) und P (R). - **2)** Zeichen des Fisches, griech. ΙΧΘΥΣ [Ichthys], nach den Anfangsbuchstaben der griech. Worte: Jesus Christos Theu Yios Soter (»Jesus Christus Gottes Sohn Heiland«).

Chrom, Symbol **Cr,** chem. Element, silberweißes, sehr hartes Metall (OZ 24, relative Atommasse 51,996, D 7,18 bis 7,2 g/cm^3, Sp 2670 °C, Fp 1890 °C). Gegen-

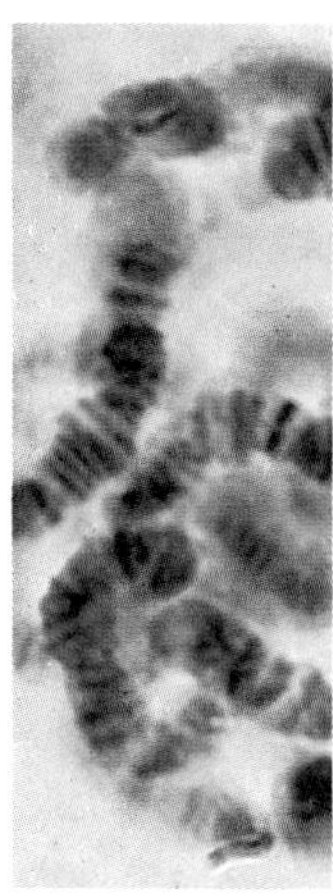
Chromosomen Mikroaufnahme der Speicheldrüsenchromosomen der Taufliege

Chrysantheme Gemeiner Rainfarn

Chur Stadtwappen

über Luft, Wasser, vielen Säuren und Laugen ist es sehr beständig; deshalb Verwendung als Überzugs- und Oberflächenschutzmittel (Verchromen), ferner zur Herstellung von nicht rostenden und Spezialstählen, Verbindungen als Chromfarben. – Vorkommen bes. als Chromeisenstein, $FeO \cdot Cr_2O_3$ (Rep. Südafrika, Simbabwe, Russland und Albanien).

Chromatik *die,* **1)** veraltet für →Farbenlehre. – **2)** 𝄞 die durch Versetzungszeichen bewirkte Erhöhung oder Erniedrigung (»Färbung«) der Stammtöne einer Tonart. Die **chromat. Tonleiter** ist nur aus Halbtönen gebildet.

Chromatin *das,* leicht färbbare Bestandteile des Zellkerns.

Chromatographie *die,* Verfahren zur Trennung eines Stoffgemischs, bei dem die unterschiedliche Wanderungsgeschwindigkeit der Stoffkomponenten ausgenutzt wird, z. B. Dünnschicht-, Gas-, Papier-, Säulenchromatographie.

Chromatophoren, *Sg.* **Chromatophor** *das,* **1)** farbstofftragende Zellen in der Haut mancher Tiere, z. B. bei Chamäleons, Laubfröschen, Fischen, Kopffüßern, die unter Ausdehnung oder Zusammenziehung Farbwechsel bewirken. – **2)** Zellbestandteile bei Pflanzen, an die Farbstoff gebunden ist, z. B. die Chlorophyll enthaltenden Chloroplasten.

Chromleder, mit Chromsalzen gegerbtes Leder (Schuh-, Bekleidungs-, Sportleder).

Chromosomen, *Sg.* **Chromosom** *das,* **Kernschleifen,** fadenförmige, aus Nukleinsäuren und Eiweiß bestehende Gebilde im Zellkern. Sie haben versch. Größe und Gestalt, ihre Zahl ist jedoch für jede Art konstant (beim Menschen 46). Die C. sind Träger der Erbanlagen (→Gen).

Chromosomendiagnostik, Feststellung von Chromosomenanomalien aufgrund zytologischer Befunde; v. a. in der genetischen Beratung.

Chromosphäre, bei Sonnenfinsternissen rötl. aufleuchtende Schicht der Sonnenatmosphäre.

Chronik *die,* Geschichtswerk, das die Vorgänge nach zeitl. Folge aufzählt. **Bücher der C.,** die beiden jüngsten Geschichtsbücher des A.T. **Chronist,** Verfasser einer C.; **Chronique scandaleuse,** Klatschgeschichte.

chronisch, lang dauernd; Ggs.: akut.

Chronobiologie *die,* Wiss. von den zeitl. Gesetzmäßigkeiten des Ablaufs der Lebensprozesse.

Chronologie *die,* **1) mathemat.** oder **astronom. C.** misst aufgrund der Bewegungen am Himmelskörper die Zeit und teilt sie ein. – **2) histor. C.,** die Wiss. und Lehre von der Zeitrechnung, der Datierung, der Altersbestimmung von Objekten sowie vom Kalenderwesen.

Chronometer *das,* sehr genau gehende Uhr, bes. für die Seeschifffahrt.

Chruschtschow, Nikita Sergejewitsch, sowjet. Politiker, * 1894, † 1971; war seit 1953 Erster Sekr. des ZK der KPdSU, seit 1958 Min.-Präs. Außenpolit. war sein Name sowohl mit der Werbung um »Koexistenz« als auch mit der Drohung mit Vernichtungswaffen verbunden, innenpolit. mit der »Entstalinisierung«. Gegenüber Mao Zedong beanspruchte er die alleinige Führungsrolle Moskaus. 1964 wurde C. aller Ämter enthoben.

Chrysalide *die,* Puppe der Insekten.

Chrysantheme, Wucherblume, artenreiche Gattung der Korbblütler. Bekannte Arten: **Margerite (Wiesenwucherblume,** mit weißen Zungen- und gelben Röhrenblüten), **Rainfarn** (Wurmkraut) mit farnähnl. Blättern und goldgelben Blütenköpfchen und die aus O-Asien eingeführten eigentl. C., die **Winterastern,** Zierpflanzen.

Chrysipp, Chrysippos, griech. Philosoph, † 205 v. Chr.; wichtiger Denker der →Stoa.

Chrysoberyll *der,* grünes bis rotes **(Alexandrit)** Berylliummineral; Schmuckstein.

Chrysolith *der,* →Olivin.

Chrysopras *der,* durch Nickeloxid grün gefärbter Chalcedon; Schmuckstein.

Chrysostomos, Johannes, griech. Kirchenlehrer, * 344/345, † 407; Patriarch von Konstantinopel; bedeutender Prediger; Schutzheiliger der Kanzelredner (Tag: im O 13. 11.; im W 13. 9.).

chthonisch, irdisch, unterirdisch.

Chudschand [xu-], **Chodschent,** 1936 bis 1990 **Leninabad,** Gebietshptst. am Syrdarja, Tadschikistan, 164 100 Ew.; PH, Museum; Theater; botan. Garten; Seidenwerk; Baumwollentkörnung, Nahrungsmittelind.; Kunstgewerbe. – Alexander d. Gr. gründete hier 329 v. Chr. die Stadt **Alexandreia Eschate.** C. hatte im MA. Bedeutung durch die Lage am Karawanenhandelsweg nach China. 1866 von Russland annektiert.

Chungking →Chongqing.

Chuquicamata [tʃukikaˈmata], Stadt in N-Chile, 3 180 m ü. M., 18 000 Ew.; eine der größten Kupfergewinnungsanlagen der Erde.

Chur [kuːr], Hptst. des schweizer. Kt. Graubünden, 595 m ü. M., 30 400 Ew.; kath. Bischofssitz, Theolog. Hochschule; Metall-, Nahrungsmittel-, Textilind.; spätromanische Kathedrale, Rathaus (15./16. Jh.).

Churchill [ˈtʃəːtʃɪl], Sir Winston, brit. Staatsmann, * 1874, † 1965; Enkel des 7. Herzogs von Marlborough, war seit 1900 Parlamentsmitglied, seit 1940 konservativer Parteiführer (bis 1955). Er bekleidete die meisten wichtigen Ministerposten. Im 1. Weltkrieg übte er als Marine-, später Munitionsmin. entscheidenden Einfluss aus. 1929 bis 1939 war er ohne Staatsamt und bekämpfte als frühzeitiger Warner vor Hitler nach 1933 die amtl. Außenpolitik. Im 2. Weltkrieg leitete er als Premiermin. (1940 bis 1945) mit F. D. Roosevelt und im Zusammenwirken mit J. W. Stalin die polit. und militär. Kriegführung. 1951 bis April 1955 wieder Premiermin. Von seiner glänzenden, vielseitigen, oft eigenwilligen Persönlichkeit zeugen auch seine Reden und Schriften (u. a. autobiographisch), seine Werke über die beiden Weltkriege. Nobelpreis für Literatur 1953.

Churfirsten, Bergkette der Säntisgruppe im schweizer. Kt. St. Gallen, bis 2 306 m hoch.

Churriguera [tʃurriˈɣera], span. Bildhauer- und Baumeisterfamilie des Barocks; überreiche Ornamentik **(Churriguerismus).**

Chusistan →Khusistan.

Chutney [ˈtʃʌtnɪ] *das,* pastenartige, scharf gewürzte Sauce aus zerkleinerten Früchten (u. a. Mango, Tomaten) und Gewürzzutaten.

Chuzpe, salopp für: Dreistigkeit, Unverschämtheit.

Chylus *der,* Nahrungssaft, der Inhalt der Lymphgefäße (C.-Gefäße) des Dünndarms; wird über den Brustlymphgang dem Blut zugeführt.

CIA [siː aɪ ˈeɪ], **C**entral **I**ntelligence **A**gency, der Geheimdienst der USA (1947 gegr.).

Ciano [ˈtʃaːno], Galeazzo Graf, ital. Diplomat und Politiker, * 1903, † (erschossen) 1944; Schwiegersohn Mussolinis, 1936 bis 1943 Außenmin., geriet in Gegensatz zu Mussolini, 1944 von einem Sondergericht zum Tode verurteilt.

Ciba-Geigy AG, schweizer. Chemiekonzern, Sitz Basel, entstanden 1970 durch Fusion der Ciba AG (gegr. 1859) mit der J. R. Geigy AG (gegr. 1758); Produktion von Pharmazeutika, Agrochemikalien und Farbstoffen. – 1996 wurde die Fusion mit der Sandoz AG beschlossen (neuer Name: **Novartis AG**).

CIC, 1) Abk. für **C**odex **I**uris **C**anonici. – **2)** [siː aɪ ˈsiː], Abk. für **C**ounter **I**ntelligence **C**orps, bis 1965 die Spionageabwehrorganisation des Heers der USA.

Cicero *die,* 🕮 Schriftgrad (12 typograph. Punkte) von 4,512 mm.

Cicero, Marcus Tullius, röm. Staatsmann, Schriftsteller und Redner, * 106, † (ermordet) 43 v. Chr.; vereitelte als Konsul die Verschwörung des →Catilina, war

Winston Churchill. Porträt und Autogramm

Gegner der Alleinherrschaft Caesars. In seinen Schriften, Reden und Briefen, die Form und Ausdruck der lat. Sprache zu vorbildl. Vollendung brachten, wurde er den Römern zum großen Mittler griech. Bildung.

Cid, El [θið], mit dem Beinamen **el Campeador** [»der Kämpfer«], span. Nationalheld, * um 1043, † 1099; eroberte 1094 das Maurenreich Valencia. Ältestes span. Heldenepos »Poema del C.« (1140), Tragödie »Le Cid« von P. Corneille (1637), »Der Cid« von J. G. von Herder (1805); Oper von J. Massenet (1885).

Cidre [ˈsidr] *der,* frz. Apfelwein aus der Normandie oder Bretagne.

Cie., schweizer. Abk. für **Compagnie.**

Cienfuegos [si̯enˈfu̯eɣɔs], kuban. Prov.-Hptst., 136 200 Ew.; Bischofssitz, Observatorium, bedeutender Ausfuhrhafen.

cif, Handelsklausel im Überseeverkehr: Die Kosten der Beförderung (**c**ost), Versicherung (**i**nsurance) und Fracht (**f**reight) bis zum Bestimmungshafen sind im Preis enthalten.

Çiller [ˈtʃilər], Tansu, türk. Wirtschaftswissenschaftlerin, * 1946; Beraterin bei der Weltbank in New York; seit Juni 1993 Vors. der konservativen Partei des Rechten Wegs (DYP), 1993 bis 1996 Min.-Präs., 1996/97 Außenministerin.

CIM, Abk. für engl. **C**omputer **I**ntegrated **M**anufacturing, rechnerintegrierte Fertigung, Bezeichnung für eine computergesteuerte Produktion, deren einzelne Schritte über ein Datennetzwerk integriert werden.

Cimarosa [tʃimaˈrɔːza], Domenico, ital. Komponist, * 1749, † 1801; nahezu 80 Opern, u. a. »Die heiml. Ehe« (1792); daneben Oratorien, Sinfonien und Klaviersonaten.

Cincinnati [sɪnsɪˈnætɪ], amerikan. Handels- und Hafenstadt im Staat Ohio, am Ohio, 364 100 Ew.; Sitz eines kath. Erzbischofs und anglikan. Bischofs, 2 Univ., Kunstakademie; Ind.zentrum (u. a. Werkzeugmaschinen, Seife). Verkehrsknotenpunkt, 2 Flughäfen.

Cincinnatus, Lucius Quinctius, röm. Feldherr im 5. Jh. v. Chr., galt späteren Generationen als Muster altröm. Tugend.

Cineast [sineˈast] *der,* Filmkenner, -forscher; begeisterter Kinogänger.

Cinemascope® [sinemaˈskoːp], Breitwandverfahren, bei dem der mit Weitwinkellinse aufgenommene Film mit Spezialoptiken auf eine gewölbte Bildwand von 2½facher Normalbreite projiziert wird.

Cinerama, ein früheres, Raumillusion vermittelndes Breitwandverfahren.

Cinerarile, Zinerarile, Topfpflanze aus der Familie Korbblütler mit behaarten Blättern, Blüten in versch. leuchtenden Farben.

Cinna, Lucius Cornelius, röm. Staatsmann, * um 130, † 84 v. Chr.; Gegner Sullas, beherrschte seit 87 mit Marius Rom und Italien.

Cinquecento [tʃiŋkweˈtʃɛnto] *das,* Abk. für: 1500, in der ital. Kunstgeschichte das 16. Jahrhundert.

CIO [ˈsiː aɪ ˈəʊ], Abk. für **C**ongress of **I**ndustrial **O**rganizations, amerikan. Gewerkschaft.

Circe, Zauberin der griech. Sage, → Kirke.

Circuittraining [ˈsəːkɪttreɪnɪŋ], Kombination von 10 bis 20 versch. (Kraft-)Übungen, die an unterschiedl., in Kreisform aufgestellten Geräten wiederholt werden.

Circulus vitiosus *der,* **1)** Teufelskreis. – **2)** Zirkelschluss: Das, was ich beweisen soll, nehme ich schon mit in die Begründung.

Circus maximus, größter und ältester Zirkus des antiken Rom, 600 m lang und 150 m breit, für 100 000, zuletzt 385 000 (?) Zuschauer.

cis..., lat. Vorsilbe: diesseits, z. B. **Gallia cisalpina,** das Gallien diesseits der Alpen (Oberitalien).

Ciskei, ehem. Rep. im südl. Afrika, international nicht anerkannt, bis Dez. 1981 Homeland, 9 400 km², etwa 1 Mio. Ew., Hptst. Bisho. Amtssprachen: Englisch, Afrikaans und Xhosa; 1994 der südafrikan. Prov. Ost-Kap eingegliedert.

Cîteaux [siˈto] Mutterkloster des Zisterzienserordens, in Burgund, Dép. Côte d'Or, Frankreich; gegr. 1098 von Robert de Molesmes, aufgehoben 1790; seit 1898 gehören die Bauten dem Trappistenorden.

Citlaltépetl [s-], mit 5 700 m höchster Berg (Vulkan) Mexikos, am O-Rand der Cordillera Volcánica.

Citrus → Zitrusfrüchte.

City [ˈsɪtɪ] *die,* Stadtkern einer Großstadt.

Cityruf [ˈsɪtɪ-], drahtloser, regional begrenzter Funkrufdienst, Übermittlung kurzer Texte oder Ziffern an die Empfangsgeräte (ohne Bedienung empfangsbereite Einkanalempfänger), eingeführt 1989. Der Empfänger oder **Pager** kann über ein Telefon mithilfe der bundeseinheitl. Vorwahlnummer und der jeweiligen Pager-Nummer angewählt werden. Der Rechner der Funkrufvermittlung stellt die Verbindung her.

Ciudad Juárez [si̯uˈðað xuˈares], Grenzort am Rio Grande del Norte, Mexiko, 798 000 Ew.; Universität, Flughafen.

Ciudad Real [θi̯uˈðar rreˈal], Hptst. der span. Provinz C. R., auf der Mancha, 60 200 Ew.; Bischofssitz.

Civitas, Gemeinde, Stadt, Staat. Im röm. Recht: mit der Zugehörigkeit zum röm. Staat verbundene Rechtsstellung (**Civis,** Bürger, der vollberechtigte Freie).

Civitavecchia [tʃivitaˈvɛkki̯a], Hafenstadt an der W-Küste Italiens, 60 km nördl. von Rom, 51 800 Ew.; Fischerei, Industrie.

Cl, chem. Symbol für Chlor.

Claim [kleɪm] *der,* **1)** (Rechts-)Anspruch, Besitztitel; im Versicherungsrecht Schaden(sfall). – **2)** Staatsland, das ein Ansiedler mit der Absicht eines späteren Kaufs bewirtschaftet; zum Goldschürfen beanspruchtes Gebiet.

Clair [klɛːr], René, frz. Filmregisseur, * 1898, † 1981; »Unter den Dächern von Paris« (1930), »Die Schönen der Nacht« (1952), »Die Mausefalle« (1957).

Clair-obscur [klɛrɔbsˈkyr], → Helldunkel.

Clairvaux [klɛrˈvo], ehem. Zisterzienserabtei in der Champagne, Dép. Aube, Frankreich, 1115 gegr., 1792 aufgehoben.

Clan [klaːn, klæn] *der,* **1)** der alte Sippenverband in Schottland und Irland. – **2)** Sippe.

Clapton [ˈklæptən], Eric, brit. Rockmusiker (Gitarrist), * 1945; spielte u. a. bei »Cream«; einer der einflussreichsten Rockmusiker.

Nikita Sergejewitsch Chruschtschow

Marcus Tullius Cicero

Tansu Çiller

René Clair

Eric Clapton

Lucius D. Clay

Bill Clinton

Clermont-Ferrand
Stadtwappen

Claque [klak] *die,* bestellte, bezahlte Gruppe von Beifallklatschern **(Claqueure).**
Clarino *der,* hohe Solotrompete.
Clarke [klɑ:k], **1)** Arthur Charles, engl. Schriftsteller, * 1916; Verfasser anspruchsvoller Sciencefictionromane. – **2)** Kenneth Spearman (»Kenny«), gen. **Klook,** muslim. Name **Liaqat Ali Salaam,** amerikan. Jazzmusiker, * 1914, † 1985; Schlagzeuger; beteiligt an der Entwicklung des Bebop.
Claudel [klo'dɛl], Paul, frz. Dichter, * 1868, † 1955; Diplomat. Gedichte und Dramen in kath. Geist. Hauptwerk: »Der seidene Schuh« (1930).
Claudius, Tiberius C. Nero Germanicus, röm. Kaiser (41 bis 54), * 10 v. Chr., † 54 n. Chr.; unternahm erfolgreiche Feldzüge gegen die Germanen und Britannier. Seine 3. Gemahlin, Messalina, ließ er töten; die 4., Agrippina, vergiftete ihn, um ihren Sohn Nero auf den Thron zu bringen.
Claudius, 1) Hermann, niederdt. Dichter, * 1878, † 1980, Urenkel von 2); Lieder und Romane. – **2)** Matthias, dt. Dichter, * 1740, † 1815; gab 1771 bis 1775 den »Wandsbecker Bothen« heraus, fand in Prosa und Lyrik einen eigenen frommen, gemütstiefen Ton (Abendlied »Der Mond ist aufgegangen«).
Claus, Jonkheer van Amsberg, Prinz der Niederlande, * 1926; → Amsberg.
Clausewitz, Carl Philipp Gottfried v., preuß. General und Militärtheoretiker, * 1780, † 1831; Begründer der modernen Kriegslehre; Hauptwerk: »Vom Kriege« (1832 bis 1834).
Clausius, Rudolf Julius Emanuel, dt. Physiker, * 1822, † 1888; Mitbegründer der → kinetischen Gastheorie; führte den Begriff der Entropie ein und formulierte den 2. Hauptsatz der Thermodynamik.
Clausthal-Zellerfeld, Stadt und Luftkurort im Oberharz, Ndsachs., 16 400 Ew.; früher Bergbau (Silber, Blei, Kupfer); TU.
Clay [kleɪ], **1)** Cassius, → Muhammad Ali. – **2)** Lucius D., amerikan. General, * 1897, † 1978; 1947 bis 1949 Militärgouv. der US-Besatzungszone in Dtl., organisierte die Luftbrücke während der sowjet. Blockade Berlins.
Clayton [kleɪtn], Buck, eigentl. Wilbur C., amerikan. Jazzmusiker (Trompete), * 1911; einer der führenden Solisten und Arrangeure bei Count Basie (1936 bis 1943); hervorragender Trompeter des Swing.
clean [kli:n], nicht mehr drogenabhängig.
Clear-Air-Turbulenz ['klɪə 'eə-], Abk. **CAT,** Turbulenz (Böigkeit) im wolkenfreien Raum; Gefahr bes. für schnelle Flugzeuge.
Clearance ['klɪərəns] *die,* Reinigung einer bestimmten Blutplasmamenge von in ihr befindl. körpereigenen **(endogene C.)** oder künstl. eingebrachten Substanzen **(exogene C.)** durch ein Ausscheidungsorgan (z. B. Nieren oder Leber). Der bei der Nierenfunktionsprüfung ermittelte **C.-Wert** (Klärwert) ist das Maß für die Ausscheidungsfähigkeit bzw. -geschwindigkeit der Nieren.
Clearing ['klɪərɪŋ] *das,* im internat. Zahlungsverkehr die Verrechnung gegenseitiger Geldforderungen und -schulden über eine Ab- oder Verrechnungsstelle; vermeidet überflüssige Devisenbewegungen. **C.-Abkommen,** zwischenstaatl. Verrechnungsabkommen.
Clematis → Waldrebe.
Clemenceau [klemã'so], Georges Benjamin, frz. Staatsmann, * 1841, † 1929; 1906 bis 1909 und 1917 bis 1920 Min.-Präs.; setzte die frz. Forderungen gegenüber Dtl. im Versailler Vertrag durch.
Clemens → Klemens.
Clementi, Muzio, ital. Pianist und Komponist, * 1752, † 1832; lebte ab 1766 in England; Sonaten, Sonatinen, Variationen; Etüdenwerk.
Clementine *die,* kernlose Mandarine.
Clermont-Ferrand [klɛrmɔ̃fɛ'rã], Stadt in S-Frankreich, am Fuß des Puy de Dôme, 136 100 Ew.; got. Kathedrale; Bischofssitz; Univ., Oper, Theater, botan. Garten; Flugzeug-, Fahrzeug- und Gummiind.
Cleveland ['kli:vlənd], Hafenstadt im Staate Ohio, USA, am Eriesee, 505 600 Ew.; kath. Bischofssitz; Schwerind., Fahrzeugbau, Hüttenwerke.
Clever, Edith, dt. Schauspielerin, * 1940; Charakterdarstellerin; auch Filme, u. a. »Die Marquise von O.« (1975).
Cliff-Dwellings ['klɪf 'dwelɪŋz] *Pl.,* Höhlenwohnungen der Anasazikultur in steilen Felsüberhängen des südl. Coloradoplateaus, Arizona und New Mexico.
Clinch [klɪntʃ] *der,* beim Boxen die Umklammerung des Gegners.
Clinton ['klɪntən], William (Bill) Jefferson, amerikan. Politiker (Demokrat. Partei), * 1946; Jurist; 1978 bis 1980 und 1982 bis 1993 Gouv. von Arkansas, seit 1993 der 42. Präs. der USA.
Clique ['klikə] *die,* Sippschaft, Gesellschaft, selbstsüchtige Gruppe.
Clive [klaɪv], Robert, * 1725, † 1774; Begründer der brit. Herrschaft in Ostindien.
Clivia *die,* südafrikan. Gattung der Amaryllisgewächse, gelbrote Blütendolden.
Cloisonné [klwasɔ'ne] *das,* Zellenschmelz (→ Emailkunst).
Cloppenburg, Krst. in Ndsachs., 28 000 Ew.; Nahrungsmittel-, Textilind., Fahrradfabrik. Museumsdorf (gegr. 1934).
Closed Shop ['kləʊzd 'ʃɔp], **Union Shop,** Betrieb, v. a. in den USA, in dem aufgrund von Abmachungen zw. Unternehmen und Gewerkschaften nur Gewerkschaftsmitglieder eingestellt werden; in Dtl. unzulässig.
Clostridium, Gattung stäbchenförmiger Bakterien, leben meist im Boden. Einige Arten bilden lebensgefährl. Gifte (Exotoxime), u. a. **C. botulinum** (Botulismus), **C. tetani** (Wundstarrkrampf), **C. perfringens** (Gasbrand).
Clouet [klu'ɛ], François, frz. Maler, Zeichner, * um 1505/10, † 1572; Hofmaler Franz' I.
Clouzot [klu'zo], Henri-Georges, frz. Filmregisseur, * 1907, † 1977; »Lohn der Angst« (1953), »Die Teuflischen« (1955).
Clown [klaʊn] *der,* Spaßmacher, bes. im Zirkus.
Club of Rome ['klʌb ɔv 'rəʊm], Vereinigung von Wissenschaftlern und Industriellen, 1968 gegr., Sitz Rom; Untersuchungen und Handlungsanstöße, u. a. »Die Grenzen des Wachstums« (1972), »Menschheit am Wendepunkt« (1974), »Faktor Vier. Doppelter Wohlstand – halbierter Naturverbrauch« (1995).
Cluny [kly'ni], Stadt im östl. Frankreich (Burgund), 4400 Ew.; 910 als **Benediktinerabtei** gegr., war im 11. Jh. der Ausgangspunkt einer Erneuerung des Mönchtums **(cluniazens. Reform).**
Clyde [klaɪd] *der,* längster Fluss Schottlands, 171 km lang, mündet in den **Firth of Clyde.**
cm, Abk. für Zentimeter; **cm²,** Quadratzentimeter; **cm³,** Kubikzentimeter.
Cm, chem. Symbol für Curium.
C+M+B, Abk. für die Hl. → Drei Könige; diese Abk. wird mit Jahreszahl und Kreuzzeichen als Segensformel in kath. Gegenden am Vorabend des Dreikönigsfests an den Türbalken geschrieben. Urspr. Abk. für »Christus mansionem benedicat« (Christus segne die Wohnung).
CMOS, Abk. für engl. **C**omplementary-**M**etal-**O**xide-**S**emiconductor, Herstellungstechnik für integrierte Schaltungen. (→ MOSFET)
CNC, Abk. für **C**omputerized **N**umerical **C**ontrol, computergestützte numer. Steuerung von Werkzeugmaschinen.
Co, chem. Symbol für Kobalt.
Co., Comp., Cie., Abk. für **Co**mpanie, **Comp**any, **C**ompagn**ie**. Der Zusatz Co. weist auf ein Gesellschaftsverhältnis hin.

Der noch erhaltene Teil der Klosterkirche von **Cluny** mit dem achteckigen Turmaufbau »Clocher de l'Eau bénite«

c/o, auf Briefen Abk. für engl. **c**are **o**f, zu Händen von.
Coach [kəʊtʃ], Trainer und Betreuer von Sportlern und Sportmannschaften.
Coase [kəʊs], Ronald, brit. Volkswirtschaftler, * 1910; erhielt 1991 den Nobelpreis für Wirtschaftswissenschaften.
Cobalt → Kobalt.
Cobden ['kɔbdən], Richard, brit. Unternehmer und Wirtschaftspolitiker, * 1804, † 1865; Vorkämpfer des Freihandels.
COBOL, Abk. für **Co**mmon **B**usiness **O**riented **L**anguage, eine Programmiersprache für kommerzielle Anwendungen.
Coburg, Stadt in Bayern, am Südhang des Thüringer Waldes, 43 900 Ew.; Landesbibliothek, Museum Schloss Ehrenburg (1543 ff.), über der Stadt die **Veste C.** mit Kunstsammlungen. Maschinen-, Holz-, Papier-, Bekleidungsindustrie.
Coca-Cola Company ['kəʊkə'kəʊlə 'kʌmpənɪ], einer der führenden Erfrischungsgetränkeproduzenten, Sitz Atlanta (Georgia), gegr. 1886; auch in der Nahrungsmittelproduktion, im Film- und Fernsehgeschäft aktiv; zahlreiche Tochtergesellschaften.
Cochabamba [kotʃa'βamba], **1)** Dep. in Bolivien, 55 631 km², 1,04 Mio. Ew.; Hptst. C.; im W und S Anteil am Ostbolivian. Bergland mit agrar. bedeutendem Hochbecken (2 400 bis 2 800 m). – **2)** Hptst. des bolivian. Dep. C., am Río Rocha, 2 560 m ü. M., 407 800 Ew.; Erzbischofssitz; Univ. (gegr. 1832), landwirtschaftl. Handelszentrum; Erdölraffinerie; Fahrzeugbau; internat. ✈.
Cochem, Krst. in Rheinl.-Pf., an der Mosel, 5 600 Ew.; Weinbauschule; Weinbau; Fremdenverkehr. **Burg C.,** 1027 gegr., Stadtbefestigung (1332) z. T. erhalten.
Cochin ['kɔtʃɪn], Hafenstadt in Kerala, Indien, 564 000 Ew.; kath. Erzbischofssitz; Erdölraffinerie, Werften.
Cochinchina, Kotschinchina, vietnames. **Nam Bô,** Tiefland des Mekong im südl. Teil Vietnams, eines der größten und fruchtbarsten Reisanbaugebiete Asiens.
Cockney ['kɔknɪ], **1)** Spitzname des Londoner Spießbürgers. – **2)** Londoner Mundart.
Cockpit, Raum des Flugzeugführers.
Cocktail ['kɔkteɪl] *der,* Mixgetränk aus Alkohol, Fruchtsäften u. a.
Cocteau [kɔk'to], Jean, frz. Dichter, Filmregisseur, Grafiker, * 1889, † 1963; beeinflusste stark die avantgardist. Kunstströmungen. Drama »Orpheus« (1927), Filme »La belle et la bête« (1946), »Orphée« (1950); Mitglied der Académie française ab 1955.
Code [ko:t] *der,* **1)** Gesetzbuch; **C. Napoléon,** 5 unter Napoleon I. entstandene frz. Gesetzbücher, bes. das Zivilgesetzbuch **C. civil** (1804 eingeführt). – **2)** Vorschrift der Zuordnung von Buchstaben und Ziffern zu den C.-Zeichen (Morse-, Fünfer-, Siebeneralphabet). – **3)** Verschlüsselungsvorschrift, Chiffrierschlüssel (→ Codierung). – **4)** molekulares Strukturgesetz der Zellentwicklung.
Codex *der,* **1)** zu einem Buch verbundene Schreibtafeln der Römer. – **2)** alte Handschrift, z. B. **C. argenteus,** die mit silbernen und goldenen Buchstaben geschriebene, in Uppsala aufbewahrte got. Bibelübersetzung des Wulfila. – **3)** Gesetzessammlung, bes. im kaiserl. Rom. – **4) C. Iuris Canonici,** Gesetzbuch des Kanon. Rechts, Quelle des kath. Kirchenrechts (1983 Neubearbeitung).
Codierung, Darstellung einer Nachricht in anderer Form, d. h. Umsetzung einer Zeichenmenge in eine andere.
Coesfeld ['ko:s-], Krst. in NRW, 34 700 Ew.; Landmaschinen-, Textil-, Möbelindustrie.
Cognac ['kɔnjak, frz. kɔ'ɲak], **1)** Stadt im SW Frankreichs, an der Charente, 19 900 Ew. – **2)** gesetzlich geschützter Name für Weinbrand aus dem Weinbaugebiet Cognac.
Cohen, 1) ['ko:hən, ko'he:n], Hermann, dt. Philosoph, * 1842, † 1918; Mitbegründer der »Marburger Schule« des Neukantianismus. – **2)** ['kəʊɪn], Stanley, amerikan. Biochemiker, * 1922; mit Rita Levi-Montalcini 1986 Nobelpreis für Physiologie oder Medizin für seine Arbeiten über Wachstumsfaktoren.
Coimbra [ku-], Stadt im mittleren Portugal, 96 100 Ew.; Univ. (seit 1290); Textil-, Papier- und Nahrungsmittelindustrie.
Coitus, der → Geschlechtsverkehr. – **C. interruptus,** vor dem Samenerguss abgebrochener Coitus.
Colbert [kɔl'bɛ:r], Jean-Baptiste **de Seignelay,** frz. Staatsmann, * 1619, † 1683; reorganisierte als Min. Ludwigs XIV. Staatsfinanzen, Ind. und Flotte; Vertreter des → Merkantilismus.
Colchester ['kəʊltʃɪstə], Stadt im südöstl. England, Cty. Essex, 96 100 Ew.; Univ.; Textil-, Metallind.; erste röm. Niederlassung auf den Brit. Inseln.
Coleridge ['kəʊlrɪdʒ], Samuel Taylor, engl. Dichter, * 1772, † 1834; Romantiker, befreundet mit W. Wordsworth; Gedichte, Balladen.
Colette [kɔ'lɛt], Sidonie-Gabrielle, frz. Schriftstellerin, * 1873, † 1954; thematisiert die Liebe, die Natur und kreatürl. Leben; war auch Kabarettistin, Chansonette u. a.
Coligny [kɔli'ɲi], Gaspard de, * 1519, † 1572; Admiral von Frankreich, Führer der → Hugenotten; in der Bartholomäusnacht ermordet.
Collage [kɔ'la:ʒə] *die,* Klebebild aus versch. Materialien, zuerst von P. Picasso und G. Braque 1911/12 in ihre Bilder einbezogen.
College ['kɔlɪdʒ] *das,* **1)** in Großbritannien 1) eine höhere private Schule mit Internat, in der Lehrer und Schüler eine Lebensgemeinschaft bilden, z. B. das Eton C. (seit 1440); 2) einer Univ. angegliederte Wohngemeinschaft von Dozenten und Studenten mit Selbstverwaltung; 3) Fachschule, Fachhochschule. – **2)** in den USA versch. auf der High School aufbauende Hochschuleinrichtungen: 1) Undergraduate C. (vier Jahre), die etwa der 12. und 13. Klasse und den ersten 4 Hochschulsemestern in Dtl. entsprechen (Ab-

Ronald Coase

Jean Cocteau

Stanley Cohen

Coburg
Stadtwappen

Coimbra
Stadtwappen

Die älteste Moschee (Davatagaha-Moschee) in **Colombo**

schluss: Bachelor). Das Graduate C. baut auf dem ersteren auf (Abschluss: Master). 2) C. allg. und fachl. Ausbildung. 3) Bezeichnung für eine Fakultät oder Universität.

Collège [kɔ'lɛ:ʒ], in Frankreich 4-jährige Schulen der Sekundarschulstufe (**C. d'enseignement secondaire**); in Belgien Bez. höherer privater Schulen; in der Schweiz z.T. Bezeichnung der höheren Schulen.

Collie *der,* Schottischer →Schäferhund.

Colmar
Stadtwappen

Collioure [kɔl'ju:r], südfrz. Seebad an der Côte Vermeille, Dép. Pyrénées-Orientales, 2700 Ew.; Fischereihafen; Malerkolonie (H. Matisse, R. Dufy, J. Gris u.a.); Templerschloss (12. Jh.).

Colmar, Stadt im Oberelsass, am Fuß der Vogesen, Frankreich, 63 500 Ew.; mittelalterl. Stadtkern; in der Dominikanerkirche »Madonna im Rosenhag« von M. Schongauer (1473), im Unterlinden-Museum der »Isenheimer Altar« von M. Grünewald (1513 bis 1515). Bedeutender Ind.standort, Weinbau.

Colombo, ehem. Hptst. von Sri Lanka (Ceylon), 615 000 Ew.; anglikan. Bischofs-, kath. Erzbischofssitz; wirtschaftl. und kulturelles Zentrum; bedeutender ⚓, internat. ✈.

Colombo-Plan, Rahmenplan zur Verbesserung der wirtschaftl. Verhältnisse in S- und SO-Asien. 1950 in Colombo beschlossen.

Colorado
Flagge

Colón, panamaische Hafenstadt am atlant. Eingang des Panamakanals, 140 900 Einwohner.

Colonna, röm. Adelsgeschlecht, dem Papst **Martin V.** (1417 bis 1431), mehrere Kardinäle und Erzbischöfe angehörten; es kämpfte im MA. oft aufseiten der Ghibellinen gegen die Päpste.

Colorado [kɔlə'rɑ:dəʊ], Abk. **Col.,** Bundesstaat der USA, 269 596 km², 3,29 Mio. Ew.; Hptst. Denver. C. hat im W Anteil am Felsengebirge, im O an der Prärietafel des Mittelwestens. ⚒ auf Molybdän (reichste Lager der Erde), Kohle, Erdöl, Erdgas. Elektrizitätserzeugung (Staudamm). Nahrungsmittel-, Rüstungs- u.a. Ind., Viehzucht.

Colorado [kɔlə'rɑ:dəʊ] *der,* **C. River, 1)** Fluss im SW der USA, 2 334 km lang, durchschneidet das **C.-Plateau** in gewaltigen Schluchten (u.a. Grand Canyon), mündet in Mexiko in den Golf von Kalifornien. – **2)** Fluss in Texas, USA; mündet in den Golf von Mexiko; 1 352 km lang; zahlreiche Stauwerke.

Como
Stadtwappen

Colorado Springs [kɔlə'rɑ:dəʊ 'sprɪŋz], Stadt im Staat Colorado, USA, am O-Abfall des Felsengebirges, 281 100 Ew.; Luftwaffenakademie; Kurort, Fremdenverkehr.

Colt [kəʊlt], Samuel, amerikan. Ingenieur, *1814, †1862; erfand den **C.-Revolver** (mit Kipplauf).

Coltrane [kɔl'treɪn], **1)** Alice, amerikan. Jazzmusikerin, *1937; Pianistin, Organistin; ⚭ seit 1966 mit John C. – **2)** John [William], amerikan. Jazzmusiker, *1926, †1967; Tenor- und Sopransaxophonist, zunächst Vertreter des Hardbop, dann Mitbegründer des →Freejazz.

Columbia [kə'lʌmbɪə], Name des amerikan. Raumtransporters. Erster Start: 12.4. 1981; Landung: 14.4. 1981.

Columbia [kə'lʌmbɪə], **1) C. River,** Fluss in Nordamerika, Quelle in British Columbia, Kanada, Felsengebirge, Mündung bei Astoria, Oregon, in den Pazif. Ozean; 1 953 km lang. – **2)** Hptst. des amerikan. Bundesstaats South Carolina, 98 000 Ew.; Textil-, elektron. Ind.; ✈. – **3) District of C., D. C.,** der Bundesdistrikt der USA mit der Bundeshptst. Washington.

Columbia-Universität [kə'lʌmbɪə-], New York, eine der führenden Univ. der USA, gegr. 1754.

Columbus [kə'lʌmbəs], Hptst. des Staates Ohio, USA, 632 900 Ew.; kath. Bischofssitz; Univ.; Maschinen- und Fahrzeugbau.

Comanchen [-tʃ-], **Komantschen,** ehemals krieger. Prärieindianerstamm in Nordamerika; früher Büffeljäger, verbreiteten das Pferd; heute etwa 3 600 Menschen.

Combo, kleine Jazzkapelle.

Come-back ['kʌmbæk] *das,* erfolgreiches Wiederauftreten eines Sportlers, Schauspielers, Stars.

COMECON, Abk. für **C**ouncil for **M**utual **Econ**omic Assistance, engl. Name des ehem. →Rats für gegenseitige Wirtschaftshilfe.

Comédie-Française [kɔmedifrɑ̃'sɛ:z], Frankreichs Nationaltheater in Paris, gegr. 1680.

Comenius, Johann Amos, tschech. Jan Amos **Komenský,** tschech. Pädagoge, Seelsorger, *1592, †1670; Bischof der Brüdergemeine, Begründer der neuzeitl. Erziehungslehre, Verfasser zahlreicher pädagog., philosoph., philolog. und religiöser Schriften.

Comer See, Lago di Como, See in den oberital. Alpen, 146 km²; mediterrane Pflanzenwelt; Fremdenverkehr.

Comics ['kɔmɪks], gezeichnete Bilderfolgen (**Comicstrips**), als Fortsetzungen in Zeitungen und Zeitschriften. **Comicbooks,** Hefte mit solchen Bilderfolgen. Erste C. 1896/97 in den USA.

Commedia dell'Arte, ital. Stegreifkomödie.

Commerzbank AG, dt. Großbank, 1870 gegr., 1920 bis 1940 **Commerz- und Privat-Bank AG,** nach 1945 dezentralisiert, 1958 wieder zur C. zusammengeschlossen; Sitz Düsseldorf.

Common Law ['kɔmən 'lɔ:], das aus der Rechtsprechung der Gerichte sich ergebende Gewohnheitsrecht, Grundlage des engl., dann auch des amerikan. Rechts.

Common Prayer Book ['kɔmən 'preɪə 'buk], liturg. Buch der Kirche von England, 1549 eingeführt.

Commonsense ['kɔmən'sens] *der,* gesunder Menschenverstand.

Commonwealth ['kɔmənwelθ], →Britisches Reich und Commonwealth.

Como, Hptst. der oberital. Prov. C., am Comer See, 86 400 Ew.; Seidenind., Fremdenverkehr.

Compactdisc [kɔm,pæktdisk] *die,* Abk. **CD,** einseitig digital bespielte Festspeicherplatte in Form einer metallisierten Scheibe von 12 cm Durchmesser und 1,2 mm Dicke, die im Vergleich zur herkömml. Schallplatte (mit Analogspeicherung der Tonsignale) eine wesentlich bessere Abspielqualität besitzt und den gezielten Zugriff auf die Einzeltitel ermöglicht. Die Toninformationen sind unterhalb einer transparenten Schutzschicht als dichte Folge mikroskopisch kleiner Vertiefungen (**Pits**) von 1 µm Länge und 0,5 µm Breite gespeichert. Die Pits werden mit dem Lichtstrahl eines Halbleiterlasers berührungslos gelesen und die gewonnene Information über einen Digital-Analog-Wandler in die analogen Musiksignale rückgewandelt. – Zur neuen Generation der beliebig oft bespiel-

baren digitalen Tonträger zählt die im Durchmesser 6,4 cm breite **Mini-Disc (MD),** deren magnetoopt. Speicher von einem Magnetschreibkopf mit einer Laserdiode beschrieben werden kann.
Neben der Anwendung im Bereich der Tonwiedergabe setzt sich die CD in Form der **CD-ROM** bei der Datenspeicherung auf der Ebene der Personalcomputer durch, da sie den dort bislang verwendeten Magnetdisketten in der Datenkapazität weit überlegen ist und daher auch bei multimedialer Anwendung eingesetzt werden kann. Ein ausgesprochenes Multimediakonzept stellt die **CD-I (CD-Interactive)** dar, die Ton, Bild und Softwareanwendung miteinander verknüpft. Der Benutzer kann bei der Wiedergabe mit Joystick oder Maus in den Programmablauf eingreifen.

Compagnie [kɔ̃paˈɲi] *die,* Abk. **Cie.,** Handelsgesellschaft.

Company [ˈkʌmpənɪ], Abk. **Co.,** Handelsgesellschaft.

Compiègne [kɔ̃ˈpjɛɲ], Stadt in N-Frankreich, Picardie, an der Oise, 41 900 Ew. - Im **Wald von C.** wurde am 11. 11. 1918 der Waffenstillstand zw. Dtl. und der Entente, am 22. 6. 1940 der zw. Dtl. und Frankreich abgeschlossen.

Compiler [kəmˈpaɪlə] *der,* ein Rechnerprogramm, das ein in einer Programmiersprache geschriebenes Programm in die Maschinensprache übersetzt.

Compton [ˈkɔmptən], Arthur Holly, amerikan. Physiker, * 1892, † 1962; entdeckte den **C.-Effekt** (Streuung von Röntgen- und Gammastrahlen an leichten Elementen); Nobelpreis für Physik 1927 (mit C. T. R. Wilson).

Computer [kɔmˈpju:tər], **Rechner, Datenverarbeitungsanlage,** durch gespeicherte Programme gesteuerte elektron. Anlage zur Datenverarbeitung sowie zum Steuern von Geräten, Anlagen und Prozessen. Der Begriff C. umfasst dabei den weiten Bereich vom fest programmierten C., der als Steuergerät z. B. in Haushaltgeräten verwendet wird, bis hin zum frei programmierbaren universellen Großrechner und darüber hinaus zum »Supercomputer« für komplizierteste math. Aufgaben. Die fortschreitende Miniaturisierung der elektron. Bauelemente und die Entwicklung der → Mikrocomputer führten zu einer Vielzahl von kleineren C.-Typen, z. B. Heim-C., Büro-C., Personal-C. Die elektron. und mechan. Teile eines C. werden als **Hardware,** die Programme als **Software** bezeichnet. Alle C. besitzen eine **Zentraleinheit** (meist → Mikroprozessor) mit Steuer- und Rechenwerk sowie dem Arbeits- oder Hauptspeicher, die über Kanäle mit **peripheren Geräten** (z. B. Eingabe-/Ausgabegeräte, externe Speicher) verbunden ist. Die **Eingabe** von Daten geschieht normalerweise über die Tastatur; Programme und Daten werden auch von Speichern eingelesen oder über Telekommunikation von anderen C. eingegeben. Die **Ausgabe** von Daten geschieht i. d. R. auf dem Bildschirm bzw. auf Druckern oder Plottern. Wesentliches Funktionsprinzip ist die Programmsteuerung über in den C. eingegebene Programme, die nach dem Start automatisch ablaufen.

Computergrafik [kɔmˈpju:tər-], die computerunterstützte graf. Darstellung von Daten und Informationen, z. B. in Konstruktions- und Architekturbüros.

Computerkriminalität [kɔmˈpju:tər-], Sammelbezeichnung für Straftaten der Wirtschaftskriminalität (Computerbetrug), die unter Zuhilfenahme von Computern begangen werden; auch Computersabotage (Verfälschung oder Vernichtung von Datenbeständen).

Computerkunst [kɔmˈpju:tər-], mithilfe von Computern hergestellte ästhet. Objekte (grafische Blätter; Musikkompositionen: **Computermusik;** Texte: **Computerdichtung**); z. T. mithilfe von Zufallsgeneratoren wird eine vorgegebene Reihe von Zeichen durch die verschiedensten Operationen (Vertauschung, Verknüpfung u. a.) z. T. zufällig, z. T. nach Regeln variiert.

Computertomographie [kɔmˈpju:tər-], Abk. **CT,** spezielles Röntgenverfahren, bei dem ein dünnes Röntgenstrahlenbündel die zu untersuchenden Körperregionen in Einzelschritten und Einzelschichten aus versch. Winkeln abtastet und ein Computer aus den Messwerten ein Bild von den Gewebsdichten konstruiert, ohne dass eine Kontrastmitteleinbringung erforderlich ist.

Computerviren [kɔmˈpju:tər-], in Rechner eingeschleuste Störprogramme, die sich vervielfältigen, nachdem ein Codewort eingegeben oder ein Datum erreicht wird. C. können zur Verstopfung der Speicher oder Vernichtung ganzer Datenbestände führen.

Comte [kɔ̃:t], Auguste, frz. Philosoph, * 1798, † 1857; begründete den Positivismus und die neuzeitl. Soziologie.

Conakry [kɔnaˈkri], **Konakry,** Hptst. der Rep. Guinea, W-Afrika, 1,3 Mio. Ew.; Univ.; Ind.- und Handelszentrum, ✈, ⚓.

Concepción [kɔnsɛpˈsjɔn], Handels-, Industriestadt in Chile, 330 400 Ew.; Univ.; Freihafen.

Conceptart [ˈkɔnsept ɑ:t], → Konzeptkunst.

Concorde [kɔ̃ˈkɔrd], vierstrahliges brit.-frz. Überschallverkehrsflugzeug. Nutzlast 12,7 t, Reisegeschwindigkeit 2 180 km/h; 128 bzw. 144 Passagiere; seit 1976 im Liniendienst; Serienbau 1979 eingestellt.

Condorcet [kɔ̃dɔrˈsɛ], Antoine, Marquis de, frz. Philosoph, Mathematiker, * 1743, † 1794; Arbeiten über die Integralrechnung, Theorie der Kometen, verfasste 1792 den Entwurf einer »Nationalerziehung«.

Condottiere, ital. Söldnerführer im 14./15. Jahrhundert.

Confessio *die,* Pl. **Confessiones, 1)** Sündenbekenntnis, Beichte. - **2)** Glaubensbekenntnis. **C. Augustana,** → Augsburgisches Bekenntnis. **C. Helvetica,** → Helvetische Konfession. - **3)** frühchristl. Märtyrergrab.

Confiteor [lat. »ich bekenne«] *das,* allg. Sündenbekenntnis in der kath. Messe.

Connacht [ˈkɔnɔ:t], **Connaught,** histor. Prov. im NW der Rep. Irland; Fischerei, Schafzucht, Leinenweberei.

Connecticut [kəˈnetɪkət], **1) C. River,** Fluss im NO der USA, 650 km lang, mündet in den Long Island Sound. - **2)** Abk. **Conn.,** der südlichste der Neuenglandstaaten der USA, am Long Island Sound, 12 997 km², 3,3 Mio. Ew.; Hptst. Hartford. Metallwaren-, Maschinen- u. a. Industrie.

Connery [ˈkɔnərɪ], Sean, schott. Filmschauspieler, * 1930; erfolgreich in der Rolle des Geheimagenten James Bond; Filme: »Im Namen der Rose« (1985), »Highlander« (1986), »A Good Man in Africa« (1994), »The Rock« (1996).

Conrad [ˈkɔnræd], Joseph, brit. Erzähler poln. Herkunft, * 1857, † 1924; schildert Menschen im Augenblick der Bewährung in einer ihnen fremden Welt: »Lord Jim« (1900), »Spiel des Zufalls« (1912).

Computertomographie. Computertomogramm der Nieren (Schnittbild)

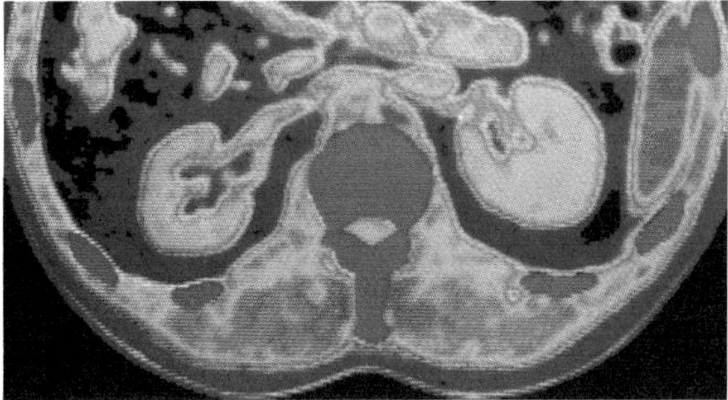

Comics
Szene aus »Peanuts« von Charles M. Schulz

Connecticut
Flagge

Sean Connery

Der kultische Ballspielplatz der Ruinenstätte von **Copán** (um 775 n. Chr.)

Conrad von Hötzendorf, Franz Graf, österr.-ungar. Feldmarschall, * 1852, † 1925; 1906 bis Febr. 1917 Chef des Generalstabs.

Consommé [kɔ̃sɔ'me:] *die* oder *das,* Kraftbrühe aus Fleisch (oder Fisch) mit Suppengemüse.

Constable ['kʌnstəbl], John, brit. Landschaftsmaler, * 1776, † 1837; Vorläufer des Impressionismus.

Constanța [-tsa], → Konstanza.

Constantine [kɔ̃stã'tin], Stadt in Algerien, 43 800 Ew.; Lederarbeiten, Wollstoffe.

Córdoba
Stadtwappen

Contadora-Staaten, die Staaten Kolumbien, Mexiko (ausgetreten 1989), Panama und Venezuela; bemühten sich seit 1983 um Sicherung des Friedens in Zentralamerika; die Initiative löste sich 1990 auf.

Container [kən'teɪnə] *der,* internat. genormter Transportbehälter zur rationellen Güterbeförderung; erfordert **C.-Terminals** (Häfen, Bahnhöfe). Auch Bezeichnung für größere Abfallbehälter (**Müll-, Glas-C.** u. a.).

Contergan®, Handelsname für → Thalidomid.

Cook [kʊ], **1)** James, brit. Entdeckungsreisender, * 1728, † (ermordet) 1779; erforschte ab 1768 den Pazif. Ozean, entdeckte die Hawaii-Inseln. – **2)** Robert (Robin) Finlayson, brit. Politiker (Labour Party), * 1946; seit 1974 Unterhausabgeordneter, seit 1980 Oppositionssprecher, seit 1997 Außenminister.

Cook-Inseln [kʊk-], neuseeländ. Inselgruppe in Polynesien mit innerer Autonomie, 241 km², rd. 20 000 Ew.; Verwaltungssitz Avarua. Zitrusfrüchte, Schmuckherstellung, Fremdenverkehr.

Cook-Straße [kʊk-], die Meerenge zw. der N- und der S-Insel Neuseelands.

cool [ku:l], kühl, leidenschaftslos, gelassen; von Drogenabhängigen gebraucht für: unter Drogeneinfluss glückselig.

Cooljazz ['ku:l'dʒæz], um 1950 in den USA entstandene Form des modernen → Jazz.

Leon N. Cooper

Cooper ['ku:pə], **1)** Gary, amerikan. Filmschauspieler, * 1901, † 1961; »Wem die Stunde schlägt«, 1943; »12 Uhr mittags«, 1952. – **2)** James Fenimore, amerikan. Erzähler, * 1789, † 1851; »Lederstrumpf-Erzählungen« aus Indianer- und Siedlerleben. – **3)** Leon N., amerikan. Physiker, * 1930; Nobelpreis für Physik 1972 mit J. Bardeen u. J. R. Schrieffer für die Entwicklung der Theorie der Supraleitung.

Cop *der,* in den USA für Polizist.

Copacabana, Stadtteil von Rio de Janeiro, Badestrand.

Copán, eine der größten Ruinenstätten der Maya-Kultur in Honduras; Kultzentrum; Blütezeit 600 bis 800; gehört zum Weltkulturerbe.

Copland ['kɔplənd], Aaron, amerikan. Komponist, * 1900, † 1990; zunächst stark vom Jazz beeinflusst, komponierte er eingängige Werke.

Coppola ['kɔpələ], Francis Ford, amerikan. Filmregisseur, * 1933; »Der Pate« (1971, 1974, 1990), »Apocalypse now« (1979) u. a.

Copyright ['kɔpɪraɪt] *das,* → Urheberrecht.

Cord *der,* dicker gerippter Stoff aus Kammgarn, Halb- oder Baumwolle, sehr haltbar.

Córdoba, Córdova, 1) Hptst. der südspan. Prov. C., in Niederandalusien, am Guadalquivir, 311 600 Ew.; mit riesiger Kathedrale (ehem. Moschee). Unter der Maurenherrschaft (711 bis 1236) war C. Kalifensitz und Mittelpunkt der arab. Kultur in Spanien. – **2)** Hptst. der argentin. Provinz C., 1,18 Mio. Ew.; wichtiger Ind.- und Handelsplatz, Verkehrsknoten, Erzbischofssitz, 1613 und 1956 gegr. Univ., ✈.

Cordon bleu [kɔrdɔ̃'blø], mit Schinken und Käse gefülltes, paniertes Kalbsschnitzel.

Core [kɔ:], zentraler Teil des Kernreaktors; enthält den Kernbrennstoff, Ort der Kernkettenreaktionen.

Corea [kɔ'riə], Armando Anthony »Chick«, amerikan. Jazzmusiker, * 1941; Pianist u. a. des Rockjazz.

Corelli, Arcangelo, ital. Geiger, Komponist, * 1653, † 1713; Vertreter der altklass. ital. Streichmusik; Triosonaten, Konzerte.

Corey ['kɔ:rɪ], Elias James, amerikan. Chemiker, * 1928; Arbeiten über organ. Synthesen. Nobelpreis für Chemie 1990.

Corinth, Lovis, dt. Maler, Grafiker, * 1858, † 1925; impressionist. Maler, jedoch am Plastischen und Stofflichen orientiert; später auch expressionist. Züge.

Cork [kɔ:k], Stadt an der S-Küste Irlands, im Mündungstrichter des Lee der **C. Harbour;** 127 000 Ew.; Handel, Ind., kath. und anglikan. Bischofssitz; Univ.-College.

Cornedbeef ['kɔ:nd'bi:f] *das,* Fleischkonserve aus gepökeltem Rindfleisch.

Corneille [kɔr'nɛj], Pierre, frz. Bühnendichter, * 1606, † 1684; gilt als erster Vollender des klass. frz. Dramas; »Der Cid« (1637), »Horace« (1640), »Der Lügner« (1644, gilt als erste frz. Charakterkomödie).

Cornelius, 1) Peter v., dt. Maler, * 1783, † 1867; Nazarener, schuf Zeichnungen zum Faust und Nibelungenlied, versuchte die Freskomalerei zu erneuern. – **2)** Peter, dt. Komponist, Dichter, * 1824, † 1874; von R. Wagner beeinflusst; Oper »Der Barbier von Bagdad« (1858), Lieder.

Cornflakes ['kɔ:nfleɪks], **Maisflocken,** knusprige Flocken aus zerkleinertem, geröstetem Mais.

Cornichon [kɔrni'ʃɔ̃] *das,* kleine Pfeffergurke.

Cornwall ['kɔ:nwəl], histor. Gebiet auf der südwestl. Halbinsel Englands. An der S-Küste subtrop. Pflanzen; Fremdenverkehr.

Corot [kɔ'ro], Camille, frz. Maler, * 1796, † 1875; Bildnisse, stimmungsvolle Landschaften, beeinflusste die Entwicklung des Impressionismus.

Corps [kɔ:r], → Korps.

Corpus *das,* Körper, Körperschaft; **C. Christi** (Leib Christi), **C. Domini** (Leib des Herrn), Fronleichnam. **C. Delicti,** das Werkzeug oder der Gegenstand eines Verbrechens. **C. Iuris Civilis,** amtl. Sammlung des → römischen Rechts unter Justinian; **C. Iuris Canonici,** Sammlung kirchl. Rechtsquellen im Mittelalter.

Correggio [kor'reddʒo], eigentl. Antonio **Allegri,** ital. Maler, * 1489, † 1534; führender Meister der Renaissance in Oberitalien, beeinflusste mit seinen Kuppelfresken (Parma) den Barock.

Correns, Carl Erich, dt. Botaniker, * 1864, † 1933; Wiederentdecker der mendelschen Vererbungsgesetze.

Corrida de toros *die,* Stierkampf.

Corrientes, Hptst. der Prov. C., Argentinien, am Paraná, 267 700 Ew.; Erzbischofssitz; Handelszentrum (Holz), Hafen.

Cortes, die Volksvertretung in Spanien, früher auch in Portugal.
Cortés, Hernán, span. Eroberer, * 1485, † 1547; eroberte 1519 bis 1521 das Aztekenreich.
Cortina d'Ampezzo, Hauptort des ital. **Ampezzotals** (Dolomiten); 1210 m hoch, 7100 meist ladin. Ew.; Wintersport.
Cortison, Kortison *das,* Hormon der Nebennierenrinde; u. a. als Medizin gegen rheumat. und allerg. Erkrankungen.
Cortona, alte etrusk. Stadt in der ital. Prov. Arezzo, 23000 Ew.; Stadtmauer aus dem MA.
Corvey, ehem. Benediktinerabtei an der Weser, 816 gegr.; gehört zu Höxter (NRW).
cos, Abk. für Kosinus (→ Winkelfunktionen).
Cosa Nostra, kriminelle Organisation in den USA nach dem Vorbild der Mafia; Mitglieder v. a. Italiener und Italoamerikaner.
Cosenza, Hptst. der Prov. C., S-Italien (Kalabrien), am Busento, 83900 Ew.; Dom (13. Jh.).
Costa Brava, span. Granitfelsküste am Mittelmeer nördl. von Barcelona; Feriengebiet.
Costa del Sol, andalus. Küstenstreifen, am Mittelmeer, zw. Málaga und Algeciras; Seebäder.

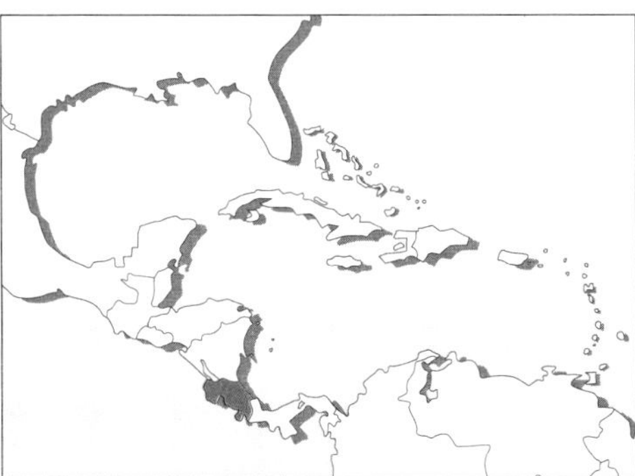

Costa Rica, Rep. in Zentralamerika, zw. Panama und Nicaragua, dem Karib. Meer und dem Pazif. Ozean, 51100 km², 3,19 Mio. Ew., Hptst. San José. Landessprache: Spanisch. - 2 Gebirgszüge der Kordilleren (bis 3819 m, z. T. tätige Vulkane), durch die Hochfläche der Meseta Central getrennt. Bev.: Weiße span. Herkunft, rd. 6% Mestizen, außerdem Schwarze und Indianer; 95% kath. - Anbau: Mais, Reis u. a., für die Ausfuhr Kaffee, Bananen, Kakao, Manilahanf, Zuckerrohr. Meist handwerkl. und kleingewerbl. Betriebe. - 1502 von Kolumbus entdeckt und bis 1821 spanisch, wurde C. R. 1838 selbstständiger Freistaat; wachsende wirtschaftl. und polit. Abhängigkeit von den USA. Präs. (seit 1994): J. M. Figueres.
Costner ['kɔstnə], Kevin, amerikan. Filmschauspieler und Regisseur, * 1955; internat. Erfolge u. a. mit »Der mit dem Wolf tanzt« (1989), »JFK John F. Kennedy - Tatort Dallas« (1991), »Bodyguard« (1992), »Waterworld« (1995).
Coswig/Anhalt, Stadt in Sa.-Anh., 13600 Ew.; chem. Industrie; Elbehafen.
cot, Abk. für Kotangens (→ Winkelfunktionen).
Côte d'Azur [kotda'zy:r], die frz. Riviera.
Cotonou [-'nu], größte Stadt, Haupthafen sowie Wirtschafts- und Handelszentrum der Rep. Benin, 533000 Ew.; Univ.; internat. ✈.
Cotopaxi *der,* höchster tätiger Vulkan der Erde (5897 m), in der O-Kordillere von Ecuador. 50 km südöstl. von Quito.
Cotta, Johann Friedrich Freiherr **C. von Cottendorf,** * 1764, † 1832; in fünfter Generation Inhaber der J. G. Cotta'schen Buchhandlung in Tübingen (ab 1810 Stuttgart); verlegte durch seine persönl. Beziehungen die Werke von Schiller, Goethe. Sein Verlag fiel 1889 an die Familie Kröner, 1977 wurde er vom Verlag Ernst Klett übernommen.
Cottbus, Stadt in der Niederlausitz, Bbg., 124600 Ew.; TU, Museum, Stadttheater; Textil- und Elektronikind.; Teile der Stadtbefestigung (15. Jh.); frühgot. Klosterkirche (14. Jh.), Giebelhäuser am Altmarkt; nahebei Schloss Branitz (1772) mit berühmtem Landschaftspark.
Cotti, Flavio, schweizer. Politiker, * 1939; 1975 bis 1983 Staatsrat des Kantons Tessin; 1984 bis 1986 Präs. der Christlichdemokrat. Volkspartei (CVP); seit 1986 Bundesrat (bis 1993 Innendepartement, seither Außendepartement); 1991 Bundespräsident.
Cotton [kɔtn], → Baumwolle.
Coubertin [kuber'tɛ̃], Pierre Baron de, frz. Historiker, Pädagoge, * 1863, † 1937; Begründer der modernen Olymp. Spiele; leitete 1896 bis 1925 das Internat. Olymp. Komitee.
Coué [kwe], Émile, frz. Heilkundiger, * 1857, † 1926; suchte durch Autosuggestion zu heilen.
Couleur [ku'lœ:r] *die,* **1)** Farbe, Färbung allg. geistig-weltanschaul. Prägung. - **2)** Verbindungsfarbe. **C.-Student,** Student, der einer Farben tragenden Verbindung angehört.
Coulomb [ku'lɔ̃], Charles Augustin de, frz. Physiker, * 1736, † 1806; Entdecker des **coulombschen Gesetzes,** nach dem die Abstoßung zweier gleichnamiger elektr. Ladungen dem Produkt beider Elektrizitätsmengen direkt, dem Quadrat ihrer Entfernung umgekehrt proportional ist. 1 Coulomb (1 C) ist die Elektrizitätsmenge, die bei einer Stromstärke von 1 Ampere (A) in 1 Sekunde durch einen Leiterquerschnitt fließt.
Count [kaʊnt] *der,* Titel der nicht brit. Grafen (der brit. Graf heißt Earl).
Count-down ['kaʊnt'daʊn] *das* und *der,* die bis zum Zeitpunkt null (Startzeitpunkt) rückwärts schreitende Zeitzählung.
County ['kaʊntɪ], Grafschaft; Verw.- und Gerichtsbez. in Großbritannien und den USA.
Coup [ku] *der,* Streich, Staatsstreich.
Coupé [ku'pe:] *das,* **1)** Eisenbahnwagenabteil. - **2)** zweisitzige geschlossene Kutsche; zweitüriger Kraftwagen sportl. Form.
Couperin [ku'prɛ̃], François, frz. Komponist, * 1668, † 1733; Hoforganist Ludwigs XIV., schuf v. a. Cembalowerke, beeinflusste J. S. Bach, G. F. Händel u. a.
Coupon [ku'pɔ̃], **Kupon** *der,* **1)** Abschnitt. - **2)** Zins-, Gewinnanteil-, Dividendenschein.
Courbet [kur'bɛ], Gustave, frz. Maler, * 1819, † 1877; Bahnbrecher des Realismus.
Courtage [kʊr'ta:ʒə] *die,* an den Makler zu zahlende Vermittlungsgebühr.
Courths-Mahler ['kʊrts-], Hedwig, dt. Schriftstellerin, * 1867, † 1950; schrieb erfolgreiche, klischeehafte Unterhaltungsromane, u. a. »Eine ungeliebte Frau« (1918), »Die schöne Unbekannte« (1918).
Cousteau [ku'sto], Jacques Yves, frz. Marineoffizier und Meeresforscher, * 1910, † 1997; konstruierte ein Presslufttauchgerät, Tauchfahrzeuge und Unterwasserlaboratorien.
Covent Garden Opera ['kɔvənt 'gɑ:dn 'ɔpərə], das 1858 in London erbaute königl. Opernhaus.
Coventry ['kɔvəntrɪ], Stadt im mittleren England, 30 km südöstl. von Birmingham, 299300 Ew.; Ind. (Flugzeuge, Kraftwagen, Fahrräder, Nähmaschinen, Wollstoffe); durch dt. Luftangriffe (1940) stark zerstört, moderne Kathedrale (1962) neben der got. Ruine.
Cover ['kʌvə] *das,* **1)** Schutzumschlag, (Platten-)Hülle. - **2)** Titelseite, Titelbild (von Zeitungen, Illustrierten).
CPU, Abk. für **c**entral **p**rocessing **u**nit, die Zentraleinheit (mit Hauptspeicher) eines Computers.

Costa Rica

Staatswappen

Staatsflagge

Internationales Kfz-Kennzeichen

Coventry Stadtwappen

Cr, chem. Symbol für Chrom.
Crack [kræk], **1)** *der,* Rennpferd bester Klasse; auch bes. aussichtsreicher Sportler. – **2)** *das,* Rauschmittel, hergestellt aus Kokain und Backpulver; wird geraucht.
Cracken ['krækən], →Kracken.
Cragun ['krægən], Richard, amerikan. Tänzer, *1944; Solotänzer in Stuttgart, Partner der Ballerina Marcia Haydée.
Crailsheim, Große Krst. in Bad.-Württ., an der Jagst, 31200 Ew.; Ind.: Konserven, Kleidung, Maschinen; Bahnknotenpunkt.
Craiova, Regionshptst. im südl. Rumänien, 306800 Ew.; Univ.; Mühlen, chem., Nahrungsmittel- u.a. Ind.; Verkehrsknotenpunkt.
Cram [kræm], Donald J., amerikan. Chemiker, *1919; entwickelte spezielle Einschlussverbindungen, mit denen sich biolog. Prozesse simulieren lassen; 1989 (mit J.-M. Lehn und C. J. Pedersen) Nobelpreis für Chemie.
Cranach, Lucas, d. Ä., dt. Maler und Zeichner, *1472, †1553; seit 1505 kursächs. Hofmaler in Wittenberg, einer der kraftvollsten Meister der dt. Renaissancemalerei (religiöse Bilder, Bildnisse, Holzschnitte, Kupferstiche). Frühwerke der Donauschule zuzurechnen, später höf. Repräsentationsstil. Sein Sohn Lucas C. d. J. (*1515, †1586) malte v.a. bedeutende Porträts.

John Cranko

Cranko ['kræŋkəʊ], John, brit. Tänzer und Choreograph, *1927, †1973; ab 1961 Leiter des Württemberg. Staatsballetts in Stuttgart.
Cranmer ['krænmə], Thomas, engl. Theologe, *1489, †(hingerichtet) 1556; Erzbischof von Canterbury; führte das »Common Prayer Book« und die »Glaubensartikel« in der anglikan. Kirche ein.
Crashtest ['kræʃ-], Untersuchung des Verhaltens von Kfz und Insassen bei Unfällen.
Crassus, Marcus Licinius, reicher röm. Staatsmann, *um 115 v.Chr., †53 v.Chr.; schlug 71 Spartacus, schloss mit Caesar und Pompejus das 1. Triumvirat; 53 von den Parthern geschlagen und getötet.
Craxi, Bettino, ital. Politiker (Sozialist), *1934; 1983 bis 1987 Min.-Präs.; in Abwesenheit 1994 zu mehrjährigen Haftstrafen verurteilt.

Francis Harry Compton Crick

Crazy Horse ['kreɪzɪ 'hɔ:s], Siouxhäuptling, *1840, †1877 (erschossen); neben Sitting Bull und Red Cloud treibende Kraft und strateg. Planer der Sioux in den Indianerkämpfen 1875 bis 1877.
Credo [lat. »ich glaube«] *das,* Glaubensbekenntnis, v.a. als Teil der kath. Messe.
Creek [kri:k] *der,* **1)** kleiner, zeitweilig austrocknender Wasserlauf. – **2)** *Pl.,* Bund von Indianerstämmen in Georgia und Alabama, USA.
Creglingen, Stadt in Bad.-Württ., im Taubertal, 5000 Ew.; got. Herrgottskirche, geschnitzter Marienaltar von T. Riemenschneider (1502 bis 1505).
Creme [krɛ:m, kre:m] *die,* **1)** Sahne; Süßspeise. – **2)** salbenartiges (Haut-)Pflegemittel. – **3)** Ü das Beste, Spitze der Gesellschaft.
Cremona, Stadt in N-Italien (Lombardei), am Po, 73400 Ew.; kath. Bischofssitz; Dom mit 111 m hohem Glockenturm; Landmaschinen- und Seidenind. Berühmt sind die **Cremoneser Geigen** (von Amati, Guarneri, Stradivari u.a.).
Crêpes [krɛ:p], gerollte oder gefaltete sehr dünne Eierkuchen mit Füllung (Konfitüre, Obst).
Cres [tsrɛs], ital. **Cherso** ['kɛrso], kroat. Insel in der Bucht des Kvarner; Südfrüchte.
crescendo [kreʃʃendo], Abk. **cresc.,** 𝄞 allmählich und gleichmäßig lauter werdend; Zeichen: <.
Crick, Francis Harry Compton, brit. Biochemiker, *1916; entwickelte mit J. D. Watson das räuml. Modell der DNS. Zus. mit Watson und M. H. F. Wilkins Nobelpreis für Physiologie oder Medizin 1962.
Crimmitschau, Stadt in Sa., an der Pleiße, 24000 Ew.; Textilindustrie.

Lucas Cranach d. Ä. Ruhe auf der Flucht (1504)

Criollismo [krio'ʎismo], **Americanismo** *der,* geistige Strömung in Südamerika, will eine eigenständige Kultur durch Verbindung von Indianischem und Spanisch-Portugiesischem erreichen.
Cristóbal, Hafen in Panama am atlant. Eingang des Panamakanals, mit Colón zusammengewachsen; Flottenbasis.
Croce ['kro:tʃe], Benedetto, ital. Philosoph, Historiker, Politiker, *1866, †1952; schuf bes. in Auseinandersetzung mit dem Werk Hegels einen dialekt. Idealismus.
Cro-Magnon [kroma'ɲɔ̃], Höhle im Vézère-Tal, in S-Frankreich; Fundort menschl. Schädelreste aus der jüngeren Altsteinzeit **(C.-M.-Typus).**
Cromwell ['krɔmwəl], Oliver, engl. Staatsmann, *1599, †1658; Anhänger der strengen Puritaner, entschied als Heerführer 1644/45 den Bürgerkrieg der Parlamentspartei gegen den Stuartkönig Karl I., drängte 1648 auch das Parlament beiseite und ließ 1649 den König hinrichten; wurde dann »Lordprotektor«. Durch siegreiche Kriege gegen die Niederlande und Spanien förderte er die See- und Handelsmacht Englands.
Cronin ['krəʊnɪn], Archibald J., engl. Schriftsteller, *1896, †1981; Arzt; sozialkrit. Romane: u.a. »Die Zitadelle« (1937).
Crookes [krʊks], Sir William, brit. Physiker, *1832, †1919; erfand die **crookessche Röhre,** eine Entladungsröhre zur Erzeugung und zum Nachweis von Kathodenstrahlen.
Crosby ['krɔzbɪ], Bing, amerikan. Sänger und Schauspieler, *1904, †1977; bes. erfolgreich mit dem Gesangstitel »White Christmas«.
Crosscountry ['krɔs'kʌntrɪ], Querfeldeinrennen in versch. Sportdisziplinen.
Crossing-over [-'əʊvə], Neukombination von Genen durch Stückaustausch zw. homologen Chromosomen.
Croupier [kru'pje] *der,* Angestellter einer Spielbank zur Überwachung des Spielablaufs.
Crüger, Johann, dt. ev. Kirchenliederkomponist, *1598, †1663; »Nun danket alle Gott«.
Cruise [kru:z], Tom, amerikan. Filmschauspieler, *1962; internat. Erfolge u.a. mit »Top Gun« (1986), »Rain Man« (1988), »Mission: Impossible« (1996).
Cruisemissile ['kru:z'mɪsaɪl], **Marschflugkörper,** von Flugzeugen oder U-Booten gestarteter militär. Lenkflugkörper mit bis zu mehreren 1000 km Reichweite und großer Treffgenauigkeit.

Crush-Syndrom [ˈkrʌʃ-], lebensbedrohl. Nierenschädigung durch Übertritt von Muskelfarbstoff ins Blut nach schweren ausgedehnten Muskelquetschungen oder Verbrennungen.

Crutzen, Paul, niederländ. Meteorologe, * 1933; seit 1980 Direktor des Max-Planck-Instituts für Chemie in Mainz. C. erhielt 1995 für seine Forschungen zur Chemie der Ozonschicht mit M. J. Molina und F. S. Rowland den Nobelpreis für Chemie.

Cruzeiro [kruˈzeịru], Währung in Brasilien.

Cs, chem. Symbol für Cäsium.

Csárdás [ˈtʃa:rda:ʃ] *der,* ungar. Nationaltanz.

C-Schlüssel, Vorzeichnung des Tonbuchstabens c auf der Linie für die Note c′.

ČSFR [tʃe:-], 1990 bis 1992 offizielle Abk. für **Č**eská a **S**lovenská **F**ederativna **R**epublika, →Tschechoslowakei.

Csokor [ˈtʃɔkɔr], Franz Theodor, österr. Schriftsteller, * 1885, † 1969; Vertreter des österr. Expressionismus (»Ein paar Schaufeln Erde«, 1965).

ČSSR [tʃe:-], 1960 bis 1990 offizielle Abk. für **Č**eskoslovenská **S**ocialistická **R**epublika, →Tschechoslowakei.

CSU, Abk. für →**C**hristlich **S**oziale **U**nion in Bayern.

CT, Abk. für →Computertomographie.

c.t., Abk. für **c**um **t**empore, lat. »mit Zeit«, d.h. 15 min nach der angegebenen Zeit (»akadem. Viertel«).

Cu, chem. Symbol für Kupfer.

Culham [ˈkʌləm], brit. Kernforschungszentrum südl. von Oxford; Standort des →Joint European Torus.

Cullinan [ˈkʌlɪnən], Bergwerksort in Transvaal, Rep. Südafrika, Fundort (1905) des **C.-Diamanten** (3 106 Karat) im brit. Kronschatz.

Cụlm, Kụlm, poln. **Chełmno** [ˈxɛ-], Stadt in Polen, an der Weichsel, 21 200 Ew.; mehrere got. Kirchen aus der Ordenszeit. Das **Culmer Land** fiel 1226 an den Dt. Orden, der von hier aus die Preußen unterwarf. C. war Hansestadt, wurde 1466 poln., 1772 preußisch.

Cụmae, älteste griech. Siedlung in Italien (Kampanien), um 750 v. Chr., 334 v. Chr. römisch.

Cumberland [ˈkʌmbələnd], ehem. Cty. in NW-England, z. T. gebirgig und seenreich; Milch- und Schafwirtschaft; Hptst. Carlisle.

Cumberland [ˈkʌmbələnd], engl. Herzogstitel, der wiederholt königl. Prinzen verliehen wurde: **1)** Ernst August, Kronprinz von Hannover, * 1845, † 1923. – **2)** Wilhelm August, Sohn Georgs II. von England, * 1721, † 1765.

cum laude [lat. »mit Lob«], gut; drittbeste Note bei der Promotion.

Cunard [ˈkju:nɑ:d], Sir Samuel, brit. Reeder, * 1787, † 1865; gründete 1840 die **C. Steam-Ship Co.** (Schifffahrtsverbindung mit Nordamerika).

Cụneo, Prov.-Hptst. der Region Piemont, Oberitalien, 55 400 Ew.; Verkehrsknotenpunkt, Baustoff-, Textilind., Seidenraupenzucht.

Cunnilịngus, Stimulation der äußeren weibl. Geschlechtsorgane mit Mund und Zunge.

Cụno, Wilhelm, dt. Reeder und Politiker, * 1876, † 1933; 1922/23 Reichskanzler, Politik des »passiven Widerstands« gegen die frz. Besetzung des Ruhrgebiets.

Cup [kʌp] *der,* Becher, bes. Ehrenbecher als Siegespreis, z. B. **Davis-C.** beim Tennis.

Cupịdo, Liebesgott, →Eros.

Curaçao [kyraˈsɔu̯], Insel der Niederländ. Antillen, vor der N-Küste Venezuelas, 444 km², 152 000 Ew.; Hptst. Willemstad. Raffination von Erdöl aus Venezuela.

Curaçao [kyraˈsa:o], Likör aus den Schalen unreifer Pomeranzen (von der Insel C.).

Curie [kyˈri] *das,* Zeichen **Ci,** früher Einheit der Radioaktivität. Die SI-Einheit der Aktivität wird →Becquerel genannt.

Curie [kyˈri], Marie, geb. Skłodowska, frz. Chemikerin poln. Herkunft, * 1867, † 1934; entdeckte mit ihrem Mann Pierre C. (* 1859, † 1906) die radioaktiven Elemente Polonium und Radium. Beide Nobelpreis für Physik (mit A. H. Becquerel) 1903, Marie C. erhielt zudem den Nobelpreis für Chemie 1911.

Marie Curie

Pierre Curie

Curitịba, Hptst. des brasilian. Staates Paraná, 1,31 Mio. Ew.; 2 Univ., Erzbischofssitz; bedeutender Ind.standort; ✈.

Cụrium, *das,* Symbol **Cm,** künstliches radioaktives Element, ein Transuran, OZ 96.

Curling [ˈkə:lɪŋ] *das,* eine Art Eisstockschießen.

Currency-Prinzip [ˈkʌrənsɪ-], Geldtheorie, die eine volle Deckung der Banknoten durch Edelmetall (Gold, Silber) verlangt; Ggs.: Banking-Prinzip.

Currịculum *das,* Lehrplan, Lehrprogramm; die **C.-Forschung** will den Informationsgehalt der Lehrstoffe erfassen und die Bewertung rational kontrollierbar machen.

Curry [ˈkʌrɪ, ˈkœril] *das,* **1)** scharfes ind. Mischgewürz. – **2)** Gericht ind. Herkunft: Fisch, Fleisch oder Gemüse mit Reis und Curry.

Cursor [ˈkə:sə] *der,* (blinkender) Positionsanzeiger auf Computerbildschirmen.

Cụrtius, 1) Ernst, dt. Historiker u. Archäologe, * 1814, † 1896; Ausgrabungen in Olympia. – **2)** Ernst Robert, dt. Romanist, * 1886, † 1956; Deuter und Vermittler roman., bes. frz. Literatur. – **3)** Theodor, dt. Chemiker, * 1857, † 1928; entdeckte den Abbau von Carbonsäureaziden zu primären Aminen **(C.-Abbau).**

Curzon [ˈkə:zn], George, seit 1921 Lord **C. of Kedleston,** brit. konservativer Politiker, * 1859, † 1925; 1888 bis 1905 Vizekönig von Indien, 1919 bis 1924 Außenmin. Er schlug 1919 die **C.-Linie** als Ostgrenze Polens vor (Grodno–Brest); sie lag der dt.-sowjet. Demarkationslinie 1939 und der Grenzregelung 1945 zugrunde.

Cushing-Syndrom [ˈkʊʃɪŋ], hormonell bedingte Stoffwechselstörung, Krankheitszeichen sind Fettleibigkeit, Bluthochdruck, erhöhte Erythro-, Leuko-, Thrombozytenzahlen.

Cutaway [ˈkʌtəweɪ], Gesellschaftsanzug; Herrenrock mit schräg geschnittenen Schößen.

Cutịcula →Kutikula.

Cutter [ˈkʌtə] *der,* Film: Schnittmeister.

Cuvée [kyˈve] *die* oder *das,* Mischung versch. Weine u. a. für einheitl. Schaumwein.

Cuvier [kyˈvje], Georges Baron v., frz. Naturforscher, * 1769, † 1832; machte die vergleichende Anatomie zur Grundlage der Zoologie; Begründer der Paläontologie; suchte die Artenbildung durch eine Katastrophentheorie zu erklären.

Cuvilliés [kyviˈje], François de, fläm.-dt. Baumeister und Dekorateur, * 1695, † 1768; Amalienburg in Nymphenburg; Altes Residenztheater München.

Cuxhạven, Krst. in Ndsachs., an der Elbmündung, 55 000 Ew.; Übersee- und Fischereihafen; Seefahrtschule; Fisch verarbeitende Ind., Werften.

Cuxhaven
Stadtwappen

Cụzco [ˈkus-], **Cụsco,** Hptst. des Dep. C., Peru, 3 416 m ü. M., 255 000 Ew.; Univ.; ehem. Hptst. der Inka mit bedeutenden Resten von Tempelbauten, die Altstadt gehört zum Weltkulturerbe; oberhalb von C. die Inkafestung Sacsayhuamán.

C. V., Abk. für **C**artell-**V**erband farbentragender kath. Studenten.

CVJM, **C**hristlicher **V**erein **J**unger **M**enschen.

C_w-Wert, Widerstandsbeiwert, Formelzeichen C_w, dimensionslose Kennzahl, die die aerodynam. Güte eines Körpers hinsichtlich seines Luftwiderstandes kennzeichnet; Körper (z. B. Kfz) mit geringem C_w-Wert haben höhere aerodynam. Güte gegenüber solchen mit höherem.

Cyạnblau *das,* grünstichiges Blau; Normdruckfarbe.

Cyanidịn *das,* blauer, bei Pflanzen bes. in Blüten vorkommender Farbstoff.

Carl Czerny

Cyankalium, Kaliumcyanid, Cyankali *das,* KCN, farbloses, wasserlösl., giftiges Salz, bes. zum Herauslösen von Gold aus Erzen (Cyanidlaugung).

Cyanwasserstoff, die → Blausäure.

Cyberspace [saibə'speɪs, engl. »künstl. Raum«], **virtuelle Realität,** vom Computer simulierte dreidimensionale Welt, an der Personen mittels techn. Geräte teilhaben können; Anwendung z. B. bei Fahr- und Flugsimulatoren.

Cymbal *das,* im Altertum Schlaginstrument aus kleinen Metallbecken.

Cyprianus, Thascius, Caecilius, Bischof von Karthago und Kirchenschriftsteller, * um 200, † 258; Heiliger (Tag: 16. 9.).

Cyrano de Bergerac [sira'no də bɛrʒə'rak], Savinien, frz. Schriftsteller, * 1619, † 1655; ein Vorläufer der Aufklärung, schrieb zwei fantast. Romane von Reisen zu den Sonnen- und Mondbewohnern; Drama von E. Rostand.

Cyrenaika, arab. **Barka,** geschichtl. Landschaft (größtenteils Wüste) in Libyen.

Czernowitz [tʃ-], → Tschernowzy.

Czerny ['tʃɛrni], Carl, österr. Pianist und Komponist, * 1791, † 1857; Schüler Beethovens, Lehrer Liszts, klavierpädagog. Werke.

Czochralski-Verfahren [tʃɔ-], wichtiges Kristallzüchtungsverfahren für hochreine Silicium-Einkristalle für die Halbleiterindustrie.

D

d, D, 1) Konsonant, stimmhafter Zahn- und Verschlusslaut; 4. Buchstabe im dt. Alphabet. – **2)** röm. Zahlzeichen: **D** = 500. – **3)** bei Personennamen: **D.,** Doktor der Theologie. – **4) D** = Deutschland (internat. Kfz-Kennzeichen für Dtl.). – **5)** in Großbritannien: **d** = Penny [denarius]. – **6) D,** chem. Symbol für Deuterium. – **7)** 𝄞 **d,** die 2. Stufe der Grundtonleiter C-Dur. – **8)** auf dt. Münzen: **D** = Prägestätte München. – **9)** ⚛ **d,** Vorsatzzeichen für Dezi.

DA, Abk. für → **De**mokratischer **Auf**bruch.

d. Ä., Abk. für **d**er **Ä**ltere.

DAB, Abk. für → **D**eutsches **A**rznei**b**uch.

Dąbrowa Górnicza [dɔm'brɔva gur'nitʃa], poln. Stadt in der Wwschaft Katowice (Kattowitz), 131 600 Ew.; ⚒ auf Eisen, Kohle; Maschinenbau, Metallind., Glashütte.

Dąbrowska [dɔm'brɔfska], Maria, poln. Schriftstellerin, * 1899, † 1965; realist. epischer Roman »Tage und Nächte« (1932 bis 1934).

Dacca, Hptst. von Bangladesh, → Dhaka.

Dach, oberer Abschluss eines Gebäudes, aus D.-Tragwerk (D.-Stuhl) und D.-Deckung.

Dachau, Krst. in Oberbayern, nordwestl. von München, 34 000 Ew.; Moorbad; Papier-, Metall-, Elektroind. Nahebei das **Dachauer Moos.** Bei D. ehem., im März 1933 von der SS errichtetes Konzentrationslager (heute Gedenkstätte). In dem Lager wurden – soweit registriert – zw. 30 000 und 50 000 Menschen umgebracht. Zeitweise waren ihm über 100 Außenstellen angeschlossen.

Dachdeckung, die auf dem Dachstuhl ruhende, schützende Decke. Arten: **Weiche D.:** Bretter, Schindeln, Stroh, Rohr; **halbharte D.:** Dachpappe, Holzzement; **harte D.:** Dachziegel, Schiefer, Zink, seltener Kupfer, Blei, Wellblech, Asbestzement.

Dachgaupe, Dachgaube, Dachaufbau für ein stehendes Dachfenster.

Dachgesellschaft, dient der einheitl. Leitung oder Kontrolle anderer Unternehmen oder eines Konzerns. (→ Holdinggesellschaft)

Dachpappe, mit Teer oder Bitumen getränkte Pappe zum Dachdecken.

Dachreiter, ⌂ Türmchen auf dem Dachfirst.

Dachs

Dachs, Gattung der Marder in Europa und N-Asien, ernährt sich von Wurzeln, Beeren, Insekten, Würmern. Der D. hat einen plumpen, 0,7 m langen Körper mit weiß-schwarz-grau-gelb gefärbtem Fell; er lebt in selbst gegrabenen Höhlen mit mehreren Ausgängen an lichten Waldrändern und Feldgehölzen; hält Winterschlaf. Aus dem D.-Haar werden Pinsel gefertigt.

Dachstein, Gruppe der Salzburger Kalkalpen, Österreich, bis zu 2995 m hoch; mehrere Höhlen.

Dachwurz *der,* → Hauswurz.

Dackel, Dachshund, Teckel, sehr kurzbeinige Hunderasse, bis 27 cm Schulterhöhe, mit Hängeohren, glattem kurzem oder rauhaarigem, auch langhaarigem Fell. Jagdhund, bes. auf Fuchs und Dachs.

Langhaariger **Dackel**

Dadaismus [nach dem kindl. Stammellaut »dada«] *der,* revolutionäre literar.-künstler. Bewegung, 1916 in Zürich entstanden, wollte die bürgerliche Kultur lächerlich machen (H. Arp, H. Ball, R. Hülsenbeck, T. Tzara). Der D. dauerte bis etwa 1922 und bildete für viele Künstler eine Durchgangsphase zur neuen Sachlichkeit und zum → Surrealismus; er wirkte wegbereitend für die → Pop-Art.

DAG, **D**eutsche **A**ngestellten-**G**ewerkschaft, → Gewerkschaften.

Dagestan, Republik D., Teilrep. der Russ. Föderation, am NO-Hang des Kaukasus, am Kasp. Meer, 50 300 km², 1,8 Mio. Ew. (Awaren, Darginer, Kalmücken, Lesgier, Russen); Hptst. Machatschkala. Gemüse, Mais, Weizen, Reis, Wein; im N Schafzucht. Bodenschätze: Erdöl, Erdgas, Quecksilber, Eisenerz u. a.

Dagö, estn. Insel in der Ostsee, 965 km², rd. 17 000 Einwohner.

Daguerreotypie [dagɛro-] *die,* von dem frz. Maler Louis **Daguerre** 1837 erfundenes, heute veraltetes Verfahren der Fotografie.

Dahl, Johan Christian, norweg. Maler, * 1788, † 1857; von C. D. Friedrich beeinflusst; Erneuerer der norweg. Malerei.

Dahlie *die,* Korbblütlergattung Mittelamerikas, auch als **Georgine** bekannte Gartenzierpflanze, die Wurzelknollen und große Blütenkörbe mit Scheiben- oder Strahlblüten hat.

Dahlmann, Friedrich Christoph, dt. Historiker, Politiker, * 1785, † 1860; gehörte zu den →Göttinger Sieben, war 1848 ein Führer der kleindt. Partei in der Frankfurter Nationalversammlung.

Dahomey [daɔ'mɛ], →Benin.

Dahrendorf, Sir (seit 1982), Lord (seit 1993) Ralf, dt.-brit. Soziologe und Politiker, * 1929; Arbeiten zu versch. Bereichen der Soziologie; 1970 bis 1974 EG-Kommissar, 1974 bis 1984 Leiter der London School of Economics, seit 1988 Rektor am Saint Anthony's College in Oxford.

Daidalos, Dädalus, kunstreicher Erfinder, Handwerker und Baumeister der griech. Sage; erbaute auf Kreta das Labyrinth, flog mit seinem Sohn Ikaros auf selbst gefertigten Flügeln übers Meer.

Dáil Eireann [daɪl 'ɛərən], das Abgeordnetenhaus der Rep. Irland.

Daimler, Gottlieb, dt. Ingenieur, * 1834, † 1900; entwickelte 1883 bis 1885 mit W. Maybach den ersten schnell laufenden Fahrzeugmotor; einer der Schöpfer des Kraftwagens, gründete 1890 in Cannstatt die **D.-Motoren-Gesellschaft,** die seit 1926 mit den Benzwerken (→Benz) verschmolzen ist zur **D.-Benz AG** (Stuttgart-Untertürkheim; Mercedes-Wagen); durch den Aufkauf von Unternehmen bzw. Beteiligungen im In- und Ausland größtes dt. Ind.unternehmen; Gründung der Dt. Aerospace AG (1989), zu der u. a. die Tochtergesellschaften Dornier GmbH, Messerschmidt-Bölkow-Blohm GmbH, MTU Motoren- und Turbinen-Union München GmbH gehören; 1995 beginnende Neuordnung des Konzerns (u. a. Teilliquidierung der AEG Aktiengesellschaft, Beseitigung der bisher selbstständigen Unternehmensbereiche, neue Führungsstruktur).

Dakar, Hptst. der Rep. Senegal, 1,73 Mio. Ew.; wichtiger Hafen und Handelsplatz; Universität.

Dakilen, Dazilen, im Altertum das Gebiet der unteren Donau, Sitz der **Daker,** die Trajan 101 bis 106 n. Chr. unterwarf; röm. Prov. bis 270.

Dakota *Pl.*, Indianerstamm der Sioux.

Daktyloskopie *die,* das →Fingerabdruckverfahren.

Daktylus *der,* antiker Versfuß aus einer langen (betonten) Silbe und 2 kurzen (unbetonten) Silben (–ᴗᴗ wie in »königlich«). Daktyl. Versformen sind der Hexameter und der Pentameter.

Daladier [dala'dje], Édouard, frz. Politiker, * 1884, † 1970; mehrmals Min. und Min.-Präs., zuletzt 1938 bis 1940; Mitunterzeichner des Münchener Abkommens.

Dalai-Lama *der,* Titel des tibet. Oberhaupts des Lamaismus; traditionelle Residenz: Lhasa. Der 14. D. L. (Geburtsname: Tenzin Gyatso, * 1935) residiert seit der chin. Besetzung Tibets 1959 in Dharamsala (NW-Indien); erhielt 1989 den Friedensnobelpreis.

Dalarna, gebirgige, waldreiche Landschaft in Mittelschweden, am Dalälv; Hptst. Falun; Bergbau und Holzwirtschaft; Fremdenverkehr.

Dalben, Dückdalben, in den Gewässerboden gerammte Pfahlgruppen zum Festmachen der Schiffe und zum Schutz von Einfahrten.

Dalberg, Karl Theodor Freiherr von, der letzte Kurfürst von Mainz und Erzkanzler des Hl. Röm. Reichs, * 1744, † 1817; Vertreter der kath. Aufklärung in Dtl. Sich eng an Napoleon anschließend wurde er 1806 Fürstprimas des Rheinbunds.

Dalí, Salvador, span. Maler, * 1904, † 1989; Mitglied der Pariser Surrealisten; Motive von traumhaft-assoziativer Irrationalität.

Dalian, früher **Lüta,** Zusammenschluss der chin. Städte Port Arthur und Talien, 2,33 Mio. Ew.; TU, Kriegs- und Handelshafen, Schiffbau, Erdölraffinerie.

Dalila, Delila, Geliebte →Simsons.

Dallapiccola, Luigi, ital. Komponist, * 1904, † 1975; Vertreter der Zwölftontechnik, Orchester-, Kammer- und Klaviermusik.

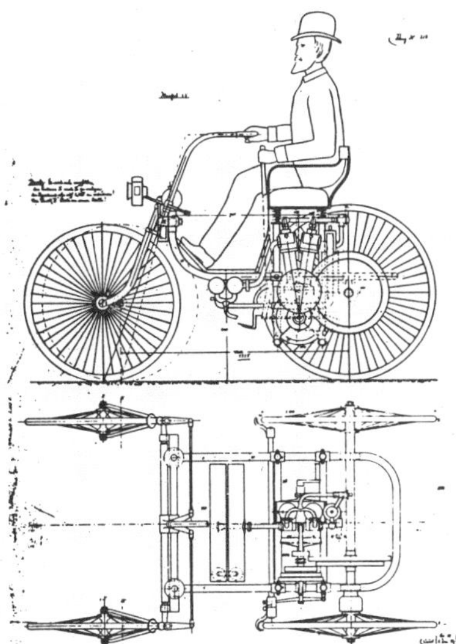

Gottlieb Daimler. Motorkutschwagen von 1886

Dallas ['dæləs], Stadt in Texas, USA, 1,01 Mio. Ew.; 2 Univ.; Textilind., Raketen- und Flugzeugbau, Erdölind., 3 ✈.

Dalmatilen, schmale Küstenlandschaft an der Ostseite der Adria, gehört größtenteils zu Kroatien, gebirgig, meist wasserarm, mit vielen Inseln. Klima: mittelmeerisch, sehr milde Winter. An der Küste und in den Tälern üppige, immergrüne Pflanzen, Gebirge meist kahl (Karst). Haupthäfen sind Šibenik, Split und Dubrovnik. Die Bewohner leben von Schifffahrt, Seefischerei, Fremdenverkehr, Abbau hochwertiger Bauxitlager, Ind. – D. kam im MA. unter die Herrschaft Venedigs; Teile fielen im 16. Jh. an das Osmanische Reich; 1797 bis 1918 war es österreichisch.

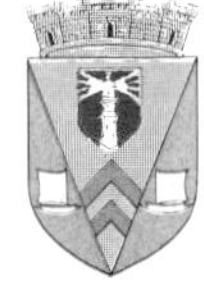

Dakar Stadtwappen

Dalmatiner, kurzhaariger Haushund, weiß mit schwarzen (braunen) Flecken; Schulterhöhe 50 bis 60 cm.

Dalton ['dɔ:ltən], John, brit. Naturforscher, * 1766, † 1844; begründete die →Stöchiometrie und chem. Atomtheorie; schuf eine chem. Zeichensprache.

Damanhur, Stadt in Unterägypten, im Nildelta, 190 800 Ew.; Pharma-, Textilindustrie.

Damaschke, Adolf, dt. Sozialpolitiker und Nationalökonom, * 1865, † 1935; setzte sich für eine Bodenreform unter Bewahrung des Privateigentums ein.

Tenzin Gyatso der 14. **Dalai-Lama**

Damaskus, Hptst. Syriens, am O-Fuß des Antilibanon; 1,9 Mio. Ew.; Univ., Nationalbibliothek und -museum; Nahrungsmittel- und Textilind., Klingenherstellung; internat. ✈. – D. war 661 bis 750 Sitz der arab. Kalifen, 1516 bis 1918 türkisch.

Damast [von Damaskus] *der,* jacquardgemusterter Stoff für Tisch- und Bettwäsche.

Damaszieren [von Damaskus], Verfahren, um auf der Oberfläche von Eisen und Stahl feinadrige Figuren zu erzeugen und die Festigkeit und Zähigkeit des Werkstücks zu erhöhen (Damaszener Klingen).

Dame *die,* **1)** Schachspiel: Königin. – **2)** frz. Kartenspiel: dritthöchste Karte, entspricht dem Ober der dt. Karte. – **3) D.-Spiel,** Brettspiel zw. 2 Personen auf dem Dame-(Schach-)Brett.

Damenfriede, 1529 zw. Spanien (Margarete von Österreich) und Frankreich (Luise von Savoyen) in Cambrai geschlossener Friedensvertrag, in dem Frankreich auf Mailand, Neapel, Flandern und Artois verzichtete.

Salvador Dalí

Damhirsche

Damenstift, adliges Nonnenkloster, das das klösterl. Leben aufgegeben hatte; auch ehem. kath. Frauenkloster als Versorgungsanstalt (adliger) unverheirateter Frauen oder eine adlige Frauengemeinschaft.
Damhirsch, Damwild, in Europa verbreiteter Hirsch mit Schaufelgeweih; im Sommer meist weißfleckig.
Damiette [da'mjɛt], Handels- und Hafenstadt in Ägypten, am östl. Mündungsarm des Nil, 113 000 Ew.; Textilindustrie.
Damm, 1) Aufschüttung (Erde, Geröll u. a.) für Verkehrswege. – **2)** →Deich. – **3)** durch Muskulatur und Bindegewebe unterlagerter Hautabschnitt zw. After und Geschlechtsteilen.
Dammam, Hafenstadt in Saudi-Arabien, am Pers. Golf, 350 000 Ew.; bedeutendes Erdölfeld.
Dämmerung, Halbdunkel vor Aufgang und nach Untergang der Sonne; beruht auf der diffusen Lichtstreuung der Sonnenstrahlung aus den oberen Schichten der Erdatmosphäre, die von den Strahlen der unter dem Horizont stehenden Sonne getroffen werden.
Dämmstoffe dienen dem Wärme-, Kälte- oder Schallschutz; bestehen als **Dämm-** oder **Isolierplatten** aus Papierbahnen oder Wollfilzplatten, auf oder zw. denen Isolierstoffe (Glaswolle, Styropor, Kork, Torf u. a.) befestigt sind; ferner aus Leichtbeton oder mit Bindemittel gebundenem Kork, Stroh, Fasermaterial u. a.
Damnum *das,* die Differenz zw. Nennbetrag eines Darlehens und dem (niedrigeren) tatsächl. ausgezahlten Betrag.
Damokles, Höfling Dionysios' d. J. von Syrakus (4. Jh. v. Chr.), der ihn, als er das Glück des Tyrannen pries, unter einem scharf geschliffenen Schwert, das an einem Pferdehaar hing, bewirtete. **D.-Schwert,** sprichwörtl. für im Glück drohende Gefahr.
Dämon *der,* im Altertum und bei Naturvölkern: übermenschl. Wesen, das teils als gut, teils als böse vorgestellt wird; **dämonisch,** von Dämonen herrührend, von ihnen beherrscht.
Dampf, Stoff im gasförmigen Zustand, wenn er mit seiner flüssigen oder festen Phase im Wärmegleichgewicht steht, also etwa der über einer Wasseroberfläche verdunstende und im gleichen Umfang wieder kondensierende Wasser-D. Im geschlossenen Gefäß stellt sich bei bestimmter Temperatur zw. Verdampfen und Kondensieren ein Gleichgewicht ein **(gesättigter D., Sattdampf).** Von der Flüssigkeit abgesperrter, höher erhitzter D. heißt **Heißdampf** (überhitzter D.).

Dampfbad, Schwitzbad in heißer, mit Wasserdampf gesättigter Luft von 37,5 °C bis 60 °C. Angewendet bei chron. Bronchitis und rheumat. Erkrankungen.
dämpfen, 1) optische, akustische und mechanische Einflüsse, Einwirkungen abschwächen oder mildern. – **2)** Nahrungsmittel in Dampf garen; dünsten. – **3)** Kleidungsstücke unter Dampfeinwirkung glätten.
Dämpfer, allg. eine Einrichtung zur Abschwächung von Schwingungen (Stoß-, Schall-D.).
Dampfkessel, Anlage zur Erzeugung von Dampf, dessen Druck höher ist als der Luftdruck. Der Dampf wird an der höchsten Stelle des D., dem **Dampfdom,** entnommen. **D.-Arten: Flammrohrkessel** mit weiter zylindrischer, wassergefüllter Stahltrommel, die der Länge nach von 1 bis 3 Wellrohren durchzogen wird, in denen die Feuerung ist. **Rauchröhrenkessel** werden von zahlreichen, vom Rauch durchströmten Rohren durchzogen, die außen von Wasser umspült werden. Mit vorgeschalteter Feuerbüchse erhält man den **Lokomotivkessel. Wasserrohrkessel** bestehen aus einer Ober- und einer Untertrommel, die durch schräg oder senkrecht gestellte Rohre miteinander verbunden sind (Schrägrohr-, Steilrohrkessel). Diese Rohre führen innen Wasser. Moderne D. besitzen Überhitzer zur Erzeugung von Heißdampf und Rauchgasvorwärmer (Economizer) zur Erwärmung des Kesselspeisewassers. Jeder D. muss mit mindestens 2 Speisepumpen, Speiseventil mit Rückschlagventil, 2 Wasserstandszeigern, Sicherheitsventilen, Manometer und Dampfabsperrventil ausgerüstet sein.

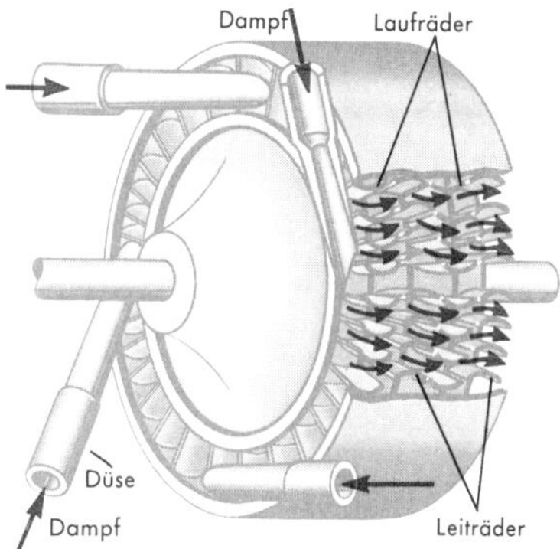

Dampfturbine (Schema)

Dampfkochtopf, Dampfdrucktopf, ein Topf mit fest aufschraubbarem Deckel und Sicherheitsventil, in dem die Speisen bei einem Überdruck von etwa 1 bar mit geringen Vitaminverlusten schnell gar werden.
Dampfmaschine, allg. jede durch Dampf angetriebene Maschine, die die Wärmeenergie des Dampfs in mechan. Energie umsetzt; i. e. S. die Kolben-D. Der im Dampfkessel erzeugte Dampf schiebt im Dampfzylinder einen Kolben hin und her, der über Kolbenstange, Kreuzkopf, Schubstange, Kurbelzapfen die Drehbewegung bewirkt. Ein Schwungrad dient zur Erzielung eines gleichmäßigen Gangs. Die Steuerung des Dampfzutritts geschieht durch Schieber oder Ventile. Bei den **Auspuff-D.** tritt der Dampf nach geleisteter Arbeit ins Freie. Bei den **Kondensations-D.** wird er in einem Kondensator durch Wasser niedergeschlagen. Bei den **Expansions-D.** wirkt der Dampf nur während eines kleinen Teils des Kolbenwegs mit voller Spannung. Die Expansion kann zur besseren Dampfausnutzung in der **Verbund-** oder **Compoundmaschine** auf mehrere Zylinder verteilt werden (**Mehrfachexpansions-D.** mit Hoch- und Niederdruckzylindern).

Dampfschiff, Dampfer, durch Dampfmaschine oder -turbine angetriebenes Schiff.

Dampfspeicher, ein →Wärmespeicher.

Dampfturbine, Turbine, die die Strömungsenergie des Dampfes in mechan. Arbeit umwandelt. Durch Düsen trifft der Dampfstrahl auf die Schaufeln eines Laufrads und setzt dieses mit der Turbinenwelle in Drehung. Zur besseren Ausnutzung von Druck und Geschwindigkeit lässt man den Dampf durch die Schaufeln mehrerer Laufräder strömen (mehrstufige D.). Zwischengeschaltete Leiträder nehmen den Dampf aus dem einen Laufrad auf und führen ihn den folgenden in der Drehrichtung der D. wieder zu. Nach Verlassen des letzten Laufrads gelangt der Dampf in den →Kondensator oder wird zum Heizen, Kochen, Trocknen benutzt. Abdampfturbinen werden Kolbendampfmaschinen nachgeschaltet, z. B. bei Schiffsmaschinen. Vorteile gegenüber der Dampfmaschine: Drehbewegung statt hin- und hergehender Bewegung, höhere Drehzahlen, viel größere Grenzleistungen, geringere Baugröße, besserer Wirkungsgrad.

Dämpfung, ⚛ Schwächung von Schwingungen oder Wellen durch Umwandlung der Schwingungsenergie in andere Energieformen, z. B. in Reibungswärme, oder durch Abstrahlung, z. B. von einer Antenne.

Dan *der,* in den Budosportarten (→Budo) verliehene 10 Rangstufen der Meister, meist in Form eines Gürtels (schwarz, rotweiß, rosa).

Dan, 1) Sohn Jakobs. – **2)** der nach ihm benannte israelit. Stamm.

Danale, Gestalt der griech. Sage: Tochter des Königs Akrisios von Argos; wurde durch Zeus, der in Gestalt eines goldenen Regens zu ihr kam, Mutter des Perseus.

Danaler, bei Homer die Griechen. **D.-Geschenk:** verderbl. Geschenk wie das hölzerne Pferd, das Troja den Untergang brachte.

Danaiden, griech. Sage: die 50 Töchter des Königs Danaos, die ihre Männer ermordeten; zur Strafe mussten sie in der Unterwelt ständig Wasser in ein durchlöchertes Fass schöpfen.

Danakil, 1) wüstenhafte Landschaft in NO-Äthiopien und Djibouti. – **2)** *Pl.,* Eigenbezeichnung Afar, hamit. Volk in Äthiopien und Djibouti; Nomaden; Muslime.

Dandolo, venezian. Geschlecht mit zahlreichen Staatsmännern und Gelehrten; der Doge Enrico D., *um 1107, †1205, begründete die venezian. Mittelmeerherrschaft (4. Kreuzzug, 1204 Eroberung von Konstantinopel).

Dandy [ˈdændɪ] *der,* Geck, Modenarr.

Danebrog, Name der dänischen Flagge.

Dänemark, Kgr. im Übergangsraum zw. Mittel- und Nordeuropa, 43 069 km² (ohne Färöer und Grönland, die zum Staatsgebiet gehören), 5,18 Mio. Ew. (meist ev. Dänen, in N-Schleswig rd. 85 000 Deutsche); Hptst. Kopenhagen.

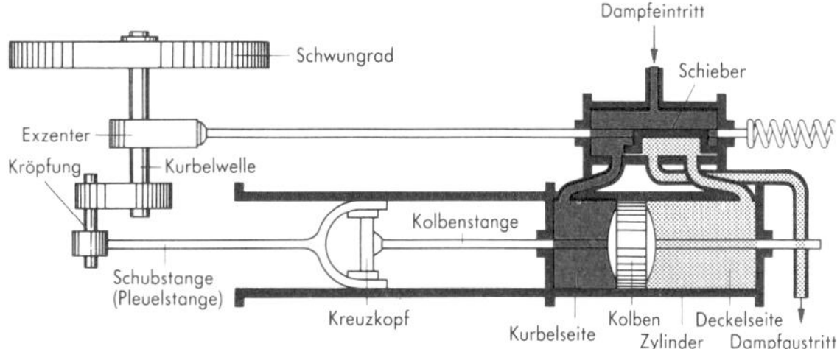

Dampfmaschine mit Schiebersteuerung (Schema)

Verfassung von 1953: Erbmonarchie (Haus Schleswig-Holstein-Sonderburg-Glücksburg) mit demokrat.-parlamentar. Reg.-Form. Die vom Folketing (Parlament, 179 Abgeordnete) beschlossenen Gesetze werden vom Monarchen bestätigt. Die vollziehende Gewalt übt das dem Folketing verantwortl. Kabinett unter Leitung des von der Königin ernannten Min.-Präs. aus.

Landesnatur. D. umfasst Jütland und die vorgelagerten Inseln, darunter: Fünen, Langeland u. a. zw. Kleinem und Großem Belt, Seeland, Lolland, Falster u. a. zw. Großem Belt und Øresund, Bornholm in der mittleren Ostsee. Jütland, von einem Endmoränenzug (bis 173 m hoch) durchzogen, ist im W sandig, moorig, im O fruchtbar (Lehmboden). Die Tier- und Pflanzenwelt ist fast ausnahmslos mitteleurop. geprägt.

Wirtschaft. D. hat hoch entwickelte Landwirtschaft, bes. Viehzucht und Milchwirtschaft, bedeutende Fischerei; trotz geringer Bodenschätze bedeutende weiterverarbeitende Ind.; Schiffbau, Nahrungs- und Genussmittelind., chem. und Möbelind.; Ausfuhr: Landwirtschaftl. und industrielle Erzeugnisse. Einfuhr: Maschinen, Stahl, Textilien u. a., Brennstoffe. Haupthandelspartner: Dtl., Schweden, Norwegen, Finnland, Großbritannien. – Gut ausgebautes Verkehrsnetz. Brücken und Fähren verbinden die Inseln untereinander und mit dem Festland; 1997 Eröffnung der festen Verbindung über den Großen Belt (Brücken-Tunnelprojekt). Haupthafen und -flughafen: Kopenhagen.

Danewerk, frühgeschichtlicher und mittelalterlicher Grenzwall an der Südgrenze Jütlands.

Danilel, im A. T. einer der vier großen Propheten, Hauptgestalt des **Buches D.,** soll im 6. Jh. v. Chr. unter Nebukadnezar II. in Babylon gelebt haben.

Danilel-Rops, Henri, frz. Schriftsteller, *1901, †1965; »Geschichte des Gottesvolks« (1943).

dänische Kunst. Aus der vorchristl. Zeit (bis etwa 1000 n. Chr.) stammen reiche Funde german. Kunst. Im MA. schloss sich die kirchl. Baukunst der dt. an (Dome in Lund, Ribe, Viborg), in got. Zeit auch der frz. (Dom in Roskilde). Seit Ende des 12. Jh. setzte sich der Backsteinbau durch (Kalundborg). In der Spätgotik waren Lübecker Bildschnitzer in Dänemark tätig (B. Notke, C. Berg u. a.). Auch später überwog der Anteil ausländ. Künstler. Bedeutende Leistungen im Klassizismus: C. F. Harsdorff, C. F. Hansen in Kopenhagen. Der Bildhauer B. Thorvaldsen wirkte auf die europ. Kunst. Unter den Malern ragen J. Juel, A. Abildgaard und C. W. Eckersberg hervor. Nach dem 2. Weltkrieg erlangten dän. Architektur und bes. dän. Kunsthandwerk internat. Rang.

dänische Literatur. Das Jüt. Recht (1241) sowie eine Reimchronik (gedruckt 1495) sind die ersten Zeugnisse in dän. Sprache. Die national-dän. Literatur beginnt mit L. Holberg (†1754); J. Ewald knüpfte an die altnord. Tradition an. 1802/03 vermittelte H. Steffens Anregungen der Romantik, die A. Oehlenschlaeger aufgriff. N. F. S. Grundtvig, H. C. Andersen und S. Kierkegaard wirkten über ihr Land hinaus. G. Brandes gab den Anstoß zu neuer literar. Blüte: J. P. Jacobsen, H. Drachmann, H. Bang, K. Gjellerup, H. Pon-

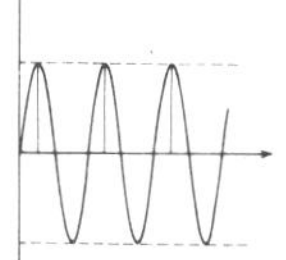

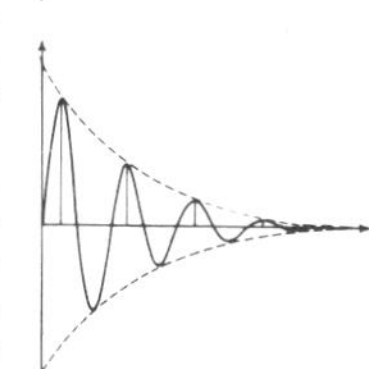

Dämpfung
Ungedämpfte und gedämpfte Schwingung (von oben)

Dänemark

Staatswappen

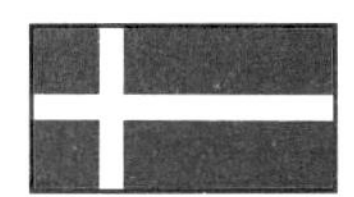

Staatsflagge

Internationales Kfz-Kennzeichen

Daten zur Geschichte Dänemarks

um 800	Bildung eines frühen dän. Staates unter König Göttrik († 810)
1016	Knut d. Gr. erobert England und (1028) Norwegen
um 1200	Vordringen nach Pommern, Mecklenburg, Holstein
1227	Niederlage in der Schlacht von Bornhöved (Verlust der dt.-wend. Eroberungen)
1370	Friede von Stralsund zw. der dt. Hanse und Waldemar IV. Atterdag, Anerkennung der hans. Vormacht
1397	Kalmarer Union mit Schweden und Norwegen
1448	Schweden (mit Finnland) bricht aus der Kalmarer Union aus, endgültig 1523
1536	Einführung der Reformation
1658	Dänemark muss im Frieden von Roskilde Schonen, Blekinge und Halland an Schweden abtreten
1814	Norwegen muss an Schweden abgetreten werden, Helgoland an Großbritannien
1848–1850	1. Dt.-Dän. Krieg wegen der geplanten Einverleibung Schleswigs und Holsteins in den dän. Gesamtstaat
1864	2. Dt.-Dän. Krieg, Dänemark muss Schleswig, Holstein und Lauenburg an Preußen und Österreich abtreten
1918	Island wird unabhängiges Königreich (bis 1944 in Personalunion mit Dänemark)
1920	Nach Volksabstimmung fällt Nordschleswig an Dänemark
1940–45	Besetzung durch dt. Truppen
1960	Beitritt zur EFTA
1972	Margarete II. wird Königin
1973	Beitritt zur EG (EU)
1979	Innere Autonomie für Grönland
1993	P. Rasmussen wird Ministerpräsident. In einem Referendum werden die Maastrichter Verträge und der Beitritt zur EU angenommen

Johann Heinrich von Dannecker
Selbstbildnis

toppidan, M. Andersen-Nexö. Um die Jahrhundertwende »lyrische Renaissance« (J. Jørgensen) und »Jütische Bewegung« (J. V. Jensen). Neuere Erzähler: J. Paludan, Karen (Tania) Blixen, Karin Michaelis, W. A. Linnemann, H. C. Branner; Dramatiker: K. Munk, K. Abell, C. Soya, Lyrik, Prosa, Hörspiele: Inger Christensen.

dänische Sprache, gehört mit dem Schwedischen zum ostnord. Zweig der skandinav. Sprachen.

Dankwarderode, alte Burg Heinrichs des Löwen in Braunschweig, 1887 neu errichtet.

Dannecker, Johann Heinrich v., dt. Bildhauer, * 1758, † 1841; klassizist. Werke: Schillerbüste (Weimar, 1794), mytholog. und religiöse Figurengruppen.

D'Annunzio, Gabriele, ital. Dichter und Politiker, * 1863, † 1938; schrieb neuromant. Oden, Romane, Trauerspiele. Als leidenschaftl. Patriot besetzte D'A. 1919 mit Freischärlern Fiume.

Dante Alighieri [-ali'gjɛ:ri], ital. Dichter, * 1265, † 1321; wurde 1302 aus Florenz verbannt. Seine Dichtungen sind ausgezeichnet durch Gedankentiefe, visionäre Kraft, Fülle der Empfindung und Schönheit der Sprache. »Das neue Leben« (Gedichte, Darstellung seiner Jugendliebe zu Beatrice; 1292 bis 1295); »Die Göttliche Komödie« (1321).

Dante Alighieri
Federzeichnung von Raffael

Danton [dã'tɔ̃], Georges Jacques, einer der radikalsten Politiker der Frz. Revolution, * 1759, † 1794; eröffnete die jakobin. Schreckensherrschaft; 1794 durch Robespierre gestürzt und hingerichtet.

Danzig, poln. **Gdańsk,** Hptst. der poln. Wwschaft Gdańsk, alte Handelsstadt und eine der verkehrsreichsten Hafenstädte der Ostsee, 461 600 Ew. Die Altstadt mit der got. Marienkirche, dem Artushof, dem Zeughaus, dem Krantor und vielen alten Häusern wurde im 2. Weltkrieg zerstört; der Wiederaufbau wurde nach 1957 stark gefördert. Univ., TH, Hochschulen, Staatsarchiv, Museum, Theater; bedeutender Handel, Schiffbau u. a. Ind.; Fremdenverkehr; Hafen, internat. ✈. – D., 997 zuerst erwähnt, kam mit Pommerellen 1309 an den Dt. Orden und wurde 1361 Mitglied der Hanse; 1454 geriet es in lose Abhängigkeit von Polen, blieb aber stets eine dt. Stadt; 1793 wurde es preußisch. Napoleon machte es 1807 bis 1814 zur »Freien Stadt« mit frz. Besatzung. 1816 bis 1824 und 1878 bis 1919 war D. Hptst. der Prov. Westpreußen. Durch den Versailler Vertrag wurde es 1920 zur **Freien Stadt D.** unter der Verw. eines Hohen Kommissars des Völkerbunds erklärt und 1922 dem poln. Zollgebiet eingegliedert. 1939 bis 1945 war D. Hptst. des Gaus D.-Westpreußen. 1945 wurde D. polnisch. Die dt. Bev. wurde z. T. von den dt. Behörden ausgesiedelt, zum größten Teil 1945 bis 1950 vertrieben.

Danzig
Stadtwappen

Dao [chin. »Bahn«, »Weg«] *das,* **Tao,** Schlüsselbegriff der chin. Religion. Bei Laozi ist D. eine stille Kraft, der Urgrund des Seins; der Mensch soll dem D. ähnlich werden, nicht handeln. Der religiöse **Daoismus** ist eine weit in die vorchristl. Zeit zurückreichende Religionsform mit Göttern und Geistern, Exorzismus und Wahrsagerei. Der heutige Vulgär-Daoismus ist ein synkretist. Volksglaube, in dem noch einige alte Götter und Heilige fortleben.

Daphne, griech. Sage: Nymphe; von Apoll geliebt und verfolgt, wird sie auf ihr Flehen von ihrer Mutter Gäa (Erde) in einen Lorbeerbaum verwandelt.

Daphnis, griech. Sage: Sohn des Hermes, »Erfinder« des Hirtenlieds.

Da Ponte, Lorenzo, ital. Librettist, * 1749, † 1838; u. a. Textbücher zu Opern von W. A. Mozart.

Daqing [datʃiŋ], **Taching,** 1980 gegr. Stadt in Chinas größtem Erdölrevier, Prov. Heilongjiang, rd. 500 000 Ew.; Petrochemie; mehrere Pipelines, u. a. nach Peking und Nordkorea.

DARA, Abk. für **D**eutsche **A**gentur für **Ra**umfahrt**a**ngelegenheiten, 1989 gegr. Organisation zur Planung und Durchführung dt. Weltraumprogramme 1997 zum → Deutschen Forschungs- und Managementzentrum für Luft- und Raumfahrt e. V. übergegangen.

Darbysten, christl. Glaubensgemeinschaft in England, gegr. von J. N. Darby (* 1800, † 1882); lehnen Staatskirche und kirchliche Organisation ab.

Dardanellen *Pl.*, im Altertum **Hellespont,** Meeresstraße zw. der Halbinsel Gelibolu (Europa) und Kleinasien, verbindet das Marmarameer mit dem Ägäischen Meer, 65 km lang, rd. 2 bis 6 km breit. – Um 1354 wurden die D. türkisch. 1841 internat. **D.-Vertrag:** zivile Schifffahrt wurde erlaubt, die Durchfahrt nicht türk. Kriegsschiffe verboten. 1915 dt.-türk. Abwehr des brit.-frz. Angriffs auf Gelibolu (Gallipoli). 1920 unter Kontrolle einer Meerengenkommission, 1923 entmilitarisiert, 1936 Wiederherstellung der türk. Hoheitsrechte (→ Meerengenfrage).

Dareios, lat. **Darius,** 3 altpers. Könige (Achaimeniden): **1) D. I., der Große,** 522 bis 486 v. Chr., Sohn des Hystaspes, schuf das großpers. Reich. – **2) D. II. No-**

Dardanellen

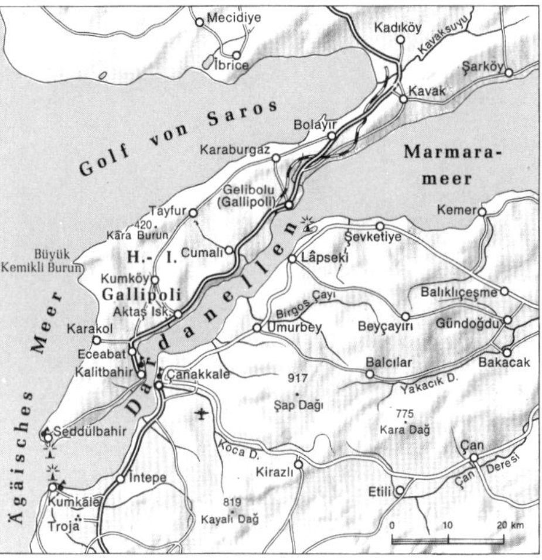

thos (424 bis 404 v. Chr.). – **3) D. III. Kodomannos** (336 bis 330 v. Chr.), unterlag Alexander d. Gr. bei Issos 333 und Gaugamela 331 v. Chr., wurde auf der Flucht ermordet.

Daressalam, Hptst. von Tansania, 1,43 Mio. Ew.; Univ., Nationalmuseum; Ind.- und Handelszentrum; Hafen; internat. ✈.

Darfur, Landschaft und Prov. im W-Sudan, Steppentafelland; Hauptort: Al-Faschir.

Darío, Rubén, nicaraguan. Dichter, * 1867, † 1916; Anreger des »Modernismus« in der span. und südamerikan. Lyrik.

Darlehen, Hingabe von Geld oder anderen vertretbaren Sachen gegen die Verpflichtung, das Empfangene in gleicher Art, Güte und Menge zu erstatten; D. können verzinslich oder unverzinslich sein.

Darlehnskassen, 1) vom Staat oder von Gemeinden bes. in Notzeiten zur Darlehensgewährung errichtete Kreditanstalten, die zur Ausgabe unverzinsl. Kassenscheine ermächtigt sind **(D.-Scheine). – 2)** genossenschaftl. Kreditanstalten.

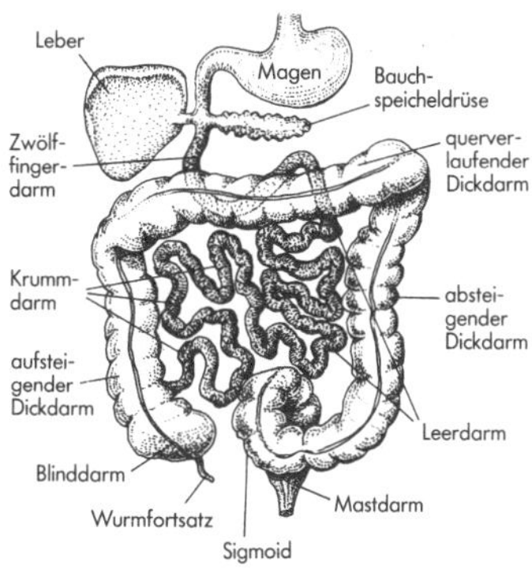

Der menschliche **Darm** (Schema)

Darlington ['dɑ:lɪŋtən], Ind.stadt im nördl. England, 86 800 Ew. Zw. D. und Stockton-on-Tees verkehrte 1825 die erste öffentl. Dampfeisenbahn der Welt.

Darm, Teil des Verdauungswegs, gegliedert in **Dünn-D.** und **Dick-D.** Der Dünn-D. besteht aus dem **Zwölffinger-D. (Duodenum),** in den die Ausführungsgänge der Leber und der Bauchspeicheldrüse münden, dem **Leer-D. (Jejunum)** und dem **Krumm-D. (Ileum);** der Dick-D. gliedert sich in den **Blind-D.** mit **Wurmfortsatz** und den aufsteigenden, quer verlaufenden und absteigenden **Grimm-D. (Colon),** der nach einer s-förmigen Biegung in den **Mast-D. (Rectum)** übergeht. Die **D.-Wand** hat eine äußere, glatte Haut, eine mittlere Muskelschicht und eine innere Schleimhaut, die bes. die Nahrungsstoffe aufnimmt. Die Schleimhaut des Dünn-D. hat viele Querfalten mit den **D.-Zotten** und enthält Blut- und Lymphgefäße sowie Drüsen, die den **D.-Saft** absondern.

Darmflora, Bakterien und Pilze, die in großer Menge im Darm leben und für die Verdauung notwendig sind.

Darmkrankheiten. Darmblutung, eine blutige Stuhlentleerung bei Hämorrhoiden, Darmentzündung, Darmgeschwüren, Typhus, Ruhr, Darmkrebs, Darmtuberkulose; **Darmentzündung (Darmkatarrh, Enteritis, Colitis),** durch Erreger hervorgerufene Erkrankung der Darmschleimhaut. **Darmgeschwüre,** bei Darmentzündung, Typhus, Ruhr, können in die Bauchhöhle durchbrechen; **Darmverschlingung (Volvulus),** entsteht bei Überdrehung des Gekröses, Abdrosselung der Blutzufuhr führt zu Darmbrand und **Darmverschluss (Ileus),** der auch durch Darmverengung von innen her (Darmgeschwülste, Fremdkörper, Kotballen) oder durch Abknickung, Einstülpung, Einklemmung (Leistenbruch) von außen her verursacht wird. **Darmvorfall,** Heraustreten des Mastdarms aus dem After infolge Bindegewebs- und Schließmuskelschwäche.

Darmstadt, Hptst. des Reg.-Bez. D., Hessen, 138 700 Ew.; an der Bergstraße; TH; Landestheater, Hess. Landesmuseum u. a., Hess. Staatsarchiv; P.E.N.-Zentrum; Schloss. Die Mathildenhöhe war ein Zentrum des Jugendstils. Chem., pharmazeut., Maschinen-, Bau-, Druckind., Verlage. D. war 1567 bis 1918 Residenz des Landgrafen von Hessen-D. (ab 1806 Großherzöge von Hessen).

Darnley ['dɑ:nlɪ], Henry Stuart, Lord, 2. Gemahl der schott. Königin Maria Stuart, * 1545, † 1567; wurde von Marias Geliebtem, dem Earl of Bothwell, ermordet; Vater Jakobs I. von England.

darren, dörren, trocknen, oberflächlich rösten.

Darß-Zingst, bewaldete Halbinsel Vorpommerns, nordöstl. von Rostock, Teil des Naturparks Vorpommersche Boddenlandschaft. Seebäder: Zingst, Prerow, Ahrenshoop.

darstellende Künste, i. e. S. die gegenständl. gestaltenden Künste (Plastik, Malerei); i. w. S. auch Schauspiel, Pantomime, Deklamation, Tanz.

Darwin ['dɑ:wɪn], Hptst. des austral. Nordterritoriums, 77 900 Ew.; Wirtschaftszentrum, größter Hafen in N-Australien, internat. ✈.

Darwin ['dɑ:wɪn], Charles, brit. Naturforscher, * 1809, † 1882; 1831 bis 1836 begleitete er eine Expedition nach Südamerika und in den Pazif. Ozean. Nach eigenen Forschungen und unter dem Eindruck von T. R. Malthus' Bevölkerungslehre bestätigte D. die Evolutionstheorie und stellte die Selektionstheorie auf.

Darwinismus *der,* die von Darwin aufgestellte Lehre der Artbildung und Artumwandlung (→Abstammungslehre). Voraussetzung des D. ist die Variabilität der Merkmale und die Überproduktion an Nachkommen. Diese stehen in ständigem Wettbewerb um die günstigsten Lebensbedingungen (»Kampf ums Dasein«). Die am besten Angepassten überleben und pflanzen sich fort, während die schlecht Angepassten ausgemerzt werden **(Selektionstheorie).** Diese **natürl. Zuchtwahl** führt zu allmähl. Umbildung der Lebewesen, zur Entstehung neuer Arten. Der D. wurde durch die Vererbungsforschung, z. B. durch die Entdeckung sprunghaft auftretender erbl. Änderungen (Mutationen), gestützt und erweitert. – Die Übertragung darwinist. Vorstellungen (v. a. der des Daseinskampfs) auf die gesellschaftl. Entwicklung **(Sozial-D.)** wurde zur Grundlage rassist. Ideologien.

Dasselfliegen, Biesfliegen, große behaarte Fliegen, die Larven sind Schmarotzer in Körperhöhlen und Unterhaut bei Rindern, Pferden und Schafen.

DAT, Abk. für **D**igital **A**udio **T**ape, Tonband (Magnetband) mit digitaler Tonaufzeichnung (rausch- und verzerrungsfreie Tonwiedergabe).

Datei [Abk. aus **Da**ten und Kar**tei**] *die,* geordnete Datenmenge.

Daten, *Sg.* **Datum** *das,* **1)** allg. aus Messungen, Beobachtungen, Statistiken u. Ä. gewonnene Angaben, Informationen. – **2)** 💻 zur Darstellung von Informationen dienende Zeichenfolgen **(digitale D.)** oder kontinuierl. Funktionen **(analoge D.),** die Objekte für den Arbeitsprozess in einem Rechner sind.

Datenautobahn, Infobahn, 💻 Hochgeschwindigkeits-Datenleitungen und -Datennetze für die multimediale Kommunikation. (→Internet, →Telekommunikation)

Datenbank, 💻 System zur Beschreibung, Speicherung und Wiedergewinnung von umfangreichen Datenmengen, die von mehreren Anwendungsprogrammen genutzt werden. Es besteht aus der **Datenbasis,** in der die Daten abgelegt werden, und den **Verwaltungs-**

Darmstadt
Stadtwappen

Georges Jacques Danton
Lithographie

Charles Darwin

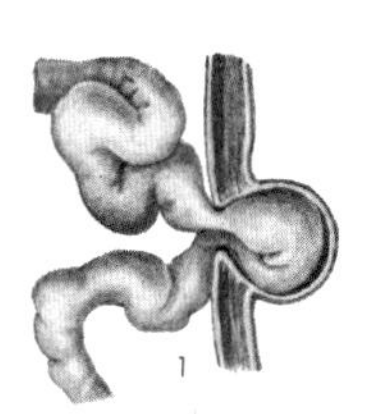

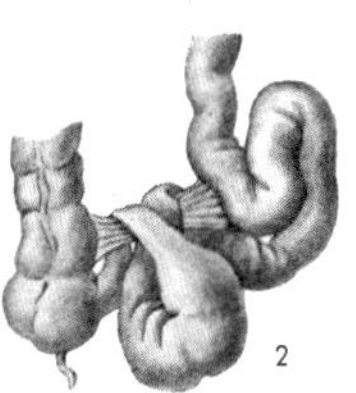

Darmkrankheiten
(Darmverschluss):
1 Abschnürung durch eingeklemmten Bruch, 2 Abknickung durch Verwachsungsstränge

programmen (D.-Software), die die Daten entsprechend den vorgegebenen Beschreibungen abspeichern, auffinden oder weitere Operationen mit den Daten durchführen.

Datenfernübertragung, Abk. **DFÜ,** ▣ Datenübermittlung zw. räumlich getrennten Computern entweder online, z. B. über Standleitung, oder offline mithilfe genormter Schnittstellen, Modems und Telefonleitungen.

Datennetz, ▣ System von Datenübertragungswegen, z. B. zw. Datenstationen und Datenverarbeitungsanlagen.

Datenschutz, Maßnahmen zum Schutz gespeicherter oder übertragener Daten von natürl. Personen gegen Verfälschung oder unberechtigte Benutzung; seit 1978 Bundesdatenschutzges. in Kraft (1990 vollständige Neufassung).

Datensicherung, Maßnahmen zur Sicherung von Speicherinhalten eines Computers gegen Fehlfunktionen des Systems oder Fehlbedienung des Benutzers. Das gebräuchlichste Verfahren ist die **Sicherungskopie** (Back-up) auf einem Magnetband.

Jean Dausset

Datenverarbeitung, Abk. **DV, elektronische D.,** Abk. **EDV,** Informationsverarbeitung mittels (digitaler) Rechenanlagen (Computer), ein Umwandlungsprozess, bei dem Eingabedaten (Inputs) mit techn. Mitteln unter Verfolgung bestimmter Ziele bzw. Kriterien in Ausgabedaten (Outputs) transformiert werden.

Datex, Abk. für **Data Exchange,** bes. schnell arbeitender Datenfernübertragungsdienst der Telekom (DATEX-L, DATEX-P, DATEX-J, DATEX-M).

Dativ *der,* Wemfall.

Datowechsel, Wechsel, der eine bestimmte Zeit nach dem Ausstellungstag bezahlt werden muss.

Datscha *die,* russ. Sommerlandhaus.

Datteln, Stadt im Kr. Recklinghausen, NRW, 37 700 Ew.; vielseitige Ind., Hafen.

Davidstern

Dattelpalme, Phoenix, Palmengattung, bis 30 m hohe Fiederpalmen (zweihäusig), in N-Afrika, W- und S-Asien, Spanien, Kalifornien, Mexiko, Australien. Aus der zuckerreichen Frucht der **Echten D.,** der **Dattel,** einem Nahrungsmittel, stellt man Dattelhonig (Palmzucker), aus dem Sprosssaft Dattelwein her. Die Palmwedel werden zu Flechtwerk verarbeitet.

Datum *das,* **1)** kalendermäßige Bestimmung eines Tages. **D.-Grenze,** 1845 vereinbarte Linie vom Nord- zum Südpol, die teilweise mit dem 180. Längengrad zusammenfällt. Beim Überschreiten von W nach O wird der Tag zweimal gezählt, umgekehrt ein Tag überschlagen. – **2)** → Daten.

Colin Davis

Dau, Dhau *die,* ostafrikan. und arab. Segelschiff mit dreieckigem Segel und langen, schrägen Rahen.

Daube *die,* gebogenes Wandstück am Fass.

Däubler, Theodor, dt. Schriftsteller, * 1876, † 1934; expressionist. Dichtungen (»Das Nordlicht«, 1910).

Daudet [doˈdɛ], Alphonse, frz. Dichter, * 1840, † 1897; humorvolle Heimaterzählungen: »Der kleine Dingsda« (Autobiographie, 1868), »Briefe aus meiner Mühle« (1869).

Dauerausscheider, klinisch gesunde Personen, die nach überstandener Infektionskrankheit noch Keime (Viren, Bakterien, Amöben) im Körper beherbergen und diese mit Harn, Kot oder Speichel ausscheiden; nach dem Bundesseuchen-Ges. meldepflichtig.

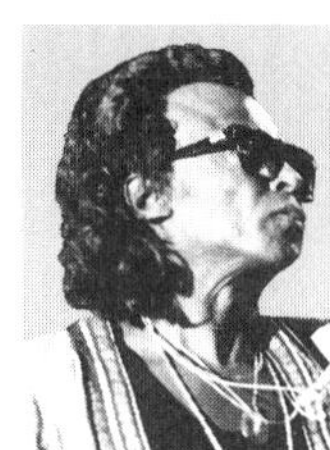
Miles Davis

Daume, Willy, dt. Industrieller und Sportfunktionär, * 1913; † 1996; Präs. des Dt. Sportbunds (1950 bis 1970) und des Nat. Olymp. Komitees (1961 bis 1992), Mitglied des IOK (1956 bis 1992).

Daumier [doˈmje], Honoré, frz. Karikaturist, Maler, * 1808, † 1879; politisch und sozial geprägte Themen.

Daun, Krst. in Rheinl.-Pf., Zentrum der Vulkaneifel **(Dauner Maare),** 8 400 Ew.; Mineralheilbad, Kneippkurort.

Datum

Daun, Leopold Graf, österr. Feldmarschall, * 1705, † 1766; Gegner Friedrichs d. Gr. im Siebenjährigen Krieg.

Daune, Dune *die,* Flaumfeder (der Vögel).

Dauphin [doˈfɛ̃] *der,* urspr. Titel der Herrscher der frz. Landschaft **Dauphiné** östl. der Rhône, 1349 bis 1830 Titel des frz. Kronprinzen.

Dausset [doˈsɛ], Jean, frz. Hämatologe, * 1916; erhielt für Arbeiten auf dem Gebiet der Immungenetik 1980 mit B. Benacerraf und G. Snell den Nobelpreis für Physiologie oder Medizin.

David, israelit. König (etwa 1004/03 bis 965/64 v. Chr.); Sohn des Isai aus Bethlehem, kämpfte als Hirtenknabe mit Goliath, wurde Zitherspieler König Sauls und schließlich sein Nachfolger, erhob Jerusalem zur Hptst.; gilt als Verfasser vieler Psalmen.

David, 1) Gerard, fläm. Maler, * um 1460, † 1523; in der Nachfolge von H. Memling in Brügge tätig. – **2)** [daˈvid], Jacques-Louis, frz. Maler, * 1748, † 1825; Meister des Klassizismus; Hofmaler Napoleons I. – **3)** Johann Nepomuk, österr. Komponist, * 1895, † 1977; Erneuerer bachscher Polyphonie.

David d'Angers [daˈvid dɑ̃ˈʒe:], Pierre-Jean, frz. Bildhauer, * 1788, † 1856; schuf u. a. Porträtbüsten (Goethes, Schillers, Tiecks u. a.).

Davidstern, Davidschild, Hexagramm, Sechsstern, der bes. als Sinnbild des Judentums gilt; seit 1948 in der israel. Flagge.

Davis [ˈdeɪvɪs], **1)** Bette, amerikan. Filmschauspielerin, * 1908, † 1989; Charakterdarstellerin; »Alles über Eva« (1950). – **2)** Sir (1979) Colin, brit. Dirigent, * 1927; 1983 bis 1992 Chefdirigent des Sinfonieorchesters des Bayer. Rundfunks; u. a. Mozart- und Berlioz-Interpret. – **3)** Jefferson, amerikan. Staatsmann, * 1808, † 1889; Führer der Sezessionsbewegung, Präs. der Konföderierten Staaten. – **4)** Miles, amerikan. Jazzmusiker (Trompete), * 1926, † 1991; neben D. Gillespie stilbildend für den Modernjazz. – **5)** Sammy, junior, amerikan. Tänzer, Sänger und Schauspieler, * 1925, † 1990.

Davispokal [ˈdeɪvɪs-], engl. **Daviscup,** Wanderpokal im Tennis für Herren-Ländermannschaften; 1900 von dem Amerikaner Dwight F. Davis gestiftet.

Davos, Kr. und Gemeinde im Kt. Graubünden, Schweiz; in einem Hochtal, 11 100 Ew.; Kurorte **D.-Platz** (1 543 m) und **D.-Dorf** (1 560 m); medizin. und meteorolog. Forschungsinstitute, Wintersport, Kirchner-Museum.

Davy [ˈdeɪvɪ], Sir (1812) Humphry, brit. Physiker und Chemiker, * 1778, † 1829; Begründer der Elektrochemie; isolierte u. a. Natrium und Kalium, entdeckte den Lichtbogen; erfand die Grubenlampe.
Dawesplan [ˈdɔːz-], internat. Vertrag von 1924 über die dt. → Reparationen.
DAX®, Abk. für **D**eutscher **A**ktieninde**x**.
Day [deɪ], Doris, amerikan. Filmschauspielerin und Sängerin, * 1924; »Bettgeflüster« (1959).
Dayton [ˈdeɪtn], Ind.stadt in Ohio, USA, 182 000 Ew.; Fahrzeug-, Maschinenbau u. a.; Wirkungsstätte von W. und O. Wright (Flugpioniere); Tagungsort der Bosnien-Konferenz im Nov. 1995 **(Abkommen von D.)**.
dB, Zeichen für → **Dezib**el.
DB, Abk. für **D**eutsche **B**undesbahn.
DB AG, Abk. für → **D**eutsche **B**ahn **AG**.
DBP, Abk. für **1)** → **D**eutsche **B**undes**p**ost. – **2)** **D**eutsches **B**undes**p**atent.
DCC [diːsiːˈsiː], Abk. für **D**igital **C**ompact **C**assette, digitales, mit der Kompaktkassette kompatibles Tonbandsystem. Ein **DCC-Rekorder** besitzt einen zweigeteilten Tonkopf mit einem digitalen Teil für die DCC (mit 9 Spuren) und zwei analogen Leseköpfen für zweikanalige Wiedergabe herkömml. Kassetten. Wegen der geringen Datendichte einer DCC reduziert der Rekorder bei der Aufnahme die digitalen Toninformationen, indem er die vom menschl. Gehör nach Frequenz und Lautstärke nicht mehr wahrnehmbaren Tonsignale unterdrückt.
DDR, Abk. für **D**eutsche **D**emokratische **R**epublik.
DDT, Abk. für **D**ichlor-**D**iphenyl-**T**richloräthan, Berührungs- und Fraßgift für Insekten, wegen Nebenwirkungen in Dtl. u. a. Staaten verboten.
Deadline [ˈdedlaɪn] *die,* letzter Termin, Stichtag.
Deadweight [ˈdedweɪt] *das,* Abk. **dw,** die Tragfähigkeit eines Schiffes in t (Gesamtzuladungsgewicht).
Dealer [ˈdiːlə] *der,* illegal arbeitender Verteiler, bes. von rauscherzeugenden Drogen.
Dean [diːn], James, amerikan. Filmschauspieler, * 1931, † 1955; Jugendidol durch 3 Filme: »Jenseits von Eden«, »... denn sie wissen nicht, was sie tun«, »Giganten« (alle 1955).
Death Valley [ˈdeθ ˈvælɪ], **Tal des Todes,** wüstenhafte Grabensenke (86 m u. M.) in Kalifornien, USA; Temperaturen bis 57 °C.
Debet *das,* andere Bezeichnung für → Soll.
Debilität *die,* leichter Grad von Intelligenzschwäche; **debil,** geistesschwach.
Debitoren, Kundenforderungen, Außenstände.
Debrecen [-tsɛn], dt. **Debreczin,** Stadt in O-Ungarn, Kultur- und Wirtschaftszentrum, 218 000 Ew.; 3 Univ.; traditionelle Nahrungsmittelindustrie.
Debugging [diːˈbʌgɪŋ], 💻 Fehlererkennung und -beseitigung in Computersoftware mithilfe von speziellen Dienstprogrammen **(Debugger)**.
Debussy [dəbyˈsi], Claude, frz. Komponist, * 1862, † 1918; Schöpfer des musikal. Impressionismus. Oper: »Pelléas et Mélisande« (1902); Orchester-, Klavierwerke, Lieder.
Debye [dəˈbɛiər], Peter Josephus Wilhelmus, niederländ.-amerikan. Physiker und Physikochemiker, * 1884, † 1966; bedeutende Arbeiten über Physik der Kristalle und über Molekülstruktur; Nobelpreis für Chemie 1936.
De Chirico [deˈkiːriko], Giorgio, ital. Maler, * 1888, † 1978; entwickelte die dem Surrealismus nahe stehende metaphys. Malerei.
Decius, Gaius, röm. Kaiser (249 bis 251), ordnete 249 die erste allg. Christenverfolgung an.
Decke, 1) 🏛 der obere Abschluss eines Raums bzw. Stockwerks. – **2)** 🌐 aus Spalten hervorgequollene plattenförmige Masse von vulkan. Gestein. – **3)** 🦌 behaarte Haut der Hirscharten; Fell von Bär, Wolf, Luchs und Wildkatze.
Deckfarben lassen darunter liegende Farben nicht durchschimmern. Ggs.: Lasurfarben.
Deckname, Pseudonym, angenommener Name, auch Künstlername.
Deckung, 1) ✐ Vermögenswerte, die zur Sicherung des Gläubigers dienen; bes. die Sicherung des Banknotenumlaufs durch Reservehaltung in Form von Geld, Devisen u. a. – **2)** ⚽ bei Mannschaftsspielen (z. B. Fußball) die Verteidigung gegen das gegner. Angriffsspiel; im Boxen das Schützen des Körpers gegen gegner. Schläge.
Decoder *der,* Einrichtung zum Entschlüsseln einer codierten Nachricht, in der EDV z. B. ein Gerät, das die Zeichen eines Zeichenvorrats eindeutig den Zeichen eines anderen zuordnet, d. h. für jedes Eingangssignal ein bestimmtes Ausgangssignal abgibt.
De Coster, Charles, belg. Schriftsteller, * 1827, † 1879; schrieb den geschichtl. Roman »Tyll Ulenspiegel und Lamm Goedzak ...« (1867).
Dedekind, Richard, dt. Mathematiker, * 1831, † 1916; einer der Begründer der modernen Algebra.
Deduktion *die,* Form der Beweisführung; Ableitung des Besonderen aus dem Allgemeinen; Ggs.: → Induktion.
Deep Purple [ˈdiːp ˈpəːpl], brit. Rockgruppe (1968 bis 1976), erfolgreich v. a. mit Hardrock; Come-back Mitte der 80er-Jahre.
DEFA, Abk. für **De**utsche **F**ilm **A**G, 1946 als dt.-sowjet. AG gegr., ab 1952 VEB, 1990 Dt. Filmgesellschaft mbH; 1992 Übernahme durch frz. Konzern.
de facto, tatsächlich; unabhängig davon, ob rechtl. (de jure) begründet. ⚖ **Anerkennung d. f.,** vorläufige, widerrufl., **de jure** endgültige Anerkennung.
Defätismus, Defaitismus [defɛt-] *der,* Zweifel an Sieg und Erfolg, bes. im Krieg.
Default [dɪˈfɔːlt], bei Datenverarbeitungsprogrammen voreingestellte und aus der Erfahrung gewonnene Werte von Parametern, die bei jedem Programmablauf unverändert genutzt werden, sofern sie nicht vom Nutzer bewusst geändert werden.
Defibrillation *die,* Beseitigung des lebensbedrohenden Herzkammerflimmerns durch Stromstöße (600 bis 1 000 Volt).
Definition *die,* Bestimmung der wesentl. Merkmale eines Begriffs. Die Erkenntnistheorie unterscheidet die das Wesen eines Gegenstands angebende **Real-D.** und die **Nominal-D.** (Worterklärung).
Defizit *das,* Fehlbetrag, z. B. weniger Einnahmen als Ausgaben auf einem Kassenkonto.
Defizitfinanzierung, engl. **deficit spending,** finanzpolit. Instrument zur Erreichung der Vollbeschäftigung mittels staatl. Ausgaben, die durch Kredite finanziert werden; D. birgt Inflationsgefahr.
Deflation *die,* **1)** Verminderung der umlaufenden Zahlungsmittel; Ggs.: Inflation. Folge: Erhöhung des Geldwerts, d. h. Sinken der Preise. – **2)** 🌐 ausblasende und abtragende Tätigkeit des Windes, z. B. Dünenbildung in Wüsten.
Defloration *die,* Entjungferung.
Defoe [dɪˈfəʊ], Daniel, engl. Schriftsteller, * um 1660, † 1731; »Robinson Crusoe« (1719/20).
Deformation *die,* Formveränderung eines Körpers durch äußere Kräfte, z. B. Druck.
Defregger, Franz v., österr. Maler, * 1835, † 1921; Tiroler Bauern- und Geschichtsbilder.
Degas [dəˈga], Edgar, frz. Maler, * 1834, † 1917; stellte impressionistisch die bewegte Gestalt, bes. beim Ballett und bei Pferderennen, dar; auch Radierungen und Plastiken.
De Gasperi, Alcide, ital. Politiker, * 1881, † 1954; Mitgründer der Democrazia Cristiana; 1945 bis 1953 Min.-Präs., gewann die Souveränität Italiens zurück, schloss 1946 ein Abkommen zur Autonomie Südtirols; Vorkämpfer der Einigung W-Europas.

James Dean

Richard Dedekind

Daniel Defoe
Stahlstich

Alcide De Gasperi

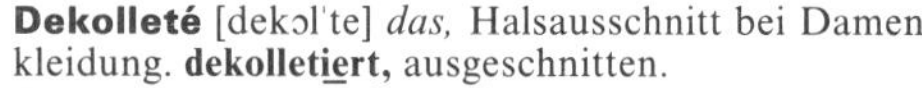

Hans-Georg Dehmelt

Johann Deisenhofer

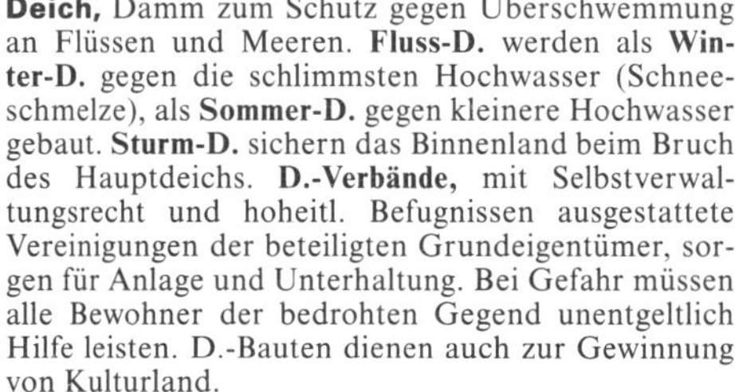

Delaware Flagge

Delhi Stadtwappen

Delmenhorst Stadtwappen

Degen *der,* Hieb- und Stichwaffe mit langer, schmaler, gerader Stahlklinge; beim sportl. **D.-Fechten** reine Stichwaffe.

Degenhardt, Franz Josef, dt. Schriftsteller und Liedersänger, * 1931; Chansonsammlung »Spiel nicht mit den Schmuddelkindern« (1967), Hörspielromane »Zündschnüre« (1973).

Deggendorf, Krst. in Niederbayern, an der Donau, 31 300 Ew.; Textilind., Werft; mittelalterlicher Straßenmarkt, Wallfahrtskirche (14. Jh.).

Degrelle [dəˈgrɛl], Léon, belg. Politiker und Publizist, * 1906, † 1994; gründete 1930 die kath.-faschist. Rexbewegung, arbeitete im 2. Weltkrieg mit Dtl. zusammen (Wallon. Legion); 1945 in Belgien zum Tode verurteilt, lebte in Spanien.

Dehaene [dəˈhaːnə], Jean-Luc, belg. Politiker, * 1940; Wirtschaftswissenschaftler; seit 1992 Premierminister.

Dehio, Georg, dt. Kunsthistoriker, * 1850, † 1932; »Handbuch der dt. Kunstdenkmäler« (seit 1905).

Dehler, Thomas, dt. Politiker, * 1897, † 1967; 1949 bis 1953 Justizmin.; 1954 bis 1957 Vors. der FDP; 1960 bis 1967 Vizepräs. des Bundestags.

Dehmelt, Hans-Georg, amerikan. Physiker dt. Herkunft, * 1922; Forschungen zu subatomaren Teilchen, 1989 mit N. F. Ramsey und W. Paul Nobelpreis für Physik.

Dehydrierung, Oxidation einer chem. Verbindung durch Entzug von Wasserstoff.

Deich, Damm zum Schutz gegen Überschwemmung an Flüssen und Meeren. **Fluss-D.** werden als **Winter-D.** gegen die schlimmsten Hochwasser (Schneeschmelze), als **Sommer-D.** gegen kleinere Hochwasser gebaut. **Sturm-D.** sichern das Binnenland beim Bruch des Hauptdeichs. **D.-Verbände,** mit Selbstverwaltungsrecht und hoheitl. Befugnissen ausgestattete Vereinigungen der beteiligten Grundeigentümer, sorgen für Anlage und Unterhaltung. Bei Gefahr müssen alle Bewohner der bedrohten Gegend unentgeltlich Hilfe leisten. D.-Bauten dienen auch zur Gewinnung von Kulturland.

Deisenhofer, Johann, dt. Biophysiker, * 1943; erhielt für Forschungen auf dem Gebiet der Photosynthese zusammen mit R. Huber und H. Michel 1988 den Nobelpreis für Chemie.

Deismus [von lat. deus »Gott«] *der,* in der engl. und frz. Aufklärung des 17. und 18. Jh. vorherrschende religiöse Anschauung, dass Gott nach der Schöpfung keinen Einfluss mehr auf die Welt nehme oder durch Offenbarungen spreche, wie der Theismus annimmt. Wichtige Vertreter: J. Locke, J. Toland (1670 bis 1722), Voltaire. Der D. ging in Dtl. in den Rationalismus über (I. Kant).

Deister *der,* Höhenzug südwestl. von Hannover, Ndsachs., bis 405 m hoch.

de jure, von Rechts wegen (→de facto).

Dekabristen, Teilnehmer der gescheiterten Offiziersverschwörung in Petersburg (1825); forderten eine Verfassung.

Dekade *die,* Anzahl von 10 Einheiten; **dekadisches System,** das →Dezimalsystem.

Dekalog *der,* die →Zehn Gebote.

Dekan *der,* Vorsteher 1) eines Hochschulfachbereichs oder einer -fakultät; 2) eines Domkapitels; 3) eines Kirchenkreises im Bistum; 4) Titel ev. Superintendenten. **Dekanat** *das,* Amt, Amtsbezirk des Dekans.

Dekhan, die Halbinsel Vorderindiens etwa südl. des Ganges-Brahmaputra-Deltas.

Deklaration *die,* Erklärung, z. B. Steuer-, Zollerklärung.

Deklination *die,* **1)** Abweichung, z. B. der Magnetnadel von der Nordrichtung. – **2)** ☼ Winkelabstand eines Gestirns vom Himmelsäquator. – **3)** Ⓢ Beugung des Hauptworts.

Dekolleté [dekɔlˈte] *das,* Halsausschnitt bei Damenkleidung. **dekolletiert,** ausgeschnitten.

Dekompression *die,* allg. Druckabfall; in der Tauch-, Luft- und Raumfahrttechnik.

Dekontamination *die,* Entgiftung radioaktiv, biologisch oder chemisch verunreinigter Gebiete oder Gegenstände.

De Kooning [dəˈkəʊnɪŋ], Willem, amerikan. Maler niederländ. Herkunft, * 1904, † 1997; Vertreter des abstrakten Expressionismus.

Dekort *der,* ✐ Abzug von einem Rechnungsbetrag u. a. aufgrund mangelhafter Ware.

Dekret *das,* Entscheidung, Verordnung; **dekretieren,** bestimmen, verordnen.

Dekubitus *der,* ⚕ das Wundliegen.

Dekumatland, im 1. Jh. n. Chr. von den Römern besetztes Land zw. Oberrhein und Donau, durch Anlage des Limes geschützt; um 260 von den Alemannen erobert.

Delacroix [dəlaˈkrwa], Eugène, frz. Maler, * 1798, † 1863; Hauptvertreter der frz. Romantik, schuf leidenschaftl., farbenglühende Szenen. Lithographien, u. a. zu Goethes »Faust«.

Delamuraz [frz. dəlamyˈra], Jean-Pascal, schweizer. Politiker, * 1936; gehört der Freisinnig-demokrat. Partei an, seit 1984 Bundesrat (seit 1986 Volkswirtschaftsdepartment); 1989 und 1996 Bundespräsident.

Delaunay [dəloˈnɛ], Robert, frz. kubist. Maler, * 1885, † 1941; verwendete klare, reine Farben.

Delaware [ˈdeləweə], Abk. **Del.,** zweitkleinster Staat der USA, zw. Chesapeake Bay und Delaware Bay, 5 295 km², 666 200 Ew.; Hptst. Dover. Geflügelzucht, Acker- und Gartenbau; Ind.zentrum (v. a. chem. Ind.) ist die größte Stadt Wilmington.

Delawaren [nach dem Delaware River], Indianerstamm Nordamerikas, Algonkin; heute etwa 8 000 Personen.

Delaware River [ˈdeləweə ˈrɪvə], Fluss in den USA, 451 km lang, mündet an der O-Küste in die Delaware Bay.

Delbrück, 1) Hans, dt. Historiker, * 1848, † 1929; schrieb »Gesch. der Kriegskunst im Rahmen der polit. Geschichte« (1900 bis 1920). – **2)** Max, amerikan. Biophysiker und Biologe, * 1906, † 1981, Sohn von 1); Arbeiten zur Bakteriengenetik; Nobelpreis für Physiologie oder Medizin 1969 zus. mit Salvador Luria (* 1912, † 1991) und Alfred Day Hershey (* 1908).

deleatur [lat. »es werde gestrichen«], 🕮 Korrekturzeichen (₰) für Streichung.

Edgar Degas. Sich kämmende Frau (um 1895)

Deledda, Grazia, ital. Schriftstellerin, * 1871, † 1936; schildert ihre Heimat Sardinien: »Schilfrohr im Wind« (1913) u. a.; Nobelpreis für Literatur 1926.

Delegation *die,* **1)** Abordnung. – **2)** ⚖ Überweisung, Abtretung, Übertragung einer Ermächtigung. **delegieren,** abordnen, übertragen.

Delémont [dəleˈmɔ̃], dt. **Delsberg,** Hptst. des Kt. Jura, Schweiz, 11 800 Ew., an der Birs; Biolog. Kontrollinstitut; Uhren- u. a. Ind.; Viehmärkte.

Delft, Stadt in den Niederlanden, nordöstl. von Rotterdam, 91 900 Ew.; TU; Kabelwerk u. a. Ind., Fayencemanufaktur (**Delfter Fayence:** weiße, blau bemalte glasierte Gefäße); grachtenreiche histor. Altstadt.

Delhi [ˈdeːli], Stadt in N-Indien und Unionsterritorium, 7,2 Mio. Ew. Der südl. Stadtteil **Neu-D.** ist Hptst. Indiens (seit 1912 erbaut). D. hat Reste alter Stadtanlagen, darunter »Rote Burg« mit Marmorbauten, Moscheen, die zum Weltkulturerbe zählen. 4 Univ.; Gummi-, chem., Schwer- u. a. Ind.; internat. ✈ Palam.

Delibes [dəˈliːb], Léo, frz. Komponist, * 1836, † 1891; komische Opern, Ballette (»Sylvia«, 1876).

delikat, 1) erlesen, köstlich (v. a. von Speisen). **Delikatessen,** Leckerbissen, Feinkost. – **2)** Takt, Diskretion erfordernd.

Delikt *das,* im Strafrecht eine mit Strafe bedrohte schuldhafte Handlung; im bürgerl. Recht eine unerlaubte Handlung, die zu Schadensersatz verpflichtet.

Delila, Dalila, Geliebte des → Simson.

Delinquent *der,* Straftäter, Missetäter.

Delirium *das,* ⚕ akute geistige Störung mit Erregungszuständen und Sinnestäuschungen. **D. tremens,** bei chron. Alkoholmissbrauch auftretende akute Alkoholpsychose.

delisches Problem, in der Antike geometr. Aufgabe, einen Würfel herzustellen, der den doppelten Rauminhalt eines gegebenen Würfels hat; lässt sich mit Zirkel und Lineal nicht lösen.

Delitzsch, Krst. in Sa., 27 000 Ew.; Süßwaren-, Zucker-, chem. Ind., Ausbesserungswerk der Dt. Bahn AG.

Delius, Frederick, brit. Komponist, * 1862, † 1934; impressionist. Opern, Chor-, Orchesterwerke.

Delkredere *das,* Gewährleistung für die Erfüllung einer Forderung, bes. bei Kommissionären und Handelsvertretern, wofür sie **D.-Provision** beziehen. **D.-Konto,** Konto für zweifelhafte Forderungen. **D.-Posten,** Rückstellungen auf der Bilanzpassivseite für zweifelhafte Forderungen.

Delmenhorst, kreisfreie Stadt in Ndsachs., westl. von Bremen, 78 100 Ew.; Textil-, chem., Nahrungsmittelind., Maschinenbau.

Delon [dəˈlɔ̃], Alain, frz. Filmschauspieler, * 1935; »Der eiskalte Engel« (1967).

Delos, kleine Granitinsel der griech. Kykladen, in der Ägäis. In der Antike Hauptverehrungsstätte von Apollo und Artemis. Die Insel mit zahlreichen Tempelanlagen gehört zum Weltkulturerbe.

Delp, Alfred, dt. kath. Theologe, Jesuit, * 1907, † 1945; arbeitete im → Kreisauer Kreis am Entwurf einer christl. Sozialordnung mit; vom Volksgerichtshof zum Tode verurteilt und hingerichtet.

Delphi, antike griech. Stadt am S-Abhang des Parnass, Apollo-Heiligtum und Sitz des **Delphischen Orakels;** Ausgrabungen seit 1873. Die zahlreichen Ruinen gehören zum Weltkulturerbe.

Delphine, Familie der Zahnwale in den nördl. Meeren, fischähnl., 2 bis 9 m lange Säugetiere mit spindelförmigem Körper und kegelförmigen Zähnen; schnelle, lebhafte, sehr intelligente, gesellig lebende Tiere; verständigen sich mit akust. Signalen. Arten: **Gemeiner D., Großer Tümmler, Grind-** oder **Schwarzwal** und **Beluga** oder **Weißwal;** wegen ihres Fleisches und Tranes gejagt.

Apollo-Heiligtum in **Delphi**

Delta *das,* **1)** griech. Buchstabe D = Δ, d = δ. – **2)** fächerförmige, oft verzweigte Flussmündung, die sich infolge der Ablagerungen des Flusses in das Mündungsbecken (Meer oder See) vorschiebt; geformt wie der griech. Buchstabe Δ.

Grazia Deledda

Deltaflügel, Flugzeugtragflügel, der in Aufsicht die Form eines Dreiecks (Deltas) aufweist; bietet geringen Luftwiderstand im Überschallbereich und große Stabilitätsvorteile.

Deltawerke, von 1950 bis 1986 geschaffene Anlagen zur Abdämmung des Rhein-Maas-Schelde-Deltas in den Niederlanden zur Verhütung von Meereseinbrüchen.

Deltoid *das,* ebenes Viereck aus 2 gleichschenkligen Dreiecken, deren gemeinsame Grundlinie eine Diagonale des D. ist.

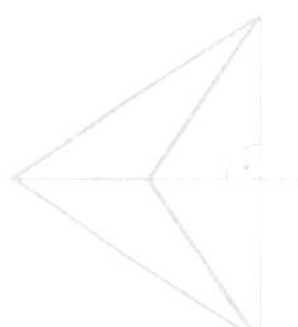
Deltoid

Delvaux [dɛlˈvo], Paul, belg. Maler und Grafiker, * 1897, † 1994; Vertreter des Surrealismus; Figuren (meist Akte) in kulissenhafter Architektur.

Demagoge [griech. »Volksführer«] *der,* Volksverführer, Hetzer. **Demagogie,** Volksverführung in verantwortungsloser Ausnutzung von Gefühlen und Vorurteilen.

Demarche [deˈmarʃ] *die,* diplomat. Schritt, bes. diplomat. Einspruch bei einem andern Staat.

Demarkation *die,* regelmäßig durch Vereinbarung erfolgte Festlegung der Grenzen zw. Staaten nach Gebietsveränderungen oder (bewaffneten) Konflikten. **D.-Linie,** vorläufige Abgrenzung gegenseitiger Hoheitsbefugnisse oder Einflusssphären, von Hoheitsgebieten; gilt völkerrechtlich nicht als Staatsgrenze.

Dementi *das,* Widerruf einer Behauptung, Richtigstellung. **dementieren,** richtig stellen.

Demenz *die,* ⚕ erworbene Minderung von Intelligenz und Gedächtnis. **Dementia senilis,** altersbedingte D. **Dementia praecox** → Schizophrenie.

Demeter, griech. Göttin des Wachstums und der Fruchtbarkeit, bes. des Ackerbaus und des Getreides, Mutter der Persephone. (→ Ceres)

Demetrios I., * 1914, † 1991; seit 1972 Ökumen. Patriarch von Konstantinopel.

Demetrius, russ. Großfürst, → Dmitrij.

Deminutiv *das,* → Diminutiv.

Demirel, Süleyman, türk. Politiker, * 1924; 1964 bis 1980/81 Vors. der Gerechtigkeitspartei; mehrfach Min.-Präs.; 1993 zum Staatspräs. gewählt.

demi-sec [dəmiˈsɛk], halbtrocken; Schaumwein mit 33 bis 50 g/l Restzuckergehalt.

Demission *die,* Rücktritt, bes. einer Regierung oder eines Ministers.

Alfred Delp

Demiurg *der,* urspr. Handwerker, seit Platon Bezeichnung für den Schöpfer der Welt.

Democrazia Cristiana, Abk. **DC,** ital. Partei, im 2. Weltkrieg illegal entstanden, 1945 bis 1993 führende Partei in Italien, 1994 aufgelöst.

Römischer **Denar** Vorderseite mit dem Kopfbild des Augustus

Cathérine Deneuve

Deng Xiaoping

Demokrit Stich nach einer Zeichnung von Peter Paul Rubens

Demodulation, Empfangsgleichrichtung, Trennung der niederfrequenten Schwingungen von der hochfrequenten Trägerschwingung.

Demographie *die,* beschreibende Bevölkerungskunde, der Bevölkerungsstatistik nahe stehend.

Demokraten, 1) → Demokratie. – **2)** Ü für die in den USA unter dem geistigen Einfluss der Frz. Revolution entstandene **Demokratische Partei** (unter der Führung T. Jeffersons), stellte im 20. Jh. 1913 bis 1921, 1933 bis 1953, 1961 bis 1969, 1977 bis 1981, wieder seit 1993 den Präsidenten (T. W. Wilson, F. D. Roosevelt, H. S. Truman, J. F. Kennedy, L. B. Johnson, J. E. Carter, W. J. Clinton).

Demokratie [griech. »Volksherrschaft«] *die,* Lebens- und Staatsform, die von der Gleichheit und Freiheit aller Bürger ausgeht und daraus die Forderung ableitet, dass nach dem Willen des Volkes regiert werde; seit der Antike als Alternative zur → Monarchie und → Aristokratie begriffen. Die D. im herkömml. Sinn wird durch das Vorhandensein einer Verf. gekennzeichnet, die auf der Verteilung der 3 Hauptaufgaben staatl. Machtausübung (Gesetzgebung = Legislative, Regierung = Exekutive, Rechtsprechung = Judikative) auf voneinander unabhängige Organe beruht **(Gewaltenteilung),** die die **Grundrechte** gewährleistet und das allg., gleiche, freie und geheime **Wahlrecht** sichert. Das Volk als eigentl. Träger der Staatsgewalt **(Volkssouveränität)** ist berufen, seinen Willen in Mehrheitsentscheidungen kundzutun, entweder unmittelbar **(unmittelbare D.)** oder durch Wahl von Vertretern zur Volksvertretung (**mittelbare, repräsentative D.;** heute gebräuchlichste Form). Die Volksvertretung beschließt die Gesetze und ist in den meisten Staaten an der Bildung der Reg. beteiligt **(parlamentar. D.).** In vielen Staaten ist das Volk auch zum unmittelbaren Volksentscheid aufgerufen, in einigen Staaten wählt es den Reg.-Chef auf eine bestimmte Zeit (**Präsidial-D.,** z. B. USA).

An der polit. Willensbildung in der repräsentativen D. haben die **Parteien** Anteil, bes. bei Wahlen und Reg.-Bildung. Voraussetzung freiheitl. D. ist, dass die Minderheitsparteien als **Opposition** unbehindert zu Wort kommen und dass ein Reg.-Wechsel mit friedl. Mitteln gesichert ist.

Die Erscheinungsformen der D. sind vielgestaltig: Eine D. ist nicht notwendig eine Rep., auch parlamentar. Monarchien können D. sein (z. B. Großbritannien). Da D. Gleichheit vor dem Gesetz verbürgt, ist der demokrat. Staat ein **Rechtsstaat.**

Der Marxismus versteht unter D. die klassenlose Gesellschaft, in der der Staat durch die »sozialist. Ordnung« abgelöst ist; sie soll entstehen, nachdem die »kapitalist.« Wirtschaftsordnung durch die Übergangsform der Diktatur des Proletariats beseitigt worden ist. Als Variante entwickelte sich die → Volksdemokratie mit dem Scheine nach demokrat. Einrichtungen (Verfassung mit Grundrechtskatalog, Wahlen, Volksvertretung u. a.).

Demokratie Jetzt, Abk. **DJ,** von kirchl. Kreisen Sept. 1989 in der DDR gegr. Bürgerbewegung, maßgeblich am demokrat. Umbruch beteiligt; ging 1991 im Bündnis 90 auf.

Demokratischer Aufbruch, Abk. **DA,** im Dez. 1989 in der DDR gegr. Partei, Aug. 1990 Beitritt zur CDU-Ost, mit dieser Okt. 1990 Beitritt zur CDU der Bundesrepublik.

Demokratisches Russland, 1990 in Moskau gegr. Bewegung als Opposition zur KPdSU; seit 1991 Partei.

Demokrit, griech. Philosoph, * um 460 v. Chr., † zw. 380 und 370; schuf eine Atomtheorie, nach der alle Eigenschaften der Dinge auf Form, Lage und Größe von undurchdringl., unsichtbaren und unveränderl. Atomen zurückgeführt werden, die sich im leeren Raum bewegen (→ Atomismus).

Demonstration *die,* **1)** Veranschaulichung, Darlegung. – **2)** öffentl. Kundgebung durch eine größere Anzahl von Personen **(Demonstranten).**

Demontage [-ˈta:ʒə] *die,* Zerlegung, Abbau, z. B. von Industrieanlagen; auch bewusste Schädigung [einer Persönlichkeit].

Demoskopie *die,* → Meinungsforschung.

Demosthenes, griech. Redner und Staatsmann, * 384, † 322 v. Chr.; versuchte vergeblich, die polit. Freiheit der Griechen gegen Makedonien zu verteidigen.

Denar *der,* **1)** röm. Silbermünze. – **2)** Pfennig des Mittelalters.

denaturieren, natürl. Eigenschaften zerstören; vergällen.

Dendera, Dorf in Oberägypten, in der Nähe der Haupttempel der Göttin Hathor.

Dendrit [griech. dendron »Baum«] *der,* **1)** baum- oder moosartige Kristallbildung auf Gesteinen; oft irrtümlich für Pflanzenabdrücke gehalten. – **2)** verzweigter Fortsatz einer Nervenzelle.

Dendrochronologie, Jahr|ringchronologie, die Altersbestimmung archäolog. Holzfunde durch den Vergleich der Jahrringmuster mit einem Baumringkalender.

Dendrologie *die,* Baum- und Gehölzkunde.

Deneuve [dəˈnœv], Cathérine, eigentl. C. **Dorléac** [dɔrleˈak], frz. Filmschauspielerin, * 1943; »Belle de jour« (1966), »Die letzte Metro« (1980).

Denguefieber [ˈdeŋge-], **Dandyfieber,** Viruskrankheit in den Tropen und Subtropen, von der Stechmückengattung Aedes übertragen.

Deng Xiaoping [-çiao-], **Teng Hsiao-p'ing,** chin. Politiker, * 1904, † 1997; 1927 bis zur Kulturrevolution 1967 mehrere hohe Parteiämter, nach Rehabilitation 1973 und 1977 führender chin. Politiker, 1981 bis 1990 Vors. der Zentralen Militärkommission; leitete die wirtschaftl. Öffnung Chinas ein; ließ im Juni 1989 Arbeiter- und Studentendemonstrationen blutig niederschlagen.

Den Haag [dɛnˈha:x], amtl. **'s-Gravenhage,** königl. Residenz und Reg.-Sitz der Niederlande, mit Seebad und Fischereihafen **Scheveningen** 445 300 Ew.; Kunsthandel, Gemäldegalerien, Museen; Akademie des Völkerrechts, Sitz des Internat. Gerichtshofs; Friedenspalast; Schlösser, got. Kirche; Metallverarbeitung, elektrotechn., chem., Druck- und Nahrungsmittelind.; Verkehrsknotenpunkt.

De Niro [dəˈnaɪərəʊ], Robert, amerikan. Schauspieler, * 1943; internat. Durchbruch in Filmen von F. F. Coppola und M. Scorsese; u. a. »Der Pate II« (1974), »Taxi Driver« (1975), »Good Fellas« (1990), »Sleepers« 1996.

Denitrifikation *die,* Abbau der Stickstoffverbindungen im Boden durch Bakterien bis zur Wiederherstellung freien, für die meisten Pflanzen nicht verwertbaren Stickstoffs.

Denizli [dɛˈnizli], türk. Prov.-Hptst., 203 100 Ew.; geotherm. Kraftwerk; im N die Kalksinterterrassen von **Pamukkale** und die Ruinenstadt Hierapolis.

Denken, Fähigkeit des Verstands, Gegenstände und Beziehungen zw. ihnen aufzufassen, oft mithilfe sprachl. oder anderer Symbole. Ergebnisse des D. sind Begriffe, Urteile, Schlüsse. Die Gesetze richtiger Denkfolgen untersucht die → Logik.

Denkmal, Gegenstand der Kunst, der Geschichte, der Natur von denkwürdigem Charakter (Natur-, Geschichts-, Kunst-D.), i. e. S. das einer Person gewidmete Monument. **D.-Pflege, D.-Schutz,** Maßnahmen zum Schutz künstlerisch oder kulturgeschichtlich wertvoller Denkmäler.

Denktasch, Rauf Raschid, türk.-zypriot. Politiker, * 1924; 1973 Vizepräs. Zyperns, 1976 bis 1983 Präs. des »Föderativen Türkisch-Zypriot. Staates«, seit 1983 der »Türk. Rep. N-Zypern«.

Dentist, früher Berufsbezeichnung für einen Zahnbehandler, der nicht als Zahnarzt zugelassen war.
Denudation [lat. »Entblößung«] *die,* ⊕ flächenhafte Entblößung des festen Untergrundes von seinen Verwitterungsstoffen.
Denunziation *die,* Anzeige einer strafbaren Handlung, i.e.S. eine moralisch verwerfl. Anzeige. Ein **Denunziant** ist, wer eine Anzeige wider besseres Wissen oder leichtfertig erstattet; strafbar nach §§ 164, 241 a StGB.
Denver, Hptst. von Colorado, USA, am O-Fuß der Rocky Mountains, 467 600 Ew.; 2 Univ.; Finanz- und Verwaltungszentrum, Wintersportplatz; ✈.
Deodorants, Körperpflegemittel (Sprays, Stifte, Puder u.a.), die durch ihre keimhemmend wirkenden Substanzen und beigemengten Parfümbestandteile die Bildung unangenehmen Körpergeruchs unterbinden.
Depardieu [dəpar'djø], Gérard, frz. Schauspieler, * 1948; Charakterrollen, »1900« (1976), »Cyrano de Bergerac« (1990), »1492 - Die Eroberung des Paradieses« (1992), »Hamlet« (1997).
Departement [departə'mã] *das,* Abteilung, Verwaltungszweig; in der Schweiz und den USA **(Department)** oberste Verwaltungsbehörden, den Ministerien entsprechend.

René Descartes. Ausschnitt aus einem Gemälde von Frans Hals (1655) und Autogramm

Département [departə'mã] *das,* Verwaltungsbez. in Frankreich.
Depesche *die,* Telegramm, Eilbotschaft.
Depilation *die,* oberflächl. Enthaarung unter Verwendung mechan. und chem. Mittel.
Deponie *die,* Ablagerungsort; zentraler Ablagerungsplatz von Abfällen **(Müll-D.).** Erlaubt ist nur die geordnete D. in geeignetem Gelände.
Deport *der,* an der Börse Kursabschlag bei Rücklieferung von Wertpapieren im verlängerten Termingeschäft; Ggs.: Report.
Deportation *die,* Zwangsverschickung, Verbannung.
Depositen, 1) hinterlegte Wertsachen. - **2)** verzinsl. Geldeinlagen bei Banken (bes. **D.-Banken**).
Depot [de'po] *das,* **1)** Aufbewahrungsort, Lager. - **2)** bei einer Bank aufbewahrte Wertgegenstände und Wertpapiere.
Depotpräparate, Arzneimittel, die verzögert aufgenommen, abgebaut oder ausgeschieden werden.
Depression *die,* **1)** gedrückte Gemütsstimmung, die krankhafte Züge annehmen kann. - **2)** Tiefstand in der Wirtschaftsentwicklung. - **3)** ☼ Bogenabstand von Sternen unter dem Horizont. - **4)** Gebiet niederen Luftdrucks. - **5)** ⊕ abflusslose Landsenke, die unter dem Niveau des Meeresspiegels liegt (z.B. das Tote Meer).
De profundis [lat. »aus der Tiefe«], Anfangsworte des 130. (129.) Psalms.
Deputat *das,* **1)** Naturalleistung (in Gütern oder Diensten). - **2)** zukommender Anteil.
Deputation *die,* Abordnung. **Deputierter** *der,* Abgeordneter.
Derain [də'rɛ̃], André, frz. Maler, * 1880, † 1954; von P. Cézanne und dem Kubismus beeinflusst, Mitbegründer des Fauvismus.
Derbent, Stadt in Dagestan, Russ. Föderation, am W-Ufer des Kasp. Meeres, 85 000 Ew.; Erdölfelder; Weinbau, Wollspinnerei, Fischkonservenfabrik.
Derby ['dɛrbi, auch 'dɑ:bɪ], bekanntestes engl. Galopprennen für dreijährige Pferde, gestiftet von Lord D. 1780; alljährlich in Epsom; seit 1869 in Hamburg das **Dt. Derby.**
Derby ['dɑ:bɪ], Stadt in der engl. Cty. **Derbyshire,** 223 800 Ew.; anglikan. Bischofssitz; Fahrzeugbau, Webwarenindustrie, Porzellanmanufaktur (**D.-Porzellan** seit etwa 1750).
Derfflinger, Georg Freiherr v., brandenburg. Generalfeldmarschall, * 1606, † 1695; entschied als Reiterführer des Großen Kurfürsten die Schlachten bei Warschau (1656) und 1675 bei Fehrbellin.
Dermatologie *die,* Lehre von den Hautkrankheiten. **Dermatologe,** Hautarzt.
Derry ['derɪ], Stadt in Nordirland, 51 200 Ew.; kath. und anglikan. Bischofssitz, Univ.; Hafen; Hemdenind.; D. hieß 1613 bis 1984 Londonderry.
Derwisch *der,* islam. Bettelmönch.
Déry ['de:ri], Tibor, ungar. Schriftsteller, * 1894, † 1977; 1956 bis 1960 als geistiger Führer der Volkserhebung inhaftiert; surrealist., zeitkrit. Romane.
desavouieren [dezavu-], verleugnen; (in der Öffentlichkeit) bloßstellen.
Descartes [de'kart], René, lat. **Cartesius,** frz. Philosoph, Mathematiker, * 1596, † 1650; erster krit. und systemat. Denker der Neuzeit. Als einzige Gewissheit gilt ihm die durch method. Zweifel gewonnene Einsicht des »cogito ergo sum« (ich denke, also bin ich). Sein Rationalismus beeinflusste als **Kartesianismus** ein Jahrhundert lang die Philosophie in Westeuropa. Als Mathematiker war D. Schöpfer der analyt. Geometrie.
Desensibilisierung, künstl. Herabsetzung der Überempfindlichkeit (Allergie) gegen ein Allergen durch allmählich erhöhte Gaben des Allergens.
Deserteur [-'tør] *der,* Fahnenflüchtiger. **Desertion** *die,* Fahnenflucht.
Desertifikation *die,* Vordringen der Wüste in halbtrockene Gebiete oder die Schaffung wüstenähnl. Bedingungen durch Eingriffe des Menschen in das Ökosystem der Wüstenrandgebiete (z.B. durch Überweidung).
De Sica, Vittorio, ital. Schauspieler und Regisseur, * 1902, † 1974; Meister des neorealist. Films: »Fahrraddiebe« (1948), »Das Dach« (1956), »Die Eingeschlossenen von Altona« (1962).
Desiderius, der letzte König der Langobarden, 774 von Karl d. Gr. besiegt.
Design [dɪ'zaɪn] *das,* Muster, Zeichnung, Entwurf von formgerechten Gebrauchsgegenständen und Industrieprodukten. **Designer,** Formgestalter.
Designerdrogen, synthetisch hergestellte Rauschgifte, chemische Abkömmlinge bekannter Suchtstoffe mit den gleichen (z.T. stärkeren) Sucht erzeugenden Eigenschaften; oft von unberechenbarer, häufig schon in geringster Menge tödl. Wirkung.
Desinfektion *die,* Entseuchung, Vernichtung von Krankheitserregern zur Verhütung von Ansteckung und/oder von Wundinfektionen (Asepsis), durch physikal. Mittel: Auskochen, Heißluftsterilisation, strömenden oder gespannten Wasserdampf (Autoklav), Ultraviolettbestrahlung (Raumluftsterilisation) sowie

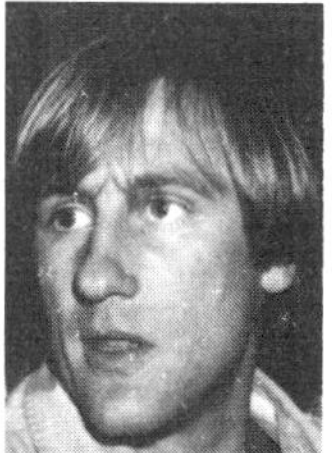

Gérard Depardieu

Tibor Déry

Den Haag
Stadtwappen

Derby
Stadtwappen

Charles Despiau
Mädchenfigur, 1,8 m hohe Bronze (1937)

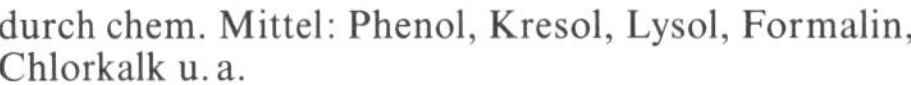

durch chem. Mittel: Phenol, Kresol, Lysol, Formalin, Chlorkalk u. a.

Désirée Eugénie Bernardine, Königin von Schweden, * 1777, † 1860; urspr. Verlobte Napoleons; ⚭ mit Jean-Baptiste Bernadotte (als König → Carl XIV. Johan).

Desktoppublishing [-ˈpʌblɪʃɪŋ], Abk. **DTP,** Herstellung von Publikationen unter Verwendung von Personalcomputer und Laserdrucker.

Des Moines [dɪˈmɔɪn], Hptst. von Iowa, USA, 194 500 Ew.; Reifenfabrik, Nahrungsmittelind., Maschinenbau.

Desmoulins [demuˈlɛ̃], Camille, frz. Revolutionär und Schriftsteller, * 1760, † 1794; Anführer des Sturms auf die Bastille; mit Danton hingerichtet.

Desna *die,* linker Nebenfluss des Dnjepr, 1 130 km lang, mündet bei Kiew.

Desoxyribonukleinsäure → Nukleinsäuren.

Desperado *der,* zu jeder Verzweiflungstat fähiger polit. Abenteurer; auch Bandit, Gesetzloser.

Despiau [dɛsˈpjo], Charles, frz. Bildhauer, * 1874, † 1946; 1907 bis 1914 Gehilfe von A. Rodin, schuf von klass. Ruhe erfüllte Werke.

Despot *der,* Willkür-, Gewaltherrscher. **Despotie** *die,* **Despotismus** *der,* Willkürherrschaft.

Dessau, kreisfreie Stadt in Sa.-Anh., an der Mündung der Mulde in die Elbe (Hafen), 92 200 Ew.; Bahnknotenpunkt; elektrotechn. Ind., Waggon-, Maschinen- und Apparatebau. 1603 bis 1918 anhalt. Fürsten- und Herzogssitz. 1925 bis 1932 Sitz des → Bauhauses; die Gebäude gehören zum Weltkulturerbe.

Dessau, Paul, dt. Komponist, * 1894, † 1979; bekannt v. a. durch seine Bühnenmusiken zu Stücken von B. Brecht.

Dessauer, der Alte D., → Leopold.

Dessert [dɛˈsɛːr] *das,* Nachtisch. **D.-Weine,** süße Weine, meist Südweine.

Dessin [dɛˈsɛ̃] *das,* Plan, Zeichnung; fortlaufendes Muster auf Stoff, Papier u. Ä.

Dessau
Stadtwappen

Destillation *die,* chem. Trennungs- und Reinigungsverfahren bei Flüssigkeitsgemischen unter Ausnutzung der versch. Siedebereiche. Der eine Flüssigkeitsanteil verdampft und kondensiert bei Abkühlung zum **Destillat,** der andere Teil bleibt zurück. Die **einfache D.** bezweckt die Trennung unzersetzt verdampfbarer Flüssigkeiten von ihren nicht flüchtigen Bestandteilen. Die **gebrochene** (fraktionierte) **D.** zerlegt ein Gemisch flüchtiger Bestandteile von versch. Siedepunkten in die einzelnen Bestandteile. Die **trockene D.,** eigtl. eine Pyrolyse, ist die Zersetzung von Kohle und Holz u. a. organ. Stoffen durch Erhitzen in trockenem Zustand; dabei bilden sich feste (Holzkohle), flüssige (Holzessig) und gasförmige (Heizgas, Stadtgas) Stoffe.

DESY → **D**eutsches **E**lektronen-**Sy**nchrotron.

Detmold
Stadtwappen

Deszendent *der,* Untergangspunkt eines Gestirns; Ggs.: Aszendent.

Deszendenzlehre → Abstammungslehre.

Detektiv *der,* in USA und England: Kriminalbeamter, in Dtl. Privatperson, die in privatem Auftrag Ermittlungen anstellt. **D.-Roman** → Kriminalroman.

Detektor *der,* Anzeige- bzw. Nachweisgerät (z. B. von Strahlungen, Elementarteilchen).

Detergentien, waschaktive Substanzen (→ Tenside).

Determination *die,* **1)** Bestimmung eines Begriffs durch andere, enger gefasste Begriffe. – **2)** die Festlegung des Entwicklungsverlaufs bei pflanzl., tier. und menschl. Keimen.

Determinismus *der,* Lehre, dass alles Geschehen durch Ursachen eindeutig bestimmt ist. Ggs.: Indeterminismus.

Ernst Deutsch

Detmold, Krst. in NRW, im Teutoburger Wald, 73 300 Ew.; Hochschule für Musik; Möbelind.; Schloss (Weserrenaissance), ehem. Residenz der Grafen bzw. Fürsten zur Lippe-D.; südl. von D. die Grotenburg mit dem Hermannsdenkmal und die → Externsteine.

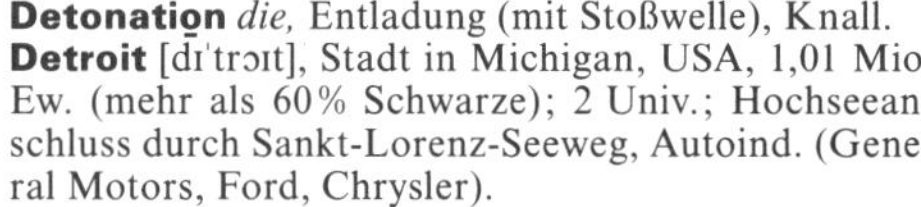

Detonation *die,* Entladung (mit Stoßwelle), Knall.

Detroit [dɪˈtrɔɪt], Stadt in Michigan, USA, 1,01 Mio. Ew. (mehr als 60 % Schwarze); 2 Univ.; Hochseeanschluss durch Sankt-Lorenz-Seeweg, Autoind. (General Motors, Ford, Chrysler).

Deus *der,* Gott. **D. ex Machina** [»Gott aus der Maschine«], im antiken Schauspiel der durch eine Maschine herabgelassene Gott, der die Verwicklungen löste; Ü unverhoffter Helfer.

Deut *der,* ehem. kleine niederländ. Kupfermünze.

Deuterium *das,* **schwerer Wasserstoff,** chem. Symbol **D** oder ^{2}**H,** ein schweres Isotop des Wasserstoffs; Darstellung durch Elektrolyse des → schweren Wassers. Der Atomkern des D. heißt **Deuteron;** schweres Wasser (D_2O) ist eine wirkungsvolle Bremssubstanz (Moderator) für Neutronen im Kernreaktor.

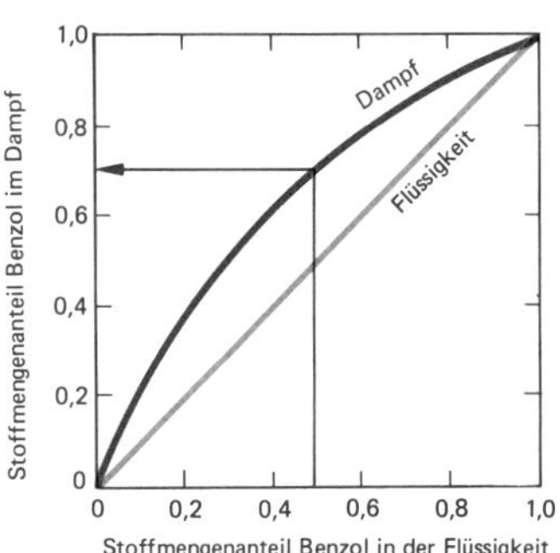

Destillation. Gleichgewichtsdiagramm der Mischung Benzol/Toluol

Deuteronomium *das,* 5. Buch Mose.

deutsch, zuerst 768 in latinisierter Form für die dt. Sprache belegt, wurde zum Namen des Volkes und Landes.

Deutsch, Ernst, dt. Schauspieler, * 1890, † 1969; bedeutender Charakterdarsteller, 1933 bis 1947 Emigration in die USA; auch Filmrollen (»Der Prozeß«, 1947).

Deutsche, nach Herkunft und Sprache → Germanen, seit alters hauptsächlich in Mitteleuropa ansässig. Von D. kann man jedoch erst sprechen, als nach der Teilung des → Fränkischen Reichs in den Stämmen des Ostfränk. Reichs das Bewusstsein eines gemeinsamen polit. Schicksals entstand. Die D. scheiden sich seit der Mitte des 9. Jh. nach Sprache, Recht und Geschichte von der roman. Bev., den Welschen (der »Romanitas«). Die alten großen Stämme waren: Alemannen, Baiern, Franken, Thüringer, Sachsen, Friesen, während sich in dem besiedelten Ostraum zw. 10. und 14. Jh. Neustämme bildeten. Starke Verzahnung und Vermischung in den Grenzgebieten hatten zur Folge, dass die heutigen dt. Länder vielfach nicht mehr mit den alten Stammesbereichen zusammenfallen. Unterschiede sind noch heute in den Mundarten zu erkennen. Neben der seit der Karolingerzeit beginnenden und das MA. überdauernden »inneren Kolonisation« (z. B. Rodung der Wälder) stand, ebenso früh beginnend, die »äußere Kolonisation«, der teils friedl., teils krieger. Erwerb neuer Gebiete (»Marken«). Sie ging nach Osten, in einst german., in der Völkerwanderung den Slawen überlassenes Land (Österreich, Kärnten, Steiermark, Obersachsen, Schlesien, Brandenburg, Mecklenburg, Pommern, Preußen und die Randgebiete Böhmens und Mährens). Große Verluste brachte der Dreißigjährige Krieg. Seit etwa 1850 wanderten viele D. aus, bes. nach Nordamerika.

Im Rahmen der Eroberungspläne Hitlers wurden nach 1939 aufgrund von Verträgen sehr viele »Volks-D.« (aus Rumänien, Jugoslawien, Polen,

Russland und den balt. Ländern) in das »Großdeutsche Reich« umgesiedelt. Flüchtlingsströme ergossen sich nach dem Zusammenbruch der dt. Ostfront aus den Gebieten des Dt. Reichs östl. von Oder und Neiße, aus Böhmen und Mähren sowie anderen dt. Siedlungsgebieten in O-Europa nach dem Westen. Aufgrund des Potsdamer Abkommens der Alliierten 1945 wurden rd. 13 Mio. D. aus den Gebieten östl. der Oder und Neiße, aus Ungarn, Polen, Jugoslawien, der Tschechoslowakei vertrieben oder ausgesiedelt, andere wurden verschleppt, größtenteils in die UdSSR. – In Übersee gibt es dt. Siedlungen in Südamerika (Brasilien, Argentinien, Chile) und in Namibia.

Deutsche Akademie der Naturforscher Leopoldina, 1652 gegr. älteste naturwiss.-medizin. Gesellschaft; Sitz (seit 1879) Halle (Saale).

Deutsche Akademie der Wissenschaften zu Berlin, 1946 als Nachfolgerin der Preußischen Akademie der Wissenschaften gegr.; 1972 umbenannt in Akademie der Wissenschaften der DDR; 1991 aufgelöst.

Deutsche Akademie für Sprache und Dichtung, 1949 gegr. zur Vertretung der dt. Literatur im In- und Ausland; Sitz Darmstadt.

Deutsche Angestellten-Gewerkschaft, Abk. **DAG,** → Gewerkschaften.

Deutsche Arbeitsfront, Abk. **DAF,** der natsoz. Einheitsverband der Arbeitnehmer und Arbeitgeber; gegr. 1933, 1945 aufgelöst.

Deutsche Bahn AG, Abk. **DB AG,** im Jan. 1994 im Zuge der Bahnreform gegr. privates dt. Verkehrs- und Transportunternehmen; hervorgegangen aus der Dt. Bundesbahn und der Dt. Reichsbahn, Streckennetz rd. 40 000 km; die Strukturierung zu 3 voneinander unabhängigen Aktiengesellschaften, Personen-, Güterverkehr und Fahrweg (Schienennetz), soll bis 2002 abgeschlossen sein. Die DB AG hat auch neue Beteiligungsgesellschaften gegründet.

Deutsche Bank AG, Sitz Frankfurt am Main, dt. Großbank, gegr. 1870; bedeutende Beteiligungen u. a. Daimler-Benz AG, Karstadt AG, Dt. Herold AG.

Deutsche Bibliothek, dt. nat. Bibliothek, Stiftung des öffentl. Rechts, gegr. 1946; Sitz Frankfurt am Main; sammelt das seit 1945 erschienene dt.-sprachige Schrifttum (seit 1991 Arbeitsteilung mit dem Standort Leipzig), bearbeitet die Dt. Bibliographie. 1991 mit der Dt. Bücherei in Leipzig unter Beibehaltung beider Standorte vereinigt.

Das Renaissance Center in **Detroit** (1977)

Deutsche Börse AG, im Rahmen der Neustrukturierung des dt. Börsenwesens 1993 durch Umfirmierung der Frankfurter Wertpapierbörse AG gegr. Gesellschaft; Sitz Frankfurt am Main.

Deutsche Bücherei, Leipzig, errichtet 1912 vom Börsenverein der Dt. Buchhändler als Gesamtarchiv des deutschsprachigen Schrifttums des In- und Auslandes ab 1913. Die D. B. wurde 1991 mit der Dt. Bibliothek vereinigt.

Deutsche Bahn AG

Deutsche Bundesbahn, Abk. **DB,** bundeseigene Eisenbahnen in der Bundesrep. Dtl, 1949 aus der Dt. Reichsbahn entstanden. Zum 1. 1. 1994 umstrukturiert zur → Deutschen Bahn AG.

Deutsche Bundesbank, dt. Zentralbank, Sitz Frankfurt am Main. Aufgaben: Regelung des Geldumlaufs, Notenausgabe, Sicherung der Währung. 1957 durch Verschmelzung der Landeszentralbanken mit der Bank dt. Länder entstanden. Oberstes Organ ist der **Zentralbankrat.**

Deutsche Bundespost, Abk. **DBP,** ehem. wichtigster Träger des Nachrichtenverkehrs in Dtl., wurde in unmittelbarer Bundesverwaltung geführt, unterstand dem Bundesmin. für Post und Telekommunikation; im Zuge der Postreform 1989 aufgeteilt in die organisatorisch selbstständigen öffentl. Unternehmen D. B. Postdienst (Briefe, Pakete), D. B. Postbank und D. B. Telekom (Fernmeldewesen), nach Privatisierung dieser Bereiche entstanden 1995 die Unternehmen Dt. Post AG, Dt. Postbank AG und Dt. Telekom AG. – 1924 bis 1945 bestand die **Dt. Reichspost,** 1947 bis 1950 hieß sie **Dt. Post** (auch in der ehem. DDR).

Staatswappen der ehemaligen **Deutschen Demokratischen Republik**

Deutsche Christen, unter Einfluss des Nationalsozialismus entstandene ev. kirchl. Bewegung, erstrebte die Machtübernahme innerhalb der Kirche. Zu ihrer Abwehr bildete sich die → Bekennende Kirche.

Deutsche Demokratische Partei, Abk. **DDP,** im Nov. 1918 als Sammelpartei des Bürgertums von F. Naumann gegr., seit 1930 **Dt. Staatspartei,** löste sich im Juli 1933 auf.

Deutsche Demokratische Republik, Abk. **DDR,** Staat in Mitteleuropa, bestand von 1949 bis 1990; 108 333 km² mit (1989) 16,43 Mio. Ew.; entstand mit der Verfassungsgebung vom 7. 10. 1949. Berlin (Ost) wurde zur Hauptstadt erklärt, das sowjet. Besatzungsregime unter Aufrechterhaltung der Vorbehaltsrechte aus dem Viermächtestatus schrittweise abgebaut. Durch die Mitgliedschaft im Warschauer Pakt (seit 1955) und im Rat für gegenseitige Wirtschaftshilfe (seit 1959) sowie durch das Truppenstationierungsabkommen mit der UdSSR war die DDR in die »sozialist. Staatengemeinschaft« eingebunden. Das kommunist. Einparteiensystem wurde nach sowjet. Vorbild ausgebaut. Die von der Volkskammer im April 1968 gebilligte und im Okt. 1974 revidierte Verf. wies die DDR als »sozialist. Staat« aus, wobei der urspr. Zusatz »dt. Nation« entfiel, bekräftigt wurde die alleinige Führungsrolle der SED; außenpolitisch wurde das Bündnis mit der Sowjetunion »für immer und unwiderruflich« festgeschrieben, der urspr. betonte Wiedervereinigungsauftrag gestrichen. Die Grundrechte standen unter dem Vorbehalt der polit. Zweckmäßigkeit: Sie hatten nicht den Zweck, gegen staatliche Eingriffe zu schützen, gewährten also keinen Grundrechtsschutz (keine Verfassungs- und Verwaltungsgerichtsbarkeit). Als zweckbestimmte Teilhaberrechte wurden u. a. die Freiheit der Meinungsäußerung, der Presse, des Rundfunks und des Fernsehens (Artikel 27), die Versammlungsfreiheit (Artikel 28) und die Vereinigungsfreiheit (Artikel 29) verstanden; ein Streikrecht gab es nicht. Die persönl. Freiheitsrechte standen unter dem Vorbehalt gesetzl. Regelungen; Ausreise- und Auswanderungsfreiheit waren nicht vorgesehen. Als schützenswerte Einrichtungen wurden das gegenständlich begrenzte und funktional gebundene »persönl. Eigentum« mit dem Erb-, Urheber- und Erfinderrecht (Artikel 11) sowie Ehe und Familie (Artikel 38) betrachtet. Der Staatsaufbau folgte dem Grundsatz des demokrat. Zentralismus (Artikel 47): Politbüro und Zentralkomitee waren de facto die höchste polit. Instanz der DDR; die Verf. wies die Volkskammer als oberstes Machtorgan aus (500 auf 5 Jahre gewählte Abgeordnete), das alle übrigen Verfassungsorgane wählte (Staatsrat, Nationaler Verteidigungsrat, Ministerrat, Oberstes Gericht, Generalstaatsanwalt). In der Ulbricht-Ära spielte der als kollektives Staatsoberhaupt konzipierte Staatsrat eine wichtige Rolle. Ab den 1970er-Jahren stand der mit Exekutivaufgaben betraute Ministerrat im Vordergrund: er bildete ein Präsidium unter dem Vorsitz des Ministerpräsidenten.

Parteien, Massenorganisationen. Nach dem Muster der Volksdemokratie war die Sozialist. Einheitspartei (SED) bis 1989 die allein bestimmende Kraft. Die anderen Parteien, die Christl. Demokrat. Union (CDU), die Liberaldemokrat. Partei Deutschlands (LDPD), die Demokrat. Bauernpartei Deutschlands (DBD) und die Nationaldemokrat. Partei Deutschlands (NDPD), bildeten unter der SED den »Demokrat. Block«. Der Zusammenschluss der Parteien und Massenorganisationen (u. a. Freier Dt. Gewerkschaftsbund, Abk. FDGB, Freie Dt. Jugend, Abk. FDJ) in der »Nationalen Front der DDR« war ebenfalls eine Konsequenz des Führungsanspruchs der SED. Im Winter 1989 bildeten sich eine Vielzahl polit. Parteien. Der »Demokrat. Block« zerfiel in seine Einzelparteien, daneben entstanden u. a. in Opposition zur SED tretende Parteien wie Demokrat. Aufbruch, Dt. Soziale Union, Bündnis 90, die an der Volkskammerwahl teilnahmen. Sie setzten sich für die Schaffung eines einheitl. dt. Staates ein. Der nach der Wahl vom 18. 3. 1990 zum Min.-Präs. gewählte L. de Maizière vollzog den Beitritt der DDR zum Geltungsbereich des Grundgesetzes der Bundesrep. Deutschland (3. 10. 1990; →deutsche Geschichte).

deutsche Farben, 1) im Hl. Röm. Reich (bis 1806): schwarzer Adler auf goldenem Grund. – **2)** in der Revolution 1848/49: Schwarzrotgold. – **3)** im Norddt. Bund seit 1867 und im Dt. Reich seit 1871: Schwarzweißrot. – **4)** in der Weimarer Rep.: Schwarzrotgold, Handels- und Kriegsflagge: Schwarzweißrot mit Schwarzrotgold in der oberen inneren Ecke. – **5)** 1933 bis 1945: Schwarzweißrot; seit 1935 jedoch Hakenkreuzfahne als Nationalflagge, Schwarzweißrot nurmehr Reichsfarben. – **6)** seit 1949: Schwarzrotgold.

Deutsche Forschungsgemeinschaft e.V., Abk. **DFG,** gemeinnützige Einrichtung der dt. Wiss. zur finanziellen Förderung von Forschungsvorhaben und des Nachwuchses; 1951 gebildet durch Zusammenschluss des »Dt. Forschungsrates« und der »Notgemeinschaft der dt. Wissenschaft«; Sitz Bonn-Bad Godesberg.

deutsche Frage, Anfang des 19. Jh. aufgekommenes polit. Schlagwort, das die Forderung nach einer nat. Gesamtordnung in Dtl. umschreibt. Der Ggs. zw. →Großdeutschen und Kleindeutschen wurde mit der Reichsgründung von 1871 im kleindt. Sinne (Ausschluss Österreichs) entschieden. Die Eingliederung Deutschösterreichs nach dem Zusammenbruch der Donaumonarchie 1918 wurde von den Alliierten verhindert, 1938 von Hitler erzwungen. Durch die dt. Teilung nach 1945 und die völkerrechtlich zunächst nicht geklärte Stellung der abgetrennten Ostgebiete wurde die Frage der nat. Identität der Deutschen neu aufgeworfen. Der Forderung nach Wiedervereinigung stand bis Ende der 80er-Jahre der weltpolit. Ost-West-Gegensatz entgegen. Während die staatl. Einheit von Bundesrep. Deutschland und DDR 1990 erreicht wurde, dauert die geistige Identitätskrise an (»Vergangenheitsbewältigung« hinsichtlich der natsoz. Verbrechen und der kommunist. Diktatur).

deutsche Geschichte. Aus westgerman. Völkerschaften der Völkerwanderungszeit bildeten sich allmählich die dt. Stämme (→Deutsche), die zunächst zum Fränkischen Reich gehörten. Durch den Teilungsvertrag von Verdun (843) erhielt Ludwig der Deutsche das Land östl. vom Rhein als Ostfränk.

deutsche Geschichte: Herrscher, Staatsoberhäupter, Kanzler

Karolinger	
Ludwig der Deutsche	843–876
Karl der Dicke	876–887
Arnulf von Kärnten	887–899
Ludwig das Kind	900–911
Konrad I. von Franken	911–918
Sächsische Könige und Kaiser	
Heinrich I.	919–936
Otto I.	936–973
Otto II.	973–983
Otto III.	983–1002
Heinrich II.	1002–1024
Salische Kaiser	
Konrad II.	1024–1039
Heinrich III.	1039–1056
Heinrich IV.	1056–1106
Heinrich V.	1106–1125
Lothar von Sachsen	1125–1137
Staufer	
Konrad III.	1138–1152
Friedrich I. Barbarossa	1152–1190
Heinrich VI.	1190–1197
Philipp von Schwaben	1198–1218
Otto IV. von Braunschweig, Welfe	1198–1218
Friedrich II.	1212–1250
Konrad IV.	1250–1254
Aus verschiedenen Dynastien	
Wilhelm von Holland	1247–1256
Alfons von Kastilien	1257–1272
Richard von Cornwallis	1257–1272
Rudolf I. von Habsburg	1273–1291
Adolf von Nassau	1292–1298
Albrecht I. von Habsburg	1298–1308
Heinrich VII. von Luxemburg	1308–1313
Ludwig IV., der Bayer	1314–1347
Friedrich der Schöne von Habsburg	1314–1330
Luxemburger	
Karl IV.	1347–1378
Wenzel	1378–1400
Ruprecht von der Pfalz	1400–1410
Sigismund	1410–1437
Habsburger	
Albrecht II.	1438–1439
Friedrich III.	1440–1493
Maximilian I.	1493–1519
Karl V.	1519–1556
Ferdinand I.	1556–1564
Maximilian II.	1564–1576
Rudolf II.	1576–1612
Matthias	1612–1619
Ferdinand II.	1619–1637
Ferdinand III.	1637–1657
Leopold I.	1658–1705
Joseph I.	1705–1711
Karl VI.	1711–1740
Karl VII. von Bayern	1742–1745
Franz I. von Lothringen	1745–1765
Joseph II.	1765–1790
Leopold II.	1790–1792
Franz II.	1792–1806
Hohenzollern	
Wilhelm I.	1871–1888
Friedrich III.	1888
Wilhelm II.	1888–1918
Deutsches Reich	
Reichspräsidenten	
Ebert	1919–1925
von Hindenburg	1925–1934
Reichskanzler	
Fürst Bismarck	1871–1890
Graf Caprivi	1890–1894
Fürst zu Hohenlohe-Schillingsfürst	1894–1900
Fürst Bülow	1900–1909
von Bethmann Hollweg	1909–1917
Michaelis	1917
Graf Hertling	1917/1918
Prinz Max von Baden	1918
Scheidemann (SPD)	1919
Bauer (SPD)	1919/1920
Müller (SPD)	1920
Fehrenbach (Zentrum)	1920/1921
Wirth (Zentrum)	1921, 1922
Cuno (parteilos)	1922/1923
Stresemann (DVP)	1923
Marx (Zentrum)	1923/1924
Luther (parteilos)	1925/1926
Marx (Zentrum)	1926 und 1927/1928
Hermann Müller (SPD)	1928–1930
Brüning (Zentrum)	1930–1932
von Papen (parteilos)	1932
von Schleicher (parteilos)	1932/1933
Hitler (NSDAP) (»Führer und Reichskanzler«)	1933–1945
Deutsche Demokratische Republik	
Präsident	
Pieck	1949–1960
Vorsitzender des Staatsrats	
Ulbricht	1960–1973
Stoph	1973–1976
Honecker	1976–1989
Krenz	Okt. 1989–Dez. 1989
Gerlach	Dez. 1989–März 1990
amtierendes Staatsoberhaupt	
Bergmann-Pohl	April 1990–Okt. 1990
Bundesrepublik Deutschland	
Bundespräsidenten	
Heuss	1949–1959
Lübke	1959–1969
Heinemann	1969–1974
Scheel	1974–1979
Carstens	1979–1984
von Weizsäcker	1984–1994
Herzog	seit 1994
Bundeskanzler	
Adenauer (CDU)	1949–1963
Erhard (CDU)	1963–1966
Kiesinger (CDU)	1966–1969
Brandt (SPD)	1969–1974
Schmidt (SPD)	1974–1982
Kohl (CDU)	seit 1982

Reich. Seitdem etwa kann von einer d. G. gesprochen werden. Nach dem Aussterben der Karolinger versuchten kraftvolle Herrscher, u. a. Heinrich I. bis VI., Friedrich I. und II. aus versch. Dynastien (Ottonen, Salier, Staufer), das dt. Königtum und die Reichseinheit gegenüber den Sonderbestrebungen der Stämme und Fürsten zu stärken (→Heiliges Römisches Reich). Das dt. Königtum war bereits um 1000 als Träger der universalen Reichsidee zu der führenden Macht des Abendlandes geworden. Die Annahme der Kaiserwürde führte zum Kampf mit den Päpsten (→Investiturstreit), zum vergebl. Ringen um die Herrschaft in Italien (Italienzüge) und zu besonderer Verpflichtung in den →Kreuzzügen. Während der im →Interregnum beginnenden und stetig fortschreitenden Auflösung des Reichs ging die Herrschaft über Italien und Burgund verloren. Im Innern erstarkten die weltl. und geistl. Fürsten, bes. die Kurfürsten. Die Städte blühten auf (→Hanse). Im O entfaltete der →Deutsche Orden seine Macht, die Kolonisation im O und SO ging von Bauern, Bürgern, Rittern aus. Die dt. Könige versch. Häuser suchten der Schwächung entgegenzuwirken durch allmähl. Schaffung einer starken Hausmacht (→Habsburger). Den Verlust großer Gebiete konnte auch dies nicht verhindern (Schweiz, Niederlande, Burgund, Gebiet des Dt. Ordens). Die Versuche zur Stärkung der Reichsgewalt im 15. und 16. Jh. blieben erfolglos, zumal nach der Reformation auch eine religiöse Spaltung eintrat. Unter dem wachsenden außerdt. Besitz der Habsburger wurde Dtl. immer mehr zum Nebenland (Karl V.). Die Konfessionalisierung führte zum →Dreißigjährigen Krieg, der Dtl. verwüstete und zur Stätte europ. Machtkämpfe machte. Der Westfälische Friede räumte den Landesfürsten nahezu völlige Souveränität ein.

deutsche Geschichte. Auf dem Reichstagsgebäude in Berlin wird am 2. 5. 1945 die sowjetische Fahne gehisst

Die Habsburger waren als Kaiser nur noch Träger eines Ehrentitels, ihr Ansehen gründete sich allein auf ihre Herrscherstellung in dem jetzt zur europ. Großmacht aufgestiegenen Österreich. Nach 1640 wuchs Brandenburg-Preußen zur zweiten führenden dt. Macht heran. Mit der Eroberung Schlesiens durch Friedrich d. Gr. entstand der Dualismus zw. Österreich und Preußen, der die d. G. lange beherrschte. Die Französische Revolution fand in Dtl. anfangs starken Widerhall; vergeblich versuchten die dt. Fürsten unter österr. Führung in den Koalitionskriegen, ihr Widerstand entgegenzusetzen. Das Reich brach 1806 vor Napoleon I. zusammen, der im →Rheinbund ein von ihm abhängiges S-, W- und Mittel-Dtl. schuf. Napoleons europ. Gegenspieler wurden Großbritannien, Russland unter Zar Alexander I. und Österreich durch die Politik von Fürst Metternich. Die nat. Erhebungen führten zu den →Freiheitskriegen. 1815 erkannte der Wiener Kongress 35 Fürstenstaaten und 4 Freie Städte als souverän an, die im Dt. Bund unter Österreichs Vorsitz vereinigt wurden. Dieser konnte weder die nat. noch die liberalen Hoffnungen des Volkes erfüllen. Die Märzrevolution von 1848 scheiterte (→Frankfurter Nationalversammlung). Der Dt. Krieg von 1866 führte zur Gründung des →Norddeutschen Bunds.

Dem Dt.-Frz. Krieg folgten die Reichsgründung und die Proklamation König Wilhelms I. von Preußen zum Dt. Kaiser (1871). Das neue Reich wurde in einer weitere Gebietsansprüche ablehnenden Friedens- und Bündnispolitik gesichert (→Dreibund, →Rückversicherungsvertrag). Im Innern führte Bismarck gegen die Partei des Zentrums und der Sozialdemokratie erbitterte Kämpfe; nach seiner Entlassung wurde die Außenpolitik Wilhelms II. schwankend. Der Ausbruch des 1. →Weltkriegs brachte 1914 den »Burgfrieden« der Parteien, die dt. Niederlage führte zur Novemberrevolution 1918 mit der Abdankung der Dynastien; der →Versailler Vertrag (1919) belastete die Politik der →Weimarer Republik, zu deren Niedergang die Weltwirtschaftskrise ab 1929 beitrug. 1933 kam mit Hitler der →Nationalsozialismus zur Macht; Hitlers Politik führte den 2. Weltkrieg und damit die schwerste Katastrophe der d. G. herbei.

Nach der Kapitulation (8. 5. 1945) übernahmen Großbritannien, die USA, UdSSR und Frankreich in Dtl. die oberste Regierungsgewalt. Das →Potsdamer Abkommen ließ die staatsrechtl. Einheit Dtl.s unberührt und stellte die Gebiete östlich der Oder-Neiße-Linie unter sowjet. und poln. Verwaltung. Die Ausübung der Regierungsgewalt wurde dem Alliierten Kontrollrat in Berlin übertragen; Dtl. wurde in 4 Besatzungszonen geteilt, Berlin in 4 Sektoren unter einer Alliierten Kommandantur. Das Saargebiet wurde von Frankreich 1946 aus seiner Zone ausgegliedert.

Im Westen wurden die amerikan. und die brit. Zone bald zum »Vereinigten Wirtschaftsgebiet« (Bizone) zusammengefasst. Am 1. 7. 1948 wurden die 11 Ministerpräsidenten der seit 1945 neu geschaffenen Länder beauftragt, eine verfassunggebende Versammlung für die Errichtung eines westdt. Bundesstaates einzuberufen. Der →Parlamentarische Rat, dem die Aufgabe übertragen war, beschloss am 8. 5. 1949 das Grundgesetz für die Bundesrepublik Deutschland (Bundesrep.). Mit dem In-Kraft-Treten des Besatzungsstatuts am 21. 9. 1949 war die Entstehung der Bundesrep. abgeschlossen; es teilte die Hoheitsrechte zw. den Besatzungsmächten und der Bundesrep. und wurde 1955 durch den → Deutschlandvertrag abgelöst. Das Saargebiet wurde als Saarland am 1. 1. 1957 ein Teil der Bundesrepublik.

Nach den ersten Wahlen zum Bundestag (14. 8. 1949) stellten CDU/CSU als stärkste Fraktion mit dem CDU-Vors. K. Adenauer den Bundeskanzler. Außenpolitisch erstrebte er die Einbindung der Bundesrep. in das westl. Bündnissystem und eine dauerhafte Integration Deutschlands in W-Europa. Mit einer Politik der Stärke sollte die UdSSR veranlasst werden, einer Wiedervereinigung zuzustimmen. Schrittweise vollzog K. Adenauer die Politik der europ. Integration: Beitritt zur Montanunion 1951/52; Unterzeichnung des Vertrags über die Europäische Verteidigungsgemeinschaft 1952; Abschluss des Deutschland-

deutsche Geschichte Friedrich I. Teil eines Reliefs aus dem 12. Jh.

deutsche Geschichte. Berliner Mauer nach der Grenzöffnung am 9. 11. 1989

vertrags 1952; Abschluss dieser polit. Phase waren die Pariser Verträge von 1955, in denen die Bundesrep. ihre volle staatl. Souveränität erhielt. Innenpolitisch war das Trachten der ersten Jahre auf den wirtschaftl. Wiederaufbau gerichtet. Mithilfe des Marshallplans entwickelte sich ein ungeahnter wirtschaftl. Aufschwung (»Wirtschaftswunder«), der zu relativem Wohlstand breiter Bev.-Schichten führte. Der nie aufgegebene Alleinvertretungsanspruch der Bundesrep. für Dtl. als Ganzes unterband zwar mithilfe der Hallstein-Doktrin die Aufnahme diplomat. Beziehungen der DDR zu westl. Staaten, schränkte aber auch die Möglichkeiten der Bundesrep. ein, die Beziehungen zu ihren östl. Nachbarn zu verbessern. Erst als nach dem Rücktritt des auf Adenauer folgenden Bundeskanzlers L. Erhard (1963 bis 1966) die polit. Lage zur Bildung einer großen Koalition (CDU/CSU und SPD) führte, wurden die Weichen für eine angemessene Außenpolitik gegenüber dem Osten gestellt. Die folgende SPD/FDP-Reg. unter Bundeskanzler W. Brandt (1969 bis 1974) gab den Alleinvertretungsanspruch auf. In der Folge gelangen ihr mit dem Abschluss des Dt.-Poln. Vertrags, des Dt.-Sowjet. Vertrags sowie mit dem Berlinabkommen 1970 wichtige Schritte zur Normalisierung der Beziehungen zu den östl. Nachbarstaaten. Der 1973 in Kraft getretene Grundvertrag besserte die Beziehungen zur DDR und ermöglichte die Aufnahme beider dt. Staaten in die UNO. Die sozialliberale Koalition scheiterte 1982 an unterschiedl. Auffassungen von SPD und FDP zum Bundeshaushalt und über die Maßnahmen zur Bekämpfung der seit Ende der 1970er-Jahre andauernden Wirtschaftskrise. In einem konstruktiven Misstrauensvotum löste der Bundestag H. Schmidt als Bundeskanzler (1974 bis 1982) ab und wählte den CDU-Vors. H. Kohl zum Nachfolger. Dieser sah sich vielfältigen inneren und äußeren Problemen gegenüber: u. a. eine steigende Zahl von Arbeitslosen trotz wirtschaftl. Wachstums, Diskussionen um die Stationierung von amerikan. Mittelstreckenraketen in der Bundesrep., Wiederaufflammen des Terrorismus. Die von der UdSSR ausgehenden Impulse zu polit. Reformen ließen auch in der DDR Hoffnungen auf Veränderungen entstehen. Viele Bürger wollten ihre Ausreise über die Flucht in die Botschaften der Bundesrep. in Prag, Budapest und Warschau erzwingen, sodass die dt.-dt. Beziehungen im Sommer 1989 schweren Belastungen ausgesetzt waren. Die einvernehmlich getroffenen Lösungen, die etwa 15 000 Bürgern der DDR die Übersiedlung ermöglichten, waren Einzelfall-Lösungen. Der sich im Herbst 1989 abzeichnende dt. Einigungsprozess machte weitere Verhandlungen zu dieser Thematik gegenstandslos. Die Einigungsbemühungen beider dt. Staaten waren eingebettet in Verhandlungen mit den 4 alliierten Siegermächten, um die Einbeziehung Deutschlands in das europ. Sicherheitskonzept zu gewährleisten. Zudem galt es noch, Fragen zur Grenzziehung völkerrechtlich verbindlich zu klären. Beide dt. Staaten verzichteten auf eine Revision der bestehenden Grenzen zu Drittstaaten. In gesonderten Verträgen mit Polen, der UdSSR und der ČSFR wurden die seit 1945 bestehenden Grenzen zu diesen Staaten anerkannt.

In der sowjet. Besatzungszone (SBZ) schuf die Sowjet. Militär-Administration in Dtl. (SMAD) 1945 dt. Zentralverwaltungen und fasste sie 1948 in der Dt. Wirtschaftskommission zusammen. Der 3. Dt. Volkskongress nahm 1949 den Entwurf einer Verfassung an und bildete den Dt. Volksrat. Dieser setzte als Provisor. Volkskammer die Verfassung vom 7. 10. 1949 in Kraft. Gleichzeitig wurden die darin vorgesehenen Staatsorgane gebildet und die DDR ausgerufen, der bestimmte Souveränitätsrechte eingeräumt wurden. Staatspräs. wurde W. Pieck; 1960 trat an seine Stelle der Staatsrat (Vors. bis 1973 W. Ulbricht, 1973 bis 1976 W. Stoph, 1976 bis 1989 E. Honecker, danach E. Krenz). Vors. des Ministerrates war bis 1964 O. Grotewohl, bis 1973 W. Stoph, bis 1976 H. Sindermann, 1976 bis 1989 wieder W. Stoph, 1989/90 H. Modrow, 1990 (bis zum 3. Okt.) als Min.-Präs. L. de Maizière. 1955 wurde das sowjet. Besatzungsregime unter Belassung sowjet. Streitkräfte beendet und die offizielle Aufstellung nat. Streitkräfte eingeleitet. – Innenpolitisch wurde die DDR mit starker sowjet. Unterstützung im kommunist. Sinne umgestaltet. Der Aufstand vom 17. 6. 1953 scheiterte. Die DDR wurde fest in das polit., militär. und wirtschaftl. System der kommunist. Staaten einbezogen (Warschauer Pakt, Rat für gegenseitige Wirtschaftshilfe) und durch den Mauerbau an der innerdt. Grenze (13. 8. 1961) von der Bundesrep. abgeriegelt. Am 20. 2. 1967 wurde eine eigene Staatsangehörigkeit gesetzlich eingeführt. Die Verfassung vom 6. 4. 1968, revidiert am 7. 10. 1974, erklärte die DDR zum sozialist. Staat.

Beeinflusst durch die Reformbemühungen in der UdSSR brach sich 1989 eine bereits länger bestehende Reform- und Protestbewegung Bahn. Kristallisationskern war das »Neue Forum«. Im Schutz v. a. der ev. Kirche wurde die aktive Beteiligung an der Gestaltung von Staat und Gesellschaft gefordert. Manipulationen bei den Kommunalwahlen (Mai 1989) sowie eine sich ständig vergrößernde Fluchtbewegung lösten in Leipzig regelmäßige Massendemonstrationen (Montagsdemonstrationen) aus, die rasch auf Berlin-Ost und andere Städte übergriffen. Mit der Absetzung von E. Honecker, der Übernahme seiner Ämter durch E. Krenz und den durch ihn vorsichtig eingeleiteten Reformen (u. a. Reisefreiheit) suchte die Staatsführung der Krise Herr zu werden. Der anhaltende revolutionäre Druck aus der Bev. erzwang am 9. 11. die Öffnung der Grenze zur Bundesrep., am 13. 11. die Wahl von H. Modrow (SED) zum Min.-Präs. einer Koalitionsreg. aus SED und den bis dahin bestehenden Parteien. Der Führungsanspruch der SED wurde aus der Verf. gestrichen (1. 12.), ZK und Politbüro traten zurück. Im Dialog mit der Reg. bestimmte der »runde Tisch«, ein Zusammenschluss aller polit. Kräfte, den 18. 3. 1990 als Termin für Volkskammerwahlen. Als stärkste Kraft ging die »Allianz für Dtl.« (Wahlbündnis christl., konservativer Parteien) aus ihnen hervor. Sie stellte mit L. de Maizière den Min.-Präs. der am 12. 4. gebildeten Reg., die sich für die dt. Einheit einsetzte. Mit Bildung einer Wirtschafts-, Währungs- und Sozialunion, am 1. 7. 1990 in Kraft getreten, wurden die unterschiedl. Wirtschaftssysteme beider dt. Staaten angeglichen. Der Einigungsvertrag zw. DDR und Bundesrep. vom 31. 8. 1990 bestimmte den 3. 10.

1990 als Beitrittstermin der DDR zur Bundesrep. nach Artikel 23 GG. Nachdem die vier alliierten Siegermächte in Verhandlungen mit beiden dt. Staaten ihr Einverständnis zu diesem Schritt gegeben hatten (Zwei-plus-Vier-Vertrag, 12. 9. 1990), endete zum 3. 10. 1990 die staatl. Existenz der DDR. – Nach den ersten gesamtdt. Wahlen bildete Bundeskanzler H. Kohl (CDU) eine Koalitionsreg. (CDU, CSU, FDP), die sich im Innern v. a. mit wirtschaftl. und sozialen Problemen des Einigungsprozesses und außenpolitisch mit einer veränderten Erwartungshaltung (Teilnahme an militär. Einsätzen von NATO und UNO) an die Bundesrep. konfrontiert sah. Bei den Bundestagswahlen von 1994 reduzierte sich die parlamentar. Basis der Reg. Kohl, v. a. zugunsten der SPD, die auch im Bundesrat ihre Stellung ausbaute. Innenpolit. beherrschende Themen der letzten Jahre waren Steuer-, Gesundheits- und Rentenreform sowie Maßnahmen zur Bekämpfung der Arbeitslosigkeit.

deutsche Kolonien, die ab 1884 erworbenen überseeischen Besitzungen des Dt. Reichs (»Schutzgebiete«), die ab 1919/22 als Mandatsgebiete des Völkerbunds, ab 1946 als Treuhandgebiete der UNO von versch. Staaten verwaltet wurden: Deutsch-Ostafrika (heute Tanganjika, Ruanda, Burundi), Deutsch-Südwestafrika (heute Namibia), Kamerun, Togo, Deutsch-Neuguinea (Kaiser-Wilhelms-Land, Bismarck-Archipel, Karolinen, Marianen, Palau-, Marshall-Inseln, Nauru), Samoa und das chin. Pachtgebiet Kiautschou.

Deutsche Kommunistische Partei, Abk. **DKP,** 1968 in der Bundesrep. Deutschland gegründet.

Deutsche Krebshilfe e. V., Verein zur Förderung der Krebsforschung und -bekämpfung, gegr. 1974, Sitz Bonn; finanziert aus Spenden und sonstigen Zuwendungen.

deutsche Kunst. Karolingische Torhalle in Lorsch

deutsche Kunst. Aufgrund der polit. Zersplitterung entwickelte die d. K. nicht die Geschlossenheit etwa der ital. oder frz. Kunst, deren Impulse sie vielfach aufnahm und fortführte.

Karolingerzeit (seit etwa 770). Bewusste Anknüpfung an die Antike (»Karoling. Renaissance«); Stein- statt Holzbau; die Kunst im dt. Bereich ist noch nicht geschieden von der des westfränk. Gebiets, das im 10. Jh. selbstständig wurde. Auf dt. Boden entstanden u. a.: Torhalle in Lorsch (774?); Pfalzkapelle in Aachen (805 geweiht); Elfenbeinreliefs; Buchmalereien bes. der Aachener Hofschule (Adahandschrift).

Ottonische Zeit (Frühromanik, seit etwa 950). Erste Blüte der d. K.: Stiftskirche Gernrode (begonnen 961); St. Michael in Hildesheim (1001 bis 1036); Bronzearbeiten der Werkstatt Bernwards von Hildesheim (Domtür, 1015); Goldene Maria des Essener Münsters (um 1000); goldene Altartafel Heinrichs II. aus dem Baseler Münster (um 1000; Paris, Musée Cluny); Kreuz und Krone der Reichskleinodien (Wien). Elfenbeinreliefs. – Hauptwerke europ. Buchmalerei, bes. der Reichenauer Schule (Evangeliar Ottos III., Perikopenbuch Heinrichs II.). Wandmalereien: St. Georg in Oberzell auf der Reichenau.

Salische Zeit (Romanik, seit etwa 1030). Kaiserdome in Speyer und Mainz (beide seit Anfang des 11. Jh., unter Heinrich IV. erneuert und eingewölbt); Abteikirche Maria Laach (seit 1093); Kirchen der Hirsauer Schule (Alpirsbach, Paulinzella u. a.). – Thronende Maria, Paderborn; Bronzekruzifixe (Werden, Minden); Bronzegrabplatte Rudolfs von Schwaben, Merseburger Dom; Holztür von St. Maria im Kapitol, Köln. – Buchmalereien (Echternacher Schule u. a.). Glasmalereien des Augsburger Doms.

Stauferzeit (Spätromanik und beginnende Gotik, seit etwa 1150). Vollendung der Dome von Worms, Mainz, Bamberg, der Abteikirche Maria Laach; Pfalzen (Wimpfen, Gelnhausen); Kloster Maulbronn; roman. Kirchen im Elsass (Maursmünster, Murbach); Groß St. Martin und St. Aposteln in Köln. – Plastik: Braunschweiger Löwe; Kreuzigungsgruppe im Halberstädter Dom, Grabmal Heinrichs des Löwen, Braunschweig, Dom; Chorschrankenreliefs im Bamberger, Goldene Pforte am Freiberger Dom. Reifste Werke der stauf. Plastik des 13. Jh. (frz. Gotik voraussetzend): Bildwerke im Straßburger Münster, Bamberger Dom, Naumburger Dom (Stifterfiguren, Lettnerreliefs). – Malerei: Fresken der Doppelkapelle Schwarzrheindorf; Holzdecke von St. Michael zu Hildesheim. Buchmalereien.

Gotik (seit Beginn des 13. Jh.). 1215 Magdeburger Dom nach frz. Grundriss angelegt; Elisabethkirche in Marburg (gegr. 1236); Liebfrauen in Trier (Zentralbau, begonnen um 1240); Straßburger Münster (Langhaus um 1250 begonnen); Kölner Dom (seit 1248). Norddt. Backsteinkirchen. – Plastik: Gewändefiguren des Straßburger W-Portals, Pfeilerfiguren des Kölner Domchors; Grabmäler (Bischof Friedrich von Hohenlohe, Bamberger Dom); Andachtsbilder; Schöne Madonnen; neuer Wirklichkeitssinn seit Mitte des 13. Jh. (P. Parler). – Glasmalereien (St. Elisabeth, Marburg). Tafelmalerei: Böhm. Malerschule, Meister Bertram und Meister Francke in Hamburg, Konrad v. Soest in Westfalen.

Spätgotik. Etwa 1350 Entwicklung zu einem eigenen Stil von nat. Sonderart, vorwiegend Hallenkirchen: H. Stethaimer in Bayern (Martinskirche, Landshut, begonnen 1387 u. a.); Chor von St. Lorenz, Nürnberg; St. Georg, Dinkelsbühl; Annenkirche, Annaberg; Marienkirche, Danzig. Städt. Repräsentationsbauten (Patrizierhäuser, Rathäuser u. a.). – Reichste Blüte der Plastik: Gerhaert v. Leyden, J. Syrlin d. Ä. und d. J., E. Grasser, M. Pacher, V. Stoß, B. Notke, A. Krafft, T. Riemenschneider, H. Backoffen, A. Pilgram, Meister H. L., H. Leinberger, B. Dreyer. – Maler: L. Moser, S. Lochner, K. Witz, H. Multscher, M. Schongauer, Hausbuchmeister, B. Zeitblom, M. Wolgemut, M. Pacher, H. Holbein d. Ä. – Grafik.

Dürerzeit (Spätgotik und Renaissance um 1500 bis etwa 1530). Baukunst: vereinzelt Aneignung ital. Formen (Fuggerkapelle von St. Anna, Augsburg, 1509 bis 1512). – Plastik: Sebaldusgrab in St. Sebald, Nürnberg, spätgotisch begonnen von P. Vischer d. Ä., vollendet 1519 von seinen Söhnen; H. Daucher; C. Meit. – Malerei: die Zeit der großen Meister M. Grünewald, A. Dürer, L. Cranach d. Ä., A. Altdorfer, H. Baldung, H. Holbein d. J., H. Burgkmair, W. Huber u. a.

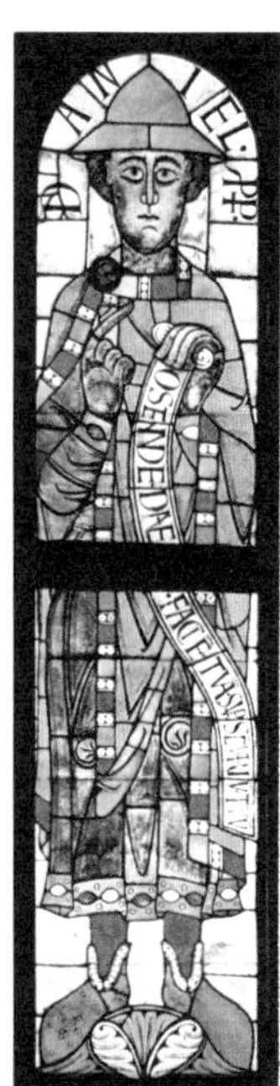
deutsche Kunst Glasmalerei des Augsburger Doms: Der Prophet Daniel (um 1100)

Renaissance, Manierismus, Frühbarock (seit etwa 1510). Baukunst: fast nur weltl. Bauten. Schlösser: Torgau (1533 bis 1552), Heidelberg (Ottheinrichsbau, seit 1556), Aschaffenburg (seit 1605); Rathäuser: Rothenburg ob der Tauber (seit 1572), Danzig (seit 1600), Augsburg (seit 1615); erster großer Kirchenbau: St. Michael, München (1583 bis 1597); Weserrenaissance (1530 bis 1630). – Plastik: C. und W. Jamnitzer; großplast. Werke im Übergang zum Barock: H. Reichle, J. Zürn u. a. – Malerei: im beginnenden Barock: A. Elsheimer in Rom, J. Liss in Venedig.

Barock (seit etwa 1650). Nach dem Dreißigjährigen Krieg ausländ. Baumeister in Dtl. Seit Ende des 17. Jh. neue Blüte der dt. Baukunst: J. B. und J. E. Fischer v. Erlach, J. L. v. Hildebrandt und J. Prandtauer (Österreich), die Dientzenhofers (Böhmen und Franken), A. Schlüter (Berlin), M. D. Pöppelmann und G. Bähr (Dresden), J. B. Neumann (Würzburg), die Brüder Asam (Bayern); Spätzeit *(Rokoko):* J. M. Fischer, D. Zimmermann und F. de Cuvilliés d. Ä. (Bayern), G. W. v. Knobelsdorff (Berlin, Sanssouci). – Bildhauer: A. Schlüter, B. Permoser, G. R. Donner, P. Egell, E. Q. Asam, J. B. Straub, I. Günther, J. C. Wenzinger; Porzellanbildner: J. J. Kändler, F. A. Bustelli u. a. – Zu den Hauptwerken der Malerei gehören Deckenfresken in Kirchen, Klöstern und Schlössern Süd-Dtl.s (C. D. Asam, J. B. Zimmermann) und Österreichs (P. Troger, F. A. Maulbertsch, J. M. Rottmayr).

deutsche Kunst. Leo von Klenze, Glyptothek in München (1816 bis 1830)

Klassizismus (seit etwa 1770). Erster großer Bau: Brandenburger Tor von C. G. Langhans (begonnen 1788); K. F. Schinkel, F. Weinbrenner, L. v. Klenze. – Bildhauer: G. v. Schadow, J. H. v. Dannecker, C. D. Rauch. – Maler: A. R. Mengs, A. J. Carstens, A. Graff, J. H. W. Tischbein.

Malerei des 19. Jh. Romantiker (C. D. Friedrich, P. O. Runge, C. P. Fohr, Brüder Olivier) und Nazarener (J. F. Overbeck, F. Pforr, P. Cornelius), K. Blechen, A. Rethel, L. Richter, M. v. Schwind, F. Krüger, F. G. Waldmüller, A. v. Menzel, W. Leibl, H. Thoma, Deutschrömer (A. Feuerbach, A. Böcklin, H. v. Marées); Ende des 19. Jh. und Anfang des 20. Jh.: Impressionisten (M. Liebermann, M. Slevogt, L. Corinth).

20. Jh. Neue Möglichkeiten erschlossen →Jugendstil und →Expressionismus, zu dem die Künstlergruppen »Brücke« und »Blauer Reiter« gehören. Maler: O. Dix, G. Grosz, M. Ernst, K. Schwitters, A. Hoelzel, E. Nolde, O. Kokoschka, O. Schlemmer, M. Beckmann, W. Baumeister, K. Hofer, E. Nay; Bildhauer: H. Arp, R. Belling, W. Lehmbruck, E. Barlach, G. Marcks. Erneuerung der Baukunst ausgehend vom Bauhaus und Architekten wie B. und M. Taut, E. May, E. Mendelsohn und H. Scharoun. Die natsoz. Kulturpolitik unterbrach die Entwicklung, nach 1945 Einfluss der internat. Kunst (→Op-Art, →Pop-Art). Maler und Bildhauer: J. Beuys, G. Baselitz, G. Richter, K. Staeck, HAP Grieshaber, A. Kiefer, H. Janssen, M. Lüpertz; Architekten: R. Schwarz, E. Eiermann, F. Otto, G. Behnisch, G. Böhm. – Die Kunst der ehem. DDR stand v. a. dem sozialistischen →Realismus nahe.

Deutsche Lebens-Rettungs-Gesellschaft, Abk. **DLRG,** gegr. 1913, dient der Rettung und Wiederbelebung Ertrinkender; Sitz Bonn.

deutsche Literatur. Die ältesten Zeugnisse sind meist geistl. Dichtung nach lat. Quellen; nur das »Ältere Hildebrandslied« (810 bis 820), ein Heldenlied, blieb davon unberührt. Die mittelhochdt. Zeit gestaltete im →Minnesang und im höf. Epos die aus Frankreich stammende Kultur des christl. Rittertums. Am Ende des MA. wurde die ritterl. von der bürgerl. Dichtung abgelöst, der Minnesang vom →Meistersang. Von Italien her wirkten Humanismus und Renaissance auf die d. L., die auch durch Luthers Reformation und Bibelübersetzung (1522 bis 1534) entscheidend geprägt wurde. Starke seel. Spannungen (Gegenreformation) und die neue höf. Kultur des Absolutismus fanden Ausdruck in der Barockdichtung. Ihr folgte die Literatur der Aufklärung (J. C. Gottsched, C. F. Gellert). Höhepunkt der d. L. ist die von F. G. Klopstock, G. E. Lessing, J. G. v. Herder, C. M. Wieland und dem →Sturm und Drang heraufgeführte dt. Klassik (J. W. v. Goethe, F. v. Schiller). Die Romantik gab den Anstoß zu einer sich über Europa verbreitenden geistigen Bewegung. Die d. L. wurde im 19. und zu Beginn des 20. Jh. von z. T. nebeneinander bestehenden Richtungen bestimmt wie →Junges Deutschland, →Realismus, →Naturalismus, →Neuromantik, Neuklassik (P. Ernst), →Expressionismus, →neue Sachlichkeit. In den 1930er-Jahren wurden zahlreiche deutsch schreibende Schriftsteller ins Exil getrieben (R. Ausländer, N. Sachs, A. Seghers, T. und H. Mann, F. Werfel, A. Döblin, K. Tucholsky und viele andere). Die dt. Nachkriegsliteratur knüpfte an die literar. Traditionen von vor 1933 an und nahm Strömungen der internat. Moderne (J.-P. Sartre) auf; Mitglieder der Gruppe 47 beeinflussten bis in die 1960er-Jahre die d. L. Eine bedeutende Rolle spielte die Frauenliteratur (C. Reining, *1926; G. Wohmann; I. Bachmann; B. Kronauer, *1940; K. Behrens, *1942; E. Jelinek u. a.). Zu den bedeutenden Lyrikern zählen P. Celan, G. Kunert, R. Kunze, S. Kirsch, F. Mayröcker. Für das Theater schrieben R. W. Fassbinder, P. Handke, B. Strauß, G. Reinshagen, T. Bernhard, R. Hochhuth, F. X. Kroetz, F. Dürrenmatt u. a. Die Literatur der ehem. DDR beginnt mit der Rückkehr zahlreicher Emigranten (B. Brecht, A. Seghers, S. Heym, A. Zweig, J. R. Becher), internat. Bedeutung erlangten U. Johnson, C. Wolf, H. Müller, H. Kant, J. Becker, E. Strittmatter, S. Hermlin, C. Hein, U. Plenzdorff, P. Hacks, G. de Bruyn, M. Maron (*1941) u. a.

Deutsche Lufthansa AG, Abk. **DLH,** Sitz Köln, gegr. 1953 als Nachfolgerin der 1926 gegr. Dt. Luft Hansa A. G.; internat. Flugnetz; Tochtergesellschaft u. a. **Condor Flugdienst GmbH,** tätigt Charterflüge.

Deutsche Mark, Abk. **DM,** →Mark.

deutsche Mundarten →deutsche Sprache.

deutsche Ostgebiete, Teile des ehem. Dt. Reiches zw. Oder-Neiße-Linie im W und den Reichsgrenzen vom 31. 12. 1937 im O. Sie wurden 1945 durch das →Potsdamer Abkommen vorbehaltlich der Regelung durch einen Friedensvertrag unter poln. und sowjet. Verwaltung gestellt. Die d. O. umfassen Ostpreußen, fast ganz Schlesien, den überwiegenden Teil Pommerns und einen Teil von Brandenburg, zus. 114 296 km² mit (1939) 9,56 Mio. Ew. Der sowjet. verwaltete Teil Ostpreußens wurde der RSFSR eingegliedert und ist heute Teil der Russ. Föderation; die poln. verwal-

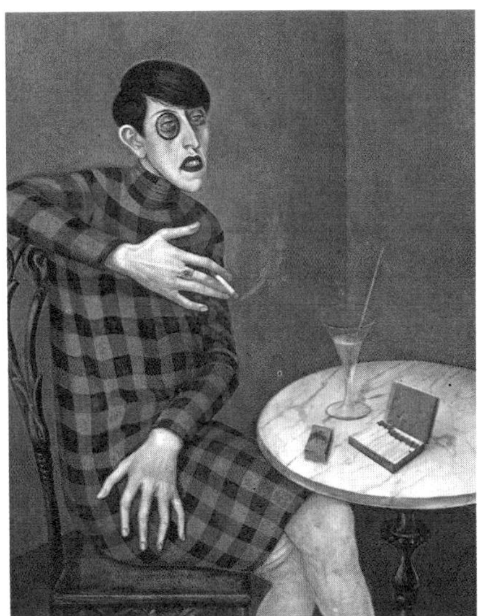

deutsche Kunst. Otto Dix, Bildnis der Schriftstellerin Sylvia von Harden (1926)

teten Gebiete wurden auf 9 Wwschaften aufgeteilt. Die fast ausschließl. dt. Bev. wurde 1945 bis 1948 vertrieben oder später ausgesiedelt. – Oberschlesien wurde zum wichtigsten schwerindustriellen Gebiet des RGW außerhalb der UdSSR. 1970 erkannte die Bundesrep. Deutschland die Oder-Neiße-Linie als poln. Westgrenze (unter Vorbehalt) an. Nach dem Beitritt der DDR zur Bundesrep. Deutschland bestätigte der am 14. 11. 1990 geschlossene dt.-poln. Grenzvertrag die Grenzmarkierungen an Oder und Neiße.

Deutsche Partei, Abk. **DP,** 1947 gegr. nat.-konservative Partei; vereinigte sich 1961 mit dem Gesamtdt. Block/BHE zur Gesamtdt. Partei (GDP).

deutsche Philosophie, die Philosophie des dt. Sprach- und Kulturraums. Im MA. waren Denker wie Meister Eckhart, Hildegard v. Bingen, Albertus Magnus, Nikolaus v. Kues bedeutende Vertreter der Mystik und Scholastik. Bis zum 17. Jh. waren Rechts- und Naturphilosophie (Paracelsus) vorherrschend. Erster universaler Denker der Neuzeit war G. W. Leibniz (Monadenlehre). Als Erster bediente sich C. Wolff in seinen philosoph. Werken der dt. Sprache. Bahnbrechend für die neuere Philosophie wurde der Idealismus I. Kants. Mit ihm beginnt die Zeit des dt. Idealismus (J. G. Fichte, F. W. v. Schelling, G. W. F. Hegel), in der die d. P. Weltgeltung erlangte. Hegel wirkte in mehreren Richtungen schulbildend (Hegelianismus, Marxismus). Im 19. Jh. herrschten die Wendung zum Erfahrungswissen (Positivismus, Naturwiss.) und die Lebensphilosophie (W. Dilthey, A. Schopenhauer, F. Nietzsche) vor. An der Wende zum 20. Jh. standen Neukantianismus und Phänomenologie. Aus der Letzteren entwickelte M. Heidegger (ähnlich auch K. Jaspers) die →Existenzphilosophie. Ausgehend vom Marxismus entwickelte E. Bloch seine Philosophie der Hoffnung. Die Haupttendenzen der d. P. liegen heute in einer Wendung zur Anthropologie (A. Gehlen), Soziologie (→kritische Theorie, →Frankfurter Schule), Ethik und zur Sprachphilosophie. Letztere und eine mehr logisch-wissenschaftstheoret. und methodolog. Orientierung v.a. in Gestalt des krit. Rationalismus nahmen ihre Anregungen vorwiegend aus dem angelsächs. Raum (u.a. K. R. Popper).

Deutscher Bauernverband, Abk. **DBV,** 1948 gegr. Spitzenverband der Länder-Bauernverbände.

Deutscher Beamtenbund, Abk. **DBB,** 1918 als Interessenvertretung der dt. Beamten gegr., Sitz Bonn.

Deutscher Bund, bestand 1815 bis 1866, →deutsche Geschichte, →Bundesversammlung.

Deutsche Reichsbahn, Abk. **DR,** 1920 bis 1945 die Staatsbahnen des Dt. Reichs (Schienenlänge 1932: 53 931 km); der Name D. R. ist in der ehem. DDR beibehalten worden (Streckenlänge 1990: 14 308 km). Die 1990 im Einigungsvertrag festgelegte Zusammenführung von Deutscher Bundesbahn und DR erfolgte 1994 mit der Gründung der Deutschen Bahn AG.

Deutscher Fußballbund, Abk. **DFB,** gegr. 1900, Sitz Frankfurt am Main.

Deutscher Gewerkschaftsbund, Abk. **DGB,** Gesamtorganisation der Einzelgewerkschaften der Arbeiter, Angestellten und Beamten in der Bundesrep. Deutschland, gegr. 1949, trat an die Stelle der 1933 aufgelösten Gewerkschaftsbünde, Sitz Düsseldorf. Vors. D. Schulte (seit 1994). Im DGB sind 15 Einzelgewerkschaften (→Gewerkschaften) zusammengeschlossen. Ziele: Vollbeschäftigung, Wirtschaftswachstum, gerechte Einkommens- und Vermögensverteilung, Währungsstabilität, Mitbestimmung, Verhinderung des Missbrauchs wirtschaftl. Macht.

Deutscher Industrie- und Handelstag, Abk. **DIHT,** Dachorganisation der Industrie- und Handelskammern, Sitz Bonn; 1861 gegr., 1949 wieder gegr.; vertritt die Belange der gewerbl. Wirtschaft.

Deutscher Kinderschutzbund e.V., Abk. **DKSB,** gegr. 1953, Sitz Hannover; berät bei Erziehungs- und Familienproblemen, Kindesmisshandlungen, sexuellem Missbrauch von Kindern; unterhält Kindertagesstätten und -heime.

Deutscher Krieg von 1866, zw. Österreich und Preußen um die Vorherrschaft in Dtl.; Veranlassung: Uneinigkeit über die seit 1864 gemeinsamen Herzogtümer Schleswig und Holstein. Aufseiten Österreichs die dt. Mittelstaaten, aufseiten Preußens die norddt. Kleinstaaten und Italien. Unter Moltke Sieg der Preußen bei Königgrätz (3. 7.). Vorfriede von Nikolsburg (26. 7.), Friede von Prag (23. 8.): Auflösung des Dt. Bundes; Einverleibung Hannovers, Schleswig-Holsteins, Hessen-Kassels, Nassaus und Frankfurts in Preußen, Errichtung des Norddt. Bundes, Abtretung des österr. Venetien an Italien. Mit dem Ausscheiden Österreichs aus Dtl. war eine Vorentscheidung für die kleindt. Reichsgründung 1871 gefallen.

deutscher Michel, Karikatur des Deutschen: ein Bauernbursche mit Zipfelmütze und Kniehosen; Inbegriff der Einfalt.

Deutscher Mieterbund e.V., Organisation zur Wahrung der Interessen von Mietern; gegr. 1900 als Verband dt. Mietervereine, Sitz Köln.

Deutscher Naturschutzring e.V. – Bundesverband für Umweltschutz, Abk. **DNR,** gegr. 1950, Sitz Bonn; Dachverband der Organisationen, die sich mit Naturschutz, Landschaftsschutz und -pflege sowie der Erhaltung der natürl. Umwelt befassen.

Deutscher Orden, Deutschherren, Deutsche Ritter, einer der in den Kreuzzügen entstandenen geistl. Ritterorden, 1190/97 in Palästina gegr.; Tracht: weißer Mantel mit schwarzem Kreuz. Der D. O. begann 1226 unter dem Hochmeister Hermann von Salza die Christianisierung Preußens, dessen Eroberung bis 1283 vollendet war; Sitz der Hochmeister seit 1309: die Marienburg. Seit 1237 herrschte der D. O. auch über Livland und Kurland; ferner gewann er 1308/09 Pommerellen (Westpreußen) mit Danzig, 1346 Estland und kämpfte siegreich gegen die heidn. Litauer. Höhepunkt der Herrschaft unter dem Hochmeister Winrich von Kniprode (1351 bis 1382). Im Kampf gegen Polen-Litauen wurde der D. O. 1410 bei Tannenberg besiegt; nach dem »Dreizehnjährigen Krieg« (1454 bis 1466) verlor er u.a. Westpreußen und Ermland, wäh-

Deutscher Sportbund

rend Ostpreußen unter poln. Lehnshoheit kam. 1525 verwandelte der Hochmeister Markgraf Albrecht von Brandenburg den preuß. Ordensstaat in ein prot. erbl. Herzogtum. In Livland hielt sich die Ordensherrschaft noch bis 1561. Der kath. gebliebene Teil des Ordens lebte in S- und W-Dtl. (Sitz Mergentheim) weiter; er wurde 1809 von Napoleon aufgehoben, 1834 von Franz I. von Österreich wiederhergestellt.

Deutscher Sportbund, Abk. **DSB,** gegr. 1950, Sitz Berlin, Dachorganisation des Sports in der Bundesrep. Deutschland.

Deutsches Arzneibuch, Abk. **DAB,** amtl. Vorschriftenbuch über Beschaffenheit, Prüfung und Aufbewahrung der wichtigsten Arzneimittel.

Deutsches Eck, Landzunge am Zusammenfluss von Mosel und Rhein in Koblenz (Rheinl.-Pf.).

Deutsches Elektronen-Synchrotron, Abk. **DESY,** Forschungszentrum für Elementarteilchen und Synchrotronstrahlung in Hamburg (Betrieb seit 1964), seit 1992 mit Zweiginstitut in Zeuthen, Bbg. Große Beschleunigeranlagen in Hamburg: Elektron-Positron-Speicherring DORIS (Betrieb seit 1974; Durchmesser 100 m, Strahlenenergien bis 5,6 GeV), seit 1993 in Verbindung mit dem Synchrotronstrahlungslabor HASYLAB des DESY ausschließlich als Synchrotronstrahlungsquelle betrieben (DORIS III); Elektron-Positron-Speicherring PETRA (Betrieb seit 1978; Durchmesser 750 m, Strahlenenergien bis 19 GeV); Elektron-Positron-Speicherringanlage HERA (Betrieb seit 1992; Durchmesser 2 km, Strahlenenergien 30 GeV für Elektronen und 820 GeV für Protonen).

Deutsches Forschungs- und Managementzentrum für Luft- und Raumfahrt e.V., Abk. **DLR,** 1997 durch die Fusion der Dt. Forschungsanstalt für Luft- und Raumfahrt (DLR) und der Dt. Agentur für Raumfahrtangelegenheiten (Dara) entstandene Institution, konzentriert sich auf Forschungen und Entwicklungen mit Blick auf die industrielle Nutzung sowie auf Aufgaben im Raumfahrtmanagement unter der Vertretung Dtl.s in internat. Organisationen (z. B. ESA).

Deutsches Literaturarchiv, größtes Archiv in Dtl. für die neuere dt. Literatur, eingerichtet 1955 beim damaligen Schiller-Nationalmuseum in Marbach am Neckar.

Deutsches Elektronen-Synchrotron. Die in je vier Teilchenpaketen umlaufenden Elektronen und Positronen werden an vier Stellen des Speicherrings PETRA, den Wechselwirkungszonen, aufeinander geschossen. Die dabei entstehenden Kollisionsprodukte werden mit verschiedenartigen Detektoren registriert, z. B. mit dem Magnetdetektor (MARK-J) und dem supraleitenden Magnetdetektor (PLUTO)

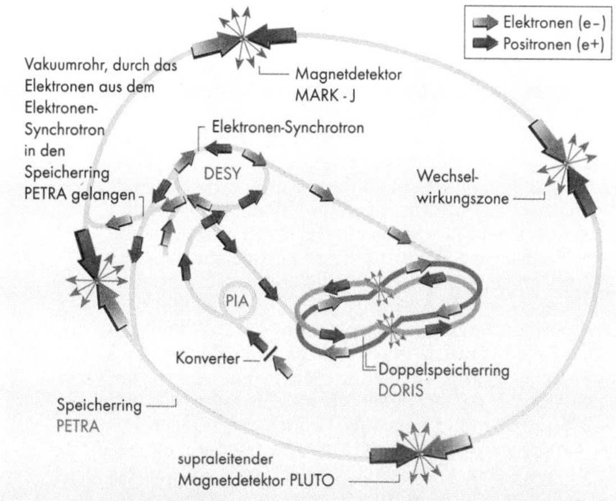

Deutsche Sporthochschule Köln, 1947 als »Sporthochschule Köln« durch C. Diem gegr.; seit 1970 eine wiss. Hochschule.

deutsche Sprache, Zweig der westgerman. Sprachen. Durch die hochdt. →Lautverschiebung wurde das Deutsche in 2 Gruppen gegliedert: **Hochdeutsch** und **Niederdeutsch** (→niederdeutsche Sprache). Zur hochdt. Gruppe zählen bes. Alemannisch und Bairisch, wo die Lautverschiebung am vollständigsten durchgedrungen ist; man fasst sie als **Oberdeutsch** zusammen. **Mitteldeutsch** heißen die thüring. und fränk. Mundarten, die die Lautverschiebung in versch. Anteil mitgemacht haben, sowie die durch Mischung beider entstandenen Mundarten zu beiden Seiten des Erzgebirges, in der Lausitz und Schlesien bis nach Ost- und Westpreußen (Hochpreußisch). Entwicklungsstufen des Hochdeutschen: **Althochdeutsch** (750 bis 1050), Beginn des Schrifttums und Aufnahme der antiken Bildung. **Mittelhochdeutsch** (1050 bis 1350), mit der ersten Blüte der dt. Sprache um 1200 in der ritterl.-höf. Dichtung und dem Minnesang. Von den durch Mischung im ostdt. Siedlungsraum entstandenen Ausgleichsmundarten wurde am wichtigsten das Thüringisch-Obersächsische; durch eigene Entfaltungskraft und die Reichweite der landesherrl. obersächs. Kanzlei (Meißen) gewann es eine solche Breite, dass es, bes. auch durch die Schriften Luthers, zur wichtigsten Grundlage der **neuhochdeutschen Schriftsprache** wurde. Die Literatur der dt. Klassik (F. v. Schiller, J. W. v. Goethe) brachte eine 2. Blüte der dt. Sprache.

deutsches Recht, das auf german. Grundlage erwachsene Recht. Das ältere d. R. war mündlich überliefertes **Volksrecht,** der Volksgerichte. Aus den zw. dem 5. und 9. Jh. in lat. Sprache aufgezeichneten Stammesrechten wurden **Landrechte** mit Geltung für bestimmte Gebiete. Daneben traten Sonderrechte für bestimmte Verhältnisse, so das Lehns-, Stadt-, Bergrecht. Weite Verbreitung und gesetzesähnl. Ansehen erlangten bes. der Sachsen- und der Schwabenspiegel. Die Zersplitterung des d. R. begünstigte am Ausgang des MA. die Übernahme (Rezeption) des röm. Rechts, das im 18. Jh. durch die naturrechtl. Gesetzbücher (preuß. Allg. Landrecht) wieder zurückgedrängt wurde. Das geltende →Bürgerliche Gesetzbuch hat Bestandteile aus dem dt. und dem röm. Recht.

Deutsches Reich, 1) das alte dt. Reich von 911 bis 1806; amtl. Bez. seit dem 11. Jh. Röm. Reich, seit dem 15. Jh. Hl. Röm. Reich Dt. Nation. – **2)** bis 1945 amtl. Name für den 1871 von Bismarck gegr. Staat.

Deutsches Rotes Kreuz →Rotes Kreuz.

Deutsche Volkspartei, Abk. **DVP,** 1918 gegr. liberale, rechtsbürgerl. Partei, bis 1929 unter Führung G. Stresemanns; 1933 aufgelöst.

Deutsche Welle, Rundfunkanstalt für den Osteuropa- und Überseedienst, gegr. 1953, Sitz Köln.

Deutsch-Französischer Krieg von 1870/71. Ursache: Argwohn Frankreichs gegen Bismarcks Politik der Reichsgründung. Anlass: Kandidatur des Erbprinzen von Hohenzollern-Sigmaringen auf den span. Thron (→Emser Depesche). Frz. Kriegserklärung am 19. 7. 1870, die süddt. Staaten traten sofort auf die Seite Preußens. Nach dt. Siegen bes. bei Wörth, Spichern und Sedan ergab sich Kaiser Napoleon III. Bei den fortdauernden Kampfhandlungen schlossen dt. Truppen Paris ein, zu dessen Befreiung Gambetta neue frz. Massenheere aufstellte, die einzeln geschlagen wurden. Paris ergab sich am 28. 1. 1871. Am 26. 2. wurde der Vorfriede von Versailles geschlossen, am 10. 5. der Frankfurter Friede. Das Elsass und Teile Lothringens kamen an Deutschland.

Deutschherren →Deutscher Orden.

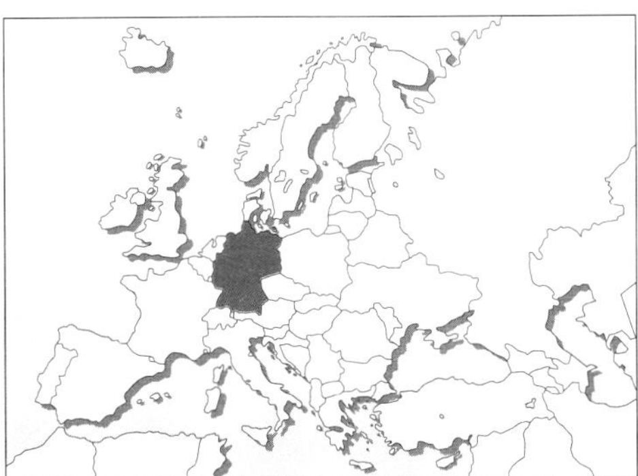

Deutschland, Bundesrepublik Deutschland, Rep. in Mitteleuropa, 357042 km², 81,3 Mio. Ew.; Hptst. Berlin, Bundesstadt: Bonn. D. reicht von Nord- und Ostsee bis zu den Alpen, ist im W und O ohne natürl. Begrenzung; seine Anliegerstaaten sind im N Dänemark, im W Niederlande, Belgien, Luxemburg, Frankreich, im S Schweiz, Österreich, im SO und Osten die Tschech. Rep., Polen.

Verfassung. Die staatl. Ordnung ist durch das Grundgesetz (GG) v. 23. 5. 1949 (mit Änderungen) bestimmt. Die Bundesrep. Deutschland hat seit dem 5. 5. 1955 die Stellung eines souveränen Staates (In-Kraft-Treten des →Deutschlandvertrags in der Pariser Fassung v. 23. 10. 1954); die damals aufrechterhaltenen Vorbehalte der 4 alliierten Siegermächte entfielen zum 3. 10. 1990. D. ist ein demokrat., sozialer und föderativer Bundesstaat, dem die Länder Baden-Württemberg, Bayern, Berlin, Brandenburg, Bremen, Hamburg, Hessen, Mecklenburg-Vorpommern, Niedersachsen, Nordrhein-Westfalen, Rheinland-Pfalz, Saarland, Sachsen, Sachsen-Anhalt, Schleswig-Holstein und Thüringen angehören. Die Länder üben die staatl. Befugnisse aus, soweit das GG nichts anderes bestimmt oder zulässt. Die höchste Gewalt (Souveränität) liegt beim Bund: Bundesrecht bricht Landesrecht. Das GG beschränkt die Verfassungsautonomie der Länder; der Bund kann die Länder durch Gesetze neu gliedern und hat ihnen gegenüber weitere Rechte (→Bundesaufsicht, →Bundeszwang).

Die Staatsgewalt geht vom Volke aus. Es übt sie unmittelbar durch Wahlen und Abstimmungen aus. Die Parteien wirken an der polit. Willensbildung mit. – In der Wirtschaftsordnung gilt Freiheit der Betätigung des Einzelnen; das Privateigentum ist gesichert, die Sozialordnung wird weiter ausgebaut.

Von wesentl. Bedeutung sind die Grundsätze der Gewaltenteilung und der Gesetzmäßigkeit der Verwaltung. Die Gesetzgebung ist an die verfassungsmäßige Ordnung, die vollziehende Gewalt und die Rechtsprechung sind an Recht und Gesetz gebunden; die Rechtsprechung ist unabhängigen Richtern anvertraut. Die →Grundrechte sind gewährleistet.

Staatsoberhaupt ist der von der Bundesversammlung auf 5 Jahre gewählte Bundespräsident. Der vom Bundestag gewählte Bundeskanzler führt die Bundesregierung. Durch den Bundesrat haben die einzelnen Länder Anteil an Gesetzgebung und Verwaltung des Bundes.

Gesetzgebung. Der Bund hat die ausschließl. Gesetzgebung auf den Gebieten, die nur einheitlich geregelt werden können, so für auswärtige Angelegenheiten, Verteidigung, Währung, Zölle, Grenzschutz, Luftverkehr, Post- und Fernmeldewesen, Bundesbeamtenrecht. Er hat neben den Ländern die konkurrierende Gesetzgebung z. B. für bürgerl. Recht, Strafrecht, Prozessrecht, Straßenverkehr, soweit ein Bedürfnis für eine einheitl. Regelung besteht. Er kann Rahmenvorschriften erlassen, so über Presse, Film, Jagd, Naturschutz.

Zur Änderung oder Ergänzung des GG ist ein übereinstimmender Beschluss von Bundestag und Bundesrat notwendig (jeweils $^2/_3$-Mehrheit). – Die 1968 erlassene Notstandsgesetzgebung sieht Maßnahmen für den Katastrophenfall und für Fälle des inneren und äußeren Notstandes vor.

Verwaltung. Bund und Länder haben getrennte Verwaltungen. Zur eigenen Zuständigkeit der Länder gehören u. a. allg. Verw., Justiz, Polizei, Kultus, Unterricht, Gesundheitswesen, Versorgung, ferner z. T. Wirtschaft und Steuern. Den Gemeinden und Gemeindeverbänden ist Selbstverwaltung gewährleistet.

Währung. Währungseinheit ist seit 20. 6. 1948 (Währungsreform) die Deutsche Mark (DM).

Verteidigung. Seit 1954 gehört die Bundesrep. Deutschland dem Verteidigungsbündnis des →Nordatlantikpakts an. Seit 1955 wurde die →Bundeswehr aufgestellt.

Landesnatur. D. hat Anteil an vier Naturräumen: Norddt. Tiefland, Mittelgebirgsschwelle, Alpenvorland und Alpen. Das Norddt. Tiefland umfasst Marschen und die Geest sowie die Jungmoränengebiete des Balt. Höhenrückens mit der Mecklenburg. Seenplatte, an die sich das Altmoränenland mit Niederungen, Urstromtälern und Hochflächen anschließt. Mit weiten Buchten (Niederrhein. Tiefland, Münsterland, Leipziger Tieflandsbucht) greift es in den Niederungen von Rhein, Ems und Weser sowie Saale und Elbe tief in die Mittelgebirgsschwelle ein, deren Nordfuß mächtige Lössaufwehungen (Bördenzone) besitzt. Die Mittelgebirge zerfallen in eine Vielzahl kleiner Landschaftseinheiten. Einen zusammenhängenden Gebirgskörper bildet das beiderseits des Mittelrheins gelegene Rhein. Schiefergebirge. Ihm gliedern sich im O das Hess., das Weser- und das Leinebergland sowie der Harz, der Thüringer Wald und das Fichtelgebirge an. Die östl. Gebirgsumrandung von D. reicht vom Elstergebirge über das Erzgebirge mit dem Fichtelberg (1214 m) bis zum Elbsandsteingebirge mit dem Durchbruchstal der Elbe, im S bis zum Böhmerwald mit dem Oberpfälzer und Bayer. Wald. Von den östl. Randhöhen des Oberrheingrabens (Spessart, Odenwald, Schwarzwald) erstreckt sich eine Schichtstufenlandschaft bis hin zur Donau und zum Bayer. Wald im O. Jenseits des Rheins findet sie ihre Fortsetzung im Pfälzer Wald. Zw. der Schwäb. Alb, dem Bayer. Wald und den Nördl. Kalkalpen, mit der Zugspitze (2962 m) als höchstem Berg von D., erstreckt sich der westl. Teil des Alpenvorlandes. Donau, Rhein, Weser und Elbe mit ihren Nebenflüssen entwässern D. Das Klima ist feuchtgemäßigt, wobei der W des Landes

Deutschland

Staatswappen

Staatsflagge

Internationales Kfz-Kennzeichen

Deutschland
(staatliche Gliederung)

Bundesland	km²	Ew. in 1000	Hauptstadt
Baden-Württemberg	35751	10149	Stuttgart
Bayern	70554	11770	München
Berlin	882	3440	Berlin
Brandenburg	29475	2543	Potsdam
Bremen	404	685	Bremen
Hamburg	755	1669	Hamburg
Hessen	21114	5951	Wiesbaden
Mecklenburg-Vorpommern	23192	1858	Schwerin
Niedersachsen	47577	7584	Hannover
Nordrhein-Westfalen	34072	17722	Düsseldorf
Rheinland-Pfalz	19852	3852	Mainz
Saarland	2570	1084	Saarbrücken
Sachsen	18407	4641	Dresden
Sachsen-Anhalt	20440	2789	Magdeburg
Schleswig-Holstein	15732	2680	Kiel
Thüringen	16175	2546	Erfurt

stärkeren ozean. Einflüssen unterliegt, der ostdt. Raum hingegen bereits kontinentale Züge aufweist. Niederschläge fallen zu allen Jahreszeiten. Das Temperaturmaximum liegt im Juli, das Minimum im Januar. D. liegt in der Zone der sommergrünen Laubwälder. Im N herrschen Eichen- und Birkenwälder vor. Manche ehem. bewaldete Gebiete werden heute von Heidegebieten eingenommen (Lüneburger Heide). Die Waldgebiete der Mittelgebirge sind mit Mischwäldern und reinen Laub- und Nadelwaldbeständen bestockt. Die Mischwälder setzen sich in den Nördl. Kalkalpen fort mit Buche, Bergahorn und Fichte, die bis zur natürl. Waldgrenze bei etwa 1 800 m immer stärker in den Vordergrund tritt. Über 1 800 m folgen Krummholzgürtel, Zwergstrauchstufe und alpine Matten.

Bevölkerung. Nach dem 2. Weltkrieg änderte sich die Bev.-Struktur in der damaligen Bundesrep. Deutschland grundlegend durch die Aufnahme von 9,7 Mio. Menschen v. a. aus den ehem. dt. Ostgebieten, durch Zuwanderung von über 3 Mio. Menschen aus dem Gebiet der DDR (bis zum Bau der Mauer, 13. 8. 1961) sowie durch Zuzüge ausländ. Arbeitnehmer seit den 1960er-Jahren. 1995 lebten rd. 7,2 Mio. Ausländer in D., wobei die Tendenz zunehmend ist. Die Bev.-Verteilung ist sehr unterschiedlich. Wirtschaftl. und städt. Ballungsräume sind das Rhein-Ruhr-Gebiet, das Rhein-Main-Gebiet, das Rhein-Neckar-Gebiet, das Saarland, die Räume Halle–Leipzig, Chemnitz–Zwickau sowie die Städte Berlin, Dresden, München, Stuttgart, Nürnberg-Erlangen, Hannover, Bremen und Hamburg mit ihren Einzugsgebieten. Relativ schwach besiedelt sind v. a. die landwirtschaftlich genutzten Gebiete in Schlesw.-Holst. und Mecklenburg-Vorpommern.

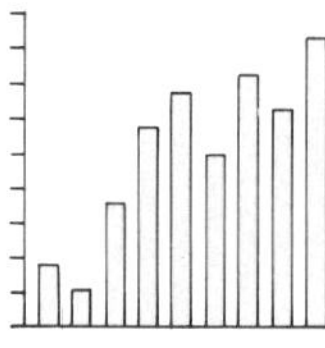

Kirchen. Die Organisation der Kirchen blieb nach dem 2. Weltkrieg gesamtdeutsch, doch war das Religionsrecht in der Bundesrep. Deutschland und in der DDR verschieden gestaltet. Die kath. Kirche ist organisiert in Kirchenprovinzen. Die kollegiale Leitung der kath. Kirche in D. liegt bei der Dt. Bischofskonferenz. – Die ev. Kirchen gliedern sich in luther., reformierte und unierte Landeskirchen; Gesamtorganisation: Evangelische Kirche in Deutschland. 42,9 % der Bev. sind röm.-katholisch, 41,6 % bekennen sich zum ev. Glauben. Die jüd. Gemeinden in D. haben 33 000 Mitglieder; daneben leben in D. rd. 1,7 Mio. Muslime. Ferner bestehen ev. Freikirchen sowie außerkirchliche Weltanschauungsgemeinschaften.

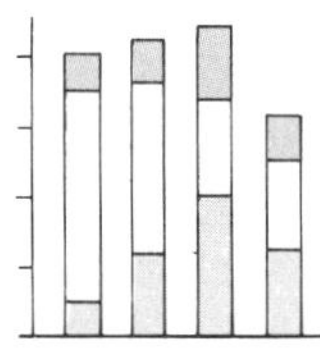

Wirtschaft, Verkehr. D. ist eine der führenden Ind.nationen der Erde. Gemessen am BSP zählt es zu den Ländern mit hohem Lebensstandard. In den westl. Bundesländern weist die regionale wie auch die sektorale Entwicklung erhebliche Wachstumsunterschiede auf. Zunächst waren die traditionellen Zentren des Bergbaus und der Schwerind., das Ruhrgebiet und der Raum Hannover-Braunschweig-Salzgitter-Peine, sowie die Handelszentren Hamburg und Bremen begünstigt. Seit den 60er-Jahren entwickelten sich dagegen die Verdichtungsräume Rhein-Main, Rhein-Neckar, München, Nürnberg-Erlangen und Stuttgart als Standorte zumeist wachstumsstarker Ind.zweige (Chemie, Elektrotechnik/Elektronik, Maschinen-, Kfz-Bau) deutlich schneller als die übrigen Teilräume; die norddt. Küstenländer Schlesw.-Holst. und Ndsachs. ausgenommen Agglomerationsräume um Hannover, Hamburg, Bremen, ebenso wie NRW nur noch unterdurchschnittlich. Die Wirtschaft der östl. Bundesländer beruhte bis 1989 vorwiegend auf staatl. und genossenschaftl. Eigentum und einem weitgehend zentralistisch gelenkten Mechanismus der Planung und Leitung. Die Planwirtschaft mit ihrer ungenügenden Effektivität führte zunehmend seit Anfang der 80er-Jahre zu erhebl. wirtschaftl. Krisenerscheinungen. Fehleinschätzungen und -prognosen, zu geringe und einseitige Investitionen, teilweise Beseitigung der Kleinbetriebe und der privaten Betriebe im mittelständ. Bereich einschließl. des Handwerks vergrößerten die ökonom. und technolog. Probleme. Die Ausklammerung ökologischer Probleme seitens der staatlichen Institutionen verschlechterte die Umweltsituation erheblich.

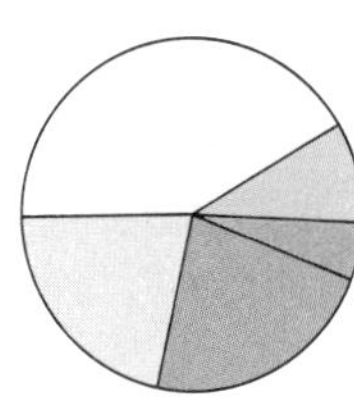

Diagramme

Zur Entstehung des BIP 1995 trugen Land- und Forstwirtschaft sowie Fischerei nur noch zu 1,5 % bei. Die Eigenversorgung von D. ist bei Fetten, Zucker und Frischmilch gesichert, bei Weizen und Kartoffeln beträgt sie jeweils 90 %. Angebaut werden: Weizen, Gerste, Hafer, Roggen, Zuckerrüben, Futterrüben, Kartoffeln, Hopfen, diverse Gemüsesorten, Obst und Wein. Unter den EU-Staaten steht D. bei der Fleischerzeugung und Milchproduktion an 2. Stelle. Bergbau, Energiewirtschaft, verarbeitende Ind. und Baugewerbe erbrachten 1995 34,5 % des BIP, Dienstleistungen 64 %. Abgebaut werden Stein- und Braunkohle, Schwerspat, Stein- und Kalisalze. Der Bedarf an angereichertem Uran wird aus den USA, Russland und Frankreich gedeckt. Die Erdöl- und Erdgasförderung ist unbedeutend. Traditionelle Bedeutung besitzen Glasind. (Thüringer Wald, Jena), Keramikind. (Meißen), Spielwarenind. (Erzgebirge, Thüringer Wald) und Rauchwarenind. (Leipzig). Am industriellen Gesamtumsatz gemessen ergibt sich folgende Reihenfolge: Maschinenbau (mit Fahrzeugbau), Nahrungs- und Genussmittelind., chem., elektrotechn. Ind., Mineralölverarbeitung sowie Textil- und Bekleidungsind. An der Energieerzeugung ist die Kernenergie mit rd. 30 % beteiligt. Wichtigste Exportprodukte sind nichtelektr. Maschinen, Fahrzeuge, chem. Erzeugnisse, elektr. Maschinen, Apparate und Geräte, Eisen und Stahl, Garne, Gewebe, Textilwaren, Bekleidung, Kunststoffe und Kunstharze. Das Eisenbahnnetz betrug (1994) 44 512 km (davon 39 % elektrifiziert), das Straßennetz des überörtl. Verkehrs hatte (1995) 228 604 km (11 143 km Autobahnen). In Ost-Dtl. ist die Eisenbahn wichtigster Verkehrsträger. Wichtigste Binnenwasserstraße ist der Rhein, seine wichtigsten Binnenhäfen sind Duisburg, Karlsruhe, Köln, Ludwigshafen am Rhein, Mannheim. Größte Überseehäfen sind Hamburg, Wilhelmshaven, Bremen, Bremerhaven, Lübeck, Rostock. Größte ✈ sind Frankfurt am Main, Düsseldorf, München, Berlin-Tegel, Hamburg.

Geschichte → deutsche Geschichte.

Deutschlandlied, das Gedicht »Deutschland, Deutschland über alles« von H. Hoffmann v. Fallersleben (1841) mit der Weise von J. Haydn (1781), dt. Nationalhymne 1922 bis 1945; in der Bundesrep. Deutschland wird seit 1952 die 3. Strophe (»Einigkeit und Recht und Freiheit«) als offizielle Hymne gesungen.

Deutschlandradio, Rundfunkanstalt des öffentl. Rechts; gegr. durch Staatsvertrag 1993, durch den die Hörfunkanstalten Deutschlandfunk, Deutschlandsender Kultur (DS Kultur) und RIAS Berlin zu einem bundesweiten Sender zusammengefasst wurden.

Deutschlandvertrag, »Vertrag über die Beziehungen der Bundesrep. Deutschland mit den 3 Mächten« (Bonner Vertrag), der am 26. 5. 1952 in Bonn zw. der Bundesrep. Deutschland und den USA, Großbritannien und Frankreich abgeschlossen wurde, mit dem **Generalvertrag** als Kernstück; trat am 5. 5. 1955 in Kraft, nachdem er durch das »Protokoll über die Beendigung des Besatzungsregimes« (Paris 23. 10. 1954) geändert und erweitert worden war. Der D. löste das Besatzungsstatut ab, gab der Bundesrep. Deutschland die Souveränität, zunächst mit Einschränkungen, und regelte die Rechtslage der in der Bundesrep. Deutschland stationierten Truppen. Die Bundesrep. Deutschland wurde Mitgl. der NATO und der WEU.

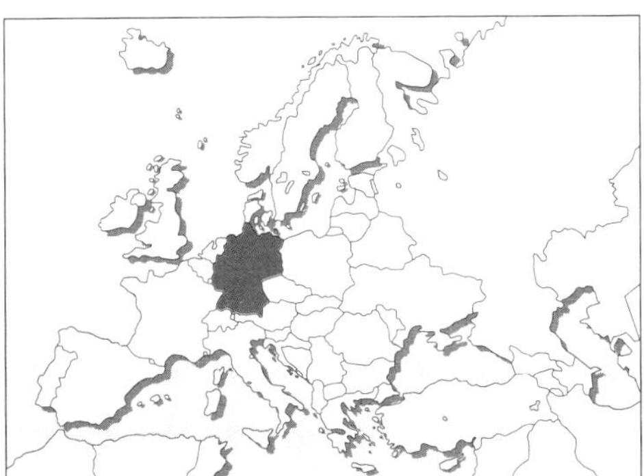

Deutschland, Bundesrepublik Deutschland, Rep. in Mitteleuropa, 357 042 km², 81,3 Mio. Ew.; Hptst. Berlin, Bundesstadt: Bonn. D. reicht von Nord- und Ostsee bis zu den Alpen, ist im W und O ohne natürl. Begrenzung; seine Anliegerstaaten sind im N Dänemark, im W Niederlande, Belgien, Luxemburg, Frankreich, im S Schweiz, Österreich, im SO und Osten die Tschech. Rep., Polen.

Verfassung. Die staatl. Ordnung ist durch das Grundgesetz (GG) v. 23. 5. 1949 (mit Änderungen) bestimmt. Die Bundesrep. Deutschland hat seit dem 5. 5. 1955 die Stellung eines souveränen Staates (In-Kraft-Treten des →Deutschlandvertrags in der Pariser Fassung v. 23. 10. 1954); die damals aufrechterhaltenen Vorbehalte der 4 alliierten Siegermächte entfielen zum 3. 10. 1990. D. ist ein demokrat., sozialer und föderativer Bundesstaat, dem die Länder Baden-Württemberg, Bayern, Berlin, Brandenburg, Bremen, Hamburg, Hessen, Mecklenburg-Vorpommern, Niedersachsen, Nordrhein-Westfalen, Rheinland-Pfalz, Saarland, Sachsen, Sachsen-Anhalt, Schleswig-Holstein und Thüringen angehören. Die Länder üben die staatl. Befugnisse aus, soweit das GG nichts anderes bestimmt oder zulässt. Die höchste Gewalt (Souveränität) liegt beim Bund: Bundesrecht bricht Landesrecht. Das GG beschränkt die Verfassungsautonomie der Länder; der Bund kann die Länder durch Gesetze neu gliedern und hat ihnen gegenüber weitere Rechte (→Bundesaufsicht, →Bundeszwang).

Die Staatsgewalt geht vom Volke aus. Es übt sie unmittelbar durch Wahlen und Abstimmungen aus. Die Parteien wirken an der polit. Willensbildung mit. – In der Wirtschaftsordnung gilt Freiheit der Betätigung des Einzelnen; das Privateigentum ist gesichert, die Sozialordnung wird weiter ausgebaut.

Von wesentl. Bedeutung sind die Grundsätze der Gewaltenteilung und der Gesetzmäßigkeit der Verwaltung. Die Gesetzgebung ist an die verfassungsmäßige Ordnung, die vollziehende Gewalt und die Rechtsprechung sind an Recht und Gesetz gebunden; die Rechtsprechung ist unabhängigen Richtern anvertraut. Die →Grundrechte sind gewährleistet.

Staatsoberhaupt ist der von der Bundesversammlung auf 5 Jahre gewählte Bundespräsident. Der vom Bundestag gewählte Bundeskanzler führt die Bundesregierung. Durch den Bundesrat haben die einzelnen Länder Anteil an Gesetzgebung und Verwaltung des Bundes.

Gesetzgebung. Der Bund hat die ausschließl. Gesetzgebung auf den Gebieten, die nur einheitlich geregelt werden können, so für auswärtige Angelegenheiten, Verteidigung, Währung, Zölle, Grenzschutz, Luftverkehr, Post- und Fernmeldewesen, Bundesbeamtenrecht. Er hat neben den Ländern die konkurrierende Gesetzgebung z. B. für bürgerl. Recht, Strafrecht, Prozessrecht, Straßenverkehr, soweit ein Bedürfnis für eine einheitl. Regelung besteht. Er kann Rahmenvorschriften erlassen, so über Presse, Film, Jagd, Naturschutz.

Zur Änderung oder Ergänzung des GG ist ein übereinstimmender Beschluss von Bundestag und Bundesrat notwendig (jeweils $^2/_3$-Mehrheit). – Die 1968 erlassene Notstandsgesetzgebung sieht Maßnahmen für den Katastrophenfall und für Fälle des inneren und äußeren Notstandes vor.

Verwaltung. Bund und Länder haben getrennte Verwaltungen. Zur eigenen Zuständigkeit der Länder gehören u. a. allg. Verw., Justiz, Polizei, Kultus, Unterricht, Gesundheitswesen, Versorgung, ferner z. T. Wirtschaft und Steuern. Den Gemeinden und Gemeindeverbänden ist Selbstverwaltung gewährleistet.

Währung. Währungseinheit ist seit 20. 6. 1948 (Währungsreform) die Deutsche Mark (DM).

Verteidigung. Seit 1954 gehört die Bundesrep. Deutschland dem Verteidigungsbündnis des →Nordatlantikpakts an. Seit 1955 wurde die →Bundeswehr aufgestellt.

Landesnatur. D. hat Anteil an vier Naturräumen: Norddt. Tiefland, Mittelgebirgsschwelle, Alpenvorland und Alpen. Das Norddt. Tiefland umfasst Marschen und die Geest sowie die Jungmoränengebiete des Balt. Höhenrückens mit der Mecklenburg. Seenplatte, an die sich das Altmoränenland mit Niederungen, Urstromtälern und Hochflächen anschließt. Mit weiten Buchten (Niederrhein. Tiefland, Münsterland, Leipziger Tieflandsbucht) greift es in den Niederungen von Rhein, Ems und Weser sowie Saale und Elbe tief in die Mittelgebirgsschwelle ein, deren Nordfuß mächtige Lössaufwehungen (Bördenzone) besitzt. Die Mittelgebirge zerfallen in eine Vielzahl kleiner Landschaftseinheiten. Einen zusammenhängenden Gebirgskörper bildet das beiderseits des Mittelrheins gelegene Rhein. Schiefergebirge. Ihm gliedern sich im O das Hess., das Weser- und das Leinebergland sowie der Harz, der Thüringer Wald und das Fichtelgebirge an. Die östl. Gebirgsumrandung von D. reicht vom Elstergebirge über das Erzgebirge mit dem Fichtelberg (1214 m) bis zum Elbsandsteingebirge mit dem Durchbruchstal der Elbe, im S bis zum Böhmerwald mit dem Oberpfälzer und Bayer. Wald. Von den östl. Randhöhen des Oberrheingrabens (Spessart, Odenwald, Schwarzwald) erstreckt sich eine Schichtstufenlandschaft bis hin zur Donau und zum Bayer. Wald im O. Jenseits des Rheins findet sie ihre Fortsetzung im Pfälzer Wald. Zw. der Schwäb. Alb, dem Bayer. Wald und den Nördl. Kalkalpen, mit der Zugspitze (2962 m) als höchstem Berg von D., erstreckt sich der westl. Teil des Alpenvorlandes. Donau, Rhein, Weser und Elbe mit ihren Nebenflüssen entwässern D. Das Klima ist feuchtgemäßigt, wobei der W des Landes

Deutschland

Staatswappen

Staatsflagge

Internationales Kfz-Kennzeichen

Deutschland
(staatliche Gliederung)

Bundesland	km²	Ew. in 1000	Hauptstadt
Baden-Württemberg	35751	10149	Stuttgart
Bayern	70554	11770	München
Berlin	882	3440	Berlin
Brandenburg	29475	2543	Potsdam
Bremen	404	685	Bremen
Hamburg	755	1669	Hamburg
Hessen	21114	5951	Wiesbaden
Mecklenburg-Vorpommern	23192	1858	Schwerin
Niedersachsen	47577	7584	Hannover
Nordrhein-Westfalen	34072	17722	Düsseldorf
Rheinland-Pfalz	19852	3852	Mainz
Saarland	2570	1084	Saarbrücken
Sachsen	18407	4641	Dresden
Sachsen-Anhalt	20440	2789	Magdeburg
Schleswig-Holstein	15732	2680	Kiel
Thüringen	16175	2546	Erfurt

stärkeren ozean. Einflüssen unterliegt, der ostdt. Raum hingegen bereits kontinentale Züge aufweist. Niederschläge fallen zu allen Jahreszeiten. Das Temperaturmaximum liegt im Juli, das Minimum im Januar. D. liegt in der Zone der sommergrünen Laubwälder. Im N herrschen Eichen- und Birkenwälder vor. Manche ehem. bewaldete Gebiete werden heute von Heidegebieten eingenommen (Lüneburger Heide). Die Waldgebiete der Mittelgebirge sind mit Mischwäldern und reinen Laub- und Nadelwaldbeständen bestockt. Die Mischwälder setzen sich in den Nördl. Kalkalpen fort mit Buche, Bergahorn und Fichte, die bis zur natürl. Waldgrenze bei etwa 1 800 m immer stärker in den Vordergrund tritt. Über 1 800 m folgen Krummholzgürtel, Zwergstrauchstufe und alpine Matten.

Bevölkerung. Nach dem 2. Weltkrieg änderte sich die Bev.-Struktur in der damaligen Bundesrep. Deutschland grundlegend durch die Aufnahme von 9,7 Mio. Menschen v. a. aus den ehem. dt. Ostgebieten, durch Zuwanderung von über 3 Mio. Menschen aus dem Gebiet der DDR (bis zum Bau der Mauer, 13. 8. 1961) sowie durch Zuzüge ausländ. Arbeitnehmer seit den 1960er-Jahren. 1995 lebten rd. 7,2 Mio. Ausländer in D., wobei die Tendenz zunehmend ist. Die Bev.-Verteilung ist sehr unterschiedlich. Wirtschaftl. und städt. Ballungsräume sind das Rhein-Ruhr-Gebiet, das Rhein-Main-Gebiet, das Rhein-Neckar-Gebiet, das Saarland, die Räume Halle–Leipzig, Chemnitz–Zwickau sowie die Städte Berlin, Dresden, München, Stuttgart, Nürnberg-Erlangen, Hannover, Bremen und Hamburg mit ihren Einzugsgebieten. Relativ schwach besiedelt sind v. a. die landwirtschaftlich genutzten Gebiete in Schlesw.-Holst. und Mecklenburg-Vorpommern.

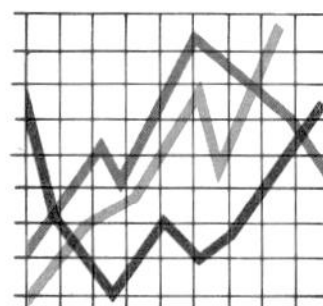

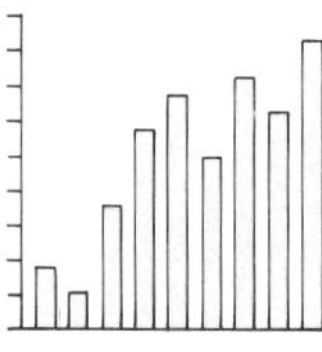

Kirchen. Die Organisation der Kirchen blieb nach dem 2. Weltkrieg gesamtdeutsch, doch war das Religionsrecht in der Bundesrep. Deutschland und in der DDR verschieden gestaltet. Die kath. Kirche ist organisiert in Kirchenprovinzen. Die kollegiale Leitung der kath. Kirche in D. liegt bei der Dt. Bischofskonferenz. – Die ev. Kirchen gliedern sich in luther., reformierte und unierte Landeskirchen; Gesamtorganisation: Evangelische Kirche in Deutschland. 42,9 % der Bev. sind röm.-katholisch, 41,6 % bekennen sich zum ev. Glauben. Die jüd. Gemeinden in D. haben 33 000 Mitglieder; daneben leben in D. rd. 1,7 Mio. Muslime. Ferner bestehen ev. Freikirchen sowie außerkirchliche Weltanschauungsgemeinschaften.

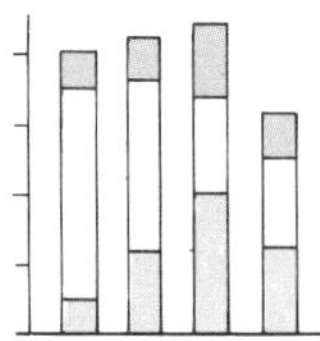

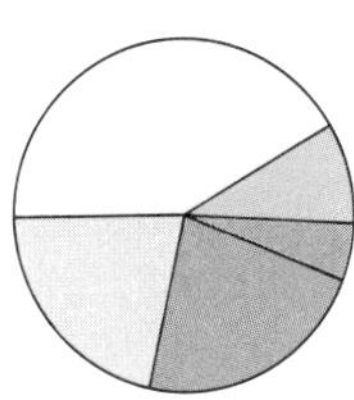

Diagramme

Wirtschaft, Verkehr. D. ist eine der führenden Ind.nationen der Erde. Gemessen am BSP zählt es zu den Ländern mit hohem Lebensstandard. In den westl. Bundesländern weist die regionale wie auch die sektorale Entwicklung erhebliche Wachstumsunterschiede auf. Zunächst waren die traditionellen Zentren des Bergbaus und der Schwerind., das Ruhrgebiet und der Raum Hannover-Braunschweig-Salzgitter-Peine, sowie die Handelszentren Hamburg und Bremen begünstigt. Seit den 60er-Jahren entwickelten sich dagegen die Verdichtungsräume Rhein-Main, Rhein-Neckar, München, Nürnberg-Erlangen und Stuttgart als Standorte zumeist wachstumsstarker Ind.zweige (Chemie, Elektrotechnik/Elektronik, Maschinen-, Kfz-Bau) deutlich schneller als die übrigen Teilräume; die norddt. Küstenländer Schlesw.-Holst. und Ndsachs. ausgenommen Agglomerationsräume um Hannover, Hamburg, Bremen, ebenso wie NRW nur noch unterdurchschnittlich. Die Wirtschaft der östl. Bundesländer beruhte bis 1989 vorwiegend auf staatl. und genossenschaftl. Eigentum und einem weitgehend zentralistisch gelenkten Mechanismus der Planung und Leitung. Die Planwirtschaft mit ihrer ungenügenden Effektivität führte zunehmend seit Anfang der 80er-Jahre zu erhebl. wirtschaftl. Krisenerscheinungen. Fehleinschätzungen und -prognosen, zu geringe und einseitige Investitionen, teilweise Beseitigung der Kleinbetriebe und der privaten Betriebe im mittelständ. Bereich einschließl. des Handwerks vergrößerten die ökonom. und technolog. Probleme. Die Ausklammerung ökologischer Probleme seitens der staatlichen Institutionen verschlechterte die Umweltsituation erheblich.

Zur Entstehung des BIP 1995 trugen Land- und Forstwirtschaft sowie Fischerei nur noch zu 1,5 % bei. Die Eigenversorgung von D. ist bei Fetten, Zucker und Frischmilch gesichert, bei Weizen und Kartoffeln beträgt sie jeweils 90 %. Angebaut werden: Weizen, Gerste, Hafer, Roggen, Zuckerrüben, Futterrüben, Kartoffeln, Hopfen, diverse Gemüsesorten, Obst und Wein. Unter den EU-Staaten steht D. bei der Fleischerzeugung und Milchproduktion an 2. Stelle. Bergbau, Energiewirtschaft, verarbeitende Ind. und Baugewerbe erbrachten 1995 34,5 % des BIP, Dienstleistungen 64 %. Abgebaut werden Stein- und Braunkohle, Schwerspat, Stein- und Kalisalze. Der Bedarf an angereichertem Uran wird aus den USA, Russland und Frankreich gedeckt. Die Erdöl- und Erdgasförderung ist unbedeutend. Traditionelle Bedeutung besitzen Glasind. (Thüringer Wald, Jena), Keramikind. (Meißen), Spielwarenind. (Erzgebirge, Thüringer Wald) und Rauchwarenind. (Leipzig). Am industriellen Gesamtumsatz gemessen ergibt sich folgende Reihenfolge: Maschinenbau (mit Fahrzeugbau), Nahrungs- und Genussmittelind., chem., elektrotechn. Ind., Mineralölverarbeitung sowie Textil- und Bekleidungsind. An der Energieerzeugung ist die Kernenergie mit rd. 30 % beteiligt. Wichtigste Exportprodukte sind nichtelektr. Maschinen, Fahrzeuge, chem. Erzeugnisse, elektr. Maschinen, Apparate und Geräte, Eisen und Stahl, Garne, Gewebe, Textilwaren, Bekleidung, Kunststoffe und Kunstharze. Das Eisenbahnnetz betrug (1994) 44 512 km (davon 39 % elektrifiziert), das Straßennetz des überörtl. Verkehrs hatte (1995) 228 604 km (11 143 km Autobahnen). In Ost-Dtl. ist die Eisenbahn wichtigster Verkehrsträger. Wichtigste Binnenwasserstraße ist der Rhein, seine wichtigsten Binnenhäfen sind Duisburg, Karlsruhe, Köln, Ludwigshafen am Rhein, Mannheim. Größte Überseehäfen sind Hamburg, Wilhelmshaven, Bremen, Bremerhaven, Lübeck, Rostock. Größte ✈ sind Frankfurt am Main, Düsseldorf, München, Berlin-Tegel, Hamburg.

Geschichte → deutsche Geschichte.

Deutschlandlied, das Gedicht »Deutschland, Deutschland über alles« von H. Hoffmann v. Fallersleben (1841) mit der Weise von J. Haydn (1781), dt. Nationalhymne 1922 bis 1945; in der Bundesrep. Deutschland wird seit 1952 die 3. Strophe (»Einigkeit und Recht und Freiheit«) als offizielle Hymne gesungen.

Deutschlandradio, Rundfunkanstalt des öffentl. Rechts; gegr. durch Staatsvertrag 1993, durch den die Hörfunkanstalten Deutschlandfunk, Deutschlandsender Kultur (DS Kultur) und RIAS Berlin zu einem bundesweiten Sender zusammengefasst wurden.

Deutschlandvertrag, »Vertrag über die Beziehungen der Bundesrep. Deutschland mit den 3 Mächten« (Bonner Vertrag), der am 26. 5. 1952 in Bonn zw. der Bundesrep. Deutschland und den USA, Großbritannien und Frankreich abgeschlossen wurde, mit dem **Generalvertrag** als Kernstück; trat am 5. 5. 1955 in Kraft, nachdem er durch das »Protokoll über die Beendigung des Besatzungsregimes« (Paris 23. 10. 1954) geändert und erweitert worden war. Der D. löste das Besatzungsstatut ab, gab der Bundesrep. Deutschland die Souveränität, zunächst mit Einschränkungen, und regelte die Rechtslage der in der Bundesrep. Deutschland stationierten Truppen. Die Bundesrep. Deutschland wurde Mitgl. der NATO und der WEU.

Deutschnationale Volkspartei, Abk. **DNVP,** 1918 bis 1933 nationalkonservative Reichspartei in Dtl., mit kurzen Unterbrechungen in scharfer Opposition gegen die Reichsregierung, 1931 in der →Harzburger Front; 1933 aufgelöst. Vors. u. a. K. Helfferich, A. Hugenberg.

Deutsch-Ostafrika →deutsche Kolonien.

Deutsch-Südwestafrika →deutsche Kolonien.

Deutschvölkische, polit. Bewegung mit antisemit. Tendenz, Vorläufer des Nationalsozialismus. Innerhalb der D. bestanden: **D. Partei, D. Freiheitspartei,** der **Tannenbergbund** (E. Ludendorff).

Devalvation *die,* →Abwertung.

Development Assistance Committee [dɪˈveləpmənt əˈsɪstəns kəˈmɪtɪ], Abk. **DAC,** Ausschuss der OECD. Aufgabe: Koordinierung und Intensivierung der Entwicklungshilfepolitik westl. Ind.staaten.

Deventer, niederländ. Stadt, an der Ijssel, 69 000 Ew.; Hafen, Ind.; Spielzeugmuseum.

Deventer Stadtwappen

Deviation *die,* Ablenkung der Kompassnadel durch den Magnetismus von Schiffsteilen.

Devise *die,* **1)** Wahlspruch. – **2)** *Pl.,* ✆ ausländ. Zahlungsmittel jeder Art (auch Banknoten, Münzen). I. e. S. und bankwirtschaftl. nur Ansprüche auf Zahlungen in fremder Währung an einem fremden Platz. Bei der **D.-Kontrolle** unterscheidet man ohne Rücksicht auf die Staatsangehörigkeit **D.-Inländer** mit Wohnsitz oder persönl. Aufenthalt im Inland und **D.-Ausländer.**

Devon [nach der engl. Cty. D.] *das,* geolog. System des Paläozoikums, →Erdgeschichte (ÜBERSICHT).

Devon [devn], Cty. im SW Englands; Hptst. Exeter.

Devotionali|en [lat. devotio »Andacht«] *Pl.,* Andachtsgegenstände, z. B. Heiligenbildchen.

Dewar-Gefäß [ˈdjuːə-; nach dem brit. Chemiker J. Dewar, * 1842, † 1923], innen versilbertes Vakuummantelgefäß, in bes. Form als Thermosflasche.

Dewey [ˈdjuːɪ], John, amerikan. Philosoph und Pädagoge, * 1859, † 1952; entwickelte den Pragmatismus zum »Instrumentalismus«.

Dextrin *das,* aus Stärke durch Rösten, Hydrolyse oder enzymat. Abbau hergestelltes wasserlösl. Pulver. Klebstoff, Steifmittel.

Dezentralisation *die,* **1)** Aufgliederung. – **2)** die Übertragung staatl. Verwaltungsaufgaben auf Selbstverwaltungsorgane wie Gemeinden oder nachgeordnete Behörden.

Dezernat *das,* Unterabteilung einer Behörde für ein bestimmtes Sachgebiet. **Dezernent** *der,* Sachbearbeiter, Berichterstatter.

Dezibel [-ˈbɛl, -ˈbeːl], Zeichen **dB,** dekadisch logarithm. Maß für das Verhältnis von elektr. Spannungen, Strömen oder Leistungen, z. B. am Anfang und Ende einer Leitung oder eines Vierpols (Dämpfung oder Verstärkung); es wird auch angewendet für den **Schalldruckpegel** (Bezugsschalldruck Hörschwelle) und ist bei Normschall von 1 000 Hz zahlenmäßig gleich der Lautstärke in Phon; auch das **Schallisolationsmaß** wird in dB angegeben. 1 dB = 0,1 Bel (zu Ehren von A. G. Bell).

Dezimalbruch →Bruch.

Dezimalsystem, dekadisches System, Zehnersystem, √ Stellenwertsystem mit der Grundzahl 10. Jedes vollständige Durchzählen wird als neue Einheit (Zehner) vermerkt. 10 Zehner ergeben einen Hunderter usw. Die höheren Einheiten werden durch die Stellung der Ziffern vermerkt, die sie zählen; z. B.

$$5432 = 5 \cdot 1000 + 4 \cdot 100 + 3 \cdot 10 + 2 \cdot 1.$$

Das D. wird durch die Dezimalzahlen um Einheiten erweitert, die kleiner als 1 sind. Rechts vom Komma folgen Zehntel, Hundertstel usw., z. B.

$$2{,}45 = 2 \cdot 1 + 4 \cdot {}^{1}/_{10} + 5 \cdot {}^{1}/_{100}$$

dezimieren [lat.], heute umgangssprachlich: starke Verluste beibringen.

DFB →Deutscher Fußballbund.

DFG →Deutsche Forschungsgemeinschaft e. V.

DGB →Deutscher Gewerkschaftsbund.

Dhahran [ðaxˈraːn], Stadt in Saudi-Arabien, an der W-Küste des Pers. Golfs, rd. 40 000 Ew. Knotenpunkt mehrerer Erdölpipelines; Bergbauhochschule, internat. ✈.

Dhaka, früher **Dacca,** Hptst. von Bangladesh, im Gangesdelta, 6,1 Mio. Ew. mit Außenbezirken; TU, 2 Univ., Ind.zentrum; internat. ✈.

Dhaulagiri, Berg in Nepal, 8 167 m hoch, 1960 erstmals bestiegen.

Diabas *der,* Ergussgestein, schwarz oder dunkelgrün, Gemenge von Plagioklas und Augit (Verwendung als Pflaster-, Werkstein).

Diabetes mellitus *der,* →Zuckerkrankheit. **Diabetiker** *der,* Zuckerkranker.

Diadem *das,* Kopf- oder Stirnschmuck aus Gold und Edelsteinen, in der Antike Herrschaftssymbol.

Diadochen *Pl.,* die Feldherren Alexanders d. Gr., die nach seinem Tode (323 v. Chr.) sein Reich teilten und 3 hellenist. Reiche bildeten: Ägypten unter den Ptolemäern, Syrien, Mesopotamien und Iran unter den Seleukiden, Makedonien unter den Antigoniden.

Diaghilew, Sergej Pawlowitsch, russ. Ballettimpresario, * 1872, † 1929; gründete 1909 das Ensemble »Ballets Russes«.

Sergej Pawlowitsch Diaghilew
Ausschnitt aus einer zeitgenössischen Ölskizze

Diagnose *die,* Erkennen einer Krankheit; heute neben klass. D.-Verfahren (Abtasten, Abhorchen usw.) hoch spezialisierte Methoden (z. B. Röntgendiagnostik, Computertomographie, Endoskopie).

Diagonale *die,* Gerade, die 2 nicht benachbarte Ecken eines Vielecks miteinander verbindet. Die Gerade, die 2 nicht auf derselben Seitenfläche liegende Ecken eines Körpers verbindet, heißt **Raumdiagonale.**

Diagramm *das,* Schaubild, graf. Darstellung beobachteter oder errechneter Zahlenwerte, z. B. Temperaturen, Handelsziffern, techn.-physikal. Verhältniszahlen.

Diakon *der,* **1)** frühe christl. Kirche: Armenpfleger. – **2)** kath. Kirche: Vorstufe zum Priester; als selbstständiger Amtsträger zugelassen. – **3)** ev. Kirche: Hilfsgeistlicher, auch Gemeindehelfer, Krankenpfleger.

Diakonat *das,* Amt, Würde, Amtsstätte eines D.; **Diakonie** *die,* in der ev. Kirche soziale Arbeit in der Gemeinde.

Diakonisches Werk, seit 1975 vollzogener Zusammenschluss der Inneren Mission und des Hilfswerks der Ev. Kirche in Deutschland mit der Aufgabe, die diakon.-missionar. Arbeit zu fördern; Aufgaben: Ausbildung der Diakone und Diakonissen; Heimerziehung; Altenhilfe (z. B. »Essen auf Rädern«); Familienberatung; Gefährdetenfürsorge; Fürsorge für Sondergruppen wie Obdachlose, Seeleute u. a. (z. B. Bahnhofsmission); Katastrophenhilfe und Nothilfeprogramme (»Brot für die Welt«).

diakritische Zeichen, Striche, Punkte, Häkchen u. a. über oder unter einem Buchstaben; zur Bezeichnung von Aussprache oder Betonung.

Dialekt *der,* →Mundart.

Dialektik *die,* **1)** kunstvolle Führung eines Gesprächs. – **2)** Fortschreiten des Denkens in gegensätzl. Begriffen. Nach G. W. F. Hegel erzeugt jeder Begriff als Thesis einen entgegengesetzten, die Antithesis. Aus beiden Begriffen geht die Synthese hervor, als höhere Form, in der die Widersprüche »aufgehoben« sind. K. Marx übernahm Hegels dialekt. Methode in seinen historischen →Materialismus.

dialektische Theologie, innerhalb der ev. Theologie seit dem 1. Weltkrieg durch K. Barth, E. Brunner, R. Bultmann, F. Gogarten u. a. vollzogene Neuorientierung, die an S. Kierkegaard anknüpft. Mensch und Gott stünden unvereinbar gegenüber; der verborgene Gott offenbare sich nur im »Wort«, das Gott in dem Ereignis Jesus Christus zur Menschheit gesprochen

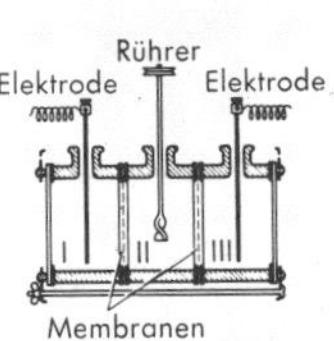

Dialyse einer Eiweißlösung

Diana Princess of Wales

habe, und in der Verkündigung. Der Glaube sei ein Wagnis. Die d. T. richtet sich gegen liberale und orthodoxe Theologie und hat stark auf die Bekennende Kirche gewirkt. Sie führte zu einer Neubesinnung auf das Wort Gottes in der Bibel.

Dialog *der,* Zwiegespräch.

Dialyse *die,* **1)** Abtrennung niedermolekularer Begleitstoffe (Salze) aus einer Lösung hochmolekularer Stoffe (Eiweiß, Stärke u. a.) durch bestimmte Filter. – **2)** → künstliche Niere.

Diamagnetismus *der,* Eigenschaft aller Stoffe, im Magnetfeld schwach ausgeprägte magnet. Eigenschaften zu bekommen; verursacht durch Wechselwirkungen zw. Atomelektronen und Magnetfeld. D. ist i. d. R. nur beobachtbar, wenn er nicht durch → Ferromagnetismus oder → Paramagnetismus verdeckt ist.

Diamant [griech. adamas »unbezwingbar«] *der,* **1)** aus reinem Kohlenstoff (C) bestehendes Mineral; vorherrschende Kristallform: Oktaeder, Dodekaeder. D. kommen auch in dichten, regellosen Massen (Ballas) oder in dichten bis körnigen, schwarz glänzenden Rollstücken (Carbonados) vor. Farblos und durchsichtig ist der D. einer der wertvollsten Edelsteine; auch kräftige »Fantasiefarben« sind geschätzt. – Der D. ist der härteste natürl. Stoff (Ritzhärte 10), doch gut spaltbar und sehr spröde; Masseeinheit ist das Karat (1 Kt = 200 mg). Er wird vorwiegend als Brillant bearbeitet (geschliffen). Vorkommen in primären (Muttergestein Kimberlit; Rep. Südafrika, Tansania, Sibirien) und sekundären Lagerstätten sowie in Flussablagerungen (Seifen; Namibia, Demokrat. Rep. Kongo, Angola u. a.). Verwendung als Schmuck- oder Ind.-D. (Glasschneider, Werkzeuge). Synthet. D. verwendet man zu technischen Zwecken. Bearbeitungszentren (Schleifereien) in Belgien, Israel, Indien, Dtl., den USA u. a. – **2)** *die,* ein Schriftgrad von 4 typograph. Punkten, 1,504 mm.

Diana, röm. Göttin, als Jagdgöttin der griech. Artemis gleichgesetzt.

Diana [daɪˈænə], Princess of Wales, urspr. Lady Diana Frances **Spencer** [ˈspensə], * 1961, † (tödlich verunglückt) 1997; ⚭ 1981 mit dem brit. Thronfolger Prinz Charles; seit 1996 geschieden.

Dianthus *die,* Pflanzengattung, → Nelken.

Diaphragma *das,* Scheide-, Zwischenwand. **1)** → Zwerchfell. – **2)** poröse Trennwand bei elektrochem. Prozessen. – **3) Scheiden-D.,** Mittel zur → Empfängnisverhütung.

Diapositiv *das,* **Dia,** fotograf. Bild auf durchscheinender Unterlage (Glas, Kunststoff), zur Vorführung im **Diaprojektor** (Bildwerfer).

Diarium *das,* Tagebuch.

Diarrhö *die,* → Durchfall.

Diaspora *die,* unter Andersgläubigen zerstreut lebende Glaubensgenossen sowie die Gebiete, in denen sie wohnen.

Diastole *die,* Erweiterung der einzelnen Herzteile im Wechsel mit der → Systole innerhalb der Herzschlagfolge.

Diamant. Links: Rohdiamant. Rechts: geschliffener Diamant (Brillant)

Charles Dickens Ausschnitt aus einem zeitgenössischen Gemälde

Diät *die,* bes. Ernährungsweise. **Diätetik** *die,* Lehre von der → Ernährungstherapie.

Diäten *Pl.,* Entgelt für die Tätigkeit der Abgeordneten; MdB erhalten steuerpflichtige Entschädigung und steuerfreie Kostenpauschale.

diatherman, für Wärmestrahlen durchlässig (z. B. Glas); Ggs. atherman.

Diathermie *die,* Wärmebehandlung mit hochfrequenten Wechselströmen (bei Krampf- und Schmerzzuständen, zur Stoffwechselanregung).

Diathese *die,* körperl. Anlage oder erhöhte Empfänglichkeit für eine Krankheit.

Diatomeen → Kieselalgen.

Diatonik *die,* Tonordnung aus den natürl. Ganz- und Halbtönen der 7 Stufen einer Dur- oder Molltonleiter; Ggs.: Chromatik.

Diatretglas, Prunkbecher der röm. Kaiserzeit, mit farbigen Glasfäden überzogen.

Diaz [ˈdiaʃ], Bartolomeu, port. Seefahrer, * um 1450, † 1500; umsegelte 1487/88 die Südspitze Afrikas.

Díaz [ˈdias], Porfirio, mexikan. Staatsmann, * 1830, † 1915; General gegen Kaiser Maximilian; 1876 bis 1880 und 1884 bis 1911 Staatspräsident.

Di|azoniumverbindungen, Gruppe salzartiger organ. Verbindungen. Man kann aus den D. viele wichtige Farbstoffe herstellen.

Dibelius, Otto, dt. ev. Theologe, * 1880, † 1967; Generalsuperintendent der Kurmark, 1933 als Mitglied der Bekennenden Kirche amtsenthoben, 1945 bis 1966 Bischof von Berlin-Brandenburg, 1949 bis 1961 Vors. des Rates der EKD.

Dichotomie *die,* **1)** Logik: zweigliedrige Bestimmung eines Begriffs durch einen ihm untergeordneten und dessen Verneinung. – **2)** gablige Verzweigung.

Dichroismus [griech. »Zweifarbigkeit«] *der,* Farbwechsel vieler Kristalle, je nach Blickwinkel und Polarisation des Lichts.

Dichte *die,* Formelzeichen ρ, der Quotient aus Masse und Volumen eines Stoffs, SI-Einheit der D. ist kg/m^3 (daneben auch g/cm^3, g/l). **D.-Zahl, relative D.,** die D. eines Körpers im Verhältnis zur D. des Wassers bei 4 °C (= 1 g/cm^3); ist zahlenmäßig gleich der D., aber dimensionslos.

Dichtung, Sprachkunstwerk. Die Vielzahl der dichter. Aussageformen wird 3 Grundgattungen **(D.-Gattungen)** untergeordnet: Lyrik, Epik (erzählende Dichtung), Dramatik. Als Kunstmittel verwendet die D. Rhythmus, Metrum, Reim, Strophe, v. a. die versinnlichende oder vergeistigende Kraft symbol. Aussageweise (Bild, Gleichnis). Als Hymne und Gebet, myth.-ep. Bericht, Preislied und Spruch ist D. schon aus den ersten Anfängen menschl. Kultur überliefert.

Dichtung, Mittel (Leder, Gummi u. a.) oder Vorrichtungen, um an Verbindungs- oder Durchgangsstellen (z. B. Rohrleitung) den Austritt von Gasen, Dämpfen, Flüssigkeiten zu verhindern.

Dickblatt, Pflanzengattung, v. a. in Südafrika, z. T. Zierpflanzen.

Dickens, Charles, brit. Schriftsteller, * 1812, † 1870; schrieb sozialkrit. Romane voll lebendiger, oft etwas verschrobener Gestalten: »Die Pickwickier« (1837), »Oliver Twist« (1838), »David Copperfield« (1850), »Zwei Städte« (1859).

Dick-Read [dikˈriːd], Grantly, brit. Geburtshelfer, * 1890, † 1959; ersann ein Verfahren körperl.-seel. Vorbereitung auf die Geburt, das die Entbindung erleichtern soll (Schwangerschaftsgymnastik).

Didache *die,* Zwölfapostellehre, älteste erhaltene christl. Kirchenordnung (2. Jh.).

Didaktik *die,* Wiss. des Lehrens und Lernens.

didaktische Dichtung → Lehrdichtung.

Diderot [didəˈro], Denis, frz. Philosoph, Schriftsteller der Aufklärung, * 1713, † 1784; Herausgeber der frz. »Encyclopédie«; bürgerl. Schauspiele, Romane.

Denis Diderot. Ausschnitt aus einem Stahlstich und Autogramm

Dido, sagenhafte Gründerin Karthagos; tötete sich (nach Vergil), als Äneas sie verließ.
Didot [di'do], frz. Drucker- und Buchhändlerfamilie im 18. Jh. **D.-System:** typograph. Punktsystem zur Berechnung der Schriftgrade.
Diebstahl, ⚖ Wegnahme einer fremden bewegl. Sache in der Absicht, sie sich rechtswidrig anzueignen; **einfacher D.** wird mit Freiheitsstrafe bis zu 5 Jahren, **schwerer D.** (z. B. Einbruch-, Nachschlüssel-, Banden-D.) und **Rückfall-D.** meist mit Freiheitsstrafe bis zu 10 Jahren bestraft.
Diedenhofen → Thionville.
Diele, 1) Brett für Fußböden. – **2)** Flur, auch Therme, Herdraum, im Bürgerhaus Wohnraum **(Wohn-D.).** – **3)** Gaststättenart **(Eis-D., Tanz-D.).**
Di|elektrikum *das,* elektrisch isolierender Stoff, in dem ein äußeres elektr. Feld durch Influenz ein Gegenfeld aufbaut. Zw. den Platten eines Kondensators erhöht ein D. dessen Kapazität.
Di|elektrizitätskonstante, ✻ Zeichen ε, Maßzahl, die angibt, um wie viel sich die Kapazität eines Kondensators erhöht, wenn sich statt Luft ein Dielektrikum zw. den Platten befindet.
Diem, Carl, dt. Sportwissenschaftler, * 1882, † 1962; Mitgründer der Dt. Hochschule für Leibesübungen in Berlin (1920) und der Dt. Sporthochschule Köln (1947).
Diemel *die,* linker Nebenfluss der Weser, 105 km.
Dien Bien Phu [-fu], ehem. frz. Stützpunkt in Vietnam; die Eroberung durch die Vietminh 1954 markiert das Ende der frz. Herrschaft in Indochina.
Diene, Di|olefine, ⚗ Kohlenwasserstoffe mit 2 Doppelbindungen. D. mit konjugierten Doppelbindungen können Stoffe mit einfachen Doppelbindungen unter Ringbildung anlagern **(Diensynthese).**
Dienst|auszeichnung, meist mehrstufige Auszeichnung für Beamte, Angehörige von Polizei und Armee.
Dienstbarkeit, ⚖ das → dingliche Recht, eine fremde Sache beschränkt zu nutzen. **1) Grund-D.,** Belastung eines Grundstücks zum Vorteil des jeweiligen Eigentümers eines andern (des »herrschenden«) Grundstückes, z. B. Überfahrtrecht (§§ 1018 ff. BGB). – **2) beschränkte persönl. D.,** D., die einer bestimmten Person zusteht; unübertragbar, erlischt mit dem Tode des Berechtigten (z. B. Wohnungsrecht; §§ 1090 ff. BGB). – **3)** → Nießbrauch.
Dienste *Pl.,* ⌂ dem Pfeilerkern oder der Wand vorgelegte dünne Säulen zur Aufnahme der Gewölberippen, bes. in der Gotik; die stärkeren (»alten«) D. nehmen die Gurte und Schildbögen, die schwächeren (»jungen«) die Rippen auf.
Dienst|eid → Amtseid.
Dienst|enthebung, vorläufige, durch dienstl. Interessen gebotene Amtsenthebung, bes. der Beamten und Richter.
Dienstgeheimnis → Amtsgeheimnis.
Dienstherr, jurist. Person des öffentl. Rechts, der das Recht zusteht, Beamte zu haben: u. a. Bund, Länder, Gemeinden, Gemeindeverbände.
Dienstleistungen, wirtschaftl. Tätigkeiten, die nicht in Erzeugung von Sachgütern, sondern in persönl. Leistungen bestehen: Handel, Banken, Versicherungen, Transport- und Nachrichtenwesen, öffentl. Verwaltung, freie Berufe (z. B. Steuer-, Rechtsberatung).
Dienstvertrag, Vertrag, durch den sich jemand verpflichtet, einem anderen Dienste gegen Entgelt zu leisten, ohne einen bestimmten Arbeitserfolg zu versprechen (§§ 611 ff. BGB), für viele Arbeitsverhältnisse gelten Sonderbestimmungen. (→ Arbeitsvertrag, → Werkvertrag)
Dientzenhofer, bayer. Baumeisterfamilie des Barocks; Christoph, * 1655, † 1722, wirkte in Prag; sein Bruder Georg, * 1643, † 1689, errichtete u. a. die Wallfahrtskirche »Kappel« bei Waldsassen; der 3. Bruder Johann, * 1663, † 1726, baute u. a. den Dom zu Fulda; Christophs Sohn Kilian Ignaz, * 1689, † 1751, war Hauptmeister des Prager Barocks.
Diepgen, Eberhard, dt. Politiker (CDU), * 1941; 1984 bis 1989, wiederum seit 1990 Regierender Bürgermeister von Berlin.
Diepholz, Kreisstadt in Ndsachs., östlich der Dammer Berge an der Hunte, Moorniederung, 16 200 Ew.; Kunststoffverarbeitung, Schallplattenproduktion, Bau von Diesellokomotiven.
Dieppe [djɛp], Hafenstadt und Seebad in N-Frankreich, am Ärmelkanal, 36 000 Ew.; Textil-, Maschinenindustrie.
Dies *der,* lat. Tag. **D. academicus,** Feiertag der Hochschule. **D. irae,** Tag des Zorns (Jüngstes Gericht).
Diesel, Rudolf, dt. Ingenieur, * 1858, † 1913; entwickelte mit der Maschinenfabrik Augsburg-Nürnberg (MAN) und Krupp den Dieselmotor.
Dieselmotor [nach R. Diesel], Verbrennungsmotor: Kennzeichen: hohe Luftverdichtung im Zylinder, Selbstzündung des Kraftstoff-Luft-Gemischs. Der Dieselkraftstoff ist Gasöl (Schweröl), das einen höheren Siedepunkt, aber niedrigere Zündtemperatur als Benzin hat (→ Zündwilligkeit). Arbeitsweise: → Viertaktverfahren oder → Zweitaktverfahren. Im Ggs. zum

Dichtung. Links: Zylinderkopfdichtung. Rechts: Radialdichtung

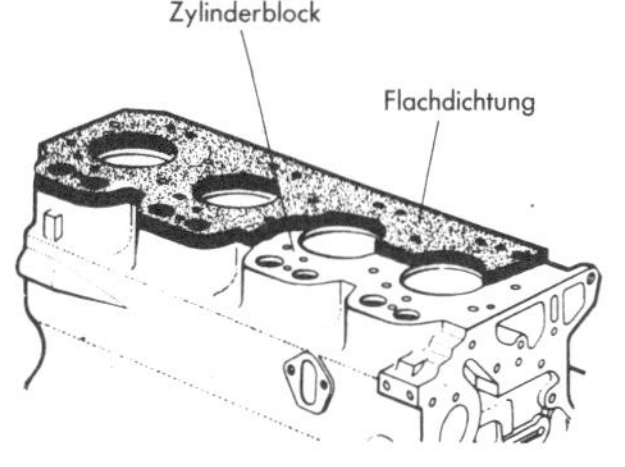

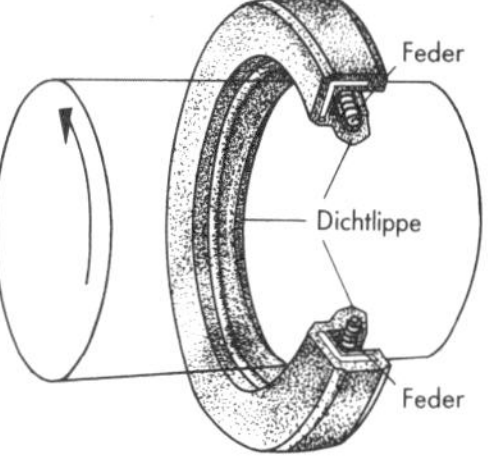

Carl Diem

Eberhard Diepgen

Rudolf Diesel

Verdichten

Einspritzen, Selbstzünden, Arbeiten

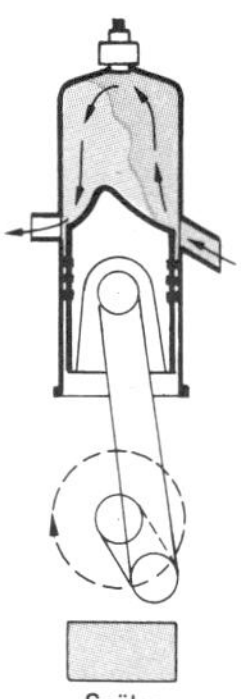

Spülen

Dieselmotor. Zweitaktverfahren (schematisch)

Ottomotor wird reine Luft angesaugt, im 2. Takt auf 30 bis 55 bar verdichtet und dabei auf 700 bis 900 °C erhitzt; durch Strahlzerstäubung oder bes. Form des Verbrennungsraums (Vorkammer, Wirbelkammer) wird erreicht, dass der im Zündzeitpunkt eingespritzte Kraftstoff sich gut mit der Verbrennungsluft mischt und selbst entzündet. Zum Anlassen der Vorkammer- u. a. Motoren sind →Glühkerzen erforderlich. Kühlung des D. durch Wasser oder Luft, Abgasreinigung mittels Katalysator und →Rußfilter. Vorzüge: hoher Wirkungsgrad, Wirtschaftlichkeit durch Verarbeitung billiger Kraftstoffe von geringer Feuergefährlichkeit. Anwendung: Kraftwerke zur Erzeugung elektr. Energie, ortsfeste und fahrbare Notstromsätze, Antrieb von landwirtschaftl. und Baumaschinen, Schiffen, Eisenbahntriebfahrzeugen, Kraftwagen.

Diesterweg, Adolph, dt. Pädagoge, * 1790, † 1866; verdient um Volksschulwesen, Vereinheitlichung und Verbesserung der Lehrerausbildung, trat für Trennung des Schulwesens von Kirche und Staat ein.

Dietikon, Gemeinde im Kanton Zürich, Schweiz, 21 300 Ew.; Maschinen-, Orgelbau.

Dietmar von Aist, ritterl. Minnesänger (um 1140 bis 1171); schrieb das erste dt. Tagelied.

Dietmar von Merseburg →Thietmar von Merseburg.

Dietrich, Marlene, eigentl. Maria Magdalena **von Losch,** amerikan. Schauspielerin und Sängerin dt. Herkunft, * 1901, † 1992; berühmt durch Filme wie »Der blaue Engel« (1930), »Zeugin der Anklage« (1957).

Dietrich von Bern, Gestalt der german. Heldensage, in der der Ostgotenkönig Theoderich d. Gr. weiterlebt. Mit der **Dietrichsage** ist u. a. das »Hildebrandslied« verknüpft. Eine Quelle für D. v. B. ist u. a. die altnord. Thidrekssaga.

Diffamierung *die,* Verleumdung.

Differdingen, Gemeinde in Luxemburg, 15 700 Ew., Eisenindustrie.

Differenz *die,* **1)** √ Unterschied (→Grundrechnungsarten). - **2)** Meinungsverschiedenheit.

Differenzgeschäft, ✐ Geschäft, das nicht auf tatsächl. Lieferung, sondern auf Zahlung des Unterschieds zw. dem vereinbarten Preis und dem Börsen- oder Marktpreis zum Lieferungszeitpunkt gerichtet ist. D. gelten (mit Ausnahme der Börsentermingeschäfte) als Spiel (§§ 762, 764 BGB); Ansprüche daraus sind nicht durchsetzbar.

Differenzialgeometrie, √ Anwendung der Methoden der Analysis auf die Geometrie.

Differenzialgetriebe →Ausgleichsgetriebe.

Differenzialgleichung, √ Gleichung, in der neben einer Funktion auch ihre Differenzialquotienten oder Ableitungen auftreten. Viele Vorgänge in Natur und Technik lassen sich durch D. beschreiben und berechnen.

Differenzialrechnung, Zweig der höheren Mathematik, arbeitet mit Grenzwerten von Differenzen, den **Differenzialen.** Ihr wichtigster Begriff ist der **Differenzialquotient** oder die **Ableitung** einer Funktion. Man erhält ihn als →Grenzwert eines Bruchs, dessen Zähler die Differenz zweier Funktionswerte und dessen Nenner die Differenz der zugehörigen Argumente derselben Funktion ist. Das Aufsuchen dieses Grenzwerts nennt man **differenzieren.** Die Grundlagen der D. gehen zurück auf I. Newton und G.W. Leibniz.

diffuses Licht, Streulicht ohne scharfe Schattenbegrenzungen, bes. bei dunstiger Atmosphäre oder Reflexion an rauen Oberflächen.

Diffusion [lat. »Ergießung, Ausbreitung«] *die,* ⚗ von selbst eintretende Vermischung sich berührender Gase, mischbarer Flüssigkeiten oder verschieden konzentrierter Lösungen, bewirkt durch die Wärmebewegung der Moleküle. Auf D. beruht z. B. die Verbreitung von Riechstoffen.

Digest [ˈdaɪdʒest], Sammlung von Auszügen aus Veröffentlichungen, z. B. Reader's Digest.

Dijon Stadtwappen

Digestion *die,* Verdauung.

digital, ✻ 🖳 stufenförmig, schrittweise, nur diskrete Werte annehmend, im Ggs. zu analog, stufenlos, stetig.

Digital-Analog-Wandler, D/A-Wandler, elektron. Schaltung, die ein digitales Eingangssignal in ein analoges Ausgangssignal umsetzt.

Digitalfernsehen, neue, mit digitalen Bildsignalen arbeitende Fernsehübertragungstechnik, mit der u. a. die Zahl der übertragbaren Fernsehkanäle erhöht werden kann.

Digitalis *die,* Pflanzengattung, →Fingerhut. - Arzneimittel gegen Herzschwäche.

Digitalrechner, 🖳 Rechenmaschinen, die, im Ggs. zum Analogrechner, mit digitaler (ziffernmäßiger) Darstellung der Rechengrößen arbeiten, heute v. a. Computer.

Digitalrundfunk, die Ausstrahlung von Hörfunkprogrammen durch Übertragung digitaler Signale, z. B. Digital Satellite Radio, Abk. **DSR,** das über Satelliten ausgestrahlt wird.

Digitaltechnik, Gebiet der Informations- und Nachrichtentechnik, das sich mit der Erfassung, Darstellung, Verarbeitung und Übertragung digitaler Signale befasst.

Digitaluhr, Uhr mit Ziffernanzeige, die sprungweise weiterschaltet; Ggs.: **Analoguhr** mit stetiger Anzeige durch Zeiger.

Marlene Dietrich in dem Film »Der blaue Engel« von Josef von Sternberg (1930)

Dijon [diˈʒɔ̃], Stadt in Frankreich, am Bourgogne-Kanal, 146 700 Ew.; Kathedrale (13./14. Jh.), Univ.; Handelsmittelpunkt für Burgunderweine.

Diktat *das,* **1)** Niederschrift von etwas Vorgesprochenem. - **2)** harter, unabweisl. Befehl.

Diktator *der,* Staatsführer mit unumschränkter Machtbefugnis; im alten Rom in Notzeiten ernannt.

Diktatur *die,* unbeschränkte Machtfülle eines Einzelnen oder einer Gruppe; in autoritären Staaten auch mit formaler, dem Schein dienender Aufrechterhaltung demokrat. Einrichtungen. **D. des Proletariats,** nach marxist. Lehre die sozialrevolutionäre Herrschaftsform vom Zusammenbruch der bürgerl. Ordnung bis zur Entstehung der klassenlosen Gesellschaft.

Dilettant, Liebhaber, Nichtfachmann; **dilettantisch,** unsachgemäß.

Dill, Gurkenkraut, feinblättrige Würzpflanze, Doldenblütler; das Samenöl **(Dillöl)** findet in der Likör- und Parfümherstellung Verwendung.

Dillenburg, Stadt in Hessen, am Westerwald, 25 100 Ew.; Industriezentrum (u. a. Edelstahlwerk, Gießerei, Maschinenbau); Ingenieurschule.

Dillingen, 1) D. a. d. Donau, Große Krst. in Bayern, 17 800 Ew.; ehem. Sitz der Bischöfe von Augsburg; bis 1804 Univ. – **2) D./Saar,** Stadt im Saarland; 22 100 Ew.; Hütten-, Maschinenindustrie.

Dilthey, Wilhelm, dt. Philosoph, *1833, †1911; Gründer einer wiss. fundierten Lebensphilosophie; suchte die method. und erkenntnistheoret. Selbstständigkeit der Geisteswiss. zu sichern.

Diluvium [lat. »Wasserflut«] *das,* frühere Bezeichnung für das **Pleistozän,** → Eiszeitalter.

Dimension *die,* **1)** Abmessung, Ausdehnung. – **2)** √ Die Linie hat **eine D.** (Länge), die Ebene **zwei D.** (Länge, Breite), der Raum **drei D.** (Länge, Breite, Höhe). – **3)** ✻ Beziehung einer physikal. Größe (z. B. der Arbeit) zu den Grundgrößen wie Länge, Zeit, Masse.

diminuendo, Abk. **dim.,** 𝄞 allmählich leiser werdend; Zeichen: >.

Diminutiv *das,* **Deminutiv,** Verkleinerungsform, z. B. Bäumchen.

Dimitrow, Georgi Michajlow, bulgar. Politiker, *1882, †1949; nahm als Kommunist an Aufständen (Sofia 1925) teil, wurde 1933 in Leipzig von der Anklage der Brandstiftung (Berliner Reichstagsbrand) freigesprochen. 1933 bis 1943 in Moskau Gen.-Sekr. der Komintern; 1946 bis 1949 bulgar. Min.-Präsident.

Dimmer, stufenloser Helligkeitsregler für elektr. Glühlampen, der mittels eines Halbleiterbauelements (Triac) die Spannung reguliert.

Dimorphismus *der,* ⚘ ♉ das Auftreten einer Tier- oder Pflanzenart in verschiedenen Erscheinungsformen. **Geschlechts-D.,** unterschiedl. Erscheinung nach dem Geschlecht; **Saison-D.,** z. B. Frühlings- und Herbstblüte bei Veilchenarten.

DIN, Abk. für **D**eutsches **I**nstitut für **N**ormung e. V. Die Normen werden in Normblättern veröffentlicht.

DIN-Formate, → Papierformate.

Dinar *der,* Währungseinheit in Algerien, Bahrain, Bosnien und Herzegowina, Irak, Jemen, Jordanien, Kroatien, Kuwait, Libyen, Montenegro, Serbien, Tunesien.

Dinarisches Gebirge, Kalkgebirge im W der Balkanhalbinsel mit Karsterscheinungen.

Dinescu, Mircea, rumän. Schriftsteller, *1950; durch seine Lyrik (in dt. Auswahl: »Exil im Pfefferkorn«, 1989) Exponent der rumän. Bürgerrechtsbewegung, verkündete am 22. 12. 1989 über den Rundfunk das Ende des Regimes Ceauşescu.

Ding, 1) Gegenstand, Sache. – **2)** nordgerman. **Thing** *das,* bei den Germanen Volks- und Gerichtsversammlung aller freien waffenfähigen Männer an der **Dingstätte.**

Dingi *das,* kleinstes Beiboot eines Schiffs.

dingliches Recht, ⚖ Sachenrecht, privates Recht, das seinem Inhaber die unmittelbare Herrschaft über eine Sache gewährt, z. B. Eigentum, Pfandrecht; Ggs. Forderung (richtet sich nur gegen den Schuldner).

Ding Ling, chin. Schriftstellerin, *um 1902, †1986; sozialkrit. Prosa um Frauenemanzipation und Selbstfindung; Romane.

Dingo *der,* **Warragal,** verwilderter Haushund in Australien, schäferhundgroß mit rotbraunem Fell; jagt nachts.

Dingolfing, Krst. in Niederbayern, 18 000 Ew.; Kfz-, Möbelindustrie.

Dini, Lamberto, ital. Finanzfachmann und Politiker, *1931; 1979 bis 1994 Generaldirektor der ital. Nationalbank; 1994 Finanz-Min.; 1995 bis 1996 als Parteiloser Min.-Präs.; seither Außenminister.

Dinkel *der,* **Spelz,** Weizenart, bei der die Spelzen das Korn fest umschließen. Unreif geernteter und getrockneter D. heißt **Grünkern.**

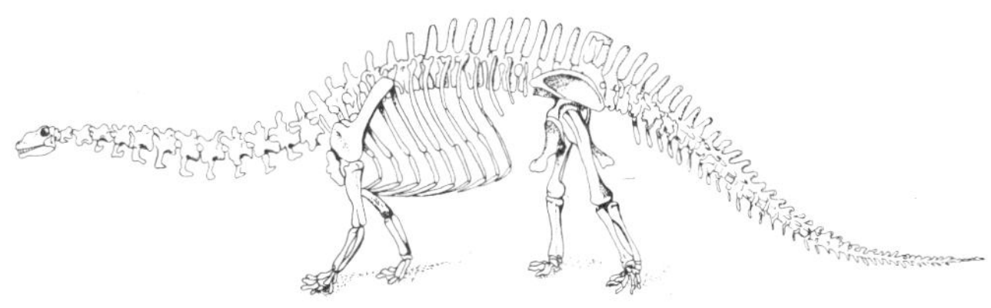

Rekonstruiertes Skelett eines **Dinosauriers**

Dinkelsbühl, Stadt in Mittelfranken, Bayern, 11 500 Ew., an der Wörnitz; bis 1803 freie Reichsstadt; mittelalterliches Stadtbild (Fachwerkhäuser, Befestigung, spätgot. St.-Georgs-Kirche).

Dinosaurier, ausgestorbene, landbewohnende Reptilien des Erdmittelalters, meist Pflanzenfresser von mächtiger Gestalt, darunter die größten bekannten Landwirbeltiere (über 20 m lang), z. B. **Brachiosaurus, Brontosaurus, Stegosaurus, Triceratops.**

Dinotherium *das,* ausgestorbene Rüsseltiergattung der Tertiärzeit.

Dinslaken, Stadt in NRW, am Rhein, 69 100 Ew.; Steinkohlenbergbau, Eisenindustrie.

Dio Cassius, griech. Historiker, *um 155 n. Chr., †um 235; schrieb eine röm. Geschichte.

Diode *die,* ⚡ Zweielektroden-Gleichrichter; man unterscheidet Röhren-D. (nur noch für Spezialanwendungen) und die heute gebräuchl. Halbleiter-D. wie Z-Dioden, Triggerdioden oder Tunneldioden.

Diogenes von Sinope, griech. Philosoph, *um 400 v. Chr., †zw. 328 und 323; sprichwörtl. durch Bedürfnislosigkeit und schlagfertigen Witz (z. B. Anekdote von D. in der Tonne).

Diokletian, röm. Kaiser (284 bis 305), *um 240, †313 (?); ordnete Heer und Verwaltung neu; 303 Christenverfolgung.

Dionysios der Ältere, Tyrann von Syrakus, *430 v. Chr., †367; dehnte im Kampf gegen Karthago seine Herrschaft über den Großteil Siziliens aus; der Tyrann in Schillers »Bürgschaft«.

Dionysius, 1) D. Areopagita, angebl. 1. Bischof von Athen, von Paulus bekehrt. Unter seinem Namen verfasste um 500 ein unbekannter syr. Autor **(Pseudo-D.)** neuplaton.-myst. Schriften, die das abendländ. Denken stark beeinflussten. – **2) D. der Große,** †264/265, Bischof von Alexandria, bedeutender Theologe des 3. Jh. – **3) D. Exiguus,** Mönch, lebte etwa von 500 bis 550 in Rom. Er verwendete erstmals eine Zeitrechnung nach Christi Geburt.

Dionysos, lat. **Bacchus,** Sohn des Zeus und der Semele, griech. Gott des Weins, der Frühlingsblüte, der Ekstase, die seine Feste kennzeichnete; in seinem Gefolge die Mänaden (auch Bacchantinnen); **dionysisch,** rauschhaft.

Diophantos, griech. Mathematiker, um 250 n. Chr.; behandelte als Erster systemat. die Algebra. **Diophant. Gleichung:** Gleichung mit mehr als einer Veränderlichen, wobei nur ganze Zahlen als Lösung gesucht werden, z. B. die pythagoreische Gleichung $x^2 + y^2 = z^2$.

Dioptrie *die,* ✻ Einheit der Brechkraft einer Linse oder eines opt. Systems. (→ Brille)

Diorit *der,* grünes Tiefengestein aus Plagioklas und Hornblende, Biotit oder Augit.

Dioskuren [griech. »Zeussöhne«] *Pl.,* griech. Sage: **Kastor** und **Polydeukes** (lat. **Castor** und **Pollux**), Zwillingssöhne des Zeus und der Leda.

Dioxine, ⚗ eine Gruppe hochgiftiger, Krebs erzeugender und missbildungsfördernder organ. chem. Verbindungen; Nebenprodukte bei der Herstellung mancher Chemikalien (z. B. Unkrautvernichtungsmittel) sowie bei bestimmten Verbrennungsprozessen.

Dill

Georgi Michajlow Dimitrow

Dingolfing
Stadtwappen

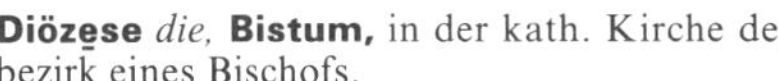

Diptam

Diözese *die,* **Bistum,** in der kath. Kirche der Amtsbezirk eines Bischofs.

Diphenyl, Biphenyl *das,* ⚗ aromat. Verbindung im Steinkohlenteer (C_6H_5-C_6H_5); Konservierungsstoff v. a. für Zitrusfrüchte.

Diphtherie *die,* Infektionskrankheit, hervorgerufen durch das **D.-Bakterium** und gekennzeichnet durch Belag in Nase, Rachen oder Kehlkopf. Nach Übertragung durch Tröpfcheninfektion treten die ersten Krankheitserscheinungen meist 2 bis 10 Tage später mit Fieber und Schluckbeschwerden auf. Die meisten Erkrankungen werden geheilt. Behandlung: frühzeitige Injektion von D.-Heilserum, Antibiotika. – Vorbeugend wirkt die Schutzimpfung.

Diphthong *der,* → Doppelselbstlaut.

Diplom *das,* **1)** urspr.: gefaltetes Schreiben; jetzt: Urkunde, Zeugnis. – **2)** Erlass der röm. Kaiser oder Staatsbeamten. – **3)** akadem. Grad, wird verliehen nach Abschlussprüfung an dt. Univ., Techn. u. a. Hochschulen in fast allen naturwiss., techn., sozial- und wirtschaftswiss. Berufen.

Diplomatie *die,* **1)** Pflege der Beziehungen zw. den Staaten; auch Verhandlungskunst; **diplomatisch,** geschickt. – **2)** Gesamtheit der Diplomaten. **Diplomat,** höherer Beamter des Auswärtigen Dienstes. **Diplomat. Korps,** die bei einem Staat beglaubigten Vertreter fremder Staaten.

Diplomatik *die,* Urkundenlehre.

Dipol *der,* ✻, ⚡ 2 eng benachbarte elektr. Ladungen oder Magnetpole entgegengesetzten Vorzeichens. **D.-Antenne** → Antenne.

Diptam *der,* bis 1 m hohes Rautengewächs mit weißen bis roten Blüten.

Diptychon *das,* **1)** im alten Rom: außen reliefgeschmückte Schreibtafel zum Zusammenklappen (innen wachsbeschichtet), vom Frühchristentum übernommen. – **2)** im MA.: zweiteilige Bildtafel (Altartafel).

P. A. M. Dirac

Dirac [dɪ'ræk], Paul Adrien Maurice, brit. Physiker, * 1902, † 1984; wesentliche Beiträge zum Aufbau der Quantenmechanik und -elektrodynamik. 1933 Nobelpreis für Physik.

direkter Speicherzugriff, engl. **Direct Memory Access,** Abk. **DMA,** 🖳 Datenaustausch zw. Speicher und Peripherie eines Computers unter Umgehung der Zentraleinheit.

Direktmandat, nach dt. Wahlrecht das durch Erststimmen erlangte Bundestagsmandat.

Direktorium *das,* **1)** Vorstand, Leitung. – **2)** in der Frz. Revolution 1795 bis 1799 die oberste Regierungsbehörde.

Dirigent *der,* Kapellmeister, Leiter einer musikal. Aufführung.

Dirigismus *der,* Form der Wirtschaftslenkung, bei der marktwirtschaftl. Abläufe durch staatl. Eingriffe gesteuert werden sollen.

Dirschau, poln. **Tczew** [tʃɛf], poln. Stadt in der Wwschaft Danzig, an der Weichsel, 59 000 Einwohner.

Walt Disney

Disagio [dis'a:dʒo] *das,* → Agio.

Discounter [dɪs'kaʊntə] *der,* Vertriebsform des Einzelhandels mit niedrigen Preisen unter weitgehendem Verzicht auf Bedienung und Aufmachung.

Disentis, Kurort im schweizer. Kt. Graubünden, 2 200 Ew.; Benediktinerkloster (720).

disjunktiv, trennend, sich ausschließend.

Diskant *der,* 𝄞 → Sopran.

Diskette *die,* **Floppydisk,** 🖳 externer Massenspeicher eines Computers für Daten und Programme; besteht aus einer magnetisierbar beschichteten Folie ($5\,^1/_4$ oder $3\,^1/_2$ Zoll Durchmesser) in einer Kunststoffhülle.

Benjamin Disraeli

Diskont *der,* ✐ beim Verkauf einer erst zukünftig fälligen Forderung der im Voraus vom Nennbetrag abgezogene Zinsbetrag. Der in % angegebene D. ist eine Sonderform des Zinses. Hauptanwendungsfall: Ankauf von Wechseln; Banken **diskontieren,** d. h. kaufen Wechsel ihrer Kunden unter Abzug der Zinsen bis zum Verfalltag. Die Wechsel bleiben bis zum Einzug am Verfalltag bei ihnen liegen oder werden an die Zentralbank (Dt. Bundesbank) weiterverkauft **(rediskontiert).** Der **D.-Satz** (Bankrate), d. h. der Zinssatz, zu dem die Zentralbank Wechsel diskontiert, wird nach wirtschaftspolit. Gesichtspunkten festgelegt; er bestimmt das Maß der Inanspruchnahme von Krediten in der Volkswirtschaft, weil je nach seiner Höhe Kredite teuer oder billig sind.

diskontinuierlich, 1) unregelmäßig. – **2)** √ sich sprunghaft ändernd (von Größen).

Diskordanz *die,* **1)** Uneinigkeit, Misston. – **2)** ⊕ Überlagerung älterer, geneigter oder gefalteter, teilweise abgetragener Schichten durch jüngere, waagerecht liegende; Ggs. Konkordanz.

Diskothek *die,* **1)** Schallplattensammlung. – **2)** Tanzlokal mit Schallplattenmusik **(Disko).**

diskret, 1) verschwiegen, unauffällig. – **2)** √ nicht zusammenhängend.

Diskriminierung, meist willkürl. Benachteiligung von Einzelnen, von sozialen, polit. oder ethn. Gruppen. Das GG enthält neben dem allg. Gleichheitsgrundsatz ein D.-Verbot (Artikel 3 und 33).

Diskurs *der,* Gespräch.

Diskus *der,* ⛹ runde Wurfscheibe aus Holz mit Metallkern. Für Männer 2 kg, für Frauen 1 kg schwer. D.-Werfen ist olymp. Disziplin.

Diskussion *die,* Aussprache, Erörterung. **diskutieren,** erörtern. **diskutabel,** erwägenswert.

Dislokation *die,* **1)** ⊕ Lagerungsstörung bei Erdschichten durch Faltung oder Bruch. – **2)** ⚕ Fehlstellung eines Knochens nach Bruch oder Ausrenkung.

Dislozierung, die räuml. Verteilung von Truppenverbänden im Frieden.

Disney ['dɪznɪ], Walt, amerikan. Trickfilmzeichner, Filmproduzent, * 1901, † 1966; Start der Mickymaus-Serie 1928; Zeichentrick-, Spiel- und Dokumentarfilme. Zum heutigen D.-Konzern gehören u. a. Filmstudios und Freizeitparks.

Disparität *die,* Ungleichheit. **disparat,** ungleichartig, unvereinbar.

Dispatcher [dis'pætʃə] *der,* in Großbetrieben Person, die für einen reibungslosen Ablauf der Produktion zu sorgen hat.

Dispens *der,* im kath. Kirchenrecht *die,* Befreiung von einer Verpflichtung, z. B. von gesetzl. Verboten, kirchl. Vorschriften.

Dispersion *die,* **1)** ✻ Abhängigkeit einer physikal. Größe oder Erscheinung von der Wellenlänge; i. e. S. Wellenlängenabhängigkeit des Brechungsindex und damit der Ausbreitungsgeschwindigkeit einer Welle in einem Medium. Durch D. wird Licht versch. Farbe unterschiedlich stark gebrochen. – **2)** ⚗ **disperse Gebilde,** Flüssigkeiten oder Gase **(Dispergens),** in denen feste, flüssige oder gasförmige Stoffe **(disperse Phase)** fein verteilt sind; z. B. Nebel, Schaum, Rauch.

Dispersionsfarben, Binderfarben, pigmentierte Anstrichmittel auf Grundlage einer Bindemitteldispersion, wasserverdünnbar, nach Auftrocknen wasserunlöslich.

Displaced Persons [dɪs'pleɪst 'pə:snz], Abk. **DP,** aus ihrer Heimat im 2. Weltkrieg verschleppte Ausländer (bes. als Fremdarbeiter), die sich beim Zusammenbruch 1945 in Dtl. und den von ihm besetzten Gebieten befanden.

Display [dɪs'pleɪ] *das,* ⚙ Gerät (Bildschirm) zur opt. Darstellung von Ziffern, Buchstaben, Zeichnungen.

Disponent *der,* kaufmänn. Angestellter, der durch bes. Vollmacht in einem Geschäftsbereich selbstständig verfügen kann.

Disposition *die,* **1)** Plan, Gliederung. – **2)** ⚖ ✐ Verfügung. – **3)** Ⓟ Anlage, Neigung. – **4)** 𝄞 Auswahl und Verteilung der Stimmen im Orgelbau. – **5)** ⚕ Anlage für bestimmte Krankheiten.
Dispositionskredit → Überziehungskredit.
Disqualifikation *die,* **1)** Untauglichkeitserklärung. – **2)** 🏃 Ausschluss vom Wettkampf wegen Verstoß gegen Regeln oder Disziplin.
Disraeli [dɪzˈreɪlɪ], Benjamin, Earl of **Beaconsfield** (1876), brit. Staatsmann, * 1804, † 1881; trat 1817 vom Judentum zur anglikan. Kirche über; zunächst sozialpolit. Schriftsteller, 1848 konservativer Parteiführer, dann mehrfach Schatzkanzler und Premiermin.
Dissens *der,* **1)** Unterschiedlichkeit der Standpunkte; Ggs. Konsens. – **2)** ⚖ Nichtübereinstimmung beim Abschluss von Verträgen.
Dissertation *die,* wiss. Abhandlung zur Erlangung der Doktorwürde.
Dissident *der,* Person, die von den herrschenden polit. und weltanschaul. Grundsätzen in einer Gesellschaft abweicht.
Dissimilation *die,* **1)** Ⓢ Ausstoßung oder Umwandlung eines von 2 benachbarten gleichen oder ähnl. Lauten. – **2)** ⚕ Stoffwechselvorgänge, durch die aus komplexen organ. Verbindungen einfachere gebildet werden; Ggs.: Assimilation.
Dissonanz *die,* **1)** Missklang, Zwiespalt. – **2)** 𝄞 Akkord, der, als Spannung empfunden, nach Auflösung in die Konsonanz drängt.
Dissoziation *die,* **1)** Trennung, Auflösung; Ggs.: Assoziation. – **2)** ⚗ Zerfall von Molekülen in 2 oder mehrere Bruchstücke, z. B. bei hohen Temperaturen **(therm. D.)** durch Zunahme der Wärmebewegung und der Heftigkeit der Zusammenstöße. In Lösung befindl. Moleküle von Salzen zerfallen **(dissoziieren)** teilweise in 2 elektrisch geladene Bestandteile entgegengesetzten Vorzeichens (Ionen), wodurch sich der osmot. Druck erhöht und die Lösung elektrisch wird **(elektrochem. D.).** Hierauf beruhen Elektrolyse und Galvanotechnik.
Distel, stachlige Pflanzenfamilie, meist Korbblütler; bes. Gattung Carduus mit der **Nickenden D.,** Gattung Cirsium mit der kleinköpfigen **Acker-** (Brach-, Kratz-)**D.,** der rot blühenden **Woll-D.** und der gelblich blühenden **Kohl-D.** sowie der bis 2 m hohen **Krebs-** oder **Esels-D.** – **Silber-D.** → Eberwurz.
Distelfalter, bunter Eckflüglerschmetterling; die Raupe lebt auf Kratzdisteln und Brennnesseln.
Distelfink → Stieglitz.
Distichon *das,* Ⓢ Strophe aus 2 versch. Versen; meist Hexameter und Pentameter.
Distinktion *die,* **1)** Auszeichnung, Ansehen. – **2)** moderne Logik: begriffl. Unterscheidung; Verdeutlichung eines Begriffs durch Angabe von Merkmalen.
Distler, Hugo, dt. Organist und Komponist, * 1908, † 1942; ev. Kirchenmusik.
Distorsion *die,* **1)** ⚕ Verstauchung. – **2)** ❀ opt. Verzeichnung.
Distribution *die,* Verteilung; ✐ betriebl. Tätigkeiten zur Güterverteilung, volkswirtschaftl. Einkommensverteilung; **distributiv,** verteilend.
Disziplin *die,* **1)** Zucht, Ordnung. – **2)** Fach, Wissenschaftszweig.
Disziplinarrecht, Dienststrafrecht, Bestimmungen, die für die Bestrafung von Dienstvergehen der Beamten und Soldaten gelten. – Ein **Dienstvergehen** liegt vor, wenn ein Beamter schuldhaft die ihm obliegenden Pflichten verletzt. Leichtere **Disziplinarstrafen** (Verweis, Geldbuße) können vom Dienstvorgesetzten verhängt werden, schwerere (Dienstentfernung, Aberkennung der Rente) nur in einem disziplinargerichtl. Verfahren. Zuständig ist das Disziplinargericht, Beschwerde- und Berufungsinstanz ist das Bundesverwaltungsgericht.

Dithmarschen, Marschlandschaft im westl. Holstein. Die niedersächs. **Dithmarscher** bildeten im Spät-MA. einen Bauernfreistaat; 1559 von Dänemark unterworfen; fiel 1867 an Preußen.
Dithyrambos *der,* urspr. begeistertes Lied auf Dionysos und andere Götter, danach: Loblied.
Ditters von Dittersdorf, Karl, österr. Komponist, * 1739, † 1799; Singspiele, Sinfonien u. a.
Diurese *die,* Harnausscheidung. **Diuretica,** harntreibende Mittel.
Diva [lat. »die Göttliche«] *die,* gefeierte Künstlerin (Film, Bühne u. a.).
Divergenz *die,* Auseinanderlaufen (von Meinungen, Zielen, Entwicklungen u. a.).
Diversifikation *die,* **Diversifizierung,** Veränderung, Vielfalt. ✐ Übergang von einseitiger zu breit gestreuter Produktion.
Divertimento, Divertissement [divertisˈmã] *das,* suitenartiges Instrumentalwerk.
Dividend *der,* → Grundrechnungsarten.
Dividende [lat. »das zu Verteilende«] *die,* **1)** Anteil eines Gesellschafters am Reingewinn einer AG, ausgedrückt in Prozenten des Nennwerts der Aktie (häufig auch bei der GmbH). – **2)** in Prozenten ausgedrückter Anteil der Gläubiger am Reinertrag der Konkursmasse eines Unternehmens.
Divina Commedia → Göttliche Komödie.
Divination *die,* Ahnung künftiger Ereignisse. **divinatorisch,** seherisch, vorahnend.
Division [lat. »Teilung«] *die,* **1)** → Grundrechnungsarten. – **2)** militär. Großverband aus Regimentern oder Brigaden.
Divisor *der,* → Grundrechnungsarten.
Diwan *der,* **1)** Polsterliege. – **2)** im islam. Orient Regierungskanzlei. – **3)** Gedichtsammlung islam. Dichter (danach Goethes »Westöstl. Divan«).
Dix, Otto, dt. Maler, * 1891, † 1969; schilderte mit krassem Realismus bes. Krieg, Nachkriegs- und Großstadtelend; Bildnisse, Landschaften.
Dixence [diˈsãs] *die,* linker Nebenfluss der Rhône im Kt. Wallis, Schweiz; am Oberlauf die **Barrage de la Grande D.,** 284 m hohe Staumauer.
Dixielandjazz → Jazz.
Diyarbakır [diˈjɑrbɑkər], Hptst. der türk. Provinz D., am Tigris, 375 800 Einwohner.
Djalal od-Din Rumi [dʒ-], bedeutendster Dichter der pers.-islam. Mystik, * 1207, † 1273.
Djanna [dʒ-] *die,* bei den Muslimen das Paradies im Ggs. zur **Gehenna,** der Hölle.
Djebel [dʒ-], arab. für Berg, Gebirge.
Djerba [dʒ-], fruchtbare Insel in der Kleinen Syrte (N-Afrika), zu Tunesien gehörend, 514 km².
DJH, Abk. für **D**eutsche **J**ugend**h**erberge.

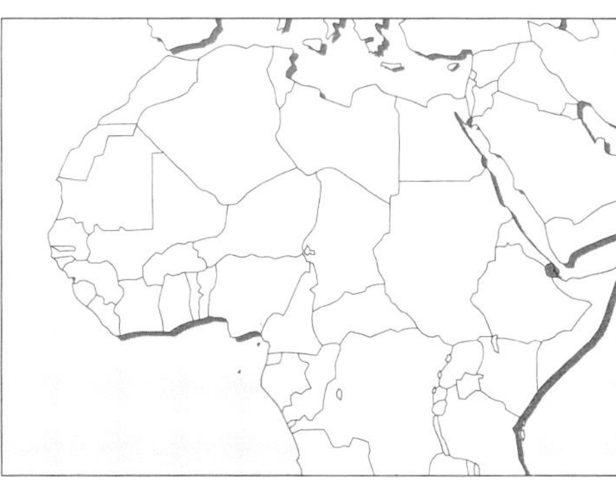

Djibouti [dʒiˈbuti], **Dschibuti,** Rep. im NO Afrikas, zw. Somalia und Äthiopien, 21 783 km², 542 000 Ew.; Hptst. Djibouti. Die Bev. des frz. Territoriums

Nickende **Distel**

Distelfalter

Djibouti

Staatswappen

Staatsflagge

der Afar und Issa entschied sich in einer Volksabstimmung 1977 für die Errichtung einer unabhängigen Rep.; 1. Präs. seit 1977: H. Gouled Aptidon.

Djibouti [dʒiˈbuti], **Dschibuti,** Hptst. und Hafen der Rep. Djibouti, 317 000 Ew., Bahn nach Addis Abeba.

Alfred Döblin

Djidda [dʒ-], Hafenstadt in Saudi-Arabien, 70 km westl. von Mekka; 1,4 Mio. Ew., See- und Luftlandeplatz für Mekkapilger.

Djihad [dʒ-] *der,* im Islam der Glaubenskrieg gegen Andersgläubige.

Djilas [ˈdʑi-], Milovan, jugoslaw. Politiker und serb. Schriftsteller, * 1911, † 1995; als Gen.-Sekr. der KP 1954 als Abweichler amtsenthoben, 1957 bis 1966 (mit Unterbrechung) in Haft; schrieb »Die neue Klasse« (1958), »Gespräche mit Stalin« (1962), »Tito. Eine krit. Biographie« (1980).

Djinn [dʒ-] *der,* im Islam Dämon, böser Geist.

DKP → Deutsche Kommunistische Partei.

DLRG, Abk. für → Deutsche Lebens-Rettungs-Gesellschaft.

dm, Einheitenzeichen für Dezimeter (1 dm = 0,1 m); **dm²** = Quadratdezimeter; **dm³** = Kubikdezimeter.

DM, D-Mark, Deutsche Mark, → Mark.

DMA, Abk. für Direct Memory Access, → direkter Speicherzugriff.

Christoph von Dohnányi

Dmitrij, Demetrius, russ. Großfürst, Sohn Iwans des Schrecklichen, * 1582, † 1591 (ermordet, wahrscheinl. auf Befehl Boris Godunows). Nach seinem Tode gaben sich Betrüger für ihn aus.

D-Netz, ✆ → Mobilfunk.

Dnjepr *der,* Fluss im osteurop. Flachland (Russland, Weißrussland, Ukraine), von der Waldaihöhe bis zum Schwarzen Meer 2 200 km lang.

Dnjeprodserdschinsk, Ind.stadt in der Ukraine, am Dnjepr, 286 000 Ew.; großes Hüttenwerk.

Dnjepropetrowsk, Gebietshptst. in der Ukraine, am Dnjepr, 1,2 Mio. Ew.; Kulturzentrum; Stahl-, Walz- und Hüttenwerke.

Dnjestr *der,* Strom in der Ukraine und in Moldawien, 1 352 km; entspringt in den Waldkarpaten, mündet ins Schwarze Meer; 500 km schiffbar.

DNS, Abk. für Desoxyribonukleinsäure, → Nukleinsäuren.

Do, 𝄞 in der Solmisation Grundton einer Tonleiter; in Italien und Spanien der Ton C.

Döbel *der,* **Eitel,** karpfenartiger Süßwasserfisch, beliebter Angelfisch.

Döbeln, Krst. in Sa., an der Freiberger Mulde, 26 000 Ew.; versch. Industrie.

Doberan, Bad D., Krst. und Mineralbad in Meckl.-Vorp., 11 500 Ew.; Marienkirche.

Dobermann, Haushunderasse; meist schwarz und braun, kurzhaarig; Wach- und Polizeihund.

Dolmen in Jütland

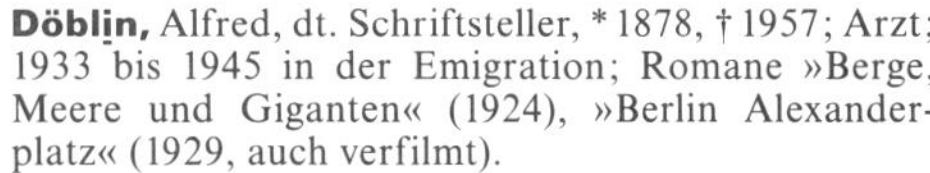

Döblin, Alfred, dt. Schriftsteller, * 1878, † 1957; Arzt; 1933 bis 1945 in der Emigration; Romane »Berge, Meere und Giganten« (1924), »Berlin Alexanderplatz« (1929, auch verfilmt).

Dobrudscha *die,* Landschaft auf dem Balkan, seit 1940 bulgarisch. Die D., früher Natursteppe, wurde in Ackerland verwandelt.

Docht *der,* Baumwollband oder -faden in einer Lampe oder Kerze, dient der Brennstoffzufuhr.

Dock *das,* Anlage, in der Schiffe zu Arbeiten an den Unterwasserteilen trockengelegt werden. Ein **Trocken-D.** ist ein ausgemauertes und betoniertes Becken, das durch ein Schleusentor geschlossen und dann ausgepumpt wird. Ein **Schwimm-D.** ist ein rechteckiger Schwimmkörper aus Stahl mit offenen Stirnseiten. Es wird durch Füllen mit Wasser so weit abgesenkt, dass das Schiff einfahren kann. Beim Auspumpen des Wassers setzt sich das Schiff auf die Kielstapel.

documenta, Ausstellung internat. moderner Kunst in Kassel (seit 1955), in 4- bis 5-jährigem Abstand; 1997: d. X.

Dodekaeder, regelmäßiger Zwölfflächner.

Dodekanes [griech. »Zwölf Inseln«] *der,* Gruppe der Südl. Sporaden, im südl. Ägäischen Meer, vor der SW-Küste Kleinasiens, 52 Inseln, 2 714 km² und 145 000 meist griech. Ew.; Hauptinsel Rhodos. Wein-, Öl-, Tabakbau, Handel und Gewerbe. Seit 1912 ital., seit 1947 griech. Besitz.

Doderer, Heimito v., österr. Schriftsteller, * 1896, † 1966; Wiener Gesellschaftsromane: »Die Strudlhofstiege« (1951), »Die Dämonen« (1956) u. a.

Dodoma, Hptst. von Tansania, an der Bahnlinie Tabora–Daressalam, 203 800 Ew.; Flughafen.

Dodona, griech. Kultstätte des Zeus, in Epirus, mit einem schon bei Homer berühmten Orakel.

Doge [ˈdoʒə, ital. ˈdɔːdʒeː] *der,* Oberhaupt der ehem. Stadtstaaten Venedig und Genua.

Dogge [von engl. dog »Hund«] *die,* großer, kräftiger Hund mit mächtigem Kopf und stumpfer Schnauze. Rassen: **Dt. D., Dän. D., Ulmer D., Engl. D.** (Mastiff); D. sind einfarbig, gestreift oder getigert, kurzhaarig.

Dogger *der,* brauner Jura, erdgeschichtl. Formation.

Doggerbank, große Sandbank in der Nordsee, die bis 13 m u. M. aufsteigt.

Dogma [griech. »Meinung«] *das,* Lehrsatz, Glaubenssatz, der nach kath. Lehre eine Glaubensverpflichtung, nach ev. nur eine Lehrverpflichtung enthält.

Dogmatik *die,* Lehre von den Dogmen, wiss. Darstellung der christl. Glaubenslehre. Vorlage der kath. D. ist die kirchl. Lehrverkündigung, Vorlage der ev. D. die Bibel mit den Bekenntnisschriften.

Dogmatismus *der,* **1)** allg.: Behauptung von Sachverhalten ohne Prüfung der Umstände. – **2)** unkrit. Philosophieren.

Doha, Ad-Dauha, Hptst. des Scheichtums Katar am Pers. Golf, 217 300 Ew.; ✈.

Dohle *die,* kleinster Rabenvogel in Dtl., taubengroß, blauschwarzgrau, gelehrig.

Dohnanyi [doˈnaːni], **1)** Hans v., dt. Widerstandskämpfer, * 1902, † (hingerichtet) 1945, Sohn von E. von Dohnányi, Vater von C. von Dohnányi und 2); baute in der Abwehr die Widerstandsbewegung gegen die Nationalsozialisten aus, nach misslungenem Attentat seit 1943 inhaftiert. – **2)** Klaus v., dt. Politiker (SPD), * 1928, Sohn von 1); 1972 bis 1974 Bundesmin. für Bildung und Wiss.; 1976 bis 1981 Staatsmin. im Bundesaußenministerium, 1981 bis 1988 Erster Bürgermeister von Hamburg.

Dohnányi [ˈdoxnaːnji], **1)** Christoph v., dt. Dirigent, * 1929, Sohn von H. von Dohnanyi; 1984 bis 1997 Leiter des Cleveland Orchestra, seit 1997 Chefdirigent der Londoner Philharmoniker. – **2)** Ernő (Ernst) v., ungar. Komponist, * 1877, † 1960, Vater von H. von Dohnanyi; Bühnen- und Konzertwerke.

Do it yourself [du: ɪt jɔːˈself, »machs selber«], Schlagwort für die selbstständige Ausführung handwerkl. Arbeiten.
Dokkum [ˈdɔkəm], ehem. selbstständige Stadt in der niederländ. Prov. Friesland, seit 1984 zu Dongeradeel; Seehafen, Wallfahrtsort. Bei D. wurde Bonifatius erschlagen.
Doktor [lat. »Lehrer«], Abk. **Dr.**, akadem. Grad. In Dtl. verleiht die Fakultät den D.-Titel aufgrund einer →Dissertation und einer mündl. Prüfung. Die Würde des **Ehren-D.** (D. honoris causa, Abk. Dr. h.c. oder Dr. e.h.) kann für bes. Verdienste um die Wiss. ohne Studium und Prüfung verliehen werden. Es bedeuten u.a.: **Dr. theol.** (theologiae), D. der Theologie; **Dr.-Ing.**, D. der Ingenieurwiss.; **Dr. iur.** (iuris), D. der Rechte; **Dr. med.** (medicinae), D. der Medizin; **Dr. med. dent.** (medicinae dentariae), D. der Zahnheilkunde; **Dr. med. vet.** (medicinae veterinariae), D. der Tierheilkunde; **Dr. phil.** (philosophiae), D. der Philosophie; **Dr. phil. nat.** (philosophiae naturalis), **Dr. rer. nat.** (rerum naturalium) oder **Dr. sc. nat.** (scientiarum naturalium), D. der Naturwiss.; **Dr. rer. pol.** (rerum politicarum), D. der Staats-, Wirtschafts-, Sozialwissenschaft.
Doktorfische, Pflanzen fressende Fische trop. Meere; beliebte Aquarienfische.
Doktrin *die,* Grundsatz, Festlegung; **doktrinär,** einseitig gelehrt, eingeengt denkend.
Dokument *das,* Urkunde, zum Beweis einer Tatsache dienendes Schriftstück; **dokumentarisch,** urkundl. beglaubigt; **dokumentieren,** beurkunden, durch Urkunden beweisen.
Dokumentarfilm, früher **Kulturfilm,** berichtet tatsächl. Geschehen oder Sachinformationen; ohne Spielhandlung.
Dolby-System, von R. M. Dolby (*1933) entwickeltes Verfahren zur Verminderung des Rauschens bei Tonbandgeräten, beim Kopieren von Tonaufzeichnungen und beim UKW-Rundfunk durch besondere Filter.
dolce [ˈdɔltʃe], süß, lieblich; **dolce far niente,** süßes Nichtstun; **dolce vita,** süßes Leben.
Dolch *der,* kurze Stoßwaffe mit fest stehendem Griff, zwei- oder dreischneidiger Klinge.
Dolchstoßlegende, nach dem 1. Weltkrieg von der polit. Rechten verbreitete Ansicht, dass der Grund des dt. Zusammenbruchs 1918 der »Dolchstoß« in den Rücken des Frontheers durch linke Kreise der Heimat gewesen sei.
Dolde *die,* ⚘ Form des Blütenstands, →Blüte.
Doldenblütler, Pflanzenfamilie, deren Blütenstand eine Dolde aus unscheinbaren, meist weißen Blüten bildet; durch Gehalt an äther. Ölen vielfach Heil- und Gewürzpflanzen, z.B. Fenchel, Dill, Kümmel.
Doldenrebe, Gattung der Weinrebengewächse, kletternd, mit Ranken; z.B. der wilde Wein.
Doldinger, Klaus, dt. Jazzmusiker, *1936; verbindet Elemente des Freejazz und der Popmusik; Film- und Fernsehmusiken (u.a. »Das Boot«).
Doline *die,* durch Auslaugung im Kalkstein entstandene rundl. Vertiefung in Kalkgebieten.
Dollar [von dt. »Taler«] *der,* Währungseinheit in den USA (Zeichen: $) sowie in Australien, Bahamas, Barbados, Belize, Bermuda, Brunei, Fidschi, Guyana, Jamaika, Kanada, Liberia, Neuseeland, Salomon-Inseln, Simbabwe, Singapur, Taiwan, Trinidad und Tobago, westind. Staaten; vor dem Zeichen $ stehen oft erklärende Abkürzungen, z.B. can$ = kanad.$; 1 D. = 100 Cents.
Dollart *der,* Meerbusen an der Emsmündung, im MA. durch Sturmfluten entstanden.
Dolle *die,* ⚓ Bolzen oder Gabel am Rand eines Ruderboots, Stützpunkt für die Riemen.
Dollfuß, Engelbert, österr. Staatsmann, *1892, †1934; christl.-sozialer Politiker, 1932 bis 1934 Bundeskanzler; bekämpfte den Anschluss an Dtl. und versuchte den österr. Staat auf autoritärer und ständ. Grundlage neu zu ordnen; bei einem natsoz. Putschversuch ermordet.
Döllinger, Ignaz v., kath. Kirchenhistoriker, *1799, †1890; vertrat die Unabhängigkeit der Kirche vom Staat, wandte sich gegen das Unfehlbarkeitsdogma; 1871 exkommuniziert, unterstützte die Altkath. Kirche.

Ignaz von Döllinger

Dolman *der,* mit Schnüren besetzte Ärmeljacke der Husaren.
Dolmen [kelt. »Steintische«] *der,* vorgeschichtl. Grabkammer aus Steinblöcken.
Dolmetscher *der,* Übersetzer, vermittelt die mündl. Verständigung zw. Menschen, die versch. Sprachen sprechen. Ausbildung auf D.-Schulen.
Dolomit *der,* **1)** calcium- und magnesiumhaltiges Mineral, dem Kalkspat ähnlich. – **2)** aus D. bestehendes marmorähnl. Gestein.
Dolomiten *Pl.,* Teil der Südl. Kalkalpen, Italien, in der Marmolada 3342 m hoch; Fremdenverkehrsgebiet; Hauptort: Cortina d'Ampezzo. **D.-Straße** von Bozen nach Cortina-Toblach.
Dom [lat. domus »Haus«] *der,* Bischofskirche, auch Münster genannt.
Domagk, Gerhard, dt. Mediziner, Bakteriologe, *1895, †1964; entdeckte u.a. die Heilwirkung der Sulfonamide, förderte die Chemotherapie; Nobelpreis für Physiologie oder Medizin 1939.
Domäne *die,* **1)** ⚖ land- oder forstwirtschaftl. Grundbesitz des Staates. – **2)** ⚛ Bereiche einheitl. Magnetisierung in kristallinen Festkörpern.
Domestikation *die,* Umwandlung von wild lebenden Tierarten in Haustiere, durch Zähmung und durch Zuchtwahl, auch von Wildpflanzen in Kulturpflanzen. Die D. bewirkt, oft unbeabsichtigt, Veränderungen in Körperbau, Färbung und Leistung des Wildtiers.
Domin, Hilde, dt. Schriftstellerin, *1912; Lyrik, Roman »Das zweite Paradies« (1968).
Domina *die,* **1)** Herrin. – **2)** Anrede der Kloster- oder Stiftsvorsteherin, Äbtissin.
Dominante *die,* 𝄞 bestimmender Ton; **Ober-D.**, der 5. Ton einer Dur- oder Molltonleiter. Der auf ihm aufgebaute Dreiklang heißt **D.-Dreiklang. Sub-D.**, der 4. Ton einer Tonleiter.
Dominanz *die,* ❀ Vorherrschen, Überdeckung; die Erscheinung, dass von zwei ungleichen Erbanlagen für ein Merkmal die eine sich im Erscheinungsbild durchsetzt, beim Menschen z.B. die Vererbung der Nachtblindheit.
Domingo, Plácido, span. Sänger (Tenor), *1941; auch Operndirigent.

Dominica

Staatswappen

Staatsflagge

Internationales Kfz-Kennzeichen

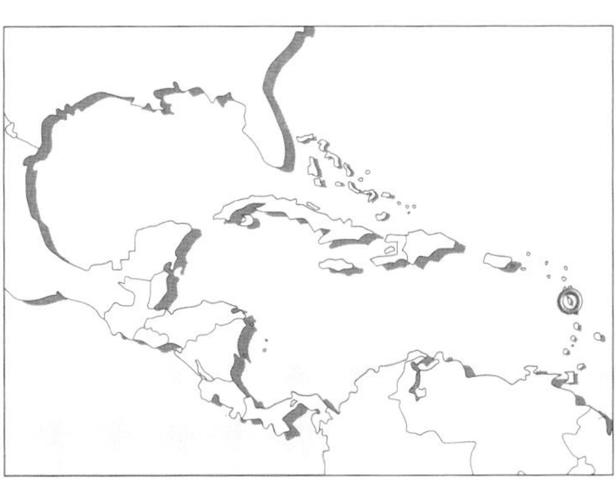

Dominica, Rep. auf der größten Insel der Kleinen Antillen, in der Karibik, 751 km², 72000 Ew.; Hptst. Roseau; Amtssprache: Englisch. – 1783 bis 1978 britisch. Präs.: Crispin Sorhaindo (seit 1993).

Dominik, Hans, dt. Schriftsteller, * 1872, † 1945; Zukunftsromane (»Treibstoff SR«, 1940, u. a.).
Dominikaner, kath. Bettelorden, 1216 von Dominikus in Toulouse gestiftet. Er erhielt das Recht, überall Beichte zu hören und zu predigen; hatte große Gelehrte (Albertus Magnus, Thomas von Aquino); Hauptträger der Inquisition. Tracht: weißer Rock, Skapulier, schwarzer Mantel, spitze Kapuze. Die D. sind noch heute einer der wichtigsten Orden. **Dominikanerinnen,** am Anfang des 13. Jh. gestifteter weibl. Zweig des Ordens.

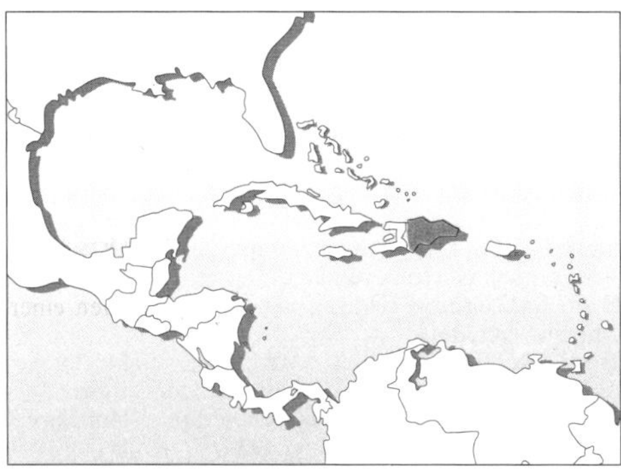

Dominikanische Republik

Staatswappen

Staatsflagge

Internationales Kfz-Kennzeichen

Dominikanische Republik, Rep. auf der O-Seite der Insel Haiti, in der Karibik, 48 442 km², 7,47 Mio. Ew. (73 % Mulatten, 16 % Weiße, 11 % Schwarze; 95 % der Bev. kath.); Hptst. Santo Domingo, Amtssprache: Spanisch. Präsidialverfassung. Anbau von Zuckerrohr, Kaffee, Kakao, Tabak, Bananen, Reis. ⚒ auf Eisenerz, Bauxit, Gips. Ind.: Zucker, Textilien, Zement. Tourismus. Haupthandelspartner: USA. Haupthafen und Flughafen: Santo Domingo. – Bis 1795 und 1808 bis 1821 spanisch; 1821 bis 1844 mit der Rep. Haiti vereinigt, seitdem selbstständig; fortgesetzte polit. Machtkämpfe. 1916 bis 1924 von den USA besetzt. Durch den Umsturz von 1961 wurde die Diktatur der Trujillos (seit 1930) beseitigt. Staatspräs. L. Fernández Reyna (seit 1996).
Dominikus, span. Ordensstifter, * 1170, † 1221; wirkte unter den Albigensern in Südfrankreich; gründete den Orden der Dominikaner; Heiliger (Tag: 8. 8.).
Dominion [dəˈmɪnjən, engl. »Herrschaftsgebiet«], *das,* 1867 bis 1947 der bes. Status ehem. brit. Kolonien innerhalb des Commonwealth of Nations.
Dominium *das,* Herrschaft, Besitz.
Domino, 1) *der,* Maskentracht: langer, seidener Mantel mit weiten Ärmeln. – **2)** *das,* **Dominospiel,** Gesellschaftsspiel mit rechteckigen, flachen Steinen, die in 2 Felder geteilt sind. Jedes Feld trägt 0 bis 6 Punkte.
Dominus *der,* Herr, Gebieter.
Domitian, röm. Kaiser (ab 81), * 51, † 96; Gewaltherrscher, begann den Bau des Limes.
Domizil *das,* **1)** Wohnsitz. – **2)** ✐ **D.-Wechsel,** Wechsel, der nicht am Wohnort des Ausstellers eingelöst wird.
Domkapitel, kath.: Kollegium der Kanoniker, Kapitularen, Dom- oder Chorherren an einer bischöfl. Kirche; wirkt in Dtl. an der Diözesanregierung mit.
Domleschg *das,* unterste Talstufe des Hinterrheins, im schweizer. Kt. Graubünden.
Domodossola, Stadt in Oberitalien, 18 900 Ew.; südl. Ausgangspunkt von Simplonbahn und -straße.
Dompfaff, Blutfink, Gimpel, etwa 15 cm großer Finkenvogel in Eurasien.
Domröse, Angelica, dt. Schauspielerin, * 1941; Film- und Bühnenrollen.
Domschulen, im MA. Schulen an den Bischofssitzen, auch **Kathedral-, Stiftsschulen.**

Donald Duck

Don, Herr; weiblich: ital. **Donna,** span. **Doña** [ˈdoɲa]. In Spanien ist D. jetzt nur Höflichkeitstitel, in Italien bes. bei Priestern.
Don *der,* Fluss in Russland, mündet ins Asowsche Meer; 1 870 km lang, 1 355 km schiffbar.
Donald Duck [ˈdɔnld ˈdʌk], Comicfigur (seit 1934/35) der Disney-Produktion; Enterich im Matrosenanzug, der, in seinen Schwächen liebenswert, den jähzornigen, kleinbürgerl. Pechvogel verkörpert.
Donar, einer der altgerman. Götter, ein Ase, der Herr des Gewitters (Donners), nordisch **Thor.**
Donatello, ital. Bildhauer, * 1382, 1383 oder 1386, † 1466; führte von der Spätgotik zur Renaissance; einer der größten Gestalter des Abendlands auf allen Gebieten des bildner. Schaffens: Skulpturen (David, nach 1427, Reiterdenkmal des Gattamelata, 1447 bis 1453), Reliefs.
Donatisten [nach Bischof Donatus von Karthago], kirchliche Partei im 4. Jh. in N-Afrika; forderten Sittenreinheit, Kirchenzucht.
Donator *der,* ⚛ Fremdatom in einem Halbleiter, das ein Valenzelektron mehr als die Atome des Halbleiters aufweist; dieser wird dadurch n-leitend.
Donau *die,* mit 2 850 km der zweitlängste Strom Europas, 647 km in Dtl.; entsteht bei Donaueschingen aus Breg und Brigach, versickert großenteils bei Immendingen (zum Rhein). Sie durchfließt Dtl. bis Passau, Österreich, Slowakei, Ungarn, Kroatien, Serbien, durchbricht im Eisernen Tor das Banater Gebirge, bildet die Grenze zw. Rumänien und Bulgarien und mündet mit mehreren Armen ins Schwarze Meer. Wichtige Nebenflüsse von rechts: Iller, Lech, Isar, Inn, Traun, Enns, Leitha, Raab, Drau, Save, Morawa; von links: Altmühl, Naab, Regen, March, Waag, Theiß, Temes, Alt, Sereth, Pruth. Die D. hat große Verkehrsbedeutung, ab Ulm für kleine, ab Regensburg für größere Schiffe befahrbar; seit 1830 regelmäßige Dampfschifffahrt; durch den Rhein-Main-Donau-Großschifffahrtsweg mit dem Rhein verbunden. Die Schifffahrt auf der D. regelt die **Belgrader D.-Konvention.** Das D.-Delta wurde von der UNESCO zum Welterbe erklärt.
Donaueschingen, Stadt in Bad.-Württ., 20 700 Ew.; am Zusammenfluss von Brigach und Breg zur Donau. Fürstenbergisches Schloss; im Karlsbau kostbare Handschriften (Nibelungenlied).
Donaumoos *das,* ehem. Moor rechts der Donau, südwestl. von Ingolstadt, Bayern.
Donauried *das,* moorige Niederung beiderseits der Donau zw. Ulm und Donauwörth, Bayern.
Donauschule, Richtung der bayer.-donauländ. Malerei im 16. Jh. Hauptmeister des mit den Frühwerken L. Cranachs d. Ä. und J. Breus einsetzenden Stils waren A. Altdorfer und W. Huber. Kennzeichnend für den **Donaustil:** Einheit von Natur- und Menschendarstellung.
Donau-Schwarzmeer-Kanal, 1984 eröffneter rumän. Schifffahrtskanal zw. Cernavodă (Donau) und Konstanza (Schwarzes Meer); 64,2 km lang.
Donauwörth, Krst. in Bayern, an der Mündung der Wörnitz in die Donau, 18 000 Ew.; Waggonbau, Puppenherstellung.
Don Carlos → Carlos.
Doncaster [ˈdɔŋkəstə], Stadt in der engl. Metropolitan Cty. South Yorkshire, 71 600 Ew.; Lokomotiv-, Wagenbau, Kohlenbergbau.
Donez *der,* rechter Nebenfluss des Don, v. a. in der Ukraine, 1 053 km lang; am rechten Ufer das **D.-Becken,** Steinkohlengebiet, Schwerindustrie.
Donezk, Stadt in der Ukraine, 1,12 Mio. Ew.; Schwerindustrie.
Dönitz, Karl, dt. Großadmiral, * 1891, † 1980; 1943 Oberbefehlshaber der Kriegsmarine; von Hitler vor seinem Selbstmord zum Nachfolger als Staatsober-

haupt ernannt; bevollmächtigte A. Jodl zur Unterzeichnung der Kapitulation. D. wurde 1946 zu 10 Jahren Gefängnis verurteilt.

Donizetti, Gaetano, ital. Komponist, * 1797, † 1848; Opern: »Lucia di Lammermoor« (1835), »Die Regimentstochter« (1840) u. a.

Donjon [dɔ̃ˈʒɔ̃] *der,* Bergfried, Wohnturm einer normann. Burg.

Don Juan [-xuˈan], Gestalt der Dichtung, Frauenverführer. Urbild: Don Juan Tenorio, Held eines span. Dramas. Komödie von Molière (1665); Ballett von Gluck (1761); Oper von Mozart (1787); Trauerspiel von Grabbe (1829); Komödie von Frisch (1952).

Donkosaken, → Kosaken. **D.-Chor,** 1920 von Serge Jaroff aus Mitgliedern der russ. Weißen Armee gebildet.

Donna, Frau, Gattin (→ Don).

Donne [dʌn, dɔn], John, engl. Dichter, * 1572/73, † 1631; Geistlicher (berühmter Prediger an der St.-Pauls-Kathedrale in London); schrieb Liebeslyrik, Elegien, Meditationen u. a.

Donner, das dem Blitz folgende rollende oder krachende Geräusch; entsteht durch explosionsartige Ausdehnung der vom Blitz erhitzten Luft. Wegen der gegenüber Licht geringeren Ausbreitungsgeschwindigkeit des Schalls ergibt sich beim Beobachter ein zeitl. Abstand zwischen Blitz und D. (Sekundenzahl geteilt durch 3 = ungefähre Entfernung des Gewitters in km).

Donner, Georg Raphael, österr. Bildhauer, * 1693, † 1741; maßvoller Barockstil: Neumarktbrunnen in Wien, Pietà im Dom zu Gurk.

Donnerkeil → Belemniten.

Donnersberg, Gebirgsstock im Pfälzer Bergland, Rheinl.-Pf., 686 m; auf der Kuppe kelt. Wallanlage.

Don Quijote, Don Quixote [ˈdɔŋ kiˈxɔte], frz. **Don Quichotte** [dɔ̃ kiˈʃɔt], der »Ritter von der traurigen Gestalt«, Held des Romans von Cervantes (1615), Sinnbild eines die Wirklichkeit verkennenden, in einer fantastischen Eigenwelt eingesponnenen Schwärmers.

Donquichotterie, eine dieser Geisteshaltung entsprechende Handlung, Erzählung.

Doompalme [ˈduːm-], **Dumpalme,** afrikan. Fächerpalmengattung mit rd. 30 Arten; Stamm meist gabelig verzweigt, Samen steinnussartig, Fruchtfleisch essbar.

Don Quijote. Gemälde von Honoré Daumier (Ausschnitt, um 1868)

Doorn, Gemeinde in der Prov. Utrecht, Niederlande; **Huis te D.** (1920 bis 1941 Wohnsitz Kaiser Wilhelms II.).

Döpfner, Julius, dt. Kardinal, * 1913, † 1976; 1957 Bischof von Berlin, 1958 Kardinal, 1961 Erzbischof von München-Freising.

Julius Döpfner

Doping [ˈdoː-] *das,* ⚞ unerlaubte Steigerung der Leistungsfähigkeit durch Zuführung von Analgetika, Narkotika, Stimulantia, Anabolika u. a.; nachgewiesen durch **D.-Kontrollen** (Urinuntersuchungen), die bei wichtigen Wettbewerben stichprobenartig durchgeführt werden. Verstöße werden i. d. R. mit Wettkampfsperren geahndet.

Doppeladler, Wappenkunde: zweiköpfiger Adler; seit dem 15. Jh. Wappentier der röm.-dt. Kaiser, dann 1806 bis 1918 der österr. Kaiser; noch heute Wappen Albaniens und (wieder) Russlands.

Doppelbesteuerung, 1) internat. D., doppelte oder mehrfache Besteuerung desselben Steuersubjekts (Steuerpflichtigen) hinsichtl. desselben Steuerobjekts (z. B. Einkommen) durch 2 Staaten; wird durch zwischenstaatl. **D.-Abkommen** vermieden. – **2) wirtschaftl. D.,** Doppel- oder Mehrfachbelastung innerhalb des Steuersystems eines Staates (z. B. Einkommen einer AG durch Körperschaftsteuer und der Dividende der Aktionäre durch Einkommensteuer).

Doppelbrechung, Eigenschaft bestimmter Kristalle, einen Lichtstrahl in 2 versch. polarisierte Teile zu zerlegen, die sich mit unterschiedl. Geschwindigkeit fortpflanzen. Die Brechzahl derartiger Kristalle hängt u. a. von der Durchgangsrichtung des Lichts ab. D. wurde zuerst am Kalkspat beobachtet.

Doppeldecker *der,* Flugzeug mit 2 Tragflächen übereinander.

Doppel|ehe → Bigamie.

Doppelgänger, 1) Person, die einer anderen zum Verwechseln ähnlich sieht. – **2)** im volkstüml. Aberglauben und im Okkultismus: ein durch zeitweilige Trennung vom Körper ermöglichtes Sichtbarwerden der Seele oder des Astralleibs.

Doppelkolbenmotor → Gegenkolbenmotor.

Doppelkopf, Kartenspiel, → Schafkopf.

Doppelkreuz, 𝄞 Zeichen × (früher auch ✕) für die Erhöhung um 2 halbe Töne.

Doppelsalze, ⚗ Verbindungen, die entstehen, wenn aus einer Lösung 2 Salze unter Bildung eines gemeinsamen Gitters auskristallisieren.

Doppelschlag, 𝄞 Umspielung einer Note durch die obere und untere Sekunde.

Doppelselbstlaut, griech. **Diphthong,** Verbindung zweier ungleichartiger Selbstlaute, z. B. au, ei, eu.

Doppelspat *der,* wasserklarer → Kalkspat.

Doppelsterne, Sterne, die sich um einen gemeinsamen Schwerpunkt bewegen. **Scheinbare D.** stehen weit hintereinander.

Doppelwahl → Gegenkönig.

Doppelwährung, veraltetes Währungssystem, bei dem Gold- und Silbermünzen nebeneinander als gesetzl. Zahlungsmittel umliefen **(Bimetallismus).**

Doppelzentner, Einheitenzeichen **dz,** nichtgesetzl. Gewichtseinheit, 1 dz = 100 kg.

Dopplereffekt [nach dem österr. Physiker C. Doppler, * 1803, † 1853], bei allen Wellenvorgängen beobachtete Erscheinung, dass eine Änderung der Frequenz bzw. Wellenlänge eintritt, wenn sich Quelle (z. B. Schall-, Lichtquelle) und Beobachter relativ zueinander bewegen. So erscheint der Hupton eines vorbeifahrenden Kfz bei Annäherung an den Beobachter höher, bei Entfernung tiefer als beim stehenden Kfz.

Dopplereffekt. 1 ruhende Quelle (Welle breitet sich mit derselben Frequenz nach allen Richtungen aus), 2 die Quelle bewegt sich relativ zu den zwei Beobachtern L und R (L empfängt die Wellen kleinerer, R solche größerer Frequenz)

Dordrecht
Stadtwappen

Dorpat
Historisches
Stadtwappen

Dortmund
Stadtwappen

Tankred Dorst

Fjodor
Michajlowitsch
Dostojewskij

Dorado → Eldorado.

Dordogne [dɔrˈdɔɲ], **1)** *die,* rechter Nebenfluss der Garonne in SW-Frankreich, 490 km lang. – **2)** Dép. in Frankreich, an der D. 1), Hptst. Périgueux.

Dordrecht, niederländ. Stadt im Rhein-Maas-Delta, 114 100 Ew.; Schiff-, Stahlbau u. a.; got. Grote Kerk, urspr. got. Rathaus u. a.

Doré, Gustave, frz. Zeichner, * 1832, † 1883; illustrierte die Bibel, Werke von Balzac, Rabelais, Cervantes.

Dorer, Dorier, altgriech. Volksstamm; aus dem N drangen sie angeblich zuerst in Mittelgriechenland (Doris), um 1150 v. Chr. in die Peloponnes ein **(dorische Wanderung).**

Dorf, ländl. Siedlung ab einer Größe von ca. 100 Ew. Hauptformen: **Streusiedlung, Weiler, Haufen-D., Rundling, Anger-D., Straßen-D., Reihen-D., Gewann-D., Marschhufen-D.** Sie sind teils aus uralter Ansiedlung entstanden, teils in späteren Epochen planmäßig angelegt worden (z. B. östl. der Elbe im MA.): Das D. stellte lange Zeit eine genossenschaftl. Wirtschaftseinheit seiner Bauern dar (Markgenossenschaft, Flurzwang); Reste davon sind noch erhalten. Über das D.-Gewerbe (Textil-, Holz-, Kleineisenerzeugnisse) kam im 19. Jh. auch das Ind.-D. auf. In typ. Ind.gebieten ist das D. oft nur reine Arbeiterwohnsiedlung.

Dorfgeschichte, Erzählung, die bäuerl. Verhältnisse in dörfl. Umwelt behandelt. Die eigentl. Heimat der D. ist die Schweiz (Pestalozzi, Gotthelf, Keller). In Dtl. entwickelte sich die D. (Immermann, Auerbach, Otto Ludwig) im 19. Jh. zum Heimatroman.

Doria, Andrea, genues. Admiral und Staatsmann, * 1466, † 1560; kämpfte auf der Seite Kaiser Karls V. gegen Frankreich und gegen die Türken; gab dem Freistaat Genua eine streng aristokrat. Verfassung. Gestalt in Schillers »Fiesko«.

Doris *die,* Landschaft im alten Mittelgriechenland.

DORIS, Abk. für **Do**ppelspeicher**ri**ng**s**ystem, → Deutsches Elektronen-Synchrotron.

dorische Ordnung → griechische Kunst.

Dormagen, Stadt im Reg.-Bez. Düsseldorf, NRW, 61 200 Ew.; chem. Ind.; Zuckerfabrik.

Dormeuse [dɔrˈmøz(ə)] *die,* urspr. Schlafhaube, im 18./19. Jh. Teil der weibl. Kleidung.

Dorn *der,* **1)** ⚘ stechender, holziger Pflanzenteil, der nicht (wie der Stachel) nur der Oberhaut entstammt, sondern durch Umwandlung eines Sprosses (so beim Weißdorn), eines Blatts oder einer Wurzel entsteht. – **2)** runder, meist kegelförmiger Stift zum Aufweiten von Löchern, Biegen von Stäben u. Ä. – **3)** Stift (Schnalle, Türangel).

Dornbirn, Stadt in Vorarlberg, Österreich, 42 000 Ew.; Mittelpunkt der österr. Textilind. (Fachmessen, Bundestextilschule).

Dornburg/Saale, Stadt in Thür., 1000 Ew., an der Saale. Auf dem steil von der Talsohle aufsteigenden Muschelkalkfelsen liegen die 3 **Dornburger Schlösser.**

Dornier [dɔrnˈje:], Claudius, dt. Flugzeugkonstrukteur, * 1884, † 1969; förderte die Ganzmetallbauweise (Großflugzeuge); gründete 1914 die **Dornier GmbH,** Sitz Friedrichshafen.

Dorpat, estn. und amtl. **Tartu,** Stadt in Estland, mit 113 400 Ew.; Univ., 1632 von Gustav Adolf gegr., bis 1889 dt. Hochschule, seit 1918 estnisch; Handel (Holz, Flachs), etwas Ind. – D. wurde im MA. dt. Stadt (Mitglied der Hanse), kam dann an Polen, 1629 an Schweden, 1721 an Russland; 1918 estnisch, 1940 bis 1991 sowjetisch.

Dörpfeld, Wilhelm, dt. Altertumsforscher, * 1853, † 1940; Leiter des Archäolog. Instituts in Athen; Ausgrabungen in Olympia, Troja.

Dörrie, Doris, dt. Filmregisseurin und Autorin, * 1955; drehte u. a. die Filmkomödie »Männer« (1985); schreibt auch Prosa.

dorsal, rückwärts, rückenseitig.

Dorsch *der,* → Kabeljau.

Dorsch, Käthe, dt. Schauspielerin, * 1890, † 1957; seit 1940 am Burgtheater in Wien.

Dorst, Tankred, dt. Schriftsteller, * 1925; zeitkrit. Stücke in Parabelform: »Toller« (1968), »Eiszeit« (1973), »Dorothea Merz« (1976) u. a.

Dorsten, Stadt in Westfalen, NRW, an der Lippe, 80 700 Ew.; Steinkohlenbergbau; Industrie.

Dortmund, größte Stadt Westfalens, NRW, 599 000 Ew.; im östl. Ruhrgebiet, am Dortmund-Ems-Kanal; Max-Planck-Institute für Arbeits- und Ernährungsphysiologie; Univ.; Technologiezentrum; Oberbergamt; ✈; Veranstaltungs- und Sportzentrum (Westfalenhalle, Westfalenstadion, Pferderennbahn); Westfalenpark mit Fernsehturm (212 m). Ind.: Eisen- und Stahlind., Walzwerke, Elektrotechnik, Druckereien, Brauereien; Dienstleistungsunternehmen. – D. war bis 1803 Reichsstadt, im MA. Mitglied der Hanse (am Hellweg gelegen), höchster Freistuhl des westfäl. Femgerichts.

Dortmund-Ems-Kanal, verbindet Dortmund und damit das Ruhrgebiet über die Ems mit der Nordsee; 269 km lang, 1899 eröffnet.

DOS, Abk. für **D**isc **O**perating **S**ystem, 🖳 Teil des → Betriebssystems für Computer, das von den angeschlossenen Massenspeichern die Daten abruft und deren Verarbeitung kontrolliert.

Dosis [griech. »Gabe«] *die,* **1)** bestimmte Menge, z. B. eines Arzneimittels. – **2)** ⚛ Maß für die einem Körper oder System zugeführte Strahlungsmenge. In der Strahlenschutzverordnung wird die höchstzulässige D. **(Toleranz-D.)** für bestimmte Personengruppen und Arbeitsbereiche festgelegt. **Dosimeter,** Messgerät zur Bestimmung der Dosis.

Dos Passos [dɔs ˈpæsəʊs], John Roderigo, amerikan. Schriftsteller port. Herkunft, * 1896, † 1970; »Manhattan Transfer« (1925), Trilogie »USA« (1938).

Dosse *die,* rechter Nebenfluss der Havel in Bbg., 120 km lang, Unterlauf kanalisiert.

Dossi, Dosso, ital. Maler, * um 1489, † 1542; religiöse und mytholog. Bilder sowie Porträts.

Dossier [dɔsˈje] *das,* Aktenstück; alle zu einer Angelegenheit gehörenden Schriftstücke.

Dost *der,* **Origanum,** Gattung der Lippenblütler. Arten: **Gemeiner D.** (Wilder Majoran), purpurblütige Staude in Bergwäldern, Gewürzpflanze (→ Oregano); Echter → Majoran.

Dostojewskij, Fjodor Michajlowitsch, russ. Dichter, * 1821, † 1881; wegen Teilnahme an sozialist.-schwärmer. Bestrebungen zum Tode verurteilt, dann zu vierjähriger Zwangsarbeit begnadigt. In seinen Romanen leuchtet er in die tiefsten Abgründe menschl. Seins, stellt aber auch das Heilige in ird. Gestalt und als göttl. Gnade dar: »Schuld und Sühne« (dt. 1906), »Der Idiot« (1868), »Die Brüder Karamasow« (1879/80).

Dotation *die,* **1)** Schenkung, bes. an Stiftungen und Anstalten. – **2)** Zuweisung von Geldmitteln an Selbstverwaltungskörperschaften. – **3)** Schenkung eines Gutes als Belohnung für Verdienste um den Staat.

Dotieren, ⚛ Zugabe von Fremdatomen (meist durch Eindiffundieren) in reines Halbleitermaterial, um Zonen versch. Leitfähigkeit zu erzeugen.

Dotter *der,* **1)** der in der Eizelle der meisten Tiere vorhandene und für die Entwicklung des Keimlings notwendige Nahrungsstoff, z. B. das Eigelb. – **2)** ⚘ gelb blühender rapsähnl. Kreuzblütler, liefert Öl.

Dotterblume, versch. gelb blühende Pflanzen, z. B. die **Sumpf-D.** auf feuchten Wiesen.

Dottersack, blasiger, mit nährendem Dotter angefüllter Darmanhang bei Wirbeltierkeimlingen, z. B. bei jungen Fischen am Bauch.

Dou [dɔu], Gerard, niederländ. Maler, * 1613, † 1675; kleine Genrebilder, Einzelfiguren.

Douai [duˈɛ], Stadt in N-Frankreich, Stahl-, chem. Ind., 42 100 Einwohner.

Douala, **1)** wichtigste Hafen- und Handelsstadt von Kamerun, 884 000 Einwohner. – **2)** *Pl.,* Bantustamm an der Kamerunbucht.
Douane [dwa:n] *die,* **1)** Zoll. – **2)** Zollamt.
Douaumont [dwoˈmɔ̃], im 1. Weltkrieg Panzerwerk von Verdun, schwer umkämpft.
Double [ˈdu:bəl] *das,* im Film: Ersatzperson für den Hauptdarsteller, z. B. bei Durchführung gefährl. Aufnahmen.
Doublé [duˈble], **Dublee** *das,* Metall, das durch Plattieren mit einem edleren überzogen ist.
Doubs [du], **1)** *der,* linker Nebenfluss der Saône in Frankreich, 430 km, entspringt im Schweizer Jura. – **2)** ostfrz. Dép., Hptst. Besançon.
Douglas [ˈdʌgləs], Haupt- und Hafenstadt der Isle of Man, 22 200 Ew., Seebad.
Douglas [ˈdʌgləs], schott. Adelsgeschlecht, **1)** Archibald, * um 1489, † 1557; wurde von Jakob V. verbannt; Ballade von Fontane (vertont von Loewe). – **2)** James, * 1286, † 1330; sollte das Herz des Königs Robert Bruce ins Heilige Land bringen, fiel im Kampf gegen die Mauren; Ballade von Strachwitz.
Douglas [ˈdʌgləs], **1)** Kirk, amerikan. Filmschauspieler russ. Herkunft, * 1916; Vater von Michael D.; Charakterdarsteller, u. a. in »Die Glasmenagerie« (1950), »Vincent van Gogh« (1956), »Archie and Harry« (1986). – **2)** Michael Kirk, amerikan. Filmschauspieler und -produzent, * 1944; »Einer flog über das Kuckucksnest« (Produzent, 1975), »Wall Street« (1987), »Der Rosenkrieg« (1990), »Basic Instinct« (1992), »Enthüllungen« (1994), »The Game« (1997).
Douglastanne [ˈdu:-], Nadelbaum, liefert wertvolles Holz; aus dem westlichen Nordamerika; auch in Dtl. gezogen.
Douro [ˈdoru] *der,* portugiesischer Name des Flusses → Duero.
Douvermann [ˈdaʊ-], Heinrich, dt. Bildschnitzer, * um 1480, † um 1544; Altäre in St. Nikolai zu Kalkar, in der Stiftskirche zu Kleve und im Dom zu Xanten.
Dover [ˈdəʊvə], Stadt in S-England, an der hier nur 32 km breiten **Straße von D.** (frz. **Pas de Calais),** 32 800 Ew.; Kriegs-, Handelshafen; Überfahrt zum Kontinent (Hauptpassagierhafen Großbritanniens).
Dovifat, Emil, dt. Publizistikwissenschaftler, * 1890, † 1969; Direktor des Dt. Instituts für Zeitungskunde. Mitbegründer der CDU und der Freien Univ. Berlin.
Dow-Jones-Aktienindex [ˈdaʊ ˈdʒəʊnz-; nach C. H. Dow, * 1851, † 1902, und E. D. Jones, * 1856, † 1920], Maßzahl für die Entwicklung der Wertpapierkurse an der New Yorker Börse.
Downing Street [ˈdaʊnɪŋ ˈstri:t], Straße in London, Nr. 10 ist Amtssitz des brit. Premierministers.
Down-Syndrom [ˈdaʊn-; nach J. L. H. Down, * 1828, † 1896], **Mongolismus,** angeborene Entwicklungsstörung, verursacht durch eine Chromosomenstörung. Symptome sind u. a. die Schrägstellung der Lidachsen, kurzer runder Kopf, Organfehler. Die mit dem D.-S. verbundene geistige Behinderung betrifft v. a. das abstrakte Denken und die Sprachentwicklung und erfordert eine sonderpädagog. Förderung.
Doxologie [griech. »Lobpreisung Gottes«] *die,* **1)** der Schluss des Vaterunsers: »Denn dein ist das Reich ...«. – **2)** Lobgesang der Engel.
Doyen [dwaˈjɛ̃] *der,* Sprecher des diplomat. Korps gegenüber dem Gastland.
Doyle [dɔɪl], Sir Arthur Conan, brit. Schriftsteller, Arzt, * 1859, † 1930; schrieb berühmte Detektivromane (»Sherlock Holmes«).
Dozent *der,* Lehrer an Hochschulen und Akademien.
dozieren, lehren, unterrichten.
DP, Abk. für **1)** → Deutsche Partei. – **2)** → Displaced Persons.
dpa, Deutsche Presse-Agentur GmbH, führende dt. Nachrichtenagentur, gegr. 1949, Sitz Hamburg.

Drachen, **1)** **Drache,** sagenhaftes Untier, meist schlangenartig und geflügelt gedacht. Er wurde von Babyloniern, Assyrern, Persern, Griechen, Chinesen, Japanern künstler. dargestellt. Auch in german. und dt. Sagen tritt er auf (Nibelungenlied); er heißt hier auch **Lindwurm** (bayer.-österr. **Tatzelwurm);** sinnbildlich die Verkörperung gottfeindl. Mächte. Als D.-Bezwinger gelten: Siegfried, Erzengel Michael, hl. Georg u. a. Bei den Chinesen ist er Sinnbild des Glücks, des Himmels und des Fürsten. – **2)** **D.-Schiff,** ⚓ ungedecktes Segel- und Ruderschiff der Wikinger, dessen Bug und Heck in einen Drachenkopf auslief. – **3)** ✡ Sternbild am nördl. Himmel. – **4)** **Fliegender D.,** Echsenart der Sunda-Inseln; bis 30 cm lang; klettert geschickt, springt im Gleitflug mit flankenständigen Gleitflächen von Baum zu Baum. – **5)** Spielzeug und Sportgerät. Der mit einer Leine gehaltene D. besteht aus einem bespannten Stabgerüst und erhält durch den Wind eine nach oben gerichtete Kraft (Auftrieb), die ihn in der Schwebe hält. Man unterscheidet flächige **Spitz-** und räuml. **Kasten-D.** – **6)** volkstüml. Bezeichnung für den Hängegleiter (→ Drachenfliegen).
Drachenbaum, Dracaena, Gattung der Liliengewächse in wärmeren Gegenden, mit schwertförmigen Blättern, die schopfförmig am Ende der Äste stehen. Am bekanntesten ist der **Echte D.** der Kanar. Inseln, der viele Hundert Jahre alt wird; sein rotes Harz heißt **Drachenblut** (Färbemittel).
Drachenfels, Trachytkuppe des Siebengebirges, 321 m hoch, am Rhein bei Königswinter, NRW; Weinbau; Zahnradbahn zum Gipfel mit Burg D. (Ruine).
Drachenfliegen, Deltafliegen, Flugsport, mit deltaförmigen **Hängegleitern** betrieben, bei denen sich der Pilot in ein Gurtgeschirr einhängt und durch Verlagern seines Körperschwerpunkts steuert.
Drachensaat, Saat der Zwietracht (→ Kadmos).
Drachmann [ˈdrag-], Holger, dän. Dichter, * 1846, † 1908; lyr. Dramen, autobiograph. Romane.
Drachme *die,* **1)** altgriech. Silbermünze, 1 D. = 6 Oboloi, 6 000 att. D. = 1 Talent, 100 D. = 1 Mine. – **2)** neugriech. **Drachmi,** Abk. **Dr.,** griech. Währungseinheit, 1 Dr. = 100 Lepta.
Dracula, Vampirfigur aus dem Roman »D.« (1897) von B. Stoker, verknüpfte Vampirgeschichten mit Berichten über Grausamkeiten des walach. Fürsten Vlad Ţepeş († 1476/77); 1922 Vorlage für den Film »Nosferatu«, seither einer der Prototypen des Horrorfilms.
Dragee [draˈʒe] *das,* mit einem Überzug (Zuckermasse o. Ä.) hergestellte Tablette oder Bonbon.
Dragoman *der,* orientalische Bezeichnung für Dolmetscher.
Dragonade *die,* von Ludwig XIV. angeordnete Zwangseinquartierung von Dragonern bei Hugenotten, um diese zur kath. Kirche zu bekehren.
Dragoner *der,* früher Gattung der Reiterei.
Draht, Metallfaden von 0,02 bis 12 mm Durchmesser. D. über 5 mm Durchmesser wird durch Walzen, dünnerer durch Ziehen hergestellt.
Drahtglas, Scheibenglas, dem zur Sicherung gegen Bruch und Splittern Drahtgewebe eingeschmolzen oder eingewalzt ist.
Drahtlehre *die,* Gerät zum Messen der Dicke von Drähten.
Drahtseil, aus Drähten zusammengedrehtes Seil: einfachste Art ist das **Spiralseil.** Meist werden jedoch mehrere kleine Spiralseile um eine Hanf- oder Drahtlitze (Seele) zusammengedreht.
Drainage → Dränage.
Draisine [nach K. F. Drais, * 1785, † 1851] *die,* **1)** Laufrad, Vorläufer des Fahrrads (erfunden 1817), wurde durch Abstoßen vom Erdboden bewegt. – **2)** vierrädriges Eisenbahnfahrzeug, mit Hand- oder Motorantrieb.

Dover Stadtwappen

Arthur Conan Doyle

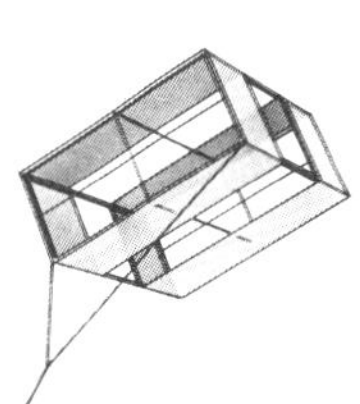
Kasten-**Drachen**

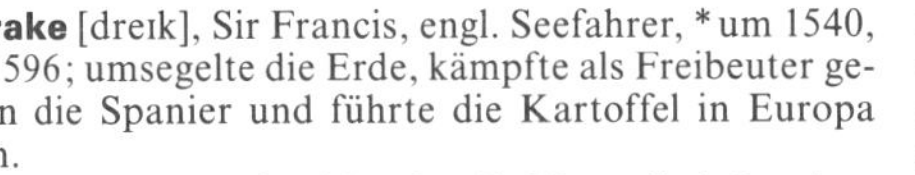

Drake [dreɪk], Sir Francis, engl. Seefahrer, *um 1540, † 1596; umsegelte die Erde, kämpfte als Freibeuter gegen die Spanier und führte die Kartoffel in Europa ein.

Drakensberge, Qathlamba-Gebirge, östl. Randgebirge Südafrikas, bis 3 482 m.

Drakon, Gesetzgeber in Athen, um 624 v. Chr., von sprichwörtlicher (»drakon.«) Strenge.

Drall [von drillen] *der,* Drehung, bes. eines Geschosses um seine Achse durch die Windung der »Züge« im Lauf der Feuerwaffen. – ❀ Drehimpuls.

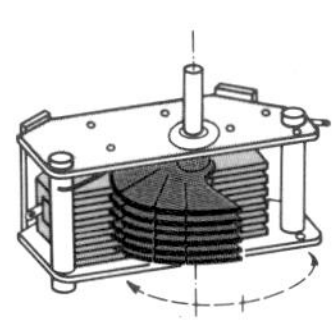

Drehkondensator

Drama [griech. »Handlung«] *das,* **1)** Dichtungsgattung, →Schauspiel. – **2)** aufregendes, erschütterndes Geschehen.

Dramatik *die,* **1)** Bühnendichtung. – **2)** Spannung, leidenschaftliche Bewegung.

Dramaturg *der,* urspr. Aufführungsleiter von Dramen, heute der literar. und theaterwiss. Berater der Theaterleitung. **Dramaturgie,** Lehre von Wesen, Wirkung und Formgesetz des Dramas, Teilgebiet der Poetik. »Hamburgische Dramaturgie« von G. E. Lessing (1767).

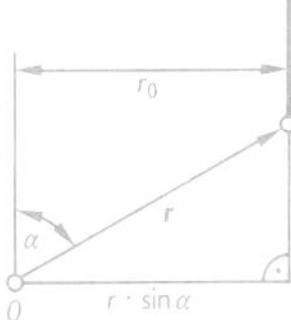

Drehmoment einer Kraft F in Bezug auf einen Punkt O (mit $r_0 = r \sin\alpha$ als Hebelarm)

Drammen, Hafenstadt im südl. Norwegen, 52 400 Ew.; bedeutender Holzhandel.

Dränage [-ˈna:ʒə] *die,* **Drainage, 1) Dränung,** ⌂ künstl. Entwässerung des Bodens durch Einbau unterird. Abzüge, z. B. Tonröhren, auf dem Grund schmaler Kanäle. **Saugdräns** saugen das Wasser aus dem Boden, **Sammeldräns** leiten es zum Vorfluter. – **2)** ⚕ das Einlegen einer Röhre **(Drain)** aus Glas oder Kautschuk in Wunden, Fisteln oder Hohlräume, die den Abfluss der Wundflüssigkeit erleichtert.

Draperie *die,* Stoffdekoration, maler. Anordnung von Gewändern; Faltenwurf.

Drau *die,* rechter Nebenfluss der Donau, entspringt am Toblacher Feld (Dolomiten), durchströmt Kärnten, Slowenien und bildet die Grenze zw. Kroatien und Ungarn, mündet unterhalb Osijek; 749 km lang, im Unterlauf schiffbar; speist Wasserkraftwerke in Österreich und Kroatien.

Draufgabe, zum Zeichen des Vertragsabschlusses geleistete Anzahlung (§§ 336 ff. BGB).

Dravida *Pl.,* Sprachfamilie Mittel- und Südindiens (etwa 80 Mio. Menschen); die Völker mit D.-Sprachen sind ethnisch und kulturell sehr versch. (Tamilen, Telugu u. a.).

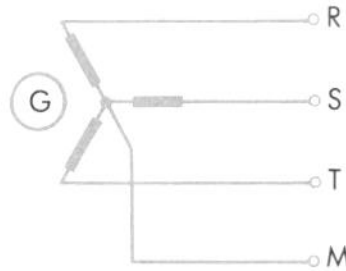

Drehstrom Schaltbild eines Drehstromgenerators (G) in Sternschaltung (R, S, T Außenleiter, Mp Mittelpunktleiter)

Drechseln, das Bearbeiten nichtmetall. Gegenstände (meist Holz) auf der Drehmaschine (i. d. R. im Handbetrieb).

Dreesch, Driesch *der,* brachgelegtes Feld als Weide, **D.-Wirtschaft.**

Drehbuch, Text für einen Film mit genauer Angabe der Einzelaufnahmen.

Drehbühne, Bühnenkonstruktion mit kreisförmiger drehbarer Fläche des Bühnenbodens; ermöglicht im Theater raschen Szenenwechsel.

Dreh|eiseninstrument →elektrische Messinstrumente.

Drehen, ⚙ Bearbeitung von Gegenständen auf der →Drehmaschine oder der Drehscheibe.

Drehgestell des elektrischen Triebzugs der Baureihe 403 der Deutschen Bahn AG

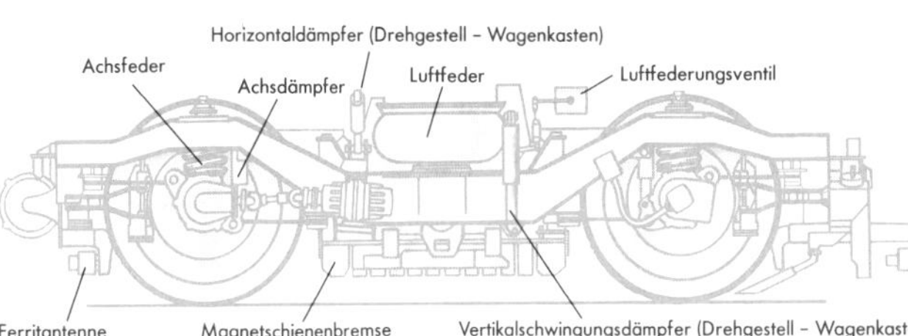

Drehfeld, ⚡ Magnetfeld, das um eine Achse umläuft und durch 3 um 120° versetzte, ruhende Wicklungsstränge, die an Drehstrom angeschlossen werden, erzeugt wird. Anwendung in Drehstrommaschinen, deren Drehzahl durch das Drehfeld bestimmt ist.

Drehflügelflugzeug, Flugzeug mit bewegl. Flügeln, die sich zur Erzeugung von Auftrieb um eine feste Achse drehen, →Hubschrauber, →Tragschrauber.

Drehfrucht, Streptocarpus, trop. Pflanzengattung in Afrika, auf Madagaskar und den Komoren: Kräuter mit gedrehten Fruchtkapseln; Zierpflanzen.

Drehgestell, 🚃 mehrachsiges, drehbar gelagertes Laufwerk von Schienenfahrzeugen.

Dreh|impuls, ❀ bei einem sich drehenden starren Körper das Produkt aus Winkelgeschwindigkeit und Trägheitsmoment um die Drehachse; der D. hat für Drehbewegungen eine dem Impuls für geradlinige Bewegungen entsprechende Bedeutung.

Drehkäfer, ein →Schwimmkäfer.

Drehkolbenmotor →Kreiskolbenmotor.

Drehkondensator, ⚡ ein →Kondensator mit kontinuierl. veränderbarer Kapazität zum Abstimmen von Schwingkreisen.

Drehkrankheit, durch den **Gehirnblasenwurm** (Drehwurm, Gehirnquese) hervorgerufene Gehirnkrankheit der Wiederkäuer, bes. der Schafe. Die erkrankten Tiere zeigen Zwangsbewegungen; sie bewegen sich z. B. im Kreis.

Drehleier, volkstümliches Musikinstrument **(Bauern-, Bettlerleier)** mit 1 bis 2 Melodiesaiten, einfacher Tastatur und 2 Begleitsaiten im Quintabstand; alle Saiten werden gleichzeitig durch ein aus dem Korpus herausragendes, mit einer Kurbel angetriebenes Scheibenrad zum Erklingen gebracht.

Drehmaschine, früher **Drehbank,** Werkzeugmaschine zur spanenden Bearbeitung zylindr. **(Langdrehen),** kegeliger **(Kegeldrehen),** ebener **(Plandrehen),** ovaler **(Ovaldrehen)** Werkstücke sowie zum Ausbohren und Gewindeschneiden. Das Arbeitsstück erhält durch den Spindelkasten die veränderliche Drehbewegung, während der Support (Werkzeugschlitten) den Drehstahl führt (Vorschub). Arten: **Spitzen-, Vielstahl-D.** (mehrere Werkzeuge arbeiten gleichzeitig), **Karussell-D.** für große Werkstücke, **Revolver-D.** (mehrere an einem drehbaren Werkzeughalter befestigte Werkzeuge kommen nacheinander zur Wirkung). **Drehautomaten** können einen programmgespeicherten Arbeitszyklus beliebig oft wiederholen.

Drehmoment, das vektorielle Produkt von Hebelarm (gemessen vom Drehpunkt aus) und einer senkrecht dazu angreifenden Kraft, gemessen in Nm (Newtonmeter); für das Hebelgesetz (→Hebel) wichtige Größe. Das D. spielt bei der Drehbewegung dieselbe Rolle wie die Kraft bei der fortschreitenden Bewegung. **D.-Wandler,** Getriebe, bei dem sich die D. am Eingang und Ausgang umgekehrt verhalten wie die Drehzahlen.

Dreh|orgel, Leierkasten, trag- oder fahrbare Kleinorgel mit drehbarer Melodiewalze.

Drehrohr|ofen, Dreh|ofen, ⚙ lange, etwas geneigte, um ihre Längsachse drehbare Trommel, die innen beheizt wird, als Reaktions- oder Trockenofen für rieselfähige, körnige Stoffe.

Drehscheibe, 1) 🚃 drehbare Scheibe mit Gleisstücken zum Drehen von Schienenfahrzeugen. – **2) Töpferscheibe,** durch Fußantrieb bewegte Scheibe zum Formen runder Tongegenstände.

Drehspul|instrument →elektrische Messinstrumente.

Drehstahl, Schneidstahl bei der Drehmaschine.

Drehstrom, ⚡ verketteter Dreiphasenwechselstrom, übl. Stromart für die allg. Stromversorgung. D. wird in Generatoren erzeugt, auf deren Ständer 3 um 120° versetzte Wicklungsstränge angebracht sind und deren umlaufendes Polrad (Dauermagnet) 3 um $^1/_3$ Peri-

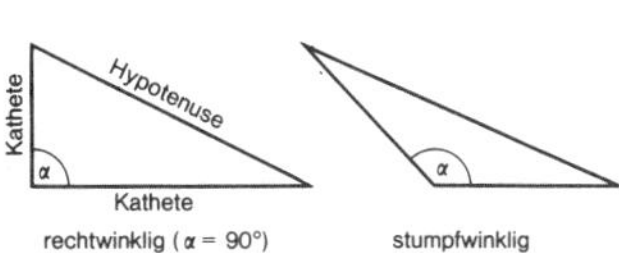

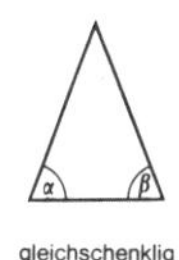

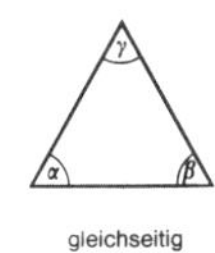

Verschiedene Formen des **Dreiecks**

ode phasenverschobene Wechselspannungen induziert. Durch die Verkettung der 3 Stränge in Stern- oder Dreieckschaltung benötigt man zur Fortleitung des D. nur 3 Außenleiter, die Hälfte der ohne Verkettung erforderl. 6 Leiter. Dieses Dreileitersystem wird angewendet für alle Hochspannungsanlagen (z. B. 6 bis 400 kV), auch für 380/220 V. Das Vierleitersystem mit 3 Außenleitern und dem an den geerdeten Mittelpunkt der Sternschaltung angeschlossenen Mittelpunktleiter wird für Niederspannung verwendet. An die 380-V-Spannung zw. den Außenleitern werden größere Verbraucher angeschlossen, deren Stränge ebenfalls in Stern und Dreieck verkettet sind. Kleinere Verbrauchsgeräte werden einphasig zw. einem der drei Außenleiter und dem Nullleiter angeschlossen; die Spannung ist dann $380/\sqrt{3} = 220$ V.

Drehung, Rotation, Bewegung eines Körpers um eine feste Achse oder um einen festen Punkt.

Drehvermögen, optisches D., Eigenschaft mancher Stoffe (z. B. Quarz, Zuckerlösung), die Schwingungsebene des polarisierten Lichtes (→ Polarisation) zu drehen.

Drehwaage, Torsionswaage, ※ Gerät zum Messen von Gravitations- oder elektromagnet. Kräften, bei dem ein an einem Faden waagrecht aufgehängter Stab durch diese Kräfte aus der Ruhelage gedreht wird. Diese Drehung (Torsion) ist der auftretenden Kraft proportional.

Drehwurm → Drehkrankheit.

Drehzahl, Drehfrequenz, Anzahl der Umdrehungen einer umlaufenden Maschine oder Welle je Zeiteinheit, gemessen in Umdrehungen je Sekunde oder Umdrehungen je Minute. **D.-Messer,** mit Zeiger oder Schreiber als Anzeige, werden mechan. (Fliehkraft), elektromagnet. (Wirbelstrom) oder elektron. (Impulse) betrieben. **D.-Regler** halten die D. von Kraftmaschinen konstant und werden mechanisch (Fliehkraftregler) oder elektronisch (Thyristorsteuerung) betätigt.

Dreibund, Verteidigungsbündnis zw. dem Dt. Reich, Österreich-Ungarn und Italien, 1882 abgeschlossen (Erweiterung des dt.-österr. Zweibunds); gegen Frankreich sowie unausgesprochen gegen Russland gerichtet; 1915 von Italien gekündigt.

Dreieck, √ von 3 Seiten begrenzte geometr. Figur. Man unterscheidet nach der Länge der Seiten: **gleichseitiges D., gleichschenkliges D., ungleichseitiges D.;** nach der Größe der Winkel: **rechtwinkliges D., stumpfwinkliges D., spitzwinkliges D.** Ein **sphär. D.** ist ein D. auf einer Kugeloberfläche. (→ Trigonometrie)

Dreiecksaufnahme, ⊕ → Triangulation.

Dreieckschaltung, Schaltung zur Verkettung der 3 Stränge von Drehstrommaschinen und -verbrauchern.

Dreiecktuch, dreieckig geschnittenes Tuch, in der ersten Hilfe Notverband und Armtragetuch.

Dreieich, Stadt im Kr. Offenbach, Hessen, 39 500 Ew.; elektron. Industrie.

Dreieinigkeit, Dreifaltigkeit, → Trinität.

Dreifachbindung, ☈ kovalente chem. Bindung (Atombindung), die durch drei Elektronenpaare gebildet wird.

Dreifelderwirtschaft, Bewirtschaftung einer Flur in dreijährigem Wechsel, früher: Winter-, Sommergetreide, Brache; heute statt Brache: Hackfrüchte oder Futterpflanzen.

Dreifuß, dreifüßiges Gestell; im griech. Altertum: für Opferschalen, Kampfpreis.

Dreifuss, Ruth, schweizer. Politikerin (SPS), * 1940; wurde 1993 als zweite Frau überhaupt in den schweizerischen Bundesrat gewählt und übernahm dort das Innenressort.

Dreiherrnspitze, Berg in den Hohen Tauern auf der österr.-ital. Grenze, 3 499 m.

Dreikaiserbund, 1872 bis 1886 zw. dem dt., österr. und russ. Kaiser, zerfiel durch den russisch-österr. Ggs. auf dem Balkan.

Dreikaiserschlacht, Schlacht bei → Austerlitz.

Dreikampf, sportl. Wettkampf aus 3 Einzelkämpfen; Leichtathletik: Lauf, Sprung, Wurf.

Dreiklang, 𝄞 Akkord aus 3 Tönen. **Dur-D.:** Grundton, große Terz, Quinte; **Moll-D.:** Grundton, kleine Terz, Quinte.

Dreiklassenwahlrecht, Wahlsystem des preuß. Abgeordnetenhauses 1849 bis 1918, unter Einteilung der Urwähler nach der Steuerhöhe in 3 Klassen. Diese wählten je gleichviel Wahlmänner, die Wahlmänner die Abgeordneten.

Drei Könige, Heilige D. K., die »Weisen aus dem Morgenland« (Mt. 2); nach der Legende die Könige Caspar, Melchior, Balthasar (→ C + M + B). **Dreikönigsfest** am 6. 1. (Epiphanias).

Dreikörperproblem, math.-physikal. Aufgabe, die Bewegung von 3 oder mehr Körpern **(Mehrkörperproblem)** bei gegebenen Anfangslagen und -geschwindigkeiten zu berechnen, wenn zw. je 2 der Körper schwerkraftähnl. Kräfte wirken.

Dreimächtepakt, von Dtl., Italien und Japan 1940 abgeschlossen. Später traten Ungarn, Rumänien, die Slowakei und Kroatien bei, 1941 Bulgarien, Jugoslawien. Ziel war eine »neue Ordnung« in Europa und Asien.

Dreimaster, 1) ⚓ → Segelschiff. – **2)** Hut, → Dreispitz.

Dreimeilenzone, heute überholte Begrenzung der Territorialgewässer (Küstenmeer) auf 3 Seemeilen (5 556 m). Statt dessen nehmen die Staaten überwiegend 12 Seemeilen als Küstenmeer in Anspruch; vielfach wurde (auch in der EU) eine Fischereizone von 200 Seemeilen festgesetzt.

Dreipass *der,* ñ got. Maßwerkfigur.

Dreiphasenwechselstrom → Drehstrom.

Drei Sat, 3sat, seit 1984 gesendetes gemeinschaftl. Fernsehprogramm des ORF, der SRG und des ZDF sowie (seit Ende 1993) der ARD.

Dreisatz, Regeldetri, Rechenverfahren, um aus 3 gegebenen Größen eine damit zusammenhängende unbekannte Größe zu bestimmen. Beispiel: 5 kg einer Ware kosten 28 DM, was kosten 6 kg? Lösung: 1 kg kostet $\frac{28}{5}$ DM, 6 kg kosten $\frac{28 \cdot 6}{5}$ DM = 33,60 DM.

Dreiser, Theodore, amerikan. Schriftsteller, * 1871, † 1945; Bahnbrecher des amerikan. Naturalismus; schildert den Untergang menschl. Existenzen im Großstadtleben; »Eine amerikan. Tragödie« (1925).

Dreispitz, Dreimaster, Filzhut mit dreiteilig nach oben geklappter Krempe.

Dreisprung, ⚲ leichtathlet. Weitsprungübung aus 3 zusammengesetzten Sprüngen.

Dreißigjähriger Krieg, 1618 bis 1648. Ursache: kath.-prot. Ggs., im Verlauf des D. K. hinter polit. Machtkämpfen zurücktretend. Verlauf: 1) **Böhm.-Pfälz. Krieg (1618 bis 1623):** 1618 Prager Fenstersturz; 1619 wählten die prot. Stände Böhmens anstelle Kaiser Ferdinands II. Kurfürst Friedrich V. von der Pfalz zum König. Tilly besiegte ihn 1620 am Weißen Berge bei Prag und eroberte dann auch die Rheinpfalz. – 2) **Dän.-Niedersächs. Krieg (1623 bis 1630):** Der eingreifende Dänenkönig Christian IV. wurde 1626 von Tilly bei Lutter am Barenberge geschlagen und schloss 1629 Frieden. Restitutionsedikt (1629), Bedrohung des prot. Besitzstands. – 3) **Schwed. Krieg (1630 bis 1635):** 1630 kam der Schwedenkönig Gustav Adolf den dt. Protestanten zu Hilfe, siegte 1631 bei Breitenfeld über Tilly, der kurz vorher Magdeburg erobert hatte, und drang bis nach Bayern vor, fiel aber 1632 in der Schlacht bei Lützen gegen den kaiserl. Feldherrn Wallenstein. 1634 wurde Wallenstein ermordet, die Schweden bei Nördlingen besiegt; 1635 schlossen Brandenburg und Sachsen den Prager Frieden mit dem Kaiser. – 4) **Schwedisch-Frz. Krieg (1636 bis 1648):** Nun griff das kath. Frankreich unter Richelieu aus polit. Ggs. zu den Habsburgern auf schwed. Seite offen in den Krieg ein; Schweden und Franzosen drangen mehrmals nach Bayern und Böhmen vor. 1648 Beendigung des Kriegs durch den →Westfälischen Frieden. Folgen: Gleichberechtigung der Bekenntnisse. Dtl. verwüstet, verarmt, im Innern zerrissen und ohnmächtig nach außen.

Eugen Drewermann

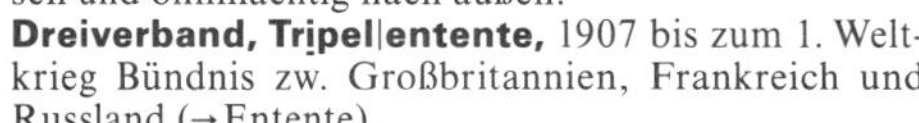

Dreiverband, Tripelentente, 1907 bis zum 1. Weltkrieg Bündnis zw. Großbritannien, Frankreich und Russland (→Entente).

Dreiwegekatalysator, Einrichtung zur →katalytischen Nachverbrennung von Abgasen aus Kfz-Ottomotoren, in der gleichzeitig Kohlenmonoxid, Kohlenwasserstoffe und Stickoxide umgesetzt werden.

Dreizack *der,* **1)** dreizinkiger Speer, Attribut des Poseidon, Sinnbild der Herrschaft über das Meer. – **2)** einkeimblättrige, gras- oder lauchähnl. Pflanzengattung.

Drei Zinnen, Gipfelgruppe der Südtiroler Dolomiten, Italien, 2857 bis 2999 m.

Drell, Drill, Drillich, Zwillich, sehr dicht und fest gewebtes Leinen- oder Baumwollgewebe in Köperbindung.

dreschen, aus Nutzpflanzen (Getreide, Raps, Klee, Hülsenfrüchte) durch Schlagen (mit Flegeln, Dreschmaschine) die Samen gewinnen.

Dreschmaschine, landwirtschaftl. Maschine zum Getreidedreschen. In der D. werden die Garben über den Selbsteinleger der **Dreschtrommel** zugeführt. Diese trägt entweder Schlagleisten oder Schlagstifte; der **Dreschkorb,** in dem die Trommel läuft, trägt ebenfalls Leisten oder Stifte. Durch Schüttler, Siebe, Gebläse werden die Körner von Stroh und Spreu getrennt. Moderne **Mähdrescher** sind selbstfahrende Erntemaschinen, die Mähen, Dreschen und Sammeln des Korns in einem Arbeitsgang vereinigen.

Dresden, Hptst. von Sa., beiderseits der Elbe, 468 200 Ew., Techn. Univ. und Akademien, u. a. Hochschule für Verkehrswesen, für Musik, Museen, Dresdner Gemäldegalerie, bedeutende Theater, Philharmonie, Kreuzchor; Bischofssitz, jährl. internat. Musikfestspiele, botan. Garten, Zoo; Mikroelektronik und Informationstechnik, Feinmechanik, Elektro-, opt., Maschinenbau- und Bekleidungsind., Druckerei- und Verlagswesen, Institut für Kernforschung Rossendorf; Verkehrsknotenpunkt. – D. war 1485 bis 1918 Sitz der albertin. Landesherren von Sachsen; unter August dem Starken wurde es ein Mittelpunkt dt. Barockkunst. Bis zum Bombenangriff im Februar 1945, bei dem die gesamte Innenstadt vernichtet wurde, war D. eine der schönsten Großstädte; Barockbauten: Frauenkirche (Dom, wird wieder aufgebaut), Zwinger (wieder hergestellt), ehem. kath. Hofkirche, ehem. königl. Schloss, Opernhaus von G. Semper (1985 neu eröffnet); weltbekannte Kunstwerke im »Grünen Gewölbe«.

Dresdner Bank AG, 1872 in Dresden gegr. Großbank, Sitz Frankfurt am Main.

Dress *der,* (Sport-)Anzug, Kleid. **Evening Dress,** Abendanzug; **Full Dress,** Gesellschaftsanzug.

dressieren, abrichten (von Tieren), herrichten (von Textilien u. a.). **Dressur** *die,* Zähmen und Abrichten von Tieren.

Dressing *das,* Salatsoße.

Drewenz *die,* poln. **Drwęca,** rechter Nebenfluss der Weichsel in Polen, 207 km lang, mündet oberhalb von Thorn.

Drewermann, Eugen, dt. kath. Theologe und Psychotherapeut, *1940; setzt psychoanalyt. Erkenntnisse für die Moraltheologie um. Wegen seiner umstrittenen Veröffentlichungen wurde D. 1991 die Lehrerlaubnis entzogen.

Dreyer, Benedikt, dt. Bildschnitzer aus Lübeck, *um 1485, †nach 1555.

Dreyfus [drɛˈfys], Alfred, frz. Hauptmann, *1859, †1935; aus dem jüd. Bürgertum stammend, 1894 wegen Landesverrats verurteilt und deportiert, 1899 begnadigt, 1906 freigesprochen und rehabilitiert, nachdem die belastenden Dokumente als Fälschungen erkannt waren; Verteidigungsschrift É. Zolas (1898) »J'accuse« (ich klage an). Die vom Antisemitismus geprägte **D.-Affäre** trug zur Sammlung der bürgerl. Linken bei (Trennung von Staat und Kirche).

Dreyse, Johann Nikolaus v., dt. Techniker, *1787, †1867; erfand das Zündnadelgewehr.

Driburg, Bad D., Heilbad in NRW, 19 100 Ew., am Fuß der Iburg (Ruine); Eisenquellen, Schwefelmoorbäder.

Driesch, Hans, dt. Biologe und Philosoph, *1867, †1941; Vertreter des Vitalismus.

Drift *die,* durch Dauerwinde (z. B. Passate, Monsune) verursachte Meeresströmung. **D.-Eis,** Treibeis.

Drillbohrer, ⚙ handbedientes Bohrgerät, bei dem eine Triebstange mit steilem Gewinde beim Auf- und Abbewegen der sie umschließenden Nuss in Drehbewegung versetzt wird.

Drillich →Drell.

Drilling *der,* Jagdgewehr mit 3 Läufen, 2 für Schrot-, einen für Kugelladung.

Drillinge, 3 gleichzeitig ausgetragene Kinder derselben Mutter, können ein-, zwei- oder dreieiig sein; in Dtl. etwa 0,013 % aller Schwangerschaften.

Drillmaschine, landwirtschaftl. Maschine zum Aussäen des Samens in Reihen.

Drin *der,* größter Fluss Albaniens, 285 km lang, mündet ins Adriat. Meer.

Drina *die,* rechter Nebenfluss der Save in Bosnien und Herzegowina, 346 km lang.

Drinkwater [-wɔːtə], John, brit. Schriftsteller, *1882, †1937; histor. Dramen (»Abraham Lincoln«, 1918; »Mary Stuart«, 1921; »Cromwell«, 1921).

Dritter Orden, Tertiarier, Vereinigungen von Laien, die religiös-sittl. Vollkommenheit erstreben und sich kirchl. Männer- oder Frauenorden anschließen. Die Mitglieder mancher D. O. bleiben im weltl. Beruf.

Dritter Stand, in der Ständeordnung des MA. das Bürgertum, das nach Adel und Geistlichkeit den 3. Platz einnahm und sich erst in der Frz. Revolution die Gleichstellung erkämpfte.

Drittes Reich, 1) christl. Prophetie und Geschichtsphilosophie: die Erlösung abschließende Weltperiode des Hl. Geistes. – **2)** Bezeichnung für das natsoz. Dtl. von 1933 bis 1945 (→Nationalsozialismus).

Dritte Welt, Sammelname für im Vergleich zu den wirtschaftl. hoch entwickelten Ländern unterentwickelte Staaten, v.a. in Afrika, Asien, Lateinamerika. (→Entwicklungsländer)

Dritte-Welt-Läden, Einzelhandelsgeschäfte, die ausschließlich Waren aus der Dritten Welt führen (Kaffee, Tee u.a. Lebensmittel, Kunsthandwerk); Unternehmen des kirchl. Entwicklungsdienstes. Die Erlöse kommen zu einem hohen Anteil den Produzenten oder Entwicklungsprojekten zugute.

Drittschuldner, ⚖ bei der Zwangsvollstreckung der Schuldner des Vollstreckungsschuldners.

Drittwiderspruchsklage, Interventionsklage, ⚖ →Widerspruchsklage.

Drive-in-Einrichtungen [draɪv ˈɪn-], bieten allg. Dienstleistungen, die ohne Aussteigen vom Auto aus in Anspruch genommen werden können, z.B. **Drive-in-Restaurant.**

DRK, Abk. für **D**eutsches **R**otes **K**reuz, →Rotes Kreuz.

Droge *die,* urspr. Erzeugnis aus dem Pflanzen- und Tierreich, das arzneilich oder technisch verwendet wird. Heute versteht man unter D. auch →Rauschgifte.

Drogerie *die,* Handelsbetrieb, in dem chem.-pharmazeut., kosmet. und fotograf. Waren, Naturkosterzeugnisse u.a. verkauft werden.

Drohne *die,* **1)** ♂ männl. Honigbiene. - **2)** Ü Nichtstuer, Schmarotzer. - **3)** ✈ unbemannter Flugkörper, bes. zur Aufklärung.

Drohung, ⚖ Ankündigung eines Übels. Durch D. veranlasste Willenserklärungen sind anfechtbar (§ 123 BGB). D. mit Verbrechen wird bestraft (§§ 241, 126 StGB), ebenso die Nötigung durch Gewalt oder Drohung.

Dromedar *das,* einhöckeriges →Kamel.

Drömling *der,* Niederung in der Altmark, Sa.-Anh.; Wiesen-, Weideland (früher Moor).

Dronte *die,* schwanengroßer, flugunfähiger Taubenvogel der Insel Mauritius; wurde nach 1650 ausgerottet.

Drontheim, norweg. Stadt, →Trondheim.

Droschke, seit dem 18. Jh. Pferdekutsche zum Mieten, später auch Bezeichnung für Taxi.

Drosera, die Pflanzengattung →Sonnentau.

Drosophila, Gattung der →Taufliegen.

Drosselklappe, ⚙ bewegl. Klappe in einer Rohrleitung (z.B. im Ottomotor) zur Regelung der durchfließenden Menge von Flüssigkeiten, Dampf, Gasgemischen.

Drosseln, Familie der Singvögel, gute Sänger, über die ganze Erde verbreitet, leben von Insekten und Beeren, bauen kunstvolle Nester. Wichtige Arten: **Sing-D.,** häufiger Wald- und Parkvogel mit heller, braun gesprenkelter Brust; **Mistel-D.,** reichlicher gefleckt als Sing-D.; **Wacholder-D.** (Krammetsvogel), grau bis braun, brütet in Mitteleuropa; **Rot-D.,** mit rostrotem Streifen unter dem Flügelrand. **Schwarz-D.** →Amsel.

Drosselspule, ⚡ Spule mit großem induktivem Widerstand, schwächt Wechselstrom; Gleichstrom wird ungeschwächt durchgelassen.

Drosselvenen, Venen, die das Blut aus der Kopf- und Halsregion in die obere Hohlvene führen. Bei Umschnüren des Halses (Drosselung) schwellen sie stark an.

Droste-Hülshoff, Annette v., dt. Dichterin, *1797, †1848; Gedichte (»Mondesaufgang«), Balladen (»Der Knabe im Moor«, 1841/42), Versepen, Novelle »Die Judenbuche« (1842).

Droste zu Vischering, Clemens August v., Erzbischof von Köln, *1773, †1845; forderte kath. Kindererziehung in Mischehen; daher von der preuß. Reg. abgesetzt, 1837 bis 1839 inhaftiert.

Droysen, Johann Gustav, dt. Historiker, *1808, †1884; 1848 führend in der Frankfurter Nationalversammlung (für Kaisertum des preuß. Königs). Werke: »Gesch. Alexanders d. Gr.« (1833), »Gesch. des Hellenismus« (1836 bis 1843).

Dresden. Blick auf die Südgalerie des Zwingers mit dem von Matthäus Pöppelmann 1711 bis 1728 errichteten Kronentor (nach 1989/90 vollständig restauriert)

Druck, 1) ⚛ Kraft je Flächeneinheit. SI-Einheit des D. ist das Pascal (Pa), weiterhin gesetzlich das Bar (bar). 1 Pa = 1 N/m^2; 1 bar = 10^5 Pa. Der **Luft-D.** wird im Allgemeinen in Millibar angegeben: 1 mbar = 100 Pa = 1 hPa (Hektopascal). - **2)** 📖 der Druckvorgang oder auch sein Erzeugnis. (→Druckverfahren)

Drücken, ⚙ Verformen ebener Metallbleche zu Hohlformen auf Drückmaschinen. Das Drückfutter hat die Fertigform des Werkstücks; das Gegenwerkzeug (Drückrolle) legt das Blech an das Drückfutter an.

Dresden Stadtwappen

Drucker, engl. **Printer,** 💻 Ausgabegerät von elektron. Datenverarbeitungsanlagen, das Daten und Texte in Klarschrift auf Papier ausgibt; Typen: Typen-, Nadel-, Tintenstrahl-, Laserdrucker.

Druckerzeichen, Verlegerzeichen, Signet, bildhaftes Zeichen, mit dem der Buchdrucker oder Verleger die von ihm veröffentlichten Werke kennzeichnet.

Druckfarben, Lösungen aus Farbstoffen und Bindemitteln (Druckfirnisse). Für die einzelnen Druckverfahren, Maschinentypen und die versch. Bedruckstoffe werden D. unterschiedl. Eigenschaften und Konsistenz benötigt. Der Rakeltiefdruck und der Flexodruck erfordern dünnflüssige D. (Lösungsmittelfarben), der Buchdruck und Offsetdruck dagegen dickflüssige, geschmeidige D. (Firnisfarben). Die Bindemittel sind Lösungen von Natur- oder Kunstharzen.

Druckguss, Herstellung von Gussteilen durch Einspritzen des flüssigen Metalls unter hohem Druck in gekühlte Stahlformen.

Druckkabine, druckdicht abgeschlossener Bereich in Flugzeugen, in dem der Luftdruck auf einem Wert unabhängig vom Außendruck gehalten wird.

Druckknopf, von H. Bauer 1885 erfundener Patentknopf als Kleiderverschluss.

Druckluft, früher **Pressluft,** in Verdichtern komprimierte Luft; zum Antrieb von Werkzeugen (Druckluftmeißel, -hämmer), zur Betätigung von Steuerungen, zum Reinigen von Gussstücken mit Sandstrahl, zum Betrieb von Bergbaumaschinen und Bremsanlagen (D.-Bremsen).

Druckluftkrankheit, Taucherkrankheit, Caissonkrankheit, tritt bei Tauchern oder Caissonarbeitern auf, wenn der Überdruck durch zu rasches Auftauchen oder Ausschleusen zu schnell nachlässt. Dann können gelöste Gase als Bläschen austreten und Embolien verursachen. (→Dekompression)

Druckmaschine, Maschine zur Herstellung von Druckerzeugnissen; Hauptteile: Plattenzylinder (zur

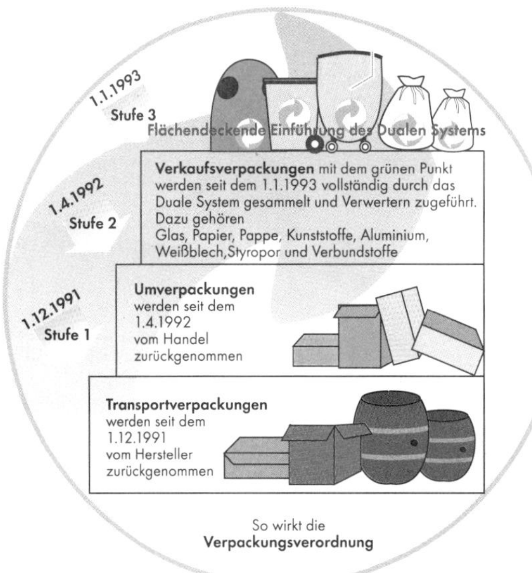

Die Verpackungsverordnung im **Dualen System**

Aufnahme der Druckform), Farbwerk, Druckzylinder, Führung des Bedruckstoffs (Papier, Folie, Textilien usw.). Der Bedruckstoff wird bogenweise **(Bogen-D.)** oder von einer Rolle **(Rotations-D.)** zugeführt.

Druckmesser, ⚙ → Manometer.

Drucksache, bis 1993 als Massen-D. gebührenbegünstigte Briefsendung (→ Infopost).

Druckschrift, 1) Schriften für Buchdruck und andere Druckverfahren. – **2)** ⚖ jede zur Verbreitung bestimmte Vervielfältigung von Schriften und bildl. Darstellungen und Musikalien mit Text oder Erläuterungen.

Druckstock, Klischee, 🕮 im Buchdruck Metallplatte, in die die Abbildung geätzt ist.

Druckverband, ⚕ stillt die Blutung durch Zusammenpressen der Gefäße.

Druckverfahren, ⚙ 1) **Hochdruck:** Druckende Teile der Druckform liegen erhöht und werden zum Druck eingefärbt. Die Druckform wird aus bewegl. Lettern von Hand (Handsatz) oder mittels Setzmaschinen (Maschinensatz) hergestellt. Abbildungen erfordern geätzte Klischees; Abdruck auf Tiegeldruckpressen, Schnellpressen oder Rotationsmaschinen; Verfahren: Buchdruck, Flexodruck. 2) **Tiefdruck:** Die Zeichnung ist vertieft in die Druckform eingearbeitet; die Vertiefungen nehmen die Farbe auf und geben sie beim Druck an das Papier ab. 3) **Flachdruck:** Die vollkommen ebene Druckplatte wird mit chem. Mitteln so behandelt, dass sie nur an den der Zeichnung entsprechenden Stellen Farbe annimmt und auf das Papier überträgt. Verfahren: Steindruck, Offsetdruck, Lichtdruck. 4) **Durchdruck:** Es wird durch eine Form gedruckt, die aus einer Schablone aus farbdurchlässigem Material besteht; Verfahren: Siebdruck.

Druckwasserreaktor, mit Wasser unter hohem Druck gekühlter Kernreaktor; die mittlere Wassertemperatur bleibt unter dem Siedepunkt.

Druckwelle, eine sich stoß- oder explosionsartig ausbreitende Druck- und Dichteänderung in Gasen, entsteht z. B. bei Überschallflügen und Sprengungen.

Drude *die,* meist weiblich gedachtes, gespenst. Wesen, das Albdrücken verursacht.

Drudenfuß, mag. Fünfeck, Pentagramm, im Volksglauben zur Abwehr der Druden.

Drugstore [ˈdrʌgstɔ:] *der,* in den USA Gemischtwarengeschäft, oft mit Imbissecke, Apotheke u. a.

Druiden, Priester der Kelten, Wahrsager, Heil- und Sternkundige, Richter, erzogen die Söhne des Adels.

Drumlins [ˈdrʌmlɪnz], längliche, flach gewölbte Grundmoränen-Anhäufungen; deuten Fließrichtung des Inlandeises an.

Drums [drʌmz], in der Jazz-, Rock- und Popmusik Bezeichnung für das Schlagzeug. **Drummer,** Schlagzeugspieler.

Druse *die,* **1)** Hohlraum in Gesteinen, dessen Wände mit Kristallen bedeckt sind. – **2) Kropf,** ansteckende Krankheit der Pferde, eitrige Entzündung der Nasenschleimhaut mit Vereiterung der Unterkiefer-Lymphknoten.

Drüse, 1) bei Mensch und Tieren ein Organ, das flüssige Stoffe (Sekrete) absondert, z. B. Schweiß, Galle. Eine **D. mit Ausführungsgang** ist zur Oberfläche hin offen. Einfachste D. sind Becherzellen. Bei mehrzelligen D. unterscheidet man schlauchförmige **tubulöse D.,** bläschenförmige **alveoläre D.,** beerenförmige **azinöse D.** sowie **alveolo-tubulöse D.,** deren Schlauch mit seitl. Bläschen besetzt ist. – Über D. ohne Ausführungsgang **(Hormon-D.)** → innere Sekretion. – **2)** ⚘ äußerlich den tier. D. ähnl. Pflanzenteile, so Drüsenhaare, Honigdrüsen.

Drusen, Angehörige einer aus dem ismailit. Islam hervorgegangenen Sekte im südl. Libanon und Syrien; feudal-patriarchal. Verfassung, Glaubenslehre von einem kleinen Kreis Eingeweihter geheim gehalten.

Drusus, Nero Claudius D., gen. **D. Maior** [»der Ältere«], röm. Feldherr, * 38, † 9 v. Chr.; Bruder des Kaisers Tiberius, drang bis zur Elbe vor.

dry [draɪ], trocken, herb (alkohol. Getränke).

Dryaden *Pl.,* griech. Baumnymphen.

Dryden [ˈdraɪdn], John, engl. Dichter, * 1631, † 1700; schrieb 2 von Händel vertonte Cäcilienoden, klass. Tragödien, Lustspiele.

Drygalski, Erich von, dt. Geograph, * 1865, † 1949; Polarexpeditionen (Antarktis 1901 bis 1903).

Dschambul, Gebietshptst. in Kasachstan, 312 300 Ew.; Superphosphatherstellung, Textil-, Nahrungsmittelind., Erdgaskraftwerk; Verkehrsknotenpunkt.

Dschingis Khan, mongol. Eroberer, * um 1155 oder 1167, † 1227; eroberte Peking, unterwarf Turkestan und besiegte die Russen. Sein Großreich erstreckte sich vom Schwarzen Meer bis zum Pazif. Ozean.

Dschugaschwili, Familienname Stalins.

Dschungel *der,* urspr. der gras- und schilfreiche Buschwald des subtrop. Indien, i. w. S. Urwald generell.

Dschunke *die,* chin. Segelschiff.

Dserschinsk, Hafen- und Ind.stadt an der Oka, Russland, 286 700 Ew., chem. Industrie.

DSF, Abk. für **D**eutsches **S**port**f**ernsehen, 1993 auf Sendung gegangenes privates Fernsehprogramm für Sportübertragungen.

Dsungarei *die,* Landschaft in Innerasien, China, zw. Altai und Tienschan, meist Wüste.

DTP, Abk. für → **D**esk**t**op**p**ublishing.

dual [von lat. duo »zwei«], eine Zweiheit bildend.

Duales System Deutschland, Abk. **DSD,** 1993 eingeführtes, privatwirtschaftl. Abfallentsorgungssystem, das die Sammlung und Verwertung von Verkaufsverpackungen aus Kunststoff, Verbundstoffen und Metall (gekennzeichnet durch den **grünen Punkt**) zum Ziel hat. Die Verbraucher geben dazu die Verpackungen in gelbe Tonnen oder Säcke, die Entsorgungsfirmen regelmäßig abholen; Papier und Glas sollen in Sammelcontainer gebracht werden. Für das gesammelte Material sieht die Verpackungsverordnung jeweils eine bestimmte Recyclingquote vor. Das als GmbH betriebene DSD finanziert sich durch Lizenzgebühren des Handels, der sich so von der direkten Rücknahmepflicht entbindet.

Dualismus *der,* **1)** allg.: Zweiteilung; Zwiespalt. – **2)** Ⓟ Lehre, dass die Wirklichkeit durch 2 Prinzipien oder Kräfte zu erklären sei, z. B. Gott–Welt, Geist–Stoff, Leib–Seele; Ggs.: Monismus. – **3)** Geschichte: der unausgetragene Kampf oder das Gleichgewicht zweier etwa gleich starker Staaten in einem Staatenbund, bes.: Österreich-Preußen im Dt. Bund (1815 bis 1866) und Österreich-Ungarn in der Donaumonarchie (nach 1867).

Dualsystem, dyadisches System, Zahlensystem mit der Grundzahl 2, baut mit 2 Zahlzeichen (0 und 1) alle Zahlen aus Potenzen von 2 auf; z. B. ist

$$9 = 1 \cdot 2^3 + 0 \cdot 2^2 + 0 \cdot 2^1 + 1 \cdot 2^0,$$

mit der Darstellung 1001 im D. Wegen seiner leichten Umsetzbarkeit in elektr. Schaltvorgänge (»ein« – »aus«) wird das D. für die elektron. Datenverarbeitung verwendet.

Dubai, Scheichtum der Vereinigten Arab. Emirate am Pers. Golf, 3800 km², 501 000 Ew.; reiche Erdöllager.

Dubarry [dyba'ri], Marie Jeanne, frz. Gräfin, urspr. Modistin, später Geliebte Ludwigs XV. von Frankreich, * 1743, † 1793 (hingerichtet).

Dubček [-tʃ-], Alexander, tschechoslowak. Politiker, * 1921, † 1992; als führender Reformer (Prager Frühling) 1968 bis 1969 Erster Sekretär des ZK der tschechoslowak. KP, im Zuge der Niederschlagung der Reformen durch die UdSSR 1970 Parteiausschluss; nach den polit. Umwälzungen in Osteuropa ab Dez. 1989 Parlamentspräsident.

Dübel *der,* ⚙ Verbindungsmittel zur Verankerung von Nägeln oder Schrauben (als Holzpflock, der eingegipst wird, als **Press-D.** aus elast. Kunststoff, als **Stopf-D.** aus Faserstoff) oder zur Verbindung von Bauteilen aus Holz **(D.-Verbindungen).**

Dübendorf, Stadt im Kt. Zürich, Schweiz, 20 900 Ew.; Materialprüfungsanstalt.

Dublee → Doublé.

Dublette *die,* **1)** Doppelstück, bes. in Sammlungen, auch in Texten, Urkunden u. a. – **2)** Edelsteinnachahmung. – **3)** Doppeltreffer.

Dublin ['dʌblɪn], irisch **Baile Átha Cliath, 1)** Cty. der Rep. Irland, 922 km², 1,02 Mio. Ew. – **2)** Hptst. der Rep. Irland und Hafen von 1), 459 700 Ew.; kath. und anglikan. Erzbischofssitz; Univ.; Trinity College (gegr. 1591); Brauereien, Brennereien, Textil-, Zigaretten-, Glas- u. a. Industrien.

Dublone *die,* ehem. span. Goldmünze.

Dubna, 1956 gegr. russ. Stadt nördl. von Moskau, etwa 70 000 Ew.; Kernforschungszentrum.

Dubnium *das,* **Db,** künstl. chem. Element; radioaktiv, OZ 105 (Transuran).

Du Bois-Reymond [dybwarɛ'mɔ̃], Emil, dt. Physiologe, * 1818, † 1896; Vertreter der physikal. Richtung der Physiologie; Forschungen über bioelektr. Erscheinungen in Muskeln und Nervenzellen.

Dubrovnik, ital. **Ragusa,** Stadt in S-Dalmatien, Kroatien, 55 600 Ew.; Fremdenverkehr; künstler. bedeutende Bauten aus dem 15. Jh., Bischofssitz. Vor D. die Insel **Lokrum** mit subtrop. Naturpark. Die im jugoslaw. Bürgerkrieg 1991/92 stark zerstörte Altstadt (Wiederaufbau mit UNESCO-Hilfe) gehört zum Weltkulturerbe.

Dubuffet [dyby'fɛ], Jean, frz. Maler, * 1901, † 1985; Bilder, Collagen, Assemblagen, Plastiken, beeinflusste die Kunst nach 1945.

Duc [dyk, frz.; lat. dux »Führer«], **Duchesse** [dy'ʃɛs], **Duca** [ital.], **Duchessa** [du'kɛsa], Herzog bzw. Herzogin, höchster frz. und ital. Adelstitel.

Duccio ['duttʃo], eigentl. **D. di Buoninsegna,** der Erste der großen sienes. Maler, * um 1255, † 1319; Hochaltar des Doms von Siena.

Duce ['du:tʃe, ital. »Führer«], seit 1922 Titel von B. Mussolini.

Duchamp [dy'ʃã], Marcel, frz. Künstler, * 1887, † 1968; Einfluss auf Dadaismus und Surrealismus.

Duchoborzen, durch die Quäker beeinflusste Sekte in Russland, Kanada und den USA.

Ducht *die,* **1)** Sitz- und Ruderbank in Kähnen. – **2)** Litze eines Taues, geteerte und zusammengedrehte Kabelgarne aus Hanf.

Dudelsack, altes Volksmusikinstrument, aus ledernem Windsack mit Spielpfeife und 2 bis 3 unveränderlich klingenden Bordunpfeifen; bes. in Schottland.

Duden, Konrad, dt. Sprachforscher, * 1829, † 1911; Rechtschreibbuch, Wegbereiter der dt. Einheitsrechtschreibung; Namensgeber der »Duden®«-Nachschlagewerke.

Duderstadt, Stadt im Kreis Göttingen, Ndsachs., 23 400 Ew.; altertüml. Stadtbild mit Stadtumwallung, Rathaus; versch. Industrien.

Dudinzew, Wladimir Dmitrijewitsch, russ. Schriftsteller, * 1918; Roman »Der Mensch lebt nicht vom Brot allein« (1956).

Dudley ['dʌdlɪ], Stadt in England bei Birmingham, 192 200 Ew.; Stahlind., Maschinenbau.

Duell *das,* → Zweikampf.

Duero *der,* port. **Douro,** Fluss im N der Iber. Halbinsel, 895 km lang, entspringt in Spanien, Unterlauf bis Porto für Seeschiffe befahrbar.

Duett [ital. »zwei«] *das,* 𝄞 zweistimmiges Gesangsstück, meist mit Instrumentalbegleitung.

Dufflecoat ['dafəlko:t] *der,* kurzer sportl. Mantel, auch mit Kapuze.

Dufour [dy'fu:r], Guillaume Henri, schweizer. General, * 1787, † 1875; führte 1847 den Oberbefehl im Feldzug gegen die Sonderbundskantone, schuf 1832 bis 1864 die »Topograph. Karte der Schweiz« (bahnbrechende Gebirgskarte).

Duftorgane, bei Schmetterlingen und Insekten drüsige Organe, die Duftstoffe (→ Riechstoffe) absondern zum Anlocken des anderen Geschlechts.

Du Fu, Tu Fu, chin. Dichter, * 712, † 770; neben Li Taibai der bedeutendste Lyriker Chinas.

Dufy [dy'fi], Raoul, frz. Maler, * 1877, † 1953; malte zeichenhaft naive Bilder in lebhaften Farben.

Dugong *der,* Art der → Seekühe.

Duhamel [dya'mɛl], Georges, frz. Schriftsteller, * 1884, † 1966; psycholog. und gesellschaftskrit. Romane: »Chronique des Pasquier« (1933 bis 1941).

Dühring, Karl Eugen, dt. Philosoph und Nationalökonom, * 1833, † 1921; einer der bedeutendsten Vertreter des dt. Positivismus. Seine dem darwinist. »Kampf ums Dasein« gegenübergestellte Idee einer »wirkl. freien Gesellschaft«, in der alle Zwangs- und Herrschaftsverhältnisse beseitigt sind, bekämpfte F. Engels im »Anti-Dühring«.

Duisberg ['dy:s-], Friedrich Carl, dt. Chemiker und Industrieller, * 1861, † 1935; Generaldirektor der Bayer AG, war führend an der Gründung der IG Farbenind. AG (1925) beteiligt.

Duisburg ['dy:s-], Ind.- und Handelsstadt, in NRW, 535 200 Ew.; beiderseits des Rheins an den Mündungen von Emscher und Ruhr und am Rhein-Herne-Kanal; Rhein-Ruhr-Hafen, größter Binnenhafen der Erde, zweitgrößter dt. Hafen; Zentrum der dt. Eisen- und Stahlind., Werften, Metall verarbeitende, chem. u. a. Ind.; Gesamthochschule, Fraunhofer-Institut, Schweißtechn. Versuchsanstalt, Musikhochschule, Museen, Zoo, Sportpark Wedau.

Dukas [dy'ka], Paul, frz. Komponist, * 1865, † 1935; Opern, Sinfonien (»Der Zauberlehrling«).

Dukat *der,* alte Goldmünze. **D.-Gold,** Gold mit einem Feingehalt von 986/1000.

Duke [dju:k], Herzog, weibl. Form **Duchess,** höchster engl. Adelstitel.

Düker *der,* Unterführung eines Wasserlaufs, einer Wasser-, Öl- oder Gasleitung unter einem Hindernis.

Alexander Dubček

Konrad Duden

Carl Duisberg

Dublin
Stadtwappen

Duisburg
Stadtwappen

Durban. Das ehemalige Rathaus (1885 bis 1910)

Duklapass, wichtigster Karpatenübergang (502 m) zw. der Slowakei und Polen.

duktil, dehnbar, streckbar, verformbar.

Duktus *der,* Schriftzug; Schriftnorm.

John F. Dulles

Dulbecco, Renato, amerikan. Biologe ital. Herkunft, * 1914; Arbeiten über Tumorviren, 1975 Nobelpreis für Physiologie oder Medizin.

Dulcinea [-θi-], die imaginäre Geliebte des Don Quijote; scherzhaft für Geliebte.

Dulles [ˈdʌləs], John Foster, amerikan. republikan. Politiker, * 1888, † 1959; 1953 bis 1959 Außenmin. (Ziel: Zurückdrängung der kommunist. Herrschaftssysteme).

Dülmen, Stadt in NRW, 44 300 Ew.; Textil-, Eisen-, Möbelind., größtes europ. Wildpferdgehege.

Dulong-Petit-Regel [dyˈlɔ̃pəˈti-], nach den frz. Physikern P. L. Dulong (* 1785, † 1838) und A. T. Petit (* 1791, † 1820), besagt, dass die spezif. Wärme je Atom für alle festen Elemente unabhängig von der Temperatur $3k$ beträgt (k Boltzmann-Konstante), was einer Molwärme von etwa 26 J/(K · mol) entspricht. Die D.-P.-R. kann aus der kinet. Theorie der Wärme abgeleitet werden.

Henri Dunant

Duluth [dəˈluːθ], Hafenstadt in Minnesota, USA, am Oberen See, 85 500 Ew.; Getreide-, Holz-, Eisenhandel, Stahlwerk, Erdölraffinerien.

Duma, russ. Parlament **(Reichs-D.)** 1905 bis 1917; seit Dez. 1993 Abgeordnetenkammer **(Staats-D.)** des russ. Zweikammerparlaments.

Dumas [dyˈma], **1)** Alexandre (D. père), frz. Schriftsteller, * 1802, † 1870, Vater von 2); Romane: »Die drei Musketiere«, 1844; »Der Graf von Monte Christo«, 1845 bis 1846, u. a. – **2)** Alexandre (D. fils), frz. Schriftsteller, * 1824, † 1895, Sohn von 1); Sittenromane, Gesellschaftsstücke (»Die Kameliendame«, 1852; Oper von G. Verdi).

Du Maurier [djuːˈmɔːrɪeɪ], Daphne, brit. Erzählerin, * 1907, † 1989; »Rebecca« (1938), »Meine Cousine Rachel« (1951).

Dundee
Stadtwappen

Dumdumgeschosse [nach der Fabrik Dum Dum bei Kalkutta], Teilmantelgeschosse für Handfeuerwaffen aus Weichblei; verursachen schwere Verwundungen, daher als Kriegsmunition völkerrechtlich verboten.

Dummy [ˈdami, »Attrappe«] *der,* lebensgroße, bei Crashtests mit Kfz verwendete Puppe, an der Unfallfolgen untersucht werden.

Dump [dʌmp], Speicherauszug.

Dumpalme, die → Doompalme.

Dumping [ˈdʌmpɪŋ, von engl. to dump »hinwerfen«] *das,* Warenverkauf an das Ausland zu niedrigerem Preis als im Inland mit dem Ziel, den eigenen Absatz zu fördern und den ausländ. Wettbewerb auszuschal-

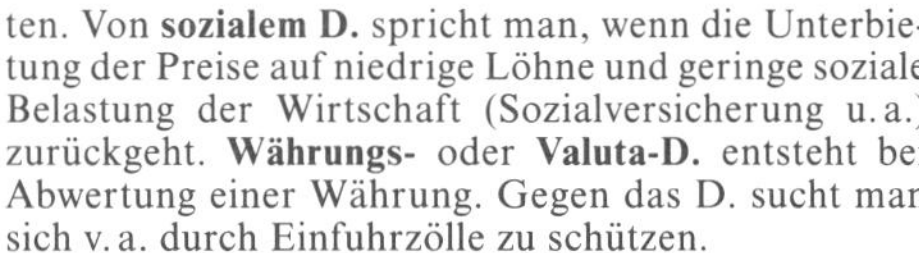

ten. Von **sozialem D.** spricht man, wenn die Unterbietung der Preise auf niedrige Löhne und geringe soziale Belastung der Wirtschaft (Sozialversicherung u. a.) zurückgeht. **Währungs-** oder **Valuta-D.** entsteht bei Abwertung einer Währung. Gegen das D. sucht man sich v. a. durch Einfuhrzölle zu schützen.

Düna, Westliche Dwina, lett. **Daugava,** Fluss in Russland, Weißrussland und Lettland, 1 020 km, kommt aus dem See Dwinez auf den Waldaihöhen, mündet unterhalb Riga in die Ostsee, nur streckenweise schiffbar.

Dünaburg, lett. **Daugavpils,** russ. **Dwinsk,** Stadt in Lettland, an der Düna, 124 900 Ew.; Umschlagplatz für Flachs, Getreide, Holz; Metall-, elektrotechn. u. a. Ind. – D. ist eine Gründung des Dt. Ordens (1278).

Dunajec [-jɛts] *der,* rechter Nebenfluss der Weichsel in Polen, 251 km lang.

Dunant [dyˈnɑ̃], Henri, schweizer. Philanthrop, * 1828, † 1910; Begründer des Roten Kreuzes. Friedensnobelpreis 1901.

Dunaújváros [ˈdunɔuːjvaːroʃ], Ind.stadt in Ungarn, südl. von Budapest, an der Donau, 58 300 Ew., Schwerindustrie.

Dunaway [ˈdʌnəweɪ], Faye, amerikan. Filmschauspielerin, * 1941; »Bonnie and Clyde« (1967), »Chinatown« (1974).

Duncan [ˈdʌŋkən], Isadora, amerikan. Tänzerin, * 1878, † 1927; wirkte für eine Umgestaltung des künstler. Tanzes im Sinne des altgriech. Chortanzes (→ Ausdruckstanz).

Duncker, Franz, dt. Politiker, * 1822, † 1888; Mitbegründer der liberalen Dt. Fortschrittspartei und der »Hirsch-Dunckerschen Gewerkvereine«.

Dundee [dʌnˈdiː], Hafenstadt an der O-Küste Schottlands, am Firth of Tay, 159 000 Ew.; Textil-, Maschinenbauind., Schiffbau.

Dunedin [dʌˈniːdɪn], Hafenstadt der S-Insel Neuseelands, 112 400 Ew.; Univ.; kath. Bischofssitz; Verarbeitung und Ausfuhr landwirtschaftl. Erzeugnisse, bes. Fleisch.

Dünen, durch Wind aufgehäufte, meist lang gestreckte Sandhügel, bes. am Meer und in Wüsten, bis 300 m hoch. **D.-Hafer,** Strandhafer, dient als Dünenbefestigung.

Dung, Stallmist, Stalldünger, Gemenge von Kot, Harn und Einstreu.

Dunganen, chin. **Hui,** mongol. Volk, im östl. Tarimbecken und in der Dsungarei, NW-China; chin. Sprache, islam. Glaube.

Dünger, Düngemittel, organ. und anorgan. Stoffe, die dem Boden zur Verbesserung der Fruchtbarkeit und zur Ertragssteigerung zugeführt werden, vor allem als Ersatz für Pflanzennährstoffe, die ihm durch Anbau und Ernte entzogen werden. Nach der Herkunft unterscheidet man 1) **wirtschaftseigenen D.** (Dung, Jauche, Gülle, Klärschlamm, Kunstmist, Stroh-, Grün-, Pferch-D., Kompost u. a.) und 2) **Handels-D.** (anorgan. Handels-D.: Mineral-D., d. h. natürl. Salze wie Chilesalpeter sowie synthet. D. – organ. Handels-D.: z. B. Guano). – Neben den Hauptnährstoffen (Stickstoff, Kalium, Phosphor, Calcium und Magnesium) sind Spurennährstoffe wichtig (vor allem Schwefel, Eisen, Mangan, Kupfer, Zink, Molybdän).

Dunkelkammer, abgedunkelter Raum für das Arbeiten mit lichtempfindl. Stoffen; gegebenenfalls Beleuchtung mit gefiltertem Licht, das fotograf. Materialien nicht schädigt.

Dunkelmännerbriefe → Epistolae obscurorum virorum.

Dunkelwolken, Dunkelnebel, Ansammlungen interstellarer Materie aus Staub und Gas, die für das Sternlicht undurchlässig sind.

Dunkelziffer, (geschätzte) Zahl von Straftaten oder anderen Sachverhalten, die offiziell nicht bekannt werden oder statist. nicht erfasst werden können. Die D. gilt als bes. hoch z. B. bei Schwangerschaftsabbrüchen und Kindesmisshandlungen.

Dünkirchen, frz. **Dunkerque** [dœ̃ˈkɛrk], fläm. **Duinkerken** [ˈdœjnkɛrkə], Hafenstadt in N-Frankreich, an der Nordsee, 70 300 Ew., Schiffbau, Eisen- und Stahlind., Erdölraffinerie; Fischverarbeitung. - Im 2. Weltkrieg 1940 Rückzug der brit.-frz. Nordarmee aus dem Brückenkopf D. nach England.

Dunlop [dʌnˈlɔp], John Boyd, brit. Tierarzt, * 1840, † 1921; erfand 1888 den pneumat. Gummireifen für das Fahrrad.

Dünnsäure, verdünnte und verunreinigte Säure, die als Abfallprodukt techn. Synthesen anfällt. Ihre Verklappung auf See trägt v. a. in der Nordsee zur Wasserbelastung bei.

Dünnschichttechnik, Dünnfilmtechnologie, ⚡ Herstellungsverfahren für miniaturisierte Schaltungen; dabei werden versch. leitende, halbleitende und nicht leitende Materialien in bis zu 1 µm dicken Schichten auf einen Träger aufgedampft.

Dünnschliffe, 0,02 bis 0,04 mm dicke, durchsichtige, auf einen Objektträger geklebte Mineral- oder Gesteinsplättchen zur Untersuchung unter dem Durchlichtmikroskop.

Duns Scotus, Johannes, schott. Franziskaner, * 1266, † 1308; Scholastiker, vertrat gegen Thomas von Aquino den Vorrang des Willens vor dem Verstand.

Albrecht Dürer. Selbstbildnis (um 1500)

dünsten, Speisen mit Fett oder wenig Flüssigkeit in einem verschlossenen Gefäß garen.

Dünung, die nach Aufhören des Windes noch fortdauernde Bewegung des Meeres in langen, gleichmäßig rollenden Wellen.

Duo [lat. »zwei«] *das,* 𝄞 Musikstück für 2 Instrumente mit oder ohne Begleitung.

Duodenum *das,* → Zwölffingerdarm.

Duodez *das,* in Zusammensetzungen: klein, unbedeutend, z. B. der **D.-Staat,** Zwergstaat unter einem **D.-Fürsten.**

Duodezimalsystem, Zahlensystem mit der Grundzahl 12 (statt 10 beim Dezimalsystem).Das D. wurde bereits in Babylon benutzt und wird noch bei Kreisteilungen (Uhren, Winkel) sowie bei engl. Maß- und Gewichtssystemen verwendet.

Duoschaltung, paarweise Zusammenschaltung je einer Leuchtstoffröhre mit induktivem Vorschaltgerät und einer mit kapazitivem Vorschaltgerät zur Erzeugung eines zeitl. gleichmäßigen Lichtstroms (kein Flimmern).

Düppel, dän. **Dybbøl,** Dorf in Nordschleswig (1864 bis 1920 dt.). Die **Düppeler Schanzen** waren in den Dt.-Dän. Kriegen 1848 bis 1850 und 1864 umkämpft.

Dur [lat. durus »hart«], jede Tonart mit großer Terz; Ggs. Moll.

Dura-Europos, antike Stadt am mittleren Euphrat, in der Nähe von As-Salihija, Syrien, das »Pompeji des Ostens«.

Durance [dyˈrãs] *die,* linker Nebenfluss der Rhône, S-Frankreich, 305 km, mit Stauwerken, Kraftwerken und Kanälen ausgebaut.

Durango, Hptst. des Staates D., Mexiko, 1925 m ü. M., 413 800 Ew.; Univ.; ⚒.

Duras [dyˈra], Marguerite, frz. Schriftstellerin, * 1914 † 1996; schrieb im Stil des Nouveau Roman; Drehbuch: »Hiroshima - mon amour« (1959).

Durban [ˈdəːbən], früher **Port Natal** [pɔːt nəˈtæl], Hafenstadt der Rep. Südafrika, 1,11 Mio. Ew.; Univ.; Umschlagplatz der Minendistrikte Transvaals; Ölraffinerien, Werften u. a. Industrien.

Durchblutungsstörungen, meist auf Arteriosklerose (manchmal auf funktionellen oder entzündl. Gefäßkrankheiten) beruhende verminderte Blutversorgung bestimmter Körperteile, z. B. des Gehirns, des Herzens, der Beine und des Darms. D. äußern sich in belastungsabhängigen, später auch Ruheschmerzen, schließlich in Gewebsuntergang (Nekrose, Brand, Infarkt) des betroffenen Gebietes.

Durchfall, Diarrhö, ⚕ häufiges Entleeren dünnflüssiger Stuhlmassen, akut als Darmkatarrh, z. B. nach Ernährungsfehlern, oder bei infektiösen Darmerkrankungen (Typhus, Cholera, Ruhr, Salmonelleninfektion) sowie chronisch bei Darmentzündung u. a. Behandlung: Wärme, Bettruhe; zunächst Fasten, Abführen, dann Schleimsuppen, Tee; bei schweren Infektionen Chemotherapie, kochsalz- und glucosehaltige Trink- oder Infusionslösungen.

Durchfuhr → Transit.

Durchgang, ✡ Vorübergang der Planeten Merkur und Venus vor der Sonne. Merkur-D. erfolgen etwa alle 8 Jahre, Venus-D. nur viermal in 138 Jahren. Der D. eines Sterns durch den Meridian eines Ortes heißt **Kulmination.**

Durchgriff, bei Elektronenröhren das Verhältnis einer Gitterspannungs- zur Anodenspannungsänderung bei konstantem Anodenstrom, angegeben in Prozent; je kleiner der D., desto größer die Verstärkung.

Durchlassbereich, Gebiet eines aktiven elektron. Bauelements, in dem der Widerstand sehr klein ist.

Durchlaucht, Anrede an Träger eines Fürstentitels.

Durchlauferhitzer, ⚙ mit Gas oder elektr. Strom beheiztes Gerät, das das durchlaufende Wasser während des Abzapfens erhitzt.

Durchmesser, 1) √ bei ebenen oder räuml. Figuren, die einen Mittelpunkt haben, die durch diesen laufende Sehne. - **2) scheinbarer D.,** ✡ Winkel, unter dem die beiden Endpunkte des **wahren D.** eines Sterns dem Beobachter erscheinen.

Durchmusterung, Sternkatalog mit (geschätzten) Angaben über Ort, Helligkeit oder Spektraltyp.

Durchschnitt, √ Mittelwert, → Mittel.

Durchschuss, 1) Schuss, bei dem das Geschoss den Körper wieder verlassen hat; Ggs.: Steckschuss. - **2)** ⚙ in der Weberei der Schussfaden. - **3)** 📖 die Größe der Zeilenabstände.

Düren, Krst. in NRW, am W-Rand der Jülich-Zülpicher Börde, 90 300 Ew.; Papier-, Metall-, Textilind. - 748 erstmals erwähnt, urspr. karoling. Königshof, seit Anfang 13. Jh. Stadtrechte.

Dürer, Albrecht, einer der größten dt. Künstler, Maler, Zeichner für Holzschnitt, Kupferstecher, * 1471,

Dünkirchen Stadtwappen

Düren Stadtwappen

† 1528. D. reiste 1494/95 und 1505/06 nach Italien, 1520/21 in die Niederlande und stand seit 1512 im Dienst Kaiser Maximilians I. Seine Wirkung als Zeichner war sehr groß. Für Holzschnitt und Kupferstich leitete er in Europa eine neue Epoche ein. Gemälde: Selbstbildnisse (Louvre, Prado, Alte Pinakothek München); Adam und Eva (Prado); Die 4 Apostel (Alte Pinakothek München); Landschaftsaquarelle, die ersten europ. ihrer Art. – Holzschnitte: Apokalypse, Kleine und Große Passion, Marienleben. – Kupferstiche: Der verlorene Sohn; Adam und Eva; Kupferstichpassion; Ritter, Tod und Teufel; Hieronymus im Gehäus'; Melancholie. – Zeichnungen; kunsttheoret. Schriften.

Friedrich Dürrenmatt

Durham ['dʌrəm], **1)** Cty. in NO-England, 599 600 Ew.; Landwirtschaft, Ind. – **2)** Hauptstadt von 1), 36 900 Ew.; Bischofssitz, Univ.; Burg (1072) und Kathedrale (1093 bis 1133) gehören zum Weltkulturerbe.

Durieux [dy'rjø], Tilla, dt. Schauspielerin, * 1880, † 1971; wirkte bes. in Rollen von Wedekind, Shaw, Ibsen und Ionesco.

Durkheim [dyr'kɛm], Émile, frz. Soziologe, * 1858, † 1917; entwickelte die Soziologie als empir. Wiss.; sah das Verhalten des Einzelnen in der Gesellschaft von einem allg. Kollektivbewusstsein bestimmt.

Dürkheim, Bad D., Stadt in Rheinl.-Pf., 18 400 Ew., Heilbad am Rand der Haardt (Solbad); eine der größten dt. Weinbaugemeinden.

Düsseldorf Stadtwappen

Durlach, industriereicher Stadtteil von Karlsruhe (seit 1938); 1565 bis 1715 Residenz der Markgrafen von Baden-D., Schloss von 1562 bis 1565 (barocker Neubau 1697).

Dürnstein, Stadt in Niederösterreich, 1000 Ew., in der Wachau, an der Donau; Barockkirche (1721 bis 1728); Ruinen der Burg Dürnstein, in der 1193 Richard Löwenherz gefangen gehalten wurde.

Duroplaste, Duromere *Pl.,* unschmelzbare, nicht plastisch verformbare Kunststoffe, z. B. härtbare Kunstharze.

Durrell ['dʌrəl], Lawrence, brit.-irischer Schriftsteller, * 1912, † 1990; Roman-Hauptwerk »Alexandria-Quartett« (1957 bis 1960), Schauspiele.

Dürrenberg, Bad D., Solbad in Sa.-Anh., an der Saale, 12 400 Einwohner.

Bob Dylan

Dürrenmatt, Friedrich, schweizer. Schriftsteller, * 1921, † 1990; einfallsreiche und groteske Schauspiele (»Die Ehe des Herrn Mississippi«, 1952; »Der Besuch der alten Dame«, 1956; »Die Physiker«, 1962) und Erzählungen (»Der Richter und sein Henker«, 1952; »Justiz«, 1985), mit dem Stilmittel der Verfremdung.

Durrës ['durrəs], bedeutendste Hafenstadt in Albanien, 85 400 Ew.; das antike **Epidamnos** (gegr. 627 v. Chr.).

Dürrheim, Bad D., Stadt im Schwarzwald-Baar-Kr., Bad.-Württ., 11 600 Ew., Solbad und Luftkurort.

Dur-Scharrukin, assyrische Ruinenstätte, → Chorsabad.

Durst, Antrieb zur Aufnahme von Flüssigkeit; verursacht durch erhöhte Salzkonzentration in der Gewebsflüssigkeit.

Clint Eastwood

Duschanbe, Hptst. Tadschikistans, 592 000 Ew.; Univ.; Verkehrsknotenpunkt, ✈.

Duse, Eleonora, ital. Schauspielerin, * 1858, † 1924; bes. Rollen von Sardou, Dumas, Ibsen, Maeterlinck und D'Annunzio.

Düse, Verengung eines Strömungskanals zur Umwandlung von Druck- in Geschwindigkeitsenergie (kinet. Energie). Verwendung zur Zerstäubung, in Strahltriebwerken, Injektoren, als Spinndüse.

Düsenflugzeug, durch ein → Strahltriebwerk angetriebenes Flugzeug.

Düsseldorf, Hptst. von NRW und des Reg.-Bez. D., Ind.- und Handelsstadt am Rhein, 571 000 Ew.; 3 Großbrücken überspannen den Rhein; Flughafen; Univ., Staatliche Kunstakademie, mehrere Theater, Museen, Sitz versch. Forschungsinstitute, Rheinisch-Westfälische Börse, Konzernverwaltungen, Wirtschaftsorganisationen; Maschinenbau, Eisen-, Stahl-, Glas-, chem. Ind., Brauereien. – D. war Hptst. des alten Herzogtums Berg, mit dem es 1614 an Pfalz-Neuburg, 1777 an Bayern kam. Glanzzeit unter Kurfürst Johann Wilhelm v. d. Pfalz (1690 bis 1716); 1806 Hptst. des napoleon. Großherzogtums Berg, 1814 preußisch. Seit dem 19. Jh. wirtschaftl. Aufschwung. Bes. bekannt wurde im 19. Jh. die »Düsseldorfer Malerschule«.

Dutilleux [dyti'jø], Henri, frz. Komponist, * 1916; u. a. Ballette, 2 Sinfonien u. a. Orchesterwerke, Violinkonzert sowie Kammer- und Klaviermusik.

Dutschke, Rudolf (Rudi), dt. Studentenführer, * 1940, † 1979; seit 1966 als Mitglied des Sozialist. Dt. Studentenbunds an Protestaktionen führend beteiligt, starb an Spätfolgen eines 1968 erlittenen Attentats.

Duttweiler, Gottlieb, schweizer. Kaufmann, * 1888, † 1962; gründete den Migros-Genossenschafts-Bund und die Partei »Landesring der Unabhängigen«; Herausgeber der Zeitung »Die Tat«.

Dutyfreeshop ['dju:tɪ 'fri 'ʃɔp], Einzelhandelsgeschäft, u. a. in Flughäfen und auf Fähren, in dem Waren zollfrei verkauft werden können.

Dutzend *das,* Abk. **Dtzd., Dtz.,** altes Zählmaß für Stückware: 1 D. = 12 Stück; 12 D. = 1 Gros.

Duun [dʊn], Olav, norweg. Erzähler, * 1876, † 1939. In seiner mehr als 400 Jahre umfassenden Familiengesch. der Juwikinger schildert D. nord. Natur und norweg. Bauern.

Duve [dyv], Christian René, belgischer Biochemiker, * 1917, Entdecker der Lyosomen und der Peroxysomen; erhielt mit A. Claude und G. E. Palade 1974 den Nobelpreis für Medizin oder Physiologie.

Duvet [dy'vɛ], frz. Kupferstecher und Goldschmied, * um 1485, † nach 1561; erster bed. Kupferstecher Frankreichs, dessen Werk myst., emotionale Züge zeigt. Nach der häufig verwendeten Figur des Einhorns auch **Meister mit dem Einhorn** genannt.

Duvivier [dyvi'vje], Julien, frz. Filmregisseur, * 1896, † 1967; »Don Camillo und Peppone« (1951).

Dux, tschech. **Duchcov** ['duxtsɔf], Stadt in der ČR, 10 000 Ew.; Braunkohlengruben, Metall-, chem. u. a. Industrie.

Dux, 1) spätröm. Kaiserzeit: Führer, Befehlshaber. – **2)** im MA. Herzog.

Dvořák ['dvɔrʒa:k], Antonín, tschech. Komponist, * 1841, † 1904; mit Smetana Schöpfer der tschech. Kunstmusik; Orchesterwerke (»Slaw. Tänze«, 1878; Sinfonie »Aus der Neuen Welt«, 1893), Opern (»Rusalka«, 1901).

DVP, Abk. für → **Deutsche Volkspartei.**

dwars, ⚓ rechtwinklig zur Längsschifflinie. **Dwarslinie,** das Nebeneinanderfahren der Kriegsschiffe.

Dwina *die,* **1) Nördl. D.,** der größte Strom N-Russlands, entsteht durch Zusammenfluss von Suchona und Jug, ist von hier 744 km lang und mündet in das Weiße Meer. – **2) Westl. D.** → Düna.

Dy, chem. Symbol für das Element Dysprosium.

Dyas [griech. »Zweiheit«] *die,* → Perm.

Dyba, Johannes, dt. kath. Theologe, * 1929; seit 1983 Bischof von Fulda (persönl. Titel Erzbischof), zuvor im päpstl. diplomat. Dienst.

Dyck [dɛik], Anthonis van, niederländ. Maler, * 1599, † 1641; Schüler von Rubens. Bedeutender Bildnismaler; seit 1632 am engl. Hof.

Dylan ['dɪlən], Bob, amerikan. Folksonginterpret und -komponist, * 1941; schrieb Klassiker der Folkmusik wie »Blowin' in the wind«.

Dynamik *die,* **1)** allg.: Kraftentfaltung, starke Bewegtheit. – **2)** ❀ → Mechanik. – **3)** 𝄞 Veränderung der Tonstärke, entweder stufenweise (forte, mezzoforte, piano) oder allmählich (crescendo, decrescendo). – **4)** Lautstärkebereich eines elektroakust. Übertragungssystems.

dynamische Rente, den Steigerungen des Sozialprodukts angepasste Rente; in der Bundesrep. Deutschland 1957 eingeführt.

Dynamismus *der,* Lehre, die alles Sein und Geschehen auf wirkende Kräfte zurückführt; Begründer des D. ist G. W. Leibniz.

Dynamit *das,* Sprengstoff, 1867 von dem Schweden A. Nobel erfunden; besteht in der urspr. Form aus 75% Nitroglycerin und 25% gebrannter Kieselgur, später durch **Gelatine-D.** (z. B. aus 93% Nitroglycerin und 7% Nitrocellulose) ersetzt.

Dynamo *der,* veraltet für →Generator, als Bezeichnung noch für den Fahrrad-D. gebräuchlich.

Dynast *der,* Fürst, Herrscher. **Dynastie** *die,* Herrscherhaus.

Dyopol *das,* Marktform, bei der auf der Angebotsseite 2 Anbieter auftreten, im Unterschied z. B. zum Monopol. Infolge der gegenseitigen Abhängigkeit der beiden Dyopolisten weist die Preisbildung bes. Schwierigkeiten auf.

Dys|enterie *die,* →Ruhr.

Dysfunktion, angeborene oder als Krankheit erworbene Funktionsstörung eines Organs.

Dysmenorrhö *die,* unnormal schmerzhafte Menstruation.

Dys|prosium *das,* Symbol **Dy,** chem. Element aus der Gruppe der →Lanthanoide.

Dys|tonie *die,* abnormer Spannungszustand der Muskeln oder Gefäße. **Vegetative D.** wird durch Fehlregulation des vegetativen Nervensystems ausgelöst.

Dys|trophie *die,* durch Mangel- oder Fehlernährung hervorgerufene Störungen im Organismus. Unterschieden werden Hunger-, Säuglings- und pränatale Dystrophie.

dz, Abk. für →Doppelzentner.

D-Züge, Durchgangszüge, Schnellzüge mit Durchgangswagen; durch die »Interregiozüge« abgelöst.

E

e, E, 1) der 5. Buchstabe des dt. Alphabets, ein Vokal. – **2) E,** der 3. Ton der C-Dur-Grundtonleiter, die 3. Stufe von C. – **3) e,** Symbol für das Elektron. – **4) e,** Abk. für die **eulersche Zahl,** die Basis des natürl. Logarithmus und der Exponentialfunktion; e = 2,71828...

EAN-System, Abk. für **E**urop. **A**rtikel-**N**ummerierung, mit →Strichcode arbeitendes Nummerierungssystem der Konsumgüterind.; maschinell lesbar.

Earl [ə:l], engl. Adelstitel (Graf), 3. Rangstufe nach Duke und Marquess; weibl. Form **Countess.**

Eastbourne ['i:stbɔ:n], Stadt und Seebad an der engl. Kanalküste, 94 800 Einwohner.

East London ['i:st 'lʌndən], Hafenstadt in der Rep. Südafrika, Prov. Ost-Kap, 193 800 Ew.

Eastman ['i:stmən], George, amerikan. Erfinder, Industrieller, *1854, †1932; gründete 1880 die **Eastman Kodak Company,** die 1889 den Zelluloidfilm in die Fotografie einführte und die ersten Rollfilmkameras baute.

East River ['i:st 'rɪvə], mehrfach überbrückte und untertunnelte Wasserstraße vom Long-Island-Sund zum Hafen von New York.

Eastwood ['i:stwʊd], Clint, amerikan. Filmschauspieler, -regisseur und -produzent, *1930; bekannt durch Italowestern von S. Leone und Filmen von D. Siegel; u. a. »Für eine Handvoll Dollars« (1964), »Dirty Harry« (1971), »Erbarmungslos« (1992), »Die Brücken am Fluß« (1995).

Eau de Cologne [o:dəkɔ'lɔɲ], **Kölnischwasser,** erstmals 1742 hergestelltes Duftwasser mit mindestens 70% Alkohol.

Ebbe und Flut →Gezeiten.

Ebenbürtigkeit, in geburtsständ. gegliederten Gesellschaften Bezeichnung der gleichwertigen Abkunft und damit der Standes- und Rechtsgleichheit; war v. a. im Eherecht bedeutend.

Ebene *die,* **1)** Flachland. – **2)** Fläche, die mit 2 Punkten stets auch deren gesamte Verbindungsgerade enthält; sie ist eindeutig bestimmt durch 3 nicht auf einer Geraden liegende Punkte.

Ebenholz, dunkles, hartes Edelholz versch. Bäume. Das **echte** oder **schwarze E.** liefern versch. Baumarten in Afrika und O-Indien, **unechtes** oder **künstl. E.** ist dunkel gebeiztes Holz, z. B. von Birn- oder Buchsbaum.

Ebensee, Markt im Salzkammergut, Österreich, 8 900 Ew., Kraftwerk, Salzsudwerk, Ammoniak- und Sodafabrik.

Eberbach, 1) alte Stadt im Odenwald, Bad.-Württ., im Neckartal (Staustufe), 15 100 Ew.; Elektromotorenbau u. a. Ind. – **2)** Zisterzienserkloster im Rheingau, Gemeinde Eltville, Hessen; 1135 von Bernhard v. Clairvaux gegr., 1803 aufgehoben.

Eberesche *die,* **Vogelbeerbaum,** steinobstartiger Waldstrauch oder Straßenbaum (hartes Nutzholz) der Familie der Rosengewächse, mit gefiederten Blättern, weißen Blüten und beerenartigen, scharlachroten Früchten, den **Vogelbeeren.**

Eberhard, Grafen und Herzöge von Württemberg: **1) E. II., der Greiner** [»Zänker«] oder **der Rauschebart,** regierte 1344 bis 1392, besiegte 1388 den Schwäb. Städtebund. – **2) E. V., im Bart,** regierte 1450 bis 1496, gründete die Univ. Tübingen, wurde 1495 Herzog.

Ebernburg, Burg an der Nahe, Gemeinde Bad Münster am Stein-Ebernburg, Rheinl.-Pf.; unter Franz v.

Eberbach. Das Dormitorium im ehemaligen Zisterzienserkloster

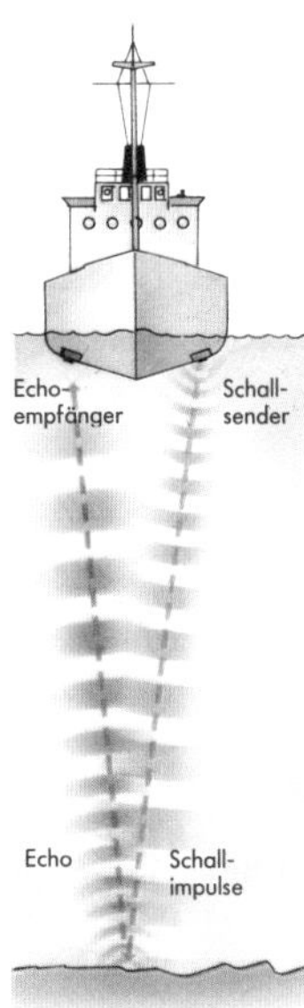

Echolot Schematische Darstellung

Sickingen Zufluchtsstätte vieler Anhänger der Reformation (U. v. Hutten, P. Melanchthon u. a.); 1523 und 1697 zerstört, im 20. Jh. restauriert.

Ebersmünster, frz. **Ebersmunster,** Ort im Unterelsass, O-Frankreich, mit ehem. Benediktinerabtei (gegr. 7. Jh.).

Eberswalde, Krst. in Bbg., am Finowkanal, 49 900 Ew.; forstbotan. Garten; Apparatebau, Wellpappenwerk u. a.

Ebert, Friedrich, dt. Politiker, 1. Präs. der Weimarer Rep., * 1871, † 1925; urspr. Sattler, dann sozialdemokrat. Schriftleiter, Reichstagsabgeordneter, 1913 Nachfolger A. Bebels als Parteivors.; 1918 Reichskanzler nach Prinz Max v. Baden, 1919 zum Reichspräs. gewählt.

Friedrich Ebert

Eberth, Karl Joseph, dt. Pathologe und Bakteriologe, * 1835, † 1926; entdeckte 1880 gleichzeitig mit R. Koch den Typhusbazillus.

Eberwurz *die,* distelförmige, strohblütige Korbblütlergattung. Arten: **Gemeine E.** (Golddistel, Wetterdistel) und **Silberdistel,** kurzer Stängel, mit großem, silbrigem Körbchen, das sich bei Regenluft zusammenschließt, und essbarem Blütenboden **(Wilde Artischocke).**

Ebner-Eschenbach, Marie Freifrau v., österr. Dichterin, * 1830, † 1916; Erz. voll Humor und sozialem Mitgefühl: »Das Gemeindekind« (1887/1888).

Ebrach, Markt im Kr. Bamberg, Bayern; ehem. Zisterzienserkloster (um 1127 gegr.) mit frühgot. Klosterkirche und barocken Klostergebäuden.

Ebro *der,* Fluss in NO-Spanien, 910 km lang, mündet ins Mittelmeer.

EC, Abk. für → Eurocityzüge.

Ecce-Homo [ˈɛktse-, lat. »Siehe, welch ein Mensch«], **1)** Ausruf des Pilatus über Jesus (Johannes 19,5). – **2)** Darstellung des gegeißelten, dornengekrönten Christus.

Ecclesia [griech.-lat. »Versammlung«] *die,* **1)** Gemeinde, Kirche. – **2) E. und Synagoge,** sinnbildl. Bezeichnung für das N. T. und A. T.; in der bildenden Kunst als 2 Frauengestalten dargestellt (z. B. am Straßburger Münster).

Echegaray y Eizaguirre [ɛtʃɛɣaˈrai i ɛiθaˈɣirre], José, span. Dramatiker, * 1832, † 1916; Prof. für Mathematik, Finanzmin.; schrieb über 60 neuromantisch-melodramat. Bühnenstücke. Nobelpreis für Literatur 1904.

Echeveri|e [ɛtʃe-], Dickblattgewächs mit in Rosetten angeordneten Blättern; beliebte Zierpflanze, viele Zuchtformen.

Echinodermen → Stachelhäuter.

Echinokokken, Gattung der Bandwürmer, zu der Blasen- oder Hundebandwurm und der Fuchsbandwurm gehören.

Echinus *der,* Wulst zw. Schaft und Deckplatte der dorischen Säule.

Echnaton, der ägypt. König → Amenophis IV.

Hugo Eckener

Echo *das,* **1)** Schallreflexion an Wänden, Waldrändern, Felswänden, Gebäuden u. Ä. – **2)** mehrfach ankommendes Signal, verursacht durch Reflexion der Wellen an versch. Schichten der Ionosphäre. – **3)** Nymphe der griech. Sage. – **4)** die klanglich oder dynamisch abgestufte Wiederholung eines kürzeren musikal. Abschnitts.

Echolot, Behm-Lot [nach dem Erfinder A. Behm, * 1880, † 1952], Gerät zur Messung von Wassertiefen und Flughöhen. Gemessen wird die Zeit zw. dem Aussenden eines Schall- oder Ultraschallimpulses und dem Eintreffen des Echos; auch zum Anpeilen von U-Booten, Fischschwärmen u. Ä.

ECHO-Viren [**e**nteric **c**ytopathogenic **h**uman **o**rphan (viruses) »keiner bestimmten Krankheit zuzuordnende zytopathogene Darmviren«], Gruppe von Viren, die zahlreiche fieberhafte Erkrankungen hervorrufen.

Umberto Eco

Echsen, bes. in wärmeren Gebieten lebende, Eier legende Kriechtiere, deren lang gestreckter Körper mit Schuppen bedeckt ist; meist mit 4 Gliedmaßen.

Echterdingen, Stadtteil von Leinfelden-E., Bad.-Württ.; Flughafen von Stuttgart.

Echternach, Stadt in Luxemburg, 4 200 Ew.; Kunstfaserind.; Benediktinerabtei (698 vom hl. Willibrord gestiftet). Hier findet alljährlich am Pfingstdienstag die **Springprozession** statt, gedeutet als ein Dankfest für das Ende einer Tierseuche in karoling. Zeit oder als eine mittelalterl. Prozession zur Abwehr des Veitstanzes.

Echter von Mespelbrunn, Julius, Fürstbischof von Würzburg, * 1545, † 1617; gründete die Univ. Würzburg.

Echtzeitbetrieb, Betriebsverfahren, bei dem die Aufgaben sofort bearbeitet werden; bei Rechnern, die direkt in einen Ablauf eingebunden sind.

Eck, Johannes, dt. kath. Theologe, * 1486, † 1543; Hauptgegner Luthers (1519 Leipziger Streitgespräch).

ec-Karte, die Scheckkarte zum → Eurocheque.

Eckball, Ecke, Schuss der angreifenden Mannschaft von der Eckfahne beim Fußball, Handball, Hockey u. a., wenn zuvor der Ball von einem verteidigenden Spieler über die eigene Torauslinie gespielt wurde.

Eckener, Hugo, dt. Luftfahrtpionier, * 1868, † 1954; Mitarbeiter Graf von Zeppelins; 1. Flug mit dem Luftschiff über den Atlantik (1924), um die Erde (1929) und in die Arktis (1931).

Eckermann, Johann Peter, dt. Schriftsteller, * 1792, † 1854; unterstützte Goethe bei der Ordnung seiner Manuskripte sowie bei der Herausgabe seiner Alterswerke und besorgte die Redaktion des Nachlasses; »Gespräche mit Goethe in den letzten Jahren seines Lebens« (3 Bände, 1836 bis 1848).

Eckernförde, Hafenstadt und Seebad in Schlesw.-Holst., 23 000 Ew., an der Ostsee; Fischereibetriebe, Jagd- und Sportwaffenindustrie.

Früchte der **Edelkastanie**

Eckhart, Meister E., dt. Philosoph und Theologe, * um 1260, † vor 1328; Dominikaner, hatte durch seine Predigten und Schriften bedeutenden Einfluss auf die dt. Mystik.

Ecklohn, Tarifstundenlohn einer bestimmten (meist mittleren) Lohngruppe, nach dem die übrigen Löhne festgesetzt werden.

Eckstine [ˈekstaɪn], Billy, eigtl. William Clarence E., amerikan. Jazzmusiker (Gesang, Trompete, Posaune) und Bandleader, * 1914, † 1993; war 1944–47 mit seiner Band ein Hauptvertreter des Bebop.

Eckzins, Zinssatz für Sparkonten mit gesetzl. Kündigung (als Richtsatz für die Verzinsung anderer Anlagen).

Eco, Umberto, ital. Sprachwissenschaftler, Kunstphilosoph und Schriftsteller, * 1932; bekannt durch seine Romane »Der Name der Rose« (1981), »Das Foucaultsche Pendel« (1988), »Die Insel des vorigen Tages« (1994).

ECS, Abk. für European Communications Satellite, Bez. für mehrere europ. Nachrichtensatelliten. ECS-1 überträgt die Programme SAT 1 und 3sat.

Ecstasy [ˈekstəsi], halluzinogene Designerdroge; fällt in Deutschland seit 1986 unter das Betäubungsmittel-Gesetz.

ECU [eˈky:], Abk. für European Currency Unit, Rechnungseinheit und Zahlungsmittel des →Europäischen Währungssystems.

Ecuador, Ekuador, Rep. im NW Südamerikas, beiderseits des Äquators; 273 473 km², 11,05 Mio. Ew.; Hptst. Quito; Amtssprache: Spanisch. Präsidialverf.; 20 Provinzen (einschließlich Galápagos-Inseln).

Landesnatur. Das 50 bis 150 km breite westl. Tiefland am Stillen Ozean ist im N tropisch heiß und feucht, im S trocken und dürr. Die Doppelkette der Kordilleren mit z. T. noch tätigen Vulkanen (Chimborazo 6 310 m, Cotopaxi 5 897 m) umschließt ein Hochland von 2 200 bis 2 900 m Höhe. Im O Tiefland im Stromgebiet des Amazonas mit trop. Regenwäldern.

Bevölkerung. Etwa 35 % Mestizen, 20 % Indianer, 25 % Weiße, 5 % Schwarze und 15 % Mulatten; überwiegend katholisch.

Wirtschaft. Anbau von Reis, Kakao, Zuckerrohr, Bananen, Kaffee, Baumwolle; Viehzucht; bedeutende Hochseefischerei; Erdölgewinnung; wenig entwickelte Ind. Ausfuhr: Erdöl, Bananen, Kakao, Kaffee u. a. Haupthafen: Guayaquil.

Geschichte. Vor der span. Eroberung (1533) war E. ein Teil des Inkareichs, 1830 wurde es selbstständige Rep.; seitdem zahlreiche innere Unruhen und Bürgerkriege. 1942 musste E. einen großen Teil des Amazonastieflands an Peru abtreten. Zw. E. und Peru kam es Anfang 1981 und erneut 1995 zu bewaffneten Grenzauseinandersetzungen. Staatspräsident A. Bucaram Ortiz (seit 1996) wurde Febr. 1997 amtsenthoben; Übergangspräsident F. Alarcon.

Ed., Abk. für →Edition.

Edam-Volendam, Kleinstadt in der niederländ. Prov. Nordholland, 26 000 Ew., mit dem Fischerdorf (Trachten) Volendam, Fremdenverkehr, Herstellung von **Edamer Käse.**

Edda *die,* 2 Werke des altisländ. Schrifttums, wichtige Quelle altnord. Mythologie und Heldensagen. **1)** jüngere **Snorra-E.,** von Snorri Sturluson um 1225 verfasstes Lehrbuch der Dichtkunst für Skalden. – **2)** ältere **Lieder-E.,** Götter- und Heldengesänge aus dem 8. bis 11. Jh. in Stabreimen, überliefert durch eine Handschrift des 13. Jh.

Eddington [-tən], Sir Arthur Stanley, brit. Astronom und Physiker, * 1882, † 1944; entdeckte die Masse-Leuchtkraft-Beziehung (1924) der Sterne.

EDEKA, Einkaufsgenossenschaft dt. Kolonialwaren- und Lebensmitteleinzelhändler, Sitz Hamburg, gegr. 1907 in Leipzig. Zur EDEKA-Handelsgruppe gehört u. a. die EDEKA BANK AG.

Edelfäule, Befall reifer Weinbeeren durch den Edelfäulepilz, wodurch die Beeren rosinenähnlich schrumpfen bei ansteigendem Zuckergehalt; ergibt Auslese- oder Dessertwein u. a.

Edelgase, die gasförmigen Elemente Helium, Neon, Argon, Krypton, Xenon und Radon. E. kommen in geringen Mengen in der Luft vor und bilden nur unter extremen Bedingungen chem. Verbindungen; Verwendung z. B. in Leuchtstoffröhren.

Edelkastanie, Esskastanie, Art der Buchengewächse, der Rosskastanie nur in der Frucht äußerlich ähnlich; von Kleinasien bis Dtl. verbreitet. Die Früchte **(Esskastanien, Maronen)** sind essbar.

Edelmetalle, gegen chem. Einflüsse (insbesondere Sauerstoff) sehr widerstandsfähige Metalle wie Gold, Silber und Platin.

Edelreis *das,* zur →Veredelung dienender Spross (v. a. im Weinbau).

Edelstahl, durch Zusatz z. B. von Nickel, Chrom oder Molybdän bes. fester Stahl, der sich durch Härte, Korrosionsbeständigkeit u. a. gegenüber Grund- und Qualitätsstählen auszeichnet.

Edelsteine, Schmucksteine, nichtmetall. Minerale, die durch schöne Farbe oder Lichtwirkung hervorstechen und als Schmuck oder zur Herstellung von kunstgewerbl. Gegenständen verwendet werden. Als mechan. Eigenschaften sind Härte und Spaltbarkeit wichtig. Unter den Begriff E. fallen auch einige organ. Produkte wie Korallen, Bernstein und Perlen. E. werden zur Entfaltung der Lichtwirkung z. B. facettiert geschliffen (Brillanten) oder als flache, gravierfähige Siegelsteine verarbeitet. **Synthet.** E. sind künstl. hergestellte Substanzen z. T. gleicher Zusammensetzung und Kristallstruktur wie natürl. E. **Imitationen** werden aus gefärbten Gläsern (Strass), aus keram. Massen oder Kunstharzen hergestellt. In der Kulturgeschichte hatten E. v. a. mag. Bedeutung. – Gewichtseinheit ist das Karat, für weniger wertvolle Steine auch das Gramm. – ÜBERSICHT S. 220.

Edeltanne, die Weißtanne (→Tanne).

Edelweiß, staudige Alpenpflanze, die an Felsen und auf steinigen Matten wächst. Eine Anzahl Blütenkörbchen sitzt in einem sternförmigen Kranz von weißfilzigen Hochblättern. E. steht unter Naturschutz.

Eden, Garten E., im A. T. das Paradies.

Eden [i:dn], Sir Robert Anthony, seit 1961 Earl of **Avon,** brit. Politiker (Konservative), * 1897, † 1977; 1935 bis 1938 und 1951 bis 1955 Außenmin., 1955 bis 1957 Premiermin., Parteiführer.

Eder *die,* linker Nebenfluss der Fulda in NRW und Hessen, 135 km lang, entspringt am 676 m hohen **Ederkopf** im Rothaargebirge; zur **Edertalsperre** (202 Mio. m³) gestaut.

Edessa, antike Stadt in N-Mesopotamien, bereits in altoriental. Zeit bedeutend; ab etwa 200 n. Chr. Mit-

Die Burg von **Edinburgh**

Ecuador

Staatswappen

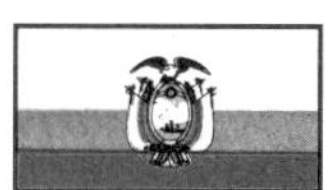

Staatsflagge

Internationales Kfz-Kennzeichen

Eckernförde
Stadtwappen

Edelsteine, Schmucksteine
(Auswahl)

Achat: durchscheinend, undurchsichtig; in zahlreichen Farbvarianten; gestreift
Amethyst: durchsichtig; violett, blassrotviolett
Aquamarin: durchsichtig bis undurchsichtig; hellblau, blaugrün
Aventurin: durchscheinend, undurchsichtig; grün, goldbraun, schillernd
Bergkristall: durchsichtig; farblos

Beryll:
Goldberyll: durchsichtig, durchscheinend; zitronengelb bis goldgelb
Heliodor: durchsichtig; hellgrüngelb
Morganit (Rosaberyll): durchsichtig; rosa bis violett

Chalcedon: durchscheinend, undurchsichtig; bläulich, weißgrau
Diamant: durchsichtig; farblos, auch gelb, bräunlich, grau u.a. gefärbt

Granat:
Almandin (gemeiner Granat): durchsichtig, durchscheinend; rot bis leicht violett
Demantoid: durchsichtig; smaragd- bis gelblich grün
Pyrop (böhm. Granat): durchsichtig, durchscheinend; rot, leicht bräunlich

Jadeit (»Jade«): undurchsichtig, durchscheinend; grün, auch weiß, rötlich gelb, braun, violett bis schwärzlich
Jaspis: undurchsichtig; alle Farbtöne; meist streifig oder gefleckt
Karneol: durchscheinend, undurchsichtig; fleisch- bis braunrot
Lapislazuli (Lasurit): undurchsichtig; intensiv blau, z.T. gefleckt
Malachit: undurchsichtig; hell-, smaragd-, schwarzgrün; gebändert
Mondstein (Adular): durchsichtig bis durchscheinend; farblos, gelb mit bläul. Schimmer
Moosachat: durchscheinend, undurchsichtig; farblos, mit grünen Einlagerungen
Onyx: undurchsichtig; schwarzweiß gebändert
Opal (Edelopal): durchsichtig bis undurchsichtig; weißbläulich, perlmutterglänzend, auch orange, blau, grün; mit intensivem Farbenspiel
Pyrit (Inkastein): undurchsichtig; messinggelb, graugelb
Rauchquarz (Morion): durchsichtig; braun bis schwarz, rauchgrau
Rosenquarz: durchsichtig, durchscheinend; kräftig rosa, blassrosa
Rubin: durchsichtig, durchscheinend, undurchsichtig; hell- bis dunkelrot
Saphir: durchsichtig, undurchsichtig; blau, farblos, rosa, gelb, grün, violett
Smaragd: durchsichtig bis undurchsichtig; smaragdgrün, gelblich grün bis dunkelgrün
Sodalith: undurchsichtig, durchscheinend; blau, grau; z.T. weiß geädert
Tigerauge: undurchsichtig; goldgelb, goldbraun; mit seidigem Schimmer
Topas (Edeltopas): durchsichtig; farblos, gelb, grünlich, hellblau, rosenrot
Türkis (Kallait): undurchsichtig; himmelblau, blaugrün, apfelgrün; meist mit braunen oder schwarzen Flecken
Turmalin: durchsichtig bis undurchsichtig; farblos und in fast allen Farben, meist mehrfarbig
Zirkon: durchsichtig; farblos, auch in fast allen Farben
Zitrin: durchsichtig; hellgelb bis goldbraun

telpunkt syrisch-christl. Gelehrsamkeit, 1098 bis 1144 Hauptstadt der Grafschaft E. (Kreuzfahrerstadt); heute die türk. Stadt → Urfa.

Edikt *das,* obrigkeitl. Bekanntmachung, Erlass.

Edinburgh ['edɪnbərə], Hptst. von Schottland und Verwaltungssitz der Lothian Region, am Firth of Forth, 401 900 Ew.; über der Stadt die mittelalterl. Burg der schott. Könige. E. ist der kulturelle und polit. Mittelpunkt Schottlands; Sitz eines Bischofs der schott. Hochkirche und eines kath. Erzbischofs; Univ., Fachhochschulen, Festspiele. Chem., elektrotechn. Ind., Schiffbau, Druckereien, Brauereien, Whiskybrennereien, Leinenherstellung, Nahrungsmittelind.; Hafen: Leith; ✈. BILD S. 219.

Edinburgh
Stadtwappen

Edirne, früher **Adrianopel,** Hptst. der Prov. E. in der europ. Türkei, 102 300 Ew.; viele Moscheen. Landwirtschaft; Rosenöl-, Teppich-, Tuch-, Lederind.; Univ. (1982 gegr.).

Edison ['edɪsn], Thomas Alva, amerikan. Erfinder, * 1847, † 1931; entwickelte 1877/78 das Kohlekörnermikrofon und den Phonographen (ein Vorläufer des Grammophons), förderte die Entwicklung der Kohlefadenglühlampe (1879), entdeckte 1883 die Glühemission von Elektronen (E.-Effekt), erfand ein Filmaufnahmegerät (Kinematograph, 1891) und 1904 den Nickel-Eisen-Akkumulator.

Edition *die,* Abk. **Ed.,** Ausgabe, Veröffentlichung eines Kunst- oder Druckwerks; **edieren,** herausgeben.

Editor, 1) [e'di:-] *der,* Herausgeber. – **2)** ['edit-] *der,* in der Informatik Komponente des Betriebssystems eines Computers, Programm zur Erstellung bzw. Bear-

beitung von Texten (einschließlich Programmen und Grafiken).

Edler Herr, Edler von ..., Rangklasse zw. Freiherrn und untituliertem Adel.

Edmonton ['edməntən], Hptst. der kanad. Prov. Alberta, 616 700 Ew.; kath. Erzbischofssitz; Univ.; Mittelpunkt reicher Farmgebiete und Erdölvorkommen; petrochem. und Eisen verarbeitende Ind.; internat. ✈.

Edom [hebr. »rötlich«], Beiname des → Esau.

EDS, Abk. für **e**lektronisches **D**atenvermittlungs**s**ystem.

Edschmid, Kasimir, eigentlich Eduard **Schmid,** dt. Schriftsteller, * 1890, † 1966; expressionist. Prosadichter, Reiseschriftsteller; 1941 Schreibverbot.

Eduard, engl. **Edward** ['edwəd], engl./brit. Herrscher: **1) E. der Bekenner,** * um 1005, † 1066 (König 1042 bis 1066); 1161 heilig gesprochen. – **2) E. I.,** * 1239, † 1307 (König 1272 bis 1307), unterwarf 1282 bis 1283 Wales. – **3) E. III.,** * 1312, † 1377 (König 1327 bis 1377), begann 1339 den »Hundertjährigen Krieg« gegen Frankreich. – **4) E. VII.,** * 1841, † 1910, Sohn von Königin Viktoria, König von Großbritannien und Kaiser von Indien (seit 1901), wirkte an der brit.-frz. Entente von 1904 mit. – **5) E. VIII.,** * 1894, † 1972, König von Großbritannien und Nordirland von Jan. bis Dez. 1936, nach seiner Abdankung Herzog von Windsor.

Edutainment, Kunstwort aus den engl. Begriffen **Edu**cation (Erziehung, Bildung) und Enter**tainment** (Unterhaltung), bezeichnet multimediale Lernprogramme, die Wissen unterhaltend und spielerisch vermitteln, meist als CD-ROM angeboten.

EDV, Abk. für **e**lektron. → **D**aten**v**erarbeitung.

EEG, Abk. für → **E**lektro**e**nzephalo**g**ramm.

Efeu, kriechende oder bis zu 30 m hoch kletternde Pflanze mit ledrigen, immergrünen, gezähnten oder gelappten Blättern; Symbol der Unvergänglichkeit; kann über 500 Jahre alt werden.

Effekten *Pl.,* zur Kapitalanlage geeignete Wertpapiere (z.B. Aktien, Investmentzertifikate), die leicht übertragbar sind und an der **Effektenbörse** gehandelt werden.

Effektgeräte, in der Pop- und Rockelektronik alle Geräte, die akust. Signale verändern, aber selbst keine erzeugen.

Effektivgeschäft, Geschäft, bei dem sofort bei Kaufabschluss geliefert wird; Ggs.: Differenz-, Termingeschäft.

Effektivlohn, der im Unternehmen wirklich gezahlte Lohn im Vergleich zum Tariflohn.

Effektivverzinsung, der tatsächl. Ertrag bes. von Wertpapieren und Krediten unter Berücksichtigung aller preisbestimmenden Faktoren im Ggs. zur Nominalverzinsung. Als **effektiver Jahreszins** ist die E. von Krediten von jedem Kreditinstitut anzugeben.

Effektivwert, 1) ⚛ der quadrat. Mittelwert einer periodisch veränderl. Wechselgröße. Ein Wechselstrom mit dem E. 1 ruft in einem ohmschen Widerstand dieselbe Wärmewirkung hervor wie ein Gleichstrom gleicher Größe. – **2)** ✐ tatsächl. Wert eines Wertpapiers im Unterschied zum Nennwert.

Effet [ɛ'fɛ:] *der,* **1)** Ballsport: dem Ball verliehene Drehung (Drall), die seine Bahn beeinflusst. – **2)** Billard: Wirkung eines seitlich geführten Stoßes auf die Kugel.

EFTA, Abk. für **E**uropean **F**ree **T**rade **A**ssociation, die → Europäische Freihandelsassoziation.

e-Funktion, die → Exponentialfunktion.

EG, Abk. für → **E**uropäische **G**emeinschaften.

Égalité *die,* Gleichheit, eine der Hauptforderungen der Frz. Revolution.

Egel → Blutegel.

Eger, 1) *die,* tschech. **Ohře** ['ɔhrʒɛ], linker Nebenfluss der Elbe in NW-Böhmen, ČR, 316 km, entspringt im Fichtelgebirge und mündet bei Theresienstadt. –

2) tschech. **Cheb** [xɛp], Bez.-Stadt im Kr. Westböhmen, ČR, an der Eger; 32 000 Ew.; Verkehrsknotenpunkt, Maschinen-, Textil- und chem. Ind.; Ruinen einer stauf. Kaiserpfalz; mittelalterl. Häuser (»Stöckl«). Im Stadthaus wurde 1634 Wallenstein ermordet. – **3)** dt. **Erlau,** Stadt im nördl. Ungarn, 63 800 Ew.; kath. Erzbischofssitz, Badeort, Weinbau, Maschinen-, Apparatebau.

Egge *die,* Gerät zur Bodenbearbeitung (v. a. Zerkrümelung).

Eggebrecht, Axel, dt. Schriftsteller und Publizist, * 1899, † 1991; 1933 im KZ; Drehbuchautor »Belami« (1939); nach 1945 Rundfunkredakteur in Hamburg.

Eggegebirge, Höhenzug in O-Westfalen, bis 468 m.

Egger-Lienz, Albin, österr. Maler, * 1868, † 1926; v. a. monumentale Kriegs- und Bauernbilder.

Egk, Werner, dt. Komponist, * 1901, † 1983; Opern (»Die Zaubergeige« 1935, »Peer Gynt« 1938), Ballette (»Abraxas«, 1948), Kantaten.

Egmont, Lamoraal Graf v., niederländ. Adliger, * 1522, † 1568; als Führer der Adelsopposition gegen die span. Verwaltung der Niederlande auf Befehl Albas hingerichtet.

Ego [lat. »Ich«], in der psychoanalyt. Theorie S. Freuds neben dem Es und dem Überich dasjenige Teilsystem in der Persönlichkeitsstruktur des Menschen, das die Realitätsanpassung ermöglicht.

Egoismus *der,* Selbstsucht, Ichsucht; Ggs.: Altruismus. Der biologisch auf dem Selbsterhaltungstrieb beruhende E. wird meist negativ bewertet; Philosophen und Nationalökonomen haben ihn aber auch als Antrieb allen wirtschaftl. Handelns und Voraussetzung für wirtschaftl. und gesellschaftl. Fortschritt gedeutet (z. B. A. Smith, D. Ricardo).

Egotismus *der,* (übertriebene) Neigung, sich selbst in den Vordergrund zu stellen.

egozentrisch, die eigene Person als Zentrum allen Geschehens betrachtend.

e. h., Abk. für **e**hren**h**alber (Titelzusatz).

Ehe, auf Dauer angelegte Lebensgemeinschaft zweier oder mehrerer Personen versch. Geschlechts, die in fast allen Kulturbereichen durch einen öffentl. gebilligten Akt, die Heirat, zustande kommt. Am weitesten verbreitet ist die **Monogamie** (Einehe); bei der **Polygamie** (Vielehe) wird unterschieden zw. Polygynie (Vielweiberei) und Polyandrie (Vielmännerei). In manchen Staaten (Dänemark, Norwegen) wird in neuer Zeit auch die Homosexuellenehe anerkannt.

eheähnliche Lebensgemeinschaft, das zumeist auf Dauer angelegte Zusammenleben zweier Partner ohne formelle Eheschließung, früher auch als »wilde Ehe« bezeichnet. Die rechtl. Einordnung ist problematisch.

Eheberatung, biolog., medizin., ethische, familienrechtl. und soziale Hilfe zur Vorbereitung auf die Ehe und zur Eheführung; wird neben den kirchl. Beratungsstellen v. a. von Pro Familia geleistet. (→genetische Beratung)

Ehebruch, außerehel. Geschlechtsverkehr eines Ehegatten. Strafrechtlich wird der E. nach dem I. Strafrechtsreformges. v. 25. 6. 1969 nicht mehr verfolgt, in der Schweiz seit 1989 nicht mehr. In Österreich kann E. bestraft werden.

Ehelichkeit, ehel. Abstammung. Ein Kind ist ehelich, wenn es nach der Eheschließung geboren, vor Beendigung der Ehe empfangen worden ist und der Mann innerhalb der Empfängniszeit (302. bis 181. Tag vor der Geburt) der Frau beigewohnt hat (ferner Ehelicherklärung →Legitimation). Das Kind gilt als nichtehelich, wenn es den Umständen nach offenbar unmöglich ist, dass die Frau es von dem Ehemann empfangen hat. Die E. kann vom Mann binnen 2 Jahren seit Kenntnis angefochten werden (§§ 1594 ff. BGB).

Ehename →Namensrecht.

Eger. Der Stöckl genannte mittelalterliche Häuserkomplex am Marktplatz

Eherecht, die sich auf die Ehe oder die Ehegatten beziehenden staatl. und kirchl. Rechtsbestimmungen. Hauptquellen sind das 4. Buch des BGB und das Ehe-Ges. vom 20. 2. 1946, das das Recht der Eheschließung, Eheaufhebung und Ehenichtigkeit regelt. Beide Rechtsquellen gelten seit dem 3. 10. 1990 auch in den neuen Bundesländern mit bestimmten, in Anlage I zum Einigungsvertrag fixierten Sonderregelungen. Die Ehe wird verfassungsrechtlich durch Art. 6 GG geschützt; er verbürgt die Ehe als Rechtsinstitut (Institutsgarantie). Darüber hinaus gewährleistet Art. 6 GG das Recht der Eheschließung mit einem frei gewählten Partner sowie den Schutz vor störenden Eingriffen des Staats in die Ehe (Verbot ihrer Schädigung, z. B. durch stärkere Besteuerung der Ehegatten gegenüber allein stehenden Personen); Art. 6 enthält außerdem ein Gebot zur Förderung der Ehe. – **1)** bürgerl. Ehe: Das Eheschließungsrecht ist im Ehe-Ges. von 1946, das bürgerl. E. in §§ 1297 ff. des BGB geregelt. 1) **Ehemündigkeit** tritt mit Vollendung des 18. Lebensjahrs ein, auf Antrag mit Vollendung des 16. Lebensjahrs, wenn der Partner volljährig ist. 2) Das Eingehen einer Ehe ist u. a. verboten bei schon bestehender Ehe eines Partners, bei naher Verwandtschaft und Schwägerschaft. Nichtig ist eine Ehe u. a. bei Geschäftsunfähigkeit zur Zeit der Eheschließung. 3) Die **Eheschließung** erfolgt nach einem Aufgebot vor dem Standesbeamten. 4) Die **Ehescheidung** kann nur auf Antrag und durch gerichtl. Urteil erfolgen. Nach der am 1. 7. 1977 in Kraft getretenen E.-Reform ist für eine Scheidung das Zerrüttungsprinzip maßgebend. Danach gilt die Ehe als gescheitert, wenn die Lebensgemeinschaft der Ehegatten nicht mehr besteht und eine Wiederherstellung nicht erwartet werden kann. 5) Ehel. Güterrecht (geregelt in §§ 1363 f. des BGB): Nach dem Gleichberechtigungsges. von 1957 gilt ab 1. 7. 1958 als gesetzl. Güterstand die »Zugewinngemeinschaft«: für das in die Ehe eingebrachte Gut gilt der Grundsatz der Gütertrennung (jeder Ehegatte kann sein Vermögen selbstständig verwalten und nutzen); der Erwerb während der Ehe (Zugewinn) bleibt gleichfalls Eigentum des erwerbenden Ehegatten, jedoch hat jeder Ehegatte bei Aufhebung der Zugewinngemeinschaft einen Anspruch auf Teilung des Zugewinns zu gleichen Teilen. Bei Tod eines Ehegatten kann der Zugewinn pauschal durch Erhöhung des gesetzl. Erbteils des überlebenden Ehegatten um $^1/_4$ der Erbschaft ausgeglichen werden, falls der Überlebende keine andere Wahl trifft (§§ 1371, 1931 BGB). Durch **Ehevertrag** können die Ehegatten einen besonderen Güterstand vereinbaren. – **2)** kirchl. Ehe: Nach kath. Lehre ist die Ehe ein Sakrament und nur durch kirchl. Trauung gültig. Die Eheschließung wird durch Brautexamen und Aufgebot vor-

Thomas Alva Edison

Axel Eggebrecht

Werner Egk

Paul Ehrlich

Irenäus Eibl-Eibesfeldt

Günter Eich

Eichelhäher

bereitet. Die Befreiung von Ehehindernissen (Dispens) ist Angelegenheit des Papstes, jedoch haben Ortsordinarien fast immer Dispensvollmacht. Trennende Ehehindernisse sind u.a. geschlechtl. Unvermögen, schon bestehende Ehe, Weihe und Ordensgelübde. Voraussetzung für die Gültigkeit der Ehe ist die echte (auch innere) Willenszustimmung der Partner. Die Ehe ist unauflöslich, eine Nichtigkeitserklärung ist jedoch möglich. Ev. Kirche: Die Ehe ist kein Sakrament, vielmehr in der natürl. Schöpfungsordnung begründet. Gegenstand kirchl. Rechts ist nur der Gottesdienst bei der Eheschließung. – Die kirchl. Trauung ist nach staatl. Recht erst nach der standesamtl. Trauung statthaft.

ehernes Lohngesetz, von D. Ricardo begründete und von F. Lassalle vereinfachte Theorie, wonach der langfristige Durchschnittslohn auf die Dauer nie über das Existenzminimum steigen könne.

Ehre, in einem grundsätzl. Sinn die dem Menschen zustehende Achtung; im gesellschaftsbezogenen Rahmen die Wertschätzung der eigenen Person (die zur Einhaltung gesellschaftl. Normen und Konventionen verpflichtet).

Ehrenamt, öffentl. Amt, das ohne Entgelt ausgeübt wird, teils als Pflicht (Schöffe), teils freiwillig (Gemeindeämter).

Ehrenbreitstein, Vorort von Koblenz, Rheinl.-Pf., Burg über dem Rhein (11. Jh., 1801 gesprengt), nach Wiederaufbau (1815 bis 1832) bis 1918 Festung, heute Staatsarchiv, Museum und Jugendherberge.

Ehrenburg, Ėrenburg, Ilja Grigorjewitsch, russ. Schriftsteller, *1891, †1967; Kriegsberichterstatter im Span. Bürgerkrieg und im 2. Weltkrieg; Kommunist. E. war einer der erfolgreichsten sowjet. Schriftsteller. – Die Liberalisierungsperiode nach Stalins Tod wurde nach seinem Roman »Tauwetter« (1954; dt. 1957) benannt.

Ehrenbürgerrecht, von Gemeinden und Hochschulen verliehene Auszeichnung ohne besondere Rechte.

Ehrendoktor, Dr. e.h., Dr. h.c., ehrenhalber und ohne Prüfung verliehener Titel.

Ehrenerklärung, ⚖ Erklärung eines Beleidigers, dass er den Beleidigten nicht habe kränken wollen; häufig zur Vermeidung einer Beleidigungsklage.

Ehrenfels, Christian Freiherr von, österr. Philosoph und Psychologe, *1859, †1932; einer der Begründer der Gestaltpsychologie.

Ehrenlegion, frz. **Légion d'honneur** [leˈʒjɔ̃ dɔˈnœːr], höchster frz. Orden, gestiftet 1802 vom damaligen Ersten Konsul Napoléon Bonaparte.

Ehrenpreis, Veronica, artenreiche Gattung der Familie der Rachenblütler, mit trauben- oder einzelständigen, meist blauen Blüten; z.B. Männertreu, Vergissmeinnicht.

Ehrenrechte, bürgerliche E., alle Rechte, die einem Staatsbürger zustehen. Ihre Aberkennung ist nicht mehr möglich, jedoch dürfen bei Verurteilung mit einer Freiheitsstrafe von mindestens 1 Jahr keine öffentl. Ämter mehr bekleidet und keine Rechte aus öffentl. Wahlen erlangt werden.

Ehrenwort, Verpfändung der persönl. Ehre zur Bekräftigung eines Versprechens oder einer Aussage; rechtl. bedeutungslos.

Ehrenzeichen, alle tragbaren Auszeichnungen, die keine Orden sind.

Ehrlich, Paul, dt. Serologe, *1854, †1915; entwickelte 1906 bis 1910 das Syphilisheilmittel Salvarsan; begründete die Chemotherapie. Nobelpreis für Medizin oder Physiologie 1908 (mit I. I. Metschnikow).

Ehrwald, österr. Gemeinde in Tirol, rd. 1 000 m ü. M., 2 200 Ew.; Ausgangspunkt der österr. Zugspitz-Seilschwebebahn.

Ei, weibl. Fortpflanzungszelle vielzelliger Lebewesen, die alle für die Entwicklung notwendigen Anlagen enthält; nach der Befruchtung (Ausnahme: Jungfernzeugung) beginnt die →Entwicklung mit der Teilung der Eizelle. – Bei Säugetieren und Mensch sind die E. mikroskopisch klein. Die E. der Vögel, Reptilien und Insekten enthalten außer dem Bildungsdotter reichlich Nahrungsdotter. Bei vielen Fischen, den Lurchen und Weichtieren werden die gallertartigen E. klumpenweise abgelegt (Laich).
Als Quelle des Lebens erscheint das Ei kulturgeschichtlich u.a. im Fruchtbarkeits- und Heilzauber; im Christentum Auferstehungssymbol (Umdeutung heidn. Frühlingsbrauchs zum bemalten und verzierten **Osterei)** und Symbol der Vollkommenheit. Kostbar gefasste Straußeneier erhielten als Glücksbringer Ehrenplätze in fürstl. Schatzkammern.

Eibe *die,* **Taxus,** Nadelholzgattung der nördl. Erdhalbkugel, wächst als Strauch oder bis 15 m hoher Baum; hat flache, glänzende Nadeln und als Samen rote Scheinbeeren. Die E. wird bis 1 000 Jahre alt; sie ist wild in Dtl. selten geworden und daher geschützt. Nadeln und Samen enthalten ein starkes Gift (Taxin).

Eibisch, Hibiscus, Gattung der Malvengewächse mit über 200, meist trop. Arten; Kräuter, Sträucher oder Bäume mit trichterartigen, großen, meist einzeln in den Blattachseln stehenden Blüten in versch. Farben.

Eibl-Eibesfeldt, Irenäus, österr. Verhaltensforscher, *1928; untersucht bes. die versch. Kommunikationsformen von Mensch und Tier.

Eibsee, kleiner Bergsee am Nordfuß der Zugspitze, Bayern, 973 m ü. M.

Eich, Günter, dt. Schriftsteller, *1907, †1972; schrieb v.a. Lyrik und Hörspiele (»Träume«, 1951). 1959 Georg-Büchner-Preis.

Blätter und Früchte der Stiel-**Eiche**

Eiche *die,* Gattung der Buchengewächse; Laubbaum mit gelappten Blättern, mit Eicheln als Früchten. In Mitteleuropa heimisch: **Stiel-** oder **Sommer-E., Trauben-** oder **Winter-E.;** beide groß, knorrig, starkborkig. Die südeurop. **Kork-E.** liefert aus der getrockneten Borke den Kork. Die immergrüne **Stein-E.,** ein kleiner Baum oder Strauch, wächst im Mittelmeerraum. Nordamerikan., in Mitteleuropa angepflanzte Arten sind **Rot-E.** und **Großblättrige E.** – Das harte, schwere E.-Holz verwendet man zur Herstellung von Fässern, Eisenbahnschwellen, Parkett und für Furniere.

Eichel *die,* **1)** ❀ Frucht der Eiche. – **2)** ⚕ **Glans,** der vorderste Teil des männlichen Gliedes. – **3)** dt. Spielkarte, entspricht dem Kreuz der frz. Karte.

Eichel, Hans, dt. Politiker (SPD), *1941; Lehrer; 1975 bis 1991 Oberbürgermeister von Kassel; seit 1991 Min.-Präs. von Hessen.

Eichelhäher *der,* etwa 30 cm langer, bunt gefiederter Rabenvogel in Europa und N-Asien, der sich von Eicheln und Haselnüssen ernährt.

Eurasiatisches **Eichhörnchen**

eichen, Maße, Gewichte, Waagen und Messwerkzeuge auf ihre Richtigkeit amtlich prüfen, berichtigen und durch Einätzen eines Stempels beglaubigen.

Eichendorff, Joseph Freiherr v., dt. Dichter, * 1788, † 1857. Seine Gedichte sind ein Höhepunkt dt. romant. Lyrik; außerdem Novellen (»Aus dem Leben eines Taugenichts«, 1826), Romane u. a.

Eichhörnchen *das,* über alle Erdteile verbreitetes Nagetier mit langem, buschigem Schwanz. Das **Gemeine E.** oder **Eichkätzchen** in Europa und N-Asien lebt auf Bäumen und ist meist rotbraun, der Bauch weiß. Es sammelt Wintervorräte aus Nüssen, Eicheln u. Ä., baut kugelförmige Nester.

Eichmann, Karl Adolf, dt. SS-Obersturmbannführer, * 1906, † (hingerichtet) 1962; ab 1941 verantwortlich für die Deportation der Juden in die Vernichtungslager; nach Kriegsende Flucht nach Argentinien; 1961 in Israel zum Tode verurteilt.

Eichsfeld, Hochfläche am NW-Rand des Thüringer Beckens, durch Leine und Wipper gegliedert in das karge **Obere E.** (Hauptort Heilbad Heiligenstadt) und das fruchtbare, reich bewaldete **Untere E.** (Duderstadt); Tabakanbau.

Eichstätt, Krst. in Bayern, an der Altmühl, 12 500 Ew.; Bischofssitz, kath. Univ.; barocke Residenzstadt; über der Stadt die Willibaldsburg (14. und 15. Jh., 1609 umgestaltet).

Eid, Schwur, ⚖ feierl., bes. auf gerichtl. Anordnung abgegebene Beteuerung einer Aussage oder eines Versprechens. Meineid und Falscheid sind strafbar.

Eidechsen, behände Kriechtiere mit lang gestrecktem Körper. Der lange Schwanz bricht leicht ab (Ablenkung verfolgender Feinde), wächst aber nach; meist Eier legend; Insektenvertilger.

Eider *die,* schiffbarer Grenzfluss zw. Schleswig und Holstein, 188 km lang, mündet in die Nordsee. Das **E.-Sperrwerk** (4,8 km breiter Damm) wurde 1973 im Mündungstrichter zw. Eiderstedt und Dithmarschen fertig gestellt.

Eider|ente, Tauchente, lebt gesellig an nord. Küsten. Die Flaumfedern (Eiderdaunen) dienen als Bettfedern.

Eiderstedt, Halbinsel an der Westküste von Schlesw.-Holst., Marschland; Viehzucht.

eidesstattliche Versicherung, ⚖ Mittel zur Glaubhaftmachung von Behauptungen; schwächere Form der Bekräftigung als der Eid.

Eidetik [griech. eidos »Ansehen«, »Gestalt«] *die,* Ⓟ Fähigkeit, sich Objekte oder Situationen so anschaulich vorzustellen, als ob sie real wären.

Eidgenossenschaft, Schweizerische E., → Schweiz.

Eidophorverfahren, Projektionsverfahren zur Wiedergabe von Fernsehbildern auf einem großen Bildschirm.

Eiermann, Egon, dt. Architekt, * 1904, † 1970; streng gegliederte Bauten mit Betonung der konstruktiven Elemente; Neubau der Kaiser-Wilhelm-Gedächtniskirche, Berlin (1957 bis 1963).

Eierpflanze, Eierfrucht, → Aubergine.

Eierstock, Ovarium, Ovar, weibl. Keimdrüse. In den paarig angelegten, bis 3 cm großen E. der Frau entstehen die weibl. Keimzellen **(Eizellen** oder **Eibläschen, Follikel).** Etwa 12 bis 14 Tage vor der Menstruation platzt ein Eibläschen **(Eisprung, Follikelsprung, Ovulation),** und das frei gewordene Ei gelangt über den Eileiter in die Gebärmutter, wo es befruchtet werden kann. Aus dem entleerten Bläschen entwickelt sich eine Hormondrüse, der **Gelbkörper.** – Die E. haben eine bedeutende Rolle bei der Produktion von Geschlechtshormonen (Follikel- und Gelbkörperhormone).

Eifel *die,* linksrhein. Teil des Rhein. Schiefergebirges, raues, wenig fruchtbares Hochland zw. Mosel und Niederrhein. Bucht mit erloschenen Vulkanen, Kraterseen **(Maaren);** Land- und Forstwirtschaft; Mineralquellen; höchste Erhebung: die Hohe Acht, 747 m.

Eiffelturm, urspr. 300 m hoher Stahlturm in Paris (heute mit Antenne 320,8 m hoch); nach Plänen des frz. Ingenieurs Alexandre Gustave Eiffel (* 1832, † 1923) für die Pariser Weltausstellung von 1889 erbaut.

Eigen, Manfred, dt. Physikochemiker, * 1927; erhielt 1967 mit R. G. W. Norrish und G. Porter den Nobelpreis für Chemie. 1992 erhielt E. für seine theoret. und experimentellen Arbeiten zur Entwicklung der Organismen den Paul-Ehrlich- und Ludwig-Darmstaedter-Preis.

Eigenbedarf, im Mietrecht Bezeichnung dafür, dass der Vermieter oder seine Angehörigen selbst Anspruch auf den vermieteten Wohnraum erheben; E. schränkt den Kündigungsschutz ein.

Eigenblutbehandlung, Form der Reizkörpertherapie, bei der entnommenes Blut sofort wieder in einen Muskel injiziert wird; zur Stärkung der allg. Abwehr.

Eigenkirche, im MA. im Eigentum eines weltl. Grundherrn stehende Kirche (Kloster).

Eigenschaftswort, Adjektiv, Beiwort, Wortart zur näheren Kennzeichnung einer Eigenschaft einer Person oder Sache, z. B. groß, klein; lässt sich beugen und steigern.

Eigentum, umfassende Besitz-, Verfügungs- und Nutzungsmacht über eine Sache im Unterschied zur tatsächl. Gewalt über sie (Besitz). In Dtl. ist das E. gewährleistet mit der Begrenzung, dass »der Gebrauch des E. zugleich dem Wohle der Allgemeinheit dienen soll« (Artikel 14 GG). In Dtl. ist Enteignung nur zum Wohl der Allgemeinheit zulässig. – Geistiges E. → Urheberrecht.

Eibe

Eifel. Windsbornmaar

Einheit 2): Beispiele metrischer Einheiten		
Längenmaße		
Kilometer	1 km	= 1 000 m
Dezimeter	1 dm	= 10 cm
Zentimeter	1 cm	= 10 mm
Millimeter	1 mm	= 1 000 µm
Mikrometer	1 µm	= 1 000 nm (Nanometer)
Flächenmaße		
Quadratkilometer	1 km²	= 100 ha
Hektar	1 ha	= 100 a
Ar	1 a	= 100 m²
Quadratmeter	1 m²	= 100 dm²
Quadratdezimeter	1 dm²	= 100 cm²
Quadratzentimeter	1 cm²	= 100 mm² (Quadratmillimeter)
Raummaße		
Kubikmeter	1 m³ (cbm)	= 1 000 dm³
Kubikdezimeter (Liter)	1 dm³	= 1 000 cm³
Kubikzentimeter	1 cm³ (ccm)	= 1 000 mm³ (Kubikmillimeter)
Hohlmaße		
Hektoliter	1 hl	= 100 l
Liter	1 l	= 10 dl
Deziliter	1 dl	= 10 cl
Zentiliter	1 cl	= 10 ml (Milliliter)
Massemaße		
Tonne	1 t	= 1 000 kg
Dezitonne	1 dt	= 100 kg
Gramm	1 g	= 1 000 mg (Milligramm)
Auswahl physikalischer Einheiten		
Druck	1 bar	= 10^5 Pascal
Energie, Arbeit	1 Joule	= 1 N · m = 1 W · s
Leistung	1 Watt	= 1 J/s
	1 PS	= 0,73549875 kW
Geschwindigkeit	1 km/h	= (1/36) m/s
Kraft	1 Newton	= 1 kg · m/s²
Schwingungszahl	1 Hertz	= 1 Schwingungs/s
Aktivität	1 Becquerel	= 1 Zerfall/s

Eigentumsvorbehalt, ⚖ Vereinbarung beim Verkauf einer bewegl. Sache, dass diese bis zur Zahlung des vollen Kaufpreises Eigentum des Verkäufers bleibt.

Eigentumswohnung, ⚖ Teileigentum an einem Wohnhaus. Es besteht Miteigentum am Grundstück und den gemeinsam benutzten Hausteilen.

Eiger *der,* vergletscherter Kalkgipfel im Berner Oberland, Schweiz; 3970 m hoch, in der Nähe Mönch und Jungfrau; Erstbesteigung der **E.-Nordwand** 1938.

Eike von Repgow [-go], **E. von Repgau,** sächsischer Rechtskundiger, *1180/90, †nach 1233; verfasste um 1225 den Sachsenspiegel.

Ei|leiter, bei den meisten weibl. Tieren und dem Menschen röhrenartige, meist paarige Ausführungsgänge, die die reifen Eier aus den Eierstöcken aufnehmen und nach außen bzw. in die Gebärmutter leiten.

Ei|leiterentzündung, durch versch. Erreger hervorgerufene Erkrankung, die auf die Eierstöcke übergreifen kann. Die akute E. setzt plötzlich mit hohem Fieber und heftigen Schmerzen ein.

Ei|leiterschwangerschaft, Entwicklung des befruchteten Eis schon im Eileiter; kann beim Absterben der Frucht oder dem Durchbruch der Eileiterwand zu lebensgefährl. Blutungen in die Bauchhöhle führen.

Einbalsamieren, einen Leichnam nach Entfernung der inneren Organe zum Schutz vor Verwesung mit fäulnishemmenden Stoffen tränken.

Einbaum *der,* aus einem ausgehöhlten Baumstamm hergestelltes Boot.

Einbeck, Stadt in Ndsachs., an der Ilme, 29 500 Ew.; altes Stadtbild mit got. Kirchen; Teppich-, Tapetenind.; Starkbierexport **(Einbecker Bier)** seit dem MA. belegt.

Eindhoven
Stadtwappen

Einbeere *die,* vierblättriges Liliengewächs in schattigen Laubwäldern mit grünl. Blüte und giftiger, schwarzer Beere.

Einbürgerung, staatliche Verleihung der Staatsangehörigkeit an Ausländer oder Staatenlose.

Eindhoven ['ɛintho:və], niederländ. Ind.stadt, 197 100 Ew.; TH; Herstellung von Elektro- und Radiogeräten, Automobilfabrik, elektron., Druckind.; internat. ✈.

Einem, Gottfried v., österr. Komponist, *1918, †1996; Opern (»Dantons Tod«, 1947; »Der Prozess«, 1953), Ballette, Orchester-, Kammermusik.

Einfallswinkel, ⚛ der Winkel, den ein auf eine reflektierende oder brechende Fläche fallender Lichtstrahl mit der Senkrechten zu dieser Fläche bildet.

Einfuhr, Import, Bezug von Waren aus dem Ausland.

Eingabe, 1) 🖳 →Input. – **2)** ⚖ →Petition.

Eingabegerät, Peripheriegerät einer EDV-Anlage, mit dem Daten eingegeben werden.

eingebrachtes Gut, ⚖ das von einem Ehegatten in die Ehe eingebrachte Vermögen.

Eingemeindung, Eingliederung einer Gemeinde in eine andere oder Auflösung mehrerer Gemeinden und Bildung einer neuen Gemeinde.

eingestrichen, 𝄞 die Oktave zw. c′ und h′.

eingetragener Verein, Abk. **e. V.,** →Verein.

Eingeweide, die inneren Organe des Rumpfes, v. a. der Wirbeltiere und des Menschen.

Eingliederungsgeld, die in Dtl. von 1990 bis 1992 an Aus- oder Übersiedler anstelle des bis dahin gewährten Arbeitslosengelds für die Dauer von zwölf Monaten gezahlte Leistung; 1993 ersetzt durch die aus Bundesmitteln finanzierte **Eingliederungshilfe für Spätaussiedler.**

Einhard, Gelehrter am Hof Karls d. Gr., *um 770, †840; schrieb dessen Lebensgeschichte (»Vita Caroli magni«, um 820).

einhäusig, Blütenpflanzen, deren männl. und weibl. Blüten getrennt auf derselben Pflanze stehen (z. B. Haselstrauch, Eiche).

Einheit, 1) in sich geschlossene Ganzheit, innere Zusammengehörigkeit; u. a. in philosoph., polit. und militär. Zusammenhängen verwendeter Begriff, z. B. als Produktions-E., E.-Gewerkschaft, E.-Staat. – **2)** ⚛ Vergleichsgröße zur Bestimmung des Zahlenwerts einer physikal. Größe gleicher Art durch Messung. Urspr. benutzte man Naturmaße wie Fuß, Elle, Steinwurf, Tagwerk, Morgen usw. Das Verhältnis der zu messenden Größe zur E. ist ein Zahlenwert. Es gilt: Größe ist Zahlenwert mal E. – Nach der Frz. Revolution wurde das metr. System eingeführt, das seither von fast allen Ländern übernommen wurde. Danach ist in allen Staaten der **Meterkonvention** das Meter Grundlage der Längenmessung. Für die Massenmessung (Wägung) führte das metr. System einheitl. das Kilogramm (Gramm), für die Zeitmessung die Sekunde ein. (→Internationales Einheitensystem)

Einheitsstaat, Staat mit einheitl. Gesetzgebung, Verwaltung und Rechtspflege, im Unterschied zum Bundesstaat.

Einheitswert, der nach den Bewertungsmaßstäben des Bewertungsges. einheitl. festgesetzte steuerl. Wert des land- und forstwirtschaftl. sowie sonstigen Grund- und Betriebsvermögens; wird für die Bemessung v. a. der Grund-, Gewerbe-, und Erbschaftsteuer (E.-Steuern) zugrunde gelegt. Bei der Erbschaft- und Schenkungsteuer hatte das E.-Urteil des Bundesverfassungsgerichts von 1995 eine Neuregelung der Bewertung von Immobilien notwendig gemacht.

Einheri|er [»Alleinkämpfer«] *Pl.,* in der nord. Göttersage im Kampf gefallene Helden, die nun Walhall bewohnen.

Einhorn, 1) das Sternbild **Monoceros** der Äquatorialzone. – **2)** pferdeähnl. Fabeltier mit einem langen Horn in der Stirnmitte; im MA. als Sinnbild gewaltiger Kraft auf Christus bezogen. Die Vorstellung, dass es seine Wildheit verliere, wenn es sein Haupt in den Schoß einer Jungfrau lege, wurde auf Maria gedeutet.

Einhufer *der,* Pferd, Zebra und Esel.

Einigungsstelle, 1) nach dem Betriebsverfassungsges. zur Beilegung von Meinungsverschiedenheiten zw. Arbeitgeber und Betriebsrat einzurichtende Schiedsstelle. – **2)** Einrichtung bei Ind.- und Handelskammern zur Beilegung von Wettbewerbsstreitigkeiten in der gewerbl. Wirtschaft.

Einigungsvertrag, der »Vertrag zw. der Bundesrep. Deutschland und der DDR über die Herstellung der Einheit Deutschlands«, am 31. 8. 1990 unterzeichneter Vertrag, der den Beitritt der DDR nach Artikel 23 GG regelt.

Einkammersystem, Organisation der Volksvertretung in nur einer Kammer.

Einkeimblättrige, Monokotyledonen, Gruppe der Bedecktsamigen mit nur einem Keimblatt. Die Blattnerven sind gleichlaufend (z. B. Lilien, Gräser).

Einklang, ital. **Unisono,** Zusammenklang zweier oder mehrerer Töne von gleicher Höhe im Intervall der Prim oder Oktave.

Einkommen, 1) einer Person, Gesellschaft oder einem Verein aus der Teilnahme am Wirtschaftsprozess in einem bestimmten Zeitraum zufließender Gegenwert. Man unterscheidet **Arbeits-E.** (Lohn, Gehalt), **Besitz-E.** (Kapitalzins, Bodenrente) und **Unternehmergewinn; Geld-** und **Natural-E.** (z. B. Deputate in der Landwirtschaft) sowie hinsichtlich der Geldwertschwankungen **Nominal-E.** (das in Geld ausgedrückte E.) und **Real-E.** (die tatsächl. Kaufkraft). – **2)** Das Steuerrecht unterscheidet zw. **Einkünften** (bei bestimmten Einkunftsarten der Gewinn, aber auch – als negatives E. – der Verlust, bei anderen der Überschuss der Einnahmen über die Betriebsausgaben oder Werbungskosten) und E. (Gesamtbetrag der Einkünfte nach Ausgleich mit Verlusten und nach Abzug der Sonderausgaben).

Einkommensteuer, Personalsteuer, die nach dem Einkommen des einzelnen Steuerpflichtigen bemessen wird. In Dtl. unterliegen dem E.-Ges. (zuletzt in der Fassung von 1990) alle natürl. Personen, die ihren Wohnsitz gewöhnlich im Inland haben, mit sämtl. Einkünften, nicht aber jurist. Personen (→Körperschaftsteuer). Steuerfrei sind u. a. Leistungen der Krankenversicherungen, Kindergeld und Arbeitslosengeld. Besondere Werbungskosten, Sonderausgaben und außergewöhnl. Belastungen werden berücksichtigt. Das verbleibende Einkommen wird entsprechend der tarifl. E., die sich aus der Grundtabelle ergibt, mit E. belastet; geringe Einkommen sind bis zur Sicherung des Existenzminimums steuerfrei. Nach Beseitigung der überkommenen Grundfreibeträge durch das Bundesverfassungsgericht im Okt. 1992 und nach einer Übergangslösung 1993/95 wurde im Jahressteuer-Ges. 1996 eine Ausdehnung der Nullzone auf 12095 DM beschlossen (1998: 12365 DM, 1999: 13067 DM; für Ehepaare jeweils doppelter Betrag).

Die Erhebung der E. erfolgt entweder durch Deklaration des Pflichtigen (Steuererklärung), so bes. bei Einkünften der Gewerbe, oder der Steuerbetrag wird durch Abzug beim Arbeitgeber, Pächter, Schuldner erfasst, bes. durch Abzug vom Arbeitslohn (→Lohnsteuer), bei Einkommen aus Gewinnanteilen an Kapitalgesellschaften sowie als stiller Gesellschafter durch Abzug vom Kapitalertrag (→Kapitalertragsteuer).

Einkristall, kristalliner Festkörper, dessen Bausteine ein einziges homogenes Kristallgitter bilden; vielseitige Verwendung in der Halbleitertechnik und Mikroelektronik.

Einkünfte →Einkommen.

Einlage, 1) (Spar-)Guthaben. – **2)** in Geld oder sonstigen Vermögenswerten bestehender Beitrag eines Gesellschafters in eine Handelsgesellschaft.

Einheit 2): Englische und amerikanische Maße und Gewichte
(metrische Werte gerundet)

Längenmaße		
mile	= 1760 yards	= 1,609 km
yard	= 3 feet	= 91,440 cm
foot	= 12 inches	= 30,480 cm
inch	= 10 lines	= 2,540 cm
Flächenmaße		
square mile	= 3097600 sq. yards	= 2,59 km²
square yard	= 9 square feet	= 0,836 m²
square foot	= 144 square inches	= 0,092 m²
square inch	= 100 square lines	= 6,451 cm²
acre	= 4 rood	= 0,405 ha
Raummaße		
cubic yard	= 27 cubic feet	= 0,765 m³
cubic foot	= 1728 cubic inches	= 0,028 m³
cubic inch	= 1000 cubic lines	= 16,387 cm³
Flüssigkeitsmaße	Großbritannien	USA
1 gill	= 0,142 l	= 0,118 l
1 pint = 4 gills	= 0,568 l	= 0,473 l
1 quart (qt) = 2 pints	= 1,136 l	= 0,946 l
1 gallon (gal) = 4 qt	= 4,546 l	= 3,787 l
1 barrel (bbl) = $31^1/_2$ gal		= 119,2 l
1 barrel Erdöl = 42 gal		= 158,8 l
Trockenhohlmaße		
1 pint	= 0,568 l	= 0,56 l
1 quart (qt) = 2 pints	= 1,136 l	= 1,12 l
1 peck (pk) = 8 qt	= 9,092 l	= 8,81 l
1 bushel (bu) = 4 pk	= 36,37 l	= 35,24 l
1 quarter = 8 bu	= 2,91 hl	= 2,82 hl
1 barrel (bbl)	= 163,7 l	= 119,2 l
Maße, Gewichte		
Handelsgewichte (Avoirdupois)		
pound	= 16 ounces	= 0,454 kg
ounce	= 48 scruples	= 28,35 g
scruple	= 10 grains	= 0,591 g
ton	= 10 centweights	= 1016,048 kg
Troygewichte		
troy pound	= 12 troy ounces	= 0,373 kg
troy ounces	= 20 pennyweights	= 31,104 g
pennyweight	= 24 troy grains	= 1,555 g

Weitere Einheiten siehe Elektrizität

Einlassung, im Zivilprozess die sachl. Gegenerklärung des Beklagten in der mündl. Verhandlung.

Einlassungsfrist, der Zeitraum, der zw. der Zustellung der Klageschrift und dem Termin zur mündl. Verhandlung liegen muss.

Einlauf, Einbringen größerer Flüssigkeitsmengen durch den After in den Dickdarm zur Darmreinigung.

Einlegearbeiten →Intarsien.

Einliegerwohnung, vermietbare Kleinwohnung z. B. in einem Einfamilienhaus.

Einmanngesellschaft, Kapitalgesellschaft mit nur einem Gesellschafter (meist GmbH).

Einpeitscher, Whip, im brit. Unterhaus der Abgeordnete, der bei Abstimmungen für die Anwesenheit der Mitglieder seiner Partei zu sorgen hat.

Einphasenstrom, Wechselstrom mit nur einer Spannung im Ggs. zum Dreiphasen- oder Drehstrom; zur Fortleitung dienen zwei Leiter, z. B. Oberleitung und Schiene für Bahnstrom.

Einrede, Einwendung, Geltendmachen von Gegenrechten, die geeignet sind, den behaupteten Anspruch eines anderen zu Fall zu bringen.

Einrenkung, Einrichtung, Wiederherstellung der richtigen Lage von verrenkten oder gebrochenen Gliedern.

einsäuern, Landwirtschaft: Grünfutter durch saure Gärung in Gruben oder Silos haltbar machen.
Einschienenbahn, Bahn mit nur einer Fahrschiene. Man unterscheidet zw. Hänge- und Sattelbahn.
Einschlafen der Glieder, Gefühlloswerden der Haut gegen äußere Eindrücke und die Empfindung von Kribbeln und Taubsein **(Parästhesie);** beruht meist auf Durchblutungsstörungen.
Einschlag, 1) Holz-E., in der Forstwirtschaft Bezeichnung für alle mit der Holzfällung verbundenen Vorgänge sowie für die jährlich gefällte Holzmasse. – **2)** in der Weberei der Schuss.
Einschlüsse, in Gesteinen, Mineralien, Gussstücken eingeschlossene Fremdkörper.
Einschreiben, Postsendungen, die mit Einlieferungsschein gegen **Einschreibegebühr** aufgegeben, registriert und nur gegen Empfangsquittung ausgehändigt werden. Bei Verlust haftet die Post bis zu einem bestimmten Höchstsatz.
Einschreibung → Immatrikulation.
Einsegnung, 1) Konfirmation. – **2)** Erteilung des Segens bei kirchl. Feiern.
Einsiedeln, Stadt im schweizer. Kt. Schwyz, 11 500 Ew. Um die Zelle des hl. Meinrad († 861) bildete sich zu Beginn des 10. Jh. eine Klausnergemeinde, aus der sich die Benediktinerabtei **Maria E.** (Wallfahrtsort) entwickelte. Kloster und Stiftskirche wurden von K. Moosbrugger (1719 bis 1735) im Barockstil neu erbaut; holzgeschnitztes Marienbild; Bibliothek.

Einsiedlerkrebse. Palmendieb

Einsiedlerkrebse, Eremiten, Bernhardskrebse, zehnfüßige Krebse mit weichem Hinterleib, den sie in einer leeren Schneckenschale bergen. Bei Gefahr ziehen sie sich in das Gehäuse zurück und versperren den Eingang mit der größeren der beiden Scheren. Einige Arten leben stets in Symbiose mit Seeanemonen. Diese sitzen auf dem Schneckenhaus, schützen den E. durch ihre Nesselfäden vor Angreifern und nehmen einen Teil seiner Beute als Nahrung. Beim Umzug in ein neues Gehäuse nimmt der E. die Seeanemone mit.
Einspänner, 1) Wagen mit einem Zugtier. – **2)** in Österreich ein Glas mit schwarzem Kaffee und Schlagsahne (Schlagobers).
Einspritzmotor, Verbrennungsmotor, bei dem die Herstellung eines zündfähigen Kraftstoff-Luft-Gemisches nicht im Vergaser, sondern durch Benzineinspritzung erfolgt (Ottomotor).
Einspritzung *die,* ⚕ → Injektion.
Einspruch, ⚖ Rechtsbehelf, bes. gegen Versäumnisurteile, Vollstreckungsbescheide, Strafbefehle, Kündigung eines Arbeitsverhältnisses und gegen Verfügungen des Finanzamts (z. B. Steuerbescheide).
Einstein, Albert, dt. Physiker (ab 1901 schweizer., ab 1940 amerikan. Staatsbürger), * 1879, † 1955; war Prof. in Zürich und Prag; 1914 bis 1933 Leiter des Kaiser-Wilhelm-Instituts für Physik in Berlin; nach Emigration Prof. in Princeton, USA. E. stellte 1905 die spezielle, 1916 die allg. Relativitätstheorie auf, die in der Folge die gesamte physikal. Forschung beeinflussten. Ferner gab E. eine Erklärung für die »brownsche Bewegung« und damit den abschließenden Beweis für die Richtigkeit der kinet. Wärmetheorie; Nobelpreis für Physik 1921.
Einstein-Gleichung [nach A. Einstein], die Gleichung $E = mc^2$, die die Äquivalenz von Energie E und Masse m zum Ausdruck bringt (c Lichtgeschwindigkeit).
Einsteinium *das,* Symbol **Es,** künstlich hergestelltes, radioaktives Transuran; OZ 99.
einstweilige Verfügung, ⚖ gerichtl. Maßnahme zur vorläufigen Sicherung von Ansprüchen.
Eintagsfliegen, Ephemeriden, vierflüglige, zarte Insekten mit 3 langen Schwanzfäden. Die E. schlüpfen aus länger als 1 Jahr im Süßwasser lebenden räuber. Larven und leben meist nur einen Tag.
Eintragung, Verlautbarung rechtserhebl. Tatsachen in öffentl. Registern (z. B. im Grundbuch).
Einwanderung, Immigration, Einreise in ein anderes Staatsgebiet, um sich dort niederzulassen.
Einwegverpackung, zum einmaligen Gebrauch bestimmtes Verpackungsmaterial. Ziel der 1991 in Kraft getretenen Verpackungsverordnung ist es v. a., den Anteil von E. zu verringern und deren umweltschonende Wiederverwertung auszubauen.
Einwendung → Einrede.
Einwurf, ⚽ bei Ballspielen das Wiedereinbringen des ins »Aus« gegangenen Balls.
Einzelhandel, in der Schweiz **Detailhandel,** Zweig des Handels, der die Waren dem Endverbraucher zuführt. Neben kleinen und mittleren Geschäften gibt es Warenhäuser, Massenfilialbetriebe, Versandhäuser, Konsumgenossenschaften, Selbstbedienungsläden u. a.
Einzeller, Lebewesen, die nur aus einer Zelle bestehen, wie Bakterien, viele Algen, Urtiere.
Einzelrichter, Richter, der allein entscheidet; Ggs.: Kollegialgericht.
Einziehung. Im Strafrecht können Gegenstände oder Werte, die durch eine strafbare Handlung erlangt sind oder dabei verwendet wurden, eingezogen werden, d. h., sie verfallen entschädigungslos dem Staat.
Einzugsermächtigung, Ermächtigung des Kontoinhabers an seine Bank, an ihn gerichtete Rechnungen eines Zahlungsempfängers zu begleichen.
Ei|pilze, Klasse der niederen Pilze.
Éire [ˈeːri], der irische Name für Irland.
Eirene, lat. **Irene,** griech. Friedensgöttin, Tochter von Zeus und Themis; eine der Horen.
Eis *das,* fester Zustand des Wassers, der gewöhnlich bei 0 °C eintritt **(Gefrierpunkt).** Wasser, das unter starkem Druck steht, gefriert bei tieferer Temperatur. Beim Gefrieren dehnt sich das Wasser um etwa $^1/_{11}$ seines Rauminhalts aus, daher schwimmt das E. bei einer Dichte von 0,916 g/cm³ auf Wasser. Auf der Ausdehnung beim Gefrieren beruht die Sprengwirkung des Wassers bei der Verwitterung.
Eisack *der,* ital. **Isarco,** linker Nebenfluss der Etsch, in Südtirol, Italien, 95 km lang, entspringt am Brenner, mündet unterhalb von Bozen.
Eisbär → Bären.
Eisbein, frisch oder gepökelt gekochter Unterschenkel des Schweins, auch als **Schweinshaxe** bezeichnet.
Eisberg, abgebrochenes Endstück des Inlandeises oder der Polargletscher, das im Meer schwimmt und mit nur etwa $^1/_7$ seiner Masse über die Meeresoberfläche aufragt.
Eisbeutel, ⚕ Gummi- oder Kunststoffsack mit Eisstückchen zur Kühlung bei Blutungen und Entzündungen.

Albert Einstein. Porträt und Autogramm

Eisbrecher, Spezialschiffe mit starkem Antrieb zum Öffnen von Fahrrinnen im Eis.

Eisen *das,* lat. **Ferrum,** Symbol **Fe,** chem. Element, wichtigstes Schwermetall, OZ 26, relative Atommasse 55,847, D 7,87 g/cm^3, Fp 1 536 °C, Sp 2 750 °C. Reines E. ist silberweiß, sehr weich und dehnbar; an feuchter Luft oxidiert (rostet) es. Es lässt sich bis 768 °C leicht magnetisieren.

E. kommt meist in Erzen vor, selten gediegen (z. B. in Meteoriten). Die wichtigsten E.-Erze sind: **Magnet-, Rot-, Braun-, Spateisenstein, Pyrit.** E. ist aber auch Bestandteil lebensnotwendiger Enzyme bei allen Lebewesen; der gesamte E.-Gehalt des menschl. Körpers beträgt 3 bis 5 g.

Herstellung: Im Hochofen wird Roh-E. gewonnen **(Verhüttung).** Der Ofen wird an der Schachtöffnung **(Gicht)** lagenweise mit Koks, oxid. E.-Erz und **Zuschlägen** (alles zus. heißt **Möller**) beschickt. Die Zuschläge, hauptsächl. Kalkstein, überführen die in jedem Erz vorhandene kieselsäure- und tonerdehaltige **Gangart** in eine leicht schmelzbare **Schlacke.** Die Verbrennungsluft (Wind) wird in mit Gicht- und Koksgas aufgeheizten Winderhitzern auf 1 250 °C vorgewärmt und in den Ofen eingeblasen; sie verbrennt den Koks zu Kohlendioxid, das durch den im Überschuss vorhandenen Koks zu Kohlenmonoxid umgewandelt wird. Dieses entzieht dem Erz den Sauerstoff und reduziert es zu E., das sich im tiefsten Teil des Hochofens in flüssiger Form ansammelt. Auf der Schmelze schwimmt die Schlacke, sie fließt meist stetig aus dem Ofen, während das E. von Zeit zu Zeit abgestochen wird und in Sandformen erstarrt. Tagesleistung eines Hochofens bis über 11 000 t.

Eisensorten: Das Erzeugnis des Hochofens ist das **Roh-E.** mit über 1,7 % Kohlenstoff. Es erweicht beim Erhitzen nicht allmählich, sondern plötzlich und lässt sich daher nicht schmieden, walzen, hämmern, pressen oder schweißen; es kann nur zu Gusswaren **(Guss-E.)** verarbeitet werden im Ggs. zum → Stahl mit weniger als 2 % Kohlenstoff.

Eisenach, Krst. in Thür., 42 500 Ew., am NW-Rand des Thüringer Waldes; Kraftwagen-, Maschinen-, Textilind.; starker Fremdenverkehr. Über E. die → Wartburg.

Eisenach
Stadtwappen

Eisenacher Kongress, vom 7. bis 9. 8. 1869 in Eisenach abgehaltener Gründungsparteitag der Sozialdemokrat. Arbeiterpartei (SDAP); beschloss das **Eisenacher Programm.**

Eisenbahn, schienengebundenes Verkehrsmittel, dessen Fahrzeuge durch Maschinenkraft (Verbrennungsmotoren, Dampfmaschinen, Elektromotoren) fortbewegt werden; entweder als Triebwagen oder als Lokomotive mit angehängten E.-Wagen. Man unterscheidet nach der Art der Fortbewegung u. a. **Reibungs-, Zahnrad-, Standseilbahnen;** nach der Spurweite **Breit-, Regel- (Normal-)** und **Schmalspurbahnen.** Je nach Geschwindigkeit, Reichweite und Häufigkeit der Haltestellen unterscheidet man in Dtl. bei **Personenzügen** zw. S-Bahnen (S) im Bereich von Großstädten und Ballungsgebieten, Nahverkehrszügen in den Regionen mit StadtExpress (SE), RegionalExpress (RE) und RegionalBahn (RB) und Fernzügen mit InterCityExpress (ICE), InterCity (IC) und InterRegio (IR) sowie nachts InterCityNight (ICN). In Europa verkehren EuroCity (EC), für den Nachtreiseverkehr ergänzt durch EuroNight (EN) und CityNightLine. Höchstgeschwindigkeit bei S-Bahnen bis 100 km/h, im Regionalverkehr bis 140 km/h, bei IR- und IC-Zügen 200 km/h. Der ICE wurde 1991 eingeführt (Höchstgeschwindigkeit: 280 km/h).

Für die Überwachung und Sicherung des E.-Betriebs sorgen die Stellwerke an den Bahnhöfen. Auf Hauptstrecken gibt es die **induktive Zugsicherung** (»Indusi«). Sie überprüft mit magnet. Kraftfeldern die Geschwindigkeit eines Zugs vor einem Haltesignal und löst die Zugbremse aus, falls das Haltesignal überfahren wird.

Vorgängerin der E. ist die engl. Pferde-E.; erste funktionsfähige Dampflokomotive (»Puffing Billy«) 1813; 1825 wurde die erste Dampf-E. (zunächst nur für Güter) von Stockton nach Darlington eingesetzt, ab 1830 die erste Personen-Dampf-E. von Liverpool nach Manchester. Urform aller späteren Dampflokomotiven wurde die 1829 von G. und R. Stephenson entwickelte »Rocket«. In Dtl. verkehrte die erste Dampf-E. 1835 (»Adler« zw. Nürnberg und Fürth), in Österreich 1837 (Floridsdorf–Deutsch-Wagram).

Eisenbahnsignale, der Sicherung des Eisenbahnverkehrs dienende Verkehrssignale. Das **Vorsignal** kün-

Eisenbahn. Von links: Nachbau der Lokomotive »Adler« von 1835 und InterCity-Express (ICE) der Deutschen Bahn AG

Dwight D. Eisenhower

Hanns Eisler

Kurt Eisner

Eisenstadt
Stadtwappen

digt die Stellung des **Hauptsignals** an. Daneben gibt es **Weichen-, Langsamfahr-** und **Zugsignale.**

Eisenbarth, Eysenbarth, Johann Andreas, dt. Heilkundiger, *1663, †1727; erfolgreicher Arzt, wurde durch sein marktschreier. Verhalten zum Typus des Quacksalbers (»Ich bin der Doktor E.«).

Eisen|erz, Stadt in der Steiermark, Österreich, 7400 Ew.; Abbau der Erze des nahen **Erzbergs** schon seit röm. Zeit.

Eisenhower ['aɪzənhaʊə], Dwight David, amerikan. General und Politiker, *1890, †1969; im 2. Weltkrieg auf hohen amerikan. und alliierten Kommandoposten, Oberster Befehlshaber der verbündeten Landungsarmee 1944; schied 1948 aus dem aktiven Dienst aus und wurde Präs. der Columbia-Univ. E. war 1953 bis 1961 der 34. Präs. der USA (Republikaner).

Eisenhower-Doktrin, Erklärung von Präs. Eisenhower an den amerikan. Kongress vom 5. 1. 1957 über die Bereitschaft der amerikan. Reg., die Staaten des Nahen Ostens gegen kommunist. Aggression zu unterstützen.

Eisenhut *der,* **1)** im MA. Sturmhaube aus Eisen mit breitem Rand. – **2)** **Aconitum,** staudige, blau, gelb oder weiß blühende Hahnenfußgewächse, enthalten giftige Alkaloide.

Eisenhüttenstadt, Stadt an der Oder in Bbg., 48200 Ew.; 1961 entstanden durch Vereinigung von Stalinstadt und Fürstenberg; Industrieschwerpunkt (u.a. Stahlwerk), Oderwerft, Binnenhafen.

Eisenkies, der → Pyrit.

Eisenkraut, **1) Verbene,** u.a. Echtes E., einheim. blasslilafarben blühende Staude; Zierpflanzen. – **2)** anderer Name für versch. Kräuter, z.B. Wegranke (gelb blühend), Ackersteinsame (weiß blühend) und Gemeine Flockenblume (lilapurpurne Blüten).

Eisenspat *der,* **Siderit, Spateisenstein,** $FeCO_3$, Mineral mit 48,2% Eisen.

Eisenstadt, Hptst. des Burgenlands, Österreich, 11400 Ew., Weinkellereien. In Schloss Esterházy wirkte 1761 bis 1790 J. Haydn. – Haydn-Museum und -mausoleum.

Eisenstein, Sergej Michajlowitsch, sowjet. Filmregisseur, *1898, †1948; »Panzerkreuzer Potemkin« (1925).

Eisenzeit, das auf die Bronzezeit folgende vorgeschichtl. Zeitalter, in dem Eisen der wichtigste Werkstoff wurde. Die E. setzte in Mitteleuropa etwa vom 7. Jh. v. Chr. an ein und wird gegliedert in eine ältere (Hallstattzeit) und eine jüngere Periode (→ La-Tène-Kultur), die etwa bis Christi Geburt gerechnet wird.

Eiserne Garde, rumän. nationalist. und antisemit. Bewegung, 1927 gegr., 1933 verboten, 1940/41 an der Macht.

Eiserne Krone, spätkaroling. Krone im Kirchenschatz des Doms zu Monza. Der Legende nach besteht der innere eiserne Reif aus einem Nagel vom Kreuz Christi.

eiserner Vorhang, feuersicherer Vorhang im Theater, bei Nichtbenutzung der Bühne stets herabgelassen.

Eiserner Vorhang, von Churchill 1946 geprägtes Schlagwort für die Abschließung des sowjet. Machtbereichs von der übrigen Welt.

Eisernes Kreuz, Abk. **E. K.,** dt. Kriegsauszeichnung für alle Dienstgrade, gestiftet erstmals 1813; seit 1957 ist in der Bundesrep. Deutschland das Tragen des E. K. nur ohne Hakenkreuz erlaubt.

Eisernes Tor, 1) Name mehrerer Pässe der Balkanhalbinsel. – **2)** Durchbruchtal der Donau zw. Südkarpaten und Ostserb. Gebirge. In der Enge von Kasan wird der sonst bis 1 km breite Strom auf 172 m eingeengt; Großkraftwerk.

Eis|essig, reine → Essigsäure.

Eisheilige *Pl.,* Bezeichnung für die Tagesheiligen des 11. bis 13. Mai (Mamertus, Pankratius, Servatius), mancherorts auch noch des 14. und 15. Mai (Bonifatius, »kalte« Sophie). An diesen Tagen treten in Mitteleuropa häufig Kälterückschläge auf.

Eisenzeit. Eisenwerkzeuge und -waffen aus der **Hallstattzeit**

Eishockey [-hɔki, -hɔke], schnelles Mannschaftsspiel zw. 2 Parteien auf dem Eis: Eine Hartgummischeibe (Puck) muss von den Schlittschuhläufern mit E.-Schlägern (Stock) ins gegner. Tor getrieben werden.

Eislauf, Schlittschuhlauf, gliedert sich in sportl. Wettbewerbe im **Eisschnelllauf** (Strecken von 500 bis 10000 m) auf einer 400 m langen Rundbahn, **Eiskunstlauf** (Kurzprogramm und Kür) und **Eistanz.**

Eisleben, Lutherstadt E., Krst. in Sa.-Anh., im östl. Harzvorland, 23600 Ew.; Geburts- und Sterbehaus M. Luthers.

Eisler, Hanns, dt. Komponist, *1898, †1962; polit. Songs, Film-, Bühnenmusik (u.a. zu Werken von B. Brecht); komponierte die DDR-Nationalhymne.

Eismaschine, 1) Vorrichtung zur Speiseeisbereitung. – **2)** eine Kältemaschine.

Eismeere → Polarmeere.

Eismeerstraße, 650 km langer Hauptverkehrsweg in N-Finnland, von Rovaniemi durch Finnisch-Lappland zum Inarisee.

Eisner, Kurt, dt. Publizist und Politiker (USPD), *1867, †1919; rief in der Novemberrevolution am 7. 11. 1918 in München die Republik aus, versuchte Rätesystem und Parlamentarismus zu vereinbaren; bayer. Min.-Präs. bis zur Ermordung durch A. Graf von Arco auf Valley, die zum Signal für die Ausrufung der Räterep. wurde.

Ei|sprung → Eierstock.

Eissegeln, Segeln mit der Eisjacht oder auf Schlittschuhen mit einem Handsegel.

Eisstockschießen, Wurfspiel, bei dem eine eisenbeschlagene Holzscheibe mit Griff **(Eisstock)** auf glatter Eisbahn möglichst nahe an das Ziel **(Daube)** geschoben wird.

Eis|taucher, Art der → Seetaucher.

Eisvogel, bekannteste Art der Familie der Eisvögel in Eurasien und N-Afrika, 17 cm lang, blau schillernd mit rötl. Unterseite; lebt an Gewässern, taucht nach Wasserinsekten und Fischen.

Eiswein, ein sehr zucker- und säurereicher Wein aus bei mindestens −7 °C gefrorenen und erst dann gelesenen Trauben.

Eiszeitalter, ⊕ Abschnitte der Erdgeschichte mit mehrmaliger starker Zunahme der Vereisung durch Klimaänderung. Der Anfang des letzten E. **(Diluvium** oder **Pleistozän)** liegt rd. 2,5 Mio., das Ende 12000 Jahre zurück. Etwa 11% der Erdoberfläche waren eisbedeckt (heute rd. 3%). Mehrere **Eis-** oder **Kaltzeiten,** in denen die Temperaturen in Mitteleuropa 8 bis 12 °C tiefer lagen als heute, wechselten mit **Zwischen-E.** (Warmzeiten), in Klima und Vegetation der Gegenwart ähnlich. In Europa reichte das Inlandeis bis an die dt. Mittelgebirge; die Brit. Inseln, Alpen, Vogesen, Schwarzwald, Böhmerwald, Riesengebirge, Karpaten und Pyrenäen waren ebenfalls z. T. vergletschert. Die Vereisung und ihr Rückzug haben bes. die Oberflächen Nord-Dtl.s gestaltet (Moränen). Über den Menschen des E. → Altsteinzeit.

Eiter *der,* gelbe, undurchsichtige Absonderung des verletzten, durch Bakterien besiedelten und daher entzündeten Gewebes, besteht aus Gewebsflüssigkeit, weißen Blutkörperchen und Gewebszellen. Die E.-Bildung ist eine Abwehrreaktion des Körpers.

Eiweiß *das,* **1)** umfangreiche Stoffklasse von organisch-chem. Verbindungen. Sie sind aus Aminosäuren kettenartig zusammengesetzt und werden in der lebenden Zelle gebildet. E. sind Bestandteil von Stütz-, Gerüstsubstanzen, Enzymen und Hormonen und daher für Bestehen und Ernährung aller Lebewesen unentbehrlich. Zu den einfachen E. **(Proteinen)** gehören z. B. die des Getreides und die Albumine (E. im Blutserum, im Eiklar, in der Milch); ferner die Gerüsteiweißstoffe, z. B. das Keratin in Haaren, Federn, Nägeln, Hufen, das Glutin im Leim (Gelatine). Zu den zusammengesetzten E. **(Proteiden)** gehören z. B. der Blutfarbstoff und das Casein der Milch. – **2)** auch Bezeichnung für das **Eiklar** des Hühnereis.

Ejakulation *die,* Samenerguss, Ausspritzung des männl. Samens.

Ekbatana, alte Hptst. Mediens, heute → Hamadan.

EKD, Abk. für → Evangelische **K**irche in **D**eutschland.

EKG, ⚕ Abk. für → Elektrokardiogramm.

Ekhof, [Hans] Konrad [Dietrich], dt. Schauspieler und Theaterleiter, * 1720, † 1778; u. a. am Hamburger Nationaltheater und in Weimar, ab 1774 Leiter des Gothaer Hoftheaters.

Ekkehart, Mönche von St. Gallen, im 10. und 11. Jh. **1) E. I.,** verfasste lat. Sequenzen und Hymnen. – **2) E. II.,** gen. **Palatinus,** Lehrer der Herzogin Hadwig von Schwaben auf dem Hohentwiel, schrieb lat. Kirchengesänge. – **3) E. IV.,** verfasste die Klosterchronik von St. Gallen (bis 971).

Eklampsie *die,* mit Bewusstlosigkeit und Krämpfen verbundene, plötzlich auftretende, schwere Erkrankung der Schwangeren.

Eklektiker [griech. »Auswähler«], **1)** hellenist. Philosophen, die aus versch. Lehren ihnen Zusagendes auswählten und daraus ihre eigene, scheinbar neue Philosophie zusammenstellten. Ihre Lehre wird **Eklektizismus** genannt. – **2)** Als E. werden auch Künstler bezeichnet, die sich bereits entwickelter und abgeschlossener Kunstleistungen bedienen.

Eklipse [griech. »das Verschwinden«] *die,* ✡ Sonnen- oder Mondfinsternis.

Ekliptik *die,* Großkreis am Himmel, in dem die Ebene der Erde um die Sonne die als unendlich groß gedachte Himmelskugel schneidet. Durch den jährl. Umlauf der Erde um die Sonne entsteht der Eindruck, als bewege sich die Sonne unter den Sternen der in der Mitte des Tierkreises liegenden E.; deshalb spricht man auch von der E. als der scheinbaren Sonnenbahn der Sphäre. Die E. schneidet im Frühlings- und im Herbstpunkt (Tagundnachtgleiche [Äquinoktien]) den Himmelsäquator unter einem Winkel von etwa 23° 27′ (»Schiefe der Ekliptik«).

Ekloge *die,* Hirtengedicht (Idyll).

Ekofisk [ˈeːkufisk], Erdöl- und Erdgasfeld im norweg. Sektor der Nordsee. Erdölpipeline nach Teesside, Erdgasleitung nach Emden.

Ekstase *die,* Ⓟ rauschhafter Zustand des »Außer-sich-Seins«, spontan auftretend (bei starker nervl. Erregung) oder durch Askese, Musik, Tanz, Drogen u. a. herbeigeführt. Ekstatikern werden in vielen Religionen durch göttl. Mächte vermittelte übernatürl. Fähigkeiten (z. B. Prophetie) zugeschrieben.

Ekzem *das,* auf Überempfindlichkeit der Haut beruhende mannigfaltige Hautkrankheiten, meist von Jucken und Brennen begleitet.

Elagabal, Heliogabalos, 1) Ortsgottheit der syr. Stadt Emesa (heute Homs), wurde in einem vom Himmel gefallenen Steinkegel verehrt. – **2)** röm. Kaiser (seit 218), * 204, † (ermordet) 222; urspr. Hoher Priester des Lokalgotts E., den er 219 in Rom als Sonnengott (Sol Invictus Heliogabalus) zur Reichsgottheit erhob.

El-Alamein, Ort in Ägypten, westlich von Alexandria. Hier brachten die Engländer 1942 den Vorstoß der Panzerarmee Rommels zum Stehen; Soldatenfriedhöfe für 90 000 Gefallene.

Elam, altoriental. Reich nordöstlich der Einmündung von Euphrat und Tigris in den Pers. Golf. Um 2250 v. Chr. erlag E. dem Angriff Akkads. Ab 1785 weitgehende Unabhängigkeit; um 1325 Einnahme der Hptst. Susa durch den babylon. König; im 13. Jh. kulturelle Blüte. Um 1110 Eroberung durch den babylon. König Nebukadnezar I. Im 8. Jh. Bildung eines neuelam. Reiches, 646 v. Chr. assyr. Eroberung von Susa.

E-Lampe, elektronische Lampe, Energie sparende Lichtquelle. In ihr wird ein Gasgemisch zur Aussendung von UV-Strahlung angeregt, die eine Phosphorschicht auf der Kolbeninnenseite zum Leuchten bringt.

Elastizität *die,* ⚛ Eigenschaft eines Körpers, durch äußere Kräfte verursachte Form- und Volumenveränderungen nach Beendigung der Kraftwirkungen rückgängig zu machen.

Elat, Elath, Eilath, Hafenstadt in S-Israel am Golf von Akaba, 29 900 Ew.; Erdöleinfuhr, Kupferausfuhr; Seebad. – Das bibl. E., bedeutende Hafenstadt der Edomiter, lag beim heutigen Akaba (Jordanien).

Elba, ital. Insel im Mittelmeer, zw. Korsika und dem ital. Festland; 223 km² mit 30 000 Ew.; v. a. Fremdenverkehr. Hauptort: Portoferraio. 5. 5. 1814 bis 26. 2. 1815 Verbannungsort Napoleons.

Elbe *die,* tschech. **Labe,** einer der Hauptströme Mitteleuropas, kommt vom Böhm. Riesengebirgskamm, durchbricht das Böhm. Mittelgebirge und das Elbsandsteingebirge, durchfließt das Dresdner Becken und die Norddt. Tiefebene und mündet bei Cuxhaven, 15 km breit, in die Nordsee. Stromlänge: 1 165 km, davon 940 km schiffbar. Ein weit verzweigtes Kanalnetz (Mittelland-, E.-Trave-, E.-Havel-Kanal, Elbeseitenkanal u. a.) verbindet die E. mit der Ostsee, Berlin und der Oder.

Elbing, poln. **Elbląg** [ˈɛlblɔŋk], Hptst. der poln. Wwschaft Elbląg, Hafen- und Ind.stadt, 127 300 Ew.; am schiffbaren E.-Fluss; Werftind., Turbinenbau.

Eisvogel

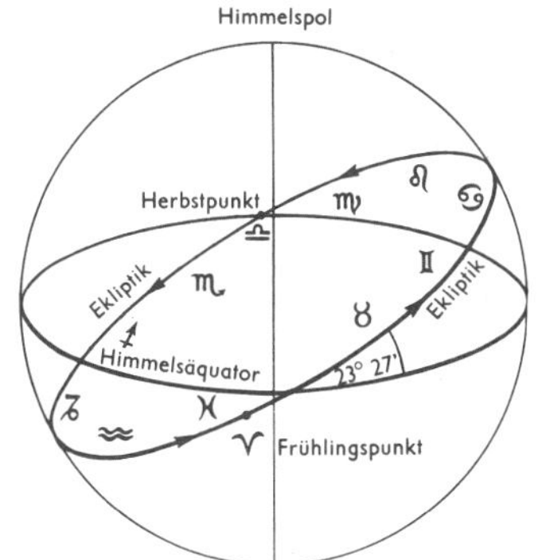

Ekliptik

Elbsandsteingebirge. Die Schrammsteine in der Sächsischen Schweiz

1237 im Deutschordensland gegründet, alte Hansestadt.

Elbrus *der,* höchster Berg des Kaukasus, 5 642 m.

Elbsandsteingebirge, aus Kreidesandsteinen aufgebautes Bergland beiderseits der Elbe, zw. Erzgebirge und Lausitzer Gebirge, im Hohen Schneeberg 721 m hoch; reich an Felsen und Tafelbergen; das dt. Gebiet beiderseits des Elbdurchbruchs wird **Sächs. Schweiz** genannt.

Elbtunnel, in Hamburg, **1)** für Fahrzeuge und Fußgänger, 23,5 m unter dem Elbspiegel, 450 m lang. – **2)** Autobahntunnel, 2 653 m lang (einer der längsten Unterwasser-Straßentunnel der Erde), 1975 eröffnet.

Elburs *der,* Gebirge in N-Iran, am Kasp. Meer; im Vulkan Demawend 5 671 m hoch.

El Castillo [-ʎo], Bergkegel bei Puente Viesgo, Prov. Santander, Spanien. An seinen Flanken befinden sich mehrere Höhlen (El C., Las Chimeneas, Las Monedas, La Pasiega) mit Felsbildern der jüngeren Altsteinzeit.

Elch *der,* **Elentier, Elen,** plumpes, hochbeiniges, 2,4 bis 3,1 m körperlanges und 1,8 bis 2,4 m schulterhohes Hirschtier, männlicher E. mit Schaufelgeweih (bis 20 kg schwer); leben in Sumpfgegenden NO-Europas, N-Asiens, Nordamerikas.

Elche [ˈɛltʃə], Stadt in der Prov. Alicante, Spanien, 189 800 Ew.; hat z. T. maur. Gepräge; in der Nähe der **Palmenwald von E.,** die bedeutendste Dattelpalmenoase Europas.

Elchtest, aus der schwed. Alltagspraxis stammendes Testszenarium (abruptes Umfahren plötzlich auftretender Hindernisse, z. B. Elch) zur Erprobung des Fahrverhaltens von Pkw.

Eldorado [span. »das Vergoldete«], sagenhaftes Goldland im Innern des nördl. Südamerika; Ü glückl. Aufenthalt, Paradies.

Eleaten, Anhänger der griech. Philosophenschule in Elea (Unteritalien); ihr Gründer war Xenophanes von Kolophon (6./5. Jh. v. Chr.), dem v. a. Parmenides (500 v. Chr.), dann Zenon und Melissos folgten.

Elefant *der,* Familie der Rüsseltiere, mit greiffähiger Rüsselnase, grauer, dünn behaarter Haut. Mit 5,5 bis 7,5 m Körperlänge, 4 m Schulterhöhe und 6 t Gewicht größtes und schwerstes Landsäugetier; E. leben in Herden und ernähren sich von Blättern und Zweigen. Die Stoßzähne aus →Elfenbein sind bis 90 kg schwer. Die mit 8 bis 12 Jahren geschlechtsreifen weiblichen E. gebären nach einer Tragzeit von 20 bis 22 Monaten meist ein Junges. Der **Afrikan. E.** ist großohrig; der **Ind. E.** ist kleiner, sehr gelehrig und dient als Zug- und Lasttier. Verwandte der E. wie Mammut und Mastodon lebten im Tertiär.

Elegie *die,* **1)** bei Griechen und Römern: jedes Gedicht im Versmaß des Distichons. – **2)** neuere Dichtkunst: wehmütiges Gedicht (F. G. Klopstock, Goethe, F. Hölderlin, R. M. Rilke u. a.).

Elektra, griech. Sage: Tochter des Agamemnon, Schwester der Iphigenie, half ihrem Bruder Orestes, den von Ägisth und Klytämnestra ermordeten Vater zu rächen; oft dichterisch behandelt (Aischylos, Sophokles, Euripides, J. Giraudoux u. a.); den Text H. v. Hofmannsthals vertonte 1909 R. Strauss.

Elektret *der* oder *das,* ein Dielektrikum aus Ferroelektrika oder Kunstharzen mit permanenter elektr. Polarisation (elektr. Analogie zum Permanentmagneten).

elektrische Fische, verschiedenartige Knorpel- und Knochenfische mit elektr. Organen und Elektrorezeptoren. Bei manchen e. F. (z. B. Nilhechten) dienen die Impulse v. a. der Orientierung, bei anderen (z. B. beim Zitterrochen, Zitterwels, Zitteraal) werden durch die Stromstöße auch Feinde abgewehrt, Beutetiere betäubt oder getötet.

elektrische Maschinen, Maschinen, die entweder mechan. in elektr. Energie (→Generator) oder elektr. in mechan. Energie (→Elektromotor) sowie elektr. Energie einer Art in solche anderer Art (z. B. Umformer) umwandeln.

elektrische Messinstrumente dienen zum Messen elektr. (Spannung, Stromstärke, Widerstand, Leistung usw.) und magnet. Größen. Wichtigste Arten: **Drehspulinstrument:** Drehspule im Feld eines Dauermagneten, nur für kleine Gleichströme, höchste Genauigkeit; durch Vorwiderstand für höhere Spannung, durch Nebenwiderstand (Shunt) für größere Stromstärke, durch Gleichrichter für Wechselstrom anwendbar. **Dreheiseninstrument:** ein bewegl. Weicheisenkern wird von einer festen, vom Messstrom durchflossenen Spule abgelenkt. **Elektrodynam. Messwerk:** feste und bewegl. Spule mit oder ohne Eisen als Wirk- und Blindleistungsmesser für Wechselstrom. **Kreuzspulgeräte:** 2 gekreuzte bewegliche Spulen, als Quotientenmesser für Widerstand, Temperatur.

elektrischer Stuhl, in einigen Staaten der USA Anlage zur Vollstreckung der Todesstrafe durch Stromstöße (bis 10 000 V).

elektrisches Feld, ❀ ein Feld, das von ruhenden oder bewegten elektr. Ladungen und durch zeitlich veränderl. Magnetfelder erzeugt wird; gekennzeichnet durch die elektr. Feldstärke E und die elektr. Flussdichte D.

Elektrisiermaschine, Gerät zum Trennen und Ansammeln elektr. Ladungen. Das Trennen geschieht durch Reibung etwa von Glas und Leder **(Reibungs-E.)** oder durch Influenz **(Influenz-E.),** das Sammeln durch Übertragung auf eine Metallkugel (Konduktor) als Ladungsspeicher.

Elektrizität *die,* alle Erscheinungen im Zusammenhang mit ruhenden oder bewegten **elektr. Ladungen** oder den damit verbundenen elektr. und magnet. Feldern. In der Natur finden sich positive und negative Ladungen. Gleichnamige Ladungen stoßen sich ab, ungleichnamige ziehen sich an. Die Kräfte werden durch das **elektr. Feld** vermittelt, das jede Ladung um sich herum aufbaut und das durch Feldlinien veranschaulicht werden kann. Längs einer Feldlinie wirkt die **elektr. Feldstärke,** zw. 2 Punkten einer Feldlinie herrscht eine **elektr. Spannung.** Die Spannung in einem Feldpunkt gegen einen Leiter, z. B. Erde, heißt dessen **Potenzial,** eine Spannung zw. 2 Feldpunkten ist daher deren **Potenzialdifferenz.** Ein **elektr. Strom** entsteht, wenn sich Ladungen entlang einem Potenzialgefälle fortbewegen. Stoffe, die einer solchen Bewegung keinen nennenswerten Widerstand entgegensetzen, heißen Leiter, die übrigen Halbleiter oder Nichtleiter (Isolatoren). Jede bewegte Ladung besitzt außer dem elektr. ein magnet. Feld, dessen Feldlinien die Bewegungsrichtung der Ladung kreisförmig umschlingen. Ein in geschlossenem Kreis fließender Strom verhält sich daher wie ein Magnet: solche Kreisströme ziehen sich an, wenn die Ströme gleichgerichtet fließen, oder stoßen sich ab, wenn die Ströme entgegengesetzt gerichtet sind. Diese Regeln gelten unverändert auch für stromdurchflossene Leiterstücke (ampèresches Gesetz).

Ändert sich die Geschwindigkeit einer bewegten Ladung, so ändert sich auch die magnet. Feldstärke, wodurch ein zusätzl. elektr. Feld entsteht (»induziert« wird), das die magnet. Feldlinien ringförmig umgibt. Dieses ist so gerichtet, dass es der Geschwindigkeitsänderung der Ladung entgegenwirkt (lenzsche Regel); andererseits vermag es andere Ladungen in Bewegung zu setzen **(Induktionsstrom).** Bei rasch hin- und herschwingenden Ladungen, wie sie einem Wechselstrom zugrunde liegen, lassen sich elektr. und magnet. Felder nicht mehr getrennt beschreiben, sondern nur gemeinsam als **elektromagnet. Feld,** dessen Stärke sich periodisch ändert.

Von stoffl. Trägern losgelöste Ladungen gibt es nicht; die kleinsten stoffl. Ladungsträger sind die Elementarteilchen, bes. Elektronen und Protonen. Die Atomelektronen sind mit ihren Bahnimpulsen und Spins die Ursache der wichtigsten magnet. Atomeigenschaften. Die im Kristallgitter von Metallen locker gebundenen Elektronen verursachen die metall. E.-Leitung. Die entstehende Wärme (joulesche Wärme), die bei elektr. Öfen, Herden, Glühlampen usw. genutzt wird, ist als »Reibungswärme« der Elektronen im Metallgitter zu deuten. – **Einheiten.** Stromstärke: Ampere. Spannung: Volt. Widerstand: Ohm. Leistung: Watt. Ladung: Coulomb.

Elektrizitätsversorgung, umfasst alle Einrichtungen zur Erzeugung (Kraftwerk), Übertragung und Verteilung (Freileitungen, Kabel, Umspannstation) elektr. Energie. Die E. wird mit Drehstrom von 50 Hz durchgeführt. Die Verbraucher sind **Hochspannungsabnehmer** (Großabnehmer) oder **Niederspannungsabnehmer** (Haushalt, Gewerbe).

Elektrizitätszähler, Gerät zur Messung des Verbrauchs an elektr. Arbeit. E. für Gleichstrom sind **Amperestundenzähler** auf elektrolytischer Grundlage und **Wattstundenzähler,** bei denen der Strom in einer feststehenden Spule ein dem Strom proportionales Magnetfeld erzeugt, in dem sich ein Anker dreht, dessen Umdrehungen gemessen werden. Für Dreh- und Wechselstrom **Induktionszähler:** In einer drehbaren Aluminiumscheibe werden Induktionsströme erzeugt, die bewirken, dass die Scheibe sich unter dem Einfluss von Magnetfeldern dreht, die der Versorgungsstrom erregt.

Elektro|akustik, techn. Gebiet, das die Erzeugung, Verstärkung, Übertragung, Speicherung, Wiedergabe sowie Analyse und Synthese von Schall mit elektrotechn. Hilfsmitteln behandelt; elektroakust. Instrumente sind z. B. die elektr. und elektron. Musikinstrumente.

Elektro|analyse, Mengenbestimmung elektrolytisch abgeschiedenen Metalls, Verfahren der chem. Analyse.

Elektrochemie, Lehre vom Zusammenhang chem. und elektr. Vorgänge, z. B. in →galvanischen Elementen, in →Akkumulatoren, bei der →Elektrolyse u. a.

Elektrochirurgie, ärztl. Anwendung der bei Hochfrequenzströmen auftretenden jouleschen Wärme zur Gewebszerstörung durch Gerinnen **(Elektrokoagulation)** sowie zur Gewebsdurchtrennung **(Elektrotomie)** oder -entfernung **(Elektroresektion).**

Elektrode *die,* in elektr. Stromleitern die Übergangsstelle von metall. Leitern auf Leitung durch Ionen (in Flüssigkeiten und Gasen) oder durch freie Elektronen im Vakuum. Die positive E. heißt **Anode,** die negative **Kathode.**

Elektrodynamik *die,* Lehre von den zeitl. veränderl. elektromagnet. Feldern.

elektrodynamisches Messwerk →elektrische Messinstrumente.

Elektro|enzephalogramm *das,* Abk. **EEG,** Kurve der Aktionsströme des Gehirns; wichtigste Untersuchungsmethode der Gehirntätigkeit ist die **Elektroenzephalographie.**

Elektrofahrzeug, mit Elektromotoren angetriebenes Kraftfahrzeug. Die elektr. Energie wird einer Oberleitung, einem mitgeführten Akkumulator, einem Generator (durch einen Verbrennungsmotor angetrieben) oder direkt aus Solarzellen (Solarmobil) entnommen. E. werden in Werkhallen, Bahnhöfen u. Ä. als Transport- und Hubfahrzeuge eingesetzt. **Elektroautos** werden als mögl. Autos der Zukunft für den innerstädt. Verkehr entwickelt und sind z. T. schon im Einsatz.

Elektrogitarre, E-Gitarre, Gitarre mit fest angebrachtem Tonabnehmer, die elektrisch verstärkt über Lautsprecher wiedergegeben wird; v. a. in der Pop- und Rockmusik.

Elektrokardiogramm *das,* Abk. **EKG,** die Kurve der Aktionsströme des Herzens; dient der Diagnostik von Herzerkrankungen.

Elektrolyse *die,* Trennung von in Flüssigkeiten gelösten oder geschmolzenen chem. Verbindungen durch elektr. Strom. Ein in Wasser gelöstes Salz zerfällt in Paare entgegengesetzt geladener →Ionen **(elektrolyt. Dissoziation).** Bringt man die Pole einer Stromquelle in die Lösung, so zwingt die anliegende Spannung die Ionen, zu dem jeweils entgegengesetzt geladenen Pol zu wandern, wo sie ihre Ladung abgeben und sich als neutrale Atome (bzw. Moleküle) auf der Elektrode abscheiden oder mit dem Lösungsmittel (Wasser o. Ä.) neue Reaktionen eingehen. Den Ladungstransport durch Ionen nennt man **Ionenleitung,** die Lösungen oder Schmelzen, in denen er auftritt, **Ionenleiter** oder **Elektrolyte,** die zur Kathode wandernden positiven Ionen **Kationen,** die zur Anode wandernden negativen **Anionen.** Die abgeschiedene Stoffmenge entspricht dem Produkt des elektr. Stroms und der Zeit.

Elektromagnet *der,* Spule mit Weicheisenkern. Fließt durch die Spule ein Strom, magnetisiert sich das Eisen. BILD S. 232

elektromagnetische Wellen, elektromagnetische Strahlung, räumlich und zeitlich period. elektromagnet. Felder, die sich mit Lichtgeschwindigkeit ausbreiten. Sie entstehen, wenn elektr. Ladungsträger sich beschleunigt bewegen, und werden insbesondere

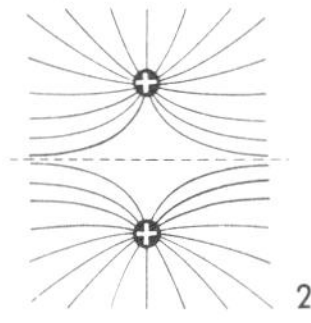

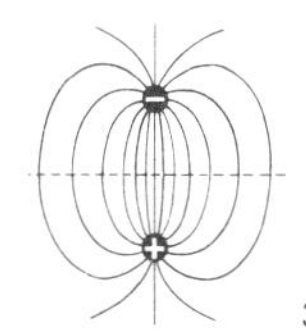

3

Elektrizität
1 elektrisches Feld einer geladenen Kugel: a Feldlinien, b Flächen gleichen Potenzials oder Äquipotenzialflächen (gestrichelt); 2 Feldverlauf zweier positiver Ladungen; 3 Feldverlauf einer negativen und einer positiven Ladung

Elch

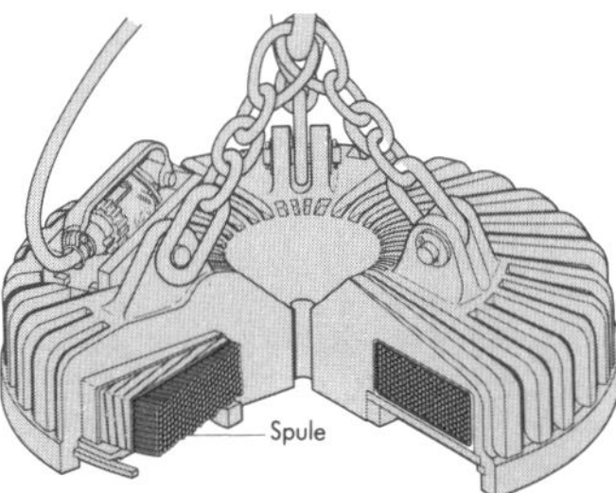

Elektromagnet. Lasthebemagnet

von schwingenden elektr. oder magnet. Dipolen abgestrahlt. Ihre Frequenzen bzw. Wellenlängen bilden das **elektromagnet. Spektrum.** Lichtwellen sind e. W. mit Wellenlängen zw. etwa 400 und 750 nm (sichtbares Licht). E. W. werden in der Funktechnik, in der drahtlosen Telegrafie, beim Hör- und Fernsehrundfunk usw. verwendet.

Elektrometallurgie, Gewinnung von Metallen aus Erzen oder Zwischenerzeugnissen im Lichtbogenofen oder die elektrolyt. Raffination sehr reiner Metalle aus ihren Salzlösungen durch Elektrolyse.

Elektromotor, elektr. Maschine, die elektr. Energie in mechan. Arbeit umwandelt mithilfe der Kraftwirkung zw. einem Magnetfeld und einem stromdurchflossenen Leiter. Hauptteile sind der feststehende Ständer (Stator) mit der Erregerwicklung und der drehbare Läufer (Rotor, Anker) mit der Ankerwicklung. Alle E. können auch als Generator verwendet werden, z. B. zum Bremsen. 1) **Drehstromasynchronmotor,** der meistangewandte Motor, enthält im Ständer 3 um 120° versetzte Wicklungsstränge, der Läufer läuft langsamer als das Drehfeld. 2) **Einphasenwechselstrommotor** mit Kurzschlussläufer ähnl. 1), nur für kleine Leistungen. 3) **Drehstromsynchronmotor** für gleich bleibende, vom Drehfeld abhängige Drehzahl: als Drehstrommotor mit Gleichstromerregung für größere Leistung, als Einphasenmotor für Kleinstmotoren. 4) **Gleichstrommotor** für Spezialantriebe: Reihenschlussmotor für Fahrzeuge und Anlasser von Verbrennungskraftmaschinen, als Allstrommotor für Gleich- und Wechselstromspeisung, als Universalmotor für Haushaltsgeräte, Elektrowerkzeuge u. Ä., als Doppelschlussmotor mit einstellbarer Drehzahl als Grundlage aller selbsttätigen Regelschaltungen.

Elektromotor. Perspektivschnitt eines Universalmotors

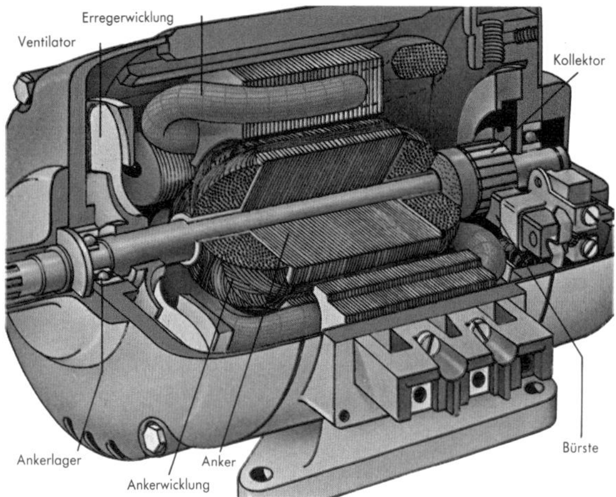

elektromotorische Kraft, Abk. **EMK,** durch magnet., elektrostat. oder elektrochem. Vorgänge hervorgerufene Spannung.

Elektron *das,* elektrisch negativ geladenes Elementarteilchen. Die Masse eines E. ist mit $9{,}109 \cdot 10^{-28}$ g etwa 1 837-mal kleiner als die des Wasserstoffatoms. Seine Ladung ist die Elementarladung. Das E. besitzt einen Eigendrehimpuls (Spin) und ein entsprechendes magnet. Moment. Die E. sind die Bausteine der E.-Hülle der Atome; jedes neutrale Atom enthält so viele E., wie seine Ordnungszahl angibt. E. sind auch die Träger des elektr. Stroms in Metallen und der n-Leitung in Halbleitern; sie bewegen sich in den Zwischenräumen des Metallkristallgitters ähnlich wie Gasmoleküle. Treten E. aus Metallen – durch Wärmebewegung oder Wirkung eines starken elektr. Felds – in ein Vakuum aus, so lassen sie sich durch elektromagnet. Felder leicht lenken, beschleunigen oder bremsen. Dies nutzt man zur Erzeugung von **Elektronenstrahlen.**

Elektronenblitzgerät, bei der Fotografie verwendetes elektron. Blitzlicht; **Computer-E.** dosieren über einen Photowiderstand selbsttätig die abgestrahlte Lichtmenge.

Elektronenmikroskop, Vergrößerungsgerät, das anstelle von Lichtstrahlen Elektronenstrahlen benutzt, die durch elektr. oder magnet. Felder gerichtet werden. Das vergrößerte Bild lässt man auf einen Leuchtschirm fallen oder hält es auf einer fotograf. Platte fest; bis 2 000 000fache Vergrößerung, Auflösungsvermögen bis 0,16 nm; Viren und größere Moleküle werden sichtbar.

Elektronen|optik, Teilgebiet der Physik, das sich mit dem Verhalten von Elektronenstrahlen in ablenkenden elektr. und magnet. Feldern befasst, v. a. mit ihren abbildenden Eigenschaften.

Elektronen|orgel, E-Orgel, Musikinstrument mit rein elektron. Schwingungserzeugung, Bedienung entsprechend einer Orgel; zahlreiche Klang- und Effektregister.

Elektronenröhre, Glühkathodenröhre, Gerät zur trägheitslosen Steuerung elektr. Ströme. Es dient zur Gleichrichtung, Verstärkung, Modulation (in Sendern), wird verwendet als elektron. Schalter, in der Regelungstechnik; heute durch Transistoren ersetzt (Ausnahme Höchstfrequenz, Mikrowellen). Die Grundform der E. ist ein luftleer gepumptes Glasgefäß mit Kathode, Anode und den dazwischenliegenden Gittern. Die durch einen Heizfaden erhitzte Kathode (Nickelröhrchen mit Oxidüberzug) sendet Elektronen aus, die zur Anode fliegen, wenn eine Spannung angelegt wird. Erhält das Steuergitter eine negative Spannung, so wird der Elektronenstrom gebremst, bei einer positiven Spannung dagegen beschleunigt. **Schirmgitterröhren** (bes. zur Hochfrequenzverstärkung) haben zw. Steuergitter und Anode noch ein 2. Gitter (Schirmgitter), das die Rückwirkungen der Anode auf das Steuergitter abfängt. – Bei der **Elektronenstrahlröhre** werden die Elektronen durch elektr. oder magnet. Felder gebündelt und als Strahl auf einen Bildschirm gerichtet. Anwendung als Oszilloskopröhre und Fernsehbildröhre.

Elektronenschleuder, andere Bezeichnung für das → Betatron.

Elektronenstrahllithographie, Verfahren zur Übertragung von Schaltkreisstrukturen integrierter Schaltkreise auf eine Halbleiterscheibe (Wafer). Dabei wird ein strahlungsempfindl. Lack durch eine Maske, die die Bauelementstrukturen enthält, mit Elektronenstrahlen »belichtet«. Der nicht gehärtete Lack wird dann abgelöst, an diesen Stellen die Oberfläche geätzt und so die Maskenstrukturen auf die Waferoberfläche übertragen.

Elektronik *die,* ⚡ urspr. die Technik der Elektronenröhren und deren Anwendungen, heute die Technik elektr. Stromkreise und Schaltungen, in denen Elektronenröhren, Kathodenstrahlröhren, Dioden, Transistoren, Thyristoren, Relais, Thyratrons, Photozellen, integrierte Schaltungen als stat. (statt bewegl.) Steuer- oder Schaltgeräte verwendet werden. Die Verbindungen zw. den Bauelementen werden nicht durch Drähte, sondern durch →gedruckte Schaltungen hergestellt. Mit →integrierten Schaltungen in der **Mikro-E.** ist eine Verkleinerung der Abmessungen einer Schaltung (Miniaturisierung) erreichbar.

elektronische Geldbörse, eine mit einem Mikrochip ausgestattete Karte. Der Chip speichert bestimmte Geldbeträge und reduziert beim Bezahlen mit dieser Karte den gespeicherten Betrag um den verbrauchten Betrag. Die e. G. dient als Bargeldersatz (Einweg- oder Mehrwegkarte).

elektronische Musik, mit elektron. Klangmitteln erzeugte und aufgezeichnete Musik, die durch Lautsprecher wiedergegeben wird. Wichtigstes Instrument ist der Synthesizer.

Elektronvolt, Elektronenvolt, Einheitenzeichen **eV,** die Energie eines Elektrons nach Durchlaufen der Spannung 1 V; 1 eV = $1{,}602 \cdot 10^{-19}$ Joule.

Elektroöfen, elektrisch beheizte Industrieöfen zur Wärmebehandlung (Glühen, Schmelzen, Sintern, Trocknen). Bei **Lichtbogenöfen** kann der Lichtbogen zw. dem Gut und einer Elektrode oder über dem Gut zw. 2 Elektroden brennen; bei **Widerstandsöfen** kann das Gut vom Strom durchflossen direkt erwärmt oder durch einen erhitzten Widerstand oder Tiegel indirekt aufgeheizt werden. Bei **Induktionsöfen** bildet das Gut den Sekundärkreis eines Transformators.

Elektrophorese *die,* das Wandern geladener Kolloidteilchen im elektr. Feld.

Elektrophysiologie, befasst sich mit den von den Lebewesen selbst erzeugten elektr. Strömen (tier. Elektrizität, Bioelektrizität); diese sind Begleiterscheinung aller Lebensvorgänge, die mit Änderungen der Ionenkonzentration im Gewebe verbunden sind.

Elektroschock, Elektrokrampf, nur noch selten eingesetztes Verfahren zur Behandlung psych. Krankheiten; dabei wird das Gehirn mit elektr. Stromimpulsen gereizt.

Elektroskop *das,* Gerät zum Nachweis von elektr. Spannungen und Ladungen. Die einfachste Form ist das **Blatt-E.,** 2 an einem Metallstab hängende Gold- oder Aluminiumblättchen, die sich bei Aufladung infolge Abstoßung spreizen.

Elektrosmog, technisch erzeugte elektromagnet. Strahlung, die bei Energieumwandlungen, Transport und Nutzung unkontrolliert in die Umgebung abgestrahlt wird. Die Folgen sind umstritten, jedoch wird bei hohen Feldstärken eine gesundheitl. Beeinträchtigung angenommen.

Elektrostal, russ. Stadt im Gebiet Moskau, 153 000 Ew., Maschinen- und Stahlindustrie.

Elektrostatik, Lehre von den ruhenden elektr. Ladungen.

elektrostatische Aufladung, entsteht durch Berühren und Trennen bei Kunststoffen mit hohem elektrostat. Isoliervermögen.

Elektrotechnik, Technikgebiet, das sich mit der techn. Anwendung der Elektrizität befasst; unterteilt in **elektr. Energie-** und **Nachrichtentechnik.**

Elektrotherapie, Anwendung von Elektrizität u. a. zur Behandlung von Muskel- und Nervenkrankheiten (bes. Lähmungen und Krämpfen), Durchblutungsstörungen. (→Kurz- und Mikrowellentherapie)

Element *das,* **1)** Urstoff, Grundstoff; z. B. die 4 E. Erde, Wasser, Luft, Feuer. – **2)** Grundbestandteil. – **3)** ⚗ chem. Grundstoff (→chemische Elemente, Übersicht). – **4)** ⚡ →galvanische Elemente.

Elementargeister, nach dem Glauben des MA. die Geister, die die 4 Elemente bewohnten; im Feuer: Salamander; im Wasser: Undinen; in der Luft: Sylphen; in der Erde: Gnomen.

Elementarladung, Elementarquantum, elektr. Ladung des Elektrons, Protons oder Positrons, kleinste in der Natur vorkommende positive oder negative Elektrizitätsmenge; Zeichen *e*; Größe $1{,}602 \cdot 10^{-19}$ Coulomb.

Elementarteilchen, nach heutigem Forschungsstand die kleinsten Bausteine der stoffl. Welt: Leptonen (z. B. Elektron, e- und μ-Neutrino, Myon), Mesonen, Nukleonen (Proton, Neutron), Hyperonen. Nukleonen und Hyperonen werden zusammenfassend als Baryonen bezeichnet. Eigenschaften der E. sind: Masse, elektr. Ladung, Spin (Eigendrehimpuls), magnet. Moment, Lebensdauer (stabile und instabile E.), Isospin (Quantenzahl abhängig von elektr. Ladung), Strangeness (Quantenzahl für Mesonen und Hyperonen), Parität u. a. Teilchen mit ganzzahligem Spin werden Bosonen, solche mit halbzahligem Fermionen genannt. Durch Stöße mit energiereichen Teilchen (→Hochenergiephysik) entstehen hochangeregte, äußerst kurzlebige Zustände der Baryonen **(Resonanzen)** und andere E., deren Erforschung heute im Mittelpunkt der E.-Physik steht. Zu jedem E. gibt es ein **Antiteilchen,** z. B. zum Elektron das Positron, zum Proton das Antiproton. Antiteilchen entstehen zusammen mit ihren Teilchen bei genügender Energiezufuhr **(Paarerzeugung).** Teilchen-Antiteilchen-Paare zerstrahlen beim Aufeinandertreffen sofort wieder in Photonen **(Paarvernichtung).** Die Eigenschaften der Mesonen und Baryonen lassen sich erklären, wenn man annimmt, dass Mesonen aus je einem Quark und einem Antiquark und Baryonen aus je 3 Quarks aufgebaut sind. Diese Quarks sollten in 6 Zuständen existieren, von denen 5 bisher experimentell nachgewiesen werden konnten (der Nachweis des 6. von 1994 muss noch bestätigt werden).

Elementarunterricht, Anfangsunterricht in der Grundschule.

Elementary School [elɪˈmentərɪ ˈsku:l], in den USA die 6- bis 8-jährige Grundschule für Kinder vom 6. bis zum 11. oder 13. Lebensjahr; daran schließt die High School an.

Elephantiasis, Elefantiasis *die,* **Elefantenkrankheit,** Verdickung der Haut und des Unterhautzellgewebes, bes. an Beinen, Armen und Geschlechtsteilen. Ursachen sind Erkrankungen der Venen oder Lymphgefäße u. a.; die **trop. E.,** eine Filariose, wird verursacht durch Fadenwürmer (Filarien) in den Lymphgefäßen, die Lymphstauung bewirken.

Eleusis, griech. Ind.stadt bei Athen, 22 800 Ew., archäolog. Museum; im Altertum Sitz der **Eleusin. Mysterien,** der auf einen Fruchtbarkeitskult der Göttinnen Demeter, Persephone (Kore) und des Triptolemos zurückgeht; die eigentl. Weihehandlungen fanden im berühmten Telesterion (fast quadrat. Kultbau mit Säulenwald des 6. Jh. v. Chr. und jünger) statt.

Elevation *die,* **1)** Erhöhung. – **2)** kath. Liturgie: Erhebung der Hostie und des Kelches. – **3)** ☼ Höhe eines Gestirns.

Eleve *der,* Zögling, Schüler in Ballett, Schauspiel; der praktisch Auszubildende in der Forst- und Landwirtschaft.

Elfen, *Sg.* **Elf** *der* oder **Elfe** *die,* in Sage und Märchen Lichtgestalten, Mittelwesen zw. Menschen und Göttern, in Erde, Wasser, Luft.

Elfenbein [»Elefantenknochen«], i. e. S. Knochenmasse der Stoßzähne des Elefanten; elastisch, leicht polierbar. 1989 wurde ein weltweites Handelsverbot für E. verhängt (ab 1999 ist der E.-Handel unter Auflagen wieder möglich; seit 1997 bereits für Simbabwe, Namibia und Botswana). I. w. S. wird auch das Zahnbein der Eck- und Schneidezähne von Walross, Narwal und Nilpferd E. genannt.

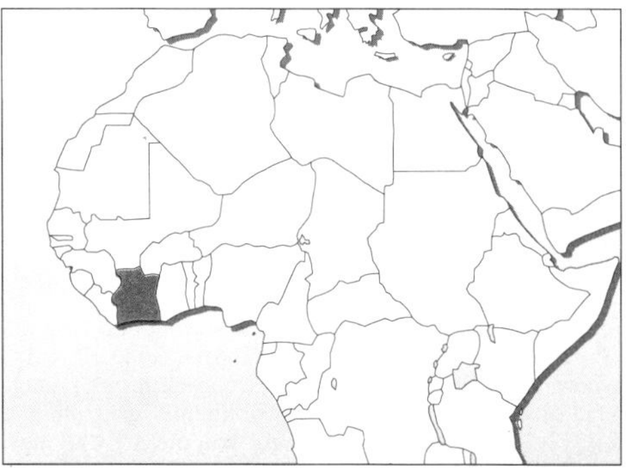

Elfenbeinküste

Staatswappen

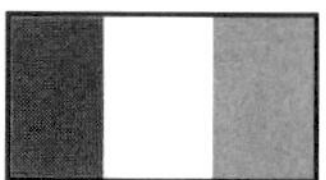

Staatsflagge

Internationales Kfz-Kennzeichen

Elfenbeinküste, frz. und amtl. Name **Côte d'Ivoire** [ko:t di'vwar], Rep. in W-Afrika, am Golf von Guinea, 322463 km², 10,8 Mio. Ew. (überwiegend Naturreligionen, rd. 24% Muslime, 32% Christen); Hptst. Yamoussoukro, Reg.-Sitz Abidjan; Amtssprache: Französisch. Präsidialverf. - Dem tropisch-feuchten Küstenstreifen schließt sich ein Regenwaldgürtel an; im N Savannenhochland mit Sommerregen. Anbau von Jamswurzeln, Reis, Kaffee; Ausfuhr: Kaffee, Kakao u.a.; Kautschuk, Edelhölzer. ⚒ auf Diamanten, Mangan; Nahrungsmittelind.; Haupthandelspartner: Frankreich. ⚓ und ✈ Abidjan. - 1895 bis 1958 Gebiet Frz.-Westafrikas, dann Rep. in der Frz. Gemeinschaft; 1960 unabhängig. Präs.: H. Konan Bédié (seit Dez. 1993).

Elfenbeinschnitzerei, Kunstfertigkeit, Gegenstände aus Elfenbein oder ähnl. Material zu schnitzen; v.a. in Afrika, Asien, Europa. In Dtl. wird nach dem internat. Handelsverbot aus Russland importiertes Mammutelfenbein verwendet.

Elgar ['elgɑ:], Sir (seit 1904) Edward, brit. Komponist, *1857, †1934; schrieb Oratorien, Orchesterwerke, Kammermusik, Klavierwerke, Lieder.

Elgin Marbles ['elgɪn 'mɑ:blz], die von Thomas Bruce, Earl of Elgin (*1766, †1841) 1803 bis 1812 nach England gebrachten Marmorskulpturen, die v.a. von der Athener Akropolis stammen (heute im Brit. Museum, London).

El Greco →Greco, El.

Elias, Elia, Prophet im Reich Israel (um 900 bis 850 v.Chr.), bekämpfte den Kult des Baal.

Norbert Elias

Elias, Norbert, dt. Soziologe, *1897, †1990; seit Anfang der 1940er-Jahre brit. Staatsbürger. Schrieb u.a. »Über den Prozeß der Zivilisation« (1939), »Die höf. Gesellschaft« (1969), »Die Gesellschaft der Individuen« (1987).

Eligius, Bischof von Noyon, *um 588, †um 660; Patron der Schmiede (Tag: 1. 12.).

Elion ['eljən], Gertrude Belle, amerikan. Pharmakologin, *1918; für grundlegende pharmakolog. Forschungen 1989 Nobelpreis für Physiologie oder Medizin (mit J. W. Black und G. H. Hitching).

T. S. Eliot

Eliot ['eljət], **1)** George, eigentl. Mary Ann **Evans,** brit. Erzählerin, *1819, †1880; übersetzte D. F. Strauß, L. Feuerbach; schrieb psychologisch-soziale Romane: »Adam Bede« (1859), »Silas Marner« (1861). - **2)** T. S. (Thomas Stearns), brit. Dichter amerikan. Herkunft, *1888, †1965; sah die Rettung der abendländ. Kultur in einem christlich fundierten Humanismus. Lyrik: »Das wüste Land« (1922), »Aschermittwoch« (1930); Schauspiele: »Mord im Dom« (1935), »Cocktail Party« (1950); Nobelpreis 1948.

Elis, griech. Küstenlandschaft im NW der Peloponnes, in der Olympia liegt.

Elisa, israelit. Prophet (9. Jh. v.Chr.).

Elisabeth, Frau des Zacharias, Mutter Johannes des Täufers, Heilige (Tag: 5. 11.).

Elisabeth, Herrscherinnen: **England. 1) E. I.,** Königin (1558 bis 1603), Tochter Heinrichs VIII. und der Anna Boleyn, *1533, †1603; führte die Reformation in der Form der anglikanischen Kirche wieder ein, ließ ihre kath. Nebenbuhlerin Maria Stuart 1587 hinrichten, im Krieg mit Spanien siegreich (Vernichtung der Armada). Unter ihr erlebte England einen großen wirtschaftl. Aufstieg und eine (mit Shakespeare) geistige Blütezeit (Elisabethan. Zeitalter). - **2) E. II.,** Königin von Großbritannien und Nordirland, Haupt des Commonwealth, *1926; bestieg nach dem Tod ihres Vaters Georg VI. 1952 den Thron; ⚭ seit 1947 mit Philip Mountbatten (aus dem griech. Königshaus), jetzt Prinz Philip, Herzog von Edinburgh. - **Österreich-Ungarn. 3) E.,** Kaiserin und Königin, bayer. Prinzessin, *1837, † (ermordet) 1898; Gemahlin von Kaiser Franz Joseph I. - **Russland. 4) E. Petrowna,** Kaiserin (1741 bis 1762), Tochter Peters d. Gr., *1709, †1762; beteiligte sich am Siebenjährigen Krieg gegen Preußen. - **Thüringen. 5) Die heilige E.,** Gemahlin des Landgrafen Ludwig IV. von Thüringen, *1207, †1231; ungar. Königstochter, wurde 1227 als Witwe von der Wartburg vertrieben und lebte in Marburg der Frömmigkeit und Wohltätigkeit; 1235 heilig gesprochen (Tag: 17. 11., in Dtl. 19. 11.).

Elisabethville [-'vil], →Lubumbashi.

Elite *die,* gesellschaftl. Minderheit, die polit. oder sozial führend bzw. herrschend ist; neuere Theorien sehen E. lediglich als Inhaber bes. bedeutender gesellschaftl. Positionen **(Funktions-E.).**

Ellbogen, Ellenbogen, hakenförmiger Knochenfortsatz der Elle am **E.-Gelenk** zw. Oberarmbein, Elle und Speiche, i.w.S. Bezeichnung für den gesamten Bereich des Ellbogengelenks.

Elle *die,* Unterarmknochen zw. Hand- und Ellbogengelenk; danach früheres Längenmaß, örtlich schwankend zw. 50 und 80 cm.

Ellesmere Island ['elzmɪə 'aɪlənd], Insel im NO des Kanadisch-Arkt. Archipels, 196200 km², z.T. vergletschert, z.T. Tundra mit polarer Tierwelt.

Ellice-Inseln ['elɪs-], →Tuvalu.

Ellington, Duke, eigentl. Edward Kennedy E., amerikan. Jazzpianist und Komponist, *1899, †1974. Seine Bigband wurde in den 1920er-Jahren zum führenden Orchester des Jazz; als Komponist von bedeutendem Einfluss auf zahlreiche Musiker des Freejazz.

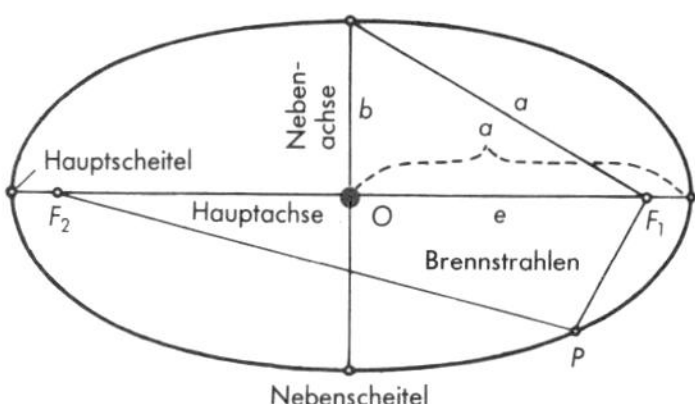

Ellipse

Ellipse *die,* **1)** Weglassung eines aus dem Zusammenhang zu ergänzenden Redeteils. - **2)** √ Kegelschnitt (→Kegel); geschlossene ebene Kurve, bei der die Summe der Abstände jedes ihrer Punkte P von 2 festen Punkten (den Brennpunkten) F_1 und F_2 stets den gleichen Wert hat. Man kann eine E. daher mit einem Stift zeichnen, der eine um die Brennpunkte gelegte Fadenschleife stets straff spannt (»Gärtnerkonstruktion«). Die E. hat einen größten (Hauptachse AB) und einen kleinsten Durchmesser (Nebenachse CD).

Ellipsoid *das,* **1)** durch Drehung einer Ellipse um eine ihrer Achsen entstehender Körper. - **2)** das E. umschließende Fläche.

Ellora, Elura, ind. Ort auf dem Hochland des Dekhan; 34 aus dem Fels gehauene Tempel und Klöster des Buddhismus, Hinduismus und Jainismus (5. bis 8./9. Jh.).

Ellwangen (Jagst), Stadt in Bad.-Württ., 24 200 Ew.; Renaissanceschloss, ehemalige Stiftskirche (12./13. Jh.); Industrie.

Elmsfeuer, büschelförmige elektr. Gasentladung (bei gewittrigem Wetter an Blitzableitern, Masten, Baumzweigen usw.) bei hohen elektr. Feldstärken.

Elmshorn, Stadt in Schlesw.-Holst., 47 000 Ew.; Nahrungsmittelind., Metallverarbeitung; Flusshafen, Werft; Instandsetzungszentrum und Sendefunkstelle der Dt. Telekom.

Eloah, Elohim, Bez. für Gott im A. T.

Elongation *die,* **1)** ☼ Winkelabstand eines Planeten von der Sonne oder eines Mondes vom Planeten. – **2)** ⚛ Entfernung eines schwingenden Körpers aus der Ruhelage.

eloxieren, Aluminium und Aluminiumlegierungen mit einer Schutzschicht aus Aluminiumoxid versehen.

El Paso [elˈpɑːsəʊ], Grenzstadt gegen Mexiko in Texas, USA, 543 800 Ew.; kath. Bischofssitz; Bergakademie, vielseitige Ind.; ✈. – Bei El P. liegt Fort Bliss (US-Army) mit Raketenschule der dt. Luftwaffe.

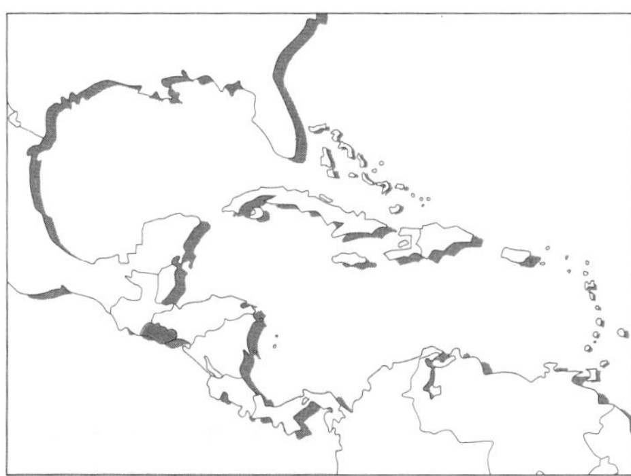

El Salvador, Rep. Zentralamerikas, am Pazif. Ozean, 21 393 km², 5,05 Mio. Ew., rd. 90% Mestizen (85% kath.); Hptst. San Salvador; Amtssprache: Spanisch. Präsidialverfassung. – Im Innern fruchtbares Plateau zw. 2 Gebirgszügen, z. T. mit tätigen Vulkanen; Küstenstreifen feuchtheiß. – Anbau von Mais, Bohnen, Reis, Zucker, Kaffee, Baumwolle. Die Forstwirtschaft von El S. liefert als einziger Welterzeuger Perubalsam. Wasserkraftwerke; Lebensmittel-, Textil- u. a. Ind. – El S. war 1525 bis 1821 unter span. Herrschaft, dann 1823 bis 1838/39 Mitglied der Zentralamerikan. Föderation; seit 1841 selbstständig. Nach Militärputsch (1979) und Militärherrschaft 1983 Wiedereinführung einer Verf.; der seit 1977 geführte Bürgerkrieg zw. linksgerichteter Guerilla und Reg. konnte 1991 beendet werden (Friedensabkommen Jan. 1992). Aus den Wahlen von 1994 ging A. Calderón Sol als Sieger hervor.

Elsass *das,* frz. **Alsace** [alˈzas], Landschaft und Region in O-Frankreich, am Oberrhein, umfasst die Oberrhein. Tiefebene links des Rheins, den Sundgau, einen Teil der Vogesen sowie das im N sich anschließende Hügelland bis zur Saar. Hptst. Straßburg. In der Rheinebene Ackerbau (Weizen, Tabak, Hopfen, Gemüse) und Viehzucht, im Hügelland Weinbau, in den Vogesen Holz-, z. T. Almwirtschaft. Textilind. im Ober-E., ferner Maschinen-, Papier-, Schuh- u. a. Ind.; die wichtigsten Bodenschätze sind die Kalivorkommen bei Mülhausen. Erdölraffinerien werden durch die Erdölleitung Lavéra (Mittelmeer)-Karlsruhe versorgt. – Das E., seit Caesar unter röm. Herrschaft, wurde nach 260 n. Chr. von Alemannen besetzt, war 496 Teil des Frankenreichs (seit 870 ostfränk. bzw. dt.); das E. war v. a. in stauf. Zeit ein Kerngebiet der kaiserl. Macht; seit dem 13. Jh. zerfiel es in viele selbstständige Herrschaften. Der habsburg. Besitz im E. ging 1648 an Frankreich verloren, das 1674 auch die kleineren elsäss. Reichsstädte, 1681 Straßburg besetzte. Im Verlauf der Frz. Revolution wurde das E. 1798 ganz mit Frankreich verschmolzen, ebenso die bisher zur Schweizer. Eidgenossenschaft gehörige Stadt Mülhausen. 1871 bis 1918/19 gehörte das E. mit einem Teil Lothringens als Reichsland Elsass-Lothringen zum Dt. Reich; 1940 bis 1945 unter dt. Zivilverwaltung.

Elsbeere, Elzbeere, artenreiche Gattung der Rosengewächse, Art der Eberesche.

Elser, Johann Georg, dt. Widerstandskämpfer, * 1903, † (hingerichtet) KZ Dachau 1945; verübte am 8. 11. 1939 das Attentat im Bürgerbräukeller (München) auf Hitler.

Elsheimer, Adam, dt. Maler, * 1578, † 1610; tätig in Rom; kleine Landschafts- und Figurenbilder im Stil des Frühbarock.

Elßler, Fanny, eigentlich Franziska E., österr. Tänzerin, * 1810, † 1884; eine der großen romant. Ballerinen des 19. Jh. mit dramat. Begabung, bes. erfolgreich mit Nationaltänzen.

Elster *die,* schwarzweißer Rabenvogel mit langem, keilförmigem Schwanz.

Elster *die,* **1) Weiße E.,** rechter Nebenfluss der Saale, 257 km, entspringt im E.-Gebirge, fließt durch Leipzig. – **2) Schwarze E.,** rechter Nebenfluss der Elbe, 181 km, kommt aus dem Lausitzer Bergland.

Elstergebirge, Bergland zw. dem Erzgebirge und dem Fichtelgebirge, Dtl. und der ČR, bis 759 m hoch.

elterliche Sorge, früher **elterliche Gewalt,** ⚖ Recht und Pflicht der Eltern, für Person (Erziehung, Pflege, Aufsicht, Aufenthaltsbestimmung) und Vermögen des minderjährigen Kindes zu sorgen; die e. S. umfasst auch die Vertretung des Kindes (§§ 1 626 ff. BGB). Für die Ausbildung des Kindes haben die Eltern auf Neigungen und Eignung Rücksicht zu nehmen. Besteht die Ehe der Eltern nicht mehr, so bestimmt das Familiengericht, welchem Elternteil die e. S. zustehen soll; maßgebend ist das Wohl des Kindes.

Elternvertretung, Elternbeirat, gewählter Ausschuss zur Verwirklichung der Elternmitbestimmung an Schulen.

Elton John [ˈeltn dʒɔn], eigentlich Reginald Kenneth **Dwight** [dwaɪt], brit. Rocksänger, -musiker und -komponist, * 1947; Langspielplatten u. a.: »Madman Across the Water« (1971); »Captain Fantastic & the Brown Dirt Cowboy« (1975); »Ice on Fire« (1985).

Eltville am Rhein, Stadt im Rheingau, Hessen, 16 900 Ew.; Sektkellereien; Weinbau.

Eltz, Burg an der Mosel im Kr. Mayen-Koblenz, Rheinl.-Pf., eine der besterhaltenen Burgen des MA. (13. bis 16. Jh.).

Éluard [elyˈaːr], Paul, eigentl. Eugène **Grindel** [grɛ̃ˈdɛl], frz. Schriftsteller, * 1895, † 1952; Lyriker des Surrealismus, führender Dichter der Widerstandsbewegung unter dem Eindruck des Span. Bürgerkriegs und der dt. Besatzung.

Elura → Ellora.

Ely [ˈiːlɪ], Stadt in O-England, am Ouse, 13 200 Ew.; anglikan. Bischofssitz; die Kathedrale Holy Trinity ist ein bedeutender Bau der anglonormann. Schule.

Élysée-Palast [eliˈze-], Amtssitz des Präs. der frz. Rep.; 1718 erbaut.

Elysium, griech. Sage: Ort am Westrand der Erde (»Inseln der Seligen«), später mit dem Ort der Frommen und Gerechten in der Unterwelt gleichgesetzt.

em., Abk. für **em**eritus, → Emeritierung.

Email [eˈmaj] *das,* **Emaille** [eˈmajə] *die,* durch Metalloxid gefärbter Glasfluss zum Überziehen von Metall- und Tonwaren.

Elisabeth II.

El Salvador

Staatswappen

Staatsflagge

Internationales Kfz-Kennzeichen

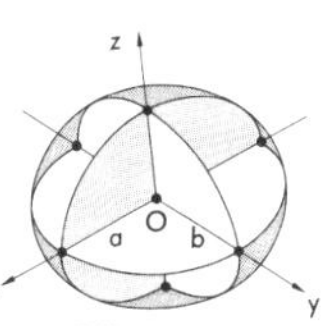

Ellipsoid
Schnitt durch die Hauptachsen

Elsass
Wappen

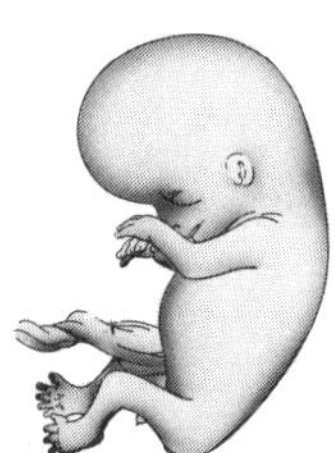

Embryo Beginn des 3. Monats, Größe 3,0 cm

E-Mail [ˈi:meil], kurz für electronic **mail** (elektronische Post), Versendung von Dokumenten zw. zwei Datenendgeräten (Computern) auf elektron. Weg. Die Computer können dabei verschiedenen Rechnernetzen angeschlossen sein. Die Nachricht wird im empfangenden Gerät in einem Speicher (Mailbox) abgelegt, gleichzeitig (bzw. beim nächsten Einschalten des Geräts) wird dem Benutzer mitgeteilt, dass Post vorliegt.

Emailkunst, Gruben- oder **Furchenschmelz,** bei dem Email meist in [in Kupferplatten gegrabene] Furchen eingelassen wird; **Zellenschmelz (Cloisonné),** bei dem Metallstege aufgelötet und in die Zwischenräume Emailflüsse eingelassen werden. Im 15. Jh. kamen neue Techniken auf. Im frz.-burgund. Bereich wurde **Goldemailplastik** (Metallgegenstände mit Emailüberzug) hergestellt, **Maleremail** (auf eine Metallplatte mehrere Schichten nacheinander gemalt und geschmolzen) in den Niederlanden, im Alpenraum, Venedig, Limoges, **Drahtemail,** eine Sonderform des Zellenschmelzes (statt Metallstege aufgelöteter Draht), in Italien, ausstrahlend nach Österreich. In der **Emailmalerei** wurden Metalloxidfarben auf weißem Emailgrund aufgetragen.

Emden Stadtwappen

Emanation *die,* Ⓟ Hervorgehen aller Einzeldinge und -wesen aus einem höchsten Ursprung; bes. in der ind. und pers. Religion, der Gnosis, dem Neuplatonismus und der Theosophie.

Emanzipation *die,* Befreiung von Individuen oder Gruppen aus einem Zustand der rechtl., polit.-sozialen oder geistigen Abhängigkeit. E. der Frau →Frauenbewegung.

Emba *die,* Steppenfluss im NW Kasachstans, 712 km lang, erreicht nur bei Hochwasser das Kasp. Meer. **Emba-Erdölgebiet** am Unterlauf.

Embargo *das,* Beschlagnahme oder Zurückhalten fremden Eigentums (meist von Schiffen oder Schiffsladungen) durch einen Staat; heute Unterbinden der Zufuhr von Gütern in einen Staat **(Handels-E.),** z. B. als Sanktionsmaßnahme.

Mihai Eminescu

Emblem *das,* Wahrzeichen, Sinnbild.

Embolie *die,* ⚕ plötzlicher Blutgefäßverschluss durch einen **Embolus** (Gefäßpfropf), meist durch einen Blutpfropf (Thrombus, →Thrombose), auch durch Fettkörperchen bei Knochenverletzungen **(Fett-E.)** oder Luftbläschen bei Verletzung von Blutgefäßen **(Luft-E.);** kann zu Lungen-E., Schlaganfall, Herzinfarkt u. a. führen.

Embryo *der,* **Keimling,** der tier., menschl., pflanzl. (bei Sporophyten der Moose, Farn- und Samenpflanzen) Keim in seiner ersten Entwicklung. Der menschl. E. entsteht aus der befruchteten Eizelle (→Ei), er wird etwa nach dem ersten Drittel der Schwangerschaft (Ende der Organentwicklung) **Fetus** oder **Frucht** genannt. Der pflanzl. E. entsteht aus der Eizelle der →Samenanlage, auch des Archegoniums u. a.

Emden, Hafenstadt in Ndsachs., an der Mündung der Ems in die Nordsee, 51 500 Ew., am Dortmund-Ems- und Ems-Jade-Kanal, mit Mittellandkanal, Ruhrgebiet und Wilhelmshaven verbunden, wichtiger Umschlaghafen. Schiffbau, Autoind., Fischverwertung, Erdölraffinerie.

Michael Ende

Emeritierung [lat. emeritus »ausgedient«; Abk.: em.], Entpflichtung, Versetzung von ordentl. und außerordentl. Professoren in den Ruhestand unter Beibehaltung wesentl. Rechte (Gehalt; Recht, Vorlesungen zu halten); heute durch die Versetzung in den Ruhestand abgelöst.

Emerson [ˈeməsn], Ralph Waldo, amerikan. Philosoph und Dichter, * 1803, † 1882; vertrat den amerikan. Transzendentalismus; v. a. Lyriker und Essayist.

Emigranten, Personen, die aus polit., sozialen, ökonom., religiösen oder ethn. Gründen ihren Heimatstaat verlassen; die **Emigration,** das freiwillige oder erzwungene Verlassen des Heimatlands, ist rechtlich ein Fall der Auswanderung.

Emilia-Romagna [-roˈmaɲɲa] *die,* Landschaft in N-Italien, zw. Apennin, Po und Adria.

Eminenz *die,* Ehrentitel und Anrede für Kardinäle.

Eminescu, Mihai, eigentl. Mihail **Eminovici,** bedeutendster rumän. Dichter des 19. Jh. und Schöpfer der rumän. Literatursprache, * 1850, † 1889.

Emin Pascha, Mehmed, eigentl. Eduard **Schnitzer,** dt. Forschungsreisender und seit 1878 Gouverneur der ägypt. Äquatorialprov. des Sudans, * 1840, † (ermordet) 1892; Beiträge zur Geographie, Völker- und Sprachenkunde Afrikas.

Emir *der,* arab. Fürstentitel, z. B. im Osman. Reich für den Gouverneur einer Großprovinz.

Emailkunst. Aribert-Evangeliar in Mailand, Ausschnitt, Grubenschmelz (11. Jh.)

Emission *die,* **1)** Bank- und Börsenwesen: Ausgabe, Unterbringung von Wertpapieren auf dem Kapitalmarkt **(Emissionsbank); emittieren,** in Umlauf setzen. – **2)** ⚛ Aussendung einer Wellen- oder Teilchenstrahlung. **Induzierte E.** ist die Grundlage der Laser. – **3)** Ausströmen luftverunreinigender Stoffe in die Außenluft.

Emitter, Elektronen abgebende Elektrode des bipolaren Transistors.

EMK, Abk. für →elektromotorische Kraft.

Emmaus, heute arab. **Amwas,** bibl. Ort in der Nähe Jerusalems, nach dem N. T. erschien Jesus nach der Auferstehung hier 2 Jüngern.

Emmendingen, Krst. im Breisgau, Bad.-Württ., 24 800 Ew.; elektron. Ind., Apparate-, Maschinen-, Werkzeugbau.

Emmental, schweizer. Landschaft, Kt. Bern; Almwirtschaft (Käse), Leinenindustrie.

Emmeram, fränk. Wanderbischof, lebte um 700 in Regensburg, Heiliger (Tag: 22. 9.).

Emmerich, Stadt am Niederrhein, NRW, 29 300 Ew.; Nahrungsmittel-, Maschinen-, Textil- u. a. Ind.; Hafen. Rheinbrücke (größte Hängebrücke Dtl.s).

Empedokles, griech. Philosoph, * 490, † 430 v. Chr.; Entstehen und Vergehen aller Dinge sind nach ihm nur Mischung und Trennung der 4 Elemente Feuer, Luft, Wasser, Erde.

Empfängnis, Konzeption, Conception, Befruchtung des menschl. Eies. **E.-Optimum,** die Zeit, in der ein Beischlaf am wahrscheinlichsten zur E. führt, liegt bei regelmäßiger Menstruation etwa in der Mitte des monatl. Zyklus zum Zeitpunkt des Eisprungs (10. bis 16. Tag).

Empfängnisverhütung, Schwangerschaftsverhütung, Konzeptionsverhütung, Kontrazeption, versch. Maßnahmen zur Verhütung der Befruchtung einer Eizelle oder zur Verhinderung der Einnistung einer befruchteten Eizelle in der Gebärmutterschleimhaut. Sie ist am sichersten mit Hormonpräparaten (»Antibabypillen«, Ein- und Dreimonatsspritze), die den Eisprung verhindern. Geringere Sicherheit bietet die Ausnutzung der natürl. period. Unfruchtbarkeit der Frau (→Basaltemperatur) oder die Anwendung von Intrauterinpessaren. Diese verhindern die Einnistung eines schon befruchteten Eies in die Gebärmutterschleimhaut. Schutz durch ein Kondom (Auffangen des männl. Samens durch eine Gummi- oder Kunststoffhülle) oder durch ein über den Muttermund gestülptes Kappenpessar ist geringer, jedoch besser als der Coitus interruptus (Unterbrechen des Beischlafs vor dem Samenerguss) oder ein in die Scheide eingeführter elast. Gummiring (Scheidendiaphragma). Die eingeschränkte Zuverlässigkeit chem. Mittel (u.a. als Salbe, Zäpfchen) lässt sich durch Kombination mit mechan. Methoden steigern. Die Einnahme hoher Östrogendosen innerhalb von 36 Stunden nach einem Geschlechtsverkehr (»Pille danach«) verhindert die Einnistung des befruchteten Eies in die Gebärmutter. Diese Methode ist u.a. wegen starker Nebenwirkungen und geringer Sicherheit umstritten. – Eine meist irreversible Methode der E. ist die Sterilisation von Mann oder Frau.

Empfindung, 1) Gefühl. – **2)** Teil der Sinneswahrnehmung (z. B. rot, laut).

Emphase *die,* Nachdruck, Eindringlichkeit; **emphatisch,** eindringlich.

Emphysem *das,* ‡ Ansammlung von Luft in Organen. **Lungen-E.,** Lungenblähung durch dauernde Überdehnung mit Elastizitätsverlust der Lungenalveolen.

Empire, 1) [ãˈpi:r], Bezeichnung für das Kaisertum Napoleons I. (1804 bis 1815) und Napoleons III. (1852 bis 1870). – **2) British E.** [ˈbrɪtɪʃ ˈempaɪə], →Britisches Reich und Commonwealth.

Empire State Building [ˈempaɪə ˈsteɪt ˈbɪldɪŋ], Bürohochhaus in New York, 1931 erbaut, 381 m hoch (mit Fernsehturm, seit 1950, 448 m); bis 1970 das höchste Gebäude der Erde.

Empirestil [ãˈpi:r-], klassizist. Stil Frankreichs unter Napoleon I. und der folgenden Jahre (etwa 1800 bis 1830), nahm altröm. und altägypt. Elemente auf.

Empirie *die,* (wiss.) Erfahrung; **empirische Wissenschaft,** jede Wiss., die ihre Sätze nicht durch Herleitung (Deduktion) aus Hypothesen gewinnt, sondern durch auf Beobachtung gegründete Erfahrung.

Empirismus *der,* Lehre, die alle Erkenntnis nur aus der Erfahrung ableitet (T. Hobbes, J. Locke, D. Hume u. a.).

Empore *die,* galerieartiges Obergeschoss, meist in den Seitenschiffen von Kirchen.

Ems, 1) *die,* Fluss in NW-Dtl., entspringt in der Senne, mündet in den Dollart (Nordsee); 371 km lang. – **2) Bad E.,** Krst. des Rhein-Lahn-Kreises im unteren Lahntal, Rheinl.-Pf., 9900 Ew.; Kurort mit warmen Quellen; Kuren gegen Erkrankungen des Kreislaufs und der Atmungsorgane; **Emser Pastillen.**

EMS, Abk. für European Monetary System, →Europäisches Währungssystem.

Emscher *die,* rechter Nebenfluss des Rheins in NRW, 98 km lang; durchfließt das Ruhrgebiet.

Emser Depesche, Depesche des Geheimrats H. Abeken an Bismarck aus Bad Ems vom 13. 7. 1870 über die Verhandlungen Wilhelms I. mit dem frz. Botschafter Graf Benedetti über die span. Thronkandidatur eines Hohenzollern und deren Abbruch. Die von Bismarck veröffentlichte, durch Kürzung verschärfte Fassung wurde zum auslösenden Moment für den Dt.-Frz. Krieg 1870/71.

Ems-Jade-Kanal, seit 1887 Kanalverbindung von Emden nach Wilhelmshaven.

Emsland, Landschaft an der dt.-niederländ. Grenze. Aufgrund des **E.-Plans** (1948) wurden große Teile kultiviert.

Emu *der,* bis 1,8 m hoher straußenähnl. Laufvogel der austral. Buschsteppe.

Emulator *der,* 🖳 Hilfsprogramm zur Gewährleistung der Kompatibilität zw. Rechnern und Anwendungsprogrammen.

Emulsion *die,* kolloidale Lösung einer Flüssigkeit in einer anderen, z. B. Öl in Wasser.

EMV, Abk. für **e**lektro**m**agnet. **V**erträglichkeit: aktiver Schutz eines elektron. Geräts vor elektromagnet. Störbeeinflussung.

Encina [enˈθina], Juan del, span. Dichter und Komponist, * 1468 (?), † 1529; gilt als »Vater des span. Theaters«.

Ende, Michael, dt. Schriftsteller, * 1929, † 1995; »Momo« (1973; verfilmt 1986), »Die unendliche Geschichte« (1979; verfilmt 1983 und 1990).

Endemie *die,* ‡ dauerndes Auftreten einer Infektionskrankheit in einem bestimmten Gebiet; Ggs.: Epidemie.

Endivie *die,* **Winterendivie, Eskariol,** Art der Korbblütler, Salat, Zuchtform einer Art der Zichorie.

Endlagerung, die Beseitigung radioaktiver Abfälle mit dem Ziel, eine dauernde Isolierung der Schadstoffe vom menschl. Lebensbereich zu gewährleisten. Als relativ sicherste Methode der E. von radioaktiven Abfällen gilt derzeit das Einbringen in tiefere geolog. Formationen, z. B. in Salzstöcke.

Endlichkeit, räuml. und zeitl. Begrenzung von Dingen, Personen, kosm. Systemen u. Ä.

Endogamie *die,* Heiratsordnung, nach der die Ehe nur innerhalb der eigenen sozialen Gruppe (Sippe, Clan, Stamm, Kaste) geschlossen werden darf; Ggs.: Exogamie.

endogen, von innen kommend, innerhalb entstehend; Ggs.: exogen.

Endokard *das,* ‡ innere Schicht der Herzwand. **Endokarditis** *die,* Entzündung des E., bes. der Herzklappen.

endokrin, innere Sekretion aufweisend; **e. Drüsen** geben ihr Produkt (z. B. Hormone) an das Blut ab; Ggs.: exokrin.

Endor, israelit. Ort südlich vom Berg Tabor, Sitz einer von König Saul befragten Totenbeschwörerin **(Hexe von E.);** nach 1. Sam. 28,7 ff.

Endoradiosonde, ‡ Mikrosender, wird geschluckt zur Untersuchung des Magen-Darm-Kanals.

Endoskop *das,* ‡ Gerät zum Besichtigen von Körperhöhlen, z. B. der Harnblase. Im E. liegen zur Ausleuchtung und Betrachtung 2 Lichtleitfaserstränge.

endotherm, ⚗ unter Wärmeaufnahme verlaufend; Ggs.: exotherm.

Endymion, in der griech. Sage: Geliebter der Mondgöttin Selene, die ihn in Schlaf versenkte, um ihn zu küssen.

Energetik *die,* Lehre, wonach alles Sein und Werden auf Energien (Kräfte) zurückgeführt werden könne.

Energie *die,* **1)** Tatkraft, Kraft, Nachdruck. – **2)** ⚛ gespeicherte Arbeit, Arbeitsfähigkeit. In der Mechanik unterscheidet man **kinet. E.** (Bewegungs-E.) und **potenzielle E.** (E. der Lage) der Massen. Auch eine Form der an elektr. Ladungen gebundenen E. ist potenzielle E., eine andere Form **elektr. E.** ist nicht an Ladungen gebunden, sondern bildet zusammen mit der **magnet. E.** die **elektromagnet. E.** des elektromagnet. Feldes;

1
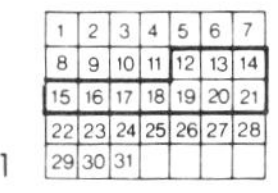

2
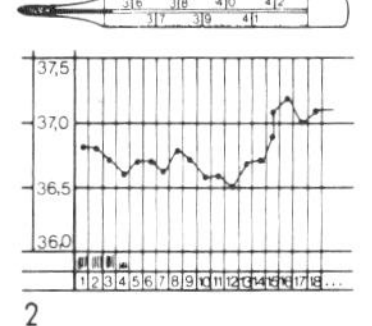

3

4
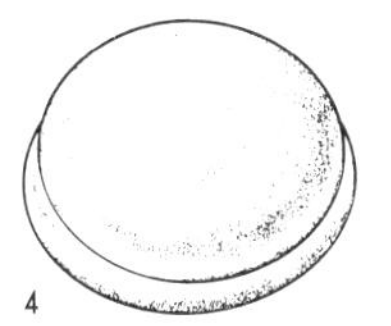

5a
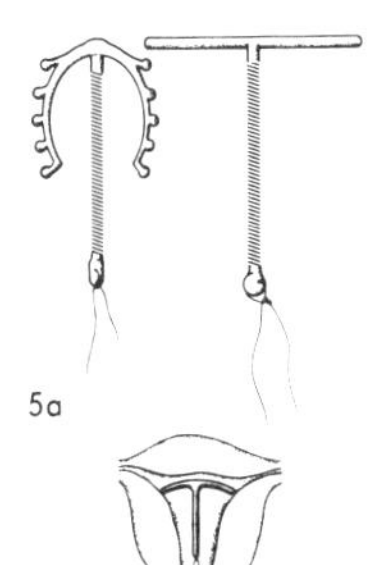

b

6a
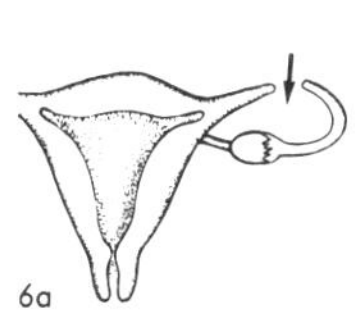

b
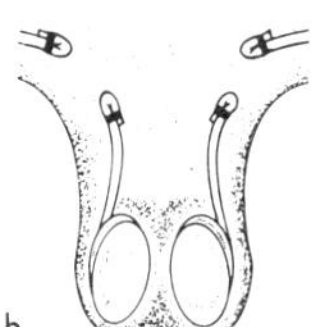

Empfängnisverhütung. 1 Methode nach Knaus-Ogino (Aufzeichnung des individuellen Menstruationszyklus); 2 Temperaturmethode; 3 Kondom; 4 Scheidenpessar; 5a Gebräuchliche Formen des Intrauterinpessars (Schleifen-, Spiralen- oder T-Form), b Lage des Intrauterinpessars in der Gebärmutter; 6 Sterilisation bei der Frau (a) und beim Mann (b)

Engelsburg

zu ihr gehört auch das Licht. E. lässt sich weder erschaffen noch vernichten **(E.-Satz),** sondern nur von einer Art in eine andere umwandeln. Nach dem Äquivalenzprinzip entspricht jeder Masse ein bestimmter E.-Betrag und umgekehrt. – Gesetzl. Einheiten der E. sind die SI-Einheit Joule (J) sowie alle Produkte aus einer Kraft und einer Längeneinheit (z. B. N [Newton] · m [Meter]) oder aus einer Leistungs- und einer Zeiteinheit (z. B. kWh). Atomphysikal. Einheit der E. ist das Elektronvolt (eV).

Friedrich Engels

Energiesparmaßnahmen, Maßnahmen zur Senkung des Energieverbrauchs, umfassen techn. Neuerungen und zielen auf Verhaltensänderungen der Verbraucher.

Energiewirtschaft, wirtschaftl. Ausnutzung von Kohle, Erdöl, Erdgas, Erdwärme, Sonnenenergie, Wasserkraft, Windkraft, Biogas. Durch Kernumwandlung (Atomenergie) kann auch die in den Atomkernen gebundene Energie nutzbar gemacht werden. Die weitere Erschließung von Energiequellen ist ein Hauptanliegen der Energieforschung bes. in den USA und in W-Europa seit der Energiekrise. Diese zeichnete sich seit 1970 durch sinkende Erlöse der Erdölind. infolge von Forderungen des Umweltschutzes und polit. Risiken ab und trat 1973 in ein akutes Stadium, als Libyen die Erdölförderung verstaatlichte und mehrere arab. Länder eine Kürzung ihrer Öllieferungen aus polit. Gründen beschlossen. Eine 2. Krise entstand 1979 durch die Folgen des polit. Umsturzes in Iran. Die Auseinandersetzung über Bau und Sicherheit von Kernkraftwerken, die Wiederaufbereitung von radioaktiven Brennstäben und deren endgültige Lagerung erschweren zunehmend den Einsatz der Kernenergie.

E-Netz ☎, → Mobilfunk.

Enfant terrible [ãfãtɛˈribl, frz. »schreckl. Kind«] *das,* jemand, der durch unangebrachte Offenheit auf seine Umgebung herausfordernd wirkt.

Enfleurage [ãflœˈraːʒ] *die,* Gewinnung von Blütenriechstoffen durch Aufstreuen von Blüten auf Fett, Extraktion mit Alkohol.

Engadin *das,* Hochtal im Kt. Graubünden, Schweiz, 1 000 bis 1 800 m hoch, 91 km lang, vom Inn durchflossen, besteht aus Ober-E. und Unter-E.; rätoroman. Bev.; trockenes, sonniges Klima, zahlreiche Heilquellen und Kurorte: Sankt Moritz, Silvaplana, Pontresina, Sils u. a.

Engagement [ãgaʒəˈmã] *das,* **1)** Verpflichtung im Börsengeschäft, zur festgesetzten Zeit gekaufte Papiere abzunehmen. – **2)** Anstellung eines Künstlers. – **3)** Hingabe eines Menschen an eine Sache.

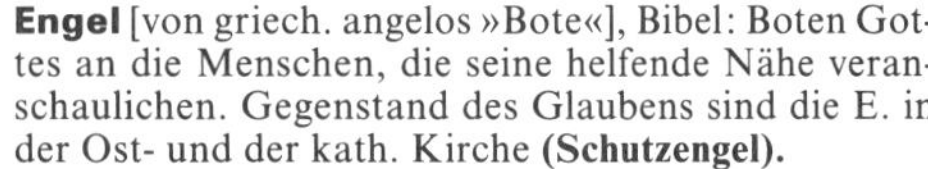

Engel [von griech. angelos »Bote«], Bibel: Boten Gottes an die Menschen, die seine helfende Nähe veranschaulichen. Gegenstand des Glaubens sind die E. in der Ost- und der kath. Kirche **(Schutzengel).**

Engelberg, Kurort und Wintersportplatz, Kt. Obwalden, Schweiz, 1 020 m ü. M., 3 300 Ew.; Benediktinerabtei.

Engelbert I. von Berg, Erzbischof von Köln, * 1185, † (ermordet) 1225; Reichsverweser und Vormund Heinrichs VII., des Sohnes Friedrichs II.; zeitgenöss. Biographie von Caesarius von Heisterbach.

Engelke, Gerrit, dt. Arbeiterdichter, * 1890, † 1918; Gedichte »Rhythmus des neuen Europa« (1921).

Engelmann, Bernt, dt. Schriftsteller, * 1921, † 1994; 1977 bis 1983 Vors. des Verbands dt. Schriftsteller; schrieb gesellschaftskrit. Bücher (»Ihr da oben, wir da unten«, 1973, mit G. Wallraff; »Die Macht am Rhein«, 1983).

Engels, russ. Stadt im Gebiet von Saratow, bis 1931 **Pokrowsk;** bis 1941 Hptst. der Wolgadt. ASSR, 183 600 Einwohner.

Engels, Friedrich, dt. sozialist. Schriftsteller und Politiker, * 1820, † 1895; verfasste mit K. Marx 1848 das »Kommunist. Manifest« und unterstützte diesen materiell und geistig bei seinem Hauptwerk »Das Kapital«, dessen 2. und 3. Band er 1885 bzw. 1894 herausgab. Neben Marx Begründer des Marxismus.

Engelsburg, Rundbau in Rom, am Tiber; ein von Kaiser Hadrian für sich und seine Nachfolger erbautes Mausoleum (139 n. Chr. vollendet), im MA. Zwingburg und Zuflucht der Päpste. Die Bezeichnung »E.« wurde nach der legendären Erscheinung des Erzengels Michael bei einer Pestprozession Papst Gregors d. Gr. 590 gebräuchlich.

Engelsüß *das,* Farnkraut, → Tüpfelfarn.

Engelwurz, Brustwurz, hochstaudiger Doldenblütler, in Wiesen, Wäldern; aus dem Wurzelstock **(Angelika-** oder **Brustwurzel)** wird Magenmittel gewonnen.

Engerling *der,* an Wurzeln fressende Larve der Blatthornkäfer, z. B. des Maikäfers.

Engern, mittlerer Teil des alten Sachsenlands, beiderseits der Weser.

Engführung, 𝄞 kontrapunkt. Verknüpfung mehrerer Themen, bes. in der Fuge.

Engholm, Björn, dt. Politiker (SPD), * 1939; 1981 bis 1982 Bundesmin. für Bildung und Wissenschaft, 1988 bis 1993 Min.-Präs. von Schlesw.-Holst.; 1991 SPD-Parteivors. 1993 trat E. von allen polit. Ämtern wegen der Barschelaffäre zurück.

England [»Land der Angeln«], mittlerer und südl. Teil von Großbritannien, umfasst 130 367 km² mit rd. 47 Mio. Ew.; Hptst. ist London; grenzt an Wales und Schottland.

Engländer, i. e. S. Bewohner von England, i. w. S. die Briten; kelt.-german. Volk, hervorgegangen aus kelt. Stämmen des Altertums, den (namengebenden) Angeln, Sachsen und Jüten der Völkerwanderung und Normannen aus Dänemark und Frankreich. Sprachen: Englisch, Walisisch (Keltisch).

Engler, Adolf, dt. Pflanzengeograph und -systematiker, * 1844, † 1930; führte die historisch-phylogenet. Betrachtungsweise in die Pflanzengeographie ein.

Engler-Grad [nach dem dt. Chemiker Carl Engler, * 1842, † 1925], nichtgesetzl. Einheit für die kinemat. Viskosität v. a. von Mineralölen.

Englische Fräulein, lat. **Institutum Beatae Mariae Virginis,** Abk. **IBMV,** kath. Frauenkongregation zur Erziehung der weibl. Jugend; 1609 von der Engländerin Mary Ward (* 1585, † 1645) gestiftet.

englische Krankheit, die → Rachitis.

englische Kunst. Erste vorgeschichtliche Zeugnisse sind die der Sonnen- und Mondbeobachtung dienenden Steinkreise (Stonehenge) der Jungstein- und Bronzezeit.

Anglonormann. Kunst. Sie umfasst die angelsächs. Frühzeit mit der Synthese von kelt. Kunst (Schatz von Sutton Hoo: Grabbeigaben in Gold und Elfenbein) und röm. Überlieferung und die Epoche der Normannen, die Elemente der frz. Romanik mitbrachten. Zu Beginn des 11. Jh. dominierte die Holzbauweise den Kirchenbau, wurde jedoch in normann. Zeit von der Steinbauweise abgelöst. Der Bau der Kathedralen (Ely, Winchester, Durham) und Burgen (Tower in London, Norwich Castle) begann. Die eigenständige Kunstleistung dieser Epoche ist die Buchmalerei.

Gotik. Sie wurde zum bedeutendsten engl. Nationalstil, der sich bis ins 19. Jh. auswirkte. Es werden unterschieden: Early English (Ende 12. Jh.): Kathedrale von Canterbury, Kathedralen in Lincoln, Wells, Salisbury. Decorated Style (Ende des 13. Jh.): Kathedrale in Lichfield. Perpendicular Style (bis ins 14. Jh.): Kapelle des King's College, Cambridge; Kapelle Heinrichs VII. in der Westminster Abbey, London.

Renaissance, Klassizismus und Neugotik. Die Renaissance verband spätgot. mit ital. Renaissanceformen im Tudor Style (1. Hälfte des 16. Jh.) und Elizabethan Style (bis Ende des 17. Jh.). H. Holbein d. J. war Bildnismaler am Hof Heinrichs VIII. Der Schlossbau des 16. Jh. knüpft an A. Palladio an (Palladianismus); später folgten I. Jones und C. Wren (Saint Paul's Cathedral, London, 1675 bis 1711). Unter A. van Dyck, Hofmaler Karls I., Blütezeit der engl. Malerei, beginnend mit W. Hogarth; Bildnismaler: J. Reynolds, T. Gainsborough; Landschaftsmaler: R. Wilson u. a. Seit Mitte des 18. Jh. klassizist., gleichzeitig neugot. Baukunst. Naturhafte Parkgestaltung (Engl. Garten).

englische Kunst. Christopher Wren, Saint Paul's Cathedral in London (1675 bis 1711)

19. und 20. Jh. Bauten im antikisierenden Stil (Somerset House, London, von W. Chambers, begonnen 1776; Bank von England, Brit. Museum, London). Illustrationen von W. Blake leiteten über zu den Präraffaeliten (D. G. Rossetti u. a.); Landschaftsmaler: W. Turner, J. Constable, R. P. Bonington; Zeichner: A. Beardsley. Ende des 19. Jh.: Erneuerung des Kunsthandwerks, ausgehend von W. Morris. Von Einfluss auf die internat. Stilbestrebungen waren die Bildhauer R. Butler, L. Chadwick, B. Hepworth, H. Moore, auf dem Gebiet der Malerei B. Nicholson, P. Nash, G. Sutherland, P. W. Lewis. Zu den Begründern der **Op-Art** gehörte B. Riley; **Pop-Art** vertraten R. Hamilton, D. Hockney, P. Blake, A. Jones, **Hard-Edge:** R. Danny; **Concept-Art** vertrat v. a. die Gruppe Art & Language. Auf dem Gebiet der Baukunst wur-

englische Kunst. James Stirling, Eingangsbereich des Erweiterungsbaus der Tate Gallery in London (1982 bis 1987)

den nach historisierenden Anfängen und dem Bau der Gartenstädte bei der Stadtplanung wegweisende Lösungen gefunden; international lieferten u. a. J. Stirling, Sir N. R. Foster bedeutende Beiträge.

englische Literatur. Entsprechend der Aufgliederung der engl. Sprachgeschichte unterscheidet man zw. altengl. (7. bis 11. Jh.), mittelengl. (11. bis 15. Jh.) und neuengl. Literatur (15. bis 20. Jh.).

Altengl. Literatur. Heldenepos »Beowulf«, religiöse Epik (Caedmon, Cynewulf), Prosa (König Alfred, Abt Aelfric, Prediger Wulfstan).

Mittelengl. Literatur. Blütezeit im 14. Jh. (W. Langland, G. Chaucer); Prosa: J. Wycliffe (Bibelübersetzung); T. Malory (Artusepik).

Neuengl. Literatur. Renaissance, Barock, Puritanismus (1500 bis um 1660): allegor. Epik (E. Spensers »Feenkönigin«, 1590 bis 1596). Höhepunkt unter Königin Elisabeth I.: Shakespeares Dramen. Vorläufer und Zeitgenossen waren C. Marlowe, B. Jonson u. a. Nach 1600 barocke, religiös-myst. Lyrik (J. Donne, G. Herbert, R. Crashaw). Epos »Das verlorene Paradies« (1667) von J. Milton. Restauration, Aufklärung, Empfindsamkeit (um 1660 bis um 1800): Dramen, Kritiken und Satiren von J. Dryden. Hauptvertreter des Klassizismus ist A. Pope. Große Entfaltung des Romans: D. Defoe, J. Swift, S. Richardson, H. Fielding, L. Sterne, O. Goldsmith. Zeitalter des Kritikers S. Johnson. Romantik (um 1790 bis 1830): Widerstand gegen die anhebende Romantik im Romanwerk von J. Austen. Lyrik von W. Blake, W. Wordsworth, S. T. Coleridge, Lord Byron, P. B. Shelley, J. Keats. Histor. Romane von W. Scott. Viktorian. Zeit (um 1830 bis 1900): Romane von C. Dickens, W. M. Thackeray, A. Trollope, den Schwestern Brontë, G. Meredith, R. L. Stevenson, T. Hardy, R. Kipling. Dichtung von A. Tennyson, R. Browning, D. G. Rossetti, A. C. Swinburne, G. M. Hopkins. 20. Jh.: Erzähler: J. Conrad, J. Galsworthy, A. Bennett, W. S. Maugham; seit dem 1. Weltkrieg: D. H. Lawrence, J. Joyce (»Ulysses«, 1922), V. Woolf, E. M. Forster, A. Huxley, J. Priestley; seit dem 2. Weltkrieg: G. Orwell, G. Greene, W. Golding, L. Durrell. Ironisch-satir. Drama von G. B. Shaw; seit dem 2. Weltkrieg Dramen von C. Fry, J. Osborne, H. Pinter, P. Shaffer, E. Bond, T. Stoppard, J. Orton u. a. Als Lyriker ragen hervor: T. S. Eliot, W. H. Auden, D. Thomas, T. Hughes, W. Empson. In Irland: W. B. Yeats; Dramatiker J. M. Synge, S. O'Casey.

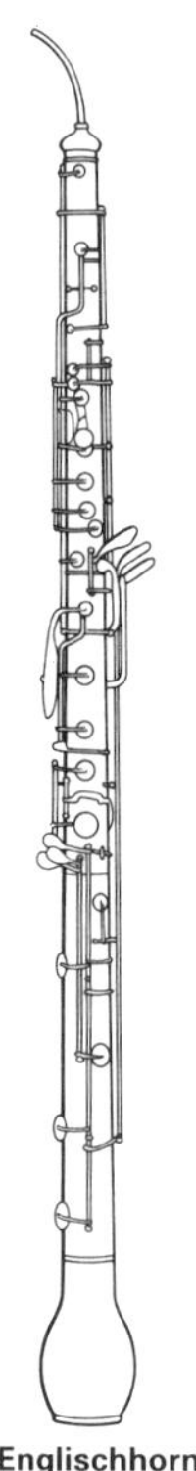
Englischhorn
Heutige Bauart

englische Philosophie, in England und Schottland entstandene philosoph. Systeme. Im MA. war die e. P. vom Ggs. zw. Realisten (Roger Bacon, J. Duns Scotus) und Nominalisten (W. v. Ockham) geprägt. Seit dem 14. Jh. herrschte der Nominalismus vor (Oxforder Schule). Zur neuzeitl. Philosophie leitete im 16. Jh. F. Bacons Wissenschaftslehre über; sie gab den Anstoß für die math.-naturwiss. Methode. Im 17. und 18. Jh. erlangte die e. P. durch den sich hieraus entwickelnden Empirismus Weltgeltung (T. Hobbes, J. Locke, D. Hume). Im 19. Jh. führte J. S. Mill die empirist. Tradition fort. An der Wende zum 20. Jh. vollzog sich eine Neubelebung des Realismus (A. N. Whitehead); C. Darwins Abstammungslehre führte zum Evolutionismus. In der heutigen e. P. herrschen der Empirismus und der Positivismus (B. Russell, G. E. Moore) sowie die analyt. Philosophie (Wissenschaftslogik; L. Wittgenstein, A. J. Ayer, * 1910, † 1989) vor.

Englischer Garten → Gartenkunst.

Englischer Gruß, das Ave-Maria (→ Ave).

englische Sprache, gehört zur westgerman. Gruppe der indogerman. Sprachen, hat sich aus dem Angelsächsischen unter starkem Einfluss des Französischen entwickelt und ist Weltsprache. Nationale Varianten in Übersee (USA, Karibik, Australien u. a.) haben zu einem gewissen Grad eine Eigenentwicklung genommen. Die e. S. gliedert sich in viele Mundarten, sprachl. Vorbild ist jedoch immer die Hochsprache.

Englischhorn *das,* Holzblasinstrument, Altoboe in F (Umfang es–b^2; klingt eine Quinte tiefer als notiert).

Enharmonik, 𝄞 Verhältnis der Töne, die versch. notiert und benannt werden, wie dis und es, nach ihrer Herkunft in der reinen Stimmung auch versch. Tonhöhen haben, in der temperierten Stimmung der neueren abendländ. Musik jedoch gleich klingend sind. **Enharmon. Verwechslung:** Umdeutung und Vertauschung eines solchen Tones oder ganzen Akkords in den enharmonisch gleichen, z. B. Cis-Dur in Des-Dur.

Eniwetok [eˈniːwətɔk], Atollgruppe im Pazifik, bei den Marshall-Inseln. Am 1. 11. 1952 Zündung der ersten Wasserstoffbombe.

Enkaustik *die,* antike Wachsmaltechnik, bei der die Pigmentstoffe durch Wachs gebunden sind. Die erwärmte Wachsfarbe wird mit erhitztem Metallspachtel aufgetragen und eingebrannt.

Enklave *die,* vom eigenen Staatsgebiet umschlossener fremder Gebietsteil; Ggs.: Exklave.

Ennius, Quintus, röm. Dichter, * 239, † 169 v. Chr.; führte den Hexameter in die lat. Dichtung ein.

Enns *die,* rechter Nebenfluss der Donau in Steiermark und Oberösterreich, 254 km lang, entspringt in den Radstädter Tauern, durchfließt das **Gesäuse,** mündet bei der Stadt E. (Oberösterreich, 10 700 Ew.).

Enschede [ˈɛnsxədeː], Ind.stadt in den Niederlanden, 147 500 Ew.; TU, Textil-, Maschinen- u. a. Industrie.

Ensemble [ãˈsãbəl] *das,* **1)** künstler. Gruppierung städt. Bauten. – **2)** Schauspielertruppe. – **3)** 𝄞 Gruppe zusammenwirkender Musiker.

Ensinger, Ulrich, auch **Ulrich von Ensingen,** dt. Baumeister, * um 1359, † 1419; Ulmer Münster, Nordturm (Oktogongeschoss) des Straßburger Münsters. Sein Sohn **Matthäus** (* um 1395, † 1463) und sein Enkel **Moritz** (* um 1430, † 1482/83) waren seine Nachfolger in Ulm.

Ensor, James, belg. Maler, Zeichner und Radierer, * 1860, † 1949; Vertreter des Symbolismus.

entartete Kunst, während des natsoz. Regimes offizielle, u. a. auf der Rassentheorie beruhende Bezeichnung für nahezu das gesamte moderne Kunst- und Musikschaffen.

Entbindung → Geburt.

Entdeckungsreisen, Reisen zur Erforschung der Erde; im Altertum von den seefahrenden Phönikern, Karthagern und Griechen häufig verbunden mit Handels- und Kolonisationsfahrten. Durch den Perserfeldzug und die daran anschließende Expedition Alexanders d. Gr. wurde Asien bis zur Indusmündung bekannt. Fahrten der Ptolemäer führten zu den Nilquellen und ins ostafrikan. Seengebiet. Die Wikinger entdeckten Island, Grönland und um 1000 Nordamerika. Im N Seefahrten german. Völker, im S und O Reisen der Araber in Afrika und Asien bis China und zu den Malaiischen Inseln. Im 13. Jh. reisten päpstl. Gesandtschaften sowie Marco Polo und Missionare nach China und Innerasien. Im 15. Jh. begannen die eigentl. Entdeckungsreisen.

Enteignung, ⚖ Entziehung des Eigentums an bewegl. oder unbewegl. Sachen oder sonstigen privaten Vermögensrechten durch staatl. Hoheitsakt zur Befriedigung öffentl. Belange. In Dtl. ist E. nur aufgrund eines Gesetzes zum Wohle der Allgemeinheit und gegen Entschädigung zulässig (Artikel 14 GG).

Enten, Schwimmvögel, deren Vorderzehen durch Schwimmhäute miteinander verbunden sind (Schwimmfüße). Schwimm-E. suchen ihre Nahrung (Wasserpflanzen, kleine Wassertiere, Fischlaich) meist durch Gründeln; Tauch-E. gelangen tauchend an ihre Nahrung. Das Männchen **(Erpel, Enterich)** ist meist bunt, das Weibchen schlicht. Arten: **Stock-E.** (Wild-E.), Männchen mit grünem Kopf und Hals, Weibchen braun, dunkel gefleckt, Stammform der **Haus-E.; Krick-E.,** kleinste Entenart, lebt im Sommer im Norden; **Spieß-E.,** spitzschwänzig.

Entente [ãˈtãt] *die,* Einverständnis, Bündnis, bes. die brit.-frz. **E. cordiale** von 1904, die sich durch die Einbeziehung Russlands zum → Dreiverband (Tripelentente) erweiterte; ferner die **Kleine E.** zw. Tschechoslowakei, Jugoslawien, Rumänien (1921/22).

entero..., Entero..., Vorsilbe mit der Bedeutung »im Darm«.

Entfernungsmesser, Telemeter, in der Geodäsie und im militär. Bereich Gerät zum Messen der Entfernung eines Zielpunkts, meist Fernrohr mit 2 Ausblicken, Messvorrichtung. In der Funknavigation beruhen E. auf der Laufzeitmessung elektromagnet. Wellen, in der Vermessungstechnik werden Laser-E. verwendet.

Entfremdung, Ⓟ zentraler Begriff bei K. Marx zur Kennzeichnung der »Vergegenständlichung«, die den Menschen als Produzenten dem Produkt seiner Arbeit entfremdet (Arbeitskraft als Ware). Später wurde der Begriff stark ausgeweitet, z. B. im Sinne einer Entwurzelung des Menschen in der modernen Gesellschaft.

Entführung, i. w. S. Bezeichnung für bestimmte gegen die Freiheit des Einzelnen gerichtete Delikte; i. e. S. rechtswidrige Wegführung a) einer weiblichen Person gegen ihren Willen; b) eines minderjährigen Mädchens mit ihrem Willen, aber ohne Einwilligung der Eltern oder des Vormunds. Beides sind Antragsdelikte (§§ 236, 237, StGB). → Geiselnahme, → Menschenraub, → Verschleppung.

Entladung, Ausgleich zweier Spannungen, oft mit Funkenerscheinung (z. B. Blitz).

Entlastung, ⚖ Billigung einer Geschäftsführung (z. B. eines Vorstandes) durch Beschluss der Hauptversammlung.

Entmannung, ⚕ operative Entfernung von Penis und Hoden (meist bei Krebs); auch svw. → Kastration.

Entmilitarisierung, einem Staat auferlegte Verpflichtung zur Abrüstung.

Entmündigung, gerichtl. Verfahren, durch das die → Geschäftsfähigkeit einer Person aufgehoben oder beschränkt wurde; 1990 im Rahmen des **Betreuungsgesetzes** (mit Wirkung ab 1992) abgeschafft; an die Stelle der bisherigen Vormundschaft oder Pflegschaft ist die Betreuung getreten.

Entnazifizierung, Maßnahmen der alliierten Siegermächte in Dtl. und Österreich gegen ehem. National-

Entdeckungsreisen

Afrika	
Küsten (Portugiesen, veranlasst von Heinrich dem Seefahrer) seit	1415
Kongomündung (Diego Cão)	1485
Kap der Guten Hoffnung (B. Díaz)	1487
Indienfahrt um das Kap der Guten Hoffnung (Vasco da Gama)	1497-98
Sahara (erste Durchquerung, F. Hornemann)	1797-1800
Nigerlauf (Clapperton, Lander)	1822-31
Kilimandscharo (Krapf und Rebmann)	1848
Sahara (durchreist von H. Barth)	1850-55
S-Afrika, Sambesi, Schirwa- und Njassasee (Livingstone)	1851-59
Tanganjika- und Victoriasee (Burton, Speke)	1858
Durchquerung N-Afrikas, Tripolis-Lagos (Rohlfs)	1865-67
Sahara und Sudan (Nachtigal)	1869-74
Bahr el-Ghasal, Uële (Schweinfurth)	1869-70
Lualaba-Kongo von Nyangwe bis Boma (Stanley)	1876-77
Oberes Nilgebiet (Junker)	1874-87
Oberes Nilgebiet (Emin Pascha)	1876-92
West-Ost-Durchquerung Zentralafrikas (v. Wissmann)	1881-82
Kilimandscharo-Besteigung (Hans Meyer)	1889
Amerika, amerikanische Nordpolargebiete	
Grönland von Island aus (Erik der Rote)	981-82
Neufundland, Labrador (Leif Eriksson)	um 1000
Entdeckung Amerikas: Bahama-Inseln, Kuba, Haiti (Kolumbus)	1492
Ostküste Nordamerikas, Labrador bis Kap Hatteras (G. Caboto)	1497-98
Festland von Südamerika, Orinocomündung (Kolumbus)	1498
Brasiliens Küste (Pinzón, Cabral, Amerigo Vespucci)	1500-02
Festlandküste Mittelamerikas (Kolumbus)	1502
Landenge von Panama, Stiller Ozean (Balboa)	1513
Mexiko von Cortés erobert	1519-21
Magellanstraße, SW-Küste Amerikas (Magãlhaes)	1520
Peru von Pizarro erobert	1532-33
Amazonas (Orellana)	1541
Kanada, St.-Lorenz-Strom-Gebiet (Champlain)	1608-15
Hudsonfluss, -bai und -straße (Hudson)	1607-11
Feuerland, Kap Hoorn (Schouten)	1612
Baffinbai, Smithsund (Baffin)	1616
Mississippilauf (La Salle)	1682
Süd-, Mittelamerika (A. v. Humboldt)	1799-1804
Suche nach der Nordwestl. Durchfahrt (Franklin)	1845
Nordwestl. Durchfahrt (McClure)	1851-53
Durchquerung Grönlands	
(Nansen, Südgrönland)	1888
(R. E. Peary, Nordgrönland)	1892-95
(L. Koch und A. Wegener, Mittelgrönland)	1912-13
Arktisches Amerika (Sverdrup)	1898-1902
Erste zusammenhängende Nordwestl. Durchfahrt (Amundsen)	1902-06
Nordpol (Peary)	1909
Nordpolunterquerung durch amerikan. U-Boot	1958
Asien, europäisch-asiatisches Nordpolargebiet	
China, Indien, Persien (Marco Polo)	1271-95
Seeweg nach Ostindien (Vasco da Gama)	1497-98
Philippinen (Magalhães)	1521
Japan gesichtet (von Portugiesen)	1542
Erster Kosakenvorstoß über den Ural nach Sibirien (Jermak)	1581
Nowaja Semlja, Spitzbergen, Bären-Insel (Barents)	1594-97
Ostkap Sibiriens (Deschnjow)	1648
Japan (E. Kaempfer)	1690-92
Beringstraße (V. Bering)	1728
Arabien (C. Niebuhr)	1762
N-Küste Sibiriens (v. Wrangel)	1820-24
Tibet und Mongolei (Huc und Gabet)	1844-46
Karakorum-Pass, Kun-lun, O-Turkestan (H. und R. Schlagintweit)	1856
O-China (v. Richthofen)	1868-79
Nordöstl. Durchfahrt (v. Nordenskjöld)	1878-79
Nordpolarmeer-Fahrt Nansens	1893-96
Tarimbecken, N-Tibet (Hedin)	1894-97 und 1899-1902
Quellgebiet des Hwangho (Filchner, Tafel)	1903-05
Persien und Tibet, Transhimalaya (Hedin)	1905-08
Tibet (Filchner)	1926-28 und 1934-38
Innerasien (Hedin)	1927-35
Himalaya-Expeditionen (versch. Nationen)	1933-39
Mount-Everest-Besteigung (Hillary, Tenzing)	1953
Nanga-Parbat-Besteigung (Buhl)	1953
Australien, Ozeanien, Südpolargebiet	
Neuguinea entdeckt	1526
Torresstraße (de Torres)	1606
Neuseeland, Tonga- und Fidschi-Inseln; Tasmanien, N-Küste Australiens (Tasman)	1642-44
O-Küste Australiens (J. Cook)	1770
Vorstoß über den südl. Polarkreis (J. Cook)	1772-75
Hawaii-Inseln (J. Cook)	1778
Umseglung des Südpolargebiets (v. Bellingshausen)	1819-21
Erste Durchquerung Australiens von O nach N (Leichhardt)	1844
Erste N-S-Durchquerung Australiens (Burke)	1860
Südpolargebiet (v. Drygalski)	1901-03
Südpol (Amundsen)	1911
Weddellsee-Expedition (Filchner)	1911-12
Flug über den Südpol (Byrd) und das Grahamland (Wilkins und Eilsen)	1928-30
Deutsche antarkt. Expedition	1938-39
Westl. und südl. Antarktis (Byrd-Expeditionen)	1939-41 und 1946-48
Durchquerung der Antarktis (Fuchs)	1957-58

sozialisten nach 1945 zur Zerstörung der natsoz. Organisationen und zur Ausschaltung von Nationalsozialisten aus allen Schlüsselstellungen; zu unterscheiden von den Prozessen gegen NS-Verbrecher. Die E. wurde aufgrund dt. Ländergesetze durchgeführt; das Verfahren war in den 4 Besatzungszonen verschieden. Die Vorschriften stuften die Betroffenen ein in Hauptschuldige, Belastete, Minderbelastete, Mitläufer, Entlastete. Der öffentl. Kläger klagte sie vor der **Spruchkammer** an. Strafen: Internierung oder Gefängnis bis zu 10 Jahren, Vermögenseinziehung, Amtsverlust, Berufsverbot, Kürzung oder Verlust der Dienstbezüge, Geldbußen, Aberkennung des Wahlrechts.

ento..., Ento..., Vorsilbe mit der Bedeutung »innerhalb«.

Entoblastem, Entoblast *das,* inneres Keimblatt (Entoderm) im Tierembryo.

Entomologie *die,* Wiss. von den Insekten.

Entropie *die,* ✳ makrophysikal. Zustandsgröße thermodynam. Systeme; der Teil der Wärmeenergie, der wegen seiner gleichmäßigen Verteilung auf alle Moleküle des Systems nicht in mechan. Arbeit umgesetzt werden kann.

Entschädigung, Ersatz für einen zugefügten Schaden. ⚖ von der öffentl. Hand zu leistender Ersatz für Eingriffe in private Rechte der Staatsbürger, die in Erfüllung der der Allgemeinheit gegenüber bestehenden Pflichten vorgenommen wurden.

Entschlackung, durch bes. therapeut. Maßnahmen angeregte Ausscheidung von Stoffwechselprodukten zur Entgiftung und Reinigung des Körpers; u. a. durch Rohkost- und Schwitzkuren, Blutreinigungsmittel.

Entsorgung, i. w. S. alle Maßnahmen, die der Abfallbeseitigung dienen, i. e. S. in der Kerntechnik ein Teil des Brennstoffkreislaufs (→Endlagerung, →Wiederaufarbeitung).

Entspannung, internat. Bemühungen, durch Maßnahmen der Abrüstung sowie durch Vereinbarungen Konflikte zu entschärfen oder zu vermeiden. Die E.-Politik der NATO-Staaten traf auf sowjet. Bestrebungen, auf der Grundlage der friedlichen →Koexistenz das nach dem 2. Weltkrieg gewonnene polit. Terrain zu sichern. Seit 1963 kam es zu Vertragsabschlüssen (→Abrüstung). Der polit. Umwälzungsprozess in Osteuropa (seit 1989) eröffnete neue Möglichkeiten und beendete den Ost-West-Konflikt.

Entstalinisierung, Schlagwort für die von den Nachfolgern Stalins, bes. von N. Chruschtschow (seit 1956), bewirkte Abkehr von den Herrschaftsmethoden Stalins.

Entwässerung, 1) Abführung der Gebrauchswässer und des Regenwassers aus Gebäuden und Städten durch Rohrleitungen und Kanäle, Reinigung der Abwässer und Ableitung in einen Vorfluter. – **2)** →Dränage 1).

Entwesung, Desinsektion, Desinfestation, Bekämpfung von tierischen Schädlingen (Mäuse, Ratten) und krankheitsübertragenden Insekten (u.a. Läuse, Flöhe, Wanzen).

Entwickler, chem. Verbindung, die in wässeriger Lösung das Bild (Negativ) auf belichteten fotograf. Platten, Filmen oder Papieren sichtbar macht **(entwickelt).** Sie scheidet an den belichteten Stellen je nach der Lichtstärke Silber aus der lichtempfindl. Schicht ab. Die meisten E. sind Kohlenwasserstoffverbindungen.

Hans Magnus Enzensberger

Entwicklung, Evolution, Grundbegriff der biolog. u.a. Wiss.: Veränderung und Entfaltung von Organismen, Sozialkörpern auf ein vorgeformtes Ziel hin. Der **Evolutionismus** steht oft im Ggs. zu dem stat. Ordnungsdenken.

In der Biologie wird zw. der **Individual-E.** (Einzel-E., Ontogenie) und der **Stammes-E.** (Phylogenie, Evolution) der Organismen unterschieden. Die **E.-Geschichte** (Biogenie, Morphologie der E.) beschreibt den Ablauf der Einzel-E., während die **E.-Physiologie** (E.-Mechanik) ihre Gesetzmäßigkeiten erforscht.

Die Individual-E. eines pflanzl. oder tier. Keims setzt ein nach Befruchtung der Eizelle. Die Keimes-E. einer tier. Eizelle (→Ei) beginnt mit der Furchung, einer schrittweisen Zellteilung in 2, 4, 8, 16, 32 usw. Teilzellen. Aus einem kugeligen Zellhaufen **(Morula, Maulbeerkeim)** entsteht die hohlkugelige **Blastula** (Keimblase, Blasenkeim). Durch Einstülpung der äußeren einschichtigen Wand **(Blastoderm)** bildet sich die zweischichtige **Gastrula** (Becherkeim). Ihre Mündung bezeichnet man als Urmund, die Einstülpungshöhle als Urdarm, die beiden Zellschichten als **äußeres Keimblatt** (Ektoderm) und **inneres Keimblatt** (Entoderm). Zw. ihnen entsteht später ein **mittleres Keimblatt** (Mesoderm). Jedes Keimblatt enthält die Anlagen für bestimmte Organe.

Stängelloser **Enzian**

Entwicklungsländer, Länder oder Gebiete mit niedrigem Lebensstandard, bes. in Asien, Afrika, Mittel- und Südamerika; heute oft gleichgesetzt mit Dritte Welt. Bei bedeutenden Unterschieden – zu den E. gehören sowohl die ärmsten Länder der vierten Welt als auch Erdöl produzierende Staaten – haben die E. gemeinsame Hauptprobleme: mangelnde Industrialisierung; überwiegende, oft rückständige Landwirtschaft; Importabhängigkeit bei Lebensmitteln und Ind.gütern; hohe Arbeitslosigkeit, aufgeblähter Dienstleistungssektor und verbreitete Unterernährung bei starkem Bev.-Wachstum; schlechte Infrastruktur; Analphabetismus. Seit Ende 1992 werden den E. auch ehem. sowjet. Rep. zugerechnet. Als **Entwicklungshilfe** erhalten sie von den Ind.staaten, der UNO u.a. Organisationen Nahrungsmittel, Kredite, Ind.ausrüstungen, wirtschaftl., techn., kulturelle Beratung. Um bisherige Benachteiligungen gegenüber Ind.staaten zu beseitigen, streben die E. eine neue Weltwirtschaftsordnung an.

Entwicklungspsychologie, Lehre von der Entwicklung des seel. Lebens.

Entziehungskur, Entwöhnungskur, klin. Behandlung eines Süchtigen zur Entwöhnung von Alkohol, Nikotin oder Rauschgiften. Gewöhnliche Kurdauer mindestens 6 Monate, z.T. unter Anwendung von Psychotherapie.

Entzündung, 1) ⚗ Beginn einer Verbrennung. – **2)** ⚕ örtl. Abwehrreaktion eines Körpergewebes auf einen schädigenden Reiz (Strahlen, Hitze, Verätzung, Gifte, Bakterien). Allg. Anzeichen einer E. (Rötung, Schwellung, Erwärmung, Schmerz) beruhen auf vermehrter Blutfülle und Ansammlung von Gewebsflüssigkeit und sind eine Schutzmaßnahme des Körpers. Die **Schleimhaut-E.** (Katarrh) bewirkt eine starke wässrige Absonderung, in Gelenken und Körperhöhlen als Erguss **(Exsudat).** Die **eitrige E.** geht mit der Bildung von Eiter einher. Bei manchen E. kann der Gewebstod große Ausmaße annehmen (→Brand, eitrige →Zellgewebsentzündung). Bei anderen E. entstehen Gewebswucherungen (Syphilis, Tuberkulose).

Enugu, Hptst. des nigerian. Bundesstaats Anambra, 286 100 Ew.; Steinkohlenbergbau.

E-Nummern, nach der Lebensmittelkennzeichnungs-VO vom 22. 12. 1981 (in der jeweils geltenden Fassung) Bezeichnung von Zusatzstoffen in Lebensmitteln. Für die Gruppe der Farbstoffe werden die E-N. E 100 bis E 180, für Konservierungsstoffe E 200 bis E 297, für Antioxidationsmittel E 300 bis E 385, für Emulgatoren, Gelier- und Verdickungsmittel, Stabilisatoren E 400 bis E 495 und für unterschiedl. Zusatzstoffe (z.B. Zuckeraustauschstoffe, Glycerin, Pektine, Zellulose, Zitronen-, Weinsäure, Speisefettsäuren) E 500 bis E 1202 verwendet.

Enver Pascha, türk. General und Staatsmann, * 1881, † 1922; Führer der Jungtürken, im 1. Weltkrieg Oberbefehlshaber und Kriegsmin., als Gegner M. Kemal Atatürks 1918 nach Buchara geflohen, fiel im Kampf gegen sowjet. Truppen.

Environment [ɪnˈvaɪərənmənt] *das,* künstler. Gestaltung eines Raums, Malerei und Plastik verbindend; bezieht den Betrachter mit ein; bes. in der Pop-Art.

Enzensberger, Hans Magnus, dt. Schriftsteller, * 1929; zeitkrit. Lyrik, polit. Prosa, Hörspiele.

Enzephalitis *die,* Gehirnentzündung (→Gehirn).

Enzian, Gentiana, krautige Gebirgspflanzen (alle unter Naturschutz); **Frühlings-E.,** himmelblau; **Stängelloser E.,** zyanblau; **Gelber E., Bitterwurz,** Wurzel dient als Zusatz von Magenbranntwein und Schnaps.

Enzyklika *die,* Rundschreiben des Papstes; seit dem 18. Jh. Lehrschreiben des Papstes an alle kath. Bischöfe und Gläubigen (in lat. Sprache; ohne unfehlbare Lehrautorität).

Enzyklopädie *die,* veraltet **Konversationslexikon,** die zusammenfassende Darstellung des gesamten Wissens oder eines Teilgebiets, entweder nach Sachgruppen oder nach dem Alphabet geordnet, so hellenist. Wissenssammlungen (enkyklios paideia), die 7 freien Künste, Nachschlagewerk der Aufklärung (→Enzyklopädisten). Daneben gibt es **Fachwörterbücher** oder **Realenzyklopädien** der Einzelgebiete.

Enzyklopädisten, Mitarbeiter der unter Leitung von D. Diderot (bis 1759) und J. Le Rond d'Alembert 1750 bis 1780 erschienenen frz. »Encyclopédie«, ein Hauptwerk der →Aufklärung.

Enzyme, *Sg.* **Enzym** *das,* **Fermente,** von lebenden Zellen erzeugte Eiweißstoffe, die chem. Reaktionen auslösen, ohne sich dabei zu verbrauchen **(Biokatalysator).** Die E. regeln und steuern den Stoffwechsel der Lebewesen. Jedes E. ist auf eine bestimmte Leistung abgestimmt, d.h., es wirkt spezifisch. So spaltet das E. Sacharase nur Rohrzucker; Maltase zerlegt Malzzucker in Traubenzucker; Pepsin, Trypsin spalten Eiweiß, Lipase Fett. E. sind Bestandteil der medizin. Diagnostik. Techn. Verwendung u.a. in Bäckerei, Brauerei, Textil-, Lederindustrie.

Eos, griech. Göttin der Morgenröte, der bei den Römern Aurora entspricht.

Eosander, Johann Friedrich Freiherr v., genannt **E. v. Göthe,** dt. Baumeister, getauft 1669, † 1728; Hofbaumeister in Berlin.
Eosin *das,* ⚗ roter Farbstoff, zur Herstellung von Tinte, Lippenstiften, Nagellacken u. a.
Eozän *das,* Stufe der Tertiärzeit, vor 55 bis 38 Mio. Jahren.
Eozoikum *das,* Zeitabschnitt der Erdgeschichte, → Proterozoikum.
Epaminondas, Feldherr und Staatsmann in Theben, * um 420 v. Chr., † 362 v. Chr.; schlug die Spartaner bei Leuktra (371), wodurch die damalige theban. Vormachtstellung begründet wurde; fiel 362 bei Mantinea. Erfinder der »schiefen Schlachtordnung«.
Eparch [griech. »Befehlshaber«], bei Römern und Byzantinern Titel ziviler und militär. Amtsträger.
Eparchie *die,* **1)** Amtsbereich eines Eparchen. – **2)** Aufsichtsbezirk eines orth. Bischofs. – **3)** im heutigen Griechenland eine Verwaltungseinheit.
Epaulette [epo-] *die,* Schulterstück bei Uniformen.
Ephebe *der,* im 4. Jh. v. Chr. Bezeichnung für die athen. Wehrpflichtigen zw. 18 und 20 Jahren, die vom Staat eine militär. Ausbildung erhielten.
ephemer, eintägig, schnell vergänglich.
Ephemeriden, 1) → Eintagsfliegen. – **2)** Tabellen über den tägl. Stand der Himmelskörper.
Epheserbrief, Schrift im N. T.; Brief des Apostels Paulus an die christl. Gemeinde in Ephesos; Verfasserschaft umstritten.
Ephesos, bedeutende antike (erst griech., dann röm.) Handelsstadt an der W-Küste Kleinasiens, heute Türkei; der Artemistempel war eines der sieben Weltwunder. Von der römerzeitl. Stadt eindrucksvolle Reste (u. a. die Celsusbibliothek).
Ephoros, Aufseher; **Ephoren,** die 5 für ein Jahr gewählten obersten Beamten des antiken Sparta.
Ephra|im, im A. T. einer der Söhne Josephs, Ahnherr des israelit. Stammes E. (722 v. Chr. von den Assyrern unterworfen).
epi..., Vorsilbe mit der Bedeutung: auf, über, an, bei, zu; z. B. Epidermis, die Oberhaut.
Epidauros, in der Antike bedeutende griech. Stadt in der Argolis (gehört zum Weltkulturerbe), in der Nähe das Asklepiosheiligtum, eine der größten antiken Heilstätten; besterhaltenes griech. Theater.
Epidemie *die,* **Seuche,** ⚕ gehäuftes, zeitlich begrenztes Auftreten einer Infektionskrankheit, wie Pest, Typhus, Cholera, Pocken, Scharlach, Grippe.
Epidermis *die,* Oberhaut (→ Haut).
Epidermophytie *die,* → Hautpilzerkrankungen.
Epidiaskop *das,* Projektionsapparat für Aufsichts-(Epi-) und Durchsichts-(Dia-)Bilder.
Epigone [griech. »Nachgeborener«] *der,* in der griech. Sage Nachkomme der Sieben gegen Theben; Ü Nachahmer ohne Schöpferkraft.
Epigramm [griech. »Aufschrift«] *das,* kurzes, geistreiches oder witziges Gedicht (meist als Distichon); bei den Griechen zuerst Aufschrift auf Denkmälern, im antiken Rom gab bes. Martial dem E. den straffen, satir. Charakter, der in Humanismus und Barock vorbildhaft wurde. Blütezeit in der Klassik: A. G. Kästner, G. E. Lessing, J. G. Herder, Goethe, Schiller.
Epik *die,* die → erzählende Dichtung.
Epiktet, griech. stoischer Philosoph, * um 50, † um 138 n. Chr.; lehrte u. a. Philosophie als prakt. Lebensweisheit (»Unterredungen«).
Epikur, griech. Philosoph, * 341, † 271 v. Chr.; sah die Unerschütterlichkeit der Seele als Ziel an. Seine Nachfolger, die **Epikureer,** vergröberten seine Lehre; sie galten als Genussmenschen.
Epilepsie *die,* Krankheitsgruppe mit regelmäßig wiederkehrenden Krampfanfällen (dabei Bewusstlosigkeit) und psych. Veränderungen. Erbanlagen spielen eine wesentl. Rolle, daneben Gehirnschädigungen.

Theater von **Epidauros.** Im 3. Jh. v. Chr. erbaut, noch heute bespielt

Epilog *der,* Nach- oder Schlussrede im Schauspiel; Ggs.: Prolog.
Epiphanias [griech. »Erscheinung«], das Fest der **Erscheinung des Herrn** am 6. 1., im kath. Volksglauben Fest der **Heiligen Drei Könige** (nicht im kirchl. Festkalender).
Epiphyse *die,* **1)** Zirbeldrüse. – **2)** Gelenkende der Röhrenknochen; während des Knochenwachstums durch eine Knorpelzone **(E.-Knorpel)** mit dem Mittelknochen verbunden.
Epiphyten, Aufsitzerpflanzen, Überpflanzen, Gewächse, die nicht auf dem Boden, sondern auf anderen Pflanzen, bes. Bäumen, wachsen, ohne diesen Nährstoffe zu entziehen. Die E. sind am häufigsten in den Tropen (Orchideen, Farne); sie entnehmen ihren Wasserbedarf dem Regenwasser und dem Wasserdampf der Luft, den Nährstoff dem auf Bäumen angesammelten Humus.
Epirus, Gebirgslandschaft in NW-Griechenland; wirtschaftl. Mittelpunkt: Ioannina.
epische Dichtung → erzählende Dichtung.
episches Theater, bes. von B. Brecht entwickelter Begriff für seine nicht auf dramat. Spannung und Illusion gerichtete Form des Bühnenstücks, der Zuschauer soll sich bewusst sein, einem Spiel beizuwohnen (»Verfremdungseffekt«).
Episkop *das,* Projektionsapparat zur Projektion undurchsichtiger Bilder.
Episkopalsystem, 1) kath. Kirche: Lehre, die das allg. Konzil dem Papst überordnet; durch das Tridentin. und das 1. Vatikan. Konzil verworfen. – **2)** ev. Kirche: Lehre von der Befugnis des Landesherrn zum Kirchenregiment als Rechtsnachfolger der Bischöfe (bis 1918).
Episkopat *der,* Bischofsamt oder die Gesamtheit der Bischöfe.
Episode *die,* **1)** Literatur: Nebenhandlung. – **2)** allg.: nebensächl. Ereignis, Erlebnis.
Epistel *die,* **1)** Brief, bes. der dichter. Brief. – **2)** im N. T.: Sendschreiben der Apostel. – **3)** im Gottesdienst: Abschnitt aus den Apostelbriefen. – **4)** Ü Strafpredigt.
Epistolae obscurorum virorum, dt. **Dunkelmännerbriefe,** Titel einer Sammlung fingierter lat. Briefe (1515 bis 1517), die in überspitztem Latein die Gegner J. Reuchlins, die Kölner Dominikaner, verspotteten. Die Verfasser gehörten dem Erfurter Humanistenkreis an.
Epitaph *das,* Grabinschrift; auch Gedenktafel mit Inschrift für einen Verstorbenen, z. B. an Kirchenwänden sowie an Pfeilern.
Epitaxie *die,* Verfahren der Halbleitertechnik, das Aufwachsen dünner (epitakt.) Schichten auf einem Substrat. Es gibt versch. Methoden (Gasphasen-, Mo-

Epitaph für den Domkantor Johann von Segen in der Trierer Liebfrauenkirche (1564)

lekularstrahl-E.), mit denen sehr perfekte Einkristalle (ohne Störstellen) und gezielte Dotierungsprofile realisiert werden können.

Epithel *das,* in regelmäßigen Lagen von Zellen angeordnetes, gefäßreiches Gewebe, überkleidet die Oberfläche und die inneren Hohlräume des menschl. und tier. Körpers. **E.-Körperchen,** die →Nebenschilddrüsen.

Epizentrum →Erdbeben.

Epoche *die,* Zeitpunkt, mit dem eine neue bedeutsame Entwicklung beginnt; meist der Zeitabschnitt oder Zeitraum selbst.

Epos [griech. »das Gesagte«] *das,* Pl. **Epen,** eine Hauptart der erzählenden Dichtung. Das E. ist die Darstellung geschichtl., sagenhaften oder myth. Geschehens in rhythmisch gebundener Sprache. Die ältesten E. wie das babylon. Gilgamesch-E. (2. Jt. v. Chr.), Homers Ilias und Odyssee (8. Jh. v. Chr.), Vergils Äneis (Ende 1. Jh. v. Chr.), das ind. Mahabharata (4. Jh. v. Chr. bis 4. Jh. n. Chr.), das Nibelungenlied (um 1200) verweisen auf den Mythos und die ältere Heldensage. In der ritterl.-höf. Gesellschaft des MA. entstanden die frz. Chansons de geste (»Rolandslied«, gegen 1100), die Vers-E. von Chrétien de Troyes, das span. Cid-E. (um 1140), die dt. E. von Hartmann von Aue, Wolfram von Eschenbach. Dantes »Divina Commedia« (nach 1313 bis 1321) fasst das Weltbild des MA. noch einmal zusammen. In der Neuzeit wurde das E. vom Roman abgelöst. Die zahlreichen Wiederbelebungsversuche im 19. und 20. Jh. sind meist nachgeholte National-E. oder Weltanschauungs-E. (Lord Byron, C. Brentano, A. Döblin u. a.).

Blüte und Frucht der Garten-**Erbse**

Epoxidharze, durch Polykondensation gewonnene Kunstharze.

Eppich *der,* Volksname versch. Pflanzen, wie Sellerie, Petersilie, Efeu.

Epstein ['epstaɪn], Jacob, brit. Bildhauer, *1880, †1959; ausdrucksvolle monumentale Werke.

Epstein-Barr-Virus, ein Virus, das als wahrscheinl. Erreger beim Menschen vorkommender Tumorformen gilt.

Equalizer ['iːkwəlaɪzə], Klangregeleinrichtung an Verstärkern von Hi-Fi-Anlagen zur Korrektur, Entzerrung o. a. Beeinflussung einer elektroakust. Darbietung.

Equipe [e'kip] *die,* Sportmannschaft (Reit- und Fechtsport).

Erasmus, Märtyrer, einer der 14 Nothelfer, Heiliger (Tag: 2. 6.).

Erasmus von Rotterdam, niederländ. Humanist, *1466 (1469?), †Basel 1536; als Textkritiker, Herausgeber und Grammatiker bahnbrechend für die moderne Philologie; gab 1516 die erste griech. Druckausgabe des N. T. heraus, die zur Grundlage von Luthers Bibelübersetzung wurde; bekämpfte Missbräuche in der kath. Kirche, lehnte jedoch Luthers Reformation ab.

Erbach
Stadtwappen

Erato, eine der →Musen.

Eratosthenes von Kyrene, griech. Gelehrter, *um 284 v. Chr., †um 202; Dichter, Mathematiker, entwarf eine Erdkarte und berechnete als erster den Erdumfang.

Erbach, Krst. in Hessen, 12 900 Ew.; Luftkurort im Odenwald; Elfenbeinmuseum.

Erbanlage, →Gen, →Genotyp.

Erbbaurecht, veräußerl. und vererbl. Recht, auf oder unter der Oberfläche eines fremden Grundstücks ein Bauwerk (Haus, Keller, Leitungsmasten usw.) zu errichten.

Erbfolgekriege, Sukzessionskriege, aus Streitigkeiten um die Thronfolge entstandene Kriege, Beispiele: 1) **Span. E.** 1701 bis 1714; 2) **Poln. E.** 1733 bis 1738; 3) **Österr. E.** 1740 bis 1748; 4) **Bayer. E.** 1778 bis 1779.

Erasmus von Rotterdam. Gemälde von Hans Holbein d. J., Ausschnitt (1523)

Erbgrind, Favus, durch Fadenpilze hervorgerufene Krankheit der Haut (bes. der behaarten Kopfhaut).

Erbium *das,* Symbol **Er,** chem. Element, Metall aus der Gruppe der Lanthanoide; OZ 68.

Erbkrankheiten, durch krankhafte Erbanlagen bedingte Leiden, z. B. Epilepsie, Schizophrenie, Veitstanz, Bluterkrankheit. Die krankhafte Erbanlage braucht nicht in jeder Generation in Erscheinung zu treten (→Vererbung). Die Erblichkeit ist nicht gleichbedeutend mit Unheilbarkeit.

Erb|pacht, erbl. Nutzungsrecht an einem Grundstück, bes. Bauerngut, gegen Zahlung einer jährl. Pachtsumme an den Eigentümer **(Erbzins).** Die meisten E.-Verhältnisse wurden im Zuge der Bauernbefreiung im 19. Jh. aufgehoben.

Erbrechen, ⚕ Entleerung des Mageninhalts durch den Mund infolge Überfüllung oder Reizung des Magens, bei Magen- und Darmerkrankungen, Störung des Gleichgewichtssinns (z. B. Seekrankheit), durch Ekel vor bestimmten Speisen oder durch Brechmittel.

Erbrecht, ⚖ rechtl. Bestimmungen über die Rechtsnachfolge bei Todesfall (§§ 1922 ff. BGB). Das Vermögen des Verstorbenen **(Erblassers)** geht als Ganzes auf den oder die Erben über; mehrere Erben erlangen gemeinschaftl. Eigentum am Nachlass **(Erbengemeinschaft).** Hat der Erblasser keine Verfügung über den Nachlass getroffen (→Testament, →Erbvertrag), so tritt die **gesetzl. Erbfolge** ein: Erben 1. Ordnung sind die Abkömmlinge, 2. Ordnung die Eltern und deren Abkömmlinge, 3. Ordnung die Großeltern und deren Abkömmlinge usw. Verwandte der näheren Ordnung schließen die der entfernteren Ordnung aus. Der Ehegatte erbt neben Verwandten 1. Ordnung ein Viertel, neben Verwandten 2. Ordnung und Großeltern die Hälfte (dazu Haushaltsgegenstände und Hochzeitsgeschenke), sonst den ganzen Nachlass. Ist weder Verwandter noch Ehegatte vorhanden, so erbt der Staat. – Nichtehel. Kinder sind seit dem In-Kraft-Treten des Nichtehelichenges. von 1970 erbrechtlich grundsätzlich den ehel. Kindern gleichgestellt. (→Pflichtteil, →Vermächtnis)

Erbschaftsteuer, die Steuer auf den Vermögensübergang durch Tod, in Dtl. geregelt durch das E.-Ges., zuletzt geändert durch das Jahressteuergesetz 1997. Das Aufkommen steht den Ländern zu. Nach dem persönl. Verhältnis des Erwerbers zum Erblasser werden 3 Steuerklassen unterschieden. Nach diesen sowie nach der Höhe des Erbanfalls sind die Steuersätze gestaffelt bis zu 50 %. Der Erwerb von Todes wegen durch den Ehegatten bleibt in Höhe von 600 000 DM, bei Kindern in Höhe von 400 000 DM steuerfrei. Für die übrigen Personen der Steuerklasse I beträgt der persönl. Freibetrag 100 000 DM, in der Steuerklasse II 20 000 DM und in der Steuerklasse III 10 000 DM. Die Versorgungsfreibeträge betragen für Ehegatten 500 000 DM, für Kinder 20 000 bis 100 000 DM.

Erbschein, gerichtl. Bescheinigung über das Erbrecht und die Größe des Erbteils.

Erbschleicherei, Bemühung um eine Erbschaft unter Anwendung widerrechtl. oder gegen die guten Sitten verstoßender Mittel. Die E. bildet keinen besonderen Tatbestand des StGB.

Erbse, Gattung krautiger Schmetterlingsblütler mit Hülsenfrüchten. Arten: **Acker-E., Peluschke,** rosa bis lila blühend. Kulturform: **Garten-E. (Büschel-, Roll-, Zucker-, Mark-E.).**

Erbsünde, nach christl. Lehre: durch den Sündenfall Adams und Evas verschuldete Sündhaftigkeit des Menschengeschlechts.

Erbuntertänigkeit → Leibeigenschaft.

Erbvertrag, die vertragsmäßige unwiderrufliche Verfügung von Todes wegen, im Ggs. zum Testament (§§ 2274 ff. BGB).

Erd|alkalimetalle, ☈ die sehr reaktionsfähigen chem. Elemente der II. Hauptgruppe des Periodensystems der chem. Elemente: Beryllium, Magnesium, Calcium, Strontium, Barium, Radium.

Erdbeben, Erschütterungen des Erdbodens, durch geolog. Vorgänge in der Erdrinde ausgelöst, oft mit Bildung von Erdspalten, Schlamm-, Wasser- und Gasausbrüchen, Senkungen, Bergstürzen u. a. verbunden. Nach der Ursache unterscheidet man **Einsturzbeben,** die beim Einbruch unterird. Hohlräume entstehen, **vulkan.** oder **Ausbruchsbeben,** die als Begleiterscheinungen des Vulkanismus auftreten, und **tekton.** oder **Dislokationsbeben.** Letztere kommen am häufigsten vor; sie sind meist Folge von Brüchen oder Verschiebungen in der Erdkruste; sie treten, oft mit verheerender Wirkung, bes. in den jungen Faltungs- und Bruchgebieten der Erdkruste auf (Randgebiete des Stillen Ozeans, Randzonen der Faltengebirge im S Asiens und Europas, O-Afrika). E. nehmen ihren Ausgang vom **E.-Herd** (Hypozentrum) in Tiefen bis zu 700 km; Ort stärkster Bewegung an der Erdoberfläche ist das **Epizentrum.** Bei **Seebeben** liegt der Herd unter dem Meeresboden, verheerende Überschwemmungen an den Küsten können die Folgen sein. Zur Erforschung der E. dienen **E.-Warten,** in denen **Seismographen** alle Erschütterungen aufzeichnen, deren Stärke nach der Richter- oder der Mercalli-Sieberg-Skala bestimmt werden kann. Die Erschütterungen breiten sich wellenartig aus und werden wie Schallwellen an Stellen des Erdinneren, an denen die Dichte sprungartig zu- oder abnimmt, gebrochen oder reflektiert. Aus Seismogrammen von E. oder von unterird. Sprengungen (»künstl. E.«) gewinnt man Aufschlüsse über den Erdaufbau (→ Seismologie).

Schwere E.: Lissabon 1. 11. 1755, Kalabrien-Sizilien 5. 12. 1783, 28. 12. 1908 (Messina), San Francisco 18. 4. 1906, Chile 12. und 17. 11. 1922, 25. 1. 1939, 22. 5. 1960, Japan 1. 9. 1923, Türkei 27. 12. 1939, 19. 8. 1966, Griechenland (Ion. Inseln) 12. 8. 1953, Agadir 1. 6. 1960, Jugoslawien (Skopje) 26. 7. 1963, Sizilien 15. 1. 1968, Italien (Friaul) 6. 5. bis 11. 9. 1976, China (Tangshan) 28. 7. 1976, Sowjetunion (Armenien) 7. 12. 1988, Sowjetunion (Tadschikistan) 23. 1. 1989, Türkei (Erzincan) 13. 3. 1992, Indien 30. 9. 1993, USA (Los Angeles) 17. 1. 1994, Japan (Kōbe) 17. 1. 1995.

Erde: Charakteristische Daten

mittlere Entfernung von der Sonne	149 597 870 km
kleinste Entfernung von der Sonne	$147{,}1 \cdot 10^6$ km
größte Entfernung von der Sonne	$152{,}1 \cdot 10^6$ km
Umfang der Bahn	$940 \cdot 10^6$ km
mittlere Bahngeschwindigkeit	29,783 km/s
siderische Umlaufzeit	365 d 6 h 9 min 9,54 s
Äquatorradius	a = 6 378,137 km
Polradius	b = 6 356,752 km
mittlerer Erdradius	r_E = 6 371,00
Äquatorumfang	40 075,017 km
Meridianumfang	40 007,863 km
Oberfläche	$510{,}0656 \cdot 10^6 km^2$
Volumen	$1\,083{,}207 \cdot 10^9 km^3$
Masse	$5{,}974 \cdot 10^{24}$ kg
mittlere Erddichte	5,516 g/cm^3
Schwerebeschleunigung am Äquator	978,031 cm/s^2
siderische Rotationsperiode	23 h 56 min 4,099 s
Neigung des Äquators gegen die Bahnebene	23° 26′ 21,5″

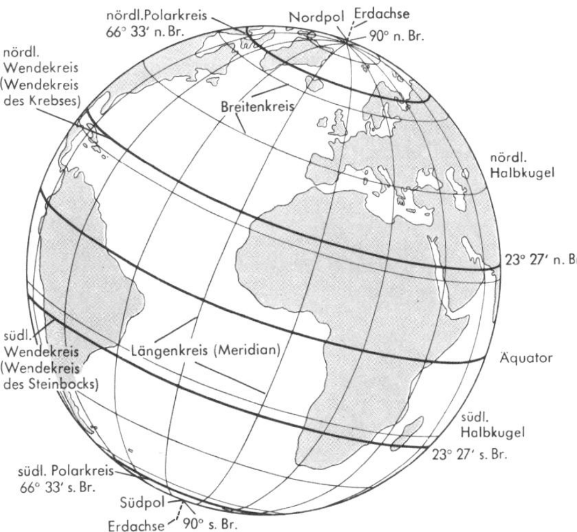

Erde

Erdbeere, Gattung der Rosengewächse, mit Ausläufern, weißer Blüte und aus der Fruchtachse hervorgehendem fleischigem Gewebe, das mit den Früchtchen (Nüsschen) besetzt ist. **Wilde** oder **Wald-E.** in Wäldern, auf Gebirgshalden; **Garten-E.,** Kreuzungsprodukt aus amerikan. Formen.

Garten-**Erdbeere**

Erdbiene, Sandbiene, Gattung der einzeln lebenden Bienen. Die Weibchen nisten in einer selbst gegrabenen Brutröhre.

Erde, der von der Sonne aus gerechnet 3. Planet. Die E. dreht sich im Lauf eines Tags von W nach O einmal um ihre Achse und läuft während eines trop. (Sonnen-)Jahrs (365 Tage, 5 Stunden, 48 Minuten, 47 Sekunden) in einer leichten Ellipse um die Sonne. Äquator- und Erdbahnebene sind um 23° 26 min gegeneinander geneigt. Die Sonne steht in einem Brennpunkt der Ellipse. Die Umlaufgeschwindigkeit der E. beträgt rd. 30 km/s. Der mittlere Abstand von der Sonne beträgt 149,6 Mio. km.

Die E. hat ungefähr die Gestalt einer Kugel (Rotationsellipsoid). Die Eigenumdrehung der E. verläuft um die durch ihren Schwerpunkt gehende Erdachse, die im **N-** und **S-Pol** die E. schneidet. Infolge der Umdrehung ist die E. an den Polen abgeplattet. Die Erdachse misst 12 713 550 m, der größte Durchmesser am **Äquator** 12 756 320 m, die Länge des Äquators 40 075 161 m. Die mittlere Dichte der E. beträgt 5,51 g/cm^3. Da die Gesteine an der Erdoberfläche eine Dichte von nur etwa 2,8 g/cm^3 haben, muss das Innere der E. aus sehr

Erdnuss

schweren Stoffen, möglicherweise aus Eisen mit etwas Nickel, bestehen (Eisenkernhypothese). Zum Innern hin nimmt die Wärme zu (auf 30 bis 35 m Tiefe um 1 °C). Aus der Ausbreitung von Erdbebenwellen schließt man auf einen Schalenaufbau des Erdinnern aus **Erdkruste** (8 bis 15 km Tiefe unter der Ozeanoberfläche, 30 bis 70 km unter Festländern), **Erdmantel** (bis 2 900 km Tiefe) und **Erdkern.** Der Druck nimmt mit der Tiefe zu, im Kern 1,5 bis 3,6 Mbar. Die Kerntemperatur wird auf 1 000 bis 12 000 °C geschätzt. Das Alter der E. beträgt etwa 5 Mrd. Jahre; Leben trat vor 2 ½ Mrd. Jahren erstmals auf.
Die Oberfläche misst rd. 510 Mio. km²; davon sind 361 Mio. km² (71 %) Wasseroberfläche, 149 Mio. km² (29 %) Festland. Die mittlere Höhe der festen Erdoberfläche: 875 m, die mittlere Tiefe der Ozeane: 3 800 m. Höchste Erhebung des Festlands: Mount Everest 8 846 m, größte Meerestiefe: Marianengraben 10 924 m.

Erdefunkstelle, Bodenstation für Funkverkehr mit Nachrichtensatelliten.

Erden, ⚗ schwer schmelzbare Metalloxide; man unterscheidet die eigentl. E., zu denen die Oxide des Aluminiums (Tonerde) und Berylliums (Beryllerde) gehören, die alkal. E. und die seltenen Erden.

Erdfarben, Farbstoffe, die durch Mahlen farbiger Mineralien gewonnen werden, z. B. Zinnober, Rötel, Ocker, Kreide.

Erdferkel

Erdferkel, Orycteropus, afrikan. Säugetiergattung der Röhrchenzähner, mit Grabfüßen und rüsselartigem Kopf; nachtaktive Termitenfresser.

Erdflöhe, Flohkäfer, Unterfamilie der Blattkäfer mit mehr als 5 000 Arten (in Europa etwa 240), mit Springbeinen, Kulturpflanzenschädling.

Erdgas, brennbare, in der Erdkruste vorkommende Naturgase. E. besteht überwiegend aus Methan; wird als Brenn- und Treibstoff und in der chem. Ind. verwendet. Der E.-Verbrauch hatte seit den 1970er-Jahren die höchsten Zuwachsraten der fossilen Energieträger (Zuwachs 1974 bis 1992: 75 %; Kohle: 50 %, Öl: 16 %).

Erdgasmotor, mit Erdgas angetriebener Motor mit Dreiwegekatalysator. Mit E. betriebene Fahrzeuge geben erheblich weniger Kohlenmonoxid und Stickoxide ab als Dieselmotoren und sollen Dieselmotoren in Nutzfahrzeugen ersetzen.

Erdgeschichte, Ablauf der Erdzeitalter seit Bildung einer festen Erdrinde.

Erdkunde, Geographie, Wiss. von den Erscheinungen und Räumen der Erdoberfläche. **Allg. E.:** 1) math. E.: Größe, Gestalt usw. der Erde; 2) phys. oder physikal. E.: Landformenkunde (Geomorphologie), Meereskunde (Ozeanographie), Gewässerkunde (Hydrographie), Klimakunde (Klimatologie); 3) Tier- und Pflanzengeographie; 4) E. des Menschen: Siedlungs-, Wirtschafts-, Kultur- und polit. E. Die **Länderkunde** sucht die einzelnen Länder der Erde zu erfassen und zu beschreiben.

Erdleguane, Gattung kleiner bodenbewohnender, oft bunter, metallisch glänzender Echsen in den chilen. Kordilleren.

Erdlicht, Erdschein, Aufhellung des von der Sonne nicht beleuchteten Teils des Mondes durch die von der Erde reflektierte Sonnenstrahlung.

Erdmagnetismus, die Gesamtheit derjenigen physikal. Eigenschaften des Erdkörpers und der physikal. Vorgänge in ihm, die das erdmagnet. Feld und seine Veränderungen in ihm hervorrufen; i. w. S. auch alle mit dem erdmagnet. Feld verknüpften physikal. Erscheinungen. Der Nordpol einer Magnetnadel zeigt ungefähr nach N. Die Pole wandern langsam. Ursache des E. sind elektr. Stromsysteme im tiefen Erdinneren und in der Hochatmosphäre.

Erdmannsdorff, Friedrich Wilhelm Freiherr v., dt. frühklassizist. Baumeister, * 1736, † 1800. Sein Hauptwerk: Schloss und Park Wörlitz bei Dessau (1769 bis 1773).

Erdnuss, brasilian. Schmetterlingsblütler, in warmen Ländern Zuchtpflanze, die Hülse dringt zum Reifen in die Erde. Der Samen wird gegessen (gemahlen: **E.-Butter**) oder gepresst **(E.-Öl),** der Pressrückstand dient als Kraftfutter **(E.-Kuchen).** Der Samen enthält etwa 50 % Öl, 24 bis 35 % Eiweiß, 3 bis 8 % Kohlenhydrate, die Vitamine B und E.

Erdöl, engl. **Petroleum,** brennbare Kohlenwasserstoffgemische, die frei in Zwischenräumen von Sedimentgesteinen oder von porösem Gestein aufgesaugt vorkommen. Bestandteile: 80,4 bis 87 % Kohlenstoff, 9,6 bis 13,8 % Wasserstoff, 0 bis 3 % Sauerstoff, 0 bis 5 % Schwefel, 0 bis 2 % Stickstoff; entstanden in Jahrmillionen durch Ablagerung von Kleinlebewesen auf Meer- und Seeböden, anschließende Umwandlung in Faulschlamm und bakterielle Zersetzung. Rohöl ist dick- bis dünnflüssig, strohfarbig bis dunkelschwarzbraun, meist grünlich fluoreszierend.

Förderung. E.-Lager werden durch Tiefbohrung erschlossen, zunehmend auch Unterwasserbohrungen (Offshoretechnik) in Küstennähe (Golf von Mexiko, Nordsee, SO-Sizilien). E. fließt durch Gas- oder artesischen Druck durch eingebaute Steigrohre von selbst aus oder wird durch Schöpfen mittels Schöpfbuchsen im Bohrrohr oder durch Tiefpumpen mittels ins Bohrloch versenkter Pumpe gefördert. Beim Gasliftverfahren presst man Luft oder Erdgas in ein Bohrloch, wodurch E. in einem anderen hochgedrückt wird. Rohöl wird durch Tankschiffe und Ölleitungen (Pipelines) befördert.

Verarbeitung. Rohöl wird durch stufenweise Destillation in seine verschieden hoch siedenden Anteile zerlegt. Die Destillate werden gereinigt (raffiniert), gekrackt (→ Kracken) und durch Filterpressen gepresst, wodurch man versch. Benzine, Dieselöle, Leuchtöle, Schmieröle, Paraffin und Asphaltbitumen erhält. Zum Raffinieren dienen Bleicherden, Schwefelsäure, Tiefkühlung mit Schwefeldioxid, Aktivkohle u. a.

Geschichte. Die E.-Gewinnung hatte jahrhundertelang nur örtl. Bedeutung. Erst seit der Mitte des 19. Jh. wurden größere E.-Felder erschlossen und planmäßig ausgebeutet: in den USA (Pennsylvania, Texas), in Aserbaidschan (Baku), in Rumänien u. a. Von da an nahm die Erschließung neuer Felder großen Aufschwung (Naher Osten, Sahara, Nordsee – seit Beginn der 1970er-Jahre). Äußerst reiche E.-Vorkommen werden seit 1978 in Mexiko gefunden. E. wurde zum wichtigsten Kraft- und Rohstoff für die chem. Ind. In Dtl. begann die Erschließung von E.-Lagerstätten um 1880 in der Lüneburger Heide. Die Ölfelder liegen im Raum Hannover, im Emsland, Weser-Ems-Gebiet, Schleswig-Holstein, Alpenvorland, im Oberrheintal (Förderung 1993: 3,051 Mio. t). – Die Erdöl exportierenden Länder schlossen sich 1960 zur OPEC zusammen. Nach dem Krieg Ägyptens und Syriens gegen Israel 1973 beschlossen die arab. E.-Förderländer einen E.-Boykott gegen die Ind.staaten, um polit. Ziele gegenüber Israel zu erreichen. Die darauf folgende

Energiekrise führte zu vielen Einschränkungen im Verbrauch von E.-Produkten und zu bis dahin nicht gekannten Preissteigerungen. Der polit. Umsturz im Iran (1979) verursachte eine 2. Krise. Die E.-Reserven der Welt werden auf 136 Mrd. t geschätzt (1994).

Erdpyramide, Erdpfeiler, Lehmpfeiler, durch Regenauswaschung unter schützenden Steinen entstanden.

Erdschluss, ⚡ ungewollte Verbindung eines elektr. Leiters mit der Erde, z. B. infolge mangelhafter Isolierung.

Erdstern, Wetterstern, Bauchpilz, dessen derbe Fruchtkörperaußenwand sternförmig aufreißt und sich bei Trockenheit einrollt.

Erdströme, ⚡ sehr schwache, zeitlich und örtlich veränderl. elektr. Ströme in der Erde. **Induzierte** oder **tellur. E.,** vorwiegend in der Erdkruste und im oberen Erdmantel, werden infolge der zeitl. Variation des erdmagnet. Felds durch elektromagnet. Induktion erzeugt. **Elektrochem. erzeugte E.** sind vorwiegend dicht unter der Erdoberfläche an Grenzen zw. Gesteinskörpern, die Bergwässer enthalten. **Vagabundierende E.** werden durch elektrotechn. Einrichtungen verursacht.

Erdteil, Kontinent, die großen Festlandmassen mit ihren Inseln: Europa, Asien, Afrika, Nordamerika, Südamerika, Australien (mit Ozeanien), Südpolargebiet.

Erdung, ⚡ Herstellen einer leitenden Verbindung von elektr. Geräten und Leitungen mit der Erde als Betriebs- und Schutz-E.; Schutz gegen Blitzschlag.

Erdwärme, Wärmegehalt des Erdkörpers. Als Energiequelle wird die E. in E.-Kraftwerken, zur Gebäudeheizung und Warmwasserbereitung genutzt: meist vulkan. Heißwasser- und Dampfspeicher (Island, Neuseeland, Italien). Auch Bereiche geotherm. Anomalien sind von großem Interesse (in Dtl. z. B. bei Bad Urach, Landau in der Pfalz und Bremen); die Wärmereserven in heißen Gesteinsmassen sollen durch Bohrungen erschlossen werden, in die kaltes Wasser eingepumpt wird, das sich erhitzt und als heißes Wasser wieder austritt **(Hot-Dry-Rock-Verfahren).**

Erechtheion *das,* Tempel auf der Akropolis von Athen, zw. 421 und 406 v. Chr. erbaut.

Erektion *die,* Anschwellung und Aufrichtung des männl. Glieds und des weibl. Kitzlers durch verstärkten Blutzufluss.

Eremit *der,* Einsiedler.

Eremitage [eremiˈtaːʒə] *die,* **1)** Gartenhäuschen in Parks des 18. Jh. – **2)** Museum in St. Petersburg, große Gemäldegalerie, graf. Sammlung, Antiken.

Eresburg, Grenzburg der Sachsen an der Diemel, 772 von Karl d. Gr. erobert.

Erfahrung, Summe der Erkenntnisse und Einsichten. (→ Empirie)

Erfindung, erste oder neue Lösung einer techn. Aufgabe. – ÜBERSICHT S. 248

Erfrieren, Abkühlung des Körpers oder einzelner Körperteile bis an die Grenze der Lebensfähigkeit. Diese liegt beim **allg. E.** (Unterkühlung des ganzen Körpers) bei einer Bluttemperatur unter +28 °C. Die Folgen der **örtl. Erfrierung** zeigen sich in Rötung und Schwellung der Haut **(Frostbeulen),** Bildung von Blasen und Frostgeschwüren, Frostbrand (Gewebstod).

Erftstadt, Stadt in NRW, an der Erft, 48 700 Ew.; Naherholungsgebiet auf dem rekultivierten Gelände ehem. Braunkohlelager (Liblarer Seenplatte); Schloss Gymnich.

Erfüllung, 1) Verwirklichung. – **2)** ⚖ das Erlöschen des Schuldverhältnisses durch Abtragen der geschuldeten Leistung (§§ 362 ff. BGB).

Erfüllungsort, Leistungsort, ⚖ Ort, an dem eine geschuldete Leistung zu bewirken ist. Im Zweifelsfall ist E. Wohnsitz oder Sitz der gewerbl. Niederlassung des Schuldners (§ 269 BGB).

Erfurt, Hptst. von Thür., im südl. Thüringer Becken, 200 800 Ew.; Univ. (neu gegr. 1994), Medizin. Akademie, Kath. Priesterseminar, PH, viele Museen, Stadttheater, Zoo; u. a. Garten- und Samenzuchtanbau, Büromaschinen- und elektrotechn. Ind., Maschinenbau; ✈. – Dom (12. bis 15. Jh.), Severikirche (13./14. Jh.), ehem. Univ.-Kirche (13. bis 15. Jh.), Augustinerkirche (14. Jh.), Gotik- und Renaissancehäuser, Krämerbrücke (14. Jh.). – An einer Furt über die Gera gegr., ging das 741 errichtete Bistum E. später im Bistum Mainz auf, die Univ. (1392 bis 1816) war

Erfurt
Stadtwappen

Erdgeschichte

Zeitalter	System	Abteilung	Beginn vor Mio. Jahren	Entwicklung des Lebens
Erdneuzeit (Neozoikum, Känozoikum)	Quartär	Holozän		Pflanzen- und Tierwelt der Gegenwart
		Pleistozän		Den Eiszeiten und Zwischeneiszeiten angepasste Tier- und Pflanzenwelt
			2,5	Menschwerdung
	Tertiär	Pliozän Miozän Oligozän Eozän Paläozän		Entwicklung der Vögel und Säugetiere; Höhepunkt in der Entwicklung der Schnecken
			65	
Erdmittelalter (Mesozoikum)	Kreide	Oberkreide Unterkreide		Aussterben der Dinosaurier und Flugsaurier. Zahlreiche Foraminiferen und Muscheln; Entwicklung der Bedecktsamer
			144	
	Jura	Malm Dogger Lias		Reiche marine Fauna mit Ichthyosauriern, Plesiosauriern, Ammoniten (Leitfossilien), Belemniten, riffbildenden Schwämmen, Auftreten des Urvogels Archäopteryx
			213	
	Trias	Keuper Muschelkalk Buntsandstein		Im Keuper Auftreten erster Säugetiere, im Muschelkalk reiche marine Fauna (u. a. Seelilien, Muscheln, Brachiopoden, Kopffüßer), im Buntsandstein Fährten von Chirotherium (ein Saurier)
			248	
Erdaltertum (Paläozoikum)	Perm	Zechstein Rotliegendes		Entwicklung und Differenzierung der Reptilien. Daneben Großforaminiferen, Bryozoen, Glossopteris-Flora in Gondwanaland
			286	
	Karbon	Oberkarbon Unterkarbon		Zahlreiche Amphibien; erste Reptilien, Baumförmige Farne, Schachtelhalme, Bärlappgewächse
			360	
	Devon	Oberdevon Mitteldevon Unterdevon		Leitfossilien sind Brachiopoden, Kopffüßer und Fische. Im Mitteldevon erste Farne, Schachtelhalme und Bärlappgewächse
			408	
	Silur			Erstes Auftreten der Fische, im obersten Silur der ersten Gefäßpflanzen (Landbewohner). Reiche marine Fauna, u. a. riffbildende Korallen, Graptolithen (Leitfossilien)
			438	
	Ordovizium			Erstes Auftreten der Graptolithen und Korallen. Daneben Brachiopoden, Echinodermen, Kopffüßer, Trilobiten
			505	
	Kambrium			Erstes Auftreten der Trilobiten (Leitfossilien), Brachiopoden, Echinodermen, Kopffüßer
			590	
Erdfrühzeit (Präkambrium)	Proterozoikum			Abdrücke von Spiculä, Quallen, Seefedern, Arthropoden;
			2 500	Stromatolithen (Kalkausscheidungen von Blaualgen), Algenreste
	Archaikum		etwa 4 000	Entstehung des Lebens

Schwarz-**Erle**

Erfindung: Wichtige Erfindungen und Entdeckungen in Naturwissenschaft und Technik

	v. Chr.
Hölzernes Wagenrad (Federseemoor)	um 4000
Ältester (hölzerner) Pflug (in Europa)	um 4000
Schmelzen (Kupfer, Gold; Ägypten)	um 3800
Papyrus als Schreibstoff (Ägypten)	vor 3000
Cheopspyramide (Ägypten)	um 2500
Rad mit Speichen (Kleinasien)	2000
Bewässerungskanäle (Babylonien)	um 2000
Webstühle (Ägypten)	um 2000
Älteste röm. Steinbrücke (T. Priscus)	um 600
Röm. Wasserleitung (Appius Claudius)	321
Leuchtturm auf Pharos (Sostratos)	260
Flaschenzug, Hebelgesetz (Archimedes)	um 250
	n. Chr.
Papier in China (Cai Lun)	105
Ptolemäisches System (Ptolemäus)	um 150
Druck mit beweglichen Lettern in China	11. Jh.
Magnetnadel als Seeweiser (Europa)	um 1200
Augengläser (in Murano)	um 1300
Pulvergeschütz	um 1320
Druck mit beweglichen Lettern (Gutenberg)	um 1445
Taschenuhr (Henlein)	um 1500
Hauptwerk des Kopernikus	1543
Mikroskop (Jansen)	um 1590
Fernrohr (Lippershey)	vor 1608
Pendel- und Fallgesetze (Galilei)	1609
Keplersche Gesetze (Kepler)	1609–19
Quecksilberbarometer (Torricelli)	1643
Allgemeine Gravitationslehre (Newton)	1666
Infinitesimalrechnung (Newton, Leibniz)	1665–72
Lichtgeschwindigkeit bestimmt (Römer)	1675
Quecksilberthermometer (Fahrenheit)	1718
Blitzableiter (Franklin)	1752
Dampfmaschine (Watt)	1765
Entdeckung des Wasserstoffs (Cavendish)	1766
Spinnmaschine (Hargreaves)	1767
Entdeckung des Stickstoffs (Rutherford)	1772
Entdeckung des Sauerstoffs (Scheele)	1774
Heißluftballon (Gebr. Montgolfier)	1783
Wasserstoffballon (Charles)	1783
Mechanischer Webstuhl (Cartwright)	1785
Berührungselektrizität (Galvani)	1789
Leuchtgas aus Steinkohle (Murdock)	1792
Steindruck (Senefelder)	1796
Voltasche Säule (Volta)	1800
Musterwebstuhl (Jacquard)	1805
Dampfschiff »Clermont« (Fulton)	1807
Buchdruckschnellpresse (Koenig)	1812
Fraunhofersche Linien (Sonnenspektrum)	1814
Elektromagnetismus (Oersted)	1820
Schiffsschraube (Ressel)	1826
Ohmsches Gesetz (Ohm)	1826
Aluminium aus Tonerde (Wöhler)	1827
Herstellung von Harnstoff (Wöhler)	1828
Eisenbahn (Liverpool-Manchester)	1830
Elektromagnet. Induktion (Faraday)	1831
Grundgesetz der Elektrolyse (Faraday)	1833
Galvanoplastik (Jacobi)	1837–39
Elektromagnet. Schreibtelegraf (Morse)	1837–43
Daguerreotypie (Daguerre)	1839
Vulkanisation des Kautschuks (Goodyear)	1839
Mechanisches Wärmeäquivalent (Mayer)	1842
Nitroglycerin (Sobrero)	1847
Elektrische Glühlampe (Goebel)	1854
Typendrucktelegraf (Hughes)	1855
Erster Teerfarbstoff; Mauvein (Perkin)	1856
Bleiakkumulator (Planté)	1859
Spektralanalyse (Kirchhoff, Bunsen)	1861
Fernsprecher (Reis)	1861
Ammoniaksodaverfahren (Solvay)	1863
Siemens-Martin-Stahl	1864
Schreibmaschine (Mitterhofer)	1864–96
Elektromagnet. Lichttheorie (Maxwell)	1865
Dynamomaschine (Siemens)	1866
Dynamit (Nobel)	1867
Eisenbetonbau (Monier)	1867
Periodensystem (Mendelejew, Meyer)	1869
Kathodenstrahlen (Hittorf)	1869
Verbessertes Telefon (Bell, Gray)	1876
Viertaktmotor (Otto)	1876
Thomasprozess (Eisen; Thomas)	1879
Elektr. Straßenbahn (Siemens)	1881
Maschinengewehr (Maxim)	1883
Dampfturbine (Parsons)	1884
Benzinkraftwagen (Benz, Daimler)	1885
Kunstseide (Chardonnet)	1885
Nachweis elektromagnet. Wellen (Hertz)	1888
Drehstrommotor (Doliwo-Dobrowolski)	1889
Luftreifen (Dunlop)	1890
Erste Gleitflüge (Lilienthal)	1890–96
Dieselmotor (Diesel)	1893–97
Röntgenstrahlen (Röntgen)	1895
Drahtlose Telegrafie (Popow, Marconi)	1895–97
Verflüssigung der Luft (Linde)	1895
Natürliche Radioaktivität (Becquerel)	1896
Braunsche Röhre (Braun)	1898
Radium und Polonium (Curie)	1898
Motorflugzeug (Gebr. Wright)	1903
Kreiselkompass (Anschütz-Kaempfe)	1904
Offsetdruck (USA)	1904
Spezielle Relativitätstheorie (Einstein)	1905
Verstärker-Elektronenröhre (v. Lieben)	1906
Supraleitung (Kamerlingh-Onnes)	1911
Kosmische Ultrastrahlung (Heß)	1912
Ammoniaksynthese (Haber, Bosch)	1913
Atommodell (Bohr)	1913
Kohlehydrierung (Bergius)	1913
Erste Atomkernreaktionen (Rutherford)	1919
Tonfilm (Vogt, Engl, Massolle)	1919
Penicillin (Fleming)	1928
Fernseh- und Fernfilm-Apparatur	1929
Entdeckung des Neutrons (Chadwick)	1932
Entdeckung des Positrons (Anderson)	1932
Elektronenmikroskop	1933 ff.
Sulfonamide (Domagk)	1935
Nylon-Faser (USA)	1938
Kernspaltung (Hahn, Straßmann)	1938
Düsenflugzeug (Heinkel)	1939
Funkmessgeräte (Radar)	seit 1939
Erster Kernreaktor (Fermi, USA)	1942
Atombombe (USA)	1945
Elektronische Rechenmaschine	1946
Transistor (Bardeen, Brattain, Shockley)	1947/48
Kernkraftwerk (Calder Hall, England)	1956
Erster künstl. Erdsatellit (UdSSR)	1957
Mössbauer-Effekt (Mössbauer)	1958
Lichtverstärker (Laser; USA)	1960
Erste bemannte Raumfahrt (UdSSR)	1961
Feldeffekttransistor (Hofstein, Heimann)	1963
Erster Mensch frei im Weltraum (UdSSR)	1965
Raumsonde landet auf Venus (UdSSR)	1966
20-GeV-Linearbeschleuniger (USA)	1966
Erste Mondlandung (USA)	1969
Mikroprozessor (USA)	1969/72
Raumstation Saljut, Sojus (UdSSR)	1971
Himmelslabor Skylab (USA)	1973
Jupitersonde Voyager (USA)	1979
Direktstrahlender Fernsehsatellit Astra (Luxemburg)	1989
Teilchenbeschleuniger LEP (CERN)	1989
Fullerene (USA)	1991
Guss des größten opt. Spiegels der Welt ø 8,20 m (Dtl.)	1993
Nachweis des Top-Quarks (USA)	1994

Ludwig Erhard

Fritz Erler

Zentrum des Humanismus; E. war im MA. wichtiger Umschlagplatz für den dt.-slaw. Handel. Auf dem **Erfurter Fürstentag** suchte Napoleon 1808 vergeblich militär. Unterstützung durch Zar Alexander I. und dt. Fürsten; 1850 scheiterte im **Erfurter Unionsparlament** der Versuch Preußens, einen kleindt. Staat unter seiner Hegemonie zu schaffen.

Ergometer *das,* Apparat zum Messen der Organe und Funktionssysteme (Herz-Kreislauf-System, Atmung, Muskulatur).

Ergonomie *die,* Wiss. von den Leistungsmöglichkeiten und -grenzen des arbeitenden Menschen und von der Anpassung der Arbeit[sbedingungen] an den Menschen.

Ergussgesteine, Eruptivgesteine, die an der Erdoberfläche erstarrt sind; →Gesteine.

Erhaltungssätze, ⚛ Grundgesetze der Physik, die für abgeschlossene Systeme die zeitl. Erhaltung der Energie, des Impulses, des Drehimpulses, des Spins und der Ladung fordern.

Erhard, Ludwig, dt. Politiker (CDU), * 1897, † 1977; 1949 bis 1963 Wirtschaftsmin., Verfechter der »sozialen Marktwirtschaft«, seit 1957 auch Vizekanzler. Als Nachfolger Adenauers war er 1963 bis 1966 Bundeskanzler, 1966 bis 1967 Bundesvors., seitdem Ehrenvors. der CDU.

Erhardt, Heinz, dt. Komiker und Schauspieler, * 1909, † 1979. Typisch für seine Komik waren Kalauer und Sprachschöpfungen oder -verdrehungen.

Eriesee ['ɪərɪ-], der südlichste der 5 Großen Seen Nordamerikas, an der Grenze Kanadas und der USA, 25 745 km², bis 64 m tief. Der E. ist mit dem Ontario- und Huronsee, der atlant. Küste und dem Ohio verbunden.

Erika *die,* Pflanze, →Heide.

Erinnerung, Ⓟ Wiederhervorbringen von Bewusstseinsinhalten durch das Gedächtnis.

Erinnyen, griech. Rachegöttinnen, später drei: Tisiphone, Allekto, Megaira; beschönigend auch **Eumeniden** (»die Wohlgesinnten«).

Eris, griech. Göttin der Zwietracht; entfesselte den Streit zw. Aphrodite, Hera und Athena durch einen Apfel mit der Aufschrift »Der Schönsten«. Den Streit entschied Paris. **Erisapfel,** Zankapfel.

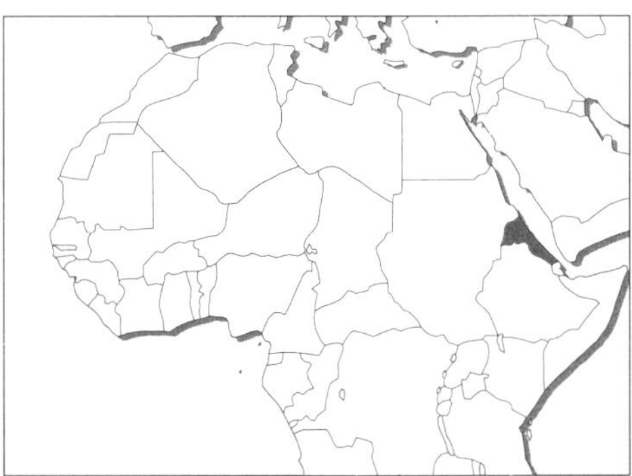

Eritrea, Rep. in NO-Afrika, am Roten Meer; 124 000 km², 3,04 Mio. Ew.; Hptst. Asmara. Landwirtschaft ist wichtigster Wirtschaftssektor. - Ab 1890 ital. Kolonie, kam E. 1941 unter brit. Verw.; 1952 bis 1962 autonomes Gebiet, 1962 bis 1993 Prov. Äthiopiens. Nach dem Ende der Kämpfe versch. eritreischer Guerillabewegungen und der Flucht des äthiop. Diktators Mengistu 1991 erlangte E. 1993 die Unabhängigkeit. Staatspräs. I. Afewerki (seit 1993).

Eritrea

Staatswappen

Staatsflagge

Internationales Kfz-Kennzeichen

Eriugena, Johannes Scotus E., irischer Philosoph, † nach 877; Vorsteher der Hofschule Karls des Kahlen; Einfluss auf die mittelalterl. Mystik.

Eriwan, Erewan, russ. **Jerewan,** Hptst. Armeniens, 1,2 Mio. Ew.; Univ., Techn. und Landwirtschaftl. Hochschule; Kupferhütte, Walzwerk; Textil-, Elektro-, chem. Ind., Kombinat für synthet. Kautschuk; Obst- und Weinbau.

Erkältung, versch., nach Kälteeinwirkung auftretende infektionsbedingte Krankheiten, v. a. der Luftwege. (→Schnupfen)

Erkelenz, Stadt in NRW, 42 300 Ew.; Maschinen-, Textilindustrie.

Erkenntnistheorie, Teil der Philosophie, der sich mit Wesen, Umfang, Quellen, Tragweite und Grenzen der Erkenntnis beschäftigt.

Erkennungsmarke, vorwiegend beim Militär gebräuchl. Metallmarke zur Identifizierung des Trägers.

Erker *der,* ⌂ an einem höheren Bauwerksgeschoss vorkragender Vorbau.

Erkrath, Stadt im Reg.-Bez. Düsseldorf, NRW, 49 600 Ew.; Maschinenbau.

Erlangen, kreisfreie Stadt im bayer. Reg.-Bez. Mittelfranken, an der Regnitz, 100 800 Ew.; Univ. (gegr. 1743) E.-Nürnberg, Fachschulen; elektrotechn., Maschinen-, Textil- u. a. Ind.; starkstromtechnisches Forschungszentrum.

Erlangen
Stadtwappen

Erlass *der,* ⚖ **1)** Recht setzende Verfügung des Landesherrn; Verwaltungsanordnung der Regierung oder einer hohen Behörde, die, im Unterschied zur Verordnung, keinen Recht setzenden Charakter hat. - **2)** Verzicht des Staats auf Strafverbüßung eines Verurteilten. - **3)** Schuldrecht: Erlöschen einer Schuld durch Vertrag zw. Gläubiger und Schuldner (§ 397 BGB).

Erlau →Eger 3).

Erle, Eller, Gattung der Birkengewächse mit holzigen Fruchtzapfen. **Schwarz-E.,** mit schwarzer Borke, auf feuchtem Boden Europas, N-Asiens, Afrikas; ihr Holz ist weich, leicht spaltbar, unter Wasser dauerhaft. **Grau-** oder **Weiß-E.** wächst im Bergland bis in 1 800 m Höhe. **Grün-E.** oder **Alpen-E.,** Alpengebüsch an der Baumgrenze.

erlebte Rede, Stilmittel der Epik; Gedanken einer bestimmten Person werden im Indikativ, meist im Präteritum ausgedrückt.

Erler, Fritz, dt. Politiker (SPD), * 1913, † 1967; 1939 bis 1945 in Haft; seit 1964 Stellvertretender Vors. der SPD, Fraktionsvors. im Bundestag.

Erlösung, 1) Befreiung von körperl. oder seel. Qual. - **2)** religiöser Grundbegriff, bes. in den **E.-Religionen:** z. B. im Buddhismus Befreiung des Menschen aus seiner Gebundenheit an die körperl., vergängl. Welt, im Christentum Errettung der Welt von der Sünde durch Jesus Christus.

Ermächtigungsgesetz, Ges., das die Reg. ermächtigt, Verordnungen mit Gesetzeskraft ohne Beteiligung des Parlaments zu erlassen, meist mit sachl. und zeitl. Begrenzung. Das dt. **E. vom 23./24. 3. 1933** ermächtigte die Regierung - praktisch Hitler - zu verfassungsändernder Gesetzgebung (→Nationalsozialismus). Das dt. GG schließt derartige E. aus.

Ermanarich, König der Ostgoten, dessen südruss. Reich 375 n. Chr. den Hunnen erlag; in der german. Heldendichtung wird er von Dietrich von Bern bei Ravenna besiegt (Rabenschlacht).

Ermessen, ⚖ pflichtgemäße Entscheidung eines Beamten oder Richters **(freies E., richterl. E.)** in den Fällen, in denen die gesetzl. Bestimmungen die Einzelheiten nicht regeln, sondern einen »Ermessensspielraum« lassen. Bei Ermessensfehlern und -missbrauch ist Klage vor dem Verwaltungsgericht zulässig.

Ermittlungsverfahren, ⚖ im Strafprozess eine Untersuchung, um aufzuklären, ob hinlängl. Grund zur Erhebung der öffentl. Klage vorliegt.

Ermland, Landschaft in Ostpreußen zw. Frischem Haff und Masur. Seenplatte. Der Gau Warmien wurde 1243 ein Bistum des Deutschordenslandes.

Max Ernst. Der Elefant Celebes (1921)

1466 kam es unter poln. Oberherrschaft, 1772 an Preußen, 1945/90 an Polen.

Ermüdung, 1) Folge geistiger oder körperl. Anstrengung ohne ausreichende Erholung. - **2)** in der Werkstoffkunde Verminderung der Festigkeit eines Werkstoffs.

Ernährung, Aufnahme von Nahrungsstoffen zum Aufbau und zur Erhaltung des Körpers. Die Hauptbestandteile der **menschl. Nahrung** sind Eiweiß, Kohlenhydrate, Fett, Wasser, Mineralsalze (bes. Phosphor-, Natrium-, Kalium-, Calcium-, Magnesium-, Eisensalze), Vitamine, Enzyme, Spurenelemente und Ballaststoffe. Als Maß für die Nährstoffmenge und ihres Wertes für die Energiegewinnung dient die Wärmemenge, die bei ihrer Verbrennung frei wird, angegeben in Kilojoule (kJ), früher in Kilokalorien (kcal). Bei der biolog. Verbrennung im Körper liefern 1 g Eiweiß oder 1 g Kohlenhydrate 17 kJ (4,1 kcal), 1 g Fett 39 kJ (9,3 kcal). Der Energiebedarf des menschl. Körpers bei einem Körpergewicht von 70 kg beträgt unter Ruhebedingungen ungefähr 4,18 kJ (1 kcal) je Kilogramm Körpergewicht und Stunde, in 24 Stunden etwa 7100 kJ (1700 kcal). Bei körperl. Bewegung und Arbeit erhöht sich der Energiebedarf des Körpers und beträgt für einen 70 kg schweren Mann bei leichter körperl. Arbeit etwa 10500 kJ (2500 kcal), bei mittelschwerer Arbeit etwa 12500 kJ (3000 kcal), bei körperl. Schwerarbeit 16700 kJ (4000 kcal) und mehr. Weiterhin spielen der Gehalt an Vitaminen und die Art des Eiweißes und Fettes (tier. oder pflanzl.) eine Rolle. Bei einer richtig zusammengestellten Kost sollen etwa 55 bis 60% des Energiebedarfs aus (hochmolekularen) Kohlenhydraten, 25 bis 30% aus Fetten und 10 bis 15% aus Proteinen gedeckt werden; die Proteinzufuhr sollte täglich 1 g pro kg Körpergewicht betragen.

Bei **Tieren** unterscheidet man nach Art der E. Allesfresser, Pflanzenfresser, Fleischfresser, Aasfresser, Schmarotzer. - Die **Pflanzen** ziehen (mit Ausnahme der Schmarotzer, Saprophyten und tierfangenden Pflanzen) alle Nahrung aus der unbelebten Natur. Notwendige Nährstoffe sind: Wasserstoff, Sauerstoff, Kohlenstoff, Stickstoff, Schwefel, Phosphor, Kalium,

Eros auf einem griechischen Weinkrug (5. Jh. v. Chr.)

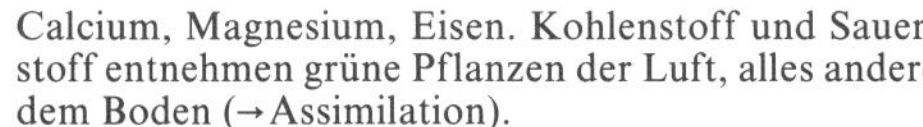

Calcium, Magnesium, Eisen. Kohlenstoff und Sauerstoff entnehmen grüne Pflanzen der Luft, alles andere dem Boden (→Assimilation).

Ernährungstherapie, Diätetik *die,* Krankenbehandlung durch Änderung der Ernährung, wobei die Menge der gesamten Nahrung oder einzelner Bestandteile vergrößert oder verringert oder Nahrungsmittel nach ihrer Verträglichkeit ausgesucht werden.

Ernestiner, Zweig der →Wettiner.

Erneuerungsschein, Talon, Zinsleiste, Nebenpapier zu Aktie oder Inhaber-Schuldverschreibung, berechtigt zum Empfang neuer Dividenden- oder Zinsscheine.

Ernst, Herrscher. **1) E. August,** König von Hannover, * 1771, † 1851; Sohn des brit. Königs Georg III., hob nach seiner Thronbesteigung 1837 die hannoversche Verfassung von 1833 auf und enthob die Göttinger Sieben ihres Amtes. - **2) E. II.,** Herzog von Schwaben, * 1007, † 1030; empörte sich gegen seinen Stiefvater Kaiser Konrad II.; Trauerspiel von L. Uhland (1817); Drama von P. Hacks (1957). - **3) E. II.,** Herzog von Sachsen-Coburg und Gotha, * 1818, † 1893; Vorkämpfer der nat. und liberalen Bewegung; unter seinem Schutz entstand 1859 der Dt. Nationalverein.

Ernst, 1) Max, frz. Maler und Grafiker dt. Herkunft, * 1891, † 1976; Surrealist. - **2)** Otto, eigentl. O. E. **Schmidt,** dt. Schriftsteller, * 1862, † 1926; Lustspiele (»Flachsmann als Erzieher«, 1901), Kindergeschichten (»Appelschnut«, 1907). - **3)** Paul, dt. Schriftsteller, * 1866, † 1933; Schüler von Arno Holz, Vertreter des Neuklassizismus. Dramen, Romane, Epos »Das Kaiserbuch« (3 Bde.; 1922 bis 1928); »Erdachte Gespräche« (1920). - **4)** Richard R., schweizer. Chemiker, * 1933; erhielt 1991 den Nobelpreis für Chemie für Verbesserungen der kernmagnet. Resonanzspektroskopie.

Erntedankfest, kirchl. Fest; ev. Kirche: Sonntag nach Michaelis (29. 9.); kath. Kirche: landschaftlich verschieden; heute wird das E. allg. am ersten Sonntag im Oktober gefeiert.

Eröffnungsbeschluss, ⚖ im Strafprozess Gerichtsbeschluss, der die Eröffnung des Hauptverfahrens anordnet (§§ 203 ff. StPO).

Eroica, 3. Sinfonie von Beethoven (Es-Dur).

Eros, 1) lat. **Amor, Cupido,** griech. Gott der Liebe, Sohn und Begleiter der Aphrodite, verkörpert als knabenhafter Jüngling, oft mit Flügeln, mit einem Bogen und zus. mit Psyche. Als geflügelte kleine Knaben wurden **Eroten** und **Amoretten** dargestellt. - **2)** ✡ kleiner Planet (Planetoid) zw. Erde und Mars.

Erosion *die,* ⊕ Zerschneiden und Abtragen der Erdoberfläche durch Wasser, Wind, Eis, bes. die Bildung von Tälern.

Erotik *die,* allg.: Gesamtheit des Liebeslebens; oft, im Ggs. zur Sexualität, auch die seelisch verinnerlichte Liebe, soweit sie den Aspekt geschlechtl. Anziehung einbezieht.

ERP [ˈiːɑːˈpiː], Abk. für **E**uropean **R**ecovery **Pro**gramme, →Marshallplan.

Erpel *der,* männl. Ente.

Erpressung. ⚖ Als Erpresser wird bestraft, wer in der Absicht, sich zu Unrecht zu bereichern, einen andern rechtswidrig zu einer Handlung, Duldung oder Unterlassung nötigt und dadurch diesem oder einem Dritten einen Vermögensnachteil zufügt (§§ 253 ff. StGB). Auf E. steht Freiheitsstrafe bis zu 5 Jahren oder Geldstrafe.

errare humanum est, Irren ist menschlich.

erratische Blöcke, die →Findlinge.

Erregermaschine, meist ein Gleichstromgenerator, der die Erregerwicklung einer Hauptmaschine mit dem Erregerstrom speist.

Er-Riad, Er-Riyad, →Riad.

Ersatzdienst →Zivildienst.

Erste Hilfe: Wichtige Sofortmaßnahmen

1. Augenverletzungen

Bei **Verätzungen** Ober- und Unterlid auseinander spreizen und mit Wasser ausspülen; Augenverband über beide Augen anlegen und Augenarzt aufsuchen. Bei **Fremdkörpern** hinter dem Unterlid lässt man den Verletzten nach oben sehen, zieht das Unterlid nach unten und streicht mit einem sauberen Tuchzipfel den Fremdkörper in Richtung Nasenrücken heraus. Bei Fremdkörpern unter dem Oberlid lässt man den Verletzten nach unten sehen, klappt das Oberlid vorsichtig nach außen und wischt den Fremdkörper in Richtung Nasenrücken heraus. Fremdkörper auf oder im Augapfel nicht zu entfernen versuchen!

2. Bauchverletzungen

Den Verletzten mit erhöhtem Kopf, angewinkelten Knien und abgestützten Füßen lagern, um die Bauchdecke zu entspannen. **Offene Bauchverletzungen** keimfrei abdecken (z. B. mit Brandwundenverbandtuch).

3. Blutungen

Kleinere Blutungen nach Verletzung der Haut kommen meist kurze Zeit nach Auflegen eines keimfreien Verbandes zum Stillstand. **Nasenbluten:** Zur reflektorischen Gefäßverengung ein nasses, kaltes Tuch oder einen Eisbeutel auf Stirn und Nacken legen. - **Innere Blutungen** aus Lunge (Bluthusten), Magen (Blut erbrechen), Darm (schwarzer, flüssiger Stuhl), Niere oder Blase (blutiger Urin) müssen unverzügl. in einem Krankenhaus versorgt werden.

4. Brustkorbverletzungen

Bei Brustkorbverletzungen kann das Durchatmen sehr schmerzhaft sein. Bei Verletzungen des Lungengewebes durch gebrochene Rippen hustet der Verletzte schaumig durchmischtes Blut aus. Zunehmender Lufthunger kommt hinzu. Lagerung mit erhöhtem Oberkörper auf der verletzten Seite, schonenden Transport in eine Klinik veranlassen.

5. Verletzungen durch elektrischen Strom

Vor Berühren des Verletzten unbedingt Stromzufuhr unterbrechen. Bei Herzversagen und Atemstillstand ist sofort mit der Wiederbelebung zu beginnen; bei erhaltener Atmung den Verletzten mit leicht erhöhtem Oberkörper lagern und vorsichtig in ein Krankenhaus transportieren. Eventuelle Strommarken (Verbrennungen) keimfrei abdecken.

6. Fremdkörper

Fremdkörper in der Nase können vielleicht durch Zuhalten der nicht betroffenen Nasenseite und kräftiges Schneuzen entfernt werden. - Bei **Fremdkörpern in der Luftröhre** Kopf vornüber neigen lassen, durch kräftige Schläge zw. die Schulterblätter den Betroffenen zum Husten bringen. Kinder legt man über die Knie, sodass der Kopf nach unten hängt, und schlägt ihnen mit der flachen Hand zw. die Schulterblätter.

7. Verätzungen

Verätzungen der Haut mit Säuren oder Laugen werden sofort mit viel Wasser abgespült, Wunden werden keimfrei abgedeckt. - **Innerl. Verätzungen** sind mit heftigen Schmerzen im Mund, im Rachen und im Magen, ferner mit blutigem Erbrechen und schließl. mit Schock und Bewusstlosigkeit verbunden. Um die Ätzwirkung abzuschwächen, viel Wasser zu trinken geben (nur falls der Verletzte bei Bewusstsein ist). Keinesfalls Erbrechen herbeiführen.

8. Vergiftungen

Bei Lebensmittel- oder Medikamentenvergiftung zum Erbrechen reizen. Erbrochenes und Giftreste mit in die Klinik geben. Vorsicht bei Vergiftungen mit Pflanzenschutzmitteln.

9. Knochenbrüche, Verrenkungen, Verzerrungen

Sie sind gewöhnl. an einer schmerzhaften Schwellung, der Gebrauchseinschränkung, der unnatürl. Form oder einer abnormen Beweglichkeit des betroffenen Körperteils erkennbar. Ist durch den Bruch die Haut verletzt **(offener Bruch)**, so wird zunächst ein keimfreier Verband über die Wunde und eventuell herausragende Knochensplitter gelegt. Wesentl. Ziel der ersten Hilfe ist die Ruhigstellung der gebrochenen Gliedmaßen; mit dem gebrochenen Knochen müssen gleichzeitig auch die benachbarten Gelenke ruhig gestellt werden. - **Armbrüche** werden mit einem Dreieckstuch ruhig gestellt, ggf. auch mithilfe der Kleidung (z. B. nach oben geschlagenem Jackenzipfel). Beim **Beinbruch** kann eine zusammengerollte Decke um das verletzte Bein gelegt und befestigt werden. Bei **Wirbelbrüchen** muss der Kopf immer stabil in einer waagerechten Linie mit dem Körper gehalten werden.

10. Schädelverletzungen

Sie müssen nicht in jedem Fall äußerl. sichtbar sein. Charakteristische ein- oder beidseitig auftretende Blutungen aus Mund, Nase und Ohr deuten auf einen **Schädelbasisbruch** hin. - Maßnahmen: Seitenlagerung; Freihalten der Atemwege, da Schädelverletzte zu Erbrechen neigen.

11. Verbrennungen (Verbrühungen)

Verbrennungen 1. Grades (schmerzhafte Rötung der Haut) werden zuerst mit fließendem kaltem Wasser gekühlt, ebenso **Verbrennungen 2. Grades** (Rötung und Blasenbildung) an kleineren Hautflächen. Brandblasen nicht öffnen. Bei **Verbrennungen 3. Grades** (Verkohlung der Haut) werden die Brandwunden mit keimfreien Tüchern abgedeckt; sofortiger Transport ins Krankenhaus.

12. Wunden

Wunden werden mit einem keimfreien Verband abgedeckt, eingedrungene Fremdkörper dürfen nur vom Arzt entfernt werden. Bei stärkeren Blutungen ist ein Druckverband anzulegen. Alle größeren Schnitt- und Schürfwunden sowie Stich-, Platz-, Quetsch-, Riss-, Schuss-, Kratz- und Bisswunden muss ein Arzt versorgen.

Richard R. Ernst

Ersatzkassen, neben den Allg. Ortskrankenkassen Träger der gesetzl. Krankenversicherung.

Ersatzzeiten, in der sozialen Rentenversicherung Zeiten ohne Beitragsleistung, die auf die Erfüllung der Wartezeit angerechnet werden, z. B. vor Eintritt in die Versicherung Ausbildungszeiten, nach Eintritt Militärdienst.

Erscheinungsbild, ⚘, ⚘ der → Phänotyp.

Ersitzung, ⚖ Eigentumserwerb an bewegl. Sachen durch zehnjährigen gutgläubigen Besitz (§§ 937 ff. BGB).

Erskine ['ə:skın], John, amerikan. Schriftsteller, * 1879, † 1951; populäre Romane.

erste Hilfe, zweckmäßige Sofortmaßnahmen bei Unglücksfällen oder plötzl. Erkrankungen. Grundsätzlich beschränkt sich die e. H. auf Rettung aus unmittelbarer Gefahr, Versorgung und Lagerung bis zum Eintreffen des Rettungsdienstes oder Notarztes, Überwachung und Abwehr lebensbedrohl. Zustände (Ersticken, Atemstillstand, Verbluten, Schock). Die Abwehr akuter Lebensgefahr und die Versorgung schwerer Verletzungen haben Vorrang vor der Behandlung leichterer bzw. nicht unmittelbar lebensbedrohl. Verletzungen. Alle weiter gehenden Maßnahmen (Umlagerung, Transport) sollten dem Rettungsdienst überlassen werden.

Erstgeburt, Erstgeburtsrecht, Vorzugsrecht des Erstgeborenen bei der Erbfolge, bes. bei den Israeliten; in den Fürstenhäusern Primogenitur.

Erstickung *die,* plötzl. Tod infolge Sauerstoffmangels.

Ertrag, Ergebnis der in Geld bewerteten produzierten Güter und Leistungen einer Periode (z. B. Monat, Jahr).

Ertragsgesetz, Gesetz vom abnehmenden → Bodenertrag.

Ertragsteuer, knüpft an einzelne Einkommensquellen an (z. B. Grund-, Gewerbesteuer); Ggs.: Einkommensteuer, die die persönl. Verhältnisse des Steuerpflichtigen berücksichtigt.

Ertragswert, der durch Kapitalisierung der erwarteten zukünftigen Erträge ermittelte Wert; Besteuerungsgrundlage für land- und forstwirtschaftl. Betriebe, dient auch der Berechnung des Firmenwertes in anderen Wirtschaftszweigen.

Eruption *die,* ⊕ Ausbruch, bes. eines Vulkans.

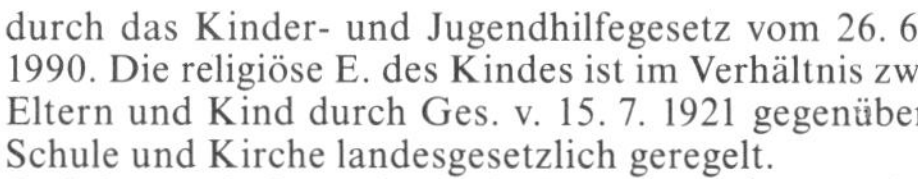

Eruptivgestein, aus dem erstarrten Schmelzfluss des Erdinnern entstandene → Gesteine.

Erwachsenenbildung, Andragogik, alle Bestrebungen zur freiwilligen Weiterbildung der erwachsenen Bev. Organisationsformen: Volkshochschule, ländl. Volksbildungswerk, Einrichtungen der Kirchen und Gewerkschaften; i. w. S. auch Volksbücherei, Volksbühne, Kurse, Fernunterricht, Funk- und Telekolleg u. Ä. (→ zweiter Bildungsweg). Ein spezieller Bereich ist die **Altenbildung (Gerontagogik).**

Erweckungsbewegungen, christl. Bewegungen in der ev. Kirche zur Wiederbelebung des religiösen Lebens zu Beginn des 19. Jh.: Erneuerung des Pietismus (Norwegen, W-Schweiz; Rheinland, Westfalen, Württemberg), den Methodisten verwandte Bestrebungen (Großbritannien, Nordamerika).

Eschwege
Stadtwappen

Erwerbslosigkeit, svw. Arbeitslosigkeit.

Erwerbsunfähigkeit, früher **Invalidität,** durch gesundheitl. Schäden bewirkte Unfähigkeit, durch Arbeit den Lebensunterhalt zu verdienen. Sie begründet in der Renten- und Unfallversicherung Anspruch auf Rente.

Erwin von Steinbach, dt. Baumeister, * um 1244, † 1318; Leiter der Straßburger Münsterbauhütte. Sein eigener Anteil an Entwurf und Ausführung der unteren Teile der Westfassade ist umstritten; berühmt durch Goethes Schrift »Von dt. Baukunst« (1773).

Erysipel *das,* ⚕ die → Wundrose.

Erythem *das,* ⚕ Hautentzündung mit Röte, Brennen, Abschuppung, Folge von Überempfindlichkeit gegen Sonnenstrahlen, Arzneien.

Erythroblastose *die,* **hämolytische Neugeborenengelbsucht,** ⚕ Krankheitsbild bei Neugeborenen mit Auftreten unreifer Vorstufen der roten Blutkörperchen **(Erythroblasten)** im Blut und schwerer Gelbsucht.

Kunst der **Eskimo**
Kopf aus
Walrosselfenbein

Erythrozyten, die roten Blutkörperchen (→ Blut).

erzählende Dichtung, epische Dichtung, Epik, Gattung der Dichtung; stellt in Versen oder Prosa Begebenheiten der inneren oder äußeren Welt als vergangen und abgeschlossen dar: Epos, Idylle, Fabel, Roman, Erzählung, Märchen.

Erz|ämter, im Hl. Röm. Reich (bis 1806): Hofämter der Kurfürsten: Erztruchsess, Erzmarschall, Erzkämmerer, Erzschenk, Erzkanzler, Erzschatzmeister (seit 1648), Erzbanneramt (seit 1692).

Erzberger, Matthias, dt. Politiker (Zentrum), * 1875, † 1921 (ermordet); 1917 führend beteiligt an der Friedensresolution des Reichstags und am Sturz Bethmann Hollwegs. Als Reichsfinanzmin. (seit 1919) führte E. die bis dahin umfangreichste Reform der dt. Finanzgeschichte durch; trat 1920 nach dem ihn kompromittierenden Helfferich-Prozess zurück.

Erzbischof, Metropolit, in der kath. Kirche Amtstitel des Leiters einer Kirchenprovinz oder eines Bischofs, der einer Erzdiözese vorsteht; auch vom Papst verliehener Ehrentitel einzelner Bischöfe; sein Würdezeichen ist das Pallium.

Erz|engel, in der Bibel die bedeutendsten Engel, die allen anderen vorangehen, z. B. Michael, Gabriel, Raphael sowie Uriel.

Erzgebirge, Mittelgebirge auf der Grenze zw. Sachsen und Böhmen, fällt nach S steil, nach N langsam ab; Keilberg 1 244 m, Fichtelberg 1 214 m; dicht besiedelt, vielseitige Ind.; ⚒ früher auf Silber, Blei, Zink, Uran.

Erziehung, Unterstützung und Förderung des heranwachsenden Menschen, die ihn in seiner geistigen und charakterl. Entwicklung befähigen soll, sich sozial zu verhalten und als selbstständiger Mensch eigenverantwortlich zu handeln. ⚖ Das E.-Recht ist ein Bestandteil des den Eltern oder dem Vormund eines Kindes zustehenden Fürsorgerechts (§§ 1 631, 1 707, 1 800 BGB). Das Recht des Kindes auf E. wird geschützt durch das Kinder- und Jugendhilfegesetz vom 26. 6. 1990. Die religiöse E. des Kindes ist im Verhältnis zw. Eltern und Kind durch Ges. v. 15. 7. 1921 gegenüber Schule und Kirche landesgesetzlich geregelt.

Erziehungsbeistandschaft, Bestellung eines Erziehungsbeistands für entwicklungsgefährdete Minderjährige.

Erziehungsgeld → Mutterschutz.

Erzurum, Stadt in der Türkei, unweit des Euphrats, Verkehrsknoten zum Iran; 241 300 Ew.; viele Moscheen; Univ.; ✩.

Erzvater → Patriarch.

ESA, Abk. für European Space Agency, → Europäische Weltraumorganisation.

Esau [hebr. »der Behaarte«], Beiname **Edom** [»der Rote«], Sohn Isaaks, der ältere Zwillingsbruder Jakobs, Stammvater der **Edomiter.**

Esbjerg [ˈɛsbjɛr], Stadt in Dänemark, 81 600 Ew.; bedeutender Fischereihafen, Haupthafen an der Westküste von Jütland, Fleisch-, Fisch-, Molkereiprodukte.

Es|chatologie *die,* christl. Lehre von den letzten Dingen und dem Untergang der bisher bestehenden Welt (Weltende), verbunden mit der Vollendung des Einzelnen und der Schöpfung.

Esche, Gattung der Ölbaumgewächse. Bekannte Arten: **Gemeine E.,** bis 30 m hoher Baum in Niederungen und Flusstälern; die 6 bis 8 m hohe **Manna-E.** in S-Europa und Kleinasien und die 25 m hohe **Weiß-E.** im östl. Nordamerika.

Escher [ˈɛsər], Maurits Cornelis, niederländ. Grafiker, * 1898, † 1972; schuf ab 1937 mathematisch durchdachte »Gedankenbilder« mit suggestiver Wirkung.

Eschwege, hess. Krst. an der Werra, 22 600 Ew.; Maschinen-, Textil-, Pharmaindustrie.

Eschweiler, Stadt in NRW, 56 200 Ew.; Stahl-, chem., Textil- u. a. Ind., in der Nähe Braunkohlentagebau.

Escorial, El E., Ort in Spanien, nordwestl. von Madrid, mit dem 1563 bis 1584 von König Philipp II. erbauten Klosterpalast **San Lorenzo el Real de El E.** mit wertvoller Gemälde- und Büchersammlung; Sommerresidenz und Grablege der span. Königsfamilie. Der Palast gehört zum Weltkulturerbe.

Escudo [span. »Schild«] *der,* Währungseinheit in Portugal, 1 E. = 100 Centavos.

Esel, Art der Pferde, mit langen Ohren und Schwanzquaste: **Haus-E.,** meist grau; Trag- und Zugtier; mit Pferd kreuzbar (→ Maulesel). Wild lebende E. in Asien und O-Afrika.

Eskalation *die,* Steigerung, z. B. des militär., polit., wirtschaftl. oder psycholog. Drucks bei Auseinandersetzungen.

Eskimo, in der eigenen Sprache **Inuit,** Völkergruppe an den Küsten Grönlands und des nördl. Nordamerika, auch in NO-Asien, etwa 100 000; mittelgroß, gelbbraun, schwarzhaarig, der mongoliden Menschenform zugehörig; leben von Seehund-, Walross-

Haus-**Esel**

Klosteranlage San Lorenzo el Real de El **Escorial** (16. Jh.)

fang, Rentierzucht, Fischfang, heute vermehrt auch als Arbeiter auf militär. Stützpunkten und in Städten.

Eskişehir [ɛsˈkiʃɛhir], Prov.-Hptst. in der Zentraltürkei, 413300 Ew.; Univ.; Meerschaumgruben, Eisenbahnwerkstätten.

Eskorte *die,* Geleit, Bedeckung.

ESOC, Abk. für engl. European Space Operations Centre, Europ. Operationszentrum für Weltraumforschung, Operationszentrum der ESA in Darmstadt.

esoterisch, nur für einen ausgesuchten Kreis bes. Begabter oder Würdiger (»Eingeweihter«) bestimmt (gesagt von Lehren und Schriften). Der Begriff **Esoterik** wurde in der Neuzeit auf Geheimlehren übertragen, die nur einem bestimmten Personenkreis zugänglich sein sollten; heute Sammelbegriff für weltanschaul. Strömungen, die Elemente der Astrologie, des Okkultismus u.a. einbeziehen.

Esparsette *die,* Schmetterlingsblütler, auf kalkhaltigem Boden; rosa blühend; mehrjährige Futterpflanze.

Esparto *das,* span.-nordafrikan. Grasarten; die Blätter **(Sparto, Alfa, Halfa)** geben Flechtwerk und nicht raschelndes Papier.

Espe *die,* Zitterpappel (→ Pappel).

Esperanto *das,* Welthilfssprache, 1887 von dem Warschauer Augenarzt L. Zamenhof erfunden.

Espiritu Santo [- ˈsɑ:ntəʊ], größte Insel von Vanuatu (Neue Hebriden), 3677 km²; Landwirtschaft, Thunfischfang.

Esplanade *die,* freier Platz, Anlage.

Espoo, schwed. **Esbo,** Stadt in S-Finnland, 182600 Ew., im Stadtteil Otaniemi die TH von Helsinki.

Espresso, starker Kaffee aus dunkel gerösteten Kaffeebohnen, mit Spezialkaffeemaschine (E.-Maschine) bereitet, bei der das Wasser unter Druck durch das Kaffeemehl gepresst wird.

Esquilin, einer der 7 Hügel Roms.

Esquire [ɪsˈkwaɪə], engl. Höflichkeitstitel in der Briefanschrift; in Abkürzung **Esq.** ohne vorangestelltes Mr. hinter den Namen gesetzt, bezeichnete urspr. den Schildknappen, seit dem 16. Jh. Angehörige des niederen Adels und Wappen führende Bürger.

Esra [hebr. »Hilfe«], jüd. Priester, führte 458 v. Chr. nach dem **Buch E.** die Juden aus der Babylon. Gefangenschaft zurück und erneuerte das mosaische Gesetz (→ Pentateuch).

Essay [ˈɛse, engl. ˈeseɪ] *der* oder *das,* Abhandlung, die einen Gegenstand kurz, geistvoll und in gepflegtem Stil erörtert.

Esse *die,* **1)** Schornstein. - **2)** gemauerte Feuerstelle (z. B. des Schmieds).

Essen, Stadt in NRW, im Ruhrgebiet, 614900 Ew.; früher bedeutender Steinkohlenbergbau; verarbeitende Eisen- und Stahlind.; Bau-, chem., Glas- und Textilind. u.a.; Einkaufszentrum; Hafen am Rhein-Herne-Kanal. E. ist Sitz vieler Behörden und Verbände; hat Gesamthochschule und Fachschulen, Theater, Museen, u.a. Museum Folkwang, Villa Hügel mit histor. Sammlung Krupp; Bischofssitz. - E. gehörte zu einem reichsunmittelbaren Äbtissinnenstift und kam 1803 an Preußen.

Essener, Essäer, jüd. ordensähnl. Gemeinschaft, um 150 v. Chr. entstanden; ihre Ordensregel u.a. Schriften wurden seit 1947 in → Qumran entdeckt.

Essenz *die,* **1)** ⚗ Auszug aus Naturstoffen, der ihre wesentl. oder wirksamen Bestandteile enthält. - **2)** Ⓟⓗ das Wesen einer Sache.

essenziell, 1) allg.: wesentlich. - **2)** ⚕ lebensnotwendig für den Organismus (z. B. e. Fettsäuren, die vom Organismus nicht aus anderen Stoffen aufgebaut werden können).

Essex [ˈesɪks], Robert **Devereux** [ˈdevəru:], 2. Earl of (seit 1576), * 1567, † 1601; Günstling der Königin Elisabeth I. von England, wurde nach einem Aufstandsversuch enthauptet.

Essex [ˈesɪks], **1)** Cty. im südöstl. England. - **2)** altes angelsächs. Königreich.

Essig *der,* saures Würz- und Konservierungsmittel, wichtigster Bestandteil → Essigsäure (5 bis 15,5% in 100 cm³), daneben natürl. Würzstoffe in kleinen Mengen. Der E. wird aus Branntwein, Wein, Bier durch E.-Gärung und anschließendes Verdünnen der E.-Säure gewonnen.

Essen Stadtwappen

Essigsäure, organ. Säure, CH_3COOH, stechend sauer riechende, farblose Flüssigkeit, die bei 16 °C zu eisähnl. Kristallen erstarrt (Eisessig), kommt in manchen Pflanzensäften und tier. Flüssigkeiten, z. B. im Schweiß, vor; in konzentrierter Form stark ätzend, in sehr verdünntem Zustand bildet sie den wirksamen Bestandteil des Essigs.

essigsaure Tonerde, 8%ige wässrige Lösung von Aluminiumacetat, antisept. und mild zusammenziehendes Mittel u.a. für Umschläge.

Esslingen am Neckar Stadtwappen

Esslingen am Neckar, Krst. in Bad.-Württ., am Neckar, 90000 Ew.; spätgot. Rathaus, altertüml. Stadtbild, Burg (13. bis 16. Jh.); Maschinen-, Metallwaren-, Textilind., Elektrotechnik. E. war 1212 bis 1802 Reichsstadt; hier wurde 1488 der Schwäbische Bund gegründet.

Establishment [ɪsˈtæblɪʃmənt] *das,* Schlagwort bes. außerparlamentar., oppositioneller Gruppen für die aus ihrer Sicht herrschenden, auf Verfestigung ihrer Macht und Unterdrückung nichtprivilegierter Schichten gerichteten Kräfte in Staat und Gesellschaft.

Estancia [-θ-] *die,* größeres südamerikan. Landgut, bes. mit Viehzucht.

Este, oberital. Fürstengeschlecht, spaltete sich im 11. Jh. in den dt. Stamm **Welf-E.** (→ Welfen) und den ital. **Fulc-E.;** dieser erwarb Ende des 13. Jh. Ferrara, Modena, Reggio, 1452 den Herzogstitel. Im 16. Jh. war Ferrara einer der Mittelpunkte der Renaissance.

1803 starben die Fulc-E. in männl. Linie aus, die Erbtochter begründete die 1814 bis 1860 im wieder hergestellten Herzogtum Modena regierende Linie **Österreich-Este.**

Esten, überwiegend in Estland lebendes Volk, rd. 1 Mio., zur ostseefinnischen Gruppe der finnisch-ugrischen Sprachfamilie gehörig.

Ester *der,* ⚗ Verbindung von Alkoholen mit Säuren unter Austritt von Wasser. Viele E. werden ihres angenehmen Geruchs wegen als Riechmittel und als Fruchtessenzen (Fruchtäther) fabrikmäßig hergestellt. E. des Glycerins mit höheren Fettsäuren sind die Fette.

Eton
Stadtwappen

Esterházy, E. von Galántha [ˈɛstərha:zi], ungar. Magnatengeschlecht, aus dem österr. Heerführer und Diplomaten hervorgingen; das fürstl. Majorat war vor 1945 der größte Grundbesitz Ungarns.

Esther [»Stern«], pers. Name der jüd. Jungfrau **Hadassa** [»Myrte«], Heldin des (unhistor.) **Buches E.** im A.T.; sie vereitelte als Gemahlin des pers. Königs Ahasverus (Xerxes) den Mordanschlag des Wesirs Haman gegen die Juden. Erinnerungsfest →Purim.

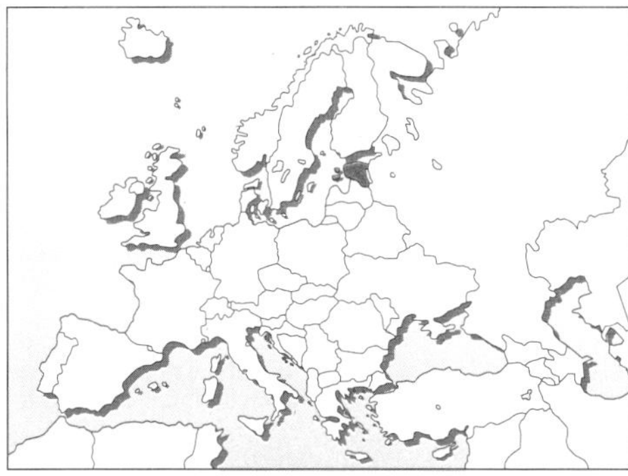

Estland

Staatswappen

Staatsflagge

Internationales Kfz-Kennzeichen

Estland, Rep. im nördl. Baltikum, zw. Finn. Meerbusen und Lettland, Peipussee und Rigaer Bucht, 45 215 km², 1,58 Mio. Ew.; Hptst. Tallinn (Reval). - Wald-, moor- und seenreiches Hügelland mit zahlreichen Inseln. - Bev.: über 60% Esten, rd. 30% Russen, Ukrainer. - Ölschiefer-, Phosphorit- und Torfabbau; Elektro-, Elektronikind. sowie Holz- und Papierherstellung, Düngemittelerzeugung; Getreideanbau; Tierzucht. - Anfang 13. Jh. vom dt. Schwertbrüderorden und Dänen unterworfen und christianisiert; 1346 an den Dt. Orden, 1561 an Schweden, 1721 an Russland; 1918 bis 1940 selbstständig; 1940 durch die Sowjetunion annektiert (1940 bis 1991 Estn. SSR); 1988 entstand eine Unabhängigkeitsbewegung; Souveränitätserklärung am 16. 11. 1988; Unabhängigkeitserklärung am 30. 3. 1990 (anerkannt durch die Sowjetunion am 6. 9. 1991); am 17. 9. 1991 Aufnahme in die UNO. Im Juli 1992 Einführung einer eigenen Währung (Estn. Krone, EEK); 1993 Estnisch alleinige Staatssprache; Aufnahme in den Europarat; Staatspräs. (seit 1992) L. Meri.

Estragon *der,* Würzpflanze der Gattung Beifuß.

Estremadura [ɪʃtrəmaˈðurə], span. **Extremadura,** Landschaft in W-Spanien, z. T. in Portugal, durchflossen vom Tajo und Guadiana; Hochland mit Viehzucht.

Estrich *der,* fugenloser Fußboden; je nach Material Beton-, Terrazzo-E. u. a. Schwimmender E. ist durch eine Dämmschicht von der Rohdecke getrennt.

Esztergom [ˈɛstɛr-], →Gran.

ETA, Abk. für **E**uskadi **T**a **A**zkatasuna [dt. »Das Baskenland und seine Freiheit«], bask. Terrororganisation, militante Verfechterin bask. radikal-autonomist. Forderungen.

Etablissement [-blɪs(ə)ˈmã] *das,* **1)** Niederlassung, Geschäft. - **2)** Vergnügungsstätte, Bordell.

Etat [eˈta] *der,* →Haushaltsplan.

Eteokles, griech. Sage: Sohn des Ödipus, Bruder von Antigone, Ismene und Polyneikes (die Brüder töten sich gegenseitig im Zweikampf).

Ethik *die,* philosoph. Wiss. vom Sittlichen. Die E. fragt entweder nach der Gesinnung **(Gesinnungs-E.)** oder nach der Wirkung der menschl. Handlungen **(Erfolgs-E.).** Vernünftigkeit der Intentionen forderte die **formale E.,** ihr Hauptvertreter in der Neuzeit war Kant; eine inhaltl. Tugendlehre haben in der Antike Platon und Aristoteles, im MA. Thomas von Aquino geschaffen. Eine »materiale Wertethik« vertraten in der Gegenwart M. Scheler und N. Hartmann.

Ethnographie *die,* beschreibende Völkerkunde.

Ethnologie *die,* allg. Völkerkunde, verarbeitet Ergebnisse der Ethnographie.

Ethologie *die,* vergleichende Verhaltensforschung.

Ethos *das,* Sitte, moral. Gesamthaltung, auch innere Haltung, bes., wenn darin die Hochschätzung bestimmter Werte hervortritt, z. B. Berufsethos.

Etikette *die,* herkömmlich geregelte gesellschaftl. Umgangsformen.

Eton [i:tn], Stadt in England, westl. von London, 3 500 Ew.; mit **E. College** (1440 gegr.).

Etrurilen, antike Landschaft im westl. Mittelitalien, urspr. Sitz der Etrusker (lat. **Tuscia,** daher ital. **Toscana**).

Etrusker, im Altertum eine nichtindogerman. Bev. Italiens, die als Kernland Etrurien, aber auch zeitweilig darüber hinaus die Poebene und Kampanien beherrschte und vom 7. bis 4. Jh. v. Chr. ihre kulturelle und polit. Blüte erreichte. V. a. durch Grabbauten und Grabbeigaben bekannt, aus denen hervorgeht, dass sie sich in Sprache, Religion und Sitten von den anderen Völkern Italiens unterschieden. Obgleich ihre Herkunft umstritten ist, nimmt man heute weitgehend an, dass die E. im Wesentl. aus vorindogerman. italisch-indigenen Elementen, die auch Träger der **Villanovakultur** waren, bestanden sowie möglicherweise aus indogerman. Teilen und oriental. Einwanderern. Ihre Stadtstaaten schlossen sich zu einem lockeren Zwölfstädtebund zusammen. Etwa 575 bis 470 v. Chr. hatte das etrusk. Geschlecht der Tarquinier das Königtum in Rom inne. 424 verdrängten die Samniten die E. aus Capua; 264 v. Chr. wurde mit der Einnahme von Volsinii (Orvieto) durch die Römer die Unterwerfung Etruriens im Wesentl. vollendet. Die Kunst der E. ist eigenständig, aber deutlich vom Orient und der griech. Kunst beeinflusst. Sie beginnt mit der Villanovakultur und endet mit dem Aufgehen der E. im röm. Staatswesen des 1. Jh. v. Chr.; kennzeichnend ist eine rhythm. und dekorative Grundkomponente, die Aus-

Kunst der **Etrusker.** Kriegerkopf aus einem Grabmal bei Orvieto, Stein (um 525 v. Chr.)

einandersetzung mit der Natur fehlt und somit die Problematisierung von Körperhaftigkeit und Raum. Hohe techn. Perfektion erreichte die etrusk. Kunst in der Goldschmiedekunst, im Bronzeguss (Kapitolin. Wölfin, 6./5. Jh. v. Chr.) und in großformatiger Tonplastik (Matrizen zur Serienherstellung von tönernem Bauschmuck). Die Grabarchitektur ist vielfältig: Grabbauten sind in Totenstädten an Gräberstraßen repräsentativ angelegt; es gibt Kammergräber, Tumuli, unterird. Grabkammern mit reicher Ausmalung (z. B. Tarquinia).

Etsch *die,* ital. **Adige** ['a:didʒe], oberital. Fluss, 410 km lang, kommt vom Reschenpass, fließt durch Südtirol und die Poebene in die Adria.

Etschmiadsin, bis 1945 **Wagarschapat,** armen. Stadt und Kloster, Sitz des Oberhauptes der armen. Kirche. - Vom 2. bis 4. Jh. n. Chr. Hptst. Armeniens.

Ettal, Benediktinerabtei in Oberbayern, got. Zentralbau, im 18. Jh. im Rokokostil erneuert.

Ettlingen, Große Krst. im Kr. Karlsruhe, Bad.-Württ., 38 500 Ew.; Papier-, Textil-, Maschinenfabriken u. a.; Schloss der Markgrafen von Baden.

Etüde *die,* 𝄞 Übungsstück als abgeschlossene Komposition (im Ggs. zur reinen Fingerfertigkeitsübung).

Etymologie *die,* Lehre von der Herkunft der Wörter und der Wortfamilien.

Etzel, dt. Heldensage: Hunnenkönig Attila; Nibelungenlied: 2. Gatte Kriemhilds.

eu..., Vorsilbe in Fremdwörtern: gut, richtig; z. B. **Eubiotik,** Lehre vom guten (vernünftigen) Leben.

Euböa, neugriech. **Evia,** griech. Insel im Ägäischen Meer, 3 654 km², 208 400 Ew., gebirgig, bewaldet, fruchtbar. Hauptort: Chalkis.

Eucharistie [griech. »Danksagung«] *die,* **1)** die Einsetzungsworte enthaltendes Dankgebet in der Liturgie fast aller christl. Kirchen. - **2)** kath. Kirche: Gegenwart Christi im Altarsakrament; meist »unter einer Gestalt« (nur das Brot).

Eudämonie *die,* Glückseligkeit. **Eudämonismus,** Richtung der Ethik, die im Glück das höchste Gut und den Wertmaßstab des sittl. Handelns sieht.

Eugen, Prinz von Savoyen-Carignan, »der edle Ritter«, österr. Feldmarschall und Staatsmann, * 1663, † 1736. Von Ludwig XIV. als Offizier abgewiesen, trat er in österr. Dienste; er besiegte 1697 die Türken bei Zenta, gewann im Span. Erbfolgekrieg gegen Frankreich zusammen mit Marlborough die Schlachten bei Höchstädt (1704), Turin (1706), Oudenaarde (1708) und Malplaquet (1709); in einem neuen Türkenkrieg siegte er bei Peterwardein (1716) und Belgrad (1717). E. baute das Barockschloss Belvedere in Wien.

Eugénie [øʒe'ni], Kaiserin der Franzosen, Gemahlin Napoleons III., * 1826, † 1920; Tochter des span. Grafen von Montijo.

Eugenik *die,* **Erbgesundheitslehre,** Erforschung und Pflege der menschl. Erbgesundheit. Eugen. Maßnahmen sollen die Auswirkungen krankhafter Erbanlagen einschränken und die Entwicklung gesunder fördern. Wegen der Gefahr des Missbrauchs (im natsoz. Dtl. Zwangssterilisationen und »Vernichtung lebensunwerten Lebens«) sind gezielte Eingriffe ins menschl. Erbgut umstritten, v. a. im Rahmen der modernen Fortpflanzungsmedizin.

Eukalyptus *der,* Gattung der Myrtengewächse, in Australien und Polynesien (z. T. in anderen warmen Ländern), mit stark riechendem äther. Öl, techn. und medizin. Verwendung.

Euklas *der,* farbloses bis hellblaugrünes Mineral; Beryllium-Aluminium-Silikat.

Euklid, griech. Mathematiker, um 300 v. Chr.; fasste in dem Werk »Die Elemente« die Lehren seiner Vorgänger zusammen. In der **euklid. Geometrie** gibt es zu jeder Geraden durch jeden nicht in ihr liegenden Punkt nur eine Parallele.

Kunst der **Etrusker.** Tänzerin und Tänzer, Wandmalerei aus einer Grabkammer in Tarquinia (um 480 v. Chr.)

Eulen, 1) Nachtvögel; mit großen, nach vorn gerichteten unbewegl. Augen, sehr feinem Gehör, befiederten Füßen, krummen, scharfen Krallen. E. jagen v. a. Kleinsäuger, daneben Vögel, Insekten, Würmer. Mitteleurop. Arten: **Schleier-E.,** 35 cm groß, mit perlgrauer, weiß getupfter Oberseite; **Wald-** oder **Baumkauz,** 40 cm groß, rindenfarbig; **Steinkauz,** drosselgroß, mit brauner, weißscheckiger Oberseite. Zu den Ohr-E. gehören Waldohreule und Uhu. - **2) E.-Falter,** Nachtfalter mit düster gefärbten Vorderflügeln; häufig durch ihre Raupen schädlich.

Eulen
Schleiereule

Eulenburg, Philipp, Fürst zu **E. und Hertefeld,** * 1847, † 1921; Vertrauter Kaiser Wilhelms II.

Eulengebirge, poln. **Góry Sowie** ['guri 'sɔvjɛ], bewaldeter Bergrücken der Sudeten im Waldenburger Bergland, Niederschlesien, Polen. **Hohe Eule** (Wielka Sowa) 1 015 m.

Eulen nach Athen tragen, Ü etwas Überflüssiges tun (die Eule als Attribut der Göttin Athene war Wappenbild auf athen. Münzen).

Euklid. Relief von Andrea Pisano (um 1340)

Eulenspiegel, Till, bäuerl. Schalksnarr, * wohl Kneitlingen (bei Braunschweig), † Mölln 1350; verübte Narrenstreiche, indem er bildl. Befehle wörtlich nahm. »Volksbuch vom E.« (um 1500).

Euler, Leonhard, schweizer. Mathematiker, * 1707, † 1783; Begründer der Variationsrechnung, Beiträge zur Theorie der Differenzialgleichungen.

Eumenes II. Soter, König von Pergamon (197 bis 159 v. Chr.), * vor 221 v. Chr., † 159 v. Chr.; bedeutendster Vasall der Römer auf kleinasiat. Boden; erbaute den Zeusaltar in → Pergamon.

Eumeniden → Erinnyen.

Eunuch *der,* verschnittener (zeugungsunfähiger) Mann, im Orient Haremswächter; in Byzanz und China Kammerherren des Kaisers.

Eupen, belg. Stadt südwestl. von Aachen, im N des Hohen Venns, 17 200 meist deutschsprachige Ew.; Tuchind., Maschinenfabriken. E. kam 1920 mit Malmedy an Belgien.

Euphemismus *der,* Umschreibung einer unangenehmen Sache durch einen beschönigenden Ausdruck.

Euripides
Statue (um 330 v. Chr.)

Euphonie *die,* Wohllaut, Wohlklang; Ggs.: Kakophonie.

Euphorbia, die Pflanzengattung → Wolfsmilch.

Euphorie *die,* Gefühl größten Wohlbefindens.

Euphrat *der,* größter Strom Vorderasiens, kommt aus der O-Türkei, mündet nach Vereinigung mit dem Tigris als Schatt el-Arab in den Pers. Golf; 2 700 km lang; speist Bewässerungsanlagen; Staudämme von Ramadi, Hindiya, Tabqa.

Eurasi|en, Europa und Asien als zusammenhängende Landmasse.

Eurasi|er *der,* Abkömmling von Europäern und Asiaten (bes. Indern, Ost-, Südostasiaten).

EURATOM, die → Europäische Atomgemeinschaft.

Eurhythmie *die,* Gleichmaß von Bewegungen; als **Eurythmie** in der Anthroposophie gepflegte Bewegungskunst.

Euripides, neben Aischylos und Sophokles einer der 3 großen griech. Tragödiendichter aus Athen, * um 480, † 406 v. Chr.; löste sich stärker aus der alten Überlieferung, fügte die mytholog. Stoffe dem menschl. Erfahrungsbereich ein (»Medea«, 431; »Herakles«, wohl nach 423; »Ion«, um 412; »Elektra«, nach 423, vor 412; »Iphigenie bei den Taurern«, um 412; »Iphigenie in Aulis«, nach 407/406; »Bakchen«, nach 407).

Euro, Name der Währung der Europ. Währungsunion; 1 E. = 100 Cent (Eurocent). Der E. soll zum 1. 1. 1999 eingeführt werden; spätestens am 1. 1. 2002 sollen die nat. Währungen durch den E. als gesetzl. Zahlungsmittel abgelöst werden. Für die Banknoten sind als Nennwert 5, 10, 20, 50, 100, 200 und 500 E. vorgesehen, für Münzen als höchster Nennwert 2 Euro.

Eurocheque [-ʃɛk], Abk. **ec,** Barscheck, mit dem unter Vorlage der Scheckkarte bezahlt werden kann; die Einlösung ist durch Garantieverpflichtung der die E.-Formulare ausgebenden Bank (auch bei Nichtdeckung) bis 400 DM (1990) gewährleistet. Dem E.-System sind die meisten europ., viele asiat. Länder angeschlossen. In den meisten europ. Ländern können E. in der jeweiligen Landeswährung ausgestellt werden.

Europa. Deutsch-französische Aussöhnung: Charles de Gaulle und Konrad Adenauer am 5. September 1962 in Bonn

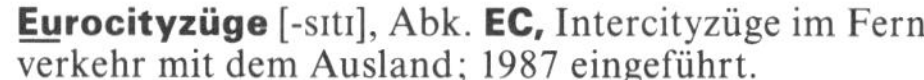

Eurocityzüge [-sıtı], Abk. **EC,** Intercityzüge im Fernverkehr mit dem Ausland; 1987 eingeführt.

Eurocontrol, 1960 gegr. europ. Flugsicherungsorganisation in Brüssel, kontrolliert den Luftraum oberhalb 7 550 m Höhe.

Europa, in der griech. Sage Schwester des Kadmos, urspr. wohl eine vorgriech. Erdgöttin, von Zeus in Stiergestalt entführt; seit dem 7. Jh. v. Chr. oft in der Kunst dargestellt.

Europa, mit 10,5 Mio. km² der viertgrößte, seiner Bev. nach mit rd. 706 Mio. Ew. der zweitgrößte Erdteil; eigentl. ein großes, reich gegliedertes westl. Endland Asiens, mit dem es den Kontinent **Eurasien** bildet. Als Grenze gegen Asien gelten Uralgebirge, Uralfluss, Kasp. Meer, Manytschniederung. Die größten Halbinseln E.s sind Fennoskandia (Skandinavien und Finnland), Iberische (Pyrenäen-), Balkan- und Apenninhalbinsel.

Landesnatur. Vom Uralgebirge reicht ein breites Tiefland mit eiszeitl. Ablagerungen bis zur Ost- und Nordsee. Skandinavien wird von einem fast 2 500 m hohen alten Gebirgsrumpf (Kaledon. Gebirge) durchzogen, der sich auf den Brit. Inseln fortsetzt (1 343 m). In Mittel- und West-E. einschließlich Südenglands herrschen Mittelgebirge (unter 2 000 m), Beckenlandschaften oder Hügelländer vor, im S begrenzt durch einen Zug junger Faltengebirge vom Atlant. Ozean bis zum Schwarzen Meer (Pyrenäen, Alpen, Karpaten, Balkan), von denen Zweige auch die südeurop. Halbinseln durchziehen. In Süd-E. kommen jung-vulkan. Bildungen vor (Vesuv, Ätna, Santorin, auch die Insel Island), außerdem Tieflandsbecken (Andalusien, Poebene) und Hochflächen (Hochland von Kastilien). – Die Hauptwasserscheide E.s zieht sich von SW nach NO. Wichtige Flüsse: Wolga, Don, Dnjepr, Dnjestr, Petschora, Dwina, Düna, Weichsel, Oder, Elbe, Donau, Theiß, Rhein, Maas, Seine, Loire, Rhône, Ebro, Po. Die seenreichsten Gebiete liegen im N und im Alpengebiet. – Das Klima E.s ist im W durch Meeresnähe mild und feucht (durchschnittl. Wintertemperatur kaum unter 0 °C), nach der Mitte zu kälter (Wien – 1,7 °C). Nach Ost-E. steigern sich landeinwärts die jahreszeitl. Gegensätze zw. kaltem Winter mit lang anhaltender Schneedecke und warmem Sommer. Süd-E. gehört zur subtrop. Zone (Sommer heiß und trocken; Winter Regen). Polarklima herrscht im äußersten N, Steppenklima an der unteren Wolga.

Pflanzen- und Tierwelt. Der nördlichste Teil E.s mit dem skandinav. Hochgebirge und Island ist baumlose Moos- und Flechtentundra mit Polartieren (Ren, Vielfraß, Lemming u. a.). Südwärts schließt sich von Finnland und Nordrussland bis zu den Gebirgen Süd-E.s ein breiter Waldgürtel an: im N vorwiegend Nadelwälder, in Mittel- und West-E. Laub- oder Mischwälder, die durch Kulturland auf die Gebirge und auf unfruchtbare Böden zurückgedrängt sind. Hier hat sich deren Tierwelt (Wolf, Fuchs, Dachs, Marder, Hirsch, Reh, Nagetiere) nur teilweise erhalten. Die Hochgebirge tragen über der Waldgrenze (1 000 bis 2 500 m) alpine Gehölze und Matten mit eigenen Tierarten (Gämse, Murmeltier). Die Mittelmeerländer haben immergrüne Hartlaubgewächse und Sträucher (Korkeiche, Lorbeer, Ölbaum), in den Gebirgen mitteleurop. Wälder, stark durch Weideland verdrängt, mit subtrop. Tierformen (Schlangen, Eidechsen). Der S Ost-E.s von der unteren Donau bis zur unteren Wolga ist Wiesensteppe, die gegen das Kasp. Meer zu in Salz- und schüttere Wüstensteppe übergeht. Hier kommen asiat. Steppentiere (Saigaantilope) vor.

Bevölkerung. E. ist mit 67 Ew. je km² (Russland und europ. Türkei) ebenso dicht besiedelt wie Asien. In vielen Industriegebieten treten Ballungsräume mit bis über 1 000 Ew. je km² auf. Außer den europ. Polargebieten ist Island am dünnsten besiedelt. – Insgesamt werden in E. etwa 70 Sprachen gesprochen. Die Völker E.s gehören fast alle zur indogerman. Sprachfamilie, bes. zu den großen Gruppen der Germanen, Romanen und Slawen. Nordgerman. Sprachen sprechen die Schweden, Norweger, Isländer, Dänen und Färinger, westgerman. die Engländer, Friesen, Niederländer und die Deutschen. Zu den Romanen zählen Franzosen, Provenzalen, Spanier, Katalanen, Portugiesen, Rätoromanen, Italiener, im O die Rumänen. Slaw. Völker sind die Großrussen, Weißrussen und Ukrainer (Ostslawen), Polen, Kaschuben, Sorben, Tschechen und Slowaken (Westslawen), Bulgaren, Serben, Kroaten, Slowenen (Südslawen). Weitere indogerman. Sprachen sprechen Albaner, Griechen, die kelt. Völker (gälisch sprechende Iren und Schotten, Waliser, Bretonen), die balt. Völker (Litauer, Letten), nichtindogerman. Sprachen sprechen Finnen und Esten, Magyaren (Ungarn), Wolgafinnen, Samojeden, türk. Völker und Basken. Über ganz E. verbreitet sind das Jiddische und Romani.

Religion. Die Bev. E.s ist zu rd. 85% christlich (Katholiken 240 Mio., Protestanten einschließlich Mitgliedern der Freikirchen 175 Mio., Mitglieder der Ostkirchen rd. 70 Mio., sonstiger christlicher Glaubensgemeinschaften 2 Mio.). Hinzu kommen 13,3 Mio. Muslime, rd. 4 Mio. Juden, Angehörige anderer Religionen und Religionslose.

Wirtschaft. E. hat einen beachtl. Anteil an der landwirtschaftl. Welterzeugung, so bei Getreide, Kartoffeln, Wein, Milch, Eiern. Nordrussland, Finnland und Schweden liefern Holz. Das Klima Süd-E.s gestattet den Anbau subtrop. Kulturpflanzen. Der Anteil der landwirtschaftl. Nutzfläche an der Landfläche E.s (außer Türkei und Russland) beträgt über 50%. Lebhafte Fischerei an fast allen Küsten. E. ist reich an Bodenschätzen, wie Steinkohle, Braunkohle, Eisenerz, Kalisalze, Quecksilber, Bauxit, Schwefelkies, Blei, Zink, Nickel u. a. NE-Metalle, Erdöl (in der Nordsee), Erdgas. Die Kohle- und Eisenerzförderung wird aus Rentabilitätsgründen eingeschränkt. E. ist neben den USA das wichtigste Ind.zentrum der Erde; alle Ind.zweige sind hoch entwickelt. Industrielle Fertigwaren werden ausgeführt und Rohstoffe, Nahrungsmittel, Fertigwaren eingeführt. Nach dem 2. Weltkrieg wurde in den Ländern West-E.s mithilfe des von den USA finanzierten Marshallplans ein Wiederaufbauprogramm durchgeführt, das seit 1948 vom Europ. Wirtschaftsrat (jetzt OECD) abgestimmt wurde. Die wirtschaftl. Zusammenarbeit wurde gefördert durch die →Montanunion, die →Europäische Wirtschaftsgemeinschaft, →Europäische Freihandelsassoziation, →Europäische Atomgemeinschaft. Bis 1991 standen in Ost-E. die wirtschaftl. Zusammenschlüsse unter der Führung der UdSSR (→Rat für gegenseitige Wirtschaftshilfe). West-E. verfügt über das dichteste Schienennetz der Erde. Der Straßenverkehr ist der überragende Verkehrsträger, bes. in West-E. Die Flüsse (Rhein, Weser, Elbe, Oder u. a.) bilden mit den verbindenden Kanälen (z. B. Mittellandkanal, Elbeseitenkanal) das dichte mitteleurop. Binnenwassernetz. Der Rhein-Main-Donau-Kanal bringt den Anschluss an das südosteurop. Wasserstraßensystem. Hauptflughäfen: London, Paris, Frankfurt am Main, Zürich, Moskau. Der Fremdenverkehr ist von großer volkswirtschaftl. Bedeutung, bes. für Spanien, Portugal, Österreich, Italien, Frankreich, Griechenland und die Schweiz.

Geschichte. Die europ. Gesch. des Altertums führt von der griech. zur röm. Kultur, andererseits durch Einwirkung des Christentums später zur byzantin. Kultur. Mit der Völkerwanderung zerfiel die Einheit des Weström. Reiches; es entstand eine german. Staatenwelt, die in den folgenden Jahrhunderten das Christentum übernahm. Hier stieg das Fränk. Reich unter Karl d. Gr. zur Vormacht auf, zerfiel aber schon im 9. Jh. Seitdem vollzog sich die polit. Entwicklung E.s in der Form einer Mehrzahl von größeren und mittleren Staaten, wenn auch das röm.-dt. Kaisertum von der Mitte des 10. bis zur Mitte des 13. Jh. eine führende Stellung einnahm. Die german. und roman. Nationen, bes. die Deutschen, Franzosen, Engländer, Italiener, Spanier, Portugiesen, Niederländer, waren der Kern der abendländ. kulturellen Gemeinschaft, in die nach und nach auch die slaw. Völker einbezogen wurden, zuletzt seit Anfang des 18. Jh. die Russen.

Im MA. verkörperte die kath. Kirche mit der geistl. Spitze des Papsttums die geistige Einheit des Abendlands. Auch nach der Glaubensspaltung der Reformation blieb eine lebendige Verbindung der Völker und Staaten im polit. Kampf und im friedl. geistigen und wirtschaftl. Austausch. Wie sich die großen Nationen E.s in der kulturellen Führung untereinander ablös-

Europa
(staatliche Gliederung)

Staat	Fläche (km²)	Ew. (in 1000)	Ew./km²	Hauptstadt
Albanien	28748	3338	116	Tirana
Andorra	453	48	106	Andorra la Vella
Belgien	30518	10068	330	Brüssel
Bosnien und Herzegowina	51129	3500	88	Sarajevo
Bulgarien	110912	8926	80	Sofia
Dänemark	43069	5181	120	Kopenhagen
Deutschland	357042	81300	227	Berlin
Estland	45215	1578	35	Reval
Finnland	338145	5020	15	Helsinki
Frankreich	543965	57527	104	Paris
Griechenland	131957	10320	78	Athen
Großbritannien und Nordirland	244110	57959	237	London
Irland	70283	3557	51	Dublin
Island	103100	263	3	Reykjavík
Italien	301277	56933	189	Rom
Jugoslawien*	102173	10849	102	Belgrad
Kroatien	56538	4683	83	Zagreb
Lettland	64500	2669	41	Riga
Liechtenstein	160	28	175	Vaduz
Litauen	65200	3760	58	Wilna
Luxemburg	2586	395	153	Luxemburg
Makedonien	25713	2111	82	Skopje
Malta	316	361	1142	Valletta
Moldawien	33700	4358	129	Chişinau
Monaco	1,95	29	14872	Monaco
Niederlande	41864	15239	373	Amsterdam
Norwegen	323683	4310	13	Oslo
Österreich	83856	7805	93	Wien
Polen	312683	38518	119	Warschau
Portugal	92389	9850	107	Lissabon
Rumänien	237500	23377	98	Bukarest
Russland (europ. Teil)	4377170	122616	28	Moskau
San Marino	61,19	23	376	San Marino
Schweden	449964	8692	19	Stockholm
Schweiz	41293	6862	166	Bern
Slowakische Republik	49035	5290	180	Preßburg
Slowenien	20251	1984	96	Ljubljana
Spanien	504750	39114	77	Madrid
Tschechische Republik	78864	10493	113	Prag
Türkei (europ. Teil)	23623	4325	183	Ankara
Ukraine	603700	52236	87	Kiew
Ungarn	93032	10543	113	Budapest
Vatikanstadt	0,44	1	2273	-
Weißrussland	207600	10300	50	Minsk
Nichtselbstständige Gebiete				
Dänemark:				
Färöer	1399	48	34	Tórshavn
Großbritannien:				
Gibraltar	5,8	30	4615	-
Kanalinseln	194	140	722	Saint Hélier bzw. Saint Peter Port
Man	572	64	112	Douglas

*umfasst Serbien und Montenegro

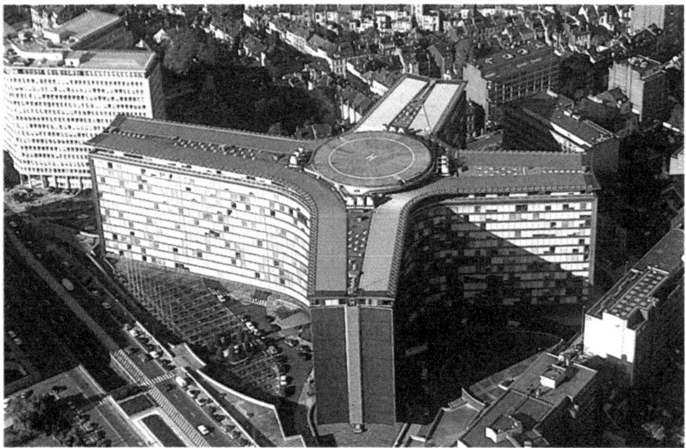

Sitz der gemeinsamen Kommission der **Europäischen Gemeinschaften** (Europäischen Union) in Brüssel

ten, so ließ sich auch die dauernde Vormachtstellung eines Großstaates nicht mehr durchsetzen; das span.-habsburg. Reich des 16. Jh., das Frankreich Ludwigs XIV. und bes. Napoleons I. riefen die entschlossene Abwehr der anderen Mächte auf den Plan, und im Sinne des →Europäischen Gleichgewichts bildete sich ein Staatensystem mit einem festen Kreis von Großmächten heraus. Nach außen hatte das christl. E. lange gegen das Übergreifen des Islam zu kämpfen; die Maurenherrschaft in Spanien wurde im MA., die Türkenherrschaft über Südost-E. im 17. bis 19. Jh. gebrochen.
Schon mit den Entdeckungsfahrten des 15./16. Jh. setzte eine koloniale Eroberung ein, die die Macht europ. Staaten fast über die ganze Erde ausdehnte und eine entsprechend weite kulturelle Führungsrolle E.s begründete. Unter Einwirkung der Aufklärung entfalteten sich die neuzeitl. Naturwiss. Der nationalstaatl. Gedanke hatte sich immer schärfer ausgeprägt, und in den Revolutionen seit 1789 gelangte er zum Sieg; freilich steigerten die nat. Kämpfe, verbunden mit weltpolit. Gegensätzen der imperialist. Epoche, auch die Spannungen innerhalb E.s, die schließlich zum 1. Weltkrieg führten. Dieser beendete die Vormachtstellung E.s in der Welt. Der Aufstieg der USA zur führenden Weltmacht, die Aktivierung der Energien Russlands seit der bolschewist. Oktoberrevolution, die Modernisierung Chinas und Japans schufen neue Größenordnungen. Der Forderung nach überstaatl. wirtschaftl. und polit. Zusammenschlüssen traten Bestrebungen zur Erhaltung der nationalstaatl. Souveränität gegenüber. In Italien übernahm 1922 der Faschismus, in Dtl. 1933 der Nationalsozialismus die Macht. Nach dem 2. Weltkrieg wurde entgegen europ. Einigungsbemühungen die Zersplitterung E.s in viele Staaten wieder hergestellt. In Wirklichkeit teilten die USA und die Sowjetunion E. in Einflusssphären unter sich auf. In West-E. wuchsen die Bestrebungen zur Einigung oder Zusammenfassung der polit. und wirtschaftl. Kräfte. In Ost-E. festigte die UdSSR ihre Vormachtstellung durch die Bildung des Warschauer Pakts und des RGW. Die 1989 die osteurop. Staaten und die DDR erfassende polit. Reformbewegung löste die erstarrten polit. Strukturen weitgehend auf. Der Umbruch in Ost.-E., die Wiedervereinigung Dtl.s 1990 und der Zerfall der UdSSR und Jugoslawiens 1991/92 bedeuten neue Herausforderungen für den europ. Integrationsprozess.

Europabrücke, bis 198 m hohe und 785 m lange Brücke über das Silltal südl. von Innsbruck zum Brenner.

Europaflagge, **1)** Flagge der Europ. Einigungsbewegung, ein grünes E auf weißem Grund. – **2)** Flagge des Europarats und der EU, in Blau ein Kreis von goldenen Sternen (für jeden Mitgliedstaat).

Europahymne, Beethovens »Hymne an die Freude« (aus der 9. Sinfonie); von der Beratenden Versammlung des Europarats 1972 zur offiziellen europ. Hymne erklärt.

Europäische Atomgemeinschaft, Abk. **EURATOM,** Zusammenschluss der Staaten der Europ. Wirtschaftsgemeinschaft auf dem Gebiet der friedl. Nutzung der Atomenergie, 1957 gegr., 1967 organschaftlich mit EWG und Montanunion verbunden; Aufgaben: Förderung und Koordinierung der Forschung, Entwicklung einer Kernind. in den Mitgliedstaaten; mit anderen Staaten Zusammenarbeit.

Europäische Demokratische Union, Abk. **EDU,** Verbindung christlich-demokrat. und konservativer Parteien Europas, gegr. 1978; 1982 Beitritt assoziierter außereurop. Mitglieder.

Europäische Einigungsbewegung, Streben nach Zusammenschluss der europ. Staaten. Seit 1923 wurde der Gedanke in der **Paneuropa-Union** des Grafen R. Coudenhove-Kalergi vertreten. Die E. E. gab den Anstoß zur Gründung von Europarat, EVG, EWG, EURATOM, EG (EU).

Europäische Freihandelsassoziation, engl. **European Free Trade Association,** Abk. **EFTA,** gegr. 1960, Sitz Genf; gegr. von Großbritannien, Schweden, Norwegen, Dänemark, Schweiz, Österreich, Portugal, Island; assoziiert seit 1961 Finnland, seit 1968 die Färöer. Nach dem Eintritt von Großbritannien und Dänemark in die EWG 1973 sowie von Finnland, Österreich und Schweden 1995 sind diese Länder aus der EFTA ausgetreten. Seither gehören ihr noch Island, Liechtenstein, Norwegen und die Schweiz an. Seit 1. 1. 1993 bildet die E. F. mit den EU-Staaten den Europäischen Wirtschaftsraum.

Europäische Gemeinschaften, Abk. **EG,** zusammenfassende Bezeichnung für die →Europäische Wirtschaftsgemeinschaft, die Europ. Gemeinschaft für Kohle und Stahl (→Montanunion) und die →Europäische Atomgemeinschaft. Seit 1. 11. 1993 treten die EG als →Europäische Union auf.

Europäische Gemeinschaft für Kohle und Stahl, Abk. **EGKS,** →Montanunion.

Europäische Investitionsbank, Abk. **EIB,** Sitz Luxemburg, selbstständiges Kreditinstitut der EG v. a. zur Finanzierung von Investitionsvorhaben in weniger entwickelten Gebieten.

Europäische Kommission, eigentl. **Kommission der Europäischen Union,** ausführendes Organ der EU in Brüssel. Die Legislaturperiode beträgt ab den Neuwahlen (1994) des Europ. Parlaments 5 Jahre. Die 20 Kommissare, von der Reg. ihres Staats ernannt, sind nicht weisungsgebunden. Die E. K. hat folgende Aufgaben: Überprüfung des Europ. Binnenmarkts, Vorbereitung der Europ. Währungsunion, Beitrittsverhandlungen mit den Anwärterstaaten. Die E. K. arbeitet ferner Gesetzesvorschläge aus und führt Beschlüsse des Ministerrats der EU aus; ferner verwaltet sie einen Großteil des Haushalts der EU. Kontrollgremium der E. K. ist das Europ. Parlament.

Europäische Organisation für Kernforschung, frz. Abk. **CERN,** Organisation mit dem Ziel der gemeinsamen kernphysikal. Grundlagenforschung der europ. Mitgliedstaaten, gegr. 1952, Sitz Genf, Forschungszentrum in Meyrin, ausgestattet u. a. mit einem 28 GeV Protonen-Synchrotron (PS seit 1959), 2 Speicherringen (seit 1971), einem Super-Protonen-Synchrotron (SPS) für Energien bis 450 GeV (seit 1976) sowie dem weltweit größten Elektron-Positron-Speicherring (LEP) mit 26,7 km Länge und 2 × 60 GeV Maximalenergie (seit 1989).

Europäischer Binnenmarkt, am 1. 1. 1993 mit Einschränkungen in Kraft getretene Bestimmungen innerhalb der →Europäischen Gemeinschaften, mit denen der freie Verkehr von Personen, Waren, Dienstleistungen und Kapital zw. den 15 Mitgliedstaaten verwirklicht werden soll. Strittig ist v. a. noch die Frage der Personenkontrollen an den Grenzen, während bei den Steuern Übergangsregelungen gefunden wurden.
Europäischer Gerichtshof, Organ der EU, Sitz Luxemburg; 16 auf 6 Jahre ernannte Richter.
Europäischer Gerichtshof für Menschenrechte, Organ des Europarats (seit 1959), Sitz Straßburg.
Europäisches Atomforum, frz. **Forum Atomique Européen,** Abk. **FORATOM,** Zusammenschluss von nat. Vereinigungen, die sich mit der Entwicklung der friedl. Nutzung der Kernenergie beschäftigen; gegr. 1960, Sitz London.
europäisches Gleichgewicht, seit dem 16. Jh. polit. Grundsatz eines Gleichgewichts der Kräfte unter den europ. Mächten; bes. vertreten von England vom 17. bis 19. Jahrhundert.
Europäische Sicherheitskonferenz, die →KSZE.
Europäisches Parlament, gemeinsame parlamentar. Versammlung der Europ. Union, 1958 in Straßburg als Organ der EWG zusammengetreten. 1979 wurden die Abgeordneten erstmals direkt gewählt.
Europäisches Währungssystem, Abk. **EWS,** hat zum Ziel, die Wechselkurse zw. den Währungen der EU-Länder zu stabilisieren. Die Währungseinheit ECU ist Bezugsgröße für Wechselkurse, Indikator für Kursabweichungen, Rechengröße für Forderungen und Verbindlichkeiten und Zahlungsmittel der EU-Zentralbanken.
Europäisches Wiederaufbauprogramm, engl. Abk. **ERP,** →Marshallplan.
Europäische Union, Abk. **EU,** seit dem In-Kraft-Treten des Vertrags von Maastricht am 1. 11. 1993 Bez. für die Europäischen Gemeinschaften in Verbindung mit einer gemeinsamen Außen- und Sicherheitspolitik und einer Zusammenarbeit in den Bereichen Justiz und Inneres. Mitgliedsländer sind (1997) Belgien, Dänemark, Deutschland, Finnland, Frankreich, Griechenland, Großbritannien und Nordirland, Irland, Italien, Luxemburg, die Niederlande, Österreich, Portugal, Schweden und Spanien.
Die Wahrnehmung von Aufgaben und Kompetenzen obliegen gemeinsamen Organen, deren oberstes der Ministerrat der EU (je ein Vertreter der Reg. der Mitgliedstaaten) ist. Als Exekutive fungiert die unter einem Präs. stehende Kommission der EU (1996: 20 Mitglieder); die Kommissare sind für bestimmte Zuständigkeitsbereiche verantwortlich. Dem direkt gewählten Europäischen Parlament obliegen Befugnisse bei der Legislative sowie bei der Kontrolle und Verabschiedung des Haushalts. Der Europäische Gerichtshof hat die Judikative inne.
Europäische Universität, 1972 in Florenz eröffnete Hochschule (für Bewerber mit abgeschlossenem Studium); Abteilungen: Geschichts- und Kulturwiss., Wirtschafts-, Rechtswiss., Politik und Sozialwiss.; dient der Forschung im Sinn der europ. Einheit.
Europäische Volkspartei, Abk. **EVP,** 1976 gegr. Föderation der christlich-demokrat. Parteien der EU; Sitz Brüssel.
Europäische Währungsunion, auf dem →Europäischen Währungssystem basierendes Projekt der EU-Mitgliedsländer, bis zum Jahr 2000 den ECU als einheitl. Währung in Europa einzuführen. Eine **Europ. Zentralbank** (Sitz Frankfurt am Main) soll spätestens ab 1999, unabhängig von polit. Weisungen, für Preisstabilität in Europa sorgen und den ECU als Gemeinschaftswährung ausgeben. Kursschwankungen der nat. Währungen um den festgelegten Leitkurs sollen auf 2,25% begrenzt werden.
Europäische Weltraumorganisation, engl. **European Space Agency,** Abk. **ESA,** Sitz Paris, Organisation europ. Staaten zur Koordinierung, Durchführung und Unterstützung europ. Projekte zur friedl. Erforschung und Nutzung des Weltraums. Die ESA wurde 1975 in Brüssel gegr. In Entwicklung befindl. Projekte sind u. a. wiss. Satelliten; fertig gestellt: Trägerrakete Ariane und Raumlaboratorium Spacelab.
Europäische Wirtschaftsgemeinschaft, Abk. **EWG,** Zusammenschluss Belgiens, Dtl.s, Frankreichs, Italiens, Luxemburgs, der Niederlande, seit 1973 Großbritanniens, Irlands und Dänemarks, seit 1981 Griechenlands, seit 1986 Spaniens und Portugals, seit 1995 Finnlands, Österreichs und Schwedens zu einer unbefristeten, überstaatlichen, mit eigenen Hoheitsrechten ausgestatteten Wirtschaftsgemeinschaft zur Errichtung eines gemeinsamen Markts und zur Annäherung der Wirtschaftspolitik der Mitgliedstaaten; gegr. 25. 3. 1957 (Röm. Verträge), in Kraft seit 1. 1. 1958, Sitz Brüssel. Kernstück ist eine Zollunion; am 1. 7. 1968 waren die Binnenzölle unter den Mitgliedern gänzlich beseitigt, ein gemeinsamer Außenzolltarif trat in Kraft. Sonderregelungen gelten u. a. für die Landwirtschaft sowie für die handelspolit. Angliederung überseeischer Gebiete und die Beiträge für deren Entwicklung. – Organe: die Versammlung (→Europäisches Parlament), der Europ. Gerichtshof, der Ministerrat und die →Europäische Kommission, die beiden Letzteren seit 1967 gemeinsam für EWG, EURATOM und Montanunion als »Rat (bzw. Kommission) der Europ. Gemeinschaften« (seit Nov. 1993 »... der Europ. Union«), sowie ein beratender Wirtschafts- und Sozialausschuss. Europ. Länder können durch Vollmitgliedschaft, alle Länder durch Assoziierung der EWG beitreten. Assoziierungsabkommen bestehen z. B. mit den meisten Mittelmeeranrainern. Mit 46 Staaten Afrikas, der Karibik und des Pazifiks (AKP-Staaten) schloss die EWG 1975 in Lomé einen Assoziierungsvertrag, der 1979/80, 1984/85 und 1989/90 geändert wurde. Ihm haben sich bislang 70 AKP-Staaten angeschlossen.
Europapokal, Trophäe, bei internat. Ausscheidungsrunden in versch. Sportarten von den europ. Spitzenverbänden vergeben.
Europarat, Abk. **ER,** gegr. 1949, Zusammenschluss europ. Staaten zur Herstellung größerer Einheit, zwecks Wahrung des gemeinsamen europ. Erbes und der Förderung des wirtschaftl. und sozialen Fortschritts. Mitglieder sind (Mai 1997): Albanien, Andorra, Belgien, Bulgarien, Dänemark, Dtl., Estland, Finnland, Frankreich, Griechenland, Großbritannien, Irland, Island, Italien, Kroatien, Lettland, Liechtenstein, Litauen, Luxemburg, Malta, Mazedonien, Moldawien, Niederlande, Norwegen, Österreich, Polen, Portugal, Rumänien, Russland, San Marino, Schweden, Schweiz, Slowak. Rep., Slowenien, Spanien, Tschech. Rep., Türkei, Ukraine, Ungarn, Zypern. Organe: Beratende Versammlung (wählt die Mitglieder des Europ. Gerichtshofs für Menschenrechte), Ministerausschuss, Generalsekretariat, Sitz Straßburg. Die Mitgliedstaaten haben u. a. 1950 die Europ. Menschenrechtskonvention angenommen.

Europarat
Flagge

Europastraßen, Bez. für die Fernstraßen des internat. Verkehrs in Europa.
Europide, europäische Menschenrassen und ihnen verwandte Rassen in Afrika und Asien.
Europium *das,* Symbol **Eu,** chem. Element aus der Gruppe der Lanthanoide, OZ 63.
EUROSPACE [ˈjʊərəspeɪs], Abk. für **Euro**pean Industrial Group for **Space** Studies (Europ. Ind.gruppe für Raumfahrtstudien), Verband europ. Raumfahrtunternehmen, gegr. 1961, Sitz Paris.
Eurotas *der,* Hauptfluss der griech. Landschaft Lakonien auf der Peloponnes, 82 km.

Eurotunnel, Tunnel unter dem Ärmelkanal, der Großbritannien mit Frankreich verbindet; 1994 eröffnet. Er besteht aus zwei Röhren für den Eisenbahnverkehr und einem Servicetunnel zw. ihnen; Länge 50 km, davon 38 km unter Wasser, 40 m unter dem Meeresboden.

Eurovision, Zusammenschluss westeurop. und nordamerikan. Rundfunkgesellschaften zum Austausch von Fernsehprogrammen.

Eurydike, griech. Sage: die Gemahlin des → Orpheus.

Euskirchen
Stadtwappen

Eusebios von Caesarea, griech. Kirchenhistoriker, »Vater der Kirchengeschichte«, * um 263, † um 339; seit 313 Bischof von Caesarea Palaestinae.

Euskirchen, Krst. in NRW, am Rand der Eifel, 52 200 Ew.; Papierverarbeitung, versch. Industrie.

Eustachius, legendärer Märtyrer um 120/130, einer der 14 Nothelfer.

Euter *das,* der bei Wiederkäuern, Unpaarhufern und Kamelen in der Leistengegend liegende Milchdrüsenkomplex.

Euterpe, eine der → Musen.

Eutin
Stadtwappen

Euthanasie [griech. »schöner Tod«] *die,* in der Antike Bezeichnung für den leichten, schmerzlosen Tod, auch für den ehrenvollen Tod des Kriegers. Im 20. Jh. wurde der Begriff im Sinne eines Rechtes des Einzelnen auf einen angenehmen Tod wieder aufgegriffen, in Dtl. jedoch durch das natsoz. »E.-Programm« (Tarnname für die Tötung missgebildeter Kinder und geistig oder psychisch Kranker als »Vernichtung lebensunwerten Lebens«) diskreditiert. Das Problem der Zulässigkeit gezielter Lebensverkürzung bei Sterbenden und unheilbarer Kranken wird heute unter der Bezeichnung → Sterbehilfe diskutiert.

Eutin, Krst. in Schlesw.-Holst., 17 100 Ew.; Museen, Fremdenverkehr.

Eutrophierung, Überangebot an Pflanzennährstoffen in Oberflächengewässern. Daraus resultieren ein starkes Algenwachstum und ein Sauerstoffentzug v. a. in tieferen Wasserschichten, der zum »Umkippen« des Gewässers führen kann.

eV, Abk. für → Elektronvolt.

Ev., Abk. für **E**vangelium; **ev., ev**angelisch.

e. V., Abk. für **e**ingetragener **V**erein.

Eva [hebr. »Leben«], Frau des → Adam.

August Everding

evakuieren, 1) luftleer machen, auspumpen. – **2)** leeren, räumen, bes. Kampf- und Grenz- oder Katastrophengebiete von der Zivilbevölkerung.

Evangeliar *das,* mittelalterl. liturg. Handschrift mit dem Text aller 4 Evangelien, oft prachtvoll verziert und illustriert.

Evangelienharmonie, aus den 4 Evangelien zusammengefügte Darstellung des Lebens Jesu; die erste E. von Tatian (um 170 n. Chr.) in syr. Sprache, eine althochdt. E. von Otfried von Weißenburg (9. Jh.) und der Heliand.

Evangelisation *die,* Verkündigung des Evangeliums, z. B. durch die Volksmission.

evangelisch, 1) aus den Evangelien gewonnene religiöse Überzeugung und Lebenshaltung. – **2)** Bezeichnung für die Anhänger der Reformationskirchen, bes. der **ev.-lutherischen** und der **ev.-reformierten.**

Evangelische Kirche in Deutschland, Abk. **EKD,** derzeitige Rechtsgestalt der dt. ev. Christenheit, beschlossen 1947 in Eisenach. Die EKD ist ein Bund lutherischer, reformierter und unierter Kirchen. Ihre Aufgabe ist es, die Gemeinschaft unter den Gliedkirchen, bes. den Austausch ihrer Mittel und Kräfte, zu fördern. Organe: Synode, Rat und Kirchenkonferenz. Der Rat (Vors.: Bischof K. Engelhardt, seit 1991) leitet die EKD; Amtsstellen: Kirchenkanzlei in Hannover (Nebenstelle Berlin), kirchl. Außenamt in Frankfurt am Main.

Evangelische Räte, nach kath. Lehre die vom Evangelium angeratenen, aber nicht vorgeschriebenen Forderungen der Armut, der Keuschheit und des Gehorsams.

Darstellung der vier **Evangelisten** in einem karolingischen Evangeliar (um 810) aus dem Aachener Domschatz

Evangelisten, 1) (mutmaßl.) Verfasser der 4 Evangelien (Matthäus, Markus, Lukas, Johannes). – **2)** Erweckungsprediger.

Evangelium [griech. »gute Kunde«] *das,* **1)** frohe Botschaft, bes. die von Jesus als dem in die Welt gekommenen Heiland. – **2)** die 4 Schriften des N. T. über Leben und Wirken Jesu (Matthäus, Markus, Lukas, Johannes).

Everding, August, dt. Regisseur und Intendant, * 1928; 1977 bis 1982 Intendant der Bayer. Staatsoper, 1982 bis 1993 Generalintendant der Bayer. Staatstheater, seit 1. 9. 1993 Staatsintendant und Präs. der Bayer. Theaterakademie.

Everest, Mount E. [ˈmaʊnt ˈevərɪst], tibet. **Chomolungma,** höchster Berg der Erde, im östl. Himalaya, 8 846 m hoch. Erstbesteigung am 29. 5. 1953 durch E. P. Hillary und den Sherpa Tenzing Norgay.

Evergreen [ˈevəgriːn] *der,* noch nach Jahrzehnten populärer Schlager.

Evidenz *die,* ⓟ innere Gewissheit der Gültigkeit einer Erkenntnis.

Evolute *die,* geometr. Ort der Krümmungsmittelpunkte einer ebenen Kurve.

Evolution *die,* → Entwicklung.

Évora [ˈɛvurə], Stadt in Portugal, 38 900 Ew.; früher Residenz der port. Könige. Das histor. Zentrum gehört zum Weltkulturerbe.

EVP, Abk. für → **E**uropäische **V**olks**p**artei.

Ewald, 1) Heinrich von, dt. ev. Theologe, * 1803, † 1875; einer der »Göttinger Sieben«, wirkte bahnbrechend als Bibelkritiker und in der hebr. Sprachforschung. – **2)** Johannes, dän. Dichter, * 1743, † 1781; von F. G. Klopstock beeinflusster Dramatiker, Verfasser der dän. Nationalhymne.

Ewe, Volk in SO-Ghana, S-Togo, S-Benin, rd. 1,3 Mio. Seine Sprache dient als Verkehrssprache in W-Afrika.

EWG, Abk. für → **E**uropäische **W**irtschafts**g**emeinschaft.

Ewiger Jude, in der Sage der Schuhmacher **Ahasverus,** der Jesus auf dem Wege nach Golgatha vor seinem Hause nicht ausruhen ließ und nun umherwandern muss bis zum Jüngsten Gericht. Seit Mitte des 19. Jh. wird das Motiv auch mit dem Schicksal des jüd. Volkes identifiziert.

Ewiger Landfriede, 1495 in Worms beschlossenes Reichsgesetz, das das Fehderecht des MA. abschaffte.

ewiges Licht, kath. Kirche: Licht als Zeichen der Gegenwart Christi.

Ewige Stadt, Beiname Roms.

EWS, Abk. für →Europäisches Währungssystem.

ex..., Vorsilbe: **1)** aus, z. B. **Exkret,** Ausscheidung. – **2)** ehemalig, z. B. **Exkönig.**

exakte Wissenschaften, Wiss., die zu nachprüfbaren quantitativen Ergebnissen führende Methoden verwenden und/oder auf exakt definierten Begriffen, Schlüssen und Beweisen beruhen; v. a. Naturwissenschaften.

Exarch *der,* byzantin. Statthalter. **Exarchat** *das,* Gebiet eines E., bes. das Exarchat von Ravenna, das Pippin d. J. 754 dem Papst schenkte. (→Kirchenstaat)

Exaudi [lat. »erhöre«], der 6. Sonntag nach Ostern.

ex cathedra, 1) →Unfehlbarkeit. – **2)** Ü von maßgebender Stelle aus.

Exedra *die,* ⌂ **1)** in der antiken Baukunst halbrunde oder rechteckige Nische mit erhöhten Sitzplätzen. – **2)** Apsis in der mittelalterl. Baukunst.

Exegese *die,* Auslegung, Bibelerklärung.

Exekution *die,* **1)** Zwangsvollstreckung. – **2)** Hinrichtung.

Exekutive *die,* **Exekutivgewalt,** vollziehende Staatsgewalt, zum Unterschied von der gesetzgebenden (legislativen) und richterl. (judikativen).

Exequatur *das,* **1)** dem Konsul einer fremden Macht durch den Aufenthaltsstaat erteilte Ermächtigung zur Ausübung seiner Tätigkeit. – **2)** Ausstattung des in einem anderen Staat gefällten Gerichtsurteils mit Vollstreckungswirkung im Inland.

Exerzitien *Pl.,* kath. Kirche: geistl. Übungen, um das eigene religiöse Leben zu fördern; oft in bes. **E.-Häusern.**

Exeter ['eksɪtə], Stadt in SW-England, 98 100 Ew.; Univ., anglikan. Bischofssitz; normann.-gotische Kathedrale (13./14. Jh.).

Exhalation *die,* **1)** Ausströmen von Gasen aus Vulkanen. – **2)** Physiologie: Abgabe von Wasserdampf und Kohlensäure durch Haut und Lunge; Ggs.: Inhalation.

Exhaustor *der,* ⚙ Gebläse zum Absaugen von Luft, Gas, Staub, Spänen, Spreu.

Exhibitionismus *der,* v. a. bei Männern vorkommende, auf sexuellen Lustgewinn gerichtete Neigung, öffentl. vor anderen Personen die Geschlechtsteile zu entblößen; strafbar nach § 183 StGB.

Exhumierung *die,* das Wiederausgraben einer bestatteten Leiche, wird beim Verdacht einer strafbaren Handlung vom Gericht oder von der Staatsanwaltschaft angeordnet.

Exil *das,* Verbannung, Verbannungsort.

Existenz *die,* **1)** Dasein; in der Philosophie Gegenbegriff zu Essenz (Wesen). – **2)** Lebensunterhalt.

Existenzminimum, Mindesteinkommen, das ein Einzelner oder eine Familie zum Lebensunterhalt braucht.

Existenzphilosophie, Existenzialismus, einflussreiche philosoph. Richtung, die im 20. Jh. in verschiedenen Varianten in Europa entstand. Die E. steht in der Tradition v. a. F. Nietzsches und S. Kierkegaards, wobei im 17. Jh. B. Pascal das begriffl. Instrumentarium zur Existenzanalyse entwickelte. Den Begriff »Existenz« hatte S. Kierkegaard auf das menschl. Dasein, bes. seine Begrenztheit, übertragen. Er wurde von K. Jaspers und M. Heidegger wieder aufgegriffen. Für Jaspers bleibt nach dem Scheitern aller rationalwiss. Weltorientierung das Verhältnis zum Anderen (Kommunikation) übrig. Die E. rückt bei J.-P. Sartre in die Nähe des Nihilismus, wenn er das Wesen des Menschen in die Freiheit als Unbestimmtheit setzt (»der Mensch ist eine nutzlose Passion«).

Exitus [lat. »Ausgang«] *der,* ⚕ der Tod.

Exklave [frz. »Ausschluss«] *die,* Gebietsteil eines Staats innerhalb fremden Staatsgebiets.

Exkommunikation *die,* →Kirchenbann.

Exkremente, Auswurfstoffe, Kot.

Exkrete, aus einem Organismus ausgeschiedene nicht nutzbare oder schädl. Stoffe (z. B. Harn, Tränen); Ggs.: Inkrete, Sekrete.

Exlibris *das,* Bucheignerzeichen; künstlerisch ausgeführte Einklebezettel mit Namen oder Wappen des Besitzers.

Exmatrikulation *die,* Streichung aus der Matrikel, Abgang von der Universität.

Exmission *die,* ⚖ Entfernung eines Pächters oder Mieters vom Grundstück aufgrund eines gerichtl. Entscheids.

Exodus *der,* Auszug, Abwanderung (einer Gesamtheit), bes. der im 2. Buch Mose (Buch E.) beschriebene Auszug der Israeliten aus Ägypten.

ex officio, von Amts wegen.

Exogamie *die,* bei manchen Völkerstämmen durch Stammesgesetze geforderte Heirat außerhalb der eigenen Verwandtschafts- oder Totemgruppe; Ggs.: Endogamie.

exogen, 1) von außen wirkend. – **2)** 🜨 die Landoberfläche verändernde Vorgänge, z. B. Verwitterung, Ablagerung, Abtragung.

Exorzismus *der,* Beschwörung und Austreibung böser Geister.

exoterisch, nach außen gewendet, gemeinverständlich; Ggs.: esoterisch.

exotherm, chem. Reaktion, die unter Wärmeabgabe verläuft, z. B. Verbrennung.

exotisch, fremdländisch, tropisch.

Expander *der,* Sportgerät zur Muskelkräftigung, dehnbare Seile zw. 2 Holzgriffen.

Expansion *die,* Ausdehnung.

Expedition *die,* **1)** Geschäftsstelle, Versand. – **2)** Beförderung. – **3)** Forschungsreise. – **4)** Feldzug.

Expektorantien, *Sg.* **Expektorans** *das,* Mittel, die den Auswurf fördern. Sie finden als Hustenmittel Verwendung.

Experiment, wiss. Versuch.

Expertensystem, Computer- und Programmsystem, das Wissen über ein Fachgebiet speichert, daraus Folgerungen ableiten und Problemlösungen anbieten kann. E. sind Resultate der →künstlichen Intelligenz.

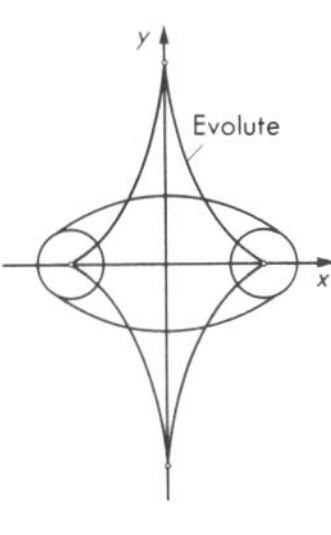

Evolute einer Ellipse

Expressionismus. Erich Heckel, Selbstbildnis (1919)

Explosion *die,* plötzl. Volumenvergrößerung unter Knall und zerstörenden Wirkungen, verursacht durch Kettenreaktion.
Exponent *der,* **1)** √ Hochzahl, hochgestellte Zahl bei einer Wurzel oder Potenz, z. B. die 2 in $3^2 = 9$. - **2)** Ü hervorragender Vertreter einer Sache.
Exponentialfunktion, √ die Funktion $f(x) = e^x$, mit e als Basis der natürl. Logarithmen.
Export *der,* Ausfuhr von Waren.
Exposé *das,* Darlegung, Entwurf.
Exposition *die,* **1)** Erörterung. - **2)** Drama: Einführung des Publikums in die Vorgänge, von denen die Handlung ausgeht. - **3)** 𝄞 das erste Auftreten des Themas eines Musikstücks.
Expressionismus *der,* Kunstrichtung des frühen 20. Jh., die im Ggs. zum Impressionismus als der Kunst des Eindrucks den Wesensausdruck suchte. Zu den Wegbereitern gehörten V. van Gogh und E. Munch. Die entschiedensten Vertreter des E. wurden v. a. die Mitglieder der »Brücke« und des »Blauen Reiters«; bedeutende Architekten waren E. Mendelsohn, B. Taut und F. Höger. In der Literatur trat der E. in Dtl. 1910 bis 1925 hervor. Hauptvertreter: G. Trakl, G. Heym, E. Stadler, E. Lasker-Schüler, F. Werfel, C. Sternheim, G. Benn, F. v. Unruh, G. Kaiser, W. Hasenclever u. a. In der Musik äußerte sich der E. v. a. in der Erweiterung und Loslösung von der Tonalität sowie in einer explosionsartig gesteigerten Bewegungskraft von Rhythmik und Dynamik (A. Schönberg u. a.). ; BILD S. 261
Exsequilen, Exequilen *Pl.,* kath. Leichenfeierlichkeiten mit Totenmesse.
Exstirpation *die,* ⚕ operative Entfernung eines erkrankten Organs oder einer Geschwulst.
Exsudation *die,* **Ausschwitzung,** bei Entzündungen, bes. der Brust- und Bauchorgane, auftretende Absonderung von vorwiegend flüssigen Blutbestandteilen durch die krankhaft durchlässigen Blutgefäße hindurch. Die abgesonderte Flüssigkeit, das **Exsudat,** sammelt sich oft in Hohlräumen (Herzbeutel, Bauchhöhle).
Extemporale *das,* schriftl. Arbeit ohne Vorbereitung und Hilfsmittel; **extemporieren,** aus dem Stegreif reden.
extensiv, ausgedehnt; in die Breite gehend; Ggs.: intensiv; **in extenso,** ausführlich.
extern, auswärtig, fremd; draußen befindlich.
Externsteine, Gruppe von 13 Sandsteinfelsen am NO-Hang des Teutoburger Waldes, mit eingemeißelten Felsbildern (12. Jh.). Wahrscheinlich ein ehemals heidn. Heiligtum.
Exterritorialität *die,* im Völkerrecht Ausnahmestellung gegenüber der Hoheit des Aufenthaltsstaates. E. genießen Staatsoberhäupter, diplomat. Vertreter u. a.
extra, nur, eigens, besonders. **Extra...,** Sonder..., z. B. Extrablatt.
Extrakt *der,* **1)** Auszug von Drogen (mit Wasser oder Alkohol). - **2)** eingedicktes Nahrungsmittel, z. B. Fleisch-E. - **3)** Ü Kern, Hauptinhalt.
Extraktion *die,* **1)** Auslaugen; Verfahren, bei dem aus Gemischen durch Lösungsmittel Bestandteile herausgezogen werden, z. B. Zucker aus Rübenschnitzeln. - **2)** ⚕ das Ziehen eines Zahns.
Extraluterinschwangerschaft, Schwangerschaft, bei der sich das befruchtete Ei außerhalb der Gebärmutterhöhle einnistet (Eileiter-, Eierstock-, Bauchhöhlenschwangerschaft).
extrem, äußerst, übertrieben. **Extrem** *das,* Äußerstes, höchster Grad. **Extreme** *Pl.,* Gegensätze; größte und kleinste Werte. **Extremitäten** *Pl.,* die Gliedmaßen: Arme **(obere E.),** Beine **(untere Extremitäten).**

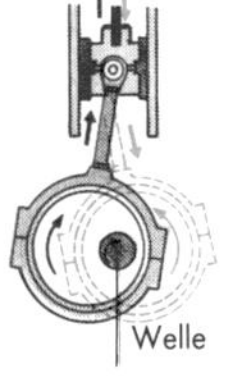

Exzenter

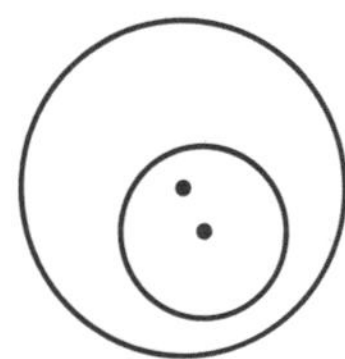
exzentrische Kreise

Externsteine

Extremismus *der,* Verhaltensweise, die die bestehende Gesellschafts- und Staatsordnung radikal umstürzen will und entsprechende Strategien (einschließlich der Anwendung von Gewalt) entwickelt. Der **Rechts-E.** äußert sich in einer autoritären, nationalist. und/oder rassist. Gesinnung, der **Links-E.** zeigt sich in einer doktrinär verengten sozialrevolutionären Gesellschaftsauffassung.
extrovertiert, extravertiert, nach außen gerichtet; aufgeschlossen; Ggs.: introvertiert.
Exzellenz [lat. »Vortrefflichkeit«] *die,* urspr. bis Mitte 17. Jhd. Hoheitstitel, heute Anrede für Botschafter und Gesandte; Titel der kath. Bischöfe.
Exzenter *der,* **Exzenterscheibe,** ⚙ auf einer Welle sitzende Kreisscheibe, deren Mittelpunkt außerhalb der Drehachse der Welle liegt; wandelt eine drehende Bewegung in eine hin- und hergehende um.
exzentrisch, 1) Kreise in einer Ebene ohne gemeinsamen Mittelpunkt. - **2)** überspannt.
Exzision *die,* ⚕ Entnehmen von Körpergewebe zum Beseitigen von Krankheitsherden oder zur Krankheitserkennung **(Probe-E.).**
Eyck, Hubert van, * um 1370, † 1426, und sein Bruder Jan van E., * um 1390, † 1441, niederländ. Maler. In ihrem gemeinsamen Werk, dem Genter Altar (1432), fand ihre neue, an der älteren Miniaturmalerei erwachsene Wirklichkeitsauffassung ihren ersten großen Ausdruck; gestalterisch über ihn hinaus führen v. a. die Altartafeln und Bildnisse Jans.
Eyresee ['eə-], zeitweise trockener, abflussloser Salzsee in S-Australien, 12 m u. M. (tiefste Stelle des Kontinents).
Eyth, Max v., dt. Ingenieur und Schriftsteller, * 1836, † 1906; baute mit J. Fowler zusammen den Dampfpflug; schrieb u. a.: »Hinter Pflug und Schraubstock« (2 Bände 1899), »Der Schneider von Ulm« (2 Bände 1906).
Ezechilel, in der Lutherbibel **Hesekilel,** jüd. Prophet, um 590 v. Chr. Seelsorger in der Babylon. Gefangenschaft. Das **Buch E.** enthält Weissagungen und Trostreden.
Ezzolied, »Gesang von den Wundern Christi« des Bamberger Chorherrn Ezzo, um 1060; ältestes frühmittelhochdt. heilsgeschichtl. Gedicht.

F

f, F, 1) 6. Buchstabe im dt. Alphabet, ein Konsonant. – **2)** ❀ **F,** Abk. für Farad und Fahrenheit. – **3)** ♂ **F,** Symbol für Fluor. – **4)** 𝄞 **F,** 4. Ton der C-Dur-Tonleiter, Zeichen für F-Dur; **f,** für f-moll und Abk. für forte. – **5) F.,** Münzzeichen für Stuttgart. – **6) f.** und **ff.** für folgend(e) Seiten, Jahre usw.

Fabel, 1) kurze märchenhafte Erzählung, die auf eine Lehre (Moral) hinführt, oft wird satirisch typisch menschl. Verhalten durch Tiere vorgestellt. – **2)** Stoff- und Handlungsgerüst einer Dichtung.

Fabeltiere, Fantasiegeschöpfe, die in Sage, Märchen und Wappenkunde eine Rolle spielen, wie Drache, Lindwurm, Einhorn, Greif, Basilisk, Chimäre, Zerberus, Sphinx, Zentaur.

Fabergé [fabɛrˈʒe], Carl, russ. Goldschmied, *1846, †1920; wurde in ganz Europa bekannt mit seinen Miniaturen (Schmuck, Dosen) und den seit 1884 im Auftrag des Zaren gefertigten Ostereiern.

Fabian Society [ˈfeɪbjən səˈsaɪətɪ], 1884 gegr. sozialist.-wiss. Vereinigung in Großbritannien; bot die ideolog. Grundlage der Labour Party.

Fabiola, Doña F. **de Mora y Aragón,** *1928; ⚭ 1960 mit dem belg. König Baudouin I. (†1993).

Fabius, altröm. Adelsgeschlecht: Quintus **F. Maximus Verrucosus,** mit dem Beinamen **Cunctator** (»Zauderer«), 217 v. Chr. Diktator, ermutigte die Römer zum Widerstand gegen die Karthager im 2. Pun. Krieg.

Fabrik *die,* arbeitsteiliger Betrieb, der unter Verwendung von Maschinen gewerbl. Erzeugnisse **(Fabrikate)** für den Verkauf herstellt.

Fabrikschiff, Fischereispezialschiff zur unmittelbaren versand- und verbrauchsfertigen Verarbeitung der eigenen oder der von den Fangbooten angelieferten Fänge.

Facelifting [ˈfeɪslɪftɪŋ] *das,* operative Beseitigung von Gesichtsfalten.

Facette [fas-] *die,* angeschliffene Fläche (Edelsteine, Glas). **F.-Auge,** Netzauge der Gliedertiere, besteht aus vielen Einzelaugen.

Fach|arbeiter, Arbeiter mit Lehre und Abschlussprüfung in anerkanntem Ausbildungsberuf.

Fach|arzt, früher ein Arzt, der sich durch mehrjährige Ausbildungszeit auf einem bestimmten Fachgebiet bes. Kenntnisse erworben hatte, z. B. F. für Chirurgie (heute Arzt für Chirurgie).

Fachbereich, im Hochschulbereich Zusammenfassung von Instituten und Lehrstühlen (anstelle der Fakultäten).

Fächer, Handgerät aus federndem Werkstoff zur Kühlung durch Luftbewegung; als Wedel aus Palmblättern, Pfauenfedern o. a. schon im Altertum verwendet, zuerst in O-Asien mit Papier oder Seide bespannte Falt- und Klapp-F.; in Europa seit dem 13. Jh. bekannt.

Fächerflügler, kleine, den Käfern verwandte Insekten, Parasiten bei Insekten.

Fächerpalme → Palmen.

Fachhochschulen, Hochschuleinrichtungen mit relativ spezialisiertem Studienangebot: Techn., Landwirtschaftl., Wirtschafts-, Handels-, Musik-, Sozial-, Verwaltungswiss., Theolog. Hochschulen. In achtsemestrigem Studium vermitteln sie das Diplom (FH) der versch. Fachrichtungen und den Zugang zum gehobenen Verwaltungsdienst.

Fach|oberschulen, Einrichtung des berufl. Schulwesens, die in 2 Jahren zur Fachhochschulreife führt. Die F. umfassen ein einjähriges Praktikum (Klasse 11) mit Teilzeitschulbesuch und eine wiss.-theoret. Ausbildung (Klasse 12); Ersteres wird bei Nachweis einer Berufsausbildung erlassen. Voraussetzung für die F. ist die Fachschulreife.

Fachschulen, freiwillig besuchte berufsbildende Lehranstalten, die nach Abschluss einer Fachausbildung (Lehre oder Praktikum) zur berufl. Weiterbildung oder zum Erwerb besonderer Qualifikationen (Spezialisierung, Meisterprüfung) besucht werden. Die Dauer der Ausbildung umfasst bei Vollzeitunterricht zw. ½ und 3 Jahren. Einrichtungen mit geringerer Lehrgangsdauer heißen **Fachlehrgänge.** F. bestehen für fast alle Einzelberufe. – Von den F. sind die **höheren F.** abzuheben, die in den letzten Jahren in → Fachhochschulen umgewandelt wurden.

Fachwerk, ⌂ **1)** Bauweise, bei der zunächst ein Rahmenwerk aus Holz hergestellt wird; die Zwischenfächer werden mit Mauerwerk oder Flechtwerk und Lehm ausgefüllt. – **2)** Baukonstruktion aus miteinander verbundenen Stäben (Holz, Stahl u. a.) für Dachtragwerke, Brücken, Flugzeuge u. a.

Facialis, Nervus facialis *der,* Gesichtsnerv. **F.-Lähmung** betrifft die Muskeln einer Gesichtshälfte; meist durch Erkältung, Entzündung.

Fackel *die,* Beleuchtungsmittel aus mit Harz, Teer, Wachs getränktem grobem Gewebe, das an einem Holzstab befestigt ist.

Fadejew, Aleksandr Aleksandrowitsch, sowjet. Erzähler, Soldat, Politiker, *1901, †(Freitod) 1956.

Faden, ⚓ altes Längenmaß für die Tiefe des Fahrwassers: 1 F. = 1,624 bis 2,2 m; in Großbritannien und den USA mit 1,8288 m noch gültig.

Fadenkreuz, 2 rechtwinklig sich schneidende Striche in der Brennebene eines Objektivs.

Fadenwürmer, Nematoden, runde, fadenförmige Würmer, deren Körper nicht in Ringe (Segmente) gegliedert ist; meist getrenntgeschlechtig. Schmarotzer in Tieren und Menschen sind Spul-, Gruben-, Madenwurm, Trichine.

Fadenzähler, Weberglas, Lupe mit versch. Messbereichen zum Auszählen der Schuss- und Kettfäden in Geweben und zum Bestimmen der Maschendichte.

Fading [ˈfeɪdɪŋ] *das,* **1)** Schwankungen der Lautstärke beim Rundfunkempfang. – **2)** Nachlassen der Wirkung von Kraftwagenbremsen nach wiederholtem Gebrauch (durch Erwärmung).

Faenza, oberital. Stadt, 54 000 Ew.; bekannt durch das im 15./16. Jh. entwickelte keram. Kunstgewerbe (Fayencen).

Faesi, Robert, schweizer. Schriftsteller, *1883, †1972; schrieb in der Tradition des schweizer. Realismus Gedichte, Erzählungen, Romane aus der Zürcher Geschichte.

Fafnir, in der nord. Sage schatzhütender Drache, von Sigurd (Siegfried) erschlagen.

Fagott *das,* Blasinstrument aus Holz, hat doppelte Röhre, 20 bis 24 Klappen, s-förmiges Metallmundstück mit doppeltem Rohrblatt. Bassinstrument, Umfang über 3 Oktaven. Das **Kontra-F.** ist 1 Oktave tiefer.

Fahd [faxd], **F. ibn Abd al-Asis,** König von Saudi-Arabien (seit 1982), *1920.

Fabeltiere
Drache, Basilisk, Einhorn, Greif (von oben)

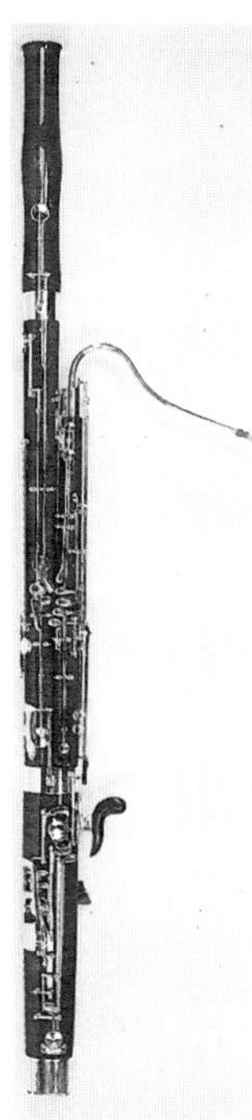
Fagott

Faisal I.

Fähe *die,* ♈ weibl. Fuchs, Marder, Iltis, Wiesel, Nerz.
Fahl|erz, graues bis schwarzes Mineral, enthält bes. Schwefel, Kupfer, Antimon, Arsen, Silber; zur Gewinnung von Silber und Kupfer.
Fahndung *die,* ⚖ Maßnahmen der Polizei oder des Staatsanwalts zur Entdeckung flüchtiger oder gesuchter Personen. (→Steckbrief)
Fahne, 1) staatl. und militär. Abzeichen, bestehend aus F.-Tuch (ein- oder mehrfarbig), an einer Kante mit der F.-Stange verbunden. Die **weiße F.** zeigt die Bereitschaft zur Unterhandlung oder Übergabe an. **F. des Propheten,** die heilige (grüne) F. der Muslime. Ferner →Banner, →Flagge, →Standarte. – **2)** Korrekturabzug des noch nicht umbrochenen Drucksatzes.
Fahnenflucht, unerlaubte Entfernung eines Soldaten aus dem Wehrdienst, um sich der Dienstpflicht (dauernd) zu entziehen.
Fahnenjunker, ⚔ Offizieranwärter im Rang eines Unteroffiziers (bei der Marine: **Seekadett**).
Fähnlein, im 16./17. Jh. Truppeneinheit (300 bis 400 Mann) unter einem Hauptmann.
Fähnrich, ⚔ urspr. Träger der Fahne, in der Bundeswehr Offizieranwärter im Rang eines Feldwebels (bei der Marine: **F. zur See**).
Fähre *die,* Wasserfahrzeug zum Übersetzen von Menschen und Landfahrzeugen über Gewässer. **Fluss-F.** werden oft fest verankert oder an einem über den Fluss gespannten Seil geführt. Durch Schrägstellen der F. wird ein Strömungsdruck erzeugt, der die F. bewegt **(Gier-F.).** F.-Schiffe, die Eisenbahnfahrzeuge befördern **(Trajekte),** benötigen Landestellen mit Gleisanschluss.
fahrende Leute, im MA. umherziehende Gaukler, Spielleute, Vaganten, im 17. Jh. auch Komödianten.
Fahrenheit [nach dem dt. Physiker Daniel Gabriel Fahrenheit, *1686, †1736], in den angloamerikan. Ländern Einheit der Temperatur; 1 °F = $^9/_5$ °C + 32.
Fahrerflucht, umgangssprachlich für das unerlaubte Entfernen eines an einem Verkehrsunfall Beteiligten vom Unfallort. Strafe: Freiheitsstrafe bis zu 3 Jahren oder Geldstrafe.
Fahrlässigkeit, ⚖ Außer-Acht-Lassen der im Verkehr erforderl. Sorgfalt (Zivilrecht, § 276 BGB). Strafrecht: Fahrlässig handelt, wer diejenige Sorgfalt außer Acht lässt, zu der er nach den Umständen und nach seinen persönl. Verhältnissen verpflichtet und fähig ist.
Fahrnis, fahrende Habe, ⚖ bewegl. Sachen.
Fahrrad, zweirädriges Fahrzeug mit Tretkurbeln. Ausrüstung: 2 Bremsen, Klingel, Beleuchtung, weißer Strahler am Lenker, rote Schlussleuchte, roter Rückstrahler, gelbe Rückstrahler an den Pedalen und zw. den Speichen.
Fahrschule, meist privater gewerbl. Betrieb, vermittelt die zur Führung eines Kraftfahrzeugs nötigen theoret. und prakt. Kenntnisse. Die Prüfung erfolgt vor einer staatl. Sachverständigenstelle, die auch den →Führerschein aushändigt.
Fahrstuhl, 1) Rollstuhl. – **2)** der Aufzug.
Fährte *die,* ♈ i. e. S. Abdruck der Tritte von Schalenwild im Boden, Schnee. Die F. vom Hasen und Raubwild heißt **Spur,** vom Federwild **Geläuf.**
Fahrt|richtungsanzeiger, gesetzlich vorgeschriebene Einrichtung für Kfz: **Blinkleuchten** zur Anzeige des Fahrtrichtungswechsels.
Fahrtschreiber, Tachograph, für bestimmte Gruppen von Nutzfahrzeugen vorgeschrieben, zeichnen Fahrweg und Geschwindigkeit in Abhängigkeit von der Uhrzeit auf.
Fahrverbot, ⚖ vom Strafgericht ausgesprochene Nebenstrafe; Verbot, im Straßenverkehr Kraftfahrzeuge jeder oder einer bestimmten Art zu führen.
Fahrwasser, ⚓ für die Schifffahrt bestimmte Fahrrinne in einem Fluss, See oder an der Meeresküste: durch Seezeichen gekennzeichnet.
Faijum, El-F., Oase südwestl. von Kairo, bis 50 m u. M.; 1 792 km², 1,54 Mio. Ew.; fruchtbarste Ackerbauprovinz Oberägyptens; einst Sumpfland, das Pharaonen der 12. Dynastie entwässern ließen. Die Stadt **Medinet el-F.** hat 227 000 Ew. Berühmt sind die in der Technik der Enkaustik angefertigten Mumienporträts (1. bis 4. Jh. n. Chr.).
fair [ˈfeə], ritterlich, anständig; **Fairplay** [feəˈpleɪ], ehrl., anständiges Spiel.
Fairbanks [ˈfeəbæŋks], Stadt in Alaska, USA, am Fluss Tanana, 22 700 Ew.; Univ.; früher intensiver Goldbergbau; internat. ✈.
Faisal, Feisal, arab. Könige: **1) F. I.,** König von Irak, *1883, †1933; kämpfte im 1. Weltkrieg auf brit. Seite gegen die Türken, 1921 König. – **2) F. II.,** *1935, †(ermordet) 1958, Enkel von 1), König von Irak seit 1939, gekrönt 1953. – **3) F. Ibn Abd al-Asis ibn Saud,** König von Saudi-Arabien, *1906, †(ermordet) 1975; Bruder König Sauds, 1953 bis 1960 und 1962 bis 1964 Min.-Präs., Nov. 1964 zum König proklamiert; bemüht um eine Modernisierung seines Landes.
Fakir [arab. »arm«] *der,* **1)** Bezeichnung für Asketen und religiöse Bettler in Indien. – **2)** muslim. Büßer, v. a. Derwische.
Faksimile [lat. »mach es ähnlich«] *das,* originalgetreue Wiedergabe einer Schrift, Zeichnung.
Faktion *die,* parteiähnl., meist kämpferische Gruppierung; von einer Generallinie abweichende Gruppe.
Faktor *der,* **1)** veralteter Ausdruck für den Leiter einer ausländ. Handelsniederlassung **(Faktorei).** – **2)** Zwischenmeister, der Rohstoffe an Heimarbeiter ausgibt und die Fertigwaren übernimmt. – **3)** Abteilungsleiter (Setzerei, Buchbinderei). – **4)** maßgebende Wirkungskraft, Triebfeder. – **5)** √ die Zahl, die mit einer anderen multipliziert wird.
Fakultät *die,* **1)** Lehr- und Verwaltungseinheit einer Univ., heute vielfach abgelöst durch Fachbereiche. – **2)** katholisches Kirchenrecht: früher übliche Bezeichnung für eine Vollmacht. – **3)** √ **n-Fakultät, n!,** das Produkt der ganzen Zahlen von 1 bis n, z. B. $5! = 1 \cdot 2 \cdot 3 \cdot 4 \cdot 5 = 120$.
fakultativ, dem eigenen Ermessen überlassen; wahlfrei; Ggs.: obligatorisch.
Falange [faˈlaŋxe] *die,* vom Faschismus und Nationalsozialismus beeinflusste autoritäre Organisation in Spanien, gegr. 1933, später durch Hinzutritt anderer Gruppen erweitert, seit 1936 unter Führung von Franco, auf dessen Seite sie im Bürgerkrieg kämpfte und dessen Regime sie unterstützte; 1977 aufgelöst.
Falbe *der,* graugelbes Pferd mit schwarzer Mähne und schwarzem Schwanz.
Falconet [falkɔˈnɛ], Étienne-Maurice, frz. Bildhauer, *1716, †1791; schuf das barocke Reiterdenkmal Peters d. Gr. in St. Petersburg; später für die Porzellanmanufaktur in Sèvres tätig.
Falerner, seit der Antike bekannter Wein aus Falerno in Kampanien (Italien).
Falk, Adalbert, preuß. Politiker, *1827, †1900; Mitarbeiter Bismarcks im Kulturkampf, 1872 bis 1879 preuß. Kultusminister.
Falken, Familie der Greifvögel. Die **Echten F.** haben einen Zahnfortsatz an der Schnabelspitze. Sie nähren sich fast nur von lebender Beute, die sie in der Luft ergreifen oder am Boden schlagen. Dazu gehören **Jagd-F., Wander-F., Baum-F., Turm-F.** (Rüttel-F.).
Falken, Sozialistische Jugend Deutschlands – Die F., sozialist. Jugendbund, gegr. 1946; Sitz Bonn.
Falkenhayn, Erich von, dt. General, *1861, †1922; wurde 1913 preuß. Kriegsmin., war 1914 bis 1916 Generalstabschef (Nachfolger Moltkes).
Falkensee, Stadt westlich von Berlin-Spandau, Bbg., 24 000 Ew.; chem. Industrie.
Falkland-Inseln, Malwinen, brit. Inselgruppe im südl. Atlant. Ozean, 12 170 km², 2 100 Ew., umfassen

die Hauptinseln O- und W-Falkland und über 100 kleine Inseln; bilden mit Süd-Georgien und Süd-Sandwich-Inseln die Kronkolonie **Falkland Islands and Dependencies;** Hauptort: Stanley. - Seit 1833 britisch, von Argentinien und Chile beansprucht. Im 1. Weltkrieg **Seeschlacht bei den F.** (8. 12. 1914). April 1982 von Argentinien besetzt, bis Juni 1982 von Großbritannien zurückerobert **(Falklandkrieg).**

Falknerei, Falkenjagd → Beize 2).

Fall, 1) ✻ lotrecht nach unten gerichtete Bewegung frei bewegl. Körper, verursacht durch die Schwerkraft der Erde. Die Geschwindigkeit eines fallenden Körpers wächst proportional der Zeit; die Beschleunigung beträgt etwa 9,807 m/s². - **2)** Ⓢ Kasus (→ Beugung 1).

Fall, Leo, österr. Operettenkomponist, * 1873, † 1925; »Der fidele Bauer«, 1907.

Falla [ˈfaʎa], Manuel de, span. Komponist, * 1876, † 1946; Opern, Ballette (»Der Dreispitz«, 1919).

Fallada, Hans, dt. Schriftsteller, eigentl. Rudolf **Ditzen,** * 1893, † 1947; kritisch-realistische Romane: »Kleiner Mann was nun?« (1932), »Wolf unter Wölfen« (2 Bände 1937) u. a.

Fallbeil, Guillotine [giljoˈtiːnə, gijɔˈtin; nach dem frz. Arzt J. I. Guillotin, * 1738, † 1814], Hinrichtungsgerät, bes. während der Frz. Revolution verwendet.

Falle, Fangvorrichtung, bes. für Raubzeug, Pelztiere, Ratten, Mäuse. Eiserne F. heißen auch **Eisen** (Berliner Eisen, Tellereisen).

Fälligkeit, Zeitpunkt, zu dem der Gläubiger die Leistung vom Schuldner verlangen kann und der Schuldner sie bewirken muss **(Erfüllungszeit).**

Fall-out [ˈfɔːlaʊt] *der,* aus der Atmosphäre ausfallende radioaktive Niederschläge.

Fallreep *das,* ⚓ Leiter aus Tauwerk, auch Treppe, zum An- und Von-Bord-Gehen.

Fallschirm, Gerät zum Abspringen und Lastenabwurf aus Luftfahrzeugen; besteht aus einem aus vielen Stoffbahnen (Seide, Baumwolle, Chemiefasern) zusammengenähten großen, halbkugelförmigen Schirm mit einem etwa 40 cm großen Loch in der Mitte; Sinkgeschwindigkeit etwa 5,5 m/s. Der **F. mit Verbindungsleine** wird durch eine dünne, mit dem Luftfahrzeug verbundene Reißschnur aus der Verpackung herausgerissen; beim **F. mit Handabzug** wird an einem über der Brust hängenden Handgriff gezogen. **Brems-F.** sollen die Landestrecke schneller Flugzeuge verkürzen oder in die Atmosphäre eintauchende Satelliten abbremsen. Im **F.-Sport** werden Geschicklichkeits- und Präzisionswettbewerbe mit Höhen-, Ziel- und Figurensprüngen in Einzel- und Gruppenkonkurrenzen ausgetragen.

Fällung, ⚗ Abscheidung eines festen Stoffs aus einer Lösung durch Zusetzen eines Fällungsmittels, durch Erhitzen oder durch Elektrolyse.

Falsch|aussage, ⚖ uneidl., vorsätzlich falsche Aussage eines Zeugen oder Sachverständigen vor Gericht; mit Freiheitsstrafe von 3 Monaten bis zu 5 Jahren bestraft (§ 153 StGB). Die Strafandrohung bezieht sich nicht auf F. der Parteien im Zivilprozess und des Beschuldigten im Strafverfahren.

Falsch|eid, ⚖ fahrlässiges Beschwören einer falschen Aussage oder fahrlässige Abgabe einer falschen eidesstattl. Versicherung. Freiheitsstrafe (§ 163 StGB). → Meineid.

Falschspiel, ⚖ betrüger. Herbeiführung des Gewinnens unter heiml. (den Mitspielern nicht erkennbaren) Spielregelverstößen (z. B. gezinkte Karten); ist als Betrug strafbar.

Fälschung, Nachbildung oder Veränderung eines Gegenstands zu betrüger. Zwecken. Kunstwerke werden gefälscht, indem ein Werk im Stil eines bekannten Meisters geschaffen und mit Altersspuren versehen wird **(Total-F.),** oder wenn das Original durch eine falsche Signatur verändert wird **(Teil-F.).**

Falsett *das,* **Kopfstimme,** 𝄞 ein hohes Register der männl. Singstimme; beruht u. a. auf Kopfresonanz.

Falsifikat *das,* Fälschung.

Falster, dän. Insel, südl. von Seeland, 514 km², 49 000 Ew.; Landwirtschaft. Hauptort: Nykøbing.

Faltboot, zerlegbares Paddelboot.

Falte, 🌐 durch seitl. Einengung (Faltung) entstandene regelmäßige Verbiegung von Gesteinen, bes. in Schichtgesteinen und kristallinen Schiefern. **Faltengebirge** sind z. B. Alpen, Pyrenäen, Karpaten, Rocky Mountains, Himalaya.

Falter → Schmetterlinge.

Faltings, Gerd, dt. Mathematiker, * 1954; seit 1985 Prof. am Institute for Advanced Study in Princeton (N. J.). 1983 Beweis der von L. J. Mordell 1922 aufgestellten mordellschen Vermutung; Fields-Medaille 1986.

Falun, Stadt in der schwed. Landschaft Dalarna, 52 200 Ew.; früher Kupfer-, heute Schwefelkiesbergbau, Bergschule; versch. Industrie.

Falz *der,* **1)** ⚙ Verbindung abgebogener, ineinander greifender und zusammengepresster Blechränder. - **2)** die durch Abpressen des Buches gebildete Erhöhung zu beiden Seiten des Buchrückens. - **3)** ⌂ Aussparung oder Vertiefung zum guten Übereinandergreifen von Hölzern, Steinen, Ziegeln. - **4)** Kante eines gefalteten Papierbogens.

Famagusta, Hafenstadt im O von Zypern, 50 000 Ew.; Gründung der Ptolemäer, in röm. Zeit Fama Augusta; erhalten u. a. aus der Kreuzfahrerzeit die ehem. Kathedrale (heute Moschee), aus venezian. Zeit die Stadtbefestigung.

Famili|e *die,* **1)** i. d. R. das Elternpaar mit den unselbstständigen Kindern als Einheit des Haushaltes. Rechtlich gibt es keinen feststehenden Begriff der F., meist versteht man darunter die Ehegatten mit ihren Kindern. Verfassungsrechtlich ist sie durch Artikel 6 GG geschützt. - **2)** 🐾 ⚘ Gruppe, umfasst nah verwandte Gattungen.

Famili|enbuch, vom Standesbeamten geführtes Personenstandsbuch.

Famili|enhilfe, Leistungen der gesetzl. Krankenversicherungen für Familienmitglieder der Versicherten, z. B. Familienkrankenhilfe.

Famili|enkunde → Genealogie.

Famili|enname → Name.

Famili|enrecht, ⚖ das im 4. Buch des BGB und im Ehegesetz geregelte Recht der Ehe, Elternschaft, Verwandtschaft und Vormundschaft.

Famili|enstand, Angabe, ob eine Person ledig, verheiratet, verwitwet oder geschieden ist; → Personenstand.

Fan [fæn] *der,* wild Begeisterter, Eiferer, z. B. Fußballfan, Jazzfan, Filmfan.

Fanal *das,* Feuerzeichen; etwas, was den Aufbruch zu neuen (bedeutenden) Ereignissen ankündigt.

Fanarioten, Phanarioten, vornehme griech. Familien in Konstantinopel im Stadtteil Fanar, stiegen im 18. Jh. im türk. Reich zu hohen Staatsämtern auf.

Fanatismus *der,* unbelehrbares, aggressives Verfolgen eines zum absoluten Wert erhobenen Ziels, verbunden mit Intoleranz gegen fremde Anschauungen. F. kann sich zu Massenbewegungen ausweiten (z. B. Hexenverfolgungen, polit. Massenpsychosen, Rassenwahn) und als gesellschaftl. Begleiterscheinung von religiösen Bewegungen auftreten.

Fandango *der,* span. Volkstanz im $^3/_4$- oder $^3/_8$-Takt mit Kastagnettenbegleitung.

Fanfare *die,* **1)** kurzes festl. Musikstück, meist für Trompeten, Pauken, Hörner. - **2)** hell tönende Trompete ohne Ventile.

Fang *der,* **1)** Jagdbeute. - **2)** 🐾 Rachen des Raubtieres. - **3)** Kralle des Greifvogels. *Pl.:* Eckzähne der Hunde und Raubtiere; **den F.-Schuss geben:** den Todesstoß versetzen.

Hans Fallada

Gerd Faltings

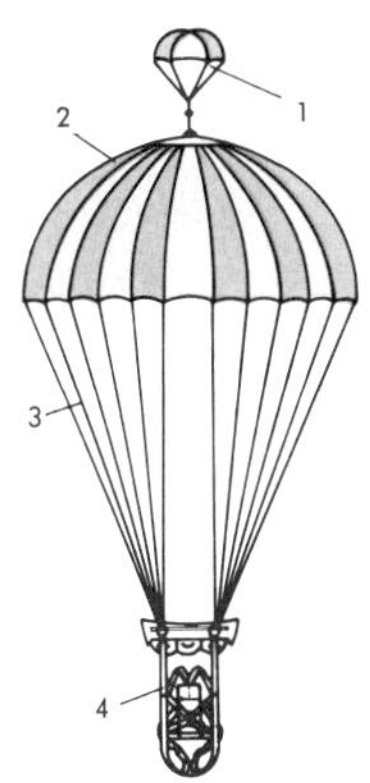

Fallschirm
1 Hilfsschirm, 2 Schirmkappe, 3 Fangleinen, 4 Tragegurt

Künstlicher Blitzeinschlag in einen mit einer Person besetzten **Faradaykäfig**

Fangheuschrecken, große Heuschrecken, deren Vorderbeine als Fanggliedmaßen gestaltet sind, z. B. Gottesanbeterin.

Fango *der,* vulkan. Mineralschlamm; Packungen gegen Muskelverspannungen, Gicht, Rheumatismus.

Fano, ital. Stadt und Seebad am Adriat. Meer, 54 600 Ew.; Fischerei, Textilindustrie.

Fanø ['fa:nø:], dän. Insel, westl. Jütlands, 56 km^2, 2 800 Ew.; Seebäder.

Fantasia [span. »Fantasie«, »Maskenaufzug« *die,* in Algerien und Marokko die bei großen Festen vorgeführten Reiterkampfspiele.

Fantasie *die,* **1)** Einbildungskraft; schöpfer. Erfindungsgabe; Träumerei. – **2)** 𝄞 frei gestaltetes Instrumentalstück.

Fantast, Schwärmer; **fantastisch,** unwirklich, märchenhaft, großartig.

Fantasy-Literatur ['fæntəsɪ-], der Sciencefiction nahe stehende, aber historisch in einen Sagenbereich rückwärts gewandte fantast. Erz. und Romane.

FAO, Abk. für **F**ood and **A**griculture **O**rganization, Organisation für Ernährung und Landwirtschaft, 1945 gegr. Sonderorganisation der UNO, Sitz Rom. Exekutivorgan ist der **Welternährungsrat.**

Farad [nach M. Faraday] *das,* ❃ Zeichen **F,** Einheit für die Kapazität von 2 Leitern, die durch ein Dielektrikum getrennt sind. Ein Kondensator besitzt die Kapazität 1 F, wenn er durch die Elektrizitätsmenge 1 Coulomb auf die Spannung 1 Volt aufgeladen wird. Da 1 F sehr groß ist, verwendet man meist 1 millionstel F, Mikro-F., Abk. 1 µF.

Faraday ['færədɪ], Michael, brit. Naturforscher, * 1791, † 1867; entdeckte u. a. die elektr. → Induktion und das Grundgesetz der → Elektrolyse, erkannte und erforschte zuerst die Zusammenhänge zw. Elektrizität und Licht. **F.käfig,** metall. Umhüllung (Bleche, Metallgitter oder Drahtgeflechte, meistens geerdet) zur Abschirmung eines begrenzten Raumes gegen äußere elektr. Felder.

Farbbücher, amtl. Veröffentlichungen zur Reg.-, bes. zur Außenpolitik (in farbigem Umschlag): in Dtl. Weißbücher, in Großbritannien Blau-, in Frankreich Gelb-, in Italien Grünbücher.

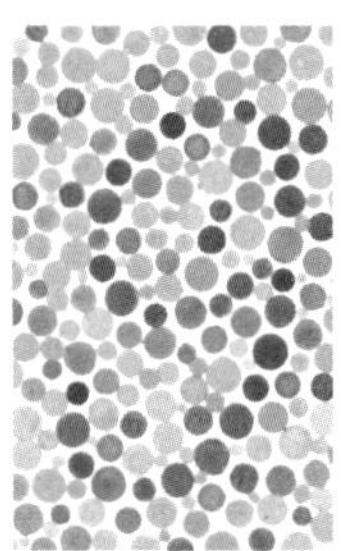
Farbenfehlsichtigkeit Bei Blau-Gelb-Störung ist die 9 nicht erkennbar

Farbcode [-ko:t], Kennzeichnung der Widerstandswerte und Toleranzen elektr. Widerstände durch farbige Ringe.

Farbe, 1) durch elektromagnetische Schwingungen mit Wellenlängen von etwa 380 nm bis 760 nm (sichtbares Licht) ausgelöste und durch das Auge vermittelte Sinnesempfindung. Trifft Licht versch. Wellenlänge gleichzeitig die gleiche Stelle der Netzhaut, so entsteht im Auge ein einfacher, einheitl. Farbeindruck, eine **additive Misch-F.,** in bestimmten Fällen schon bei 2 Einzel-F., Weiß; solche F.-Paare nennt man **Komplementär-F.** (z. B. Rot-Grün, Blau-Gelb). **Körper-F.** werden erst durch die Beleuchtung sichtbar. Sie beruhen darauf, dass der betreffende Stoff bestimmte Wellenlängen des auffallenden Lichts stark absorbiert, die anderen aber reflektiert oder durchlässt. Die Farbeindrücke setzen sich dann zu einer **subtraktiven Misch-F.** zusammen. – Weiter unterscheidet man **unbunte F.** (Schwarz und Weiß), die durch ihre Helligkeit eindeutig bestimmt werden, und **bunte F.,** die durch Farbton, Helligkeit und Sättigung bestimmt sind. **Spektral-F.** sind die einzelnen F. des → Spektrums. – **2)** → Farbstoffe.

Farbenfehlsichtigkeit, Störung des Farbensinns, meist angeboren, selten durch Krankheit oder Drogen hervorgerufen. Am häufigsten ist das Verwechseln versch. Farben, z. B. die Rotgrünblindheit (Farben zw. Rot und Grün erscheinen als verschieden helles Gelb), selten ist die völlige **Farbenblindheit** (Fehlen jeder Farbempfindung). F. schließt von bestimmten Berufen aus (z. B. Busfahrer).

Farbenlehre, Lehre von der eindeutigen Benennung und Ordnung der Farben und ihrer Mischungen. F. von Newton, Goethe, W. Ostwald.

Farbensinn, Fähigkeit, Farben unabhängig von ihren Helligkeitswerten wahrzunehmen. Farbenempfindungen werden beim Menschen und bei Wirbeltieren durch die Zapfen der Netzhaut vermittelt. (→ Auge)

Farbensymbolik, Sinndeutung der Farben; je nach Volk und Zeitalter verschieden. In Europa gilt allg. Weiß als Farbe der Unschuld (Engel), Schwarz als die der Trauer (auch Sünde, Teufel), Rot als die der Liebe (auch Freude, Scham), Blau als die der Treue (auch Beständigkeit, Mäßigkeit), Gelb als die des Neides, Grün als die der Hoffnung. **Liturg. Farben** der kath. Kirche: Weiß, Rot, Grün, Schwarz und als Bußfarbe Violett. Auf staatl. Gebiet tritt die symbol. Bedeutung von Farben vorrangig in den Flaggen der Nationen zutage, aber auch in der Kennzeichnung polit. Bewegungen (Rot für Kommunismus, Sozialismus, Schwarz für Anarchismus, Faschismus, Braun für den Nationalsozialismus, Grün für landwirtschaftl. oder Umweltorganisationen) sowie von Religionen (Islam).

Färberei, techn. Verfahren zum Färben von Textilien. Meist werden wässrige Lösungen oder Aufschlämmungen von Farbstoffen oder Farbstoff erzeugenden Substanzen verwendet.

Färberröte *die,* labkrautartige Farbpflanze; ihre Wurzel heißt Färber- oder Krappwurzel.

Farbstoffe, ⚗ Farbmittel ausschließlich organ. Herkunft, auch **Teer-** oder **Anilin-F.** genannt. Gegenüber Zahl, Leuchtkraft und Vielfalt übertreffen sie bei weitem die Pigmente.

Farbwechsel, ♡ Fähigkeit mancher Tiere, die Körperfarbe der Umgebung anzupassen. F. kommt durch Gestaltveränderung von Farbstoffzellen der Haut zustande (bei vielen Krebsen, Tintenfischen, Fischen, Lurchen, Reptilien; bes. beim Chamäleon).

Farce ['farsə] *die,* **1)** Posse. – **2)** Fleischfüllsel; **farcieren,** mit einer F. füllen.

Farel, Guillaume, Reformator der frz. Schweiz, * 1489, † 1565; führte 1535 die Reformation in Genf ein, ging 1538 nach Neuenburg, wo er die reformierte Kirche organisierte.

Farn *der,* **Farnkraut,** größte Gruppe der F.-Pflanzen, meist Stauden, wenige mit Holzstamm **(Baum-F.).** Die Blätter **(Wedel)** sind meist fiedrig, tragen unterwärts, oft unter dünnen Häutchen, den **Schleiern,** Büschel von Sporenkapseln mit ungeschlechtl. Fortpflanzungskörpern, den **Sporen.** Aus diesen entwickelt sich als geschlechtl. Generation der **Vorkeim,** ein besonderes Pflänzchen mit männl. und weibl. Geschlechtsorganen. Nach Befruchtung der Eizelle entwickelt sich aus dieser die junge F.-Pflanze (ungeschlechtl. Generation) auf dem Vorkeim (→ Generationswechsel). F. gab es schon im Altertum der Erde, am reichhaltigsten im Karbon. Einige bekannte F. sind: **Wurmfarn** (Schildfarn), **Adlerfarn, Tüpfelfarn.** (→ Wasserfarne)

Farnese, ital. Adelsgeschlecht und Dynastie, herrschte 1545 bis 1731 im Herzogtum Parma und Piacenza. Die **Farnes. Sammlungen** (Farnes. Stier) von Bildwerken des Altertums befinden sich im Museo Archeologico Nazionale in Neapel.

Färöer [»Schafinseln«], dän. Inselgruppe (25 Felseninseln) zw. Schottland und Island, 1 400 km^2, 47 000 Ew. **(Färinger);** Hptst. Tórshavn. Schafhaltung, Fischerei. Die Färinger haben eine eigene Sprache **(Föröisch).** Die F., seit 1380 dänisch, erhielten 1948 eine eigene Volksvertretung.

Farrow ['færəʊ], Mia, amerikan. Filmschauspielerin, * 1945; »Rosemaries Baby« (1968); »Purple Rose of Cairo« (1986); »Ehemänner und Ehefrauen« (1993).

Fars, Kernlandschaft des Altpers. und Provinz des Neupers. Reiches (Iran), mit dem antiken Persepolis. Hptst. der heutigen iran. Prov. F.: Schiras.

Färse, Ferse *die,* weibl. Rind bis zum ersten Kalben.

Fasan *der,* Familie der Hühnervögel, mit langem Schwanz, Kopf ohne Kamm, Männchen mit prachtvollem Gefieder. **Edel-F.** oder **Jagd-F.**, aus Kaukasien, Hahn rotbraun, Kopf und Hals grün-blau, auch weiß geringelt, in Gehegen **(Fasanerie)** gezüchtet. Aus China **Gold-F.**, mit gelber Haube und rotschwarz gebändertem Kragen, **Silber-F.**, weiß, schwarz gewellt, und **Glanz-F.** im Himalaya.

Fasces *Pl.,* bei den Römern von den Liktoren getragene Rutenbündel, bei bestimmten Anlässen mit Beil, als Zeichen der Gewalt über Leben und Tod; Symbol des Faschismus.

Faschine *die,* rd. 2 bis 5 m langes Strauchbündel zum Befestigen von Böschungen.

Fasching *der,* → Fastnacht.

Faschismus [von lat. fasces über ital. fascio »Bund«] *der,* totalitäre und nationalist. Bewegung in Italien, von Mussolini begründet, i. w. S. auch der Nationalsozialismus und dem F. verwandte Bewegungen u. a. in Frankreich (Action Française), Österreich (Heimwehren), Belgien (Rexisten), Kroatien (Ustascha), Ungarn (Pfeilkreuzler), Spanien (Falange), Argentinien (Peronismus). - 1919 entstand der F. in Italien als Wehrverband (Schwarzhemden); 1921 wurde die Faschist. Partei gegr. 1922 führte Mussolini den »Marsch auf Rom« durch, erreichte den Sturz der Regierung und wurde vom König zum Regierungschef ernannt (Duce). Der faschist. ital. Staat wurde autoritär geführt; Parteien wurden ausgeschaltet, Kommunismus und Sozialismus unterdrückt. Nach dem Gesetz über die Bildung von Korporationen (1934) wurden die Syndikate der Arbeitnehmer und Arbeitgeber nach wirtschaftl. Kategorien in Einheitsorganisationen zusammengefasst und zugleich ihrer Autonomie beraubt. 1939 ersetzte man das Abgeordnetenhaus durch die »Camera dei Fasci e delle Corporazioni«. Das Mittelmeer wurde als »Mare nostro« (unser Meer) zum ital. Lebensraum erklärt und territoriale Ansprüche gegen Jugoslawien, Albanien, Griechenland, Frankreich, Äthiopien erhoben. Der Rassismus war dem F. urspr. fremd. Seit 1938 wurden jedoch unter natsoz. Einfluss die Juden aus maßgebenden Stellungen entfernt. Mit dem Sturz Mussolinis (1943) verlor der F. in Italien seine polit. Macht. Die im Sept. 1943 in Oberitalien errichtete faschist. »Repubblica Sociale Italiana« (Rep. von Salò) konnte sich bis April 1945 nur durch die dt. Besatzungsmacht halten.

Faschodakrise, brit./frz. Kolonialkonflikt 1898/99 um die Herrschaft über den Sudan; entstand, als brit. und frz. Truppen in dem am Weißen Nil gelegenen Ort Faschoda (seit 1905 Kodok) zusammenstießen; beigelegt durch den Sudanvertrag (1899), in dem Frankreich auf das obere Nilgebiet verzichtete und Großbritannien den westl. Sudan als frz. Interessengebiet anerkannte.

Faser, langes, dünnes, biegsames Gebilde pflanzl. oder tier. Ursprungs, auch künstlich erzeugt.

Faser|optik, übergreifende Bezeichnung für Gebiete, auf denen → Lichtleitfasern eingesetzt werden, und für Bauteile, die aus Lichtleitfasern bestehen. Wenn der Werkstoff Glas ist, spricht man von **Glasfaseroptik.**

Faserstoffe, alle Spinnfasern und Fäden, die zu Textilien verarbeitet werden: 1) **mineral. F.:** Asbest, Glas, Metall, Gestein; 2) **pflanzl. F.:** Baumwolle, Flachs, Hanf, Jute, Nessel, Ramie, Kokosfaser; 3) **tier. F.:** Schaf-, Kamel-, Lama-, Ziegenwolle, natürliche Seide; 4) **Chemie-F.:** z. B. Nylon® und Trevira®.

Fass, urspr. aus Dauben zusammengesetztes Holzgefäß von rundem oder ovalem Querschnitt, das oben und unten durch einen Boden geschlossen ist und durch Reifen zusammengehalten wird; heute oft aus Stahlblech (mit zwei aufgepressten Schutzringen) oder Kunststoff, zur Lagerung oder als Gärbehälter auch Stahltanks oder mit Glas ausgekleidete Betonbehälter.

Fassade [von lat. facies »Gesicht«] *die,* Vorderseite, Schauseite eines Gebäudes.

Fassbinder, Rainer Werner, dt. Schriftsteller, Regisseur, *1946, †1982; sozialkrit. Stücke und Filme: »Katzelmacher« (Drama 1968, Film 1969); »Acht Stunden sind kein Tag« (Fernsehfilm in 5 Teilen, 1972 bis 1973); »Die Ehe der Maria Braun« (1978); »Berlin Alexanderplatz« (14-teiliger Fernsehfilm, 1980); »Querelle« (1982).

Glanz-**Fasan**

Fasson [fa'sɔ̃] *die,* **1)** Form, Gestalt. - **2)** Schnitt (z. B. eines Anzugs). - **3)** Art und Weise.

Fassung, 1) Umrahmung, bes. Metall um Edelsteine. - **2)** Beherrschtheit. - **3)** Wortlaut eines Schriftstücks. - **4)** Bemalung einer Holzplastik auf einer Grundierung aus Kreide oder Leinwand.

Fasten *das,* Enthaltung von Nahrung zu bes. Zeiten, im religiösen Sinn Mittel der Buße, schon bei den ältesten Völkern. Die kath. Kirche kennt **Bußtage,** an denen nur einmal eine sättigende Mahlzeit erlaubt ist, und **Abstinenztage,** an denen Genuss von Fleisch untersagt ist. Bußzeit ist die **F.-Zeit vor Ostern,** die 40 Tage von Aschermittwoch bis zur Osternacht. - Der Islam schreibt das F. im 9. Monat Ramadan von Sonnenauf- bis Sonnenuntergang vor.

Fastenkuren, Heilfasten, radikale Einschränkung der Nahrungszufuhr; man unterscheidet Vollfasten (Nulldiät) und Saftfasten mit Obst- und Gemüsesäften.

Fastfood-Unternehmen [fa:st'fu:d-], Schnellimbissrestaurant mit Selbstbedienung; in den USA entstanden, zunehmend weltweite Verbreitung.

Fastnacht, Fasenacht, zunächst die Nacht vor Aschermittwoch, später die Woche davor, als Beginn der Fastenzeit vor Ostern schon im MA. mit Schmausereien, Vermummungen, Aufzügen begangen. Die Bräuche sind vielfach Frühlingsbräuche aus vorchristl. Zeit. Die F. heißt an der Riviera und am Rhein **Karneval,** in Österreich und Bayern **Fasching.**

Rainer Werner Fassbinder

Fastnachtsspiele, seit dem 15. Jh. volkstüml. Aufführungen zur Fastnachtszeit; erhalten sind meist Stücke der Nürnberger Dichter H. Rosenplüt, H. Folz und bes. von H. Sachs. Daneben entstanden F. im Dienst der Reformation.

Faszi|e *die,* sehnig-faserige Bindegewebshaut, umgibt Muskeln und Muskelgruppen.

Faszikel *der,* Heft, Aktenbündel.

Fatah → Al-Fatah.

fatal, vom Schicksal bestimmt, verhängnisvoll; widrig. **Fatalismus** *der,* Glaube an Vorherbestimmung des Schicksals.

Fata Morgana *die,* → Luftspiegelung.

Fatima, jüngste Tochter des Propheten Mohammed, *606, †632; gilt als Ahnfrau der **Fatimiden,** islam. Fürstengeschlecht (909 bis 1171).

Fátima, Wallfahrtsort (Marienverehrung) in Portugal mit neubarocker Basilika (1928 ff.).

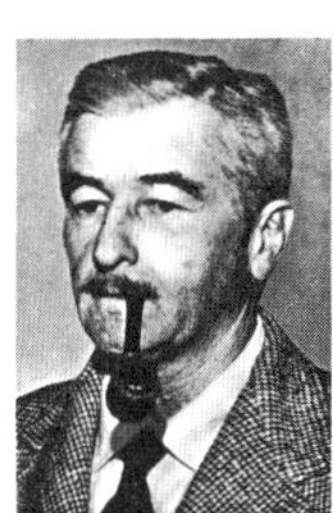

William Faulkner

Fatum *das,* Schicksal.

Faulbaum, zwei Arten der Kreuzdorngewächse, Strauch oder kleiner Baum. **Faulbaumrinde** wird als Abführmittel verwendet.

Faulhaber, Michael v., dt. kath. Theologe, *1869, †1952; wurde 1917 Erzbischof von München und Freising, 1921 Kardinal; entschiedener Gegner des Nationalsozialismus.

Faulkner ['fɔ:knə], William, amerikan. Erzähler, *1897, †1962; schrieb in sprachl. anspruchsvoller Erzähltechnik sozialkrit. Werke über den geistig-kulturellen Untergang des amerikan. Südens: »Licht im August« (1932); »Absalom, Absalom!« (1936); »Griff in den Staub« (1948); »Requiem für eine Nonne« (1951) u. a.; Nobelpreis 1949.

Fäulnis, bakterielle Zersetzung stickstoffhaltiger organ. Körper, bes. des Eiweißes bei Sauerstoffmangel, unter Bildung übel riechender, z. T. giftiger Stoffe, z. B. Schwefelwasserstoff, Ammoniak.

Faulschlamm, Sapropel, schwarzer Bodenschlamm, entsteht in sauerstoffarmen Gewässern oder Abwasseranlagen als Absatzstoff unter Bildung von Fäulnisgasen (Methan, Schwefelwasserstoff) und Schwefeleisen.
Faultier, südamerikan. Säugetierfamilie, zu den Zahnarmen gehörig; dicht bepelzte, bewegungsarme, starkkrallige Baumtiere; Pflanzenfresser. Das **Drei-Finger-F.** (Ai) lebt in Süd- und Mittelamerika; das **Zwei-Finger-F.** (Unau) in Guayana.
Fauna *die,* **1)** röm. Feld- und Waldgöttin. – **2)** Tierwelt eines bestimmten Gebiets.
Faunus, röm. Naturgott. – Die **Faune** werden (wie F.) als lüsterne bocksbeinige Waldgeister dargestellt.
Fauré [fɔ'reː], Gabriel, frz. Komponist, * 1845, † 1924; Orchester-, Kammermusik, Lieder.

Holzschnitt von Ernst Barlach zur »Walpurgisnacht« aus Goethes **Faust**-Drama

Faust, Dr. Johannes, eigentl. wohl Georg F., dt. Arzt, Astrologe und Alchemist, * um 1480, † zw. 1536 und 1540. Die **F.-Sage,** in deren Mittelpunkt der Teufelspakt steht, war ein beliebtes Volksbuch (zuerst 1587). Von C. Marlowe dramatisiert (um 1589), wurde sie durch Vermittlung engl. Komödianten zum Volksschauspiel und Puppenspiel. Stoff bei: G. E. Lessing (mit versöhnl. Ausgang), Friedrich Müller, F. M. Klinger. Bei Goethe wird F. zum Sinnbild des irrend-strebenden abendländ. Menschen (»Urfaust« 1775, F.-Fragment 1790, F. 1. Teil 1808, 2. Teil 1832). Spätere Bearbeitungen: A. v. Chamisso, C. D. Grabbe, H. Heine, N. Lenau, P. Valéry, T. Mann.
Faustball, ⚾ Rückschlagspiel mit einem Hohlball zw. 2 Parteien von je 5 Spielern. Der Ball wird durch Schläge mit der Faust oder dem Unterarm über eine 2 m hoch gespannte Leine in das Spielfeld des Gegners geschlagen.
Fäustel *der,* ⚒ Hammer mit schmalem, gekrümmtem Hammerkörper.
Faustkeil, meist aus Feuerstein gearbeitetes, beidflächig bearbeitetes Werkzeug altsteinzeitl. Kulturen.
Faustpfand, ⚖ verpfändete bewegliche Sache, die sich im Besitz des Gläubigers befindet.
Faustrecht, gewaltsame (heute unzulässige) Selbsthilfe bzw. Selbstjustiz, z. B. Blutrache, Fehde; früher Bezeichnung für tätl. Streitigkeiten.
Fauteuil [fo'tœːj; von altfränk. faldestoel »Faltstuhl«] *der,* gepolsterter Armsessel, Lehnstuhl.
Fauves [foːv, frz. »Wilde«] *Pl.,* zuerst im Pariser Salon 1905 geschlossen auftretende Gruppe von Malern, die, den dt. Expressionisten verwandt, den Ausdruck durch starke und reine Farben, auch Betonung der Umrisse, zu steigern suchten (H. Matisse, A. Marquet, A. Derain, M. de Vlaminck, G. Braque u. a.). Die Stilrichtung nennt man **Fauvismus;** eine ähnl. Tendenz in den 1970er-Jahren (→neue Wilde).

Fauxpas [fo'pa] *der,* gesellschaftl. Verstoß, Taktlosigkeit, Versehen.
Favelas, Elendsviertel in südamerikan. Großstädten, v. a. in Brasilien.
Favorit *der,* **1)** Günstling. **Favoritin,** Geliebte. – **2)** aussichtsreichster Konkurrent.
Fawkes [fɔːks], Guy, Teilnehmer der engl. →Pulververschwörung, * 1570, † (hingerichtet) 1606. Der Tag der Aufdeckung der Verschwörung (5. 11. 1605) wird in England als **Guy-Fawkes-Day** gefeiert.
Fayence [fa'jãs; nach der Stadt Faenza] *die,* feinere Töpferware aus geschlämmtem Ton, mit undurchsichtiger weißer Zinnglasur und Bemalung. Farbig glasierte Gefäße begegnen schon bei Ägyptern und Babyloniern, echte F. aber erst bei den Persern, dann hauptsächlich in der islam. Kunst, seit dem MA. v. a. in Spanien (Málaga, Valencia), Italien (Majolika, nach dem Hauptumschlagplatz Mallorca benannt), später in Frankreich (Rouen, Nevers, Straßburg), Niederlande (Delft), Dtl. (Hanau, Berlin).
Fazenda, großes Landgut in Brasilien.
Fazies *die,* 🜨 die Merkmale eines Sediments bezüglich Gesteinsbeschaffenheit und Versteinerungen, die von den herrschenden geolog. Verhältnissen bestimmt sind.
Fazit *das,* Schlussergebnis, Summe.
FBI [efbiː'aɪ], Abk. für **F**ederal **B**ureau of **I**nvestigation, das Bundeskriminalamt der USA.
FCKW, Abk. für →**F**luor**c**hlor**k**ohlen**w**asserstoffe.
FDGB, Abk. für →**F**reier **D**eutscher **G**ewerkschafts**b**und.
FDJ, Abk. für →**F**reie **D**eutsche **J**ugend.
FDP, F. D. P., Abk. für →**F**reie **D**emokratische **P**artei.
Fe, chem. Symbol für Eisen (lat. Ferrum).
Feature ['fiːtʃə] *das,* **1)** Hauptfilm eines Filmprogramms, allg. der Spielfilm. – **2)** Bericht, der die wesentl. Punkte eines Sachverhalts in aufgelockerter Form skizziert, im Zeitungswesen, im Hörfunk, bei Film und Fernsehen (oft in Form eines Dokumentarspiels).
Februarrevolution, 1) am 24. 2. 1848 in Paris ausgebrochene Revolution, die zum Sturz Louis Philippes und zur Errichtung der Zweiten Republik führte. – **2)** erste Phase der russ. Revolution im März (nach dem damals in Russland gültigen Kalenderstil Februar) 1917; führte zum Sturz der Zarenherrschaft und zur Ausrufung der Republik.
fec., Abk. für: **fecit** [lat. »hat (es) gemacht«], häufig hinter dem Künstlernamen auf Bildwerken.
Fécamp [fe'kã], Fischereihafen und Seebad in der Normandie, Frankreich, 21 100 Ew.; Ursprungsort des Benediktinerlikörs.
Fechner, Gustav Theodor, dt. Naturforscher, Philosoph, * 1801, † 1887; begründete die Psychophysik.
Fechten, sportl. Zweikampf mit Stoß- (Florett, Degen) sowie Hieb- und Stichwaffen (Säbel). Die Gegner gehen in Fechterstellung **(Auslage).** Während des **Ganges** ist der Abstand variabel. Der Stoß oder Hieb geht nach einer Blöße des Gegners, der sich durch eine **Parade** deckt. Mit einer **Finte** versucht man, die Deckung zu lösen. Beim Florett-F. sind ausschließlich der Rumpf, beim Degen-F. der ganze Körper und beim Säbel-F. nur Oberkörper, Kopf und Arme Trefffläche. (→Mensur)
Fedajin, Fedayeen [feda'jiːn, arab. »die sich Opfernden«], Name der im Untergrund gegen Israel kämpfenden palästinens. Araber.
Feder, 1) 🐦 hornige Hautbekleidung aus Oberhaut und Lederhaut der Vögel, sitzt in einer Einsenkung **(Balg).** Teile: **Kiel,** der unten als **Spule** hohl, oben als **Schaft** mit Mark gefüllt ist, und **Fahne** aus Ästen und Nebenästen (Strahlen); Letztere sind durch Häkchen verbunden. So sind bes. die **Schwung-F.** (zum Flug) und **Deck-F.** gebaut; darunter sitzen **Dunen-F., Dau-**

Fauves. Henri Matisse, Luxus (1907)

nen oder **Flaum-F.** (als Wärmeschutz). – **2)** ⚙ Maschinenelement, das sich bei Belastung verbiegt **(Biegungs-F.)** oder verdreht **(Torsions-F.)** und bei Entlastung in die Anfangslage zurückgeht. Verwendung: Aufnahme von Stößen in Fahrzeugen, als Puffer, Schließen von Ventilen, Kontakt-F. an elektr. Schaltern, Kraftspeicher in Uhren usw. – **3)** ⚙ Brettverbindung durch Nut und F. – **4)** Schreibfeder.

Federal Reserve System [ˈfedərəl rɪˈzəːv ˈsɪstəm], das Notenbanksystem der USA, gegr. 1913, später öfter umgestaltet. An der Spitze steht der **Board of Governors** (Bundesbankrat), der für Geld- und Kreditpolitik zuständig ist; ihm unterstehen 12 **Federal Reserve Banks** (Bundesreservebanken), die seit 1914 die Banknoten **(Federal Reserve Notes)** an die ihnen angeschlossenen Mitgliedsbanken (National Banks) ausgeben. Die größte Bundesreservebank ist die **Federal Reserve Bank of New York.**

Federball, ⚘ dem Tennis ähnl. Spiel: ein Ball mit Flugfedern wird mit leichten Schlägern über ein Netz geschlagen.

Federgewicht → Gewichtsklasse beim Boxen, Gewichtheben, Ringen u. Ä.

Federgras, Pfriemengras, Gattung der Süßgräser, mit sehr langen Grannen, in Steppen und Halbwüsten.

Federmann, Nikolaus, dt. Handelsbeauftragter und Konquistador, * 1505, † 1542; im Auftrag der Welser in Venezuela tätig, unternahm er Expeditionen im Orinocogebiet.

Federsee, Moränenstausee bei Bad Buchau in Oberschwaben, Bad.-Württ.; Naturschutzgebiet (mit umfangreichem Moorgürtel), zahlreiche vorgeschichtl. Funde (Museum, Bad Buchau).

Federspiel, ♆ an einer Schnur befestigter gefiederter Köder, wird bei der Beizjagd als Lockmittel für den Greifvogel eingesetzt.

Federstahl, bes. elast. Stahl für die Herstellung von Federn.

Federwaage, eine Waage, bei der das Gewicht eines Körpers aus der elast. Verformung einer Feder ermittelt wird.

Federweißer, Sauser, Bitzler, teilweise vergorener, kohlensäure- und hefehaltiger Traubenmost.

Federwild, Flugwild, die jagdbaren Vögel.

Federwolke, Zirrus, federförmige Eiswolke (→ Wolken).

Federzeichnung, mit Feder und Tusche oder Tinte ausgeführte Zeichnung auf (oft grundiertem) Papier.

Fedtschenkogletscher, längster (77 km) außerarkt. Gletscher, im Pamir, Tadschikistan.

Fee, weibl. Märchen- und Sagengestalt, schön und zierlich; hilft oder straft.

Feed-back [ˈfiːdbæk] *das,* die → Rückkopplung.

Fegefeuer, Purgatorium, kath. Lehre: Aufenthaltsort der Seelen, die vor Eintritt in den Himmel noch zeitl. Sündenstrafen abzubüßen haben.

Feh *das,* **Grauwerk,** Fell des sibir. Eichhörnchens.

Fehde, in german. Zeit und im MA. Feindschaft bzw. Privatkrieg, entstanden durch ein Verbrechen zw. den Sippen des Täters und des Verletzten. Im MA. kam neben den Resten der german. F. **(Blutrecht)** eine ritterl. F. auf in den Fällen der Rechtsverweigerung oder Rechtsverzögerung durch die Gerichtsherren; sie setzte die Ankündigung durch einen **F.-Brief** (›Absage‹) oder das Hinwerfen des **F.-Handschuhs** voraus. Durch den → Ewigen Landfrieden (1495) wurde sie verboten.

Fehlfarbe, 1) im Kartenspiel Farbe, die nicht Trumpf ist. – **2)** Schönheitsfehler am Deckblatt einer Zigarre.

Fehlgeburt, Abort, ⚕ Abgang einer noch nicht lebensfähigen Frucht innerhalb der ersten 28 Wochen der Schwangerschaft. (→ Frühgeburt)

fehlingsche Lösung [nach dem dt. Chemiker Hermann Christian v. Fehling, * 1812, † 1885], ⚗ alkal. Kupfersulfat- oder Kupfersalzlösung als Nachweismittel für reduzierend wirkende Stoffe (z. B. Traubenzucker im Harn).

Fehlschluss, Logik: falsche Schlussfolgerung; beabsichtigter F.: **Trugschluss.**

Fehmarn, Ostseeinsel, Schlesw.-Holst., 185 km², 12 000 Ew.; Hauptort: Burg auf Fehmarn. (→ Vogelfluglinie)

Fehn, Fenn, Venn, sumpfiges mooriges Gelände, in NW-Dtl. und den Niederlanden (z. B. Hohes Venn). **F.-Kolonien** sind Moorsiedlungen.

Fehrbellin, Stadt im Kr. Neuruppin, Bbg., 3 500 Ew.; 1675 Sieg des Großen Kurfürsten über die Schweden unter Wrangel.

Fehrenbach, Konstantin, dt. Politiker (Zentrum), * 1852, † 1926; 1918 Reichstagspräs. und 1919 bis 1920 Präs. der Weimarer Nationalversammlung; 1920/21 Reichskanzler.

Feichtmayr, Künstlerfamilie, → Feuchtmayer.

Feiertag, Tage, die einen bes. rechtl. Schutz genießen. Man unterscheidet gesetzl. und/oder kirchl. F. Die gesetzl. F. sind i. d. R. durch Landesrecht festgelegt.

Feige, Ficus, Gattung der Maulbeergewächse. Bei allen Arten krugförmige Blütenstandachse, die fruchtartig zur Feige (Scheinfrucht) anschwillt und zunächst im Innern die Blüten, später die Früchte trägt. Der **Feigenbaum** ist in südl. Gegenden als Obstbaum und verwildert verbreitet. Die süßen Früchte (Feigen) sind birnenförmig, reif blau oder purpurrot; sie werden frisch oder getrocknet gegessen. Andere Arten sind Sykomore und Gummibaum.

Feigenkaktus → Opuntie.

Feigwarze, Kondylom, warzenartige Hautwucherung an den Geschlechtsteilen; häufig bei Geschlechtskrankheiten.

Feigwurz *die,* → Hahnenfuß.

Feile, Werkzeug aus gehärtetem Stahl zur spanabhebenden Bearbeitung von Metall, Holz u. a.

Feim, Feime, Feimen, Diemen, Miete, im Freien aufgeschichteter Getreide-, Heu- oder Strohhaufen.

Feingehalt, Feinheit, Korn, Anteil eines Edelmetalls in einer Legierung. Früher wurde der F. bei Gold in Karat, bei Silber in Lot ausgedrückt, heute in Promille (Feingold ist 999/1 000 fein, früher = 24 Karat).

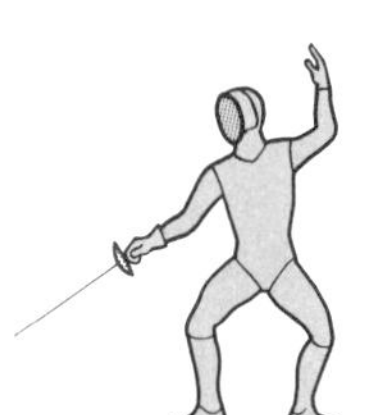
Trefferfläche beim **Fechten** Florett, Säbel, Degen (von oben)

Lyonel Feininger. Der Grützturm in Treptow an der Rega (1928)

Feininger, Lyonel, amerikan. Maler dt. Herkunft, *1871, †1956; in Dtl. ausgebildet, 1919 bis 1933 Lehrer am Bauhaus; Architektur- und Landschaftsbilder in einem dem Kubismus nahe stehenden Stil.

Feinmechanik, Feinwerktechnik, befasst sich mit der Konstruktion und Herstellung mechan., elektr., opt. Geräte, bei denen hohe Genauigkeit verlangt wird, z. B. Messgeräte, Mikroskope, elektroakust. und medizin. Geräte.

Federico Fellini

Feisal → Faisal.

Felber Tauern → Alpen (Alpenpässe, ÜBERSICHT).

Felchen, Maräne, Renke, Gattung lachsartiger Fische in küstennahen Meeresteilen und Süßgewässern der nördl. und gemäßigten Breiten; **Blau-F.** im Bodensee, ein geschätzter Speisefisch.

Feld, 1) Acker, Landstück. – **2)** umgrenztes Gebiet, z. B. Fußballplatz. – **3)** Kriegsschauplatz. – **4)** ❋ die Zuordnung der Werte einer Größe **(F.-Größe)** zu allen Punkten eines physikal. Raumes, z. B. die Schwerkraftwirkung in einem **Gravitations-F.** oder der Raum um elektr. geladene oder um magnet. Körper **(elektr., magnet., elektromagnet. F.),** in dem sich Anziehungs- und Abstoßungskräfte äußern. Die Größe und Richtung der Kraft eines solchen **Kraft-F.** wird angegeben durch die Dichte und Richtung der Kraftlinien oder **F.-Linien.** Sind die F.-Größen nicht zeitabhängig, spricht man von einem **stat. F.** Das F. ist heute ein Grundbegriff der Physik. – **5)** ⚙ abgegrenzter Maskenbereich auf dem Bildschirm.

Feldbahn, verlegbare Schmalspurbahn.

Feldberg, 1) höchster Gipfel des Schwarzwaldes, 1493 m. – **2) Großer F.,** höchster Gipfel des Taunus, 880 m.

Feld|elektronenmikroskop, linsenloses Emissionsmikroskop, bei dem ein elektr. Feld sehr hoher Feldstärke aus einer feinen Kathodenspitze Elektronen losreißt. Diese erzeugen auf einem Leuchtschirm ein millionenfach vergrößertes Bild der Kathodenoberfläche im molekularen Bereich. Eine Weiterentwicklung ist das **Feldionenmikroskop,** bei dem positive Gasionen die Abbildung erzeugen.

Feldforschung, Arbeitsmethode bes. der Völkerkunde und Sozialwiss.: Bev.-Gruppen, ihre Kulturen, ihr soziales und psych. Verhalten werden durch länger dauernden Kontakt erforscht.

Feldgraswirtschaft, turnusmäßiger Wechsel von Weide- oder Wiesenwirtschaft und Ackerbau auf derselben Bodenfläche.

Feldhase → Hase.

Feldhühner, weit verbreitete Unterfamilie der Hühnervögel des offenen Geländes, u. a. Rebhuhn, Wachtel.

Feldjäger, 1) Angehöriger des ehem. preuß. F.-Korps, das sich aus Jägern und Forstbeamten rekrutierte. – **2)** Ordnungstruppe der Bundeswehr.

Feldkirch, Bezirksstadt in Vorarlberg, Österreich, 25 100 Ew.; Textil- u. a. Industrie.

Feldmarschall, Generalfeldmarschall, in vielen Ländern, auch in Dtl. (bis 1945) der höchste militär. Dienstgrad.

Feldmaus, Gattung der Wühlmäuse; tritt häufig in Massen auf.

Feldpolizei, Feldhüter, nicht bewaffnete Gemeindepolizei, Feld- und Flurhüter.

Feldpost, militär. Postwesen während eines Krieges.

Feldsalat, Rapunzel, ✿ gärtnerische Nutzpflanze; die Blattrosetten geben Salat.

Feldscher, bis ins 18. Jh. untere Stufe der Militärärzte.

Feldschlange, Geschütz im 15. bis 17. Jh. mit sehr langem Rohr.

Feldspat, weiße bis grauweiße gesteinsbildende Mineralien von blättrigem Bruch, bilden zwei Reihen von Mischkristallen, die Kalknatron-F. **(Plagioklase)** und die Alkali-F. **(Orthoklase).**

Feldstecher, kleines Prismendoppelfernrohr.

Feldwebel, Unteroffizier-Dienstgrad, bis 1945 bei Artillerie und Kavallerie **Wachtmeister.**

Feldzeugmeister, Befehlshaber der Artillerie v. a. im Landsknechtsheer.

Felge, 1) ⚙ Radkranz, der die Bereifung trägt. – **2)** Turnübung (ganze Drehung) am Reck.

Felicitas, die röm. Göttin der Glückseligkeit.

Felke, Emanuel, dt. ev. Geistlicher, Naturheilkundiger, *1856, †1926; verwendete naturheilkundliche Behandlungsmethoden, v. a. Lehmbäder und -packungen (»Lehmpastor«).

Fellachen, Fellah, die Ackerbau treibende Landbevölkerung in den arab. Ländern des Nahen Ostens und N-Afrikas, v. a. in Ägypten; im Unterschied zu den nomad. Beduinen.

Fellatio, oral-genitaler sexueller Kontakt, bei dem der Penis mit dem Mund gereizt wird.

Fellbach, Stadt in Bad.-Württ., östl. von Stuttgart, 42 500 Ew.; Ind.; Wein- und Gartenbau.

Fell|eisen [aus frz. valise »Koffer«], Reisesack oder Ranzen der Handwerksgesellen.

Fellini, Federico, ital. Filmregisseur, *1920, †1993; »La Strada« (1954), »Das süße Leben« (1960), »Casanova« (1976), »Ginger und Fred« (1985) u. a.

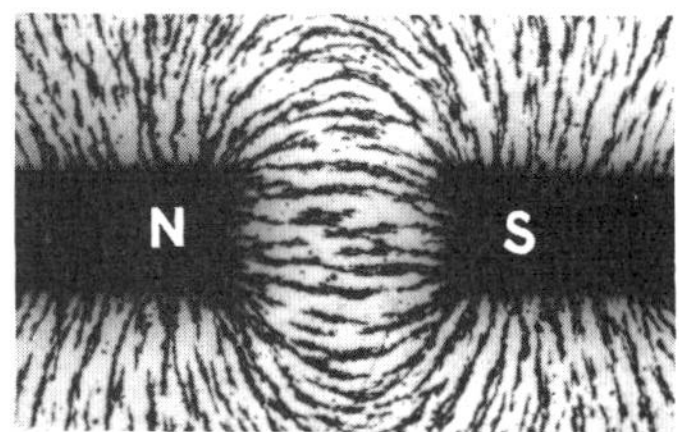

Magnetische **Feld**-Linien zwischen einem Nord- und einem Südpol

Fellow [ˈfeləʊ] *der,* Mitglied einer wiss. Gesellschaft in Großbritannien; dort und in den USA auch svw. Stipendiat.

Felmy, Hansjörg, dt. Schauspieler, *1931; bei Bühne, Film und im Fernsehen erfolgreich, u. a. »Die Buddenbrooks« (1959), TV-Serie »Tatort«.

Felsbilder, in allen Erdteilen vorkommende, in Höhlen und Nischen oder an frei liegenden Felsflächen und Blöcken (v. a. mit mineral. Stoffen) gemalte oder gravierte bildhafte Darstellungen, v. a. an vorgeschichtl. sowie heutige schriftlose Kulturen gebunden.

Felsenbirne, Felsenmispel, ⚘ bis 3 m hoher Strauch (Rosengewächs) auf felsigen Hängen Südeuropas und Vorderasiens mit kugeligen, schwarzblauen Früchten.
Felsendom, ein 691 n. Chr. in Jerusalem errichteter Kuppelbau auf oktogonalem Grundriss, erhebt sich über einem Felsen, der, urspr. als Stätte des Abrahamsopfers verehrt, von den Muslimen mit der Himmelfahrt Mohammeds verbunden wurde; bedeutendes islam. Pilgerzentrum.
Felsengebirge → Rocky Mountains.
Felsenstein, Walter, österr. Regisseur, * 1901, † 1975; ab 1947 Intendant der Kom. Oper in Berlin.
Feme, Femgerichte, Freigerichte, im MA. Gerichte Westfalens, die in öffentl. und geheimen Sitzungen Recht sprachen. Vorsitzender war der **Stuhlherr,** i. d. R. der Inhaber der Freigrafschaft oder der von ihm bestellte **Freigraf;** Urteilsfinder waren die **Freischöffen;** der Sitzungsort hieß **Freistuhl.** Im 14. Jh. entstanden F. in ganz Dtl., ihr Einfluss wurde jedoch im 15. Jh. geschwächt; Ende des 18. Jh. wurden sie aufgelöst.
Fememorde, polit., von Geheimgesellschaften ausgeführte Morde, in Dtl. nach 1920 von Rechtsradikalen an Politikern der Mitte- und Linksparteien.
Femininum *das,* Ⓢ weibl. Substantiv.
Feminismus *der,* Richtung der Frauenbewegung, die die Emanzipation der Frau durch Veränderung der gesellschaftl. Verhältnisse und damit der geschlechtsspezif. Rollen erstrebt.
Femme fatale [fam fa'tal], verführer. Frau, die oft ihrem Partner zum Verhängnis wird, beliebte literar. Figur.
Femto..., Vorsatzzeichen **f,** bezeichnet vor physikal. Einheiten das 10^{-15}fache (1 Billiardstel) der betreffenden Einheit.
Fenchel, ⚘ Doldenblütler im Mittelmeerraum, Gewürzpflanze. Junge Sprosse dienen als Gemüse, die Früchte als Gewürz und sind als **F.-Tee** Mittel gegen Magenverstimmung und Blähungen, **F.-Öl** (Likörwürze), **F.-Wasser** (Augenmittel), **F.-Honig** (Hustenmittel).
Fender *der,* ⚓ Puffer aus Tauwerk, Kork oder Holz, häufig auch alte Autoreifen, verhindert Beschädigung eines Schiffs beim Anlegen.
Fénelon [fen(ə)'lɔ̃], eigentl. François **de Salignac de la Mothe-F.** [də sali'ɲak də la 'mot-], frz. Theologe und Schriftsteller, * 1651, † 1715; Erzbischof von Cambrai, zeitweise Prinzenerzieher; schrieb u. a. den dem Absolutismus gegenüber krit. Fürstenspiegel »Die Erlebnisse des Telemach« (1699); Vorläufer der Aufklärung.
Fennek, Fenek, → Fuchs 1).
Fennoskandia, 🌐 Bezeichnung für: Finnland und Skandinavien (mit Dänemark, ohne die nordatlant. Inseln).
Fenrir, Fenriswolf, nord. Sage: Ungeheuer, das bei der Götterdämmerung Odin verschlingt.
Fensterrose, ⌂ großes mit Maßwerk ausgefülltes Rundfenster, v. a. an got. Kathedralen.
Feodossija, Hafenstadt, Badeort in der Ukraine (Krim), 83 000 Ew.; im Altertum **Theodosia,** im MA. genues. Kolonie **Kafa.**
Ferdinand, Herrscher: **Röm.-dt. Kaiser. 1) F. I.** (1558 bis 1564), * 1503, † 1564; jüngerer Bruder Karls V., erhielt 1521 die österr. Erblande der Habsburger, wurde 1526 König von Böhmen und Ungarn, vermittelte den Augsburger Religionsfrieden. – **2) F. II.** (1619 bis 1637), * 1578, † 1637; Vertreter der Gegenreformation, löste durch sein Vorgehen gegen die aufständ. prot. Böhmen den Dreißigjährigen Krieg aus. – **3) F. III.** (1637 bis 1657), * 1608, † 1657; Sohn von 2), schloss 1648 den Westfäl. Frieden. – **Aragonien. 4) F. II., der Kath.,** * 1452, † 1516; seit 1479 König von Aragonien, nach seiner Heirat mit Isabella I. von Kastilien gleichberechtigter Mitkönig in Kastilien. – **Bulgarien. 5) F.,** * 1861, † 1948; Prinz von Sachsen-Coburg-Koháry, 1887 zum Fürsten gewählt, seit 1908 König, trat im 1. Weltkrieg auf die Seite der Mittelmächte, dankte 1918 zugunsten seines Sohnes Boris ab.

Norwegisches **Felsbild** mit Rentier (Ritzzeichnung)

Ferganabecken, weite Beckenlandschaft in Usbekistan; Baumwoll- und Seidenind.; Erdöl, Erdgas, Kohle. Hauptort: **Fergana** (200 000 Ew.).
Feriae *Pl.,* altröm. Feiertage.
Fermat [fɛr'ma], Pierre de, frz. Mathematiker, * 1601, † 1665; förderte Zahlentheorie, Infinitesimal-, Wahrscheinlichkeitsrechnung; formulierte das nach ihm benannte Extremalprinzip für Lichtstrahlen.
Fermate *die,* 𝄞 das Ruhezeichen 𝄐 über einer Note oder Pause, bedeutet Ausdehnung des gewöhnlich durch diese angegebenen Zeitmaßes.
Fermente *Pl.,* → Enzyme.
Fermentierung, Fermentation, biochem. Verarbeitungsverfahren in der Lebensmitteltechnik durch Enzyme.
Fermi, Enrico, ital. Physiker, * 1901, † 1954; war in den USA maßgebend am Bau des ersten Kernreaktors (1942) beteiligt. 1938 Nobelpreis für Physik.
Fermium *das,* Symbol **Fm,** künstl. chem. Element aus der Reihe der Transurane, Ordnungszahl 100.
Fernandel [fɛrnã'dɛl], eigentl. Fernand Joseph Désiré **Contandin** [kɔ̃tã'dɛ̃], frz. Filmschauspieler, * 1903, † 1971; v. a. grotesk-kom. Rollen (»Don Camillo«).
Fernando Póo, heute **Bioko,** vulkan. Insel im Golf von Guinea, vor der Küste Kameruns, 2017 km², 100 000 Ew.; Teil der Rep. Äquatorialguinea.
Fernau, Joachim, dt. Schriftsteller, * 1909, † 1988; Verfasser v. a. von Geschichtsdarstellungen, z. B. »Rosen für Apoll« (1961).
Fernbedienung, Einrichtung zur Steuerung elektr. oder elektron. Geräte ohne direkte manuelle Einstellung am Gerät, meist drahtlos durch Ultraschall- oder Infrarotsignale.
Ferner, in Tirol Bezeichnung für Gletscher.
Ferner Osten, die ostasiat. Randländer des Pazif. Ozeans.
Fernglas → Fernrohr.
Fernheizung, Beheizung von Gebäuden oder von Stadtteilen durch Heißwasser oder Dampf von einem **Fernheizwerk** aus.
Fernkopierer, Telefaxgerät, Zusatzgerät zum Telefon zur weltweiten Übermittlung von beliebigen Dokumenten über das Telefonnetz.
Fernlenkung, Steuerung eines Fahrzeugs, Flugzeugs oder Flugkörpers durch (Funk-)Signale.
Fernmeldegeheimnis, der in Artikel 10 GG als Grundrecht gewährleistete Schutz auf Geheimhaltung des Inhalts, der Teilnehmer und der näheren Umstände des Fernmeldeverkehrs.

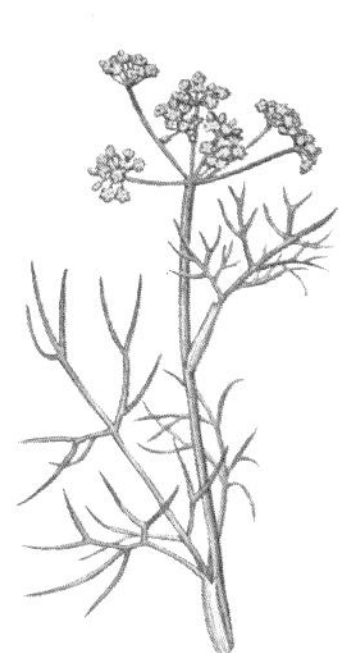
Blüten des Garten-**Fenchels**

Fernsehen. Aufnahmestudio der Tagesschau beim Norddeutschen Rundfunk in Hamburg und aktuelle Berichterstattung durch einen Nachrichtenkorrespondenten

Joachim Fest

Fernmeldenetze, Telekommunikationsnetze, Gesamtheit aller Übertragungswege für Sprach-, Text-, Bild- und Bewegtbildinformationen. Man unterscheidet v. a. zwischen F., die der Individualkommunikation dienen **(Vermittlungsnetze),** und F. der Massenkommunikation, bei denen Informationen nur in eine Richtung und an eine Vielzahl von Teilnehmern verteilt werden **(Breitbandnetze).** (→ISDN)

Fernmeldesatellit →Nachrichtensatellit.

Fernmeldetechnik, Bereich der Nachrichtentechnik, der sich mit den Verfahren und Ausführungsformen der Kommunikation zw. Menschen, Maschinen u. a. Systemen mithilfe elektr. und elektron. Übertragungs- und Vermittlungstechniken befasst. Die F. ermöglicht den Aufbau der →Fernmeldenetze.

Fernpass, Pass zw. Lechtaler Alpen und Wettersteingebirge, 1209 m hoch, →Alpen (Alpenpässe, ÜBERSICHT).

Fernrohr, Teleskop, opt. Instrument. Durch eine Sammellinse (Objektiv) wird ein wirkl. Bild des entfernten Gegenstands entworfen, das dann durch eine zweite Linse (Okular; beim **astronom.** oder **keplerschen F.** eine Sammellinse, beim **holländ.** oder **galileischen F.** eine Zerstreuungslinse) betrachtet wird. Bei einem **Spiegelteleskop** besteht das bilderzeugende Objektiv aus einem Hohlspiegel. F., die ein Sehen mit beiden Augen ermöglichen, sind die **Doppel-F.,** wie Opernglas, Fernglas, Prismenfeldstecher, Scheren-F. Bei den beiden Letzteren ist der Abstand beider Objektive größer als der normale Augenabstand (beim Scheren-F. bis zu 2 m); dadurch wird ein plast. Eindruck des Gegenstands vermittelt.

Fernschreiber, schreibmaschinenähnl. Telegrafenapparat zur elektr. Übermittlung schriftl. Nachrichten, die modernste Form des **Drucktelegrafen** (Ferndrucker). Beim Senden werden durch Drücken der Taste für jeden Buchstaben 5 oder 7 kennzeichnende Stromimpulse ausgesandt **(Fünferalphabet, Siebeneralphabet),** die auf der Empfangsseite den gleichen Buchstaben auslösen. Die Impulse sind über jeden Nachrichtenkanal übertragbar. (→Telegrafie)

Fernsehen, Übertragung bewegter Bilder mit Mitteln der Funktechnik, gewöhnlich als kombinierte Ton-Bild-Übertragung. 1) **Schwarzweiß-F.** Das Bild wird in einzelne kleine Bildpunkte zerlegt, die nacheinander übertragen werden und am Empfangsort das Bild wieder aufbauen. Als Bildaufnahmegerät dient dabei die Fernsehkamera (Videokamera), früher mit Ikonoskop- oder Superorthikonröhre ausgerüstet, heute meistens mit Vidikon- oder Plumbikonröhre, die auf dem inneren photoelektr. Effekt beruhen. Das auf-

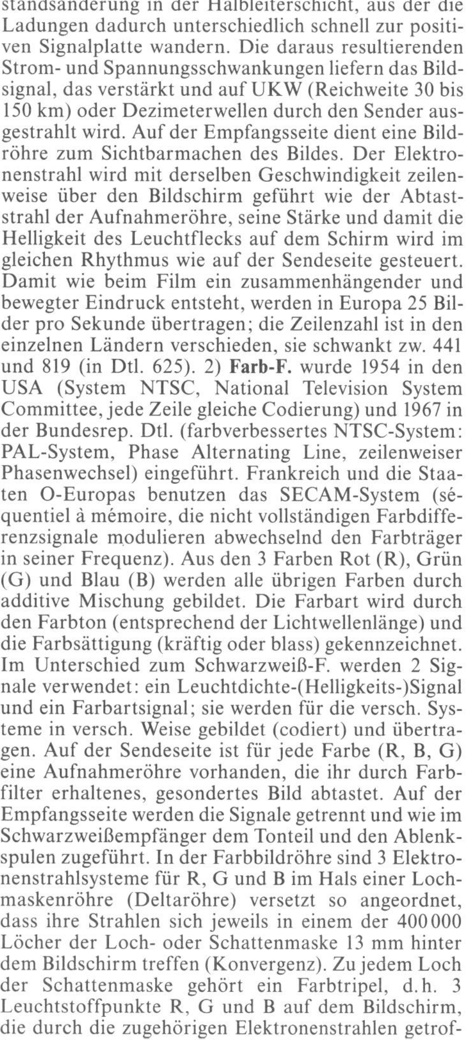

treffende Licht bewirkt eine bildabhängige Widerstandsänderung in der Halbleiterschicht, aus der die Ladungen dadurch unterschiedlich schnell zur positiven Signalplatte wandern. Die daraus resultierenden Strom- und Spannungsschwankungen liefern das Bildsignal, das verstärkt und auf UKW (Reichweite 30 bis 150 km) oder Dezimeterwellen durch den Sender ausgestrahlt wird. Auf der Empfangsseite dient eine Bildröhre zum Sichtbarmachen des Bildes. Der Elektronenstrahl wird mit derselben Geschwindigkeit zeilenweise über den Bildschirm geführt wie der Abtaststrahl der Aufnahmeröhre, seine Stärke und damit die Helligkeit des Leuchtflecks auf dem Schirm wird im gleichen Rhythmus wie auf der Sendeseite gesteuert. Damit wie beim Film ein zusammenhängender und bewegter Eindruck entsteht, werden in Europa 25 Bilder pro Sekunde übertragen; die Zeilenzahl ist in den einzelnen Ländern verschieden, sie schwankt zw. 441 und 819 (in Dtl. 625). 2) **Farb-F.** wurde 1954 in den USA (System NTSC, National Television System Committee, jede Zeile gleiche Codierung) und 1967 in der Bundesrep. Dtl. (farbverbessertes NTSC-System: PAL-System, Phase Alternating Line, zeilenweiser Phasenwechsel) eingeführt. Frankreich und die Staaten O-Europas benutzen das SECAM-System (séquentiel à mémoire, die nicht vollständigen Farbdifferenzsignale modulieren abwechselnd den Farbträger in seiner Frequenz). Aus den 3 Farben Rot (R), Grün (G) und Blau (B) werden alle übrigen Farben durch additive Mischung gebildet. Die Farbart wird durch den Farbton (entsprechend der Lichtwellenlänge) und die Farbsättigung (kräftig oder blass) gekennzeichnet. Im Unterschied zum Schwarzweiß-F. werden 2 Signale verwendet: ein Leuchtdichte-(Helligkeits-)Signal und ein Farbartsignal; sie werden für die versch. Systeme in versch. Weise gebildet (codiert) und übertragen. Auf der Sendeseite ist für jede Farbe (R, B, G) eine Aufnahmeröhre vorhanden, die ihr durch Farbfilter erhaltenes, gesondertes Bild abtastet. Auf der Empfangsseite werden die Signale getrennt und wie im Schwarzweißempfänger dem Tonteil und den Ablenkspulen zugeführt. In der Farbbildröhre sind 3 Elektronenstrahlsysteme für R, G und B im Hals einer Lochmaskenröhre (Deltaröhre) versetzt so angeordnet, dass ihre Strahlen sich jeweils in einem der 400 000 Löcher der Loch- oder Schattenmaske 13 mm hinter dem Bildschirm treffen (Konvergenz). Zu jedem Loch der Schattenmaske gehört ein Farbtripel, d. h. 3 Leuchtstoffpunkte R, G und B auf dem Bildschirm, die durch die zugehörigen Elektronenstrahlen getroffen werden und entsprechend aufleuchten. Bei der Inline-Röhre sind die 3 Elektronenstrahlsysteme nebeneinander (»in einer Linie«) angeordnet, wobei als Schattenmaske eine Schlitzmaske mit senkrechten, in Reihen angeordneten Schlitzen dient. Das Farb-F.-Übertragungssystem soll kompatibel sein, d.h., ein Schwarzweißempfänger muss eine Farbsendung in Schwarzweiß, ein Farbempfänger eine Schwarzweißsendung empfangen können. Die Zukunft des F. wird dem **digitalen HDTV** (Abk. für **H**igh **D**efinition **TV**) mit einer Auflösung von 1250 Zeilen (Europa) bzw. 1125 Zeilen (Japan) gehören. Analoge HDTV-Sendungen wurden in Dtl. erstmals 1992 ausgestrahlt. Mit der Einführung des digitalen F. wird eine Datenkompression verbunden sein. Das Fernsehbild wird nicht mehr 25-mal pro Sekunde komplett aufgebaut, sondern nur noch die Abweichungen vom vorhergehenden Bild; die unverändert gebliebenen Bildteile werden nur im Empfänger wiederholt.

Fernsehspiel, Fernsehfilm, für das Fernsehen entwickelter eigenständiger Film; mehrteilige F. bilden den Übergang zur **Fernsehserie.**

Fernsprecher, Telefon, Einrichtung zum Senden und Empfangen gesprochener Nachrichten. Die Schallwellen werden durch ein Mikrofon in Wechselstrom oder pulsierenden Gleichstrom umgewandelt, der entweder über eine Leitung zum Empfänger geleitet wird oder die von einem Sender ausgestrahlten elektromagnet. Schwingungen moduliert. Am Empfangsort werden die elektr. Signale im **Fernhörer** (**Telefon** im eigentl. Sinn) in Schallwellen zurückverwandelt. Der **Fernsprechapparat** enthält einen mit der Wählscheibe oder dem Tastenfeld verbundenen Nummernschalter (**Wähleinrichtung,** nur bei Selbstwählapparaten), einen **Wechselstromwecker** W und den **Gabelumschalter** GU. Bei Abnehmen des Hörers wird über den Kontakt GU der Stromkreis der bei a und b angeschlossenen Amtsleitung geschlossen und das Mikrofon (M) mit Strom versorgt. Beim Wählen wird mit einem Kontakt nsi (Nummernschalter) der Strom im Takt der gewählten Nummer unterbrochen, gleichzeitig während des Wählens der Kontakt nsa kurzgeschlossen. Über den Transformator J wird der Fernhörer F gespeist. Die Amtsleitung führt zur Vermittlungseinrichtung. Im **Selbstanschluss-**(SA-)**Amt** stellen **Wähler** (Vorwähler, Gruppenwähler, Leitungswähler) die Verbindung her. Für den Verkehr zw. entfernten Orten bestehen **Fernämter** und der **Selbstwählfernverkehr.** Bei Letzterem werden die angeschlossenen Ortsnetze über eine Kennnummer direkt erreicht. (**Funktelefon** →Mobilfunk) – Die erste brauchbare Übertragung der Sprache gelang 1861 Philipp Reis. A. G. Bell erfand 1876 den elektromagnet. F., D. E. Hughes 1878 das Kohlemikrofon.

Fernuniversität, Hochschule, die den Studienbetrieb überwiegend als Fernunterricht (-studium) organisiert; in der Bundesrep. Deutschland nahm 1975 die F. Hagen ihren Betrieb auf.

Fernunterricht, Unterricht mithilfe von Unterrichtsbriefen, Druckschriften, Schallplatten, Funk und Fernsehen.

Ferrara, oberital. Prov.-Hptst., 137 500 Ew.; Erzbischofssitz; Univ.; Leder-, Glas-, chem. Ind. – Im 15./16. Jh. ein Zentrum der ital. Renaissance (Ariosto, Tasso); Dom, Paläste; bis 1598 Sitz des Hauses Este.

Ferrari, Enzo, ital. Autokonstrukteur, * 1898, † 1988; baute v. a. Sport- und Rennwagen.

Ferrit *der,* **1)** Gefügeart in Eisenlegierungen, reine, kohlenstofffreie Eisenkristalle (α-Eisen). – **2)** Magnetwerkstoffe aus Eisen(III)-oxid und Mangan-, Nickel- oder Zinkoxiden; für Spulenkerne (Funktechnik), Magnetspeicher (Rechenanlagen).

Ferrolegierung, Eisenlegierung mit großem Anteil anderer Metalle, z. B. Ferrosilicium (bis 90% Si).

Ferromagnetismus, an den kristallinen Zustand gebundener Magnetismus von Eisen, Nickel, Kobalt sowie einiger Legierungen (**Ferromagnetika).** Ihre Magnetisierung kann einige 1000-mal größer sein als die von paramagnet. Stoffen. Man unterscheidet weichmagnet. Werkstoffe für magnet. Wechselfelder und hartmagnetische (Dauermagnete).

Ferrum, lat. Bezeichnung für Eisen.

Fertigbauweise, Bauweise, bei der vorgefertigte, meist genormte Bauteile (Wand-, Deckenplatten, Binder, Träger, Fahrbahnplatten) auf der Baustelle mit geringem Arbeitsaufwand zusammengefügt werden.

Fertilität, Fruchtbarkeit, Fortpflanzungsfähigkeit.

Fertőd ['fɛrtø:d], Ort in W-Ungarn, südl. des Neusiedler Sees, rd. 3 000 Ew.; Barockschloss der Fürsten Esterházy (»ungar. Versailles«, 1760 bis 1769).

Ferula *die,* Kreuzstab des Papstes.

Fes, Fez [nach der Stadt Fès] *der,* kegelförmige Mütze aus rotem Filz mit dunkelblauer Quaste; in der Türkei seit 1926 verboten, 1953 auch in Ägypten.

Fès [fɛs], **Fez,** Prov.-Hptst. in Marokko, 590 000 Ew.; Mittelpunkt des geistigen Lebens Marokkos, zeitweise auch Residenz, islam. Hochschule; Kunsthandwerk (Lederarbeiten, Teppichknüpferei). F. ist eine der hl. Städte des Islams. Die Karawijin-Moschee (gegr. 857) wurde von den Almoraviden 1135 zur größten Moschee N-Afrikas ausgebaut. Die Altstadt von F. gehört zum Weltkulturerbe.

Fessan, Fezan *der,* Landschaft im SW Libyens, Fels-, Kies- und Sandwüste.

Fessel, beim Menschen der Übergang von der Wade zum Knöchelbereich; bei Huftieren (auch **Fesselgelenk**) die Gelenkverbindung zw. den Mittelfußknochen und dem 1. Zehenglied.

Fesselballon, mittels eines Stahlseils am Boden verankerter Ballon, für meteorolog. Messungen oder Luftwerbung verwendet.

Fest, Joachim, dt. Journalist, * 1926; Verfasser zeitgeschichtl. Bücher, u. a. »Hitler – eine Biographie« (1973).

Festgeld, feste Gelder, Einlagen, die Kreditinstituten von Kunden überlassen werden; Laufzeit von mindestens 30 Zinstagen.

Festigkeit, Widerstand, den ein fester Körper der Trennung oder Verformung entgegensetzt, Einheit N/mm^2. Man unterscheidet je nach der Beanspruchungsart Zug-, Druck-, Knick-, Biege-, Scher- und Verdrehfestigkeit.

Festkörper, fester Körper, Stoff im kondensierten Zustand mit fester Gestalt und festem Volumen. Die **F.-Physik** befasst sich mit den Eigenschaften der F.; **kristalline F.,** z. B. Eis, haben ein Kristallgitter, d. h., die Atome sind regelmäßig angeordnet, bei **amorphen F.,** z. B. Glas, sind die Bausteine unregelmäßig angeordnet.

Festkörperschaltkreis, Form der →integrierten Schaltung mit einem Halbleiter- oder Isolatoreinkristall als Substrat.

Festlandsockel →Schelf.

Festmeter, Zeichen **fm,** 1 m^3 feste Holzmasse, im Ggs. zum Raummeter.

Festnahme, vorläufige F., Freiheitsentziehung ohne richterl. Haftbefehl. Berechtigt zur vorläufigen F. sind Polizei und Staatsanwaltschaft, wenn Gefahr im Verzuge ist und die Voraussetzungen eines Haft- oder Unterbringungsbefehls vorliegen, ferner jedermann, wenn der Täter auf frischer Tat ertappt wird und fluchtverdächtig ist oder seine Personalien nicht festgestellt werden können. Der Festgenommene muss unverzüglich, spätestens am Tage nach der Festnahme, dem Richter vorgeführt werden.

Feston [fɛs'tɔ̃] *das,* **1)** Bogengehänge aus Blumen, Blättern oder Früchten. – **2)** haltbare Begrenzung eines Rands mit einem Stickstich.

1900

1914

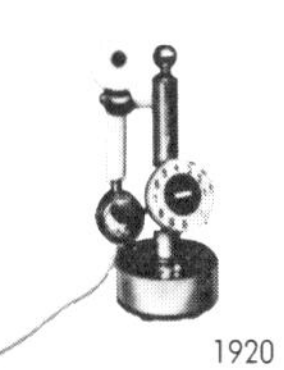
1920

1938

1975

1981

1992

Entwicklung des **Fernsprechers** seit 1900

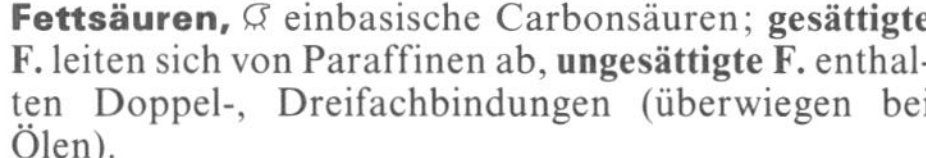

Festplatte, 🖳 Magnetplattenspeicher mit fest montierten Plattenstapeln; Ggs.: Wechselplatte.

Festspiel, 1) Fẹstival, Aufführung von Dramen, Opern, Musikwerken, Filmen u. a. bei festl. Anlass oder als F. im Rahmen von periodisch wiederkehrenden Veranstaltungen. – **2)** das zu einem bestimmten festl. Anlass verfasste Theaterstück.

Feststellungsklage, Klage auf Feststellung des Bestehens oder Nichtbestehens eines Rechtsverhältnisses.

Festung, mit stärksten Abwehrmitteln ausgestattete Verteidigungsanlage, die schon bei den Assyrern, Persern und Römern durch Grabensysteme, Palisaden und Mauern vollendet entwickelt war. Nach Einführung der Feuerwaffen wurde das Verteidigungsverfahren durch Bastionen und Betonmauerung verbessert. Die Technisierung des Kriegs schuf aus der F. alten Stils einen Befestigungsgürtel mit Forts und Sperrung ganzer Grenzgebiete, z. B. Maginotlinie, Westwall, Atlantikwall.

Lion Feuchtwanger

Festungshaft, ⚖ früher (bis 1953) eine nicht entehrende Freiheitsstrafe.

Festwertspeicher, Festspeicher, ein Datenspeicher, dessen bei der Fertigung fest eingegebener Inhalt im Allg. nicht verändert werden kann; neben den früher verwendeten mechan. F. (Lochbänder, -karten) Magnetspeicher und elektron. oder Halbleiter-F. (z. B. →ROM).

FET, Abk. für: Feldeffekttransistor, →Transistor.

Fetisch *der,* ein Gegenstand, der religiös verehrt wird und durch einen Zauber schützend oder helfend wirken soll; F. sind bes. verbreitet bei Klanen und polit. Gruppen in W-Afrika.

Ludwig Feuerbach

Fetischismus *der,* **1)** Glaube an einen Fetisch. – **2)** Ⓟ abnorme Bindung des Sexualtriebs an Gegenstände, z. B. Wäsche, Haare.

Fette, fette Öle, Stoffe meist tier. oder pflanzl. Herkunft; ⚗ Ester des Glycerins mit ein bis drei Molekülen Fettsäure. Die Ester der hauptsächlich vorkommenden gesättigten Palmitin- und Stearinsäure und der ungesättigten Ölsäure heißen **Palmitin, Stearin, Olein.** Fette Öle enthalten vorwiegend Olein, feste F. Palmitin und Stearin. Durch **Fetthärtung** werden das flüssige Olein sowie die Ester anderer ungesättigter Fettsäuren in festes Stearin übergeführt. Für Margarine werden Öle zunehmend durch Umesterung gehärtet, wobei Wirkstoffe (Vitamine u. a.) nicht angegriffen werden. **Trocknende Öle** trocknen an der Luft zu einer festen Masse ein. **Synthet. F.** gewinnt man aus den bei der Kohlehydrierung anfallenden Kohlenwasserstoffen, die zu Fettsäuren oxidiert und mit Glycerin zu F. verestert werden.

Fettgeschwulst, Lipom, gutartige Geschwulst aus Fettgewebe, meist in der Haut.

Fetthenne, Sedum, Gattung krautiger bis halbstrauchiger Dickblattgewächse. Arten: **Große F.,** grüngelb blühend, großblättrig. **Scharfe F.** oder **Mauerpfeffer,** auf Felsen, gelb blühend, kleinblättrig.

Fettkohle, bes. kohlenwasserstoffreiche Kohle, für die Kokserzeugung verwendet.

Fettkraut, kleinstaudige, fettblättrige, Insekten fangende Pflanzen, auf Moorboden; **Gemeines F.,** blau blühend.

Fettpflanzen, die →Sukkulenten.

Feuersalamander

Fettsäuren, ⚗ einbasische Carbonsäuren; **gesättigte F.** leiten sich von Paraffinen ab, **ungesättigte F.** enthalten Doppel-, Dreifachbindungen (überwiegen bei Ölen).

Fettsucht, Adipositas, ⚕ übermäßige Ansammlung von Fett im ganzen Körper **(Fettleibigkeit),** auch mit Verfettung innerer Organe **(Fettleber, Fettherz).** Oft durch überreichl. Ernährung, auch durch erbl. Veranlagung oder Störung der Drüsen mit →innerer Sekretion. Behandlung besteht v. a. in einer deutl. Reduzierung der Nahrungsmenge.

Fetus →Fötus.

Feuchtigkeit, Wassergehalt, bes. der Wasserdampfgehalt der Luft **(Luft-F.). Absolute F.,** Wasserdampf in g in 1 m³ Luft. **Relative F.,** Verhältnis des in der Luft vorhandenen Wasserdampfs zu der bei der jeweiligen Temperatur max. Wasserdampfmenge.

Feuchtigkeitsmesser →Hygrometer.

Feuchtmayer, Feichtmayr, aus Wessobrunn (Oberbayern) stammende Stuckatoren- und Bildhauerfamilie des 17./18. Jh.; bedeutende Vertreter: Johann Michael F. (*1709 oder 1710, †1772) und Joseph Anton F. (*1696, †1770).

Feuchtwangen, Stadt in Bayern, Mittelfranken, 10 600 Ew.; Papier-, Kunststoffind.; F. geht auf ein 817 erwähntes Kloster (1563 aufgehoben) zurück; im 13./14. Jh. Reichsstadt. Maler. Altstadt mit got. ehem. Stiftskirche.

Feuchtwanger, Lion, dt. Schriftsteller, *1884, †1958; seit 1933 emigriert, schrieb zeitkrit. und geschichtl. Romane (»Jud Süß«, 1925), Dramen.

feudal, 1) das mittelalterl. Lehnswesen betreffend. – **2)** vornehm, herrschaftlich.

Feudalismus *der,* bes. im späten MA. auf Grundlage des Lehnswesens ausgebildete Herrschaftsform mit bes. Privilegien des grundbesitzenden Adels.

Feuer, Verbrennung mit Flammen- und/oder Glutentwicklung, d. h. Entwicklung brennbarer Gase und Dämpfe.

Feuerbach, 1) Anselm, dt. Maler, *1829, †1880, Enkel von 3); suchte in seinen Bildnissen die klass. Form zu erreichen. – **2)** Ludwig Andreas, dt. Philosoph, *1804, †1872, Sohn von 3); Schüler von Hegel, gelangte zu einem sensualist. Materialismus, der von großem Einfluss auf Marx und Engels war; entwickelte eine Religionsphilosophie, die die Gottesidee als Erzeugnis menschl. Vorstellungen und Wünsche deutet. Hauptwerk: »Das Wesen des Christentums« (1841). – **3)** Paul Johann Anselm Ritter von, dt. Jurist, *1775, †1833; begründete die Straftheorie der Abschreckung, verfasste das bayer. StGB von 1813.

Feuerbestattung, Totenbestattung durch Verbrennung der Leiche und Beisetzung der Asche (meist in Urnen); bis zum 19. Jh. und heute noch bei manchen Völkern auf Scheiterhaufen, seither in Krematorien.

Feuerdorn, Gattung der Rosengewächse; einige Arten sind beliebte Ziersträucher mit roten, auch gelben Früchten.

feuerfeste Stoffe, schwer schmelzbare Werkstoffe, die bei Druckfeuerung bis 1 500 °C beständig bleiben müssen **(hochfeuerfeste Stoffe** bis 1790 °C); verwendet bes. für Hoch- und Schmelzöfen. (→Schamotte)

Feuerkugel, Bolid, sehr heller Meteor; oft von Detonationsgeräuschen begleitet.

Feuerland, Inselgruppe an der S-Spitze Südamerikas, vom Festland durch die Magellanstraße getrennt; 73 746 km². Der O gehört zu Argentinien, der W zu Chile. Der SW ist Gebirgsland (Cerro Yogan 2 469 m), der O flaches Grasland. Schafzucht, Erdöl- und Erdgasförderung. Die indian. Ureinwohner wurden größtenteils ausgerottet.

Feuerlöschanlagen, ortsfeste oder bewegl. Anlagen und Geräte zur Brandbegrenzung und -löschung; dienen zum Raum- und Objektschutz (Maschinen, Förderbänder u.a.). Man unterscheidet Sprinkler-, Sprühflut-, Regenwand- und Schaumlöschanlagen.

Feuerlöscher, Handfeuerlöscher, tragbare Feuerlöschgeräte zur Bekämpfung von Kleinbränden, v.a. zur Selbsthilfe; sie enthalten ein Löschmittel, das durch gespeicherten oder chem. erzeugten Gasdruck selbsttätig ausgestoßen wird. F. bestehen aus einem druckfesten Behälter, der das Löschmittel und meist auch das Treibmittel enthält. – Löschmittelarten sind Schaum, Pulverlöschmittel, Halone und Kohlendioxid.

Feuermeldeanlagen, Warnsysteme zur Alarmierung von Feuerwehrkräften bei Brandausbrüchen oder sonstigen Gefahren unter Angabe des Meldeorts. Sie bestehen aus den **Meldern,** der **Meldeempfangseinrichtung,** dem Leitungsnetz und der Stromversorgungseinrichtung. – Private F. werden in bes. gefährdeten Gebäuden (z.B. Warenhäusern, Theatern, Fabriken) eingerichtet. Arten: **Wärmemelder** (sprechen beim Erreichen einer Höchsttemperatur und auf ungewöhnlich rasche Temperatursteigungen an); **Rauchmelder** (reagieren auf Brandrauch und gasförmige Verbrennungsprodukte); **Flammenimpulsmelder** (sprechen auf das Flackern von Flammen an).

Feuersalamander, Schwanzlurch mit schwarzer, lebhaft gelb gefleckter Haut, v.a. in feuchten Wäldern Europas.

Feuerschiff, ⚓ an navigatorisch wichtigen und schwierigen Stellen verankertes Schiff mit →Leuchtfeuer; dient als Seezeichen. F. werden heute oft durch Leuchttürme oder Baken ersetzt.

Feuerschwamm, schmutzig grauer, meist an Buchen wachsender Pilz; sein wergartiges Inneres lieferte früher, gekocht und mit Phosphor getränkt, den Zunder für das Feuersteinfeuerzeug **(Zunderschwamm). Echter** und **Falscher F.** verursachen beide Weißfäule des Holzes.

Feuerstein, Flint, hartes Kieselgestein aus Chalcedon, einer Quarzart, und beigemengtem Opal, zersplittert leicht zu scharfkantigen Stücken. Vom Steinzeitmenschen wurde er zu Werkzeugen und Waffen bearbeitet. Von der letzten Eiszeit bis in die Gegenwart war er als Schlagstein zur Feuererzeugung in Gebrauch, auch Verwendung an Handfeuerwaffen.

Feuersturm, orkanartiger Sturm, hervorgerufen durch einen Flächenbrand. Durch den Sog der zum Zentrum des Brandes hin gerichteten Windströmung können die meteorolog. bekannten Orkanstärken noch übertroffen werden; z.B. 1943 beim Luftangriff auf Hamburg.

Feuerung, Feuerungsanlage, Verbrennungsanlage für feste, flüssige oder gasförmige Stoffe zur Energiegewinnung.

Feuerversicherung, deckt unmittelbare Schäden durch Brand, Blitzschlag, Explosion, Flugkörperabsturz und mittelbare Schäden durch Löschen, Niederreißen usw. Ausgeschlossen sind Schäden durch Erdbeben, Krieg, innere Unruhen sowie durch böswilliges oder grob fahrlässiges Verhalten des Versicherten.

Feuerwaffe, Waffe, aus der ein Geschoss durch Gase einer entzündeten Pulverladung hervorgeschleudert wird (Geschütz, Handfeuerwaffen, Maschinenwaffen).

Feuerwanzen, rotschwarze Wanzenfamilie, eine Art oft am Fuß von Lindenbäumen; ein Baumwollschädling ist die **Rotwanze.**

Feuerwehr, öffentl. oder private Einrichtung zur Bekämpfung von Bränden, zur Hilfe bei Unglücksfällen und öffentl. Notständen, vielfach auch zum Krankentransportdienst. – Arten der F.: **Berufs-F.** (in Städten über 100000 Ew., auch in kleineren Städten mit bes. Brandgefahren), **freiwillige F.** (in allen Gemeinden ohne Berufs-F.), **Pflicht-** oder **Hilfs-F.** (muss aufgestellt werden, wenn keine freiwillige F. zustande

Feuerwehr. Drehleiter beim Löscheinsatz

kommt); **Werk-F.** (wird von Betrieben zur Brandschutzsicherung aus Betriebsangehörigen gebildet). Feuerwachen der Berufs-F. sind für ständige Alarmbereitschaft eingerichtet. Freiwillige F. halten ihre Einsatzfahrzeuge nebst Ausrüstung in Gerätehäusern bereit. Die F.-Männer tragen einheitl. Schutzkleidung und genormte Ausrüstung: F.-Helm, Hakengurt mit Schiebhaken und F.-Beil, Fangleine, Atemschutzmaske.

Löschfahrzeuge zur Brandbekämpfung und Durchführung techn. Hilfeleistung: Löschgruppen-, Tragkraftspritzen-, Tanklösch-, Trockenlösch-, Trocken-Tanklöschfahrzeuge; Drehleitern (Rettung von Mensch und Tier, Durchführung von Löschangriffen); Schlauchwagen (Nachschub von Schläuchen); Rüstwagen (enthalten Spezialgeräte für Hilfeleistungen: Heben und Ziehen von Lasten, Abstützen, Stromerzeugen, Belüften); Feuerlöschboote (in großen Hafenstädten und auf Binnenwasserstraßen, zum Schutz von Schifffahrt und Industrie).

Feuerwerk, Erzeugung von Licht-, Funken- und Knallwirkungen durch Feuerwerkskörper. Buntpulversätze werden für bengal. Feuer und Leuchtkugeln verwendet. Aus Schwarzpulversätzen werden F.-Körper mit Papphülsen hergestellt, aus diesen Feuerwerksstücke zusammengebaut.

Feuerwerker, Pyrotechniker, 1) Hersteller von Feuerwerkskörpern und Arrangeur von Feuerwerken. – **2)** bis 1945 Unteroffizier für Heeresgeräte und Munition.

Feuerzeug, Gerät zur Feuererzeugung; mit Benzin oder Propangas gefüllte Taschen-F., in denen durch einen Funken, der durch Reibung an einem Zündstein entsteht, oder auf elektr. Wege gezündet wird.

Feuilleton [fœj(ə)'tɔ̃] *das,* der kulturelle Teil einer Zeitung (Aufsätze, Kritiken, Plaudereien, Romane); auch der einzelne Beitrag im F.-Teil.

Feyerabend, Paul Karl, österr. Philosoph, *1924, †1994; entwickelte eine anarchist. Erkenntnistheorie, die sich nicht durch Regelsysteme binden lässt.

ff, Abk. für **1)** sehr fein. – **2)** 𝄞 fortissimo **(fff:** äußerst laut).

ff., Abk. für »folgende (Seiten)«.

Fiaker *der,* urspr. zweispännige Pferdedroschke, Mietskutsche.

Fiale *die,* ⌂ in der got. Baukunst feingliedriges Spitztürmchen auf Strebepfeilern.

Fibel *die,* **1)** erstes Lese- und Lehrbuch im Unterricht. – **2)** Gewandnadel der Vorzeit und des Altertums.

Fiber *die,* Faser. **fibrös,** faserig.

Fibrille *die,* feinster Bestandteil der menschl. und tier. Muskel-, Nerven- oder Bindegewebsfaser.

Fibrin *das,* unlösl. Eiweiß, entsteht aus einer durch ein Enzym (Thrombin) im Blut gelösten Vorstufe **(Fibrinogen);** bewirkt die Blutgerinnung.

Fibrom *das,* **Fasergeschwulst,** gutartige Bindegewebsgeschwulst.

Fichte, Gattung der Nadelbäume, mit spitzen, vierkantigen Nadeln und hängenden Zapfen. Ein wichtiger Waldbaum in N- und Mitteleuropa ist die **Rottanne.** Sie liefert Werk- und Brennholz, Gerbrinde, Terpentin, Zellstoff, Holzwolle, Fichtennadelextrakt, -öl. Zierbäume sind die nordamerikan. Arten **Blau-F., Weiß-F.** und **Sitkafichte.**

Fichte, Johann Gottlieb, dt. Philosoph, * 1762, † 1814; wurde 1794 Prof. in Jena, 1799 der Gottlosigkeit angeklagt (Atheismusstreit) und abgesetzt, 1805 Prof. in Erlangen, 1810 in Berlin. F.s Philosophie ist eine Fortbildung des kantischen Kritizismus zu einem eth. und subjektivist. Idealismus; erhob als Erster den dialekt. Dreischritt: These–Antithese–Synthese. In seiner Schrift »Der geschlossene Handelsstaat« (1800) zeichnete F. in Form einer Utopie eine sozialist. Gesellschaftsordnung auf nationalstaatl. Grundlage. Als entschiedener Gegner Napoleons veröffentlichte er 1808 die »Reden an die dt. Nation«.

Fichtelberg, zweithöchster Berg des Erzgebirges, 1214 m ü. M., in Sachsen.

Fichtelgebirge, Mittelgebirge im NO Bayerns (im Schneeberg 1051 m ü. M.). Viehzucht und Forstwirtschaft; Porzellan-, Stein-, Textilind.; Fremdenverkehr.

Fichu [fiˈʃy] *das,* dreizipfliges auf der Brust gekreuztes Schultertuch.

Fidibus *der,* Holzspan oder gefalteter Papierstreifen zum Feuer- oder Pfeifeanzünden.

Fidschi

Staatswappen

Staatsflagge

Internationales Kfz-Kennzeichen

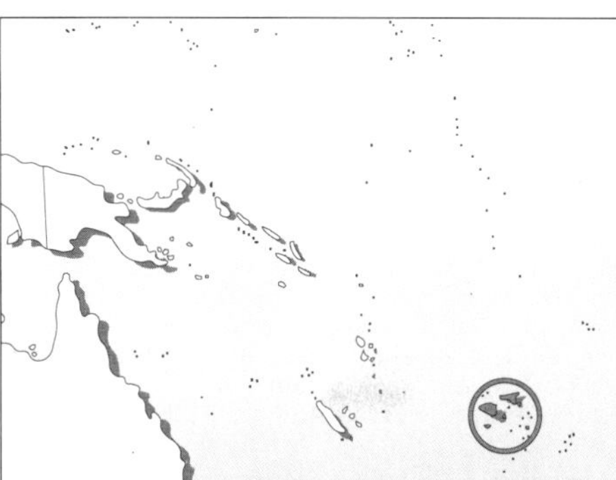

Fidschi, engl. **Fiji** [ˈfiːdʒiː], Staat und Inselgruppe im Pazif. Ozean, rd. 360 vulkan. und Koralleninseln (105 bewohnt), 18 272 km², 747 000 Ew. (davon 49 % Inder, 46 % Melanesier); Hptst. Suva; Ausfuhr: Zucker, Kopra, Bananen, Ananas; Fremdenverkehr. – 1643 entdeckt, seit 1874 brit.; seit 1970 unabhängig; 1970 bis 1987 Mitglied im Commonwealth, dann suspendiert, 1997 wieder aufgenommen. Staatspräs.: Ratu Sir Kamisese Mara (seit Jan. 1994).

Fieber, ⚕ Krankheitszeichen mit erhöhter Körpertemperatur (über 37,5 °C, im After [rektal] gemessen), beruht auf Störung der Wärmeregelung des Körpers, sehr oft durch Giftstoffe, die von den Krankheitserregern erzeugt werden. Das F. ist dann eine Abwehrreaktion des Körpers. Meist eintretende Begleiterscheinungen: beschleunigter Puls (über 90 bis 100 Schläge), Beschleunigung der Atemzüge (über 20 in der Minute), Schüttelfrost mit folgendem Hitzegefühl, Durst, Kräfteabnahme. Steigt die Körpertemperatur über 42 °C, bedeutet dies akute Lebensgefahr. Zur Feststellung des F. dient das **F.-Thermometer** (Messbereich 35 bis 42 °C, Quecksilberthermometer und elektron. Instrumente). Gemessen wird in der Achselhöhle (10 min), unter der Zunge oder im After (5 min). **F.-Kurve,** Darstellung des F.-Verlaufs durch Schaubild. **F.-Mittel** (Antipyretika) enthalten oft Salicylsäure, Pyrazolabkömmlinge, Paracetamol.

Fiebermücken, die → Malariamücken.

Fieberrinde, die → Chinarinde.

Fiedel, volkstüml. für Geige; **Fidel:** im MA. wichtigstes Streichinstrument, Vorform der Geige; seit dem 8. Jh. in W-Europa nachweisbar.

Fielding [ˈfiːldɪŋ], Henry, brit. Dichter, * 1707, † 1754; schuf den realistisch-humorist. engl. Sittenroman, Hauptwerk »Tom Jones« (1749).

Fiesco, eigentl. Giovanni Luigi **Fieschi,** genues. Edelmann, * 1522, † 1547; zettelte 1547 eine Verschwörung gegen den Dogen Andrea Doria an, bei der er ertrank. Trauerspiel von Schiller.

Fieseler, Gerhard, dt. Flugzeugbauer und Pilot, * 1896, † 1987; konstruierte 1937 den **F.-Storch,** das erste Langsamflugzeug der Welt.

Fiesole, Stadt in der ital. Prov. Florenz, 15 000 Ew.; roman. Dom, got. Franziskanerkloster, im ehem. Benediktinerkloster (Frührenaissancefassade) das Europ. Hochschulinstitut.

Fiesta, span. Fest, Volksfest.

FIFA, Abk. für **F**édération **I**nternationale de **F**ootball **A**ssociation, der internat. Fußballverband, 1904 gegr., Sitz Zürich.

FIFO, 💻 Abk. für engl. **F**irst **I**n/**F**irst **O**ut, Ordnungsschema bei → Speichern mit sequenziellem Zugriff, nach dem die zuerst eingegebenen Daten als Erste wieder gelesen werden, ähnl. wie bei einem Schieberegister; Ggs.: LIFO.

Figaro, Name des Dieners und Barbiers in zwei Lustspielen von Beaumarchais. Opern: Mozart (»Figaros Hochzeit«), Rossini (»Der Barbier von Sevilla«).

Figl, Leopold, österr. Politiker, * 1902, † 1965; 1938 bis 1943 im KZ, nach 1945 Mitgründer der Österr. Volkspartei, 1945 bis 1953 Bundeskanzler, unterzeichnete als Außenmin. 1955 den Österr. Staatsvertrag, 1959 bis 1962 Präs. des Nationalrats.

Figur, die äußere Gestalt eines Körpers; auch **Klang-F., Tanz-F., Rede-F. Figurant,** im Theater: stummer Darsteller, Statist; auch: Lückenbüßer. **Figurine,** kleine Figur, Nebenfigur auf Gemälden, Kostümzeichnung.

Fiktion, 1) Annahme, Erfundenes, Erdichtetes. – **2)** ⚖ Unterstellung, bei der ein nicht vorhandener Tatbestand als vorhanden (oder umgekehrt) angenommen wird; **fiktiv,** vorgeblich, erdichtet.

Filarilen, Familie der Fadenwürmer, die im Bindegewebe, im Blut oder im Lymphsystem des Menschen schmarotzen; verursachen Filariosen, z. B. die trop. → Elephantiasis.

Filchner, Wilhelm, dt. Forschungsreisender, * 1877, † 1957; Expeditionen in Zentralasien (O-Tibet, Nepal, China) und im Südpolargebiet (Filchner-Ronne-Schelfeis). Autobiographie: »Ein Forscherleben« (1950).

Filder *Pl.,* fruchtbare Hochfläche südl. von Stuttgart, Bad.-Württ.; Anbau von Spitzkohl **(Filderkraut),** der zu Sauerkraut verarbeitet wird.

Filderstadt, Stadt im Kr. Esslingen, auf den Fildern, Bad.-Württ., 41 000 Ew.; elektron. und Konservenindustrie.

File [faɪl] *das,* 💻 engl. Bezeichnung für Datei.

Filet [fi'le] *das,* Lendenfleisch vom Schlachtvieh und Wildbret; auch das Brustfleisch vom Geflügel und enthäutete und entgrätete Teile von Fischen.

Filetarbeit [fi'le-], **Netzarbeit,** Handarbeit (Stickerei), bei der ein zuvor geknüpftes Netz mit Stichen gefüllt wird.

Filiale *die,* Zweigniederlassung eines Unternehmens, ist an die Anweisungen des Hauptgeschäfts gebunden.

Filigran *das,* seit dem 3. Jt. v. Chr. nachweisbare Goldschmiedearbeit in der Form kunstvoller Geflechte aus feinem geperltem oder gezwirntem Gold-, Silberdraht, oft mit Granulation.

Filip, Ota, tschech. Schriftsteller, * 1930; 1974 aus der ČSSR ausgewiesen, lebt in Dtl.; schreibt gesellschaftskrit., auch autobiograph. Romane.

Filipinos *Pl.,* die Bewohner der Philippinen.

Fillér *der,* kleine ungar. Währungseinheit; 1 F. = $^1/_{100}$ Forint.

Film, 1) dünne Oberflächenschicht auf andersartigem Grund, z. B. Ölfilm, Lackfilm. – **2)** Fotografie: **Blank-F.** heißt der glasklar durchsichtige, biegsame Träger aus Zellulosetriacetat oder Polyester, solange er noch keine lichtempfindl. Schicht trägt; der mit einer Emulsion beschichtete F. heißt **Roh-F.** F. werden entsprechend ihrem Verwendungszweck in Streifen versch. Breite zerschnitten und am Rand perforiert. – **3)** beim Lichtspiel Sammelbegriff für die mit fotograf. oder elektron. Mitteln erzeugte Folge von Einzelbildern, die, relativ schnell nacheinander auf eine Leinwand projiziert oder auf einem Bildschirm sichtbar gemacht, den Eindruck von Bewegung hervorrufen. In der **F.-Aufnahmekamera** wird der perforierte **F.-Streifen** (35 mm; Schmal-F. 16 mm, 8 mm; auch Super-8) mit einer Ablaufgeschwindigkeit von 24 Bildern/s (bei Schmal-F. 16 Bilder/s) belichtet und ruckweise bewegt. Während der Bewegung wird der F. von einer rotierenden Blende abgedeckt. Die sich rasch folgenden Bewegungsteilbilder erfasst unser Auge später bei der **Vorführung** (Projektion) als zusammenhängende Bewegung. (→ Videokamera)

Historisch verlief die Entwicklung vom **Schwarzweiß-** und **Stumm-F.** zum **Ton-** und **Farb-F.** Der Ton wird meist elektromagnet. (Magnetton) aufgezeichnet, mit Musik- und Geräuschaufnahmen gemischt, dann in Lichtschwankungen umgesetzt und diese auf einem gesonderten F.-Streifen aufgenommen. Der **Stereo-F.** (plast. F., 3-D-F.) wird mit einer Stereokamera aufgenommen. Bei der Wiedergabe muss jedem Auge das zugehörige Bild dargeboten werden. Bei den **Breitwand-F.** wird eine scheinplast. Wirkung dadurch erzielt, dass das Bild mit einem Seitenverhältnis bis zu 1 : 2,55, das bei großer Tiefenschärfe Einzelheiten besser zeigt, auf eine ebene oder gekrümmte Bildwand projiziert wird. Bei **Zeichentrick-F.** werden viele Tausend gezeichnete Bewegungsteilbilder fotografiert. Mit **Zeitraffer** werden bei langsam ablaufenden Vorgängen in größeren Abständen Einzelaufnahmen gemacht, die dann im normalen Tempo vorgeführt werden. Mit **Zeitlupe** werden schnell ablaufende Vorgänge in vielen Bildern (bis zu einigen Tausend in der Sekunde) erfasst und diese dann in normalem Tempo vorgeführt.

Bei der **F.-Vorführung** in Lichtspieltheatern (Kinos) werfen nach dem Prinzip des Projektionsgeräts gebaute Vorführmaschinen die Bilder des von rückwärts durchleuchteten F.-Streifens, der mit derselben Geschwindigkeit wie bei der Aufnahme weiterbewegt wird, auf die rasterförmig durchlöcherte Bildwand.

Die **Herstellung** (Produktion) eines F. durch eine **F.-Gesellschaft** erfolgt in 3 Stufen. Die Vorbereitung umfasst Stoffauswahl, Abfassung des **Drehbuchs,** Sicherung der Finanzierung, Verpflichtung der Mitarbeiter (Regisseur mit Stab, Kameraleute, Tonmeister, Architekt, Komponist, Darsteller, Musiker und Hilfspersonal). Die **Aufnahme** wird im Freien oder im Atelier durchgeführt nach einem **Drehplan,** der die aufzunehmenden Szenen nach ihren Schauplätzen ordnet und auf die Drehtage verteilt. Bei der Bearbeitung nach dem Entwickeln des F.-Negativs fügt der **Schnittmeister** (Cutter) die Teilstücke drehbuchgerecht zusammen. Erst nach der Fertigstellung des Positivs sprechen die Darsteller den Text des F., der ihnen in kurzen Szenenausschnitten (takes) vorgeführt wird. Das gleiche, **Synchronisation** genannte Verfahren wird bei Übertragung aus einer Sprache in eine andere angewendet. Als Mittler zw. dem Hersteller und den F.-Theatern tritt die **F.-Verleihgesellschaft** auf. Seit 1949 arbeiten die **Freiwillige Selbstkontrolle der F.-Wirtschaft (FSK,** Sitz Wiesbaden) und ebenda die **F.-Bewertungsstelle,** die künstlerisch und kulturell hervorragenden Filmen das Prädikat »wertvoll« oder »bes. wertvoll« verleihen kann.

Der F. als Kunstwerk: Schon der Stumm-F. entwickelte eigentüml. film. Ausdrucksformen: Mimik und Gestik als Ersatz für Wort und Dialog, Großaufnahme, Licht- und Schattenwirkungen, perspektiv. Einstellungen zur Spannungs- und Bewegungssteigerung, Kunst des Schnitts. Nach der Erfindung des Ton-F. suchte die **F.-Dramaturgie** Bild, Wort und Musik zu einer künstler. Einheit zu verbinden.

Die ersten Kinos, meist auf Jahrmärkten, brachten Schauerdramen und Ulkfilme. Der künstler. F. entwi-

Szene aus Sergej Eisensteins **Film** »Panzerkreuzer Potemkin« (1925)

Szene aus Wim Wenders' **Film** »Der Himmel über Berlin« (1986/87)

ckelte sich zunächst in Frankreich (G. Méliès, Brüder Lumière), dann bes. in Dtl. Höhepunkte wurden erreicht mit dem expressionist. dt. F. »Das Kabinett des Dr. Caligari« (R. Wiene, 1919) und »Nosferatu« (F. W. Murnau, 1921), der kühnen Realistik des sowjetruss. F. »Panzerkreuzer Potemkin« (S. M. Eisenstein, 1925) sowie den Stummfilmkomödien von C. Chaplin, B. Keaton, H. Lloyd. Das F.-Land Amerika zog ab 1925 bedeutende Regisseure und Schauspieler aus Europa ab. Der Siegeszug des Tonfilms begann mit »The Jazz Singer« (1927). In Frankreich nach 1945 »Neue Welle«: L. Malle, A. Resnais, C. Chabrol, F. Truffaut, J.-L. Godard, dann E. Rohmer; Italien: »Neorealismus«: R. Rossellini, V. de Sica, F. Fellini, M. Antonioni, L. Visconti, später B. Bertolucci, P. P. Pasolini. In Dtl. H. Käutner, W. Staudte, B. Wicki. Führendes Filmland blieben die USA (E. Kazan, J. Huston; dann J. W. Losey, R. Altman, S. Kubrick, F. F. Coppola, M. Scorsese, S. Spielberg, W. Allen, M. Forman). Internationale Bedeutung haben Regisseure aus Schweden (I. Bergman), Dänemark (B. August), Spanien (L. Buñuel, C. Saura), Polen (A. Wajda, R. Polanski, K. Kieslowski), Ungarn (I. Szabó), UdSSR (M. Kalatasow, A. Tarkowskij), Japan (A. Kurosawa, Oshima Nagisa), China (Zhang Yimou), Australien (P. Weir). Der dt. F. gewann seit den 60er-Jahren wieder Anschluss an die Entwicklung, u. a. durch Werke von V. Schlöndorff, E. Reitz, R. W. Fassbinder, W. Herzog, H. J. Syberberg, W. Wenders, R. van Ackeren, P. Adlon.

Film
Alain Delon in »Der eiskalte Engel« von Jean-Pierre Melville (1967)

Filter *der, das,* **1)** Vorrichtung zum Trennen einer Flüssigkeit von festen, darin schwebenden Teilchen. Die gereinigte Flüssigkeit heißt **Filtrat.** Hierzu dienen: ungeleimtes, saugfähiges Papier **(Filtrierpapier),** Gewebe **(F.-Tuch),** poröse Steine **(F.-Platten),** mit Kieselgur oder aktiver Kohle gefüllte Gefäße u. a. – **2)** Fotografie: farbige Gläser oder Folien, die bei der Aufnahme vor das Objektiv geschaltet werden und bestimmte Wellenlängenbereiche des Lichts absorbieren, z. B. Gelb-F. zum Abschwächen blauer Anteile. – **3)** elektron. Schaltung, die nur eine bestimmte Wellenlänge durchlässt; auch akust. Filter.

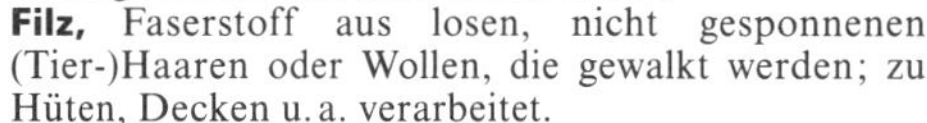

Filz, Faserstoff aus losen, nicht gesponnenen (Tier-)Haaren oder Wollen, die gewalkt werden; zu Hüten, Decken u. a. verarbeitet.

Filzlaus, Schamlaus, Art der Läuse; v. a. in der Schambehaarung der Menschen.

Finale *das,* Ende; Schlusssatz eines Musikstücks, Schlussteil eines Opernaktes; beim Sport Endkampf, Schlussrunde.

Finalsatz, Nebensatz, der einen Zweck oder eine Absicht angibt, eingeleitet durch »damit« oder »um ... zu«.

Film
Max Schreck in »Nosferatu – eine Symphonie des Grauens« von Friedrich Wilhelm Murnau (1921)

Finanzamt → Finanzverwaltung.

Finanzausgleich, Regelung der finanzwirtschaftl. Beziehungen zw. Zentralgewalt und über- oder untergeordneten Gebietskörperschaften (in Dtl. zw. Bund, Ländern und Gemeinden) als **vertikaler F.,** zw. gleichgeordneten Gebietskörperschaften als **horizontaler F.;** zw. versch. Staaten als **internat. Finanzausgleich.** – Seit 1995 werden die neuen Bundesländer vollständig in das F.-System einbezogen.

Finanzen, i. w. S. Geldangelegenheiten, auch die wirtschaftl. Lage einer Person, i. e. S. die Einnahmen und Ausgaben der öffentl. Hand.

Finanzgerichte, unabhängige Verwaltungsgerichte für Rechtsmittel in Steuersachen; oberstes dt. F. ist der Bundesfinanzhof, Sitz München.

Finanzhoheit, Finanzgewalt, Befugnis des Staats (Bund, Länder) zur Regelung der öffentl. Finanzen und der Besteuerung; kann auf untergeordnete Körperschaften übertragen werden.

Finanzierung, Beschaffung von Geld- und Sachkapital zur Deckung des Finanzbedarfs eines Unternehmens oder Haushalts, aus Mitteln des Unternehmens **(Eigen-F.)** oder aus Gläubigerkrediten **(Fremd-F.). F.-Gesellschaften** beschaffen Kapital für ihnen nahe stehende Unternehmen.

Finanzkapital, in wenigen Händen, z. B. bei Großbanken, zusammengefasstes Kapital.

Finanzkontrolle, Prüfung und Überwachung der öffentl. Finanzwirtschaft (Kassen-, Rechnungs-, Verwaltungskontrolle) durch übergeordnete Verwaltungsinstanzen, unabhängige Kontrollbehörden (Bundesrechnungshof) oder parlamentar. Organe.

Finanzmonopol, das Recht des Staats, unter Ausschluss jegl. Wettbewerbs bestimmte Produkte herzustellen und/oder abzusetzen, um Einnahmen zu erzielen; mit der Verbrauchsteuer verwandtes Besteuerungsinstrument; in Dtl.: Branntweinmonopol, in Österreich: Branntwein-, Glücksspiel-, Salz- und Tabakmonopol, in der Schweiz: Alkohol- (Bund) und Salzmonopol (Kantone).

Finanzpolitik, Gesamtheit aller staatl. Maßnahmen, die gewollt und direkt auf die Finanzwirtschaft einwirken und mit denen neben der Beschaffung öffentl. Einnahmen auch die Verwirklichung gesellschaftspolit. Ziele erreicht werden soll.

Finanzverwaltung, Behördenorganisation zur Durchführung der Finanzwirtschaft. In Dtl.: **Bundesfinanzbehörden** (verwalten Zölle, Finanzmonopole, einen Teil der Verbrauchsteuern, Beförderungs- und Umsatzsteuer, einmalige Vermögensabgaben mit dem Bundesfinanzministerium und dem Bundesamt für Finanzen als Oberbehörde; Mittelbehörden: Oberfinanzdirektionen, örtliche Behörden: Hauptzollämter); **Länderfinanzbehörden** (alle übrigen Steuern, soweit die Verwaltung nicht auf die Gemeinden übertragen ist; Bundesanteil der Einkommen- und Körperschaftsteuer als Auftragsangelegenheit für den Bund. Oberbehörde: Landesfinanzministerium, Mittelbehörden: Oberfinanzdirektionen, örtl. Behörden: Finanzämter.

Finanzwirtschaft, Gesamtheit der Maßnahmen, die eine öffentl. Körperschaft (i. w. S. auch ein Unternehmen) zur Beschaffung, Verwaltung und Verwendung erforderl. Geldmittel trifft. Die öffentl. F. geht (im Unterschied zum Unternehmen) von den erwarteten Ausgaben aus und beschafft danach die Einnahmen; vorgegeben wird ein → Haushaltsplan.

Finanzwissenschaft, Teilgebiet der Wirtschaftswiss., deren Untersuchungsobjekt die wirtschaftl. Aktivitäten der öffentl. Verbände sind. Zur F. gehören: **Finanztheorie, Finanzpolitik, Steuerlehre, Finanzsoziologie** und **Finanzpsychologie.**

Finck, Werner, dt. Schauspieler, Kabarettist und Schriftsteller, * 1902, † 1978.

Findelkinder, von unbekannten Eltern ausgesetzte Kleinkinder, oft Neugeborene.

Finderlohn → Fund.

Fin de Siècle [fɛ̃d'sjɛkl], Zeit des ausgehenden 19. Jh. mit den für Spätzeiten charakterist. Erscheinungen in Kunst und Kultur (als Verfallserscheinung gedeutete ästhet. Überfeinerung, »Dekadenz«).

Findlinge, erratische Blöcke, durch Gletscher oder Inlandeis der Eiszeiten weit vom Ursprungsort verfrachtete Felsblöcke.

Fingal ['fɪŋgəl], **Finn,** irisch-schott. Sagenheld des 3. Jh.; nach ihm ist die **F.-Höhle,** eine Grotte im Säulenbasalt an der Küste der Hebrideninsel Staffa, 20 m hoch, benannt.

Finger, bewegl. Teil der Vordergliedmaßen bzw. der menschl. Hand. Jeder F. besteht aus 3 F.-Knochen mit Ausnahme des zweigliedrigen Daumens. Das letzte F.-Glied trägt auf der Oberseite den F.-Nagel, auf der Unterseite die tastempfindl. **F.-Beeren** (F.-Ballen).

Fingerabdruckverfahren, Daktyloskopie, Hilfsmittel der Polizei zur Identifizierung von Personen mittels deren Fingerabdrücke; beruht auf der Tatsache, dass die Hautleisten (Papillarlinien) bei allen Menschen verschieden sind.

Fingerentzündung, Umlauf, Panaritium, schmerzhafte Entzündung, durch in Fingerwunden gelangte Eitererreger verursacht.

Fingerhut, Digitalis, Gattung der Rachenblütler mit fingerhutähnl. Röhrenblüten; stark giftig; Heil-, bes. Herzmittel. Arten (alle unter Naturschutz): **Roter F., Gelber F., Großblütiger F., Wolliger Fingerhut.**

Fingerkraut, Gattung krautiger bis strauchiger Rosengewächse: **Gänse-F.** (Gänserich), mit gefiederten Blättern, gelb blühend, auf Wiesen; **Kriechendes F.** und **Blutwurz** (altes Heilmittel bei Darmerkrankungen) mit Fingerblättern.

Fingersatz, Applikatur, 𝄞 beim Spielen von Musikinstrumenten die zweckmäßige Anordnung der Finger.

Fingersprache, Zeichensprache der Taubstummen mithilfe von Fingerzeichen.

Fingertier, Aye-Aye, Halbaffe Madagaskars mit sehr langen, dünnen Fingern und Zehen.

fingieren, erdichten, vorgeben.

Finish ['fɪnɪʃ], **1)** ⛹ die entscheidende letzte Phase eines Wettkampfs; Endspurt, Endkampf. - **2)** letzter Arbeitsgang in der Fertigung eines Produkts; letzter Schliff.

Finisterre [span. »Landesende«], **Kap F.,** die Nordwestspitze des span. Festlands.

Finken, Familie der Singvögel, vorwiegend Körnerfresser, mit kegelförmigem Schnabel. Einheim. Arten sind: **Buch-F.,** in Wald und Garten als Strichvogel; **Berg-F.,** schwärzl., in N-Europa, zieht im Winter nach S; **Schnee-F.,** in baumlosen Alpengegenden. Weitere bekannte Arten sind: Stieglitz, Dompfaff und Grünling.

Finnbogadóttir, Vigdis, isländ. Politikerin, *1930; 1980 bis 1996 Staatspräs., erstes gewähltes weibl. Staatsoberhaupt in Europa.

Finne *die,* **1)** Entwicklungsstufe (Larve) des Bandwurms. - **2)** 🐟 Rückenflosse der Haie, Wale. - **3)** schmale Schlagseite des Hammers.

Finne *die,* Höhenzug am Nordrand des Thüringer Beckens, bis 359 m hoch.

Finnen, Volk in NO-Europa, Staatsvolk in Finnland, auch im nördl. Schweden und Norwegen und im NW von Russland.

Finnischer Meerbusen, Meeresbucht der Ostsee zw. Finnland, Estland und Russland.

finnisch-ugrische Sprachen, Sprachfamilie in O-Europa und W-Sibirien, die mit dem Samojedischen den ural. Sprachstamm bildet: Finnen, Esten, Lappen, Ungarn, Ostjaken, Wogulen u. a.

Finnland, finn. **Suomi,** Rep. in N-Europa, 338 145 km², 5,02 Mio. Ew., grenzt im NW an Schweden, im N an Norwegen, im O an Russland, im S an den Finn. und im W an den Bottn. Meerbusen. 12 Prov.; Hptst. Helsinki; Amtssprachen Finnisch, Schwedisch.

Daten zur Geschichte Finnlands

13./14. Jh.	Besitznahme durch Schweden
1721	Schweden muss Teile Kareliens und Wiborg an Russland abtreten
1809	Schweden muss im Frieden von Frederikshamm Finnland an Russland abtreten, Finnland wird autonomes Großfürstentum innerhalb Russlands
1812	Helsinki löst Turku als Hauptstadt ab
1917	Finnland erklärt seine Souveränität
1918	Bürgerkrieg und Krieg gegen Russland, Sieg der »Weißen Garde« unter Freiherr v. Mannerheim mit dt. Hilfe
1919	Annahme der republikan. Verfassung
1920	Frieden von Dorpat mit Russland
1939/40	Überfall der Sowjetunion auf Finnland (Winterkrieg)
1941-44	Beteiligung am Krieg gegen die Sowjetunion auf dt. Seite
1948	Freundschafts- und Beistandsvertrag mit der Sowjetunion; Finnland bleibt unabhängig
1956-82	Staatspräs. U. Kekkonen; unter ihm und Präs. M. Koivisto (seit 1982) gutnachbarl. Verhältnis zur UdSSR
1991	Wahl des Min.-Präs. E. Aho
1994	M. Ahtisaari wird Präsident; Abschluss der Beitrittsverhandlungen zur EU
1995	Beitritt zur EU

Verfassung von 1919 (letzte Änderung 1991): Rep. mit parlamentar. Reg.; Gesetzgebung durch den Präs. und den Reichstag (eine Kammer, 200 Abgeordnete); vollziehende Gewalt beim Präs. und Staatsrat (Regierung).

Landesnatur. F. ist größtenteils flaches Hügelland mit z. T. mächtigen Moränenwällen (bes. im S), im äußersten NW gebirgig (bis 1328 m hoch). Es ist reich an Wäldern (69% der Fläche), Mooren und Seen (9,4%, rd. 55 000 Seen). Der Küste sind im SW zahlreiche Inseln vorgelagert, darunter die Ålandinseln. Kontinentales bis polares Klima mit schneereichen kalten Wintern und mäßig warmen Sommern.

Bevölkerung (meist ev.-lutherisch): 93,2% Finnen, 6,5% Schweden (bes. im SW und auf den Ålandinseln), 2000 Lappen; 23% der Bev. leben in 5 Großstädten.

Wirtschaft. Nur knapp 8% der Fläche werden landwirtschaftl. genutzt: Anbau von Getreide, Kartoffeln; Viehzucht; bedeutende Forstwirtschaft und Holzverarbeitung. ⚒ auf Eisenerz, Kupfer, Zink, Kobalt, Nickel u. a. Möbel-, Zellulose-, Papier-, Textilind., Schiff- und Maschinenbau, Elektrizitätserzeugung. Ausfuhr: Erzeugnisse der Papier-, Holz-, Metallind., Erze. Haupthandelspartner: EU- und EFTA-Länder, Russland. Haupthäfen: Helsinki, Kotka, Naantali, Turku. Hauptflughafen: Helsinki.

Finnland

Staatswappen

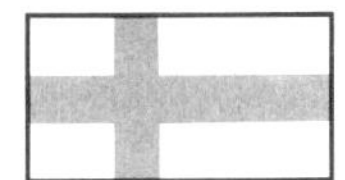

Staatsflagge

Internationales Kfz-Kennzeichen

Finnmark, 1) nördlichste Prov. Norwegens, am Nordpolarmeer, 48 649 km², 74 000 Ew. (Norweger, Finnen, Lappen); Hptst. Vadsø. - **2)** Bezeichnung der finn. Währung.

Finnwale, Gattung der Furchenwale, in den nördl. Meeren. Zu den F. gehören: **Blauwal** (bis 30 m), **Echter F.** (25 m), **Zwergwal** (10 m).

Finsen ['fensən], Niels Ryberg, dän. Arzt, *1860, †1904; Mitbegründer der modernen Lichtbehandlung, v. a. bei Tuberkulose. Nobelpreis für Physiologie oder Medizin 1903.

Finsteraarhorn, höchster Berg der Berner Alpen, Schweiz, 4274 m ü. M.

Finsterwalde, Stadt in Bbg., in der westl. Niederlausitz, 22 900 Ew.; Tuch-, Metall-, Holzind.; Schloss (16. Jh.).

Finte *die,* **1)** Kunstgriff, Vorwand, Täuschung. - **2)** ⛹ beim Fechten und Boxen vorgetäuschter Stoß oder Hieb, beim Ringen ein angedeuteter Griff.

Firdausi, Firdosi, Abu l-Kasim Mansur, bedeutendster epischer Dichter der Perser, *um 934, †1020; schrieb das »Königsbuch«, eine Darstellung der pers. Geschichte.

Firma, Handelsname, unter dem ein Vollkaufmann (natürl. Person oder Handelsgesellschaft) seine Geschäfte betreibt, seine Unterschrift abgibt **(firmiert)** und sowohl klagen wie auch verklagt werden kann (Handelsgesetzbuch §§ 17ff.). Als Ausdruck der **Firmenöffentlichkeit** muss ein Eintrag im Handelsregister erfolgen, außerdem muss vor offenen Läden und Gaststätten ein Firmenschild angebracht sein. Die F. muss ihren Inhaber und die rechtl. Natur des Unternehmens wahrheitsgemäß bezeichnen **(Firmenwahrheit);** sie muss sich von anderen F. deutlich unterscheiden.

Firmament *das,* Himmel, Himmelsgewölbe.

Emil Fischer

Firmenwert, engl. **Goodwill** [gʊdˈwɪl], über das Sachvermögen hinausgehender Wert eines Unternehmens **(Geschäftswert);** beruht auf Lage, Ruf, Kundenkreis, Ertragsaussichten u. a.

Firmung [lat. confirmatio »Befestigung«], Sakrament der kath. Kirche; besteht in Handauflegung und Salbung der Stirn mit Salböl (→Chrisma), wird vom Bischof oder Weihbischof gespendet. Die F. kann nur einmal empfangen werden. Sie soll den Glauben festigen und wird im Alter von 7 bis 12 Jahren erteilt. In der Ostkirche mit der Taufe verbunden.

Firmware [ˈfəːmwɛə] *die,* 💻 Programmabläufe oder Teile davon, die dem Computer als Hardware in Form von Festwertspeichern (z. B. ROM, PROM) zur Verfügung gestellt werden.

Joschka Fischer

Firn *der,* alter, mehrjähriger Schnee im Hochgebirge, durch mehrfaches Auftauen und Wiedergefrieren grobkörnig; wird unter zunehmendem Druck zu Gletschereis.

Firne, typ. Aroma alternder Weine.

Firnis *der,* schnell trocknender Anstrichstoff, enthält Öle (z. B. Leinöl-F.) oder Harzlösungen (Lack-, Gemälde-F.); Schutzanstrich.

First *der,* 1) ⌂ oberste Dachkante. – 2) ⚒ Decke eines Grubenbaus.

Firth [fəːθ] *der,* in Schottland eine fjordähnl. Flussmündung: F. of Forth, F. of Clyde.

FIS, Abk. für: 1) **F**édération **I**nternationale de **S**ki, der Internationale Skiverband, Sitz Stockholm. – 2) **F**ront **I**nternational de **S**alut, Islam. Heilsfront; 1989 legalisierte, 1992 verbotene alger. islam.-fundamentalist. Partei.

Fischadler →Adler.

Dietrich Fischer-Dieskau

Fischart, Johann, gen. **Mentzer** (Mainzer), dt. Satiriker, *1546, †1590; erreichte in seinen Schriften eine meisterl. satir. Sprach- und Darstellungskunst; ihm wird die Urfassung der Schildbürgerstreiche zugeschrieben.

Fischbein, elast. Stäbe aus hornfaserartigen Barten der Bartenwale (zum Versteifen von Hüten).

Fischblase, 1) →Schwimmblase. – 2) **Schneuß,** ⌂ Schmuckform im spätgot. Maßwerk.

Ella Fitzgerald

Fische, Pisces, 1) wechselwarme, im Wasser lebende Wirbeltiere, die durch Kiemen atmen; etwa $^2/_3$ leben im Meer, der Rest im Süßwasser; meist spindelförmige Gestalt, mit seitl. Abplattung, einige sehr abgeflacht (Scholle, Rochen). Die paarigen Brust- und Bauchflossen entsprechen den Gliedmaßen anderer Wirbeltiere; daneben kommen unpaarige Flossen (Rücken-, Schwanz-, Afterflosse) vor. Die Körperoberfläche ist i. d. R. mit Schuppen oder auch Knochenplatten bedeckt. Das Körpergerüst ist knorplig **(Knorpel-F.)** oder verknöchert **(Knochen-F.)** und wird ergänzt durch Gräten, die zw. den Muskellagen eingebettet sind und nicht zum Grundskelett gehören. Die Schwimmblase erleichtert das Auf- und Absteigen im Wasser; fehlt z. B. bei Haien. Die Nahrung besteht bei **Fried-F.** (z. B. Plötze, Karpfen, Schleie) aus Kleingetier und Pflanzen, bei den **Raub-F.** (Hecht, Forelle) aus anderen Fischen, Fröschen usw. F. pflanzen sich meist durch Eiablage (Laichen) und äußere Befruchtung fort. Nur wenige Arten bringen lebende Junge zur Welt. – 2) Abk. **Psc,** nördl. Sternbild und das 12. Zeichen des Tierkreises.

Fischer, 1) Edmond H., amerikan. Biochemiker, *1920; Untersuchungen zur Eiweißsteuerung im menschl. Organismus; 1992 Nobelpreis für Medizin oder Physiologie (zus. mit E. G. Krebs). – 2) Edwin, schweizer. Pianist und Dirigent, *1886, †1960. – 3) Emil Hermann, dt. Chemiker, *1852, †1919; hat hervorragenden Anteil am Ausbau der organ. Chemie; erforschte Kohlenhydrate und Purine und forschte zur Chemie der Eiweißkörper. 1902 Nobelpreis für Chemie. – Die **Emil-F.-Gedenkmünze** wird für Verdienste um die organ. Chemie verliehen. – 4) Eugen, dt. Anthropologe, *1874, †1967; wies nach, dass sich Rassenmerkmale nach den mendelschen Gesetzen vererben. – 5) Franz, dt. Chemiker, *1877, †1947; war führend beteiligt an der Entwicklung der →Fischer-Tropsch-Synthese und der Paraffinsynthese (1936). – 6) Hans, dt. Chemiker, *1881, †1945; arbeitete über Blut-, Blatt- und Gallenfarbstoffe, fand die Synthese des Hämins und die Konstitution des Chlorophylls. 1930 Nobelpreis für Chemie. – 7) Johann Michael, dt. Barockbaumeister, *1692, †1766; bedeutende Kirchenbauten, u. a. ehem. Abteikirche in Zwiefalten, Abteikirche in Ottobeuren. – 8) Joseph (Joschka), dt. Politiker, *1948; führender Vertreter der Grünen, 1985 bis 1987 und 1991 bis 1994 Min. für Umwelt und Bundesangelegenheiten in Hessen. – 9) Kuno, dt. Philosoph, Hegelianer, *1824, †1907; »Geschichte der neueren Philosophie« (8 Bände, 1852 bis 1893). – 10) O. W. (Otto Wilhelm), österr. Film- und Bühnenschauspieler, *1915; Filme: »Ludwig II.« (1955), »Helden« (1958). – 11) Robert (Bobby) James, amerikan. Schachspieler, *1943; Weltmeister 1972 bis 1975.

Fischer-Dieskau, Dietrich, dt. Sänger (Bariton), *1925; Opern-, Oratorien-, Konzert- und Liedsänger, auch Dirigent und Musikschriftsteller.

Fischerei, Hege und Fang von Fischen u. a. Wassertieren. Fanggeräte sind bes. Angel, Harpune, Netz und Reuse. **Binnen-F.** in Flüssen, Seen, Teichen; **Hochsee-F.** mit Fang- und Verarbeitungsschiffen, bes. Heringsfang, Fang von Grundfischen wie Kabeljau, Schellfisch, Köhler, Rotbarsch, Seelachs; **Küsten-F.** in Küstengewässern und Flussmündungen (Krabben, Krebse, Aale usw.).

Fischereigrenze, im Völkerrecht die seewärtige Begrenzung der Fischerei- und Wirtschaftszone eines Staates; heute meistens 200 Seemeilen.

Fischer-Tropsch-Synthese, ⚗ 1926 von F. Fischer und H. Tropsch entwickeltes Verfahren zur Herstellung von Kohlenwasserstoffen aus Synthesegas; bes. zur Produktion von Benzinen und Paraffinen aus Kohle von Bedeutung. (→Kohlehydrierung)

Fischer von Erlach, Johann Bernhard, österr. Baumeister, *1656, †1723; führender Meister der Barockarchitektur: Kollegienkirche in Salzburg, Karlskirche in Wien.

Fischleder, von der Lederwarenind. verwendete Häute v. a. von Haien.

Fischmehl, getrockneter, gemahlener Fischabfall, eiweißreiches Futtermittel.

Fisch|otter, Gattung der Marder; lebt (in Dtl. streng geschützt, selten) an Flussufern, ernährt sich von Fischen; guter Schwimmer (Schwimmhäute, Ruderschwanz).

Fischreiher →Reiher.

Fischsauri|er →Ichthyosaurier.

Fischschuppenkrankheit, Ichthyosis, Erbkrankheit der Haut, bei der diese rau, trocken und mit Schuppen, Platten oder hornigen Warzen bedeckt ist.

Fischvergiftung, schwere akute Erkrankung durch den Genuss verdorbener oder giftiger Fische. Im ersten Fall ähnl. Symptome wie bei der Fleischvergiftung, bes. Brechdurchfall.

Fischzucht, planmäßige Vermehrung und Auslese von Fischen sowie ihre Aufzucht, teils in Teichwirtschaft, teils als künstl. F., d.h. durch künstl. Befruchtung, indem vom Weibchen legereife Eier abgestrichen, diese mit Samenflüssigkeit (Milch) eines reifen Männchens vermischt und die befruchteten Eier ausgebrütet werden.

Fisher ['fɪʃə], **1)** Irving, amerikan. Nationalökonom, *1867, †1947; wichtige (math.) Beiträge zur Preis- und Zinstheorie. – **2)** John, hl., engl. Bischof, *1459 oder 1469, †1535; neben Thomas Morus bedeutendster Humanist in England, mit diesem eingekerkert und hingerichtet.

Fiskus *der,* Vermögen des Staates. Im Zivilprozess kann der Staat als F. klagen und verklagt werden. **fiskalisch**, staatlich, staatseigen.

Fissur *die,* Einriss; kleine, schmerzhafte Einrisse an Schleimhäuten **(Lippen-F., Anal-F.);** Riss in einem Knochen **(Knochen-F).**

Fistel *die,* röhren- oder lochförmige Verbindung von einem Organ zur Außenhaut oder zw. zwei Organen; entweder angeboren (z.B. **Hals-F.**), durch Verletzung (z.B. **Blasen-, Scheiden-F.**), durch Eiterherde **(Eiter-F.)** oder operativ angelegt (z.B. **Darm-F.** als künstl. After).

Fistelstimme →Falsett.

Fitness, gute körperl. Verfassung (durch sportl. Training).

Fittings *Pl.,* Rohrverbindungsstücke (gerade, gebogen, T-förmig, konisch) für Gas-, Wasserleitungen.

Fitzgerald [fɪts'dʒerəld], **1)** Ella, amerikan. Jazzsängerin, *1918, †1996; herausragende Interpretin des Blues und Swing. – **2)** Francis Scott Key, amerikan. Schriftsteller, *1896, †1940; einer der Hauptvertreter der »Lostgeneration« (»Der große Gatsby«, 1925).

Fiume, ital. Name von →Rijeka.

Five o'clock tea ['faɪv ə'klɔk ti:], Fünfuhrtee, Nachmittagstee.

Fixativ *das,* (Sprüh-)Mittel, um Zeichnungen vor dem Verwischen zu schützen, z.B. verdünnter Lack.

fixe Idee, Wahn- oder Zwangsvorstellung.

fixe Kosten, feste Kosten, Teil der Kosten eines Betriebs, der vom Beschäftigungsgrad unabhängig ist, z.B. Mieten, Zinsen.

fixen, U sich Drogen einspritzen; **Fixer,** Drogenabhängiger.

Fixgeschäft, ⚖ gegenseitiger Vertrag, bei dem die Leistung eines Partners an einem genau bestimmten Termin erfolgen soll, andernfalls der andre ohne Nachfristsetzung zum Rücktritt berechtigt ist (§361 BGB). Für das handelsrechtl. F. **(Handelsfixkauf)** gelten bes. Bestimmungen.

fixieren, 1) festsetzen, (verbindlich) festlegen. – **2)** jemanden unverwandt ansehen. – **3)** Fotografie: Entfernen des unbelichteten Halogensilbers durch Auflösen in einer neutralen oder schwach sauren Lösung **(Fixierbad).**

Fixing *das,* die an der Börse vorgenommene Festsetzung der Devisenkurse.

Fixsterne, selbstleuchtende Himmelsobjekte, die ihre Position am Himmel scheinbar nicht verändern, im Ggs. zu den Wandelsternen (Planeten); rd. 3000 mit bloßem Auge sichtbar. (→Sternbilder)

Fizeau [fi'zo], Armand Hippolyte Louis, frz. Physiker, *1819, †1896; führte 1849 die erste Messung der Lichtgeschwindigkeit im Labor durch.

Fizz [fɪz] *der,* Mixgetränk aus Spirituosen, Selterswasser (oder Sekt) und Zitronensaft, z.B. Ginfizz.

Fjell, schwed. **Fjäll,** früher **Fjeld** *das,* die weiten, baumlosen Hochflächen Skandinaviens.

Fjord *der,* lange, schmale, tiefe, sich oft verzweigende steilwandige Meeresbucht, entstanden durch Eindringen des Meeres in eiszeitl. übertiefte Trogtäler. Bilden z.T. großartige Küstenlandschaften in Norwegen, Schottland (→Firth), Labrador, Neuseeland, Feuerland.

FKK, Abk. für →**F**rei**k**örper**k**ultur.

Flachdruck →Druckverfahren.

Fläche, √ zweidimensionales geometr. Gebilde: Gesamtheit von Punkten, die sich in zwei (veränderl.) Richtungen erstreckt, z.B. Ebene, Kegel.

Flächennutzungsplan, vorbereitender Bauleitplan, der für ein Gemeindegebiet die beabsichtigte Art der Bodennutzung darstellt.

Flachs, Echter Lein, vorwiegend in der nördl. gemäßigten Zone verbreitete Leinart, einjähriges Kraut mit lanzenförmigen Blättern und meist himmelblauen Blüten in Wickeln. Man unterscheidet zw. den Kulturformen **Gespinstlein** (Faserlein), der v.a. in O- und W-Europa zur Gewinnung von F.-Fasern angebaut wird, und **Öllein,** dessen große Samen (Leinsamen) das Leinöl liefern. Die **F.-Faser** wird durch industrielle Aufbereitung gewonnen. Der F. wird nach der Ernte in der Riffelmaschine von Samenkapseln und Blättern befreit, geröstet (Gärvorgang, der die Faserbündel von Bindestoffen befreit), gewaschen, getrocknet, gebrochen, gehechelt und versponnen.

Flagellanten, Geißler, Flegler, Kreuzbrüder, Schwärmer, die sich im MA. zur Buße selbst geißelten.

Flagellaten, ✿ die →Geißeltierchen.

Flageolett [flaʒo'lɛt] *das,* 𝄞 Blockflöte mit schmalem Schnabel. **F.-Töne,** flötenartige Obertöne bei Streichinstrumenten.

Flagge, urspr. das von Schiffen geführte Zeichen der Heimatstadt (Hansestädte), später des Heimatlands. Seit dem 16. Jh. entstanden die **National-F.,** seit dem 18. Jh. auch **Kriegs-F.** Schiffe führen für den Verkehr untereinander eine Anzahl **Signal-F.** mit sowie die einzelnen Reedereien **Haus-** oder **Kontorflaggen.**

Flaggschiff, Kriegsschiff, von dem aus ein Admiral (Flaggoffizier) einen Verband bzw. die Flotte befehligt, gekennzeichnet durch die Kommandoflagge.

Flak, Abk. für **Flug**zeug**a**bwehr**k**anone, Geschütz zur Bekämpfung feindl. Flugzeuge, heute Flugabwehrrakete.

Flake, Otto, dt. Schriftsteller, *1880, †1963; schrieb zeit- und kulturkrit. Romane.

Flakon [fla'kɔ̃] *der,* (Parfüm-)Fläschchen.

flambieren, Speisen mit Spirituosen übergießen und anzünden, um den Geschmack zu verfeinern.

Flamboyantstil [flɑ̃bwa'jɑ̃-], letzte Phase der Spätgotik in Frankreich mit bes. Maßwerk (flammenartig züngelnde Fischblasen).

Flamen, die flämisch (niederländ. Dialekt) sprechende Bev. Belgiens, fast 6 Mio., v.a. im N und W. Ihrer Herkunft nach sind sie Niederfranken der Völkerwanderungszeit mit fries. und niedersächs. Einschlag. Die Blüte ihrer alten Kultur zeigen die Städte Brügge, Gent und Antwerpen. Im belg. Staat erkämpften sich die F. während des 19. und 20. Jh. gegen das anfängl. Übergewicht der →Wallonen und der frz. Sprache die Gleichberechtigung. Der Sprachenstreit zw. F. und Wallonen dauert bis in die Gegenwart an.

Flamenco *der,* andalus. Tanzlieder und Tänze mit schwermütigen Texten, Gitarren- und Kastagnettenbegleitung.

Fläming *der,* Höhenrücken nördlich der mittleren Elbe, zu Bbg. und Sa.-Anh. gehörig; im Hagelberg bei Belzig 201 m ü. M; v.a. Kiefernforste.

Flamingo *der,* Familie storchartiger Vögel mit langen Watbeinen und Hälsen sowie geknicktem Schnabel. Der **Große F.** ist 1,30 m hoch, rosafarben oder rot; in Asien, Afrika, Mittel- und Südamerika sowie S-Europa.

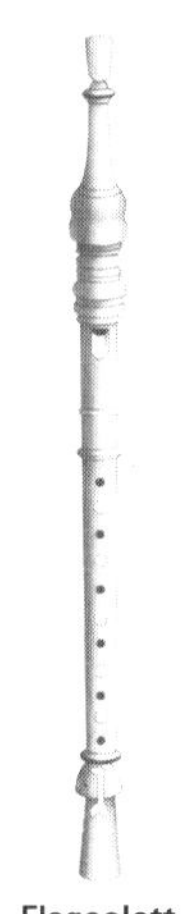
Flageolett

Otto Flake

Flachs

Flaminius, Gajus, röm. Konsul, † 217 v. Chr.; ließ 220 den Circus Flaminius in Rom und die Flamin. Straße erbauen; fiel in der Schlacht am Trasimen. See.
Flamme, unter Licht- und Wärmeausstrahlung brennendes Gas. Flammen können durch Salze gefärbt werden, was man in der **F.-Photometrie** zum Spurennachweis bestimmter Stoffe nutzt.
Flammendes Herz → Tränendes Herz.
Flammenwerfer, Nahkampfgerät zum Versprühen (bis 70 m) bzw. Verschleudern (bis 200 m) von brennenden Stoffen, z. B. Napalm.
Flammpunkt, niedrigste Temperatur, bei der eine brennbare Flüssigkeit noch entzündl. Dämpfe aufweist, kennzeichnet die Feuergefährlichkeit.
Flandern, histor. Landschaft an der Nordseeküste, westl. der Schelde, zu Belgien, Frankreich und den Niederlanden gehörend; Kernland der Flamen. Im MA. bildete es eine Grafschaft, die unter der Oberhoheit der frz. Könige stand; die reichen Städte, bes. Brügge und Gent, kämpften wiederholt gegen die frz. Herrscher. 1384 kam F. an die Herzöge von Burgund, dann an die Habsburger, 1794 an Frankreich, 1815 an die Niederlande, 1830 großenteils an das neue Kgr. Belgien. In den beiden Weltkriegen war F. Schauplatz schwerer Kämpfe.
Flanell *der,* meist köperbindiges Gewebe, ein- oder beidseitig geraut, weich im Griff.
Flanke, 1) seitl. Teile der Bauchwand zw. Brustkorb und Becken. – **2)** Seite eines Truppenverbands (im Ggs. zu Front und Rücken). – **3)** seitl. Stützsprung über ein Gerät (Bock, Kasten). Bei Ballspielen das Zuspiel aus Seitenliniennähe vor das gegner. Tor.
Flansch, Ringscheibe an Rohrenden zur Verbindung durch Schrauben mit einem andern F.; frei endende Rohre werden mit **Blind-F.** verschlossen.
Flasche, 1) Gefäß aus Glas, Kunststoff, Stahl usw., für Flüssigkeiten und Gase. – **2)** Gehäuse, in dem beim Flaschenzug die Rollen gelagert sind.
Flaschenbäume, Laubbäume der trockenen Tropen, die im verdickten Stamm Wasser speichern; v. a. in Australien.
Flaschenzug, Vorrichtung zum Heben schwerer Lasten bei vermindertem Kraftaufwand, aber längerem Weg des Zugseils; die Kraft ist gleich dem Gewicht der Last, geteilt durch die Anzahl der Rollen, über die das Seil geführt wird. Bes. Formen: **Differenzial-, Potenzflaschenzug.**
Flattergras, Milium, Gattung der Süßgräser, v. a. in Laubwäldern, bis 1 m hoch, mit großer lockerer Rispe.
Flattertiere, Fledertiere, → Flederhunde und → Fledermäuse.
Flaubert [flo'bɛ:r], Gustave, frz. Dichter, * 1821, † 1880; wurde mit dem Roman »Madame Bovary« (1857) zum Überwinder der Romantik und Begründer des Realismus in Frankreich; schrieb formvollendete Werke mit fast wiss. Genauigkeit.

Flaschenzug. 1 einfacher Flaschenzug, 2 vierrolliger Flaschenzug, 3 Potenzflaschenzug

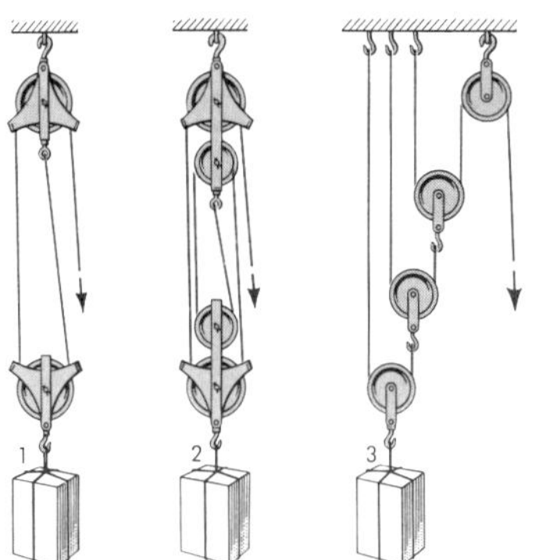

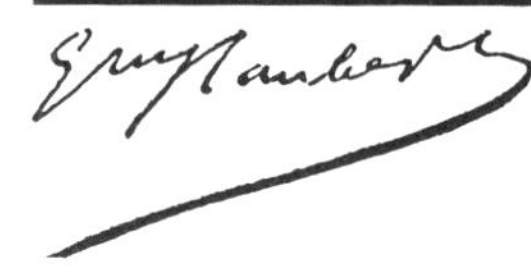

Gustave Flaubert. Totenmaske und Autogramm

Flaumfeder, unter den Deckfedern liegende, weiche Daunenfedern (Dunen) der Vögel; bilden bei Jungvögeln das ganze Federkleid.
Flaus, Flausch, weiches, dickes, stark aufgerautes Wollgewebe.
Flaute, Windstille; Ü schlechter Geschäftsgang.
Flavine, Gruppe natürl. gelber Farbstoffe; wichtigste Substanz ist das **Riboflavin.**
Flavius, röm. Geschlechtername, bes. Name der flav. Kaiserdynastien, begründet von Vespasian und Constantius I.
Flaxman ['flæksmən], John, brit. Zeichner und Bildhauer, * 1755, † 1826; Hauptvertreter des engl. Klassizismus: Standbilder und Grabmäler, Entwürfe für die Wedgwood-Manufaktur, Buchillustrationen.
Flechte, U versch. schuppende oder Krusten bildende chron. Hautausschläge (Schuppenflechte, Ekzeme).
Flechten, Lichenes, Gruppe (mit über 20 000 Arten) von blütenlosen Pflanzen (fälschlich Moos genannt), die aus je einem Pilz und einer Algenart zusammengesetzt sind, die in → Symbiose leben. Die beteiligten Pilze sind meist Schlauchpilze, die Algen teils Blau-, teils Grünalgen. Die F. vermehren sich hauptsächlich durch Abscheidung winziger Pilzfäden und Algenzellen enthaltender Keime, wachsen auf Bäumen, auf Felsen und auf der Erde. In den Polargebieten und im Hochgebirge dringen die F. am weitesten von allen Pflanzen vor. Einige bekannte F. sind: Bart-F., Isländ. Moos, Rentierflechte.
Flechtheim, Ossip Kurt, dt. Politikwissenschaftler, * 1909; arbeitete über den Parlamentarismus, polit. Parteien und Futurologie.
Flechtwerk, ein Wandbau aus um Pfähle oder Stangen gewundenen Weiden- oder Haselzweigen, der mit Lehm verkleidet wird; wird im Wasserbau auch zur Ufersicherung verwendet.
Flecken, veralteter Ausdruck für eine größere Siedlung mit gewissen städt. Rechten; der **Marktflecken** hat Marktrecht.
Fleckfieber, Flecktyphus, schwere Infektionskrankheit mit hohem Fieber, Bewusstseinsstörungen, Lähmungen, kleinfleckigem Hautausschlag. Häufig in Hungerzeiten und Kriegen (»Hunger-«, »Kriegstyphus«) seuchenartig auftretend. Die Krankheitserreger werden v. a. durch Kleiderläuse übertragen.

Flederhunde, Unterordnung der Flattertiere mit kurzem Schwanz, hundeähnlichem Kopf und großen, lichtempfindl. Augen, die die nächtl. Orientierung ermöglichen; bekannteste Familie sind die **Flughunde.**

Fledermäuse, Unterordnung der Flattertiere, flugfähige Säugetiere mit Flughaut zw. verlängerten Fingern, Hintergliedmaßen und Schwanz. Zum Schlafen hängen sie kopfunter an den Fußzehen. Die F. sind Dämmerungs- oder Nachttiere und orientieren sich durch Ultraschallortung (Laute werden durch Nase oder Mund ausgestoßen). Die meisten F. ernähren sich von Insekten, einige von Früchten. Zu den F. gehören die **Hufeisennase, Blattnase, Mausohr, Mopsfledermaus;** die **Vampire** in Südamerika ernähren sich von Blut von Säugetieren oder Vögeln.

Fleet *das,* Entwässerungskanal innerhalb der Stadt.

Fleet Street ['fli:t 'stri:t], das ehem. Londoner Zeitungsviertel, 1501 bis 1988 Sitz der meisten Zeitungsverlage und Druckereien.

Fleisch, Weichteile von Tieren (im Ggs. zu Knochen und Horn), bes. das als menschl. Nahrungsmittel verwendete Muskelgewebe der Tiere; es enthält rd. 75% Wasser, 21,5% Eiweiß, 2 bis 5% Bindegewebe, ferner Fett, Mineralstoffe u.a. Beim Braten und Schmoren verliert F. nur wenig Eiweißstoffe und Salze, beim Kochen verliert es die meisten Nährstoffe. Durch Trocknen, Erhitzen, Kühlen (Gefrieren) und keimtötende Verfahren (Räuchern, Pökeln) kann F. haltbar gemacht werden. F.-Genuss wird bei manchen Völkern durch religiöse Vorschriften eingeschränkt, z.B. Verbot des Verzehrs von Schweine-F. bei Muslimen und Juden. **F.-Beschau,** amtl. Untersuchung der Schlachttiere vor und nach der Schlachtung.

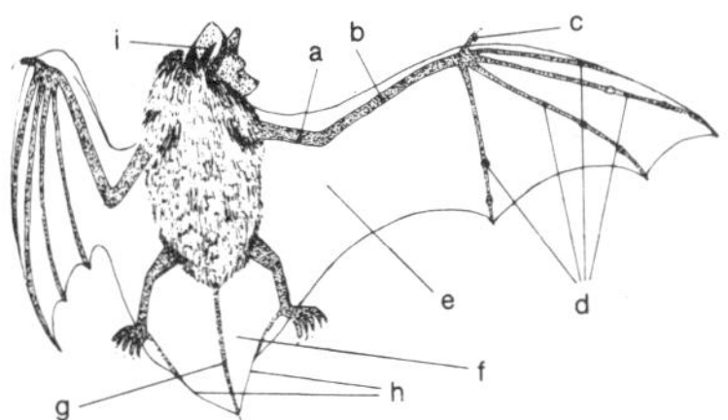

Anatomie einer **Fledermaus:** a Oberarm, b Unterarm, c Daumen, d übrige Finger, e Flughaut, f Schwanzflughaut, g Schwanzwirbelsäule, h Fersensporn, i Oberdeckel

Fleisch fressende Pflanzen → tierfangende Pflanzen.

Fleischmehl, gedämpfte, gemahlene Fleischabfälle; eiweißreiches Viehfutter; umstritten, weil dadurch der »Rinderwahnsinn« übertragen wurde.

Fleischvergiftung, durch den Genuss von mit Bakterien (→ Salmonellen, → Botulismus) durchsetztem Fleisch o.a. tier. Produkten hervorgerufene schwere Magen-Darm-Erkrankungen.

Fleißer, Marieluise, dt. Schriftstellerin, *1901, †1974; 1935 bis 1945 Schreibverbot; Dramen (»Fegefeuer in Ingolstadt«, 1926), Erz., Romane.

Fleißiges Lieschen, volkstümlicher Ausdruck für versch. Zierpflanzen, für die Balsamine (Springkraut) und bestimmte Begonien.

Flémalle [fle'mal], **Meister von F.** (wohl identisch mit Robert **Campin**), niederländ. Maler, *um 1377, †1444; begründete einen neuen Stil der Tafelmalerei, der die Wirklichkeit mit zeichner. Schärfe und plast. Klarheit erfasst.

Fleming, 1) Sir (seit 1944) Alexander, brit. Bakteriologe, *1881, †1955; entdeckte 1928 das Penicillin. Nobelpreis für Physiologie oder Medizin (zus. mit H.W. Florey und E.B. Chain) 1945. – **2)** Ian, brit. Schriftsteller, *1908, †1964; Spionageromane um den Agenten James Bond (Nr. 007). – **3)** Victor, amerikan. Filmregisseur, *1883, †1949; drehte nach zahlreichen Stummfilmen 1939 »Vom Winde verweht«.

Flensburg, Ostseehafen und Marinestützpunkt (Mürwik) in Schlesw.-Holst., an der **Flensburger Förde,** 87000 Ew.; PH, Fachhochschule, Nord. Univ. (privat); Kraftfahrtbundesamt; Werft, Apparate-, Papierind.; got. Kirchen, Bürgerhäuser.

Flettner, Anton, dt. Ingenieur, *1885, †1961; erfand 1920 das **F.-Ruder,** ein Hilfsruder zur Flugzeugsteuerung, und den **F.-Rotor,** einen Schiffsantrieb, sowie versch. Kampfwagen.

Fleuron ['flø'rɔŋ], Svend, dän. Erzähler, *1874, †1966; »Die Welt der Tiere« (1940).

Fleurop GmbH ['flørɔp -], internat. Organisation zur Vermittlung von Blumengeschenken in In- und Ausland, gegr. 1908, Sitz Berlin.

Fleury [flœ'ri], André Hercule de, frz. Kardinal und Staatsmann, *1653, †1743; Erzieher und seit 1726 leitender Min. Ludwigs XV., bestimmte bis zu seinem Tod die frz. Politik.

Flevoland, Prov. in den Niederlanden; 1986 aus den Ijsselmeerpoldern Ost- und Südflevoland und zwei Gemeinden gegr.; Hptst. Lelystad.

Flexenpass, Flexensattel, Pass in den Lechtaler Alpen, Vorarlberg, Österreich, 1773 m ü.M., über ihn führt die **Flexenstraße** vom Klostertal ins Lechtal.

flexible Altersgrenze → Rentenversicherung.

Flexible Response ['fleksɪbl rɪs'pɔns] *die,* Grundkonzept der NATO-Strategie (seit 1967); sah die flexible Anwendung mehrerer Verteidigungsarten vor; 1991 durch das neue Verteidigungskonzept (MC 14/4) ersetzt.

Flexion *die,* Ⓢ → Beugung (Deklination, Konjugation).

Flexodruck, Hochdruckverfahren mit flexiblen Druckformen (Gummi- oder Kunststoffplatten), die auf den Druckzylinder geklebt werden; v.a. im Verpackungsdruck eingesetzt.

Flibustier, Seeräuber an den Küsten Mittel- und Südamerikas (17. bis 19. Jh.).

Flick, Friedrich, dt. Unternehmer, *1883, †1972; baute in den 1920er-Jahren den Montankonzern Mitteldt. Stahlwerke auf, hatte 1933 bis 1945 maßgebl. Einfluss in der dt. Rüstungsind.; baute nach dem 2. Weltkrieg einen neuen Mischkonzern auf, der 1986 unter dem Namen Feldmühle Nobel AG in den Besitz der Dt. Bank überging.

Flickenschildt, Elisabeth, dt. Charakterschauspielerin, *1905, †1977.

Flickflack *der,* beim Turnen mehrmaliger rascher Überschlag (meist rückwärts vom Stand über den flüchtigen Stütz in den Stand).

Flieder, 1) Syringa, Gattung der Ölbaumgewächse in O-Asien, Vorderasien, Europa; Ziersträucher oder -bäume mit duftenden Röhrenblüten in Rispen. – **2)** Schwarzer → Holunder; **Fliedertee,** aus seinen Blüten zubereiteter, schweißtreibender Tee.

Fliedner, Theodor, dt. ev. Theologe, *1800, †1864; gründete 1836 zus. mit einem Krankenhaus das erste Diakonissenmutterhaus.

Fliege, 1) künstl. Köder zum Angeln. – **2)** Mode: schmale Schleifenkrawatte, Querbinder.

Fliegen, artenreiche Insektenordnung, Zweiflügler von gedrungener Gestalt (im Ggs. zu den schlankeren Mücken) mit stechend- oder leckend-saugenden Mundwerkzeugen; zum großen Teil Ungeziefer, Schädlinge, Krankheitsüberträger. Arten: **Stuben-F.,** Eier, Maden und Puppen leben in Abfällen. **Gold-F.,** an Auswurfstoffen und Aas. **Schmeiß-F.,** 1,5 cm, metallisch blau oder grün. **Fleisch-F.,** grau, rotäugig, an Fleisch, Kot. Weitere F. → Bremsen, → Dasselfliegen.

Fliegende Fische, versch. Fische in warmen Meeren, die sich mit ihrer asymmetr. Schwanzflosse aus dem Wasser schnellen und mit den großen Brustflos-

Flensburg
Stadtwappen

Alexander Fleming

Ian Fleming

Elisabeth Flickenschildt

Die oberhalb des Piazzale Michelangelo gelegene Kirche San Miniato al Monte (11./12. Jh.) in **Florenz**

sen als Tragfläche durch die Luft gleiten (bis zu 50 m weit, in Etappen bis 200 m).

fliegende Hitze, plötzlich auftretender Blutandrang zum Kopf (Hitzewallung); v. a. bei Frauen in den Wechseljahren.

Fliegender Holländer, verbreitete Seemannssage, die im 19. Jh. literarisch gestaltet wurde. In der einfachsten Form lautet die Sage: Der frevelhafte Kapitän eines Schiffs habe sich bei widrigem Winde vermessen, ein sturmreiches Kap zu umfahren. Zur Strafe dafür sei er verdammt, in alle Ewigkeit gegen die Winde zu kreuzen. Gestaltungen der Sage durch W. Hauff (1825), H. Heine (1826 und 1834), Oper von R. Wagner (1843).

Fliegenschnäpper
Trauerschnäpper

fliegender Start, bei Rennen das Überqueren der Startlinie in voller Bewegung (u. a. Motorsport, Pferderennen).

fliegende Untertassen, U für fliegende Objekte unbekannter Herkunft, → UFO.

Fliegengewicht, → Gewichtsklassen (ÜBERSICHT).

Fliegenpilz, Fliegenschwamm, giftiger Blätterpilz mit rotem Hut, der mit weißen losen Hautschuppen bedeckt ist.

Fliegenschnäpper, weit verbreitete Familie der Singvögel; fangen fliegende Insekten mit hörbarem Schnappen; Zugvögel; in Dtl. **Grau-, Trauer-, Zwerg-, Halsbandschnäpper.**

Flieger, 1) bes. für kurze Strecken geeignetes Rennpferd. – **2)** Kurzstrecken-Radrennfahrer. – **3)** seit 1935 der niedrigste Mannschaftsdienstgrad in der dt. Luftwaffe.

Fliehburgen, Fluchtburgen, vor- und frühgeschichtl. Befestigungsanlagen, die i. d. R. nur in Notzeiten von der Bev. zum Schutz aufgesucht wurden.

Fliehkraft → Zentralbewegung.

Florenz
Stadtwappen

Fliehkraftregler, mechan. Drehzahlregler z. B. an Dampfmaschinen, bei dem pendelnd aufgehängte Gewichte bei rascher Umdrehung durch Fliehkraft nach außen gedrückt werden und dabei ein Regelorgan (etwa eine Drosselklappe) betätigen.

Fliesen, kleine dünne Stein- oder Tonplatten zum Verkleiden von Fußböden und Wänden.

Fließarbeit, Fließfertigung, Arbeitsverfahren in Ind.betrieben mit Massenfertigung. Das Erzeugnis durchläuft auf kürzestem Wege eine Folge von Bearbeitungsgängen. Die F. ist nicht an ein laufendes Band **(Fließband, Förderband)** gebunden, die Werkstücke können auch von Hand auf Rutschen, durch Krane u. a. befördert werden.

Fließen, der Vorgang der plast. Verformung von Metallen und Legierungen bei hohen Belastungen; die mechan. Spannung, bei der ein F. eintritt, nennt man **Fließgrenze.**

Fließpapier, Löschpapier, ungeleimtes Papier mit hoher Saugfähigkeit.

Fließpressen, Umformen von Metallen unter so hohem Druck, dass das Metall plastisch wird und die durch Stempel oder Pressform bestimmte Form annimmt (Kalt- und Warmfließpressen).

Flimmern, Zilien, Wimpern, zarte Protoplasmafortsätze (kleiner als Geißeln) an Zellen, die durch Hin- und Herschwingen eine Fortbewegung bewirken; in mit **Flimmerepithel** ausgekleideten Körperhohlräumen (z. B. obere Luftwege) zum Transport von Partikeln und Flüssigkeiten.

Flims, Luftkurort im schweizer. Kt. Graubünden, 2400 Ew., 1050 m ü. M., über der Vorderrheinschlucht.

Flinders Ranges [ˈflɪndəz ˈreɪndʒəz], Bergkette im östl. S-Australien, bis 1165 m ü. M.; reich an Kohle und Erzen (u. a. Uran und Kupfer); z. T. Nationalpark.

Flint → Feuerstein.

Flinte *die,* Schrotgewehr mit glattem Lauf.

Flintglas, stark lichtbrechendes opt. Glas.

Flipchart [-tʃɑːt] *das,* (zu Demonstrationszwecken) auf einem Gestell befestigter großer Papierblock, dessen Blätter nach oben umgeschlagen werden können.

Flipflop *das,* bistabile elektron. Kippschaltung, die 2 Schaltzustände annehmen kann (Strom führend oder stromlos); Grundbaustein von Digitalschaltungen mit sequenzieller Logik.

Flipper *der,* Spielautomat, bei dem eine Kugel durch geschicktes Zurückschlagen möglichst lange auf einem abschüssigen Spielfeld gehalten werden muss.

FLN, die alger. → Nationale Befreiungsfront.

Floating [ˈfləʊtɪŋ], Freigabe des Wechselkurses von den international festgelegten Währungsparitäten (flexible Wechselkurse).

Flockenblume, Korbblütlergattung mit der blau blühenden **Kornblume** (auf Getreidefeldern und Feldrändern) und der rotblütigen **Wiesenflockenblume.**

Flöha, Krst. in Sa., 13000 Ew.; Textilind., Dampfkesselbau.

Flöhe, flügellose Insekten mit saugend-stechenden Mundwerkzeugen; Körper seitlich stark zusammengedrückt; Hinterbeine bei vielen F. als Sprungbeine ausgebildet. Arten: **Menschen-F.,** rd. 3 mm, braun; **Hunde-, Katzen-, Hühner-F.** u. a., **Ratten-F.** können die Pest übertragen.

Flohkrebse, flohförmige kleine Krebse ohne Scheren; leben im und am Wasser (Strandfloh).

Floppydisk *die,* → Diskette.

Flor *der,* **1)** dünnes durchscheinendes Gewebe, auch der Trauerflor (schwarzes Band am Ärmel oder Jackenaufschlag). – **2)** aufrecht stehende Faserenden bei Samt, Teppichen, Plüsch.

Flora, Paul, österr. Grafiker, * 1922; feiner, von der Linienstruktur bestimmter Zeichenstil.

Flora, 1) röm. Göttin des blühenden Getreides und der Blumen. – **2)** *die,* natürl. Pflanzenwelt eines bestimmten Gebiets.

Florentiner, Feingebäck mit Honig, Nüssen oder Mandeln; eine Seite mit Kuvertüre überzogen.

Florentiner Hut, Damenstrohhut mit flachem Kopf und sehr breiter Krempe (seit etwa 1775).

Florenz, ital. **Firenze,** Hptst. der Prov. F. und der Region Toskana, in Mittelitalien, am Arno, 408400 Ew.; die Altstadt mit Kirchen, Palästen (Palazzo Vecchio) und Kunstschätzen: Dom, Campanile und Baptisterium, San Lorenzo (Medici-Grabmäler Michelangelos), Uffizien und Pittigalerie mit weltberühmten Kunstsammlungen gehören zum Weltkulturerbe; Univ., Kunstakademie, Nationalbibliothek; Erzbischofssitz. Kunsthandwerk und graf. Gewerbe, bedeutender Fremdenverkehr. – F. ist eine röm. Gründung (Florentia), wurde im 11. Jh. ein Stadtfreistaat und gewann im 15. Jh. unter den Medici wirtschaftl., polit. und kulturell eine führende Stellung innerhalb Italiens; 1865 bis 1871 Hptst. des Kgr. Italien.

Flores, 1) Insel der Azoren. – **2)** zweitgrößte der Kleinen Sunda-Inseln, gehört zu Indonesien: 14273 km², 640000 Ew.; Hauptort: Endeh; mit tätigen Vulkanen.

Florett *das,* Waffe zum Stoßfechten.

Florfliegen, Netzflügler mit florgewebeähnl. grün schillernden Flügeln; Larve frisst Blattläuse.

Florian, Märtyrer, †um 304; Schutzheiliger Oberösterreichs, Patron gegen Feuersgefahr (Tag: 4. 5.).

Florianópolis [-ˈnɔpulis], Hptst. und Hafen des brasilian. Staats Santa Catarina, 188000 Ew.; 2 Univ., Nahrungsmittelindustrie.

Florida, Abk. **Fla.,** der südöstlichste Staat der USA, 151939 km², 12,94 Mio. Ew. (14% Schwarze); Hptst. Tallahassee. F. umfasst die gleichnamige flache Halbinsel zw. Atlantik und Golf von Mexiko, im S das Sumpfgebiet der Everglades; die der Atlantikküste vorgelagerten Nehrungen setzen sich im S in einer Kette von Koralleninseln fort **(Florida Keys);** subtrop. Klima, im Herbst häufig Hurrikane. Anbau von Südfrüchten, Tabak, Baumwolle, Reis; Forstwirtschaft; Phosphatgewinnung; elektron., chem. u. a. Ind. Fremdenverkehr, Badeorte v. a. an der O-Küste: Miami, Palm Beach u. a.; Raketenstartgelände Cape Canaveral. – Bis 1819 in span. Besitz; seit 1845 Staat der Union.

Florin, 1) Bezeichnung des →Guldens. – **2)** brit. 2-Shilling-Stück (bis 1967).

Floris, 1) Cornelis, fläm. Bildhauer und Baumeister, *1514, †1575; schuf den Ornamentstil der nordeurop. Renaissance **(F.-Stil).** – **2)** Frans, fläm. Maler, *um 1520, †1570, Bruder von 1); Porträts; bibl. und mytholog. Szenen.

Floskel *die,* abgegriffene, nichts sagende Redensart.

Floß, flaches Wasserfahrzeug aus Schwimmkörpern aller Art (Binsen, Holzstämme, Fässer); F. aus Baumstämmen dienen der Holzbeförderung **(Flößerei).**

Flosse, 1) feststehende Fläche am Leitwerk eines Flugzeugs. – **2)** ♁ der Fortbewegung dienende Gliedmaßen der Fische. – **3)** dem Gänsefuß ähnl. Gummischuh beim Tauchsport.

Flossenfüßer, die →Robben.

Flotation *die,* Verfahren zur mechan. Schwimmaufbereitung vieler Rohstoffe (bes. Erze); nutzt die unterschiedl. Benetzbarkeit der Teilchen für die Trennung.

Flöte, Blasinstrument aus Holz, Metall, Ton (Okarina) oder Bein. **Quer-F.** mit seitlich in die Schallröhre eingeschnittenem Blasloch und 14 durch Klappen verschließbaren Tonlöchern; Umfang: c′–c′′′′. Die kleinere **Pikkolo-F.** klingt eine Oktave höher. Weitere Arten: Blockflöte, Flageolett, Panflöte.

Flötner, Peter, schweizer. Baumeister, Bildschnitzer, Holzschneider, *um 1490, †1546; Marktbrunnen Mainz, Hirschvogelsaal Nürnberg.

Flotow [-o], Friedrich von, dt. Komponist, *1812, †1883; Opern: »Alessandro Stradella« (1844), »Martha« (1847), daneben Ballette, Operetten und Kammermusik.

Flotte, Gesamtheit der Schiffe (Handels-F., Kriegs-F., Fischerei-F.) eines Staates; auch: größerer Verband von Schiffen. **Flottille,** Verband kleinerer Kriegsschiffe.

Flöz, ⚒ schichtartige Ablagerung nutzbarer Gesteine oder Minerale, z. B. Kohlenflöz.

Fluate, gekürzt aus **Flu**orosilic**ate,** Salze der Kieselfluorwasserstoffsäure, v. a. zum Wasserdichtmachen von Zement und als Härtemittel.

Fluchtdistanz, der Abstand, von dem ab ein Tier keine weitere Annäherung eines mögl. Feindes mehr duldet, sondern flüchtet oder angreift.

Fluchtgeschwindigkeit, 2. kosmische Geschwindigkeit, die Geschwindigkeit, die ein Körper haben muss, damit er das Gravitationsfeld eines Himmelskörpers verlassen kann (beträgt bei der Erde 11,2 km/s).

Flüchtigkeit, die Eigenschaft flüssiger und fester Stoffe, durch Verdunstung in den Dampfzustand überzugehen.

Flüchtlinge, Personen, die aus polit., religiösen oder ethn. Gründen, durch polit. Maßnahmen, Krieg oder andere existenzgefährdende Notlagen ihren Heimatort vorübergehend oder auf Dauer verlassen haben. Die internat. Betreuung der F. nimmt seit 1951 die UNO wahr. Polit. F. stehen unter dem Schutz des Genfer Abkommens von 1951. Mehrere Resolutionen der UN-Vollversammlung begründen einen erweiterten F.-Begriff, der auch Kriege und Katastrophen einbezieht. Es liegt allerdings im Ermessen der einzelnen Staaten, wen sie als F. anerkennen bzw. aufnehmen (→Asylrecht). Von den internat. F. zu unterscheiden sind die nat. F. Sie umfassten in der Bundesrep. Deutschland: a) die Ostflüchtlinge, rd. 12,5 Mio. Deutsche, die während und nach dem 2. Weltkrieg die dt. Ostgebiete und die südosteurop. Länder verlassen mussten; sie werden amtlich als Vertriebene bezeichnet; b) Personen, die unter dem Druck der polit. und wirtschaftl. Verhältnisse die DDR verlassen haben. Von den F. zu unterscheiden sind die **Aussiedler,** die als Deutschstämmige nach Dtl. kamen (1995: rd. 218000). Für heimatlose Ausländer in Dtl. (→Displaced Persons) gelten internat. Regelungen, die 1953 innerstaatl. Recht in der Bundesrep. Deutschland wurden. Die Zahl der F. ist in der Gegenwart weltweit im Steigen begriffen. Dabei wächst auch die Zahl der **Wirtschafts-F.,** d. h. derjenigen, die vor unerträgl. wirtschaftl. und sozialen Notständen fliehen.

Fluchtpunkt →Perspektive.

Flüela *der,* 2383 m hoher Alpenpass in Graubünden, Schweiz; die 26 km lange Passstraße verbindet Davos mit dem Unterengadin.

Flug, Fortbewegung eines Körpers im Luftraum. **Passiver Flug (Gleitflug,** auch **Segeln)** bei fliegenden Eichhörnchen, Flugdrachen und Flugfröschen; im Pflanzenreich dient der F. zur weiten Verbreitung der Früchte und Samen (Löwenzahn, Ahorn, Linde). **Aktiver F.** bei Fledermäusen, Vögeln und Insekten. Vögel und Fledermäuse bewegen sich durch einen **Ruderflug;** Vortrieb und Auftrieb durch Niederschlagen der Flügel. Die meisten Insekten, ferner die Kolibris haben einen **Schwirrflug** (Bienen 200 Flügelschläge in der Sekunde). Das Kreisen der Greifvögel ist ein **Schwebeflug,** bei dem aufsteigende Luftströme, z. B. an Berghängen, ausgenutzt werden. F. des Menschen →Luftfahrt.

Flugbahn, die Bahn eines geworfenen Körpers, z. B. eines Geschosses oder eines Flugkörpers (Rakete, Raumfahrzeug). Sieht man von allen Bewegungswiderständen ab, so ergibt sich aus Antriebskraft und Erdanziehung eine Parabel. Durch Luftwiderstand, Wind und Drall wird die F. unsymmetrisch **(ballist. Kurve).**

Flugbeutler, Beuteltiere in Australien und Neuguinea, die durch eine Flughaut zw. Vorder- und Hinterbeinen zum Gleitflug befähigt sind.

Flugblatt, ein- oder zweiblättrige Druckschrift zur Aufklärung oder Beeinflussung der Öffentlichkeit, z. B. bei Wahlen, Streiks, Kriegen; auch Werbung. In umfangreicher Form **Flugschrift.**

Flugdrachen, Draco, Echsengattung (Agamen) in SO-Asien, können dank flügelartiger seitl. Hautlappen Gleitflüge bis zu 100 m weit machen.

Flügel, 1) zum Fliegen dienende Körperorgane bei Insekten, Vögeln, Fledermäusen, Flugsauriern. Die F. der Vögel sind umgewandelte Vordergliedmaßen, die F. der Insekten sind Hautausstülpungen; auch zum

Florida
Flagge

Friedrich von Flotow

Flugdrache

passiven Flug dienende Anhängsel bei Pflanzen. – 2) Klavierinstrument mit waagerecht liegenden Saiten in Form eines Vogel-F. – 3) Seitenteil eines Gebäudes. – 4) Teil eines mehrteiligen Fensters, Altars. – 5) Tragflügel. – 6) äußerster Teil einer Truppenaufstellung.

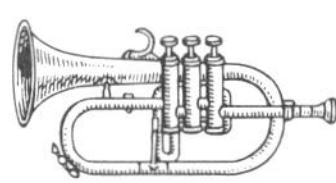
Flügelhorn

Flügelhorn, ein Blasinstrument, dem Kornett verwandte Form des Bügelhorns in Sopranlage.

Flugfrosch, Art der Ruderfrösche in Indonesien mit Spannhäuten zw. Fingern und Zehen, die ihm kurze Gleitflüge ermöglichen.

Flughafen, Start- und Landeplatz für Flugzeuge. Der F. besitzt betonierte Start- und Landebahnen mit Rollwegen und Vorfeldern, Abfertigungsgebäude, Flugzeughallen, Tankanlagen, Funkeinrichtungen für Wetter- und Flugsicherungsdienst, zum Einorten beim Landen (Blindlandung), Randbefeuerung; kleinere Anlagen nennt man **Flugplatz** oder **Landeplatz.**

Flughörnchen, Gleithörnchen, eichhörnchenähnl. Nagetiere mit Flughaut zw. den Extremitäten; in N-Russland, Asien, Nordamerika.

Flughörnchen

Flugsaurier, Pterosauria, ausgestorbene Echsen mit Flughäuten von bis zu 15 m Spannweite (z. B. Quetzalcoatlus).

Flugschreiber, Bordgerät zur Aufzeichnung wichtiger Flugdaten; dient zur nachträgl. Kontrolle, v. a. nach Flugunfällen; F. sind mit ihrem Gehäuse bruch- und feuersicher konstruiert.

Flugsicherung, Sicherung des Luftverkehrs durch Flugverkehrskontrolle, Fernmeldewesen, Funknavigation, Flugwetterdienst, Streckenbefeuerung sowie durch Luftfahrtkennzeichen; die Flugüberwachung und -lenkung obliegt den **Fluglotsen.**

Flugsport, sportl. Wettbewerbe mit Flugkörpern, mit Motorflugzeugen (bes. der Kunstflug), mit Segelflugzeugen, Freiballon, Hängegleiter, Fallschirm und Flugmodellen.

Flugzeug, Luftfahrzeug, das schwerer als Luft ist und in der Luft gehalten wird durch dynam. Auftrieb, der durch die an den Tragflügeln vorbeiströmende Luft erzeugt wird. Die Tragflügel sind in einem bestimmten Winkel, dem Anstellwinkel, gegen die Bewegungsrichtung geneigt. In größeren Höhen nehmen alle Kräfte infolge der geringeren Luftdichte ab. – Die wichtigsten Teile sind Trag-, Leit-, Fahr-, Triebwerk und Rumpf. Die **Tragflügel** enthalten Treibstoffbehälter und nehmen oft die Triebwerke und Einziehfahrwerke auf. Nach Anordnung und Umrissformen der Tragflügel unterscheidet man Hoch-, Schulter-, Mittel-, Tief-, Doppeldecker, Rechteck-, Trapez-, Dreieck- (Delta-),

Flugzeugträger

Flusspferd: Nilpferd

Pfeilflügel-, Hybrid-, Nurflügel- sowie Tandemflügel-F. Das **Leitwerk** besteht aus Höhen- und Seitenleitwerk und Querruder. Erstere befinden sich meist am Rumpfende, Letztere als bewegl. Klappen an den Flügelenden. Mit dem Leitwerk kann man das F. im Flug um seine 3 Achsen bewegen. Der **Rumpf** nimmt Besatzung, Fluggäste und weitere Nutzlast auf. Er ist für längere Flüge in größeren Höhen druckdicht gehalten **(Druckkabine);** durch Gebläse wird ein Luftdruck, der etwa 2 500 m Meereshöhe entspricht, aufrechterhalten. Den vorderen Teil bildet die **Führerkabine** (Cockpit) mit den Steuer-, Triebwerksüberwachungs-, Navigations- und Funkeinrichtungen. – Die **Triebwerke** sind für Fluggeschwindigkeiten deutlich unterhalb der Schallgeschwindigkeit Propeller mit meist verstellbaren Luftschrauben, die von Kolbenmotoren oder Gasturbinentriebwerken angetrieben werden; für Geschwindigkeiten nahe und über der Schallgeschwindigkeit → Strahltriebwerk. – Das **Fahrwerk** besteht aus gefederten Fahrgestellen **(Federbeinen)** mit luftbereiften bremsbaren einfachen oder Zwillingsrädern. Es ist meist einziehbar. Statt des Heckrads oder Sporns unter dem Rumpfende werden heute Bugräder zum Stützen des F. im Stand und beim Landen bevorzugt. Das Schwimmwerk von **Wasser-F.** besteht aus Zentralschwimmer oder Einzelschwimmern unter dem Rumpf, **Flugboote** haben einen als Gleitboot gebauten schwimmfähigen Rumpf. Vorherrschend sind **Starrflügler** mit freitragendem, nach aerodynam. Grundsätzen gestaltetem Flügel. Sonderbauarten: Nurflügel-, Drehflügelflugzeug (Hubschrauber, Tragschrauber), Senkrechtstarter, Segelflugzeuge (→ Segelflug). – Zur Geschichte → Luftfahrt.

Flugzeugträger, Kriegsschiff mit geräumigem, durchgehendem Deck zum Start und zur Landung von Flugzeugen.

Fluidik *die,* Teilgebiet der Strömungslehre; befasst sich mit der Signalerfassung und -verarbeitung mittels flüssiger oder gasförmiger (statt elektron.) Bauelemente.

Fluidum *das,* Wirkung oder Ausstrahlung, die von einer Sache oder einem Menschen ausgeht.

Fluktuation *die,* kontinuierliches Wechseln, Schwanken; in der Wirtschaft der zwischenbetriebl. Arbeitsplatzwechsel.

Flunder, Art der → Plattfische.

Fluor, 1) *das,* Symbol **F,** chem. Element, Halogen, ein giftiges gelbgrünes Gas, OZ 9; kommt nirgends frei vor, sondern gebunden in Gesteinen, bes. im Flussspat und im Kryolith. F. ist das reaktionsfähigste chem. Element, bildet mit Wasserstoff **Fluorwasserstoff, HF,** dessen wässrige Lösung, **Flusssäure,** zum Glasätzen dient; ihre Salze heißen **Fluoride.** – F. kommt u. a. in Knochen und im Zahnschmelz vor. Durch **Fluoridierung** des Trinkwassers lässt sich eine Kariesprophylaxe erreichen. – 2) *der,* → Ausfluss.

Fluorchlorkohlenwasserstoffe, Abk. **FCKW,** fachsprachlich **Chlorfluorkohlenstoffe, CFK,** organi-

sche Verbindungen, in denen Wasserstoffatome durch Fluor- und Chloratome ersetzt sind. Die F. tragen durch freigesetzte Chlorradikale zur Zerstörung der Ozonschicht (→Ozonloch) der Atmosphäre bei, deshalb wird ihr Einsatz als Treibgas, Kältemittel und zum Schäumen von Kunststoffen reduziert bzw. eingestellt.

Fluoreszenz *die,* Leuchterscheinung mancher Stoffe (z. B. Flussspat, Uransalze), während sie mit Licht bestrahlt werden; i. w. S. auch das Aufleuchten bei Beschuss mit Elektronenstrahlen.

Fluorit *der,* →Flussspat.

Flur, 1) *der,* Vorplatz im Haus. – **2)** *die,* **Feldflur,** landwirtschaftl. Nutzfläche (Acker, Wiese, Weide) eines Siedlungs- und Wirtschaftsverbands. **Flurformen,** Form, Größe und Anordnung der Flur: Streifen-, Block-, Hufen-, Einöd- oder Gewannflur. **Flurkarte,** Katasterkarte (→Kataster). **Flurschaden,** der durch Wild oder militär. Übungen entstehende Schaden an Feldern, Wiesen usw.

Flurbereinigung, Feldregulierung, Verbesserung der Feldlage landwirtschaftl. Betriebe durch Neugestaltung der Flureinteilung durch Zusammenlegung, Umlegung oder Verkoppelung. Die F. enthält auch einen Gewässer- und Wegeplan.

Fluss, jedes fließende Gewässer des Festlands, größere F. werden meist **Ströme** genannt, kleinere **Bäche.** Ein **Neben-F.** mündet in einen anderen F., ein **Haupt-F.** in der Regel ins Meer. Manche F. versiegen, ohne das Meer zu erreichen, oder münden in einen abflusslosen Binnensee oder führen nur periodisch Wasser, so in Gebieten mit Wechsel von Regen- und Trockenzeit. Das zu einem F. gehörige Gewässernetz bildet sein **F.-System,** das von diesem entwässerte Landgebiet sein **Einzugsgebiet,** das durch eine →Wasserscheide von dem anderer F. getrennt wird.

Flussdiagramm, graf. Darstellung eines Programmablaufs in der Datenverarbeitung oder der Ablaufstruktur eines Algorithmus in der Mathematik.

flüssige Luft →Luftverflüssigung.

Flüssiggase, bei bestimmten Drücken und Temperaturen verflüssigte Gase, v. a. aus Kohlenwasserstoffen bestehende Gase, die bei der Verarbeitung von Erdöl und Erdgas entstehen (Propan, Butan); Lagerung und Transport in Druckflaschen oder -tanks.

Flüssigkeit, Stoff im flüssigen Aggregatzustand, in dem die Moleküle eng beieinander liegen, aber leicht gegeneinander verschiebbar sind. Eine F. ist daher nicht form-, aber nahezu volumenbeständig. Jede F. hat einen bestimmten druckabhängigen Siedepunkt und geht beim Überschreiten des Erstarrungspunkts (Gefrierpunkt) in den festen Zustand über.

Flüssigkeitsgetriebe, (hydrostat. oder hydrodynam.) Druckmittelgetriebe, in denen ein starres Glied durch eine Flüssigkeit (meist Öl) ersetzt ist. F. bestehen meist aus Pumpen zur Förderung, Rohrleitungen zur Hin- und Rückführung des Druckmittels und Turbine oder Kolben als Antriebsorgan. Die Vereinigung von Pumpe und Turbine führt zum stufenlos regelbaren **Föttinger-Getriebe.**

Flüssigkristalle, organ. Substanzen aus lang gestreckten Molekülen; sie stellen Flüssigkeiten mit kristallinen Strukturen dar und besitzen durch elektr. Spannung veränderbare opt. Eigenschaften; finden als Anzeigeelemente (Displays) Anwendung in Uhren, Taschenrechnern u. a.

Flusskrebs, zehnfüßiger, Scheren tragender Süßwasserkrebs. Während der Häutungen sind die Tiere weich **(Butter-K.)** und halten sich verborgen.

Flussmittel, Stoffe zur Erzeugung leichtflüssiger Schlacke beim Metallschmelzen, zur Verbesserung der Benetzbarkeit der Oberfläche beim Löten oder Verzinnen, zur Erniedrigung der Schmelztemperatur keram. Massen.

Flussmuscheln, Familie der Muscheln mit meist zweiklappiger, unterschiedlich geformter Schale, lebt im Süßwasser; z. B. **Teichmuschel, Malermuschel; Flussperlmuschel,** in kalkarmen Gebirgsbächen, liefert Perlen. Alle Arten sind geschützt.

Flusspferde, große, plumpe Paarhufer in Binnengewässern Afrikas, mit großen Eckzähnen; mit der Familie der Schweine verwandt. **Nilpferd** über 4 m lang, 1,5 m hoch, 3 t schwer; deutlich kleiner ist das **Zwerg-F.,** das entlang von Flüssen in Wäldern und in Sümpfen W-Afrikas lebt.

Flusssäure, chem. Verbindung, →Fluor.

Flussspat, Fluorit, farbloses, meist in Würfeln kristallisierendes Mineral, Calciumfluorid, CaF_2.

Flüsse (Auswahl)

Name	Länge (in km)	Einmündungsgewässer
Europa		
Wolga	3530	Kaspisches Meer
Donau	2850	Schwarzes Meer
Dnjepr	2200	Schwarzes Meer
Don	1870	Asowsches Meer
Rhein (mit Vorderrhein)	1320	Nordsee
Elbe	1165	Nordsee
Weichsel	1047	Ostsee
Loire	1020	Atlantischer Ozean
Tajo (Tejo)	1007	Atlantischer Ozean
Maas	925	Nordsee
Ebro	910	Mittelmeer
Oder	866	Ostsee
Rhône	812	Mittelmeer
Seine	776	Kanal
Po	652	Adriatisches Meer
Mosel	545	Rhein
Weser	440	Nordsee
Tiber	405	Tyrrhenisches Meer
Themse	338	Nordsee
Afrika		
Nil (mit Kagera)	6671	Mittelmeer
Kongo	4320	Golf von Guinea
Niger	4160	Golf von Guinea
Sambesi	2660	Indischer Ozean
Senegal (mit Bafing)	1430	Atlantischer Ozean
Nordamerika		
Mississippi (mit Missouri)	6021	Golf von Mexiko
Yukon River	3185	Beringmeer
Rio Grande	3034	Golf von Mexiko
Colorado	2334	Golf von Kalifornien
Südamerika		
Amazonas	6400	Atlantischer Ozean
Paraná	3700	Rio de la Plata
Orinoco	2140	Atlantischer Ozean
Asien		
Jangtsekiang	6300	Ostchin. Meer
Hwangho	5464	Gelbes Meer
Ob (mit Irtysch)	5410	Karasee
Mekong	4500	Südchin. Meer
Lena	4400	Laptewsee
Euphrat (mit Murat)	3380	Persischer Golf
Indus	3200	Arabisches Meer
Brahmaputra	3000	Golf von Bengalen
Amur	2824	Ochotskisches Meer
Ganges	2700	Golf von Bengalen
Tigris	1900	Persischer Golf
Jordan	330	Totes Meer
Australien		
Darling	2720	Murray
Murray	2589	Indischer Ozean

Robert W. Fogel

Henry Fonda

Flut → Gezeiten.

Flutwellen, sprunghafter Anstieg des Meeresspiegels als Auswirkung der Flut, bes. im Mündungsbereich großer Flüsse; auch die langen Meereswellen großer Höhe, die durch Seebeben (Tsunamis) oder durch Wirbelstürme verursacht werden.

fluvial, fluviatil, zum Fluss gehörig, von ihm abgelagert, geschaffen.

Fluxus *der,* Begriff in der zeitgenöss. Kunst für eine Art der Aktionskunst.

Fly-by [ˈflaɪˈbaɪ] *das,* **Swing-by,** in der Raumfahrt die Ausnutzung der Gravitation z. B. eines Planeten zur Bewegungsänderung.

Flying Dutchman [ˈflaɪɪŋ ˈdʌtʃmən], Bootstyp (Zweimann-Olympiajolle) für den internat. Rennseglsport.

Flynn [flɪn], Erroll, amerikan. Filmschauspieler, * 1909, † 1959; erfolgreich in »Mantel- und Degen«-Filmen, z. B. »Robin Hood« (1938).

Fly River [ˈflaɪ ˈrɪvə], längster Fluss Neuguineas, 1 120 km lang.

Flysch [flɪʃ] *das,* miteinander wechsellagernde Mergel, Schiefertone, Kalk- und Sandsteine.

fm, 1) Einheitenzeichen für Femtometer. (→ Vorsatz) – **2)** Einheitenzeichen für → **Festmeter.**

Fm, chem. Symbol für Fermium.

Fo, Dario, ital. Dramatiker und Schauspieler, * 1926; gesellschaftskrit., polit. Volkstheater in satir.-burlesker Form; u. a. »Mistero buffo« (1969), »Offene Zweierbeziehung« (1983). Nobelpreis für Literatur 1997.

Foch [fɔʃ], Ferdinand, frz. Marschall, * 1851, † 1929; Heerführer im 1. Weltkrieg, 1918 Oberbefehlshaber der Alliierten.

Fock *die,* das unterste Rahsegel am vordersten Mast des Schiffs **(F.-Mast).**

Fock, Gorch, eigentl. Johann **Kinau,** dt. Schriftsteller, * 1880, † 1916; schrieb realist. Seefahrtsromane (»Seefahrt ist not«, 1913).

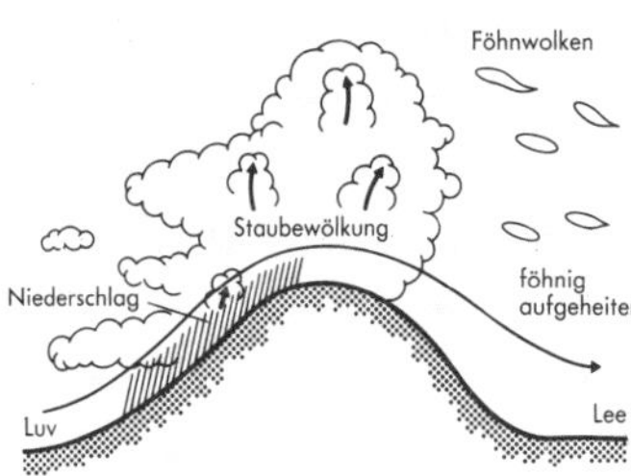

Entstehung von **Föhn**

Focke, Henrich, dt. Flugzeugkonstrukteur, * 1890, † 1979; gründete 1924 die **Focke-Wulf-Flugzeugbau AG** in Bremen, baute 1936 den ersten verwendungsfähigen Hubschrauber.

Jane Fonda

Föderalismus [lat. foedus »Bündnis«] *der,* Gestaltungsprinzip eines Staats, das den einzelnen Gliedern (Gliedstaaten, Ländern) weitgehende Selbstverwaltung zugesteht; es gibt zwei Grundformen: Bundesstaat und Staatenbund.

Föderation *die,* Bündnis von Staaten zu vorübergehendem polit. oder wirtschaftl. Zweck.

Fogel [fəʊgl], Robert W., amerikan. Wirtschaftswissenschaftler, * 1926; Untersuchungen zur Wirtschaftsgeschichte und -theorie; 1993 Nobelpreis für Wirtschaftswissenschaften.

Foggia [ˈfɔddʒa], Hptst. der Prov. F. in Apulien, Italien, 159 200 Ew.; Bischofssitz, Landwirtschaftsmesse. 1731 durch Erdbeben stark zerstört.

Fohlen, junges Pferd bis zum Alter von 2 Jahren.

Föhn, warmer, trockener, böiger Fallwind im Windschatten von Gebirgen, z. B. auf der Alpennordseite; entsteht durch Luftdruckausgleich von einem Gebiet hohen Luftdrucks nach einem Gebiet niedrigen Luftdrucks. Die **F.-Krankheit,** die bes. bei Menschen mit Wetterfühligkeit auftritt, zeigt Beschwerden wie Kopfweh, Schwindel, Depressionen, seel. Verstimmung, Herz- und Kreislaufattacken.

Fohr, Carl Philipp, dt. Maler, * 1795, † 1818; Vertreter der Heidelberger Romantik, v. a. leuchtend farbige Landschaften, Bildnisse.

Föhr, Nordfries. Insel im Wattenmeer, Schlesw.-Holst.; 82 km², 9 800 Ew.; Haupt- und Badeort Wyk auf Föhr.

Föhre, eine → Kiefer.

Fokker, Anthony Herman Gerard, niederländ. Flugzeugbauer, * 1890, † 1939; gründete 1912 eine Flugzeugfabrik, in der während des 1. Weltkriegs Jagdflugzeuge gebaut wurden.

Fokus *der,* **1)** → Brennpunkt. – **2)** Krankheitsherd.

Fokussierung, Zusammenführung von auseinander laufenden oder parallelen Strahlen in einem Punkt, z. B. durch eine Sammellinse; in der Fotografie Scharfeinstellung.

Foliant *der,* großes Buch im Folioformat.

Folie [lat. folium »Blatt«] *die,* sehr dünnes Blatt, v. a. aus Metall oder Kunststoff, z. B. **Silber-F.,** zum Unterlegen der Edelsteine; **Zinn-** (Stanniol), **Aluminium-F.** oder **Kunststoff-F.** zur Verpackung, als Sperrschichten o. Ä.

Folio *das,* Abk. **Fol.,** Zeichen **2°,** veraltete Bezeichnung für einen einmal gefalzten Bogen. Im Buchhandel versteht man unter F. ein Buchformat mit einer Höhe zw. 35 und 45 cm.

Folkestone [ˈfəʊkstən], Hafenstadt und Seebad in der engl. Cty. Kent, an der Straße von Dover, 43 700 Ew.; Fährverkehr nach Boulogne-sur-Mer; westl. von F. Beginn des Eurotunnels.

Folketing *das,* die dän. Volksvertretung.

Folklore *die,* volkstüml. Überlieferung (u. a. Lieder, Tänze, Trachten).

Folksong [ˈfəʊksɔŋ], engl. Bezeichnung für Volkslied; später auch für Lieder mit sozialkrit. Text, die durch die Massenmedien eine starke Verbreitung fanden.

Follikel *der,* **1)** grübchenförmige Einsenkungen der Haut, z. B. die **Haar-F.,** aus denen die Haare hervorragen. – **2)** Bläschen im Eierstock, das als Hülle für die Eizelle dient (zur Ernährung und zur Bildung von Hormonen); die Reifung des F. wird durch stimulierende Hormone gesteuert, ebenso der sich anschließende **F.-Sprung** (Ovulation).

Folsäure, organ. Säure mit Vitamineigenschaften, kommt in grünen Pflanzenblättern, Leber, Hefe u. a. vor; wichtig für den Zellstoffwechsel.

Folter, Tortur, Auferlegen körperl. Qualen, um ein Geständnis zu erzwingen; die F. wurde Ende des MA. in Dtl. bei Prozessen gegen Hexen und Ketzer angewandt **(peinl. Befragung);** im Laufe des 18. Jh. als zulässiges Mittel der Verbrechensaufklärung abgeschafft; in totalitären Staaten und Militärdiktaturen im 20. Jh. erneut verbreitet.

Fond [fɔ̃] *der,* **1)** Basis, Grundlage, Hintergrund (eines Gemäldes). – **2)** Rücksitz im Wagen. – **3)** Saucengrundlage (z. B. Bratensaft).

Fonda [ˈfɔndə], **1)** Henry, amerikan. Filmschauspieler, * 1905, † 1982; v. a. klass. Western; »Früchte des Zorns« (1940), »Spiel mir das Lied vom Tod« (1968). – **2)** Jane Seymour, amerikan. Filmschauspielerin, * 1937, Tochter von 1); »Barbarella« (1968), »Nora« (1973), »The morning after« (1985). – **3)** Peter, amerikan. Filmschauspieler, * 1939; Sohn von 1); »Easy Rider« (1969, auch Regie).

Fondant [fɔ̃ˈdã], weiche schmelzende Zuckerware, kandiert oder mit Zucker überzogen.

Theodor Fontane. Ausschnitt aus einem zeitgenössischen Gemälde und Autogramm

Fonds [fɔ̃] *der,* für bestimmte Zwecke gebildete und verwaltete Geldmittel, z. B. Sondervermögen von Kapitalanlagegesellschaften (Investment-F., Immobilien-F.), F. »Dt. Einheit« aus Mitteln des Bundes und der alten Bundesländer zum Aufbau Ostdeutschlands.

Fondue [fɔ̃ˈdy:] *das* oder *die,* schweizer. Gericht aus geschmolzenem Käse, Wein und Gewürzen, auch **Fleisch-F.** (Fleischwürfel gebraten in heißem Fett oder gegart in Fleischbrühe).

Fontaine [fɔ̃ˈtɛn], Pierre François Léonard, frz. Baumeister, * 1762, † 1853; Mitbegründer des Empirestils, Schloss Malmaison (1802 ff.).

Fontainebleau [fɔ̃tɛnˈblo], frz. Stadt im SO von Paris, 18 000 Ew.; Renaissanceschloss und Park gehören zum Weltkulturerbe, früher Residenz der frz. Könige und Napoleons. An der Innenausstattung arbeitete die **Schule von F.,** eine Künstlergruppe des 16./17. Jahrhunderts.

Fontane, Theodor, dt. Schriftsteller, * 1819, † 1898; schrieb Balladen, Romane aus der märk., bes. aber der Berliner Gesellschaft: »Irrungen, Wirrungen« (1888), »Effi Briest« (1895), »Der Stechlin« (hg. 1899); »Wanderungen durch die Mark Brandenburg« (1862 bis 1882).

Fontanellen, von Bindegewebe erfüllte Lücken im knöchernen Schädel beim Neugeborenen: **große F.** zw. Stirnbein und Scheitelbeinen, **kleine F.** zw. Scheitelbeinen und Hinterhauptsbein. Die F. schließen sich durch Verknöcherung.

Fontevrault [fɔ̃təˈvro], ehem. Benediktinerabtei im Dép. Maine-et-Loire, Frankreich, gegr. 1101; roman. Kirche mit den Gräbern von Heinrich II. von England, Eleonore von Aquitanien und Richard Löwenherz; Klostergebäude (16. Jh.).

Fonteyn [fɔnˈteɪn], Dame (seit 1956) Margot, eigentl. Margaret **Hookham,** brit. Tänzerin, * 1919, † 1991; war Primaballerina des »Royal Ballett«, London.

Food and Agriculture Organization [ˈfu:d ænd ægrɪˈkʌltʃə ɔ:gənaɪˈzeɪʃn], → FAO.

Foot [fʊt], *Pl.* **Feet** [fi:t], Abk. **ft,** Längenmaß in Großbritannien und den USA: 1 ft = 12 inches (Zoll) = 0,3048 m.

Football, American F. [əˈmerɪkən ˈfʊtbɔ:l], v. a. in den USA gespieltes, dem Rugby ähnl. Ballspiel zw. 2 Mannschaften, bei dem der eiförmige Ball durch Fußstoß über die Torlatte oder Tragen über die Grundlinie befördert werden muss.

Foraminiferen, Kammerlinge, seit dem Kambrium bekannte einzellige Meerestiere mit Gehäuse aus Kalk oder organ. Substanz und fadenförmigen Scheinfüßchen (Wurzelfüßer). Ihre Schalen bilden hohe Schichten am Meeresboden; wichtige Leitfossilien.

FORATOM → Europäisches Atomforum.

Forbach, Stadt in Lothringen, Frankreich, 27 300 Ew.; Steinkohlenbergbau, Metallindustrie.

Force [fɔrs], Stärke, Gewalt. **F. de frappe** [-də ˈfrap], jetzt **F. de dissuasion** [-də ˈdisyazjɔ̃], die frz. Atomstreitkräfte.

Forchheim, Krst. in Oberfranken, Bayern, an der Regnitz, 30 100 Ew.; Metall-, Textil-, Papierind., viele Fachwerkhäuser, u. a. das Rathaus. – In F. fanden 3 dt. Königswahlen statt: Ludwig das Kind (900), Konrad I. (911), Rudolf von Rheinfelden (Gegenkönig, 1077).

Ford [fɔ:d], **1)** Gerald Rudolph, amerikan. Politiker (Republikaner), * 1913; 1973 bis 1974 Vizepräs. der USA, nach dem Rücktritt Nixons wegen der → Watergate-Affäre 1974 bis 1977 der 38. Präsident der USA. – **2)** Harrison, amerikan. Filmschauspieler, * 1942; v. a. Abenteuerfilme: »Krieg der Sterne« (1977), auch Charakterrollen: »Der einzige Zeuge« (1985). – **3)** Henry, amerikan. Industrieller, * 1863, † 1947; konstruierte 1892 sein erstes Automobil, gründete 1903 die **F. Motor Company** in Dearborn (Mich.). Dt. Tochtergesellschaft: **F.-Werke AG,** Köln. Massenfertigung und Rationalisierung ermöglichten Verbilligung der Erzeugnisse. Seine techn., wirtschaftl. und sozialen Grundsätze werden als **Fordismus** bezeichnet. Gründete 1936 die **F. Foundation,** größte Stiftung der Erde. – **4)** John, amerikan. Filmregisseur, * 1895, † 1973; inszenierte bedeutende Western: »Ringo« (1939), »Rio Grande« (1950), auch »Früchte des Zorns« (1940).

Förde, tief ins Flachland eingreifende, lang gestreckte Meeresbucht, v. a. an der Ostseeküste von Schlesw.-Holst. und Jütland.

Förderanlage, Förderer, Einrichtung zum Transportieren von Gütern und Personen; besteht aus Fördermitteln (Stetigförderer, z. B. Rutschen, und Unstetigförderer, wie Aufzüge), Belade- und Entladestationen, Antrieben, Steuerung und Energieversorgung. Bei einem **Förderband** läuft zw. 2 Umlenktrommeln ein flacher oder muldenförmiger Gummigurt, ähnl. beim **Platten-** und **Kastenband.**

Fördermaschine, ⚒ Maschine zum Heben und Senken von Lasten in Schächten. Das **Förderseil,** an dem der **Förderkorb** befestigt ist, wird über eine Trommel auf- und abgewickelt und läuft über die im **Förderturm** gelagerten Seilscheiben.

Förderstufe, Schulform in Hessen, eine angebotene Stufe zw. Grundschule und weiterführenden Schulen (5. und 6. Schuljahr). Gymnasien, Real- und Hauptschulen können dennoch ein 5. und 6. Schuljahr führen.

Forderung, 1) ⚖ der einer Person (Gläubiger) gegen eine andere (Schuldner) aufgrund eines Schuldverhältnisses zustehende Anspruch auf eine Leistung. Diese kann in einem Tun oder einem Unterlassen bestehen (§ 241 BGB). – **2)** ✐ v. a. aus Warenlieferungen und Leistungen resultierende Ansprüche an Geschäftspartner (Außenstände).

Foreign Office [ˈfɔrɪnˈɔfɪs], das Auswärtige Amt (Außenministerium) Großbritanniens.

Forelle, schmackhafter lachsartiger Speisefisch. In Gebirgswässern die **Bach-F.,** bis 30 cm, grünlich, rotfleckig, in Teichen auch die eingeführte nordamerikan. **Regenbogen-F.,** in Alpenseen die größere **See-F.,** in der Nord- und Ostsee und küstennahen Süßgewässern die **Meer-** oder **Lachsforelle.**

forensisch [lat., von Forum], gerichtlich. **f. Medizin** → Rechtsmedizin.

Forester [ˈfɔrɪstə], Cecil Scott, brit. Schriftsteller, * 1899, † 1966; schrieb spannende Marine- und Abenteuerromane, bes. um die Figur des Horatio Hornblower (1937 bis 1964, 11 Bände).

Forggensee, Stausee des Lech unterhalb von Füssen, Bayern, 165 Mio. m³ Stauinhalt.

Peter Fonda

Margot Fonteyn

Henry Ford

Forchheim Stadtwappen

Fontainebleau Stadtwappen

Forlì
Stadtwappen

Forint, Währungseinheit in Ungarn. 1 Ft = 100 Fillér.
Forleule, Kieferneule, zimtbrauner Schmetterling; seine gestreifte Raupe verpuppt sich im Boden, frisst ganze Kiefernwälder kahl.
Forlì, Hptst. der oberital. Prov. F., 109 800 Ew.; Bischofssitz, Museen; Messen; Kunstfaserind.; Dom (12. Jh.), Festungsanlage (15. Jh.).
Form, 1) äußere Gestalt, Erscheinungsbild. – **2)** Druck-F., besteht aus Druckplatte, Druckelementen (Schrift und Bilder) und den nicht druckenden Teilen. – **3)** Guss-F., →Gießerei. – **4)** Leistungsfähigkeit. – **5)** F.-Vorschriften, die Bindung eines Rechtsgeschäfts an vorgeschriebene Erklärungsmittel.
Formaldehyd, einfachste Aldehydverbindung, farbloses, stechend riechendes Gas, das in Wasser gelöst als **Formalin** oder **Formol** zur Desinfektion benutzt wird. Wichtig für die Herstellung von Kunststoffen (Kunstharze, Farbstoffe); sein Einsatz wird wegen Krebs erzeugender Wirkung stark reduziert.
Forman ['fɔ:mən], Miloš, tschech. Regisseur, *1932; emigrierte 1968 in die USA; »Einer flog über das Kuckucksnest« (1975), »Amadeus« (1984).
Format *das,* **1)** Gestalt, Größe, Maß (z. B. Papier-F.). – **2)** überdurchschnittl. Bedeutung (z. B. einer Persönlichkeit): »ein Mann von Format«.
Formatieren, in der Datenverarbeitung die Zusammenstellung von Daten nach Vorschriften (festes Format) oder nach den Bedürfnissen des Benutzers (freies Format). Disketten werden durch das F. in Sektoren aufgeteilt.

Werner Forßmann

Formation *die,* **1)** Gesteinsschichtenfolge, veraltete Bezeichnung für einen erdgeschichtl. Zeitraum (heute **System**). – **2)** zweckgebundene militär. Gliederung. – **3)** höhere Einheit bei Pflanzengesellschaften.
Formationstanz, Tanzwettbewerb zw. aus 8 Paaren bestehenden Mannschaften.
Formel *die,* **1)** feststehende Redewendung. – **2)** symbol. Ausdrucksform für math. Regeln und Gesetze in den Naturwiss. – **3)** →chemische Symbole. – **4) Renn-F.,** Einteilung von Rennwagen nach Gewicht, Motorbeschaffenheit und techn. Einrichtungen (F. 1, F. 3000, F. 3).
Formenlehre, 1) Lehre von den grammat. Formen. – **2)** Lehre von den musikal. Formen, der Anlage und dem satztechn. Aufbau.
Formentera, Insel der span. Balearen, 115 km², aus 2 Kalkblöcken bestehend, bis 192 m hoch; Fremdenverkehr.

Frederick Forsyth

Formosa, früherer (port.) Name von →Taiwan.
Forschung, wiss. Tätigkeit, sofern sie neue Erkenntnisse zu gewinnen strebt. Heute meist institutionalisiert (Hochschulen, Institute, F.-Anstalten, wiss. Gesellschaften, F.-Gruppen). Neben der **Grundlagen-F.** gewinnt die **Zweck-F.** oder **angewandte F.** an Bedeutung.
Forschungsreaktor, Kernreaktor mit nur geringer Leistung, der v. a. für kernphysikal. Experimente und Bestrahlungsversuche in Physik, Chemie, Biologie, Medizin und Technik dient.
Forschungsreisen →Entdeckungsreisen.
Forßmann, Werner Theodor Otto, dt. Chirurg, *1904, †1979; führte 1929 (im Selbstversuch) erstmals eine Herzkatheterisierung durch. 1956 Nobelpreis für Physiologie oder Medizin.

Wolfgang Fortner

Forst, ein nach forstwirtschaftl. Grundsätzen bewirtschafteter und abgegrenzter Wald.
Forster, 1) ['fɔ:stə], Edward Morgan, brit. Schriftsteller, *1879, †1970; Roman »Auf der Suche nach Indien« (1924), ferner »Ansichten des Romans« (1927). – **2)** Friedrich, eigentl. Waldfried **Burggraf,** dt. Schriftsteller, *1895, †1958; Drama: »Robinson soll nicht sterben« (1932). – **3)** Johann Georg Adam, dt. Natur- und Völkerkundler, *1754, †1794; begleitete mit seinem Vater, dem Forschungsreisenden Johann Reinhold F. (*1729, †1798), J. Cook auf dessen 2. Weltumseglung. Schöpfer einer künstler. Reisebeschreibung und der vergleichenden Länder- und Völkerkunde.
Forst (Lausitz), sorb. **Baršć** [barʃtʃ], Krst. in Bbg., 25 800 Ew.; Tuchind.; Eisenbahn- und Autobahnübergang nach Polen.
Forstschädlinge, pflanzl. und tier. Organismen, die die Waldbäume befallen und schädigen, z. B. Zunderschwamm, Hallimasch, Rüsselkäfer, Borkenkäfer, Schmetterlinge, Blattwespen.
Forstwirtschaft, Anbau, wirtschaftl. Nutzung und Pflege des Waldes.
Forsyth [fɔ:'saɪθ], Frederick, brit. Schriftsteller, *1938; Politik- und Spionagethriller: »Der Schakal« (1971), »Das 4. Protokoll« (1984), »Das schwarze Manifest« (1996).
Forsythie, Goldflieder, Ziersträucher aus Ostasien mit gelben Blüten, die im Frühjahr vor dem Laub erscheinen.
Fortaleza [-za], Hptst. des brasilian. Bundesstaates Ceará, 1,76 Mio. Ew.; Erzbischofssitz; Univ.; Ausfuhrhafen für landwirtschaftl. Produkte.
Fort-de-France [fɔ:rdə'frãs], Hptst. und Hafen der Insel Martinique; 100 500 Ew.; ✈.
forte, Abk. **f,** stark, laut.
Forth [fɔ:θ] *der,* Fluss in Schottland, 105 km lang, mündet in den rd. 80 km langen Meeresarm **Firth of Forth.**
fortissimo, Abk. **ff,** sehr laut.
Fort Knox ['fɔ:t 'nɔks], Militärstandort in Kentucky, USA; Lagerort der amerikan. Goldreserven.
Fort-Lamy [fɔ:rla'mi], heute →N'Djamena.
Fort Lauderdale [fɔ:t 'lɔ:dədeɪl], Seebad und Hafenstadt in SO-Florida, USA, 149 400 Ew.; ✈.
Fortner, Wolfgang, dt. Komponist, *1907, †1987; Opern, Ballette, Kammermusik, Orchester- und Vokalwerke.
Fortpflanzung, Erzeugung von Nachkommen bei Mensch, Tier und Pflanze. **Ungeschlechtl.** (vegetative) **F.** durch Teilung, Knospung oder Dauerformen, **geschlechtl. F.** mittels der Geschlechtszellen der elterl. Lebewesen. Bei zweigeschlechtl. F. vereinigen sich Ei- und Samenzelle (→Befruchtung), bei eingeschlechtl. F. **(Jungfernzeugung)** entsteht das neue Lebewesen aus einer unbefruchteten Eizelle.
FORTRAN, Kurzwort aus engl. **for**mula **tran**slator, problemorientierte Programmiersprache zur Formulierung math., naturwiss. und ingenieurwiss. Aufgabenstellungen.
Fortschreibung, in der amtl. Statistik die Weiterführung eines statist. Verzeichnisses (z. B. Einwohnerzahlen); i. e. S. Berechnung für einen Zeitpunkt, für den keine Zählung vorliegt.
Fortuna, röm. Glücksgöttin.
Fort Wayne [fɔ:t 'weɪn], Stadt in Indiana, USA, 179 800 Ew.; kath. Bischofssitz; Elektronikind., Fahrzeugbau; ✈.
Fort Worth [fɔ:t 'wə:θ], Stadt in Texas, USA, 414 600 Ew.; kath. Bischofssitz; Univ.; Baumwoll-, Getreide- und Viehhandel, Luftfahrt- und chem. Industrie; ✈.
Forum *das,* **1)** öffentl. Diskussion; sachverständiger Personenkreis. – **2)** in altröm. Städten Marktplatz, Gerichtsstätte, in Rom das **F. Romanum,** Zentrum des polit. Lebens; später großartig ausgestaltete **Kaiserforen,** z. B. Trajansforum.
Fos [fɔs], Hafen im Golf von F. bei Marseille, Frankreich; Erdölraffinerien, Ind., Hüttenwerk.
Fosburyflop ['fɔsbərɪflɔp], nach dem amerikanischen Leichtathleten R. Fosbury (*1947) benannte Hochsprungtechnik, bei der die Latte zuerst mit Kopf und Schultern überquert wird.
Foscolo, Ugo, ital. Dichter, *1778, †1827; zw. Klassik und Romantik; »Letzte Briefe« (1802).

Fotografie. Links: Stillleben von Louis J. M. Daguerre (1837). Rechts: surrealistische Fotomontage (20. Jh.)

Foshan [fɔʃən], chin. Stadt westl. von Kanton, 285 000 Ew.; Seiden- und Porzellanfabrikation.

fossil, aus erdgeschichtl. Vergangenheit stammend, z. B. **f. Brennstoffe** (Torf, Braun-, Steinkohle, Erdöl, Erdgas), **f. Grundwasser** (ohne Verbindung zum heutigen Wasserkreislauf); Ggs.: rezent.

Fossilien, Reste von Lebewesen, auch von deren Lebensspuren, der erdgeschichtl. Vergangenheit; Versteinerungen.

Foster, Jodie, eigtl. **Alicia Christiane F.,** amerikan. Filmschauspielerin, * 1962; sensible darstellerische Leistungen u. a. in »Taxi Driver« (1976), »Angeklagt« (1988), »Das Schweigen der Lämmer« (1990), »Maverick« (1993); auch Regisseurin (u. a. »Das Wunderkind Tate«, 1991).

foto..., eingedeutschte Form von **photo...,** licht..., **Foto, Photo,** das Lichtbild.

Fotoapparat → fotografische Kamera.

Fotografie *die,* Erzeugung dauerhafter Abbildungen durch sichtbares Licht (Lichtbild), aber auch durch Ultraviolett-, Infrarot-, Röntgen-, Elektronen-, Ionen-, Gammastrahlung u. a.; auch das Bild selbst. Das Motiv wird mit einem Kameraobjektiv auf eine lichtempfindl. Schicht abgebildet, die meistens sehr fein verteilte Silberhalogenidkristalle enthält. Beim Entwickeln wird das Silberhalogenid der belichteten Körner zu metall., schwarz erscheinendem Silber reduziert. Nach dem Herauslösen des unbelichteten Silberhalogenids durch Fixierlösungen entsteht bei der **Schwarzweiß-F.** ein Negativ mit im Vergleich zum Motiv umgekehrter Verteilung von Hell und Dunkel. Erst durch Wiederholung dieses Verfahrens in einem gleichartigen fotograf. Prozess erhält man das Positiv. Dabei wird das Negativ entweder mithilfe eines Vergrößerungsapparats auf Fotopapier oder Film projiziert oder es wird in direktem Kontakt (Schicht auf Schicht) belichtet. **Farbfotografie** ist ein fotograf. Verfahren zur Herstellung von Bildern in meist naturgetreuen Farben. Alle Farben werden aus drei Grundfarben dargestellt, man erzeugt also gleichzeitig drei Teilbilder, von denen eines den Rotanteil, eines den Grünanteil und eines den Blauanteil wiedergibt. Das kann erreicht werden durch Aufnahmen mit Farbfiltern oder durch Filme mit drei übereinander liegenden, jeweils für ein Drittel des sichtbaren Spektrums empfindlichen Schichten (Farbfilme nach dem Agfacolor-, Kodacolorverfahren, Kinofilme nach dem Technicolorverfahren). Früher wurde mithilfe von Kameras mit Strahlenteilung ein besonderes Negativ für jede Farbe hergestellt. Beim Farbnegativverfahren erhält man ein Negativ in Komplementärfarben. Es kann auf Farbfilm oder Farbpapier kopiert werden, man erhält dann das farbrichtige Positiv. Beim Umkehrverfahren erhält man durch zweimalige Entwicklung und Zwischenbelichtung ein Diapositiv in den richtigen Farben. Positive Kopien davon können auf Umkehrfilm oder -papier hergestellt werden. – Eine fotograf. Aufnahme, die eine persönl. geistige Schöpfung darstellt, genießt urheberrechtl. Schutz.
Um 1500 Anwendung der Lochkamera (Camera obscura) durch Leonardo da Vinci, 1727 Lichtempfindlichkeit der Silbersalze entdeckt durch J. H. Schulze in Halle, 1824 Lichtbilder auf Metallplatten (J. N. Niepce), 1837 Vervollkommnung (L. J. M. Daguerre), 1871 Erfindung der Trockenplatte (R. L. Maddox), 1887 Erfindung des Films (H. Goodwin).

fotografische Kamera, Fotoapparat, Gerät zur opt. Abbildung eines Gegenstands auf einer licht- oder strahlungsempfindl. Schicht. Man unterscheidet je nach Art des verwendeten lichtempfindl. Materials Plattenkameras, Rollfilmkameras, Filmkassettenkameras; nach dem Aufnahmeformat: Großformat-, Mittelformat-, Kleinbildkameras und Kleinstbild-(Pocket-, Disk-)Kameras sowie als Neuentwicklung Digitalkameras, die das Bild nicht auf Film, sondern in digitaler Form speichern; nach der Bauweise: Boxkameras, Springkameras, Klappkameras, Spiegelreflexkameras, Balgenkameras, Kompaktkameras, Sofortbildkameras. Die f. K. besteht aus dem fotograf. Objektiv und dem Gehänge mit dem Verschluss zur zeitl. Begrenzung der Belichtung, einem Sucher, einer Halterung für das lichtempfindl. Material, häufig auch aus einer Einrichtung zur Entfernungseinstellung sowie Belichtungsmesser oder -automatik. Bei der einäugigen Spiegelreflexkamera lenkt ein zw. Objektiv und Film im Winkel von 45° eingebauter Spiegel die Strahlen auf eine Mattscheibe. Das Bild auf der Mattscheibe entspricht in Schärfe und Bildaufbau genau dem beim Auslösen (und Hochschwenken des Spiegels) auf den Film projizierten Bild. Zweiäugige Spiegelreflexkameras haben einen fest stehenden Spiegel und ein Sucherobjektiv, das bei der Scharfeinstellung zusammen mit dem Aufnahmeobjektiv verschoben wird. Der Belichtungsmesser ist oft mit Zeit und Blende so gekoppelt, dass nach Voreinstellung der gewünschten Belichtungszeit die Blende zur richtigen Einstellung der Belichtung manuell so lange verändert werden muss, bis ein im Sucherfeld sichtbarer Zeiger eine bestimmte Position einnimmt (Blendennachführung). Bei automat. Kameras wird diese Einstellung vom Belichtungsmesser selbstständig gesteuert, wobei je nach Kameratyp Zeit oder Blende vorgewählt werden. Bei vielen modernen Kameras ist sowohl Zeit- als auch Blendenautomatik oder Programmautomatik mit völlig selbsttätiger Einstellung von Belichtung, Zeit und Blende möglich. Meist ist ein Einstellen bei voller Objektivöffnung, d. h. bei hellem Sucherbild, möglich. Im Moment der Auslösung springt die Blende vom vollen Öffnungswert auf den vorgewählten Wert (Springblende). Der Belichtungsmesser

fotografische Kamera. Kastenkamera für Rollfilme (um 1898)

Léon Foucault zeitgenössischer Stahlstich

Joseph Fouché zeitgenössischer Kupferstich

William Alfred Fowler

kann aufgrund seines geringen Platzbedarfs im Kameragehäuse untergebracht werden. Die Lichtmessung erfolgt durch das Objektiv (TTL-, Through-The-Lens-Messung); bei hochwertigen Kameras werden mithilfe mehrerer Messarten (Matrix-, Integral-, Spotmessung) auch Motivkontraste berücksichtigt. Die meisten modernen Kameras verfügen über eine in das Gehäuse integrierte Blitzeinrichtung mit selbsttätiger Auslösung im Zusammenwirken mit der Belichtungsautomatik. Die heute üblichen Kompaktkameras arbeiten mit fest eingebautem Objektiv (auch 2 Objektiven auf Wechselschlitten oder Zoomobjektiv), ihre Funktionen (Filmeinlegen, -transport, -rückspulung, Belichtung u. a.) sind vollautomatisiert, auch die Entfernungseinstellung mittels eines Autofokussystems. Bei Spiegelreflexkameras haben sich Autofokus und Belichtungsautomatik durchgesetzt.

fotografische Objektive. Optische (meist Linsen-)Systeme der Kameras bilden den Gegenstand auf dem Film oder der Platte ab. **Normal-** oder **Standardobjektive** haben beim Kleinbildformat 24 × 36 mm meist um 50 mm Brennweite. **Teleobjektive** sind langbrennweitige Objektive (etwa ab 85 mm) für Aufnahmen in größere Ferne. Zur Erfassung größerer Bildwinkel dienen **Weitwinkelobjektive** mit entsprechend kürzerer Brennweite (35 bis 16 mm) und Fischaugenobjektive (Blickwinkel bis zu 220°, Brennweite 6 bis 12 mm). Bei **Vario-(Zoom-)Objektiven** kann die Brennweite innerhalb der konstruktionsbedingten Grenzen stufenlos verändert werden (z. B. 80 bis 200 mm, 35 bis 75 mm). Bei Spiegelreflexkameras z. B. ist ein Auswechseln der f. O. möglich **(Wechselobjektive).**

fotografisches Material. Platten, Filme (Plan-, Roll-, Kassettenfilme) und Papiere haben mehrere Schichten: Schichtträger, Haftschicht, lichtempfindliche Emulsion, Schutzschicht gegen Kratzer und elektr. Aufladungen (Verblitzen). Beim »Diskfilm« sind die Negative kreisförmig um einen Kunststoffkern in einer Kassette angeordnet. Die meisten Papiere zur Herstellung von positiven Aufsichtsbildern besitzen einen mit Polyäthylen kaschierten Träger. Die fotograf. Empfindlichkeit (Lichtempfindlichkeit) wird in Dtl. durch logarithmisch abgestufte DIN-Zahlen gekennzeichnet, in den USA durch ASA-Werte, die arithmetisch abgestuft sind.

Fotokopie *die,* fotograf. Herstellung originalgleicher Schriftstücke, Bilder; Ablichtung.

Fotomontage [-taʒə] *die,* Zusammensetzen von Teilen versch. Aufnahmen zu einem neuen Bild, das fotografiert wird.

Föttinger-Getriebe → Flüssigkeitsgetriebe.

Fötus *der,* **Fetus,** ⚕ beim Menschen die Frucht 12 Wochen nach der Befruchtung bis zur Geburt.

Foucault [fuˈko], **1)** Léon, frz. Physiker, * 1819, † 1868; wies die Umdrehung der Erde durch Pendelversuche nach. – **2)** Michel, frz. Philosoph, * 1926, † 1984; Vertreter des Strukturalismus, beschrieb die Geschichte der Zivilisation.

Fouché [fuˈʃe], Joseph, frz. Staatsmann, * 1759, † 1820; 1793/94 einer der frz. Revolutionsführer (verantwortlich für über 1 600 Todesurteile), unter Napoleon Polizeimin., 1814 Anhänger der Bourbonen, während der »100 Tage« wieder Polizeimin., dann verbannt.

Foul [faʊl] *das,* ⚽ Verstoß gegen die Spielregeln, unsportl. Verhalten.

Fouqué [fuˈke], Friedrich Baron **de la Motte** [dəlaˈmɔt], dt. Dichter der Romantik, * 1777, † 1843; schrieb u. a. die Erzählung »Undine« (1811).

Fouquet [fuˈkɛ], Jean, frz. Maler, * um 1415/20, † um 1477/81; schuf Tafelbilder, Buchmalerei.

Fourier [fuˈrje], **1)** Charles, frz. Sozialist, * 1772, † 1837; entwarf ein System des utop. Sozialismus (Phalanstères). – **2)** Jean-Baptiste Joseph, frz. Physiker und Mathematiker, * 1768, † 1830; entwickelte die analyt. Theorie der Wärmeausbreitung mittels **fourierscher Reihen.**

Fourier-Analyse [nach J.-B. J. Fourier], **harmonische Analyse,** math. Verfahren zur Zerlegung eines Vorgangs in Grundschwingung **(1. Harmonische)** und deren Oberschwingungen **(2., 3., ... Harmonische).**

Fowler [ˈfaʊlə], William Alfred, amerikan. Astrophysiker, * 1911, † 1995; Nobelpreis für Physik 1983 (mit S. Chandrasekhar) für Forschungen über Kernreaktionen bei der Sternentwicklung.

Fox, 1) Charles James, brit. Staatsmann, * 1749, † 1806; Führer der Whigs im Unterhaus, machte zahlreiche Reformvorschläge. – **2)** George, engl. Laienprediger, * 1624, † 1691; urspr. Schuhmacher, gründete 1652 die Quäker.

Foxterrier, alte Hunderasse, früher zur Fuchsjagd verwendet; **Drahthaarige F.** mit rauer Behaarung.

Foxtrott *der,* um 1910 in den USA entwickelter Gesellschaftstanz im 4/4-Takt (Slowfox und Quickstepp).

Foyer [foaˈje:] *das,* Wandelhalle, v. a. im Theater, Vor-, Empfangshalle.

FPÖ, Abk. für → **F**reiheitliche **P**artei **Ö**sterreichs.

FPOLISARIO, Abk. für **F**rente **Po**pular para la **Li**beración de **Sa**guia el Hamra y **Rí**o de **O**ro, 1973 gegr. Befreiungsbewegung für Span.-Sahara (→ Westsahara).

Fr, chem. Symbol für → Francium.

Fra [Abk. von Frate, »Bruder«], Anrede und Bezeichnung ital. Klosterbrüder.

Fra Angelico [-andʒ-], ital. Maler, → Angelico.

Fracht, laut Frachtvertrag zu befördernde Güter **(F.-Gut),** auch das Entgelt für die Beförderung. Der **F.-Brief** enthält die Angaben über den **F.-Vertrag. F.-Führer** heißt der Transportunternehmer im Handelsgesetzbuch.

Frack, festl. schwarzer Herrenanzug: lange Hose ohne Aufschlag, kurze Jacke mit langen Schößen, weiße Weste, weiße Schleife.

Fra Diavolo [ital. »Bruder Teufel«], der neapolitan. Freischärler Michele **Pezza,** * 1771, † (hingerichtet) 1806; bekämpfte die napoleon. Herrschaft in Neapel, von den Franzosen gehängt; Oper von D. F. E. Auber (1830).

Fragestunde, parlamentar. Einrichtung des Bundestags in Dtl., bei der aus dem Plenum kurze mündl. Fragen an die Reg. gestellt werden.

Fragment, Bruchstück; unvollendet überliefertes oder geschriebenes Werk.

Fragonard [fragɔˈna:r], Jean Honoré, frz. Maler und Radierer, * 1732, † 1806; galante Szenen, Charakterfiguren, Landschaften von oft impressionist. Charakter.

Fraktalgeometrie, befasst sich mit bestimmten komplexen Gebilden **(Fraktalen),** die ähnlich in der Natur vorkommen (z. B. eine Küstenlinie). Solche Fraktale besitzen 1) die Eigenschaft der Selbstähnlichkeit (jeder kleine Teil hat die gleiche Struktur wie das Gesamtobjekt) und 2) eine gebrochene (fraktale) Dimension (zw. einer Ebene und einem Körper). Die F. hilft komplexe Naturerscheinungen mathematisch zu erfassen und am Computer zu simulieren.

Fraktion *die,* **1)** Vereinigung polit. gleich gesinnter Mitglieder einer Volksvertretung, heute meist die fest organisierte Verbindung der Abgeordneten der gleichen Partei; kann die Stimmabgabe ihrer Mitglieder beeinflussen (**F.-Zwang**). – **2)** ⚗ aus einem Stoffgemisch durch **Fraktionierung** abgetrenntes Teilgemisch.

Fraktur *die,* **1)** ⚕ Knochenbruch. – **2)** eine Druckschrift.

Frambösie *die,* der Syphilis ähnl. Hautkrankheit in den Tropen.

Franc [frã], Währungseinheit, →Franken.

France [frã:s], Anatole, frz. Schriftsteller, *1844, †1924; schrieb Romane voll geistreicher Ironie und Skepsis. Nobelpreis für Literatur 1921.

Francesca [fran'tʃeska], →Piero della Francesca.

Francesca da Rimini [fran'tʃeska -], ital. Adelige, †um 1284; aus polit. Gründen mit G. Malatesta verheiratet, der sie und seinen Bruder Paolo wegen Ehebruchs ermordete; von Dante in der »Divina Commedia« behandelt.

Franche-Comté [frãʃkõ'te], **Freigrafschaft Burgund,** histor. Provinz (→Burgund 4) und Region in O-Frankreich; Hauptstadt Besançon.

Franchise [frã'ʃi:zə] *die,* **1)** Form der Selbstbeteiligung des Versicherungsnehmers bes. bei Kranken-, Transport- und Güterversicherungen im Falle von Bagatellschäden. – **2) F.** ['fræntʃaɪz], **Franchising,** spezielle Art der Zusammenarbeit zw. rechtlich selbstständigen Unternehmen. Der F.-Geber überlässt dem F.-Nehmer gegen Entgelt bestimmte Rechte, z. B. auf Benutzung seines am Markt bekannten Namens.

Francium *das,* Symbol **Fr,** chem. Element aus der Reihe der Alkalimetalle, OZ 87; tritt als radioaktives Zerfallsprodukt auf.

Franck, 1) [frãk], César, frz. Komponist, *1822, †1890; Begründer des instrumentalen Impressionismus; Oratorien, Orchester- und Kammermusik, Orgel- und Klavierwerke. – **2)** James, dt. Physiker, *1882, †1964; untersuchte mit G. Hertz den Bau der Atome und Moleküle durch Elektronenstoßversuche; erhielt mit diesem 1925 den Nobelpreis für Physik. – **3)** Sebastian, dt. Schriftsteller und prot. Prediger, *1499, †1542/43; predigte in volkstüml. und freimütigem Stil für Toleranz.

Francke, August Hermann, dt. ev. Geistlicher und Erzieher, *1663, †1727; war Anhänger des Pietismus; seit 1695 errichtete er in Halle (Saale) die späteren **Franckeschen Stiftungen** (Schulen, Waisenhaus, Druckerei, Bibelanstalt).

Francke, Meister F., dt. Maler, →Meister Francke.

Franco Bahamonde, Francisco, span. General und Politiker, *1892, †1975; organisierte 1936 die Erhebung gegen die span. Volksfrontreg. und siegte im Bürgerkrieg (1936 bis 1939) mit faschist. und natsoz. Hilfe; blieb im 2. Weltkrieg neutral. An der Spitze der →Falange errichtete er ein autoritäres Regierungssystem. Als Staatschef (»Caudillo«) baute er dieses bis 1939 weiter aus.

Frank, 1) Adolf, dt. Chemiker, *1834, †1916; Gründer der dt. Kaliind., entwickelte mit N. Caro das **F.-Caro-Verfahren** zur Gewinnung von Kalkstickstoff (Düngemittel). – **2)** Anne, *1929, †KZ Bergen-Belsen 1945; schrieb als Kind einer jüd. Familie, die sich 1942 bis 1944 in einem Hinterhaus in Amsterdam verborgen hielt, ein erschütterndes Tagebuch. – **3)** Bruno, dt. Schriftsteller, *1887, †1945; Novellen, Romane (»Trenck«, 1926), Lustspiele (»Sturm im Wasserglas«, 1930). – **4)** Hans, natsoz. Politiker, *1900, †(hingerichtet) 1946; 1934 bis 1945 Reichsmin., 1939 bis 1945 Gen.-Gouv. in Polen; 1946 vom Internat. Militärgericht in Nürnberg zum Tode verurteilt. – **5)** Leonhard, dt. Schriftsteller, *1882, †1961; überzeugter Pazifist und Sozialrevolutionär, 1933 bis 1950 Emigrant meist in den USA; Erinnerungen (»Links, wo das Herz ist«, 1952).

Franken, frz. **Franc** [frã], Währungseinheit in Frankreich, Monaco (FF), Belgien (bfr), Luxemburg (lfr), der Schweiz und Liechtenstein (sfr), als CFA-Franc in der Westafrikan. Währungsunion u. a. afrikan. Staaten sowie als CFP-Franc in Neukaledonien.

Franken [die »Freien«], german. Stamm, erscheint zuerst im 3. Jh. n. Chr. am Niederrhein, drang weit ins linksrhein. Gebiet und nördl. Gallien vor. Wichtigste Teilstämme waren die Salier und Rhein-F. (später Ripuarier). Nach der Gründung des →Fränkischen Reichs nahmen die F. im 6. Jh. auch das Maintal in Besitz. Innerhalb des dt. Volkes spalteten sie sich in **Main-** oder **Ost-F.** (heute kurz F. genannt), **Rhein-, Mosel-, Nieder-F.** (mit Niederländern und Flamen), **Pfälzer, Lothringer** auf.

Franken, (histor.) Landschaft in N-Bayern und im östl. Bad.-Württ., am mittleren und oberen Main, an Kocher und Jagst. Seit 720 fränk. Königsprovinz; nach dem Wiener Kongress größtenteils zu Bayern.

Frankenberg (Eder), hess. Stadt an der oberen Eder, 16 500 Ew.; Holz- und Kunststoffverarbeitung. Got. Liebfrauenkirche; Fachwerkrathaus (1421 erbaut, 1509 erneuert).

Frankenhausen/Kyffhäuser, Bad F./K., Stadt in Thür., 9 200 Ew., Solbad am Südfuß des Kyffhäuser. Nördl. der Stadt Bauernkriegsgedenkstätte »Panorama« mit großem Wandgemälde (14 × 123 m) von W. Tübke. – Nahebei die Barbarossahöhle (→Barbarossa).

Frankenhöhe, Höhenzug in Bayern und Bad.-Württ., südl. Fortsetzung des Steigerwalds, bis 552 m hoch.

Frankenstein, Titelfigur eines Romans von M. W. Shelley, Schöpfer eines künstlich geschaffenen Monsters, das seinen Erzeuger schließlich tötet; vielfach dramatisiert und verfilmt.

Frankenthal (Pfalz), Stadt in Rheinl.-Pf., 46 900 Ew., in der Rheinebene. Maschinen-, Metall verarbeitende u. a. Ind.; 1755 bis 1800 bedeutende Porzellanmanufaktur.

Frankenwald, dt. Mittelgebirge zw. Fichtelgebirge und Thüringer Wald; im Döbraberg 795 m.

Fraktalgeometrie. Computergrafik einer Gebirgslandschaft

César Franck

Anne Frank

Frankenthal (Pfalz)
Stadtwappen

Frankreich

Staatswappen

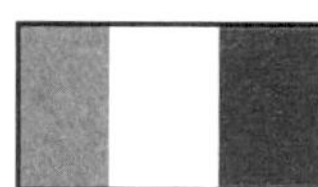

Staatsflagge

Internationales Kfz-Kennzeichen

Frankfurt am Main Stadtwappen

Frankfurt (Oder) Stadtwappen

Frankenweine, in Mainfranken angebaute, v. a. trockene Weißweine. (→Bocksbeutel)

Frankfort ['fræŋkfət], Hptst. von Kentucky, USA, am Kentucky River, 26 000 Ew. Histor. Museum; Univ.; Whiskeyherstellung; ✈.

Frankfurt am Main, Stadt in Hessen, 647 200 Ew.; Handels- und Messestadt, wichtiger Verkehrsknotenpunkt, Flughafen F. Rhein-Main, Umschlaghafen der Mainschifffahrt. Univ. u. a. Hochschulen, Naturmuseum Senckenberg, am Main Museumsmeile, viele wiss. und Kunstinstitute, Zoo, Palmengarten. – Verwaltungssitz vieler Bundesbehörden, Handels- und Wirtschaftsunternehmen, Banken und Versicherungsgesellschaften, Europ. Währungsinstitut; chemische, elektrotechn., Metall-, feinmechan., opt. u. a. Ind.; Wertpapierbörse.
F. am M., urspr. Römerkastell, dann fränk. Königspfalz, wurde im 14. Jh. Reichsstadt und stieg bes. durch seine Messen zu einem wichtigen Handelsplatz auf. Seit 1562 Krönungsstadt der röm.-dt. Kaiser (im Dom, 1239 begonnen), 1815 bis 1866 Sitz der Dt. Bundesversammlung, 1848 bis 1849 Dt. Nationalversammlung in der Paulskirche; 1866 bis 1945 preußisch. Im 2. Weltkrieg wurde F. am M. stark zerstört, bes. die Altstadt mit zahlreichen mittelalterl. Bauten und Kunstdenkmälern fast völlig vernichtet. Wiederhergestellt oder neu aufgebaut sind u. a. Goethes Geburtshaus, der »Römer« (Rathaus), die Paulskirche, Alte Oper. Das Stadtbild wird von zahlreichen Bürohochhäusern geprägt, u. a. den 256 m hohen Messeturm (1990). – Stadtteil Höchst (eingemeindet 1928) mit Justinuskirche (9. Jh.) und »Hoechst AG«.

Frankfurter Frieden, Friedensvertrag, beendete am 10. 5. 1871 den Deutsch-Französischen Krieg.

Frankfurter Nationalversammlung, verfassunggebendes gesamtdt. Parlament von 1848/49, das in Frankfurt am Main in der Paulskirche tagte; nach der Märzrevolution 1848 aus freien, allgemeinen und gleichen Wahlen hervorgegangen. Getragen von den Kräften des liberalen Bürgertums, erstrebte die F. N. einen dt. Nationalstaat; ihr Unternehmen scheiterte, da keine Einigung, bes. über die Zugehörigkeit Österreichs, erzielt werden konnte. Das im Juni 1849 nach Stuttgart verlegte Rumpfparlament (liberale Reichsverfassung vom 28. 3. 1849) wurde am 18. 6. 1849 aufgelöst.

Frankfurter Schule, Kreis von Sozial- und Kulturwissenschaftlern um M. Horkheimer (und später T. W. Adorno) und das von diesem seit 1930 geleitete Frankfurter Institut für Sozialforschung sowie für die hier entwickelten, von K. Marx und S. Freud bestimmten soziologisch-philosoph. Lehren, die kritische Theorie.

Frankfurt (Oder), kreisfreie Stadt in Bbg., am W-Ufer der Oder, 85 700 Ew.; wichtige Grenzstadt nach Polen, Oderhafen; vielseitige Ind.; F. wurde 1253 gegr. und war Mitglied der Hanse. Die 1506 gegr. Univ. wurde 1811 nach Breslau verlegt. Die ehem. Dammvorstadt gehört heute zu Polen **(Słubice).**

Fränkische Alb, Franken|alb, früher **Fränkischer Jura,** kuppiges, aus Jurakalken aufgebautes Hochland im nördl. Bayern, Fortsetzung der Schwäb. Alb; im Hesselberg 689 m hoch.

Fränkische Schweiz, bizarre Felsenlandschaft im nördl. Teil der Fränk. Alb.

fränkisches Gehöft, Bauernhof, bei dem Wohn- und Wirtschaftsgebäude ein mehr oder weniger geschlossenes Viereck oder Hufeisen um den eigentl. Hof bilden; vor allem eine in Mittel-Dtl. weit verbreitete Bauweise.

Fränkisches Reich, Regnum Francorum, bedeutendste Reichsbildung des frühen MA.; umfasste roman. und german. Völker. Chlodwig I. aus dem Hause der Merowinger, der 486 bis 507 den größten Teil Galliens und Teile der alemann. Siedlungsgebiete unterwarf und um 500 zum Christentum übertrat, gründete das F. R.; seine Söhne eroberten auch das Burgunderreich und Thüringen. Karl d. Gr. unterwarf die Sachsen, die Langobarden in Oberitalien, die Awaren und gründete in N-Spanien die Span. Mark.
Als mächtigster Herrscher des christlichen Abendlands wurde er 800 zum Kaiser gekrönt. Sein Großreich zerfiel aber bald durch Erbteilung (Verträge von Verdun 843, von Mersen 870, von Ribemont 880); dadurch entstanden das **Ostfränk.** und das **Westfränk. Reich,** aus denen sich das Dt. Reich und Frankreich entwickelten. (→Merowinger, →Hausmeier, →Karolinger)

Franklin ['fræŋklın], **1)** Aretha, amerikan. Soul- und Rocksängerin, * 1942; erfolgreiche Vertreterin der afroamerikan. Musik. – **2)** Benjamin, amerikan. Politiker, Schriftsteller und Naturforscher, * 1706, † 1790; vertrat die Gedanken der Aufklärung, war während des Unabhängigkeitskampfes der USA gegen Großbritannien ihr Gesandter in Paris; trug maßgeblich zur Erarbeitung der amerikan. Verfassung bei; Untersuchungen zur Elektrizität (er erfand den Blitzableiter), über Kondensatoren, Magnetismus u. a. – **3)** Sir John, brit. Seeoffizier und Polarforscher, * 1786, † 1847; leitete Expeditionen zur Erforschung der nördl. Küsten Amerikas; bei der Suche nach der Nordwestpassage mit seiner Mannschaft verschollen.

Franklinstraße ['fræŋklın-], Meeresstraße zw. der nordkanad. Halbinsel Boothia und Prince of Wales Island.

franko, franco, frei von Postgebühren.

Frankokanadier, frz.sprachige Einwohner (v. a. im O und SO) Kanadas.

frankophil, frankreichfreundlich; ggs.: **frankophob,** allem Französischen abgeneigt.

frankophon, französischsprachig.

Frankfurt am Main. Blick von Süden über den Main in Richtung Stadtmitte

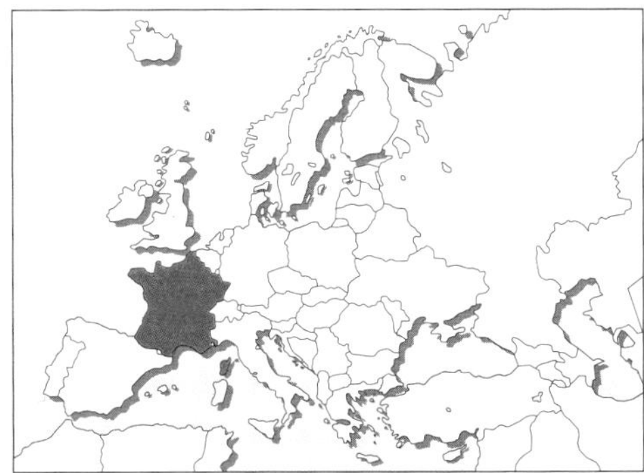

Frankreich, frz. **La France** [- frãs], amtl. **République Française,** Rep. in W-Europa, 543965 km², 57,5 Mio. Ew.; Hptst. Paris.

Staat und Recht. Verfassung der V. Republik v. 4. 10. 1958. Staatsoberhaupt ist der Präs. der Rep. Seit 1962 (Verfassungsänderung) wird er für 7 Jahre direkt vom Volk gewählt. Er ist Vors. des Ministerrats, kann die Nationalversammlung auflösen, ist Oberbefehlshaber der Streitkräfte, hat bei Staatsnotstand die umfassende Alleinentscheidung. An der Spitze der Reg. steht der vom Präs. ernannte Premiermin. Die Reg. bedarf des Vertrauens der Nationalversammlung. Das Parlament besteht aus Nationalversammlung und Senat. Die Verwaltung ist zentralistisch geprägt; Einteilung in 22 Verwaltungsregionen und 96 Départements. Das Zivilrecht beruht auf den napoleon. Gesetzbüchern; 1994 reformiert.

Landesnatur. F. hat im SO Anteil an den Westalpen (Montblanc 4808 m), im S an den Pyrenäen (bis 3298 m); der übrige Teil zeigt einen Wechsel von Beckenlandschaften und Mittelgebirgen. Das zentrale Pariser Becken ist im S begrenzt vom Zentralmassiv (bis 1886 m), im O von den Vogesen, im NO von den Ardennen, im W von den Erhebungen der östl. Normandie und der Bretagne. Den SW F.s nimmt das Aquitan. Becken ein, im SO ist die Rhône-Saône-Senke eingeschnitten. Hauptflüsse sind Seine, Loire, Garonne, Rhône. Klima: ozeanisch, mild, feucht, am Mittelmeer trocken-heiß mit Frühjahrs- und Herbstregen; im Rhônetal oft kalte Nordwinde (Mistral).

Die **Bevölkerung** besteht zum überwiegenden Teil aus Franzosen. Amts- und Bildungssprache ist Französisch; daneben wird Deutsch (Elsass, Ostlothringen), Bretonisch (Bretagne), Italienisch (Korsika, frz. Riviera), Flämisch (um Dünkirchen), Katalanisch (Roussillon), Baskisch (westl. Pyrenäen) gesprochen. Im Land leben rd. 4,4 Mio. Ausländer (vorwiegend aus N-Afrika), v.a. in den Ind.gebieten. Rd. 80% der Bev. sind Städter; dicht besiedelt sind die Region Paris, die Ind.gebiete im N und NO sowie südwestl. von Lyon, ferner Teile der Mittelmeerküste. Religion: überwiegend kath., daneben rd. 800000 Protestanten, 2,5 Mio. Muslime, 550000 Juden.

Wirtschaft. Die Landwirtschaft beschäftigt 6% der Erwerbstätigen. Von der Gesamtfläche werden 58% landwirtschaftlich genutzt; Hauptanbaugebiete im N. Erzeugnisse: Weizen, Hafer, Mais, Zuckerrüben, Gemüse, Obst. F. ist neben Italien das größte Weinland der Erde (bedeutende Anbaugebiete: Burgund, Bordelais, Champagne, Loiretal). Viehzucht, bes. Rinder (Milchprodukte und Fleisch), Schweine, Schafe; wichtigste Fischereihäfen sind Boulogne-sur-Mer, Concarneau, Lorient. Die Förderung von Kohle (im N, Lothringen) und Eisenerz (Lothringen, Normandie) geht beständig zurück; ferner ⚒ auf Bauxit (Provence, Languedoc), Erdöl (Pyrenäenvorland, Pariser Region), Erdgas (Lacq), Blei, Zink, Uran u.a. In der Ind. (rd. 30% der Erwerbstätigen) sind alle Zweige stark entwickelt. Wachstumsind. sind bes. die chem., Kunststoff-, elektron. Ind. und der Fahrzeugbau. Die Energiewirtschaft nutzt zunehmend Erdöl, Erdgas, Wasserkraft, Kernenergie. Fremdenverkehr. Ausfuhr: Eisen und Stahl, Fahrzeuge, Maschinen, Textilien, Erze, Getreide, Wein u.a. Einfuhr: Erdöl, Textilrohstoffe, Maschinen. Haupthandelspartner: Dtl.

Daten zur Geschichte Frankreichs

120 v. Chr.	Beginn der röm. Unterwerfung Galliens
58–51 v. Chr.	Caesar unterwirft ganz Gallien
486–507	Chlodwig I. baut in Gallien das Fränk. Reich auf
843	Vertrag von Verdun begründet die Selbstständigkeit des Westfränk. Reiches
987	Hugo Capet begründet die Dynastie der Kapetinger (bis 1328, dann Nebenlinie Valois, bis 1589)
1154	Das Angevin. Reich fällt durch Erbschaft und Heirat an England
1337	Beginn des Hundertjährigen Krieges gegen England, nach anfängl. Niederlagen werden die Engländer nach 1429 mit Hilfe der Jungfrau von Orléans durch Karl VIII. aus Frankreich gedrängt
16. Jh.	Fünf Kriege Frankreichs gegen Habsburg-Spanien in Italien
1562	Beginn der Religions- und Bürgerkriege (acht Hugenottenkriege)
1572	Blutbad der Bartholomäusnacht
1589	Heinrich IV. wird König (Haus Bourbon)
1624	Unter Ludwig XIII. (1610–1643) begründet Richelieu die unumschränkte Macht des Königs
1648	Im Westfäl. Frieden erhält Frankreich große Teile des Elsass
1643–1715	Ludwig XIV. macht Frankreich nach dem Tod Kardinal Mazarins (1661) zur führenden Macht in Europa (Vollendung des Absolutismus); sein Minister Colbert baut gleichzeitig ein erstes Kolonialreich auf (Kanada, Louisiana, Westindien)
1667/68	Devolutionskrieg
1672–1678	Holländ. Krieg
1688–1697	Pfälz. Erbfolgekrieg
1701–1714	Span. Erbfolgekrieg, Abwehr des frz. Hegemonieanspruchs in Europa
1715–1774	Ludwig XV.
1756–1763	Siebenjähriger Krieg, Frankreich verliert Kanada und muss die Dominanz Großbritanniens in Indien anerkennen
1774–1792	Ludwig XVI.
1789	Frz. Revolution, Sturm auf die Bastille, Ausrufung der Republik 1792
1792	Ausrufung der Republik
1793	Hinrichtung Ludwigs XVI. und Marie Antoinettes
1799	Staatsstreich Napoleon Bonapartes, dieser wird Erster Konsul
1804	1. Kaiserreich, Napoleon I.
1813–1815	Endgültige Niederringung Napoleons in den Befreiungskriegen
1814/15	Restauration der Bourbonen, Ludwig XVIII.
1830	Julirevolution, Louis Philipp wird König (»Bürgerkönig«)
1848	Februarrevolution, Ausrufung der 2. Republik, Präsident Louis Napoleon (Neffe Napoleons I.)
1852	Louis Napoleon begründet nach dem Staatsstreich von 1851 als Napoleon III. das 2. Kaiserreich
1870/71	Dt.-Frz. Krieg, die Niederlage führt zur Abtretung Elsass-Lothringens an das Dt. Reich und zur Ausrufung der 3. Republik; Ende des 19. Jh. schafft Frankreich sich ein neues Kolonialreich (N-Afrika, W-Sudan, Madagaskar, Indochina)
1894	Bündnis mit Russland
1904	Bündnis mit Großbritannien (Entente cordiale)
1914–1918	1. Weltkrieg, Siegermacht
1919	Versailler Vertrag spricht Frankreich Elsass-Lothringen und ehem. dt. Kolonien als Mandatsgebiete sowie gewaltige Reparationen zu
1939	Kriegserklärung an das Dt. Reich
1940	Dt. Angriff führt zum militär. Zusammenbruch Frankreichs; ein Teil wird besetzt, der freie Teil bildet 1942 den État Français (Reg.-Sitz Vichy)
1944	Landung der Briten und Amerikaner in der Normandie, Befreiung Frankreichs
1946	4. Republik. U. a. Loslösungsbewegungen in Übersee (Indochina, N-Afrika) führen zu häufigen Reg.-Wechseln
1958	Auf dem Höhepunkt des Algerienkrieges bildet C. de Gaulle die Regierung, neue Verfassung (5. Republik)
1959	C. de Gaulle wird Staatspräsident
1962	Algerien wird unabhängig
1963	Vertrag mit der BRD über die dt.-frz. Zusammenarbeit
1968	Studentenunruhen, de Gaulle tritt 1969 zurück
1969–1974	G. Pompidou
1974–1981	V. Giscard d'Estaing
1981–1995	F. Mitterrand Staatspräsident
1995	J. Chirac wird Staatspräsident, A. Juppé Ministerpräsident
1997	L. Jospin wird Premiermin. einer Linkskoalition

Verkehr. F. hat ein gut ausgebautes Verkehrsnetz, das auf Paris ausgerichtet ist. Wichtigste Seehäfen: Marseille, Le Havre, Dünkirchen. Internat. Flughäfen in Paris (3), Marseille, Nizza und Lyon.

Frantz, Justus, dt. Pianist, * 1944; 1986 bis 1994 Initiator des von ihm begründeten alljährl. Schlesw.-Holst.-Musik-Festivals; seit 1997 Chefdirigent der Philharmonia Hungarica.

Justus Frantz

Franz, Herrscher: **Dt. Kaiser. 1) F. I.,** * 1708, † 1765; Herzog von Lothringen seit 1729, dann Großherzog von Toskana, wurde als Gemahl und Mitregent der Habsburgerin Maria Theresia zum Kaiser (1745 bis 1765) gewählt. – **2) F. II.,** * 1768, † 1835; Kaiser (1792 bis 1806), führte mehrere unglückl. Kriege gegen das revolutionäre Frankreich; legte 1806 die dt. Kaiserkrone nieder, war als **F. I.** Kaiser von Österreich (1804 bis 1835). – **Frankreich. 3) F. I.,** * 1494, † 1547; König 1515 bis 1547, kämpfte erfolglos gegen Kaiser Karl V. um das Herzogtum Mailand, wurde 1525 bei Pavia geschlagen und gefangen genommen, behauptete jedoch Frankreichs Unabhängigkeit. – **Österreich-Ungarn. 4) F. Joseph I.,** * 1830, † 1916; Kaiser 1848 bis 1916, König von Ungarn 1867 bis 1916, verlor 1859 und 1866 seine ital. Prov. und 1866 den Entscheidungskampf gegen Preußen um die Vorherrschaft in Dtl., schloss 1867 den Ausgleich mit Ungarn, 1879 den Ausgleich mit dem Dt. Reich. – **5) F. Ferdinand,** Erzherzog, * 1863, † (ermordet) 1914, Neffe von 4); seit 1896 Thronfolger, am 28. 6. 1914 mit seiner Gemahlin in Sarajevo von serb. Nationalisten ermordet (äußerer Anlass zum Ersten Weltkrieg).

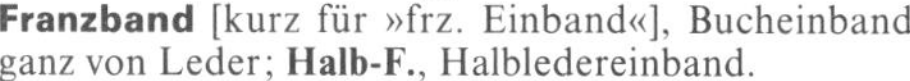

Franz Joseph I.

Franzband [kurz für »frz. Einband«], Bucheinband ganz von Leder; **Halb-F.,** Halbledereinband.

Franzbranntwein, mit aromat. Essenzen hergestellter Branntwein für Einreibungen u. a.

Franzensbad, tschech. **Františkovy Lázně** [ˈfrantjiʃkɔvi ˈla:znjɛ], Stadt und Heilbad in W-Böhmen, ČR, 4 800 Ew.; Mineralquellen, Moorbäder.

Franziskaner, die Mitglieder der Ordensgemeinschaften, die Franz von Assisi als Gründer verehren; i. e. S. die zur Gruppe der Bettelorden gehörenden Mitglieder des »Ordens der Minderen Brüder« (Ordenskleid: braunes Habit mit Kapuze, weißer Strick und brauner Umhang), die auf jegl. Besitz verzichten, ein Leben nach dem Evangelium führen und sich zum Dienst am Menschen verpflichten. Innere Streitigkeiten führten schon im 13. Jh. zur Aufspaltung in drei Richtungen, die Spiritualen (existieren nicht mehr), die Konventualen (gliedern sich in die Observanten, die Minoriten und die Kapuziner) und eine mittlere Richtung, auch als Franziskanerbrüder bezeichnet. Nach deren Regel leben auch die weibl. Kongregationen.

Franz-Joseph-Land, russ. Inselgruppe im Nordpolarmeer östlich von Spitzbergen, 16 100 km², stark vergletschert; einige Polarstationen.

Franzosen, roman. Volk (staatstragend in Frankreich, außerdem in Belgien, der Schweiz, Kanada), entstanden aus Kelten (Gallier), vorindogerman. Ligurern, Römern, Germanen (v. a. Franken). Das Eindringen der Franken hat die Bev. in zwei Teile getrennt, die Nord-F. und Süd-F. Das Zusammenwachsen von N und S brauchte Jahrhunderte; bis heute Unterschiede in Sprache, Sitte und Wesensart.

Franzosenkraut, Knopfkraut, Korbblütler, aus Amerika nach Mitteleuropa eingeschleppt; Acker- und Gartenunkraut.

Französisch-Äquatorialafrika, 1910 bis 1958 frz. Gebietsgruppe in Zentralafrika, aus der 1960 die unabhängigen Staaten Gabun, Kongo (heute Rep. Kongo), Tschad und Zentralafrikan. Rep. hervorgingen. Hptst. war Brazzaville.

Französische Gemeinschaft, frz. **Communauté Française** [kɔmynoˈte frɑ̃ˈsɛ:z], durch die Verfassung von 1958 geschaffene Staatengemeinschaft zw. der

französische Kunst. Kathedrale in Reims (13./15. Jh.)

Frz. Rep. (einschließlich Übersee-Dép.) und den damals autonomen Gebieten Frz.-Westafrikas (außer Guinea) und Frz.-Äquatorialafrika sowie Madagaskar. Die 1960 entstandenen unabhängigen Staaten traten entweder der F. G. (nach deren Verfassungsänderung) erneut bei (Zentralafrikan. Rep., spätere Rep. Kongo, Gabun, Madagaskar, Senegal, Tschad) oder erklärten sich zur Zusammenarbeit mit ihr bereit (Elfenbeinküste, Burkina Faso, Niger, Benin, Mauretanien, Kamerun, Mali, Togo).

französische Kunst. Ihre weitreichendste Wirkung erlangte die f. K. zur Zeit der Gotik, die von der Île-de-France um die Mitte des 12. Jh. ihren Ausgang nahm. Klass. Vollendung fand die frz. Baukunst und Plastik in den got. Kathedralen von Chartres, Paris, Reims, Amiens, daneben auch in weltl. Bauten (Papstpalast in Avignon, Stadtbefestigung von Carcassonne u. a.). Bedeutend waren die Leistungen der Glasmalerei, bes. in Chartres und der Sainte-Chapelle in Paris. Die Baukunst der Renaissance wandte sich bes. dem Schlossbau zu (Louvre, Fontainebleau). In der Zeit des Barocks entwickelte die f. K. einen eigenen klass. Stil von monumentaler, maßvoller Klarheit (Schloss und Park in Versailles; O-Fassade des Louvre, Kirche der Sorbonne und Invalidendom in Paris). C. Lebrun u. a. schufen bedeutende Innendekorationen für frz. Schlösser. Mit dem Barock verbinden sich Namen wie N. Poussin und Claude Lorrain, die Malerei des Rokoko vertreten A. Watteau, F. Boucher und J. H. Fragonard. Ende des 19. Jh. gewann die f. K. durch die Schule von Barbizon, die Maler des Realismus, des Impressionismus und v. a. durch plast. Werke von A. Rodin Einfluss auf ganz Europa; Außenseiter war H. Rousseau. Eine starke Wirkung ging auch zu Beginn des 20. Jh. auf die moderne Kunst von Frankreich aus, dem Kubismus und Surrealismus, den Fauves und Nabis folgten frz. Varianten der Op-Art und der Pop-Art; Y. Klein vertritt den »Nouveau Réalisme«. Bedeutende frz. Leistungen auch auf dem Gebiet der Architektur.

französische Literatur. Die älteste f. L. (9. bis 11. Jh.) ist geistlich bestimmt. Das 12. Jh. brachte das Heldenepos (Rolandslied) und im Anschluss an die Troubadourdichtung den höf. Versroman (Chrétien de Troyes). Vom 13. Jh. an traten Allegorie (Rosenroman) und

Satire sowie die bürgerl.-realist. Literatur stark hervor. F. Villon, der erste bedeutende frz. Lyriker, führte die Vagantendichtung zu einem Höhepunkt. Seit dem Italienfeldzug Karls VIII. (1494) drang die Renaissance nach Frankreich vor (C. Marot; Dichtergruppe der Pléiade; Margarete von Navarra; F. Rabelais; Essays von M. de Montaigne). Mit der Berufung F. de Malherbes an den Hof und dessen Forderung nach log. Klarheit als dichtungstheoret. Prinzip wurde die Epoche der Klassik eingeleitet (Vorklassik mit P. Corneilles Dramen; seit 1660 rd. 3 Jahrzehnte blühende Hochklassik mit »L'art poétique« von N. Boileau-Despréaux, Dramen von J. Racine, Komödien von Molière, Fabeln von La Fontaine, Romane von Mme. de Lafayette, Maximen von F. La Rochefoucauld). Von 1690 bis zum Tode Ludwigs XIV. (1715) erstarrte die f. L. in klassizist. Tradition; daneben wuchs die (soziale) Kritik (Schelmenromane von A. R. Lesage; Erziehungsroman »Telemach« von F. Fénelon). Sie führte 1715 bis 1789 zur Aufklärung (C. de Montesquieu: »Geist der Gesetze«), deren Höhepunkt mit den späteren Werken Voltaires und der »Encyclopédie« (D. Diderot, J. Le Rond d'Alembert) die Jahre 1750 bis 1780 umfasste. Noch während der Epoche des Rationalismus erschloss J.-J. Rousseau neue Dimensionen von Natur- und Gefühlsdarstellung, die maßgebend für die Romantik (1820 bis 1840) wurden (R. de Chateaubriand, A. de Vigny, A. de Musset, V. Hugo). Aus der unklass. Haltung der Romantik entwickelten sich Realismus (M. H. B. Stendhal, H. de Balzac, G. Flaubert, G. de Maupassant) und Naturalismus (É. Zola) des Romans. Die ausgefeilte Lyrik T. Gautiers wurde zum Vorbild der Parnassiens. Die Poesie C. Baudelaires bereitete die symbolist. Dichtung vor (A. Rimbaud, P. Verlaine, S. Mallarmé, daran anknüpfend P. Valéry). Der Realismus war Ende des 19. Jh. die beherrschende Stilrichtung (R. Rolland; R. Martin du Gard, G. Duhamel, J. Romains). Im 20. Jh. starke kath. Erneuerungsbewegung (P. Claudel, G. Bernanos, F. Mauriac); literarischer Surrealismus (G. Apollinaire, A. Breton, P. Éluard, L. Aragon); in der Lyrik Überlagerung symbolist. und surrealist. Tendenzen (R. Char, H. Michaux, F. Ponge); traditionelles Theater (J. Giraudoux, J. Anouilh) und absurdes Drama (E. Ionesco, S. Beckett, J. Genet); neue Formen des Romans (M. Proust, A. Gide, A. Malraux) führte der →Nouveau Roman fort, daneben die existenzialistischen Werke von J.-P. Sartre, A. Camus, S. de Beauvoir. Als Vertreter der jüngeren Literatur sind v. a. Autoren aus dem Kreis der »Nouvelle Philosophie« (→französische Philosophie) zu nennen.

französische Philosophie. Im MA. war Paris ein Mittelpunkt der Scholastik (Abaelardus, Bernhard von Clairvaux; Auseinandersetzung zw. Nominalisten und Realisten). Im 14. Jh. behaupteten sich Nominalismus und Empirismus. M. de Montaigne bahnte im 16. Jh. den Rationalismus an. Einflussreichster Vertreter der f. P. war im 17. Jh. R. Descartes; sein Rationalismus war bis zu I. Kant maßgebend (Kartesianismus, Okkasionalismus). Im 18. Jh. verbreiteten die Enzyklopädisten (D. Diderot) den Geist der Aufklärung. J.-J. Rousseau forderte die Rückkehr zur urspr. Natürlichkeit. Die frühen frz. Sozialisten (C. H. de Saint-Simon, C. Fourier) waren Vorläufer des Marxismus. Im 19. Jh. durchdrangen der Positivismus A. Comtes und die Lebensphilosophie H. Bergsons ganz Europa. In jüngerer Zeit entwickelten Denker wie J.-P. Sartre und A. Camus (angeregt durch die dt. Existenzphilosophie) einen atheist. Existenzialismus, andere wie G. Marcel einen christl. Existenzialismus, Teilhard de Chardin eine universale Evolutionslehre im Sinne des Theismus. In den 60er-Jahren des 20. Jh. vollzog sich eine Wende zum Strukturalismus (C. Lévi-Strauss, M. Foucault). Eine antimarxist. und antiideolog. Position vertreten die Anhänger der »Nouvelle Philosophie« (A. Glucksmann, B.-H. Lévy, J.-M. Benoist u. a.). Daneben ist die zeitgenöss. f. P. von der Phänomenologie Husserls (J.-P. Sartre, M. J.-J. Merleau-Ponty) sowie vom Poststrukturalismus (J. Derrida) geprägt.

Französische Revolution, große polit. und geistig-soziale Umwälzung in Frankreich seit 1789, die weltgeschichtliche Bedeutung gewann. Ihre geistige Grundlage war die Aufklärung, deren Wortführer (C. de Montesquieu, Voltaire, J.-J. Rousseau) im Sinne des aufstrebenden Bürgertums (des »dritten Standes«) den Absolutismus der frz. Könige und die Vorrechte des Adels und der kath. Kirche scharf bekämpft hatten. Um den Staatsbankrott abzuwenden, berief Ludwig XVI. (erstmals seit 1614) 1789 die Generalstände. Die Abgeordneten des »dritten Standes« konstituierten sich zur Verfassunggebenden Nationalversammlung; die Pariser Massen stürmten am 14. 7. die Bastille, die Nationalversammlung verkündete die Menschenrechte, schuf das zentralist. Verwaltungssystem der Départements, beseitigte alle ständ. Vorrechte und zog das Kirchengut ein. Unter dem Einfluss radikaler Elemente (Jakobinerterror) und dem Druck der Revolutionskriege schaffte der Nationalkonvent 1792 die Monarchie ab und verkündete die Rep. Im Jan. 1793 wurde Ludwig XVI. hingerichtet. Unter G. Danton und M. de Robespierre führten die Jakobiner bis 1795 eine blutige Schreckensherrschaft (Guillotine). Dann folgten eine neue Verfassung und die Herrschaft eines fünfköpfigen Direktoriums, das 1799 von Bonaparte gestürzt wurde. Eng mit dem Verlauf der F. R. verbunden sind die Interventionskriege der anderen europäischen Staaten: **1. Koalitionskrieg** (1792/93 bis 1797) gegen Österreich und Preußen, denen sich 1793 Großbritannien, die Niederlande und Spanien anschlossen. Die aufgebotenen Massenheere errangen durch ihren revolutionären Schwung und die neue Taktik Erfolge über die verbündeten Armeen. 1795 schieden Preußen und Spanien aus der Koalition aus, sodass Österreich nach weiteren Niederlagen, vor allem durch Bonaparte in Oberitalien, 1797 im Frieden von Campoformio die Lombardei und Belgien abtreten und Frankreich die Rheingrenze zusichern musste (Österreich erhielt Venedig). **2. Koalitionskrieg** (1798 bis 1801/1802) gegen Russland, Österreich, Großbritannien, Türkei, Neapel und den Kirchenstaat. Nach wechselvollen Kämpfen entschied Napoleon den Krieg und schloss mit Österreich den Frieden von Lunéville, mit Großbritannien den von Amiens.

Französische Schweiz, Welsche Schweiz, frz. **La Suisse Romande** [- sɥis rɔ'mãd], Gebiete der Schweiz, in denen die frz. Sprache vorherrscht.

französische Sprache, die auf dem Boden des alten Gallien entstandene roman. Sprache, gegliedert in Südfranzösisch oder Provenzalisch (langue d'oc) und Nordfranzösisch (langue d'oïl), das als in Paris gesprochene Sprache zur heutigen Schriftsprache wurde. Die f. S. ist Amtssprache in Frankreich und den ehem. Kolonien, in Belgien, der westl. Schweiz, dem östl. Kanada; wird von rd. 65 Mio. Menschen gesprochen.

französische Philosophie. Schluss eines Briefs von Jean-Jacques Rousseau

a

b

Fräsen
a Walzenfräser,
b Stirnfräser

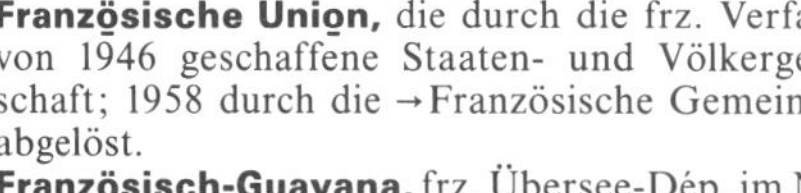

Französische Union, die durch die frz. Verfassung von 1946 geschaffene Staaten- und Völkergemeinschaft; 1958 durch die →Französische Gemeinschaft abgelöst.

Französisch-Guayana, frz. Übersee-Dép. im N Südamerikas, 91 000 km², 114 700 Ew.; Hptst. Cayenne. Im Innern trop. Regenwald; Anbaugebiete nur in der Küstenebene. Ausfuhr: Krabben, Bauxit, Gold, Rum, Holz. Bei Cayenne entstand seit 1967 das frz. Raumfahrtzentrum Kourou, das auch von der ESA genutzt wird. – F.-G. war 1852 bis 1938 Sträflingskolonie.

Französisch-Polynesilen, frz. Überseeterritorium im östl. Ozeanien, rd. 4 000 km², 188 800 Ew., Hptst. Papeete (Tahiti); umfasst: Gesellschafts-, Marquesas-, Tuamotu-, Tubuai-, Gambier-Inseln. Kopra, Kaffee, Vanille; Fremdenverkehr.

Französisch-Somaliland, bis 1967 Name eines ehem. frz. Überseeterritoriums, →Djibouti.

Französisch-Westafrika, 1895 bis 1958 frz. Kolonien in W-Afrika; heute Senegal, Mauretanien, Mali, Niger, Guinea, Elfenbeinküste, Benin (Dahomé), Burkina Faso (Obervolta).

Franz von Assisi, Franziskus, eigentl. Giovanni **Bernardone,** ital. Ordensstifter, * 1181/1182, † 1226; stiftete die Orden der Franziskaner, wurde damit Schöpfer der Bettelorden. Mit seinen Gefährten predigte er Buße und pflegte Kranke; Predigten und Hymnen (»Sonnengesang«) sind erhalten. Heiliger (Tag: 4. 10.).

Frauenhaarfarn

Franz von Paula, * 1416, † 1507; Stifter des Mönchsordens der Minimen, Heiliger (Tag: 2. 4.).

Franz von Sales [sa:l], Bischof von Genf, * 1567, † 1622; stiftete mit Franziska von Chantal den Orden der Salesianerinnen; Heiliger (Tag: 24. 1.).

Franz Xaver, span. kath. Theologe, * 1506, † 1552; Mitbegründer des Jesuitenordens, unternahm von Indien aus weite Missionsreisen, 1622 heilig gesprochen (Tag: 3. 12.).

Frascati, Stadt und Sommerfrische in Italien, südöstlich von Rom, 19 400 Ew.; zahlreiche Villen; Weinbau; Kernforschungszentrum, Europ. Raumforschungsinstitut; nahebei Ruinen der Römerstadt →Tusculum.

Frasch [fræʃ], Hermann, amerikan. Chemiker dt. Herkunft, * 1851, † 1914; entwickelte neben Raffinations- und Entschwefelungsverfahren für Erdöl das **Frasch-Verfahren** zur Gewinnung von Schwefel mittels Heißwasser und Pressluft.

Fräse *die,* **1)** Halskrause. – **2) Fraise,** Backenbart. – **3)** Bodenbearbeitungsmaschine.

Fräsen, ⊙ spanendes Trennverfahren mit einem **Fräser,** der am Umfang **(Walzenfräser)** oder der Stirnseite **(Stirnfräser)** Schneiden trägt. **Form-** oder **Profilfräser** ermöglichen die Herstellung beliebiger Profile oder Rotationskörper.

Fraser [ˈfreɪzə] *der,* Fluss in der kanad. Prov. British Columbia, fließt von den Rocky Mountains in den Pazifik bei Vancouver; 1 368 km.

Frater [lat. »Bruder«] *der,* Pl. **Fratres,** Laienmönche. **Fratres minores,** die Franziskaner. **Fratres praedicatores,** die Dominikaner.

Frau, der erwachsene weibl. Mensch.

Frauenschuh

Frauenarbeit. Die Erwerbstätigkeit der Frau hat durch die sozialen Umschichtungen in und nach den beiden Weltkriegen stark zugenommen. Von 1951 bis 1995 stieg die Zahl der erwerbstätigen Frauen in der Bundesrep. Deutschland von 4,5 auf 15,1 Mio. (54,1 % der Erwerbspersonen). – Weibliche Arbeitnehmer, bes. werdende Mütter und Wöchnerinnen, genießen einen erhöhten Schutz (Frauenarbeitsschutz, Mutterschutz). Frauen dürfen z. B. nicht in Kokereien und im Bergbau unter Tage beschäftigt werden. Die Arbeitszeit darf nicht mehr als 10 Std. betragen.

Frauenarzt, Gynäkologe, Facharzt für Frauenheilkunde und Geburtshilfe.

Franz von Assisi bei der »Vogelpredigt«, Ausschnitt aus einem Glasfenster des ehemaligen Franziskanerklosters Königsfelden im schweizerischen Kanton Aargau

Frauenbewegung, sucht Rechte und Stellung der Frau zu verbessern; entstand im Zusammenhang mit den sozialen und erzieher. Reformbewegungen seit dem 19. Jh., zuerst in W-Europa, später auch in anderen Ländern. In Dtl. wurde 1865 der Allg. Dt. Frauenverein gegr., mit späteren Verbänden 1894 zum Bund Dt. Frauenvereine zusammengeschlossen. Die Führerinnen der F. **(Frauenrechtlerinnen)** erregten zuerst heftigen Widerspruch. Führend in der F. Dtl.s waren L. Otto-Peters, H. Lange, C. Zetkin, M. Weber, G. Bäumer, E. Heuss-Knapp, L. Schröder, M.-E. Lüders. Die rechtl. Gleichstellung von Mann und Frau ist im 20. Jh. in den Verf. der meisten Ind.staaten verankert. Ende der 60er-Jahre setzte eine »Neue F.« ein, ausgehend vom amerikan. Feminismus (→Women's Lib), die für die Emanzipation der Frauen auf allen Gebieten eintritt (Vertreterinnen: S. de Beauvoir, B. Friedan, A. Schwarzer).

Frauenfarn, Gattung der Farne, in Mitteleuropa der **Wald-F.** mit bis 1 m langen, fein zerteilten Wedeln.

Frauenfeld, Hptst. des Kt. Thurgau, Schweiz, 20 700 Ew.; Maschinenbau, Zuckerfabrik. 1264 habsburgisch, 1460 von den Eidgenossen erobert.

Frauenhaarfarn, Gattung der Tüpfelfarne, häufig als Zimmerpflanze kultivierte Art mit vielen feinen Fiederchen.

Frauenhäuser, autonome oder von gemeinnützigen Organisationen unterstützte Einrichtungen, in denen Frauen, die von Männern körperlich und seelisch misshandelt wurden, vorübergehend mit ihren Kindern wohnen können.

Frauenheilkunde, die Gynäkologie.

Frauenlob, eigentl. **Heinrich von Meißen,** mhdt. Dichter, * 1250/60, † 1318; soll in Mainz die erste Meistersingerschule gegründet haben.

Frauenmantel, staudiges Rosengewächs auf Wiesen und in Wäldern, mit rundl., häufig fingerförmig eingeschnittenen Blättern und gelbgrünl. Blütchen.

Frauenschuh, auf Kalkboden vorkommende Orchideenart, die rotbraune Blüte hat eine schuhförmige gelbe Lippe; steht unter Naturschutz.

Frauenverbände, Organisationen von Frauen zu bestimmten Zwecken bzw. Vereinigung von Frauen bestimmter sozialer Gruppen. Dtl.: Dt. Frauenring (gegr. 1949), Ev. Frauenarbeit in Dtl. (gegr. 1917, neu 1945), Arbeitsgemeinschaft kath. Frauenverbände und -gruppen (gegr. 1946), 1951 zusammengeschlossen im Informationsdienst für Frauenfragen e. V., seit 1969: Dt. Frauenrat – Bundesvereinigung dt. Frauenverbände e. V. – Österreich: Bund österr. Frauenvereine (gegr. 1902, neu 1947). – Schweiz: Bund Schweizer Frauenorganisationen (gegr. 1900). – Internat. Frauenbund (IAW, gegr. 1904), Internat. Frauenliga für Frieden und Freiheit (WILPF, gegr. 1915), Internat. Frauenrat (ICW, gegr. 1888), Internat. Demokratische Frauenföderation (IDFF, gegr. 1945) u. a.

Fraunhofer, Joseph von, dt. Optiker, * 1787, † 1826; Prof. in München; entdeckte die Absorptionslinien im Spektrum der Sonne (**f.sche Linien**), stellte das erste Beugungsgitter zur Messung der Wellenlänge von Spektrallinien her.

Freak [fri:k] *der,* jemand, der sich übersteigert für etwas begeistert (**Computer-F.**) oder sich einer bürgerl. Lebensweise verweigert.

Frechen, Stadt im Erftkreis, NRW, 44 600 Ew., Braunkohlenbergbau, Steinzeugfabriken.

Fredensborg [ˈfre:ðənsbɔr], Sommerresidenz der dän. Könige auf Seeland, sw. von Helsingør, Schloss 1719 bis 1722 erbaut; nahebei bedeutendes Museum für moderne Kunst »Louisiana«.

Fredericia [freðəˈresja], dän. Hafenstadt an der O-Küste Jütlands, 46 100 Ew.; Erdölraffinerie.

Frederiksborg [freðrəgsˈbɔr], dän. Schloss bei Hillerød (N-Seeland), erbaut 1602 bis 1620, heute Nationalhistor. Museum.

Frederikshavn [freðrəgsˈhaʊn], dän. Hafenstadt im N Jütlands; 35 500 Ew.; Fischerei- und Fährhafen, Werft, Eisen-, Fischkonservenindustrie.

Fredrikstad [-sta], Hafenstadt im südl. Norwegen, am Oslofjord, 26 500 Ew.; Holzausfuhr.

Freejazz [ˈfri:ˈdʒæz], seit 1960 Stilphase des modernen Jazz; Hauptmerkmale: unendl. Teilbarkeit der Oktave, andauernder Klangstrom statt fester Gliederung.

Freesi|e, Freesia, südafrikan. Gattung der Schwertliliengewächse, Zierpflanze mit Ähren weißer oder bunter Blüten.

Freetown [ˈfri:taʊn], Hptst. von Sierra Leone, in W-Afrika, 470 000 Ew., Univ., vielseitige Ind., Hafen. – 1787 als erste Siedlung für freigelassene Sklaven gegründet.

Fregatte *die,* früher ein schnell segelndes Kriegsschiff, dann ein mittelgroßes Kampfschiff für die U-Boot-Jagd und U-Boot-Abwehr, heute mit Lenkwaffen ausgerüstet.

Fregattenkapitän, Marineoffizier im Rang eines Oberstleutnants.

Fregattvogel, trop. Küstenvogel mit ausdauerndem Segelflug; Spannweite bis 2,3 m.

Frege, Gottlob, dt. Mathematiker und Philosoph, * 1848, † 1925; gilt als eigentl. Begründer der modernen Logik.

Freia, nord. Göttin, → Freyja.

Freiballon, beschränkt lenkbares Luftfahrzeug mit Traghülle aus gasdichtem Ballonstoff. An einem die gasgefüllte Hülle umschließenden Netz aus Seilen hängt der Korb für die Besatzung und den Ballast. Es gibt Wasserstoff-, Helium- und zunehmend Heißluftballone.

Freibank, Verkaufsstelle des Schlachthofs für genießbares, aber minderwertiges Fleisch.

Freiberg, Krst. in Sa., am N-Fuß des Osterzgebirges, 48 100 Ew.; alte Bergbaustadt mit der ältesten Bergakademie der Erde (gegr. 1765), Leder- und Elektroind., Präzisionsinstrumentenbau; Dom mit der spätroman. »Goldenen Pforte« (um 1230).

Freibetrag, Betrag, der steuerfrei bleibt (z. B. Arbeitnehmer-F.). **Freigrenze** gibt an, bis zu welcher Grenze eine Steuer nicht erhoben wird.

Freibeuter, Seeleute, die ohne Kaperbrief Schiffe aufbrachten.

Freibrief, ⚖ im MA. Urkunde, durch die Vorrechte oder Freiheiten (z. B. Entlassung aus der Leibeigenschaft) gewährt wurden.

Freiburg, 1) F., Reg.-Bez. in Bad.-Württ., 9 357 km², 1,97 Mio. Ew.; Hptst. F. im Breisgau. – **2) F. im Breisgau,** Stadt in Bad.-Württ., 191 600 Ew., an den Hängen des Schwarzwalds und in der Oberrhein. Tiefebene; Erzbischofssitz, Münster (13. Jh.), Univ., viele wiss. und kulturelle Einrichtungen; Fremdenverkehr; vielseitige Ind. – F., 1120 von den Zähringern gegründet, seit 1368 habsburgisch, kam 1805 an Baden. – **3) F. im Üechtland,** frz. **Fribourg** [friˈbu:r], Hptst. von 4), an der Saane, 34 100 Ew.; Bischofssitz; Univ., Technikum; Maschinen-, Holz-, Metall-, Textil-, chem. u. a. Ind. – F., 1157 von den Zähringern gegr., kam 1481 zur Schweizer. Eidgenossenschaft. – **4) F.,** frz. **Fribourg** [friˈbu:r], Kanton in der Schweiz, 1 670 km², 214 600 Ew.; Amtssprachen: Französisch und Deutsch. Vieh- und Milchwirtschaft, Ackerbau, versch. Ind., Schokoladenherstellung.

Freidank, Meister der volkstüml. lehrhaften Spruchdichtung im 13. Jahrhundert.

Freidenker, urspr. die engl. Deisten, allg. jeder frei von religiösen Dogmen Denkende, auch die Atheisten. Im 19. Jh. nahm die Zahl der F. mit dem Fortschritt der Naturwiss. stark zu. Die F. nahmen u. a. freireligiöse Bewegungen in sich auf.

Freie, bei den Germanen die voll rechts- und waffenfähigen »Gemeinfreien«, der Kern der Bev.; von den bäuerl. **Gemein-F.** wurden die **Edel-F.** (Adel) unterschieden. **Minder-F. (Liten)** besaßen keine polit. Rechte, **Unfreie** waren ganz rechtlos.

freie Berufe, Berufe selbstständiger Erwerbstätiger, die nicht Gewerbetreibende sind, z. B. Ärzte, Rechtsanwälte, Architekten, Schriftsteller; gehören meist einer Standesorganisation an.

Freie Bühne, von T. Wolff, M. Harden u. a. 1889 in Berlin gegr. Verein für zensurfreie (geschlossene) Theatervorstellungen (Stücke von G. Hauptmann u. a.).

Freie Demokratische Partei, Abk. **FDP,** seit 1968 **F.D.P.,** 1948 in der Bundesrep. Deutschland gegr. polit. Partei; vereinigt liberaldemokrat. und nationalliberale Kräfte, lehnt staatl. Wirtschaftslenkung und Sozialisierung ab. Seit Beginn der 60er-Jahre setzte sie sich für verbesserte Beziehungen zur DDR und zu den kommunist. Staaten Europas ein. 1949 bis 1956 und 1961 bis 1966 an Koalitionen mit CDU/CSU, 1969 bis 1982 an Koalitionen mit der SPD, seit Okt. 1982 wieder an Koalition mit CDU/CSU beteiligt. Mit T. Heuss (1949 bis 1959) stellte sie den ersten, mit W. Scheel (1974 bis 1979) den vierten Bundespräs. der Bundesrep. Deutschland. Parteivors.: Wolfgang Gerhardt (seit 1995). In der DDR bestand die Blockpartei Liberal-Demokratische Partei Dtl.s (LDPD), die 1990 mit 2 neu gegr. Parteien im Rahmen des Wahlbündnisses Bund Freier Demokraten an der Volkskammerwahl teilnahm. Die beteiligten Parteien vereinigten sich im Aug. 1990 unter dem Dach der FDP.

Freie Deutsche Jugend, Abk. **FDJ,** in der DDR 1946 bis 1990 staatl. Jugendorganisation ab 14. Lebensjahr, zur kommunist. und vormilitär. Erziehung.

Joseph von Fraunhofer

Frechen Stadtwappen

Freetown Stadtwappen

Freiberg Stadtwappen

Freiburg im Breisgau Stadtwappen

Freiburg Kantonswappen

Joseph von Fraunhofer. Sonnenspektrum mit den fraunhoferschen Linien

freie Künste, lat. **Artes liberales,** im späten Altertum und frühen MA. die eines freien Mannes würdigen Kenntnisse und Fertigkeiten; als die sieben f. K. galten: Grammatik, Rhetorik, Dialektik **(Trivium),** Arithmetik, Geometrie, Musik und Astronomie **(Quadrivium).**

Freienwalde, Bad F., Krst. in Bbg., am W-Rand des Oderbruchs, 11 400 Ew.; eisenhaltige Quellen und Moorbäder.

Freier Deutscher Gewerkschaftsbund, Abk. **FDGB,** 1945 entstandene kommunist. Einheitsgewerkschaft der DDR; nach den polit. Umwälzungen 1990 Selbstauflösung.

Freies Deutsches Hochstift – Frankfurter Goethe-Museum, 1859 gegr. Institut zur Pflege der Wiss., Kunst und Bildung. Sitz der Stiftung ist das Goethehaus (1863 erworben) in Frankfurt am Main.

Freie Städte, städt. Freistaaten, so die alten Reichsstädte, im MA. nur dem Kaiser unterstehend. Der Wiener Kongress erkannte 1815 noch Hamburg, Bremen, Lübeck, Frankfurt am Main als F. S. an. Frankfurt wurde 1866, Lübeck 1937 preußisch. Nach dem Versailler Vertrag von 1919/20 war Danzig autonome »Freie Stadt« (bis 1939); F. S. sind heute nur noch die Hansestädte Hamburg und Bremen.

Die **Freiheitsstatue** von Frédéric-Auguste Bartholdi

Freigänger, Strafgefangener, der regelmäßig ohne Aufsicht außerhalb der Haftanstalt einer Beschäftigung nachgehen kann.

Freigrafschaft Burgund → Franche-Comté.

Freihafen, Freizone, Hafenbezirk, in den (als Zollausland) Waren zollfrei ein- und ausgeführt werden.

Freihandel, engl. **Free-trade,** i. w. S. die von öffentl.-rechtl. Beschränkungen unbehinderte Freiheit des Erwerbs und Verkehrs; i. e. S. die von Zöllen und anderen Eingriffen unbeeinflussten zwischenstaatl. Austauschbeziehungen. Der F. beruht auf dem Grundgedanken des wirtschaftl. → Liberalismus. Die Bewegung ging von Großbritannien aus, wo sie theoretisch von A. Smith und seiner Schule begründet, politisch durch die Freihändler verwirklicht wurde. Die gegenläufige Bewegung einer Schutzzollpolitik setzte bereits im 19. Jh. ein, in Dtl. seit 1879, verstärkt nach der Weltwirtschaftskrise von 1929. Nach 1945 wurde eine größere Freiheit im Welthandel angestrebt (→ GATT); sie besteht bes. innerhalb der europ. Wirtschaftszusammenschlüsse.

Ferdinand Freiligrath

Freiheit, Unabhängigkeit von äußerem, innerem oder durch Menschen oder Institutionen (Staat, Gesellschaft, Kirche) bedingtem Zwang; auch das Vermögen des Willens, sich Handlungsziele frei zu setzen bzw. nach bestimmten (eth.) Normen zu handeln (Willens-F.). – F. bezeichnet auch die äußere Unabhängigkeit eines Staats (Souveränität).

Freiheit, Gleichheit, Brüderlichkeit, → Liberté, Égalité, Fraternité.

Freiheit der Meere, völkerrechtl. Grundsatz (erstmals 1609 von H. Grotius aufgestellt), der die Benutzung der hohen See allen Personen und Staaten (in Friedenszeiten) für Schifffahrt, Fischerei, Gewinnung von Rohstoffen, techn. Experimente und Flottenmanöver gewährleistet. Im Seekrieg erleidet die F. d. M. Einschränkungen.

Freiheitliche, rechtsgerichtete Partei in Österreich mit liberalen und nationalist. Zügen, 1955 gegründet als Freiheitliche Partei Österreichs (Umbenennung 1995); 1983 bis 1986 Koalition mit SPÖ. Parteivors.: J. Haider (seit 1986).

freiheitliche demokratische Grundordnung, die der demokrat. und rechtsstaatl. Ordnung des GG zugrunde liegenden Prinzipien, u. a. Volkssouveränität, Gewaltentrennung, Achtung der Menschenrechte, Mehrparteiensystem.

Freiheitliche Partei Österreichs, Abk. **FPÖ,** bis 1995 Name der → Freiheitlichen.

Freiheitsberaubung, ⚖ vorsätzl. und widerrechtl. Freiheitsentziehung, z. B. durch Einsperren, auch durch unfreiwillige Hypnose. Strafe: Freiheitsstrafe bis zu 5 Jahren oder Geldstrafe.

Freiheitsglocke, in der Town Hall in Philadelphia aufgehängte Glocke, die 1776 die Unabhängigkeit der USA verkündete; die **F. von Berlin** im Turm des Rathauses von Schöneberg (Geschenk der USA, 1950) ist eine Nachbildung.

Freiheitskriege, Befreiungskriege, Kriege der Koalition europ. Mächte 1813 bis 1815 zur Beseitigung der Fremdherrschaft Napoleons I. in Europa. Nachdem im Winterfeldzug 1812 Russland die Große Armee vernichtet hatte, erklärte sich Ende 1812 das preuß. Hilfskorps für neutral (Tauroggen). 1813 schloss Preußen ein Bündnis mit Russland. Im **Frühjahrsfeldzug 1813** siegte Napoleon mit einem neuen starken Heer bei Großgörschen und Bautzen; darauf trat ein längerer Waffenstillstand ein. Im **Herbstfeldzug 1813** schlossen sich Österreich, Großbritannien und Schweden den Alliierten an. Napoleon schlug die böhm. Armee bei Dresden, aber seine Marschälle wurden in Schlesien, vor Berlin und in Nordböhmen besiegt. In der Völkerschlacht bei Leipzig (16. bis 19. 10.) unterlag er seinen vereinigten Gegnern. In der Neujahrsnacht 1813/14 überschritt Blücher bei Kaub den Rhein. Im **Feldzug 1814** eroberten die Verbündeten nach wechselvollen Kämpfen am 30. 3. Paris; Napoleon ging nach Elba, und Frankreich musste den 1. Pariser Frieden (30. 5.) schließen. Während des Wiener Kongresses kehrte Napoleon zurück. Im **Feldzug 1815** besiegte er Blücher bei Ligny (16. 6.) und griff Wellington bei Waterloo (Belle-Alliance, 18. 6.) an, wurde aber dank Blüchers rechtzeitigem Eingreifen entscheidend besiegt. Am 7. 7. ergab er sich und wurde nach Sankt Helena verbracht, Frankreich musste die härteren Bedingungen des 2. Pariser Friedens (10. 11.) annehmen.

Freiheitsstatu|e, 1886 errichtetes Standbild auf Liberty Island im Hafen von New York (46 m hoch, Sockel 47 m hoch), ein Geschenk Frankreichs (Bildhauer: Frédéric-Auguste Bartholdi); Symbol der Freiheit.

Freiheitsstrafe, Strafe nach dem StGB, die in der teilweisen oder völligen Entziehung der persönl. Freiheit besteht. Die Strafen des Wehrstrafrechts sind F. und Strafarrest. Die F. des Jugendstrafrechts ist die Jugendstrafe.

Freiherr, Baron, höchste Rangstufe des niederen Adels; weibl. Titel: **Freifrau;** Anrede: **Baron** bzw. **Baronin.**

Freikirche, kirchl. Gemeinschaft, die (unabhängig von staatl. Einflüssen) ihre Mitglieder nur aufgrund ausdrückl. Willenserklärung aufnimmt.

Freikörperkultur, Abk. **FKK, Nacktkultur, Nudismus,** der unbekleidete Aufenthalt im Freien zu Erholungszwecken, v. a. Baden, an allg. zugängl. Orten.

Freikorps [-ko:r], in Kriegs- oder Notzeiten gebildete Freiwilligentruppe; bekannt sind das **Lützowsche F.** der Freiheitskriege und die dt. F. nach dem 1. Weltkrieg.

Freilauf, ⚙ Vorrichtung zur Trennung von Antrieb und angetriebener Achse, wenn sich Letztere schneller dreht als die Antriebsachse (z. B. beim Fahrrad).

Freilichtmalerei, Pleinairmalerei, das Malen von Landschaften unmittelbar nach der Natur unter freiem Himmel, seit Anfang des 19. Jh.; Vorläufer des Impressionismus.

Freilichtmuseum, volkskundliche Schausammlungen z. B. von alten Bauernhäusern in ihrer natürl. Umgebung und mit der ursprüngl. Einrichtung oder von techn. Betrieben.

Freiligrath, Ferdinand, dt. Dichter, * 1810, † 1876; Vorkämpfer für Freiheit und Demokratie, schrieb anfangs exot. (»Der Mohrenfürst«, 1838), später polit. und soziale Gedichte, musste mehrmals Dtl. verlassen.

Freimaurerei, internat. Bewegung von menschl. und toleranter Geisteshaltung. Alle Freimaurer betrachten sich als Brüder. Ein bestimmtes Bekenntnis wird nicht verlangt. Vereinigungen der Freimaurer sind die **Logen,** deren Mitglieder ihren Vorsitzenden, den **Meister vom Stuhl,** wählen. Die einzelnen Logen sind in **Großlogen** zusammengefasst. Das geheim gehaltene Brauchtum schließt sich an die mittelalterl. Gilden und Zünfte, bes. an die Bauhütten an. Die sinnbildl. Zeichen sind meist dem Maurerhandwerk entnommen. Die Mitglieder sind in Lehrlinge, Gesellen, Meister gestuft. Die erste Großloge ist 1717 in London entstanden, die erste dt. 1737 in Hamburg. Viele bedeutende Männer waren Freimaurer, z. B. G. E. Lessing, Goethe, Mozart, J. Haydn, K. Tucholsky. Auch viele Fürsten und Staatsmänner gehörten der F. an: Friedrich II., d. Gr., Friedrich Wilhelm II., Wilhelm I., G. L. v. Blücher, G. Washington, W. Churchill u. a. Unter dem Druck des Nationalsozialismus mussten sich die dt. Logen auflösen. Nach dem 2. Weltkrieg wurden die Freimaurer in der Bundesrep. Deutschland wieder zugelassen. In der DDR war die F. verboten. - Die kath. Kirche lehnt die F. ab.

freireligiös, Gemeinschaften, die eine von dogmat. Bindungen freie Weltanschauung vertreten und sich auf wiss. Erkenntnisse und Gesetze der Vernunft berufen; 1859 in Dtl. entstanden.

Freischaren, ohne behördl. Zutun aufgestellte Freiwilligenverbände, die an der Seite regulärer Truppen in das Kriegsgeschehen eingreifen. **Freischärler** sind Angehörige der F., aber auch (abwertend) Mitglieder einer Guerillatruppe.

Freischütz, im Volksglauben ein Schütze, der sich mithilfe des Teufels Freikugeln verschafft, von denen sechs unfehlbar treffen, doch die siebente lenkt der Teufel. Oper von C. M. v. Weber (1821).

Freising, Krst. in Oberbayern, an der Isar, 37 300 Ew.; Domberg mit Dom (fünfschiffige Backsteinbasilika), bischöfl. Residenz und Domherrenhöfe; das **Bistum F.** ging 1818 in der Erzdiözese München und F. auf; nahebei ehem. Benediktinerabtei →Weihenstephan.

Freisinnige, in Dtl. und der Schweiz Anhänger liberaler Parteien seit dem 19. Jh. **1) Deutschfreisinnige Partei,** 1884 aus der Fortschrittspartei und den nationalliberalen Sezessionisten entstanden, vertrat Parlamentarismus, bekämpfte Bismarcks Schutzzoll- und Kolonialpolitik; zerfiel 1893 in Freisinnige Volkspartei und Freisinnige Vereinigung. - **2) Freisinnig-demokratische Partei der Schweiz,** eine der größten Parteien der Schweiz; verfolgt einen sozialen Liberalismus.

Freisler, Roland, dt. Jurist, *1893, †(Luftangriff) 1945; war als Präs. des Volksgerichtshofs einer der radikalsten Verfechter des natsoz. Justizterrors (»Blutrichter«).

Freistaat, andere Bezeichnung für →Republik.

Freistil, ⛹ **1)** Wettkampfart beim Schwimmen, bevorzugt wird das Kraulschwimmen als die schnellste Schwimmart. - **2)** freie Stilart beim Ringen.

Freistoß, ⛹ Strafe bei Regelverstoß im Fußball; der benachteiligten Mannschaft wird ein ungehinderter Schuss zugesprochen.

Freitag, Walter, dt. Gewerkschafter, *1889, †1958; urspr. Dreher, führender SPD-Politiker in der Weimarer Rep., 1952 bis 1956 Vors. des Dt. Gewerkschaftsbunds.

Freital, Stadt in Sa., 40 000 Ew., früher Maschinenbau, Edelstahlwerk.

Freiverkehr, Handel mit nicht zur amtl. Börsennotierung zugelassenen Wertpapieren.

freiwillige Gerichtsbarkeit →Gerichtsbarkeit.

Freizeichnungsklausel, eine Vertragsvereinbarung, durch die jemand seine Haftung einschränkt oder ausschließt.

Freizeit, die dem Berufstätigen außerhalb der Arbeit zustehende Zeit, die einer selbst bestimmten und selbst gestalteten Tätigkeit zur Verfügung steht (umfasst nicht die Zeit für Schlafen und Essen).

Freizügigkeit, Recht der freien Wahl des Aufenthaltsorts, des freien Wegzugs und der freien Niederlassung. Die F. ist allen Deutschen im Bundesgebiet durch Artikel 11 GG gewährleistet; sie kann nur durch Gesetz, z. B. bei Seuchengefahr oder strafbaren Handlungen, eingeschränkt werden. Nach EU-Recht besteht Arbeitnehmerfreizügigkeit in den Mitgliedsstaaten.

FRELIMO, Abk. für **Fre**nte de **Li**bertaçao de **Mo**çambique, Befreiungsbewegung und polit. Partei in Moçambique.

Fremdenlegion, frz. **Légion étrangère,** zum frz. Heer gehörende Freiwilligentruppe (1831 gebildet), in die Diensttaugliche jeder Nationalität aufgenommen werden. Als Berufsarmee v. a. in den Kolonialkriegen Frankreichs eingesetzt. Werbung für die F. ist in Dtl. verboten.

Fremdenrecht, Vorschriften, die die Rechtsstellung von Personen regeln, die nicht die Staatsangehörigkeit ihres Aufenthaltsstaats besitzen.

Freising
Stadtwappen

Fremdenverkehr, Tourismus, Reiseverkehr und vorübergehender Aufenthalt an fremden Orten zu Erholungs-, Heil- und Studienzwecken. Der Massentourismus hat trotz volkswirtschaftl. Bedeutung erhebliche negative Folgen für Umwelt und Gesellschaft mit sich gebracht. Dachverbände in Deutschland sind die Dt. Zentrale für Tourismus e. V. (Sitz Frankfurt am Main) und der Dt. Fremdenverkehrsverband e. V. (Sitz Bonn).

Fremdkapital, der Teil des unternehmer. Kapitals, der von außen zur Verfügung gestellt wird. Das Verhältnis von F. zum **Eigenkapital** ergibt den Verschuldungskoeffizienten.

Fremdwort, aus einer Fremdsprache übernommenes Wort, das sich der übernehmenden Sprache nicht angepasst hat, im Ggs. zum Lehnwort.

Freni, Mirella, ital. Sopranistin, *1935.

Frequenz *die,* **1)** allg. Häufigkeit, Besuch, Besucherzahl. Verb: **frequentieren.** - **2)** ⚛ Anzahl der Schwingungen (z. B. Pendel, Wechselstrom, elektromagnet. Wellen) in der Zeiteinheit. Einheit: 1 Hertz (Hz) = 1 Schwingung/Sekunde.

Frequenzbereich, Wellenlängenbereich, Einteilung der technisch genutzten elektromagnet. Wellen in Abhängigkeit von deren Wellenlänge und Schwingungszahl, im Rundfunk z. B. die F. Mittel-, Lang-, Kurz- und Ultrakurzwellenbereich. Ein **Frequenzband** ist ein zusammenhängender, relativ kleiner F. der elektromagnet. Wellen.

Sigmund Freud

Frequenzmodulation →Modulation.

Frescobaldi, Girolamo, ital. Organist, Komponist, *1583, †1643; Orgel- und Cembalowerke, Messen, Madrigale.

Fresko [von ital. a fresco »auf das Frische«] *das,* Wandmalerei auf frisch aufgetragenen, noch feuchten Kalkputz, mit dem sich die Farben verbinden; bei der »a secco«-Technik werden die Farben auf den trockenen Putz aufgetragen.

Fresnel [frɛˈnɛl], Augustin Jean, frz. Physiker, *1788, †1827; begründete die Wellentheorie des Lichts, fand eine Methode, die Lichtgeschwindigkeit zu messen.

Fresszellen, Phagozyten, Zellen im Blut oder im Gewebe, deren Aufgabe es ist, abgestorbene Gewebeteile und Fremdkörper (auch Bakterien) aufzunehmen und unschädlich zu machen.

Frettchen *das,* Albinoform des →Iltis.

Freud, Sigmund, österr. Nervenarzt, *1856, †1939; Prof. in Wien, begründete die Psychoanalyse; erweiterte die Psychologie durch Einbeziehung des Unbewußten und neue Einsichten der Triebdynamik.

Die staufische Burg von **Friedberg (Hessen)**

Friedberg
Stadtwappen

Friedberg (Hessen)
Stadtwappen

Jerome I. Friedman

Freudenstadt, Krst. in Bad.-Württ., heilklimat. Kurort und Wintersportplatz im nördl. Schwarzwald, 23 100 Ew.; 595 bis 940 m ü. M.; in Schachbrettform um den Marktplatz angelegt.

Freundschafts|inseln →Tonga.

Freyer, Hans, dt. Soziologe, Philosoph, *1887, †1969; entwickelte eine geisteswiss. Methodenlehre der Soziologie; auch universalgeschichtl. Studien.

Freyja, Freia [altnord. »Herrin«], nord. Göttin der Liebe und Fruchtbarkeit.

Freyr [altnord. »Herr«], nord. Gott.

Freytag, Gustav, dt. Schriftsteller, *1816, †1895; Vertreter des bürgerl. Realismus, Kaufmannsroman »Soll und Haben« (1855), geschichtl. Romanzyklus »Die Ahnen« (1872 bis 1880).

Friaul, Landschaft im nordöstl. Italien. F. bildet mit einem Teil von Julisch-Venetien die Region **F.-Julisch-Venetien** (Hptst. Triest). Die z. T. rätoroman. Bev. hat ihre Sprache bewahrt; wichtige Weinbauregion; durch Erdbeben wurden 1976 mehrere Städte zerstört.

Frick, Wilhelm, dt. Politiker, *1877, †(hingerichtet) 1946; 1933 bis 1943 Reichsinnenmin., danach Reichsprotektor von Böhmen und Mähren; in Nürnberg zum Tod verurteilt.

Fricsay ['fritʃɔi], Ferenc, österr. Dirigent ungar. Herkunft, *1914, †1963; v. a. Mozart-, Bartók-Interpret.

friderizianisch, auf die Zeit Friedrichs II., d. Gr., bezüglich oder ihr angehörig.

Fridolin, Missionar der Schweiz und der Vogesen im 6. Jh., wohl irischer Herkunft, gilt als Gründer des Klosters Säckingen; Heiliger (Tag: 6. 3.).

Fried, Erich, österr. Schriftsteller, *1921, †1988; lebte in London; zeitkrit. Lyrik, auch Essays, Übersetzungen.

Friedan ['fri:dn], Betty, amerikan. Frauenrechtlerin, *1921; führend in der feminist. Bewegung der USA.

Friedberg, 1) F., Stadt in Bayern, westl. von Augsburg, 27 000 Ew.; Möbelind. – **2) F. (Hessen),** Krst. in Hessen, in der Wetterau, 24 700 Ew.; ehem. Reichsstadt, Ind.; große Burganlage.

Friedell, Egon, österr. Schriftsteller, *1878, †1938; auch Schauspieler und Kabarettist; »Kulturgeschichte der Neuzeit« (1927 bis 1931).

Frieden, der rechtlich geordnete Zustand der Verhältnisse innerhalb von und bes. zw. Staaten, in dem sich diese keiner gewalttätigen Mittel bedienen, um ihre Interessen durchzusetzen. Im MA. genossen bestimmte Sachen und Orte besonderen Rechtsschutz (Burg-, Markt-, Gerichtsfriede) oder bestimmte Zeiten Waffenruhe (→Gottesfriede, →Ewiger Landfriede). Der moderne F.-Begriff wurde maßgeblich von I. Kant formuliert.

Friedensbewegung, Sammelbezeichnung für polit. Bewegungen in der Bev., die für Abrüstung und friedl. Zusammenleben der Völker eintreten, früher oft getragen von einzelnen Persönlichkeiten: W. Penn, Abbé de Saint-Pierre, B. v. Suttner, A. Carnegie, ferner von den Friedensgesellschaften mit dem Internat. Friedensbüro in Genf. Diese Bestrebungen wurden bes. seit Beginn des 20. Jh. von den Staaten selbst aufgenommen (→Haager Friedenskonferenzen). Nach dem 1. Weltkrieg wurde ein System der kollektiven Friedenssicherung im →Völkerbund und in einem Netz von Nichtangriffs- und Garantiepakten und von Schiedsgerichts- und Vergleichsverträgen geschaffen; 1928 wurde zur Ächtung des Kriegs der Briand-Kellogg-Pakt abgeschlossen. Seit dem 2. Weltkrieg bemüht sich die UNO um Friedenssicherung. Anfang der 1980er-Jahre bildete sich in den westl. Staaten eine neue F., die sich gegen jegl. militär. Rüstung wendet.

Friedensforschung, wiss. Untersuchungen für die Bedingungen des Friedens; Einrichtungen in Dtl. sind die Dt. Gesellschaft für Friedens- und Konfliktforschung und die Arbeitsgemeinschaft für Friedens- und Konfliktforschung, internat. das International Peace Research Institute Oslo und das Stockholm International Peace Research Institute (SIPRI).

Friedenskorps →Peace Corps.

Friedenspfeife →Kalumet.

Friedenspreis des Börsenvereins des Deutschen Buchhandels, vom Börsenverein des Dt. Buchhandels, Frankfurt am Main, 1950 gestifteter internat. Preis, wird jährlich verliehen.

Friedensrichter, ⚖ in der Schweiz (in einigen Kt.) die bei Zivilprozessen einen Sühneversuch unternehmenden Richter; im angelsächs. und frz. Recht Richter, die über geringfügige Zivil- und Strafdelikte entscheiden.

Friederike Luise, *1917, †1981; Tochter des Herzogs Ernst August von Braunschweig-Lüneburg, Enkelin Wilhelms II., ⚭ mit König Paul I. von Griechenland; Mutter von König Konstantin I. von Griechenland und Königin Sophia von Spanien.

Friedland, 1) Gemeinde in Ndsachs., südl. von Göttingen, 6 900 Ew.; Durchgangs- und Notaufnahmelager (seit 1945 für Flüchtlinge, Kriegsgefangene u. a.), seit 1990 v. a. für Spätaussiedler. – **2)** tschech. **Frýdlant v Čechách,** Stadt in der ČR, am N-Rand des Isergebirges, 6 000 Ew.; Textil-, Maschinen-, Porzellanind. Das Schloss war im Besitz Wallensteins, des Herzogs von Friedland.

Friedman ['fri:dmən], Jerome Isaac, amerikan. Physiker, *1930; seit 1967 Prof. am Massachusetts Institute of Technology, arbeitete über Quarks, 1990 Nobelpreis für Physik (mit H. W. Kendall und R. E. Taylor).

Friedrich, Herrscher: **Hl. Röm. Reich. 1) F. I. Barbarossa** [»Rotbart«], *1122, †1190, König seit 1152, Kaiser 1155 bis 1190, Staufer, führte einen langen Kampf gegen die lombard. Städte und den Papst, zerstörte 1162 Mailand, wurde aber 1176 bei Legnano besiegt, schloss den Konstanzer Frieden 1183. Die Macht des Welfenherzogs Heinrich des Löwen brach er 1178 bis 1181. Auf dem 3. Kreuzzug ertrank er im Salef (heute Göksu nehri) in Kleinasien. Nach der urspr. an F. II. anknüpfenden Volkssage schläft er im Kyffhäuser. – **2) F. II.,** *1194, †1250, Röm. König seit 1196, Kaiser 1220 bis 1250, Enkel von 1), zugleich König von Sizilien, unternahm 1228/29 den 5. Kreuzzug, Auseinandersetzungen mit dem Papsttum, mit seinem Tod scheiterte die Idee der Wiederherstellung des Imperiums. – **3) F. der Schöne,** *1289, †1330, Gegenkönig (1314 bis 1330), Herzog von Österreich, wurde von Ludwig dem Bayern 1322 bei Mühldorf am Inn gefangen, aber 1325 als Mitherrscher angenommen. – **4) F. III.,** *1415, †1493, König seit 1440, Kaiser 1452 bis 1493, Habsburger, erfolgreicher Hausmachtpolitiker. – **Dt. Reich. 5) F.**, *1831, †1888, vom März bis Juni 1888 Kaiser und (als **F. III.**) König von Preußen, liberal gesinnt, vermählt mit der brit. Prinzessin Viktoria, lehnte die Innenpolitik Bismarcks ab. – **Baden. 6) F. I.**, *1826, †1907, Großherzog 1856 bis 1907, liberal gesinnt, Vorkämpfer der dt. Einigung. – **Brandenburg. 7) F. I.**, *1371, †1440, Kurfürst (1417 bis 1440), Hohenzoller, seit 1397 Burggraf von Nürnberg, bezwang den unbotmäßigen märk. Adel. – **8) F. Wilhelm**, *1620, †1688, **der Große Kurfürst**, 1640 bis 1688, erhielt 1648 O-Pommern und 1680 das Herzogtum Magdeburg, beseitigte 1657 die poln. Lehnsoberhoheit über Ostpreußen, besiegte 1675 die Schweden bei Fehrbellin, nahm die aus Frankreich vertriebenen Hugenotten auf (Edikt von Potsdam, 1685); er schuf ein stehendes Heer, bereitete den Aufstieg Brandenburg-Preußens zur Großmacht vor. – **Dänemark. 9) F. VI.**, *1768, †1839, König 1808 bis 1839, übernahm 1797 für seinen Vater die Regierung; musste 1814 Norwegen an Schweden abtreten. – **10) F. IX.**, *1899, †1972, König 1947 bis 1972, ⚭ mit Prinzessin Ingrid von Schweden. – **Hessen-Homburg. 11) F. II.**, *1633, †1708, Landgraf 1681 bis 1708, zeichnete sich als brandenburg. Reitergeneral 1675 bei Fehrbellin aus. Vorbild für Kleists Schauspiel »Prinz Friedrich von Homburg«. – **Pfalz. 12) F. V.**, *1596, †1632, Kurfürst 1610 bis 1620, wurde 1619 als Führer der prot. Union zum König von Böhmen gewählt, aber schon 1620 in der Schlacht am Weißen Berg von den Habsburgern vertrieben (daher **Winterkönig** genannt) und verlor auch die Kurpfalz. – **Preußen. 13) F. I.**, *1657, †1713, König 1701 bis 1713, seit 1688 als **F. III.** Kurfürst von Brandenburg, Sohn von 8), krönte sich am 18. 1. 1701 in Königsberg zum »König in Preußen«, förderte Kunst und Wiss. – **14) F. Wilhelm I.**, *1688, †1740, König 1713 bis 1740, Sohn von 13), schuf das starke preuß. Heer (»Soldatenkönig«), ordnete die Staats- und Finanzverwaltung, erzog das Beamtentum zu unbedingter Pflichttreue; von den Schweden erwarb er 1720 das östl. Vorpommern. – **15) F. II., der Große**, der spätere **Alte Fritz**, *1712, †1786, König 1740 bis 1786, Sohn von 14), suchte sich als Kronprinz der harten Zucht seines Vaters durch die Flucht zu entziehen, wurde 1730 in Küstrin gefangen gesetzt, lebte dann in Rheinsberg bei Neuruppin. Als König eroberte er in den beiden ersten Schlesischen Kriegen das österr. Schlesien und behauptete es im Siebenjährigen Krieg gegen eine Übermacht; galt als größter Feldherr seiner Zeit und erhob Preußen zur Großmacht. 1772 erwarb er das bisher poln. W-Preußen. Im Bayer. Erbfolgekrieg 1778/79 und durch den Dt. Fürstenbund 1785 trat er den österr. Absichten auf Bayern entgegen. Im Innern schaffte er die Folter ab, verkündete die allg. Glaubensfreiheit, trieb Siedlungspolitik, machte das Oderbruch urbar, schützte die Bauern, ordnete die Rechtspflege. F. baute das Schloss Sanssouci bei Potsdam, wo er als »Philosoph von Sanssouci« und als der klass. Vertreter des aufgeklärten Absolutismus einen Kreis von geistvollen Männern um sich sammelte; er war selbst Schriftsteller (in frz. Sprache) und Musiker (Flötenkonzerte). – **16) F. Wilhelm II.**, *1744, †1797, König 1786 bis 1797, Neffe von 15), kämpfte 1792 bis 1795 erfolglos gegen das revolutionäre Frankreich, erwarb 1793 und 1795 weite poln. Gebiete, überließ die Reg. seinen Günstlingen. – **17) F. Wilhelm III.**, *1770, †1840, König 1797 bis 1840, Sohn von 16), Gemahlin Luise von Mecklenburg-Strelitz. In seine Reg.-Zeit fielen der Zusammenbruch von 1806/07, die Reformen des Freiherrn v. Stein, K. A. Hardenbergs und G. v. Scharnhorsts, die →Freiheitskriege und die Gründung des Dt. Zollvereins 1834. – **18) F. Wilhelm IV.**, *1795, †1861, König 1840 bis 1861, Sohn von 17), gab der liberalen Märzrevolution von 1848 nach und verlieh die Verfassung von 1850; die dt. Kaiserkrone lehnte er 1849 ab; seit 1857 durch Krankheit regierungsunfähig. – **Sachsen. 19) F. III., der Weise**, *1463, †1525, Kurfürst 1486 bis 1525, gründete 1502 die Univ. Wittenberg, gewährte Luther Schutz (Wartburgaufenthalt).

Friedrich, 1) Caspar David, dt. Maler, *1774, †1840; bedeutender Landschaftsmaler der Romantik. – **2)** Götz, dt. Opernregisseur, *1930; 1984 bis 1993 Intendant des Berliner Theaters des Westens.

Friedrichshafen Stadtwappen

Friedrichshafen, Krst. in Bad.-Württ., am Bodensee, 54200 Ew.; Fähre nach Romanshorn; Flugzeug- und Motorenbau, Metall- und Textilind.; Bodenseemesse, Bootsausstellung; Fremdenverkehr; ✈. F., früher **Buchhorn,** war bis 1803 Reichsstadt; 1811 mit der beim Kloster **Hofen** (Priorat von Weingarten) entstandenen Siedlung zusammengeschlossen; barockes Schloss (ehem. Klosteranlage) mit Kirche von C. Thumb.

Friedrichshall, Bad F., Stadt in Bad.-Württ., 12000 Ew.; an der Mündung von Kocher und Jagst; Salzbergwerk und Solbad.

Friedrichsruh, Ort im Sachsenwald bei Hamburg, Schloss Bismarcks mit Mausoleum.

Fries, ñ bandartiger Schmuckstreifen zur Gliederung einer Wand, in der Antike bes. zw. Gesims und Architrav, oft mit Reliefs; im MA. vorwiegend ornamental.

Fries, Jakob Friedrich, dt. Philosoph, *1773, †1843; entwickelte eine Philosophie der Mathematik.

Friedrich Wilhelm III. von Preußen. Zeitgenössisches Miniaturaquarell

Frieseln, ⚕ harmloser Bläschenausschlag der Haut bei starkem Schwitzen.

Friesen, westgerman. Volksstamm an der Nordseeküste von der Scheldemündung bis Sylt, der sich zäh gegen die Christianisierung und Unterwerfung durch die Franken im 8. Jh. wehrte. Im MA. bildeten die F. eine Reihe kleiner Bauernfreistaaten. Die **fries. Sprache** wird noch im niederländ. Westfriesland (Westfriesisch), im niedersächs. Saterland (Ostfriesisch) und an der W-Küste von Schlesw.-Holst. (Nordfriesisch) gesprochen.

Friesische Inseln, Inselkette vor der Nordseeküste von den Niederlanden bis zum dän. Jütland; auf vielen Inseln Seebäder. Von Texel bis zur Emsmündung liegen die (niederländ.) **Westfries. Inseln,** zw. Ems- und Wesermündung die **Ostfries. Inseln** (Borkum, Juist, Norderney, Baltrum, Langeoog, Spiekeroog, Wangerooge). Zu den **Nordfries. Inseln** gehören Nordstrand, Pellworm, Amrum, Föhr, Sylt, die Halligen und die dän. Inseln Romø und Fanø. Die Inseln, durch Sturmfluten und Brandung angegriffen, benötigen Sicherungsmaßnahmen.

Friesland, nördlichste Prov. der Niederlande, meist Marschland; Hptst. Leeuwarden.

Frigg, Frija, Frea, in der german. Göttersage: Gemahlin Odins, Mutter Balders.

Frigidität *die,* (veraltet für) eine Störung der sexuellen Erlebnisfähigkeit der Frau.
Frikadelle *die,* → Bulette.
Friktion *die,* Reibung zw. gegeneinander bewegten Körpern; ermöglicht die Übertragung von Kräften und Drehmomenten.

Joseph Frings

Frings, Joseph, dt. kath. Theologe, * 1887, † 1978; 1942 bis 1969 Erzbischof von Köln, seit 1946 Kardinal, 1945 bis 1965 Vors. der Fuldaer Bischofskonferenz.
Frisbee ['frɪzbɪ] *das,* Sportgerät; tellerähnl. Wurfscheibe aus Kunststoff.
Frisch, 1) Karl Ritter von, österr. Zoologe, * 1886, † 1982; bekannt durch Untersuchungen der Orientierung und »Sprache« der Bienen; Nobelpreis für Physiologie oder Medizin 1973. – **2)** Max, schweizer. Schriftsteller, * 1911, † 1991; Friedenspreis des Dt. Buchhandels 1976; Dramen (»Herr Biedermann und die Brandstifter«, 1958, »Andorra«, 1961), Romane (»Homo Faber«, 1957, »Mein Name sei Gantenbein«, 1964), die Erz. »Der Mensch erscheint im Holozän« (1979).

Max Frisch

Frischen, metallurg. Vorgang bei der Stahlherstellung (→ Stahl).
Frisches Haff, flacher Strandsee an der ostpreuß. Ostseeküste, 840 km² groß, durch die 60 km lange **Frische Nehrung** von der Ostsee getrennt. Das **Pillauer Seetief** schafft eine Verbindung zum Meer. Durch das F. H. verläuft die Grenze zw. Polen und Russland.
Frischling, ♈ Wildschwein im 1. Lebensjahr.
Frischmuth, Barbara, österr. Schriftstellerin, * 1941; Romane zur Standortbestimmung der Frau, Hörspiele, Kinderbücher.
Frischzellenbehandlung → Zelltherapie.
Frist, ⚖ Zeitraum, innerhalb dessen eine Rechtshandlung vorzunehmen ist. Das BGB (§§ 186 ff.) stellt Auslegungsregeln für Gesetze, richterl. Verfügungen und Rechtsgeschäfte auf.
Fristenlösung, Form der rechtl. Regelung des → Schwangerschaftsabbruchs.

Gert Fröbe

Fritsch, 1) Werner Freiherr von, dt. Generaloberst, * 1880, † (gefallen) vor Warschau Sept. 1939; 1935 Oberbefehlshaber des Heeres, 1938 als Gegner der natsoz. Kriegspolitik entlassen. – **2)** Willy, dt. Filmschauspieler, * 1901, † 1973; Liebhaberrollen im Film der 1930er-Jahre. »Die Drei von der Tankstelle« (1930) mit Lilian Harvey.
Fritten, Erhitzen pulverförmiger oder körniger Materialien bis zum Erweichen, sodass die einzelnen Teilchen nur oberflächl. aufschmelzen und dadurch aneinander haften; z. B. für die Email- oder Keramikglasuren.
Fritzlar, Stadt in Hessen, an der Eder, 15 300 Ew.; Konservenfabrik, mittelalterl. Stadtbild, doppeltürmiger Dom (11. bis 14. Jh.). 724 gründete hier Bonifatius ein Kloster.
Fröbe, Gert, dt. Schauspieler, * 1913, † 1988; v. a. Spielfilme (»Goldfinger« 1964), auch Vortragskünstler.

Leo Frobenius

Fröbel, Friedrich, dt. Pädagoge, Schüler von Pestalozzi, * 1782, † 1852; gründete 1837 im thüring. Blankenburg den ersten dt. Kindergarten.
Frobenius, Leo, dt. Völkerkundler, * 1873, † 1938; erforschte traditionelle Kulturen Afrikas; betrachtete Kulturen als lebende Organismen (»Kulturkreise«).
Fromm, Erich, amerikan. Psychoanalytiker dt. Herkunft, * 1900, † 1980; Beiträge zu sozialen und kulturellen Einwirkungen auf Individuen, Aggressionsforschungen. »Die Kunst des Liebens« (1956).
Fron, Fronde [von ahdt. fro »Herr«] *die,* Dienste, die früher die Bauern ihren Grund- oder Gutsherren zu leisten hatten (Hand- und Spanndienste); beseitigt durch die Bauernbefreiung. **F.-Hof,** Landgut, zu dem abhängige Bauerngüter gehörten.
Fronde ['frɔ̃:də] *die,* Bewegung des Hochadels und des Pariser Parlaments gegen das frz. Königtum unter Ludwig XIV. und die Reg. Mazarins 1648 bis 1653.
Fronleichnam [ahdt. »des Herrn Leib«], kath. Kirchenfest am Donnerstag nach Trinitatis (Sonntag nach Pfingsten).
Front *die,* **1)** Vorderseite (eines Gebäudes). – **2)** ⚔ vorderste Kampflinie. – **3)** Meteorologie: Übergangszone zw. warmen und kalten Luftmassen.
Frontispiz *das,* **1)** 🏛 Giebeldreieck über einem Gebäudevorsprung. – **2)** 📖 Titelverzierung, bes. mit Kupferstichen.
Frontlader, am Vorderteil eines Schleppers angebrachte hydraul. Vorrichtung zum Heben von Lasten.
Frontstaaten, eine Gruppe von Staaten im südl. Afrika, die sich gegen die früher von der Rep. Südafrika betriebene Politik, v. a. die Apartheid, wendeten: Angola, Botswana, Moçambique, Sambia, Simbabwe und Tansania.
Froschbiss, Schwimmpflanze in Süßgewässern, weiß blühendes Kraut.
Frösche, artenreiche Familie der Froschlurche mit sehr langen Hinterbeinen, die zum Springen dienen. **1) Echte F.: Wasser-F.** (gelbgrün gefärbt), **Gras-F.** (erdfarbig), **See-F., Moor-F., Spring-F., Ochsen-F.** (Nordamerika), 15 cm lang, und der **Goliath-F.** (bis 40 cm lang). – **2) Laub-F.** mit Haftscheiben an den Zehenenden. Der **Europ. Laub-F.** wird 5 cm lang, meist grün. Verwandt sind die **Beutel-F.** des trop. Amerika, deren Brut sich in einer Rückentasche des Weibchens entwickelt.
Froschlöffel, Staudenpflanze in stehenden Gewässern mit rötlich weißen Blüten.
Froschlurche, Salientia, schwanzlose Lurche mit gedrungenem Körper, drüsenreicher Haut und verlängerten Hinterbeinen, die zum Springen oder Schwimmen dienen; oft Schwimmhäute zw. den Zehen. Die ausgewachsenen Tiere sind Landtiere und leben meist an feuchten Stellen. Die Eier werden mit einer Gallerte umgeben und in stehende Gewässer abgelegt **(Laich).** Die Larven **(Kaulquappen)** haben Kiemen und Ruderschwanz. Sie entwickeln sich allmählich zu Landtieren; dabei entstehen zuerst die Hintergliedmaßen; die Kiemen werden abgebaut; es bilden sich Lungen; der Ruderschwanz wird rückgebildet. (→ Frösche, → Kröten)
Frost, Temperaturen unter dem Gefrierpunkt; Gefrieren des Wassers am oder im Boden.
Frost, Robert Lee, amerikan. Lyriker, * 1874, † 1963. Seine in formsicherer Sprache geschriebenen Gedichte sind oft in der Natur verwurzelt.
Frostbeulen, durch Kälteeinwirkung hervorgerufene, rotblaue Hautschwellungen bei Durchblutungsstörungen; können zu Geschwüren führen.
Frösteln, ⚕ unangenehme Kälteempfindung beim Anstieg der Körpertemperatur (z. B. bei Fieber) oder bei Erniedrigung der Umgebungstemperatur.
Froster *der,* Tiefkühlfach eines Kühlschranks.
Frostschutzmittel → Gefrierschutzmittel.
Frostspanner, Gruppe von Schmetterlingen, oft Schädlinge; die Raupe lebt bes. auf Obstbäumen. Die Männchen fliegen in den Wintermonaten v. a. nachts, die flugunfähigen Weibchen leben auf dem Stamm. Bei Massenbefall durch Raupen kommt es zu Kahlfraß.
Frottee *das,* auch **Frotté, Frotteegewebe,** Baumwollgewebe mit beidseitig sichtbaren Schlingen.
Frucht, 1) ⚘ das aus dem F.-Knoten nach Befruchtung entstandene Organ, das die Samen umschließt. Ohne Befruchtung kann eine F. mit taubem Samen entstehen. Nur bedecktsamige Pflanzen bringen F. (→ Blüte) hervor. Man unterscheidet **Streu-F.,** die sich öffnen und die Samen einzeln entlassen, und **Schließ-F.,** die sich als ganze F. ablösen. Zu den Streu-F. gehören Balgfrucht, Hülse, Schote, Kapsel. Die Schließ-F. un-

frühchristliche Kunst. Maria mit dem Kind, Ausschnitt aus einem Wandgemälde in der Priscilla-Katakombe in Rom (3. Jh.)

terteilt man nach der Beschaffenheit der F.-Wand: Nuss und Spaltfrucht, beide dürrwandig, und Steinfrucht und Beere mit fleischiger F.-Wand. Bei der Beere ist die ganze F.-Wand fleischig, bei der Stein-F. nur der äußere Teil, der innere ist steinhart und schließt als Hülle des Steinkerns den Samen ein. Die aus einer Blüte mit mehreren selbstständigen F.-Knoten entstandene F. heißt **Sammel-F.** Umfasst eine F. neben F.-Knoten auch andere Teile, so nennt man sie **Schein-F.** Die **zusammengesetzte F.** geht aus vielen dicht sitzenden Blüten hervor, entspricht also einem F.-Stand. – **2)** ⚕ die Leibesfrucht, → Embryo.

Fruchtbarkeitskulte, in den meisten Kulturen der Erde verbreitete Bräuche, die der fruchtbaren Vermehrung von Mensch und Tier, dem Wachstum der Pflanzen dienen sollen.

Fruchtblase, ⚕ Hülle, die das Fruchtwasser und den Embryo lebend gebärender Säugetiere und des Menschen umschließt.

Fruchtblatt, weibl. Fortpflanzungsorgan bei Blütenpflanzen, das die Samen trägt. (→ Blüte)

Fruchtfolge, Fruchtwechsel, Aufeinanderfolge versch. Feldfrüchte nach bestimmten Grundsätzen **(Fruchtwechselwirtschaft).** F. ist u. a. nötig, um der Bodenermüdung, Schädlingen und Krankheiten vorzubeugen; Felderwirtschaft (nur Wechsel von Feldfrüchten) und Wechselwirtschaft (Feld- und Grasnutzung).

Fruchtknoten, ⚘ Teil des Stempels der Blütenpflanzen. Nach der Stellung des F. zu den übrigen Blütenteilen unterscheidet man oberständige, mittelständige und unterständige Fruchtknoten.

Fruchtsäuren, organ., im Obst vorkommende Säuren, z. B. Apfel-, Zitronen- und Weinsäure.

Fruchtstand, der Blütenstand nach der Fruchtbildung. (→ Blüte)

Fruchtwasser, ⚕ Flüssigkeit (99% Wasser) in der Fruchtblase, in der der Embryo frei beweglich eingebettet und gegen Erschütterungen geschützt ist.

Fruchtwechsel → Fruchtfolge.

Fruchtzucker, Fructose, ⚗ Zuckerart; im Saft süßer Früchte und im Honig.

frugal, genügsam, einfach (von Speisen); heute oft fälschlich verwendet: üppig, schlemmerhaft.

frühchristliche Kunst, altchristliche Kunst, auf spätantiker Grundlage erwachsene christl. Kunst, entwickelte sich seit dem 3. Jh. n. Chr. und schuf die Voraussetzungen für die abendländ. Kunst. Im 6. Jh. sonderte sich die → byzantinische Kunst ab. In der Baukunst sind der Zentralbau mit Kuppelwölbung für Grab- und Taufkirchen (Mausoleum der Galla Placidia in Ravenna) und bes. die Basilika (Erlöserbasilika in Rom) vorherrschend. Elfenbeinschnitzereien und Sarkophagreliefs, Fresken in den Katakomben Roms sowie Mosaiken in den Basiliken.

Frühgeburt, ⚕ vorzeitige Entbindung eines lebenden Neugeborenen zw. der 28. und 38. Schwangerschaftswoche.

Frühgeschichte, Übergangsphase zw. der Vor- bzw. Urgesch. und der durch schriftl. Überlieferung belegten Gesch., für den außer den archäolog. Funden v. a. schriftl. und mündl. Überlieferungen berücksichtigt werden müssen.

Frühling, Jahreszeit, in der die Sonne zunehmend über den Himmelsäquator steigt; auf der nördl. Halbkugel die Zeit vom 21. 3. bis 21. 6., auf der südl. vom 23. 9. bis 21. 12.

Frühreife, Beschleunigung der körperl. und seel. Entwicklung bei Jugendlichen.

Frunse, bis 1991 die Stadt → Bischkek.

Frustration *die,* Nichterfüllung, Enttäuschung, das Versagtbleiben einer Erwartung.

Fry [fraɪ], Christopher, engl. Dramatiker, * 1907; v. a. Komödien, »Die Dame ist nicht fürs Feuer« (1949).

Fuad I., König von Ägypten, * 1868, † 1936; 1917 bis 1922 Sultan unter brit. Schutzherrschaft, 1922 bis 1936 König des unabhängigen Ägypten.

Fuchs, Ernst, österr. Maler und Grafiker, * 1930; Vertreter der Wiener Schule des Fantast. Realismus; Gemälde in altmeisterl. Techniken.

Fuchs, 1) hundeartiges Raubtier mit buschigem Schwanz, großen Ohren und spitzer Schnauze, fast über die ganze Erde verbreitet. Arten: **Echter F.,** z. B. der **Rot-F.,** in Europa, Asien, Amerika; rostrot, mit grauer Bauchseite; nachtaktiv, räuberisch, schlau (in der Fabel: Reineke, Reinhard); lebt in selbst gegrabenen Bauten; versch. Zuchtformen. **Polar-F.,** braun bis weiß (im Winter), auch bläulich **(Blau-F.); Grau-F.,** in Nordamerika; **Fennek** (Fenek, Wüsten-F.) in N-Afrika, sandfarben, klein, mit riesigen Ohren. – **2)** rostrote Tagschmetterlinge: **Kleiner F.** (Nesselfalter), **Großer F.** (Kirsch-, Rüsterfalter). – **3)** Pferd von rötl. Farbe. – **4)** Verbindungsstudent in den beiden ersten Semestern.

Frösche
Wasser-, Grasfrosch (von oben)

Fuchsie *die,* Gattung strauchförmiger Nachtkerzengewächse in Amerika und Neuseeland; beliebte Zierpflanzen.

Fuchsin *das,* ⚗ roter Teerfarbstoff, zum Färben von Papier.

Fuchsjagd, Reitjagd, bei der das Wild durch einen Reiter dargestellt wird, der einen Fuchsschwanz an der Schulter trägt.

Fuchsschwanz, 1) Grasgattung mit dichter Ährenrispe. Der **Wiesen-F.** ist ein europ. Wiesenfuttergras. – **2)** Krautpflanze mit lebhaft gefärbtem Blütenstand, Amarant. – **3)** eine Handsäge.

Fuder *das,* altes Flüssigkeitsmaß für Wein, am Rhein 1 200, an der Mosel 1 000 Liter.

Fudschaira → Fujaira.

Fudschijama → Fujisan.

Fuentes, Carlos, mexikan. Schriftsteller, * 1928; als Politiker und Diplomat tätig; v. a. Romane und Erz. über Mexiko, die ein zeitkrit. Bild zeichnen. »Der alte Gringo« (1985, verfilmt), Autobiographisches »Diana oder Die einsame Jägerin« (1996).

Fuerteventura, zweitgrößte der Kanar. Inseln, Spanien; weite Dünenfelder, extrem trocken; Badetourismus.

Carlos Fuentes

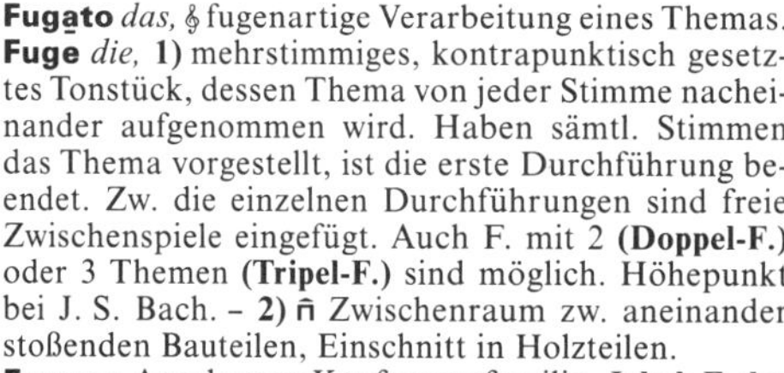

Fugato *das,* 𝄞 fugenartige Verarbeitung eines Themas.

Fuge *die,* **1)** mehrstimmiges, kontrapunktisch gesetztes Tonstück, dessen Thema von jeder Stimme nacheinander aufgenommen wird. Haben sämtl. Stimmen das Thema vorgestellt, ist die erste Durchführung beendet. Zw. die einzelnen Durchführungen sind freie Zwischenspiele eingefügt. Auch F. mit 2 **(Doppel-F.)** oder 3 Themen **(Tripel-F.)** sind möglich. Höhepunkt bei J. S. Bach. – **2)** ⌂ Zwischenraum zw. aneinander stoßenden Bauteilen, Einschnitt in Holzteilen.

James W. Fulbright

Fugger, Augsburger Kaufmannsfamilie. **Jakob F. der Reiche** (* 1459, † 1525) machte das Bank- und Handelshaus zum bedeutendsten in Europa, lieh Päpsten und Kaisern große Summen. Die F. wurden 1514 und 1530 zu Reichsgrafen (später z. T. zu Fürsten) erhoben. **Fuggerei,** 1519 in Augsburg erbaute Siedlung für Bedürftige.

Fühler, Antennen, bewegl., oft gegliederte Sinneswerkzeuge am Kopf der Insekten, Krebse, Spinnen und Schnecken.

Führerprinzip, dem Wesen der Demokratie entgegengesetzter Grundsatz, polit. Entscheidungen durch die jeweilige Führung fällen zu lassen, nicht durch Mehrheitsbeschluss.

Fulda
Stadtwappen

Führerschein, Fahrerlaubnis, Bescheinigung über die Erlaubnis zum Führen eines Kraftfahrzeugs. Der F. ist beim Führen eines Kfz stets mitzuführen und zuständigen Personen auf Verlangen zur Prüfung auszuhändigen. Seit 1. 11. 1986 wird die neu erworbene Fahrerlaubnis auf Probe (2 Jahre) erteilt. Kenntnis der Verkehrsvorschriften und Fahrbefähigung sind in einer Prüfung nachzuweisen. Der F. kann durch ein Gericht oder die Verwaltungsbehörde auf Dauer oder auf eine bestimmte Zeit entzogen werden. **Internationale F.** (für Reisen in manche Länder vorgeschrieben) werden von den nat. F.-Stellen auf Antrag ausgestellt.

Fuhrmann, ☼ nördl. Sternbild der Milchstraße mit dem Hauptstern Capella.

Führung, 1) Leitung, Befehlsgewalt. – **2)** ⚙ Maschinenelement oder Getriebe; schreibt einem bewegl. Teil die Bahnbewegung und Lage vor.

Führungszeugnis, urkundl. Auszug aus dem Bundeszentralregister, soweit es die Person des Antragstellers betrifft.

Fujaira, Fudschaira, Scheichtum der Vereinigten Arab. Emirate, 1 150 km², 54 400 Einwohner.

Fujian [fudʒi-], **Fukien,** Prov. an der SO-Küste Chinas, gegenüber Taiwan; 27,5 Mio. Einwohner.

Fujisan [fudʒi-], **Fudschijama,** Vulkan in Japan, auf Honshū, 3 776 m, Nationalheiligtum, Wahrzeichen Japans.

Fukuoka, Hafenstadt auf der jap. Insel Kyūshū, 1,08 Mio. Ew.; kath. Bischofssitz, 2 Univ.; Maschinen- und Schiffbau, Herstellung von Porzellanpuppen; ✈.

Führerschein
Führerscheinklassen in Deutschland

Klasse I:	Krafträder mit mehr als 50 cm³ Hubraum oder einer Höchstgeschwindigkeit von mehr als 50 km/h (Mindestalter 20 Jahre)
Klasse Ia:	Krafträder mit einer Nennleistung von nicht mehr als 25 kW (18 Jahre)
Klasse Ib:	Leichtkrafträder, Höchstgeschwindigkeit 80 km/h (16 Jahre)
Klasse II:	Lastwagen mit mehr als 7,5 t zulässigem Gesamtgewicht und Züge mit mehr als 3 Achsen (21 Jahre)
Klasse III:	alle Kfz, die nicht zu einer der anderen Klassen gehören (18 Jahre)
Klasse IV:	Kleinkrafträder, Fahrräder mit Hilfsmotor, Höchstgeschwindigkeit 50 km/h (16 Jahre)
Klasse V:	Kfz bis 25 km/h Höchstgeschwindigkeit, Kfz mit einem Hubraum bis 50 cm³ (mit Ausnahme der Klassen I, Ia, Ib und IV), Krankenfahrstühle (16 Jahre)

Fulbe, Fellata, Stammesgruppe in W- und Zentralafrika, etwa 10 Mio.; Viehzüchter oder Feldbauern; seit dem 16. Jh. gab es versch. F.-Reiche; Muslime. Ihre Sprache ist das Ful.

Fulbright [ˈfʊlbraɪt], James William, amerikan. Politiker (Demokrat), * 1905, † 1995; 1945 bis 1974 Mitglied des US-Senats; trug maßgebl. zur Entstehung der UNO bei, initiierte die **Fulbright-Stipendien** (Austausch von Studenten und Dozenten zw. den USA und europ. Ländern); Kritiker der Vietnampolitik.

Fulda, 1) *die,* der linke Quellfluss der Weser, 218 km lang, entspringt an der Wasserkuppe (Rhön), vereinigt sich bei Hann. Münden mit der Werra zur Weser. – **2)** Krst. in Hessen, an der Fulda, 56 700 Ew.; Sitz eines kath. Bischofs, der kath. Dt. Bischofskonferenz und des Sekretariats des Dt. Ev. Kirchentags, Philosoph.-Theolog. Hochschule; Textil-, Reifen-, Papierind.; Dom 819 geweiht, barocker Neubau 1704 bis 1712 mit Grab des Bonifatius; roman. Michaelskirche (822, später umgebaut). Die von Sturmius gegründete Abtei F. (744) wurde 1752 zum Bistum erhoben.

Fullerene [nach den Kuppelbauten des amerikan. Architekten R. B. Fuller, * 1895, † 1983], künstlich hergestellte Modifikationen des Kohlenstoffs; entstehen durch Verdampfen von Granit und anschließende Kondensation. Die in Sechs- oder Fünfecken angeordneten Kohlenstoffatome (32 bis einige 100) ordnen sich »fußballförmig« auf einer Oberfläche an.

Füllhorn, mit Blumen und Früchten gefülltes Horn; Sinnbild des Überflusses.

Füllstoffe, bei der Papier- und Kunststoffherstellung verwendete Hilfsstoffe (z. B. Holzmehl, Zellstoff, Kreide) zur Einsparung von Grundmaterial oder um eine bestimmte Eigenschaft zu erreichen.

Fulton [ˈfʊltən], Robert, amerikan. Ingenieur, * 1765, † 1815; baute 1807 das erste brauchbare Dampfschiff.

Fumarole *die,* in Vulkangebieten das Ausströmen chemisch aggressiver, heißer Gase, v. a. Wasserdampf aus Erdspalten.

Funchal [fũˈʃal], Hptst. der autonomen port. Insel Madeira, 44 000 Ew.; Tourismus, ✈.

Fund, Inbesitznahme einer verlorenen bewegl. Sache. Der Finder muss den F. unverzüglich dem Empfangsberechtigten, notfalls der Polizei anzeigen. Er muss die Sache verwahren, Tiere auch füttern. Dafür hat er Anspruch auf Ersatz der Aufwendungen und auf **Finderlohn:** bei einem Sachwert bis zu 1 000 DM 5 %, vom Mehrwert 3 %, bei Tieren stets 3 % (§§ 965 ff. BGB). Wer Fundsachen nicht anzeigt, wird wegen Unterschlagung bestraft.

Fundament *das,* Grundmauer, Grundlage. **fundamental,** grundlegend.

Fundamentalismus *der,* allg. das kompromisslose Festhalten an (polit., religiösen) Grundsätzen. Im Christentum eine prot. Bewegung in den USA, die eine strenge Kirchenlehre anstrebte und die naturwiss. Entwicklungslehre im Schulunterricht ausschalten wollte. Heute auch Bezeichnung für traditionalist. Strömungen im Islam (Regelung des privaten und staatl. Lebens nach Vorschriften des Korans) und radikale Abwehrhaltung gegenüber der als materialistisch und zerstörerisch eingestuften westl. Zivilisation.

Fundus *der,* Grundlage, Grundbestand; im Theater der Bestand an Kostümen, Requisiten usw.

Fundybai [ˈfʌndɪ-], rd. 150 km lange Bucht des Atlantiks im SO Kanadas; hat die stärksten Gezeiten der Erde (Tidenhub bis 21 m bei Springflut); Gezeitenkraftwerk; Haupthafen Saint John.

Fünen, dän. Ostseeinsel zw. Seeland und Jütland, mit Nebeninseln 2 977 km², Hptst. Odense; mit dem Festland durch 2 Brücken, mit Seeland durch Fähren verbunden.

Fünfkampf, 🏃 auf die antiken Festspiele zurückgehender, aus 5 Disziplinen bestehender Wettkampf,

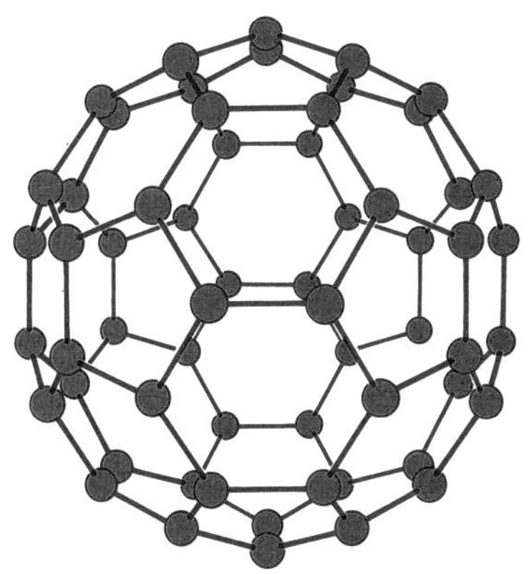
Das Buckminster-**Fulleren** C_{60}

z. B. im Billard, im Schießsport, in der Leichtathletik und beim **modernen F.** (Degenfechten, Freistilschwimmen, Pistolenschießen, Geländelauf und Springreiten).

Fünfkirchen, ungar. **Pécs** [pe:tʃ], Stadt im südl. Ungarn, 177 000 Ew.; Univ.; kath. Bischofssitz; Bergbau auf Steinkohle und Uran, Elektro-, chem., Nahrungsmittelind.; roman. Dom (11./12. Jh.).

Fünfprozentklausel, in Dtl. die Bestimmung, dass eine an einer Wahl beteiligte Partei mindestens 5% aller Wählerstimmen oder 3 Direktmandate erhalten muss, um ins Parlament zu kommen.

Fünfstromland, der → Pandschab.

fünfte Kolonne, Untergrundorganisationen, die bei Kriegen mit den Gegnern des eigenen Staats zusammenarbeiten. Der Begriff entstand während des Span. Bürgerkriegs; als Franco mit 4 Kolonnen auf Madrid anrückte, wurden seine Anhänger in der Stadt als f. K. bezeichnet.

Fungizide *Pl.,* Wirkstoffe gegen krankheitserregende und schmarotzende Pilze; daneben **Fungistatika**, die Pilzwachstum hemmen.

Funk [fʌŋk], im Jazz eine blues- und gospelbetonte Spielweise; auch eine Richtung im Rockjazz (u. a. H. Hancock) und in der schwarzen Popmusik.

Funken|induktor, ein mit pulsierendem Gleichstrom betriebener Hochspannungstransformator, erzeugt Spannungen bis zu einigen 100 kV.

Funkenkammer, Nachweisgerät für Elementarteilchen, in dem die Teilchenbahn durch elektr. Funkenüberschläge sichtbar gemacht wird.

Funkfeuer, Funkbake, ein ortsfester Funkwellensender für Zwecke der Funkortung und Funknavigation.

Funkkolleg, wiss. Vorlesungsreihe im Hörfunk, die im Medienverbund angeboten wird (Texte, Begleitbriefe usw.); mit Abschlussprüfungen.

Funkmesstechnik, jede Art von Messtechnik, die das Messen und Auswerten gesendeter oder empfangener Funkwellen umfasst; i. e. S. die Radartechnik (→ Radar).

Funknavigation, Führung von See-, Luft-, Raumfahrzeugen (im Rahmen eines Verkehrsleitsystems auch von Landfahrzeugen) mithilfe elektromagnet. Wellen (Frequenzbereich etwa 100 kHz bis 1 GHz) auf festgelegten Wegen zu einem bestimmten Ziel.

Funkpeiler, Funkempfänger mit Richtantenne zur Bestimmung und Anzeige der Richtung zu einem Sender.

Funkrufdienst, Nachrichtenübermittlung zw. einem festen Fernsprechanschluss und einem bewegl. Empfänger (Person, meist Fahrzeug); eine Weiterentwicklung ist der **Cityruf.**

Funksprechgerät, Walkie-Talkie, kombinierte Sende- und Empfangsanlage zur Sprachübertragung im Rahmen der bewegl. Funkdienste.

Funkstille, Einstellung des Funkbetriebs bei den Funkstellen, um die Notwelle abzuhören.

Funktechnik, drahtlose Nachrichtentechnik, Teilgebiet der Nachrichten- und Hochfrequenztechnik; spezielle Bereiche sind Hörfunktechnik, Fernsehtechnik, Funkfernschreibetechnik, Funktelegrafie und -telefonie, Funknavigation, Radartechnik, Sprechfunk.

Funktelefon → Mobilfunk.

Funktion *die,* **1)** allg. Tätigkeit, Wirken, Amt, Zweck, Obliegenheit. – **2)** √ eine Zuordnungsvorschrift. Man nennt die Größe y eine F. einer zweiten, veränderl. Größe x, wenn y so von x abhängig ist, dass zu jedem Wert von x ein bestimmter Wert von y gehört; z. B.: zu jedem Wert x der Seitenlänge eines Quadrats gehört der Wert $y = x^2$ als Flächeninhalt: der Flächeninhalt ist eine F. der Seitenlänge. Die Abhängigkeit der F. y von der Veränderlichen x drückt man auch kurz durch $y = f(x)$ aus; man kann sie in einem Koordinatensystem durch eine Kurve darstellen. x ist die unabhängige, y die abhängige Veränderliche.

Funktionalismus *der,* **1)** allg.: Denkweise, die Tatbestände nicht als für sich selbst isolierte Gebilde, sondern in Wechselbeziehung zu anderem, z. B. zur Umwelt, auffasst. – **2)** Gestaltungsprinzip der modernen Architektur und des Designs: Die Erscheinungsform eines Bauwerks oder eines Gebrauchsgegenstands wird aus seiner Funktion abgeleitet, d. h., alle Teile werden ihrem Zweck entsprechend gestaltet. – **3)** Ⓟ Theorie, nach der die psycholog. Funktionen von den biolog. Anlagen (Antrieben, Bedürfnissen) abhängen.

Funktionär *der,* hauptberufl. oder ehrenamtl. Beauftragter in polit. Parteien, Gewerkschaften, Verbänden usw.

Furchenwale, Familie der Bartenwale, in allen Meeren; zu den F. gehören der Blauwal, der Finnwal, der Zwergwal, der Buckelwal u. a.

Furchung, Eifurchung, Blastogenese, ❀ fortgesetzte Teilung der befruchteten tier. und menschl. Eizelle. (→ Entwicklung)

Furi|en *Pl.,* röm. Rachegöttinnen, entsprechen den griech. Erinnyen.

furioso, 𝄞 stürmisch, leidenschaftlich.

Furkapass, → Alpen (Alpenpässe, ÜBERSICHT).

Furnier *das,* dünne Platte aus gutem Holz, dient zum Belegen **(Furnieren)** von weniger wertvollem Holz und Holzwerkstoffen (Blindholz).

Furor *der,* Wut, Raserei. **F. poeticus,** dichter. Begeisterung. **F. teutonicus,** german. Angriffsgeist.

Fürsorge, soziale, der Nächstenliebe verpflichtete Arbeit der freien Wohlfahrtsverbände und die staatl. Sozialhilfe.

Fürst [ahdt. furisto »der Vorderste«], **1)** schon in frühgeschichtl. Zeit ein Führer von Völkern; im Hl. Röm. Reich (bis 1806) nahmen die F. die höchste Stellung unter dem König ein; darunter **geistl. F.** (Erzbischöfe, Bischöfe, Reichsäbte) und **weltl. F.** (Herzöge, Markgrafen, Pfalzgrafen und Landgrafen). – **2)** Adelstitel (zw. Herzog und Graf).

Fürstbischof, vom 13. Jh. bis 1806 der (kirchenrechtl. bedeutungslose) Titel der geistl. Reichsfürsten im Bischofsrang (Erzbischöfe: **Fürsterzbischof**).

Fürstenberg, 1747 in Fürstenberg (Kr. Holzminden, Ndsachs.) gegr. Porzellanmanufaktur; figürl. Arbeiten, heute v. a. Gebrauchsgeschirr.

Fürstenfeldbruck, Krst. in Oberbayern, 31 200 Ew.; Offizierschule der dt. Luftwaffe, Fliegerhorst, Klosterkirche (1701 bis 1741) der ehem. Zisterzienserabtei Fürstenfeld.

Fürstenwalde/Spree, Stadt in Bbg., an der Spree, 34 300 Ew.; Stahlguss, chem., Reifenind.; Hafen.

Furt *die,* seichte Übergangsstelle in Gewässern.

Fürstenfeldbruck
Stadtwappen

Fürstenwalde/Spree
Stadtwappen

Füsilier
Preußen (um 1800)

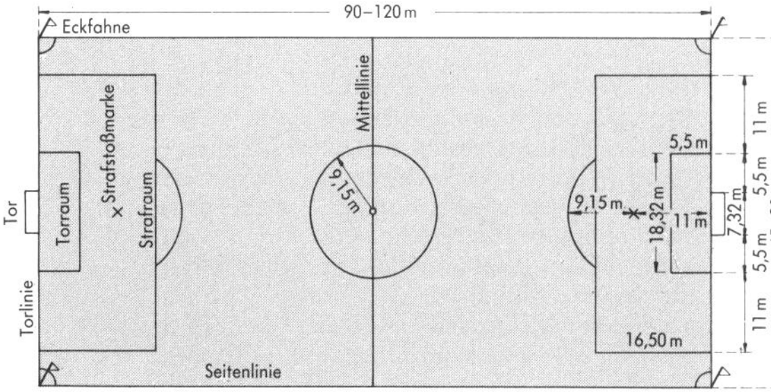

Fußball. Spielfeld

Fürth, Stadt in Franken, Bayern, mit Nürnberg zusammengewachsen, 104 400 Ew.; elektrotechn., Spielwarenind., Versandhaus.

Fürth
Stadtwappen

Furth i. Wald, Stadt in Bayern, zw. Bayer. und Oberpfälzer Wald, 9400 Ew.; Glas-, Holzind.; Fremdenverkehr.

Furtwangen, Luftkurort im S-Schwarzwald, Bad.-Württ., 9 700 Ew.; Uhrenindustrie.

Furtwängler, 1) Adolf, dt. Archäologe, *1853, †1907; grundlegende Forschungen für die Kunstgeschichte. – **2)** Wilhelm, dt. Dirigent und Komponist, *1886, †1954, Sohn von 1); Interpret v. a. der Musik des 19. Jh. und der Moderne.

Furunkel *das,* ⚕ durch Eindringen von Eitererregern in einen Haarbalg oder eine Talgdrüse hervorgerufene, umschriebene Entzündung der Unterhaut. Schubweises Auftreten immer neuer F. heißt **Furunkulose.**

Fürwort → Pronomen.

Wilhelm Furtwängler

Fuschlsee, See im Salzkammergut, Österreich; Ferien- und Ausflugsgebiet.

Fusel, schlechter Branntwein.

Fusel|öl, Beimengungen versch. Branntweine; sie bestehen im Wesentl. aus Propyl-, Isobutyl-, bes. aber aus Amylalkohol. Die F. dienen zur Herstellung von Fruchtäthern.

Fushun, Fuschun, chin. Stadt in der Mandschurei, 1,3 Mio. Ew.; Zentrum eines Steinkohlengebiets; Stahl-, chem. Ind., Schwermaschinenbau.

Füsilier *der,* urspr. ein mit Steinschlossgewehr bewaffneter frz. Schütze; später allg. Bezeichnung für leichte Infanterie; **füsilieren,** veraltet für standrechtl. erschießen. Bild S. 307

Fusion *die,* **1)** ✐ Verschmelzung von Kapitalgesellschaften. – **2)** ⚛ **Kernfusion,** → Kernverschmelzung.

Fuß, 1) der unterste Teil der Beine bei Mensch und Wirbeltieren; ein der Fortbewegung dienender Teil. Der F. des Menschen enthält 26 Knochen, von denen 7 der **F.-Wurzel,** 5 dem **Mittel-F.** und 14 den **Zehen** angehören. Die F.-Wurzelknochen bestehen aus dem Sprung-, dem Fersen-, dem Kahn-, dem Würfelbein und den 3 Keilbeinen und sind in 2 Reihen so zusammengefügt, dass sie das **F.-Gewölbe** bilden, auf dem der Körper sicher ruht. – **2)** früheres dt. Längenmaß, zw. 25 und 43 cm. (→ Foot)

Fustanella

Fußball, Kampfspiel zw. 2 Mannschaften aus je 11 Spielern (ein Torwart, 10 Feldspieler); es gilt, einen Hohlball (68 bis 71 cm Umfang, 396 bis 453 g schwer) durch Fuß-, Kopfstoß oder Körpereinsatz (nicht aber mit Händen oder Unterarmen) ins gegner. Tor (7,32 m breit, 2,44 m hoch) zu bringen. Gespielt wird 2 × 45 Minuten mit einer Pause von mindestens 5 Minuten (geänderte Zeiten bei Hallen-F., Damen-F., Schülermannschaften). Die Leitung hat ein **Schiedsrichter,** der unparteiisch die Einhaltung der Spielregeln überwacht; ihn unterstützen 2 **Linienrichter.** – Bei Spielbeginn und nach jedem Tor wird der Ball am Mittelkreis angespielt. Ein **Tor** ist erzielt, wenn der Ball in vollem Umfang die Torlinie zw. Torpfosten und Querlatte überschritten hat. Gelangt der Ball über eine Seitenlinie ins **Aus,** gibt es einen **Einwurf,** bei Überschreiten der **Torlinie** entweder einen **Eckball** (wenn ein verteidigender Spieler ihn zuletzt berührt hat) oder **Abstoß** vom Tor (wenn der Gegner ihn zuletzt berührt hat). Regelverstöße werden durch **Freistoß** geahndet, innerhalb des Strafraumes durch **Strafstoß** (Elfmeter). Verhält sich ein Spieler wiederholt unsportlich, kann der Schiedsrichter nach vorangegangener Verwarnung (angezeigt durch eine gelbe Karte) einen **Feldverweis** (angezeigt durch rote Karte) aussprechen. – Gespielt wird in Meisterschafts- und Pokalrunden auf versch. Ebenen, internat. um Europapokale, Europameisterschaften sowie Weltmeisterschaften.

Füssen, Stadt im Allgäu, Bayern, 13 200 Ew.; Luftkurort und Wintersportplatz am Lech; Hohes Schloss; nahebei die Schlösser Hohenschwangau und Neuschwanstein, im Ortsteil **Bad Faulenbach** Kneipp- und Mineralbad.

Fussenegger, Gertrud, österr. Schriftstellerin, *1912; Romane, v. a. mit histor. Themen: »Geschlecht im Advent« (1937), »Jona« (1986).

Fußgängerzonen, Straßen, meist im Stadtzentrum, die (bis auf Anlieferzeiten oder für Anlieger) für den motorisierten Verkehr gesperrt sind.

Füssli, Johann Heinrich, brit. Maler und Kunstschriftsteller schweizer. Herkunft, *1741, †1825; schuf visionäre, klassizist. Bilder.

Fußnote, Anmerkung unter dem Schriftsatz einer Buchseite.

Fußpilz, ⚕ Infektion der Füße mit parasitären Pilzen, → Hautpilzerkrankungen.

Fußwaschung, Reinigungssitte im Alten Orient und im Mittelmeerraum, da man entweder barfuß oder in Sandalen ging; galt als Sklavenarbeit; im Christentum in der kath. Kirche eine feierl. Handlung am Gründonnerstag in Erinnerung an die F., die Jesus als Zeichen der Demut und Nächstenliebe an seinen Jüngern vollzog.

Fust, Johann, dt. Verleger und Buchhändler, *1400, †um 1466; Geldgeber und Teilhaber J. Gutenbergs in Mainz; gründete eine eigene bedeutende Druckerei, die das erste in 3 Farben gedruckte und mit voller Angabe der Druckfirma versehene Buch herausbrachte.

Fustanella *die,* kniefreier, faltenreicher, weißer Baumwollrock der männl. neugriech. Volkstracht.

Futtermittel, der Tiernahrung dienende pflanzl. oder tier. Stoffe: Grünfutter, Raufutter (Heu, Stroh, Spreu), Wurzeln und Knollen, Gärfutter (Silage), Körner und Früchte, Milch, Fleisch- und Fischmehl usw., Ind.abfälle (Mehle, Kleien, Ölkuchen, Treber).

Das Hohe Schloss in **Füssen** (um 1500)

Fußball

Weltmeister	Europameister
1930 Uruguay	1960 UdSSR
1934 Italien	1964 Spanien
1938 Italien	1968 Italien
1950 Uruguay	1972 Bundesrep. Dtl.
1954 Bundesrep. Dtl.	1976 ČSSR
1958 Brasilien	1980 Bundesrep. Dtl.
1962 Brasilien	1984 Frankreich
1966 England	1988 Niederlande
1970 Brasilien	1992 Dänemark
1974 Bundesrep. Dtl.	1996 Bundesrep. Dtl.
1978 Argentinien	
1982 Italien	
1986 Argentinien	
1990 Bundesrep. Dtl.	
1994 Brasilien	

Futur *das,* **Futurum,** Ⓢ Zukunftsform des Verbs.

Futurismus *der,* literar., künstler. und polit. Bewegung, begründet 1909 durch das »Manifeste du futurisme« des ital. Schriftstellers F. T. Marinetti. In der Malerei suchte der F. den zeitl. Ablauf der Dinge durch die Wiedergabe dynam., simultaner Bewegung, oft im kubist. Formenmuster, darzustellen (Vertreter: U. Boccioni, C. Carrà, G. Balla, G. Severini, L. Russolo u. a.). – BILD S. 305.

Futurologie *die,* systemat. und krit. Behandlung von Zukunftsfragen; i. e. S. die Zukunftsforschung.

Fuxin [-ç-], Stadt in der Prov. Liaoning, in der Mandschurei, VR China, 654000 Ew.; Steinkohlenbergbau.

Fuzhou [fudʒɔu], Prov.-Hptst. in SO-China, 1,21 Mio. Ew.; Univ.; Maschinenbau, chem. Ind.; berühmte Lackarbeiten; Seehafen am Min Jiang.

Fuzzylogik ['fʌzɪ-, engl. »unscharf«], Logiksystem, das mehrere bis unendlich viele Wahrheitswerte kennt. Die F. basiert auf der Theorie der **Fuzzymengen,** bei denen man nur sagen kann, mit welchem Grad an Zugehörigkeit irgendwelche Elemente zu ihnen gehören. Dieser Zugehörigkeitsgrad kann prinzipiell jeden Wert zw. null und eins annehmen. Das zz. wichtigste Anwendungsgebiet der F. ist die Regelungstechnik. **Fuzzyregler** kommen heute bereits in vielen Bereichen des tägl. Lebens vor, vom Staubsauger und der Waschmaschine bis zum Betrieb von Schienenfahrzeugen.

Füssen
Stadtwappen

G

g, G, 1) stimmhafter Verschlusslaut; 7. Buchstabe des dt. Alphabets. – **2)** Abk. auf Kurszetteln für Geld. – **3) g,** Einheitenzeichen für Gramm. – **4) G,** Vorsatzzeichen von Einheiten: Giga = 1 Milliarde; z. B. 1 GW = 1 Milliarde Watt. – **5)** 𝄞 **G,** der 5. Ton der C-Dur-Tonleiter. **G-Schlüssel,** Notenschlüssel mit der Kennnote g auf der 2. Linie (Violinschlüssel). – **6)** auf dt. Münzen **G,** Zeichen der Münzstätte Karlsruhe.

Ga, chem. Symbol für → Gallium.

Gäa, Gaia, in der griech. Sage die »Urmutter Erde«, die aus sich selbst den Himmel, die Gebirge und das Meer erzeugte.

GaAs-Bauelemente, ⚡ Halbleiterbauelemente, basierend auf Galliumarsenid (GaAs). Infolge der gegenüber Silicium höheren Ladungsträgerbeweglichkeit ermöglichen sie Schaltzeiten im Pikosekundenbereich.

Gabardine ['gabardi:n] *der, die,* feinfädiges, schräg geripptes Gewebe, z. B. aus Baumwolle.

Gabbro *der,* dunkles, körniges Tiefengestein aus bas. Plagioklas und Pyroxen; Straßenbaumaterial.

Gabelsberger, Franz Xaver, dt. Stenograf, * 1789, † 1849; schuf eine weit verbreitete Kurzschrift.

Gabelschwanz, Name zweier Schmetterlinge aus der Familie der Zahnspinner.

Gabelstapler, Vier- oder Dreiradkarren mit Elektro- oder Dieselantrieb und einer an einem Hubgerüst auf- und abgleitenden Gabel zum Stapeln u. a. von Stückgütern.

Gabelweihe, Greifvogel, → Milan.

Gabès [ga'bɛs], Hafenstadt in SO-Tunesien, 98900 Ew.; Ind.- und Handwerkszentrum in einer Küstenoase; Fischerei; Fremdenverkehr; ⛯, maler. Basarviertel.

Gabin [ga'bɛ̃], Jean, frz. Filmschauspieler, * 1904, † 1976; bedeutender Charakterdarsteller; »Die große Illusion« (1937), »Das Urteil« (1974).

Gabirol, Gebirol, Salomon ben Jehuda ibn, von den Scholastikern **Avicebron** oder **Avencebrol** gen., jüd. Dichter und Philosoph, * 1021, † 1070; wirkte im arab. Spanien.

Gable [geɪbl], Clark, amerikanischer Filmschauspieler, * 1901, † 1960; spielte Draufgängertypen; »Vom Winde verweht« (1939).

Gablenz, Carl-August Freiherr v., dt. Luftfahrtpionier, * 1893, † (Flugunfall) 1942; wurde 1926 Flugbetriebsleiter der Dt. Lufthansa, förderte die Einführung des Instrumentenflugs.

Gablonz an der Neiße, tschech. **Jablonec nad Nisou** ['jablɔnɛts 'nadnjisɔu̯], Stadt in Nordböhmen, ČR, 46500 Ew.; Glas- und Schmuckindustrie.

Gabor ['geɪbə], Dennis, brit. Physiker ungar. Herkunft, * 1900, † 1979; erfand 1948 die Holographie, wofür er 1971 den Nobelpreis für Physik erhielt.

Gaborone [gɑ:bɔ'rəʊneɪ], Hptst. von Botswana, im südl. Afrika, 133500 Ew.; Univ.; ⛯.

Gabriel [hebr. »Mann Gottes«], Erzengel (Tag: 29. 9.); Engel der Verkündigung.

Gabrowo, Stadt in N-Bulgarien, 80700 Ew.; Textilind., Maschinenbau.

Jean Gabin

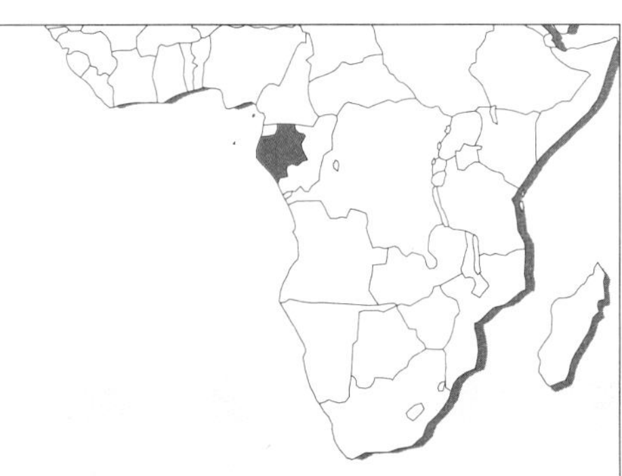

Gabun

Staatswappen

Staatsflagge

Gabun, Rep. in W-Afrika, am Golf von Guinea, im Einzugsbereich des Ogowe, 267667 km², 1,24 Mio. Ew. (überwiegend Bantustämme); Hptst. Libreville;

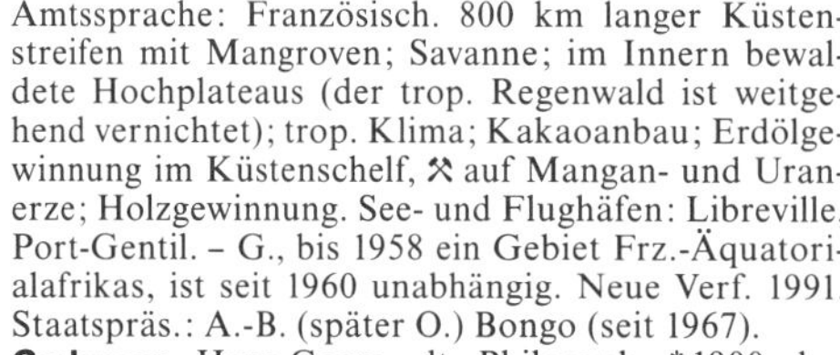

Amtssprache: Französisch. 800 km langer Küstenstreifen mit Mangroven; Savanne; im Innern bewaldete Hochplateaus (der trop. Regenwald ist weitgehend vernichtet); trop. Klima; Kakaoanbau; Erdölgewinnung im Küstenschelf, ⚒ auf Mangan- und Uranerze; Holzgewinnung. See- und Flughäfen: Libreville, Port-Gentil. – G., bis 1958 ein Gebiet Frz.-Äquatorialafrikas, ist seit 1960 unabhängig. Neue Verf. 1991. Staatspräs.: A.-B. (später O.) Bongo (seit 1967).

Moamar Gaddhafi

Gadamer, Hans-Georg, dt. Philosoph, * 1900; bekannt bes. durch seine »philosoph. Hermeneutik«, die Impulse von W. Dilthey, E. Husserl und M. Heidegger aufnahm. »Wahrheit und Methode« (1960), »Hegels Dialektik« (1971) u. a.

Gaddhafi, al-G., Kadhafi, Moamar, libyscher Politiker, * 1942; Offizier, sucht sein Land auf der Grundlage des Islams umzugestalten; gilt als Förderer terrorist. Aktivitäten; übt seit 1969 (seit 1979 ohne ein polit. Amt) als »Führer der Revolution« in Libyen die Macht aus.

Gade, Niels, dän. Komponist, * 1817, † 1890; Orchester-, Chorwerke, Kammer-, Klaviermusik.

Gaden *der,* Saalbau; einzimmriges Gebäude.

Gades, Antonio, span. Tänzer und Choreograph, * 1936; wurde mit seiner Flamencotrilogie (»Bluthochzeit«, »Carmen« und »Liebeszauber«, 1981 bis 1986) weltbekannt.

Jurij Gagarin

Gadolinium *das,* Symbol **Gd,** metall. Element aus der Gruppe der Lanthanoide, OZ 64.

Gaeta, ital. Hafenstadt und Seebad in Latium, 22 300 Ew.; Erzbischofssitz; roman. Dom.

Gaffel *die,* ⚓ an einem Mast verschiebbare, schräg nach oben ragende Segelstange; daran befestigt das **G.-Segel.**

Gag [gæg] *der,* effektvoller, witziger Einfall, im Film, auf der Bühne, in der Werbung.

Gagarin, Jurij Aleksejewitsch, sowjet. Astronaut, * 1934, † (Flugzeugabsturz) 1968; umkreiste 1961 als erster Raumfahrer die Erde.

Gagat *der,* **Jet,** früher **Pechkohle,** tiefschwarze, samtartig glänzende Kohle; Verwendung als Schmuckstein.

Clemens August Graf von Galen

Gagelstrauch, weidenähnl. kleiner Strauch in Heide- und Moorgegenden, mit Steinfrüchten.

Gagern, Heinrich Freiherr von, * 1799, † 1880; war 1848 Präs. der Frankfurter Nationalversammlung.

Gaggenau, Stadt in Bad.-Württ., an der Murg, 29 500 Ew.; Schuhind., Maschinen- und Fahrzeugbau. Im Ortsteil **Bad Rotenfels** Thermalquelle.

Gaillarde [ga'jardə] *die,* lebhafter Tanz des 15. bis 17. Jahrhunderts.

Gainsborough ['geɪnzbərə], Thomas, engl. Maler, * 1727, † 1788; Landschaften, Bildnisse im eleganten Rokokostil.

Gaiser, Gerd, dt. Schriftsteller, * 1908, † 1976; Romane (»Schlußball«, 1958) und Novellen.

Gaius, röm. Jurist, 2. Jh. n. Chr., Verfasser der in das Corpus Iuris Civilis aufgenommenen »Institutiones«.

Gala *die,* Festlichkeit, festl. Pracht, z. B. **G.-Vorstellung,** i. e. S. festl. Staatskleidung.

Galagos, Buschbabies, Familie nachtaktiver Halbaffen, v. a. im trop. Afrika; 15 bis 35 cm lang, mit großen Ohren; gute Springer.

galaktisch, ☼ auf das Milchstraßensystem bezogen.

Galaktose *die,* ⚗ dem Traubenzucker verwandter einfacher Zucker, v. a. im Milchzucker.

Galápagos|inseln, vulkan. Inselgruppe im Pazif. Ozean, zu Ecuador gehörig, 7 812 km², 9 800 Ew., einzigartige Tier- und Pflanzenwelt, alle Arten »eingewandert« (Riesenschildkröten, Meerechsen u. a.).

Galater, um 278 v. Chr. vom Balkan nach Kleinasien eingewanderte Keltenstämme. Ihr Gebiet, **Galatien,** wurde 25 v. Chr. röm. Prov. **G.-Brief,** Brief des Apostels Paulus an die dortigen Christen.

Galatz, rumän. **Galați** [ga'latsj], Hafenstadt an der unteren Donau, Rumänien, 324 200 Ew.; Univ.; Eisenhüttenwerk, Werft.

Galaxis *die,* das → Milchstraßensystem; als **Galaxie** Bezeichnung für ein Sternsystem außerhalb der Galaxis.

Galba, Servius Sulpicius, römischer Kaiser (68/69), * 3 v. Chr., † (ermordet) 69 n. Chr.; beteiligt am Aufstand gegen Nero.

Galbraith ['gælbreɪθ], John Kenneth, amerikanischer Volkswirtschaftler, * 1908; »Gesellschaft im Überfluß«, 1958; »Die moderne Industriegesellschaft«, 1967.

Galeere *die,* Ruderkriegsschiff der Mittelmeermächte des MA., mit Ruderbänken für 200 bis 500 Mann, meist zur **G.-Strafe** verurteilte Sträflinge.

Galen, Claudius Galenus, röm. Arzt griech. Herkunft, * 129, † 199; neben Hippokrates bedeutendster Arzt der Antike; seine Schriften blieben bis ins MA. maßgebend.

Galen, Clemens August Graf von, dt. kath. Theologe, * 1878, † 1946; 1933 Bischof von Münster, 1946 Kardinal, Gegner des Nationalsozialismus.

Galeone *die,* drei- bis fünfmastiges europ. Segelkriegsschiff im 16. bis 18. Jahrhundert.

Galerie *die,* **1)** lang gestreckter Raum, einseitig offener Gang. – **2)** Kunstsammlung oder -handlung. – **3)** oberster Rang im Theater. – **4)** Tunnel am Berghang mit fensterartigen Öffnungen zur Talseite.

Galeriewald, Waldstreifen an Flüssen, Seen und Schluchten, in trop. und subtrop. Savannen- und Steppenlandschaften.

Galerius, Gaius, röm. Kaiser (305 bis 311), * um 250, † 311; erbitterter Gegner des Christentums.

Galgen, Vorrichtung zur Hinrichtung durch den Strang, Holzsäule mit Querbalken oder gemauerte Erhöhung **(Hochgericht);** gegenüber der Enthauptung eine schimpfl. Strafe; in Dtl. 1871 durch die Vollzugsart der Enthauptung abgelöst, im Zuge der natsoz. Gewaltherrschaft aber wieder eingeführt und danach endgültig abgeschafft.

Galici|en, span. **Galicia** [ga'liθja], histor. Landschaft im NW Spaniens; Mittelgebirgsland mit immerfeuchtem Klima; Fischerei, Viehzucht; ehem. Hptst. Santiago de Compostela; moderne Zentren sind Vigo und La Coruña. Die span. Region G. erhielt 1978 eine beschränkte Selbstverwaltung, seit 1981 Autonomiestatut. Die **galic. Sprache** mit 3,2 Mio. Sprechern hat sich aus dem Portugiesischen entwickelt.

Galiläa, histor. Landschaft Palästinas, gehört heute zu Israel und Libanon. Jesus und die meisten seiner Jünger waren Galiläer; zentraler Ort ist Nazareth.

Galilei, Galileo, ital. Naturforscher, * 1564, † 1642; war Prof. in Pisa und Padua, erkannte zuerst die Gesetze des freien Falls, des Pendels, des Wurfs, entdeckte die vier großen Jupitermonde, den Saturnring u. a. Wegen seiner Verteidigung der Lehre des Kopernikus geriet er in Konflikt mit der Inquisition; 1633 musste er der kopernikan. Lehre öffentlich abschwören. Die Legende schreibt ihm den Ausspruch zu: »Und sie (die Erde) bewegt sich doch!«

Galileo, im Nov. 1989 gestartete, von der NASA unter Beteiligung der Bundesrep. Deutschland gebaute Raumsonde zur Erforschung des Jupiters.

Galion *das,* ⚓ verstärkter Vorbau am Bug von Segelschiffen, mit einer hölzernen **Galionsfigur.**

Gälisch, kelt. Sprache der Gälen in Irland, im schott. Hochland und auf der Insel Man.

Galizi|en, Landschaft am N-Rand der Karpaten und in deren nördl. Vorland. Der westl. Teil gehört zu Polen, der östl. zur Ukraine. G. war 1772 bis 1918 österr. Kronland, kam dann zum poln. Staat. Nach dem sowjetisch-dt. Grenzvertrag von 1939 wurde Ost-G. an die Sowjetunion angeschlossen.

Gall, Franz Joseph, dt. Mediziner, * 1758, † 1828; begründete die nach ihm benannte »Schädellehre«; führte den Begriff Phrenologie ein.

Galla *Pl.*, Eigenbezeichnung **Oromo,** Volk in S-Äthiopien, ca. 20 Mio. Menschen.

Galläpfel → Gallen.

Galla Placidia, weström. Kaiserin, Tochter des oström. Kaisers Theodosius I., † 450; Grabkapelle mit Mosaikenschmuck in Ravenna.

Gallas, Matthias, kaiserl. General im Dreißigjährigen Krieg, * 1584, † 1647; 1634 bis 1645 Nachfolger Wallensteins als Oberbefehlshaber.

Galileo Galilei auf einem zeitgenössischen Gemälde und Autogramm

Galle, 1) bittere, gelbl. Absonderung der Leberzellen. Sie dient der Verdauung der Fette und enthält v. a. G.-Säuren, G.-Farbstoff, Cholesterin, Harnstoff und Schleim. Die G. sammelt sich in den kleinen G.-Gängen der Leber und fließt z. T. ständig durch den Lebergallengang in den Zwölffingerdarm ab, zum anderen Teil wird sie in der **G.-Blase,** einem an der Unterseite der Leber gelegenen Speicherorgan, eingedickt, gespeichert und bei Bedarf ebenfalls von hier in den Zwölffingerdarm entleert. – Krankhafte Bildungen in den G.-Wegen, bes. in der G.-Blase, sind die **G.-Steine,** die bei Frauen häufiger auftreten. Sie bestehen meist aus G.-Farbstoff und Kalk, von Sandkorn- bis Walnussgröße, und können sehr schmerzhafte **G.-Koliken** oder, bei entzündl. Verlauf, eine G.-Blaseninfektion hervorrufen. Oft muss die G.-Blase samt Steinen operativ entfernt werden (Cholezystektomie). – **2)** Tierheilkunde: krankhafte Flüssigkeitsansammlung in den Gelenken und Sehnenscheiden, v. a. der Pferde.

Gallé, Émile, frz. Kunsthandwerker, * 1846, † 1904; einer der führenden Künstler des Jugendstils (Glasvasen, Schmuck u. a.).

Gallegos [ga'jeɣɔs], Rómulo, venezolan. Schriftsteller, * 1884, † 1969; Romane und Erzählungen, »Doña Bárbara« (1929).

Gallen *Pl.*, vielgestaltige Gewebswucherungen an Pflanzen, hervorgerufen u. a. durch Einbohren von Eiern, Saugstich usw. von Schmarotzern. Gallwespen rufen Rosenapfel (Schlafapfel) an der Rose, Eichengalläpfel an Blättern und Knospen der Eiche hervor. Durch Gallmilben entstehen die Filz- und Kräuselkrankheit der Weinrebe, durch Blattläuse die Ananas-G. der Fichtenzweige. Pflanzl. G.-Erreger sind bestimmte Bakterien und Pilze, Letztere rufen z. B. Hexenbesen des Kirschbaums und Kropf des Kohls hervor. Gerbstoffreiche **Galläpfel** waren früher Gerb- und Heilmittel.

Gallenröhrling, anderer Name des Bitterlings, ein ungenießbarer → Röhrenpilz.

Gallerte *Pl.*, wasserhaltige, weiche, z. T. zäh-elast. Masse, entsteht durch Berührung von Kolloiden mit einem Lösungsmittel (meist Wasser), z. B. Gelatine, Leim.

Galli|en, lat. **Gallia,** das Land der **Gallier,** eines kelt. Volks, umfasste zur Zeit der Röm. Rep. das heutige Frankreich und Belgien **(Gallia transalpina)** sowie Oberitalien **(Gallia cisalpina).** Gallia cisalpina wurde um 200 v. Chr. römisch; die Unterwerfung von Gallia transalpina begann mit der Besitzergreifung des südl. G., der **Gallia Narbonensis,** 120 v. Chr.; das übrige G. wurde von Caesar 58 bis 51 v. Chr. unterworfen. Nach der german. Völkerwanderung bildete sich hier das → Fränkische Reich.

Gallikanismus, gallikanische Kirche, kirchenrechtl. Lehrsystem, in Frankreich vom 15. Jh. bis 1789 maßgebend, erstmals in der »Pragmat. Sanktion von Bourges« (1483) festgesetzt. Einer der Hauptsätze des G. besagte, dass dem Papst keine weltl. Gewalt zustehe.

Gallium *das,* Symbol **Ga,** chem. Element; OZ 31, relative Atommasse 69,72, D 5,9 g/cm^3, Fp 29,78 °C, Sp 2 403 °C; silberweißes, weiches Metall. Verwendung in der Halbleitertechnik sowie als Füllung in Hochtemperaturthermometern.

Gällivare ['jɛlivɑ:rə], Großgemeinde in N-Schweden, an der Lapplandbahn; reiche Eisenerzvorkommen, die v. a. in **Malmberget** abgebaut werden.

Gallizismus *der,* Nachbildung frz. Spracheigenheiten in anderen Sprachen.

Gallmilben, sehr kleine, an Pflanzen lebende Milben, erzeugen → Gallen.

Gallmücken, artenreiche Familie der Zweiflügler, legen ihre Eier in Pflanzenteile, wodurch sich → Gallen bilden.

Gallon ['gælən] *die,* Zeichen **gal,** Hohlmaß, in Großbritannien und den Staaten des Commonwealth rd. 4,5 dm^3, in den USA rd. 3,8 dm^3.

Galloromanisch, die aus dem in Gallien gesprochenen Provinzlatein entstandenen roman. Sprachen Französisch und Provenzalisch.

Gallupinstitut ['gæləp-], privates Unternehmen in den USA zur Erforschung der öffentl. Meinung und der Wirkung von Massenmedien, gegr. 1935 von G. H. Gallup (* 1901, † 1984).

Gallus, schott. Missionar, * um 560, † um 650; seit 610 im Gebiet der Alemannen, gründete das Kloster St. Gallen; Heiliger (Tag: 16. 10.).

Gallus|säure, Trihydroxybenzoesäure, in Pflanzen weit verbreitete aromat. Säure, wird für Farb- und Gerbstoffe verwendet.

Gallwespen, häufig schwarz oder rotbraun gefärbte Hautflügler; erzeugen → Gallen.

Galmei *der,* Sammelbezeichnung für carbonat. und silikat. Zinkerze aller Art, meist gelbrote, verwitterte und verunreinigte Massen.

Galois [ga'lwa], Évariste, frz. Mathematiker, * 1811, † (nach einem Duell) 1832; entwickelte Grundzüge einer Theorie der algebraischen Gleichungen.

Galopp *der,* **1)** schnellste Gangart des Pferds, eine ununterbrochene Reihe von Sprüngen. – **2)** schneller Rundtanz im $^2/_4$-Takt.

Galosche *die,* pantoffelartiger Überschuh v. a. aus Gummi.

Galsworthy ['gɔ:lzwə:ðɪ], John, brit. Schriftsteller, * 1867, † 1933; Hauptwerk der gesellschaftskrit. Romanzyklus »Die Forsyte Saga« (1906 bis 1921). Nobelpreis für Literatur 1932.

Galt *der,* **gelber G.,** ansteckende Euterentzündung bei Kühen.

Gallen
Blattgalle der Eiche, hervorgerufen durch eine Eichengallwespe

John Galsworthy

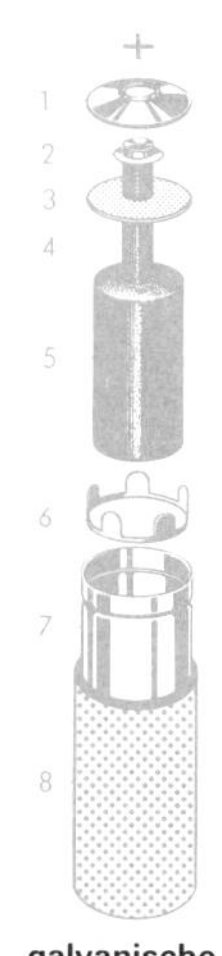

galvanische Elemente Klassische Rundzelle; **1** Zellendeckel, **2** Polkappe, **3** Abdeckscheibe, **4** elektrische Ableitung der positiven Elektrode, **5** positive Elektrode, **6** Bodenscheibe, **7** negative Lösungselektrode, **8** Papphülse

Gambia

Staatswappen

Staatsflagge

Internationales Kfz-Kennzeichen

Galton ['gɔ:ltn], Sir Francis, brit. Naturforscher, *1822, †1911; begründete die Eugenik, stellte eine Reihe von Erbgesetzen auf und führte die Untersuchung von Fingerabdrücken ein.

Galvani, Luigi, ital. Naturforscher, *1737, †1798; entdeckte bei Versuchen mit Froschschenkeln die nach ihm benannte **galvan. Elektrizität.**

Galvanisation *die,* das Durchströmen bestimmter Körperteile mit Gleichstrom, Anwendungsform der Elektrotherapie.

galvanische Elemente, elektrochemische Elemente, Stromquellen, denen eine chem. Umsetzung zugrunde liegt. Ein g. E. besteht aus 2 Elektroden (Pole) aus i. d. R. versch. Stoffen und einem Elektrolyt (→Elektrolyse), der die Elektroden elektrisch verbindet. Zw. den Elektroden entsteht eine elektr. Spannung. Die negative Elektrode gibt Elektronen ab und wird zersetzt, die positive Elektrode nimmt Elektronen auf; der Ionenstrom im Elektrolyt ist gleich dem Elektronenstrom im äußeren Stromkreis. Das für Batterien wichtigste g. E. ist das hauptsächlich als **Trockenelement** gebaute Kohle-Zink-Element (Leclanché) mit Salmiaklösung als Elektrolyt und Braunstein (zur Unterdrückung der Wasserstoffabscheidung) an der positiven Elektrode. Es liefert 1,5 V Nennspannung. Bei Trockenelementen ist der Elektrolyt eingedickt und luftdicht verschlossen. Es gibt Elemente für Dauerentladung mit kleinem Strom, intermittierende Entladung mit größerem Strom oder für gelegentl. Entladung bei langer Lagerfähigkeit. Sonderbauarten: Füllelemente, Luftsauerstoffelemente und Papierfutterzellen für längere Lagerfähigkeit, Quecksilberoxidzellen für hohen Energieinhalt auf kleinem Raum und Spannungskonstanz, Knopfzellen und Energiepapier oder Energiesandwich mit Gewichten von 2 bis 3 g, Weston-Normalelement als Spannungsnormal für Messungen, auch in Miniaturbauweise, mit 1,01865 V bei 20 °C. (→Brennstoffelement)

galvanisieren, ein Metall durch Elektrolyse mit einem andern Metall überziehen, z. B. Eisen mit Zink.

Galvano *das,* galvanoplast. hergestellte Kopie einer Druckplatte (→Galvanotechnik).

Galvanokaustik *die,* ⚕ Form der Elektrochirurgie, bei der durch Gleichstrom erzeugte Wärme zum Verschorfen oder Schneiden benutzt wird; weitgehend durch die Laserchirurgie verdrängt.

Galvanometer *das,* Gerät zum Messen sehr kleiner elektr. Ströme, Spannungen und Ladungen.

Galvanotechnik, Anwendung der →Elektrolyse zum Abscheiden metall. Überzüge auf Metallen oder leitend gemachten Nichtmetallen. Die Abscheidung dünner Überzüge zur Erhöhung der Verschleißfestigkeit und als Korrosionsschutz nennt man **Galvanostegie.** Ein elektrochem. Verfahren zur Abscheidung dicker Metallüberzüge ist die **Galvanoplastik;** v. a. sonst schwer zu fertigende Teile und Formen, z. B. für die Kunststoffverarbeitung oder Elektronik, werden galvanoplastisch hergestellt.

Galveston ['gælvɪstən], Stadt in Texas, am Golf von Mexiko, USA, 59 100 Ew.; Erdölraffinerie; Schwefelausfuhrhafen.

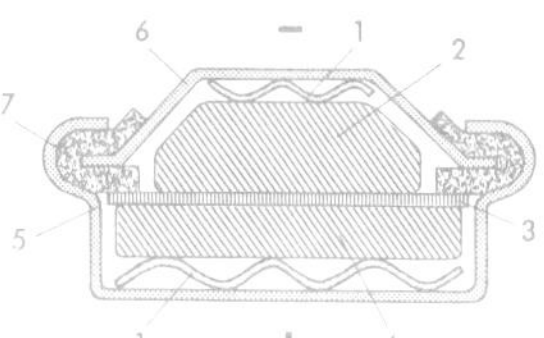

galvanische Elemente. Gasdichter Knopfakkumulator; **1** Stahlfedern, **2** gepresste Cd-Elektrode, **3** Separator mit Kalilauge, **4** gepresste Nickel-Elektrode, **5** Stahlnapf, **6** Stahldeckel, **7** Kunststoffdichtung

Gama, Vasco da, port. Seefahrer, *1469, †1524; entdeckte den Seeweg nach O-Indien (1497 Umseglung des Kaps der Guten Hoffnung).

Gamander *der,* Gattung krautiger bis strauchiger Lippenblütler mit ährigen oder traubigen Blütenständen.

Gamasche *die,* meist knöchelhoher Überstrumpf ohne Füßling, mit Steg.

Gambe *die,* ital. **Viola da Gamba** [»Beingeige«], Bez. für eine Familie von Streichinstrumenten mit 6 Saiten und 7 Bünden. Hauptinstrument ist die **Tenorgambe.**

Gambetta [gãbɛ'ta], Léon, frz. Staatsmann, *1838, †1882; Gegner Napoleons III., stellte nach dessen Sturz im Krieg von 1870/71 die Massenheere des Volksaufgebots zum Entsatz von Paris auf. Nov. 1881 bis Jan. 1882 Min.-Präsident.

Gambia *der,* Fluss in W-Afrika, 1 120 km lang, entspringt in Guinea, mündet bei Banjul in den Atlantik, für Seeschiffe auf 395 km befahrbar.

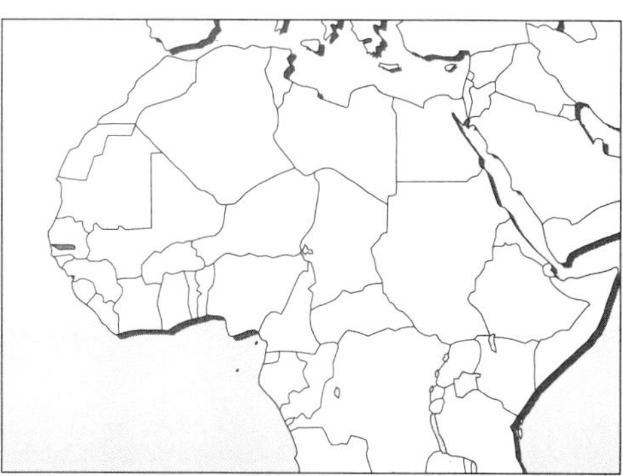

Gambia, Rep. in W-Afrika, beiderseits am Unterlauf des Flusses G., vom Staatsgebiet Senegals umschlossen, 11 295 km², 908 000 Ew.; Hptst. und -hafen: Banjul. Amtssprache: Englisch. Anbau von Erdnüssen (Hauptausfuhrprodukt), Reis, Mais u. a.; Fremdenverkehr. – Im 13. bis 15. Jh. zum Reich Mali; 1843 bis 1965 brit. Besitz, seither unabhängig, Mitglied des Commonwealth, seit 1970 Rep.; 1982 bis 1989 Föderation **Senegambia** mit Senegal; seit 1994 nach einem Putsch Militärregierung. Im September 1996 wurde der Putschistenführer Y. Yammeh zum Präs. gewählt; aus den Parlamentswahlen vom Januar 1997 ging seine Partei siegreich hervor.

Gambit *das,* im Schachspiel Eröffnung einer Partie mit Bauernopfer.

Gambrinus, sagenhafter flandr. König aus karoling. Zeit, gilt als Erfinder des Bierbrauens.

Gameboy® ['geɪmbɔɪ], →Videospiele.

Gamelan *das,* Instrumentenensemble auf Java und Bali, besteht aus mehreren Gongs, Metallophonen, einem Xylophon, einer Flöte, Laute und Zither sowie mehreren Trommeln, dazu kommt Gesang. Spielt bei rituellen, kulturellen und sozialen Anlässen.

Gameten *Pl.,* weibl. und männl. Geschlechtszellen. Bei niederen Pflanzen (z. B. Algen) können sie gleich **(Isogameten)** oder verschieden gestaltet sein **(Anisogameten).**

Gamma *das,* der 3. Buchstabe des griech. Alphabets (Γ, γ), mit dem Lautwert des dt. G.

Gammaglobuline, zur Vorbeugung und Behandlung bei versch. Krankheiten verwendete Eiweißstoffe des Blutplasmas.

Gammastrahlung, γ-Strahlung, energiereiche, ionisierende elektromagnet. Strahlung mit Wellenlängen von etwa 10^{-14} bis 10^{-10} m; wird u. a. von angeregten Atomkernen ausgestrahlt; neben Alpha- und Betastrahlen die 3. Komponente radioaktiver Strahlung.

Gämse, Gams, ziegenartiges Horntier, Hochgebirgsbewohner, Kletterer, dunkelbraun mit geraden, am Ende scharf umgebogenen Hörnern (Krickeln).

Gämswurz, Gamswurz, staudige, gelb blühende Korbblütler, v. a. Alpenpflanzen.

Ganda, Baganda, Hauptvolk Ugandas, meist Ackerbauern, etwa 1 Mio.; sprechen G., eine Bantusprache.

Gandersheim, Bad G., Stadt in Ndsachs., westlich des Harzes, 11 500 Ew., Solbad, Festspiele; Metall-, Fleischverarbeitung; 852 gegr. Reichsstift, in dem im 10. Jh. Roswitha v. G. wirkte; frühroman. Münster.

Gandhi, 1) Indira, * 1917, † (ermordet) 1984; ind. Politikerin, Tochter Nehrus, 1966 bis 1977 und ab 1980 Min.-Präs. - **2)** Mohandas Karamchand, genannt **Mahatma** (»Große Seele«), Führer der ind. Unabhängigkeitsbewegung, * 1869, † (ermordet) 1948; entstammte einer wohlhabenden Hindufamilie; studierte in London, kämpfte für die Gleichberechtigung seiner Landsleute in Südafrika und seit dem Ersten Weltkrieg für die Unabhängigkeit Indiens, trat für die Beseitigung der Gegensätze zw. Muslimen und Hindus ein. Sein hohes Ansehen und seine Erfolge gründeten auf der Methode des gewaltlosen Widerstands. G. wurde von einem fanat. Hindu erschossen. - **3)** Rajiv, ind. Politiker, * 1944, † (ermordet) 1991, Sohn von 1); 1984 bis 1989 Min.-Präsident.

Gandscha, Gjandscha, früher **Kirowabad,** Stadt in Aserbaidschan, 278 000 Ew.; im N des Kleinen Kaukasus; mehrere Hochschulen; Textilind., Aluminiumwerk; mittelalterl. Stadtmauer.

Gang, 1) ⚒ mit Erzen oder Mineralen ausgefüllte Gesteinsklüfte. - **2)** ⚙ bei Kfz das durch Umschalten des Getriebes veränderbare Übersetzungsverhältnis zw. Motor und Radantrieb.

Gang [gæŋ] *die,* Zusammenschluss von Verbrechern **(Gangster);** auch zu Gewalttaten neigende Jugendbande.

Ganges *der,* amtlich **Ganga,** Hauptstrom Vorderindiens, 2 700 km lang, der heilige Strom der Hindus, entspringt im Himalaya in 4 000 m ü. M., durchfließt die nordind. Ebene, bildet mit dem Brahmaputra ein riesiges Mündungsdelta (56 000 km^2, fruchtbar und dicht bevölkert) und mündet in den Golf von Bengalen. Am westl. Mündungsarm (Hugli) liegt Kalkutta. Höchster Wasserstand nach Monsunregen im Sept.; Schifffahrt spielt nur im Deltabereich eine Rolle.

Ganghofer, Ludwig, dt. Schriftsteller, * 1855, † 1920; schrieb Volksstücke und Heimatromane; »Schloß Hubertus« (1895).

Ganglion *das,* Nervenknoten, Anhäufung von Nervenzellen. **Ganglienblocker,** (wegen Nebenwirkungen umstrittene) chem. Stoffe, durch die die Weiterleitung von Nervenimpulsen an G. vorübergehend ausgeschaltet oder erschwert wird.

Gangrän *die,* ⚕ feuchter → Brand.

Gangspill *das,* ⚓ die Kettenwinde.

Gangtok, Hptst. von Sikkim, Indien, 25 000 Einwohner.

Gangway [ˈgæŋweɪ] *die,* Laufsteg zum Ein- und Aussteigen bei Schiffen oder Flugzeugen.

Gan Jiang [- dʒiaŋ], **Kan Kiang,** rechter Nebenfluss des Jangtsekiang, 744 km; wichtige Wasserstraße in S- und Mittelchina.

Gänse, zu den Entenvögeln (Leistenschnäblern) gehörende, gesellig lebende Schwimmvögel mit gedrungenem Leib, langem Hals; fliegen und schwimmen gut, leben aber oft auf dem Land. Arten: **Wild-(Grau-)G.,** in Mittel-, N-Europa, ziehen im Sept. südwärts, Stammform der **Haus-G.; Saat-G.,** in Mitteleuropa Wintergäste; **Chin. Schwanen-** oder **Höcker-G.** sind Ziervögel.

Gänseblümchen, Maßliebchen, Korbblütlergattung, wild wachsend und als Zierpflanze **(Tausendschön).**

Gänsedistel, Korbblütlergattung; die **Acker-G.** ist ein 1,50 m hohes, gelb blühendes Unkraut.

Gänsefuß, weit verbreitete Gattung meist mehlig bereifter Kräuter mit gelbgrünen bis rötl., in Knäueln geordneten Blüten.

Gänsehaut, ⚕ durch Kälte oder Gemütsbewegung hervorgerufene Zusammenziehung der kleinen Haarbalgmuskeln, wodurch die Haare aufgerichtet werden.

Gansu, Kansu, Prov. in NW-China, 454 000 km^2, 22,4 Mio. Ew., Hptst. Lanzhou; auf Lössböden intensive Landwirtschaft; Erdölförderung; Metall-, chem., Textilindustrie.

Ganter *der,* **Gänserich,** männl. Gans.

Ganymed, 1) griech. Sage: schöner Mundschenk des Zeus, von diesem oder seinem Adler in den Olymp entführt. - **2)** ✡ größter Jupitermond.

Ganz, Bruno, schweizer. Schauspieler, * 1941; erfolgreich auf der Bühne (v. a. unter P. Stein) und im Film; »Der Himmel über Berlin« (1987); erhielt 1996 den Ifflandring.

Ganzheit, etwas, das nicht schon durch seine Bestandteile, sondern erst durch deren gefügehaften Zusammenhang bestimmt ist (Organismus, Struktur). Die **G.-Psychologie** geht davon aus, dass seel. Erscheinungen nicht als Summe von Bestandteilen (»psych. Elementen«), sondern als Erlebnisstruktur begreifbar sind.

Ganzheitsmethode, Ⓟ eine Unterrichtsmethode beim Erstlese- oder Schreibunterricht; z. B. werden beim Lesenlernen das ganze Wort **(Ganzwortmethode)** oder kleine Sätze vor den Buchstaben nahe gebracht.

Ganztagsschule, Schule mit Vor- und Nachmittagsunterricht; in vielen Ländern die Regelform der allgemein bildenden Schule, in Dtl. bisher nur in einigen Gesamtschulen praktiziert.

Ganzton, 𝄞 Tonstufe einer großen Sekunde, ein Intervall. Die **Ganztonleiter** ist eine Folge von Ganztönen.

Garantie *die,* ⚖ Gewähr, bes. die Haftung dafür, dass eine verkaufte Sache innerhalb einer bestimmten Zeit **(G.-Frist)** ihre vertragl. Beschaffenheit behält und Mängel kostenlos beseitigt werden **(G.-Schein).** Im Verfassungsrecht die Verbürgung eines Rechts oder einer Einrichtung; im Völkerrecht die Gewähr für die Aufrechterhaltung eines Zustands, bes. der Unabhängigkeit und der Grenzen eines Staats, oder für die Erfüllung eines Vertrags.

Garbo, Greta, schwedische Filmschauspielerin, * 1905, † 1990; verkörperte den Typ der geheimnisvollen Schönen; »Gösta Berling« (1924), »Die Kameliendame« (1936). BILD S. 314

García Lorca [garˈθia -], Federico, span. Dichter, * 1899, † (erschossen) 1936; künstlerisch vielseitig begabt; Lyriker, Erneuerer des span. Dramas (»Die Bluthochzeit«, 1933).

García Márquez [garˈsia ˈmarkes], Gabriel, kolumbian. Schriftsteller, * 1928; fantastisch-realist. Romane (»Hundert Jahre Einsamkeit«, 1967; »Die Liebe in den Zeiten der Cholera«, 1985, u. a.); Nobelpreis für Literatur 1982.

Gard [ga:r] *der,* rechter Nebenfluss der Rhône, in Frankreich, entspringt in den Cevennen, 133 km lang; wird vom **Pont du G.,** einem röm. Aquädukt (275 m lang, 49 m hoch), überquert.

Gardasee, ital. **Lago di Garda** oder **Benaco,** größter See Italiens (368 km^2), zw. der Lombardei und Venetien, 65 m ü. M., 52 km lang, 3 bis 18 km breit, bis 346 m tief; mildes Klima, Fremdenverkehr.

Garde *die,* urspr. fürstl. Leibwache, dann Elitetruppe.

Gardeni|e *die,* Gattung strauchiger asiat. und afrikan. Krappgewächse, Gewächshauspflanzen, liefern duftreiche Schnittblumen mit meist weißen Blüten.

Garderobe *die,* **1)** Kleidung. - **2)** Kleiderablage. - **3)** Ankleideraum eines Künstlers.

Gardone Riviera, Kurort am Westufer des Gardasees, Italien, 2 500 Ew.; D'Annunzio-Museum.

Indira Gandhi

Mahatma Gandhi

Rajiv Gandhi

Gänse
Grau-, Rothals-, Kanadagans (von oben)

Greta Garbo

Judy Garland

Garmisch-Partenkirchen Stadtwappen

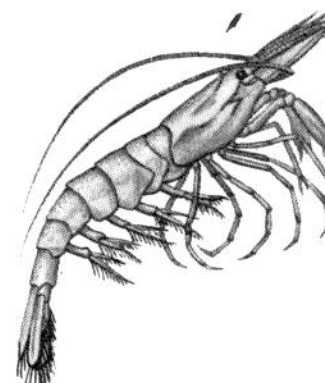
Nordsee-Garnele

Garibaldi, Giuseppe, ital. Freiheitskämpfer und Politiker, *1807, †1882; verteidigte 1849 das aufständ. Rom gegen die Franzosen, befreite 1860 mit seinen Freischaren die Insel Sizilien von der Bourbonenherrschaft, versuchte 1867 erfolglos, auch Rom für Italien zu erobern.

Garigue [ga'rig] *die,* **Garrigue,** offene Gebüschformation im Mittelmeerraum, Folgestufe des Hartlaubwalds.

Garland ['gɑ:lənd], Judy, amerikan. Sängerin und Filmschauspielerin, *1922, †1969, Mutter von Liza Minnelli; v. a. Musikfilme.

Garmisch-Partenkirchen, Kurort und Wintersportplatz in Oberbayern, am Fuß der Zugspitze, 720 m ü. M.; 27 000 Ew.; Bergbahnen, Sprungschanzen, Eisstadion, Bobbahn.

Garn *das,* in bestimmter Feinheit gesponnener Faden.

Garnelen *Pl.,* zehnfüßige Meerkrebse, meist klein und schlank; **Nordsee-G.** (Nordseekrabbe, Granat), **Felsen-G., Stein-G.;** gekocht essbar.

Garnier [gar'nje], Charles, frz. Baumeister, *1825, †1898; Pariser Oper (1861 bis 1874), Kasino in Monte Carlo (1878 bis 1881).

Garnison *die,* **Standort,** urspr. militär. Besatzung eines Orts, dann Ort mit ständiger militär. Belegung.

Garnitur *die,* **1)** Verzierung, Ausstattung (in der Kochkunst). – **2)** Satz zusammengehöriger Gegenstände.

Garonne [ga'rɔn] *die,* größter Fluss in SW-Frankreich, entspringt in den Pyrenäen, mündet nach Vereinigung mit der Dordogne in einem großen Mündungstrichter als **Gironde** in den Atlantik; 650 km lang, 460 km schiffbar.

Garrotte *die,* Halseisen, in Spanien zur Vollstreckung der Todesstrafe durch Erdrosseln bis in die 1970er-Jahre genutzt.

Gartenbau, Gewinnung hochwertiger pflanzl. Bodenerzeugnisse; Gemüse-, Obst-, Samenbau, Gehölz-, Rosen-, Pflanzen- und Blumenzucht, auch Bindekunst und Gartengestaltung, Gartenarchitektur.

Gartenkunst, künstler. Gestaltung von Gärten und Parkanlagen. Schon bei Ägyptern, Babyloniern (→hängende Gärten), Griechen, Römern, v. a. aber in China und Japan gepflegt und auch aus dem MA. bezeugt, bildete sie sich bes. in der ital. Renaissance und in der Zeit des Barocks aus, die Haus und Garten als architekton. Einheit gestalteten. Im Frankreich Ludwigs XIV. entwickelte sich dieses Prinzip durch Le Nôtre am vollkommensten (Versailles). Im Ggs. zu ihm entstand Mitte des 18. Jh. der **Engl. Garten** (Landschaftsgarten), der einen Übergang zw. Garten und freier Landschaft schaffen wollte (Carlton House, Wörlitz, München, Muskau). Berühmt sind auch die Gärten des Islam. Die moderne G. sieht ihre Hauptaufgabe in der Auflockerung der Städte durch Grünanlagen; gestalterisch anregend sind die großen Gartenschauen.

Gartenschläfer, ein Nagetier (→Bilche).

Gartenspötter, Singvogel, →Gelbspötter.

Gärung, Zersetzung organ. Stoffe (Kohlenhydrate) ohne Sauerstoff durch Enzyme. **Alkohol-G.** wird durch Hefe verursacht, die Zucker in Alkohol und Kohlendioxid spaltet. **Essigsäure-G.** wird durch Bakterien herbeigeführt, die Alkohol mit dem Sauerstoff der Luft zu Essigsäure umsetzen. **Milchsäure-G.** wird hervorgerufen durch Milchsäurebakterien, die manche Zuckerarten in Milchsäure überführen (Sauermilch, Sauerkraut, Gärfutter). G. sind auch sehr viele Aufbereitungsvorgänge an pflanzl. Rohstoffen, die man **Fermentation** nennt (z. B. bei Flachs, Kakao, Tabak, Tee).

Gary [ga'ri], Romain, frz. Schriftsteller, *1914, †1980; zeitkrit. Romane: »Die Wurzeln des Himmels« (1956), »Der weiße Hund von Beverly Hills« (1970).

Einsatz von **Gasmasken** während des Ersten Weltkriegs (1914 bis 1918)

Gas, 1) gasförmige Materie, d. h. Materie in demjenigen Aggregatzustand, in dem eine bestimmte Materiemenge weder eine bestimmte Form noch ein konstantes Volumen hat, sondern jeden zur Verfügung stehenden Raum ausfüllt. G. können durch Abkühlung bis unter ihre krit. Temperatur und durch genügend hohen Druck verflüssigt werden (→Dampf). – **2)** →Stadtgas, →Erdgas.

Gasbad, ⚕ Trockenbad in Kohlensäure- oder Schwefelwasserstoffgas, zur Behandlung von Herz-, Gefäß- und Hautkrankheiten.

Gasbehälter, Speicher- und Druckregulierungsbehälter für aufbereitete Gase; bewegl. G. sind die Gasflaschen für Propan, Butan, Acetylen usw.; große Vorratsbehälter für Stadtgas u. a. techn. Gase **(Gasometer)** und Fassungsvermögen bis 100 000 m^3 sind meist **Glocken-G.,** bei denen das Gas unter eine in einen Wasserbehälter eintauchende Glocke geleitet wird. Größere G. sind meist **Scheiben-G.,** bei denen sich eine abgedichtete Scheibe auf- und abbewegt.

Gasbrand, schwere Wundinfektion durch Gasbrandbazillen, die mit Erde, in der sie unter Abschluss von Luft leben, in Wunden gelangen. Die Bazillen zersetzen das Gewebe unter Gasbildung.

Gascogne [gas'kɔɲ], histor. Landschaft in SW-Frankreich, in Aquitanien.

Gasdynamik, Teilgebiet der Strömungslehre, das sich mit der experimentellen und theoret. Untersuchung der Strömungen von Gasen bei großen Strömungsgeschwindigkeiten befasst. Wichtigste Kennzahl ist die →Machzahl **Ma.**

Gasel *das,* oriental. Gedichtform, →Ghasel.

Gas|entladung, Durchgang eines elektr. Stroms (bewegte Ionen und Elektronen) durch ein Gas, als Dunkel-, Glimm- oder Bogenentladung. Anwendungen: G.-Lampen, Stromrichter, Lichtbogenschweißen.

Gas|entladungslampen, elektr. Lichtquellen, bei denen das Licht von Leuchterscheinungen stammt, die bei Gasentladungen auftreten, z. B. Quecksilberdampf-, Natriumdampflampen. Je nach Fülldruck werden Niederdruck-, Hochdruck- (Quecksilber, Natrium) und Höchstdrucklampen (Quecksilber, Xenon), z. B. →Leuchtstofflampe, unterschieden.

Gasgenerator, Gas|erzeuger, Anlage zum Vergasen fester Brennstoffe (Stein-, Braunkohle, Koks, Holz, Torf usw.), in der Generatorgas als Heiz- und Synthesegas erzeugt wird.

Gasherbrum-Gruppe ['gæʃəbrum-], Berggruppe im Karakorum, in dem unter pakistan. Verwaltung stehenden Teil von Kaschmir: **G. I,** auch **Hidden Peak,** 8 068 m hoch; **G. II,** 8 035 m hoch.

Gaskammer, 1) im natsoz. Dtl. von der SS in speziellen Vernichtungslagern zur Massentötung von Menschen mit Blausäure verwendete Räume. – **2)** in einigen US-Bundesstaaten verwendete Einrichtung zur Vollstreckung der Todesstrafe.

Gasmaske, Filtergerät zum Schutz der Atmungsorgane und der Augen vor der Einwirkung giftiger Gase und Schwebstoffe. Die Weiterentwicklung der im 1. Weltkrieg zum Einsatz gekommenen G. führte zur **ABC-Schutzmaske** und im zivilen Bereich zur **Atemschutzmaske.**

Gasmotor, Verbrennungsmotor, betrieben mit gasförmigen Kraftstoffen; meist als Ottomotor ausgeführt.

Gas|öl, bei der Verarbeitung von Erdöl entstehendes brennbares Öl; Siedebereich etwa 250 bis 400°C; dient zur Herstellung von Dieselkraftstoff und Heizöl.

Gasometer →Gasbehälter.

Gasparri, Pietro, ital. Kardinal, *1852, †1934; Kirchenrechtler, Schöpfer des Codex Iuris Canonici, als Staatssekretär maßgeblich am Abschluss der Lateranverträge beteiligt.

Gasperi, Alcide De, →De Gasperi, Alcide.

Gassendi [gasɛ̃'di], Pierre, frz. Philosoph, Naturforscher, *1592, †1655; knüpfte in seiner Physik an den Atomismus Epikurs an.

Gassenhauer, urspr. Bezeichnung für Nachtschwärmer, dann auch für deren Lieder und Tänze; populäres Modelied.

Gassenlaufen →Spießrutenlaufen.

Gassman, Vittorio, ital. Schauspieler und Regisseur, *1922; leitete Tourneetheater; Filmschauspieler, »Bitterer Reis« (1949), »Die Familie« (1987).

Gast, ⚓ Matrose mit bestimmter Aufgabe: **Boots-G., Signalgast.**

Gast|arbeiter →ausländische Arbeitnehmer.

Gastein, Talschaft in den Hohen Tauern, im österr. Bundesland Salzburg. Hauptort ist das Heilbad **Badgastein** in 1012 m ü. M. (5600 Ew., radioaktive Thermen). Ebenfalls Heilbäder sind **Böckstein** und **Bad Hofgastein; Dorfgastein** ist mehr landwirtschaftl. orientiert.

Gastfreundschaft, Sitte, Fremde aufzunehmen, zu beherbergen und ihnen Schutz zu gewähren. Bei der früher herrschenden Rechtlosigkeit des Fremden war die G. ein heilig gehaltener Brauch.

Gastritis *die,* ⚕ Magenschleimhautentzündung.

Gastro|enteritis *die,* ⚕ Entzündung von Magen und Dünndarm.

Gastronom *der,* Gastwirt mit bes. Kenntnissen auf dem Gebiet der Kochkunst **(Gastronomie).**

Gastroskopie *die,* ⚕ die Magenspiegelung mit einem Endoskop.

Gastrula *die,* **Becherkeim,** Entwicklungsstufe des Vielzellerkeims, →Entwicklung.

Gaststätte, Gasthaus, Gasthof, Betrieb, der gewerbsmäßig Bewirtung oder Beherbergung bietet. Zum Betrieb einer G. oder eines Kleinhandels mit Branntwein ist eine Konzession erforderlich.

Gas|turbine, Kraftmaschine ähnlich einer Dampfturbine, in der die bei der Verbrennung eines verdichteten Kraftstoff-Luft-Gemischs entstehende Wärmeenergie in mechan. Arbeit umgesetzt wird. **Abgasturbinen** werden mit den heißen Auspuffgasen von Verbrennungskraftmaschinen betrieben. (→Strahltriebwerk)

Gasverflüssigung, Überführung eines unter Normalbedingungen gasförmigen Stoffs in den flüssigen Aggregatzustand; dient z. B. zum Transport von Erdgas.

Gasvergiftung, ⚕ Vergiftung durch Einwirkung gas- oder dampfförmiger Stoffe; i. e. S. die Kohlenmonoxidvergiftung.

Gate [geɪt] *das,* Steuerelektrode des Feldeffekttransistors (→Transistor).

Gateshead ['geɪtshed], Stadt am Tyne, NO-England, 83 200 Ew.; Eisen- und Stahlind., Maschinenbau.

Gatt *das,* ⚓ **1)** Heckform eines Schiffs. – **2)** enge Durchfahrt, Meerenge, z. B. das Kattegatt. – **3)** Loch, Öffnung, z. B. das Speigatt.

GATT, Abk. für **General Agreement on Tariffs and Trade, Allgemeines Zoll- und Handelsabkommen,** 1947 von 23 Staaten abgeschlossenes Abkommen mit dem Ziel der Förderung des Außenhandels und der Neuordnung der internat. Wirtschaftsbeziehungen; Ende 1994 gehörten ihm 124 Vollmitglieder (Bundesrep. Deutschland seit 1951) und 16 De-facto-Mitgl. an. Bisher gab es 8 Zollrunden **(GATT-Runden);** die letzte (Uruguay-Runde) wurde 1994 in Marrakesch mit der Unterzeichnung der Schlussakte und der 1995 folgenden Errichtung der Welthandelsorganisation (WTO) beendet; sämtl. vertragl. Regelungen des GATT gingen in die WTO ein.

Gatter, 1) Gitter. – **2)** Sägemaschine mit mehreren parallelen Sägeblättern. – **3)** Schaltkreis zur Realisierung einer elementaren log. Verknüpfung.

Gatti [ga'ti], Armand, frz. Schriftsteller, *1924; Vertreter des polit.-dokumentar. frz. Theaters (»Öffentl. Gesang vor zwei elektr. Stühlen«, 1966; »V. wie Vietnam«, 1967).

Gattung, lat. **Genus, 1)** Art, Gruppe, Sorte (in der Kunst: Baukunst, Plastik, Malerei; in der Literaturwiss.: Lyrik, Epik, Dramatik). – **2)** ❀ Gruppe, zu der mehrere nächstverwandte Arten von Tieren oder Pflanzen zusammengefasst werden.

Gattungskauf, ⚖ Kauf, bei dem der gekaufte Gegenstand nur der Gattung nach bestimmt ist. Bei Mangelhaftigkeit der Ware kann der Käufer Nachlieferung in besserer Qualität verlangen.

Gau *der,* **1)** Landschaft, Gebiet. – **2)** Unterabteilung eines german. Stammesgebiets. – **3)** im natsoz. Dtl. territoriale Organisationseinheit der NSDAP (1942: 43), an deren Spitze Gauleiter standen.

GAU, Abk. für **G**rößter **a**nzunehmender **U**nfall, schwerster Störfall in einer kerntechn. Anlage, für dessen Beherrschung noch ausreichende sicherheitstechn. Systeme vorhanden sind. Ein nicht beherrschter GAU ereignete sich 1986 in Tschernobyl in der Ukraine.

Gauchheil *der,* Gattung zartkrautiger Primelgewächse; Ackerunkraut ist der **Rote Gauchheil.**

Gaucho [-tʃ-] *der,* berittener Rinderhirt in Südamerika.

Gauck, Joachim, dt. ev. Theologe, *1940; Mitbegründer des Neuen Forums 1989; seit 1990 Sonderbeauftragter der Bundesreg. für Fragen der ehem. Staatssicherheit der DDR (d. h. Leiter einer Bundesbehörde, »Gauck-Behörde«).

Gaudí, Antonio, eigentl. A. **G. y Cornet,** katalan. Architekt, *1852, †1926; baute in neukatalan. Stil (dem dt. Jugendstil vergleichbar), z. B. die Kathedrale Sagrada Familia in Barcelona. BILD S. 316

Gaugamela, Ort in Assyrien; 331 v. Chr. besiegte hier Alexander d. Gr. den Perserkönig Dareios III.

Gauguin [go'gɛ̃], Paul, frz. Maler, Grafiker und Bildhauer, *1848, †1903; zunächst vom Impressionismus beeinflusst, mit seinen Südseebildern ein Wegbereiter des Expressionismus.

Gaukler, 1) Trickkünstler und Akrobat auf Jahrmärkten. – **2) Schmetterlingsfische,** meist bunt gefärbte Korallenfische.

Gauklerblume, Rachenblütlergattung mit meist amerikan. Arten, einige Zierpflanzen, z. B. die **Gelbe G.,** sind in Europa verwildert.

Gaul, August, dt. Bildhauer, *1869, †1921; hervorragende Tierdarstellungen.

Gaulle [go:l], Charles de, frz. Staatsmann und General, *1890, †1970; organisierte im 2. Weltkrieg von London aus den Widerstand gegen die dt. Besatzung, schuf 1943 ein nat. Befreiungskomitee in Algier, nahm an der Befreiung Frankreichs teil, war 1945/46 Reg.-

Pietro Gasparri

Vittorio Gassman

Joachim Gauck

Paul Gauguin
Selbstporträt

Charles de Gaulle

Antonio Gaudí. Casa Milá in Barcelona (1905-10)

Chef, gründete 1947 das Rassemblement du Peuple Français (1953 aufgelöst). Er wurde am 1. 6. 1958 Min.-Präs.; seit Jan. 1959 war er Präs. der Rep. 1962 setzte er mit einer Verfassungsänderung die Wahl des Präs. durch das Volk durch. De G. beendete den Algerienkrieg und entließ Algerien 1960 in die Unabhängigkeit; setzte sich für eine Zusammenarbeit mit Dtl. ein. Ziel seiner Politik **(Gaullismus)** war die Stärkung der weltpolit. Geltung Frankreichs, bes. gegenüber den USA. Nach dem Scheitern eines Referendums trat de G. am 28. 4. 1969 zurück.

Gaumen, obere Begrenzung der Mundhöhle bei Wirbeltieren, im vorderen Teil von den beiden Oberkiefer- und G.-Beinen **(harter G.),** im hinteren Teil von einer bewegl., muskulösen Wand, dem **weichen G.** oder **G.-Segel,** gebildet. Dieses endet in der Mitte in einem herabhängenden Anhang, dem **Zäpfchen,** und geht beiderseits in je 2 **G.-Bögen** über, zw. denen unten die **G.-Mandeln** liegen. **G.-Spalte,** eine meist mit Hasenscharte verbundene erbl. Missbildung (Wolfsrachen), bei der beide Gaumenhälften nicht miteinander verbunden sind. Behandlung durch operativen Verschluss.

Gauner, Halunke, Spitzbub, Dieb und Betrüger. **G.-Sprachen,** Sondersprachen der Landstreicher und G. untereinander, in Dtl. das **Rotwelsch,** in Frankreich das **Argot.**

Gaur *der,* **Dschungelrind,** großes, kräftiges Wildrind in Vorder- und Hinterindien.

Gaurisankar *der,* Berg im östl. Himalaya, 7145 m hoch, galt bis 1904 in Europa als einheim. Name des Mount Everest.

Gauß, Carl Friedrich, dt. Mathematiker, Astronom und Physiker, * 1777, † 1855; grundlegende Forschungen auf vielen Gebieten der Mathematik, Sternforschung, Physik (bes. Elektromagnetismus); entwickelte zus. mit W. Weber den elektromagnet. Telegrafen, stellte das nach ihm benannte absolute physikal. Maßsystem auf.

gaußsche Koordinaten, rechtwinklige Koordinaten auf gekrümmten Flächen, z. B. geograph. Länge und Breite auf einer Kugel; im öffentl. Vermessungswesen in Dtl. wird das Gauß-Krüger-System angewandt.

Théophile Gautier

Gautama, Geschlechtsname des → Buddha.

Gauten, nordgerman. Stamm in S-Schweden, neben den **Svear** die zweite große Bevölkerungsgruppe Schwedens.

Gautier [go'tje], Théophile, frz. Schriftsteller und Kritiker, * 1811, † 1872; Gedichte, histor. Romane; Wegbereiter der Idee des »L'art pour l'art«.

Gautschen, Aufnahmebrauch der Buchdrucker. Der Gehilfe wird (nach Prüfungsabschluss) in ein Fass mit Wasser gesetzt (»gegautscht«) und erhält den Gautschbrief.

Gavarni, Paul, Künstlername für Sulpice **Chevalier,** frz. Grafiker, * 1804, † 1866; Zeichner und Karikaturist.

Gavial *der,* indisches Krokodil mit schnabelartiger Schnauze; der **Ganges-G.,** die einzige Art, ist den Hindus heilig.

Gävle ['jɛ:vlə], früher **Gefle,** Hafenstadt am Bottn. Meerbusen, Mittelschweden; 89 600 Ew.; Metall- und Papierind.; Fischerei.

Gavotte [ga'vɔt] *die,* frz. Volks- und Gesellschaftstanz im $^2/_2$-Takt.

Gawan, Gawein, Held der frz. und dt. Artusromane (»Parzifal«).

Gay [geɪ], John, engl. Dichter, * 1685, † 1732; schrieb Bühnenstücke und Fabeln. B. Brecht adaptierte »The beggar's opera« (1728) als »Dreigroschenoper«.

Gaya ['gaɪə], Stadt in Bihar, Indien, 292 000 Ew.; Handelsplatz; Lackfabriken; nahebei buddhist. Wallfahrtsort **Budh Gaya.**

Gay-Lussac-Gesetz [gely'sak-, nach dem frz. Chemiker Joseph Louis Gay-Lussac, * 1778, † 1850], Gesetz des Verhaltens idealer Gase, nach dem sich das Volumen bei konstantem Druck linear mit der Temperatur ändert. Die jeweiligen Volumina verhalten sich wie die absoluten Temperaturen des Gases, $V_1 : V_2 = T_1 : T_2$.

Carl Friedrich Gauß auf einem zeitgenössischen Ölgemälde und Autogramm

Gaza [-z-], **Gasa, Ghazza,** Handels- und Hafenstadt in S-Palästina, an der ägyptisch-israel. Grenze, 273 000 Ew. Der seit 1967 israelisch besetzte **G.-Streifen** (363 km², 748 000 Ew., die meisten davon Flüchtlinge) ist seit 1949 Gegenstand israelisch-ägyptisch-palästinens. Streits. Das 1994 abgeschlossene G.-Jericho-Abkommen zw. Israel und der PLO beinhaltet eine weitgehende Autonomie des G.-Streifens.

Gaze ['ga:zə] *die,* schleierartig licht- und luftdurchlässiges Gewebe aus feinen Garnen für Gardinen, medizin. Zwecke (Mull) usw.

Gazẹlle *die,* Gattung 0,9 bis 1,7 m langer, schlanker asiatisch-afrikan. Antilopen, in Herden lebend.

Gazẹllenfluss, Bahr el-Ghạsal, linker Nebenfluss des Nils im Sudan.

Gazẹtte *die,* abwertend für: Zeitung, Zeitschrift.

Gaziantẹp [-z-], türk. Stadt im Taurusvorland, 627 600 Ew.; Textil- und Nahrungsmittelindustrie.

Gd, chem. Symbol für Gadolinium.

Gdańsk [gdaĩsk], poln. Name für → Danzig.

Gdịngen, poln. **Gdynia** ['gdinja], 1939 bis 1945 **Gọtenhafen,** Hafenstadt in Polen, an der Ostsee (Danziger Bucht), 250 000 Ew.; Werften.

Ge, chem. Symbol für Germanium.

Geäse *das,* Ψ **1)** Maul der Hirsche, Rehe, Gämsen. – **2)** aufgenommene Nahrung (Äsung).

Gebärde, ausdrucksvolle, sichtbare Bewegung. Man unterscheidet: 1) **arttyp. G.** (z. B. Demutsgebärde, Drohverhalten und Imponiergehabe, Katzbuckeln, Schweifwedeln); 2) **absichtl. G.,** beim Menschen als Sprachhilfe oder als Sprachersatz **(G.-Sprache);** Hilfsmittel bei Taubstummheit, Ausdrucksmittel in der Schauspielkunst, Symbolsprache in Verbindung mit kult. Handlungen (z. B. Verneigung, Haltung der Hände).

Gebärmutter, lat. **Uterus,** griech. **Hystẹra,** ⚕ ♡ Organ des weibl. Körpers, das die befruchteten Eier in sich aufnimmt, sie während ihrer Entwicklung zu Embryonen beherbergt und die reife Frucht bei der Geburt ausstößt. Die **G. der Frau** ist ein muskulöses, hohles, flach birnenförmiges Organ in der Mitte des kleinen Beckens zw. Blase und Mastdarm. Der **G.-Hals** (Cervix) mit kleiner zentraler Öffnung, dem **Muttermund,** mündet in die Scheide. Vom **G.-Körper** gehen nach beiden Seiten die Eileiter ab. Die Schleimhaut im Innern der G. erneuert sich in vierwöchentl. Zyklus und wird bei der Menstruation ausgestoßen. – **G.-Krankheiten. G.-Geschwülste:** Myom, gutartig, geht aus Muskelfasern hervor; Polyp, gutartig, Geschwulst der Schleimhäute; Krebs, bösartig. Anzeichen für alle: unregelmäßige Blutungen. **G.-Geschwür, Erosion,** meist am äußeren Muttermund. **G.-Katarrh,** Entzündung der G. durch Bakterien. Anzeichen: Völlegefühl, Ausfluss, Schmerzen. **G.-Verlagerungen:** Rückwärtsneigung **(Retroversion),** Rückwärtsknickung **(Retroflexion),** abnorme Vorwärtsknickung **(Anteflexion),** Senkung **(Descensus),** Vorfall **(Prolaps).** Ursachen: Lockerung der Bänder durch Geburten oder schwere körperl. Arbeit.

Gebet *das,* Hinwendung des Menschen zu Gott in Form des Anrufs als Bitt-, Buß-, Lob-, Dank-G. und Fürbitte.

Gebetsmühle, bes. im Lamaismus hölzernes oder metallenes zylinderförmiges Gefäß, in dem mit Gebeten beschriebene Papierstreifen drehbar gelagert sind. Drehen gilt als Beten. Es gibt große G., die durch Wind- oder Wasserräder angetrieben werden.

Gebetsriemen, Tefillịn, jüd. Gebetsutensilien: Riemen mit Kapseln, in denen Pergamentstreifen mit Bibelsprüchen liegen; zum Anlegen an der Stirn und am linken Arm.

Gebetsteppich, bei den Muslimen Unterlage beim Gebet; Kennzeichen ist das eingeknüpfte Motiv einer Nische oder Spitze (Mihrab), die beim Gebet nach Mekka zeigen muss. G. sind seit dem 10. Jh. bekannt.

Gebietskörperschaft, eine Körperschaft des öffentl. Rechts, z. B. Gemeinde, Land.

Gebildbrot, aus Anlass bes. Feste des Jahrs und des Lebenslaufs geformtes Gebäck.

Gebirge, zusammenhängende größere Erhebung der Erdoberfläche: Berge und Hochflächen, die durch Täler und Senken gegliedert sind. Nach der Form der Gipfel unterscheidet man: **Kamm-G.** (z. B. Sudeten), **Kuppen-G.** (Rhön), **Tafel-G.** (Schwäb. Alb); nach der Höhe: **Mittel-G.** (Schwarzwald) und **Hoch-G.** (Alpen). Ihrer Entstehung **(G.-Bildung)** nach sind die G. entweder vulkanisch – durch Ausstoßung von Gesteinen – oder tektonisch – durch Störung der Lagerung der Gesteine. Die tekton. G. gliedert man in **Falten-G.** und **Bruch-G.,** die Letzteren in **Horst-G.** und **Schollen-G. Ketten-G.** sind lang gestreckte Falten-G. (Alpen).

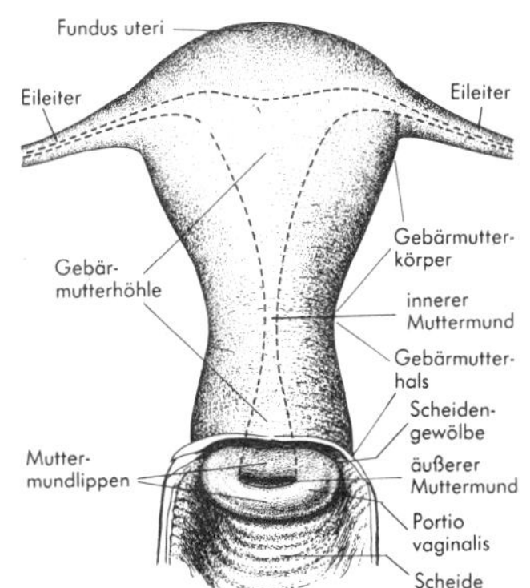

Gebärmutter der Frau

Gebiss, 1) Gesamtheit der Zähne. – **2)** der eiserne Teil des Pferdezaums.

Gebläse, ⚙ Verdichter gasförmiger Medien mit niedrigem Druckverhältnis; zur Lüftung und Versorgung von Hochöfen, Bergwerken mit Frischluft.

Gebot, 1) Befehl, Gesetz. – **2)** → Zehn Gebote. – **3)** in der Versteigerung Preisangebot des Bieters.

Gebrauchsanmaßung, ⚖ vorübergehende, unberechtigte Benutzung fremder Sachen ohne Zueignungsabsicht, im Allg. nicht strafbar. Die G. der öffentl. Pfandleiher an verpfändeten Sachen (§ 290 StGB) ist strafbar, auf Antrag strafbar auch die G. an Kfz und Fahrrädern (§ 248 b StGB).

Gebrauchsgüter, langlebige Konsumgüter wie z. B. Waschmaschinen, Möbel u. a.; Ggs.: Verbrauchsgüter.

Gebrauchsmuster, ⚖ → Musterschutz.

Gebühren, 1) öffentl. Abgaben für eine bestimmte staatl. Leistung, bes. für die Inanspruchnahme öffentl. Einrichtungen, z. B. **Prüfungs-G., Gerichts-G.** – **2)** Entgelt für Dienstleistungen von Ärzten, Rechtsanwälten u. a.; in G.-Ordnungen festgelegt.

gebundene Rede, Dichtung in Versform.

Geburt, Niederkunft, Entbindung, lat. **Pạrtus,** Vorgang, durch den die Leibesfrucht aus dem mütterl. Körper an die Außenwelt gelangt. – Die normale G. beginnt mit Einsetzen der Wehen, rhythm., sehr schmerzhaften Zusammenziehungen der Gebärmuttermuskulatur. Die ersten Wehen bewirken eine langsame Eröffnung des Gebärmutterhalskanals **(Eröffnungsperiode).** Wenn der Muttermund völlig erweitert ist, platzt die Fruchtblase (Blasensprung), das Fruchtwasser fließt durch die Scheide ab, und mit den nächstfolgenden Wehen beginnt die Austreibung der Frucht **(Austreibungsperiode).** Der führende Teil des Kinds, der Kopf, wird durch den G.-Kanal gepresst und nach Überwindung der Becken- und Dammwege geboren. Der Körper folgt mit der nächsten Wehe nach. Ist das Kind geboren, wird die Nabelschnur durchschnitten. In der nun folgenden **Nachgeburtsperiode** wird der Mutterkuchen mit Nabelschnur- und Eihautresten als Nach-G. aus der Gebärmutter ausge-

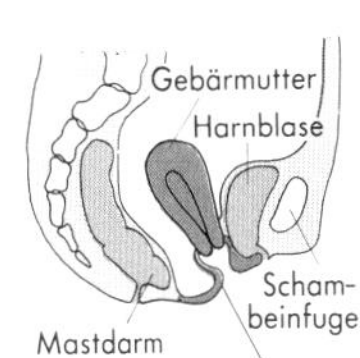

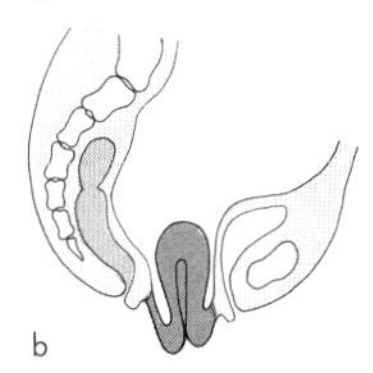

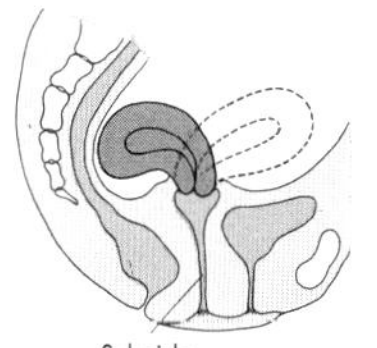

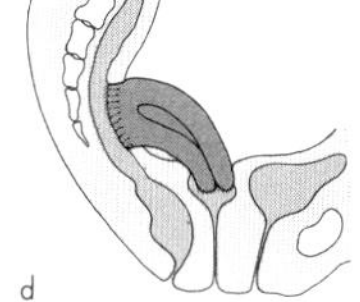

Gebärmutter-Verlagerungen. **a** Senkung der Gebärmutter mit Vorfall der Scheidenwand; **b** teilweiser Vorfall der Gebärmutter; **c** rückwärts geknickte Gebärmutter; **d** Verwachsung der rückwärts geknickten Gebärmutter

Geburtshelferkröte

stoßen. G.-Komplikationen (Wehenschwäche, geburtshindernde Kindslage, zu enges Becken der Mutter, Abschwächung der kindl. Herztöne, Eklampsie der Mutter u. a.) erfordern eine schnelle Beendigung des G.-Vorgangs, oft durch Kaiserschnitt.

Geburtenbuch, beim Standesamt geführtes Personenstandsbuch (→Personenstand). **Geburtenstatistik,** Teil der Bev.-Statistik.

Geburtenkontrolle, Maßnahmen zur gezielten Beeinflussung von Zahl und Abstand der Geburten einer Frau durch Mittel der →Empfängnisverhütung.

Geburtshelferkröte, Froschlurch im wärmeren Europa. Das Weibchen laicht an Land, das Männchen windet sich die Eischnüre um die Hinterschenkel, vergräbt sich bis zur Eireifung und geht dann ins Wasser, wo die Eier sofort aufplatzen.

Geburtshilfe, Teilgebiet der Frauenheilkunde; befasst sich mit den normalen und krankhaften Vorgängen während der Schwangerschaft, bei der Geburt und im Wochenbett.

Gecko *der,* **Haftzeher,** Familie der Echsen mit rd. 670 Arten in warmen Ländern, die mithilfe von Haftlamellen und/oder Krallen an den Zehen an glatten Wänden und Decken laufen können.

Gedächtnis, Fähigkeit des Gehirns, Informationen unwillkürlich oder durch bewusstes Lernen zu behalten, Grundlage der Erinnerung.

Gedanke, geistige Vorstellung; Plan, Einfall. **Gedankenblitz,** plötzl. Eingebung.

Gedankenübertragung, Telepathie, angebl. Weitergabe oder Aufnahme von Bewusstseinsinhalten an oder von anderen Personen ohne Vermittlung der Sinnesorgane.

Gedicht →Lyrik.

gediegen, 1) Mineralogie: rein vorkommend (Metall). – **2)** zuverlässig, solide.

Gedinge, Akkordlohn der Bergarbeiter.

gedruckte Schaltung, ⚡ Leiterplatte, bei der die Leiterbahnen durch ein Druckverfahren oder Ätzen auf eine Isolierplatte aufgebracht sind.

Gedser ['gesər], dän. Hafen an der Südspitze von Falster, 1 200 Ew.; Eisenbahnfähre nach Warnemünde, Autofähre nach Travemünde.

Geest *die,* im Norddt. Tiefland das höher als die Marsch gelegene, minder fruchtbare, meist sandige Land eiszeitl. Entstehung.

Geesthacht, Stadt in Schlesw.-Holst., am rechten Elbufer, 28 000 Ew.; Maschinen- u. a. Ind., Forschungsreaktor; Kernkraftwerk Krümmel; Elbstaustufe mit Pumpspeicherwerk.

Gefährdungshaftung, ⚖ Haftung für Schäden, die ohne Verschulden des Haftpflichtigen eintraten.

Gefälle, Verhältnis des Höhenunterschieds zweier Punkte zu ihrem horizontalen Abstand; bei Straßen in Prozent angegeben.

Gefangenenbefreiung, Vergehen, wird gemäß § 120 StGB mit Freiheitsstrafe bestraft.

Gefängnis, früher amtl. Bezeichnung für Justizvollzugsanstalt.

Gefängnisstrafe, U für →Freiheitsstrafe.

Gefäßbündel, strangförmige Gewebebezirke in allen Blütenpflanzen und den farnartigen Pflanzen (Gefäßkryptogamen). In den Blättern bilden die G. das Blattgeäder. Die G. des Stängels stehen bei den zweikeimblättrigen Pflanzen im Kreis, bei den einkeimblättrigen Pflanzen unregelmäßiger. Jedes G. besteht aus einwärts gelegenem **Holzteil,** in dem das Wasser (mit den Nährsalzen) aufsteigt, und auswärts gelegenem **Bast-** oder **Siebteil,** der dem Transport von organ. Stoffen aus den Blättern zu den Bedarfsorten dient. Zw. beiden liegt das →Kambium. Die wesentlichsten Aufbauteilchen des Holz- und Siebteils sind die **Gefäße** (Tracheen).

Gefäße, ⚕ →Blutgefäße, →Lymphgefäße.

Gefäßkrampf, Krampf der Muskulatur von Blutgefäßen, z. B. bei Angina pectoris.

Geflügel, Sammelbezeichnung für gezüchtete Nutzvögel (Haus-G.) und jagdbare Vögel (Flugwild, Wald-G.). – **G.-Krankheiten,** meist Infektionskrankheiten: u. a. **G.-Cholera,** führt schon nach wenigen Stunden zum Tod. **G.-** oder **Hühnerpest,** eine Viruskrankheit, äußert sich in Schlafsucht, schwarzroter Färbung des Kamms und der Kehllappen, führt nach 1 Woche zum Tod. **Kükenruhr** (G.-Typhus) wird meist übertragen durch Bruteier und vermindert den Kükenbestand um 30 bis 90%. **G.-Tuberkulose,** auch auf Schwein und Mensch übertragbar.

geflügelte Worte, seit G. Büchmanns Sammlung »Geflügelte Worte« (1864) Bezeichnung für sprichwörtlich gebrauchte Aussprüche, bes. Dichterzitate.

Gefrier|anlagen, sie dienen zum schnellen Gefrieren von Lebensmitteln bei tiefen Temperaturen (–20 bis –50 °C) mit Kältemaschinen.

Gefrierkost →Tiefkühlkost.

Gefrierpunkt, Temperatur, bei der eine Flüssigkeit erstarrt, d. h. in den festen Aggregatzustand übergeht. Der G. ist druckabhängig.

Gefrierschutzmittel, Frostschutzmittel, Zusätze zu Wasser, die das Gefrieren bei 0 °C verhindern, z. B. Lösungen von Kochsalz, Calciumchlorid, Alkohol, Glycerin.

Gefriertrocknung, Wasserentzug aus biolog. Geweben, Bakterien, Lebensmitteln usw. durch Tiefgefrieren im Vakuum.

Gefühl, seel. Erlebnisse oder Erlebnisqualitäten teils ungerichteter, teils gerichteter Art (Liebe, Hass), teils Gesamtzustände, die als **Stimmung** den tragenden Grund für Erleben und Verhalten bilden. Stark und rasch verlaufende G. heißen **Affekte.**

Gegenkolbenmotor, Doppelkolbenmotor, ⚙ Verbrennungsmotor mit 2 gegenläufig in einem Zylinder arbeitenden Kolben. Einer steuert die Spül-, der andere die Auspuffschlitze.

Gegenkönig, im MA. der von einer Gruppe von Fürsten gewählte und dem herrschenden König entgegengestellte König, in Dtl. u. a. Rudolf von Rheinfelden (1077 gegen Heinrich IV. gewählt), Konrad III. (1127 gegen Lothar III. gewählt, nach dessen Tod 1138 allg. anerkannt). Ein Sonderfall (ohne eindeutigen G.) war die **Doppelwahl** durch 2 rivalisierende Fürstengruppen (zuerst 1198 Philipp von Schwaben und Otto IV.).

Gegenreformation, die häufig gewaltsame Rekatholisierung nach der Reformation prot. gewordener Gebiete (v. a. 1555 bis 1648). Die zunächst im Hl. Röm. Reich (zuerst in Bayern) einsetzende G. führte als Teil

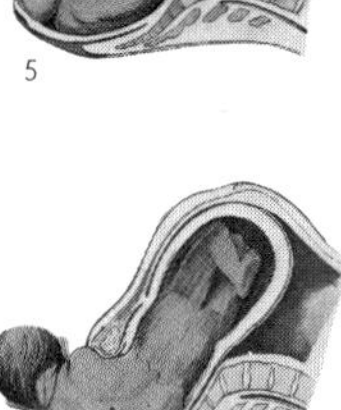
Geburt. Austreibungsperiode: **1** Beginn der Austreibung (Fruchtblase kurz vor dem Springen), **2** nach dem Blasensprung, **3** Beginn des »Einschneidens« des Kopfes, **4** »Einschneiden« des Kopfes, **5** Kopf im »Durchschneiden«, **6** Kopf und Hals vollständig geboren

Gefrierpunkt verschiedener Flüssigkeiten

Flüssigkeit	Gefrierpunkt in °C	Siedepunkt in °C
Äthylalkohol	–114,5	+ 78,3
Äther	–116,3	+ 35,0
Benzol (Benzen)	+ 5,5	+ 80,1
Chloroform	– 63,5	+ 61,2
Essigsäure	+ 16,7	+118,1
Glycerin	– 18,0	+290,0
Methylalkohol	– 97,9	+ 64,7
Quecksilber	– 38,9	+357,0
Schwefelkohlenstoff	–111,6	+ 46,2
Toluol	– 94,5	+110,8
Wasser	0,0	+100,0

der allg. polit. Konfessionalisierung in den Dreißigjährigen Krieg und wurde durch den Westfäl. Frieden beendet.
Gegenrevolution → Konterrevolution.
Gegensatz, urspr. die einer Behauptung zum Zwecke ihrer Widerlegung entgegengesetzte Behauptung, ihr Gegenteil; in der klass. Logik das Verhältnis von Begriffen, die einander ausschließen.
Gegenstromverfahren, Wärme- oder Stoffaustausch durch Vorbeiführen zweier Stoffe aneinander in entgegengesetzter Richtung.
Gegenwart, 1) Jetztzeit. - **2)** Anwesenheit. - **3)** ⑤ eine Zeitform (Präsens).
Gegenzeichnung, Kontrasignatur, ⚖ Mitunterschrift einer zweiten Person, z.B. G. einer Urkunde des Staatsoberhaupts durch den Regierungschef oder einen Minister.
Gehalt *der,* **1)** wesentl. Inhalt, der innere Wert. - **2)** bei Erzen: das reine Metall. - **3)** Inhalt eines Gefäßes. - **4)** *das,* das meist monatlich gezahlte Arbeitsentgelt der Beamten (Besoldung) und Angestellten.
Geheeb, Paul, dt. Pädagoge, * 1870, † 1961; gründete 1910 die »Odenwaldschule«, 1934 in der Schweiz die »École d'Humanité«.
Geheimbünde, exklusive, esoter. Vereinigungen mit primitiv-mag., religiösen, polit. oder auch gesellschaftl. Zielen (Freimaurer), die streng geheim gehalten werden; polit. G. sind z.B. Partisanenbewegungen, auch die terrorist. Untergrundorganisationen wie der Ku-Klux-Klan oder die RAF.
Geheimdienst → Nachrichtendienst.
Geheimer Rat, 1) Geheimes Ratskollegium, Geheimes Konzil, Staatsrat, in dt. Einzelstaaten vom 16. bis 19. Jh. die oberste Regierungsbehörde. - **2)** Mitglied einer solchen Behörde. - **3)** in Dtl. bis 1918 ein Titel (Geheimrat, Geheimer Regierungs-, Justiz-, Medizinalrat).
Geheime Staatspolizei, Abk. **Gestapo,** polit. Polizei im natsoz. Dtl., unterstand H. Himmler; konnte »Schutzhaft« in Gefängnissen und KZ verhängen, foltern und liquidieren; war u.a. auch mit »Einsatzgruppen« an der Massenvernichtung der Juden beteiligt.
Geheimschrift, nur für Eingeweihte verständliche Schrift. Es gibt diplomat., militär., kaufmänn. und kriminelle G. Bei den versch. **Chiffrierverfahren** wird die Textvorlage mithilfe eines »Schlüssels« (Code) in den Geheimtext umgesetzt. Die **Verschleierungsverfahren** wenden unsichtbare Tinten **(Geheimtinten),** besondere Schriftzeichen u.a. an. (→ Kryptologie)
Gehen, Wettkampfübung in der Leichtathletik; im Ggs. zu den Laufwettbewerben muss das vorschwingende Bein aufgesetzt werden, bevor das hintere Bein den Boden verlässt. Erste Dt. Gehermeisterschaft 1906 über 100 km.
Gehirn, Hirn, lat. **Cerebrum,** der innerhalb der Schädelkapsel gelegene Teil des Zentralnervensystems des Menschen und der Wirbeltiere. Es ist Zentrum für alle Sinnesempfindungen und Willkürhandlungen, Sitz des Bewusstseins, Gedächtnisses und aller geistigen und seel. Leistungen. Im Innern des G. liegen miteinander zusammenhängende, mit wässriger Flüssigkeit (G.-Rückenmarks-Flüssigkeit) gefüllte Höhlen. Das G. ist von 3 Häuten, der **weichen Hirnhaut,** der **Spinnwebenhaut** und der den Schädelknochen dicht anliegenden **harten Hirnhaut,** umschlossen.
Einteilung. Hauptteile des G. sind das aus 2 Halbkugeln bestehende **Großhirn,** mit vielen Windungen an der Oberfläche, im oberen und vorderen Teil des Schädels, das **Kleinhirn** im Hinterkopf und eine Kette von Hirnteilen, die das Großhirn mit dem Rückenmark verbinden. In dem dem Rückenmark am nächsten liegenden Hirnteil, dem **verlängerten Mark,** liegen an einer Stelle, dem **Lebensknoten,** das lebenswichtige

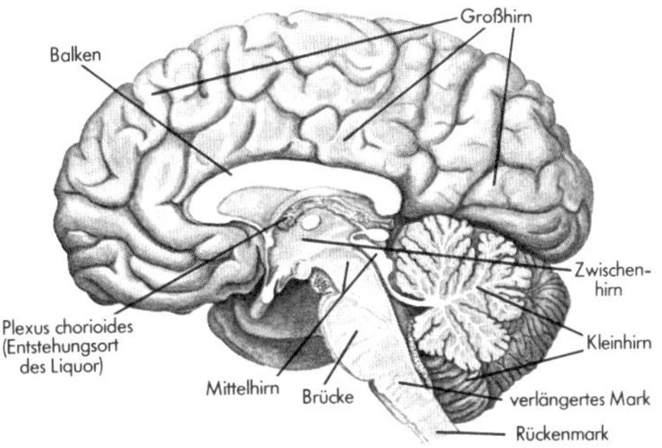

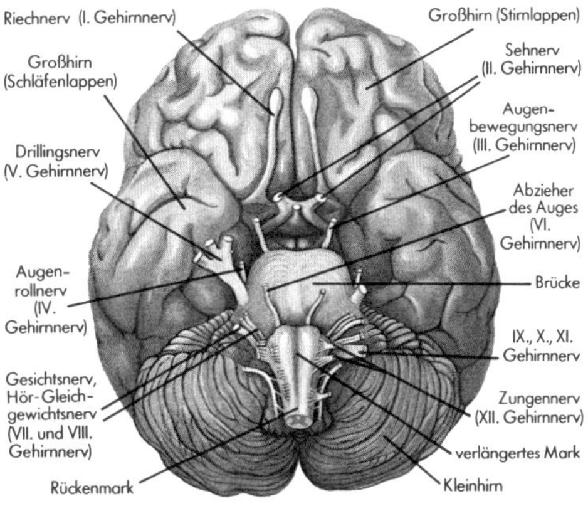

Das menschliche **Gehirn.** Oben im Sagittalschnitt, unten von der Basis aus gesehen

Atmungs- und Herzzentrum. Am Boden des **Zwischenhirns** sitzt die **Hirnanhangdrüse** (Hypophyse), auf der oberen Fläche die **Zirbeldrüse** (Epiphyse); beide sind wichtige Drüsen mit → innerer Sekretion. Das **Mittelhirn** schließt sich nach hinten an das Zwischenhirn an; es enthält eine Reihe wichtiger Kerngebiete. Die versch. Tätigkeiten des G. sind an bestimmte Gegenden **(Zentren)** gebunden. Vom G. gehen 12 Nervenpaare **(Hirn-, G.-Nerven)** aus. Mittlere Hirnmasse des Manns 1375 g, der Frau 1245 g.
Erkrankungen. G.-Abszess, umschriebene akute oder abgekapselte chron. Eiteransammlung im G.; am häufigsten nach G.-Verletzungen (Hirnschüssen); auch als Folge von Innenohreiterung oder G.-Entzündung; **G.-Blutung,** durch Platzen eines brüchig gewordenen Gefäßes (→ Schlaganfall) oder infolge von Gewalteinwirkung (G.-Erschütterung, Schädelbruch); **G.-Entzündung** (Enzephalitis) kann durch Bakterieneinschleppung auf dem Blutweg bei jeder Infektionskrankheit entstehen, bes. bei Masern, Keuchhusten, Typhus, Fleckfieber, auch gelegentl. nach Pockenschutzimpfung; **epidem. G.-Entzündung, Enzephalitis epidemica** (lethargica), Schlafgrippe, eine Virusinfektion, die schwere Dauerschäden des G. hervorruft (Muskelstarre, Schüttellähmung, Speichelfluss). Behandlung mit Atropin (Bulgar. Kur). **G.-Erschütterung** (Commotio cerebri) entsteht durch Fall oder Schlag auf den Schädel. Symptome: Bewusstlosigkeit, Schwindel, Übelkeit; häufig noch lange Wochen danach Kopfschmerzen. Strenge Bettruhe, Beruhigungsmittel; **G.-Erweichung,** herdförmige Erweichung von G.-Teilen infolge Durchblutungsmangels, bes. nach Embolie, Thrombose, Massenblutung durch Gefäßzerreißung bei Bluthochdruck; auch volkstüml. Ausdruck für die fortschreitende Paralyse (Spätstadium der Syphilis); **G.-Geschwulst** (Hirntumor) ruft

durch verdrängendes Wachstum Kopfschmerzen, Sehstörungen, Erbrechen (Hirndrucksteigerung), später Lähmungen hervor. **G.-Schwund,** meist im hohen Alter vorkommende Rückbildung der G.-Substanz (→Alzheimer-Krankheit); **G.-Wassersucht,** volkstüml. Bezeichnung für die zum →Wasserkopf führende Ansammlung von G.-Rückenmarks-Flüssigkeit; **Gehirnhautentzündung,** →Meningitis.

Hans Werner Geissendörfer

Gehirnwäsche, eine Art der Folter, meist bei polit. Gefangenen angewandt, sucht durch physisch-psych. Druck Geständnisse oder die völlige Umwandlung des Denkens und Wollens eines Menschen zu erreichen.

Gehlen, Arnold, dt. Philosoph, Soziologe, *1904, †1976; begreift den Menschen als biologisch »instinktentsichertes« und daher auf Lebensführung durch feste Gesellschaftseinrichtungen angewiesenes »Mängelwesen«.

Gehör *das,* Fähigkeit, Töne, Klänge und Geräusche mit dem →Ohr wahrzunehmen.

Gehörn *das,* **1)** Hörnerpaar der Horntiere. – **2)** Geweih des Rehbocks.

Gehrung, Gehre *die,* Zusammenstoßen von Leisten oder Gesimsen unter einem Winkel; z. B. die Ecke eines Bilderrahmens.

Geibel, Emanuel, dt. Dichter, *1815, †1884; Lyrik in klassizist. Form; trat für dt. Einigung unter Preußens Führung ein; auch Volkslieder (u. a. »Der Mai ist gekommen«).

Geier, adlerartige große Greifvögel mit über 20 Arten; Hals und Kopf meist nur von wenigen Flaumfedern bedeckt; Aasfresser, in warmen Ländern daher als »Gesundheitspolizei« nützlich. **Gänse-G., Schmutz-G.** (Aas-G.) in den Mittelmeerländern und Afrika; **Bart-** oder **Lämmer-G.** und **Mönchs-** oder **Kutten-G.** in Asien, N-Afrika, SO-Europa; **Kondor, Königs-G.** in Amerika.

Geierhaube, Kopfschmuck der Königinnen im alten Ägypten.

Geige, U Bezeichnung für →Violine.

Geiger, Hans, dt. Physiker, *1882, †1945; arbeitete über Radioaktivität, Atomaufbau und Strahlungen. **G.-Zähler** →Zählrohr.

Geiler von Kaysersberg, Johannes, dt. Theologe, *1445, †1510; volkstüml. Sittenprediger.

Geisel *die,* allg. und im Völkerrecht: gewaltsam oder widerrechtlich ergriffener »Bürge«, der mit Freiheit oder Leben für die Erfüllung bestimmter Forderungen in Haftung genommen wird.

Geiselnahme, dem Menschenraub ähnliche Überwältigung eines Menschen, um einen andern zu einem bestimmten Verhalten zu nötigen; strafbar nach § 239b StGB.

Geisenheim, Stadt im Rheingau, Hessen, 11 300 Ew.; Maschinenind.; Weinbau; Bundesforschungsanstalt für Ernährung, Wein- und Gartenbau.

Geiser →Geysir.

Geiserich, König der Wandalen und Alanen, *389?, †477; gründete 442 in N-Afrika ein Reich (Residenz: Karthago), eroberte 455 Rom.

Geisha [ˈgeːʃa, ˈgaɪʃa] *die,* in Japan in Tanz, Gesang und gesellschaftl. Umgangsformen ausgebildete Frau zur Unterhaltung und Bedienung in Teehäusern und bei festl. Gelegenheiten.

Geislingen an der Steige, Stadt in Bad.-Württ., am N-Rand der Schwäb. Alb, 28 400 Ew.; Metallwaren-, Textilindustrie.

Geißblatt, Gattung von Sträuchern mit zweilippigröhrigen Blüten und ungenießbaren Beeren; teils Klettersträucher mitteleurop. Waldränder, auch Ziersträucher **(Wald-G.** und **Jelängerjelieber);** teils aufrechte Sträucher mit kleineren, kürzeren Blüten **(Schwarze Heckenkirsche).**

Geißel, 1) Züchtigungswerkzeug, Stab mit Riemen oder Schnüren; Ü Plage, Heimsuchung. **Geißler** →Flagellanten. – **2)** geißelähnl. Plasmafäden bei kleinen Lebewesen, dienen zur Fortbewegung.

Geißeltierchen, Flagellaten, Einzeller, Klasse der Urtiere, mit Geißelfäden zur Fortbewegung. Einige Arten sind Schmarotzer (z. B. →Trypanosomen).

Geissendörfer, Hans Werner, dt. Filmregisseur, *1941; Literaturverfilmungen (»Zauberberg«, 1982), Fernsehproduktionen (»Lindenstraße«, seit 1985).

Geißfuß, der →Giersch.

Geißler, Heinrich (Heiner), dt. Politiker (CDU), *1930; 1977 bis 1989 Gen.-Sekr. der CDU, 1982 bis 1985 Bundesmin. für Jugend, Familie und Gesundheit, seit 1991 stellv. Vors. der CDU/CSU-Bundestagsfraktion.

Geißler-Röhren [nach dem dt. Mechaniker Heinrich Geißler, *1814, †1879], mit verdünnten Gasen gefüllte Glasröhren zur Untersuchung von Glimmentladungen und Gasspektren.

Geist, allg. Sinn, Bedeutung einer Sache oder Tätigkeit; Gesinnung von Personen; Scharfsinn, Esprit; i. e. S. philosoph. Begriff, der Denken, Vernunft und Bewusstsein als das über das Sinnliche und Materielle Hinausreichende des menschl. Seins bezeichnet. In der älteren Tradition ist der Begriff zumeist in die Metaphysik bzw. Theologie eingebettet und wird zur Erklärung der Geordnet- und Bewegtheit der Welt **(Welt-G.)** bzw. zur näheren Bestimmung Gottes verwendet. Nach G. W. F. Hegel entwickelt sich der G. in 3 Stufen: **subjektiver G.** (Denk-, Abstraktions-, Reflexionsvermögen), **objektiver G.** (Inbegriff sozial bezogener Tätigkeiten wie Sprache, Wiss., Künste), **absoluter G.** (sich selbst begreifender, sich in Kunst, Religion, Philosophie offenbarender »G. an und für sich«).

Geistesgeschichte →Ideengeschichte.

Geisteskrankheiten, veraltete Bezeichnung für seelisch-geistige Störungen. (→seelische Krankheiten)

Geisteswissenschaften, diejenigen Wiss., die die Ordnungen in Staat, Gesellschaft, Recht, Sitte, Erziehung, Wirtschaft, Technik und die Deutungen der Welt in Sprache, Mythos, Religion, Kunst und Philosophie zum Gegenstand haben.

geistiges Eigentum →Urheberrecht.

Geistliche, seit dem 15. Jh. Standesbezeichnung für den Klerus.

geistliche Fürsten, im Hl. Röm. Reich (bis 1803) hohe Geistliche, die dem Reichsfürstenstand angehörten, z. B. geistliche Kurfürsten, Fürsterzbischöfe und Fürstbischöfe.

geistlicher Vorbehalt, Bestimmung des Augsburger Religionsfriedens von 1555, dass die geistl. Fürsten beim Übertritt zum Protestantismus ihre weltl. Herrschaft verlieren sollten.

Geiztrieb, Geize, Seitentriebe aus den Blattachseln mancher Pflanzen.

Gekröse *das,* **1)** Bauchfellfalte, die den Dünndarm einschließt. – **2)** Kochkunst: Magen, Netz sowie krause Gedärme von Kalb und Lamm.

Gel *das,* kolloidale Lösung, die durch Wasseraufnahme gallertartig erstarrt ist.

Gelatine [ʒe-] *die,* leimähnl. Eiweißsubstanz aus entmineralisierten Knochen u. a.; zur Versteifung von Süßspeisen, zur Fotofilmbeschichtung.

Gelb, Farbe im Spektrum zw. Orange und Grün; Wellenlänge zw. 555 und 590 nm.

Gelbbeeren, unreife, getrocknete Beeren versch. Kreuzdornarten; zum Gelbfärben.

Gelbbücher →Farbbücher.

gelber Fleck, Bezirk der Netzhaut, →Auge.

Gelber Fluss →Hwangho.

Gelbes Meer, Randmeer des Pazif. Ozeans zw. Korea und China.

gelbes Trikot [-ˈkoː], Radsport: Trikot des jeweiligen Spitzenreiters der Tour de France, eingeführt 1919.

Gelbfieber, schwere Tropenkrankheit, mit hohem Fieber, Erbrechen und Gelbsucht. Das G.-Virus wird durch die **G.-Mücke** (Aedes aegypti) übertragen.
Gelbguss, Messingguss.
Gelbkreuzkampfstoffe, chemische Kampfstoffe; am bekanntesten das Senfgas (Lost).
Gelb|randkäfer, räuberischer →Schwimmkäfer.
Gelbspötter, Gartenspötter, den Rohrsängern verwandter europ. Singvogel, grüngrau, unten gelblich, ahmt andere Vogelstimmen nach.
Gelbsucht, Ikterus, Gelbfärbung der Haut und der Schleimhäute, bes. der Augen, als Anzeichen von Leberschädigung, Verschluss der Gallengänge oder krankhaftem Blutzerfall.
Geld, 1) allg., meist staatlich eingeführtes und anerkanntes Mittel des Zahlungsverkehrs. **Funktionen:** G. ist allg. Tausch- und Zahlungsmittel, Wertmaßstab aller Güter und Leistungen, Mittel zur Wertaufbewahrung und Wertübertragung. **Arten:** Bei Tauschwirtschaft **Natural-G.,** in höher entwickelter Wirtschaft **Hart-** oder **Münz-** und **Zeichen-** oder **Papier-G.;** hoch entwickelte Wirtschaften kennen den bargeldlosen Zahlungsverkehr **(Buch-, Giral-** oder **Geschäftsbanken-G.).** – Die Ordnung des G.-Wesens in einem Land heißt →Währung. **Währungs-G. (Kurant-G.;** z.B. Banknoten) muss in jeder Höhe als Zahlung angenommen werden, **Scheidemünzen** nur bis zu einem Höchstbetrag. – Die **G.-Theorie** (G.-Lehre), eine Disziplin der Wirtschaftswiss., untersucht das Wesen des G. und die Ursachen, die ihm einen Wert verleihen. Für den **G.-Wert** ist das Verhältnis zw. G.-Menge und Gütermenge wichtig. Neben dem inneren G.-Wert, der Kaufkraft, steht der äußere G.-Wert, die Kaufkraft gegenüber ausländ. Waren, die sich im Wechselkurs äußert. Die **G.-Politik** hat das Ziel, Schwankungen des G.-Werts durch Regulierung der G.-Menge (Bar-, Buch- und Giral-G.) auszuschalten. **G.-Schöpfung** heißt die Erhöhung der G.-Menge durch Ausgabe neuer G.-Zeichen, auch durch Ausstellung von Wechseln oder Gewährung von Buchkrediten. – **G.-Markt,** der Markt für kurzfristige Kredite (Ggs.: Kapitalmarkt). – **2)** Abk. **G.,** im Börsenverkehr (Kurszettel): gesucht zum angegebenen Preis, dem **G.-Kurs;** Ggs.: Briefkurs; →Brief.
Geldern, 1) Prov. der Niederlande, 1,8 Mio. Ew., Hptst. Arnheim. – **2)** Stadt im Reg.-Bez. Düsseldorf, NRW, 31 700 Ew.; Maschinenbau; Gemüseanbau; Baumschulen.
Geldstrafe, Strafsanktion, die bei Vergehen verhängt werden kann, und zwar in Tagessätzen von mindestens 2 DM und höchstens 10 000 DM; die Zahl der Tagessätze beträgt mindestens 5 und höchstens 360. Ist die G. uneinbringlich, so tritt an ihre Stelle pro Tagessatz je ein Tag Freiheitsstrafe. Anstelle einer Freiheitsstrafe von weniger als 6 Monaten ist stets auf G. zu erkennen, wenn der Strafzweck dadurch erreicht werden kann.
Geldwäsche, das Verschleiern und Verheimlichen von Vermögenswerten illegaler Herkunft, v.a. aus Drogen-, Waffen- oder Menschenhandel sowie aus Raub und Erpressung, indem durch komplizierte Finanztransaktionen legaler Erwerb vorgetäuscht und so das urspr. »schmutzige« Geld in den legalen Kreislauf eingeschleust wird. In Dtl. ist G. seit 1992 strafbar; zudem soll seit 1993 das Gewinnaufspürungsges. (»Geldwäscheges.«), das Bankern bei Bargeschäften ab 20 000 DM zur Identitätsfeststellung des Kunden, Datenspeicherung und im Verdachtsfall zur Anzeige verpflichtet, G. erschweren und Gelder aus illegalen Machenschaften aufspüren helfen. Ähnliche Regelungen gelten für die Schweiz.
Gelee [ʒəˈleː] *das, der,* gallertartig erstarrter Frucht- oder Fleischsaft.
Gelée royale [ʒəˈleː rwaˈjal], Weiselfuttersaft, Königinnenfutter der Bienen.

Geleit, 1) im MA. bewaffnete Begleiter, die Reisenden zur Sicherheit beigegeben waren. Ein **G.-Brief** sagte den Reisenden oder Gütern Schutz und Sicherheit zu. – **2)** ⚖ **sicheres G.,** die einem abwesenden Beschuldigten vom Gericht erteilte Befreiung von der Untersuchungshaft (§ 295 Strafprozessordnung); im Völkerrecht die Zusage, Vertreter eines andern Staats nicht zu verhaften.
Gelenk, 1) ⚕ Verbindung mehrerer Knochen, bei der diese mit den überknorpelten **G.-Flächen** aneinander stoßen und durch die **G.-Kapsel** und Bänder beweglich zusammengehalten werden. Man unterscheidet: **freie** oder **Kugel-G.** (für Bewegungen in jeder Richtung), z.B. das Schulter-G.; **Winkel-** oder **Scharnier-G.** (für Beugung und Streckung), z.B. die Finger-G.; **Roll-, Rad-** oder **Dreh-G.** (bei denen sich ein Knochen um einen zweiten oder um seine eigene Achse dreht), z.B. der Teil des Ellenbogen-G. zw. Elle und Speiche. – **2)** ⚙ bewegl. Verbindung zweier Maschinenteile. Arten u.a.: **Gabel-, Kugel-, Kreuz-(Kardan-)G.; G.-Welle** mit 1 oder 2 G. zur Kraftübertragung bei Kraftfahrzeugen, Arbeitsmaschinen usw. – **3)** ✿ **Spannungs-G.,** Gewebewulst an der Basis von Blattstielen oder -fiedern; nach Reizung ändert sich der osmot. Druck in den Zellvakuolen, wodurch die Blätter oder Blattfiedern angehoben oder abgesenkt werden.
Gelenk|entzündung, Arthritis, von Knochen oder Gelenkkapsel ausgehende entzündl. Erkrankung eines Gelenks. Ursache: Bakterien versch. Art, rheumat. Erkrankungen, Gicht. Bei **eitriger G.** Bildung eines Gelenkempyems (eitrige Entzündung der Gelenkinnenhaut).
Gelenkmaus, abgesprengtes Knorpel- oder Knochenstück, kann zu Gelenkschmerzen und Bewegungshemmung führen.
Gelibolu, früher **Gallipoli,** Halbinsel nördl. der Dardanellen, Türkei, mit der Hafenstadt G.; Marinestützpunkt.
Gelimer, letzter König der Wandalen in Afrika, 534 von Belisar gefangen genommen.
Gellert, Christian Fürchtegott, dt. Dichter, *1715, †1769; schrieb »Fabeln und Erzählungen« (1746 bis 1748) in Versen, den Briefroman »Das Leben der schwed. Gräfin v. G.« (1747/48), geistl. Lieder. Mit seinen Lustspielen verfolgte er eine moralisch-didakt. Absicht.
Gelnhausen, Stadt in Hessen, 21 400 Ew.; an der Kinzig, Gummi- und Holzind.; besterhaltene stauf. Kaiserpfalz (1180); bis 1803 Reichsstadt.
Gelsenkirchen, Industriestadt in NRW, 291 200 Ew., an Emscher und Rhein-Herne-Kanal, Häfen; Fachhochschulen; Musiktheater, Museen; Zoo; Safaripark; Steinkohlenbergbau, Eisen-, Stahl-, Glas-, chem., Textil- u.a. Industrie.
Gelübde, Votum, Versprechen, durch das der Mensch sich an Gott bindet.
GEMA, Abk. für **Ge**sellschaft für **m**usikalische **A**ufführungs- und mechan. Vervielfältigungsrechte, vermittelt die Aufführungsrechte für Tonwerke und vertritt die Interessen der Komponisten, Textdichter und Musikverleger; Sitz Berlin.
gemäßigte Zonen, Gebiete zw. den Wende- und den Polarkreisen mit gemäßigtem Klima.
Gemeinde, 1) Kommune, unterste Stufe der öffentl. Verwaltung. G. sind jurist. Personen des öffentl. Rechts und haben Recht auf Selbstverwaltung in örtl. Angelegenheiten. Daneben erledigen sie Aufgaben des Staats nach dessen Weisungen. Sie haben eigene **G.-**

Christian Fürchtegott Gellert

Gelsenkirchen
Stadtwappen

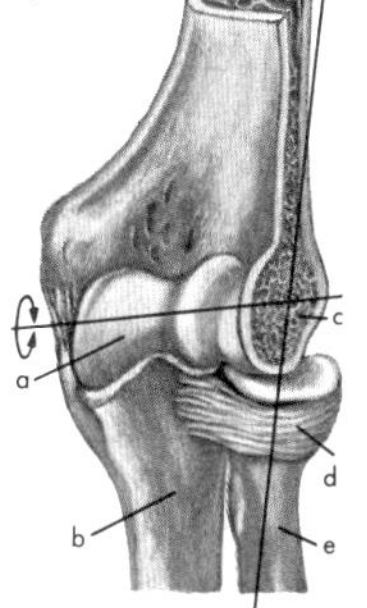

Dreh-**Gelenk** (Ellenbogengelenk). a Rolle, b Elle, c Köpfchen des Oberarmknochens, d Köpfchen der Speiche, e Speiche; senkrechte Linie: Achse des Scharniergelenks zwischen Ober- und Unterarm, waagerechte Linie: Achse des Drehgelenks zwischen Speiche, Elle und Unterarm

Ordnungen erlassen. Organe sind die von den Bürgern gewählte **G.-Vertretung** (G.-Rat, Stadtrat) und der **Bürgermeister.** Die G.-Ordnungen regeln ferner das Wirtschaftswesen (Haushalt, kommunale Betriebe u. Ä.). – **2)** → Kirchengemeinde.

Gemeindesteuern, alle Steuern, aus denen den Gemeinden Einnahmen zufließen: Gewerbesteuer, Grundsteuer u. a.

Gemein|eigentum, 1) einer Gesamtheit zu gemeinsamer Nutzung zustehendes Eigentum, z. B. früher die Allmende. – **2)** das auf den Staat oder andere gemeinwirtschaftl. Rechtsträger überführte Eigentum an Unternehmen u. a.

Gemeiner Pfennig, auf dem Wormser Reichstag 1495 beschlossene allg. unmittelbare Reichssteuer; scheiterte v. a. an der Zahlungsunwilligkeit der Reichsstände.

gemeiner Wert, im Steuerrecht der Preis, den ein Gegenstand im gewöhnl. Geschäftsverkehr erzielen würde (Verkehrswert).

gemeines Recht, das in Dtl. bis 1900 (In-Kraft-Treten des BGB) ergänzend neben den Landesrechten geltende röm. sowie kanon. Recht.

gemeingefährliche Verbrechen und Vergehen, Straftaten, die eine allg. Gefahr für Menschen oder Sachen herbeiführen, z. B. Brandstiftung, Transportgefährdung, Beeinträchtigung der Straßenverkehrssicherheit (§§ 306 bis 323 c StGB). Sie werden streng bestraft.

gemeinnützige Unternehmen, private oder öffentl., nicht auf Gewinn ausgerichtete Unternehmen, z. B. kulturelle und kirchl. Einrichtungen sowie gemeinnützige Wohnungsunternehmen, erhalten steuerl. Vergünstigungen.

Gemeinsamer Markt, regionale Integrationsform, die über die Zollunion hinausgeht. Mit der Errichtung des Europäischen Binnenmarktes 1993 wurde der G. M. im Rahmen der Europäischen Gemeinschaften vollendet.

Gemeinschaft, 1) Gruppe von Menschen, die durch gemeinsames Denken, Fühlen, Wollen **(Arbeits-G., Religions-G.)** oder durch Schicksal (Not, Gefahr) verbunden sind. – **2)** ⚖ Beteiligung mehrerer an einem Recht, bes. an Eigentum. Bei der **G. nach Bruchteilen** hat jeder Gemeinschafter einen festen Anteil an den gemeinschaftl. Gegenständen, über den er frei verfügen kann (§ 747 BGB). Der wichtigste Fall ist das Miteigentum an einem Grundstück.

Gemeinschaftsantennenanlage, Abk. **GA,** Antennenanlage zur gemeinsamen Versorgung mehrerer Teilnehmer (z. B. in einem Mehrfamilienhaus) mit einer ausreichenden Eingangsspannung für den Betrieb von Hörfunk und Fernsehempfängern. G. bestehen im Wesentlichen aus Antennen, Verstärker und Verteilernetz mit Frequenzweichen. Werden größere Gebiete versorgt (z. B. Stadtteile oder Ortschaften), spricht man von **Groß-G. (GGA).**

Gemeinschaftsschule, Schule, in der Schüler versch. religiöser Bekenntnisse gemeinsam unterrichtet werden; Ggs.: Bekenntnisschule.

Gemeinschaft Unabhängiger Staaten, Abk. **GUS,** am 21. 12. 1991 in der Nachfolge der Sowjetunion gegründeter Staatenbund; umfasst Armenien, Aserbaidschan (wieder seit 1993), Georgien (seit 1993), Kasachstan, Kirgistan, Moldawien, Russland, Tadschikistan, Turkmenistan, Ukraine, Usbekistan und Weißrussland. Die Mitgliedstaaten verpflichten sich, die von der Sowjetunion übernommenen internat. Verpflichtungen (u. a. Abrüstungszusagen) zu erfüllen.

Gemeinschuldner, ⚖ derjenige Schuldner, über dessen Vermögen der Konkurs eröffnet ist.

Gemeinwirtschaft, Wirtschaftsform, die das Ziel der volkswirtschaftl. Bedarfsdeckung verfolgt und bei der Festsetzung ihrer Preise für Güter und Dienstleistungen nach dem Prinzip der Kostendeckung verfährt.

Gemeinwirtschaftsbanken, von Gewerkschaften und Genossenschaften getragene Kreditinstitute.

Gemenge, landwirtschaftl. Anbau versch. Fruchtarten untereinander.

Gemengelage, verstreute Lage der zu einem Hof gehörigen landwirtschaftl. Grundstücke.

Gemisch, eine Substanz, die durch physikal. Trennmethoden (z. B. Destillieren, Extrahieren) in ihre Bestandteile zerlegt werden kann (im Ggs. zur chem. Verbindung).

gemischtwirtschaftliche Unternehmungen, Unternehmen, an deren Kapital und Leitung sowohl öffentl. Körperschaften als auch Privatpersonen nebeneinander beteiligt sind, meist in Form einer AG oder GmbH; bes. in der Energieversorgung und im Verkehrswesen.

Gemme *die,* Stein mit vertieft (Intaglio) oder erhaben (Kamee) geschnittenem Bild.

Gemüse, pflanzl. Nahrungsmittel (mit Ausnahme von Obst und Nüssen sowie Getreide und Ölsaaten), die roh oder gekocht der menschl. Ernährung dienen; G. enthält als Nährstoffe vorwiegend Kohlenhydrate und Eiweiß, daneben Mineralstoffe und bes. Vitamine.

Gemüt, gefühlsmäßige Struktur des Menschen (G.-Art), die sein Wesen und seine Lebensführung dauernd bestimmt, im Unterschied zum denkenden Geist und zum Willen sowie zu den wechselnden Stimmungen.

Gemütskrankheiten, früher Bezeichnung für die manisch-depressive Erkrankung und die versch. Formen der Depression.

Gen *das,* Erbeinheit, stoffl. Träger der Erbanlagen. Die G. bestimmen die erbl. körperl. und geistigen Merkmale. Sie liegen in den Kernschleifen (Chromosomen) in bestimmter Anordnung. Träger der **genet. Information** ist die Desoxyribonukleinsäure (DNS); nur bei einigen Viren übernimmt die Ribonukleinsäure (RNS) diese Rolle (genet. Code). Die Gesamtheit aller G. eines Organismus wird als **Genom** bezeichnet. Beim Menschen wird die Anzahl der G. in einem Zellkern auf zw. 50 000 und 100 000 geschätzt, davon sind z. Z. weit mehr als 1000 bekannt.

Gendarm [ʒãˈdarm] *der,* früher Angehöriger einer bes. für das Land bestimmten Polizeitruppe, der **Landgendarmerie.**

Genealogie *die,* **Geschlechterkunde, Ahnenforschung, Famili|enkunde,** Lehre von der Herkunft und den Verwandtschaftsverhältnissen von Personen oder Familien; seit Ende des 19. Jh. Hilfswiss. der Geschichtswissenschaft.

General..., Allgemein..., Haupt...

General *der,* **1)** höchste militär. Rangklasse. – **2)** kath. Kirche: oberster Ordensvorsteher.

General|absolution, Erteilung von vollkommenem Ablass durch Priester kraft bes. päpstl. Vollmacht, z. B. bei Sterbenden.

Generalbass, 𝄞 fortlaufende Instrumentalbassstimme, mit Ziffern über oder unter den einzelnen Noten **(bezifferter Bass),** für Barockmusik charakteristisch. Der G. ist eine Kurzschreibweise für einen mehrstimmigen Tonsatz; die Ziffern geben die Tonstufen des zu spielenden Akkords an.

Generalbundesanwalt, Leiter der Staatsanwaltschaft beim Bundesgerichtshof.

Generalgouverneur [-guvɛrnøːr], oberster Verwaltungsbeamter einer größeren Gebietseinheit.

Generalić [-ˈralitç], Ivan, kroat. Laienmaler, * 1914, † 1992; malte in flächiger Manier und klaren Farben naiv realist. Öl- und Hinterglasbilder aus dem bäuerl. Leben.

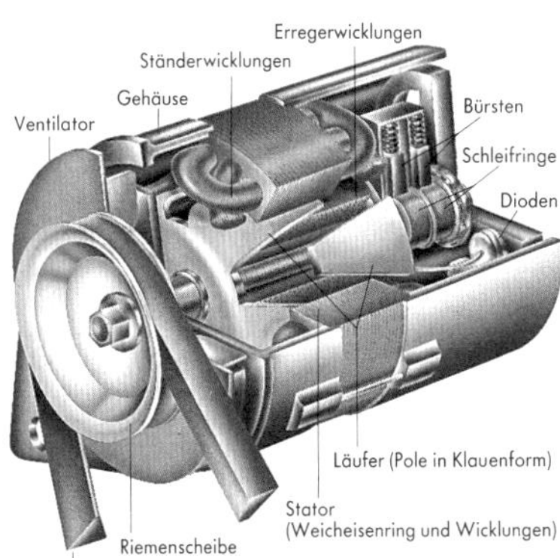

Generator. Drehstromgenerator für Kraftfahrzeuge

Generalinspekteur der Bundeswehr [-'tør], höchster militär. Repräsentant der dt. Streitkräfte; unmittelbar dem Verteidigungsmin. nachgeordnete militär. Instanz für die Gesamtkonzeption der militär. Verteidigung; militär. Berater des Verteidigungsmin. und der Bundesregierung.

Generalität *die,* Gesamtheit der Generale.

Generalstaaten, 1) im 16. bis 18. Jh. die Versammlung der Abgeordneten der 7 Provinzstaaten in den Vereinigten Niederlanden. - **2)** seit 1814 das niederländ. Parlament.

Generalstab, Gesamtheit der bes. ausgebildeten Offiziere, die die Befehlshaber in der Truppenführung unterstützen.

Generalstände, frz. **États généraux,** aus den Abgeordneten des Adels, der Geistlichkeit und des Bürgertums zusammengesetzte frz. Reichsstände, bestanden 1302 bis 1789; nach 1614 erstmals wieder 1789 einberufen, eröffneten sie den Weg zur Frz. Revolution.

Generalsuperintendent, in den ev. Kirchen Dtl.s seit der Reformation Titel leitender geistl. Amtsträger, die zw. Konsistorium und Superintendenten stehen.

Generalversammlung, oberstes Organ der Mitglieder vieler Vereinigungen zur gemeinschaftl. Beschlussfassung; bei der AG die Hauptversammlung.

Generalvikar, Vertreter eines kath. Bischofs bei der Verwaltung der Diözese.

Generation *die,* **1)** Menschenalter, Geschlechterfolge. - **2)** alle gleichaltrigen Menschen.

Generationswechsel, gesetzmäßig wiederkehrende Verschiedenheit der Fortpflanzungsweise in den aufeinander folgenden Generationen einer Tier- oder Pflanzenart; meist verbunden mit Verschiedenheit im Bau und in der Lebensweise. Häufig ist ein Wechsel von geschlechtl. und ungeschlechtl. Generation, so bei Farnen, Moosen, Algen, im Tierreich bei Polypen und Quallen, sowie die Ammenzeugung bei den Salpen.

Generator *der,* **1)** Maschine zur Umwandlung mechan. in elektr. Energie. In den G. moderner Kraftwerke wird Drehstrom, für Sonderzwecke Einphasenwechselstrom erzeugt. **Drehstrom-G.:** Im Ständer befinden sich 3 gleiche, um 120° versetzte Wicklungen, in denen jeweils ein Magnetfeld elektrisch erregt wird. Diese 3 rotierenden Magnetfelder erzeugen im fest stehenden Ständer 3 sinusförmige Wechselspannungen (Phasen) gleicher Größe und Frequenz. Die Frequenz der sinusförmigen Wechselspannungen hängt von Polzahl und Drehzahl ab. Der G. (Lichtmaschine) in Kfz ist ein Drehstrom-G. mit nachgeschalteter Gleichrichtung. - **2)** Computerprogramm, das andere Programme erzeugen kann. - **3)** Impuls-G., der die vom Computer benötigten Taktsignale liefert. - **4)** → Gasgenerator.

Generatorgas, Heiz- und Treibgas, durch Vergasung von Koks oder Holz gewonnen, von geringem Heizwert.

Genesis *die,* **1)** Entstehung, Schöpfung. - **2)** in der Bibel das 1. Buch Mose.

Genesis ['dʒenɪsɪs], 1966 gegr. brit. Rockmusikgruppe; Sänger: Peter Gabriel (* 1950; bis 1975), Phil Collins (* 1951; auch Schlagzeuger).

Genet [ʒə'nɛ], Jean, frz. Schriftsteller, * 1910, † 1986; Gedichte, Romane (»Querelle«, 1947), Schauspiele: »Die Zofen« (1948), »Der Balkon« (1956), »Die Neger« (1958), »Wände überall« (1961).

Jean Genet

Genetik *die,* **Vererbungslehre,** Wiss. von den Grundlagen der Vererbung.

genetische Beratung, im Rahmen der Ehe- und Familienplanung durchgeführte Untersuchung der Erbanlagen von Rat Suchenden zur Feststellung der Wahrscheinlichkeit eines Auftretens von → Erbkrankheiten, v. a. bei den Nachkommen.

genetischer Code [- ko:t], Verschlüsselung der Erbinformation für den Proteinaufbau in der DNS und RNS. (→ Nukleinsäuren)

genetischer Fingerabdruck, die bei einer Straftat am Tatort hinterlassenen Spuren von Körpersekreten, Blut, Haaren, Gewebeteilen, die nach einer gentechn. Untersuchung zur Identifizierung von Tatverdächtigen führen können.

Genever [ʒe'ne:vər] *der,* klarer Trinkbranntwein mit Wacholdergeschmack.

Genezareth, See G., Galiläisches Meer, See von Tiberias, hebr. **Yam Kinnereth,** arab. **Bahr et-Tabarije** [baxr -], vom Jordan durchflossener See in Israel, nahe der israelisch-syr. Grenze, 21 km lang, bis 12 km breit, 209 m unter dem Meeresspiegel, fischreich. Im N. T. Hauptschauplatz der Geschichte Jesu (Kapernaum u. a.).

Genf, frz. **Genève** [ʒə'nɛ:v], **1)** Kt. der Schweiz, am SW-Ende des Genfer Sees, 282 km², 383 900 Ew.; frz. Sprachgebiet. - **2)** Hptst. von 1), 172 700 Ew., am Genfer See; geistiger Mittelpunkt der frz. Schweiz; Univ., Museen, Theater; Handel und Fremdenverkehr; Uhren-, chem. u. a. Ind.; Sitz von Organisationen der UNO, des Roten Kreuzes, der Europ. Organisation für Kernforschung (CERN), der Zentrale des Ökumen. Rates der Kirchen; zweitgrößter ✈ der Schweiz. - G. war im 4./5. Jh. Sitz der Burgunderkönige. 1536 bis 1538 und 1541 bis 1564 wirkte hier Calvin. 1814 trat G. der Eidgenossenschaft bei. 1920 bis 1946 war G. Sitz des Völkerbundes.

Genf
Stadtwappen

Genfer Konferenzen, 1) Abrüstungskonferenz der 18 Mächte, seit 1962; → Abrüstung. - **2) Indochina-Konferenz,** 1954, Teilnehmer: VR China, Frankreich und die mit ihm assoziierten Staaten Laos, Kambodscha, Vietnam sowie Großbritannien, UdSSR, USA; führte zum Waffenstillstand in Indochina und zur Teilung Vietnams. - **3) Gipfelkonferenz,** 1955: Regierungschefs und Außenmin. Frankreichs, Großbritanniens, der USA und der UdSSR über die Wiedervereinigung Dtl.s, europ. Sicherheit, Abrüstung, Ost-West-Kontakte.

Genfer Konventionen, internat. Abkommen von 1864, 1929 und 1949 (durch Zusatzprotokolle ergänzt) zum Schutz der Verwundeten, Kriegsgefangenen und der Zivilbevölkerung in Kriegszeiten.

Genfer See, frz. **Lac Léman** [lak le'mã], größter Alpensee, an der schweizerisch-frz. Grenze, 372 m ü. M., 581 km² groß, bis 310 m tief; von der Rhône durchflossen; Fremdenverkehr mit den Zentren Genf, Lausanne, Montreux.

Genickstarre → Meningitis.

Genie [ʒe:'ni] *das,* **1)** höchste schöpfer. Geisteskraft. - **2)** mit dieser Schöpferkraft begabter Mensch.

Geniezeit [ʒe:-], → Sturm und Drang.

Genitalien *Pl.,* → Geschlechtsorgane.

Das Stadtzentrum von **Genua** mit dem alten Hafen

Pierre-Gilles de Gennes

Hans-Dietrich Genscher

Gent Stadtwappen

Genua Stadtwappen

Genitiv *der,* Beugung: der Wesfall.

Genius *der,* Geist, Schutzgeist (G. Loci).

Gennes [ʒɛn], Pierre-Gilles de, frz. Physiker, * 1931; erhielt 1991 den Nobelpreis für Physik für seine Entdeckung, dass Methoden, die zur Beschreibung der Ordnung in einfachen Systemen entwickelt wurden, auch für komplizierte Formen von Materie gelten können, bes. für flüssige Kristalle und Polymere.

Genossenschaft, Gesellschaft mit nicht geschlossener Mitgliederzahl zur Förderung des Erwerbs oder der Wirtschaft ihrer Mitglieder (Genossen) mittels gemeinschaftl. Geschäftsbetriebs oder Beratung. Die Mitglieder (Handwerker, kleinere Gewerbetreibende, Bauern, Privatpersonen) bleiben selbstständig; gemeinsam sind z.B. Einkauf (Vorteile eines Großabnehmers), Verkauf (gemeinsame Absatzorganisation), Maschinenhaltung. Bes. wichtig sind Kredit-, Bau- und Konsum-G. Die G. ist jurist. Person und Kaufmann im Sinne des Handelsrechts; sie entsteht durch Eintragung in das **G.-Register.** Die mindestens 7 Mitglieder haben eine im Statut festgelegte Einlage (Geschäftsanteil) zu leisten. Im G.-Statut kann bestimmt werden, ob im Konkursfall eine Nachschusspflicht (beschränkt oder unbeschränkt) besteht. Seit 1974 firmieren G. als eingetragene G. (e. G., eG). G. müssen einem Prüfungsverband angehören und unterliegen regelmäßiger Pflichtprüfung.

Genotyp *der,* die Summe der genet. Informationen (Erbbild) eines Organismus. (→Phänotyp)

Genoveva, Genovefa, 1) Geneviève, Schutzheilige von Paris (Tag: 3. 1.). - **2) G. von Brabant,** nach der Sage Gemahlin eines Pfalzgrafen Siegfried (um 750); von ihm schuldlos verstoßen, lebte mit ihrem Sohn im Wald, bis Siegfried sie nach 6 Jahren wieder entdeckte und heimholte.

Genozid, Genocid *der,* auch *das,* →Völkermord.

Genre [ˈʒɑ̃ːr(ə)] *das,* Gattung, Art. **Genremalerei** stellt Motive des alltägl. Lebens dar.

Genscher, Hans-Dietrich, dt. Politiker (FDP), * 1927; Jurist, 1974 bis 1985 Parteivors. der FDP, 1969 bis 1974 Bundesinnenmin., 1974 bis 1992 Vizekanzler und Bundesaußenminister.

Gent, frz. **Gand** [gɑ̃], alte Handels- und Tuchweberstadt in Flandern, am Zusammenfluss von Leie und Schelde; Hptst. der belg. Prov. Ostflandern; kath. Bischofssitz; Hafen (Kanal zur See); 228 500 Ew. Maler. Stadtbild, Kathedrale Sint-Baafs mit **Genter Altar** der Brüder van Eyck, Tuchhalle, Zunfthäuser. Geistiger Mittelpunkt der Flamen (fläm. Univ.), Museen; Zentrum der belg. Textilind., chem. Ind., Erdölraffinerie; Blumenzucht. Im späten MA. eine der bedeutendsten Städte Europas, bei den flandr. Freiheitskämpfen des 14. Jh. gegen die Franzosen führend.

Gentechnologie, Teilgebiet der Molekularbiologie bzw. Biotechnik, das Verfahren zur gezielten Veränderung der Erbanlagen (Gene) von Mikroorganismen, Pflanzen und Tieren entwickelt. Stand der Technik sind bereits gentechnisch produzierte Medikamente oder veränderte Pflanzen. Auch die **Gentherapie** durch Einbringen von Genen in die Zellen von Erkrankten wird schon praktiziert. Die Kritik der Umweltverbände verweist bes. auf das Risiko der Freisetzung gentechnisch veränderter Organismen. In Dtl. sind die Aktivitäten der G. durch das G.-Gesetz vom 20. 6. 1990 (Novellierung zum 1. 1. 1994 in Kraft getreten) geregelt.

Genthin, Stadt in Sa.-Anh., 15 300 Ew.; Binnenhafen am Elbe-Havel-Kanal; Waschmittel- und Zuckerindustrie.

Gentiana *die,* Pflanzengattung →Enzian.

Gentile [dʒɛn-], Giovanni, ital. Philosoph, * 1875, † 1944; vom dt. Idealismus beeinflusst, stand den Faschisten nahe.

Gentile da Fabriano [dʒɛn-], ital. Maler, * vor 1370, † 1427; Hauptwerk ist die »Anbetung der Könige« (1423, Florenz).

Gentilhomme [ʒɑ̃tiˈjɔm] *der,* **1)** Edelmann. - **2)** gebildeter Mann von Lebensart.

Gentleman [ˈdʒentlmən] *der,* urspr. zur Gentry gehörender Adliger, später v.a. Mann von Anstand, Lebensart und ehrenhaftem Charakter.

Gentlemen's Agreement [ˈdʒentlmənz əˈgriːmənt] *das,* auf Treu und Glauben gründende Vereinbarung ohne feste Form, bes. im Geschäftsleben und in der Politik.

Gentry [ˈdʒentrɪ] *die,* engl. niederer Adel.

Gentz, Friedrich v., dt. polit. Schriftsteller, * 1764, † 1832; führender dt. (konservativer) Staatsdenker des 19. Jh.; seit 1803 im österr. Staatsdienst. Gegner Napoleons I., seit 1810 Vertrauter Metternichs.

Genua, ital. **Genova** [ˈdʒɛːnova], wichtigster Hafen Italiens, Hptst. der Region Ligurien am Golf von G., 657 700 Ew.; Erzbischofssitz; Univ.; Werften, Erdölraffinerien, chem., Maschinen-, Textil- u.a. Ind.; ✈. Im MA. führende Handelsmacht des Mittelmeeres, besaß zahlreiche Niederlassungen bis zur N-Küste des Schwarzen Meers, bis 1768 auch Korsika. 1797 zu Frankreich, 1815 mit dem Kgr. Sardinien vereinigt.

genuin, angeboren, echt.

Genus *das,* **1)** Ⓢ das Geschlecht. - **2)** ♀ ✿ →Gattung.

Genussschein, Wertpapier, das einen Anteil am Gewinn oder am Liquidationserlös einer AG oder GmbH gewährt.

Geo... [von griech. gea »Erde«], Erd..., Land...

Geobotanik *die,* →Pflanzengeographie.

Geochemie *die,* Wiss. von der chem. Zusammensetzung und den chem. Veränderungen der Erde.

Geodäsie *die,* **Vermessungskunde,** Wiss. und Technik von Ausmessung und Abbildung der Erdoberfläche, unterteilt in Erd-, Landes- und Einzelvermessung.

Geodät *der,* → Vermessungsingenieur.

Geoffroy Saint-Hilaire [ʒɔ'frwa sɛ̃ti'lɛ:r], Étienne, frz. Naturforscher, * 1772, † 1844; vertrat gegen G. B. de Cuvier die Ansicht, alle Lebewesen seien aus einem einzigen Bauplan hervorgegangen.

Geographie *die,* → Erdkunde.

Geoid *das,* mathematische vereinfachte Erdfigur; Bezugsfläche der geodät. Höhenmessungen.

Geologie *die,* Wiss. von der Erdgeschichte, von Material, Aufbau und Gestaltung der Erdkruste; behandelt Zusammensetzung, Entstehung und Lagerung der Gesteine sowie die Kräfte, die bei der Gestaltung der Erdkruste wirksam sind (Vulkanismus, Erdbeben, Gebirgsbildung, Tätigkeit von Wasser, Wind, Eis, Lebewesen).

Geometer *der,* → Vermessungsingenieur.

Geometrie *die,* Teilgebiet der Mathematik, untersucht Gesetzmäßigkeiten von Größe, Gestalt, gegenseitiger Lage und Richtung von ebenen und räuml. Figuren **(synthet. G.).** Die **analyt. G.** benutzt hierfür algebraische Methoden (→ Koordinaten). Die **Differenzial-G.** wendet die Infinitesimalrechnung an.

geometrischer Ort, Gesamtheit von Punkten, die alle eine gegebene Bedingung erfüllen.

Geophysik *die,* Wiss. von den physikal. Vorgängen, die sich auf der Erde, in ihrem Innern und über der Erde abspielen.

Geopolitik *die,* Lehre vom Einfluss des Raums auf Staat und Politik.

Georg, einer der 14 Nothelfer, nach der Legende als römischer Offizier Märtyrer unter Diokletian (4. Jh.); auch als Drachentöter gefeiert; Schutzheiliger Englands (Tag: 23. 4.).

Georg, Herrscher: **Griechenland. 1) G. I.,** * 1845, † 1913 (ermordet); dän. Prinz; König 1863 bis 1913. – **2) G. II.,** * 1890, † 1947; König 1922 bis 1924 und 1935 bis 1947; 1924 bis 1935 im Exil. – **Großbritannien. 3) G. I.,** * 1660, † 1727; König 1714 bis 1727; als **G. Ludwig** seit 1698 Kurfürst von Hannover. – **4) G. II.,** Sohn von 3), * 1683, † 1760; König 1727 bis 1760; zugleich Kurfürst von Hannover (1727 bis 1760), gründete 1736 die Univ. Göttingen. – **5) G. III.,** Enkel von 4), * 1738, † 1820; seit 1760 König, zugleich Kurfürst (ab 1814 König) von Hannover; seine starr konservative Haltung trug wesentlich zum Abfall der nordamerikan. Kolonien bei. – **6) G. IV.,** Sohn von 5), * 1762, † 1830; König 1820 bis 1830; zugleich König von Hannover; seit 1811 Regent für seinen Vater. – **7) G. V.,** * 1865, † 1936; König von 1910 bis 1936; nahm im 1. Weltkrieg für die engl. Linie des Hauses Sachsen-Coburg den Namen Windsor an. – **8) G. VI.,** zweiter Sohn von 7), * 1895, † 1952; König seit 1936 nach der Abdankung seines Bruders Eduard VIII. – **Hannover. 9) G. V.,** Enkel von 5), * 1819, † 1878; König 1851 bis 1866; früh erblindet, verlor im Krieg von 1866 sein Land an Preußen.

Georg-Büchner-Preis, bedeutendster dt. Literaturpreis, gestiftet 1923; Preisträger seit 1990: T. Dorst, W. Biermann, G. Tabori, P. Rühmkorf, A. Muschg, D. Grünbein, Sarah Kirsch, H. C. Artmann (Dotierung 1997: 60 000 DM).

George, 1) Götz, dt. Schauspieler, Sohn von 2), * 1938; wurde bes. bekannt als Kommissar Schimanski in der Fernsehserie »Tatort« (1981 bis 1991); »Schtonk« (1991). – **2)** Heinrich, dt. Schauspieler, * 1893, † (Internierungslager Sachsenhausen) 1946; bedeutender Charakterdarsteller; auch Filme (»Der Postmeister«, 1940). – **3)** Stefan, dt. Dichter, * 1868, † 1933; vertrat im Ggs. zum Naturalismus einen ästhetisch strengen Formsinn und wollte der Kunst wieder sakrale Bedeutung verleihen. Gedichtsammlungen: »Das Jahr der Seele« (1897), »Der siebente Ring« (1907), »Der Stern des Bundes« (1914), »Das neue Reich« (1928). Mittelpunkt eines Kreises von Anhängern **(George-Kreis).**

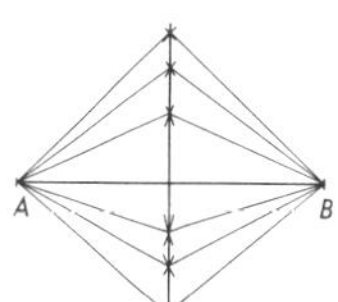

geometrischer Ort aller Punkte (die von A und B den gleichen Abstand haben) ist die Mittelsenkrechte auf die Strecke AB

Georgetown ['dʒɔ:dʒtaʊn], Hptst. und Hafen von Guyana, 200 000 Ew.; Bischofssitz, Univ., ✈.

George Town ['dʒɔ:dʒ taʊn], Hptst. und Hafen des Gliedstaats Pinang, Malaysia, 219 400 Ew.; Univ.; Straßenbrücke (13,5 km) zum Festland (Malakka); internat. ✈.

Georgia ['dʒɔ:dʒə], Abk. **Ga.,** Staat im SO der USA, 152 576 km², 6,48 Mio. Ew. (rd. 26 % Schwarze); Hptst. Atlanta. Baumwolle, Tabak u. a.; Viehzucht; Holz-, Textilind.; ⚒ auf Kaolin, Marmor u. a. Haupthafen: Savannah.

Georgiastraße ['dʒɔ:dʒə-], Meeresstraße im W Kanadas, zw. der Insel Vancouver und dem kanad. Festland; 240 km lang, 30 bis 60 km breit.

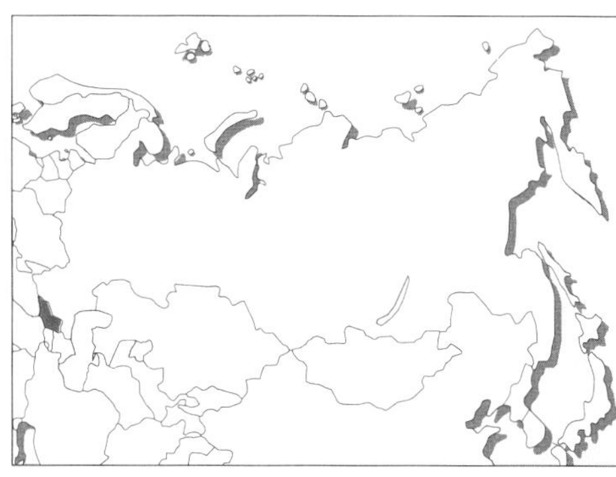

Georgien, Rep. im W Transkaukasiens (SW-Asien), zw. Kaukasus und Kleinem Kaukasus, am Schwarzen Meer. Zu G. gehören die Teilrep. Abchasien (im NW) und Adscharien (im SW) sowie das Autonome Gebiet Südossetien (im N); 69 700 km², 5,47 Mio. Ew., darunter 70,1 % Georgier; Hptst. Tiflis; Amtssprache: Georgisch. Anbau von Tee, Zitrusfrüchten, Tabak, Wein nahe der Schwarzmeerküste; Seidenraupenzucht; Bergbau (Steinkohle, Mangan-, Kupfererze u. a.), Nahrungs-, Genussmittel- u. a. Ind., in Batumi Erdölverarbeitung. – G. wurde im 4. Jh. christlich, erlebte im 12. und 13. Jh. seine Blütezeit. 1801 wurde es russ. Prov., 1918 unabhängig; 1921 bis 1991 Teil der UdSSR, 1936 bis 1991 als Grusinische SSR; 1991 Proklamation der Unabhängigkeit; Staatsoberhaupt: E. Schewardnadse (seit 1992); militärisch ausgetragene Konflikte mit Abchasien (seit 1989) und Südossetien (seit 1990), seit 1992 Waffenstillstandsabkommen nach der fakt. Abspaltung Abchasiens. Seit 1993 ist G. Mitglied der GUS; 1995 neue Verfassung (Präsidialsystem).

Georgien

Staatswappen

Staatsflagge

Internationales Kfz-Kennzeichen

Georgier, Eigenbezeichnung **Khartweli,** Volk von rd. 4,5 Mio., zum südl. Zweig der Kaukasier gehörig. Meist Christen, einige Muslime; eigene Sprache und Literatur.

Georgine *die,* Zierpflanze, → Dahlie.

Georgsmarienhütte, Stadt in Ndsachs., am Nordfuß des Teutoburger Waldes, 32 800 Ew.; Stahlerzeugung, Maschinenbau, Möbelindustrie.

Geotektonik, Lehre vom Bau und von den Bewegungen der Erdkruste.

geothermische Tiefenstufe, Strecke, bei der die Erdwärme um 1 °C in Richtung Erdmittelpunkt ansteigt; sie beträgt im Durchschnitt 33 m (Faustregel 3 °C/100 m).

geozentrisch, die Erde als Mittelpunkt betrachtend; Ggs.: heliozentrisch.

Georgia
Flagge

Gepard *der,* asiatisch-afrikan. Großkatze, gelbl. mit schwarzen Flecken; wahrscheinlich schnellstes Landsäugetier (Geschwindigkeiten bis 120 km/h).
Gepiden, ostgerman. Volk, zog im 3. Jh. vom Weichselmündungsgebiet nach Ungarn, erlag 567 den Ostgoten und Langobarden.
Ger *der,* Wurfspieß der Germanen.

Gepard

Gera, Stadt in Thür., an der Weißen Elster, 123 000 Ew. Bergbauschule, Museen, Theater; botan. Garten. U.a. Textilind., Maschinenbau. Trinitatiskirche (14. und 17. Jh.), spätgot. Marienkirche (um 1440), Renaissancerathaus (1573 bis 1576), Markt mit Simsonbrunnen (17. Jh.); barocke Orangerie (1729 bis 1732). – Wohl seit der 1. Hälfte des 13. Jh. Stadtrecht.
Gerade, Linie, die ihre Richtung nicht ändert. Die kürzeste Verbindungslinie zweier Punkte, über diese Punkte hinaus verlängert.
Geradflügler, Orthopteroidea, Ordnung der Insekten, mit kauenden Mundteilen; z. B. Schaben, Heuschrecken, Ohrwürmer.

Gera
Stadtwappen

Geranile *die,* Bezeichnung der → Pelargonie.
Geraniol *das,* ☈ aliphat. Alkohol, Bestandteil vieler äther. Öle.
Geranium *das,* die Gattung → Storchschnabel.
Geräteturnen, Leibesübungen an Turngeräten, v. a. den im Wettkampf eingesetzten Barren, Stufenbarren, Ringen, Seit- und Langpferd, Reck.
Geräusch, Schalleindruck, durch unregelmäßige Folge von akust. Schwingungen hervorgerufen.
Gerbera [nach dem Arzt T. Gerber, † 1743], Gattung der Korbblütler; Schnittblume mit leuchtend gefärbten Zungenblüten.
Gerberstrauch, Lederstrauch, südeurop., zur Gattung der G.-Gewächse gehöriger Strauch, dessen Blätter und Rinde zum Gerben und Schwarzfärben dienen.
Gerbstoffe, wasserlösl. organ. oder synthet. Verbindungen, mit denen tier. Häute in Leder gegerbt werden. Pflanzl. G. sind z. B. Tannin, Sumach, Quebracho; der wichtigste anorgan. G. ist bas. Chromsulfat.
Gere, Richard, amerikan. Filmschauspieler, * 1949; spielte u. a. in »American Gigolo« (1980), »Pretty Woman« (1990), »Begegnungen« (1993).

Richard Gere

Gerechtigkeit, Tugend, die das Recht eines jeden achtet und jedem das Seine gewährt; in der christl. Ethik Kardinaltugend.
Gerechtsame *die,* ⚖ Berechtigung, das vererbl. und veräußerl. Nutzungsrecht an Grundstücken, z. B. Weide-, Bergbaugerechtsame.
Gerhaert van Leyden [-hart - ˈlaɪdən, niederländ. ˈxeːraːrt - ˈlɛɪdə], Nicolaus, niederländ. Bildhauer, * zw. 1420 und 1430, † 1473?; Meister der Spätgotik; in Trier, Straßburg, Wien tätig.
Gerhardt, 1) Paul, dt. ev. Kirchenlieddichter, * 1607, † 1676; wirkte an der Nikolaikirche in Berlin und in Lübben/Spreewald. Zu seinen bekanntesten Liedern gehören »Nun ruhen alle Wälder« (1648), »Geh aus, mein Herz, und suche Freud«, »Befiehl du deine Wege« und »O Haupt voll Blut und Wunden« (alle 1656). – **2)** Wolfgang, dt. Politiker (FDP), * 1943; 1987 bis 1991 Min. für Wissenschaft und Kunst in Hessen; seit 1995 Vors. der FDP.
Geriatrie *die,* Altersheilkunde (→ Alter).
Géricault [ʒeriˈko], Théodore, frz. Maler, * 1791, † 1824; romantisch-realist. Darstellungen: »Das Floß der Medusa« (1818/19).
Gerichtsbarkeit, Ausübung der Recht sprechenden Gewalt (Judikative) durch unabhängige **Gerichte. Zivil-G.** dient dem Schutz privater Rechte, **Straf-G.** der Verwirklichung des staatl. Strafrechts. Beide Arten der G. werden auch als **streitige G.** bezeichnet im Ggs. zur **freiwilligen G.,** der außerhalb des Prozess- und Vollstreckungsverfahrens liegenden, v. a. den Zwecken des Rechtsverkehrs dienenden Zivilrechtspflege (Vormundschafts-, Nachlass-, Registersachen, Beurkundungs- und Beglaubigungswesen). Daneben die **Verwaltungs-G.** zur Überprüfung der Rechtmäßigkeit von Verwaltungsakten.
Gerichtsferilen, jährl. Rechtsprechungspause der ordentl. Gerichte, in Dtl. vom 15. 7. bis 15. 9. In dieser Zeit werden nur **Feriensachen** (alle Strafsachen und bes. eilbedürftige Zivilsachen) behandelt.
Gerichtskosten, Abgaben an den Staat für die Gewährung der Rechtspflege: Gebühren für die Tätigkeit des Gerichts und Ersatz der Auslagen, z. B. für Porto, Zeugen. Kostenpflichtig ist die unterliegende Partei.
Gerichtsmedizin → Rechtsmedizin.
Gerichtsstand, örtlich zuständiges Gericht; im Zivilprozess ist im Allg. das Gericht zuständig, in dessen Bezirk der Beklagte seinen Wohnsitz hat (§§ 12 ff. Zivilprozessordnung); in Strafsachen sowohl das Gericht des Tatorts wie das des Wohnsitzes des Angeschuldigten oder das des Ergreifungsorts (§§ 7 ff. Strafprozessordnung).
Gerichtsverfassung, staatl. Ordnung des Gerichtswesens.
Gerichtsvollzieher, Vollstreckungsbeamter, i. d. R. im Auftrag der Prozessparteien, unter Aufsicht des Gerichts, in eigener Verantwortung tätig. (→ Zwangsvollstreckung)
Gerichtswesen, organisator. Aufbau und Zuständigkeiten der Gerichte eines Staates.
Gerinnung, das Ausflocken von Eiweißstoffen aus einer kolloidalen Lösung.
Gerlach, Hellmut v., dt. Politiker und pazifist. Schriftsteller, * 1866, † 1935 (im Exil); Gründungsmitglied der Dt. Friedensgesellschaft, Vors. der dt. Liga für Menschenrechte.
Gerlsdorfer Spitze, slowak. **Gerlachovský štít,** höchste Erhebung in der Hohen Tatra, Slowakei, 2 655 m hoch.
Germanen, sprachverwandte Völker und Stämme in N- und Mitteleuropa, die der indogerman. Sprachfamilie angehören. Der Name erscheint zuerst bei Poseidonios um 80 v. Chr.
Geschichte. Seit Beginn der Bronzezeit (etwa Mitte des 2. Jt. v. Chr.) bildeten große Teile N-Europas sowie der anschließenden Teile Nord- und Nordwest-Dtl.s einen einheitl. german. Kulturkreis. Um 450 v. Chr. hatten sich die G. nach S bis zu den dt. Mittelgebirgen, nach W bis in die nördl. Niederlande, nach O bis zur unteren Weichsel ausgebreitet, um 200 v. Chr. kamen sie bis ans Schwarze Meer. Vor den aus N-Jütland nach Süden vorstoßenden Kimbern und Teutonen (113 bis 101 v. Chr.) räumten die kelt. Helvetier ihre Sitze in Süd-Dtl., das von Sweben besiedelt wurde. Diese überschritten unter Ariovist den Oberrhein, sie wurden 58 v. Chr. durch Caesar zurückgedrängt. 12 bis 9 v. Chr. fielen die Römer unter Drusus in das rechtsrhein. Germanien ein. Nach dem Sieg des Cheruskers Arminius in der Varusschlacht 9 n. Chr. konn-

Gerichtswesen

Bundesrepublik Deutschland

Aufbau und Verfahren der **ordentlichen Gerichte** sind geregelt in: Gerichtsverfassungsgesetz (GVG), Strafprozessordnung (StPO), Zivilprozessordnung (ZPO), Konkursordnung (KO), sämtlich von 1877; Gesetz über die Angelegenheiten der freiwilligen Gerichtsbarkeit (FGG) von 1898 (alle mit späteren Änderungen).
Amtsgericht. *Zivilsachen:* Vermögensrechtliche Streitigkeiten (Streitwert bis zu 10000 DM) und besondere Streitigkeiten ohne Rücksicht auf den Wert (z.B. Miet- und Familiensachen).
Strafsachen: Strafrichter (Einzelrichter): Privatklagesachen, leichtere Vergehen. Schöffengericht und erweitertes Schöffengericht: schwerere Vergehen, leichtere Verbrechen (z.T. Landgericht oder Oberlandesgericht zuständig). Jugendrichter, Jugendschöffengericht: Verfehlungen Jugendlicher, die nicht vor die Schwurgerichte gehören.
Landgericht. *Zivilkammer:* in erster Instanz alle bürgerl.-rechtl. Streitigkeiten (Streitwert über 10000 DM) und bestimmte nichtvermögensrechtl. Streitigkeiten, Ansprüche gegen den Staat (z.B. nach dem Staatshaftungsrecht) und Berufungsinstanz gegen Urteile des Amtsgerichts. Kammer für Handelssachen: auf Antrag einer der Parteien, wenn es sich um bestimmte Ansprüche aus dem Handelsrecht handelt.
Kleine Strafkammer: Berufungsinstanz gegen Urteile des Strafrichters und des Schöffengerichts.
Große Strafkammer: in erster Instanz: Straftaten, die nicht zur Zuständigkeit des Amtsgerichts, Schwurgerichts oder der Oberlandesgerichte gehören.
Schwurgericht: § 74 Abs. 2 GVG.
Jugendkammer: schwere Straftaten Jugendlicher und Berufungsinstanz gegen Urteile des Jugendrichters und Jugendschöffengerichts.
Oberlandesgericht. *Zivilsenat:* Berufungsinstanz gegen erstinstanzl. Urteile der Amtsgerichte in Familiensachen (Ehe- und Kindschaftssachen) und der Landgerichte.
Strafsenat: Revisionsinstanz gegen Berufungsurteile der Kleinen und Großen Strafkammer und gegen erstinstanzl. Urteile der Großen Strafkammer und des Schwurgerichts, wenn nur landesrechtl. Normen verletzt sein sollen (auch Sprungrevision), erste Instanz für Friedens-, Hoch- und Landesverratsfälle, bei Völkermord und anderen in § 120 GVG aufgeführten Delikten. – In Bayern besteht außerdem ein »Oberstes Landesgericht« mit Zivil- und Strafsenaten.
Bundesgerichtshof (in Karlsruhe). *Zivilsenate:* Revisionsinstanz gegen Urteile der Oberlandesgerichte und erstinstanzl. Urteile der Landgerichte (Sprungrevision), wenn der Streitwert 60000 DM übersteigt oder die Revision vom Oberlandesgericht ausdrücklich zugelassen ist.
Strafsenate: Revisionsinstanz gegen Urteile des Schwurgerichts und der Großen Strafkammer (erster Instanz), soweit nicht das Oberlandesgericht zuständig ist, sowie Revisionsinstanz gegen die erstinstanzlichen Urteile der Oberlandesgerichte.
Gemeinsamer Senat der obersten Gerichtshöfe: zur Wahrung der Einheitlichkeit der Rechtsprechung.

Österreich

Die **ordentliche Gerichtsbarkeit** ist geregelt in: Gerichtsorganisationsgesetz (GOG, 1986), Zivilprozessordnung (ZPO) und Jurisdiktionsnorm (beide 1895), Strafprozessordnung (StPO, 1873 in der Fassung von 1975).
Bezirksgericht. *Zivilsachen:* Vermögensrechtl. Streitigkeiten (Streitwert bis zu 100000 Schilling) und bestimmte andere Streitsachen (z.B. Besitzstörung). Das Arbeitsgericht ist verwaltungsmäßig mit dem Bezirksgericht vereinigt, funktionell selbstständig.
Strafsachen: Übertretungen, Mitwirkung an Voruntersuchungen.
Landes-(Kreis-)Gericht. *Zivilsachen:* in erster Instanz alle bürgerl.-rechtl. Streitigkeiten, für die das Bezirksgericht nicht zuständig ist. Berufungs- und Rekursinstanz gegen Urteile der Bezirks- und Arbeitsgerichte. Das Handelsgericht (Wien) entscheidet über alle handelsrechtl. Streitfälle.
Strafsachen: in erster Instanz alle Verbrechen und Vergehen; bei schweren Verbrechen und polit. Vergehen als Geschworenengericht. Berufungs- und Beschwerdeinstanz in Übertretungsfällen.
Der Jugendgerichtshof ist Erkenntnisgericht und Berufungsinstanz in Strafsachen Jugendlicher.
Oberlandesgericht. *Zivil-* und *Strafsachen:* Berufungs- und Rekursinstanz gegen erstinstanzl. Urteile und Beschlüsse der Landes-(Kreis-)Gerichte und des Handelsgerichts.
Oberster Gerichtshof (Wien). *Zivilsachen:* Instanz für Revisionen und Revisionsrekurse gegen Berufungs- und Rekursentscheidungen der Oberlandesgerichte, der Landes-(Kreis-)Gerichte und des Handelsgerichts.
Strafsachen: für alle Nichtigkeitsbeschwerden.
Verwaltungsgerichtshof (Wien), einziges Verwaltungsgericht, für Beschwerden gegen Rechtswidrigkeit von Bescheiden von Verwaltungsbehörden und Verletzung der Entscheidungspflicht.
Verfassungsgerichtshof (Wien), entscheidet bes. über Wahlanfechtungen und Verletzung von Grundrechten durch Verwaltungsbehörden; allein zuständig zur Prüfung der Verfassungsmäßigkeit von Gesetzen und Gesetzmäßigkeit von Verordnungen. Die Zuständigkeit wurde 1975 erweitert.

Schweiz

Die Rechtspflege liegt bei den Kantonen. Die Gerichtsverfassungen der Kantone sind sehr unterschiedlich.

1. kantonale Instanz. *Zivilsachen:* **Bezirks-, Amts-** oder **Zivilgericht;** daneben **Handels-** und **Gewerbegericht.**
Strafsachen: **Bezirks-, Amts-** oder **Strafgericht,** in einigen Kantonen **Geschworenengericht.**

2. kantonale Instanz (nicht überall vorgesehen).
Zivil- und Strafsachen: Obergericht oder Appellationsgericht.

Bundesrechtliche Berufungsinstanz. *Zivilsachen:* **Bundesgericht** (Lausanne) für Zivilstreitigkeiten zwischen Bund- und Kantonen oder unter diesen, zwischen Privaten und Bund oder Kantonen sowie auf Vereinbarung unter Privaten; Rechtsmittelinstanz ist die Berufung und die zivilrechtliche Beschwerde.
Strafsachen: **Kassationshof,** für die Überprüfung von Rechtsfragen. Für bestimmte schwere Verbrechen gegen Staat und öffentliche Ordnung: **Bundesstrafgericht** und **Bundesassisen** (Geschworenengericht) als einzige Instanz.

ten die Römer nur das Dekumatland hinter dem Limes behaupten. Auch Böhmen und Mähren wurden von den G. bewohnt. Weitere german. Stämme siedelten auch auf dem linken Rheinufer, zunächst noch im Hoheitsbereich der Römer. Viele G. dienten im röm. Heer. Im 3. Jh. n. Chr. durchbrachen die G. den Limes. In der →Völkerwanderung schufen sie auf dem Boden des Röm. Reichs neue Staaten, die zur Grundlage der abendländ. Staatenwelt wurden.
Die älteste Stammeseinteilung ist bei dem röm. Historiker Tacitus überliefert (Ingwäonen, Istwäonen und Herminonen). Nach Siedlungsgebiet und Kultur heben sich in den ersten Jh. n. Chr. folgende Gruppen ab: Nordsee-G., Rhein-Weser-G., Elb-G. (Elbsweben), Weichsel-G., Oder-Warthe-G., Ostsee-G. Erst im 3. Jh. kam es zum Zusammenschluss der historisch bekannten Großstämme (Alemannen, Franken, Sachsen, Goten u.a.). – Nach den Berichten antiker Schriftsteller waren die G. vorwiegend von hohem Wuchs, hatten rötlich blondes Haar und blaue Augen. Ihre Tracht und Bewaffnung ist auf röm. Kunstwerken (Triumphsäulen, Gemmen, Münzen, Grabsteinen u.a.) des 1. bis 4. Jh. n. Chr. sowie auf german. Kunstwerken seit dem 7. Jh. dargestellt und durch Moorleichenfunde bezeugt.
Kunst. Wie in vielen bäuerl. Kulturen waren bei den G. die meisten Gegenstände urspr. schlicht und zweckgebunden. Schon in der Bronzezeit zeigten Waffen, Geräte und Fibeln starke Ornamentik (gepunzte Kreise und Linien, die sich zu Spiralbändern entwickelten). Während der Völkerwanderungszeit wurden auch byzantin., oriental. und provinzialröm. Einflüsse aufgenommen. Geschnitzte Arbeiten aus Walrosselfenbein sowie Steinplastiken (Runensteine, Grabsteine aus der Merowingerzeit) blieben erhalten.
Religion. Zeugnisse über Religion und Kulturleben

sind spärlich. Als ältester Himmelsgott erscheint **Ziu** (Týr), der etwa um Christi Geburt von **Wodan** (Odin), dem Gott der Helden und Erfinder, der Dichtkunst und Runenschrift, verdrängt wurde. Neben ihm stand bes. der Bauerngott **Donar** (Thor) als Gestalt des Volksglaubens. Diese Gestalten gehörten zur Götterfamilie der Asen. Neben diesen lebten die Vanen (Freyr, Nerthus u. a.) als Vegetationsgottheiten. Beider Gegner waren die Riesen. In heiligen Hainen fanden Gottesdienste statt, Tempel waren urspr. unbekannt. Es gab keinen geschlossenen Priesterstand. Das Gemeinschaftsleben beherrschte die Sippe.

Kunst der **Germanen** Adlerfibel; ostgotische Arbeit (um 500)

Germania, 1) Germanien, im Altertum das von den Germanen bewohnte Land zw. Rhein, Donau und Weichsel; daneben die 2 röm. Prov. **G. superior** (Hauptort Mainz) und **G. inferior** (Köln). – **2)** Personifikation Germaniens bzw. Dtl.s, in der röm. Kunst als trauernde Gefangene, im Hoch-MA. als gekrönte Frau, im 19. Jh. als Walküre.

Germanicus, Gaius Julius Caesar, röm. Feldherr, * 15 v. Chr., † 19 n. Chr.; Sohn des Drusus, bekämpfte 14 bis 16 n. Chr. die Germanen.

Germanischer Lloyd [- lɔɪd], Hamburg, dt. Schiffsklassifikationsgesellschaft, gegr. 1867; erlässt behördl. anerkannte Vorschriften für Bau und Reparatur von Handelsschiffen.

Germanisches Nationalmuseum in Nürnberg, 1852 gegr.; größte Sammlung dt. Kunst und Kulturgesch., Frühzeit bis 20. Jahrhundert.

germanische Sprachen, im Ost- und Nordseeraum beheimatete indogerman. Sprachgruppe. Heute bestehen 4 bzw. 6 **westgerman.** Sprachen (Englisch, Deutsch, Niederländisch, Reste des Friesischen sowie Jiddisch und Afrikaans) und 5 **nordgerman.** Sprachen (Schwedisch, Dänisch, Norwegisch, Isländisch, Färöisch). Die Sprachen der Goten, Langobarden, Wandalen, Burgunder u. a. sind ausgestorben. Durch die german. →Lautverschiebung werden die g. S. deutlich aus dem Gemein-Indogerman. herausgehoben. Über die Schrift der Germanen →Runen.

Germanistik *die,* **1)** i. w. S.: Wiss. von der Gesamtkultur der Germanen, ihrer Gesch., Sprache, Sitte usw. – **2)** i. e. S.: Wiss. von den german. Sprachen und Literaturen; häufig nur: dt. Philologie.

Germanium *das,* Symbol **Ge,** chem. Element mit ausgeprägten Halbleitereigenschaften, OZ 32, relative Atommasse 72,59, D 5,3 g/cm^3. Darstellung als Nebenprodukt der Kupfer- und Zinkgewinnung. Als Halbleiter weitgehend vom Silicium verdrängt; noch für spezielle Bauelemente verwendet.

Germer *der,* Gattung der Liliengewächse in der nördl. gemäßigten Zone. Der Wurzelstock des **Weißen G.,** einer bis 1,5 m hohen giftigen Gebirgsstaude mit gelblich weißen Blüten, kann Tod durch Herzversagen und Atemstillstand bewirken.

Germiston [ˈdʒəːmɪstən], Stadt in der Rep. Südafrika, 134 000 Ew.; Goldraffinerie, vielseitige Ind.; Bahnknotenpunkt, ✈.

Gernrode, Stadt in Sa.-Anh., am NO-Rand des Harzes, 3 700 Ew.; otton. Stiftskirche des ehem. Kanonissenstifts St. Cyriakus, darin Hl. Grab mit figürl. Schmuck.

Gero, Markgraf Ottos d. Gr. in der Elbmark, † 965; unterwarf die wend. Stämme bis zur Oder, unterdrückte 955 einen Slawenaufstand.

Gerona [xe-], amtl. katalan. **Girona** [(d)ʒ-], Hauptstadt der span. Prov. G., 71 200 Ew.; got. Kathedrale, Korkind.; ✈.

Geronten, im alten Griechenland die Ältesten des Volks; in Sparta Mitglieder der **Gerusia,** des Rats der Alten, neben Königen und Ephoren (→Ephoros) das wichtigste Organ der Verfassung.

Gerontologie *die,* Alternsforschung (→Alter).

Gerschom Ben Jehuda, Talmudgelehrter, * um 960, † 1028; Rektor der Mainzer Talmudakademie, schuf die Grundlagen der bibl. und talmud. Gelehrsamkeit der frz. und dt. Juden.

Gershwin [ˈgəːʃwɪn], George, amerikan. Komponist und Pianist, * 1898, † 1937; »Rhapsody in Blue« (1924), Oper »Porgy and Bess« (1935) u. a.

Germanen. Siedlungsräume germanischer Stämme

Gerson [ʒɛrˈsɔ̃], Jean de, frz. Theologe, Kanzler der Sorbonne, * 1363, † 1429; Gegner von Hus und Wyclif, Vertreter des Konziliarismus.

Gerstäcker, Friedrich, dt. Erzähler, * 1816, † 1872; Reiseschilderungen, Überseeromane (»Die Flußpiraten des Mississippi«, 1848).

Gerste, Grasgattung, als Getreidepflanzen in versch. Zuchtformen verbreitet. Die angebauten Arten haben lang begrannte Ähren und sind Sommer- oder Winterfrucht. Das Korn gibt Mehl, Malz zu Bier **(Brau-G.)**, auch Schweinefutter **(Futter-G.)**.

Gerstenberg, Heinrich Wilhelm v., dt. Dichter, * 1737, † 1823; erstes Trauerspiel des Sturm und Drang »Ugolino« (1768).

Gerstenkorn, ⚕ eitrige Entzündung einer Wimperntalgdrüse **(äußeres G.)** oder einer Lidknorpeldrüse **(inneres G.)** des Ober- oder Unterlides. Behandlung: warme Umschläge, antibiotikahaltige Salben.

Gerstl, Richard, österr. Maler, * 1883, † 1908; zunächst dem Jugendstil verpflichtet, entwickelte einen expressiven pointillist. Stil.

Gerstner, Karl, schweizer. Grafiker, Maler, * 1930; auch kunsttheoret. Untersuchungen.

Geruchssinn, Geruch, Riechvermögen, bildet zus. mit dem Geschmackssinn den chem. Sinn der Lebewesen. Sinnesorgan ist die Riechschleimhaut der Nase.

Gerundium *das,* lat. Grammatik: Beugungsform des Infinitivs, z. B. »die Kunst des Schreibens«.

Gerundivum *das,* lat. Grammatik: Verbaladjektiv zum Infinitiv, das die Notwendigkeit eines Verhaltens ausdrückt, z. B. »eine zu lobende Tat«.

Gervinus, Georg Gottfried, dt. Geschichtsforscher, * 1805, † 1871; einer der Göttinger Sieben, schrieb »Geschichte des 19. Jh. seit den Wiener Verträgen« (1855 bis 1866).

Gesamthandsgemeinschaft, ⚖ bes. Art der Gemeinschaft, bei der nur alle Gesamthänder gemeinsam über das **Gesamthandsvermögen** verfügen können, aber keiner über seinen Anteil allein. G. sind die Gesellschaft des bürgerl. Rechts, die offene Handelsgesellschaft, die ehel. Gütergemeinschaft, die Erbengemeinschaft.

Gesamthochschule, Hochschule, in der bisher selbstständige Institutionen (Univ., TH, PH, Medizin., Tierärztliche, Musik-, Kunst-, Sport- und Ingenieurhochschulen) jeweils innerhalb der gleichen Fachrichtung organisatorisch und verwaltungsmäßig zusammengeschlossen sind. G. bestehen in Kassel, Duisburg, Essen, Paderborn, Siegen, Wuppertal, Hagen (Fernuniversität). Auch die Bundeswehruniv. sind als G. eingerichtet.

Gesamtschuldner, mehrere Schuldner, die eine Leistung in der Weise schulden, dass jeder die ganze Leistung zu bewirken hat, der Gläubiger die Leistung aber nur einmal fordern kann. Die G. sind untereinander zur Ausgleichung verpflichtet.

Gesamtschule → Schule.

Gesandter, diplomatischer Vertreter eines Staats. 3 Rangstufen: 1) Botschafter und Apostol. (päpstl.) Nuntien. 2) Gesandte, Minister, Apostol. Internuntien. 3) Geschäftsträger (Chargé d'affaires).

Gesang, 1) die von einem einzelnen (Solo-G.) oder von mehreren Sängern zugleich (Chor-G.) ausgeübte Tätigkeit des Singens; auch die abgeschlossene musikal. Einheit (das G.-Stück, Lied). – **2)** In der Literatur längerer Abschnitt in Versdichtungen, z. B. in Klopstocks Epos »Der Messias« (20 Gesänge). – **3)** ♡ rhythm. Lautäußerungen von Tieren, wie sie v. a. bei Vögeln vorkommen; dienen u. a. der Revierabgrenzung oder -verteidigung und stehen oft in enger Beziehung zum Fortpflanzungsverhalten.

gesättigte Kohlenwasserstoffe, ⚗ zu den aliphat. Kohlenwasserstoffen gehörende organ. Verbindungen, in denen keine Mehrfachbindungen auftreten.

Gernrode. Stiftskirche Sankt Cyriakus (10. Jh.)

Gesäuse *das,* Durchbruchstal der Enns, in den Österr. Alpen, zw. Admont und Hieflau.

Geschäftsbedingungen → Allgemeine Geschäftsbedingungen.

Geschäftsbericht, Bericht eines Unternehmens zur Erläuterung des Jahresabschlusses und der wirtschaftl. Situation. Seit Inkrafttreten des Bilanzrichtliniengesetzes von 1985 ist der Erläuterungsteil Bestandteil des Jahresabschlusses, die wirtschaftl. Situation ist seitdem im Lagebericht darzustellen.

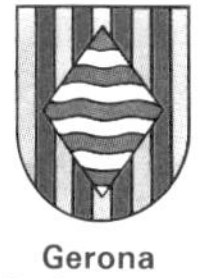

Gerona
Stadtwappen

Geschäftsfähigkeit, ⚖ Fähigkeit, Rechtsgeschäfte rechtsgültig vorzunehmen; sie wird in der Regel mit Eintritt der Volljährigkeit erlangt. **Geschäftsunfähig** sind: 1) Kinder bis zum 7. Lebensjahr, 2) Geistesgestörte, 3) wegen Geisteskrankheit unter das Betreuungsges. fallende Personen; **beschränkt geschäftsfähig** sind: 1) Personen zw. 7 und 18 Jahren, 2) wegen Geistesschwäche, Verschwendung, Trunksucht oder Rauschgiftsucht unter Betreuung oder Vormundschaft gestellte Personen. Beschränkt Geschäftsfähige können ohne Zustimmung des gesetzl. Vertreters nur Rechtsgeschäfte vornehmen, die ihnen einen rechtl. Vorteil bringen.

George Gershwin

Geschäftsführer, 1) wer ein fremdes Geschäft besorgt. – **2)** gesetzl. Vertreter einer GmbH.

Geschäftsgeheimnis, Betriebsgeheimnis, die Pflicht des Arbeitnehmers zur Verschwiegenheit, bes. über Tatsachen und Einrichtungen eines Betriebs, die geheim sind.

Geschäftsjahr, Zeitabschnitt, für den die Jahresbilanz aufgestellt wird, darf kürzer, aber nicht länger als 12 Monate sein.

Geschäfts|ordnung, Regeln, nach denen eine Behörde, Körperschaft oder Versammlung ihre Geschäfte führt, meist in Form einer Satzung schriftlich niedergelegt.

Geschäftsträger → Gesandter.

Geschichte, 1) Geschehenszusammenhang, in dem die Menschheit als ganze **(Welt-, Universal-G.)** oder ein Kulturkreis, ein Staat, ein Volk, eine Stadt erwachsen ist und sich verändert hat. – **2)** seine Darstellung durch die **G.-Schreibung.** Die **G.-Wiss.** untersucht und sichtet die Quellen, das sind teils mündl. (Überlieferung, Sage), teils schriftl. Quellen (Inschriften, Urkunden und Akten, Aufzählung von Ereignissen in Jahrbüchern [Annalen] und allgemeineren alten Geschichtswerken [Chroniken]); teils Sitten und Gebräuche, Bauten, Geräte, Kleider, Waffen, Münzen, Schmuck, Bilder und Ausgrabungsfunde aller Art. Mit der vorbereitenden Untersuchung der Quellen beschäftigen sich die **geschichtl. Hilfswiss.,** z. B. Inschriftenkunde, Urkundenlehre, Münzkunde, Wappenkunde usw. Die histor. Kritik hat über Echtheit, Ursprung und Wert der Quellen zu entscheiden. **G.-Philosophie,** die Lehre von den allg. Gesetzlichkeiten und dem Sinn der G., auch von den Grundbegriffen, Grundsätzen und der log. Eigenart des geschichtswiss. Denkens. **G.-Klitterung,** verfälschende G.-Schreibung.

Geschiebe *das,* ⊕ durch Wasser oder Gletscher abgeschliffene Gesteinsstücke. **G.-Mergel,** kalkhaltiger Mergel mit G., die Grundmoräne der Eiszeit, durch Auslaugung wird sie zu **G.-Lehm.**

Geschirr, 1) Haus- und Wirtschaftsgeräte, bes. Gefäße. – **2)** Lederzeug für Reit- und Zugtiere. – **3)** Schäfte an Webstühlen.

Gesenk
a Ober-, b Untergesenk, c Werkstück

Geschlecht, 1) männl. und weibl. Form der Lebewesen, die durch Verschiedenheit ihrer G.-Organe bestimmt wird (primäre G.-Merkmale). Sekundäre G.-Merkmale (Bartwuchs und tiefe Stimme des Mannes, Brüste und Fettpolster der Frau) werden durch Hormone hervorgerufen. Lebewesen, die beide Arten von G.-Organen haben, bezeichnet man als Zwitter (die meisten Blütenpflanzen, einige niedere Tiere), im andern Falle spricht man von getrenntgeschlechtigen Lebewesen. – **2)** Ⓢ Einteilung der Substantive in 3 G.: männlich, weiblich, sächlich. – **3)** Gesamtheit der Angehörigen eines Familienverbands.

Geschlechtsbestimmung, genet. Festlegung des jeweiligen Geschlechts eines Organismus (oder bestimmter Bezirke) oder die Erkennung **(Geschlechtsdiagnose)** des Geschlechts. Die G. vor der Geburt ist beim Menschen mittels Chromosomenanalyse aus den Zellen des Fruchtwassers bereits um die 16. Schwangerschaftswoche möglich. Neben der Chromosomenanalyse kann die einfachere Darstellung des X- oder Y-Chromatins eingesetzt werden: z. B. das X-Chromatin als **Barr-Körperchen** (kondensiertes X-Chromosom) u. a. aus Mundschleimhautzellen.

Geschlechtshormone, Sexualhormone, i. w. S. alle Hormone, die Geschlechtsmerkmale, Sexualität und Fortpflanzung beeinflussen; i. e. S. die **Keimdrüsenhormone;** diese sind chemisch Steroide (Sexualsteroide) und lassen sich in männl. (Androgene) und weibl. (Östrogene und Gestagene) unterteilen.

Geschlechtskrankheiten, meldepflichtige Infektionskrankheiten, die meist beim Geschlechtsverkehr durch bestimmte Erreger übertragen werden (→ Aids, → Tripper, → Syphilis, weicher → Schanker). Behandlung gesetzlich geregelt.

Geschlechts|organe, Genitali|en, Fortpflanzungsorgane der Lebewesen, i. d. R. gegliedert in **innere G.** (Keimdrüsen und Ausführgänge) und **äußere G.** (Begattungsorgane).

Geschlechtsreife, die → Pubertät.

Geschlechtstrieb → Sexualität.

Geschlechtsverkehr, Koitus, Beischlaf, genitale Vereinigung beim Menschen durch Einführen des Penis in die Vagina (entspr. der Begattung bei Tieren); biolog. Funktion des G.: Übertragung männl. Keimzellen in den weibl. Organismus mit der mögl. Folge einer Befruchtung und Schwangerschaft; psycholog. Funktion: v. a. Befriedigung des Geschlechtstriebs.

Geschlechtswort, Artikel, Ⓢ bestimmtes G.: der, die, das; unbestimmtes G.: ein, eine, ein.

Geschmack, 1) G.-Sinn, Wahrnehmung von sauer, süß, bitter, salzig. Alle anderen G.-Arten werden vom Geschmacks- und vom Geruchssinn wahrgenommen. Aufnehmende Sinnesorgane für G.-Reize sind die **G.-Knospen,** bes. Zellen der Zungen- und Mundschleimhaut. – **2)** Ü Schönheitssinn (»guter G.«).

Geschmacksmuster, Muster, Modelle, die als Vorbild für die Gestaltung von Ind.erzeugnissen dienen; dagegen dienen Gebrauchsmuster prakt. Zwecken (→ Musterschutz).

Geschiebe (gekritzt)

Geschmacksverstärker, in der Lebensmitteltechnik Substanzen ohne ausgeprägten Eigengeschmack, die in Lebensmittelzubereitungen deren Geschmack verstärken, z. B. Natriumglutamat.

Geschoss, 1) Körper, der mit einer Waffe verschossen oder abgeworfen wird oder sich durch Eigenantrieb ins Ziel bewegt. – **2)** Stockwerk: Erd-G., Dachgeschoss.

Geschütz, Hauptwaffe der Artillerie. Nach Kaliber und Geschossgewicht unterscheidet man leichte, schwere und schwerste G., nach Art der Flugbahn Flachfeuer-, Steilfeuer- und in beiden Flugbahnen schießende G.; G. zur Flug- und Panzerabwehr. Ortsfeste G. sind Festungs-, Schiffs-, Küstengeschütze.

Geschwader, Verband von Kriegsschiffen oder Flugzeugen.

Geschwindigkeit, bei gleichförmiger Bewegung in der Zeiteinheit zurückgelegter Weg. **G.-Messer** → Tachometer.

Geschwister, Brüder und Schwestern. **G.-Kind,** Neffe oder Nichte.

Geschworener, frühere Bezeichnung für Schöffe (→ Schöffengericht).

Geschwulst, ⚕ **1)** i. w. S. jede örtlich begrenzte Schwellung von Gewebsteilen **(Tumor).** – **2)** i. e. S. krankhafte Gewebeneubildung **(Neoplasma),** z. B.

Geschlechtsorgane der Frau (links) und des Mannes

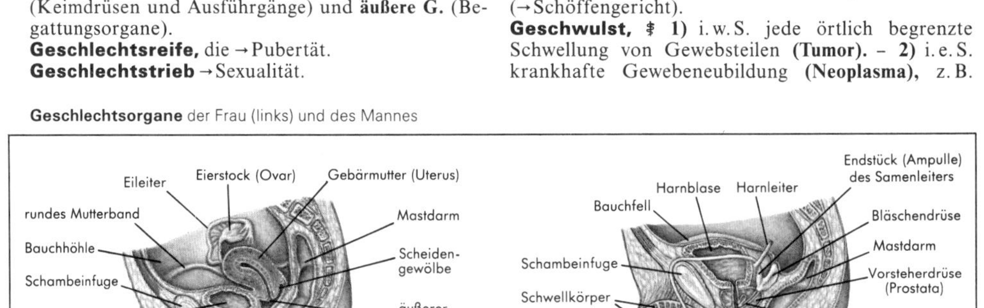

Zellwucherung. **Gutartige G.** wachsen langsam und gefährden gewöhnlich das Leben ihres Trägers nicht. **Bösartige G.** wachsen schnell und zerstörend in Nachbargewebe vor und können zum Ausgangspunkt von Tochter-G. (Metastasen) werden. (→Krebs, →Sarkom)

Geschwür, lat. **Ulcus,** örtl. begrenzter Gewebsverlust der Haut oder Schleimhaut, entzündlich, schlecht heilend. Ursachen: u.a. dauernde örtl. Schädigung, Störung des Blutkreislaufs (Unterschenkel-G. bei Krampfadern), Infektionen.

Geselle, Handwerker, der eine ordnungsgemäße Lehrzeit (meist 3 Jahre) durchlaufen und die **Gesellenprüfung** bestanden hat.

Gesellschaft, i.w.S. die Verbundenheit von Lebewesen (Pflanzen, Tiere, Menschen) mit anderen ihrer Art und ihr Eingeschlossensein in den gleichen Lebenszusammenhang; allein auf den Menschen bezogen meint G. die Menschheit schlechthin oder bestimmte begrenzte Teile davon (z.B. die Menschen einer Nation) und weist auf deren Gliederung, (Rang-)Ordnung und bes. strukturiertes Beziehungssystem hin. In Bezug auf die jeweilige wirtschaftl. und polit.-staatl. Ordnung unterscheidet man versch. **G.-Systeme** (z.B. Agrar-G., Industrie-G.). **G.-Kritik** an als ungerecht, unmenschlich oder dem göttl. Willen widersprechend empfundenen gesellschaftl. Verhältnissen geht oft vom Vergleich mit vergangenen, real existierenden oder auch zukünftig gedachten **(G.-Utopie)** G.-Ordnungen aus.

Gesellschaft des bürgerlichen Rechts, nichtrechtsfähiger Zusammenschluss zweier oder mehrerer Personen zur Erreichung eines gemeinsamen Zwecks. Für G.-Schulden haften die Gesellschafter als Gesamtschuldner (§§ 705 ff. BGB).

Gesellschaft für deutsche Sprache, gegr. 1947, zur Pflege der dt. Sprache; Sitz Wiesbaden. Zeitschriften: »Muttersprache«, »Sprachdienst«.

Gesellschaft Jesu, die →Jesuiten.

Gesellschaft mit beschränkter Haftung, Abk. **GmbH,** Handelsgesellschaft mit eigener Rechtspersönlichkeit und bestimmtem Kapital (**Stammkapital,** mindestens 50 000 DM), das von den Gesellschaftern durch Einlagen (**Stammeinlagen,** mindestens 500 DM) aufgebracht wird. Sie wird durch eine oder mehrere Personen gegründet, die einen Gesellschaftsvertrag (Satzung) in notarieller Form abschließen. Geschäftsführung und Vertretung durch einen oder mehrere Geschäftsführer, oberstes Organ ist die Gesellschafterversammlung. Hat die Gesellschaft mehr als 500 Arbeitnehmer, muss ein Aufsichtsrat bestellt werden. Die Haftung der Gesellschafter ist auf das Gesellschaftsvermögen beschränkt.

Gesellschafts|inseln, vulkanische Inselgruppe Französisch-Polynesiens, 1 647 km², rd. 130 000 Ew.; Hauptinsel: Tahiti. Ausfuhr: Kopra, Vanille, Perlmutter, Phosphat.

Gesellschaftstanz, Tanzformen bei gesellschaftl. Festen; Ggs.: Bühnentanz.

Gesellschaftsvertrag →Vertragslehre.

Gesenk, ⚙ stählerne Hohlform zur Formgebung beim G.-Schmieden.

Gesetz, 1) Richtschnur, Regel. – **2)** ⚖ allg. Rechtsvorschrift, nach der Staatsbürger und Behörden handeln sollen. – **3)** →Naturgesetz.

Gesetzestafeln, A.T.: Steintafeln der →Zehn Gebote.

Gesetzgebung, Rechtsetzung durch den Gesetzgeber (Staatsorgane), gesetzgebende Gewalt **(Legislative).**

Gesetzgebungsnotstand, in Dtl. ein verfassungsmäßiger Zustand, in dem die Handlungsunfähigkeit der Reg. ein bes. Gesetzgebungsverfahren (Artikel 81 GG) auslöst. Der Bundespräs. kann auf Antrag der Reg. den G. für eine als dringlich bezeichnete Gesetzgebungsvorlage erklären, wenn der Bundeskanzler nicht das nachgesuchte Vertrauen des Bundestags findet, dieser aber weder einen Nachfolger wählt noch aufgelöst wird. Die Vorlage wird nach Erklärung des G. erneut im Bundestag eingebracht und wird Ges., wenn der Bundesrat sie erneut ablehnt oder sie nicht innerhalb von vier Wochen verabschiedet, wenn der Bundesrat zustimmt. Ist der G. erklärt, kann während der Amtszeit eines Bundeskanzlers innerhalb von 6 Monaten jedes weitere vom Bundestag abgelehnte Ges. als Notstandsges. erlassen werden.

Geschütz. Feldhaubitze der Bundeswehr

gesetzlicher Vertreter, Stellvertreter, dessen Vertretungsmacht auf Gesetz beruht; z.B. Vater und Mutter als g. V. ihres minderjährigen Kinds.

Gesicht, Angesicht, Antlitz, Facies, die vordere Fläche des Kopfes.

Gesichtsfeld, 1) mit unbewegtem Auge übersehbarer Teil des Raums. – **2)** bei opt. Instrumenten der sichtbare Bildausschnitt.

Gesichtskreis, der →Horizont.

Gesichtsmuskellähmung →Facialis.

Gesichtsplastik, Maßnahmen der plast. Chirurgie zur Wiederherstellung der Gesichtsformen und der Bewegungsfunktionen, wenn diese verbildet oder zerstört sind, manchmal auch aus rein kosmet. Gründen, z.B. Facelifting.

Gesichtsrose →Wundrose.

Gesichts|sinn, Sehvermögen. (→Auge)

Gesims, das →Sims.

Gesira *die,* **Gezira,** das wichtigste und am dichtesten bevölkerte Agrargebiet der Rep. Sudan, südl. Khartum; Baumwollpflanzungen.

Gesner, Conrad, schweizer. Polyhistor und Naturforscher, * 1516, † 1565; Prof. der Naturkunde in Zürich; Tier- und Pflanzensystematik.

Gespenstschrecken, Gespenstheuschrecken, Ordnung der Geradflügler mit ast- oder blattförmigem Körper. Arten: **Stabheuschrecken, Wandelndes Blatt.**

Geßler, tyrann. Landvogt in der Tellsage.

Geßner, Salomon, schweizer. Dichter, Maler, * 1730, † 1788; »Idyllen« (1756), Epos »Der Tod Abels« (1758).

Gestagene →Geschlechtshormone.

Gestaltungsklage, ⚖ eine Klage, die eine Umgestaltung der Rechtslage unter den Parteien anstrebt (z.B. Ehescheidung).

Geständnis, Strafrecht: das Zugestehen von Tatsachen, die für die Schuldfrage erheblich sind, durch den Beschuldigten; unterliegt der freien Beweiswürdigung, das Gericht braucht ihm nicht zu folgen. Die Erzwingung eines G. ist verboten.

Gestapo →Geheime Staatspolizei.

Gesteine, Gemenge von Mineralien der äußeren Erdkruste. 1) **Magmat. G., Erstarrungs-G., Eruptiv-G.,** aus dem erstarrten Schmelzfluss (Magma) des Erdinnern entstanden, entweder in tieferen Schichten der Erdkruste **(pluton., Tiefen-G.),** z.B. Granit, Syenit, oder an der Erdoberfläche **(vulkan., Erguss-G.),** z.B. Basalt, Diabas. 2) **Schicht-** oder **Sediment-G.,** entstan-

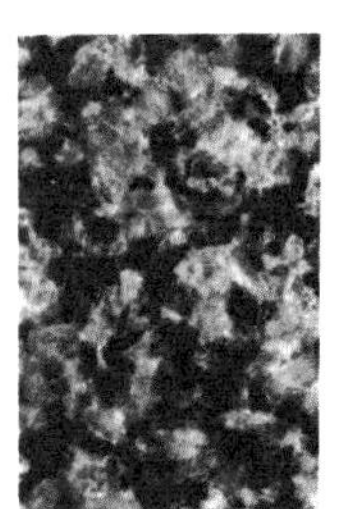
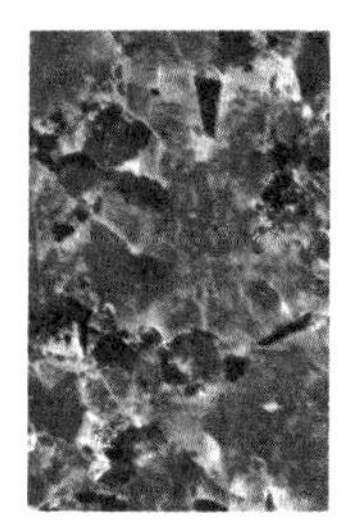
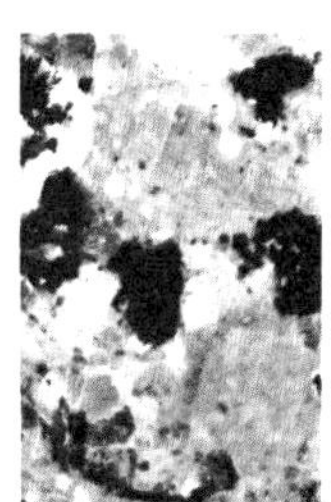
Gesteine
Impala-Syenit, Gotenrot-Granit, Kleinwendern-Granit (von oben)

den durch Absatz der in Wasser gelösten (z. B. Steinsalz, Gips) oder aufgeschwemmten (z. B. Sand, Schlamm) Mineralien. 3) **Metamorphe G.,** Erstarrungs- oder Absatzgesteine, die durch physikal. und chem. Einflüsse umgewandelt worden sind; z. B. durch Nachbarschaft von Ergussgestein **(Kontakt-G.),** z. B. Hornfels, oder durch Druck und Wärme **(kristalline Schiefer),** z. B. Gneis.

Gestirn *das,* Himmelskörper: Sonne, Mond, Planeten, Kometen und Fixsterne.

Gestüt, Anstalt zur Pferdezucht. **Gestütsbuch,** Zuchtstammbuch; **Gestütsbrand, -zeichen,** Brandzeichen der Gestütpferde.

Gesundheits|amt, staatl. Behörde des öffentl. Gesundheitsdienstes, Leitung: Amtsarzt.

Gesundheitsreformgesetz, Bezeichnung für die gesetzl. Maßnahmen (seit 1989) zur Kostendämpfung im Gesundheitswesen; sehen stärkere Eigenbeteiligung der gesetzlich Versicherten vor. Die am 1. 1. 1993 in Kraft getretene 2. Reform des Gesundheitswesens gab den Kassenärzten für Verschreibungen ein Budget vor und verfügte Zulassungsbeschränkungen für Ärzte. 1994 wurde die Staffelung der Patientenselbstbeteiligung nach der Packungsgröße der verordneten Arzneimittel eingeführt. 1997 wurden im Rahmen zweier Neuordnungsges. zur gesetzl. Krankenversicherung u. a. alle Zuzahlungen der Versicherten (mit Ausnahme der für Kuren) erhöht.

Gesundheitswesen, öffentliches G., die Gesamtheit der staatlichen Einrichtungen zur Förderung und Erhaltung der Gesundheit der Bevölkerung sowie zur Vorbeugung und Bekämpfung von Krankheiten oder Seuchen.

Gesundheitszeugnis, ärztl. Bescheinigung zur Vorlage bei Behörden und Dienststellen; gibt u. a. Auskunft, ob der Zeugnisinhaber frei von ansteckenden Krankheiten ist.

Gethsemane, Garten am Ölberg bei Jerusalem, wo Jesus gefangen genommen wurde.

Getreide, Pflanzen, die wegen ihrer stärkemehlreichen Samen für die menschl. Ernährung angebaut werden. Wichtigste Arten für Europa: Weizen, Roggen, Gerste, Hafer, Mais, verschiedene Hirsen; für Asien: Reis; für Afrika: Mohrenhirse; für Amerika: Weizen und Mais.

Getreide
Weizen, Roggen, Gerste (von links)

Getriebe, ⚙ alle mechan. Einrichtungen zur Weiterleitung oder Umformung von Bewegungen. Arten: **Räder-, Zugmittel- (Riemen-), Schraub-, Kurbel-, Kurven-, Sperrgetriebe.**

Getto → Ghetto.

Gettysburg [ˈgetɪzbəːg], Stadt in Pennsylvania, USA, 7000 Ew.; Eisenerzgruben, Steinbrüche. – Die **Schlacht bei G.** (1. bis 3. 7. 1863) war der Wendepunkt im Sezessionskrieg.

Getz, Stan[ley], amerikan. Jazzmusiker (Tenorsaxophonist), * 1927, † 1991.

Geusen [frz. gueux »Bettler«] *Pl.,* Spott-, später Ehrenname der niederländ. Freiheitskämpfer gegen die span. Herrschaft im 16. Jahrhundert.

GeV, Zeichen für **Giga|elektronvolt,** bes. in der Hochenergiephysik benutzte Energieeinheit; 1 GeV = 1 Mrd. eV.

Gevelsberg, Stadt in NRW, im Sauerland, 33 800 Ew.; Metall verarbeitende und Elektroindustrie.

Gewächshaus, künstlich erwärmtes Glashaus für temperaturempfindl. Pflanzen und zur frühzeitigen Erzeugung von Blüten und Früchten **(Treibhaus).** Das **Kalthaus** (Orangerie) dient als Winterschutz für südländ. Gewächse (bis 12 °C); das **temperierte Haus** (12 bis 18 °C) zu Sämlings- und Stecklingsanzucht; das **Warmhaus** (ab 18 °C) für Tropenpflanzen.

Gewährleistung → Mängelhaftung.

Gewahrsam, ⚖ **1)** Freiheitsentzug. – **2)** tatsächl. Herrschaft einer Person über eine Sache.

Gewalt, Anwendung von phys. und psych. Zwang gegenüber Menschen; umfasst 1) die rohe, gegen Sitte und Recht verstoßende Einwirkung auf Personen, 2) das Durchsetzungsvermögen in Macht- und Herrschaftsbeziehungen (z. B. Staats-G.); 3) Ü auch im Sinne von Kraft (z. B. Natur-G.), Verfügungsmacht (z. B. Schlüssel-G.).

Gewaltentrennung, Gewaltenteilung, Unterteilung der Staatsgewalt in Exekutive (vollziehende Gewalt), Legislative (Gesetzgebung), Jurisdiktion (Rechtsprechung) und deren Zuweisung an unabhängige Staatsorgane (Regierung, Parlament, Gerichte) zur Verhinderung von Machtmissbrauch und zur rechtsstaatl. Sicherung der bürgerl. Freiheiten. Von J. Locke 1690 formuliert und von C. de Montesquieu 1748 weiterentwickelt. Für Dtl. im GG (Artikel 20) festgelegt.

Gewandhaus, im MA. Lager- und Messehaus der Tuchhändlerzünfte (Tuchhalle). **G.-Konzerte,** seit 1781 in Leipzig bestehende Konzerte; seit 1884 im neuen G. (im 2. Weltkrieg zerstört, Neubau 1977 bis 1981).

Gewässerkunde → Hydrologie.

Gewebe, 1) Erzeugnis der Weberei. Kettfäden verlaufen in der Längs-, Schussfäden in der Querrichtung. – **2)** ⚘ ♉ ⚕ bei Pflanzen, Tieren und dem Menschen Verbände aus miteinander (oft über unmittelbare Verbindungen) in Zusammenhang stehenden Zellen annähernd gleicher Bauart und gleicher Funktion (einfache G.) oder zusammengesetzt aus zwei oder mehr Zelltypen (komplexe G.). Die Wiss. von den G. heißt **Histologie.**

Gewehr, langläufige Handfeuerwaffe für militär., jagdl. und sportl. Zwecke.

Geweih, ein Paar knochige, in Spitzen auslaufende Auswüchse, die sich bei männl. Hirschtieren (auch beim weibl. Rentier) auf bleibenden Fortsätzen (Rosenstöcke, G.-Stuhl) des Stirnbeins bilden; beim Rehbock **Gehörn,** bei Elch und Damhirsch **Schaufeln,** beim Hirsch **Stangen** genannt. Es wird meist jährlich abgeworfen und erneuert (»aufgesetzt«), wobei die Zacken (»Enden«) sich vermehren. Reh und Hirsch heißen je nach Endenzahl Spießer, Gabler, Sechsender, weiter Acht-, Zehnender usw., vom Zwanzigender an Kapitalhirsch.

Gewerbe, jede auf Erwerb gerichtete berufsmäßige Tätigkeit **(gewerbl. Wirtschaft, G.-Betrieb),** bes. Handwerk und Ind., ferner Handels-, Versicherungs-, Verkehrs-G. sowie persönl. Dienstleistungen. Manchmal wird unter G. nur die Tätigkeit in Kleinbetrieben verstanden im Ggs. zur Ind. oder Fabrik. Die das G. rechtlich regelnde **G.-Ordnung** von 1869 (in der Fassung vom 1. 1. 1987) vertritt den Grundsatz der **G.-Freiheit,** nach dem jedermann die Ausübung eines G. grundsätzlich erlaubt ist; für das Handwerk ist sie eingeengt durch die Handwerksordnung von 1953/65. Der **G.-Aufsicht** obliegt die Überwachung der arbeitsschutzrechtl. Bestimmungen.

Gewerbesteuer, eine Ertragsteuer, der alle inländ. Gewerbebetriebe unterliegen. Der Ertrag fließt den Gemeinden zu. Besteuerungsgrundlagen sind der Gewerbeertrag und das Gewerbekapital. Die diskutierte Reform der G. ist umstritten, v. a. hinsichtlich der Abschaffung der Gewerbekapitalsteuer.

gewerblicher Rechtsschutz, der Schutz der techn. Erfindungen (Patente, Gebrauchs- und Geschmacksmuster) und Marken sowie der Firmenbezeichnung, auch die Bekämpfung des → unlauteren Wettbewerbs.

Gewerkschaft, bergrechtliche G., dem Bergbau eigentüml. Gesellschaftsform (Kapitalges.): Die Anteile der Mitglieder **(Gewerken)** an der G. nennt man **Kuxen;** 1986 wurde die Auflösung der G. bzw. ihre Überführung in andere Rechtsformen bestimmt.

Gewerkschaften, Arbeitnehmerverbände zur Verbesserung der wirtschaftl. und sozialen Lage ihrer Mitglieder sowie zur Vertretung ihrer Belange, bes.

gegenüber den Arbeitgebern; in den meisten Ländern von großem sozialem, wirtschaftl., auch polit. Einfluss. Ziele: Vollbeschäftigung, Sicherung der Arbeitsplätze, Vergrößerung des Arbeitnehmeranteils am Sozialprodukt, Mitbestimmung, Verbesserung des Bildungs- und Ausbildungswesens, Schutzgesetze für Jugendliche, Frauen und Behinderte. Mittel zu ihrer Erreichung: Verhandlungen mit den Arbeitgebervereinigungen (Tarifvertrag) und Behörden, notfalls Streik.
In Dtl. sind die (1997) 13 Einheits-G. im →Deutschen Gewerkschaftsbund (DGB) zusammengefasst (1995: 9,7 Mio. Mitglieder), daneben bestehen als wichtigste G. die **Dt. Angestellten-G.** (DAG) mit 0,52 Mio. Mitgliedern, der **Dt. Beamtenbund** mit rd. 1 Mio. Mitgliedern und als Zusammenschluss christl. Arbeiter der **Christl. Gewerkschaftsbund Dtl.s** mit 0,3 Mio. Mitgliedern. – In der DDR bestand der →Freie Deutsche Gewerkschaftsbund (FDGB); seine Einzel-G. haben sich mit den westdt. G. zusammengeschlossen. – **Internat. Organisationen:** Internat. Bund Freier G. (IBFG), Weltgewerkschaftsbund (WGB; kommunist.), Internat. Bund Christl. G. (IBCG).
Bis 1933 gab es in Dtl. **Freie G.** (sozialistisch), **Christl.-nationale G., Hirsch-Dunckersche Gewerkvereine** (freiheitl.-national), **wirtschaftsfriedl.** (gelbe) **G.** und kommunist. Gruppen. 1933 wurden die G. zwangsweise in die Dt. Arbeitsfront eingegliedert. Ab 1945 wurden Einheits-G. errichtet, daneben Berufsverbände.

Gewicht, 1) die durch Wägung ermittelte Masse eines Körpers; Einheit: Kilogramm (kg). – **2)** die Kraft, die eine Masse infolge der auf sie einwirkenden Schwerkraft auf ihre Unterlage ausübt **(Gewichtskraft);** SI-Einheit: Newton. – **3)** Vergleichskörper von genau bestimmter Masse **(G.-Stück, Wägestück),** mit dem die Massen anderer Dinge durch Wägung bestimmt werden.

Gewichtheben, Schwerathletik: ein- oder beidarmiges Hochbringen eines Hantelgewichts. Man unterscheidet die Wettkampfdisziplinen **Reißen** (beidarmiges Hochbringen des Gewichts in einem Zug) und **Stoßen** (beidarmig aus der Schulterhöhe emporgestoßenes Gewicht).

Gewichtsklassen, Einteilung der Wettkämpfer nach dem Körpergewicht; üblich im Boxen, Ringen, Gewichtheben, Taekwondo, Karate, Judo und Rasenkraftsport.

Gewichtsklassen
(Gewicht in kg)

		Boxen Amateure	Ringen	Gewichtheben	Rasenkraftsport	Judo Männer	Judo Frauen	Taekwondo
Nadel	bis	–	–	–	–	–	–	48
Papier	bis	–	48	–	–	–	–	–
Halbfliegen	bis	48	–	–	–	–	–	–
Fliegen	bis	51	52	52	–	–	–	52
Bantam	bis	54	57	56	–	–	–	56
Feder	bis	57	62	60	65	–	–	60
Extraleicht	bis	–	–	–	–	60	48	–
Halbleicht	bis	–	–	–	–	66	52	–
Leicht	bis	60	68	67,5	70	73	57	64
Halbwelter	bis	63,5	–	–	–	–	–	–
Welter	bis	67	74	–	–	–	–	68
Halbmittel	bis	71	–	–	–	71	63	73
Mittel	bis	75	82	75	75	90	70	78
Halbschwer	bis	81	90	–	–	100	78	84
Leichtschwer	bis	–	–	82,5	82,5	–	–	–
Mittelschwer	bis	–	–	90	90	–	–	–
Schwer	bis	91	100	–	über 90	über 100	über 78	über 84
1. Schwer	bis	–	–	100	–	–	–	–
2. Schwer	bis	–	–	110	–	–	–	–
Superschwer	über	91	100	–	–	–	–	–

Gewinde, schraubenförmige Profilierung an Bolzen oder in Bohrungen für lösbare Verbindungen (→Schraube). Man unterscheidet **rechtsgängige** und **linksgängige G.,** der Form nach **Dreiecks-(Spitz-), Trapez-, Sägen-, Rund-G.** Das an einen Bolzen geschnittene G. ist **Außen-,** das in einer Bohrung hergestellte **Innen-** oder **Mutter-G.** Wichtige G.-Systeme sind metr. G. (ISO-G.) und Whitworthgewinde.

Gewinn, ✐ Überschuss der Erträge über die Aufwendungen.

Gewinnbeteiligung, Ertragsbeteiligung, 1) vom Arbeitgeber über den normalen Lohn (Gehalt) hinaus gewährte Beteiligung am Geschäftsergebnis, meist ohne Teilnahme am Verlust. – **2) Versichertendividende,** Verteilung von Überschüssen eines Versicherungsunternehmens an die Versicherten, z. B. durch Zuschlag auf die Versicherungssumme.

Gewissen, persönl. Bewusstsein vom sittl. Wert oder Unwert des eigenen Verhaltens; die Inhalte des G. werden vom Normenkatalog der jeweiligen Gesellschaft und Kultur sowie von den individuell angenommenen moral. Überzeugungen geprägt.

Gewissensfreiheit →Glaubens- und Gewissensfreiheit.

Gewitter, unter Blitz und Donner erfolgende Entladung der Luftelektrizität der Wolken untereinander oder gegen die Erde, meist mit schauerartigem Regen. **Wetterleuchten** ist ein entferntes G. ohne hörbaren Donner.

Gewohnheitsrecht, aus gewohnheitsmäßiger Übung, nicht durch Gesetzgebung entstandenes Recht, z. B. im Völkerrecht.

Gewöhnung, Pharmakologie und Medizin: Wirkungsabnahme einer Substanz (Arzneimittel, Genussmittel) bei wiederholter Gabe der gleichen Dosis, z. B. durch herabgesetzte Ansprechbarkeit des Erfolgsorgans.

Gewölbe, ⌂ Baukonstruktion zur Raumüberdeckung von bogenförmigem Querschnitt; auch der darunter befindliche Raum. Hauptarten: **Tonnen-, Kreuzgrat-, Kreuzrippen-, Stern-, Fächer-, Kloster-, Mulden-, Spiegelgewölbe.** (→Kuppel)

Gewölle, von Greifvögeln ausgewürgte Ballen unverdauter Haare, Federn, Knochen.

Gewürz, Speisezutat zur Verbesserung von Geschmack und Geruch, auch zur Förderung der Verdauung, bes. Salz, Essig sowie an duftenden, flüchtigen Ölen reiche trockene Teile bestimmter Pflanzen **(G.-Pflanzen),** z. B. Pfeffer, Kümmel, Nelken.

Gewürz|inseln →Molukken.

Gewürznelken, Nelken, Nägelein, getrocknete, 12 bis 17 mm lange Blütenknospen des **G.-Baums** der Molukken; enthalten **Nelkenöl,** das auch Grundstoff in der Parfümind. ist.

Geyer, Florian, fränk. Reichsritter, *um 1490, †(erschlagen) 1525; Anführer der Bauern des Main-Tauber-Gebiets im Bauernkrieg 1525.

Geysir ['gaizir], **Geiser** *der,* heiße Springquelle in vulkan. Gebieten, z. B. Island, Neuseeland, Yellowstone National Park (USA).

gez., Abk. für gezeichnet; eigenhändig unterschrieben.

Gezeiten, abwechselndes Fallen **(Ebbe)** und Steigen **(Flut)** des Meeresspiegels, meist zweimal in rd. 25 Stunden, durch Anziehung des Monds und der Sonne; der Höhenunterschied von Hoch- und Niedrigwasser heißt **Tidenhub. Springflut** nennt man eine sehr hohe, **Nippflut** die schwächste Flut. BILD S. 334

Gezeitenkraftwerk →Kraftwerk.

Gezelle [xə'zɛlə], Guido, fläm. Dichter, *1830, †1899; bedeutender Lyriker Flanderns.

GG, das Grundgesetz der Bundesrep. Deutschland.

Ghali, Boutros Boutros, ägypt. Diplomat, *1922; 1992 bis 1997 Gen.-Sekr. der UNO.

Getreide
Hafer (oben) und Reis

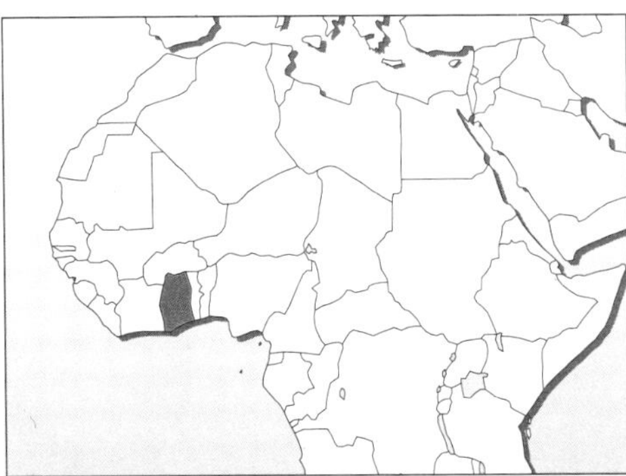

Ghana

Staatswappen

Staatsflagge

Internationales Kfz-Kennzeichen

Ghana, Rep. in W-Afrika; 238 537 km², 15,96 Mio. Ew.; Hptst. Accra, Amtssprache: Englisch. – Schwer zugängl. Lagunenküste, im S Küstenebene (Savanne, Wald), im N Trockensavanne. Hauptfluss: Volta (mit Akosombodamm). Anbau: Kakao (10% der Welternte), Mais, Hirse, Maniok, Bananen, Kolanuss, Palmkerne. Ausfuhr: Kakao, Holz, Gold, Diamanten, Manganerze, Bauxit, Erdöl (vor der Küste). Aluminiumschmelze u.a. Ind. Gutes Verkehrsnetz im S und SW. Seehäfen: Takoradi, Tema; internat. ✈ Kotoka bei Accra. – Die ehem. brit. Besitzung Goldküste wurde (mit Brit.-Togo) 1957 als G. unabhängig; seit 1960 Rep. 1. Staatspräs.: K. Nkrumah (1960 bis 1966). Die zivile Reg. wurde 1972 und 1981 durch einen Militärputsch gestürzt; Proklamierung der 4. Rep. 1993; Staatsoberhaupt: J. Rawlings.

Ghasali, Al-G., Al-Ghassali, Algazel, Abu Hamid Muhammad, islam. Theologe, * 1059, † 1111; einer der bedeutendsten Theologen des Islams; seine Mystik ist dem Neuplatonismus verwandt.

Ghasel [arab. »Gespinst«], **Gasel** *das,* oriental. Gedichtform aus 3 bis 13 Verszeilen. Dt. Nachbildungen bei F. Rückert, A. v. Platen, R. Hagelstange.

Ghasi [arab. »Eroberer«] *der,* urspr. die türk. Glaubenskämpfer gegen das Byzantin. Reich, danach Ehrentitel siegreicher türk. Herrscher und auch von Offizieren.

Ghats *Pl.,* Bezeichnung für die Küstengebirge Vorderindiens (Ostghats, Westghats).

Ghetto, Getto *das,* früher abgeschlossenes jüd. Wohnviertel in Städten; heute auch allg. Bezeichnung für Orte, wo Minderheiten in aufgezwungener Absonderung leben müssen.

Ghiaurov [ˈgjaʊrɔf], Nicolai, bulgar. Opernsänger (Bass), * 1929.

Ghibellinen, im MA. die kaiserliche (Hohenstaufen-)Partei in Italien, im Ggs. zu der päpstl., den **Guelfen** (ital. Form von Welfen).

Ghiberti [gi-], Lorenzo, ital. Bildhauer, * 1378, † 1455; Bronzetüren am Baptisterium in Florenz.

Gezeiten. Entstehung der Springflut durch den Einfluss von Sonne und Mond

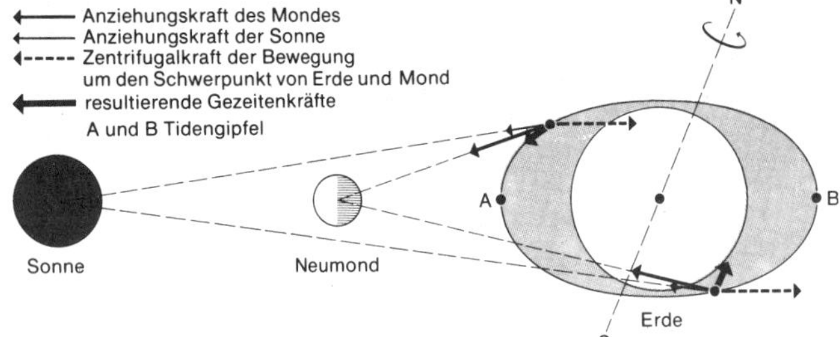

Ghirlandaio [gi-], Domenico, ital. Maler, * 1449, † 1494. In seinen religiösen Darstellungen spiegelt sich das weltl. Leben der Renaissance.

Ghom → Kum.

Ghostwriter [ˈgəʊstraɪtə] *der,* ungenannter Autor, der Reden und Bücher für andere, z.B. für Politiker, verfasst.

G. I. [dʒi ˈaɪ], Abk. für **G**overnment **I**ssue, in den USA staatlich gelieferte Ausrüstung für den Soldaten; Ü auch Bez. für diesen selbst.

Giacometti [dʒa-], Alberto, schweizer. Bildhauer und Grafiker, * 1901, † 1966; lebte in Paris; nach 1945 entstanden die für G. typ. dünnen, überlängten Figuren; auch Lithographien.

Gibbon *der,* zur Überfamilie Menschenartige zählende Affenfamilie in SO-Asien; sehr lange Arme, klettergewandt.

Gibbon [ˈgɪbən], Edward, brit. Historiker im Geist der Aufklärung, * 1737, † 1794.

Gibbons [ˈgɪbənz], Orlando, engl. Komponist, Organist, * 1583, † 1625.

Gibbs [gɪbz], Josiah W., amerikan. Physiker, * 1839, † 1903; gehört zu den Begründern der Thermodynamik.

Gibeon, Kultstätte im alten Palästina, heute das Dorf **El-Djib,** 9 km nordwestl. von Jerusalem.

Gibraltar, brit. Kronkolonie auf der Halbinsel G. an der S-Küste Spaniens, an der **Straße von G.** (14 bis 44 km breit, 60 km lang), zw. Mittelmeer und Atlantik. Felsenfestung, Flottenstützpunkt; 5,8 km². Die Stadt G. hat rd. 30 100 Ew. Bei G. (arab. »Felsen des Tarik«) setzte 711 der arab. Feldherr Tarik auf seinem Eroberungszug nach Europa über. 1704 kam G. in brit. Besitz, nach dem 2. Weltkrieg Wiederaufleben des span.-brit. Konflikts um G., 1970 bis 1982/85 Sperrung der Grenze durch Spanien.

Gicht, früher volkstüml. **Zipperlein,** Stoffwechselkrankheit infolge ungenügender Ausscheidung von Harnsäure. Ansammlung von Harnsäurekristallen führt zu anfallsweise auftretenden, schmerzhaften Gelenkschwellungen und Knoten in der Haut. Beginn meist im Grundgelenk der großen Zehe **(Podagra).**

Gide [ʒid], André, frz. Schriftsteller, * 1869, † 1951; Revolte gegen Geschichte, Moral, Ehe, Kirche. Romane (»Der Immoralist«, 1902; »Die Falschmünzer«, 1925; »Die Schule der Frauen«, 1929, u.a.), Erzählungen, Autobiographisches (»Stirb und werde«, 1923), Dramen; Nobelpreis 1947.

Gideon, bibl. Person, einer der Richter Israels.

Giebichenstein, Stadtteil von Halle (Saale). Über der Saale Burg G.; 938 von Otto I. dem Erzstift Magdeburg geschenkt; Fachhochschule für Kunst und Design.

Giehse, Therese, eigentl. T. **Gift,** dt. Schauspielerin, * 1898, † 1975; 1933 bis 1945 in der Emigration, 1949 bis 1952 Mitglied von B. Brechts Berliner Ensemble, dann (wie schon vor 1933) der Münchner Kammerspiele.

Gielen, Michael, österr. Dirigent und Komponist, * 1927; setzt sich als Dirigent bes. für zeitgenöss. Musik ein, als Komponist von der seriellen Musik beeinflusst.

Gielgud [ˈgɪlgʊd], Sir (seit 1953) John, brit. Schauspieler und Regisseur, * 1904; Interpret v.a. klass. Rollen (Shakespeare); Filme.

Gierke, Otto v., dt. Rechtsgelehrter, * 1841, † 1921; führender Rechtsgelehrter seiner Zeit.

Giersch *der,* **Geißfuß,** staudiger, weiß blühender, bis meterhoher Doldenblütler.

Gieseking, Walter, dt. Pianist, * 1895, † 1956; Interpret der impressionist. Klaviermusik.

Gießen, Stadt in Hessen, an der Lahn, 73 700 Ew.; Univ. (seit 1607); 1977 bis 1979 Teil der Stadt Lahn; Altes (14. bis 17. Jh.) und Neues Schloss (1533 bis

1539), Zeughaus (1586 bis 1590), Burgmannenhaus (um 1350); Werkzeugmaschinenbau, feinmechan., elektrotechn., opt., pharmazeut. u. a. Industrie.

Gießerei, ⚙ Herstellung metall. Gegenstände durch Gießen. In der Formerei wird nach Modell oder Schablone in meist zweiteiligen Kästen die Form aus Sand, Lehm u. a. hergestellt. Metallformen (Kokillen) sind öfter verwendbar. Das Metall wird geschmolzen und in Gießpfannen in die Form geleitet. Nach dem Erkalten wird das Gussstück von Formsand, Gussköpfen u. a. gereinigt. (→Druckguss, →Schleuderguss)

Gifhorn, Krst. in Ndsachs., 43 500 Ew.; Maschinen- und Armaturenwerk; Renaissanceschloss.

Gift, Sammelbezeichnung für in der Natur vorkommende oder künstlich hergestellte organ. und anorgan. Stoffe, die zu Gesundheitsschäden führen können (auch Arzneimittel, wenn sie in zu großer Menge oder in falscher Weise zugeführt werden, oder Nahrungsmittel, wie Kochsalz; Alkohol). Nach den vorwiegend geschädigten Organen unterscheidet man: **Kapillar-G.,** die zu Wandschädigung der Haargefäße und anschließender Gewebsschädigung führen; **Leber-, Nieren-, Herz-, Nerven-, Lungen-G.** u. a. schädigen jeweils die genannten Organe. Nach der Wirkweise lassen sich z. B. folgende Gruppen bilden: **Ätz-G.** (starke Säuren, Laugen) zerstören Körpergewebe; **betäubende** (narkotische) **G.** (Opium) führen nach vorübergehender Erregung zur Lähmung des Nervensystems. Bei Vergiftung muss das G. möglichst schnell aus dem Körper entfernt werden; der Arzt muss gerufen werden.

Giftgase →Kampfstoffe.

Giftmüll, Ind.- und Gewerbemüll, der giftige oder die Umwelt schädigende Stoffe enthält. (→Sondermüll)

Giftpflanzen, Pflanzen, die auf Mensch und Tier als Gift wirkende Stoffe enthalten; viele G. dienen als Arzneipflanzen. Der Gehalt an **Pflanzengiften** ist in den einzelnen Pflanzenteilen und je nach Standort, Jahreszeit und Alter verschieden.

Giftpilze →Pilze.

Gifttiere, Tiere, die Gift in Giftdrüsen, in ihrem Blut oder in ihren Geweben enthalten; z. B. Skorpione, Bienen, Wespen, Fische mit **Giftstacheln,** Schlangen mit **Giftzähnen** (→Schlangengift), Quallen mit Nesselkapseln.

Gifu, Stadt auf der jap. Insel Honshū, 410 300 Ew.; Univ.; Textil- und Papierindustrie.

Gig *die,* **1)** leichtes Ruderboot, bes. Beiboot von Kriegsschiffen. – **2)** Ruderboot mit Auslegern. – **3)** *das,* leichter zweirädriger offener Wagen.

Giga..., Vorsatzzeichen: **G,** Vorsatz vor Einheiten für 10^9, 1 Gigawattstunde (1 GWh) = 1 Mrd. Wattstunden.

Giganten, griech. Sage: Riesen, die bei ihrem Ansturm auf den Olymp von Zeus und den Olympiern mithilfe des Herakles geschlagen wurden.

Gigli [ˈdʒiʎi], Beniamino, ital. Sänger (Tenor), * 1890, † 1957; bedeutendster Tenor seiner Zeit nach E. Caruso.

Gigolo [ˈʒi:golo] *der,* früher Eintänzer; Ü eitler, geckenhafter (von Frauen ausgehaltener) Mann.

Gigue [ʒig] *die,* urspr. altengl. lebhafter Tanz in meist geradem Takt; auch Schlusssatz der Suite in schnellem $^{12}/_8$- oder $^6/_8$-Takt.

Gijón [xiˈxɔn], Stadt an der N-Küste Spaniens, 267 000 Ew.; Umschlaghafen für Steinkohle (Export) und Eisenerze; Schiff- und Maschinenbau.

Gilan, iran. Landschaft und Prov. am Kaspischen Meer; Verw.-Sitz Rescht.

Gilbert [ˈgɪlbət], William, engl. Naturforscher und Arzt, * 1544, † 1603; entwickelte die Lehre vom Magnetismus.

Gilbert-Inseln [ˈgɪlbət-], →Kiribati.

Gilde →Zunft.

Der Felsen von **Gibraltar**

Gilead, im A. T. das Ostjordanland.

Gilels, Emil, russ. Pianist, * 1916, † 1985.

Gilet [ʒiˈle:] *das,* ärmellose Jacke, Weste.

Gilgamesch, sumer. König von Uruk, etwa um 2600 v. Chr., Held babylon. Sagen. **G.-Epos** aus dem Ende des 2. Jt., in akkad. Sprache.

Gilles, Werner, dt. Maler, * 1894, † 1961; Schüler von L. Feininger am Bauhaus; v. a. Landschaften und mytholog. Szenen.

Gillespie [gɪˈlespɪ], Dizzy, eigentl. John Birks G., amerikan. Jazzmusiker (Trompeter, Bandleader, Komponist), * 1917, † 1993; einer der führenden Vertreter des Bebop.

Gillingham [ˈdʒɪlɪŋəm], Hafen- und Ind.stadt in Kent, SO-England, 94 200 Ew.; Werften.

Gimpel *der,* europ. Finkenvogel, →Dompfaff.

Gin [dʒɪn] *der,* Wacholderbranntwein. **Ginfizz,** Longdrink aus G., Wasser, Zitronensaft und Zucker.

Ginkgo *der,* ostasiat., zweihäusiger Baum der Gruppe Nacktsamige, mit meist zweiteilig gelappten, fächerförmig verbreiterten Blättern und essbarem Samen; Parkbaum.

Ginsberg [ˈgɪnzbə:g], Allen, amerikan. Lyriker, * 1926, † 1997; »Das Geheul u. a. Gedichte« (1956).

Ginseng *der,* ostasiatisch-nordamerikan. Araliengewächse; Heilmittel **(Kraftwurz).**

Ginster *der,* Gattung strauchförmiger Schmetterlingsblütler, meist gelbblütig; **Färber-G.,** liefert gelben Farbstoff; **Stech-G.,** mit Dornen.

Ginsterkatzen, Gattung nachtaktiver Schleichkatzen, v. a. in den Strauch- und Steppengebieten Afrikas, S-Arabiens, Israels und SW-Europas.

Ginzburg, Natalia, ital. Schriftstellerin, * 1916, † 1991; Romane, Dramen, Essays; Erinnerungen »Mein Familienlexikon« (1963).

Giono [ʒjɔˈno], Jean Fernand, frz. Erzähler, * 1895, † 1970; Romane (»Das unbändige Glück«, 1957).

Giordano [dʒor-], Umberto, ital. Opernkomponist, * 1867, † 1948; »Fedora« (1898).

Giorgione [dʒorˈdʒo:ne], eigentl. Giorgio da **Castelfranco,** ital. Maler, * 1478, † 1510; Meister der venezian. Hochrenaissance; Bilder in warmen, lichtgesättigten Farben.

Giotto [ˈdʒotto; nach G. di Bondone], europ. Kometensonde zur Erforschung des Halleyschen Kometen (März 1986).

Giotto di Bondone [ˈdʒotto -], ital. Maler, Baumeister, * 1266 (?), † 1337; leitete durch seine Darstellung von seel. Vorgängen eine neue Sicht der Malerei ein. Fresken in der Arenakapelle in Padua (vermutl. zw. 1304 und 1313) und in Santa Croce in Florenz (1317/26), Tafelbilder; Entwürfe für den Campanile des Doms von Florenz (1334 bis 1337).

Beniamino Gigli

Dizzy Gillespie

Allen Ginsberg

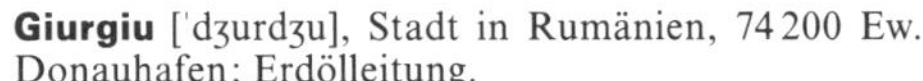

Gipfelkonferenz, Treffen leitender Staatsmänner.

Gips, Mineral, wasserhaltiges Calciumsulfat $CaSO_4 \cdot 2H_2O$. Durch Zerspaltung entstandene perlmutterglänzende Tafeln heißen **Marienglas,** feinkörniger, durchscheinender G. **Alabaster.** Technisch verwendet wird der gebrannte Gips. Der G. wird zerkleinert und auf etwa 110 °C erhitzt. Er erhärtet mit Wasser in kurzer Zeit zu dem nichtwetterbeständigen **Stuck-G.** (Erhitzung auf 130 bis 160 °C); auf 1000 °C erhitzt, erhärtet er mit Wasser erst nach Wochen zu dem wetterbeständigen **Estrichgips.**

Gipskraut, Gattung der Nelkengewächse, z. B. das russisch-sibir. **Schleierkraut** (Zierpflanze).

Gipsverband, ⚕ ruhig stellender Verband aus angefeuchteten, bald erhärtenden Gipsbinden, bei Knochenbrüchen, Verrenkungen usw.

Giraffe

Giraffe *die,* afrikan. Wiederkäuer, gelbbraun gefleckter Paarhufer, mit sehr langem Hals und 2 fellüberzogenen Stirnzapfen (Schulterhöhe 2,7 bis 3,3 m, Scheitelhöhe 4,5 bis 6 m). Die G. leben in Rudeln in der Savanne und nähren sich mithilfe ihrer Greifzunge von Blättern und Zweigen. Verwandt ist das → Okapi.

Giralgeld [ʒiˈral-], ℱ → Buchgeld.

Giraudoux [ʒiroˈdu], Jean, frz. Schriftsteller, Diplomat, * 1882, † 1944; heiter-fantast. Erz., Romane, Schauspiele: »Der trojan. Krieg findet nicht statt« (1935), »Undine« (1939), »Die Irre von Chaillot« (hg. 1945).

Girlitz *der,* graugelber, dem Kanarienvogel verwandter Singvogel in Europa, Kleinasien und NW-Afrika.

Giro [ˈʒi:ro, ital. ˈdʒi:ro] *das,* **1)** svw. → Indossament. – **2)** bargeldlose Zahlung, → Giroverkehr.

Giro d'Italia [ˈdʒi:ro -], Italienrundfahrt, jährl. (seit 1909) internat. Radrennen in Etappen.

Gironde [ʒiˈrɔ̃d] *die,* Mündungstrichter der → Garonne.

Girondisten [ʒirɔ̃-], in der Frz. Revolution die Partei der gemäßigten Republikaner, deren Führer aus dem Dép. Gironde (SW-Frankreich) stammten; 1793 von den Jakobinern gestürzt.

Jean Giraudoux

Gironella [xiroˈnɛʎa], José María, span. Schriftsteller, * 1917; Romane (»Die Zypressen glauben an Gott«, 1953).

Giroverkehr [ˈʒi:ro-], bargeldloser Zahlungsverkehr durch Ab- und Zuschreiben der Beträge auf den **Girokonten** der Bankkunden, bes. bei Girobanken, Girokassen und bei der Postbank. Der G. wird ergänzt durch den Abrechnungsverkehr.

Giscard d'Estaing [ʒiskardɛsˈtɛ̃], Valéry, frz. Politiker, * 1926; 1966 bis 1973 Führer der unabhängigen Republikaner, 1969 bis 1974 Wirtschafts- und Finanzmin., 1974 bis 1981 frz. Staatspräsident.

Giseh, Gizeh, Gisa, Giza, Stadt in Ägypten, am Nil, gegenüber von Kairo, 2,15 Mio. Ew. Westl. von G. die Pyramiden des Cheops, Chephren (→ Abb. ägyptische Kunst) und Mykerinos (um 2590 bis 2470 v. Chr.) und die Sphinx.

Gisela, römisch-dt. Kaiserin, * um 990, † 1043; Tochter Herzog Hermanns II. von Schwaben, war in 2. Ehe mit Herzog Ernst I. von Schwaben, in 3. Ehe (wohl 1017) mit dem späteren Kaiser Konrad II. vermählt.

Glarus
Kantonswappen

Gitarre *die,* Musikinstrument mit 6 Saiten, die gezupft werden.

Gitter, 1) ⊕ Netz senkrechter und waagerechter, gleichmäßig entfernter Linien auf Landkarten, die das Auffinden von Orten und Entfernungsbestimmungen erleichtern. – **2)** ⚡ Bestandteil der → Elektronenröhren. – **3)** ✳ Vorrichtungen zur Beugung des Lichts. Das G.-Spektrum entsteht durch die Beugung von weißem Licht an einem Beugungsgitter.

Giulio Romano [ˈdʒu:lio -], **Giulio Pippi,** ital. Maler, Baumeister, * 1499, † 1546; Schüler und Mitarbeiter Raffaels in Rom, seit 1524 in Mantua tätig, wo er den Palazzo del Tè erbaute und mit Fresken ausmalte (1525 bis 1535).

Giurgiu [ˈdʒurdʒu], Stadt in Rumänien, 74 200 Ew.; Donauhafen; Erdölleitung.

Gjandscha, 1935 bis 1989 **Kirowabad,** Stadt in Aserbaidschan, am N-Rand des Kleinen Kaukasus; 282 200 Ew.; Hochschulen; Ind.zentrum.

Glacéleder [glaˈse-], weiches, glänzendes Leder aus Zickel- oder Lammhaut.

Glacis [glaˈsi] *das,* unmittelbares deckungsloses Vorfeld von Befestigungen.

Gladbeck, Stadt in NRW, 79 600 Ew., Metallwaren, Chemikalien, Textilien.

Gladiator *der,* Fechter und Kämpfer in den altröm. Kampfspielen.

Gladiole *die,* Schwertliliengewächs, Zwiebelpflanze; viele Zierformen.

Gladstone [ˈglædstən], William, brit. Staatsmann, * 1809, † 1898; war seit 1867 Führer der Liberalen im Unterhaus und wiederholt Min.-Präs.; trat für die Autonomie Irlands ein; lehnte den brit. Imperialismus ab.

Glagoliza, älteste kirchenslaw. Schrift.

Glåma [ˈglo:ma], norweg. Fluss, → Glomma.

Glarner Alpen, Gebirgsgruppe der schweizer. Nordalpen (Tödi 3 614 m).

Glarus, 1) Kt. in der O-Schweiz, beiderseits der Linth; 684 km², 37 600 meist dt.-sprachige Ew.; versch. Ind. – G. wehrte 1388 (Schlacht bei Näfels) die Habsburger ab, wurde 1452 Mitglied der Schweizer Eidgenossenschaft. – **2)** Hauptort von 1), 5 600 Ew., am Fuß des Glärnisch.

Glas, spröder, durchsichtiger oder -scheinender Stoff, aus glutflüssiger Schmelze erstarrt. G. ist ein amorphes (nichtkristallines) Gemenge; es enthält als Hauptbestandteil etwa 50 bis 70 % Kieselsäure, versch. Metalloxide in unterschiedl. Mengen und manchmal etwa 0,5 % Schwefeltrioxid. Je nach Zusammensetzung sind die physikal. und chem. Eigenschaften des G. verschieden **(Bleikristall, Geräte-G., opt. G.).** Die Rohstoffe werden gemahlen, vermengt und bei etwa 1400 bis 1600 °C geschmolzen, für kleine Mengen und für G. mit bes. Eigenschaften in Gefäßen (Häfen), für große Mengen in Wannen. Die geschmolzene Masse wird bei etwa 900 bis 1200 °C verarbeitet. Hohlkörper werden durch Aufblasen geformt, Massenware (Flaschen, Lampen- oder Röhrenkolben, Verpackungsgläser) auf halb- oder vollautomat. Maschinen, bes. Einzelformen vom Glasbläser mit der Glasbläserpfeife. Einfaches Haushaltsgeschirr, G.-Bausteine u. Ä. werden durch Einpressen oder Einblasen der Schmelzmasse in Stahlformen hergestellt. **Flach-G.** wird durch Gießen und Walzen auf Stahltischen **(Guss-G.)** oft mit eingewalztem Muster **(Ornament-G.)** oder mit Draht **(Draht-G.)** hergestellt. Das meiste Flach-G. wird als **Tafel-G.** durch Ziehen aus der Schmelze hergestellt, ebenso G.-Röhren. – G. ist seit den Phönikern bekannt, im MA. war Venedig führend in der G.-Herstellung; opt. G. wurden u. a. von J. v. Fraunhofer, F. O. Schott, E. Abbe entwickelt.

Glaser [ˈgleɪzə], Donald Arthur, amerikan. Physiker, * 1926; entwickelte die Blasenkammer (→ Nebelkammer); Nobelpreis für Physik 1960.

Glasfaser|optik → Faseroptik.

Glasflügler, Tagschmetterlinge mit glashellen Flügeln.

Glasgow [ˈglɑ:sgəʊ], größte, wirtschaftlich bedeutendste Stadt und größter Hafen Schottlands, 663 000 Ew., am Clyde; Sitz eines kath. Erzbischofs und eines anglikan. Bischofs; 2 Univ., Kunstsammlungen, frühgot. Kathedrale; Schiffbau, Maschinenbau, Elektro-, Textil-, chem., Nahrungs- und Genussmittel-, Papierindustrie; internat. ✈.

Glaskeramik, Werkstoff, der durch Wärmebehandlung von bestimmtem Glas entsteht (dadurch Kristallbildung), für Raketenköpfe, elektrotechn. Bauteile, Geschirr.

Glaskörper, Teil des → Auges.

Glasmalerei, Herstellung von Fenstern oder Scheiben figuralen oder ornamentalen Charakters, wobei die einzelnen Glasscherben in Bleistege eingebettet werden (musiv. G.). Bei reiner Bemalung von Glas spricht man von **Glasgemälden** (L. C. Tiffany, M. Chagall, J. Thorn.-Prikker u. a.). Im MA. wurde das durchgefärbte Glas mit heißem Eisendraht und Kröseleisen in die gewünschte Form gebracht und dann bemalt. Das Brennen erfolgte bei 600 °C. Höhepunkt der G. war in der Gotik (v. a. Frankreich); im 20. Jh. schuf z. B. M. Chagall die Chorfenster für St. Stephan in Mainz (1978).

Glasnost [russ. »Öffentlichkeit«], in der 2. Hälfte der 1980er-Jahre in der UdSSR von M. Gorbatschow geprägtes Schlagwort für Bestrebungen, den polit. Willensbildungsprozess in Partei und Staat durchsichtig zu machen und die Bev. bei der Umgestaltung (→ Perestroika) zu beteiligen.

Glas. Links: Prunkbecher aus Diatretglas (4. Jh.), Rechts: Krug aus azurblauem Glas (1. Jh.)

Glasunow, Aleksandr, russ. Komponist, * 1865, † 1936; u. a. 9 Sinfonien; Klavier-, Kammermusik, Lieder.

Glasur *die,* glasartiger Überzug. Porzellan- und Tonwaren werden nach dem ersten Brennen in die **G.-Brühe** getaucht (Wasser mit fein gepulverter Mischung von Tonerde, Sand, Glas u. a.). Dann erfolgt das 2. Brennen, bei dem die G. schmilzt und die Poren füllt. G. für Metalle → Email.

Glaswolle, Glaswatte, zu feinen Fäden ausgezogenes Glas; Isolierstoff.

Glatthafer, haferähnl. Futtergras.

Glatz, poln. **Kłodzko** [ˈkuɔtskɔ], Stadt in der poln. Wwschaft Wałbrzych, an der Glatzer Neiße, 31 000 Ew.; Hptst. der ehem. Grafschaft Glatz.

Glatzer Bergland, Teil der Sudeten, Berg- und Hügelland um den Glatzer Kessel, bes. das **Glatzer Schneegebirge** (bis 1425 m hoch); Mineralquellen; Landwirtschaft.

Glaube *der,* auf innerer Gewissheit beruhende Anerkennung einer Heilslehre oder das Vertrauen auf die Macht der Gottheit.

Glaubensbekenntnis → Bekenntnis.

Glaubens- und Gewissensfreiheit, dem einzelnen Menschen rechtlich gewährleistete freie Wahl und Ausübung des religiösen und weltanschaul. Glaubens; in Artikel 4 GG anerkannt.

Glaubersalz [nach dem dt. Chemiker J. R. Glauber, * 1604, † 1670], kristallisiertes Natriumsulfat, in Heilquellen; wirkt abführend.

Glaubhaftmachung, im Prozessrecht eine Form des Beweises, die bloße Wahrscheinlichkeit der Behauptung (nicht volle richterl. Überzeugung) genügen lässt.

Gläubiger, wer kraft eines Schuldverhältnisses berechtigt ist, von einem andern, dem **Schuldner,** eine Leistung zu fordern (§ 241 BGB).

Gläubigerverzug, Annahmeverzug, entsteht, wenn der Gläubiger, auch ohne Verschulden, die vom Schuldner ordnungsgemäß angebotene Leistung nicht annimmt (§ 293 BGB). G. mindert bes. den Grad der Haftung.

Glauchau, Krst. in Sa., 28 300 Ew., an der Zwickauer Mulde; Textil- und Maschinenindustrie.

Glaukom *das,* → Star.

glazial, eiszeitlich, in der Eiszeit entstanden.

Gleditschie, Gattung der Caesalpiniengewächse; beliebter Parkbaum ist die **Amerikan. G.** mit scharfen Dornen **(Christusdorn).**

Gleichberechtigung, Grundsatz, dass Mann und Frau auf allen Lebensgebieten unter Beachtung der natürl. Unterschiede gleiche Rechte und Pflichten haben sollen. In der Bundesrep. Deutschland seit dem 1. 4. 1953 bzw. 1. 7. 1958 (G.-Gesetz) geltendes Recht (Artikel 3 und 117 GG).

Gleichgewicht, Zustand eines Körpers oder Systems, bei dem wesentl. Größen zeitlich konstant sind und/oder Wirkung und Gegenwirkung sich aufheben. In der Mechanik ein System von Massen, bei dem sich die an jeder Masse angreifenden Kräfte gegenseitig aufheben. Je nachdem, ob ein aus dem G. herausgebrachtes System sich von selbst in Richtung auf das G. zurückbewegt oder weiter davon entfernt, heißt das G. **stabil** oder **labil.** Befindet sich das System auch in jedem beliebigen Nachbarpunkt innerhalb eines bestimmten Bereichs im G., so heißt das G. **indifferent.** – Ein abgeschlossenes System befindet sich im **thermodynam. G.,** wenn die Entropie ihren größtmögl. Wert erreicht hat. Bei einer chem. Reaktion herrscht **chem. G.,** wenn sich in der Zeiteinheit ebenso viele Moleküle bilden, wie zerfallen. Beim radioaktiven Zerfall herrscht **radioaktives G.,** wenn von einer bestimmten Atomart in der Zeiteinheit ebenso viele Atome zerfallen, wie aus einer anderen Art durch Zerfall gebildet werden.

Gleichgewichtssinn, Fähigkeit zur Aufrechterhaltung des Körpergleichgewichts und zur Orientierung im Raum. Die reizaufnehmenden Organe sind die Bogengänge im inneren Ohr.

Gleichheit, eines der Grundprinzipien der modernen Demokratie: Alle Menschen in der Staatsordnung und im Recht sollen gleichgestellt sein und gleich behandelt werden.

Gleichnis, bildl. Erzählungsform, Redewendung oder Erzählung, die schwer Verständliches durch Vergleichen mit Bekanntem veranschaulicht und zu erklären sucht.

Gleichrichter, Schaltung oder Gerät zur Umwandlung (Gleichrichtung) von Wechsel- in Gleichstrom. Die Gleichrichtung geschieht heute im Allg. durch elektron. Bauelemente, z. B. Dioden, Thyristoren. Früher wurden Elektronenröhren verwendet.

Gleichschaltung, in autoritären Staaten die Vereinheitlichung aller Lebensäußerungen auf polit., wirtschaftl. und kulturellem Gebiet.

Gleichstrom, elektr. Strom, der den Leiter stets in derselben Richtung durchfließt; geliefert von Generatoren, Elementen, Akkumulatoren. Wechselstrom kann durch Gleichrichter in G. verwandelt werden. **G.-Motor** → Elektromotor.

Gleichung, 1) math. Ausdruck für die Gleichheit zweier Größen (die Seiten der G.). Die **ident. G.** sind für alle Zahlwerte, die man für die Buchstaben einsetzt, richtig, z. B. $a + b = b + a$. **Bestimmungs-G.,** wie z. B. $2x + 3 = 11$, sind nur für bestimmte Werte der Unbekannten erfüllt (hier $x = 4$) und dienen zu deren Berechnung. Nach der Zahl der Unbekannten $x, y, z, \ldots$ unterscheidet man G. mit 1, 2, 3, ... Unbekannten,

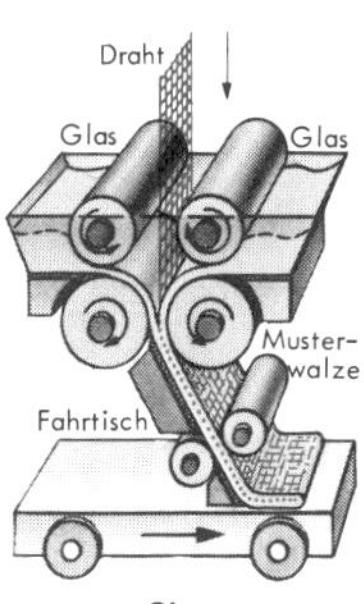

Glas Schema einer Drahtglas-Maschine mit Musterprägung

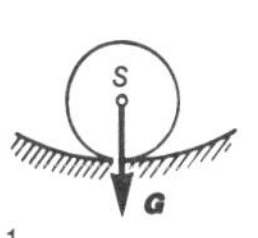

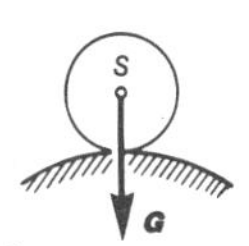

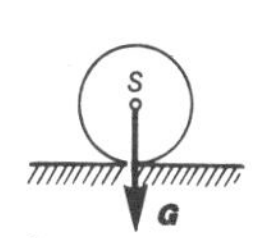

Gleichgewicht 1 stabil, 2 labil, 3 indifferent (*G* Gewicht, *S* Schwerpunkt)

nach der höchsten auftretenden Potenz einer Unbekannten spricht man von G. 1., 2., 3. Grads. Z. B. ist $x^2 + 8x + 15 = 0$ eine G. 2. Grads mit einer Unbekannten. Die Ausrechnung der Unbekannten nennt man Auflösung der G., die Lehre von den G. heißt Algebra. – **2)** ♀ **chemische G.,** → chemische Symbole.

Józef Glemp

Gleim, Johann Wilhelm Ludwig, dt. Dichter, * 1719, † 1803; Anakreontiker; »Preuß. Kriegslieder ... von einem Grenadier« (1758).

Gleis, Geleise, Fahrbahn von Schienenfahrzeugen.

gleitende Arbeitswoche, Verteilung der Arbeitszeit in der Weise, dass auch sonntags voll gearbeitet wird und der arbeitsfreie Tag wechselt; bes. in Betrieben, deren Produktion aus techn. Gründen nicht unterbrochen werden kann.

gleitende Arbeitszeit, Arbeitszeit, bei der die Arbeitnehmer ihre Arbeitsstunden um eine feste **Kernzeit** variieren können **(Gleitzeit).**

Gleitflug, Niedergehen eines Flugzeugs bei abgestelltem Motor unter dem **Gleitwinkel.**

Gleiwitz, poln. **Gliwice** [-tsɛ], Stadt in der poln. Wwschaft Katowice, ehem. Stadt in Oberschlesien, 215 700 Ew.; eines der ältesten Schwerindustriezentren Europas; Endhafen des G.-Kanals; TH, Hüttenwerke, Kohlenbergbau.

Zusammenfluss von **Gletschern** im Montblanc-Massiv

Der **Gletschermann** und einige der Ausrüstungsgegenstände, die bei ihm gefunden wurden

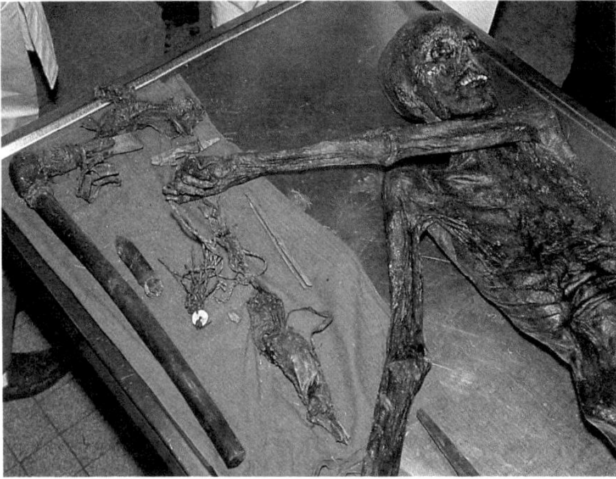

Glemp, Józef, poln. kath. Theologe, * 1928; seit 1981 Erzbischof von Gnesen und Warschau, Primas von Polen, seit 1983 Kardinal.

Glenn [glen], John Herschel, * 1921; erster amerikan. Weltraumfahrer (1962).

Gletscher, in Tirol **Ferner,** Eisstrom in den Hochgebirgen und Polarländern. G. entstehen oberhalb der Schneegrenze aus feinem Schnee, der durch dauerndes Schmelzen und Wiedergefrieren zusammenbackt (Firnschnee), durch den Druck der eigenen Masse allmählich zu festem Eis wird und sich als **G.-Zunge,** durchzogen von **G.-Spalten,** langsam vorwärts bewegt, in den Alpen 40 bis 200 m im Jahr, in Grönland mehrere km jährlich. Der G. führt Schutt mit, der als Moräne abgelagert wird, und hört dort auf, wo die Sonnenwärme regelmäßig das Eis wegschmilzt. Die Schmelzwässer bilden den **G.-Bach,** der durch das **G.-Tor** austritt. **G.-Mühlen, G.-Töpfe** sind durch strudelnde Bewegung der Schmelzwässer erzeugte kesselartige Löcher im Gestein. Der größte Gebirgs-G. Europas (rd. 100 km lang) ist der Jostedalsbre in Norwegen, in den Alpen der Aletsch-G. (24,7 km).

Gletscherfloh → Springschwänze.

Gletschermann, Similaunmann, umgangssprachlich auch »Ötzi« genannt, im September 1991 am Similaungletscher in den Ötztaler Alpen auf Südtiroler Seite gefundene kältegetrocknete Leiche eines etwa 25 bis 30 Jahre alten Mannes (samt Bekleidung und Ausrüstungsgegenständen) aus der mittleren Steinzeit (etwa 5400 bis 5300 Jahre alt).

Gliederfüßer, Arthropoden, sehr artenreicher Stamm der wirbellosen Tiere (umfasst mit über 850 000 Arten fast 70 % aller Tierarten). Der Körper ist von einem Chitinpanzer umgeben und in einzelne Abschnitte gegliedert, die gelenkig miteinander verbunden sind. Die Gliedmaßen sind ebenfalls gegliedert. Zu den G. gehören Krebstiere, Tausendfüßer, Insekten, Spinnentiere.

Glimmer, Mineral, Kalium-Aluminium-Silikat, das oft auch Eisen und Magnesium enthält; lässt sich zu sehr dünnen, glasklaren Blättchen spalten; als Isolierstoff in der Elektrotechnik, für Schutzgläser.

Glimmerschiefer, kristalliner Schiefer aus Quarz und Glimmer.

Glimmlampe, bes. Form der Gasentladungslampe, bei der das Leuchten des Glimmlichts der Edelgasfüllung an der negativen Elektrode ausgenutzt wird. Verwendung v. a. als Signal- und Kontrolllampe.

Glinka, Michail, russ. Komponist, * 1804, † 1857. Seine Oper »Das Leben für den Zaren« (1836) gilt als Beginn einer nationalruss. Oper.

global, erdumfassend, gesamt.

Globetrotter *der,* Weltenbummler.

Globuline *Pl.,* ♀ im Blut, in der Milch, in Eiern, Hülsenfrüchten u. a. als Träger wichtiger physiolog. Funktionen vorkommende Eiweißkörper.

Globus *der,* ⊕ kugelförmige Nachbildung der Erde **(Erd-G.),** mit Erdkarte und Gradnetz, auch anderer Himmelskörper oder der gedachten Himmelskugel **(Himmelsglobus).**

Glocke, hohler, meist konkav gewölbter Klangkörper, der durch Anschlagen mit einem Klöppel zum Tönen gebracht wird; aus Gussbronze oder Stahlguss.

Glockenblume, Campanula, Gattung der Glockenblumengewächse mit etwa 300 Arten; meist Stauden mit glockenförmigen, in 5 Zipfel gekerbten Blüten. Die **Wiesen-G.** hat blauviolette, die **Rundblättrige G.** zartblauviolette, die **Pfirsichblättrige G.** große hellblaue Blütenglocken.

Glockenspiel, Musikinstrument, aus verschieden gestimmten Metallglocken, -platten oder -röhren, die mit Hammer oder Klöppel angeschlagen werden.

Glockentierchen, Wimpertierchen mit glockenförmigem Körper auf einem zusammenziehbaren Stiel.

Glocknergruppe, Glocknermassiv, Bergmassiv in den Hohen Tauern, Österreich, mit dem →Großglockner und dem Gletscher →Pasterze.

Glogau, poln. **Głogów** ['guɔguf], Stadt in der poln. Wwschaft Legnica, ehem. Stadt in Niederschlesien, 73 000 Ew.; Oderhafen, Ind. - Im MA. schles. Herzogssitz.

Glomma, Glåma ['glo:ma] *die,* 598 km lang, längster und wasserreichster Fluss Norwegens, mündet bei Fredrikstad in den Oslofjord.

Gloria [lat. »Ruhm«, »Herrlichkeit«] *das,* Lobgesang der Engel: »G. in excelsis Deo«, »Ehre sei Gott in der Höhe«; Teil der kath. Messe; auch in der luther. Gottesdienstordnung enthalten.

Glorie *die,* Herrlichkeit, Glanz, Ruhm.

Gloriole *die,* der Heiligenschein.

Glosse *die,* 1) Worterklärung, Randbemerkung. **Glossar** *das,* Sammlung von G. - 2) krit. Bemerkung. - 3) Kurzkommentar in Zeitungen.

Glottis *die,* Stimmritze im →Kehlkopf.

Gloucester ['glɔstə], Hptst. der Cty. Gloucestershire, England, 114 000 Ew.; Schiffbau am Severn; Flugzeugteile- und Maschinenbau, ⚒; anglikan. Bischofssitz; Kathedrale (geweiht 1100).

Gloucester ['glɔstə], engl. Earls- und Herzogswürde, Titel für Mitglieder der königl. Familie.

Gloxinie *die,* südamerikan. Knollengewächse, mit trichterförmigen Blüten; Zimmerpflanzen.

Gluck, Christoph Willibald Ritter v., dt. Komponist, *1714, †1787; erneuerte die Oper; erstrebte dramat. und psycholog. Wahrheit der Opernhandlung und die Unterordnung der Musik unter den dramat. Ausdruck; »Orpheus und Eurydike« (1762), »Alceste« (1767), »Iphigenie auf Tauris« (1779).

Glucken *Pl.,* 1) Schmetterlingsfamilie, Nachtfalter. - 2) Bruthennen.

Glücksburg (Ostsee), Stadt, Seeheilbad in Schlesw.-Holst., 6 400 Ew.; Wasserschloss (16. Jh.).

Glucksmann ['glyks-], André, frz. Philosoph und polit. Schriftsteller, *1937; Kritiker jegl. philosoph. Systeme und totalitärer Weltanschauungen.

Glücksspiel, vom Zufall abhängiges Spiel mit Karten, Würfeln, Kugeln, Nummern, z. B. Roulette, Bakkarat. Die öffentl. Veranstaltung von G. ohne behördl. Erlaubnis, die Beteiligung daran und das gewerbsmäßige G. sind mit Strafe bedroht. In einigen Orten sind öffentl. Spielbanken zugelassen.

Glucose *die,* ⚗ der →Traubenzucker.

Glühen, ⚙ Wärmebehandlung v. a. von Stahl.

Glühkerze, bei Dieselmotoren ein durch Batteriestrom zum Glühen gebrachter Draht als Anlasshilfe, an dem sich die Gasöltröpfchen entzünden.

Glühlampe, Glühbirne, die am weitesten verbreitete elektr. Lichtquelle: Ein Draht aus schwer schmelzbarem Metall (meist Wolfram) wird in einem ausgepumpten oder mit chemisch inaktiven Gasen (Argon mit 10% Stickstoff oder Krypton) gefüllten Glaskolben durch den elektr. Strom zum Glühen gebracht. Die Urform der G. (verkohlter Bambusfaden in luftleerer Glasglocke) baute 1854 H. Goebel (*1818, †1893); die Entwicklung der neuzeitl. G. begann T. A. Edison 1879.

Glühwein, Heißgetränk aus Rotwein mit Zimt, Nelken, Zitronenschale, Zucker.

Glühwürmchen, Leuchtkäfer, Johanniswürmchen, 8 bis 18 mm langer Weichkäfer mit Leuchtorganen, fliegt bes. im Juni; das asselähnl. Weibchen ist flugunfähig.

Glukosurie *die,* ⚕ Ausscheidung von Glucose (Zucker) im Harn; Anzeichen versch. Krankheiten (→Zuckerkrankheit); tritt auch ohne Krankheitswert nach übermäßigem Zuckergenuss auf.

Glutaminsäure, Aminosäure; in der Medizin zur Anregung der Nerventätigkeit verwendet; ihr Natriumsalz ist Speisewürze.

Gluten *das,* ⚗ der Pflanzenstoff →Kleber.

Glutin *das,* ⚗ Eiweißstoff, Hauptbestandteil von Gelatine und **G.-Leim** (Knochen-, Haut-, Leder-, Fischleim).

Glycerin [von griech. glykeros »süß«] *das,* einfachster dreiwertiger Alkohol, findet sich in allen Fetten und entsteht bei der alkohol. Gärung des Zuckers. G. kann durch Verseifung der Fette, aus den Mutterlaugen der Seifenbereitung oder auch, vom Propylen ausgehend, synthetisch gewonnen werden. Die farblose, siruparige Flüssigkeit wird u. a. zur Herstellung von Sprengstoffen (Nitroglycerin), Kunstharzen (Glyptale u. a.), als Weichmacher und als feucht haltender Zusatz in der Kosmetik verwendet.

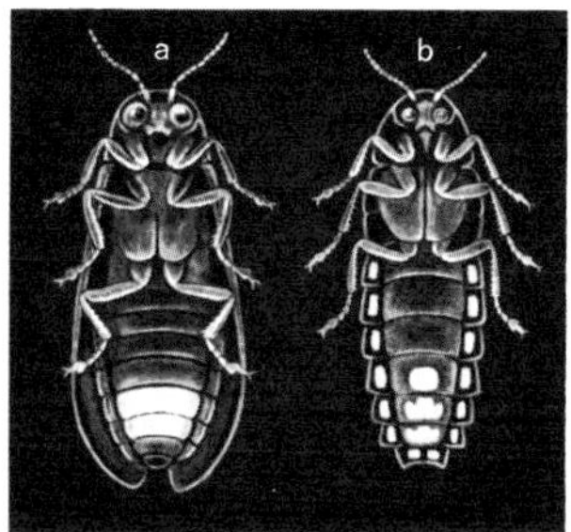

Glühwürmchen. a Männchen, b Weibchen

Glykogen *das,* Reserve-Kohlenhydrat des menschl. und tier. Körpers, wird in Leber und Muskeln gespeichert.

Glykol *das,* **Äthylenglykol,** ⚗ einfachster zweiwertiger Alkohol, Glycerinersatz; Frostschutzmittel.

Glyptik *die,* →Steinschneidekunst.

Glyptothek *die,* Sammlung geschnittener Steine (Gemmen), auch von antiken Skulpturen (z. B. in München).

GmbH, Abk. für →**G**esellschaft **m**it **b**eschränkter **H**aftung.

Gmünd →Schwäbisch Gmünd.

Gmunden, Kurort in Oberösterreich, am Ausfluss der Traun aus dem Traunsee, 15 300 Ew.; Hauptort des Salzkammerguts, war bis etwa 1850 Mittelpunkt des Salzhandels.

Gnade *die,* Zuwendung einer Gunst, unabhängig vom Verdienst des Empfangenden. Theologie: Zuwendung des Heils. 1) Die kath. Gnadenlehre unterscheidet die wirkende G. (gratia actualis), den übernatürl. Beistand zu heilskräftigem Handeln, und die heilig machende G. (gratia sanctificans), den Zustand des aus der Sünde heraus in die Gotteskindschaft erhobenen Menschen. 2) Die ev. Gnadenlehre versteht unter G. schlechthin das Tun Gottes am Menschen, das den Glauben bewirkt und sich in Jesus Christus geschichtlich enthüllt.

Pfirsichblättrige **Glockenblume**

Gneis *der,* kristalliner Schiefer aus Feldspat, Quarz und Glimmer.

Gneisenau, August Graf (seit 1814) Neidhardt v., preuß. Generalfeldmarschall (seit 1825), *1760, †1831; hielt 1807 die Festung Kolberg gegen die Franzosen; Mitarbeiter G. v. Scharnhorsts bei der preuß. Heeresreform, in den Befreiungskriegen Generalstabschef G. L. Blüchers, entschied den Sieg bei Waterloo (Belle-Alliance) 1815.

Gnesen, poln. **Gniezno** ['gnjɛznɔ], Stadt in Polen, 71 000 Ew.; Erzbischofssitz (seit 1000), im MA. auch poln. Krönungsstadt; spätgot. Dom (1342 bis 1415) mit roman. Bronzetür vom Vorgängerbau und Grab des hl. Adalbert. 1793 bis 1807 und 1814/15 bis 1918 gehörte G. zu Preußen.

Gnitzen *Pl.,* sehr kleine, stechende Mücken, saugen an Insekten, Vieh und Menschen.

Gnom *der,* Erd-, Berggeist, Kobold.

Johann Wolfgang Goethe. Siebdruck von Andy Warhol (1982; nach einem Gemälde von Johann Heinrich Wilhelm Tischbein, 1787)

Gnosis [griech. »Erkenntnis«] *die,* im heutigen Sprachgebrauch eine esoter. Philosophie oder Religion. Im N. T. bezeichnet G. die Heilswahrheit. **Gnostizismus** ist eine Bewegung, die um Christi Geburt im O des Röm. Reichs auftrat und nach W vordrang. Ihren versch. Ausprägungen (jüd., hellenist., christl.) ist gemeinsam, dass sie das Heil des Menschen von seiner Erkenntnis der Geheimnisse der Welt und Gottes abhängig machen.

Carl Friedrich Goerdeler

Gnu *das,* Gattung der Kuhantilopen in den Steppen O- und S-Afrikas; 1,7 bis 2,4 m lang, Schulterhöhe 0,7 bis 1,5 m; hakig gebogene Hörner; kurzes, glattes Fell, Mähne.

Go *das,* jap. Brettspiel mit 181 schwarzen und 180 weißen Steinen.

Goa, ind. Gliedstaat an der W-Küste Vorderindiens, 3 702 km², 1 Mio. Ew., Hptst. Panaji, ehem. port. Besitzung (seit 1510), bildete mit den weiter im N gelegenen Gebieten Diu und Damão (Daman) ein port. Überseegebiet; wurde 1961 von ind. Truppen besetzt und der Rep. Indien eingegliedert. Kirchen und Klöster der ehem. Hptst. Goa sind heute Ruinenstätte (Weltkulturerbe).

GOÄ, amtl. Abk. für **G**ebühren**o**rdnung für **Ä**rzte (seit 1965).

Goar, fränk. Missionar des 6. Jh.; aus seiner Mönchszelle ging die Stadt Sankt Goar hervor; Patron der Rheinschiffer.

Gobelin [gɔbəˈlɛ̃] *der,* handgewirkter Wandteppich, benannt nach der Pariser Färberfamilie G., in deren Haus 1662 die frz. königl. Manufaktur gegründet wurde.

Gobi *die,* trockene Beckenlandschaft (Wüste und Steppe) in Zentralasien in der Inneren Mongolei (China) und der Mongolei, fast 2 000 km lang, durchschnittlich 1000 m ü. M., extrem kontinentales winterkaltes Klima.

Gobineau [gɔbiˈno], Joseph Arthur Graf, frz. Schriftsteller, * 1816, † 1882; vertrat eine Rassenlehre, die nur die german. »Arier« als kulturschöpfer. Eliterasse gelten ließ, wirkte auf F. Nietzsche, R. Wagner, H. S. Chamberlain; lieferte Argumente für den Rassenfanatismus der Nationalsozialisten.

Goch, Stadt in NRW, 31 200 Ew.; Textil-, Lederwaren-, Fahrzeug- u. a. Industrie.

Godard [gɔˈdaːr], Jean-Luc, frz. Filmregisseur der Neuen Welle, * 1930; »Außer Atem« (1960), »Weekend« (1968), »Vorname Carmen« (1983), »Nouvelle vague« (1990).

Godavari *die,* Fluss in Indien, 1 450 km lang, entspringt in den nördl. Westghats, mündet in den Golf von Bengalen.

Godesberg, Bad G., Ortsteil von Bonn, NRW; Kur- und Kongressort am Rhein, kohlensäurehaltige Stahlquelle; Sitz vieler Bundesbehörden, diplomat. Vertretungen, wiss. Institute.

Godetie *die,* amerikan. weidenröschenartige Staude; rot oder weiß blühende Gartenblume.

God save the King [ˈgɔd ˈseɪv ðə ˈkɪŋ], »Gott erhalte den König«, **God save the Queen** [- kwɪːn], »Gott erhalte die Königin«, brit. Nationalhymne, gedichtet und vertont um 1745.

Godunow, Boris, russ. Zar, → Boris.

Goebbels, Joseph, dt. natsoz. Politiker, * 1897, † (Freitod) 1945; Journalist; 1926 Gauleiter von Berlin-Brandenburg, 1933 Reichsmin. für Volksaufklärung und Propaganda, beherrschte durch Gleichschaltung Presse, Rundfunk und Film, als Präs. der Reichskulturkammer die übrigen kulturellen Gebiete; 1944 Reichsbevollmächtigter für den totalen Kriegseinsatz.

Goerdeler, Carl Friedrich, dt. Jurist und Politiker, * 1884, † (hingerichtet) 1945; 1930 bis 1937 Oberbürgermeister von Leipzig, 1931/32 und 1934/35 zugleich Reichskommissar für Preisüberwachung; führend in der Widerstandsbewegung. Nach dem Attentat vom 20. 7. 1944 verhaftet und zum Tode verurteilt.

Goes, 1) Albrecht, dt. Schriftsteller, * 1908; ev. Pfarrer; Gedichte, Erz. (»Unruhige Nacht«, 1950), Essays. – **2)** [xuːs], Hugo van der, niederländ. Maler, * um 1440, † 1482; der bedeutendste niederländ. Meister des 15. Jh. nach Jan van Eyck. Hauptwerk: Portinari-Altar (um 1475; Florenz, Uffizien). Er ist das einzige gesicherte Werk und Grundlage aller Zuschreibungen weiterer Arbeiten.

Goethe, Johann Wolfgang v. (geadelt 1782), dt. Dichter, * Frankfurt am Main 1749, † Weimar 1832; Sohn des Kaiserl. Rats Johann Caspar G. (* 1710, † 1782) und der Katharina Elisabeth G., geb. Textor (»Frau Aja«, * 1731, † 1808); Studium der Rechte (1765 bis 1768) in Leipzig und (1770/71) in Straßburg, dort Begegnung mit J. G. Herder und durch ihn mit der Dichtung Homers, Shakespeares, der Volkspoesie; Erlebnis der »dt. Baukunst« (Straßburger Münster); Dichtergemeinschaft mit den Stürmern und Drängern. Liebe zu Friederike Brion (Liebesgedichte). Nach Beendigung seiner Studien ließ er sich in Frankfurt als Anwalt nieder (1. Fassung des »Götz von Berlichingen«). 1772 als Praktikant am Reichskammergericht in Wetzlar, Bekanntschaft mit Charlotte Buff, dem Urbild der Lotte im Briefroman »Die Leiden des

Johann Wolfgang Goethe. Autograph, »Klärchens Lied« aus Egmont

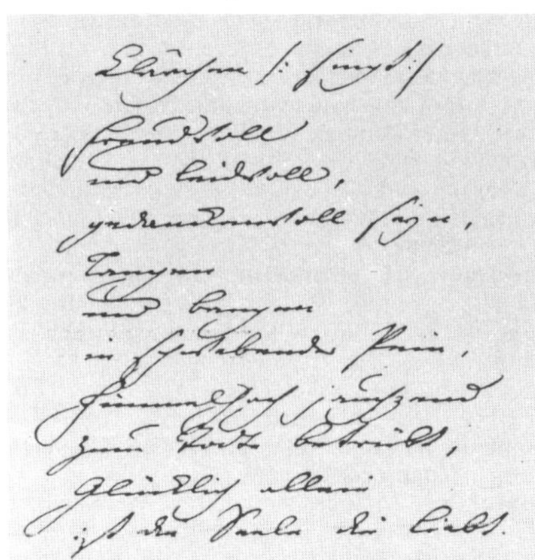

jungen Werthers« (1774), der ihn weltberühmt machte. Im Herbst 1775 folgte er der Einladung des jungen Herzogs Karl August nach Weimar. Unter dem Einfluss von Charlotte v. Stein Abkehr vom Sturm-und-Drang-Stil (Gedichte »An den Mond«, »Das Göttliche«, »Grenzen der Menschheit«). Auf der ital. Reise (1786 bis 1788) Hinwendung zur klaren Form (Klassik), Abschluss des Trauerspiels »Egmont« (1788), Versbearbeitung von »Iphigenie auf Tauris« (1787), »Torquato Tasso« (1790). 1788 Liebe zu Christiane Vulpius (1789 Geburt des Sohns Karl August), die er 1806 heiratete. 1791 bis 1817 leitete er das Weimarer Hoftheater. 1792 begleitete er den Herzog bei der »Campagne in Frankreich«, 1793 bei der »Belagerung von Mainz«. Die Freundschaft mit Schiller (seit 1794) regte ihn zu neuem, fruchtbarem Schaffen an: Zusammenarbeit bei den »Xenien« (1796), Balladen, Fertigstellung des Bildungsromans »Wilhelm Meisters Lehrjahre« (1795/96), Epos »Hermann und Dorothea« (1797), Wiederaufnahme des Fauststoffs, der ihn seit der Frankfurter Zeit beschäftigte (»Faust« 1. Teil, gedruckt 1808). Seine Altersdichtung, der Roman »Die Wahlverwandtschaften« (1809), die Gedichtsammlung »West-östl. Divan« (1819, erweitert 1827), »Aus meinem Leben, Dichtung und Wahrheit« (1. bis 3. Teil 1811 bis 1814, 4. Teil 1833), die »Marienbader Elegie« (1827), spiegelt die Liebeserlebnisse mit Minna Herzlieb 1807/08, Marianne v. Willemer 1814/15, Ulrike v. Levetzow 1822 wider. G.s Interesse galt im Alter auch der Naturwiss., die ihn schon früher viel beschäftigt hatte (Gedicht »Die Metamorphose der Pflanzen«, 1799; Abhandlung »Zur Farbenlehre«, 1810). Um die Herausgabe von G.s Alterswerk bemühte sich seit 1826 J. P. Eckermann (»Gespräche mit Goethe«, 1836 bis 1848). G.s dichter. Vermächtnis sind der Roman »Wilhelm Meisters Wanderjahre« (1829) und der 2. Teil des »Faust« (postum 1832).

Goetheanum, 1924 bis 1928 nach Plänen von R. Steiner in Dornach (Schweiz) errichteter Bau; Zentrum der Anthroposoph. Gesellschaft und Sitz der »Freien Hochschule für Geisteswissenschaft«.

Goethe-Gesellschaft in Weimar, größte wiss.-literar. Vereinigung, mit dem Ziel, Werk und Wirken Goethes und seiner Zeitgenossen lebendig zu halten und ihre Verbreitung und wiss. Erforschung zu fördern; 1885 in Weimar gegründet, seit 1991 Stiftung Weimarer Klassik.

Goethehaus, 1) Geburtshaus des Dichters in Frankfurt am Main, am Großen Hirschgraben; seit 1863 im Besitz des Freien Dt. Hochstifts, im Zweiten Weltkrieg zerstört, mit dem Museum zusammen wieder aufgebaut. – **2) Goethe-Nationalmuseum,** Goethes Wohnhaus auf dem Frauenplan in Weimar mit angeschlossenem Museum; seit 1886 der Öffentlichkeit zugänglich, seit 1991 Stiftung Weimarer Klassik.

Goethe-Institut, offiziell **G.-I. zur Pflege der deutschen Sprache im Ausland und zur Förderung der internationalen kulturellen Zusammenarbeit e. V.,** gegr. 1951, veranstaltet im In- und Ausland dt. Sprachkurse und Kulturprogramme (1996: 150 Zweigstellen in 78 Ländern sowie 18 Unterrichtsstätten in Dtl.); Sitz München.

Goethepreis der Stadt Frankfurt am Main, seit 1927 jährlich, seit 1949 alle 3 Jahre verliehener Kulturpreis, u.a. an: S. George, M. Planck, H. Hesse, T. Mann, C. Zuckmayer, G. Lukács, Arno Schmidt, E. Jünger, G. Mann, P. Stein, Wisława Szymborska, H. Zender.

Goethe- und Schiller-Archiv, Sammlung der handschriftl. Nachlässe der beiden Dichter, in Weimar; mit vielen Urschriften anderer Dichter; gegr. 1885; seit 1991 Stiftung Weimarer Klassik.

Goetz, Curt, dt. Schauspieler, Schriftsteller und Filmregisseur, * 1888, † 1960; geistreiche, z. T. unter seiner Regie verfilmte Komödien: u. a. »Dr. med. Hiob Prätorius« (1934), »Das Haus in Montevideo« (1953).

Gogarten, Friedrich, dt. ev. Theologe, * 1887, † 1967; Mitbegründer der dialekt. Theologie.

Gogh [gɔx, xɔx], Vincent van, niederländ. Maler und Grafiker, * 1853, † (Freitod) 1890; zunächst realist. Zeichnungen und Gemälde von dunkler Farbigkeit; seit 1886 (Paris) durch impressionist. Einfluss aufgelockert; in Arles (seit 1888) entstanden ausdrucksstarke Landschaften, Bildnisse und Stillleben von glühender Farbigkeit. G. starb in geistiger Verwirrung.

Gogol, Nikolaj, russ. Dichter, * 1809, † 1852; zeichnete satirisch Kleinbürgertum und Beamtenschaft; Schöpfer der russ. Prosadichtung: »Die toten Seelen« (Roman, 1842, unvollendet), Erz.; Komödie »Der Revisor« (1836).

Curt Goetz

Goiânia, Hptst. des brasilian. Gliedstaats Goiás, 760 m ü. M., 958 000 Ew.; 2 Univ.; Mittelpunkt eines Viehzucht- und Ackerbaugebiets.

Go-in *das,* demonstratives Eindringen in Universitätsvorlesungen, Parlamentssitzungen, Versammlungen u. a. in der Absicht, eine Diskussion zu erzwingen.

Gokart [ˈgəʊkɑ:t] *der,* Sportfahrzeug für Bahnrennen; auf dem kleinen, niedrigen Fahrgestell ohne Aufbau sitzt der Fahrer unmittelbar vor dem Motor.

Golanhöhen, Hügelland im SW Syriens, 1967 von Israel erobert, 1974 ein Teil der G. (mit der Stadt Kuneitra) an Syrien zurückgegeben, der Rest 1981 von Israel annektiert.

Gold, lat. **Aurum,** Symbol **Au,** chem. Element, sehr weiches, gelbes Edelmetall, OZ 79, D 19,32 g/cm^3, Fp 1 064 °C, Sp 3 080 °C. G. ist fast allen chem. Einflüssen gegenüber unveränderlich, nur durch Halogene, Kaliumcyanid, Königswasser und Quecksilber wird es angegriffen. Es findet sich meist gediegen als **Berg-, Seifen-** oder **Wasch-G.** Die Erze zerkleinert und legiert man mit Quecksilber, oder man behandelt sie mit Kaliumcyanidlösung, Wasch-G. gewinnt man durch Auswaschung von Sand oder Geröllablagerungen. Auch bei der Verhüttung von Erzen wird G. als Nebenprodukt gewonnen. Die größten G.-Vorkommen befinden sich in Südafrika und in Zentralasien, daneben in Nordamerika, im Uralgebiet und in Australien. Etwa

Vincent van Gogh. Caféterrasse am Abend (1888)

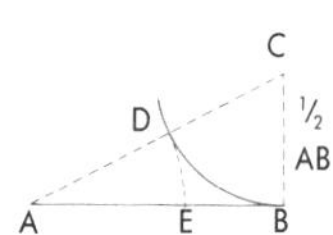

Streckenverhältnisse beim **goldenen Schnitt:** $\overline{AB}:\overline{AE} = \overline{AE}:\overline{EB}$ $\overline{AE} = \overline{AD}$ $\frac{1}{2}\,\overline{AB} = \overline{BC} = \overline{CD}$

ein Drittel der Welterzeugung dient gewerblichen Zwecken (Schmuckherstellung, legiert als Zahnfüllungen und zur Münzprägung, elektr. Schaltungen, zum Vergolden u.a.). Der größte Teil wird zu langfristiger Hortung oder kurzfristiger Spekulation gekauft. - Der **G.-Gehalt** wurde früher in Karat, jetzt wird er in Tausendsteln ausgedrückt. Reines G. hat 24 Karat = $^{1000}/_{1000}$ G.-Gehalt; entsprechend: 14 Karat = $^{85}/_{1000}$, 8 Karat = $^{333}/_{1000}$ usw.

Gold|ammer *die,* braungelber Singvogel.

Goldbarsch, der → Rotbarsch.

Goldberg ['gəʊldbə:g], Whoopi, amerikan. Schauspielerin, * 1949; seit 1984 am Broadway; internat. Durchbruch mit Filmrollen, u.a. in »Die Farbe Lila« (1986), »Sister Act« (2 Tle. 1992/93), »Naked in New York« (1994).

Goldene Aue, fruchtbares Tal der Helme zw. Nordhausen und Sangerhausen (Thür. und Sa.-Anh.).

Goldene Bulle, 1) allg.: Goldsiegel oder mit Goldsiegel versehene Urkunde. - **2)** im Bes.: die Urkunde Karls IV. von 1356, die u.a. die Sonderstellung der 7 Kurfürsten (Recht der Königswahl) festlegte.

Goldene Horde, histor. mongol. Reich in O-Europa und W-Sibirien (13. bis 15. Jh.).

goldener Schnitt, Teilung einer Strecke in 2 Abschnitte, deren kleinerer sich zum größeren verhält wie dieser zur ganzen Strecke.

William Golding

Goldenes Dreieck, Grenzgebiet in Thailand gegenüber Birma und Laos. Die hier lebenden Bergstämme bauen Schlafmohn zur Gewinnung von Opium und Heroin an; Schmuggelzentrum.

Goldenes Horn, Hafenbucht von Istanbul.

Goldenes Kalb, altisraelit. Kultbild (2. Mos. 32); **Tanz ums G. K.,** Sinnbild des Strebens nach Reichtum.

Goldenes Tor, engl. **Golden Gate,** Einfahrt in die Bucht von San Francisco.

Goldenes Vlies, 1) griech. Sage: Fell (Vlies) des goldenen Widders, der Phrixos und Helle über den Hellespont trug; die Argonauten konnten es zurückholen. - **2)** urspr. burgund., dann österr. und span. Orden, 1429 von Philipp dem Guten gestiftet.

goldenes Zeitalter, in antiken (Hesiod) und altind. Quellen sagenhafte Zeit des Friedens und des Glücks, in der das älteste Menschengeschlecht lebte.

Goldfisch, Zierfisch, in China aus der Karausche gezüchtet, goldrot, auch gefleckt, braun, silberweiß (**Silberfisch**). Bes. Formen: **Schleierschwanz,** mit verdoppelter Schwanzflosse, **Teleskopfisch,** mit hervortretenden Augen.

Goldflieder → Forsythie.

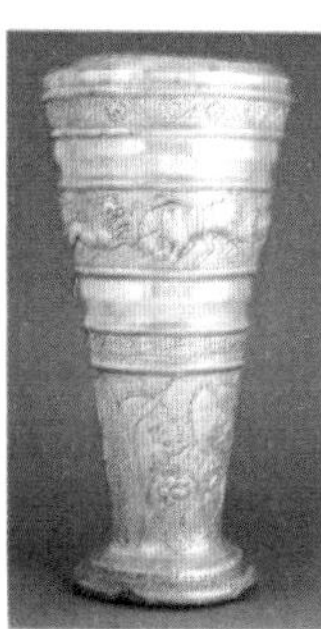

Goldschmiedekunst Humpen aus dem Hildesheimer Silberfund (1. Jh.)

Goldhähnchen, meisenartige Singvögel, kleinste Art in den europ. Nadelwäldern, nützl. Insektenvertilger. **Sommer-G.,** Zugvogel, Männchen mit rotem Scheitel. **Winter-G.,** mit gelbem Scheitel.

Goldhase → Agutis.

Golding ['gəʊldɪŋ], William, brit. Schriftsteller, * 1911, † 1993; schildert in pessimist. Romanen menschlich-moral. Probleme: »Herr der Fliegen« (1954), »Der Felsen des zweiten Todes« (1956); 1983 Nobelpreis für Literatur.

Goldklausel, Vereinbarung, dass eine Geldschuld in Gold oder nach dem jeweiligen Kurs des Goldes beglichen werden soll; bedarf in Dtl. der Genehmigung.

Goldküste, 1821 bis 1957 brit. Kronkolonie in W-Afrika, → Ghana.

Goldlack *der,* südeurop. Kreuzblütlerstaude, urspr. mit gelber, gezüchtet mit goldbrauner Blüte.

Goldmann, Nahum, * 1894, † 1982; 1949 bis 1978 Präs. des Jüd. Weltkongresses; 1956 bis 1968 Präs. der Zionist. Weltorganisation.

Goldmark, 1919 bis 1923 im Dt. Reich Rechnungseinheit im Geldwesen; 1 G. = $^{10}/_{42}$ Golddollar oder 0,3584 g Feingold.

Goldnessel, eine → Taubnessel.

Goldoni, Carlo, ital. Dramatiker, * 1707, † 1793; entwickelte in Abgrenzung von der Commedia dell'Arte die ital. Rokokokomödie, z.B. »Das Kaffeehaus« (1743), »Der Diener zweier Herren« (1753).

Goldregen, südeurop. Schmetterlingsblütlergattung, Sträucher mit gelben Blütentrauben, giftig.

Goldrute, staudige, gelb blühende Korbblütlergattung; **Gemeine G.,** in trockenen Wäldern.

Goldschmiedekunst, seit der Jungsteinzeit nachweisbare künstler. Verarbeitung von Gold und anderen Edelmetallen zu Schmuck und Geräten, z.B. durch Treiben, Granulieren, Tauschieren, Prägen, Gießen.

Goldschnitt, Verzierung der Schnittflächen eines Buchs durch Auflegen und Anreiben von Blattgold.

Goldsmith ['gəʊldsmɪθ], Oliver, brit. Dichter, * 1730, † 1774. Sein Familienroman »Der Pfarrer von Wakefield« (1766) übte großen Einfluss auf J. G. Herder und Goethe aus.

Goldstern, Gelbstern, Gattung der Liliengewächse; gelb blühende Frühlingskräuter.

Goldwährung, Währung, die in feste Beziehung zum Goldwert gesetzt ist. Bei der reinen G. (**Goldumlaufswährung**) sind Goldmünzen das einzige gesetzl. Zahlungsmittel. Bei der **Goldkernwährung** wird das Gold als Zahlungsreserve für den internat. Handel verwendet und der Geldumlauf im Inland weitgehend durch Papiergeld ersetzt. Eine Art Goldkernwährung ist die **Golddevisenwährung,** bei der das Papiergeld nicht nur durch Gold, sondern auch durch auf Gold lautende Devisen gedeckt ist. Bei allen G. entsprechen die Wechselkurse dem gesetzl. Goldgehalt der Währungseinheiten **(Goldparität).** - Andauernder Goldzufluss aufgrund von Ausführungsüberschüssen führt bei G. zu Preissteigerungen im Inland, damit zur Verringerung der Ausfuhr und Erhöhung der Einfuhr, somit zu einem automat. Ausgleich der Zahlungsbilanz **(Goldautomatismus).** - Nach dem 1. Weltkrieg gingen viele Länder (auch Dtl.) zur Papierwährung über; nach dem 2. Weltkrieg wurde eine modifizierte Golddevisenwährung geschaffen. (→ Internationaler Währungsfonds)

Goldwespen, weltweit verbreitete Familie metallfarbiger 1,5 bis 13 mm großer Hautflügler; Larven schmarotzen bei Bienen und Wespen.

Golem *der,* im jüd. Volksglauben eine durch Zauberei auf bestimmte Zeit belebte stumme menschl. Figur, oft von gewaltiger Größe und Kraft.

Golf *der,* Meerbusen, Bucht.

Golf [engl., zu schott. gowf »schlagen«] *das,* Rasenballspiel, bei dem ein Ball aus Hartgummi (bis 46 g) mit einem Schläger und möglichst wenig Schlägen über verschieden lange (insgesamt 18) Bahnen in ein Loch an deren Ende zu treiben ist.

Golfkrieg, zwei Kriege im Bereich des Pers. Golfs. Der 1. G. wurde 1980 bis 1988 zw. Irak und Iran um die Vorherrschaft in der Region geführt. Im 2. G. vertrieb 1991 eine internat. Allianz unter Führung der USA im Auftrag der UNO den Irak aus dem von diesem 1990 besetzten Kuwait.

Golfstrom, warme Meeresströmung, kommt aus dem Golf von Mexiko, zieht entlang der amerikan. O-Küste nordwärts und wird südlich von Neufundland nach ONO abgelenkt; überquert, sich fächerförmig ausbreitend, als Atlant. Strom den nördl. Atlantik, bestreicht die W-Küste Europas und schickt seine Ausläufer bis ins Nordpolarmeer.

Golgatha, Kreuzigungsstätte Jesu bei Jerusalem.

Goliath, A.T.: von David getöteter Riese.

Gollancz [gə'lænts], Sir (seit 1965) Victor, brit. Verleger, Schriftsteller, * 1893, † 1967; trat nach 1945 - obwohl Jude - als einer der ersten Engländer für eine Verständigung mit Dtl. ein.

Göllheim, Ort im Donnersbergkreis, Rheinl.-Pf. In der **Schlacht bei G.** (2. 7. 1298) fiel König Adolf von Nassau im Kampf gegen den Habsburger Albrecht I.

Gollwitzer, Helmut, dt. ev. Theologe, * 1908, † 1993; schrieb: »...und führen, wohin du nicht willst« (1951) u. a.

Goltz, 1) Colmar Freiherr v. der, preuß. und türk. General, * 1843, † 1916; leitete 1883 bis 1896 den Neuaufbau des türk. Heers, 1915/16 Führer einer türk. Armee; Militärschriftsteller. – **2)** Rüdiger Graf v. der, dt. General, * 1865, † 1946; wirkte 1918 maßgeblich an der militär. Begründung der nat. Unabhängigkeit Finnlands mit.

Gomel, Homel, Gebietshauptstadt im SO Weißrusslands, 503 300 Ew.; Univ.; u. a. Maschinenbau, Superphosphatfabrik; Flusshafen.

Gomorrha → Sodom und Gomorrha.

Gomułka [gɔ'muu̯ka], Władysław, poln. Politiker, * 1905, † 1982; betrieb als stellv. Min.-Präs. (1945 bis 1949) den Zusammenschluss der KP mit den Sozialisten, 1951 bis 1954/55 in Haft, 1956 bis 1970 führender Politiker Polens (1. Sekr. des ZK).

Gon, Zeichen **gon,** v. a. in der Geodäsie verwendete Einheit des ebenen Winkels, definiert als der 100. Teil des rechten Winkels oder auch als 1 gon = $(\pi/200)$ rad.

Goncourt [gɔ̃'ku:r], Edmond de, * 1822, † 1896, und Jules de, * 1830, † 1870; frz. Schriftsteller, Brüder, verfassten ihre Romane gemeinsam, leiteten den literar. Realismus in den Naturalismus über; kunsthistor. Studien. Die testamentarisch gegr. **Académie G.** vergibt jährlich den **Prix G.** (für ein während des Jahres erschienenes frz. Prosawerk).

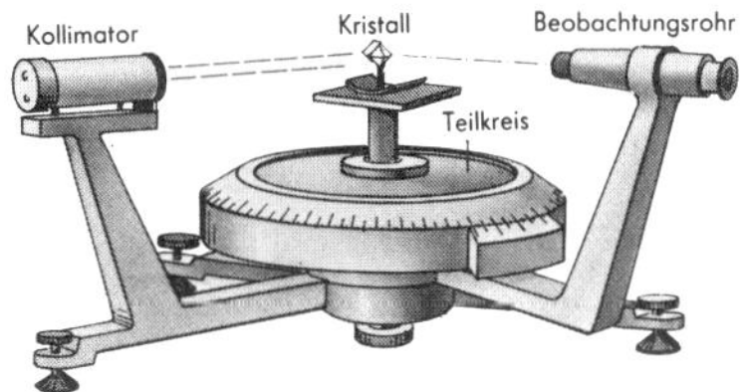

Reflexions-**Goniometer** für Präzisionsmessungen

Gondel *die,* **1)** schmales, z. T. überdachtes venezian. Boot, von einem **Gondoliere** geführt. – **2)** Kabine am Zeppelin, Korb beim Freiballon.

Gondwanaland, einer der Urkontinente, der noch im Perm Südamerika, Afrika, Vorderindien, Australien und die Antarktis umfasste. Am Ende des Mesozoikums war das G. zu den heutigen Landmassen der S-Halbkugel zerfallen.

Gong *der,* indisch-malaiisches Schlaginstrument, bestehend aus einer Bronzescheibe, die mit einem Filzschlägel angeschlagen wird.

Góngora y Argote, Luis de, span. Dichter des Barock, * 1561, † 1627; begründete den **Gongorismus,** eine eigenständige span. literar. Ausprägung des Manierismus, gekennzeichnet u. a. durch gewollt schwierige und dunkle Sprache.

Goniometer *das,* **Winkelmesser,** Gerät zur Bestimmung des Neigungswinkels zweier Flächen, z. B. zweier Kristallflächen. **Goniometrie,** Lehre von der Winkelmessung.

Gonokokken *Pl.,* ⚕ Erreger des → Trippers.

Gontard, Karl v., dt. Baumeister, * 1731, † 1791; Vermittler zw. Barock und Klassizismus, Bauten in Potsdam und Berlin.

Gontscharow, Iwan Aleksandrowitsch, russ. Erzähler, * 1812, † 1891; Romane (»Oblomow«, 1859).

Gonzaga, oberital. Fürstengeschlecht, das bis 1627 (seit 1530 Herzöge) in Mantua regierte.

González Márquez [gɔn'θalεθ 'markεθ], Felipe, span. Politiker, * 1942; 1974 bis 1997 Gen.-Sekr. des Partido Socialista Obrero Español (PSOE); 1982 bis 1996 Ministerpräsident.

Goodman ['gʊdmən], Benny, eigentl. Benjamin David G., amerikan. Jazzmusiker, Klarinettist, * 1909, † 1986.

Goodwill [gʊd'wɪl] *der,* **1)** → Firmenwert. – **2)** Wohlwollen, Gunst, das öffentliche Vertrauen, um das geworben wird, z. B. **G.-Reise.**

Goodyear ['gʊdjə:], Charles, amerikan. Chemiker, * 1800, † 1860; erfand Kautschukvulkanisation und Hartgummiherstellung.

Göppingen, Krst. in Bad.-Württ., an der Fils, 58 100 Ew.; Maschinen- u. a. Industrie.

Gorbatschow, Michail Sergejewitsch, sowjet. Politiker, * 1931; 1985 bis 1991 Gen.-Sekr. der KPdSU, Okt. 1988 bis März 1990 Vors. des Präsidiums des Obersten Sowjets, März 1990 bis Dez. 1991 1. Präs. der UdSSR; Friedensnobelpreis 1990. Leitete innen- und außenpolitische Reformen ein (→ Glasnost, → Perestroika), setzte den Verzicht auf Führungsanspruch der KPdSU durch; musste dennoch wegen seiner zögerl. Reformpolitik als Staatspräs. zurücktreten.

Gordimer ['gɔ:dɪmə], Nadine, südafrikan. Schriftstellerin, * 1923; psycholog. Kurzgeschichten und Romane (»Die Geschichte meines Sohnes«, 1990); Nobelpreis für Literatur 1991.

Gordischer Knoten, der von dem phryg. König Gordios geflochtene Knoten: wer ihn löste, sollte Asien beherrschen. Alexander d. Gr. zerhieb ihn mit dem Schwert. Ü nur gewaltsam lösbare Aufgabe.

Gordon ['gɔ:dn], Noah, amerikan. Schriftsteller, * 1926; Romane (»Der Rabbi«, 1965; »Der Medicus«, 1986; »Der Schamane«, 1992; »Die Erben des Medicus«, 1995).

Gore [gɔ:], Albert (Al), amerikan. Politiker (Demokrat), * 1948; seit 1993 Vizepräs. der USA.

Gorgias von Leontinoi, griech. Philosoph, * um 485, † um 380 v. Chr.; neben Protagoras das Haupt der Sophisten.

Gorgo *die,* griech. Sage: urspr. weibl. Ungeheuer, später 3 Gorgonen: Stheno, Euryale, Medusa; Medusas Anblick verwandelte in Stein.

Gorgonzola *der,* vollfetter Blauschimmelkäse, benannt nach dem Ort G. in N-Italien.

Gorilla *der,* Menschenaffe (bis 2 m groß, bis 270 kg schwer); lebt familienweise in den Urwäldern des trop. Afrika, meist auf dem Boden.

Göring, Hermann, dt. natsoz. Politiker, * 1893, † (Freitod) 1946; Jagdflieger im 1. Weltkrieg; 1932/33 Reichstagspräs., 1933 preuß. Min.-Präs.; 1935 Oberbefehlshaber der Luftwaffe, 1940 Reichsmarschall. 1946 in Nürnberg vom Internat. Militärgerichtshof zum Tode verurteilt.

Gorkij, 1932 bis 1990 Name von → Nischnij Nowgorod.

Gorkij, Maksim, eigentl. Aleksej Maksimowitsch **Peschkow,** russ. Erzähler, * 1868, † 1936; seit 1898 Marxist, schloss sich 1917 dem Bolschewismus an, schilderte Landstreichertypen und die russ. Arbeiterbewegung: »Nachtasyl« (1902); »Die Mutter« (1907); autobiograph. Werke: »Meine Kindheit« (1913), »Unter fremden Menschen« (1914), »Meine Universitäten« (1923).

Görlitz, Stadt in Sa. (früher Niederschlesien), an der Neiße, 68 600 Ew.; Textil-, feinmechan. u. a. Ind.; Berufs- und Fachschulen. Aus den östl. der Neiße gelegenen Stadtteilen entstand die Stadt **Zgorzelec** [zgɔ'ʒεlεts] in der poln. Wwschaft Jelenia Gorá.

Gorlowka, ukrain. Ind.stadt im Donezbecken, 336 000 Einwohner.

Gornergletscher, zweitlängster Gletscher der schweizer. Alpen (14,1 km), im Monte-Rosa-Massiv. Im N der **Gornergrat,** 3 089 m.

Görres, Joseph v., dt. Publizist und Gelehrter, * 1776, † 1848; unterstützte in seiner Zeitung »Rheinischer Merkur« (1814 bis 1816) den nat. Kampf gegen

Helmut Gollwitzer

Benny Goodman

Michail Gorbatschow

Görlitz Stadtwappen

Die Kaiserpfalz in **Goslar**

Napoleon I.; später Führer des polit. Katholizismus. **G.-Gesellschaft zur Pflege der Wiss.,** gegr. 1876, Sitz in Bonn, zur Förderung der wiss. Arbeit der dt. Katholiken.

Gortschakow, Aleksandr Michajlowitsch, Fürst, russ. Staatsmann, * 1798, † 1883; war 1856 bis 1882 Außenmin., zuerst Freund, dann Gegner Bismarcks.

Gortyn, antike Stadt im S Kretas, Fundort des »Rechts von G.« (Inschrift über altgriech. Recht, 5. Jh. v. Chr.).

Görz
Stadtwappen

Görz, ital. **Gorizia,** Stadt in NO-Italien, am Isonzo, 38 100 Ew.; Handel, Ind., Fremdenverkehr, Erzbischofssitz. G. war 1500 bis 1918 österreichisch.

Göschen, Georg Joachim, dt. Verlagsbuchhändler, * 1752, † 1828; einer der hervorragendsten Verleger des dt. Klassizismus (u. a. Gesamtausgaben von Goethe, Schiller, C. M. Wieland, A. W. Iffland, F. G. Klopstock).

Goslar
Stadtwappen

Goslar, Krst. in Ndsachs., 46 000 Ew.; Kaiserpfalz (11./12. Jh.), Rathaus (um 1450), alte Fachwerkhäuser. Ind.: Erzbergbau, Chemikalien. - G., um 922 gegr., blühte durch den Bergbau auf, war bevorzugter Aufenthalt der sächs. und sal. Kaiser, dann Reichs- und Hansestadt. Der mittelalterl. Stadtkern und das Silberbergwerk Rammelsberg gehören zum Weltkulturerbe.

Gospel ['gɔspəl, eigentl. »Evangelium«], volkstümlich-religiöser Gesang der nordamerikan. Schwarzen. Der **G.-Song** ist eine Quelle des Jazz.

Gössel, Gänseküken.

Götaälv [jøːta'ɛlv] *der,* Fluss in Schweden, 93 km lang, Abfluss des Vänersees in das Skagerrak, bildet die Trollhättafälle. Der **Götakanal** verbindet den Vänersee mit der Ostsee.

Gotha
Stadtwappen

Götaland ['jøːta-, schwed. »Land der Gauten«], die bevölkerungsreichste der histor. Großlandschaften Schwedens.

Göteborg [jøːtə'bɔrj], schwed. Ind.stadt am Kattegat, 437 300 Ew.; Univ., TH u. a. Hochschulen; Schiff-, Maschinen-, Fahrzeugbau, Reedereien; ⚓, internat. ✈.

Goten, Stammesgruppe der Ostgermanen, zog von der unteren Weichsel um 150 n. Chr. an die N-Küste des Schwarzen Meers und besetzte um 270 die röm. Prov. Dakien; im 4. Jh. nahmen sie das arian. Christentum an. Die G. gliedern sich in West-G. und in Ostgoten. Die **West-G.** besiegten 378 Kaiser Valens bei Adrianopel (heute Edirne); unter Alarich fielen sie in Italien ein, eroberten 410 Rom; sie gründeten 419 im südwestl. Frankreich (Hptst. Toulouse), dann in Spanien (Hptst. Toledo) ein Reich; unterlagen 711 den Arabern. Das südruss. Reich der **Ost-G.** wurde 375 von den Hunnen überrannt; unter Theoderich d. Gr. eroberten sie 488 bis 493 Italien (Hptst. Ravenna), wurden aber 535 bis 552 von den byzantin. Feldherren Belisar und Narses besiegt.

Göteborg
Stadtwappen

Gotha *der,* die **Gothaischen Genealog. Taschenbücher** (1763 bis 1944); seit 1951 erscheint das »Genealogische Handbuch des Adels«.

Gotha, Krst. in Thür., am Fuß des Thüringer Waldes, 52 300 Ew.; vielseitige Ind.; bis 1945 Sitz bekannter Versicherungsgesellschaften. Schloss Friedenstein (1643 bis 1655), Schloss Friedrichsthal (1708 bis 1711). G. war als ernestin. Herzogtum 1826 bis 1918 in Personalunion mit Coburg vereinigt.

Gothe, Eosander, dt. Baumeister, → Eosander, Johann Friedrich.

Gotik [ital. gotico »barbarisch«] *die,* Stilrichtung des MA., die alle Kunstgattungen umfasst. Um 1150 in N-Frankreich entstanden, breitete sie sich in starken nat. Abwandlungen über ganz Europa aus. Hauptmerkmale in der Architektur sind Aufwärtsstreben (Spitzbogen, Strebewerk, Türme) und Durchlichtung (große Fensteröffnungen mit Glasmalerei); in der Bildhauerkunst entstanden u. a. durch V. Stoß, M. Pacher und T. Riemenschneider Werke von vollendeter Schönheit. In der Malerei, ausgehend von der Buchmalerei, entwickelten sich Tafelbild und Wandmalerei. Abgelöst wurde die G. durch die Renaissance.

gotische Schrift, 1) nach der griech. Unziale unter Einfügung weniger Runenzeichen im 4. Jh. geschaffene Schriftart der Goten; erhalten im »Codex argenteus« des Bischofs Wulfila. - **2)** im 13. Jh. entstandene Schrift mit gebrochener Linienführung.

gotische Sprache, eine ostgerman. Sprache, v. a. in der Bibelübersetzung des Wulfila überliefert; im 6. Jh. untergegangen.

Gotland, schwed. Insel, größte der Ostsee, 3 001 km², als Verw.-Bez. mit Fårö und einigen kleineren Inseln 56 100 Ew.; Ackerbau, Viehzucht, Kalkbrennerei, Marmorgewinnung. Hauptort: Visby; ✈. G. war u. a. 1361 bis 1392 und 1408 bis 1645 dän. Besitz.

Gott, die den Inbegriff des Heiligen als absoluten Wert in sich fassende transzendente Person, von der der religiös ergriffene Mensch sich unmittelbar in seiner Existenz betroffen und gefordert sieht. In den Hochreligionen des Christentums, Judentums, Islams herrscht der Glaube an den einen, ewigen, allmächtigen, persönl. G. **(Monotheismus);** in vielen außereurop. Religionen wird eine Mehrzahl von Göttern verehrt **(Polytheismus).**

Götterdämmerung, Untergang der Götter in der german. Sage; Oper von R. Wagner.

Gottes|anbeterin, Geradflügler, südeurop. räuber. Fangheuschrecke.

Gottesbeweis, Versuch, das Dasein Gottes mittels vernünftiger Schlussfolgerungen zu beweisen. Der **kosmolog. G.** schließt von der Schöpfung auf den Schöpfer, der **teleolog. G.** führt die Zweck- und Zielhaftigkeit der Welt auf einen persönl. Willen und Akt zurück, der **ontolog. G.** schließt aus dem Vorhandensein des Begriffs Gott auf seine Existenz, der **moral. G.** nimmt das vorhandene Sittengesetz als Beweis für das Dasein eines unbedingten höchsten Willens. Der **noolog. G.** nimmt an, dass die Vernunft in ihrer Intention immer das Unendliche als das Wahre und Gute voraussetze, damit sei im Denken ein Weg zu Gott gegeben.

Gottesfriede, lat. **Pax Dei,** im MA. durch die Kirche unter Androhung von Kirchenstrafe gebotener Schutz für bestimmte Personen (z. B. Geistliche) und Orte (Kirchen, Klöster). Zu dem G. trat die **Treuga Dei** (Waffenstillstand Gottes), die Fehden an bestimmten Tagen untersagte.

Gottes Gnaden, von G. G., lat. **Dei gratia,** alter Zusatz zum Herrschertitel, urspr. Demutsformel, dann Ausdruck der Unabhängigkeit der Herrschermacht von ird. Gewalt.

Gotteslästerung, Blasphemie, Beschimpfung der Gottheit durch Wort, Bild oder sonstige Ausdrucksmittel; in der Bundesrep. Deutschland seit 1969 nicht mehr strafbar (im Ggs. zur Beschimpfung des Bekenntnisses anderer in den öffentl. Frieden störender Weise).

Gottesurteil, ⚖ Urteil über Schuld oder Unschuld einer Person durch ein auf Gott zurückgeführtes äußeres Zeichen, im mittelalterl. Gerichtsverfahren z. B. durch Feuerprobe, Los, Zweikampf.

Gottfried von Bouillon [bu'jõ], Herzog von Niederlothringen, * um 1060, † 1100; eroberte im 1. Kreuzzug 1099 Jerusalem.

Gottfried von Straßburg, dt. Dichter des frühen 13. Jh.; bürgerl. Herkunft, verfasste um 1210 das formvollendete höf. Epos »Tristan und Isolde«.

Gotthardgruppe, Gotthardmassiv, Teil der Zentralalpen, Schweiz, bis 3192 m hoch; zw. Tessintal und oberem Reußtal der Pass **Sankt Gotthard** → Alpen (Alpenpässe, ÜBERSICHT); **Gotthardbahn** mit 15 km langem Tunnel (1882 eröffnet); **Gotthard-Straßentunnel** (16,3 km) der Autobahn Basel–Mailand.

Gotthelf, Jeremias, eigentl. Albert **Bitzius,** schweizer. Erzähler, * 1797, † 1854; Pfarrer; Romane: »Uli der Knecht« (1841), »Uli der Pächter« (1849) u. a., Erzählung: »Die schwarze Spinne« (1842).

Göttingen, Krst. in Ndsachs., an der Leine, 126300 Ew.; Univ. (gegr. 1734), Max-Planck-Gesellschaft mit Instituten; Museen; zahlreiche Kirchen, Rathaus (1366 bis 1403); feinmechan., opt. Ind.; Verlage. – G. war 1351 bis 1572 Hansestadt.

Gotik. Innenraum von Westminster Abbey in London (13. Jh.)

Göttinger Dichterbund, Hainbund, 1772 in Verehrung F. G. Klopstocks gegründet. Mitglieder: H. C. Boie, L. H. Hölty, die Grafen C. und F. L. Stolberg, J. H. Voß u. a.; 1775 aufgelöst.

Göttinger Sieben, die 1837 wegen ihres Widerspruchs gegen den Verf.-Bruch von König Ernst August von Hannover abgesetzten 7 Professoren: W. E. Albrecht, F. C. Dahlmann, H. v. Ewald, G. Gervinus, J. und W. Grimm, W. E. Weber.

Göttliche Komödie, Die, ital. **Divina Commedia,** Epos (1313 bis 1321) von Dante Alighieri, christlich-allegor. Lehrgedicht, stellt den Weg der sündigen Seele durch die Hölle (Inferno) über den Berg der Läuterung (Purgatorio) zum Paradies dar.

Gottsched, Johann Christoph, dt. Literaturtheoretiker, * 1700, † 1766; kämpfte für Klarheit und Verständlichkeit in Sprache und Dichtung und für ein Schauspiel nach frz. Muster. Nach 1740 verlor er an Einfluss, bes. durch den Streit mit J. J. Bodmer und J. J. Breitinger.

Gottwald, Klement, tschechoslowak. Politiker, * 1896, † 1953; Min.-Präs. seit 1946, am kommunist. Staatsstreich 1948 beteiligt; 1948 bis 1953 Staatspräsident.

Gottwaldov, 1949 bis 1989 Name der Stadt → Zlín.

Götze *der,* Abgott, ein als höheres Wesen verehrter Gegenstand.

Gouachemalerei [gu'a:ʃ-], Malerei mit deckenden Wasserfarben, die mit Weiß vermischt und mit einem Bindemittel versetzt sind.

Gouda ['xɔu̯da:], Stadt in den Niederlanden, an der Ijssel, 70400 Ew.; versch. Ind., landwirtschaftl. Erzeugnisse, bes. **Goudakäse.**

Gould [gu:ld], Glenn, kanad. Pianist und Komponist, * 1932, † 1982; v. a. Bach-Interpret.

Göttingen Stadtwappen

Gounod [gu'no], Charles, frz. Komponist, * 1818, † 1893; Oratorien, Messen u. a.; Oper: »Faust« (»Margarethe«, 1858).

Gourmand [gur'mã] *der,* Schlemmer; **Gourmet** [gur'me:] *der,* Feinschmecker.

Gouvernement [guvɛrn(ə)mã] *das,* Regierung; Statthalterschaft, Provinz.

Gouverneur [guvɛr'nø:r], engl. **Governor, 1)** Statthalter, leitender Beamter eines Gliedstaats (USA), einer Prov. (Belgien, zarist. Russland), einer Kolonie. – **2)** Befehlshaber einer Festung.

Goya y Lucientes ['goja i lu'θi̯entes], Francisco José de, span. Maler, Grafiker, * 1746, † 1828; seit 1799 Hofmaler; stellte zeitkritisch Krieg und Not, menschl. Leidenschaft und Torheit mit dämon. Eindringlichkeit dar; meisterhafte Bildnisse und Teppichentwürfe.

Gozzi, Carlo Graf, ital. Lustspieldichter, * 1720, † 1806; verteidigte gegen C. Goldoni die Commedia dell'Arte; Märchenspiele (»Turandot«, 1771).

Gozzoli, Benozzo, ital. Maler, * 1420, † 1497; 1459 bis 1461 Fresken im Palazzo Medici-Riccardi (Florenz) in festl. und farbigem Erzählstil.

GPU, Abk. für **G**ossudarstwennoje **p**olititscheskoje **u**prawlenije (»Staatl. polit. Verwaltung«), polit. Polizei der UdSSR, entstand 1922, Nachfolgerin der Tscheka; 1941 dem Volkskommissariat für Staatssicherheit (NKGB), 1953 dem Innenministerium unterstellt; Vorläuferin des → KGB.

Grab → Totenbestattung.

Grabbe, Christian Dietrich, dt. Dramatiker, * 1801, † 1836; Vorläufer des Realismus: »Don Juan und Faust« (1829), »Napoleon« (1831), »Hannibal« (1835), »Die Hermannsschlacht« (hg. 1838); Komödie: »Scherz, Satire, Ironie und tiefere Bedeutung« (1827).

Graben, 🌐 tiefer als die Umgebung liegende längl. Landscholle, meist durch Verwerfungen begrenzt; z. B.: Oberrheinische Tiefebene (Basel–Mainz), Jordantal mit Totem Meer.

Grabwespen, Mordwespen, einzeln lebende Stechimmen. Das Weibchen gräbt eine Bodenröhre, trägt durch einen Stich gelähmte Insekten oder Spinnen hinein und legt ein Ei dazu.

Charles Gounod

Gracchus ['graxus], Tiberius Sempronius, * 162 v. Chr., † (ermordet) 133, und Gaius Sempronius, * 153 v. Chr., † 121; Brüder, versuchten als röm. Volkstribunen (ab 133 und 123 v. Chr.), gestützt auf die Volksversammlung, die Lösung dringender polit. Fragen, bes. der Neuverteilung des staatl. Ackerlandes an besitzlose Bauern, zu erreichen.

Gracht [niederdt. zu »Graben«] *die,* Kanal.

grad., Abk. für **grad**uiert, in Verbindung mit einer näheren Bezeichnung Hochschulgrad, der an Absolventen von Fachhochschulen und entsprechender Studiengänge anderer Hochschulen verliehen wird: Ing. (grad.), Betriebswirt (grad.) u. a.

Grad *der,* **1)** Stufe, Rangstufe, Verwandtschaftsstufe. – **2)** √ Einheit des Winkels. Der Vollwinkel (Kreis) wird in 360 G. (früher **Altgrad**), Abk. 360°, eingeteilt, im Vermessungsdienst seit 1937 in 400 Gon (früher **Neugrad**). – **3)** 🌐 → Gradnetz. – **4)** Teile einer Maßeinteilung, z. B. beim Thermometer G. Celsius (°C).

Grade, Hans, dt. Ingenieur, * 1879, † 1946; flog 1908 das 1. dt. Motorflugzeug.

Geschliffener **Granat**

Steffi Graf

Granada
Stadtwappen

Gradient *der,* **1)** Änderung einer Größe (z. B. Druck) längs einer Strecke. – **2)** √ eine Größe der Vektoranalysis.
gradieren, 1) abstufen. – **2)** legieren (Münzen). – **3)** ⚗ den Salzgehalt einer Sole erhöhen.
Gradmessung, 🌐 Bestimmung der Größe und Gestalt der Erde durch Messung von Bogen auf der Erdoberfläche. (→Triangulation)
Gradnetz, 🌐 ein Netz aus Längen- und Breitenkreisen, durch das jeder Punkt einer Landkarte der Lage nach bestimmbar ist. (→Kartennetzentwurf)
Graduale *das,* **1)** kath. Messgesang, zw. Epistel und Evangelium. – **2)** Messgesangbuch.
graduieren, 1) nach Graden abteilen, z. B. Thermometer. – **2)** eine akadem. Würde erteilen.
Graf, im Fränk. Reich der vom König über einen Gau **(Grafschaft)** gesetzte Beamte, dann erbl. Adelstitel (Mark-, Pfalz-, Land- und Burg-G.). **Freigraf** hieß der Vors. der mittelalterl. →Feme. **Deichgraf,** Vorsteher einer Deichgenossenschaft.
Graf, 1) Oskar Maria, dt. Schriftsteller, * 1894, † 1967; verfasste humorvoll-derbe Bauerngeschichten (»Das bayr. Dekameron«, 1928, u. a.), emigrierte 1933 in die USA. – **2)** Stefanie, dt. Tennisspielerin, * 1969; u. a. sechsfache Wimbledonsiegerin 1988 (Dameneinzel und -doppel), 1989, 1991, 1992, 1993 und 1995; 1988 Olympia- und Grandslamsiegerin. – **3)** Urs, schweizer. Maler, Zeichner, * 1485, † um 1527; Holzschnitte, Rohrfederzeichnungen aus dem Söldnerleben.
Graff, Anton, dt. Maler, * 1736, † 1813; malte Bildnisse bedeutender Persönlichkeiten seiner Zeit (Friedrich d. Gr., G. E. Lessing, Schiller).
Grafik *die,* Teilgebiet der bildenden Kunst. Sie umfasst in erster Linie Druck-G. (Holzschnitt, Kupferstich, Radierkunst, Steindruck [→Lithographie]), aber auch Handzeichnungen werden ihr zugerechnet.
Grafikdesign [-dɪzaɪn], **Gebrauchsgrafik,** künstler. Gestaltung von Schrift und Bild für prakt. Zwecke (Werbung, Bücher).
grafische Darstellung →Diagramm.
Graham [ˈgreɪəm], **1)** Martha, amerikan. Tänzerin und Choreographin, * 1894, † 1991; beeinflusste maßgebend den Ausdruckstanz. – **2)** William (Billy), * 1918; amerikan. Evangelist und Massenprediger.
Grahambrot, Weizenschrotbrot nach dem amerikan. Arzt Sylvester Graham (* 1794, † 1851).
Grahamland [ˈgreɪəmlænd], Halbinsel der W-Antarktis. (→Antarktis)
Grajische Alpen, Teil der W-Alpen, beiderseits der frz.-ital. Grenze; im Gran Paradiso 4 061 m hoch.
Gral *der,* in der Dichtung des MA. geheimnisvoller, heiliger Gegenstand (Schale, Kelch, Stein), der in einer tempelartigen Burg von Gralskönig und Gralsrittern bewacht wird. Die **G.-Sage** wurde zuerst in Frankreich dichterisch behandelt; in Dtl. u. a. von Wolfram von Eschenbach (»Parzival«, um 1210).
Gram-Färbung, von dem dän. Pathologen Hans Christoph Joachim Gram (* 1853, † 1938) entwickeltes Bakterienfärbeverfahren zur Bestimmung von Krankheitserregern u. a.; **gramfeste** (grampositive) Bakterien färben sich blauviolett, **gramfreie** (gramnegative) rot.
Gramm *das,* Zeichen **g,** Einheit der Masse, der tausendste Teil eines Kilogramms.
Grammatik *die,* Sprachlehre.
Grammatom, Grammmolekül, Mol, ⚗ so viel Gramm eines chem. Elements, wie dessen relative Atom- oder Molekularmasse angibt.
Grammophon *das,* früher übl. Bezeichnung für →Plattenspieler.
Grampian Mountains [ˈgræmpjən ˈmaʊntɪnz], Gebirge Mittelschottlands; im Ben Nevis 1 343 m hoch.
Gran, ungar. **Esztergom** [ˈɛs-], Stadt in Ungarn, 29 800 Ew., Sitz des kath. Erzbischofs (Primas) von Ungarn; ehem. Königl. Burg (1173 bis 1195), klassizist. Dom (1822 bis 1869).
Granada, span. Prov.-Hptst. am Fuß der Sierra Nevada. 265 400 Ew.; Kathedrale, Univ. (seit 1532), Palacio del Generalife (14. Jh.) und Schloss →Alhambra (beide gehören zum Weltkulturerbe); Nahrungsmittel-, Textil- und keram. Ind.; Fremdenverkehr. G. war 1238 bis 1492 Hptst. des gleichnamigen maur. Königreichs.
Granat *der,* **1)** verbreitete Gruppe meist rötl., regulär kristallisierender Mineralien mit Magnesium, Eisen, Mangan, Calcium, Aluminium, Chrom u. a. und vielen Übergängen durch Mischkristallbildung. Schönfarbige G. dienen als Edelsteine. – **2)** die Nordseegarnele (→Garnelen).
Granatapfelbaum, Granatbaum, Baum oder Strauch in S-Europa, N-Afrika, Vorderasien, knorrig, blüht scharlachrot. Die apfelgroßen, braunroten bis gelben, hartschaligen, vielsamigen Früchte **(Granatäpfel)** werden als Obst sowie zur Herstellung von Sirup **(Grenadine)** verwendet.
Granate *die,* Geschoss für Geschütze.
Gran Canaria, drittgrößte der Kanar. Inseln, Spanien, 1 532 km²; Hptst. und -hafen: Las Palmas.
Gran Chaco [-ˈtʃako] *der,* wald- und weidereiche Landschaft in Südamerika (Argentinien, Bolivien, Paraguay), zw. Paraguayfluss und Kordilleren; etwa 1 400 km lange, 600 bis 700 km breite Ebene. – Im **Chacokrieg** (1932 bis 1935) unterlag Bolivien gegen Paraguay.
Grand [grãː] *der,* höchstes Spiel (Skat).
Grand Canyon [ˈgrænd ˈkænjən], schluchtartiges Engtal des Colorado River in NW-Arizona, USA, rd. 350 km lang, bis 1 800 m tief, zum größten Teil Nationalpark, gehört zum Welterbe.
Grand Coulee Dam [ˈgrænd ˈkuːlɪ ˈdæm], einer der höchsten (168 m) Staudämme der USA, am mittleren Columbia.
Grande [span. »Großer«] *der,* Angehöriger der obersten Klasse des span. Adels.
Grand Prix [grã ˈpri] *der,* Großer Preis.
Grand Rapids [ˈgrænd ˈræpɪdz], Stadt in Michigan, USA, an den Fällen des Grand River, 189 100 Ew.; Holz- und Möbelindustrie.
Grandseigneur [grãsɛnˈjør] *der,* vornehmer, weltgewandter Herr.
Grandslam [ˈgrændslæm] *der,* in einigen Sportarten (Golf, Tennis) Bezeichnung für den Sieg in allen dafür festgelegten Turnieren einer Saison.
Granikos *der,* türk. **Kocabaş** [-dʒaˈbaʃ], Fluss in NW-Anatolien, an dem 334 v. Chr. Alexander d. Gr. die Perser besiegte.
Granit [von lat. granum »Korn«] *der,* das verbreitetste Eruptivgestein (→Gesteine); helles, körniges Gemenge aus Feldspat, Quarz, Glimmer; wird zu Pflastersteinen, als Baustoff u. a. verwendet.
Granne *die,* **1)** Ober- oder Deckhaar beim Pelzfell. – **2)** Borste, die sich auf dem Rücken oder an der Spitze der Deckspelzen von Gräsern befindet.
Gran Sasso d'Italia, Bergstock in den Abruzzen, Italien, im Corno Grande 2 912 m hoch.
Grant [grɑːnt, grænt], **1)** Cary, eigentl. Archibald **Leach** [liːtʃ], amerikan. Filmschauspieler brit. Herkunft, * 1904, † 1986; »Arsen und Spitzenhäubchen« (1944), »Charade« (1963) u. a. – **2)** Ulysses Simpson, amerikan. General und Politiker, * 1822, † 1885; 18. Präs. (1869 bis 1877) der USA; war Oberbefehlshaber der Unionstruppen im Sezessionskrieg.
Granulationsgewebe, junges, gefäßreiches Bindegewebe, das sich bei der Wundheilung bildet und in festes Narbengewebe übergeht. Überschüssige Granulationen (Fleischwärzchen) heißen volkstümlich »wildes Fleisch«.
Granulieren, Zerkleinern eines Stoffs auf eine zur Verarbeitung geeignete Körnung.
Grapefruit [ˈgreɪpfruːt] *die,* →Zitrusfrüchte.

Graphit *der,* bleigraues, weiches, metallglänzendes Mineral, fast reiner Kohlenstoff; für Bleistiftherstellung, Schmelztiegelauskleidung, als Elektrodenmaterial, Moderator in Kernreaktoren, Schmiermittel.
Graphologie *die,* Handschriftendeutung (auch: Schriftpsychologie) versucht, aus der Handschrift Rückschlüsse auf die Persönlichkeitsstruktur des Schreibenden zu ziehen.
Grappa *die,* ital. Tresterbranntwein mit 38 bis 60 Vol.-% Alkohol.
Gräser, Gramineen, Familie einkeimblättriger Pflanzen, meist krautig; viele Bambusarten sind baumförmig. Der Stängel (Halm) der G. ist hohl, durch Knoten abgeteilt, die Blätter sind lang und schmal. Die einfachen Blüten stehen in Ährchen, die sich zu Rispen, Ähren, Ährenrispen oder Kolben (Mais) vereinigen. Die Frucht ist meist eine Schließfrucht, bei der Frucht und Samenschale verwachsen sind (Karyopse). Viele G. sind Getreide oder Futterpflanzen.
Grashof, Franz, dt. Ingenieur, * 1826, † 1893; Mitbegründer des Vereins Dt. Ingenieure. **G.-Denkmünze,** jährlich vom VDI für Verdienste um die Technik verliehen.
Graslilie, Gattung zierl., weiß blühender Liliengewächse; die **Astlose G.** ist geschützt.
Grasmücken, Singvogelgattung; schlanke, graubraune Vögel, z. B. **Mönchs-G., Dorngrasmücke.**
Grasnelke, Rosettenstauden mit gras- oder nelkenähnl. Blättern, kugeligen Blütenköpfen.
Grass, Günter, dt. Schriftsteller, Grafiker, * 1927; Romane voll derbem Realismus, scharfer Zeitkritik, »Die Blechtrommel« (1959), »Hundejahre« (1963), »Örtlich betäubt« (1969), »Der Butt« (1977), »Die Rättin« (1986), »Ein weites Feld« (1995); Erz.: »Das Treffen in Telgte« (1979), »Unkenrufe« (1992); Theaterstücke.
Grassi, 1) Ernesto, ital. Philosoph, * 1902, † 1991; Arbeiten zur Philosophie des Humanismus und der Renaissance. - **2)** Giorgio, ital. Architekt, * 1935; Vertreter der rationalen Architektur.
Grat *der,* oberste scharfe Kante, z. B. eines Bergs (Kammlinie).
Gratifikation *die,* Vergütung, die dem Arbeitnehmer aus bes. Anlass neben dem regelmäßigen Lohn oder Gehalt gezahlt wird (z. B. Weihnachts-, Jubiläums-G. bei Firmen- oder Arbeitsjubiläum).
gratinieren, Kochkunst: überbacken, -krusten.
Gratisaktien, Aktien, die den Aktionären entsprechend ihrem Aktienbesitz unentgeltlich gewährt werden.
Graubünden, östlichster Kt. der Schweiz, 7 106 km², 179 300 Ew. (etwa 50 bis 60 % deutschsprachig; Rest rätoroman. und ital.). Hptst. Chur. Im N Glarner Alpen, im W Adulagruppe, im S und O Rätische Alpen. Haupttäler: Vorderrheintal, Engadin. Alpwirtschaft, Energiegewinnung, Fremdenverkehr (Luftkurorte und Wintersportplätze wie Davos, Arosa, Sankt Moritz, Pontresina). - G., urspr. von Rätern bewohnt, war im MA. Teil des Herzogtums Schwaben. Zur Abwehr der Habsburger bildeten sich im 14./15. Jh. 3 Bünde (darunter der Graue Bund), die sich untereinander und mit der Schweizerischen Eidgenossenschaft verbündeten; 1803 15. schweizer. Kanton.
graue Eminenz, »hinter den Kulissen« wirkende, nach außen kaum in Erscheinung tretende einflussreiche Persönlichkeit.
Graue Panther, Kurzbezeichnung für den **Senioren-Schutz-Bund SSB »Graue Panther« e. V.,** 1975 gegr. überparteil. und überkonfessionelle Organisation zur Wahrung der Interessen alter Menschen (Sitz Wuppertal); die G. P. verfügen seit 1985 über eine europ. Organisation.
grauer Star, Augenkrankheit, → Star.

Grand Canyon

Graun, 1) Carl Heinrich, dt. Komponist, Bruder von 2), * 1704, † 1759; Opern, Kirchenmusik. - **2)** Johann Gottlieb, dt. Komponist, * 1703, † 1771; Konzertmeister Friedrichs des Großen.
Graupapagei, Jako *der,* grauer, rotschwänziger Papagei des trop. Afrika; »sprechbegabt«.
Graupeln *Pl.,* kleine Hagelkörner.
Graupen *Pl.,* geschälte, geschliffene und polierte Gersten- oder Weizenkörner.
Gravenhage, 's-G. [sxra:vənˈha:xə] → Den Haag.
Graves [greɪvz], Robert, eigentl. R. **von Ranke G.,** brit. Schriftsteller, * 1895, † 1985; Lyrik, histor. Romane (»Ich Claudius, Kaiser und Gott«, 1934).
Gravidität *die,* → Schwangerschaft.
gravieren, Zeichnungen oder Schriftzüge in Metall oder andere harte Stoffe einritzen.
Gravis *der,* Akzentzeichen `, z. B. frz. à.
Gravitation *die,* → Massenanziehung.
Gravüre *die,* **1)** Erzeugnis der Gravierkunst (Kupfer-, Stahlstich). - **2)** die → Photogravüre.
Graz, Hptst. der Steiermark, zweitgrößte Stadt Österreichs, am Alpenrand, beiderseits der Mur, 239 600 Ew.; kath. Bischofssitz; Dom (15. Jh.) u. a. alte Bauten; Univ. (1586 gegr.); TU, Akademie für Musik und darstellende Kunst; Museen; Ind.: Maschinen, Fahrzeuge, Textilien; Brauereien; Verlage.
Grazie *die,* **1)** Anmut, Liebreiz. - **2)** *Pl.,* röm. Bezeichnung der Chariten. **grazil,** schlank, zart. **graziös,** anmutig.
Greater London [ˈgreɪtə ˈlʌndən], 1965 gebildeter Verw.-Bez. in S-England. G. L. umfasst die City of London, die früheren Countys London und Middlesex sowie Teile, die bis 1962 zu Essex, Surrey, Kent und Hertfordshire gehörten. Der Verw.-Bez. ist in 32 Stadtbez. **(London Boroughs)** und in die **City of London** eingeteilt.
Greco, El, eigentl. Dominikos **Theotokopulos,** span. Maler griech. Herkunft, * 1541, † 1614. Charakteristisch für seine meist für Kirchen gemalten Bilder sind die überlangen, oft in religiöser Verzückung wiedergegebenen Gestalten und die aus einem kühlen Grundton hervorleuchtenden, zum Manierismus überleitenden Farbtöne (Bilder in Madrid, Toledo u. a.).
Gréco [greˈko], Juliette, frz. Chansonette und Schauspielerin, * 1927; Vertreterin der frz. Existenzialistengeneration der Nachkriegszeit.

Günter Grass

Graubünden
Kantonswappen

Graz
Stadtwappen

Graham Greene

Green [grin], Julien, frz. Schriftsteller amerikan. Herkunft, * 1900; Romane der Daseinsangst (u. a. »Leviathan«, 1929; »Von fernen Ländern«, 1987).

Greene [gri:n], Graham, brit. Erzähler, * 1904, † 1991; Romane mit meist religiösem Hintergrund (»Die Kraft und die Herrlichkeit«, 1940; »Das Herz aller Dinge«, »Unser Mann in Havanna«, 1958, u. a.) und Autobiographisches.

Greenpeace ['gri:npi:s], Anfang der 1970er-Jahre entstandene internationale Umweltschutzorganisation, die durch demonstrative Aktionen auf Umweltschäden und -zerstörung aufmerksam macht.

Greenwich ['grɪnɪdʒ], Stadtbez. von London, am S-Ufer der Themse; Eisenind.; Schiffbau; der durch die einstige Sternwarte (1675 gegr., heute in Herstmonceux) von G. gehende Längenkreis gilt als Nullmeridian.

Grenada

Staatswappen

Staatsflagge

Internationales Kfz-Kennzeichen

Gregor, Päpste: **1) G. I., der Große,** Kirchenlehrer, * 540, † 604; Papst 590 bis 604, leitete die Christianisierung Britanniens ein, verbesserte den Kirchengesang; Heiliger (Tag: 3. 9.). – **2) G. VII.,** † 1085; Papst 1073 bis 1085, als Mönch **Hildebrand,** Ausbau der päpstl. Macht, leitete die Durchsetzung des Zölibats ein, verbot die Investitur durch Laien und die Simonie, belegte Kaiser Heinrich IV. mit dem Bann (gelöst zu Canossa 1077), wurde 1080 von Heinrich abgesetzt (Gegenpapst Klemens III.); Heiliger (Tag: 25. 5.). – **3) G. IX.,** * 1170, † 1241; Papst 1227 bis 1241, sprach fünfmal den Bann über Kaiser Friedrich II. aus. – **4) G. XIII.,** * 1502, † 1585; Papst 1572 bis 1585, förderte die Gegenreformation, verbesserte den Kalender (1582).

Gregoriana, ital. **Pontificia Università G.,** Rom, päpstl. Univ.; 1551 von Ignatius von Loyola gegründet.

gregorianischer Gesang, kath. → Choral.

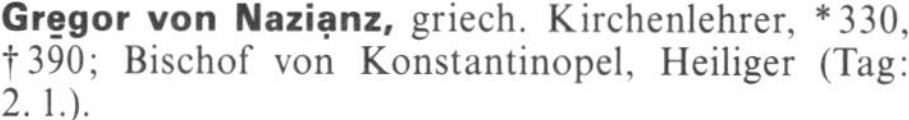

Gregor von Nazianz, griech. Kirchenlehrer, * 330, † 390; Bischof von Konstantinopel, Heiliger (Tag: 2. 1.).

Gregor von Nyssa, griech. Kirchenvater, * um 335, † um 394; Heiliger (Tag: 9. 3.).

Gregor von Tours [- tu:r], fränk. Geschichtsschreiber, * 538 oder 539, † 594 als Bischof von Tours; schrieb »Geschichte der Franken« (lateinisch), Heiliger (Tag: 17. 11.).

Greif *der,* Fabeltier mit Löwenleib, Adlerkopf, Flügeln und Krallen.

Greiffenberg, Catharina Regina von, geb. Freiin von **Seyssenegg,** dt. Dichterin, * 1633, † 1694; gilt als bedeutendste dt. Dichterin des Barock. In ihrer Lyrik gab sie ihrer Frömmigkeit oft überschwänglich Ausdruck (»Geistliche Sonette« ..., 1662).

Griechenland

Staatswappen

Staatsflagge

Internationales Kfz-Kennzeichen

Greiffuß, ♡ Bezeichnung für einen Fuß, bei dem die große Zehe den übrigen gegenübergestellt werden kann (z. B. bei Affen).

Greifswald, Krst. am Ryck, Meckl.-Vorp., 4 km vom **Greifswalder Bodden** (Ostseebucht), 60 800 Ew.; Univ. (gegr. 1456) gotische Marienkirche (13. Jh.); Werk für Nachrichtenelektronik. G. war Mitglied der Hanse, 1648 bis 1815 schwedisch.

Greifvögel, früher **Raubvögel,** Ordnung der Vögel mit rd. 290 Arten weltweit verbreitet, mit kräftigem Körper, hakig gebogenem Oberschnabel und scharfen Krallen. Sie ernähren sich v. a. von Wirbeltieren und speien die unverdaul. Teile (das Gewölle) wieder aus. Die Jungen sind Nesthocker. Zu den G. zählen Falken, Habichte, Adler, Geier u. a.

Greifzirkel → Taster.

Greisenhaupt, bis 15 m hoher mexikan. Kaktus, Stamm mit bis 12 cm langen grauen bis weißen Borstenhaaren.

Greiz, Krst. in Thür., an der Weißen Elster, 30 900 Ew. Bis 1918 Hptst. des Fürstentums Reuß (ältere Linie).

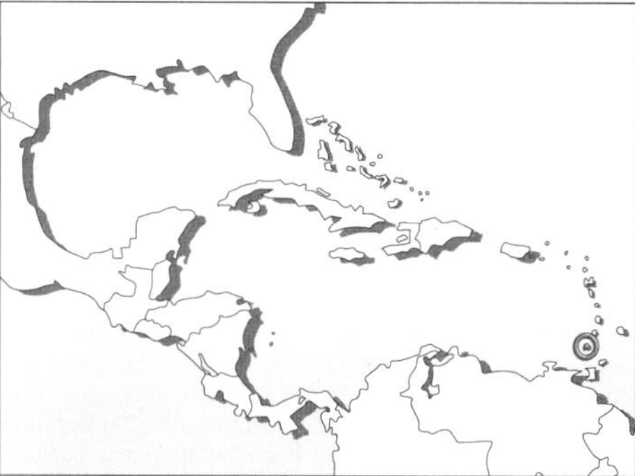

Grenada [grə'neɪdə], Staat in Westindien, umfasst die Insel G. der Kleinen Antillen und die Grenadinen, insges. 344 km², 91 000 Ew.; Hptst.: Saint George's; Amtssprache: Englisch; seit 1974 unabhängig; Mitglied des Commonwealth. 1979 übernahm M. Bishop an der Spitze einer sozialist. Revolutionsreg. die Macht. Nach seinem Sturz (1983) intervenierten die USA und Nachbarstaaten militärisch in G. Min.-Präs. ist seit 1995 Keith Mitchell.

Grenadier *der,* urspr. Infanterist, der Handgranaten warf, später einfacher Soldat.

Grenadille *die,* Frucht der → Passionsblume.

Grenchen, frz. **Granges** [grãʒ], Gemeinde im schweizer. Kt. Solothurn, 16 200 Ew.; Uhrenindustrie.

Grenoble [grə'nɔbl], Stadt in Frankreich, an der Isère, in den frz. Alpen, 150 700 Ew.; Bischofssitz; Univ. (1339 gegr.); Ind., Kernforschungszentrum; Altstadt mit Bauwerken aus MA. und Renaissance.

Grenzkosten, Kostenzuwachs bei der Vergrößerung der Produktion um eine Einheit.

Grenzmark Posen-Westpreußen, 1922 bis 1938 preuß. Provinz.

Grenzwert, Limes, √ Wert, dem die Glieder einer nach bestimmten Regeln gebildeten Folge von Zahlen zustreben, wenn die Gliederzahl der Folge unbegrenzt anwächst. So strebt z. B. die Folge 1, $^1/_2$, $^1/_3$, $^1/_4$... dem G. 0 zu.

Gretna Green ['gretnə 'gri:n], Dorf in Schottland, bekannt durch den ›Schmied von G. G.‹, der rechtsgültig trauen durfte; seit 1940 verboten.

Greven, Stadt in NRW, an der Ems, 33 200 Ew.; Textilindustrie.

Grevenbroich [-'bro:x], Stadt in NRW, 63 600 Ew.; Aluminiumwerke, Großkraftwerke auf Braunkohlebasis.

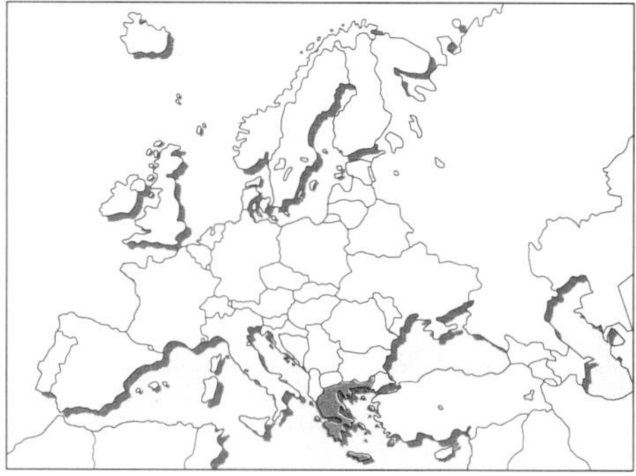

Griechenland, Rep. in SO-Europa, 131 957 km², 10,3 Mio. Ew.; Hptst. Athen. Amtssprache: Griechisch.
Verfassung. Nach der seit 11. 6. 1975 geltenden Verf. ist G. eine parlamentar. Demokratie. Staatsoberhaupt

ist der Präs., der vom Parlament auf 5 Jahre gewählt wird. Die Recht sprechende Gewalt üben unabhängige Gerichte aus. – Verwaltungseinteilung in 53 Bezirke (Nomoi).

Landesnatur. G. ist ein Teil der Balkanhalbinsel. Die Küsten sind durch Buchten und tief einschneidende Golfe reich gegliedert, jedoch hafenarm. G. ist Gebirgsland (Pindos 2637 m, Olymp 2911 m) mit schroffen Geländeformen, abgeschlossenen Beckenlandschaften. Klima: heiße, trockene Sommer, milde, regenreiche Winter. Pflanzenwelt: immergrüne Macchie, in den Gebirgen verkümmert. Zu G. gehörende Inseln: Kykladen, Sporaden, Kreta, Rhodos, Samos, Lesbos, die Ion. Inseln u.a.

Bevölkerung. Rd. 95% Griechen, der Rest nat. Minderheiten (Makedonier, Türken, Albaner, Aromunen und Bulgaren); Religion: rd. 97% griech.-orth., 1,3% Muslime.

Wirtschaft. Anbau von Weizen, Oliven, Wein; mit Bewässerung: Zitrusfrüchte, Gemüse, Baumwolle, Tabak. Industrie: bes. Verarbeitung landwirtschaftl. Erzeugnisse; daneben chem. u.a. Ind. Bodenschätze: Braunkohle, Bauxit u.a.: Energiegewinnung (Braunkohle-, Wasserkraftwerke); Fremdenverkehr. Ausfuhr: Tabak, Südfrüchte, Wein, Baumwolle. Einfuhr: Fahrzeuge, Maschinen u.a. Haupthandelspartner: Dtl., USA.

Verkehr. Straßennetz im Ausbau; wichtig ist die Schifffahrt. Haupthafen: Piräus; internat. ✈ Athen.

griechische Kunst, im Sinne der klass. Archäologie die Kunst der Griechen vom 11. bis 1. Jh. v. Chr. – Kennzeichnend ist ein konsequentes Streben nach Erfassung der Wirklichkeit. Dieses Bestreben führte zur charakterist. Abfolge von einheitl. Stilperioden von jeweis 2 Jahrhunderten, die stets mit einer raschen Abkehr von nicht mehr tragfähiger Tradition und der Öffnung von neuen Erfahrungen endete. Auf die protogeometr. Übergangsphase (etwa 1050 bis 900) folgten der geometr. Stil (etwa 900 bis 700; Vasenmalerei, Kleinplastik), Archaik (etwa 700 bis 500), Klassik (etwa 500 bis 300), Hellenismus (etwa 300 bis 100); nach dem Realismus des 1. Jh. v. Chr. ging die g. K. in der entstehenden röm. Reichskunst auf. – Wesentl. Themen waren von Anfang an Götter, Mythos, Kult, Mensch und Tier; der Profanbereich wurde in spätarchaischer Zeit einbezogen. G. K. ist v.a. Plastik: In archaischer Zeit entwickelten sich erste (blockhafte) Großplastiken in Stein mit oft mehrfacher Lebensgröße, der Kuros (Jünglingsstatue) und die Kore (Mädchenstatue), außerdem Giebelplastiken (Artemistempel in Korfu, 590/580; Porosgiebel, Anfang 6. Jh., Gigantengiebel des Athenatempels in Athen, um 510); gegen Ende des 6. Jh. Erfindung des Bronzegusses. Die Klassik entwickelte als neue Ausdrucksformel für Lebendigkeit den Kontrapost (Kritiosknabe, kurz vor 480); Hauptmeister des 5. Jh.: Myron, Polyklet (Musterstatue des Doryphoros, um 440), Phidias; des 4. Jh.: Praxiteles, Skopas, Lysipp. Die hellenist. Plastik interpretierte den Körper neu, indem sie alles Stoffliche differenzierte sowie die momentane Befindlichkeit erfasste. Die neuen hellenist. kulturellen Zentren waren v.a. Pergamon (Pergamonaltar), das übrige Kleinasien, Rhodos, Alexandria. Die nachhellenist. Plastik befasste sich insbesondere mit mythischen Themen (Farnes. Stier, Laokoon, Skyllagruppe). Die griech. Malerei ist v.a. Figurenmalerei und heute fast nur noch als Vasenmalerei erhalten: im 7./6. Jh. schwarzfiguriger Silhouettenstil, darauf folgend die klassisch rotfigurige und weißgrundige Vasenmalerei. Über die Tafelmalerei geben häufig Mosaiken Aufschluss (Alexandermosaik). Die Baukunst entwickelt sich am Tempelbau; anfangs eine lang gestreckte Cella mit Mittelstützen, dann seit dem 7. Jh. von Säulen umgeben. Das griech. Mutterland entwickelte die dor. Ordnung. Die dor., meist kannelierte Säule hat keine Basis und ein Kissenkapitell (Echinus) mit Abakus (Deckplatte); über dem Architrav liegt der Triglyphen-Metopenfries. Im ion. Bereich in Kleinasien entstand die ion. Ordnung mit der in zweigliedrige Basis, Säulenschaft und schneckenförmiges Volutenkapitell mit Abakus gegliederten Säule; das Gebälk ist in Architrav, Zahnschnitt und weit auskragendes Dachgesims gegliedert. Die attisch-ion. Ordnung hat statt des Zahnschnitts einen Fries. Die korinth. Ordnung unterscheidet sich von der ion. durch das korbähnl. Kapitell, das als Schmuck das Akanthusblatt aufweist. Ein großer Formenreichtum ist das Kennzeichen hellenist. Bauten mit fast ausschließlich ionisch-korinth. Stilmerkmalen. BILD S. 350

Greifswald
Stadtwappen

griechische Literatur. Das 8. Jh. v. Chr. bildete mit den Epen Homers (»Ilias«, »Odyssee«) den ersten Höhepunkt der g. L. Kürzere Heldenepen, Chorgesänge, Kultlieder und Einzelgesänge waren vorausgegangen. Um 700 v. Chr. wandelte Hesiod mit dem Lehrgedicht die Form des alten Epos ab. Kunstmäßi-

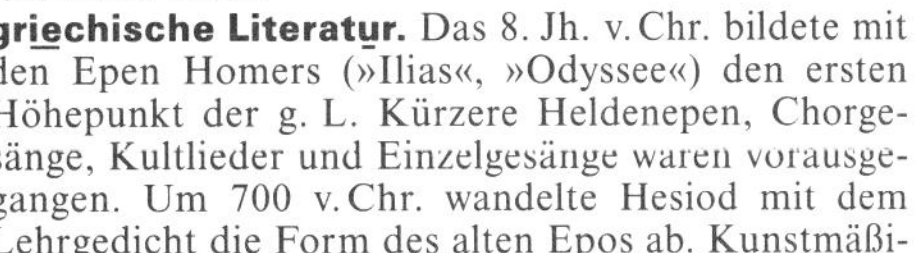

Daten zur Geschichte Griechenlands

3./2. Jt. v. Chr.	ägäische Kultur
um 2000 v. Chr.	Einwanderung indogerman. Stämme
um 1200 v. Chr.	2. Einwanderungswelle, Besiedlung von Mittelgriechenland und der Peloponnes durch die Dorer; 1. Kolonisation von Äoliern und Ioniern nach Kleinasien und auf die Ägäischen Inseln
9. Jh. v. Chr.	Herausbildung der Stadtstaaten (Poleis)
8. Jh. v. Chr.	2. Kolonisation an die Küsten des Schwarzen Meeres und des Mittelmeeres
7. Jh. v. Chr.	Sparta wird Vormacht auf der Peloponnes
um 624 v. Chr.	Gesetze des Drakon in Athen
594/593 v. Chr.	Reformen des Solon in Athen
508 v. Chr.	Kleisthenes entwickelt die Demokratie in Athen
500–448 v. Chr.	Perserkriege
490 v. Chr.	Schlacht bei Marathon, Sieg der Griechen
480 v. Chr.	Niederlage der Griechen unter Leonidas I. von Sparta an den Thermopylen
	Seesieg der Griechen bei Salamis; Athen erste Seemacht Griechenlands
479 v. Chr.	Sieg der Griechen unter Pausanias bei Plataä
446–429 v. Chr.	Perikleisches Zeitalter, Blüte von Wirtschaft, Kunst und Wissenschaft
431–404 v. Chr.	Peloponnes. Krieg zw. Sparta und Athen, Vorherrschaft Spartas
371 v. Chr.	Schlacht bei Leuktra, die Thebaner unter Epaminondas besiegen Sparta
338 v. Chr.	Philipp II. von Makedonien besiegt die Athener und Thebaner bei Chaironeia
336–323 v. Chr.	Herrschaft Alexanders d. Gr., Zerschlagung Persiens, Eroberung Ägyptens, Vorstoß bis zum Indus (Baktrien), Ausbreitung griech. Kultur und Lebensformen über den Orient (Hellenismus), nach dem Tod Alexanders d. Gr. Zerfall des makedon. Weltreichs (Diadochenkriege)
148 v. Chr.	Einrichtung der röm. Provinz Macedonia
330 n. Chr.	Byzantion (Byzanz, Konstantinopel) wird zur Hauptstadt des östl. Reichsteils (Ostrom)
1204	Besetzung von Konstantinopel durch ein Kreuzfahrerheer (Lateinisches Kaiserreich, bis 1261)
1453	Die Osmanen erobern Konstantinopel, G. wird Teil des Osman. Reiches
1821	Beginn des griech. Aufstands, die 1. Nationalversammlung erklärt 1822 G. für unabhängig
1830/32	G. wird souveräne Erbmonarchie, König Otto I. (Wittelsbacher)
1912/13	In den Balkankriegen erobert G. Epirus und S-Makedonien, 1913 wird Kreta angeschlossen
1920	Frieden von Sèvres, Gebietsgewinne von der Türkei
1920–1923	Griech.-Türk. Krieg
1923	Frieden von Lausanne mit der Türkei, die Gebietsgewinne aus dem Frieden von Sèvres gehen wieder verloren
1924	G. wird Republik
1935	Wiedereinführung der Monarchie (Georg II.)
1940	Angriff Italiens wird abgewehrt
1941	Eroberung durch dt. Truppen
1944–1949	Bürgerkrieg, Sieg über die Kommunisten
1947–1964	König Paul I.
1967	Militärputsch, Diktatur der »Obristen«
1973	Ausrufung der Republik
1974	Rückkehr zur Demokratie nach dem Putschversuch griech. Offiziere auf Zypern, die Zypern an G. anschließen wollten
1981	EG-Beitritt
1993–1996	A. Papandreu Ministerpräsident
1996	K. Simitis wird Ministerpräsident

griechische Kunst. Heiligtum des olympischen Zeus in Athen, korinthische Ordnung (2. Jh. v. Chr.)

ger Ausbau des kult. Chorgesangs (Alkman, Stesichoros) und hohe Vollendung des Einzellieds (Sappho, Alkaios, Anakreon) kennzeichnen das 7. und 6. Jh. v. Chr. Seit der Mitte des 6. Jh. sind die ersten Texte der Philosophen (Anaximander, Heraklit) und seit 500 auch der Historiker (Hekataios) überliefert. Das 5. Jh. v. Chr. brachte einen neuen Höhepunkt mit der Tragödie (Aischylos, Sophokles, Euripides), in deren Gefolge die Komödie (Aristophanes, später Menander) entstand; Pindar und Bakchylides erneuerten das Chorlied. Ende des 5. Jh. traten Tragödie und Komödie hinter der Prosa zurück: Geschichtsschreibung (Herodot, Thukydides), Rhetorik (Isokrates, Demosthenes), philosoph. Dialog (Platon, Aristoteles). Nach 300 v. Chr. beherrschte dann überhaupt die wiss. Prosa die g. L. (Historiker: Polybios, Plutarch; Geograph: Strabo; Philosophen: Panaitios, Poseidonios, Epiktet; Medizin: Galenus; Grammatik: Apollonios Dyskolos; Astronomie, Astrologie, Geographie: Ptolemaios u. a.). Gleichzeitig entwickelte sich der griech. Roman (Aristides von Milet, Heliodor, Longos). Die Satire fand in Lukian ihren geistreichsten Vertreter. Träger der g. L. waren seit hellenist. Zeit vielfach Nichtgriechen. – Die moderne g. L. wird als neugriech. Literatur bezeichnet.

griechische Kunst Mädchenstatue (um 500 v. Chr.)

griechische Musik, i. e. S. die Musik der alten Griechen; sie ist im Wesentl. aus literar. Quellen (Musiktheorie, Berichte von Schriftstellern, Hinweise in der Dichtung) und aus bildl. Darstellungen bekannt. Danach war sie eine Einheit von Vers und Gesang, in der Frühzeit auch des Tanzes. Begleitinstrumente waren Lyra und Aulos. Gegen Ende des 5. Jh. v. Chr. begann sich eine selbstständige Instrumentalmusik zu entwickeln.

griechische Philosophie, die Philosophie im griech. Sprachraum vom 6. Jh. v. Chr. bis zur Zeit des Hellenismus. Die ion. Naturphilosophen (Thales, Anaximander, Anaximenes) suchten nach einem Urstoff; so leitete z. B. Thales alle Dinge vom Wasser her, Pythagoras und seine Anhänger sahen das Wesen der Welt in der Zahl. Die Eleaten (Xenophanes, Parmenides, Zenon) fragten nach dem unveränderl. Sein und ersetzten den Polytheismus durch den Pantheismus. Heraklit und Empedokles suchten nach den bewegenden Kräften des Kosmos. Leukippos und Demokrit fassten zuerst den Gedanken des Atoms. Die Sophisten (z. B. Protagoras) verbreiteten als aufklärer. Redner Regeln der Lebensklugheit. Sie und Sokrates, dessen Lehren vom richtigen Denken und sittl. Leben von großer Wirkung waren, machten menschl. Probleme zum philosoph. Thema. In Platon und Aristoteles erreichte die g. P. ihre Vollendung.

griechische Religion, in ihren Anfängen v. a. Verehrung der Naturkräfte, die als persönl. Götter gedacht wurden. Aus dem Chaos entstanden Uranos und Gaia (Himmel und Erde), von ihnen stammen die 12 Titanen (Kronos, Rhea usw.) ab, die wieder von den olymp. Göttern verdrängt wurden: Zeus, Hera, Poseidon, Hestia, Hephaistos, Ares, Apollon, Artemis, Hermes, Pallas Athene, Aphrodite. Andere Götter: Hades oder Pluto, Persephone, Demeter, Dionysos, der Hirtengott Pan, die Nymphen; ferner Asklepios, die 9 Musen, Eos, Iris, die Meergottheiten: Proteus, Triton, Amphitrite, Glaukos. Heilige Haine und Tempel waren Wohnstätten der Götter. Bilder zeigten sie in Menschengestalt; ihren Willen erfuhr man an Orakelstätten, unter denen Delphi als die höchste Instanz galt. Das Opfer- und Festwesen war reich ausgebildet. Eine große Rolle spielten die Mysterienkulte (Eleusis), die für die Entwicklung des griech. Jenseitsglaubens entscheidend wurden. Der urspr. Glaube nahm im Hades (Tartaros) nur ein schattenhaftes Weiterleben an, behielt das Elysium den Heroen vor.

griechische Sprache und Schrift. Das Griechische ist ein Zweig des indogerman. Sprachstammes. Es wurde in Griechenland und den griech. Kolonien (Kleinasien, Süditalien usw.) gesprochen und in der um 400 v. Chr. aus der Mundart von Attika (Athen) entwickelten Schriftsprache die Weltsprache (Koine) des Altertums. Das **Neugriechische** ist in Aussprache und Formenstand verändert und mit türk. Elementen durchsetzt. Die **Schrift** haben die Griechen vermutlich von den Phönikern übernommen, sie jedoch ergänzt und verändert.

griechisch-orthodoxe Kirche, eine autokephale (→Autokephalie) Ostkirche, Staatskirche in Griechenland. Der Bischof von Athen führt den Titel »Erzbischof von Athen und ganz Griechenland«.

griechisch-unierte Kirche, griechisch-katholische Kirche, mit der römisch-kath. Kirche vereinigte Christen der Ostkirche.

Grieg, Edvard, norweg. Komponist, *1843, †1907; Klavier-, Orchesterwerke, Bühnenmusik zu H. Ibsens »Peer Gynt« (1874/75).

Grieshaber, HAP, eigentl. Helmut Andreas Paul G., dt. Grafiker, *1909, †1981; Farbholzschnitte mytholog., religiösen oder polit. engagierten Inhalts; Hauptwerk: »Totentanz von Basel« (1966).

Grieß, enthülste und gebrochene Kornteilchen von Weizen, Roggen, Hafer, Mais.

Griffel, 1) Schreibstift. – **2)** Teil des Stempels der Blütenpflanzen; →Blüte.

griechische Kunst. Vase in spätgeometrischem Stil (um 700 v. Chr.)

Grill *der,* mit Holzkohle, Gas oder elektrisch beheizbares Gerät oder Feuerstelle zum Rösten (Grillen) von Fleisch, Geflügel, Fisch.
Grillen, Grabheuschrecken, Familie der Geradflüglergruppe Springschrecken; sehr rasche Läufer, haben Hör- und Schrillwerkzeuge (sie zirpen), nähren sich von tier. und pflanzl. Kost. **Feld-G.,** schwarz, 2,5 cm lang, in Erdröhren; **Haus-G.** oder **Heimchen,** grau, kleiner, in alten Häusern. Garten- und Wiesenschädling ist die **Maulwurfs-G.,** 4 cm lang.
Grillparzer, Franz, österr. Dichter, *1791, †1872; verband in seinen Stücken das Erbe des österr. und span. Barocks mit Elementen der Romantik und v. a. der dt. Klassik. Trauerspiele: »Die Ahnfrau« (1817), »Sappho« (1819), »Das Goldene Vließ« (Trilogie, 1822), »König Ottokars Glück und Ende« (1825), »Des Meeres und der Liebe Wellen« (1840), »Ein Bruderzwist in Habsburg« (hg. 1872). Märchendrama: »Der Traum ein Leben« (1840). Lustspiel: »Weh dem, der lügt« (1840). Autobiographisch getönte Novelle »Der arme Spielmann« (1848).
Grimaldi, Fürstenhaus von Monaco.
Grimm, 1) Herman, dt. Kunst- und Literarhistoriker, *1828, †1901; »Michelangelo« (1860 bis 1863), »Goethe« (1877). – **2)** Jacob, dt. Sprach- und Altertumswissenschaftler, *1785, †1863; seit 1830 Prof. in Göttingen, 1837 ausgewiesen (→Göttinger Sieben), 1848 Abgeordneter der dt. Nationalversammlung. Hauptwerk: »Dt. Grammatik« (1819 bis 1837). Mit seinem Bruder Wilhelm G. (*1786, †1859) gab er »Dt. Sagen« (1816 bis 1818), »Kinder- und Hausmärchen« (1812 bis 1815) und die ersten Bände des großen »Dt. Wörterbuchs« (1852 ff.) heraus.
Grimmelshausen, Johann (Hans) Jacob Christoph v., dt. Dichter, *um 1622, †1676; größter dt. Erzähler des 17. Jh., Roman »Der Abentheurliche Simplicissimus Teutsch« (1669), ein Zeitgemälde aus dem Dtl. des Dreißigjährigen Krieges.
Grimsel *die,* Pass der Berner Alpen, →Alpen, (Alpenpässe ÜBERSICHT).
Grind *der,* ‡ ⚕ →Schorf.
Grindelwald, Luftkurort, Wintersportplatz im Berner Oberland, Schweiz, 1040 m ü. M.
Grinzing, Stadtteil von Wien.
Grippe, Influenza, ‡ oft seuchenartig auftretende, ansteckende, durch Viren hervorgerufene Krankheit, meist durch Tröpfcheninfektion übertragen. Zeichen: Schüttelfrost, Fieber, Kopf- und Gliederschmerzen, Schnupfen, Husten. Die G. kann anderen Krankheiten (Lungen-, Darm-, Hirnhautentzündung) den Weg bereiten. Genesung langwierig. Behandlung: Bettruhe, Fiebermittel, Halswickel, Wadenpackungen; bei bakterieller Sekundärinfektion Antibiotika; Impfung.
Gripsholm, von Gustav I. Wasa 1537 ff. erbautes Schloss am Mälarsee, Schweden.
Gris, Juan, span. Maler, Grafiker, *1887, †1927; Vertreter des synthet. Kubismus; Stillleben, Ballettausstattungen.
Grisaille [griˈzaːj(ə)] *die,* Malerei in grauen (auch bräunl. oder grünl.) Farben.
Griseldis, dt. Volksbuch nach F. Petrarca und G. Boccaccio.
Grisette *die,* früher in Paris Bez. für Näherin, Ü leichtlebiges Mädchen.
Grislibär [ˈgrɪzlɪ-; engl. »grau«] →Bären.
Gris Nez [gri ˈne, frz. »graue Nase«], Küstenvorsprung mit Leuchtturm an der frz. Nordküste; engste Stelle des Ärmelkanals.
Grock, eigentl. Adrian **Wettach,** schweizer. Artist, *1880, †1959; weltbekannt als Musikclown.
Grödner Tal, ital. **Val Gardena,** Tallandschaft in den Südtiroler Dolomiten, Italien, Zentren: Sankt Ulrich und Wolkenstein; überwiegend ladinisch sprechende Bev.; Holzschnitzarbeiten.

griechische Sprache und Schrift: Das griechische Alphabet

Name	Buchstaben		Umschrift	Name	Buchstaben		Umschrift
Alpha	Α	α	a	Ny	Ν	ν	n
Beta	Β	β	b	Xi	Ξ	ξ	x
Gamma	Γ	γ	g	Omikron	Ο	ο	o
Delta	Δ	δ	d	Pi	Π	π	p
Epsilon	Ε	ε	e	Rho	Ρ	ρ	r(h)
Zeta	Ζ	ζ	z	Sigma	Σ	σ, ς	s
Eta	Η	η	e	Tau	Τ	τ	t
Theta	Θ	ϑ	th	Ypsilon	Υ	υ	y
Jota	Ι	ι	i	Phi	Φ	φ	ph
Kappa	Κ	κ	k	Chi	Χ	χ	ch
Lambda	Λ	λ	l	Psi	Ψ	ψ	ps
My	Μ	μ	m	Omega	Ω	ω	o

Grodno, Gebietshptst. in Weißrussland, am Njemen, 284 800 Ew.; 3 Hochschulen; Großgerberei, Schuh-, Tabak-, Holzindustrie.

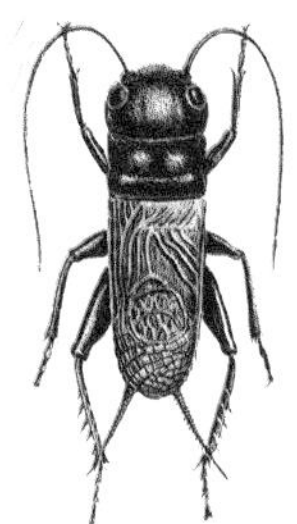
Feld-**Grille**

Grog *der,* Getränk aus Rum oder Arrak mit heißem Wasser und Zucker.
Gromyko, Andrej, sowjetischer Diplomat, *1909, †1989; 1943 bis 1946 Botschafter in Washington, 1952/53 in London, 1953 bis 1957 stellvertretender Außenmin., 1957 bis 1985 Außenmin., 1985 bis 1988 Staatsoberhaupt.
Gronau (Westf.), Stadt in NRW, nahe der niederländ. Grenze, 43 500 Ew.; Textilindustrie.
Grönemeyer, Herbert, dt. Schauspieler und Liedermacher, *1956; begann als Pianist und Bühnenmusikschreiber, wirkte mit in Kino- und Fernsehfilmen (u. a. »Das Boot«, 1981), profilierte sich daneben seit Mitte der 1980er-Jahre als Rocksänger.
Groningen [ˈxroːnɪŋə], Stadt im NO der Niederlande, 170 500 Ew.; Univ.; kath. Bischofssitz; Kanalverbindungen, Handel (Getreidebörse), chem. und Metall verarbeitende Ind.; Hafen. – G. war Mitglied der Hanse.
Grönland, dän. **Grønland,** dän. Insel im Nordpolargebiet, größte Insel der Erde, 2 175 600 km², 55 400 Ew. (meist Grönländer, mit Europäern vermischte Eskimos); Hptst. Nuuk (dän. Godthåb). G. ist bis auf einen Küstensaum von einer Eiskappe (bis über 3 000 m dick) bedeckt; zahlreiche Gletscher zum Meer hin; die Küste ist von Fjorden zerrissen. Klima: arktisch; Pflanzen- und Tierwelt im Küstensaum, bes. im S (Birke, Erle, Polarweide, Wacholder; Rentier, Fuchs, Hase), im N auch Moschusochse, Polarwolf, Lemming. Fischerei, Robben- und Walfang, Schafzucht; ⚒ auf Kryolith, Blei, Zink. Internat. ✈ Söndre Strömfjord (W-Küste); amerikan. Luftstützpunkt Thule im NW. Am 1. 5. 1979 erhielt G. Selbstverwaltung mit eigenem Parlament und von diesem gewählter Reg. Dänemark ist nur noch für die Außen- und Verteidigungspolitik zuständig.

Groningen
Stadtwappen

Gropius, Walter, dt. Architekt, Ind.designer, *1883, †1969; gründete 1919 das Bauhaus; arbeitete 1937 bis 1953 in den USA; kub. Bauten mit glatten Flächen, Ausbildung der Glas-Beton-Bauweise.

Grönland
Wappen

Gros [groː] *das,* **1)** Hauptmasse. – **2)** Zählmaß: 12 Dutzend = 144 Stück.
Groschen [lat. grossus »dick«] *der,* **1)** ehem. dt. Silbermünze, später Scheidemünze (= $^1/_{24}$ Taler in Preußen, der **Silber-G.** im 19. Jh. = $^1/_{30}$ Taler zu 12 Pfennig). – **2)** in Österreich 1925 bis 1938 und wieder ab 1945 die kleinste Münze = $^1/_{100}$ Schilling.
Grosnyj, Groznyi [-z-], Hptst. von Tschetschenien innerhalb Russlands, im nördl. Vorland des Großen Kaukasus; (1995) etwa 50 000 Ew.; Erdöl- und Erdgasverarbeitung; im Krieg gegen Russland seit 1994 stark zerstört.

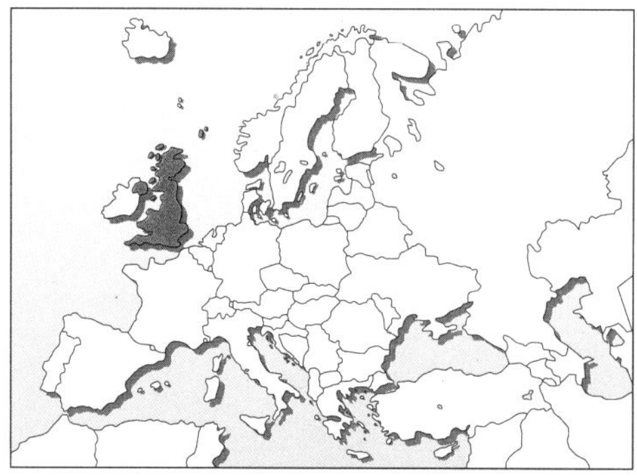

Großbritannien

Staatsflagge

Staatswappen

Internationales Kfz-Kennzeichen

Großbritannien und Nordirland, amtl. **Vereinigtes Königreich von G. u. N.,** engl. **United Kingdom of Great Britain and Northern Ireland** [ˈjʊˈnaɪtɪd ˈkɪŋdəm əv greit ˈbrɪtn ənd ˈnɔːðn ˈaɪəlnd], Kgr. auf den Brit. Inseln, umfasst das eigentl. G. (England, Wales, Schottland) und auf der Insel Irland →Nordirland, 244 110 km^2 (mit Normann. Inseln und Insel Man), 57,96 Mio. Ew.; Hptst. London. Amtssprache: Englisch.

Verfassung. G. ist eine parlamentar.-demokrat. erbl. Monarchie ohne geschriebene Verf., aber mit einigen Verf.-Ges. Der Monarch ist zugleich Haupt des Commonwealth of Nations. Die Gesetzgebung liegt beim Parlament mit nur formeller Beteiligung der Krone. Es besteht aus dem gewählten Unterhaus und dem Oberhaus (Mitgliedschaft früher größtenteils erblich). Das Unterhaus beschließt die Finanzgesetze allein; es kann das Oberhaus überstimmen. Der Premiermin. und die von ihm vorgeschlagenen Min. werden vom Monarchen ernannt. Die Reg. ist dem Parlament verantwortlich. - Verw.-Einteilung: England in 39 Grafschaften (Countys), 6 Stadtgrafschaften (Metropolitan Countys) und den Bez. →Greater London; Wales in 22 Unitary Authorities und Schottland 32 in Local Authorities (jeweils durch Neugliederung 1996); Nordirland in 26 Distrikte.

Landesnatur. Den mittleren und südl. Teil der durch viele Buchten und Mündungstrichter gegliederten Hauptinsel nehmen England und das Bergland von Wales ein. England ist im W und in der Mitte z. T. gebirgig, im übrigen Hügel- und Tiefland. In Schottland überwiegt Gebirge. Im N schließen sich die Orkney- und Shetlandinseln an, im NW die Hebriden, im W liegt Irland mit dem zu G. gehörenden Nordirland. Die Flüsse sind kurz: im O Themse, Ouse, Trent, Tees, Tyne, Tweed, im W Severn, Dee, Mersey. Klima: ozeanisch geprägt, mild, feucht, häufig starke Nebel. G. ist waldarm, hat Heiden, Moore, Wiesen (im S Parklandschaft).

Bevölkerung. Überwiegend Engländer (81,5%), Schotten (9,6%), Waliser (1,9%) und Iren (4,2%); keltisch sprechende Bewohner in Wales, Hochschottland, auf der Insel Man; neuerdings über 2 Mio. Schwarze und Asiaten in den Ind.städten. Größte Städte: London, Birmingham, Glasgow, Liverpool, Leeds, Manchester. Religion: vorw. Protestanten (5,3 Mio. Katholiken, rd. 450 000 Juden). Staatskirche in England die anglikanische Kirche, in Schottland die Kirche der Presbyterianer.

Wirtschaft. G. ist überwiegend Ind.staat. Die stark mechanisierte Landwirtschaft erzeugt rd. 50% des Nahrungsmittelbedarfs; bedeutende Viehzucht (bes. Schafe) und Fischerei. ⚒ auf Kohle und Eisenerz stark im Rückgang; Gewinnung von Kaolin und Salz. Nach dem Rückgang der Textil- und Hüttenindustrie gehören v. a. die chem. und die Metall verarbeitende Industrie zu den Wachstumsbranchen. Energieerzeugung aus Kohle, Wasserkraft (Schottland), Kernenergie. Zunehmende wirtschaftl. und polit. Bedeutung gewinnt die Erdölförderung vor der schott. Küste. London ist ein bedeutender Platz im internat. Kapital- und Versicherungsgeschäft. Ausfuhr: Rohöl, Keramik, Fertigwaren, Maschinenbau-, chem. und elektrotechnische Erzeugnisse. Einfuhr: Nahrungsmittel, Rohstoffe, Kraftfahrzeuge, Maschinen. Haupthandelspartner: USA, Kanada, EU-Länder.

Verkehr. Gut entwickeltes Netz, bes. Straßen (Autobahnnetz im Aufbau). Bedeutende Seeschifffahrt; Luftverkehr. Wichtigste Seehäfen: London, Southampton, Liverpool; wichtigster internat. ✈ London-Heathrow. Neben den traditionellen Fährverbindungen zum Festland besteht seit 1994 ein Eisenbahntunnel zw. Dover und Calais.

Großdeutsche, in der Frankfurter Nationalversammlung 1848/49 (später auch in Österreich) die Anhänger eines geeinten Dtl. mit Einschluss Österreichs (ohne dessen nichtdt. Nationalitäten); polit. Gegner der **Kleindeutschen,** die ein von Preußen geführtes Dtl. ohne Österreich erstrebten.

Größe *die,* **1)** Ausmaß. - **2)** Bedeutung, bes. sittl. Wert. - **3)** ✻ messbare Eigenschaft eines physikal. Objekts, Vorgangs oder Zustands. Eine G. ist Zahlenwert mal Einheit.

Große Kreisstadt, in Bad.-Württ. und Bayern eine kreisangehörige Stadt, meist mit Verwaltungsaufgaben der Kreisstufe betraut.

Großer Bär, Sternbild, →Bär.

Großer Kurfürst, Beiname für Friedrich Wilhelm von Brandenburg, →Friedrich.

Großer Ozean →Pazifischer Ozean.

Großer Rat, Kantonsrat, Landrat, in den schweizer. Kt., in denen keine Landsgemeinde besteht, die gesetzgebende, vom Volk gewählte Behörde.

Große Seen →Kanadische Seen.

Großflosser →Labyrinthfische.

Großglockner *der,* höchster Berg Österreichs, in den Hohen Tauern, Hauptgipfel der Glocknergruppe, 3797 m hoch, an seinem Fuß der 8,8 km lange Gletscher Pasterze; **G.-Hochalpenstraße** zw. Fuscher Tal (Salzburg) und Mölltal (Kärnten), 47,8 km lang.

Großhandel, kauft Waren vom Erzeuger und verkauft sie an den Einzelhandel oder zur Weiterverarbeitung an Erzeuger.

Großherzog, Fürst im Rang zw. König und Herzog; heute nur noch in Luxemburg.

Großmacht, Staat, der die internat. Politik entscheidend beeinflusst. Mitte des 18. Jh. waren G.: Frankreich, Großbritannien, Preußen, Österreich, Russland; im 19. Jh. wurden die USA, Italien und Japan einbezogen. Nach dem 2. Weltkrieg traten an die Stelle der G. die Weltmächte.

Großmeister, der Obere eines Ritterordens.

Großmogul *der,* Titel der muslim. Herrscher Indiens 1526 bis 1858.

Großstadt, Stadt mit über 100 000 Einwohnern.

Großwardein, rumän. **Oradea,** Stadt in Rumänien, 221 900 Ew.; spätbarocke Bauten; Bahnknoten, ✈; Aluminium-, chem. u. a. Ind.; bis 1919 und 1940 bis 1944 ungarisch.

Großwesir *der,* in islam. Ländern der leitende Minister, bes. in der Türkei (bis 1922).

Grosz [grɔs], George, eigentl. Georg Ehrenfried **Groß,** dt. Maler, Zeichner, * 1893, † 1959; geißelte in karikierenden Zeichnungen Militarismus und Bourgeoisie.

Grotefend, Georg Friedrich, dt. Philologe, * 1775, † 1853; entzifferte die Keilschrift.

Grotenburg, Berg (386 m hoch) im Teutoburger Wald, mit dem Hermannsdenkmal.

grotesk, fantastisch, verzerrt.

Groteske *die,* **1)** übertreibende, witzige Erz. oder Drama. - **2)** Tanzkunst: verzerrte, unnatürl. Bewegun-

Daten zur Geschichte von Großbritannien und Nordirland

Seit dem 4./3. Jh. v. Chr.	kelt. Einwanderung
43 n. Chr.	Beginn der röm. Eroberung
um 410	Abzug der röm. Legionen
5./6. Jh.	Landnahme (außer Wales und Schottland) durch Angeln, Sachsen und Jüten
7. Jh.	Christianisierung
871–899	Alfred d. Gr. zwingt die dän. Wikinger zum Frieden
1016	Knut d. Gr. von Dänemark besetzt England und lässt sich zum König krönen
1066	Normannische Invasion, Sieg Wilhelms des Eroberers, Herzog der Normandie, über König Harold II. bei Hastings
1154	Mit Heinrich II. kommt das Haus Anjou Plantagenet auf den Thron
1213	König Johann muss England vom Papst als Lehen nehmen (Johann ohne Land)
1215	Magna Charta, das fundamentale Grundgesetz der engl. Verfassung
13. Jh.	Das engl. Parlament entsteht
1337	Beginn des Hundertjährigen Krieges gegen Frankreich wegen des engl. Anspruchs auf die frz. Krone, engl. Siege bei Sluys (1340), Crécy (1346), Maupertuis (1356), Azincourt (1415), 1420 Vertrag von Troyes, der Heinrich V. von England als Erben der frz. Krone anerkennt
1429	Umschwung des Krieges zu Frankreichs Gunsten (Jungfrau von Orléans)
1453	Ende des Hundertjährigen Krieges ohne förml. Friedensschluss, England verliert außer Calais seinen gesamten Festlandbesitz
1455	Beginn der Rosenkriege zw. den Plantagenet-Seitenlinien Lancaster und York, 1485 Tod Richards III.
1509	Heinrich VIII. aus dem Haus Tudor wird König von England, Bruch mit dem Papst, Anglikan. Staatskirche (1534)
1558–1603	Die Reg. Elisabeths I. bringt einen großen Aufschwung der engl. See- und Handelsmacht
1588	Sieg über die span. Armada
1603	Jakob VI. von Schottland wird als Jakob I. auch König von England (Personalunion); die ersten engl. Kolonien in Nordamerika entstehen
1642	Ausbruch des Bürgerkriegs, 1649 Enthauptung Karls I.
1649	Commonwealth of England, O. Cromwell wird 1653 Lord Protector
1660	Restauration der Stuarts, Karl II. besteigt den Thron; im Parlament bilden sich die Parteien der Tories und Whigs heraus
1688	»Glorreiche Revolution«, Sturz Jakobs II., Wilhelm III. von Oranien König
1689	Bill of Rights (Staatsgrundgesetz)
1707	Realunion zw. England und Schottland unter Anna, seither Staatsbezeichnung Großbritannien
1701–1713/14	Im Span. Erbfolgekrieg kämpft Großbritannien siegreich gegen die Übermacht Ludwigs XIV. von Frankreich (Erwerb umfangreichen ehem. frz. Kolonialbesitzes in Nordamerika)
1714	Thronfolge des Hauses Hannover (bis 1901)
1763	Friede von Paris, Großbritannien erhält Kanada, Ausbau der Herrschaft in Indien
1776–1783	Verlust der nordamerikanischen Kolonien (außer Kanada; Vereinigte Staaten von Amerika)
1788	Großbritannien setzt sich in Australien fest
1800	Realunion mit Irland
1805	Seesieg Nelsons bei Trafalgar über die frz.-span. Flotte
1815	Sieg Wellingtons und Blüchers bei Waterloo über Napoleon I.
19. Jh.	Großbritannien ist führende Welt-, Wirtschafts- und Kolonialmacht; 1837–1901 Victoria
1875	Der Suezkanal kommt unter brit. Herrschaft
1882	Ägypten britisch
1904	Entente mit Frankreich
1907	Verständigung mit Russland
ab 1910	Haus Windsor auf dem Thron
1914–1918	1. Weltkrieg, Siegermacht
1921	Irland wird Dominion (außer Nordirland)
1931	Westminster-Statut, British Commonwealth of Nations
1939–1945	2. Weltkrieg, 1940–1945 Churchill Premiermin.; Siegermacht
1947	Indien wird unabhängig, Beginn der Auflösung des Kolonialreiches
1949	Gründungsmitglied der NATO
1953	Elisabeth II. wird Königin
1956	Suez-Krise
1972	Wegen Unruhen um die Stellung der kath. Minderheit Aufhebung der beschränkten Autonomie in Nordirland
1973	EG-Beitritt (1. Antrag 1961 abgelehnt)
1982	Falkland-Krieg gegen Argentinien
1990	Rücktritt M. Thatchers, J. Major Premierminister
1997	T. Blair Premierminister

gen. – **3)** ✥ aus der Antike übernommenes Rankenornament mit eingefügten Früchten, Blumen, menschl. und tier. Formen.

Grotewohl, Otto, dt. Politiker (SPD, SED), * 1894, † 1964; 1920 bis 1933 mehrfach braunschweig. Min.; 1946 Mitgründer der SED; seit 1949 Min.-Präs. der DDR.

Groth, Klaus, dt. Dichter, * 1819, † 1899; Meister plattdt. Dichtkunst: »Quickborn« (1852) u. a.

Grotius ['gro:tsius, niederländ. 'xro:tsi:ys], Hugo, niederländ. Jurist, Staatsmann, * 1583, † 1645. Vom Naturrecht ausgehend, trat er für die Freiheit der Meere ein und begründete das moderne Völkerrecht.

Grubengas, das → Methan.

Grubenlampe, ⚒ → Sicherheitslampe.

Grubenwurm, Hakenwurm, im Dünndarm des Menschen schmarotzender Fadenwurm, der starke Blutverluste erzeugt **(Ankylostomiasis).**

Gruberová, Edita, österr. Sängerin (Sopran) slowak. Herkunft, * 1946.

Grumiaux [gry'mjo], Arthur, belg. Violinist, * 1921, † 1986.

Grummet, Grumt *das,* der getrocknete 2. Schnitt der Wiesen.

Grün, Anastasius, eigentl. Anton Graf **von Auersperg,** österr. Dichter, * 1806, † 1876; schrieb polit. Gedichte (u. a. gegen Metternich) sowie humorist. Epen.

Grün, 1) Farbe des Spektrums zw. Gelb und Blau. – **2)** dt. Name der Spielkarte Pik.

Grünberg i. Schlesien, poln. **Zielona Góra** [zɛ'lɔna 'gura], Hptst. der poln. Wwschaft Zielona Góra, zw. Bober und Oder, 115 100 Ew.; Weinbau; Textil-, Nahrungsmittelindustrie.

Grund, Bad G., Kurort in Ndsachs., Oberharz, 3 100 Ew.; Luftkurort und Moorheilbad, Erzbergbau, Tropfsteinhöhlen.

Grundbuch, i. d. R. vom Amtsgericht als G.-Amt geführtes Buch, in das alle Beurkundungen über Rechtsverhältnisse an Grundstücken aufgenommen werden und das jeder, der ein berechtigtes Interesse nachweist, einsehen kann. Die urkundl. Grundlagen für Eintragungen werden in **Grundakten** zusammengefasst. Änderungen der Rechtslage des Grundstücks treten grundsätzlich erst mit der Eintragung ins G. ein.

Grunddienstbarkeit, ⚖ → Dienstbarkeit.

Grund|eigentum, rechtliche Verfügungsgewalt über Grundstücke; an Wohngrundstücken durch Bebauungsgesetzgebung eingeschränkt.

Grund|eis, an der Flusssohle gebildetes, durch Auftrieb nach oben gebrachtes Eis.

Grundeln *Pl.,* **1)** Gattung breitköpfiger Knochenfische, meist im Meer; **Meer-** oder **Schwarzgrundeln.** – **2)** → Gründlinge. – **3)** → Schmerlen.

Romano Guardini

Gründerzeit, Gründerjahre, i. e. S. die Jahre 1871 bis 1873, als die frz. Kriegsentschädigung in Dtl. eine ungesunde Spekulation hervorrief, i. w. S. die Zeit von etwa 1870 bis 1890.

Gründgens, Gustaf, dt. Schauspieler, Regisseur, Theaterleiter, *1899, †1963; 1934 bis 1937 Intendant des Staatl. Schauspielhauses Berlin, 1937 bis 1945 Generalintendant des Preuß. Staatstheaters, 1947 bis 1955 Düsseldorf, bis 1962 Hamburg; schuf beispielhafte Inszenierungen (»Faust I«, 1960 verfilmt).

Grundgesetz, 1) Verfassung eines Staats, bes. die Verfassung der Bundesrep. Deutschland vom 23. 5. 1949 (Abk. **GG**). – **2)** Naturgesetz (→biogenetisches Grundgesetz).

Grundherrschaft, Form des mittelalterl. Großgrundbesitzes. Der **Grundherr** war Gerichtsherr seiner leibeigenen Bauern, die, **Grundholde** oder **Hintersassen** genannt, bestimmte Abgaben und Dienste zu leisten hatten.

Grundlagenforschung, Erforschung der Prinzipien einer Wiss., bes. der Mathematik und der exakten Naturwiss.; i. w. S. auf neue Kenntnisse gerichtete, zunächst zweckfreie Forschung.

Gründlinge, Grundeln, 20 cm lange Karpfenfische im Süßwasser; Speisefische.

Grün|donnerstag, Donnerstag vor Ostern, Gedächtnistag der Einsetzung des hl. Abendmahls.

Grundpfandrecht, Pfandrecht an Grundstücken (Hypothek, Grundschuld, Rentenschuld).

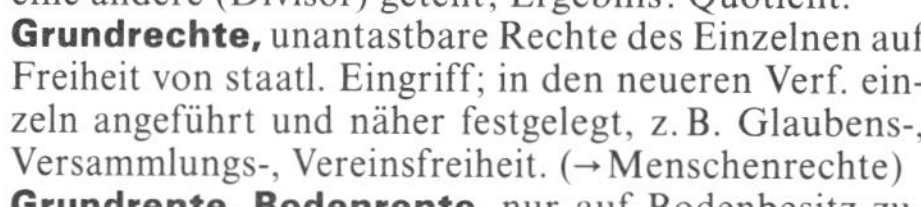

Grundrechnungsarten. Die **Addition** (Zusammenzählen) vermehrt eine Zahl (Summand) um eine oder mehrere andere Zahlen (Summanden); Ergebnis: Summe. Die **Subtraktion** (Abziehen) vermindert eine Zahl (Minuend) um eine oder mehrere Zahlen (Subtrahenden); Ergebnis: Differenz (Unterschied). Bei der **Multiplikation** (Vervielfältigung) wird eine Zahl (Multiplikand, Faktor) mit einer anderen (Multiplikator, Faktor) vervielfältigt; Ergebnis: Produkt. Bei der **Division** (Teilung) wird eine Zahl (Dividend) durch eine andere (Divisor) geteilt; Ergebnis: Quotient.

Grünling

Grundrechte, unantastbare Rechte des Einzelnen auf Freiheit von staatl. Eingriff; in den neueren Verf. einzeln angeführt und näher festgelegt, z. B. Glaubens-, Versammlungs-, Vereinsfreiheit. (→Menschenrechte)

Grundrente, Bodenrente, nur auf Bodenbesitz zurückzuführendes Einkommen.

Grundriss, Darstellung eines Gegenstands als Projektion auf die waagrechte Ebene.

Grundschuld, ⚖ Grundstücksbelastung, bei der das Grundstück für eine bestimmte Summe haftet (§ 1191 BGB). Im Unterschied zur Hypothek setzt die G. eine Forderung nicht voraus.

Grundschule, gemeinsame Pflichtschule für alle Kinder. Die Dauer der G. beträgt in Dtl. i. d. R. 4 bis 6 Jahre.

Grundstück, Immobi̲li|e, ⚖ räumlich abgegrenzter Teil der Erdoberfläche. (→Grundbuch)

Grundton, 𝄞 der die Harmonie eines Akkords tragende Ton.

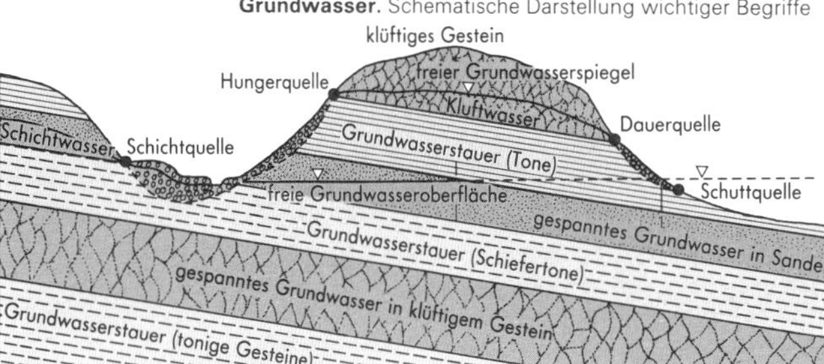

Grundwasser. Schematische Darstellung wichtiger Begriffe

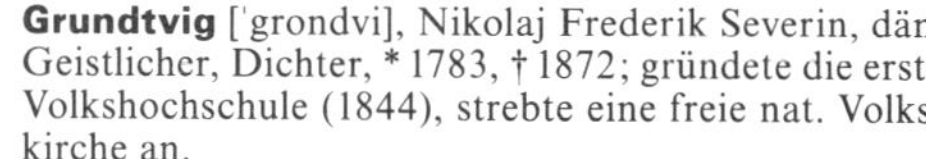

Grundtvig ['grondvi], Nikolaj Frederik Severin, dän. Geistlicher, Dichter, *1783, †1872; gründete die erste Volkshochschule (1844), strebte eine freie nat. Volkskirche an.

Grund|umsatz, ‡ Stoffwechselumsatz des Körpers bei Muskelruhe und Nüchternheit.

Gründung, ⌂ Gesamtheit aller baul. Maßnahmen, die im Hinblick auf die Tragfähigkeit und sonstige Beschaffenheit des Baugrunds getroffen werden müssen.

Grundvertrag, Grundlagenvertrag, Vertrag v. 21. 12. 1972, in Kraft getreten am 21. 6. 1973, zw. der Bundesrep. Deutschland und der DDR, über »gutnachbarl. Beziehungen«; schloss Gewaltverzicht ein. Der »Brief zur dt. Einheit« der Bundesrep. Deutschland an die DDR sah im G. keinen Widerspruch zum polit. Ziel der Bundesrep. Deutschland, die nat. Einheit in freier Selbstbestimmung anzustreben.

Grundwasser, größere unterird. Wasseransammlung auf wasserundurchlässiger Schicht, in Form eines unterird. Sees oder G.-Stroms. Seine Oberfläche ist der **G.-Spiegel.**

Grüne, Die Grünen, polit. Partei in der Bundesrep. Deutschland, gegr. 1980 durch Zusammenschluss versch. regionaler Gruppen sowie der »Grünen Aktion Zukunft«. Prinzipien: »ökologisch – sozial – basisdemokratisch – gewaltfrei«. Vertreten in versch. Länderparlamenten und im Europ. Parlament, 1983 bis 1990 im Bundestag. 1993 Zusammenschluss mit dem →Bündnis 90 zur gemeinsamen Partei »Bündnis 90/ Die Grünen«, die seit 1994 im Bundestag vertreten ist.

Grüne Insel, Bezeichnung für Irland.

Grüner Punkt →Duales System Deutschland.

grüner Star, Augenkrankheit, →Star.

Grü̲newald, Matthias, eigentl. Mathis Gothart **Ni̲thart** oder **Ne̲ithart,** dt. Maler, *um 1470/1480, †1528; neben A. Dürer der bedeutendste Maler der Spätgotik. Hauptwerke sind der Isenheimer Altar (1512/16), die Stuppacher Madonna (1519) sowie Erasmus und Mauritius (1520/24).

Grünkern →Dinkel.

Grünkohl, der →Blattkohl.

Grünling, 1) Grünfink, Finkenvogel. – **2)** Grünreizker, schmackhafter Speisepilz, Hutbreite 4 bis 8 cm.

Grünspan, Kupferacetat, bildet sich als grüner Überzug auf Kupfer durch Lufteinwirkung, auch beim Kochen saurer Fruchtsäfte; giftig.

Gruppe, Mehrzahl von Menschen, Dingen; danach: G.-Unterricht u. a.

Gruppentherapie, psychotherapeut. Behandlung in einer Gruppe.

Grü̲ssau, poln. **Krzeszów** ['kʃɛʃʊf], Ortsteil der Gemeinde Landeshut in der poln. Wwschaft Jelenia Góra, ehem. Gemeinde in Niederschlesien; Benediktinerabtei mit Barockkirche (1728 bis 1738).

Grütze *die,* enthülste, gemahlene Getreidekörner zur Herstellung u. a. von Suppen, Brei.

Gryphius, Andreas, eigentl. A. **Gre̲if,** dt. Dichter, *1616, †1664; Trauerspiele; Lustspiele: »Herr Peter Squentz« (1657/58), »Horribilicribrifax« (1663); bedeutender Barocklyriker.

Grzimek ['gʒi-], Bernhard, dt. Tierarzt, *1909, †1987; 1945 bis 1974 Direktor des Zoolog. Gartens Frankfurt am Main; Herausgeber von »G.s Tierleben« (1968 bis 1974).

G-Schlüssel, Violi̲nschlüssel, 𝄞 Vorzeichnung der Note g^1 auf der 2. Li̲nie.

Guadalajara [gu̯aðala'xara], Hptst. des mexikan. Staats Jalisco, 1,65 Mio. Ew.; Erzbischofssitz, Univ., Kathedrale (geweiht 1616); Bergbau, Industrie.

Guadalcana̲l [gwɔdlkə'næl], größte der Salomon-Inseln, 6475 km²; 70000 Ew.; 1942/43 von jap. und amerikan. Truppen hart umkämpft.

Guadalquivir [gu̯aðalki'βir] *der,* Fluss im südl. Spanien, 657 km lang, mündet in den Golf von Cádiz.

Guadeloupe, La G. [lagwa'dlup], Inselgruppe der Kleinen Antillen, frz. Überseedép., 1 709 km², 387 000 Ew. (meist Mulatten, Schwarze); Hptst. Basse-Terre. Zucker, Bananen, Rum, Kaffee, Kakao; internat. ✈.

Guadiana *der,* Fluss in Spanien und Portugal, 778 km lang, mündet in den Golf von Cádiz, Stauseen mit Kraftwerken.

Guajakbaum, trop. Pflanzengattung; liefert das harte, zähe, würzige **Guajakholz.**

Guam [engl. gwɔm], Insel der Marianen, im Pazif. Ozean, 549 km², 128 000 Ew.; Hptst. Agaña. Marine- und Flugstützpunkt. G., ehem. spanisch, gehört seit 1898 den USA. 1941 bis 1944 von Japan besetzt.

Guanako *das,* Wildform des → Lama.

Guanchen [-tʃ-], **Guantschen,** Urbewohner der Kanar. Inseln; in der span. Bev. aufgegangen.

Guangzhou [-dʒəʊ], chin. Stadt, → Kanton.

Guanin *das,* Purinbase der Nukleinsäure, eine der 4 Basen des genet. Codes.

Guano *der,* v.a. aus Exkrementen von Kormoranen u.a. Seevögeln zusammengesetztes stickstoff- und phosphorsäurehaltiges Düngemittel; findet sich an regenarmen Küsten Südamerikas (bes. Perus und Chiles).

Guardi, Francesco, ital. Maler, * 1712, † 1793; v.a. stimmungsvolle venezian. Motive.

Guardini, Romano, dt. Philosoph und Theologe ital. Herkunft, * 1885, † 1968; vertrat eine kath. Weltanschauung in Religionsphilosophie und Geistesgeschichte.

Guareschi [gua'reski], Giovanni, ital. Schriftsteller, * 1908, † 1968; schrieb den heiter-satir. Roman »Don Camillo und Peppone« (1948; verfilmt).

Guarini, Guarino, ital. Barockbaumeister, * 1624, † 1683; Hauptwerk: San Lorenzo, Turin.

Guarneri, Guarnieri, Geigenbauerfamilie in Cremona (17./18. Jh.).

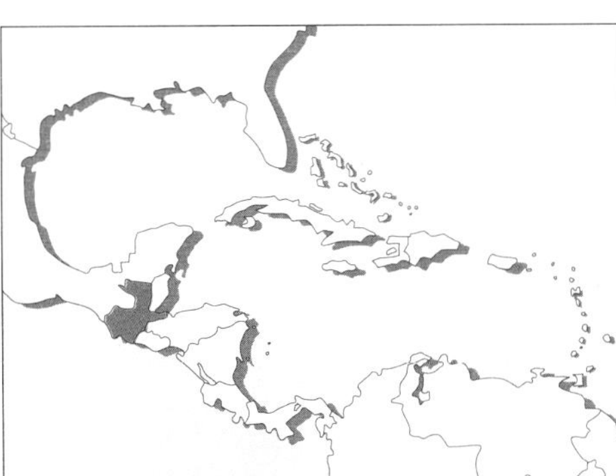

Guatemala, Rep. in Zentralamerika, 108 889 km², 9,74 Mio. Ew. (44 % Indianer, 49 % Mestizen); Hptst. G.; Amtssprache: Spanisch. Präsidialsystem. G. ist meist Hochgebirgsland, im S mit z.T. noch tätigen Vulkanen (Tajamulco 4210 m); fruchtbare Hochebenen; trop. Tiefland an den Küsten. ⚒ auf Blei, Zink u.a. Ausfuhr: Kaffee, Baumwolle, Zucker, Bananen u.a. Haupthandelspartner: USA, Dtl. Haupthäfen: San Tomás de Castilla (ehem. Puerto Barrios; Atlantik), Puerto Quetzal (San José; Pazifik). – G. wurde 1524 von den Spaniern unterworfen, 1821 von ihrer Herrschaft befreit; seit 1838 selbstständige Rep. Präs.: A. Arzú Irigoyen (seit 1996).

Guatemala, Ciudad de G. [siu'ðað -], Hptst. der Rep. G., 1,15 Mio. Ew.; bedeutendste Stadt Mittelamerikas; 5 Univ., Erzbischofssitz; Ind.; ✈. – Antigua G. zählt zum Weltkulturerbe.

Guayana, Landschaft im nördl. Südamerika, zw. Amazonas und Orinoko, rd. 1,5 Mio. km²; an der atlant. Küste trop.-feuchtes Tiefland (Regenwald), im Innern Gebirgsland (große Wasserfälle), z. T. Savanne.

Guayaquil [guaja'kil], Hauptumschlaghafen von Ecuador, 1,5 Mio. Ew.; 3 Univ., Kathedrale; Erdölraffinerie, Eisengießerei, Werft; internat. ✈.

Gubbio, Stadt in Mittelitalien (Umbrien), 30 900 Ew.; Bischofssitz; Wollind., Kunsthandwerk. Mittelalterl. Stadtbild.

Guben, Stadt in der Niederlausitz, Bbg., am östl. Ufer der Lausitzer Neiße, 29 300 Ew.; Obst- und Gemüsebau; Textil- und chem. Ind., Braunkohlentagebau; der östl. der Neiße gelegene Teil (poln. **Gubin**) gehört zur poln. Wwschaft Zielona Góra.

Gudbrandsdal ['gubransda:l], wald- und siedlungsreiche Tallandschaft in S-Norwegen; bedeutendes Landwirtschafts- und Fremdenverkehrsgebiet.

Gudrunlied, Kudrunlied, mhdt. Heldenepos, Anfang des 13. Jh. entstanden.

Guelfen, im MA. ital. Gegenpartei der → Ghibellinen.

Guericke ['ge:rikə], Otto v., eigentl. O. **von Gericke,** dt. Naturforscher, * 1602, † 1686; seit 1646 Bürgermeister von Magdeburg; erfand die Luftpumpe, untersuchte die Erscheinungen des luftleeren Raums (→ Magdeburger Halbkugeln), baute die erste Elektrisiermaschine.

Guerilla [ge'ri(l)ja, span. guerrilla, Diminutiv von guerra »Krieg«], seit den span. Befreiungskämpfen 1808 bis 1814 gegen die frz. Besetzung unter Napoleon I. aufgekommene Bezeichnung für den Kleinkrieg, den irreguläre Einheiten der einheim. Bev. gegen eine Besatzungsmacht (oder auch im Rahmen eines Bürgerkriegs) führen; auch Bezeichnung für diese Einheiten selbst bzw. ihre Mitglieder (in Südamerika auch **Guerilleros** genannt).

Guernica y Luno [ger'nika i 'luno], bask. **Gernika,** span. Stadt im Baskenland, 15 700 Ew.; 1937 durch die Legion Condor zerstört; weltberühmt das Gemälde »G.« (1937) von P. Picasso.

Guernsey ['gə:nzɪ], brit. Kanalinseln, 63 km², 55 300 Ew.; Fremdenverkehr; Hauptort: Saint Peter Port.

Guevara Serna [ge'βara -], Ernesto (»Che«), kuban. Revolutionär, * 1928, † 1967; hatte maßgebl. Anteil an der revolutionären Umgestaltung Kubas; als Guerillaführer in Bolivien erschossen.

Gugel *die,* Kapuze mit Schulterkragen, Kopfbedeckung im 14. bis 16. Jahrhundert.

Guido von Arezzo, ital. Musikgelehrter, * um 992, † 1050; verbesserte das Notensystem.

Guilloche [gi'jɔʃ] *die,* verschlungene Zierlinie, auf Wertpapieren zum Schutz gegen Fälschung.

Guillotine [giljo'tinə, gijɔ'tinə] *die,* → Fallbeil.

Guinea ['gɪnɪ] *die,* früher: engl. Goldmünze, 1816 durch den Sovereign ersetzt.

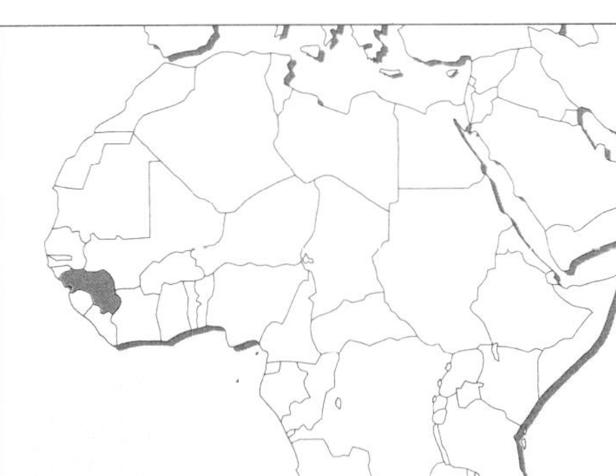

Guinea [gi-], Rep. in W-Afrika, 245 857 km², 6,12 Mio. Ew. (69 % Muslime); Hptst. Conakry; Amtssprache: Französisch. Präsidialverfassung. Feuchte Küs-

Guernsey
Wappen

Guatemala

Staatswappen

Staatsflagge

Internationales Kfz-Kennzeichen

tenniederung, im Innern Bergland (bis 1850 m), im NO Savanne. Anbau: Reis, Maniok, Bananen, Ananas, Kokosnüsse, Kaffee, Zuckerrohr, Kautschuk; Vieh- und Forstwirtschaft. ⚒ auf Bauxit, Eisenerz, Diamanten. Wasserkraftwerke; Aluminiumind. Ausfuhr: Bauxit, Aluminiumoxid, Bananen, Kopra, Kaffee, Eisenerz. Haupthafen und internat. ✈ Conakry. – G., das ehem. Frz.-G., wurde 1958 unabhängig. Präs.: L. Conté (* 1934; seit 1984).

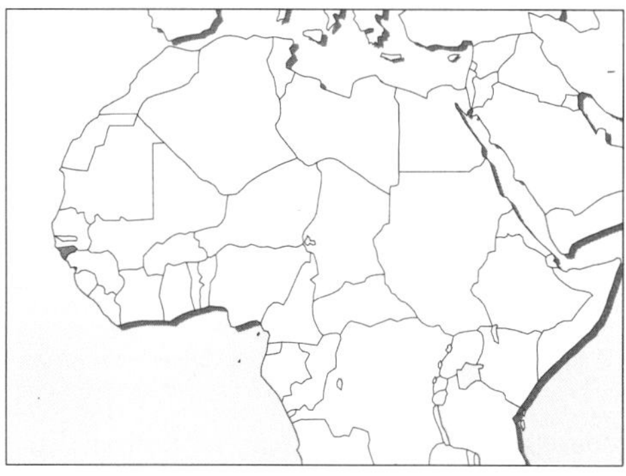

Guinea

Staatswappen

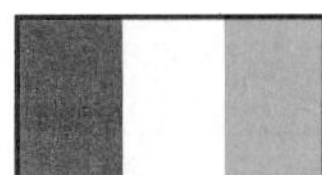

Staatsflagge

Guinea-Bissau

Staatswappen

Staatsflagge

Guinea-Bissau [gi-], Rep. in W-Afrika, 36125 km², 1 Mio. Ew.; Hptst. und Hafen: Bissau. Amtssprache: Portugiesisch. Trop.-heißes Tiefland. Erzeugnisse: Reis, Mais, Maniok, Erdnüsse, Palmöl, Holz. Die ehem. port. Prov. (Port.-Guinea) wurde 1974 unabhängig; nach Militärputsch 1980 Präs. des Revolutionsrats: J. B. Vieira (* 1939; seit 1984 Staatspräs.).

Guinness [ˈgɪnɪs], Sir Alec, brit. Charakterschauspieler, * 1914; Theater und Filme: »Adel verpflichtet« (1950), »Ladykillers« (1955), »Die Brücke am Kwai« (1957), »Krieg der Sterne« (1977) u. a.

Guiscard [ˈgiskart, frz. gisˈkaːr], → Robert.

Guise [giːz, gɥiːz], frz. Herzogsfamilie aus dem Hause Lothringen (1527 bis 1675), nach der Stadt G. an der Oise; Gegner der Hugenotten.

GULAG, Abk. für russ. **G**lawnoje **U**prawlenije **Lag**erej, Hauptverwaltung des Straflagersystems in der UdSSR 1930 bis 1955. »Archipel GULAG« (1973 bis 1975), Bericht von A. Solschenizyn.

Gulbranssen, Trygve, norweg. Erzähler, * 1894, † 1962; Romane (»Und ewig singen die Wälder«, 1933; »Das Erbe von Björndal«, 1935).

Gulbransson, Olaf, norweg. Karikaturist, * 1873, † 1958; Zeichner des »Simplicissimus«.

Gulda, Friedrich, österr. Pianist und Komponist, * 1930; spielt neben Klassik auch Jazz.

Gulden *der,* **Florin,** urspr. Goldmünze (zuerst im 13. Jh. in Florenz geprägt, Abk. Fl. von »Florenus«), später auch Silbermünze zu 60 Kreuzer.

guldinsche Regel [nach dem schweizer. Mathematiker P. Guldin, * 1577, † 1643], dient der Berechnung des Rauminhalts und der Oberfläche von Umdrehungskörpern.

Gumbinnen, russ. **Gussew,** Stadt im Gebiet Kaliningrad (Königsberg), Russland, ehem. Hptst. des Reg.-Bez. G., Ostpreußen, 28000 Einwohner.

Gummersbach, Krst. in NRW, 53100 Ew.; Maschinen-, Elektro-, Textilindustrie.

Gummi, 1) *der,* vulkanisierter Kautschuk. – **2)** *das,* wasserlösl. Anteil der in vielen Pflanzen vorkommenden **G.-Harze** (Gummigutt, Myrrhe).

Gummibaum, 1) ostind. Feigenart, liefert Kautschuk; als Zimmerpflanze kultiviert. – **2)** Arten der Gattung Eukalyptus. – **3)** die Gattung Hevea.

Gumri, 1924 bis 1991 **Leninakan,** eine der ältesten Städte Armeniens (urspr. **Kumajri,** 1991/92 amtl. Name), 120000 Ew., Textilindustrie.

Günderode, Karoline v., dt. romant. Dichterin, * 1780, † (Freitod) 1806.

Gundolf, Friedrich, eigentl. F. **Gundelfinger,** dt. Literarhistoriker, * 1880, † 1931; gehörte zum George-Kreis, arbeitete über Shakespeare, Goethe, H. v. Kleist, S. George.

Gunnarsson [ˈgynarsɔn], Gunnar, isländ. Schriftsteller, * 1889, † 1975; Romane (»Die Leute auf Borg«, 1912 bis 1914).

Gunn-Effekt [gʌn-; nach dem brit. Physiker J. B. Gunn, * 1928], 1963 entdeckte Erscheinung, dass bestimmte Halbleiter bei Überschreiten einer krit. Feldstärke Mikrowellen emittieren.

Günsel *der,* Gattung der Lippenblütler. **Kriechender G.,** violett blühende Wiesenstaude.

Gunther, im »Nibelungenlied« der König der Burgunden; Gatte der Brunhild; mitschuldig an der Ermordung Siegfrieds.

Günther, 1) Agnes, dt. Schriftstellerin, * 1863, † 1911; Roman »Die Heilige und ihr Narr« (hg. 1913). – **2)** Ignaz, dt. Bildhauer, * 1725, † 1775; Meister des süddt. Rokokos. – **3)** Johann Christian, dt. Dichter, * 1695, † 1723; bekenntnishafte Gedichte.

Guntur [gʊnˈtʊə], Stadt in Andhra Pradesh, Indien, 273000 Ew.; Verkehrsknotenpunkt, Handelszentrum.

Guo Moruo, Kuo Mo-jo, chin. Gelehrter und Schriftsteller, * 1892, † 1978; Forschungen zur chin. Frühgesch.; sozialkrit. und polit. Essays, Dramen, Lyrik.

Gurke *die,* kriechende oder rankende Gemüse- und Salatpflanze der Familie Kürbisgewächse; mit gelben, einhäusigen Blüten und saftiger Frucht (vielsamige Großbeere). Unreife mittellange Früchte legt man zur Milchsäuregärung in Salzwasser (**Salz-** oder **saure G.**), schlanke sind **Salat-G.**; die Früchte werden auch gekocht oder eingelegt als **Essig-G.** oder **Zucker-G.**, als **Senf-G.** (bes. große, reife), als **Pfeffer-G.** (bes. kleine, junge).

Gurkenbaum, Bäumchen in den Tropen, z. T. mit gurkenähnl. sauren Früchten.

Gurkenkraut, Bezeichnung für → Dill und → Boretsch.

Gurkha, 1) hinduistisches Volk, das 1768/69 Nepal eroberte, spricht das indoarische Nepali. – **2)** nepales. Soldaten in der brit. und ind. Armee.

Gurt, 1) kräftiges, bandförmiges Gewebe. – **2)** ⌂ seitl. Begrenzung eines Trägers. **G.-Bogen,** Gewölbeverstärkung, die 2 Joche trennt.

Gürtelrose, ⚕ → Herpes.

Gürteltiere, Säugetierfamilie aus der Ordnung Zahnarme, in Süd- und Mittelamerika, mit Schuppenpanzer aus Knochen und Horn; Grabkrallen; leben in selbst gegrabenen Höhlen. Arten: **Riesen-G.,** bis 1,50 m; **Kugel-G.** können sich bei Gefahr einrollen.

Johannes **Gutenberg.** Rekonstruktion seiner Druckerei im Mainzer Gutenberg-Museum

Guru [Sanskrit »ehrwürdiger Lehrer«], in Indien der geistl. Lehrer (auch bei den Sikh).

GUS, Abk. für →Gemeinschaft Unabhängiger Staaten, russisch Sodruschestwo nesawisimych gossudarstw.

Gusseisen, in Formen vergießbares Eisen mit 2,5 bis 4% Kohlenstoff.

Gustav, Könige von Schweden: **1) G. I.,** * 1496 oder 1497, † 1560 (König 1523 bis 1560); gen. **G. Wasa,** befreite Schweden von der dän. Herrschaft, führte die Reformation ein. – **2) G. II. Adolf,** * 1594, † 1632 (König 1611 bis 1632); entriss den Russen Ingermanland, den Polen Livland. Durch sein Eingreifen in den Dreißigjährigen Krieg wurde er der Retter des dt. Protestantismus; er besiegte 1631 Tilly bei Breitenfeld, fiel 1632 in der Schlacht bei Lützen gegen Wallenstein. – **3) G. III.,** * 1746, † 1792 (König 1771 bis 1792); kämpfte 1788 bis 1790 gegen Russland, wurde auf einem Maskenball ermordet. – **4) G. IV. Adolf,** * 1778, † 1837 (König 1792 bis 1809); Sohn von 3), Gegner Napoleons I., wurde abgesetzt. – **5) G. V.,** * 1858, † 1950 (König 1907 bis 1950); unter ihm war Schweden in beiden Weltkriegen neutral. – **6) G. VI. Adolf,** * 1882, † 1973, 1950 bis 1973 König.

Gustav-Adolf-Werk der Evangelischen Kirche in Deutschland, 1832 gegr. **(Gustav-Adolf-Verein),** benannt nach Gustav II. Adolf, zur geistl. und materiellen Förderung bedrängter Diasporagemeinden.

Güstrow [-o], Krst. südlich von Rostock, Meckl.-Vorp., 36 800 Ew.; Eisenbahnknotenpunkt; Barlach-Museum; Maschinenind., Zuckerfabrik.

Gutenberg, Johannes, aus der Mainzer Patrizierfamilie **Gensfleisch,** Erfinder der Buchdruckerkunst mit bewegl. gegossenen Lettern, * um 1397, † 1468; errichtete in Mainz mit Johann Fust eine Druckerei. In ihr ist die 42-zeilige lat. Bibel **(G.-Bibel)** entstanden (spätestens 1456 vollendet).

Gütergemeinschaft, ⚖ vertragl. Güterstand des ehel. Güterrechts (→Eherecht). Die Vermögen der Eheleute werden gemeinschaftl. Vermögen (Gesamtgut; →Gesamthandsgemeinschaft).

guter Glaube, lat. **bona fides,** ⚖ Überzeugung, dass man sich bei einer Handlung oder in einem Zustand in seinem guten Recht befindet; rechtlich vielfach bedeutsam.

Güterrechtsregister, von den Amtsgerichten geführtes Register, in das bestimmte Rechtsverhältnisse, die das ehel. Güterrecht betreffen (z. B. Eheverträge), eingetragen werden.

Gütersloh, Krst. in NRW, 92 800 Ew.; Textil-, Haushaltsmaschinen, Verlage.

Gütertrennung, ⚖ Form des vertragsmäßigen ehel. Güterrechts, bei der die güterrechtl. Verhältnisse der Ehegatten durch die Eheschließung nicht berührt werden.

gute Sitten, ⚖ Inbegriff dessen, was dem Anstandsgefühl »aller billig und gerecht Denkenden« entspricht. Ein Rechtsgeschäft, das gegen die g. S. verstößt, ist nichtig (§ 138 BGB).

Güteverfahren, ⚖ Verfahren vor Arbeitsgerichten zur gütl. Einigung der Parteien: zu Beginn der mündl. Verhandlung.

Gütezeichen, ⚖ Wort- und/oder Bildzeichen zur Kennzeichnung einer bestimmten Qualität von Waren oder Leistungen. Eine gesetzl. Regelung der G. fehlt, sie können aber nach dem Warenzeichen-Ges. als Verbandszeichen in die vom Patentamt geführte Warenzeichenrolle eingetragen werden. G. dürfen nur für Warenarten und Leistungskategorien geschaffen werden.

Guthaben, Habensoldo eines Kontos (Gutschriften übersteigen Belastungen).

Gutsherrschaft, Form des Großgrundbesitzes, vom 15. bis 19. Jh. in O-Mitteleuropa anstelle der Grundherrschaft; Kennzeichen ist neben dem Landbesitz der Besitz der Ortsherrschaft; der Gutsherr war Obrigkeit im vollen Umfang.

Guts Muths, Johann Christoph Friedrich, dt. Turnlehrer, Pädagoge, * 1759, † 1839; schuf seit 1785 ein System des Schulturnens.

Guttapercha *die,* eingetrockneter Milchsaft südostasiat. Bäume, chem. dem Kautschuk verwandt; Kitt- und Dichtmasse.

Gut|templerorden, 1852 in den USA gegr. Bewegung gegen den Alkoholgenuss.

Güttler, Ludwig, dt. Trompeter, * 1943; virtuoser Interpret v. a. von Bläsermusiken des 17. und 18. Jh.; gründete 1986 das Kammerorchester »Virtuosi Saxoniae«.

Guttural *der,* Kehllaut.

Gutzkow [-ko], Karl, dt. Schriftsteller, * 1811, † 1878; ein Wortführer des →Jungen Deutschland; schrieb Dramen, Zeitromane, Essays.

Guyana, Rep. in Südamerika, 214 969 km², 808 000 Ew.; Hptst. Georgetown; Amtssprache: Englisch. Im Küstenstreifen Anbau von Reis, Zuckerrohr, Kokospalmen, Bananen u. a. ⚒ auf Bauxit, Gold, Diamanten, Mangan. Haupthandelspartner: Großbritannien, USA, Kanada. – G., ehem. brit. Kolonie (Brit.-Guayana), ist seit 1966 unabhängig. Staatspräs.: C. B. Jagan (seit 1992).

Guyana

Staatswappen

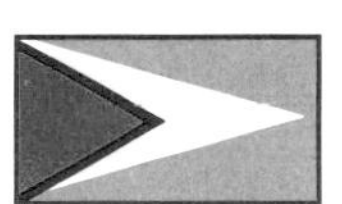

Staatsflagge

Internationales Kfz-Kennzeichen

Gwalior [ˈgwɑːlɪɔː], Stadt in Madhya Pradesh, Indien, Hindufestung mit prächtigen Bauten (6. Jh.); 691 000 Ew.; Univ.; Industrie.

Gyges, König von Lydien, im 7. Jh. v. Chr.; nach der griech. Sage ermordete er den König Kandaules durch einen Zauberring. Trauerspiel von J. F. Hebbel (»G. und sein Ring«, 1856).

Gymnasium *das,* bei den alten Griechen die Gymnastikstätte, auch Mittelpunkt des geistigen Lebens; heute weiterführende Schule, die zur Hochschulreife führt.

Gymnastik [von griech. gymnos »nackt«] *die,* bei den alten Griechen die Kunst der Leibesübungen (Heben, Stemmen, Geh- und Laufübungen, Ringen, Speerwerfen, Diskuswerfen); heute Leibesübungen mit gesundheitl. und künstler. Zielen, oft mit Musik **(rhythm. Gymnastik).**

Gymnospermen *Pl.,* ⚘ die Nacktsamigen (→Blüte).

Gynäkologie *die,* Frauenheilkunde. **Gynäkologe** *der,* Frauenarzt.

Gyroantrieb, Fahrzeugantrieb, bei dem die Antriebsenergie als kinet. Energie eines rotierenden Schwungrads gespeichert wird; Vorteil v. a. der abgasfreie Betrieb. Auf der Welle des Schwungrads sitzt der Läufer einer Asynchronmaschine, die an Ladestellen als Motor das Schwungrad auflädt und während der Fahrt als kondensatorerregter Asynchrongenerator die Fahrmotoren speist. Vorteile des G. sind der abgasfreie Betrieb und die Unabhängigkeit von Oberleitungen.

H

Haarlem
Stadtwappen

H, h, 1) 8. Buchstabe des dt. Alphabets. – **2)** 𝄞 **H,** 7. Ton der C-Dur-Grundtonleiter. – **3) H,** chem. Symbol für das Element Wasserstoff (Hydrogenium). – **4)** ☼ und Zeitrechnung: **h** für die Zeiteinheit Stunde (von lat. hora). – **5)** √ **h** = Höhe. – **6)** ⚛ **h,** plancksches Wirkungsquantum. – **7)** ⚛ **H,** Henry, Einheit der Selbstinduktion.

ha, Einheitenzeichen für Hektar.

Ha, chem. Symbol für das Element Hahnium.

Haag → Den Haag.

Haager Friedenskonferenzen, 1899 und 1907 auf Veranlassung Russlands in Den Haag abgehaltene Konferenzen der europ. und vieler außereurop. Staaten. Hauptergebnis war die Haager Landkriegsordnung und die Errichtung des Ständigen Schiedshofs.

Fritz Haber

Haager Landkriegsordnung, Abk. **HLKO,** Bestandteil der Abkommen der Haager Friedenskonferenzen über Regeln und Gebräuche des Landkriegs; z. T. veraltet, durch neuere Abkommen ergänzt (→ Genfer Konventionen).

Haager Schiedshof → Ständiger Schiedshof.

Haar|ausfall, vorzeitiger Haarschwund. Vorübergehender H. auch bei Erkrankungen der Kopfhaut (Hautpilzerkrankung) sowie als Folge von Krankheiten sowie chemotherapeut. Maßnahmen.

Haarbalgmilbe, bis 0,4 mm lang, schmarotzt in Mitessern, bes. der Gesichtshaut.

Haardt *die,* Ostteil des Pfälzer Walds, Rheinl.-Pf., der nordwestl. Gebirgsrand der Oberrhein. Tiefebene, in der Kalmit 673 m hoch; an den Vorbergen Wein- und Obstbau **(Deutsche Weinstraße).**

Jürgen Habermas

Haare, fadenförmige Oberhautgebilde bei Mensch, Tier und Pflanze. Der **H.-Schaft** steckt mit der **H.-Wurzel** im **H.-Balg,** in dessen unterstem Teil die Wurzelschwellung **(H.-Zwiebel)** auf einem gefäß- und nervenreichen, birnenförmigen Wärzchen der Lederhaut **(H.-Papille)** sitzt, die das Haar ernährt. Die Gesamtzahl der H. des Menschen beträgt etwa 300 000 bis 500 000; davon entfallen etwa 25% auf die Kopfbehaarung.

Haargefäße, Kapillaren, feinste Blutgefäße. Durch ihre zarten Wände hindurch werden Sauerstoff und Nährstoffe in die Zellgewebe hinein abgegeben, während Kohlensäure u. a. Stoffwechselschlacken in das Blut übertreten.

Hadrianswall mit den Resten einer Kastellanlage

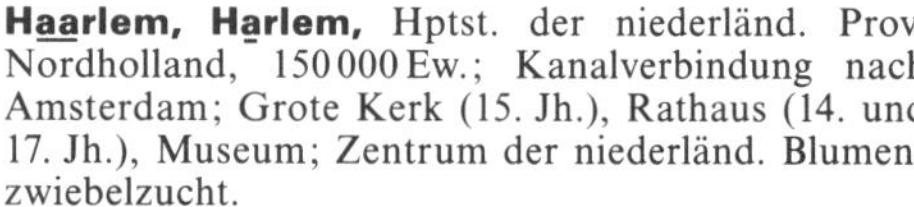

Haarlem, Harlem, Hptst. der niederländ. Prov. Nordholland, 150 000 Ew.; Kanalverbindung nach Amsterdam; Grote Kerk (15. Jh.), Rathaus (14. und 17. Jh.), Museum; Zentrum der niederländ. Blumenzwiebelzucht.

Haarsterne, → Seelilien.

Haarwild, die jagdbaren Säugetiere.

Haas, Joseph, dt. Komponist, * 1879, † 1960; Opern, geistl. Konzert- und Hausmusik.

Haavelmo, Trygve Magnus, norweg. Wirtschaftswissenschaftler, * 1911; erhielt für wahrscheinlichkeitstheoret. Grundlagen zur empir. Überprüfung ökonom. Theorien den Nobelpreis für Wirtschaftswiss. 1989.

Hába ['ha:ba], Alois, tschech. Komponist, * 1893, † 1973; Opern, Orchester- und Kammermusik, Klavierwerke und Chöre.

Habakuk, einer der 12 Kleinen Propheten im A. T.

Habana, La H., → Havanna.

Habe, Hans, urspr. H. **Békessy,** amerikan. Schriftsteller österr. Herkunft, * 1911, † 1977; Romane (»Ilona«, 1960; »Die Mission«, 1965); Berichte (»Tod in Texas«, 1964).

Habeas-Corpus-Akte [lat. habeas corpus »du sollst den Körper haben«], engl. Verfassungsgesetz von 1679, wonach niemand ohne richterl. Haftbefehl verhaftet oder ohne Haftprüfung in Haft gehalten werden darf.

Haben *das,* → Buchführung.

Haber, Fritz, dt. Chemiker, * 1868, † 1934; Erfinder des **H.-Bosch-Verfahrens** zur Herstellung von Ammoniak aus Stickstoff und Wasserstoff; von Bosch nutzbar gemacht. Nobelpreis für Chemie 1918.

Häberlin, Paul, schweizer. Pädagoge und Philosoph, * 1878, † 1960; lehrte einen metaphys. Individualismus.

Habermas, Jürgen, dt. Philosoph und Soziologe, * 1929; von der Frankfurter Schule geprägt; Vertreter der kritischen Theorie.

Habicht *der,* **Hühnerhabicht,** Greifvogel, schlägt Vögel und kleinere Säugetiere im Überraschungsflug.

Habichtswald, Teil des Hess. Berglands, westl. von Kassel, im Hohen Gras 615 m hoch.

Habilitation *die,* Verfahren zum Erwerb der akadem. Lehrbefugnis (lat. »venia legendi«) an wiss. Hochschulen. Es besteht aus der Einreichung einer wiss. Abhandlung **(H.-Schrift),** einer wiss. Aussprache im Rahmen des Fachbereichs oder der Fakultät **(Kolloquium)** sowie einem öffentl. Vortrag **(Antrittsvorlesung).**

Habitus *der,* **1)** äußere Gestalt, Erscheinung. – **2)** ⚕ Körperbeschaffenheit eines Menschen. – **3)** Geistesart: **geistiger Habitus.**

Habsburger, europ. Herrschergeschlecht, benannt nach der 1020 erbauten Stammburg **Habsburg** im Kt. Aargau, Schweiz. Die ältesten Besitzungen der H. lagen in der Schweiz und im Elsass. König Rudolf I. gewann 1282 Österreich und die Steiermark für die H.; hinzu kamen Kärnten, Krain, Tirol, Freiburg im Breisgau, Triest und Görz. 1438 bis 1806 (außer 1742 bis 1745) waren die H. röm.-dt. Kaiser. 1482 erbten sie infolge ihrer Heiratspolitik auch die Niederlande, 1506/16 Spanien, 1526 Böhmen und Ungarn. Sie teilten sich 1521 und 1556 in eine span. und eine österr. Linie; die span. starb 1700 aus, die österr. im Mannesstamm 1740. Durch die Ehe der habsburg. Erbtochter

Maria Theresia mit Franz I. von Lothringen entstand das neue Haus **Habsburg-Lothringen,** das bis 1918 in Österreich-Ungarn regierte, eine Nebenlinie bis 1859 in der Toskana.

Habsburg-Lothringen, Otto v., ehem. Kronprinz von Österreich und Ungarn, * 1912; Chef des Hauses Habsburg-Lothringen. Gab 1961 endgültig die habsburg. Thronansprüche auf.

Hacienda [a'sienda] *die,* **Hazienda,** landwirtschaftl. Großbetrieb in Mittel- und Südamerika.

Hackbau, eine der ältesten Arten der Feldbestellung mit der Hacke als Hauptgerät.

Hackbrett, zitherartiges trapezförmiges Schlaginstrument mit Stahlsaiten.

Hacker ['hækə], 💻 Computernutzer, die versuchen, unbefugt in fremde Datensysteme einzudringen.

Hackfrüchte, Kulturpflanzen, deren Anbau das wiederholte Hacken des Bodens notwendig macht, z. B. Kartoffeln, Zuckerrüben.

Hackman [engl. 'hækmæn], Gene, amerikan. Schauspieler, * 1931; Darsteller u. a. in »Bonnie und Clyde« (1967), »French Connection« (1971), »Die Kammer« (1996), »Absolute Power« (1997).

Hacks, Peter, dt. Schriftsteller, * 1928; Zeitstücke und Komödien, deren Stoffe der Gegenwart der ehem. DDR, der Geschichte oder dem Mythos entnommen sind (»Moritz Tassow«, Uraufführung 1965, u. a.); Hör- und Fernsehspiele, Kinderbücher.

Hadern *Pl.,* Textilabfälle zur Papierherstellung.

Hadersleben, dän. **Haderslev** ['ha:ðərsleu], Hafenstadt in Südjütland, Dänemark, 30 300 Ew.; gehörte 1864/66 bis 1920 zu Preußen.

Hades *der,* in der griech. Sage der Gott der Unterwelt; auch die Unterwelt selbst.

Hadlaub, Hadloub, Johannes, schweizer. Minnesänger, † vor 1340; Novelle von G. Keller (1878).

Hadramaut, wüstenhafte Küstenregion (bis 2 499 m) an der S-Küste Arabiens (Jemen).

Hadrian, röm. Kaiser, * 76, † 138, Kaiser 117 bis 138; betrieb die innere Festigung des Reichs, bereiste alle Provinzen; errichtete u. a. die Engelsburg.

Hadrian, Päpste: **1) H. IV.,** * zw. 1110 und 1120, † 1159; Papst 1154 bis 1159, einziger Papst engl. Nationalität. – **2) H. VI.,** * 1459, † 1523; Papst 1522 bis 1523, Erzieher Karls V.

Hadrianswall, 122 bis etwa 136 auf Befehl Kaiser Hadrians angelegter Limes im N der röm. Prov. Britannia (heute im nördl. England); etwa 120 km lang; von der UNESCO zum Welterbe erklärt.

Haeckel ['hɛkəl], Ernst, dt. Naturforscher, * 1834, † 1919; erweiterte die Abstammungslehre um das biogenetische Grundgesetz; materialist. Weltanschauung (→ Monismus).

Haecker ['hɛkər], Theodor, dt. kath. Kulturphilosoph, * 1879, † 1945; »Vergil, Vater des Abendlandes« (1931).

Hafen, natürl. oder künstl. Liegeplatz für Schiffe.

Hafer *der,* Gattung der Getreidegräser; bes. verbreitet der aus der Wildform **Flug-H.** entstandene **Saat-H.;** daneben **Rau-** oder **Sand-H., Windhafer.**

Haff *das,* ehem., durch eine Nehrung abgeschnürte Meeresbucht mit Süßwasserzufuhr, z. B. **Kurisches H., Frisches Haff.**

Haffner, Sebastian, eigentl. Raimund **Pretzel,** dt. Publizist (seit 1948 brit. Staatsbürger), * 1907; populärwissenschaftl. Arbeiten zu zeithistor. Themen, »Anmerkungen zu Hitler« (1978) u. a.

Hafis, Hafes, Pseudonym des pers. Dichters **Schams od-Din Mohammed** aus Schiras, * um 1325, † 1390; besang Wein, Liebe und Lebensgenuss.

Haflinger, kleines, warmblütiges, fuchsfarbenes Gebirgspferd der Alpenländer.

Hafnium *das,* Symbol **Hf,** chem. Element, sehr seltenes Metall; OZ 72, D 13,31 g/cm^3, Fp 2 227 ± 20 °C, Sp 4 602 °C.

Ansicht der **Hagia Sophia** von Süden

Haft, ⚖ **1)** → Freiheitsstrafe. – **2)** Sicherungsmittel. – **3)** Zwangsmittel gegen Zeugen, Schuldner. **H.-Befehl,** die nur einem Richter zustehende schriftl. Anordnung, eine Person zu verhaften (§ 114 Strafprozessordnung, §§ 901, 908 Zivilprozessordnung). **H.-Prüfung** ist die von Zeit zu Zeit vorzunehmende richterl. Nachprüfung, ob eine angeordnete Untersuchungshaft aufrechtzuerhalten ist (§ 117 Strafprozessordnung). Statt der H.-Prüfung ist die gerichtliche **H.-Beschwerde** möglich (§§ 304, 310 Strafprozessordnung).

Sebastian Haffner

Haftpflicht, ⚖ die → Haftung (Schadensersatzpflicht). **H.-Versicherung,** Versicherung gegen wirtschaftl. Nachteile, die sich aus einer H. ergeben können; bes. wichtig für Personen, die aus Gefährdungshaftung in Anspruch genommen werden können; für Kraftfahrzeughalter Pflicht.

Haftung, rechtl. Verpflichtung, für etwas einzustehen, z. B. für Schulden oder für angerichtete Schäden. Vertraglich können weitgehende Haftungsbeschränkungen vereinbart werden. Das Handelsrecht kennt Gesellschaftsformen, bei denen die H. auf das Gesellschaftsvermögen beschränkt ist (z. B. Aktiengesellschaft, Gesellschaft mit beschränkter Haftung).

Hagen
Stadtwappen

Hagebutte *die,* Schein- und Sammelfrucht versch. Rosenarten, v. a. der Heckenrose.

Hagedorn, Friedrich v., dt. Schriftsteller, * 1708, † 1754; anakreont. Lieder von natürl. Anmut; Fabeln.

Hagel, Niederschlag erbsen- bis hühnereigroßer Eisklümpchen **(H.-Körner, Schloßen);** sie bilden sich im Gefolge von Gewittern bei raschem Aufstieg warmer, wasserreicher Luft; fallen nur strichweise.

Hagelstange, Rudolf, dt. Schriftsteller, * 1912, † 1984; Lyrik: »Venezian. Credo« (1946), »Flaschenpost« (1982); Romane: »Spielball der Götter« (1959), »Der große Filou« (1976).

Hagen, Stadt in NRW, 209 000 Ew.; Eisen-, Stahl- u. a. Industrie. Fernuniversität.

Hagenau, frz. **Haguenau** [ag'no], frz. Stadt im Unterelsass, 27 600 Ew.; Hopfenhandel, Glas- und keram. Industrie.

Hagenbeck, Karl, dt. Tierhändler, * 1844, † 1913; errichtete den Tierpark Stellingen bei Hamburg, leitete einen Zirkus. BILD S. 360.

Hagen von Tronje, im »Nibelungenlied« das Urbild des treuen Gefolgsmanns, der für seine Königin Brunhilde Siegfried tötet. Er stirbt durch die Hand Kriemhilds.

Habicht

Hagia Sophia, türk. **Ayasofya,** Sophienkirche, Krönungskirche der oström. Kaiser in Konstantinopel (heute Istanbul), das Hauptwerk der byzantin. Kunst; 532 bis 537 von Kaiser Justinian I. errichtet. Nach 1453 Moschee, seit 1934 Museum.

Haiti

Staatswappen

Staatsflagge

Internationales Kfz-Kennzeichen

Hagiographie *die,* Lebensbeschreibung eines Heiligen.

Hague, Cap de la H. [- 'a:g], Landspitze an der frz. Kanalküste westl. von Cherbourg; Wiederaufbereitungsanlage für Kernbrennstoffe.

Häher, Gruppe von Rabenvögeln, z. B. Eichelhäher, Tannenhäher.

Hahn *der,* **1)** männl. Tier der Hühnervögel. – **2)** ⚙ Vorrichtung zum Abschließen oder Öffnen einer Rohrleitung für Flüssigkeiten oder Gase durch Drehen des Niederschraubventils.

Hahn, Otto, dt. Chemiker, Atomforscher, * 1879, † 1968; fand mit Lise Meitner das Protactinium, entdeckte 1938 mit F. Straßmann die Kernspaltung des Urans; Nobelpreis für Chemie 1944; 1946 bis 1959 Präs. der Max-Planck-Gesellschaft.

Hahnemann, Samuel, dt. Arzt, * 1755, † 1843; Begründer der → Homöopathie.

Hahnenfuß, Gattung der H.-Gewächse (über 400 weit verbreitete Arten) mit mehr oder weniger giftigen Kräutern. Arten: **Scharfer H.,** Wiesenunkraut, gelbblütig; **Kriechender H.,** gelbblütig, mit Ausläufern, an feuchten Orten; **Asiat. H.** (Kugelranunkel), Gartenzierpflanze; **Wasser-H.,** weiß blühend, mit haarfiedrigen Unterwasserblättern.

Hahnenkamm, 1) Fleischwulst auf dem Kopf von Hähnen. – **2)** trop. Zierpflanze, mit hahnenkammähnl., rotem Blütenstand.

Hahnenkamm, 1) Höhenzug des Spessarts, bis 436 m hoch. – **2)** Berg bei Kitzbühel in Tirol, Österreich, 1 655 m hoch; jährlich internat. Skirennen.

Hahnenklee-Bockswiese, Stadtteil von Goslar; Luftkurort und Wintersportplatz im Oberharz, Ndsachs., Seilbahn zum Bocksberg.

Hahnentritt, 1) bei Pferden fehlerhafter Gang. – **2)** weißl. Keimscheibe auf dem Dotter von Vogeleiern. – **3)** klein kariertes Stoffmuster.

Karl Hagenbeck

Haider, Jörg, österr. Politiker, * 1950; seit 1986 Bundesvors. der Freiheitlichen, 1989 bis 1991 Landeshauptmann von Kärnten (Abwahl); seit 1992 Fraktionsvors. der Freiheitlichen im österr. Parlament.

Haiduken [ungar. »Treiber«], **Heiducken, 1)** ungar. Söldner, erhielten 1605 eigenes Wohngebiet um Debrecen, O-Ungarn. – **2)** gegen die Türken kämpfende Freischärler.

Haifa, Hafenstadt in Israel, 251 500 Ew.; Univ., TH; Bibliotheken und Museen; bedeutende Handels- und Ind.stadt; Zentrum der Schwerind., größte Raffinerie des Landes; ✈.

Otto Hahn

Haifische, Haie, bis 15 m lange Knorpelfische, mit rd. 250 fast ausschließl. marinen Arten, meist Raubfische, mit unterständigem Maul und rückwärts gerichteten Zähnen. Dem Menschen gefährlich ist z. B. der bis 7 m lange **Blau-** oder **Menschenhai.** Speisefische sind der bis 4 m lange **Hammerhai** der wärmeren Meere sowie **Katzenhai** und **Dornhai** der europ. Meere.

Haiku, in Japan lyr. Kurzform, Dreizeiler aus 5 + 7 + 5 Silben.

Haile Selassie I., Kaiser von Äthiopien, * 1892, † 1975; wurde 1928 König (Negus), 1930 Kaiser (Negusa Negast); 1936 bis 1941 im Exil in Großbritannien; 1974 vom Militär gestürzt.

Haimonskinder, die 4 Söhne des Grafen Haimon von Dordogne, Helden des altfrz. Heldenepos »Renaut de Montauban« (12. Jh.); dt. Volksbuch (1531).

Hainan, chin. Insel vor der S-Küste Chinas, 34 000 km², 6,6 Mio. Ew.; Hauptort: Haikou.

Hainbuche, die → Weißbuche.

Hainbund → Göttinger Dichterbund.

Hainleite *die,* Höhenzug in N-Thüringen.

Haiphong [-f-], Haupthafen von Vietnam, 1,3 Mio. Ew.; große Docks und Werften; ✈.

Haithabu, Handelsplatz der Wikinger südl. von Schleswig (9. bis 11. Jh.); (Wikingermuseum).

Jörg Haider

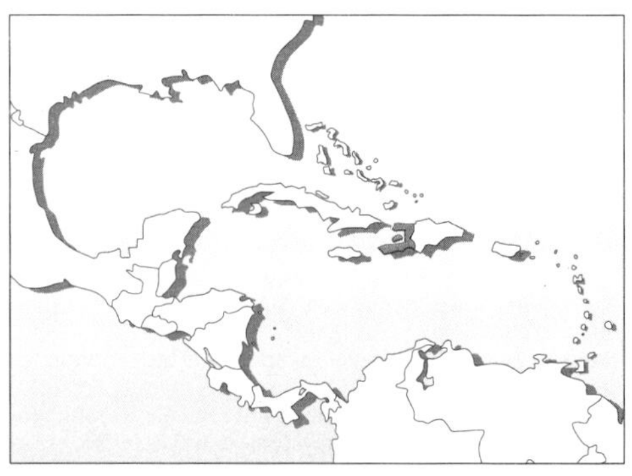

Haiti, Rep. im W der Insel Hispaniola, im Bereich der Westind. Inseln, 27 750 km², 6,76 Mio. Ew. (80 % Schwarze, rd. 20 % Mulatten); Hptst. Port-au-Prince; Amtssprache: Französisch. Präsidialverfassung. Erzeugung: Kaffee, Sisal, Zucker, Baumwolle, Kakao u. a., z. T. mit Bewässerung. ⚒ auf Bauxit. Ausfuhr: Kaffee, Bauxit, Sisal, Zucker. Haupthandelspartner: USA. Haupthafen und Flughafen: Port-au-Prince. – H., seit 1697 frz., wurde 1803 unabhängige Republik. 1844 Absonderung des östl. Teils als Dominikanische Republik. 1915 bis 1934 Schutzherrschaft der USA. 1986 Sturz von Präs. J. C. Duvalier; der im Febr. 1991 gewählte Präs. J.-B. Aristide wurde im Okt. 1991 vom Militär gestürzt und lebte im Exil. Nach starkem internat. Druck (Wirtschaftssanktionen, Interventionsdrohungen der UNO und der USA) traten die Militärmachthaber im Okt. 1994 zurück und Aristide wurde unter dem Schutz internat. Streitkräfte als Präs. wieder eingesetzt. Mitte 1995 errang die Partei des Präs. bei unter internat. Kontrolle durchgeführten Parlamentswahlen die Mehrheit. Bei den Präsidentschaftswahlen im Dez. 1995 setzte sich René Préval (Amtsantritt Febr. 1996) durch.

Hajek, Otto Herbert, dt. Bildhauer, * 1927; Platz- und Fassadengestaltungen (Kunst am Bau).

Hakenbüchse, Bezeichnung der → Arkebuse.

Hakenkreuz, Swastika, urspr. altes, weit verbreitetes Segenszeichen; Symbol antisemit. Organisationen, so des Nationalsozialismus, der es nach der Machtübernahme in die staatl. Embleme übernahm.

Hakenwurm, der → Grubenwurm.

Hakodate, Hafen der jap. Insel Hokkaidō, 319 100 Ew.; Fischfang, Erdölraffinerie; Flughafen.

Håkon ['ho:kɔn], norweg. Könige: **1) H. der Alte,** * 1204, † 1263 (König 1217 bis 1263); erwarb Grönland, Island. – **2) H. VII.,** dän. Prinz, * 1872, † 1957; 1905 nach Trennung Norwegens von Schweden zum König gewählt.

Halali *das,* ♉ Jagdruf für gestelltes Wild, Hörnerruf für das Ende der Jagd.

Halbaffen, nächtlich lebende Säugetiere der Tropen; **Lemuren** (Madagaskar), **Lori** (Afrika), **Koboldmaki** (S-Asien).

Halbblut *das,* Pferdezucht: u. a. Kreuzung zw. Vollblut und Warmblut.

Halbe, Max, dt. Schriftsteller des Naturalismus, * 1865, † 1944; Dramen, Romane.

Halberstadt, Krst. im nördl. Harzvorland, Sa.-Anh., 44 500 Ew., mit altertüml. Häusern, got. Dom (13. bis 15. Jh.). – Das alte Bistum H. kam 1648 als Fürstentum an Brandenburg.

Halbleinen, Gewebe mit Baumwollgarn in der Kette und Leinengarn im Schuss.

Halbleiter, ⚡ Stoffe, deren elektr. Leitfähigkeit viel geringer ist als die von Metallen, aber mit steigender Temperatur stark anwächst: Selen, Germanium, Silicium, Kupferoxid. H. können durch Dotierung (→ Akzeptor, →Donator) gezielt verändert und dem Einsatzzweck angepasst werden. Entweder überwiegen dann die **n**egativen Elektronen oder **p**ositiven Löcher (Defektelektronen) und damit die n- oder p-Leitung. H.-Bauelemente (→integrierte Schaltung) sind die Grundlage der Mikroelektronik und Photovoltaik.

Halbmesser, Radius, halber Durchmesser.

Halbmetalle, Elemente, die metallische wie nichtmetallische Eigenschaften aufweisen, z. B. Bor, Silicium, Germanium, Arsen, Antimon.

Halbmittelgewicht →Gewichtsklassen (ÜBERSICHT).

Halbmond, Sinnbild der islam. Länder.

Halbschwergewicht →Gewichtsklassen (ÜBERSICHT).

Halbton, das kleinste Intervall; **diaton. H.:** gehört einer Dur- oder Molltonleiter an; **chromat. H.:** entsteht durch Erhöhung oder Erniedrigung eines Skalentons.

Halbwertszeit, die Zeit, in der die Hälfte der Atome eines radioaktiven Elements zerfällt (→Radioaktivität).

Halde, 1) Bergabhang. – **2)** hügelartige Ablagerungen von Abraum, Erzen usw.

Haldensleben, Krst. in der Altmark, Sa.-Anh., 22 500 Ew.; Zucker-, keram. Industrie.

Halder, Franz, dt. General, *1884, †1972; 1938 bis 1942 Generalstabschef des Heers; nach dem 20. 7. 1944 im KZ inhaftiert.

Hale [heɪl], George, amerikan. Astronom, *1868, †1938; erforschte bes. die Physik der Sonne.

Haleakala [hɑːleɪɑːkɑːˈlɑː], ruhender Vulkan auf der Hawaii-Insel Maui, USA, 3 055 m. Der Krater (32 km Umfang) ist einer der größten der Erde.

Haleb, Stadt in Syrien, →Aleppo.

Halévy [aleˈvi], Jacques, frz. Opernkomponist, *1799, †1862; »Die Jüdin« (1835).

Halfter *das,* auch *der,* die, **1)** leichter Zaum. – **2)** Pistolenbehälter.

Halifax [ˈhælɪfæks], **1)** Ind.stadt im nördl. England, 87 500 Ew.; Hauptsitz der Woll- und Wollgarnindustrie. – **2)** Hptst. und Haupthafen der kanad. Prov. Neuschottland; 113 600 Ew.; ⚓.

Halifax [ˈhælɪfæks], Edward **Wood** [wʊd], Earl of H. (seit 1944), konservativer brit. Politiker, *1881, †1959; 1925 bis 1931 Vizekönig von Indien, 1938 bis 1940 Außenmin., 1940 bis 1946 Botschafter in Washington.

Halikarnassos, antike Stadt an der W-Küste Kleinasiens, heute **Bodrum;** Grabbau (Mausoleum) des Mausolos (377 bis 353 v. Chr.).

Hall, 1) →Schwäbisch Hall. – **2) H. in Tirol,** österr. Stadt am Inn, 11 900 Ew. – **3) Bad H.,** Heilbad in Oberösterreich, 4 100 Einwohner.

Hall [hɔːl], Edwin Herbert, amerikan. Physiker, *1855, †1938; entdeckte 1879 den **Hall-Effekt.** In stromdurchflossenen elektr. Leitern, die sich in einem zum Strom senkrechten Magnetfeld befinden, entsteht senkrecht zu Strom und Magnetfeld eine Spannung.

Hallein [ˈhalaɪn, haˈlaɪn], Stadt in Salzburg, Österreich, 20 000 Ew.; im Ortsteil **Dürrnberg** Salzbergwerk und Kurbetrieb. Bereits frühgeschichtliche Salzgewinnung, bis zum 16. Jh. bedeutendste Saline im österr.-bayr. Raum.

Halleluja [hebr. »preiset Jahwe«], Aufruf zum Lob Gottes.

Hallenkirche, Kirche mit annähernd gleicher Höhe von Mittelschiff und Seitenschiffen.

Haller →Heller.

Haller, 1) Albrecht v., schweizer. Arzt, Naturforscher, Dichter, *1708, †1777; leitete die experimentelle Biologie ein, schrieb das philosoph. Lehrgedicht »Die Alpen« (1732), polit. Romane. – **2)** Karl Ludwig v., schweizer. polit. Schriftsteller, *1768, †1854; bekämpfte die Lehren der Frz. Revolution.

Halle (Saale) Stadtwappen

Halle (Saale), Stadt in Sa.-Anh., Ind.- und Handelsstadt, 290 000 Ew.; Univ.; Franckesche Stiftungen; Museen, Theater; Ruinen Moritzburg (15./16. Jh.) und →Giebichenstein. Nach dem 2. Weltkrieg wieder aufgebaut bzw. erhalten: Roter Turm (15. Jh.), Marktkirche (16. Jh.), Dom (13. und 16. Jh.). Bahnknoten; Zentrum des mitteldt. Braunkohlengebiets und ausgedehnter Montan- und chem. Ind.; altes Salzsiedewerk. Die Salzgewinnung ist im Gebiet von H. seit etwa 1000 v. Chr. nachgewiesen. 806 Errichtung eines Kastells. H. kam 968 zum Erzstift Magdeburg, 12. Jh. Stadtrecht; ab 1260 Mitglied der Hanse. 1503 bis 1680 Residenz der Erzbischöfe von Magdeburg; 1680 an Preußen.

Halley [ˈhælɪ], Edmond, engl. Astronom, *1656, †1742; gab einen Sternkatalog heraus, erkannte den Zusammenhang zw. Erdmagnetismus und Polarlicht; fand heraus, dass der nach ihm benannte 1682 beobachtete **Halleysche Komet** ein regelmäßig wiederkehrender Komet von 76 Jahren Umlaufzeit ist.

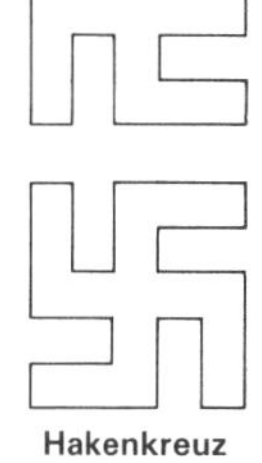
Hakenkreuz Linksgeflügelte (oben) und rechtsgeflügelte Form

Halligen *Pl.,* 10 Marschinseln im Wattenmeer (W-Küste von Schlesw.-Holst.); insgesamt 2 281 ha mit etwa 330 Ew. Die Gehöfte liegen auf Wurten, die bei Sturmflut Schutz vor dem Wasser bieten.

Hallimasch *der,* **Honigpilz,** essbarer, gelbbrauner Blätterpilz an Nadelholzpflanzen **(Erdkrebs),** Forstschädling.

Hallore *der,* Zunftgenosse der Saline zu Halle (Saale), mit alten Sitten und Trachten.

Hallstatt, Markt im oberösterr. Salzkammergut, am W-Ufer des **Hallstätter Sees,** 1 100 Ew.; am Hang des

Halligen. Hallig Hooge bei normalem Wasserstand (links) und bei Sturmflut (rechts)

Frans Hals
Selbstbildnis
(Ausschnitt aus einem Gemälde)

Johann Georg Hamann
Zeitgenössische Bleistiftzeichnung

Hamburg
Wappen

Hameln
Stadtwappen

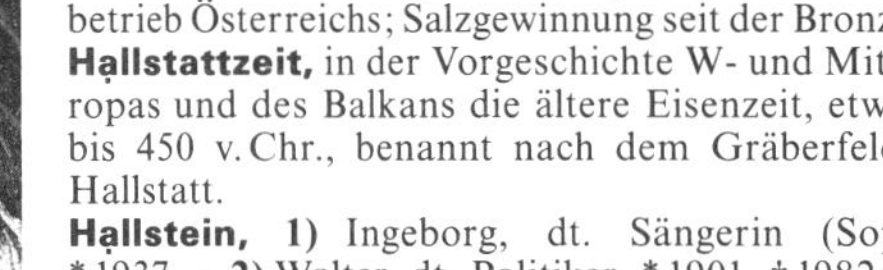
Plessen der Salzberg mit dem größten Salzbergbaubetrieb Österreichs; Salzgewinnung seit der Bronzezeit.

Hallstattzeit, in der Vorgeschichte W- und Mitteleuropas und des Balkans die ältere Eisenzeit, etwa 750 bis 450 v. Chr., benannt nach dem Gräberfeld von Hallstatt.

Hallstein, 1) Ingeborg, dt. Sängerin (Sopran), * 1937. – **2)** Walter, dt. Politiker, * 1901, † 1982; 1958 bis 1967 Präs. der Kommission der EWG. Nach der **H.-Doktrin** (seit 1955) brach die Bundesrep. Deutschland die diplomat. Beziehungen mit jenen Staaten ab, die die DDR anerkannten; durch die Aufnahme diplomat. Beziehungen mit Rumänien (1967) und Jugoslawien (1968) wurde die H.-Doktrin durchbrochen, mit dem Abschluss des Grundvertrags (1973) aufgegeben.

Halluzination *die,* Sinnestäuschung, die ohne äußere Sinnesreize entsteht.

Halluzinogene *Pl.,* Stoffe, die Halluzinationen hervorrufen können.

Halma [griech. »Sprung«] *das,* schon im Altertum bekanntes Brettspiel.

Halmahera, Jailolo, die größte Insel der Molukken, Indonesien, 17 800 km², bis 1 908 m hoch.

Halmfliege, kleine Fliege, deren Larve in Halmen lebt und das Getreide schädigt.

Halmstad [-stɑ:d], Hafenstadt am Kattegat, in S-Schweden, 78 600 Ew.; Stahl-, Textil-, Nahrungsmittelindustrie.

Halo *der,* meist in Form von Ringen um Sonne und Mond auftretende, gelegentlich auch streifen- oder fleckenförmige Lichterscheinung; entsteht meist durch Brechung oder Spiegelung.

Halogen *das,* ⚗ Salzbildner, die chem. Elemente Fluor, Chlor, Brom, Jod, Astat. Die H. bilden mit Wasserstoff **H.-Wasserstoffsäuren,** mit Metallen deren Salze, die **Halogenide.**

Halogenlampe, Glühlampe mit früher Jod-, heute überwiegend Bromzusatz; für allg. Beleuchtung sowie für solche der Foto- und Filmtechnik, Flutlichtanlagen, Autoscheinwerfer.

Hals, Kopf und Rumpf verbindender Körperteil. Der rückenwärts gelegene Teil des H. heißt Nacken. Als Stütze des menschl. H. dienen die **7 H.-Wirbel.** Die Bewegung des Kopfes gegenüber dem H. wird durch die beiden obersten H.-Wirbel, Atlas und Dreher, vermittelt. Die **H.-Eingeweide** bestehen aus Kehlkopf und Zungenbein, Luftröhre, Schlund und Speiseröhre, Schilddrüse und Nebenschilddrüsen.

Hals, Frans, niederländ. Maler, * 1580/85, † 1666; Gruppenbilder (Schützen- und Regentenstücke), Einzelporträts, Genrebilder in frischer Lebendigkeit.

Hals|eisen, an Pfahl oder Gebäude befestigtes eisernes Halsband, worin Verurteilte im MA. öffentlich ausgestellt wurden.

Hals|entzündung → Mandelentzündung.

Halsgericht, hochnotpeinliches H., im MA. Gericht über Verbrechen, auf die meist Todesstrafe stand.

Hälsingborg [hɛlsiŋˈbɔrj], → Helsingborg.

Hals-Nasen-Ohren-Heilkunde, Abkürzung **HNO,** befasst sich mit den Krankheiten der Ohren, der Nase, der Nasennebenhöhlen, des Nasen-Rachen-Raums, der Mundhöhle mit den großen Speicheldrüsen, des Rachenraums mit den Mandeln, des Kehlkopfs sowie der Speiseröhre und der Luftröhre.

Haltern, Stadt an der Lippe, NRW, 33 000 Ew.; Glas-, Holzind.; Reste von röm. Lagern.

Ham, Sohn des Noah, Stammvater der Hamiten (1. Mos. 5,32).

Hama, Stadt in Syrien, 177 000 Ew.; Handelszentrum; zahlreiche Moscheen.

Hamadan, das antike **Ekbatana,** Stadt in Iran, 274 000 Ew.; Saffianleder, **H.-Teppiche.**

Hamamatsu, Stadt auf Honshū in Japan, 560 000 Ew.; Teeanbau, Textil- u. a. Industrie.

Hamamelis, bes. in O-Asien verbreitete Pflanzenfamilie, Bäume und Sträucher, z. B. die Hexenhasel, Zaubernuss; Ziersträucher.

Hamann, Johann Georg, dt. Religionsphilosoph, der »Magus im Norden« genannt, * 1730, † 1788; Gegner der Aufklärung und Kants, wirkte bes. auf die Sturm-und-Drang-Bewegung ein.

Hamas, Abk. für arab. **Harakat al-mukawama al-islamija** [»Bewegung des islam. Widerstands«], 1967 gegr., mit Beginn der Intifada 1987 militant gewordene islam.-fundamentalist. Bewegung in Palästina (Entführungen, Morde); von Israel 1989 verboten. Ziel der H. ist die Zerstörung Israels und die Schaffung eines islam. Staats; lehnte eine Beteiligung am Friedensprozess im Nahen Osten ab, schloss jedoch 1994 mit der PLO ein Abkommen.

Hämatin *das,* ⚗ der eisenhaltige, eiweißfreie Teil des Hämoglobins.

Hämatit *der,* graues bis schwarzes, metallglänzendes Mineral, Eisenoxid.

Hämatologie *die,* ⚕ Lehre vom Blut und den Blutkrankheiten.

Hämatom *das,* ⚕ → Bluterguss.

Hämat|urie *die,* → Blutharnen.

Hambacher Fest, Massenkundgebung der demokrat.-republikan. Bewegung in Süd-Dtl. 1832 im Schloss Hambach (Hambach an der Weinstraße) für ein freies und einiges Dtl. Der dt. Bundestag reagierte darauf mit Repressionsmaßnahmen und mit der Unterdrückung der Presse- und Versammlungsfreiheit.

Hamburg, amtl. **Freie und Hansestadt H.,** Land der Bundesrep. Deutschland und Stadtstaat, zweitgrößte Stadt Dtl.s, 755 km², 1,669 Mio. Ew. Landesparlament ist die Bürgerschaft, Regierungschef der Präs. des Senats (Erster Bürgermeister: seit 1997: O. Runde, SPD); Regierungskoalition: SPD mit der GAL (seit 1997).

H. liegt beiderseits der Niederelbe, 110 km von der Nordsee, Stadtkern nördl. der Elbe. Elbbrücken und der 450 m lange Elbtunnel verbinden die Elbufer. Das Zentrum bilden Rathausmarkt und Jungfernstieg (Alsterpromenade). Im 2. Weltkrieg hat H. schwer gelitten. Wieder aufgebaut wurden u. a. die barocke Kirche St. Michaelis (1751 bis 1762), deren Turm (1777 bis 1786) »Michel« das Wahrzeichen der Stadt ist, St. Jacobi (14. Jh.), St. Katharinen (14./15. Jh.), die Börse (1839 bis 1841), die Staatsoper (19. Jh.). H. ist der größte dt. Seehafen (rd. 89 km² einschließlich Freihafen). Bedeutendster Presseplatz in Dtl.; Handelsplatz (Importe); Mineralölverarbeitung; elektrotechn., chem. Ind., Maschinen- und Schiffbau, Metallind., Druckereien; Kaffee- und Teeverarbeitung. H. ist Sitz mehrerer Bundesbehörden, hat Univ. (seit 1919), Musik- und Kunsthochschulen, wiss. Institutionen (u. a. Dt. Elektronensynchrotron DESY, PETRA, HERA), Sternwarte, Museum, Theater, Rundfunk- und Fernsehsender; Hagenbecks Tierpark in Stellingen.

Die Anfänge reichen bis etwa 800 zurück. Seit dem 13. Jh. war H. Mitglied der Hanse. Gegen Ende des 16. Jh. wurde es als Erbin Antwerpens der Stapelplatz N-Europas; 1815 wurde H. als Freie Stadt in den Dt. Bund aufgenommen und trat 1888 dem Dt. Zollverband bei. – Im dt. Geistesleben nahm H. eine führende Stellung ein.

Hameln, Stadt an der Weser, Ndsachs., 58 200 Ew., mit schönen Renaissancehäusern; Mühlen-, Metall-, Teppich-, Fahrzeugind. – Sage vom **Rattenfänger von H.** (1284).

Hamilkar Barkas, karthag. Feldherr, * um 290 v. Chr., † 229 oder 228; Vater Hannibals; eroberte 237 bis 229/228 den südl. Teil Spaniens für Karthago.

Hamilton [ˈhæmɪltən], Hafen- und Ind.stadt in Kanada, am Ontariosee; 307 000 Ew.; Univ.; Eisen-, Stahlindustrie.

Hamburg. Heinrich-Heine-Denkmal

Hamilton ['hæmɪltən], **1)** Alexander, amerikan. Staatsmann, * 1755, † 1804; verdient um Verfassung und Staatsfinanzen. – **2)** Emma, Lady H., * um 1765, † 1815; Geliebte des Admirals Nelson. – **3)** Richard, brit. Maler, * 1922; Wegbereiter der Pop-Art. – **4)** Sir William Rowan, irischer Mathematiker, * 1805, † 1865; wichtige Beiträge zur Mechanik, Optik und Algebra.

Hamiten, in der bibl. Völkertafel (1. Mos. 10, 6 bis 20) auf Ham zurückgeführte Völker in N-Afrika und S-Arabien.

Hamlet ['hamlɛt, engl. 'hæmlɪt], sagenhafter altdän. Prinz, Held von W. Shakespeares Tragödie »H., Prinz von Dänemark« (2 Versionen, 1603 und 1604).

Hamm, Stadt in NRW, 171 200 Ew.; Oberlandesgericht; Bahnknoten, Hafen; Eisen-, Maschinen-, Textilind.; Thermalsolbad.

Hammada, Hamada *Pl.,* Steinwüsten der Sahara.

Hammarskjöld [-ʃœld], Dag, schwed. Politiker, * 1905, † (Flugzeugabsturz) 1961; war seit 1953 Gen.-Sekr. der UNO; Friedensnobelpreis 1961 (postum).

Hamm-Brücher, Hildegard, dt. Politikerin (FDP), * 1921; setzte sich v. a. für eine liberale Kultur- und Bildungspolitik ein; kandidierte 1994 für das Amt des Bundespräsidenten.

Hammel *der,* kastriertes männl. Schaf.

Hammelsprung, parlamentar. Abstimmungsverfahren, bei dem alle Abgeordneten den Saal verlassen und durch die »Ja«-Tür, die »Nein«-Tür oder die Tür für Stimmenthaltung wieder betreten.

Hammer *der,* **1)** Schlagwerkzeug mit Stiel und Kopf. Mechan. H. werden durch Riemenantrieb, Federkraft, Druckluft oder Dampf betätigt. – **2)** Sportgerät zum Schleudern **(H.-Werfen).** – **3)** Gehörknöchelchen im Ohr.

Hammerfest, Hafenstadt in N-Norwegen, 7 400 Ew.; nördlichste Stadt Europas (70° 38'); Fischerei, Konservenfabrik, Wasserkraftwerk, Werften; Fremdenverkehr.

Hammerhai → Haifische.

Hammer und Sichel, Symbol des Kommunismus als Verkörperung des »sozialist. Aufbaus« und des Bündnisses der Arbeiter und Bauern. Zus. mit dem fünfzackigen Stern bildete es das Staatssymbol der UdSSR.

Hammer und Zirkel, Hoheitszeichen der DDR seit 1955, umrahmt von einem Ährenkranz.

Hammett ['hæmɪt], Dashiell, amerikan. Schriftsteller, * 1894, † 1961; Klassiker des Detektivromans (u. a. »Der Malteser Falke«, 1930; 1941 Film mit H. Bogart).

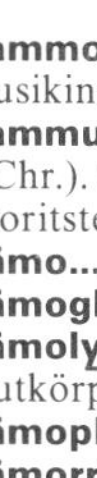

Hammond|orgel ['hæmənd-], mechanisch-elektr. Musikinstrument.

Hammurapi, König von Babylonien (1728 bis 1686 v. Chr.). Seine Gesetze wurden 1902 in Susa auf einer Dioritstele (Paris, Louvre) gefunden.

Hämo..., in Fremdwörtern: Blut...

Hämoglobin *das,* → Blutfarbstoff.

Hämolyse *die,* Austritt des Farbstoffs aus den roten Blutkörperchen.

Hämophilie *die,* → Bluterkrankheit.

Hämorrhagie *die,* ‡ Blutung.

Hämorrhoiden *Pl.,* ‡ krankhafte Erweiterung der Mastdarmblutadern bis zu kirschgroßen Knoten, außerhalb **(äußere H.)** oder innerhalb **(innere H.)** des Afters. Ursache: Bindegewebsschwäche.

Hampton ['hæmptən], Lionel, amerikan. Jazzmusiker, * 1909; Schlagzeuger, Vibraphonist, auch Pianist; v. a. Rhythm and Blues und Swing.

Hampton Court ['hæmptən 'kɔ:t], königl. Schloss im SW von Greater London; Gemäldegalerie.

Hamster *der,* Nagetier mit kurzem Schwanz, 30 cm lang, gelbbraun, Unterseite schwarz, Füße weiß. Der H. hat Backentaschen, in denen er Getreidevorräte in seinen Erdbau trägt. Der **Gold-H.** (auch Haustier) dient als Versuchstier.

Hamsun, Knut, norweg. Dichter, * 1859, † 1952; schilderte Land und Menschen Norwegens: »Hunger« (1890), »Pan« (1894), »Victoria« (1898), »Segen der Erde«, »Landstreicher«. Nobelpreis für Literatur 1920.

Han, chin. Herrscherhaus, 202 v. Chr. bis 220 n. Chr.

Hanau, Krst. in Hessen, am Main (Hafen), 83 400 Ew.; Gummi-, Edelmetall-, Apparatebau-, Quarzlampenind.; Edelsteinschleiferei.

Hancock [hænkɔk], Herbie, eigentl. Herbert Jeffrey H., amerikan. Jazzmusiker, * 1940; Keyboardspieler, Komponist.

Hand *die,* Endteil der oberen Gliedmaßen, durch das **H.-Gelenk** mit dem Vorderarm verbunden. Das Gerüst der H. besteht aus 27 Knochen, von denen 8 die H.-Wurzel, 5 die Mittel-H. und 14 die Finger bilden. (→ Arm)

Handarbeiten, Nähen, Sticken, Stricken, Häkeln, Flechten, Klöppeln, Knüpfen, Weben.

Handball, dem Fußball ähnl. Kampfspiel in der Halle zw. 2 Mannschaften von je 7 Spielern mit einem 425 bis 475 g schweren Hohlball, der nach Zuwerfen und Treiben mit der Hand in das gegner. Tor geworfen wird.

Handel *der,* allg. jeder Austausch wirtschaftl. Güter, bes. die Beschaffung von Waren und deren Verkauf ohne nennenswerte Veränderung an den Waren; auch die Gesamtheit der H.-Betriebe. Aufgaben: Befriedigung von Angebot und Nachfrage, Überwindung der räuml. Trennung beider, Vorratshaltung, Ausgleich örtl. und zeitl. Preisunterschiede; der Groß-H. übernimmt auch Kreditfunktionen für seine Abnehmer. – Man unterscheidet: **Groß-H.** (Absatz der Waren an Wiederverkäufer), **Einzel-H.** (Absatz an Verbraucher); nach Eigentumsverhältnissen z. B. **Eigen-H.** (Verkauf auf eigene Rechnung), **Kommissions-H.** (Verkauf im eigenen Namen für fremde Rechnung); nach der Art der H.-Güter: **Waren-H., Wertpapier-H., Immobilien-H.;** nach dem Absatzgebiet z. B. **Binnen-, Außen-H.** (Welt-H.).

Händel, Georg Friedrich, dt. Komponist, * 1685, † 1759; seit 1712 in London; schrieb zunächst ital. Opern, nach 1728 Epoche machende dramat. Chororatorien (»Saul«, »Samson«, »Herakles«, »Judas Makkabäus«, »Messias«); 20 Orgelkonzerte, 25 Sonaten, 12 Concerti grossi. BILD S. 364.

Handel-Mazzetti, Enrica Freiin v., österr. Erzählerin, * 1871, † 1955; schrieb histor. Romane (»Meinrad Helmpergers denkwürdiges Jahr«, 1900).

Hamm Stadtwappen

Hammerfest Stadtwappen

Hanau Stadtwappen

Lionel Hampton

Herbie Hancock

Georg Friedrich Händel. Ausschnitt aus einem zeitgenössischen Gemälde und Autogramm

Eier-**Handgranate**

Peter Handke

Handelsbilanz, 1) Gegenüberstellung der Werte der Wareneinfuhr und der -ausfuhr eines Lands; sie ist aktiv, wenn die Ausfuhr, passiv, wenn die Einfuhr überwiegt. Teil der Zahlungsbilanz. – **2)** die nach handelsrechtl. Vorschriften aufgestellte Jahresbilanz eines Unternehmens.

Handelsbrauch, Geschäftsbrauch, Usance [y'zãs], kaufmänn. Verkehrssitte; wichtig für die Auslegung von Verträgen.

Handelsbücher, Geschäftsbücher, in denen ein Kaufmann seine Handelsgeschäfte und Vermögenslage ersichtlich macht.

Handelsflotte, alle Schiffe, die Personen und Güter zur See befördern und in das Seeschiffsregister eines Staats eingetragen sind. (→billige Flaggen)

Handelsgeschäfte, Geschäfte eines Kaufmanns, die zum Betrieb seines Handelsgewerbes gehören, also keine Privatgeschäfte sind.

Handelsgesellschaft, →offene Handelsgesellschaft, →Kommanditgesellschaft, →Gesellschaft mit beschränkter Haftung, →Aktiengesellschaft.

Handelsgesetzbuch, Abk. **HGB,** ⚖ das den wesentlichsten Teil des Handelsrechts regelnde Ges. vom 10. 5. 1897; gilt seit 1. 1. 1900.

Handelsgewerbe, jedes gewerbl. Unternehmen, das einen kaufmänn. Geschäftsbetrieb erfordert und dessen Firma in das Handelsregister eingetragen ist, oder Unternehmen, die Grundhandelsgeschäfte betreiben.

Handelskammern →Industrie- und Handelskammern.

Handelskauf, Kauf von Waren oder Wertpapieren (nicht Grundstücken), der wenigstens für eine Vertragspartei ein Handelsgeschäft ist.

Handelskette, 1) Handelsstufen, die ein Produkt von der Herstellung bis zur Verwendung durchläuft (»Absatzkette«). – **2)** Zusammenschlüsse von Groß- und Einzelhändlern zur Rationalisierung von Einkauf, Verteilung und Werbung.

Handelsklassen, Qualitätsnormen für land- und fischereiwirtschaftl. Erzeugnisse.

Handelsklauseln, Abreden in Kaufverträgen, v.a. die Lieferungs- und Zahlungsbedingungen. Die im internat. Warenverkehr übl. H. sind in den →Incoterms geregelt.

Handelskompanien, große Handelsgesellschaften, seit Beginn des 17. Jh. bes. für den Handel mit überseeischen Waren gegr., waren durch Monopole, Privilegien begünstigt.

Handelsmakler, Handelsmäkler, Kaufmann, der gewerbsmäßig und ohne festen Auftrag Verträge über Gegenstände des Handelsverkehrs, bes. Waren und Wertpapiere, vermittelt; auch Börsenmakler zählen dazu.

Handelsrecht, ein Teil des Privatrechts zur rechtl. Regelung des Handelsverkehrs; v.a. im Handelsgesetzbuch enthalten.

Handelsregister, Firmenregister, ⚖ beim Amtsgericht geführte Bücher über die kaufmänn. Firmen des Bezirks. Eingetragen werden Firma, Inhaber, Art des Unternehmens, Prokura usw. und alle Veränderungen.

Handelsschulen, Schulen zur Ausbildung für den kaufmänn. Beruf: 1) kaufmänn. Berufsschule; 2) kaufmänn. Berufsfachschule (Handelsschule, höhere Handelsschule); 3) Schulen zur berufl. Fortbildung.

Handelsspanne, Unterschied zw. Erzeuger- oder Einkaufspreis und Verkaufspreis, meist in Prozenten des Verkaufspreises.

Handelsvertreter, Handlungsagent, selbstständiger Gewerbetreibender, der gegen Provision für andere Unternehmen Geschäfte vermittelt oder abschließt.

Handfeuerwaffen, Feuerwaffen, die von einer Person getragen und gehandhabt werden können, z. B. Gewehr, Revolver, Pistole.

Handgranate, mit der Hand geworfener Sprengkörper; z. B. Stiel-, Eier-, Kugelhandgranate.

Handikap ['hɛndikɛp] *das,* **1)** Benachteiligung. – **2)** ⛹ Ausgleich unterschiedl. Vorbedingungen bei einem Wettkampf durch Vorgabe oder Gewichtszuteilung.

Handke, Peter, dt. Schriftsteller, *1942; schreibt Theaterstücke: »Publikumsbeschimpfung« (1966) und Prosa: »Der kurze Brief zum langen Abschied« (1972), »Mein Jahr in der Niemandsbucht. Ein Märchen aus den neuen Zeiten« (1994), »Eine winterl. Reise zu den Flüssen Donau, Save, Morawa und Drina oder Gerechtigkeit für Serbien« (1996), »In einer dunklen Nacht ging ich aus meinem stillen Haus« (1997).

In eine Felswand gemeißelte Buddhafigur in **Hangzhou**

Handlungsbevollmächtigter, jemand, der befugt ist, Handlungen für das Handelsgeschäft eines Kaufmanns vorzunehmen, ohne Prokurist zu sein.

Handlungsfähigkeit, Fähigkeit, rechtlich bedeutsame Handlungen vorzunehmen; umfasst →Geschäftsfähigkeit und Deliktsfähigkeit.

Handlungsgehilfe, wer in einem Handelsgewerbe zur kaufmänn. Ausbildung und Dienstleistung angestellt ist (heute meist kaufmänn. Angestellter gen.).

Handlungsreisender, unselbstständiger Handlungsgehilfe, der für einen Kaufmann in auswärtigen Orten Geschäfte vornimmt.

Handschrift, 1) die jedem Menschen eigene Art der Schriftzüge, die daher Rechtsverbindlichkeit hat. – **2)** alles mit der Hand Geschriebene **(Manuskript),** i. e. S. handschriftl. Buch, bes. des MA., in der Form des Codex.

Handwerk, Berufsstand und gewerbl. Tätigkeit (H.-Betrieb), bei der ein H.-Meister die Erzeugungsmittel besitzt, allein oder mit Gesellen und Lehrlingen meist auf Bestellung arbeitet und das Erzeugnis möglichst unmittelbar an den Verbraucher absetzt; Ggs.: fabrikmäßige Massenerzeugung (Ind.). H.-Betriebe sind alle Betriebe, die in die **H.-Rolle** der H.-Kammern eingetragen sind; **H.-Abzeichen** sind die gewerbl. Zeichen eines bestimmten H. (z. B. die Schlüssel der Schlosser). Seit dem MA. waren die Handwerker pflichtmäßig in Zünften zusammengeschlossen. Grundlage des H.-Rechts ist in Dtl. die **H.-Ordnung** v. 17. 9. 1953 in der Fassung vom 28. 12. 1965. **Handwerkerinnungen** sind freiwillige Vereinigungen fachl. oder ähnl. selbstständiger Handwerker; sie vertreten als öffentl.-rechtl. Körperschaften die Interessen ihrer Mitglieder. Die **H.-Kammern** sind Selbstverwaltungskörperschaften des öffentl. Rechts zur Vertretung der Interessen des H. ihres Bez. (u. a. Führung der H.-Rollen); sie sind auf Landesebene zu **Handwerkskammertagen,** im Bund zum **Dt. Handwerkskammertag** (Sitz: Bonn) zusammengeschlossen. Spitzenvertretung: **Zentralverband des Dt. Handwerks.**

Handwerkerversicherung, Altersversorgung der selbstständigen Handwerker, Teil der Arbeiterrentenversicherung.

Handzeichnung, mit Silberstift, Bleistift, Feder, Kreide, Rötel, Kohle, Tusche auf Papier ausgeführte Zeichnung, oft als Studie.

Hanf *der,* Faser- und Ölpflanze der Gattung Cannabis, vermutl. aus Asien, in Europa als Faserpflanze angebaut. Die Bastfaser wird durch Rösten, Brechen, Hecheln gewonnen und zu Bindfaden, Stricken und Webgarnen verarbeitet; aus dem Abfall **(H.-Werg, H.-Hede)** werden Gurte und Stricke gefertigt. Die Samen dienen als Vogelfutter und liefern Öl. Die halb reifen Kapseln und die Triebe, v. a. der weibl. Pflanzen trop. Formen, bes. des **Ind. H.,** enthalten ein berauschendes Harz, das zu Haschisch verarbeitet wird, die harzverklebten, getrockneten Pflanzenteile (v. a. die Blütenstände) ergeben das Marihuana. Versch. Pflanzen, die mit dem H. nicht verwandt sind: **Bengal. H.** oder **Sonnen-H.** (ein Schmetterlingsblütler, bes. in S-Asien), **Gelber H.** (in W-Asien), **Manila-H.** (Bananengewächs), **Sisal-H.** (Agave).

Hangar *der,* Schuppen, Flugzeughalle.

Hängebahn, Förderanlage, bei der Fahrzeuge an Fahrschiene oder Seil hängen.

Hängegleiter → Drachenfliegen.

hängende Gärten, die von den Griechen zu den 7 Weltwundern gerechneten Dach- oder Terrassengärten der sagenhaften Königin Semiramis in Babylon.

Hangendes, ⊕ ⚒ Gesteinsschicht unmittelbar über einer anderen.

Hängerolle → Kakemono.

Hängewerk, Tragwerk, bes. beim Holzbau; die Hängesäulen sind durch Streben gegen die Auflager abgesteift.

Hangtäter, Täter, der durch wiederholte Ausführung ähnl. erheblicher Straftaten für die Allgemeinheit gefährlich ist. Ein H. kann, wenn er schon mehrfach verurteilt worden ist und mindestens 2 Jahre Freiheitsentzug verbüßt hat, in Sicherungsverwahrung genommen werden (§ 66 StGB).

Hangzhou [-dʒɔʊ], **Hangchow,** Hptst. der chin. Provinz Zhejiang, 1,3 Mio. Ew.; Univ.; Seiden-, Juteind., Teeaufbereitung. Im W der Stadt der Westsee (Xihu) mit Park- und Tempelanlagen.

Hanko, schwed. **Hangö,** Hafenstadt im SW Finnlands, 12 100 überwiegend Schwedisch sprechende Ew., Seebad. 1940 wurde H. an die UdSSR verpachtet, 1944 gegen Porkkala ausgetauscht.

Hanks [engl. ˈhæŋks], Tom, amerikan. Filmschauspieler, * 1956; spielte u. a. in »Splash – Jungfrau am Haken« (1984), »Schlaflos in Seattle« (1993), »Forrest Gump« (1994), »Apollo 13« (1995).

Das 1992 eröffnete neue Schauspielhaus in **Hannover**

Hanna *die,* tschech. **Haná,** rechter Nebenfluss der March, ČR, 55 km lang, fließt durch die fruchtbare Niederung **Große H.,** mündet nordwestl. von Kremsier.

Hannibal, karthag. Feldherr, Sohn des Hamilkar Barkas, * 247/46, † (Freitod) 183 v. Chr.; veranlasste den 2. Pun. Krieg, überschritt 218 die Alpen, besiegte die Römer 217 am Trasimen. See, 216 bei Cannae, eroberte fast ganz Unteritalien; wurde von Scipio 202 bei Zama besiegt.

Hannover
Stadtwappen

Hannover, 1) Reg.-Bez. des Lands Ndsachs., 9 044 km², 2,001 Mio. Ew. – **2)** Hptst. von Ndsachs., an der Leine und am Mittellandkanal, 509 800 Ew.; Ind.- und Messestadt; starke Zerstörungen im Zweiten Weltkrieg; TU, Tierärztl., Medizin. Hochschule, Hochschule für Musik und Theater, Schauspielhaus (1993). Ind.: Maschinen, Fahrzeuge, Gummi, Nahrungs- und Genussmittel, elektrotechn. Erzeugnisse. – H., zuerst 1163 urkundl. bezeugt, wurde 1636 die Hptst. des welf. Fürstentums Calenberg, dann des Kurfürstentums H. – **3)** Teilgebiet des altwelf. Herzogtums Braunschweig-Lüneburg, seit 1692 Kurfürstentum. Georg I. bestieg 1714 den brit. Thron; seitdem war H. bis 1837 in Personalunion mit Großbritannien verbunden. 1814 wurde H. Kgr., 1837 heftige Verfassungskämpfe (→ Göttinger Sieben). Als Georg V. sich im Deutschen Krieg von 1866 auf die Seite Österreichs stellte, wurde H. von Preußen annektiert.

Hannoversch Münden, bis 1990 **Münden,** Stadt in Ndsachs., 24 700 Ew.; am Zusammenfluss von Fulda und Werra; Renaissance-Fachwerkhäuser, forstwiss. Fakultät der Univ. Göttingen; Gummi-, Schmirgel-, Holz- u. a. Industrie.

Hanoi [haˈnɔj], Hptst. von Vietnam, 2,88 Mio. Ew.; Univ., Museum; Handel. – Im 3. Jh. als **Kecho** Hptst. von Annam, im 7. Jh. Hauptort des chin. Tonking, 1593 bis 1802 Reg.-Sitz des Kaiserreichs Dai Co Viet, 1887 bis 1946 Hptst. von Frz.-Indochina, 1954 bis 1976 Hptst. Nord-Vietnams.

Hanse, Hansa [german. »Schar«] *die,* Gemeinschaft der Kaufleute der meisten norddt. Städte im MA., entstand im 11. Jh. zur gemeinsamen Behauptung ihrer Vorrechte im Ausland. Die wichtigsten genossenschaftl. Niederlassungen **(H.-Kontore)** bestanden in Visby auf Gotland, Nowgorod am Ilmensee, in Brügge, London (Stalhof) und Bergen. Die H. selbst blieb ein loser Städtebund ohne eigentl. Verfassung. Unter der Führung Lübecks erlangte sie die Seeherrschaft in der Ostsee und das wirtschaftl.-polit. Übergewicht in N-Europa, bes. durch ihren Sieg über den Dänenkönig Waldemar IV. Atterdag (1370). Im 16. Jh.

Bäcker

Musikinstrumentenmacher

Schlosser

Uhrmacher

Handwerk
Abzeichen

verfiel ihre Macht, im 17. Jh. löste sie sich ganz auf. Die Bezeichnung **H.-Stadt** tragen noch heute Lübeck, Hamburg, Bremen, Greifswald, Rostock, Wismar und Stralsund.

Harald V.

Hanson ['hænsn], Duane, amerikan. Bildhauer, * 1925, † 1996; täuschend nachgeahmte Figuren, oft als Vertreter eines bestimmten Milieus.

Hanswurst, Possenreißer.

Hapag-Lloyd AG, dt. Schifffahrtsunternehmen, Sitz Hamburg und Bremen. Entstanden 1970 durch Fusion des Norddeutschen Lloyd mit der **H**amburg-**A**merikan. **P**acketfahrt-**A**ctien-**G**esellschaft.

Haparanda, nördlichste Hafenstadt Schwedens, 10 000 Ew.; Schul- und Marktort.

haploid, eine halbierte Chromosomenzahl (meist durch Reduktionsteilung) aufweisend; von Zellen (v. a. den Keimzellen) und Lebewesen gesagt, die nicht direkt aus der Vereinigung zweier (Keim-)Zellen hervorgegangen sind (z. B. bei Jungfernzeugung).

Karl August von Hardenberg
Ausschnitt aus einem zeitgenössischen Kupferstich

Happening ['hæpənɪŋ] *das,* Aktionskunst ab Ende der 1950er- bis 1970er-Jahre.

Harakiri, Seppuku *das,* früher bei jap. Adeligen Art des rituellen Freitods durch Bauchaufschlitzen.

Harald V., * 1937; seit 1991 König von Norwegen.

Harappakultur → Induskultur.

Harare, bis 1982 **Salisbury** ['sɔːlzbərɪ], Hptst. von Simbabwe, 656 000 Ew.; kultureller Mittelpunkt (Univ. u. a. Hochschulen, Museen), Verkehrs- und Handelszentrum des Landes mit internat. ✈. – Gegr. 1890 als Fort Salisbury, Reg.-Sitz der brit. Kolonie Süd-Rhodesien.

Harbig, Rudolf, dt. Sportler, * 1913, † 1944; lief Weltrekorde über 400, 800 und 1000 m.

Harbin, Charbin [x-], **Ha|erbin,** Hptst. der Prov. Heilongjiang, China, 2,67 Mio. Ew.; Handels- und Ind.stadt.

Hardanger, Landschaft im südwestl. Norwegen; mit der Hochfläche **H.-Vidda** (1 200 bis 1 600 m hoch) und dem maler. **H.-Fjord,** über 100 km lang. – **H.-Arbeit,** Durchbruchsarbeit auf grobfädigem Leinen mit umstickten Ausschnitten.

Hardcopy ['hɑːdkɔpɪ], 🖳 Datenausgabe über Drucker auf Papier.

Harddisk [hɑːd-], 🖳 Magnetplattenspeicher (Festplattenlaufwerk), der fest in ein Computersystem eingebaut ist. Urspr. geht der Begriff H. auf das Material (Metall, Keramik) zurück, im Ggs. zur Floppydisk.

Harden, Maximilian, eigentl. Felix Ernst **Witkowski,** dt. Schriftsteller, Literaturkritiker, * 1861, † 1927; bekämpfte in seiner Wochenschrift »Die Zukunft« als Anhänger Bismarcks Kaiser Wilhelm II.

Hardenberg, 1) Friedrich Freiherr v., dt. Dichter, → Novalis. – **2)** Karl August Fürst v., preuß. Staatsmann, * 1750, † 1822; 1804/05 und 1807 Außenmin., seit 1810 Staatskanzler; führte die Reformen des Freiherrn vom Stein fort.

Nikolaus Harnoncourt

Harding ['hɑːdɪŋ], Warren G., amerikan. Politiker (Republikaner), * 1865, † 1923; war 1921 bis 1923 der 29. Präs. der USA.

Hardrock ['hɑːd 'rɔk], Stilrichtung der Rockmusik, extrem laut, einfache Schlagzeugfiguren.

Hardware ['hɑːdweə] *die,* 🖳 techn. (gegenständl.) Funktionselemente einer elektron. Rechenanlage, z. B. der Mikroprozessor und die Ein- und Ausgabegeräte.

Hardy ['hɑːdɪ], **1)** Oliver, amerikan. Filmkomiker, → Laurel, Stan. – **2)** Thomas, brit. Erzähler, * 1840, † 1928; Romane (»Tess von D'Urbervilles«, 1891).

Harem [arab. »verboten«] *der,* Frauengemach in der traditionellen Kultur islam. Länder.

Häresie [griech. »Wahl«, »Erwähltes«] *die,* im Griechentum religiöses, wiss. oder polit. Bekenntnis, im MA. Irrlehre, Ketzerei.

Häretiker, Ketzer.

Harfe *die,* Saiteninstrument, das mit den Fingern gezupft wird, meist in gebrochenen Akkorden.

Harig, Ludwig, dt. Schriftsteller, * 1927; experimentelle Prosa. H. erhielt 1986 den Hörspielpreis der Kriegsblinden.

Haring ['hærɪŋ], Keith, amerikanischer Maler, * 1958, † 1990; Hauptvertreter der Graffiti-Art in den USA.

Harlekin *der,* **1)** lustige Bühnenfigur. – **2)** ⚘ **Stachelbeerspanner,** schwarzweißgelber Schmetterling, Raupe schädlich.

Harlem ['hɑːləm], Stadtteil in New York, v. a. von Schwarzen und Puertoricanern bewohnt.

Harmattan *der,* trockenheißer, aus NO kommender Passatwind in der westl. Sahara und in Oberguinea.

Harmonie *die,* **1)** Zusammenklang, Übereinstimmung. – **2)** das richtige Verhältnis der Teile zum Ganzen. – **3)** 𝄞 der auf einen Grundton bezogene Zusammenklang mehrerer Töne. **H.-Lehre,** Lehre von den Akkordfolgen in der Dur-Moll-tonalen Musik des 18./19. Jahrhunderts.

Harmonika *die,* Musikinstrumente: → Mundharmonika, → Ziehharmonika.

harmonische Analyse → Fourier-Analyse.

harmonische Teilung, √ Teilung einer Strecke $\overline{AB}$ durch 2 Punkte T_1 und T_2, die auf der Strecke und ihrer Verlängerung liegen, sodass $\overline{AT_1}$ sich zu $\overline{BT_1}$ verhält wie $\overline{AT_2}$ zu $\overline{BT_2}$. Die 4 Punkte heißen **harmon. Punkte.**

Harmonium *das,* Tasteninstrument, dessen orgelartige Töne durch frei schwingende, durch einen Luftstrom in Schwingung versetzte Metallzungen entstehen.

Harn *der,* **Urin,** flüssiges, v. a. Harnstoff enthaltendes Exkretionsprodukt der Nieren der Säugetiere und des Menschen. Durch den H. werden v. a. die stickstoffhaltigen Endprodukte aus dem Eiweiß- und Nukleinsäurestoffwechsel, nicht verwertbare Nahrungsbestandteile sowie Gewebesubstanzen aus dem Körper ausgeschieden. Die **Harnbildung** (Uropoese) erfolgt in den Nieren.

Harnack, Adolf v., dt. ev. Theologe, * 1851, † 1930; 1. Präs. der auf seine Initiative gegr. Kaiser-Wilhelm-Gesellschaft, Vertreter der geschichtl. Theologie. »Lehrbuch der Dogmengeschichte« (1886 bis 1890).

Harnblase, ⚕ ⚘ stark dehnbares Hohlorgan als Sammelbehälter für den von den Nieren ausgeschiedenen und durch die Harnleiter zugeleiteten Harn bei vielen Wirbeltieren und beim Menschen. Das Fassungsvermögen der menschl. H. beträgt 300 bis 500 ml; nach Erschlaffung des willkürl. und des unwillkürl. Schließmuskels erfolgt die Entleerung durch die Harnröhre.

Harnisch *der,* spätmittelalterl. Rüstung.

Harnleiter → Harnblase.

Harnoncourt [arnɔ̃'kuːr], Nikolaus, österr. Dirigent, Violoncellist und Musikforscher, * 1929; Wegbereiter der originalen Klanggestaltung von Renaissance- und Barockmusik.

Harnröhre, Urethra, unterster Teil der abführenden Harnwege vom Blasenhals bis zur Mündung nach außen.

Harnsäure, ⚗ zweibasige organ. Säure, die als Endprodukt des Eiweiß- und Nukleinsäurestoffwechsels mit dem Harn ausgeschieden wird.

Harnsteine, ⚕ steinförmige Ablagerungen aus unlösl. Harnsalzen (z. B. Urate, Oxalate) in Nierenbecken **(Nierensteine),** Harnleitern oder Harnblase **(Blasensteine).**

Harnstoff, Carbamid, ⚗ Kohlensäurediamid ($CO(NH_2)_2$), Endprodukt des menschl. und tier. Eiweißstoffwechsels, wird heute techn. hergestellt; wichtiger Stickstoffdünger.

Harnvergiftung, Urämie, ⚕ Vergiftung durch ungenügende Ausscheidung von Harn.

Harnverhaltung, ⚕ akutes Unvermögen, die gefüllte Harnblase spontan zu entleeren; verursacht u. a. durch Harnsteine, Tumor, Operation, Harnröhrenverschluss.
Harnzwang, ⚕ heftiger, schmerzhafter Drang zum Harnlassen.
Harpune *die,* zum Fischfang verwendeter Wurfspeer oder Pfeil mit Widerhaken und Fangleine. Mit Sprengkörper oder elektr. Leine wird die H. bes. beim Walfang eingesetzt.
Harpyie *die,* bis 1 m langer, adlerartiger Greifvogel, v. a. in Mittel- und Südamerika.
Harrisburg ['hærɪsbəːg], Hptst. von Pennsylvania, USA, 53 000 Ew.; Stahlind.; 1979 Kernkraftwerksunfall.
Harrogate ['hærəgɪt], Badeort in der Cty. North Yorkshire, im N Englands, 66 500 Einwohner.
Harrow ['hærəʊ], London Borough in Greater London; **Harrow School** (1571 gegr.).
harsch, hart, starr. **Harsch** *der,* verkrusteter Schnee. **verharschen,** hart werden.
Harsdörffer, Georg Philipp, dt. Barockdichter, *1607, †1658; stiftete den Pegnes. Blumenorden. »Frauenzimmer-Gesprechspiele« (1641 bis 1649), »Poet. Trichter« (1647 bis 1653).
Hart, Hard, Hardt *die* und *der,* Bergwald, Wald.
Hart, Heinrich, dt. Schriftsteller, *1855, †1906; war mit seinem Bruder Julius (*1859, †1930) ein Vorkämpfer des Naturalismus.

Karl Hartung. Vogel, Bronze (1949)

Harte ['hɑːt], Francis Bret, amerikan. Schriftsteller, *1836, †1902; Kurzgeschichten.
Härte *die,* **1)** Widerstand eines festen Körpers gegen das Eindringen eines anderen festen Körpers. In der **H.-Skala von Mohs** (1822; heute erweitert) ritzt jedes Glied das vorhergehende: 1) Talk, 2) Gips oder Steinsalz, 3) Calcit, 4) Flussspat, 5) Apatit, 6) Feldspat, 7) Quarz, 8) Topas, 9) Korund, 10) Diamant. – **2) H. von Strahlungen,** hohe Energie und großes Durchdringungsvermögen, umgekehrt proportional der Wellenlänge. – **3) H. des Wassers,** die Summe der im Wasser vorhandenen Erdalkaliionen, bes. des Calciums und Magnesiums, gemessen als **Stoffmengenkonzentration** in mmol/l, früher in »Grad Deutsche Härte« (°d); 1°d entspricht 10 mg Calciumoxid oder 7,14 mg Magnesia in 1 l Wasser oder 0,178 mmol des härtebildenden Ions je Liter. Wasser mit einer H. bis zu 1,3 mmol/l (7°d) wird als weich, über 2,5 mmol/l (14°d) als hart bezeichnet. Wasser wird durch Zusatz von Natriumcarbonat, gelöschtem Kalk oder Ionenaustauschern enthärtet. – **4) H. von Werkstoffen,** bes. Metallen oder Legierungen, wird nach versch. Verfahren gemessen: nach dem Durchmesser des Eindrucks einer Stahlkugel **(Brinell-H.);** der Eindringtiefe einer Diamantpyramide **(Vickers-H.)** oder eines Diamantkegels **(Rockwell-H.).** Gummi und Kunststoffe werden mit einem Federstift gemessen **(Shore-H.).**
Hartebeest *das,* südafrikan. Kuhantilope mit scharfwinklig gebogenen Hörnern.
Härten, 1) Maßnahmen zur Steigerung der Festigkeit und Härte von Metallen, bes. Wärmebehandlungen wie Aus-, Einsatz-, Brenn- oder Flammhärtung. – **2)** Kunstharze durch chem. Reaktionen aus weichem oder erweichbarem Zustand in eine nicht mehr erweich- oder schmelzbare Form überführen. – **3)** Fetthärtung, → Fette.
harte Währung, Währung, die frei konvertierbar und wertstabil ist (US-$, DM u. a.).
Hartford ['hɑːtfəd], Hptst. von Connecticut, USA, 136 000 Ew.; Hauptsitz des amerikan. Versicherungsgewerbes; Präzisionsinstrumente.
Hartgummi, mit 30 bis 40% Schwefel vulkanisierte Gummimischung, hornartig, polierfähig; vielfach durch Kunststoff ersetzt.
Hartguss, Gusseisen mit bes. harter Oberfläche.
Harth, Philipp, dt. Tierbildhauer, *1885, †1968.
Hartheu, das → Johanniskraut.
Hartleben, Otto Erich, dt. Schriftsteller, *1864, †1905; »Rosenmontag« (1900); Novellen.
Härtling, Peter, dt. Schriftsteller, *1933; Gedichte, Romane (»Der Stillstand«, 1964, »Eine Frau«, 1974, »Herzwand«, 1990, »Schumanns Schatten«, 1996), Erz., Kinderbücher (»Oma«, 1975).

Peter Härtling

Hartmann, 1) Eduard v., dt. Philosoph, *1842, †1906; suchte Grundlehren Schellings, Hegels und Schopenhauers mithilfe des Entwicklungsgedankens zu einer Einheit zu verschmelzen. – **2)** Karl Amadeus, dt. Komponist, *1905, †1963; Sinfonien, Kammeroper. – **3)** Max, dt. Biologe, *1876, †1962; Direktor des Max-Planck-Instituts für Biologie, arbeitete über Geschlecht und Geschlechtsbestimmung bei Einzellern. – **4)** Nicolai, dt. Philosoph, *1882, †1950; entwarf eine umfassende Ontologie und kategoriale Schichtenlehre des Seienden (»Zur Grundlegung der Ontologie«, 1935; »Der Aufbau der realen Welt«, 1940; »Philosophie der Natur«, 1950).

Karl Amadeus Hartmann

Hartmann von Aue, mhdt. Dichter, schwäbisch-alemann. Ministeriale, †zw. 1210 und 1220; verfasste Lieder und höf. Epen: »Erek«, »Iwein«, »Der arme Heinrich«, »Gregorius«. Er stellte darin das Ritterideal des MA. dar.
Hartmetalle, durch Sintern hergestellte Werkstoffe von sehr großer Härte. **H.-Legierungen** bestehen aus versch. Metallen und Kohlenstoff, **Carbid-H.** aus Metallcarbiden und kleinen Mengen von Metallen; angewandt bei spanabhebender Bearbeitung mit großer Schnittgeschwindigkeit z. B. von Metallen, Kunststoffen, Glas.
Hartog, Jan de, niederländ. Schriftsteller, *1914; Romane, Komödie »Das Himmelbett« (1951).
Hartriegel, Hornstrauch, Pflanzengattung, **Gelber H., Kornelkirsche** oder **Dirlitze,** mit gelben Blüten und roten Früchten, **Roter H.** mit weißen Blüten und schwarzen Früchten.
Hartsalz, Salzgestein aus Sylvin, Steinsalz, Kieserit; Düngemittel.
Hartspiritus, durch Zusatz von Zelluloseester oder Seife erstarrter Brennspiritus.
Hartung, 1) Hans, frz. Maler dt. Herkunft, *1904, †1989; führender Maler der gegenstandslosen Kunst. – **2)** Hugo, dt. Schriftsteller, *1902, †1972; »Ich denke oft an Piroschka« (1954), »Wir Wunderkinder« (1957). – **3)** Karl, dt. Bildhauer, *1908, †1967; schuf großzügig rhythmisierte Skulpturen.
Harun ar-Raschid [»der Rechtgeleitete«], Kalif in Bagdad 786 bis 809.
Haruspex *der,* röm. Priester; weissagte aus Eingeweiden von Opfertieren sowie aus Himmelserscheinungen (z. B. Blitz und Donner).

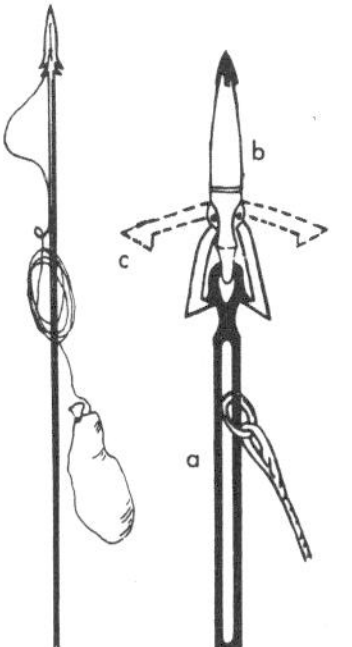

Harpune. 1 Wurfharpune der Eskimo mit Luftsack, 2 Walfangharpune (a Harpunenschaft mit Leine, b Granate, c Widerhaken)

Lilian Harvey

Hasan II.

Clara Haskil

Haselnussbohrer und Haselnuss mit Bohrloch

Harvard-Universität ['ha:vəd-], älteste und eine der führenden privaten Hochschulen der USA, gegr. 1636 in Cambridge (Massachusetts).

Harvey ['ha:vɪ], **1)** Lilian, brit. Schauspielerin, * 1907, † 1968; spielte (mit Willy Fritsch) bis zur Emigration 1939 in vielen dt. Filmen. – **2)** William, engl. Arzt, * 1578, † 1657; entdeckte den großen Blutkreislauf.

Harwich ['hærɪdʒ], Hafenstadt und Seebad in SO-England, 15 100 Ew.; Fährverbindung nach Hoek van Holland, Antwerpen.

Harz *das,* zähflüssiger Ausscheidungsstoff versch. Bäume, bes. der Nadelhölzer; zu Lacken, Firnissen, Kitten, Seifen, Arzneistoffen, Harzölen und Terpentin verwendet.

Harz *der,* dt. Mittelgebirge, 100 km lang, bis 30 km breit, gliedert sich in den höheren **Ober-H.** im W (Brocken 1 142 m hoch) und den **Unter-H.** (Ramberg 582 m) im SO. Klima: rau und sehr regenreich. Forstwirtschaft, Viehzucht, etwas Ackerbau, Fremdenverkehr. Der West-H. seit 1960 Naturpark (95 000 ha).

Harzburg, Bad H., Stadt in Ndsachs., Heilbad mit Sol- und Schwefelquellen, am N-Rand des Harzes, 23 000 Einwohner.

Harzburger Front, Zusammenschluss (1931) der NSDAP, der Deutschnationalen, des »Stahlhelms«, der Alldeutschen und einiger Einzelpersonen gegen die demokrat. dt. Reg. Brüning; zerbrach 1932.

Hasan II., * 1929, seit 1961 König von Marokko.

Hasard [a'za:r] *das,* Zufall, Glücksspiel.

Haschee *das,* fein gehacktes Fleisch.

Haschisch *das,* asiat. und afrikan. Rauschgift, aus Ind. Hanf hergestellt; wird meist allein oder mit Tabak gemischt geraucht.

Hasdrubal, karthag. Feldherren: **1)** † 221 v. Chr.; Schwiegersohn des Hamilkar Barkas, erweiterte Karthagos Macht in Spanien (Gründung Cartagenas). – **2)** Bruder des Hannibal, fiel 207 v. Chr. am Metaurus in Mittelitalien.

Hase *der,* Nagetier mit gespaltener Oberlippe (Hasenscharte) und 2 Schneidezähnen in jedem Kiefer, langen Hinterbeinen, kurzem Schwanz (Blume), meist langen Ohren (Löffeln). Der **Feld-H.,** der »Lampe« der Tierfabel, ist bräunlich, 5 bis 6 kg schwer, nährt sich von Kräutern und Rinde. Das Männchen heißt Rammler, das Weibchen Häsin. Der **Schnee-H.** (Alpen, N-Europa) ist im Winter weiß. Der **Polar-H.** ist dauernd weiß.

Hase *die,* rechter Nebenfluss der Ems, in Ndsachs., 193 km lang.

Hašek ['haʃɛk], Jaroslav, tschech. Schriftsteller, * 1882, † 1923; persiflierte in vielen Satiren und Humoresken die österr.-ungar. Monarchie, erlangte mit dem satir. Roman »Die Abenteuer des braven Soldaten Schwejk« (1921) Weltruhm.

Haselhuhn, rebhuhngroßes Raufußhuhn in Europa und Asien, rostfarben, weiß und schwarz.

Haselmaus → Bilche.

Haselnussbohrer, 5 bis 9 mm großer Rüsselkäfer; das Weibchen legt in grüne Haselnüsse ein Ei. Die Larve frisst den Kern, verpuppt sich in der Erde.

Haselnussstrauch, Haselstrauch, Hasel, Gattung der Birkengewächse, einhäusiger Waldstrauch in Europa, Asien, Nordamerika; aus den **Haselnüssen** wird auch Öl gewonnen.

Haselwurz, Europäische H., lederblättrige, braun blühende Staude, in Buschwald.

Hasenclever, Walter, dt. Dichter, * 1890, † 1940; expressionist. Dramen (»Der Sohn«, 1914), Lustspiele, Lyrik.

Hasenmäuse → Chinchillas.

Hasenscharte, Lippenspalte, angeborene Missbildung. Behandlung: Operation.

Haskil, Clara, schweizer. Pianistin, * 1895, † 1960; bedeutende Mozartinterpretin.

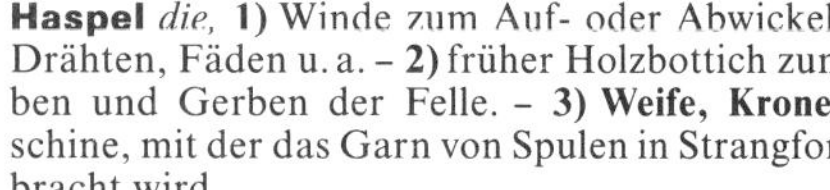

Haspel *die,* **1)** Winde zum Auf- oder Abwickeln von Drähten, Fäden u. a. – **2)** früher Holzbottich zum Färben und Gerben der Felle. – **3) Weife, Krone,** Maschine, mit der das Garn von Spulen in Strangform gebracht wird.

Haspinger, Johann Simon (Joachim), Mönch, * 1776, † 1858; ein Führer des Tiroler Freiheitskampfes von 1809.

Haßberge *Pl.,* Höhenzug in Mainfranken, Bayern, rechts des Mains, in der Nassacher Höhe bis 511 m hoch.

Hasse, O. E. (Otto Eduard), dt. Bühnen- und Filmschauspieler, * 1903, † 1978; Film: »Canaris« (1954).

Hassell, Ulrich v., dt. Diplomat, * 1881, † (hingerichtet) 1944; 1932 bis 1938 Botschafter in Rom, war nach seiner Entlassung führend in der Widerstandsbewegung. Zeugnis geben seine Tagebücher (1938 bis 1944) »Vom anderen Dtl.« (postum 1946).

Haßfurt, Krst. des Kr. Haßberge, Bayern, am Main, 11 800 Ew.; Schuhfabrik, Kunststeinwerk u. a.; got. Pfarrkirche, spätgot. »Ritterkapelle«, spätgot. Rathaus.

Hassi Messaoud [asimɛsa'ud], Zentrum der Erdölgewinnung in der alger. Sahara.

Hassi Rmel, größtes Erdgasfeld in der alger. Sahara.

Hastings ['heɪstɪŋz], Stadt in der Cty. East Sussex, S-England, 74 800 Ew.; am Kanal, Badeort. Durch den Sieg Wilhelms des Eroberers bei H. 1066 kam England unter normann. Herrschaft.

Hathor, ägypt. Himmelsgöttin, auch Liebesgöttin; Attribut: Kuhgehörn.

Hatschepsut, ägypt. Königin (1490 bis 1468 v. Chr.) der 18. Dynastie; Höhepunkt der Machtentfaltung des Neuen Reichs.

Hattingen, Stadt in NRW, an der Ruhr, 55 900 Ew.; Metallindustrie.

Hattusa, Hptst. des Hethiterreichs, → Boğazkale.

Haube *die,* weibl. Kopfbedeckung; zeitweise Tracht der verheirateten Frau; gehört heute u. a. zur Tracht der Nonnen.

Haubentaucher, Schwimmvogel mit schwarzer Federhaube.

Haubitze *die,* Geschütz zw. Flachfeuer- (Kanonen) und Steilfeuergeschützen (Mörsern).

Hauck, Albert, dt. ev. Theologe, * 1845, † 1918; »Kirchengeschichte Dtl.s« (1887).

Hauenstein, Höhenrücken des Schweizer Jura, mit 2 wichtigen, Basel mit dem Mittelland verbindenden Passstraßen: **Oberer H.,** 731 m ü. M., von Waldenburg nach Balsthal, und **Unterer H.,** 691 m ü. M., von Gelterkinden nach Olten. **H.-Basistunnel** (1915) 8 134 m lang; zw. beiden Pässen Autobahntunnel.

Hauer *der,* **1)** unterer Eckzahn des Ebers. – **2)** männl. Hausschwein. – **3)** Weidmesser. – **4)** Winzer. – **5)** Bergmann, vorwiegend im Streckenvorbau.

Hauer, Josef M., österr. Komponist, * 1883, † 1959; Zwölftonmusiker.

Haufenwolke, svw. Kumulus (→ Wolken).

Hauff, Wilhelm, dt. Dichter, * 1802, † 1827; romant. Erzähler, Roman »Lichtenstein« (1826); Märchen.

Haugesund ['hœjgəsun], Hafenstadt in Norwegen, 27 200 Ew.; Konservenindustrie.

Hau|hechel *die,* hartstaudig dornige, rosa blühende Schmetterlingsblütler.

Hauptmann, Offizier zw. Oberleutnant und Major, meist Kompanie- oder Batterieführer.

Hauptmann, 1) Carl, Bruder von 2), dt. Dichter, * 1858, † 1921; schrieb Schauspiele und Romane aus schles. Landschaft und Geistesart (»Einhart der Lächler«, 1907). – **2)** Gerhart, dt. Dichter, * 1862, † 1946; führender dt. Bühnendichter um die Jahrhundertwende, als Dramatiker verhalf er dem Naturalismus zum Durchbruch; später oft Gestalter des Mythischen, Märchenhaften, Fantastischen. Nobelpreis

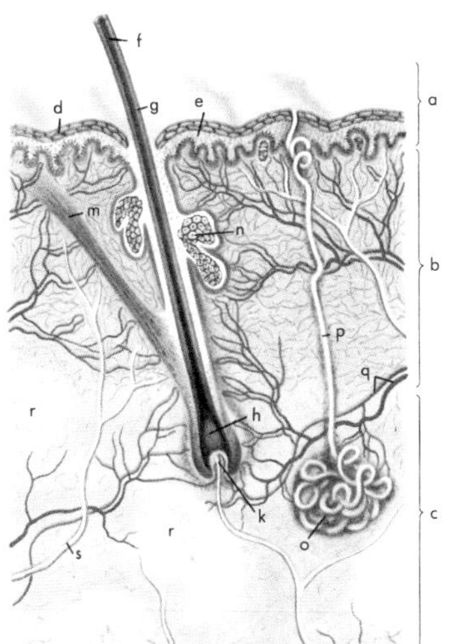

Querschnitt durch die **Haut** des Menschen: a Oberhaut, b Lederhaut, c Unterhautzellgewebe, d Hornschicht der Oberhaut, e Keimschicht der Oberhaut, f Haarmark, g Haarrinde, h Haarzwiebel, k Haarpapille, m Haarmuskel, n Haarbalgdrüse, o Schweißdrüsenknäuel, p Schweißdrüsenausführungsgang, q Blutgefäße der Haut, r Fettgewebe, s Nerven

1912. Schauspiele: »Vor Sonnenaufgang« (1887), »Die Weber« (1892), »Bahnwärter Thiel« (1892), »Der Biberpelz« (1893), »Florian Geyer« (1896), »Michael Kramer« (1900), »Rose Bernd« (1904), »Und Pippa tanzt« (1906), »Vor Sonnenuntergang« (1932), Atriden-Tetralogie (1941 bis 1948). Romane, Novellen, Epen.

Hauptschule, Volksschuloberstufe; in Dtl. 5. bis 9./10., in Österreich 5. bis 8./9. Schuljahr.

Hauptstadt, meist die Stadt, in der Reg. und Parlament ihren Sitz haben, oft die größte Stadt eines Landes.

Hauptverfahren, Hauptverhandlung, ⚖ →Strafprozess.

Hauptversammlung →Generalversammlung.

Hauptwort, das →Substantiv.

Hausa, Haussa, Volk in W-Afrika, etwa 9 Mio., Muslime; Händler, Handwerker; gründeten im MA. die H.-Staaten.

Hausbesetzung, das Eindringen in leer stehende Häuser und Festsetzen gegen den Willen des Besitzers, häufig als polit.-sozialer Protest.

Hausbock, sehr schädlicher →Bockkäfer.

Hausen *der,* Störfisch des Schwarzen und Kasp. Meers, bis 9 m lang, 1500 kg schwer (vom Aussterben bedroht); laicht bes. in Wolga und Donau **(Europ. H., Beluga).** Sein Rogen liefert Kaviar.

Hauser, Kaspar, Findelkind rätselhafter Herkunft, *1812(?), †(ermordet) 1833; tauchte 1828 in Nürnberg auf, einem zeitgenöss. Gerücht nach ein illegitimer bad. Prinz (1996 durch Genanalyse widerlegt).

Hausfriede, ⚖ Recht ungestörter Betätigung im häusl. Bereich (Wohnung und umfriedeter Besitz); in Dtl. durch Artikel 13 GG garantiert. Die Verletzung des H. durch Eindringen oder unbefugtes Verweilen, der **H.-Bruch,** wird auf Antrag mit Geldstrafe oder Freiheitsstrafe bestraft (§§ 123 ff. StGB).

Haushaltsplan, Etat [e'ta, frz.], **Budget** [by'dʒe, frz.], Aufstellung der für einen Zeitraum **(Haushaltsjahr)** geplanten staatl. Ausgaben und Einnahmen (Staatshaushalt) oder einer anderen öffentl. Körperschaft (Länder, Gemeinden). Der **ordentl. H.** enthält alle regelmäßig wiederkehrenden Ausgaben und Einnahmen, der **außerordentl. H.** einmalige Ausgaben; diese werden i.d.R. durch Anleihen gedeckt. Ein **Nachtragshaushalt** (Zusatzhaushalt) wird aufgestellt, wenn die tatsächliche Entwicklung der Ausgaben über den H. hinausgeht. Der H. wird ergänzt durch den **Eventualhaushalt,** eine Sonderform des Nachtragshaushalts (zusätzliche Kreditaufnahme zur Konjunkturbelebung). – Das **Haushaltsrecht** (Bewilligung des H.) ist in parlamentar.-demokrat. Staaten eine der wichtigsten Zuständigkeiten des Parlaments.

Haushofer, 1) Albrecht, Sohn von 2), dt. Geograph und Schriftsteller, *1903, †(von der Gestapo erschossen) 1945; gehörte der Widerstandsbewegung an, 1944 verhaftet, schrieb im Gefängnis die »Moabiter Sonette« (1946). – **2)** Karl, dt. Geograph, *1869, †(Freitod) 1946; seiner geopolit. Lehre bediente sich der Nationalsozialismus.

Haushuhn, stammt vom ind. Bankivahuhn ab; fleischiger Kamm und Kinnlappen, der Hahn mit sichelförmigem Schwanz und einem Sporn. Die Henne brütet 20 bis 21 Tage, die Küken sind nestflüchtig und werden von der Bruthenne (Glucke) betreut. Mit 4 bis 5 Monaten legt es Eier.

Häusler, früher ein armer Bauer mit kleinem Hof, der auf Nebenverdienst angewiesen war.

Hausmann, Manfred, dt. Schriftsteller, *1898, †1986; Romane (»Abel mit der Mundharmonika«, 1932), Dramen und Legendenspiele.

Hausmarke, Hauszeichen, 1) Besitzzeichen an bewegl. und unbewegl. Eigentum. – **2)** bevorzugt geführtes Erzeugnis einer Handelsfirma.

Hausmeier, lat. **Maiordomus,** unter den Merowingern der oberste Hof- und Staatsbeamte des Fränk. Reichs; die Karolinger stiegen mit Pippin III. 751 von H. zu Königen auf.

Hausner, Rudolf, österr. Maler und Grafiker, *1914, †1995; Vertreter der Wiener Schule des fantast. Realismus.

Hausruck, österr. Bergland zw. Inn und Traun, im Göbelsberg 800 m hoch.

Haussa →Hausa.

Hausschwamm, Ständerpilz, der durch enzymat. Holzabbau verbautes Holz befällt und zerstört. Vorbeugen durch Tränken mit keimtötenden Mitteln.

Hausse [o:s] *die,* Aufschwung der Wirtschaft, bes. Steigen der Börsenkurse; Ggs.: Baisse.

Haus|tiere, vom Menschen des Nutzens oder Vergnügens wegen gezüchtete Tiere. Zu den ältesten H. Europas gehört der Hund (seit 10000 v.Chr.). In der Jungsteinzeit folgten Rind, Schwein, Schaf, Ziege, Esel, noch später Pferd, Katze.

Hauswirtschaft, 1) die selbstständige Wirtschaftsführung einer Familie (Einzelhaushalt) oder eines Unternehmens wie Gasthaus, Anstalt (Großhaushalt); setzt geregelte Haushaltführung (Haushaltbücher) voraus. – **2) geschlossene H.,** Wirtschaftsform, bei der die Hausgemeinschaft nur für den Eigenbedarf produziert, ohne den Markt zu beanspruchen.

Hauswurz *die,* Gattung der Dickblattgewächse, Kleinstauden mit fleischigen, rundl. Blattrosetten. Die an Felsen heim. **Dachwurz** galt früher als Schutz gegen Blitz und Feuer.

Haut *die,* als Schutz und Wärmeregler dienende äußere Körperbedeckung, enthält Sinnesorgane zum Tasten und Fühlen. Sie besteht beim Menschen aus der **Ober-H.** (Epidermis), die sich aus der unteren Keimschicht und der oberen Hornschicht zusammensetzt, und der festen, bindegewebigen **Leder-H.** (Corium), die auf dem faserigen und mehr oder minder fettreichen **Unterhautfett-** oder **Unterhautzellgewebe** (Subcutis) ruht. In der Leder-H. liegen die **H.-Talgdrüsen** und die Wurzeln der Haare. Die Schweißdrüsen liegen im Unterhautzellgewebe, die Nervenenden in Leder-H. und Unterhautzellgewebe.

Wilhelm Hauff
auf einem Holzstich nach einem zeitgenössischen Miniaturbildnis

Gerhart Hauptmann

Albrecht Haushofer

Kaspar Hauser
Zeitgenössische Darstellung

Glühende Lava im Krater des Vulkans Mauna Ulu auf der Insel **Hawaii**

Haute Couture [otku'ty:r] *die,* die (Pariser) Modeschöpfung.

Hautevolee [(h)o:tvo'le:] *die,* meist ironisch für die vornehme Gesellschaft.

Hawaii Flagge

Hautflügler, Insekten mit 2 Paar dünnhäutigen Flügeln; das Weibchen hat einen Lege- oder Wehrstachel. Zu den H. gehören Bienen, Wespen, Schlupfwespen, Ameisen.

Hautgout [o'gu] *der,* starker Geschmack und Geruch von Fleisch (Wild) nach dem Abhängen; Ü Anrüchigkeit.

Hautkrankheiten, Dermatosen, ⚕ entstehen durch: lebende Erreger, z. B. tier. Parasiten (→Krätze), Hautpilze (→Hautpilzerkrankungen), Bakterien (→Wundrose, →Hauttuberkulose), Viren (→Herpes); schädigende Stoffe: Arzneimittel (Arzneiausschlag); mechan. oder therm. Einflüsse (Wundsein, Verbrennung); Strahlen (Sonnenbrand); allergisch wirkende Stoffe (→Nesselausschlag); innere Ursachen: innersekretor. Störungen (→Akne); erbl. Anlage (→Psoriasis, →Fischschuppenkrankheit); Geschwülste (→Hautkrebs). Zu den H. zählen auch Infektionskrankheiten mit Hautausschlägen (u. a. Röteln, Masern, Windpocken).

Václav Havel

Hautkrebs, meist von der Oberhaut ausgehender Krebs, bildet als Basalzellenkrebs flache, manchmal geschwürig zerfallende Geschwülste, die nicht schmerzen; Stachelzellenkrebs mit zur Verhornung neigenden Geschwüren; bes. frühe Metastasenbildung beim →Melanom.

Hautpilz|erkrankungen, Dermatomykosen, sind u. a.: **Epidermophytie:** kleine, stark juckende Bläschen zw. Fingern und Zehen. Übertragung bes. in Badeanstalten. **Hautpilzflechte, Trichophytie:** Haarausfall, Entzündungen. – **Soor** (Schwämmchen), meist auf der Mundschleimhaut von Säuglingen in Form von milchigweißen Belägen; häufig auch zw. den Fingern oder Zehen bei Erwachsenen als stark juckende hochrote Herde.

Havanna Stadtwappen

Hauttuberkulose, am häufigsten als **Lupus vulgaris** (fressende Flechte); vorwiegend im Gesicht. Intensive ärztl. Behandlung mit Chemotherapeutika; unterstützend: Klimabehandlung, eiweiß- und vitaminreiche Kost.

Häutung, regelmäßiges Abstoßen und Erneuern der oberen Haut; Tiere mit fester Oberhaut, z. B. Insekten, Schlangen, streifen ihre zu eng gewordene Haut ganz ab (Natternhemd).

Havanna, La Habana, Hptst. von Kuba, 2,026 Mio. Ew.; Hafen, Univ., Erzbischofssitz; Ind., Ausfuhr von Tabak und Zucker; 1515 von den Spaniern gegr. – Die Altstadt wurde von der UNESCO zum Weltkulturerbe erklärt.

Havarie *die,* ⚓ Schäden, die Schiff und Ladung während der Seereise treffen: durch absichtl. Handlung des Kapitäns (bei Gefahr; **große H.**) oder auf andere Weise (bes. durch Zusammenstoß; **besondere H.**); auch die Unkosten der Schifffahrt (z. B. Lotsengelder; **kleine Havarie**).

Havel *die,* rechter Nebenfluss der unteren Elbe, kommt aus dem Dambecker See bei Neustrelitz, bildet die **H.-Seen;** 343 km lang (davon 243 km schiffbar); Kanalverbindungen zur Oder und Elbe. **H.-Land,** Landschaft in Bbg. zw. Spandau und Rathenow.

Havel, Václav, tschech. Schriftsteller und Politiker, * 1936; Dramen (»Die Versuchung«, 1986, u. a.), Erz.; 1969 Publikationsverbot, seit 1977 Veröffentlichungen im westl. Ausland; 1979 bis 1983 sowie 1989 als Regimekritiker inhaftiert, einer der Sprecher der Charta 77, nach der polit. Wende in der ČSFR Dez. 1989 zum Staatspräs. gewählt, 1992 zurückgetreten; seit 1993 Präs. der Tschech. Rep. – 1989 Friedenspreis des Dt. Buchhandels, 1991 Karlspreis.

Havemann, Robert, dt. Naturwissenschaftler und polit. Theoretiker, * 1910, † 1982; Verfechter reformkommunist. Ideen in der DDR.

Hawaii, 1) größte der **Hawaii-Inseln** (Sandwich-Inseln), 10 414 km², 118 000 Ew. Der Nationalpark der H.-Vulkane (Mauna Loa, Kilauea) gehört zum Welterbe. – **2)** 50. Staat der USA, 16 760 km², 1,1 Mio. Ew. (Japaner, Chinesen, Weiße, Schwarze, Filipinos u. a.), im nördl. Pazif. Ozean, besteht aus 8 größeren (H., Maui, Oahu, Kauai u. a.) und 23 kleineren Inseln. Hptst. Honolulu. Viele Vulkane; Zuckerrohr, Ananas, Kaffee u. a.; Zucker- und Konservenind. Flotten- und Flugstützpunkt Pearl Harbor. – Die H.-Inseln, 1555 von den Spaniern entdeckt, 1778 wieder entdeckt, kamen 1898 an die USA, wurden 1959 Bundesstaat.

Joseph Haydn. Ausschnitt aus einem zeitgenössischen Gemälde und Autogramm

Hawking ['hɔ:kiŋ], Stephen William, brit. Physiker, * 1942; Forschungen zum unmittelbaren Entstehen des Universums; Veröffentlichungen: »Eine kurze Geschichte der Zeit« (1988), »Einsteins Traum« (1993).

Hawks [hɔ:ks], Howard, amerikan. Filmregisseur, * 1896, † 1977; »Scarface« (1932), »Tote schlafen fest« (1946), »Rio Bravo« (1959).

Hawthorne ['hɔ:θɔ:n], Nathaniel, amerikan. Schriftsteller, * 1804, † 1864; Romane (»Der scharlachrote Buchstabe«, 1850).

Háy ['ha:i], Gyula, ungar. Bühnenbildner, Dramatiker, * 1900, † 1975; soziale Dramen.

Haydée [aɪ-], Marcia, brasilian. Tänzerin, * 1937; seit 1961 in Stuttgart, 1976 bis 1996 Ballettdirektorin.
Haydn ['haɪdən], **1)** Joseph, österr. Komponist, * 1732, † 1809; Schöpfer des klass. sinfon. Stils, vollendete die Sonatenform durch die themat. Verarbeitung. Über 100 Sinfonien, Konzerte; Streichquartette, Trios, Sonaten; Opern, Singspiele; Oratorien »Die Schöpfung« (1798), »Die Jahreszeiten« (1801); Messen; Lieder; österr. Kaiserhymne, → Deutschlandlied. - **2)** Michael, österr. Komponist, Bruder von 1), * 1737, † 1806.
Hayek, Friedrich August v., brit. Volkswirtschaftler österr. Herkunft, * 1899, † 1992; Vertreter des Neoliberalismus; 1974 Nobelpreis für Wirtschaftswissenschaften.
Hayworth ['heɪwɔːθ], Rita, amerikan. Filmschauspielerin, * 1918, † 1987; galt zeitweise als Sexidol, auch in Tanzfilmen; »Gilda« (1946), »Die Lady von Shanghai« (1948).
Hazienda *die,* → Hacienda.
H-Bombe → Wasserstoffbombe.
HDTV, Abk. für **H**igh **D**efinition **T**ele**v**ision, → Fernsehen.
He, chem. Symbol für Helium.
Hearing ['hɪəːrɪŋ] *das,* öffentl. Anhörung.
Hearst [həːst], William Randolph, amerikan. Journalist und Verleger, * 1863, † 1951; baute den größten Pressekonzern der USA auf.
Heartfield ['hɑːtfiːld], John, eigtl. Helmut Herzfeld, brit. Grafiker und Bildpublizist dt. Herkunft, * 1891, † 1968; Mitbegründer der Berliner Dada-Gruppe, setzte die Fotomontage als polit. Agitationsmittel ein; emigrierte 1933 nach Großbritannien; bekannt v. a. seine Fotomontagen gegen das natsoz. Deutschland.
Heaviside ['hevɪsaɪd], Oliver, brit. Physiker, * 1850, † 1925; führte gleichzeitig mit A. E. Kennelly die Ausbreitung elektr. Wellen um die Erde auf eine ionisierte Atmosphärenschicht **(Kennelly-H.-Schicht)** zurück.
Heb|amme *die,* staatl. geprüfte und anerkannte Geburtshelferin. Der Beruf wird unter der Bezeichnung **Entbindungspfleger** auch von Männern ausgeübt.
Hebbel, Friedrich, dt. Dichter, * 1813, † 1863; gestaltete in Tragödien den Zusammenstoß des Einzelnen mit der sittl. Ordnung. Dramen: »Judith« (1841), »Herodes und Mariamne« (1850), »Agnes Bernauer« (1855) u. a.; Gedichte, Tagebücher.
Hebe, griech. Göttin der Jugend, Mundschenkin der Götter im Olymp; von den Römern der Iuventas gleichgesetzt.
Hebel *der,* ⚙ um eine Achse drehbarer Körper, meist eine Stange; er dient zum Heben einer Last oder zur Verstärkung eines Drucks. Die beiden H.-Arme heißen **Kraft-** und **Lastarm.** Die Kraft hält der Last das Gleichgewicht, wenn Last × Lastarm = Kraft × Kraftarm ist **(H.-Gesetz).** Der H. gehört zu den einfachen Maschinen; Anwendungen: Waage, Zange, Brechstange, Türklinke u. a.
Hebel, Johann Peter, dt. Dichter, * 1760, † 1826; »Alemann. Gedichte« (1803), Kalendergeschichten: »Schatzkästlein des rhein. Hausfreundes« (1811).
Heber *der,* Gerät zum Heben von Flüssigkeiten durch Luftdruck. Der **Stech-H.** wird durch Ansaugen der Flüssigkeit gefüllt. Beim **Saug-** oder **Schenkel-H.** ist die Röhre gebogen; steigt die Flüssigkeit über den höchsten Punkt der Biegung, fließt sie selbstständig dauernd nach. Der **Gift-H.** ist eine Sonderform des Saug-H. mit Hahn und seitlichem Saugrohr.
Hebezeuge *Pl.,* Sammelbegriff für Fördermittel, wie Winden, Flaschenzüge, Aufzüge (nur senkrechtes Fördern) und Krane (zusätzl. eine horizontale Lastbewegung).
Hebräer, Ebräer, im A. T. Eigenbezeichnung für Angehörige israelit. Stämme. **H.-Brief,** Schrift des N. T., Verfasser unbekannt.

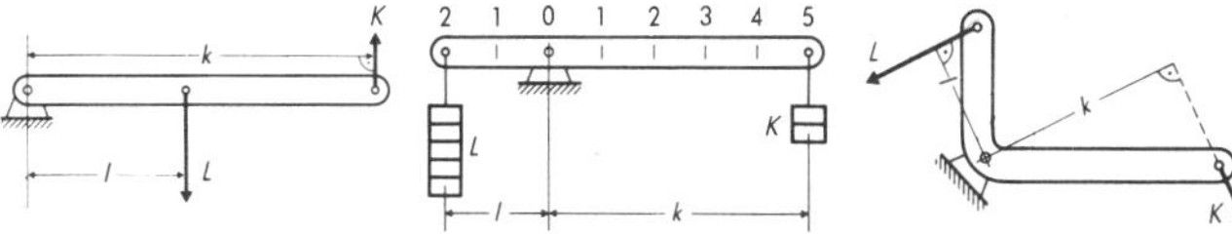

Hebel. Von links: einarmiger Hebel, zweiarmiger Hebel und Winkelhebel (*K* Kraft, *L* Last, *k* Länge des Kraftarms, *l* Länge des Lastarms)

hebräische Literatur, das von den Juden in hebräischer Sprache geschaffene Schrifttum, neben der Bibel viele religionsphilosoph., myst., ethische u. a. Schriften. Mit seiner Gründung wurde der Staat Israel Zentrum der h. L.; heute oftmals Themen zum Holocaust sowie allg. sozialen und polit. Fragen, v. a. zur Problematik des Zusammenlebens mit den Arabern.
hebräische Sprache, gehört zu den semit. Sprachen. In der Bibel ist das A. T. in h. S. geschrieben. Die **hebräische Schrift** wird von rechts nach links geschrieben.
Hebriden *Pl.,* Gruppe von über 500 felsigen Inseln und Klippen (nur etwa 100 bewohnt) an der W-Küste von Schottland; 7285 km². Die 31 000 Ew. der **Äußeren H.** sprechen z. T. Gälisch.
Hebron, heute **El-Khalil,** Stadt im Westjordanland, 80 000 Ew.; Patriarchengräber; Hptst. Judas unter David, als (angebl.) Grabstätte Abrahams eine der 4 hl. Stätten des Talmud, Heiligtum der Araber.
Hebung, im dt. Vers die betonte Silbe; Ggs.: Senkung.
hecheln, Flachs und Hanf durch ein kammartiges Werkzeug, die **Hechel,** ziehen, um die Fasern zu zerteilen und zu ordnen.
Hecht *der,* bis 1,5 m langer, seiner Beute auflauernder Raubfisch des Süßwassers, grünlich **(Gras-H.);** schmackhafter Speisefisch.
Heck *das,* hinteres Ende eines Fahrzeugs (Schiff, Flugzeug, Luftschiff, Kraftwagen).
Heckel, Erich, dt. Maler, Grafiker, * 1883, † 1970; einer der Meister des dt. Expressionismus, Mitbegründer der Künstlervereinigung »Die Brücke«.
Heckenrose, Hundsrose, → Rose.
Hecker, Friedrich, dt. Politiker, * 1811, † 1881; war 1848 bad. republikan. Freischarenführer, ging nach Amerika und wurde Brigadegeneral im amerikan. Bürgerkrieg.
Heckmann, Herbert, dt. Schriftsteller, * 1930; Roman: »Benjamin und seine Väter« (1962). - 1984 bis 1987 Präs. der Dt. Akademie für Sprache und Dichtung.
Hederich → Rettich.
Hedin, Sven, schwed. Asienforscher, * 1865, † 1952; bereiste Innerasien, bes. Tibet, teils als Erster, und berichtete darüber; wichtigste Reisen: 1899 bis 1902 Tarimbecken, Tibet; 1905 bis 1908 Entdeckung des Transhimalaya; 1927 bis 1935 Mongolei (Gobi) und Chinesisch-Turkestan.
Hedonismus *der,* Lehre, dass die »Lust« [griech. hedone] höchstes Gut des Lebens sei.
Hedschas → Hidjas.
Hedwig, Herrscherinnen: **1) H.,** Herzogin von Schlesien, * 1174, † in dem von ihr gegr. Kloster Trebnitz 1243; aus dem Grafengeschlecht von Andechs, ⚭ mit Herzog Heinrich I. von Schlesien; Patronin Schlesiens (Tag: 16. 10.). - **2) Hadwig,** Herzogin von Schwaben, lebte als Witwe auf dem Hohentwiel, † 994; Heldin in V. von Scheffels Roman »Ekkehard« (1855).
Heer *das,* Landstreitkräfte eines Staats. Es gibt H. mit beschränkter oder mit allgemeiner Wehrpflicht und Freiwilligen-(Berufs-)H. Das **stehende H.** befindet sich ständig, auch im Frieden, unter Waffen. **Miliz-H.** werden im Mobilmachungsfall aufgestellt, oder beste-

Friedrich August von Hayek

Friedrich Hebbel
Ausschnitt aus einem zeitgenössischen Gemälde

Johann Peter Hebel

Sven Hedin

hende Kader werden mit eingezogenen Soldaten aufgefüllt.

Heer, 1) Friedrich, österr. Historiker, Schriftsteller, * 1916, † 1982; »Die dritte Kraft« (1959), »Das Hl. Röm. Reich« (1967) u. a. – 2) Jakob Christoph, schweizer. Erzähler, * 1859, † 1925; »Der König der Bernina« (1900).

Heidelbeere
Zweig mit Blüten und Zweig mit Früchten

Heereman, Constantin Freiherr **von Zuydtwyck,** * 1931; war 1969 bis 1997 Präs. des Dt. Bauernverbands.

Heerlen ['he:rlə], Stadt in den Niederlanden, 94 000 Ew.; Fernuniversität (gegr. 1984).

Heerwurm, Massenzug von Larven der Trauermücke; galt früher als Vorbote eines Kriegs.

Heesters, Johannes, österr. Sänger und Schauspieler niederländ. Herkunft, * 1903; Vertreter der leichten Muse.

Hefe *die,* mikroskopisch kleine einzellige Pilze, Haupterreger der Gärung. Am wichtigsten sind die **Bier-H.** (Branntwein-H.), die nur als Kulturpflanze bekannt ist, und die in der Natur frei vorkommende **Wein-H.** Wegen ihres Eiweiß- und Vitamingehaltes dient H. auch als Nähr- und Heilmittel, Bier-H. wird als Treibmittel beim Backen **(Back-H.)** verwendet.

Heften, Verbinden von Papierblättern, -bogen oder Stoff u. a. durch Fäden oder Draht.

Hegau *der,* fruchtbare Landschaft nördl. des Bodensees, Bad.-Württ., mit Burgruinen auf basalt. Bergkegeln (Hohentwiel u. a.).

Hege *die,* Pflege von Wildbestand und Forst.

Hegel, Georg Wilhelm Friedrich, dt. Philosoph, * 1770, † 1831; schuf das umfassendste Lehrgebäude des dt. Idealismus. »Sein« und »Denken« sind nach ihm ein und dasselbe; das »Geistige« ist das Wesen der Welt, die sich aus dem Geist aufbaut in der Stufenfolge: Naturgeschehen, Weltgeschichte, Kunst, Religion und Philosophie (Sich-selbst-Erkennen des Geistes).

Heidelberg
Stadtwappen

Hegelianismus, an G. W. F. Hegel anschließende philosoph. Schulbildungen. Hauptrichtungen: **Althegelianer** (konservative Einstellung gegenüber Kirche und Staat) und **Junghegelianer (Hegelsche Linke:** Anwendung der Dialektik zur Kritik von Recht, Staat und Religion).

Hegemonie *die,* Vorherrschaft.

Hegenbarth, Josef, dt. Grafiker, Maler, * 1884, † 1962; v. a. Illustrationen für den »Simplicissimus« und zur Weltliteratur.

Heidenheim an der Brenz
Stadtwappen

Hehe, Wahehe, Bantuvolk in S-Tansania.

Hehlerei begeht, wer um seines Vorteils willen Sachen, von denen er weiß oder den Umständen nach annehmen muss, dass sie durch strafbare Handlung erlangt sind, verheimlicht, ankauft, an sich nimmt oder zu ihrem Absatz mitwirkt **(Sach-H.)** oder wer aus Eigennutz einen Dieb oder Räuber begünstigt **(Personen-H.).** H. wird mit Freiheitsstrafe bestraft.

Hehn, Victor, balt. Kulturhistoriker, * 1813, † 1890; »Gedanken über Goethe« (1887), »Reisebilder aus Italien und Frankreich« (1894).

Heide *die,* 1) meist baumlose Landschaft mit Sträuchern, Gräsern und Kräutern auf nährstoffarmen Böden, bes. in Mittel- und W-Europa, z. B. Lüneburger H. (Naturschutzpark); sonst weitgehend kultiviert. – 2) östl. der Elbe auch Bezeichnung für Kiefernwälder.

Heide, versch. meist strauchige Pflanzen mit nadelförmigen Blättchen und meist rötl. Blüten: **H.-Kraut** oder **Besen-H.,** auch **Erika,** die Hauptpflanze auf Heideland, ein niedriger Strauch, blüht im Herbst, gute Bienenweide. Zur Gattung **Glocken-H.** (Erika) gehören: **Sumpf-H.,** auf nordwestdt. Heidemooren; **Baum-H.,** in S-Europa, Afrika, mit rötl., maserreichem Wurzelholz, das als **Bruyèreholz** Pfeifenköpfe gibt.

Heide *der,* Mensch, der keiner monotheist. Religion angehört.

Heide, Krst. von Dithmarschen, Schlesw.-Holst., 20 100 Ew.; landwirtschaftl. Handel, Ind. H. war 1447 bis 1559 Hauptort des Bauernfreistaats Dithmarschen.

Heidegger, Martin, dt. Philosoph, * 1889, † 1976; entwickelte aus der Phänomenologie E. Husserls eine Methode zur Daseinserhellung des Menschen (→ Existenzphilosophie); zugleich versuchte er, »die Frage der abendländ. Metaphysik nach dem Sein ursprünglicher zu fragen«. Hauptwerk: »Sein und Zeit« (1927).

Heidelbeere, Blaubeere, Bickbeere, kleinstrauchiges Heidekrautgewächs, mit rötl. grünen Blüten und schwarzblauen, schmackhaften Beeren.

Heidelberg, Stadt in Bad.-Württ., am Neckar, 140 300 Ew.; Univ. (gegr. 1386), Akademie der Wiss., Institute; Krebsforschungszentrum; Ind. (Maschinen, Zement u. a.); Fremdenverkehr. Über der Stadt die Ruine des Pfalzgrafenschlosses (Renaissance, 16. Jh., durch die Franzosen 1689 und 1693 zerstört).

Heidelberger Katechismus, in der reformierten Kirche weit verbreitete, zuerst 1563 in Heidelberg erschienene Bekenntnisschrift.

Heidelberger Unterkiefer, ältester europ. menschl. Knochenfund, wahrscheinlich aus der 1. Zwischeneiszeit stammend, 1907 bei Mauer östlich von Heidelberg gefunden.

Heidenheim an der Brenz, Krst. in Bad.-Württ., im Brenztal, 47 800 Ew.; Burg Hellenstein; Maschinen-, Textilindustrie.

Heidenstam, Verner von, schwed. Dichter, * 1859, † 1940; Neuromantiker; Nobelpreis 1916.

Heidschnucke *die,* sehr alte, kleinwüchsige Schafrasse der Lüneburger Heide.

Heiducken → Haiduken.

Heifetz, Jascha, amerikan. Violinist russ. Herkunft, * 1901, † 1987.

Heil *das,* 1) Rettung, Hilfe. – 2) Lebenskraft des Menschen, bes. als Gabe Gottes oder der Götter; im Christentum die Erlösung.

Heiland [ahdt., zu lat. salvator »Heilender«, »Erretter«, »Erlöser«] *der,* Beiname Christi.

Heil|anzeige, ⚕ → Indikation.

Heilbad, 1) Staatlich anerkannte Kurorte mit natürlichen Heilquellen. – ÜBERSICHT Heilbäder in Deutschland. – 2) Zusammenfassend für ein in einer Badekur angewandtes medizinisches Bad.

Heilbad Heiligenstadt, Krst. in Thür., 15 000 Ew.; ehem. kurmainz. Schloss; Mittelpunkt der Ind. des Eichsfeldes (Textilien), Heilbad.

Heilbronn, Stadt in Bad.-Württ., 121 100 Ew.; Hafen am schiffbaren Neckar; Maschinen-, Fahrzeug-, Papier-, Nahrungsmittel-, Textil- u. a. Ind., Salzbergbau. Die Altstadt wurde im 2. Weltkrieg fast völlig zerstört.

Heilbutt *der,* Plattfisch, große Schollenart der nördl. Meere.

Heil|erde, Ton oder Lehm für Heilzwecke.

Heilfasten → Fastenkuren.

Heilfieber, künstl. zu Heilzwecken erzeugtes Fieber, Art der Reizkörperbehandlung.

Heilige, kath. Kirche: vom kirchl. Lehramt heilig gesprochene Verstorbene, die verehrt und um ihre Fürbitte angerufen werden können. (→ Heiligsprechung)

Heilige Allianz, Bündnis, auf Anregung des russ. Kaisers Alexander I. 1815 von ihm, dem Kaiser von Österreich und dem König von Preußen geschlossen. Urspr. als Verpflichtung zum Handeln nach christl. Grundsätzen deklariert, diente sie der Bewahrung des konservativen Systems und wurde zum Inbegriff der Restauration.

Heilige der letzten Tage → Mormonen.

Heilige Drei Könige → Drei Könige.

Heilige Famili|e, das Jesuskind, Maria und Joseph; in der bildenden Kunst oft dargestellt.

Heilige Nacht, die Nacht vor Weihnachten.

Heilpflanzen
(Auswahl)

Name	verwendete Pflanzenteile	Inhaltsstoffe	Anwendung
Arnika	Blüten	ätherisches Öl, Bitterstoffe, Flavonoide	äußerlich bei Blutergüssen und Mundschleimhautentzündungen
Baldrian	Wurzel	ätherisches Öl, Valepotriate	bei Nervosität, Schlafstörungen
Bärentraube	Blätter	Hydrochinonverbindungen, Gerbstoffe	bei Entzündungen der Harnwege (nur bei alkalischem Harn)
Beifuß	Kraut	ätherisches Öl, Bitterstoffe	bei Verdauungsbeschwerden, Blähungen, Appetitlosigkeit
Eibisch	Wurzel, Blätter	Schleim, Stärke, Pektin	bei Reizhusten, Magen-Darm-Katarrhen, Bronchitis, Entzündungen des Rachenraums
Engelwurz	Wurzelstock	ätherisches Öl, Bitterstoffe	bei Magenverstimmung, Verdauungsstörungen
Eukalyptus	Blätter	ätherisches Öl mit Eucalyptol	bei chronischer Bronchitis
Fenchel	Früchte	ätherisches Öl	appetitanregend, verdauungsfördernd, bei Blähungen, Magen-Darm-Krämpfen, Erkrankungen der Atemwege
Frauenmantel	Kraut	Gerbstoffe, Bitterstoffe	bei Magen-Darm-Erkrankungen, Durchfall, Blähungen
Holunder (Schwarzer Holunder)	Blüten	ätherisches Öl, Flavonoide	bei fieberhaften Erkältungen (schweißtreibend)
Huflattich	Blüten	ätherisches Öl, Schleim, Bitterstoffe	bei entzündenden Schleimhäuten
Isländisch Moos	ganze Pflanze (eine Flechte)	Schleimstoffe, Flechtensäuren	bei Husten, Entzündungen der Atmungsorgane, verdauungsfördernd
Kamille	Blüten	ätherisches Öl mit Chamazulen	bei innerlichen und äußerlichen Entzündungen, Magen-Darm-Beschwerden
Knoblauch	Zwiebeln	ätherisches Öl, Allicin	appetitanregend, verdauungsfördernd
Lein	Samen	fettes Öl, Schleim	bei chronischer Verstopfung, Magenschleimhautentzündung
Löwenzahn	Wurzel, ganze Pflanze	Bitterstoffe	appetitanregend, bei Verdauungsbeschwerden, Blutreinigungsmittel
Melisse	Blätter	ätherisches Öl mit Citronellal und Citral	bei Nervosität, Magen-Darm-Beschwerden
Odermennig (Kleiner Odermennig)	Kraut	Gerbstoffe, Bitterstoffe, ätherisches Öl	bei Magen-Darm-Entzündungen, Gallenbeschwerden
Pfefferminze	Blätter	ätherisches Öl mit Menthol, Gerb- und Bitterstoffe	bei Magenschleimhautentzündungen, Magen-Darm-Koliken, Gallenbeschwerden
Sanikel	Kraut	Triterpensaponine, Pflanzensäuren, ätherisches Öl	bei Blähungen
Schafgarbe	Blüten, Kraut	ätherisches Öl mit Azulen, Bitterstoffe	appetitanregend, verdauungsfördernd, bei Magenbeschwerden
Schlehe	Blüten	Kohlenhydrate, Glykoside	bei Erkältungen, mildes Abführmittel
Spitzwegerich	Kraut	Glykoside, Schleim, Kieselsäure	bei Katarrhen der oberen Atemwege
Wermut	Kraut	ätherisches Öl, Bitter- und Gerbstoffe	bei Verdauungsstörungen, Magenleiden, Appetitlosigkeit

Georg Wilhelm Friedrich Hegel
Ausschnitt aus einem zeitgenössischen Porträt

Martin Heidegger

Jascha Heifetz

Heiligenblut, Dorf in Kärnten, Österreich, im oberen Mölltal, 1300 m ü. M., 1300 Ew., Ausgangspunkt der Großglockner-Hochalpenstraße; spätgot. Wallfahrtskirche (1491 geweiht).

Heiligenhafen, Hafenstadt und Ostseebad in Schlesw.-Holst., 8900 Einwohner.

Heiligenhaus, Stadt in NRW, südl. der Ruhr, 28900 Ew.; Elektroindustrie.

Heiligenschein, Gloriole *die,* bildende Kunst: Lichtkreis oder Strahlenkranz um die ganze Figur oder um das Haupt bei göttl. oder hl. Gestalten.

Heiligenstadt, Krst. in Thür., 15000 Ew.; ehem. kurmainz. Schloss; Mittelpunkt der Ind. des Eichsfeldes (Textilien), Heilbad.

Heiliger, Bernhard, dt. Bildhauer, *1915, †1995; figürl. Bildwerke und Porträtbüsten.

Heiliger Geist, christl. Lehre: neben dem Vater und dem Sohn die dritte Person der →Trinität.

Heiliger Stuhl, Apostolischer Stuhl, lat. **Sancta Sedes, Sedes Apostolica,** das Papstamt, der Papst persönl. oder die Römische Kurie und der Papst.

Heiliger Vater →Papst.

Heilige Schrift →Bibel.

Heiliges Grab, 1) Grabstätte Jesu in Jerusalem, nahe Golgatha, in der **Grabeskirche;** gemeinsamer Besitz der Ostkirche, der armen. und kath. Kirche. – **2)** v. a. in der mittelalterl. Baukunst gestaltete Nachahmung der Grabeskirche, als zentraler Kirchenbau oder Einbau in eine bestehende Kirche.

Heiliges Jahr →Jubeljahr.

Heiliges Land, das bibl. →Palästina.

Heiliges Römisches Reich, offizieller Titel des Dt. Reichs bis 1806, das seit 962 als Fortsetzung des Röm. Reichs galt. Der Name **Romanum Imperium** wird zuerst 1034 unter Konrad II. gebraucht, **Sacrum Imperium** seit 1157 unter Kaiser Friedrich I., um seine sakrale Würde gegenüber der Kirche zu betonen. Seit 1254 bürgerte sich in den Königsurkunden **Sacrum Romanum Imperium** ein. Der inoffizielle Zusatz **Deutscher Nation** (Nationis Germanicae) wurde erst im 15. Jh. beigefügt, bezeichnete zunächst nur die dt. Teile des Reichs, drückte später den Anspruch der Deutschen auf das Imperium aus. Bis Karl V. ließen sich die Kaiser vom Papst krönen; die übrigen Herrscher bis 1806 nahmen gleich bei der Wahl und Krönung zum »Röm. König« den Kaisertitel an.

Heiligkeit, 1) Gottes Unvergleichlichkeit, Erhabenheit. – **2)** Seine H., Ehrenbezeichnung für den Papst.

Heiligsprechung, Kanonisation, kath. Kirche: feierl. päpstl. Erklärung, dass ein Verstorbener in das Verzeichnis (Kanon) der Heiligen aufgenommen worden ist; Vorstufe ist die Seligsprechung.

Heilmittel. Unterschieden wird zw. Arzneimitteln, größeren und kleineren H. (z.B. Bruchbänder, Brillen, Massagen, Bäder).

Heilongjiang [-dʒ-], **Heilungkiang,** nordöstl. Prov. in China, 464 000 km², 33,1 Mio. Ew., Hptst. Harbin; Anbau von Weizen, Soja, Kohle.

Heilpädagogik, Sonderpädagogik, gibt behinderten Kindern gezielte Hilfestellungen, um ihnen den Weg zur allgemeinen und berufl. Bildung zu bahnen.

Heilpflanzen, Arzneipflanzen, Wild- oder Kulturpflanzen, zur Herstellung von Arzneien oder zu anderen Heilzwecken. - ÜBERSICHT Heilpflanzen S. 373

Heilpraktiker, geschützte Berufsbezeichnung für Personen, die mit staatl. Genehmigung die Heilkunde ausüben, ohne als Arzt bestallt (approbiert) zu sein; die Ausbildung zum H. ist nicht gesetzlich geregelt.

Heilquellen, Quellwässer, die sich durch einen bes. hohen Gehalt an Mineral- oder anderen Stoffen, den Gehalt an Radium oder Radiumemanation oder durch höhere Temperatur von anderen Quellen unterscheiden, dadurch heilkräftig wirken (»Gesundbrunnen«) und zu **Trink-** und **Badekuren** gebraucht werden.

Heils|armee, militärähnlich geordnete religiöse Gemeinschaft, die durch Bußpredigt, Lobgesänge und andere Andachtsübungen wirkt; sucht wirtschaftl. Not und soziales Elend zu lindern; 1865 von W. Booth in London gegründet.

Heilsberg, poln. **Lidzbark Warmiński** ['lidzbark var'miĩski], Stadt in der poln. Wwschaft Olsztyn, ehem. Krst. in Ostpreußen, an der Alle, 16 000 Ew. - H. war bis 1795 Sitz der Bischöfe von Ermland.

Heilserum, zur passiven Immunisierung gegen Infektionen verwendetes Immunserum (Blutserum), das entsprechende Abwehrstoffe (Antikörper) enthält.

Heim|arbeit, eine gewerbl. Tätigkeit, die der **Heimarbeiter** (Hausgewerbetreibende) im Auftrag von Firmen, Gewerbetreibenden oder Zwischenmeistern in seiner Wohnung gegen Stücklohn ausübt.

Heimat, der Ort oder die Landschaft, in die der Mensch hineingeboren wird und durch die seine Identität, Mentalität u.a. mitgeprägt werden.

Heimatkunst, 1) jede bodenständige, einer engeren Landschaft verbundene Kunst. - **2)** literar.-künstlerische Strömung um 1900, die gegenüber dem von Berlin ausgehenden Naturalismus und der symbolistischen »Dekadenzliteratur« die H. programmatisch forderte.

Heimatvertriebene, die seit 1945 bes. aus den ehem. dt. Ostgebieten vertriebenen Deutschen.

Heimchen *das,* Hausgrille (→Grillen).

Heimcomputer, 💻 Mikrorechner, der in der Leistungsfähigkeit unter dem PC angesiedelt ist. H. verfügen über einen Mikroprozessor, einen Speicher, ein einfaches Betriebssystem und Anschlussmöglichkeiten an Floppydisk-Laufwerke, Bildschirm oder Fernsehgeräte. Sie werden v.a. im Haushalt für Lernprogramme und Computerspiele verwendet, wobei die Einsatzmöglichkeiten sich ständig erweitern.

Heimdall, nordgerman. Himmelsgott, Wächter der Götter; von ihm stammt nach der Sage das Menschengeschlecht ab.

Heim|erziehung, Erziehung von Waisen, körperl. und seel. gefährdeten oder behinderten Kindern und Jugendlichen in besonderen Heimen.

Heimfall, 1) Lehnsrecht: Rückfall eines erledigten Lehnsgutes an den Lehnsherrn. Im modernen Recht bestehen H.-Ansprüche im Heimstätten- und Erbbaurecht. - **2)** Anfall erbenlosen Nachlasses an den Staat.

Heilquellen

Bundesrepublik Deutschland

Nach ihren chem. und physikal. Eigenschaften werden folgende Heilquellen abgegrenzt:

A Wässer, die mehr als 1 g gelöste feste Mineralstoffe je kg enthalten.

Chloridwässer, a) Natriumchloridwässer, Kochsalzwässer, früher »muriat. Wässer« genannt, werden bei einem Mindestgehalt von 5,5 g Natrium- und 8,5 g Chlorionen je kg auch »Sole« genannt; b) Calcium-Chloridwässer; c) Magnesiumchloridwässer.

Hydrogencarbonat-(Hydrocarbonat-)Wässer, a) Natrium-Hydro(gen)carbonatwässer, früher »alkal. Wässer« genannt; b) Calcium-Magnesium-Hydro(gen)carbonatwässer, früher »erdige Wässer« genannt.

Sulfatwässer, a) Natriumsulfatwässer, früher »salin. Wässer« oder »Glaubersalzwässer« genannt; b) Magnesiumsulfatwässer, früher »Bitterwässer« genannt; c) Calciumsulfatwässer, früher »Gipswässer« genannt; d) Eisensulfatwässer, früher »Eisenvitriolwässer«; e) Aluminiumsulfatwässer, früher »Alaunwässer«.

B Wässer, die unabhängig vom Gesamtgehalt an gelösten festen Mineralstoffen bes. wirksame Bestandteile enthalten. 1. **Eisenwässer,** früher »Stahlquellen« genannt; 2. **Arsenwässer,** 3. **Jodwässer,** Jodquellen; 4. **Schwefelwässer** enthalten Hydrosulfitionen und teilweise freien Schwefelwasserstoff; 5. **Radonwässer** enthalten Radon; 6. **Kohlensäurewässer (Anthrakokrenen)** oder **Säuerlinge.**

C Wässer, deren natürl. Temperatur höher ist als 20 °C **(Akratothermen** oder **Thermen, Thermalquellen);** sind sie wärmer als die Indifferenztemperatur von 35 °C, so werden sie als »hyperthermisch« bezeichnet.

D Wässer, die keine der angeführten Voraussetzungen erfüllen (mineralarme kalte Quellen **Akratopegen**), aber nachweisbare Heilwirkungen haben.

Aus der Mannigfaltigkeit der Bestandteile der meisten H. folgt, dass ihre medizin. Indikationen sich überschneiden. Bei jeder H. lässt sich jedoch die wesentl. Eigenart feststellen und so die physiolog. Wirkung abgrenzen.

Chloridwässer (Solquellen) wirken bei Trinkkur und Inhalation schleimlösend auf die Schleimhäute, in Form von Bädern dämpfend auf die nervöse Erregbarkeit und umstimmend bes. bei Kindern.

Hydrogencarbonatwässer werden zu Trinkkuren bei Diabetes, Gicht, Magenschleimhautentzündung und Entzündungen der Harnwege verwendet.

Sulfatwässer bewähren sich bei chron. Leberkrankheiten und Erkrankungen der Gallenwege.

Eisen- und **Arsenwässer** werden zur Trinkkur bei Blutarmut, Unterernährung und Schilddrüsenüberfunktion benutzt.

Wichtigste Heilanzeigen der **Jodwässer** sind Blutdruckerhöhung und Arterienverkalkung; Trink- und Badekur werden kombiniert. Für die Behandlung mit Bädern in **Schwefelwässern** eignen sich bes. entzündl. und degenerative Gelenkerkrankungen, auch Hautleiden und Kreislaufstörungen.

Radonwässer werden v.a. bei Krankheiten des rheumat. Formenkreises und bei Altersbeschwerden angewendet.

Durch Bäder mit **Kohlensäurewässern** werden bestimmte Herzkrankheiten und periphere Durchblutungsstörungen behandelt.

Einfache **Thermen (Wildwässer)** haben einen günstigen Einfluss auf degenerative Schäden am Bewegungsapparat, Lähmungen, Nervenentzündungen, auch auf leichte Blutdruckerhöhung.

Europäische Heilquellen

Aachen: Schwefeltherme; Abbach: Schwefeltherme; Acqui Therme: Schwefeltherme; Altheide: Eisensäuerling; Baden-Baden: Kochsalztherme, Baden bei Wien: Schwefeltherme; Baden bei Zürich: Schwefeltherme; Badenweiler: Akratotherme; Bath: hypertherm. Quellen; Bertrich: Glaubersalzquelle; Dürkheim: arsenhaltige Solquelle; Füssing: Schwefeltherme; Hall (Oberösterreich): jodhaltige Solquelle; Badgastein: radioaktive Therme; Karlsbad: Glaubersalztherme; Kissingen: Kochsalzsäuerling; Kreuznach: radioaktive Solquelle; Leukerbad: Calcium-Sulfat-Therme; Mergentheim: Glaubersalzsäuerling; Nenndorf: Schwefelquelle; Oeynhausen: Thermalsole; Pyrmont: Eisensäuerling; Pistyan: Schwefeltherme; Reichenhall: Solquelle; Schuls-Tarasp-Vulpera: alkalisch-salin. Glaubersalzquellen und Säuerlinge; Wiesbaden: Kochsalztherme; Wiessee: jod- und schwefelhaltige Natriumchloridquelle.

Heinrich Heine. Ausschnitt aus einem Ölgemälde (1831) von Moritz Oppenheim (1799 bis 1882)

Heimstätten, Grundstücke, die von öffentl.-rechtl. Körperschaften und von gemeinnützigen Siedlungsgesellschaften zu niedrigen Preisen an Familien mit geringem Einkommen ausgegeben wurden.

Heimwehr, österr. antimarxist. Selbstschutzorganisation 1919 bis 1936; polit. Kampfbewegung bes. seit dem Wiener Aufruhr 1927, 1930 bis 1936 unter Fürst E. R. Starhemberg.

Hein, Freund H., volkstüml. Bezeichnung für den Tod (nach M. Claudius).

Hein, Christoph, dt. Schriftsteller, *1944; vielfach krit. Bild der Gesellschaft in der DDR (»Der fremde Freund«/»Drachenblut«, 1982; »Der Tangospieler«, 1989).

Heine, 1) Heinrich, dt. Dichter, *1797, †1856 in Paris, wo er seit 1831 lebte; einer der Hauptvertreter des →Jungen Deutschland. In seinen spätromant. Gedichten verbindet er Empfindungsreichtum mit Skepsis und Ironie (»Buch der Lieder«, 1827; »Romanzero«, 1851). Sein geistvoller und plaudernder Prosastil (»Reisebilder«, 1826 bis 1831) machte ihn zum Begründer des modernen Feuilletonismus. - **2)** Thomas Theodor, dt. Grafiker und Maler, *1867, †1948; Zeichnungen, Karikaturen, v.a. für den »Simplicissimus«.

Heinemann, Gustav, dt. Politiker (seit 1957 SPD), *1899, †1976; Rechtsanwalt, 1945 bis 1952 Mitglied der CDU; 1966 bis 1969 Bundesmin. der Justiz, 1969 bis 1974 Bundespräsident.

Heinkel, Ernst, dt. Flugzeugbauer und Industrieller, *1888, †1958; entwickelte Sport-, Verkehrs- und v.a. Kriegsflugzeuge.

Heinrich, Herrscher: **Hl. Röm. Reich. 1) H. I.,** König (919 bis 936), *um 875, †936; Sachsenherzog, brachte das Herzogtum Lothringen zum Reich zurück, schlug die Ungarn 933 an der Unstrut; er legte viele Burgen an und schuf die Grundlage der dt. Kaisermacht im MA. - **2) H. II., der Heilige,** König/Kaiser (1002/14 bis 1024), *973, †1024; der letzte Herrscher des sächs. Kaiserhauses, Gründer des Bistums Bamberg. - **3) H. III.,** König/Kaiser (1039/46 bis 1056), *1017, †1056; aus dem sal. Kaiserhaus, setzte 1046 3 streitende Päpste ab, machte Ungarn lehnspflichtig. - **4) H. IV.,** König/Kaiser (1056/84 bis 1106), Sohn von 3), *1050, †1106; führte Kämpfe gegen das Papsttum (→Investiturstreit) und viele dt. Fürsten. Durch die Kirchenbuße in Canossa vor Papst Gregor VII. (1077) erreichte er die Lossprechung vom Bann; vom Gegenpapst in Rom zum Kaiser gekrönt. - **5) H. V.,** König/Kaiser (1106/11 bis 1125), Sohn von 4), *1086, †1125; beendigte den Investiturstreit durch das Wormser Konkordat 1122. - **6) H. VI.,** König/Kaiser (1190/91 bis 1197), *1165, †1197; Staufer, eroberte 1194 das normann. Kgr. Sizilien, erstrebte die Erblichkeit der dt. Krone. - **England. 7) H. II.,** König (1154 bis 1189), *1133, †1189; aus dem Hause Anjou-Plantagenet, gewann durch Erbschaft und Heirat auch das westl. Frankreich, begann die Unterwerfung Irlands; Streit mit Thomas Becket. - **8) H. V.,** König (1413 bis 1422), *1387, †1422; siegte im Kampf um seinen Anspruch auf den frz. Thron 1415 bei Azincourt und nahm Paris ein. - **9) H. VII.,** König (1485 bis 1509), *1457, †1509; aus dem Hause Tudor, stürzte Richard III. und beendete die Rosenkriege. - **10) H. VIII.,** König (1509 bis 1547), Sohn von 9), *1491, †1547; gewalttätig, war sechsmal verheiratet, ließ seine zweite (Anna Boleyn) und fünfte Frau (Katharina Howard) hinrichten; anfangs Gegner Luthers, brach dann mit dem Papst, machte sich 1534 zum Oberhaupt der engl. Staatskirche. - **Frankreich. 11) H. II.,** König (1547 bis 1559), *1519, †1559; erwarb 1552 im Bunde mit den dt. Protestanten Metz, Toul und Verdun, musste jedoch 1559 Italien den Spaniern überlassen. - **12) H. III.,** König (1574 bis 1589), dritter Sohn von 11), *1551, †1589; führte mehrere Hugenottenkriege, ließ aber den Führer der kath. Liga, den Herzog Heinrich von Guise, ermorden. - **13) H. IV.,** König (1589 bis 1610), *1553, †1610; Bourbone, anfangs König von Navarra und Führer der Hugenotten, wurde 1593 kath., um Paris zu gewinnen, gewährte aber den Hugenotten 1598 die Vorrechte des Edikts von Nantes; wurde ermordet. - **Portugal. 14) H. der Seefahrer,** Prinz, *1394, †1460; legte durch Entdeckungsfahrten nach W-Afrika den Grund zur überseeischen Machtstellung Portugals. - **Sachsen. 15) H. der Löwe,** Herzog (1142 bis 1180), *um 1129, †1195; Welfe, war seit 1156 auch Herzog von Bayern, förderte die dt. Ostsiedlung im ostelb. Slawenland, unterwarf Mecklenburg, gründete die Städte Lübeck und München. Mit Kaiser Friedrich Barbarossa verfeindet, wurde er 1180 geächtet und verlor seine Herzogtümer.

Gustav Heinemann

Heinrich, mhdt. Dichter: **1) H. der Glichesaere** ['gli:çəzɛ:rə], aus dem Elsass, dichtete in der 2. Hälfte des 12. Jh. die älteste dt. Tiersage »Reinhart Fuchs«. - **2) H. von Meißen,** →Frauenlob. - **3) H. von Morungen,** Minnesänger, aus der Nähe von Sangerhausen, †1222. - **4) H. von Ofterdingen,** sagenhafter Dichter, im Sängerkrieg auf der Wartburg Gegner Wolframs. - **5) H. von Veldeke,** vom Niederrhein, vollendete spätestens 1190 sein Epos »Eneit«.

Heinrich, Willi, dt. Schriftsteller, *1920; Romane über Heimkehrerschicksale, auch zeitkrit. Unterhaltungsromane.

Heinrich von Plauen, Hochmeister des Dt. Ordens, *um 1370, †1429; verteidigte 1410 die Marienburg gegen die Polen, 1413 abgesetzt und lange gefangen gehalten.

Heinsberg, Krst. in NRW, 36 100 Einwohner.

Heinzelmännchen, im dt. Volksglauben ein hilfsbereiter Hausgeist.

Heirat *die,* Eheschließung (→Ehe).

Heiseler, 1) Bernt von, dt. Schriftsteller, Sohn von 2), *1907, †1969; Dramen, Gedichte, Romane, Essays. - **2)** Henry von, dt. Schriftsteller, *1875, †1928; Gedichte und Dramen.

Werner Heisenberg

Heisenberg, Werner, dt. Physiker, *1901, †1976; begründete mit M. Born und P. Jordan die Matrizenmechanik, eine Form der Quantenmechanik, und stellte die nach ihm benannte **heisenbergsche Unschärferelation** auf; Nobelpreis 1932.

Heisig, Bernhard, dt. Maler und Grafiker, *1925; histor. und zeitgeschichtl. Themen, dynam. Formen und expressive Farbgebung.

heiße Chemie, Teilgebiet der Radiochemie, der sich mit hochradioaktiven Stoffen (etwa ab 0,37 GBq) und chem. Umwandlungen befasst, die bei Kernreaktionen zustande kommen.

Helmut Heißenbüttel

Heißenbüttel, Helmut, dt. Schriftsteller, *1921, †1996; Gedichte (»Topographien«, 1956), sprach- und formexperimentierende Werke: »Textbücher« (1960 ff.), »D'Alemberts Ende« (1970), »Das Durchhauen des Kohlhaupts« (1974); literaturtheoret. Arbeiten, Hörspiele u. a. – 1969 Georg-Büchner-Preis.

heißer Draht, seit 1963 direkte Telekommunikationsverbindung zw. dem Weißen Haus (Washington) und dem Kreml (Moskau).

Heißleiter, ⚡ Halbleiterwiderstand mit negativem Temperaturkoeffizienten, dessen elektr. Leitfähigkeit mit der Temperatur steigt; Anwendung: Temperaturfühler, -regler, -kompensation.

Heißluftbad, Schwitzbad in heißer, trockener Luft bis 100 °C (elektr. Lichtbäder).

Heißwasserspeicher, ein wärmeisolierter Behälter zum Erzeugen und Speichern von heißem Wasser; ein Temperaturregler hält die Wassertemperatur konstant.

Heister *der,* junger Laubbaum aus Baumschulen.

Heisterbach, ehem. Zisterzienserabtei (Ruine des Chors erhalten) im Siebengebirge, gehört zu Königswinter, NRW. Der mittellat. Schriftsteller **Cäsarius von H.** († um 1240) war dort Prior.

Heizgase, brennbare techn. Gase zu Heiz- und Kochzwecken und bei der Verbrennung eines Brennstoffs entstehende Gase.

Heizkissen, durch elektr. Strom erwärmtes Kissen als Bett- und Leibwärmer sowie für Heilzwecke.

Heizkostenverteiler, am Wohnungsheizkörper angebrachtes Messgerät, dient zur Bestimmung der abgenommenen Wärmemenge; danach wird der Heizkostenanteil errechnet.

Heizöle, flüssige Brennstoffe aus Gasölfraktionen des Erdöls.

Heizung, Erwärmung eines Raums; auch die Heizanlage. Man unterscheidet **Einzel-** oder **Lokal-H.** (Kamin-, Ofen-, Gas-, Öl-, Petroleum- oder Spiritus- und elektr. H.), **Sammel-H.** (→Zentralheizung) sowie →Fernheizung. – Elektr. Heizgeräte sind u. a. Heizsonne, →Heizkissen, Heizlüfter.

Heizwert, der Quotient aus der bei vollständiger und vollkommener Verbrennung einer Masse (in kg) bzw. Stoffmenge (in mol) eines Brennstoffs frei werdenden Wärmemenge und seiner Masse bzw. Stoffmenge.

Hekate, griech. Sage: eine in der Unterwelt hausende Zaubergöttin.

Hekatombe *die,* meist *Pl.,* urspr. im alten Griechenland ein Opfer von 100 Rindern; Ü einem unheilvollen Ereignis zum Opfer gefallene große Anzahl von Menschen.

Hekla *die,* Vulkan im südl. Island, 1491 m.

Hektar *das,* Einheitenzeichen **ha,** Flächenmaß, = 100 Ar = 10 000 m^2.

Hekto [von griech. hekaton »hundert«], Vorsatzzeichen **h,** Vorsatz vor Einheiten für den Faktor 100, z. B. 1 **Hektoliter** (1 hl) = 100 Liter, 1 **Hektopascal** (1 hPa) = 100 Pascal = 1 Millibar.

Hektograph *der,* veraltetes Vervielfältigungsgerät, mit dem auch mehrfarbige Wiedergabe in einem Arbeitsgang möglich war.

Hektor, griech. Sage: Sohn des Priamos und der Hekuba, Gatte der Andromache, der tapferste Held der Trojaner, fiel durch Achilles.

Hekuba, griech. **Hekabe,** griech. Sage: Gemahlin des Priamos, Mutter von Hektor, Paris und Kassandra.

Hel, Totenwohnstätte der german. Sage; auch als Göttin personifiziert.

Hela, poln. **Hel** [xɛl], poln. Halbinsel im W der Danziger Bucht, Seebad H. (4900 Einwohner).

Held, Martin, dt. Schauspieler, *1908, †1992.

Heldbock, größte heim. Bockkäferart, bis 5 cm lang, an frisch gefällten Eichen.

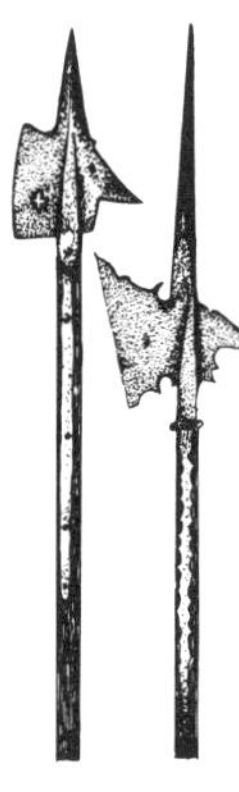

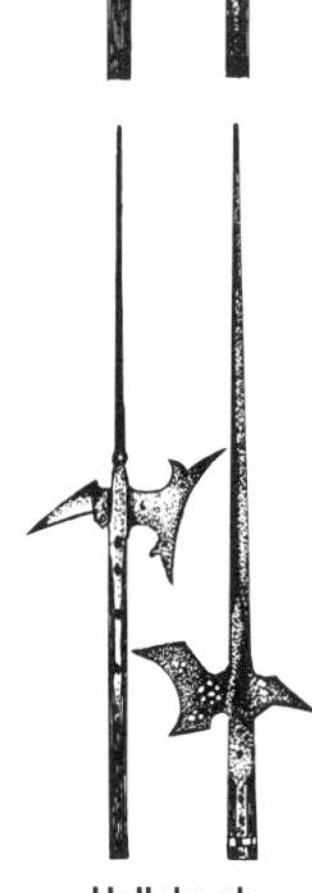

Hellebarde
Verschiedene Formen

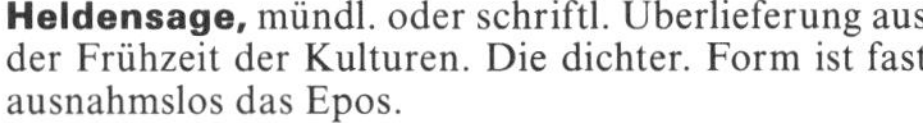

Heldensage, mündl. oder schriftl. Überlieferung aus der Frühzeit der Kulturen. Die dichter. Form ist fast ausnahmslos das Epos.

Helder *der, das,* noch nicht eingedeichter Wattenboden mit Vegetation.

Helder, Den H., Kriegs- und Fischereihafen in Nordholland, Niederlande, 62 100 Einwohner.

Helena, griech. Sage: Tochter des Zeus und der Leda, Gemahlin des Menelaos, Urbild weibl. Schönheit; ihre Entführung durch Paris verursachte den Trojan. Krieg.

Helfferich, Karl, dt. Politiker, *1872, †1924; war 1915 Staatssekretär des Reichsschatzamts, 1916/17 des Reichsamts des Innern und Vizekanzler, nach 1918 deutschnat. Parteiführer.

Helgoland, Nordseeinsel, gehört zu Schlesw.-Holst., mit Düne 2,09 km^2, umfasst das felsige Oberland (bis 61 m hoch), das flache Unterland und die 1,5 km entfernt liegende Düne mit Badestrand. Der Ort H. hat 1 800 Ew., Vogelwarte, Meeresbiolog. Anstalt, Wetterstation, Hafen. – H. war 1714 bis 1814 dänisch, dann britisch. 1890 erkannte das Dt. Reich für die Abtretung von H. an Dtl. die brit. Oberhoheit über Sansibar an. Nach der Zerstörung des Orts (1945) diente H. der brit. Luftwaffe als Übungsplatz für Bombenabwürfe. 1952 an Dtl. zurückgegeben; 1960 war der Wiederaufbau beendet.

Heliand [»Heiland«], altsächs. Evangeliendichtung des 9. Jh. in Stabreimversen. Christus erscheint als german. Volkskönig.

Helikon *das,* kreisrund gewundenes Blechblasinstrument, das sich der Spieler umhängt.

Helikon *der,* Gebirge in der griech. Landschaft Böotien; im Altertum Sitz der Musen.

Helikopter *der,* →Hubschrauber.

Helio..., in Fremdwörtern: Sonnen...

Heliogabalos, röm. Kaiser, →Elagabal.

Heliogravüre *die,* →Photogravüre.

Heliopolis [griech. »Sonnenstadt«], hebr. **On,** alte ägypt. Stadt nordöstl. Kairo; griech. Name für →Baalbek; Tempel des Re.

Helios [griech. »Sonne«], griech. Sonnengott, Sohn des Hyperion.

Heliostat *der,* ☼ ebener Spiegel, der durch ein Uhrwerk so gedreht wird, dass er das Sonnenlicht immer in die gleiche Richtung reflektiert.

Heliotherapie *die,* Sonnenlichtbestrahlung zu Heilzwecken.

Heliotrop, 1) *der,* Schmuckstein, blaugrün und rot gefleckter Chalcedon. – **2)** *das,* Vanillestrauch, Gartenpflanze, ein Borretschgewächs aus Peru, mit blauen, vanilleduftenden Blüten.

Heliotropismus *der,* →Tropismus.

heliozentrisch, auf die Sonne als Mittelpunkt bezogen. **h. Weltbild,** von N. Kopernikus vertretene Planetentheorie, nach der die Sonne Weltmittelpunkt ist.

Helium *das,* Symbol **He,** chem. Element, farbloses Edelgas, OZ 2, relative Atommasse 4,00260; Verwendung: Laser-, Tieftemperaturtechnik. H., im Weltall nach Wasserstoff das häufigste Element, Vorkommen in Erdgaslagerstätten, ist in der Atmosphäre nur mit 0,0005 Vol.-% enthalten. Normales H. I geht bei 2,184 K in eine Flüssigkeit von äußerst geringer Zähigkeit und sehr hoher Wärmeleitfähigkeit über **(supraflüssiges H. II).** Der H.-Kern mit der Masse 4 heißt in der Kernphysik Alphateilchen (→Alphastrahlen).

Hellas, 1) bei Homer Landschaft im südöstl. Thessalien, dann Name ganz Griechenlands. – **2)** seit 1822 amtl. griech. Name für Griechenland.

Helldunkel, Clair-obscur [klɛrɔbsˈkyr], in Malerei und Grafik ein Gestaltungsprinzip, das die natürl. Farbigkeit zugunsten der Gegensätze von Licht und Schatten zurücktreten lässt. Erstmals bei Leonardo da Vinci, Höhepunkte bei Caravaggio und Rembrandt.

Hellebarde *die,* Hieb- und Stoßwaffe des Fußvolks im späteren MA., über 2 m lang.
Hellenen, urspr. in S-Thessalien wohnhafter griech. Stamm, dessen Name im 7. Jh. v. Chr. auf die Gesamtnation der Griechen überging.
Hellenismus *der,* Abschnitt der griech. Geschichte und Kultur vom Tod Alexanders d. Gr. bis Augustus; griech. Wesen wurde mit morgenländ. Bestandteilen zu neuer weltumfassender Bedeutung verschmolzen. Mittelpunkte: Alexandria, Pergamon, Antiochia, Rhodos, Athen, Rom.
Heller, Haller *der,* seit dem 12. Jh. Silber-, seit dem 17./18. Jh. Kupfermünze zu 1/2 Pfennig.
Heller, 1) André, österr. Chansonsänger, Literat und Aktionskünstler, * 1947; Inszenierung im »Zirkus Roncalli« (1976), Feuerwerke als »Theater des Feuers« (1983/84). – **2)** ['helə], Joseph, amerikan. Schriftsteller, * 1923; Roman »Catch-22« (1961).
Hellespont *der,* → Dardanellen.
Helling *der* oder *die,* ⚓ geneigte Ebene, auf der ein Schiff gebaut wird und von der es vom Stapel läuft.
Hellsehen *das,* außersinnl. Wahrnehmung von räumlich entfernten Gegenständen oder Vorgängen; Gegenstand der Parapsychologie.
Hellweg, im MA. Name für große Landstraßen, bes. für den wahrscheinlich aus vorröm.-german. Zeit stammenden Verbindungsweg zw. Rhein (Ruhrort) und Weser (Minden), von Karl d. Gr. zur Heerstraße ausgebaut.
Helm, Kopfschutz aus Fell, Leder oder Metall, im MA. auch mit bes. Gesichtsschutz **(Visier).** Während des 1. Weltkriegs wurde der **Stahlhelm** eingeführt.
Helmbrecht, Meier H., Held einer satir. Dichtung des 13. Jh. von Wernher dem Gartenaere.
Helmholtz, Hermann von, dt. Naturforscher, * 1821, † 1894; gab die Begründung des von R. Mayer entdeckten Energieerhaltungssatzes, erfand den Augenspiegel, erklärte die physiolog. Vorgänge des Sehens und Hörens.
Helminthen *Pl.,* die bei Tieren und Menschen parasitierenden Würmer. **Helminthiasen,** die Wurmkrankheiten.
Helmstedt, Krst. in Ndsachs., inmitten der Helmstedter Braunkohlenmulde, 26 700 Ew.; bis 1990 bedeutend als Grenzübergang und Verkehrsknoten für den Verkehr in die DDR; Braunkohlenbergbau, Bauind., Metallverarbeitung.
Helnwein, Gottfried, österr. Maler und Illustrator, * 1948; schockierender Hyperrealismus; Verbindung von Malerei und Fotografie.
Héloïse, die Geliebte des → Abaelardus.
Heloten *Pl.,* Staatssklaven im alten Sparta.
Helsingborg [hɛlsiŋ'bɔrj], bis 1971 **Hälsingborg,** Hafenstadt in SW-Schweden, am Sund; Eisenbahn- und Autofähren nach Helsingør, 107 500 Ew.; Marienkirche (13. Jh.).
Helsingør [hɛlseŋ'ø:r], Hafen- und Industriestadt auf Seeland, Dänemark, am Sund, 56 800 Ew., Fährverbindung mit Helsingborg in Schweden; Renaissanceschloss **Kronborg,** durch Shakespeares »Hamlet« bekannt.
Helsinki, schwed. **Helsingfors,** Hptst. und Haupthafen von Finnland, am Finn. Meerbusen, 490 000 Ew.; Univ., TU, Theater; Ausfuhrplatz für Kohle, Eisen, Getreide u. a.; Textil-, Zucker-, Tabak-, Maschinenind. – H., 1550 gegr., wurde 1812 Hauptstadt.
Heluan, Stadt in Ägypten, 350 000 Ew., Autofabrik, Hütten-, Walzwerk.
Helvetier, kelt. Stamm, der um 100 v. Chr. in die heutige Schweiz einwanderte. Bei dem Versuch, S-Gallien zu erobern, 58 v. Chr. bei Bibracte von Caesar besiegt.
Helvetische Konfession, Confessio Helvetica, 2 Bekenntnisschriften der schweizer. reformierten Kirche (1536, 1562).
Helvetische Republik, durch Frankreich errichteter schweizer. Staat 1798 bis 1803.
Hemer, Ind.stadt in NRW, am N-Rand des Sauerlandes, 32 900 Ew.; bei H. Naturschutzgebiete »Felsenmeer« und »Heinrichshöhle«.
hemi..., in Fremdwörtern: halb...
Hemingway ['hemɪŋweɪ], Ernest, amerikan. Schriftsteller, * 1899, † (Freitod) 1961; Hauptvertreter der »verlorenen Generation« zw. den Weltkriegen. Romane: »Wem die Stunde schlägt« (1940) u. a., Erz.: »Der alte Mann und das Meer« (1952). Nobelpreis 1954.
Hemiplegie *die,* halbseitige Lähmung.
Hemisphäre *die,* **1)** Halbkugel; Erdhalbkugel. – **2)** Großhirnhälfte.
Hemlocktanne, Schierlingstanne, Nadelbaumgattung in Nordamerika, Ostasien.
Hemmel, Peter, gen. P. v. **Andlau,** dt. Glasmaler, * um 1420, † nach 1501; Arbeiten von leuchtender Farbigkeit (u. a. im Ulmer Münster, St. Lorenz in Nürnberg, Frauenkirche in München).
Hemmung *die,* **1)** ® meist unbewusster seel. Widerstand gegen situations- oder antriebsgerechtes Verhalten. – **2)** in mechanischen Uhren die Vorrichtung, die den Ablauf des Räderwerks im Rhythmus des Schwingsystems hemmt.
Henan, Honan, chin. Prov., 167 000 km², 85,5 Mio. Ew.; Hptst. Zhengzhou.
Henderson ['hendəsn], Arthur, brit. Politiker, * 1863, † 1935; Führer der Labour Party; war Innen-, Außenmin.; Friedensnobelpreis 1934 für sein Wirken als Vors. der Abrüstungskonferenz.
Hendricks, Barbara, amerikan. Sängerin (Sopran), * 1948; Opern- und Liedinterpretin.
Hendrix, Jimi, amerikan. Rockmusiker afroamerikan.-indian. Herkunft, * 1942, † 1970; Gitarrist und Sänger, Symbolfigur eines von Drogen und Sex geprägten Rockunderground.
Hengist und **Horsa** [altengl. »Hengst und Ross«], sagenhafte Führer der Angelsachsen.
Hengst *der,* männl. Pferd, Kamel, Esel, Zebra.
henken, veraltet für durch den Strang hinrichten. **Henker** *der,* Scharfrichter.
Henlein, 1) Konrad, sudetendt. Politiker, * 1898, † (Freitod) 1945; Gründer der natsoz. beeinflussten Sudetendt. Partei in der Tschechoslowakei. – **2)** Peter, Mechaniker in Nürnberg, * 1480, † 1542; baute um 1510 dosenförmige Taschenuhren.
Henna *die,* rotgelber Farbstoff des Hennastrauchs in Afrika und Asien; zum Färben der Haare verwendet.
Henneberg, ehem. Grafschaft in Franken und Thüringen, kam 1583 an die Wettiner.
Hennecke, Adolf, dt. Bergarbeiter, * 1905, † 1975; Begründer der Aktivistenbewegung der DDR (ab 1948).
Hennef (Sieg), Gemeinde und Kneippkurort in NRW, 30 000 Ew.; Maschinenbau.
Hennegau, fläm. **Henegouwen** ['he:nəxɔuwə], frz. **Hainaut** [ɛ'no], geschichtl. Landschaft und Prov. in Belgien, Hptst. Mons; sehr fruchtbar, Zuckerrüben-, Weizenanbau, Pferdezucht; der Steinkohlenbergbau ist 1984 erloschen; Eisen-, Glas- und chem. Ind. – Der südl. Teil des H. (Valenciennes und Maubeuge) kam 1659 an Frankreich.
Hennigsdorf b. Berlin, Stadt in Bbg., an der Havel, 24 000 Ew.; Stahlwerk u. a. Industrie.
Henry [nach dem amerikan. Physiker J. Henry, * 1797, † 1878], Zeichen **H,** SI-Einheit der Induktivität. Die Induktivität einer geschlossenen Windung, die – von einem Strom der Stärke 1 A durchflossen – einen magnet. Fluss von 1 Wb umschlingt, beträgt 1 H, 1 H = 1 Vs/A = 1 Wb/A.
Henry ['henrɪ], O., eigentl. William Sidney **Porter** ['pɔ:tə], amerikan. Schriftsteller, * 1862, † 1910; Kurzgeschichten mit überraschendem Schluss.

Hermann von Helmholtz

Helsinki Stadtwappen

Ernest Hemingway

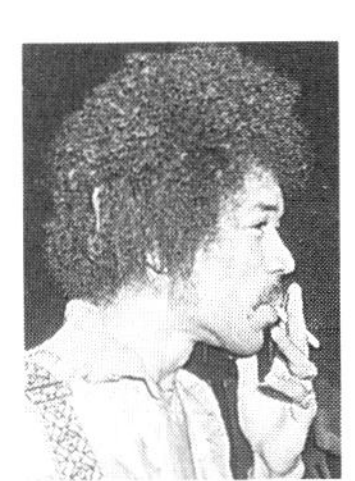
Jimi Hendrix

Audrey Hepburn

Sepp Herberger

Johann Gottfried Herder
Ausschnitt aus einem zeitgenössischen Gemälde

Stephan Hermlin

Hensel, **1)** Luise, dt. Dichterin, * 1798, † 1876; geistl. Lieder, z. B. »Müde bin ich, geh' zur Ruh«. – **2)** Walther, eigentl. Julius **Janiczek** [-tʃɛk], dt. Musikpädagoge, * 1887, † 1956; Vorkämpfer der Jugendmusikbewegung.

Henze, Hans Werner, dt. Komponist, * 1926; bildete die freie Zwölftonrichtung fort; Sinfonien, Ballette; Opern: »Der Prinz von Homburg« (1960), »Elegie für junge Liebende« (1961), »Das verratene Meer« (1989).

Hepatitis *die,* Leberentzündung (→ Leber).

Hepburn [ˈhebən], **1)** Audrey, amerikan. Filmschauspielerin, * 1929, † 1993; »My fair Lady« (1964) u. a. – **2)** Katharine, amerikan. Filmschauspielerin, * 1909; »African Queen« (1951), »Am goldenen See« (1981).

Hephäst, griech. **Hephaistos,** griech. Gott des Feuers und der Schmiedekunst.

Heppenheim (Bergstraße), Krst. in Hessen, 23 100 Ew.; Weinbau; Industrie.

Heptameron *das,* Novellensammlung der Margarete von Navarra (1559).

Hepworth [ˈhepwəːθ], Dame (seit 1965) Barbara, brit. Bildhauerin, * 1903, † 1975; beschäftigte sich mit Plastiken (offene Hohlformen), monolith. Figurengruppen.

Hera, griech. Göttin, Schwester und Gemahlin des Zeus, Beschützerin der Ehe; entspricht der röm. Juno.

Herakles, lat. **Herkules,** griech. Sage: Sohn des Zeus und der Alkmene, mit Keule und Löwenfell dargestellt, verrichtete im Dienst des Königs Eurystheus 12 »Arbeiten«, z. B.: Tötung der Lernäischen Schlange (→ Hydra), des Nemeischen Löwen (→ Nemea) und der Stymphal. Vögel (→ Stymphalos), Reinigung der Ställe des → Augias; Erlangung der Äpfel der → Hesperiden.

Heraklion, neugriech. **Iraklion,** ital. **Candia,** griech. Hafen- und Ind.stadt auf der Insel Kreta, 101 600 Ew.; bedeutendes archäolog. Museum; ✈.

Heraklit, griech. **Herakleitos,** griech. Philosoph, um 480 v. Chr., aus Ephesus; sah im Feuer, das er als Inbegriff steter Wandelbarkeit verstand, das Grundwesen der Dinge; lehrte die ewige Wiederkehr des Gleichen als Verschiedenes: »alles fließt«.

Heraldik *die,* Wappenkunde (→ Wappen).

Heranwachsende, Strafrecht: Personen von 18 bis 21 Jahren; sie unterliegen u. U. dem Jugendstrafrecht.

Herat, Stadt im westl. Afghanistan, rd. 160 000 Ew.; altes Gewerbe (Teppiche, Seide); im 15. Jh. Mittelpunkt pers. Literatur und Wissenschaft.

Herausgeber, wer eine Druckschrift veröffentlicht (Urheberrechtsges.), ohne Verfasser oder alleiniger Verfasser zu sein. Der H. gilt in bestimmten Fällen als Urheber.

Herbarium *das,* geordnete Sammlung getrockneter (gepresster) Pflanzen.

Herbart, Johann Friedrich, dt. Philosoph, Pädagoge, * 1776, † 1841.

Herberge *die,* Unterkunft, Obdach, Gasthaus. Die **H. zur Heimat,** von der ev. Inneren Mission eingerichtet, gewähren Nichtsesshaften Verpflegung und Unterkunft gegen geringes Entgelt. (→ Jugendherberge)

Herberger, Josef (Sepp), dt. Sportlehrer, * 1897, † 1977; 1936 bis 1964 Trainer der dt. Fußballnationalmannschaft, die er 1954 zur Weltmeisterschaft führte.

Herbizide, chem. Unkrautbekämpfungsmittel mit unterschiedl. Wirkung.

Herborn, Stadt in Hessen, an der Dill, 20 300 Ew.; Schloss, mittelalterl. Stadtbild.

Herbst, für die nördl. Halbkugel die Zeit vom 23. 9. bis 22. 12., für die südl. vom 21. 3. bis 22. 6.

Herbstzeitlose *die,* Liliengewächs auf feuchten Wiesen; entwickelt aus Knollen im Herbst blasslila Blüten, im Frühjahr das Kraut mit Frucht. Alle Teile der Pflanze enthalten das Gift **Colchicin.**

Herburger, Günter, dt. Schriftsteller, * 1932; Erz., Gedichte und Kinderbücher.

Herculaneum, im Altertum Küstenstadt südöstl. von Neapel, 79 n. Chr. bei einem Vesuvausbruch verschüttet; 1750 wieder aufgefunden.

Herd, 1) urspr. offene Feuerstelle, heute Ofen zum Kochen. – **2)** ⚒ Flächen, auf denen Erze für den Hochofen aufbereitet werden (Herdofen). – **3)** Mittelpunkt, Ausgangspunkt, Sitz; der H. der Unzufriedenheit, einer Krankheit **(Fokus),** eines Erdbebens.

Herdbuch, Verzeichnis der im Zuchtgebiet anerkannten Zuchttiere, enthält Angaben über Leistung und Abstammung.

Herder, Johann Gottfried v., dt. Philosoph und Dichter, * 1744, † 1803; wurde 1776 durch Goethes Vermittlung Generalsuperintendent in Weimar; Kritiker, Kulturgeschichtsforscher, Vertreter einer umfassenden Humanitätsphilosophie und Theoretiker des »Sturm und Drang«, Wegbereiter der dt. Klassik und Romantik, Meister der Übersetzungskunst. Hauptwerk: »Ideen zur Philosophie der Geschichte der Menschheit« (1784 bis 1791). Freie Übersetzungen: Romanzenkreis »Der Cid« (1805); Volksliedersammlung »Stimmen der Völker in Liedern« (1807).

Hérédia [ereˈdja], José Maria de, frz. Dichter, * 1842, † 1905; Vertreter der Parnassiens.

Herero *Pl.,* Bantuvolk in Namibia und Angola, über 100 000 Angehörige; kämpften 1904 gegen die dt. Kolonialherrschaft.

Herford, Krst. in NRW, 60 900 Ew.; Textil-, Möbel-, Nahrungsmittelindustrie.

Hering *der,* **1)** Fisch der nördl. Meere, schlank, blaugrün, silberglänzend, nährt sich von Kleinlebewesen. Der **Atlant. H.** führt in großen Schwärmen Fress- und Laichwanderungen (ein Weibchen legt 40 000 bis 60 000 Eier) aus. Der frische H. heißt im Handel **grüner H.,** weitere Handelsformen sind der **Salz-H.,** der **Räucher-H.** oder **Bückling,** der eingelegte, entgrätete **Bismarck-H.,** der gewürzte, um eine Gurke gerollte **Rollmops,** der mit Laich angefüllte **Voll-H.,** der noch nicht laichreife **Matjes-H.** – **2)** Zeltpflock.

Heringsdorf, Seebad auf der Insel Usedom, Meckl.-Vorp., 3 800 Ew.; Sternwarte.

Herisau, Hauptort des schweizer. Kt. Appenzell-Außerrhoden, 14 800 Ew.; Industrie.

Herkules, 1) lat. Name des Herakles. – **2)** ✡ Sternbild des Nordhimmels.

Hermandad [span. »Bruderschaft«] *die,* im MA. span. Städtebündnis zur Wahrung des Landfriedens **(Heilige H.);** später die Polizei.

Hermann I., Landgraf von Thüringen (1190 bis 1217), * um 1155, † 1217; unterhielt auf der Wartburg einen Musenhof (1207 »Sängerkrieg«).

Hermann der Cherusker → Arminius.

Hermannsburger Mission, luther. Missionsgesellschaft (gegr. 1849), arbeitet in Südafrika.

Hermannsdenkmal, Denkmal des Arminius auf der Grotenburg im Teutoburger Wald, 1875 eingeweiht; 26 m hoch (Sockel 30,7 m).

Hermannstadt, rumän. **Sibiu** [siˈbiu̯], Stadt in Siebenbürgen, Rumänien, 177 000 Ew.; nördl. vom Rotenturmpass. Ind.: Maschinen, Nahrungsmittel, Textilien. H., im 12. Jh. entstanden, war Hauptort der Siebenbürger Deutschen (»Sachsen«).

Hermann von Salza, 1209 bis 1239 Hochmeister des Deutschen Ordens, * um 1170, † 1239; vermittelte oft zw. Kaiser und Papst; begann 1226 die Eroberung und dt. Besiedlung Preußens.

Hermaphrodit *der,* Zwitter; in der griech. Sage ein mannweibl. Zwitterwesen, gezeugt von Hermes und Aphrodite.

Herme *die,* im Altertum Pfeiler mit dem Kopf des Hermes, dann auch anderer Götter und berühmter Männer.

Hermelin *das,* svw. Großes Wiesel (→Marder).
Hermeneutik *die,* Kunst und Lehre der Auslegung von Schriften, Dokumenten, Kunstwerken.
Hermes, Sohn des Zeus und der Maia, griech. Gott des Handels, Götterbote u.a.; dargestellt als anmutiger Jüngling mit Reisehut, Flügelschuhen, Heroldsstab. Bei den Römern Merkur.
Hermes, 1) Andreas, dt. Politiker, *1878, †1964; gründete 1946 den Dt. Bauernbund und den Dt. Raiffeisenverband. – **2)** Georg, dt. kath. Theologe, *1775, †1831; versuchte die kath. Kirchenlehre philosoph. zu sichern; 1836 vom Papst verurteilt **(Hermesianismus).**
hermetisch, dicht verschlossen, abgeriegelt.
Herminonen, Erminonen *Pl.,* einer der 3 german. Stammesverbände.
Hermlin, Stephan, eigentl. Rudolf **Leder,** dt. Schriftsteller, *1915, †1997; Erzählungen, Gedichte, Hörspiele, Übersetzungen.
Hermosillo [ɛrmoˈsijo], Hptst. des mexikan. Staats Sonora, 341 000 Ew.; Ackerbauzentrum.
Hernández [ɛrˈnandɛθ], **1)** José, argentin. Schriftsteller, *1834, †1886; schilderte in der zum Nationalepos gewordenen volkstüml. Dichtung »Martin Fierro« (1872 bis 1879) die Pampa und das Leben des Gaucho. – **2)** Miguel, span. Dichter, *1910, †1942; neoklassizist. Lyrik, von großem Einfluss auf die neuere span. Literatur.
Herne, Stadt in NRW, im Ruhrgebiet, am Rhein-H.-Kanal; 180 500 Ew.; Maschinenbau, elektrotechn. und chem. Industrie.
Hernie *die,* Eingeweidebruch, →Bruch 2).
Hero, griech. Sage: Geliebte des Leander, der allnächtlich zu ihr durch den Hellespont schwamm, bis er ertrank; H. stürzte sich ins Meer. Trauerspiel von F. Grillparzer (»Des Meeres und der Liebe Wellen«, 1840).
Herodes [griech. »Heldenspross«], jüd. Könige: **1) H. der Große,** *um 72, †4 v.Chr.; vereinigte im Bündnis mit den Römern das jüd. Land, begann den Neubau des Tempels in Jerusalem, soll den bethlehemitischen Kindermord befohlen haben. – **2) H. Antipas,** Sohn von 1), *20 v.Chr., †nach 39 n.Chr., Landesherr Jesu. – **3) H. Agrippa II.,** *um 28, †um 100; berühmt ist sein Gespräch mit dem Apostel Paulus und dessen Rede vor ihm (Apg. 25, 13–26).
Herodot, griech. Geschichtsschreiber, »Vater der Geschichtsschreibung«, *um 490, †425 v.Chr.; bereiste Asien und Ägypten; schrieb eine Geschichte Griechenlands, die die Zeit bis 479 v.Chr., bes. die Perserkriege, umfasst und deren Zuverlässigkeit in den sachlich berichtenden Partien durch die neue Forschung bestätigt wurde.
Heroin, Diacetylmorphin, Rauschgift, das bekannteste und gefährlichste Opiat. Wegen der hochgradigen Suchtgefahr ist die ärztl. Anwendung des H. in Dtl. verboten.
Heroine *die,* Darstellerin weibl. Heldenrollen.
Herold *der,* im MA. fürstl. Bote, Ausrufer; bei Turnieren eine Art Zeremonienmeister.
Heron von Alexandria, griech. Gelehrter, um 100 n.Chr.; Schriften über Mechanik, Pneumatik, Vermessungskunde, beschrieb den **Heronsball,** eine Vorrichtung zum Emportreiben einer Wassersäule durch Luftverdichtung.
Heros [griech. »Held«] *der,* **1)** tapferer Kämpfer, Held. – **2)** Halbgott, götterähnl. Held.
Herostratos, ein Grieche, der 356 v.Chr. den Artemistempel zu Ephesos in Brand steckte, um berühmt zu werden. **Herostrat** *der,* Ü Verbrecher aus Ruhmsucht.
Herpes *der,* mehrere Haut- und Schleimhauterkrankungen, so die Viruskrankheiten **H. simplex,** Bläschenflechte, bes. an den Lippen, und **H. zoster,** Gürtelrose, Gürtelflechte.

Herrenalb, Bad H., Stadt im Kr. Calw, Bad.-Württ., 6 900 Ew.; Kurort im Schwarzwald; Ev. Akademie der Ev. Landeskirche in Baden.
Herrenberg, Große Krst. in Bad.-Württ., 26 000 Ew.; Stiftskirche (14. Jh.); Arzneimittelherstellung.
Herrenchiemsee [-ˈkiːm-], Schloss auf der **Herreninsel** im Chiemsee; 1873 durch Ludwig II. nach dem Vorbild von Versailles erbaut; Museum.
Herrenhaus, bis 1918 (nicht gewählte) Erste Kammer des Preuß. Landtags und des Österr. Reichsrats.
herrenlose Sache, Sache, die noch nicht oder nicht mehr im Eigentum einer Person steht. Jeder kann sie sich aneignen, sofern nicht das Aneignungsrecht eines anderen verletzt wird (§959 BGB).
Herrentiere →Primaten.
Herrera [ɛˈrrɛra], Juan de, span. Baumeister, *um 1530, †1597. Von der ital. Renaissance ausgehend, begründete er einen asket. strengen Stil; Hauptwerk ist der von ihm ab 1567 vollendete Escorial.
Herrhausen, Alfred, dt. Bankfachmann, *1930, †1989; Vorstandssprecher der Dt. Bank; wurde bei einem Sprengstoffattentat ermordet.
Herriot [ɛrˈjo], Édouard, frz. Politiker (Radikalsozialer), *1872, †1957; mehrmals Min.-Präs. und Außenmin., 1947 bis 1954 Präs. der Nationalversammlung.
Herrnhut, Stadt in Sa., in der Oberlausitz, 1 900 Ew.; Stammort der Brüdergemeine.
Hersbruck, Stadt in Bayern, an der Pegnitz, 11 500 Ew.; Schloss (16./17. Jh.); Hopfenanbau.
Herschbach [ˈhəːʃbak], Dudley Robert, amerikan. Chemiker, *1932; erhielt für seine Arbeiten zur Reaktionskinetik 1986 den Nobelpreis.
Herschel [ˈhəːʃəl], Sir (seit 1816) Friedrich Wilhelm, brit. Astronom dt. Herkunft, *1738, †1822; seit 1765 in England, baute Spiegelfernrohre, entdeckte den Uranus sowie die Uranus- und Saturnmonde.
Hersfeld, Bad H., Krst. in Hessen, an der Fulda, 29 000 Ew.; Heilbad; vielseitige Ind. Benediktinerabtei, 769 gegr. (roman. Stiftskirche, seit 1761 Ruine, seit 1951 Festspielort).
Herten, Stadt in NRW, im Ruhrgebiet, 67 800 Ew.; Steinkohlenbergbau.
Hertling, Georg Freiherr (seit 1914 Graf) v., dt. kath. Philosoph und Politiker (Zentrum), *1843, †1919; Mitgründer der Görres-Gesellschaft; 1917 bis 1918 Reichskanzler.
Hertz [nach H. Hertz] *das,* Einheitenzeichen **Hz,** abgeleitete SI-Einheit der Frequenz eines period. Vorgangs (Schwingungen pro Sekunde), $1\ Hz = 1\ s^{-1}$, 1 kHz (Kilo-H.) = 1 000 Hz.
Hertz, 1) Gustav, dt. Physiker, *1887, †1975; untersuchte mit J. Franck den Energieaustausch von Elektronenstößen in Gasen; Nobelpreis für Physik 1925. – **2)** Heinrich, dt. Physiker, *1857, †1894; entdeckte die elektromagnet. Wellen.
Hertzog, James, südafrikan. General und Politiker, *1866, †1942; kämpfte im Burenkrieg gegen die Briten; 1924 bis 1939 Min.-Präsident.
Hertzsprung [ˈhɛrdsbroŋ], Ejnar, dän. Astronom, *1873, †1967; fand die für die Astrophysik grundlegende Beziehung zw. Leuchtkraft und Temperatur der Sterne, der H. N. Russell später die Form des **H.-Russell-Diagramms** gab.
Heruler, german. Stamm aus N-Europa; die Ost-H. gründeten im 5. Jh. n.Chr. ein mächtiges Reich in Pannonien.
Herwegen, Ildefons, dt. Benediktiner, *1874, †1946; seit 1913 Abt von Maria Laach, förderte die liturg. Bewegung.
Herwegh [-veːk], Georg, dt. Dichter, *1817, †1875; beteiligte sich am bad. Aufstand von 1848; schrieb »Gedichte eines Lebendigen«.
Herz, Antriebsorgan des Blutkreislaufs; beim Menschen etwa faustgroßer Hohlmuskel im Brustkorb, zu

Hermes
Bronze (1580)

Dudley Robert Herschbach

Heinrich Hertz

Georg Herwegh
Holzstich

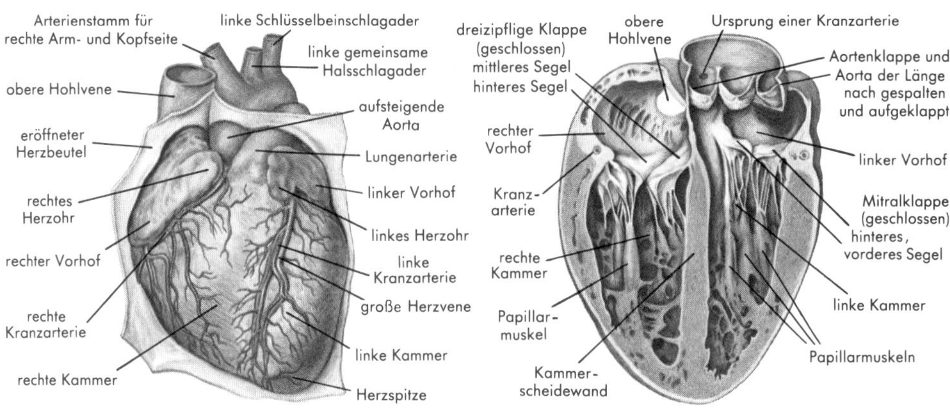

Herz. Links: Ansicht von vorn. Rechts: Längsschnitt eines von vorn gesehenen Herzens

zwei Drittel links von der Mittellinie. Das H. wird vom **H.-Beutel** umschlossen, durch eine muskulöse Scheidewand der Länge nach in 2 Teile geteilt **(rechte** und **linke H.-Hälfte),** jede mit einem oberen Teil, dem **Vorhof,** und einem unteren, der **H.-Kammer** (Ventrikel). Zw. jeder Vorkammer und H.-Kammer, ebenso an der Abgangsstelle der großen Schlagadern sitzen **H.-Klappen,** die den Blutumlauf im H. nach Art eines Ventils nur in einer Richtung gestatten. Die H.-Tätigkeit wird vom Reizleitungssystem des H. gesteuert. Die **H.-Schläge** erfolgen beim Erwachsenen 60- bis 80-mal in der Minute; bei Kindern häufiger. Jede Zusammenziehung des H. oder seiner Abschnitte wird als **Systole,** jede Erschlaffung als **Diastole** bezeichnet. Mit Sauerstoff und Nährstoffen versorgt wird das H. durch die **H.-Kranzgefäße;** aus der Aorta entspringen die beiden **Koronararterien.**

Hessen Landeswappen

Herz, Kartenspiel: Farbe der frz. Spielkarte, entspricht dem Rot der dt. Karte.

Herz, Henriette, dt. Literatin, *1764, †1847; Freundin F. D. E. Schleiermachers, versammelte in ihrem Salon das geistige und literar. Berlin.

Herzberg, Gerhard, kanad. Physiker dt. Herkunft, *1904; arbeitete v.a. über Atom- und Molekularspektroskopie; Nobelpreis für Chemie 1971.

Herzberg am Harz, Stadt am Harz Ndsachs. 16000 Ew.; Schloss (16./17. Jh.).

Herzberg/Elster, Krst. in Bbg., an der Schwarzen Elster, 8000 Ew.; Mischfutterwerk.

Herzblatt, Steinbrechgewächs; herzblättrige, weiß blühende Pflanze auf moorigen Wiesen der nördl. Halbkugel.

Roman Herzog

Herzegowina *die,* meist ödes, verkarstetes Gebirgsland im S von Bosnien und H.; Anbau von Mais, Tabak und Wein; Schaf- und Ziegenzucht. Hauptort ist Mostar. – Die H. gehörte 1878 bis 1918 zu Österreich-Ungarn, ab 1918 zu Jugoslawien. Zur weiteren Gesch. →Bosnien und Herzegowina.

Herz Jesu, kath. Kirche: Verehrung der Liebe Jesu zu den Menschen unter dem Sinnbild seines leibl. Herzens. **Herz-Jesu-Fest,** kath. Fest am 3. Freitag nach Pfingsten.

Herzkrankheiten. Herzbeutelentzündung (Perikarditis), wässriger Erguss in den Herzbeutel. **Herzfehler** (Vitium cordis), angeborene oder erworbene, krankhafte Fehlbildung des Herzens. Heilt eine im Verlauf eines akuten Gelenkrheumatismus auftretende **Herzklappenentzündung** (Endokarditis) mit Schrumpfung und Narbenbildung ab, entsteht ein **Herzklappenfehler. Herzvergrößerung** (Herzhypertrophie) ist eine Kompensation eines Klappenfehlers, tritt auch bei Sportlern (Sportherz) auf. Häufig führt aber Herzvergrößerung zu **Herzerweiterung** (Herzdilatation) und damit zu **Herzmuskelschwäche** (Herzmuskelinsuffizienz). Das Versagen des Herzmuskels zeigt sich an durch zunehmende Blausucht, bes. der Lippen und des Gesichts, geschwollene Füße (Ödeme), Reizhusten und starke Atemnot infolge Rückstauung des Bluts in den Lungen **(Herzasthma). Herzkrämpfe** →Angina pectoris. **Herzlähmung, Herzschlag,** Tod durch schlagartiges Stillstehen des Herzens, bes. bei Verkalkung oder Verstopfung der Herzkranzgefäße. **Herzmuskelentzündung** (Myokarditis, Myokardschaden) tritt manchmal bei Diphtherie, Scharlach u.a. auf; Abheilung mit Narbenbildung **(Herzschwielen). Herzneurose,** ein heute sehr verbreitetes nervöses Herzleiden mit Herzklopfen, Angstgefühlen, Herzkrämpfen (→Managerkrankheit). **Herzschwäche** (Herzinsuffizienz) tritt meist im hohen Alter auf (Altersschwäche); vorzeitig als Folge von Herzfehlern, Herzmuskelerkrankungen. Über **Herzinfarkt** →Infarkt. – Herzkranke brauchen körperl. und seel. Ruhe. Häufige kleine Mahlzeiten (schwach salzen), wenig trinken.

Herzl, Theodor, österr. Schriftsteller, *1860, †1904; Gründer des polit. Zionismus.

Herzmanovsky-Orlando, Fritz Ritter von, österr. Schriftsteller, *1877, †1954; schrieb skurrile und fantast. Romane (»Der Gaulschreck im Rosennetz«, 1928) und parodist. Dramen.

Herzmuschel, Meeresmuschelgattung, essbar; lebt im Sand eingegraben und kann mithilfe ihres Fußes springen.

Herzog, bei den Germanen urspr. oberster Heerführer, dann erbl. Stammesfürst. Die alten dt. Stammesherzogtümer (Bayern, Schwaben, Franken, Lothringen, Sachsen) wurden allmählich zerschlagen und die Herzogswürde dann auch an andere Landesherren verliehen. Dem H.-Titel entspricht in Frankreich der Titel Duc, in England Duke.

Herzog, 1) Chaim, israel. Politiker und Militärfachmann, *1918, †1997; 1983 bis 1993 Staatspräs. – **2)** Roman, dt. Jurist und Politiker (CDU), *1934; 1987 bis 1994 Präs. des Bundesverfassungsgerichts; am 23. 5. 1994 zum Bundespräs. gewählt; erhielt 1997 den Internat. Karlspreis. – **3)** Werner, dt. Filmregisseur, *1942; »Aguirre, der Zorn Gottes« (1972), »Herz aus Glas« (1976), »Nosferatu« (1979), »Fitzcarraldo« (1982), »Schrei aus Stein« (1991); auch Opernregisseur (Bayreuth).

Herzogenbusch, niederländ. **'s-Hertogenbosch** [shɛrto:xən'bɔs], Hptst. der niederländ. Prov. Nordbrabant, 90600 Ew.; Ind.konzerne.

Herzogenrath, Stadt in NRW, 43100 Ew., Glaswerke.

Herzschrittmacher, in den Körper einpflanzbarer elektron. Impulsgeber, von dessen Batterie etwa 70 bis 80 Stromstöße je Minute zum Herzen geleitet werden, das dadurch zum regelmäßigen Schlagen angeregt wird.
Herzverpflanzung, eine →Transplantation.
Hesekiel, bei Luther Name des →Ezechiel.
Hesiod, griech. Dichter um 700 v. Chr.; Dichtung über die Entstehung der Götterwelt.
Hesperiden, griech. Sage: Nymphen, bewachten im Göttergarten (Garten der H.) die goldenen Äpfel des Lebens; Herakles brachte die Äpfel der H. zu König Eurystheus.
Hesperos *der,* Abendstern, die Venus.
Heß, Rudolf, dt. natsoz. Politiker, * 1894, † (Freitod) 1987; wurde 1933 »Stellvertreter des Führers« und Reichsmin.; flog 1941 allein nach Schottland, um Großbritannien zum Friedensschluss zu bewegen, wurde interniert. Es ist bis heute strittig, ob H. diesen Flug auf eigenen Entschluss unternahm. 1946 vom Internat. Gerichtshof in Nürnberg zu lebenslanger Haft (Spandau) verurteilt.
Hesse, Hermann, Pseudonym Emil **Sinclair** ['sɪnkleə], dt. Dichter, * 1877, † 1962. Seine Frühwerke tragen stark romant. Züge (Roman »Peter Camenzind«, 1904). Spätere Werke wie »Der Steppenwolf« (1927) setzen sich mit der Polarität Geist–Natur auseinander, die in »Narziß und Goldmund« (1930) durch östl. Gedankengut überwunden werden soll. Das Spätwerk »Das Glasperlenspiel« (1943) baut diese Themen aus. Nobelpreis für Literatur 1946; Friedenspreis des Dt. Buchhandels 1955.
Hessen, dt. Bundesland, 21 114 km², 5,95 Mio. Ew.; Hptst. Wiesbaden. 3 Reg.-Bez. (seit 1981): Darmstadt, Gießen, Kassel.
H. umfasst das Hessische Bergland, das von der Westhess. und der Osthess. Senke durchzogen wird, den Taunus, Ausläufer von Westerwald und Rothaargebirge, im S den Großteil des Odenwaldes und den nördl. Spessart und hat Anteil am Oberrhein. Tiefland, das sich zur Rhein-Main-Ebene erweitert. Zum Rhein entwässern Main und Lahn, zur Weser die Fulda (mit Eder). Bodenschätze: Eisenerz (Lahn und Dill), Braunkohle, Kali, Erdöl, Erdgas; viele Heilquellen (Wiesbaden, Bad Schwalbach, Bad Homburg v. d. Höhe, Bad Nauheim u. a.). – Getreide-, Gemüse-, Obst-, Weinbau (Rheingau); Viehzucht, Forstwirtschaft. Chem., Maschinen-, Fahrzeug-, elektrotechn. u. a. Ind.; Lederwaren in Offenbach; zentrale Verkehrslage (✈, Bahn- und Autobahnknoten Frankfurt am Main); internat. Messen in Frankfurt am Main.
Hessisches Bergland, Mittelgebirge zw. Thür. und dem Rhein. Schiefergebirge: Vogelsberg, Rhön, Knüll, Ringgau, Seulingswald, Meißner, Kaufunger Wald, Habichts-, Reinhardswald.
Hestia, griech. Göttin des Herd- und Opferfeuers; die Römer setzten sie der Vesta gleich.
Heston ['hɛstən], Charlton, amerikan. Schauspieler, * 1924; Filme: »Die zehn Gebote« (1956), »Ben Hur« (1959).
Hetäre [griech. »Freundin«] *die,* im alten Griechenland die in musischen Künsten gebildete Halbweltdame.
Hetärie *die,* Name griech. Geheimbünde, die seit etwa 1800 die Befreiung von der türk. Herrschaft erstrebten.
hetero..., fremd..., verschieden...
heterodox, andersgläubig, häretisch; Ggs.: orthodox.
heterogen, verschiedenartig, ungleichartig; Ggs.: homogen.
heteronom, ungleichwertig; Ggs.: homonom.
Heteronomie *die,* Fremdgesetzlichkeit; Ggs.: Autonomie.

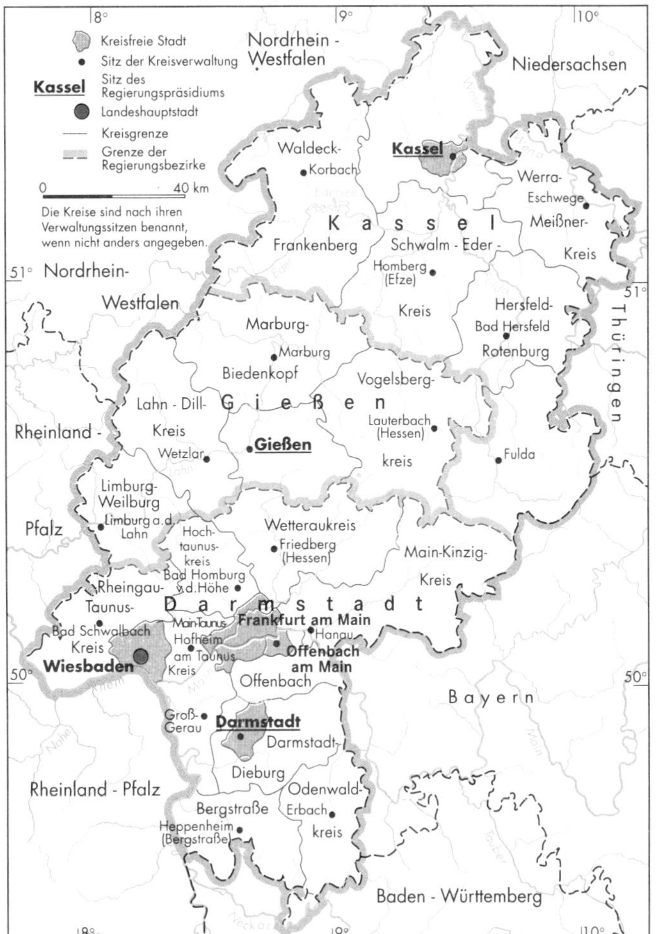

Hessen. Verwaltungsgliederung

Daten zur Geschichte Hessens

1. Jh. n. Chr.	Das Siedlungsgebiet der german. Chatten gerät teilweise unter röm. Herrschaft
8. Jh.	Christianisierung durch Bonifatius, Gründung der Klöster Fulda, Fritzlar und Hersfeld
1130	H. mit der Landgrafschaft Thüringen vereinigt
1256–1264	Thüring.-Hess. Erbfolgekrieg, Lösung von Thüringen, die Landgrafschaft H. wird 1292 Reichsfürstentum
15. Jh.	Territoriale Zugewinne, 1450 Ziegenhain, 1479 Katzenelnbogen mit Rheinfels, Sankt Goar, Darmstadt, Rüsselsheim
1526	Einführung der Reformation, Landgraf Philipp der Großmütige ist einer der Führer des Schmalkaldischen Bundes
1567	Teilung in die Linien H.-Kassel, H.-Darmstadt, H.-Marburg (bis 1604) und H.-Rheinfels (bis 1583)
1736	H.-Kassel erwirbt Hanau (1648 schon Hersfeld)
1803	H.-Kassel wird Kurfürstentum (Kurhessen), 1815 wird das Bistum Fulda eingegliedert
1806	H.-Darmstadt wird Großherzogtum und gehört zum napoleon. Rheinbund; es erhält 1815 Alzey, Worms, Bingen, Offenbach am Main, 1816 Mainz
1866	H.-Kassel und H.-Darmstadt schließen sich im Dt. Krieg Österreich an. H.-Kassel wird von Preußen annektiert und in die Prov. H.-Nassau eingegliedert. H.-Darmstadt muss die Kreise Biedenkopf und Vöhl an Preußen abtreten
1871–1918	H.-Darmstadt gehört als Bundesstaat zum Dt. Reich, 1918 wird der Großherzog abgesetzt und H. 1919 zum Volksstaat erklärt
1946	H.-Darmstadt und die preuß. Prov. H.-Nassau werden zum Land Hessen vereinigt, die (darmstädt.) Prov. Rheinhessen und der (nassauische) Kreis Montabaur fallen an Rheinland-Pfalz
1991	H. Eichel (SPD) wird Ministerpräsident

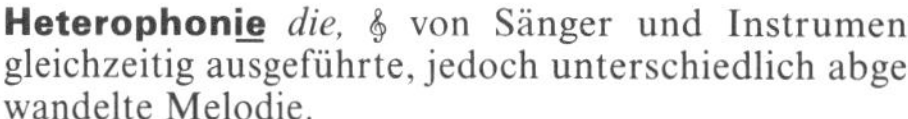

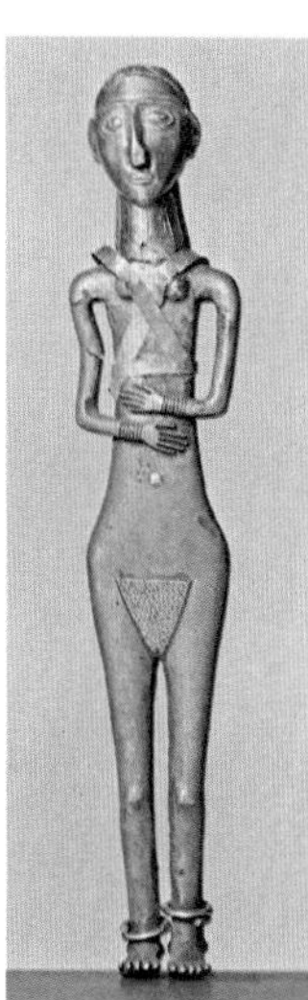

Kunst der **Hethiter** Weibliche Statuette (2000 v. Chr.)

Heterophonie *die,* 𝄞 von Sänger und Instrument gleichzeitig ausgeführte, jedoch unterschiedlich abgewandelte Melodie.

heteropolar, verschiedenpolig. **Heteropolare Moleküle** bestehen aus je einem positiven und einem negativen Ion, die durch elektrostat. Anziehung zusammengehalten werden.

Heterosexualität, geschlechtl. Empfinden für das andere Geschlecht; Ggs.: Homosexualität.

heterotroph, ❀ in der Ernährung auf Körpersubstanz oder Stoffwechselprodukte anderer Organismen angewiesen; Ggs.: autotroph.

heterozygot, mischerbig, ungleicherbig, → Vererbung.

Hethiter, indogerman. Volk, gründete im 2. Jt. v. Chr. im östl. Kleinasien ein Großreich (Hptst. Hattusa), dehnte seine Herrschaft bis Syrien aus, ging um 1200 unter. Archäologische Funde (Stadtanlagen, Tempel, Keramik, Siegel [z. T. mit Hieroglyphen-Inschriften], Bronzeplastiken u. a.) bes. in Hattusa, Alaca Hüyük und Alişar Hüyük.

Hetman *der,* früher in Polen/Litauen und der Ukraine Befehlshaber des Heers.

Hettner, Alfred, dt. Geograph, * 1859, † 1941; begründete die neuzeitl. geograph. Wissenschaft.

Heu, abgemähtes, getrocknetes Gras des 1. Schnitts (im Juni); der 2. Schnitt (im Spätsommer) heißt **Grummet, Öhmd.**

Heuberg, Teil der südwestl. Schwäb. Alb.

Heuer *die,* ⚓ Lohn der Seeleute; **heuern, anheuern,** Seeleute anwerben, früher durch gewerbsmäßige Vermittler **(H.-Baas). H.-Vertrag** (Anmusterung), Arbeitsvertrag der Schiffsbesatzung.

Heufieber, Heuschnupfen, allerg. Krankheit, ausgelöst durch Überempfindlichkeit gegen Pollen, bes. von Gräsern.

Heupferd → Heuschrecken.

heureka!, ich habs gefunden! (dem griech. Mathematiker Archimedes zugeschriebener Ausruf).

Heuriger, noch kein Jahr alter Wein.

Heuristik *die,* Lehre von der Auffindung wiss. Erkenntnisse. **heuristisch,** richtunggebend, erkenntnisfördernd.

Theodor Heuss

Heuscheuer *die,* poln. **Góry Stołowe** ['guri stɔ'u̯ɔvɛ], Teil der Sudeten, in Schlesien, Polen; in der **Großen H.** 919 m.

Heuschrecken, Geradflügler mit sprungkräftigen Hinterbeinen. Zu den H. i. e. S. gehören: **Laub-H.** (u. a. mit dem Heupferd), grün, mit langen Fühlern, **Feld-H.,** braun, mit kurzen Fühlern (mit den Wanderheuschrecken), **Grab-H.** oder → Grillen. Fast alle H. bringen mithilfe von Schrillleisten an Flügeldecken oder Beinen zirpende Töne hervor. Zu den H. i. w. S. gehören: Fang-H. und Gespenstheuschrecken.

Heusler, Andreas, schweizer. Germanist, * 1865, † 1940; grundlegende Werke: »Nibelungensage und Nibelungenlied« (1921), »Dt. Versgeschichte« (1925 bis 1929).

Stefan Heym

Heuss, Theodor, dt. Politiker und Schriftsteller, * 1884, † 1963; trat in enge Verbindung zu F. Naumann; 1920 bis 1933 Dozent an der Hochschule für Politik in Berlin, 1924 bis 1928, 1930 bis 1933 demokrat. MdR, 1945/46 Kultusmin. in Württ.-Bad.; als Vors. der FDP 1948/49 Mitglied des Parlamentar. Rats; 1949 bis 1959 Bundespräs. - »Friedrich Naumann« (1937), »Robert Bosch« (1946), »Erinnerungen 1905 bis 1933« (1963) u. a.; Mitherausgeber: »Die großen Deutschen« (1956/57).

Heuss-Knapp, Elly, dt. Politikerin und Schriftstellerin, * 1881, † 1952; ⚭ mit T. Heuss; engagierte sich in Frauenfragen, 1950 Mitbegründerin des Müttergenesungswerks.

Hevesy ['hɛvɛʃi], Georg v., ungar. Chemiker, * 1885, † 1966; Entdecker des Hafniums; Nobelpreis für Chemie 1943.

Hex..., Hexa..., Sechs...

Hexaeder *das,* Sechsflächner; ein **regelmäßiges H.,** Würfel. **hexagonal,** sechseckig.

Hexagramm *das,* 1) Sechseck. - 2) Sechsstern, → Davidstern.

Hexameter *der,* Vers aus 6 daktyl. Füßen (-◡◡), von denen der letzte unvollständig ist. Im Daktylus können beide Kürzen durch eine Länge ersetzt werden. »Denn wer | lange be- | denkt, der | wählt nicht | immer das | Beste.«

Hexane *Pl.,* ⚗ Kohlenwasserstoffe, Formel C_6H_{14}; Bestandteile des Leichtbenzins.

Hexateuch *der,* die 5 Bücher Mose mit dem Buch Josua.

Hexe, im Volksglauben zauberkundige Frau, die über »okkulte« Kräfte verfügen soll; nimmt an dem **H.-Sabbat** auf dem Blocksberg teil. Die Kunst der H. soll am wirksamsten sein in der Walpurgis-, Oster- und Johannisnacht, in den Zwölf Nächten, am Georgs- und Andreastag. - Gegen Ende des MA. steigerte sich der H.-Glaube zum H.-Wahn; kirchl. und staatl. Gesetzgebung führten bes. im 14. bis 17. Jh. zu ausgedehnten **H.-Verfolgungen** (nur vereinzelt Einspruch, so durch C. Thomasius) und zahlreichen **H.-Prozessen.** Die oft durch Folter zum Geständnis gezwungenen und als H. verurteilten Frauen wurden verbrannt (letztmals 1782 in der Schweiz).

Hexenbesen, Missbildung in Baumkronen, → Gallen.

Hexenring, Elfenring, Feenring, Kreis von Hutpilzen auf Wiesen- oder Waldboden.

Hexenschuss, Lumbago, heftiger, plötzl. Lenden- und Kreuzschmerz.

Hexentanzplatz, Felsbastei am Ausgang des Bodetals aus dem Harz, bei Thale/Harz (Sa.-Anh.).

Heydrich, Reinhard, dt. natsoz. Politiker, * 1904, † (ermordet) 1942; 1934 Leiter der Gestapo, 1936 der Sicherheitspolizei, 1942 Stellvertretender Reichsprotektor in Böhmen und Mähren. Seine Ermordung durch tschech. Widerstandskämpfer gab Anlass zu blutiger Vergeltung (Lidice).

Heyerdahl ['hɛi̯ərdɑ:l], Thor, norweg. Zoologe, * 1914; 1947 Fahrt mit Floßschiff Kon-Tiki von Peru nach den ostpolynes. Inseln, in der Expedition ›Ra‹ 1969/70 von Marokko nach Barbados, 1977/78 mit dem Schilfboot ›Tigris‹ von Basra nach Djibouti.

Heym, 1) Georg, dt. Dichter, * 1887, † 1912; schwermütige expressionist. Gedichte (»Umbra vitae«, 1912). - 2) Stefan, dt. Schriftsteller, * 1913; sozialkrit. und zeithistor. Romane (»Collin«, 1979; »Ahasver«, 1981; »Schwarzenberg«, 1984); Autobiographie: »Nachruf« (1988). 1994 bis 1995 MdB (PDS).

Heyme, Hansgünther, dt. Regisseur, * 1935; wirkte u. a. in Köln, Stuttgart, Essen; seit 1992 Generalintendant in Bremen.

Heyse, Paul, dt. Dichter, * 1830, † 1914; Gedichte, Dramen (»Colberg«, 1868), Novellen, Romane (»Kinder der Welt«, 1873); Übersetzungen. Nobelpreis 1910.

Hf, chem. Symbol für das Element Hafnium.

hfl., Abk. für den niederländ. Gulden.

Hg, chem. Symbol für Quecksilber.

HGB, ⚖ Abk. für **H**andels**g**esetz**b**uch.

Hibiskus → Eibisch.

Hickory [-ri] *der,* walnussartige Baumgattung Nordamerikas; essbare Nuss **(Pekannuss),** biegefestes, zähes Holz für Skier und Turngeräte.

Hidalgo [i'ðalɣo] *der,* in Spanien und Portugal Standesbezeichnung des niederen Adels.

Hiddensee, Sandinsel westl. von Rügen; Sommerfrische, Vogelwarte.

Hidjas [-dʒ-], **Hedschas,** Küstenlandschaft im westl. Saudi-Arabien, Küste heiß und wüstenhaft, im Inneren Hochland, Steppe, Hptst. Mekka. - **H.-Bahn,** Schmalspurbahn von Damaskus nach Medina, 1908 vollendet, im 1. Weltkrieg teilweise zerstört, in Jordanien wieder aufgebaut.

Hidjra [-dʒ-], **Hidschra** *die*, Übersiedlung (»Flucht«) Mohammeds von Mekka nach Medina zw. dem 28. 6. und 10. 9. 622; mit ihr beginnt die muslim. Zeitrechnung (Anfangsdatum: 15./16. 7.).

Hie|rarchie *die*, Rangfolge, stufenmäßig aufgebaute Ordnung.

Hi|eroglyphen *Pl.*, altägypt. Bilderschrift, i. w. S. Bilderschrift überhaupt.

Hi|eronymus, Sophronius Eusebius, lat. Kirchenvater, † um 419; Heiliger; lat. Bibelübersetzung (→Vulgata).

Hierro [ˈjɛrrɔ], früher **Ferro,** die westlichste der Kanarischen Inseln, Spanien, 278 km², im Malpaso 1501 m hoch, Hauptort ist Valverde.

Hi-Fi [ˈhaɪfiː, ˈhaiˈfai], Abk. für **Highfidelity,** bezeichnet hohe Wiedergabequalität u. a. bei Rundfunk-, Magnetbandgeräten, Plattenspielern.

High Church [ˈhaɪ ˈtʃəːtʃ], die hochkirchl. Bewegung in der anglikan. Kirche, die kath. Traditionen bewahren will.

Highsmith [ˈhaɪsmɪθ], Patricia, amerikan. Schriftstellerin, * 1921, † 1995; Verfasserin erfolgreicher Kriminalromane, v. a. der »Ripley«-Folgen.

Hightech [ˈhaɪ ˈtek], Kurzbezeichnung für high technology, →Hochtechnologie.

Highway [ˈhaɪweɪ] *der*, engl. für Haupt-, Landstraße; amerikan. für Fernstraße.

Hijacking [ˈhaɪdʒekɪŋ], →Luftpiraterie.

Hilarius von Poitiers [- pwaˈtje], Kirchenlehrer, † 367 als Bischof; Gegner der Arianer; dichtete Hymnen.

Hilbert, David, dt. Mathematiker, * 1862, † 1943; arbeitete u. a. über Zahlentheorie, math. Physik, Relativitätstheorie.

Hilbig, Wolfgang, dt. Schriftsteller, * 1941; monolog. Verse, essayist. Prosa (»Der Brief«, 1985).

Hildburghausen, Krst. in Thür. an der oberen Werra, 11000 Ew., Textil-, Holz-, graf. Industrie.

Hildebrand, Adolf v., dt. Bildhauer, * 1847, † 1921; suchte die Erneuerung der klass. Form.

Hildebrandslied, ältestes, als Bruchstück erhaltenes german. Heldenlied (zw. 810 und 820), in Stabreimen; behandelt den Kampf zw. Hildebrand, dem Waffenmeister Dietrichs von Bern, und seinem Sohn Hadubrand.

Hildebrandt, 1) Dieter, dt. Kabarettist und Schauspieler, * 1927; bekannt durch die satir. Fernsehsendungen »Notizen aus der Prov.« (1973 bis 1979) und »Scheibenwischer« (seit 1980). – **2)** Johann Lukas v., österr. Barockbaumeister, * 1668, † 1745; Belvedere in Wien (1713 bis 1716, 1721 bis 1723), Mitarbeit an der Würzburger Residenz (1719 bis 1738). – **3)** Regine, dt. Politikerin (SPD), * 1941; April bis Aug. 1990 Min. für Arbeit und Soziales in der DDR, seit Nov. 1990 des Lands Brandenburg.

Hildegard von Bingen, dt. Benediktinerin und Mystikerin, * 1098, † 1179; verfasste medizin. und naturkundl. Schriften; entwickelte in ihrem Hauptwerk »Scivias« eine eigene Theologie und Anthropologie. Heilige (Tag: 17. 9.).

Hilden, Industriestadt in NRW, 53300 Ew.; Textil- und Metallverarbeitung; Lackherstellung.

Hildesheim, Krst. in Ndsachs., 106500 Ew.; kath. Bischofssitz; roman. Dom (1050) und Michaelskirche (1010 bis 1036) gehören zum Weltkulturerbe; mittelalterl. Altstadt mit Fachwerkhäusern. Ind.: Radio- und Fernsehapparate, Autoelektrik, Maschinenbau. – Das 815 gegr. Bistum H. war Reichsfürstentum.

Hildesheimer, Wolfgang, dt. Schriftsteller, * 1916, † 1991; Roman »Tynset« (1965), Schauspiele, Hörspiele, »Mozart« (Biographie, 1977); erhielt 1966 den Georg-Büchner-Preis.

Hilferding, Rudolf, österr.-dt. Sozialwissenschaftler, Politiker und Publizist, * 1877, † (Freitod) 1941; 1923, 1928/29 Reichsfinanzmin. (SPD).

Hilfsverben, Verben, die in Verbindung mit anderen Verben das Prädikat bilden; im Dt. zur Bildung der zusammengesetzten Zeitformen (haben, sein, werden) und zum Ausdruck der Bedingtheit oder Ungewissheit (können, mögen, wollen, dürfen, sollen, müssen, lassen).

Hilfswerk der Evangelischen Kirche in Deutschland, soziales Werk, gegr. 1945, 1957 mit dem Zentralausschuss für Innere Mission zum »Diakon. Werk« vereinigt.

Hillary [ˈhɪlərɪ], Sir Edmund, neuseeländ. Bergsteiger und Diplomat, * 1919; mit Sherpa Tenzing 1953 Erstbesteigung des Mount Everest.

Hillbillymusic [ˈhɪlbɪlɪmjuːzɪk] *die*, volkstüml., ländl. Musik der Südstaaten der USA.

Hiller, Johann Adam, dt. Komponist, * 1728, † 1804; Thomaskantor, gründete die Gewandhauskonzerte in Leipzig; Schöpfer des dt. Singspiels.

Hilmend *der*, Hauptfluss Afghanistans, 1130 km lang, entspringt im Kuh-e Baba, mündet in den Hamun-e Hilmend.

Hilsenrath, Edgar, dt. Schriftsteller, * 1926; Romane: »Der Nazi und der Friseur« (1977), »Jossel Wassermanns Heimkehr« (1993).

Hilversum [-sym], niederländ. Stadt nördl. von Utrecht, 85000 Ew.; Rundfunksender; Textil-, elektrotechn., pharmazeut. Industrie.

Hima, Bahima, in Ruanda und Burundi **Tutsi, Watussi,** Hirtenvölker in Ostafrika, Staatengründer, die als dünne Adelsschicht die unterworfenen Bauernvölker beherrschten.

Himalaya [hiˈmaːlaja, himaˈlaːja; Sanskrit »Schneewohnstätte«] *der*, höchstes Gebirge der Erde, zw. der nordind. Tiefebene und dem Hochland von Tibet. Stark gefaltetes Kettengebirge, Hauptkette im Durchschnitt 6000 m hoch, mit nördlicher und südlicher Vorkette. Höchste Erhebungen: Mount Everest 8846 m, Kangchendzönga 8586 m, Lhotse 8516 m, Dhaulagiri 8167 m, Nanga Parbat 8126 m. Der H. besteht hauptsächl. aus Granit und Gneis, klimatisch und landschaftl. bildet er die Scheide zw. den Monsungebieten Indiens und Zentralasien. Stark vergletschert, Schneegrenze auf der S-Seite etwa 5000 m, auf der N-Seite bei 5500 m. Die Gebirgshänge sind bis etwa 4000 m Höhe dicht bewaldet; Täler z. T. dicht besiedelt; Ackerbau und Viehzucht.

Himation *das*, altgriech., über dem Chiton getragener Mantel.

Himbeere, Himbeerstrauch, halbstrauchiges Rosengewächs, grünl. Blüte; süß-würziges Beerenobst.

Himeji [-dʒ-], Stadt auf Honshū, Japan, 450000 Ew.; Eisen-, Stahl- u. a. Industrie.

Himmel, scheinbares Gewölbe, das sich über der Ebene des →Horizonts erhebt und an dem die Gestirne zu sehen sind. Der Punkt senkrecht über dem Beobachter heißt **Zenit** (Scheitelpunkt), der entgegengesetzte Punkt **Nadir.** Die Verlängerung der Erdachse trifft den H. in den beiden **H.-Polen.** Durch Zenit und Nadir gehende Kreise heißen **Scheitel-, Vertikal-** oder **Höhenkreise.** Senkrecht zur H.-Achse liegt die Ebene des **Himmelsäquators.**

Himmelfahrt Christi, leibl. Auffahrt Christi gen Himmel (Apg. 1, 3 bis 11). Das Fest H. C. wird 40 Tage nach Ostern gefeiert.

Himmelfahrt Mariä, seit 1950 kath. Glaubenssatz. Fest am 15. 8.

Himmelsgegenden, Himmelsrichtungen, Teilpunkte des in gleiche Teile geteilten Horizonts: Nord, Ost, Süd, West sowie die dazwischenliegenden: Nordost, Südost, Südwest, Nordwest sowie weiter: Nordnordost, Ostnordost, Südsüdwest, Westsüdwest usw.

Dieter Hildebrandt

Regine Hildebrandt

Hildesheim
Stadtwappen

Wolfgang Hildesheimer

Hiroshima nach Abwurf der Atombombe

Himmelskunde → Astronomie.

Himmler, Heinrich, dt. natsoz. Politiker, * 1900, † (Freitod) 1945; 1929 »Reichsführer SS«, 1936 auch Chef der Polizei, 1943 auch Reichsinnenmin. und 1944 Oberbefehlshaber des Ersatzheers. Er organisierte den Terror der Gestapo, der Konzentrationslager, die Massentötungen von Juden.

Paul Hindemith

Hindelang, Luftkurort, Wintersportplatz in den Allgäuer Alpen, Bayern, 4600 Ew.; 850 bis 1150 m über dem Meer.

Hindemith, Paul, dt. Komponist, * 1895, † 1963; von der Barockmusik ausgehend, dann von den Möglichkeiten der Atonalität angezogen, fand er einen sehr persönl. Stil: Opern (»Cardillac«, 1926; »Mathis der Maler«, 1938), Chorwerke, Sinfonien, Kammermusik.

Hindenburg, Paul **v. Beneckendorff und H.**, dt. Generalfeldmarschall, Reichspräs., * 1847, † 1934; wurde im 1. Weltkrieg (mit E. Ludendorff als Generalstabschef) Oberbefehlshaber der 8. Armee, schlug die Russen 1914 bei Tannenberg und an den Masur. Seen. 1916 übernahm er als Chef des Generalstabs des Feldheers mit Ludendorff als 1. Generalquartiermeister die Oberste Heeresleitung, befürwortete 1918 den Thronverzicht des Kaisers und leitete den Rückmarsch des Heers. 1925 und wiederum 1932 zum Reichspräs. gewählt, berief 1933 Hitler als den Führer der stärksten Partei zum Reichskanzler.

Paul von Beneckendorff und Hindenburg

Hindenburgdamm, verbindet seit 1927 die O-Spitze der Insel Sylt mit dem Festland (11 km).

Hindenburg O. S. [nach P. v. Hindenburg], bis 1915 und seit 1945 **Zabrze** [ˈzabʒɛ], Stadt in der poln. Wwschaft Katowice, ehem. Stadt in Oberschlesien, 199000 Ew.; Steinkohlenbergbau, Hütten-, Maschinen-, Kohleveredelungsindustrie.

Hindernis, 1) Hürde. – **2)** Pferdesport: natürl. oder künstl. Hemmnis. **H.-Rennen,** Jagd-, Hürdenrennen, Steeplechase.

Hindi *das,* Sammelname für die mittelalterl. ind. Literatursprachen **Bradj Bhasha** und **Avadhi** sowie weitere Dialekte. Seit dem Ende des 19. Jh. wird H. speziell für das aus dem Dialekt von Delhi entwickelte und nach 1947 in den ind. Prov. Uttar Pradesh, Bihar, Rajasthan, Madhya Pradesh und Himachal Pradesh zur Staatssprache erhobene Idiom gebraucht.

Hirohito

Hindu *der,* Anhänger des Hinduismus. Etwa 95% aller H. leben in der Ind. Union.

Hinduismus *der,* die 3. Stufe der ind. Religion (→ Brahmanismus), die mit der Verdrängung des Buddhismus in Indien einsetzende Wiederherstellung der brahman. Religion, gekennzeichnet durch Wiedererstarken des Kastensystems. Jedem Wesen ist nach dem H. sein Platz aufgrund seiner guten oder bösen Handlungen in einer vorausgegangenen Existenz zugewiesen. Die Lehre von der Seelenwanderung ist somit Grundlage und Rechtfertigung des Kastenwesens. Hauptströmungen des H.: Vishnuismus (→ Vishnu), Shivaismus (→ Shiva) und der Shaktismus, in dem Gott als weiblich vorgestellt wird. Dem H. gehören rd. 600 Mio. Menschen in Indien an, außerdem Gruppen in Pakistan, Bangladesh, Sri Lanka, Birma, Malaysia, S- und O-Afrika, Fidschi, Trinidad.

Hindukusch *der,* zentralasiat. Hochgebirge mit stark vereisten Gipfeln (bis 7690 m); der Hauptteil gehört zu Afghanistan.

Hindustan, frühere Bezeichnung des Indus- und Gangesgebiets in Vorderindien.

Hindustani *das,* die v.a. in Nordindien gesprochene Umgangssprache; Hindi-Mundart von Delhi und Agra.

Hingis, Martina, schweizer. Tennisspielerin, * 1980, 1997 Siegerin im Einzel und Damendoppel bei den offenen Meisterschaften von Australien sowie Wimbledonsiegerin im Einzel.

Hinterglasmalerei, spiegelverkehrte Malerei mit lichtundurchlässigen Farben auf einer Glasscheibe.

Hinterhand, Nachhand, 1) bei Tieren, bes. Pferd: Hinterbeine und Hinterkörper. – **2)** beim Kartenspiel: wer zuletzt ausspielt.

Hinterlindien, der SO-Zipfel des asiat. Festlands; umfasst Birma (Myanmar), Thailand, Laos, Kambodscha, Vietnam, z.T. Malaysia, Singapur. Reisanbau; Edelhölzer; auf der Halbinsel Malakka Kautschuk und Zinn. Zur Geschichte → Indochina.

Hinterlegung, ⚖ Übergabe von Geld, Wertpapieren, Urkunden usw. an das Amtsgericht zur Sicherheitsleistung oder zur Erfüllung einer Verbindlichkeit.

Hintersasse *der,* früher zinspflichtiger Bauer.

Hinz, Werner, dt. Schauspieler, * 1903, † 1985; Charakterdarsteller des dt. Theaters.

Hiob, Job, tragende Gestalt des **Buchs H.** im A.T., eines Lehrgedichts; es bestreitet die altjüd. Vergeltungslehre, wonach alles Leiden eine Strafe für Vergehen sei. **H.-Botschaft,** Unglücksnachricht (nach Hiob 1,13 ff.).

Hipparch, griech. Astronom und Geograph, lebte um 161 bis 127 v. Chr.; lehrte wohl auf Rhodos, entwarf das erste Verzeichnis der Fixsterne, schuf die sphär. Trigonometrie.

Hippias, Tyrann von Athen, † 490 v. Chr.; Sohn und (mit seinem Bruder Hipparchos) Nachfolger des Peisistratos, 510 v. Chr. vertrieben.

Hippies [ˈhɪpi:z; von engl. hipster »vagabundierender Außenseiter«], um 1970 Jugendliche (urspr. in den USA), die sich der Wohlstands- und Leistungsgesellschaft entziehen wollten (»Blumenkinder«).

Hippodrom *das,* im Altertum Bahn für Pferde- und Wagenrennen; heute Reitbahn.

Hippokrates, griech. Arzt des Altertums, * 460 v. Chr., † 375; Begründer der wiss. Heilkunde und der Ärzteschule von Kos. Der von ihm formulierte **hippokratische Eid** enthält die heute noch gültigen sittl. Gebote ärztl. Handelns.

Hirn → Gehirn.

Hirnlanhangdrüse → Hypophyse.

Hirohito, Tenno (Kaiser) von Japan, * 1901, † 1989; seit 1921 Prinzregent, bestieg 1926 den Thron; nach Einführung des parlamentar. Systems (1946/47) ist der Titel »Tenno« nur noch Symbol der Staatseinheit.

Hiroshige [-ʃ-], eigentl. **Andō, Hiroshige,** jap. Maler und Holzschnittmeister, * 1797, † 1858; perspektivisch effektvolle Landschaftsdarstellungen.

Hiroshima [-ʃ-], Stadt in Japan, auf Honshū, 1,04 Mio. Ew.; Univ.; Werft-, Maschinen- u.a. Ind., am 6. 8. 1945 durch die erste amerikan. Atombombe zu 60% zerstört (mindestens 100000 unmittelbare Todesopfer).

Hirsau, Ortsteil von Calw, Bad.-Württ. Das 830 gegr. Benediktinerkloster war Mittelpunkt der Reformbewegung von Cluny in Dtl. **(Hirsauer Klosterreform),** die sich auch im Kirchenbau auswirkte **(Hirsauer Bauschule);** 1692 von den Franzosen niedergebrannt. Die Aureliuskirche (1049) ist heute kath. Kirche.

Hirschberg i. Rsgb., poln. **Jelenia Góra** [-ˈgura], Hptst. der poln. Wwschaft Jelenia Góra, ehem. Stadt in Niederschlesien, im Riesengebirge, 93 000 Ew.; Altstadt mit spätbarocken und Rokokogiebelhäusern; Fremdenverkehr; Holzverarbeitung, Glasind.; Zellulose- und Chemiefaserwerk u. a. Industrie.

Hirsche, Paarhuferfamilie in Europa, Asien, Afrika, Amerika; das Männchen mit Geweih. Zu den H. gehören die geweihlosen Moschustiere und die Echten H. wie Edel-H., Dam-H., Elch, Rentier, Reh. Der **Edel-** oder **Rot-H.,** in Europa, Nordafrika, wird bis 1,50 m hoch, bis 270 kg schwer.

Hirschfänger *der,* Seitenwaffe des Jägers.

Hirschhornsalz, ⚗ Ammoniumcarbonat, Backtreibmittel.

Hirschkäfer, Feuerschröter, größter mitteleurop. Käfer, Blatthornkäfer, lebt von Eichensaft; Männchen mit geweihähnl. Kiefern, bis 9 cm lang.

Hirschzunge, zungenblättriges Farnkraut an schattigen Felsen.

Hirse *die,* versch. Getreidegräser mit kleineren Körnern als etwa beim Weizen. **Echte** oder **Rispen-H.,** früher in Mitteleuropa angebaut; Schwesterart ist die **Blut-H.** (Finger-H.) mit Scheinähren. Zur Gattung **Borsten-H.** gehört die **Ital. Kolben-H.** Das verbreitetste hirseartige Getreide ist die bis 4,5 m hohe Bartgrasart **Sorghum** (Mohren-H., Durra), die in Afrika Hauptnahrung (Brei) und ein bierartiges Getränk (Pombe, Reisbier) liefert. – BILD S. 386

Hirtenbrief, Sendschreiben der kath. Bischöfe über kirchl. Fragen und Zeitprobleme.

Hirtendichtung → Schäferdichtung.

Hirtentäschel, Wildkraut, Kreuzblütler.

Hirzebruch, Friedrich, dt. Mathematiker, * 1927; 1980 bis 1995 Direktor des Max-Planck-Instituts für Mathematik in Bonn.

Hisbollah, Hisbullah [»Partei Gottes«], militante polit.-religiöse Bewegung schiit. Fundamentalisten; gegr. 1982, Ziel ist der bedingungslose Kampf gegen Israel.

Hispaniola, früher **Haiti** oder **Santo Domingo,** zweitgrößte der Westind. Inseln, 76 192 km², rd. 12 Mio. Ew. Politisch ist H. aufgeteilt in die Dominikan. Rep. und die Rep. Haiti.

Histadrut, israel. Einheitsgewerkschaft, gegr. 1920.

Histamin *das,* organ. Verbindung mit starker physiolog. Wirksamkeit; senkt den Blutdruck, erweitert die Blutkapillaren, spielt eine wesentl. Rolle bei allerg. Reaktionen.

Histologie *die,* ⚕ → Gewebe 2).

Histori|e *die,* **1)** die Geschichte. **Historiker** *der,* Geschichtsforscher. **Historiograph** *der,* Geschichtsschreiber; **historisch,** geschichtlich. – **2)** eine Geschichte (Mär).

Histori|enmalerei, Gattung der Malerei, die geschichtl. Ereignisse, sagenhafte oder auch dichter. Themen zum Bildgegenstand hat.

Historikerstreit, 1986 begonnene Auseinandersetzung in der dt. Geschichtswiss. um Bewertung und Einordnung natsoz. Verbrechen, bes. der Judenverfolgung, auch um deren Vergleichbarkeit mit »ähnl. Vorkommnissen« in anderen Staaten. Die polemisch ausgetragene Diskussion galt auch der Bestimmung des zeitgenöss. Geschichtsbewusstseins wie den Aufgaben der Geschichtswissenschaft und Geschichtsschreibung.

Historismus *der,* geschichtsbezogenes Denken, bes. die Auffassung, die von der Gesch. als umfassendem Zusammenhang geistigen Lebens, von der einmaligen Individualität der geschichtl. Erscheinungen und von dem unaufhörl., unbegrenzbaren und gesetzlosen Fließen des Geschichtlichen ausgeht. Der H. herrschte bes. im 19. Jahrhundert.

Hitchcock [-tʃ-], Sir (seit 1980) Alfred, brit.-amerikan. Filmregisseur, * 1899, † 1980; psycholog. verfeinerte Thriller: »Berüchtigt« (1946), »Psycho« (1960), »Die Vögel« (1963).

Hitler, Adolf, * Braunau (Oberösterreich) 20. 4. 1889, † Berlin (Freitod) 30. 4. 1945. H. lebte bis 1912 in Wien als Gelegenheitsarbeiter und Zeichner, ging dann nach München. Im 1. Weltkrieg war er Soldat (Gefreiter) im dt. Heer. Seit 1919 baute er die NSDAP auf. Sein Versuch, mit E. Ludendorff die bayer. und die Reichs-Reg. zu stürzen, scheiterte **(H.-Putsch** München, 8./9. 11. 1923); H. wurde zu 5 Jahren Festungshaft verurteilt, aber schon Dez. 1924 aus Landsberg entlassen. Dort hatte er »Mein Kampf« (1925/26), sein Programmbuch, geschrieben. 1925 gründete er die NSDAP neu. Als Führer der stärksten Partei wurde er am 30. 1. 1933 von Hindenburg zum Reichskanzler ernannt; er schaltete die gegner. Parteien aus. Nach dem Tod Hindenburgs (2. 8. 1934) vereinigte H. in seiner Person die Ämter des Staatsoberhaupts und des Reg.-Chefs mit dem Oberbefehl der Wehrmacht und der Parteiführung. Der totalitäre »Führerstaat« war damit errichtet, der Rechtsstaat beseitigt (→ Nationalsozialismus). Die Anfangserfolge des Kriegs und die missglückten Attentate (8. 11. 1939 und 20. 7. 1944) steigerten H.s Glauben an seine Berufung durch die »Vorsehung« und seine Missachtung von Recht und Gerechtigkeit. H. war Hauptinitiator der natsoz. Terrorherrschaft, der Vernichtung der Juden und der Entartung der Kriegführung.

Hitler-Jugend, Abk. **HJ,** 1926 bis 1945 die natsoz. Jugendorganisation, 1936 nach Beseitigung der anderen Jugendverbände »Staatsjugend«.

Hitler-Stalin-Pakt, dt.-sowjet. Nichtangriffspakt vom 23. 8. 1939 mit geheimem Zusatzabkommen (Aufteilung Mittelosteuropas in beiderseitige Interessensphären); ermöglichte Hitler den Angriff auf Polen ohne sowjet. Gegenschlag.

Hitzschlag, ⚕ schwere Gesundheitsstörung durch Wärmestauung, bes. bei feuchtwarmem Wetter und Windstille; Schweißausbruch, Übelkeit, Durst, Kopfschmerzen, Bewusstlosigkeit.

HIV, Abk. für **h**uman **i**mmunodeficiency **v**irus, humane Immunschwächeviren, zu den lymphotropen Viren zählende Retroviren, deren Vertreter als HIV-1 und HIV-2 bezeichnet werden. HIV-1 ist nach derzeitigem Kenntnisstand der maßgebl. Erreger der Immunschwächekrankheit → Aids.

hl, Einheitenzeichen für Hektoliter (100 Liter).

H. M., engl. Abk. für **H**is (Her) **M**ajesty, Seine (Ihre) Majestät.

Ho, chem. Symbol für Holmium.

Hobart [ˈhəʊbɑːt], Hptst. des Staats und der Insel Tasmanien, Australien, 175 000 Ew.; Univ.; Hafen.

Hobbema, Meindert, niederländ. Landschaftsmaler, * 1638, † 1709; Schüler von J. van Ruisdael.

Hobbes [hɔbz], Thomas, engl. Philosoph, * 1588, † 1679; gründete seine Philosophie auf eine math.-mechan. Naturauffassung. Nach seiner Gesellschafts- und Staatslehre macht der »Naturzustand«, in dem der reine Egoismus herrscht, den Gesellschaftsvertrag nötig, der dem Staat als Hüter der Sicherheit die absolute Gewalt über alle Bürger gibt (»Leviathan«, 1651).

Hobel *der,* Werkzeug zum Glätten von Holz- und Metallflächen. Zum Bearbeiten langer, ebener Flächen dient die **Raubank,** zum Ausarbeiten muldenförmiger Flächen der **Schiffs-H.;** weitere Arten: **Schlicht-H., Fasson-H.** u. a. Die zu bearbeitenden Werkstücke werden in der **H.-Bank** fest gespannt. **H.-Maschinen**

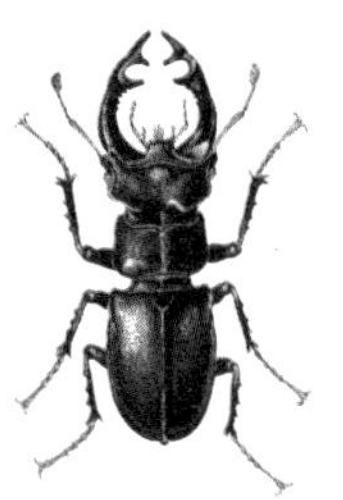

Eurasischer **Hirschkäfer**

Alfred Hitchcock

Adolf Hitler

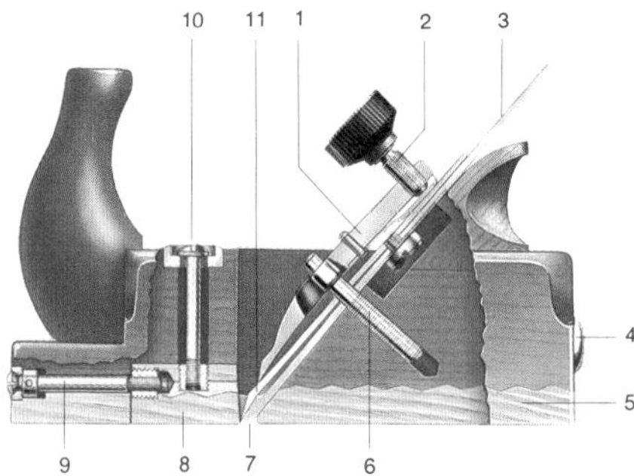

Längsschnitt durch einen **Hobel:** Die Griffschraube (2) dient zum Spannen des Eisenkeils (1) und damit des Hobeleisens (3). 4 Schlagknopf, 5 Sohle, 6 Schraubbolzen als Pendellager für den Eisenkeil, 9 Stellschraube zum Verstellen und 10 zum Festziehen der nachstellbaren Platte (8) für die Spanöffnung (7), 11 Klappe zum Brechen der Späne

schneiden die Späne mit umlaufenden Messern (bei Holz) oder eingespannten **H.-Meißeln** (bei Metall) ab.

Hoboken [ˈhoːboːkə], Vorstadt von Antwerpen, Belgien, an der Schelde, 35 000 Ew.; NE-Metallverhüttung.

Hoboken [ˈhoːboːkə], Anthony van, niederländ. Musikforscher, *1887, †1983; veröffentlichte ein Verzeichnis der Werke J. Haydns (1957 bis 1978).

Höch, Hannah, dt. Malerin und Grafikerin, *1889, †1978; Mitglied der Dada-Bewegung; Fotomontagen; Materialcollagen; Gemälde.

Hoch|altar, in der kath. Kirche der im Chor stehende Hauptaltar.

Hochbahn, meist elektr. Bahn, bes. als **Stadtschnellbahn** über der Straßenebene.

Hochbau, Errichten von Bauten über der Erde; Ggs.: Tiefbau.

Hochdeutsch → deutsche Sprache.

Hochdruck, 1) Druck, der auf dem Papier erhaben erscheint (Reliefdruck, Blindendruck). – **2)** → Druckverfahren. – **3)** ⚛ ⚙ hoher Druck (Flüssigkeit, Dampf, Gase) über 100 bar. – **4)** ⚕ **Blut-H., Hypertonie,** → Blutdruck.

Hochdruckgebiet, Antizyklone, Wetterkunde: Gebiet hohen Luftdrucks.

Hoch|energiephysik, Teilgebiet der Physik, untersucht die Erscheinungen im Bereich der Atomkerne und Elementarteilchen, die bei Umsetzungen hoher Energien auftreten. Solche Energien werden in der kosm. Strahlung (Ultrastrahlung) angetroffen oder mit Teilchenbeschleunigern künstlich erzeugt. Bedeutende europ. Hochenergiezentren sind: Genf (CERN) und Hamburg (DESY).

Echte **Hirse**

Hochfrequenz, Abk. **HF,** elektromagnet. Schwingungen von sehr hoher Schwingungszahl (3 kHz bis 300 GHz).

Hochfrequenztechnik, Teilgebiet der Elektrotechnik, das sich mit der Erzeugung, Fortleitung und techn. Anwendung elektromagnet. Wellen im HF-Bereich befasst. Anwendungsgebiete sind u. a. die Funk- und Nachrichtentechnik, die HF-Spektroskopie und die physikal. Messtechnik.

Hochgebirge, über die Baumgrenze in das Gebiet des ewigen Schnees aufragende Gebirge mit scharfen Gipfeln und Kammformen; in arkt. Gebieten ab 1000 m, in mittleren Breiten ab 2 000 m, in den Tropen ab 3 000 m ü. M. Die H. der Erde sind überwiegend in 2 großen Gürteln angeordnet: südeurop.-südasiat. Gürtel (Atlas, Pyrenäen, Alpen, Kaukasus, Pamir, Himalaja) und der Kordillerengürtel Amerikas.

Hochgericht, früher die Richtstätte.

Rolf Hochhuth

Hochhaus, Gebäude mit mehr als 6 Stockwerken. Höchstes H. der Erde: Canadian National, Toronto, 534,27 m.

Hochhuth, Rolf, dt. Schriftsteller, *1931; Schauspiele »Der Stellvertreter« (1963), »Soldaten« (1967), »Guerillas« (1970), »Juristen« (1979), »Wessis in Weimar« (1993).

Ho Chi Minh [hotʃimin], vietnames. Politiker, *1890, †1969; Führer der kommunist. Bewegung Vietminh in Indochina; rief 1945 die Rep. Vietnam aus, wurde nach dem Waffenstillstand 1954 und der Teilung Vietnams Präs. von Nord-Vietnam; Wegbereiter der Wiedervereinigung Vietnams.

Ho-Chi-Minh-Stadt [hotʃimin-], seit 1976 Name von **Saigon,** Stadt in Vietnam, ehem. Hptst. von Süd-Vietnam, hat zus. mit dem südwestl. anschließenden Cholon 4,0 Mio. Ew.; Hafen, versch. Ind.; ⚒.

Hochmeister, Oberer eines geistl. Ritterordens.

Hochofen, ⚙ Schachtofen zur Verhüttung der Eisenerze, → Eisen.

hochpolymer, aus einer sehr großen Anzahl gleicher oder gleichartiger Moleküle zusammengesetzt.

Hochrechnung, auf repräsentativen Teilergebnissen beruhende Vorausberechnung eines Gesamtergebnisses, bes. bei Wahlen.

Hochschule, Stätte für wiss. Forschung, Lehre und Erziehung. Älteste Form ist die Universität. Es gibt in Dtl. folgende Hochschularten, die sich nach Aufgabenstellung und Zugangsvoraussetzungen unterscheiden: 1) wiss. H.: die Universitäten, TU, Gesamt-H. - Univ., PH, Bundeswehr-Univ., eine Fern-Univ. (Hagen) und H. mit begrenztem Fächerspektrum; 2) die theolog. und kirchl. H.; 3) die Kunst- und Musik-H.; 4) die (nicht als wiss. H. geltenden) Fach-H. – In den 80er-Jahren wurden 2 private H. gegründet. Der Besuch einer H. ist an eine bestimmte Vorbildung geknüpft (meist Reifezeugnis). Das Studium wird durch akadem. oder staatl. Prüfungen abgeschlossen.

Hochspannung, elektr. Spannung von mehr als 1 000 V, bei Schaltanlagen von mehr als 250 V gegen Erde.

Hochsprache, reine, mundartfreie Aussprache des Deutschen.

Höchst, westl. Stadtteil von Frankfurt am Main (seit 1928) mit der Hoechst AG. **Höchster Porzellan** (1746 bis 1796, Neugründung 1966).

Hochstapler, Gauner, der sich (oft mit falschem Namen und Titel) in vermögende Kreise einschleicht, um Betrügereien zu begehen.

Hochtechnologie, Hightech [ˈhaɪtek], Technikbereiche, von denen man bedeutende Impulse für die Zukunft der Ind.gesellschaft erwartet, z. B. Mikro- und Optoelektronik, Bio- und Gentechnologie, Satelliten- und Weltraumtechnik, Kryotechnik.

Hochvakuumtechnik, Erzeugung, Aufrechterhaltung und Messung sehr niedriger Gasdrücke. Man unterscheidet **Grobvakuum** 10^5 bis 10^2 Pa, **Feinvakuum** 10^2 bis 10^{-1} Pa, **Hochvakuum** 10^{-1} bis 10^{-5} mbar, **Ultrahochvakuum** unter 10^{-5} mbar.

Hochverrat, ⚖ gegen den Bestand des Staats gerichteter gewaltsamer Angriff auf die Staatsverfassung, das Staatsgebiet oder das Staatsoberhaupt. H. wird in Dtl. meist mit Freiheitsstrafe nicht unter einem Jahr bestraft (§§ 81 ff. StGB).

Hochwald, Wald, der nur aus hochstämmigen Bäumen besteht, also kein Unterholz hat.

Hochwild, Wild für die hohe Jagd.

Hochwürden, heute seltene Anrede für kath. Priester.

Hochzeit, Fest der Eheschließung **(grüne H.).** Als Erinnerung an die Wiederkehr des H.-Tages werden allg. gefeiert: **silberne H.** (nach 25 Jahren), **goldene** (nach 50), **diamantene** (nach 60), **eiserne** (nach 65), **Gnaden-H.** oder **steinerne H.** (nach 70), **Juwelen-H.** (nach

72 1/2), **Kronjuwelen-H.** (nach 75); außerdem ist seit dem 19. Jh. auch noch von folgenden H. die Rede: in N-Dtl. **Nickel-** (nach 12 1/2) und **Aluminium-H.** (nach 37 1/2), in Bremen **blecherne** (nach 8) und **hölzerne H.** (nach 10), in den Niederlanden **zinnerne** (nach 6 1/2) und **kupferne H.** (nach 12 1/2), in Dänemark **kupferne H.** (nach 12 1/2), in Nordamerika **papierene** (nach 1 Jahr), **hölzerne** (nach 5), **zinnerne** (nach 10), **kupferne** (nach 20) und **rubinene H.** (nach 40 Jahren). **H.-Bräuche:** H.-Bitter, Brautwagen, Polterabend, H.-Geschenke, Brautlauf und Kranzabnahme.

Hochzeitsflug, bei vielen Insekten das Schwärmen vor der Begattung.

Hochzeitskleid, ♂ v. a. bei Fischen, Amphibien und Vögeln die auffällige Färbung des Männchens während der Paarungszeit.

Hockenheim, Stadt in Bad.-Württ., 16100 Ew.; Metallind.; **H.-Motodrom,** Rennstrecke für Kraftfahrzeuge, rd. 6,8 km.

Hockergrab, Bestattungsart, bes. in der Bronzezeit. Der Tote wurde mit gewinkelten Unterschenkeln liegend beigesetzt.

Hockey ['hɔkɪ] *das,* Rasenspiel: 2 Mannschaften, je 11 Spieler, versuchen, den H.-Ball mit H.-Schlägern in das gegner. Tor zu treiben.

Hockney ['hɔknɪ], David, brit. Maler und Grafiker, * 1937; Vertreter der Pop-Art.

Hodeida, Al Hudaydah, Hafenstadt in der Rep. Jemen, am Roten Meer, 155000 Ew.; Tiefwasserhafen in Al Ahmadi; ✈.

Hoden, Testis, Orchis, männliche Geschlechtsdrüse, in der auch das männl. Geschlechtshormon gebildet wird. Beim Mann liegen die beiden eiförmigen H. im **H.-Sack.** Der H. besteht aus vielen Samenkanälen, in denen die Samenfäden erzeugt werden. Die paarige **Cowpersche Drüse** (zw. After und H.) erzeugt einen Teil der Samenflüssigkeit.

Hodenbruch, ⚕ Eingeweidebruch, der bis in den Hodensack hinabgedrungen ist.

hodgkinsche Krankheit ['hɔdʒkɪn-; nach dem brit. Arzt T. Hodgkin, * 1798, † 1866], **Lymphogranulomatose,** bösartige Geschwulsterkrankung der Lymphknoten. Behandlung mit Zytostatika.

Hodler, Ferdinand, schweizerischer Maler, * 1853, † 1918; nach naturalist. Landschafts- und Genrebildern zunächst v. a. symbolist. Werke, später monumentale Bilder mit starker Farbigkeit.

Hödr, german. Göttersage: der blinde Bruder Balders, den er unabsichtlich tötet.

Hoechst AG [høçst-], Unternehmen der chem. Industrie, gegr. 1863, 1925 bis 1945 der I. G. Farbenindustrie AG eingegliedert, neu gegr. 1951, jetziger Name seit 1974, Sitz Frankfurt am Main.

Hoek van Holland ['hu:k fan -], Vorhafen Rotterdams; Überfahrt nach Großbritannien.

Hoel [hu:l], Sigurd, norweg. Schriftsteller, * 1890, † 1960; Romane (»Ein Tag im Oktober«, 1931) mit z. T. scharfer Satire, daneben Essays.

Hoelscher ['hœl-], Ludwig, dt. Violoncellist, * 1907, † 1996.

Hoelzel ['hœl-], Adolf, dt. Maler, * 1853, † 1934; nach realist. Anfängen v. a. abstrakte, in leuchtenden Farben rhythmisierte Pastelle und Glasfenster.

Hof, 1) zu einem Gebäude gehörender Platz. – **2)** Bauerngut mit Feldern. – **3)** Wohnung und Gefolge (der **H.-Staat**) eines Fürsten. – **4)** → Halo.

Hof, Krst. im bayer. Reg.-Bez. Oberfranken, an der oberen Saale; 51100 Ew.; Ind.: Web-, Wirkwaren, Maschinen, Brauereien.

Hofbauer, Klemens Maria, österr. Redemptorist, * 1751, † 1820; hatte großen Einfluss auf die Wiener Spätromantik. 1909 heilig gesprochen.

Hofburg, das frühere kaiserl. Schloss in Wien; jetzt Sitz des österr. Bundespräsidenten.

Hofei, Hefei, Hptst. der chin. Prov. Anhui, 902000 Ew., Textil-, Metallindustrie.

Hofer, 1) Andreas, Tiroler Freiheitskämpfer, * 1767, erschossen in Mantua 1810; trat an die Spitze der Volkserhebung von 1809, siegte mehrmals am Bergisel bei Innsbruck; durch Verrat wurde er von den Franzosen gefangen. – **2)** Karl, dt. Maler, * 1878, † 1955; Landschaften und figürl. Darstellungen von herb-lyr. Stimmung, die dem Expressionismus nahe stehen.

Höferecht, Sonderrecht für Bauerngüter, die durch Ausschluss der Teilung und durch Beschränkung der Belastung erhalten werden sollen. Nach den in Dtl. geltenden Landesges. **(Höfeordnung)** gilt Einzelerbfolge, Miterben sind in Geld abzufinden.

Hoff, Jacobus Henricus van't, niederländ. Chemiker, * 1852, † 1911; Begründer der Stereochemie; erhielt 1901 den ersten Nobelpreis für Chemie.

Hoffman ['hɔfmən], Dustin, amerikan. Filmschauspieler, * 1937; »Reifeprüfung« (1967), »Tootsie« (1982), »Rain Man« (1988), »Hook« (1992), »Outbreak« (1995).

Ho Chi Minh

E. T. A. Hoffmann. Selbstbildnis (1810)

Hoffmann, 1) August Heinrich, genannt **H. von Fallersleben,** dt. Dichter, Germanist, * 1798, † 1874; Kinderlieder und Gedichte, 1841 das Lied »Dtl., Dtl., über alles«. – **2)** E. T. A. (Ernst Theodor Amadeus), dt. Dichter, Komponist, Zeichner, * 1776, † 1822; Romantiker; starke Einbildungskraft und Hang zum Unheimlichen: Erzählungen (»Die Serapionsbrüder«, 1819 bis 1821), Romane (»Die Elixiere des Teufels«, 1815; »Lebens-Ansichten des Katers Murr«, 1819 bis 1821). Oper: »Undine« (1816). – **3)** Heinrich, dt. Schriftsteller, * 1809, † 1894; Arzt; dichtete und zeichnete den »Struwwelpeter« (1845). – **4)** Kurt, dt. Filmregisseur, * 1910; »Das Wirtshaus im Spessart« (1957), »Rheinsberg« (1967). – **5)** Reinhild, dt. Choreographin, * 1943; seit 1986 Leiterin des Tanztheaters Bochum.

Hoffmannstropfen, eine Mischung aus Äther und Alkohol; belebendes, krampflösendes Mittel.

Höffner, Joseph, dt. kath. Theologe, * 1906, † 1987; 1969 Erzbischof von Köln, Kardinal; seit 1976 Vors. der Dt. Bischofskonferenz.

Hoffnungslauf, Lauf um die Teilnahme am Endlauf für in Vor- oder Zwischenläufen unplatziert Gebliebene.

Hofheim am Taunus, Stadt in Hessen, 34300 Ew.; Wohnvorort von Frankfurt am Main.

höfisch, fein, edel, der guten Lebensart gemäß, urspr. im Sinne des mittelalterl. Rittertums. **H. Dichtung** des MA.: Minnesang, höfisches Epos.

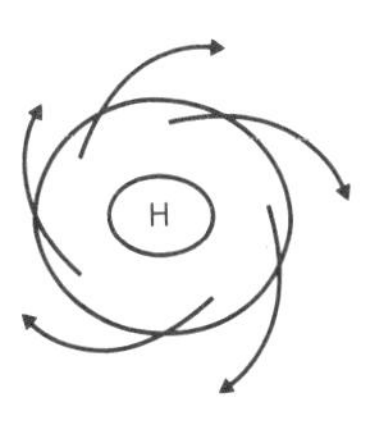

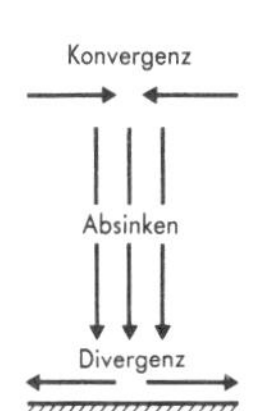

Luftströmungen in einem **Hochdruckgebiet** antizyklonale Bodenströme und vertikale Zirkulation (von oben)

Hofmann, 1) August Wilhelm v. (seit 1888), dt. Chemiker, * 1818, † 1892; schuf die Voraussetzungen der Teerfarbenindustrie. - **2)** Fritz, dt. Chemiker, * 1866, † 1956. Seine Forschungen führten zur Herstellung von Kunstkautschuk. - **3)** Peter, dt. Sänger, * 1944; Heldentenor, auch Rockinterpret.

Hofmannsthal, Hugo v., österr. Dichter, * 1874, † 1929; begann mit schwermütig-skept. Dichtungen (»Der Thor und der Tod«, 1894), knüpfte mit »Jedermann« (1911) und dem »Salzburger Großen Welttheater« (1922) an das mittelalterl. Mysterienspiel und das span. und österr. Barocktheater an, schrieb Textbücher zu Opern von R. Strauss (u. a. zum »Rosenkavalier«, 1911), Lustspiele (»Der Schwierige«, 1921), die Staatstragödie »Der Turm« (1925 bis 1927); Essays.

Hofmann von Hofmannswaldau, Christian, dt. Barockdichter, * 1617, † 1679.

Hofmeister, 1) MA.: Hofbeamter. - **2)** Gutshofverwalter. - **3)** Erzieher, Hauslehrer.

Hofnarr, Possenreißer an Fürstenhöfen; vom MA. bis zum 18. Jahrhundert.

Hofrat, ehem. Titel für Beamte und verdiente Persönlichkeiten; noch in Österreich.

Hofrecht, Rechtssätze, die im MA. die Verhältnisse zw. Grundherren und abhängigen Bauern regelten.

Hofstadter [-stetə], Robert, amerikan. Physiker, * 1915, † 1990; Arbeiten zur Struktur der Nukleonen; Nobelpreis 1961 (mit R. Mössbauer).

Hogarth [ˈhəʊgɑːθ], William, brit. Maler und Kupferstecher, * 1697, † 1764; Meister des Sittenbilds und der Karikatur.

Altsteinzeitliches Höhlenbild in der **Höhle** von Lascaux: Urrind mit Wildpferden

Höger, Fritz, dt. Architekt, * 1887, † 1949; Vertreter der expressionist. Architektur, erneuerte den norddt. Backsteinbau (Chilehaus, Hamburg); Industrie-, Büro- und Siedlungsbauten.

Hoggar *der,* **Ahaggar,** Gebirge in der zentralen Sahara, in SO-Algerien, bis 3000 m hoch; Lebensraum der zu den Tuareg gehörenden **Kel Ahaggar** mit ihren Herden.

Höhe, 1) √ senkrechter Abstand eines Punkts von einer Grundlinie oder -fläche. - **2)** ☼ Winkel zw. den Richtungen zu einem Gestirn und zum Horizont. - **3)** ⊕ Erhebung eines Punkts der Erdoberfläche über dem Meeresspiegel **(absolute H.).** Die **relative H.** ist der senkrechte Abstand eines Berggipfels von seinem Fuß.

Hoheit, 1) höchste Staatsgewalt und die damit verknüpften H.-Rechte. - **H.-Zeichen,** sinnbildl. Zeichen staatl. Gewalt, wie z. B. Wappen, Fahnen. - **2)** Titel fürstlicher Personen.

Hoheitsrechte, mit der staatl. Hoheit verbundene Rechte zur Ausübung der Staatsgewalt, z. B. Justiz-, Wehr-, Finanz-H. Im demokrat. Rechtsstaat sind die H. durch →Gewaltentrennung auf mehrere oberste Staatsorgane verteilt, ihre Ausübung wird durch die →Grundrechte beschränkt.

Hohenasperg, ehem. Bergfeste (16. Jh.) bei Asperg, Bad.-Württ.; Landesstrafanstalt (Zentralkrankenhaus).

Hohenheim, südl. Stadtteil von Stuttgart mit Schloss; Universität.

Höhenkrankheit, Bergkrankheit, durch Sauerstoffverarmung der Luft in größeren Höhen hervorgerufene Beschwerden: u. a. Blutdruckerhöhung, Konzentrationsstörungen, »Höhenrausch«, im Extremfall Herz-Kreislauf-Versagen.

Höhenlini|en, Schichtlini|en, Isohypsen, auf Landkarten die Linien, die Punkte gleicher Höhe verbinden.

Hohenlohe, Chlodwig, Fürst zu **H.-Schillingsfürst,** dt. Politiker, * 1819, † 1901; war 1866 bis 1870 bayer. Min.-Präs., 1885 bis 1894 Statthalter in Elsass-Lothringen, 1894 bis 1900 Reichskanzler und preuß. Ministerpräsident.

Höhenmessung, Feststellung der Höhenunterschiede von Orten der Erde: 1) →nivellieren; 2) →Theodolit; 3) mit dem Barometer, da in der Nähe der Erdoberfläche der Luftdruck mit je 10,5 m Höhe um etwa 1 mm Quecksilber fällt.

Hohensalza, poln. **Inowrocław** [-ˈvrɔtsuaf], Stadt und Solbad in Polen, südwestl. von Thorn, 75 000 Ew.; Steinsalzbergbau, Maschinenbau.

Hohenschwangau, Lustschloss der Wittelsbacher im Allgäu bei Füssen, Bayern, 1833 bis 1837 neu erbaut; gegenüber Schloss Neuschwanstein.

Hohenstaufen *der,* Vorberg der Schwäb. Alb, nördlich von Göppingen, Bad.-Württ., 684 m hoch; Reste der Stammburg der Staufer.

Höhenstrahlung →kosmische Strahlung.

Hohentwiel *der,* Vulkankegel im Hegau, Bad.-Württ., 686 m hoch, mit Burg- und Klosterruine.

Hohenzollern, Hohenzollerische Lande, ehem. Fürstentümer H.-Hechingen und H.-Sigmaringen, reichten von der Donau über die Schwäb. Alb bis zum Neckar; kamen 1849 an Preußen, 1952 an Baden-Württemberg.

Hohenzollern, 1) Fürstengeschlecht, erstmals 1061 erwähnt. Durch Teilung (1214) entstand eine fränk. und eine schwäb. Linie. Die fränk. Linie erwarb 1411/17 das Kurfürstentum Brandenburg; 1701 erlangten die H. die preuß. Königswürde und 1871 die dt. Kaiserwürde (bis 1918). Die schwäb. Linie teilte sich wieder in die seit 1623 fürstl. Linien H.-Hechingen und H.-Sigmaringen. - **2) H.** oder **Zoller,** Bergschloss auf einem Vorberg der Schwäb. Alb, 855 m hoch, Stammburg des Hauses Hohenzollern.

Hohe Pforte →Pforte.

höhere Gewalt, Naturgewalt (z. B. Blitz, Hagel, Erdbeben); im Recht jedes durch äußerste Sorgfalt nicht abzuwendende Ereignis (z. B. Krieg); entbindet vielfach von der Haftpflicht, hemmt den Ablauf einer rechtl. Frist.

Hoher Flüchtlingskommissar der Vereinten Nationen, engl. **United Nations High Commissioner for Refugees,** Abk. **UNHCR,** 1951 errichtete Dienststelle in Genf zum Schutz von Staatenlosen und Flüchtlingen; Friedensnobelpreis 1954 und 1981.

Hoher Kommissar, Hochkommissar, engl. **High Commissioner,** frz. **Haut Commissaire, 1)** häufig Titel für den Leiter des Überwachungs- oder Besatzungsorgans in besetzten Ländern. - **2)** Amtsbezeichnung für Leiter von diplomat. Vertretungen zw. Ländern des Commonwealth.

Hoher Priester, Hohepriester, Oberpriester des Tempels von Jerusalem.

Höherversicherung, in der Rentenversicherung Möglichkeit, durch zusätzl. Zahlung von Beiträgen höhere Ansprüche zu erwerben.

hohe Schule, vollendete Reitkunst; höchste Stufe des Dressurreitens.

Hohes Lied, Lied der Lieder, Buch des A.T., auf Salomo zurückgeführte Sammlung von Hochzeitsliedern; sinnbildl. auf die Liebe Gottes zu Israel, später auf Christus und die Kirche als Bräutigam und Braut gedeutet.

Hohes Venn, niederschlagsreiche Hochflächenlandschaft im NW der Eifel, in der Botrange [bɔ'trã:ʒ] auf belg. Gebiet 694 m hoch.

Hohhot, Huhehot, Huhehaote, früher **Kueisui,** Hptst. der Inneren Mongolei, China, 810 000 Ew.; mongol. Univ., Wollverarbeitung, Zuckerraffinerie.

Hohkönigsburg, Burg im Elsass, Frankreich, westlich von Schlettstadt; 1901 bis 1908 wiederhergestellt.

Hohlblocksteine, großformatige Bausteine u.a. aus Bimsstein, Beton, gebranntem Ton **(Hohlblockziegel).**

Höhle, unterird. Hohlraum, meist durch die auflösende Tätigkeit des Wassers (im Kalkstein und Gips) entstanden, dann oft mit H.-Bächen oder H.-Flüssen und Tropfsteinbildungen. In der Urzeit dienten die H. als Wohnstätten; häufig Fundorte urzeitl. Überreste und vorgeschichtl. Wandzeichnungen.

Hohler, Franz, schweizer. Kabarettist und Schriftsteller, * 1943; tragikom., groteske Geschichten mit dem Violoncello als Begleitinstrument.

Hohlleiter, ⚒ meist rundes oder rechteckiges Rohr mit gut leitenden Innenwänden zu möglichst verlustfreier Fortleitung höchstfrequenter elektromagnet. Wellen (Mikrowellen).

Hohlmaß, Maß für Flüssigkeiten und schüttbare feste Körper (z.B. Getreide); Einheit: Liter oder Kubikmeter.

Hohlraumresonator, ⚛ ⚒ ein metallisch abgeschlossener Raum, in dem elektromagnetische Schwingungen existenzfähig sind; Anwendung als Verstärker und Filter.

Hohlraumversiegelung, Form des Rostschutzes bes. bei Personenkraftwagen; Einbringen von Korrosionsschutzmitteln unter Druck in die Karosseriehohlräume.

Hohlspiegel → Spiegel.

Hans Holbein d. J., Simon George of Cornwall (um 1542)

Hohltiere, Coelenterata, Stamm wirbelloser Wassertiere von strahlig symmetr. Bau. Der schlauchförmige Körper besteht aus 2 Hautschichten und einem Magen-Darm-Raum, dessen einzige Öffnung (Mund und After zugleich) von Fangarmen umgeben ist. Die H. treten in einer fest sitzenden Form (Polyp) und einer frei schwimmenden (Meduse, Qualle) auf. Fortpflanzung durch Knospung, Teilung, häufig Generationswechsel. H. sind z.B. Nesseltiere und Rippenquallen.

Hohlzahn, Daun, Lippenblütlergattung, taubnesseloder ziestähnl. Kräuter.

Friedrich Hölderlin, Ausschnitt aus einem zeitgenössischen Gemälde (1792) und Autogramm

Hohoff, Curt, dt. Schriftsteller, * 1913; schrieb das russ. Kriegstagebuch »Woina, Woina« (1951).

Hokkaido, nördlichste der großen Inseln Japans, 77 900 km², Verw.-Sitz Sapporo.

Hokusai [hɔksai], eigentl. **Katsushika, Hokusai,** jap. Maler, * 1760, † 1849; Meister des Farbholzschnitts.

Holbach, Paul Heinrich Dietrich Baron v., frz. Philosoph dt. Herkunft, * 1723, † 1789; im Kreis der frz. Enzyklopädisten führend in der Wendung zum Materialismus und Atheismus.

Holbein, 1) Hans, d.Ä., dt. Maler, * um 1465, † 1524; Bildnisse, Altarwerke. – **2)** Hans, d.J., dt. Maler und Zeichner für den Holzschnitt, * 1497, begraben 1543, Sohn von 1); erst in Basel, dann in London als Hofmaler Heinrichs VIII.; zahlreiche Porträts; Holzschnitte: »Totentanz« (1523 bis 1526) und Illustrationen zum A.T. (vor 1531).

Holberg ['hɔlbɛr], Ludvig Baron v., dän. Dichter der Aufklärung, * 1684, † 1754; schuf Nationalliteratur in dän. Sprache, schrieb Komödien.

Holden ['həʊldən], William, amerikan. Filmschauspieler, * 1918, † 1981; »Sunset Boulevard« (1950), »Die Brücke am Quai« (1957), »The Wild Bunch« (1969).

Hölderlin, Friedrich, dt. Dichter, * 1770, † 1843; 1796 Hauslehrer bei dem Bankier Gontard in Frankfurt am Main, mit dessen Gattin Susette (Diotima seiner Gedichte) ihn tiefe Liebe verband; seit 1802 geisteskrank. Seine Gedichte in antiken Versmaßen und freien Rhythmen feiern in seher. Ergriffenheit, mit Vorliebe in den Sinnbildern des alten Griechenland und seiner Götter, die den modernen Menschen verloren gegangene Lebenseinheit mit den göttl. Mächten; im Auf und Ab von Hoffnung und Klage suchen sie die Gewissheit einer Erneuerung der Menschheit festzuhalten. Briefroman »Hyperion« (1797 bis 1799); Drama »Der Tod des Empedokles« (1826).

Holdinggesellschaft ['həʊldɪŋ-], **Beteiligungsgesellschaft,** ✐ Gesellschaft, die ohne eigene Erzeugungstätigkeit Anteile anderer Gesellschaften besitzt, um deren Geschäftstätigkeit zu beeinflussen. H. dienen bes. als Dachgesellschaft für Konzerne (Verselbstständigung der Konzernhauptverwaltung).

Holiday ['hɔlɪdeɪ], Billie, amerikan. Jazzsängerin der Swing-Epoche, * 1915, † 1959.

Holl, Elias, Stadtbaumeister von Augsburg, * 1573, † 1646; Rathaus, Zeughaus.

Hollaender ['hɔlɛndər], Friedrich, dt. Kabarettautor und Komponist, * 1896, † 1976; schrieb Schlager, Bühnen- und Filmmusiken.

Holland, 1) volkstüml., aber unzutreffende Bezeichnung für das Kgr. der Niederlande. – **2)** i. e. S.: dessen nordwestl. Prov. Nord- und Süd-H. Die Grafschaft H. fiel 1345 an die bayer. Wittelsbacher, 1433 an die Herzöge von Burgund.

Holländer *der,* Papierherstellung: Maschine zum Zerkleinern der Faserstoffe.

Hölle *die,* Ort der Qual für die Verdammten.

Höllenfahrt Christi, Glaubenssatz im 2. Artikel des Apostolischen Glaubensbekenntnisses; häufiges Motiv in der Kunst.

Höllenstein, Silbernitrat; Ätzstift.

Höllental, 1) Tal der oberen Dreisam im S-Schwarzwald, Bad.-Württ. – **2)** Tal des Hammerbaches bei Garmisch-Partenkirchen, Bayern, mit der **H.-Klamm.** – **3)** Durchbruchstal der Schwarza zw. Raxalpe und Schneeberg in Niederösterreich.

Höllerer, Walter, dt. Literarhistoriker, * 1922; Gedichte, Essays, Roman.

Robert Holley

Hollerithmaschine [nach H. Hollerith, * 1860, † 1929], Lochkartenmaschine.

Holley [-lɪ], Robert W., amerikan. Biochemiker, * 1922, † 1993; erhielt 1968 (zus. mit H. G. Khorana und M. W. Nirenberg) den Nobelpreis für Physiologie oder Medizin für die Aufklärung des genet. Codes bei der Eiweißsynthese.

Hollywood ['hɔlɪwʊd], amerikan. Filmstadt, Stadtteil von Los Angeles.

Holm *der,* **1)** Längsholz der Leiter, des Barrens usw. – **2)** am Flugzeug der Teil im Leitwerk oder am Tragflügel, der alle Kräfte aufnimmt und an den Rumpf weiterleitet.

Friedrich von Holstein

Holmium *das,* Symbol **Ho,** chem. Element aus der Gruppe der Lanthanoide, Ordnungszahl 67.

Holocaust → Holokaustum.

Holofernes, A.T.: assyrischer Feldherr, von Judith getötet.

Holographie *die,* Speicherung und Wiedergabe dreidimensionaler Bilder. Dazu wird ein Objekt mit kohärentem Licht (Laserlicht) angestrahlt, wobei dann die vom Objekt veränderte Welle mit einer Referenzwelle überlagert und damit ein räuml. Interferenzbild erzeugt und fotografisch als **Hologramm** gespeichert wird. Zur Wiedergabe wird das Hologramm mit kohärentem Licht aus der gleichen Richtung beleuchtet, aus der der Referenzstrahl einfiel. Für die speziell codierten Weißlichthologramme benötigt man kein Laserlicht zur Darstellung.

Holokaustum, Brandopfer, bei dem die opferbaren Teile des Tieres verbrannt wurden; i. w. S. Bezeichnung bes. für die Vernichtung der Juden während der natsoz. Herrschaft in Dtl. **(Holocaust).**

Holozän → Erdgeschichte (ÜBERSICHT).

Hol|schuld, Schuld, die vom Gläubiger bei Fälligkeit beim Schuldner abzuholen ist, z. B. die Wechselschuld; Ggs.: Bringschuld.

Holstein, südl. Teil des Lands Schlesw.-Holst. Es gehörte zum alten Stammesgebiet der Sachsen, wurde von Karl d. Gr. unterworfen. Zu Anfang des 12. Jh. kam es ans Grafenhaus der Schauenburger; 1459 an Dänemark. 1474 wurde H. zum Herzogtum erhoben.

Holstein, Friedrich v., dt. Diplomat, * 1837, † 1909; Mitarbeiter O. v. Bismarcks; nach dessen Sturz übte er großen Einfluss aus (»Graue Eminenz«); Gegner Kaiser Wilhelms II.

Holsteinische Seenplatte, Holsteinische Schweiz, wald- und seenreiche Endmoränenlandschaft in den Kr. Plön und Eutin, Teil des Balt. Landrückens.

Holthusen, Hans Egon, dt. Schriftsteller, * 1913; Lyriker, Essayist (»Krit. Verstehen«, 1961).

Hölty, Ludwig Heinrich, dt. Dichter, * 1748, † 1776; Mitglied des Göttinger Dichterbundes.

Holtzbrinck-Gruppe, 1971 gegr. Dachgesellschaft für die Georg v. Holzbrinck (* 1909, † 1983) und seiner Familie gehörenden Medienunternehmen.

Holunder *der,* Gattung der Geißblattgewächse. **Schwarzer H.,** Holder, Flieder. Die Blüten dienen zur Bereitung von schweißtreibendem Tee. Der **Berg-H.** oder **Rote H.** hat rote Beeren.

Holz, von Rinde und Bast befreite Grundmasse der Stämme, Äste und Wurzeln von Bäumen und Sträuchern. Entstehung: Die den Stängel einer jungen Pflanze durchziehenden Röhren sind zu Gefäßbündeln vereinigt und enthalten in der Wand außer Zellstoff H.-Stoff. Die H.-Teile der Gefäßbündel sind der feste Hauptteil, der das **Mark** umschließt, die Bastteile bilden mit der Oberhaut zus. die Rinde. Durch rege Zellteilung in einem Bildungsgewebe (Kambium) zw. H.- und Bastteil wächst der Stamm; nach innen bilden sich die neuen Zellen zu H.-Zellen um, nach außen zu Bastzellen **(Dickenwachstum).** Die **Jahresringe** bilden sich dadurch, dass im Frühjahr weite, im Sommer enge H.-Gefäße entstehen. In vielen H. leiten nur die jüngsten Jahresringe **(Splint-H.)** das Nährwasser, die älteren sind verstopft, dunkel gefärbt und fester **(Kernholz).**

Holz, Arno, dt. Dichter, * 1863, † 1929; ein Hauptvertreter des Naturalismus; Gedichtsammlungen: »Das Buch der Zeit« (1886), »Phantasus« (1898/99), »Dafnis« (1904); Schauspiele.

Holzbock, eine Schildzeckenart (→ Zecken).

Holzfaserplatten, Platten aus geringwertigem Faserholz, oft unter Zusatz anderer Pflanzenfasern; beim Trocknen ohne Druck erhält man poröse Isolier- oder **Dämmplatten,** beim Trocknen unter Druck die im Möbelbau verwendeten **Hartplatten.**

Holzgas, das durch Vergasung von Holz gewonnene Generatorgas.

Holzgeist, ☠ roher Methylalkohol, aus Holzessig gewonnen; dient zum Vergällen von Spiritus, zur Herstellung von Firnissen und reinem Methylalkohol.

Holzkohle, ☠ durch Holzverkohlung erzeugte Kohle. H. ist sehr porös und hat eine große Oberfläche; Verwendung wegen ihrer Saugfähigkeit u. a. in der chem. Technik als Reinigungsmittel von Flüssigkeiten und Gasen (Aktivkohle), in der Heilkunde, zum Heizen.

Holzmeister, Clemens, dt. Architekt, * 1886, † 1983; Vertreter des gemäßigt modernen Stils.

Holzminden, Krst. in Ndsachs., an der Oberweser, 21 100 Ew.; chem., Maschinenindustrie.

Holz|öl, fettes Öl aus Tungbaumfrüchten, leinölähnlich; für Kitt, Firnis, Lack.

Holzschliff, Holzstoff, durch Zerschleifen von entrindetem Holz gewonnener Faserstoff; Rohstoff für die Herstellung holzhaltiger Papiere und Pappen.

Holzschnitt, Bez. für die Kunst, eine Zeichnung in eine Holzplatte **(Holzstock)** zu schneiden, für die so entstandene Druckform sowie für den von dieser abgezogenen Druck. Das Verfahren wurde in Dtl. um 1400 aus dem Zeug- und Stempeldruck des Alten Orients entwickelt. Den H. brachten A. Dürer, H. Baldung, L. Cranach, H. Holbein d. J., A. Rethel, A. v. Menzel, L. Richter und die dt. Expressionisten zu künstler. Vollendung. Beim **Holzstich,** den der Engländer Thomas Bewick (* 1753, † 1828) erfand, wird das Bild in quer geschnittenes Buchsbaumholz mit dem Stichel eingestochen. – Die ältesten bekannten H. stammen aus China (Funde aus dem 7. Jh.) und aus Japan (8. Jh.).

Holzschutz, Maßnahmen gegen die Zerstörung von Holz durch Witterungs-, Umwelteinflüsse, Feuer, Bakterien, Pilze, Muscheln usw. Die Schutzstoffe werden oberflächlich auf- oder in das Holz eingebracht.
Holzteer, ⚗ schwarze, ölige Flüssigkeit, die bei der Holzverkohlung gewonnen wird; enthält u. a. Benzol, Naphthalin, Phenole.
Holzverkohlung, Holzdestillation, trockene Erhitzung des Holzes in luftdicht abgeschlossenen Behältern; man gewinnt Holzgas, Holzessig, Holzteer, Holzkohle.
Holzverzuckerung, die Überführung der Zellulose des Holzes in Zucker (Glucose, Xylose), heute ohne Bedeutung.
Holzwespe, große, gelbbraun gezeichnete Wespe, die Larven nagen Gänge im Holz; z. B. **Riesen-** oder **Fichten-H.** und **Kiefern-H.**, schädlich.
Holzwolle, von einer Holzrolle abgeschälte 0,5 bis 4 mm breite Späne, Verpackungs-, Polstermaterial, Material für Leichtbauplatten.
Holzwurm, volkstüml. Name für viele Arten von Insekten, die, meist als Larven, Gänge in Holz bohren, bes. Bohrkäfer und Bockkäfer.
Holzzement, Kitt aus Sägemehl mit Bindemittel zum Ausbessern schadhafter Stellen in Holz.
Homburg, steifer Herrenfilzhut mit eingerolltem, eingefasstem Rand.

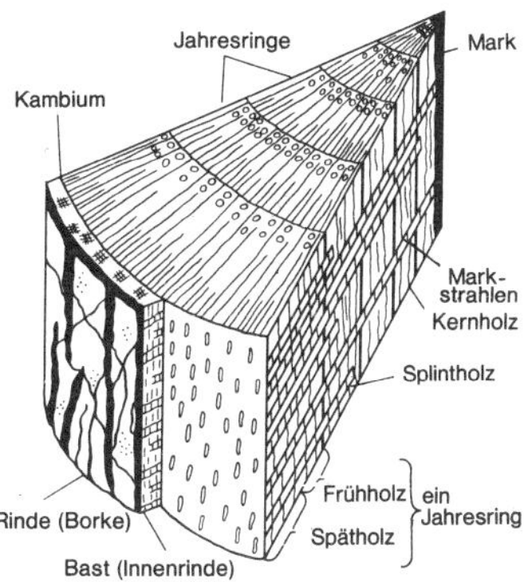

Holz. Stammquerschnitt

Homburg, 1) Krst. im Saarland, 41 400 Ew.; medizin. Fakultät der Univ. des Saarlands; Metall verarbeitende Ind. – **2) Bad H. v. d. Höhe,** Krst. in Hessen, 50 000 Ew.; Heilbad; Maschinenbau, chem. Ind.; Spielbank. 1622 bis 1866 Sitz der Landgrafen von Hessen-Homburg. In der Nähe die → Saalburg.
Homecomputer, 🖳 → Heimcomputer mit vielfältigen Anwendungsmöglichkeiten.
Homelands [ˈhəʊmlændz, engl. »Heimatländer«], **Bantu-H.,** in der Rep. Südafrika Territorien im Rahmen des Apartheidsystems, in denen die Bantu Selbstverwaltung besaßen (Gazankulu, KaNgwane, Kwa-Ndebele, KwaZulu, Lebowa, Quaqwa). Die Bildung der H. ging auf Ges. von 1913 und 1936 zurück. 1994 wurden die H. aufgelöst und den südafrikan. Prov.-Verw. unterstellt.
Homepage, [həʊmˈpeɪdʒ], Bez. der Informationen eines Onlinedienstes, die ein Nutzer als erste sieht, wenn er ein bestimmtes Angebot wählt und von denen aus er zu weiteren hierarchisch tiefer liegenden Informationsangeboten gelangen kann. Häufig wird mit H. die erste Seite eines Informationsangebots im → Internet genannt.
Homer, griech. Dichter, lebte im ion. Kleinasien des 8. Jh. v. Chr. Die Antike schrieb ihm die »Ilias« und die »Odyssee«, auch die »homer. Hymnen« zu. Die Wiss. des 19. Jh. sprach ihm diese ab, stellte auch die dichter. Einheit von »Ilias« und »Odyssee« durch ihre Auflösung in Einzellieder infrage. Man neigt heute, bes. bei der »Ilias«, wieder mehr zur Anerkennung eines einheitl., von der Hand eines großen Dichters geformten Aufbaus. Die »Odyssee« wurde wahrscheinlich nicht vom Ilias-Dichter verfasst. Übersetzungen u. a. von J. H. Voß, W. Schadewaldt.
homerisches Gelächter, starkes Gelächter, nach Homers Ilias.
Homerule [ˈhəʊmruːl] *die,* Selbstregierung, zunächst die entsprechende Forderung der Iren (seit 1877) nach nat. Selbstständigkeit im Rahmen des Brit. Reiches; 1921 mit Bildung des Ir. Freistaates unter Abtrennung Ulsters erreicht; dann polit. Schlagwort für alle derartigen Forderungen.
Homespun [ˈhəʊmspʌn] *der* oder *das,* rauer, grobfädiger Wollstoff für Oberbekleidung, auch die Kleidung daraus.
Homilie [griech. »Gespräch«] *die,* geistl. Rede, Predigt. **Homiletik** *die,* Predigtlehre.
Hominiden *Pl.,* Ordnung der Primaten mit dem Menschen und seinen Frühformen.
homo..., in Fremdwörtern: gleich...
Homo *der,* Mensch. **H. novus** [»neuer Mensch«], Emporkömmling. **H. sapiens** [der mit Verstand begabte Mensch], der jetztzeitl. Menschentyp.
Homo|erotik, auf gleichgeschlechtl. Partner gerichtete erot. Regungen; auch gleichbedeutend mit Homosexualität.
homogen, gleichartig, überall gleich beschaffen.
homolog, 1) √ gleich liegend, entsprechend. – **2)** ⚘ ♡ **h. Organe,** Körperteile, die trotz versch. Gestalt den gleichen Bauplan haben und stammesgeschichtl. verwandt sind, z. B. Lunge und Schwimmblase, Vordergliedmaßen der Säugetiere und Flügel der Vögel, Kartoffelknolle und Stängel.
Homonym *das,* gleich lautendes Wort mit anderer Bedeutung: die Leiter, der Leiter.
homöo..., in Fremdwörtern: ähnlich.
Homöopathie *die,* von S. Hahnemann 1810 begründete Heilweise, Krankheiten mit kleinen Gaben derjenigen Mittel zu behandeln, die bei Gesunden in großen Gaben ähnl. Krankheiten erzeugen; beruht auf der Beobachtung, dass kleine Gaben i. d. R. umgekehrt wirken wie große.
homophon, 𝄞 eine Stimme tritt aus der harmoniegebenden Begleitung führend hervor; Ggs.: polyphon.
Homosexualität *die,* sexuelle Anziehung durch Angehörige des eigenen Geschlechts sowie sexuelle Beziehungen mit gleichgeschlechtl. Partnern. I. e. S. wird H. für die Beziehungen zw. erwachsenen Männern verwendet. H. zw. Frauen wird lesb. Liebe genannt. Homosexuelle Handlungen sind in Dtl. nur bei Männern (in Bezug auf minderjährige Partner) strafbar, Freiheitsstrafe bis zu 5 Jahren oder Geldstrafe (§ 175 StGB). Die H. zw. Frauen ist straffrei.
homozygot, mit gleichartiger Erbanlage.
Homs, Stadt in Syrien, das antike **Emesa,** 355 000 Ew.; Erdölraffinerie, Zuckerfabrik.
Homunkulus *der,* Menschlein; in Goethes »Faust« ein künstl. erzeugter Mensch.
Honan → Henan.
Honanseide, handgewebtes chin. Seidengewebe in Taftbindung aus Tussahseide.
Honda Motor Co., Ltd., Tokio, größtes Unternehmen der Welt zur Produktion von Motorrädern; seit 1963 auch Kraftwagen; gegr. 1948.
hondtsches Höchstzahlverfahren, d'hondtsches Höchstzahlverfahren [nach V. d'Hondt, * 1841, † 1901], relativ einfach enzuwendendes Verfahren zur Errechnung der Abgeordnetensitze bei der Verhältniswahl; in Dtl. von der Bundestagswahl bis zur Kommunalwahl angewendet.

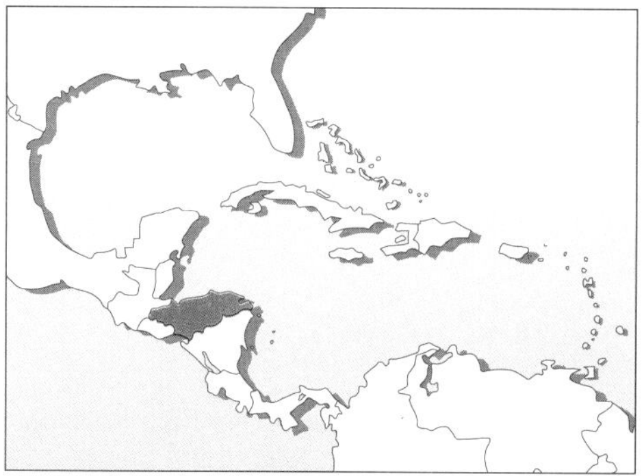

Honduras

Staatswappen

Staatsflagge

Hongkong
Wappen

Erich Honecker

Honduras, Rep. in Zentralamerika, 112088 km², 5,46 Mio. Ew. (meist Mestizen); Hptst. Tegucigalpa. Amtssprache: Spanisch. Präsidialverfassung. Im NO (Atlantikküste) lagunenreiches Flachland, sonst gebirgig (Gebirgszüge bis 2500 m hoch). Ausfuhr: Bananen, Kaffee, Holz, Vieh, Fleisch, Erze (Zink, Blei, Silber). Haupthandelspartner: USA, Japan, Dtl. Haupthafen: Puerto Cortés. – H. wurde 1524 von den Spaniern erobert, 1823 von ihrer Herrschaft befreit, 1828 selbstständige Rep. (Bürgerkriege). Im 20. Jh. unter polit. und wirtschaftl. Einfluss der USA, die mehrfach bewaffnet intervenierten. Staatsoberhaupt und Reg.-Chef: C. R. Reina (seit 1994).

Honecker, Erich, dt. Politiker (SED), * 1912, † 1994; ab 1930 Mitglied der KPD, schuf seit 1946 in der sowjet. Besatzungszone die FDJ, seit 1946 Mitglied des ZK, seit 1958 Mitglied des Politbüros und des Sekretariats des ZK der SED, 1971 bis 1989 als Nachfolger W. Ulbrichts (1.) Gen.-Sekr. des ZK der SED, 1971 bis 1989 Vors. des Nat. Verteidigungsrats, 1976 bis 1989 Vors. des Staatsrats; entzog sich der Strafverfolgung 1991 durch Flucht in die UdSSR; nach Rückkehr 1992 angeklagt, Strafverfahren 1993 wegen Verhandlungsunfähigkeit eingestellt (Ausreise nach Chile).

Honegger, Arthur, frz.-schweizer. Komponist, * 1892, † 1955; Opern, Orchesterstücke.

Honen → Ziehschleifen.

Hongkong, chin. **Xianggang** [hsjaŋ-], seit 1997 chin. Sonderverwaltungszone an der S-Küste Chinas; umfasst die Insel H., die Halbinsel Kowloon und einen Teil ihres Hinterlands; 1045 km², 5,8 Mio. Ew.; Verwaltungssitz.: Victoria. Hafen, Ind.standort. – H. wurde 1842/43 brit. Kronkolonie; 1956 erhielt es Selbstverwaltung; 1984 Vertrag zw. der VR China und Großbritannien über Rückgabe an China 1997.

Honig *der,* gelbl. bis bräunl. Flüssigkeit, die die Bienen aus dem Nektar der Blüten in ihrem Honigmagen bereiten und dann in den Waben speichern. Der H. ist sehr nahrhaft, er enthält etwa 75% Zucker, 2,7% Eiweiß, 19% Wasser, außerdem organ. Säuren und Duftstoffe. Der H. wird gewonnen durch Auspressen der Waben **(Press-H.),** durch Auslaufenlassen **(Tropf-H.)** oder Erwärmen **(Seim-H.).** Die mit Rähmchen arbeitenden Imker benutzen Zentrifugen **(Schleuder-H.).** Der reinste H. ist der **Scheiben-** oder **Waben-H.** H.-Sorten: u.a. Heide-, Kräuter-, Linden-, Tannenhonig.

Honigdachs, dachsähnl. Mardertier, in Afrika und Ostindien; plündert Bienennester.

Honigklee, Steinklee, Gattung der Schmetterlingsblütler, Bienenweide. **Weiß blühender** und **Gelb blühender H.** sind die häufigsten dt. Arten. **Blauer H.** (Schabzieger-, Käseklee) für Kräuterkäse.

Honigtau, Blatthonig, zuckerig klebriger Blattüberzug, Ausscheidung von Blattläusen.

Honi soit qui mal y pense [ɔ'ni 'swa kimali'pãs], »ein Schelm, wer Arges dabei denkt«; Wahlspruch des Hosenbandordens.

Honnef, Bad H., Stadt und Kurort in NRW, am Siebengebirge, 22000 Einwohner.

Honneurs [(h)ɔ'nø:rs] *Pl.,* Ehrung, Begrüßung und Vorstellung der Gäste durch den Gastgeber (H. machen).

Honolulu, Hptst. und Haupthafen der Hawaii-Inseln, USA, auf der Insel Oahu, 372000 Ew.; Univ., Ananaskonservenfabriken; westl. der Flottenstützpunkt Pearl Harbor.

Honorar *das,* Vergütung für Leistungen in freien Berufen, z.B. für Ärzte, Architekten, Rechtsanwälte, Künstler, Schriftsteller. Die Höhe des H. ergibt sich aus den jeweiligen Gebührenordnungen oder wird frei vereinbart.

Honoratioren, die angesehensten Einwohner eines Orts.

honorieren, 1) Honorar zahlen. – **2)** (einen Wechsel) einlösen.

honoris causa, Abk. **h.c.,** ehrenhalber.

Honorius, Flavius, röm. Kaiser (395 bis 423 n. Chr.), 395 erster Kaiser des Weström. Reichs; überließ in der Krisenzeit bis 408 Stilicho die Reg.-Gewalt.

Honourable ['ɔnərəbl, engl. »ehrenwert«], Abk. **Hon.,** Titel der Mitglieder des engl. Hochadels; Anrede hoher Richter und hoher Beamter.

Honshū, Hauptinsel Japans, 227414 km², 99,25 Mio. Ew. (rd. 80% der jap. Bev.).

Honvéd ['honve:d] *die,* 1848 ungar. Freiwilligentruppen, später die ungar. Armee.

Hooch, Hoogh [ho:x], Pieter de, niederländ. Maler, * 1629, † nach 1684; Interieurs.

Hooke [hʊk], Robert, engl. Naturforscher, * 1635, † 1703; nach dem **hookeschen Gesetz** wirken jeder mechan. Deformation eines Körpers rücktreibende Kräfte entgegen, die zunächst proportional zur Deformation wachsen.

Hoorn → Kap Hoorn.

Hoover ['hu:və], Herbert, amerikan. Staatsmann (Republikaner), * 1874, † 1964; leitete nach dem 1. Weltkrieg das amerikan. Ernährungshilfswerk für Europa unter Einschluss von Dtl.; 1929 bis 1933 der 31. Präs. der USA. Das **H.-Moratorium** (1931) leitete das Ende der Reparationen ein. H. führte auch im und nach dem 2. Weltkrieg Hilfsaktionen durch (Kinderspeisung in Deutschland).

Hoover Dam ['hu:və 'dæm], bis 1947 **Boulder Dam** ['bəʊldə 'dæm], Staudamm einer Talsperre des Colorado, USA, 221 m hoch, 180 km langer Stausee.

Hope [həʊp], Bob, amerikan. Komiker brit. Herkunft, * 1903; »Road to Singapore« (1940).

Hopfen *der,* zweihäusige Kletterstaude (Maulbeergewächs); an Waldrändern wild. Weibl. Pflanzen werden in **H.-Gärten** angebaut (an Stangen, Gerüsten), sie tragen zapfenförmige Fruchtähren (Trollen, Dolden); diese dienen als Zusatzstoff für Bier und tragen klebrige harz- und bitterstoffreiche Drüschen, das **H.-Mehl** (Lupulin). Das Lupulin enthält **H.-Bitter** und würziges **H.-Öl.** Wichtigste Anbaugebiete in Mitteleuropa: Bayern, Württemberg, Böhmen, Elsass.

Hopkins ['hɔpkɪnz], **1)** Anthony, brit. Schauspieler, * 1937; Shakespeare-Darsteller, Filme: »Das Schweigen der Lämmer« (1991), »Nixon« (1995), »Mein Mann Picasso« (1996). – **2)** Sir Frederick, brit. Chemiker, * 1861, † 1947; entdeckte 1903 das Tryptophan, wies Vitamin A und B in der Milch nach; Nobelpreis für Physiologie oder Medizin 1929.

Hoplit *der,* in der griech. Antike schwer bewaffneter Fußkämpfer.

Hoppe, 1) Marianne, dt. Schauspielerin, * 1911; 1936 bis 1946 ⚭ mit G. Gründgens; überwiegend klass. Rollenrepertoire, auch in Filmen (»Romanze in Moll«, 1943) und im Fernsehen. – **2)** Rolf, dt. Charakterschauspieler, * 1930; Filme: »Mephisto« (1981), »Der Bruch« (1989).

Hopper ['hɔpə], **1)** Dennis, amerikan. Filmschauspieler und -regisseur, * 1936; »Easy Rider« (1969), »The Hot Spot - Spiel mit dem Feuer« (1990). - **2)** Edward, amerikan. Maler, * 1882, † 1967; malte amerikan. Landschaften und Städte sowie Interieurs in einem zur Stilisierung neigenden Realismus.

Höppner, Reinhard, dt. Politiker (SPD), * 1948; April bis Sept. 1990 Vizepräs. der Volkskammer der DDR, dann Oppositionsführer im Landtag von Sa.-Anh., seit Juli 1994 dort Min.-Präs. einer Minderheitskoalition zw. SPD und Bündnis '90/Die Grünen.

Horaz, eigentl. Quintus **Horatius Flaccus,** röm. Dichter, * 65, † 8 v. Chr.; gefördert von Maecenas und Augustus, neben Vergil der klass. lat. Dichter von vollendeter Sprachkunst: Oden, Epoden, Episteln (»Ars poetica«, um 13 v. Chr.).

Hörbiger, Paul, * 1894, † 1981, und sein Bruder Attila, * 1896, † 1987; österr. Bühnen- und Filmschauspieler; ebenso Attilas Tochter Christiane H. (* 1938) aus dessen Ehe mit Paula Wessely.

Horeb, Berg, der bibl. → Sinai.

Horen *Pl.,* **1)** griech. Göttinnen der Jahreszeiten; bei Hesiod die 3 Göttinnen der Gesetzmäßigkeit, Gerechtigkeit und des Friedens: Eunomia, Dike, Eirene. - **2)** kath. Kirche: Gebetszeiten (Teile) des Stundengebets. - **3) Die H.,** bedeutendste Literaturzeitschrift der Goethezeit, von Schiller 1795 bis 1797 herausgegeben.

Horgen, Stadt im Kt. Zürich, Schweiz, am Zürichsee, 17 000 Ew.; Textilmaschinenbau, Elektronikindustrie.

Hörgerät, Hilfsgerät für Schwerhörige. Mikrofon und Verstärker sind in einem Brillenbügel **(Hörbrille),** in einem hinter dem Ohr oder unter der Kleidung getragenen Kästchen zusammengefasst. Über einen in den Gehörgang gesteckten Hörer wird der Schall in das Ohr geleitet. Moderne H. integrieren alle Funktionselemente in dem in den Gehörgang geschobenen Hörer, der die Töne verstärkt und weiterleitet.

Hörigkeit, 1) dingl. Unfreiheit, im Unterschied zur persönl. Leibeigenschaft. Im MA. waren die Hörigen an einen Bauernhof gebunden, der dem Grundherrn gehörte. Die H. wurde im 19. Jh. durch die Bauernbefreiung aufgehoben. - **2)** Ⓟ innere Gebundenheit eines Menschen an einen anderen, bes. als sexuelle Hörigkeit.

Horizont *der,* **Gesichtskreis, Kimm,** Kreis um einen Beobachter (Ebene senkrecht zum Lot am Standort), der die Erdoberfläche von dem Himmelsgewölbe abzugrenzen scheint **(scheinbarer H.).** Wegen der atmosphär. Strahlenbrechung kann der Beobachter etwas mehr als eine Himmelshalbkugel überblicken. Der so entstehende **natürl. H.** liegt also unterhalb des scheinbaren H. **(Kimmtiefe).** Die Aussichtsweiten sind 27 km bei 50 m, 38 km bei 100 m und 120 km bei 1000 m Erhebung über die Erde.

Horkheimer, Max, dt. Philosoph und Soziologe, * 1895, † 1973; Hauptvertreter der krit. Theorie.

Hormon *das,* Stoff, der durch eine Drüse mit innerer Sekretion in das Blut abgegeben wird und andere Organe in ihrer Tätigkeit beeinflusst. Auch bestimmte Gewebe sondern H. ab **(Gewebshormone).**

Hormus, Hormoz [-z], iran. Insel im Pers. Golf, an der **Straße von H.** (60 bis 100 km breit), die den Ind. Ozean mit dem Pers. Golf verbindet.

Horn *das,* **1)** ♡ überwiegend aus Keratin bestehende und von der Epidermis gebildete harte Eiweißsubstanz, aus der die H.-Schicht der Haut, die Haare, Federn, Schuppen sowie Nägel, Hufe und Hörner bestehen. - **2)** 𝄞 Blasinstrument, urspr. aus einem Tierhorn, jetzt kreisförmig gewundene Metallblechröhre mit Schallbecher: **chromat.** oder **Ventil-H.,** mit Ventilen zur Erzeugung aller Töne; in F- und B-Stimmung gebaut; **Natur-** oder **Wald-H.,** nur mit Naturtönen.

Horn, 1) Gyula, ungar. Politiker, * 1932; 1988/90 Außenmin., seit 1994 Min.-Präsident. - **2)** Rebecca, dt. Künstlerin, * 1944; Performances, Videobänder, Rauminstallationen und Zeichnungen. Ausgangspunkt ist meist eine ritualisierte Aktion mit dem eigenen Körper.

Hornberg, Stadt und Kurort in Bad.-Württ., im Schwarzwald, an der Gutach, 4 600 Ew. Ü **Es geht aus wie das Hornberger Schießen,** endet ergebnislos (nach einer Fehde von 1519).

Hornblatt, Wasser-, auch Aquariumpflanze mit zartem Stängel und quirlständigen, sehr schmalen Blättern.

Hornblende, wichtiges Mineral aus der Gruppe der Amphibole; Hauptbestandteil vieler Gesteine.

Horne, Hoorn, Philipp II. Graf v., niederländ. Edelmann, * 1524, † 1568; mit Egmont Führer der Opposition gegen die Spanier, hingerichtet.

Hörner *Pl.,* unterschiedlich geformte Kopfwaffe bestimmter Paarhufer. Sie sitzen auf Knochenzapfen des Stirnbeins, aus deren Hautüberkleidung (Hornhaut) sie hervorgehen.

Horney ['hɔrnaɪ], Brigitte, dt. Schauspielerin, * 1911, † 1988; Star des dt. Films (»Befreite Hände«, 1939; »Das Mädchen von Fanö«, 1941).

Hornhaut → Auge.

Hornisgrinde *die,* höchster Berg des nördl. Schwarzwalds, Bad.-Württ., 1163 m hoch.

Hornisse *die,* größte Faltenwespe, baut in Bäumen, Mauerspalten ein kopfgroßes, papierartiges Nest. Ihr Stich ist schmerzhaft und kann gefährlich sein.

Hornissenschwärmer, Schmetterling mit hornissenähnl. Aussehen (Schutz gegen Fressfeinde).

Gemeiner **Hopfen** mit Fruchtstand

Hongkong

Hornklee, kleinstaudige Schmetterlingsblütler. **Gemeiner H.,** gelb blühend, Futterpflanze.

Hornkraut, Gattung der Nelkengewächse; **Acker-H.** mit hornähnl. Fruchtkapseln.

Hornstrauch → Hartriegel.

Horntiere, wiederkäuende Paarhufer mit Hörnern: Rinder, Schafe, Ziegen, Antilopen.

Hornung *der,* alte dt. Bezeichnung für Februar.

Hornussen, dem Schlagball ähnl. schweizer. Schlag- und Abfangspiel zw. 2 Mannschaften.

Horoskop *das,* Stellung der Gestirne zu einer bestimmten Zeit, bes. bei der Geburt eines Menschen; Grundlage der Sterndeutung.

Horowitz, Vladimir, amerikan. Pianist russ. Herkunft, * 1904, † 1989.

Hör|rohr, ⚕ → Stethoskop.

Horror *der,* Grausen, Abscheu. **H.-Film** und **H.-Literatur** wollen durch die Darstellung von Fantastischem, Makabrem und Dämonischem eine von Entsetzen bestimmte Spannung erzeugen.

Hörschwelle, frequenzabhängiger, für eine Hörempfindung nötiger geringster Schalldruck.

Max Horkheimer

Hortensie

Ödön von Horváth

Edwin Powell Hubble

Jean-Antoine Houdon
Der Winter, Marmor (1783–85)

Horsd'œuvre [ɔrˈdœ:vr] *das,* Vorspeise.
Horsens, dän. Hafenstadt an der O-Küste Jütlands, 54 500 Ew.; Industrie.
Hörspiel, eigengesetzl. Wort- und Klangkunstwerk des Rundfunks.
Horst *der,* **1)** Nest von Greif- u.a. Vögeln. – **2)** ⚠ Strauchwerk, Baumgruppe. – **3)** ⊕ Scholle oder Rücken zw. 2 Senkungen; **H.-Gebirge** → Gebirge.
Hör|sturz, plötzlich einsetzender Hörverlust infolge einer Innenohrdurchblutungsstörung, meist mit Ohrrauschen.
Hort *der,* **1)** Schatz, z.B. Nibelungenhort. – **2)** Schutz, Zuflucht. – **3)** Kindertagesstätte.
Hortense [ɔrˈtã:s], Königin von Holland, *1783, †1837; Stieftochter Napoleons I., ⚭ 1802 mit Ludwig (Louis) Bonaparte, Mutter Napoleons III.
Hortensi|e *die,* Gattung der Steinbrechgewächse, aus Ostasien, Ziersträucher mit rötlich weißen, bei Eisendüngung blauen Scheindolden.
Horthy, Nikolaus v., *1868, †1957; ungar. Admiral, 1918 Oberbefehlshaber der Flotte, trat 1919 an die Spitze der gegenrevolutionären ungar. Nationalarmee, wurde 1920 zum Reichsverweser gewählt; 1944 von Hitler abgesetzt.
Horus, ägypt. Gott, wurde als Falke verehrt.
Horváth, Ödön v., österr. Schriftsteller, *1901, †1938; ironisch-satir. Volksstücke (»Geschichten aus dem Wienerwald«, 1931), die die untergründige Bösartigkeit der kleinbürgerl. Gesellschaft aufdecken; Romane.
Hosea, 1) A.T.: einer der 12 kleinen Propheten. – **2)** letzter König Israels (732 bis 724/723 v.Chr.).
Hosemann, Theodor, dt. Maler, Zeichner, *1807, †1875; biedermeierl. Genrebilder.
Hosenband|orden, höchster brit. Orden (1348); Devise: → Honi soit qui mal y pense.
Hosianna!, Hosanna! [hebr. »(Gott) hilf doch!«], hebr. Willkommens- und Jubelruf; in den christl. Gottesdienst übernommen.
Hospital, Spital *das,* veraltet für: Anstalt für Arme, Hilfsbedürftige und Kranke, die ärztl. betreut werden müssen; auch svw. Krankenhaus.
Hospitalet [ɔs-], amtl. **L'H. de Llobregat** [-ljɔbrɛˈga:t], Stadt in Katalonien, Spanien, 294 000 Ew.; Textil-, Stahlindustrie.
Hospitalismus *der,* psych. und psychosomat. Schäden bei Kindern nach längerem Aufenthalt in Heimen, Kliniken u.Ä. infolge mangelnder emotionaler Zuwendung.
Hospitaliter, Hospitalbrüder, Ordensgemeinschaften, die sich bes. der Krankenpflege widmen.
Hospiz *das,* **1)** Herberge. – **2)** in christl. Geist geleitetes Gasthaus.
Hostess *die,* Betreuerin von Fahrgästen u.a., Führerin von Touristen, Empfangsdame; auch verhüllend für Prostituierte.
Hosti|e [lat. hostia »Opfer«] *die,* das bei der kath. Messfeier und Kommunion, beim Abendmahl in der luther. Kirche gereichte ungesäuerte Weizenbrot (Oblate).
Hotel *das,* Beherbergungs- und Verpflegungsbetrieb. **H. garni,** Gasthaus, das nur Unterkunft und Frühstück gewährt. **Hôtel de ville,** in Frankreich Rathaus.
Hottentotten *Pl.,* Eigen-Bez. **Khoikhoin,** zusammenfassender Name einer Völkerfamilie in Südafrika und Namibia; hamit. Einfluss in der Wirtschaftsform (Großviehzüchter) und der Sprache. Als einzige ethnische Gruppe haben sich die Nama erhalten.
Houdon [uˈdɔ̃], Jean-Antoine, frz. Bildhauer, *1741, †1828; Vertreter des Klassizismus, über 200 Porträtplastiken.
House of Commons [ˈhaʊs əv ˈkɔmənz], das Unterhaus, **House of Lords** [-ˈlɔ:dz], das Oberhaus des brit. Parlaments.

Ricarda Huch. Ausschnitt aus einem zeitgenössischen Gemälde und Autogramm

Houston [ˈhju:stən], Stadt in Texas, USA, 1,7 Mio., mit Vororten 3,6 Mio. Ew.; Univ.; Erdöl-, Erdgas-, chem., Stahlind.; Handel; Raumfahrt-Kontrollzentrum, ✈.
Houston [ˈhju:stən], Whitney, amerikan. Popsängerin und Filmschauspielerin, *1963; seit 1984 internat. erfolgreiche Soloalben; Filme u.a. »Bodyguard« (1992), »Rendezvous mit einem Engel« (1996).
Howard [ˈhaʊəd], **1)** John Winston, austral. Politiker, *1939, seit 1996 Premierminister. – **2)** Trevor, brit. Schauspieler, *1916, †1988; Filme: »Söhne und Liebhaber« (1960), »Meuterei auf der Bounty« (1962).
Howrah [ˈhaʊrə], **Haora,** Stadt gegenüber von Kalkutta, Indien, 742 000 Ew.; Metall-, Textil- u.a. Industrie.
Hoxha [ˈhodʒa], **Hodscha,** Enver, alban. Politiker, *1908, †1985; 1944 bis 1954 Min.-Präs., war seit 1948 Gen.-Sekr. der Kommunist. Partei.
Höxter, Krst. in NRW, an der Weser, 32 000 Ew.; Ind., Mineralquellen.
Hoyerswerda, Stadt in Sa., 67 900 Ew., an der Schwarzen Elster.
Hrabanus Maurus, Rhabanus Maurus, Benediktiner, *um 780, †856; Abt von Fulda, 847 Erzbischof von Mainz; schuf mit seiner »Realenzyklopädie« die Grundlagen für den Unterricht in den mittelalterl. Klosterschulen.
Hradschin *der,* Burg und Stadtteil in Prag.
Hrdlicka [ˈhɪrdlɪtska], Alfred, österr. Bildhauer, Grafiker und Maler, *1928; expressiv-realist. Skulpturen, Gemälde- und Radierzyklen.
Hrotsvith von Gandersheim, mittellat. Dichterin, → Roswitha von Gandersheim.
HTML, Abk. für **H**yper**t**ext **M**arkup **L**anguage, eine Beschreibungssprache in der Datenverarbeitung zur Gestaltung von Inhalten im → World Wide Web.
http, Abk. für **H**yper**t**ext **T**ransfer **P**rotocol, Datenübertragungsprotokoll zur Anforderung und Übertragung von Daten, die sich auf einem an das → Internet angeschlossenen Computer befinden. Die Daten werden angefordert, sobald ein Hypertext in einem Dokument des World Wide Web aktiviert wird.

Huai He, Huaiho *der,* Fluss in N-China, 1078 km lang; Talsperren.
Hub *der,* Kolbenweg bei Hin- oder Hergang. **Hubraum,** der bei einem H. verdrängte Raum.
Hubble [hʌbl], Edwin Powell, amerikan. Astronom, *1889, †1953; entdeckte die Rotverschiebung der Spektrallinien weit entfernter Spiralnebel **(H.-Effekt),** die als Dopplereffekt gedeutet wird.
Hubble-Weltraumteleskop ['hʌbl-; nach E. P. Hubble], 1990 auf eine Erdumlaufbahn gebrachtes Teleskop zur Verbesserung der astronom. Forschung, Gemeinschaftsprojekt der NASA und ESA. Die Fehler in der Optik (falscher Schliff) wurden 1993 bei einer bemannten NASA-Mission behoben.
Hubei, Hupeh, Hupei, Prov. in Mittelchina, am mittleren Jangtsekiang, 187000 km², 53,97 Mio. Ew.; Hptst. Wuhan; Reisanbau, Industrie.
Hubel ['hju:bəl], David, kanad. Neurobiologe, *1926; Forschungen zum Sehwahrnehmungssystem. Nobelpreis für Physiologie oder Medizin 1981.
Huber, 1) Kurt, dt. Philosoph, *1893, †(hingerichtet) 1943; geistiges Haupt einer student. Widerstandsgruppe (Geschwister Scholl). – **2)** Wolf, dt. Maler, *1485, †1553; neben A. Altdorfer bedeutendster Meister der Donauschule.
Hubertus, Schutzheiliger der Jäger, Bischof von Lüttich, †727; wurde nach der Legende während einer Jagd am Feiertag durch das Erscheinen eines Hirschs mit goldenem Kreuz im Geweih zur Buße geführt. – (Tag: 3. 11.; **H.-Tag**).
Hubertusburg, ehem. sächsisches Jagdschloss bei Oschatz. Durch den **Frieden von H.** wurde am 15. 2. 1763 der Siebenjährige Krieg beendet.
Hub|insel, Erdölförderung: schwimmfähige Bohrplattform, deren Beine abgesenkt werden und in den Meeresboden eindringen; für Wassertiefen bis etwa 120 m.
Hubli-Dharwar, Stadt in Karnataka, Indien, 527000 Ew.; Univ., Textilindustrie.
Hubschrauber, Helikopter, Drehflügelflugzeug, kann senkrecht aufsteigen und landen sowie in der Luft »stehen«.
Huch, 1) Friedrich, dt. Erzähler, Vetter von 2) und 3), *1873, †1913; Romane: »Geschwister« (1903), »Pitt und Fox« (1908). – **2)** Ricarda, dt. Dichterin, *1864, †1947; zunächst Hauptvertreterin der Neuromantik in Lyrik und Prosa, widmete sich später bes. geschichtl. Darstellungen: Gedichte, Romane (»Der große Krieg in Dtl.«, 1912 bis 1914), »Die Romantik« (1908), »Wallenstein« (1915), Städtebilder u. a. – **3)** Rudolf, dt. Schriftsteller, Bruder von 2), *1862, †1943; satirisch-humorist. Romane des Kleinbürgertums; bes. von W. Raabe beeinflusst.
Huchel, Peter, dt. Lyriker, *1903, †1981; »Gezählte Tage« (1972), »Die neunte Stunde« (1979).
Huckepackverkehr, Beförderung beladener Fahrzeuge auf anderen Fahrzeugen.
Huddersfield ['hʌdəzfi:ld], Stadt in Mittelengland, 123900 Ew.; Textil-, Maschinenindustrie.
Hudson ['hʌdsn], Rock, amerikan. Filmschauspieler, *1925, †1985; »Giganten« (1956), »Bettgeflüster« (1959).
Hudsonbai ['hʌdsnbeɪ; nach dem engl. Polarreisenden Henry Hudson, *1550, †1611], Binnenmeer in Kanada, 1,23 Mio. km² groß, 128 m tief; durch die **H.-Straße** mit dem Atlant. Ozean, durch die **Foxstraße** mit dem Nordpolarmeer verbunden; Juni bis Okt. schiffbar.
Hudson River ['hʌdsn 'rɪvə], Hauptfluss des Staats New York, USA; 493 km lang.
Huê, Stadt in Vietnam, 1,5 Mio. Ew.; Univ.; ehem. Kaiserresidenz von Annam; Textilind.; Hafen.
Huelsenbeck ['hyl-], Richard, dt. Schriftsteller, *1892, †1974; Mitbegründer des Dadaismus.
Huelva ['uɛlβa], Hafenstadt in SW-Spanien, 135600 Ew.; Ausfuhr: Erze, Wein und Südfrüchte; Erdölraffinerie.
Huerta ['uɛrta »Garten«] *die,* bewässerte Fruchthaine um die Städte in Südspanien.
Huf *der,* horniger, schuhförmiger Überzug an den Zehen der H.-Tiere; besteht beim Pferd aus Hornwand (dem äußeren Mantel), Hornsohle und Hornstrahl. Schutz durch **Hufeisen.**
Hufe, Hube *die,* in der frühmittelalterl. Grundbesitz-Verf. die zur Lebenshaltung der bäuerl. Familie ausreichende Ackerfläche und der Anteil der einzelnen Familie an der Gemeindeflur.
Hufeland, Christoph Wilhelm, dt. Arzt, *1762, †1836; behandelte Goethe und Schiller.
Huflattich *der,* kleinstaudiger Korbblütler; im zeitigen Frühjahr erscheinen die gelben Blüten.
Hüfte *die,* Körperteil um das Gelenk zw. Oberschenkel und Rumpf **(Hüftgelenk)** herum.
Huf|tiere, Sammelbezeichnung der Unpaarhufer und Paarhufer.
Hügelgrab, vorgeschichtl. Grabform: oft runde oder ovale Grabkammer, von Erdreich bedeckt.
Hugenberg, Alfred, dt. Wirtschaftsführer und Politiker, *1865, †1951; 1909 bis 1918 Direktor der Kruppwerke, seit 1916 Leiter des **H.-Konzerns** (Medienkonzern); 1928 bis 1933 Vors. der Deutschnat. Volkspartei (→Harzburger Front); war Jan. bis Juni 1933 Wirtschafts- und Ernährungsmin. in der Regierung Hitler.
Hugenotten, die frz. Protestanten, Anhänger J. Calvins, mussten sich seit 1562 in den blutigen **H.-Kriegen** unter Führung G. de Colignys, der Bourbonen Ludwig v. Condé und Heinrich von Navarra gegen die kath. Partei verteidigen; 1572 traf sie das Blutbad der →Bartholomäusnacht. Sie blieben eine Minderheit. Heinrich IV. bestätigte den H. 1598 im Edikt von Nantes die freie Religionsausübung und eine polit. Sonderstellung. Diese nahm ihnen Richelieu. König Ludwig XIV. verfolgte die H. hart (→Dragonade) und hob 1685 das Edikt von Nantes auf. Darauf flohen viele H. ins Ausland **(Réfugiés),** bes. in die Niederlande und nach Preußen.
Hugo [y'go], Victor, frz. Dichter, *1802, †1885; Führer der frz. Hochromantik; Gedichte, Bühnenwerke (»Cromwell«, 1827), Romane (»Der Glöckner von Notre-Dame«, 1831; »Die Elenden«, 1862).
Huhehot →Hohhot.
Huhn →Haushuhn.
Hühnerauge, schwielenartige Verdickung der Hornhaut, an Druckstellen.
Hühnervögel, Scharrvögel, große, mittelmäßig fliegende Vögel, Bodentiere mit kräftigen Füßen und Scharrkrallen. Lauf- oder Schopfhühner, Waldhühner (Auer-, Hasel-, Schnee-, Birkhuhn), Feldhühner (Rebhuhn, Wachtel), Fasanen, Truthühner, Haushuhn.
Huizinga ['hœjzɪŋxa], Johan, niederländ. Historiker, *1872, †1945; erforschte v. a. das späte MA. (»Herbst des Mittelalters.«, 1919).
Hulk *der,* ⚓ abgetakeltes, im Hafen verankertes Schiff; Wohn-, Vorratsschiff.

David Hubel

Gemeiner **Huflattich**

Victor Hugo

MIL Mi-12, der größte **Hubschrauber** der Erde

Russell A. Hulse

Alexander von Humboldt
Zeitgenössische Lithographie

Engelbert Humperdinck

Edmund Husserl

Hulse [hʌls], Russell A., amerikan. Physiker, * 1950; entdeckte 1974 den ersten Doppelsternpulsar (mit Joseph H. Taylor), interessant im Zusammenhang mit der allgemeinen Relativitätstheorie; Nobelpreis für Physik 1993.

Hülse *die,* Hülle aus Metall, Kunststoff, Holz u. a.; auch svw. Hülsenfrucht.

Hülsenfrüchte, Samen oder Früchte von Hülsenfrüchtlern, die als Nahrung oder Futter dienen: Erbse, Linse, Bohne, Sojabohne, eiweißreich, sehr nahrhaft, aber schwer verdaulich.

Hülsenfrüchtler, Leguminosen, Ordnung der Zweikeimblättrigen; die Frucht ist eine Hülse: Schmetterlingsblütler, Mimosengewächse.

Hultschin, tschech. **Hlučín** [ˈhlʊtʃiːn], Stadt in Mähren, 23 000 Ew.; Hauptort des **Hultschiner Ländchens,** einst schles. Teilfürstentum; kam im 18. Jh. an Preußen, 1919 an die Tschechoslowakei (heute Tschech. Republik).

Humanae vitae, Enzyklika Papst Pauls VI. von 1968 über die Geburtenregelung.

Humanismus *der,* **1)** allg. in fast allen Epochen der Gesch. anzutreffende Geisteshaltung des Bemühens um → Humanität. – **2)** im MA. in Europa entstandene Bewegung, deren Ziel das Studium der Antike sowie die umfassende Bildung des Menschen war. Der **mittelalterl. H.** hatte seine Blüte im 12. Jh. in Frankreich und England. Im 14. Jh. bildete sich in Italien der die Neuzeit mit prägende **Renaissance-H.** (Dante Alighieri, F. Petrarca, G. F. Poggio Bracciolini). Zur Beschäftigung mit dem röm. kam seit dem 15. Jh. die mit dem griech. Schrifttum. Im 15. Jh. griff der Renaissance-H. auf Frankreich, Dtl. und die Niederlande (Erasmus von Rotterdam, K. Celtis, U. v. Hutten, J. Reuchlin, P. Melanchthon) sowie England (T. More) über. – **3)** bei K. Marx philosoph.-polit. Ausdruck für das letzte Ziel des Kommunismus (»Realer H.«).

Humanist *der,* **1)** Anhänger des Humanismus. – **2)** Kenner der alten Sprachen.

Humanität *die,* i. w. S. die Summe alles rein Menschlichen im Ggs. zum Tierischen, i. e. S. das voll entfaltete edle Menschentum, das in der harmon. Ausbildung der menschl. Kräfte und in der Herrschaft des Geistes über die eigenen Leidenschaften gründet und sich bes. in Teilnahme und Hilfsbereitschaft für den Mitmenschen, in Verständnis und Duldsamkeit für seine Lebensart äußert. In diesem Sinn ist H. bes. seit Lessing, Herder, Goethe, Schiller, W. v. Humboldt zum Inhalt einer der höchsten sittl. Ideen des Abendlands geworden **(Humanitätsidee).**

Humanitätsverbrechen, Verbrechen gegen die Menschlichkeit, Verbrechen, die sich unter Nichtachtung der menschl. Würde gegen Leib, Leben, Freiheit, Ehre richten und unter Ausnutzung einer staatl. Willkürherrschaft begangen werden. Als bes. Tatbestand wurde das H. 1945 durch das Statut des Internat. Militärgerichtshofs und das Kontrollratsges. Nr. 10 eingeführt; nach dessen Aufhebung (1956) wurden H. in der Bundesrep. Deutschland dem StGB eingegliedert.

Humann, Carl, dt. Archäologe, * 1839, † 1896; Ausgrabungen u. a. in Pergamon.

Human Relations [ˈhjuːmən rɪˈleɪʃnz], Pflege der zwischenmenschl. Beziehungen in Betrieben.

Humber [ˈhʌmbə] *der,* Mündungstrichter der Flüsse Trent und Ouse an der engl. O-Küste. Bei Kingston upon Hall Hängebrücke mit der größten Spannweite der Welt (2,2 km lang, 1,41 km Spannweite).

Humboldt, 1) Alexander Freiherr v., dt. Naturforscher, einer der Begründer der heutigen wiss. Erdkunde, * 1769, † 1859; naturwiss. und Bergbaustudium, machte Forschungsreisen in Süd- und Mittelamerika, Mexiko, Russ.-Innerasien. Er begründete Klimalehre, Lehre vom Erdmagnetismus, Meereskunde, Pflanzengeographie und förderte die Geologie (bes. Vulkankunde). Schriften: »Reise in die Äquinoktial-Gegenden des neuen Kontinents« (1805 bis 1834), »Kosmos« (1845 bis 1862), »Ansichten der Natur« (1808) u. a. – **2)** Wilhelm Freiherr v., dt. Gelehrter, Staatsmann, Bruder von 1), * 1767, † 1835; eng befreundet mit Schiller und Goethe, war 1809/10 Leiter des preuß. Unterrichtswesens und schuf die Univ. Berlin; einer der Führer des Neuhumanismus, Sprachforscher.

Humboldtstrom, Perustrom, kalte Meeresströmung an der W-Küste von Südamerika.

Hume [hjuːm], David, brit. Philosoph und Geschichtsforscher, * 1711, † 1776; führender Denker der engl. Aufklärung; Hauptwerk: »Eine Untersuchung in Betreff des menschl. Verstandes« (1748).

Humerale *das,* Schultertuch kath. Priester.

humid, Klimatologie: feucht.

Hummel *die,* bienenartiger, plumper, behaarter Hautflügler; Nester in der Erde, in alten Vogelnestern usw.; bilden meist einfache, einjährige Staaten; wichtige Blütenbestäuber.

Hummel, Johann Nepomuk, österr. Komponist und Pianist, * 1778, † 1837; studierte u. a. bei W. A. Mozart.

Hummer *der,* Zehnfußkrebs, mit großen Scheren, Meeresbewohner; etwa 50 cm.

Humor *der,* Gemütsbeschaffenheit, die das Wirkliche, auch wo es widrig ist, lächelnd bejaht.

Humoreske *die,* heitere Erzählung; Musikstück.

Humperdinck, Engelbert, dt. Komponist, * 1854, † 1921; Oper »Hänsel und Gretel« (1893).

Humus [lat. »Boden«] *der,* braune oder schwarze Masse in der obersten Erdbodenschicht, entstanden durch Verwesung pflanzl. oder tier. Stoffe. H. ist kohlenstoffreich, meist sauer durch Gehalt an **Huminsäuren;** er steigert die Wasser fassende Kraft des Bodens und erzeugt Mineralien lösende Kohlensäure; landwirtschaftl. wertvoll.

Hund *der,* **1)** ♁ → Hunde. – **2)** ☼ zwei nördl. Sternbilder: Großer H. mit Sirius; Kleiner H. mit Prokyon.

Hunde, Raubtierfamilie, Zehengänger, meist hochbeinig mit nicht zurückziehbaren Krallen; Geruchssinn gut ausgebildet (Nasentiere). Wichtigste Gattung: Canis, mit Haus-H., Wolf, Schakal, Fuchs usw. Der Haus-H., das älteste europ. Haustier, leitet sich vom Wolf und vom Schakal ab. Er wurde auf versch. Verwendungsarten in zahlreichen Rassen gezüchtet. **Jagd-H.,** mit gut entwickeltem Spürsinn: Schweiß-H., Vorsteher- oder Hühner-H. (dt. Vorsteh-H., Pointer, Setter); Dackel und Foxterrier zur Erdjagd; Wind-H., z. B. russ. Wind-H. (Barsoi). **Dienst-H.:** Dt. Schäfer-H., Bernhardiner, Boxer, Schnauzer. **Wach-H.:** Neufundländer, Pudel, Spitz, Pinscher, Terrier. **Luxus-** und **Schoß-H.:** Windspiel, Mops, Malteser, Pekinese, Zwergspitz, Zwergspaniel. Die zur Zucht dienenden männl. H. (Rüden) sollen mindestens 2-jährig sein. Die beste Deckzeit ist das Frühjahr. Die Hündin ist zweimal im Jahr läufig. Sie bringt nach 63 Tagen Tragzeit 4 bis 6 und mehr zunächst blinde Junge (Welpen) zur Welt, die sie meist acht Wochen säugt.

hundertjähriger Kalender, überlieferte Wettervoraussage, Volksbuch seit 1701.

Hundertjähriger Krieg, Kampf zw. England und Frankreich 1337/39 bis 1453 (Friedensschluss 1475); Vertreibung der Engländer aus Frankreich.

Hundert Tage, die letzte Herrschaftszeit Napoleons I. (20. 3. bis 18. 6. 1815).

Hundertwasser, Friedensreich, eigentl. Friedrich **Stowasser,** österr. Maler, * 1928; farbige Malerei (Spiralformen); ökolog. Engagement (Hausbaukonzepte).

Hundspetersilie, petersilienähnl., giftiges Doldengewächs; Gartenunkraut.

Hundstage, Tage vom 23. 7. bis 23. 8.; um diese Zeit befindet sich die Sonne nahe dem **Hundsstern** (Sirius); diese Tage sind in Europa oft sehr heiß.

Friedensreich Hundertwasser. Einbanddecke einer Sonderausgabe der Brockhaus Enzyklopädie (1989)

Hunedoara, Stadt in Rumänien, 89 000 Ew.; Schloss Hunyadi (13. Jh.), Hüttenindustrie.

Hünengräber, Megalithgräber, große Grabanlagen aus vorgeschichtl. Zeit; meist im norddt. Flachland; aus Findlingsblöcken errichtet.

Hunger, Bedürfnis, Verlangen nach Aufnahme von Nahrung. Im H.-Zustand nimmt der Körper stark ab. – **H.-Krankheit, H.-Ödem,** Gewebswassersucht infolge Unterernährung.

Hungerblümchen, Gattung der Kreuzblütler; kleine weiße oder rötl. Blüten, Schotenfrüchte.

Hungerstreik, Verweigerung der Nahrungsaufnahme als Mittel gewaltlosen (oft polit.) Widerstands.

Hungertuch, kath. Kirche: Tuch zur Verhüllung des Altars in der Fastenzeit (bis 16./17. Jh., in den 1970er-Jahren wieder aufgegriffen).

Hunnen, asiatisches Reitervolk, wandte sich im 4. Jh. n. Chr. gegen Europa und zerstörte das Ostgot. Reich in Südrussland; damit begann die Völkerwanderung. Unter Attila standen die H. auf der Höhe ihrer Macht, deren Mittelpunkt damals die Theißebene war. Nach der **H.-Schlacht,** der Niederlage auf den Katalaun. Feldern 451 n. Chr., und Attilas Tod (453) zerfiel das Reich schnell.

Hunsrück *der,* südwestl. Teil des Rhein. Schiefergebirges, Rheinl.-Pf. und Saarland, zw. Mosel, Rhein, Nahe und Saar, im Erbeskopf 818 m hoch.

Hunte *die,* größter linker Nebenfluss der Weser, in Ndsachs., 189 km lang, mündet bei Elsfleth; ab Oldenburg schiffbar.

Hunyadi [ˈhunjɔdi], János, ungar. Heerführer gegen die Türken, * 1385, † 1456; Vater von Matthias I. Corvinus.

Hunza, Volk in einem abgeschlossenen Tal des nordwestl. Karakorum, Pakistan, mit eigener Sprache.

Hupeh → Hubei.

Huppert [yˈpɛːr], Isabelle, frz. Filmschauspielerin, * 1953; »Die Spitzenklöpplerin« (1977), »Eine Frauensache« (1988), »Biester« (1995).

Hürdenlauf, leichtathlet. Disziplin über verstellbare Holz- oder Stahlrohrhürden (Männer über 110 und 400 m, Frauen über 100 und 400 m). Den **Hindernislauf** über 3 000 m tragen nur Männer aus (28 Sprünge über Hürden und 7 Sprünge über den Wassergraben).

Huri *die,* Islam: Paradiesjungfrau.

Huronen, Wyandot [ˈwaɪəndɔt], Indianerstamm östl. vom Huronsee, Nordamerika, zur irokes. Sprachfamilie gehörend.

Huronsee, der mittlere der 5 großen Seen Nordamerikas, 59 596 km² groß.

Hurrikan [ˈhʊrikaːn, ˈhʌrɪkən] *der,* Orkan, bes. Wirbelstürme des Karib. Meeres und der Westind. Inseln.

Hurtado de Mendoza [urˈtaðoðe menˈdoθa], Diego, span. Humanist und Dichter, * 1503, † 1575; verfasste »Geschichte der Empörung der Mauren in Granada« sowie Lyrik.

Hürth, Gemeinde im Erftkreis, NRW, 48 400 Ew.; Braunkohlenbergbau, Kraftwerk, chem. u. a. Industrie.

Hus, Huß, Jan (Johannes), tschech. Reformator in Prag, * um 1370, † 1415; bekämpfte, angeregt durch J. Wycliffe, die Verweltlichung der Kirche, wurde 1410 gebannt, 1415 auf dem Konzil von Konstanz verbrannt. Tschech. Nationalheld.

Husain, Saddam, irak. Politiker, * 1937; seit 1979 Staatschef; löste den 1. (1980 bis 1988) und den 2. (1991) Golfkrieg aus.

Husain II., König von Jordanien (seit 1952), * 1935; aus der Dynastie der Haschemiten.

Husaren *Pl.,* leichte Reitertruppe nach ungar. Vorbild.

Husaren (Leutnant, Braunschweig 1871)

Hüsch, Hanns Dieter, dt. Schriftsteller und Kabarettist, * 1925; 1956 Gründer der »Arche Nova« in Mainz, später v. a. Solokabarettist.

Husserl, Edmund, dt. Philosoph, * 1859, † 1938; bekämpfte den Psychologismus, begründete die → Phänomenologie.

Hussiten, Anhänger des J. Hus. Ihre reformator. und nationaltschech. Bestrebungen führten 1420 zu den **H.-Kriegen.** Die Partei der **Kalixtiner** oder **Utraquisten** forderte freie Predigt, Laienkelch, apostol. Armut, die Partei der **Taboriten** [nach der Feste Tabor] verwarf jede Lehre, die sich nicht aus der Bibel beweisen lasse. Die H. erfochten, geführt von J. Žižka, mehrere Siege über die Heere des Kaisers und unternahmen weite Raubzüge in dt. Nachbarländer. In den Prager Vereinbarungen von 1433 wurde ihnen der Laienkelch zugestanden. Im 16. Jh. wurde die Mehrheit der Utraquisten lutherisch, die Minderheit wieder katholisch. Traditionsreste der Taboriten lebten in den Böhm. Brüdern fort.

Husten, ⚕ Ausstoßen der Atemluft durch die krampfhaft verengte Stimmritze, infolge Reizung der Empfindungsnerven der Luftwege durch Schleim, Staub, Rauch; ferner bei Entzündungen.

Huston [ˈhjuːstn], John, amerikan. Filmregisseur, * 1906, † 1987; »Der Malteserfalke« (1941), »African Queen« (1951), »Nicht gesellschaftsfähig« (1960), »Unter dem Vulkan« (1984).

John Huston

Husum, Krst. in Schlesw.-Holst., 20 800 Ew.; ehem. Schloss (16. Jh.), klassizist. Marktkirche, Theodor-Storm-Haus; Fischverarbeitung, Werft.

Hütte, Hüttenwerk, Anlage für Erzbearbeitung und Metallgewinnung, auch für Herstellung anderer Erzeugnisse, z. B. Glas.

Hutten, Ulrich v., Reichsritter und dt. Humanist, * 1488, † 1523; begann eine streitbare Schriftstellerei in lat., später dt. Poesie und Prosa (mit J. Reuchlin gegen die Kölner Dominikaner; → Epistolae obscurorum virorum). Verband sich mit Franz v. Sickingen und Luther, griff in vielen Schriften die röm. Geistlichkeit an.

Aldous Huxley

Christiaan Huygens
Ausschnitt aus einem zeitgenössischen Kupferstich

Hutu, Bahutu, Bantu-Bev. in Ruanda und Burundi. Der Konflikt mit den Tutsi löste mehrfach blutige Unruhen aus.

Hutzelbrot, Früchtebrot.

Huxley ['hʌkslɪ], **1)** Aldous, engl. Schriftsteller, * 1894, † 1963; »Kontrapunkt des Lebens« (1928); Zukunftsromane (»Schöne neue Welt«, 1932; »Affe und Wesen«, 1948). – **2)** Sir Julian, brit. Biologe, Bruder von 1), * 1887, † 1975; betonte in der Abstammungslehre die »Einzigartigkeit des Menschen«.

Huygens ['hœjxəns], Christiaan, niederländ. Physiker, * 1629, † 1695; erklärte das Licht als eine Wellenbewegung, fand die Gesetze des elast. Stoßes und der Fliehkraft, erfand die Pendeluhr, erklärte die Doppelbrechung.

Huysmans [ɥis'mãs], Joris-Karl, frz. Schriftsteller, * 1848, † 1907; Hauptvertreter des literar. Symbolismus.

Huzulen, ukrain. Volksstamm im östl. galizischen Bergland und in der Bukowina.

Hvar, kroat. Insel in der Adria, 300 km²; Ölbäume, Wein, Südfrüchte; Fischerei. Hauptort: H. (3 200 Einwohner).

Hwangho [»Gelber Fluss«], amtl. **Huang He,** der zweitgrößte Strom Chinas, 4 845 km lang; kommt vom Kunlun, mündet ins Gelbe Meer. Überschwemmungen und Verlegungen seines Unterlaufes richten oft Schaden an.

Hyaden *Pl.*, **1)** griech. Sage: Nymphen, von Zeus als Sterne an den Himmel versetzt. – **2)** ✡ Sterngruppe am Kopf des Sternbilds Stier.

Hyakinthos, Gott der Vegetation in Sparta, von Apollo geliebt und durch einen Diskuswurf getötet; seinem Blut entspross die Hyazinthe.

Hyäne *die,* nachtaktives, etwa schäferhundgroßes Raubtier; ernährt sich von Aas. Arten: **Gestreifte H.,** in N-Afrika, W-Asien; **Gefleckte H.,** in S- und O-Afrika; **Schabracken-H.** (Strandwolf), in Südafrika.

Hyänenhund, afrikan. Wildhund.

Hyazinth *der,* roter Edelstein.

Hyazinthe *die,* Lilienpflanze der Mittelmeerländer, Zwiebelgewächs; kann als Zimmerpflanze im Winter auch auf H.-Gläsern mit Wasser zum Blühen gebracht werden; viele Farbvarietäten, urspr. blau.

Hybride *die,* Bastardpflanze, → Bastard 2).

Hybridrechner, Computer, der aus analogen und digitalen Schaltkreisen aufgebaut ist.

Hybris *die,* menschl. Vermessenheit, Stolz.

Hydepark ['haɪd'pɑ:k], Park im W Londons mit Speaker's Corner (Rednerecke).

Hyderabad ['haɪ-], **1)** Hptst. von Andhra Pradesh, Indien, 2,19 Mio. Ew.; Paläste, Moscheen, Univ.; Teppich-, Textil- u. a. Ind. – **2)** Stadt in Pakistan, 752 000 Ew.; Univ., Textilind., Stickerei.

Hydra *die,* **1)** griech. Sage: **Lernäische Schlange,** Ungeheuer mit 9 Köpfen, hauste im Sumpf von Lerna (bei Argos), von Herakles erlegt. – **2)** Sternbild Wasserschlange. – **3)** Süßwasserpolyp.

Hydrant *der,* Anschlussstelle für Feuerwehrschläuche an die Wasserleitung.

Hydrat *das,* ⚗ durch Anlagerung oder Aufnahme von Wasser entstandene Verbindung mit chemisch gebundenem Wasser.

Hydraulik *die,* Lehre von den Flüssigkeitsströmungen durch Rohre, Gerinne und Kanäle, i. e. S. die techn. Verfahren und Anlagen zur Kraftübertragung mittels Flüssigkeiten in geschlossenen Leitungssystemen **(hydraul. Antriebe).**

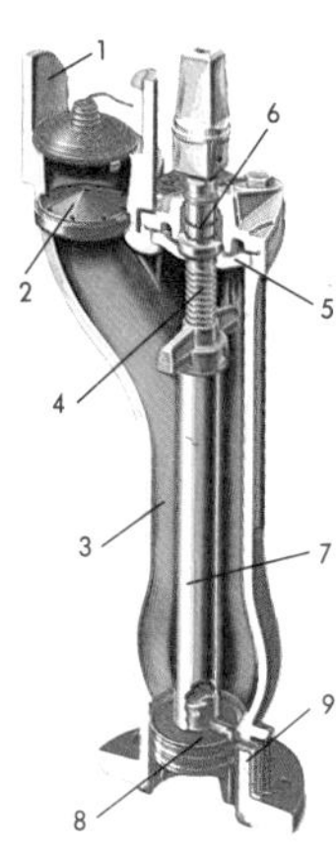

Geschlossener Unterflur-**Hydrant.** 1 Schlauchanschluss (Klaue); 2 Mündungsverschluss; 3 Mantelrohr; 4 Spindel; 5 Spindelauflagescheibe; 6 Stopfbuchse; 7 Spindelverlängerung; 8 Absperrventil; 9 Entwässerungsöffnung

hydraulische Presse, durch unter Druck stehende Flüssigkeiten betriebene Presse. Mit einem Kolben in einem Zylinder von kleinerem Querschnitt wird die Flüssigkeit zusammengepresst und der Druck auf den Arbeitskolben von größerem Querschnitt übertragen.

Hydrazin *das,* farblose Flüssigkeit, Raketentreibstoff, Formel: H_2N-NH_2.

Hydria *die,* griech. Wasserkrug mit einem senkrechten und 2 waagrechten Henkeln.

Hydrid *das,* ⚗ Verbindung eines Metalls oder Nichtmetalls mit Wasserstoff.

Hydrieren, ⚗ Anlagern von Wasserstoff an Elemente oder chem. Verbindungen; z. B. Härtung der Fette, Kohlehydrierung.

hydro..., in Fremdwörtern: wasser...

Hydrobiologie *die,* Wiss. von den im Wasser lebenden Pflanzen und Tieren.

Hydrochinon *das,* ⚗ organ. Verbindung, als fotograf. Entwickler und zur Farbenherstellung verwendet.

Hydrocortison, Cortisol *das,* entzündungshemmendes Hormon der Nebennierenrinde.

Hydrodynamik *die,* Lehre von der Bewegung inkompressibler Medien, v. a. von Flüssigkeiten (»newtonsche Flüssigkeiten«).

Hydrokultur, Kultivierung von Nutz- und Zierpflanzen in Behältern mit Nährlösungen anstelle des natürl. Bodens als Träger der Nährstoffe.

Hydrologie *die,* Wiss. vom Wasser und seinen Erscheinungsformen über, auf und unter der Erdoberfläche. Die H. umfasst v. a. die **Hydrographie** (Gewässerkunde).

Hydrolyse *die,* ⚗ durch Wasser hervorgerufene Spaltung chem. Verbindungen.

Streifen-**Hyäne**

Hydromechanik *die,* Lehre vom physikal. Verhalten der Flüssigkeiten; sie gliedert sich in Hydrostatik und -dynamik.

hydrophil, im Wasser lebend, wasserfreundlich; Ggs.: **hydrophob.**

Hydrosphäre *die,* Wasserhülle der Erde.

Hydrostatik *die,* Lehre vom Gleichgewicht der Kräfte bei ruhenden Flüssigkeiten.

hydrostatischer Druck, der im Innern einer ruhenden Flüssigkeit herrschende Druck; er ist in jeder Richtung gleich groß und wächst mit der Höhe der Flüssigkeitssäule über der betreffenden Stelle.

Hydrotherapie, die Gesamtheit der → Wasserheilverfahren.

Hydroxid *das,* ⚗ Verbindung eines Elements, vorwiegend eines Metalls, mit der Atomgruppe –OH **(Hydroxylgruppe).**

Hydrozoen *Pl.*, Klasse der Nesseltiere, umfasst fest sitzende Polypen und frei schwimmende Quallen (Medusen), die bei derselben Tierart regelmäßig aufeinander folgen können (→ Generationswechsel).

Hyères [jɛ:r], Stadt in der Provence, Frankreich, 50 100 Ew.; seit dem 18. Jh. Winterkurort, heute v. a. Seebad. Vor der Küste die **Hyèrischen Inseln.**

Hygieia, die griech. Göttin der Gesundheit.

Hygiene *die,* Lehre von der Gesundheit, Gesundheitspflege, Gesundheitsfürsorge.

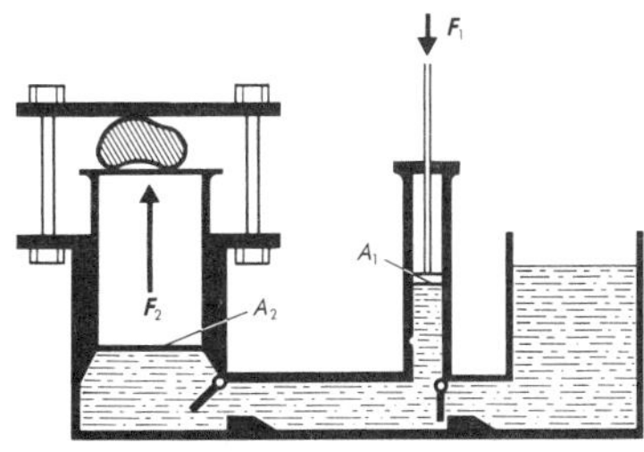

hydraulische Presse (F_1 eingesetzte Kraft, F_2 genutzte Kraft, A_1 und A_2 die Querschnittsflächen der beiden Kolben)

Hygrometer *das,* Luftfeuchtigkeitsmesser; das **Haar-H.** enthält ein gespanntes Haar, dessen Längenänderung je nach Luftfeuchtigkeit einen Zeiger bewegt.

hygroskopisch, Feuchtigkeit aufnehmend.

Hyksos, Könige asiat. Herkunft, beherrschten 1650 bis 1550 v. Chr. Ägypten.

Hymen *das,* ⚕ Jungfernhäutchen.

Hymenaios *der,* griechischer Gott der Hochzeit.

Hymne *die,* **Hymnos** *der,* **1)** urspr. von Musik und Tanz begleiteter Opfer- und Festgesang zu Ehren der Götter und Heroen, dann Loblied. Pindar war das Vorbild für die dt. H.-Dichtung (Klopstock, Goethe, Hölderlin u. a.). – **2)** geistl. Lied (seit Ambrosius).

hyper..., übermäßig, über...

Hyper|ämie *die,* ⚕ Blutüberfüllung (→Blutstauung); H. zu Heilzwecken wird u. a. durch Wärmeanwendung erzielt.

Hyperbel *die,* **1)** √ ebene Kurve (Kegelschnitt) mit 2 ins Unendliche verlaufenden getrennten Zweigen, deren sämtl. Punkte von 2 festen Punkten (Brennpunkten) gleiche Differenz der Entfernungen haben. – **2)** Rhetorik: Übertreibung.

Hyperboloid *das,* √ Fläche 2. Ordnung, die durch Ebenen in Hyperbeln, Ellipsen, Parabeln geschnitten werden kann. Es gibt **einschalige** und **zweischalige Hyperboloide.**

Hyperfeinstruktur, Aufspaltung der Spektrallinien von Atomen und Molekülen infolge der Wechselwirkung der Hüllenelektronen mit den Kernmomenten.

Hyperion, 1) griech. Sage: ein Titan, Vater des Helios. – **2)** ☼ 8. Saturnmond.

Hyperonen *Pl.,* ⚛ zur Gruppe der Baryonen gehörige unbeständige Elementarteilchen, deren Ruhemasse größer als die der Nukleonen ist.

Hyperschall, mechan. Schwingungen mit Frequenzen über 1 Mrd. Hz, zur Untersuchung von Festkörpern. Strömungsvorgänge in Gasen mit mehr als fünffacher Schallgeschwindigkeit nennt man Hyperschallströmung.

Hypertonie *die,* gesteigerter →Blutdruck.

Hypertrophie *die,* übermäßige Größen- und Gewichtszunahme eines Gewebes, Organs.

Hypnos, griech. Gott des Schlafs, Sohn der Nacht (Nyx), Zwillingsbruder des Todes (Thanatos).

Hypnose *die,* durch Suggestion herbeigeführter schlafähnl. Zustand; dabei Beeinflussung des Mediums durch den **Hypnotiseur** bis zur Willensübertragung; v. a. zur Behandlung nervöser Leiden und zur Erinnerung vergessener Erlebnisse in der Psychotherapie.

hypo..., in Fremdwörtern: unter...

Hypochondrie *die,* übersteigertes Beschäftigen mit der eigenen Gesundheit; manchmal Ausdruck einer seel. Krise oder Gemütskrankheit. **Hypochonder** *der,* eingebildeter Kranker.

Hypophyse *die,* **Hirnanhangsdrüse,** etwa kirschkerngroße innersekretor. Drüse, die am Boden des Zwischenhirns (→Gehirn) liegt.

Hypostase *die,* Vergegenständlichung, Verdinglichung von Begriffen.

Hypotenuse *die,* im rechtwinkligen Dreieck die dem rechten Winkel gegenüberliegende Seite.

Hypothek *die,* ⚖ das an einem Grundstück zur Sicherung einer Forderung bestellte Pfandrecht, das vom Bestand der Forderung abhängig ist; berechtigt den Gläubiger, sich nach Fälligkeit der Forderung durch eine Zwangsverwertung des Grundstückes zu befriedigen (→Zwangsversteigerung, →Zwangsverwaltung). Die H. muss ins Grundbuch eingetragen werden. **H.-Brief,** über die H. ausgestellte Urkunde.

Hypothekar *der,* ⚖ Hypothekenschuldner.

Hypothese *die,* Aufstellung eines wahrscheinlich richtigen, aber noch nicht bewiesenen Satzes.

Hypotonie *die,* niedriger →Blutdruck.

Hyrkanien, im Altertum die Landschaft am SO-Rand des Kaspischen Meeres, um das heutige Sari.

Hysterektomie, *die,* operative Entfernung der Gebärmutter.

Hysteresis *die,* Nachwirken nach Aufhören der einwirkenden Kraft, bes. das Zurückbleiben der Magnetisierung ferromagnet. Stoffe gegenüber der Feldstärke.

Hysterie *die,* abnormes Verhalten, das meist auf psychot. Grundlage oder aus Affekten heraus entsteht. **hysterisch,** an H. leidend. **Hysteriker.**

Hz, Zeichen für die Einheit Hertz.

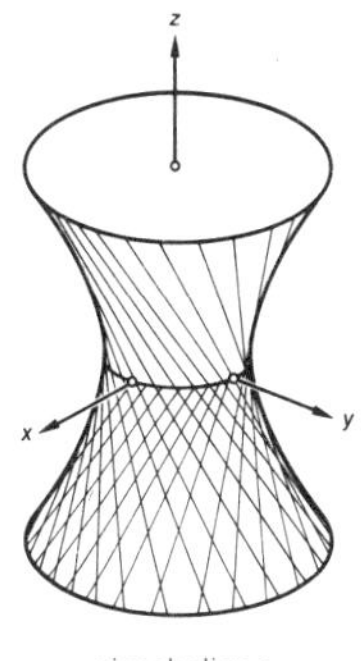

einschaliges **Hyperboloid**

I

i, I, 1) Selbstlaut (Vokal); der 9. Buchstabe im dt. Alphabet. – **2)** röm. Zahlzeichen: I = 1. – **3) I,** chem. Symbol für Jod. – **4) i,** √ Einheit der imaginären Zahlen, $i = \sqrt{-1}$.

i. A., Abk. für **i**m **A**uftrag.

IAEA →Internationale Atomenergie-Behörde.

Iamblichos, neuplaton. Philosoph aus Chalkis, * um 250, † 330 n. Chr.

IAO, Abk. für →**I**nternationale **A**rbeits**o**rganisation.

Iason, Jason, griech. Sage: thessal. Königssohn, Anführer der →Argonauten, Gemahl der →Medea, verstieß sie mit ihren Kindern.

IATA, Abk. für **I**nternational **A**ir **T**ransport **A**ssociation, Internat. Luftverkehrsverband, Sitz Montreal; bestimmt und überwacht Flugpreise.

Iatrologie *die,* Lehre von der ärztl. Heilkunst.

ib., ibd., Abk. von lat. **ib**i**d**em, ebenda.

Ibadan, Hptst. des Staats Oyo, Nigeria, 1,3 Mio. Ew.; Handelszentrum.

Ibagué [iβaˈɣe], Hptst. des Dep. Tolima, Kolumbien, 334 100 Ew.; Kaffeehandel.

Ibbenbüren, Stadt in NRW, am Teutoburger Wald, 47 400 Ew.; Steinkohlenbergbau, Maschinen-, Textilind., Großkraftwerk.

Abd al-Asis Ibn Saud

Henrik Ibsen

Ästiger **Igelkolben** (Höhe 30–50 cm) mit kleinen männlichen (oben) und größeren weiblichen Blütenständen (unten)

Idaho
Flagge

Iberische Halb|insel, Pyrenäenhalbinsel, vom **Ibero** (Ebro) durchflossenes Land der **Iberer.**

Iberoamerika →Lateinamerika.

Ibert [iˈbɛːr], Jacques, frz. Komponist, *1890, †1962; Orchester-, Kammermusik.

IBFG, Internat. **B**und **F**reier **G**ewerkschaften.

Ibis *der,* storchähnl. Stelzvogel in wärmeren Gegenden mit langem Sichelschnabel und nacktem Kopf. Der **Heilige I.** war in Ägypten Sinnbild des Gottes Thot.

Ibiza [iˈβiθa], katalan. **Eivissa,** Hauptinsel der span. Pityusen, gehört zu den Balearen, 568 km², 61 000 Ew.; Hauptort: Ibiza.

IBM, Abk. für **I**nternational **B**usiness **M**achines Corporation, amerikan. Großhersteller elektron. Datenverarbeitungsanlagen.

Ibn, arab. für Sohn.

Ibn al-Haitham, Abu Ali, lat. **Alhazen,** islam. Naturforscher, *um 965, †nach 1039; schrieb ein Lehrbuch der Optik.

Ibn Battuta, arab. Weltreisender, *1304, †1377; bereiste N- und O-Afrika, Vorder- und Innerasien, Indien, China und Sumatra.

Ibn Chaldun [-xal-], arab. Geschichtsschreiber, *1332, †1406; wichtig für die Gesch. des Islams in N-Afrika.

Ibn Saud, Abd al-Asis III. ibn Abd ar-Rahman, König von Saudi-Arabien, *1880, †1953; schuf sich seit 1902 mithilfe der Wahhabiten im Nedjd ein Reich mit autokratisch und feudal geprägter Ordnung, eroberte Hidjas (1924 bis 1925), ließ sich 1926 zum König von Hidjas ausrufen. Seit 1927 König des späteren Saudi-Arabien.

Ibo, Volksstamm in O-Nigeria; etwa 18,1 Mio. Menschen.

Ibsen, Henrik, norweg. Dichter, *1828, †1906; schrieb zunächst Stücke mit nationalnorweg. Stoffen, dann gesellschaftskrit. Schauspiele, die die Brüchigkeit zwischenmenschl. Beziehungen aufzeigen. Er wirkte bahnbrechend für den Naturalismus in Dtl. und Skandinavien. Hauptwerke: »Peer Gynt« (1867), »Nora oder ein Puppenheim« (1879), »Gespenster« (1881), »Ein Volksfeind« (1882), »Die Wildente« (1884), »Rosmersholm« (1886), »Hedda Gabler« (1890).

Ibykos, griech. Dichter des 6. Jh. v. Chr., am Hofe des Polykrates auf Samos. »Die Kraniche des Ibykus«, Gedicht von Schiller.

IC, Abk. für **1)** →Intercityzüge. – **2)** →integrierte Schaltung.

ICE →Intercityzüge.

Ichinomiya, Itschinomija, Stadt in Japan, östl. von Tokio, 267 000 Ew.; Wollindustrie.

Ichneumon *das* oder *der,* Schleichkatze des Mittelmeerraums; den Ägyptern heilig.

Ichthyol *das,* Handelsname für Ammonsulfoichthyolat, schwarzbraune teerige Masse, gewonnen aus bituminösem Schiefer; für entzündungshemmende Salben.

Ichthyologie *die,* Fischkunde.

Ichthyosauri|er, Fischsaurier, bis 15 m lange Reptilien, Meerestiere des Erdmittelalters.

Ichthyosis *die,* →Fischschuppenkrankheit.

Ida *der,* **1)** im Altertum Name des **Kaz Dağı** (1 774 m hoch), Gebirgszug nordwestl. von Edremit, Türkei. – **2)** neugriech. **Psiloritis,** höchster Gebirgsstock auf Kreta, Griechenland, 2 456 m hoch.

Idaho [ˈaɪdəhəʊ], Abk. **Id.,** Staat im NW der USA; 216 432 km², 1,01 Mio. Ew.; Hptst. Boise. Anbau (z. T. bei künstl. Bewässerung): Kartoffeln, Getreide, Obst; Viehzucht; Forstwirtschaft. ⚒ auf Blei, Silber, Zink.

Idar-Oberstein, Stadt in Rheinl.-Pf., an der Nahe, 34 400 Ew., Schmuckwarenind.; Achat-, Edelstein- und Diamantschleiferei.

Idarwald, Höhenzug des Hunsrücks, 766 m hoch (An den zwei Steinen).

Ideal *das,* Wunschbild, das Vollkommene; **ideal,** vollkommen; nur vorgestellt; **ideell,** gedanklich; **idealisieren,** verklären.

Idealismus *der,* **1)** allg.: durch Ideen oder Ideale bestimmte Weltanschauung. – **2)** Ⓟ Der **metaphys. I.** nimmt an, dass ein ideelles Prinzip (z. B. Ideenwelt bei Platon, absoluter Geist bei G. W. F. Hegel) der letzte Seinsgrund der Wirklichkeit sei. Der I. ist seit der Antike in vielen Formen vertreten worden, in neuerer Zeit v. a. in den Systemen des dt. I. (Hegel, F. W. J. v. Schelling). Der **erkenntnistheoret. I.** lehrt, dass Sein nicht unabhängig von einem Bewusstsein, dessen Vorstellung oder Gedanke es ist, gedacht werden kann; Ggs.: Realismus, Materialismus.

Idealität *die,* Seinsweise, die log. Beziehungen, math. Gebilden, Werten zukommt.

Idealkonkurrenz, Tat|einheit, ⚖ Verletzung mehrerer Strafbestimmungen durch eine Handlung, z. B. vorsätzl. Tötung durch Brandstiftung; wird nach der Bestimmung bestraft, die die schwerste Strafe androht.

Idee *die,* **1)** allg.: Gedanke, Vorstellung; auch: Absicht, Plan. – **2)** Ⓟ bei Platon ewig-unveränderl. Urbilder, deren unvollkommene Abbilder die ird. Dinge sind; bei J. G. Fichte, G. W. F. Hegel, I. Kant Vernunftbegriffe, z. B. Freiheit, Unsterblichkeit, Gott.

Ideengeschichte, Geistesgeschichte, Zweig der Geschichtsschreibung, der die wirksamen Ideen und geistigen Strömungen einer Epoche erfasst und darstellt.

Iden *Pl.,* im röm. Kalender der 13., im März, Mai, Juli, Okt. der 15. Tag des Monats.

Identität *die,* Gleichheit mit sich selbst. **identisch,** völlig gleich, gleichbedeutend. **identifizieren,** als dasselbe wieder erkennen.

Ideographie *die,* Begriffsschrift, deren Elemente nur aus bildhaften Zeichen besteht.

Ideologie *die,* bestimmte Vorstellungs- und Wertungswelt, bes. die einer Gesellschaftsschicht oder Interessenlage zugeordneten Denkweisen und Vorstellungen.

Idiom *das,* **1)** Spracheigentümlichkeit einer Gruppe von Sprachteilhabern (Dialekt). – **2)** feste Wortverbindung, deren Bedeutung sich nicht aus der Bedeutung ihrer einzelnen Bestandteile ergibt (z. B. »Eulen nach Athen tragen«, »etwas Überflüssiges tun«).

Idio|synkrasie *die,* **1)** heftige, oft krankhafte Abneigung gegen bestimmte Personen oder Dinge. – **2)** angeborene Überempfindlichkeit des Körpers gegen bestimmte Stoffe, Art der Allergie.

Idol *das,* Götzenbild. **Idolatrie** *die,* Bilderverehrung.

Idris as-Senussi, *1890, †1983; seit 1949 Emir der Cyrenaica, 1950 bis 1969 König von Libyen, danach im Exil.

Idun, Iduna, in der nord. Göttersage Göttin, Hüterin der goldenen Äpfel, die ewige Jugend verleihen.

Idylle *die,* **Idyll** *das,* Zustand eines schlichten, friedl. Lebens in der Natur. In Kunst und Literatur heißt die Darstellung beschaulich-harmon. Szenen Idylle.

i. e., Abk. für **i**d **e**st, das ist, das heißt.

Ife, Stadt in W-Nigeria, 275 400 Ew.; Univ.; war Mittelpunkt der Beninkultur.

Iffezheim, Gemeinde im Kr. Rastatt, Bad.-Württ., 4 600 Ew.; Rennbahn der Baden-Badener Pferderennen.

Iffland, August Wilhelm, dt. Schauspieler, *1759, †1814; schrieb Bühnenstücke. **I.-Ring,** ein angebl. von I. gestifteter Fingerring für den bedeutendsten dt. Schauspieler; Träger (seit 1996): B. Ganz.

Ifni, ehem. span. Exklave an der Küste S-Marokkos, 1 500 km², seit 1958 span. Überseeprov., 1969 an Marokko abgetreten.

I. G., IG, Abk. für: **1)** Industriegewerkschaft. – **2)** Interessengemeinschaft.
Igel *der,* Insektenfresser, bis 30 cm langer plumper Körper, mit kurzen Beinen, kurzem Schwanz und aufrichtbaren Stacheln auf dem Rücken. Der I. kann sich bei Gefahr zusammenrollen. Er nährt sich von Schlangen, Insekten, Mäusen.
Igelfisch, stachliger Kugelfisch.
Igelkaktus, Kaktus mit meist kugelförmigem, ungegliedertem Stamm, z. B. **Bischofsmütze.**
Igelkolben, Gattung schilfblättriger Sumpfpflanzen mit kugelig gegliedertem Blütenstand.
I. G. Farbenindustrie AG, Frankfurt am Main, gegr. 1925 durch Zusammenschluss führender chem. Unternehmen. Nach der Beschlagnahme (1945) des gesamten Vermögens 1952 Aufteilung in Nachfolgegesellschaften: Badische Anilin- & Soda-Fabrik AG (BASF), Farbwerke Hoechst AG, Farbenfabriken Bayer AG u. a.
Iglau, tschech. **Jihlava** ['jixlava], Stadt in S-Mähren, 52 700 Ew.; mittelalterl. Bauten; war Mittelpunkt einer dt. Sprachinsel.
Iglu *der,* runde Schneehütte der Eskimos.
Ignatius, 1) einer der Kirchenväter, Bischof von Antiochia, Märtyrer (nach 110); Heiliger (Tag: 17. 10.). – **2) I. von Loyola** →Loyola, Ignatius von.
Ignorant *der,* Unwissender; **ignorieren,** nicht wissen, nicht beachten.
Iguaçu [iɣua'su], **Iguazú** *der,* linker Nebenfluss des Paraná, 1 320 km; entspringt in S-Brasilien, der Unterlauf ist brasilian.-argentin. Grenze; bildet gewaltige Wasserfälle, deren Areal als Nationalpark von der UNESCO zum Naturerbe der Welt erklärt wurde.
Iguanodon *das,* ein Dinosaurier, 8 m lang, 5 m hoch.
IHS, Abk. von griech. Jesus, Christusmonogramm, gedeutet auch als **J**esus **h**ominum **s**alvator (»Jesus der Menschenretter«) oder volkstümlich: **J**esus, **H**eiland, **S**eligmacher.
Ijssel ['ɛisəl] *die,* Flüsse in den Niederlanden: **1) Geldersche Ij,** Mündungsarm des Rheins, 125 km, mündet in das Ijsselmeer. – **2) Hollandse IJ.,** rechter Nebenarm des Lek.
Ijsselmeer ['ɛisəl-], Binnensee in den Niederlanden, entstand durch Abdämmung der früheren Zuidersee, einer Nordseebucht. Das I. ist ausgesüßt, durch Trockenlegung wurden rd. 222 000 ha Land gewonnen.
Ikaros, in der griech. Sage Sohn des Daidalos, stürzte ins Meer, als beim Flug seine wachsgeklebten Flügel an der Sonne schmolzen.
Ikebana *das,* jap. Blumensteckkunst.
Ikone *die,* Kultbild, geweihtes Tafelbild der orth. Kirche, thematisch und formal streng an die Überlieferung gebunden.
Ikonographie *die,* Erforschung und Deutung der Bildgegenstände der alten und mittelalterl. christl., auch der profanen Kunst.
Ikonoklasmus *der,* Bilderstreit im Byzantin. Reich (8./9. Jh.) um die Verehrung von Heiligenbildern.
Ikonostase *die,* **Ikonostas** *der,* in der Ostkirche Bilderwand, trennt den Altar- vom Gemeinderaum.
Ikosaeder *das,* Zwanzigflächner, von 20 gleichseitigen Dreiecken begrenzter Körper.
Ikterus *der,* →Gelbsucht.
Iktinos, griech. Architekt der Antike (2. Hälfte 5. Jh. v. Chr.), erbaute 447 bis 432 v. Chr. den Parthenon.
Iktus *der,* Verslehre: Betonung, Nachdruck.
Ilang-Ilang-Öl →Ylang-Ylang-Öl.
Île-de-France [ildə'frãs], histor. Landschaft Frankreichs, um Paris gelegen.
Ileus *der,* Darmverschluss (→Darmkrankheiten).
Ilex *die,* →Stechpalme.
Ili *der,* Fluss in Innerasien (China und Kasachstan); vom Tienschan zum Balchaschsee; rd. 1 400 km lang, schiffbar.

Iguaçu-Fälle von der brasilianischen Seite

Ilias *die,* Epos des Homer in Hexametern. Es behandelt einen Ausschnitt aus den zehnjährigen Kämpfen der Griechen vor Troja **(Ilion).**
Iliescu, Ion, rumän. Politiker, *1930; 1990 bis 1996 Staatspräsident.
Ilion, Ilium, →Troja.
Ill *die,* **1)** rechter Nebenfluss des Rheins in Vorarlberg, Österreich, 75 km lang, entspringt in der Silvretta. – **2)** linker Nebenfluss des Rheins im Elsass, Frankreich, 208 km lang, entspringt im Jura, mündet unterhalb Straßburgs.
illegal, ungesetzlich; Ggs.: legal.
illegitim, 1) unrechtmäßig. – **2)** nichtehelich.
Iller *die,* rechter Nebenfluss der Donau in Bayern, aus den Allgäuer Alpen, mündet bei Ulm, 165 km; zahlreiche Kraftwerke.
Illimani *der,* Berg in Bolivien, 6 882 m hoch.
Illinois [ɪlɪ'nɔɪ(z)], **1) I. River,** Fluss im Staat I., USA, 439 km, mündet oberhalb Saint Louis in den Mississippi; Kanal zum Michigansee. – **2)** Abk. **Ill.,** Staat in den USA, zw. dem Mississippi und dem südl. Michigansee, 145 934 km², 11,43 Mio. Ew.; Hptst. Springfield; größte Stadt: Chicago. Anbau: Getreide, Mais; Viehzucht; ⚒ auf Steinkohle, Erdöl, Blei; vielseitige Industrie.
Illuminaten *Pl.,* geheime Gesellschaften im 16. bis 18. Jh., so der **I.-Orden,** gegr. 1776 in Ingolstadt.
illuminieren, 1) festl. erleuchten. – **2)** Handschriften ausmalen (Buchmalerei).
Illusion *die,* **1)** Vorspiegelung, bes. Selbsttäuschung; falsche Deutung von Sinneseindrücken. – **2)** durch künstler. Mittel entstandene Scheinwelt.
Illusionismus *der,* philosoph. Lehre, dass die Außenwelt nur Schein sei.
Illustration *die,* Erläuterung, bes. im Buch durch Abbildungen. **Illustrator** *der,* Zeichner von Textbildern.
illustrieren, bebildern; anschaulich machen.
Illyrien, im Altertum das östl. Küstenland der Adria, von **Illyrern** bewohnt, seit 219 v. Chr. unter röm. Einfluss, seit 167 röm. Prov. **(Illyricum);** im 7. Jh. südslaw. Besiedlung.
Ilm *die,* linker Nebenfluss der Saale in Thür., 120 km lang, mündet bei Großheringen, fließt durch Weimar.
Ilmenau, Krst. in Thür., am NO-Hang des Thüringer Walds, 27 200 Ew.; Glas-, Porzellanind., Techn. Universität.
Ilmensee, fischreicher See südl. von St. Petersburg, Russland; seine Größe schwankt zw. 610 und 2 100 km².
ILO, Abk. für **I**nternational **L**abour **O**rganization, →Internationale Arbeitsorganisation.
Iloilo, Handels- und Kulturmittelpunkt der Philippineninsel Panay, 310 000 Einwohner.

Großer **Igelfisch** in normaler Schwimmhaltung (oben) und bei Gefahr, mit aufgerichteten Stacheln

Igelkaktus
Goldkugelkaktus

Illinois
Flagge

Ilorin, Stadt in W-Nigeria, 441 500 Einwohner.

ILS, Abk. für **I**nstrumenten**l**ande**s**ystem, internat. Landefunksystem für Blindflug.

Iltis *der,* 40 cm langer nachtaktiver Marder mit meist schwarzbraunem Pelz; Albinoform: Frettchen (wird zur Kaninchenjagd benutzt).

Bronzestatuette des **Imhotep** als lesender Priester

Image [ˈɪmɪdʒ] *das,* durch Werbung und → Publicrelations erzeugter Eindruck, der sich als feste Vorstellung mit einer Person oder Sache verbindet.

imaginär, 1) nur in der Einbildung, nicht wirklich vorhanden, nur vorgestellt. – **2)** √ **imaginäre Zahl,** Quadratwurzel aus einer negativen Zahl, Produkt einer reellen Zahl und der imaginären Einheit $i = \sqrt{-1}$, z. B. $4 - i = 4 \cdot \sqrt{-1}$.

Imagination *die,* Einbildungskraft.

Imagisten *Pl.,* engl.-amerikan. Lyrikerkreis, trat 1914 an die Öffentlichkeit, erstrebte größtmögliche Bildhaftigkeit und Kürze; verwendete Umgangssprache; Hauptvertreter: E. Pound, A. Lowell.

Imago [lat. »Bild«] *die,* **1)** ♡ **Vollinsekt,** das ausgebildete Insekt. – **2)** Ⓟ unbewusstes Leitbild.

Imam [arab. »Führer«, »Vorbild«] *der,* **1)** Vorbeter in der Moschee. – **2)** Fürstentitel in S-Arabien. – **3)** die geistl. Würde der Kalifen.

Imatra, ehem. 1 300 m lange Stromschnelle des Vuoksi in SO-Finnland, Großkraftwerk.

Imhotep, altägypt. Baumeister, Arzt und Schriftsteller, um 2600 v. Chr.; Erbauer der Stufenpyramide von Sakkara.

Imitation *die,* Nachahmen einer Person; Nachbilden eines (kostbaren) Materials oder Gegenstands.

Imker [von Imme »Biene«] *der,* Bienenzüchter.

immanent, 1) innewohnend, angehörend. – **2)** bei I. Kant: i. sind diejenigen Gegenstände, die im Bereich der möglichen Erfahrung liegen; Ggs.: transzendent. **Immanenz** *die,* das Innewohnende.

Immatrikulation *die,* Einschreibung in die Matrikel, d. h. Aufnahme als Student an einer Hochschule.

Immelmann, Max, dt. Jagdflieger, * 1890, † 1916; entwickelte die Luftkampftechnik.

Immenstadt i. Allgäu, Stadt in Bayern, 14 200 Ew.; Fremdenverkehr.

Immergrün, Gattung immergrüner Stauden mit blauen Blüten, im Laubwald.

Immermann, Karl, dt. Dichter, * 1796, † 1840; schrieb Trauerspiele, die tiefsinnige dramat. Dichtung »Merlin« (1832), Zeitromane: »Die Epigonen« (1836), »Münchhausen« (1838/39).

Immigration *die,* → Einwanderung.

Immission *die,* Zuführung von Dämpfen, Gerüchen, Geräuschen und Erschütterungen auf die Umwelt, bes. auf ein Nachbargrundstück (→ Nachbarrecht). Durch das Bundesimmissionsschutzges. und ergänzende Techn. Anleitungen (TA) sollen die zunehmenden Umweltbelastungen in Dtl. bekämpft werden.

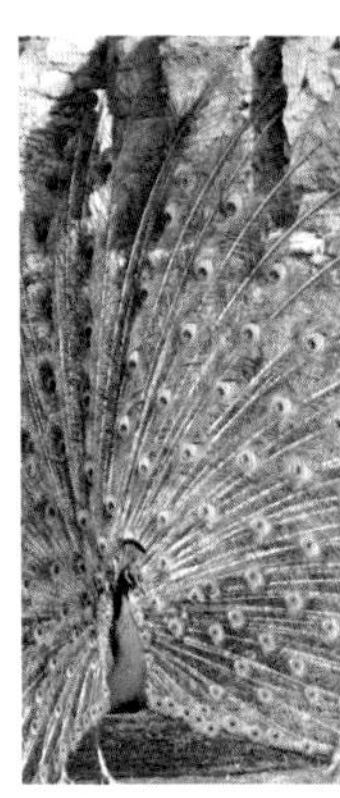

Imponiergehabe des Blauen Pfaus

Immobilie *die,* → Grundstück.

Immobilienfonds [-fɔ̃], Form des Investmentsparens, die durch die gemeinschaftl. risikogemischte Anlage von Geldmitteln in Immobilien gekennzeichnet ist.

Immoralismus *der,* Leugnung verbindl. moral. Gebote, Standpunkt »jenseits von Gut und Böse« (F. Nietzsche).

Immortellen, Pflanzen mit unverwelkl. Blüten (Strohblumen u. a.).

Immunbiologie, Teilgebiet der Biologie, das sich mit den Immunitätsreaktionen im Organismus, ihren Ursachen und Folgen befasst.

Immunität *die,* **1)** Freiheit von öffentl. Abgaben, Lasten. – **2)** Beschränkung der Strafverfolgung von Abgeordneten; nur das Parlament kann sie aufheben. – **3)** Unempfänglichkeit gegen ansteckende Krankheiten und bestimmte Gifte. **Immunisierung** durch Überstehen einer Infektionskrankheit oder durch Schutzimpfung.

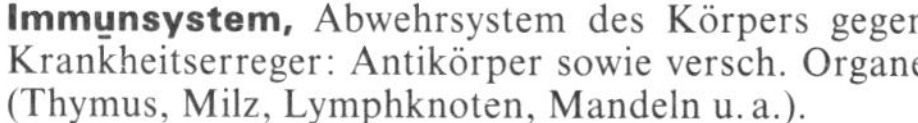

Immunsystem, Abwehrsystem des Körpers gegen Krankheitserreger: Antikörper sowie versch. Organe (Thymus, Milz, Lymphknoten, Mandeln u. a.).

Impeachment [ɪmˈpiːtʃmənt] *das,* (in den USA) gegen einen hohen Staatsbeamten (vom Parlament/Repräsentantenhaus) erhobene Anklage wegen Amtsmissbrauchs.

Impedanz *die,* elektr. Scheinwiderstand.

Imperativ *der,* Ⓢ Befehlsform des Verbs.

imperatives Mandat, Bindung des Abgeordneten an Aufträge der Wähler, war eine Forderung des Rätesystems. Das i. M. ist mit dem freien → Mandat unvereinbar.

Imperator *der,* im alten Rom urspr. Ehrentitel eines Feldherrn nach einem entscheidenden Sieg; seit Augustus: Kaiser.

Imperfekt *das,* Ⓢ Zeitform, die eine nicht abgeschlossene oder gewohnheitsmäßige Handlung in der Vergangenheit ausdrückt (einfache Vergangenheit).

Imperia, Prov.-Hptst. und Hafen an der Riviera in Ligurien, Italien; 41 000 Ew.; besteht aus den Stadtteilen Oneglia und Porto Maurizio; Nahrungsmittelind. (Olivenöl).

Imperialismus *der,* Streben einer Großmacht nach Ausweitung ihres polit. oder wirtschaftl. Machtbereichs; i. e. S. die Epoche des klass. I. (Kolonialreiche der europ. Großmächte und der USA) von den 1870er-Jahren bis zum Ersten Weltkrieg.

Imperium *das,* **1)** im alten Rom die höchste Befehlsgewalt. – **2)** seit Cicero das röm. Reich **(I. Romanum).**

Impetigo *die,* **Blasengrind,** ⚕ Eiterflechte, durch Eindringen von Eiterbakterien in kleine Hautwunden hervorgerufen. Bei Befall der Haarfollikel **Bartflechte.**

impetuoso, 𝄞 ungestüm, stürmisch.

Impetus *der,* Antrieb, rascher Entschluss.

Impfen, ☈ in der Kristallzüchtung das Einbringen eines Kristallkeims in eine Schmelze oder Lösung, um deren Auskristallisieren zu beschleunigen.

Impfung → Schutzimpfung.

Implosion *die,* schlagartiges Zusammenfallen eines luftleer gepumpten Behälters durch äußeren Überdruck mit lautem Knall; Ggs.: Explosion.

Imponderabilien *Pl.,* Umstände von unbekannter Wirkung.

Imponiergehabe, Verhaltensweise vieler Tiere, Zur-Schau-Tragen von Farben oder auffälligen Körperformen bei Balz, Paarung oder Kampf, um Überlegenheit zu zeigen.

Import *der,* Einfuhr von Waren.

Impotenz *die,* Unfähigkeit des Manns, den Beischlaf auszuüben.

imprägnieren, feste Stoffe mit gelösten Salzen, Wachs u. a. Mitteln tränken, um sie gegen Fäulnis oder Schädlingsbefall zu schützen, feuersicher oder wasserdicht zu machen.

Impresario *der,* Theater-, Konzertagent.

Impression *die,* Sinneseindruck.

Impressionismus *der,* zw. 1860 und 1870 in der frz. Malerei entstandene Stilrichtung (Freilichtmalerei; Wegbereiter war die Schule von Barbizon), die den zufälligen Ausschnitt aus der Wirklichkeit darstellt und bei der Farbe und Komposition vom subjektiven Reiz des opt. Eindrucks des Lichts bestimmt ist. Bedeutende Vertreter waren u. a. C. Monet, É. Manet, C. Pissarro, A. Sisley, E. Degas, A. Renoir, P. Cézanne, A. Rodin, W. Sickert. – In der **Literatur** ist der I. ein Stil (1890 bis 1910), dem alles Gegenständliche nur Anreiz für Sinnesempfindungen und seel. Regungen ist (D. v. Liliencron, M. Dauthendey, R. Dehmel, der frühe R. M. Rilke, P. Altenberg, H. Bang u. a.). – In der **Musik** löste der I. die strengen Formen zugunsten vielfältiger fremder Klänge auf (Vorläufer M. Mussorgskij, F. Liszt; unabhängig davon C. Debussy, P. Dukas, M. Ravel u. a.).

Impressionismus. Edgar Degas, Absinth (1876)

Impressum *das,* für jede Druckschrift gesetzl. vorgeschriebene Angabe des Verlegers oder Herausgebers und der Druckerei. In Zeitungen und Zeitschriften muss auch der verantwortl. Redakteur genannt werden.

Imprimatur [lat. »es werde gedruckt«] *das,* **1)** 🕮 Druckerlaubnis nach Abschluss aller Korrekturen. – **2)** kath. Kirche: vom Bischof erteilte Druckerlaubnis für Bibelausgaben, religiöse und theolog. Werke.

improvisieren, etwas aus dem Stegreif tun.

Impuls *der,* **1)** Anstoß, Trieb, Antrieb. **impulsiv,** zu plötzl. Handlungen neigend, spontan. – **2)** ⚛ Bewegungsgröße, Produkt aus Masse und Geschwindigkeit eines bewegten Systems.

Impulstechnik, die Erzeugung und Anwendung elektr. Impulse, z. B. bei elektron. Rechenmaschinen, in der Nachrichten-, elektr. Mess-, Steuerungs- und Regelungstechnik.

In, chem. Symbol für das Element Indium.

in..., **1)** un..., nicht..., z. B. inaktiv. – **2)** ein..., z. B. inklusive, einschließlich.

in absentia, in Abwesenheit.

In|auguration *die,* feierl. Einführung in eine Würde oder ein Amt. **Inauguraldissertation,** Schrift zur Erlangung der Doktorwürde. **inaugurieren,** einweihen, einsetzen; anfangen.

inc., Inc., Abk. für **inc**orporated, mit den Rechten einer jurist. Person ausgestattet; Hinweis auf die Rechtsform bei amerikan. Aktiengesellschaften.

Inch [ɪntʃ] *das,* engl. Längeneinheit (Zoll), 1 I. = 2,540 cm.

Inch'ŏn [intʃhʌn], Hafenstadt in Süd-Korea, 1,82 Mio. Ew.; Stahlwerk, Erdölraffinerie.

Incoterms [ˈɪŋkəʊtəːmz], Abk. für **In**ternational **Co**mmercial **Terms,** internat. Regeln für die Auslegung handelsübl. Vertragsformeln (wie cif und fob).

I. N. D., Abk. für **i**n **n**omine **D**ei oder **D**omini, im Namen Gottes, des Herrn.

Indals|älv *der,* einer der größten Flüsse Schwedens, 430 km lang, mündet in den Bottn. Meerbusen; zahlreiche Wasserfälle; Großkraftwerke.

Indanthrenfarbstoffe, sehr beständige Küpenfarbstoffe der Anthrachinonreihe; auch bes. echte Farbstoffe.

Indefinitpronomen *das,* Ⓢ unbestimmtes Fürwort; z. B. jemand, alle.

Indemnität *die,* ⚖ Straflosigkeit; nachträgl. Zustimmung der Volksvertretung zu einem nicht verfassungsmäßigen Staatsakt.

Independenten, freie reformierte Gemeinden in Großbritannien und den USA.

Indeterminismus *der,* Ⓟⓗ Lehre, dass der Wille frei sei; Ggs.: Determinismus.

Index *der,* **1)** Verzeichnis von Stichwörtern in einem Buch. – **2)** √ meist in kleinerer Schrift neben das Hauptzeichen gesetztes Unterscheidungszeichen, z. B. A^x, a_7. – **3)** kath. Kirche: Verzeichnis aller von der Kurie verbotenen Bücher (1559 bis 1966). – **4) I.-Zahl,** in der Statistik eine relative Maßzahl, die nach bestimmten Vorschriften ermittelt wird.

Indiaca *das,* dem Volleyball verwandtes Mannschaftsspiel, mit federballähnl. Spielgerät.

Indiana [ɪndɪˈænə], Abk. **Ind.,** Staat der USA, zw. dem Ohio und dem Michigansee, 93 720 km², 5,54 Mio. Ew.; Hptst.: Indianapolis. Ackerbau; Viehzucht; ⚒ auf Steinkohle, Erdöl. Stahl- und Eisen-, Zement- u. a. Ind., Großschlachtereien.

Indiana Flagge

Indianapolis [ɪndɪəˈnæpəlɪs], Hptst. von Indiana, USA, 741 900 Ew.; kath. Erzbischofssitz; Motorenind., Autorennbahn.

Indianer, Urbev. Amerikas. Die I. entstammen dem Grenzraum der mongoliden Formengruppe, aus der sie vor rd. 25 000 Jahren (eventuell früher) über die Beringstraße nach Amerika einwanderten. Sie haben gelbbraune Haut (die Bez. »Rothaut« entstand wegen der früher übl. Körperbemalung), schwarzes, straffes Haar, schwachen Bart, gliedern sich in viele Sprachgruppen und Stämme. Neben einfachen Wildbeuterstämmen (kaliforn. und brasilian. Wald-I., Feuerländer) gibt es hoch organisierte Stämme; Hochkulturen entstanden in Mexiko, Mittelamerika und Peru; sie wurden von den span. Eroberern vernichtet (Azteken, Maya, Inka). Die Hochkulturen zeigen eindrucksvolle Baukunst, Bilderschrift, astronom. Kenntnisse. Die I., durch Europäer und Schwarze stark verdrängt, leben in Nordamerika größtenteils in I.-Reservationen, in Lateinamerika sind sie z. T. stark vermischt.

Indianersprachen, Sprachen der indian. Bevölkerung Amerikas, deren Verbreitung seit der europ. Entdeckung bes. in Nordamerika stark zurückgegangen ist. In Mittel- und Südamerika wurden v. a. Aztekisch und Quechua von den span. Eroberern als Missionssprachen verwendet und noch über ihren urspr. Bereich hinaus verbreitet. – In grober Schätzung sind etwa 3500 bis 4000 I. belegt, davon etwa 1000 für Nordamerika, etwa 600 bis 700 für Mittelamerika und 2000 für Südamerika.

Indianer. Links: Pono-Indianerin mit Kind (Peru), rechts: Sioux (USA)

Indien

Staatswappen

Staatsflagge

Internationales Kfz-Kennzeichen

Indi|en, Rep. in Vorderindien, rd. 3,288 Mio. km² mit 880 Mio. Ew.; Hptst.: Delhi. Amtssprachen: Hindi, Englisch (Verkehrssprache) sowie Regionalsprachen. **Verfassung** vom 26. 1. 1950 (mit Änderungen): Bundesrep. im Rahmen des Commonwealth, ohne rechtl. Bindung an dieses. Staatsoberhaupt ist der vom Parlament auf 5 Jahre gewählte Präs.; er ernennt den Min.-Präs. und die dem Parlament verantwortl. Minister. Das Parlament besteht aus dem Staatenrat (Oberhaus) und dem Haus des Volks (Unterhaus). Verwaltungseinteilung in 25 Gliedstaaten: Andhra Pradesh, Arunachal Pradesh, Assam, Bihar, Goa, Gujarat, Haryana, Himachal Pradesh, Jammu and Kashmir, Karnataka, Kerala, Madhya Pradesh, Maharashtra, Manipur, Meghalaya, Mizoram, Nagaland, Orissa, Punjab, Rajasthan, Sikkim, Tamil Nadu, Tripura, Uttar Pradesh, West Bengal; dazu 7 Unionsterritorien: Andamanen und Nikobaren, Chandigarh, Dadra and Nagar Haveli, Daman und Diu, Delhi, Lakshadweep, Pondicherry.
Landesnatur. Den N nehmen Teile des Himalaja (im Nanda Devi bis 7817 m) ein; südl. schließen sich die Ganges-Brahmaputra-Ebene und die Halbinsel I. mit dem Hochland des Dekhan an (im S Gebirge bis 2695 m). Die Küste ist wenig gegliedert. – Hauptflüsse: Ganges mit Nebenflüssen; Godavari, Krishna, Mahanadi. Monsunklima; Regen am stärksten an der W-Küste, in großen Teilen I.s nicht ausreichend.
Bevölkerung. Die beiden ethn. Hauptgruppen sind die Indiden und Melaniden. I. ist nach der VR China das volkreichste Land der Erde; das jährl. Bevölkerungswachstum schwankt zw. 2 und 2,3%. Staatl. Maßnahmen zur Geburtenkontrolle scheiterten bisher an religiösen Widerständen. Es müssten jährlich rd. 8 Mio. neue Arbeitsplätze geschaffen werden, um mit dem Bev.-Wachstum Schritt zu halten (die Realität liegt weit darunter); die anhaltende Landflucht (rd. 27% städt. Bev.) verursacht bes. in den Ballungsräumen größte hygien. und soziale Probleme.
Religion. Etwa 75% Hindus, rd. 18% Muslime, rd. 3% Sikhs, 1% Buddhisten, 3% Christen.
Wirtschaft. Überwiegend Agrarland, z.T. Bewässerung oder Hochwasserschutz; meist niedrige Erträge. Anbau von Reis, Getreide, Erdnüssen, Zuckerrohr, Baumwolle, Jute, Tabak, Tee (größter Tee-Erzeuger der Erde) u.a. Rinderreichstes Land der Welt (aus religiösen Gründen keine Schlachtung). Zunehmend ⚒ auf Kohle, Eisen, Mangan, Bauxit, Kupfer, Erdöl u.a.; Thoriumlager. Neben Heimind. und traditioneller Textilind. entstehen Stahl- und Hüttenind., Maschinenbau, chem. u.a. Ind. mit ausländ. Kapitalhilfe. Wasser- und Kernkraftwerke. Ausfuhr: Tee, Jute, Textilerzeugnisse, Baumwolle, Erze, Tabak. Haupthandelspartner: USA, Großbritannien, Russland, Japan, Dtl. Haupthäfen: Bombay, Kalkutta, Madras. Internat. ✈: Bombay, Kalkutta, Delhi.

Daten zur Geschichte Indiens

um 1200 v.Chr.	Einwanderung der Arier, Eroberung N-Indiens
327–325 v.Chr.	Zug Alexanders d.Gr. nach Indien
322 v.Chr.	Tschandragupta begründet die Maurja-Dynastie, höchste Machtentfaltung unter König Aschoka
um 50 n.Chr.	Bildung des Großreiches der Kuschan, zerstört im 3. Jh. durch die Sassaniden oder im 4. Jh. durch die Gupta
4. Jh.	Gupta-Reich in N-Indien, um 500 von den Weißen Hunnen zerstört
1206	Gründung des Sultanats Delhi
1398	Mongoleneinfall unter Timur
1526	Schlacht bei Panipat; Babur, ein Nachfahre Timurs, begründet das Mogulreich in Delhi
1556–1605	Höhepunkt des Mogulreichs unter Akbar
16./17. Jh.	Europäer (Portugiesen, Niederländer, Engländer, Dänen) setzen sich in I. fest
1739	Der Perser Nadir Schah besetzt Delhi, zur Beute gehören z.B. der Pfauenthron und der Diamant Kohinoor
1757	Schlacht von Plassey, der Nabob von Bengalen unterliegt der Brit. Ostind. Kompanie
1765	Die Brit. Ostind. Kompanie erhält vom Großmogul die Verwaltungshoheit über Bengalen, Ausgangspunkt der brit. Territorialherrschaft
1857/58	Sepoy-Aufstand, die Brit. Ostind. Kompanie gibt alle Rechte an die Krone ab (Indien wird Kronkolonie)
1877	Königin Victoria wird Kaiserin von Indien
1885	Gründung des Ind. Nationalkongresses
1920	M. Gandhi löst die Kampagne des »zivilen Ungehorsams« und den Boykott brit. Waren aus
1947	Teilung von I., Großbritannien entlässt I. und Pakistan mit dem Dominionstatus in die Unabhängigkeit, der Streit um Kaschmir zw. I. und Pakistan ist bis heute ungelöst
1950	I. wird Republik (Ind. Union)
1962	Niederlage gegen China im Grenzkonflikt um Ladakh
1971	Krieg gegen Pakistan, die Niederlage Pakistans ermöglicht die Bildung von Bangladesh im ehemaligen O-Pakistan
1974	Sikkim wird assoziiert
1984	Ermordung Indira Gandhis durch extremistische Sikhs
1990	Grenzgefechte mit Pakistan
1991	Ermordung R. Gandhis (Premierminister 1984 bis 1989), des Sohnes I. Gandhis, Narashima Rao wird Premierminister
1992	Shankar Dayal Sharma wird Staatspräsident
1996	D. Gowda wird Premierminister
1997	I. K. Gujral wird Premierminister

indifferent, 1) gleichgültig, auf keinen Einfluss ansprechend. – **2)** ⚗ keine Verbindung mit anderen Stoffen eingehend.
Indigenat *das,* Untertanschaft, Heimatrecht.
Indigo *der,* ältester bekannter organ. Farbstoff (I.-Pflanze, Indien), 1878 von A. von Baeyer künstl. hergestellt. Azo- und Schwefelfarbstoffe haben den künstl. I. ersetzt.
Indikation *die,* **1)** Anzeichen, Merkmal. – **2)** ⚕ Heilanzeige, die in einem Krankheitsfall ein bestimmtes Heilverfahren fordert; Ggs.: Kontraindikation.
Indikativ *der,* Ⓢ → Verb.
Indikator *der,* **1)** ⚙ Gerät zur Messung und Aufzeichnung des Druckverlaufs in den Zylindern von Kolbenmaschinen, z.B. von Dampfmaschinen, Kompressoren usw. – **2)** ⚗ Stoff, der durch auffallende Erscheinungen, z.B. Farbänderungen, einen chem. Vorgang anzeigt, z.B. Lackmus. – **3)** → Isotopenindikatoren.
Indio, span. und port. für Indianer.
indirekte Rede, Ⓢ berichtende, nicht wörtl. Rede.
indische Kunst, die von Buddhismus, Jainismus, Brahmanismus getragene Kunst der vorderind. Halbinsel und ihrer Randgebiete, auch von Sri Lanka, Birma, Siam (Thailand), Indochina, Java. Nach einer reichen, aber nur teilweise bekannten Vorgeschichte (→ Induskultur) hat die i. K. ihre klass. Zeit vom 1. bis 9. Jh. n. Chr. Den Höhepunkt bildet die Guptaperiode (4. bis 7. Jh.), die durch techn. Vollkommenheit und Lebensfülle ausgezeichnet ist. Etwa seit dem 11. Jh. lebte die i. K. wesentlich von der Vergangenheit. Für die Baukunst charakteristisch sind die reich gegliederten Stupas (mächtigste Ausmaße in → Borobudur), die großen Höhlentempel (Kailasanatha-Tempel in Elura), der in vielen Stockwerken pyramidal aufstei-

gende Tempelturm (Shikhara). Die Baukunst steht im engsten Zusammenhang mit der Bildnerei; bei aller welthaften Sinnenfreudigkeit nimmt sie mehr und mehr fantast. Formen an. Von Einzelfiguren ist die wichtigste der stehende oder sitzende Buddha. Daneben fanden auch Shiva, Vishnu und Brahma in der Vielfalt ihrer Erscheinungen Gestalt. Die ältesten Zeugnisse der Malerei sind verloren. Mittelpunkt in der Guptazeit war Ajanta. Seit dem 16. Jh. unter den Mogulkaisern Blüte der Miniaturmalerei.

indische Literaturen. Sie umfassen das literar. Schrifttum auf dem ind. Subkontinent von den Anfängen einer noch immer unentzifferten Schrift der Induskultur bis zu der heutigen Nationalliteratur von Bangladesh, Indien, Nepal, Pakistan und Sri Lanka. Die altind. Literatur ist meist religiös oder weltanschaulich-betrachtend, ausgezeichnet durch die Fülle und Tiefe der Gedanken: Veda, Upanishaden, Sutra. In den ersten Jh. n. Chr. wurden die volkstüml. Epen Ramayana und Mahabharata aufgezeichnet. Im 5. Jh. lebte Kalidasa, der bedeutendste Dichter (Schauspiel »Shakuntala«); in dieser Zeit wurde auch die berühmte Fabelsammlung »Pancatantra« vollendet. Seit dem 12. Jh. wird die alte Schriftsprache, das Sanskrit, verdrängt, die Dichtung in den neueren ind. Sprachen setzt ein. Die literar. Tradition führen fort: M. Iqbal († 1938), Nationaldichter Pakistans, R. Tagore († 1941), M. Gandhi († 1948). Gedankengut der neuen Zeit vermitteln (auch in engl. Sprache): S. Naichi († 1949), D. Nehru († 1964), S. Radhakrishnan († 1975) u. a. sowie S. Rushdie, der Einblick in das Leben der muslim. Inder gibt.

Indischer Ozean, Weltmeer zw. Asien, Afrika, Australien und der Antarktis, mit Nebenmeeren (Rotes Meer, Pers. Golf) 74,1 Mio. km²; bekannte Inseln und Inselgruppen im I. O.: Madagaskar, Komoren, Sokotra u. a.; größte bekannte Tiefe 7455 m, bei den Sunda-Inseln.

indische Sprachen, 1) altindisch: neben den Volkssprachen die Schriftsprachen →Sanskrit und →Pali, von denen die Erstere die Sprache der ältesten indogerman. Sprachdenkmäler ist. – **2)** heute: mehr als 1 500 Einzelsprachen, u. a. das zu der am weitesten verbreiteten indoarischen Sprachgruppe gehörende Hindi, seit 1965 offizielle Landessprache Indiens.

Indium *das,* Symbol **In,** chem. Element, OZ 49, relative Atommasse 114,82, Fp 156,61 °C, Sp 2080 °C, seltenes, silberglänzendes, sehr weiches, dehnbares Metall. I.-Verbindungen sind u. a. in der Halbleiter- und Lasertechnik von Bedeutung.

Individualismus *der,* jede Auffassung, die der Individualität gegenüber Ordnung und Gesellschaft den Vorrang gibt.

Individualpsychologie, 1) Psychologie des Menschen als Einzelwesen. – **2)** Richtung der Tiefenpsychologie: Hauptantrieb des Menschen sei das Geltungsstreben, das auch Minderwertigkeiten kompensiere.

Individuation *die,* **1)** Heraussonderung des Einzelnen aus dem Allgemeinen. – **2)** Ⓟ bei C. G. Jung seel. Geschehen, durch das die reife Persönlichkeit, das Selbst, aufgebaut wird.

individuell, 1) Sonder... – **2)** bei jedem Einzelnen. **Individualität** *die,* Besonderheit des Einzelnen, Persönlichkeit.

Individuum *das,* **1)** menschl. Einzelpersönlichkeit. – **2)** Ⓟ das Einzelwesen, im Ggs. zu Art und Gattung.

Indiz *das,* ⚖ Tatsache, die einen Rückschluss auf eine andere, nicht beweisbare Tatsache zulässt. **Indizienbeweis,** im Prozess zulässiger Beweis aufgrund von Indizien.

indoarische Sprachen, in Indien und Sri Lanka gesprochene Sprachen des arischen Zweigs der indogerman. Sprachen.

Indochina, ehem. frz. Generalgouvernement, heute das Gebiet von Kambodscha, Laos und Vietnam; geograph. ein Teil →Hinterindiens. – Ende des 18. Jh. errang Annam die Oberhoheit über das ganze Gebiet, das vorher im N unter chin. Herrschaft und im S in loser Verbindung mit China gestanden hatte. 1858 bis 1884 eroberte Frankreich das Gebiet; China entsagte 1885 allen Rechten auf I. Siam trat 1893 Laos, 1896/1907 W-Kambodscha ab. Im 2. Weltkrieg war I. 1940 bis 1945 von Japan besetzt. 1945 wurden unter Führung der kommunist. Vietminh die Gebiete Annam, Tongking und Cochinchina zu Vietnam zusammengefasst. Seit 1946 kam es hier zu schweren Kämpfen zw. den Vietminh und den frz. Kolonialtruppen mit ihren vietnames. Verbündeten **(I.-Krieg).** Die Kämpfe, die auch auf Laos übergriffen und Kambodscha bedrohten, wurden auf der Genfer I.-Konferenz (1954) durch Waffenstillstand beendet. Folgen der Konferenz: Unabhängigkeit von Kambodscha, Laos und Vietnam.

Indogermanen, Indoeuropäer, Träger der **indogerman.** (indoeurop.) **Sprachen,** einer Gruppe von Sprachen, deren Wortschatz und Formbildung stark übereinstimmen.

Indogermanistik, Zweig der histor. Sprachwissenschaft, der sich mit der Erforschung der indogerman. Sprachen befasst und aus den histor. Einzelsprachen eine indogerman. Grundsprache zu erschließen versucht sowie die Entwicklung der Einzelsprachen nachzeichnet.

Indoktrination *die,* Beeinflussung im Sinne einer bestimmten polit. oder weltanschaul. Doktrin.

Indische Kunst
Stehender Buddha aus Gandhara

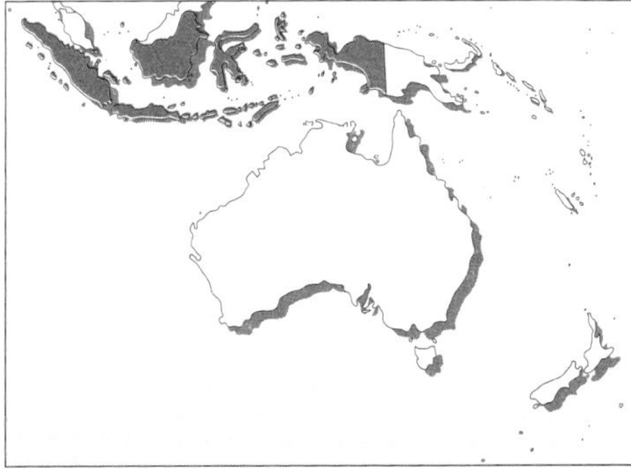

Indonesien, Inselstaat in SO-Asien, umfasst den größten Teil des Malaiischen Archipels mit den Großen und Kleinen Sunda-Inseln (ohne N-Borneo) und den Molukken, 1,919 Mio. km², 191,2 Mio. Ew.; Hptst. Jakarta, Amtssprache: Bahasa Indonesia. – Irian Jaya gehört seit 1969 zu I., Ost-Timor seit 1976.

Verfassung von 1945, erneuert 1959: Staatsoberhaupt, Regierungschef und Oberbefehlshaber der Streitkräfte ist der Staatspräs.; gesetzgebende Gewalt beim Staatspräs. zus. mit dem Parlament. Einteilung in 27 Provinzen. – Überwiegend gebirgig; ausgedehnte Ebenen auf O-Sumatra, S-Borneo, auch N-Java; viele Vulkane, häufig Erdbeben; Klima tropisch (bes. im W Regenwald); Bev. (etwa 61 % auf Java): vorwiegend Indonesier, rd. 6 Mio. Chinesen. 27 Großstädte. Religion: überwiegend Muslime (87 %), daneben Christen (9 %), Hindus (1,5 %), Buddhisten und Konfuzianer (0,4 %).

Wirtschaft. Anbau von Reis, Mais, Maniok, Kautschuk, Zuckerrohr, Kaffee, Kokospalmen, Tabak u. a.; Fischfang. ⚒ auf Erdöl, Zinn, ferner Bauxit, Nickel u. a. Die Ind. (Erdölraffinerien, Nahrungs- und Genussmittel-, Textil-, chem., Reifen- u. a. Ind.) wird mit ausländ. Kapitalhilfe erweitert. Ausfuhr: Erdöl

Indische Kunst
Felsbild von Sigiriya, Sri Lanka (5. Jh.)

Indonesien

Staatswappen

Staatsflagge

Internationales Kfz-Kennzeichen

und Erdölerzeugnisse, Kautschuk, Zinnerz u.a.; Haupthäfen: Jakarta, Surabaya; internat. ✈ u.a. nahe Jakarta.
Geschichte. I. ist altes, teils buddhist., teils islam. Kulturland. 1602 Gründung der Niederländisch-Ostind. Kompanie, die I. nach und nach eroberte. Im 19. Jh. wurde Niederländ.-Indien nach heftigen Kämpfen mit einheim. Fürsten gefestigt. 1942 bis 1945 war es von den Japanern besetzt. Nach deren Kapitulation wurde es unter Führung A. Sukarnos zur unabhängigen Rep. der Vereinigten Staaten von I. erklärt, 1949 von den Niederlanden vertraglich anerkannt; 1950 Umbildung in eine zentralist. Rep.; 1956 Aufkündigung der noch bestehenden Union mit den Niederlanden durch I. West-Neuguinea, das den Niederlanden verblieben war, kam 1963 unter indones. Verwaltung (Irian Jaya). 1976 annektierte I. die port. Kolonie Ost-Timor. Die Annexion wurde internat. nicht anerkannt. – Präs. (seit 1968) General Suharto.

Indonesi|er, 1) die Bev. der Rep. Indonesien. – **2)** diejenigen Völker Indonesiens, Malaysias, Singapurs, Bruneis, der Philippinen, Taiwans und Madagaskars, deren Kulturen eine deutl. Prägung durch die indones. Grundkultur aufweisen. Diese entstand im 2. Jt. v.Chr. und wurde gegenüber Kulturen der melanesiden Vorbevölkerung dominant. Träger sind Mongolide der palämongoliden Teilgruppe (Indoneside, Südmongolide; früher: Altmalaien, Protomalaien).

Indore [ɪnˈdɔ:], Stadt in Madhya Pradesh, Indien, 1,1 Mio. Ew.; Univ.; Baumwollindustrie.

Indossament *das,* **Giro** [ˈʒi:ro], Übertragung der Rechte aus einem Wechsel oder anderem Orderpapier durch eine schriftl. Erklärung auf der Rückseite des Papiers; der **Indossant** überträgt die Rechte auf den **Indossatar.** Verb **indossieren.**

in dubio pro reo [lat. »im Zweifel für den Angeklagten«], Grundsatz, nach dem von der Unschuld eines Angeklagten auszugehen ist, solange seine Schuld nicht feststeht.

Induktion *die,* **1)** Erschließen von allg. Sätzen aus Einzelfällen; Erkenntnis aus Erfahrung; Ggs.: Deduktion. – **2)** ⚡ Erzeugung elektr. Spannungen durch Änderung des magnet. Flusses, der eine Leiterschleife oder Spule durchsetzt; bei geschlossenem Stromkreis fließt ein **I.-Strom.** Ändert sich der in einer Spule fließende Strom, z.B. periodisch als Wechselstrom, so ändert sich auch sein Magnetfeld, und dessen Änderung wirkt durch I. auf den Strom zurück **(Selbst-I.).** Nach der **lenzschen Regel** nimmt der I.-Strom diejenige Richtung an, durch die die ihn erzeugende Bewegung gehemmt wird. – **3) magnet. I., magnet. Kraftflussdichte,** die der Feldstärke des elektr. Felds entsprechende Größe des Magnetfelds; Einheit: Tesla. **I.-Konstante, magnet. Feldkonstante,** das Verhältnis μ_0 der magnet. I. zur magnet. Feldstärke im leeren Raum, hat den Wert $\mu_0 = 4\pi \cdot 10^{-7}\,\mathrm{V \cdot s/A \cdot m}$ (Volt · Sekunden/Ampere · Meter) $\approx 1{,}26 \cdot 10^{-6}$ H/m.

Induktionsofen → Elektroöfen.

Indulgenz *die,* Nachsicht, Straferlass.

Indult *der,* im Völkerrecht die nach Kriegsausbruch den feindl. Handelsschiffen gewährte Möglichkeit, sich binnen einer bestimmten Frist in Sicherheit zu bringen.

Indus *der,* Hauptstrom Pakistans, entspringt im südl. Tibet, durchbricht den Himalaja, durchfließt, von einem schmalen Streifen Kulturland begleitet, die Ind. Ebene, verbindet sich mit den vereinigten »fünf Strömen«, mündet ins Arab. Meer; 3200 km lang, wichtig für die Bewässerung.

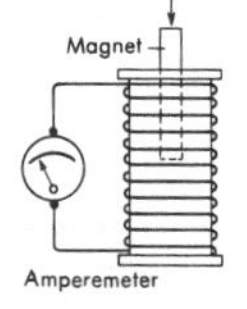

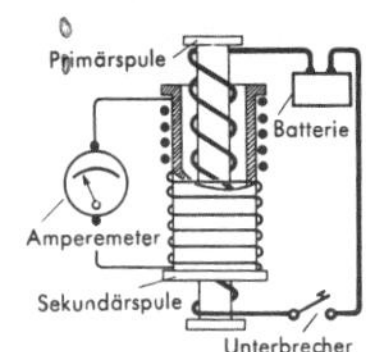

Induktion. Oben Erzeugung eines Induktionsstroms durch Bewegen eines Magnetstabs in einer Spule, unten durch Öffnen und Schließen eines Gleichstromkreises mit einem Unterbrecher, wobei in der Sekundärspule ein Wechselstrom entsteht

Induskultur, Harappakultur, frühgeschichtl. Hochkultur im Industal (4. bis 2. Jt. v.Chr.); Hauptfundorte: Mohenjo-Daro (unteres Industal) und Harappa (Pandschab).

Industrialisierung *die,* Entstehung und Entwicklung der industriellen Produktion; abhängig von Rohstoffen, Arbeitskräften, Kapital und Förderung des Verkehrs.

Industrie *die,* gewerbl. Verarbeitung von Rohstoffen und Halbfabrikaten in Fabriken (Fabrik-I.) oder im Verlagssystem (Haus-I.). Die Grenzen zw. I. und Handwerk sind fließend. Arten: **Grundstoff-I.** (Bergbau, Eisen- und Metall-I., chem. I., Kraftstoff-I. einschließl. Erdölgewinnung, Holzbearbeitung, Zellstoff-, Papier-I.); **Investitionsgüter-I.** (Stahl-, Maschinen-, Fahrzeug-, Schiffbau-, Metallwaren-, elektrotechn./elektron., feinmechan., opt. u.a. I.); **Konsumgüter-I.** (Textil- und Bekleidungs-, Glas- und keram., Druck-, Musikinstrumenten-, Spielwaren-, Leder-, Schuh-I. u.a.); **Nahrungs-** und **Genussmittel-I.** (Molkereien, Brauereien, Zucker-, Spiritus-, Tabak-I. u.a.).

Industriedesign *das,* **Industrialdesign** [ɪnˈdʌstrɪəldɪˈzaɪn], Gestaltung von Industrieerzeugnissen, bes. die für die Serienherstellung entworfene material- und zweckentsprechende gute Form von techn. Erzeugnissen und Gebrauchsgegenständen. Lehrfach an Hoch- und Fachhochschulen.

Industriegewerkschaft, Abk. **IG,** gewerkschaftl. Organisationsform des Dt. Gewerkschaftsbunds, bei der die Arbeitnehmer nicht nach der Berufs-, sondern nach der Betriebszugehörigkeit organisiert sind.

industrielle Revolution, Umgestaltung der Wirtschafts- und Gesellschaftsordnung, die seit etwa 1785 zuerst in Großbritannien, bald auch in anderen westeurop. Staaten und in den USA einsetzte durch den Übergang zur maschinellen Erzeugung in Großbetrieben und durch die Revolutionierung des Verkehrswesens (Eisenbahn, Dampfschiff). Industriereviere entstanden, Siedlungsordnung (Großstädte) und gesellschaftl. Struktur wurden durch die Herausbildung der von starken Spannungen geprägten industriellen Gesellschaft grundlegend verändert. Seit der Mitte des 20. Jh. spricht man im Zusammenhang mit der Automatisierung von einer **zweiten** und in Bezug auf die Mikroprozessoren von einer **dritten industriellen Revolution.**

Industrieöfen, die in der Industrie zur Wärmebehandlung verwendeten Öfen wie Lichtbogenofen, Hochofen, Drehrohrofen, Kupolofen.

Industrieroboter, ▣ programmierbare Automaten, mit Greifern (zu Montage-, Messarbeiten u.Ä.) oder Werkzeugen (z.B. Punktschweißzangen, Lackierpistolen) ausgerüstet, oft sensorgeführt, vielseitig einsetzbar.

Industrie- und Handelskammern, Abk. **IHK,** Vertretungskörperschaften der gewerbl. Wirtschaft mit Ausnahme des Handwerks (Handwerkskammern) zur Wahrnehmung wirtschaftl. Interessen, zur Unterstützung und Beratung der Behörden. In Dtl. sind die IHK auf Landesebene meist zu Arbeitsgemeinschaften oder Vereinigungen zusammengeschlossen. Spitzenorganisation: Dt. Ind.- und Handelstag.

Inertgas → Schutzgas.

Inertialsystem *das,* ein Bezugssystem, in dem keine Trägheitskräfte auftreten. Ein kräftefreier Massenpunkt bleibt im I. in Ruhe oder bewegt sich geradlinig mit konstanter Geschwindigkeit.

Infanterie *die,* Fußtruppen, Hauptkampftruppe aller Heere; heute überwiegend motorisiert.

Infantilismus *der,* Stehenbleiben der körperl. und geistigen Entwicklung auf kindl. Stufe.

Infarkt *der,* Verstopfung einer kleinen Schlagader infolge einer Embolie oder Thrombose. Am häufigsten betroffen sind Gehirn, Niere, Lunge, Herz. Das von der Blutzufuhr abgeschnittene Gewebe stirbt ab und verdichtet sich narbig.

Infektion, *die,* **Ansteckung,** ⚕ Eindringen von Krankheitserregern (Bakterien, Viren, Pilze, Parasiten) in einen Organismus, bes. durch Berührung **(Kontakt-I.),** ausgeatmete oder ausgehustete Erreger **(Tröpfchen-I.),** Verschmieren von Eiter, Kot u. a. auf andere Körperteile **(Schmier-I.).**

Infektionskrankheiten, ansteckende Krankheiten, durch Infektion hervorgerufene Krankheiten, deren Schwere von der Infektiosität des Erregers und der Abwehrbereitschaft des Organismus abhängt. Zw. Infektion und Ausbruch der Krankheit liegt eine unterschiedlich lange Inkubationszeit. Zur Verhütung der I. dienen Isolierung der Erkrankten, Desinfektion, Hygiene, Schutzimpfungen.

infernalisch, höllisch, teuflisch. **Inferno** *das,* Hölle.

Infiltration *die,* **1)** ⚕ Eindringen von Flüssigkeiten oder Zellen in Gewebe. – **2)** Eindringen feindl. Agenten in einen Staat, eine Organisation.

Infinitesimalrechnung, Bezeichnung für Differenzialrechnung und Integralrechnung.

Infinitiv *der,* **Nennform,** Form des Verbs, die ein Geschehen oder Sein einfach nennt, ohne weitere Angaben zu enthalten.

in flagranti, auf frischer Tat.

Induskultur. Specksteinsiegel aus Mohenjo-Daro (3. Jt. v. Chr.)

Inflation *die,* Geldentwertung; entsteht, wenn die Geldmenge stärker anwächst als der Geldbedarf, der seinerseits mit der Vermehrung der Warenerzeugung steigt (Überschuss der effektiven Gesamtnachfrage über das Gesamtangebot an Waren und Dienstleistungen). **Schleichende I.,** langsame Geldentwertung; Ggs.: Deflation.

Influenz *die,* ⚡ Trennen von Ladungen auf einem nichtgeladenen Leiter, der in ein elektr. Feld gebracht wird.

Influenza *die,* →Grippe.

Infopost, 1993 geschaffene Kategorie der Dt. Bundespost für Massendrucksachen. I. muss mindestens 1000 Sendungen umfassen, mindestens je 10 in dasselbe Zielgebiet.

Informatik [Kurzwort aus **Infor**mation und Auto**matik**], **Computerscience** [kɔmˈpjuːtaˈsaɪəns], Wiss. von der automat. Informationsverarbeitung mithilfe von Computern, insbesondere dem Entwurf und der Formulierung von Algorithmen in Programmiersprachen sowie ihrer physikal. Realisation.

Information *die,* Unterrichtung; Auskunft.

Informationstheorie, Theorie vom formalen Aufbau und der Störbeeinflussung übertragener Nachrichten, ermittelt z. B. den techn. Aufwand, mit dem eine Nachricht noch verständlich übertragen werden kann.

Informationsverarbeitung, Aufnahme und Weiterleitung von Informationen zur Aufbereitung an eine zentrale Speicher- und Auswerteeinrichtung. Im Zentralnervensystem der Lebewesen werden z. B. die von Sinnesorganen eintreffenden Informationen ausgewertet, um zweckmäßige Reaktionen, etwa Muskelbewegungen, einzuleiten. Wichtigste Form der I. mit techn. Mitteln ist die elektron. Datenverarbeitung mithilfe von Computern, die durch hochintegrierte Speicher- und Logikbaugruppen sowie durch problemorientierte Programmiersprachen große Mengen von Informationen aus Wiss., Technik und Wirtschaft verarbeiten können.

informelle Kunst, Richtung der modernen Malerei, die frei von allen Regeln unter Verwendung von Stofffetzen, Holz, Abfall zu kühnen und fantast. Bildern gelangt.

Infrarot, Abk. **IR, Ultrarot,** jenseits von Rot liegender unsichtbarer Teil des Spektrums (bes. Wärmestrahlung; Wellenlänge 0,8 μm bis 1 mm). IR-Strahlung wird z. B. eingesetzt in der Heizungs- und Trocknungstechnik, Fotografie, Spektroskopie, für Steuerungseinrichtungen (z. B. Gerätefernbedienungen), Lichtschranken, in der Thermographie und Astronomie.

Infraschall, Schallschwingungen mit Frequenzen kleiner als 16 Hz (untere menschl. Hörgrenze), tritt z. B. auf bei Erdbebenwellen. (→Ultraschall)

Infrastruktur *die,* die Gesamtheit aller (meist) durch Gebietskörperschaften des öffentl. Rechts getragenen Einrichtungen der Vorsorgeverwaltung (z. B. die der Allgemeinheit dienenden Einrichtungen für Verkehr und Beförderung, Fernsprech- und Fernmeldewesen, Gas-, Wasser- und Elektrizitätsversorgung, Bildung und Kultur, Krankheitsvorsorge und -behandlung).

Infusion *die,* ⚕ Einbringen von Flüssigkeitsmengen in eine Blutader.

Infusori|en *Pl.,* ✿ →Aufgusstierchen.

Ingenieur [ɪnʒenˈjør] *der,* Abk. **Ing.,** geschützte Berufsbezeichnung für wiss. oder auf wiss. Grundlage ausgebildete Fachleute der Technik. Ausgebildet werden Diplom-I. (Dipl.-Ing.) an TU und TH, Fachhoch- und Gesamthochschulen.

Ingenieurwissenschaften [ɪnʒenˈjør-], **Technikwissenschaften,** aus der systemat. Bearbeitung techn. Probleme entstandene wiss. Disziplinen, z. B. Hoch- und Tief-, Berg-, Maschinenbau, Elektrotechnik.

Ingermanland, russ. Landschaft zw. Ladogasee, Newa, Finn. Meerbusen und Narwa, wo Peter d. Gr. St. Petersburg gründete.

Inglin, Meinrad, schweizerischer Erzähler, *1893, †1971; hintergründige Romane.

Ingolstadt, Stadt in Bayern, an der Donau, 112 900 Ew.; got. Bauwerke; Kraftfahrzeug-, Textilind., Erdölraffinerien. I. war im MA. bayer. Herzogssitz und 1472 bis 1802 Univ.-Stadt.

Ingolstadt Stadtwappen

Ingredi|ens *das,* **Ingredienz** *die,* Zutat, Bestandteil.

Ingres [ɛ̃ːgr], Jean Auguste Dominique, frz. Maler und Grafiker des Klassizismus, *1780, †1867; Porträts und v. a. histor. Themen.

Inguschetien, Rep. innerhalb Russlands im N des Kaukasus, 3 200 km², 300 000 Ew., Hptst. Nasran. – Bis 1992 Teil der Rep. der Tschetschenen und Inguschen.

Ingwäonen, Ingäwonen *Pl.,* einer der 3 german. Stammesverbände.

Ingwer *der,* Wurzelstock einer südostasiat. Staude; Gewürz und Magenmittel.

Inhaberpapier, Wertpapier, bei dem das im Papier verbriefte Recht von jedem Inhaber ohne Nachweis der Verfügungsberechtigung geltend gemacht werden kann (z. B. Pfandbriefe, Obligationen, Inhaberaktien); wird formlos übertragen, eignet sich daher bes. für den Börsenverkehr (Orderpapiere, Namenspapiere).

Inhalation *die,* ⚕ Einatmen von Dämpfen oder Gasen zu Heilzwecken. Bei **Aerosol-I.** werden Arzneistoffe in Teilchen vernebelt, die bis in die Lunge vordringen.

Inhalt *der,* **1)** √ Größe einer Fläche in Flächeneinheiten, eines Körpers in Raumeinheiten (Volumen). – **2)** Gehalt (eines Buchs u. Ä.).

inhärent, innewohnend. **Inhärenz** *die,* Ⓟh Enthaltensein von Merkmalen in einem Ganzen.

Inhibitor *der,* Hemmstoff; Substanz, die chem. oder physiolog. Vorgänge einschränkt oder verhindert.

Initiale *die,* verzierter Anfangsbuchstabe in alten Handschriften, Drucken.

Initialzündung, Zündung eines schwer entzündl. Sprengstoffs durch einen leicht entzündlichen.

Initiation *die,* Einführung, Einweihung, die am Beginn eines neuen Lebensstandes steht. Sie hat religiösen Charakter und wird mit Riten begangen, die häufig Wiedergeburt symbolisieren.

Initiative *die,* **1)** Anstoß, Entschlusskraft, Unternehmungslust. – **2)** Recht, Gesetzesvorlagen zur Beschlussfassung einzubringen.

Injektion *die,* ⚕ Einspritzung von flüssigen oder gelösten Arzneimitteln unter die Haut **(subkutan),** in die Muskulatur **(intramuskulär)** oder in Blutadern **(intravenös).**

Injektor *der,* Dampfstrahlpumpe, zum Speisen von Dampfkesseln.

Inka, Herrschertitel des I.-Reiches und Name der Großfamilie, die die höchsten Beamten und Priester stellte. Das hoch entwickelte und gut geordnete Reich umfasste im 16. Jh. das Gebiet von S-Kolumbien bis Mittelchile; Hptst.: Cuzco. Der Herrscher genoss göttl. Ehren. Hauptkennzeichen der Religion war Verehrung der Sonne. Das I.-Reich wurde 1532 von den Spaniern unter F. Pizarro erobert.

Inka
Tonfigur (15. Jh.)

Inkarnation *die,* Fleisch-(Mensch-)Werdung, Verkörperung.

Inkasso *das,* Einziehen von Außenständen (Rechnungen, Wechseln, Schecks). Das **I.-Geschäft** wird von selbstständigen Unternehmen und von Banken betrieben **(I.-Provision).**

Inkatha, polit. Organisation der Schwarzen (v. a. Zulu) in Südafrika, die mit dem ANC in häufig blutige Auseinandersetzungen verwickelt war; geführt von G. M. Buthelezi.

Inklination *die,* **1)** ☼ Winkel, den die Planeten- und Kometenbahnen mit der Erdbahn bilden. – **2) magnet. I.,** Winkel, den eine frei aufgehängte Magnetnadel im erdmagnet. Feld mit einer waagerechten Ebene bildet.

inklusive, Abk. **incl., inkl.,** einschließlich.

inkognito, unter fremdem Namen.

Inkompatibilität *die,* Unvereinbarkeit.

Inkongruenz *die,* fehlende Übereinstimmung.

Inkontinenz *die,* Unvermögen, Harn oder Stuhlgang willkürl. zurückzuhalten.

Inkorporation *die,* Einverleibung; Eingemeindung.

Inkret *das,* Absonderung der Drüsen mit →innerer Sekretion.

inkriminieren, beschuldigen.

Inkrustation *die,* **1)** ⊕ Überzug von Ablagerungen (Sinter). – **2)** ⌂ Verkleidung von Wandflächen mit edlem Material (u. a. Marmor).

Inkubation *die,* **1)** ⚕ Zeit zw. Infektion und ersten Krankheitserscheinungen. – **2)** Bebrüten des Eies.

Inkubator *der,* →Brutkasten.

Inkubus *der,* Dämon des Albdrückens; im MA. Buhlteufel der Hexe.

Inkunabeln *Pl.,* →Wiegendrucke.

Inland|eis, ⊕ das Innere der die Polarländer bedeckenden Eismassen, z. T. über 4000 m dick.

Inlaut *der,* Laut im Wortinnern.

Inlay [ˈɪnleɪ] *das,* Zahnfüllung, die aus Metall oder Porzellan gegossen und dann in den Zahn eingepasst wird.

Initiale »P« zu einem Paulusbrief, Handschrift der Weingartner Klosterschreibstube (13. Jh.)

Inlett *das,* starker Leinen- oder Baumwollstoff für Federdecken und -kissen.

in medias res, mitten in die Dinge hinein, zur Sache.

in memoriam, zum Gedächtnis.

Inn *der,* rechter Nebenfluss der Donau, 510 km, entspringt im schweizer. Kt. Graubünden, durchfließt Tirol, Österreich und das Bayer. Alpenvorland, mündet bei Passau; das Tal des Oberlaufs heißt Engadin. **Innviertel,** zw. Donau, I. und Salzach, kam 1779 von Bayern an Österreich.

Innen|architektur, Gestaltung von Innenräumen; auch Möblierung und Dekoration.

Innenpolitik, polit. Handeln innerhalb eines Staats, insoweit im Wesentl. nur dessen Angehörige beteiligt oder davon betroffen sind.

innere Emigration, während der natsoz. Herrschaft in Dtl. die innerl. Abkehr (v. a. einiger Schriftsteller) von den Auseinandersetzungen mit den aktuellen polit.-geistigen Vorgängen als Ausdruck der Opposition.

innere Führung, Menschen- und Truppenführung in der Bundeswehr.

innere Medizin, Teil der Heilkunde, befasst sich mit den Krankheiten der inneren Organe.

Innere Mission, Einrichtungen freier christl. Sozialarbeit innerhalb der ev. Kirchen, 1848/49 von J. H. Wichern gegr., 1976 im Diakon. Werk aufgegangen.

innere Organe, die Organe in Brust- und Bauchhöhle, wie Herz, Lunge, Leber.

innere Sekretion, ⚕ die Absonderung von Hormonen **(Inkreten)** ins Blut durch Drüsen ohne Ausführungsgang **(endokrine Drüsen,** Hormondrüsen), so durch Hirnanhangdrüse, Schilddrüse, Nebenschilddrüsen, Zirbeldrüse, Thymus, Nebennieren, Bauchspeicheldrüse. Die Keimdrüsen (Eierstock, Hoden) liefern die Geschlechtshormone. – Hormone erzeugen auch der Mutterkuchen und (als Gewebshormone) fast alle Gewebe.

Innerhofer, Franz, österr. Schriftsteller, * 1944; autobiograph. Romantrilogie.

Innervation *die,* Versorgung eines Körperteils mit Nerven; auch Zuleitung eines Reizes vom Zentralnervensystem durch die **innervierenden Nerven** zu einem Organ.

Innovation *die,* Erneuerung, Neuerung; Einführung neuer techn. oder sozialer Elemente in eine Kultur; Erzeugung und Einführung neuer Produkte, Produktionsmethoden, Organisationsformen in der Wirtschaft.

Innozenz, Päpste: **1) I. III.** (1198 bis 1216), * 1160/61, † 1216; mächtigster Papst im MA., sandte Friedrich II. als Gegenkönig gegen Otto IV. nach Dtl.; verschärfte die Inquisition. – **2) I. IV.** (1243 bis 1254), * um 1195, † 1254; belegte Kaiser Friedrich II. als Kirchenfeind mit dem Kirchenbann.

Innsbruck, Hptst. von Tirol, Österreich, 118 100 Ew., am Inn; Hofkirche (1563) mit Bronzestandbildern von Peter Vischer am Grabdenkmal Maximilians I.; Univ.; ⚝, Verkehrsknotenpunkt; Fremdenverkehr; Industrie.

Innung, öffentl.-rechtl. Körperschaft, örtl. freiwillige Vereinigung selbstständiger Handwerker eines Fachbereichs zur gemeinsamen Vertretung ihrer Belange. Organe: I.-Versammlung, Vorstand (an der Spitze der Obermeister), Ausschüsse. Fachlich sind die I. zu I.-Verbänden zusammengeschlossen. Aufsicht durch die Handwerkskammer.

Inoue, Yasushi, jap. Schriftsteller, * 1907, † 1991; histor. Romane; Prosagedichte, Essays.

Input ['ɪnpʊt] *der,* das, **1)** 🖳 Eingabe von Daten und Programmen. – **2)** 🖳 Stelle, an der einem Gerät z. B. Energie oder Steuerbefehle zugeführt werden. – **3)** der Einsatz von Produktionsfaktoren im Produktionsprozess; Ggs.: Output.

Inquisition *die,* ehem. in der kath. Kirche geistl. Gericht zum Aufsuchen und Bestrafen der Ketzer, von Gregor IX. 1231/32 bes. den Franziskanern und Dominikanern übertragen (päpstl. **Inquisitoren,** an ihrer Spitze stand der **Groß-** oder **Generalinquisitor).** Die I. wandte gegen Leugner vielfach die Folter an; außer kirchl. gab es leibl., von der staatl. Obrigkeit vollstreckte Strafen: körperl. Züchtigung, Kerker, Feuertod. In Dtl. verschwand die I. mit der Reformation, in Frankreich bestand sie bis 1772, in Spanien bis 1834, in Italien bis 1859.

I. N. R. I., Abk. für **I**esus **N**azarenus **R**ex **J**udaeorum [lat. »Jesus von Nazareth, König der Juden«], Inschrift am Kreuz Christi.

inschallah, wenn Allah will!

Insekten, Kerbtiere, Kerfe, formenreichste Klasse der Gliederfüßer, atmen durch innere Luftröhrchen (Tracheen). Der Körper ist in Kopf, Brust und Hinterleib gegliedert. Der Kopf trägt die Fühler und Mundwerkzeuge, an der Brust sitzen 3 Beinpaare und meist 2 Flügelpaare. Der oft in 11 Abschnitte (Segmente) gegliederte Hinterleib hat keine Gliedmaßen. Die Augen sind überwiegend Facettenaugen, die Fühler tragen die Geruchs- und Tastorgane. Die Entwicklung ist meist eine Verwandlung (Metamorphose) in Stufen: Larve (Made, Raupe, Engerling) als Fressstufe, Puppe als Ruhestufe und fertiges I. als Fortpflanzungsstufe. Sehr hoch sind die Instinkte entwickelt: Staatenbildung der Honigbienen, Ameisen u. a. Zu den I. gehören die flügellosen Ur-I., ferner die Käfer, Schmetterlinge, Gerad-, Haut-, Zweiflügler, Termiten, Schnabelkerfe, Netzflügler, Köcherfliegen, Flöhe, Libellen. Viele I. schädigen den Menschen wirtschaftlich. Überträger von Krankheitskeimen sind bes. Stechmücken, Fliegen, Läuse. **I.-Stiche** von Stechmücken, Stechfliegen, Läusen, Flöhen, Wanzen und Ameisen sind im Allgemeinen harmlos, Stiche von Bienen, Hornissen, Wespen und Hummeln schaden durch Gift.

Inquisition. Pedro Berruguete, Inquisitionsgericht unter Vorsitz des heiligen Dominikus (um 1500)

Insektenfresser, Ordnung der Säugetiere, z. B. Igel, Maulwurf, Spitzmaus; nähren sich hauptsächl. von Insekten.

Insektizide, Insekten tötende chem. Mittel.

Insel, jedes völlig von Wasser umgebene Landgebiet, außer den Erdteilen; **kontinentale I.** sind abgetrennte Festlandsteile oder Aufschüttungen, **ozean. I.** meist Korallenbauten oder vulkan. Ursprungs.

Inselberge, Berge, die sich unvermittelt aus dem Flachland der Tropen erheben.

Inseln der Seligen, in der griech. Sage Inseln am Westrand der Erde, → Elysium.

Inseln über dem Winde, Inseln unter dem Winde, 2 Inselgruppen, Kleine → Antillen.

Inselsberg, Berg im Thüringer Wald, 916 m hoch.

Insemination *die,* ⚕ künstl. Einführung von Sperma in die Gebärmutter.

Inserat *das,* Anzeige, bes. in einer Zeitung. **Inserent,** Aufgeber eines I. Verb: **inserieren. Insertion** *die,* Aufgabe einer Anzeige.

Insider ['insaɪdə] *der,* Person, die aufgrund ihrer Position i. d. R. über maßgebl., allg. nicht bekannte Informationen verfügt.

Insignilen *Pl.,* Kennzeichen von Macht, Rang.

Inskription *die,* Einschreibung.

Insolation *die,* Sonneneinstrahlung.

Insolvenz *die,* Zahlungsunfähigkeit.

in spe [lat. »in der Hoffnung«], zukünftig.

Inspektion *die,* **1)** prüfende Besichtigung. – **2)** leitende und aufsichtsführende Behörde. **Inspektor** *der,* Beamter im gehobenen Dienst.

Inspiration *die,* **1)** göttl. Eingebung, Erleuchtung. – **2)** Einatmung; Ggs.: Exspiration.

inspizieren, beaufsichtigen, besichtigen. **Inspizient** *der,* Aufsichtsführender.

Installation *die,* **1)** Bestallung; Einweisung in ein Amt. – **2)** Einrichtung von Leitungen und Zubehör für Gas, Wasser, Elektrizität, Heizung u. a. durch den **Installateur.** – **3)** von einem Künstler im Raum eines Museums hergestelltes Arrangement mit verschiedenartigen Objekten, die so angeordnet werden, dass eine ganz spezielle Gestaltung des Raums entsteht.

Instantprodukt ['ɪnstənt-], Lebensmittel (z. B. Getränk) in Form eines pulverisierten Extrakts, das durch Hinzufügen von Flüssigkeit in kürzester Zeit zum Genuss bereit ist.

Instanz *die,* zuständige Behördenstelle, bes. die einzelne Stufe innerhalb des gerichtl. Verfahrens (→ Gerichtswesen). **Instanzenweg,** Dienstweg.

Insterburg, russ. **Tschernjachowsk,** Stadt im Gebiet Kaliningrad, Russland (ehem. Ostpreußen), an Inster und Angerapp, 30 000 Einwohner.

Instinkt *der,* ererbte und arteigentümliche Verhaltens- und Bewegungsweisen **(I.-Bewegungen)** von Lebewesen, z. B. Paarungs-, Brut-, Beute-I., Tierwande-

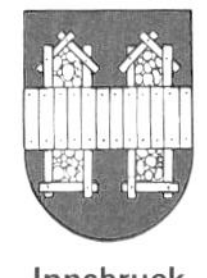

Innsbruck Stadtwappen

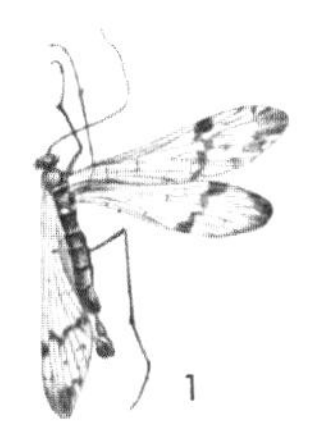

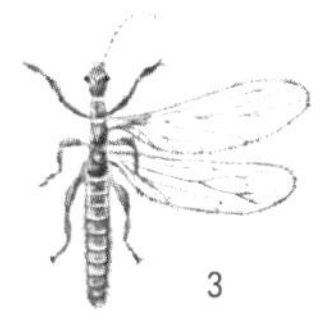

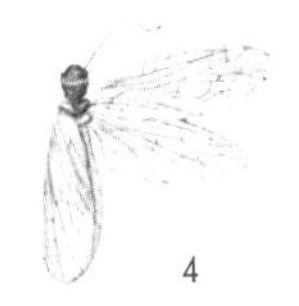

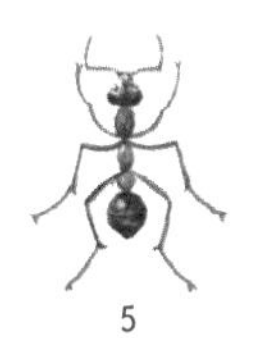

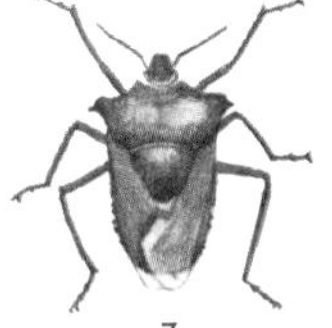

Insekten. Formenübersicht: 1 Schnabelhafte: Skorpionsfliege, 2 Fleischfliege, 3 Spinnfüßer, 4 Wasserflorfliege, 5 Rote Waldameise, 6 Ohrwurm, 7 Schildwanze rungen, Nestbau. Menschl. Verhalten ist v. a. im Säuglingsalter vom I. bestimmt.

Institut *das,* Einrichtung, Anstalt; bes. Forschungs-, wiss. Anstalt.

Institut de France [ɛ̃sti'ty də 'frɑ̃s], seit 1795 die höchste amtl. Körperschaft für Wiss. und Kunst in Frankreich, Sitz Paris.

Institution *die,* Stiftung, Einrichtung.

Institutionen *Pl.,* ⚖ Anfangsteil des Corpus Iuris Civilis (→Corpus); danach Bezeichnung für die in einen Rechtsstoff einführenden Lehrbücher, bes. des röm. Rechts.

Instruktion *die,* Belehrung, (Dienst-)Anweisung.

Instrument *das,* **1)** Werkzeug. – **2)** Musikinstrument. **instrumental,** 𝄞 mit I. ausgeführt. **Instrumentarium** *das,* I.-Sammlung, Besteck; **instrumentieren,** 𝄞 die Stimmen eines Tonstücks auf versch. I. verteilen.

Instrumentalismus *der,* Ⓟⓗ Lehre, dass der menschliche Geist nicht Selbstzweck, sondern Werkzeug für andere Zwecke (Erhaltung des Lebens, Gestaltung der Umwelt) ist.

Instrumentalmusik, nur mit Instrumenten ausgeführte Musik; Ggs.: Vokalmusik.

Instrumentenflug, ✈ Flug, der ohne Bodensicht (bei Nebel, Ausfall der Flugbahnbeleuchtung), nur unter Verwendung von Instrumenten durchgeführt wird. (→Landeführungssysteme)

Insuffizienz *die,* Unzulänglichkeit; unzureichende Leistung (eines Körperorgans).

Insulin *das,* Hormon der Bauchspeicheldrüse. Künstlich gewonnenes I. dient zur Behandlung des Diabetes.

Insulinde, der →Malaiische Archipel.

Insult *der,* **1)** ⚕ Anfall; äußere Verletzung. – **2)** Beleidigung.

Insurgent *der,* Aufständischer. **Insurrektion** *die,* Aufstand, Putsch.

inszenieren, ein Stück für die Bühne vorbereiten.

Intaglio [in'taʎo] *das,* vertieft geschnittene Gemme.

Intarsi|en *die,* Einlegearbeiten, bei denen andersartiges Material (Marmor, Holz, Elfenbein, Metall, Perlmutt) in aus massivem Untergrund (Holz u. Ä.) herausgearbeitete Vertiefungen maßgerecht eingefügt wird.

Integral, √ Zeichen ∫, Grenzwert einer Summe.

Integralismus, kath. Kirche: Bestrebung, die Glaubensgrundsätze von modernen Zeitströmungen unversehrt (integer) zu erhalten.

Integralrechnung, Verfahren der höheren Mathematik, gestattet die Berechnung von Flächeninhalten, Oberflächen und Rauminhalten von Körpern, Trägheitsmomenten, Schwerpunkten, Bewegungsverläufen u. a.; von großer Bedeutung für Physik, Chemie und Technik.

Integration *die,* Zusammenschluss, Bildung übergeordneter Ganzheiten.

Integrationsgrad, ein Maß für die Anzahl elektron. Bauelemente je Chip. Die Miniaturisierung ermöglicht zz. etwa 64 Mio. Transistorfunktionen je Chip.

integrierte Schaltung, engl. **Integrated Circuit** ['ɪntɪgreɪtɪd 'sə:kɪt], Abk. **IC,** mikroelektron. Baustein, der in einem Gehäuse viele aktive und passive Bauelemente (z. B. Transistoren, Widerstände, Kondensatoren) auf einem Halbleiterkristall (Chip) vereinigt. Man unterscheidet nach dem Substrat und den Herstellungsverfahren monolith. i. S. und Schicht- oder Filmschaltungen; wichtige Herstellungsverfahren sind die Bipolar- und die MOS-Technik.

integrierte Schaltung
Größenvergleich zwischen einem menschlichen Haar und den Strukturen einer integrierten Schaltung

Integrität *die,* **1)** Unverletztheit. – **2)** Unbescholtenheit.

Intellekt *der,* Vernunft, Verstand. **Intellektualismus** *der,* Überbetonung des Verstandesmäßigen.

Intellektueller, 1) geistig Schaffender. – **2)** einseitiger Verstandesmensch.

Intelligenz *die,* **1)** Verständnis, Erkenntnis-, Denkfähigkeit, Klugheit. – **2)** Schicht der Intellektuellen.

Intelligenzquotient, Abk. **IQ,** urspr. die Bezeichnung für ein Verhältnismaß der Intelligenz; er errechnet sich aus der Beziehung

$$IQ = \frac{\text{Intelligenzalter (IA)}}{\text{Lebensalter (LA)}} \cdot 100.$$

Heute wird bei der I.-Berechnung für Erwachsene das **Abweichungsmaß** angewandt; es drückt die Abweichung eines individuellen Testresultats vom Mittelwert (100) der jeweiligen Altersstufe aus.

INTELSAT [ɪntl'sæt, engl.], Abk. für **In**ternational **Te**lecommunications **Sat**ellite Consortium, Bau- und Betriebskonsortium (gegr. 1964) für ein internat. Nachrichtensatellitensystem; seit 1965 Inbetriebnahme von 8 Satellitenserien mit Kapazitätssteigerung der einzelnen Satelliten von 240 auf derzeit 18 000 Fernsprechkreise (digital bis 90 000; 1996 INTELSAT VIII).

Intendant *der,* **1)** Leiter eines Theaters, Rundfunk-, Fernsehsenders. – **2)** Oberaufseher. **Intendantur** *die,* Amt, Behörde eines Intendanten.

Intensivstation, ⚕ Klinikstation zur Intensivtherapie, mit zentraler Überwachung.

Intensivtherapie, ⚕ bei akuter Lebensbedrohung die Anwendung ärztl. Verfahren zum sofortigen, vorübergehenden Ersatz ausgefallener lebenswichtiger Organe.

inter..., zwischen... (räumlich, zeitlich).

Intercityzüge [-'sɪtɪ-], Abk. **IC,** Züge der Dt. Bahn AG zur bes. schnellen Städteverbindung; im Fernverkehr mit dem Ausland seit 1987 die **Eurocityzüge** (EC); seit 1991 auf Schnelltrassen Einsatz von **Intercityexpresszügen,** ICE.

Interdikt *das,* **1)** Verbot. – **2)** kath. Kirchenrecht: Verbot der Teilnahme an kirchl. Handlungen.

Interesse *das,* **1)** allg.: Anteilnahme, Neigung, Wunsch nach weiterer Kenntnis. – **2)** Sache, für die man eintritt, Belang. – **3)** Wert eines Rechtsgutes für den Berechtigten.

Interessengemeinschaft, Abk. **I. G., 1)** vertragl. Zusammenschluss von Personen oder Unternehmen zur Wahrung gleichartiger, meist wirtschaftl. Interessen. – **2)** Verbindung rechtl. selbstständig bleibender Unternehmen, deren wirtschaftl. Selbstständigkeit gemindert ist; häufig Vorstufe der Fusion. – Die I. ist regelmäßig eine Gesellschaft bürgerl. Rechts (ohne Rechtspersönlichkeit).

Interferenz *die,* ⚛ Überlagerung von mehreren Wellen. 2 interferierende Wellen gleicher Wellenlänge, gleicher Amplitude und gleicher Phase verstärken sich (**I.-Maximum**); sind sie jedoch um eine halbe Wellenlänge gegeneinander verschoben, so löschen sie einander aus (**I.-Minimum**): bei Lichtwellen aus derselben Lichtquelle entsteht Dunkelheit, bei Schallwellen Stille, bei Wasserwellen Ruhe. Beim fresnelschen Spiegelversuch wird ein Lichtbündel durch 2 schwach gegeneinander geneigte Spiegel S_1 und S_2 in 2 von E_1 und E_2 ausgehende Bündel aufgespalten. Sie rufen auf einem Schirm ein System von hellen und dunklen I.-Streifen hervor; bei weißem Licht haben die Streifen farbige Ränder.

Interferenz. Rechts fresnelscher Spiegelversuch, links Interferenzfigur einer Quarzplatte in divergentem polarisiertem Licht

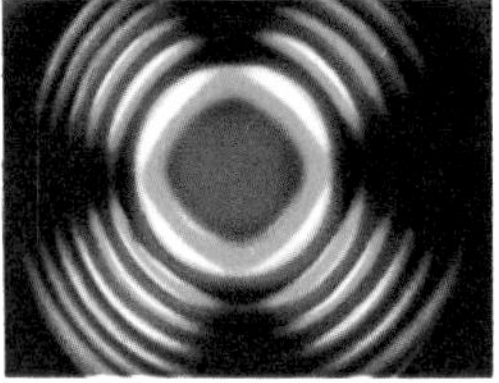

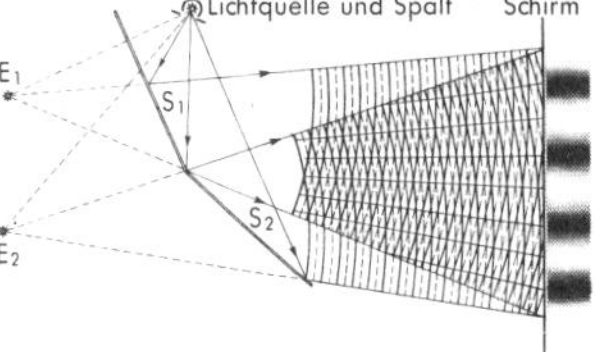

Interferometer *das,* Gerät zur Messung von Längen, Winkeln, Oberflächen u. a. unter Ausnutzung der Interferenz.
Interferon *das,* von Zellen nach einer Virusinfektion gebildeter Eiweißkörper, hemmt die Virusbildung; Anwendungsmöglichkeiten von I.-Präparaten bei der Krebstherapie und Viruserkrankungen.
intergalaktische Materie, ☼ staub- oder gasförmige Materie im Raum zw. Sternsystemen.
Interieur [ɛ̃teri'ø:r] *das,* das Innere eines Raums oder seine Ausstattung; einen Innenraum darstellendes Bild, v. a. in der niederländ. Malerei des 17. Jahrhunderts.
Interim *das,* einstweilige Regelung, Übergangslösung.
Interkontinentalraketen, zu den strateg. Nuklearstreitkräften gehörende landgestützte Langstreckenraketen mit Reichweiten von 9000 bis 13000 km.
Interlaken, Kurort in der Schweiz, im Kt. Bern, 563 m ü. M., 5500 Ew., zw. Brienzer und Thuner See, an der Aare.
Intermezzo *das,* **1)** Zwischenspiel; kleines lustiges Stück, meist Singspiel. – **2)** Ü Zwischenfall.
intermittierend, zeitweilig aussetzend.
intern, innerlich, inwendig; vertraulich. **Internat** *das,* Schule mit Wohnheim.
international, zwischenstaatlich, nicht national begrenzt.
Internationale *die,* **1)** zwischenstaatl. Zusammenschluss, bes. der Arbeiterparteien und der Gewerkschaften. Die sozialist. Parteien gründeten 1864 in London die **Erste I.,** die 1872 zerfiel. Die **Zweite I.,** gegr. in Paris 1889, wurde nach dem 1. Weltkrieg in Hamburg 1923 neu gegr.; bestand bis 1940. Die **Dritte (Kommunist.) I.** spaltete 1919 die Arbeiterparteien (→Komintern). 1947 als Kominform neu gegr., 1956 aufgelöst. L. Trotzkij gründete 1938 in Mexiko die **Vierte I.,** die keine Bedeutung erlangte. 1951 wurde in Frankfurt am Main die Sozialist. I. neu gegründet; Büro London. – **2)** Kampflied der internat. sozialist. Arbeiterbewegung. Text von E. Pottier (frz., 1871), dt. Nachdichtung von E. Luckhardt; Melodie von P. Degeyter.
Internationale Arbeitsorganisation, Abk. **IAO,** engl. **ILO,** Sitz Genf, Sonderorganisation der UNO zur Förderung der sozialen Gerechtigkeit, Verbesserung der Arbeitsbedingungen und der sozialen Sicherheit. Organe: Allg. Konferenz, Verwaltungsrat und Internat. Arbeitsamt.
Internationale Atomenergie-Organisation, engl. Abk. IAEO, in New York 1956 von 81 Staaten gegr. Einrichtung zur Förderung der friedl. Nutzung der Atomenergie und zum Austausch wiss.-techn. Erfahrungen; Sitz Wien; (1994) 136 Mitgliedstaaten.
Internationale Bank für Wiederaufbau und Entwicklung, kurz **Weltbank,** gegr. 1945 nach der Konferenz von Bretton Woods, gibt an ihre Mitglieder Kredite für wirtschaftl. Entwicklungsvorhaben.
internationale Gerichte, durch zwischenstaatl. Verträge eingesetzte Gerichte. Sie entscheiden 1) über Streitigkeiten zw. Staaten: →Internationaler Gerichtshof; i. w. S. gehören hierher auch zwischenstaatl. Schiedsgerichte und der →Ständige Schiedshof; 2) über Streitigkeiten zw. Angehörigen der Vertragsstaaten: z. B. der Europ. Gerichtshof (EuGH).
Internationale Handelskammer, Abk. **IHK,** Sitz Paris, 1919 gegr. Vereinigung von Unternehmern, Wirtschafts-, Handels- und Kreditverbänden, auch Einzelpersonen, zur Förderung des internat. Handels und zur Verbesserung der Wirtschaftsbeziehungen.
Internationaler Bund Freier Gewerkschaften, Abk. **IBFG,** gegr. 1949, Sitz Brüssel.
Internationaler Gerichtshof, Abk. **IGH,** durch die Satzung der UNO als Nachfolger des Ständigen Internat. Gerichtshofs geschaffenes Gericht in Den Haag; Statut vom 26. 6. 1945, Verfahrensordnung vom 6. 5. 1946. Der I. G. besteht aus 15 von der Generalversammlung und dem Sicherheitsrat auf 9 Jahre gewählten Richtern.

Internationales Einheitensystem: Basiseinheiten

Größe	Einheit	Zeichen
Basiseinheiten des Internationalen Einheitensystems (SI)		
Länge	Meter	m
Masse	Kilogramm	kg
Zeit	Sekunde	s
elektrische Stromstärke	Ampere	A
thermodynamische Temperatur	Kelvin	K
Stoffmenge	Mol	mol
Lichtstärke	Candela	cd
ergänzende Einheiten		
ebener Winkel	Radiant	rad
Raumwinkel	Steradiant	sr

Internationaler Kinderhilfsfonds, engl. Abk. →UNICEF.
Internationaler Schiedsgerichtshof, der →Ständige Schiedshof in Den Haag.
Internationaler Währungsfonds, Abk. **IWF, Weltwährungsfonds,** autonomes Institut der UNO, gegr. 1945 nach der Konferenz von Bretton Woods; soll die Währungen seiner Mitglieder schützen, Devisenschranken beseitigen, Zahlungsbilanzschwierigkeiten überbrücken (Zusage von Bereitschafts-, »Stand-by«-Krediten).
Internationales Einheitensystem, Abk. **SI** [von frz. Système International d'Unités], ✻ weltweit angewandtes Einheitensystem mit 7 Basiseinheiten und 2 ergänzenden Einheiten. In Dtl. sind die SI-Einheiten seit 1. 1. 1978 gesetzlich vorgeschrieben.
Internationales Olympisches Komitee, Abk. **IOK,** engl. Abk. **IOC,** höchste Instanz für die Olymp. Spiele, Sitz Lausanne, gegr. 1894 von P. de Coubertin.
internationales Recht, zwischenstaatl. Recht. **1)** in den angelsächs. und roman. Ländern das Völkerrecht. – **2)** i. w. S. das Völkerrecht und alle Rechtssätze zur Lösung des Widerstreits zw. nat. und ausländ. Recht, u. a. das internat. Privatrecht.
Internet, weltweites Datennetz für den paketvermittelten Datenaustausch bes. über Telefonleitungen. Hervorgegangen aus dem 1969 vom US-Verteidigungsministerium für militär. Zwecke eingerichteten ARPAnet, entwickelte sich das I. zunächst als reines Wissenschaftsnetz. Neben dem Austausch von schriftl. Dokumenten (E-Mail) ermöglicht das I. seit Einführung des →World Wide Web (1993) auch Multi-Media-Anwendungen und Übergang zu Onlinediensten.
Internierung, Freiheitsentziehung zur Sicherung gegen Gefahren. In Kriegszeiten ist völkerrechtl. die I. von Zivilpersonen, die einem Feindstaat angehören, erlaubt, die I. von Angehörigen der Streitmacht eines Krieg führenden Staats, die auf neutrales Gebiet übertreten, vorgeschrieben.
Internist *der,* Arzt für innere Krankheiten.
Interpellation *die,* Anfrage im Parlament an die Regierung.
interplanetar, im Raum zw. den Planeten.
Interpol *die,* 1923 gegr. **Internat. kriminalpolizeil. Kommission,** Sitz Paris.
Interpolation *die,* **1)** Einschaltung von Wörtern oder Sätzen in den urspr. Wortlaut einer Schrift. – **2)** √ Bestimmung von Zwischenwerten einer Funktion auf-

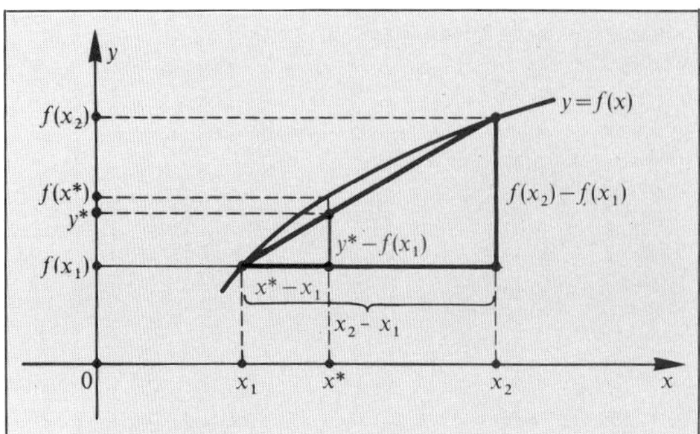

Interpolation. Die Funktion $f(x)$ wird ausgehend von den Stützstellen x_1, x_2 an der Zwischenstelle x^* durch den Wert y^* interpoliert

grund einer Reihe bekannter Zahlenwerte dieser Funktion.

Interpretation *die,* Erklärung, Auslegung. **Interpret** *der,* Ausleger; Darsteller.

Interpunktion *die,* Zeichensetzung.

Interregiozüge, Abk. **IR,** Ende 1988 eingeführte Zugart der Dt. Bahn AG, lösten die D-Züge ab.

Interregnum *das,* Zeit vom Abgang des alten bis zur Einsetzung des neuen Herrschers; bes. in Dtl. die Zeit vom Tod Konrads IV. (1254) bis zur Wahl Rudolfs I. (1273).

Interrogativpronomen, das Fragefürwort.

interstellare Materie, zw. den Sternen eines Sternsystems äußerst fein verteilte gas- oder staubförmige Materie, vermischt mit größeren Gesteinsbrocken; in Form leuchtender Nebel oder als → Dunkelwolken.

Intervall *das,* **1)** Zwischenraum. – **2)** 𝄞 Abstand zw. 2 Tönen, wird nach den auf den Grundton bezogenen Stufen der diaton. Tonleiter durch die lat. Ordnungszahlen bezeichnet. Von Quarte, Quinte und Oktave gibt es nur je 1 Art **(reines I.)**; bei Sekunde, Terz, Sexte und Septime gibt es je 2 Arten, die sich um einen Halbton unterscheiden **(großes** und **kleines I.)**. Alle I. können chromatisch erhöht und erniedrigt werden.

Intervalltraining, Trainingsmethode, Wechsel von angespannter sportl. Leistung und relativen Ruhepausen.

Intervention *die,* Dazwischentreten, Einspringen, Vermitteln. **1)** Prozessrecht: Eintreten in einen anhängigen Prozess als Haupt- oder Nebenpartei. – **2)** diplomat. oder gewaltsames Eingreifen eines Staats in die Verhältnisse eines anderen, nur zulässig auf Ersuchen eines Staats **(Interzession)** oder aufgrund eines Vertrags.

Interventionismus *der,* staatl. Eingriffe in den Wirtschaftsablauf.

Interview [ˈɪntəvju:] *das,* Befragung.

Intervision, Zusammenschluss der Rundfunkgesellschaften Osteuropas zum Austausch von Fernsehprogrammen; Sitz Prag.

Interzellularräume, Lücken zw. den Zellen pflanzl. Gewebe, meist von Luft erfüllt; zur Durchlüftung der Gewebe.

Inthronisation *die,* feierl. Thronerhebung eines Herrschers.

Intifada, 1987 bis 1994 Aufstandsbewegung palästinens. Araber gegen die israel. Besatzungsmacht im Westjordanland und im Gazastreifen; führte zur palästinens. Selbstverwaltung.

intim, innig, vertraut; das Geschlechtsleben betreffend.

Intimsphäre, gesetzl. geschützter Privatbereich.

Intonation *die,* 𝄞 Art der Tongebung (laut, leise usw.); **intonieren,** anstimmen.

Intoxikation *die,* Vergiftung.

intra..., innerhalb (befindlich).

Intrade *die,* **Entrata,** 𝄞 Einleitung, Vorspiel; im 16./17. Jh. festl. Instrumentalstück.

intramuskulär → Injektion.

intransitiv, Ⓢ nicht auf ein Objekt zielend, ohne Satzergänzung.

intrauterin, ⚕ innerhalb der Gebärmutter gelegen.

Intrauterinpessar, U **Spirale,** Kunststoffkörper unterschiedl. Form und Größe, vom Arzt in die Gebärmutter eingelegt, dient der Empfängnisverhütung.

intravenös, Abk. **i.v.,** → Injektion.

Intrige *die,* hinterhältige Machenschaft.

intro..., ein..., hinein.

Introduktion *die,* 𝄞 Einleitung.

Introitus *der,* Eingang, Einleitung; Eröffnungsgesang der Liturgie.

introvertiert, auf sich selbst bezogen, kontaktarm; Ggs.: extravertiert.

Intubation *die,* ⚕ Einlegen einer Röhre **(Intubator)** von Mund oder Nase aus in den Kehlkopf oder die Luftröhre; bei Erstickungsgefahr, zur Narkose.

Intuition *die,* plötzl. Eingebung, ahnendes Erkennen neuer Gedankeninhalte, bes. auf künstler. Gebiet.

Intuitionismus *der,* philosoph. Lehre, nach der bestimmte Erkenntnisse (z. B. Platons »Ideen«) nur durch Intuition, nicht aber durch diskursives Denken erreichbar sind.

Invalide *der,* dauernd Arbeits- oder Dienstunfähiger; Kriegsbeschädigter. **Invalidität** *die,* dauernde Erwerbsunfähigkeit.

Invalidenversicherung *die,* → Rentenversicherung.

Invar® *das,* Eisen-Nickel-Legierung mit hohem elektr. Widerstand, sehr geringer Wärmeausdehnung.

Invariante *die,* √ unveränderl. Größe.

Invasion *die,* Einfall in ein anderes Land.

Inventar *das,* Bestand, Bestandsverzeichnis. **1)** das am Schluss eines Geschäftsjahrs aufgestellte wertmäßige Verzeichnis der Vermögensgegenstände und Schulden eines Unternehmens. – **2)** Sachen, die zum Wirtschaftsbetrieb eines gewerbl. Unternehmens oder eines Landguts bestimmt sind; Verzeichnis von Gegenständen eines Sondervermögens (z. B. des Nachlasses).

Invention *die,* **1)** in musikal. Werktiteln gekennzeichnete bes. Art der kompositor. Erfindung. – **2)** techn. Erfindung.

Intervall

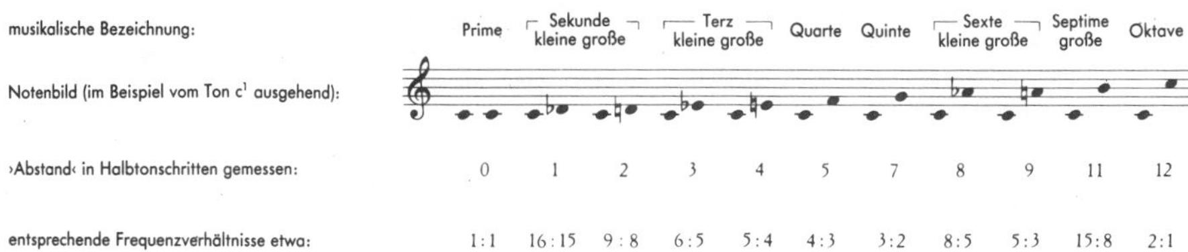

Inversion *die,* Umkehrung, Umstellung. **1)** Ⓢ Änderung der regelmäßigen Wortfolge, z. B. groß sind die Werke des Herrn. – **2)** Umkehrung des Drehsinns einer opt. aktiven Verbindung, z. B. Zuckerarten. – **3)** $\sqrt{}$ Umstellung zweier Elemente einer Kombination, z. B. *ab* und *ba*. **Inverse Funktion,** umgekehrte Funktion, z. B. $y=\sqrt[3]{x}$, $x=y^3$. – **4)** Umkehrung, die Umstülpung eines Organs; **sexuelle I.,** die Wendung der sexuellen Neigung auf gleichgeschlechtl. Partner (Homosexualität). – **5)** Meteorologie: Zu- statt Abnahme der Luftwärme mit der Höhe.

Invertebraten *Pl.,* wirbellose Tiere.

Invertzucker, Gemisch aus gleichen Anteilen Trauben- und Fruchtzucker; im Honig.

Investition *die,* Verwendung von Kapital zum Kauf von Produktionsgütern; produktive Geldanlage.

Investitur *die,* Einführung in ein Amt oder Besitzrecht, bes. im MA. die Belehnung der Bischöfe mit Ring und Stab.

Investiturstreit, Streit zw. den dt. Kaisern und den Päpsten im 11./12. Jh. um die Einsetzung der Bischöfe. Das **Wormser Konkordat** von 1122 zw. Kaiser Heinrich V. und Papst Calixtus II. legte den I. bei und bestimmte: In Dtl. erfolgt zuerst die Belehnung mit weltl. Besitz durch den Kaiser, dann die geistl. Weihe.

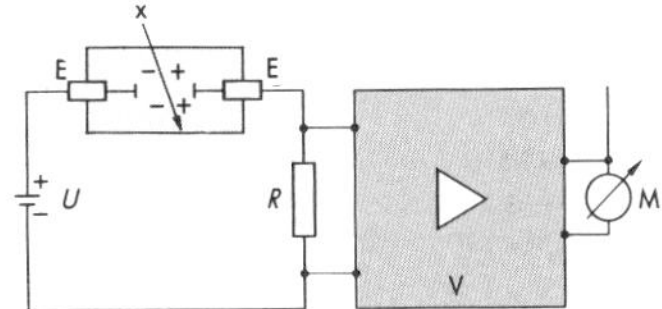

Funktionsschema der **Ionisationskammer.**
E Elektroden, M Spannungsmessgerät, *R* Widerstand, *U* Spannung, V Verstärker, x Teilchen

Investivlohn, Entlohnungsform, die zur Eigentumsbildung der Arbeitnehmer beitragen soll; ein Teil der Lohnerhöhungen wird nicht bar ausgezahlt, sondern investiert.

Investmentgesellschaft, Kapitalanlagegesellschaft, verschafft sich durch Ausgabe von Wertpapieren **(Investmentzertifikaten)** Kapital, das sie in einem breit gestreuten Wertpapierfonds anlegt (Risikostreuung). **Investmentsparen,** Anlegen von Ersparnissen in Anteilen einer Investmentgesellschaft.

In-vitro-Fertilisation, die außerhalb des menschl. Körpers vorgenommene Befruchtung von Eizellen (künstl. Befruchtung) sowie die Einpflanzung entstandener Embryonen in die Gebärmutter.

Invocavit [lat. »er hat mich angerufen«], der 1. Fastensonntag, 6. Sonntag vor Ostern.

Involution *die,* Rückbildung der Organe und ihrer Leistungen im Alter.

involvieren, enthalten, einschließen.

Inzell, Gemeinde in Oberbayern, 4 100 Ew.; Eisschnelllaufbahn.

Inzest *der,* früher **Blutschande,** sexuelle Beziehungen zw. engen Verwandten (z. B. Eltern – Kinder, Geschwister untereinander); nach § 173 StGB geahndet.

Inzision *die,* Einschnitt.

Inzucht, die Fortpflanzung unter nahen Blutsverwandten bei Mensch, Tier und Pflanze. Nahezu alle Kulturrassen der Tiere und Pflanzen sind durch zielbewusste I. entstanden. Bei Pflanzen ist Selbstbestäubung häufig. Bei gesunden Tieren ist I. erfolgreich; I.-Schäden ergeben sich bes. bei der Zucht kranker, minderwertiger Tiere. Beim Menschen erweist sich I. als nachteilig, weil sie das Auftreten sonst verdeckt bleibender Erbkrankheiten begünstigt.

Io, griech. Sage: Tochter des Flussgottes Inachos, Geliebte des Zeus.

Io, chem. Zeichen für Ionium.

IOK, Abk. für **I**nternationales **O**lympisches **K**omitee.

Iokaste, griech. Sage: Mutter des → Ödipus.

Ion *das,* Atom oder Atomgruppe, die infolge Verlusts eigener oder durch Anlagerung fremder Elektronen positiv **(Kat-I.)** oder negativ **(An-I.)** geladen sind. I. sind die kleinsten chem. Bestandteile heteropolar gebundener Stoffe (z. B. Kochsalz) und gehen auch als solche in Lösung (→ Elektrolyse). Gasatome bilden I., z. B. durch Erhitzen auf hohe Temperaturen, Bestrahlung mit energiereichem Licht (UV-, Röntgenstrahlung) oder durch Stoß schneller Teilchen (Alphateilchen, Elektronen). Technisch wird die Gasionisation z. B. in Gasentladungslampen ausgenutzt.

Ionen|austauscher, anorgan. oder organ. Stoffe, die eigene Ionen gegen andere austauschen können, ohne ihre Beständigkeit zu ändern; v. a. in der Wasseraufbereitung.

Ionen|implantation, Dotierungsverfahren der Halbleitertechnologie, bei dem mit einem Ionenstrahl Akzeptor- oder Donatormaterial in ein Halbleiterkristall eingebracht wird.

Eugène Ionesco

Ionesco [jɔnɛsˈko], Eugène, frz. Dramatiker rumän. Herkunft, * 1909, † 1994; Hauptvertreter des absurden Theaters, »Mörder ohne Bezahlung« (1958), »Die Nashörner« (1959), »Der König stirbt« (1963), »Der Mann mit den Koffern« (1975).

Ioni|er, einer der 3 griech. Hauptstämme, besiedelte nach der Dorischen Wanderung Attika, Euböa, die Kykladen und die mittlere W-Küste von Kleinasien. **Ionien** hieß die Küste Kleinasiens zw. Hermos und Mäander mit Chios und Samos. Die dort von den I. gegr. Städte wurden um 545 den Persern untertan. Der **Ion. Aufstand** gegen die Perser, 500 bis 494 v. Chr., wurde Anlass der Perserkriege. 477 wurden die I. Bundesgenossen der Athener, doch nach dem Frieden des Antalkidas (386) wieder persisch bis zur Eroberung durch Alexander d. Gr. (334). 129 v. Chr. wurde Ionien röm. Provinz (Asia).

Ionisationskammer, Nachweis- und Messgerät für ionisierende Strahlung (Alpha-, Beta-, Gamma-, Röntgenstrahlung).

Ionosphäre. Chemische Zusammensetzung und mittlere Tageswerte der Ionen- und Elektronendichte

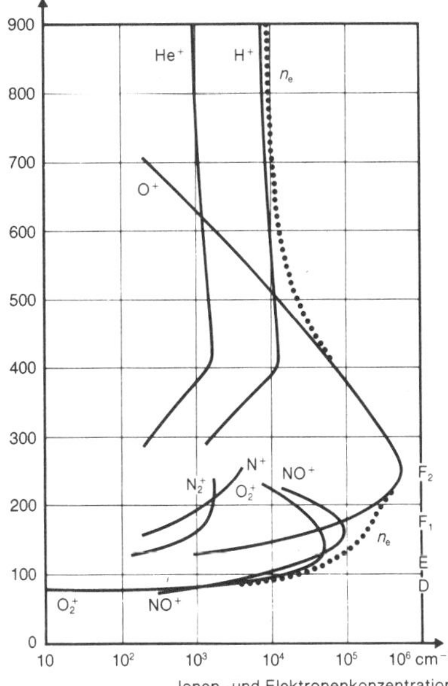

Iowa
Flagge

Ionische Inseln, Inseln vor der W-Küste Griechenlands im Ion. Meer: Korfu, Paxos, Leukas, Ithaka, Kephallenia, Zakynthos; gebirgig, ertragreich (Wein, Korinthen, Oliven). Die I. I. kamen 1864 an Griechenland.
ionische Ordnung, ñ → griechische Kunst.
Ionisches Meer, Meer zw. Griechenland und Unteritalien.
Ionosphäre *die,* eine Folge hoch gelegener Schichten der Atmosphäre, in denen die Moleküle durch die kosm. Strahlung und UV-Strahlung der Sonne stark ionisiert sind. Man unterscheidet **D-Schicht** in 60 bis 85, **E-Schicht** in 100 bis 140, **F1-Schicht** in 180 bis 200, **F2-Schicht** in 250 bis 400 km Höhe. Durch Reflexion der Radiowellen, bes. der Kurzwellen, an den versch. I.-Schichten wird der Weltempfang möglich. Fast alle Schichten bestehen nur tagsüber. Von der Sonne ausgeschleuderte Teilchenströme verursachen **I.-Stürme** (Polarlichter, magnetische Stürme). BILD S. 413
Iota *das,* griech. Buchstabe für i, galt als der kleinste Buchstabe des Alphabets; Ü **kein Jota,** nicht das Geringste.
Iowa ['aɪəwə], Abk. **Ia.,** Staat im Mittelwesten der USA, zw. Mississippi und Missouri, 145 753 km², 2,78 Mio. Ew.; Hptst. Des Moines. Landwirtschaft (Mais, Hafer, Sojabohnen); Viehzucht; größtes Aluminiumwalzwerk der USA; Landmaschinenbau und Nahrungsmittelindustrie.
Iphigenie, griech. Sage: Tochter des Agamemnon und der Klytämnestra, wurde vor Ausfahrt der griech. Flotte nach Troja in Aulis zum Versöhnungsopfer für Artemis bestimmt, doch von der Göttin gerettet und zur Priesterin in Tauris gemacht. Dort rettete sie ihren Bruder Orestes, der als Landfremder geopfert werden sollte, und floh mit ihm nach Attika. Dramen von Euripides, Goethe; Oper von C. W. Gluck.
Ipin, chin. Stadt, → Yibin.
Ipswich ['ɪpswɪtʃ], Hafenstadt in SO-England, 117 000 Ew.; alter Handelsplatz; Industrie.
IQ, Abk. für → **I**ntelligenz**q**uotient.
Iquique [i'kike], Hafen in N-Chile, 152 700 Ew., kath. Bischofssitz; Ausfuhr: Salpeter.
Ir, chem. Symbol für das Element Iridium.
i. R., Abk. für **i**m **R**uhestand.
IR, 1) Abk. für **I**nfra**r**ot. – **2)** Abk. für → **I**nter**r**egiozüge.
IRA [aɪɑː'eɪ], Abk. für engl. **Irish Republican Army** ['aɪrɪʃ rɪ'pʌblɪkən 'ɑːmɪ], dt. **Irisch-Republikanische Armee,** gegr. 1919, kämpfte 1919 bis 1921 für die Unabhängigkeit Irlands von Großbritannien, seitdem gegen die brit. Herrschaft in Nordirland; entwickelte sich dort ab 1969 zu einer kath. Terrororganisation; erklärte 1994 eine unbefristete und bedingungslose Waffenruhe, 1995 aufgekündigt, 1997 wieder in Kraft gesetzt.

Irak

Staatswappen

Staatsflagge

Internationales Kfz-Kennzeichen

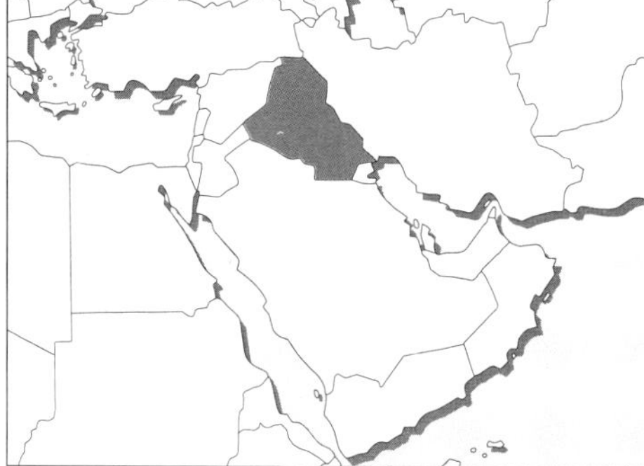

Irak, Rep. in Vorderasien, 434 924 km², 19,3 Mio. Ew.; Hptst. Bagdad. Amtssprache: Arabisch.
Verfassung. Nach der Verfassung von 1968/70 ist der Revolutionsrat höchste polit. Autorität. Er wählt den Staatspräsidenten, der Staatsoberhaupt, Oberbefehlshaber der Streitkräfte und Vors. des Rats ist. Legislative Funktionen üben der Revolutionsrat und die Nationalversammlung (250 Abgeordnete) aus. Führende Partei ist die Baath-Partei. – Verwaltungsgliederung in 15 Prov. und eine autonome (kurd.) Region mit 3 Provinzen (nördl. des 36. Breitengrads seit 1991 UN-Schutzzone für die Kurden).
Landesnatur. I. umfasst den Großteil von Mesopotamien; im N Gebirge (Anbau in Tälern), im W Wüste. Klima: Sommer trockenheiß, Winter häufig kalt, Winterregen. Bev.: meist Araber, daneben Kurden, Türken, Iraner u. a.; hohe Sterblichkeitsrate. Staatsreligion: Islam.
Wirtschaft. Im bewässerten Stromtiefland Landbau (Weizen, Gerste, Reis, Mais, Datteln, Baumwolle, Sesam, Mungobohnen), in den Steppen Wanderviehzucht. Bedeutende Erdölgewinnung bes. im N; Rohrleitungen nach Mittelmeerhäfen. Raffinerien, Zement-, Textil- u. a. Ind. Hauptausfuhr: Erdöl, Datteln, Wolle. Die Wirtschaft ist durch die UN-Sanktionen nach dem 2. Golfkrieg stark beeinträchtigt. Eisenbahnhauptlinie: Basra–Bagdad–Mosul; Hafen: Basra; internat. ✈: Bagdad.
Geschichte. Seit 637 eroberten die Araber dieses Gebiet; 750 bis 1258 Kernland des Abbasidenreichs (Zentrum Bagdad seit 762), war es 1638 bis 1918 Teil des Osman. Reichs und 1920 bis 1930 brit. Mandatsgebiet (seit 1921 Königreich). 1932 erhielt I. die volle Unabhängigkeit, blieb aber Großbritanniens Verbündeter. 1945 war I. Mitgründer der Arab. Liga, 1955 des Bagdadpakts; 1958 mit Jordanien zur Arab. Föderation zusammengeschlossen. Durch eine nationalist. Revolution wurde am 14. 7. 1958 die Monarchie gestürzt und die Arab. Föderation für aufgelöst erklärt; 1959 Austritt aus dem Bagdadpakt. Krieg mit Iran 1980 bis 1988 (1. Golfkrieg); 1990 führte die militär. Besetzung von Kuwait zum 2. Golfkrieg und zur Niederlage I.s, gefolgt von inneren Unruhen. Staatspräs. seit 1979 Saddam Husain.

Iran

Staatswappen

Staatsflagge

Internationales Kfz-Kennzeichen

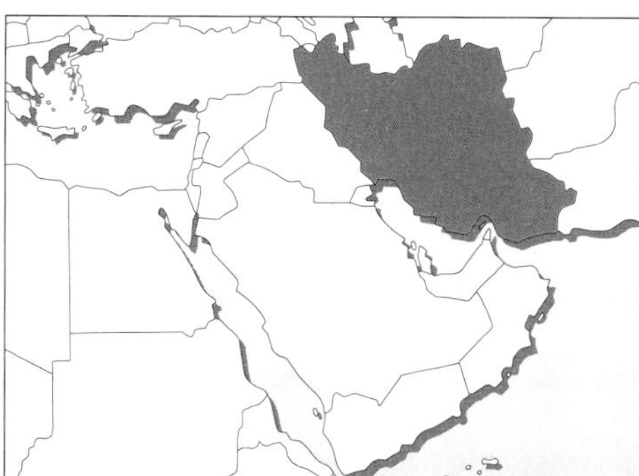

Iran, früher **Persien,** Islam. Rep. in Vorderasien, 1 648 000 km², 58,1 Mio. Ew. Hptst. Teheran; Amtssprache: Persisch.
Verfassung. Die Verf. von 1906 wurde durch die Revolution 1979 außer Kraft gesetzt, die Monarchie wurde abgeschafft, eine Islam. Rep. ausgerufen. Neue Verf. seit Dez. 1979, wesentlich geändert 1989, Verwaltung zentralistisch; 24 Provinzen. Staatsoberhaupt ist der direkt auf 4 Jahre gewählte Präsident.
Landesnatur. I. erstreckt sich vom Armen. Hochland und dem O-Rand Mesopotamiens zw. Kasp. Meer und Pers. Golf über den größten Teil des Iran. Hochlands; an den Rändern gebirgig (Elburs 5 671 m, Zagrosgebirge über 4 500 m); im Innern abflusslos, mit Wüsten, Seen, Sümpfen. Klima: binnenländisch, trocken; am Kasp. Meer fruchtbarer Küstenstrich.

Bevölkerung. 2/3 Perser, daneben Kurden, Aserbaidschaner, Turkmenen, Araber, Belutschen, Armenier. Staatsreligion: schiit. Islam.
Wirtschaft. Mehr als 50% I.s sind Ödland. Anbau (z.T. mit künstl. Bewässerung): Weizen, Gerste, Reis, Datteln, Zuckerrüben, Baumwolle; Viehzucht in Steppengebieten. Im SW reiche Erdölförderung; Vorkommen von Erdgas, Kohle, Eisen, NE-Metallen, Salz. Textilind. (Teppichweberei); Nahrungsmittel-, Baustoff-, chemische, Metall- u.a. Ind.; Erdölraffinerien (Abadan), Ausfuhr: Erdöl, Baumwolle, Teppiche, Früchte, Häute u.a. Haupthandelspartner: Dtl., Japan, Türkei. Haupthäfen: Bender Abbas, Buschehr, Lingeh, Erdölleitungen nach Abadan und zu den Häfen am Pers. Golf. Durch die Revolution im Febr. 1979 kamen Wirtschaft und Handel weitgehend zum Erliegen. Durch das Ausbleiben iran. Öllieferungen und Preiserhöhungen brach weltweit eine Energiekrise aus. Die Zerstörungen und Kriegskosten des 1. Golfkriegs 1980 bis 1988 haben die iran. Wirtschaft stark geschädigt.

iranische Sprachen, Gruppe der indogerman. Sprachen, in Iran und z.T. in Nachbarländern etwa zw. dem oberen Euphrat und dem Indus gesprochen.

Irawadi, Irrawaddy *der,* Strom in Hinterindien (Birma), entspringt im O-Himalaja, mündet westlich von Rangun (Yangon); rd. 2000 km lang. Sein Delta ist fruchtbares Reisanbaugebiet.

Irbis *der,* →Schneeleopard.

Iren, kelt. Volk, in Irland beheimatet. **Irische Sprache,** zum goidel. Zweig der kelt. Sprachen gehörig; erste Amtssprache der Rep. Irland.

Irenäus, Kirchenvater, *um 140 (?), †um 200 als Bischof von Lyon; Heiliger (Tag: 28. 6.).

Irene, byzantinische Kaiserin, *752, †803; seit 780 Regentin für ihren Sohn Konstantin VI., den sie 797 blenden und entthronen ließ. Sie war Anhängerin der Bilderverehrung, berief 787 das 2. Konzil von Nicäa ein und gebot den religiösen Verfolgungen Einhalt; 802 gestürzt und verbannt.

IRI, Abk. für **I**stituto per la **R**icostruzione **I**ndustriale, Holdinggesellschaft für die vom ital. Staat kontrollierten Unternehmen (v.a. Stahl- und Werftind., Banken); gegr. 1933.

Irian Jaya [-dʒ-], **Westirian,** indonesische Prov., 421981 km², 1,64 Mio. Ew.; Verw.-Sitz Jayapura. I. J. ist der ehem. niederländ. Teil von Neuguinea. Kupferabbau.

Iridium *das,* Symbol **Ir,** chem. Element, dem Platin ähnl. Metall; D 22,65, Fp 2410°C. Wegen seiner Härte und Widerstandsfähigkeit gegen chem. Angriffe wird es zu chem. und techn. Geräten vielerlei Art verwendet.

Iris, 1) griech. Sage: jungfräul., geflügelte Göttin, Verkörperung des Regenbogens, Botin der Götter. – **2)** *die,* ⚕ Regenbogenhaut im →Auge. – **3)** ⚘ die →Schwertlilie.

Irische See, Randmeer des Atlant. Ozeans zw. Irland und Großbritannien, bis 175 m tief, im S Sankt-Georgs-, im N Nordkanal.

Irish coffee [ˈaɪrɪʃ ˈkɔfɪ] *der,* Mischung aus Irish Whiskey, Zucker, starkem Kaffee, Schlagsahne.

Irishstew [ˈaɪrɪʃ ˈstju:] *das,* irisches Eintopfgericht aus gegartem Hammelfleisch, Zwiebeln, Steckrüben (Weißkohl), Kartoffeln.

irisieren, in den Farben des Regenbogens (Iris) schillern. Der Effekt beruht auf Interferenzen des Lichts in dünnen Oberflächenschichten.

Irkutsk, Stadt in S-Sibirien, Russland, westl. vom Baikalsee, an der Mündung des Irkut in die Angara, 632000 Ew.; Verkehrsknotenpunkt, Kulturzentrum mit Univ. und Forschungsinstituten; Schwermaschinenbau, Glimmer-, Holzverarbeitung, Nahrungsmittel-, Bekleidungsindustrie.

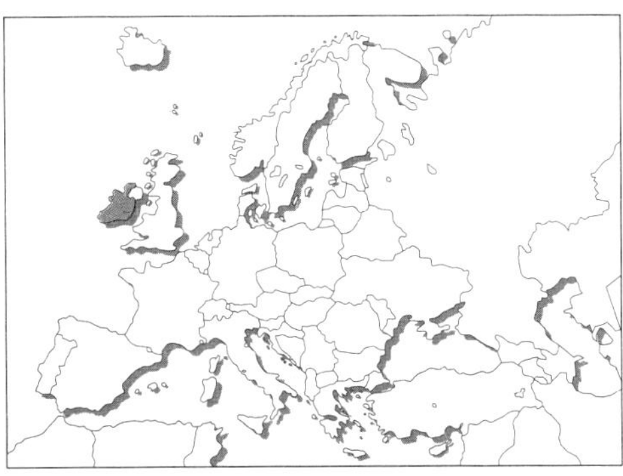

Irland

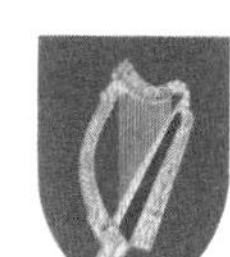

Staatswappen

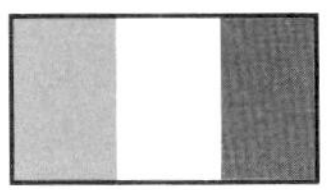

Staatsflagge

Internationales Kfz-Kennzeichen

Irland, Republik I., irisch **Éire** [ˈe:ri], engl. **Ireland** [ˈaɪələnd], Staat in NW-Europa, nimmt den größten Teil der Insel I. ein, 70283 km², 3,56 Mio. Ew.; Hptst. Dublin. Amtssprachen: Irisch, Englisch.
Verfassung. Nach der Verf. von 1937 wird der Präs. direkt vom Volk auf 7 Jahre gewählt. Volksvertretung: Abgeordnetenhaus und Senat. Die Minister sind dem Abgeordnetenhaus verantwortlich. Verw.-Einteilung in 27 Grafschaften und 4 grafschaftsfreie Städte.
Wirtschaft. Vorherrschend ist die Landwirtschaft, bes. Weidewirtschaft, außerdem Anbau von Getreide, Kartoffeln, Zuckerrüben. Reiche Torfvorkommen. Die Industrialisierung wird zur Eindämmung der starken Auswanderung gefördert (Textil-, chemische, Fahrzeug-, Nahrungsmittelind., Brauereien); bedeutende Energieerzeugung; Fremdenverkehr. Ausfuhr: Vieh, Nahrungsmittel, Textilien u.a.; Haupthandelspartner: Großbritannien, USA. Haupthäfen: Dublin, Cork; internat. ✈: Shannon Airport, Dublin.
Geschichte. Die kelt. Bev. der Insel I. wurde seit 432 durch Patrick zum Christentum bekehrt. 1171/72 be-

Daten zur Geschichte Irans

1.Jt. v.Chr.	Siedlung iran. Stämme
550 v.Chr.	Der Perserkönig Kyros d. Gr. besiegt die Meder; mit seinen Siegen über die Lyder (546 v.Chr.) unter Krösus und der Eroberung Babylons (539 v.Chr.) begründet er das pers. Großreich
500 v.Chr.	Beginn der Perserkriege gegen die griech. Staaten
331 v.Chr.	Alexander d. Gr. beseitigt das Perserreich
323–240 v.Chr.	Persien ist Teil des Seleukidenreiches
240 v.Chr. bis 224 n.Chr.	Herrschaft der Parther
224–642	Herrschaft der Sassaniden
642	Schlacht von Nehawend, die Araber unterwerfen das Perserreich, Beginn der Islamisierung
1256	Mongol. Eroberung, Herrschaft der Ilchane
1501	Ismail I. begründet die Dynastie der Safawiden, erobert Armenien und Mesopotamien
1794	Dynastie der Kadscharen gelangt zur Macht, Verlust Georgiens an Russland zw. 1801 und 1810
19.Jh.	Persien verliert Armenien und Teile Aserbaidschans an Russland (1813, 1828), kann aber seine Unabhängigkeit wahren
1921	Staatsstreich von Resa Khan, der 1925 die Kadscharen-Dynastie beseitigt und sich als Resa Pahlewi vom Parlament zum Schah wählen lässt
1934	Iran wird amtl. Name des Staates
1941	Besetzung durch brit., amerikan. und sowjet. Truppen, Resa Schah wird zum Rücktritt gezwungen, Nachfolger wird sein Sohn Mohammed Resa Pahlewi (Krönung 1967)
1960	Beginn der »weißen Revolution« (Reformen)
1978	Blutige Unruhen, Proteste gegen die Schah-Regierung unter Führung der islam. Geistlichkeit (Ajatollah Khomeini)
1979	Der Schah verlässt I., Khomeini ruft eine islam. Republik aus und wird als »Führer der Nation« bestimmende polit. Figur
1980	Der Irak greift I. an (1. Golfkrieg)
1988	Waffenstillstand
1989	Tod Khomeinis, A.A. Rafsandschani wird Staatspräs., A. Khamenei geistl. Oberhaupt; starker Einfluss der islam. Geistlichkeit
1997	S. M. Chatami wird Staatspräsident

Christopher Isherwood

Isis in typischer Gestalt

Iserlohn Stadtwappen

gann die engl. Herrschaft über I. Die Aufstände der Iren wurden blutig niedergeworfen, so 1649 durch O. Cromwell, 1690 durch Wilhelm III. von Oranien. 1800 ging I. staatsrechtlich ganz im »Vereinigten Königreich von Großbritannien und I.« auf. Aber schon Ende des 18. Jh. war eine irische Nationalbewegung erwacht; sie war teils revolutionär, teils parlamentarisch eingestellt. Die parlamentar. Richtung kämpfte im brit. Unterhaus für die Selbstregierung (Home Rule) I.s, unterstützt von den brit. Liberalen (W. E. Gladstone). Seit 1916 arbeiteten die von E. De Valera geführten Sinnfeiner (→Sinn Féin) im offenen Aufstand auf die völlige Unabhängigkeit I.s hin. Nach grausamem Bürgerkrieg 1919 bis 1921 wurde 1921 der Irische Freistaat als brit. Dominion errichtet, doch blieb das prot. Ulster (→Nordirland) bei Großbritannien. 1937 trat eine neue Verf. in Kraft. 1938 räumte Großbritannien die letzten militär. Stützpunkte. 1949 trat der Freistaat aus dem Brit. Commonwealth aus und erklärte seine Unabhängigkeit als Rep. I.; die Eingliederung Ulsters wird gefordert. Die Rep. I. ist seit 1949 Mitglied des Europarats, seit 1955 der UNO, seit 1973 der EG (EU). Staatspräs.: Mary McAleese (seit 1997), Min.-Präs.: B. Ahern (seit 1997).

Irland, die westl. der großen Brit. Inseln, 82 459 km², mit Nebeninseln 84 403 km², 5,09 Mio. Ew., mit buchtenreicher Küste und vielen natürl. Häfen; in der Mitte flache Ebene, an den Rändern meist Gebirge (im SW Carrauntoohil, 1 041 m). Viele Flüsse, Seen, Kanäle, Moore, Wiesen; wenig Wald. Klima: feucht, mild. Bevölkerung: Iren; meist kath., nur im N z.T. anglikan. (Kirche von I.). Polit. gliedert sich I. in Nordirland und die Rep. Irland.

Irländisches Moos, Karrageen, Rotalge von europ. und amerikan. Atlantikküsten. Mittel gegen Hustenreiz.

Irminsul, Irminsäule, Heiligtum der Sachsen, dem Gott Irmin geweiht, 772 zerstört.

Irokesen, Gruppe sprachverwandter Indianerstämme (Erie, Huronen u.a.) in Nordamerika. Um 1570 gründeten die Mohawk, Oneida, Onondaga, Cayuga, Seneca den **Irokesenbund.**

Ironie *die,* Redewendung, die mit verstelltem Ernst das Gegenteil des Gemeinten sagt; feiner, versteckter Spott.

Irons ['aɪənz], Jeremy, brit. Schauspieler, * 1948; »Die Geliebte des frz. Leutnants« (1981), »Eine Liebe von Swann« (1984), »Verhängnis« (1992).

Irradiation *die,* **1)** ⚕ Ausstrahlung des Schmerzes auf die Umgebung der kranken Stelle. – **2)** Sinnesphysiologie: das Größererscheinen heller Gegenstände auf dunklem Grund neben gleich großen dunklen auf hellem Grund.

irrational, 1) durch den Verstand nicht erfassbar. – **2)** √ **i. Zahlen,** Zahlen, die sich nicht als Bruch mit ganzzahligem Zähler und Nenner ausdrücken lassen, sondern nur als unendl. Dezimalbrüche ohne Periode, z.B. $\sqrt{2}$, π, e.

Irrationalismus *der,* Ⓟ Weltanschauung, nach der alles Wesentliche nur durch Kräfte des Gefühls und des Willens, durch unmittelbare Erlebnisse und innere Schau erfasst und erkannt werden kann; Ggs.: Rationalismus.

Irredenta *die,* polit. Bewegung Italiens, die nach 1877 die Gewinnung der österr. Gebiete mit vorwiegend ital. Bevölkerung forderte.

irreduzibel, 1) nicht zurückführbar. – **2)** √ unzerlegbar.

irreparabel, nicht wieder gutzumachen.

irreversibel, nicht umkehrbar; Ggs.: reversibel.

Irrigator *der,* ⚕ Gerät für Darmeinläufe und Spülungen.

irritieren, unsicher machen, stören.

Irrlicht, Volksglauben: Flämmchen in Mooren als Zeugen von Geistern.

Irrtum. Im bürgerl. Recht ist der **Erklärungs-** oder **Geschäfts-I.** (z.B. über die Bedeutung der verwendeten Worte) und der **Eigenschafts-I.** beachtlich, d.h., die abgegebene Erklärung kann angefochten werden (§§ 119 ff. BGB). Der **Motiv-I.** (unzutreffende Erwägungen zu einem Rechtsgeschäft) ist unbeachtlich. – Strafrecht: I. über Tatbestandsmerkmale **(Tatbestands-I.)** führt zur Straffreiheit (§ 16 StGB), das fehlende Bewusstsein der Rechtswidrigkeit **(Verbots-I.)** nur, wenn der I. nicht vermeidbar war.

Irtysch *der,* linker Nebenfluss des Ob, W-Sibirien, kommt vom Großen Altai, 4 248 km lang; in China, Kasachstan, Russland; fischreich; schiffbar ab der chin. Grenze.

Irving ['əvɪŋ], **1)** John Winslow, amerikan. Schriftsteller, * 1942; groteske Gesellschaftsromane: »Garp und wie er die Welt sah« (1978), »Das Hotel New Hampshire« (1981), »Owen Meany« (1989). – **2)** Washington, amerikan. Schriftsteller, * 1783, † 1859; heitere Skizzen, Reisebilder.

Isaak ['i:zaak, hebr. »Spötter«], Sohn Abrahams, Erzvater der Israeliten, Vater Jakobs und Esaus.

Isabella I., die Katholische, Königin von Spanien, * 1451, † 1504; seit 1474 Königin von Kastilien, ⚭ mit Ferdinand dem Katholischen, König von Aragonien, eroberte mit ihm 1492 das Maurenreich Granada, unterstützte die Fahrten des Kolumbus. Ihre Heirat bildete den Grundstein des span. Nationalstaats.

Isar *die,* rechter Nebenfluss der Donau, 295 km lang, entspringt im Karwendelgebirge in Tirol, Österreich, mündet bei Deggendorf, Bayern; zahlreiche Kraftwerke.

ISBN, Abk. für **I**nternationale **S**tandard**b**uch**n**ummer, eine jedem Buch beigegebene Registriernummer.

Ischewsk, Hptst. der Udmurt. Autonomen Rep., Russland, 635 000 Ew.; Metallindustrie.

Ischia ['iskia], vulkan. Insel vor dem Golf von Neapel; 46,4 km²; warme Mineralquellen. Hauptort I. mit 16 400 Einwohnern.

Ischias *die,* auch *das* oder *der,* ⚕ anfallartig auftretende starke Schmerzen im Verlauf des großen Beinnervs, mitunter langwierig. Ursachen sind u.a. Erkältung, rheumat. Erkrankungen, Bandscheibenvorfall.

Ischl, Bad I., Stadt im Salzkammergut, Österreich, 13 000 Ew.; Solbäder.

Ischtar, weibl. babylon. Hauptgottheit, auch Göttin der Liebe.

ISDN [aɪesdi:'en, engl.], ⚡ Abk. für **I**ntegrated **s**ervices **d**igital **n**etwork [ɪntɪ'greɪtəd 'sə:vɪsi:z 'dɪdʒɪtəl 'nɛtwə:k], »Dienste integrierendes digitales Netz«, Telekommunikationsnetz, in dem digitale Vermittlungs- und Übertragungstechnik vereinigt und unterschiedl. Fernmeldedienste in einem gemeinsamen Netz angeboten werden. Der Einsatz von Glasfaserkabel ermöglicht eine Breitbandkommunikation, die als Fernziel im **IBFN** (**i**ntegriertes **B**reitband**f**ernmelde**n**etz) auch für Fernsehübertragungen verwendet werden kann.

Ise, Stadt auf Honshū, Japan, 106 000 Ew.; älteste und wichtigste Shintō-Schreine Japans.

Isegrim, der Wolf in der Tierfabel.

Isenburg, Ysenburg, 1815 mediatisiertes Fürstengeschlecht, Besitz um Büdingen (Hessen).

Isenheimer Altar, das Hauptwerk von M. Grünewald, ein zw. 1512 und 1516 geschaffener Wandelaltar.

Iser *die,* tschech. **Jizera** [-z-], rechter Nebenfluss der Elbe in Böhmen, ČR, 170 km, kommt vom **I.-Gebirge** (höchster Berg: Hinterberg im **Hohen I.-Kamm,** 1 127 m).

Isère [i'zɛ:r] *die,* linker Nebenfluss der Rhône in S-Frankreich, 290 km; Stausee bei Val-d'Isère.

Iserlohn, Stadt in NRW, im Sauerland, 99 300 Ew., Metall-, Textilindustrie.

Isfahan, Ispahan, Stadt in Iran, 1,1 Mio. Ew.; zahlreiche alte Bauten, z.T. in Ruinen, Moscheen; der

Platz Meidan-e Schah mit seiner Umbauung gehört zum Weltkulturerbe; Univ.; Mittelpunkt des iran. Gewerbes (Teppiche, Kunstgewerbe), Textilindustrie.

Isherwood [ˈɪʃəwʊd], Christopher, brit. Schriftsteller, *1904, †1986; Romane (»Leb' wohl, Berlin«, 1939; Grundlage für das Musical »Cabaret«, 1968).

Isidor von Sevilla [-seˈβiʎa], Kirchenlehrer, *um 560, †636; Erzbischof von Sevilla, bedeutender Gelehrter; Heiliger (Tag: 4. 4.).

Isis, altägypt. Göttin, Schwester und Gemahlin des Osiris, Mutter des Horus; dargestellt mit einer Sonnenscheibe zw. Kuhgehörn, auch mit dem Horusknaben.

Iskenderun, Alexandrette, türk. Hafenstadt am östl. Mittelmeer, 176000 Ew. (Kriegshafen); Eisen-, Stahlwerk.

Isker *der,* **Iskar,** rechter Nebenfluss der Donau in Bulgarien, 368 km lang.

Islam *der,* die von dem arab. Propheten Mohammed zw. 610 und 632 in Mekka und Medina gestiftete monotheist. Religion; Mohammed betrachtete sich als Fortsetzer und Vollender der jüd. und der christl. Religion. Die Hauptquellen der islam. Glaubens- und Gesetzeslehre sind der →Koran und die Überlieferung der Taten und Aussprüche des Propheten (→Sunna). Der I. fordert den Glauben an einen Gott (Allah), an die Erwähltheit Mohammeds als seinen Gesandten, an die Vorherbestimmung der menschl. Schicksale (→Prädestination), an die Vergeltung der guten und schlechten Taten in Paradies und Hölle, an die Auferstehung der Toten und den Jüngsten Tag. Grundpflichten des I. sind u.a. fünfmaliges Gebet am Tag (Salat), Fasten im Monat Ramadan, Enthaltung von Weingenuss, Geben von Almosen, Wallfahrten nach Mekka zur →Kaaba. Der Streit um die Erbfolge im Kalifat verursachte die Spaltung in Sunniten und →Schiiten. Die →Wahhabiten wollen zur urspr. Reinheit des I. zurück. Der I. war von Anfang an auch eine polit. Bewegung (Religionsstaat) und breitete sich unter Führung der →Kalifen rasch über Asien, Afrika und Spanien, später auch SO-Europa aus. Er zählt rund 1 Mrd. Anhänger, die **Islamiten** oder **Muslime, Mohammedaner.**

Islamabad, Hptst. Pakistans, auf einer Hochebene bei Rawalpindi, 350000 Einwohner.

islamische Kunst, die vorwiegend religiös gebundene Kunst der islam. Völker; im Wesentl. Baukunst und Kunsthandwerk. Betonte Neigung zum Dekorativen. Maßgebend für die religiöse Kunst wurde die vom Islam geforderte Bildlosigkeit; die weltl. Kunst war dagegen von großer Bildfreudigkeit. In der Baukunst entstanden Moscheen, Theologenschulen, Grabbauten, Paläste u.a. Der Spitzbogen und im W der Hufeisenbogen wurden bevorzugt. Typisch ist das Stalaktiten- und Zellenwerk, das Gewölbe u. Ä. füllt. Reich ist der Wandflächenschmuck (Band- und Flechtmuster, Arabesken u.a.). Zu hoher Blüte gelangten Schriftkunst und Buchmalerei, im Kunsthandwerk Teppichknüpferei, Fayencen, Metallverarbeitung, Glaskunst. Unabhängig von den allg. Stilmerkmalen entwickelten sich: **Omaijad. Stil** (um 660 bis 750, in Spanien bis um 1000), Verarbeitung spätantiken, frühchristl.-byzantin., sassanid. Formenguts; erste Moscheen: Damaskus, Córdoba; Kalifenschlösser: Mschatta u.a. **Abbasid. Stil** (um 750 bis 1000), Mittelpunkt: Bagdad; Bauten von altpers. Kunst beeinflusst; Stuckornamente in Samarra. **Seldschuk. Stil** (um 1050 bis 1250), erste Werke türk. Kunst in Kleinasien: Moscheen, Grabbauten. **Fatimid. Stil** (um 970 bis 1170), Ägypten, Syrien, Sizilien (Krönungsmantel der Reichskleinodien, Wien). **Mameluck. Stil** (um 1250 bis 1517), Ägypten (Moscheen und Mausoleen in Kairo), Syrien. **Maur. Stil** (seit etwa 1100), Nordafrika, Spanien (Alhambra). **Mongol. Stil** (um 1250 bis 1500), Aufnahme ostasiat. Formen, prunkvolle Kuppelbauten in Samarkand und Täbris, Buchmalereien (bes. zu pers. Epen). **Osman. Stil** (um 1400 bis 1750), geistl. und weltl., das Stadtbild Konstantinopels (Istanbuls) bestimmende Bauten, Zentralkuppelmoscheen; hohe Blüte des Kunsthandwerks. **Safawid. Stil** (um 1400 bis 1720), Persien, Blüte der Buchmalerei (Behsad, 15. Jh.; Resa Abbasi, 17. Jh., u.a.), die Kunst des Knüpfteppichs zu klass. Vollendung entwickelt. **Mogulstil** (um 1520 bis 1800), Indien, Moscheen, Grabbauten, Paläste in Agra (Taj Mahal) und Delhi; überreiche Flächendekorationen; neuer wirklichkeitsnaher Stil in der höf. Miniaturmalerei: Bildnis-, Tier- und Landschaftsdarstellungen.

islamische Revolution, Bezeichnung für die Bemühungen in islam. Staaten, den Islam zur unmittelbar geltenden Richtschnur in allen Bereichen von Staat und Gesellschaft zu erheben, bes. radikal in Iran nach 1979.

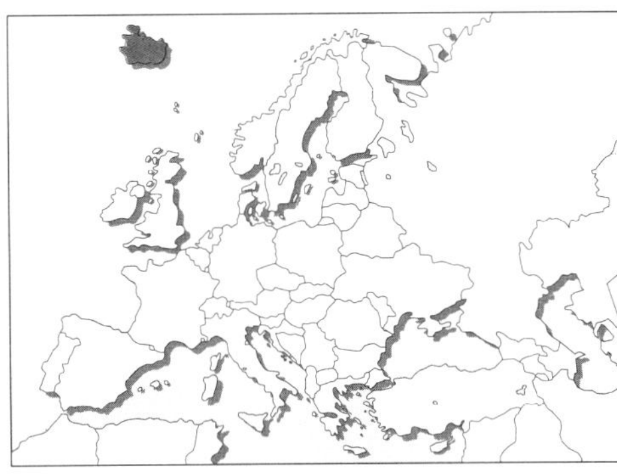

Island, Insel und Rep. im N-Atlantik, 103100 km², 263500 Ew. (hauptsächlich an der Küste angesiedelt); Hptst. Reykjavík. Amtssprache: Isländisch. Staatsoberhaupt: Präsident; Parlament mit 2 Häusern. – I. ist stark vulkanisch (einige noch tätige Vulkane, warme Quellen und Geysire); z.T. vergletschert (11800 km²); hat reich gegliederte Küste (Fjorde); Klima feucht und kühl. Erwerbszweige: Fischfang und -verarbeitung, Viehzucht (Schafe, Rinder, Pferde). Wasserkraftwerke; Schiffbau; Fremdenverkehr. Haupthandelspartner: USA, EU- und EFTA-Länder. Keine Eisenbahn. Haupthafen und ✈: Reykjavík.

I., die Insel der nord. Saga, wurde seit 874 von Norwegern besiedelt. Der Freistaat führte im Jahre 1000 das Christentum ein; später blutige Bürgerkriege. 1262 kam I. an Norwegen, 1380 an Dänemark. 1874 eigene Verfassung, 1918 volle Selbstständigkeit als Kgr., das mit Dänemark in Personalunion verbunden blieb. I. wurde 1940 von brit., 1941 auch von amerikan. Truppen besetzt. 1944 erklärte sich eine große Volksmehrheit für die Lösung von Dänemark und für die Rep. Staatspräsident: O. R. Grimsson (seit 1996), Min.-Präs.: D. Oddsson (seit 1991).

Island

Staatswappen

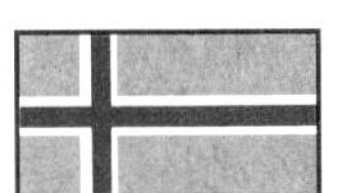

Staatsflagge

Internationales Kfz-Kennzeichen

Isländisches Moos, Flechte im nördl. Europa, gelappt, oberseits grünlich braun, unten weißlich, lederartig; kommt in dt. Gebirgen vor **(Brockenmoos);** auf Island entbittert als Nahrung und Futter.

isländische Sprache und Literatur. Die isländ. Sprache gehört zu den nordgerman. Sprachen; in ihr sind wichtige Zeugnisse altnord. Art, Sage und Kunst erhalten (→Edda, →Skalden). In neuerer Zeit wurde die isländ. Literatur in Dtl. bekannt durch: Jón Svensson, Kristmann Gudmundsson, Halldór Kiljan Laxness (Nobelpreis 1955), Guðbergur Bergsson u.a.

Ismael, im A.T. Sohn Abrahams (von Hagar), Stammvater nordarabischer Stämme, der **Ismaeliten.**

Ismailia, ägypt. Stadt am Suezkanal, 236000 Ew.; Bahnknotenpunkt.

Daten zur Geschichte Israels

1947	Aufteilung des britischen Mandatsgebiets Palästina in zwei Staaten (für Jerusalem internat. Status) laut UNO-Beschluss, arab. Staaten lehnen den Plan ab
1948	Am 14. 5. wird der Staat Israel proklamiert, am 15. 5. greifen Truppen Ägyptens, Transjordaniens, Libanons, Syriens und des Irak Israel an (1. Israel.-Arab. Krieg)
1949	Waffenstillstand, Israel behält besetzte Gebiete (Galiläa, West-Jerusalem)
1956	Während der Suez-Krise greift Israel Ägypten an
1967	Ägypten, Syrien und Jordanien greifen im Juni Israel an (Sechstagekrieg), Israel schlägt die arab. Armeen und besetzt die Westbank, die Golanhöhen, den Sinai, den Gaza-Streifen und Ost-Jerusalem. – Die palästinens. Befreiungsbewegungen beginnen im September mit Terroraktionen
1973	Im Jom-Kippur-Krieg (Oktober) wehrt Israel den ägypt. und syr. Angriff ab
1979	Friedensvertrag mit Ägypten, Rückgabe der Sinai-Halbinsel an Ägypten
1982	Einmarsch in den Libanon zur Bekämpfung palästinens. Terrorgruppen
1987	Im Dezember Beginn der Intifada
1991	Irakische Raketenangriffe auf israelische Städte während des 2. Golfkrieges
1992	I. Rabin wird Ministerpräsident
1993	E. Weizman wird Staatspräsident
Mai 1994	Autonomieabkommen mit der PLO für den Gaza-Streifen und Jericho
Okt. 1994	Abschluss eines Friedensvertrages mit Jordanien
Nov. 1995	S. Peres wird nach der Ermordung von I. Rabin Ministerpräsident
Mai 1996	Der zum Min.-Präs. gewählte B. Netanyahu (Likud) führt ein nationalist.-konservativ und religiös ausgerichtetes Kabinett

Israel

Staatswappen

Staatsflagge

Internationales Kfz-Kennzeichen

Ismailiten *die,* schiit. Sekte.

iso..., gleich..., z. B. isomorph, gleichgestaltig.

ISO [aɪes'əʊ], Abk. für engl. International Organization for Standardization [ɪntə'næʃnl ɔ:gənaɪ'zeɪʃn fə stændədaɪ'zeɪʃn], internat. Zusammenschluss der nat. Normenausschüsse zur Aufstellung von Normen (früher **ISA**).

Isogon *das,* regelmäßiges Vieleck.

Isokrates, griech. Redner, *436, †338 v. Chr.

Isola Bella, eine der →Borromäischen Inseln.

Isolation *die,* Vereinzelung, Trennung.

Isolationismus *der,* in den USA seit der Monroedoktrin (1823) wiederholt vertretene polit. Anschauung, wonach die Reg. jede Verwicklung in nichtamerikan. Angelegenheiten vermeiden solle.

Isolationshaft, ⚖ Haft, bei der die Kontakte des Häftlings zur Außenwelt (auch zu Mithäftlingen) eingeschränkt oder unterbunden werden.

Isolator *der,* Stoff, der den elektr. Strom sehr schlecht leitet, z. B. Glas, Glimmer, Hartgummi, Porzellan, trockene Luft, Bernstein, Kautschuk, Kunststoff. – I. i. e. S. sind die Porzellan- oder Glaskörper zum Verlegen elektr. Leitungen.

Isolde, Geliebte des →Tristan.

isolieren, 1) absondern. – **2)** ⚡ Spannung führende elektr. Leiter gegen Berührung schützen oder voneinander trennen (→Isolator). – **3)** bei Bauten durch Dämm- oder Sperrstoffe die Zu- oder Ableitung von Feuchtigkeit, Schall, Wärme verhindern.

Isolinien, Linien gleicher Zahlenwerte (auf Karten, in Diagrammen u. a.), z. B. Linien gleichen Luftdrucks **(Isobaren),** gleicher Höhenlage **(Isohypsen,** Höhenlinien), gleicher Temperatur **(Isothermen).**

Isomerie *die,* **1)** ⚗ **Isomer** sind chem. Verbindungen, die die gleichen Atome in gleicher Anzahl, jedoch in versch. Anordnung enthalten und sich deshalb chemisch und physikalisch voneinander unterscheiden, z. B. Äthylalkohol C_2H_5OH und Methyläther CH_3OCH_3, Summenformel für beide C_2H_6O. Neben dieser **Struktur-I.** gibt es die **Stereo-I.,** bei der spiegelbildl. gleiche Atomordnungen auftreten. – **2)** ⚛ **Isomere Kerne** bestehen aus den gleichen Bausteinen, zeigen aber versch. physikal. Verhalten.

isometrisches Training [- 'trɛ:nɪŋ], Übungen zur Muskelkräftigung bei Krankengymnastik und Sporttraining.

Isomorphie *die,* Auftreten von Kristallformen, die in ihren Flächenwinkeln sehr ähnlich sind, können Mischkristalle bilden.

Isonzo *der,* 138 km langer Fluss aus den Jul. Alpen (Slowenien), mündet in Italien in die Bucht von Triest. – Im Ersten Weltkrieg Schauplatz der 12 **I.-Schlachten** zw. Italien und Österreich-Ungarn.

Isopren *das,* ⚗ flüssiger Kohlenwasserstoff, diente zur Herstellung von künstl. Kautschuk.

Isospin *der,* ⚛ Quantenzahl zur Kennzeichnung der Ladungszustände von Elementarteilchen und Atomkernen.

Isothermen, 1) 🌐 →Isolinien. – **2)** ⚛ Linien, die die Abhängigkeit des Drucks vom Volumen eines Gases bei einer bestimmten Temperatur angeben.

isotonisch heißen Lösungen von gleichem osmot. Druck.

Isotope *Pl.,* ⚗ Atomkerne mit gleicher Ordnungszahl (Protonenzahl) und daher gleichen chem. Eigenschaften, aber versch. Neutronenzahl. Die meisten Elemente bestehen aus einer Mischung versch. I., die nur mit physikal. Verfahren voneinander zu trennen sind. Die wichtigsten Verfahren der **I.-Trennung** sind Massenspektrographie, fraktionierte Destillation, Diffusion, Elektrolyse, chem. Austauschreaktion, Methode des unterbrochenen Molekularstrahls, Gegenstromzentrifuge, Ultrazentrifuge, Laseranregung. Man kennt heute etwa 1600 Isotope.

Isotopenindikatoren, englisch **Tracer** ['treɪsə], chem. Elemente oder Verbindungen, in denen eines der in ihnen enthaltenen Isotope stärker angereichert ist, als es deren natürl. Mischungsverhältnis entspricht; zur Untersuchung von Reaktionsabläufen, zur Aufklärung komplizierter Stoffstrukturen.

isotrop heißt die Richtungsunabhängigkeit der physikal. und chem. Eigenschaften von Gasen, Flüssigkeiten und amorphen Stoffen und des physikal. Raumes; Ggs.: anisotrop.

Ispra, ital. Gemeinde am Lago Maggiore, Kernforschungszentrum der EURATOM.

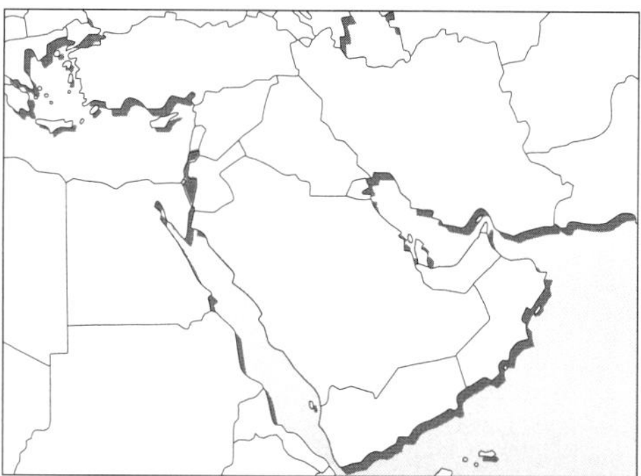

Israel, 1) Ehrenname Jakobs (1. Mose 32, 29). – **2)** Volksname seiner Nachkommen, daher **Kinder I., Israeliten.** – **3)** in der Geschichte I.s seit der Teilung des Reichs Salomos (926 v. Chr.) auch der Name für das nördl. Reich der 10 Stämme, im Ggs. zum Südreich Juda.

Die Vorgeschichte **(Patriarchenzeit)** der Israeliten ist legendär bis zur Befreiung von Ägypten durch Moses, der Jahwe zum Volksgott von I. erklärte. Urspr. waren die Israeliten ein Hirtenvolk der Steppe, aus der sie allmählich in das von Kanaanäern besiedelte Kulturland Palästina eindrangen. Die **Königszeit** eröffnete Saul; David (um 1000 v. Chr.) einigte von dem südl. Stamm Juda aus ganz Palästina, eroberte das bisher noch kanaanäische Jerusalem und besiegte die Philister; sein Sohn Salomo baute den Tempel in Jerusalem. Nach ihm spaltete sich I. 926 in 2 Reiche: Juda und I. Das Nordreich I. wurde 722 von den Assyrern vernichtet; das Südreich **Juda** wurde 621 durch König

Josia religiös erneuert, aber 597 und endgültig 586 v. Chr. durch den babylon. König Nebukadnezar zerstört, der Jerusalem eroberte und den Hauptteil des Volkes in die **Babylon. Gefangenschaft** führte. Seit 538 kehrten die Israeliten aus der Gefangenschaft zurück, errichteten einen Priesterstaat und bauten einen neuen Tempel. Weiteres → Juden.

Israel, hebr. **Medinat Jisrael,** Rep. in Vorderasien, 20 770 km², 5,17 Mio. Ew. (ohne die unter israel. Verw. stehenden arab. Gebiete); Hptst. Jerusalem. Amtssprachen: Hebräisch, Arabisch. – Gesetzgebung durch das Parlament (die Knesset), das den Staatspräs. wählt. Vollziehende Gewalt bei der Regierung.
Landesnatur → Palästina.
Bevölkerung. 85% Juden, daneben Araber u. a. Wachsender Anteil der Juden afrikan. und asiat. Herkunft. Religion: Juden, Muslime, Christen, Drusen.
Wirtschaft. Nur 20,1 % der Fläche sind für eine intensive landwirtschaftl. Nutzung geeignet. Kennzeichnende ländl. Siedlungsformen herrschen vor, darunter Kibbuzim, Moshavim. Anbau, teilweise mit Bewässerung: Getreide, Weintrauben, Zitrusfrüchte, Erdnüsse, Baumwolle u. a.; Viehzucht. Bodenschätze: Stein-, Kali- und Bromsalze, Phosphate, Erdgas; Nahrungsmittel-, Textil-, Metall-, chem., feinmechan. u. a. Ind., Diamantschleiferei. Fremdenverkehr. Die Einfuhr (bes. Rohstoffe und Anlagegüter) überwiegt die Ausfuhr (bes. Zitrusfrüchte, Diamanten, Geflügel). Haupthandelspartner: USA, Großbritannien, Dtl. – Haupthäfen: Haifa, Ashdod, Elat; internat. ✈: Tel Aviv.

Issos, alte Seestadt in Kilikien (Kleinasien); Sieg Alexanders d. Gr. über den Perserkönig Dareios III., 333 v. Chr.

Ist..., tatsächlich vorhanden: **Iststärke, Isteinnahmen;** Ggs.: Soll...

Istanbul ['istambu:l], 330 bis 1930 **Konstantinopel,** urspr. **Byzanz,** größte Stadt der Türkei, mit 6,3 Mio. Ew. die größte Stadt des Landes. I. liegt auf Hügeln beiderseits des Südausganges des Bosporus und am Marmarameer, mit den europ. Vorstädten Pera und Galata, den asiat. Vororten Kadiköi und Skutari. Seine Lage sowie der Naturhafen des Goldenen Horns machen I. zum wichtigsten Hafen und Stapelplatz des östl. Mittelmeergebiets (Werften, Fremdenverkehr, Textil-, Leder-, Tabakind. u. a.); Sitz von Bischöfen vieler christl. Bekenntnisse; 6 Univ., Forschungsinstitute. I. hat etwa 700 Moscheen, darunter die früher christl. Hagia Sophia (jetzt Museum), die Sultansmoscheen, christl. Kirchen, viele Denkmäler, Säule des Kaisers Konstantin, röm. Wasserleitung. Die historischen Bereiche I.s wurden von der UNESCO zum Weltkulturerbe erklärt. – I., das ehem. Byzanz, wurde 330 n. Chr. Hptst. des Römischen, 395 des Oström. (Byzantin.) Reichs, 1204 von den Kreuzfahrern erobert, 1261 wieder byzantinisch, 1453 von den Türken erobert (bis 1923 Hptst.).

Isthmus *der,* Landenge, z. B. der **I. von Korinth;** dort fanden im Altertum beim Heiligtum des Poseidon die **Isthm. Spiele** mit sportl. und musischen Wettkämpfen statt.

Istiklal, nationalist. Parteien in arab. Ländern.

Istranca Dağları [is'trandʒa da:la'ri], Gebirge im nördl. türk. Thrakien und im südöstl. Bulgarien, bis 1031 m hoch.

Istrati [is'trati, istra'ti], Panait, rumän. Schriftsteller, * 1884, † 1935; schrieb Romane aus balkan. Milieu in frz. Sprache.

Istrilen, Halbinsel am N-Ende des Adriat. Meers; verkarstetes Kalkgebiet mit hafenreicher W-Küste; rd. 4000 km². Haupthäfen: Triest, Pula. I. kam im 13. Jh. größtenteils an Venedig, 1797 an Österreich, 1920 an Italien, 1947/54 an Jugoslawien (Slowenien, Kroatien), außer Triest.

Staudamm und Kraftwerk **Itaipú**

Istwäonen *Pl.,* einer der großen german. Stammesverbände, aus dem die Franken hervorgingen.

Itai-Itai-Krankheit [japanisch itai »schmerzhaft«], in fortgeschrittenem Stadium sehr schmerzhafte chron. Cadmiumvergiftung; mit schweren Knochen-, Nieren- und Leberschäden, häufig mit tödl. Verlauf. Erstmals 1955 in Japan beobachtet (durch Ind.abwässer verursacht).

Rolf Italiaander

Itaipú, im Mai 1991 fertig gestelltes, mit einer Leistung von 12 600 MW größtes Wasserkraftwerk der Erde, am Paraná; Gemeinschaftsprojekt von Brasilien und Paraguay. Das Projekt hatte die Umsiedlung von über 20 000 Menschen zur Folge.

Itala *die,* altlat. Bibelübersetzung.

Italiaander [-'andər], Rolf, dt. Schriftsteller niederländ. Abkunft, * 1913, † 1991; Gedichte, Schauspiele und Reisebücher.

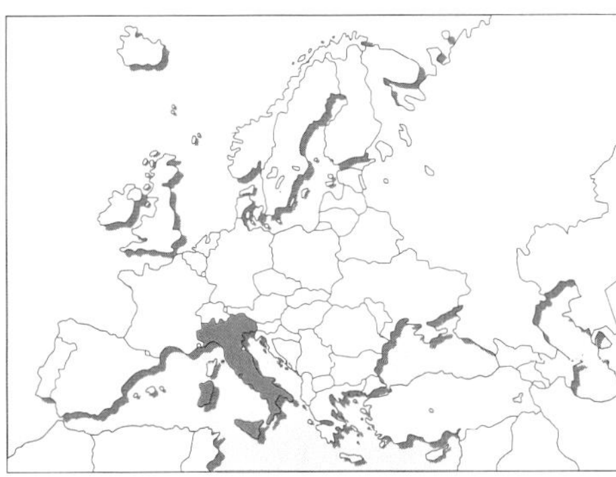

Italien

Staatswappen

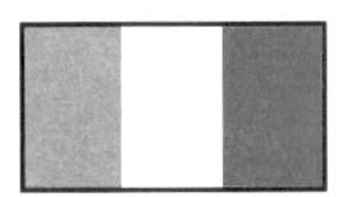

Staatsflagge

Internationales Kfz-Kennzeichen

Itali|en, ital. **Italia,** Rep. auf der Apenninhalbinsel, mit Sizilien, Sardinien, Lipar. Inseln, Elba und kleinen Inseln 301 277 km², 56,93 Mio. Ew.; Hptst. Rom.
Verfassung. I. ist nach der Verf. vom 1. 1. 1948 eine Rep. Gesetzgebung durch das Parlament (gewähltes Abgeordnetenhaus; teils gewählter, teils ernannter Senat, Wahlrechtsreform 1993). Beide wählen gemeinsam auf 7 Jahre den Staatspräs. Er ernennt den Min.-Präs. und die dem Parlament verantwortl. Minister. – Verwaltungseinteilung in 20 Regionen, darunter 5 mit weitgehender Autonomie: Sizilien, Sardinien, Aostatal, Trentino-Südtirol, Friaul-Julisch-Venetien.
Landesnatur. I. besteht aus dem festländ. I. (Alpengebiet, Poebene), der Apenninhalbinsel (Hauptgebirge der Apennin, in den Abruzzen bis 2914 m hoch) und Insel-I. Mit Triest greift I. auf das Gegengestade der Adria über. Die Poebene und die venezian. Ebene sind das einzige große Flachlandgebiet I.s. Tätige Vulkane sind Vesuv, Ätna, Stromboli. Wichtige Flüsse: Po,

Etsch (Adige), Tiber, Arno. Seen am Alpenrand (Lago Maggiore, Comer-, Iseo-, Gardasee), in Mittel-I. der Trasimen-See. Klima: Im Alpengebiet vorwiegend mitteleuropäisch, dann nach S hin Übergang zum Mittelmeerklima. Pflanzenwelt: Im N und in den Gebirgen meist mitteleuropäisch, an der Küste und im S mittelmeerisch (Oleander, Lorbeer, Myrte, Zypresse, Pinie; Macchie).

Bevölkerung. Meist Italiener; in Südtirol auch Deutsche und Ladiner, im Aostatal Franzosen, in Friaul Slowenen, in Süd-I. und Sizilien Albaner. Über 80 Großstädte. Religion: 95% kath. (bis 1984 Staatsreligion), daneben Protestanten, Orthodoxe, Juden.

Wirtschaft. Hauptlandwirtschaftsgebiet die Poebene. Anbau von Weizen, Mais, Zuckerrüben, Oliven, Wein, Südfrüchten; Viehzucht (Rinder, Schafe, Schweine); Fischerei. ⚒ auf Marmor, Erdöl (Sizilien), Erdgas (Poebene), Eisen, Bauxit u.a. Textil-, chem., Kraftfahrzeug-, Maschinen-, Papier- u.a. Ind. Starke Ausnutzung der Wasserkraft, da Mangel an Kohle; Kernkraftwerke. Fremdenverkehr. Ausfuhr: Südfrüchte. Gemüse, Woll- und Baumwollfabrikate, Schuhe, Maschinen, Fahrzeuge, chem. Erzeugnisse, Wein u.a. Einfuhr: Fleisch, Wolle, Kohle, Holz, Maschinen u.a. Haupthandelspartner: EU-Länder, USA, Schweiz. Zahlreiche Häfen, darunter Genua, Neapel, Venedig, La Spezia, Augusta, Livorno, Brindisi; internat. ✈: u.a. Rom (Fiumicino).

italienische Kunst. Die i. K. entwickelte sich auf der Grundlage des spätantiken Erbes und der byzantin. Kunst nur langsam zu nat. Eigenart. Ihr Beitrag zur Ausbildung der Romanik war geringer als der des Nordens, trotz großartiger Bauten wie z.B. dem Dom zu Pisa, bedeutender Wandmalerei und früher Pflege der Tafelbildmalerei. Die Gotik nahm die i. K. mit grundlegenden Umwandlungen auf, in denen sich der nat. Gestaltungswille Epoche machend anzeigte; die entscheidenden Meister: Arnolfo di Cambio (Baumeister), G. Pisano (Bildhauer), Giotto (Maler). Das 15. Jh. brachte in Auseinandersetzung mit der Gotik und wachsendem Interesse an der Antike die Entwicklung zur Renaissance, die um 1500 zu ihrem Höhepunkt fand und Italien zum führenden Kunstzentrum Europas werden ließ. Baumeister: F. Brunelleschi, L. B. Alberti, Michelozzo; Bildhauer: Donatello, L. della Robbia, J. della Quercia, A. del Verrocchio; Maler: Masaccio, Piero della Francesca, A. Mantegna, die Familie der Bellini. Förderlich war, dass die einzelnen Landschaften miteinander wetteiferten (Toskana, Umbrien, Oberitalien, Venedig, später Rom). Die führenden Meister der Hochrenaissance waren: Leonardo da Vinci, Bramante, Michelangelo, Raffael, Giorgione, Tizian, A. Palladio. Auch der Barock hat in Italien seine eigene Prägung erhalten: G. B. da Vignola, F. Borromini, C. Maderna (Baumeister); Tintoretto, die Malerfamilie der Carracci, M. da Caravaggio, Pietro da Cortona, Guercino, G. Reni, G. B. Tiepolo (Maler). Das Rokoko war nur Episode (wichtig sind die beiden Canaletto und F. Guardi), breiter ist die Wirkung des sich schon früh abzeichnenden Klassizismus (A. Canova). Seit dem Futurismus gewann die i. K. neue Bedeutung. G. De Chirico begründete die Pittura metafisica, dieser Richtung gehörten auch G. Morandi und C. Carrà an. M. Marini und G. Manzù zählen zu den bekannten Bildhauern. Luigi Fontana (* 1899, † 1968) gewann mit seinen geschlitzten, monochromen Leinwänden (Spezialismo) zu Beginn der 1960er-Jahre internat. Einfluss. Giuseppe Santomaso (* 1907, † 1990), Emilio Vedova (* 1919) u.a. wandten sich der abstrakten Malerei zu, die Arbeiten von Renato Guttuso (* 1912, † 1987) gehören zum polit. Realismus; die Arbeiten von Domenico Gnoli (* 1933, † 1970) stehen der Pop-Art nahe. Die Transavanguardia (auch Arte cifra, Mitte der 1970er-Jahre) genannte Richtung ist durch eine sinnlich-subjektive Bildsprache voll poet. Zeichen und histor. Zitate gekennzeichnet. Die moderne Architektur setzte mit futurist. Entwürfen von A. Sant' Elia ein; bed. Stahlbetonkonstruktionen schuf P. L. Nervi. Mitte der 1960er-Jahre wurde die Richtung der rationalen Architektur begründet.

italienische Literatur. Sie beginnt später als die Literatur der anderen roman. Länder, da der Gebrauch des Lateins in Italien länger lebendig blieb. Am Hofe Kaiser Friedrichs II. in Palermo wurde zuerst die provenzal. Troubadourdichtung in Vulgärsprache nachgeahmt. Fast gleichzeitig entstanden die ersten Ansätze religiöser Volksdichtung (Franz v. Assisi, Iacopone da Todi). Die sizilian. Dichterschule wurde von nord- und mittelital. Dichtern abgelöst (»süßer neuer Stil«). Im 14. Jh. erreichte die i. L. bereits ihren ersten Höhepunkt mit dem Dreigestirn: Dante (»Göttl. Komödie«), F. Petrarca, G. Boccaccio (»Decamerone«). Die Wiederbeschäftigung mit der antiken Literatur (→Humanismus) führte dann Ende des 15. und im 16. Jh. zur zweiten Blütezeit (Renaissance): Ritter-

Daten zur Geschichte Italiens

476 n. Chr.	Der letzte weström. Kaiser, Romulus Augustus (»Augustulus«) wird abgesetzt
493	Der Ostgotenkönig Theoderich stürzt Odoaker und errichtet ein ostgot. Reich in Italien
553	Das Ostgotenreich wird von Byzanz besiegt und bricht zusammen
568	Einfall der Langobarden in Oberitalien
754	Pippin. Schenkung, Grundlage des Kirchenstaats
774	Karl d. Gr. erobert das Langobardenreich
9. Jh.	Die Araber erobern Sizilien und Teile Kalabriens
11. Jh.	Die Normannen gründen in S-Italien und auf Sizilien Fürstentümer, die 1130 vereinigt werden
1194	Beginn der Stauferherrschaft, Friedrich II. errichtet ein gut organisiertes Staatswesen
1265	Sieg des Hauses Anjou in Unter-Italien; Konradin, der letzte Staufer, wird 1268 hingerichtet. Es entstehen eine Reihe unabhängiger Klein- und Mittelstaaten, z. B. Mailand unter den Visconti, Florenz unter den Medici, Modena unter den Este
1454	Der Friede von Lodi bringt ein Kräftegleichgewicht zw. Mailand, Venedig, Florenz, dem Kirchenstaat und Neapel-Sizilien
16. Jh	Frankreich verliert den Kampf um Italien gegen die span. und dt. Habsburger, Spanien dominiert in Italien bis zum Span. Erbfolgekrieg
1713	Friede von Utrecht, Österreich »beerbt« Spanien in Italien
1796	Einmarsch frz. Revolutionstruppen, Bildung von Republiken, 1805 wird Napoleon I. König von Italien
1815	Restauration der vorrevolutionären Herrschaftsverhältnisse
1848/49	Revolutionäre Erhebungen werden von Österreich niedergeschlagen
1859	Sardinien-Piemont besiegt mit frz. Hilfe Österreich (Schlachten von Magenta und Solferino), Österreich muss die Lombardei abtreten. C. Cavour gelingt auf der Basis von Volksabstimmungen und mithilfe der Freischaren Garibaldis die Einigung Italiens
1861	Viktor Emanuel II. von Piemont-Sardinien (Dynastie Savoyen) nimmt den Titel »König von Italien« an
1871	Das 1870 besetzte Rom wird Hauptstadt, der Kirchenstaat beseitigt, Abschluss des »Risorgimento«
1882	Dreibund mit Österreich-Ungarn und dem Dt. Reich
1915	Italien erklärt Österreich-Ungarn den Krieg, 1916 auch dem Dt. Reich
1919	Gebietsgewinne im Frieden von Saint-Germain (u. a. Südtirol)
1922	Mussolinis »Marsch auf Rom«, Beginn der faschistischen Herrschaft
1929	Lateranverträge mit der katholischen Kirche
1936	Überfall auf Äthiopien
1939	Annexion von Albanien
1940	Kriegserklärung an Frankreich, Angriff auf Griechenland
1943	Sturz Mussolinis, Waffenstillstand mit den Alliierten, Kriegserklärung an Deutschland; der von dt. Truppen befreite Mussolini gründet in deren Schutz die kurzlebige »Republik von Salò«
1946	Italien wird Republik
1947	Friede von Paris, Italien verliert Rhodos, Istrien und den Dodekanes, Verzicht auf alle Kolonien
1992	Beilegung der Südtirol-Frage, O. L. Scalfaro wird Staatspräsident
1992/93	Aufdeckung großer Korruptionsaffären (»Tangenti«), in die Parteiführer und Regierungsmitglieder verstrickt sind, erschüttert das politische System
1994	Auflösung der Democrazia Cristiana (DC), S. Berlusconi wird Min.-Präs. (Reg.-Beteiligung der Neofaschisten)
1995	L. Dini wird als Parteiloser Min.-Präsident
1996	R. Prodi Min.-Präsident

epen von Boiardo, L. Ariosto, T. Tasso, wiss. und philosoph. Prosa von Leonardo da Vinci, N. Machiavelli, im 17. Jh. von G. Bruno, T. Campanella. »Schäferspiel« (Tasso, Guarini) und Stegreifkomödie (Commedia dell'Arte) wurden in ganz Europa nachgeahmt. Seit Mitte des 18. Jh. neuer Aufstieg: C. Goldoni (Lustspiele), C. Gozzi (Märchenspiele), V. Alfieri (Tragödien), U. Foscolo. Die i. L. der romant. Zeit (A. Manzoni »Die Verlobten«; G. Leopardi) trug wesentlich zur polit. Einigung Italiens bei. Neuere Zeit: G. Carducci, G. Pascoli, A. Negri, G. Verga, G. D'Annunzio, G. Deledda, L. Pirandello, F. T. Marinetti (→ Futurismus), B. Croce. Gegenwart: Lyriker G. Ungaretti, Umberto Saba (* 1883, † 1957), Eugenio Montale (* 1896, † 1981), Elsa Morante (* 1918, † 1985), S. Quasimodo und Erzähler R. Bacchelli, I. Silone, A. Moravia, C. Pavese, T. D. Buzzatti, G. Tomasi di Lampedusa, I. Calvino, P. Levi, R. Volponi, C. E. Gadda (* 1893, † 1973), Natalia Ginzburg, U. Eco, Dramatiker U. Betti, D. Fabbri.

italienische Musik. Der das abendländ. Musikschaffen auslösende gregorian. Choral ging von Italien aus, hier entstand auch im 11. Jh. aus den Neumen die abendländ. Notenschrift, zu der Guido von Arezzo einen wichtigen Beitrag leistete. Die geistl. volkssprachigen Lieder des 13. Jh. waren v. a. einstimmig, erst das 14. und 15. Jh. brachte mit den a cappella zu singenden Madrigalen und Motetten (G. Palestrina) die Mehrstimmigkeit. Eine bedeutende musikal. Schöpfung war um 1600 die Oper, deren Meister C. Monteverdi wurde. Daneben entstanden das geistl. Oratorium sowie Instrumentalmusik (A. Corelli, G. Torelli, A. Vivaldi, D. Scarlatti, G. Frescobaldi). Vom 18. bis ins 19. Jh., der großen Zeit des Belcanto, entstanden ernste und kom. Opern (G. Pergolesi, G. Rossini, V. Bellini, G. Donizetti, R. Leoncavallo). G. Verdi und G. Puccini brachten der i. M. Weltgeltung. Zu den zeitgenöss. Komponisten zählen L. Nono, L. Berio, B. Maderna, F. Donatoni, die neben der Zwölftontechnik, serielle und elektron. Kompositionsmethoden anwenden.

italienische Sprache, aus lat. Volksmundarten entwickelte roman. Sprache in Italien, im Kanton Tessin und in Teilen Graubündens. Ital. Dialekte werden auf Korsika, in Istrien und z. T. an der Küste N-Dalmatiens gesprochen.

Italiker, mehrere indogermanische Volksstämme, die gegen Ende des 2. Jt. v. Chr. nach Italien einwanderten; die I. waren Bauern und Hirten.

italienische Kunst. Kardinal, Bronze von Giacomo Manzù (1955)

italienische Kunst. Der Besuch der Königin von Saba bei Salomon, Fresko von Piero della Francesca in Arezzo (15. Jh.)

Ith *der,* Gebirgsrücken westl. der Leine (Ndsachs.), im Lauensteiner Kopf 439 m hoch.

Ithaka, eine der Ionischen Inseln vor der W-Küste Griechenlands, 96 km², 3 600 Ew.; Hauptort I. mit Naturhafen. In der griech. Sage Heimat des Odysseus.

Itzehoe [-ˈhoː], Stadt in Schlesw.-Holst., an der Stör, 34 300 Ew.; Verlage, Druckereien, Metall verarbeitende Industrie.

Ius, ⚖ → Jus.

Iuventas, Juventas, altröm. Göttin der Jugend; später wurde sie der griech. Hebe gleichgesetzt.

i. V., Abk. für in Vertretung.

Ives [aɪvz], Charles Edward, amerikan. Komponist, * 1874, † 1954; komponierte 4 Sinfonien, Violin- und Klaviersonaten, Chöre, Lieder u. a. von in ihrer Mischung aus Modernem (Atonalität, Polyrhythmik und Polymetrie) und Konventionellem großer Originalität.

Iwan [russ. »Johannes«], russ. Großfürsten: **1) I. III., der Große** (1462 bis 1505), * 1440, † 1505; vereinigte fast alle russ. Teilfürstentümer mit Moskau, beseitigte 1480 die Oberhoheit der Tataren und begründete so als »Herr von ganz Russland« den russ. Nationalstaat; er veranlasste den Ausbau des Kreml. – **2) I. IV., der Schreckliche** (1533 bis 1584, Zar seit 1547), * 1530, † 1584; verband staatsmänn. Geschick (Förderung von Handel und Gewerbe, Verbindung mit W-Europa) mit grausamem Despotismus, eroberte Kasan und Astrachan; unter ihm begann die Unterwerfung Sibiriens.

Iwanowo, russ. Gebietshptst. am Uwod, 478 000 Ew.; Univ., Hochschulen, Baumwoll-Ind., Maschinenbau.

Iwaszkiewicz [ivaʃˈkjɛvitʃ], Jarosław, poln. Schriftsteller, * 1894, † 1980; Romane, Lyrik, Übersetzungen (Goethe, S. George, A. Rimbaud)

Iwein, Ritter der Tafelrunde des Königs Artus; mhdt. Epos von Hartmann von Aue.

IWF → **I**nternationaler **W**ährungs**f**onds.

İzmir [ˈiz-], früher griech. **Smyrna,** Stadt in der kleinasiat. Türkei, am Golf von I., 2,32 Mio. Ew.; Erzbischofssitz; Hafen; Univ.; Teppich-, Tabak- u. a. Ind.; Erdölraffinerie. – Griech. Gründung (11. Jh. v. Chr.).

İzmit [ˈiz-], türk. Stadt am Marmarameer, 254 800 Ew.; Erdölraffinerie; ⚓.

Iztaccíhuatl, Ixtaccíhuatl [istakˈsiuatl, aztekisch »Weiße Frau«], ruhender Vulkan im SO der Stadt Mexiko, 5 286 m hoch.

italienische Kunst Mirjam, die Schwester Moses, Marmorstatue von Giovanni Pisano in Siena (13. Jh.)

J

J, j, 1) 10. Buchstabe des dt. Alphabets. – **2) J,** fachsprachl. **I,** chem. Symbol für Jod. – **3)** Einheitenzeichen für →Joule. – **4)** auf dt. Münzen Zeichen der Münzstätte Hamburg. – **5) j,** in der Elektrotechnik verwendetes Zeichen für die imaginäre Einheit.

Michael Jackson

Jabalpur [dʒəˈbælpʊə], Stadt im Bundesstaat Madhya Pradesh, im nördl. Dekhan, Indien, 742 000 Ew.; Verkehrsknoten, Handelsplatz; kath. Bischofssitz, Univ.; Textil-, Metall-, Nahrungsmittelind., Zementwerk.

Jabot [ʒaˈbo] *das,* Rüschen- oder Spitzenkrause am Verschluss des Männerhemds (18./19. Jh.), später an Blusen und Damenkleidern.

Jacht, Yacht *die,* Sport- und Freizeitboot. Man unterscheidet Hochsee- und Binnen-J., nach Antrieb Segel- und Motor-J. sowie nach Verwendungszweck Renn- und Fahrten-J.; Boote für seichte Binnengewässer (Schwert-J.) haben einen flachen Boden und ein →Schwert, Hochsee-J. einen weit nach unten ragenden Kiel, Motor-J. fahren meist nur unter einer Stützbesegelung.

Jens Peter Jacobsen

Jacketkrone [ˈdʒækɪt-], Zahnmantelkrone aus Porzellan oder Kunststoff.

Jackson [dʒæksn], Hptst. von Mississippi, USA, am oberen Pearl River. 196 600 Ew.; bed. Baumwollmarkt; vielseitige Ind., in der Umgebung Erdöl-, Erdgasfelder.

Jackson [dʒæksn], **1)** Andrew, amerikan. Politiker, * 1767, † 1845; 7. Präs. der USA (1829 bis 1837); besiegte die Engländer bei New Orleans (1815). – **2)** Mahalia, amerikan. Gospelsängerin, * 1911, † 1972. – **3)** Michael, amerikan. Popsänger, * 1958; machte in den 1980er-Jahren als (tanzender) Popstar eine steile Karriere.

Jacksonville [ˈdʒæksnvɪl], Hafenstadt (Marine) in Florida, USA, 676 700 Ew.; Univ.; Fremdenverkehr.

Jacobi, Friedrich Heinrich, dt. Philosoph, * 1743, † 1819; verfocht im Ggs. zur Aufklärung eine Gefühls- und Glaubensphilosophie.

Jacobsen, 1) Arne, dän. Architekt, * 1902, † 1971; Vertreter der skandinav. Moderne, Bauten in klaren Formen und ausgewogener Gliederung. – **2)** Jens Peter, dän. Dichter, * 1847, † 1885; impressionist. Lyriker, Erzähler. Historischer Roman: »Frau Marie Grubbe« (1876), psycholog. Roman »Niels Lyhne« (1880) sowie Novellen.

Jacquardmaschine [ʒaˈkaːr-], Webmaschine zur Herstellung von reich und groß gemusterten Geweben; nach dem frz. Weber J.-M. Jacquard (* 1752, † 1834).

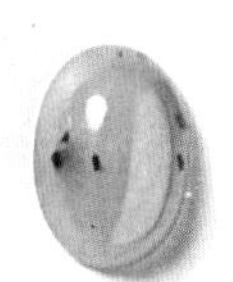

Geschliffene **Jade**

Jade *die,* Handelsname für Chloromelanit, Nephrit, Jadeit; dichte grünl. Minerale.

Jade *die,* Küstenfluss in Oldenburg (Ndsachs.), 22 km lang, entspringt bei Rastede, mündet bei Varel in die Nordseebucht **Jadebusen** (190 km^2).

Jaeggi [ˈjɛ-], Urs, schweizer. Soziologe und Schriftsteller, * 1931; v. a. polit. Romane: »Brandeis« (1978).

Jaén [xaˈen], Prov.-Hptst. in S-Spanien, 110 000 Ew.; Olivenverarbeitung; Kathedrale (16. Jh.).

Jaensch [ˈjɛ-], Erich, dt. Psychologe, * 1883, † 1940; begründete die Eidetik, entwarf eine psycholog. Typenlehre.

Jaffa, Teil der Stadt →Tel Aviv-Jaffa.

Jagd, Weidwerk, Waidwerk, weidgerechtes Erlegen, Fangen und Hegen des Wilds, berufsmäßig vom Förster oder Jagdhüter betrieben. J.-Arten: **Suche** (Federwild u. a.), **Pirschen** (Schalenwild), **Anstand** (Ansitz), **Treib-, Hetz-, Fang-J., Graben** (Dachs, Fuchs), **Frettieren** (Kaninchen), **Beize** (Falken), **Hütten-J.** (Greifvögel). Die J. ist in Dtl. wie in den meisten Kulturstaaten durch Gesetze geregelt.

Jagdhunde, Hunderassen mit entwickeltem Jagdinstinkt (Lauf-, Stöber-, Vorsteh-, Erd-, Apportier-, Hetzhunde).

Jagdrecht, die sich auf die Jagd beziehenden Rechtsvorschriften, geregelt im Bundesjagdges. in der Fassung vom 29. 9. 1976. **Jagdfrevel, Wilderei,** die Verletzung fremden Jagdrechts, wird mit Freiheitsstrafe bestraft (§§ 292 ff. StGB).

Jagdschein, Ausweis für die Ausübung der Jagd, setzt abgelegte Jägerprüfung voraus.

Jägerlatein, übertriebene oder erfundene Schilderungen von (Jagd-)Erlebnissen.

Jägerndorf, tschech. **Krnov** [ˈkrnɔf], Stadt in der ČR, an der Oppa, 25 900 Ew.; Orgelbau, Tuchind.; früher schles. Herzogssitz.

Jaguar

Jagiełło [jaˈgjɛu̯u̯ɔ], litauisch **Jogaila,** Großfürst von Litauen, * um 1351, † 1434; wurde 1386 Christ und als **Wladislaw II.** poln. König, besiegte den Dt. Orden bei Tannenberg (1410). Die **Jagiellonen** herrschten bis 1572 in Polen.

Jagst *die,* rechter Nebenfluss des Neckars, Bad.-Württ., 203 km, mündet bei Bad Friedrichshall.

Jagsthausen, Ort im Kr. Heilbronn, Bad.-Württ., an der Jagst, mit der mittelalterl. Götzenburg (Geburtsstätte des Götz von Berlichingen); Burgfestspiele.

Jaguar *der,* vom südlichsten Teil der USA bis Südamerika verbreitete Großkatze; bis zu 2 m Kopf-Rumpf-Länge, Fell rötlich gelb mit großen, schwarzen Ringelflecken, aber auch ganz schwarze Tiere; lebt in Waldgebieten, gern in Wassernähe.

Jahn, 1) Friedrich Ludwig, dt. Gymnasiallehrer, * 1778, † 1852; nach dem Zusammenbruch Preußens 1806 Vorkämpfer einer nat. Erziehung, bes. des Turnens (Turnvater); später als »Demagoge« verfolgt, 1848 in die Nationalversammlung gewählt. – **2)** Helmut, amerikan. Architekt dt. Herkunft, * 1940; Hochhauskomplexe (Frankfurter Messe).

Jahnn, Hans Henny, dt. Schriftsteller, Orgelbauer, * 1894, † 1959; Dramen, Romane.

Jahr, Zeitdauer des Umlaufs der Erde um die Sonne. Dem bürgerl. Jahr der Kalenderrechnung liegt das **trop. J.** (Sonnen-J.), d. h. die Zeit zw. 2 Durchgängen der Sonne durch den Frühlingspunkt = 365 Tage, 5 h, 48 min., 47 s, zugrunde. Das **siderische J.** (Stern-J.), d. h. die Zeit zw. 2 Durchgängen der Sonne durch eine bestimmte Stellung zu einem Fixstern, ist wegen der → Präzession der Erdachse etwa 20 min. länger als das trop. Jahr.

Jahres|abschluss, jährl. Abschluss der Buchführung, der J. von Aktiengesellschaften muss veröffentlicht werden. (→ Bilanz)

Jahresringe → Holz.

Jahreszeiten, die 4 durch den Stand der Sonne bestimmten Jahresabschnitte: Frühling, Sommer, Herbst, Winter. Der Wechsel der J. beruht darauf, dass die Umdrehungsachse der Erde auf der Erdbahnebene nicht senkrecht steht, sondern in einem Winkel von 66,5°. Die Sonne erreicht so in den versch. J. unterschiedl. Höhe über dem Horizont.

Jahwe, überliefert auch als **Jehova,** hebr. Name des Gottes Israels.

Jailagebirge, Gebirge im S der Halbinsel Krim, Ukraine, bis 1545 m hoch.

Jaina [ˈdʒaɪna] *der,* Angehöriger der ind. Religion des **Jainismus,** mit heute etwa 3 Mio. Bekennern. Die Religion, im 5. Jh. v. Chr. gestiftet, hat viele Berührungspunkte mit dem Buddhismus, die hinduist. Veden werden abgelehnt.

Jaipur [ˈdʒaɪ-], Hptst. des ind. Staates Rajasthan, 1,46 Mio. Ew.; Univ.; Textilind., Edelsteinschleiferei, Goldschmuckherstellung.

Jakarta [dʒa-], bis 1950 **Batavia,** Hptst. Indonesiens, 8,26 Mio. Ew.; Univ.; Hafen an der N-Küste von Java, wichtiger Handelsplatz im Malaiischen Archipel; Teeausfuhr.

Jakob, Sohn Isaaks, durch seine 12 Söhne Stammvater der 12 Stämme Israels.

Jakob, engl. **James,** Könige von England: **1) J. I.** (1603 bis 1625), * 1566, † 1625; Sohn der Maria Stuart, seit 1567 König von Schottland; die Aussöhnung mit den Katholiken vereitelte die → Pulververschwörung. – **2) J. II.** (1685 bis 1688), * 1633, † 1701; seit 1672 kath., wurde von seinem prot. Schwiegersohn Wilhelm III. von Oranien gestürzt und floh nach Frankreich.

Jakobiner *Pl.,* der bedeutendste und radikalste polit. Klub der Frz. Revolution, benannt nach seinem Tagungsort, dem ehem. Dominikanerkloster Saint-Jacques in Paris. Die J. waren die eigentl. Träger der Schreckensherrschaft von 1793/94 (Robespierre). Ihr Zeichen war die rote **J.-Mütze,** als **phryg. Mütze** seit dem Altertum (in Rom als Zeichen der Freigelassenen) gebräuchlich.

Jakobswege, mittelalterl. Pilgerstraßen durch Frankreich und Spanien nach Santiago de Compostela (Verehrung Jakobus' d. Ä.).

Jakobus, 1) J. der Ältere, Apostel, Fischer, Sohn des Zebedäus, Bruder des Evangelisten Johannes, † (enthauptet) 44 n. Chr.; Heiliger (Tag: 25. 7.). – **2) J. der Jüngere,** Apostel, Sohn des Alphäus; Heiliger (Tag: 3. 5.). – **3)** Bruder Jesu, ein Haupt der ersten christl. Gemeinde Jerusalems, 62 n. Chr. gesteinigt; Heiliger (Tag: 11. 5.).

Jakobusbrief, einer der Kath. Briefe des N. T., erst im 4. Jh. als kanonisch anerkannt.

Jakuten, Turkvolk an der mittleren und unteren Lena (Sibirien); Pferde- und Rentierzüchter.

Jakuti|en, Teilrep. der Russ. Föderation, in NO-Asien, 3 103 200 km², 1,08 Mio. Ew. (Jakuten, Russen u. a.); Hptst. Jakutsk. Dauerfrostboden, reiche Bodenschätze (Kohle, Gold, Diamanten, Erdgas), Tierzucht.

Jalandhar [ˈdʒa-], früher **Jullundur,** ind. Stadt im Staat Punjab, 510 000 Ew.; Nahrungsmittel-, Holz-, Leder-, Metallind., Handwerk.

Jalousie [ʒaluˈziː] *die,* verstellbarer Sonnenschutz vor Fenstern.

Jalta, Hafenstadt auf der Krim, Ukraine, 90 000 Ew. Auf der **J.-Konferenz** (Febr. 1945) einigten sich Roosevelt, Churchill und Stalin u. a. über die Aufteilung Dtl.s in Besatzungszonen, die poln. O-Grenze, die Bildung einer demokrat. Reg. für Polen, die Grundlagen der UNO. Die UdSSR sagte gegen territoriale (Kurilen u. a.) und polit. Zugeständnisse den Kriegseintritt gegen Japan zu.

Jaluit [ˈdʒælʊɪt], größtes Atoll der Marshall-Inseln, im Pazif. Ozean, 17 km² Landfläche.

Jam [dʒæm] *das,* aus einer Obstart bestehende Marmelade, außer Orangenkonfitüre.

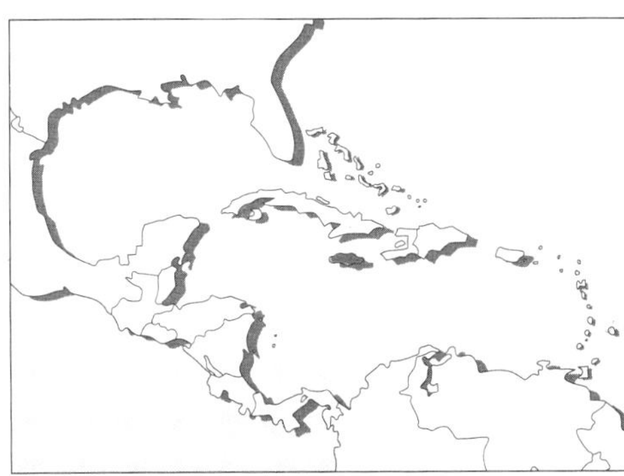

Jamaika, Staat auf der Insel J. der Großen Antillen, 10 991 km², 2,44 Mio. Ew. (rd. 77 % Schwarze, 16 % Mulatten); Hptst. Kingston. Amtssprache: Englisch. Staatsoberhaupt: die brit. Krone, vertreten durch Gen.-Gouv.; Parlament (2 Kammern). – J. ist gebirgig (Blue Mountain Peak, 2 292 m). Erzeugnisse: Zucker, Bananen, Kakao, Rum, Zitrusfrüchte, Tabak, Nelkenpfeffer; ⚒ auf Bauxit. Nahrungsmittel-, Zement- u. a. Ind.; Fremdenverkehr. Haupthandelspartner: USA, EU-Länder. Haupthafen: Kingston; ✈: Kingston und Montego Bay. – J. wurde 1494 von Kolumbus entdeckt, 1655 britisch; 1962 unabhängig. Premiermin. Percival James Patterson seit 1992.

Jamaika

Staatswappen

Staatsflagge

Internationales Kfz-Kennzeichen

Jambol, Stadt in Bulgarien, rd. 91 100 Ew.; ✈; Handel, Chemiefaserind., Maschinenbau.

Jamboree [dʒæmbəˈriː] *das,* internat. Pfadfindertreffen.

Jambus, Iambus, griech. Versmaß aus kurzer und langer Silbe.

Jambuse *die,* **Rosen|apfel,** wohlschmeckende Frucht einer indischen Myrtengewächsgattung.

James [dʒeɪmz], **1)** Henry, Bruder von 2), amerikan. Erzähler, * 1843, † 1916; entwickelte den psycholog. Realismus zu höchster Vollendung. – **2)** William, amerikan. Philosoph, Psychologe, * 1842, † 1910; Vertreter des → Pragmatismus.

James Bond [dʒeɪmz -], Geheimagent (»007«) in Romanen von Ian Fleming (* 1908, † 1964); die J.-B.-Serie wurde zum Klassiker des Agentenfilms.

James Grieve [ˈdʒeɪmz ˈgriːv], mittelgroßer, saftiger Tafelapfel mit sonnenwärts hellrot geflammter Schale.

Jammu [ˈdʒæmuː], Stadt im ind. Staat J. und Kaschmir, 215 000 Ew.; Winterhptst. des Gliedstaats; Kunsthandwerk.

Jamnagar [ˈdʒɑːmnəgə], Stadt im Staat Gujarat, Indien, 342 000 Ew.; Univ.; ✈.

Jamnitzer, Wenzel, österreichischer Goldschmied und Ornamentstecher, * 1508, † 1585 oder 1588; Meister der dt. Renaissance (Trink- und Prunkgefäße).

Jamsession [ˈdʒæmˈseʃn] *die,* improvisiertes Spielen von Jazzmusikern.

Jamshedpur [ˈdʒɑmʃedpʊə], Stadt in Indien, westl. von Kalkutta, 461 000 Ew.; kath. Bischofssitz; Mittelpunkt der indischen Schwerindustrie.

Emil Jannings

Janosch

Jämtland, Prov. im südl. N-Schweden; wald- und seenreiches Gebirgsland, 133400 Ew.; Hptst. Östersund.

Janáček ['jana:tʃɛk], Leoš, tschech. Komponist, * 1854, † 1928; schrieb, von der mähr. Volksmusik angeregt, Opern (»Jenufa«, 1904; »Katja Kabanová«, 1921), Chor- und Orchesterwerke, Kammermusik u. a.

Jandl, Ernst, österr. Schriftsteller, * 1925; Gedichte, experimentelle Lyrik, Hörspiele; erhielt 1984 den Georg-Büchner-Preis.

Jangtsekiang *der,* amtl. **Chang Jiang** [tʃaŋ dʒjaŋ], größter und wichtigster Strom Chinas, fließt vom Hochland von Tibet zum Ostchin. Meer; rd. 6300 km lang, 2800 km schiffbar; früher oft verheerende Überschwemmungen; im J.-Delta der Hafen Schanghai; Großkraftwerke; seit 1994 Drei-Schluchten-Staudamm (größter Staudamm der Erde) im Bau.

Janitscharen *Pl.,* frühere Kerntruppe des osman. Sultans, urspr. aus zum Islam übergetretenen christl. Kriegsgefangenen und der christl. Jugend der Balkanprov. gebildet; **J.-Musik,** türk. Militärmusikkapelle.

Jan Mayen, norweg. Vulkaninsel, nordöstl. von Island; 380 km² groß, bis 2277 m hoch; Wetter- und Radarstation.

Jänner *der,* österr.: Januar.

Jannings, Emil, dt. Schauspieler, * 1884, † 1950; Theater, Film (»Der blaue Engel«, 1930).

Janosch, eigentl. Horst **Eckert,** dt. Schriftsteller, Maler, * 1931; v. a. Kinderbücher.

Janowitz, Gundula, dt. Sängerin (Sopran), * 1937; seit 1962 an der Wiener Staatsoper.

Jansenismus *der,* kath. Richtung im 17. bis 18. Jh., die die Gnadenlehre Augustins entgegen der Kirchenlehre im Sinne einer Gnadenauffassung überspitzte, die die göttl. Gnade als (gegenüber dem fast bedeutungslos gewordenen freien menschl. Willen) »unwiderstehlich« verstand; benannt nach dem niederländ. Bischof Cornelius **Jansen** (* 1585, † 1638). Hauptsitz der **Jansenisten** war das 1710 zerstörte Kloster Port Royal bei Versailles.

Janssen, Horst, dt. Zeichner und Grafiker, * 1929, † 1995; sarkast. figürl. Darstellungen und Porträts (zahlreiche Selbstbildnisse); Illustrationen zu literar. Vorlagen und eigenen Texten.

Januar [nach Janus], der 1. Monat des Jahrs, 31 Tage.

Janus, röm. Gott des (örtl. und zeitl.) Eingangs, der Türen und Tore, deren 2 Seiten in der Doppelgesichtigkeit **(J.-Kopf)** dargestellt wurden.

Daten zur Geschichte Japans

um 400 n. Chr.	Chinesische Kultur dringt nach Japan vor (Übernahme der Schriftzeichen)
6. Jh.	Der Buddhismus breitet sich in Japan aus
646	Taikareformen, Aufbau einer zentralist. Verwaltung
8. Jh	Narazeit (710 bis 784), Nara wird erste japanische Hauptstadt
1192	Minamoto no Yoritomo wird erster Shōgun. Im Shogunat (bis 1868) war der Shōgun de facto der Herrscher, nicht der machtlose Tenno (Kaiser)
1274	Abwehr der Mongolen unter Kubilai Khan, auch dessen zweiter Invasionsversuch scheitert 1281
1542/43	Portugiesische Seefahrer gelangen nach Japan, in ihrem Gefolge kommen christliche Missionare
17. Jh.	Verbot des Christentums, Abschließung Japans, Japaner dürfen das Land nicht mehr verlassen
1639	Portugiesen erhalten Einreiseverbot
1641	Niederländ. Händler dürfen als einzige Europäer in Japan landen (nur auf der Insel Dejima im Hafen von Nagasaki)
1854	Commodore M. C. Perry von der US-Marine erzwingt die Öffnung von zwei Häfen zur Versorgung
1868	Rücktritt des letzten Tokugawa-Shōguns, Kaiser Mutsuhito besteigt als Meiji-tennō den Thron und verlegt 1869 seine Residenz nach Edo, das in Tokio umbenannt wird; Umgestaltung von Staat, Wirtschaft und Armee (Meijireformen)
1894/95	Krieg gegen China, Gewinn von Formosa (Taiwan)
1904/05	Russisch-Jap. Krieg, Japan wird Großmacht
1910	Annexion Koreas
1914	Japan besetzt das dt. Pachtgebiet Kiautschou; vom Völkerbund erhält es dann auch das Mandat über die ehem. deutschen Kolonien Karolinen, Marianen und Marshall-Inseln
1931	Besetzung der Mandschurei, Bildung von Mandschukuo
1937–1945	Jap.-Chin. Krieg
1941	Jap. Überfall auf Pearl Harbor, Krieg mit den USA, Großbritannien, Frankreich, den Niederlanden
1945	Amerikan. Atombombenabwürfe auf Hiroshima und Nagasaki (6./9. 8.), bedingungslose jap. Kapitulation, Japan wird von amerikan. Truppen besetzt
1946	Friedensvertrag von San Francisco mit den USA
1960	Sicherheitsvertrag mit den USA
1989	Kaiser Akihito besteigt den Thron
1993	Wahlniederlage der LDP
1996	Hashimoto Ryutaro wird im Januar Min.-Präsident

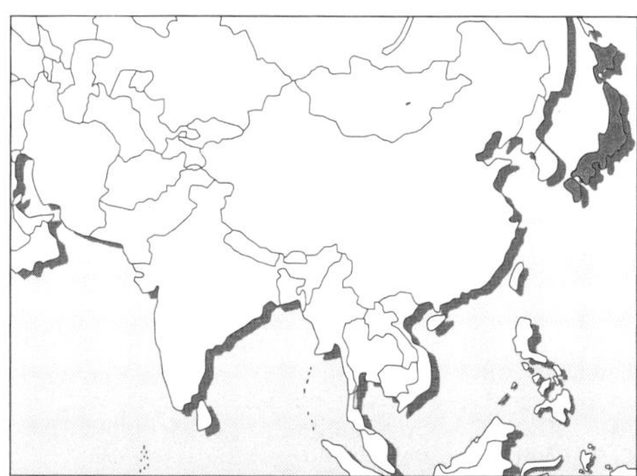

Japan, japanisch **Nippon,** Kaiserreich in O-Asien, 377801 km², 124,49 Mio. Ew.; Hptst. Tokio.

Verfassung von 1947: Der Kaiser (Tenno) ist Staatsoberhaupt mit ausschließlich repräsentativen Aufgaben. Die Souveränität liegt beim Volke; Gesetzgebung durch Unterhaus und Oberhaus; vollziehende Gewalt bei der vom Parlament gewählten und ihm verantwortl. Regierung. – Verwaltungsgliederung in 43 Präfekturen (Provinzen).

Landesnatur. J. ist eine dem ostasiat. Festland vorgelagerte Inselgruppe (rd. 3900 Inseln). Hauptinseln: Hokkaidō, Honshū, Shikoku, Kyūshū. Die Inseln sind waldreich und gebirgig, mit buchtenreichen Küsten. Rd. 240 Vulkane (36 tätige); am höchsten der Fujisan (3776 m); zahlreiche heiße Quellen, darunter Geysire; häufig Erdbeben. Klima: Im S warme, im N mäßig warme Sommer; kühle bis kalte Winter. Reiche Niederschläge; Monsunwinde, im S häufig Taifune.

Bevölkerung. Meist Japaner; gering ist der Anteil der Ainu; im S größte Bev.-Dichte. Religion: überwiegend Shintoismus und Buddhismus; etwa 1 % Christen.

Wirtschaft. Anbau auf rd. 14 % der Fläche: Reis, Getreide, Kartoffeln, Süßkartoffeln, Südfrüchte, Zuckerrohr, Tee, Tabak u. a.; Viehzucht (Schweine, Rinder); bedeutender Fisch- und Walfang; Seidenraupenzucht; Forstwirtschaft. Die Bergbauförderung (Kohle, Eisen, Zink, Gold, Silber, Erdöl, Erdgas u. a.) reicht für den Bedarf nicht aus. Energieerzeugung durch Wasser- und Wärmekraftwerke. J. ist stark industrialisiert: Eisen- und Stahl-, Maschinenind., Kraftfahrzeug-, Lokomotiv- Schiffbau, elektrotechn. und elektron., opt., feinmechan., Textil-, chem. Ind. Ausfuhr: elektr. Maschinen und Apparate, Unterhaltungselektronik, Eisen und Stahl, Kfz, Chemikalien, Fischereierzeugnisse; Einfuhr: Nahrungsmittel, Rohstoffe; Haupthandelspartner: USA, europ. und asiat. Länder. Eisenbahn rd. 27000 km, Hauptlinie Tokio–Ōsaka. J. ist eine der führenden Schifffahrtsnationen. Hauptseehäfen: Kōbe, Yokohama, Nagoya, Ōsaka; internat. ✈: Tokio, Ōsaka.

Japaner, Staatsvolk Japans, Mischvolk aus Mongolen, Tungusen, Koreanern, Chinesen, Ainu (Urbevölkerung Japans) u. a., seit langem in einer ethn. Einheit verschmolzen.

Japanische Kirschen, eine Gruppe von Zierkirschen, die v. a. von der Jap. Bergkirsche abstammen; weiße bis tiefrosafarbene, gefüllte Blüten.

japanische Kunst. Wesentl. Impulse zur Entfaltung seiner Kunst erhielt Japan v. a. von China (Übernahme der chin. Kultur und Schrift, Einführung des Buddhismus im 6. Jh.), aber auch von Korea. In der Baukunst überwog die Verwendung von Holz; Tempel-Holzbauten, z. B. der Hōryūji in Nara (7. Jh.), sind die ältesten der Welt. Malerei und Schreibkunst entstanden um 700. Tuschmalereien auf Goldgrund, bes. Wandschirme, Bildrollen (Makimono) und Schiebetüren, und seit dem 18. Jh. Farbholzschnitte herrschen vor. In der Plastik wurden Buddhas, Bodhisattvas u. a. Gottheiten aus Bronze, Holz, Trockenlack und Ton gearbeitet, außerdem Masken und Kleinplastiken (→ Netsuke). Zum Kunsthandwerk gehören die auf chin. Tradition zurückgehende Lackkunst (Schreibkästen u. Ä.), Teegeräte und die seit dem 17. Jh. durch sparsame Emailmalereien verzierten Porzellane. Die Metallbearbeitung galt neben frühen Bronzegefäßen (v. a. für die Teezeremonie) der künstler. Gestaltung der Waffen, z. B. der Schwertstichblätter (Tsuba).

japanische Literatur. Die bekanntesten Formen der jap. Lyrik sind Tanka und Haiku. Zu den Gattungen der Prosadichtung zählen u. a. Monogatari (Sagen- und Geschichtserzählung), Nikki (Tagebuch) und Zuihitsu (Essay). Traditionelle Formen des Theaters sind Nō und Kabuki sowie das Bunraku-Puppenspiel. Seit der Mitte des 19. Jh. nahm die j. L. auch Einflüsse westl. Literatur auf.

Japanisches Meer, Meer zw. Ostsibirien und den jap. Inseln Honshū und Hokkaidō sowie der Insel Sachalin.

japanische Sprache und Schrift, mehrsilbiges Vokabular; die Herkunft der Sprache ist noch ungeklärt. Schrift: Mischschrift aus chin. Wortzeichen und jap. Silbenzeichen; man schreibt von oben nach unten und von rechts nach links, heute auch von links nach rechts in Querzeilen.

Japanpapier → Reispapier.

Japanseide, reinseidenes, unbeschwertes Gewebe in Taftbindung.

Jargon [ʒarˈgɔ̃] *der,* Sondersprache bestimmter Gesellschaftskreise oder Berufe.

Jaroslawl, russ. Gebietshptst., beiderseits der Wolga, 635 000 Ew.; Univ.; Ind.stadt. Bahnknotenpunkt. – 1024 gegr., im 13. Jh. Hptst. des Kiewer Teilfürstentums J.; Erlöserkloster (16./17. Jh.), zahlreiche Kirchen des 17. Jh. (Eliaskirche u. a.).

Alexej Jawlensky. Dame mit Fächer (1909)

Jarry [ʒaˈri], Alfred, frz. Schriftsteller, * 1873, † 1907; Vorläufer des absurden Theaters.

Jaruzelski [jaruz-], Wojciech, poln. General und Politiker, * 1923; 1981 bis 1985 Min.-Präs., 1981 bis 1989 Erster Sekretär des ZK der Poln. Vereinigten Arbeiterpartei, Dez. 1981 bis Dez. 1982 auch Vors. des regierenden Militärrats, 1989 bis 1990 Staatspräsident.

Jasmin *der,* **1) Echter J.,** Gattung der Ölbaumgewächse; Sträucher, meist in wärmeren Ländern, mit trichterförmigen, wohlriechenden gelben oder weißen Blüten; in S-Frankreich z. T. zur Parfümherstellung angebaut **(J.-Öl);** Gartenpflanzen. – **2) Winter-J.,** winterharter, ab Januar blühender, bis 3 m hoher Strauch mit kleinen, gelben Blüten.

Jasmund, Teil der Halbinselkette im NO der Insel Rügen, Meckl.-Vorp.; in der Stubbenkammer 122 m hoch; Nationalpark.

Jason → Iason.

Jaspers, Karl, dt. Philosoph, * 1883, † 1969; neben Heidegger führender Vertreter der Existenzphilosophie. »Philosophie« (1932), »Von der Wahrheit« (1947).

Jaspis *der,* Mineral, trüber, durch Fremdbeimengungen gefärbter Chalcedon.

Jassy, rumän. **Iași** [ˈjaʃi], rumän. Stadt westl. des Pruth, 339 900 Ew.; Univ.; Textil-, Kunststoff-, Pharmaind.; 1565 bis 1862 Hptst. des Fürstentums Moldau; zahlreiche Kirchen und Klöster.

Jatagan *der,* gebogener Säbel der Janitscharen.

Jauche *die,* flüssiger Stalldünger (Gülle).

Jauer, poln. **Jawor,** Stadt in der poln. Wwschaft Legnica, 25 400 Ew.; Landmaschinenbau, Nahrungsmittelindustrie.

Jaufen, → Alpen (Alpenpässe, ÜBERSICHT).

Jaunde → Yaoundé.

Jaurès [ʒɔˈrɛs], Jean, frz. Politiker, Philosoph, * 1859, † (ermordet) 1914; trat für dt.-frz. Verständigung ein.

Jause *die,* österr.: Vesper.

Java, wichtigste der Großen Sunda-Inseln Indonesiens, mit Madura 118 000 km², 99,85 Mio. Ew. (rd. ²/₃ der Ew. Indonesiens); fruchtbar; gebirgig außer im N und O (Vulkane). Klima: tropisch und niederschlagsreich, im O Trockenzeit. Anbau (z. T. Bewässerung): Reis, Maniok, Mais; meist in Plantagen: Kaffee, Tabak, Kautschuk. ⚒ auf Mangan, Phosphate, Gold. Auf J. liegt die Hptst. Jakarta. Dichtestes Eisenbahn- und Straßennetz Indonesiens, Mittelpunkt des Seeverkehrs. – J. wurde 1596 niederländ., war 1811 bis 1816 von Briten, 1942 bis 1945 von Japanern besetzt, ist seit 1945 ein Teil Indonesiens.

Jawlensky, Alexej von, russ. Maler, * 1864, † 1941; gehörte zur Künstlergruppe Blauer Reiter; expressionist., später bis zur Abstraktion reduzierte Bilder.

Jazz [dʒæz] *der,* um 1900 unter der schwarzen Bev. Nordamerikas aus geistl. (Spirituals) und weltl. (Blues, Arbeitslieder) Gesängen entstandene Musikrichtung. Der J. verwendet europ. Harmonik, europ.-afrikan. Melodik und afrikan. Rhythmik, bei der die Melodieakzente zw. das durch den Grundschlag (Beat) gegebene metr. Gerüst fallen. Seine Eigenart besteht in der **Improvisation** (dem Abwandeln und Umspielen der Melodie), der starken Betonung des Rhythmus sowie dem häufigen Gebrauch von Synkopen. Er wird gespielt von der **J.-Band,** die bei kleinerer Besetzung **Combo,** bei größerer **Bigband** heißt. Die J.-Band besteht gewöhnlich aus einer Rhythmusgruppe (Schlagzeug, Bass, Klavier, Gitarre, Banjo), auf deren Rhythmus- und Harmoniengerüst die Instrumente der Melodiegruppe das **Arrangement** spielen und anschließend improvisieren (z. B. Saxophon, Posaune, Trompete, Klarinette, Vibraphon). Dem frühesten **J.-Stil,** dem **New-Orleans-J.,** folgte in den 1920er-Jahren der von Weißen geschaffene **Dixielandjazz,** dem die rhythm. und harmon. Eigenheiten des negroiden J.

Japan

Staatswappen

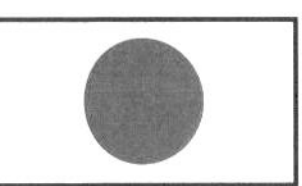

Staatsflagge

Internationales Kfz-Kennzeichen

japanische Kunst Farbholzschnitt von Suzuki Harunobu (um 1770)

Jemen

Staatswappen

Staatsflagge

Internationales Kfz-Kennzeichen

Jean I.

Jean Paul
Ausschnitt aus einem zeitgenössischen Gemälde

Boris Jelzin

urspr. fehlten. In den 1930er-Jahren folgte der u.a. durch bes. melodisch-rhythm. Spannung charakterisierte **Swing,** in den 1940er-Jahren der **Bebop** mit seiner nervösen Rhythmik und Melodik und in den 1950er-Jahren der **Cooljazz,** der u.a. durch entspannte Spielweise gekennzeichnet ist. Die 1960er-Jahre waren von 2 Richtungen des modernen J. geprägt, vom rhythmisch intensiven **Hardbop** und vom **Freejazz,** der die Formelemente (Rhythmus, Melodik, Harmonik) des J. zugunsten einer freien Gestaltung des Musikstücks aufhebt. Verbindungen des J. mit Formen der Pop-, Beat- und Rockmusik, des Soul, der klass. sowie der elektron. und exot. (bes. ind.) Musik werden in den 1970er-Jahren als **J.rock** bezeichnet. **J.dance,** Form des zeitgenöss. Kunsttanzes.

Jean I. [ʒã -], seit 1964 regierender Großherzog von Luxemburg, * 1921, ∞ seit 1953 mit Prinzessin Josephine Charlotte von Belgien.

Jeanne d'Arc [ʒan'dark], → Jungfrau von Orléans.

Jean Paul [ʒã -], eigentl. Johann Paul Friedrich **Richter,** dt. Dichter, * 1763, † 1825. Seine Erzählungen und Romane von hoher sprachl. Gestaltungskraft reichen von humorvoller Idyllik bis zu trag. Größe. »Schulmeisterlein Wuz« (1790/91), »Hesperus« (1795), »Quintus Fixlein« (1795), »Siebenkäs« (1796), »Titan« (1800/03), »Flegeljahre« (1804/05).

Jeans [dʒi:nz] *Pl.,* **Bluejeans, Blue J.** ['blu:-], lange enge Hosen aus (meist blauem) Baumwollköper.

Jedermann, allegor. Schauspiel aus dem MA., das Spiel vom reichen Mann im Augenblick des Todes; bearbeitet u.a. von H. von Hofmannsthal (1911).

Jeep [dzi:p] *der,* meist offener, geländegängiger Kraftwagen mit Vierradantrieb.

Jefferson ['dʒefəsn], Thomas, 3. Präs. der USA (1801 bis 1809), * 1743, † 1826; Verfasser der Unabhängigkeitserklärung von 1776, war Gouv. von Virginia, Gesandter in Frankreich, Staatssekr. des Auswärtigen; gründete die Demokrat. Partei.

Jehova → Jahwe.

Jekaterinburg, 1924 bis 1991 **Swerdlowsk,** russ. Gebietshptst. im Mittleren Ural, 1,36 Mio. Ew.; Univ., Hochschulen, Hüttenind., Schwermaschinenbau, Metallverarbeitung, chem. Ind., westl. Ausgangspunkt der Transsibir. Bahn; ✈.

Jelängerjelieber *der,* → Geißblatt.

Jelenia Góra [- 'gura], → Hirschberg i. Rsgb.

Jelinek, Elfriede, österr. Schriftstellerin, * 1946; Werke zur Frauenemanzipation.

Jellinek, Georg, dt. Jurist, * 1851, † 1911; vereinigte philosoph., histor. und jurist. Denken, maß zugleich den sozialen und polit. Gegebenheiten rechtswandelnde Wirkung zu, schrieb u.a. »Allg. Staatslehre« (1900).

Jelling, Ort bei Vijle, Dänemark, 5 600 Ew.; bekannt durch den Fund zweier Runensteine des 10. Jh., deren Ornamentik (Drachenköpfe) namengebend für einen Stil der Wikingerkunst wurde.

Jelzin, Boris Nikolajewitsch, russ. Politiker, * 1931; wurde 1989 Abgeordneter des Kongresses der Volksdeputierten und Mitglied des Obersten Sowjets der UdSSR. 1990/91 Vorsitzender des russ. Obersten Sowjets (Staatsoberhaupt der RSFSR), im Juni 1991 zum Präs. Russlands gewählt; 1991/92 auch Min.-Präs.; organisierte den Widerstand gegen den Putsch orth.-kommunist. Kräfte im Aug. 1991 und entmachtete nach dessen Scheitern die KPdSU; führend an der Gründung der GUS im Dez. 1991 beteiligt; leitete wirtschaftl. Reformen (Übergang zur Marktwirtschaft) ein; setzte sich im Machtkampf mit altkommunist. und nationalist. Kräften des Parlaments 1993 mithilfe des Militärs durch (Erstürmung des Parlaments, Parlamentsreform, wachsender Einfluss des Militärs). Bei den Parlamentswahlen 1996 wurde J. im Amt bestätigt.

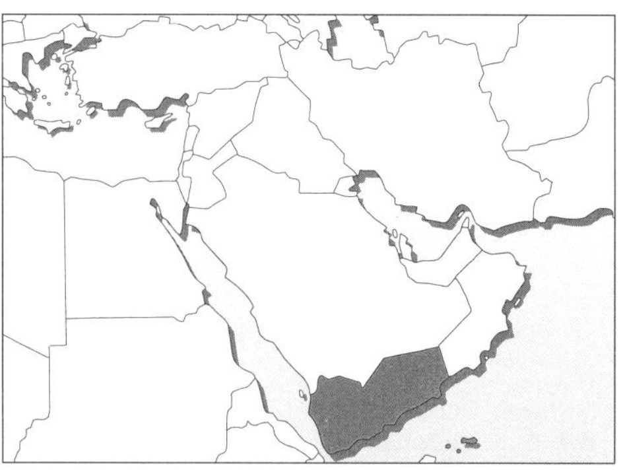

Jemen, Rep. im SW und S der Arab. Halbinsel, 527 968 km², 12,54 Mio. Ew.; Hptst. Sana; Amtssprache: Arabisch. – Getreideanbau, nomad. Viehzucht, Baumwollanbau, in den Oasen Dattelpalmen; Handel, Kunsthandwerk. Der Kaffeeanbau ging zugunsten des Anbaus des Kathstrauchs zurück. – Seit 1517 gehörte J. zum Osman. Reich. Nach 1890 verstärkte getrennte Entwicklung von Nord- und Süd-Jemen. **Nord-J.:** 1918 Umwandlung des Imamats in ein Kgr.; 1945 Gründungsmitglied der Arab. Liga, 1958 bis 1961 föderatives Mitglied der Vereinigten Arab. Rep.; 1962 Ausrufung der Arab. Rep. J. – **Süd-J.:** gehörte 1839 bis 1937 als Protektorat zu Brit.-Indien, 1947 brit. Kronkolonie, 1963 Beitritt als Staat »Aden« zur Südarab. Föderation, seit 1970 Demokrat. Rep. J. 1990 kam es zum Zusammenschluss beider J. Staatsoberhaupt: Ali Abdullah Saleh seit Mai 1990. Aus den Kämpfen zw. süd- und nordjemenit. Truppenteilen (1994) ging der N als Bewahrer der Einheit als Sieger hervor.

Jena, Stadt in Thür., im Saaletal, 103 500 Ew.; Univ. (1548/57 gegr.), Forschungsinstitute, Sternwarte, Glaswerk, feinmechan.-optisch-elektron. Ind. In der **Doppelschlacht von J. und Auerstedt** am 14. 10. 1806 Sieg Napoleons I. über Preußen.

Jenaler Glas, gegenüber Temperaturwechseln und chem. Angriffen widerstandsfähiges Glas für opt. Zwecke, Labor- und Haushaltsgeräte; von O. Schott in Jena entwickelt.

Jenakijewo, Stadt im Donezbecken, Ukraine, 117 000 Ew.; Steinkohlenbergbau, Eisenhüttenindustrie.

Jenatsch, Georg (Jürg), Graubündener Freiheitsheld, * 1596, † (ermordet) 1639; befreite 1637 Graubünden von den Franzosen.

Jenissej *der,* Strom in Sibirien, 4 092 km lang, ab Minussinsk schiffbar; Kraftwerk.

Jenner ['dʒenə], Edward, brit. Arzt, * 1749, † 1823; führte 1796 die erste erfolgreiche Pockenschutzimpfung mit Kuhpockenlymphe durch.

Jens, Walter, dt. Literaturwissenschaftler, Kritiker, Schriftsteller, * 1923; Erz., Romane, Hör- und Fernsehspiele, Essays. 1976 bis 1982 Präs. des P.E.N.-Zentrums der Bundesrep. Deutschland, seit 1989 Präs. der Berliner Akademie der Künste.

Jensen, Johannes Vilhelm, dän. Dichter, * 1873, † 1950; dem Symbolismus nahe stehende Romane; Nobelpreis 1944.

Jepsen, Maria, dt. ev. Theologin, * 1945; seit 1992 Bischöfin der Nordelb. Ev.-Luther. Kirche.

Jeremia, Prophet des A.T., * um 650, † nach 587 v. Chr.; verkündete den Untergang des Reichs Juda. Das bibl. **Buch J.** ist keine literar. Einheit, sondern eine Sammlung versch. Texte.

Jerewan, früher **Eriwan,** Hptst. Armeniens, am Rasdan, 1,2 Mio. Ew.; Univ., Hochschulen; Maschinenbau, Elektro- und chem. Ind., Weinbrandherstellung;

internat. ✈. - J. wird auf die urartäische Festung Erebuni (8. Jh. v. Chr.; Ausgrabungen) zurückgeführt.

Jerez de la Frontera [xeˈrɛð ðe la frɔnˈtera], Stadt in Spanien, 187600 Ew.; Weinbau (Sherry). 711 Sieg der Araber über die Westgoten. Bauten u.a. aus maur. Zeit, Renaissance, Barock.

Jericho, Oasenstadt im Jordantal, unweit vom Toten Meer; 7000 Ew.; Bewässerungsfeldbau; eine der ältesten Städte der Welt (um 7000 v. Chr.); seit Mai 1994 Zentrum des palästinens. Autonomiegebiets.

Jerichorose, Kreuzblütler des östl. Mittelmeeres, ballt sich in der Trockenzeit zusammen, entfaltet sich bei Befeuchtung.

Jerne, Nils Kai, dän. Mediziner, * 1911, † 1994; für immunbiolog. Forschungen 1984 Nobelpreis für Physiologie oder Medizin zus. mit C. Milstein und G. Köhler.

Jerobeam, Könige von Israel: **1) J. I.,** 926 bis 907 v. Chr., wurde nach Salomos Tod König, trennte Israel polit. und kulturell von Juda. - **2) J. II.,** 787 bis 747 v. Chr.

Jérôme Bonaparte [ʒeˈroːm bɔnaˈpart], jüngster Bruder Napoleons I., * 1784, † 1860; war 1807 bis 1813 König von Westfalen mit Residenz in Kassel (»König Lustig«).

Jersey [ˈdʒəːzɪ], die größte der brit. Normann. Inseln (Kanalinseln), 116 km², 80200 Ew.; Hptst. Saint-Hélier; Amtssprache Französisch; Gemüseanbau, Fremdenverkehr.

Jersey [ˈdʒœːrzɪ] *der,* **1)** gewebeähnl. Wirk- oder Strickware. - **2)** Kreppgewebe aus Seide oder Chemiefaser.

Jersey City [ˈdʒəːzɪ ˈsɪtɪ], Hafenstadt in New Jersey, USA, am Hudson River gegenüber New York, 228500 Ew.; Erdölraffinerien, chem., elektrotechn. u.a. Ind.; ✈.

Jerusalem, Hptst. von Israel, im Bergland von Judäa, 578800 Ew.; Wallfahrtsort der Christen, Juden und Muslime. J. liegt auf einer wasserarmen Kalkhochebene. Die alte, von einer Ringmauer umschlossene Stadt besteht aus dem christl. Viertel mit der Grabeskirche und der »Via Dolorosa«, der dt. ev. Erlöserkirche, vielen Klöstern, dem islam. Viertel mit dem Felsendom und der Al-Aksa-Moschee auf dem Tempelberg, dem jüd. und dem armen. Viertel. Die heilige Stätte der Juden ist die 400 m lange Westmauer des ehem. Tempels (Klagemauer). Die Altstadt von J. wurde zum Weltkulturerbe erklärt. Außerhalb der Ringmauer sind mehrere Vorstädte, christl. Viertel und jüd. Niederlassungen entstanden. J. ist Sitz von Bischöfen aller christl. Bekenntnisse, hat Hebr. Universität, muslim. theolog. Fakultät.

J., schon im 19. Jh. v. Chr. erwähnt, wurde von David 1004 v. Chr. erobert und zur Hptst. seines Reichs gemacht, 587 von Nebukadnezar zerstört, später wieder aufgebaut, seit 63 v. Chr. römisch, 70 n. Chr. von Titus gänzlich zerstört, nach 135 von Hadrian wiederhergestellt. Seit 326 christlich, wurde J. 637 von den Arabern eingenommen. 1099 wurde es von den Kreuzfahrern erobert, war dann Hptst. des **Königreichs J.** bis 1187, als Sultan Saladin die Stadt einnahm. Seit 1244 stand J. ununterbrochen unter der Macht des Islam; seit 1517 türkisch. 1917 besetzten die Briten die Stadt. 1920 Hptst. des brit. Mandats Palästina. Nach dem UN-Plan von 1947 sollte die Stadt internationalisiert werden, die Kämpfe im 1. Israel.-Arab. Krieg endeten mit der Teilung der Stadt, die Neustadt wurde 1950 vom israel. Parlament zur Hptst. erklärt, im Sechstagekrieg (1967) erfolgte die Besetzung des jordan. Teils von J. durch Israel; im Juli 1980 erklärte die Knesset ganz J. zur Hptst. Israels.

Jesaja, einer der großen Propheten des A.T., wirkte 736 bis 701 v. Chr.

Jesse, griech. Form für hebr. **Isai,** Vater des israelit. Königs David. **Wurzel J.,** bildl. Darstellung des Stammbaums Christi, der in dem ruhenden J. wurzelt.

Jeßner, Leopold, dt. Regisseur, * 1878, † 1945; Begründer einer antinaturalist. Spielweise.

Jesuiten, Gesellschaft Jesu, lat. **Societas Jesu,** Abk. **S. J.,** kath. Orden, 1534 von Ignatius von Loyola gegr., 1540 von Papst Paul III. bestätigt; 1773 bis 1814 aufgehoben, in Dtl. 1872 bis 1917 verboten. Hauptziele: Ausbreitung, Festigung und Verteidigung des kath. Glaubens durch Mission, Predigt, Seelsorge, Unterricht, wiss. Arbeit und geistl. Übungen (Exerzi-

Jena Stadtwappen

Jerusalem Stadtwappen

Jerusalem. Blick über den Tempelberg mit dem Felsendom (Goldkuppel) und der Al-Aksa-Moschee (silberne Kuppel) auf die Altstadt, im Hintergrund die Neustadt

tien). An der Spitze des Ordens steht der auf Lebenszeit gewählte General mit Sitz in Rom.

Jesuitenstaat, die Jesuitenmissionen am Paraná (→Paraguay, Geschichte).

Johannesburg
Stadtwappen

Jesuitentheater, Jesuitendrama, barockes Drama in lat. Sprache, das an Jesuitenschulen seit 1550 gepflegt wurde.

Jesus Christus [Jesus, griech. Umbildung des hebr. Eigennamens Jeschua »Jahwe ist Heil«; Christus, griech. »der Gesalbte«, Übersetzung des hebräischen Hoheitstitels Messias], zentrale Gestalt des →Christentums. Sein Geburtsjahr ist unbekannt (vor 4 v. Chr.?), der Ort ist vermutlich Nazareth, nach bibl. Überlieferung Bethlehem; er starb am Kreuz auf Golgatha, wohl 28/29 n. Chr. Sein Leben wird in der Heilsgeschichte (4 Evangelien) beschrieben. Seine Persönlichkeit wird auch von nichtchristl. Schriftstellern (Josephus, Tacitus) erwähnt. Sein erster Aufenthaltsort war Nazareth (Jesus von Nazareth). Im 30. Lebensjahr begann er, anknüpfend an den Bußprediger Johannes, seine öffentl. Wirksamkeit als Wanderlehrer in Galiläa, die 2 oder 3 Jahre gedauert hat. Er verkündete das Reich Gottes, forderte Sinnesänderung, Nächstenliebe, Hingabe an Gott, den allmächtigen, gütigen Vater. Seine Lehre brachte ihn bald in Ggs. zu den →Pharisäern und →Sadduzäern, die ihn mithilfe der röm. Behörde (des Prokurators Pilatus) kreuzigen ließen. Nach dem Apostol. Glaubensbekenntnis ist J. wahrer, ewiger Gott, zugleich wahrer Mensch, auferstanden von den Toten, von Gott zu sich erhöht.

Jiang Zemin

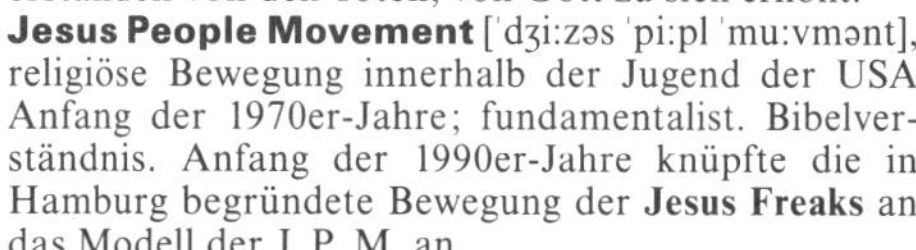

Jesus People Movement [ˈdʒiːzəs ˈpiːpl ˈmuːvmənt], religiöse Bewegung innerhalb der Jugend der USA Anfang der 1970er-Jahre; fundamentalist. Bibelverständnis. Anfang der 1990er-Jahre knüpfte die in Hamburg begründete Bewegung der **Jesus Freaks** an das Modell der J. P. M. an.

Jet [dʒet], engl. Bezeichnung für ein Flugzeug mit Strahltriebwerk.

JET [dʒet], Abk. für →Joint European Torus.

Jetlag [ˈdʒetlæg], Störung des biolog. Rhythmus aufgrund der mit weiten Flugreisen verbundenen Zeitverschiebungen.

Jetset [ˈdʒetset] *der,* wohlhabende internat. Gesellschaftsschicht, »jettet« von einem Vergnügungsort zum anderen.

Jetstream. Durch Wolken markierter Luftstrom über Ägypten und dem Roten Meer (Satellitenaufnahme; 1 Kena, 2 Assuan)

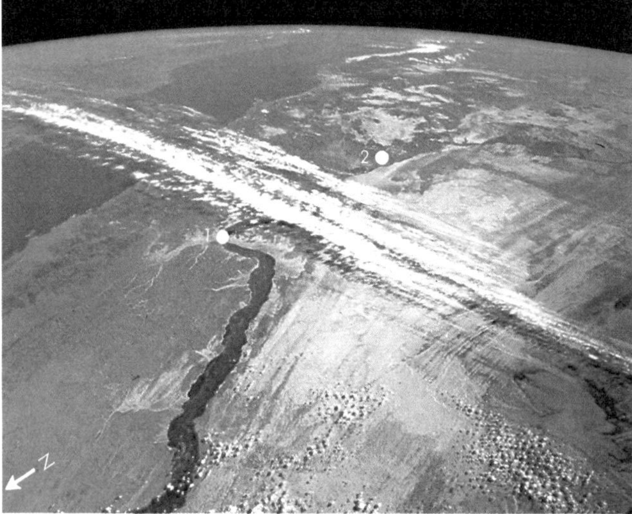

Jetstream [ˈdʒetstriːm] *der,* **1)** Strahlströmung, Zone max. Windgeschwindigkeit in 8 bis 12 km Höhe über der Erde; Kern mit Windgeschwindigkeiten von 150 bis 300, in Ausnahmefällen bis über 600 km/h. – **2)** ⚕ Unterwasserdruckstrahl für die Massagebehandlung; auch Gegenstromanlage für Schwimmbecken.

Jeunesse dorée [ʒœˈnɛs dɔˈre] *die,* vergnügungssüchtige, reiche Großstadtjugend.

Jeunesses musicales [ʒœˈnɛs myziˈkal], internat. Vereinigung zur musikal. Förderung der Jugend.

Jever, Stadt in Ndsachs., nordwestl. von Wilhelmshaven, 13 500 Ew.; Schloss (16. Jh.; Museum); Getreide-, Viehhandel, Großbrauerei.

Jewtuschenko, Jewgenij Aleksandrowitsch, russ. Schriftsteller, * 1933; Lyriker. »Babij Jar« (gegen Antisemitismus), »Mit mir ist folgendes geschehen« u. a.

Jhansi [ˈdʒaːnsɪ], Stadt im ind. Staat Uttar Pradesh, 313 000 Ew.; Bahnknotenpunkt, Handelszentrum.

Jiang Qing [dʒjaŋ tʃɪŋ], chin. Politikerin, * 1914, † 1991; ⚭ seit 1939 mit Mao Zedong, spielte eine bedeutende Rolle während der Kulturrevolution; 1981 zum Tode verurteilt, 1983 zu lebenslängl. Haft begnadigt.

Jiangxi, Kiangsi, Provinz in SO-China, 166 000 km², 37,7 Mio. Ew.; Hptst. Nanchang; Reis-, Teeanbau; alte Porzellanindustrie.

Jiang Zemin [dʒjaŋ -], chin. Politiker, * 1926; seit Juni 1989 Gen.-Sekr. der chin. KP, Mitglied des Politbüros; seit 1993 Staatspräsident.

Jiddisch, die seit dem 9. Jh. in Dtl. von den Juden aus dt. Mundarten, hebr. und slaw. Bestandteilen herausgebildete Mischsprache; geschrieben und gedruckt mit hebr. Schriftzeichen.

Jilin [dʒilɪn], **Kirin, 1)** chin. Stadt in der Prov. J., 1,27 Mio. Ew.; Endpunkt der Schifffahrt auf dem Sungari, Ind.; Verkehrsknotenpunkt. – **2)** Prov. in der Mandschurei, China, 187 400 km², 24,7 Mio. Ew.; Hptst. Changchun. – Waldiges Bergland, Holzwirtschaft und Pelztierjagd, ⚒ auf Eisenerz, Kohle, Ölschiefer und Molybdän.

Jiménez [xiˈmenɛθ], Juan Ramón, span. Lyriker, * 1881, † 1958; Nobelpreis 1956.

Jinan [ˈdʒ-], **Tsinan,** Hptst. der chin. Prov. Shandong, 2,39 Mio. Ew.; Univ.; Textilind., Ölmühlen.

Jingdezhen [dʒɪŋdedʒən], **Chingtechen,** früher **Fouliang,** Stadt in der Prov. Jiangxi, SO-China, 581 000 Ew.; seit dem 6. Jh. Zentrum der Keramikherstellung; Zement-, elektrotechn., chem. Industrie.

Jinnah [ˈdʒɪnɑː], Mohammed Ali, Gründer Pakistans (1947), * 1876, † 1948.

Jitterbug [ˈdʒɪtəbʌg], mod. Gesellschaftstanz, in den 1940er-Jahren in Amerika aus dem Swing entstanden.

Jiu-Jitsu *das,* →Jujutsu.

Joachim von Fiore, ital. Theologe, * um 1130, † 1202; Ordensgründer; deutete die Menschheitsgesch. als Zeitalter Gottes des Vaters (A. T.), des Sohnes (N. T.) und (als »Drittes Reich«) die bevorstehende Friedenszeit des Hl. Geistes.

João Pessoa [ˈʒu̯ãu̯m peˈsoa], Hptst. des brasilian. Staats Paraíba, 526 000 Einwohner.

Jobsharing [ˈdʒɔbˈʃɛːrɪŋ], Form der Teilzeitarbeit, bei der sich 2 oder mehr Mitarbeiter einen Arbeitsplatz teilen.

Joch *das,* **1)** Zuggeschirr für Ochsen, liegt auf der Stirn **(Stirn-J.)** oder dem Nacken **(Nacken-J.).** – **2)** ein Gespann Zugtiere. – **3)** früheres Feldmaß: so viel Land, wie ein Gespann (J.) Ochsen an einem Tag umpflügen kann (30 bis 65 a). – **4)** ⚒ viereckiger Rahmen zum Schachtausbau im Bergwerk. – **5)** ⊕ Sattel in einem Gebirgskamm, Pass. – **6)** ⌂ a) Abschnitt zw. 2 Pfeilern einer Brücke, b) in mehrschiffigen, durch Pfeiler oder Säulen gegliederten Räumen die jeweils durch 4 Stützen begrenzte Raumeinheit rechteckigen oder quadrat. Grundrisses; auch die dazugehörige Gewölbeeinheit.

Jochbein, Backenknochen, paariger Knochen unterhalb der Augen.
Jochum, Eugen, dt. Dirigent, * 1902, † 1987; Dirigent internat. bedeutender Orchester.
Jockey [ˈdʒɔkɪ] *der,* Rennreiter im Galoppsport.
Jod, Iod *das,* Symbol **I,** chem. Element aus der Gruppe der Halogene; OZ 53, relative Atommasse 126,905, D 4,93 g/cm³, Fp 113,5 °C, Sp 184,5 °C; fest schwarzbraun, gasförmig violett. J. ist löslich in Alkohol, Äther. Es ist im Chilesalpeter und in Meeresalgen enthalten. Mangel an J. in der Nahrung führt zu Schädigungen des menschl. und tier. Organismus. – **Silberjodid,** AgI, wird in der Fotografie verwendet.
jodeln, textlos mit schnellem Wechsel von Brust- und Kopfstimme singen.
Jodhpur [ˈdʒɔdpʊə], Stadt im ind. Staat Rajasthan, 668 000 Ew.; Univ.; Altstadt mit siebentoriger Stadtmauer; Eisen-, Messing- und Textil-Ind., Elfenbeinschnitzerei; ✧.
Jodl, Alfred, dt. Generaloberst, * 1890, † (hingerichtet) Nürnberg 1946; Generalstabsoffizier; seit 1939 Chef des Wehrmachtführungsstabs.
Jodrell Bank [ˈdʒɔdrəl bæŋk], bei Manchester, Standort eines der größten schwenkbaren Radioteleskope (Durchmesser 76,2 m).
Joel, israelit. Prophet um 300 v. Chr.
Joffre [ʒɔfr], Joseph, frz. Marschall, * 1852, † 1931; 1914 bis 1916 Oberbefehlshaber, entschied die Marneschlacht.
Joga, Yoga [Sanskrit »Anspannung«] *der,* in Indien entwickelte Praxis geistiger Konzentration, die durch völlige Herrschaft über den Körper den Geist befreien will **(J.-Philosophie).**
Jogging [ˈdʒɔgɪŋ], ⚐ leichter Dauerlauf in mäßiger Geschwindigkeit.
Jogjakarta [dʒɔgdʒaˈkarta], → Yogyakarta.
Jogurt, Joghurt *der* oder *das,* Sauermilch, aus eingedickter warmer Milch durch Bakterien erzeugt.
Johann, Fürsten: **Böhmen. 1) J. von Luxemburg,** * 1296, † (gefallen) 1346, König 1310 bis 1346; gewann Schlesien. – **Brandenburg. 2) J. Sigismund,** * 1572, † 1619, Kurfürst 1608 bis 1619; trat 1613 zur ref. Kirche über; erwarb 1614 Kleve, 1618 Ostpreußen. – **England. 3) J. ohne Land,** * 1167, † 1216, König 1199 bis 1216; verlor fast alle engl. Festlandsbesitzungen an Frankreich, musste seinen Baronen 1215 die → Magna Charta gewähren. – **Frankreich. 4) J. der Gute,** * 1319, † 1364, König 1350 bis 1364; musste 1360 ganz SW-Frankreich an England abtreten. – **Polen. 5) J. III. Sobięski,** * 1629, † 1696, König 1674 bis 1696; war 1683 beim Entsatz Wiens von den Türken beteiligt. – **Sachsen. 6) J. der Beständige,** * 1468, † 1532, Kurfürst 1525 bis 1532; Förderer der Reformation, gründete den → Schmalkaldischen Bund. – **7) J. Friedrich der Großmütige,** Sohn von 6), * 1503, † 1554, Kurfürst 1532 bis 1547; im Schmalkaldischen Krieg 1547 bei Mühlberg von Kaiser Karl V. gefangen genommen. – **8) J. Georg II.,** * 1585, † 1680, Kurfürst 1656 bis 1680; künstler. Blütezeit für Dresden. – **9) J.,** * 1801, † 1873, König 1854 bis 1873; Förderer der Wiss., übersetzte Dantes »Göttliche Komödie«.
Johanna die Wahnsinnige, Königin von Spanien, * 1479, † 1555, Gemahlin des Habsburgers Philipp des Schönen; Mutter Kaiser Karls V. und Ferdinands I.
Johannes, Heilige: **1) J. der Täufer,** Bußprediger, verkündete das nahe Messiasreich, taufte Jesus im Jordan; von Herodes Antipas enthauptet. Heiliger (Tag: 24. 6., → Johannisfest). – **2) J. der Evangelist,** Apostel, Sohn des Zebedäus, Bruder von Jakobus d. Ä., Jünger Jesu, nach der Überlieferung Verfasser des 4. Evangeliums, der J.-Apokalypse sowie der J.-Briefe; eines der Häupter der judenchristl. Gemeinde in Jerusalem; † Ephesos um 100 n. Chr.; Heiliger (Tag: 27. 12.); Sinnbild: Adler.
Johannes, Päpste: **1) J. XXII.** (1316 bis 1334), festigte das Papsttum in Avignon. – **2) J. XXIII.** (1410 bis 1415), wurde auf dem Konzil von Konstanz abgesetzt; gilt nur als Gegenpapst. – **3) J. XXIII.** (1958 bis 1963), vorher Angelo Giuseppe **Roncalli,** * 1881, † 1963; berief das II. Vatikan. Konzil ein.
Johannesburg, größte Stadt und Wirtschaftsmittelpunkt der Rep. Südafrika, inmitten der Goldfelder des Witwatersrand, 1 753 m ü. M., 1,62 Mio. Ew., Bahn- und Straßenknoten, internat. ✧; Univ., Sternwarte; Goldbergbau, Maschinenbau, Diamantschleiferei u. a. – 1886 gegr. als Goldgräberort.
Johannes Duns Scotus → Duns Scotus.
Johannesevangelium, das 4. Evangelium im N. T., das Jesus als das Fleisch gewordene Wort Gottes darstellt; Ende des 1. Jh. geschrieben.
Johannes Paul I., Papst (26. 8. bis 28. 9. 1978), vorher Albino **Luciani** [lutʃ-], * 1912, † 1978.
Johannes Paul II., Papst (seit 1978), vorher Karol **Wojtyła** [vɔjˈtiu̯a], * Wadowice (Wwschaft Kraków) 18. 5. 1920; 1964 Erzbischof von Krakau.
Johannes vom Kreuz, Juan de la Cruz [xu̯ˈan ðe la ˈkruθ], span. Mystiker und Dichter, * 1542, † 1591; Erneuerer des Ordens der → Karmeliter. Heiliger (Tag: 14. 12.).
Johannes von Nepomuk, Landespatron von Böhmen, * um 1350, † 1393; König Wenzel I. ließ ihn in Prag von der Karlsbrücke stürzen (»Brückenheiliger«, Tag: 16. 5.).
Johannisbeere, Gattung dornenfreier Beerensträucher. Die **Rote J.** hat grüne Blütchen und rote bis weißl., säuerl. Beeren, in Dtl. heimisch; ebenso die schwarz- und raubeerige **Schwarze J.** oder **Ahlbeere.**
Johannisbrot, Fruchthülsen des **J.-Baums,** eines am Mittelmeer heimischen, bis 10 m hohen immergrünen Hülsenfrüchtlers.
Johannisfest, am 24. 6. gefeiertes Geburtsfest Johannes' des Täufers, verbunden mit Volksbräuchen aus den alten Sonnenwendfeiern (Johannisfeuer, Feuerrad, Johanniskränze aus Heilkräutern u. a.).
Johanniskäfer, 1) Junikäfer, Art der Blatthornkäfer, 18 mm lang. – **2) Johanniswürmchen,** → Glühwürmchen.
Johanniskraut, Hartheu, harte, gelb blühende Staude; beim **Tüpfel-J.** mit durch Öldrüsen punktiert erscheinenden Blättern.
Johanniterorden, 1) geistl. Ritterorden, 1099 in Jerusalem gegr.; Tracht: schwarzer, im Krieg roter Mantel mit weißem Kreuz; Sitz seit 1310 Rhodos (daher **»Rhodiser«**), seit 1530 Malta (daher **»Malteser«**), dort bis 1798 selbstständig; im 19. Jh. meist Malteserorden genannt. – **2) Preußischer J.,** gestiftet 1812 als weltl. Adelsgenossenschaft (ev.), widmet sich seit 1853 der Krankenpflege.
Johann von Leiden, Führer der Wiedertäufer in Münster, * 1509, † (hingerichtet) 1536.
John [dʒɔn], engl. Form von Johannes. **J. Bull** [- ˈbʊl], Spitzname der Engländer.
Johns [dʒɔnz], Jasper, amerikan. Maler, Grafiker, Bildhauer, * 1930; trug entscheidend zur Entwicklung der Pop-Art bei.
Johnson, 1) [ˈjunsɔn], Eyvind, schwed. Schriftsteller, * 1900, † 1976; soziale Interessen und weite histor. Perspektiven; 1974 Nobelpreis. Romane: »Hier hast du dein Leben« (1934 bis 1937) u. a.; Novellen, Essays. – **2)** [ˈdʒɔnsn], Lyndon B., 36. Präs. der USA (Demokrat), * 1908, † 1973; wurde 1961 Vizepräs., war 1963 bis 1969 Präs. (1964 wieder gewählt). – **3)** [ˈdʒɔnsn], Samuel, brit. Schriftsteller und Gelehrter, * 1709, † 1784; letzter großer Vertreter des engl. Klassizismus. – **4)** [ˈjoːnzɔn], Uwe, dt. Schriftsteller, * 1934, † 1984; Romane: »Mutmaßungen über Jakob« (1959), »Das dritte Buch über Achim« (1961) u. a.
Joint [dʒɔɪnt] *der,* Haschischzigarette.

Papst Johannes XXIII.

Papst Johannes Paul I.

Papst Johannes Paul II.

Uwe Johnson

Jordanien

Staatswappen

Staatsflagge

Internationales Kfz-Kennzeichen

Joint European Torus [ˈdʒɔɪnt jʊərəˈpiːən ˈtɔːrəs], Abk. **JET,** gemeinsame europ. Fusionsforschungsanlage in Culham (Großbritannien) mit Tokamakanlage.

Jointventure [ˈdʒɔɪntˈventʃə], grenzüberschreitende vorübergehende Kooperation von selbstständigen Unternehmen.

Jókai [ˈjoːkɔi], Mór, ungar. Schriftsteller, *1825, †1904; mit Petőfi 1848 Führer der revolutionären Jugend.

Joker [ˈdʒəʊkə; engl. »Spaßmacher«] *der,* Austauschkarte in manchen Kartenspielen.

Joliot-Curie [ʒɔlˈjokyˈri], frz. Physikerehepaar: Frédéric (*1900, †1958) und Irène (*1897, †1956), Tochter von M. und P. Curie; entdeckten die künstl. Radioaktivität; erhielten gemeinsam 1935 den Nobelpreis für Chemie.

Joliotium *das,* Symbol **Jl,** chem. Element aus der Gruppe der Transurane; OZ 105; Name auf Beschluss der Nomenklaturkommission der IUPAC von bisher Hahnium in J. geändert.

Jolle *die,* ⚓ **1)** kleines festes Ruderboot, als Beiboot benutzt. – **2)** kleines offenes Sportsegelboot mit Schwert.

Jom Kippur, der jüdische →Versöhnungstag.

Jonagold, großer, süßfruchtiger Tafelapfel (Kreuzung aus Golden Delicious und Jonathan).

Jonas, Jona, israelit. Prophet im 8. Jh. v. Chr.; wurde mit der Hauptperson des **Buches J.** im A. T. identifiziert.

Jonas, 1) Franz, österr. Politiker (SPÖ), *1899, †1974; 1965 bis 1974 Bundespräs. – **2)** Hans, dt. Philosoph, *1903, †1993; Friedenspreis des dt. Buchhandels 1987. – **3)** Justus, Mitarbeiter Luthers, Prof. in Wittenberg, *1493, †1555.

Jonathan, mittelgroßer, süßsäuerl., roter Winterapfel; gut lagerfähig.

Jones [dʒəʊnz], **1)** Allen, brit. Maler und Objektkünstler, *1937; Vertreter der Pop-Art. – **2)** Inigo, engl. Baumeister, *1573, †1652; führte den Stil Palladios in England ein. – **3)** James, amerikan. Schriftsteller, *1921, †1977; Romane (»Verdammt in alle Ewigkeit«, 1951). – **4)** Leroi, amerikan. Schriftsteller, *1934; aktiver Vertreter der schwarzen Protestbewegung. – **5)** Quincy, amerikan. Jazzmusiker (Trompeter, Orchesterleiter, Komponist), *1933; eigene Bigbands, bekannt v. a. durch seine Filmmusiken.

Jong [jɔŋ], Erica, amerikan. Schriftstellerin, *1942; Romane (»Angst vorm Fliegen«, 1973), Erzählungen.

Jonkheer, Junker; niedrigste Adelsbezeichnung in den Niederlanden.

Jönköping [ˈjœntçøːpiŋ], Stadt in S-Schweden, am Vättersee, 113 600 Ew.; Zündholz-, Papier-, chem. Industrie; eine der ältesten Städte Schwedens.

Ben Jonson
Kupferstich

Jonson [ˈdʒɔnsn], Ben, englischer Dichter, *1572, †1637; neben Shakespeare der größte Dramatiker der elisabethan. Zeit, schrieb höf. Maskenspiele, Römertragödien und realist. Lustspiele, die die zeitgenöss. Missstände geißelten und menschl. Torheiten lächerlich machten.

Joplin, [ˈdʒɔplɪn], **1)** Janis, amerikan. Rock- und Bluessängerin, *1943, †1970; expressive weiße Interpretin des Blues. – **2)** Scott, amerikan. Pianist und Komponist, *1868, †1917; einer der Schöpfer des Ragtime.

Jordaens [jɔrˈdaːns], Jacob, fläm. Maler, *1593, †1678; gestaltete meist in großen Formaten sittenbildl., mytholog. und religiöse Themen.

Jordan *der,* Hauptfluss Palästinas (rd. 330 km lang), fließt vom Hermon durch den See Genezareth (von hier aus Wasserleitung Israels zum Negev) ins Tote Meer.

Jordan, Pascual, dt. Physiker, *1902, †1980; war maßgebend an der Ausbildung der Quantenmechanik beteiligt; physikal. Grundlagenforschung.

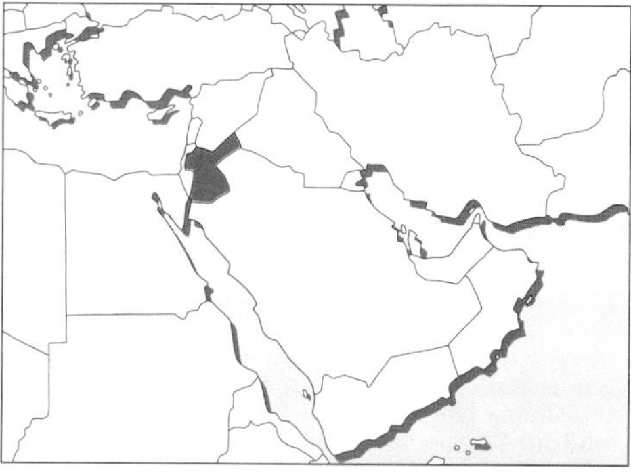

Jordanilen, konstitutionelle Monarchie in Vorderasien, 89 206 km², 4,29 Mio. Ew. (Araber; etwa 50% Palästina-Flüchtlinge); Hptst. Amman; Amtssprache: Arabisch. – J. umfasst das östl. des Jordan gelegene ehem. Emirat Transjordanien und Teile des mittleren Palästina (diese seit 1967 von Israel besetzt; 1988 offizieller Verzicht auf dieses Gebiet); etwa neun Zehntel des Landes sind Wüste oder Wüstensteppe. Anbau, z. T. mit künstl. Bewässerung: Getreide, Obst, Gemüse, Oliven; in der Steppe nomad. Viehzucht. Bodenschätze: Phosphate, Pottasche, Kalisalze. Fremdenverkehr. Haupthafen: Akaba; internat. ✈: Amman.

Geschichte. Früher Teil der Türkei; 1920 bis 1946 brit. Mandat Transjordanien; 1946 unabhängig; 1948 Bündnis mit Großbritannien (bis 1957). Mitglied der Arab. Liga; nahm 1948/49 an dem Krieg gegen Israel teil, erhielt im Waffenstillstand 1949 die Kontrolle über einen Teil Palästinas mit O-Jerusalem und gliederte sich dieses Gebiet an. Amtl. Name seit 1949 »Haschemitisches Königreich J.« (vom Namen des Königshauses). Im 3. Israel.-Arab. Krieg (Juni 1967) besiegte Israel J. und eroberte das Gebiet westl. des Jordans mit O-Jerusalem. In der Folge diente J. palästinens. Freischärlern als Operationsbasis gegen Israel. 1971 zerschlug die Armee die Palästinenserorganisationen. 1972 legte König Husain den Plan eines föderativen Staats für J. und die von Israel besetzten Gebiete vor. 1982 nahm J. Kontingente der aus Libanon abgezogenen Palästinenser auf. Im iran.-irak. Golfkrieg (1980 bis 1988) stand J. auf irak. Seite. Im 2. Golfkrieg (1991) zunächst neutral, dann zunehmend aufseiten des Iraks. Die im Juni 1991 angenommene Nat. Charta sieht ein Mehrparteiensystem mit bürgerl. und sozialen Grundrechten und v. a. der Gleichberechtigung der Palästinenser vor; Nov. 1993 erste freie Wahlen. Okt. 1994 Abschluss eines Friedensvertrags mit Israel. Staatsoberhaupt: König Husain II. (seit 1952).

Joschkar-Ola, Hptst. der Rep. Mari, Russ. Föderation; 248 000 Ew.; Univ., Maschinenbau.

Joseph, 1) Sohn Jakobs und der Rahel, von seinen Brüdern nach Ägypten verkauft, stieg dort zum höchsten Beamten auf. – **2)** der Mann Marias, der Mutter Jesu, Schutzheiliger der kath. Kirche (Tag: 19. 3.). – **3) J. von Arimathia,** Heiliger (Tag: 17. 3.), bestattete Jesus in einem Felsengrab.

Joseph, Herrscher: **Hl. Röm. Reich. 1) J. I.,** *1678, †1711; Kaiser 1705 bis 1711, setzte den Span. Erbfolgekrieg siegreich fort. – **2) J. II.,** *1741, †1790, wurde 1765 Kaiser und Mitregent seiner Mutter Maria Theresia, seit 1780 Alleinherrscher, erwarb für Österreich 1772 Galizien, 1775 die Bukowina. J. beseitigte als radikaler Reformer 1781 die bäuerl. Leibeigenschaft, gewährte Religionsfreiheit und hob die Klöster auf. – **Spanien. 3) J. Bonaparte,** *1768, †1844, König von Neapel 1806 bis 1808 und Spanien 1808 bis 1813, ältester Bruder Napoleons I.

Joséphine [ʒoze'fin], * 1763, † 1814; 1. Gemahlin Napoleons I. (seit 1796), 1804 Kaiserin, die kinderlose Ehe wurde 1809 geschieden.
Josephinismus, Josefinismus, von Kaiser Joseph II. in Österreich durchgeführtes Staatskirchentum, das die kath. Kirche vollständig der Staatshoheit unterstellte.
Josephsehe, Ehe, bei der die Ehegatten freiwillig die geschlechtl. Vereinigung ausschließen. Nach weltl. Recht ist eine derartige Vereinbarung nichtig.
Josephus Flavius, jüd. Geschichtsschreiber, * 37 oder 38 n. Chr., † um 100 n. Chr.; führend am jüd. Aufstand beteiligt, danach Günstling des Vespasian und des Titus; schrieb in griech. Sprache den »Jüd. Krieg«.
Jospin [ʒɔs'pɛ̃], Lionel, frz. Politiker, * 1937; 1981 bis 1988 und seit 1995 Vors. des Parti Socialiste (PS); seit Juni 1997 Ministerpräsident.
Josquin Desprez [ʒɔskɛ̃ de'pre], frankofläm. Komponist, * um 1440, † 1521; Messen, Motetten, weltl. Lieder u. a.
Jostedalsbre ['justəda:lsbre:] *der,* Gletscher in Norwegen, nördl. vom Sogne-Fjord, mit 486 km² größte Gletscherfläche des festländ. Europa.
Josua, israelit. Heerführer nach dem Tod des Moses; das **Buch J.** berichtet von ihm.
Jota *das,* → Iota.
Jotunheim, hochgebirgsartiges Gletschergebiet im südl. Norwegen, mit Glittertind (2472 m) und Galdhøpigg (2469 m).
Joule [dʒu:l; nach J. P. Joule] *das,* Einheitenzeichen J, abgeleitete SI-Einheit der Energie, der Arbeit und der Wärmemenge. Ihre Definition ist: $1\,J = 1\,N \cdot m = 1\,W \cdot s = 1\,kg \cdot m^2 \cdot s^{-2}$.
Joule [dʒu:l], James Prescott, brit. Physiker, * 1818, † 1889; bestimmte das mechan. Wärmeäquivalent.
Jour [ʒur] *der,* Tag, **J. fixe** [fiks], fester Wochentag für Treffen, Empfänge.
Journal [ʒur-] *das,* **1)** Tagebuch, Grundbuch in der Buchführung. – **2)** Zeitschrift.
Journalismus [ʒur-] *der,* schriftsteller. Tätigkeit für Presse, Rundfunk, Fernsehen, Wochenschau, Dokumentarfilm oder polit. und wirtschaftl. Werbung.
Journalist [ʒur-] *der,* alle bei Zeitungen, Nachrichtenagenturen, Rundfunk, Fernsehen u. a. tätigen Berichterstatter und Kommentatoren.
jovial, heiter, wohlwollend.
Joyce [dʒɔɪs], James, irischer Schriftsteller, * 1882, † 1941; entwickelte bes. in seinem Roman »Ulysses« (1922) eine Stilform, die die Dingwelt ganz in das Bewusstsein einbezieht, von starkem Einfluss auf den modernen Roman.
Joystick ['dʒɔɪstɪk] *der,* 💻 kleiner Steuerhebel, mit dem die Bewegung von Darstellungselementen auf dem Bildschirm gesteuert werden kann; v. a. bei Computerspielen.
jr., Abk. für lat. junior, der Jüngere.
Juan Carlos I. ['xuan-], König von Spanien (seit 1975), * 1938; ⚭ 1962 mit Prinzessin Sophie von Griechenland. Nach dem Tode Francos wurde er als König von Spanien inthronisiert, unterstützte den Demokratisierungsprozess in Spanien.
Juan de Austria ['xuan-], Don, span. Feldherr, natürl. Sohn Kaiser Karls V., * 1547, † 1578; siegte 1571 bei Lepanto über die Türken, 1576 bis 1578 span. Statthalter der Niederlande.
Juan Fernández ['xuan fɛr'nandes], chilen. Inselgruppe im Pazif. Ozean, insgesamt 187 km². Die Insel Más a Tierra (seit 1966 Robinsoninsel) war 1704 bis 1709 Aufenthaltsort A. Selkirks (→ Robinson Crusoe).
Juan-les-Pins [ʒyɑ̃le'pɛ̃], Kurort an der frz. Riviera, gehört zu Antibes.
Juárez García ['xuarɛs ɣar'sia], Benito, Präs. von Mexiko (1861 bis 1872), * 1806, † 1872; indian. Abstammung, übernahm 1858 die Reg., Gegenspieler des von

James Joyce. Ausschnitt aus einem zeitgenössischen Gemälde und Autogramm

den Franzosen eingesetzten Kaisers Maximilian, den er erschießen ließ.
Juba [dʒ-], **1)** arab. **Djuba** [dʒ-], Stadt in der Rep. Sudan, Hptst. der Provinz Ost-Äquatorial, 116 000 Ew.; Univ., Erzbischofssitz; Handels- und Umschlagplatz (Endpunkt der Nilschifffahrt). – **2)** *der,* Fluss in O-Afrika, rd. 1650 km lang, entsteht im SO Äthiopiens, mündet in den Ind. Ozean.
Jubeljahr, 1) jüd.: **Jobeljahr, Halljahr,** im A. T. alle 50 Jahre wiederkehrendes Jahr mit Sklavenbefreiung, Schulderlass. – **2)** kath.: Jahr, in dem für den Besuch der Hauptkirchen Roms vollkommener Ablass erteilt wird. 1300 für 100-jährige Wiederkehr eingesetzt, seit 1475 alle 25 Jahre (Heiliges Jahr).
Jubilate, 3. Sonntag nach Ostern.
Jubiläum *das,* Erinnerungsfeier nach Ablauf von 100, 50, 25 Jahren.
Jubilee ['dʒu:bɪli:], Bez. für eine religiöse Gesangsform der afroamerikan. Musik (dem Negrospiritual und dem Gospelsong verwandt).
Jud, Leo, schweizer. Reformator, Mitarbeiter Zwinglis, später Bullingers, * 1482, † 1542.
Juda [hebr. »Gottlob«], der 4. Sohn Jakobs von der Lea, legendärer Ahnherr des israelit. **Stamms Juda** (→ Israel).
Judäa, röm. Prov., umfasste 6 bis 41 n. Chr. auch Idumäa und Samaria, seit 67 n. Chr. auch Galiläa.
Judas, 1) J. Ischariot [d. h. J. von Karioth], Jünger Jesu; verriet diesen durch den **J.-Kuss.** – **2) J., Jakobus' Sohn,** vielleicht mit Thaddäus oder Lebbäus personengleicher Jünger Jesu. – **3) J. Makkabäus** → Makkabäer.
Judasbaum, Gattung der Hülsenfrüchtler, in S-Europa, O-Asien, purpurne Blüten; Edelholz, Parkbaum.
Judasbrief, einer der Katholischen Briefe im N. T.; um 110 n. Chr. geschrieben.
Juden, in der Landschaft Juda (Judäa) beheimateter und von dort über die Welt zerstreuter Rest des ehem. Volkes Israel. Die Gesamtzahl der J. hat im Laufe der Geschichte außerordentlich geschwankt und ist durch Verfolgungen mehrmals tief gesunken. Sie wird heute auf über 15 Mio. geschätzt. Die J. bilden keine biolog.,

Joséphine
Zeitgenössische Zeichnung

Juan Carlos I.

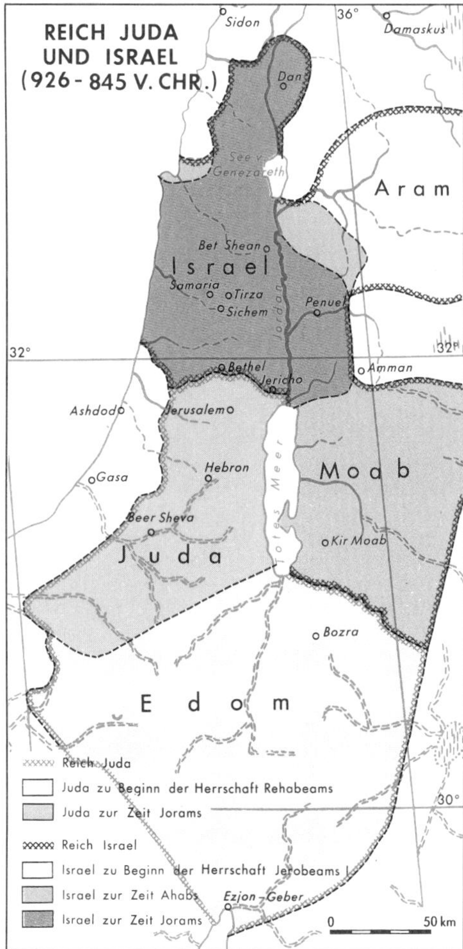

Juden. Die Reiche Juda und Israel 926 bis 845 v. Chr.

sondern eine sozial-religiöse Einheit. Man unterscheidet seit dem Spät-MA. zwei Gruppen: **Aschkenasim** (prägend waren die aus dem 11. Jh. stammenden Statuten der hl. 3 Gemeinden Speyer, Worms und Mainz, Verbreitung in O- und Mitteleuropa, durch Auswanderung ab 1881 in Nord- und Südamerika, W-Europa und Australien) sowie **Sephardim** und oriental. J. (span.-sprachige im Osman. Reich, v. a. Istanbul und Saloniki, in Amsterdam u. a. arab.-sprachige J. aus dem Maghreb und dem Jemen; irak. und pers. J.). – Nach der Rückkehr aus dem Babylon. Exil bauten Esra und Nehemias ein religiöses System als verpflichtendes Landesgesetz (Theokratie) mit moral. Geboten und rituellen Vorschriften (v. a. Reinheitsvorschriften) aus. Die von den Propheten vorausgesagte und im Zeitalter des Hellenismus beginnende Zerstreuung vollendete sich nach missglückten Freiheitskämpfen im 1./2. Jh. n. Chr. (Zerstörung Jerusalems durch die Römer 70 n. Chr.). Kriegsgefangene J. wurden teils nach Rom, teils an den Rhein, die Donau und nach Spanien verbannt. Die J. in Spanien erlebten nach 800 eine kulturelle Blütezeit, wurden jedoch nach dem Ende der Reconquista 1492 zur Auswanderung gezwungen (Osman. Reich, Maghreb) oder zwangsgetauft. In Frankreich wurden die J. während der Kreuzzüge verfolgt und 1394 endgültig des Landes verwiesen. Auch in England erlitten sie grausame Verfolgungen. Es wurden vielfach J.-Ordnungen erlassen, die persönl. Bewegungsfreiheit, Sondersteuern, Kennzeichnung und vom 16. Jh. an in Städten das Wohnen in gesonderten Straßen (Gettos) regelten. Eine schwere Zäsur bedeuteten die Verfolgungen anlässlich der Kreuzzüge (1096) und der Pest (1348/1349). In W-Europa lebte die Elite zuerst vom Waren-, später vom Geldhandel. In O-Europa standen ihnen handwerkl. Berufe offen. Nach der Vertreibung aus fast allen Reichsstädten wandten sie sich dem Agrar- und Kleinhandel zu. Im 13. Jh. entwickelte sich die Ideologie der »Kammerknechtschaft«: Die Ansiedlung von J. wurde zum hoheitl., verkäufl. Regal (»Schutzbrief«). Absolutist. Fürsten nutzten im 17. und 18. Jh. die Dienste jüd. »Hofagenten«, um diese gegen Ansprüche des 3. Stands auszuspielen. – Ihre bürgerliche Gleichstellung wurde Ende des 18. Jh. in den USA, Frankreich und den Niederlanden erreicht. Die dt. Staaten verfolgten eine »Erziehungspolitik« (Berufsumschichtung, schrittweise Assimilation), die erst in den 1860er-Jahren zur rechtl. Gleichstellung der J. führte. Im dt.-sprachigen Raum entstanden 1830/1845 die prägenden 3 modernen Strömungen (neoorthodoxes, konservatives und liberales Judentum), die stark auf die J. Europas und der USA einwirkten. Zw. 1881 und 1924 vollzog sich nach mehrfachen blutigen Pogromen und auf dem Hintergrund einer schweren Wirtschaftskrise eine Massenauswanderung osteurop. J. nach Amerika, W-Europa und Australien. In O-Europa definierten sich die J. mehrheitlich als nat. Minderheit (Bundisten, Zionisten), als Orthodoxe (Chassidismus, Mussar-Bewegung) oder als Staatsbürger »mosaischer Konfession«. Einige wandten sich dem sozialist. Internationalismus zu und brachen ihre Verbindungen zum Judentum meist ab (Rosa Luxemburg, L. Martow, L. Trotzkij). – Zu Beginn des 19. Jh. kam es in Dtl. und Frankreich zu einer neuen Welle des Antisemitismus im Zusammenhang mit den sozialen Kämpfen, da den J. die Verantwortung für allg. Missstände aufgebürdet wurden, Mitte des 19. Jh. entstand dann mit dem rass. Antisemitismus eine neue Qualität der Feindschaft gegen die nun als Rasse definierten J., die keine Möglichkeit der Assimilation in die christl. geprägte Mehrheitsgesellschaft mehr einräumte. In dieser Tradition stehend, verfolgte das natsoz. Regime die J. als rassisch minderwertig und staatsfeindlich. Nach 1933 wurden die J. aus dem Beamtentum entfernt. Die »Nürnberger Gesetze« legalisierten 1935 die Diffamierung der J. und verboten u. a. Ehen zw. J. und Nichtjuden. 1938 wurden Verfolgungen organisiert, bei denen fast alle Synagogen angezündet, jüd. Geschäfte und Wohnungen zerstört wurden (»Kristallnacht«), den J. wurde eine Sondersteuer von 1 Mrd. RM auferlegt. Sie wurden aus dem wirtschaftl. und sozialen Leben völlig ausgeschaltet. 1941 wurde das Tragen des Judensterns befohlen. Manche dt. J. konnten rechtzeitig unter Zurücklassung ihres Vermögens auswandern. Nach 1940 wurden zwei Drittel der europ. J. (wahrscheinlich 6 Mio.) von den Nationalsozialisten und ihren Kollaborateuren im Rahmen der »Endlösung« ermordet. – T. Herzl begründete seit 1896 den polit. Zionismus und forderte die Schaffung einer gesicherten Heimstätte in Palästina, die 1948 im Staat Israel verwirklicht wurde.

Judenburg, Bez.-Stadt in der Obersteiermark, Österreich, 11 000 Ew.; Fremdenverkehr; Edelstahlwerk, Kartonagenfabrik.

Judenkirsche, volkstümlicher Name für Kornelkirsche, Geißblatt, Trauben-, Blasen-, Tollkirsche, Bittersüß.

Judika, 5. Fastensonntag und 2. Sonntag vor Ostern.

jüdische Religion, vom Volk Israel ausgegangener Glaube an den einzigen, unkörperl. und rein geistigen

Gott, den Vater aller Menschen, der Inbegriff aller sittl. Vollkommenheit ist und vom Menschen Liebe und Gerechtigkeit verlangt. Die Ausdrucksform der jüd. Religiosität ist der Gehorsam gegenüber dem göttl. Gesetz, ihre Quelle ist die Bibel (A. T., »j. R.«), bes. die 5 Bücher Mose, Thora genannt. Dazu tritt der Talmud. Die traditionelle Lebenspraxis gilt für die orth. Juden als unbedingt verpflichtend. Konservative und liberale Juden suchen eine Synthese zw. ihr und der Moderne (u. a. gleichberechtigte Stellung der Frau). Wöchentl. Feiertag ist der Sabbat (Sonnabend); er wird durch strenge, aber freudige Arbeitsruhe gefeiert. Jahresfeste sind das jüd. Neujahr (Rosch ha-Schanah), der große Versöhnungstag (Jom Kippur), das Laubhüttenfest (Sukkot), Chanukka (Lichterfest), Purim (eine Art Fasching), Pessach (Auszug aus Ägypten) und das Wochenfest (Offenbarung der Thora, d. h. der Lehre). Träger des religiösen Lebens ist nicht der Geistliche (Rabbiner), sondern die Gemeinde in Erfüllung des allg. Priestertums.

Judith, Hauptgestalt des **Buches J.** im A. T., tötete den assyr. Feldherrn Holofernes.

Judo *das,* aus der altjap. Samuraitradition der Selbstverteidigungskunst ohne Waffen (→Jujutsu) im 19. Jh. von Kanō Jigorō entwickelter Kampfsport, besteht in der Kunst, durch Nachgeben und Ausnutzen der Kraft des Gegners zu siegen, an jap. Schulen Pflichtfach. **Judoka** *der,* Judokämpfer.

Jud Süß, →Oppenheimer, Joseph.

Jugend, Lebensaltersstufe, deren Definition und altersmäßige Bestimmung i. d. R. die Zeit zw. dem 12. und 25. Lebensjahr umfasst.

Jugendamt, Kommunalbehörde für die Jugendhilfe.

Jugendarrest →Jugendstrafrecht.

Jugendbewegung, eine um die Jahrhundertwende im dt.-sprachigen Raum entstandene neoromant. Bewegung, die von Teilen der bürgerl. Jugend getragen wurde und in einer antibürgerl. Wendung die zeitgenöss. Kulturkritik aufnahm (Wandervogel, 1901; Freidt. Jugend, 1913). Parallel bildete sich 1906 eine eigene Arbeiterjugendbewegung (seit 1923 zusammenfassend bünd. Jugend genannt). 1933 wurden die J. verboten oder in die Hitlerjugend überführt.

Jugendherberge, Aufenthalts- und Übernachtungsstätte zur Förderung des Jugendwanderns. Träger der J. in Dtl. ist das **Dt. J.-Werk,** gegr. 1919, mit (1996) 617 Einrichtungen. Internat. Vereinigung ist die 1932 gegr. **International Youth Hostel Federation.**

Jugendstil. Schreibtisch und Stuhl, Henry van de Velde (1898)

jüdische Religion. Links: Türen eines Thoraschreins. Rechts: Menora (siebenarmiger Leuchter; Symbol für den Tempel, Gottes Gegenwart, Licht, Lebensbaum, ewiges Leben) vor dem israelischen Parlament in Jerusalem

Jugendhilfe, Gesamtheit von Maßnahmen nach dem J.-Ges. v. 26. 7. 1990 (Buch VIII des Sozialgesetzbuchs, Neuregelung des Jugendrechts unter Aufhebung des Jugendwohlfahrtsges.). Die J. will ordnungsrechtl. Eingriffe vermeiden und arbeitet vorbeugend. Die J. ist die Hauptaufgabe der Jugendämter und anderer Träger (öffentl. und freie J.). Sie umfasst Leistungen und andere Aufgaben zugunsten von Kindern und Jugendlichen (z. B. Angebote der Jugendarbeit, Jugendschutz, Förderung der Erziehung in der Familie).

Jugendliteratur →Kinder- und Jugendliteratur.

Jugendreligionen, in den 1970er-Jahren übl. Bezeichnung für religiös-weltanschaul. Gruppen und Bewegungen (Children of God, Divine Light Mission, Hare-Krishna-Bewegung u. a.), die v. a. unter Jugendlichen großen Zulauf fanden.

Jugendschutz, Schutz der Kinder und Jugendlichen vor gesundheitl. und sittl. Gefahren. 1) **Jugendarbeitsschutz** (Ges. vom 12. 4. 1976) regelt Beschäftigungszeiten und Mindesturlaub. 2) **Schutz der Jugend in der Öffentlichkeit** (Ges. vom 25. 2. 1985) regelt den Besuch von Lokalen und Veranstaltungen, öffentl. Rauchen und Genuss von alkohol. Getränken. 3) **Schutz der Jugend vor jugendgefährdenden Schriften** (Ges. vom 12. 7. 1985).

Jugendstil, Stilrichtung der europ. Kunst, die nach der seit 1896 in München erscheinenden Zeitschrift »Jugend« benannt wurde. Der J. war eine Reaktion auf die historisierenden Stile des ausgehenden 19. Jh. Es wurde eine flächenhafte Ornamentik angestrebt, abstrakte, großformatige, kühn geschwungene Pflanzengebilde bedeckten die meist kunsthandwerkl. Gegenstände. In der Architektur blieb der J., bis auf wenige Ausnahmen, auf Dekorationselemente beschränkt. Hauptmeister waren: J. M. Olbrich, P. Behrens, F. von Stuck, H. van de Velde, A. Beardsley, G. Klimt, L. C. Tiffany, É. Gallé, P. C. Fabergé, E. Munch, F. Hodler.

Jugendstrafrecht, für Jugendliche (14- bis 17-Jährige) und z. T. auch für Heranwachsende (18- bis 21-Jährige) geltendes Straf- und Strafprozessrecht, das in wesentl. Grundsätzen vom allg. Strafrecht abweicht. Dem Jugendrichter stehen zur Verfügung: **Erziehungsmaßregeln** (Weisungen; Anordnung, Hilfe zur Erziehung in Anspruch zu nehmen), **Zuchtmittel** (Verwarnung; Auferlegung von Pflichten; Jugendarrest, der als Freizeit-, Kurz- oder Dauerarrest – Höchstdauer 4 Wochen – vollstreckt wird), **Jugendstrafe** (in bes. Anstalten zu vollstreckender Freiheitsentzug von mindestens 6 Monaten, höchstens 10 Jahren).

Jugendverbände, i.e.S. kleinere, oft lokal auftretende Jugendgruppierungen; i.w.S. auch die großen Jugendorganisationen; bundesweit arbeitende J. sind im **Dt. Bundesjugendring** vertreten.

Jugendweihe, 1) seit 1859 von freireligiösen Vereinigungen veranstaltete Feier für schulentlassene Kinder. – **2)** seit 1954 gesellschaftl. Einrichtung in der ehem. DDR; die Jugendlichen wurden nach 8-jährigem Schulbesuch feierlich in die Reihen der Erwachsenen aufgenommen und bekannten sich in einem Gelöbnis zum sozialist. Staat; seit 1990 auf privater Basis durchgeführt.

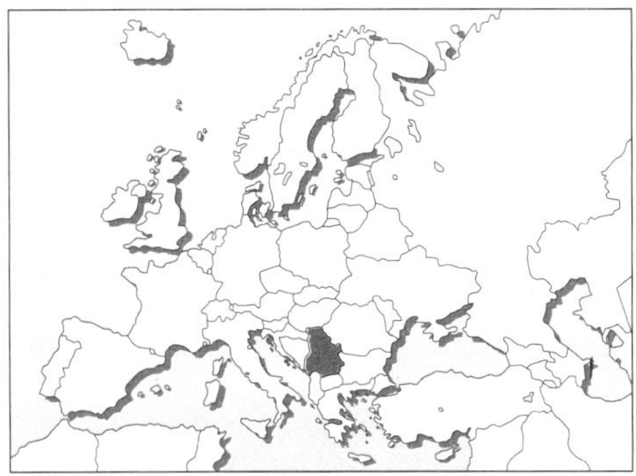

Jugoslawien

Staatswappen

Staatsflagge

Internationales Kfz-Kennzeichen

Jugoslawi|en, Bundesrep. in SO-Europa, bestehend aus den Teilrep. Serbien und Montenegro; 102 173 km², 10,5 Mio. Ew. (rd. 66 % Serben, 20 % Albaner, 4 % Ungarn); Hptst. Belgrad; Amtssprache: Serbisch.
Religion, rd. 75 % serbisch-orth., 10 % Muslime, 4 % röm.-katholisch.
Landesnatur. J. hat im N Anteil am Großen Ungar. Tiefland; südl. von Save und Donau schließt sich ein Hügel- und Gebirgsland mit küstenparallelen Gebirgszügen (Dinar. Gebirge) und dem Serb. Erzgebirge (1 560 m) an. In Montenegro Steilabfall der Gebirge zur Adriaküste. Im SW von Serbien die Beckenlandschaften Amselfeld und Metohija. Kontinentalklima, im S-Teil mediterran beeinflusst; an der Adriaküste und am Skutarisee Mittelmeerklima.
Wirtschaft. Wichtige Agrargebiete im N (Wojwodina), im Morawatal und am Skutarisee; Anbau von Getreide, Zuckerrüben, Kartoffeln, Sonnenblumen. Im S Tabak; Obstanbau (Pflaumen, Zitrusfrüchte, Weinbau); Schweine- und Schafzucht. Im Serb. Erzgebirge und im Kopanikgebirge ⚒ auf Kupfer-, Zink-, Antimon- und Eisenerze; Maschinen-, Fahrzeug- und Schiffbau, chem. und petrochem., elektrotechn., Textil-, Leder- und Nahrungsmittelind. Die wirtschaftl. Entwicklung stagnierte seit dem Auseinanderfallen des »alten« J., wozu auch von der UNO verhängte Wirtschaftssanktionen wegen der Unterstützung der Serben in Bosnien und Herzegowina beitrugen.
Geschichte. 1918 Gründung des »Königreichs der Serben, Kroaten und Slowenen« (seit 1929 amtl. Kgr. J.); 1934 Ermordung König Alexanders I., 1941 Beitritt zum Dreimächtepakt, Militärputsch; Besetzung durch dt. Truppen, Organisation kommunist. Partisanen (Tito); 1944 Einmarsch der sowjet. Armee, Reg. Tito; 1945 Bildung der »Föderativen VR J.«, 1947 Pariser Friede mit Italien (Gewinn v.a. Istriens); 1948 Ausschluss der jugoslaw. KP aus dem Kominform, danach Politik der Blockfreiheit; 1963 neue Verf. (seither »Sozialist. Föderative Rep. J.«), die neue Verf. von 1974 bestätigte den rätedemokrat. Aufbau des Staats von unten nach oben, nach Titos Tod (1980) wurde an der Staats- und Parteispitze die Ämterrotation eingeführt, seit 1989 Zerfall der kommunist. Partei BDKJ. Den wirtschaftl. und polit. Reformkurs v.a. Sloweniens und Kroatiens bekämpfte Serbien, das mit großserb. Nationalismus für eine serbisch dominierte starke Zentralmacht eintrat, gestützt auf orth. Kommunisten und die Bundesarmee. Nach wachsenden Spannungen zw. den Rep. leiteten Slowenien und Kroatien durch ihren Austritt (Juni 1991) die Auflösung des alten J. ein, im Herbst 1991 Austritt von Bosnien und Herzegowina sowie Makedonien; danach Kriege in Kroatien sowie Bosnien und Herzegowina. Die von J. unterstützten Serben in diesen beiden Republiken beanspruchen einen eigenen Staat bzw. den Anschluss an Serbien. Die massive Unterstützung der dort Krieg führenden serb. Bevölkerungsgruppe zog internat. Wirtschaftssanktionen nach sich, die mit der Aufkündigung dieser Politik und der Unterzeichnung des in Dayton (Ohio) ausgehandelten Friedensabkommens von Paris (Dezember 1995) 1996 ausgesetzt wurden. – Die Annullierung des Wahlsiegs des serb. Oppositionsbündnisses »Gemeinsam« bei den serb. Kommunalwahlen vom November 1996 führte zu monatelangen tägl. Massenprotesten.

Papst **Julius II.**

Juist [jy:st], eine der Ostfries. Inseln, Ndsachs., 16,3 km², 1 500 Ew.; Nordseeheilbad.

Jujube *die,* **Judendorn,** strauch- bis baumartiges Kreuzdorngewächs mit rundl. Steinfrüchten; von China bis S-Europa.

Jujutsu [jap. »sanfte Kunst«] *das,* ostasiat. Nahkampfkunst mit dem Ziel, den Gegner dauerhaft auszuschalten. Techniken des als **Jiu-Jitsu** nach Europa gekommenen J.: Würfe, Hebel- und Würgegriffe, Schläge und Stöße; heute Kampfsportart.

Julfest, german. Fest der Wintersonnenwende. Ein bes. Brauch ist z.B. der **Julklapp** (Scherzgeschenk), v.a. in Skandinavien.

Juli [nach Julius Caesar] *der,* der 7. Monat des Jahres, mit 31 Tagen; alte dt. Namen **Heumonat, Heuert.**

Julia, einzige Tochter des Kaisers Augustus, * 39 v.Chr., † um 14 n.Chr.; in 2. Ehe mit Agrippa, in 3. Ehe mit → Tiberius verheiratet, wegen unsittlichen Lebenswandels aus Rom verbannt.

Julian, eigentl. Flavius **Claudius Iulianus,** röm. Kaiser (361 bis 363 n.Chr.), von den Christen **Apostata** [der Abtrünnige] genannt; suchte dem Christentum ein im neuplaton. Geiste erneuertes Heidentum entgegenzustellen.

Juliana, Königin der Niederlande (1948 bis 1980), * 1909; ⚭ seit 1937 mit Prinz Bernhard zur Lippe-Biesterfeld.

Jülich, 1) Stadt in NRW, an der Rur, 32 100 Ew.; Papier-, Leder-, Zuckerind.; Kernforschungsreaktor. – **2)** ehem. Herzogtum auf dem linken Rheinufer, 1423 mit Berg vereinigt, fiel 1511 an die Herzöge von Kleve. Als sie 1609 ausstarben, entstand der **J.-Klevesche Erbfolgestreit;** 1614, endgültig 1666, fielen Kleve sowie die Grafschaften Mark und Ravensberg an Brandenburg, J. und Berg an Pfalz-Neuburg.

Julier *Pl.,* altröm. Geschlecht, dem Caesar angehörte, dessen Großneffe Augustus das **julisch-claud. Kaiserhaus** (31. v.Chr. bis 68 n.Chr.) begründete.

Julierpass, → Alpen (Alpenpässe, ÜBERSICHT).

Julirevolution, Erhebung der Pariser Bev. gegen König Karl X. im Juli 1830, Thronbesteigung des »Bürgerkönigs« Louis Philippe (Ludwig Philipp).

Julische Alpen, Gruppe der südöstl. Kalkalpen, in Slowenien (Triglav 2 863 m) und Italien.

Julius II., Papst (1503 bis 1513), förderte Raffael und Michelangelo (Neubau der Peterskirche).

Julius|turm, 1) Festungsturm in Spandau, in dem bis 1914 gemünztes Gold für 120 Mio. Mark (aus der frz. Kriegsentschädigung 1871) aufbewahrt wurde (Reichskriegsschatz). – **2)** Ü angesammelte Guthaben der öffentl. Hand.

Jullundur [dʒəˈlʌndə], früherer Name der ind. Stadt → Jalandhar.

Jumna [ˈdʒʌmnə] *die,* Fluss in Vorderindien, →Yamuna.

jun., Abk. für lat. **jun**ior, der Jüngere.

Juneau [ˈdʒu:nəʊ], Hptst. des Staats Alaska, USA, 26 800 Ew.; Fischerei; ⚓.

Jung, Carl Gustav, schweizer. Psychologe, *1875, †1961; Prof. in Basel, schuf eine psycholog. Typenlehre, unterschied zw. dem individuellen und kollektiven Unbewussten des Menschen.

Junge Liberale, Abk. **Julis,** polit. Jugendorganisation der FDP, 1980 gegründet.

Jünger, 1) Ernst, dt. Schriftsteller, *1895; entwickelte einen Stil kühler Präzision, zum Symbolischen neigend. »In Stahlgewittern« (1920), »Afrikan. Spiele« (1936), »Auf den Marmorklippen« (1939) u. a. – **2)** Friedrich Georg, dt. Schriftsteller, Bruder von 1), *1898, †1977; Lyriker und Essayist (»Die Perfektion der Technik«, 1946).

Junges Deutschland, Schriftstellergruppe, die nach der frz. Julirevolution 1830 die Kunst zum Sprachrohr liberaldemokrat. Ideen machen wollte, erstrebte die Emanzipation des Individuums, der Frau, der Juden, die Geistes- und Pressefreiheit. Hauptvertreter: H. Heine, L. Börne, K. Gutzkow, H. Laube, L. Wienbarg, T. Mundt.

Junge Union, Abk. **JU,** die Nachwuchsorganisationen der CDU und der CSU.

Jungfernhäutchen, Hymen *das* (auch *der*), ⚕ Schleimhautfalte am Scheideneingang.

Jungfern|inseln, engl. **Virgin Islands,** Inselgruppe der Kleinen Antillen, Westindien. Im W Territorium der USA, 355 km², rd. 107 000 Ew.; Hptst. Charlotte Amalie. Im O brit. Kronkolonie, 153 km², 17 000 Ew.; Hptst. Road Town.

Jungfernrebe →Wilder Wein.

Jungfernzeugung, Parthenogenese *die,* **1)** Fortpflanzung durch nicht befruchtete Eier (Würmer, Krebse, Insekten). – **2)** **Jungfernfrüchtigkeit,** Bildung der Frucht aus dem unbefruchteten Fruchtknoten.

Jungfrau, 1) ☼ nördl. Sternbild mit Spica; 6. Zeichen des Tierkreises. – **2)** 🌐 Gipfel der Berner Alpen, Schweiz, 4 158 m; eine elektr. Zahnradbahn (9,3 km) führt bis zum **J.-Joch,** 3 454 m.

Jungsteinzeit. Tongefäß aus der Trichterbecherkultur (3. Jt. v. Chr.)

Jungfrau von Orléans [ɔrleˈã], die **heilige Johanna,** frz. **Jeanne d'Arc,** frz. Nationalheldin, *1410/12, †1431; Bauernmädchen aus Lothringen, fühlte sich durch göttl. Berufung zur Befreiung des von den Engländern belagerten Orléans bestimmt, führte 1429 Karl VII. nach Reims zur Krönung. 1430 wurde sie jedoch bei Compiègne gefangen genommen und von den Engländern als Zauberin und Ketzerin verbrannt. 1920 heilig gesprochen (Tag: 30. 5.). Bühnendichtungen von F. v. Schiller, G. B. Shaw u. a.

Junghegelianer, Vertreter des linken Flügels der hegelschen Schule: A. Ruge, B. Bauer, D. F. Strauß, L. Feuerbach, K. Marx, F. Lassalle.

Jungk, Robert, österr. Publizist, Zukunftsforscher, *1913, †1994; »Die Zukunft hat schon begonnen« (1952), »Strahlen aus der Asche« (1959), »Der Atomstaat« (1977), »Zukunft zw. Angst und Hoffnung« (1990) u. a.

Jungsozialisten, Abk. **Jusos,** nach 1945 gegr. Nachwuchsorganisation der SPD.

Jungsteinzeit, Neolithikum, der Bronzezeit vorangehende Periode der menschl. Vorgeschichte, letzter Abschnitt der Steinzeit, in Europa etwa von 5000 bis gegen 1800 v. Chr. Fortschritte in der Steinbearbeitung (polierte und durchbohrte Klingen) und Töpferei, Ackerbau (Hack-, später auch Pflugbau) und Viehzucht kennzeichnen die J. Nach Gestaltung der Tongefäße wird in Europa unterschieden: die Megalith-, Schnur-, Band- und Kammkeramik und die Trichterbecherkultur.

Jüngstes Gericht, am **Jüngsten Tag** auf die Wiederkunft Christi auf Erden folgendes Weltgericht mit Auferstehung der Toten.

Jung-Stilling, Heinrich, eigentlich Johann Heinrich **Jung,** dt. Schriftsteller, *1740, †1817; Begegnung mit Goethe in Straßburg; pietist. Lieder, Erz.; später Augenarzt.

Juni [nach der Göttin Juno], 6. Monat des Jahres, mit 30 Tagen; alte dt. Namen **Brachmond, Brachet.**

Juniaufstand →Siebzehnter Juni.

Junikäfer →Johanniskäfer 1).

junior, Abk. **jr., jun.,** der Jüngere.

Juniperus, die Gattung →Wacholder.

Junker, im MA. junger Edelmann. **Junkertum,** polem. Schlagwort für den ostelb. Land- und Militäradel.

Junkers, Hugo, dt. Flugzeugkonstrukteur, *1859, †1935; Erfinder auf dem Gebiet der Verbrennungsmotoren (J.-Doppelkolbenmotor), der Wärmetechnik (J.-Kalorimeter) und des Flugwesens (Ganzmetallflugzeuge); gründete die J.-Flugzeug- und Motorenwerke AG.

Junktim *das,* Verbindung mehrerer Gesetzesvorlagen oder Vertragsvorschläge, die nur zus. beschlossen werden und Gültigkeit haben können.

Juno, lat. **Iuno,** altröm. Göttin, die v. a. Geburt und Ehe beschützt, als Gemahlin des Jupiter Himmelskönigin, der griech. Hera gleichgesetzt.

Junta [ˈxunta] *die,* in Spanien und Lateinamerika Regierungsausschuss, bes. nach einem Staatsstreich durch Militärs **(Militärjunta).**

Jupiter, lat. **Iuppiter,** altröm. Himmelsgott, Herr des Blitzes und des Donners, segnet die Felder, schützt das Recht; entspricht dem griech. Zeus.

Jupiter, der größte Planet unseres Sonnensystems, Zeichen ♃. Der J. hat 16 Monde und ein Ringsystem aus kleinen Partikeln. Kenntnisse stammen von den Pioneer- und Voyager-Missionen 1973/74 und 1979. Im Juli 1994 wurde der Planet von zahlreichen Meteoriten getroffen. (→Planeten, ÜBERSICHT) BILD S. 436

Jura *Pl.,* ⚖ die Rechte, die Rechtswissenschaft.

Jura *der,* Abschnitt des Erdmittelalters (→Erdgeschichte, ÜBERSICHT).

Jura *der,* **1)** Gebirgszug in Mitteleuropa, von der Isère bis zum oberen Main, besteht hauptsächl. aus der **Juraformation.** Teile: **Frz.-Schweizer. J.,** erstreckt sich bogenförmig von der Rhône bis zum Rhein; einfacher Faltenbau, auf der Innen-(O-)Seite **(Ketten-J.)** bes. ausgeprägt (Crêt de la Neige 1 718 m). Nach W verebben die Falten allmählich, das Gebirge ist zu einer einförmigen, an Karsterscheinungen reichen Hochfläche abgetragen. Der im N vorgelagerte **Tafel-J.** hat an der Faltung wenig Anteil; stark bewaldet, bis 750 m hoch, raues, feuchtes Klima; Viehwirtschaft, Uhrenind. Der **Dt. J.,** ein Stufenland mit Steilabfällen nach W und NW, erstreckt sich vom Rhein bis zum Main; er umfasst die Schwäb. und die Fränk. Alb. – **2)** [ʒyˈra],

Carl Gustav Jung

Ernst Jünger

Robert Jungk

Hugo Junkers

Jura
Kantonswappen

Jupiter aus einer Entfernung von 22 Mio. km (links im Bild der Jupitermond Io, in der Bildmitte der Mond Callisto)

schweizer. Kt., 1979 gebildet aus den Bez. Delémont, Franches-Montagnes und Porrentruy; 837 km², 65 600 Ew; Hptst. Delémont.

Jürgens, Curd, dt. Schauspieler, *1915, †1982; Filme (»Des Teufels General«, 1955; »Jakobowsky und der Oberst«, 1958).

Justinian I. Ausschnitt aus einem Mosaik in San Vitale in Ravenna

Jurisdiktion *die,* **1)** Rechtsprechung. – **2)** kath. Kirchenrecht: die kirchl. Rechtsprechung in Bezug auf die Ordnung des kirchl. Gemeinschaftslebens.

Jurisprudenz *die,* →Rechtswissenschaft.

Jurist *der,* Rechtskundiger mit rechtswiss. Ausbildung. Die Befähigung zum Richteramt ist Voraussetzung für die meisten jurist. Berufe.

juristische Person, eine Personenvereinigung oder Vermögensmasse (Stiftung) mit eigener Rechtsfähigkeit (Kapitalgesellschaft, Körperschaft, Verein). Die j. P. ist wie jeder Bürger Träger von Rechten und Pflichten und kann Vermögen erwerben.

Jurte *die,* rundes, transportables Filzzelt nomad. Steppenvölker (Kirgisen, Mongolen) Innerasiens.

Jury *die,* **1)** [ˈdʒʊərɪ], angelsächs. Länder: über Tatfragen und Schuld entscheidendes Schwurgericht. – **2)** [ʒyˈriː], Ausschuss von Sachverständigen, z. B. bei Kunstausstellungen, Preisrichter im Sport.

Jus *das,* das Recht. **J. canonicum,** kanon. Recht (Kirchenrecht). **J. civile,** Zivil- oder bürgerl. Recht. **J. divinum,** göttl. Recht. **J. gentium,** Völkerrecht.

Jus [ʒyː], Bratensaft, auch eingedickte Fleischbrühe.

Juschno-Sachalinsk, Hptst. des Gebiets Sachalin, im S der Insel Sachalin, Russland, 165 000 Ew.; Fischverarbeitung.

Jusos, Abk. für →Jungsozialisten.

justieren, 1) Messgeräte genau einstellen. – **2)** Münzschrötlinge auf Gewicht prüfen. – **3)** 🕮 Druckstöcke auf Schrifthöhe bringen.

Justinian I., der Große, byzantin. Kaiser (527 bis 565), *482, †565; gewann durch seine Feldherren Belisar und Narses, die das Wandalen- und Ostgotenreich zerstörten, den größten Teil des Weström. Reichs zurück, erbaute die Hagia Sophia in Konstantinopel, ließ das →römische Recht im Corpus Iuris Civilis aufzeichnen. ⚭ mit →Theodora.

Justitia, die röm. Göttin der Gerechtigkeit.

Justiz [von Justitia] *die,* staatl. Tätigkeit, die der Rechtspflege dient. **J.-Hoheit,** die sich auf die Rechtspflege beziehende Staatsgewalt. **J.-Irrtum,** falsche Entscheidung eines Gerichts aufgrund eines Irrtums über Tatsachen oder irrige Gesetzesauslegung. **J.-Ministerium:** vom J.-Min. geleitete oberste J.-Behörde; erarbeitet Gesetzesvorlagen, übt die J.-Verwaltung aus (Personal, Haushalt), hat Dienstaufsicht über J.-Beamte und -Behörden sowie Vollzugsanstalten. **J.-Mord,** Verurteilung und Hinrichtung eines Unschuldigen.

Justiziar *der,* rechtskundiger Berater.

Justizvollzugsanstalt, Einrichtung, in der Freiheitsstrafen vollzogen werden (bis Jan. 1977 **Gefängnis**). Das Gesetz unterscheidet geschlossene (für sichere Unterbringung) und offene (keine oder nur geringe Vorkehrungen gegen Entweichung) Anstalten.

Jute *die,* Bastfaser einer ind. Staude, wichtiger Faserstoff, dient zur Herstellung von Säcken, Stricken, Gurten, Teppichen, zur Isolierung (Kabel) und Papierherstellung. Haupterzeugungsländer: Indien, Bangladesh, China, Thailand.

Jüten, nordgerman. Stamm in Jütland, der z. T. Britannien besiedelte, z. T. in den Dänen aufging.

Jüterbog, Stadt in Bbg., im Niederen Fläming, 11 400 Ew., Metallwaren-, Möbel-, Papier- und Konservenind., Eisenbahnknotenpunkt.

Jütland, das festländ. Gebiet Dänemarks.

Juvenal, eigentl. Decimus **Junius Iuvenalis,** röm. Dichter, *um 60, †um 140 n. Chr.; geißelte in Satiren die Verderbtheit seiner Zeit.

juvenil, jugendlich; Ggs.: senil.

Juventas, röm. Göttin, →Iuventas.

Juwel *das,* Kleinod; kostbarer Schmuck, geschliffener Edelstein. **Juwelier** *der,* Goldschmied.

Jyväskylä, Hptst. des Verw.-Gebiets Mittelfinnland, am Päijännesee, 73 100 Ew.; Univ.; Papier-, Holzindustrie.

K

k, K, 1) 11. Buchstabe im dt. Alphabet, Mitlaut, stimmloser Gaumen-Verschlusslaut. – **2) K,** chem. Symbol für →Kalium. – **3)** ❋ **K,** Zeichen für Kelvin, →Kelvin-Skala. – **4) K,** Abk. für Karat. – **5)** ⊙ **K,** an das k (Abk. für kilo = 1 000) angelehnte Abk. für 1 024 = 2^{10}; Angabe für den Umfang eines elektron. Speichers in Vielfachen von K: ein 64-Kbit-Speicher hat 64 × 1 024 = 65 36 Speicherzellen. – **6) k,** Vorsatzzeichen für Kilo...

K 2, Mount Godwin Austen, Chogori, zweithöchster Berg der Erde, im Karakorum, 8 607 m, 1954 erstmals bestiegen.

Kaaba, zentrale Kultstätte des Islams in Mekka; würfelförmiges Bauwerk aus Stein, an dessen SO-Ecke ein schwarzer Meteorit (Hadschar) eingemauert ist; mit schwarzem Stoffbehang verkleidet; Ziel der allen Muslimen vorgeschriebenen Pilgerfahrt.

Kabardiner, zu den Tscherkessen zählendes Volk im Großen Kaukasus.

Kabardino-Balkarilen, autonome Rep. innerhalb Russlands, in N-Kaukasien, 12 500 km², 760 000 Ew., wichtigstes Ind.zentrum ist Naltschik; Viehzucht, Getreideanbau, Wein-, Obstbau, Abbau von Molybdän- und Wolframerzen.

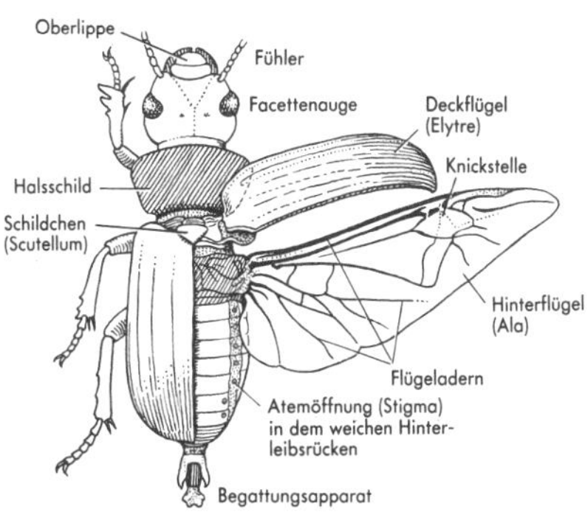

Käfer. Schema des Männchens in Rückenansicht (Vorder- und Hinterbrust schräg schraffiert)

Kabarett *das,* **1)** Kleinkunstbühne zur Darbietung von Chansons, Sketchen, Tänzen. – **2)** in Fächer eingeteilte Speiseplatte.

Kabbala *die,* seit dem MA. (Blüte im 13. Jh. in Spanien) Bezeichnung der myst. jüd. Geheimlehre.

Kabel *das,* **1)** kräftiges Tragseil aus zusammengedrehten Stahldrähten oder Hanf. – **2)** ⚡ elektr. Leitung für Verlegung in Luft, im Erdboden und im Wasser. Leitermaterial ist Kupfer oder Aluminium. Die leitenden **Adern** des K. bestehen aus einzelnen oder verseilten Drähten, sind gegeneinander isoliert und nach außen durch den isolierenden **K.-Mantel** und gegebenenfalls eine **Bewehrung** aus Kunststoff oder Metall geschützt. **Starkstrom-K.** für Gleich- oder Drehstrom haben bis 4 Leiter aus Kupfer oder Aluminium, ein- oder mehrdrähtig. Für Spannungen über 60 000 V werden öl- und gasgefüllte K. verwendet. **Fernmelde-K.** enthalten mehrere 100 Aderpaare, bei **symmetr. K.** mit gleichen Hin- und Rückleitern aus verseilten Drähten. Bei **Koaxial-K.** ist ein Innenleiter durch Isolierstücke in der Achse eines rohrförmigen Außenleiters geführt. Lichtleit-K. → Lichtleiter.

Kabelfernsehen, Fernsehsystem, bei dem Bild und Ton vom Sender zum Empfänger über Breitbandkabel statt drahtlos übertragen werden.

Kabeljau, am Rücken dunkelfleckiger Speisefisch (Art der Dorsche); getrocknet **Stockfisch** oder gesalzen und dann getrocknet **Klippfisch.**

Kabellänge, ⚓ veraltete naut. Längeneinheit: $^1/_{10}$ Seemeile = 185,2 m.

Kabila, Laurent-Désiré, kongoles. Politiker, * 1941; als Führer einer seit Nov. 1996 von Ostzaire ausgehenden militärischen Aufstandsbewegung ernannte sich K. nach deren Sieg im Mai 1997 zum Staats-Präs. der Demokrat. Republik Kongo (bis dahin Zaire).

Kabine *die,* **1)** Wohn- und Schlafraum auf Schiffen. – **2)** Badezelle, Fernsprechzelle. – **3)** Raum für Fluggäste bei Luftfahrzeugen.

Kabinett *das,* **1)** kleines Zimmer. – **2)** Raum mit Kunstwerken (Münz-K.). – **3)** Kunstschrank. – **4)** Regierung.

Kabinettwein, Qualitätswein mit Prädikat.

Kabriolett *das,* Pkw mit rückklappbarem Verdeck und versenkbaren Fenstern.

Kabuki *das,* volkstüml. jap. Theater.

Kabul, Hptst. von Afghanistan, am Fluss K., etwa 1,4 Mio. Ew.; Univ.; Wirtschaftszentrum, ✈; schwere Bürgerkriegszerstörungen.

Kabylen, Stammesgruppe der Berber in N-Afrika; meist sesshafte Ackerbauern; in N-Algerien in der **Großen** und **Kleinen Kabylei.**

Kachel, gebrannte Ton-, Steingut-, Porzellanplatte, glatt oder reliefartig gemustert.

Kach|exie *die,* ⚕ Kräfteverfall, Schwäche und Apathie bei zehrender Krankheit.

Kachin [-tʃ-], **Katschin, Chingpo,** südostasiat. Bergvolk (mehrere verwandte Gruppen: Maru, Lashi, Atsi) mit tibetobirman. Sprache.

Kachinstaat [-tʃ-], autonomes Sondergebiet der Kachin und Staat im äußersten N von Birma, 87 808 km², 904 000 Ew., Hptst. Myitkyina.

Kádár, János, ungarischer Politiker, * 1912, † 1989; 1956 bis 1958, 1961 bis 1965 Min.-Präs., 1956 bis 1988 Erster Sekretär des ZK der ungar. KP.

Kadaver *der,* Tierleiche. Ü **Kadavergehorsam,** blinder Gehorsam.

Kadenz *die,* **1)** ein Musikstück abschließende Akkordfolge. Die K. schließt auf der Tonika (Ganzschluss), der Dominante (Halbschluss) oder einer anderen Stufe (Trugschluss). – **2)** improvisierter Soloteil im Instrumentalkonzert, der dem Interpreten Gelegenheit zu virtuosem Alleinspiel gibt.

Kader *der,* **1)** ⚔ Stammbestand einer Truppe (bes. die ausbildenden Offiziere und Unteroffiziere). – **2)** kommunist. Sprachgebrauch: wichtiger Funktionär (auch deren Gesamtheit).

Kadett *der,* früher Zögling einer auf die Offizierslaufbahn vorbereitenden **Kadettenanstalt.**

Kadi *der,* islam. Richter.

Kadijewka, 1978 bis 1992 **Stachanow,** Ind.stadt in der Ukraine, 112 000 Ew.; Steinkohlenbergbau, Kohlechemie-, Hütten- und Maschinenbauwerk.

Kadmos, Heros der griech. Sage, Ahnherr des theban. Königshauses und Gründer von Theben, Bruder der Europa. Auf K. geht die »Drachensaat« zurück. Er säte die Zähne eines von ihm getöteten Drachens aus; daraus erwuchsen geharnischte Männer, die sich gegenseitig bekämpften. Auf die 5 Überlebenden führten die theban. Adelsgeschlechter ihre Abstammung zurück.

Herkömmliches Fernmelde-**Kabel** mit in Bündeln verseilten Kupferleitern

Kaduna, Hptst. des nigerian. Staats K., 276 000 Ew.; Kfz-Montagewerk, Erdölraffinerie, Bahnknotenpunkt, ✈.

Kaesŏng [kɛsʌŋ], Stadt in N-Korea, 259 000 Ew. Hochschule, Textil-, Nahrungsmittelindustrie. – 918 bis 1392 Hptst. eines korean. Teilkönigreichs.

Käfer, formenreichste Ordnung der Insekten, mit rd. 350 000 Arten. Die K. haben kauende Mundwerkzeuge (je nach Ernährungsweise), hornige Vorderflügel (Flügeldecken), machen eine vollkommene Verwandlung durch (Ei, Larve, Puppe, Käfer). Familien: Blatthorn-, Lauf-, Schwimm-, Aas-, Schnell-, Rüssel-, Borken-, Bockkäfer.

Käferschnecken, Weichtiere mit schildkrötenähnl. Rückenschale; in der Brandungszone.

Kaffa, Kafa, Bergland und Prov. in SW-Äthiopien; 54 600 km², 2,45 Mio. Ew.; Heimat des Kaffeestrauchs.

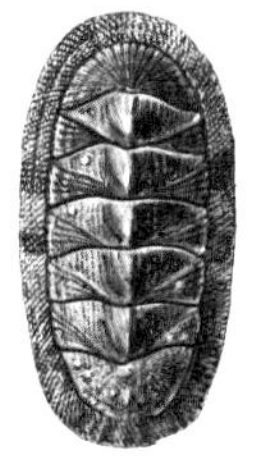

Käferschnecken

Kaaba

Franz Kafka

Mauricio Kagel

Daniel-Henry Kahnweiler

Kakadus
Gelbhaubenkakadu

Kaffee, Erzeugnis des **Kaffeestrauchs** (Coffea), im trop. Afrika und Asien heimisch; Sträucher oder Bäumchen mit weißen Blüten und kirschähnlichen Steinfrüchten. Die Frucht enthält meist 2 Fruchtsteine mit je einem harten Samenkern, der **K.-Bohne.** Einsteinige, einsamige Früchte geben **Perlkaffee.** Der K.-Anbau erfordert große Wärme und Bewässerung, in den ersten Jahren Beschattung. Bei der Aufbereitung werden die Bohnen enthülst, verlesen, geröstet. Sie enthalten viel Zellulose, Öl, Gerbsäure und (ungebrannt) 1 bis 1,5 % Koffein. Das würzige Getränk, das durch rasches Aufbrühen der gemahlenen, gerösteten Bohnen gewonnen wird, wirkt anregend; übermäßiger Genuss verursacht nervöse Störungen, Herzklopfen, Schlaflosigkeit. Man stellt daher auch **koffeinfreien K.** her. Um die Mitte des 17. Jh. gelangte der K. in die großen europ. Seehandelsstädte; das erste europ. K.-Haus entstand 1647 in Venedig, das erste K.-Haus in Dtl. wohl 1677 in Hamburg.

Kaffern [arab. kâfir »Ungläubiger«] *Pl.,* in Südafrika urspr. Bezeichnung für die Stämme der Xhosa, Pondo und Thembu. **K.-Kriege,** 1780 bis 1878 Grenzkriege der Kapkolonie gegen die Xhosa.

Kafka, Franz, österr. Schriftsteller, * 1883, † 1924. In seinen Romanen (»Der Prozeß«, 1925; »Das Schloß«, 1926; »Amerika«, 1927) und Erz. steht hinter dem Alltäglichen das Ungeheuerliche, Groteske.

Kaftan, 1) langärmeliger, vorn offener, langer Überrock der vorderasiat. Völker. – **2)** mantelartiger, enger, geknöpfter Oberrock orth. Juden.

Kafue-Nationalpark, Nationalpark am Mittellauf des Kafue in Sambia, mit 22 400 km² einer der größten Afrikas.

Kagel [kaˈxɛl], Mauricio, Komponist und Dirigent argentin. Herkunft, * 1931; lebt seit 1957 in Köln; neben experimentellen Kompositionen Hörspiele und szen. Stücke.

Kagoshima [-ʃ-], Hafenstadt auf Kyūshū, Japan, 536 000 Ew.; Porzellanind., ⚓.

Kahlenberg, Ausläufer der O-Alpen bei Wien, bis 542 m, im eigentlichen K. 483 m hoch. Durch die **Schlacht am K.** 1683 wurde Wien von der türk. Belagerung befreit.

Kahler Asten, Berg im Rothaargebirge, NRW, 841 m; Wintersportplatz, meteorolog. Station.

Kahlhieb, Kahlschlag, Abtrieb, ♤ Gesamtfällung auf einer Forstfläche; **Kahlschlagbetrieb,** Hochwaldbetrieb mit Kahlhieb.

Kahlo, Frida, mexikan. Malerin, * 1907, † 1954; der Tradition der mexikan. Volkskunst verpflichtete, die eigene Situation (Folgen eines Unfalls) mit einbeziehende Bilder.

Kahlwild, ♈ geweihlose weibl. Tiere und Kälber von Edel-, Elch- und Damwild.

Kahmhaut, feine Haut aus Mikroorganismen auf nährstoffhaltigen Lösungen.

Kahnweiler, Daniel-Henry, frz. Kunsthändler und Schriftsteller, * 1884, † 1979; Förderer bes. der Kubisten, Freund von P. Picasso.

Kai *der,* Ufermauer in Häfen.

Kaifeng, Stadt in der chin. Prov. Henan, über 602 000 Ew.; Nahrungsmittel- und Textilindustrie.

Kaimane, Gattung der Alligatoren in trop. südamerikan. Flüssen und Seen.

Kaimanfisch, Art der Knochenhechte, Raubfisch im Süßwasser der südl. USA, bis 3 m lang.

Kain, im A. T. Sohn Adams, Mörder seines Bruders Abel; von Gott durch das **Kainsmal** vor der Blutrache geschützt.

Kainz, Josef, österr. Schauspieler, * 1858, † 1910; gilt als Begründer einer mit psycholog. Mitteln arbeitenden Schauspielkunst; Hamletdarsteller.

Kaiphas, jüd. Hoher Priester (18 bis 36 n. Chr.), im Prozess Jesu Vorsitzender des Gerichts.

Kairo, Hptst. Ägyptens, größte Stadt Afrikas, am Nil, 6,3 Mio. Ew.; seit der Mameluckenzeit Zentrum der islam. Kultur; die Altstadt wurde zum Weltkulturerbe erklärt. 5 Univ., viele Moscheen, Museen. K. ist polit., wirtschaftl. und geistiger Mittelpunkt und wichtigste Ind.stadt Ägyptens; 969 gegr., seit 1805 Hptst. Ägyptens.

Kairuan, eine der 4 heiligen Städte des Islams, in Tunesien, 72 300 Ew.; die ummauerte Altstadt, u. a. mit der Sidi-Okba-Moschee, wurde zum Weltkulturerbe erklärt. Teppichweberei.

Kaiser *der,* höchster weltl. Herrschertitel, nach dem Beinamen Caesar der röm. K., die den Titel Imperator führten. Das weström. Kaisertum bestand bis 476, das oström. bzw. byzantin. (in Konstantinopel) bis 1453. Karl d. Gr. begründete 800 das abendländ. Kaisertum als höchste weltliche Würde der Christenheit; seit Otto d. Gr. (962) war es mit dem dt. Königtum verknüpft und erlosch 1806. 1871 bis 1918 führte der König von Preußen den Titel »Deutscher K.«. Außerdem gab es den Kaisertitel in Österreich, Russland, Frankreich, Brasilien, Haiti, Indien, Mexiko, entsprechende Titel u. a. in China, Annam, Äthiopien, Iran; heute noch in Japan.

Kaiser, 1) Georg, dt. Dramatiker, * 1878, † 1945; einer der meistgespielten Dramatiker des Expressionismus (»Die Bürger von Calais«, 1914; »Gas«, 1918). – **2)** Jakob, dt. Politiker, * 1888, † 1961; seit 1912 in der christl. Gewerkschaftsbewegung; Mitbegründer der CDU, 1949 bis 1957 Bundesmin. für gesamtdt. Fragen.

Kaiserchronik, mhdt. Gedicht um 1150; fabulöse Darstellung der Entstehung des Röm. Reichs und Viten röm. und dt. Kaiser.

Kaisergebirge, Teil der Nordtiroler Kalkalpen, Österreich, östl. Kufstein, im **Zahmen K.** 1997 m, im **Wilden K.** 2 344 m hoch.

Kaiserkrone, innerasiat. Liliengewächs, Gartenzierpflanze; meist ziegelrote Blüten.

Kaisermantel, ein Tagschmetterling.

Kaiserschnitt, ⚕ Schnittentbindung, bei der durch Bauchschnitt die Gebärmutter geöffnet wird.

Kaiserslautern, kreisfreie Stadt in Rheinl.-Pf., 98 400 Ew.; Univ., Fachhochschule; Maschinen- und Fahrzeugbau. – »Barbarossastadt«, da Friedrich I. Barbarossa nach 1152 hier eine Pfalz errichten ließ (geringe Reste erhalten).

Kaiserstuhl, vulkan. Gebirge in der Oberrhein. Tiefebene, Bad.-Württ., 557 m hoch; Wein-, Obstbau.

Kaiserwald, Waldgebirge in NW-Böhmen, ČR, 983 m hoch.

Kaiser Wilhelm-Gesellschaft zur Förderung der Wissenschaften e. V., gegr. 1911 unter dem Protektorat Kaiser Wilhelms II. zur Pflege bes. der naturwiss. Forschung; seit 1948 → Max-Planck-Gesellschaft zur Förderung der Wissenschaften e. V.

Kaiser-Wilhelm-Kanal, der → Nord-Ostsee-Kanal.

Kaiser-Wilhelm-II.-Land, Teil der O-Antarktis.

Kaiser-Wilhelms-Land, 1884 bis 1919 das dt. Schutzgebiet Deutsch-Neuguinea.

Kajak *der* oder *das,* **1)** Männerboot der Eskimo; die Spanten sind mit Seehundshaut überzogen; Doppelpaddel. – **2)** Sportpaddelboot.

Kajüte, Wohnraum auf Schiffen.

Kakadus, Unterfamilie 30 bis 80 cm langer Papageien Australiens und Indonesiens mit aufrichtbarer Haube.

Kakao, Genuss- und Nahrungsmittel aus den Samen **(K.-Bohne)** des **K.-Baums.** Dieser ist ein trop.-amerikan. Malvengewächs, hat Blüten, die am Stamm sitzen. Die K.-Bohne enthält 45 bis 60 % Fett **(K.-Butter, K.-Öl),** 18 % Eiweiß, 10 % Stärke, 1 bis 3 % anregend wirkendes Theobromin und schmeckt würzig, aber bitter. Die Samen werden vergärt, getrocknet, entbittert, geröstet, zermahlen und entölt. Das K.-Pulver gibt **K.-Getränk** und **Schokolade.** Der K. wurde durch H. Cortés aus Mexiko nach Spanien, im 17. Jh. nach Dtl. gebracht. Haupterzeugungsländer: Ghana, Brasilien, Elfenbeinküste.

Kakemono, Hängerolle, Bild auf Seide oder Papier zw. 2 Holzstäben, zum Zusammenrollen; Hauptgattung des ostasiat. Gemäldes; Ggs.: Makimono.

Kakerlaken, Küchenschaben (→Schaben).

Kakipflaume, in China, Japan und den Mittelmeerländern kultivierter Obstbaum mit fast apfelgroßen gelb bis orangenen Früchten.

Kakodylverbindungen, ☡ giftige, übel riechende organ. Verbindungen des Arsens.

Kakophonie *die,* Missklang.

Kaktusgewächse, Kakteen, Pflanzenfamilie mit rd. 2000 Arten; ausdauernde, dickfleischige Gewächse von mannigfacher Stängelbildung: blatt-, scheiben-, kugel-, säulenförmig, bis 18 m hoch, meist grün, ohne ausgeprägte Blätter oder blattlos, mit Stacheln besetzt, mit stattl. Blüten und beerenartigen Früchten. Fast alle Arten sind in den Wüsten und Halbwüsten Amerikas heimisch. Verlust der Blätter, deren Funktion der mit Blattgrün ausgestattete Stängel übernommen hat, sowie Verstärkung der Oberhaut (oft Wachsüberzug) sind Anpassungen an trockenes Klima. Bekannte Gattungen: **Opuntie, Blatt-, Säulen-, Kugel-, Warzenkaktus.**

Kalabrien, südwestl. Halbinsel Unteritaliens, wird vom **Kalabr. Gebirge** durchzogen. 15 080 km², 2,15 Mio. Ew.; Ölbaum-, Wein-, Zitrusfruchtkulturen u. a.; Hptst. Catanzaro.

Kalabscha, ägypt. Tempel aus der Ptolemäerzeit, in Nubien auf dem W-Ufer des Nils, 1961 bis 1964 abgebaut und in die Nähe des Assuanhochdamms versetzt.

Kalender. Aztekischer Kalenderstein (um 1470)

Kalahari *die,* Trockenbecken (1 Mio. km²) in Botswana und der Rep. Südafrika, Dünenwälle im S, äußerste Wasserarmut; Salzpfannen. Nach N zu Grassteppe, Sümpfe, wildreich; dünn besiedelt von Bantugruppen und Buschmännern; mehrere Reservate.

Kalander *der,* Maschine mit z. T. heizbaren und mit reliefartigen Mustern versehenen Walzen zum Glätten und Prägen von Gewebe-, Papier-, Kunststoffbahnen.

Kalat Siman, Ruinenstätte, Wallfahrtsheiligtum des christl. Orients (Simeonskloster), in N-Syrien, nordwestlich von Aleppo.

Kalauer *der,* schlechter Wortwitz.

Kalb, Junges des Rinds, Rot-, Elch- und Damwilds, bei Giraffe, Elefant im 1. Jahr.

Kalb, Charlotte von, dt. Schriftstellerin, *1761, †1843; war mit F. v. Schiller, F. Hölderlin und Jean Paul befreundet.

Kalben, 1) Geburtsvorgang beim Rind. – **2)** ⊕ Abbrechen der Eisberge von Gletschern, die ins Meer eintauchen.

Kälberkropf, Kälberrohr, Doldenblütlergattung; u. a. der **Bergkerbel,** an Gebirgsbächen Mittel- und S-Europas.

Kalbsmilch, Bries, Bez. für die Thymusdrüse der Kälber; für Ragouts u. a. Gerichte.

Kalchas, Seher im griech. Heer vor Troja.

Kalckreuth, Leopold Graf v., dt. Maler, *1855, †1928; v. a. ländl. Szenen in impressionist. Stil.

Kaldaunen, Kutteln, zu den Innereien zählende Magenteile des Rinds.

Kalebasse, Kalabasse *die,* **1)** Flaschenkürbis. – **2)** daraus hergestelltes Gefäß.

Kaledonien, kelt.-röm. für N-Schottland.

Kaledonisches Gebirge, Gebirgssystem in N-Europa, verläuft über Irland, Schottland, Skandinavien, Spitzbergen, Grönland, Ellesmereland.

Kaleidoskop *das,* opt. Spielzeug, stellt durch mehrfache Spiegelung unregelmäßiger Scherben u. Ä. regelmäßige Figuren dar.

Kaléko, Mascha, Dichterin, *1907, †1975; emigrierte von Dtl. in die USA; melanchol. Lyrik in pointierter Sprachkunst.

Kalender, astronom. begründete Zeitrechnung, Verzeichnis der nach Wochen und Monaten geordneten Tage des Jahrs. Im alten Rom gab es ein Mondjahr von 354 Tagen und 12 ungleich langen Monaten, denen von Zeit zu Zeit ein Schaltmonat eingefügt wurde. Nach dem **julian. K.,** eingeführt von Julius Caesar, zählt ein gemeines Jahr 365 Tage, jedes vierte Jahr als Schaltjahr 366 Tage (alter Stil). 1582 führte Papst Gregor XIII. ein noch genaueres Verfahren ein, wonach der Schalttag des julian. K. beim vollen Jahrhundert ausfällt, mit Ausnahme des durch 400 teilbaren (wie 1600, 2000 usw.). Dieser **gregorian. K.** (neuer Stil) wurde sehr bald in den kath. Ländern, in den ev. nur zögernd (in manchen erst im 18. Jh.), in Sowjetrussland erst 1918 eingeführt. – Im **jüd. K.** ist das gemeine Jahr ein Mondjahr von 354 Tagen in 12 Monaten; zum Ausgleich mit dem Sonnenjahr gibt es 3 Jahresformen: das Gemeinjahr, das mangelhafte und das überzählige Jahr. Außerdem wird 7-mal in 19 Jahren ein Monat eingeschaltet. Die Jahreszählung beginnt mit der Weltschöpfung, auf 3761 v. Chr. festgelegt. – Dem **muslim. K.** liegt ein reines Mondjahr zugrunde, eingeteilt in Monate mit abwechselnd 30 und 29 Tagen; das Gemeinjahr hat 354, das Schaltjahr 355 Tage; Beginn der Jahreszählung 622 n. Chr. – **Immer währender K.,** ein K., aus dem man zu jedem Datum den Wochentag bestimmen kann.

Kalendergeschichte, kurze Prosaerz. unterhaltender oder nachdenkl. Begebenheiten, seit dem 18. Jh. Bestandteil von Volkskalendern.

Kalesche *die,* leichter vierrädriger Einspänner.

Kalevala *das,* finn. Nationalepos.

Kalevipoeg *das,* estn. Nationalepos.

Kalfakter, Kalfaktor *der,* **1)** Hausmeister. – **2)** Schmeichler, Aushorcher.

Kali *das,* ungenaue Sammelbezeichnung bes. für kalisalzhaltige Düngemittel.

Kaliber *das,* **1)** ⚔ innerer Durchmesser in den Rohren von Feuerwaffen; auch Durchmesser des Geschosses. – **2)** ⚙ beim Walzwerk Zwischenraum zw. den Walzen, der das Walzprofil ergibt.

Kalidasa, bedeutender Dichter Indiens, im 5. Jh. n. Chr.; schrieb Epen, Lyrik, Dramen (»Shakuntala«).

Kalif *der,* der Nachfolger des Propheten Mohammed als Oberhaupt muslim. Gemeinschaften (seit 632); anfangs wurden sie gewählt und hatten ihren Sitz in Medina. Die K. aus dem Hause der Omaijaden (661 bis 750) regierten in Damaskus; das folgende Haus der Abbasiden (750 bis 1258) machte Bagdad zur Hptst. Mit der türk. Eroberung Ägyptens 1517 ging das **Kalifat** an die osman. Sultane über; 1924 wurde es abgeschafft.

Kaiserslautern
Stadtwappen

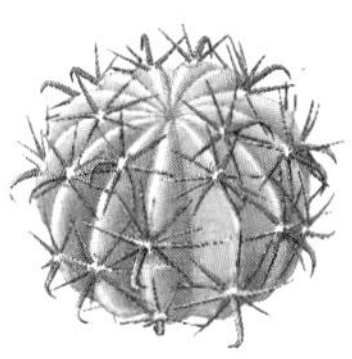

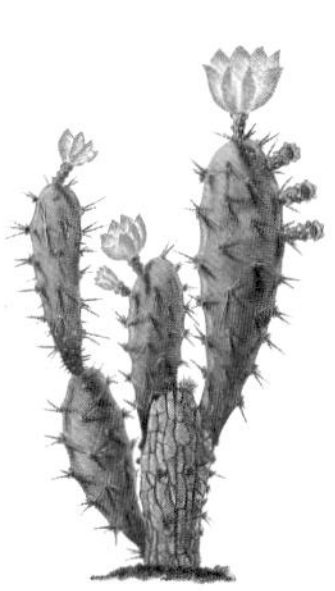

Kaktusgewächse
Feigenkaktus und Teufelszunge (von oben)

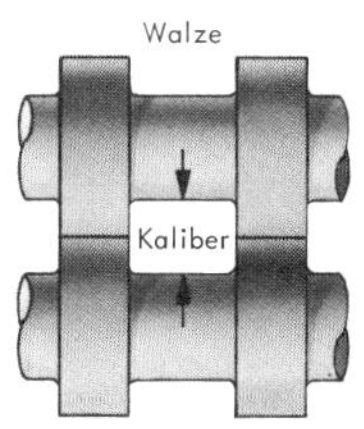

Kaliber

Kalifornien
Flagge

Emmerich Kálmán

Kalifornilen, engl. **California, 1)** Abk. **Calif.**, postamtlich **CA**, drittgrößter und volkreichster Staat der USA, am Pazifik, 411 049 km², 29,76 Mio. Ew.; Hptst. Sacramento; größte Städte: Los Angeles, San Francisco. Kernlandschaft ist das Kaliforn. Längstal (Hauptflüsse: Sacramento, San Joaquin); im O die Sierra Nevada (Mount Whitney 4418 m). Klima: gemäßigt bis subtropisch, nach S zunehmend trocken, im SO wüstenhaft. Anbau (künstl. Bewässerung): Obst (Trauben, Pfirsiche, Zitrusfrüchte u.a.), Gemüse, Baumwolle, Getreide, Zuckerrüben; Vieh- und Geflügelzucht, Milchwirtschaft; Fischfang, Forstwirtschaft. ⚒ auf Erdöl, Erdgas, Borsalze, Quecksilber, Gold (im Rückgang) u.a.; Flugzeug-, Fahrzeugbau, Nahrungsmittel-, Elektro- u.a. Ind. - K. wurde im 18. Jh. von Spaniern besiedelt, gehörte dann zu Mexiko. Ober-K. kam 1848 an die USA; Nieder-K. gehört zu Mexiko. - **2) Golf von K.**, span. **Mar de Cortés** [-kɔr'tes], Bucht des Pazifiks zw. der Halbinsel Nieder-K. und der W-Küste Mexikos; rd. 1 100 km lang, 90 bis 230 km breit.

Kaliko *der,* leinwandbindiges Baumwollgewebe für Bucheinbände.

Kalimantan, indonesisch für → Borneo.

Kaliningrad, russ. für → Königsberg (Pr).

Kalisch, poln. **Kalisz,** Stadt in Polen, westl. von Lodz, 105 300 Ew.; Textilindustrie.

Kalium *das,* Symbol **K,** chem. Element, Alkalimetall. OZ 19, D 0,86 g/cm³, Fp 63,25 °C, Sp 759,9 °C. K. ähnelt in elementarer Form und in seinen Verbindungen dem Natrium. Es kommt in der Natur sehr häufig in Verbindungen vor **(Kalisalze); K.-Carbonat, Pottasche,** K_2CO_3, zur Glasherstellung; **K.-Chlorat,** $KClO_3$, für Sprengstoffe; **K.-Permanganat,** $KMnO_4$, grünschwarze, glänzende Kristalle, die sich in Wasser mit violetter Farbe lösen; starkes Oxidationsmittel.

Kalix|älv *der,* 430 km langer Fluss in N-Schweden, mündet bei Kalix in den Bottn. Meerbusen.

Kalixtiner, Utraquisten, die gemäßigten → Hussiten.

Kalk, natürl. tier. und mineral. Ablagerungen, z. B. als Kalkstein, in Muschelschalen und Kreide. K. besteht aus Calciumverbindungen. **Gebrannter K.,** CaO, entsteht, wenn man Kalkstein bei 1200 bis 1400 °C brennt. **Gelöschter K.,** Calciumhydroxid, $Ca(OH)_2$, entsteht aus gebranntem K. durch Aufnahme von Wasser. Durch Aufnahme von Kohlendioxid aus der Luft geht er wieder in Calciumcarbonat über. Hierauf beruht die Verwendung beim Bauen (Mörtelbereitung); auch in der Landwirtschaft als **Dünge-K.** verwendet.

Kalk|alpen, Nördl. und Südl. K., → Alpen.

Kalkar, Stadt im Kr. Kleve, NRW, 10 600 Ew.; Milchwerke mit Käserei, Zentralschlachthof; Kernkraftwerk vom Typ »Schneller Brüter«, 1991 stillgelegt.

Kalkspat, Calcit, wasserklares, weißes oder hell gefärbtes Mineral, hexagonal kristallisierendes Calciumcarbonat. Klare Stücke zeigen starke Doppelbrechung **(Isländ. Doppelspat).**

Kalkstein, überwiegend aus Calciumcarbonat bestehendes, weit verbreitetes Sedimentgestein; wichtigster Rohstoff für die Zement- und Düngemittelindustrie.

Kalkstickstoff, $CaCN_2$, in reiner Form Calciumcyanamid; Düngemittel.

Kalkül *das,* fachsprachl. *der,* Berechnung, Überschlag; Verfahren in der Logik sowie formales Rechenverfahren.

Kalkulation *die,* Berechnung von Kosten (Kosten-K.) und Preisen (Preis-K.); heute meist Kostenrechnung genannt.

Kalkutta, Hptst. des ind. Staats West Bengal, am Hugli, dem wichtigsten Mündungsarm des Ganges, 4,4 Mio. Ew., kath. Erzbischofssitz; größte Stadt und einer der wirtschaftl. und geistigen Mittelpunkte Indiens; mehrere Univ.; Hafen; chem., Textil-, Maschinen- u.a. Industrie.

Kalla → Calla.

kalli..., in Fremdwörtern: schön...

Kalligraphie *die,* Schönschreibekunst; am höchsten entwickelt im Islam, in China und Japan.

Kallimachos, griech. Dichter, * um 305, † um 240 v. Chr.; Hymnen, Epigramme.

Kalliope, eine der → Musen.

Kallus *der,* **1)** ⚘ nach Verletzungen entstandenes Wundgewebe bei Pflanzen. - **2)** ⚕ nach Knochenbruch an der Bruchstelle neu gebildeter Knochen (Knochenschwiele). Der anfangs weiche K. wird häufig härter als der unverletzte Knochen.

Kálmán ['ka:lma:n], Emmerich, ungar. Operettenkomponist, * 1882, † 1953: »Csárdásfürstin« (1915), »Gräfin Mariza« (1924) u.a.

Kalmar, Hptst. des schwed. Verw.-Bez. K., am **K.-Sund,** gegenüber der Insel Öland, 57 000 Ew.; Schiffbau, Zündholz-, Lebensmittelind., Fremdenverkehr; Hafen, ⚓. -**Kalmarer Union,** Vereinigung der Königreiche Dänemark, Schweden und Norwegen durch die dän. Königin Margarete I. 1397, bestand mit Unterbrechungen bis 1523.

Kalmare, schlanke zehnarmige Kopffüßer; so der bis 18 m lange **Riesenkalmar.**

Kalmengürtel, drei die Erde umspannende Gebiete schwacher Winde und häufiger Windstillen: äquatorialer K. **(Mallung)** und die beiden subtrop. K. **(Rossbreiten).**

Kalmit *die,* höchste Erhebung des Pfälzer Walds, Rheinl.-Pf., 673 m, südl. von Neustadt an der Weinstraße.

Kalmücken, westmongolisches Volk, v.a. in der Kalmück. Rep.; ehem. Nomaden und Halbnomaden; 154 000 Angehörige.

Kalmückische Republik, autonome Rep. in Russland, in der Kasp. Senke, 75 900 km², 322 000 Ew.; Hptst. Elista. Schafzucht; Erdgas- und Erdölförderung; Fischfang im Kasp. Meer.

Kalmus *der,* Aronstabgewächs, Sumpfstaude mit schwertförmigen Blättern, grünl. Blütenkolben. Der würzige Wurzelstock dient als appetitanregendes Mittel, Likörzusatz.

Kalorie *die,* Einheitenzeichen **cal,** nicht mehr SI- und DIN-konforme, aber noch häufig verwendete Einheit der Energie. Mit dem Joule hängt die K. wie folgt zusammen: 1 cal = 4,187 J bzw. 1 J = 0,239 cal.

Kalorimeter *das,* Gerät zum Messen der Wärme.

Kalotte *die,* **1)** eng anliegende Haube. - **2)** Schädeldach. - **3)** √ Oberfläche eines Kugelabschnitts.

Kaltblut, schweres, massiges, ruhiges Zugpferd.

Kaltblüter, Tiere, deren Körpertemperatur immer der Umgebung entspricht **(wechselwarme Tiere):** Fische, Lurche, Kriechtiere, Wirbellose.

Kälte, Mangel an Wärme. Künstl. K. kann man erzeugen durch jeden Vorgang, der mit einem Wärmeentzug verbunden ist, z.B. Verdunsten einer nicht siedenden Flüssigkeit, etwa Äther **(Verdunstungs-K.),** oder Auflösen von Salzen in einer Flüssigkeit **(Lösungs-K.).**

kalte Ente, Bowle aus Wein und Zitrone.

Kältemaschinen erzeugen tiefe Temperaturen. Bei **Kompressions-K.** wird in einem geschlossenen Kreislauf ein gasförmiges Kältemittel verdichtet, im Verflüssiger durch Luft oder Wasser abgekühlt und verflüssigt. Im Verdampfer entzieht es der Umgebung Wärme. Bei **Absorptions-K.** (Bauform der meisten Kühlschränke) wird im Kocher aus einer konzentrierten wässrigen Ammoniaklösung durch Erwärmung Ammoniak ausgetrieben und im Kondensator verflüssigt. Im Verdampfer wird das Ammoniak entspannt, verdampft und entzieht dabei der Umgebung Wärme.

Kaltenbrunner, Ernst, österr. Nationalsozialist, * 1903, † (hingerichtet) 1946; wurde 1943 Chef der Sicherheitspolizei und des SD sowie Chef des Reichssicherheitshauptamts; in Nürnberg zum Tode verurteilt.

Kältepole, ⊕ Orte mit extrem niedrigen Wintertemperaturen, z.B. Ojmjakon (Sibirien) −70 °C, Wostok (Antarktis) −89,2 °C.

Kalter Krieg, nach dem 2. Weltkrieg eine durch diplomat., wirtschaftl. oder propagandist., jedoch nicht militär. Auseinandersetzung zw. Staaten oder Staatengruppen gekennzeichnete Epoche.

Kälte|rückfall, im regelmäßigen Jahresgang der Temperatur auftretende Störung, in Mitteleuropa bes. in der 1. Hälfte des Februars, im März, Mitte Mai (Eisheilige), im Juni (Schafkälte).

kaltes Licht → Lumineszenz.

Kaltfront → Wetter.

Kalthauspflanzen, ⚘ Ziergewächse, die im **Kalthaus** (Gewächshaus) bei einer Temperatur von 1 bis 10 °C überwintern.

Kaltleiter, ⚛ Leiter, dessen Widerstand bei Erwärmung zunimmt, im Allg. Metalle; für hohe Widerstandsänderung verwendet man Halbleiter. Anwendungen: Übertemperaturschutz, Strombegrenzung in elektr. Stromkreisen.

Kaltnadeltechnik, graf. Verfahren, bei dem die Zeichnung mit der »kalten Nadel«, einer scharf geschliffenen Stahlnadel, auf die Metallplatte (meist Kupfer) übertragen wird. Weiterentwicklung des Kupferstichs.

Kaltstart, 1) Starten eines abgekühlten Verbrennungsmotors. – **2)** 💻 erster Start eines elektron. Rechners, bei dem die Systemgenerierung erfolgen muss; bei Halbleiterspeichern jeder Wiederanlauf nach Stromausfall.

kaltwalzen, warm vorgewalzte Metallbänder bei Raumtemperatur weiter auswalzen, wodurch der Werkstoff verfestigt wird.

Kaluga, russ. Gebietshptst. im N der Mittelruss. Platte, 312 000 Ew.; elektron. und elektrotechn. Industrie.

Kalumet *das,* in der populären Indianerliteratur die »Friedenspfeife«; urspr. ein bemaltes Rohr mit Adlerfedern für zeremonielle Zwecke.

Kalundborg [kalonˈbor], dän. Stadt an der W-Küste Seelands, 19 400 Ew.; Frauenkirche aus dem 12. Jh.; Hafen.

Kalvari|enberg, 1) Bezeichnung für Golgatha, die Kreuzigungsstätte Jesu. – **2)** Wallfahrtsstätte am Ende eines Kreuzwegs.

Kalvinismus, Calvinismus *der,* → Calvin, Johannes.

Kalydon, antike Stadt im ätol. Küstengebiet; bekannt durch die Sage vom **Kalydonischen Eber,** der die Fluren verwüstete und schließlich von Meleager getötet wurde.

Kalypso, bei Homer Tochter des Atlas, hielt auf ihrer Insel Odysseus 7 Jahre zurück.

Modell der ersten Kompressions-**Kältemaschine** von Carl von Linde (1874 bis 1876); links: Kompressor, rechts: Kühlschlangen

kalzinieren, ⚗ durch Erhitzen entwässern.

Kama *die,* größter Nebenfluss der Wolga in Russland, 1805 km lang, Stausee und Kraftwerk bei Perm.

Kamakura, jap. Stadt auf Honshū, 175 000 Ew.; buddhist. Wallfahrtsort; Seebad; Computerherstellung. – K. war 1192 bis 1333 Residenz der Shogune; namengebend für eine Epoche der jap. Geschichte und der jap. Kunst.

Kamaldulenser, Ordensgemeinschaft, die Benediktinerregeln und Einsiedlerleben verbindet; gegr. 1012 von Romuald in Camaldoli (Toskana).

Kamarilla [-ˈrılja] *die,* Hof- und Günstlingspartei.

Kamasutra, altind. Text, Lehrbuch der Liebeskunst des Brahmanen Vatsyayana (4. Jh.).

Kambium *das,* Gewebe zw. Holz- und Siebteil der nacktsamigen und zweikeimblättrigen Pflanzen mit teilungsfähigen Zellen, bewirkt das Dickenwachstum der Stämme.

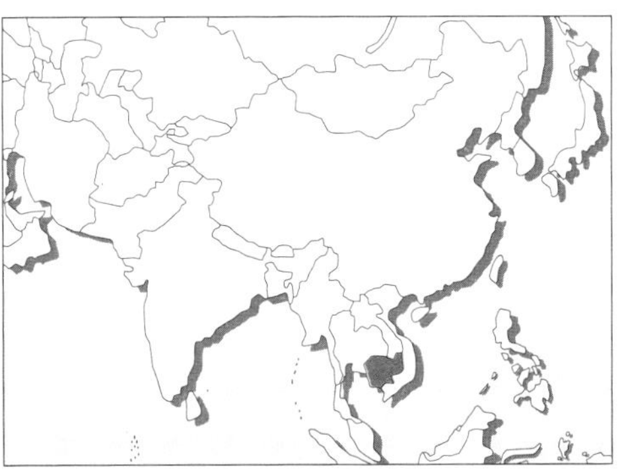

Kambodscha, Staat in SO-Asien, 181 035 km², 8,77 Mio. Ew.; darunter 85 % buddhist. Kambodschaner (Khmer), ferner Vietnamesen, Chinesen u.a.; Hptst. Phnom Penh; Amtssprache: Khmer. – Den Kern K.s bildet die gebirgsumrandete Aufschüttungsebene (Reisanbau) um den Mekong und den See Tonle Sap (bes. fischreich), von Hügeln durchsetzt. Trop. Monsunklima; reichl. Niederschläge bes. im W. Verbreitet Waldgebiete (Edelhölzer). Ind. wird mit ausländ. Hilfe entwickelt. Ausfuhr: Reis, Holz, Kautschuk; Haupthafen: Kompong Som.

Geschichte. Im Gebiet von K. bestanden seit dem 6. Jh. n. Chr. Reiche der → Khmer. 1887 wurde das Kgr. der Khmer dem frz. → Indochina einverleibt, 1955 erhielt K. die staatl. Unabhängigkeit. Dem polit. Druck Chinas auf die Staaten Indochinas suchte das Kgr. K. durch Neutralitätspolitik zu begegnen. Der Vietnamkrieg weitete sich 1970 nach K. aus. 1975 kapitulierten die kambodschan. Reg.-Truppen vor den kommunist. Roten Khmer, die die Macht übernahmen. Die kommunist. Reg. Pol Pot leitete eine blutige Säuberungswelle ein und suchte K. zu einem reinen Agrarstaat umzugestalten. Im Zug einer militär. Invasion eroberte Vietnam 1979 K., setzte die Reg. Pol Pot ab; eine »Nat. Einheitsfront zur nat. Rettung« rief mit vietnames. Hilfe die VR K. aus, gegen die sich eine Widerstandskoalition aus Kommunisten und Nichtkommunisten stellte; 1989 Rückzug der vietnames. Truppen. – 1989 erfolgte durch Verf.-Änderung die Umbenennung von VR K. in Staat K.; 1990 unterbreitete der UN-Sicherheitsrat einen Friedensplan; 1991 schlossen die 4 Bürgerkriegsparteien ein Waffenstillstandsabkommen, Prinz Norodom Sihanouk wurde zum Präs. des Obersten Nationalrats gewählt, im Okt. wurde in Paris ein Friedensabkommen, das K. bis zur Abhaltung freier Wahlen unter die Verw. einer UN-Kommission stellte, unterzeichnet. Bei den Wahlen im Mai 1993 erhielten die Royalisten die Mehrheit. Auf-

Kambodscha

Staatswappen

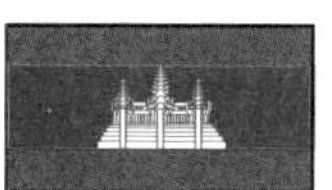

Staatsflagge

Internationales Kfz-Kennzeichen

grund der neuen Verf. (Wiedereinführung einer konstitutionellen Monarchie) wurde Sihanouk im Sept. 1993 zum König gewählt. 1994 flammte der Bürgerkrieg mit den Roten Khmer wieder auf, die 1996/97 den Kampf gegen die Reg. aufgaben.

Kampala
Stadtwappen

Kambrium *das,* ⊕ der älteste Zeitabschnitt des Erdaltertums (→ Erdgeschichte, ÜBERSICHT).

Kambyses, König der Perser und Meder, unterwarf 525 v. Chr. Ägypten und Libyen.

Kamee *die,* eine erhaben geschnittene → Gemme.

Kamele, Familie wiederkäuender, hochbeiniger, langhalsiger Paarhufer, v. a. in den wüsten- und steppenartigen Landschaften N-Afrikas, SW- und Zentralasiens und des westl. Südamerika; Passgänger; K. können Fett (im Höcker) und Wasser (im Magen) speichern, sie sind ausdauernde, genügsame Last- und Reittiere; daneben wird die Wolle wirtschaftl. genutzt. Man unterscheidet das einhöckrige Dromedar, das zweihöckrige Trampeltier und das höckerlose Lama.

Kamelie *die,* ostasiat. Zierstrauch mit roten bis weißen Blüten und immergrünen Blättern.

Kamen, Stadt in NRW, 44 000 Ew.; bis 1983 Steinkohlenbergbau; u. a. Kunststoff-, Textil-, elektrotechn., opt. Industrie.

Kamensk-Uralskij, russ. Stadt östl. des mittleren Ural, 209 000 Ew.; nahebei Bauxit-, Steinkohlenlager; Eisen-, Aluminium-, chem. u. a. Industrie.

Kamenz, Krst. an der Schwarzen Elster, Sa., 17 300 Ew.; Glas-, keram. Ind., Maschinenbau.

Kammmuschel

Kameralismus *der,* dt. Form des Merkantilismus. Die **Kameralwiss.** waren eine staatl. Verw.-Lehre, die sich zur Förderung des Staatswohlstands auch mit wirtschaftl. Fragen befasste.

Kamerlingh Onnes, Heike, niederländ. Physiker, * 1853, † 1926; verflüssigte 1908 als erster Helium, entdeckte die Supraleitung; 1913 Nobelpreis für Physik.

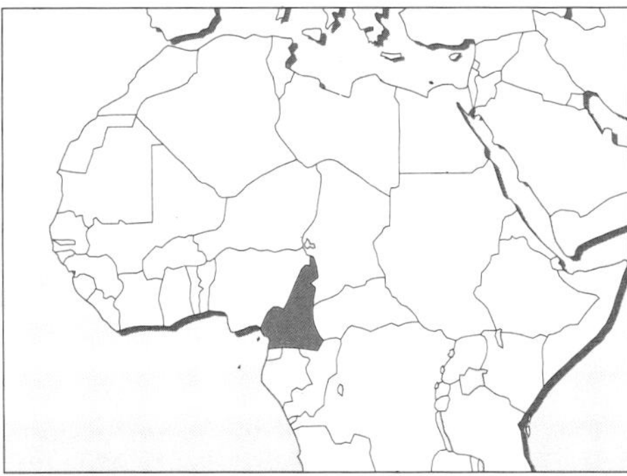

Kamerun

Staatswappen

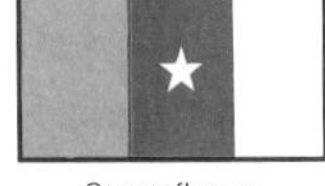

Staatsflagge

Kamerun, Staat in Zentralafrika, 475 442 km², 12,2 Mio. Ew. (im S meist Bantu, im N meist Sudanvölker; rd. 25 % Muslime, rd. 36 % Christen); Hptst. Yaoundé; Amtssprachen: Französisch, Englisch. Verf. von 1972, präsidiale Rep. unter einem Präs., vom Volk für 5 Jahre gewählt. – K. grenzt an den Golf von Guinea und reicht nach NO bis zum Tschadsee. Flache Küstenniederung mit reichen Niederschlägen (trop. Regenwald), im Innern meist Hochland (Savanne), im W vulkanisch (K.-Berg 4070 m). Anbau von Mais, Hirse, Maniok; für die Ausfuhr: Kakao, Kaffee, Baumwolle, Bananen, Erdnüsse, Kautschuk; Forstwirtschaft, Nahrungsmittelind.; Haupthandelspartner: Frankreich. 1 167 km Eisenbahn. Hafen und ✈: Duala.

Geschichte. K. war 1884 bis 1918 dt. Schutzgebiet. Danach kam der Hauptteil unter frz., 2 schmale Streifen im W unter brit. Mandatsverwaltung. 1960 wurde Frz.-K. unabhängig (Rep. K.), 1961 kam der nördl. Teil von Brit.-K. an Nigeria, der südl. an die Rep. K. 1972 führte A. Ahidjo (Präs. 1960 bis 1982) das Einparteiensystem ein. Sein Nachfolger P. Biya kündigte 1990/91 nach schweren Unruhen die Wiedereinführung des Mehrparteiensystems und innerpolit. Reformen an; bei umstrittenen Wahlen 1992 verlor die Reg.-Partei ihre absolute Mehrheit, Biya wurde jedoch im Amt bestätigt.

Kamikaze [jap. »Götterwind«], freiwillige jap. Kampfflieger des 2. Weltkriegs, die sich mit ihren mit Sprengstoff beladenen Flugzeugen auf amerikan. Schiffe stürzten.

Kamille *die,* Gattung der Korbblütler. Arten: **Echte** oder **Feld-K.** wächst auf Äckern, hat kegelförmige, weißgelbe Blütenkörbchen mit hohlem Boden; diese enthalten das stark riechende flüchtige **Kamillenöl,** das krampflösend, schmerzstillend und schweißtreibend wirkt. **Röm. K.** duftet wie die Echte K., wird wie diese benützt; **Stinkende** und **Acker-K.** sind Feldunkräuter.

Kamin, 1) Feuerstätte, Feuerherd in der Wand, gegen das Zimmer offen. – **2)** Schornstein. – **3)** steiler Felsspalt.

Kaminski, Heinrich, dt. Komponist, * 1886, † 1946; verband spätromant. Harmonik mit reicher Polyphonie.

Kamm, 1) Gerät zum Ordnen der Haare. – **2)** ♡ häutiger Auswuchs auf dem Scheitel der Hühner; auch die Hautfalte auf dem Rücken mancher Molche. – **3)** Nackenstück des Schlachtviehs, Wildschweins; oberer Teil des Pferdehalses. – **4)** ⊕ lang gestreckter, schmaler Gebirgsrücken.

Kammer, 1) kleines Zimmer. – **2)** früher Behörde zur Verw. der Einnahmequellen der Fürsten. – **3)** Bezeichnung von Selbstverwaltungskörpern (Handels-K., Handwerks-K.). – **4)** Volksvertretung; sie besteht häufig aus **Erster K.** (Oberhaus, Senat, Herrenhaus) und **Zweiter K.** (Unterhaus, Abgeordnetenhaus), heute auch in umgekehrter Folge. – **5)** ⚖ aus mehreren Richtern bestehendes Gericht bei den Land- und Landesarbeitsgerichten.

Kämmerer, urspr. eines der alten Hofämter. – **Stadt-K.,** Leiter der Finanzverw. einer Stadt.

Kammerjäger, Schädlingsbekämpfer.

Kammermusik, Instrumental- und Vokalmusik für eine kleine solist. Besetzung (z. B. Streicher-, Bläser- und gemischte Ensembles, Solosonaten).

Kammersänger, Kammermusiker, von staatl. oder städt. Institutionen verliehener Titel.

Kammerspiele, kleine, auf intime Wirkung berechnete Theater, die geringen bühnentechn. Aufwand betreiben; auch Bezeichnung für Werke gleichen Charakters.

Kammerton, 𝄞 der gültige Stimmton, das eingestrichene a (a¹), seit 1939 auf 440 Hz festgelegt.

Kammgarn, aus langer, gekämmter Wolle (Kammwolle) gesponnenes Garn; für glattes Wollzeug; Ggs.: Streichgarn.

Kammmuscheln, Familie der Muscheln mit fächerförmig gerippter Schale und flügelförmigen Fortsätzen am Schlossrand.

Kampagne [-ˈpanjə], **1)** jährl. Betriebszeit, z. B. in der Zuckerind. (Rübenernte). – **2)** zweckgerichtete Aktion, z. B. Wahlkampagne.

Kampala, Hptst. von Uganda, 652 500 Ew.; Univ.; Handels- und Verkehrszentrum.

Kampanien, geschichtl. Landschaft an der W-Küste Unteritaliens; Hptst. Neapel.

Kampen (Sylt), Nordseeheilbad, 600 Einwohner.

Kampfer, organ. Verbindung aus dem Holz des südostasiat. **K.-Baums,** aromat. Keton von brennendem, hinterher kühlendem Geschmack, das medizinisch verwendet wird.

Kämpfer, ⌂ **1)** Platte, Gesims oder Kapitell, Widerlager eines Bogens oder Gewölbes. – **2)** in den Fensterblendrahmen eingebautes, waagerechtes Holz- oder Stahlquerstück.

Kampffisch, farbenprächtiger Aquarienfisch; die Männchen können wegen ihrer Aggressivität meist nur einzeln gehalten werden.

Kampfläufer, Schnepfenvogel in Europa und Asien; die Männchen, mit abspreizbarem Halskragen (Hochzeitskleid), führen Balzkämpfe.

Kampfpreis, im Konkurrenzkampf um hohe Marktanteile unter dem marktüblichen festgelegter Preis (Dumpingpreis).

Kampfstoffe, Bezeichnung für radioaktive Materialien, giftige chem. Substanzen (u. a. Giftgase) sowie krankheitserregende Mikroorganismen als Mittel der Kriegsführung (ABC-Waffen).

Kamp-Lintfort, Stadt in NRW, am Niederrhein, 37400 Ew.; Steinkohlenbergbau. Das 1123 gegr. ehem. **Kloster Kamp** war die erste Niederlassung der Zisterzienser in Deutschland.

Kamtschatka, asiat. Halbinsel zw. Beringmeer und Ochotsk. Meer, Russland, 370 000 km^2, gebirgig, viele tätige Vulkane, raues Klima, reich an Wäldern und Pelztieren, Fisch- und Seetierfang (Krabben); geotherm. Kraftwerke; Erdgas; Wirtschaftszentrum: Petropawlowsk-Kamtschatskij.

Kana, bibl. Ort in Galiläa, nördlich von Nazareth; Schauplatz der Hochzeit zu K. (Joh. 2).

Kana|an, im A. T. das von den Israeliten in Besitz genommene Land, teils die heutige syr. Mittelmeerküste, teils das Jordanland.

Kanada, Bundesstaat in Nordamerika, Land des Commonwealth, umfasst die N-Hälfte Nordamerikas mit Ausnahme Alaskas, einschließlich der arkt. Inseln; mit 9,971 Mio. km^2 das zweitgrößte Land der Erde, 27,367 Mio. Ew.; Hptst. Ottawa; Amtssprachen: Englisch, Französisch.

Verfassung. K. ist parlamentar. Monarchie; Staatsoberhaupt die brit. Krone, vertreten durch einen Gen.-Gouv. Dieser wird vom kanad. Min.-Präs. vorgeschlagen; die Reg. ist dem Parlament (Senat, Unterhaus) verantwortlich. K. hat 10 Prov. (Gliedstaaten) mit Selbstverwaltung: Newfoundland, Prince Edward Island, New Brunswick, Nova Scotia, Quebec, Ontario, Manitoba, Saskatchewan, Alberta, British Columbia; ferner 2 Territorien: Yukon und die Northwest Territories.

Landesnatur → Nordamerika.

Bevölkerung. Meist europ. (brit., irischer, frz., dt. u. a.) Herkunft; rd. 370 000 Indianer und 25 400 Eskimo, ferner Asiaten und Schwarze. Der N ist nahezu unbesiedelt. Religion: rd. 47 % kath., 20 % Vereinigte Kanad. Kirche, 11 % Anglikaner, 4 % Presbyterianer, 3,1 % Lutheraner, ferner Orthodoxe, Juden u. a. Größte Städte: Montreal, Toronto, Vancouver, Winnipeg.

Wirtschaft. In der Landwirtschaft herrscht der stark mechanisierte Farmbetrieb vor. Die Prärieprov. (Manitoba, Saskatchewan, Alberta) erzeugen bes. Weizen. Milchwirtschaft bes. im Sankt-Lorenz-Tiefland

Daten zur Geschichte Kanadas

1534/35	J. Cartier nimmt das Gebiet des Sankt-Lorenz-Stroms für Frankreich in Besitz
1763	Im Frieden von Paris muss Frankreich alle kanadischen Besitzungen an Großbritannien abtreten
1812–1814	Die USA scheitern damit, Kanada zu erobern
1867	Vereinigung aller brit. Besitzungen in Nordamerika (außer Neufundland) im Bundesstaat Dominion of Canada
1914–1918	Kanada unterstützt Großbritannien mit 600 000 Soldaten im 1. Weltkrieg
1931	Kanada erhält im Statut von Westminster die volle Unabhängigkeit
1939–1945	Kanada kämpft an der Seite Großbritanniens gegen die Achsenmächte
1949	Neufundland schließt sich Kanada an; NATO-Beitritt
1982	Ende der Zuständigkeit des brit. Parlaments für Verfassungsangelegenheiten
1993	Kanada tritt der Freihandelszone NAFTA mit den USA und Mexiko bei; J. Chrétien wird Ministerpräsident

und in den atlant. Küstenprov., Obst- und Gemüsebau im Sankt-Lorenz-Tiefland und im W. Forstwirtschaft, Fischerei; Pelzgewinnung; Energiewirtschaft, v. a. Wasserkraftwerke. Reiche Bodenschätze: NE-Metalle, Asbest, Kali- und Steinsalz, Erdöl, Erdgas, Uran, Kohle, Eisen u. a. Zunehmend Ind.: Zellstoff-, Papier-, Eisen- und Stahl-, chem., Aluminium-, elektron. Ind., Maschinen-, Fahrzeug-, Flugzeugbau. Ausfuhr: Weizen (1. Stelle der Weltausfuhr), Fahrzeuge, Papier, Bergbauerzeugnisse, Holz u. a. Haupthandelspartner: USA. Eisenbahn- und Straßennetz werden ausgebaut. Durch den Sankt-Lorenz-Seeweg haben Seeschiffe Zugang zu den Kanad. Seen. Bedeutende Häfen: Vancouver, Montreal, Thunder Bay; internat. ✈: Vancouver, Montreal, Toronto.

Kanadabalsam, klares Harz kanad. Balsamfichten; Kitt für opt. Linsen u. a.

Kanadi|er, 1) Einwohner Kanadas. – **2)** leichtes Sportboot.

Kanadische Seen, Große Seen, zwischen Kanada und den USA, durch den Sankt-Lorenz-Strom mit dem Atlant. Ozean verbunden: der Obere, Huron-, Michigan-, Erie- und Ontariosee, zus. rd. 246 500 km^2.

Kanaken [polynes. »Menschen«], früher von Europäern übernommener Name der Südsee-Insulaner; heute Eigenbezeichnung der einheim. Bev. von Neukaledonien.

Kanal, 1) künstl. Wasserlauf zu Schifffahrtszwecken. ÜBERSICHT S. 444. – **2) Bewässerungs-K.** zur Wasserversorgung von Ländereien. – **3) Entwässerungs-K.** zur Abführung des Schmutz- und Regenwassers **(Kanalisation)** sowie zur Dränage. – **4)** Rohr, Leitung bei Heizungs- und Lüftungsanlagen. – **5)** Übertragungsweg oder bestimmter Frequenzbereich zur Übertragung einer Nachricht. – **6)** Strom führender Pfad in einer Halbleiterstruktur. – **7)** Übertragungsweg von Befehlen und Daten.

Kanal, Der, → Ärmelkanal.

Kanal|inseln → Normannische Inseln.

Kananga, Stadt im W der Demokrat. Rep. Kongo, 291 000 Ew., Hptst. einer Region; kath. Erzbischofssitz; Handelszentrum.

Kanari|envogel, ein Finkenvogel von den Kanar. Inseln, Zuchtformen u. a. »Harzer Roller«.

Kanarische Inseln, span. Inselgruppe vor der NW-Küste Afrikas, 7 273 km^2, 1,62 Mio. Ew.; 7 größere (darunter Teneriffa, Gran Canaria) und 6 kleinere Inseln. 2 span. Überseeprov.; Hptst. Santa Cruz de Tenerife, Las Palmas. Vulkan. Ursprungs, auf Teneriffa bis 3 716 m hoch; mildes Klima, sehr fruchtbar. Ausfuhr: Bananen, Tomaten, Frühkartoffeln. Fremdenverkehr. – Seit dem 15. Jh. spanisch.

Kanada

Staatswappen

Staatsflagge

Internationales Kfz-Kennzeichen

Wassily Kandinsky

Känguru

Kansas
Flagge

Kanazawa, jap. Stadt auf der Insel Honshū, 423 000 Ew.; Univ.; Seidenweberei, Lackfabrikation.
Kanchipuram [kænˈtʃiːpʊrəm], ind. Stadt im Staat Tamil Nadu, 131 000 Ew.; eine der 7 heiligen Stätten des Hinduismus, Zentrum brahman. Kultur.
Kandahar, Arlberg-K., alpines Skirennen (Abfahrt, Slalom, Riesenslalom, Kombination), seit 1928 ausgetragen, nach dem Stifter des Pokals, dem engl. General Earl Roberts of K., benannt.
Kandahar, Oasenstadt in Afghanistan, 203 000 Ew.; Verkehrsknoten; Handelsmittelpunkt.
Kandare → Zaum.
Kandelaber *der,* mehrarmiger Standleuchter.
Kandertal, das Tal der **Kander** im Berner Oberland, Schweiz, von der Lötschbergbahn durchzogen; Fremdenverkehr (Hauptorte **Kandergrund** und **Kandersteg**); Wasserkraftwerke.
Kandidat *der,* **1)** Prüfling. – **2)** Bewerber um ein Amt, einen Parlamentssitz usw.
Kandinsky, Wassily, frz. Maler russ. Herkunft, * 1866, † 1944; gehört zu den Begründern der abstrakten Kunst; Mitglied des Blauen Reiters; Lehrer am Bauhaus; legte die fundamentale Harmonielehre der abstrakten Kunst dar.
Kandis *der,* in großen Stücken auskristallisierter Zucker. **kandieren,** überzuckern.
Kändler, Johann Joachim, dt. Bildhauer, * 1706, † 1775; war Porzellanmodelleur der Meißner Manufaktur.
Kandy [ˈkændɪ], Stadt in Sri Lanka, 130 000 Ew.; buddhist. Wallfahrtsort, gehört zum Weltkulturerbe.
Kaneel *der,* **Ceylonzimt,** Gewürzrinde vom Zimtrindenbaum.
Kangchendzönga [kæŋtʃenˈdʒʌŋgə], dritthöchster Berg der Erde, 8 586 m, im Himalaya, an der Grenze zw. Nepal und Indien; Erstbesteigung 1955.
Känguru *das,* Beuteltier mit sprungtüchtigen Hinterbeinen, Stützschwanz und schwachen, kurzen Vorderbeinen. Pflanzenfresser. Das Junge, kaum entwickelt (etwa 3 cm groß) geboren, kriecht in den Beutel der Mutter, wird hier an einer Zitze fast 8 Monate genährt. **Riesen-K.** bis 2 m hoch.
KaNgwane, ehem. Homeland in Ost-Transvaal, Rep. Südafrika, 3 823 km², 393 000 Ew.; Verw.-Sitz Kanyemanzane.
Kanin, russ. Halbinsel, östl. des Weißen Meers, rd. 10 500 km²; von Samojeden bewohnt.
Kaninchen, Nagetier aus der Familie der Hasen. Das **Wild-K.** ist oben grau, unten weiß, kleiner als der Hase, lebt gesellig in selbst gegrabenen Erdhöhlen. Es stammt aus den westl. Mittelmeerländern und hat sich seiner Gefräßigkeit, der großen Fruchtbarkeit und der Durchwühlung des Bodens wegen zu einer Landplage entwickelt (z. B. in Australien, aber auch in Dtl.). Das vom Wild-K. abstammende **Haus-K.** wird als Fleisch- und Pelztier in zahlreichen Rassen gezüchtet **(Riesen-K., Angora-K.).**

Kanopen aus Abusir el-Melek (um 600 v. Chr.)

Kanker *der,* Spinnentier, → Weberknecht.
Kan Kiang → Gan Jiang.
kannelieren, ⌂ mit senkrechten Rillen versehen, z. B. einen Säulenschaft. **Kannelüre** *die,* die so entstandene Auskehlung.
Kannenbäckerland, eine Landschaft in Rheinl.-Pf., um Höhr-Grenzhausen im südwestl. Westerwald; reiche Tonlager; Steingutfabriken, Keramik.
Kannenpflanze, Gattung kletternder Insekten fangender Urwaldpflanzen Südasiens, Australiens und der ostafrikan. Inseln. Die Mittelrippe der Blätter läuft in einen langen Stiel mit kannenartigem Endteil aus.
Kannibalismus *der,* Verzehr von Menschenfleisch durch Menschen, kommt hauptsächlich in extremen Notsituationen sowie in ritueller Form (meist als Bestattungsritus in außereurop. Kulturen) vor.
Kano, größte Stadt in N-Nigeria, 625 500 Ew.; Sitz eines Emirs; Univ.; Ind.; ✈.
Kanō, jap. Malerschule (16. bis 19. Jh.); ein bedeutender Vertreter war K. Motonobu (* 1476, † 1559).
Kanoldt, Alexander, dt. Maler und Grafiker, * 1881, † 1939; vertrat die »neue Sachlichkeit«.
Kanon *der,* **1)** Regel, Richtschnur; bes. in der bildenden Kunst der Maßstab für die Verhältnisse des ebenmäßigen menschl. Körpers. – **2)** 𝄞 Tonstück, bei dem die Stimmen (2, 3 oder mehr), dieselbe Melodie singend oder spielend, derart nacheinander einsetzen, dass ein mehrstimmiger Satz entsteht. – **3)** die als echt

Kanal: Wichtige Seeschifffahrtskanäle

Name	Land	Verbindung	Länge (km)	Tiefe (m)	eröffnet
Suezkanal	Ägypten	Mittelmeer - Rotes Meer	195,0	20,0	7.11.1869
Nordseekanal	Niederlande	Nordsee - IJsselmeer	27,0	13,5	1876
Kanal von Korinth	Griechenland	Ionisches - Ägäisches Meer	6,3	7,9	9.11.1893
Manchesterkanal	Großbritannien	Irische See - Manchester	58,0	8,5	1894
Nord-Ostsee-Kanal	Deutschland	Nordsee - Ostsee	98,7	11,0	21.6.1895
Brügger Seekanal	Belgien	Brügge - Nordsee	10,0	8,5	1907
Panamakanal	Panama*	Atlantik - Pazifik	81,6	13,7	15.8.1914
Cape-Cod-Kanal	USA	Cape Cod Bay - Buzzard Bay	13,0	9,8	1914
Brüssel-Rupel-Kanal	Belgien	Brüssel - Willebroek	32,0	6,4	1922
Weißmeerkanal	Russland	Ostsee - Weißes Meer	227,0	5,0	1933
Houstonkanal	USA (Texas)	Golf von Mexiko - Houston	80,0	10,3	1940
Amsterdam-Rhein-Kanal	Niederlande	Amsterdam - Tiel	72,0	8,5	1952
Wolga-Don-Kanal	Russland	Wolgograd - Kalatsch	101,0	-	27.7.1952
Sankt-Lorenz-Seeweg	Kanada	Atlantik - Große Seen	3770,0	9,0	1959

*Kanalzone bisher USA, ab 2000 endgültig in panamaischem Besitz.

anerkannten (kanon.) Bücher der Bibel. – **4)** kath. Kirche: a) einzelne kirchl. Rechtsvorschrift, b) Gebet in der Messe, c) Verzeichnis der heilig Gesprochenen.

Kanone *die,* Flachfeuergeschütz.

Kanonier *der,* in der Bundeswehr unterster Mannschaftsdienstgrad bei Artillerie und Flugabwehrtruppen.

Kanoniker *der,* Mitglied eines Dom- oder Stiftskapitels.

Kanonisation *die,* → Heiligsprechung.

kanonisch, dem Kanon entsprechend, zu ihm gehörend; **kanon. Alter,** für kirchl. Amt vorgeschriebenes Alter; **kanon. Recht,** kath. Kirchenrecht; **kanon. Bücher,** als echt anerkannte Schriften der Bibel.

Kanope *die,* altägypt. Gefäß mit menschen- oder tierköpfigem Deckel zur Aufbewahrung der einbalsamierten Eingeweide.

Känozoikum, Neozoikum *das,* die Erdneuzeit, umfasst Tertiär und Quartär (→ Erdgeschichte, ÜBERSICHT).

Kanpur [kɑːnˈpʊə], Stadt im ind. Staat Uttar Pradesh, am Ganges, 1,5 Mio. Ew.; Univ.; Lederindustrie.

Kansas [ˈkænzəs], Abk. **Kans.,** einer der nordwestl. Mittelstaaten der USA, 213 098 km², 2,48 Mio. Ew.; Hptst. Topeka. K. ist ein Präriestaat, Viehzucht, Ackerbau (bes. Weizen); ⚒ auf Erdöl, Erdgas, Kohle, Zink u. a. Großschlachtereien, Raffinerien, Flugzeugbau u. a. Industrie. – Teil von frz. Louisiana, 1763 an Spanien, 1803 an die USA.

Kansas City [ˈkænzəs ˈsɪtɪ], Doppelstadt in den USA, am Missouri. Die Stadt in Missouri hat 441 200 Ew., ist Handelsplatz; Univ. Die Stadt in Kansas mit 162 100 Ew. ist v. a. Ind.stadt.

Kansu → Gansu.

Kant, 1) Hermann, dt. Schriftsteller, * 1926; Erz., Romane, 1978 bis 1989 Präs. des Schriftstellerverbandes der DDR. – **2)** Immanuel, dt. Philosoph, * 1724, † 1804; Prof. in Königsberg (Pr); begründete die krit. oder Transzendentalphilosophie. Er untersuchte die in den menschl. Erkenntniskräften liegenden Voraussetzungen und Grenzen der Erkenntnis. Die meisten metaphys. Fragen seien für die menschl. Vernunft unlösbar. Die Erkenntnis müsse sich auf »Erscheinungen« beschränken. Nur als sittliche Wesen könnten wir die Schranken unseres an die Sinnenwelt gebundenen Erkenntnisvermögens überwinden (Lehre vom »Primat der prakt. Vernunft«, kategor. Imperativ, → Kategorie). Schriften: »Kritik der reinen Vernunft« (1781/87), »Kritik der prakt. Vernunft« (1788), »Kritik der Urteilskraft« (1790).

Kanzel im Dom zu Pisa von Giovanni Pisano (14. Jh.)

Kantabrisches Gebirge, Gebirgszug in N-Spanien; im Picos de Europa 2 648 m hoch.

Kantate, 1) 4. Sonntag nach Ostern. – **2)** *die,* aus Chorsätzen und Einzelgesängen, Duetten, Terzetten, Rezitativen usw. bestehendes Gesangswerk mit Instrumentalbegleitung.

Kante, Schnittlinie zweier Flächen.

Kanter, ⚘ kurzer, leichter Galopp. **K.-Sieg,** leicht gewonnener Sieg.

Kant|haken, 1) Haken mit Ring und Hebebaum zum Bewegen schwerer Stämme und Bauhölzer. – **2)** ⚓ Bootshaken.

Kanther, Manfred, dt. Politiker (CDU), Jurist, * 1939; 1974 bis 1993 MdL, 1987 bis 1991 hess. Finanzmin., 1991 bis 1993 Landesvors. der CDU in Hessen, seit Juli 1993 Bundesmin. des Inneren.

Kantilene *die,* gesangsmäßig gebundene, meist getragene Melodie.

Kantine *die,* Speise- und Verkaufsraum in Kasernen, Betrieben usw.

kant-laplacesche Theorie [-laˈplas -], Bezeichnung für 2 unterschiedl. Lehren über die Entstehung des Sonnensystems.

Kanton *der,* frz. **Canton** [kãˈtõ], **1)** Schweiz: Gliedstaat der Eidgenossenschaft. – **2)** Frankreich und Belgien: Unterabteilung der Arrondissements.

Kanton, amtl. **Guangzhou** [-dʒɔu], Hptst. der Prov. Guangdong, China, am **K.-Fluss** (Perlfluss), 3,4 Mio. Ew.; Univ.; Handelsplatz; Seiden-, Baumwoll-, Glas-, Papierind.; internat. ✈.

Kantor *der,* im MA. der Vorsänger, seit der Reformation der Organist und Leiter des Kirchenchors.

Kantorowitsch, Leonid Witaljewitsch, russ. Mathematiker und Wirtschaftswissenschaftler, * 1912, † 1986; entwickelte die Grundlagen der linearen Optimierung; 1975 mit T. C. Koopmans Nobelpreis für Wirtschaftswissenschaften.

Kanu *das,* leichtes kielloses Boot der nord- und mittelamerikan. Indianer, aus Baumrinde oder Tierhäuten hergestellt, die über einen Holzrahmen gespannt wurden; heute alle mit Paddeln gefahrenen Sportboote.

Kanüle *die,* Hohlnadel für Einspritzungen und Blutentnahme. **Tracheal-K.,** Röhrchen zum Offenhalten der operativ eröffneten Luftröhre.

Kanzel, 1) in der Kirche der erhöhte Standort für den Prediger; nach den Schranken (cancelli), die früher den Chor absonderten. – **2)** ✈ der verglaste Rumpfbug. – **3)** ♈ Hochsitz.

Kanzlei, im MA. der mit Schranken (cancelli) umgebene Ort zur Ausfertigung öffentl. Urkunden; heute Geschäftsräume eines Rechtsanwalts; auch in Wortverbindungen (Staats-K.).

Kanzleisprache, im ausgehenden MA. die dt. Sprache einer Kanzlei; Luther benutzte für seine Bibelübersetzung die kursächs. Kanzleisprache.

Kanzler, 1) im MA. Hofbeamter, der die Staatsurkunden ausfertigte und verzeichnete, meist ein Geistlicher. – **2)** → Reichskanzler, → Bundeskanzler, → Lord.

Kanzone *die,* **1)** lyr. Gedichtform aus 5 bis 10 Strophen, zuerst im 12. Jh. in der provenzal. und nordfrz. Dichtung. – **2)** 𝄞 seit dem 18. Jh. einstimmiges volkstüml. Lied mit Instrumentalbegleitung.

Kaohsiung [-çi-], Hafen- und Ind.stadt auf Taiwan, 1,3 Mio. Ew.; Aluminium-, Kunstdüngerindustrie.

Kaolin *das,* fachsprachl. *der,* **Porzellan|erde,** weißes, erdiges Gestein, fast reines Aluminiumsilikat (kieselsaure Tonerde), durch Verwitterung von Feldspat entstanden; Hauptrohstoff der Porzellanherstellung. BILD S. 446

Kap, engl. **Cape** [keɪp], Vorgebirge, ein ins Meer ragender Teil der Küste.

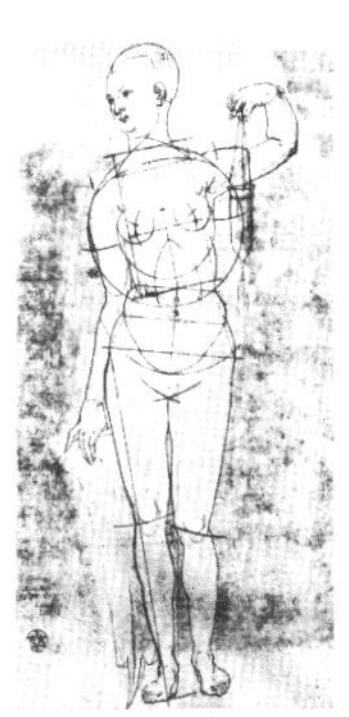

Kanon (bildende Kunst) Proportionsstudie von Albrecht Dürer

Manfred Kanther

Leonid Witaljewitsch Kantorowitsch

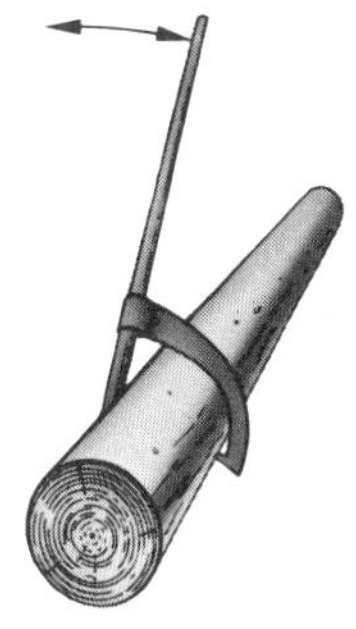

Kanthaken

Kapaun, kastrierter Masthahn.

Kapazität *die,* **1)** Aufnahmefähigkeit, Fassungsvermögen; hervorragender Fachmann. – **2)** ✻ Formelzeichen *C,* bei elektr. Leiterpaaren, bes. bei Kondensatoren, ein Maß für die elektr. Ladung *Q,* die bei einer vorgegebenen Spannung *U* gespeichert wird: $C = Q/U$. Einheit der K. ist das Farad (F).

Kap der Guten Hoffnung, Südende der **Kap-Halbinsel** in Südafrika, südl. von Kapstadt; 1487/88 von B. Diaz erstmals umfahren.

Kapela *die,* 130 km langer waldiger Gebirgszug in Kroatien, bis 1533 m hoch.

Kapelle *die,* **1)** kleines kirchl. Gebäude oder kleiner Sonderraum, oft für bes. gottesdienstl. Zwecke (Tauf-K., Sakraments-K.). – **2)** 𝄞 Vereinigung von Instrumentalmusikern, geleitet von einem **Kapellmeister;** urspr. die im Chor der Kirche aufgestellte Sängerschar.

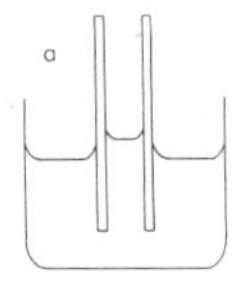

Kapillarität
Glasröhren in a benetzender, b nicht benetzender Flüssigkeit

Pjotr Kapiza

Kapern, grünlich braune, in gesalzenem Essig eingelegte Blütenknospen des am Mittelmeer heim. K.-Strauchs.

Kapernaum, histor. Ort in Galiläa, am See Genezareth, häufig von Jesus besucht; heute **Tell Hum.**

Kapetinger, frz. Königsgeschlecht, das 987 mit Hugo Capet († 996) die Karolinger ablöste und im Hauptstamm 1328 erlosch.

Kapfenberg, Stadt in der Steiermark, Österreich, 25800 Ew.; Metallindustrie.

Kapholländisch, 1) → Afrikaans. – **2)** K. Stil → Kolonialstil.

Kap Hoorn, span. **Cabo de Hornos** [ˈkaβo de ˈɔrnos], die S-Spitze von Südamerika, auf der Hoorninsel, Chile, 55° 59′ südl. Breite.

Kapillaren *Pl.,* **1)** ⚕ Haargefäße, Kapillargefäße. – **2)** ⚙ Röhrchen mit sehr kleinem Durchmesser.

Kapillarität *die,* Auswirkung der Oberflächenspannung von Flüssigkeiten in engen Hohlräumen (Haargefäßen, Kapillaren); zeigt sich im Höhersteigen benetzender (z. B. Wasser) und Zurückbleiben nicht benetzender (z. B. Quecksilber) Flüssigkeiten gegenüber dem Flüssigkeitsspiegel der Umgebung; wichtig für den Wasserhaushalt des Bodens und der Pflanzen.

Kapital *das,* ✐ allg.: zinsbringend angelegte Geldsumme. – Volkswirtschaftlich ist K. die Gesamtheit der erarbeiteten Wirtschaftsmittel, die nicht unmittelbar dem Verbrauch, sondern mittelbar der Erzeugung anderer Güter dienen. Es entsteht durch Konsumverzicht (Sparen, Nichtausschüttung von Gewinnen; **K.-Bildung**) und produktive Verwendung der gesparten Mittel (Investieren). Neben Arbeit und Boden ist das K. entscheidender Produktionsfaktor. **K.-Güter** sind die im Produktionsprozess verwendeten Güter und Vorräte. – Betriebswirtschaftlich ist K. die Gesamtheit der in einem Unternehmen investierten Mittel, verkörpert in den Vermögensgegenständen. Nach dem Abzug der Schulden **(Fremd-K.)** verbleibt das **Eigen-K.** (Reinvermögen). Nach der Verwendung unterscheidet man **Anlage-K.** (Grundstücke, Gebäude, Maschinen usw.) und **Umlauf-**(Betriebs-)**K.** (Zahlungsmittel, Waren, Rohstoffe).

Kapitalerhöhung, ✐ die Erhöhung des Grundkapitals einer AG oder des Stammkapitals einer GmbH durch Ausgabe von Aktien (Anteilen) oder Umwandlung aufgenommener Fremdgelder in Eigenkapital (Wandelschuldverschreibungen).

Kapitalertragsteuer, als Teil der Einkommensteuer erhobene Steuer auf Einkünfte aus Kapitalvermögen.

Kapitalflucht, Verlagerung von Geld ins Ausland, z. B. wegen polit. Unsicherheit, Geldentwertung oder aus steuerl. Gründen.

Kaolin. Durch chemische Verwitterung von Granitgneisen gebildete Kaolinlagerstätte, darüber aus Ton entstandene rotbraune Lateritkruste

Kapitalgesellschaft, ✐ Handelsgesellschaft, die als jurist. Person rechtsfähig ist. Haftung der Gesellschafter auf ihren Anteil am Grund- oder Stammkapital beschränkt. Rechtsformen: AG, KGaA, GmbH, bergrechtl. Gewerkschaft.

kapitalisieren, einen Ertrag oder eine regelmäßige Geldleistung (Zinsen, Rente) auf ihren Kapitalwert (Ertragswert) umrechnen; Formel:

$$\text{Kapitalwert} = \frac{\text{Ertrag (Rente)} \times 100}{\text{Zinsfuß}} .$$

Kapitalismus *der,* in Wiss. und polit. Diskussion in Anlehnung an Marx gebrauchter Begriff, der häufig zum Schlagwort wurde; Ggs.: Sozialismus. Heute bevorzugt die Wiss. das Gegensatzpaar Marktwirtschaft – Zentralverwaltungswirtschaft. Volkstümlich versteht man unter K. ein Wirtschaftssystem, bei dem die Masse der Arbeitenden nicht Kapitalbesitzer ist. Grundlagen sind Anerkennung des Privateigentums und liberale Wirtschaftsgesinnung. Nach Marx ist wesentl. Kennzeichen des K., dass Gesellschaftsklassen, z. B. Lohnarbeiter und Kapitalisten, einander feindl. gegenüberstehen. Kennzeichen wirtschaftl. Handelns im K.: Erwerbsprinzip (Streben nach größtmögl. Gewinn), Wettbewerbsprinzip, Rationalprinzip (Streben nach größtmögl. Zweckmäßigkeit bei der wirtschaftl. Tätigkeit). – Geschichtlich unterscheidet man 3 Stufen: **Früh-K.** (erster Höhepunkt im 16. Jh., Fugger; volle Entfaltung im Merkantilismus), **Hoch-K.** (Industrialisierung im 19. Jh., Gewerbefreiheit, Freihandel), **Spät-K.** (im 20. Jh.; Neigung zur Regelung und Lenkung, teils durch Zusammenschlüsse von Unternehmen, teils durch den Staat; **Staats-K.**). Erfolg des K. war eine Steigerung des Volkseinkommens, die trotz der Bev.-Zunahme der letzten 150 Jahre eine Steigerung des Lebensstandards aller Schichten ermöglichte.

Kapitalmarkt, Markt der langfristigen Kredite und Kapitalanlagen (Aktien, Obligationen, Pfandbriefe, Hypotheken u. a.).

Kapitalverbrechen, bes. schwere Straftat, z. B. Mord oder schwerer Raub.

Kapitalverkehrsteuer, umfasst die **Gesellschaftsteuer** (Ersterwerb von Anteilen an inländ. Kapitalgesellschaften, weitere Leistungen der Gesellschafter) und die **Börsenumsatzsteuer** (jede Übertragung von Wertpapieren außer Ersterwerb).

Kapitän, 1) Führer eines Schiffs, meist nach Prüfung und Erwerb eines Patents; Flugzeugführer. – **2)** K. zur See, Offiziersrang der Marine. – **3)** ⚔ Hauptmann in ausländ. Heeren. – **4)** ⚽ Mannschaftsführer.

Kapitel *das,* **1)** Abschnitt einer Schrift. – **2)** Versammlung der Stifts- oder Klostergeistlichen (Ort des K. ist der **K.-Saal,** das **K.-Haus**). – **3)** → Domkapitel.

Kapitell *das,* ⌂ oberer Abschluss einer Säule, eines Pilasters oder Pfeilers, Verbindung zw. tragenden und lastenden Bauteilen.

Kapitol *das,* **1)** Name des kleinsten der 7 Hügel Roms. – **2)** in den USA die Gebäude für die Volksvertretungen, bes. das Kongressgebäude in Washington.

Kapitolinische Wölfin, etrusk. Bronzewerk aus dem 5. Jh. v. Chr., Wahrzeichen Roms.

Kapitularien *Pl.,* Reichsverordnungen der karoling. Herrscher, nach ihrer Kapiteleinteilung benannt.

Kapitulation *die,* ⚔ Übergabe einer Festung, Truppe oder eines ganzen Heers.

Kapiza, Pjotr Leonidowitsch, russ. Physiker, * 1894, † 1984. Für seine Arbeiten zur Tieftemperaturphysik erhielt er 1978 den Nobelpreis.

Kaplan *der,* ein den Gemeindepfarrer unterstützender kath. Priester.

Kapland, Kapprovinz, ehem. größte Prov. der Republik Südafrika, nach der Verf. von 1993 aufgeteilt auf die Prov. West-, Nord- und Ost-Kap.

Kapokbaum, Wollbaum, Baumwollbaum, Gattung der Wollbaumgewächse. **Kapok,** baumwollähnl. Samenhaare des K.; Polstermaterial.

Kaposvár ['kɔpoʃva:r], Stadt in Ungarn, 74000 Ew.; Mühlen; Nahrungsmittelindustrie.

Kapotte *die,* Schute, mod. Frauenhut des späten 19. Jahrhunderts.

Kapowa, Höhle am Oberlauf der Belaja, S-Ural, Russland, mit vorgeschichtl. Wandmalereien (v. a. eiszeitl. Tiere).

Kappadokilen, im Altertum Gebirgslandschaft im östl. Kleinasien.

kappen, 1) ab-, beschneiden. - **2)** ⚓ Masten, Takelung, Taue abhauen. - **3)** ♡ Tiere kastrieren, daher: **Kapphahn** (Kapaun), **Kapphengst** (Wallach).

Kapp-Putsch, vom 13. bis 17. 3. 1920 dauernder rechtsradikaler Umsturzversuch in Dtl. unter W. Kapp (* 1858, † 1922) u. a., scheiterte nach wenigen Tagen wegen Generalstreiks.

Kaprice [ka'prisə] *die,* Laune, Einfall; **kapriziös,** launenhaft.

Kapriole *die,* **1)** Luftsprung, tolles Stückchen. - **2)** Reitkunst: Lektion der hohen Schule.

Kapruner Tal, rechtes Seitental der Salzach in den Hohen Tauern, Österreich; Großkraftwerk.

Kapsel, 1) Gehäuse, Behälter. - **2)** Verschlussart. - **3) Raum-K.,** ein Raumfahrzeug. - **4)** ⚘ Streufrucht aus zwei oder mehr Fruchtblättern.

Kapstadt, Hptst. der Prov. West-Kap, Rep. Südafrika, 2,4 Mio. Ew.; Sitz des südafrikan. Parlaments, anglikan. und kath. Erzbischof; Univ., Museum, botan. Garten; Handelsplatz, Hafen, ✈; Industrie.

Kapuze, eine am Mantel oder Schulterkragen befestigte Kopfbedeckung.

Kapuziner *Pl.,* kath. Mönchsorden, Zweig der Franziskaner.

Kapuzinerlaffe, süd- und mittelamerikan. Breitnasenaffe; eingerollter Greifschwanz, kapuzenähnlicher Haarwuchs.

Kapuzinerkresse, weichkrautige Pflanzen, z. T. mit kletternden Stängeln und rankenden Blatt- und Blütenstielen, aus Peru; viele gelb bis braunrot blühende Formen sind Gartenzierpflanzen.

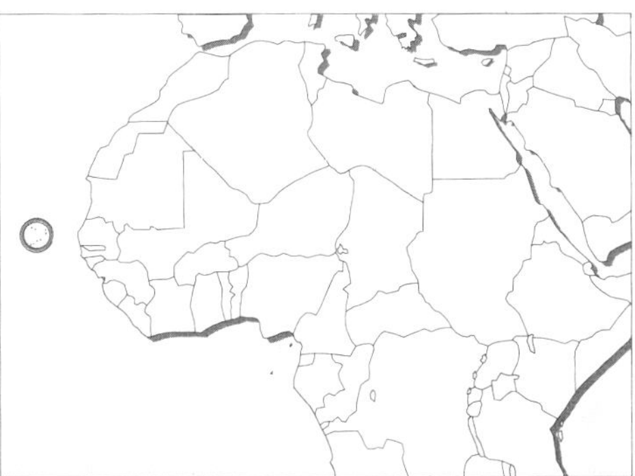

Kap Verde, Rep. vor der W-Küste Afrikas, auf dem Gebiet der **Kapverdischen Inseln,** 4033 km², 337000 Ew., vulkan. (2829 m hoch); Hptst. Praia. Amtssprache: Portugiesisch. Südfrüchte, Kaffee, Zuckerrohr, Fischfang. - 1455/56 und 1460 von den Portugiesen entdeckt, seit 1461 besiedelt; Wirtschaftsgrundlage war v. a. der Sklavenhandel. Seit 1951 Überseeprov. Portugals; seit 1974 autonom. 1975 wurde die Unabhängigkeit proklamiert. Staatspräs. wurde A. Pereira. Die 1. Mehrparteienwahlen gewann 1991 die oppositionelle »Bewegung für Demokratie«; Präs. wurde A. Mascarenhas Monteiro, Reg.-Chef C. Carvalho Veiga.

Kar *das,* ⊕ nischenförmige Vertiefung in den Abhängen vergletscherter oder ehemals vergletscherter Berge; am Grund oft ein See.

Karabiner *der,* **1)** Gewehr mit kürzerem Lauf. - **2) K.-Haken,** Haken mit federndem Verschluss.

Kara-Bogas-Gol, austrocknende Bucht an der O-Küste des Kasp. Meers, Turkmenistan, 1979 noch 12000 km²; Salzlager.

Karachi [kə'rɑ:tʃɪ], → Karatschi.

Karaganda, Gebietshptst. in Kasachstan, 608000 Ew.; Mittelpunkt eines großen Steinkohlengebiets; Baustoff-, Nahrungsmittelindustrie.

Karajan, Herbert v., österr. Dirigent, * 1908, † 1989; 1955 Chefdirigent der Berliner Philharmoniker, künstler. Leiter der Wiener Staatsoper (1956 bis 1964), ab 1964 Mitglied des Direktoriums der Salzburger Festspiele.

Karakalpaken, Turkvolk südl. des Aralsees, den Kasachen nahe stehend.

Karakalpakische Republik, seit 1991 autonome Rep. innerhalb Usbekistans, 164900 km², 1,214 Mio. Ew., Hptst. Nukus. K. liegt westl. und südl. des Aralsees, das Klima ist trockenheiß, Anbau von Baumwolle, Luzerne und Reis; Vieh-, Seidenraupen- und Pelztierzucht.

Karaklis, 1935 bis 1992 **Kirowakan,** Stadt in Armenien, 169000 Ew.; chem. Ind., Maschinenbau.

Karakorum, 1) *der,* innerasiat. Hochgebirge, westl. vom Transhimalaya, im K 2 8607 m hoch. 1978 wurde die **K.-Straße** zwischen Pakistan (Kaschmir) und China (Sinkiang-Vighur) fertig gestellt. - **2)** 1220 gegr. erste Hauptstadt des Mongolenreichs; 1948/49 Freilegung von Teilen eines Palasts mit Tempelfresken.

Karakul, Schafrasse, deren Lämmer die Persianerfelle liefern.

Karakum *die,* Sandwüste zw. Kaspischem Meer und Amu-Darja, Turkmenistan, Fläche 350000 km².

Karamanlis, Konstantinos, griech. Politiker, * 1907; 1955 bis 1963, 1974 bis 1980 Min.-Präs., 1980 bis 1985 und 1990 bis 1995 Staatspräsident. BILD S. 448

Karambolage [karambo'la:ʒə], Zusammenprall, bes. der Spielbälle auf dem Billard.

Karamell *der,* schweizer. *das,* durch trockenes Erhitzen von Zucker oder Zuckerlösungen entstehendes Röstprodukt, als Geschmacks- und Farbstoff in der Süßwaren- und Spirituosenindustrie.

Karamsin, Nikolaj Michajlowitsch, russ. Schriftsteller und Historiker, * 1766, † 1826; Erneuerer der russ. Literaturprosa (»Die arme Lisa«, 1792); Hauptwerk: »Gesch. des russ. Reiches« (1816 bis 1829).

Karat *das,* **1)** Einheitsgewicht für Edelsteine; das **metr. K.** (Abk. **Kt**) = 0,2 g. - **2)** Abk. **K,** Kennzeichnung des Goldgehalts einer Legierung in einer 24-stufigen Skala; reines Gold hat 24 Karat.

Karate *das,* aus Okinawa stammender, in Japan weiterentwickelter Selbstverteidigungssport. Im K. werden fast alle Körperteile für Schläge, Stöße, Stiche, Tritte usw. eingesetzt.

Karatschaier und Tscherkessen, Republik der K. u. T., autonome Rep. innerhalb der Region Stawropol, Russland, beiderseits des oberen Kuban, 14100 km², 418000 Ew., Hptst. Tscherkessk. Landwirtschaft, Weinbau, Schafhaltung und Rinderzucht.

Karatschi, engl. **Karachi,** pakistan. Hafenstadt an der Küste des Arab. Meers, 7,5 Mio. Ew.; kath. Erzbischofssitz; Univ., TH, Aga-Khan-Univ.; Werft, Trockendocks, Herstellung bzw. Verarbeitung von Nahrungsmitteln, Fischöl und -mehl, Seife u. a. Ind., Erdölraffinerie; Ausweichhafen für Bombay, internat. ✈. - War 1947 bis 1959 die Hauptstadt Pakistans.

Karausche, karpfenartiger Süßwasserfisch N-Europas, 15-30 cm lang.

Karavelle *die,* Segelschifftyp des 14. bis 16. Jh. (z. B. die Santa Maria von Kolumbus).

Kapstadt
Stadtwappen

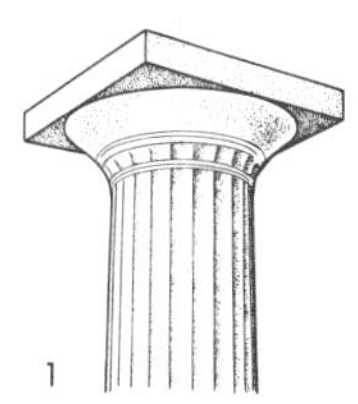

1

2

3

Kapitell-Formen
1 dorisch, 2 ionisch, 3 korinthisch

Kap Verde

Staatswappen

Staatsflagge

Karawane *die,* Kaufmanns- oder Pilgerzug im Orient, bes. mit Kamelen in Wüstengebieten. **Karawanserei,** Unterkunftshaus für Karawanen.
Karawanken *Pl.,* Gruppe der Südl. Kalkalpen, zw. Drau und Save, im Hochstuhl 2238 m hoch. 1991 wurde der 7,8 km lange K.-Tunnel zw. Kärnten und Slowenien fertig gestellt.
Karbolineum *das,* braunrotes, wasserunlösl. Steinkohlenteergemisch; desinfizierend und fäulnishemmend für Holz, auch zur Schädlingsbekämpfung an Bäumen.

Konstantinos Karamanlis

Karbon *das,* das vorletzte System (Periode) des Paläozoikums (→Erdgeschichte, ÜBERSICHT).
Karbonari *Pl.,* ehem. polit. Geheimbund in S-Italien, um 1796 entstanden; nat. und liberalen Bestrebungen.
Karbonisieren, ⚗ allg. Verkohlen, Umwandlung in Kohlenstoff oder Carbonate, Zellulosereste in Wolle durch Schwefelsäure oder andere Chemikalien zerstören.
Karborundum *das,* Siliciumcarbid, SiC, aus Sand und Koks bei 2000 °C hergestellte, dunkel gefärbte Kristalle (Härte 9,6); Schleifmittel.
Karbowanez, seit 1992 Übergangswährung in der Ukraine.
Karbunkel *der,* großflächiges Geschwür aus mehreren Furunkeln.
Kardamom *der* oder *das,* Kapselfrüchte südostasiat. Ingwergewächse. In den Samen **K.-Öl;** vielseitiges Gewürz.
kardanische Aufhängung, von G. Cardano beschriebene Aufhängevorrichtung aus 3 zueinander senkrechten, ineinander bewegl. Ringen; bewirkt, dass ein im innersten Ring befindl. Körper bei Lageänderung des Ganzen seine Lage beibehält (z. B. Kompass, Uhr, Lampe).
Kardätsche *die,* **1)** Hilfsmittel zum Aufrauen von Tuchen. – **2)** scharfe Bürste zum Striegeln von Pferden.
Karde *die,* **1)** ⚘ distelähnl., hochwüchsige Pflanzengattung: die hellviolett blühende **Weber-K.,** mit hakenborstigen Blütenköpfen, diente früher zum Rauen von Tuch **(Rau-K.);** die stachlige, lila blühende **Wilde K.** wächst an Hängen. – **2)** Spinnereimaschine, die →Krempel.
Kardinal *der,* **1)** kath. Kirche: höchster Würdenträger nach dem Papst; vom Papst ernannt. K. bilden das **K.-Kollegium.** Die K. wählen den Papst (Konklave), bilden eine beratende Behörde (Konsistorium) und sind die Hauptglieder kirchl. Ausschüsse (Kongregationen). Tracht: Chorrock, Purpurmantel, roter Hut. **K.-Staatssekretär,** Leiter des päpstl. Staatssekretariats. – **2)** 🐦 scharlachroter nordamerikan. Finkenvogel (Singvogel) mit Schopf.
kardinal..., haupt..., grund...
Kardinaltugenden, seit dem Altertum (Platon) die Grundtugenden der Weisheit, Gerechtigkeit, Tapferkeit, Besonnenheit.
Kardinalvikar, Generalvikar des Papstes für die Diözese Rom.
Kardinalzahlen, √ **1)** die natürl. Zahlen 1, 2, 3 usw. – **2)** die Mächtigkeit einer Menge, bei einer endlichen Menge ist die K. gleich der Anzahl der Elemente.
Kardiotokographie, ⚕ diagnost. Verfahren zur fortlaufenden graf. Aufzeichnung (Kardiotokogramm, Abk. CTG) der mütterl. Wehentätigkeit und der Herzfrequenz des Kindes in der Spätschwangerschaft und während der Geburt.
Kareli|er, Stamm der Finnen, im östl. Finnland und in Karelien.
Karelische Republik, autonome Rep. innerhalb Russlands, 172 400 km², 792 000 Ew.; Hptst. Petrosawodsk. Seen- und waldreiches Flachland. Forstwirtschaft, Fischerei; ⚒ auf Eisenerz. Holz-, Papier-, Maschinen- u. a. Ind. – Karelien war jahrhundertelang zw. Schweden und Russen umkämpft. Die aus den ostkarel. Gebieten 1923 geschaffene ASSR wurde 1947 mit dem von Finnland abgetretenen W-Karelien vereinigt; 1940 bis 1956 Karelo-Finn. SSR innerhalb der UdSSR.
Karenstaat, nat. Sondergebiet im südöstl. Birma, v. a. entlang der Grenze zu Thailand, 28 726 km², 1,06 Mio. Ew. Hptst. Paan. Reisanbau, Obst-, Kautschuk- und Tabakkulturen; Zinn- und Wolframlagerstätten.
Karenztage, Tage, die im Krankheitsfalle vom Arbeitgeber unbezahlt bleiben.
Karfiol *der,* österr.: Blumenkohl.
Karfreitag [ahdt. charu »Trauer«], Tag der Kreuzigung Christi.
Karfunkel *der,* alte Bezeichnung für den roten Granat oder Rubin.
Karibadamm, Staudamm am →Sambesi.
Kariben, Völker einer indian. Sprachfamilie im nördl. Südamerika und auf den Kleinen Antillen.
Karibische Inseln, die →Westindischen Inseln.
Karibisches Meer, Teil des Amerikan. Mittelmeers, zw. Antillen, Süd- und Mittelamerika; im Caymangraben 7680 m tief.
Karibu *das,* auch *der,* nordamerikan. Ren.
Kari|es *die,* entzündl. Erkrankung 1) des Knochens mit Zerstörung von Gewebe und 2) der Zähne.
Karikatur *die,* Zerr- oder Spottbild menschl. Eigenschaften oder Handlungen, meist mit polit. Tendenz. Die K., in der Antike und im MA. bekannt, kam im 19. Jh. (H. Daumier) zur Blüte.
Karl, Herrscher: **Röm. und Röm.-Dt. Kaiser. 1) K. I., der Große,** * 747, † 814; seit 768 Frankenkönig, unterwarf in blutigen Kämpfen (772 bis 804) die Sachsen und zwang sie zur Annahme des Christentums, eroberte 774 das Langobardenreich, setzte 788 den Bayernherzog Tassilo ab, errichtete die Ostmark und die Span. Mark; Weihnachten 800 Kaiserkrönung in Rom. Im Innern Zentralisierung der Reichsgewalt, Förderung von Kunst und Wiss. – **2) K. II., der Kahle,** * 823, † 877; erhielt 843 das Westfränk. Reich (Frankreich), 875 zum Kaiser gekrönt. – **3) K. III., der Dicke,** * 839, † 888; seit 876 König des Ostfränk. Reichs, wurde 881 Kaiser, 885 auch König von Frankreich, kämpfte erfolglos gegen die Normannen; 887 abgesetzt. – **4) K. IV.,** * 1316, † 1378; Luxemburger, Erbe des Kgr. Böhmen, seit 1346/47 dt. König, 1355 zum Kaiser gekrönt, erließ die →Goldene Bulle, gründete

Karikatur von Hans Traxler. »Auch in Sachsen-Anhalt ist es nun mit der typisch öden sozialistischen Gleichmacherei vorbei. Gottseidank!« (1990)

1348 die erste dt. Univ. des Dt. Reichs in Prag, erwarb für seine Hausmacht die Oberpfalz, Schlesien und Brandenburg. – **5) K. V.,** * 1500, † 1558; Habsburger, seit 1516 König von Spanien und Herr der Niederlande, 1519 zum dt. Herrscher gewählt, 1530 zum Kaiser gekrönt, ächtete 1521 Luther auf dem Wormser Reichstag, zwang Frankreich in 4 Kriegen zum Verzicht auf Mailand und die Vorherrschaft in Italien, besiegte 1546/47 die prot. Fürsten des →Schmalkaldischen Bunds, musste aber 1552 vor dem Aufstand des Kurfürsten Moritz von Sachsen weichen und dankte 1556 ab. – **6) K. VI.,** * 1685, † 1740; seit 1711 Kaiser, führte 2 Türkenkriege, suchte durch die Pragmat. Sanktion von 1713 in den österr. Erblanden die Nachfolge seiner Tochter Maria Theresia zu sichern. – **7) K. VII. Albrecht,** * 1697, † 1745; seit 1726 Kurfürst von Bayern, 1742 zum Kaiser gewählt, wurde im →Österreichischen Erbfolgekrieg besiegt. – **Baden. 8) K. Friedrich,** * 1728, † 1811; seit 1738 Markgraf, seit 1806 Großherzog, vergrößerte sein Land durch Erwerbungen (1803 bis 1806). – **Braunschweig. 9) K. Wilhelm Ferdinand,** * 1735, † 1806; Herzog (seit 1780), wurde als preuß. Oberbefehlshaber bei Auerstedt besiegt und tödlich verwundet. – **Burgund. 10) K. der Kühne,** * 1433, † 1477; Herzog (seit 1467), wurde 1476 von den Schweizern bei Grandson und Murten geschlagen, fiel bei Nancy. – **Fränk. Reich. 11) K. Martell,** * um 688, † 741; Hausmeier seit 717, Karolinger, schlug die Araber 732 bei Poitiers. – **Frankreich. 12) K. VII., der Siegreiche,** * 1403, † 1461; König (seit 1422), verlor anfangs den größten Teil des Lands an die Engländer, Rückeroberung nach dem Auftreten der →Jungfrau von Orléans (1429). – **13) K. X.,** * 1757, † 1836; König (1824 bis 1830), hochkonservativ, wurde durch die Julirevolution von 1830 gestürzt. – **England. 14) K. I.,** * 1600, † 1649; König (seit 1625), aus dem Hause Stuart, geriet in Ggs. zum Parlament und den Puritanern, unterlag im Bürgerkrieg seit 1642, auf Betreiben Cromwells enthauptet. – **15) K. II.,** * 1630, † 1685; König (seit 1660), Sohn von 14), neigte zum Katholizismus und Absolutismus; leitete die parlamentar. Spaltung in Whigs und Tories ein, führte 2 Seekriege gegen die Niederlande. – **Neapel. 16) K. I. von Anjou** [ã'ʒu], * 1226, † 1285; König; wurde 1263 vom Papst mit dem bisher stauf. Königreich Neapel belehnt; ließ 1268 den letzten Staufer Konradin hinrichten. – **Österreich. 17) K.,** Erzherzog, * 1771, † 1847; kämpfte 1796 und 1799 siegreich gegen die frz. Revolutionsheere in Süd-Dtl.; im Krieg von 1809 gegen Napoleon I. siegte er bei Aspern und Essling, unterlag aber bei Wagram. – **18) K. I.,** * 1887, † 1922; Kaiser (1916 bis 1918), Nachfolger Franz Josephs, verlor 1918 den Thron, unternahm 1921 zwei missglückte Versuche der Rückkehr nach Ungarn, darauf Exil auf Madeira. – **Rumänien. 19) K.** oder **Carol I.,** * 1839, † 1914; Prinz von Hohenzollern-Sigmaringen, 1866 zum Fürsten gewählt, nahm 1881 den Königstitel an; Freund des Dreibunds. – **20) K. II.** oder **Carol II.,** * 1893, † 1953; König (1930 bis 1940), dankte zugunsten seines Sohns Michael ab. – **Sachsen-Weimar. 21) K. August,** * 1757, † 1828; seit 1758 Herzog, seit 1815 Großherzog, Freundschaft mit Goethe, machte Weimar zu einem Zentrum des Geisteslebens. Polit. schloss er sich eng an Preußen an; 1816 gab er seinem Land die erste dt. Verfassung. – **Schweden. 22) K. XII.,** * 1682, † 1718; König (seit 16979, siegte anfangs im →Nordischen Krieg, unterlag 1709 bei Poltawa gegen Peter d. Gr., hielt sich dann bis 1714 in der Türkei auf, fiel vor einer norweg. Festung. – **23) K. XIV. Johann** →Carl XIV. Johan. – **24) K. XVI. Gustav** →Carl XVI. Gustav. – **Württemberg. 25) K. Eugen,** * 1728, † 1793; Herzog (seit 1737), prachtliebend, regierte bis zum Erbvergleich 1770 absolutist. in Konflikt mit den Ständen; gründete die Karlsschule.

Karle [ka:l], Jerome, amerikan. Chemiker, * 1918; erhielt mit H. A. Hauptmann 1985 den Nobelpreis für Chemie für seine Methoden zur Kristallstrukturbestimmung.

Jerome Karle

Karlfeldt, Erik Axel, schwed. Dichter, * 1864, † 1931; neuromant.; später wehmütige Lyrik, Literaturnobelpreis 1931 † (postum).

Karlisten, in Spanien die Anhänger des Thronanwärters Don Carlos (* 1788, † 1855) und seiner Nachkommen, die deren Thronansprüche in den **K.-Kriegen** 1834 bis 1840 und 1872 bis 1876 verfochten. Die Ansprüche der K. hat die Linie Bourbon-Parma (Thronprätendent: Prinz Carlos Hugo, * 1930) übernommen.

Karl-Marx-Stadt →Chemnitz.

Karlsbad, tschech. **Karlovy Vary,** Kurort in NW-Böhmen, ČR, 56 300 Ew.; alkal.-salin. und radioaktive Heilquellen; Mineralwasser; Oblatenbäckerei, Export von Karlsbader Salz.

Karlsbad
Stadtwappen

Karlsbader Beschlüsse, 1819 von den dt. Reg. unter dem Einfluss Metternichs gefasste Beschlüsse gegen die nat. und liberale Bewegung (1848 aufgehoben).

Karlskoga [-'sku:ga], Bergbau- und Ind.stadt in Schweden, 34 400 Ew.; Waffenfabrik, chem. Industrie.

Karlskrona [-'kru:na], Hptst. des schwed. Verw.-Bez. Blekinge, an der Ostsee, 58 600 Ew.; Marinehafen und -schule; Werft für Kriegsschiffe, Textil-, Porzellan- und Holzindustrie.

Karlspreis, Internationaler Karlspreis zu Aachen, seit 1950 von der Stadt Aachen vergebener Preis für Verdienste um die europ. Bewegung.

Karlsruhe, 1) Stadt in der Oberrhein. Tiefebene, Rheinhafen; 260 600 Ew.; TU, Kernforschungszentrum, Musikhochschule, Akademie der bildenden Künste; Bundesgerichtshof, Bundesverfassungsgericht; Ind.: Erdölraffinerien, Metall, Nahrungs- und Genussmittel, Seifen, graf. und Kunstgewerbe. – K. entstand nach 1715 als neue Hptst. der Markgrafen von Baden-Durlach. – **2)** Landkr. und Reg.-Bez. in Baden-Württemberg.

Karlsruhe
Stadtwappen

Karlsschule, 1770 von Herzog Karl Eugen von Württemberg auf Schloss Solitude bei Stuttgart als »militär. Waisenhaus« gegr., 1775 nach Stuttgart verlegt. Schiller war dort Schüler.

Karlstad, Hptst. des schwed. Verw.-Bez. Värmland, 75 400 Ew.; luther. Bischofssitz; Univ.; Maschinen-, Textilind.; ✈.

Karlstadt, eigentl. Andreas **Bodenstein,** Vorkämpfer der Reformation, * um 1480, † 1541; trat 1519 als Anhänger Luthers gegen Eck auf.

Karma *das,* Hauptglaubenssatz des Hinduismus, Buddhismus und Jainismus: Das Schicksal des Menschen nach dem Tode hängt von seinem abgelaufenen Dasein ab. Je nachdem wird er in Himmel, Hölle oder auf Erden als Mensch, Tier oder Pflanze wieder geboren.

Kármán, Theodore v., amerikan. Physiker und Aerodynamiker ungarischer Herkunft, * 1881, † 1963; Arbeiten zur Strömungslehre.

Karmel *der,* Gebirge in N-Israel; die K.-Höhlen enthalten umfangreiche, die Altsteinzeit widerspiegelnde Siedlungsschichten; an der N-Spitze liegt das Stammkloster der Karmeliter.

Karmeliter, kath. Mönchs-(Bettel-)Orden, auf dem Karmel im 12. Jh. von Kreuzfahrern gestiftet. Frauenorden: **Karmelitinnen.**

Karneol

Karmesinrot, etwas ins Bläuliche fallende hochrote Malerfarbe.

Karnak, oberägypt. Dorf bei Luxor, am O-Ufer des Nils, an der Stelle des alten Theben, mit Resten eines Tempelbezirks.

Karneol *der,* Schmuckstein; rote Abart des Chalcedons.

Karner *der,* Beinhaus; im MA. Kirchhofkapelle.

Karneval *der,* →Fastnacht.

Karnische Alpen, Gruppe der Südl. Kalkalpen. Über den Hauptkamm verläuft die österr.-ital. Grenze.

Karnivoren, Sammelbezeichnung für sämtl. hauptsächlich von tier. Nahrung lebenden Tieren und Pflanzen; auch auf Menschen bezogen.

Kärnten Landeswappen

Kärnten, Bundesland Österreichs, 9 533 km², 547 800 Ew.; Hptst. Klagenfurt. K. reicht von den Hohen Tauern (Großglockner) und den Gurktaler Alpen im N bis zu den Karn. Alpen und den Karawanken im S. Viele Seen, bes. im Klagenfurter Becken. Hauptfluss die obere Drau. Viehzucht; Ackerbau in Unter-K. und den Tälern; ⚒ auf Eisen, Blei, Mangan; Holz-, Papier- u. a. Ind.; Energiewirtschaft; Fremdenverkehr.
K. kam im 8. Jh. unter bayer. Herrschaft; 976 Herzogtum, seit 1335 habsburg. Nach dem 1. Weltkrieg beanspruchte Jugoslawien Südost-K.; die Volksabstimmung 1920 entschied für Österreich.

Karo *das,* **1)** auf der Spitze stehendes Viereck. – **2)** beim Kartenspiel: Eckstein, Schellen.

Karolinen, Gruppe von 963 Inseln im westl. Pazifik, nördl. des Äquators, z. T. vulkan. Ursprungs, z. T. Atolle, Landfläche 1200 km². Die K. gliedern sich in die West-K. mit den Palau-Inseln und den Yap Islands sowie die Ost-K. mit den Truk Islands und den Senyavin Islands. Sie gehören seit 1947 zum amerikan. Treuhandgebiet Pazif. Inseln. 1981 konstituierten sich die West-K. (außer Yap Islands) zur Rep. Palau (Belau), die Ost-K. und die Yap Islands schlossen sich 1979 zu den Föderierten Staaten von Mikronesien zusammen.

Kartusche

Karolinger, ein fränkisches Herrschergeschlecht; Stammvater Bischof Arnulf von Metz († 641). Pippin der Mittlere wurde 687 Hausmeier des ganzen Fränk. Reichs, ebenso Karl Martell; Pippin der Jüngere wurde 751 anstelle der Merowinger König. Ihm folgte Karl d. Gr., der die röm. Kaiserwürde erwarb; nach ihm ist das Geschlecht genannt. Ludwig der Fromme erbte Karls Reich; Lothar I. († 855), Ludwig der Dt. († 876) und Karl der Kahle († 877) teilten es im Vertrag von Verdun (843) und stifteten 3 Linien: in Italien und Lothringen (erloschen 875), im Ostfränk. (Dt.) Reich (erloschen 911), im Westfränk. Reich (Frankreich; erloschen 987).

Karosserie *die,* der Kraftwagenaufbau. (→ Kraftwagen)

Karotin *das,* ein pflanzl. Farbstoff als Vorstufe des Vitamin A.

Karotte → Mohrrübe.

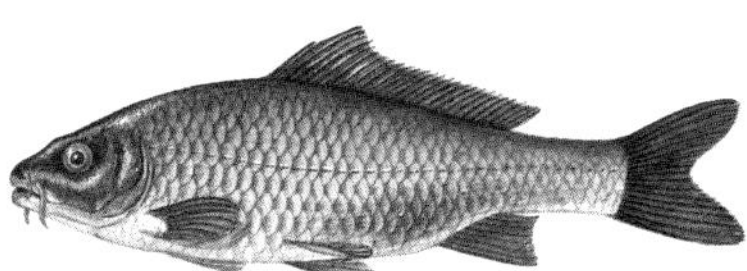

Karpfen

Karpaten, Gebirgsbogen im südöstl. Mitteleuropa, umschließen das Ungar. Tiefland und das Siebenbürg. Hochland; reich an Wäldern und Bodenschätzen: Eisenerz, Quecksilber, Mangan, Kupfer, Magnesit, Antimon, Steinkohle, Silber, Gold; Steinbrüche. Ackerbau, Viehzucht. **West-K.,** von der Donau bis zum Hernad; **Wald-K.,** bis zum Quellgebiet der Theiß; **Ost-K.,** bis zum Ostende des Gebirgsbogens, und **Süd-K.,** bis zum Eisernen Tor der Donau. Hochgebirgsartig, aber ohne Gletscher sind die K. fast nur in der Hohen Tatra (Gerlsdorfer Spitze, 2 655 m) und Teilen der Süd-K. (Moldoveanu, 2 544 m).

Karpato-Ukraine → Transkarpatien.

Karpfen, Süßwasserfisch; meist wärmeliebend. Zu den Karpfenfischen zählen Schleie, Karausche u. a. Der K. wird 30 bis 50 cm lang und bis zu 30 kg schwer. Durch Zucht gingen aus dem Schuppen-K. der kleiner geschuppte **Spiegel-K.** und der fast schuppenlose **Leder-K.** hervor.

Karpow, Anatolij J., russ. Schachspieler, * 1951; 1975 bis 1985, erneut seit 1993 Weltmeister des Weltschachverbands.

Karren, Schratten, morpholog. Kleinformen des Karsts, durch Lösungsverwitterung v. a. in Kalksteinen entstandene, bis mehrere Meter tiefe, meist parallele Rinnen.

Karrer, Paul, schweizerischer Biochemiker, * 1889, † 1971; Prof. für organ. Chemie in Zürich, arbeitete über Polysaccharide; Nobelpreis für Chemie 1937 (zus. mit W. N. Haworth).

Karriere *die,* **1)** schnelle berufl. oder soziale Laufbahn. – **2)** Reiten: Renngalopp.

Karst [nach der Landschaft K.], ⊕ alle Formen, die durch Korrosion in Kalk- und Gipsgesteinen entstehen. Charakterist. Erscheinungen sind die Wasserarmut und die verkarsteten Böden an der Oberfläche (Ausbildung von Karren und Dolinen), unterirdisch entstehen ausgedehnte Höhlensysteme (Tropfsteinbildung).

Karst, Kalkhochfläche östlich des Golfs von Triest, in Slowenien und Italien.

Kartätsche *die,* ⚔ früheres Artilleriegeschoss für kurze Entfernungen; Blechhülse mit Kugelfüllung.

Kartause, Kloster der Kartäuser.

Kartäuser, 1) kath. Einsiedlerorden, beachtet strenges Fasten und Schweigen; 1084 gestiftet. Tracht: weißes Ordenskleid mit Kapuze. – **2)** feiner Kräuterlikör.

Karte, 1) steifes Blatt Papier (Post-, Fahr-, Speise-, Spielkarte). **K.-Legen, K.-Schlagen,** abergläub. Voraussagen der Zukunft aus Spielkarten. – **2)** ⊕ Land-K.; **K.-Kunde,** die → Kartographie; **kartieren,** aufzeichnen; in eine K. eintragen.

Kartei, Kartothek, nach Stichworten, Sachgruppen u. Ä. geordnete Sammlung von Aufzeichnungen oder Ähnl. auf Karten gleichen Formats.

Kartell *das,* Zusammenschluss v. a. von Wirtschaftsunternehmen zur Beschränkung oder Ausschaltung des Wettbewerbs; ein K. unterliegt dem K.-Recht und ist genehmigungspflichtig.

Karten|netzentwurf, Kartenprojektion, in der Kartographie die Übertragung des (gedachten) Gradnetzes der Erde oder eines Ausschnitts daraus auf eine Ebene. Die Erde wird dabei im Allg. als Kugel angenommen, die jedoch ohne Verzerrung nicht in die Ebene abwickelbar ist. Man unterscheidet zw. Zylinder-, Kegel- und Azimutalentwürfen.

Karthago, Hptst. des Reichs der **Karthager,** an der N-Küste Afrikas, beim heutigen Tunis. K. wurde im 9. Jh. v. Chr. von Phönikern aus Tyrus gegr., war lange die bedeutendste Handelsstadt des Altertums und besaß die größte Seemacht. Schon im 6. Jh. v. Chr. hatte es Kolonien in Sardinien, Sizilien, Spanien, Gallien und an der W-Küste Afrikas. In den → Punischen Kriegen unterlag es den Römern; 146 v. Chr. wurde es zerstört, sein Gebiet röm. Provinz. Die von Caesar in K. gegr. Kolonie wurde 439 n. Chr. Hptst. des Wandalenreichs, 533 von Belisar erobert, 687 durch die Araber zerstört. Die Ruinen von K. gehören zum Weltkulturerbe.

Kartoffel, Erd|apfel, wichtige Nutzpflanze der gemäßigten Gebiete aus der Familie Nachtschattengewächse mit weißen, rosa oder violetten Blüten und grünen, ungenießbaren Beeren. Die Knolle (verdickter unterird. Stängelausläufer) dient als Nahrung, Futter und Rohstoff (Brennerei). Sie enthält etwa 10 bis 28% Stärke, wenig Eiweiß, Fett, Vitamine. Die K. liebt tiefgründigen, etwas sandigen Boden und wird als Hackfrucht angebaut. Die Heimat der K. sind N-Chile und Peru. Durch die Spanier kam die K. in der Mitte des 16. Jh. nach Europa; Mitte des 18. Jh. durch Friedrich d. Gr. in Preußen eingeführt.

Kartoffelbovist, giftiger Bauchpilz.

Kartoffel|erntemaschinen, Maschinen mit einer Schar zum Auswerfen der Kartoffeln. Kartoffelvollerntemaschinen haben zugleich Hubvorrichtungen, Verlesebänder und Sammelbunker.

Kartoffelkäfer, Coloradokäfer, Blattkäfer aus dem westl. Nordamerika, bis 15 mm lang, gelb und schwarz gestreift. Die fleischrote Larve richtet durch das Zerfressen der Kartoffelblätter großen Schaden an.

Kartoffelmehl, aus Kartoffeln durch Zerkleinern und Ausschwemmen gewonnenes Stärkemehl.

Kartogramm *das,* figürl. Darstellung von Zahlenwerten auf Landkarten.

Kartographie *die,* Wiss. und Technik von der Herstellung von Land- und Seekarten. Im 18. Jh. erste Karten aufgrund planmäßiger Vermessungen. Heute Verfeinerung der Kartenaufnahme durch Photogrammmetrie und Luftbild.

Karton [kar'tɔ̃] *der,* **1)** steifes, dickes Papier; Pappschachtel. – **2)** Malerei: originalgroße Zeichnung auf starkem Papier als Vorstudie für eine Darstellung in anderem Material.

Kartusche *die,* **1)** schildartige Fläche zur Aufnahme von Wappen, Sinnbildern, Inschriften in ornamentaler Rahmung. – **2)** Pulverladung in einem Beutel aus Papier oder Leinen für Geschütze, jetzt in Metallhülsen.

Karussell *das,* **1)** Tunierspiel der Ritter im MA. (mit Ringstechen usw.). – **2)** seit dem 18. Jh. auf Jahrmärkten aufgebautes Gestell mit versch. Aufbauten (Pferde, Wagen), die sich im Kreise drehen.

Karviná, Bergbauort in N-Mähren, ČR, 73 000 Ew.; Steinkohlenbergbau, Walzwerk.

Karwendelgebirge, Kette der Nordtiroler Kalkalpen, zw. Inn und Isar, in der Birkkarspitze 2 749 m hoch; gehört größtenteils zu Österreich, der N zu Bayern.

Karwoche [zu althochdt. chara »Trauer«], **Stille Woche,** Woche vor Ostern, zum Gedächtnis der Passion Christi.

Karyatide *die,* weibl. Gewandfigur als Gebälkstütze.

Karzinogene, Krebs erregende Stoffe und Faktoren.

Karzinom *das,* →Krebs.

Kasachen, Türkvolk im Tiefland zw. Kasp. Meer und den Gebirgen Innerasiens; Sunniten. Die K. waren z. T. bis ins 20. Jh. Nomaden.

Kasachstan, Rep. in Mittelasien, 2 717 300 km², 17,05 Mio. Ew.; Hptst. Alma-Ata, Amtssprache: Kasachisch, z. T. Russisch. Das Staatsgebiet grenzt im NW an Russland, im SO an China, im W reicht es bis zur Wolga, das Berg- und Hügelland im O (Kasach. Schwelle) wird bis 1 566 m hoch, die Hochgebirgsketten im O und SO bis zu 4 973 m hoch; das Klima ist kontinental, meist Steppe, Halbwüste, Wüste; Landwirtschaft im Schwarzerdegürtel, z. T. mit künstl. Bewässerung (Getreide, Baumwolle, Obst). ⚒ auf Erdöl, Erdgas, Kohle, Erze. – Nach den 1924 in Mittelasien vorgenommenen Grenzfestlegungen kamen die v. a. von Kasachen bewohnten Gebiete zur Kirgis. ASSR. 1925 in Kasach. SSR umbenannt; 1936 Status einer Unionsrep.; 1941 Zwangsumsiedlung von Wolgadeutschen; 1991 Proklamation der Souveränität innerhalb der UdSSR unter Staatspräs. N. Nasarbajew (* 1940, gewählt am 1. 12. 1992); 1992 Verzicht auf Kernwaffen; 1993 enge militär. Kooperation mit Russland. Nov. 1993 neue Verfassung; Mitglied der Gemeinschaft Unabhängiger Staaten.

Kasack, Hermann, dt. Schriftsteller, * 1896, † 1966; surrealist. Roman: »Die Stadt hinter dem Strom« (1947); besinnl. Lyrik, Erzählungen, Dramen, Hörspiele und Essays.

Kasai *der,* wasserreicher linker Nebenfluss des Kongo, 2 000 km lang.

Kasan, Hptst. der Tatar. Republik, Russland, am Samaraer Stausee der Wolga, 1,1 Mio. Ew.; Univ.; altes Kloster mit dem Marienbild der hl. Mutter von K.; Handels- und Industriestadt; internat. ✈.

Kasba *die,* in nordafrikan. Städten Zitadelle, Altstadt.

Kasbek *der,* Berg im Kaukasus, Georgien, 5 033 m.

Kaschau, slowak. **Košice** ['kɔʃitsɛ], bedeutendste Stadt in der östl. Slowakei, 229 000 Ew.; TH; Bischofssitz; got. Dom; Maschinen-, Textil-, Lederfabriken. K. war im MA. eine dt. Stadt.

Kaschgar, amtl. **Kashi,** Oasenstadt im chin. Autonom. Gebiet Xinjiang, im westl. Tarimbecken, rd. 202 000 Ew. Karawanenstützpunkt, Handelsplatz; ✈.

Kaschmir *der,* weiches Gewebe aus Wolle, Seide, Chemieseide in Köperbindung, urspr. aus Kaschmirziegenhaaren.

Kaschmir, Hochgebirgslandschaft und ehem. Fürstenstaat (bis 1947) in Vorderindien, in den Gebirgsketten des Himalaya und Karakorum. Die Gesamtfläche (144 122 km²) ist auf Indien und Pakistan (Randgebiete an China) aufgeteilt. Das Tal von K. ist Wirtschafts- und Bev.-Zentrum, es wird landwirtschaftlich genutzt (Reis, Mais, Weizen, Gerste, Obst), Schafhaltung liefert den Rohstoff der Wollindustrie. – Um K. kam es wiederholt zu militär. Auseinandersetzungen zw. Indien und Pakistan; z. T. verursachten die Auseinandersetzungen um Autonomie bürgerkriegsähnl. Zustände.

Kaschnitz, Marie-Luise, dt. Schriftstellerin, * 1901, † 1974; Lyrik, Romane (»Das Haus der Kindheit«, 1956), Essays.

Käse, leicht verdauliches Nahrungsmittel aus Eiweißstoffen, Fett, Wasser, Salzen, aus der Milch abgeschieden durch Lab (Süßmilch-K.) oder durch Säuerung (Sauermilch-K.) infolge Eindringens von Milchsäurebakterien (zunächst Quark), dann gegoren; Rückstand ist die Molke. Nach Festigkeit und Fettgehalt unterscheidet man: Hart-, Weich-, Rahm-, Fett-, halbfetten und Magerkäse.

Kasel, liturg. Obergewand der kath. Priester bei der Eucharistiefeier.

Kasematte *die,* schusssicherer Raum in Festungswerken oder auf Kriegsschiffen.

Kashi →Kaschgar.

Kasimir, Herrscher von Polen: **1) K. I., der Erneuerer,** * 1016, † 1058; festigte als Herzog (1034 bis 1037, 1039 bis 1058) die fürstl. Gewalt. – **2) K. III., der Große,** * 1310, † 1370; König 1333 bis 1370, verzichtete auf Schlesien, eroberte Wolhynien und Galizien, gründete zahlreiche Städte, die Univ. in Krakau und vereinheitlichte das Münz- und Gerichtswesen. – **3) K. IV. Andreas,** * 1427, † 1492; König 1447 bis 1492, wurde 1440 Großfürst von Litauen, erwarb im Kampf mit dem Dt. Orden im 2. Thorner Frieden 1466 Pommerellen und die Lehnshoheit über Ostpreußen.

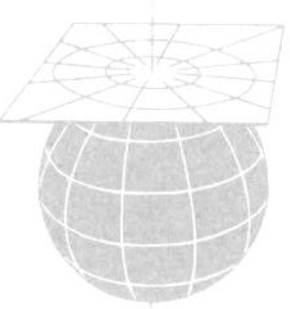

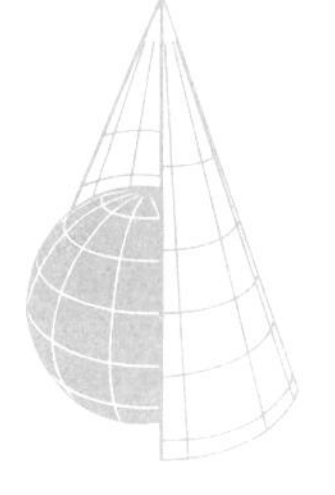

Kartennetzentwurf
Azimutal-, Kegel- und Zylinderentwurf (von oben)

Kasachstan

Staatswappen

Staatsflagge

Internationales Kfz-Kennzeichen

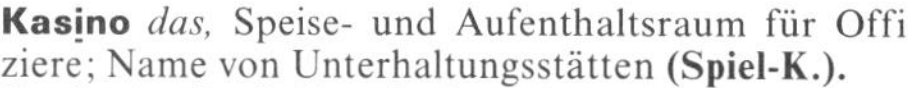

Kasperltheater
Kasperlfigur

Kasino *das,* Speise- und Aufenthaltsraum für Offiziere; Name von Unterhaltungsstätten **(Spiel-K.).**

Kaskade *die,* **1)** über Stufen stürzender künstl. Wasserfall. – **2)** Zirkus: verwegener Sprung. – **3)** die Anordnung über- oder hintereinander geschalteter, gleichartiger Gefäße.

Kaskadengebirge, waldreicher Gebirgszug im W der USA, vom Columbia (mit Kaskaden) durchflossen, im Mount Rainier 4392 m hoch; Silber-, Blei-, Kohlenbergbau.

Kaskadengenerator, Gerät zur Erzeugung hoher Gleichspannungen, das mit einer Kaskadenschaltung von Gleichrichtern und Kondensatoren arbeitet.

Kasko *der,* Schiffsrumpf; **K.-Versicherung,** Versicherung gegen Schäden an Beförderungsmitteln (Schiffs-K., Auto-K.).

Kaspar, der Legende nach einer der Heiligen Drei Könige, dargestellt als Mohr.

Kasparow, Gary, russ. Schachspieler, * 1963; 1985 bis 1993 Weltmeister des Weltschachverbands, seither des von ihm gegr. Profiverbands.

Kasperltheater, volkstümliches (Hand-)Puppenspiel (seit dem 19. Jh.), die Hauptperson, das Kasperle, verhilft mit Mutterwitz und derbem Humor dem Guten zum Sieg, das Böse wird drastisch bestraft; weitere Personentypen sind Polizist, Teufel u. a.

Kaspisches Meer, Kaspisee, größter Binnensee der Erde, östlich vom Kaukasus, 28 m unter dem Spiegel des Schwarzen Meers, rd. 200 000 km², fischreich (Stör); Salzgehalt 11 bis 13 %; am W-Ufer große Erdölfelder.

Kassel
Stadtwappen

Kassandra, griech. Sage: Tochter des Priamos und der Hekuba, Seherin; ungehörte Warnerin in Troja. Ü **K.-Rufe,** vergebl. Warnungen.

Kassation *die,* **1)** Aufhebung eines gerichtl. Urteils durch ein höheres Gericht; in Frankreich, Italien: **K.-Hof,** höchstes Gericht. – **2)** leichteres, mehrsätziges Instrumentalstück, der Serenade ähnlich.

Kassave *die,* →Maniok.

Kasse, 1) Abteilung für den Zahlungsverkehr. – **2)** bares Geld; **gegen** oder **per K.,** gegen Barzahlung.

Kassel, Verw.-Sitz des Reg.-Bez. und des Landkr. K., Hessen, an der Fulda, 187 300 Ew.; nach starken Kriegsschäden großzügig wieder aufgebaut. Im W über der Stadt liegen Schloss und Park Wilhelmshöhe. K. ist Sitz des Bundessozialgerichts (wird nach Erfurt verlegt), Bundesarbeitsgerichts sowie des Hess. Verwaltungsgerichts; hat u. a. Gemäldegalerie, Staatstheater, Gesamthochschule, Kunst- u. a. Hochschulen, Konservatorium; seit 1955 findet in K. die documenta statt. Maschinen-, Motoren- und Fahrzeugbau, Metallverarbeitung, Elektrotechnik, Regeltechnik. K. war bis 1866 Hptst. von Kurhessen, 1807 bis 1813 Hptst. des Kgr. Westfalen, 1866 bis 1945 der preuß. Prov. Hessen-Nassau.

Kassenbuch, Kassabuch, Grundbuch der kaufmänn. Buchführung, in das alle Einnahmen (links) und alle Ausgaben (rechts) eingetragen werden. Die Endsummen werden monatlich auf das **Kassenkonto** im Hauptbuch übertragen.

Erich Kästner

Kassengeschäft, Kassageschäft, Geschäftsabschluss, bei dem Waren oder die Wertpapiere sofort oder kurzfristig geliefert und gezahlt werden, im Gegensatz zum Termingeschäft.

Kassette *die,* **1)** kleiner Behälter für Geld, Schmuck u. a. Wertsachen. – **2)** vertiefte Felder einer in mehrere Felder aufgeteilten, flachen oder gewölbten Decke **(K.-Decke).** – **3)** in Fotoapparate einsetzbarer lichtdichter Behälter mit dem lichtempfindl. Material. – **4)** Behälter mit auf- und abspulbarem Magnetband.

Kassettenrekorder, Magnetbandgerät zur Aufzeichnung und Wiedergabe von Tonsignalen mithilfe von Tonbandkassetten (Kompaktkassetten, Mikrokassetten). Im Unterschied zum Spulentonbandgerät

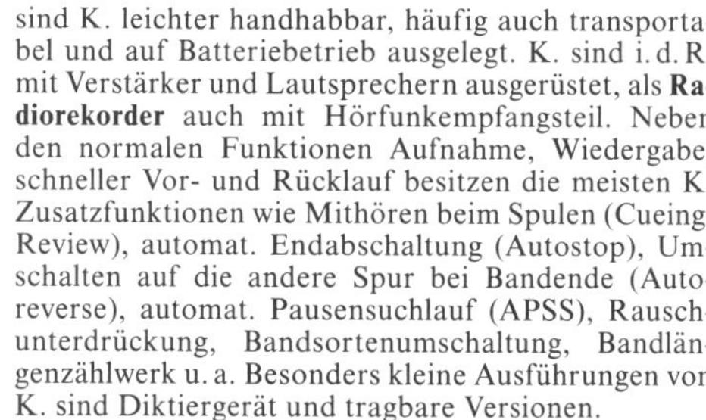

sind K. leichter handhabbar, häufig auch transportabel und auf Batteriebetrieb ausgelegt. K. sind i. d. R. mit Verstärker und Lautsprechern ausgerüstet, als **Radiorekorder** auch mit Hörfunkempfangsteil. Neben den normalen Funktionen Aufnahme, Wiedergabe, schneller Vor- und Rücklauf besitzen die meisten K. Zusatzfunktionen wie Mithören beim Spulen (Cueing, Review), automat. Endabschaltung (Autostop), Umschalten auf die andere Spur bei Bandende (Autoreverse), automat. Pausensuchlauf (APSS), Rauschunterdrückung, Bandsortenumschaltung, Bandlängenzählwerk u. a. Besonders kleine Ausführungen von K. sind Diktiergerät und tragbare Versionen.

Kassiber *der,* heimlich übermittelte schriftl. Nachrichten in und aus Gefängnissen.

Kassile *die,* trop. Hülsenfrüchtlergattung; afrikan. Arten **(Senna)** liefern Sennesblätter, die südasiat. **Röhren-** oder **Fisett-K.** ein Fruchtmark (Manna) von abführender Wirkung.

Kassiopeia, 1) griech. Sage: Mutter der Andromeda. – **2)** Sternbild im nördlichsten Teil der Milchstraße.

Kassner, Rudolf, österr. Schriftsteller und Philosoph, * 1873, † 1959; kulturphilosoph. Essays und Erzählungen.

Kastagnetten [kastaˈɲɛtən] *Pl.,* Rhythmusinstrument aus 2 Hartholzschalen, die zusammengebunden, mit den Fingern einer Hand gegeneinander geschlagen werden.

Kastalische Quelle, Kastalia, heilige Quelle von Delphi, in hellenist. Zeit Sinnbild der dichter. Begeisterung.

Kastanie *die,* **1)** versch. Baumgattungen, Edel- und Rosskastanie. – **2)** Hornschwiele auf der Innenseite des Pferdebeins.

Kassette. Teil der Kassettendecke im Rittersaal von Schloss Heiligenberg (16. Jh.)

Kaste *die,* **1)** abgeschlossener erbl. Stand, bes. in Indien. – **2)** Gesellschaftsschicht. – **Kastengeist,** Absonderung besonderer Gesellschaftsschichten.

Kastell *das,* röm. Truppenlager, kleine mittelalterl. Burg.

Kastilien, span. **Castilla** [-ˈtiʎa], Hochland im mittleren Spanien; das **Kastil. Scheidegebirge** (im Almanzor 2 592 m) trennt **Alt-K.** im N von **Neu-K.** im Süden.

Kästner, 1) Erhart, dt. Schriftsteller, * 1904, † 1974; »Die Stundentrommel vom hl. Berg Athos« (1964). – **2)** Erich, dt. Schriftsteller, * 1899, † 1974; Gedichte, Romane (»Fabian«, 1931), Kinderbücher (»Emil und die Detektive«, 1928; »Das doppelte Lottchen«, 1949, u. a.).

Kastor und Pollux, die →Dioskuren.

Kastration *die,* Ausschalten der Keimdrüsen (Hoden, Eierstöcke) durch Operation oder Bestrahlung. Geschieht die K. im Kindesalter, so bleibt der männl.

Helm-**Kasuar**

Kastrat (griech. **Eunuch**) in seiner seel. und körperl. Entwicklung zurück; es unterbleibt auch der Stimmwechsel. Bei Frauen wirkt sich die K. wie das natürl. Erlöschen der Eierstocktätigkeit aus.
Kasuar *der,* straußenartiger, flugunfähiger Laufvogel; in Australien, Neuguinea.
Kasuarine *die,* Baumgattung in Australien, Neukaledonien, immergrüne Bäume und Sträucher mit schuppenförmigen Blättern.
Kasuistik *die,* **1)** Anwendung sittl. Grundsätze und Lehren auf einzelne prakt. Fälle, um zu zeigen, wie man sich in Gewissensfragen entscheiden soll. – **2)** ⚕ Beschreibung einzelner Krankheitsfälle.
Kasus → Casus.
Kat, 1) Abk. für → Katalysator. – **2)** → Kathstrauch.
Katajew, Walentin Petrowitsch, sowjet. Erzähler und Dramatiker, * 1897, † 1986; u. a. satir. Romane und Erz. über den 1. Weltkrieg und den Bürgerkrieg.
Katakombe *die,* unterird. Begräbnisanlage der ersten Christen, bes. in Rom; die Gräber befinden sich in bogenüberwölbten Nischen eines weit verzweigten Wegesystems.
Katalanen, die Bev. in NO-Spanien, bei der sich eine eigenständige Sprache und Literatur sowie ein spezif. Brauchtum entwickelte.
Katalaunische Felder, Ebene um Châlons-sur-Marne, Frankreich; 451 Sieg der Römer unter Aëtius über die Hunnen unter Attila.
Katalog *der,* Verzeichnis, bes. von Büchern, Bildern, Tonträgern, nach alphabet. oder sachl. Ordnungsprinzipien erstellt.
Kataloni|en, span. **Cataluña** [-ˈluɲa], katalan. **Catalunya,** autonome Region in NO-Spanien, 31 930 km², 6 Mio. Ew. Hptst. Barcelona. In histor. und sprachl. Hinsicht geht K. über seine heutigen Grenzen hinaus. Im 19. Jh. erwachte das katalan. Selbstbewusstsein; im Zuge der Umwandlung Spaniens in eine Rep. (1931) erhielt K. 1932 das Autonomiestatut, von Franco 1939 aufgehoben, seit 1979 erneut in Kraft. Katalanisch ist Regional- und Unterrichtssprache. Vorwiegend Bergland mit Korkeichen, Olivenhainen, Weingärten, Ackerbau, Schweine- und Rinderhaltung; Geflügel- und Schafzucht; Hauptindustriegebiet Spaniens (Kali-, Blei-, Schieferbergbau).
Katalpe *die,* **Trompetenbaum,** Pflanzengattung N-Amerikas und O-Asiens; Parkbäume und -sträucher.
Katalysator *der,* ⚗ **1)** ein Stoff, der durch Bildung aktiver Zwischenprodukte eine chem. Reaktion ermöglicht, beschleunigt oder in eine bestimmte Richtung lenkt. – **2)** Abk. **Kat,** eine Vorrichtung in Kfz-Ottomotoren zur katalytischen Nachverbrennung der Abgase.

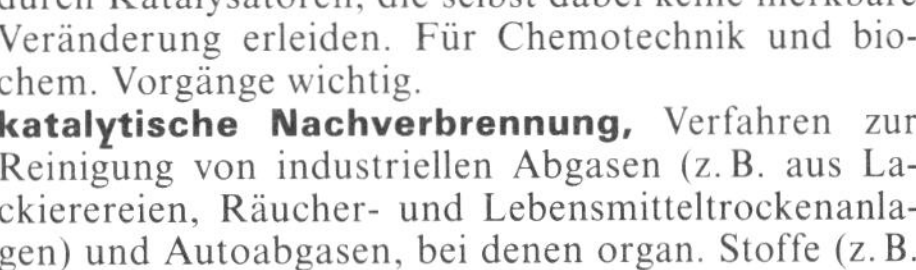
Katalyse *die,* ⚗ Beschleunigung chem. Reaktionen durch Katalysatoren, die selbst dabei keine merkbare Veränderung erleiden. Für Chemotechnik und biochem. Vorgänge wichtig.
katalytische Nachverbrennung, Verfahren zur Reinigung von industriellen Abgasen (z. B. aus Lackierereien, Räucher- und Lebensmitteltrockenanlagen) und Autoabgasen, bei denen organ. Stoffe (z. B. Kohlenwasserstoffe, Aldehyde) und Kohlenmonoxid in Gegenwart von Katalysatoren zu Kohlendioxid und Wasser verbrannt werden. Bei der k. N. von Autoabgasen werden Edelmetall-Katalysatoren (Rhodium, Platin) verwendet. Für deren Funktionieren sind ein gleich bleibendes Luft-Kraftstoff-Gemisch und bleifreies Benzin Voraussetzung.
Katamaran *der,* auch *das,* Segel tragendes Doppelrumpfboot der Südsee, zum Sportboot weiterentwickelt; in neuester Zeit wegen seiner Stabilität auch in der Handelsschifffahrt gebaut (z. B. als Fährschiff).
Katanga, ehem. Name der kongoles. Prov. → Shaba.
Katapult *das,* **1)** antike armbrustartige Wurfmaschine. – **2)** Flugzeugschleuder, Startvorrichtung: das Flugzeug ruht auf einem Schlitten, der durch Druckluft oder Raketen mit großer Geschwindigkeit nach vorn geschoben wird.

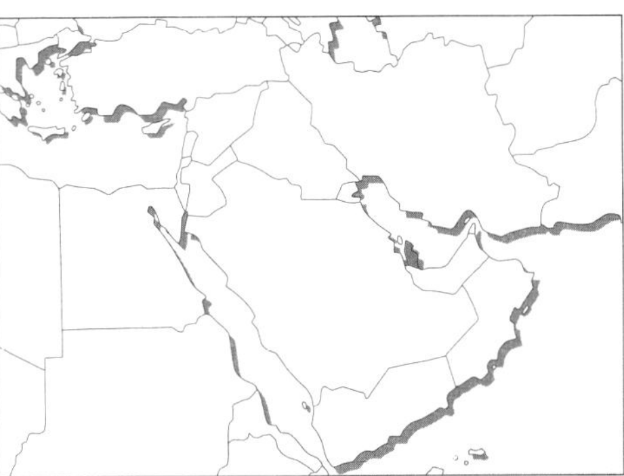

Katar, Emirat am Pers. Golf, 11 000 km², 453 000 Ew., Hptst. Doha, Amtssprache: Arabisch. Das Staatsgebiet, eine Halbinsel, ist eine überwiegend flach gelagerte Kalksteinebene; Wüstenklima. Trink- und Brauchwasser muss durch Meerwasserentsalzung gewonnen werden. Erdöl- und Erdgasgewinnung; ⚓ und internat. ✈ bei Doha. – 1872 bis 1913 unter osman. Herrschaft, 1916 bis 1971 brit. Protektorat, seit 1. 9. 1971 unabhängig; K. ist eine absolute Monarchie, der Emir (Hamad Ibn Chalifa ath-Thani, seit 1995) ist Staatsoberhaupt. Ihm steht ein Konsultativrat (35 vom Emir ernannte Mitglieder) beratend zur Seite. Ein Parlament und Parteien gibt es nicht.

Katamaran

Katar

Staatswappen

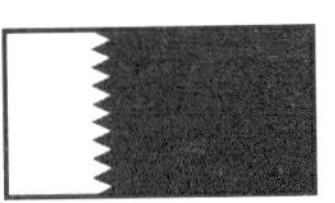
Staatsflagge

Internationales Kfz-Kennzeichen

Katarakt, 1) *der,* Wasserfall. – **2)** *die,* ⚕ grauer → Star.
Katarrh *der,* ⚕ Schleimhautentzündung, verbunden mit Schwellung, Rötung und Absonderung von Schleim oder Eiter.
Kataster *der,* auch *das,* Grundstücksverzeichnis, geführt von K.-Ämtern und Vermessungsämtern.
Katastrophe *die,* **1)** allg.: schweres Unglück. – **2)** Literatur: die Wendung der Handlung im letzten Teil des Dramas, die die Lösung des Konflikts bringt.
Katatonie *die,* Verlaufsform der Schizophrenie; mit Bewegungsstörungen und Erregungszuständen.
Katechese *die,* religiöse Unterweisung, bes. in Frage-und-Antwort-Form; heute mehr an Textinterpretation und Gespräch orientiert.
Katechismus *der,* Leitfaden der christl. Glaubenslehre in Frage und Antwort. Protestantisch: der Große K. (für Geistliche) und der Kleine K. Luthers von 1529; der Genfer K. Calvins (frz., 1542); der Heidelberger K. von Ursinus und Olevianus (1563). Katholisch: K. von Canisius, der Tridentin. K. oder Catechismus Romanus (1566).
Katechu *das,* Auszug aus einer in Ostindien heim. Akazie; Gerb- und Farbstoff, als Heilmittel gegen Durchfall und zum Gurgeln verwendet.
Katechumene *der,* Teilnehmer am Vorbereitungsunterricht zur Konfirmation (im frühen Christentum Bewerber zur Taufe).
Kategorie *die,* **1)** Grundbegriff, Typ, Klasse, Sorte. – **2)** Ⓟⓗ allgemeinste Verstandesbegriffe; z. B. Größe, Anzahl, Beziehung; **kategorisch,** unbedingt, bestimmt (im Ggs. zum Bedingten, Hypothetischen). **Kategor. Imperativ,** das Sittengesetz bei I. Kant, weil es unabhängig von jeder Rücksicht auf Nutzen oder Vergnügen gebietet oder verbietet: »Handle so, dass die Maxime deines Willens jederzeit zugleich als Prinzip einer allg. Gesetzgebung gelten könne.«
Katgut *das,* **Catgut,** aus Schafsdarm gefertigtes chirurg. Nähmaterial, das während der Wundheilung resorbiert wird; heute weitgehend synthet. Material.

Katharina II., die Große

Katharer, den Manichäern verwandte, streng asket. Sekte, die sich seit Ende des 10. Jh. im südl. und westl. Europa ausbreitete (in Italien **Gazzari,** in Frankreich → Albigenser genannt); trotz Inquisition und Albigenserkriegen konnten sie sich bis ins 15. Jh. halten.
Katharina, Heilige: **1) K. von Alexandria** (Tag: 25. 11.), legendäre Märtyrerin, Anfang des 4. Jh.; gehört zu den 14 Nothelfern. – **2) K. von Siena** (Tag: 29. 4.), bewog Papst Gregor XI. zur Rückkehr aus Avignon, † 1380. – **3) K. von Genua** (Tag: 15. 9.), Asketin und Schriftstellerin, † 1510.
Katharina, Herrscherinnen: **Frankreich. 1) K. von Medici** [-ˈmeditʃi], Gemahlin König Heinrichs II., * 1519, † 1589, als Königinwitwe sehr einflussreich, veranlasste das Blutbad der → Bartholomäusnacht. – **Russland. 2) K. I.,** * 1684, † 1727, Kaiserin 1725 bis 1727; Geliebte Peters d. Gr., seit 1712 mit ihm vermählt. – **3) K. II., die Große,** * 1729, † 1796; Kaiserin 1762 bis 1796; Prinzessin von Anhalt-Zerbst, Gattin des russ. Thronfolgers, späteren Kaisers Peter III., bestieg nach dessen Ermordung den Thron. Sie entriss den Türken die N-Küste des Schwarzen Meers mit der Krim, gewann den Hauptanteil bei der Aufteilung Polens, rief die Wolgadeutschen nach Russland. K. machte den Petersburger Hof zu einem kulturellen Mittelpunkt in Europa.

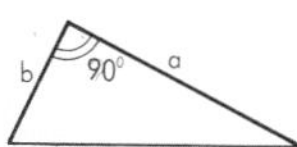

Katheten: a, b

Katharsis *die,* Läuterung durch seel. Erschütterung, nach Aristoteles Wirkung der Tragödie; in der Psychoanalyse die Abreaktion verdrängter Komplexe.
Kathedrale *die,* Bischofskirche, in Dtl. meist Dom genannt.
Katheten, im rechtwinkligen Dreieck die den rechten Winkel einschließenden Seiten.
Katheter *der,* ⚕ röhrenförmiges, starres oder elast. medizin. Instrument, das in Körperöffnungen oder -kanäle eingeführt werden kann; dient v. a. zur Entleerung von Hohlorganen (z. B. Blase), Untersuchung (Herz-K.), zum Einbringen von Arznei- und/oder Kontrastmitteln.
Kathmandu, Katmandu, Hptst. von Nepal, im K.-Tal, 1340 m ü. M., 419 200 Ew.; Univ., Colleges, Königl. Nepales. Akademie, Nationalmuseum; zahlreiche Tempel, Paläste und Klöster; Touristenverkehr; internat. ✈.
Kathmandutal, fruchtbare Kernlandschaft Nepals, rd. 1340 m ü. M., von der UNESCO zum Weltkulturerbe erklärt.
Kathode *die,* negative → Elektrode.
Kathodenstrahlen, aus einer Kathode austretende Elektronenstrahlen.
Kathodenstrahlröhre, Elektronenstrahlröhre, eine luftleere oder mit geringen Gasmengen gefüllte Elektronenröhre, Verwendung als Oszilloskop- und Fernsehbildröhre (braunsche Röhre).
Katholikentag, Deutscher K., die seit 1986 alle 4 Jahre abgehaltene »Generalversammlung der Katholiken Dtl.s« (seit 1848).
Katholikos, Titel des Patriarchen der armen. Kirche u. a. Ostkirchen.
katholisch. In der griech. Philosophie der Antike wird ein allg. Lehrsatz k. genannt; seit dem 2. Jh. erstmals im Sinne einer allg. Sendung auf die von Jesus Christus gestiftete Kirche bezogen, später bes. zur Betonung der Rechtgläubigkeit verwendet; nach der Reformation v. a. Bez. der Konfession.
Katholisch-Apostolische Gemeinden, Anfang des 19. Jh. entstandene Gemeinschaften, die eine baldige Wiederkunft Christi annahmen und Ämter und Ordnungen der Urkirche wiederherstellen wollten.
katholische Akademien, seit 1945 entstandene kirchl. Einrichtungen zur Erwachsenenbildung in wiss. Tagungen.
Katholische Aktion, 1) das Laienapostolat. – **2)** von Papst Pius XI. ins Leben gerufene Bewegung zur Durchsetzung der kirchl. Grundsätze. Die Aufgaben der K. A. hat der 1977 in Päpstl. Rat für Laien umbenannte »Laienrat« übernommen.
Katholische Arbeitnehmer-Bewegung, Abk. **KAB,** Zusammenschluss (seit 1968) kath. Arbeitnehmer zur Verbesserung ihrer wirtschaftl. und sozialen Lage.
Katholische Briefe, 7 nach ihrem Verfasser benannte Briefe des N. T.: Jakobusbrief, 2 Petrusbriefe, 3 Johannesbriefe, Judasbrief.
katholische Kirche, die dem Papst unterstehende christl. Kirche (→ Christentum). Sie gliedert sich in die **lat. Kirche,** die zugleich Trägerin der Äußeren Mission ist, und in die **unierte Ostkirche.** Die Verfassung ist hierarchisch (Unterscheidung von Klerus und Laien); jedoch hat das 2. Vatikan. Konzil 1965 die Einheit beider als das Volk Gottes betont. Ebenso hat es das bisherige monarch. Prinzip (Papst, Bischof) im Sinn der Kollegialität und die zentralist. Verwaltung im Sinn größerer Selbstständigkeit der Bischofskonferenzen und durch Beteiligung auswärtiger Bischöfe an den Kardinalskongregationen aufgelockert. Die Glaubenslehre beruht auf der nach der Tradition zu verstehenden Hl. Schrift; das kirchl. Lehramt legt sie unter Berücksichtigung der theolog. Forschung aus. Ihre Soziallehre über die richtige Ordnung von Gesellschaft, Wirtschaft und Staat entspricht nach ihrer Auffassung der naturrechtl. Ordnung; insoweit hält sie eine Übereinkunft mit den nichtkath. Christen und auch mit den nichtchristl. Weltanschauungen über die Soziallehre für möglich und erstrebenswert. Übernatürl. Grundlage ihres Seins und Wirkens sind ihre 7 Sakramente. Mittelpunkt des Kultus sind Messe und Altarsakrament; daneben besteht Heiligenverehrung. Das Klosterwesen wird seit dem Konzil im Sinn stär-

kerer Weltzugewandtheit umgebildet. Ihren Anspruch, allein selig machend zu sein, hat die k. K. auf dem Konzil dahingehend ausgelegt, dass alle christl. Konfessionen und auch die nichtchristl. Religionen mögliche Wege zum Heil seien, wenn auch die Annahme des kath. Glaubens und demgemäß seine Ausbreitung durch die Mission der eigentl. Wille Gottes sei. Gemäß dem Menschenrecht der Religionsfreiheit beansprucht sie Unabhängigkeit vom Staat.

katholische Soziallehre, kath. Kirche: amtl. Äußerungen zu Fragen der sozialen Gerechtigkeit, v. a. die Sozialenzykliken der Päpste, weiterhin die Beschlüsse des 2. Vatikan. Konzils (1965).

Katholizismus *der,* Wesen und Eigenart der kath. Kirche in Verfassung, Lehre, gottesdienstl. Ordnung, Frömmigkeit, Einstellung zur Welt.

Kathstrauch, Gattung der Spindelbaumgewächse; der K. ist vom S der Arab. Halbinsel bis zum Kapland verbreitet. Strauch mit ledrigen Blättern und kleinen Blüten in kurzen Blütenständen. Die Triebe und Blätter enthalten anregende Alkaloide und werden gekaut (Kat).

Kation *das,* positives →Ion.

Katmai ['kætmaɪ], **Mount K.,** 2047 m hoher Vulkan in Alaska; Ausbruch 1912.

Katmandu →Kathmandu.

Katschberg, →Alpen (Alpenpässe, ÜBERSICHT).

Katsina, Hptst. des nigerian. Staats K. im N des Landes, 191 500 Ew., im 17. und 18. Jh. Kulturzentrum und Hptst. eines Haussastaats.

Kattarasenke, eine der größten Depressionszonen (rd. 20 000 km^2), in der Libyschen Wüste, NW-Ägypten, bis 133 m unter dem Meeresspiegel.

Kattegat *das,* Meerenge zw. Jütland, Seeland und Schweden.

Kattowitz, poln. **Katowice** [-'vitsɛ], Stadt in Oberschlesien, Polen, Verw.-Sitz der Wwschaft K., 369 000 Ew.; Univ., Hochschule für Musik; Steinkohlenbergbau, Eisenhütten, Gießereien, Maschinenbau u. a. 1922 kam K. an Polen.

Kattun *der,* Baumwollgewebe in Leinwandbindung.

Katyn, russ. Ort bei Smolensk, in dessen Nähe 1943 dt. Soldaten die Massengräber von etwa 4 100 poln. Offizieren fanden, die vom sowjet. Geheimdienst erschossen worden waren; 1990 erstmals von der sowjet. Regierung offiziell bestätigt.

Katzbach *die,* poln. **Kaczawa,** linker Nebenfluss der Oder, in Niederschlesien, heute Polen. – 1813 Sieg von Blücher und Gneisenau über die napoleon. Truppen unter J. E. Macdonald.

Kätzchen, ährenähnl., filzig-dichter, oft hängender Blütenstand.

Katzen, Familie der Landraubtiere, mit fast 40 Arten; Zehengänger, meist mit einziehbaren Krallen, vorzügl. Springer und Schleicher, mit scharfem Seh-, Hör- und Tastvermögen. Zu den K. gehören Luchs, Gepard, ferner Löwe, Tiger, Leopard, Jaguar, Puma. Die europ. **Wild-K.** unterscheidet sich von der Haus-K. durch die Größe und das stumpfe Schwanzende, sie bewohnt Waldgebirge. Die **Haus-K.,** mehrere Rassen, stammt von der ägypt. **Falb-K.** ab (Angora-K., Siam-K., Europ. Kurzhaar-K. u. a.).

Katzen|auge, 1) streifiger Lichteffekt auf geschliffenen Mineraloberflächen, beim Quarz, beim Chrysoberyll-K. – **2)** reflektierender Rückstrahler.

Katzenbuckel, mit 626 m höchster Berg des Odenwalds, bei Eberbach (Bad.-Württ.).

Katzengold, Bezeichnung für die fälschlich für Gold gehaltenen Metalle, wie metall. glänzenden Glimmer oder Pyrit.

Katzenhai, Fam. kleiner, in trop. und gemäßigten Bereichen aller Ozeane lebender Haifische, für den Menschen ungefährlich; bis zu 80 cm **(Klein gefleckter K.)** bzw. 150 cm lang **(Groß gefleckter K.).**

Kathmandu. Schiwa-Parwati-Tempel im Palastbezirk (18. Jh.)

Katzenkraut, volkstüml. Name für: Baldrian, Hauhechel, Gamander, Katzenminze.

Katzenpfötchen, Korbblütler mit weißen oder roten strohigen, zweihäusigen Blüten.

Kaub, Stadt in Rheinl.-Pf., rechts am Rhein, 1250 Ew.; Weinbau, Fremdenverkehr. Im Rhein die ehem. Zollburg **Pfalzgrafenstein** (1326 ff.), in der Neujahrsnacht 1813/14 ging Blücher hier über den Rhein.

Kauderwelsch, verworrene, unverständl. Sprache; urspr. Bezeichnung für die rätoroman. (»welsche«) Sprache.

Kaudinische Pässe, nicht sicher lokalisierbare Engpässe bei Caudium, Mittelitalien, wo die Römer 321 v. Chr., besiegt von den Samniten, unter einem Joch aus Speeren hindurchziehen mussten. Ü **Kaudin. Joch,** Demütigung, schimpfl. Unterwerfung.

Kattowitz
Stadtwappen

Kauf, Vertrag, durch den sich der Verkäufer verpflichtet, das Eigentum an einer Sache oder ein Recht zu übertragen, während sich der Käufer zur Kaufpreiszahlung und zur Abnahme des Kaufgegenstands verpflichtet (§§ 433 ff. BGB). Der K. kann formlos abgeschlossen werden, bei Grundstücken bedarf er gerichtl. oder notarieller Beurkundung. Der Verkäufer haftet für Sach- und Rechtsmängel. Sachmängel geben dem Käufer das Recht, »Wandlung« (Rückgängigmachung des K.) oder »Minderung« (Herabsetzung des Kaufpreises) zu verlangen, auch Schadenersatz wegen Nichterfüllung. Diese Ansprüche verjähren, wenn der Mangel nicht arglistig verschwiegen ist, bei bewegl. Sachen in 6 Monaten, bei Grundstücken in einem Jahr nach der Übergabe. – **Bar-K.,** gegen sofortige Bezahlung, **Raten-K.** →Abzahlungsgeschäft.

Kaufbeuren, kreisfreie Stadt im bayer. Schwaben, an der Wertach, 38 900 Ew.; im Stadtteil Neugablonz: Gablonzer Glas- und Schmuckwarenind., Spinnereien, Webereien, Brauereien.

Kaufbeuren
Stadtwappen

Kauffmann, Angelica, dt. Malerin, *1741, †1807; lebte seit 1782 in Rom, gefällige Porträts. Bildnisse, z. B. Winckelmanns, Goethes, Herders.

Kaufkraft, 1) Fähigkeit eines Einzelnen, einer Berufsschicht oder eines Volks, Waren zu kaufen; sie ist abhängig von der Größe des jeweiligen Vermögens und Einkommens. – **2)** Tauschwert des Gelds (Zahlungskraft), der Währung, gemessen an der Menge der Güter, die für eine Geldeinheit erworben werden kann. Die **K.-Stabilität** kann durch Inflation oder Deflation gestört werden.

Kaufmann, 1) allg. jeder, der im Handelsbetrieb, sei es auch unselbstständig, tätig ist. – **2)** ⚖ Person, die ein Handelsgewerbe selbstständig betreibt. Wer ein Grundhandelsgeschäft (z. B. Anschaffung und Veräußerung von Waren) betreibt, ist ohne weiteres K. **(Muss-K.),** wer ein anderes Gewerbe ausübt, kann durch Eintragung ins Handelsregister K. werden. Zu dieser Eintragung ist er teils verpflichtet **(Soll-K.)**, teils berechtigt **(Kann-K.)**. Wer K. im Sinn des Handelsgesetzbuchs ist, hat die für Kaufleute festgesetzten Pflichten (z. B. Buch- und Firmenführung) und Rechte (z. B. Erteilung einer Prokura). Ausnahmen bestehen für die Personen, deren Gewerbebetrieb einen kaufmänn. eingerichteten Geschäftsbetrieb nicht erfordert **(Minder-K.**; Ggs.: **Voll-K.)**.

Kenneth Kaunda

Kaufmannsgehilfenprüfung, in den kaufmänn. Ausbildungsberufen der Ind. und des Handels abzulegende Prüfung nach dreijähriger Lehre; zusätzl. Fachschulbesuch qualifiziert zum Fachschulkaufmann.

Kaufunger Wald, Waldhochfläche bei Kassel, Hessen, im Hirschberg 643 m, im Bilstein 641 m hoch.

Kaugummi, kaubare Masse aus Chiclegummi, dem eingedickten Milchsaft des in Mittelamerika heim. Sapotillbaums, mit Zusatz von Würzstoffen; statt Chicle auch Polyvinylester u. a.

Kaukasi|en, Landbrücke zw. Schwarzem und Kasp. Meer, mit den Teilen Nord-K., dem Gebirgszug Kaukasus und Transkaukasien.

Kaukasus *der,* Hochgebirge auf der Landenge zw. Schwarzem und Kasp. Meer, 1100 km lang, bis 180 km breit; mehrere gleichlaufende Ketten (Elbrus 5642 m hoch); im W üppige Wälder, reiche Tierwelt; geringe Verkehrserschließung. - Südl. liegt der **Kleine K.**, ein Teil des Armen. Hochlands.

Nikolaos Kazantzakis

Kaukasusvölker, Bewohner der Gebirgstäler des Kaukasus, bes. die Georgier, Lesgier, Tscherkessen, Abchasen; i. w. S. auch die iran. Völker: Osseten, Taten, ferner Armenier, türk. Aserbaidschaner, Karatschaier.

Kaulbach, Wilhelm v., dt. Maler, * 1804, † 1874; Historienbilder; Bildnisse; Buchillustrationen.

Kaulbarsch, bis 25 cm langer, wohlschmeckender Barschfisch der Flüsse und Seen Mitteleuropas.

Kaulquappen, ♡ die Larven der →Froschlurche.

Kaunas, Stadt in Litauen, an der Memel, 423 000 Ew.; kath. Erzbischofssitz; Kultur- (Univ.) und Industriemittelpunkt; Holz-, Metall-, Turbinen-, Textil-, Möbelindustrie.

Kaunda, Kenneth, samb. Politiker, * 1924; 1964 Premiermin. von N-Rhodesien; 1964 bis 1991 Staatspräs. Sambias.

Buster Keaton

Kaunitz, Wenzel Anton Fürst v., österr. Staatsmann, * 1711, † 1794; leitete 1753 bis 1792 bes. die Außenpolitik Maria Theresias.

Kauri, Porzellanschnecke des Ind. Ozeans; in Indien Schmuck, im antiken China und in Teilen Afrikas bis in das 20. Jh. auch Zahlungsmittel.

kausal, ursächlich, begründend. **Kausalität,** das Verhältnis von Ursache und Wirkung (Kausalnexus). **Kausalgesetz, Kausalprinzip,** der Satz, dass jede Veränderung eine bestimmte Ursache hat. **Kausalsatz,** begründender Nebensatz, mit »da« oder »weil« eingeleitet.

Kaustik *die,* **1)** ⚕ Verschorfung kleiner Hautstücke durch Glühhitze, jetzt durch Elektrochirurgie ersetzt. - **2)** Fläche, in der sich Bildstrahlen bei unvollkommener Korrektur eines opt. Systems schneiden **(Brennfläche).**

kaustisch, ätzend, beißend, spöttisch; ⚗ ätzend, **k. Soda,** Natriumhydroxid.

Kautel *die,* Vorbehalt, Sicherheitsklausel beim Abschluss von Verträgen.

Kaution *die,* ⚖ Sicherheitsleistung durch Hinterlegung von Geld oder Wertpapieren.

Käutner, Helmut, dt. Film- und Bühnenregisseur, * 1908, † 1980; Filme »Die letzte Brücke«, 1953; »Des Teufels General«, 1955; »Der Hauptmann von Köpenick«, 1956.

Kautschuk *die,* eingedickter Milchsaft einiger trop. Gewächse, bes. des brasilian. **K.-Baums** (Hevea brasiliensis). Der Milchsaft (Latex) wird den Bäumen durch Anschneiden der Rinde entzogen; mit Säuren oder durch Räuchern gewinnt man daraus **Roh-K.** Da dieser in der Wärme weich und klebrig wird, kann er nur in wenigen Fällen direkt verwendet werden (Isolierband, Heftpflaster). Dieser Nachteil wird durch Vulkanisieren behoben. Dabei wird ein durchgeknetetes Gemisch von Roh-K. und Schwefel auf 80 bis 160 °C erwärmt. Es entsteht je nach Schwefelgehalt **Weichgummi** (1 bis 7% S) oder **Hartgummi** (bis 45% S). Die ziegelrote Farbe wird durch Zusatz von Antimonpentasulfid, die schwarze durch Zusatz von Ruß erzielt.

Kunst-K., Synthese-K., eine Reihe hochmolekularer organ. Verbindungen, meist Polymerisate von Butadien (mit Styrol oder Acrylnitril, Nitril-K.) oder Chlorbutadien (Chloropren-K.). - Der künstl. K. hat z. T. bessere Eigenschaften als der natürl., z. B. bessere Abreibefestigkeit, größere Temperaturbeständigkeit.

Kautsky, Karl, österr. sozialist. Politiker und Theoretiker, * 1854, † 1938; Mitverfasser des Erfurter Programms der Sozialdemokratie.

Kauz, 1) ♡ →Eulen. - **2)** Ü wunderl. Mensch.

Kavalier *der,* um 1600 Bezeichnung für Angehörige eines ritterl. Ordens, schon im 17. Jh. allg. für einen taktvollen, feinen und gebildeten Mann.

Kavallerie *die,* zu Pferd kämpfende Truppe; nach 1919 durch motorisierte Truppen ersetzt.

Kavatine *die,* kurze Arie, auch Instrumentalstück.

Kaverne *die,* **1)** unterirdischer Hohlraum. - **2)** ⚕ krankhafte Hohlraumbildung in der Lunge durch Gewebszerfall, bei Tuberkulose.

Kaviar *der,* eingesalzener Rogen, bes. vom Stör, Hausen, Sterlet, die v. a. in russ. Gewässern vorkommen.

Kavitation *die,* Bildung von Dampfblasen in strömenden Flüssigkeiten. Die damit verbundenen Druckstöße können an umströmten Turbinenschaufeln oder Schiffsschrauben zu erhebl. Zerstörungen führen.

Kawa *die,* Harzstoff aus der Wurzel einer polynes. Pfefferart; Rauschgetränk.

Kawabata, Yasunari, jap. Schriftsteller, * 1899, † (Freitod) 1972; schrieb »Schneeland«, 1947; »Tausend Kraniche«, 1949; Nobelpreis 1968.

Kawasaki, Hafenstadt auf Honshū, Japan, südl. von Tokio, 1,09 Mio. Ew.; Kernforschungszentrum, chem. und Schwerindustrie.

Kayahstaat, nat. Sondergebiet der Kayah, eines Hauptstamms der Karen, im südöstl. Birma, an der Grenze zu Thailand, 11670 km², 168 000 Ew.; Teakholzbestände, Abbau von Wolframerzen.

Kayseri [ˈkaiseri], Hptst. der Prov. K., Türkei, 378 500 Ew.; Univ.; Handels- und Verkehrsmittelpunkt; ⚒. - In der Antike wichtige Stadt Kappadokiens (röm. Name Caesarea Cappadociae); im 12./13. Jh. zeitweilig Residenz der Seldschuken (Große Moschee u. a. erhalten).

Kazan [kəˈzɑːn], Elia, amerikan. Regisseur, Schriftsteller griech. Herkunft, * 1909; sozialkrit., realist. Filme, u. a. »Endstation Sehnsucht« (1951), »Jenseits von Eden« (1955).

Kazantzakis, Nikolaos, griech. Schriftsteller, * 1883, † 1957; Romane aus dem Volksleben, z. B. »Alexis Sorbas« (1946), »Griech. Passion« (1954).

Kazike *der,* indian. Dorfhäuptling in Mittel- und Südamerika.

KBit, svw. Kilobit (= 1024 Bit).

KByte, svw. Kilobyte (= 1024 Byte).

kcal, Zeichen für Kilokalorie.

Keaton [kiːtn], Buster, * 1895, † 1966; Komiker des amerikan. Stummfilms.

Keats [kiːts], John, brit. Dichter, * 1795, † 1821; schrieb Gedichte, Verserzählungen (»Endymion«, 1818; »Hyperion«, 1820).

Kebab *der,* am Spieß gebratene, kleine (Hammel-)Fleischstückchen.

Kebnekaise, höchster Berg Schwedens, 2117 m hoch, in der Prov. Norrbotten.
Kecskemét ['kɛtʃkɛme:t], Stadt in Ungarn, südöstl. von Budapest, 104 000 Ew.; Obst- und Weinbau; Landmaschinenbau.
Kedah, Gliedstaat Malaysias (seit 1963), im NW der Halbinsel Malakka, 9 425 km², 1,326 Mio. Ew.; Kautschukpflanzungen, Kokospalmenkulturen, Tabak- und Maniokanbau.
Keeling-Inseln ['ki:lɪŋ-], → Kokos-Inseln.
Keepsmiling ['ki:psmaɪlɪŋ, engl. »lächle weiter«], stets zur Schau getragener Optimismus.
Keetmanshoop, Distrikthptst. im südl. Namibia, 14 000 Ew.; Zentrum des Karakulschafzuchtgebiets; Eisenbahnwerkstätten; Flughafen.
Kefermarkt, Marktgemeinde im Bez. Freistadt, OÖ; spätgot. Pfarrkirche St. Wolfgang mit »Kefermarkter Altar« (13,50 m hoher Schnitzaltar, um 1490).
Kefir *der,* schwach alkohol. Getränk, hergestellt aus Milch durch Gärung mit **K.-Körnern** (Bakterien- und Hefepilzmassen).
Keflavík ['kjɛblavi:k], Stadt in Island, im SW von Reykjavík, 6 900 Ew.; NATO-Stützpunkt.
Kegel, 1) √ Fläche, die entsteht, wenn alle Punkte einer geschlossenen Kurve mit einem nicht auf der Kurve liegenden Punkt (Spitze) durch Geraden verbunden werden. Beim gewöhnl. oder Kreis-K. der elementaren Raumlehre ist die Kurve ein Kreis, und der K. heißt **K.-Mantel.** Die beim Schnitt eines Kreis-K. mit einer Ebene entstehenden Kurven heißen **K.-Schnitte:** Kreise, Ellipsen, Parabeln, Hyperbeln. – **2)** Drucktechnik: Höhe einer Letter.

Keil. 1 Keilwirkung, 2 Keilverbindung, 3 und 4 Keilwelle, 5 Kerbverzahnung; a Welle, b Nocke, c Keil

Kegeln, Kegelsport, Kugelspiel, bei dem die größtmögl. Zahl von Kegeln am Ende der Kegelbahn umgeworfen werden soll. Die Kegel sind Zielfiguren, die in bestimmten »Bildern« aufgestellt werden; Spielauswertung nach Punkten.
Kegelrad, ein → Zahnrad.
Kehl, Stadt in Bad.-Württ., am Rhein gegenüber Straßburg (Europabrücke, wichtiger Grenzübergang von Dtl. nach Frankreich), 28 600 Ew.; Fachhochschule für öffentl. Verwaltung; Rheinhafen; Stahlwerk, Beton-, Holz- u. a. Industrie.
Kehle, 1) vorderer Teil des Halses. – **2)** abgerundete einspringende Kante an einem Bauglied.
Kehlkopf, Larynx, beim Menschen und den lungenatmenden Wirbeltieren der Eingang in die Luftröhre und das Organ der Stimmbildung, in der Mittellinie des Vorderhalses. Der **Kehldeckel** (Epiglottis) verschließt beim Schlucken den K., sodass die Speisen an ihm vorbei in die Speiseröhre gleiten. Der stimmbildende Teil des K. besteht aus den **Stimm-** und den **Taschenbändern,** zwischen denen **Stimmritze** (Glottis) und K.-Bucht liegen.
Kehlkopfgenerator, Gerät zur Erzeugung einer künstl. Stimme nach operativer Entfernung des Kehlkopfs.
Kehlkopfmikrofon, am Kehlkopf angesetztes Mikrofon, bes. für Flieger, ermöglicht klare Verständigung auch bei starkem Lärm.
Kehrreim, Refrain [rə'frɛ̃], regelmäßig wiederkehrende Worte oder Verse, meist als Schluss der Strophe, bes. bei volkstüml. Liedern.

Keil, 1) in eine Kante spitz zulaufender Körper zum Trennen und Spalten: eine an der Grundfläche angreifende Kraft wird in 2 von den Schenkeln ausgehende Kräfte zerlegt. – **2)** bei Maschinen ein unterschiedlich geformtes, selbsthemmendes Verbindungselement, das in eine Nut zw. den zu verbindenden Teilen gesteckt wird.
Keil, Birgit, dt. Tänzerin, * 1944; war 1989 bis 1994 Mitglied des Stuttgarter Balletts, tanzte die großen Ballerinenrollen; übernahm 1997 eine Professur für klass. Tanz an der Hochschule für Musik und Darstellende Kunst in Heidelberg/Mannheim.
Keilbein, ⚕ **1)** Knochen der Schädelbasis mit der K.-Höhle. – **2)** die 3 Fußwurzelknochen.
Keilberg, tschech. **Klínovec** [-vɛts], höchster Gipfel des Erzgebirges, auf der böhm. Seite, 1 244 m hoch.
Keilberth, Joseph, dt. Dirigent, * 1908, † 1968.
Keiler, männl. Wildschwein.
Keilriemen, ⚙ Riemen aus Gummi mit trapezförmigem Querschnitt; meist als Treibriemen verwendet.
Keilschrift, Schriftart des Altertums, bes. in Mesopotamien, benannt nach den keilförmigen Eindrücken, aus denen die Zeichen zusammengesetzt sind. Die K. entstand im 3. Jt. v. Chr. aus einer Bilderschrift; zuerst 1802 entziffert von G. F. Grotefend.
Keim, 1) einfaches Ausgangsgebilde, das in Keimung zum Pflanzen-, Tier- oder Menschenkörper oder zu einem Organ auswächst; bei Pflanzen auch die ungeschlechtl. Spore oder Brutknospe. – **2)** Krankheitserreger. – **3)** das erste in einer Schmelze oder Lösung gebildete Kriställchen, an dem die Kristallisation ansetzt.
Keimblatt, Samenlappen, frühestes Blattgebilde am Pflanzenkeim, in Einzahl bei den Einkeimblättrigen, in Zweizahl bei den Zweikeimblättrigen, in größerer Zahl bei den Nadelhölzern.
Keimdrüsen, Hoden und Eierstöcke.
Keimgifte, chem. Substanzen, die direkt oder als Auslöser einer Wirksubstanz dauerhafte Veränderungen des genet. Materials bewirken; bes. Stoffe, die Keimzellen abtöten, die Mitose und Meiose von Zellen der Keimbahn beeinflussen, das embryonale Wachstum stören oder Mutationen erzeugen.
Keimling, der → Embryo.
Keimscheibe, Teil des Vogeleis.
Keimung, erste Fortentwicklung eines pflanzl. Keims mithilfe des Vorratsstoffs. Beispiele: Bei den Samen beginnt die K. mit Wasseraufnahme in den ruhenden Samen und mit Quellen; danach wird die Samenschale gesprengt, der Keim wird zur Keimpflanze. Blütenstaubkörner wachsen zum Pollenschlauch aus **(Pollenkeimung).**
Keimzelle, Geschlechtszelle.
Keiser, Reinhard, dt. Komponist, * 1674, † 1739; Kirchenmusik, Kantaten, Opern.
Keitel, Wilhelm, dt. Generalfeldmarschall (seit 1940), * 1882, † (hingerichtet) 1946; 1938 bis 1945 Chef des Oberkommandos der Wehrmacht, unterzeichnete die Kapitulation der Wehrmacht vor der Roten Armee; in Nürnberg verurteilt.
Kekkonen, Urho, finn. Politiker, * 1900, † 1986; 1950 bis 1953 und 1954 bis 1956 Min.-Präs., 1956 bis 1981 Staatspräsident.
Kekulé von Stradonitz, August, dt. Chemiker, * 1829, † 1896; wurde durch seine Hypothese über den Aufbau des Benzols (Benzolring) einer der Begründer der neuzeitl. organ. Chemie.
Kelch, 1) (liturg.) Trinkgefäß mit Fuß. – **2)** Teil der Blüte.
Kelheim, Krst. in Niederbayern, an der Mündung der Altmühl in die Donau, 14 700 Ew., Textil-, Baustoffind., Elektromotorenbau; westl. die Befreiungshalle (erbaut 1847 bis 1863) zum Andenken an die Freiheitskriege.
Kelim *der,* gewebter oder gewirkter oriental. Teppich, mit beidseitig gleichem Muster.

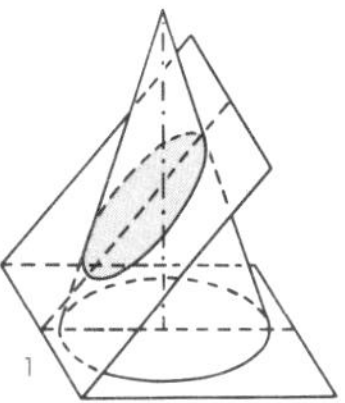

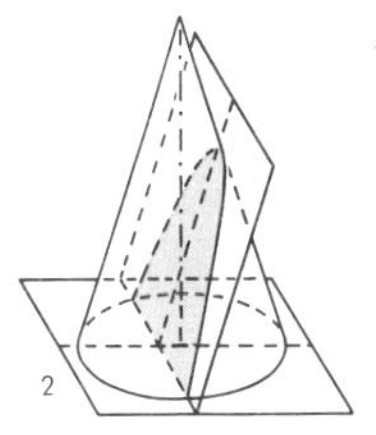

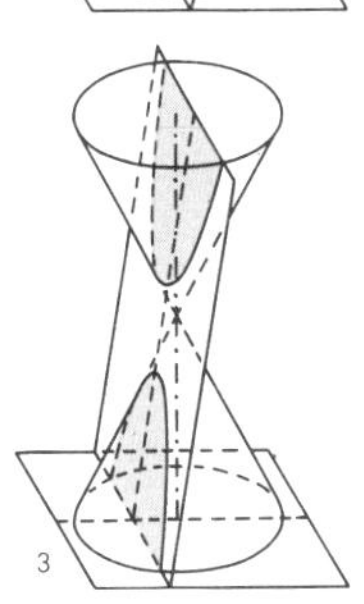

Kegel
Kegelschnitte: 1 Ellipse, 2 Parabel, 3 Hyperbel

Kehl
Stadtwappen

Sumerische **Keilschrift**

Frank B. Kellogg

Kemal Atatürk Mustafa

Walter Kempowski

Kenia

Staatswappen

Staatsflagge

Internationales Kfz-Kennzeichen

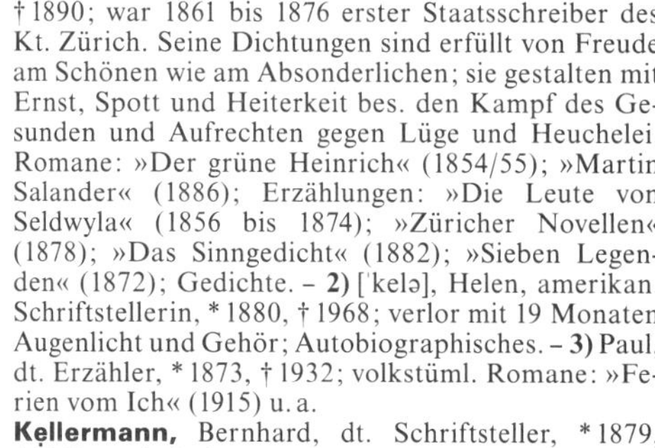

Keller, 1) Gottfried, schweizer. Dichter, *1819, †1890; war 1861 bis 1876 erster Staatsschreiber des Kt. Zürich. Seine Dichtungen sind erfüllt von Freude am Schönen wie am Absonderlichen; sie gestalten mit Ernst, Spott und Heiterkeit bes. den Kampf des Gesunden und Aufrechten gegen Lüge und Heuchelei. Romane: »Der grüne Heinrich« (1854/55); »Martin Salander« (1886); Erzählungen: »Die Leute von Seldwyla« (1856 bis 1874); »Züricher Novellen« (1878); »Das Sinngedicht« (1882); »Sieben Legenden« (1872); Gedichte. – **2)** [ˈkelə], Helen, amerikan. Schriftstellerin, *1880, †1968; verlor mit 19 Monaten Augenlicht und Gehör; Autobiographisches. – **3)** Paul, dt. Erzähler, *1873, †1932; volkstüml. Romane: »Ferien vom Ich« (1915) u. a.

Kellermann, Bernhard, dt. Schriftsteller, *1879, †1951; technisch-utop. Roman »Der Tunnel« (1913) u. a.

Kellogg, Frank B., amerikan. Jurist und Politiker, *1856, †1937; war 1925 bis 1929 Außenmin. der USA; Friedensnobelpreis 1929; veranlasste mit A. Briand den **Briand-K.-Pakt,** der die Ächtung des Kriegs (mit Ausnahme der Verteidigungskriege) vorsah; 1928 in Paris von 15, später von weiteren 48 Staaten unterzeichnet.

Kelly, Gene, amerikan. Schauspieler, Tänzer, *1912, †1996.

Kelsen, Hans, österr.-amerikan. Jurist, *1881, †1973; entwarf die österr. Verf. von 1920.

Kelten, indogerman. Völkergruppe; zunächst in Süd-Dtl., Böhmen, Schlesien, wichen unter german. Druck über den Rhein nach Westen. Hauptgruppen: **Gallier** (in S-Frankreich, Oberitalien), **Belgen** (in N-Frankreich, S-England), **Briten** (in England, Wales), **Gälen** (in Irland, Schottland), **Galater** (in Kleinasien). Mit der Eroberung Galliens und Britanniens durch die Römer wurde ihre Macht gebrochen. Reste mit eigener Sprache leben heute noch in der Bretagne, in Schottland, Wales, auf der Insel Man und im westl. Irland.

Kelter, große Frucht-, Traubenpresse.

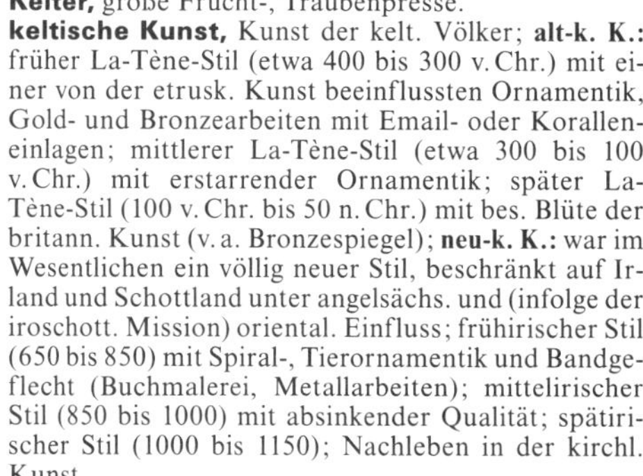

keltische Kunst, Kunst der kelt. Völker; **alt-k. K.:** früher La-Tène-Stil (etwa 400 bis 300 v. Chr.) mit einer von der etrusk. Kunst beeinflussten Ornamentik, Gold- und Bronzearbeiten mit Email- oder Koralleneinlagen; mittlerer La-Tène-Stil (etwa 300 bis 100 v. Chr.) mit erstarrender Ornamentik; später La-Tène-Stil (100 v. Chr. bis 50 n. Chr.) mit bes. Blüte der britann. Kunst (v. a. Bronzespiegel); **neu-k. K.:** war im Wesentlichen ein völlig neuer Stil, beschränkt auf Irland und Schottland unter angelsächs. und (infolge der iroschott. Mission) oriental. Einfluss; frühirischer Stil (650 bis 850) mit Spiral-, Tierornamentik und Bandgeflecht (Buchmalerei, Metallarbeiten); mittelirischer Stil (850 bis 1000) mit absinkender Qualität; spätirischer Stil (1000 bis 1150); Nachleben in der kirchl. Kunst.

Kelvin [nach W. Kelvin], Einheitenzeichen **K,** SI-Einheit der thermodynam. Temperatur. Das K. ist definiert als der 273,16te Teil der thermodynam. Temperatur des Tripelpunkts des Wassers. Eine Temperaturdifferenz von einem K. ist gleich derjenigen von einem Grad Celsius (°C).

Kelvin, William, seit 1892 Lord **K. of Largs,** brit. Physiker, *1824, †1907; Arbeiten v. a. zur Thermodynamik und Elektrizitätslehre, führte 1848 die nach ihm benannte Temperaturskala ein.

Kelvin-Skala [nach W. Kelvin], Temperaturskala mit dem absoluten Nullpunkt der Temperatur als Skalennullpunkt. 0 °C entspricht daher einer thermodynamischen Temperatur von 273,15 Kelvin.

Kemal Atatürk, Mustafa, bis 1934 **M. Kemal Pascha,** türk. Politiker, *1881, †1938; erster Staatspräs., formte die Türkei zu einem modernen Nationalstaat um.

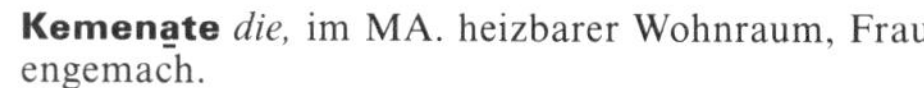

Kemenate *die,* im MA. heizbarer Wohnraum, Frauengemach.

Kemerowo, russ. Gebietshptst. im Kusnezker Kohlenbecken, in W-Sibirien, 520 000 Ew.; Hochschulen, Steinkohlenbergbau, chem. u. a. Industrie.

Kemijoki *der,* längster Fluss Finnlands, 520 km, zum Bottn. Meerbusen; im Unterlauf schiffbar.

Kempen, Stadt in NRW, 30 800 Ew.; Textil- und Nahrungsmittelindustrie.

Kempff, Wilhelm, dt. Pianist, Komponist, *1895, †1991.

Kempowski, Walter, dt. Schriftsteller, *1929; schildert in stark autobiograph. Werken Nationalsozialismus, Kriegs- und Nachkriegszeit: »Tadellöser & Wolff« (1971); »Uns geht's ja noch gold« (1972); »Echolot« (1993).

Kempten (Allgäu), Stadt im bayer. Schwaben, 59 400 Ew.; kultureller und wirtschaftl. Mittelpunkt des Allgäu; Milchverarbeitung, Textil-, Papierind.; spätgot. Rathaus, barocke Fürstäbtl. Residenz u. a.

Kendo [jap. »Schwertweg«] *das,* urspr. die Fechtkunst der Samurai mit scharfen Schwertern und ohne Schutzpanzer, seit 1876 in eine sportl. Form umgewandelt.

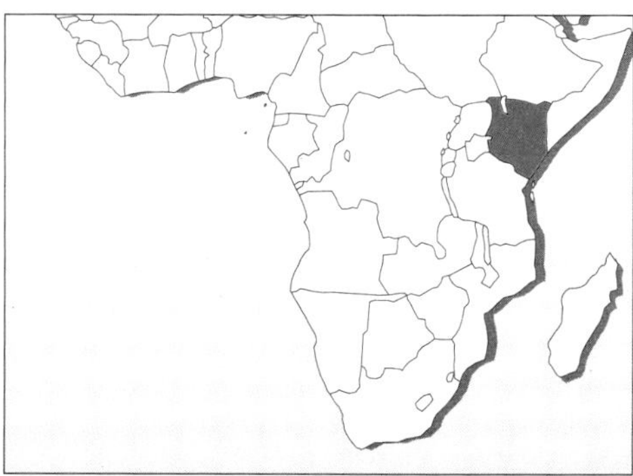

Kenia, Rep. in O-Afrika, 582 646 km², 25,23 Mio. Ew. (meist Bantu); Hptst. Nairobi. Amtssprache: Suaheli. Präsidialverfassung. – K. ist eine im W von Gräben und Brüchen durchzogene, z. T. vulkanische Landschaft (Kenia 5 194 m) mit steppenartigen Hochebenen. Niederschläge nur im W und im Küstengebiet (SO) reichlicher. Anbau: Mais, Maniok, Zuckerrohr; für die Ausfuhr (z. T. in Plantagenwirtschaft): Kaffee, Tee, Sisal. Viehzucht. Nahrungsmittel-, Erdöl-, Zement- u. a. Ind. Fremdenverkehr. ⚓ Mombasa; ✈ Nairobi, Mombasa. – Die Briten proklamierten 1889 in K. das Protektorat; seit 1920 war es Kronkolonie. Einheim. Stämme lösten 1952 den »Mau-Mau«-Aufstand aus (bis 1955/56). 1963 wurde K. als Land des Commonwealth unabhängig, 1964 Rep. 1. Präs. war J. Kenyatta (1964 bis 1978). Staatspräs.: D. Arap Moi (seit 1978, wieder gewählt 1997).

Kennedy [ˈkenɪdɪ], **1)** Edward Moore, Bruder von 2) und 3), amerikan. Politiker (Demokrat), *1932; seit 1963 Senator für Massachusetts. – **2)** John Fitzgerald, 1961 bis 1963 der 35. Präs. der USA (Demokrat), *1917, †(ermordet) 1963; entwickelte ein neues Konzept (»New Frontier«) zur Förderung von Technik und Bildung, zum Kampf gegen Armut, für die Bürgerrechte der Farbigen; erstrebte durch Abrüstung einen Ausgleich mit der UdSSR, mit der er jedoch anlässlich der Kubakrise 1962 in schweren Konflikt geriet. – **3)** Robert Francis, Bruder von 1) und 2), amerikan. Politiker (Demokrat), *1925, †(ermordet) 1968; 1960 bis 1964 Justizminister, danach Senator, bewarb sich 1968 um die Präsidentschaftskandidatur seiner Partei.

Kennedy Airport [ˈkenɪdɪ ˈeəpɔːt], eigtl. **John F. Kennedy International Airport,** Flughafen von New York.
Kennung, 1) Merkmal. – **2)** ⚓ ✈ rhythmisch gegebenes opt., elektromagnet. oder akust. Weg- oder Leitsignal.
Kenotaph *das,* leeres Grabmal zur Erinnerung an einen Toten, der an anderer Stelle begraben ist.
Kẹnt, Cty. in SO-England, fruchtbares Hügelland.
Kentaur → Zentaur.
Kẹntia *die,* Gattung zierl. Fiederpalmen in Neuseeland; Zimmerpflanze.
Kentucky [kenˈtʌkɪ], Abk. **Ky.,** einer der südöstl. Mittelstaaten der USA, südl. des Ohio, 104 661 km², 3,69 Mio. Ew.; Hptst. Frankfort; größte Stadt: Louisville. Tabak-, Mais-, Weizenanbau, Vieh- und Pferdezucht; Tabakind. Kohle, Erdöl, Erdgas.
Kenyạtta, Jomo, kenian. Politiker, * 1891, † 1978; 1964 bis 1978 Staatspräsident.
Kephallẹnia, größte der Ionischen Inseln, Griechenland; gebirgig; Ausfuhr von Wein, Öl, Korinthen.
Kẹpler, Johannes, dt. Naturforscher, * 1571, † 1630; entdeckte die nach ihm benannten Gesetze der Planetenbewegung; 1601 bis 1612 kaiserl. Hofastronom in Prag. – Die **keplerschen Gesetze:** 1) die Planeten bewegen sich in Ellipsen, in deren einem Brennpunkt die Sonne steht; 2) die von der Sonne bis zum Planeten gedachte Gerade (Fahrstrahl) überstreicht in gleichen Zeiten gleiche Flächen; 3) die Quadrate der Umlaufzeiten verhalten sich wie die Kuben der mittleren Entfernungen von der Sonne.
Kẹrala, Gliedstaat an der äußersten SW-Küste von Indien; 38 863 km², 28,93 Mio. Ew.; Hptst. Trivandrum; Landessprache: Malayalam; Reis, Zuckerrohr, Baumwolle; ⚓ Cochin.
Keramik *die,* Sammelbegriff für alle Tonwaren. **Fein-K.** sind Geschirr, Platten u. a. Nach dem Grundstoff und dem Brennprozess sind zu unterscheiden: Töpferware, Steingut, Fayence, Steinzeug und Porzellan. Zur **Grob-K.** gehören Baustoffe (Ziegel, Röhren, Kacheln usw.).
Keratin *das,* **Hornstoff,** Gerüsteiweiße, aus denen Haare, Nägel, Hufe, Federn und Oberhaut bestehen.
Keratom *das,* abnorme schwielenartige Verdickung der Hornschicht der Haut, bes. an Fußsohle und Handinnenfläche.
Kerbel, eine Doldenblütlergattung, v. a. **Garten-K.** (Küchen-K.), als Gewürzpflanze kultiviert.

Johannes Kepler. Zeitgenössisches Ölgemälde

Kẹrbela, Stadt im Irak, südwestl. von Bagdad, 190 000 Ew.; Grabmoscheen Husains, schiit. Wallfahrtsort.
Kerbholz, der Länge nach gespaltener Holzstab, in dessen 2 Hälften Einschnitte (Kerben) zur Zählung und Abrechnung von Arbeitstagen, Schuldforderungen u. a. gemacht wurden, z. T. bis in das 19. Jh. gebräuchlich; Ü **etwas auf dem K. haben.**
Kerbtiere, Kerfe, die → Insekten.
Kẹrenskij, Aleksandr, russ. Politiker, * 1881, † 1970; Mai bis Juni 1917 Kriegsmin. der »Provisor. Regierung«, Juli bis Okt. 1917 Min.-Präs., von Lenin gestürzt, emigrierte 1940 in die USA.
Kerguelen [kɛrˈgeːlən], frz. Inselgruppe (etwa 300 Inseln) im südl. Indischen Ozean, 7 215 km², Hauptinsel Courbet, 5 820 km², bis 1 960 m hoch.
Kerkenna-Inseln, tunes. Inselgruppe im Mittelmeer, rd. 180 km², 15 000 Ew., die Inseln Chergui und Gharbi sind durch Straßendamm verbunden.
Kerker, 1) enges Gefängnis. – **2)** früher im österr. Strafrecht die schwerste Form der Freiheitsstrafe.
Kẹrkyra, griech. Name der Insel → Korfu.
Kermadec-Graben [kəːˈmædek-], Tiefseegraben des Pazif. Ozeans, bis 10 047 m tief.
Kermadec-Inseln [kəːˈmædek-], zu Neuseeland gehörende Inselgruppe im südwestl. Pazifik; auf Raoul Island (29 km², bis 525 m ü. M.) seismolog. und Flugsicherungsstation.
Kermanschah, iran. Stadt, → Bachtaran.
Kermes|schildläuse, versch. Schildlausarten, leben in Südeuropa und im Orient auf der Kermeseiche; im Altertum Rotfärbemittel **(Karmoisin).**
Kern, 1) ❀ Zellkern. – **2)** ⚛ Atomkern. – **3)** ✿ Samenkorn, Stein der Steinfrucht. – **4)** ⚙ aus Sand oder Lehm hergestellter Teil der Gussform, wird in die Form eingelegt, um Hohlräume im Gussstück zu erzeugen.
Kernbatterie, Isotopenbatterie, mit radioaktiven Isotopen betriebenes Gerät, das mithilfe thermoelektr. oder photoelektr. Elemente radioaktive Strahlung in elektr. Energie für Satelliten, unbemannte Wetterstationen u. a. umwandelt.
Kernbeißer, Kirschkernbeißer, großer Finkenvogel mit dickem Kegelschnabel. Farbe: braun-schwarz-hellgrün. Der K. knackt Bucheckern, Kirsch- und Schlehenkerne.
Kernbrennstoff, Material, aus dem durch Kernspaltung Energie gewonnen wird.
Kernchemie, die Lehre von den Atomumwandlungen, ein Teilgebiet der Kernphysik.
Kern|energie, Atom|energie, der durch Kernreaktionen freisetzbare Anteil der Bindungsenergie der Atomkerne. Bei der → Kernspaltung werden schwere Atomkerne durch Neutronenbeschuss zertrümmert; K. aus Kernspaltung wird in Reaktoren v. a. zur Elektrizitätserzeugung gewonnen sowie in Kernwaffen zerstörerisch freigesetzt. Die Kernverschmelzung (Kernfusion; Wasserstoffkerne werden zu Heliumkernen verschmolzen, wobei ein Energieüberschuss freigegeben wird) ist für den Energiehaushalt der Sterne, z. B. der Sonne, maßgebend; auf ihr beruht die Wasserstoffbombe. An der gesteuerten Kernfusion zur Energiegewinnung wird intensiv gearbeitet. – Die Akzeptanz der K. ist nach der Katastrophe von Tschernobyl stark gesunken.
Kern|energie|antrieb, Fahrzeugantrieb durch Umwandlung der von einem Kernreaktor freigesetzten Wärme in mechan. Energie; in der Schifffahrt (z. B. Eisbrecher, U-Boote) angewandt.
Kẹrner, Justinus, dt. Dichter der schwäb. Romantik und Arzt, * 1786, † 1862; schrieb Lieder, Balladen; okkultist. Aufzeichnungen: »Die Seherin von Prevorst« (1829).
Kernfäule, Fäule des Kernholzes lebender Bäume.
Kernfusion → Kernverschmelzung.

John F. Kennedy

Kentucky
Flagge

Kempen
Stadtwappen

Kempten (Allgäu)
Stadtwappen

Kernbeißer

Kernkräfte, Kräfte zw. den Protonen und Neutronen des Atomkerns, die die Kernbindung, d. h. den Zusammenhalt im Atomkern, bewirken. K. besitzen nur eine sehr kurze Reichweite, die auf die Größe des Atomkerns beschränkt ist.

Kernkraftwerk → Kraftwerk.

Kern|obst, die zu den Rosengewächsen gehörenden Obstarten Apfel, Birne, Quitte u. a., deren fleischige Scheinfrucht in 5 pergamentartig ausgekleideten Fächern **(Kernhaus)** Samen (Kerne) enthält. (→ Steinobst)

Kernphysik, Wiss. vom Bau und den Eigenschaften der Atomkerne. Sie geht zurück auf die seit 1911 von E. Rutherford begründete Vorstellung vom Aufbau der Atome. Nach heutigen Vorstellungen sind alle Atomkerne aus Nukleonen (Protonen und Neutronen) aufgebaut. So besteht der Kern des leichtesten Atoms, des Wasserstoffatoms, aus einem Proton allein, der Heliumkern (Alphateilchen) aus zwei Protonen und zwei Neutronen, der Kern des schwersten in der Natur vorkommenden Elements, des Urans, aus 92 Protonen und 146 Neutronen. Die Gesamtzahl der Kernteilchen ist die Massenzahl (Protonen und Neutronen sind fast gleich schwer), im Falle des Urans also 92 + 146 = 238, die Anzahl der positiv elektr. geladenen Protonen die Ladungszahl oder Ordnungszahl des Kerns. Die Kernkräfte, die die Kernbausteine zusammenhalten, sind um viele Größenordnungen größer als die elektr. Kräfte der Atomhülle, weshalb durch Abbau (bei den leichtesten Kernen auch durch Zusammenschluss) von Kernen riesige Energie, die Kernenergie, gewonnen werden kann. Sowohl natürlich vorkommende als auch künstlich hergestellte Atome können instabile Atomkerne haben, die radioaktiv zerfallen (→ Radioaktivität). Wenige Elemente bestehen aus Atomen mit nur einer Massenzahl (Reinelemente); bei den meisten kommen Kerne mit versch. Massenzahlen, aber gleicher Ordnungszahl vor (Isotope). Erst durch Wechsel der Ordnungszahl (Protonenzahl) entsteht ein anderes Element. Durch Beschuss mit Teilchen oder schweren Ionen kann man Atomkerne in andere umwandeln. Neben den → Transuranen wurden auf diese Weise weit über 1 000 neue isotope Arten künstlich erzeugt, unter ihnen auch die in der Natur nicht vorkommenden Elemente Technetium, Promethium, Astatium, Francium. Das dadurch erschlossene Anwendungsgebiet der K. nennt man auch **Kernchemie.** Fast alle so gewonnenen neuen Kernarten sind radioaktiv. Der Kernaufbau kann durch ein Schalenmodell beschrieben werden, jedoch gibt es noch keine abgeschlossene Theorie der Kernkräfte.

Kernspaltung eines Kerns des Uran 235 durch ein Neutron (n); außer direkten und verzögerten Spaltneutronen treten auch Elektronen auf, die aus β-Zerfällen der Spaltprodukte stammen; die Endkerne sind Promethium 143 und Yttrium 89

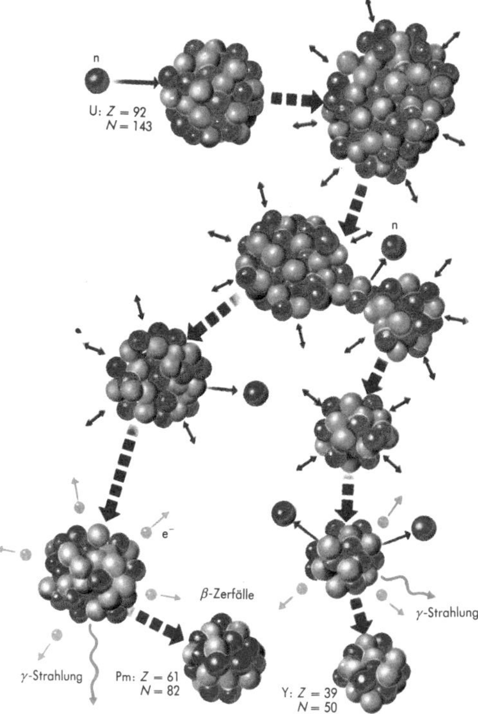

Kernpilze, artenreiche Ordnungen der Schlauchpilze mit winzigen, flaschenförmigen Fruchtkörpern, auf Pflanzen, an Insekten.

Kernreaktion, durch Stoß mit einem anderen Kern oder einem Elementarteilchen bewirkte Umwandlung von Atomkernen. Natürl. K. finden im Innern von Sternen bei extremen Temperaturen statt. Künstl. K. werden u. a. in Teilchenbeschleunigern und Reaktoren durchgeführt, z. B. zur Gewinnung von Kernenergie.

Kernreaktor → Reaktor.

Kernschleifen → Chromosomen.

Kernsdorfer Höhe, poln. **Dylewska Góra,** höchste Erhebung (312 m) des Masur. Landrückens, Ostpreußen, heute zu Polen.

Kernspaltung, Zerfall schwerster Atomkerne in 2 Bruchstücke, meist ausgelöst durch eindringende Neutronen. Dabei wird die Bindungsenergie als Bewegungsenergie und Strahlung frei. Spaltbar sind bes. das Uranisotop U 235 (Hahn und Straßmann 1938/39), Plutonium sowie alle übrigen Transurane und einige stabile Kerne. Die bei der Uranspaltung freigesetzten Neutronen ermöglichen eine K.-Kettenreaktion, die sich zur techn. Gewinnung der Kernenergie eignet. Sie führte im 2. Weltkrieg zur Entwicklung der **K.-Bombe,** einer aus dem reinen Uranisotop U 235 oder aus Plutonium bestehenden Atombombe, bei der die K. als Kettenreaktion in Bruchteilen einer Sekunde ungehemmt abläuft und die gesamte verfügbare Kernenergie des Bombenmaterials (23 Mio. kWh/kg Uran) zerstörerisch freisetzt.

Kernspin|tomographie, Abk. **KST,** ⚕ bildgebendes Untersuchungsverfahren zur Gewinnung von Schichtbildern des Körpers; dabei wird die magnet. Resonanz der Atomkerne des Gewebes auf ein Hochfrequenzfeld gemessen und mithilfe eines Computers schichtweise abgebildet. Die K. dient u. a. zur Diagnose von Tumoren und kommt im Ggs. zur Computertomographie ohne Röntgenstrahlung aus.

Kerntechnik, Atomtechnik, befasst sich mit Entwicklung und Betrieb von Anlagen zur Gewinnung von Kernenergie und ihren Anwendungen in technischem Maßstab, vor allem Reaktortechnik (→ Reaktor), Strahlenschutzanlagen und kernphysikal. Messgeräten, Kernbrennstoffgewinnung und -aufbereitung, Handhabung radioaktiver Substanzen, Lagerung und Beseitigung radioaktiver Abfälle.

Kernteilung, Teilung des Zellkerns, die Grundlage der Zellteilung und Vermehrung, der Fortpflanzung und Vererbung. Die wichtigste Form der K. ist die indirekte K. **(Mitose).** Aus dem Kerngerüst **(Chromatin)** bilden sich Kernschleifen (→ Chromosomen). Sie spalten sich der Länge nach in 2 Hälften, die zu den entgegengesetzten Polen der Kernspindel wandern und das Chromatingerüst der Tochterkerne bilden. Dadurch werden die Chromosomen und die in ihnen liegenden Erbanlagen gleichmäßig auf die beiden Tochterzellen verteilt. Bei der Reifung der Geschlechtszellen tritt eine besondere Form der indirekten K. auf

(Reduktionsteilung, Meiose); durch diese K. wird die Chromosomenzahl (beim Menschen 46) auf die Hälfte vermindert. Alle Körperzellen haben einen doppelten **(diploiden)** Chromosomensatz, reife Geschlechtszellen einen einfachen **(haploiden)** Satz.

Kernverschmelzung, 1) Kernfusion, Aufbau von Atomkernen, bes. Heliumkernen, aus leichteren Bestandteilen, wie er unter Freisetzung riesiger Energien im Innern aller Sterne abläuft und in unkontrollierter, explosiver Form in der Wasserstoffbombe. An einer kontrollierten Energiegewinnung durch K. in **Fusionsreaktoren,** die an die Erzeugung höchster Temperaturen (ungefähr 100 Mio. °C) und stärkster Magnetfelder gebunden ist, wird gearbeitet. Dabei sollen die schweren Wasserstoffisotope Deuterium (D) und Tritium (T) zu Helium verschmolzen werden. – **2)** ❀ Vereinigung zweier Zellkerne.

Kernwaffen, Nuklearwaffen, Atomwaffen, Sprengkörper, deren Wirkung auf Kernspaltung oder Kernverschmelzung beruht; Wirkung durch hohe Temperatur (am Ort der Explosion bis zu 20 Mio. °C), starke Druckwelle und intensive radioaktive Strahlung, außerdem →Fall-out. K. sind die **nuklearen Sprengkörper** (mit Kernspaltung) wie Atombomben, Atomraketen und nukleare Granaten sowie **thermonukleare Sprengkörper** (mit Kernverschmelzung) wie die Wasserstoffbombe. – Die ersten Atombomben wurden am 6. 8. 1945 über Hiroshima und am 9. 8. 1945 über Nagasaki abgeworfen.

Kernwaffensperrvertrag, der →Atomwaffensperrvertrag.

Kerosin *das,* Erdölraffinat mit dem Siedebereich 50 bis 300 °C und der Dichte um 0,76 g/cm^3; Kraftstoff bes. für Turbinenluftstrahltriebwerke und Raketen.

Kerouac ['keruæk], Jack, amerikan. Schriftsteller der »Beatgeneration«, * 1922, † 1969; »Unterwegs« (1967).

Kerpen, Stadt in NRW, 53 600 Ew.; Braunkohlenbergbau.

Kerr, 1) Alfred, urspr. **A. Kempner,** dt. Schriftsteller, * 1867, † 1948; emigrierte 1933 nach England, war einer der einflussreichsten Theaterkritiker Berlins. – **2)** [kɑ:, kə:], Deborah, brit. Filmschauspielerin, * 1921. – **3)** [kɑ:, kə:], John, brit. Physiker, * 1824, † 1907; Entdecker des **Kerr-Effekts** (Auftreten von Doppelbrechung unter dem Einfluss eines elektr. Felds).

Kerschensteiner, Georg, dt. Erzieher, * 1854, † 1932; Begründer der Berufsschule.

Kersting, Friedrich Georg, dt. Maler, * 1785, † 1847; biedermeierl. Innenraumbilder.

Kertsch, ukrain. Hafen- und Ind.stadt auf der Krim, an der **Straße von K.** (zw. Asowschem und Schwarzem Meer), 174 000 Ew.; Eisenerzbergbau, Tankerbau, Fischverarbeitung.

Kerygma *das,* im N. T. Verkündigung, bes. die Heilsbotschaft Jesu, die Predigt der Apostel.

Kerze, 1) Beleuchtungskörper aus Wachs, Paraffin oder Stearin mit Baumwolldocht, brennt mit offener Flamme. – **2)** ⚙ in Verbrennungsmotoren die Zündkerze. – **3)** ⛹ eine Turnübung; beim Fußball: Steilschuss.

Kescher, Kätscher, Rahmennetz an einem Stiel, zum Fisch- oder Schmetterlingsfang.

Kessel, 1) bauchiges Metallgefäß. – **2)** ⊕ beckenförmige Vertiefung im Gelände, bes. im Gebirge **(Talkessel).** – **3)** ♈ Lager des Schwarzwilds; der Mittelraum im Fuchs- und Dachsbau; der von den Treibern und Schützen umstellte Raum beim **K.-Treiben.**

Kesselfallenblume, Blüten mit einem die Staubgefäße und den Stempel bergenden Kessel, in dem die bestäubenden Insekten vorübergehend gefangen bleiben (z. B. Aronstabgewächse).

Kesselring, Albert, dt. Generalfeldmarschall, * 1885, † 1960; im 2. Weltkrieg Führer der Luftstreitkräfte im Mittelmeer und in Afrika, Befehlshaber in Italien, 1952 aus brit. Strafhaft entlassen.

Kesselstein, steinartiger Belag aus unlösl. Erdalkalien, v. a. Calciumcarbonat und -sulfat, der sich beim Verdampfen von Wasser an den Wänden von Kesseln und Rohren absetzt.

Kesten, Hermann, dt. Schriftsteller, * 1900, † 1996; zeitkrit. Romane, Biographien, Essays.

Ketone *Pl.,* ⚗ organ. Verbindungen, die die Carbonylgruppe C=O, gebunden an 2 Kohlenwasserstoffatome, enthalten. Das einfachste K. ist das Aceton, CH_3COCH_3.

Ketschua, Quechua, indian. Sprache in den Andengebieten v. a. von Peru und Bolivien. Die **K.-Indianer** (rd. 8,5 Mio.), das einstige Staatsvolk des Inkareichs, sind heute nur mehr eine Sprachgemeinschaft. K. ist seit 1975 in Peru neben Spanisch Amtssprache.

Ketschup, Ketchup ['kɛtʃap], Würzsoße aus Tomaten, Essig u. a.

Kette, 1) ⚙ Zug- oder Treiborgan, dessen Glieder beweglich ineinander greifen **(Glieder-K.)** oder gelenkig miteinander verbunden sind **(Gelenk-K.).** Arten: Steg-K., Vaucansonsche Haken-K., Gallsche Gelenk-K., Rollen-K. u. a. – **2)** die Längsfäden im Zeugstück **(Kettfäden),** →Weberei.

Ketteler, Wilhelm Emmanuel Freiherr v., dt. kath. Bischof von Mainz, * 1811, † 1877; trat für die rechtl. und kulturelle Selbstständigkeit der kath. Kirche ein.

Kettenpanzer, aus Eisenringen geflochtenes Panzerhemd im Mittelalter.

Kettenrad, ⚙ Rad mit Zähnen oder gezahnter Rille **(Kettenrolle)** zum Bewegen einer Kette, z. B. am Fahrrad, an Hebezeugen.

Kettenreaktion, physikal., chem. oder biolog. Vorgang, der, einmal eingeleitet, von selbst weiter um sich greift. Die Einleitung einer chem. K. heißt **Zünd-, Start-, Primärreaktion.** K. neigen zu explosivem Verlauf. Beispiele sind die gewöhnl. Verbrennung, die selbstständige Gasentladung und die im Reaktor oder in der Atombombe vollzogene Kernspaltung.

Kettenreim, Verskunst: fortlaufende Verbindung der Zeilen durch inneren oder äußeren Reim.

Kettenware, Kettenwirkware, auf Kettenwirk- oder Raschelmaschine hergestellte Wirkware mit in Längsrichtung maschenförmig verschlungenen Fäden.

Ketzer [aus »Katharer«] *der,* **1) Häretiker,** Leugner eines dogmat. Glaubenssatzes. – **2)** allg.: Aufrührer gegen geltende Meinungen.

Keuchhusten, Stickhusten, Pertussis, äußerst ansteckende Kinderkrankheit mit krampfhaften Hustenanfällen und Entleerung von zähem Schleim.

Keulenpilz, Ständerpilz, →Ziegenbart.

Keun, Irmgard, dt. Schriftstellerin, * 1910, † 1982; Unterhaltungsromane (»Das kunstseidene Mädchen«, 1932, u. a.).

Keuper *der,* die oberste Abteilung der Trias (→Erdgeschichte, ÜBERSICHT).

Keuschheit, geschlechtliche Enthaltsamkeit und Selbstbeherrschung, auch im Reden und Denken; eines der 3 Ordensgelübde.

Kevelaer ['ke:vəla:r], Stadt im Kr. Kleve, NRW, 22 400 Ew.; größter Wallfahrtsort in NW-Europa (700 000 Pilger pro Jahr); Metall- und Lederind., Blumenzucht.

Keyboards ['ki:bɔ:dz], Sammelbezeichnung für die elektrisch verstärkten Tasteninstrumente (Orgeln, Synthesizer).

Keynes [keɪnz], John Maynard, Baron, brit. Nationalökonom, * 1883, † 1946; gab der theoret. Volkswirtschaftslehre eine neue Grundlage, untersuchte bes. Probleme der Vollbeschäftigung, Zusammenhänge zw. Sparen und Investieren.

Keyserling, 1) Eduard Graf von, dt. Schriftsteller, * 1855, † 1918; impressionist. Prosa; Roman »Abendl.

Deborah Kerr

Georg Kerschensteiner

Irmgard Keun

John Maynard Keynes

Ruhollah Khomeini

Har Gobind Khorana

Kichererbse

Kiel Stadtwappen

Häuser« (1914). – **2)** Hermann Graf von, dt. Philosoph, * 1880, † 1946; schrieb »Reisetagebuch eines Philosophen« (1919), gründete 1920 in Darmstadt die »Schule der Weisheit«.

Key West [ˈkiː ˈwest], südlichste Stadt der USA; auf der Hauptinsel der **Keys-Inseln,** Florida; 25 300 Ew.; Fischereihafen, Seebad.

kg, Zeichen für Kilogramm.

KG, Abk. für **K**ommandit**g**esellschaft.

KGaA, Abk. für **K**ommandit**g**esellschaft **a**uf **A**ktien.

KGB, Abk. für russ. **K**omitet **G**osudarstwennoj **B**esopasnosti, Geheimdienst, überwachte die sowjet. Grenzen und das wirtschaftl. und kulturelle Leben; 1992 in ein Ministerium für Sicherheit umgewandelt.

Khaiberpass → Khyber.

Khamenei [xaməˈneɪ], **Chamenei,** Hodjatoleslam Ali, iran. Geistlicher und Politiker, * 1940; Präs. 1981 bis 1989, seit 1989 oberster geistl. Führer des Iran.

Khan, Chan, mongolisch-türk. Herrschertitel.

Khartum, Khartoum, Hptst. der Rep. Sudan, 924 500 Ew., am Zusammenfluss des Weißen und des Blauen Nils; wichtiger Hafen und Handelsplatz; am linken Ufer des Weißen Nils liegt **Omdurman,** am rechten Ufer des Blauen Nils **K.-Nord.** Verkehrsknotenpunkt mit Nilbrücken, ✈.

Khatami, Chatami [x-], Saijid Mohammed, iran. Geistlicher und Politiker, * 1943; 1981 bis 1991 Kulturmin., 1991 bis 1997 Direktor der Nationalbibliothek; 1997 zum Staatspräs. gewählt.

Khedive [pers. »Gebieter«], 1867 bis 1914 Titel des Vizekönigs von Ägypten.

Khmer, Volk mit austroasiat. Sprache in Hinterindien, bildet die Mehrheit der Ew. Kambodschas, beherrschte früher Siam, Laos und Cochinchina. Das **K.-Reich** erreichte seine höchste Blüte im 11. Jh. Unter vorderind. Einfluss entstanden großartige Bauten, u. a. die Tempel von Angkor Vat (12. Jh.), die zum Weltkulturerbe gehören.

Khnopff, Fernand, belg. Maler, Bildhauer, * 1858, † 1921; Meister des belg. Symbolismus.

Khoisan, wiss. Gesamtname für Hottentotten und Buschmänner. Sie haben sprachl. (Schnalzlaute) und anthropolog. Gemeinsamkeiten.

Khomeini [xɔˈmeɪni], **Chomeini,** Ruhollah, iran. Schiitenführer (Ajatollah) und Politiker, * 1900, † 1989; aufgrund seiner polit. Gegnerschaft zu den Pahlewi des Landes verwiesen, sammelte im Exil Gegner des Schahs um sich. Nachdem Schah Mohammed Resa Pahlewi 1979 den Iran verlassen hatte, kehrte K. nach Teheran zurück und setzte die letzte vom Schah ernannte Reg. ab. Ohne ein offizielles polit. Amt zu bekleiden, stand er an der Spitze der von ihm im April 1979 ausgerufenen Islam. Republik Iran; baute eine streng islam. orientierte Gesellschaftsordnung auf und ging kompromisslos gegen religiös und polit. anders Denkende vor. Zunächst Vertreter eines harten Kurses im Krieg gegen Irak (seit 1980), willigte er 1988 in einen Waffenstillstand ein.

Khorana, Har Gobind, amerikan. Enzymforscher ind. Herkunft, * 1922; erhielt 1968 (zus. mit R. Holley und M. Nirenberg) den Nobelpreis für Physiologie oder Medizin für die Aufklärung des genet. Codes bei der Eiweißsynthese in der lebenden Zelle. 1970 gelang ihm als Erstem die synthet. Herstellung eines Gens.

Khusistan [xuzesˈtaːn], **Chusistan,** Gebiet in SW-Iran, als Verw.-Geb. 67 282 km², 2,68 Mio. Ew.; Hptst. Ahwas; Erdölfördergebiet; Bewässerungsfeldbau; zentraler Ort im gebirgigen N ist Chorramabad. Während des 1. Golfkriegs (1980 bis 1988) Zerstörung vieler Siedlungen und Erdölanlagen.

Khyber [ˈkaɪbə], **Khaiberpass,** Pass mit großer strateg. und polit. Bedeutung zw. Afghanistan und Pakistan, Länge der Passstraße 53 km, Passhöhe in Pakistan bei 1072 m, 10 km vor der Grenze zu Afghanistan.

kHz, das Einheitenzeichen für Kilohertz: 1 kHz = 1000 Hz (→ Hertz).

Kiangsi, Prov. in China, → Jiangxi.

Kiautschou, amtl. **Jiaozhou,** ehem. dt. Flottenstützpunkt in China, an der Küste der Halbinsel Shandong, 515 km², (1914) 200 000 Ew., mit der Halbinsel Tsingtau; wurde 1898 durch Vertrag mit China auf 99 Jahre gepachtet, 1914 von den Japanern besetzt, 1922 an China zurückgegeben.

Kibbuz *der, Pl.* **Kibbuzim,** ländl. Siedlung in Israel, in der kollektive Wirtschafts- und Lebensweise praktiziert werden. Der erste K. wurde 1909 im Jordantal gegründet.

Kibo *der,* höchster Gipfel des → Kilimandscharo.

Kicher|erbse, krautiger Schmetterlingsblütler in S-Europa und Asien, die Samen dienen als Gemüse und Futter.

Kick-down [kɪkˈdaʊn] *das,* Herunterschalten eines automat. Pkw-Getriebes in niedrigere Fahrstufe durch das Durchtreten des Gaspedals.

Kickelhahn, Berg im Thüringer Wald, im SW von Ilmenau, 861 m hoch.

Kickstarter *der,* Fußhebel zum Anwerfen des Kraftradmotors.

Kidnapping [-næpɪŋ] *das,* gewaltsame Entführung eines Menschen, urspr. eines Kinds, zur Erpressung eines Lösegelds; fällt strafrechtlich unter Menschenraub.

Kidron, wasserarmes Tal zw. Jerusalem und dem Ölberg.

Kiebitz, 1) Regenpfeifervogel; grünschwarz und weiß. – **2)** Ü Zuschauer beim Kartenspiel, der meist durch Hineinreden stört.

Kiefer. Beim Menschen ist der Ober-K. fest mit dem Gesichtsschädel verwachsen, der Unter-K. ist durch ein Gelenk mit dem Schädel verbunden, beide Kiefer tragen auf einem halbellipt. Bogen die Zähne. **K.-Klemme,** ein Krampf der Kaumuskeln.

Kiefer, Nadelbaumgattung, v. a. in der nördl. gemäßigten Zone. Zweinadelig sind: **Gemeine K.** (Föhre, Kiene), bes. auf Sandboden; **Berg-K.,** in höheren europ. Gebirgen als niedrige **Latsche** (Knieholz, Legföhre); **Schwarz-K.,** im östl. Alpengebiet, bei uns Zierbaum. Fünfnadelige K. sind: **Weymouths-K.,** mit feinen, hellen, 6 bis 10 cm langen Nadeln, aus Nordamerika, und **Zirbelkiefer.**

Kiefer, Anselm, dt. Künstler, * 1945; großformatige Bilder, Themen zur Mythologie, Geschichte und Politik.

Kiefernspanner, bräunl. Spannerschmetterling, v. a. in Kiefernwäldern, die grünen Raupen sind gefürchtete Forstschädlinge.

Kiefernspinner, Nachtfalter, Forstschädling in Kiefernwäldern; der Futterbedarf der Raupe liegt bei 900 Nadeln pro Tag.

Kiel, 1) ⚓ mittschiffs verlaufender Längsverband eines Schiffs. – **2)** 🕊 der Schaft der Vogelfeder; der **Gänse-K.** war früher Schreibwerkzeug.

Kiel, Hptst. von Schlesw.-Holst., Ostseehafen an der **Kieler Förde,** 238 000 Ew.; Univ. (mit Institut für Weltwirtschaft); Werften, Maschinen-, Schiffsausrüstungs-, elektrotechn., Textil-, Fotoind., Fischräucherei (Kieler Sprotten). Olymp. Segelhafen **(Kieler Woche).**

Kielboot, Segeljacht mit tief liegendem (Ballast-)Kiel; unkenterbar.

Kielce [ˈkjɛltsɛ], Stadt in Polen, Hptst. der Wwschaft K.; am Südfuß der Łysogóra, 208 000 Ew.; Hochschule; Baustoffind., Verkehrsknotenpunkt.

kielholen, ⚓ **1)** ein Schiff auf die Seite legen, um z. B. Reparaturen am Bootsboden vorzunehmen. – **2)** früher: als Strafe einen Matrosen an Tauen unter dem Kiel des Schiffs hindurchziehen.

Kielland [ˈçɛlan], Alexander, norweg. Dichter, * 1849, † 1906; realist. Gesellschaftsromane.

Kilimandscharo

Kiel|lini|e, ⚓ Formation eines Schiffsverbands, bei der die Schiffe in Kursrichtung hintereinander fahren.
Kieme *die,* ♡ Atmungsorgan der meisten Wassertiere, zartes, häutiges, blutgefäßreiches Gebilde an der Körperwand, ermöglicht den Gasaustausch mit dem umgebenden Wasser bei Fischen, einigen Amphibien, den Krustentieren, Weichtieren u. a. Sie sind kamm-, blatt-, lappen- oder büschelförmig.
Kienholz, harzreiches Kiefernholz.
Kienzl, Wilhelm, österr. Komponist, * 1857, † 1941; Oper »Der Evangelimann«, 1895.
Kierkegaard ['kırkəgart], Søren, dän. Theologe und Philosoph, * 1813, † 1855; wandte sich gegen die idealist. Philosophie, bes. Hegels, und gegen das Kirchenchristentum und wirkte entscheidend auf die dialektische Theologie und die Existenzphilosophie.
Kierspe, Luftkurort im Sauerland, NRW, 14 900 Ew.; Fremdenverkehr.
Kies, vom Wasser rund geschliffene Gesteinsbrocken, Korngröße 2 bis 60 mm.
Kiesel, abgerundetes Quarzstückchen.
Kiesel|algen, Diatomeen, mikroskopisch kleine, meist gelbl., einzellige Algen im Süß- und Meerwasser; sie bilden einen zweiteiligen, schachtelförmig übereinander greifenden Kieselpanzer. Die K. leben einzeln oder in Kolonien, fest sitzend auf Stielen oder frei schwebend im Plankton; Fortpflanzung meist durch Zweiteilung.
Kieselgur, als mehlige weiße Masse abgelagerte Kieselalgenpanzer, verwendet u. a. als Isolier-, Polier-, Filtermittel.
Kieselsäuren, ⚗ Säuren der Formeln H_2SiO_3, H_4SiO_4 u. a., in freiem Zustand sehr unbeständig, in Form ihrer Salze (Silikate) und ihres Anhydrids (Siliciumdioxid, SiO_2) in der Natur sehr verbreitet (Quarz, Sand).
Kieselsinter, aus heißen Quellen sich absetzender Opal.
Kieselzink|erz, Hemimorphit, rhomb. Mineral.
Kiesinger, Kurt Georg, dt. Jurist und Politiker, * 1904, † 1988; 1966 bis 1969 Bundeskanzler; 1967 bis 1971 Bundesvors. der CDU.
Kieślowski [kjεç-], Krzysztof, poln. Filmregisseur, * 1941, † 1996; Dokumentar- und Spielfilme: »Der Filmamateur« (1979), »Ein kurzer Film über das Töten« (1988), bekannt die auf die Trikolore anspielenden Filme »Blau«, »Weiß«, »Rot« (1993/94).
Kiew, Hptst. der Ukraine, 2,65 Mio. Ew.; Sitz eines russ.-orthodoxen Metropoliten; Mittelpunkt des ukrain. Kulturlebens (Univ., Akademie der Wiss., Kernforschungsinstitute, Gemäldegalerie); das Höhlenkloster, 1051 gegr., und die Sophienkathedrale (11./12. Jh.) gehören zum Weltkulturerbe; Maschinen-, Waggonbau-, Elektromotoren-, Kabel-, Gummi-, Textilind., Flusshafen mit Werft; ✈. – K. war seit 882 altruss. Hptst., 1240 von den Mongolen zerstört, kam 1362 an Litauen, dann an Polen, 1654/67 an Russland.
Kiez, Kietz, dorfartige Siedlungen im MA., regional, v. a. in Berlin, Stadtteil.
Kigali, Hptst. von Ruanda, 238 000 Ew.; Handelszentrum; ✈. – 1994 während des Bürgerkriegs Massaker an der Bevölkerung.
Kikuyu, Bantuvolk im Hochland von Kenia, rd. 4,6 Mio. Angehörige.
Kilian, Apostel der Franken, 689 ermordet; Schutzheiliger Würzburgs (Tag: 8. 7.).
Kilikilen, antike Landschaft im SO Kleinasiens, umfasste den mittleren und östl. Taurus.
Kilimandscharo *der,* **Kilimandjaro,** Vulkanstock in O-Afrika, Tansania, mit 5 895 m der höchste Berg Afrikas; 3 Gipfel: der vergletscherte Kibo, Schira, Mawensi; Nationalpark.
Killerbienen → Mörderbienen.
Kilo..., Zeichen **k,** Vorsatzzeichen an Einheiten: das Tausendfache. Das **Kilo,** Kurzform für **Kilogramm** (kg), Einheit der Masse (1000 g); **Kilometer** (km), Längeneinheit (1000 m); **Kilowatt** (kW), Einheit der elektr. Leistung; **Kilowattstunde** (kWh), Einheit der elektr. Energie.
Kilobit, 1 024 → Bit.
Kilobyte, 1 024 → Byte.
Kilt *der,* kurzer, faltiger Rock der schott. männl. Nationaltracht, aus kariertem Wollstoff; vermutlich Anfang des 18. Jh. aufgekommen.
Kimberley ['kımbəlı], Stadt in der Rep. Südafrika, 150 000 Ew.; ⚒ auf Diamanten. Vielseitige Verarbeitungsindustrie.
Kimberlit [nach Kimberley] *der,* Tiefengestein, Muttergestein der Diamanten.
Kimbern, Cimbern, german. Volk auf der Jüt. Halbinsel; wandten sich gegen Ende des 2. Jh. v. Chr. nach Süd-Dtl., Gallien und Spanien, besiegten mehrfach röm. Heere, wurden nach der Vernichtung der Teutonen von den Römern unter Marius 101 v. Chr. bei Vercellae (Oberitalien) geschlagen.
Kim Dae Jung, südkorean. Politiker, * 1924; einer der Führer der Opposition gegen das Reg.system Park Chung Hees und seiner Nachfolger, inhaftiert, 1980 zum Tode verurteilt, begnadigt; 1982 bis 1985 in den USA; gründete 1987 die spätere »Demokrat. Partei«, seit 1997 Präsident.
Kim Il Sung, nordkorean. Politiker, * 1912, † 1994; wurde 1945 1. Parteisekretär der KP Koreas, 1946 Vors. des Nordkorean. Volkskomitees und 1948 Vors. (seit 1966 Gen.-Sekr.) des ZK der kommunist. Arbeiterpartei. 1948 bis 1972 Min.-Präs. der Demokrat. VR Korea, seit 1972 Staatspräsident.
Kim Jong Il, nordkorean. Politiker, * 1942; wurde 1994 nach dem Tod seines Vaters → Kim Il Sung faktisch dessen Nachfolger in allen Staats- und Parteiämtern; 1997 offiziell zum Gen.-Sekr. der Kommunist. Arbeiterpartei Koreas gewählt.
Kimm, ⚓ 1) Horizont. – 2) Übergang vom Schiffsboden zur Schiffswand.
Kimmeri|er, 1) bei Homer die Anwohner des Okeanos, beim Eingang zum Hades, wo ewiges Dunkel ist: **kimmer. Finsternis. – 2)** urspr. in S-Russland ansässiges Reitervolk, zerstörte um 700 v. Chr. Phrygien, um 600 v. Chr. vernichtet.
Kimon, athen. Feldherr und Staatsmann, * um 510 v. Chr., † 450 v. Chr.; schlug 466 v. Chr. die Perser am Eurymedon.
Kimono *der,* traditionelles jap. Obergewand mit weiten Ärmeln und Gürtel (Obi).
Kinabalu *der,* höchster Berg der südostasiat. Inselwelt, im N Borneos, Malaysia, 4 101 m hoch.

Kurt Georg Kiesinger

Kim Il Sung

Kim Dae Jung

Kimono

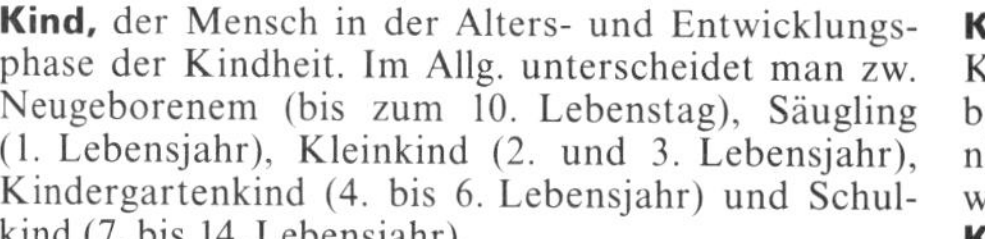

Kind, der Mensch in der Alters- und Entwicklungsphase der Kindheit. Im Allg. unterscheidet man zw. Neugeborenem (bis zum 10. Lebenstag), Säugling (1. Lebensjahr), Kleinkind (2. und 3. Lebensjahr), Kindergartenkind (4. bis 6. Lebensjahr) und Schulkind (7. bis 14. Lebensjahr).

Kindbettfieber → Wochenbettfieber.

Martin Luther King

Kinderdörfer, Einrichtung zur ständigen Betreuung und Erziehung von elternlosen und verlassenen Kindern in familienähnl. Hausgemeinschaften. Anfänge schon 19. Jh. (J. H. Wicherns »Rauhes Haus« in Hamburg, 1833), nach dem 2. Weltkrieg u. a. **SOS-Kinderdorf e. V.** (gegr. 1949) mit über 60 K. in Dtl. und 40 Projekten im Ausland.

Kinder|erziehungszeiten → Rentenversicherung.

Kindergarten, öffentl. oder private Einrichtungen zur Betreuung von Kleinkindern.

Kindergeld, staatl. Maßnahme des Familienlastenausgleichs. Für das 1. und 2. Kind beträgt es generell 220 DM (1997), für das 3. Kind 300 DM sowie für jedes weitere 350 DM. Der alternativ gewährte **Kinderfreibetrag** beläuft sich (1997) auf 6912 DM.

Kinderheime, Anstalten zur Unterbringung und Betreuung von Klein- und Schulkindern (Erholungs- und Behindertenheime, Waisenhäuser). Einrichtungen für Kinder, die nachts zu ihren Familien zurückkehren, heißen Kindertagesstätten.

Klaus Kinkel

Kinderkrankheiten, Krankheiten, die vorwiegend im Kindesalter auftreten, wie Brechdurchfall, Rachitis, sowie die kindl. Infektionskrankheiten: Masern, Scharlach, Diphtherie, Keuchhusten, Windpocken u. a.

Kinderlähmung, spinale K., Poliomyelitis, kurz **Polio,** meldepflichtige, stark ansteckende Infektionskrankheit, bewirkt entzündl. Entartung der Ursprungszellen der Bewegungsnerven im Rückenmark, kann zu Lähmungen und zum Tod führen. Die K. wird vorwiegend von scheinbar Gesunden durch Tröpfcheninfektion übertragen, die meisten Menschen machen sie in Form eines Schnupfens, einer Halsentzündung, eines Darmkatarrhs durch, nur wenige erkranken an Lähmungen. Durch vorbeugende aktive Schutzimpfung (Salk-, Sabin-Impfung) ist die Zahl der Erkrankungen erheblich verringert worden.

Rudyard Kipling

Kinderlieder, Kinderreime, Lieder und Verse, die Kindern vorgesungen oder von Kindern aufgesagt (gesungen) werden (z. B. Abzählreime); eigene Gattung des Volkslieds.

Kinder- und Jugendliteratur, bildl. und literar. Werke, die von Kindern und Jugendlichen bevorzugt werden; früher wurde der Begriff auf die Bücher, die eigens für Kinder und Jugendliche geschrieben wurden, beschränkt. Man unterscheidet: Elementarbilderbuch, Sachbuch, fantast. und realist. Kinderbuch sowie Jugendbuch.

Kinder- und Jugendtheater, Formen der Bühnenkunst, bei der Text und Musik sowie mimisch-gest. Geschehen unter Kindern, von Erwachsenen für Kinder oder mit Kindern zu spontanen oder geprobten Aufführungen gelangen.

Kindes|entziehung, früher **Kindesraub,** begeht, wer einen Minderjährigen unter 18 Jahren durch List, Drohung oder Gewalt seinen Eltern oder seinem Vormund entzieht; Freiheitsstrafe bis zu 5 Jahren oder Geldstrafe, in schweren Fällen Freiheitsstrafe bis zu 10 Jahren (§ 235 StGB). Wer eine K. zum Zweck der Erpressung begeht, wird nach § 239 a wegen Menschenraubs bestraft.

Kindesmisshandlung, Misshandlung von Schutzbefohlenen, mit Freiheitsstrafe bis zu 5 Jahren bedroht (§ 223 b StGB); umfasst i. w. S. auch Vernachlässigung und sexuellen Missbrauch. International verbreitet und z. T. nicht geahndet sind Kinderhandel, Kinderprostitution und Kinderarbeit.

Kindestötung, die vorsätzl. Tötung eines nichtehel. Kinds durch die Mutter bei oder gleich nach der Geburt (§ 217 StGB), im normalen Fall Freiheitsstrafe nicht unter 3 Jahren. Die Tötung eines ehel. Kinds wird als Mord oder Totschlag bestraft.

Kinemathek *die,* ein Archiv zur Filmgeschichte.

Kinematik *die,* → Mechanik.

Kinematographie *die,* Verfahren zur Aufnahme und Wiedergabe von Filmen.

Kinetik *die,* ⚛ Lehre von den Bewegungen unter dem Einfluss innerer oder äußerer Kräfte.

kinetische Gas|theorie, ⚛ Teilgebiet der statist. Mechanik, das die Eigenschaften und Gesetzmäßigkeiten eines Gases mithilfe der Bewegungsvorgänge seiner Moleküle erklärt: die Moleküle eines Gases sind ständig in ungeordneter, nur statistisch erfassbarer Bewegung. Zw. 2 Zusammenstößen bewegen sie sich unabhängig voneinander, gleichförmig und geradlinig, ohne eine bestimmte Richtung zu bevorzugen. Sie üben keine Kräfte aufeinander aus, solange sie sich nicht berühren. Der Zusammenstoß der Moleküle untereinander und mit der Gefäßwand gehorcht den Gesetzen des elast. Stoßes.

kinetische Kunst, Richtung der zeitgenöss. Kunst, die Bewegung an sich zum Gestaltungsprinzip hat.

King, 1) Martin Luther, amerikan. Bürgerrechtler und Baptistenpfarrer, * 1929, † (Attentat) 1968; Vorkämpfer für die Bürgerrechte der Schwarzen in den USA. Friedensnobelpreis 1964. – **2)** Stephen, amerikan. Schriftsteller, * 1947; fantast. Horrorgeschichten u. a. »Friedhof der Kuscheltiere« (1983), »Die grüne Meile« (1996).

Kingsize ['kɪŋsaɪz; »Königsformat«], in der internat. Werbesprache aufwertende Bezeichnung für Länge (Zigaretten), Größe (Getränkeflaschen).

Kingston ['kɪŋstən], **1) K.,** kanad. Stadt am Ausfluss des Sankt-Lorenz-Stroms aus dem Ontariosee, 55 100 Ew.; kath. Erzbischofssitz; Univ.; königl. Militärakademie; Ind.standort, ⚓. – **2) K.,** Hptst. und Haupthafen von Jamaika, 104 000 Ew.; kath. Erzbischofssitz; Ind.zentrum; internat. ✈. – **3) K. upon Hull** [- ə'pɔn 'hʌl], Hafenstadt im östl. England, 268 300 Ew.; Univ.; Handelsplatz, Fischerei, vielseitige Industrie.

Kinkel, Klaus, dt. Jurist und Politiker (FDP), * 1936; 1979 bis 1982 Präs. des BND, 1982 bis 1990 Staatssekretär im Justizministerium, seit 1992 Bundesmin. des Auswärtigen, seit Jan. 1993 Vizekanzler; seit 1994 MdB; 1993 bis 1995 Vors. der FDP.

Kinn, mittlerer Abschnitt des Unterkiefers des Menschen.

Kinnock ['kɪnək], Neil, britischer Politiker, * 1942; 1983 bis 1992 Führer der Labour Party; seit 1995 EU-Kommissar.

Kinsey ['kɪnzɪ:], Alfred, amerikan. Sexualforscher, * 1894, † 1956; K.-Report.

Kinshasa, bis 1966 **Léopoldville,** Hptst. der Demokrat. Rep. Kongo, am Kongo, 4,65 Mio. Ew.; kath. Erzbischofssitz; Univ.; Nahrungsmittel- und Textilind.; Verkehrsknotenpunkt mit Hafen am Ende der Schifffahrt auf dem Kongo; internat. ✈.

Kinski, 1) Klaus, dt. Schauspieler, * 1926, † 1991; Filme: »Nosferatu« (1979), »Fitzcarraldo« (1982), »Cobra Verde« (1987). – **2)** Nastassja, dt. Schauspielerin, * 1961; Tochter von 1); internat. Karriere seit 1976; u. a. in »Paris, Texas« (1984), »Die geheimnisvolle Blonde« (1994).

Kinzig *die,* **1)** rechter Nebenfluss des Mains in Hessen (82 km), mündet bei Hanau. – **2)** rechter Nebenfluss des Rheins in Bad.-Württ. (95 km), mündet bei Kehl.

Kiosk *der,* ⌂ im Orient pavillonartiges Gartenhaus, heute Verkaufshäuschen für Zeitungen u. a.

Kioto → Kyōto.

Kipling, Rudyard, brit. Schriftsteller, * 1865, † 1936; knappe lakon. Kurzgeschichten, bekannte Jugendbücher (u. a. »Das Dschungelbuch«, 1894, »Kim«, 1901). Nobelpreis 1907.

Kippe, im Turnen das Aufstemmen aus dem Hang in den Stütz, meist im Schwung (Reck, Barren, Ringe).

Kipper, 1) Lastwagen oder Anhänger mit kippbarem Kastenaufbau zum schnellen Entladen von Schüttgut. – **2)** Vorrichtung zum Entladen von Eisenbahnwagen durch Schrägstellen.

Kipper und Wipper, Aufkäufer der dt. Inflation 1619 bis 1622, die vollwertige Münzen mit hohem Feingehalt aufkauften, um daraus durch Umschmelzen schlechtes Geld herzustellen.

Kipphardt, Heinar, dt. Schriftsteller, * 1922, † 1982; Werke mit gesellschaftskrit. Charakter: »In der Sache J. R. Oppenheimer« (1964), »Die Soldaten« (1968) u. a.

Kippschaltung, ⚡ elektron. Schaltung mit einem oder mehreren stabilen Zuständen zum Erzeugen von Impulsen oder Impulsreihen **(Kippschwingungen)** durch einen von außen angestoßenen, selbstständig ablaufenden Kippvorgang zw. 2 Signalwerten am Ausgang. K. gibt es in bi-, mono- und astabiler Ausführung.

kippscher Apparat, ⚗ Laborgerät zur Herstellung von Gasen.

Kiptschak, türk. Eigenbezeichnung der Kumanen, auch ihre südruss. Siedlungsgebiete.

Kirche [von griech. kyriake »Haus des Herrn«], **1)** christl. Gemeindegottesdienst gewidmetes Gebäude. – **2)** gesamte Christenheit oder ihre Teile (Bekenntnisse). Über die kath. Auffassung von der K. →katholische Kirche. Protestantisch: Unterscheidung zw. **unsichtbarer K.** (Gesamtheit der wahrhaften Christen) und **sichtbarer K.** (Gesamtheit der Getauften). Zw. der kath. und der prot. Ausprägung des K.-Gedankens stehen die Ostkirche, die anglikan. Kirche, die Altkatholiken.

Kirchen|austritt. Öffentlich-rechtlich wirksam wird der K. durch eine Erklärung vor dem Amtsgericht; der Betreffende wird nicht mehr zur Kirchensteuer herangezogen.

Kirchenbann, Exkommunikation, kath. Kirche: besteht im Verlust der kirchl. Mitgliedschaftsrechte (Teilnahme am Gottesdienst, Sakramentenempfang, kirchl. Begräbnis u. a.).

Kirchenbuch, vom Geistlichen geführtes Verzeichnis der Taufen, Trauungen und Sterbefälle.

Kirchengemeinde, unterste Stufe der kirchl. Territorialgliederung (Pfarrei).

Kirchengesetz, Anordnung der kirchl. Organe mit rechtsverbindl. Wirkung für die Angehörigen ihrer Kirche. In der kath. Kirche sind oberste Gesetzgeber der Papst, die Röm. Kurie, das ökumen. Konzil. In der dt. ev. Kirche liegt die Gesetzgebung bei den Gesamtsynoden.

Kirchengewalt, in der kath. Kirche die Leitungs- und Weihegewalt. In den ev. Kirchen gilt das geistl. Amt als berufsmäßige Ausübung eines an sich allen zustehenden Dienstes.

Kirchenjahr, Jahreskreis gottesdienstl. Tage und Festzeiten; beginnt mit dem 1. Adventssonntag.

Kirchenlehrer, in der kath. Kirche ein wegen der Rechtgläubigkeit seiner Lehre und wegen seiner persönl. Heiligkeit mit dem Titel »Doctor ecclesiae« ausgezeichneter Theologe.

Kirchenmusik, nach liturg. Gesichtspunkten aufgebaute geistl. Musik für den Gottesdienst. Zur K. zählen Kirchenlied, Psalmengesang, gregorian. Choral, ambrosian. Hymnengesang, Messe, Motette, Passion, Kantate, Oratorium und Orgelkompositionen.

Kirchenpräsident, der leitende Geistliche in einigen ev. Landeskirchen.

Kirchenprovinz, kath. Kirche: Zusammenfassung mehrerer benachbarter Diözesen unter einem Erzbischof (Metropoliten).

Kirchenrat, ev. Kirchen: **1)** in manchen Gemeinden der Kirchenvorstand. – **2)** in einzelnen Landeskirchen die kirchl. Verw.-Behörde; – **3)** Amtsbezeichnung für Mitglied der kirchl. Verwaltung.

Kirchenrecht, Gesamtheit der Normen, die das kirchl. Leben der christl. Religionsgemeinschaften und ihr rechtl. Verhältnis zum Staat regeln.

Kirchenslawisch, Sprache der bibl. und liturg. Bücher der orthodoxen Slawen. Die älteste, reine Form des **K. (Altkirchenslawisch** oder **Altbulgarisch)** geht auf die Übersetzungen von Kyrillos und Methodios zurück und beruht auf deren Heimatdialekt (Umgebung von Saloniki).

Kirchenstaat, ehem. Staatsgebiet unter päpstl. Oberhoheit in Mittelitalien. Entstanden im 8. Jh. durch Schenkungen der fränk. Könige an die Päpste (Pippin. und Karoling. Schenkung), schwankte der Gebietsumfang dauernd durch Neuerwerbungen und Verluste, bis Julius II. (1503 bis 1513) den neuen K. schuf; er gewann die Romagna, Bologna, Perugia, Parma und Piacenza. Unter Pius VI. (1775 bis 1799) verlor der K. infolge der Frz. Revolution Avignon, Bologna, Urbino, Ferrara, Ravenna, Imola und Faenza. 1798 wurde er zur Röm. Rep. erklärt, 1815 (Wiener Kongress) wiederhergestellt. 1870 wurde der K. dem Königreich Italien einverleibt. Die Lateranverträge (1929) gaben dem Papst die Vatikanstadt als autonomes Herrschaftsgebiet zurück.

Kirchensteuer wird in Dtl. von den öffentl.-rechtl. Religionsgemeinschaften erhoben und durch die staatl. Finanzbehörden eingezogen; in einigen Ländern wird **Kirchgeld** erhoben.

Kirchenstiftung, das einer örtl. Kirche gehörende Vermögen, das zum Unterhalt von Kirchenbau und Gottesdienst vom Kirchenvorstand verwaltet wird.

Kirchentag, 1) Deutscher Ev. K., jährl. Großversammlung der ev. Laienschaft (seit 1957 alle 2 Jahre). – **2)** →Katholikentag.

Kirchenton|arten, mittelalterl. Tonskalen mit Oktavumfang, die weder erhöhte noch erniedrigte Stufen verwenden.

Kirchenväter, altchristl. Kirchenschriftsteller, deren rechtgläubige Lehre und Heiligkeit des Lebens von der Kirche anerkannt ist.

Kirchenverfassung, →Evangelische Kirche in Deutschland, →katholische Kirche.

Kirchenzucht, von den christl. Kirchen gegenüber ihren Mitgliedern ausgeübte Disziplinargewalt; in der kath. Kirche u. a. durch Kirchenstrafen (z. B. Exkommunikation, Suspension), in den ev. Kirchen unterschiedl. Maßnahmen (z. B. Verweigerung von Taufe, Abendmahl, Begräbnis).

Kircher, Athanasius, dt. Universalgelehrter, * 1602, † 1680; Jesuit, Prof. für Mathematik, Philosophie und oriental. Sprachen in Würzburg, Avignon und Rom. Auf ihn gehen die Urform der Laterna magica, eine Rechenmaschine, eine Mondkarte u. a. zurück.

Kirchheim unter Teck, Große Krst. in Bad.-Württ., 33 900 Ew.; erhaltenes Stadtbild des 17./18. Jh.; vielseitige Industrie.

Kirchhoff, Gustav Robert, dt. Physiker, * 1824, † 1887; erfand mit Bunsen die Spektralanalyse.

Kirchner, Ernst Ludwig, dt. Maler und Grafiker, * 1880, † (Freitod) 1938; Wegbereiter des dt. Expressionismus; Mitglied der »Brücke«.

Kirchschläger, Rudolf, parteiloser österr. Politiker und Diplomat, * 1915; 1970 bis 1974 Außenmin., 1974 bis 1986 Bundespräsident.

Kirchweih, feierl. Einweihung einer Kirche sowie die jährl. Erinnerungsfeste daran; jetzt meist Volksfest **(Kirmes, Kirmse).**

Kirgisen, Türkvolk in Mittelasien; etwa 2,23 Mio. Menschen. Urspr. Hirtennomaden, heute z. T. Ackerbauern.

kippscher Apparat

Gustav Robert Kirchhoff

Kirgistan

Staatswappen

Staatsflagge

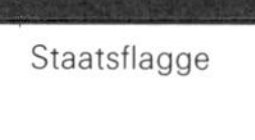

Internationales Kfz-Kennzeichen

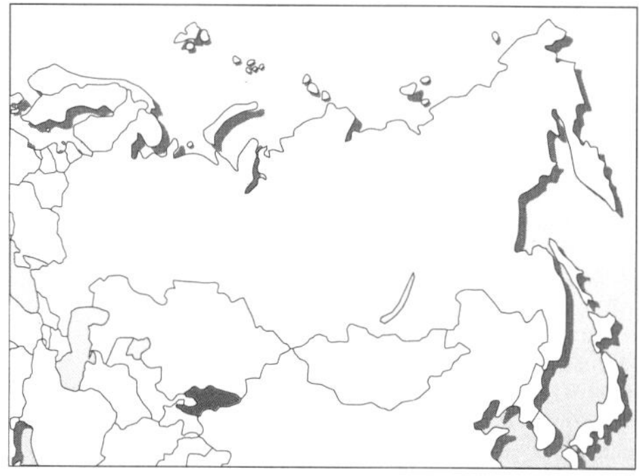

Kirgistan, Rep. in Mittelasien, Hochgebirgsland an der NW-Abdachung des Tienschan, grenzt im N an Kasachstan; 198 500 km²; 4,52 Mio. Ew.; Hptst. Bischkek; Amtssprache Kirgisisch; Viehwirtschaft, Ackerbau mit Bewässerung; reiche Bodenschätze (Gold-, Kohle-, Erdöl- und Erdgasvorkommen, Quecksilber- und Antimonlagerstätten); Wasserkraftwerke, Thermal- und Mineralquellen; Mitglied der GUS.

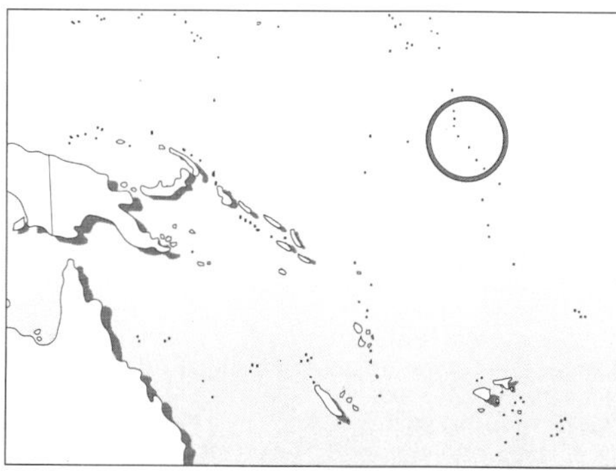

Kiribati

Staatswappen

Staatsflagge

Kiribati, Rep. mit 33 Inseln im Pazifik (Gilbert-Inseln, Ocean Island, Phönix-Inseln, Hauptinsel Kiritimati), 861 km²; 74 000 Ew.; Hptst. Bairiki; v. a. Kopragewinnung und Fischfang. – Die Gilbert-Inseln sind seit 1892 britisch und gehörten bis 1975 zur brit. Kronkolonie Gilbert and Ellice Islands, seitdem Trennung von den Ellice Islands, die als Tuvalu 1978 unabhängig wurden. Als unabhängiger Staat (1979) nahmen die Gilbert-Inseln den Namen K. an.

Kirin → Jilin.

Kirkcaldy [kəːˈkɔːdɪ], Stadt in Schottland, am N-Ufer des Firth of Forth, 46 300 Ew.; elektrotechn., Möbel- und Leinenindustrie.

Kirke, lat. **Circe,** in Homers »Odyssee« eine Zauberin auf der Insel Aia; sie verwandelte die Gefährten des Odysseus in Schweine.

Kirkuk, Stadt im N-Irak, 535 000 Ew., Zentrum eines Erdölgebiets; ✈.

Kirmes, Kirmse, → Kirchweih.

Kirow, 1934 bis 1991 Name der Stadt → Wjatka.

Kirowabad, 1935 bis 1989 Name der Stadt → Gjandscha.

Kirowakan, Stadt in Armenien, heißt seit 1992 wieder → Karaklis.

Kirowograd, bis 1935 **Jelisawetgrad,** Gebietshptst. in der Ukraine, am Ingul, 269 000 Ew.; Hochschulen; Landmaschinenbau u. a. Industrie.

Kirsch, Sarah, dt. Schriftstellerin, * 1935; 1977 Ausschluss aus der SED; Gedichte und Erz. zu zeit- und sozialkrit. Themen; 1996 Georg-Büchner-Preis.

Kirsche, Kirschbaum, zu den Rosengewächsen gehörende sortenreiche Steinobstarten. Die **Süß-K.** ist ein Obstbaum Mitteleuropas und W-Asiens, veredelte Formen sind **Knorpel-** und **Herz-K.,** die beliebtes Obst liefern. Das Holz ist gutes Möbelholz. Die **Sauer-K.** stammen aus Vorderasien.

Kirschlorbeer, ein Zierstrauch aus Kleinasien, immergrüne, lederige Blätter; schwarzrote Früchte; in allen Teilen giftig.

Kirschwasser, Kirsch, wasserheller Trinkbranntwein aus vergorener Kirschmaische.

Kirst, Hans Hellmut, dt. Schriftsteller, * 1914, † 1989; zeitbezogene Unterhaltungsromane: »08/15« (1954/55) u. a.

Kiruna, nördlichste Großgemeinde Schwedens, mit den beiden Erzbergen **Kirunavaara** (749 m) und **Luossavaara** (729 m), 28 600 Ew.; an der Bahn Luleå–Narvik. Erzbergbau; Polarlichtforschungszentrum der ESA; ✈.

Kisangani, Regionshptst. in der Demokrat. Rep. Kongo, unterhalb der Stanleyfälle, 339 000 Ew.; kath. Erzbischofssitz; Univ.; Verkehrs-, Handels- und Industrieplatz; internat. ✈.

Kisch, Egon Erwin, dt. Schriftsteller, * 1885, † 1948; »Der rasende Reporter« (1925) u. a.

Kischinjow, Stadt in Moldawien, → Chişinău.

Kishon [kiˈʃɔn], Ephraim, israel. Schriftsteller, Journalist, * 1924; v. a. Satiren über das israel. Alltagsleben: »Drehen sie sich um, Frau Lot« (1962), »Arche Noah, Touristenklasse« (1963), »Nichts zu lachen« (1993).

Kismet, im Islam unabwendbares Schicksal; auch die Ergebung in das Schicksal.

Kissingen, Bad K., bayer. Staatsbad, an der Fränk. Saale, 20 000 Ew.; Mineral- und Moorheilbad. Naturpark Bayer. Rhön.

Kissinger [ˈkɪsɪndʒə], Henry Alfred, amerikan. Politiker dt. Herkunft, * 1923; Außenmin. 1973 bis 1977. Für seine Bemühungen um den Waffenstillstand in Vietnam erhielt er mit Le Duc Tho 1973 den Friedensnobelpreis.

Kitakyūshū, jap. Hafenstadt im N von Kyūshū, 1,04 Mio. Ew. Kohlenbergbau, Schwer-, chem., Textilind. Durch einen untermeer. Eisenbahn- und einen Straßentunnel sowie eine Hochbrücke mit Honshū verbunden.

Kitchener [ˈkɪtʃɪnə], Horatio Herbert Earl (seit 1914), brit. Feldmarschall, * 1850, † 1916; eroberte 1898 den ägypt. Sudan, führte das brit. Heer im Burenkrieg 1899 bis 1902, wurde 1914 Kriegsmin., setzte die allg. Wehrpflicht durch.

Kitimat, Indianersiedlung in W-Kanada, Prov. British Columbia, 11 200 Ew.; eines der größten Aluminiumwerke der Welt.

Kitsch, geschmacklos gestalteter Gebrauchs- oder Schmuckgegenstand.

Kitte, Dichtungsmassen zum Ausfüllen von Fugen, Hohlräumen u. Ä. oder echte Klebstoffe. **Schmelz-K.** erweichen in der Wärme, **Abdunst-K.** erhärten durch Verdunsten eines Lösungsmittels, **Reaktions-K.** durch chem. Reaktion.

Kitwe, Stadt in Sambia, 449 000 Ew.; Zentrum des Kupferminen- und -industriegürtels.

Kitz *das,* Junges von Reh, Ziege.

Kitzbühel, Luftkur- und Wintersportort in NO-Tirol, Österreich, 7 900 Ew.; Seilbahnen.

Kitzingen, Krst. in Bayern, am Main, 19 000 Ew.; Weinbau; Industrie.

Kitzler, Klitoris, am vorderen Ende der kleinen Schamlippen gelegenes schwellfähiges weibl. Geschlechtsorgan, morphologisch dem Penis entsprechend.

Kiwifrucht, essbare Frucht des Chin. Strahlengriffels, bis 8 cm groß, rostbraun, behaart; das grüne Fruchtfleisch ist reich an Vitamin C.

Kiwis, Familie bis 35 cm hoher flugunfähiger, nachtaktiver Laufvögel der Wälder Neuseelands, mit graubraunem Gefieder, kräftigen Beinen und langem Schnabel. K. stehen unter Naturschutz.

Kiwu|see, See in O-Afrika (Demokrat. Rep. Kongo und Ruanda), nördl. vom Tanganjikasee, 2650 km², 1460 m ü. M.; fischarm.

Kızılırmak [kəˈzələrmak] *der,* im Altertum **Halys,** der längste Fluss Kleinasiens (1355 km, nicht schiffbar), mündet ins Schwarze Meer.

k. k., Abk. für **k**aiserlich-**k**öniglich.

Klabautermann, im Volksglauben ein Schiffskobold, der bei drohendem Unheil das Schiff verlässt.

Klabund, eigentl. Alfred **Henschke,** dt. Schriftsteller, * 1890, † 1928; impressionist. Lyrik, expressionist. Kurzromane, sowie eine Nachgestaltung des chin. Dramas »Der Kreidekreis« (1925).

Kladde [niederdt. eigentlich »Schmutz«], Tagebuch; Buch für die ersten Eintragungen.

Kladderadatsch, 1) Krach; Zusammenbruch. – **2)** politisch-satir. Wochenblatt, 1848 bis 1944 in Berlin herausgegeben.

Kladno, Stadt in der ČR, westl. von Prag, 73000 Ew.; Steinkohlenbergbau, Eisen-, Stahlindustrie.

Klafter, 1) altes dt. Längenmaß: Spannweite der seitwärts ausgestreckten Arme, zw. 1,7 und 2,5 m. – **2)** altes Raummaß für Holz, 1 preuß. K. = 3,339 m³.

Klage, ⚖ im gerichtl. Verfahren das Gesuch des Klägers um Gewährung von Rechtsschutz durch gerichtl. Entscheidung. Sie wird i. d. R. dem zuständigen Gericht schriftlich eingereicht **(K.-Schrift),** muss Gegenstand und Grund des geltend gemachten Anspruchs **(K.-Grund)** angeben und einen bestimmten Antrag **(K.-Antrag)** enthalten. Die **K.-Erhebung** erfolgt durch Zustellung der K.-Schrift an den Beklagten.

Klagelieder, Buch des A. T. über die Zerstörung des Tempels in Jerusalem (587 v. Chr.) und die Babylon. Gefangenschaft.

Klagemauer in Jerusalem

Klagemauer, Westmauer, Teil der W-Wand des Tempels im alten Jerusalem, jüd. Gebetsstätte; urspr. 485 m lang und 18 m hoch; die untersten 7 Steinlagen gehören zum herodian. Tempel.

Klagenfurt, Landeshptst. des österr. Bundeslands Kärnten, östlich des Wörther Sees, 87300 Ew.; Univ.; Verwaltungs-, Kultur- und Wirtschaftszentrum; Dom (16. Jh.), Landhaus (16. Jh., Sitz der Landesregierung); Bahn- und Straßenknotenpunkt; ✈.

Klages, Ludwig, dt. Philosoph und Psychologe, * 1872, † 1956; schuf eine wiss. Handschriftenkunde sowie eine Ausdruckslehre und Charakterkunde (»Handschrift und Charakter«, 1917).

Klaipėda, litauische Stadt, → Memel.

Klamm *die,* ⊕ vom Wasser ausgewaschene schmale, tief eingeschnittene Felsschlucht.

Klammer|affe, südamerikan. Kapuzineraffe mit sehr langen Armen und Greifschwanz.

Klamotte, [aus der Gaunersprache; urspr. »zerbrochener Mauerstein«] *die,* **1)** schäbige Kleidung, wertloser Kram. – **2)** Theaterstück oder Film ohne oder mit nur mäßigem Niveau.

Klang, 𝄞 ein Gemisch aus Tönen, bei dem die Frequenzen der einzelnen Töne ganzzahlige Vielfache (Obertöne) der Frequenzen des tiefsten im K. vorhandenen Tones (Grundton) sind. Die Anzahl und Stärke der wahrnehmbaren Obertöne gibt dem K. eine charakterist. **K.-Farbe.** Die Zerlegung eines K. zur Ermittlung von Frequenz und Stärke der einzelnen Teiltöne ist die Aufgabe der **K.-Analyse.** Deren Aufzeichnungen in einem Frequenz-Tonstärke-Diagramm wird als **K.-Spektrum** bezeichnet.

Klangfiguren, regelmäßige Figuren, die sich auf sandbestreuten Platten bilden, wenn diese mit einem Geigenbogen zu Eigenschwingungen angeregt werden.

Klapperschlange, Gattung sehr giftiger, 0,6 bis 2,5 m langer, meist kontrastreich gezeichneter Grubenottern in Amerika, mit mehreren, lose miteinander verbundenen harten Hornringen am Schwanz; Überbleibsel früherer Häutungen. BILD S. 468

Klaproth, Martin Heinrich, dt. Chemiker, * 1743, † 1817; entdeckte die Elemente Uran, Zirkonium, Kalium, Cer und Titan, führte wichtige Mineralanalysen durch; verhalf der antiphlogist. Lehre Lavoisiers in Dtl. zum Durchbruch.

Klär|anlage, Anlage zur Reinigung von Abwasser, in der mechan. Verfahren mit chem. oder biolog. Verfahrensschritten kombiniert werden.

Klara von Assisi, * 1194, † 1253; Stifterin des Ordens der **Klarissen;** Heilige (Tag: 11. 8.).

Klarinette *die,* Holzblasinstrument, um 1700 erfunden; Schallröhre mit 6 Grifflöchern und 12 bis 15 Klappen auf Tonlöchern, schnabelförmiges Mundstück mit einfachem Rohrblatt; in versch. Stimmungen: B (Umfang: d–b³), A (cis–a³); ferner **Bass-** und **Kontrabassklarinette.**

Klasse, 1) Abteilung einer Schule. – **2)** menschl. Gruppe, deren Rangstellung innerhalb der Gesellschaft durch ihre wirtschaftl. Lage, Bildungsgrad und gesellschaftl. Bewusstsein bestimmt wird. Zum polit. Begriff und Schlagwort wurde K. durch den Marxismus; er unterscheidet herrschende K., die über die Produktionsmittel verfügt, und beherrschte K. Nach Marx werden die K. zusammengehalten durch das **K.-Bewusstsein.** Die gesamte menschl. Entwicklung sei eine Geschichte der **K.-Kämpfe,** z. B. bürgerl. Gesellschaft gegen Feudalismus, proletar. Erhebung gegen die bürgerl. K. – **3)** höhere Einheit der Systematik der Pflanzen und Tiere, die mehrere Ordnungen umfasst.

Klassifikation *die,* eine systemat. Einteilung oder Einordnung von Begriffen, Gegenständen, Erscheinungen u. a. in Klassen (z. B. Gruppen, Untergruppen), die durch bestimmte Merkmale charakterisiert sind.

Klassik *die,* griech.-röm. Kunst und Kultur. **Deutsche K., Weimarer K.,** Blütezeit der dt. Literatur zur Zeit Schillers und Goethes.

Klassiker [bei der röm. Einteilung der Bürger nach ihrem Vermögen waren die classici die Angehörigen der reichsten Gruppe], als vorbildlich anerkannter Schriftsteller, dann großer anerkannter Meister in Künsten oder Wiss. überhaupt.

klassisch, 1) das, was die Klassiker betrifft, von ihnen herrührt; im Bes. griech.-römisch, z. B. **klass. Philologie,** Wiss. von der griech. und röm. Sprache und dem Kulturerbe der Antike überhaupt. – **2)** vortrefflich, mustergültig; z. B. nennt man die Blütezeit einer Nationalliteratur ihr klass. Zeitalter.

Klassizismus *der,* **1)** Literatur: schulmäßige Nachahmung klass. Muster und Regeln; in der dt. Literatur z. B. die klassizist. Reform Gottscheds. – **2)** Stilrich-

Sarah Kirsch

Henry Alfred Kissinger

Klabund
Ausschnitt aus einem zeitgenössischen Holzschnitt

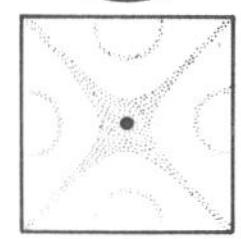

chladnische **Klangfiguren**

Klapperschlange

tung der bildenden Kunst, die in der 2. Hälfte des 18. Jh. einsetzte und sich an Formen und Vorbilder der Antike und der ital. Renaissance anlehnte. Die führenden Baumeister in Dtl. sind K. F. Schinkel, C. G. Langhans, F. Weinbrenner, L. v. Klenze und G. Semper, in Frankreich J. G. Soufflot, in England R. Smirke. In der Malerei waren in Dtl. A. J. Carstens und J. A. Koch, J. Flaxman in Großbritannien, in Frankreich J. L. David und J. A. D. Ingres führend. Die Hauptmeister der Bildhauerkunst sind A. Canova in Italien, B. Thorvaldsen in Dänemark, J. G. Schadow und J. H. Dannecker in Deutschland.

Klatschmohn, Klatschrose, → Mohn.

Klaue, 1) verhornte Zehe der Wiederkäuer und Schweine. Höher stehende Stummelzehen heißen **After-K.** – **2)** bei Raubtieren, Vögeln: Kralle.

Klaus, Václav, tschech. Politiker, Ökonom, * 1941; ab Dez. 1989 Finanzmin., ab 1990 Abgeordneter des Bürgerforums in der Volkskammer; seit April 1992 Vors. der Demokrat. Bürgerpartei (ODS); ab Juli 1992 Min.-Präs. der tschech. Teilrepublik, 1993 bis 1997 Min.-Präs. der Tschech. Republik.

Klause, 1) Engpass (in den Alpen). – **2)** Klosterzelle, Einsiedelei. Der Bewohner einer K. heißt **Klausner.**

Klausel *die,* ⚖ Vorbehalt, Nebenbestimmung in Verträgen.

Klausenburg, rumän. **Cluj-Napoca,** Stadt in Rumänien, 310 000 Ew.; Univ., Polytechnikum; wirtschaftl. Mittelpunkt N- und W-Siebenbürgens; Metall-, Maschinen-, Leder-, Textilind.; ✈. – Im MA. war K. eine überwiegend dt. Stadt, später kulturelles Zentrum der Magyaren, seit 1921 rumänisch, 1940 bis 1945 ungarisch.

Kleiber

Klaustrophobie, krankhafte Angst vor dem Aufenthalt in geschlossenen (engen) Räumen.

Klausur *die,* **1)** für Fremde, bes. für Personen des anderen Geschlechts, unzugängl. Klosterräume. – **2)** Prüfungsarbeit unter Aufsicht.

Klavier *das,* Tasteninstrument mit Metallsaiten; durch Niederdrücken der Taste wird durch ein Hebelwerk ein mit Leder und Filz überzogenes Hämmerchen gegen die Saite geschlagen. Eine ältere Form ist das **Klavichord.** Die rechtwinklig zu den Tasten liegenden Saiten werden durch je ein Metallplättchen (Tangente) angeschlagen. Beim **Spinett** werden die Saiten mit Federspulen angerissen. Das **Cembalo,** auch **Klavizimbel,** in Flügelform, dessen Saiten durch Federkiele angerissen werden, wurde nach 1750 vom **Hammer-K., Pianoforte,** abgelöst.

Klebe, Giselher, dt. Komponist, * 1925; Orchester- und Kammermusik, Opern nach literar. Vorlagen: »Jacobowsky und der Oberst« (1965), »Fastnachtsbeichte« (1983).

Paul Klee. Zwei Männer, einander in höherer Stellung vermutend, begegnen sich, Radierung (1903)

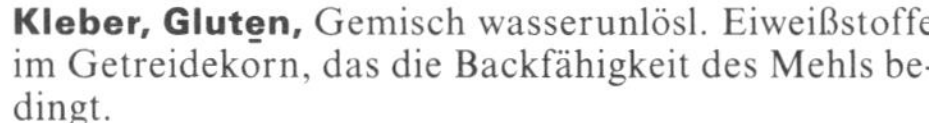

Kleber, Gluten, Gemisch wasserunlösl. Eiweißstoffe im Getreidekorn, das die Backfähigkeit des Mehls bedingt.

Klebstoffe, → Leim, → Kitte. Mit Kunstharz bestrichene Folien werden als **Klebefolien** oder **Klebebänder** verwendet.

Klee, Gattung der Schmetterlingsblütler, Kräuter mit meist dreizähligen Blättern. Arten: **Kopf-** oder **Rot-K.** mit roten Blütenköpfen, auf Wiesen wild; wichtige Futterpflanze Mitteleuropas. Der **Inkarnat-** oder **Blut-K.** hat blutrote, längl. Köpfchen, der **Acker-K.** gelbweiße, der kriechende **Weiß-K.** rötlich weiße Blütenköpfe.

Klee, Paul, schweizer. Maler, Grafiker, * 1879, † 1940; Mitglied des »Blauen Reiters«, lehrte 1921 bis 1931 am Bauhaus.

Kleesalz, ☡ saures Kaliumsalz der Oxalsäure, giftig; dient zur Fleckenbeseitigung.

Kleiber, den Meisen verwandter Klettervogel, mit rostgelber Unterseite und schieferblauen Flügeldecken.

Kleiber, 1) Carlos, Sohn von 2), argentin. Dirigent, * 1930. – **2)** Erich, österr. Dirigent, * 1890, † 1956; 1923 bis 1935 Generalmusikdirektor der Berliner Staatsoper; emigrierte 1936 nach Argentinien.

Kleider|ordnung, vom MA. bis ins 18. Jh. übl. obrigkeitl. Regelung der Kleidung, die sich sowohl auf das Material, die Materialmenge, den Schnitt, das Zubehör, die Anzahl bestimmter Kleidungsstücke als auch auf bestimmte Trägergruppen beziehen konnte; K. waren bis ins 18. Jh. Bestandteil landesherrl. Gesetzgebung.

Kleidung, dient zum Schutz gegen die Witterung, zur Verhüllung, zum Schmuck. Die mannigfaltigen Formen sind durch Klima, Sitte, Brauchtum, soziale Stellung, Kultur, Technik bedingt. Die K. ist stark von der Mode abhängig.

Kleie, beim Mahlen abgesonderte Schalen, Außenschichten der Getreidekörner.

Klein, 1) Felix, dt. Mathematiker, * 1849, † 1925; setzte sich für eine Neuordnung des mathematisch-naturwiss. Unterrichts ein. – **2)** [klɛn], Yves, frz. Künstler, * 1928, † 1962; schuf monochrome Bilder, v. a. in leuchtendem Blau.

Kleinasi|en, Halbinsel zw. Schwarzem Meer und östl. Mittelmeer; umfasst W- und Mittelanatolien; Gebietsteil der Türkei.

Kleindeutsche → Großdeutsche.

Kleine Entente [-ãˈtãt], das 1920/21 vom tschech. Außenmin. E. Beneš gegr. Bündnis der Tschechoslowakei, Rumäniens und Jugoslawiens, um den im Vertrag von Trianon festgelegten Bestand der Nachfolgestaaten Österreich-Ungarns aufrechtzuerhalten und eine Wiederkehr der Habsburger zu verhindern. Die K. E. brach 1938 mit dem → Münchener Abkommen zusammen.

Kleingärten, Schrebergärten [nach dem Leipziger Arzt D. M. Schreber, * 1808, † 1861], kleine, gärtnerisch genutzte Grundstücke am Großstadtrand, meist gepachtet.

Kleinhirn, Teil des → Gehirns.

Kleinkaliberschießen, sportl. Schießen mit einer Kleinkaliberbüchse von 5,6 mm Kaliber.

Kleinrussland, früher Bezeichnung für die Ukraine, Heimat der **Kleinrussen** (Ukrainer).

Kleinstadt, Stadt bis zu 20 000 Einwohnern.

Kleist, 1) Ewald Christian v., dt. Dichter, * 1715, † 1759; fiel als preuß. Offizier bei Kunersdorf; bukol. Gedicht »Der Frühling« (1749). – **2)** Heinrich v., dt. Dichter, * 1777, † (Freitod) 1811. In seinen Schauspielen gestaltete er die traumwandlerische Gefühlsgewissheit (»Käthchen von Heilbronn«, 1820), auch die trag. Verwirrung des Bewusstseins in der begrenzten Wirklichkeit (»Penthesilea«, 1820; »Prinz von Homburg«,

Heinrich von Kleist. Holzstich (1801)

1811). Weiteres Schauspiel: »Die Hermannsschlacht« (1821), Lustspiel »Der zerbrochene Krug« (1808); Formstrenge Erz. und Novellen (»Michael Kohlhaas«, 1808; »Die Marquise von O...«, 1808; u.a.).

Kleisthenes, athen. Staatsmann, schuf 507 v.Chr. eine neue Verfassung des athen. Staats durch 10 neue Einheiten (Phylen).

kleistsche Flasche → Leidener Flasche.

Klematis → Waldrebe.

Klemens, Clemens, Päpste: **1) K. V.** (1305 bis 1314), verlegte 1309 den päpstl. Sitz nach Avignon. – **2) K. VII.** (1523 bis 1534), früher Giulio **de' Medici** [-meditʃi], nahm zunächst für Frankreich Partei gegen Karl V., krönte diesen aber 1530 in Bologna, verweigerte die Zustimmung zur Scheidung des engl. Königs Heinrich VIII. von Katharina von Aragonien, daraufhin sagte sich 1534 England von Rom los. – **3) K. XIV.** (1769 bis 1774), hob 1773 den Jesuitenorden auf, förderte Künste und Wiss. (Klementin. Museum in Rom).

Klemens von Alexandria, griech. Kirchenschriftsteller des 2. Jh., verband kirchl. Überlieferung mit platonisch-stoischer Philosophie.

Klementine → Clementine.

Klemperer, 1) Otto, dt. Dirigent, *1885, †1973. – **2)** Victor, dt. Romanist, *1881, †1960; Arbeiten zur frz. Literatur; erschütternd sein Tagebuch 1933–45 »Ich will Zeugnis ablegen bis zum letzten« (1995) über die antisemit. Verfolgung im nat.soz. Deutschland.

Klenau, Paul v., dän. Komponist, *1883, †1946; Opern u.a. im Zwölftonsystem.

Klenze, Leo v., dt. Baumeister, *1784, †1864; klassizist. Bauten, bes. in München: Glyptothek, Propyläen, Alte Pinakothek, Königsbau.

Kleon, athen. Staatsmann, †(gefallen) 422 v.Chr.; riss nach dem Tode des Perikles die Macht in Athen an sich.

Kleopatra VIII., die Große, ägypt. Königin, *69, †(Freitod) 30 v.Chr.; war die Geliebte von Caesar, später von Marcus Antonius. K. beging nach dem Sieg Octavians über Marcus Antonius bei Actium Selbstmord durch Schlangenbiss.

Klepper, Jochen, dt. Schriftsteller, *1903, †(Freitod) 1942; schrieb von prot. Frömmigkeit geprägte histor. Romane (»Der Vater«, 1937), geistl. Lieder (»Die Nacht ist vorgedrungen«), Tagebuchaufzeichnungen (»Unter dem Schatten deiner Flügel«, hg. 1956).

Kleptomanie, krankhafter Trieb zum Stehlen.

klerikal, 1) den Klerus betreffend, geistlich. – **2)** streng kirchlich gesinnt. **Klerikalismus** *der,* heute meist abwertend für eine ausgeprägte kirchl. Haltung im polit. Leben.

Klerk, Frederik Willem de, südafrikan. Politiker, *1936; Jurist; 1989 bis 1994 Staatspräs., 1994 bis 1996 Vizepräs. Für seine Politik der friedl. Beendigung der Apartheid erhielt er zus. mit N. R. Mandela den Friedensnobelpreis 1993.

Klerus *der,* allg.: geistl. Stand. kath. Geistlichkeit; Ggs.: Laien. **Kleriker,** kath. Priester.

Klestil, Thomas, österr. Politiker, *1932; 1987 bis 1992 Gen.-Sekr. im österr. Außenministerium, seit Juli 1992 österr. Bundespräsident (parteilos, gewählt als Kandidat der ÖVP).

Václav Klaus

Klette, Gattung von Korbblütlerstauden mit widerhakigen Blüten- und Fruchtköpfen. Wegunkraut ist die **Große Klette.**

Klettenberg, Susanne v., dt. Schriftstellerin, *1723, †1774; Vorbild der »schönen Seele« in Goethes »Wilhelm Meister«.

Kletterpflanzen, Pflanzen, die an Stützen emporwachsen und so zu besserer Lichtnutzung gelangen (z.B. Lianen).

Klettgau, histor. Landschaft zw. unterer Wutach und Rhein, Bad.-Württ., Schweiz; Weinbaugebiet.

Kleve, Krst. in NRW, im SW des Niederrheins (Hafen), 44100 Ew.; ehem. Residenzschloss. Leder-, Maschinen-, chem. Ind. Die ehem. Grafschaft (seit 1417 Herzogtum) K., mit Jülich, Berg und Ravensberg vereinigt, kam 1614 an Brandenburg.

Carlos Kleiber

Klient *der,* **1)** Auftraggeber, z.B. des Rechtsanwalts. – **2)** im alten Rom der Hörige, später der Anhang eines Politikers. Die Gesamtheit der K. ist die **Klientel.**

Kliff *das,* von der Brandung beständig unterspülter Steilabfall der Küste.

Klima *das,* Witterungsverlauf eines Gebiets. Das K. wird in erster Linie durch die Stärke der Sonnenstrahlung bestimmt, weiter durch Art und Höhe der Niederschläge, vorherrschende Windrichtung, eine hohe oder tiefe, eine N- oder S-Lage des Orts, Entfernung vom Meer, Strömungsverhältnisse angrenzender Meeresteile, Pflanzenwuchs usw. K.-Zonen: **heiße Zonen** (Tropen) zw. den 2 Wendekreisen oder bis zu den Jahresisothermen von 18°C; 2 **gemäßigte Zonen** zw. den Wendekreisen und den Polarkreisen oder bis zu den 10°C-Isothermen des wärmsten Monats; 2 **kalte Zonen** jenseits der Polarkreise oder der 10°C-Isotherme. Das Übergangsgebiet zw. gemäßigter und heißer Zone heißt **subtrop. Zone.** Das **polare K.** ist immer kalt mit halbjährl. Wechsel von Tag und Nacht, das **gemäßigte K.** hat ausgesprochene Jahreszeiten, das **trop.** ist immer heiß, mit wechselnden Regen- und Trockenzeiten. Das **Binnenland-** oder **Kontinental-K.** hat heiße Sommer, strenge Winter (z.B. Russland); das **See-** oder **maritime K.** mäßig warme Sommer, milde Winter (Irland); das **Mittelmeer-K.** (Etesien-K.) hat heiße, trockene Sommer und milde, feuchte Winter (S-Italien, Griechenland).

Erich Kleiber

Klima, Viktor, österr. Politiker (SPÖ), *1947; 1992 bis 1996 Min. für öffentl. Wirtschaft und Verkehr, Januar 1996 bis Januar 1997 Finanz-Min., seither Bundeskanzler; seit April 1997 auch Vors. seiner Partei.

Klíma, Ivan, tschech. Schriftsteller, *1931; Reportagen, Erz., Romane (»Ein Liebessommer«, 1973), Theaterstücke (»Die Geschworenen«, 1975).

Otto Klemperer

Klima|anlagen unterteilen sich in Zentral- und Primärluft-K. Bei **Zentral-K.** wird die Luft zentral aufbereitet und den klimatisierten Räumen zugeführt. **Primärluft-K.** unterscheiden sich von den Zentral-K. dadurch, dass an jedem Luftauslass ein oder mehrere Wärmeaustauscher angebracht sind. Die vom Klimaaggregat geförderte Luft wird an den Luftauslässen mit Sekundärluft (Raumluft) gemischt, anschließend erwärmt oder gekühlt und in den Raum geblasen.

Klimakterium *das,* ⚕ → Wechseljahre.

Klimatologie *die,* Klimakunde.

Klimax *die,* Rhetorik: Steigerung.

Klimsch, Fritz, dt. Bildhauer, *1870, †1960; Mitbegründer der Berliner Sezession; Akte, Bildnisbüsten.

Klimt, Gustav, österr. Maler, *1862, †1918; Hauptvertreter des Wiener Jugendstils.

Klingel, elektroakust. Signalvorrichtung, bei der der Unterbrecherkontakt so lange an eine Glocke schlägt,

Thomas Klestil

Klingenthal/Sa. Stadtwappen

wie der Stromkreis durch den Druck auf den K.-Knopf geschlossen bleibt.

Klingenthal/Sa., Stadt im oberen Vogtland, am Fuß des 936 m hohen Aschbergs, 12 500 Ew.; Musikinstrumentenbau; Wintersportort.

Klinger, 1) Friedrich Maximilian von (seit 1780), dt. Dramatiker, *1752, †1831; nach seinem Drama »Sturm und Drang« (1776) wurde die Sturm-und-Drang-Zeit benannt. – **2)** Max, dt. Maler, Bildhauer, Grafiker, *1857, †1920; Vertreter des Symbolismus; Radierzyklen; Gemälde, Skulpturen (Beethovendenkmal, Leipzig).

Klingsor, mächtiger Zauberer im »Parzival« des Wolfram von Eschenbach.

Klaus von Klitzing

Klinikum *das,* **1)** Zusammenschluss mehrerer [Universitäts]kliniken unter einheitl. Leitung und Verwaltung. – **2)** der prakt. Teil der ärztl. Ausbildung.

Klinkenstecker, ⚡ zwei- oder mehrpoliger Steckverbinder, dessen Kontaktkopf aus zwei oder mehreren zylindr. und isoliert axial hintereinander liegenden Kontaktstücken besteht; die Anschlüsse für das Anschlusskabel werden von einem isolierenden Griff umschlossen. Die zugehörige Klinkenkupplung oder -buchse enthält die Kontaktfedern und teilweise weitere gesonderte Schaltkontakte, die beim Steckvorgang ausgelöst werden.

Klinker, 1) aus Ton bis zum Sintern gebrannter, sehr fester Ziegel. – **2)** Bauweise für Boote mit ziegelartig übereinander liegenden Außenplanken; Ggs.: Karwe(e)lbau.

Klio, eine der →Musen.

Klippe, für die Schifffahrt gefährl. Felsen wenig unter oder über einer Wasserfläche.

Klipper, bis 22 Knoten schnelle Segelschiffe (meist Vollschiffe); in der Mitte des 19. Jh. v.a. zum Transport von Tee eingesetzt.

Klippfisch, getrockneter Kabeljau.

Klippschliefer, Klippdachs, kaninchenähnl. Säugetier, bewohnt die felsigen Gebiete SO-Asiens und Afrikas.

Friedrich Gottlieb Klopstock Ausschnitt aus einem Gemälde (1780)

Klippspringer, Gattung der Springantilopen, Kletterer und Springer in Gebirgen Afrikas von Äthiopien bis Südafrika.

Klirrfaktor, Maß für die Verzerrung eines reinen Tons durch Oberschwingungen in den Übertragungsgliedern.

Klischee *das,* **1)** →Druckstock. – **2)** abgegriffener Ausdruck.

Klistier *das,* ⚕ das Einbringen kleiner Flüssigkeitsmengen durch den After in den Dickdarm bei Stuhlverstopfung.

Klitoris *die,* →Kitzler.

Klitzing, Klaus von, dt. Physiker, *1943; Arbeiten zur Festkörperphysik, Nobelpreis für Physik 1985.

Hans-Ulrich Klose

Kloake *die,* **1)** Abzugskanal für Abwässer. – **2)** gemeinsame Ausmündung für Darm, Harnblase und Geschlechtsorgane, z.B. bei Kriechtieren, Vögeln, Haien.

Kloakentiere, urtümliche Ordnung Eier legender Säugetiere in Australien (z.B. Ameisenigel, Schnabeltier).

Kloben *der,* **1)** Scheitholz. – **2)** Beschlagteil zur drehbaren Befestigung von Türen, Toren, Fensterläden an der Wand oder am Anschlag.

Klon *der,* durch ungeschlechtl. Vermehrung (Zellteilung) entstandene, erbgleiche Nachkommen, v.a. in der Gentechnologie eingesetzt.

Aaron Klug

Klondike [ˈklɔndaɪk], Landschaft und Fluss in NW-Kanada; Goldfunde 1896. Hauptort: Dawson.

Klonieren, Klonen, das Herstellen einer größeren Anzahl gleichartiger, genetisch ident. Nachkommen (Klone) von einem Individuum.

Klopfen, unregelmäßiges, häufig hell klingendes oder klopfendes Geräusch in Kolbenkraftmaschinen infolge ungleichmäßiger, schlagartiger Verbrennung des Kraftstoff-Luft-Gemischs. Als **Antiklopfmittel** wird 0,15 g/l Bleitetraäthyl dem verbleiten Kraftstoff zugesetzt. In modernen Motoren wird über Sensoren der Zündzeitpunkt elektronisch geregelt. Die **Klopffestigkeit** wird durch die Oktanzahl gekennzeichnet.

Klopfkäfer, Bohrkäfer des Holzes.

Klöppeln, Spitzen herstellen durch Verflechten einer stets paarigen Anzahl von Fäden, die sich von Holzspulen **(Klöppel)** abwickeln. Das Muster **(Klöppelbrief)** wird auf dem **Klöppelkissen** befestigt.

Klopstock, Friedrich Gottlieb, dt. Dichter, *1724, †1803; republikanisch gesinnter Vertreter der Aufklärung, bereitete mit seiner feierl., schwungvoll beseelten Sprache den Durchbruch der Empfindsamkeit, des »Sturm und Drang« und der Erlebnisdichtung vor. Passte den Hexameter der dt. Sprache an, führte die Metrik in freie Rhythmen. Bedeutend das Epos »Der Messias« (1748 bis 1773) und die »Oden« (1771); auch theoret. Schriften (»Die dt. Gelehrtenrepublik«, 1774).

Klose, Hans-Ulrich, dt. Politiker (SPD), *1937; 1974 bis 1981 Erster Bürgermeister in Hamburg, seit 1983 MdB, 1991 bis 1994 Vors. der SPD-Bundestagsfraktion; seit 1994 Vize-Präs. des Bundestages.

Kloster [von lat. claustrum »verschlossener Ort«] *das,* von einer Mauer umgebene Gebäudegruppe aus Kirche, Wohnräumen, Wirtschaftsgebäuden, oft mit reichem Grundbesitz. Die Mitglieder eines geistl. Ordens leben im K. gemeinsam nach einer Regel **(Mönchs-K., Nonnen-K.).** Die **K.-Schule** war im frühen MA. die Pflegestätte des allg. wiss. Unterrichts (z.B. Fulda, St. Gallen, Reichenau, Corvey).

Klosterneuburg, niederösterr. Stadt bei Wien, 23 000 Ew.; Stiftskirche; Chorherrenstift, gegr. um 1100. In röm. Zeit Standort eines Kastells.

Klosters, Kur- und Wintersportort im schweizer. Kt. Graubünden, 1125 bis 1313 m ü.M., 3 500 Ew.; Bergbahnen.

Kloten, schweizer. Gemeinde im nordöstl. Vorortbereich von Zürich, 15 500 Ew., internat. ✈.

Klotho, in der griech. Sage Schicksalsgöttin, Spinnerin des Lebensfadens.

Klotz, Mathias, dt. Geigenbauer, *1653, †1743; Begründer des Mittenwalder Geigenbaus.

Kluane National Park [ˈkluːeɪn ˈnæʃnl pɑːk], kanad. Nationalpark im SW des Yukon Territory, mit dem höchsten Berg Kanadas (Mount Logan, 5 951 m); gehört zum Welterbe.

Klug, Aaron, brit. Biochemiker südafrikan. Herkunft, *1926; Nobelpreis für Chemie 1982 für Forschungen über Nukleinsäure-Protein-Komplexe.

Kluge, 1) Alexander, dt. Schriftsteller und Filmregisseur, *1932. Zu seinen bekanntesten Filmen zählen u.a. »Abschied von gestern« (1966), »Die Macht der Gefühle« (1983). – **2)** Friedrich, dt. Sprachforscher, *1856, †1926; »Etymolog. Wörterbuch der dt. Sprache« (1883). – **3)** Hans Günther von, dt. Generalfeldmarschall, *1882, †(Freitod) 1944; seit 1944 Oberbefehlshaber West, zugleich auch Chef der Heeresgruppe B an der Invasionsfront der Alliierten in der Normandie; wegen Mitwisserschaft an den Vorbereitungen zum 20. Juli 1944 des Kommandos enthoben. – **4)** Kurt, dt. Schriftsteller und Bildhauer, *1886, †1940; »Der Herr Kortüm« (1938).

Klugheit, verständige Überlegenheit richtigen Verhaltens in schwierigen Situationen.

Klump|fuß, Missbildung: Mittelfuß und Zehen sind nach innen und unten eingerollt.

Kluppe *die,* **1)** Handwerkszeug zum Gewindeschneiden **(Gewindeschneid-K.).** – **2)** Längenmessgerät für grobe Messungen **(Mess-K.).**

Klüver *der,* ⚓ dreieckiges Segel am **K.-Baum,** der Verlängerung des Bugspriets.

Klystron *das,* ⚡ lineare Laufzeitröhre zur Hochfrequenzverstärkung zw. 0,3 und 100 GHz.
Klytämnestra, in der griech. Sage Gattin Agamemnons, den sie ermordete; von ihrem Sohn Orestes getötet. Auch Mutter von Elektra, Iphigenie und Chrysothemis.
km, Abk. für **K**ilo**m**eter (→Kilo...).
Knabenkraut, zu den Orchideen gehörende Stauden mit stärkereichen Knollen (Salep): das **Gemeine K.** und das **Breitblättrige K.**, mit meist braunfleckigen Blättern und handförmig geteilten Knollen, wachsen auf Nasswiesen; purpurne Blüten; in Dtl. alle Arten unter Naturschutz.
Knallgas, allg. Wasserstoff-Sauerstoff- oder Wasserstoff-Luft-Gemisch, das nach Zündung explosionsartig verbrennt; i. e. S. Gemisch aus Wasserstoff und Sauerstoff im Verhältnis 2:1; zum Bearbeiten von schwer schmelzbarem Glas, Quarz und Metallen.
Knallquecksilber, $Hg(CNO)_2$, das äußerst explosive Quecksilbersalz der **Knallsäure** HCNO.
Knappe, Knecht, im MA. allg. der berittene Krieger ohne die volle Ausrüstung eines Ritters; seit dem 12. Jh. ein junger Mann von freier Geburt, der zur Ausbildung in den Dienst eines Ritters trat.
Knappschaft, Bergknappschaft, seit dem 13. Jh. zunftmäßiger Zusammenschluss der Bergleute (Knappen), v. a. zur gegenseitigen Unterstützung bei Krankheiten oder Unfällen. In Dtl. sind die Mitglieder in der **Bundes-K.**, Sitz Bochum, zusammengeschlossen (seit 1969). **K.-Versicherung,** Trägerin der Kranken-, Pflege- und Rentenversicherung für Arbeiter und Angestellte des Bergbaus.
Knäuelgras, Knaulgras, Hundsgras, Futtergras, in Rispen stehende Ährchen.
Knauf, kugel-, birnen- oder knopfartiger Griff, z. B. an Waffen oder Türen.
Knaus-Ogino-Methode, Methode der Empfängnisverhütung nach der von dem österr. Frauenarzt H. Knaus (*1892, †1970) und dem jap. Frauenarzt Ogino Kynsaku (*1882, †1975) aufgestellten Theorie von der period. Fruchtbarkeit der Frau.
Knautschzone, verformbare Karosserieteile (Bug, Heck) des Pkw, wandeln bei Aufprallunfällen einen Teil der anfallenden kinet. Energie in Formänderungsarbeit um.
Knecht, 1) veraltete Bezeichnung für den Gehilfen im landwirtschaftl. Betrieb oder anderen Berufen (Gerichts-K.). – **2)** im MA. der Knappe, später auch für gemeine Söldner gebräuchlich.
Knecht Ruprecht, Volksbrauch: Begleiter des hl. Nikolaus oder des Christkinds; geht auch allein in der Weihnachtszeit umher und verteilt Rügen oder Gaben.
Knecht|sand, ausgedehntes Wattgebiet zw. Elbe und Weser, Vogelschutzgebiet. Teil des Nationalparks Niedersächs. Wattenmeer.
Knef, Hildegard, dt. Schauspielerin und Chansonsängerin, *1925; Star des dt. Nachkriegsfilms; schrieb auch Erinnerungen, u. a. »Der geschenkte Gaul« (1971).
Kneipp, Sebastian, dt. kath. Pfarrer und Naturheilkundiger, *1821, †1897; bildete ein eigenes Wasserheilverfahren aus. Darüber hinaus gab er Anregungen zu naturgemäßer, gesunder Lebensweise.
Knesset, Knesseth *die,* das Parlament in Israel.
Knick *der,* Wall mit Gebüsch um ein Feld oder eine Koppel, bes. in Schleswig-Holstein.
Knickerbocker [ˈnɪkəbɔkə] *Pl.,* weite Kniehosen.
Knidos, antike griech. Stadt auf der Halbinsel Reşadiye, Türkei; heute Ruinenstätte; berühmt war die »Aphrodite von Knidos« des Praxiteles (um 330 v. Chr.).
Knie, ⚕ Gelenk zw. Ober- und Unterschenkel; vorn ist in die Sehne des Streckmuskels die **K.-Scheibe** eingelassen. Durch die **K.-Kehle** an der Beugeseite gehen Blutgefäße und Nerven.
Kniebis *der,* Buntsandsteinhochfläche im N-Schwarzwald, Bad.-Württ., höchste Erhebung 971 m.
Kniehebel, ⚙ Doppelhebel mit Gelenk, das durch eine Kraft gestreckt werden kann; zur Erzielung großer Drücke bei Pressen, Verschlüssen.
Knigge, Adolf Freiherr, dt. Schriftsteller, *1751, †1796; schrieb satir. Romane und aufklärer. Schriften, bekannt durch sein Werk »Über den Umgang mit Menschen« (1788, kurz »Knigge« genannt).
Knight [naɪt], untere Stufe des niederen engl. Adels (Titel: Sir, Dame; die Gemahlin eines Würdenträgers wird als Lady angesprochen).
Knipperdolling, Bernhard, Wiedertäufer in Münster, *um 1490, †(hingerichtet) 1536.
Knittel, John, schweizer. Schriftsteller, *1891, †1970; wuchs in Großbritannien auf, schrieb zunächst in engl., später in dt. Sprache u. a. viel gelesene Gesellschaftsromane (»Via Mala«, 1934, »Terra magna«, 1948).
Knittelverse, Knüttelverse, Knüppelverse, zu Reimpaaren gebundene vierhebige Verse, mit beliebiger Anzahl von Senkungen; aus der höf. Epik hervorgegangen; oft im 16. Jh. verwendet (H. Sachs), von Goethe bes. im »Faust«, von H. v. Hofmannsthal im »Jedermann«.
Knobelsdorff, Georg Wenzeslaus v., Baumeister Friedrichs d. Gr., Gartenarchitekt und Maler, *1699, †1753; vertrat ein klassizistisch gemäßigtes Rokoko (friderizian. Rokoko): u. a. Opernhaus Berlin (1741 bis 1743), Stadtschloss Potsdam (1744 bis 1751), Sanssouci (1744 bis 1747).
Knoblauch, aus Zentralasien stammender Lauch, dessen Zwiebel aus mehreren Teilen (Zehen) besteht; Heil- und Gewürzpflanze. BILD S. 472
Knobloch, 1) Heinz, dt. Schriftsteller, *1926; in der DDR viel gelesener Autor aktueller und histor. Texte; wurde 1990 zum Präsidenten des P. E. N.-Zentrums der DDR gewählt. – **2)** Johann, österr. Sprachwissenschaftler, *1919; indogerman. Etymologie, Linguistik, kulturgeschichtliche Wortforschung.
Knöchel, bei Mensch und höheren Affen die beiden seitl. Knochenvorsprünge über dem Fußgelenk.
Knochen, festes Körpergewebe bei Mensch und Wirbeltieren. Die K. bestehen im Wesentl. aus Kollagenfasern und phosphorsaurem Kalk. Außen sind sie von der **K.-Haut** (Periost) überzogen, innen liegt bei den langen **Röhren-K.** (z. B. Oberarmbein, Schienbein) gelbes, fettreiches **K.-Mark,** bei den **kurzen** und **platten K.** (z. B. Rippen, Becken-K.) rotes, Blut bildendes K.-Mark. – Erkrankungen der K.: **K.-Bruch, Fraktur,** entsteht meist durch äußere Gewalteinwirkung (Schlag, Stoß, Fall); heftiger Druckschmerz an der Bruchstelle, Bluterguss, Gebrauchsunfähigkeit des Glieds mit unnatürl. Beweglichkeit und Stellung. Die Heilung erfolgt durch eine Kallusbildung. **K.-Entzündungen** gehen von der K.-Haut **(Periostitis)** oder vom K.-Mark **(Osteomyelitis)** aus und entstehen meist durch bakterielle Infektion. Schwere **K.-Zerstörungen** mit Fistelbildungen nach außen **(K.-Fraß)** entstehen vorwiegend bei Tuberkulose und Syphilis. – **K.-Erweichung** (Osteomalazie), seltene K.-Systemerkrankung Erwachsener infolge Kalkmangels. – **K.-Krebs, K.-Sarkom,** eine bösartige Geschwulst des K.-Gewebes mit schnellem Wachstum.
Knochenfische, Fische mit verknöchertem Skelett, so die meisten See- und Süßwasserfische; Ggs.: Knorpelfische.
Knochenmehl, gemahlene Knochen; entleimtes K. dient als Dünge-, nicht entleimtes als mineralreicher Futtermittelzusatz; geriet in den Verdacht an der Verbreitung von BSE beteiligt zu sein.
knock-out [nɔkˈaʊt], Abk. **k. o.,** Boxkampf: nach einem Niederschlag kampfunfähig sein.

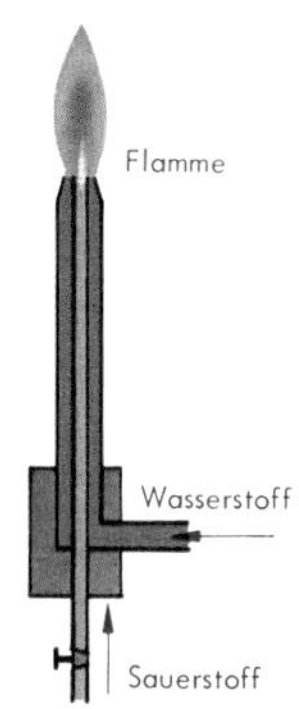

Knallgas-Gebläse

Knäuelgras

Sebastian Kneipp

Knoblauch

Knollenblätterpilz

Wiesen-**Knöterich**

Knöllchenbakteri|en, im Erdboden heim., in enger Gemeinschaft (Symbiose) mit Blütenpflanzen (bes. Hülsenfrüchtlern) lebende Bakterien. Sie ernähren sich von der von der Pflanze gelieferten organ. Substanz und bilden aus dem Stickstoff der Bodenluft Eiweißstoffe. Die Pflanze nimmt Eiweißstoffe von absterbenden Bakterien auf und kann daher als Gründünger dienen.

Knolle, ⚘ fleischig verdickter, stärkereicher Spross- (Stängel-) oder Wurzelteil; dient zur ungeschlechtl. Fortpflanzung und als Nährstoffspeicher. Wichtig als Nahrungsmittel für den Menschen sind u.a. Kartoffel, Batate, Maniok und Yamswurzel.

Knollenblätterpilz, giftiger Blätterpilz, dem Champignon ähnlich, mit knolligem Stiel, weißen Lamellen und einem häutigen Ring um den Stiel; an der Hutfläche oft Fetzen der Hülle. Arten: **Grüner K., Frühlings-K., Spitzhütiger Knollenblätterpilz.**

Knorpel, elast. Stützgewebe, das die Gelenkenden überzieht, an vielen Stellen als Skelett (Nase, Kehlkopf, Luftröhre) und als biegsame Verbindung (Rippenenden) dient.

Knorpelfische, die knochenlosen Haie, Rochen und Seedrachen.

Knospe, ⚘ Spross oder Blüte vor der Entfaltung, oft von **K.-Schuppen** umhüllt.

Knossos, Stadt des minoischen Kreta mit großer, seit 1900 ausgegrabener Palastanlage (Palast des Minos) der Älteren und Jüngeren Palastzeit; der heute sichtbare Palast entstand auf altem Grundriss im 17./16. Jh. v. Chr. und wurde um 1400/1375 v. Chr. zerstört.

Knötchenflechte →Lichen.

Knoten, 1) Verschlingung von Tauen, Fäden u. Ä. – **2)** ⚘ Bezeichnung für die meist verdickten Blattansatzstellen an der Sprossachse. – **3)** ❀ bei Schwingungen die Punkte, in denen die Amplitude stets gleich null ist. – **4)** ✩ die beiden Schnittpunkte der Bahn eines Himmelskörpers mit einer anderen Ebene, bes. der Ekliptik. – **5)** ⚓ ✈ Einheit für die Geschwindigkeit eines Schiffs oder eines Flugzeugs; 1 K. (Abk. kn) = 1 Seemeile je Stunde = 1,852 km je Stunde.

Knöterich, vielgestaltige, größtenteils staudige Pflanzengattung: **Vogel-K.,** niederliegendes Wegunkraut, die grünl. Blütchen mit weißem oder rötl. Rand, dienen getrocknet als Brusttee; **Wiesen-K.,** fleischrot blühende Wiesenpflanze; **Schling-K.** ist schnell wachsend und hochrankend, weiße Blütchen.

Know-how [nəʊˈhaʊ] *das,* das Wissen, wie man eine Sache praktisch verwirklicht; in der Technik Spezialwissen.

Knoxville [ˈnɔksvɪl], Stadt in Tennessee, USA, 183 000 Ew.; Univ., Sitz der Tennessee Valley Authority; Maschinen-, Textil-, Nahrungsmittel-, Holz-, Papierind., Stahlwerke. Endpunkt der Schifffahrt auf dem Tennessee River; ✈.

Knüll *der,* Gebirgsstock des Hess. Berglands, zw. der Fulda und der Schwalm, im Eisenberg 636 m.

Knurrhahn, schmackhafter Meeresfisch, erzeugt mit der Schwimmblase ein knurrendes Geräusch.

Knut, Herrscher von Dänemark: **1) K. II., der Große,** *um 995, †1035; König von Dänemark (seit 1018), England (seit 1016) und Norwegen (seit 1028); durch ein Bündnis mit Kaiser Konrad II. sicherte er sich Schleswig. – **2) K. IV., der Heilige,** *um 1040, †1086; König seit 1080; setzte sich für eine Stärkung der Kirche in Dänemark ein, von Aufständischen ermordet; Schutzheiliger Dänemarks (Tag: 10. 7.).

Knuth, Gustav, dt. Schauspieler, Charakterdarsteller, *1901, †1987; Film- und Fernsehrollen; Erinnerungen »Mit einem Lächeln im Knopfloch« (1974).

Knüttelverse →Knittelverse.

ko..., Vorsilbe in Fremdwörtern: svw. mit..., zusammen...

k.o., Abk. für →**knock-out.**

Ko|adjutor *der,* Amtsgehilfe eines Bischofs oder Pfarrers mit Nachfolgerecht.

Koagulation *die,* **Ausflockung,** ❀ ⚗ ❀ Gerinnung, Ausscheidung kolloidaler Stoffe aus ihrer Lösung. **Koagulantia** *Pl.,* ⚕ blutgerinnungsfördernde Mittel.

Koala *der,* Beutelbär in den Eukalyptuswäldern O-Australiens; 60 bis 80 cm körperlang; nachtaktiver Baumbewohner; Symboltier Australiens.

Koalition *die,* Bündnis von Staaten, bes. zu gemeinsamer Kriegführung; Zusammenschluss von Parteien zu einer Regierungsmehrheit.

Koalitionsfreiheit, das Recht v. a. der Arbeitnehmer und Arbeitgeber, sich zur Vertretung ihrer Interessen zusammenzuschließen.

Koalitionskriege, allg. Kriege mehrerer Verbündeter gegen einen gemeinsamen Gegner, bes. die vier Kriege verschiedener Koalitionen europ. Mächte gegen das revolutionäre (→Französische Revolution) und napoleon. Frankreich (1792 bis 1797; 1798 bis 1801/02; 1805; 1806 bis 1807).

Koaxial|leitung, ⚡ gegen Störungen von außen unempfindl. elektr. Doppelleitung für Wechselströme bis zu höchsten Frequenzen, besteht aus zylindr. Außenleiter (Rohr, Drahtgeflecht) und koaxialem Innenleiter.

Kobalt, Cobalt *das,* Symbol **Co,** chem. Element, Metall; OZ 27, relative Atommasse 58,9332, D 8,9 g/cm^3, Fp 1495 °C, Sp 2870 °C. K. ist grau glänzend, hart, schmiedbar, magnetisch; wird zu Legierungen verwendet. K.-Verbindungen zeichnen sich vielfach durch ihre blaue oder rote Farbe aus; Oxide des K. dienen zum Blaufärben von Glas, Porzellan, Email.

Kobaltbestrahlung, Tiefenbestrahlung zur Behandlung von Geschwulstkrankheiten mit im Kernreaktor aktiviertem Kobalt (Kobalt 60).

Kobayashi [-ʃi], Masaki, jap. Filmregisseur, *1916, †1996; Trilogie über 2. Weltkrieg (»Barfuß durch die Hölle«, 1959 bis 1961), »Harakiri« (1962).

Kōbe, Stadt in Japan, an der S-Küste Honshūs, 1,43 Mio. Ew.; große Hafenanlagen; elektrotechn., Textil-, Stahl-, Flugzeugind., Werften; Univ., Hochschule der Handelsmarine. – 1995 durch Erdbeben stark zerstört.

Kobel, ♈ das Nest des Eichhörnchens.

Koala

Kobell, 1) Ferdinand, dt. Maler und Radierer, *1740, †1799. – **2)** Wilhelm v. (seit 1817), Sohn von 1), dt. Maler, *1766, †1855; realist. Landschaftsdarstellungen, Porträts; Vertreter des Biedermeier.

Koblenz, Hptst. des Reg.-Bez. K., Rheinl.-Pf., an der Mündung der Mosel in den Rhein (Dt. Eck), 108 200 Ew.; Mittelpunkt des mittelrhein. Weinbaus und -handels; Aluminium-, Textilind., Werft; Bundesarchiv, Schule der Bundeswehr für »Innere Führung«, Polizeihochschule; Hafen. – K., als Römerkastell (Conflu-

Koblenz. Deutsches Eck (Mündung der Mosel in den Rhein)

entes) 9 v. Chr. gegr., gehörte seit 1018 zum Erzstift Trier, kam 1815 an Preußen.

Kobold, im dt. Volksglauben zwergenhafter Erd- und Hausgeist.

Koboldmaki *der,* **Gespensttier,** hinterind. Halbaffe mit großen Augen; nachtaktives Baumtier.

Kobras → Brillenschlangen.

Koch, 1) Joseph Anton, österr. Maler und Radierer, * 1768, † 1839; Vertreter der heroischen Landschaftsmalerei; lebte seit 1794 meist in Rom. - **2)** Robert, dt. Arzt und Bakterienforscher, * 1843, † 1910; einer der Begründer der Bakteriologie; entdeckte die Erreger der Cholera und der Tuberkulose. Nobelpreis für Physiologie oder Medizin 1905.

Kochelsee, See in Oberbayern, 599 m ü. M., 5,9 km^2, 66 m tief.

Köchelverzeichnis, Abk. **KV,** das 1862 von Ludwig Ritter von Köchel herausgegebene »Chronolog.-themat. Verzeichnis sämtlicher Tonwerke W. A. Mozarts«.

Kocher *der,* rechter Nebenfluss des Neckars, Bad.-Württ., 180 km, mündet bei Bad Friedrichshall.

Köcherfliegen, kleine, mottenähnl. Insekten; ihre Larven, die **Köcherlarven,** leben im Wasser in selbst gefertigten Gehäusen.

Kochsalz → Salz.

Koczian [-tʃ-], Johanna von, dt. Schauspielerin, * 1933; Theater-, Film- und Fernsehrollen.

Kodály [ˈkɔdaːj], Zoltán, ungar. Komponist, * 1882, † 1967; Orchester- und Vokalwerke, Volksliedsammler und -forscher.

Kodein, Codein *das,* ein Opiumalkaloid; lindert den Hustenreiz; Suchtgefahr gering.

Kodex, dt. Schreibung für → Codex.

Kodiak [ˈkəʊdɪæk], Insel vor der S-Küste Alaskas, USA, 8 975 km^2, 7 100 Ew.; Fischerei.

Kodifikation *die,* ⚖ Zusammenfassung eines oder mehrerer Rechtsgebiete zu einem einheitl. Gesetzbuch.

Koledukation *die,* gemeinsamer Unterricht für Jungen und Mädchen.

Koeffizient *der,* **1)** √ Faktor, mit dem eine veränderl. Größe multipliziert wird. - **2)** ⚛ bestimmte Stoff- oder Systemgrößen.

Koeppen [ˈkœ-], Wolfgang, dt. Schriftsteller, * 1906, † 1996; zeitkrit. Romane (»Das Treibhaus«, 1953); Filmdrehbücher, Reiseberichte (»Ich bin gern in Venedig warum«, 1994).

Koestler [ˈkœ-], Arthur, brit. Schriftsteller, * 1905, † (Freitod) 1983; 1931 bis 1937 Mitglied der KP; Berichterstatter im Span. Bürgerkrieg; in seinen Romanen setzte er sich mit Fragen der Ethik und der (totalitären) Politik auseinander (»Sonnenfinsternis«, 1940; »Die Herren Call-Girls«, 1973).

Koexistenz *die,* das Nebeneinander unterschiedl. geistiger, ökonom. und gesellschaftl. Systeme. **Friedl. K.,** Schlagwort der sowjet. Außenpolitik (N. S. Chruschtschow) für den Verzicht auf krieger. Durchsetzung ihrer polit. Ziele.

Koffein, Coffein *das,* in Kaffeebohnen, Teeblättern (Thein) und Kolanüssen vorkommende Purinverbindung; wirkt anregend auf Zentralnervensystem, Atmung und Blutkreislauf; harntreibend.

Köflach, österr. Ind.stadt in der Steiermark, 12 000 Ew.; Zentrum des Braunkohlenreviers.

Kōfu, Stadt auf der jap. Insel Honshū, 202 400 Ew.; Weinbau; Seidenwebereien.

Kogan, Leonid, russ. Geiger, * 1924, † 1982; bedeutender Solist und Lehrer; Triopartner von M. L. Rostropowitsch und E. Gilels.

Kogge, hochbordiges Handelssegelschiff der Hanse im 13. bis 15. Jahrhundert.

Kognat *der,* Blutsverwandter; i. e. S. von denselben Eltern; Ggs.: Agnat.

Kogon, Eugen, dt. Publizist und Politikwissenschaftler, * 1903, † 1987; Herausgeber der »Frankfurter Hefte«; schrieb »Der SS-Staat« (1947).

Kohärenz *die,* Zusammenhang, Geschlossenheit.

Kohäsion *die,* der innere Zusammenhalt. **K.-Kräfte** bewirken den Zusammenhalt von Atomen oder Molekülen gleicher Art.

Kohäsionsfonds, Haushaltsmittel der EU, mit denen die ärmeren EU-Länder auf das Niveau der wirtschaftlich stärkeren angehoben werden sollen. Der K. sieht bis 1999 Zahlungen von etwa 15 Mrd. ECU (29 Mrd. DM) vor.

Kohinoor [-ˈnuːr, pers. »Berg des Lichts«] *der,* Diamant im brit. Kronschatz, wiegt 108,93 Karat.

Kohl, Brassica, Kreuzblütlergattung; wichtige Gemüse- und Ackerpflanzen, z. B. Grün-, Braun-K., Wirsing, Kopf-K. (Weiß-K., Rot-K.), Rosen-K., Blumen-K., Kohlrabi sowie Chinakohl, Rübsamen, Raps, Schwarzer Senf.

Kohl, Helmut, dt. Politiker (CDU), * 1930; 1969 bis 1976 Min.-Präs. von Rheinl.-Pf., seit 1973 Bundesvors. der CDU. Bundeskanzlerkandidat der CDU/CSU für die Bundestagswahl 1976; seit Okt. 1982 Bundeskanzler. - Erhielt 1988 zus. mit F. Mitterrand den Karlspreis für bes. Verdienste um die europ. Einigung.

Köhl, Hermann, dt. Flugpionier, * 1888, † 1938; überflog als Erster mit G. v. Hünefeld und J. Fitzmaurice den Atlant. Ozean in O-W-Richtung.

Kohle, Zersetzungs- und Umwandlungsprodukt organ. Substanzen, entsteht einerseits als **Holz-K.** durch Erhitzung solcher Stoffe unter Luftabschluss, andererseits als **Mineral-K.,** im Wesentlichen durch Reduktion unter großem Druck während langer Zeiten. Aus üppigen Sumpfmoorwäldern in trop. Klima bildeten sich Torfmoore, dann die **Braun-K.** und unter dem Einfluss starken Drucks durch weitere Anreicherung des Kohlenstoffs die **Stein-K.** Das geolog. Alter der großen Steinkohlenvorkommen beträgt ungefähr 250 bis 280, das der Braun-K. etwa 40 bis 50 Mio. Jahre. Die **Stein-K.** hat dichtes, hartes Gefüge, oft fetten Glanz, schwarze, seltener braune Farbe, 75 bis über 91,5 % Kohlenstoffgehalt, etwa 30 000 bis 36 000 kJ/kg Heizwert, D 1,2 bis 1,5 g/cm^3. Die Gewinnung der Stein-K. geschieht fast durchweg im Untertagebau. Man unterscheidet: 1) **fette K.,** mit einem hohen Gehalt an Kohlenwasserstoffen und großer Teerausbeute; 2) **trockene K.,** die neben Kohlenwasserstoffen noch große Anteile von Kohlenoxid und Kohlendioxid enthält; 3) **magere K.,** mit geringem Gehalt an flüchtigen Bestandteilen. Die magere K. mit hohem Heizwert ist v. a. im Hausbrand, die fette K. für die K.-Veredlung wertvoll. Die Grundlage dieses Prozesses ist die Verkokung: Durch Erhitzen der Stein-K. unter Luftabschluss werden die leicht flüchtigen Bestandteile als Gas (Stadtgas) und die schwerer flüchtigen

Koblenz Stadtwappen

Robert Koch

Zoltán Kodály

Eugen Kogon

Helmut Kohl

Georges Köhler

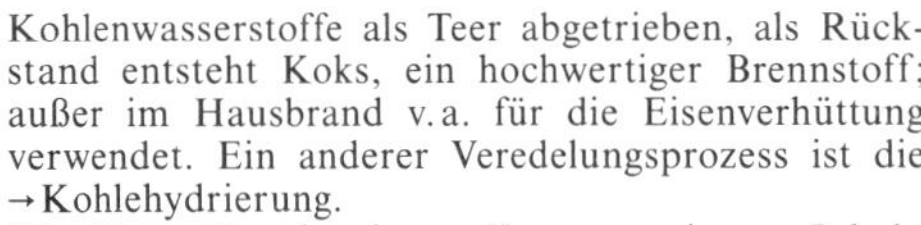

Kohlenwasserstoffe als Teer abgetrieben, als Rückstand entsteht Koks, ein hochwertiger Brennstoff; außer im Hausbrand v. a. für die Eisenverhüttung verwendet. Ein anderer Veredelungsprozess ist die → Kohlehydrierung.

Die **Braun-K.,** eine junge K. von geringem Inkohlungsgrad, hat ein bröckliges, mitunter noch holziges Gefüge von brauner bis schwarzer Farbe. D 1,2 bis 1,4 g/cm^3, Heizwert etwa 25 000 bis 28 500 kJ/kg, Wassergehalt zw. 10 und 60%. Sie bildet meist mächtige, oberflächennahe Flöze, die im Tagebau abgebaut werden können. Sie wird entweder an Ort und Stelle zur Elektrizitätserzeugung verfeuert oder in Brikettfabriken zu Press-K. verarbeitet, die für Hausbrand verwendbar ist. Wertvoll ist die Braun-K. bes. durch die moderne Veredelungstechnik geworden: Verschwelung, wobei durch Erhitzen unter Luftabschluss die Kohlenwasserstoffe ausgetrieben werden; man gewinnt Schwelgas, Teer, flüssige Treibstoffe, Öle, Paraffin, Montanwachs, als Rückstand Grude.

Die wichtigsten europ. Steinkohlenfördergebiete sind in Großbritannien, im Donezbecken, Ruhr- und Niederrheingebiet, Saarland, in Oberschlesien, N-Frankreich, Belgien. Große Braunkohlenvorkommen finden sich in Ost-Dtl., der Ukraine, Russland, Böhmen u. a.

Kohlrübe

Kohlehydrierung, ⚗ Umwandlung von Kohle in flüssige Kohlenwasserstoffe. Beim direkten Verfahren **(Bergius-Pier-Verfahren)** wird die Kohle mit Rohöl zu einem Brei angerieben und durch hohen Druck und hohe Temperaturen aufgespalten; an die gerade entstehenden Spaltprodukte wird katalytisch Wasserstoff angelagert. Die gasförmigen Erzeugnisse werden verflüssigt und durch Destillation voneinander getrennt. Beim **Fischer-Tropsch-Verfahren** wird die Kohle mit Wasserdampf zu Wassergas umgesetzt. Dieses wird bei etwa 2000 °C über Katalysatoren geleitet, wobei neben Benzin u. a. flüssigen Kohlenwasserstoffen auch Paraffine entstehen.

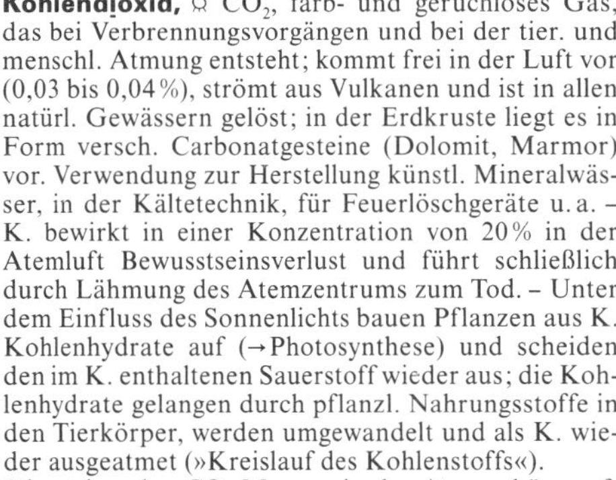

Kohlendịoxid, ⚗ CO_2, farb- und geruchloses Gas, das bei Verbrennungsvorgängen und bei der tier. und menschl. Atmung entsteht; kommt frei in der Luft vor (0,03 bis 0,04%), strömt aus Vulkanen und ist in allen natürl. Gewässern gelöst; in der Erdkruste liegt es in Form versch. Carbonatgesteine (Dolomit, Marmor) vor. Verwendung zur Herstellung künstl. Mineralwässer, in der Kältetechnik, für Feuerlöschgeräte u. a. – K. bewirkt in einer Konzentration von 20% in der Atemluft Bewusstseinsverlust und führt schließlich durch Lähmung des Atemzentrums zum Tod. – Unter dem Einfluss des Sonnenlichts bauen Pflanzen aus K. Kohlenhydrate auf (→ Photosynthese) und scheiden den im K. enthaltenen Sauerstoff wieder aus; die Kohlenhydrate gelangen durch pflanzl. Nahrungsstoffe in den Tierkörper, werden umgewandelt und als K. wieder ausgeatmet (»Kreislauf des Kohlenstoffs«).

Die steigenden CO_2-Mengen in der Atmosphäre aufgrund der Verbrennung fossiler Brennstoffe verstärken den globalen → Treibhauseffekt.

Frankreich

Großbritannien

Niederlande

Kokarde
Hoheitszeichen von Militärflugzeugen

Kohlenhydrate, Saccharịde, ⚗ stickstofffreie organ. Verbindungen, die zus. mit den Fetten und Eiweißen die wichtigsten Nährstoffe für Mensch und Tier sind. Zu den K. gehören die Zuckerarten, wie die Monosaccharide Traubenzucker und Fruchtzucker, die Disaccharide Milchzucker und Saccharose, sowie die Polysaccharide Stärke, Zellulose, Glykogen, Inulin u. a.

Kohlen|mọnoxid, Kohlen|oxid, CO, farb- und geruchloses, giftiges Gas, entsteht bei unvollständiger Verbrennung von Kohle u. a. kohlenstoffhaltigen Materialien; verbrennt mit bläul. Flamme; großtechn. Herstellung für chem. Synthesen. Zu **K.-Vergiftung** können führen: schadhafte Leuchtgasleitung, Kohlendunst, Motorgase in geschlossenen Räumen. Anzeichen: Kopfschmerz, Benommenheit, Schwindel, Bewusstlosigkeit; der Tod tritt infolge Atemlähmung und Herzversagens ein. Erste Hilfe: frische Luft, künstl. Beatmung. Arzt rufen!

Kohlensäure, ⚗ H_2CO_3, wenig beständige Säure, entsteht bei Auflösung von Kohlendioxid in Wasser. Ihre Salze sind die **Carbonate.**

Kohlenstaub|explosion, explosionsartige Entzündung von Kohlenstaub-Luft-Gemischen durch Sprengschüsse oder schlagende Wetter.

Kohlenstaubfeuerung, eine auch für geringwertige Kohle geeignete Feuerungsart: der (lufthaltige) Kohlenstaub wird in die Brennkammern geblasen, gezündet und explosionsartig verbrannt; sehr wirtschaftlich.

Kohlenstoff, Symbol **C,** chem. Element, Nichtmetall, OZ 6, relative Atommasse 12,01115, Fp 3 550 °C (Diamant), Sp 4 827 °C; kommt in der Natur vor als Diamant und Graphit, ferner als die künstlich herstellbare Modifikation der Fullerene, die sich alle durch versch. Anordnung der K.-Atome im Kristallgitter unterscheiden. Graphit ist grau, D 2,25 g/cm^3, und leitet den elektr. Strom. Diamant ist farblos, D 3,51 g/cm^3, und ist ein Isolator. Diamant lässt sich in Graphit überführen, der umgekehrte Prozess gewinnt an techn. Bedeutung. Ruß, Holzkohle, Koks bestehen jeweils aus sehr kleinen, regellos zusammengefügten Graphitteilchen (frühere Bezeichnung: »amorpher« K.). K. ist auch der Hauptbestandteil der Steinkohle. Verwendung des elementaren K.: Ruß zur Herstellung von Druckfarbe, Schuhcreme, Tusche u. a. sowie als Füllmittel in der Gummiwarenind.; in sehr fein zerteiltem Zustand als Tier- oder Holzkohle, Aktivkohle. K. verbindet sich mit einigen Metallen zu **Carbiden.** K. nimmt unter den Elementen eine Sonderstellung ein durch seine Fähigkeit, seine Atome untereinander in vielfältiger Weise zu verketten.

Kohlenwasserstoffe, chem. Verbindungen des Kohlenstoffs mit Wasserstoff; Grundkörper der organ. Verbindungen. Die vierwertigen C-Atome sind untereinander durch Einfach- oder Mehrfachbindung zu einem stabilen C-Gerüst verknüpft. Die freien Valenzen der C-Atome können sich mit Wasserstoff o. a. Elementen verbinden. Es gibt 2 Hauptgruppen von K., die → aliphatischen Verbindungen und die → zyklischen Verbindungen.

Kohlepfennig, bis zum 31. 12. 1995 in Prozent des Strompreises festgelegte Abgabe zur Subventionierung des Einsatzes dt. Kohle bei der Stromerzeugung; 1994 als verfassungswidrig verworfen.

Kọhler, 1) Georges, dt. Immunologe, * 1946, † 1995; erhielt 1984 für immunbiolog. Forschungen mit C. Milstein und N. K. Jerne den Nobelpreis für Physiologie oder Medizin. – **2)** Wolfgang, amerikan. Psychologe dt. Herkunft, * 1887, † 1967; ein Begründer der Gestaltpsychologie.

Köhlerei, Herstellung von Holzkohle durch Verschwelen von Holz im **Kohlenmeiler.**

Kọhlhaas, Michael, Held der gleichnamigen Novelle von H. v. Kleist, nach dem Kaufmann Hans Kohlhase aus Kölln bei Berlin (* um 1500, † [hingerichtet] 1540), der aus verletztem Gerechtigkeitsgefühl zum Gesetzesbrecher wurde.

Kohlrạbi *der,* Gartenkohlart, deren Stängelknolle als Gemüse dient.

Kọhlrausch, Friedrich, dt. Physiker, * 1840, † 1910; sein »Leitfaden der prakt. Physik« (1870) wurde Vorbild für ähnl. Werke.

Kohlrös|chen, Orchideengattung **Schwarzes K., Braunelle,** mit schwarzroter, kugeliger Blütenähre, auf kalkigen Gebirgsmatten Europas; steht unter Naturschutz.

Kohlrübe, Steckrübe, Erdkohlrabi, Wruke, aus dem Wildkohl entstandene Gemüse- und Futterrübe, mit gelber, dickfleischiger Rübenwurzel.

Kohlweißling, Tagfalter; die Raupen fressen an Kohl, Raps, Rüben und Senf.
Kohorte *die,* altröm. Truppeneinheit; der 10. Teil einer Legion, gegliedert in 6 Zenturien von 600, später 1000 Mann.
Kohout ['kɔhɔut], Pavel, tschech. Schriftsteller, * 1928; erhielt 1968 Publikationsverbot, war Initiator und Unterzeichner der »Charta 77« und wurde 1979 aus der ČSSR ausgebürgert.
Koine *die,* griech. Sprache im Zeitalter des Hellenismus; Verkehrssprache der Antike.
Ko|inzidenz *die,* Zusammenfallen, Zusammentreffen.
Ko|itus → Geschlechtsverkehr.
Koivisto ['kɔivistɔ], Mauno, finn. Politiker (Sozialdemokrat), * 1923; 1968 bis 1970 und 1979 bis 1981 Min.-Präs., 1981 bis 1994 Staatspräsident.
Koje *die,* **1)** Bettverschlag auf Schiffen. – **2)** kleiner Raum.
Kokain *das,* Alkaloid aus den Blättern des Kokastrauchs; gefährl. Suchtmittel, das geschnupft, injiziert oder als »Crack« (mit Backpulver und Wasser vermischt) geraucht wird; euphorisierende Wirkung.
Kokand, Stadt in Usbekistan, 182000 Ew.; Superphosphatfabrik, Metall-, chemische, Leicht-, Nahrungsmittelindustrie.
Kokarde *die,* Abzeichen an Hut oder Mütze, urspr. in der Frz. Revolution am Hut getragene Schleife oder Stoffblume als Erkennungsmerkmal polit. oder militär. Einheiten; heute meist aus Metall, rund oder oval, auch Kennzeichen an Flugzeugen.
Kokastrauch, Storchschnabelgewächs in den Anden von Peru bis Kolumbien, auch in Indien, Sri Lanka und Indonesien kultiviert. Die Blätter enthalten Kokain.
Kokerei, Betrieb zur Gewinnung von Koks und Gas.
kokett, gefallsüchtig; **kokettieren,** tändeln.
Kokille *die,* ⚙ eiserne Gussform für Rohstahlblöcke und Kokillenguss, → Gießerei.
Kokken, *Sg.* **Kokkus** *der,* → Bakterien.
Kokon [ko'kɔ̃] *der,* Schutzhülle um eine Insektenpuppe oder um Eigelege (z. B. bei Spinnen, Käfern, Würmern), aus Gespinst allein oder mit versponnenen Untergrund-, Nahrungsteilen, Körperhaaren u. a.
Kokoschka, Oskar, österr. Maler, Grafiker, Schriftsteller, * 1886, † 1980; entwickelte einen zw. Impressionismus und Expressionismus sich bewegenden Stil: Landschaften, Bildnisse, symbol. Kompositionen und Illustrationen; schrieb Dramen, Prosa u. a.
Kokos-Inseln, Cocos Islands, Keeling-Inseln, austral. Inselgruppe im Ind. Ozean, 14 km², rd. 600 Ew.; Kokospalmen; ⚒. – Ab 1857 brit., seit 1955 unter Verwaltung des Austral. Bunds.
Kokos|palme, trop. Fiederpalmengattung. Die Wedel sind 4 bis 6 m lang, der Stamm ist bis 30 m hoch. Die kopfgroße, dreikantige Frucht **(Kokosnuss)** hat eine aus drei Schichten bestehende Fruchtwand. In der steinharten Innenschicht sitzt eine fleischige Hohlkugel, der Samen; er enthält milchähnl. Flüssigkeit **(Kokoswasser,** umgangssprachlich auch **Kokosmilch).** Das Holz dient als Nutzholz; das Laub zu Dachbedeckung u. a.; die Fruchtfaser **(Kokosfaser,** Coir) dient zur Herstellung von Tauen, Matten, Polster; der Blütenscheidensaft wird zu Palmzucker, Palmwein verarbeitet, das getrocknete Samenfleisch **(Kopra)** zu Speisefett **(Kokosfett, Kokosöl),** Kerzen, Seife, der Pressrückstand gibt Kraftfutter.
Koks *der,* ein Brennstoff, Rückstand beim Entgasen hauptsächlich von Steinkohle (→ Kohle).
Kola, Halbinsel zw. Weißem Meer und Barentssee, Russland. Im W, in Chibinien (bis 1191 m hoch), sind bedeutende Nephelin- und Apatitlager, in der **Montsche-Tundra** (bis 1114 m hoch) Nickel- und Kupferlager, bes. bei Montschegorsk; Haupthafen Murmansk.

Oskar Kokoschka. Prag, Moldauhafen (1936)

Kolabaum, tropisch-afrikan. Baumgattung mit faustgroßen, mehrsamigen Früchten. Die Keimlinge der Samen, die **K.-Nüsse,** enthalten Koffein (u. a. zur Herstellung von Erfrischungsgetränken).
Kolb, Annette, dt. Schriftstellerin, * 1870, † 1967; geistvoll-liebenswürdige Erzählerin (Romane »Daphne Herbst«, 1928, »Die Schaukel«, 1934).

Pavel Kohout

Kolbe, 1) Georg, dt. Bildhauer, * 1877, † 1947; schuf idealist. Aktplastiken, Gruppen und Porträts meist in Bronzeguss. – **2)** Maximilian, poln. Franziskaner, * 1894, † Auschwitz 1941; ging freiwillig für einen Mitgefangenen in den Tod, 1982 heilig gesprochen (Tag: 14. 8.).
Kolben, 1) ⚗ flaschenförmiges Glasgefäß. – **2)** ✿ ährenartiger, aber dickachsiger Blütenstand, z. B. beim Mais. – **3)** Maschinenteil in K.-Maschinen, der in einem Zylinder Druckkräfte aufnimmt und an einen Kurbeltrieb abgibt (Kraftmaschinen) oder auf eine Flüssigkeit oder Gas überträgt (Pumpen, hydraul. Pressen, Kompressoren). Abdichtung u. a. durch **Kolbenringe.**
Kolbenheyer, Erwin Guido, dt. Schriftsteller, * 1878, † 1962; wies als Vertreter völkischer, antiindividualist. und antikirchl. Vorstellungen viele Berührungspunkte mit der natsoz. Ideologie auf.
Kolbenmaschine, eine Arbeits- oder Kraftmaschine, bei der unter Druck stehende Dämpfe oder Gase auf den Kolben wirken und Arbeit leisten.
Kolberg, poln. **Kołobrzeg,** Ostseebad und Hafen in der poln. Wwschaft Koszalin, 43000 Ew., Fischverarbeitung, elektrotechn. Industrie.
Kolchis *die,* fruchtbares Schwemmland am unteren Rioni, östlich des Schwarzen Meers, Georgien. In der griech. Sage die Heimat der Medea.

Annette Kolb

Kolchizin, Colchicin *das,* giftiges Alkaloid der Herbstzeitlose; in geringen Mengen schmerzlindernd bei Gicht.
Kolchose *die,* in der früheren Sowjetunion genossenschaftlich organisierter landwirtschaftl. Großbetrieb.
Kolding ['kɔleŋ], Hafenstadt an der O-Küste Jütlands, Dänemark, 58000 Ew.; Schlachthöfe, Viehmarkt; Ruine der got. Burg.
Kolibakteri|en, im Dickdarm gesunder Warm- und Kaltblüter in Symbiose mit dem Wirt lebende Bakterien.
Kolibris, artenreiche Familie kleiner, farbenprächtiger, metallisch schillernder, amerikan. Vögel, schnelle

Kolibris
Topaskolibri

Schwirrflieger in subtrop. und trop. Breiten; der Kleinste wiegt nur etwa 2 g; nähren sich mithilfe ihrer Pinselzunge und ihres röhrenartigen Schnabels von Nektar und Blüteninsekten.

Kolik *die,* → Krampf.

Kolk *der,* durch Wasserwirbel oder -strömung im Flussbett entstandene Vertiefung.

Kolk|rabe, 60 bis 70 cm großer Rabe mit schwarzem, metall. Gefieder; unter Naturschutz; Flugbild greifvogelähnlich.

Kollaboration *die,* Zusammenarbeit mit der Besatzungsmacht oder dem Feind, bes. in Frankreich 1940 bis 1944. Die **Kollaborateure** wurden überall nach Abzug der dt. Truppen verfolgt.

Kollagene *Pl.,* Gerüsteiweiße, die den Hauptbestandteil des Bindegewebes und der organ. Knochensubstanz bilden. K. bilden das Ausgangsmaterial für Gelatine, Leim, medizin. Nahtmaterial und Wundverband.

Kollaps *der,* ⚕ Zusammenbruch v. a. des Kreislaufs; Verb: **kollabieren.**

Kollation *die,* 1) Vergleichung einer Abschrift mit der Urschrift. – 2) Verleihung eines kirchl. Amts.

Kolleg *das,* 1) Vorlesung (an Hochschulen). – 2) Institut zur Erlangung der Hochschulreife.

Kollegialprinzip, Zusammensetzung einer Behörde aus mehreren Mitgliedern, die durch Abstimmung entscheiden.

Kollegiatkirche, eine Stiftskirche, die kein Bischofssitz ist.

Kollekte *die,* 1) kirchl. Geldsammlung zu wohltätigem Zweck. – 2) kath. Messe: Gebet des Priesters vor der Epistel.

Kollektiv *das,* Gruppe, Arbeitsgemeinschaft, bes. im sozialist. Sprachgebrauch.

Kollektivierung, Überführung von Privateigentum (bes. landwirtschaftl. Besitz) in Kollektiveigentum.

Kollektivismus *der,* Lehre, dass das gesellschaftl. Ganze den Vorrang vor dem Einzelnen (Individuum) habe, den der K. als unselbstständigen Teil des Ganzen auffasst; Ggs.: Individualismus. Dem K. entsprechen gebundene Formen der Wirtschaft (Zwangs-, Planwirtschaft, kollektive Arbeitsregelungen).

René Kollo

Kollektivschuld, moral. und rechtl. Schuld, die einer Gesamtheit (Familie, Gruppe, Volk) für unmoral. oder verbrecher. Handlungen einzelner Glieder oder eines größeren Mittäterkreises beigemessen wird, auch wenn viele Individuen unschuldig sind. Der während und bes. nach dem 2. Weltkrieg erhobene Vorwurf einer K. des dt. Volkes für die natsoz. Verbrechen blieb umstritten. Das heutige Strafrecht kennt nur eine individuelle Schuld.

Kollektivvertrag, 1) Staatsvertrag, an dem mehr als 2 Staaten beteiligt sind. – 2) → Tarifvertrag.

Kollektor *der,* 1) bei elektr. Maschinen der → Kommutator. – 2) eine Elektrode des Bipolartransistors. – 3) → Sonnenkollektor.

Koller, Arnold, schweizer. Politiker (CVP), * 1933; Jurist, seit 1987 Bundesrat (seit 1993 Justiz- und Polizeidepartement); 1990 und 1997 Bundespräsident.

Koller *das,* 1) aus der Soldatenmode übernommene ärmellose Kurzweste des 16./17. Jh. – 2) **K., Goller,** Schulterkragen der weibl. Oberbekleidung im 15./16. Jh. – 3) Schulterpasse an Jacken und Mänteln.

Köln
Stadtwappen

Koller *der,* Ausbruch angestauter Gefühle (z. B. Lager-K.).

Kollergang, ⚙ Zerkleinerungsmaschine (für Erze, Steine, Kohlen), bei der mehrere um eine horizontale Welle rotierende und um eine senkrechte Welle umlaufende schwere Walzen das Gut zw. sich und der fest stehenden Mahlbahn zerdrücken.

Kollimator *der,* opt. Vorrichtung, die eine Messmarke ins Unendliche abbildet.

Kollision *die,* Zusammenstoß, Gegeneinanderwirken versch. Kräfte; Zwist.

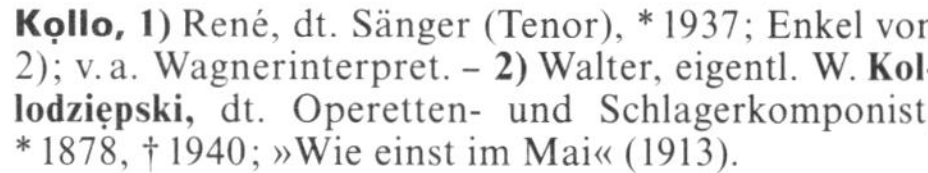

Kollo, 1) René, dt. Sänger (Tenor), * 1937; Enkel von 2); v. a. Wagnerinterpret. – 2) Walter, eigentl. W. **Kollodziepski,** dt. Operetten- und Schlagerkomponist, * 1878, † 1940; »Wie einst im Mai« (1913).

Kollodium *das,* Lösung von Dinitrozellulose in Alkohol und Äther, verwendet z. B. als Wundverschluss, zur Lackherstellung.

Kolloide *Pl.,* ⚗ fein verteilte Stoffe mit Teilchengrößen zw. tausendstel und millionstel Millimeter. Die Teilchen sind als **disperse Phase** (→ Dispersion) verteilt. Kolloidale Lösungen stehen zw. echten Lösungen und Suspensionen; sie zeigen keinen osmot. Druck, keine Siedepunktserhöhung und keine Gefrierpunktserniedrigung. Gelöste Kolloidteilchen tragen meist adsorbierte Ladungen, weshalb sie elektrolytisch ausgeschieden werden können (Elektrophorese); sie setzen sich als Gelee ab (Koagulation, Ausflockung). K., die das Ausflocken anderer verhindern, heißen Schutz-K., z. B. Dextrin. Im pflanzlichen und tierischen Körper sind viele Wirkstoffe in kolloidaler Lösung vorhanden.

Kolloquium *das,* wiss. Unterredung.

Käthe Kollwitz.
Heimarbeit,
Kohlezeichnung
(1905)

Kollusion *die,* ⚖ unerlaubtes Zusammenwirken mehrerer Personen zum Nachteil eines Dritten.

Kollwitz, Käthe, dt. Grafikerin und Bildhauerin, * 1867, † 1945; realist., von ihrem sozialen Engagement geprägte Radierungen und Lithographien; Gefallenendenkmal bei Diksmuide in Belgien. Schrift »Ich will wirken in dieser Zeit« (1952).

Köln, Hptst. des Reg.-Bez. K., NRW, beiderseits des Rheins, 955 500 Ew.; wichtiger Bahnknoten, Flusshafen, ✈ in Wahn. Neben dem Kölner Dom zahlreiche roman. und got. Kirchen, weltl. Bauten (Altes Rathaus, Gürzenich); Erzbischofssitz, Univ., Hochschulen u. a. für Musik und Sport, Forschungsinstitute, Röm.-German. Museum, Wallraf-Richartz-Museum/Museum Ludwig u. a.; Sitz des Dt. Städtetags, von Botschaften, Konsulaten, Handelsmissionen, Wirtschaftsverbänden u. a. – Fahrzeug-, Maschinenbau, chem. Ind., Elektrotechnik, Verlage, Petrochemie u. a.; Warenbörse, Messestadt. – K. entstand als röm. Stadt (Colonia Agrippinensis); Karl d. Gr. errichtete 795 das Erzbistum K. Die Stadt, wichtiger Handelsort schon vor der Hanse, wurde 1288 Reichsstadt. 1815 kam sie an Preußen. Im 2. Weltkrieg zu 75% durch Bomben zerstört.

Kölner Dom, bedeutendes Bauwerk der Hochgotik in Dtl., fünfschiffiges Langhaus, Westtürme 160 m hoch; 1248 begonnen, Chor 1322 geweiht. Der K. D. wurde erst 1842 bis 1880 vollendet. Dreikönigsschrein, Altar der Stadtpatrone u. a.

Kölner Malerschule, Schule der dt. Tafelmalerei im Kölner Raum von 1300 bis 1500: Meister der hl. Veronika, S. Lochner, Meister des Marienlebens, Meister des Bartholomäus-Altars u. a.

kölnisch Wasser, frz. **Eau de Cologne,** alkohol. Lösung flüchtiger Öle; Duftwasser.

Kolombine *die,* Partnerin des Harlekins in der italienischen Stegreifkomödie (Commedia dell'Arte).

Kolon *das,* **1)** Satzzeichen: Doppelpunkt. – **2)** ⚕ der Grimmdarm.

Kolonialismus *der,* eine auf Erwerb und Ausbeutung von Kolonien ausgerichtete Politik und die dahinter stehende Ideologie.

Kolonialstil, ⌂ in den Kolonialländern gepflegter Baustil, der den Entwicklungen im Mutterland folgte und noch lange nachwirkte.

Kolonialwaren, veraltet für (ursprünglich aus Übersee stammende) Lebens- und Genussmittel.

Kolonie *die,* von einer fremden Macht abhängiges, meist in Übersee liegendes Gebiet. Man unterscheidet: **Siedlungs-K.,** zur dauerhaften Besiedlung durch Auswanderer; **Wirtschafts-K.,** zur wirtschaftl. Ausbeutung; **kolonialer Stützpunkt,** Militär-, Luft-, Flottenstützpunkt; **Straf-K.,** zur Unterbringung von Sträflingen. Nach dem rechtl. Status gibt es **eigentl. K.** (mit und ohne Selbstverwaltung; →Kronkolonie), **Protektorate, Schutzstaaten** und **Schutzgebiete, Pachtgebiete** sowie **Mandats-** und **Treuhandgebiete.** Die Bezeichnung K. wird heute vielfach durch eine andere ersetzt, etwa durch **Überseegebiet, Territorium.** – Die Gründung von K. begann mit den Phönikern (Karthago), steigerte sich im Zeitalter der Entdeckungen (Spanien, Portugal) und erreichte in der Zeit vor dem 1. Weltkrieg ihren Höhepunkt. Nach dem 2. Weltkrieg setzte eine rasche Auflösung der Kolonialreiche ein.

Kolonnade *die,* Säulengang mit geradem Gebälk; Ggs.: Arkade.

Kolonne *die,* **1)** allg. geordnete Schar, Arbeitsgruppe. – **2)** ⚔ Form der Truppenaufstellung. – **3)** ⚗ senkrechter Hohlzylinder zur Trennung von Stoffgemischen. – **4)** in der graf. Technik senkrechte Reihe untereinander geschriebener Zahlen oder Wörter.

Kolophonium *das,* Rückstand bei der Destillation des Terpentinöls; Verwendung als Geigenbogenharz und bei der Herstellung von Lacken und Klebstoffen.

Koloratur *die,* reiche Auszierung der Gesangsstimme, bes. für Sopranstimme.

kolorieren, eine Zeichnung farbig ausmalen.

Kolorimeter *das,* ⚗ Gerät zur Messung der Konzentration einer Farblösung durch Vergleichslösungen.

Kolorit *das,* **1)** Farbgebung; bes. Atmosphäre. – **2)** 𝄞 Klangfarbe.

Koloss *der,* Riesengebilde, großes Standbild, z. B. der **K. von Rhodos,** ein von Chares aus Lindos gegossenes, 32 m hohes Bronzestandbild des Helios am Hafen von Rhodos, stürzte um 225 v. Chr. infolge eines Erdbebens ein; eines der 7 Weltwunder.

Kolosserbrief, Abk. **Kol.,** Schrift des Apostels Paulus oder eines seiner Schüler an die Gemeinde Kolossai in Kleinasien.

Kolosseum *das,* 80 n. Chr. vollendetes Amphitheater in Rom für 40 000 bis 50 000 Zuschauer; heute großartige Ruine.

Kolostrum *das,* **Vormilch,** ⚕ gelbl., bes. eiweiß- und antikörperreiches Sekret der weibl. Brustdrüsen; wird schon vor und einige Tage nach der Geburt gebildet.

Kolping, Adolf, dt. kath. Theologe, * 1813, † 1865; Gründer der kath. Gesellenvereine.

Kolportage [-'ta:ʒə], **1)** literarisch minderwertige Schrift. – **2)** Verbreitung von Gerüchten. **K.-Roman,** minderwertiger Hintertreppenroman.

Kolposkop *das,* ⚕ Gerät zur opt. Untersuchung (Kolposkopie) der Scheidenschleimhaut des Gebärmutterhalses.

Kölsch, obergäriges Weißbier, das in Köln seit dem 15. Jh. gebraut wird.

Koltschak, Aleksandr, russ. Admiral, * 1873, † (erschossen) 1920; 1918/19 Führer der weißruss. Armee gegen die Bolschewiki.

Kolumbarium *das,* Urnenhalle eines Krematoriums.

Kolumbien

Staatswappen

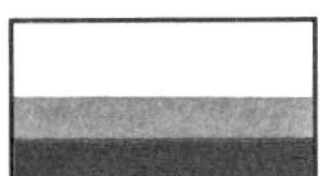

Staatsflagge

Internationales Kfz-Kennzeichen

Kolumbilen, Rep. im NW Südamerikas, 1,139 Mio. km², 33,4 Mio. Ew.; Hptst. Bogotá; Amtssprache: Spanisch. Präsidialverfassung. Reicht vom Pazif. Ozean und Karib. Meer bis zum Amazonastiefland, im W fächern sich die Kordilleren in 3 Ketten auf, die mittlere bis 5 755 m hoch; viele fruchtbare Hochbecken. Im O Trockensavannen (Llanos), nach SO in trop. Regenwälder (Amazonasgebiet) übergehend. Hauptflüsse: Magdalena, Cauca. Über 70 % Mestizen und Mulatten, rd. 20 % Weiße, sonst Schwarze und Indianer. Religion: rd. 97 % kath. – Anbau von Mais, Maniok, Hülsenfrüchten; für die Ausfuhr: Kaffee, Baumwolle, Bananen; Rinderzucht; Energiewirtschaft. ⚒ auf Erdöl, Erdgas, Steinkohle, Erze (auch Edelmetalle), Schmucksteine, Salz. Nahrungsmittel-, chem., Papier-, Metallind., Raffinerien. Haupthandelspartner: USA. Haupthäfen: Santa Marta, Cartagena, Buenaventura, Barranquilla. Internat. ✈ Bogotá.

Geschichte. Die 1536 bis 1539 errichtete span. Herrschaft wurde 1819 von S. Bolívar beendet. In blutigen Bürgerkriegen wurde ein loser Staatenbund, 1886 die »Rep. K.« geschaffen, deren Verf. bis 1991 gültig war. In den 1980er-Jahren entwickelte sich K. zunehmend zu einem Zentrum des Handels mit Kokain (in Bolivien und Peru angebaut), dessen Organisatoren, nach ihrer Operationsbasis Medellín auch Medellínkartell genannt (inzwischen vom Calikartell überflügelt), staatl. Verfolgungsmaßnahmen mit Gewaltaktionen (»Drogenkrieg«) zu vereiteln suchten. Staatspräs.: Ernesto Samper (seit 1994).

Adolf Kolping

Kolumbus, Christoph, ital. Seefahrer in span. Diensten, * 1451, † 1506; Entdecker Amerikas; wollte Indien auf dem Westweg erreichen, gewann die Unterstützung der Königin Isabella; segelte auf seiner 1. (von insgesamt 3) Reisen am 3. 8. 1492 in Palos ab und landete am 12. 10. 1492 auf der Insel Guanahani (Bahamas).

Kolumne *die,* **1)** senkrechte Reihe von Zahlen. – **2)** 📖 Satzspalte. – **3)** Presse: regelmäßig an einer bestimmten Stelle in einer Zeitung stehender kurzer Meinungsartikel, oft von einem prominenten Verfasser, dem **Kolumnisten,** geschrieben.

Kolwezi [-zi], kongoles. Bergbaustadt, 384 000 Ew., Kupfer-Kobalt-Erzbergbau und -verarbeitung.

kom..., Nebenform von →kon... vor Wörtern, die mit b, p oder m beginnen.

Koma, 1) *das,* ⚕ tiefe, andauernde Bewusstlosigkeit. – **2)** *die,* Bildfehler von Linsen oder Linsensystemen: ein seitlich der opt. Achse gelegener Punkt wird nicht als

Punkt, sondern in Form eines Kometenschweifs abgebildet. – **3)** *die,* leuchtende Gashülle um den Kern eines Kometen.

Komantschen, nordamerikanischer Indianerstamm, →Comanchen.

Kombattant *der,* zur Durchführung von Kampfhandlungen im Krieg berechtigte Personen, auch Freischärler.

Kombi, Kombiwagen, Limousine mit Hecktür und großem Stauraum.

Kombikraftwerke, Stromerzeugungsanlagen mit kombinierter Gas- und Dampfturbine, setzen bei größerer Leistung weniger Schadstoffe frei.

Kombinat *das,* Zusammenschluss industrieller Erzeugungsstätten mit ihren Nebenind.; in sozialist. Ländern vorherrschende Produktionsform.

Kombination *die,* **1)** Zusammenfügung, Verknüpfung; Vermutung. – **2)** planmäßiges Zusammenspiel. – **3)** Zusammenfassung mehrerer sportl. Disziplinen, z. B. alpine Kombination.

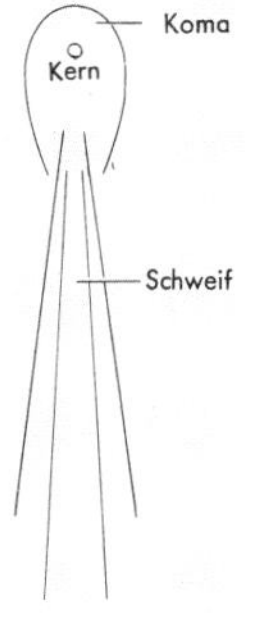

Komet
Schematische Darstellung

Kombinatorik, Kombinationslehre, $\sqrt{}$ Lehre von den versch. Möglichkeiten, gegebene Dinge oder Elemente anzuordnen, bes. in der Wahrscheinlichkeitsrechnung.

kombinierter Verkehr, Transport von Lkw-Fracht durch Eisenbahnen zur Verminderung von Straßenverkehr und Umweltbelastung; beim **Huckepackverkehr** werden Container usw. befördert, bei der **Rollenden Landstraße** die kompletten Lkw.

Komet *der,* **Schweifstern,** ☼ Himmelskörper von geringer Masse und Dichte, besteht aus Kopf (Kern und Koma) und in Sonnennähe oft einem von der Sonne abgekehrten Schweif. Ein mit bloßem Auge sichtbarer wiederkehrender K. ist der **Halleysche K.** (Umlaufzeit 76 Jahre, letzte Annäherung Mai 1986).

Komi, Republik K., autonome Rep. in Russland, westl. des nördl. Ural, 415 900 km^2, 1,27 Mio. Ew., zu 58 % Russen, zu 23 % K. (früher Syrjänen, leben auch in W-Sibirien und auf der Halbinsel Kola, sprechen eine ostfinn. Sprache; mit ihnen verwandt sind die **K.-Permjaken**), Hptst. Syktywkar. Holzverarbeitung, Rentierzucht, ⚒ auf Kohle (Workuta), Erdöl, Erdgas.

Komik *die,* übertreibende, Lachen erregende Kontrastierung durch Gestik, Mimik, Handlung.

Kominform *das,* Kurzwort für **Kom**munistisches **In**formationsbüro, 1947 in Warschau anstelle der Komintern gegr., 1956 aufgelöst.

Komintern *die,* Kurzwort für **Kom**munistische (III.) **Intern**ationale; 1919 in Moskau gegr., um die Ideen der Revolution im Sinn der marxist.-leninist. Lehren in anderen Ländern zu verbreiten; wurde bes. unter Stalin ein Werkzeug der sowjet. Außenpolitik, löste sich 1943 auf. Der gegen die K. gerichtete **Antikominternpakt** wurde 1936 zwischen dem natsoz. Dt. Reich und Japan abgeschlossen, seit 1937 erweitert (Italien, Ungarn, Spanien u. a.).

Komitat *das,* früher Verw.-Gebiet in Ungarn.

Komitee *das,* mit einer bestimmten Aufgabe betrauter Ausschuss.

Komiti|en *Pl.,* im alten Rom die Versammlungen der Bürger mit Stimmrecht.

Komma *das,* Satzzeichen: der Beistrich.

Kommagene, im Altertum Landschaft im südöstl. Kleinasien, im 3. Jh. v. Chr. selbstständige Dynastie; imposantes Grabmal von Antiochos I. auf dem Nemrut Dağı.

Kommandant *der,* Befehlshaber eines Standorts, eines Schiffs u. a. **Kommandeur,** Führer einer Truppe.

Kommanditgesellschaft, Abk. **KG,** Handelsgesellschaft, bei der mindestens ein Gesellschafter persönl. mit seinem ganzen Vermögen haftet **(Komplementär),** der andere Teil nur mit einer bestimmten Vermögenseinlage **(Kommanditist).** Von der offenen Handelsgesellschaft (OHG) unterscheidet sich die K. durch die Stellung des Kommanditisten (§§ 161 ff. HGB). Bei der **K. auf Aktien** (KGaA) sind die Kommanditisten mit Einlagen auf das in Aktien zerlegte Grundkapital beteiligt.

Kommando *das,* **1)** Befehl eines Vorgesetzten; Dienststelle in den Streitkräften; mit einer Sonderaufgabe betreute Gruppe von Soldaten. **K.-Brücke,** die Führungszentrale eines Schiffs mit Steuerraum, Kartenhaus u. a. – **2)** Teil eines Programms zur Auslösung eines bestimmten Arbeitsschritts am Computer.

Kommende *die,* **1)** im kath. Kirchenrecht kirchl. Pfründe ohne Amtspflichten. – **2)** Komturei (→Komtur).

kommensurabel, mit gleichem Maß messbar, vergleichbar.

Komment [kɔˈmã] *der,* Regeln des student. Verbindungslebens.

Kommentar *das,* Erläuterung; Auslegung von Gesetzen, Büchern, Zeitereignissen u. a.; Meinungsbeitrag eines Journalisten **(Kommentator).**

Kommers *der,* feierl. Trinkgelage einer student. Verbindung mit Gesang von **K.-Liedern.**

Kommerz *der,* heute meist abwertend für Handel, Verkehr. **Kommerzialisierung,** Unterordnung von kulturellen Werten unter wirtschaftl. Interessen.

Kommerzi|enrat, im Dt. Reich bis 1919 an Persönlichkeiten aus der Wirtschaft verliehener Ehrentitel; in Österreich: **Kommerzialrat.**

Kommilitone *der,* Mitstudent, Studienkollege.

Kommissar *der,* **1)** im Staats- oder Gemeindeauftrag tätige Person, die mit Sondervollmachten ausgestattet ist. – **2)** Amtsbezeichnung, z. B. Polizei-K.; **kommissarisch,** in Vertretung.

Kommission *die,* **1)** Auftrag. – **2)** Ausschuss.

Kommissionär *der,* Kaufmann, der Waren oder Wertpapiere im eigenen Namen, aber für Rechnung eines andern **(Kommittent)** gegen Vergütung (Provision) kauft oder verkauft.

Kommissionsbuchhandel →Buchhandel.

Kommodore *der,* **1)** Kriegsmarine: Kapitän zur See, in Admiralsstellung. – **2)** Luftwaffe: Kommandeur eines Geschwaders. – **3)** Handelsmarine: Ehrentitel für verdiente Kapitäne.

Kommunal|anleihen, von Gemeinden oder Gemeindeverbänden aufgenommene langfristige Kredite.

kommunale Spitzenverbände, Zusammenschlüsse kommunaler Gebietskörperschaften und deren Regionalverbände zur Auswertung von Erfahrungen und zur Beratung gemeinsamer Gemeindeangelegenheiten. In Dtl. bilden der **Dt. Städtetag,** der **Dt. Städte- und Gemeindebund** und der **Dt. Landkreistag** die **Bundesvereinigung der k. S.;** Sitz Köln.

Kommunal|obligation, die Teilschuldverschreibung einer Kommunalanleihe.

Kommunalpolitik, die der Erfüllung der Gemeindeaufgaben gewidmete Gesetzgebungs- und Verwaltungstätigkeit.

Kommunalwissenschaft, wiss. Darstellung der Gemeindeverwaltung, Teil der Verw.-Wissenschaft.

Kommune *die,* **1)** Gemeinde. – **2) Pariser K.,** die revolutionäre sozialist. Sonderreg. vom 15. 3. bis 28. 5. 1871. – **3)** Vereinigung linksgerichteter Studenten **(Kommunarden).** – **4)** →Volkskommune. – **5)** Lebens- und Wohngemeinschaft mehrerer nicht untereinander verwandter Personen.

Kommunikation *die,* Mitteilung, Verständigung, Übermittlung von Information, z. B. durch Massenmedien.

Kommunion *die,* kath. Kirche: Abendmahl. **Kommunikant,** Teilnehmer an der Kommunion.

Kommuniqué [-myniˈke:] *das,* Denkschrift, amtl. Mitteilung.

Kommunismus *der,* Theorie einer Gesellschaftsordnung, in der es keine Klassenunterschiede gibt, die

Produktionsmittel, die Produktion und die Güterverteilung in den Händen der Gesellschaft liegen, jeder gleichen Zugang zu den Verbrauchsgütern hat und der Staat mit seiner Zwangsgewalt zugunsten freiwilliger Zusammenarbeit verschwunden ist. Gedankengänge dieser Art wurden schon früh vertreten (antikes Griechenland, frühes Christentum). Der heutige K. entstand aus dem →Sozialismus des 19. Jh. Die beiden Begriffe wurden anfangs auswechselbar benutzt. Der Sozialismus und mit ihm der K. erhielten ihre theoret. Grundlage durch K. Marx und F. Engels (→Marxismus). Sie verfassten 1847/48 in London eine Kampfschrift, das **Kommunist. Manifest,** die die Arbeiter aller Länder zum Zusammenschluss aufrief. In Auseinandersetzung mit reformer. Richtungen innerhalb des Marxismus (→Revisionismus) deutete und spezifizierte W. I. Lenin die Lehren von Marx und Engels neu (Marxismus-Leninismus) und schuf die theoret. Grundlagen des Bolschewismus, der in der Oktoberrevolution 1917 in Russland zur Macht kam. Mithilfe der →Komintern ging unter J. W. Stalin die Führung des Welt-K. auf die Sowjetunion über. Nach ihrem Sieg im 2. Weltkrieg wurde der Marxismus-Leninismus auch in den osteurop. Staaten zur Staatsdoktrin. 1989/90 konnten in allen osteurop. Staaten die kommunist. Regimes gestürzt werden.

In kommunistisch regierten Staaten sind Machtpolitik und Ideologie eng miteinander verschmolzen. In VR oder Volksdemokratien ist der K. jeweils durch eine Minderheit zur Herrschaft gelangt. Er setzte dann alle Mittel ein, um die Alleinherrschaft zu erringen; die übrigen polit. Parteien wurden aufgelöst oder führten ein Schattendasein. Der Staatsapparat wurde der kommunist. Partei untergeordnet und von ihr überwacht. Die Herrschaftsform ist totalitär und bürokratisch, individuelle Freiheit aufgehoben und in der Wirtschafts-, Sozial- und Kulturpolitik durch einen radikalen →Kollektivismus ersetzt; das Privateigentum an Produktionsmitteln wurde durch Vergesellschaftung und Bodenreform beseitigt oder zumindest eng begrenzt. Gleichzeitig wurden starke militär. Kräfte aufgebaut. In der kommunist. Partei selbst wurden Abweichungen durch »Säuberungen« und »Liquidationen« abgewehrt. 1989 wurden von Arbeitern und Studenten ausgehende Reformforderungen in China blutig unterdrückt. Die UdSSR brach mit dem Zusammenbruch des kommunist. Herrschaftssystems 1991 auch als Staat auseinander.

kommunistische Parteien. Die k. P. war ab 1917 die allein regierende Partei in Sowjetrussland (KPdSU). Nach 1945 setzten sich k. P. in den Ostblockstaaten (Polen, Tschechoslowakei, Ungarn, Rumänien, Bulgarien, Albanien, DDR), ferner in Jugoslawien, China, Nordkorea, Vietnam, Laos und Kuba durch. 1989/90 wurde die Alleinherrschaft der k. P. durch Mehrparteiensysteme in Bulgarien, Rumänien, Polen, Ungarn, der ČSFR und der DDR abgelöst. Die KPdSU wurde 1991 verboten. In W-Europa verfügt (nach 1989/90) die k. P. nur in Frankreich über größere Wählermassen. Im übrigen Europa und in Amerika spielen sie keine große Rolle, in vielen Ländern sind sie verboten.

Die **Kommunist. Partei Deutschlands** (KPD) wurde 1919 gegr. und spielte bis 1923 eine revolutionäre Rolle. 1932 besaß sie 100 von den 584 Sitzen im Reichstag. 1933 wurde sie aufgelöst. 1945 wurde die KPD in allen Besatzungszonen zugelassen, 1946 in der sowjet. Zone mit der SPD zur →Sozialistischen Einheitspartei Deutschlands (SED) verschmolzen. In der Bundesrep. Deutschland wurde die KPD 1956 für verfassungswidrig erklärt und aufgelöst; eine »Dt. Kommunist. Partei« (DKP) wurde 1968 neu gegründet; daneben entstanden Ende der 60er-Jahre maoistisch orientierte Splittergruppen.

kommunizierende Röhren, oben offene, unten verbundene Röhren, in denen eine Flüssigkeit überall gleich hoch steht.

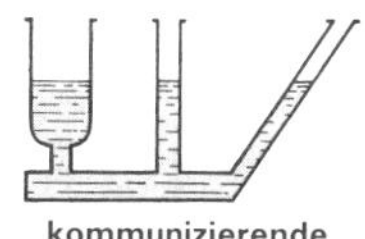

kommunizierende Röhren

Kommutation *die,* Vertauschbarkeit.

Kommutator *der,* **Kollektor,** ⚡ Teil des Läufers einer K.-Maschine, arbeitet als Gleich- oder Wechselrichter.

Komnenen, byzantin. Kaiserhaus aus Kleinasien, herrschte 1057 bis 1059 und 1081 bis 1185 in Konstantinopel, 1204 bis 1461 in Trapezunt.

Komödie *die,* **Lustspiel,** Gattung des Schauspiels, die Verwicklungen zu heiterem Schluss führt. Eine Abart ist die **Posse,** sie sucht durch Derb-Lächerliches zu wirken; eine Mittelstellung zw. beiden nimmt der **Schwank** ein.

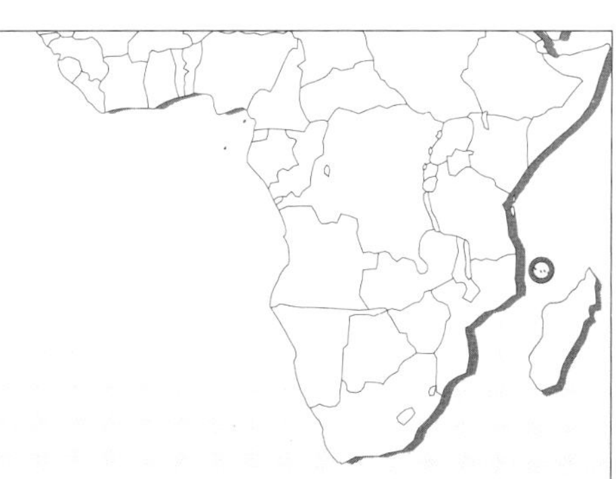

Komoren, islam. Rep. und vulkan. Inselgruppe an der O-Küste Afrikas; 1862 km² (ohne Mayotte), 585 000 Ew.; Hptst. Moroni; Amtssprache: Französisch. Ausfuhr: Vanille, Sisal, Duftstoffpflanzen (Ylang-Ylang). Die K. wurden 1886 (Mayotte 1841) frz. Protektorat, 1946 Überseeterritorium. Außer der Insel Mayotte, die sich in einer Volksabstimmung dagegen entschied, erhielten die K. 1975 die staatl. Unabhängigkeit.

Komoren

Staatswappen

Staatsflagge

Komotau, tschech. **Chomutov,** Stadt in der ČR, 57 700 Ew.; Ind.; ⚒ auf Braunkohle.

Kompagnon [-njɔ̃, -njɔŋ] *der,* Teilhaber.

Kompanie *die,* **1)** Genossenschaft, Gesellschaft. – **2)** Truppenabteilung, 60 bis 200 Mann.

Komparation *die,* Ⓢ dreistufige Steigerung der Adjektive: Positiv (Grundstufe), Komparativ (Höherstufe), Superlativ (Höchststufe).

Komparator *der,* **1)** Gerät zur genauen Längenmessung (Abstand von Spektrallinien, von Sternen auf fotograf. Platten, Messungen in der Feinmesstechnik). – **2)** ⚡ elektron. Schaltung, mit der 2 elektr. Größen verglichen werden können.

Komparse *der,* stummer Darsteller bei Theater und Film; Statist.

Kompass *der,* Instrument zum Bestimmen der Himmelsrichtung. Der **Magnet-K.** (Bussole) besteht aus einer sich in waagrechter Richtung frei drehenden Magnetnadel, die sich infolge des erdmagnet. Felds in N-S-Richtung einstellt. Beim **Kreisel-K.** dreht sich eine Scheibe mit hoher Drehzahl um eine waagrechte Achse, die sich unabhängig von magnet. Einflüssen immer genau in die N-S-Richtung einstellt; im Ggs. dazu muss der in Flugzeugen verwendete **Kurskreisel** auf die N-Richtung eingestellt werden. Der **Radio-K.** ist ein (in Flugzeugen, Schiffen) als Navigationshilfe benutzter Funkpeiler, der selbsttätig ständig die Richtung zu einem bekannten, ortsfesten Sender angibt.

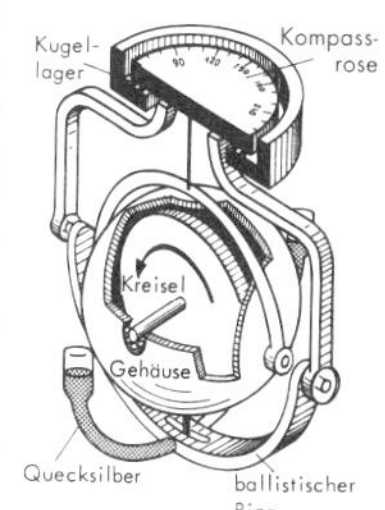

Kreisel-**Kompass**

kompatibel, vereinbar.

Kompendium *das,* **1)** Handbuch. – **2)** trichterförmiger Vorsatz vor den Linsen einer Kamera, hält Streulicht ab.

Kompensation *die,* **1)** allg.: Ausgleichung, Aufhebung der Wirkung einander entgegengesetzter Ursachen. – **2)** Außenhandel: bei Devisenbewirtschaftung die Verrechnung der Einfuhr mit der Ausfuhr, sodass keine Devisenzahlungen nötig sind. – **3)** Ⓟ Ausgleich von Minderwertigkeitsgefühlen auf einem Gebiet durch bes. Leistungen auf anderen Gebieten.

Kompensator *der,* Gerät, das eine Messgröße, z. B. elektr. Spannung oder Lichtintensität, mit einer bekannten Standardgröße vergleicht; eingesetzt für kristallopt. und polarisationsopt. Untersuchungen.

Königin der Nacht

Kompetenz *die,* Sachverstand; Zuständigkeit, u. a. einer Behörde.

Kompilation *die,* ein aus Büchern anderer zusammengestelltes Werk.

Komplement *das,* **1)** allg.: Ergänzung, Ergänzungsstück. – **2)** ⚕ Serumbestandteil, der die spezif. Wirkung eines Antikörpers ergänzt und aktiviert.

Komplementär *der,* persönl. haftender Gesellschafter der Kommanditgesellschaft.

Komplementärfarben, Farben, deren additive Mischung den Farbton Weiß ergibt.

Komplementwinkel, √ Winkel, der einen gegebenen zu 90° ergänzt.

Komplet, 1) [kõ'ple:] *das,* Kleid mit Jacke oder Mantel. – **2)** *die,* kirchl. Nachtgebet.

Komplex *der,* **1)** Gesamtumfang, Inbegriff; Gebiet, Fläche; Block (von Gebäuden). – **2)** Ⓟ Erlebnisgesamtheiten, die sich aus Einzelbestandteilen zusammensetzen; Psychoanalyse: »affektmächtiger Gedanken- und Interessenkreis« (S. Freud), der oft unbewusst ist und von sich aus in das Seelenleben einwirkt (z. B. Minderwertigkeits-K.).

komplexe Zahlen, √ aus reellen und imaginären Zahlen zusammengesetzte Zahlen der Form $a + bi$.

Komplexverbindung, ⚗ zusammengesetzte chem. Verbindung; ein **Zentralatom** oder **-ion** ist von weiteren Atomen, Molekülen, Ionen oder Radikalen, den **Liganden,** umgeben.

Großblütige **Königskerze**

Komplikation *die,* **1)** Verwicklung. – **2)** ⚕ Zusammentreffen mehrerer Krankheiten.

Kompliment *das,* Höflichkeitsbezeigung, liebenswürdige Schmeichelei.

Komplize *der,* Mittäter.

Komplott *das,* Verabredung zu einer gemeinsamen (strafbaren) Handlung.

Komponente *die,* Bestandteil eines Ganzen, Baustein.

Kompositen *Pl.,* ✿ die → Korbblütler.

Komposition *die,* **1)** wohl durchdachte Zusammensetzung. – **2)** 𝄞 Schöpfung eines musikal. Kunstwerks und dieses selbst.

Kompositum *das,* Ⓢ Zusammensetzung, zusammengesetztes Wort.

Kompost *der,* Verrottungsprodukt aus tier. und pflanzl. Abfällen.

Kompott *das,* gedünstete, gesüßte Früchte.

Kompresse *die,* ⚕ Verband aus mehrfach zusammengelegtem Mull oder Leinen.

Kompression *die,* **1)** das Zusammenpressen. – **2)** das Verdichten von Gasen, z. B. bei Verbrennungsmotoren.

Kompressor *der,* → Verdichter.

Kompromiss *der,* **1)** Vergleich, Übereinkunft. – **2)** Zwischenlösung.

kompromittieren, bloßstellen, schaden.

Komsomol *der,* die kommunist. Jugendorganisation der ehem. UdSSR, löste sich 1991 auf.

Komsomolsk am Amur, russ. Stadt am Amur, 315 000 Ew.; Stahlwerke, Werften, Flugzeugbau, Ölraffinerie.

Komtesse *die,* unverheiratete Gräfin.

Komtur *der,* **1)** Amtsträger eines Ritterordens. **Komturei, Kommende,** bei den geistlichen Ritterorden das einem K. überwiesene Verwaltungsgebiet; mehrere Komtureien bilden eine **Ballei.** – **2)** Inhaber der mittleren von 5 Klassen eines Verdienstordens (Ordenszeichen am Hals getragen).

kon..., zusammen..., mit...

Kondensation *die,* **1)** Übergang von Gasen und Dämpfen in den flüssigen oder festen Zustand. – **2)** chem. Reaktion, bei der sich zwei Moleküle unter Abspaltung von Wasser oder Alkoholen verbinden.

Kondensator *der,* **1)** ⚡ Vorrichtung zur Aufnahme elektr. Ladung. Ein K. besteht aus je 2 flächenhaften Leitern, die durch ein → Dielektrikum voneinander getrennt sind. Die → Kapazität hängt von der Leiterfläche, ihrem Abstand und der Art des Dielektrikums ab. Der K. hat die Eigenschaft, Gleichstrom zu sperren. – **2)** Vorrichtung bei Dampfturbinen, die den Abdampf zu Wasser verdichtet. – **3)** Wärmeaustauscher in Kältemaschinen, in dem der verdichtete Kältemitteldampf unter Wärmeabgabe an Kühlwasser oder Kühlluft verflüssigt wird.

Kondensor *der,* in opt. Geräten (Projektor, Mikroskop) eine Linsen- oder Spiegelanordnung zw. Lichtquelle und abzubildendem Objekt, lenkt das Licht, das das Objekt durchsetzt, in die Blende des Objektivs.

Kondensstreifen, zu Eiskristallen erstarrte feine Wassertröpfchen, die sich aus dem Wasserdampf der Abgase von Flugzeugen an Kondensationskernen bei Minustemperaturen bilden.

Kondition *die,* **1)** Bedingung; im Handel: Lieferungs-, Zahlungsbedingung. – **2)** 🏃 körperl. Verfassung.

Konditionalsatz, Ⓢ Bedingungssatz.

Konditions|training, 🏃 Übungen zur Steigerung der körperl. Leistungsfähigkeit (v. a. Kraft, Schnelligkeit, Ausdauer).

Kondolenz *die,* Beileidsbezeigung.

Kondom *das* oder *der,* **Präservativ,** Gummischutz für den erigierten Penis; dient der Schwangerschaftsverhütung und dem Schutz vor Ansteckung mit Geschlechtskrankheiten und Aids.

Kondominium *das,* gemeinsame Herrschaft mehrerer über ein Gebiet; auch das Gebiet selbst.

Kondor *der,* größter Geiervogel in den Anden und in Kalifornien; 3 m Flügelspanne.

Konduktanz *die,* Wirkleitwert eines Wechselstromkreises.

Konduktor *der,* **1)** ⚡ isolierte Metallkugel, ältere Form eines Kondensators. – **2)** der selbst gesunde Überträger einer Erbkrankheit.

Konfekt *das,* Zuckerwerk, Pralinen.

Konfektion *die,* serienmäßig hergestellte Fertigkleidung.

Konferenz über Sicherheit und Zusammenarbeit in Europa → KSZE.

Konferenz über vertrauens- und sicherheitsbildende Maßnahmen und Abrüstung in Europa → KVAE.

Konfession *die,* **1)** (Glaubens-)Bekenntnis. – **2)** Bekenntnisschrift. – **3)** christl. Kirche (in Abgrenzung zu anderen).

Konfiguration *die,* bestimmte Anordnung (z. B. von Atomen in einem Molekül).

Konfirmation *die,* **1)** Bestätigung. – **2) Einsegnung,** ev. Kirche: Bestätigung des Taufbunds seitens des **Konfirmanden;** Zulassung zu allen kirchl. Rechten und Pflichten.

Konfiskation *die,* Beschlagnahme, Einziehung.

Konfitüre *die,* Eingemachtes, Marmelade.

Konflikt *der,* Streit, Zwiespalt.

Konfliktforschung → Friedensforschung.

Konföderation *die,* Staatenbund.

Konföderierte Staaten von Amerika, die 11 Sklaven haltenden Südstaaten der USA, die 1861 bis 1865 einen Sonderbund bildeten; unterlagen im Sezessionskrieg den Nordstaaten und kehrten zur Union zurück.

Konformität *die,* Anpassung, Übereinstimmung von Mitgliedern einer Gruppe oder Gesellschaft; kann auf Zwang, persönl. Opportunität oder innerer Bejahung beruhen.
Konfrontation *die,* eine Gegenüberstellung nicht übereinstimmender Personen, Meinungen, Sachverhalte.
Konfuzius, eigentl. **Kong Qiu** [-tʃ-], chin. Philosoph, *551 v. Chr., †um 479 v. Chr.; war Beamter, wurde verbannt, führte ein Wanderleben und sammelte viele Schüler um sich; erst im Alter kehrte er in seine Heimat zurück. – Nach dem **Konfuzianismus** ist die Familie die Grundlage des Staats. Als Grundtugenden gelten Nächstenliebe, Gerechtigkeit, Schicklichkeit, Weisheit und Pietät, bes. in der Form der Treue gegen die Eltern; der Pietätsgedanke ist mit dem Ahnenkult verbunden.
kongenial, geistesverwandt.
Konglomerat *das,* **1)** ungegliederte Masse. – **2)** ⊕ aus Geröllen bestehendes, durch kalkige u. a. Bindemittel verkittetes Gestein.
Kongo, Bakongo, Sammelbezeichnung für Völker im Mündungsgebiet des Kongo, in der Demokrat. Rep. Kongo, der Rep. Kongo und angrenzenden Teilen von Angola (einschließlich Cabinda), neben den eigentl. K. die Yombe, Sundi, Vili, Solongo u. a.

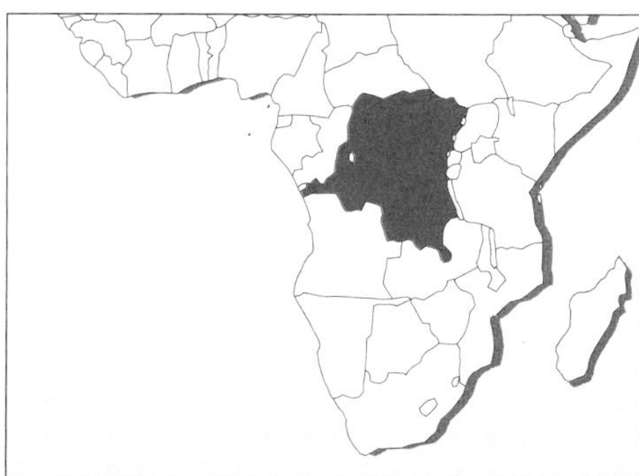

Kongo, Demokratische Republik Kongo, Rep. in Zentralafrika, 2,345 Mio. km², 39,88 Mio. Ew. (²/₃ Bantu). Die Hptst. ist Kinshasa, die Amtssprache Französisch.
Landesnatur: K. umfasst das von Gebirgsschwellen umgebene Kongobecken, im S das Katanga-Hochland. Es herrscht meist feuchtheißes Tropenklima. Im Landesinnern befindet sich Urwald, nach SO Savanne.
Wirtschaft. Die landwirtschaftl. Erzeugung (Maniok, Mais, Baumwolle u. a.) deckt kaum den Eigenbedarf. Für den Export werden Kaffee, Tee und Kautschuk angebaut. K. besitzt reiche Bodenschätze (bes. in Shaba): Diamanten, Kupfer, Mangan, Zink, Kobalt, Zinn, Gold, Uran, Germanium u. a. Bedeutende Ind. sind die Erzverhüttung und die chem. Ind., die Nahrungsmittel-, Textil- und Baustoffind. sowie die Holzverarbeitung. Ausgeführt werden Bergbauprodukte, Kautschuk, Kaffee und Tee. Haupthandelspartner von K. sind die EU-Länder. Internat. ✈: Kinshasa und Lubumbashi, ⚓: Matadi und Boma.
Geschichte. Die im Auftrag Leopolds II. von Belgien 1881 bis 1885 durch H. M. Stanley erworbenen Gebiete im Kongobecken wurden aufgrund der Kongo-Akte (Berlin 1884/85) als unabhängiger Kongostaat unter der Souveränität Leopolds II. anerkannt. 1908 wurde K. belg. Kolonie (Belg.-Kongo), 1960 erlangte es die Unabhängigkeit. Seitdem kam es zu Truppenmeutereien und blutigen Auseinandersetzungen. Die Spannungen verschärften sich nach Loslösung der Provinz Katanga (1960). 1963 zwangen UN-Truppen Katanga (M. Tschombé) zur Unterwerfung. 1964 wurde M. Tschombé Min.-Präs. des Gesamtstaats. Durch einen Staatsstreich 1965 machte sich J. D. Mobutu (seit 1971 Mobutu Sese Seko) zum Staatspräs. und führte ein Einparteiensystem ein. Im Zuge einer Kampagne für »Afrikan. Authentizität« wurden zu Beginn der 70er-Jahre alle Spuren der Kolonialzeit (christl. Vornamen, nichtafrikan. geograph. Namen) beseitigt, der Staatsname in Zaire geändert. 1990 beendete Mobutu zwar offiziell die Einparteienherrschaft, behauptete aber mithilfe der ihm ergebenen Präsidentengarde die Macht, ohne auf Demokratisierungsversuche einzugehen. In einem Ende 1996 von den Ostprovinzen des Landes ausgehenden Bürgerkrieg setzten sich bis Mai 1997 die von L.-D. Kabila geführten Aufständischen durch. Nach der Abdankung Mobutus rief sich Kabila zum Staatspräs. aus, der Staat wurde in »Demokrat. Rep. Kongo« umbenannt.

Kongo (Demokratische Republik)

Staatsflagge

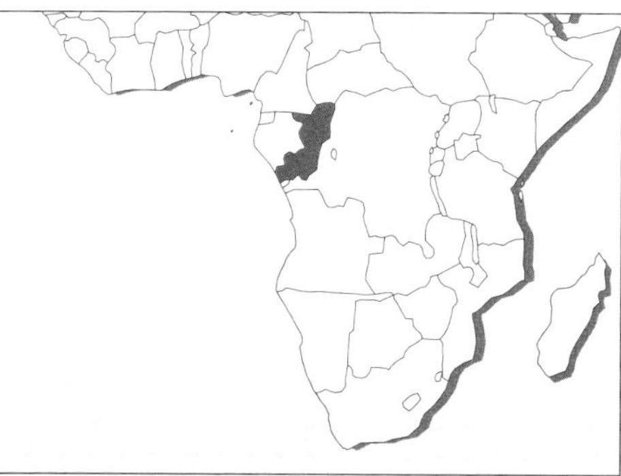

Kongo, Republik Kongo, Rep. im westl. Äquatorialafrika, 342 000 km², 2,37 Mio. Ew. (meist Bantu); Hptst. Brazzaville; Amtssprache: Französisch. K. ist meist stark zerklüftetes Bergland. Forstwirtschaft. ⚒ auf Erdöl, Blei, Zink, Diamanten, Gold, Kalisalze u. a. Ausfuhr: Diamanten, Holz, Erdöl. Seehafen: Pointe-Noire. – Ehem. Gebiet von Frz.-Äquatorialafrika, 1958 autonom, 1960 unabhängig. In einem kurzen blutigen Bürgerkrieg setzte sich 1997 D. Sassou-Nguesso (Präs. 1972 bis 1992) gegen den amtierenden Präs. P. Lissouba durch.

Kongo

Staatsflagge

Internationales Kfz-Kennzeichen

Kongo *der,* wasserreichster Strom Afrikas, 4 320 km lang, entspringt als Lualaba im Mitumbagebirge. Nach den **Stanley-Fällen** erweitert er sich im Stanleypool zu einem See, bildet im Unterlauf die 32 **Livingstone-Fälle,** mündet, 40 km breit, in den Atlant. Ozean. Nebenflüsse sind rechts Aruwimi, Ubangi, Sanga, links Lomami, Kasai.
Kongregation *die,* kath. Kirche: **1)** Verbindung mehrerer Klöster derselben Regel. – **2)** Klostergenossenschaft mit einfachen Gelübden oder Vereinigung ohne Gelübde. – **3) Kurien-K.,** Behörde der → Römischen Kurie.
Kongress *der,* **1)** Tagung, Zusammenkunft, bes. von Bevollmächtigten mehrerer Staaten. – **2)** die aus Senat und Repräsentantenhaus bestehende Volksvertretung der USA.
Kongruenz *die,* Übereinstimmung. √ 2 Figuren sind **kongruent,** wenn sie in Größe und Gestalt übereinstimmen; Zeichen: ≅.
Koniferen *Pl.,* die → Nadelhölzer.
Koniferen|nadel|öle, von versch. Koniferenarten gewonnene, balsamisch riechende Öle; in Parfümerie und Pharmazie verwendet.
König, 1) Träger der höchsten Herrscherwürde nach dem Kaiser; Anrede: »Majestät«. – Aus dem Königtum der Merowinger und Karolinger gingen das dt.

und das frz. Königtum hervor. Im Unterschied zur Erblichkeit bes. des frz. und engl. Königtums blieb das dt. bis 1806 ein Wahlkönigtum. Wahlberechtigt waren zunächst alle Reichsfürsten, später nur die Kurfürsten. Die Wahl fand seit 1152 in Frankfurt am Main statt, die Krönung bis 1531 in Aachen. Seit Otto d. Gr. (962) führten die dt. K. den Titel eines »Röm. Kaisers«, sobald sie in Rom vom Papst gekrönt waren; seit 1508 und 1556 nannten sie sich ohne päpstl. Krönung Kaiser. - **2)** Spielkarte. - **3)** Hauptfigur im Schachspiel.

König, 1) Leo Freiherr v., dt. Maler, *1871, †1944; Impressionist; v. a. Porträts. - **2)** René, dt. Soziologe, *1906, †1992; empir.-soziolog. Beiträge zur Familien-, Entwicklungs-, Gemeindesoziologie.

Könige, Bücher der K., Schriften des A. T., enthalten die Gesch. vom Tod Davids bis zur Rehabilitierung Jojachins 561 v. Chr.

Königgrätz
Stadtwappen

Königgrätz, tschech. **Hradec Králové,** Stadt in der ČR, an der Elbe, 100 100 Ew.; got. Kathedrale (1307); Leichtmetall-, Maschinen-, Textil-, Gummi-, Holzind. 1866 Sieg der Preußen über die Österreicher und Sachsen.

Königin, 1) Herrscherin in einem Kgr. oder Gattin eines Königs. - **2)** Karten- und Schachspiel: Dame. - **3) Weisel,** das fruchtbare Weibchen des Bienenvolks.

Konrad von Soest. Kreuzigung, Detail des Hochaltars (1403) in Bad Wildungen

Königin-Charlotte-Inseln, eine gebirgige, fjordreiche Inselgruppe an der W-Küste Kanadas, 13 215 km², von Indianern bewohnt.

Königin der Nacht, Kakteenart des trop. Regenwalds mit bis zu 40 cm großen, nur in einer Nacht geöffneten Blüten.

Königs|au, 65 km langer Fluss in Jütland, Dänemark; 1864 bis 1920 Grenze zw. Dänemark und Schleswig-Holstein.

Königsberg (Pr)
Stadtwappen

Königsberg (Pr), russ. **Kaliningrad,** Hptst. des Gebiets Kaliningrad, Russland, ehem. Hptst. der Prov. Ostpreußen, Festung, zu beiden Seiten des Pregels, 401 000 Ew.; war geistiger und wirtschaftl. Mittelpunkt des dt. Ostens. - 1255 vom Dt. Orden gegr., war K. seit 1457 Sitz des Hochmeisters und 1525 bis 1618 der Herzöge von Preußen; Krönungsstadt der preuß. Könige (1701, 1861).

Königshütte, poln. **Chorzów** ['xɔʒuf], Industriestadt in Oberschlesien, 138 000 Ew.; Steinkohlengruben, Eisen- und Stahlind. K. fiel 1922 an Polen.

Königskerze, Wollkraut, Gattung hochstaudiger, filzhaariger Rachenblütler. Die gelb blühende **Großblütige K.** wird 2 m hoch, ihre getrockneten Blüten **(Wollblumen)** geben Hustentee.

Königslutter am Elm, Stadt in Ndsachs., 16 100 Ew.; Ind.; Kalkwerke; roman. Stiftskirche (Kaiserdom; mit Grabmal Kaiser Lothars III. und Kaiserin Richenzas).

Königsschlange, Abgottschlange, eine →Riesenschlange.

Königssee, Alpensee bei Berchtesgaden, Bayern, bis 188 m tief, 5,2 km² groß.

Königsspitze, Berg der Ortlergruppe, Südtirol, 3 857 m.

Königsstuhl, achteckiger Steinbau von 1376 bei Rhens am Rhein, 1794 zerstört, 1843 wiederhergestellt; im MA. Versammlungsort der Kurfürsten.

Königstein im Taunus, Stadt, Luftkurort im Hochtaunuskr., Hessen, 14 800 Ew.; Burgruine.

Königstein/Sächs. Schweiz, Stadt an der Elbe, Sa., im Elbsandsteingebirge, 3 000 Ew.; Festung Königstein (ehem. sächs. Staatsgefängnis).

Königstuhl, 1) Berg bei Heidelberg, Bad.-Württ., 568 m. - **2)** Kreidefels bei Stubbenkammer auf Rügen, Meckl.-Vorpommern.

Königswasser, ⚗ Lösungsmittel für Gold und Platin aus 3 Teilen konzentrierter Salzsäure mit 1 Teil konzentrierter Salpetersäure.

Königswinter, Stadt in NRW, am rechten Rheinufer, 33 800 Ew.; Zahnradbahn zum Drachenfels.

Königs Wusterhausen, Stadt in Bbg., 17 500 Ew.; Jagdschloss (16. Jh., 1717/18 umgebaut).

Koniin, Coniin *das,* sehr giftiges Alkaloid aus dem gefleckten Schierling.

Konimeter *das,* Messgerät zum Feststellen des Staubgehalts der Luft.

konisch, kegelförmig.

Köniz, Gemeinde im Kt. Bern, Schweiz, 37 000 Ew.; Metall-, Maschinen- u. a. Industrie.

Konjugation *die,* **1)** Ⓢ Beugung des Verbs. - **2)** ❀ Wechselbefruchtung mit Kernaustausch zw. Einzellern.

Konjunktion *die,* **1) Bindewort,** verbindet 2 Sätze oder Satzteile. **Beiordnende K.:** und, oder, auch, aber, doch, denn, deshalb, nämlich u. a.; **unterordnende K.:** dass, damit, wenn, als, da, weil, wie, ob u. a. - **2)** ⚙ eine Grundfunktion der →Schaltalgebra.

Konjunktiv *der,* Ⓢ Möglichkeitsform des Verbs.

Konjunktivitis *die,* Bindehautentzündung (→Bindehaut).

Konjunktur *die,* Gesamtlage der Wirtschaft, bes. die Bewegungsvorgänge, aus denen sich die wirtschaftl. Aussichten ergeben; i. e. S. die günstige Lage. Das wirtschaftl. Wachstum verläuft wellenförmig **(K.-Schwankungen, K.-Zyklen).** Der **K.-Anstieg** ist durch ein Ansteigen von Erzeugung, Beschäftigung, Gewinnerwartungen und Preisen gekennzeichnet, die **Hoch-K.** durch steigende Zinssätze bei nachlassendem Preisauftrieb und Umschlag in die Krise (Geldknappheit, sinkende Börsenkurse, Produktionsrückgänge, steigende Arbeitslosigkeit), die darauf folgende **Depression** durch sinkende Zinssätze. - Die **K.-Theorien** untersuchen die Ursachen dieser Schwankungen. Aufgabe der **K.-Forschung** ist die statist. Beobachtung der Wirtschaft, aus der man Voraussagen über den weiteren Verlauf **(K.-Prognosen)** zu gewinnen sucht. Die staatlichen Maßnahmen zur Vermeidung übermäßiger Wirtschaftsschwankungen heißen **K.-Politik.**

konkav, hohl, nach innen gekrümmt; Gegensatz: konvex. **K.-Linse,** Zerstreuungslinse; **K.-Spiegel,** Hohlspiegel.

Konklave *das,* von der Außenwelt abgeschlossener Raum, in dem die Kardinäle zur Papstwahl zusammenkommen; auch diese Kardinalsversammlung selbst.

Konklusion *die,* Schluss, Schlussfolgerung.

Konkordanz *die,* **1)** Zusammenstellung aller in einem Schriftwerk vorkommenden Wörter nach dem Alphabet mit Angabe der Belegstellen (Verbal-K.) oder aller auf einen bestimmten Gedanken oder Gegenstand bezügl. Stellen (Real-K.), z. B. die Bibel-K. – **2)** ⊕ gleichförmige Lagerung von Schichten; Ggs.: Diskordanz.

Konkordat *das,* Vertrag zw. einem Staat und dem Hl. Stuhl über Wahrung der Kirchenfreiheit im jeweiligen Staat.

Konkordilenbuch, Sammlung der luther. Bekenntnisschriften von 1580.

Konkordilenformel, Bekenntnisschrift, legte den Lehrinhalt der luther. Kirche endgültig fest (1577), Bestandteil des Konkordienbuchs.

konkret, gegenständlich, anschaulich, greifbar; Ggs.: abstrakt.

konkrete Musik, zeitgenöss. Musik, die aus elektron. zu einer Komposition zusammengestellten Geräuschen und Klängen des Alltagslebens besteht; Vertreter sind u. a. P. Boulez und O. Messiaen.

Konkretion *die,* ⊕ in einem anderen Gestein eingeschlossene Mineralmasse, diagenetisch entstandene Knollen.

Konkubinat *das,* eheähnl. Lebensgemeinschaft ohne Eheschließung. **Konkubine** *die,* Geliebte, Nebenfrau.

Konkurrenz *die,* **1)** Wettstreit. – **2)** Wettbewerb im Wirtschaftsleben. **K.-Klausel,** ⚖ vertragl. Wettbewerbsverbot. – **3) K. von Verbrechen,** →Idealkonkurrenz, →Realkonkurrenz.

konkurrierende Gesetzgebung, in einem Bundesstaat der Bereich der Gesetzgebung, für den der Gesamtstaat und die Gliedstaaten nebeneinander zuständig sind.

Konkurs *der,* **1)** Zahlungsunfähigkeit. – **2) K.-Verfahren,** Verfahren zur gleichzeitigen und gleichmäßigen Befriedigung aller Gläubiger **(K.-Gläubiger)** aus dem gesamten Vermögen **(K.-Masse)** eines zahlungsunfähigen Schuldners **(Gemeinschuldner).** Der K. wird auf Antrag des Schuldners oder eines Gläubigers durch das Amtsgericht **(K.-Gericht)** eröffnet. Die Abwicklung führt ein richterl. bestellter **K.-Verwalter** durch. Das Verfahren ist in der **K.-Ordnung** von 1877/79 geregelt. (→Zwangsvergleich)

Konnex *der,* Zusammenhang. **Konnexion** *die,* einflussreiche Verbindung.

Konnivenz *die,* Nachsicht, Duldung.

Konnossement *das,* ⚖ Seefrachtbrief, vom Schiffer nach Empfang des Gutes ausgestellte Urkunde, die ihn verpflichtet, das Gut dem berechtigten Inhaber des K. nach Beendigung der Reise auszuhändigen.

Konquistador [kɔŋkista'dɔr] *der,* Eroberer, bes. die span. Eroberer in Amerika im 16. Jh. (H. Cortés, F. Pizarro).

Konrad, dt. Könige und Kaiser: **1) K. I.,** †918; Herzog der Franken, König 911 bis 918. – **2) K. II., der Salier,** *um 990, †1039; König 1024 bis 1039, wurde 1027 in Rom zum Kaiser gekrönt, warf die Aufstände seines Stiefsohns Ernst II. von Schwaben nieder, erwarb 1033 das Kgr. Burgund. Grab im Dom zu Speyer. – **3) K. III.,** *1093, †1152; König 1138 bis 1152, der erste Staufer auf dem dt. Thron, 1128 Gegenkönig Kaiser Lothars III. in Italien, kämpfte gegen den Welfenherzog Heinrich den Stolzen, unternahm den missglückten 2. Kreuzzug 1147 bis 1149. – **4) K. IV.,** *1228, †1254; König 1250 bis 1254, der letzte Staufer auf dem dt. Thron, zog 1251 nach Italien, um sein sizilian. Erbreich zu retten.

Konrád ['konra:d], György, ungar. Schriftsteller, *1933; Romane über polit. und soziale Probleme; Friedenspreis des Börsenvereins des Dt. Buchhandels (1991).

Konrad der Pfaffe, Regensburger Geistlicher um 1150, verfasste die erste dt. Bearbeitung (wohl 1172) des altfrz. Rolandslieds.

Konradin, eigentl. **Konrad d. J.,** Herzog von Schwaben, *1252, †1268; der letzte Staufer, zog 1267 nach Italien, um das Kgr. Neapel-Sizilien zurückzuerobern; 1268 von Karl von Anjou besiegt, gefangen und in Neapel enthauptet.

Konrad von Soest [-zo:st], dt. Maler, *um 1370, †nach 1422; Hauptmeister der westfäl. Malerei; zarte, in hellen Farben leuchtende Bilder, z. B. Hochaltar in Bad Wildungen.

Konrad von Würzburg, mhdt. Dichter, *um 1230, †1287; pflegte das Kleinepos (»Herzmaere«, »Heinrich von Kempten«, »Der Welt Lohn«).

Konsalik ['kɔnzalɪk], Heinz G., eigentl. Heinz **Günther,** dt. Schriftsteller, *1921; Bestsellerautor von Unterhaltungsromanen (»Der Arzt von Stalingrad«, 1958; »Das Bernsteinzimmer«, 1988).

Konsekration *die,* Einsegnung, Weihe (einer Person oder Sache) in der kath. Kirche, auch die Wandlung von Brot und Wein (Eucharistie).

konsekutiv, abgeleitet, folgend. **K.-Satz,** Folgesatz, mit »dass«, »sodass« eingeleitet.

Konsens *der,* Zustimmung, Übereinstimmung.

Konsequenz *die,* **1)** Folgerichtigkeit. – **2)** Folgerung.

konservative Parteien, 1) im Dt. Reich nach 1871: a) die **Alt-** (seit 1876 **Deutsch-**) **k. P.;** sie entsprach der k. P. in Preußen, wo sie bis 1918 maßgebend war; ganz überwiegend prot., kirchl., föderalist., gegen Erweiterung der Volksrechte, vertrat vorwiegend landwirtschaftl. Interessen; b) die liberaleren **Freikonservativen,** im Reichstag: **Dt. Reichspartei;** c) in der Weimarer Zeit gingen die Konservativen in der Deutschnationalen Volkspartei auf, von ihr spalteten sich die **Volkskonservativen** und andere unbedeutende Gruppen ab. – **2)** Großbritannien: eine der beiden führenden Parteien. Sie ging 1832 aus der feudalen Partei der Tories hervor, war im 19. und frühen 20. Jh. Trägerin des brit. Imperialismus. Führer u. a.: B. Disraeli, J. Chamberlain, W. Churchill, H. MacMillan, M. Thatcher, J. Major, W. Hague (seit 1997).

Konservativismus *der,* **Konservatismus,** geistige, soziale und polit. Haltung, die überkommene Ordnungen wertmäßig bejaht und zu erhalten strebt; betont ein höheres Recht überlieferter Werte und Einrichtungen. Staat, Gesellschaft und Kultur gelten ihm als geschichtlich gewordene, organisch sich entwickelnde Gebilde.

Konservator *der,* Beamter, dem in Denkmalspflege oder Museumsdienst die Erhaltung und Pflege der Kunstwerke und naturwiss. Sammlungen untersteht.

Konservatorium *das,* Lehrinstitut für Musik.

Konserven *Pl.,* Dauerwaren, durch bes. Behandlung vor dem Verderben geschützte Nahrungsmittel. **Konservierungsmittel** sind u. a. Ameisen-, Propion-, Sorbin-, Benzoesäure und PHB-Ester.

Konsilium *das,* Ärzteberatung über einen Krankheitsfall.

Konsistenz *die,* äußere Beschaffenheit von Körpern und ihr Verhalten gegen Formänderungen; z. B. spröde, zähe Konsistenz.

Konsistorium *das,* **1)** kath. Kirche: Versammlung von Kardinälen unter Vorsitz des Papstes. – **2)** ev. Kirchen: früher die vom Landesherrn eingesetzte Behörde aus geistl. und weltl. Mitgliedern, die statt seiner das Kirchenregiment ausübten **(Konsistorialverfassung);** seit dem 19. Jh. rein kirchl. Verwaltungsbehörden; heutige andere Bez.: Landeskirchenamt, Landeskirchenrat.

Konsole *die,* ⌂ Wandvorsprung als Träger eines Bauteils, Standbilds usw.

konsolidieren, festigen, sichern; vereinigen. **Konsolidierte Anleihen** entstehen durch Zusammenlegen älterer Anleihen; oft mit niedrigerem Zinssatz ausgestattet; **konsolidierte Bilanz,** zusammengefasste Bilanz mehrerer Gesellschaften, z. B. von Mutter- und Tochtergesellschaften.

György Konrád

Konsonant *der,* Ⓢ Mitlaut.
Konsonanz *die,* 𝄞 harmon. Zusammenklang von Tönen; Ggs.: Dissonanz.
Konsortium *das,* vorübergehende Vereinigung von Kaufleuten, bes. Banken, zur Durchführung eines größeren Geschäfts **(Konsortialgeschäft).**
Konspiration *die,* Verschwörung.
Konstante *die,* **1)** √ feste Größe. – **2)** ❀ Unveränderl. **Natur-K.** sind nur bei gegebenen Bedingungen feste **Stoffkonstanten.**

Konstantin I., der Große
Fragment einer Kolossalstatue (um 330 n. Chr.)

Konstantin, Herrscher: **Röm. Reich. 1) K. I., der Große,** röm. Kaiser (306 bis 337), * um 280, † 337; seit 312 (Sieg über seinen Mitkaiser Maxentius an der Milvischen Brücke) Herrscher über den W des Reichs, 324 Alleinherrscher, förderte das Christentum, berief 325 die erste allg. Kirchenversammlung (Konzil) nach Nicäa, erhob 330 Byzanz (Konstantinopel) zur Reichshptst. – **Griechenland. 2) K. II.,** König, * 1940; bestieg 1964 den Thron, 1973 abgesetzt (1974 durch Referendum bestätigt).
Konstantinische Schenkung, im 8. Jh. gefälschte Urkunde, nach der Konstantin d. Gr. dem Papst Silvester I. und seinen Nachfolgern die Herrschaft über Rom und das Weström. Reich zugestanden haben soll. Die Unechtheit der K. S. wurde u. a. von Nikolaus von Kues bewiesen.
Konstantinopel, Hptst. des Byzantin. Reichs, → Istanbul.
Konstanz *die,* Unveränderlichkeit, Beständigkeit.

Konstanz
Stadtwappen

Konstanz, Krst. in Bad.-Württ., am Bodensee, 75 000 Ew.; Fremdenverkehrszentrum, Grenzübergang zur Schweiz; Münster (11. Jh.), Konzilgebäude (1388), Rathaus (16. Jh.); Univ., Bodensee-Forschungsanstalt. Museen, Theater; Metall-, Elektronik-, chem. Ind. – K., um 300 n. Chr. von den Römern gegr., wurde im 6. Jh. Bischofssitz (bis 1821), 1237 Reichsstadt, 1548 österr., 1806 badisch. Das **Konstanzer Konzil** 1414 bis 1418 beendete die Kirchenspaltung (seit 1378) durch Absetzung der Gegenpäpste und verurteilte J. Hus als Ketzer.
Konstanza, Constanța [-tsa], rumän. Hafenstadt am Schwarzen Meer, 355 400 Ew. Erdölrohrleitung von Ploiești, chem. Ind.; Kurort.
Konstanze, Erbin des normann. Kgr. Sizilien, Kaiserin, * 1154, † 1198; Gemahlin des Staufers Heinrich VI., Mutter Kaiser Friedrichs II.
Konstellation *die,* **1)** ✡ Stellung von Himmelskörpern zueinander. – **2)** Lage, Umstände.
Konstituante *die,* Versammlung von Volksvertretern zur Ausarbeitung einer Verfassung.
Konstitution *die,* **1)** Grundbeschaffenheit, Einrichtung, Festsetzung. – **2)** Staatsrecht: die → Verfassung. –

Konstanz. »Kaufhaus« am Hafen (1414 bis 1418 Tagungsstätte des Konzils)

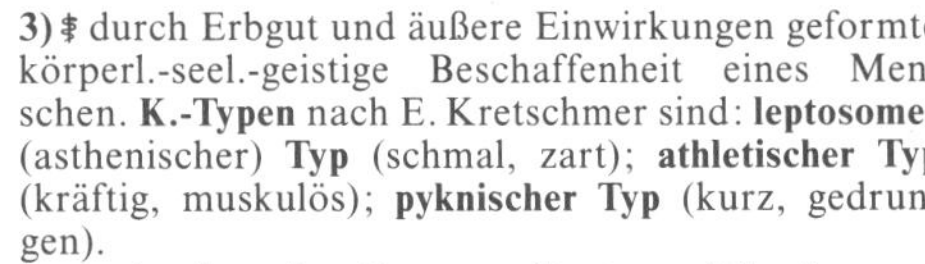

3) ⚕ durch Erbgut und äußere Einwirkungen geformte körperl.-seel.-geistige Beschaffenheit eines Menschen. **K.-Typen** nach E. Kretschmer sind: **leptosomer** (asthenischer) **Typ** (schmal, zart); **athletischer Typ** (kräftig, muskulös); **pyknischer Typ** (kurz, gedrungen).
konstitutionelles System, Staats- und Regierungsform, bei der das Staatsoberhaupt (meist der Monarch: **konstitutionelle Monarchie**) im Unterschied zum Absolutismus durch eine Verfassung (Konstitution) gebunden ist **(Konstitutionalismus);** zuerst in England (1689).
konstruieren, 1) bauen, entwerfen. – **2)** √ geometr. Figur mit vorgeschriebenen Eigenschaften zeichnen.
konstruktives Misstrauensvotum → Misstrauensvotum.
Konstruktivismus *der,* Richtung der bildenden Kunst, die nach 1913/14 in Moskau entstand und auf dem Bekenntnis zur modernen Technik und der Beschränkung auf einfache geometr. Formen beruht.
Konsul *der,* **1)** in der röm. Rep.: Amtsbezeichnung der beiden obersten, auf 1 Jahr gewählten Beamten; das **Konsulat** war zuerst nur den Patriziern, seit 367 v. Chr. auch den Plebejern zugänglich. – **2)** in Frankreich 1799 bis 1804 **Erster K.:** Napoleon I. als Inhaber der obersten Reg.-Gewalt. – **3)** der ständige, nichtdiplomat. Vertreter eines Staats in einem andern, bes. zum Schutz des Handels, Verkehrs, der Schifffahrt, zur Überwachung der Staatsverträge und um den Angehörigen seines Staats Rat und Beistand zu gewähren.
Konsultation *die,* Beratung durch einen Fachmann (z. B. Arzt).
Konsultativpakt, Vereinbarung zw. Staaten, bestimmte außenpolit. Entscheidungen erst nach gemeinsamer Beratung zu treffen.
Konsum *der,* Verbrauch; Inanspruchnahme eines Gutes oder einer Dienstleistung zur Bedürfnisbefriedigung. **Konsument** *der,* Verbraucher; Ggs.: Produzent.
Konsumgenossenschaften, Konsumvereine, Verbrauchergenossenschaften, genossenschaftl. Zusammenschlüsse von Verbrauchern zur Versorgung mit (später auch zur Produktion von) Gütern des tägl. Lebensbedarfs. K. haben gegenüber den großen Handelsketten weitgehend an Bedeutung verloren.
Konsumgesellschaft, Typ der modernen Ind.gesellschaft, in der dem Konsum eine bevorzugte Stellung eingeräumt wird.
Kontakt *der,* **1)** Berührung; das Aufnehmen von Beziehungen zw. zwei oder mehreren Individuen. – **2)** ⚡ Berührung zweier Stromleiter.
Kontaktgesteine, durch Berührung mit magmat. Schmelzen, heißen Wässern usw. umgewandelte Gesteine, z. B. Schiefer, Kalksilikate.
Kontaktgifte, Berührungsgifte, chem. Stoffe, die bei Berührung auf Organismen schädigend wirken.
Kontaktlinsen, Haftschalen, Brillenersatz: kleine, dünne, auf der Hornhaut des Auges über der Pupille schwimmende, schalenförmige Kunststofflinsen.
Kontaktsperregesetz, Ges. vom 30. 9. 1977, nach dem für Gefangene, die eine Haft wegen terrorist. Straftaten verbüßen (§ 129 a StGB), unter bestimmten Umständen jede Verbindung miteinander oder mit der Außenwelt (Ausnahme: Anwalt des Häftlings) unterbrochen werden kann.
Kontamination *die,* **1)** Ⓢ Form der Wortbildung, z. B. »Stagflation« aus »**Stagnation**« und »**Inflation**«. – **2)** Verunreinigung, Verseuchung.
Kontemplation *die,* beschaul. Nachdenken, anschauende Versenkung.
kontemporär, zeitgenössisch.
Kontenplan, systemat. Ordnung aller Konten in der doppelten Buchführung.

Konstruktivismus. El Lissitzky, Tatlin bei der Arbeit (um 1920)

Konterbande *die,* Schmuggelware; im Völkerrecht Banngut (von neutralen Schiffen transportiertes Kriegsmaterial).

kontern, 1) durch Herstellung eines Umdrucks spiegelbildlich umkehren. – **2)** beim Boxen den Gegner mit einem Gegenschlag abwehren; beim Fußball einen schnellen Gegenangriff ausführen.

Konterrevolution, Gegenrevolution, der Versuch zur Wiederherstellung vorrevolutionärer Verhältnisse; im marxist.-leninist. Sprachgebrauch auf alle polit. Kräfte angewandt, die die Ergebnisse der »proletar. Revolution« bekämpften.

Kontext *der,* Zusammenhang, Umfeld. Ⓢ sprachl. Umgebung eines Wortes oder Satzes **(sprachl. K.);** Situation, in der ein Text geäußert und verstanden wird **(situativer K.).**

Kontinent *der,* Festland, Erdteil.

kontinentales Tiefbohrprogramm, Abk. **KTB,** wiss. Tiefbohrung in der Oberpfalz zur geophysikal. Untersuchung der Erdkruste; bis 9101 m Tiefe durchgeführt (Okt. 1994).

Kontinentalklima → Klima.

Kontinentalsperre, von Napoleon I. eingeleitete Wirtschaftsblockade des europ. Festlands gegen Großbritannien (1806 bis 1813).

Kontinentalverschiebung, von A. Wegener aufgestellte Theorie, nach der die Kontinente, als Schollen auf einer zähflüssigen Unterlage schwimmend, im Laufe der Erdgeschichte horizontal verschoben wurden. (→ Plattentektonik)

Kontingent *das,* **1)** Beitrag, Anteil; z. B. die festgesetzte **(kontingentierte)** Warenmenge, die ein Kartellmitglied erzeugen und absetzen darf; Höchstmenge an Waren, die ein- oder ausgeführt werden darf **(Einfuhr-, Ausfuhr-K.).** – **2)** Beitrag an Truppen, den ein Mitglied eines Bundesstaats, Staatenbunds oder einer Verteidigungsgemeinschaft zu stellen hat.

Kontingenz *die,* Zufälligkeit. Statistik: die Verbundenheit zw. zwei Merkmalen einer statist. Masse; **kontingent,** nicht notwendig eintretend.

Kontinuität *die,* Stetigkeit; **Kontinuum** *das,* das lückenlos Zusammenhängende. – kontinuierlich, stetig, fortdauernd, unaufhörlich.

Konto *das,* im Bankwesen die für den Kunden geführte Rechnung über die Zahlungsein- und -ausgänge; Verrechnungsform für Geschäftsvorgänge in der Buchführung.

Kontokorrent *das,* laufende Rechnung; Geschäftsverbindung, bei der die beiderseitigen Ansprüche und Verbindlichkeiten nebst Zinsen kontenmäßig in Rechnung gestellt werden und in regelmäßigen Zeitabschnitten der Überschuss (Saldo) festgestellt wird.

Kontor *das,* früher für: Büro; Handelsniederlassung im Ausland. **Kontorist,** Büroangestellter, der einfache Verwaltungsaufgaben durchführt.

Kontrabass, Bassgeige, 𝄞 das tiefste und größte Streichinstrument, meist mit 4 Saiten.

kontradiktorisch, gegensätzlich; im Zivilprozess: streitig.

Kontrahent *der,* Vertragspartner; Gegner.

Kontrahierungszwang, gesetzl. Verpflichtung zum Abschluss eines privatrechtl. Vertrags, etwa bei Unternehmen der Verkehrswirtschaft.

Kontra|indikation *die,* **Gegenanzeige,** Umstand (z. B. Schwangerschaft), der die angezeigte zweckmäßige Behandlung einer Krankheit verbietet.

Kontrakt *der,* → Vertrag.

Kontraktion *die,* Zusammenziehung, z. B. der Muskeln.

Kontrapost *der,* bei der künstler. Darstellung der menschl. Gestalt der Wechsel zw. dem vom Körper belasteten Standbein und dem entlasteten Schwungbein; ausgebildet von der griech. Klassik, aufgenommen von der Renaissance.

Kontrapunkt *der,* 𝄞 Lehre und Kunst, die Stimmen eines mehrstimmigen Musikstücks selbstständig zu führen; bes. die Kunst, zu einer Melodie eine oder mehrere melodisch selbstständige Gegenstimmen zu gestalten (polyphone Mehrstimmigkeit). Ein Hauptmittel ist die melodische Nachahmung.

Kontrast *der,* **1)** Gegensatz. – **2)** in der Optik Sammelbezeichnung für Helligkeits- und Farbunterschiede.

Kontrastmittel, ⚕ für Röntgenstrahlen undurchlässige Stoffe, die auf dem Röntgenbild durch Schattengebung die Darstellung von Hohlräumen und anderen Strukturen ermöglichen.

Röntgenaufnahme von Magenausgang und Zwölffingerdarm mithilfe eines **Kontrastmittels**

Kontrazeption *die,* → Empfängnisverhütung.

Kontribution *die,* **1)** direkte Steuer für militär. Zwecke. – **2)** von der Besatzungsmacht auferlegte Geldleistung.

Kontrollkommission, 1) 1919 bis 1927 alliierter Ausschuss zur Überwachung der Entmilitarisierung der Mittelmächte. – **2) Zentrale K., Zentrale Kommission für staatliche Kontrolle,** in der DDR Kontrollorgan zur Überwachung der Verwaltungsorgane sowie der wirtschaftl., kulturellen und sozialen Einrichtungen (bis 1963).

Kontrollrat, Alliierter K., Organ, durch das Frankreich, Großbritannien, die UdSSR und die USA laut Erklärung vom 5. 6. 1945 die oberste Reg.-Gewalt in Dtl. (bis 1948) und in Österreich (bis 1949) ausübten; bestand aus den Militärbefehlshabern der 4 Besatzungszonen, Sitz Berlin. Der sowjet. Vertreter verließ die Sitzung des K. am 30. 3. 1948.

Kontroverse *die,* Streit(frage); **kontrovers,** widersprüchlich, umstritten.

Kontur *die,* Umriss; Linie, durch die etwas begrenzt ist.

Konus *der,* kegelförmiger Körper.

Konvektion *die,* durch Temperaturunterschiede verursachte Strömung in Gasen und Flüssigkeiten; mit dem Transport von Wärmeenergie verbunden.

Konvent *der,* **1)** Versammlung der Klosterangehörigen; auch das Kloster selbst. – **2) National-K.,** verfassunggebende Versammlung der Frz. Revolution 1792 bis 1795.

Konventikel *das,* religiöse Zusammenkunft außerhalb der Kirche (Pietismus).

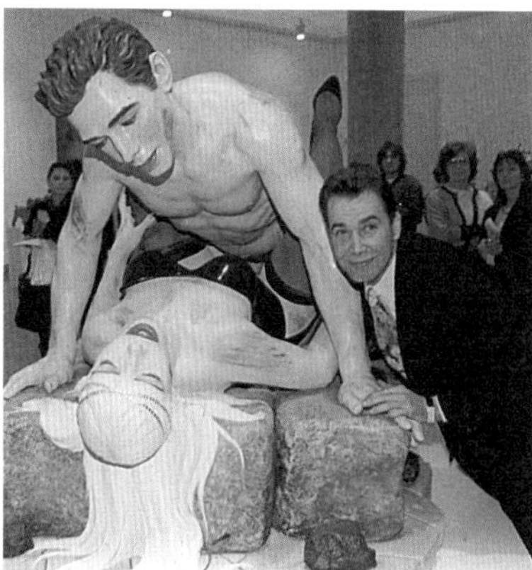

Jeff Koons neben einem seiner Werke

Konvention *die,* **1)** Regel des sozialen Umgangs, Verhaltensmuster. – **2)** zwischenstaatl. Vereinbarung.
Konventionalstrafe, Vertragsstrafe, das Versprechen einer Geldsumme als Strafe für nicht gehaltene Vereinbarungen.
konventionell, herkömmlich; förmlich, unpersönlich; **konventionelle Waffen,** alle Waffen außer den nuklearen, biolog. und chem. Waffen.
Konvergenz *die,* Annäherung, Übereinstimmung; in der Biologie die Ausbildung ähnl. Merkmale bei versch. Lebewesen; in der Völkerkunde das Auftreten gleicher Kulturerscheinungen bei unabhängig voneinander lebenden Völkern.
Konversation *die,* Unterhaltung, Gespräch.
Konversationslexikon, im 19. Jh. übl. Bezeichnung für die →Enzyklopädie.
Konversion *die,* **1)** Konfessionswechsel. – **2)** Umwandlung einer Anleihe in eine dem Kapitalmarkt angepasste neue.
Konverter *der,* **1)** Schmelzofen zur Stahlerzeugung oder Kupfergewinnung; erste K. waren die **Bessemer-Birne** und der **Thomas-K.** – **2)** Kernreaktor, der durch Brüten weniger Spaltstoff erzeugt, als er verbraucht. – **3)** Gerät oder elektron. Baugruppe zur Umformung von Signalen der einen Frequenz in die einer anderen. – **4)** eine Schaltung zur Umsetzung analoger in digitale Signale (und umgekehrt). – **5)** opt. Zusatzteil für Spiegelreflexkameras zum Verlängern der Objektivbrennweite.
Konvertierbarkeit, Konvertibilität, Möglichkeit, eine Währung in eine andere umzutauschen.
konvex, erhaben, nach außen gewölbt; Ggs.: konkav.
Konvikt *das,* Wohnheim (Stift) für Theologiestudenten.
Konvoi [kɔnˈvɔi] *der,* **Geleitzug,** durch Spezialschiffe geleitete Gruppe von Schiffen; auch allg. eine Fahrzeugkolonne.
Konvolut *das,* Bündel von Schriftstücken oder Drucksachen; Sammelband.
Konvulsion *die,* ‡ Schüttelkrampf; **konvulsiv,** krampfartig (zuckend).
Konya [-ja], in der Antike **Ikonion,** türk. Stadt in Inneranatolien, 439 000 Ew.; Univ.; Nahrungsmittelind., Motorenbau; islam. Pilgerstätte mit dem Kloster der tanzenden Derwische.
Konzentration *die,* **1)** gespannte Aufmerksamkeit. – **2)** wirtschaftl. Zusammenschluss, →Konzern; →Kartell. – **3)** Maß für den Gehalt eines Stoffs in einer Mischphase, ausgedrückt z. B. in Massen-, Mol- oder Volumenprozent.
Konzentrationslager, Abk. **KZ,** Massenlager, v. a. für Zivilpersonen, das Elemente eines Arbeits-, Internierungs- und Kriegsgefangenenlagers sowie eines Ghettos vereinigt. In totalitären Staaten des 20. Jh. ein Mittel zur Unterdrückung von »Staatsfeinden«, bes. im natsoz. Dtl. Hier wurden polit. Gegner, rassisch Verfolgte (bes. Juden), Kriminelle, »Asoziale«, Homosexuelle u. a. inhaftiert. Die Häftlinge waren unmenschl. Behandlung ausgesetzt, z. T. wurden medizin. Versuche mit ihnen durchgeführt; Zwangsarbeit musste bis zur Erschöpfung geleistet werden. Die ersten K. wurden 1933 für polit. Häftlinge errichtet. Seit 1934 unterstanden sie insgesamt der SS. Bis 1939 bestanden die 3 großen Lager Dachau, Buchenwald und Sachsenhausen und 25 kleinere Lager. Die Zahl der K. stieg bis 1944 auf 20 mit 165 »Außenlagern«. In den **Vernichtungslagern** (wie Auschwitz, Majdanek u. a. sowie in den Ghettos in Warschau, Lemberg und Riga) wurden Massenmorde an den Juden begangen. Dort und in den K. wurden bis 1945 etwa 6 Mio. jüd. und 500 000 nichtjüd. Häftlinge getötet.
Konzept *das,* Entwurf, Plan.
Konzeption *die,* **1)** die einem (künstler.) Werk zugrunde liegende Auffassung. – **2)** ‡ →Empfängnis.
Konzeptkunst, engl. **Conceptart,** nur durch gedanklich assoziative Prozesse in der Vorstellung des Betrachters vorhandene Kunst.
Konzern *der,* Zusammenschluss rechtlich selbstständiger Unternehmen unter einheitl. Leitung (oft durch eine Holdinggesellschaft).
Konzert *das,* **1)** gehobene musikal. Veranstaltungsform, Musikaufführung. – **2)** Musikstück, in dem einzelne Stimmen oder Instrumente sowohl zusammenwirken als auch solistisch hervortreten: Kirchen-, Kammer-, Instrumental-K., Concerto grosso; **konzertant,** konzertmäßig, z. B. die k. Aufführung einer Oper. – **3)** Zusammenspiel mehrerer Faktoren, Kräfte oder Mächte (in der Politik).
Konzertina *die,* Harmonikainstrument mit sechseckigem oder quadrat. Gehäuse.
Konzertmeister, bis ins 19. Jh. der Leiter, seither der 1. Geiger eines Orchesters.
Konzession *die,* **1)** allg.: Zugeständnis. – **2)** verwaltungsrechtl. Erlaubnis zur Ausübung eines Gewerbes oder zum Betrieb gewerbl. Anlagen.
Konzessivsatz, Ⓢ Einräumungssatz, im Deutschen eingeleitet mit »obwohl« u. Ä.
Konzil *das,* Versammlung kirchl. Würdenträger. **Allg.** oder **Ökumen. K.,** Versammlung der Bischöfe, urspr. der ganzen christl., später der röm.-kath. Kirche. Die röm.-kath. Kirche zählt 21 Allg. K., die Ostkirche erkennt nur die ersten sieben an. Die wichtigsten Allg. K. sind: 1) Erstes K. zu Nicäa (325; Verwerfung der Lehre der Arianer), 2) Drittes Lateran-K. (1179; Ordnung der Papstwahl), 3) Viertes Lateran-K. (1215; Lehre von der Transsubstantiation), 4) K. zu Konstanz (1414 bis 1418; Absetzung der Gegenpäpste, Verurteilung von J. Hus), 5) K. zu Basel (1431 bis 1445; Versuch einer Neuordnung der Kirche), 6) Fünftes Lateran-K. (1512 bis 1517; Versagen der Reform), 7) Tridentin. K. (1545 bis 1563; Neuordnung der kath. Kirche), 8) Erstes Vatikan. K. (1869/70; Kirchenlehre über die Unfehlbarkeit des Papstes), 9) Zweites Vatikan. K. (1962 bis 1965; leitete eine in Ausmaß und Erfolg noch nicht absehbare Umwandlung der röm.-kath. Kirche ein).
konziliant, umgänglich, verbindlich.
Koog *der,* eingedeichte Marsch.
Kooning, Willem de, →De Kooning, Willem.
Koons [ku:ns], Jeff, amerikan. Künstler, * 1955; folgt den ästhet. Idealen von Barock und Pop-Art; provozierende Objekte.
Kooptation *die,* Ergänzungswahl zu einer Körperschaft durch deren Mitglieder.
Koordinaten, √ Größen, welche die Lage eines Punkts oder einer Geraden auf einer Fläche oder im

Raum eindeutig festlegen. In der Ebene wählt man meist die Abstände x **(Abszisse)** und y **(Ordinate)** des Punkts P von 2 aufeinander senkrecht stehenden Geraden (Achsenkreuz). Zur Festlegung eines Raumpunkts sind 3 K. notwendig. Als **sphärische K.** (z.B. auf der Erd- oder Himmelskugel) dienen der Abstand vom Nullpunkt und bestimmte Bögen (Winkel) auf Kugelgroßkreisen.

Ko|ordination *die,* Zuordnung, Abstimmung (z.B. von Einzelaktivitäten) nach einer übergeordneten Zielsetzung.

Kopal *der,* sehr feste Harze versch. trop. Bäume, z.T. durch Einritzen von Bäumen, z.T. als fossiles K. durch Ausgraben gewonnen. Verwendung für Lack, Firnis, Linoleum.

Kopeke *die,* russ. Scheidemünze = $^1/_{100}$ Rubel.

Kopelew, Lew Sinowjewitsch, russ. Schriftsteller und Literarhistoriker, * 1912; Systemkritiker, verließ 1980 die UdSSR, lebt in Dtl.; 1981 Friedenspreis des Dt. Buchhandels; v.a. autobiograph. Schriften.

Kopenhagen, dän. **København,** Hptst. Dänemarks, Agglomeration: 1,34 Mio. Ew.; königl. Residenz, Festung und Flottenstützpunkt; Univ., TH, Konservatorium, Kunstakademie, Theater; wichtige Handels- und Ind.stadt (Eisen-, Metall-, Lebensmittelind.); großer Hafen, Reedereien; Schiffbau, königl. Porzellanfabrik (seit 1774/79).

Köper *der,* Gewebe in Köperbindung (→ Bindung).

Kopernikus, Nikolaus, dt. Astronom und Mathematiker, * 1473, † 1543; Begründer des heliozentr. (kopernikan.) Weltsystems, nach dem im Ggs. zu dem geozentr. System des Ptolemäus die Sonne, und nicht die Erde, den Mittelpunkt unseres Planetensystems bildet.

Kopf, Haupt, birgt in der knöchernen Schutzhülle des Schädels den wichtigsten Teil des Zentralnervensystems, das Gehirn.

Kopffüßer, Tintenfische, Tintenschnecken, Klasse meeresbewohnender Weichtiere mit deutlich vom Rumpf abgesetztem Kopf, hoch entwickelten Augen und 8 (Kraken) oder 10 Fangarmen, die auch zum Kriechen dienen. Das Atemwasser wird an der Bauchseite durch einen Trichter ausgepresst, wodurch das Tier rückwärts schwimmt. Bei Gefahr stoßen viele K. einen dunklen Farbstoff aus. K. sind u.a. die Kraken und die Zehnarmer (u.a. mit den Sepien).

Kopfhörer, 2 durch einen Bügel verbundene Hörkapseln, enthalten einen elektroakust. Wandler zur Umwandlung elektrischer in akust. Schwingungen.

Kopfschmerz, wird hervorgerufen z.B. durch Krämpfe der glatten Muskulatur, durch Giftwirkungen, seel. Belastung, Blutdruck- und Kreislaufstörungen, Erkrankungen der Gehirnhäute, Blutaustritt und Geschwülste im Gehirn. Behandlung je nach Ursache. Eine Sonderform des K. ist die → Migräne.

Kopfsteuer, einfachste Form der Personalsteuer, bei der jede Person mit dem gleichen Betrag besteuert wird.

Kopfstimme, Kopfregister, 𝄞 → Falsett.

Kopie *die,* **1)** Vervielfältigung, Abschrift. – **2)** originalgetreue Nachbildung eines Kunstwerks von fremder Hand (im Unterschied zur Replik); z.B. zu Studienzwecken oder auch in betrüger. Absicht. – **3)** Abzug einer fotograf. Aufnahme.

Kopiergerät, Gerät zur Vervielfältigung von Dokumenten und Drucken. Weitgehend durchgesetzt haben sich Trocken-K. nach dem Xerographieprinzip. Dabei wird das Vorlagenbild auf eine Kopiertrommel übertragen, auf die der Toner (Farbpulver) aufgebracht wird. Der an den Bildstellen haftende Toner wird dann elektrostatisch auf das Papier übertragen.

Kopisch, August, dt. Maler und Dichter, * 1799, † 1853; entdeckte die »Blaue Grotte« auf Capri, schrieb Gedichte, Novellen.

Korallentiere. Edelkoralle

Kopp, Georg v., * 1837, † 1914; 1887 Fürstbischof von Breslau, 1893 Kardinal, an der Beendigung des Kulturkampfes wesentl. beteiligt.

Koppel *die,* **1)** eingezäuntes Land-, bes. Weidestück **(K.-Weide).** – **2)** Pferde oder Hunde, die miteinander gekoppelt sind. – **3)** *das,* Leibriemen.

Kopplung *die,* **1)** ❀ wechselseitige Beeinflussung zweier physikal. Systeme. – **2)** ⚡ Verbindung zweier Stromkreise zur Energie- oder Signalübertragung. – **3)** 𝄞 bei Orgel, Cembalo, Harmonium mechan. Verbindung mehrerer Register durch den Registerzug.

Kopplungsmanöver, das Koppeln zweier Raumfahrzeuge als Abschluss eines Rendezvousmanövers.

Kopra *die,* gedörrtes Kokosnussfleisch, sehr fettreich.

Kopten, christl. Nachkommen der alten Ägypter, bes. in den Städten Oberägyptens; sie haben eine eigene Kirche **(kopt. Kirche),** Schrift, Sprache und Literatur.

koptische Kunst, die in altägypt. Überlieferung wurzelnde Kunst der Kopten, die spätantike, byzantin., arab. Einflüsse zu eigener Formensprache verarbeitete (5. bis 9. Jh.): kuppelüberwölbte Kirchenbauten, Wandmalereien in Klosterkirchen, meist flächenhaft ornamental wie auch die Bauplastik, Grabsteine, Elfenbeinschnitzereien, Gewebe.

Kopulation *die,* **1)** ❀ Verschmelzung der Geschlechtszellen, Begattung. – **2)** im Gartenbau Veredelung durch Edelreis auf ganzer Schnittfläche.

Korach, im A.T.: Urenkel des Levi, wurde als Empörer gegen Moses von der Erde verschlungen.

Korallen → Korallentiere.

Korallenbäumchen, Korallenstrauch, strauchiges Nachtschattengewächs auf Madeira mit kleinen, weißen Blüten und kirschgroßen, roten Beeren; Topfpflanze, auch mit gelben oder orangefarbenen Beeren.

Korallenfische, kleine, farbenprächtige Fische, die zw. Korallenriffen leben.

Korallen|inseln und **Korallenriffe,** aus den Kalkgerüsten abgestorbener Korallentierchen, liegen in trop. Meeren als **Saum-** oder **Küstenriffe** den Küsten an, verlaufen nach Senkung des Inselkerns und weiterem Wachsen der Korallenstöcke als **Wall-** oder **Barriereriffe** in einiger Entfernung von ihnen und werden schließlich zu Atollen.

Korallentiere, Korallen, Blumentiere, Klasse der Hohltiere; meist fest sitzend, von Polypengestalt, in warmen Meeren. Einzeln lebende, skelettlose K. sind die **Seerosen.** Die **Stein-** oder die **Riffkorallen** leben in Tierstöcken und scheiden ein Kalkskelett aus (Riffe, Atolle). Die **Edelkoralle** bildet Tierstöcke an Felsen, bes. im Mittelmeer. Aus ihrem roten Kalkskelett stellt man Schmuck her.

Koran *der,* hl. Buch des Islam, enthält in 114 **Suren** (Kapiteln) die von Mohammed verkündigten göttl. Offenbarungen.

Kopenhagen
Stadtwappen

Janusz Korczak

Nord-Korea

Staatswappen

Staatsflagge

Süd-Korea

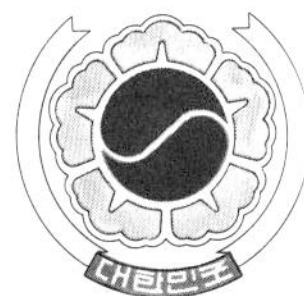
Staatswappen

Staatsflagge

Internationales Kfz-Kennzeichen

Korb|blütler, Kompositen, Pflanzen, deren Blüten zu Körbchen vereint sind. Der Kelch bildet meist eine Haarkrone (Pappus). Die Blumenkrone ist röhrenförmig **(Röhrenblüten)** oder zungenförmig **(Zungenblüten).** Je nach der Stellung auf dem Boden (der Scheibe) des Körbchens oder am Rand unterscheidet man **Scheiben-** und **Randblüten.**

Körber, Hilde, dt. Bühnen- und Filmschauspielerin, * 1906, † 1969; 1951 bis 1969 Leiterin der Max-Reinhardt-Schule in Berlin.

Korçë ['kɔrtʃə], Stadt in S-Albanien, 61 500 Ew.; Tabak- und Textilindustrie.

Korczak ['kɔrtʃak], Janusz, eigentl. Henryk **Goldszmit,** poln. Kinderarzt und Sozialpädagoge, * 1878, † (KZ) 1942; begleitete freiwillig die 200 Kinder seines Waisenhauses im Warschauer Ghetto nach Treblinka.

Kordilleren [-lj-] *Pl.,* Hochgebirgsketten im W von Nord- und Südamerika, über 15 000 km lang. Die **K. von Nordamerika** bestehen aus 2 mehrkettigen Gebirgszügen, die gewaltige Hochbecken trennen. I. e. S. das Kettengebirge **Cordilleras de los Andes** (Anden) auf der Westseite Südamerikas mit teilweise vulkan. Gipfeln (Aconcagua 6 959 m) und großen Hochebenen (3 400 bis 4 200 m). Die K. sind reich an Metallen (Silber, Kupfer, Zinn, Zink, Blei). Die Schneegrenze liegt im S bei 1 200 bis 1 600, in der Mitte 5 000 bis 5 900, im N 4 500 bis 4 700 m.

Kordofan, hügeliges Savannenhochland in der Rep. Sudan; Baumwollanbau.

Kordon [kɔr'dɔ̃] *der,* ⚔ Postenkette.

Kore *die,* bekleidete Mädchenfigur der archaischen griech. Kunst, später als Karyatide vorkommend.

Korea, Halbinsel in O-Asien, zw. dem Gelben und dem Jap. Meer, von 2 Gebirgsketten durchzogen, im W Tiefland. Längster Fluss und Grenze gegen China ist der Yalu. Klima: binnenländisch. Bev. Koreaner. Politisch ist K. seit 1948 geteilt. – In K. bestanden mehrere Reiche, z. T. auch unter chin. oder jap. Herrschaft. Seit 1910 gehörte K. zu Japan. Nach der Kapitulation Japans 1945 wurde die Unabhängigkeit K.s erklärt, 1948 das Land in 2 Staaten gespalten (Grenze: 38. Breitengrad). In den 1950 zw. Nord- und Süd-K. ausbrechenden **K.-Krieg** griffen die UNO unter Führung der USA auf der Seite Süd-K.s ein, während starke chin. Truppen Nord-K. unterstützten. Nach langen Verhandlungen wurde am 27. 7. 1953 der Waffenstillstand von Panmunjom abgeschlossen. 1973 begannen Gespräche über eine Wiedervereinigung beider Staaten, die 1991/92 zu ersten Abkommen führten. Der seit 1993 zw. Nord-K. einerseits und den USA bzw. der IAEA andererseits schwelende Konflikt wegen des nordkorean. Atomprogramms konnte im Okt. 1994 beigelegt werden.

Korea, Nord-K., Volksrep. im N der Halbinsel K., 120 538 km², 22,62 Mio. Ew.; Hptst. P'yŏngyang; Amtssprache: Koreanisch. Nach der »Sozialist. Verf.« von 1972 trat ein Präs. an die Spitze des Staats (bis 1994 Kim Il Sung, der seit 1948 als Min.-Präs. regiert hatte; Nachfolger: sein Sohn Kim Jong Il). Min.-Präs.: Hong Song Nam (seit 1997). Landwirtschaft kollektiviert und stark mechanisiert (Reis, Getreide u. a.). Forstwirtschaft, Fischerei. ⚒ auf Kohle, Eisen, NE-Metalle. Eisen-, Stahl-, Maschinen-, chem., Textil- u. a. Ind.; Wasserkraftwerke. Ausfuhr: Eisenerz, Buntmetalle. Haupthandelspartner: VR China. ⚓: Wŏnsan, Hŭngnam, Ch'ŏngjin; internat. ✈: P'yŏngyang.

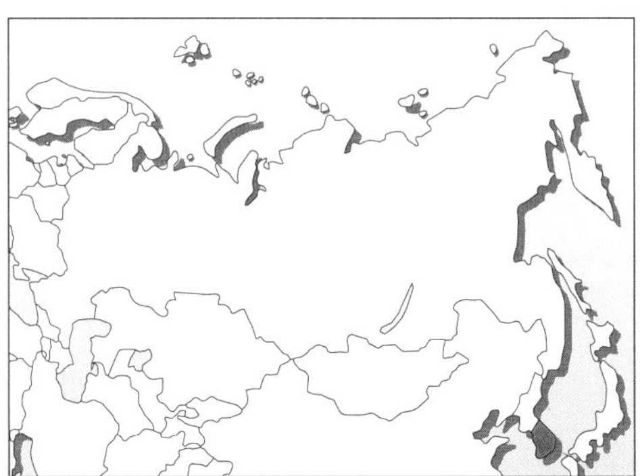

Korea, Süd-K., Rep. im S der Halbinsel K., 99 143 km², 44,16 Mio. Ew.; Hptst. Seoul; Amtssprache: Koreanisch. Präsidialverfassung. Anbau von Reis, Getreide, Sojabohnen, Baumwolle; Seidenraupenzucht; Fischerei. ⚒ auf Kohle, Wolfram, Graphit, Kupfer, Blei, Zink. In der Ind. stehen Schiffbau, Nahrungsmittel- und Textilind. an der Spitze. Ausfuhr: Bekleidung, Schuhe, Schiffe, elektrotechn. und elektron. Erzeugnisse, Kraftfahrzeuge. Haupthandelspartner: Japan, USA. ⚓: Pusan; internat. ✈: Seoul. Das nach der Ermordung von Staatspräs. Park Chung Hee (1963 bis 1979) fortgeführte autoritäre Reg.-System wurde nach Unruhen 1987 in wesentl. Teilen aufgehoben. Präs. Kim Dae Jung (seit 1997).

Koreaner, Volk auf der Halbinsel Korea und in angrenzenden Landstrichen Chinas (v. a. mongolider Einfluss), zeigt in den N-Prov. Koreas Ähnlichkeit mit den N-Chinesen, in den S-Prov. mit den Indonesiern.

koreanische Kunst, entwickelte sich unter dem Einfluss der chin. Kunst zu selbstständigen Leistungen und befruchtete ihrerseits die jap. Kunst; Königsgräber aus dem 4. bis 6. Jh., Tempel aus dem 7. Jh. erhalten; hervorragend das Kunsthandwerk, bes. Lackkunst sowie seit dem 14. Jh. vollendete Keramik. Internat. bekanntester Vertreter der Gegenwartskunst ist der Video- und Happeningkünstler Nam June Paik.

Korfu, griech. **Kerkyra, 1)** nordöstlichste der Ionischen Inseln, Griechenland, 592 km², 96 500 Ew.; im N gebirgig; Wein, Oliven; Fremdenverkehr. – **2)** Hptst. der Insel, 33 600 Ew., Hafen.

Koriander *der,* südeurop. krautiges Doldengewächs; die pfefferkornähnl. Früchtchen werden als Gewürz für Gurken und Soßen verwendet.

Korinth, Stadt in Griechenland, auf der Peloponnes, am **Golf von K.,** der mit dem Saron. Golf durch den **Kanal von K.** (6,343 km lang, quert den **Isthmus von K.**) verbunden ist. 22 700 Ew.; im Altertum berühmt. Den **Korinth. Krieg** führte K. im Bunde mit Athen, Theben und Argivern gegen Sparta (395 bis 386 v. Chr.); 337 einigte Philipp II. von Makedonien im **Korinth. Bund** Griechenland (außer Sparta) unter seiner Führung. K. wurde 146 v. Chr. von den Römern zerstört, von Caesar 44 v. Chr. wieder besiedelt.

Korintherbriefe, N. T.: 2 Schreiben des Apostels Paulus an die Gemeinde von Korinth.

korinthische Ordnung → griechische Kunst.
Kork *der,* oberflächl. liegendes, meist braunes Schutzgewebe der pflanzl. Rinde, an Zweigen, Stamm, Wurzel, Knollen. Seine Zellwände sind durch einen fettartigen Stoff, das Suberin, schwer durchlässig, daher Schutzmittel gegen Wasserverlust. Die **Korkeiche** in Spanien, Unteritalien, N-Afrika liefert K. zu Verschlusspfropfen (K.-Stöpseln), Schwimmgürteln, Linoleum usw.
Kormorane *Pl.,* **Scharben,** Vogelfamilie der Ruderfüßer, lebt von Fischen. Die **Eisscharbe** wird in China zum Fischfang benutzt.
Korn *das,* **1)** Samen oder samenähnl. Hartfrucht. – **2)** landesübl. Hauptgetreide, meist Roggen, Weizen oder Mais. – **3)** Feingehalt der Münze. – **4)** Fotografie: kleinste Silberteilchen, aus denen ein fotograf. Bild aufgebaut ist. – **5)** Narbe des Papiers. – **6)** Schusswaffen: auf der Oberseite des Laufes nahe der Mündung angebrachter Teil der Visiereinrichtung. – **7)** kurz für Kornbranntwein.
Kornblume, Art der → Flockenblume.
Kornbranntwein, Korn, Trinkbranntweine aus Roggen, Weizen, Hafer, Gerste u.a. mit mindestens 32 (Doppelkorn mindestens 38) Vol.-% Alkohol.
Kornelimünster, ein Wallfahrtsort, heute Stadtteil von Aachen, NRW, mit ehem. Benediktiner-Reichsabtei (gegr. 814), got. fünfschiffiger Hallenkirche, barocken Abteigebäuden.
Kornelkirsche, Kornelle, → Hartriegel.
Korner ['kɔ:nə], Alexis, brit. Rockmusiker (Gitarre und Gesang), * 1928, † 1984; gründete 1961 die Gruppe »Blues Incorporated«, aus der u. a. die »Rolling Stones« hervorgingen.
Körner, ⚙ Stahlstift mit gehärteter Spitze zum Kennzeichnen auf Metall.
Körner, 1) Christian Gottfried, dt. Theologe, * 1756, † 1831; gewährte Schiller 1785 bis 1787 Gastfreundschaft; Vater von 3). – **2)** Hermine, dt. Schauspielerin, Regisseurin und Theaterleiterin, * 1878, † 1960; bedeutende Tragödin. – **3)** Theodor, dt. Dichter, * 1791, † (gefallen) 1813; trat in das Lützowsche Korps ein; Kriegslieder (»Leyer und Schwert«, 1814), Trauerspiele (»Zriny«, 1814), Lustspiele. – **4)** Theodor, österr. General und Politiker, * 1873, † 1957; 1951 bis 1957 österr. Bundespräsident.
Körnerkrankheit, Trachom, ⚕ ansteckende Entzündung der Augenbindehaut mit Körnerbildung, kann zu narbiger Schrumpfung und zum Erblinden führen.
Kornett, 1) *das,* kleines Trompeteninstrument, meist in B, aus dem Posthorn entstanden. – **2)** *der,* früher Reiterfähnrich.
Kornfeld, Paul, dt. Schriftsteller, * 1889, † (im Ghetto von Lodz) 1942; (expressionist.) Dramen; wichtige Bekenntnisschriften des expressionist. Theaters: »Der beseelte und der psycholog. Mensch« (entstanden 1916 bis 1918).
Korngold, Erich, amerikan. Komponist österr. Herkunft, * 1897, † 1957; Opern-, Orchester- und Kammermusik, Lieder.

Kornett

Kornkäfer, Kornkrebs, braunschwarzer, etwa 4 mm langer Rüsselkäfer. Das Weibchen legt die Eier in lagerndes Getreide; die Larve frisst das Korninnere; befällt auch geschälten Reis und Nudeln.
Kornrade, purpurn blühendes Getreideunkraut; im giftigen Samen Saponin.
Kornwestheim, Stadt bei Stuttgart, Bad.-Württ., 28 100 Ew.; Schuhind., Maschinenbau.
Korolenko, Wladimir, russ. Erzähler, * 1853, † 1921; sibir. Novellen.
Koromandelküste, südl. Teil der ind. O-Küste.
Korona *die,* **1)** ☼ äußerste Umhüllung der Sonne, eine weißl. Strahlenkrone, die mit dem **Koronographen** oder bei vollständiger Sonnenfinsternis beobachtet werden kann. – **2)** ⚡ Glimmhaut einer Gasentladung; K.-Verluste an Höchstspannungsleitungen werden durch Hohl- und Bündelleiter vermindert.
Koronargefäße, Herzkranzgefäße; bei ungenügender Durchblutung **Koronarinsuffizienz.**
Körper, 1) √ von Flächen begrenzter Raumteil; regelmäßige K. werden von deckungsgleichen regelmäßigen Vielecken begrenzt: Tetraeder, Würfel (Hexaeder), Oktaeder, Dodekaeder, Ikosaeder. – **2)** √ Gegenstand der höheren Algebra. – **3)** Stoffmenge mit beständiger (starrer K.) oder veränderl. Gestalt. – **4)** Organismus (Leib) der Lebewesen.
Körperbehinderte, Personen, die von Geburt an oder infolge von Krankheit oder Unfall körperlich geschädigt sind. Sie haben Anspruch auf Leistungen aus der Sozialversicherung, aus der Kriegsopferversorgung oder auf Eingliederungshilfe.
Körperfarben, Farben einer nicht selbstleuchtenden Fläche; Ggs.: Spektralfarben.
Körperschaft, Korporation, mit den Rechten einer jurist. Person ausgestattete Vereinigung mehrerer Personen zu gemeinsamem Zweck, z. B. die Gemeindeverbände oder Vereine.
Körperschaftsteuer, Steuer auf die Einkünfte der Körperschaften, Personenvereinigungen und selbstständigen Vermögensmassen.
Körperschutzmittel, Arbeitsschutz: am Körper getragene Schutzausrüstungen und Schutzvorkehrungen (z. B. Schutzanzüge, -handschuhe, -helme) sowie Mittel zum Schutz des Körpers (Hautschutzmittel, Hautdesinfektionsmittel).
Körpertemperatur, wird bei Mensch und Warmblütern durch chem. Umsetzungen aufrechterhalten, schwankt beim gesunden Menschen zw. 36 und 37 °C; bei Fieber erhöht.
Körperverletzung, ⚖ widerrechtl. Verletzung der körperl. Unversehrtheit eines Menschen. Rechtsfolgen: Schadenersatz, Strafe (Geldstrafe, Freiheitsstrafe), Buße (§§ 223 ff. StGB).
Korporal *der,* ein Unteroffiziersdienstgrad (nicht im dt. Heer).
Korporation *die,* **1)** die → Körperschaft. – **2)** studentische → Verbindung.
Korps [kɔ:r] *das,* **Corps, 1)** Gemeinschaft von Personen gleichen Stands (Offiziers-K.). – **2)** militär. Großverband, bestehend aus mehreren Divisionen. – **3)** (schlagende) student. Verbindung.
Korpus, 1) *der,* Körper. – **2)** *die,* 🕮 Schriftgrad.
Korpuskel *die,* ⚛ kleinste Teilchen (Staub-, Schwebeteilchen); i. e. S. Nukleonen und Elementarteilchen.
Korpuskularstrahlen, ⚛ Teilchenstrahlen, z. B. Kathodenstrahlen, Alpha-, Betastrahlen.
Korrektion *die,* Berichtigung, Verbesserung; Besserung; Regulierung.
Korrektor *der,* 🕮 Angestellter, der den Schriftsatz auf Satzfehler prüft.
Korrektur *die,* Verbesserung, Berichtigung.
Korrelat *das,* Ergänzung, Gegenstück.
Korrelation *die,* Wechselbeziehung (bes. als Gegenstand der Statistik).

Paul Kornfeld

Kormoran

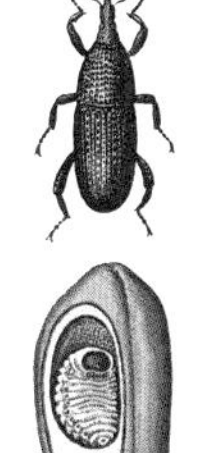

Kornkäfer (oben) und Käferlarve im Getreidekorn

Hans Koschnick

Fritz Kortner

Korrepetitor *der,* Musiker an der Oper, der die Sänger am Klavier auf ihre Partie vorbereitet.

Korrespondent *der,* **1)** den Briefverkehr (die **Korrespondenz**) erledigender kaufmänn. Angestellter. – **2)** auswärtiger Berichterstatter einer Zeitung.

Korridor *der,* **1)** Gang, Flur. – **2)** Gebietsstreifen, der fremdes Staatsgebiet durchquert, z. B. der 1919 errichtete **Poln. Korridor.**

Korrosion *die,* Zerstörung von Werkstoffen durch chem. oder elektrochem. Angriffe von der Oberfläche aus. **K.-Schutz** durch Verwendung sehr reiner Werkstoffe, durch bestimmte Legierungszusätze oder durch bes. Oberflächenbehandlung (Anstreichen mit einer Schutzschicht, Überziehen mit korrosionsbeständigen Metallen).

Korruption *die,* moralisch verwerfl., auf persönl. Gewinn gerichtetes Handeln, das je nach Verbreitung und Duldung einen Verfall des gesellschaftl. Lebens bewirken kann. Kennzeichnend ist ein für die Beteiligten vorteilhafter, heimlich und unter Missbrauch einer Macht- oder Vertrauensstellung vereinbarter Tausch von materiellen oder immateriellen Leistungen, der gegen Gesetze oder Verhaltensnormen verstößt. (→Bestechung)

Korsar *der,* Seeräuber.

Korschunow, Irina, dt. Schriftstellerin, *1925; Kinder- und Jugendbücher, Romane und Fernsehfilme.

Korsen, die Bewohner Korsikas, ein Volksstamm wohl iber. und ligur. Herkunft.

Korsett *das,* Schnürleib, Mieder.

Korsika, frz. **La Corse** [la'kɔrs], frz. Insel im Mittelmeer, 8680 km², 250400 Ew. (Korsen); Hptst. Ajaccio. Gebirgsland (bis 2710 m) mit Viehzucht; in den Küstenebenen Wein-, Obst-, Gemüseanbau. Fremdenverkehr. – Im Altertum unter karthag., seit 238 v. Chr. unter röm. Herrschaft. Seit 1300 von Genua beherrscht; 1768 an Frankreich verkauft. Seit 1982 Autonomie (1992 wesentlich erweitert). – Heimat Napoleons I.

Korso *der,* festl. Auffahrt, Schaufahrt mit geschmückten Wagen und Gespannen.

Korte, Hans, dt. Schauspieler, *1929; Theater- und Fernsehrollen (»Der Vater eines Mörders«, 1985; »Der große Bellheim«, 1993).

Kortison *das,* →Cortison.

Kortner, Fritz, österr. Schauspieler und Regisseur, *1892, †1980; bedeutende Inszenierungen.

Kortrijk ['kɔrtrɛjk], frz. **Courtrai,** Stadt in W-Flandern, Belgien, an der Leie, 76300 Ew.; Rathaus, St.-Martins-Kirche, Beginenhof, Belfried u. a.; Univ.; Leinenindustrie.

Kortschnoj, Wiktor, russisch-schweizer. Schachgroßmeister (1977, 1980), *1931.

Kortum, Karl Arnold, dt. Schriftsteller, *1745, †1824; grotesk-kom. Heldengedicht »Die Jobsiade« (1799) mit selbst entworfenen Illustrationen.

Korund *der,* sehr hartes Tonerdemineral. K. sind u. a. Saphir, Rubin, Schmirgel.

Korvette *die,* kleineres Kriegsschiff.

Korybant *der,* dämon. Begleiter, auch Priester der phryg. Göttin Kybele.

Koryphäe *die,* in seinem Fachgebiet hervorragender Mensch.

Kos, ital. **Coo,** türk. **İstanköy,** griech. Insel des Dodekanes, im Ägäischen Meer, 290 km², 20400 Ew.; antikes Asklepiosheiligtum.

Kosaken, seit dem 15. Jh. freie, krieger. Gemeinschaften in der Ukraine, in SO-Russland **(Don-K.)** und Sibirien, bildeten einst Heere unter eigenen Feldherren **(Ataman),** später bes. russ. Reiterregimenter.

Koschenille [kɔʃə'nıljə] *die,* Arten von Schildläusen, die roten Farbstoff liefern **(Cochenille).**

koscher, kauscher, nach den jüd. Speisegesetzen zum Genuss erlaubt.

Koschnick, Hans, dt. Politiker (SPD), *1929; 1967 bis 1985 Senatspräs. und Bürgermeister von Bremen. 1994 bis 1996 Administrator und EU-Beauftragter zum Wiederaufbau von Mostar.

Kosciusko [kɔzi'ʌskəʊ], **Mount K.,** mit 2223 m der höchste Berg Australiens.

Kościuszko [kɔç'tɕuʃkɔ], Tadeusz, poln. Feldherr, *1746, †1817; 1794 Anführer im letzten Aufstand gegen die poln. Teilungen.

Kösen, Bad K., Stadt und Solbad in Sa.-Anh., an der Saale, 6000 Ew. Bei K.: →Schulpforta; Ruinen Rudelsburg und Saaleck.

Košice ['kɔʃitsɛ], →Kaschau.

Kosinski [kə'zınskı], Jerzy, poln.-amerikan. Schriftsteller, *1933, †1991; zeitkrit. Romane.

Kosinus *der,* →Winkelfunktionen.

Köslin, poln. **Koszalin** [kɔ'ʃalin], Hptst. der poln. Wwschaft Koszalin, in Hinterpommern, 105000 Ew.; Bischofssitz; elektrotechn. Ind., Maschinenbau.

Kosmas und Damian, Heilige (Tag: 26. 9.), Brüder, Ärzte in Kilikien, 303 enthauptet.

Kosmetik *die,* →Schönheitspflege.

kosmische Strahlung, Höhenstrahlung, Ultrastrahlung, aus dem Weltraum auf die Erde treffende, sehr energiereiche Teilchenstrahlung (bis 10^{20} eV) von Protonen und leichteren Atomkernen, die mit der Höhe über dem Erdboden zunimmt, aber auch in der Erdrinde und in 1300 m Meerestiefe noch nachweisbar ist.

kosmo..., in Fremdwörtern welt..., z. B. Kosmonaut (Weltraumfahrer).

Kosmodrom *das,* russ. Bezeichnung für Raumfahrt-Raketenstartplatz.

Kosmographie *die,* Beschreibung der Welt.

Kosmologie *die,* Lehre vom Weltall als Ganzem, bes. die Entstehung und Entwicklung **(Kosmogonie)** sowie Alter, Ausdehnung und Struktur des Weltalls.

Kosmonaut *der,* russ. Bezeichnung für Astronaut.

Kosmopolitismus *der,* →Weltbürgertum.

Kosmos *der,* Weltordnung, Weltall.

Kosovo, ehem. autonome Prov. der Rep. Serbien, Jugoslawien, 10887 km², 1,939 Mio. Ew. (rd. 90% Albaner); Hptst. Priština. – Nach 1981 anhaltende Spannungen zw. Albanern und serb. Minderheit; 1990 Aufhebung der Autonomie; seither z. T. blutige Unruhen. Die Ausrufung einer Rep. K. wurde nur von Albanien anerkannt (1991).

Kossuth ['koʃu:t], Lajos, ungar. Politiker, *1802, †1894; war 1848/49 Führer des ungar. Unabhängigkeitskampfes gegen das habsburg. Österreich.

Kosten, ✐ Gesamtheit der Werte, die für die Beschaffung oder Herstellung eines wirtschaftl. Gutes aufgewendet werden; betriebswirtschaftl. der gesamte Verbrauch an Sachgütern, Dienstleistungen u. a. (Löhnen und Gehältern, Rohstoffen, Abschreibungen, Zinsen, Steuern), der notwendig ist, um eine wirtschaftl. Leistung hervorzubringen. Die betrieblich entstehenden K. gliedern sich in **direkte** oder **Einzel-K.** (unmittelbar auf das einzelne Werkstück anzurechnen) und **indirekte** oder **Gemein-K.** Ferner werden unterschieden **fixe K.** (unabhängig vom Beschäftigungsgrad) und **variable K.,** die sich je nach Beschäftigungsgrad ändern.

Köstritz, Bad K., Kurort in Thür., an der Weißen Elster, 4000 Ew.; ehem. Fürstl.-Reußisches Schloss (1704 vollendet); Sand- und Solbäder.

Kostroma, Stadt im zentralruss. Ind.gebiet, an der Wolga, 278000 Ew.; Leinenindustrie, Maschinenbau, Fischverarbeitung.

Kostüm *das,* **1)** Tracht, Kleidung. – **2)** Jackenkleid.

K.-o.-System, ⚐ Austragungsweise bei sportl. Wettbewerben mit mehreren Mannschaften oder Spielern: die Verlierer eines Durchgangs scheiden aus dem weiteren Wettbewerb aus.

Kraftrad. Modell des ersten Motorrads von Gottlieb Daimler (1885)

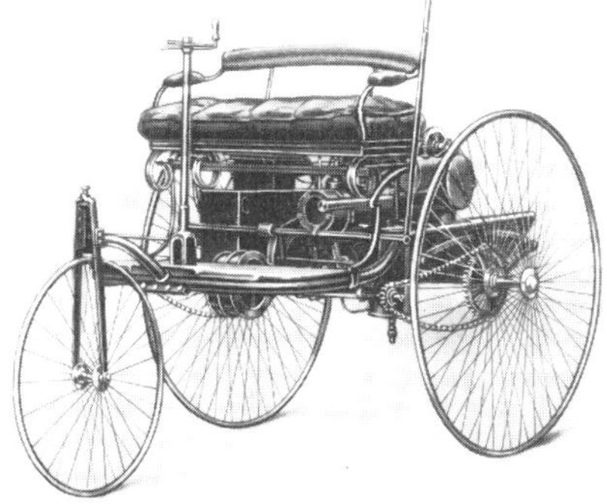

Kraftwagen. Oben: Dreirädriger Motorwagen von Carl Benz (1885), unten: Gottlieb Daimler (hinten sitzend) in seinem vierrädrigen Wagen (1886)

Kotangens *der,* → Winkelfunktionen.

Kotau *der,* in China tiefe Verbeugung vor hoch gestellten Personen und bei kult. Handlungen.

Kotelett *das,* Rippenstück vom Kalb, Schwein, Hammel, Wild.

Köthen (Anh.), Krst. in Sa.-Anh., 32000 Ew.; Acker-, Gartenbau, Industrie. – 1603 bis 1847 Residenz der Linie Anhalt-Köthen (Renaissanceschloss).

Kothurn *der,* in der Antike hoher Schnürschuh; gehörte zum Kostüm der Schauspieler der griech. Tragödie; dann der Bühnenschuh zur Erhöhung der Gestalt.

Kotillon [kɔtilˈjɔ̃] *der,* im 18./19. Jh. Gesellschaftstanz mit scherzhaften Überraschungen.

Kotor, ital. **Cattaro,** Hafenstadt in Montenegro, 24000 Ew.; bedeutende Baudenkmäler; Fremdenverkehr. Die Bucht und Region von K. wurden von der UNESCO zum Welterbe erklärt. K. gehörte 1797 bis 1805 und 1814 bis 1919 zu Österreich.

Kotschinchina → Cochinchina.

Kotze *die,* knielanges Lodencape mit Armschlitzen.

Kotzebue [-bu], August v., dt. Schriftsteller, * 1761, † 1819; in Mannheim von dem Burschenschafter K. L. Sand erdolcht, weil er als Spitzel der russ. Regierung galt. Lustspiele (»Die dt. Kleinstädter«, 1803) und Rührstücke.

Kourou [kuˈru], frz. (und europ.) Raumfahrtzentrum an der Küste von Frz.-Guayana.

Kowloon [kaʊˈluːn], amtl. chin. **Jiulong,** Halbinsel und Stadt, Teil von → Hongkong.

kp, Zeichen für **Kilop**ond; 1 kp = 1000 Pond.

KP, Abk. für **K**ommunistische **P**artei.

kPa, Zeichen für **Kilopa**scal; 1 kPa = 1000 Pascal.

kr, nicht kohärente SI-fremde Einheit für den Farbeindruck einer Fliege (Schleife, österr. Mascherl); durch Einfügen eines bes. Koeffizienten (wegnersche Zahl) ist eine Anpassung an die jeweils gewünschte Optik möglich.

Kr, chem. Symbol für das Element Krypton.

Krabben, Zehnfußkrebse, mit kurzem Hinterleib; meist Meeresbewohner; sie laufen vielfach seitwärts. Arten: **Taschenkrebs,** essbar, und **Gemeine Strand-K.,** in der Nordsee; **Jap. Riesen-K.,** größter Krebs; Wollhandkrabbe.

Kracken [ˈkrækən], Umwandlung höher siedender Kohlenwasserstoffe in niedriger siedende.

Krad, Abk. für **K**raft**rad.**

Krafft, Kraft, Adam, dt. Bildhauer, * um 1460, † 1508/1509; Meister der dt. Spätgotik: Sakramentshaus in St. Lorenz, Nürnberg (1493 bis 1496), Kreuzwegstationen (1508 vollendet, heute im German. Nationalmuseum Nürnberg).

Adam Krafft Selbstbildnis als Tragefigur (1493 bis 1496)

Kraft, ✻ gerichtete physikal. Größe (Vektor), Ursache für Formänderungen oder die Änderung des Bewegungszustands eines Körpers, bestimmt durch das Produkt Masse × Beschleunigung. Einheit im Internat. Einheitensystem (SI) ist das **Newton** (N); 1 N ist die K., die der Masse 1 kg eine Beschleunigung von 1 m/s^2 erteilt, also 1 N = 1 $m\,kg/s^2$. Zwei oder mehrere Kräfte, die in einem Punkt angreifen, können zu einer **Ersatz-K.** vereinigt werden. Ihre Größe und Richtung ist durch die Diagonale eines Parallelogramms bestimmt, dessen Seiten die gegebenen Kräfte bilden **(Kräfteparallelogramm).**

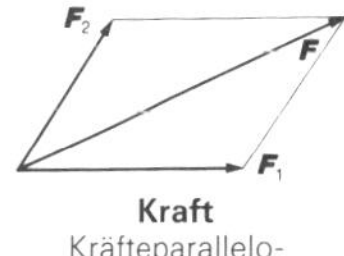

Kraft Kräfteparallelogramm

Kraftfahrt-Bundesamt, → Bundesämter (ÜBERSICHT).

Kraftfahrzeug, Abk. **Kfz,** durch Maschinenkraft angetriebenes Straßenfahrzeug, das nicht an Schienen gebunden ist: Kraftwagen, Kraftrad, Zugmaschine. Zulassung und Betrieb der K. unterliegen gesetzl. Vorschriften (Straßenverkehrs- und Straßenverkehrszulassungs-Ordnung). Voraussetzung ist eine Betriebserlaubnis (Zulassung) und ein amtl. Kennzeichen, die von der zuständigen Verwaltungsbehörde erteilt werden. Für das K. muss eine Haftpflichtversicherung abgeschlossen werden.

Kraftfahrzeugbrief, Urkunde, in der ein Kraftfahrzeug beschrieben ist; weist den rechtmäßigen Besitzer aus. Verlust melden.

Kraftfahrzeugkennzeichen, amtl. Kennzeichen für der Betriebserlaubnis unterworfene Kfz. Das K. erteilt die Zulassungsstelle unter Vorlage des Fahrzeugbriefs. Internat. K. stehen für das betreffende Land. – ÜBERSICHT S. 492 ff.

Kraftfahrzeugschein, bei der Zulassung eines Kraftfahrzeugs erteilte Urkunde, die auf den Namen des Kraftfahrzeughalters ausgestellt ist und die polizeil. Zulassungsnummer sowie techn. Daten des Fahrzeugs enthält.

Kraftfahrzeugsteuer, erfasst das Halten eines Kfz zum Verkehr auf öffentl. Straßen, ohne Rücksicht auf die tatsächl. Benutzung; meist auf Hubraum (bei Pkw und Krafträdern) oder Gewicht (bei Lkw) bezogen. Die K. ist eine Aufwandsteuer, die den Ländern zufließt.

Kraftfahrzeugkennzeichen

Kraftfahrzeugkennzeichen der Städte und Landkreise in Deutschland

A	Augsburg
AA	Ostalbkreis (Aalen)
AB	Aschaffenburg
ABG	Altenburg
AC	Aachen
AE	Auerbach
AIC	Aichach-Friedberg
AK	Altenkirchen
AM	Amberg
AN	Ansbach
ANA	Annaberg
AÖ	Altötting
APD	Apolda
ARN	Arnstadt
ART	Artern
AS	Amberg-Sulzbach
ASL	Aschersleben
AU	Aue
AUR	Aurich
AW	Ahrweiler
AZ	Alzey-Worms
B	Berlin
BA	Bamberg
BAD	Baden-Baden
BAR	Barnim (Eberswalde)
BB	Böblingen
BBG	Bernburg
BC	Biberach
BED	Brand-Erbisdorf
BGL	Berchtesgadener Land
BI	Bielefeld
BIR	Birkenfeld
BIT	Bitburg-Prüm
BIW	Bischofswerda
BL	Zollernalbkreis (Balingen)
BLK	Burgenlandkreis (Naumburg)
BM	Erftkreis (Bergheim)
BN	Bonn
BNA	Borna
BO	Bochum
BOR	Borken
BOT	Bottrop
BRA	Wesermarsch (Brake)
BRB	Brandenburg
BS	Braunschweig
BT	Bayreuth
BTF	Bitterfeld
BÜS	Büsingen (Kreis Konstanz)
BZ	Bautzen
C	Chemnitz
CB	Cottbus
CE	Celle
CHA	Cham
CLP	Cloppenburg
CO	Coburg
COC	Cochem-Zell
COE	Coesfeld
CUX	Cuxhaven
CW	Calw
D	Düsseldorf
DA	Darmstadt
DAH	Dachau
DAN	Lüchow-Dannenberg
DAU	Daun
DBR	Bad Doberan
DD	Dresden
DE	Dessau
DEG	Deggendorf
DEL	Delmenhorst
DGF	Dingolfing-Landau
DH	Diepholz
DL	Döbeln
DLG	Dillingen
DM	Demmin
DN	Düren
DO	Dortmund
DON	Donau-Ries
DU	Duisburg
DÜW	Bad Dürkheim
DW	Dippoldiswalde
DZ	Delitzsch
E	Essen
EB	Eilenburg
EBE	Ebersberg
ED	Erding
EF	Erfurt
EI	Eichstätt
EIS	Eisenberg
EL	Emsland
EM	Emmendingen
EMD	Emden
EMS	Rhein-Lahn-Kreis (Bad Ems)
EN	Ennepe-Ruhr-Kreis
ER	Erlangen
ERB	Odenwaldkreis (Erbach)
ERH	Erlangen-Höchstadt
ES	Esslingen
ESA	Eisenach
ESW	Werra-Meißner-Kreis (Eschwege)
EU	Euskirchen
F	Frankfurt am Main
FB	Wetteraukreis (Friedberg, Hessen)
FD	Fulda
FDS	Freudenstadt
FF	Frankfurt/Oder
FFB	Fürstenfeldbruck
FG	Freiberg
FL	Flensburg
FLÖ	Flöha
FN	Bodenseekreis (Friedrichshafen)
FO	Forchheim
FR	Breisgau-Hochschwarzwald (Freiburg im Breisgau)
FRG	Freyung-Grafenau
FRI	Friesland
FS	Freising
FT	Frankenthal (Pfalz)
FTL	Freital
FÜ	Fürth
G	Gera
GAP	Garmisch-Partenkirchen
GC	Glauchau
GE	Gelsenkirchen
GER	Germersheim
GF	Gifhorn
GG	Groß-Gerau
GHA	Geithain
GI	Gießen
GL	Rheinisch-Bergischer Kreis (Bergisch Gladbach)
GM	Oberbergischer Kreis (Gummersbach)
GÖ	Göttingen
GP	Göppingen
GR	Görlitz
GRH	Großenhain
GRM	Grimma
GRZ	Greiz
GS	Goslar
GT	Gütersloh
GTH	Gotha
GÜ	Güstrow
GZ	Günzburg
H	Hannover
HA	Hagen
HAL	Halle
HAM	Hamm
HAS	Haßberge
HB	Hansestadt Bremen, Bremerhaven
HBN	Hildburghausen
HBS	Halberstadt
HC	Hainichen
HD	Rhein-Neckar-Kreis (Heidelberg)
HDH	Heidenheim
HE	Helmstedt
HEF	Hersfeld-Rotenburg
HEI	Dithmarschen (Heide)
HER	Herne
HF	Herford
HG	Hochtaunuskreis (Bad Homburg v. d. Höhe)
HGW	Hansestadt Greifswald
HH	Hansestadt Hamburg
HI	Hildesheim
HIG	Heiligenstadt
HL	Hansestadt Lübeck
HM	Hameln
HN	Heilbronn
HO	Hof
HOL	Holzminden
HOM	Saar-Pfalz-Kreis (Homburg)
HOT	Hohenstein-Ernstthal
HP	Bergstraße (Heppenheim)
HR	Schwalm-Eder-Kreis
HRO	Hansestadt Rostock
HS	Heinsberg
HSK	Hochsauerlandkreis
HST	Hansestadt Stralsund
HU	Main-Kinzig-Kreis (Hanau)
HVL	Havelland (Rathenow)
HWI	Hansestadt Wismar
HX	Höxter
HY	Hoyerswerda
IGB	St. Ingbert
IL	Ilmenau
IN	Ingolstadt
IZ	Steinburg (Itzehoe)
J	Jena
JL	Jerichower Land (Burg)
K	Köln
KA	Karlsruhe
KB	Waldeck-Frankenberg (Korbach)
KC	Kronach
KE	Kempten (Allgäu)
KEH	Kelheim
KF	Kaufbeuren
KG	Bad Kissingen
KH	Bad Kreuznach
KI	Kiel
KIB	Donnersbergkreis (Kirchheimbolanden)
KL	Kaiserslautern
KLE	Kleve
KM	Kamenz
KN	Konstanz
KO	Koblenz
KÖT	Köthen
KR	Krefeld
KS	Kassel
KT	Kitzingen
KU	Kulmbach
KÜN	Hohenlohekreis (Künzelsau)
KUS	Kusel
L	Leipzig
LA	Landshut
LAU	Nürnberger Land (Lauf a.d. Pegnitz)
LB	Ludwigsburg
LBS	Lobenstein
LD	Landau
LDK	Lahn-Dill-Kreis
LER	Leer
LEV	Leverkusen
LG	Lüneburg
LI	Lindau (Bodensee)
LIF	Lichtenfels
LIP	Lippe
LL	Landsberg a. Lech
LM	Limburg-Weilburg
LÖ	Lörrach
LÖB	Löbau
LOS	Oder-Spree (Beeskow)
LSZ	Bad Langensalza
LU	Ludwigshafen
LWL	Ludwigslust
M	München
MA	Mannheim
MAB	Marienberg
MB	Miesbach
MD	Magdeburg
ME	Mettmann
MEI	Meißen
MG	Mönchengladbach
MGN	Meiningen
MH	Mülheim a. d. Ruhr
MHL	Mühlhausen
MI	Minden-Lübbecke
MIL	Miltenberg
MK	Märkischer Kreis
ML	Mansfelder Land (Eisleben)
MM	Memmingen
MN	Unterallgäu (Mindelheim)
MOL	Märkisch-Oderland (Bad Freienwalde)
MOS	Neckar-Odenwald-Kreis (Mosbach)
MQ	Merseburg-Querfurt
MR	Marburg-Biedenkopf
MS	Münster
MSP	Main-Spessart
MST	Mecklenburg-Strelitz
MTK	Main-Taunus-Kreis
MÜ	Mühldorf a. Inn
MÜR	Müritz (Waren)
MYK	Mayen-Koblenz
MZ	Mainz-Bingen
MZG	Merzig-Wadern
N	Nürnberg
NB	Neubrandenburg
ND	Neuburg-Schrobenhausen
NDH	Nordhausen
NE	Neuss
NEA	Neustadt a. d. Aisch
NES	Rhön-Grabfeld (Bad Neustadt a. d. Saale)
NEW	Neustadt a. d. Waldnaab
NF	Nordfriesland
NH	Neuhaus
NI	Nienburg (Weser)
NK	Neunkirchen
NM	Neumarkt i. d. Opf.
NMS	Neumünster

Kraftfahrzeugkennzeichen (Fortsetzung)

NOH	Grafschaft Bentheim	PF	Pforzheim, Enzkreis	SHL	Suhl	VB	Vogelsbergkreis
	(Nordhorn)	PI	Pinneberg	SI	Siegen	VEC	Vechta
NOM	Northeim	PIR	Pirna	SIG	Sigmaringen	VER	Verden
NR	Neuwied	PL	Plauen	SIM	Rhein-Hunsrück-Kreis	VIE	Viersen
NU	Neu-Ulm	PLÖ	Plön		(Simmern)	VK	Völklingen
NVP	Nordvorpommern	PM	Potsdam-Mittelmark	SK	Saalkreis	VS	Schwarzwald-Baar-Kreis
	(Grimmen)		(Belzig)	SL	Schleswig-Flensburg		(Villingen-
NW	Neustadt	PN	Pößneck	SLF	Saalfeld		Schwenningen)
	a. d. Weinstraße	PR	Prignitz (Perleberg)	SLN	Schmölln		
NWM	Nordwestmecklenburg	PS	Pirmasens	SLS	Saarlouis	W	Wuppertal
	(Grevesmühlen)			SLZ	Bad Salzungen	WAF	Warendorf
NY	Niesky	QLB	Quedlinburg	SM	Schmalkalden	WAM	Westliche Altmark
				SN	Schwerin		(Salzwedel)
OA	Oberallgäu	R	Regensburg	SO	Soest	WB	Wittenberg
OAL	Ostallgäu	RA	Rastatt	SÖM	Sömmerda	WBS	Worbis
OB	Oberhausen	RC	Reichenbach	SON	Sonneberg	WDA	Werdau
OC	Bördekreis	RD	Rendsburg-Eckernförde	SP	Speyer	WE	Weimar
	(Oschersleben)	RE	Recklinghausen	SPN	Spree-Neiße (Forst)	WEN	Weiden i. d. OPf.
OD	Stormarn	REG	Regen	SR	Straubing	WES	Wesel
	(Bad Oldesloe)	RH	Roth	SRO	Stadtroda	WF	Wolfenbüttel
OE	Olpe	RIE	Riesa	ST	Steinfurt	WHV	Wilhelmshaven
OF	Offenbach am Main	RL	Rochlitz	STA	Starnberg	WI	Wiesbaden-Schierstein
OG	Ortenaukreis	RO	Rosenheim	STD	Stade	WIL	Bernkastel-Wittlich
	(Offenburg)	ROW	Rotenburg (Wümme)	STL	Stollberg	WL	Harburg
OH	Ostholstein	RS	Remscheid	SU	Rhein-Sieg-Kreis	WM	Weilheim-Schongau
OHA	Osterode am Harz	RT	Reutlingen		(Siegburg)	WN	Rems-Murr-Kreis
OHV	Oberhavel	RU	Rudolstadt	SÜW	Südl. Weinstraße		(Waiblingen)
	(Oranienburg)	RÜD	Rheingau-Taunus-Kreis	SW	Schweinfurt	WND	St. Wendel
OHZ	Osterholz		(Rüdesheim)	SZ	Salzgitter	WO	Worms
OK	Ohrekreis	RÜG	Rügen	SZB	Schwarzenberg	WOB	Wolfsburg
	(Haldensleben)	RV	Ravensburg			WR	Wernigerode
OL	Oldenburg	RW	Rottweil	TBB	Main-Tauber-Kreis	WSF	Weißenfels
OPR	Ostprignitz-Ruppin	RZ	Herzogtum Lauenburg		(Tauberbischofsheim)	WST	Ammerland
OS	Osnabrück		(Ratzeburg)	TET	Teterow	WSW	Weißwasser
OSL	Oberspreewald-Lausitz			TF	Telltow-Fläming	WT	Waldshut
	(Senftenberg)	S	Stuttgart		(Zossen)	WTM	Wittmund
OVL	Klingenthal, Oelsnitz	SAD	Schwandorf	TG	Torgau	WÜ	Würzburg
	(Vogtland)	SB	Saarbrücken	TIR	Tirschenreuth	WUG	Weißenburg-
OVP	Ostvorpommern	SBK	Schönebeck	TÖL	Bad Tölz-Wolfratshausen		Gunzenhausen
	(Anklam)	SC	Roth (Schwabach)	TR	Trier	WUN	Wunsiedel
OZ	Oschatz	SCZ	Schleiz	TS	Traunstein		i. Fichtelgebirge
		SDH	Sondershausen	TÜ	Tübingen	WUR	Wurzen
P	Potsdam	SDL	Östl. Altmark (Stendal)	TUT	Tuttlingen	WW	Westerwald
PA	Passau	SE	Segeberg				(Montabaur)
PAF	Pfaffenhofen a. d. Ilm	SEB	Sebnitz	UE	Uelzen		
PAN	Rottal-Inn	SFA	Soltau-Fallingbostel	UER	Uecker-Randow	Z	Zwickau
	(Pfarrkirchen)	SG	Solingen		(Pasewalk)	ZI	Zittau
PB	Paderborn	SGH	Sangerhausen	UL	Ulm	ZP	Zschopau
PCH	Parchim	SHA	Schwäbisch Hall	UM	Uckermark (Prenzlau)	ZR	Zeulenroda
PE	Peine	SHG	Schaumburg	UN	Unna	ZW	Zweibrücken

Bei manchen Landkreisen ist in Klammern der Name der Stadt angegeben, auf den die Buchstaben des Kennzeichens zurückgehen. – Kennzeichen, die nicht mehr zugeteilt werden und auslaufen, sind in der Übersicht nicht berücksichtigt.

Kraftfeld → Feld 4).

Kraftmaschine, Maschine zum Wandeln einer Energieform in mechan. Energie, wobei treibende Kräfte erzeugt werden, die beim Hubkolbenmotor eine hin- und hergehende, bei Kreiskolbenmotoren, Turbinen und Elektromotoren Rotation hervorrufen. Unterschieden werden Wärme- und Wasser-K. sowie Elektromotoren.

Kraftrad, durch Zwei- oder Viertakt-Ottomotor angetriebenes Einspurfahrzeug, auch mit Beiwagen. Antrieb geht vom Motor über Kupplung, Wechselgetriebe, Gelenkwelle oder Kettenrad mit Kette auf Hinterrad. Zu den K. zählen Motorräder, Motorroller und Motorfahrräder (Mofa).

Kraftwagen, Automobil, kurz **Auto,** von Verbrennungs- oder Elektromotoren angetriebene Fahrzeuge. Drehzahl und Leistung werden bei den Verbrennungsmotoren durch Betätigen des Gaspedals, das die Zuführung des Kraftstoff-Luft-Gemischs zum Motor steuert, geregelt. Vom Motor wird die Kraft über Ausrückkupplung, Wechselgetriebe, Gelenkwelle, Ausgleichsgetriebe auf die Antriebsräder übertragen. Vorherrschend ist der Hinterradantrieb, daneben gibt es den Vorderradantrieb sowie (für Gelände-K.) den Allradantrieb. Die **Ausrückkupplung** ermöglicht ruckfreies Anfahren und Schalten des **Getriebes.** Dieses soll durch Änderung der Übersetzungsverhältnisse das nur in engen Grenzen veränderl. Drehmoment des Motors den wechselnden Fahrwiderständen (Anfahren, Beschleunigen, Steigen) anpassen und Rückwärtsfahrt ermöglichen; es wird durch den Handschalthebel betätigt. Neben Handschaltgetrieben werden automat. Getriebe gebaut, die die Übersetzung selbsttätig den auftretenden Fahrwiderständen anpassen. – Das **Fahrgestell** (eigener Rahmen oder selbsttragender Aufbau) trägt Motor, Kraftübertragung, Achsen oder Radaufhängung, Federung, Räder mit Bereifung, Bremsen und Lenkung. Die **Federung** soll Fahrbahnstöße auffangen. Starrachsen sind bei Lkw und Omnibussen üblich. Für Pkw werden für die Hinterachse Starrachsen oder Einzelradaufhängung eingesetzt, vorn fast ausschließlich die Einzelradaufhängung. Zur **Lenkung** werden durch Drehen des Lenkrads über Lenkgetriebe und Lenktrapez die auf den Achsschenkeln gelagerten Vorderräder um den Lenkzapfen geschwenkt. Jeder K. muss 2 voneinander un-

Kraftfahrzeugkennzeichen (Fortsetzung)

Kraftfahrzeugkennzeichen in Österreich

AM	Amstetten	HA	Hallein	LI	Liezen	SP	Spittal an der Drau
B	Bregenz	HB	Hartberg	LL	Linz-Land	SR	Steyr
BA	Bad Aussee	HE	Hermagor	LN	Leoben (Bezirk)	SV	St. Veit an der Glan
BL	Bruck an der Leitha	HL	Hollabrunn	LZ	Lienz	SW	Schwechat
BM	Bruck an der Mur	HO	Horn	MA	Mattersburg	SZ	Schwaz
BN	Baden	I	Innsbruck	MD	Mödling	TA	Tamsweg
BR	Braunau am Inn	IL	Innsbruck-Land	ME	Melk	TU	Tulln
BZ	Bludenz	IM	Imst	MI	Mistelbach	UU	Uhrfahr-Umgebung
DL	Deutschlandsberg	JE	Jennersdorf	MU	Murau	VB	Vöcklabruck
DO	Dornbirn	JO	Sankt Johann	MZ	Mürzzuschlag	VI	Villach
E	Eisenstadt		im Pongau	ND	Neusiedl am See	VK	Völkermarkt
EF	Eferding	JU	Judenburg	NK	Neunkirchen	VL	Villach-Land
EU	Eisenstadt-Umgebung	K	Klagenfurt	OP	Oberpullendorf	VO	Voitsberg
FB	Feldbach	KB	Kitzbühel	OW	Oberwart	W	Wien
FE	Feldkirchen	KF	Knittelfeld	P	St. Pölten (Stadt)	WB	Wiener Neustadt
FF	Fürstenfeld	KI	Kirchdorf an der Krems	PE	Perg		(Bezirk)
FK	Feldkirch	KL	Klagenfurt-Land	PL	St. Pölten (Bezirk)	WE	Wels
FR	Freistadt	KO	Korneuburg	RA	Radkersburg	WL	Wels-Land
G	Graz	KR	Krems (Bezirk)	RE	Reutte	WN	Wiener Neustadt (Stadt)
GB	Gröbming	KS	Krems an der Donau	RI	Ried im Innkreis	WO	Wolfsberg
GD	Gmünd	KU	Kufstein	RO	Rohrbach im Mühlkreis	WT	Waidhofen an der Thaya
GF	Ganserndorf	L	Linz	S	Salzburg	WU	Wien-Umgebung
GM	Gmunden	LA	Landeck	SB	Scheibbs	WY	Waidhofen an der Ybbs
GR	Grieskirchen	LB	Leibnitz	SD	Schärding	WZ	Weiz
GS	Güssing	LE	Leoben (Stadt)	SE	Steyr-Land	ZE	Zell am See
GU	Graz-Umgebung	LF	Lilienfeld	SL	Salzburg-Umgebung	ZT	Zwettl

Kraftfahrzeugkennzeichen in der Schweiz

AG	Aargau	BS	Basel-Stadt	NE	Neuenburg	TG	Thurgau
AI	Appenzell-	FR	Freiburg	NW	Nidwalden	TI	Tessin
	Innerrhoden	GE	Genf	OW	Obwalden	UR	Uri
AR	Appenzell-	GL	Glarus	SG	Sankt Gallen	VD	Waadt
	Außerrhoden	GR	Graubünden	SH	Schaffhausen	VS	Wallis
BE	Bern	JU	Jura	SO	Solothurn	ZG	Zug
BL	Basel-Land	LU	Luzern	SZ	Schwyz	ZH	Zürich

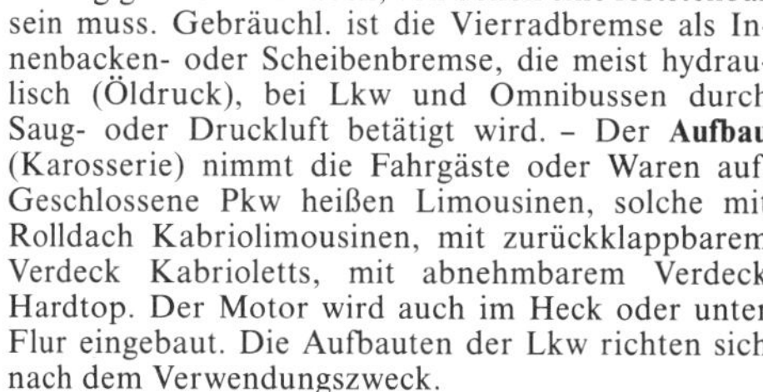

abhängige **Bremsen** haben, von denen eine feststellbar sein muss. Gebräuchl. ist die Vierradbremse als Innenbacken- oder Scheibenbremse, die meist hydraulisch (Öldruck), bei Lkw und Omnibussen durch Saug- oder Druckluft betätigt wird. – Der **Aufbau** (Karosserie) nimmt die Fahrgäste oder Waren auf. Geschlossene Pkw heißen Limousinen, solche mit Rolldach Kabriolimousinen, mit zurückklappbarem Verdeck Kabrioletts, mit abnehmbarem Verdeck Hardtop. Der Motor wird auch im Heck oder unter Flur eingebaut. Die Aufbauten der Lkw richten sich nach dem Verwendungszweck.

Krakau
Stadtwappen

Kraft-Wärme-Kopplung, Nutzung der bei der Stromerzeugung im Kraftwerk anfallenden Wärme zur Heizung oder Prozesswärme.

Kraftwerk, Elektrizitätswerk, Anlage zur Umwandlung der potenziellen bzw. kinet. Energie des Wassers oder der Energie primärer Energieträger in elektr. Energie. Nach Energieträgern und Umwandlungsart unterscheidet man Wärme-K. (Dampf-K., Kern-K., Diesel-K., Gasturbinen-K.), Wasser-K., Sonnen- oder Solar-K., Wind-K., Gezeiten-K., Erdwärme- oder geotherm. K.; nach der Art bzw. Dauer des Einsatzes Grundlast-K., Speicher-K., Spitzen-K. Die wichtigsten primären Energieträger sind Kohle und Wasserkraft; der Anteil von Erdöl und Erdgas nimmt zu, während derjenige der Kernenergie stagniert (umstrittene Einschätzung des Gefahrenpotenzials, ungelöstes Problem der sicheren Endlagerung radioaktiver Abfälle). In **Wärme-K.** wird Wärmeenergie aus den primären Energieträgern freigesetzt. Im **Kern-K.** wird die Wärmeenergie nicht durch Verbrennungsprozesse, sondern aus Kernreaktionen gewonnen. **Wasser-K.** nutzen die Energie des natürl. Wasserkreislaufs zum Antrieb von Wasserturbinen und Generatoren. Man unterscheidet Laufwasser-K. und Speicher-K. und nach Fallhöhe Hoch- (über 50 m), Mittel- (10 bis 50 m) und Niederdruckanlagen (unter 10 m). Die **Sonnen-** oder **Solar-K.** nutzen die Sonnenenergie, die **Wind-K.** die Windenergie, die **Gezeiten-** oder **Flut-K.** die unterschiedl. Wasserstände bei Ebbe und Flut, die **Erdwärme-** oder **geotherm. K.** die Erdwärme. Der Hauptanteil von Elektroenergie wird in Groß-K. erzeugt, die als Wärme-K. (einschließl. Kern-K.) oder Wasser-K. ausgeführt, bei kontinuierl. Abgabe von Energie als Grundlast-K. betrieben werden. Belastungsspitzen werden von Spitzen-K. übernommen.

Kragujevac [-vats], Stadt in Serbien, 87 000 Ew.; Rüstungsind., Kraftfahrzeugbau.

Krähen, schwarze, relativ große Rabenvögel, in Mitteleuropa mit den Arten: **Raben-K.,** schwarz, westl. der Elbe; **Nebel-K.,** grauschwarz, östl. der Elbe bis Asien; **Saat-K.,** blauschwarz, sehr häufig, frisst Getreidekörner und Ackerschädlinge.

Krähenbeere, heidekrautähnl., nadelblättriger, rosa blühender Zwergstrauch auf Mooren, blauschwarze, säuerliche essbare Beeren.

Krähen|indianer, Crow, Stamm der Sioux, ehemals Bisonjäger der nördl. Prärie; heute noch etwa 6 000 K. in Montana (USA).

Kraichgau, Landschaft zw. Schwarzwald und Odenwald, Bad.-Württ., Acker- und Weinbau.

Krain, histor. Gebiet, das den größeren, westl. Teil Sloweniens umfasst.

Krajina, Landschaft im S Kroatiens, Hauptort Knin. Die dort lebenden Serben wollten die 1991 bis 1995 von ihnen militärisch beherrschte K. von Kroatien abspalten.

Krakatau, vulkan. Insel in der Sundastraße, Indonesien (Ausbrüche des K.-Vulkans 1883, 1928, 1933, 1993).

Krakau, poln. **Kraków,** Hptst. der poln. Wwschaft K., an der oberen Weichsel, 745 100 Ew.; kath. Erz-

Kraftfahrzeugkennzeichen (Fortsetzung)

Nationalitätskennzeichen

A	Österreich	F	Frankreich	MC	Monaco	RUS	Russ. Föderation
AFG	Afghanistan	FIN	Finnland	MD	Moldau	RWA	Ruanda
AL	Albanien	FJI	Fidschi	MEX	Mexiko	S	Schweden
AND	Andorra	FL	Liechtenstein	MK	Mazedonien (ehemalige jugoslawische Republik)	SD	Swasiland
ANG	Angola	FR	Färöer			SGP	Singapur
AUS	Australien	GB	Großbritannien und Nordirland			SK	Slowak. Republik
AZ	Aserbaidschan			MOC	Mosambik	SLO	Slowenien
B	Belgien	GBA	Alderney	MS	Mauritius	SME	Surinam
BD	Bangladesh	GBJ	Jersey	MW	Malawi	SN	Senegal
BDS	Barbados	GBM	Insel Man	MYA	Burma	SP	Somalia
BF	Burkina Faso	GCA	Guatemala	N	Norwegen	SU	Sowjetunion (ehemalige)
BG	Bulgarien	GE	Georgien	NA	Niederländ. Antillen		
BH	Belize	GH	Ghana	NAM	Namibia	SY	Seychellen
BIH	Bosnien-Herzegowina	GR	Griechenland	NIC	Nicaragua	SYR	Syrien
		GUY	Guyana	NL	Niederlande	THA	Thailand
BOL	Bolivien	H	Ungarn	NZ	Neuseeland	TM	Turkmenistan
BR	Brasilien	HK	Hongkong	OM	Oman	TN	Tunesien
BRN	Bahrein	HN	Honduras	P	Portugal	TR	Türkei
BRU	Brunei	HR	Kroatien	PA	Panama	TS	Tadschikistan
BS	Bahamas	I	Italien	PE	Peru	TT	Trinidad und Tobago
BY	Weißrußland	IL	Israel	PK	Pakistan	UA	Ukraine
C	Kuba	IND	Indien	PL	Polen	UAE	Vereinigte Arabische Emirate
CDN	Kanada	IR	Iran	PY	Paraguay		
CH	Schweiz	IRL	Irland	Q	Katar	USA	Vereinigte Staaten von Amerika
CI	Elfenbeinküste	IRQ	Irak	RA	Argentinien		
CO	Kolumbien	IS	Island	RB	Botswana	V	Vatikanstadt
CR	Costa Rica	J	Japan	RC	Taiwan	VN	Vietnam
CY	Zypern	JA	Jamaika	RCA	Zentralafrikan. Republik	WAG	Gambia
CZ	Tschech. Republik	JOR	Jordanien	RCB	Kongo	WAL	Sierra Leone
D	Deutschland	K	Kambodscha	RCH	Chile	WAN	Nigeria
DK	Dänemark	KS	Kirgistan	RH	Haiti	WD	Dominica
DOM	Dominikan. Republik	KSA	Königreich Saudi Arabien	RI	Indonesien	WG	Grenada
DZ	Algerien			RIM	Mauretanien	WL	Saint Lucia
E	Spanien	KWT	Kuwait	RL	Libanon	WS	Westsamoa
EAK	Kenia	KZ	Kasachstan	RM	Madagaskar	WV	St. Vincent und die Grenadinen
EAT	Tansania	L	Luxemburg	RMM	Mali		
EAU	Uganda	LAO	Laos	RN	Niger	YU	Jugoslawien (Serbien/Montenegro)
EC	Ecuador	LS	Lesotho	RO	Rumänien		
ER	Eritrea	LT	Litauen	ROK	Süd-Korea	YV	Venezuela
ES	El Salvador	LV	Lettland	ROU	Uruguay	Z	Sambia
EST	Estland	M	Malta	RP	Philippinen	ZA	Südafrika
ET	Ägypten	MA	Marokko	RSM	San Marino	ZRE	Zaire
ETH	Äthiopien	MAL	Malaysia	RT	Togo	ZW	Simbabwe

bischofssitz, neben Warschau kulturelles Zentrum Polens; Altstadt, u. a. mit Altem Markt und got. Marienkirche (Altar von Veit Stoß) gehört zum Weltkulturerbe; Schloss mit Kathedrale (Krönungsort und Grabstätte der poln. Könige); Univ. (1364 gegr.), TU, Akademie für Bergbau und Hüttenwesen; Kernforschungsinstitut; Metall-, Maschinenbau-, elektrotechn., pharmazeut., Textil-, Nahrungs- und Genussmittelind., zahlreiche Museen; Fremdenverkehr. – K., im 13. Jh. als dt. Stadt angelegt, war 1320 bis 1550 poln. Hptst., bis 1609 Residenz, kam 1795 an Österreich, wurde 1815 Freistaat, 1846 österreichisch, 1918 polnisch.

Kraken, achtarmige Tintenfische (→ Kopffüßer).

Krakowiak *der,* poln. Nationaltanz im Zweivierteltakt mit Synkopenrhythmus.

Kral *der,* kreisförmig angelegtes Dorf afrikan. Völker.

Kralle, dolchförmig gebogener Zehennagel bei vierfüßigen Wirbeltieren und Vögeln.

Kramer [ˈkreɪmə], Stanley E., amerikan. Filmproduzent und -regisseur, * 1913; drehte v. a. polit. und zeitkrit. Filme wie »Flucht in Ketten« (1958), »Das Urteil von Nürnberg« (1961).

Krammetsbeere, die Wacholderbeere (→ Wacholder).

Krammetsvogel, die Wacholderdrossel (→ Drosseln).

Krampe *die,* U-förmig gebogene Eisenklammer.

Krampf, Spasmus, ⚕ unwillkürl., starke Muskelzusammenziehung, die mit Schmerzen einhergeht, z. B. der **Muskel-K.** Krämpfe innerer, mit glatter Muskulatur versorgter Hohlorgane werden als **Koliken** bezeichnet.

Krampf|adern, krankhaft erweiterte Venen (Blutadern), am häufigsten an den Unterschenkeln und am After (→ Hämorrhoiden).

Kran *der,* Maschine zum Heben, Senken, Versetzen von Lasten, z. B. als Lauf-, Dreh-, Kipp-, Portal-, Derrick-K., Verladebrücke.

Kraniche, weltweit verbreitete, große, hochbeinige Vögel, mit langem Hals, kleinem Kopf und spitzem Schnabel; Sumpf- und Steppenbewohner. Der einheim., etwa 1,2 m hohe **Graue K.,** fliegt im Herbst in sein Winterquartier nach Afrika.

Kraniologie *die,* Schädellehre, Teilgebiet der Biologie.

Krankengymnastik, früher **Heilgymnastik,** Einsatz planmäßiger körperl. Bewegung als Heilmittel, z. B. bei Muskel-, Gelenkleiden.

Krankenkassen, Träger der gesetzl. und privaten Krankenversicherung.

Krankenversichertenkarte, Chipkarte mit persönl. Daten des Versicherten; ab 1993 in Dtl. schrittweise als Krankenscheinersatz eingeführt.

Krankenversicherung, 1) soziale K. als Teil der Sozialversicherung, Pflichtversicherung für Angestellte, Arbeiter, Auszubildende, Hausgehilfen, Seeleute (ohne Rücksicht auf Einkommenshöhe) bis zu einem Jahresarbeitsverdienst in Höhe von 75 v. H. der Beitragsbemessungsgrenze der Rentenversicherung

Grauer **Kranich**

Karl Kraus

Edwin Gerhard Krebs

(1997: 6150 DM monatlich, in den neuen Bundesländern 4800 DM). Die soziale K. gleicht 2 Risiken aus: das der Krankheit selbst und das der krankheitsbedingten Erwerbsminderung. - **2) private K.,** beruht auf freiwilliger Grundlage.

Krankheit, Störung im Ablauf der Lebensvorgänge. Man erkennt K. durch **Diagnose,** sucht sie durch **Prophylaxe** zu verhüten, behandelt sie durch **Therapie,** bestimmt ihren mutmaßl. Verlauf durch **Prognose.**

Krapp *der,* **Krapprot,** roter Beizenfarbstoff aus der Wurzel der Färberröte; Hauptbestandteil ist Alizarin.

Krasnodar, Stadt in N-Kaukasien, Russland, am Kuban, 620000 Ew.; Erdölraffinerie, chem., Textilindustrie.

Krasnojarsk, bedeutendste Ind.stadt O-Sibiriens, Russland, am Jenissej und der Transsibir. Eisenbahn, 912000 Ew.; Hochschulen.

Krater *der,* altgriech. zweihenkliges Gefäß zum Mischen des Weins.

Krater *der,* kesselförmige Öffnung der Vulkane.

Krätze, Skabies, durch die **Krätzmilbe** hervorgerufene Hautkrankheit. Die Milben graben sich zur Eiablage in die Haut ein (Milbengänge). Starker Juckreiz führt durch Kratzen zu einer Sekundärinfektion. Behandlung: Milben tötende Mittel.

Kraulschwimmen, schnellste Schwimmart; im Handüberhandstil mit pendelartigem Beinschlag, v. a. in Freistilwettbewerben angewandt.

Kraus, 1) Alfredo, span. Sänger (Tenor), * 1927; Opern- und Konzertsänger. - **2)** Franz Xaver, dt. kath. Kirchen- und Kunstgeschichtsforscher, * 1840, † 1901. - **3)** Karl, österr. Schriftsteller, * 1874, † 1936; scharfzüngiger Zeitkritiker.

Krause, Karl Christian Friedrich, dt. Philosoph, * 1781, † 1832; schuf ein System des Panentheismus (→ Pantheismus); einflussreich war seine Rechtsphilosophie.

Krauß, Werner, dt. Bühnen- und Filmschauspieler, * 1884, † 1959; Filme: »Das Kabinett des Dr. Caligari« (1919), »Die freudlose Gasse« (1925).

Kraut, 1) jede Pflanze mit saftigem (unverholztem), weichem Stängel. - **2)** umgangssprachlich für Kohl. - **3)** Blätterwerk von Kartoffeln, Rüben, Beerenpflanzen. - **4)** im Rheinland: Gelee aus Saft von Äpfeln, Birnen.

Krawatte *die,* Schlips, Selbstbinder.

Krawtschuk, Leonid Makarowitsch, ukrainischer Politiker, * 1934; 1991 bis 1994 Staatspräs., maßgeblich an der Gründung der GUS beteiligt.

Kreatin *das,* Abbaustoff des Eiweißstoffwechsels, Bestandteil des Muskelfleischs.

Kreation *die,* Schöpfung; Gestaltung (einer Rolle, eines Kleids).

Kreativität *die,* schöpfer. Vermögen im Handeln und Denken, das Neuartigkeit oder Originalität mit einem Bezug zur Lösung (z. B. techn. Probleme) verbindet.

Krebs, 1) → Krebse. - **2)** 4. Zeichen des Tierkreises (♋). - **3)** nördl. Sternbild. - **4)** durch Wucherungen gekennzeichnete Pflanzenkrankheiten. - **5)** K., **Karzinom** *das,* eine vom Epithelgewebe ausgehende bösartige Geschwulstbildung (Tumor). Der **Primärherd** junger, sich ständig vermehrender Zellen breitet sich in die Umgebung aus. Einzelne der wuchernden Zellen können sich aus dem Verband lösen und mit dem Lymph- und Blutstrom in entfernte Körperteile gelangen, wo sie Tochtergeschwülste **(Metastasen)** bilden. Bei seinem Wachstum zerstört der K. benachbarte Organe oder verschließt Hohlräume wie Speiseröhre, Magen und Darm und ruft so die verschiedensten Krankheitserscheinungen hervor. Die Ursachen der K.-Bildung sind vielfältig und noch nicht völlig geklärt. Lang dauernde physikal., chem. oder entzündl. Reize sind wesentlich, so versch. Strahlen, Krebs erregende **(karzinogene)** Stoffe, Entzündungen oder Verletzungen, die das Gewebe zu vermehrter Zellteilung anregen, vielleicht auch bestimmte Erbanlagenkombinationen; auch das Alter begünstigt die Entstehung des Krebses. Behandlung: Entfernen der Geschwulst durch Operation; Zerstören durch Bestrahlung; Chemotherapie, z. B. mit zytostat. Mitteln. Frühzeitige Erkennung ist für die Heilung am wichtigsten. Krebsverdächtige Allgemeinerscheinungen sind zunehmende Blässe, Ermüdbarkeit, Gewichtsabnahme.

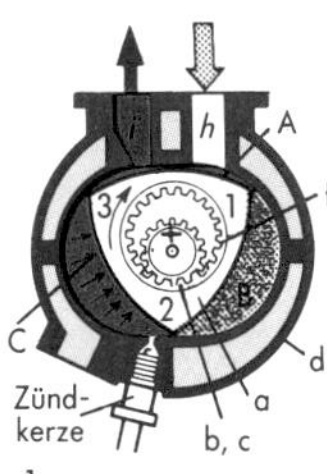

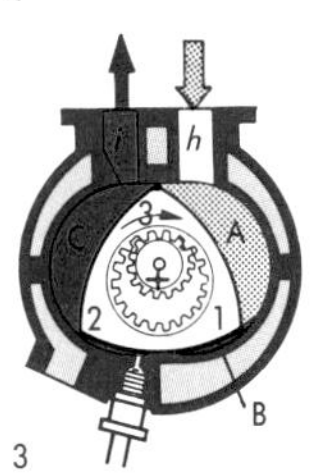

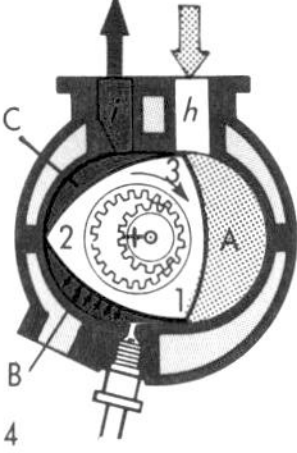

Die Taktfolge in einem **Kreiskolbenmotor** (Wankelmotor). 1 Ansaugen des Kraftstoff-Luft-Gemischs in Kammer A (1. Takt), 2 Verdichten des Gemischs durch Verkleinerung der Kammer B (2. Takt), 3 Zünden des Gemischs mit nachfolgender Arbeitsverrichtung und Raumvergrößerung in Kammer B (3. Takt), 4 Ausstoßen der Abgase aus Kammer C (4. Takt); (a Kolben, b Innenverzahnung, c Zahnrad, d Gehäuse, e Motorwelle, f Exzenter, g Kolbenmittelpunkt, *h* Einlassöffnung, *i* Auslassöffnung)

Krebs, Edwin Gerhard, amerikan. Biochemiker, * 1918; entdeckte bei Forschungen zur Muskeltätigkeit wichtige Enzyme mit Botencharakter; 1992 zus. mit E. H. Fischer Nobelpreis für Physiologie oder Medizin.

Krebse, Krustentiere, Klasse der Gliederfüßer mit Kiemen, meist 2 Paar Fühlern, zweiästigen Spaltfüßen; sie haben einen Panzer aus Chitin mit Kalkeinlagerung. Kopf und Brust sind meist zu einem Kopfbruststück vereinigt. Die Augen, meist Facettenaugen, sitzen vielfach auf Stielen. Die meisten K. sind Meeresbewohner. **Niedere K.:** z. B. Rankenfüßer, Ruderfuß-K., Wasserflöhe. **Höhere K.:** Zehnfüßer wie Fluss-K., Hummer, Krabben.

kredenzen, anbieten, darreichen. **Kredenz** *die,* halbhoher Geschirrschrank, Anrichte.

Kredit *der,* **1)** Vertrauenswürdigkeit eines Schuldners. - **2)** zusätzl. Kaufkraft, die auf der Hereinnahme fremder Mittel beruht, wobei der **K.-Geber** dem **K.-Nehmer** die wirtschaftl. Verfügung über eine bestimmte Geldsumme überlässt, gegen die Verpflichtung, den Betrag zu einem späteren Zeitpunkt zurückzuzahlen. Der K.-Geber erhält als Entgelt **Zins.** - Man unterscheidet: **Konsumtiv-K.,** der zur Bedürfnisbefriedigung, und **Produktiv-K.,** der zur Gütererzeugung verwendet wird; **kurzfristigen K.** (z. B. Wechsel-K.) und **langfristigen K.** (z. B. Anleihe-K.); **Personal-K.,** der sich auf die Vertrauenswürdigkeit des K.-Nehmers gründet, und **Real-K.,** der durch bes. Sicherheiten gedeckt ist (bewegl. Güter, **Lombard-K.;** unbewegl. Güter, **Hypothekar-K.**). - Volkswirtschaftl. Bedeutung: Durch den K. wird Kaufkraft den Stellen zugeleitet, die die verfügbaren Mittel möglichst produktiv verwenden. K.-Erleichterung und K.-Drosselung (billiges und teures Geld) sind wichtige Instrumente der Wirtschaftspolitik. Ihre Anwendung, die **K.-Politik,** obliegt den Zentralnotenbanken.

Kreditbrief, an Banken gerichtete Zahlungsanweisung **(Akkreditiv),** dem im K. genannten Inhaber Geldbeträge bis zu einer bestimmten Höhe auszuzahlen; wichtig im Reiseverkehr (Reiseakkreditiv). Eine freiere Ausgestaltung sind die Reise- oder Zirkular-(Traveller-)Schecks.

Kreditgefährdung, Behauptung oder Verbreitung unwahrer Tatsachen wider besseres Wissen, die geeignet sind, den Kredit eines anderen zu gefährden oder Nachteile für ihn herbeizuführen; als verleumder. Beleidigung strafbar, verpflichtet zu Schadenersatz.

Kreditkarte, Ausweiskarte, die den Inhaber berechtigt, Leistungen von Vertragsfirmen bargeldlos durch Unterschrift zu begleichen; die Rechnung wird durch die K.-Organisation beglichen, die wiederum von ihrem Mitglied Zahlung verlangt.

Krefeld, Stadt in NRW, 232300 Ew.; Fachhochschule Niederrhein, Textilforschungszentrum, Seiden-, Samtweberei, -färberei und -appretur; Maschinen-, Waggonfabrik, Edelstahlwerk, chem. Ind.; kath. Pfarrkirche St. Dionysios (18. Jh.), Burg Linn (12./15. Jh.); im Stadtteil **Uerdingen** Rheinbrücke sowie Rheinhafen. – K. wurde 1105 erstmals urkundlich erwähnt, 1373 zur Stadt ernannt.

Kreide, 1) erdiger weißer Kalkstein, dient zum Polieren, als Farbe, in der keram. Ind. **Rote K.** ist Rötel. **Schreib-K.** besteht meist aus Gips. – **2)** ⊕ jüngste Formation des Mesozoikums (→Erdgeschichte, ÜBERSICHT).

Kreis, 1) Bereich, Bezirk. – **2)** Gruppe. – **3)** Verw.-Bez.: in Dtl. der Gemeindeverband mit Selbstverwaltung **(Land-K.)**; die größeren Städte bilden davon unabhängige **Stadt-K.**, in einigen Ländern ist der Land-K. zugleich staatl. Verw.-Bez. Organe sind der **K.-Tag** (Beschlussorgan), der **K.-Ausschuss** (Verw.-Organ). – **4)** √ geschlossene ebene Kurve, deren Punkte alle den gleichen Abstand r **(Radius)** von einem festen Punkt M (Mittelpunkt) haben. Eine den K. schneidende Gerade heißt **Sekante,** ihr Stück innerhalb des K. **Sehne.** Eine Sehne durch M heißt **Durchmesser.** Berührt eine Gerade den K., so nennt man sie **Tangente.** Die Länge der K.-Linie **(Umfang)** ist $U = 2\pi r$, der Flächeninhalt des K. ist $A = \pi r^2$ ($\pi = 3{,}14...$).

Kreisauer Kreis, Gruppe der dt. Widerstandsbewegung gegen Hitler. Mittelpunkt war Graf H. J. v. Moltke, Gutsherr in Kreisau (Schlesien); er wurde im Jan. 1944, die anderen Mitglieder nach dem 20. 7. 1944 verhaftet. Hingerichtet: Moltke, Yorck v. Wartenburg, A. Delp, T. Haubach, J. Leber, A. Reichwein, ferner die dem K. K. nahe stehenden A. v. Trott zu Solz und H. B. v. Haeften.

Kreisel, ⚛ in einem Punkt festgehaltener, sich drehender, i. e. S. rotationssymmetr. Körper. Seine Eigenschaft, bei freier Beweglichkeit die Stellung seiner Drehimpulsachse zu erhalten, wird zum Stabilisieren bei Bewegungen verwendet (**Schiffs-K.** zum Dämpfen des Schlingerns; **K.-Kompass** →Kompass).

Kreiskolbenmotor, Verbrennungsmotor, dessen dreieckförmiger Kolben in einem ovalen Gehäuse auf einer Kreisbahn, sich gleichzeitig drehend, umläuft. Der Kolben bildet dabei mit der Gehäusewandung 3 Kammern mit sich ständig änderndem Volumen; z. B. der Wankelmotor. Vorläufer war der Drehkolbenmotor.

Kreisky [-ki], Bruno, österr. Politiker (SPÖ), * 1911, † 1990; 1959 bis 1966 Außenmin., 1970 bis 1983 österr. Bundeskanzler.

Kreislaufschwäche, ⚕ Versagen des Blutkreislaufs (→Ohnmacht, →Schock).

Kreislaufstörungen, ⚕ nervöse Störungen des Blutkreislaufs mit schwankendem, meist erniedrigtem Blutdruck. Neigung zu Schwindelanfällen, Ohnmachten, Herzbeschwerden.

Kreisler, Georg, österr. Chansonnier und Liedermacher, * 1922.

kreißen, sich in Geburtswehen befinden. **Kreißsaal,** Entbindungssaal.

Krematorium *das,* Einäscherungsanlage; →Feuerbestattung.

Krementschug, Stadt in der Ukraine, am Dnjepr, 236 000 Ew.; Transportmaschinen- und Waggonbau.

Kremer, Gidon, in Riga geborener Violinist, * 1947.

Kreml *der,* in Russland der meist erhöhte, befestigte innere Teil einer Stadt, beherbergte in Moskau u. a. Kirchen, Paläste, die ehem. Residenz des Zaren, jetzt Sitz des Präsidenten.

Krempel *die,* **Karde,** Spinnereimaschine zum Auflösen und Gleichrichten wirrer Faserflocken.

Krempling, ein roh giftiger Blätterpilz.

Krems an der Donau, mittelalterl. Stadt in Niederösterreich, 23 500 Ew.; Obst- und Weinhandel.

Kremser [nach einem Berliner Fuhrunternehmer] *der,* an den Seiten offener, vielsitziger Wagen mit Verdeck.

Kremsier, tschech. **Kroměříž** ['krɔmjɛrʒi:ʃ], Stadt im Südmähr. Kr., ČR, an der March, 29 400 Ew.; K. steht unter Denkmalschutz. Es war Residenz der Bischöfe bzw. Erzbischöfe von Olmütz und 1848/49 Sitz des österr. **Reichstags von Kremsier.**

Kremsmünster, Markt in Oberösterreich, an der Krems, 5 900 Ew.; Benediktinerstift, 777 gegründet.

Křenek ['krʃ-], Ernst, österr.-amerikan. Komponist, * 1900, † 1991; kam vom Expressionismus zur Zwölftonmusik; Jazzoper »Jonny spielt auf« (1927).

Krenz, Egon, dt. Politiker (SED), * 1937; führte 1974 bis 1983 die FDJ, seit 1983 Mitglied des Politbüros, Okt. bis Dez. 1989 Vors. des Staatsrats der DDR, 1990 SED/PDS-Ausschluss.

Kreole *der,* span. **Criollo,** port. **Crioulo,** in den Kolonien geborener Nachkomme von Spaniern, bes. in Südamerika.

Kreon, griech. Sage: König von Theben, Bruder der Iokaste, ließ Antigone einmauern.

Krepp *der,* gekräuselte oder wellig aussehende Gewebe, entstehen durch bes. Bindung oder durch stark gedrehte Garne.

Kresnik, Johann, österr. Tänzer und Choreograph, * 1939; Exponent des internat. Tanztheaters.

Kresol *das,* ⚗ vom Phenol abstammende Verbindung im Steinkohlen- und Holzteer; Bestandteile vieler Desinfektionsmittel. Durch Kondensation von K. mit Formaldehyd entstehen Kunstharze.

Kresse *die,* Kreuzblütler verschiedener Gattungen; meist weiß blühend: **Garten-K.** vom östl. Mittelmeer, Salatkraut; **Brunnen-K.** in Bächen, vielfach gezüchtet.

Kreta, neugriech. **Kriti,** größte griech. Insel, im östl. Mittelmeer, 8 261 km², 510 000 Ew.; gebirgig, Wein- und Olivenbau; Fremdenverkehr; Städte: Chania, Rethymnon, Heraklion. – Die vorgriech. Kreter schufen die minoische Kultur (→ägäische Kultur), der zw. 1400 und 1100 v. Chr. die griech. Achaier ein Ende setzten. K. wurde 67 v. Chr. römisch, kam im 13. Jh. an Venedig, 1669 an die Türken, 1913 an Griechenland.

Krethi und Plethi, A. T.: aus Ausländern bestehende Leibwache König Davids (vielleicht Kreter und Philister); Ü abschätzig: gemischte Gesellschaft.

Kretin [kre'tɛ̃:] *der,* geistesschwacher und körperlich missgebildeter Mensch (Zwergwuchs, kleiner Schädel, greisenhaftes Aussehen) durch angeborenes Fehlen oder Unterfunktion der Schilddrüse.

Kretschmer, Ernst, dt. Psychiater, * 1888, † 1964; stellte eine Typengliederung der menschl. →Konstitution auf.

Kreuder, 1) Ernst, dt. Schriftsteller, * 1903, † 1972; Kurzgeschichten, Romane. – **2)** Peter, dt. Komponist, * 1905, † 1981; Musik zu Filmen, Operetten.

Kreusa, griech. Sage: **1)** Tochter des Priamos. – **2)** zweite Gemahlin des Iason.

Kreuth, Luftkurort in Oberbayern, südlich vom Tegernsee, 786 m ü. M., 3 400 Ew. Dabei **Wildbad K.** mit Schwefelquellen.

Kreutzberg, Harald, dt. Tänzer und Choreograph, * 1902, † 1968; Schüler von M. Wigman.

Kreutzer, 1) Konradin, dt. Komponist, * 1780, † 1849; Oper: »Das Nachtlager von Granada« (1834 uraufgeführt); Männerchöre. – **2)** Rodolphe, frz. Geigenvirtuose und Komponist, * 1766, † 1831; Beethoven widmete ihm seine Violinsonate op. 47 **(K.-Sonate).**

Kreuz, 1) aus (meist) 2 sich überschneidenden Balken gebildeter Körper und das entsprechende Zeichen; altes Zauber- und Heilszeichen; in zahlreichen Varianten auch beliebtes Wappenbild. – **2)** im Christentum Sinnbild der Passion Christi und damit Symbol des christl. Erlösungsereignisses. – **3)** Teil des Rückens

Krefeld
Stadtwappen

Bruno Kreisky

Kreuzblume in der Baukunst

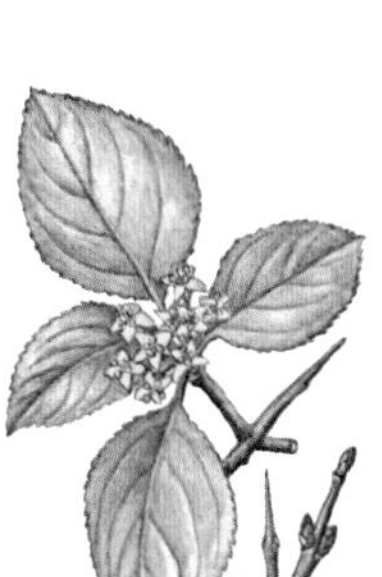
Blüte und Früchte des Echten **Kreuzdorns**

Kreuzotter

der Säugetiere im Bereich des Kreuzbeins. – **4)** 𝄞 Erhöhungszeichen (♯) des Tons um einen halben Ton. – **5) K. des Südens,** südl. Sternbild, → Südliches Kreuz. – **6)** Kartenspiel: Farbe Treff, entspricht der dt. Eichel.

Kreuzbeere, Beere vom → Kreuzdorn.

Kreuzbein, durch Verschmelzung von 5 Wirbeln entstandener Knochen, der die hintere Wand des Beckens bildet.

Kreuzberg, 1) Berg in der Rhön, Bayern, 932 m. – **2)** Verw.-Bez. von Berlin, 155 000 Ew.; Zentrum des graf. Gewerbes, Textil-, Elektroindustrie.

Kreuzblume, 1) ⚘ auf Wiesen das blau blühende, kleinstaudige Kreuz- oder Natternblümchen; die nordamerikan. **Senega-K.** liefert die Husten lösende Senegawurzel. – **2)** ⌂ auf got. Türmen u. a. Baugliedern die aus kreuzförmig angeordneten Blumen oder Blättern knaufartig gebildete Spitze.

Kreuzblütler, Kruziferen, Brassicazeen, große Pflanzenfamilie von Kräutern oder auch Halbsträuchern mit je vier kreuzweise stehenden Kelch- und Blütenblättern. Die Früchte sind Schoten mit Scheidewand.

Kreuzdorn, kreuzähnlich verzweigter Dornstrauch mit grünl. Blüten und schwarzen Früchten **(Kreuzbeeren),** die als Abführmittel dienen; das Holz wird zu Drechslerarbeiten verwendet.

kreuzen, ⚓ im Zickzack gegen den Wind segeln.

Kreuzer, 1) ältere Scheidemünze (mit aufgeprägtem Kreuz), in Dtl. bis 1871, in Österreich-Ungarn bis 1892. – **2)** schnelles, gepanzertes Kriegsschiff, für Aufklärung und Sicherung. Heute unterscheidet man Schwere und Leichte K. sowie die neu entwickelten, zw. 8 000 und 14 000 t großen, 30 kn schnellen, z. T. nuklear angetriebenen Lenkwaffen-K. und U-Jagd-Kreuzer.

Kreuzgang, ⌂ überdachter, gewölbter Umgang eines Klosterhofs, gegen diesen in Bogenstellungen geöffnet.

Kreuzgewölbe, ⌂ rechtwinklige Durchdringung zweier Tonnengewölbe gleichen Querschnitts.

Kreuzigung Christi, Höhepunkt und Abschluss des Erlösungswerks Christi durch sein Sterben auf Golgatha. – Kunst: Die K. C. ist seit dem 5. Jh. ein wichtiges Thema der christl. Ikonographie. Sie schildert Christus als dem Tode nahe, doch als Lebenden, daneben verstärkt seit dem 14. Jh. als den Leidenden und Sterbenden mit Dornenkrone; im 20. Jh. wird die K. C. oft in Auseinandersetzung mit Krieg und Gewalt, individuellen oder sozialen Nöten dargestellt.

Kreuzkopf, ⚙ Gelenk zur Geradführung von Kolben- und Pleuelstange.

Kreuzkraut, Greiskraut, Senecio, Gattung krautiger Korbblütler, meist mit gelben Blütenkörbchen; **Gemeines K.,** Vogelfutter, **Jakobs-K.,** bis 1 m hoch. Viele Arten sind Zierpflanzen.

Kreuzlingen, Stadt im schweizer. Kt. Thurgau, am Bodensee, 16 500 Ew.; Weinbau, Ind.; Barockkirche, ehem. Augustinerkloster.

Kreuznach, Bad K., Radium-Solbad in Rheinl.-Pf., an der Nahe, 39 000 Ew.; Weinhandel und Wermutherstellung; Lederwaren-, Textil-, Kamm-, opt., chem., Maschinenindustrie.

Kreuz|otter *die,* 70 cm lange Giftschlange Europas, meist grau, braun, schwarz, längs des Rückens mit dunklem, bisweilen in Flecke aufgelöstem Zickzackband, dreieckigem Kopf; ernährt sich von Mäusen, Eidechsen. Ihr Biss ist auch für den Menschen gefährlich, jedoch selten tödlich.

Kreuzprobe, ⚕ wichtigste, gesetzl. vorgeschriebene Untersuchung bei Bluttransfusionen zum Nachweis der serolog. Verträglichkeit von Spender- und Empfängerblut.

Kreuzritter, 1) Teilnehmer an Kreuzzügen. – **2)** Mitglied des Dt. Ordens.

Kreuzschnabel, Finkenvogel mit gekreuztem Schnabel; gewandter Kletterer. **Fichten-K.** lebt von dem Samen der Nadelbäume.

Kreuzspinne, Radnetzspinne mit weißer Kreuzzeichnung auf dem Hinterleib; baut in Gärten große Radnetze.

Kreuzung, in der Züchtung die Paarung zweier Pflanzen oder Tiere mit versch. Erbanlagen.

Kreuzverhör, ⚖ Zeugenvernehmung durch die Parteien und deren Anwälte ohne Mitwirkung des Richters, bes. im angloamerikan. Recht; im dt. Strafprozess – durch Staatsanwalt und Verteidiger – ausnahmsweise zulässig.

Kreuzweg, 1) Leidensweg Jesu vom Palast des Pilatus bis Golgatha. – **2)** kath. Andacht vor den 14 **K.-Stationen,** den Nachbildungen des K. Jesu. – **3)** Volksglaube: Kreuzungsstelle zweier Wege; Aufenthaltsort von Geistern, Hexen.

Kreuzzeichen, im Christentum Brauch, mit der rechten Hand ein Kreuz zu zeichnen. Im kath. und ostkirchl. Gottesdienst sehr häufig. Bei kath. Laien und Geistlichen auch im tägl. Leben. Im luther. Gottesdienst, nicht im reformierten, bei der Taufe, Konsekration und am Schluss des Segens.

Kreuzzüge, i. w. S. Kriegszüge zur Bekehrung der Ungläubigen, i. e. S. die Kriege der abendländ. Christenheit zur Eroberung Palästinas (1096 bis 1291). Im **1. K.** (1096 bis 1099), von Papst Urban II. veranlasst, eroberten Gottfried v. Bouillon und sein Bruder Balduin Jerusalem (1099), das unter Gottfried v. Bouillon Kgr. wurde. Der **2. K.** (1147 bis 1149), von Bernhard v. Clairvaux veranlasst, unter Konrad III. und Ludwig VII. von Frankreich, war erfolglos. 1187 eroberte der Sultan Saladin Jerusalem; daraufhin **3. K.** (1189 bis 1192), an dem Kaiser Friedrich I. († 1190), Philipp II. August von Frankreich und Richard Löwenherz teilnahmen. Eroberung von Akkon. Im **4. K.** (1202 bis 1204) wurde Konstantinopel erstürmt und das Lat. Kaiserreich gegründet. Im **5. K. (1228/29)** gewann Kaiser Friedrich II. das Heilige Land durch Vertrag. Der **6.** und **7. K.** Ludwigs IX. von Frankreich blieben erfolglos **(1248 bis 1254, 1270).** Außerdem viele kleinere Züge, auch ein **Kinder-K.** (1212). Die Christen verloren jedoch alle Eroberungen im Heiligen Land wieder, zuletzt (1291) Akkon. Trotz polit. Misserfolge trugen die Kontakte zum Orient zur wirtschaftl. und kulturellen Entwicklung des Abendlands bei.

Kricket *das,* engl. **Cricket** ['krɪkɪt], Schlagballspiel zw. 2 Parteien von je 11 Spielern; Spielgeräte: Schläger, Ball, Tor. Der Werfer **(Bowler)** sucht das feindl. Tor so zu treffen, dass die Stäbchen herabfallen, der Schläger **(Batsman)** soll dies verhindern.

Kriebelmücken, Familie fliegenähnl. Mücken, Weibchen Blut saugend.

Kriechspur, zusätzl. Fahrbahn für langsame Fahrzeuge, bes. an Autobahnsteigungen.

Kriechstrom, ⚙ unerwünschter Stromübergang entlang der Oberfläche eines Isolierstoffkörpers; entsteht meist durch herabgesetztes Isolationsvermögen des Isolierstoffs.

Kriechtiere → Reptilien.

Krieg, gewaltsame Austragung von Streitigkeiten zw. Staaten. **K.-Erklärung,** förml. Ankündigung der K.-Eröffnung an den Gegner. Der → Bürgerkrieg wird innerhalb eines Staates ausgetragen.

Kriegsdienstverweigerung, in Artikel 4 Abs. 3 GG verankertes Grundrecht, den Kriegsdienst mit der Waffe aus Gewissensgründen zu verweigern. Anstelle des Wehrdienstes ist ein → Zivildienst abzuleisten.

Kriegs|entschädigung, Leistungen, die einem besiegten Staat vom Sieger zum Ausgleich für Kriegsaufwendungen und für durch Kriegshandlungen verursachte Schäden auferlegt werden (→ Reparationen); i. d. R. im Friedensvertrag festgelegt.

Kriegsgefangene, während eines internat. Konflikts in Feindeshand geratene Angehörige und Personen mit dem Status von Kombattanten. Maßgebend für ihre Behandlung sind die Genfer Konventionen von 1929 (1949 verbessert).

Kriegsgräberfürsorge, Betreuung der Gräber und Friedhöfe der im Krieg Gefallenen. Träger ist seit 1919 neben amtl. Stellen der »Volksbund Dt. K.«, Kassel.

Kriegsopferversorgung → Versorgung.

Kriegsrecht, 1) völkerrechtl. Regeln, die für Krieg führende Staaten untereinander und gegenüber Neutralen gelten und die nach neuerer Auffassung auch unmittelbar Rechte und Pflichten für Einzelpersonen erzeugen. Der Zweck des K. ist, die Leiden des Kriegs so weit zu mildern, als es die militär. Interessen gestatten. Quellen sind das Kriegsgewohnheitsrecht und Staatsverträge: bedeutsam sind die Haager Abkommen von 1899 und 1907 und die Genfer Konventionen. Danach ist z. B. die Verwendung von Giften und bakteriolog. Kampfmitteln, die Tötung, Verwundung eines Feindes, der wehrlos oder zur Ergebung bereit ist, die Plünderung und Festnahme von Geiseln verboten. - **2)** innerstaatlich die Veränderungen des für normale Zeiten geltenden Rechts im Krieg, z. B. Verhängung des Ausnahmezustands, Einschränkung der Pressefreiheit und der Freizügigkeit, Zwangswirtschaft, Sonderbestimmungen für Kriegsteilnehmer.

Kriegsschiffe, die Kampf- und Hilfsschiffe der Seestreitkräfte eines Staats; i. d. R. durch die National- oder Kriegsflagge des Staats gekennzeichnet; besitzen stets die Zugehörigkeit zum Heimatstaat, Auslandsbesuche sind daher diplomatisch vorzubereiten.

Kriegstagebuch, im Krieg von allen Truppenteilen und Kommandobehörden geführtes Buch über alle militär. Ereignisse und Personalveränderungen; dient u. a. als wesentliche Grundlage der Geschichtsschreibung.

Kriegsverbrechen, Verbrechen, die unter Verletzung des Kriegsrechts begangen werden, z. B. Ermordung und Misshandlung von Kriegsgefangenen, Verschleppung von Zivilpersonen. Die K. sind regelmäßig nach dem allg. oder militär. Strafrecht der einzelnen Staaten strafbar. Aufgrund des Londoner Abkommens vom 8. 8. 1945 zur Aburteilung dt. K. fanden in Nürnberg versch. **Kriegsverbrecherprozesse** statt. Die Anklage stützte sich auf Verbrechen gegen den Frieden, auf K. und auf Verbrechen gegen die Menschlichkeit (→ Humanitätsverbrechen). 1945 bis 1946 fanden vor dem Internat. Militärtribunal, das sich aus amerikan., brit., frz. und sowjet. Richtern zusammensetzte, die Prozesse gegen 24 führende Angehörige der NSDAP, des Staats und der Wehrmacht (Hauptkriegsverbrecher) und gegen 6 verbrecher. Organisationen statt; später weitere Prozesse.

Kriemhild, Hauptgestalt des Nibelungenlieds; ihrer Rache für den Mord an ihrem Gatten Siegfried fiel nicht nur der Mörder Hagen, sondern ihre ganze Sippe, das burgund. Königsgeschlecht, zum Opfer. Sie wird von Hildebrand getötet.

Krill *der,* im Südpolarmeer in Massen auftretender Kleinkrebs; dient vielen Fischen als Hauptnahrung und nimmt eine Schlüsselposition im Ökosystem der Antarktis ein.

Krim *die,* Halbinsel zw. dem Schwarzen und dem Asowschen Meer, Ukraine, 25 500 km^2; im trockenen N wird Ackerbau (Weizen, Sonnenblumen, Gemüse) betrieben, im S erhebt sich das K.-Gebirge (im Jailagebirge bis 1 545 m hoch). An der S-Küste mit Mittelmeerklima Fremdenverkehr (zahlreiche Kurorte); auf der Halbinsel Kertsch werden Eisenerze abgebaut; Hafen Sewastopol. - Im Altertum bestand hier das Bosporan. Reich, das später an das Röm. Reich fiel; während der Völkerwanderung drangen Goten ein. Seit 1475 stand die K. unter türk. Oberhoheit, 1783 wurde sie russisch. Seit 1992 ist die K. eine autonome Republik (2,5 Mio. Ew., Hptst. Simferopol) der Ukraine, zu der sie seit 1954 gehört. Die Mehrheit der Bev. sind Russen, die die Zugehörigkeit zur Ukraine ablehnen.

Krimml. Die Krimmler Wasserfälle

Kriminalistik *die,* Lehre von der Vorbeugung, Verfolgung und Aufklärung von Verbrechen.

Kriminalität *die,* Art und Häufigkeit der in einem bestimmten Gebiet oder von einer bestimmten Gruppe begangenen Straftaten. Der Umfang der K., z. B. in Dtl., ist beträchtlich; so wurden 1992 insgesamt 6,3 Mio. Straftaten (v. a. Diebstähle) begangen, von denen 42,3 % aufgeklärt wurden. Eine zunehmende Bedeutung in Mitteleuropa gewinnt die → organisierte Kriminalität.

Kriminalpolizei, Kurzwort **Kripo,** Zweig der Polizei zur Unterstützung der Staatsanwaltschaft, dessen Aufgabe die Aufklärung von Straftaten sowie die Vornahme bestimmter strafrechtl. Maßnahmen ist.

Kriminalroman, Kriminalgeschichte, Erzählung über ein Verbrechen, speziell über seine Aufdeckung (**Detektivroman**).

kriminelle Vereinigung, Vereinigung mit dem Zweck der Begehung von Straftaten; Gründung, Mitgliedschaft und Unterstützung einer k. V. sind strafbar. Unter verschärfte Strafe ist die Bildung einer **terrorist. Vereinigung** gestellt.

Kriminologie *die,* Wiss. vom Verbrechen, sucht die Ursachen und Erscheinungsformen von Verbrechen zu untersuchen und vorbeugend zu wirken.

Krimkrieg, Krieg Russlands gegen die mit Frankreich und Großbritannien (ab 1855 auch Sardinien) verbündete Türkei, 1853 bis 1856. Die Hauptkämpfe gingen um die Festung Sewastopol, die 1854/55 erobert wurde. Im Pariser Frieden von 1856 verzichtete Russland auf eine Kriegsflotte im Schwarzen Meer (bis 1871) und trat S-Bessarabien ab. Das Schwarze Meer wurde entmilitarisiert, die Donauschifffahrt internationaler Kontrolle unterstellt.

Krimml, Ort im Pinzgau, Österreich, 800 Ew., Fremdenverkehr; die **Krimmler Wasserfälle** sind mit 3 Abschnitten von 140 m, 100 m und 140 m die größten in Mitteleuropa.

Krimtataren, türksprachiges Volk, urspr. auf der Krim; 1944/45 unter dem Vorwurf der Kollaboration mit der dt. Besatzungsmacht nach Zentralasien deportiert. Obwohl 1967 offiziell rehabilitiert, durften die etwa 500 000 vertriebenen K. erst seit 1989 zurückkehren.

Kroatien

Staatswappen

Staatsflagge

Internationales Kfz-Kennzeichen

Krinoline *die,* nach dem Stoff aus Flachs und Rosshaar benannter, formgebender Unterrock mit Wespentaille, im 19. Jahrhundert.

Krippe, Vorrichtung aus Holz, Ton u.a. zur Fütterung von Tieren; im Besonderen die **Weihnachts-K.,** in die Jesus nach seiner Geburt gelegt wurde. Eine **Kinder-K.** ist eine Kindertagesstätte für Kinder zw. 6 Monaten und 3 Jahren.

Kris *der,* indones. Dolch mit meist schlangenförmig gekrümmter, doppelschneidiger Klinge.

Krise *die,* **1)** schwierige Situation, Wendepunkt einer Entwicklung; **Wirtschafts-K.,** Störung im Wirtschaftsleben. - **2)** ⚕ **Krisis,** Höhe- und Wendepunkt einer Krankheit.

Krishna [-ʃ-, Sanskrit »der Schwarze«], ind. Gott, gilt als 8. Verkörperung des Vishnu; von dunkelblauer Hautfarbe; Offenbarer göttl. Wahrheiten.

Krishna [-ʃ-] *die,* früher **Kistna,** Fluss in S-Indien, 1250 km lang, entspringt in den Westghats, fließt nach O durch den Dekhan, durchbricht die Ostghats, mündet in den Golf von Bengalen.

Kristall *der,* regelmäßige, vieleckige Form, die viele Stoffe bei der Kristallisation einnehmen. Alle K. sind in gesetzmäßiger Weise von ebenen Flächen begrenzt, die in Kanten und Ecken zusammenstoßen. Im K. kann man sich 3 (oder 4) Achsen einbeschrieben vorstellen, die sich im **K.-Mittelpunkt** schneiden. Nach diesen Achsenkreuzen unterscheidet man 6 **K.-Systeme:** 1) **kub.** (reguläres) **System** mit 3 gleich langen, senkrecht aufeinander stehenden Achsen; 2) **tetragonales System** mit 2 gleichen, sich rechtwinklig schneidenden Achsen (Nebenachsen), auf denen eine 3. verschieden lange Hauptachse senkrecht steht; 3) **hexagonales System** mit 3 gleich langen, sich unter 60° schneidenden Nebenachsen, auf denen eine 4., abweichend große, senkrecht steht; 4) **rhomb. System** mit 3 sich rechtwinklig schneidenden, aber verschieden langen Achsen; 5) **monoklines System** mit 2 ungleichen, sich schiefwinklig kreuzenden Achsen und einer darauf senkrechten Achse; 6) **triklines System** mit 3 ungleichen, schiefwinklig gekreuzten Achsen. Die K. sind aufgebaut aus kleinsten Zellen, in deren Eckpunkten die Ionen regelmäßig angeordnet sind **(K.-Gitter);** ihr Aufbau wird durch Beugung von Röntgenstrahlen ermittelt (Laue-Diagramm). Physikal. Eigenschaften bestimmter K. sind Doppelbrechung, Drehung der Polarisationsebene hindurchfallenden Lichtes und Piezoelektrizität, Letztere ausgenutzt im Transistor u.a. **Kristallisation** *die,* Bildung von K.; **kristallinisch** heißen Stoffe, die K. bilden; Ggs.: amorph. **Kristallographie** *die,* Lehre von den Kristallen.

Kristallglas, farbloses Wirtschaftsglas für hochwertige Waren, mit hohem Glanz und Lichtbrechungsvermögen; enthält weniger Bleioxid als das **Bleikristall.**

kristalline Schiefer, metamorphe → Gesteine.

Kristallnacht, Reichskristallnacht, vermutlich im Hinblick auf die vielen zertrümmerten Fensterscheiben geprägte Bez. für das von den Nationalsozialisten in der Nacht vom 9. zum 10. 11. 1938 organisierte Pogrom gegen die jüd. Bürger in Dtl. Wegen der verharmlosenden Tendenz des Begriffs wird zunehmend die Bez. **Pogromnacht** verwendet.

Kristallzüchtung, synthet. Herstellung von Kristallen für wiss. und techn. Zwecke, z. B. von Siliciumkristallen für die Halbleiter-Ind.; v.a. Schmelzzieh- und Zonenschmelzverfahren.

Kristiansand [-'san], bedeutendste Hafenstadt S-Norwegens, 64400 Ew.; Fährverbindung nach Dänemark; Holz-, Metallind., Schiffbau; ✈.

Kriterium *das,* unterscheidendes Merkmal.

Kritik *die,* Beurteilung, Prüfung; Besprechung (einer künstler. Leistung).

kritisch, prüfend; entscheidend, bedrohlich; **krit. Zustand,** Zustand eines Stoffs, in dem zwei verschiedene Aggregatzustände (Flüssigkeit/Gas) gleichzeitig nebeneinander existieren, ohne dass sie physikal. unterscheidbar sind.

kritische Masse, Kerntechnik: kleinste Masse an Spaltstoff, in der eine Kettenreaktion von Kernspaltungen ohne äußere Einflüsse erhalten bleibt.

kritischer Rationalismus, von K. R. Popper 1935 begründete philosoph. und wissenschaftstheoret. Schule, die sich gegen log. Empirismus und Neopositivismus richtete. Für den k. R. sind absolut sichere Begründungen unmöglich. Er fordert die method. Prüfung in der Bewährung einer Theorie gegenüber Widerlegungsversuchen.

kritische Theorie, von M. Horkheimer und T. W. Adorno begründete philosoph. und sozialwiss. Schule, nach der die wiss. Theoriebildung an der prakt. Vernunft zu messen sei. (→ Frankfurter Schule)

Kritizismus *der,* Bezeichnung für die Philosophie Kants, die die Erkenntnismittel, ihr Wesen und ihre Grenzen prüft.

Kriwoj Rog, Stadt in der Ukraine, 713000 Ew.; Bergbauhochschule; Eisenerzbergbauzentrum, chem. Ind., Hüttenwerke.

Krk ['krk], ital. **Veglia,** größte Insel Kroatiens, 410 km², rd. 13000 Ew.; Fremdenverkehr. Die Insel ist mit dem Festland durch eine Brücke verbunden.

Krleža ['krlɛʒa], Miroslav, kroat. Schriftsteller, * 1893, † 1981; Lyrik, Dramen, Romane; häufiges Thema ist der Verfall der Habsburger Monarchie (»Banner«, 1967).

Kroaten, südslaw. Volk v.a. in Kroatien, aber auch in Slowenien, der Herzegowina und in Teilen von Bosnien.

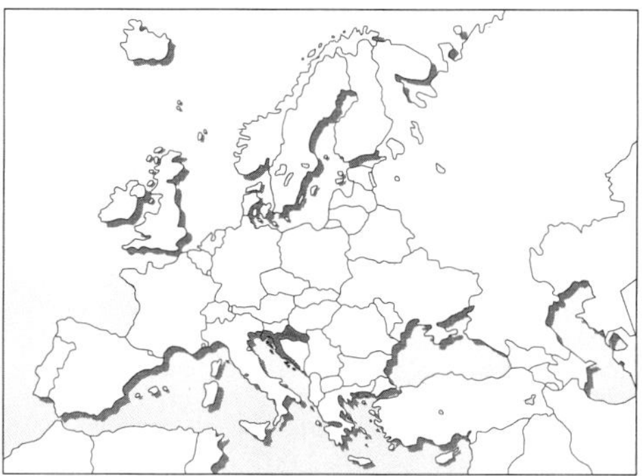

Kroatien, kroat. **Hrvatska,** Rep. in SO-Europa, 56538 km², 4,68 Mio. Ew.; Hptst. Zagreb. K. umfasst das fruchtbare Tiefland zw. Drau, Donau und Save, das verkarstete, nur wenig besiedelte Gebirgsland Hoch-K. und das dalmatin. Küstengebiet. Überwiegend Landwirtschaft (Anbau von Mais, Weizen, Gemüse, Wein, Obst), Schaf- und Rinderzucht, Forstwirtschaft; ⚒ (Bauxit, Kohle, Eisen, NE-Metalle, Erdöl); vielseitige Ind.; der Fremdenverkehr ist durch den Krieg stark zurückgegangen. Haupthäfen: Rijeka und Split.

Geschichte. Das Land wurde im 7. Jh. von den Kroaten besiedelt, kam Ende des 11. Jh. an Ungarn, mit diesem im 16. Jh. unter habsburg., dann unter türk. Herrschaft, fiel 1699 an das habsburg. Ungarn zurück. Dalmatien stand vom 15. bis 18. Jh. unter der Herrschaft Venedigs. K. bildete ein Nebenland der ungar. Krone; 1918 dem neuen Kgr. → Jugoslawien angeschlossen. Im Juli 1991 erklärte K. seine Unabhängigkeit. Deren Rücknahme versuchte die jugoslaw. Reg. seit Juli 1991 mit militär. Gewalt zu erzwingen. Im Jan. 1992 erkannten jedoch zahlreiche Staaten K. als selbstständigen Staat an. Dennoch blieb trotz Ver-

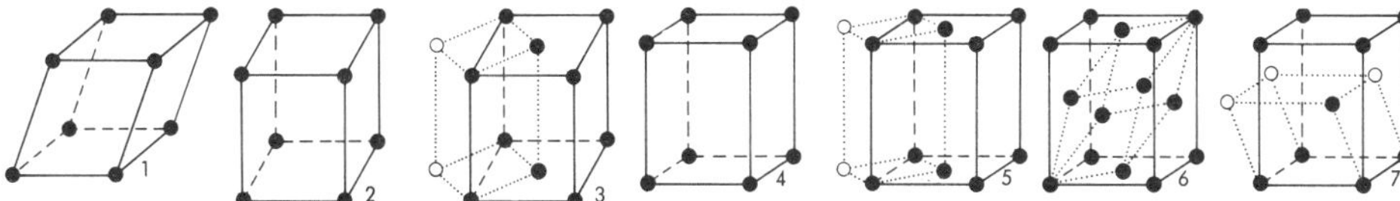

Verschiedene **Kristall**-Systeme: 1 triklines, 2-3 monokline, 4-7 rhombische Gitter

mittlung der UNO rd. ein Drittel des Staatsgebiets, v. a. die Krajina, bis zur weitgehenden Rückeroberung durch die kroat. Armee 1995 von serb. Verbänden besetzt. Durch das Friedensabkommen von Dayton (1995) wurde die Position K.s abgesichert.

Kroatzbeere, landschaftl. für Brombeere.

Krocket *das,* Rasenspiel zw. 2 Parteien; Holzkugeln sind mit Schlägern durch eine Reihe von kleinen Toren (Drahtbügel) zu treiben. Wer zuerst die Bahn durchlaufen hat, ist Sieger.

Kroetz [krœts], Franz Xaver, dt. Dramatiker und Schauspieler, *1946; schreibt sozialkrit. Volksstücke mit naturalist. Milieuschilderung: »Wildwechsel« (1973), »Nicht Fisch, nicht Fleisch« (1981) u. a. Fernsehrolle in »Kir Royal« (1986).

Krokant *der,* feste Masse aus Nüssen oder Mandeln und Karamellzucker.

Kroketten, panierte, in Fett ausgebackene Röllchen aus Kartoffelbrei, Fleisch oder Fisch.

Krokodile, Panzerlechsen, Ordnung weltweit in warmen Zonen verbreiteter, großer, im und am Süßwasser lebender Reptilien. Ihre Körper sind mit Hautpanzern aus Hornschuppen oder -platten geschützt. **Nil-K.,** bis 7 m lang, in Afrika und in SW-Asien; **Leisten-K.,** bis über 7 m lang, in S-Asien; **China-Alligator,** bis 2 m lang; **Kaiman,** bis 4 m lang, in Amerika; **Gavial,** bis 7 m, in Vorder- und Hinterindien.

Krokodilwächter, afrikan. Watvogel von Senegal bis Äthiopien; trotz des Namens keine bes. Bindung an Krokodile.

Krokus *der,* Knollen tragende Schwertliliengewächse, violett, weiß, gelb blühende Frühlingsblüher; daneben der im Herbst blühende Echte Safran.

Kronberg im Taunus, Stadt im Hochtaunus, Hessen; Luftkurort, 17600 Ew.; Burg (13. Jh.), Schloss Friedrichshof (19. Jh., heute Hotel).

Krone [lat. corona »Kranz«], **1)** Rangabzeichen und Teil der Insignien eines Herrschers, urspr. nur ein Stirnreif. – **2)** Münze und Währungseinheit in Schweden, Norwegen, Dänemark, Island, ČR, Slowakei; bis 1924 auch in Österreich und Ungarn. – **3)** ⚕ oberer Teil des Zahns; in der Zahnheilkunde Form des Zahnersatzes. – **4)** ✡ 2 Sternbilder: Nördl. und Südl. Krone.

Kronkolonie, brit. Kolonie, die von der Krone (Königshaus) durch einen von ihr ernannten Gouv. verwaltet wird; ohne volle Selbstverwaltung.

Kronländer, im österr. Kaiserreich die zur Habsburgermonarchie gehörenden Länder.

Kronos, Titan der griech. Sage, jüngster Sohn des Uranos, vermählt mit seiner Schwester Rhea, verschlang seine Kinder bis auf Zeus, den Rhea verbarg. Zeus besiegte ihn später, zwang ihn, seine Geschwister wieder auszuspeien; verbannte ihn und die anderen Titanen in den Tartaros.

Kronprinz, Titel des Thronfolgers in direkter Linie in Monarchien; weibl. Form: **Kronprinzessin.**

Kronstadt, 1) rumän. **Brașov** [braˈʃov], Hptst. des Kr. K. in Rumänien, im siebenbürg. Burzenland, 364300 Ew.; Univ.; spätgot. »Schwarze Kirche« (1477 vollendet); Fahrzeugbau, Textil-, chem Ind., Zementfabrik. K. kam 1920 an Rumänien. – **2)** russ. Stadt auf der Insel Kotlin im Finn. Meerbusen, 40000 Ew., Kriegs- und Handelshafen vor St. Petersburg.

Krönung, feierl. Einsetzung eines Herrschers in seine Rechte und Würden durch Aufsetzen der Krone, i. d. R. verbunden mit religiöser Weihe (Salbung), Eid des Herrschers und Treueid (Huldigung) der Großen des Reichs, der Stände oder der Untertanen.

Kronzeuge, Hauptzeuge der Anklage, der selbst Tatbeteiligter war und dem für seine Aussage Strafmilderung oder -freiheit versprochen ist. In Dtl. gilt seit 1989 eine befristete, mehrfach verlängerte (zuletzt bis 1999) und auf terrorist. Straftaten beschränkte K.-Regelung.

Kropf, 1) Erweiterung der Vogelspeiseröhre zur Vorverdauung. – **2)** ⚕ **Struma,** Vergrößerung der Schilddrüse, z. B. durch Jodmangel, Entzündungen, Tumore oder Funktionsstörungen der Schilddrüse (→basedowsche Krankheit). In schweren Fällen ist eine Operation notwendig.

kröpfen, 1) ⚙ verschiedenwinklig aufeinander stoßende Leisten auf Gehrung zusammenfügen. – **2)** 🜨 bei Greifvögeln: Nahrung aufnehmen.

Kropotkin, Pjotr Fürst, russ. Revolutionär, *1842, †1921; Vertreter des kommunist. Anarchismus.

Krösus, griech. **Kroisos,** der letzte König von Lydien, um 560 v. Chr., durch seinen Reichtum sprichwörtlich (»reich wie ein Krösus«); wurde vom Perserkönig Kyros d. Gr. 547 v. Chr. entthront.

Kröten, Familie zahnloser Froschlurche, meist plump, mit kurzen Beinen und warzig-drüsiger Haut, deren Sekret oft giftig ist (Bufotoxin); manche Arten sind lebend gebärend. Die an schattig-feuchten Orten in selbst gegrabenen Löchern lebende, etwa 12 cm lange **Erdkröte** ist dunkel-, die **Wechselkröte** buntfarbig. Die südamerikan. **Riesen-K.** (Aga) werden über 20 cm lang.

Kroton, Croton *der,* trop. Gattung der Wolfsmilchgewächse, darunter der südasiat. **Tiglibaum;** das Öl seiner Samen (Purgierkörner) ist ein starkes Abführmittel **(K.-Öl),** wird wegen seiner Krebs erregenden Wirkung nur noch in der Tiermedizin verwendet.

Krueger [ˈkry-], Felix, dt. Psychologe, *1874, †1948; einer der Hauptvertreter der Ganzheitspsychologie.

Krug, Manfred, dt. Schauspieler und Sänger, *1937; kam 1977 aus der DDR in die Bundesrep. Deutschland; »Spur der Steine« (1966), Fernsehserie »Liebling - Kreuzberg« (1986 bis 1990, 1994).

Krüger, 1) Franz, dt. Maler, *1797, †1857; preuß. Hofmaler, Vertreter des Biedermeier; Pferdebilder und Porträts. – **2)** Hardy, dt. Schauspieler, *1928; Star des dt. und internat. Films; »Hatari« (1962). – **3) Kruger,** Paulus, gen. **Ohm Krüger,** südafrikan. Politiker, *1825, †1904; leitete den Widerstand der Buren gegen Großbritannien.

Krüger-Nationalpark, Natur- und Wildschutzgebiet in der Rep. Südafrika an der Grenze zu Moçambique, 19485 km^2.

Krügerrand [-rænd] *der,* seit 1967 Goldmünze der Rep. Südafrika mit 31,1 g (1 Unze) Feingold.

Krümmer *der,* ⚙ gebogenes Rohrstück.

Krummholz, Knieholz, in Berglagen wachsende Gehölze mit gekrümmten Stämmen und Ästen.

Krummhorn, Holzblasinstrument des 16./17. Jh., mit unten aufgebogenem Rohr. – In der Orgel ein Zungenregister.

Krummstab, etwa schulterhoher, oben meist spiralig gekrümmter Stab der kath. Bischöfe.

Franz Xaver Kroetz

Hardy Krüger

Paulus Krüger

Kronstadt (Rumänien) Stadtwappen

Krümmung, √ Maß für die Abweichung einer Linie von einer Geraden bzw. einer Fläche von einer Ebenen.

Krupp *der,* entzündl. Schwellung im Kehlkopf bei →Diphtherie. **Pseudo-K.,** nicht diphther. entzündl. Anschwellung der Rachenschleimhaut.

Krupp, Fried. K. AG, führendes Unternehmen der Investitionsgüterind. in Essen, gegr. 1811 als Gussstahlfabrik von Friedrich K. (* 1787, † 1826). 1943 wurde Alfried K. v. Bohlen und Halbach (* 1907, † 1967) Alleininhaber der v. a. auf dem Rüstungssektor tätigen Firma. 1967 wurde die Firma als GmbH in eine Stiftung eingebracht, die Alleinerbin Alfried K.s wurde; 1974 übernahm die Reg. des Iran über 25% des Aktienkapitals der **K. Stahl AG;** nach Umwandlung zur Fried. K. AG 1992 Fusion mit Hoesch AG.

Kruppe *die,* Pferderücken zw. Kreuz und Schweifansatz.

Kruse, Käthe, dt. Kunsthandwerkerin, * 1883, † 1968; bekannt durch ihre künstler. Puppen.

Krüss, James, dt. Schriftsteller, * 1926, † 1997; Kinder- und Jugendbuchautor, »Timm Thaler oder das verkaufte Lachen« (1962).

Krustentiere, die →Krebse.

Kruzifix *das,* bildl. Darstellung des gekreuzigten Christus auf einem Kreuz aus Holz, Metall usw.

Krylow, Iwan A., russ. Fabeldichter, * 1768, † 1844; volkstüml. Fabeln.

kryo..., in Zusammensetzungen: Kälte, Frost.

Kryobiologie, Teilgebiet der Biologie, untersucht die Wirkung tiefer Temperaturen auf Organismen.

Kryochirurgie, Anwendung sehr tiefer Temperaturen in der Chirurgie zur Gewebsdurchtrennung oder -zerstörung; schonendes Verfahren.

Kryohydrate, Kältemittel, deren Temperaturen beim Gefrieren und Schmelzen konstant bleiben.

Kryolith *der,* meist schneeweißes, leicht schmelzendes Mineral (Na_3AlF_6); Verwendung bei der Herstellung von Aluminium, Milchglas und Emaille.

Kryopumpen, ✲ Verfahren zur Erzeugung hohen Vakuums durch Kühlen von Teilen der Wand der Vakuumpumpe, an der Gasmoleküle durch Kondensation niedergeschlagen werden.

Kryo|skopie *die,* Molekulargewichtsbestimmung durch Messung der Gefrierpunktserniedrigung.

Kryo|sphäre, die die Erde bedeckenden Eismassen.

Kryotechnik, Tieftemperaturtechnik, befasst sich mit der Erzeugung und Anwendung tiefer und tiefster Temperaturen von −100 °C bis nahe an den absoluten Nullpunkt (−273,16 °C, 0 K); wichtig v. a. bei der Verflüssigung von Gasen. (→Supraleitung)

Krypta *die,* unterird. christl. Heiligtum; zunächst die Grabkammer eines Märtyrers in den Katakomben, in roman. Kirchen die Grabstätte auch kirchl. und weltl. Würdenträger; mehrschiffiger Hallenraum als Unterkirche unter einem erhöhten Kirchenchor; in got. Kirchen selten.

krypto..., in Zusammensetzungen: geheim, verborgen.

Kryptogamen *Pl.,* blütenlose Pflanzen, die →Sporenpflanzen.

Kryptologie *die,* Wiss. vom Verschlüsseln, Verschleiern, Entschlüsseln und Entziffern von Informationen (z. B. Geheimschriften); Teilgebiet der Informatik.

Kryptomeri|e, Japanzeder, Sicheltanne, beliebter Zierbaum, aus Japan und S-China.

Krypton *das,* Symbol **Kr,** chemisches Element aus der Gruppe der Edelgase; OZ 36, relative Atommasse 83,8, Fp −156,6 °C, Sp −152,3 °C. Glühlampenfüllung.

Krypt|orchismus *der,* ⚕ Zurückbleiben der Hoden in der Bauchhöhle, Leistenhoden.

Kshatriya [kʃ-, Sanskrit »Krieger«], 2. Kaste der Inder, aus der Adel und Fürsten stammen.

KSZE, Abk. für **Konferenz über Sicherheit und Zusammenarbeit in Europa, Europäische Sicherheitskonferenz,** 1973 bis 1975 in Genf unter Teilnahme aller europ. Staaten (außer Albanien), Kanadas und der USA, abgeschlossen mit der Erklärung von Helsinki, in der die Beziehungen der unterzeichnenden Völker untereinander festgelegt wurden. 1977/78 wurde in Belgrad eine Folgekonferenz abgehalten, weitere 1980 bis 1983 in Madrid, 1986 bis 1989 in Wien (Abbau der konventionellen Streitkräfte in Europa; KSE). Folgekonferenz 1992 in Helsinki (Regelwerk zur Konfliktbewältigung; Schiedsgerichtshof) mit Albanien, den neuen europ. Staaten und den Nachfolgestaaten der UdSSR. Seit 1990 wurden institutionalisierte Gremien eingerichtet (Außenministerrat zweimal jährlich; Sekretariat in Prag; Konfliktverhütungszentrum in Wien; Wahlbüro in Warschau). Zum 1. 1. 1995 umbenannt in Organisation für Sicherheit und Zusammenarbeit in Europa (OSZE).

Ktesiphon, antike Ruinenstätte in Mesopotamien am Tigris, südöstl. von Bagdad, Irak; 129 v. Chr. bis 116 n. Chr. Residenz der Partherkönige, später Hptst. des Sassanidenreichs.

Kuala Lumpur, Hptst. Malaysias, 1,17 Mio. Ew.; Univ., Wirtschaftszentrum mit Kautschuk-, Zinnhandel; Fremdenverkehr, ✈.

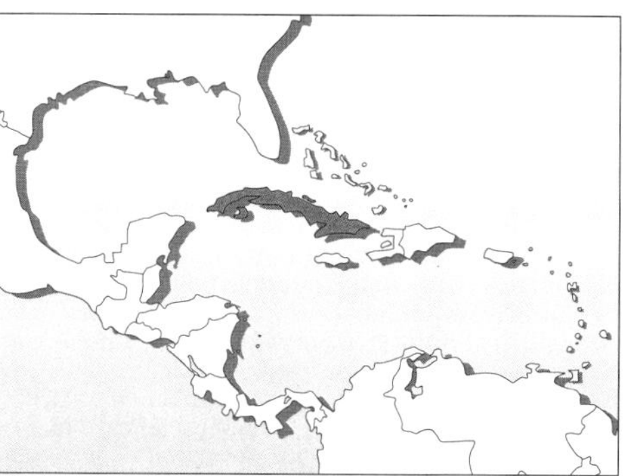

Kuba

Staatswappen

Staatsflagge

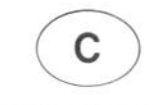

Internationales Kfz-Kennzeichen

Kuba, Cuba, größte Insel der Großen Antillen und Rep. im Bereich der Westind. Inseln, 110 922 km², 10,81 Mio. Ew. (70% Weiße, 12% Schwarze, 17% Mischlinge; überwiegend kath.); Hptst. Havanna; Amtssprache: Spanisch. Staatsoberhaupt (Staatspräs.) ist der Vors. des Staatsrats, gleichzeitig auch Reg.-Chef. Die Gesetzgebung liegt bei der über die Einheitsliste gewählten Nationalversammlung. – K. besteht zum größten Teil aus flach gewelltem Tiefland, im Landesinneren hügelig, im SO Gebirge (bis 1972 m hoch). Klima tropisch, im Winter eher trocken; oft Wirbelstürme. Anbau von Zucker, Mais, Reis, Obst, Tabak, Kaffee; Viehzucht; ⚒ (Eisen-, Nickel-, Kupfer-, Kobalt-, Chromiterze); Zucker-, Zigarren-, Textil- u. a. Ind.; Ausfuhr: Zucker, Bergbauerzeugnisse, Tabak; Haupthandelspartner: ehem. Ostblockstaaten, Japan. Von zunehmender Bedeutung ist der Fremdenverkehr. Gut ausgebautes Verkehrsnetz. Haupthafen und ✈: Havanna.

Geschichte. K., von Kolumbus 1492 entdeckt, wurde 1511 spanisch, 1898 an die USA abgetreten, 1902 unabhängige Rep. Von 1901 bis 1934 besaßen die USA das Interventionsrecht. Sie besitzen einen Flottenstützpunkt in Guantánamo. Dez. 1958 wurde Präs. Batista nach dem erfolgreichen Guerillakrieg F. Castros gestürzt. Seitdem kam es zu großen wirtschaftl. Umwälzungen und zu einer feindl. Haltung gegenüber den USA. K. wurde militär. und wirtschaftl. stark von der Sowjetunion unterstützt. Im Okt. 1962 kam es zu einer internat. Krise **(Kubakrise)** wegen des Baus von

Abschussrampen für weit tragende sowjet. Raketen. Die Reg. unterstützte revolutionäre Bewegungen in Lateinamerika und in Afrika (Angola, Äthiopien). Nach den polit. Umwälzungen in O-Europa ist das sozialist. K. stark isoliert. Bes. die zunehmenden wirtschaftl. Schwierigkeiten K.s führten 1994 zu einer Flüchtlingswelle in die USA. Staatsoberhaupt: F. Castro (seit 1959).

Kuban *der,* Fluss in N-Kaukasien, 820 km lang, mündet ins Asowsche Meer.

Kubelík, Rafael, schweizer. Dirigent und Komponist tschech. Herkunft, * 1914, † 1996; komponierte Opern und Konzerte.

kubik..., in Zusammensetzungen: dritte Potenz, z. B. **Kubikmeter** (m^3), Raummeter, Würfel von 1 m Kantenlänge. Die **Kubikzahl** ist die dritte Potenz einer Zahl, z. B. $5^3 = 5 \cdot 5 \cdot 5 = 125$.

Kubilai, Khubilai, Kublai, mongol. Großkhan, als **Shizu** Kaiser von China, * 1215, † 1294; Enkel von Dschingis Khan, dehnte die mongol. Herrschaft über ganz China aus. An seinem Hof lebte Marco Polo.

Kubin ['ku:bin, ku'bi:n], Alfred, österr. Zeichner und Schriftsteller, * 1877, † 1959; Federzeichnungen von düster fantast. Wirkung, Illustrationen. Unheiml. Roman »Die andere Seite« (1909).

Kubismus *der,* von Picasso und Braque um 1908 begründete Richtung der modernen Kunst, bes. der Malerei, die gegenständl. Formen facettenartig gebrochen in die Fläche übersetzte, anfangs in grauen und braunen Tönen, später farbenreicher (J. Gris, R. Delaunay, F. Léger), auch Plastiken (P. Picasso, H. Laurens).

Kubrick ['kju:-], Stanley, amerikan. Filmregisseur, * 1928; drehte gesellschaftskritische Filme: »Wege zum Ruhm« (1957), »2001: Odyssee im Weltraum« (1968), »Uhrwerk Orange« (1971), »Shining« (1980) u. a.

Kubus *der,* → Würfel.

Kučan ['kutʃan], Milan, slowen. Politiker, * 1941; seit 1990 erster frei gewählter Präs. Sloweniens.

Küchenlatein, Spottbezeichnung für im MA. gebrauchtes schlechtes Latein.

Küchenschabe, Kakerlak, weltweit verbreitete Art der → Schaben.

Küchenschelle, Kuhschelle, Pflanzenart aus der Gattung Hahnenfußgewächse, giftig; die im Frühjahr blühende hellviolette **Gemeine K.** ist geschützt.

Kuching ['kutʃiŋ], Hptst. von Sarawak, O-Malaysia, auf Borneo, 150 000 Ew.; Sägewerke; Hafen, ✈.

Kuckuck, weit verbreitete Familie meist aschgrau gefärbter, scheuer Vögel; das Weibchen legt seine Eier in Nester anderer Vögel (Brutschmarotzer).

Kuckuckslichtnelke → Lichtnelke.

Kuckucksspeichel, von der Schaumzikade produzierter weißer Schaum, in dem ihre Larven sitzen, oft an Wiesenpflanzen.

Kudrun, Gudrun, mhdt. Heldenepos aus dem 13. Jh., in 1705 **K.-Strophen.**

Kudu *der,* **Schrauben|antilope,** Name zweier unterschiedl. großer Antilopenarten in S- und O-Afrika mit korkenzieherförmigen Hörnern.

Kufa, Kleinstadt in Irak, am Euphrat, vom 7. bis 10. Jh. n. Chr. ein Mittelpunkt islam. Wiss.; 657 bis 661 Residenz des Kalifen Ali; **kufische Schrift,** Monumentalform der arab. Schrift.

Kufe *die,* **1)** altes dt. Biermaß, in Preußen 458 l, in Sachsen 758,5 l. – **2)** Gleitschiene des Schlittens.

Küfer, Böttcher, auch Kellermeister.

Kufra, Oasengruppe der östl. Sahara, in der Libyschen Wüste, rd. 7 000 Bewohner; mehrfach Hauptsitz der Senussi.

Kufstein, Stadt in N-Tirol, Österreich, im Inntal, überragt von der Festung K., 13 500 Ew.; Glashütte, Blechwaren-, Skifabrik; Fremdenverkehr.

Kugel, geschlossene Fläche, deren Punkte alle den gleichen Abstand r (Radius, Halbmesser) von einem festen Punkt M (Mittelpunkt) haben. Ebenen durch M schneiden die K. in größten Kreisen. Rauminhalt einer K. vom Radius r ist $V = \frac{4}{3}\pi r^3$, Oberfläche $A = 4\pi r^2$ ($\pi = 3{,}14...$).

Kugelblitz, seltene Erscheinungsform des Blitzes, meist gegen Ende eines schweren Gewitters auftretend. K. bewegen sich als leuchtende Kugeln relativ langsam nahe der Erdoberfläche.

Kugelblume, Gebirgspflanze mit schmalzipfligen, halbkugelförmigen blauen Blütenköpfchen.

Kugeldistel, distelartige Korbblütler mit kugeligen, graublauen Blüten; anspruchslos.

Kugeldreieck, sphärisches Dreieck, √ Dreieck *ABC* auf der Oberfläche einer Kugel (mit Mittelpunkt *M*), dessen Seiten Bögen größter Kugelkreise sind; für Berechnungen in der Astronomie und der Kartographie.

Kugelfische, Familie oft bunter trop. Korallenfische, können sich durch Luft oder Wasseraufnahme in einen Luftsack kugelig aufblähen und wirken dadurch abschreckend auf manche Raubfische. – Trotz ihrer Giftigkeit (Tetrodotoxin) werden bestimmte K. **(Fugu)** in Japan nach spezieller Zubereitung (Entfernen der gifthaltigen Leber) gegessen.

Kugelgelenk, ⚕ ⚙ Gelenk, bei dem sich der Gelenkkopf in einem Teil einer Hohlkugel dreht; z. B. das Schultergelenk.

Kügelgen, 1) Gerhard v., dt. Maler, * 1772, † (ermordet) 1820; klassizist. Porträts (u. a. Goethe, Schiller, Wieland). – **2)** Wilhelm v., dt. Maler und Schriftsteller, * 1802, † 1867, Sohn von 1); religiöse Bilder; verfasste die seinerzeit vielbeachteten »Jugenderinnerungen eines alten Mannes« (1870).

Kugelhaufenreaktor, ⚙ Hochtemperaturreaktor mit kugelförmigen Brennelementen.

Kugellager, ⚙ → Lager.

Kugelschreiber, Schreibgerät, bei dem eine rollende Kugel in der Minenspitze eine Farbmasse auf das Schreibpapier überträgt.

Kugelspinnen, Spinnenfamilie mit rd. 1500 Arten, z. T. mit kugelförmigem Hinterleib; zu den K. gehört u. a. die **Schwarze Witwe.**

Kugelstoßen, 🏃 Weitstoß einer massiven Metallkugel (für Männer 7,27 kg, für Frauen 4 kg) aus einem Kreis von 2,135 m Durchmesser.

Kugler, Franz Theodor, dt. Kunsthistoriker, * 1808, † 1858; »Handbuch der Kunstgesch.« (1842), »Gesch. Friedrichs d. Gr.« (mit Holzstichen von A. v. Menzel, 1841/1842).

Kuh, weibl. Tier bei versch. Säugetieren: Rindern, Elefanten, Flusspferden, Giraffen, Hirschen; beim Hausrind erst die Bezeichnung nach dem ersten Kalben.

Kuh|antilopen, Familie der Antilopen, Paarhufer mit auffallend langem Kopf, kräftigen Hörnern und langem Quastenschwanz; in Afrika; zu ihnen gehören das **Gnu,** das südafrikan. **Haartebeest** und das fast ausgerottete **Kaama.**

Kühlanlagen, mit Kältemaschinen ausgestattete Einrichtungen zum Frischhalten von Lebensmitteln, Kühlen von Räumen, Fahrzeugen u. a.

Kühler, 1) ⚙ Einrichtung bei Verbrennungsmotoren zum Rückkühlen des im Motor erwärmten Kühlwassers. – **2)** ⚗ Gerät zum Abkühlen und Verdichten der Dämpfe bei der Destillation.

Kühlschrank, wärmedicht gebauter Schrank mit → Kältemaschine.

Kühn, 1) August, eigentl. Rainer **Zwing,** dt. Schriftsteller, * 1936, † 1996; schildert engagiert Arbeitertradition, u. a. »Die Abrechnung« (1990). – **2)** Dieter, dt. Schriftsteller, * 1935; Werkreihe: »Ich Wolkenstein«

Milan Kučan

Küchenschelle

Einheimischer **Kuckuck**

Dieter Kühn

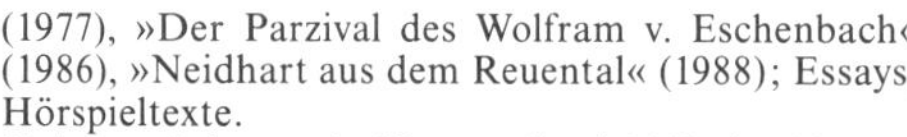

(1977), »Der Parzival des Wolfram v. Eschenbach« (1986), »Neidhart aus dem Reuental« (1988); Essays, Hörspieltexte.

Kuhnau, Johann, dt. Komponist, * 1660, † 1722; war als Thomaskantor in Leipzig Vorgänger Bachs; Schöpfer der mehrsätzigen Klaviersonate.

Kujbyschew, russ. Stadt, → Samara.

Küken, junges Huhn.

Ku-Klux-Klan [ku:kluks'kla:n], polit. Geheimbund im S der USA, richtete sich nach dem Bürgerkrieg gegen die Gleichberechtigung der Farbigen; wegen seines Terrors seit 1871 unterdrückt; lebte im 1. Weltkrieg und nach 1960 mit rechtsradikal-rassist. Zielsetzung wieder auf.

Kuku Nur → Qinghai Hu.

Kukuruz *der,* landschaftl. für Mais.

Kulak *der,* russ. Großbauer.

kulant, gefällig, entgegenkommend.

Kuli *der,* Lastträger in China und Indien.

kulinarisch, feinschmeckerisch.

Echter **Kümmel** oben rechts: Fruchtstand, unten rechts: Frucht mit 2 Teilfrüchten

Kulisse *die,* Theater: als Seitenabschluss des Bühnenbilds hintereinander aufgestellte (aufgehängte) Schiebewände.

Kulmbach, Krst. im bayer. Reg.-Bez. Oberfranken, am Weißen Main, 28 100 Ew.; Bierbrauereien. Über der Stadt die **Plassenburg** (Renaissancebauwerk); dort Museen (u. a. das Dt. Zinnfigurenmuseum).

Kulmbach, Hans v., dt. Maler, * um 1480, † 1522; Schüler A. Dürers: Altarbilder, Entwürfe für Glasfenster und Goldschmiedearbeiten.

Milan Kundera

Kulmination *die,* **1)** ☼ der höchste Punkt; Durchgang eines Gestirns durch die Mittagslinie **(K.-Punkt).** Die K. der Sonne findet um 12 Uhr (wahre Sonnenzeit) statt. – **2)** der Höhepunkt einer Entwicklung.

Külpe, Oswald, dt. Philosoph und Psychologe, * 1862, † 1915; vertrat einen krit. Realismus.

Kult, *der,* **1)** Pflege, Verehrung, z. B. Goethe-K. – **2) Kultus,** Form der öffentl. Gottesverehrung.

Kultur *die,* **1)** Gesamtheit der Lebensäußerungen der menschl. Gesellschaft in Sprache, Religion, Wiss., Kunst u. a. – **2)** Urbarmachung des Bodens; Anbau, Pflege von Nahrungspflanzen. – **3)** ♤ künstl. Gründung eines Waldbestands (Saat, Pflanzung). – **4)** ⚕ auf geeigneten Nährböden gezüchtete Bakterien oder Zellarten.

Günter Kunert

Kulturfolger, Tiere und Pflanzen, die sich in Kulturlandschaften ausbreiten; z. B. Sperling, Wegerich; Ggs.: **Kulturflüchter.**

Kulturgeographie, erforscht die Veränderungen der Erdoberfläche durch den Menschen.

Kulturgeschichte, Darstellung der geistigen und gesellschaftlichen Entwicklung der Menschheit, im Unterschied zur polit. Geschichtsschreibung.

Kulturkampf, Konflikt zw. dem preuß. Staat und der kath. Kirche 1871 bis 1887; staatl. Maßnahmen waren u. a. Einführung der Zivilehe und der staatl. Schulaufsicht, Verbot des Jesuitenordens. Der starke Stimmenzuwachs der kath. Zentrumspartei bewog Bismarck schließlich zum Einlenken.

Kulturrevolution, → China (Übersicht).

Kulturstadt Europas, Initiative der EG (EU) seit 1985, eine europ. Großstadt für ein Jahr zur K. E. zu ernennen, die durch die verschiedensten kulturellen Veranstaltungen die kulturelle Einheit Europas und seine Vielfalt aufzeigen und fördern soll (1996 Kopenhagen, 1997 Saloniki, 1998 Stockholm, 1999 Weimar, 2000 Avignon).

Kultursteppe, durch Vernichtung der ursprüngl. Vegetation und den Anbau nur weniger Pflanzenarten entstandene Kulturlandschaft; Gefahr der Bodenerosion.

Kulturtechnik, landwirtschaftl. Bodenverbesserung, Wasserversorgung, z. B. Ödlandkultur, Neulandgewinnung.

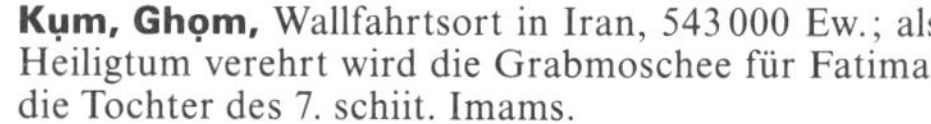

Kum, Ghom, Wallfahrtsort in Iran, 543 000 Ew.; als Heiligtum verehrt wird die Grabmoschee für Fatima, die Tochter des 7. schiit. Imams.

Kumajri, armen. Stadt, → Gümri.

Kumamoto, Stadt in Japan, auf der Insel Kyūshū, 555 000 Ew.; Leichtindustrie.

Kumanen, Völkerschaft türk. Sprache, wanderte im 13. Jh. aus S-Russland in die Donauländer ein; ging in den Ungarn und Rumänen auf.

Kumasi, zweitgrößte Stadt in Ghana, 385 000 Ew.; Universität; Konsumgüterind., Flughafen.

Kümmel, Doldenblütler, bes. auf trockenem Grasland, auch angebaut. Die Früchtchen dienen als Gewürz; fördern die Verdauung.

Kummet, Kumt *das,* um den Zugtierhals gelegter gepolsterter Geschirrteil.

Kumran → Qumran.

Kumulation *die,* **Kumulierung,** Häufung; z. B. im Wahlrecht die Häufung von Stimmen auf einen Kandidaten.

Kumulo|nimbus *der,* fachsprachl. Bezeichnung für Gewitterwolke (→ Wolken).

Kumulus [lat. »Haufe«] *der,* Haufenwolke (→ Wolken).

Kundera, Milan, tschech. Schriftsteller, * 1929; Dramen, Erz., Romane (»Der Scherz«, 1968; »Die unerträgl. Leichtigkeit des Seins«, 1984; »Die Unsterblichkeit«, 1990) zur menschl.-polit. Zeitproblematik.

Kündigung, einseitige Erklärung, die ein bestehendes Vertragsverhältnis (z. B. Miete, Darlehen, Dienst-, Arbeitsvertrag) beenden soll. **Ordentl. K.** geschieht unter Einhaltung der gesetzlich oder vertraglich bestimmten Fristen und Termine, **außerordentl. K.** setzt einen »wichtigen Grund« voraus. Die ordentl. K. eines **Arbeitsvertrags** durch den Arbeitgeber unterliegt dem **K.-Schutz;** sozial ungerechtfertigte K. ist unwirksam. K. durch den Arbeitnehmer ist nicht beschränkt. Wenn keine vertragl. Fristen vereinbart sind, gelten die gesetzl. Fristen des HGB, der Gewerbeordnung und des BGB. Ein »wichtiger Grund« zur fristlosen K. liegt vor, wenn dem Kündigenden die Fortsetzung des Arbeitsverhältnisses nicht zugemutet werden kann. Die K. einer Frau während der Schwangerschaft ist unzulässig (→ Mutterschutz).

Grabmoschee für Fatima, die Tochter des siebten schiitischen Imams, in **Kum** (1600)

Kundrie [-dri], hässl. Botin des Grals im »Parzival« Wolframs von Eschenbach urspr. wohl eine kelt. Sagengestalt.

Kunert, Günter, dt. Schriftsteller, * 1929; Lyrik, Erz., Essays, Hör- und Fernsehspiele.

Küng, Hans, schweizer. kath. Fundamentaltheologe und Dogmatiker, * 1928; Prof. in Tübingen, wegen seiner Theorie zum Dogma der päpstl. Unfehlbarkeit 1979 Entzug der kirchl. Lehrerlaubnis.
Kung Fu, karateartiger Kampfsport.
Kunigunde, Gemahlin Kaiser Heinrichs II., † 1033, beigesetzt im Bamberger Dom; 1200 heilig gesprochen (Tag: 3. 3.).
Kunkel *die,* Spindel, Spinnrocken.
Kunlun Shan [-ʃan], Gebirgskette Innerasiens (China); im Ulug Muztag 7723 m hoch.
Kunming, Hptst. der chin. Prov. Yunnan, 1,52 Mio. Ew.; Handel; Textil-, Werkzeugmaschinen- u. a. Industrie.
Künneke, Eduard, dt. Komponist, * 1885, † 1953; Operetten: u. a. »Der Vetter aus Dingsda« (1921), »Glückliche Reise« (1932).
Kunst, zur Meisterschaft entwickeltes Können; i. e. S. die **bildenden Künste** (Architektur, Plastik, Malerei, Grafik, Kunsthandwerk), auch Musik, Dichtung, Theater, Tanz.
K. entspringt einem Grundtrieb des Menschen und ist seit Urzeiten eines seiner wichtigsten Ausdrucksmittel (Ornamentik, Felsbilder von Jagdtieren kultisch-mag. Bedeutung u. a.). In den alten Hochkulturen war die K. lange eng mit Glauben und Kultus verbunden (Tempel, Götterbilder, myth. Darstellungen; so in Griechenland fast ausschließlich bis ins 5. Jh. v. Chr.). Auch im MA. stand sie im Dienst der Religion, die bis in die Zeit des Barocks für weite Gebiete der K. maßgebend blieb. Zunehmende Lockerung der religiösen Bindungen seit der Renaissance zeitigte auch die Ablösung der K. von der Religion und ihre Verselbstständigung zu ästhet. Eigenleben. Kennzeichnend für die den großen Blütezeiten der K. folgenden Epochen, in denen nicht mehr umfassender Gehalt mit künstler. Formwillen im Gleichgewicht stand, sind der Fantasie- und Gefühlsüberschwang der Romantik, das Streben nach unbedingter Wirklichkeitserfassung (Realismus), schließlich der Bruch mit der künstler. Überlieferung und das Suchen nach neuen Ausdrucksmitteln, um neu erlebte Gehalte auszudrücken (Expressionismus, abstrakte K., Surrealismus).
Kunstfälschung → Fälschung.
Kunstfasern, U → Chemiefasern.
Kunstfehler, ⚖ Verstoß eines Arztes, Heilpraktikers, Apothekers, einer Hebamme gegen anerkannte Regeln der Medizin.
Kunstflug, Ausführen schwieriger Flugfiguren; bei sportl. Wettbewerben werden Genauigkeit der Figuren und Einhaltung des Raums bewertet.
Kunstgeschichte → Kunstwissenschaft.
Kunsthandwerk, Kunstgewerbe, Sammelbegriff für alle Kunst, die dem Gebrauch oder Schmuck dient (u. a. Möbel, Keramik, Weberei, Bucheinbände und -illustrationen, Goldschmiedearbeiten).
Kunstharze → Kunststoffe.
Kunsthochschule, Kunst|akademie, staatl. Hochschule zur Ausbildung in den bildenden Künsten; angeschlossen oft angewandte Bereiche, z. B. Grafikdesign.
Kunsthonig, honigähnl. Nahrungsmittel aus eingedampfter Rohrzuckerlösung.
Kunstkraftsport → Sportakrobatik.
Kunstleder, künstl. hergestellte Werkstoffe mit lederähnl. Eigenschaften aus Faser-K. oder Textilgewebe mit einer Kunststoffbeschichtung (v. a. Weich-PVC); lederähnlich gepresst.
künstliche Beatmung, Wiederbelebungsmaßnahme, v. a. bei Atemstillstand, durch Beatmungsgeräte oder mittels Atemspende (Mund-zu-Mund- oder Mund-zu-Nase-Beatmung).
künstliche Besamung, artifizielle Insemination, bei Mensch und Tier Übertragung des Samens ohne Begattung zur Befruchtung.
künstliche Ernährung, Zufuhr flüssiger Nahrung über eine Magensonde oder einen Infusionskatheter bei Bewusstlosen, Kranken.
künstliche Intelligenz, Abk. **KI,** 💻 Bereich der Informatik, in dem menschliche Denkstrukturen und die Simulation menschlicher Intelligenz durch elektronische Rechner untersucht werden. Wichtigstes Ergebnis dieser Forschungen sind die → Expertensysteme.
künstliche Niere, Dialysegerät, bei Ausfall oder Störung der Nierenfunktion eingesetztes Gerät zur Reinigung des Bluts (Blutwäsche, extrakorporale Hämodialyse) von den sonst mit dem Harn ausgeschiedenen Stoffen.
Kunstschwimmen → Synchronschwimmen.
Kunstseide, Reyon, ⚗ aus Lösungen von Zellstoff hergestellte seidige Fäden. Arten: Viskoseseide, Kupferseide, Chardonnetseide, Acetatseide.
Kunstspringen → Wasserkunstspringen.
Kunststoffe, Plaste, ⚗ organ.-chem. makromolekulare Stoffe. Synthet. Herstellung: 1) durch Abwandlung hochpolymerer Naturstoffe oder Verarbeitung einfacher Grundbausteine (z. B. der Kohle- und Erdölchemie); K. auf Zellulose-, Kasein-, Naturkautschukbasis. 2) Wichtiger sind die **rein synthet. K.;** sie werden aus niedermolekularen Verbindungen durch Polykondensation, Polymerisation oder Polyaddition hergestellt. **Thermoplaste** bleiben auch bei wiederholtem Erwärmen verformbar, **Duroplaste** erstarren in Wärme zu nicht mehr erweichbaren Massen. Thermoplaste: Polyäthylen, Polyvinylchlorid, Polystyrol, Polyacrylharze u. a. Duroplaste: Phenol- und Aminoplaste, Epoxidharze, ungesättigte Polyester u. a. Andere wichtige K.: Polyamide, Polyurethane, Silicone, Fluorcarbone. – Verwendung: K. sind den natürl. Werkstoffen vielfach überlegen. Ihre Verformbarkeit erlaubt preiswerte maschinelle Verarbeitung (Gießen, Pressen, Spritzen, Verspinnen zu Synthesefasern). Harzartige K. **(Kunstharze),** die dabei als Bindemittel dienen, werden auch als Lösungen oder Dispersionen für Imprägnierungen, Lack- und Anstrichstoffe, Klebstoffe u. a. verwendet. Polymerisate und Copolymerisate des Butadiens haben gummiähnl. Eigenschaften (**Elastomere;** Herstellung von Synthesekautschuk).
Kunst|turnen, auf artist. wie ästhet. Hochleistung abzielendes Turnen.
Kunstwissenschaft, betreibt die wiss. Erforschung der Kunst aller Zeiten und Völker. Ihr wichtigster Teil, die **Kunstgeschichte,** verfolgt geschichtl. Entwicklungen unter Ausschluss von Archäologie und Völkerkunde; J. J. Winckelmann erhob sie zur Wissenschaft.
Kunstwort, meist aus lat. und griech. Bestandteilen in neuerer Zeit gebildetes Wort der Wiss. und Technik, z. B. Automobil.
Kunze, Reiner, dt. Schriftsteller, * 1933; seit 1977 in der Bundesrep. Deutschland; Gedichte, Prosa (»Die wunderbaren Jahre«, 1976; »Das weiße Gedicht«, 1989).
Kuo-min-tang [chin. »Nationale Volkspartei«], Abk. **KMT, Guomindang,** 1912 von Sun Yat-sen gegr. chin. Partei. Sie erlangte 1924 in S-China größere Bedeutung, als Sun Yat-sen sie mithilfe sowjet. Berater umorganisierte und als Chiang Kai-shek eine Armee aufbaute, mit der die KMT-Regierung nach 1926 die Einheit Chinas wiederherstellte. 1931 wurde die KMT zur staatstragenden Partei erklärt. Im Chin.-Jap. Krieg (1937 bis 1945) wurde auf Betreiben Mao Zedongs eine neue Einheitsfront zw. der KMT und der KPCh gegen Japan gebildet. Nach der jap. Niederlage scheiterten die Verhandlungen über eine Koalitionsreg. mit der KPCh, und in einem weiteren Bürgerkrieg (1945 bis 1949) wurden die KMT und die von ihr gestellte Reg. durch die Kommunisten vom chin. Festland vertrieben; ihre Anhänger zogen sich nach Tai-

Hans Küng

Reiner Kunze

Kupferstich. Martin Schongauer, Die Versuchung des Hl. Antonius (1470)

wan zurück, wo die KMT seit 1949 die führende Regierungspartei ist.

Kuopio, Stadt in Finnland, an der W-Küste des Kallavesi (See), 79 500 Ew.; Sitz eines luther. Bischofs und des finnisch-orth. Erzbischofs; Univ.; Holz-, Textil-, Nahrungsmittelind.; Wintersportort. Binnenschiffsverkehr.

Küpe *die,* Färberei: **1)** großes Gefäß. – **2)** Lösung des Farbstoffs.

Küpenfarbstoffe, erhalten ihre wahre Farbe erst auf der Stofffaser durch Aufnahme von Sauerstoff aus der Luft.

Kupfer, Symbol **Cu,** chem. Element, Schwermetall; OZ 29, relative Atommasse 63,54, D 8,94 g/cm³, Fp 1083 °C, Sp 2 567 °C. An frischen Schnittflächen ist K. von glänzender, hellroter Farbe, nächst Silber der beste Leiter für Wärme und Strom. An feuchter Luft überzieht es sich allmählich mit einer grünen Schicht von bas. **K.-Carbonat** (Patina), durch Einwirkung von Essigsäure entsteht der giftige **Grünspan** (bas. **K.-Acetat**). K. kommt gediegen, v. a. aber in Form von Sulfiden und Oxiden vor; das wichtigste K.-Erz ist der **K.-Kies,** $CuFeS_2$. Gewinnung: Aus Roh-K. wird durch Raffinationsschmelze und anschließende Elektrolyse das **Elektrolyt-K.** mit 99,95 % K. gewonnen. Die bedeutendsten K.-Erz-Lagerstätten finden sich in den USA, Chile, Afrika, der GUS und in Kanada. K. wird in Form von Draht, Röhren und Blechen in der Ind. verwendet, bes. aber auch in Form seiner Legierungen. Die wichtigsten **Legierungen:** K. und Zinn ergeben Bronze; K. und Zink Messing und Tombak; K., Zinn und Zink Rotguss; K., Zink und Nickel Neusilber, Alpakasilber. Von seinen Verbindungen wird das **K.-Sulfat** (K.-Vitriol), $CuSO_4 \cdot 5\,H_2O$, zur galvan. Verkupferung, in galvan. Elementen sowie zur Bekämpfung von Schmarotzern (Peronospora) u. a. verwendet. K. war schon in vorgeschichtl. Zeit bekannt (→Bronzezeit).

Kupfer, Harry, dt. Opernregisseur, *1935; 1972 bis 1981 Operndirektor in Dresden, seit 1994 Operndirektor an der Kom. Oper in Berlin; bekannt durch unkonventionelle Inszenierungen, u. a. auch in Bayreuth und Salzburg.

Kupferglucke, Eichblatt, dickleibiger, brauner Nachtfalter, in Flügelruhestellung einer brütenden Henne (Glucke) oder einem dünnen Eichenblatt ähnlich.

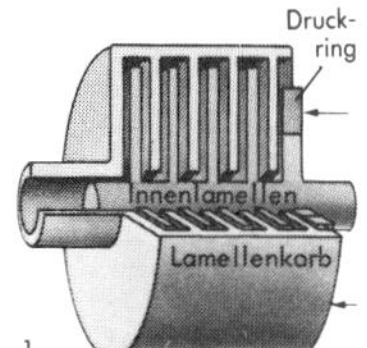

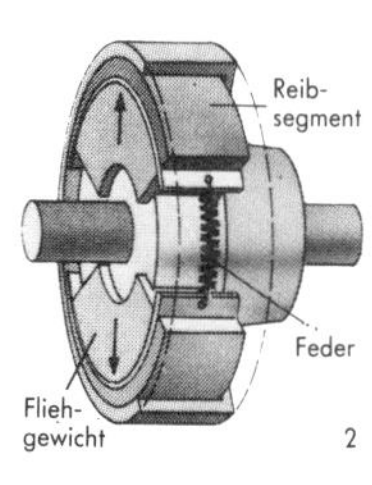

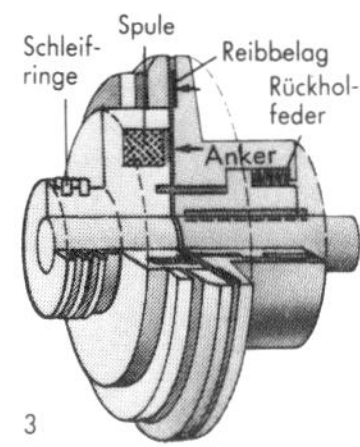

Kupplung
1 Lamellenkupplung
2 Fliehkraftkupplung
3 Rutschkupplung

Kupferschiefer, bituminöser schwarzer Mergelschiefer, der bis zu 3 % Kupfer enthält.

Kupferstich, Tiefdrucktechnik, bei der eine Zeichnung mit dem Grabstichel spiegelbildlich in eine Kupferplatte eingetieft wird. Die Platte wird dann eingefärbt und unter starkem Druck auf ein (feuchtes) Papier gepresst.

Kupieren, 1) Stutzen der Ohren oder des Schwanzes bei Hunden und Pferden; das K. der Ohren ist seit 1987 gesetzlich verboten. – **2)** bei Obstgehölzen das Kürzen der Triebe.

Kupolofen, Kuppelofen, ⚙ Schachtofen zum Umschmelzen von Roheisen zu Gusseisen.

Kupon [ku'pɔ̃:] *der,* →Coupon.

Kuppe, 1) rundl. Ende, z. B. Finger-K. – **2)** im Ggs. zum Gipfel der oberste rundlich geformte Teil eines Bergs.

Kuppel, ⌂ meist halbkugelförmiges Gewölbe über kreisrundem oder vieleckigem Auflager.

Kuppelei, ⚖ Förderung sexueller Handlungen durch oder an Personen unter 16 Jahren (Freiheitsstrafe bis zu 3 Jahren); eine erschwerte Form ist K. gegen Entgelt oder unter Ausnützung eines Autoritätsverhältnisses, auch bei Personen unter 18 Jahren (Freiheitsstrafe bis zu 5 Jahren; §§ 180 f. StGB).

Kupplung, ⚙ Maschinenteil zur Verbindung zweier, meist sich drehender Maschinenteile, z. B. Wellen. Arten: **feste K.,** z. B. Scheiben-K., Stirnzahn-K.; **längsbewegl. K.:** Klauen-K.; **querbewegl. K.:** Kugel-, Kreuzgelenk-K.; **Ausrück-,** meist **Reibungs-K.,** z. B. Scheiben-, Lamellen-K. bei Kraftwagen, Arbeitsmaschinen. Außerdem Schlauch-, Eisenbahn-K. usw.

Kur, Heilverfahren mit planmäßiger Anwendung spezifisch zusammengestellter Heilmittel, oft verbunden mit Orts- und Klimawechsel.

Kur [von küren], im MA. die Wahl, v. a. die Königswahl; auch Bezeichnung für Kurfürstentum, Kurfürstenwürde.

Kür, ⛷ Teil eines sportl. Wettkampfs, frei gewählte Übung.

Kura *die,* georg. **Mtkwari,** größter Fluss Transkaukasiens, 1 364 km, vom Armen. Hochland zum Kasp. Meer.

Kurare *das,* Alkaloidgemisch aus der Rinde verschiedener Strychnosarten und Mondsamengewächse; früher Pfeilgift südamerikan. Indianer; lähmt die Bewegungsnerven der Muskeln; heute zur Vertiefung der Muskelerschlaffung bei der Narkose verwendet.

Kürass *der,* Brustharnisch schwerer Reiter **(Kürassiere),** auch Brust- und Rückenpanzer **(Doppel-K.);** urspr. aus Leder, später Metall.

Kuratel *die,* ⚖ veraltet für Pflegschaft, Vormundschaft.

Kurator *der,* **1)** ⚖ Vormund, Pfleger; Treuhänder einer Stiftung u. a. – **2)** Aufsichtsbeamter des Staats an Hochschulen.

Kuratorium *das,* Aufsichtsgremium.

Kurbelwelle, ⚙ ein- oder mehrfach gekröpfte Welle, wird durch die Pleuelstange in Bewegung gesetzt.

Kürbis, Gattung der K.-Gewächse mit etwa 27 Arten; einjährige Kletter- oder Kriechgewächse aus dem wärmeren Amerika, mit gelben eingeschlechtigen Blüten; ihre bis zentnerschwere Beerenfrucht dient als Speise und Futter. Verschiedene K.-Formen dienen als Zierpflanzen. Vom verwandten **Flaschen-K.** in Afrika wird die Frucht ausgehöhlt und als Flasche verwendet.

Kurden, Volk mit einer iran. Sprache in Vorderasien, in einem zusammenhängenden Verbreitungsgebiet im Grenzbereich Türkei/Irak/Iran und N-Syrien, bes. am oberen Tigris (in **Kurdistan**); knapp die Hälfte wohnt im O der Türkei, etwa ein Drittel im Iran und ein Viertel im Irak; sesshafte Ackerbauern, auch Halbnomaden; Schätzungen über die Gesamtzahl schwanken zw. 12 und 26 Mio., 75 bis 80 % sind sunnit. Muslime, der Rest gehört zu meist extremeren Richtungen des schiit. Islams. – Trotz gemeinsamer Sprache, Gesch. und Kultur gelang es den K. nicht, einen eigenen Staat zu errichten. Im NW-Iran erstarkte während des 2. Weltkriegs unter sowjet. Besatzung (1941 bis 1946) die kurd. Nationalbewegung. Von Dez. 1945 bis Dez. 1946 bestand die »Kurd. Rep. Mahabad«, nach ihrer blutigen Niederschlagung entstand erst in den 80er-Jahren eine bedeutende kurd. Widerstandsbewegung im Iran. Im Irak kam es wegen kurd. Autonomiebestrebungen zu krieger. Auseinandersetzungen (v. a. 1961 bis 1970). Die Kämpfe griffen auch auf Syrien, Iran und die Türkei über. Nach Beendigung des 2. Golfkriegs (1991) flüchteten Hunderttausende K. vor den Repressalien Saddam Husains in die Berge Kurdistans sowie in die benachbarte Türkei und in den Iran; unter internat. Druck wurde in N-Irak eine Schutzzone für die kurd. Bev. errichtet. Das dort gewählte kurd. Regionalparlament rief im Okt. 1992 gegen den Willen Bagdads ein Bundesland Kurdistan als Teil eines föderativen Iraks aus. Seit 1991 gesteht die Türkei den K. wieder größere Rechte zu (v. a. offizieller Gebrauch ihrer Sprache). Allerdings verschärften sich seitdem die Kämpfe zw. türk. Truppen und der kurd. Guerillaorganisation PKK, die für einen unabhängigen K.-Staat im SO der Türkei kämpft. Ab Mai 1993 verstärkte die türk. Armee ihre Einsätze gegen die PKK.

Kürenberg, Der von K., dt. Minnesänger (um 1160), in der Manessischen Handschrift (Heidelberg, Universitätsbibliothek) genannt; das »Falkenlied« ist sein bekanntestes Werk.

Kürette *die,* ⚕ gynäkolog. Instrument zur Ausschabung.

Kurfürsten, im Hl. Röm. Reich (bis 1806): Fürsten, die für die Wahl (Kur) des dt. Königs ab dem Ende des 12. Jh. entscheidend waren (→Goldene Bulle). Sie waren seit dem 13. Jh. Inhaber der →Erzämter. Zu den K. zählten die Erzbischöfe von Mainz, Trier und Köln, der Pfalzgraf bei Rhein, der Herzog von Sachsen, der Markgraf von Brandenburg und der König von Böhmen. Die Kur des geächteten Pfalzgrafen bei Rhein wurde 1623 dem Herzog von Bayern übertragen, worauf 1648 für die Pfalz die 8. Kurwürde geschaffen wurde (bis 1777); 1692 wurde als 9. Kurwürde die für Braunschweig-Lüneburg (Hannover) eingerichtet (war nach der Vereinigung Bayerns mit der Kurpfalz 1777 dann die 8.). 1803 (Reichsdeputationshauptschluss) wurden die Kurstimmen von Trier und Köln aufgehoben, die Mainzer Kur auf Regensburg-Aschaffenburg übertragen. Neu geschaffen wurden die Kurfürstentümer Salzburg (1805 auf Würzburg übertragen), Württemberg, Baden und Hessen-Kassel.

Kurgan *der,* Bezeichnung für Grabhügel unterschiedl. Datierung in O-Europa und W-Sibirien.

Kurgan, westsibir. Stadt, Russland, 356 000 Ew.; 3 Hochschulen; Maschinenbau, Textilind.; Bahnknotenpunkt an der Transsibir. Eisenbahn, ✈.

Kurhessen, das 1803 bis 1807 und 1813 bis 1866 bestehende Kurfürstentum Hessen (Hptst. Kassel).

Kuriale *die,* Schrift der älteren Papsturkunden.

Kuri|e *die,* **1)** im antiken Rom ältestes Gliederungsprinzip der röm. Bürgerschaft in 30 Sippenverbände; später auch Bezeichnung für das Versammlungshaus des röm. Senats. – **2)** im Hl. Röm. Reich die auf Reichs- und Landtagen getrennt beratenden Vertreter der Reichs- bzw. Landstände. – **3)** →Römische Kurie.

Kurilen *Pl.,* Inselbogen mit über 30 vulkanreichen Inseln östlich von Asien, zw. Kamtschatka und Hokkaidō. Die K. kamen 1875 an Japan, 1945 zur UdSSR; gehören heute zum russ. Gebiet Sachalin; Japan fordert einige Inseln zurück.

Kurisches Haff, Strandsee im Gebiet der Memelmündung, vor der russ. und litauischen Küste, 1620 km², 3,8 m mittlere Tiefe, durch die 97 km lange **Kurische Nehrung** (Landstreifen mit Sanddünen) von der Ostsee getrennt.

Kurkume *die,* trop. Ingwergewächs; der Wurzelstock, **Gelber Ingwer,** liefert die wichtigsten Bestandteile des Gewürzes Curry, Farbstoff.

Kurland, histor. Landschaft in Lettland, zw. Ostsee, Rigaer Bucht und Düna; nach den westfinn. **Kuren** genannt. Hptst. Mitau. K. wurde im 13. Jh. vom Dt. Orden erobert, war seit 1561 ein Herzogtum der dt. Familien Kettler und Biron unter poln. Lehnshoheit; 1795 bis 1918 russ., 1918 zu Lettland.

Kurmark *die,* Hauptteil der ehem. Mark Brandenburg.

Kuros *der,* die nackte Jünglingsstatue der griech. archaischen Kunst.

Kurosawa, Akira, jap. Filmregisseur, *1910; »Rashomon« (1950), »Die sieben Samurai« (1953), »Uzala, der Kirgise« (1975), »Kagemusha« (1980), »Ran« (1985), »Rhapsodie im August« (1991); schrieb »So etwas wie eine Autobiographie« (1982).

Kuroshio [-ʃ-], warme, salzreiche Meeresströmung an der jap. Ostküste.

Kurpfalz →Pfalz.

Kurrentschrift, gewöhnl. Schreibschrift; Ggs.: Kanzleischrift und Kurzschrift.

Kurs *der,* **1)** ⚓ ✈ Winkel zw. der Längsachse eines Schiffs oder Luftfahrzeugs und der N-Richtung. – **2)** 🚂 Richtung und Reihenfolge der Züge (Kursbuch). – **3)** Umlauf einer Geldsorte. – **4)** Kursus, Lehrgang. – **5)** Börse: Preis für Wertpapiere, Devisen und vertretbare Waren.

Kürschner [von ahdt. kursina »Pelzrock«], Handwerker, der Pelzwerk verarbeitet.

Kürschner, Joseph, dt. Lexikograph, *1853, †1902; seit 1882 Leiter des »Allg. Dt. Literatur-Kalenders« (»Kürschners Dt. Literatur-Kalender«). – Den Namen K. führen versch. biograph. Nachschlagewerke.

Kursivschrift, nach rechts geneigte Druckschrift.

Kursk, Stadt in Russland, am Sejm, 434 000 Ew.; vier Hochschulen, Eisenerzlager, Hüttenwerke, Metall-, Kunstkautschuk-, Lederind.; bei K. Kernkraftwerk, Bahnknotenpunkt, ✈. – Erstmals 1095 erwähnt. Die **Schlacht im Kursker Bogen** 1943 war die größte Panzerschlacht der Gesch. und leitete den endgültigen dt. Rückzug ein.

Kursker Magnet|anomalie, größte Magnetanomalie der Erde, im Bereich der Mittelruss. Platte, 120 000 km², enthält neben hochwertigen Eisenerzen auch Bauxit und Kupfer-Nickel-Erze.

kursorisch, fortlaufend, ohne auf Einzelheiten einzugehen.

Kurswagen, 🚂 Reisezugwagen, der auf dem Weg vom Ausgangs- zum Bestimmungsbahnhof verschiedenen Zügen angehängt wird.

Kur|taxe, in Heil- und Kurbädern Gebühr für Kurgäste.

Kurtisane *die,* urspr. Hoffräulein, früher einflussreiche Geliebte bei Hof.

kurulische Ämter, im antiken Rom die Ämter der höheren (kurul.) Magistrate (Beamten): Konsuln, Prätoren, Zensoren, kurul. Ädilen.

Kur- und Heilbäder, Orte oder Ortsteile, in denen durch natürl. Gegebenheiten und zweckentsprechende therapeut. Einrichtungen bestimmte Krankheiten behandelt werden können oder deren Entstehung vorgebeugt wird. Die Bezeichnung **Kurort** und **Heilbad** ist behördlich zu genehmigen. – ÜBERSICHT S. 508–510

Kurve, 1) allg.: Krümmung, z. B. einer Straße. – **2)** √ gerade oder gekrümmte Linie, entweder in der Ebene **(ebene K.)** oder im Raum **(Raum-K.).** Ebene K. sind z. B. Gerade, Kreis, Parabel, eine Raum-K. ist z. B. die Schraubenlinie.

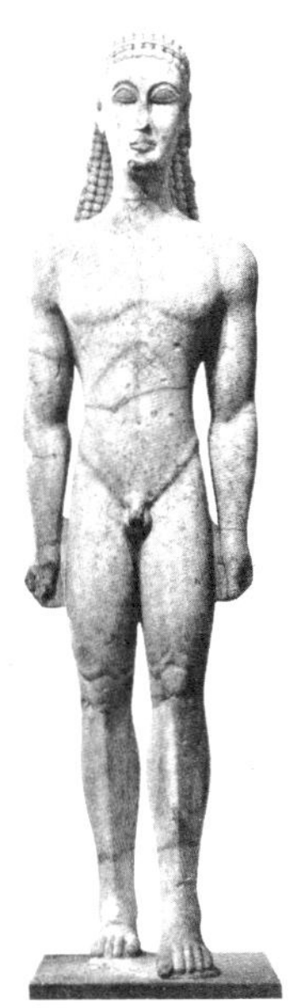

Kuros
aus Attika
(um 600 v. Chr.)
Höhe 1,93 m

Akira Kurosawa

Kur- und Heilbäder in Deutschland (Auswahl)
Heilanzeigen nach Erkrankungen folgender Organsysteme und Fachbereiche

	Herz und Kreislauf	Entzündl., rheumat. Erkrankungen	Bewegungsapparat	Magen, Darm, Leber, Galle, Stoffwechsel	Nieren und Harn abführende Wege	Nerven und psychosomat. Leiden	Haut	Atemwege
Baden-Württemberg								
Baden-Baden	○	○	○	–	–	○	–	○
Badenweiler	○	○	○	–	–	○	–	○
Bad Bellingen	○	○	○	–	–	–	–	–
Bad Boll	○	○	○	–	–	–	○	–
Bad Buchau	○	○	○	–	–	–	–	–
Bad Ditzenbach	○	–	–		○	○	–	–
Bad Dürrheim	○	○	○	–	–	–	–	○
Freiburg i. Br.	○	○	○	–	–	○	–	–
Bad Herrenalb	○	○	○	○	–	○	–	○
Hinterzarten	○	–	–	–	–	○	–	○
Isny i. Allgäu	○	○	○	–	–	○	–	○
Bad Krozingen	○	○	○	–	–	○	–	–
Bad Liebenzell	○	○	○	○	–	–	–	–
Bad Mergentheim	–	○	○	○	–	–	–	–
Bad Niedernau	○	○	○	–	–	○	–	–
Bad Peterstal-Griesbach	○	○	○	○	–	○	–	–
Bad Rappenau	–	○	○	–	–	–	○	○
Bad Rippoldsau	○	○	○	○	–	–	–	○
Bad Säckingen	○	○	○	–	–	–	–	–
Bad Schönborn	○	○	○	–	–	–	–	–
Schönmünzach-Schwarzenberg	○	○	○	○	–	–	–	–
Bad Schussenried	–	○	○	–	–	–	–	○
Schwäbisch Hall	–	○	○	–	–	–	–	–
Stuttgart-Bad Cannstatt	○	○	○	○	–	○	–	○
Bad Teinach-Zavelstein	○	○	○	–	○	–	–	–
Titisee	○	–	–	–	–	○	○	○
Todtmoos	○	–	–	–	–	–	–	○
Bad Überkingen	–	○	○	○	○	–	–	–
Bad Urach	○	○	○	–	–	○	–	–
Villingen	○	○	○	○	–	–	○	○
Wildbad	–	○	○	–	–	○	–	–
Bad Wimpfen	–	○	○	–	–	–	–	○
Bad Wurzach	–	○	○	–	○	–	–	–
Bayern								
Bad Abbach	–	○	○	–	–	○	○	–
Bad Aibling	–	○	○	–	○	–	–	–
Bad Alexandersbad	○	○	○	○	–	–	–	–
Bayrischzell	○	○	○	○	–	○	○	○
Berchtesgadener Land	○	○	–	○	–	○	○	○
Bad Berneck	○	○	–	○	–	○	–	○
Bodenmais	○	○	○	–	–	–	–	–
Bad Brückenau	○	○	○	○	○	–	–	–
Fischen i. Allgäu	○	–	–	○	–	○	–	○
Bad Füssing	–	○	○	–	–	–	–	–
Garmisch-Partenkirchen	○	○	○	–	–	○	○	○
Bad Griesbach	–	○	○	○	○	–	–	–
Bad Heilbrunn	○	○	○	–	–	–	–	○
Hindelang-Bad Oberdorf	○	○	–	–	–	○	–	○
Bad Kissingen	○	○	–	○	–	○	–	–
Kreuth	○	○	–	○	–	○	–	○
Murnau	–	○	○	○	○	○	○	–
Oberstaufen	○	○	○	○	–	○	○	○
Oberstdorf	○	–	–	○	–	○	○	○
Ottobeuren	○	–	○	○	–	○	–	○
Prien a. Chiemsee	○	–	○	○	–	○	–	–
Bad Reichenhall	○	○	○	–	–	○	○	○
Rottach-Egern	○	–	–	–	–	–	–	○
Scheidegg	○	–	○	○	–	○	○	○
Tegernsee	○	○	–	○	–	–	–	○
Bad Tölz	○	○	○	–	–	○	–	○
Bad Wiessee	○	○	○	–	–	–	○	○
Bad Wörishofen	○	–	○	○	○	○	–	○

Kur- und Heilbäder in Deutschland (Auswahl; Fortsetzung)
Heilanzeigen nach Erkrankungen folgender Organsysteme und Fachbereiche

	Herz und Kreislauf	Entzündl., rheumat. Erkrankungen	Bewegungsapparat	Magen, Darm, Leber, Galle, Stoffwechsel	Nieren und Harn abführende Wege	Nerven und psychosomat. Leiden	Haut	Atemwege
Brandenburg								
Bernau-Wandlitz	–	O	–	–	–	O	–	O
Bad Freienwalde	–	O	–	–	–	–	–	–
Himmelpfort	–	–	–	–	–	O	–	O
Bad Liebenwerda	–	O	–	O	–	–	–	–
Neufahrland	–	–	–	O	O	O	–	–
Wandlitz	–	O	–	–	–	–	–	–
Bad Wilsnack	–	O	–	O	–	–	–	–
Wolletz	–	O	–	–	–	–	–	–
Hessen								
Arolsen	–	O	O	O	–	–	–	–
Bad Emstal	–	O	O	–	–	O	O	–
Herbstein	–	O	O	O	O	–	–	–
Bad Hersfeld	–	O	O	O	–	–	O	–
Bad Homburg	O	O	O	O	–	–	O	–
Königstein i. Taunus	O	–	–	–	–	O	O	O
Bad Nauheim	O	O	O	–	–	–	O	O
Bad Orb	O	O	–	–	–	–	–	O
Schlangenbad	–	O	O	–	–	–	–	–
Bad Schwalbach	O	O	O	–	–	–	–	–
Bad Soden am Taunus	O	O	O	–	–	–	O	O
Bad Sooden-Allendorf	–	O	O	–	–	–	O	O
Bad Vilbel	O	O	–	–	–	–	–	–
Wiesbaden	–	O	O	O	–	–	–	O
Bad Wildungen	O	O	–	O	O	–	–	–
Bad Zwesten	–	–	–	O	O	–	–	–
Mecklenburg-Vorpommern								
Bad Doberan	–	O	O	–	–	–	–	–
Graal-Müritz	O	–	–	–	–	–	–	O
Heiligendamm	O	–	–	–	–	–	O	O
Heringsdorf	O	–	–	–	–	–	–	O
Bad Sülze	–	O	O	–	–	–	–	–
Zinnowitz	–	–	–	–	–	–	O	O
Niedersachsen								
Baltrum	O	–	O	–	–	–	O	O
Borkum	O	O	O	–	–	–	O	O
Cuxhaven	O	O	O	–	–	–	O	O
Bad Eilsen	O	O	O	–	–	–	–	O
Bad Harzburg	O	O	O	O	–	–	–	–
Horumersiel-Schilling	O	O	O	–	–	–	O	O
Juist	O	O	O	–	–	–	O	O
Langeoog	–	–	O	O	–	–	O	O
Lüneburg	–	O	O	–	–	–	O	–
Norderney	O	–	O	–	–	O	O	O
Bad Pyrmont	O	O	O	O	–	O	–	O
Soltau	–	O	O	–	–	–	O	O
Spiekeroog	O	–	–	–	–	–	O	O
Wangerooge	–	–	O	–	–	–	O	O
Bad Zwischenahn	–	O	O	–	–	–	–	–
Nordrhein-Westfalen								
Aachen	–	O	O	–	–	–	O	–
Bad Berleburg	O	O	O	O	O	–	–	O
Bad Driburg	O	O	O	O	–	–	–	–
Bad Münstereifel	O	O	–	O	–	O	–	–
Bad Oeynhausen	O	O	O	O	–	O	O	–
Porta Westfalica	O	O	O	O	–	O	–	–
Bad Salzuflen	O	O	O	–	–	O	O	O
Bad Sassendorf	O	O	O	–	–	–	–	O
Bad Waldliesborn	O	O	O	–	–	O	–	–

Kur- und Heilbäder in Deutschland (Auswahl; Fortsetzung)
Heilanzeigen nach Erkrankungen folgender Organsysteme und Fachbereiche

	Herz und Kreislauf	Entzündl., rheumat. Erkrankungen	Bewegungsapparat	Magen, Darm, Leber, Galle, Stoffwechsel	Nieren und Harn abführende Wege	Nerven und psychosomat. Leiden	Haut	Atemwege
Rheinland-Pfalz								
Bad Bergzabern	○	○	○	○	–	–	–	○
Blieskastel	○	○	○	○	○	○	–	○
Daun	○	–	○	○	○	○	–	○
Bad Dürkheim	–	○	○	○	–	○	–	○
Bad Ems	○	○	○	–	–	○	–	○
Bad Kreuznach	–	○	○	–	–	○	○	○
Lahnstein	○	○	○	○	○	–	–	–
Bad Marienberg	○	○	○	○	○	–	–	○
Bad Neuenahr	○	○	○	○	○	○	○	–
Bad Salzig	–	○	○	○	–	○	○	○
Sobernheim	○	○	○	○	○	–	○	○
Bad Wildstein	–	○	○	–	○	–	–	–
Sachsen								
Bad Brambach	○	○	○	–	–	–	–	–
Bad Elster	○	○	○	–	○	–	–	○
Bad Gottleuba	○	○	○	○	–	–	○	○
Bad Lausick	○	○	○	○	–	○	–	–
Bad Muskau	–	○	○	○	–	○	–	○
Bad Schandau	○	–	○	–	–	–	–	–
Warmbad	○	○	○	○	○	–	–	○
Wiesenbad	–	○	○	–	–	○	–	–
Sachsen-Anhalt								
Blankenburg	○	○	○	○	○	○	–	–
Bad Kösen	○	–	○	–	–	–	○	○
Bad Schmiedeberg	○	○	○	–	–	–	–	–
Schönebeck-Bad Salzelmen	○	–	○	○	–	○	○	○
Bad Suderode	○	–	○	–	–	–	–	○
Schleswig-Holstein								
Büsum	○	–	○	–	–	–	○	○
Burg auf Fehmarn	○	–	○	–	–	–	○	○
Dahme	○	–	○	–	–	–	○	○
Glücksburg	○	–	–	○	–	–	○	○
Heiligenhafen	○	–	○	–	–	–	○	○
Helgoland	○	–	○	–	–	–	○	○
Hohwacht	○	–	○	–	–	–	○	○
List auf Sylt	–	–	○	–	–	–	○	○
Malente-Gremsmühlen	○	–	○	–	–	○	–	○
Norddorf Amrum	–	–	○	–	–	–	○	○
Nordstrand	○	–	○	–	–	–	○	○
Pellworm	○	–	–	–	○	–	○	○
St. Peter-Ording	○	–	○	–	–	–	○	○
Scharbeutz-Haffkrug	○	–	○	–	–	–	○	○
Bad Schwartau	○	–	○	–	–	–	○	–
Bad Segeberg	○	–	○	–	–	–	○	–
Timmendorfer Strand	○	–	○	–	–	–	○	○
Travemünde	○	–	○	–	–	–	○	○
Wenningstedt/Sylt	○	–	○	–	–	–	○	○
Westerland/Sylt	○	–	○	–	–	–	○	○
Wittdün/Amrum	○	–	○	–	–	–	○	○
Wyk auf Föhr	○	–	○	–	–	–	○	○
Thüringen								
Bad Berka	○	–	–	○	–	–	–	–
Bad Colberg	–	○	○	–	–	–	–	–
Heiligenstadt	○	–	–	–	–	○	–	–
Bad Klosterlausnitz	–	–	○	–	–	–	–	–
Bad Langensalza	–	–	○	–	–	–	○	–
Bad Liebenstein	○	–	○	–	–	○	–	–
Bad Salzungen	○	–	○	–	–	○	○	○
Bad Sulza	–	–	○	–	–	–	○	○

Kurvengetriebe, ⚙ Getriebe, bei dem ein gleichförmig umlaufender Kurventräger (Scheibe, Zylinder) ein Eingriffsglied (Schieber, Hebel) in eine vorgeschriebene Bewegung versetzt.

Kur|verein zu Rhense, Vereinigung der Kurfürsten (ohne Böhmen) in Rhense (Rhens bei Koblenz) 1338 zur Abwehr der Ansprüche des Papsttums auf Bestätigung der dt. Königswahl.

Kurz|arbeit, verkürzte Arbeitszeit unter entsprechender Kürzung des Arbeitslohns; zur Vermeidung von Entlassungen aus betriebl. Gründen mit Genehmigung des Landesarbeitsamts möglich. Während der K. zahlt die Bundesanstalt für Arbeit (Nürnberg) **Kurzarbeitergeld,** für die ausgefallenen Arbeitsstunden muss der Arbeitgeber die Sozialabgaben für den Arbeitnehmer entrichten. Die Bezugsdauer für Kurzarbeitergeld beträgt maximal 24 Monate bei 60% (67% für Arbeitnehmer mit mindestens einem Kind) der Bezüge des entfallenen Arbeitsentgelts.

Kurzflügler, Käfer mit stummelhaften Flügeldecken; leben in Mist, Aas, Moder.

Kurzgeschichte, Lehnübersetzung des amerikan. Gattungsbegriffs Shortstory, mit diesem jedoch nicht deckungsgleich; kurze Erzählung zw. Novelle und Anekdote.

Kurzschluss, ⚡ Fehlverbindung von Leitern, die elektr. Spannung versch. Polarität führen. Es fließt dabei ein hoher Strom, der Anlagen oder Geräte gefährden kann und der die Sicherungen auslöst.

Kurzschrift, Stenografie *die,* Schnellschrift zur Beschleunigung des Schreibens, bes. zum Nachschreiben von Ansagen (Diktaten) oder Reden. 1924 wurde die **Einheits-K.** entwickelt, die noch heute gelehrt wird.

Kurzsichtigkeit, griech. **Myopie** *die,* ⚕ Brechungsfehler des Auges, lässt Fernes unscharf, Nahes scharf sehen.

Kurzstreckenlauf, Sprint *der,* Lauf über Strecken bis 400 m; gehört seit 1896 ununterbrochen zum olymp. Programm; auch eine Teildisziplin von Mehrkämpfen.

Kurzstreckenwaffen, Raketenwaffen mit einer Reichweite bis 500 km, die mit konventionellen oder atomaren Sprengköpfen bestückt sein können. 1993 schloß die USA den Abbau der landgestützten atomaren K. in Europa ab.

Kurz- und Mikrowellentherapie, ⚕ Anwendung von Kurzwellen zur Tiefendurchwärmung von Geweben und Körperteilen; bei rheumat. Leiden, Ischias, Gelenk-, Nebenhöhlenentzündungen u. a.

Kurzwellen, Abk. **KW, Dekameterwellen,** internat. Abk. **HF** [von **h**igh **f**requency], elektromagnet. Wellen mit einer Wellenlänge von 10 bis 100 m (Frequenzen von 30 bis 3 MHz); längere heißen Mittel-, Langwellen, kürzere **Ultra-K.** (1 bis 10 m), **Dezimeterwellen** (1 dm bis 1 m), **Zentimeterwellen** (1 bis 10 cm).

Kusenberg, Kurt, dt. Schriftsteller, *1904, †1983; grotesk fantast. Geschichten.

Kusmin, Michail Aleksejewitsch, russ. Schriftsteller, *1875, †1936; formal klar gebaute Poesie, surrealist. Anklänge.

Kusnezker Kohlenbecken, russ. Abk. **Kusbass,** das wichtigste Kohlenbergbaugebiet im asiat. Russland, in W-Sibirien.

Kusnezow, Anatolij Wassiljewitsch, russ. Schriftsteller, *1929, †1979; seit 1969 in Großbritannien, Romane »Babij Jar« (1966) u. a.

Küssnacht am Rigi, Sommerfrische im schweizer. Kt. Schwyz, 9300 Ew.; am NO-Arm des Vierwaldstätter Sees, Fremdenverkehr; in der Nähe die **Hohle Gasse** (Tell-Sage).

Kustanaj, Stadt in Kasachstan, 224000 Ew.; Eisenbahnknoten, Industrieschwerpunkt.

Küste, Gestade, der an das Meer grenzende Streifen eines Lands: **Flach-K.** mit K.-Wällen oder Nehrungen, Dünen, Lagunen. **Steil-K.** mit Kliffen, Klippen usw.; Abtragungs- und Anschwemmungs-K., Fjord-, Förden-, Bodden-K. Der K.-Teil **Strand** bleibt je nach Flut und Ebbe bespült oder trocken.

Küste. Steilküste; Kliff mit Brandungsplatte in schräg gestellten Schichten bei Saint-Jean-de-Luz, SW-Frankreich

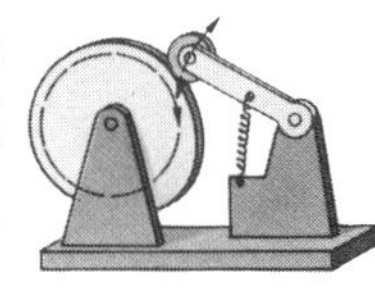
Kurvengetriebe)

Küstenkanal, Schifffahrtskanal in Ndsachs., zw. Ems und Weser, 70 km lang.

Küstenmeer, Küstengewässer, Teil des Meers, der zum Hoheitsbereich des Küstenstaats gehört (→ Dreimeilenzone) mit Luftraum, Meeresgrund und -untergrund.

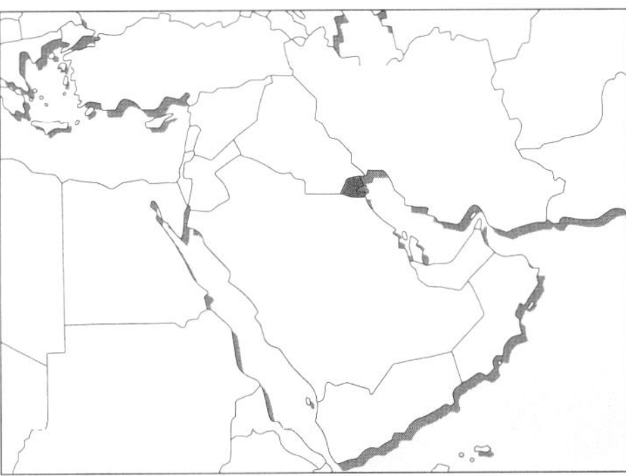

Küstenschifffahrt, Schifffahrtsverkehr zw. Seehäfen desselben Staats; meist den Schiffen des Küstenstaats vorbehalten.

Kustos [lat. »Hüter«] *der,* **1)** wiss. Sachbearbeiter an Bibliotheken, Museen. – **2)** im Dom- oder Stiftskapitel der Kapitular, dem die Aufsicht über Gottesdienst und kirchl. Geräte übertragen ist.

Küstrin, poln. **Kostrzyn** [ˈkɔstʃin], Stadt an der Mündung der Warthe in die Oder, Polen, 16000 Ew.; Eisenbahnknoten, Hafen. – K., erstmals 1232 erwähnt, war mehrfach als Festung ausgebaut. Am dt. Oderufer der ehem. Stadtteil Kietz, Gemeinde in Bbg. (seit 1991 **K.-Kietz**).

Kutaissi, georg. Stadt am Rioni, 235000 Ew.; Textil-, Nahrungsmittelindustrie.

kutan, die Haut betreffend.

Kutikula, Cuticula [lat. »Häutchen«] *die,* für Gase und Wasser kaum durchlässige Substanz aus dem korkähnl. **Kutin,** Schutz der pflanzl. und tier. Oberhaut.

Kutte, langer Mönchsrock mit Kapuze.

Kuwait

Staatswappen

Staatsflagge

KWT

Internationales Kfz-Kennzeichen

Kykladen-Kultur Weibliches Idol (Marmor, Höhe 43 cm, etwa 2400 v. Chr.)

Kutter, ⚓ **1)** Segelschiff mit einmastiger Gaffeltakelage. – **2)** – kleineres Fischereifahrzeug.

Kutusow, Michail Illarionowitsch, Fürst, russ. Feldmarschall, * 1745, † 1813; 1805 und 1812 Oberbefehlshaber gegen Napoleon I.

Kuvert [ku've:r] *das,* **1)** Briefumschlag. – **2)** Gedeck auf dem Esstisch.

Küvette *die,* Glasgefäß zur opt. Untersuchung von Lösungen chem. Substanzen.

Kuwait, Kowait, Staat (Emirat) am Pers. Golf, 17 818 km², 1,97 Mio. Ew. (darunter bis Aug. 1990 etwa 60 % Ausländer); Hptst. Kuwait (168 000 Ew.); 5 moderne Häfen, darunter 4 Erdölexporthäfen, seit 1946 Erdölproduktion. – K. war 1899 bis 1961 brit. Protektorat, wurde im Aug. 1990 von irak. Truppen besetzt; von einer internat. Streitmacht im 2. Golfkrieg (17. 1. bis 28. 2. 1991) befreit. Staatsoberhaupt: Emir Jabir al-Achmad al Sabbah (seit 1978).

Kux *der,* Gesellschaftsanteil an einer bergrechtl. Gewerkschaft. Die Inhaber (Gewerken) sind verpflichtet, im Notfall eine von der Gewerkenversammlung beschlossene Zubuße zu leisten.

kV, Einheitenzeichen für **K**ilo**v**olt. 1 kV = 1000 V (→ Volt).

KV, Abk. für → **K**öchel**v**erzeichnis.

KVAE, Abk. für **K**onferenz über **v**ertrauens- und sicherheitsbildende Maßnahmen und **A**brüstung in **E**uropa, 1984 bis 1986 tagende Sicherheits- und Abrüstungskonferenz aller Staaten der → KSZE. Seit 1989 verhandeln die KVAE-Staaten in Wien.

Kvarner, ital. **Quarnero,** Golf des Adriat. Meers zw. Istrien und Kroatien, mit den **Kvarner. Inseln.**

kW, Einheitenzeichen für **K**ilo**w**att. 1 kW = 1000 W (→ Watt).

KwaNdebele, ehem. Homeland in der Rep. Südafrika, 1994 in die Prov. Ost-Transvaal integriert.

Kwanza *der,* Abk. **Kz,** Währungseinheit in Angola, 1 K. = 100 Lwei.

Kwass, *der,* gegorenes Getränk aus Roggenbrot und Früchten.

KwaZulu [-'zu:lu:], ehem. Homeland der Zulu in der Rep. Südafrika, 1994 in die Prov. K./Natal integriert.

Kyat ['ki:ɑ:t] *der,* **Keiat,** Währungseinheit in Birma (Myanmar), 1 K. = 100 Pyas.

Kybele, aus Kleinasien stammende Mutter- und Vegetationsgöttin, bei den Griechen mit Rhea gleichgesetzt, 204 v. Chr. als Idäische Mutter in Rom eingeführt.

Kybernetik *die,* Wiss., die sich mit den Gesetzmäßigkeiten der Steuerung, der Regelung und Rückkopplung der Informationsübertragung und -verarbeitung in Maschinen, Organismen und Gemeinschaften beschäftigt sowie die Theorie und Technik der Informationsverarbeitungssysteme untersucht.

Kykladenkultur. Links: Violinidol, gefunden auf Despotiko; Marmor, Höhe 12 cm (zw. 3200 und 2700 v. Chr.) Rechts: Griffschale, Kykladenpfanne, mit eingeritztem und eingestempeltem Dekor; Terrakotta, Höhe 28 cm (zw. 2700 und 2400 v. Chr.; beide Athen, Archäologisches Nationalmuseum)

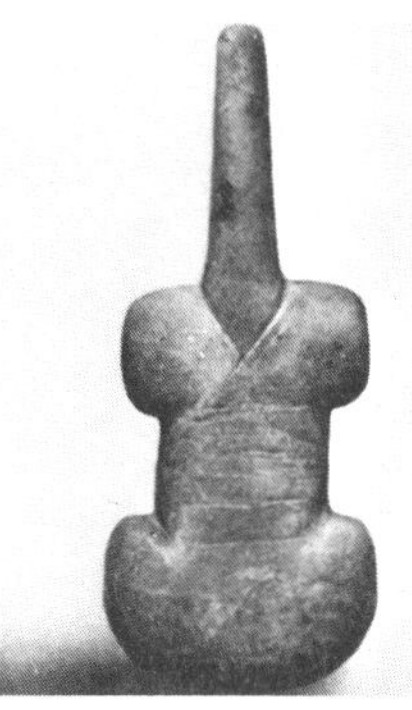

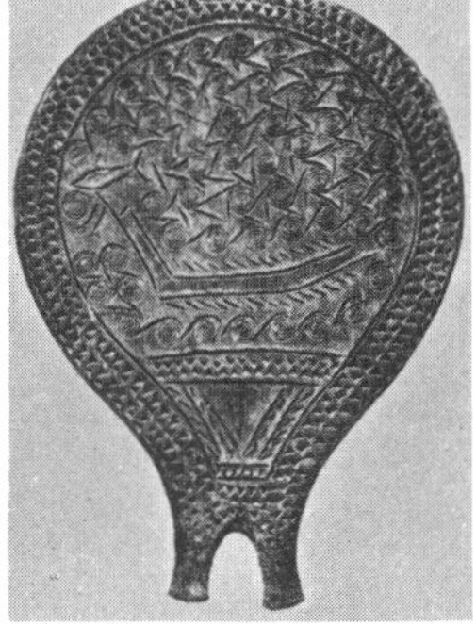

Kyffhäuser ['kɪf-] *der,* Waldgebirge südlich des Unterharzes, Thür., 477 m hoch; mit der Ruine der Burg Kyffhausen, dem K.-Denkmal und der Barbarossahöhle.

Kyffhäuserbund e. V. ['kɪf-], Verband ehem. Soldaten, neugegr. 1951.

Kykladen, griech. Inselgruppe im südl. Ägäischen Meer, darunter Andros, Naxos, Milos; Hptst. Ermupolis auf Syros. – Aus der bronzezeitl. **K.-Kultur** (etwa 3200 bis 2000 v. Chr.) stammen zahlreiche **K.-Idole** (Grabbeigaben). Hohe Kunstfertigkeit bezeugen Gefäße (Schälchen, Becher) aus Ton und Marmor, gearbeitet mit Metallwerkzeugen; sowie Muschelketten.

Kyklop [griech. »Rundäugiger«] *der,* griech. Sage: einäugiger Riese, u. a. → Polyphem.

Kymren, kelt. Bewohner von Wales.

Kynast ['ki:-] *der,* poln. **Chojnik** ['xɔjnik], Berg und Burgruine im Vorland des Riesengebirges, Polen, 588 m hoch.

Kyniker, Bezeichnung für die Vertreter der griech. Philosophenschule des **Kynismus,** begründet von dem Sokratesschüler Antisthenes, dem Diogenes von Sinope, Krates u. a. folgten; vertraten das Ideal der Bedürfnislosigkeit bis zur Verachtung aller Sitte; danach Zynismus (→ Zyniker).

Kynologie *die,* Lehre von Zucht, Dressur und Krankheiten der Hunde.

Kynos|kephalai [griech. »Hundsköpfe«], Berg und Hügelland in Thessalien, Griechenland. Bei K. erlitt 197 v. Chr. Philipp V. von Makedonien eine Niederlage gegen die Römer.

Kyōto, Kioto, jap. Stadt auf Honshū, 1,48 Mio. Ew., Verw.-Sitz der Präfektur K.; 15 Univ., Standort der Elektro- und Elektronikindustrie. – K. war seit etwa 800 bis 1869 Residenz der jap. Kaiser; Hauptzentrum der jap. Kultur.

Kyrenaische Schule, von dem Sokratesschüler Aristippos in Kyrene gegr. Philosophenschule, vertrat in sophist. Form den Hedonismus.

Kyrene, in der Antike Hptst. der Cyrenaica, im 7. Jh. v. Chr. von Griechen gegr. Die Ruinen von K. (heute Libyen) gehören zum Weltkulturerbe.

Kyri|e eleison [griech. »Herr, erbarme dich!«], urspr. ein hellenist. Huldigungsruf an einen Herrscher oder eine Gottheit; wurde im christl. Gottesdienst zum Gemeinderuf an Christus.

kyrillische Schrift, Kyrilliza [nach Kyrillos], aus den griech. großen Buchstaben umgebildete altslaw. Schrift. In modernisierter Form wird die k. S. heute im Russischen, Ukrainischen, Serbischen und Bulgarischen verwendet.

Kyrillos und Methodios, 2 Brüder, Apostel der Slawen, Heilige (Tag: 14. 2.); K. († 869) gilt als Erfinder der ältesten slaw. Schrift.

Kyros, lat. **Cyrus, 1) K. II., d. Gr.,** Gründer des Pers. Reichs, † 529 v. Chr.; befreite Persien von den Medern, eroberte Medien, Lydien, Babylon. – **2) K. d. J.,** empörte sich gegen seinen Bruder Artaxerxes, fiel 401 v. Chr. bei Kunaxa.

Kysylkum [türk. »roter Sand«] *die,* Sandwüste in Usbekistan und Kasachstan, südöstl. des Aralsees, etwa 300 000 km²; Erdgas- und Goldgewinnung.

Kythera, ital. **Cerigo,** griech. Insel südl. der Peloponnes, 278 km²; gebirgig.

Kyudo, jap. zeremonielles Bogenschießen, eine Kunst der Selbstversenkung. K. wird auch sportlich betrieben.

Kyūshū, drittgrößte Insel Japans, 42 080 km², 13,31 Mio. Ew.; vulkanisch.

KZ, Abk. für → **K**on**z**entrationslager.

L

l, L, **1)** Konsonant, 12. Buchstabe des dt. Alphabets. – **2)** röm. Zahlzeichen: L = 50. – **3)** Währungszeichen: **£** oder **L** für Pfund; **L** für Lira und **l** für Leu. – **4)** l = Liter.

La, chem. Symbol für das Element Lanthan.

Laacher See, See in der O-Eifel, Rheinl.-Pf., im Explosionskrater eines vor etwa 11 000 Jahren erloschenen Vulkans, 275 m ü. M., 3,32 km², bis 53 m tief, Naturschutzgebiet; an seinem Ufer die Benediktinerabtei →Maria Laach.

Laatzen, Stadt in Ndsachs., 37 200 Ew.; Maschinen-, Fahrzeugbau, Elektroindustrie.

Lab *das,* Protein spaltendes Enzym aus dem Labmagen saugender Kälber; in der Käserei als Gerinnungsenzym zur Fällung des Kaseins verwendet.

Laban, im A. T. Vater von Lea und Rahel, Schwiegervater Jakobs.

Labarum *das,* spätröm. Kaiserstandarte, Konstantin d. Gr. brachte auf ihm das Christusmonogramm an.

Labé, Louise, frz. Dichterin, * um 1526, † 1566; Liebessonette, dt. v. Rilke.

Labenwolf, Pankraz, dt. Erzgießer, * 1492, † 1563; Schüler P. Vischers, schuf den Rathausbrunnen in Nürnberg.

Labial *der,* mit den Lippen artikulierter Laut.

Labiaten, die →Lippenblütler.

labil, schwankend, unbeständig.

Labkraut, Gattung der Rötegewächse mit rd. 400 Arten, darunter das Echte L., das Klebkraut und der Waldmeister.

Labmagen, letzter Magenabschnitt der Wiederkäuer.

Laboratorium *das,* **Labor,** Arbeitsstätte für naturwiss. oder techn. Arbeiten. **Laborant,** Mitarbeiter im L., Ausbildungsberuf.

Labour Party [ˈleɪbə ˈpɑːtɪ], brit. Arbeiterpartei; gegr. 1900, nahm 1906 den Namen L. P. an. Sie ist eng mit der Gewerkschaftsbewegung verbunden und bildete 1924, 1929 bis 1931, 1945 bis 1951, 1964 bis 1970, 1974 bis 1979 und seit 1997 allein die Regierung. Parteiführer u. a.: J. R. Macdonald, C. R. Attlee, H. Wilson, J. Callaghan, N. Kinnock, T. Blair (seit 1994). 1981 spaltete sich von der L. P. die »Social Democratic Party« ab, die sich 1990 selbst auflöste.

Labrador *der,* **Labradorit,** Kalknatron-Feldspat; metallisch schillernder Schmuckstein.

Labrador, Halbinsel im O Kanadas, zw. Hudsonbai und Atlant. Ozean, 1,4 Mio. km², flachwelliges, seenreiches Hochland mit steiler Felsküste, im NO Fjorde. L. hat kaltes, raues Klima; Abbau reicher Eisenerzlager, Wasserkraft- und Waldnutzung, Fischfang. – L. wurde um 1000 von Leif Eriksson entdeckt, 1497 von G. und S. Caboto erreicht.

Labradorstrom, kalte, N-S-gerichtete Meeresströmung vor der O-Küste von Labrador.

Labskaus *das,* seemänn. Eintopfgericht.

Labyrinth *das,* **1)** Irrgarten; berühmt das L. auf Kreta (→Ariadne). – **2)** Innenohr der Wirbeltiere.

Labyrinthfische, in tropischen Gewässern lebende Unterordnung der Barschartigen Fische mit zwei in Schädelhöhlen liegenden Labyrinthorganen zur zusätzl. Luftatmung. Zu den L. gehören u. a. der Kletterfisch, der Großflosser und der Gurami.

La Chaux-de-Fonds [laʃoˈdfɔ̃], Stadt im schweizer. Kt. Neuenburg, 37 200 Ew.; Uhrenindustrie.

Lachgas, Distickstoffmonoxid, N_2O; geruchloses ungiftiges Gas; Narkosemittel.

Lachmann, Karl, dt. Altphilologe, Germanist, * 1793, † 1851; einer der Begründer der philolog. Textkritik. Übertrug die textkrit. Prinzipien und Methoden der klass. Philologie auf mhdt. Texte, die er erstmals in bis heute gültigen Ausgaben (u. a. Walther von der Vogelweide) edierte.

Lachs *der,* **Salm,** bis 1,5 m langer und bis 35 kg schwerer Raubfisch, mit einer Fettflosse, lebt in nördl. Meeren sowie in Flüssen N- und Mitteleuropas und des nordöstl. Nordamerika. Färbung unterschiedlich. Der L. wandert zum Laichen die Flüsse aufwärts. Die Jungen wandern nach 1 bis 5 Jahren Aufenthalt im Süßwasser ins Meer; wertvoller Speisefisch.

Lachtaube, kleine, graugelbe Taube mit schwarzem Nackenband; in NO-Afrika, SW-Arabien.

Lackarbeiten, mit Lacküberzug versehene Gegenstände, bes. Möbel, Kästchen u. a., meist aus Holz, auch aus Metall oder Ton; in China erfunden, in Japan sehr gepflegt. Im 17. Jh. kamen erste L. nach Europa und wurden mit fernöstl. Motiven imitiert.

Lacke, Anstrichstoffe bes. Güte; echte oder kolloidale Lösungen von festen Stoffen in flüchtigen Lösungsmitteln, die nach dem Auftragen und Trocknen einen geschlossenen, auf der Unterlage haftenden Film bilden. Pigmentierter L. wird als **Lackfarbe** bezeichnet, farbloser L. als **Klarlack.**

Lackmus *das,* ☋ Farbstoff aus Flechtenarten; als Indikator (Anzeiger) für Säuren (Rotfärbung) und Basen (Blaufärbung) in Form von **L.-Papier** oder **L.-Tinktur.**

Laclos [laˈklo], Pierre Ambroise François **Choderlos de,** frz. Schriftsteller, * 1741, † 1803; Briefroman »Gefährl. Liebschaften«, 1782.

La Coruña [lakoˈruɲa], span. Hafenstadt, 245 500 Ew.; Industriestandort; ⚓.

Lacq [lak], frz. Gemeinde im Pyrenäenvorland, 660 Ew.; größtes Erdgaslager Frankreichs, petrochem. Industrie.

Lacrimae Christi [lat. »Tränen Christi«], Bezeichnung für versch. ital. Weine unterschiedl. Herkunft und Qualität.

Lacrosse [laˈkrɔs], ⚽ dem Hockey, Tennis und Eishockey verwandtes Mannschaftsspiel auf Tore, bei dem 2 Mannschaften einen Ball mit Netzschlägern (Rackets) fangen und schlagen.

Labkraut. Links: Echtes Labkraut. Rechts: Waldmeister

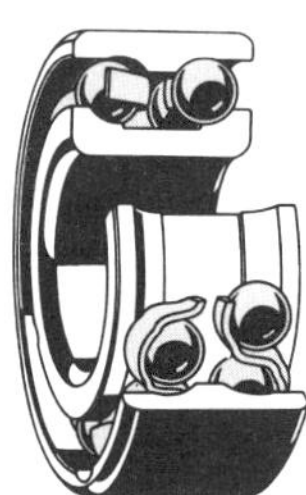

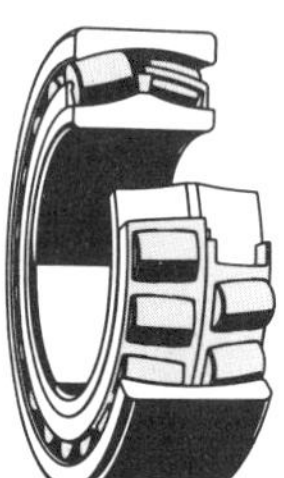

Lager
Kugel- und Rollenlager (von oben)

Oskar Lafontaine

Jean de La Fontaine
Zeitgenössisches Porträt

Lagos
Stadtwappen

Lactasen, Laktasen, ⚗ Enzyme, die Milchzucker in Traubenzucker und Galaktose spalten.

Lactate, Laktate, ⚗ Salze und Ester der Milchsäure.

Lactoflavin, Laktoflavin *das,* ⚗ veraltet für Riboflavin, Vitamin B_2.

Lactose, Laktose *die,* → Milchzucker.

Ladakh, Gebirgslandschaft in Kaschmir; der größere Teil gehört zu Indien, der kleinere NW-Teil (Baltistan) zu Pakistan. Im NO wurde 1962 ein Streifen von China okkupiert.

Ladebaum, ⚓ kranähnliche Fördereinrichtung (Hebezeug) auf Schiffen.

Laden, 🖳 Eingabe eines Programms in einen Computerarbeitsspeicher.

Ladenburg, Stadt am unteren Neckar, Bad.-Württ., 11 800 Ew.; Max-Planck-Institut für Zellbiologie; chem., Elektronikind. – Stadtähnl. Siedlung seit dem 1. Jh. n. Chr. (**Lopodunum;** röm. Mauerreste erhalten), in fränk. Zeit Hauptort des Lobdengaus, später Nebenresidenz der Bischöfe von Worms (Bischofshof 12. bis 17. Jh.).

Ladenpreis, Verkaufspreis einer Ware im Einzelhandel.

Ladiner, rätoroman. Bewohner in den Dolomiten, v. a. in den Tälern Südtirols.

Ladino, 1) *der,* Mischling zw. Weißem und Indianer in Mexiko und Mittelamerika. – **2)** *das,* jüdisch-span. Sprache **(Spaniolisch).**

Ladogasee, mit 18 135 km² (einschließlich der etwa 660 Inseln) größter See Europas, in Russland, bis 230 m tief; Abfluss: die Newa zum Finn. Meerbusen. Durch Kanäle mit der Wolga, Dwina und dem Weißen Meer verbunden.

Ladung, 1) Nutzlast eines Fahrzeugs. – **2)** ⚡ → Elektrizität, → Elementarladung. – **3)** bei Schusswaffen die als Treibmittel für das Geschoss erforderl. Pulvermenge. – **4)** ⚖ Aufforderung, zu einem gerichtl. Verhandlungstermin zu erscheinen. **L.-Frist,** Zeitraum zw. Zustellung der L. und Termin: im Anwaltsprozess mindestens 1 Woche, sonst 3 Tage, in Mess- und Marktsachen mindestens 24 Stunden.

Lady [ˈleɪdɪ] *die,* **1)** in Großbritannien Titel der Gattin eines Peers sowie der Peeress im eigenen Recht; auch Anrede für die Töchter der meisten Peers und die Frauen der Inhaber hoher Staatsämter. – **2)** angloamerikan. Bezeichnung für Dame.

Laertes, Vater des Odysseus.

La Fayette, Lafayette [lafaˈjɛt], **1)** Marie Joseph **Motier,** Marquis de, frz. General und Politiker, * 1757, † 1834; nahm 1777 am Nordamerikan. Unabhängigkeitskrieg teil; beeinflusst von nordamerikan. Verfassungsprinzipien, reichte er 1789 in der Pariser Nationalversammlung den bedeutendsten Entwurf zur Erklärung der Menschen- und Bürgerrechte ein; war 1789 bis 1792 und 1830 Führer der Pariser Nationalgarde; 1830 unterstützte er die Thronbesteigung Louis Philippes, ging aber später in die Opposition. – **2)** Marie-Madeleine Comtesse de, frz. Schriftstellerin, getauft 1634, † 1693. Ihr Roman »Die Prinzessin von Cleve« (1678) gilt als erster klass. frz. Roman und zugleich als Vorläufer des psycholog. Romans.

Lafette *die,* ⚔ Teil des Geschützes, der als Rohrauflage und Schießgestell, auch als Fahrgestell dient.

Lafontaine [lafɔnˈtɛn], Oskar, dt. Politiker (SPD), * 1943; seit 1985 Min.-Präs. des Saarlands; seit November 1995 Vors. der SPD.

La Fontaine [lafɔ̃ˈtɛn], Jean de, frz. Dichter, * 1621, † 1695; berühmt durch seine u. a. auf Äsop zurückgehenden Fabeln (in Versen).

Lagasch, altoriental. Stadt, heute Ruinenhügel **El-Hiba** (S-Irak); Könige der altsumer. Dynastie von L. beherrschten 2500/2400 v. Chr. Babylonien.

Lage, 1) 𝄞 Ausschnitt der Töne innerhalb eines Tonvorrats: hohe, mittlere, tiefe L.; in der Harmonielehre die Stellung der Töne eines Stammakkords; bei Streich- und Zupfinstrumenten die Spiel-L. der linken Hand. – **2)** 🌐 Bestimmung eines Orts nach geograph. Länge und Breite, großräuml. Verkehrslage **(geograph. L.)** oder kleinräuml. Besonderheiten **(topograph. L.).**

Lagenschwimmen, Wettbewerb, bei dem der Teilnehmer nach einem bestimmten Teil der Strecke in eine andere Stilart (**Lage;** Schmetterlings-, Rücken-, Brust- und Kraulschwimmen) wechselt.

Lager, 1) ⚔ behelfsmäßige Truppenunterkunft in Zelten, Hütten oder Baracken. – **2)** geschlossene Unterbringung von Personengruppen aus polit., militär. und Wohlfahrtsgründen (Flüchtlings-, Auffang-, Kriegsgefangenen-, Internierten-, Verschleppten-L.; → Konzentrationslager). – **3)** ⚙ Maschinenteil zum Tragen **(Trag-L.)** oder Stützen **(Stütz-L.)** von Wellen und Zapfen. **Gleit-L.** bestehen meist aus zweiteiligem Gussgehäuse mit **L.-Schalen** aus Grauguss, Bronze, Rotguss, auch mit L.-Metall (Weißmetall) ausgegossen, oft mit Kunststoff. Reibung zw. L.-Schale und Welle muss durch Ölfilm vermieden werden. Geringere Reibung besitzen **Wälz-L.** (Kugel- und Rollen-L.: z. B. Zylinderrollen-L., Pendelkugel-L.). Die gehärteten Wälzkörper (Kugeln, Rollen) laufen zw. gehärtetem Innen- und Außenring und werden durch Käfige geführt. **Nadel-L.** können unmittelbar zw. Welle und Gehäuse oder Nabe laufen. L. für Schiebebewegungen werden als **Führungen** bezeichnet. – **4)** in der Betriebswirtschaftslehre Bezeichnung für 1) den Ort der Verwaltung der zur Betriebsführung erforderl. Bestände an Waren; 2) die eingelagerten Gegenstände (→ Lagergeschäft); 3) die mit der Lagerung befasste Betriebsabteilung.

Lagerfeld, Karl, dt. Modeschöpfer, * 1938; machte als Stylist für zahlreiche europ. Modehäuser, u. a. Chanel, die Konfektion parallel zur Haute Couture gesellschaftsfähig.

Lagergeschäft, gewerbsmäßige Lagerung und Aufbewahrung fremder Güter durch den **Lagerhalter** (§§ 416 ff. HGB). Gegenleistung ist das **Lagergeld.** Empfang des Gutes und Verpflichtung zur Aushändigung bestätigt der **Lagerschein.**

Lagerkvist, Pär Fabian, schwed. Schriftsteller, * 1891, † 1974; Nobelpreis für Literatur 1951; Roman: »Barabbas« (1951).

Lagerlöf, Selma, schwed. Schriftstellerin, * 1858, † 1940; eine der Hauptvertreterinnen der schwed. Neuromantik; Romane, Geschichten: »Gösta Berling« (1891), »Wunderbare Reise des kleinen Nils Holgersson mit den Wildgänsen« (1906/07); Nobelpreis für Literatur 1909.

Lagerpflanzen → Thallophyten.

Lago Maggiore [-madˈdʒoːre], **Langensee,** oberital. See, am Südfuß der Alpen, 194 m ü. M., 212 km², bis 372 m tief, vom Tessin durchflossen.

Lagos [ˈlaːgɔs], 1954 bis 1991 Hptst. von Nigeria, an einer Lagune der Bucht von Benin und auf 3 Inseln, 1,4 Mio. Ew. (Agglomeration 5 Mio. Ew.); Univ., Haupthafen des Landes, Eisenbahnlinie, Ind., internat. ✈.

Lagrange [laˈgrɑ̃ʒ], Joseph Louis de, eigentl. Giuseppe Ludovico **Lagrangia,** frz. Mathematiker ital. Herkunft, * 1736, † 1813; begründete die Variationsrechnung und theoret. Mechanik.

Lagting *das,* die 2. Kammer des norweg. Parlaments.

Lagune *die,* **1)** durch ein Riff oder eine Nehrung vom offenen Meer abgetrennter Brackwasserbereich. – **2)** die von Korallenriffen geschützte Wasserfläche im Innern eines Atolls.

La Harpe, Laharpe [laˈarp], Frédéric César de, schweizer. Politiker, * 1754, † 1838; Erzieher des russ. Kaisers Alexander I.; als Anhänger der Frz. Revolution Mitbegründer der Helvet. Rep. (1798).

Lähmung, ⚕ eingeschränkte Fähigkeit (Parese) oder vollständige Unfähigkeit (Paralyse), einen Muskel oder eine Muskelgruppe zu bewegen. Ursache: krankhafter Zustand von Gehirn, Rückenmark, Nerven, Muskeln. Nach der Ausbreitung einer L. unterscheidet man zw. **Monoplegie** (Monoparese; eine Gliedmaße betroffen), **Diplegie** (doppelseitige L.) und **Tetraplegie** (alle vier Gliedmaßen betroffen); **Hemiplegie** ist die L. einer Körperhälfte.

Lahn *die,* rechter Nebenfluss des Rheins in Hessen und Rheinl.-Pf., entspringt im Rothaargebirge, mündet bei Lahnstein; 245 km lang.

Lahnstein, Stadt beiderseits der Mündung der Lahn in den Rhein, Rheinl.-Pf., 18900 Ew., 1969 gebildet aus Ober- und Nieder-L.; in der Nähe Burg **Lahneck,** gegenüber Burg **Stolzenfels.**

Lahnung, auf dem Watt niedriger Damm aus Strauchwerk, das zw. 2 Pfahlreihen fest eingepackt wird. Mehrere netzartig angelegte Dämme dienen zur Landgewinnung.

Lahore [lə'ho:], Hptst. der Prov. Punjab, Pakistan, am linken Raviufer im Pandschab, 3,15 Mio. Ew.; Univ., TH, Kernforschungszentrum, kultureller und wirtschaftl. Mittelpunkt von N-Pakistan; internat. ✈.

Lahr (Schwarzwald), Krst. im Ortenaukreis, Bad.-Württ., 42000 Ew.; u.a. Maschinen- und Apparatebau, Tabakind., Verlage.

Lahti ['lahti], Stadt in S-Finnland, am Paijännesee, 94700 Ew.; stärkster Rundfunksender Finnlands, Möbelind., Fremdenverkehr, Skisprungschanze.

Laib, Conrad, dt. Maler, *Ende des 14. Jh. oder Anfang des 15. Jh.; war um 1440 bis 1460 in Salzburg tätig, überwand in seiner »Kreuzigung« (1449) das Schönlinige des Weichen Stils zugunsten eines neuen Realismus.

Laibung, Leibung, ⌂ innere Fläche der Maueröffnung bei Bogen, Fenstern, Türen.

Laich *der,* ♡ die ins Wasser abgelegten und von einer gallertigen Hülle umgebenen Eier der Fische, Frösche und Schnecken.

Lama

Laichkraut, artenreiche einkeimblättrige Wasserpflanzengattung.

Laie [von griech. laos »Volk«], **1)** Nichtfachmann, Ungelernter. – **2)** Nichtgeistlicher. **L.-Apostolat,** in der kath. Kirche die Mitarbeit von L. an der Ausbreitung der kath. Lehre und Lebensführung. **L.-Bruder,** Mitglied einer Klostergenossenschaft, das keine klerikalen Weihen besitzt.

Laienrichter, veraltet für **ehrenamtl. Richter** ohne jurist. Vorbildung, z.B. Schöffen und Geschworene, auch Handels- und Arbeitsrichter.

Laienspiegel, weit verbreitetes Rechtshandbuch in dt. Sprache, von Ulrich Tengler, 1509 in Augsburg gedruckt.

Laienspiel, Theaterspiel von Amateurschauspielern. 1912 prägte der Pädagoge und Schriftsteller Martin Luserke (*1888, †1968) den Begriff L. und förderte seine weitere Entwicklung.

Laios, in der griech. Sage König von Theben, Vater des Ödipus; entführt den Sohn seines Gastfreunds Pelops, der ihn deshalb verflucht, er solle einst von der Hand des eigenen Sohnes fallen.

Laizismus *der,* Bestreben, den Einfluss von Kirche und Religion auf das öffentl. Leben einzuschränken oder auszuschalten.

Lake, 1) Salzbrühe zum Einpökeln von Fisch und Fleisch. – **2)** ['leɪk], engl. See.

Lakedämon, Lakedaimon, antiker Name von Sparta. **Lakedämonier,** Spartaner.

Lake Placid ['leɪk 'plæsɪd], Wintersportort in den Adirondacks im Staat New York (USA); rd. 7500 Ew.; Austragungsort der Winterolympiaden 1932 und 1980.

Lakkadiven, 14 Koralleninseln im Ind. Ozean, vor der SW-Küste Indiens; bilden mit den Amindiven und der Minicoi-Insel das ind. Unionsterritorium Lakshadweep (seit 1956).

Lakonien, griech. Landschaft auf der südöstl. Peloponnes, das Kernland des antiken Sparta.

lakonisch, kurz und treffend im Ausdruck.

Lakritze *die,* eingedickter Saft aus Süßholz.

Lakshmi ['lakʃmi], **Shri,** ind. Göttin der Schönheit und des Glücks, Gattin des Vishnu; dargestellt mit Lotosblume.

Laktation *die,* ⚕ ♡ Milchabsonderung.

Lalebuch, dt. Volksbuch, Schwanksammlung eines unbekannten Verfassers, 1. Druck 1597; →Schildbürger.

Lama *das,* **1)** höckerloses, hirschgroßes Haustier des westl. Südamerika; als Last-, Woll- und Fleischtier aus der wild lebenden Kamelart **Guanako** gezüchtet. Zu den L. gehören auch das **Alpaka** (Pako) und das kleinere **Vicunja,** dessen Wolle sehr wertvoll ist. – **2)** aus Flaum und Grannenhaaren der gleichnamigen Tierart bestehende Wolle.

Lama [tibet. »der Obere«] *der,* im Lamaismus Titel der vollgeweihten Priester.

Lamaismus *der,* die aus ind. Spätformen des Buddhismus (Mahayana, Vajrayana) entstandene Form des Buddhismus, v.a. in Tibet, Sikkim, Bhutan und der Mongolei, beeinflusst von der vorbuddhist. Bon-Religion; Mischung buddhist. Philosophie, prunkvollen Kults und bodenständigen Dämonen- und Zauberglaubens. Die Häupter der lamaist. Kirche sind der →Dalai-Lama, der zugleich weltl. Herrscher Tibets war, und der →Pantschen-Lama, der mehr religiöse Aufgaben zu erfüllen hat. Da sich der Druck des kommunist. China immer mehr verstärkte, floh der 14. Dalai-Lama 1959 von seinem Sitz in Lhasa nach Indien. Die Klöster (bis zu 4000 Insassen) waren bis zur chin. Besetzung Mittelpunkte des wirtschaftl. und polit. Lebens.

Lamarck, Jean-Baptiste de, frz. Naturforscher, *1744, †1829; bestritt als Erster die Unveränderlichkeit der Arten. **Lamarckismus** *der,* Lehre von der Vererbbarkeit »erworbener« Eigenschaften, konnte nicht bestätigt werden, gilt als überholt. Vorläufer des Darwinismus.

Lamartine [lamar'tin], Alphonse de, frz. Dichter, *1790, †1869; Romantiker; Gedichte, auch ep. Werke, »Poet. Betrachtungen« (1820). BILD S. 516

Lambarene, Prov.-Hptst. in der Rep. Gabun, am Ogowe; Albert-Schweitzer-Spital (1913 gegr.).

Lambda-Sonde, 🚗 Messfühler in Ottomotoren zur Regelung der Gemischbildung. Mit der L. kann das Luft-Kraftstoff-Verhältnis $\lambda = 1$ eingehalten werden, was für Abgaskatalysatoren notwendig ist.

Lambsdorff, Otto Graf, dt. Politiker (FDP), *1926; 1977 bis 1984 Bundeswirtschaftsminister, 1988 bis 1993 Vors. der FDP.

Pär Fabian Lagerkvist

Selma Lagerlöf

Joseph Louis de Lagrange
Zeitgenössisches Porträt

Jean-Baptiste de Lamarck
Zeitgenössische Lithographie

Alphonse de Lamartine
Zeitgenössisches Porträt

Lambswool ['læmzwʊl] *die,* weiche Wolle der ersten Schur eines Schafs.
Lamé, Lamee, *der,* Gewebe mit Metallfäden.
Lamelle *die,* dünnes Blättchen, Scheibe.
Lamento *das,* Wehklage, Gejammer; pathet. Klagegesang.
Lametta *das,* als Christbaumschmuck verwendete dünne Metallstreifen (Zinn, Aluminium).
La Mettrie, Julien Offray de, frz. Mediziner und Philosoph, *1709, †1751; Vertreter des Materialismus. »Der Mensch eine Maschine« (1748).
Lamia *die,* in der griech. Sage ein weibl. Blut saugendes Schreckgespenst, das auch Kinder raubt; den röm. Lemuren ähnlich.
Lamina *die,* **1)** in der Anatomie dünne, meist nicht aus Zellen bestehende Schicht in Geweben. – **2)** die Blattspreite (Fläche).
laminare Strömung, Form der Bewegung stationär bewegter Flüssigkeiten oder Gase, deren Schichten ohne Wirbelbildung aneinander vorbeigleiten; wird die Strömung instabil, geht sie in eine **turbulente Strömung** über.
Laminaria *die,* Gattung großer Braunalgen, bis mehrere Meter groß werdend, z. B. Zuckertang.
Laminate *die,* → Schichtstoffe.
Lamm, Schaf oder Ziege vor dem vollendeten 1. Lebensjahr. Ü Sinnbild der Unschuld und Geduld; Sinnbild Christi (Lamm Gottes).

Burt Lancaster

Lämmergeier → Bartgeier.
Lampe, Name des Hasen in der Tierfabel.
Lampe, Gerät zur künstl. Erzeugung von Licht; früher Öl-, Petroleum- und Gas-L., heute die Glühlampe und die Leuchtstofflampe.
Lampedusa, größte der Pelag. Inseln, südl. von Sizilien, Italien, 20,2 km², rd. 5000 Ew.; Wein-, Gemüsebau, Fischfang.
Lampertheim, Stadt in S-Hessen, in der Rheinebene, 32100 Ew.; Gemüsebau; pharmazeut. und Metall verarbeitende Industrie.
Lampion [lam'pĩɔ̃], Papierlaterne mit einer Kerze im Innern.
Län *das,* Verw.-Bez. in Schweden und Finnland **(Lääni).**
Lancashire ['læŋkəʃɪə], Cty. in NW-England; Milchwirtschaft, Anbau von Gemüse; Textilind., Maschinenbau.

Gustav Landauer

Lancaster ['læŋkəstə], Stadt in der Cty. Lancashire in England, 46300 Ew.; Univ.; Textilind., Herstellung von Bodenbelägen; got. Kirche, Burg.
Lancaster ['læŋkəstə], Nebenlinie des engl. Königshauses Plantagenet, die von 1399 bis 1461 die engl. Könige stellte; ging in den Rosenkriegen unter (1471).
Lancaster ['læŋkəstə], Burt, amerikan. Filmschauspieler, *1913, †1994; verkörperte zunächst männlich-harte Typen, zunehmend auch Charakterrollen. »Verdammt in alle Ewigkeit« (1953), »Der Leopard« (1963), »Archie & Harry ...« (1986).
Lancelot [frz. lɑ̃s'lo, engl. 'lɑ:nslət], **Lanzelot,** sagenhafter Held aus der Tafelrunde des Königs Artus.
lancieren [lɑ̃'si:rən], in Gang bringen; jemanden an eine bestimmte Stelle bringen.
Land, 1) Teil der Erdoberfläche, der über den Meeresspiegel ragt. – **2)** im Ggs. zur Stadt meist landwirtschaftl. genutztes Gebiet. – **3)** nach außen und innen abgegrenztes Gebiet (Staat), auch Gliedstaat (Bundesland).
Landarbeiter, familienfremde Arbeitskräfte, die in landwirtschaftl. Betrieben im Lohnverhältnis Feld-, Hof- und Stallarbeiten verrichten. Zu den **ständigen L.** gehören Gesinde (Knechte, Mägde) und Taglöhner. Die **unständigen L.** sind bes. während der Ernte beschäftigt, z. T. als Wanderarbeiter.
Landart ['lænda:t], zeitgenöss. Kunstrichtung, die Formveränderungen v. a. in natürlichen Landschaftsräumen inszeniert und mit Foto-, Film- oder Videokamera registriert; Vertreter u. a. W. De Maria, R. Long, R. Smithson.
Landauer *der,* viersitziger Kutschwagen mit zusammenlegbarem Verdeck.
Landauer, Gustav, dt. Philosoph und Schriftsteller, *1870, †(ermordet) 1919; sozialist. Politiker; Min. für Volksaufklärung der Münchener Räteregierung.
Landau in der Pfalz, Stadt in Rheinl.-Pf., in der Rheinebene, 40000 Ew.; got. Stiftskirche; Weinbau und -handel; Textil-, Gummiind.; L. war seit 1291 Reichsstadt, fiel 1648/1678 an Frankreich, 1816 an Bayern.
Landeck, 1) Bad L. i. Schl., poln. **Lądek Zdrój,** Stadt in der poln. Wwschaft Wałbrzych, im Glatzer Schneegebirge, 6700 Ew.; Radium-, Schwefel-, Moorbad. – **2)** Stadt in Österreich, Tirol, 8000 Ew.; Karbidwerk; Verkehrsknotenpunkt an der Arlbergstraße; Fremdenverkehr.
Landeführungssysteme, funktechn. Verfahren für den Landeanflug von Flugzeugen ohne Bodensicht. Beim **ILS** (engl. **i**nstrument **l**anding **s**ystem) wird der Anflugkurs durch zwei über Bordinstrument angezeigte Leitstrahlebenen bestimmt. Das **GCA** (engl. **g**round **c**ontrolled **a**pproach) erfasst die Lage des Flugzeugs mittels Präzisionsradar und gibt die notwendigen Steuerungsanweisungen. Die **Mikrowellenlandesysteme** (MLS) sind nicht an eine starre Anflugbahn gebunden. Sie ermöglichen präzisere und weniger gestörte Führungssignale in der Aufsetzphase.
Landehilfen, mechan. Einrichtungen zur Unterstützung der Landung, bes. zur Herabsetzung der Landegeschwindigkeit von Flugzeugen, z. B. Landeklappen, sowie opt. und akust. Hilfen.
Landenge *die,* → Isthmus.
Länder, im Dt. Reich seit 1919, in der Bundesrep. Deutschland bzw. heute in Dtl. die Gliedstaaten (Bundes-L.). In Österreich bestehen 9 Bundesländer.
Länderkunde → Erdkunde.
Land|erziehungsheime, auf dem Land gelegene Internatsschulen der Sekundarstufe. Das erste dt. L. wurde 1898 von H. Lietz nach brit. Vorbild gegründet.
Landes [lãd] *Pl.,* frz. Landschaft zw. Gironde und dem Golf von Biscaya; das ausgedehnte Sandgebiet wurde im 19. Jh. aufgeforstet; der N-Teil ist das **Médoc** (Weinbau); an der rd. 200 km langen Küste zahlreiche Badeorte.
Landesaufnahme, Landesvermessung, planmäßige Vermessung und kartograph. Aufnahme eines Lands zur Herstellung der amtl. Landkarten in versch. Maßstäben. Die L. liegt in Dtl. bei den Landesvermessungsämtern.
Landesbanken, gemeinnützige öffentlich-rechtliche Bankinstitute, meist von Kommunalverbänden gemeinsam mit den zuständigen Sparkassen- und Giroverbänden betrieben, als Girozentrale Verrechnungsstellen der regionalen Sparkassen.
Landesbischof, der leitende Amtsträger einiger ev. Landeskirchen.
Landeshauptmann, der vom Landtag eines österr. Bundeslands gewählte Vors. der Landesreg., in Wien gleichzeitig der Bürgermeister.
Landesherrschaft, Herrschergewalt der dt. Fürsten und Städte im Hl. Röm. Reich, entstanden auf der Grundlage von Hausherrschaft, Reichs- und Kirchenämtern, Regalien, Landfriedenswahrung; im Westfäl. Frieden wurde den Fürsten 1648 die selbstständige, nur durch wenige Reichspflichten beschränkte territoriale Herrschaftsgewalt **(Landeshoheit)** zuerkannt.
Landeshut i. Schles., poln. **Kamienna Góra,** Stadt in der poln. Wwschaft Jelenia Góra, am Bober, 23600 Ew.; Textilind.; 1110 erstmals als Handelsplatz erwähnt, 1249 als Stadt nach dt. Recht gegr.; Renaissancepalast (16. und 19. Jh.).

Landeskirchen, Gliedkirchen der Ev. Kirche in Deutschland.
Landeskultur, umfasst Bodenerhaltung, -verbesserung, Neulandgewinnung, Flurbereinigung.
Landesliste, Wahlvorschläge einer Partei auf Landesebene; in Dtl. wird die Hälfte der Abgeordneten für den Bundestag über L. gewählt.
Landesplanung, vorausschauende Gesamtgestaltung eines Gebiets unter Berücksichtigung der natürl., sozialen, kulturellen und wirtschaftl. Bedingungen. Teil der → Raumordnung.
Landesrecht, in Bundesstaaten das von den Gliedstaaten (Ländern) gesetzte Recht im Ggs. zum Bundesrecht, das über dem L. steht.
Landesregierung, in den dt. Ländern die leitenden Behörden (Ministerien, Staatskanzlei); auch das Kabinett (Min-Präs. und Min.). In Bayern heißt die L. Staatsregierung, in Hamburg, Bremen und Berlin Senat.
Landesvermessung → Landesaufnahme.
Landesverrat, ⚖ in Dtl. die vorsätzl. Preisgabe oder öffentl. Bekanntmachung eines Staatsgeheimnisses, die das Wohl der Bundesrep. Deutschland oder eines ihrer Länder gefährdet. Wird mit Freiheitsstrafe (§§ 93 ff. StGB) geahndet.
Landesversicherungsanstalten, Träger der Arbeiterrentenversicherung und der Handwerkerversicherung; L. sind Selbstverwaltungskörperschaften des öffentl. Rechts.
Landeszentralbank, seit 1. 8. 1957 in den Ländern der Bundesrep. Deutschland bestehende Hauptverwaltung (1995 neun) der Dt. Bundesbank; ihr sind die Geschäfte mit den Ländern, mit den öffentl. Verwaltungen in den Ländern sowie mit den Kreditinstituten der Länder vorbehalten.
Landfriede, im MA. das Verbot oder die Einschränkung der Fehden durch strenge gesetzl. Bestimmungen (1495 → Ewiger Landfriede).
Landfriedensbruch, ⚖ Gefährdung der öffentl. Sicherheit durch Gewalttätigkeiten, die aus einer Menschenmenge heraus entstehen; nach § 125 StGB mit Freiheitsstrafe bestraft.
Landgericht → Gerichtswesen.
Landgewinnung, Gewinnung von Bodenflächen bes. aus dem Wattenmeer durch Förderung der Schlickablagerung mit Buhnen und Lahnungen sowie den Bau von Deichen; auch durch Trockenlegen von Binnenseen und Entwässerung von Mooren.
Landgraf, seit dem 12. Jh. Titel für die Vertreter königl. Rechte in Teilen des Hl. Röm. Reichs.
Landjäger, in einigen dt. Ländern (u. a. Preußen bis 1934) Bezeichnung für den Gendarm.
Landkarte, verkleinerte Darstellung der Erdoberfläche oder ihrer Teile in einer Ebene. Bei den amtl. Karten unterscheidet man dem Maßstab nach: **Grundkarten** bis 1:10000, **topographische Karten** 1:25000 bis 1:200000, **Übersichtskarten** bis 1:900000 und **geograph. Karten** ab 1:1000000. Eine systemat. Sammlung von Karten nennt man **Atlas.**
Landkreis → Kreis.
Ländler *der,* dt. Tanz im langsamen $^3/_4$- oder $^3/_8$-Takt, benannt nach dem Landl, einem Teil von Oberösterreich.
Landmarke, ⚓ weithin sichtbarer, markanter Geländepunkt für die Navigation (z. B. Leuchtturm, Schornstein).
Landmeister, im Dt. Orden Vertreter des Hochmeisters in Preußen, Livland, Binnen-Dtl. (Deutschmeister).
Landrat, 1) Leiter der Landkreisverw. oder Vors. des Kreistags. – **2)** in manchen schweizer. Kt. die gesetzgebende Behörde.
Landrecht, ⚖ **1)** im MA. allg. Recht der Einwohner eines Stammesgebiets im Ggs. zu den Sonderrechten des Stadt-, Hof-, Dienst- und Lehnsrechts. – **2)** in der Neuzeit: bürgerlich-rechtl. Gesetzbuch für ein Land, z. B. **Allg. L.** für Preußen von 1794.
Landsat ['lændsæt], amerikan. Erderkundungssatelliten, die der meteorolog., geograph. und geolog. Bestandsaufnahme dienen und zur Kartierung eingesetzt werden.
Landsberg, 1) L. a. Lech, Krst. in Oberbayern, 24900 Ew.; elektron. Ind., Metallverarbeitung; barockes Ortsbild mit Toren und Türmen der mittelalterl. Stadtmauer. – **2) L. (Warthe),** poln. **Gorzów Wielkopolski,** Hptst. der Wwschaft Gorzów in Polen, 124600 Ew.; Herstellung von Kunstfasern, Maschinen-, Fahrzeugbau; Hafen an der Warthe; got. Dom.
Landschaft, Gebiet, das durch sein bes. Gepräge eine Einheit bildet und sich von anderen L. abhebt, als **Natur-L.** ohne Eingriffe des Menschen, als **Kultur-L.** zum Siedlungs-, Wirtschafts- und Verkehrsraum umgebildet.
Landschafts|ökologie, die Wiss. von den ökolog. und biolog. Gegebenheiten in der durch den Menschen zu einer Kulturlandschaft umgestalteten Umwelt.
Landschaftsschutz, Teilbereich des Naturschutzes mit weniger strengen Schutzbedingungen; versucht einen Ausgleich zw. den Lebensbedürfnissen der Menschen und der Belastbarkeit der Natur herzustellen.
Landsgemeinde, in einigen Kantonen der Schweiz die Vereinigung der stimmfähigen Bürger zur Ausübung der polit. Rechte; sie tritt einmal jährlich zusammen.
Landshut, Ind.stadt in Niederbayern, 59100 Ew., an der Isar; Nahrungsmittelind.; 1255 bis 1340, dann 1392 bis 1503 bayer. Herzogssitz; 1800 bis 1826 Sitz der Landesuniversität.

Landshut
Stadtwappen

Landsknecht, zu Fuß kämpfender Söldner des 15./16. Jh. L.-Heere wurden zuerst von Kaiser Maximilian I. aufgestellt. Sie wurden von Feldobersten (-hauptleuten) angeworben und waren eingeteilt in → Fähnlein; 10 bis 15 Fähnlein bildeten ein Regiment. Hauptwaffen: Schwert, Spieß, Sturmhaube, später noch die Hakenbüchse.
Landskrona [-kru:na], Hafenstadt in S-Schweden, am Sund, 36300 Ew.; Industrie.
Landsmål [-mo:l] *das,* älterer Name der neunorweg. Schriftsprache, jetzt **Nynorsk.**
Landsmannschaft, 1) Vereinigung zur Heimatpflege. – **2)** student. → Verbindung.
Landstände, nach Ständen (Geistlichkeit, Ritterschaft u. a.) gegliederte Vertretung des Lands gegenüber dem Landesherrn im Hl. Röm. Reich.
Landsteiner, Karl, österr. Bakteriologe, * 1868, † 1943; entdeckte die Blutgruppen und den Rhesusfaktor; Nobelpreis 1930.
Landstreicherei, ⚖ gewohnheitsmäßiges Umherziehen ohne regelmäßige Arbeit und eigene finanzielle Versorgung; seit 1974 nicht mehr strafbar.
Landsturm, früher Aufgebot der älteren waffenfähigen Männer bis 45 Jahre zu Verteidigungszwecken.
Landtag, Volksvertretung in den einzelnen Ländern Dtl.s; in Bremen und Hamburg: Bürgerschaft, in Berlin: Abgeordnetenhaus.
Landvogt, 1) im Hl. Röm. Reich: vom König bestellter Verwalter eines reichsunmittelbaren Gebiets. – **2)** in der Schweiz bis 1798: Verwalter eines Untertanengebiets in einem selbstständigen Kanton.
Landwehr *die,* im preuß., dann dt. Heer bis 1918: gediente Reservisten bis zum 39. Lebensjahr.
Landwehrkanal, Schifffahrtsweg durch Berlin, verbindet Ober- und Unterspree; 11 km lang.
Landwirt, Eigentümer oder Pächter eines landwirtschaftl. Betriebs (Bauer), allg. jeder, der eine landwirtschaftl. Berufsausbildung hat. Landwirtschaftl. Fachkräfte haben unterschiedl. Ausbildungsgrade: Land-

Szene aus dem Stummfilm »Metropolis« (1926) von **Fritz Lang**

Helene Lange

Elisabeth Langgässer

Joseph Lanner Lithographie (um 1840)

wirtschaftsgehilfe (3-jährige Ausbildung), staatl. geprüfter Wirtschafter und staatl. geprüfter L. (1 Jahr Fachschule) sowie Landbauingenieur (Fachhochschule). Akadem. Grade nach Hochschulstudium: Diplom-Agraringenieur, Diplom-Agrarbiologe, Diplom-Agrarökonom.

Landwirtschaft, Nutzung der Bodenkräfte zur Erzeugung pflanzl. und tier. Rohstoffe: Ackerbau, Wiesen- und Weidewirtschaft, Viehzucht, Garten- und Weinbau; auch Jagd und Fischerei. Die Hauptzweige Bodennutzung und Viehhaltung ergänzen und fördern sich gegenseitig. Ziel ist Umwandlung, Züchtung und Veredelung der pflanzl. und tier. Produkte.

landwirtschaftliche Schulen, bestehen als landwirtschaftl. Berufsschule, Landwirtschaftsschule, Höhere Landbauschule.

Landwirtschaftskammern, berufsständ. Vereinigungen zur Wahrnehmung der Belange der Land- und Forstwirtschaft ihres Bezirks.

Lang, 1) Alexander, dt. Schauspieler, Regisseur, *1941; 1967 bis 1969 beim Berliner Ensemble, 1990 bis 1993 künstler. Direktor der Staatl. Schauspielbühnen Berlin. – **2)** Fritz, österr.-amerikan. Filmregisseur, *1890, †1976; seit 1933 in den USA. Filme: »Dr. Mabuse, der Spieler« (1921/22), »Die Nibelungen« (1922 bis 1924), »Metropolis« (1926), »M« (1931).

Langbehn, Julius, dt. Schriftsteller, *1851, †1907. 1890 erschien anonym sein Buch »Rembrandt als Erzieher« (daher der **Rembrandtdeutsche**).

Lange, 1) Christian, norweg. Politiker, *1869, †1938; 1920 bis 1937 norweg. Vertreter im Völkerbund, erhielt 1921 mit H. Branting den Friedensnobelpreis. – **2)** Helene, eine Führerin der dt. Frauenbewegung, *1848, †1930; verdient um die Neuordnung des Mädchenschulwesens.

Länge, 1) 🜨 **geograph. L.** eines Orts ist der in Winkelgraden gemessene Bogen **(L.-Grad)** des Erdäquators zw. einem angenommenen Nullmeridian (Greenwich) und dem Meridian **(L.-Kreis)** des Orts. Alle Meridiane laufen durch beide Pole der Erde. Vom Nullmeridian zählt man nach O **(östl. L.)** und W **(westl. L.)** bis 180°. Orte gleicher L. haben gleiche Zeit. – **2)** ⚛ Basisgröße des Internationalen Einheitensystems, SI-Einheit ist der Meter.

Langemarck, Langemark, belg. Ort in Westflandern, seit 1977 Teil der Gemeinde L.-Poelkapelle, bekannt durch den Ansturm dt. Freiwilligenregimenter Ende Okt./Anfang Nov. 1914.

Langenbielau, poln. **Bielawa** [bjɛ-], poln. Ind.stadt in der Wwschaft Wałbrzych, in Niederschlesien, 35 000 Ew.; Webwaren.

Langenfeld (Rhld.), Stadt im Rheinland, NRW, 56 700 Ew.; Eisen- und Metallverarbeitung, Maschinen-, Fahrzeug- und Apparatebau.

Langenhagen, Stadt in Ndsachs., 49 200 Ew.; ✈ von Hannover; Metall verarbeitende und elektrotechn. Industrie.

Langensalza, Bad L., Stadt in Thür., an der Salza, 21 100 Ew.; Schwefelbad; Textil-, Lederind.; Sektkellerei.

Langenscheidt KG, Verlagsbuchhandlung, Berlin und München, gegr. 1856 von Gustav L. (*1832, †1895); Wörterbücher, Sprachlehrbücher.

Langeoog, ostfries. Nordseeinsel, Ndsachs., 19,7 km², Nordseeheilbad.

Langerhans, Paul, dt. Anatom, *1847, †1888; entdeckte die **langerhansschen Inseln** der Bauchspeicheldrüse (→ Bauch).

Langer Marsch, der rd. 12 500 km lange Rückzug der chin. Kommunisten (Okt. 1934 bis Okt. 1935) von S-China nach N-China vor den Truppen der Nationalreg. Auf dem L. M. festigte Mao Zedong seine innerparteil. Stellung.

Langgässer, Elisabeth, dt. Schriftstellerin, *1899, †1950; schrieb religiös-myth. Gedichte und Romane: »Das unauslöschliche Siegel« (1946), »Märk. Argonautenfahrt« (1950).

Langhans, Carl Gotthard, dt. Baumeister, *1732, †1808; schuf in Berlin u. a. das frühklassizist. Brandenburger Tor (1788 bis 1791).

Langhaus, ⌂ der lange, meist nach O gerichtete Hauptteil einer Basilika oder Hallenkirche, meist aus mehreren Schiffen bestehend.

Langhoff, 1) Matthias, dt. Regisseur, *1941, Sohn von 3) und Bruder von 2); 1991 bis 1993 Leitungsmitglied des Berliner Ensembles. – **2)** Thomas, dt. Regisseur und Schauspieler, *1938, Sohn von 3) und Bruder von 1); seit 1991 Intendant des Dt. Theaters Berlin. – **3)** Wolfgang, dt. Schauspieler, Regisseur, *1901, †1966, Vater von 1) und 2); nach KZ-Haft (Bericht: »Die Moorsoldaten«, 1935) in der Schweiz (Zürich); 1946 bis 1963 Leiter des Dt. Theaters in Berlin (Ost).

Langlauf, 🏃 Skiwettkampf, bei Männern als 15, 30 und 50 km L. sowie 4 × 10 km Staffel, bei Frauen als 10, 15, 30 km L. und 4 × 5 km Staffel.

Langobarden, german. Stamm, urspr. an der Unterelbe, zog im 5. Jh. in die Donau-Theiß-Ebene, eroberte 568 unter König Alboin Oberitalien (Lombardei) und Teile Mittel- und S-Italiens. 774 rief der Papst Karl d. Gr. gegen die L. zu Hilfe, der ihr Reich eroberte. Nur das Herzogtum Benevent hielt sich bis ins 11. Jh. Die L. sind im ital. Volk aufgegangen.

Langstreckenlauf, 🏃 Laufwettbewerbe von 5 000 m (Damen von 3 000 m) bis zum Marathonlauf.

Languedoc [lãg'dɔk] *das,* histor. Landschaft in S-Frankreich, Hptst. Toulouse; Weinbau.

Langue d'oc [lãg 'dɔk] *die,* im MA. Bezeichnung für die provenzal. Sprache nach dem Wort oc für »ja«; Ggs.: **Langue d'oïl,** die nordfrz. Sprache nach der Bejahungsform oïl (oui).

Languste *die,* hummergroßer, scherenloser Speisekrebs; im Mittelmeer und O-Atlantik.

Langwellen, 📡 elektromagnet. Wellen mit Wellenlängen von 1 000 bis 10 000 m, entsprechend 300 bis 30 kHz. L. breiten sich als Bodenwellen aus, die der Erdkrümmung folgen, ihre Reichweite ist daher sehr groß.

Lanner, Joseph, österr. Komponist, *1801, †1843; der eigentl. Vater des Wiener Walzers, komponierte über 200 Werke (Walzer, u. a. »Die Schönbrunner«; Ländler, Galopps).

Lanolin *das,* Salbengrundlage aus Wollfett, Paraffin und Wasser.

Lansing ['lænsɪŋ], Hptst. von Michigan, USA, 127300 Ew.; Kraftwagen- u.a. Industrie.
Lanthan *das,* Symbol **La,** chem. Element, zinnfarbenes Erdmetall, OZ 57, relative Atommasse 138,9055, kommt in Verbindungen mit anderen Lanthanoiden vor.
Lanthanoide *Pl.,* ⚗ die 14 im Periodensystem dem Lanthan folgenden chem. Elemente Cer bis Lutetium, durch sehr ähnl. Atombau chem. nahe verwandte Metalle.
Lanza, Mario, eigentl. Alfredo **Cocozza,** amerikan. Sänger (Tenor) ital. Abkunft, * 1921, † 1959.
Lanzarote [lanθa'rote], östlichste der Kanar. Inseln, Spanien, mit zahlreichen Vulkanen, 53500 Ew.; Haupt- und Hafenstadt: Arrecife; Fremdenverkehr.
Lanze, Wurf-, später Stoßwaffe, meist aus Holz oder Metall, mit Spitze.
Lanzenottern, sehr giftige, bis 2m lange Grubenottern Südamerikas.
Lanzette *die,* zweischneidiges ärztl. Messer.
Lanzettfischchen, Branchiostoma, niedrigste Form der Wirbeltiere, von fischähnl. Gestalt, ohne Schädel, Gliedmaßen und Herz. Wirbel fehlen; der Körper wird durch einen elast. Stab, die ungegliederte Rückensaite (Chorda), gestützt. Das 5 bis 6cm lange L. gräbt sich in den Meeressand und strudelt h Nahrungsteilchen herbei.
Lanzhou [-dʒou], **Lanchow,** Hptst. der Prov. Gansu, China, am Hwangho, 1,58 Mio. Ew.; Univ. u.a. Hochschulen, Kernforschungszentrum; chem. und Schwerind.; ✈.
Laokoon, griech. Sage: Apollonpriester in Troja, warnte die Troer vor dem hölzernen Pferd der Griechen, mit seinen Söhnen durch 2 von Poseidon gesandte Schlangen erwürgt. Die Sage ist bes. durch Vergils »Aeneis« bekannt. Marmorgruppe (wohl Anfang 1. Jh. v.Chr., Rom, Vatikan. Sammlungen).
Laon [lã], Stadt im NW Frankreichs, 26500 Ew.; frühgot. Kathedrale; Industrie.

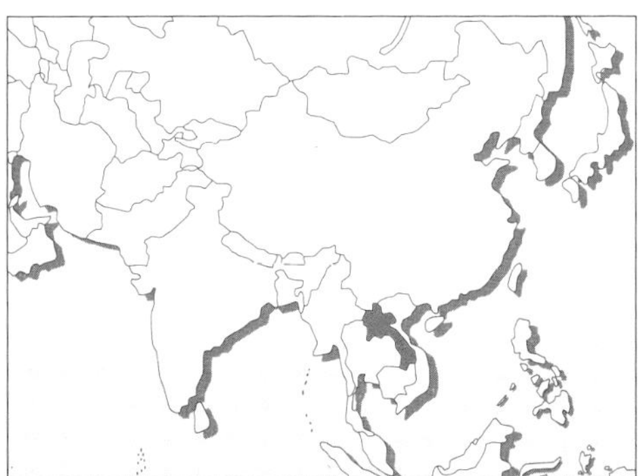

Laos, Demokrat. VR in SO-Asien, 236800 km², 4,47 Mio. Ew. (meist buddhist. Lao); Hptst. Vientiane; Amtssprache: Laotisch. Größtenteils unzugängl. Waldgebirge (bis 2817m). Trop. Monsunklima. Die Erzeugung (Reis, Mais, Tabak u.a.) reicht für den Eigenbedarf nicht aus. ⚒ auf Zinn. - Im 14. Jh. entstand das laot. Kgr. Lan Chang, das um 1700 in Teilreiche zerfiel. Ende des 18. Jh. geriet L. in Abhängigkeit von Siam, ab 1893 gehörte es zum frz. →Indochina. 1954 musste Frankreich die Unabhängigkeit von L. anerkennen. 1961 wurde L. polit. Krisenherd (Kämpfe zw. kommunist. und neutralist. Truppen; Genfer L.-Konferenz); 1973 Waffenstillstand; die Kommunisten, seit 1974 an der Reg. beteiligt, übernahmen 1975 nach Beendigung des Vietnamkriegs völlig die Macht; neue Verf. im Aug. 1991. Staatspräs.: Nouhak Phoumsavanh (seit 1992).

Lao She [- ʃə], chin. Schriftsteller, * 1899, † 1966; Romane, Kurzgeschichten und Dramen mit sozialkrit. Inhalt.
Laozi, Lao-tse, der bedeutendste und neben Konfuzius einflussreichste chin. Philosoph; ihm wird das Werk »Dao-de-jing« zugeschrieben, das um oder nach 300 v.Chr. entstand.
Laparoskopie *die,* ⚕ Bauchhöhlenspiegelung (Betrachtung) mit dem **Laparoskop.**
Laparotomie *die,* ⚕ das operative Öffnen der Bauchhöhle (Bauchschnitt).
La Paz [la'pas], größte Stadt Boliviens, Sitz der Reg., 3100 bis 4100m ü.M., 711000 Ew.; Erzbischofssitz; 2 Univ.; wichtigster Ind.standort.
La Pérouse [lape'ru:z], Jean François **de Galaup,** Comte de, frz. Seefahrer, * 1741, † 1788; entdeckte 1787 die **La-P.-Straße** zw. Sachalin und Hokkaidō.
Lapide, Pinchas, israel. jüd.-theolog. Publizist, * 1922; seit 1969 in Dtl.; Veröffentlichungen zum jüd.-christl. Dialog.
Lapislazuli *der,* **Lasurstein,** undurchsichtiger blauer Schmuckstein, Gemenge aus versch. Mineralien.
Laplace [la'plas], Pierre Simon de, frz. Mathematiker, Astronom, * 1749, † 1827; Beiträge u.a. zur Himmelsmechanik, Thesen über die Entwicklung des Sonnensystems.
La Plata, Hafenstadt in Argentinien, Prov.-Hptst., 542600 Ew.; 3 Univ., Industrie.
La-Plata-Staaten, die zum Stromgebiet des Río de la Plata gehörenden Staaten: Argentinien, Uruguay, Paraguay.
Lappen, in Norwegen und Schweden **Samen,** Volk in Lappland, zeigt europide Merkmale (mit mongolidem Einschlag), der Sprache nach zu den Finnougriern gehörend; Rentierjagd, Fischfang.
Läppen, ⚙ Gleitschleifverfahren, spanende Formgebung zur Erhöhung der Oberflächengüte.
Lappland, nördlichste Landschaft Europas, zw. Norwegen, Schweden, Finnland und Russland aufgeteilt; im N Tundra. Viehzucht (Rentiere), Waldwirtschaft, reiche Erzlager (Kiruna, Gällivare, Petsamo).
Lapplandbahn, für den Erztransport gebaute Bahn zw. Luleå und Narvik.
Lapsus *der,* leichter Fehler, Versehen, Ungeschicklichkeit.
Laptop ['læp-], 💻 tragbarer, batteriebetriebener Computer mit der Leistungsfähigkeit eines Personalcomputers.
Lärche, 🌿 Nadelbaum der nördl. gemäßigten Zone. Die hellgrünen, gebüschelten, weichen Nadeln fallen im Herbst ab.
Laren *Pl.,* im alten Rom: Schutzgötter der Familien, der Feldflur; bes. die Hausgötter.

La Paz
Stadtwappen

Laos

Staatswappen

Staatsflagge

Internationales Kfz-Kennzeichen

Lava- und Aschenkegellandschaft im Südwesten von **Lanzarote**

Sophie von La Roche
Ausschnitt aus einem zeitgenössischen Gemälde

La Rochelle
Stadtwappen

Ferdinand Lassalle

Else Lasker-Schüler

largo, 𝄞 breit, sehr langsam. **Largo** *das,* Musikstück oder Satz einer Sonate, Sinfonie in diesem Zeitmaß.

Larionow, Michail Fjodorowitsch, russ. Maler, Grafiker und Bühnenbildner, * 1881, † 1964; entwickelte die Theorie des → Rayonismus.

Lärm, unangenehm empfundenes Geräusch, gesundheitsschädlich. **L.-Bekämpfung** durch schalldämmende Baustoffe und Schalldämpfer für Maschinen und Motoren.

La Roche [laˈrɔʃ], Sophie v., dt. Erzählerin, * 1730, † 1807; gilt als erste Vertreterin der modernen Unterhaltungsliteratur in Dtl., schrieb den ersten empfindsamen dt. Briefroman: »Geschichte des Fräuleins von Sternheim« (1771). Ihre Tochter Maximiliane (* 1756, † 1793) war die Mutter von Clemens und Bettina Brentano.

La Rochefoucauld [larɔʃfuˈko], François VI. Duc de, frz. Schriftsteller, * 1613, † 1680; nahm an der Fronde gegen das absolutist. Königtum teil; schrieb »Betrachtungen oder moral. Sentenzen und Maximen« (1665).

La Rochelle [larɔˈʃɛl], befestigte Hafenstadt in W-Frankreich, 71 100 Ew.; Schiff-, Auto-, Flugzeugbau, Fischerei. La R. war einer der Hauptstützpunkte der Hugenotten; 1628 von Richelieu erobert.

Larousse [laˈrus], **Librairie L.,** Verlag in Paris, gibt Lexika und Wörterbücher heraus.

Larsson, Carl, schwed. Maler, Grafiker, * 1853, † 1919; Aquarelle; Hauptmeister des schwed. Jugendstils.

L'art pour l'art [larpurˈla:r, frz. »die Kunst um der Kunst willen«], Formel für die Eigengesetzlichkeit der Kunst (von V. Cousin, 1836).

La Rue [laˈry], Pierre de, frankofläm. Komponist, * um 1460, † 1518; bedeutender Vertreter des kontrapunkt. Stils, u. a. 31 Messen.

Larve, 1) Gesichtsmaske. – **2)** ♡ bei den Tieren, die eine Verwandlung durchmachen (Schmetterlinge, Käfer, Bienen, Fliegen, manche Fische u. a.), eine vom ausgebildeten Tier stark abweichende Jugendform.

Laryngitis *die,* ⚕ der Kehlkopfkatarrh.

Larynx *der,* → Kehlkopf.

La Salle [laˈsal], Jean Baptiste de, frz. Stifter der christl. Schulbrüder, * 1651, † 1719; Heiliger (Tag: 7. 4.).

Las Casas, Bartolomé de, span. Dominikaner, * 1474, † 1566; kämpfte gegen die Versklavung der Indianer durch die Spanier.

Lascaux [lasˈko], Höhle bei Montignac (S-Frankreich) mit altsteinzeitl. Felsmalereien.

Laser [ˈleɪzə] *der,* Abk. für **L**ight **a**mplification by **s**timulated **e**mission of **r**adiation (Lichtverstärkung durch induzierte Strahlungsemission), Lichtquelle und Lichtverstärker, liefert einen kohärenten, scharf gebündelten, fast zerstreuungsfreien Strahl von monochromat., frequenz- und phasengleichem Licht mit hoher Energiedichte. Bauarten: **Festkörper-L.** (Kristalle, meist Rubin), **Gas-L.** (Helium, Neon, Argon, Krypton, Kohlendioxid), **Halbleiter-L.** (meist Galliumarsenid-Halbleiterdiode als **Injektions-L.** mit geringen Abmessungen). Das Prinzip des L. beruht auf der Möglichkeit, durch Resonanz bestimmte Elektronenübergänge im Atom zu erzwingen.

Laserdrucker, nichtmechanisch arbeitender Schnelldrucker, bei dem ein Laserstrahl das zu projizierende Bild auf die mit fotoleitfähigem Material beschichtete Trommel aufbringt, von der es gedruckt wird.

Lash [læʃ] *das,* ⚓ Abk. für **L**ighter **a**board **sh**ip, Transportverfahren, bei dem Binnenschiffsleichter im Huckepackverkehr durch Seeschiffe befördert werden und auf Binnenwasserstraßen im Schubverband fahren.

Lasker-Schüler, Else, dt. Schriftstellerin, * 1869, † 1945; expressionist. Lyrik: »Hebräische Balladen« (1913), »Mein blaues Klavier« (1943), Novellen, Dramen (»Die Wupper«, 1909).

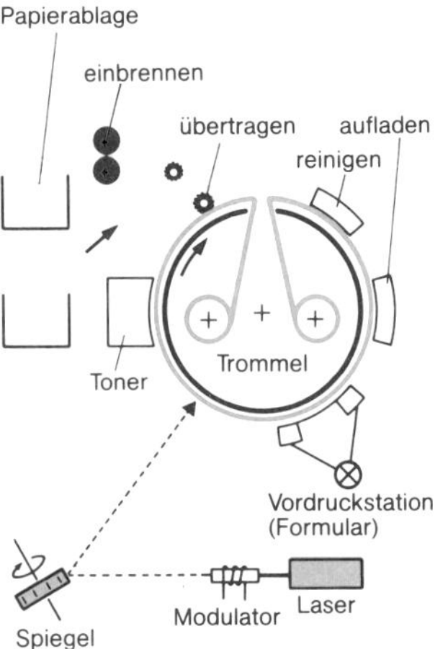

Funktionsprinzip eines **Laserdruckers**

Las Palmas, 1) span. Prov. auf den Kanar. Inseln, 4 072 km², 747 700 Ew. – **2)** Hptst. von 1), 357 000 Ew., im NO der Insel Gran Canaria, Kanar. Inseln; kath. Bischofssitz; Hafen und ✈.

La Spezia [lasˈpɛttsia], Prov.-Hptst. und bedeutender Hafen im östl. Ligurien, Italien, 99 400 Ew.; Werften, Stahlind., Muschelzucht.

Lassalle [laˈsal], Ferdinand, dt. Politiker, * 1825, † 1864 (an den Folgen eines Duells); gründete 1863 den »Allg. Dt. Arbeiterverein« in Leipzig, erstrebte das gleiche und allg. Wahlrecht. Seine Anhängerschaft schloss sich 1875 der Sozialist. Arbeiterpartei an.

Lasso *das,* auch *der,* Wurfschlinge zum Rinder- und Pferdefang.

Lasso, Orlando di, niederländ. Komponist, * 1532, † 1594; Hofkapellmeister in München, neben Palestrina bekanntester Komponist des 16. Jh.; Messen, Motetten, dt. Lieder.

Last, 1) altes Hohlmaß für Schüttgüter in Mittel- und Nordeuropa. – **2)** Fracht-, Vorratsraum auf Schiffen. – **3)** ⚙ Benennung einer Größe von der Art einer Masse (z. B. Trag-L. eines Krans), einer Gewichtskraft oder Leistung.

Last, James, eigentl. Hans L., dt. Orchesterleiter, * 1929; war Jazzbassist und gründete 1965 die »James-Last-Big-Band«, wurde populär durch gefällige Swingbearbeitungen internat. Schlager.

Lastenausgleich, in der Bundesrep. Dtl. nach dem 2. Weltkrieg der Vermögensausgleich zw. den durch Kriegs- und Nachkriegsereignisse Geschädigten und denen, die ihren Besitzstand ganz oder überwiegend gewahrt haben (Ges. vom 14. 8. 1952). Zur Durchführung werden **Ausgleichsabgaben** erhoben (Vermögensabgabe, Hypothekengewinnabgabe, Kreditgewinnabgabe). **Ausgleichsleistungen** sind: Hauptentschädigung, Eingliederungsdarlehen, Kriegsschadenrente, Hausratentschädigung, Wohnraumhilfe u. a. Förderungsmaßnahmen. Dem L. unterliegen Vertreibungs-, Kriegssach-, Ost- und Sparerschäden; er wird vom Bundesausgleichsamt (Landesausgleichsämter, örtl. Ausgleichsämter) durchgeführt.

Lastensegler, ✈ im 2. Weltkrieg für Luftlandeoperationen und Versorgungsaufgaben verwendetes, von Motorflugzeugen geschlepptes, jedoch selbstständig landendes Gleitflugzeug zum Transport von Truppen und Lasten.

Laster, zur Gewohnheit gewordene Untugend.

Lastschrift, die Buchung auf der Sollseite eines Kontos, auch Bezeichnung für die Mitteilung über ausgeführte Aufträge.

Lasurfarben, Farbstoffe oder Pigmente, die durchscheinende Überzüge ergeben, im Ggs. zu den Deckfarben.

Lasurstein → Lapislazuli.

Las Vegas [lɑ:s ˈveɪgəs], Stadt in Nevada, USA, 258 300 Ew.; Spielbanken; in der Umgebung Viehwirtschaft und Bergbau.

Latakia, frz. **Lattaquié,** das antike **Laodikeia,** Hptst. und Hafen der Prov. L. in Syrien, 293 000 Ew.; Univ.; Industrie.

Lätare, Laetare, der 4. Fastensonntag.

Lateinamerika, Iberoamerika, die Gesamtheit der Spanisch und Portugiesisch sprechenden Länder Mittel- und Südamerikas einschließlich Mexikos.

Lateinamerikanische Integrationsvereinigung, span. **Asociación Latinoamericana de Integración,** Abk. **ALADI,** 1980 gegr. Nachfolgeorganisation der Lateinamerikanischen Freihandelszone; Ziel: Förderung und Regulierung des Handels zw. den Mitgliedstaaten.

lateinamerikanische Kunst, zunächst von der Kunst der Kolonialmächte geprägt. Im span. Einflussgebiet begann die künstler. Entwicklung im 16. Jh. (Kathedralen, festungsartige Klosteranlagen), im 17./18. Jh. zahlreiche Paläste. Die Skulptur stand v. a. im Dienst der Architektur. – In den port. Kolonien setzte die künstler. Entwicklung im 17. Jh. ein; Übernahme von ital. und port. Stilelementen. Nach unproduktiver Zeit im 19. Jh. brachte das 20. Jh. eine eigenständige Entwicklung bes. durch die Rückbesinnung auf das altamerikan. Kulturerbe. In Mexiko entstanden monumentale Wandmalereien (**Muralismo;** D. Rivera). Europ. Emigranten (F. Costa, O. Niemeyer) gaben der Architektur wichtige Impulse.

lateinamerikanische Literatur. Die brasilian. Literatur ist in port., die der übrigen lateinamerikan. Länder in span. Sprache geschrieben. Eine eigenständige Entwicklung der l. L. setzte um 1900 ein. Die chilen. Literatur erlangte Weltgeltung durch die Lyriker Gabriela Mistral (Nobelpreis 1945), Pedro Prado (* 1886, † 1952), Vicente Huidobro (* 1893, † 1948), P. Neruda (Nobelpreis 1971). Weitere Nobelpreisträger sind M. A. Asturias (1967), G. García Márquez (1982), O. Paz (1990). Internat. Bedeutung erlangten auch J. L. Borges, C. Fuentes, M. Vargas Llosa.

lateinamerikanische Kunst. Fassadenmosaik (1951 bis 1953) an der Universitätsbibliothek in México von Juan O'Gorman (1905 bis 1982)

Lateinamerikanisches Wirtschaftssystem, span. **Sistema Económico Latinoamericano,** Abk. **SELA,** 1975 in Panama gegr. Wirtschaftsvereinigung von 26 lateinamerikan. Staaten. Sitz Caracas; Ziel ist die gegenseitige Unterstützung und Koordination von wirtschaftspolit. Aktivitäten.

lateinische Kirche, der Teil der kath. Kirche, der den lat. Ritus befolgt; der andere Teil ist die unierte oriental. Kirche.

Lateinische Münzunion, 1865 in Paris zw. Frankreich, Belgien, Italien und der Schweiz (1868 Griechenland) geschlossener Vertrag zur Vereinheitlichung der europ. Währungssysteme, erlosch 1927.

Lateinisches Kaiserreich, nach der Besetzung Konstantinopels durch die Kreuzfahrer gegr. Reich (1204 bis 1261).

Orlando di Lasso
Ausschnitt aus einem zeitgenössischen Kupferstich

Laser

Laserart	Wellenlängen in Nanometer (nm)	Leistungsbereich	Anwendung (Auswahl)
Festkörperlaser			
Neodym-Yttrium-Aluminium-Granat (YAG) (wichtigster Festkörperlaser)	1 060 bis 1 329	1 bis 500 Watt im kontinuierlichen Betrieb, 1 Gigawatt bei Pulsbetrieb	Trennen, Schweißen, Bohren, Medizintechnik, Feinlötungen in der Elektronik
Erbium-YAG	2 940	im Pulsbetrieb 10 Milliwatt bis 3 Watt/Sekunde	Chirurgie (Mikrochirurgie), Augenheilkunde, Zahnmedizin
Gaslaser			
Kohlendioxidlaser (CO_2-Laser)	10 600	1 Watt bis 45 Kilowatt im kontinuierlichen Betrieb, gepulst 100 Watt bis 10^{12} Watt (Terawatt)	Trennen und Schweißen in der Fertigungstechnik, Beschichten (Hartlöten) hochschmelzender Verbindungen
Helium-Neon-Laser	633	1 bis 50 Milliwatt	Holographie, Scanner-Kassen, Messtechnik
Excimer-Laser	193, 248, 308	1 Watt bis 20 Megawatt im Pulsbetrieb	Augenheilkunde, Mikroelektronik (UV-Lithographie)
Argon-Laser Krypton-Laser	458, 488, 514 407, 799	0,1 bis 100 Watt	Holographie, Messtechnik
Halbleiterlaser			
Indium-Gallium-Arsenid-Laser (InGaAS) Aluminium-Gallium-Arsenid-Laser (AlGaAs)	980 800	im kontinuierlichen Betrieb bis 100 Milliwatt, im Pulsbetrieb bis 20 Watt	Laserdrucker, Abtastung in CD-Spielern bzw. -Laufwerken, Fügen und Trennen von Kunststoffen
Farbstofflaser			
Rhodamin 6 G Conmarin 102	570 bis 615 455 bis 495	0,001 bis 1 Watt im kontinuierlichen Betrieb, bis 20 Watt im Pulsbetrieb	Spektroskopie, Labormesstechnik

Gürtelhaken der **La-Tène-Kultur**

lateinische Sprache, urspr. die Sprache der Latiner und der Römer, gehört zu den indogerman. Sprachen und verbreitete sich über Italien und mit dem röm. Weltreich über das westl. Mittelmeergebiet. Das **Vulgärlatein** wurde Grundlage der →romanischen Sprachen. Das **Mittellatein** ist die Fortsetzung der spätantiken lat. Schriftsprache. Die Besinnung der Humanisten auf die klass. lat. Lit. führte das **neulat. Zeitalter** herauf (etwa 14. bis 18. Jh.). Im MA. war Latein die Unterrichtssprache an allen europ. Schulen und Hochschulen; es entstand eine reiche lat. Dichtung **(mittellat. Literatur);** als Sprache der Wiss. erst seit dem 17. und 18. Jh. durch die Nationalsprachen abgelöst.

Lateinsegel, ⚓ dreieckiges oder trapezförmiges Segel, bes. im MA. auf kleineren Seeschiffen.

La-Tène-Kultur [la'tɛ:n-], nach dem Fundplatz La Tène am Neuenburger See (Schweiz) benannte Kultur der jüngeren vorröm. Eisenzeit (5. bis 1. Jh. v. Chr.); während ihrer größten Ausdehnung im 3. und 2. Jh. von Britannien bis zur unteren Donau und von der Mittelgebirgszone bis N-Italien verbreitet. Ihre Träger waren kelt. Stämme.

latent, verborgen, schlummernd. Die **latente Wärme** (Umwandlungswärme) ist die Wärmemenge, die ein Körper bei Phasenübergängen aufnimmt, ohne dabei wärmer zu werden. **Latenzzeit,** ⚕ Zeit zw. Reiz und Reaktion.

latentes Bild, das bei der Belichtung fotograf. Materials entstehende unsichtbare Bild, das durch die Entwicklung sichtbar wird.

lateral, seitlich.

Lateran *der,* päpstl. Palast in Rom, Teil der Vatikanstadt. Die **L.-Kirche** ist die Bischofskirche des Papstes.

Laterankonzilien, 5 im Lateran abgehaltene ökumen. →Konzile (1123, 1139, 1179, 1215, 1512 bis 1517).

Lateranverträge, am 11. 2. 1929 zw. Italien und dem Apostol. Stuhl im Lateranpalast abgeschlossene Verträge. Nach dem Staatsvertrag erhielt der Papst die Staatshoheit über die Vatikanstadt und erkannte Italien mit der Hptst. Rom an. Das Konkordat bestätigte die kath. Religion als Staatsreligion; diese Regelung wurde durch das neue Konkordat von 1984 aufgehoben.

Lateinsegel. Rekonstruktion eines antiken Schiffs

Lausanne Stadtwappen

Laterit *der,* ziegelrote tonerde- und eisenoxidreiche Bodenart der Tropen.

Laterna magica [lat. »Zauberlaterne«] *die,* Gerät zum Projizieren von auf Glas gemalten Bildern, Vorläufer des Diaprojektors.

Laterne *die,* **1)** Lampe mit Regen- und Windschutz. – **2)** ⌂ durchfensterter Aufbau über einer Decken- oder Gewölbeöffnung, meist über einer Kuppel.

Latex *der,* wässrige Dispersion von Natur- oder Synthesekautschuk.

Tongefäße der **La-Tène-Kultur**

Latifundium *das,* sehr große landwirtschaftl. Besitzeinheit.

Latina, ital. Prov.-Hptst. in den ehem. Pontin. Sümpfen, 109 700 Ew.; Nahrungsmittelind., Kernkraftwerk (aus Sicherheitsgründen abgeschaltet).

Latiner, Bewohner der histor. Landschaft **Latium** im mittleren Italien.

Latinismus *der,* der lat. Sprache eigentüml. Redewendung.

Latinum *das,* Nachweis von Kenntnissen der lat. Sprache.

La Tour [la'tu:r], **1)** Georges de, frz. Maler, *1583, †1652; mytholog. und religiöse Themen oft als Nachtstücke. – **2)** Maurice-Quentin de, frz. Maler, *1704, †1788; Pastellbildnisse.

Latsche, ⚘ →Kiefer.

Lattich, ⚘ Gattung krautiger milchsafthaltiger Korbblütler, meist gelb blühend. Wichtigste Art ist der **Garten-L.** (Gartensalat), ferner **Mauer-L., Stachel-L.** (»Kompasspflanze«).

Latwerge *die,* **1)** Pflaumenmus. – **2)** breiige Arznei.

Lauban, poln. **Lubań** ['lubain], Stadt in der Wwschaft Jelenia Góra, Polen, in Niederschlesien, am Queis; 24 300 Ew.; Webwaren.

Laube, 1) Gartenhäuschen. – **2)** ⌂ überbauter Gehsteig **(L.-Gang).**

Laube, Heinrich, dt. Schriftsteller, *1806, †1884; gehörte zum Jungen Deutschland, war 1849 bis 1867 Direktor des Burgtheaters in Wien; schrieb Schauspiele und Romane.

Lauberhornrennen, jährliche internat. alpine Skiwettbewerbe für Herren am Lauberhorn bei Wengen (Schweiz).

Laubfrösche →Frösche 2).

Laubhölzer, ⚘ bedecktsamige Bäume und Sträucher mit verholzten Sprossachsen und flächigen Blättern, z. B. Ahorn, Eiche, Buche, Linde, Birke, Rhododendron; Ggs.: Nadelhölzer.

Laubhüttenfest, hebr. **Sukkot,** jüdisches Herbstfest (Oktober) zur Erinnerung an die Wüstenwanderung.

Laubkäfer, ♡ Gattung der Blatthornkäfer; viele sind Pflanzenschädlinge.

Laubmoose, eine der beiden Klassen der Moose. Die L. sind immer in Stängel und Blätter gegliedert. Bekannte Vertreter: Frauenhaar, Drehmoos, Weißmoos, Torfmoose.

Laubsäge, u-förmiger Stahlbogen mit dünnem Sägeblatt, bes. für Bastel- und Feinarbeiten.

Laubsänger, ♡ kleine, grüngraue Singvögel, so Fitis, Zilpzalp, Waldlaubsänger.

Lauch, ⚘ Gattung der Liliengewächse, meist mit Zwiebel. Viele Nutzpflanzen: Knoblauch, Zwiebel, Porree,

Schnittlauch u.a. In feuchten Laubwäldern der weißblütige Bärlauch.
Lauchhammer, Stadt in Bbg., 22800 Ew.; Schwermaschinenbau, Kunst- und Glockengießerei.
Lauchstädt, Bad L., Stadt in Sa.-Anh., 3900 Ew.; Mineralquelle, Versand von Sauerbrunnen. – Im 18. Jh. beliebtes Bad (Goethe-Theater, 1802).
Lauda, Nikolaus (Niki), österr. Automobilrennfahrer, * 1949; Weltmeister 1975, 1977 und 1984; 1976 auf dem Nürburgring schwer verunglückt; gründete 1979 in Wien die Luftfahrtgesellschaft Lauda Air.
Laudanum *das,* im MA. jedes Beruhigungsmittel, bes. aus Opium.
Laudatio *die,* Lobrede.
Laudes [lat. »Lobgesänge«] *Pl.,* Teil des kath. Breviers.
Laudon, Gideon Ernst Freiherr v., österr. Feldmarschall im Siebenjährigen Krieg, * 1717, † 1790; eroberte im Türkenkrieg 1789 Belgrad.
Laue, Max v., dt. Physiker, * 1879, † 1960; entdeckte die Beugung von Röntgenstrahlen an Kristallen, förderte die Relativitätstheorie, entwickelte eine Theorie der Supraleitung. Nobelpreis für Physik 1914.
Lauenburg, 1) L./Elbe, Stadt in Schlesw.-Holst., 11800 Ew., an der Mündung des Elbe-Trave-Kanals; Schifffahrt; Holzindustrie. – Burg L. 1182 erbaut. Das Herzogtum **Sachsen-L.,** früher Grafschaft Ratzeburg, fiel 1865 an Preußen. – **2) L. i. Pom.,** poln. **Lębork,** Stadt in der Wwschaft Słupsk, Polen, in Pommern, 36000 Einwohner.
Lauf, 1) Gangart, Leibesübung und Wettbewerb. L. als Wettkampfsport bildet den Mittelpunkt der Leichtathletik, man unterscheidet: Kurz-, Mittel-, Langstrecken-L., Hürden-, Hindernis- und Staffel-L. sowie Marathonlauf. – **2)** Rohr der Handfeuerwaffen und Maschinengewehre, das dem Geschoss die Richtung gibt. – **3)** Bein der vierfüßigen Jagdtiere und Hunde. – **4)** aus Fußwurzel- und Mittelfußknochen verschmolzener langer Knochen, der den unteren Teil des Vogelbeins bildet. – **5)** auf- und absteigende, schnelle Tonfolge. – **6)** Bahn, Weg, Strecke, bes. von Flüssen.
Lauf a.d. Pegnitz, Krst. in Bayern, Mittelfranken, 25200 Ew.; Wenzelsschloss; Industrie.
Läufer, 1) Figur des Schachspiels. – **2)** langer, schmaler Teppich. – **3)** Schwein von etwa 4 Monaten. – **4)** rotierendes Teil einer Maschine, z.B. eines Generators, bei Turbinen: **Laufrad.**
Lauf|feldröhre, Wanderfeldröhre, eine Laufzeitröhre der Höchstfrequenztechnik zur Verstärkung breiter Frequenzbänder.
läufig, hitzig, brünstig (Hündinnen; zweimal im Jahr für 2 bis 3 Wochen).
Laufkäfer, schnellfüßige Raubkäfer, meist Vertilger von Ungeziefer, z.B. **Gold-, Getreidelaufkäfer.**

Lausitzer Kultur. Buckelkeramik

Laufkatze, auf einem Kran, Drahtseil oder Träger laufender Wagen mit Windwerk oder angehängtem Flaschenzug.
Laufmilben, bunte Milben, leben am Boden, saugen Pflanzensäfte, stechen aber auch den Menschen (z.B. **Erntemilbe**).
Laufzeitröhren, Elektronenröhren zur Erzeugung höchstfrequenter elektromagnetischer Schwingungen (bis mehrere 100 GHz). Allen L. gemeinsam ist die Umformung einer kontinuierl. Elektronenströmung in eine dichtemodulierte Strömung (Elektronenpakete).
Lauge, 1) Salzlösung. – **2)** Lösung einer starken Base in Wasser, z.B. Alkalilauge.
Laughton ['lɔ:tn], Charles, brit.-amerikan. Charakterdarsteller, * 1899, † 1962; Filme: »Der Glöckner von Notre-Dame« (1939), »Zeugin der Anklage« (1957).
laureatus, mit Lorbeer bekränzt.
Laurel ['lɔrəl], Stan, amerikan. Filmkomiker brit. Herkunft, * 1890, † 1965; bildete ab 1927 mit Oliver **Hardy** (* 1892, † 1957) ein berühmtes Komikerpaar (»Stan und Ollie«, »Dick und Doof«).
Laurens [lɔ'rãs], Henri, frz. Bildhauer, * 1885, † 1954; nach kubist. Plastiken v.a. Frauenskulpturen in weichen, doch stark voneinander abgesetzten Formen.
Laurentius, Diakon in Rom und Märtyrer, 258 in Rom verbrannt; Heiliger (Tag: 10. 8.).
Laurentiusschwarm → Sternschnuppen.
Laurin, König L., Der kleine Rosengarten, Heldenepos (wohl Mitte des 13. Jh.): um Dietrich von Bern und den Zwergenkönig; dessen Reich war der »Rosengarten«.
Lausanne [lo'zan], Hptst. des schweizer. Kt. Waadt, 116800 Ew.; am Genfer See (Hafen Ouchy); Kathedrale, Univ., TH; alter Bischofssitz. – **Frieden von L.** 1923: Anerkennung der republikan. Türkei. **Konferenzen von L.:** 1932: Reparationskonferenz zw. Dtl. und den Siegermächten des 1. Weltkriegs; 1949: Waffenstillstandsabkommen zw. Israel und Arabern.
Lauscher, Loser, Luser, Ohren des wiederkäuenden Schalenwilds.
Läuse, flügellose Insekten mit stechend-saugenden Mundwerkzeugen, Klammerbeinen, abgeflachtem Körper; machen keine Verwandlung durch. Blutsauger an Säugern. Am Menschen: → Filzlaus; **Kopflaus,** klebt die Eier (Nissen) an die Kopfhaare; **Kleiderlaus,** in rauer Wäsche, lässt sich bei 50 bis 60 °C abtöten, Überträger des Flecktyphus und Rückfallfiebers.
Läusekraut, Gattung rot oder gelb blühender Halbschmarotzer auf Graswurzeln.
Lausfliegen, Zweiflügler, z.T. mit rückgebildeten Flügeln; Außenschmarotzer an Säugern und Vögeln.
Lausitz [von sorb. Łužica »Sumpfland«] *die,* dt. Landschaft, umfasst den NO Sachsens, Niederschlesien bis Bober und Queis und den Spreewald im N; besteht aus dem Bergland der **Ober-L.** und dem Flachland der **Nieder-L.** Das Gebiet der slaw. Milzener hieß unter dt. Herrschaft seit Ende des 10. Jh. zunächst nach dem Hauptort Bautzen (Budissin) »Land Budissin«. Im 11. und 12. Jh. wechselte die Herrschaft zw. Dtl. und Polen. Im 14. Jh. fiel sie an Böhmen, 1635 an Kursachsen und 1815 größtenteils an Preußen. Seit 1945 gehört die östl. L. zu Polen.
Lausitzer Bergland, die westlich der Görlitzer Neiße liegenden Ausläufer der Sudeten, im **Lausitzer Gebirge** bis 793 m hoch (Lausche).
Lausitzer Kultur, spätbronze- und früheisenzeitl. Fundgruppe im östl. Mitteleuropa, benannt nach Funden in der Niederlausitz, gekennzeichnet durch schöne Tongefäße (»Buckelkeramik«, »Urnenfelderkultur«). Ihre Träger waren hauptsächlich Illyrer.
Laut, 1) Ton, Klang. – **2)** jeder bei bestimmter Stellung der Sprachwerkzeuge (Artikulation) mithilfe des Atemstroms erzeugte Schall.

Niki Lauda

Max von Laue

Charles Laughton

Henri Laurens
Frau mit Gitarre, Bronze (1921)

Lautstärkepegel (in Phon)			
Untere Hörschwelle	0	Mittlerer Straßenlärm	70
Blättersäuseln	10	Schreien	80
Flüstern	20	Motorrad	85
Gedämpfte Unterhaltung	40	Schmerzschwelle (z. B. Flugzeug in 25 m Entfernung)	120
Lautes Sprechen	60		

Erkalteter **Lava**-Strom

Johann Kaspar Lavater
Zeitgenössischer Kupferstich

Ernest Orlando Lawrence

Laute *die,* Musikinstrument, heute gewöhnlich mit 6 Saiten, die mit den Fingern gezupft werden. Die **Bass-L.** hat noch Basssaiten, deren Tonhöhe nicht durch Greifen verändert werden kann.

Lauterberg im Harz, Bad L. im H., Stadt in Ndsachs., 12800 Ew.; Kneippheilbad am S-Harz.

Lauterbrunner Tal, Gletschertrogtal im Berner Oberland (Schweiz), viele Wasserfälle; beliebte Ferienorte sind **Lauterbrunnen, Wengen** und **Mürren.**

Lautréamont [lotrea'mɔ̃], Comte de, eigentl. Isidore Lucien **Ducasse,** frz. Dichter, *1846, †1870; satan. »Gesänge des Maldoror« (1868).

Lautschrift, phonetische Schrift, lautgetreue Aufzeichnung der Aussprache.

Lautsprecher, ⚡ wandelt elektromagnet. Schwingungen in hörbare (akust.) um.

Lautstärkepegel, Pegelmaß für die subjektive Empfindung der Stärke eines Tons **(Lautstärke);** Einheit: Phon.

Lautverschiebung, Veränderung bestimmter Konsonanten (Mitlaute) in den german. Sprachen. Man unterscheidet zeitlich 2 Stufen: 1) **german. L.** (um 500 v. Chr.), löste die german. Sprachen aus der indogerman. Gemeinschaft. 2) **hochdt. L.** (5. bis 8. Jh.), betraf nur die hochdt. Sprache, die seitdem vom Niederdt. geschieden ist. Damals wandelten sich k in ch, t in tz oder ss, p in f oder pf. So entsprechen sich niederdt. Schipp, Water, ik und hochdt. Schiff, Wasser, ich, niederdt. ten, Perd, hochdt. zehn, Pferd.

Lava *die,* bei Vulkanausbruch aus dem Erdinnern ausgestoßenes geschmolzenes Gestein (Magma) und das durch Erstarrung daraus entstandene Gestein.

Laval [la'val], Pierre, frz. Politiker, *1883, †(hingerichtet) 1945; war 1931/32, 1935/36 und 1940 Min.-Präs. (in der Reg. Pétain, 1942 auf dt. Betreiben wieder ernannt); 1945 als Kollaborateur verurteilt.

Lavater [-va-], Johann Kaspar, schweizer. ev. Theologe, *1741, †1801; Pfarrer in Zürich. In seinen »Physiognom. Fragmenten ...« (1775 bis 1778) erläuterte er die Kunst der Charakterdeutung aus den Gesichtslinien.

Lavendel *der,* blau blühende Lippenblütler des Mittelmeerbereichs; die duftreiche Blüte des **Echten L.** (Kleiner Speik) gibt L.-Öl; z. T. Heilpflanzen.

Laveran [la'vrã], Charles Louis Alphonse, frz. Bakteriologe, *1845, †1922; entdeckte den Malariaerreger; Nobelpreis 1907.

lavieren [niederländ. von »Luv«], **1)** ⚓ kreuzen. – **2)** geschickt und vorsichtig ausweichen.

lavieren [lat.-ital. lavare »waschen«], ✍ aufgetragene Farbe mit nassem Pinsel verwischen; auch eine Federzeichnung kolorieren.

Lavoisier [lavwa'zje], Antoine Laurent, frz. Chemiker, *1743, †(hingerichtet) 1794; Begründer der neuzeitl. Chemie, wies nach, dass jede Verbrennung auf einer Sauerstoffaufnahme beruht.

Lavongai [lævəŋ'gaɪ], 1884 bis 1918 **Neuhannover,** Insel des Bismarck-Archipels, Papua-Neuguinea.

Law [lɔ:], John **L. of Lauriston,** schott. Bankier, *1671, †1729. Seine 1716 in Paris gegr. Privatnotenbank wurde 1718 Staatsbank; ihr Zusammenbruch 1720 verursachte eine Wirtschaftskrise.

Law and order ['lɔ: ənd 'ɔ:də, engl. »Recht und Ordnung«], Schlagwort, mit dem einerseits die Bekämpfung von Kriminalität und Gewalt durch (harte) Gesetzes- u. a. staatl. Maßnahmen gefordert wird und andererseits der Vorwurf gemacht wird, die bürgerl. Freiheiten zugunsten der staatl. Ordnungsfunktion abbauen zu wollen.

Lawine *die,* in Tirol **Lahn,** große stürzende Schnee- und Eismassen der Hochgebirge. **Staub-L.:** aus feinkörnigem, trockenem Neuschnee. **Grund-** oder **Schlag-L.:** durchweichter Schnee, der an steilen Berglehnen abrutscht und niedergeht. **Gletscher-** oder **Eis-L.:** Gletschereis, das sich beim Vorrücken des Gletschers an einem steilen Abhang ablöst. Oft genügt ein lauter Ruf, ein fallender Stein, um Schnee in Bewegung zu setzen. Am besten schützt der geschlossene Hochwald (Bannwald), sonst Dämme, Mauern, Galerien.

Lawra, Laura [griech. »Gasse«] *die,* urspr. Zellen von Einsiedlern im ostkirchl. Mönchtum, später Ehrentitel einiger Klöster der Ostkirche, z. B. »Große Lawra« auf dem Athos.

Lawrence ['lɔrəns], **1)** D. H. (David Herbert), brit. Erzähler, *1885, †1930; »Söhne und Liebhaber« (1913), »Lady Chatterley« (1928); Novellen. – **2)** Ernest Orlando, amerikan. Physiker, *1901, †1958; konstruierte das Zyklotron. Nobelpreis 1939. – **3)** Sir (seit 1815) Thomas, brit. Maler, *1769, †1830; gesuchter Porträtist seiner Zeit. – **4)** Thomas Edward, gen. **L. von Arabien,** brit. Archäologe, Schriftsteller und Diplomat, *1888, †1935; organisierte 1915 bis 1918 erfolgreich den arab. Aufstand gegen die Türkei und die Mittelmächte, widersetzte sich 1919 vergebl. der Friedensregelung im Nahen Osten; »Die sieben Säulen der Weisheit« (1935).

Lawrencium [lɔ-] *das,* Symbol **Lr,** zu den Transuranen gehörendes, radioaktives Element, OZ 103.

lax, schlaff, locker. **Laxans** *das,* ⚕ Abführmittel.

Laxness, Halldór Kiljan, eigentl. **Guthjónsson** ['gvyð-], isländ. Schriftsteller, *1902; schildert v. a. isländ. Volksleben in Geschichte und Gegenwart; Erz., Gedichte, Romane u. a. »Atomstation« (1948), »Das Fischkonzert« (1957), »Siebenmeistergeschichte« (1978) u. a.; Nobelpreis 1955.

Lay-out ['leɪaʊt] *das,* graf. Entwurf zur Gestaltung von Bild und Schrift. **Layouter** *der,* Entwurfsgrafiker.

Lazaristen, Vinzentiner, kath. Priestergenossenschaft ohne öffentl. Gelübde, gegr. 1625.

Lazarus [hebr. »Gott hilft«], N. T.: **1)** Bruder der Maria und Martha, durch Jesus vom Tode erweckt (Joh. 11 bis 13). – **2)** der **arme L.,** Hauptgestalt in einem Gleichnis Jesu (Lk. 16, 19), Patron der Aussätzigen.

Lazzaroni *Pl.,* Gelegenheitsarbeiter in Neapel; Ü Tagediebe.

lb, Einheitenzeichen für das brit. Pound (von der röm. »libra«).

l. c., Abk. für lat. **l**oco **c**itato, am angeführten Ort (in Büchern).

Lea, A. T.: eine der Frauen Jakobs.

Lean [li:n], Sir (seit 1984) David, brit. Filmregisseur, *1908, †1991; »Die Brücke am Kwai« (1957), »Lawrence von Arabien« (1962), »Doktor Schiwago« (1965), »Reise nach Indien« (1984).

Leander, Geliebter der → Hero.

Leander, Zarah, schwed. Schauspielerin und Sängerin, *1907, †1981.

Lear ['lɪə], sagenhafter König von Britannien, Held eines Trauerspiels von Shakespeare.

Leasing ['li:sɪŋ] *das,* Form der Finanzierung durch Anleihen von Industrieanlagen, Investitions- und/oder Konsumgütern (z. B. Auto). Vermieter kann der Produzent **(Direkt-L.)** oder eine L.-Gesellschaft **(indirektes L.)** sein.

Leba *die,* Küstenfluss in O-Pommern, Polen, 117 km lang, fließt durch den L.-See, mündet bei der Stadt L. (rd. 4000 Ew.) in die Ostsee.

Leben, Daseinsweise der Organismen (Pflanzen, Tiere, Menschen) im Ggs. zum anorgan. Sein. Die wichtigsten Merkmale des L. sind **Stoffwechsel** (Ernährung, Ausscheidung, Atmung), **Wachstum** und **Fortpflanzung.** Alles L. ist an die Zelle als äußere Form und an Protoplasma geknüpft. Die Wiss. vom L. sind Biologie und Physiologie.

lebend gebärend, vivipar, lebende Jungen zur Welt bringend; im Unterschied zu Eier legenden Tieren.

Lebensbaum, Thuja, ⚘ Gattung der Zypressengewächse mit 6 Arten in Nordamerika und O-Asien; immergrüne Bäume und Sträucher mit schuppenförmigen Blättern.

Lebens|erwartung, durchschnittl. Lebensdauer, die Individuen einer Organismenart oder einer Population zu erwarten haben. Für neugeborene Menschen in Dtl. betrug sie 1995 für Männer rd. 76 Jahre und für Frauen rd. 80 Jahre.

Lebenshaltungskosten, in der amtl. Statistik die bei der Berechnung des Preisindexes der Lebenshaltung ermittelten Ausgaben; zugrunde gelegt wird ein (je nach Haushaltstyp unterschiedl.) **Warenkorb,** der aus einer nach Menge und Struktur über einen längeren Zeitraum gleich bleibenden Kombination von Gütern und Dienstleistungen gebildet wird.

Lebenshilfe, Hilfestellungen, die gegeben werden, um einen Mitmenschen zu befähigen, sein Leben zu bewältigen; v. a. die Unterstützung Behinderter.

Lebensmittel, alle Nahrungs- und Genussmittel, die in rohem, zubereitetem, be- oder verarbeitetem Zustand vom Menschen aufgenommen werden.

Lebensphilosophie, im 19. und 20. Jh. weit verbreitete philosoph. Strömung, die vom Begriff des Lebens ausgeht. Grundbegriffe der L. sind Erleben, Verstehen, Einfühlen, Intuition. Die L. knüpft an J. G. Herder, Goethe, die Romantik, v. a. an F. Nietzsche an; ihre wichtigsten Vertreter waren H. Bergson, L. Klages, O. Spengler und W. Dilthey.

Lebensqualität, schlagwortartiger Sammelbegriff für die Summe jener schwer definierbaren Elemente, die Glück oder Zufriedenheit der in einem Staat lebenden Menschen ausmachen.

Lebensschutz, Bioprotektion, Biophylaxe, Erhaltung der Lebensgrundlagen für Menschen, Tiere und Pflanzen.

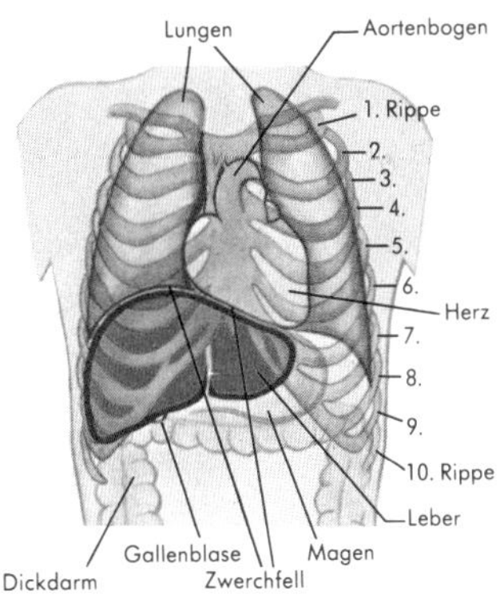

Lage der **Leber** beim Menschen

Lebensstandard, Niveau der Existenz-, Arbeits- und Lebensbedingungen; i. e. S. Grad der Befriedigung materieller, geistig-kultureller Lebensbedürfnisse, bes. Versorgungsstand privater Haushalte mit Dienstleistungen, Ver- und Gebrauchsgütern.

Lebensversicherung. Die L. deckt das in der Ungewissheit über die Lebensdauer begründete Risiko. Die Versicherungsleistung wird in Dtl. überwiegend als einmalige Kapitalzahlung, als Rente oder als Rente und Kapitalzahlung gewährt. Der größte Teil der Überschüsse in der L. geht an die Versicherten, deren Gewinnbeteiligung Bestandteil des Geschäftsplanes ist.

Die Gewinne können zur Erhöhung der Versicherungssumme (Bonussystem), zur Verkürzung der Laufzeit und zur verzinsl. Ansammlung verwendet oder an die Versicherungsnehmer ausgeschüttet werden. Versicherungsarten: **kurzfristige Risikoversicherung:** Die Versicherungsleistung wird nur fällig, wenn der Versicherte während der begrenzten Vertragsdauer stirbt; **lebenslange Todesfallversicherung** mit abgekürzter oder lebenslanger Prämienzahlung: die Versicherungsleistung wird mit dem Tode des Versicherten fällig; **Erlebensfallversicherung:** Die Versicherungsleistung wird fällig, wenn der Versicherte den Ablauf des Versicherungsvertrages erlebt; **abgekürzte** (gemischte) **L.** auf den Todes- oder Erlebensfall: Die Versicherungsleistung (Kapital oder Rente) wird auf jeden Fall entweder mit dem Tode des Versicherten oder nach Ablauf des Versicherungsvertrages fällig; **Versicherung mit festem Auszahlungstermin:** Die Versicherungsleistung wird an einem festgesetzten Zeitpunkt fällig (meist als Aussteuer- und Ausbildungsversicherung); **Pflegerentenversicherung** zur Absicherung des Pflegefallrisikos; **Zusatzversicherungen:** Bei der Berufsunfähigkeitszusatzversicherung wird Prämienfreiheit ab Berufsunfähigkeit und eventuell eine Rente geboten. Bei der Unfallzusatzversicherung wird bei Unfalltod i. d. R. eine doppelte Todesfallleistung erbracht.

Leber, größte Drüse des Körpers, nimmt eine zentrale Stellung im Stoffwechsel ein, z. B. Speicherung des Zuckers als Glykogen, Verarbeitung der Eiweißstoffe, Bildung der Gallenflüssigkeit und Abbau überalteter roter Blutkörperchen. Die L. liegt als abgerundetes Dreieck auf der rechten Seite unter dem Zwerchfell und ist durch eine Furche in einen kleineren linken und einen größeren rechten L.-Lappen geteilt, an dessen unterem Abschnitt die Gallenblase liegt.

Krankheiten: **L.-Entzündung** (Hepatitis) verläuft meist unter dem Bild einer → Gelbsucht. Kann vielerlei Ursachen haben und zu schweren Stoffwechselstörungen führen. **L.-Krebs,** fast immer durch Verschleppung von Krebszellen aus anderen Organen (L.-Metastasen). **L.-Schwellung,** am häufigsten durch Stauung im Blutkreislauf und bei Gelbsucht. **L.-Zirrhose,** entzündl. Wucherung des Bindegewebes, die zum Schwund der L.-Zellen führt (Schrumpf-L., L.-Verhärtung), oft als Folge von Alkoholmissbrauch, auch durch Syphilis, Tuberkulose.

Leber, Julius, dt. sozialdemokrat. Politiker, Journalist, * 1891, † (hingerichtet) 1945; 1924 bis 1933 MdR, 1933 bis 1937 im KZ, an Vorbereitung des Attentats vom 20. 7. 1944 beteiligt.

Leberblümchen, ⚘ kleinstaudiges, meist blau, selten weiß blühendes Hahnenfußgewächs in Laubwäldern; früher in der Volksmedizin als Mittel gegen Leberleiden verwendet.

Leber|egel, 1 bis 4 cm lange Saugwürmer, schmarotzen in den Gallengängen der Leber von Wiederkäuern, Schweinen, Pferden, gelegentlich auch Menschen.

Leberfleck, ⚕ bräunl. Pigmentfleck in der Haut (→ Muttermal).

Lebermoose, ⚘ mit rd. 10 000 Arten weltweit verbreitete Klasse der Moose. Bekannt ist das an nährstoffreichen, feuchten Orten vorkommende **Brunnenlebermoos.**

Leberpilz, ⚘ zungenförmiger Pilz an morschem Laubholz mit braunrotem Fruchtkörper, jung essbar.

Lebertran, Öl aus der Leber von Heilbutt oder Dorsch mit hohem Gehalt an Vitamin D und A; zur Vorbeugung gegen Rachitis.

Thomas Edward Lawrence

Halldór Kiljan Laxness

Zarah Leander

Julius Leber

Leberblümchen

Stanisław Jerzy Lec

John le Carré

Leon Max Lederman

Gertrud von Le Fort

Leblanc [lə'blã], Nicolas, frz. Chemiker und Arzt, *1742, †1806; erfand ein Verfahren zur Sodaherstellung.

Le Bon [lə'bɔ̃], Gustave, frz. Arzt, *1841, †1931; Begründer der Massenpsychologie.

Le Brun [lə'brœ̃], Charles, frz. Maler, *1619, †1690; Hofmaler, Direktor der königl. Gobelinmanufaktur.

Lec [lɛts], Stanisław Jerzy, poln. Lyriker, *1909, †1966; Aphorismen und Satiren.

le Carré [ləka're], John, eigentl. David J. Moore **Cornwell**, brit. Schriftsteller, *1931; Spionageromane (»Der Spion, der aus der Kälte kam«, 1963; »Das Rußlandhaus«, 1988; »Der heiml. Gefährte«, 1990).

Lecce ['lettʃe], Prov.-Hptst. in S-Italien (Apulien), 100700 Ew.; Univ.; Dom (17. Jh.); Textilindustrie.

Lecco ['lekko], ital. Prov.-Hptst. am Comer See, 45500 Ew.; Stahl- und Seidenindustrie.

Lech *der,* rechter Nebenfluss der Donau, entsteht in Vorarlberg, berührt Augsburg, mündet östl. von Donauwörth, 263 km lang. Auf dem **Lechfeld** südl. von Augsburg siegte 955 Otto d. Gr. entscheidend über die Ungarn.

Lecher-Leitung [nach dem österr. Physiker Ernst Lecher, *1856, †1926], Leitungssystem der Höchstfrequenztechnik: 2 parallele, gut isolierte Leiter, auf denen sich elektromagnet. Wellen ausbilden, die in Ausbreitungsrichtung keine Feldkomponente aufweisen.

Lechtaler Alpen, Teil der Nördl. Kalkalpen in Österreich, Parseierspitze 3038 m.

Lecithin *das,* fettähnl. Verbindung, ein in jeder tier. und menschl. Zelle, bes. aber in Gehirn und Nerven vorkommendes Lipoid; Bestandteil von Kräftigungsmitteln.

Leconte de Lisle [ləkɔ̃tdə'lil], Charles Marie, frz. Dichter, *1818, †1894; gilt als bedeutendster Vertreter der Parnassiens.

Le Corbusier [ləkorby'zje], eigentl. Charles Édouard **Jeanneret-Gris,** frz.-schweizer. Architekt, *1887, †1965; ein Vertreter des Funktionalismus; kub. Bauten mit großen Fensterflächen unter Verwendung von Stahlbeton und Glas. Wallfahrtskirche in Ronchamp (1950 bis 1954).

Le Creusot [ləkrø'zo], frz. Stadt südwestl. von Dijon, 28900 Ew.; Steinkohlenlager, Eisen- und Stahlindustrie.

LED, Abk. für engl. **L**ight **e**mitting **d**iode, →Leuchtdiode.

Leda, griech. Sage: Geliebte des Zeus, der sich ihr als Schwan nahte; Mutter der Dioskuren, auch der Helena.

Leder, durch Gerben haltbar gemachte tier. Haut. Beim Gerbprozess wird die L.-Haut von Ober- und Unterhaut sowie Haaren befreit, und die Hautfasermoleküle vernetzen unter Einwirkung der Gerbstoffe. Die älteste **L.-Bereitung,** die **Lohgerberei,** verwendet die in der Rinde von Eichen und Nadelhölzern (Lohe) enthaltene Gerbsäure. In der **Mineralgerberei** unterscheidet man die **Weißgerberei,** die Alaun und Kochsalz, und die **Chromgerberei,** die Chromsalz verwendet. Die **Sämisch-** oder **Ölgerberei** verwendet Öle und Trane zur Herstellung von Wild-, Wasch-, Putz-L. Vielfach werden gemischte Gerbverfahren angewandt, z. B. beim Glacéleder.

Lederhaut, Teil von →Haut und →Auge.

Lederman ['ledəmən], Leon Max, amerikan. Physiker, *1922; erhielt 1988 mit M. Schwartz und J. Steinberger den Nobelpreis für die Erforschung und Entdeckung neuer Elementarteilchen.

Lee *die,* **Leeseite,** ⚓ die dem Wind abgewandte Seite eines Schiffs; Ggs.: Luv.

Lee [li:], **1)** Robert E., amerikan. General, *1807, †1870; führte im Sezessionskrieg 1861 bis 1865 das Heer der Südstaaten. – **2)** Tsung Dao, amerikan. Physiker, *1926; erhielt 1957 zus. mit C. N. Yang den Nobelpreis für Physik für die Erklärung der Paritätsverletzung bei schwachen Wechselwirkungen. – **3)** Yuan Tseh, amerikan. Chemiker, *1936; erhielt mit D. R. Herschbach und J. C. Polanyi 1986 den Nobelpreis für Arbeiten zur Reaktionskinetik.

Leeds [li:dz], Stadt in O-England, 424200 Ew.; Univ.; Tuch-, Eisenindustrie.

Leer (Ostfriesland), Hafen- und Ind.stadt in Ndsachs., 32700 Ew.; Fachschule Seefahrt; Kaffee- und Teegroßhandel.

Leeuwarden ['le:wardə], Hptst. der niederländ. Prov. Friesland, 87900 Ew.; ehem. Residenzschloss; Viehmärkte; Industrie.

Leeuwenhoek ['le:wənhu:k], Antony van, niederländ. Naturforscher, *1632, †1723; baute Mikroskope, entdeckte und beschrieb u. a. Einzeller und Blutkörperchen.

Le Fort [lə'fɔ:r], Gertrud Freiin v., dt. Schriftstellerin, *1876, †1971; schrieb aus kath. Sicht Lyrik (»Hymnen an die Kirche«, 1924; »Hymnen an Dtl.«, 1932, u. a.) und Romane.

legal, gesetzlich, gesetzmäßig.

Legalitätsprinzip, ⚖ Grundsatz, nach dem die Staatsanwaltschaft wegen aller strafbaren Handlungen Anklage erheben muss (§ 152 Strafprozessordnung); Ggs.: Opportunitätsprinzip.

Legasthenie *die,* Lese-Schreib-Schwäche bei sonst normaler Begabung.

Legat, 1) *das,* ⚖ →Vermächtnis. – **2)** *der,* bei den Römern: Gesandter; militär. Befehlshaber. – **3)** kath. Kirche: Abgesandter des Papstes für kirchl. Aufgaben **(Apostol. Legat).**

legato, 𝄞 gebunden.

Legende *die,* **1)** Erzählung aus dem Leben der Heiligen; fromme Sage. – **2)** erklärender Text zu Landkarten und Abbildungen.

Léger [le'ʒe], Fernand, frz. Maler, *1881, †1955; urspr. Architekt, Vertreter des synthet. Kubismus; großflächige Bilder in leuchtender Farbigkeit; bezog häufig techn. Objekte (Zahnräder u. a.) in seine Darstellungen ein.

Le Corbusier. Wallfahrtskirche in Ronchamp (1950 bis 1954)

Leggings, Leggins ['legiŋz] *Pl.,* Gamaschen, lederne Beinfutterale nordamerikan. Indianer. Heute eine Art Strumpfhose ohne Füßlinge.

Leghorn, 🐓 weiße Haushuhnrasse.

Legierungen, metall. Werkstoffe aus mehreren Metallen und oft noch Nichtmetallen; zeichnen sich z. B. durch erhöhte Festigkeit, Härte oder Rostbeständigkeit aus.

Legion *die,* **1)** röm. Heereseinheit, 300 Reiter und 4000 bis 6000 Fußsoldaten. – **2)** in neuerer Zeit Einheiten aus Freiwilligen oder Söldnern (z. B. Fremdenlegion).

Legionärskrankheit, erstmalig 1976 in den USA bei einem Veteranentreffen aufgetretene Viruserkrankung; der Lungenentzündung ähnelnder Krankheitsverlauf mit hohem Fieber und hoher Sterblichkeit.

Legion Condor, Verbände der dt. Wehrmacht, die im Span. Bürgerkrieg (1936 bis 1939) auf der Seite General Francos kämpften; Luftangriff auf Guernica y Luno (1937).

Legislative *die,* die gesetzgebende Gewalt (→Gesetzgebung).

Legislaturperiode, Zeitraum, für den eine Volksvertretung gewählt wird.

legitim, gesetz-, rechtmäßig; ehelich. **Legitimität** *die,* Rechtmäßigkeit, bes. einer Reg. oder eines Herrscherhauses. **Legitimist** *der,* Anhänger der Legitimität, bes. eines gestürzten Herrscherhauses.

Legitimation *die,* Beglaubigung; Nachweis der Berechtigung; Ausweis über die Persönlichkeit; auch Urkunde, durch die man sich ausweist. – Im Familienrecht erlangt ein nichtehel. Kind durch die L. die Rechtsstellung eines ehel., entweder kraft Gesetzes durch nachfolgende Ehe des Vaters mit der Mutter des Kinds (§ 1719 BGB) oder durch behördl. Verfügung **(Ehelicherklärung).**

Legitimationspapier, Wertpapier, bei dem der Gläubiger zwar in der Urkunde genannt ist, der Aussteller aber auch an den jeweiligen Inhaber leisten kann (z. B. Sparkassenbuch).

Legnano [leɲ'ɲa:no], Stadt in N-Italien, 52200 Ew.; Maschinenbau. – 1176 Sieg der lombard. Städte über Friedrich Barbarossa.

Leguan *der,* vorwiegend südamerikan. Echsenfamilie; Baum- und Erdtiere mit Stachelkamm, bis 2 m lang.

Leguminosen, die →Hülsenfrüchtler.

Lehár, Franz, österr. Operettenkomponist, *1870, †1948; »Die lustige Witwe« (1905), »Paganini« (1925), »Das Land des Lächelns« (1929).

Le Havre [lə'a:vr], Hafenstadt in der Normandie, an der Seinemündung, Frankreich, 196000 Ew.; Schiffbau, Erdölraffinerien, chem., Textilind.; Erdölleitung nach Paris.

Lehen, Lehn *das,* im MA. ein Grundstück, nutzbares Recht oder Amt, das der **Lehnsmann** (Vasall) vom **Lehnsherren** durch die **Belehnung** erhielt. Er war dafür zu ritterl. Kriegs- und Hofdienst verpflichtet. Die L. wurden zunehmend erblich. – Das **Lehnswesen** war ein Grundelement der mittelalterl. Gesellschaftsordnung.

Lehm *der,* durch Eisenverbindungen gelb bis braun gefärbter, sandhaltiger Ton; Rohstoff für die Ziegel- und Töpferwarenfabrikation; auch Baumaterial.

Lehmann, 1) Karl, dt. kath. Theologe, *1936; seit 1983 Bischof von Mainz, seit 1987 Vors. der Dt. Bischofskonferenz. – **2)** Lotte, amerikan. Sängerin (Sopran) dt. Herkunft, *1888, †1976. – **3)** Wilhelm, dt. Schriftsteller, *1882, †1968; Gedichte: »Der grüne Gott« (1942); Roman: »Ruhm des Daseins« (1953).

Lehmbruck, Wilhelm, dt. Bildhauer, *1881, †(Freitod) 1919; expressionist. Bildwerke.

Lehmden, Anton, österr. Maler und Grafiker, *1929; Vertreter der Wiener Schule des fantast. Realismus.

Lehn, Jean-Marie Pierre, frz. Chemiker, *1939; erhielt mit C. Pedersen und D. J. Cram 1987 den Nobelpreis für Chemie für Arbeiten zur supramolekularen Chemie.

Lehnin, Gemeinde in Bbg., bei Potsdam, 3100 Ew.; ehem. (1180 gegr.) Zisterzienserkloster.

Lehnwort, aus einer anderen Sprache aufgenommenes Wort, das sich den dt. Sprachgesetzen angepasst hat.

Lehrdichtung, didaktische Dichtung, Dichtung, die auf unterhaltende Weise belehren will; sie ist an keine bestimmte Gattung gebunden, wenn auch Fabel, Epigramm und Parabel zu ihr neigen. Im 20. Jh. entwickelte sich das **Lehrstück** (B. Brecht).

Lehre, 1) Lehrsatz, kluge Regel. – **2)** Lehrmeinung, Anschauung. – **3)** frühere Bezeichnung für Ausbildung. – **4)** ⚙ Messinstrument, meist aus gehärtetem Stahl, zur Kontrolle der Werkstückabmessungen auf Einhaltung der vorgegebenen Toleranzen.

Lehrer, i. w. S. Unterrichtender, i. e. S. die Lehrkräfte an öffentl. Schulen oder Hochschulen. Die Ausbildung der L. an Schulen setzt in Dtl. das Abitur voraus. Grund- und Hauptschul-L. werden an Univ. oder an Pädagog. Hochschulen ausgebildet. Als Realschul-L. können zugelassen werden: Grundschul-L. nach der 2. Prüfung (fachl. Ergänzungsprüfung), Studierende nach mindestens 6semestrigem Fachstudium und 1- bis 2-semestrigem Referendariat. Gymnasial-L. haben nach einem mindestens 8semestrigen Studium an Univ. (TU) oder an Kunst-, Musik- und Sporthochschulen die 1. Staatsprüfung und nach dem Studienreferendariat (1 1/2 Jahre) die 2. Staatsprüfung abgelegt.

Lehrfreiheit, das Recht, gewonnene Einsichten und Überzeugungen zu verbreiten; in Dtl. als Grundrecht in Artikel 5 GG gewährleistet.

Lehrling, frühere Bezeichnung für den →Auszubildenden.

Lehrmittel, Unterrichtshilfsmittel, z. B. Filme, Modelle, Sammlungen (im Ggs. zu **Lernmitteln** wie Bücher).

Lehrte, Industriestadt in Ndsachs., östl. von Hannover, 42100 Ew.; chem., Elektroind., Maschinenbau.

Leibeigenschaft, ⚖ im MA. persönl. Abhängigkeit des zu Frondienst und bestimmten Abgaben verpflichteten bäuerl. Hintersassen von seinem Herrn. In Süd- und West-Dtl. führte die Auflösung der Grundherrschaft schon im Spät-MA. zur Auflockerung und Beseitigung der L., in Ost-Dtl. bildete sie jedoch ihre strengste Form in der seit dem 16. Jh. entstandenen **Erbuntertänigkeit** aus (bis 1850).

Leibesfrucht, das Kind im Mutterleib, wird rechtlich in bestimmten Fällen (z. B. bei einem Erbfall) als schon geboren behandelt.

Leibesübungen, planmäßig betriebene körperl. Übungen zur Erhaltung oder Steigerung der Leistungsfähigkeit: Gymnastik, Spiel, Sport.

Leibgedinge *das,* →Altenteil.

Leibl, Wilhelm, dt. Maler, *1844, †1900; realist. Darstellungen aus der Welt des oberbayer. Bauernlebens.

Leibniz, Gottfried Wilhelm Freiherr v., dt. Universalgelehrter, *1646, †1716; seit 1700 Präs. der von ihm gegr. Akademie der Wiss. in Berlin; bedeutend als Mathematiker, Rechtsgelehrter, Geschichtsforscher, Staatsmann, Sprachforscher und Philosoph. Er entwarf ein rationalist.-idealist. Denkgebäude, das die mechanist. Naturerklärung Descartes' mit dem religiösen Glauben zu versöhnen suchte. An die Stelle der toten Atome setzte L. **Monaden,** d. h. lebendige, einfache Einheiten, aus denen das Weltganze aufgebaut ist. Gott ist die Urmonade; er hat alle Monaden zu einem harmonisch geordneten Kosmos abgestimmt (prästabilierte Harmonie); daher ist nach L. unsere Welt die beste aller möglichen. BILD S. 528

Leibrente, Lebensrente, Geldrente, die einem anderen für dessen Lebensdauer in bestimmten Abständen zu entrichten ist (§§ 759 bis 761 BGB).

Leibung →Laibung.

Leicester ['lestə], Stadt im mittleren England, 318500 Ew.; Univ.; Wirkwarenindustrie. BILD S. 528

Leicester ['lestə], Robert **Dudley,** Earl of, *1533, †1588; Günstling der Königin Elisabeth I. von England.

Leiche, abgestorbener menschl. **(Leichnam)** oder tier. Körper. Bald nach dem Tod des Menschen tritt die **L.-Starre** (Totenstarre) ein, die Haut verfärbt sich an tief

Tsung Dao Lee

Yuan Tseh Lee

Franz Lehár

Jean-Marie Pierre Lehn

Le Havre Stadtwappen

liegenden Stellen infolge der Senkung des Bluts (**L.-Flecke**). – L. sind nach der →Leichenschau innerhalb landesgesetzl. festgelegter Fristen zu bestatten.

Leichenfledderei, Diebstahl von Sachen, die einem Bestatteten beigegeben sind.

Leichenöffnung, Sektion, Obduktion, Untersuchung zur Feststellung der Todesursache.

Leichenschau, im amtl. Auftrag erfolgende Untersuchung Verstorbener; soll bes. die Beerdigung Scheintoter verhindern, auch die von gewaltsam ums Leben Gekommener vor Feststellung der Todesursache.

Leicht|athletik, aus den natürl. Bewegungen des Gehens, Laufens, Werfens und Springens entwickelte Sportübungen als Einzel-, Mehr- oder Mannschaftswettkämpfe.

Leichtbau, Bauweise, bei der durch besondere Baustoffe, Bauarten und -formen das Gewicht verringert wird (Stahl-L., Leichtmetallbau, Leichtbetonbau u. a.). **Leichtbauplatten,** aus Holzwolle oder Holzspänen mit Zement, Magnesit oder Gips gebundene und gepresste Bauplatten.

Leichtbeton, Beton mit leichten, porigen Zuschlagstoffen.

Leicester
Stadtwappen

Leichter, kleines Wasserfahrzeug zum Entladen (Löschen) von Schiffen.

Leichtgewicht, →Gewichtsklassen.

Leichtmetalle, alle Metalle, deren Dichte kleiner als 4,5 g/cm^3 ist, also die Alkali- und Erdalkalimetalle, ferner Aluminium, Titan.

Leicht|öl, leicht entzündliches Brenn- und Heizöl, aus Erdöl oder Teer gewonnen.

Leiden
Stadtwappen

Leiden, Stadt in den westl. Niederlanden, 115 400 Ew.; Univ.; Sternwarte; Renaissancebauten; Metall- und Nahrungsmittelindustrie; viele Kanäle (Verbindung mit Den Haag, Haarlem und Amsterdam).

Leidener Flasche [nach der Stadt Leiden], **kleistsche Flasche,** älteste Form des elektr. Kondensators, besteht aus einem innen und außen mit Stanniol belegten Glasbecher; von E. G. v. Kleist 1745 erfunden.

Leidenfrost-Phänomen [nach dem dt. Arzt J. G. Leidenfrost, * 1715, † 1794], Erscheinung, dass Wassertropfen, die auf eine glühende Platte fallen, durch einen sich bildenden Dampfmantel vor sofortiger Verdampfung geschützt werden.

Leier *die,* **1)** die Lyra, Sinnbild lyr. Dichtung. – **2)** nördl. Sternbild.

Leierkasten →Drehorgel.

Leierschwanz, austral. Singvogel; Männchen mit leierförmigem Schwanz.

Leif Eriksson, norweg. Seefahrer, fand um 1000 die Küste Nordamerikas (»Vinland«).

Leigh [li:], Vivien, brit. Bühnen- und Filmschauspielerin, * 1913, † 1967; verheiratet mit L. Olivier (1940 bis 1960); Filme: »Vom Winde verweht« (1939), »Endstation Sehnsucht« (1951).

Leihe, unentgeltl., zeitlich begrenzte Überlassung einer Sache zum Gebrauch (§§ 598 ff. BGB). Gebrauchsüberlassung gegen Entgelt ist rechtlich Miete.

Leihhaus, öffentl. (staatl., städt.) Anstalt, die gegen Pfand Geld auf kurze Zeit ausleiht.

Leihmutter, umgangssprachl. Bez. für eine Frau, die stellvertretend für eine andere Frau gegen Bezahlung ein Kind austrägt. Die Vermittlung von L. ist in Dtl. strafbar.

Leim, wasserlösl. Klebemittel zur Herstellung dauerhafter Verbindungen. Kalt-L. binden bei normaler Temperatur, Warm-L. bei 50 bis 70 °C, Heiß-L. bei 100 bis 160 °C.

Leimkraut, ein Nelkengewächs, →Silene.

Lein →Flachs.

Leinberger, Hans, dt. Bildhauer, * um 1480/85, † nach 1530; Hochaltar in Moosburg a. d. Isar (1513/14), Hl. Georg (um 1525, München, Frauenkirche).

Leierschwanz

Gottfried Wilhelm Leibniz. Ausschnitt aus einem zeitgenössischen Gemälde und Autogramm

Leine *die,* linker Nebenfluss der Aller, Thür. und Ndsachs., 241 km lang, entspringt auf dem Eichsfeld, mündet bei Schwarmstedt, ab Hannover schiffbar.

Leinfelden-Echterdingen, Stadt im Kr. Esslingen, Bad.-Württ., 35 100 Ew.; ✈ von Stuttgart.

Leinkraut, Gattung der Braunwurzgewächse mit gespornten Blüten. Arten: **Echtes L.** (Frauenflachs) mit gelben Blüten; **Alpen-L.,** violettgelb blühend.

Lein|öl, aus Leinsamen gepresstes, goldgelbes Öl; wird als Speiseöl, zur Herstellung von Firnis, für Ölfarben, Linoleum verwendet.

Leinpfad, Treidelweg, Weg längs eines Flusses oder Kanals, von dem aus früher die Schiffe an Seilen gezogen (getreidelt) wurden.

Lein|samen, Flachssamen, hellbraune, glänzende Samen des Flachses, enthalten Schleim und Leinöl und sind ein Mittel zur Bekämpfung der chron. Stuhlverstopfung.

Leinsdorf, Erich, amerikan. Dirigent österr. Herkunft, * 1912, † 1993; wirkte u. a. in New York, Boston und Berlin.

Leinster ['lenstə], irisch **Cúige Laighean** [ku:'gi 'la:n], histor. Prov. im östl. Irland; an der Küste liegt Dublin.

Leinwand *die,* **1) Leinen,** Gewebe in Leinwandbindung, als **Reinleinen** ganz aus Flachsbastfasergarnen, als **Halbleinen** in der Kette aus Baumwolle, im Schuss aus Flachs; u. a. für Wäsche und Kleider. – **2)** Bildwand.

Leip, Hans, dt. Schriftsteller, * 1893, † 1983; u. a. Gedichte (»Lili Marleen«, 1915) und Seemannsgeschichten.

Leipzig, kreisfreie Stadt in Sa., bedeutende Handels- und Industriestadt, 452 100 Ew., in fruchtbarer Auenlandschaft der Elster und Pleiße, inmitten der **Leipziger Tieflandsbucht;** Univ., Akademien, Hoch-, Fachschulen; Dt. Bücherei (seit 1990 Teil der »Dt. Bibliothek«), Museen, Theater, Gewandhausorchester; Thomaskirche (15. Jh.; Thomanerchor), Nikolaikirche (13. bis 16. Jh.), Altes Rathaus (Mitte 16. Jh.); Völkerschlachtdenkmal; Sitz des Reichsgerichts 1879 bis 1945; Neues Gewandhaus (1977 bis 1981). Die **Leipziger Messe** ist Mustermesse mit Techn. und Baumesse. Ind.: Maschinenbau, Elektrotechnik, Chemikalien, Textilien, Verlage, Druckereien u. a. Bis 1945 war L. Mittelpunkt des dt. Buchhandels und der Pelzverarbeitung. – 1813 entschied die **Völkerschlacht bei L.** den Herbstfeldzug der →Freiheitskriege. 1943 bis 1945 wurde die Innenstadt stark zerstört. 1989/90 gingen von den »Montagsdemonstrationen« in L. entscheidende Impulse für die revolutionären Veränderungen in der DDR aus, die zum Sturz des SED-Regimes sowie zur Herstellung der dt. Einheit 1990 führten.

Leipziger Allerlei, Gericht aus jungem Gemüse, Spargel und Morcheln, mit Grießklößchen.

Leipziger Disputation, theolog. Streitgespräch in der Pleißenburg zw. Luther, J. Eck und A. v. Karlstadt (1519).

Leiser, Erwin, dt.-schwed. Filmregisseur, *1923, †1996; »Mein Kampf« (1959), »Eichmann und das Dritte Reich« (1961), »Die Mitläufer« (1985), »Ich habe immer Schutzengel gehabt« (1989).

Leistengegend, der dicht über der Schenkelbeuge liegende Bauchteil; in der L. verläuft der **Leistenkanal** für den Samenstrang bzw. das runde Mutterband bei der Frau; durch den Kanal können Eingeweide hindurchtreten **(Leistenbruch).**

Leistikow [-ko], Walter, dt. Maler, *1865, †1908; u. a. stimmungsvolle Bilder märk. Wald- und Seenlandschaften.

Leistung, 1) ⚛ von einer Kraft in der Zeiteinheit geleistete Arbeit, gemessen in Watt (W). $1 W = 1 J/s = 1 N \cdot m/s = 1 kg \cdot m^2/s^3$. 1 PS (gesetzlich bis Ende 1977) = 735,49875 W. Elektr. L. ist bei Gleichstrom das Produkt von Spannung und Strom, 1 W = 1 Volt × 1 Ampere. Bei Wechselstrom werden unterschieden: Schein-L., Wirk-L. und Blind-L. – **2)** ⚖ Gegenstand einer Schuldverpflichtung, bes. die Zahlung. **L.-Klage,** Klage, mit der die Verurteilung des Beklagten zu einer L. (oder Unterlassung) verlangt wird. **L.-Ort,** →Erfüllungsort. Das **L.-Schutzrecht** hat bes. die L. ausübender Künstler, der Tonträgerhersteller und der Sendeunternehmen zum Gegenstand.

Leistungsgesellschaft, Schlagwort für eine Industriegesellschaft, in der die materiellen und sozialen Chancen, die soziale Anerkennung und Bewertung sowie die sozialen Positionen vornehmlich nach der erbrachten individuellen Leistung vergeben werden.

Leitartikel, größerer Aufsatz an bevorzugter Stelle in Zeitungen, vielfach auch **Kommentar** genannt.

Leiter, ⚛ Stoff, der Wärme, Schall oder elektr. Strom weiterführt. Elektr. L. sind alle Metalle, Kohle und die Elektrolyte. Elektr. und Wärme-**Leitfähigkeit** entsprechen einander. (→Halbleiter)

Leitfossil, versteinerte Tier- oder Pflanzenart, die nur in Schichten gleichen geolog. Alters vorkommt und diese kennzeichnet. Mithilfe von L. lassen sich auch isolierte Schichtreste sicher datieren.

Leitha *die,* rechter Nebenfluss der Donau, 180 km, wird rechts begleitet vom **L.-Gebirge,** das bis 1918 z. T. die Grenze zw. Österreich (Zisleithanien) und Ungarn (Transleithanien) bildete.

Leitmotiv, 𝄞 bes. bei R. Wagner oft wiederkehrende Tonfolge zur Kennzeichnung einer Person, eines Vorgangs, einer Stimmung; auch auf die Literatur übertragen.

Leitner, Ferdinand, dt. Dirigent, *1912, †1996; in Stuttgart, Zürich, Den Haag.

Leitstrahlsender, Navigationshilfsmittel für Luft- und Seefahrt.

Leitung, 1) Einrichtung zum Fortleiten von Flüssigkeiten, Gasen und festen Körpern (Rohrpost). – **2)** Einrichtung zur Übertragung elektr. Energie oder elektr. Signale (→Kabel). **Frei-L.:** an Masten mit Isolatoren befestigte Starkstrom- oder Fernmeldeleitung.

Leitwährung, Währung, in der ein großer Teil des Welthandels abgerechnet wird und für die ein breiter internat. Kapitalmarkt besteht, bes. der US-Dollar.

Leitwerk, ✈ beim Höhen- und Seitensteuer eines Flugzeugs die feste Flosse und ein bewegl., der Änderung der Bewegungsrichtung dienendes Ruder.

Leitwert, ⚡ Kehrwert des elektr. Widerstands; SI-Einheit ist das Siemens (S); $1 S = 1/\Omega$.

Leitzahl, Fotografie: bei Blitzlichtgeräten von der Filmempfindlichkeit abhängige Hilfszahl, mit der sich die Blendenöffnung errechnen lässt.

Leitzinsen, Zinsen, zu denen die Bundesbank Geld an Banken verleiht; Orientierung für das allg. Zinsniveau.

Lek *der,* Währungseinheit Albaniens, 1 L. = 100 Quindarka.

Lek *der,* Mündungsarm des Rheins, in den Niederlanden, 61 km lang.

Lektion *die,* in den christl. Gottesdiensten die Schriftlesung, auch übertragen auf die gelesenen (Bibel-)Abschnitte. Allg. für Lehrstunde, -vortrag bzw. Abschnitt eines Lehr- oder Übungsbuchs; Ü Zurechtweisung, Strafrede, Verweis.

Lektor [lat. »Vorleser«] *der,* **1)** Hochschullehrer für Einführungskurse und Übungen. – **2)** Mitarbeiter eines Verlags, der Manuskripte auf ihre Brauchbarkeit prüft. – **3)** im christl. Gottesdienst der Laie, der die bibl. Lesungen vorträgt.

Le Locle [lə ˈlɔkl], Bez.-Hauptort im Kt. Neuenburg, Schweiz, 11 100 Ew.; Uhrenindustrie.

Lelouch [ləˈluʃ], Claude, frz. Filmregisseur, *1937; »Ein Mann und eine Frau« (1966), »Ein glückl. Jahr« (1973), »So sind die Tage und der Mond« (1990).

Lem, Stanisław, poln. Schriftsteller, *1921; utop. Romane (»Solaris«, 1961; »Fiasko«, 1986) und Erzählungen.

Le Mans [ləˈmã], Stadt in NW-Frankreich, 145 500 Ew.; Univ.; Ind.; Automobilrennstrecke; Kathedrale u. a. got. Kirchen.

Lemberg, russ. **Lwow,** ukrain. **Lwiw,** Gebiets-Hptst. in der Ukraine, 810 000 Ew.; Univ., Hochschulen. – L. kam 1340/49 an Polen, war 1772 bis 1918 Hptst. des österr. Kronlands Galizien, 1919 bis 1939 poln., 1944 an die Ukraine.

Lemercier [ləmɛrˈsje], Jacques, frz. Baumeister, *1585, †1654; Kirche der Sorbonne, Palais Richelieu (Palais Royal) in Paris.

Lemgo, Stadt in NRW, 41 400 Ew.; alte Hansestadt mit histor. Stadtbild; Industrie.

Lemma *das,* math. Hilfssatz, Annahme; Stichwort.

Lemming *der,* 🐾 im Norden lebende Wühlmaus, hamsterähnlich; nach Massenvermehrung Wanderungen infolge Nahrungsknappheit, wobei viele L. zugrunde gehen.

Lemmon [ˈlemən], Jack, amerikan. Filmschauspieler, *1925; »Manche mögen's heiß« (1959), »Das Mädchen Irma la Douce« (1963), »Der dritte Frühling« (1996).

Lemnos, griech. Insel im Ägäischen Meer, 476 km², 15 700 Ew.; Hafen Mudros. – 1479 bis 1912 türkisch.

Lemuren, *Sg.* **Lemur** *der,* **1)** altröm. Bezeichnung für die Geister Verstorbener. – **2) Makis,** 🐾 Halbaffen Madagaskars, Nachttiere. BILD S. 260

Lena *die,* Strom in Ostsibirien, 4 400 km lang, entspringt im Baikalgebirge, mündet ins Nordpolarmeer; z. T. schiffbar.

Le Nain [ləˈnɛ̃], 3 frz. Maler, in Werkstattgemeinschaft arbeitende Brüder: Antoine (*um 1600, †1648), Louis (*um 1602, †1648), Mathieu (*1610, †1677); v. a. in grauen und braunen Tönen gehaltene bäuerl. Genreszenen.

Lenard, Philipp, dt. Physiker, *1862, †1947; untersuchte die Wechselwirkungen zw. Elektronen und Licht (Photoeffekt, Phosphoreszenz); 1905 Nobelpreis; fanat. Nationalsozialist.

Lenau, Nikolaus, eigentlich N. Franz **Niembsch** Edler **von Strehlenau,** österr. Schriftsteller, *1802, †1850;

Vivien Leigh

Leipzig
Stadtwappen

Stanisław Lem

schwermütige Lieder, dramat. Gedichte, z. B. »Faust« (1836), »Savonarola« (1837), »Die Albigenser« (1842).

Lenbach, Franz v., dt. Maler, * 1836, † 1904; führender Porträtmaler des 19. Jh.: u. a. O. v. Bismarck, H. Graf v. Moltke, Wilhelm I.

Lende, ⚕ ♡ hintere seitl. Gegend der Bauchwand.

Lengefeld, 1) Charlotte v., Gemahlin von → Schiller. – **2)** Karoline v., Schwester von 1), → Wolzogen, Karoline von.

Lenggries, Gemeinde in Oberbayern, 9 100 Ew., 680 m ü. M.; Wintersportort.

Lenin, Wladimir Iljitsch, seit etwa 1901 polit. Deckname von W. I. **Uljanow,** russ. Revolutionär, * 1870, † 1924; ab 1903 Haupt der Bolschewiki (→ Bolschewismus), lebte meist als Schriftsteller im Ausland (u. a. London, München, Genf, Zürich), kehrte 1917 mit dt. Hilfe nach Russland zurück, organisierte mit L. D. Trotzkij die Oktoberrevolution 1917 und errichtete den Sowjetstaat; stand seitdem unbestritten an dessen Spitze als Vors. des Rats der Volkskommissare. In seinen Schriften vertrat er als Theoretiker des Kommunismus den dialekt. und histor. Materialismus, den er zum Marxismus-Leninismus weiterentwickelte. Person und Leistung L.s unterliegen derzeit einer Neubewertung.

Wladimir Iljitsch Lenin

Leninabad → Chudschand.

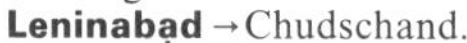

Leninakan → Gümri.

Leningrad → Sankt Petersburg.

Lenkflugkörper, militär. Transportflugkörper, der ferngelenkt wird oder Zielsucheinrichtungen besitzt; Trägerflugzeuge für militär. Nutzlasten, Fernlenkwaffen oder Köderflugzeuge.

Lenkung, Vorrichtung, die bei Straßenfahrzeugen oder Flugkörpern der Richtungsänderung dient.

Lenné [lɛˈne], Peter Joseph, dt. Gartenarchitekt, * 1789, † 1866; schuf in engl. Stil Parkanlagen preuß. Schlösser.

Lennep, Jacob van, niederländ. Dichter, * 1802, † 1868; populär durch seine histor. Romane, u. a. »Die Rose von Dekama« (1836).

Lennestadt, Stadt in NRW, im Sauerland, 27 700 Ew., 1969 aus mehreren Gemeinden gebildet.

Lennon [ˈlenən], John, brit. Gitarrist und Sänger, → Beatles.

Lotte Lenya

Le Nôtre [ləˈno:tr], André, frz. Gartenarchitekt, * 1613, † 1700; schuf den frz. Gartenstil; Parkanlagen in Versailles, Saint-Germain-en-Laye.

lento, 𝄞 langsam.

Lentulus, Beiname (wahrscheinlich etrusk. Herkunft) des patriz. Geschlechts der Cornelier in Rom. Bedeutende Namensträger: **1) Cornelius L. Spinther,** Publius, † 47/46 v. Chr.; setzte sich als Konsul (57) für die Rückberufung Ciceros aus dem Exil ein; kämpfte im Bürgerkrieg auf der Seite des Pompeius. – **2) Cornelius L. Sura,** Publius, † 63 v. Chr., Konsul (71); wurde 70 wegen seines Lebenswandels aus der Senatsliste gestrichen, wegen seiner Teilnahme an der Catilinar. Verschwörung hingerichtet.

Lenya, Lotte, österr.-amerikan. Schauspielerin und Sängerin (Mezzosopran), * 1898, † 1981; erlangte Berühmtheit in Brecht-Aufführungen (mit der Musik ihres Mannes K. Weill).

Siegfried Lenz

Lenz, 1) Hermann, dt. Schriftsteller, * 1913; Romane, Erz. aus Gesch. und Zeitgesch. – **2)** Jakob Michael Reinhold, dt. Dichter, * 1751, † 1792; schloss sich in Straßburg Goethe an; Dramen im Geist der Sturm-und-Drang-Zeit (»Der Hofmeister«, 1774; »Die Soldaten«, 1776), Gedichte. – **3)** Siegfried, dt. Schriftsteller, * 1926; Romane (»Deutschstunde«, 1968; »Heimatmuseum«, 1978; »Exerzierplatz«, 1985; »Die Klangprobe«, 1990; »Die Auflehnung«, 1994), Erz. (»So zärtlich war Suleyken«, 1955; »Motivsuche«, 1988), Schauspiele (»Zeit der Schuldlosen«, 1961).

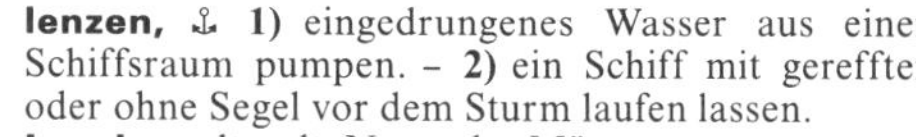

lenzen, ⚓ **1)** eingedrungenes Wasser aus einem Schiffsraum pumpen. – **2)** ein Schiff mit gerefftem oder ohne Segel vor dem Sturm laufen lassen.

Lenzing, alter dt. Name des März.

Leo, Päpste: **1) L. I., der Große** (440 bis 461), erwirkte 445 die Anerkennung der Vormachtstellung der Päpste innerhalb der Kirche; Kirchenlehrer; Heiliger (Tag: 10. 11.). – **2) L. IX.** (1049 bis 1054), * 1002, † 1054; kämpfte gegen Priesterehe und Simonie, unter ihm 1054 endgültiger Bruch mit der Ostkirche. – **3) L. X.** (1513 bis 1521), * 1475, † 1521; aus der Familie Medici, Förderer der Wiss. und Künste. – **4) L. XIII.** (1878 bis 1903), * 1810, † 1903; förderte die kath.-soziale Bewegung und die Entwicklung der kath. Wiss., bedeutend seine Enzyklika über die Arbeiterfrage (Rerum novarum).

Leoben, österr. Bez.-Hptst. in der Steiermark, an der Mur, 29 500 Ew.; Montan-Univ., Eisenhütten- und Stahlwerk.

Leochares, att. Bildhauer des 4. Jh. v. Chr.; vermutlich geht auf ihn der als Kopie erhaltene »Apoll von Belvedere« zurück.

Leon III., der Syrer, byzantin. Kaiser (717 bis 741), * um 675, † 741; verteidigte Konstantinopel gegen die Araber (717/718); verbot 730 die Bilderverehrung.

León, 1) span. Prov. im NW von Altkastilien, 15 468 km², 531 000 Ew.; vorherrschend ist die Landwirtschaft. – **2)** Hptst. von 1), 146 200 Ew.; got. Kathedrale (13. bis 15. Jh.); 910 bis 1230 zeitweilige Hptst. des Kgr. León und bedeutendste Stadt des christl. Spanien. – **3)** Stadt in Mexiko, 867 900 Ew., 1 880 m ü. M.; Textil-, Lederind. – **4)** Stadt in Nicaragua, 101 000 Ew.; Univ.; Nahrungsmittel-, Schuh- u. a. Industrie.

Leonardo da Vinci [- ˈvintʃi], ital. Maler, Bildhauer, Naturforscher, Erfinder, * 1452, † 1519; zunächst Schüler von A. del Verrocchio in Florenz, dann Tätigkeit am Hof des Herzogs Ludovico Sforza in Mailand, nach Aufenthalten in Mantua, Venedig, Florenz und Rom folgte er 1516 der Einladung König Franz' I. nach Frankreich. Als Maler vertrat er die Ideale der Hochrenaissance und gelangte zu einer überzeugenden Licht- und Schattenmalerei (»sfumato«). Bedeutende Leistungen in Bildhauerei, Naturwiss. und Technik. Gemälde: Anbetung der Könige (1481, Florenz); Abendmahl (1495 bis 1497, Mailand); Mona Lisa (1503 bis 1506, Paris); Anna Selbdritt (1508 bis 1511, Paris).

Leonberg, Stadt im Kr. Böblingen, westl. von Stuttgart, Bad.-Württ., 43 700 Ew.; Maschinenbau.

Leoncavallo, Ruggiero, ital. Komponist, * 1857, † 1919; »Der Bajazzo« (1892) u. a.

Leone, Sergio, ital. Filmregisseur, * 1929, † 1989; Hauptvertreter des Italowesterns, u. a. »Spiel mir das Lied vom Tod« (1968).

Lemuren

Leonardo da Vinci. Ginevra de' Benci, Ausschnitt (um 1478)

Leonhard, Einsiedler des 6. Jh.; Schutzheiliger der Gefangenen und des Viehs (Tag: 6. 11.).
Leonidas I., König von Sparta, fiel 480 v. Chr. im Kampf gegen die Perser bei den Thermopylen.
Leoniden → Sternschnuppen.
Leonow, Leonid Maksimowitsch, russ. Schriftsteller, * 1899; † 1994; gesellschaftspolit. Romane.
Leopard *der,* **Panther,** Großkatze in Afrika, Asien, 45 bis 62 cm Schulterhöhe, gelbl., schwarz geflecktes Fell, zuweilen auch ganz schwarz; guter Kletterer.
Leopardi, Giacomo Graf, ital. Dichter, * 1798, † 1837; von klass. Formwillen geprägte Lyrik.
Leopold, Herrscher: **Hl. Röm. Reich. 1) L. I.** Kaiser (1658 bis 1705), * 1640, † 1705; gewann 1683 bis 1699 (Großer Türkenkrieg) Ungarn mit Siebenbürgen; damit stieg das Reich der österr. Habsburger zur europ. Großmacht auf. Zugleich kämpfte L. gegen Ludwig XIV. von Frankreich. - **2) L. II.** Kaiser (1790 bis 1792), * 1747, † 1792; Bruder und Nachfolger Josephs II., seit 1765 Großherzog von Toskana; beendete 1791 den Türkenkrieg. - **Anhalt-Dessau. 3) L. I.,** Fürst (1693 bis 1747), der **Alte Dessauer,** * 1676, † 1747; preuß. Feldmarschall und Freund Friedrich Wilhelms I. - **Belgien. 4) L. I.,** König (1831 bis 1865), * 1790, † 1865; Prinz von Sachsen-Coburg, vertrat einen gemäßigten Liberalismus. - **5) L. II.,** König (1865 bis 1909), Sohn von 4), * 1835, † 1909; erwarb mithilfe H. M. Stanleys 1881 bis 1885 den Kongo. - **6) L. III.,** König (1934 bis 1951), * 1901, † 1983; dankte ab zugunsten seines Sohns Baudouin.
Leopoldina, Deutsche Akademie der Naturforscher L., 1652 gegr., 1687 durch Leopold I. anerkannt; Sitz Halle (Saale) (seit 1879).
Léopoldville [-'vil], → Kinshasa.
LEP, Abk. für Large Electron Positron Storage Ring, Elektron-Positron-Speicherring am CERN (→ Europäische Organisation für Kernforschung) zur Erzeugung massereicher Elementarteilchen.
Lepanto, alter ital. Name der griech. Stadt → Naupaktos. - Hier siegte die venezianisch-span. Flotte unter Don Juan d'Austria am 7. 10. 1571 über die Türken.
Lepidodendron *der,* → Schuppenbaum.
Leporello *das,* in Buchform harmonikaartig zusammenfaltbare Reihe von Bildern; nach Don Juans Diener L. (in Mozarts »Don Giovanni«, 1787).
Lepra [griech., zu leprós »aussätzig«, eigentl. »rau«, »schuppig«] *die,* **Aussatz,** anzeigepflichtige, chron. bakterielle Infektionskrankheit des Menschen mit vorwiegendem Befall der Haut und/oder des peripheren Nervensystems. Die Übertragung des Erregers Mycobacterium leprae erfolgt durch Tröpfchen- oder Schmierinfektion, die Inkubationszeit kann einige Monate oder wohl auch Jahrzehnte betragen. Die L. ist heute weitgehend auf trop. und subtrop. Länder beschränkt, eine Schutzimpfung ist möglich.
Lepsius, Karl Richard, dt. Ägyptenforscher, * 1810, † 1884; leitete die ägypt. Expedition, die 1842 bis 1846 das Niltal bis in den Sudan erforschte.
Leptis Magna, altphönik. Hafenstadt in N-Afrika, östl. von Tripolis, Libyen, seit 25 v. Chr. röm.; wurde im 4. und 7. Jh. zerstört, seit 1920 freigelegt, gehört zum Weltkulturerbe.
lepto..., zart..., schmal..., dünn..., fein...
Leptonen, ⚛ Familie leichter Elementarteilchen: Elektron, Myon, Tau-Teilchen mit den zugehörigen Neutrinos sowie die entsprechenden Antiteilchen.
leptosomer Typ → Konstitution 3).
Lerchen, erdfarbene Singvögel mit trillerndem Fluggesang, leben in offenem Gelände, Bodenbrüter. **Feld-L.** und **Heide-L.** sind Zugvögel. **Hauben-L.** tragen einen Federschopf am Hinterkopf.
Lerchensporn, Gattung der Mohngewächse mit rd. 300 Arten, u. a. der **Hohle L.** (Erdapfel), 10 bis 35 cm hoch, lila oder weiß blühend.
Lérida ['leriða], katalan. **Lleida,** span. Prov.-Hptst. in Katalonien, 113 700 Ew.; Textil-, Glasind. L. wurde 1117 den Mauren entrissen.
Lermontow, Michail Jurjewitsch, russ. Dichter, * 1814, † 1841; nach A. S. Puschkin der Hauptrepräsentant der russ. Romantikergeneration, schrieb das visionäre lyr. Epos »Der Dämon« (1840); Roman: »Ein Held unserer Zeit« (1840).

Leonardo da Vinci Selbstbildnis, Rötelzeichnung

Lernäische Schlange, die → Hydra.
Lernen, durch Erfahrung entstandene Verhaltensänderungen und -möglichkeiten, die Organismen befähigen, aufgrund früherer und weiterer Erfahrungen situationsangemessen zu reagieren. Generell wird unterschieden zw. einsichtigem L., das Bewusstsein voraussetzt, L. durch Dressur und L. durch Versuch und Irrtum. Menschl. L. ist eine überwiegend einsichtige, aktive, sozial vermittelte Aneignung von Kenntnissen. Die **Lernpsychologie** befasst sich mit den neurophysiolog., psych. und kybernet. Bedingungen des L. und entwickelt entsprechende Theorien.
lernende Automaten, ⚙ techn. Systeme mit der Fähigkeit, durch Erfahrungen Informationen zu erlangen (erlernen) und diese zum Zweck der Optimierung des von ihnen auszuführenden Arbeitsprozesses zu verarbeiten.
Lernet-Holenia, Alexander, österr. Schriftsteller, * 1897, † 1976; Romane (»Die Standarte«, 1934), Schauspiele.
Lesage [lə'sa:ʒ], Alain René, frz. Schriftsteller, * 1668, † 1747; Roman »Der hinkende Teufel« (1707), Schelmenroman »Gil Blas von Santillana« (1715 bis 1735).
lesbische Liebe, gleichgeschlechtl. Liebe unter Frauen.
Lesbos, neugriech. **Lesvos,** griech. Insel im Ägäischen Meer, gebirgig; 1 630 km², 88 600 Ew.; Anbau von Oliven, Wein, Südfrüchten; Hptst.: Mytilene; 1462 bis 1912 türkisch. L. war die Heimat u. a. der Lyrikerin Sappho und des Dichters Alkaios.
Lesespeicher, 🖳 Festwertspeicher eines Computers, aus dem die Daten nur abgerufen (ausgelesen) werden können.
Lesgiler, ostkaukas. Völkergruppe im SO Dagestans und in den angrenzenden Gebieten Aserbaidschans; etwa 383 000 Menschen, Viehzüchter, z. T. Ackerbauern.
Leskow, Nikolaj Semjonowitsch, russ. Erzähler, * 1831, † 1895; Erz., Romane, u. a. »Ohne Ausweg« (1864).

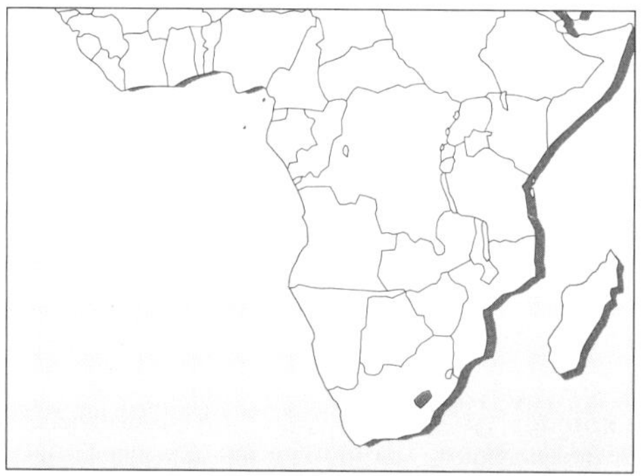

Lesotho

Staatswappen

Staatsflagge

Internationales Kfz-Kennzeichen

Lesotho, Kgr. im südl. Afrika, 30 335 km², 1,84 Mio. Ew. (Sotho oder Basuto; 90% Christen, daneben Anhänger von Natur- u. a. Religionen); Hptst.: Maseru; Amtssprachen: Englisch, Sotho. L. ist vollständig von der Rep. Südafrika umschlossen. Es wird Ackerbau und Viehzucht (Angoraziegen) betrieben. Haupteinnahmequellen sind die Geldüberweisungen der in Südafrika tätigen Wanderarbeiter. L. steht in Zollunion mit Südafrika, Botswana und Swasiland. – Das brit. Schutzgebiet **Basutoland** wurde 1966 als L. unabhängig. König ist seit 1996 Letsie III.

Lesseps, Ferdinand Marie Vicomte de, frz. Diplomat und Ingenieur, * 1805, † 1894; führte 1859 bis 1869 den Bau des Suezkanals durch, 1879 begann er mit dem Bau des Panamakanals, scheiterte jedoch.

Lessing, 1) Doris, brit. Schriftstellerin, * 1919; in Rhodesien aufgewachsen; gesellschaftskrit. und psycholog. Romane und Erz. – **2)** Gotthold Ephraim, dt. Dichter und Kritiker, * 1729, † 1781; lebte seit 1748 meist in Berlin, schrieb treffsichere Kritiken in der »Vossischen Zeitung« (1748 bis 1755) und in der Zeitschrift »Briefe, die neueste Litteratur betreffend« (1759 bis 1765). Mit der Tragödie »Miß Sara Sampson« (1755) begründete er das dt. bürgerl. Trauerspiel nach engl. Vorbild. 1767 bis 1769 war er Dramaturg am Dt. Nationaltheater in Hamburg (»Hamburg. Dramaturgie«, 1767/68), seit 1770 Bibliothekar in Wolfenbüttel. – Als Kritiker befreite L. die dt. Dichtung aus ihrer Abhängigkeit von frz. Mustern. Als Dichter schuf er mit »Minna von Barnhelm« (1767) das erste dt. realist. Lustspiel; sein »Nathan der Weise« (1779) ist Ausdruck einer aufklärer. humanist. Gesinnung.

Doris Lessing

Gotthold Ephraim Lessing
Ausschnitt aus einem zeitgenössischen Ölgemälde

Lesung, Beratung einer Gesetzesvorlage im Parlament, dazu sind drei L. vorgesehen.

letal, ⚕ tödlich.

Lethargie [griech. »Untätigkeit«] *die,* geistige Trägheit, Unempfindlichkeit, außerdem starkes Schlafbedürfnis (u. a. bei Vergiftungen).

Lethe [griech. »Vergessen«] *die,* griech. Sage: Strom in der Unterwelt, aus dem die Seelen der Verstorbenen Vergessen trinken.

Leto, griech. Sage: Titanentochter, durch Zeus Mutter des Apollon und der Artemis.

Lettau, Reinhard, dt. Schriftsteller, * 1929, † 1996; schrieb neben skurril-fantast. Erzählungen auch Lyrik.

Letten *der,* bunter Schieferton des Keuper.

Letten, zum ostbalt. Zweig der indoeurop. Sprachfamilie gehörendes Volk, rd. 1,39 Mio. L. leben in Lettland.

Letter *die,* **1)** Buchstabe. – **2)** Drucktype: Schriftkörper aus einer Bleilegierung, der den Buchstaben seitenverkehrt trägt.

Lette-Verein, 1866 von W. A. Lette gegr. »Verein zur Förderung der Erwerbstätigkeit des weibl. Geschlechts«.

Lettland, einer der drei balt. Staaten zw. Estland im N, Litauen im S und Russland im O, 64 500 km², 2,67 Mio. Ew., rd. 52% Letten, daneben Russen, Weißrussen, Polen u. a.; Hptst. ist Riga. Endmoränenzüge mit zahlreichen Seen bestimmen das Landschaftsbild. Es wird Ackerbau und Viehwirtschaft betrieben; wichtigste Ind.zweige sind der Maschinen- und Fahrzeugbau, die chem.-pharmazeut. und die Textilind.; die größten Ind.zentren sind Riga (mit wichtigem Ostseehafen), Dünaburg und Libau.
L. war seit dem 13. Jh. Teil des Dt. Ordensstaats, im 16. Jh. poln., im 17. Jh. schwed., Ende des 18. Jh. gehörte es zu Russland. 1918 wurde die Rep. L. proklamiert. 1940 wurde L. von der UdSSR annektiert (Lett. SSR). Im Mai 1990 erklärte das lett. Parlament einseitig die Souveränität L.s, die 1991 von Russland anerkannt wurde. Staatspräs.: Guntis Ulmanis (* 1939; seit 1993).

Lettner [von lat. lectorium »Lesepult«] *der,* in Stifts-, Kathedral- und Klosterkirchen des MA. Trennwand zw. dem nur Geistlichen zugängl. Chor und dem Mittelschiff, mit einer Empore.

Lettow-Vorbeck [-to:-], Paul v., preuß. General, * 1870, † 1964; 1914 bis 1918 Kommandeur der Schutztruppe in Dt.-Ostafrika, konnte sich bis Kriegsende behaupten.

letztwillige Verfügung → Testament.

Leuchtdichte → Lichttechnik.

Leuchtdiode, Lumineszenzdiode, Abk. **LED** [von engl. Light emitting diode], ⚡ Halbleiterdiode, bei der Elektrolumineszenz am p-n-Übergang auftritt; verwendet z. B. in Displays, in Optokopplern.

Leuchtfeuer, Lichtzeichen der See- und Luftfahrt, von Leuchttürmen, Feuerschiffen, Leuchtbaken u. a.

Leuchtgas → Stadtgas.

Leuchtgasvergiftung, Kohlenoxidvergiftung. Erste Hilfe: künstl. Beatmung.

Leuchtkäfer → Glühwürmchen.

Leuchtlebewesen, Lebewesen, deren Stoffwechselvorgänge Chemilumineszenz erzeugen. Landbewohnende L. sind z. B. das Glühwürmchen, der amerikan. Cucujokäfer, der auf faulem Holz lebende Hallimasch und das Leuchtmoos; unter den Meeresbewohnern zeigen viele Quallen, Borstenwürmer, Muscheln und Tiefseebewohner Chemilumineszenz. Das Meeresleuchten bewirken u. a. Leuchtbakterien, Algen und das Geißeltierchen Noctiluca. Die Leuchtorgane vieler Tiefseetiere enthalten Leuchtbakterien, die mit diesen in Symbiose leben.

Leuchtröhre, röhrenförmige Gasentladungslampe mit unbeheizten Elektroden. Die Betriebsspannung beträgt etwa 1 000 V je Meter Rohrlänge. Die Lichtfarbe hängt von der Gasfüllmenge ab; Neon liefert rotes Licht, Neon mit Quecksilber blaues Licht.

Leuchtschirm, mit einem lumineszierenden Material beschichteter Schirm, der beim Auftreffen energiereicher Strahlen, z. B. Alpha-, Elektronen- oder Röntgenstrahlen, aufleuchtet. Verwendung: Röntgentechnik, Fernsehen.

Leuchtstoffe, Leuchtmassen, Leuchtfarben, Lumineszenzstoffe, Stoffe, die nach Energieabsorption →Lumineszenz zeigen. Nicht nachleuchtende L. wandeln die auffallende Strahlung in (meist) längerwellige um. Anorgan. L. sind z. B. Zink- und Zinkcadmiumsulfide, ein organ. L. ist das Luciferin der Leuchtkäfer und Leuchtbakterien.

Leuchtstofflampe, Niederspannungs-Gasentladungslampe, gefüllt mit einem Grundgas, meistens Argon, und einer geringen Menge Quecksilber. Die Innenwand des Entladungsrohrs ist mit Leuchtstoffen bedeckt, die die Ultraviolettstrahlung der Entladung in sichtbares Licht verwandelt. In Kompaktbauweise mit Schraubsockel für Glühlampenfassungen finden L. zunehmend Verwendung im Wohnbereich.

Leuchtturm, ⚓ hoher Turm mit starkem Leuchtfeuer an der Spitze als Navigationshilfe.

Leukämie [griech. leukós »weiß« und haîma »Blut«] *die,* U **Blutkrebs,** ⚕ schwere Erkrankung der Blut bildenden Gewebe (Lymphknoten, Milz oder Knochenmark), bei der die weißen Blutkörperchen außerordentlich vermehrt, die roten meist vermindert sind.

Leukas, eine der →Ionischen Inseln.

Leukippos von Milet, griech. Philosoph des 5. Jh. v. Chr.; gemeinsam mit seinem Schüler Demokrit Begründer des Atomismus.

Leukom *das,* weiße Narbentrübung der Augenhornhaut nach Hornhautschädigung.

Leukozyten, die weißen Blutkörperchen (→Blut).

Leuktra, Ort im alten Griechenland, südwestl. von Theben. 371 v. Chr. Sieg der Thebaner unter Epaminondas über die Spartaner.

Leumund [ahdt. (h)liumunt »Gehörtes«] *der,* Ruf, den jemand genießt. **Leumundszeugnis,** Zeugnis über den Ruf eines anderen.

Leuna, Stadt an der Saale, Sa.-Anh., 8 300 Ew.; chem. Industrie.

Leuschner, Wilhelm, dt. Gewerkschafter, * 1890, † (hingerichtet) 1944; 1928 bis 1933 hess. Innenmin., 1933/34 im KZ, war führend im sozialist. Flügel der Widerstandsbewegung; nach dem 20. 7. 1944 verurteilt.

Schnittzeichnung eines **Leuchtturms**

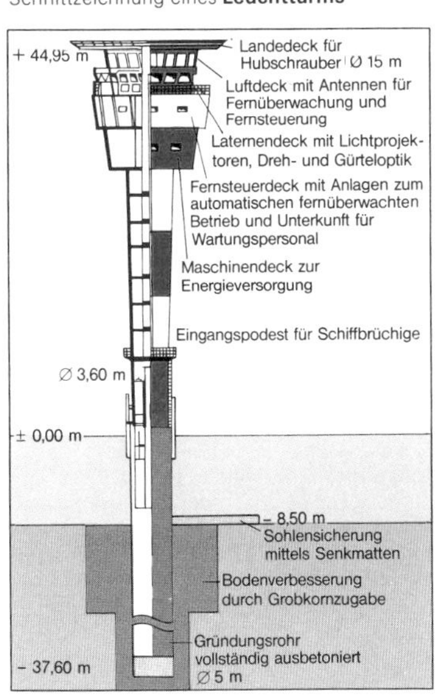

Leuthen, poln. **Lutynia,** niederschles. Gemeinde westl. von Breslau, Polen; im Siebenjährigen Krieg 1757 Sieg Friedrichs d. Gr. dank einer »schiefen Schlachtordnung« über die zahlenmäßig überlegenen Österreicher unter Karl von Lothringen.

Leutheusser-Schnarrenberger, Sabine, dt. Politikerin (FDP), * 1951; Mai 1992 bis Januar 1996 Bundesjustizministerin.

Leutnant *der,* unterste Rangklasse der Offiziere, mit den Stufen **L.** und **Oberleutnant.**

Levante [ital., eigentl. »(Sonnen-)Aufgang«] *die,* Länder um das östl. Mittelmeer bis zum Euphrat und Nil, bes. die Küste Kleinasiens, Syriens und Ägyptens.

Levee [lə'veː] *die,* ⚔ Aushebung von Rekruten, Aufgebot. **L. en masse** [ləveã'mas], militär. Aufgebot der gesamten männl. Bev.; erstmals 1793 während der Frz. Revolution.

Leverkusen, Stadt in NRW, am Rhein, 162 300 Ew.; chem. Großind. (u. a. Bayer AG), Eisen-, Maschinen-, Textilindustrie.

Levi, A. T.: Sohn Jakobs und der Lea (→Leviten).

Levi, Primo, ital. Schriftsteller, * 1919, † (Freitod) 1987; sein literar. Werk ist wesentlich durch das Schlüsselerlebnis seiner Deportation (1944) nach Auschwitz bestimmt. Romane: »Ist das ein Mensch?« (1947), »Atempause« (1963).

Leviathan *der,* A. T.: Chaosdrache (Ps. 104, 26). Dichterisch: Ungeheuer.

Levine [lə'vain], James, amerikan. Dirigent und Pianist, * 1943; seit 1983 künstler. Direktor der Metropolitan Opera in New York.

Levirat *das,* **Leviratsehe,** Schwägerehe, die bei manchen Völkern (z. B. Israeliten in alttestamentl. Zeit) bestehende Sitte, dass der jüngere Bruder die Witwe des älteren zu heiraten hat.

Lévi-Strauss [levi'stroːs], Claude, frz. Ethnologe, * 1908; deckte allg. (strukturale) Gesetzlichkeiten in sozialen Gegebenheiten versch. Kulturen auf.

Leviten [nach Levi], A. T.: die Tempeldiener aus dem Stamm Levi. Ü **die L. lesen,** einen Verweis erteilen (bezieht sich auf das Buch Levitikus, 3. Mos., das vorwiegend kult. Vorschriften enthält).

Levkoje *die,* krautige Kreuzblütler, bes. im Mittelmeergebiet; Gartenblumen.

Lew *der,* die bulgarische Währungseinheit, 1 L. = 100 Stotinki.

Lewis ['luːis], **1)** Sir (William) Arthur, brit. Wirtschaftswissenschaftler, * 1915, † 1991; befasste sich u. a. mit Entwicklungsökonomie; Nobelpreis 1979. – **2)** Cecil Day, brit. Schriftsteller, * 1904, † 1972; Lyriker; auch Kriminalromane. – **3)** Sinclair, amerikan. Schriftsteller, * 1885, † 1951; gab satir. Sittenbilder der amerikan. Mittelklasse; Romane: »Die Hauptstraße« (1920), »Babbitt« (1922), »Sam Dodsworth« (1929) u. a.; Nobelpreis 1930.

Lex *die,* ⚖ das Gesetz.

Lexikon *das,* alphabetisch geordnetes Nachschlagewerk (→Enzyklopädie).

Leyden ['laɪdən, niederländ. 'lɛidə], **1)** →Gerhaert van Leyden. – **2)** →Lucas van Leyden.

Lhasa [tibet. »Ort der Götter«], Hptst. der chin. Autonomen Region Tibet, etwa 3 700 m ü. M., 373 000 Ew.; die hl. Stadt der lamaist. Buddhisten, im NW die ehem. Palastburg Potala des Dalai-Lama.

Lhotse, Berg im Himalaja, an der Grenze zw. Nepal und Tibet, 8 516 m hoch, Erstbesteigung 1956 (E. Reiss und F. Luchsinger).

Li, chem. Symbol für das Element Lithium.

Liane, Kletterpflanze, bes. im Urwald.

Liaodong, Liaotung, Halbinsel im nordöstl. China., zw. dem **Golf von L.** und der Koreabucht.

Lias *der* oder *die,* Abteilung des Jura (→Erdgeschichte, ÜBERSICHT).

Lettland

Staatswappen

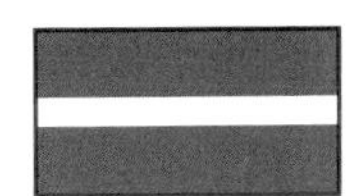

Staatsflagge

Internationales Kfz-Kennzeichen

Wilhelm Leuschner

Libanon

Staatswappen

Staatsflagge

Internationales Kfz-Kennzeichen

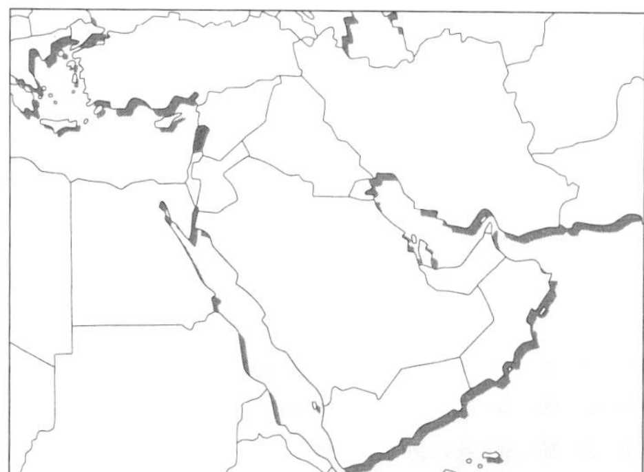

Libanon, Staat an der O-Küste des Mittelmeers, 10452 km², 2,84 Mio. Ew.; Hptst.: Beirut. Die Bev. besteht überwiegend aus Arabern, die Christen sind gegenüber den Moslems heute in der Minderheit. L. ist größtenteils Gebirgsland; parallel zur Küste verläuft das **L.-Gebirge** (175 km lang, bis 25 km breit, bis 3088 m hoch). Durch Raubbau wurde die urspr. dichte Bewaldung (L.-Zedern) fast völlig vernichtet. Es herrscht mediterranes Klima mit warmen, trockenen Sommern und niederschlagsreichen Wintern. Die Wirtschafts- und Infrastruktur wurde durch den Bürgerkrieg weitgehend zerstört; die landwirtschaftl. Produktion deckt nur ein Drittel des einheim. Bedarfs.

Geschichte. Nach dem Zerfall des Osman. Reichs wurde L. 1920 mit Syrien frz. Mandat, seit 1926 mit eigener Verw., 1944 unabhängig. Als 1958 eine polit. Krise das Land erschütterte, wurden vorübergehend amerikan. Truppen in L. stationiert. Unter dem Druck der arab. Nachbarstaaten und der PLO ließ die libanes. Reg. seit 1967 Guerilla-Aktionen der palästinens. Araber vom L. gegen Israel zu. Dies zog israel. Vorstöße gegen L. nach sich. Die zunehmende Verwicklung des L. in den Nahostkonflikt führte zu schweren innenpolit. Spannungen. Seit 1975 entwickelte sich ein Bürgerkrieg zw. christl. und muslim. Kräften. Die 1976 in das Land einmarschierten syr. Streitkräfte, von der Arab. Liga in eine panarab. Friedenstruppe eingebaut, sicherten den Einfluss Syriens in L. In einem Gebietsstreifen entlang der libanes.-israel. Grenze bildeten christl. Milizen unter israel. Schutz den »Freien L.«. 1982/83 besetzte Israel den Süd-L. Nach dem erzwungenen Rückzug der Israelis flammten die Kämpfe zw. den rivalisierenden Parteien in häufig wechselnden Bündnissen wieder auf. Unter dem Druck Syriens wurden Schritte zur Beendigung des Bürgerkriegs eingeleitet. Die prosyr. Parlamentsmehrheit beschloss 1991 einen syrisch-libanes. Kooperationsvertrag, der L. praktisch zu einem Protektorat Syriens machte (verstärkt 1991 durch ein Sicherheitsabkommen). Staatspräs.: E. Hrawi (seit 1989); Min.-Präs.: Rafik al-Hariri (seit 1992).

Libau, lett. **Liepāja,** Hafenstadt in Lettland, 114000 Ew.; Ind., Handel. – Im 13. Jh. vom Schwertbrüderorden gegr., gehörte L. 1795 bis 1918 zu Russland und 1940 bis 1991 zur UdSSR.

Libby [ˈlɪbɪ], Willard Frank, amerikan. Geophysiker, Chemiker, * 1908, † 1980; erhielt für die Entwicklung der Radiokarbonmethode 1960 den Nobelpreis für Chemie.

Libelle *die,* Teil der → Wasserwaage.

Libellen, Wasserjungfern, Odonata, Ordnung der Insekten mit 3700 Arten; 1 bis 13 cm lang, mit 2 Paar starren Flügeln, großem Kopf, sehr leistungsfähigen Facettenaugen und kräftigen Mundwerkzeugen. Bekannt sind **See-, Schmal-** (oder **Schlank-**) und **Goldjungfer.** L. leben seit über 3 Mio. Jahren auf der Erde.

Liberia

Staatswappen

Staatsflagge

Willard F. Libby

Liberalisierung, *die,* **1)** der Abbau bestehender Einschränkungen. – **2)** in der Wirtschaftspolitik die Aufhebung bzw. Reduzierung dirigist. Eingriffe in den freien Austausch von Gütern, Produktionsfaktoren und Dienstleistungen; bezogen auf die Außenwirtschaft der systemat. Abbau von Handelshemmnissen (Zölle, Kontingente) sowie Kapitalverkehrsbehinderungen durch Multilateralisierung des Zahlungsverkehrs.

Liberalismus [aus lat. liberalis »die Freiheit betreffend«] *der,* Staats-, Gesellschafts- und Wirtschaftsauffassung, die die Freiheit des Einzelnen als grundlegende Norm des menschl. Zusammenlebens ansieht, den Fortschritt in Kultur, Recht, Sitte, Wirtschaft und sozialer Ordnung als geschichtl. Entwicklung annimmt und eine fortgesetzte Emanzipation des Individuums fordert. Auf wirtschaftl. Gebiet forderte er die Beseitigung staatl. Eingriffe in das wirtschaftl. und soziale Leben (»Laisser-faire«, Gewährenlassen); bei freiem Wettbewerb durch Gewerbefreiheit und Freihandel sollten sich Preise und Löhne nach dem Gesetz von Angebot und Nachfrage im freien Spiel der Kräfte regeln. Die **liberalen Parteien** spielten im 19. Jh. eine wichtige Rolle, mit dem Entstehen moderner, an liberalen Ideen orientierter Massenbewegungen erfuhr der parteipolitisch organisierte L. aber v. a. im 20. Jh. einen starken Bedeutungsverlust.

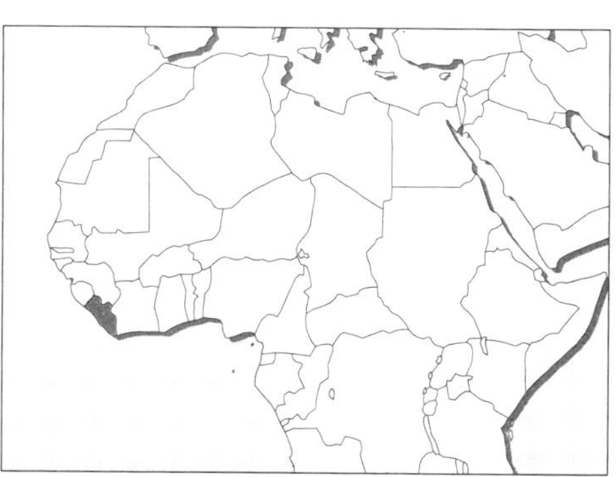

Liberia, Rep. in W-Afrika, 111369 km², 2,75 Mio. Ew., Hptst.: Monrovia. L. ist eine präsidiale Rep., die Amtssprache ist Englisch. Die Bev. setzt sich aus rd. 20 ethn. Gruppen der Sudaniden sowie aus den Nachkommen der 20000 im 19. Jh. eingewanderten ehem. schwarzen Sklaven zusammen. Hinter der Küstenebene befindet sich eine 200 bis 400 m ü. M. liegende Plateaulandschaft. Wirtschaftl. bedeutend sind der Erz- und Diamantbergbau, die Kautschuk- und Holzgewinnung sowie Landwirtschaft und Fischerei. – 1822 siedelten freigelassene Sklaven aus Nordamerika an der Küste, 1847 wurde die unabhängige Rep. L. proklamiert, die 1862 von den USA anerkannt wurde. Die polit. Macht besaßen die Amerikoliberianer. 1979 kam als erster Afroliberianer S. K. Doe durch einen Militärputsch an die Macht; im Dez. 1989 begann ein blutiger Bürgerkrieg, in dessen Verlauf das Land in Einflusssphären rivalisierender (überwiegend ethnisch fundierter) Milizen zerfiel. Ein 1995 auf Druck der UNO abgeschlossener Friedensvertrag ermöglichte die Bildung einer Übergangsregierung. Anfang 1996 flammten die Kämpfe erneut auf.

Libero [ital. »freier Mann«], Fußball: frei bewegl. Abwehrspieler ohne direkten Deckungsauftrag, der auch im Angriff mitspielt, wenn die Situation es erlaubt.

Libertas *die,* altröm. Göttin der persönl., später auch der staatl. Freiheit.

Liberté, Égalité, Fraternité, »Freiheit, Gleichheit, Brüderlichkeit«, Losungsworte der Frz. Revolution.

Libertin [-ˈtɛ̃] *der,* Freigeist; ausschweifend lebender Mensch. **Libertinage** [-ˈnaːʒə] *die,* moral. Freizügigkeit.

Liberum Arbitrium, Willensfreiheit.

Libido *die,* im geschlechtl. Verhalten Lust, Trieb, Begierde.

Libration *die,* ☼ scheinbares Pendeln des Monds, das bewirkt, dass innerhalb einer Periode von 30 Jahren von der Erde aus 4/7 der Mondoberfläche zu sehen sind.

Libretto *das,* Opern-, Operettentext(buch).

Libreville [librəˈvil], Hptst. der Rep. Gabun, 352 000 Ew.; Erzbischofssitz; Univ.; ⚓, ✈.

Libussa, sagenhafte Gründerin Prags.

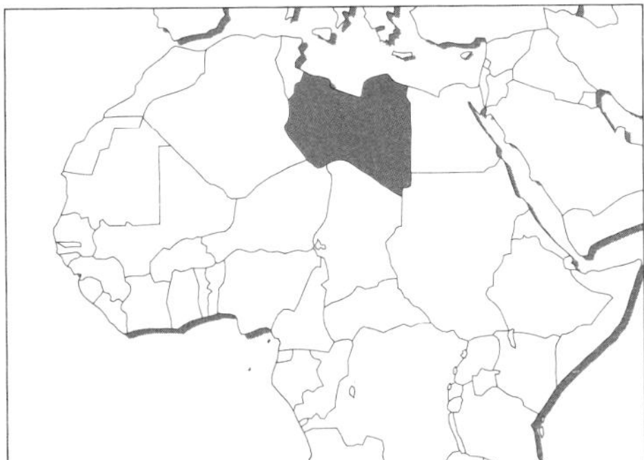

Libyen, »Sozialist. Libysch-Arab. VR«, Staat in N-Afrika, 1 759 540 km², 4,88 Mio. Ew.; Verw.-Sitz Tripolis, Reg.-Sitz: El-Beida, Amtssprache: Arabisch. Nach der Verf. von 1976 ist der Islam Staatsreligion, Parteien sind nicht zugelassen, das Rechtssystem ist dem Islam angepasst, Staatsoberhaupt ist der vom Allg. Volkskongress gewählte Revolutionsführer. Die Bev. setzt sich aus Arabern und Berbern zusammen. Wichtigster Wirtschaftsfaktor ist die größtenteils verstaatlichte Erdöl- und Erdgasgewinnung, daneben wird an der Küste und in Oasen Landwirtschaft betrieben. Haupthandelspartner sind EU-Staaten. – L. kam im 1. Jh. v. Chr. unter röm., im 7. Jh. unter arab. Herrschaft, 1556 fiel es an das Osman. Reich und 1912 an Italien. 1951 wurde L. auf Beschluss der UNO als konstitutionelle Monarchie unter König Idris I. unabhängig. Nach einem Militärputsch unter Führung von Oberst Moamar Al-Gaddhafi wurde der König 1969 abgesetzt. Seitdem ist Al-Gaddhafi de facto Staatsoberhaupt.

Libysche Wüste, der nordöstl., wasser- und pflanzenärmste Teil der Sahara, etwa 2 Mio. km². Der NW der L. W. gehört zu Libyen, der NO zu Ägypten, der S zum Sudan.

Lichnowsky, Felix Fürst, dt. Politiker, * 1814, † (ermordet) 1848; Führer der Rechten in der Frankfurter Nationalversammlung.

Licht, elektromagnet. Strahlung sehr kurzer Wellenlänge, neben dem sichtbaren Wellenlängenbereich (etwa 0,38 bis 0,78 nm) häufig unter Einbeziehung der infraroten und ultravioletten Nachbarbereiche. An der Grenze zweier versch. Medien (z. B. zw. Luft und Glas oder Luft und Wasser) wird die Ausbreitungsrichtung geändert (→Brechung). Weißes L. kann in seine versch. Farben zerlegt werden (→Dispersion, →Spektrum). Beim Auftreffen auf undurchsichtige Körper wird das L. reflektiert oder absorbiert. I. Newton nahm an, dass das L. aus kleinsten Teilchen bestünde (Emissionstheorie, 1669). Die Wellentheorie von C. Huygens (1677) betrachtete das L. als Wellenbewegung eines das ganze Weltall erfüllenden unwägbaren Stoffs, des »Äthers«. Erst die maxwellsche Theorie deutete das L. als eine elektromagnet. Strahlung. Den **L.-Wellen** sind nach der Quantentheorie masselose Elementarteilchen, die **L.-Quanten** oder **Photonen,** zugeordnet. **L.-Quellen** strahlen entweder selbst infolge hoher Temperatur und dadurch bedingter Anregung der Atomelektronen (Sonne, Fixsterne, Glühlampe) oder nach anderer Anregung (Lumineszenz), oder sie werfen das auf sie auftreffende L. zurück (Mond, Planeten, alle nicht selbstleuchtenden Körper).

Lichtbogen, Gasentladung hoher Stromstärke, techn. genutzt in der Bogenlampe, zum Schneiden, Schweißen, Schmelzen von Metallen.

Lichtdruck, 1) 🕮 Flachdruckverfahren zur Wiedergabe von Halbtönen, bei dem eine mit Gelatine überzogene Mattglasplatte belichtet wird. – **2)** der →Strahlungsdruck.

Lichtenberg, Georg Christoph, dt. Schriftsteller, Physiker, * 1742, † 1799; geistreiche »Aphorismen«, wissenschaftliche Abhandlungen.

Lichtenstein, Schloss südöstl. von Reutlingen, Bad.-Württ., auf der Schwäb. Alb, 1840/41 auf Resten der älteren, durch W. Hauffs Erzählung bekannten Burg L. erbaut.

Lichtenstein [ˈlɪktənstaɪn], Roy, amerikan. Maler, * 1923, † 1997; Hauptvertreter der Pop-Art in den USA; griff in seinen Werken auf Bildformen der Massenmedien (u. a. Comicstrips) oder bekannter Kunstwerke und -stile zurück.

Lichtgeschwindigkeit, ✻ Ausbreitungsgeschwindigkeit des Lichts und aller elektromagnet. Wellen im Vakuum; universelle Konstante der Relativitätstheorie mit dem Zahlenwert 299 792 458 m/s.

Lichtjahr, Strecke, die das Licht in einem Jahr zurücklegt, dient als Einheit für astronomische Entfernungsmessungen. 1 L. = 9,460 528 Billionen km.

Lichtleiter, jede Vorrichtung aus durchsichtigem Werkstoff, die geeignet ist, Licht von einer Stelle zu einer andern zu leiten; i. e. S. ein Bündel aus Lichtleitfasern, d. h. ein **Lichtleitkabel** (auch mehradrig), z. B. um Licht von einer Quelle an mehrere Stellen zu verteilen oder von mehreren Quellen auf eine Stelle zu konzentrieren.

Lichtleitfasern, dünne Fasern aus Glas oder Kunststoff, die dazu dienen, in ihrem Innern Licht von einer Stelle zu einer andern zu leiten. L. kommen zum Einsatz als Bildleiter in der Breitbandkommunikation und für Beleuchtungszwecke (Lichtleiter, z. B. in Endoskopen), meist in großer Zahl gebündelt (bis weit über 10 000) sowie einzeln oder in Kabeln mit bis zu einigen Dutzend Einzelfasern als **Lichtwellenleiter** in optischen Übertragungssystemen. Damit das Licht nicht aus dem Kern (Durchmesser etwa 0,01 bis 0,4 mm) einer L. austreten kann, sondern durch Totalreflexion in diesem gehalten wird, ist er mit einem Mantel umgeben (Durchmesser etwa zw. 0,1 und 0,5 mm), dessen Brechzahl kleiner ist als die des Kerns.

Lichtmaschine, im Kraftfahrzeug vom Motor angetriebener Generator, der Strom für die elektr. Verbraucher und zur Batterieladung liefert.

Lichtmess, Mariä L., Darstellung Christi, Fest zum Gedächtnis des Besuchs Marias mit dem Jesuskind im Tempel (2. 2.).

Lichtnelke, 1) Lychnis, Gattung der Nelkengewächse. **Kuckucks-L.:** Wiesenblume mit fleischroten, zerschlitzten Blüten. Gartenpflanze: **Brennende Liebe,** scharlachrot. – **2) Melandryum,** leimkrautähnl. Gattung der Nelkengewächse.

Licht|orgel, Effektbeleuchtungsanlage, bei der farbige Lampen im Takt von Lautsprechermusik selbsttätig gesteuert werden.

Lichtquant *das,* →Photon.

Lichtstärke, 1) →Lichttechnik. – **2)** in der Fotografie das Verhältnis der wirksamen Öffnung eines Objektivs zur Brennweite.

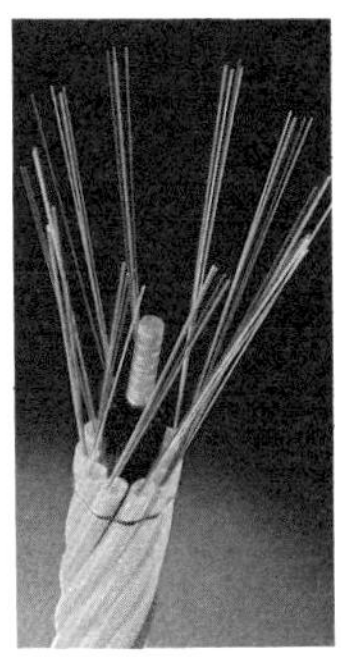

Lichtleiter
Mehradriges Lichtleitkabel

Libyen

Staatswappen

Staatsflagge

Internationales Kfz-Kennzeichen

Lichtnelke
Brennende Liebe

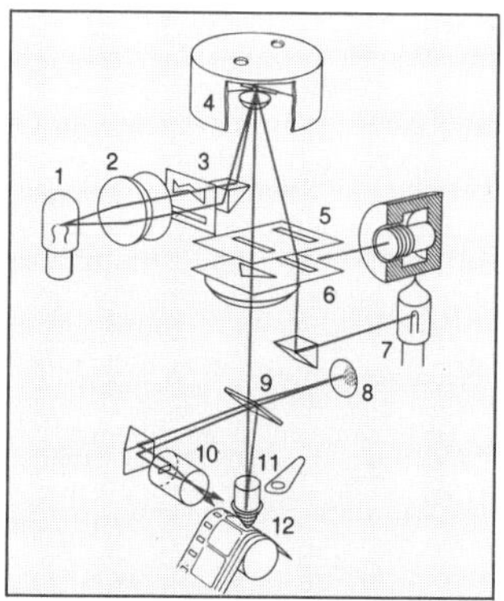

Lichttonverfahren. Strahlengang einer Lichttonaufnahmeoptik. 1 Tonlampe, 2 Kondensor, 3 Doppelzackenblende, 4 Lichtsteuergerät mit Schwingspiegel, 5 Spaltblende, 6 Klartonblende, 7 Abhörphotozelle, 8 Hohlspiegel, 9 Glasplatte, 10 Messokular, 11 in den Lichtweg einschwenkbare Messzelle, 12 Objektiv

Liebstöckel

Lichttechnik, Grundbegriffe: **Lichtstrom:** gesamte von einer Lichtquelle ausgehende Strahlungsleistung, soweit sie vom Auge als Licht empfunden wird; Einheit: Lumen, Zeichen: lm. **Lichtmenge:** Produkt aus Lichtstrom und Zeit; Einheit: Lumenstunde, Zeichen: lmh (für Wirtschaftlichkeitsbetrachtungen und als Dosis für photochem., fotograf. und photobiolog. Vorgänge). **Lichtstärke:** Quotient aus dem Lichtstrom und dem durchstrahlten Raumwinkel; Einheit: Candela, Zeichen: cd (Basiseinheit für das Internat. Einheitensystem SI). 1 Candela ist die Lichtstärke, mit der $1\,^2/_3\,\text{mm}^2$ der Oberfläche eines schwarzen Strahlers bei der Temperatur des erstarrenden Platins bei einem Druck von 101 325 Pa senkrecht zu seiner Oberfläche leuchtet. Die Lichtverteilungskurve einer Lichtquelle oder Leuchte gibt die Lichtstärke in versch. Richtungen an. Als Normal dient ein Hohlraumstrahler bei der Temperatur des erstarrenden Platins. **Lichtausbeute:** Quotient aus abgegebenem Lichtstrom und zugeführter elektr. Leistung; Einheit: lm/W. **Leuchtdichte:** Maß für die Helligkeit einer leuchtenden Fläche, d. h. Quotient aus Lichtstärke und Fläche (senkrecht zur Strahlungsrichtung); Einheit: Candela/m^2 (cd/m^2), früher Stilb (sb). **Beleuchtungsstärke:** Maß für die Helligkeit einer beleuchteten Fläche, d. h. Quotient aus Lichtstrom und Fläche; Einheit: Lux, Zeichen: lx (1 lx = 1 lm/m^2).

Liechtenstein

Staatswappen

Staatsflagge

Internationales Kfz-Kennzeichen

Lichttonverfahren, Verfahren der Tonfilmtechnik, bei dem Schallwellen mit Lichtsteuergeräten in Lichtschwankungen umgesetzt werden.

Lichtverstärker → Laser.

Lichtwark, Alfred, dt. Kunsthistoriker, * 1852, † 1914; Leiter der Hamburger Kunsthalle; führend in der Kunsterziehungsbewegung.

Lichtwert, bei automat. Kameraverschlüssen eine vom Belichtungsmesser angezeigte Hilfszahl (1 bis 20), mit der die von der Filmempfindlichkeit abhängige Belichtungszeit und Blende eingestellt werden.

Lid *das,* Augenlid (→ Auge).

Lidar, Abk. für **L**ight **d**etection **a**nd **r**anging, nach dem Radarprinzip, jedoch mit Laserlicht arbeitendes Verfahren der Umwelttechnik, mit dem der Schadstoffgehalt der Luft gemessen werden kann.

Lidice [ˈlidjitsɛ], tschech. Dorf im Bez. Kladno, 1942 von der SS als Repressalie für das Attentat auf R. Heydrich zerstört; die Männer wurden erschossen, die Frauen in KZ gebracht, die Kinder auf dt. Familien verteilt.

Lido *der,* Landstreifen zw. Meer und Lagune, z. B. der **L. von Venedig.**

Lie, 1) Jonas, norweg. Schriftsteller, * 1833, † 1908; u. a. Darstellungen des Lebens der Bauern und Fischer, Familienromane (»Die Familie auf Gilje«, 1883). – **2)** Sophus, norweg. Mathematiker, * 1842, † 1899; Theorie der kontinuierl. Transformationsgruppen **(L.-Gruppen).** – **3)** Trygve Halvdan, norweg. Politiker, * 1896, † 1968; mehrfach Min., 1946 bis 1952 erster Gen.-Sekr. der UNO.

Liebe, 1) opferbereite Gefühlsbindung, Zuneigung, z. B. platonische Liebe; i. e. S.: geschlechtsgebundene Gefühlsbeziehung. – **2)** Erbarmen, Mildtätigkeit.

Liebeneiner, Wolfgang, dt. Schauspieler und Regisseur, * 1905, † 1987; wirkte zuerst in Berlin, seit 1954 am Theater in der Josefstadt in Wien.

Liebenstein, Bad L., Stadt an der SW-Abdachung des Thüringer Walds, 4 200 Ew.; ältestes Heilbad Thüringens (Eisen-, Arsen-, Mangan-, Kochsalzquellen).

Liebenwerda, Bad L., Stadt in Bbg., an der Schwarzen Elster, 11 600 Ew.; Eisenmoorbad.

Liebenzell, Bad L., Stadt in Bad.-Württ., 9 000 Ew., Heilbad mit warmen Quellen und Luftkurort im Schwarzwald; internat. Tagungsort; Burg Liebenzell.

Liebermann, Max, dt. Maler, Grafiker, * 1847, † 1935; wurde nach anfänglich naturalist. Malweise Hauptvertreter des dt. Impressionismus; Genrebilder, Porträts, Landschaften.

Liebig, Justus v., dt. Chemiker, * 1803, † 1873; Schöpfer der Agrikulturchemie, führte die Mineraldüngung ein, entwickelte einen Fleischextrakt.

Liebknecht, 1) Karl, dt. Politiker, Sohn von 2), * 1871, † 1919; seit 1912 sozialdemokrat. Reichstagsabgeordneter, gründete 1917 mit Rosa Luxemburg u. a. den Spartakusbund, um die Jahreswende 1918/19 die KPD, wurde verhaftet und mit Rosa Luxemburg ermordet. – **2)** Wilhelm, dt. Politiker, Vater von 1), * 1826, † 1900; lebte seit 1850 in Freundschaft mit K. Marx in London; neben A. Bebel Führer der SPD.

Liebstöckel *der* oder *das,* Doldenblütler mit gelbl. Blütchen (Küchengewürz); der Wurzelstock gibt harntreibenden Tee.

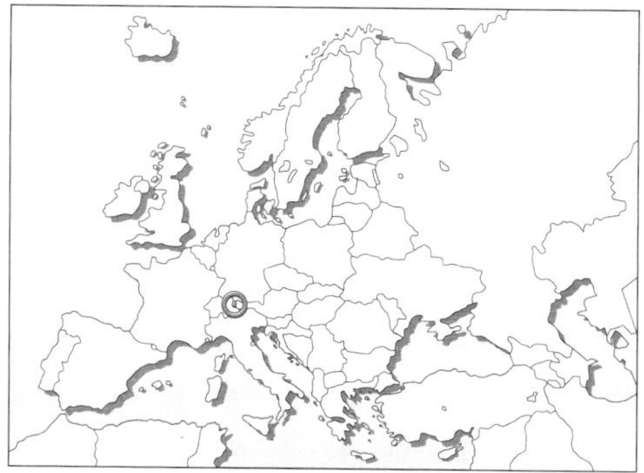

Liechtenstein, amtl. **Fürstentum L.,** Staat in den Alpen, zw. Österreich und der Schweiz, von dieser durch den Rhein getrennt, 160 km^2, 28 700 dt.-sprachige, meist kath. Ew.; Hptst.: Vaduz. Verfassung von 1921, Staatsoberhaupt der Fürst. Außenpolit. Vertretung L.s durch die Schweiz. Acker-, Obst-, Weinbau; Textil-, feinmechan. u. a. Ind.; Fremdenverkehr; Bankwesen. Post- und Zollgemeinschaft mit der Schweiz. – Das österr. Adelsgeschlecht L. erwarb 1699 und 1712 die reichsunmittelbaren Herrschaften Schellenberg und Vaduz, 1719 zum Fürstentum L. erhoben. Fürst: Hans II. Adam (seit 1989).

Lied, 1) sangbare lyr. Kurzform. – **2)** 𝄞 die zum Singen bestimmte Vertonung eines Gedichts mit einer in sich geschlossenen Melodie. Im Ggs. zum i. d. R. anonymen →Volkslied ist das **Kunst-L.** von einem bestimmten Künstler geschaffen und in seinem Ausdruck persönlicher. Die häufigste L.-Form in der Neuzeit ist das einstimmige Solo-L. mit Klavierbegleitung.

Lied der Lieder →Hohes Lied.

Liedermacher, Autoren und Interpreten im deutschsprachigen Raum, die Lieder selbst texten, komponieren und vortragen.

Liegnitz, poln. **Legnica** [lɛgˈnitsa], Hptst. der poln. Wwschaft Legnica, in Niederschlesien, an der Katzbach, 107 100 Ew.; Kupferhütte, landwirtschaftl. Veredelungs- u. a. Ind. – Ev. Peter-Paul-Kirche (14. Jh., got.), kath. Johanniskirche (1714 bis 1730, barock umgebaut); Schloss, barockes Rathaus. L. war schles. Herzogssitz, 1241 Mongolenschlacht (bei Wahlstatt), kam 1675 an Österreich, 1742 an Preußen.

Max Liebermann. Selbstbildnis

Lienz, Stadt in Osttirol, Österreich, an der Drau, 673 m ü. M., 13 300 Ew.; Fremdenverkehr.

Lieschgras, Grasgattung mit walziger Rispe: **Wiesen-L.** (Timotheegras), Futtergras.

Liestal, Hptst. des Kt. Basel-Landschaft, Schweiz, 12 400 Ew.; Textil-, chem. Industrie.

Lietz, Hermann, dt. Pädagoge, *1868, †1919; gründete die ersten Landerziehungsheime.

Lifar, Serge, russ. Tänzer, *1905, †1986; Choreograph, Ballettmeister u. a. in Paris.

Lifo, Abk. für **l**ast **in**, **f**irst **o**ut, Speicherprinzip in der Datenverarbeitung, die zuletzt eingegebene Information wird als Erste ausgegeben.

Lift *der,* Aufzug. **Liftboy** *der,* Aufzugführer.

Liga *die,* **1)** Bund, Bündnis, bes. die Fürstenbündnisse im 15. bis 17. Jh. **Kath. Liga,** unter Maximilian I. von Bayern 1609 gegen die Prot. Union abgeschlossen. – **2)** Spitzenklasse in Mannschaftssportarten; in Dtl. die Bundesliga.

Liga für Menschenrechte, 1898 in Paris zur Revision des Dreyfus-Prozesses gegr.; 1922 schlossen sich die nat. Gruppen zur **Internat. L. f. M.** zusammen.

Ligament *das,* sehniges Band.

Ligatur *die,* **1)** Vereinigung zweier Buchstaben auf einer Type, z. B. fi, fl, æ, œ. – **2)** Zusammenziehung von 2 gleich hohen Noten zu einem Ton.

Ligeti, György, österr. Komponist ungar. Herkunft, *1923; entwickelte die »Klangflächenkomposition«.

Lignin *das,* Holzbestandteil.

Ligurien, 1) im Altertum das Land der kelt. **Ligurer,** die im südl. Gallien und westl. Oberitalien wohnten. – **2)** Landschaft um den Golf von Genua.

Ligurisches Meer, nördl. Teil des westl. Mittelmeers zw. Riviera und Korsika.

Liguster *der,* **Rainweide,** Heckenstrauch mit weißen Blüten und schwarzen Beeren.

Ligusterschwärmer, großer, braunrotschwarzer Nachtschmetterling; die grüne Raupe lebt auf Liguster und Flieder.

Likör *der,* süßer Gewürz-, Frucht-, Kräuterbranntwein.

Liktoren, *Sg.* **Liktor** *der,* im alten Rom: Amtsdiener der höheren Beamten, denen sie die Faszes vorantrugen.

Likud, Likudblock, 1973 gebildetes Bündnis von 5 Parteien in Israel, u. a. die rechtsgerichtete Cherut- und die liberale Partei; 1977 bis 1992 und seit 1996 Reg.-Partei in versch. Koalitionen.

Lilie *die,* Gattung einkeimblättriger hoher Zwiebelpflanzen mit großen Blüten; manche als Zierpflanzen. Europ.-asiat.: **Türkenbund,** blass braunrot blühend, bes. im Buchenwald, steht unter Naturschutz; europ.: **Feuer-L.,** rotgelb blühend, auf Gebirgswiesen. Viele Arten sind Gartenzierpflanzen, z. B. die weiß blühende **Weiße L.** (auch **Madonnen-L.**) aus dem östl. Mittelmeerbereich. Zur Familie **L.-Gewächse** gehören außer der Gattung L. noch Tulpe, Kaiserkrone, Hyazinthe, Zwiebel.

Liliencron, Detlev Freiherr v., dt. Dichter, *1844, †1909; Gedichte (»Adjutantenritte«, 1883), Kriegsnovellen, Romane, das »kunterbunte« Epos »Poggfred« (1896).

Lilienthal, 1) Otto, dt. Ingenieur, Flugtechniker, *1848, †(abgestürzt) 1896; seit 1891 erste Gleitflüge über mehrere 100 m Länge. – **2)** Peter, dt. Filmregisseur, *1929; polit. Themen.

Liliput, in J. Swifts Satire »Gullivers Reisen« (1726) ein Märchenland mit nur daumengroßen Bewohnern **(Liliputanern).**

Lilith, weibl. Dämon altoriental. Herkunft; im jüd. Volksglauben Adams erste Frau, Erregerin des Kindbettfiebers.

Lilje, Johannes (Hanns), dt. Theologe, *1899, †1977; ev. Landesbischof von Hannover (1947 bis 1971), 1952 bis 1957 Präs. des Luther. Weltbunds, Gründer der Ev. Akademie Loccum.

Lille [lil], Stadt in NO-Frankreich, 172 100 Ew.; 2 Univ.; Textilind.-Zentrum. L. gehörte früher zu Flandern, kam 1667 an Frankreich.

Lilongwe, Hptst. von Malawi, 395 500 Ew.; Handelszentrum, ✈.

Lima, Hptst. der Rep. Peru, mit der Hafenstadt **Callao** 6,4 Mio. Ew. Die histor. Altstadt (Bauten aus der Kolonialzeit, alte Kirchen und Klöster) wurde zum Weltkulturerbe erklärt. Erzbischofssitz; 14 Univ. Wichtigstes Ind.- und Handelszentrum Perus. – 1535 von F. Pizarro gegründet.

Limbach-Oberfrohna, Stadt westl. von Chemnitz, Sa., 20 900 Ew.; Wirkwaren- u. a. Industrie.

Limburg, 1) L. a. d. Lahn, Krst. in Hessen, 32 900 Ew.; roman. Dom, Fachwerkhäuser; Ind.: Maschinenbau, Metallverarbeitung, Verpackungen. – **2) L.,** südl. Prov. der Niederlande, Verw.-Sitz Maastricht; im MA. Teil der Grafschaft (später Herzogtum) L. – **3) L.,** frz. **Limbourg,** nordöstl. Prov. Belgiens, westlich der Maas; Verw.-Sitz Hasselt. – **4) L.,** frz. **Limbourg,** Stadt in Belgien, in der Prov. Lüttich, 5 400 Ew.; Käsebereitung: **Limburger Käse.**

Limburg, Brüder von L., Paul, Hermann und Jan, niederländ.-frz. Miniaturmaler, *zw. 1375 und 1385, †1416; Hauptwerk: Stundenbuch »Les très riches heures« (zw. 1413 und 1416) für den Herzog von Berry.

Limbus [lat. »Rand«] *der,* nach kath. Lehre die Vorhölle, der Aufenthaltsort a) der Gerechten des A. T. bis zur Himmelfahrt Christi, b) der seit der Verkündigung des Evangeliums ungetauft verstorbenen Unmündigen.

Otto Lilienthal

Lille Stadtwappen

Lima Stadtwappen

Limburg a. d. Lahn Stadtwappen

Hafeneinfahrt von **Lindau (Bodensee)**

Limerick *der,* engl. Strophenform, meist fünfzeilig, für Ulkverse.

Limerick, irisch **Luimneach** ['limnax], Stadt im südwestl. Irland, an der Shannonbucht, 52 000 Ew.; ⚓, Metall- und Elektronikindustrie.

Limes *der,* röm. Grenzwall. Die bedeutendste L.-Anlage in Dtl. ist der unter Domitian, Trajan, Hadrian gebaute und durch Kastelle verstärkte **Obergerman.-Rätische L.** (etwa 500 km lang), der die Prov. Obergermanien und Rätien zw. Rhein und Donau gegen die german. Völker abschloss; nach 250 n. Chr. von den Römern aufgegeben.

Abraham Lincoln

Limfjord *der,* 180 km lange, buchtenreiche Meeresstraße durch N-Jütland (Dänemark).

Limit *das,* Preisgrenze, bes. im Wertpapierhandel, soll beim Kauf nicht über-, beim Verkauf nicht unterschritten werden.

limited ['lɪmɪtɪd, engl. »beschränkt«], Abk. **Ltd.,** Zusatz bei brit. Handelsfirmen, die etwa der dt. AG oder GmbH entsprechen.

Limmat *die,* rechter Nebenfluss der Aare, Schweiz, entspringt als **Linth** am Tödi, fließt in den Zürichsee, den sie als L. verlässt, mündet bei Brugg.

Limnologie *die,* Wiss. von den Binnengewässern und ihren Lebewesen.

Limoges [li'mo:ʒ], Hptst. der Region **Limousin,** Mittelfrankreich, an der Vienne, 133 400 Ew.; mittelalterl. Bauwerke; Univ.; Herstellung von Fayencen, Porzellan, Emailwaren, Elektrogeräten.

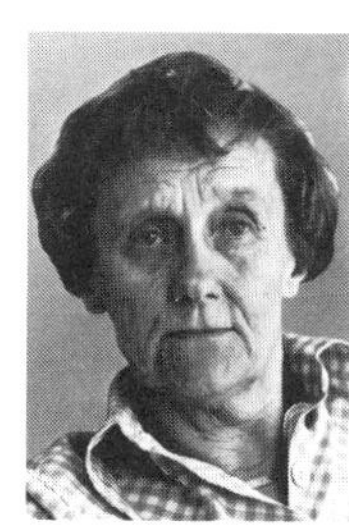

Astrid Lindgren

Limonade *die,* alkoholfreies Getränk aus natürl. Aromastoffen und Wasser.

Limone *die,* kleine Zitrone, Zitrusgewächs.

Limousine [limu-] *die,* geschlossener Personenkraftwagen.

Limpopo *der,* Fluss in Südafrika, entspringt als **Krokodilfluss** bei Johannesburg, mündet in den Ind. Ozean, 1 600 km lang.

Linares, Stadt im südl. Spanien, 61 500 Ew.; Blei-, Kupferbergbau.

Lincke, Paul, dt. Operetten-, Schlagerkomponist, * 1866, † 1946; »Frau Luna« (1899; darin »Das ist die Berliner Luft«).

Lincoln ['lɪŋkən], **1)** Stadt in Mittelengland, 80 300 Ew.; Kathedrale (11. bis 14. Jh.); Herstellung landwirtschaftl. Maschinen und Geräte. – **2)** Hptst. von Nebraska, USA, 192 000 Ew.; 2 Univ.; Schlachthäuser.

Lincoln ['lɪŋkən], Abraham, * 1809, † (ermordet) 1865; als Republikaner 1861 bis 1865 der 16. Präs. der USA, hob 1862 die Sklaverei auf, führte die Nordstaaten im Sezessionskrieg.

Lind, 1) Hera, dt. Sängerin, Schriftstellerin und Fernsehmoderatorin, * 1957; Bestsellerautorin von Unterhaltungsromanen (u. a. »Ein Mann für jede Tonart«,

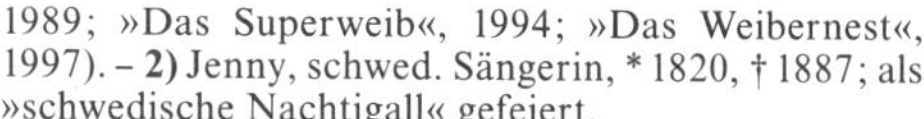

1989; »Das Superweib«, 1994; »Das Weibernest«, 1997). – **2)** Jenny, schwed. Sängerin, * 1820, † 1887; als »schwedische Nachtigall« gefeiert.

Lindau (Bodensee), Krst. in Bayern; Altstadt auf einer Insel im Bodensee, 24 000 Ew.; Peterskirche (10. und 12. Jh.), Stefanskirche (12. und 18. Jh.), Rathaus (1422), Patrizierhäuser; Fremdenverkehr; Maschinenbau u. a. Ind. Bis 1802 Reichsstadt.

Lindbergh ['lɪndbə:g], Charles, amerikan. Flieger, * 1902, † 1974; überflog 1927 als Erster allein den Atlantik auf der Strecke New York–Paris.

Linde, Baumgattung der L.-Gewächse in der nördl. gemäßigten und subtrop. Zone, mit grünlich gelben, duft- und honigreichen Blüten, mit Flugblatt, das dem Blütenstiel angewachsen ist, und einsamigen Nüsschen. Die **Großblättrige L.** oder **Sommer-L.** blüht Mitte bis Ende Juni, die **Kleinblättrige L.** oder **Winter-L.** etwa 2 Wochen später. Das weiche, zähe Holz dient zu Schnitzarbeiten, der Bast als Binde- und Flechtstoff, die Blüten zu schweißtreibendem **Lindenblütentee,** die Holzkohle zum Zeichnen.

Linde, Carl v., dt. Ingenieur, * 1842, † 1934; erfand 1876 die Ammoniakkältemaschine.

Lindenberg, Udo, dt. Rockmusiker (Schlagzeuger und Sänger), * 1946.

Linderhof, Schloss Ludwigs II. von Bayern, südwestl. von Oberammergau, 1869 bis 1878 im Neurokokostil erbaut.

Lindgren, Astrid, schwed. Kinderbuchautorin, * 1907; Verfasserin der Pippi-Langstrumpf-Serie (1945 bis 1948) und der Bücher um Kalle Blomquist (1946 bis 1953); u. a. auch »Ronja Räubertochter« (1981); erhielt 1994 den »alternativen Nobelpreis«.

Lindtberg, Leopold, schweizer. Bühnen- und Filmregisseur österr. Herkunft, * 1902, † 1984; Inszenierungen in Zürich, Wien, Salzburg.

Lindwurm, Fabelwesen der german. Dichtung und Sage, → Drachen 1).

Linearbeschleuniger, ⚛ Gerät zur Beschleunigung geladener atomarer Teilchen auf gerader Bahn (einige m bis km). Ionen werden durch Spannungsstöße zw. aufeinander folgenden Elektroden, Elektronen durch ein elektr. Wechselfeld beschleunigt. Anwendung in der Hochenergiephysik und zur Erzeugung sehr harter Röntgenstrahlen.

lineare Gleichung, √ Gleichung ersten Grads.

Linearmotor, Wanderfeldmotor, Elektromotor, bei dem eine geradlinige Bewegung erzeugt wird, da der Antrieb nicht von einem magnet. Drehfeld, sondern von einem Wanderfeld bewirkt wird. L. dienen z. B. als Antrieb von Fördermitteln.

Lingen, Theo, dt.-österr. Schauspieler, * 1903, † 1978; Charakterkomiker.

Lingen (Ems), Stadt in Ndsachs., am Dortmund-Ems-Kanal, 52 400 Ew.; Erdölraffinerie; Kernkraftwerk.

Linguistik *die,* Sprachwissenschaft.

Linie *die,* **1)** √ Bahn eines bewegten Punkts. – **2)** ⚔ früher: aktive Truppenteile im Ggs. zu Reserve, Landwehr. – **3)** Abstammungsreihe.

Linienrichter, Assistent eines Schiedsrichters bei Ballspielen (an der Seitenlinie).

Linienschiff, 1) bis etwa 1918 die größten und kampfkräftigsten Schlachtschiffe; kämpften urspr. in Linienformation (Kiellinie). – **2)** in der Linienfahrt eingesetztes Handelsschiff.

Linke, 1) im Parlament die (vom Präs.-Platz aus) auf der linken Seite des Saals sitzende(n) Partei(en). – **2)** bes. die sozialist. Parteien; auch in einer polit. Partei der linke Flügel, der dem Sozialismus oder Kommunismus nahe steht.

Linköping ['lintçøpiŋ], Stadt in Südschweden, 128 600 Ew.; Dom (12. bis 15. Jh.), Schloss (15. Jh.), Flugzeug-, Automobil- u. a. Industrie.

Linkshändigkeit, Bevorzugung der linken Hand vor der rechten (z. B. beim Schreiben), bei etwa 5% aller Menschen.

Linné, Carl v., schwed. Naturforscher, * 1707, † 1778; schuf für die Pflanzen- und Tierarten lat.-griech. Benennungen mit je einem Gattungs- und einem Artnamen.

Linoleum *das,* dauerhafter, elast. Belagstoff für Fußböden, Wände, Tische usw. aus Leinölfirnis, Kork, Harzen und Farbstoffen, auch Sojabohnenöl; dient zur Herstellung von Druckformen für **Linolschnitte.**

Linon [li'nɔ̃] *der,* feinfädiges Gewebe aus Leinen, Baumwolle oder Halbleinen.

Linotype ['laınotaıp] *die,* Ⓦ eine Zeilensetzmaschine; heute vom Licht- und Computersatz verdrängt.

Linse, 1) ⚘ krautiger, einjähriger Schmetterlingsblütler mit kleinen, weißl. Blüten und meist zweisamigen Hülsen; in Europa u. a. Erdteilen angebaut. Die Samen dienen als Gemüse, das Kraut als Viehfutter. – **2)** → Auge. – **3)** Optik: aus durchsichtigem Stoff (Glas, Steinsalz, Quarz) bestehender Körper, der von 2 schwach gewölbten Kugelhauben oder einer Ebene und einer Kugelhaube begrenzt ist. **Sammel-** oder **Konvex-** und **Bikonvex-L.,** in der Mitte dicker als am Rand, vereinigen parallele Strahlen in einem Punkt, dem **Brennpunkt** (daher auch **Brennglas**). Seine Entfernung von der L.-Mitte heißt **Brennweite. Zerstreuungs-** oder **Konkav-** und **Bikonkav-L.,** in der Mitte dünner als am Rand, bewirken Auseinanderlaufen der Strahlen. Je nach Art der Krümmung der L. unterscheidet man **bi-, plan-** und **konkavkonvexe Sammel-L.** und **bi-, plan-** und **konvexkonkave Zerstreuungs-L.** – **L.-Kombination, L.-Satz,** Vereinigung mehrerer L., um bei einfachen L. auftretende Fehler (Aberration, Astigmatismus, Dispersion, Koma) auszugleichen.

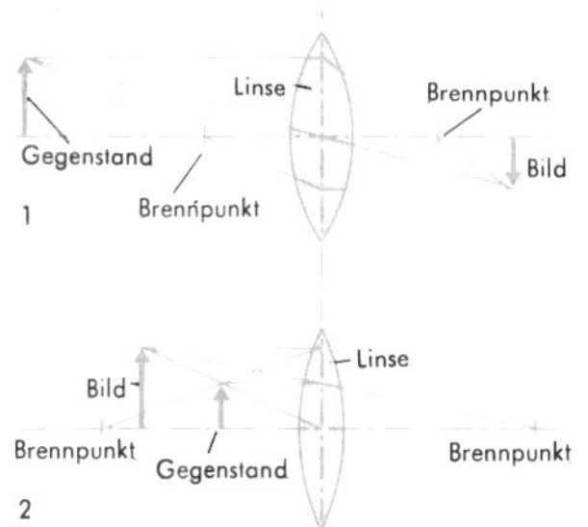

Linse 3). 1 Reelle Abbildung und 2 virtuelle Abbildung durch eine bikonvexe Sammellinse

Linters *Pl.,* unverspinnbare Schutzhaare des Baumwollsamenkerns; zur Herstellung von Chemiefasern.

Linth *die,* der Oberlauf der → Limmat.

Lin Yutang, Lin Yü-t'ang, chin. Schriftsteller, * 1895, † 1976; Schriften zum chinesisch-westl. Kulturvergleich.

Linz, Hptst. Oberösterreichs, an der Donau (Hafen), 212 600 Ew.; Rathaus (1651), Dreifaltigkeitssäule (1723), Jesuitenkirche, ehem. Minoritenkirche (spätbarocker Neubau); Eisen- und Stahlwerke, Stickstoff-, Textil-, Tabakind. – L. entstand aus dem röm. Kastell **Lentia.**

Lions ['laıənz], Kurzwort aus **L**iberty, **I**ntelligence, **O**ur **N**ation's **S**afety, Zusammenschluss von Persönlichkeiten des öffentl. Lebens zur internat. Verständigung, auch karitativ tätig, Sitz Oak Brook (Illinois, USA); mehr als 39 000 Klubs in 165 Ländern, davon rd. 770 in Deutschland.

Liotard [ljɔ'ta:r], Jean-Étienne, schweizer. Pastell-, Emailmaler, * 1702, † 1789.

Liparische Inseln, Äolische Inseln, vulkan. Inselgruppe nördl. von Sizilien, Italien, 117 km². Tätige Vulkane: Stromboli, Vulcano.

Lipasen, Fette spaltende Enzyme bei Tieren und Pflanzen.

Lipchitz, Jacques, frz.-amerikan. Bildhauer litauischer Herkunft, * 1891, † 1973; vom Kubismus beeinflusste Arbeiten.

Li Peng, Li P'eng, chin. Politiker, * 1928; seit 1987 Min.-Präs., ließ im Juni 1989 in Übereinstimmung mit Deng Xiaoping die friedl. Massendemonstration auf dem Platz des Himml. Friedens durch die Armee blutig niederschlagen.

Lipezk, Stadt nördl. von Woronesch, Russland, 466 000 Ew.; Hüttenwerk, Maschinenbau u. a. Industrie.

Lipizzaner, Warmblutpferde (meist Schimmel), aus dem Hofgestüt Lipizza bei Triest (Lipica in Slowenien), heute vorwiegend im Gestüt Piber (Steiermark) gezüchtet; Dressurpferde der Span. Reitschule in Wien.

Lipoide *Pl.,* in tier. und pflanzl. Zellen vorhandene fettähnl. Stoffe, z. B. Phosphatide. Die fettlösl. Vitamine sind an L. gebunden. L. und Fette werden zus. **Lipide** genannt.

Lipom *das,* die → Fettgeschwulst.

Lippe, fleischiger Rand bes. der menschl. Mundspalte. Die L. bestehen aus dem kreisförmigen Schließmuskel des Munds, der nach außen von der Gesichtshaut, nach innen von der Mundschleimhaut bedeckt ist; durch eine Schleimhautfalte (L.-Bändchen) sind beide Häute in der Mittellinie mit dem Zahnfleisch verbunden.

Limoges
Stadtwappen

Lippe, 1) *die,* rechter Nebenfluss des Rheins in NRW, 228 km lang, entspringt im Teutoburger Wald, mündet bei Wesel; von Hamm bis Wesel vom **L.-Seitenkanal** begleitet. – **2)** ehem. Territorium (Fürstentum) in NW-Dtl., westl. der Weser, vom Lipper Bergland und Lipper Wald durchzogen, Hptst. war Detmold. – Die im 10. Jh. entstandene, seit 1529 reichsunmittelbare Herrschaft L. wurde 1720 Fürstentum; 1640 hatte sich Schaumburg-Lippe abgetrennt; 1918 Freistaat, seit 1947 zu Nordrhein-Westfalen.

Lippenblütler, Labiaten, Pflanzenfamilie, Kräuter oder Sträucher, mit vierkantigem Stängel und lippenförmigen Blüten; die Blüte hat Ober- und Unterlippe, 2 ungleich lange Staubfädenpaare, vierteilige Fruchtknoten. Die L. sind reich an äther. Ölen, daher viele Gewürz-, Parfüm- und Heilpflanzen.

Lippspringe, Bad L., Stadt in NRW, an der Lippequelle, 14 600 Ew.; radioaktive Thermen.

Lippstadt, Stadt in NRW, an der Lippe, 66 600 Ew.; Metall-, Textilindustrie.

Liquidität *die,* Fähigkeit zur rechtzeitigen Erfüllung fälliger Zahlungsverpflichtungen.

Liquidation *die,* **1)** Kostenberechnung; Rechnung, z. B. eines Arztes. – **2)** Auflösung eines Geschäfts, Unternehmens.

Liquiden [lat. »flüssige Laute«] *Pl.,* die Konsonanten r und l.

liquidieren, 1) abrechnen, berechnen. – **2)** auflösen (Geschäft). – **3)** vernichten.

Liquor *der,* **1)** flüssige Arznei. – **2)** seröse Flüssigkeit in Körperhohlräumen, z. B. **L. cerebrospinalis,** Gehirn-Rückenmarks-Flüssigkeit.

Linz
Stadtwappen

Lira [von lat. libra »Pfund«] *die,* Währungseinheit in Italien, der Türkei und Malta.

Liselotte von der Pfalz, eigentl. **Elisabeth Charlotte,** Tochter des Kurfürsten Karl Ludwig von der Pfalz, * 1652, † 1722, ⚭ 1671 mit Herzog Philipp von Orléans, dem Bruder Ludwigs XIV.; schrieb urwüchsige Briefe über die Zustände am Versailler Hof.

Lisene *die,* ⌂ flacher, senkrechter, der Gliederung dienender Wandstreifen.

Lissabon Stadtwappen

Livorno Stadtwappen

Liverpool Stadtwappen

Litauen

Staatswappen

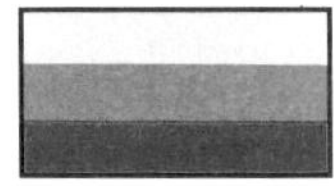

Staatsflagge

Internationales Kfz-Kennzeichen

Lisieux [liˈzjø], frz. Stadt in der Normandie, 23 700 Ew.; got. Kathedrale; Metall verarbeitende u. a. Industrie.

LISP, Abk. für **list processing language, eine Programmiersprache, deren wichtigste Datenstruktur lineare Listen sind. Sie hat u. a. für die →künstliche Intelligenz Bedeutung.

Lispeln →Sprachstörungen.

Liss, Johann, dt. Maler, *um 1597, †1629/1630.

Lissa, poln. **Leszno,** Hptst. der poln. Wwschaft Leszno, 60 400 Ew.; Lebensmittel-, Textil- u. a. Ind. L. kam 1793 an Preußen, 1920 an Polen. Seit dem Dreißigjährigen Krieg war es der Hauptsitz der Böhm. Brüder in Polen.

Lissabon, port. **Lisboa,** Hptst. und Haupthafen Portugals, an der Mündungsbucht des Tejo (Brücke), 681 100 Ew.; kultureller und wirtschaftl. Mittelpunkt des Landes; Univ., TU; Bauten: Hieronymitenkloster von Belém (um 1502 bis 1572), Torre de Belém (1515 bis 1521), alte Kathedrale, Kirchen São Vicente de Fora und São Roque, Necessidadespalast (früher königl. Schloss). Schiffbau u. a. Ind., ✈. – L., seit dem 8. Jh. islamisch, wurde 1147 den Mauren entrissen, im 15. Jh. wichtigster Handelsplatz Europas; 1755 durch Erdbeben schwer zerstört.

Lissitzky, El, russ. Maler, Architekt, *1890, †1941; Vertreter des Konstruktivismus.

List, Friedrich, dt. Volkswirtschaftler, *1789, †(Freitod) 1846; trat für ein einheitl. dt. Zollgebiet und für den Eisenbahnbau ein.

Listenwahl, Wahlverfahren, bei dem mehrere Abgeordnete zugleich nach einer feststehenden (Partei-) Liste gewählt werden.

Lister [ˈlɪstə], Joseph, brit. Chirurg, *1827, †1912; führte die Wundbehandlung mit keimtötenden Mitteln (Antisepsis) ein.

Liszt [list], Franz v., ungar. Pianist, Komponist, *1811, †1886; Förderer R. Wagners. Werke: sinfon. Dichtungen, Oratorien, Messen, Klavierwerke (Konzerte, Rhapsodien, Etüden). Seine Tochter Cosima, *1837, †1930, ⚭ mit H. v. Bülow, dann mit R. Wagner.

Li Taibai, Li T'ai-po, chin. Dichter, *701, †762; erlangte höchste Popularität durch seine Gedichte von genialer Einfachheit.

Litanei *die,* Wechselgebet zw. Geistlichem (Vorbeter) und Gemeinde.

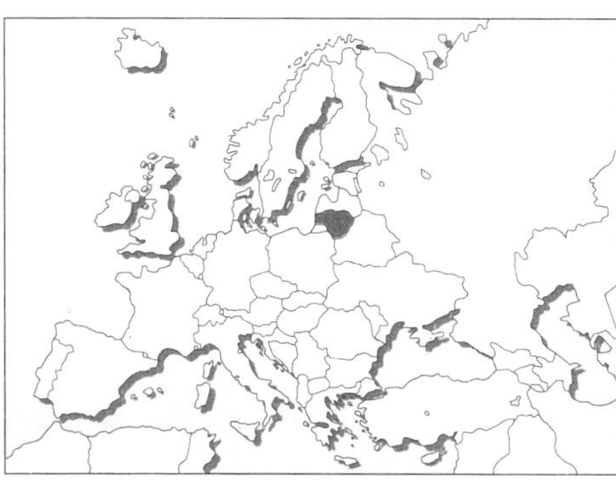

Litauen, Rep. im Baltikum, zw. Ostpreußen und Lettland, 65 200 km², 3,76 Mio. Ew.; Hptst.: Wilna. – Wald- und Seenlandschaft; Hauptfluss ist die Memel. – Bev.: rd. 80% Litauer; Russen, Polen, Weißrussen. – Rohstoffe sind Torf und Bernstein; Gerätebau, Nahrungsmittelindustrie, Leinenherstellung; Kernkraftwerk; Ackerbau, Obstbau, Viehwirtschaft. – Seit Anfang 14. Jh. Großreich von der Ostsee bis zum Schwarzen Meer; im 14. Jh. christianisiert und seit 1386 mit Polen verbunden, kam L. durch die Poln. Teilungen 1772, 1793, 1795 an Russland; 1918 bis 1940 unabhängig, 1940 durch die Sowjetunion annektiert (1940 bis 1991 Litauische SSR); Unabhängigkeitserklärung am 11. 3. 1990, am 6. 9. 1991 von der UdSSR anerkannt; am 17. 9. 1991 Aufnahme in die UNO. Staatspräs.: V. Adamkus (seit 1998).

Litauer, Volk des ostbalt. Zweigs der indoeurop. Sprachfamilie, katholisch, etwa 3,5 Millionen.

Liter *der,* das, Einheitenzeichen **l,** Volumeneinheit, 1 Liter = 1 dm³ = 1 000 cm³.

Literatur *die,* Gesamtheit aller schriftl. niedergelegten sprachl. Zeugnisse, bes. die Dichtung. Die L. wird nach Epochen, Völkern oder Sachgebieten geordnet. Das Schrifttum einer Nation ist die **National-L.,** die über die Grenzen hinauswirkende L. die **Welt-L.** Die **L.-Wissenschaft** erforscht Geschichte, Formen und Gattungen der L.; sie sichert die Originaltexte literar. Werke, deutet ihre Form und ihren Gehalt **(Interpretation)** und untersucht ihre Entstehung, Wirkung, Verbreitung und den geschichtl. Zusammenhang, in dem sie stehen.

Litfaßsäule [nach dem Buchdrucker E. Litfaß], Anschlagsäule, zuerst 1855 in Berlin.

Lithium *das,* Symbol **Li,** chem. Element, dem Natrium sehr ähnl., silberweißes Alkalimetall; Ordnungszahl 3, relative Atommasse 6,941, D 0,534 g/cm³ (das leichteste Metall), Fp 180,54 °C, Sp 1 342 °C.

Lithographie *die,* **1) Steindruck,** 1798 von A. Senefelder erfundenes Flachdruckverfahren, bei dem als Druckform eine Kalkschieferplatte dient. Die Zeichnung wird direkt mit Fettkreide, Tusche u. Ä. aufgebracht; zum Verschließen der Poren auf der zeichnungsfreien Fläche wird die Platte mit Säure bestrichen, sodass die Druckfarbe nur an der Zeichnung haften kann. – **2)** Halbleitertechnologie: Verfahren, mit denen mikroelektronische Bauelementstrukturen auf die Halbleiterscheiben (Wafer) übertragen werden; Bezeichnung nach der verwendeten Strahlung als Photo-, Elektronenstrahl-, Röntgen-, Ionenstrahllithographie.

Lithosphäre *die,* der oberste, etwa 100 bis 300 km dicke Bereich der festen Erde; besteht aus einer größeren Zahl von Platten.

litoral, zur Küste gehörig.

Little Rock [ˈlɪtl ˈrɔk], Hptst. von Arkansas, USA, 175 800 Ew.; Univ., Baumwollindustrie.

Liturgie *die,* **1)** in altgriech. Staaten unentgeltl. Leistung für das Gemeinwesen. – **2)** öffentl., von der Kirche geübter Kultus. In der kath. Kirche seit 1963 stark geändert (Umgestaltung der Messe, Verwendung der Landessprache), z. T. als Ergebnis der **Liturg. Bewegung.**

Litze, 1) schmales Geflecht, Tresse. – **2)** biegsamer elektr. Leiter aus dünnen, auch miteinander verflochtenen Einzeldrähten. – **3)** Seil aus einer oder mehreren Drahtlagen.

Liudger, Ludger, Missionar der Friesen, *um 742, †809; Heiliger (Tag: 26. 3.).

Liudolfinger, Ludolfinger, altsächs. Adelsgeschlecht, erlangte im 9. Jh. die sächs. Herzogswürde, stellte dann die sächs. Kaiser; mit Heinrich II. starb es 1024 aus.

Liverpool [ˈlɪvəpuːl], Stadt in W-England, am Mersey, 474 000 Ew.; Univ., Kathedrale; Ind.zentrum; neuer Hafen für L. ist **Bootle.**

Livesendung [laɪf-], Original- oder Direktsendung in Funk und Fernsehen.

Livia Drusilla, 2. Gemahlin des Augustus, *58 v. Chr., †29 n. Chr.; Mutter des Tiberius.

Livingstone [ˈlɪvɪŋstən], David, brit. Afrikaforscher, *1813, †1873; unternahm ab 1849 Entdeckungsreisen in Süd- und Mittelafrika. Nach ihm sind die **L.-Fälle** des Kongo und das **L.-Gebirge** am Malawisee benannt.

Livistona *die,* trop. Gattung der Fächerpalmen; z.T. Zimmerpflanzen.
Livius, Titus, röm. Geschichtsschreiber, *um 59 v.Chr., †17 n.Chr.
Livland, geschichtl. Landschaft im Baltikum, von finnougr. und balt. Stämmen bewohnt; seit dem 13. Jh. unter der Herrschaft des Dt. Ordens, wurde 1561 poln., 1629 schwed., 1721 russ.; die dt. Oberschicht (Ritterschaft und Städte) bewahrte bis gegen Ende des 19. Jh. ihre ständ. Selbstverwaltung. 1918 zw. Estland und Lettland geteilt.
Livorno, Hafen- und Handelsstadt in Ligurien, Mittelitalien, 165700 Ew.; Marinestützpunkt.
Livree *die,* uniformähnl. Kleidung für Diener.
Lizenz *die,* **1)** Erlaubnis, Genehmigung. – **2)** Patentrecht: vom Inhaber eines Patents einem anderen erteilte Erlaubnis, die Erfindung für sich in einem bestimmten Gebiet gewerblich zu nutzen.
Ljuberzy, Stadt im Gebiet Moskau, Russland, 164000 Ew.; Maschinenbau, Holzindustrie.
Ljubimow, Jurij, russ. Schauspieler und Regisseur, *1917; Leiter des Moskauer Taganka-Theaters (1964 bis zur Ausbürgerung 1984, wieder von 1989 bis 1993); seit 1994 Chefregisseur der Oper Bonn.
Ljubljana, dt. **Laibach,** Hptst. der Rep. Slowenien, 270000 Ew., Kultur- und Wirtschaftszentrum, Univ. – L. war Hptst. des habsburg. Herzogtums Krain, kam 1918 an Jugoslawien.
Llanos [ˈjanɔs] *Pl.,* Hochgrassteppen im trop. und subtrop. Amerika.
Lleida [ˈʎɛiðə], →Lérida.
Llewellyn [ɬuːˈelın], Richard, walis. Schriftsteller, *1906, †1983; Romane (»So grün war mein Tal«, 1939, u.a.).
Lloyd [lɔıd], Harold, amerikan. Schauspieler, *1893, †1971; Komiker v.a. des amerikan. Stummfilms.
Lloyd George [lɔıd ˈdʒɔːdʒ], David, brit. Politiker (Liberal Party), *1863, †1945; führte als Schatzkanzler (1908 bis 1915) eine Sozialreform durch. Min.-Präs. 1916 bis 1922.
Lloyd's [lɔıdz], **Corporation of Lloyd's,** Vereinigung von brit. Einzelversicherern (urspr. Seeversicherung), nach E. Lloyd, dessen Londoner Kaffeehaus ab Ende des 17. Jh. Zentrum der Schiffsinteressenten wurde.
Lloyd Webber [lɔıd ˈwebə], Lord (seit 1997) Andrew, brit. Komponist, *1948; Rockoper: »Jesus Christ Superstar« (1970); Musicals: »Evita« (1978), »Cats« (1981), »The phantom of opera« (1986), »Sunset Boulevard« (1993), »Lord« (1996).
lm, Einheitenzeichen für **Lu**men.
Lob [lɔb] *der,* Tennis: hoher, weich geschlagener Ball.
Lobatschewskij, Nikolaj, russ. Mathematiker, *1793, †1856; Mitbegründer der nichteuklid. Geometrie.
Lobbyismus [von engl. lobby »Vorraum«] *der,* Beeinflussung von Politikern (Abgeordneten) durch Interessenvertreter.
Lobelie *die,* Gattung der Glockenblumengewächse; die blau, weiß oder scharlachrot blühende L. ist eine beliebte Zierpflanze.
Locarno, Bez.-Stadt im schweizer. Kt. Tessin, am Lago Maggiore, 14300 Ew.; Kurort.
Locarno-Pakt, 1925 in Locarno vereinbarter und in London unterzeichneter Sicherheitsvertrag, durch den sich das Dt. Reich, Frankreich und Belgien (Garantie Großbritanniens und Italiens) verpflichteten, die im Vertrag von Versailles festgelegten dt. Westgrenzen und die entmilitarisierte Rheinlandzone zu achten. Am 7. 3. 1936 erklärte Hitler den L. für hinfällig und marschierte ins Rheinland ein.
Loccum, Ortsteil von **Rehburg,** Ndsachs., westl. des Steinhuder Meers. Das ehem. Zisterzienserkloster (1136 gegr.) wurde 1952 Ev. Akademie.
Loch, irisch **Lough** [lɔx, lɔk], See.
Lochkamera, Camera obscura, →Fotografie.
Lochkarte, ▣ veraltetes Hilfsmittel der Datenverarbeitung. Informationen (Zahlen, Buchstaben oder Schemafolgen) werden in die L. eingestanzt. In **L.-Maschinen** werden die L. abgetastet und die Arbeitsvorgänge gesteuert; vom Magnetband ersetzt.
Lochner, Stephan, dt. Maler, *um 1410, †1451; Hauptmeister der Kölner Schule, malte Altarwerke von bes. Leuchtkraft (»Muttergottes in der Rosenlaube«, 1448).
Loch Ness [lɔk ˈnes], See im schott. Hochland, 52 km², 36 km lang, 230 m tief. – L. N. wurde bekannt durch Berichte über ein Ungeheuer, das im See gesehen worden sein soll.
Lochstickerei, Weißstickerei, bei der das Muster durch umstickte Löcher entsteht.
Lochstreifen, ▣ gelochtes Band zur Ein- und Ausgabe von Informationen bei Rechenanlagen und numerisch gesteuerten Maschinen; vom Magnetband ersetzt.
Locke [lɔk], John, engl. Philosoph, *1632, †1704, Begründer des engl. Empirismus; in seiner Staatslehre entwickelte er die Gedanken der Volkssouveränität und der Gewaltenteilung.
Lockstoffe, engl. **Attractants,** sehr unterschiedl. chem. Verbindungen, die bes. Insekten zu ihren Futterpflanzen, Wirtstieren oder zum Geschlechtspartner leiten, heute vielfach zur Schädlingsbekämpfung (mit L. versehene Fallen).
loco, am Orte; **l. citato,** Abk. **l. c.,** an angeführter Stelle (eines Buchs); **locus,** Ort, Stelle.
Loden *der,* Tuch aus grober Wolle, gewalkt, geraut, aber nicht geschoren.
Lodi, Stadt in Oberitalien, an der Adda, 42500 Ew.; Dom; Majolikafabrik, Milchverarbeitung.
Lodz [lɔtʃ], poln. **Łódź,** Stadt im mittleren Polen, 833700 Ew., zweitgrößte Stadt des Landes; Univ., TH; Textilindustrie. – Im Zweiten Weltkrieg als **Litzmannstadt** Teil des »Reichsgaus Wartheland«. Die zahlreichen jüd. Einwohner wurden zum größten Teil ermordet.
Loerke [ˈlœrkə], Oskar, dt. Dichter, *1884, †1941. Seine Lyrik ist Ausdruck eines kosm. Naturgefühls.
Loest [løst], Erich, dt. Schriftsteller, *1926; realist.-krit. Romane über den Alltag in der DDR; seit 1994 Vors. des Dt. Schriftstellerverbands; Romane: »Es geht seinen Gang oder Mühen der Ebene« (1978), »Völkerschlachtdenkmal« (1984), »Katerfrühstück« (1992).
Loewe [ˈløː-], Carl, dt. Komponist, *1796, †1869; Meister der neueren Ballade (»Erlkönig«, 1818).
Löffelkraut, Kreuzblütler mit weißen oder violetten Blüten, an nördl. Küsten; alte Heilpflanze.
Löffler, Unterfamilie der Ibisse mit löffelförmigem Schnabel. Eine Art der L. ist der Löffelreiher.
Löffler, Friedrich August, dt. Hygieniker, *1852, †1915; entdeckte den Erreger der Rotzkrankheit bei Pferden und den der Diphtherie.
Lofoten [ˈluːfutən] *Pl.,* felsige Inselgruppe vor der Küste Norwegens; Haupthafen: Harstad; Fischerei (Kabeljau); Schafzucht.
Log *das,* ⚓ Gerät zum Messen der Fahrgeschwindigkeit von Schiffen. **Logbuch,** gesetzl. vorgeschriebenes Schiffstagebuch, in das Kurs, Fahrgeschwindigkeit, Wetter, besondere Vorkommnisse usw. eingetragen werden.
Logarithmus *der,* für eine positive reelle Zahl x zu einer festen positiven Basis (Grundzahl) $a \neq 1$ derjenige Exponent y, für den $x = a^y$ ist; geschrieben $y = \log_a x$. Z. B. ist $\log_2 16 = 4$, denn $2^4 = 16$. Die Zahl x heißt der zum L. gehörende Numerus. Wenn die verwendete Basis gleichgültig oder über sie kein Irrtum möglich ist, braucht sie nicht notiert zu wer-

Ljubljana Stadtwappen

Andrew Lloyd Webber

Locarno Stadtwappen

Lodz Stadtwappen

Erich Loest

Löffler

den. Es gelten die Regeln (bei beliebiger Basis): $\log(x_1 \cdot x_2) = \log x_1 + \log x_2$; $\log(x_1/x_2) = \log x_1 - \log x_2$; $\log x^n = n \cdot \log x$. Multiplikation, Division und Potenzieren werden also logarithmisch auf Addition, Subtraktion bzw. Multiplikation zurückgeführt. L. mit der Basis e (→e 4) heißen **natürl. L.**, diejenigen mit der Basis 10 gewöhnl., dekad., **briggssche** oder **Zehner-L.**, diejenigen mit der Basis 2 **Binär-** oder **Zweier-L.** Man schreibt statt $\log_e x$ meist $\ln x$ (natürl. L., L. naturalis), statt $\log_{10} x$ meist $\lg x$ und statt $\log_2 x$ meist $\text{lb}\,x$ oder $\text{ld}\,x$ (L. dualis).

Logau, Friedrich Freiherr v., dt. (schles.) Barockdichter, * 1604, † 1655; Sinngedichte.

Loge ['lo:ʒe] *die,* **1)** umschlossener Platz im Zuschauerraum des Theaters. – **2)** Raum für Pförtner (**Portier-L.**). – **3)** Verein und Versammlungsort der Freimaurer.

Logger *der,* ⚓ Fischereifahrzeug mit Motorantrieb für den Fang mit Schleppnetz und Ringwade.

Loggia ['lɔdʒa] *die,* ⌂ offene Bogenhalle oder Bogengang an einem Gebäude.

Logik *die,* Lehre vom schlüssigen und folgerichtigen Denken, v. a. vom richtigen Schließen, welches dadurch gekennzeichnet ist, dass es zu wahren Voraussetzungen wahre Schlüsse liefert; heute fast ausschließl. als **formale L.** betrieben. Die **mathematische L.** ist eine Disziplin, die log. Schließen mit math. Methoden untersucht. Grundlegend ist die Präzisierung des Sprachbegriffs. In der **Junktoren-L.** sind zur Zusammensetzung einfacher Aussagen Junktoren wie »nicht«, »und«, »oder«, »wenn ... dann« zugelassen, in der **Prädikaten-L.** darüber hinaus auch Quantoren wie »für alle« und »es gibt«, mit denen Objekten Eigenschaften zu- oder abgesprochen werden.

Logikschaltung, 💻 elektron. Schaltung, deren Eingangssignale nach den Gesetzen der booleschen Algebra zu Ausgangssignalen verknüpft werden.

Logis [lo'ʒi:] *das,* zeitweilige Wohnung; **logieren,** wohnen; beherbergen.

Logistik *die,* Versorgung mit den erforderl. Mitteln und Dienstleistungen.

Logo [Kurzwort aus engl. logotype] *der* oder *das,* Marken-, Firmenzeichen.

Logopädie *die,* Sprachheilkunde.

Logos *der,* im Griechischen, bes. in der griech. Philosophie: zugleich »Wort«, »Rede«, das in den Dingen erkennbare »Gesetz«; später bei den Stoikern als Weltvernunft, als Gott aufgefasst. In der jüd. Philosophie: Mittler zw. Gott und den Menschen; im A. T.: das empfangene Urwort Gottes; im N. T.: Christus, der Fleisch gewordene Logos.

Logotherapie, ⚕ psychotherapeut. Methode (nach V. E. Frankl) zur Behandlung von seel. Störungen.

Logroño [lo'ɣgroɲo], Hptst. der span. Region Rioja, am oberen Ebro, 121 000 Ew.; Weinbau.

Lohe *die,* gemahlene Rinde junger Eichen und anderer Bäume, zum Gerben.

Löhe, Wilhelm, dt. ev. Theologe, * 1808, † 1872; gründete 1846 die Neuendettelsauer Missionsanstalt, 1854 das Diakonissenmutterhaus.

Lohengrin, Schwanenritter, Sohn des Parzival, Sagenheld aus dem Gralskreis.

Lohn, ✐ Entgelt für die Arbeitsleistung, i. e. S. für den Arbeiter. Bei anderen Berufen sind die Bezeichnungen Gehalt, Honorar, Gage, Heuer üblich. Nach der Art des Entgelts unterscheidet man **Geld-** und **Natural-L.** (Lebensmittel, Wohnung, Land usw.), nach der Art der Berechnung **Zeit-L.** (Wochen-, Stunden-L.), bei dem die Arbeitszeit maßgebend ist, und **Werk-L.** (Stück-, Akkord-L.), bei dem die Arbeitsleistung zugrunde gelegt wird.

Lohner, Helmut, österr. Schauspieler, * 1933; bei Bühne, Film und Fernsehen.

Lohnfort|zahlung, Weiterzahlung des Lohns bei Krankheit bis zu 6 Wochen durch den Arbeitgeber für Angestellte und Arbeiter.

lohn|intensive Betriebe, ✐ Betriebe, in denen die Lohnkosten die Material- und Kapitalkosten übersteigen, z. B. Hotelbetriebe.

Lohnpfändung, Gehalts|pfändung, ⚖ die in der Zwangsvollstreckung in beschränktem Umfang mögl. Pfändung noch nicht ausgezahlter Lohn- und Gehaltsforderungen. Unpfändbar ist neben bestimmten Sonderzulagen bei Ledigen ein Nettoeinkommen bis 1 209 DM monatlich.

Lohn-Preis-Spirale, bildl. Ausdruck für das Anziehen der Löhne als Folge von Preissteigerungen und für das Steigen der Preise als Folge von Lohnerhöhungen.

Lohnsteuer, Einkommensteuer auf die Einkünfte aus nichtselbstständiger Arbeit.

Lohse, 1) Eduard, dt. ev. Theologe, * 1924; 1971 bis 1988 Landesbischof von Hannover, 1975 bis 1978 Leitender Bischof der Vereinigten Ev.-Luther. Kirche Dtl.s, 1979 bis 1985 Vors. des Rats der EKD. – **2)** Ri-

Schnittzeichnung einer elektrischen **Lokomotive** der Deutschen Bahn AG, Baureihe 111

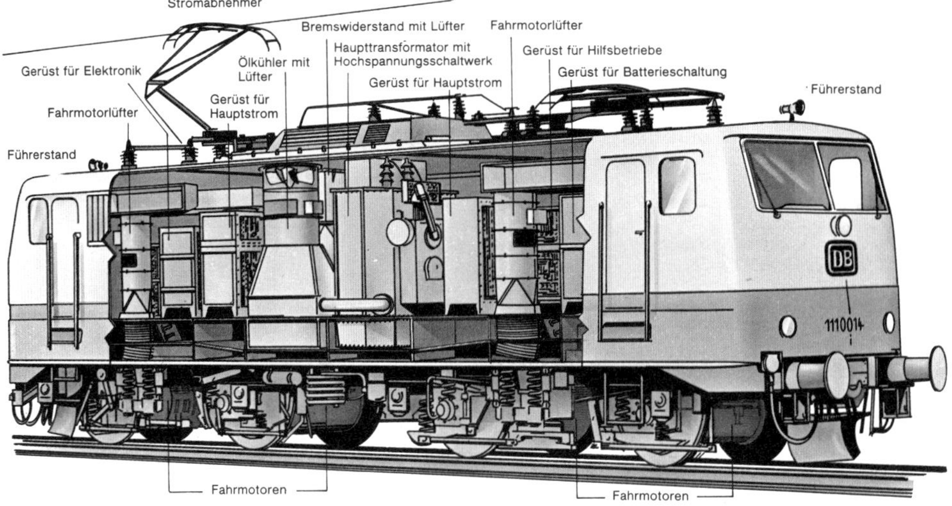

London. Westminster-Abtei, Parlamentsgebäude, Westminster-Brücke, Rathaus, Waterloo Station (von links unten nach rechts oben)

chard Paul, schweizer. Maler, * 1902, † 1988; konstruktive Malerei von Farbflächen in serieller Anordnung.

Loiblpass, Karawankenpass, zw. Kärnten und Slowenien (→Alpen; Alpenpässe, ÜBERSICHT).

Loire [lwa:r] *die,* längster Fluss Frankreichs, kommt von den Cevennen, 1 020 km lang, mündet bei Saint-Nazaire in den Atlantik; Kanalverbindung mit der Saône, Seine und Brest; im mittleren Abschnitt zw. Gien und Angers zahlreiche Burgen und Schlösser.

Loisach *die,* linker Nebenfluss der Isar, in Oberbayern, 120 km, entspringt bei Lermoos in Tirol, mündet bei Wolfratshausen.

lokal, örtlich, räumlich, auf einen Ort beschränkt.

Lokalanästhesie *die,* örtl. →Betäubung.

Lokaltermin, ⚖ gerichtl. Termin am Tatort (Strafprozess), zur Besichtigung des Streitgegenstands oder zur Vernehmung von Zeugen außerhalb des Gerichts (Zivilprozess).

Lokativ *der,* Ⓢ Kasus in manchen Sprachen; antwortet auf die Frage »wo?«.

Loki, Gestalt der german. Göttersage, Feuer-, Untergangsdämon; veranlasst durch eine List den Tod des Lichtgotts Balder.

Lokomotive *die,* kurz **Lok,** Zugmaschine der Eisenbahnen. Der auf dem Laufwerk ruhende Rahmen trägt das Triebwerk und den übrigen Aufbau. Das Laufwerk umfasst Lauf- und Treibachsen. **Dampf-L.** haben einen mit Holz, Torf, Kohle oder Öl geheizten Dampfkessel, der den Dampf für die Dampfmaschine erzeugt; deren Kraft wird über Treib- und Kuppelstangen auf die Treibräder übertragen. Antriebsmaschine der **Turbo-L.** ist eine Dampfturbine. Bei **turboelektr. L.** erzeugen turbinengetriebene Generatoren den Strom für Elektro-Fahrmotoren. Die **elektr. L.** erhält den Strom unmittelbar mit besonderer Leitung oder Schiene über Stromabnehmer oder mittelbar durch Speicherung in Akkumulatoren-Batterien **(Akkumulatoren-L.).** Weit verbreitet ist in Dtl. die Wechselstrom-L. für $16\frac{2}{3}$ Hz. Der Strom wird aus der Fahrleitung mit 15 000 Volt Spannung entnommen (auch 25 000 V, 50 Hz). Die meisten elektr. L. haben Fernsteuereinrichtung, durch die über ein Kabel entweder eine zweite unbemannte L. mitgesteuert oder die L. von einem Steuerwagen aus ferngesteuert werden kann. Die **Brennkraft-L.** wird durch Dieselmotoren, Vergasermotoren, auch durch Gasturbinen angetrieben. Von diesen hat die **Diesel-L.** die größte Verbreitung gefunden. Die Antriebskraft wird vom Motor über Zahnradstufengetriebe oder Flüssigkeitsgetriebe **(diesel-hydraul. L.)** oder Druckluft oder unter Zwischenschalten eines Gleichstromgenerators und der Fahrmotoren **(diesel-elektr. L.)** auf die Achsen übertragen. **Druckluft-L.** (vorwiegend in Bergwerken) werden durch mitgeführte Druckluft betrieben.

Lokris, Name zweier antiker griech. Landschaften: an der Küste gegenüber N-Euböa (Östl. L.) und nördlich des Golfs von Korinth (Westl. Lokris).

Lolch *der,* **Raygras,** Grasgattung mit zweiseitig abgeflachten Ährchen: **Engl. Raigras** (Dt. Weidelgras, Ausdauernder L.), Futtergras; **Taumel-L.,** Getreideunkraut, Früchte giftig.

Lolland [ˈlɔlan], dän. Insel, südl. von Seeland; 1 243 km^2; fruchtbar.

Gina Lollobrigida

Lollobrigida [lolloˈbri:dʒida], Gina, italienische Filmschauspielerin und Fotografin, * 1927 (?); »Fanfan der Husar« (1951) u. a.

Lombardei *die,* Landschaft in Oberitalien, von den Alpen bis zur Poebene; Hptst.: Mailand; eine der wirtschaftsstärksten Regionen Italiens. Die L., benannt nach den im 6. Jh. eingewanderten Langobarden, wurde 951 dt. Reichslehen. Gegen die Herrschaft der dt. Kaiser kämpfte im 11. bis 13. Jh. der Lombard. Städtebund aufseiten der Päpste. Seit Ende des 14. Jh. bildete der größte Teil der L. das Herzogtum Mailand. 1815 bis 1859 gehörte die L. zu Österreich.

Lombardgeschäft, Gewährung von Bankkredit gegen Verpfändung von Waren oder Wertpapieren **(Lombardkredit).** Der Zinsfuß **(Lombardsatz)** liegt i. d. R. 1 % über dem Diskontsatz.

Lombardo, venezian. Bildhauer- und Baumeisterfamilie; Pietro (* um 1435, † 1515) und seine Söhne Tullio (* um 1455, † 1532) und Antonio (* um 1458, † um 1516) erbauten 1481 bis 1489 die Kirche Santa Maria dei Miracoli in Venedig.

Lome Stadtwappen

Lombok, eine der Kleinen Sunda-Inseln, Indonesien, östl. von Bali.

Lome, frz. **Lomé,** Hptst. und Hafen von Togo, 450 000 Ew.; Univ.; Stahlwerk, Erdölraffinerie; ✈. – Die **Lomé-Abkommen** (1975, 1979, 1984, 1989) zw. der EU und Entwicklungsländern Afrikas, der Karibik und des Pazifiks (→AKP-Staaten) erleichtern den Zugang dieser Länder zum europ. Markt.

Lomonossow, Michail Wassiljewitsch, russ. Gelehrter, Schriftsteller, * 1711, † 1765; bemühte sich um Ausbildung einer wiss. Chemie auf physikal. Grundlage. Seine Dichtungen (Oden), seine »Russ. Grammatik« (1757) sind für die Entwicklung der russ. Schriftsprache wichtig.

London Stadtwappen

London [engl. ˈlʌndən], Hptst. von Großbritannien, in S-England, an beiden Ufern der Themse, 75 km oberhalb ihrer Mündung, 6,97 Mio. Ew. Am Nordufer liegt im Zentrum die **City,** das Geschäftsviertel; die Hauptstraßen Fleet Street und Strand führen in den flussaufwärts gelegenen Stadtteil **Westminster** mit Parlament und Ministerien, nördl. davon die belebten Straßenviertel von Regent Street, Piccadilly u. a., ferner der **Hyde Park.** Bekannteste Gebäude: Tower, St.-Pauls-Kathedrale, got. Westminster-Abtei (Ruhmeshalle mit den Gräbern und Denkmälern engl. Könige und berühmter Briten); Parlamentsgebäude, Rathaus, königliche Paläste Saint James, Kensington- und Buckingham-Palast (Tower, Westminster-Abtei und die Pfarrkirche Saint Margaret wurden von der UNESCO zum Weltkulturerbe erklärt); 33 Univ.; Brit. Museum, Nationalgalerie (Gemälde) u. a. Museen; Barbican Centre (1982; u. a. mit der Royal Shakespeare Company). L. ist ferner eine bedeutende Handels- und Industriestadt und ein Mittelpunkt des Weltverkehrs; Flughäfen, Seehafen mit großen Docks und Lagerhäusern. – Schon das **Londinium** der Römerzeit war eine wichtige Handelsstadt. Ende des 12. Jh. entstand die Verf. der City (Mayor und Stadtrat), die vorbildlich für engl. Stadtverfassungen wurde. BILD S. 543

Jack London

London [ˈlʌndən], Jack, eigentl. John Griffith L., amerikan. Erzähler, * 1876, † 1916; schrieb Abenteuer-, sozialist. Romane, Tiergeschichten: »Der Ruf der Wildnis« (1903), »Der Seewolf« (1904), »Lockruf des Goldes« (1910).

Londonderry [ˈlʌndənderɪ], →Derry.

Londoner Abkommen, 1) Abkommen zw. Frankreich, Großbritannien, der UdSSR und den USA vom 8. 8. 1945 über die Aburteilung von Kriegsverbrechern. – **2)** 1954 Neunmächtekonferenz, auf der die Beendigung des Besatzungsregimes in der Bundesrep. Deutschland und die Aufstellung dt. Truppen in neuen Formen beschlossen wurde (vertraglich festgelegt in Paris 23. 10. 1954).

Londoner Schuldenabkommen vom 27. 2. 1953, regelt die Rückzahlung der dt. Vorkriegs- (bes. Auslandsanleihen des Dt. Reichs, private Sonderkredite und Handelsschulden) und Nachkriegsschulden (bes. Wirtschaftshilfe der USA).

Sophia Loren

Long [lɔŋ], Richard, brit. Künstler, * 1945; Vertreter der Landart.

Long Beach [ˈlɔŋ ˈbiːtʃ], Seebad in Kalifornien, USA, gehört zum Stadtbez. Los Angeles, 396 300 Ew.; Erdölraffinerie; Automobilrennstrecke.

Longdrink [ˈlɔŋdrɪŋk], Getränk aus Spirituosen, mit Sodawasser oder Säften verdünnt.

Longe [ˈlɔ̃ʒə] *die,* Laufleine, an der man Pferde zur Ausbildung im Kreis laufen lässt.

Longfellow [ˈlɔŋfeləʊ], Henry W., amerikan. Dichter, * 1807, † 1882; Verserzählungen (»Das Lied von Hiawatha«, 1855), volkstüml. Gedichte.

Longhena [loŋˈgɛːna], Baldassare, venezian. Baumeister des Barock, * 1598, † 1682; Santa Maria della Salute (1687 geweiht).

Long Island [ˈlɔŋ ˈaɪlənd], Insel an der O-Küste der USA, 4 446 km², zum Staat New York gehörend. Auf L. I. liegen Stadtteile von New York: Brooklyn und Queens.

longitudinal, der Länge nach, längs.

Longwy [lɔ̃ˈvi], Stadt im östl. Frankreich, 15 700 Ew.; bedeutende Eisenerzlager, Hochöfen.

Lönnrot [ˈlœnruːt], Elias, finn. Volkskundler, Sprachforscher, * 1802, † 1884; zeichnete das finn. Volksepos Kalevala auf.

Löns, Hermann, dt. Schriftsteller, * 1866, † (gefallen) 1914; schrieb volksliedartige Gedichte, Natur- und Tierschilderungen.

Looping [ˈluːpɪŋ] *der,* ✈ Kunstflugfigur.

Loos, Adolf, österr. Architekt, * 1870, † 1933; sachl., auf jedes Ornament verzichtende Bauten.

Lope de Vega →Vega Carpio, Lope Félix de.

LORAN, Abk. für **Lo**ng **Ra**nge **N**avigation, Funkmessverfahren zur Standortbestimmung von Flugzeugen und Schiffen.

Lorbeer *der,* immergrüner Baum Asiens und des Mittelmeergebiets; mit grünlich weißen Blüten. Die Blätter dienen als Gewürz; die Samen der blauschwarzen Beere enthalten das grünl. scharfe **L.-Öl,** das zu Einreibungen verwendet wird.

Lorca, Stadt in SO-Spanien, 65 500 Ew.; maur. Kastell, alte Paläste; Industrie.

Lorca, span. Dichter, →García Lorca, Federico.

Lorch, Stadt in Bad.-Württ., 10 400 Ew.; an der Rems (zum Neckar); ehem. Benediktinerabtei.

Lorchel *die,* morchelartige Schlauchpilze mit hirnähnlich gewulstetem Hut. **Früh-L.** oder **Gift-L.** und die braungelbe **Krause L.** oder **Herbst-L.** Der Verzehr der L. kann trotz Abkochen und Weggießen des Kochwassers zu Vergiftungen führen.

Lord [lɔːd] *der,* in Großbritannien Titel des hohen Adels; er ist allen Peers gemeinsam und wird (außer für den Archbishop und Duke) auch in Anrede und Umgangssprache gebraucht; Rang und Anrede (Mylord) der Bischöfe; Titelbestandteil bei einzelnen hohen Richtern und Beamten: **Erster L. der Admiralität,** der brit. Marineminister; **L.-Kanzler,** Justizmin.; **L. Mayor,** der Erste Bürgermeister von London, York, Dublin u. a. Städten; **House of Lords,** das brit. Oberhaus.

Lordose *die,* Verbiegung der Wirbelsäule nach vorn; eine krankhaft verstärkte Krümmung der Lendenwirbelsäule führt zum **Hohlkreuz.**

Loreley, Lorelei [»Elfenfels«] *die,* hoher, fast senkrecht aufsteigender Schieferfelsen rechts am Rhein, bei Sankt Goarshausen; nach der Sage der Sitz einer Nixe, die die Schiffer durch ihren Gesang anlockte (Gedicht von H. Heine, 1824 vertont von F. Silcher).

Loren, Sophia, eigentl. Sofia **Scicolone** [ʃi-], ital. Filmschauspielerin, * 1934; zahlreiche Filme; Sonderbotschafterin des UN-Flüchtlingskommissariats (seit 1992).

Lorentz, 1) Hendrik, niederländ. Physiker, * 1853, † 1928; verschmolz die maxwellsche Feldtheorie mit W. Webers elektro-atomist. Auffassungen zur klass. Elektronentheorie; stellte Formeln für den Übergang von einem ruhenden Koordinatensystem zu einem gleichförmig-geradlinig zu diesem bewegten auf **(L.-Transformationen).** Nobelpreis 1902. – **2)** Lore, dt. Kabarettistin und Chansonniere, * 1920, † 1994; gründete 1947 mit ihrem Mann Kay L. (* 1920, † 1993) das Kabarett »Das Kom(m)ödchen« in Düsseldorf.

Lorenz, Konrad, österr. Verhaltensforscher, * 1903, † 1989; einer der Begründer der Verhaltensforschung. Nobelpreis für Physiologie oder Medizin 1973.

Lorenzetti, zwei ital. Maler (Brüder). **1)** Ambrogio, * um 1290, † 1348; Fresken im Rathaus von Siena. – **2)** Pietro, * um 1280, † 1348; Fresken in der Unterkirche von San Francesco, Assisi.

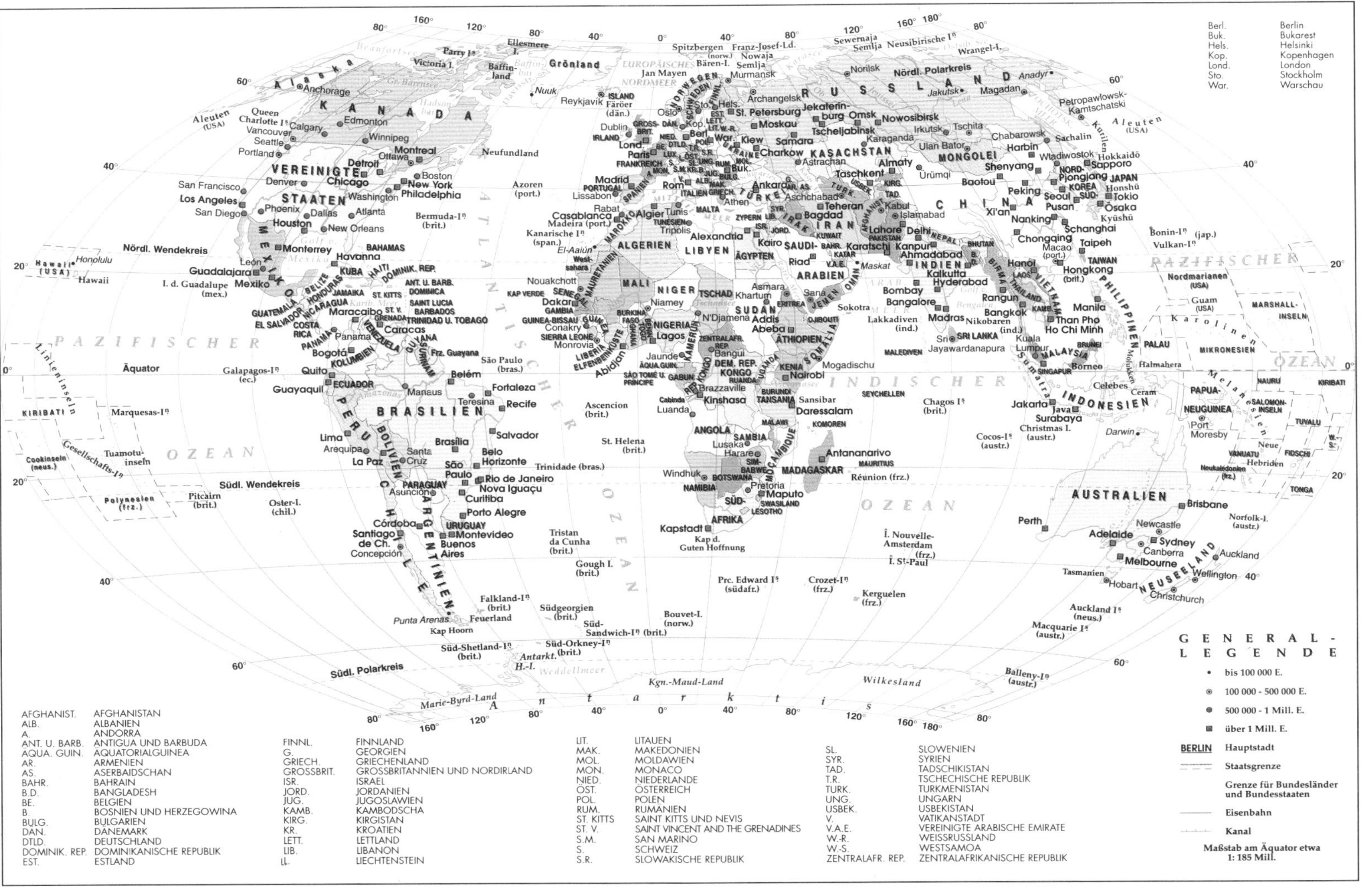
Berl. Berlin
Buk. Bukarest
Hels. Helsinki
Kop. Kopenhagen
Lond. London
Sto. Stockholm
War. Warschau
GENERAL-LEGENDE
bis 100 000 E.
100 000 - 500 000 E.
500 000 - 1 Mill. E.
über 1 Mill. E.
BERLIN Hauptstadt
Staatsgrenze
Grenze für Bundesländer und Bundesstaaten
Eisenbahn
Kanal
Maßstab am Äquator etwa 1: 185 Mill.
AFGHANIST. AFGHANISTAN
ALB. ALBANIEN
A. ANDORRA
ANT. U. BARB. ANTIGUA UND BARBUDA
AQUA. GUIN. ÄQUATORIALGUINEA
AR. ARMENIEN
AS. ASERBAIDSCHAN
BAHR. BAHRAIN
B.D. BANGLADESH
BE. BELGIEN
B. BOSNIEN UND HERZEGOWINA
BULG. BULGARIEN
DÄN. DÄNEMARK
DTLD. DEUTSCHLAND
DOMINIK. REP. DOMINIKANISCHE REPUBLIK
EST. ESTLAND
FINNL. FINNLAND
G. GEORGIEN
GRIECH. GRIECHENLAND
GROSSBRIT. GROSSBRITANNIEN UND NORDIRLAND
ISR. ISRAEL
JORD. JORDANIEN
JUG. JUGOSLAWIEN
KAMB. KAMBODSCHA
KIRG. KIRGISTAN
KR. KROATIEN
LETT. LETTLAND
LIB. LIBANON
LI. LIECHTENSTEIN
LIT. LITAUEN
MAK. MAKEDONIEN
MOL. MOLDAWIEN
MON. MONACO
NIED. NIEDERLANDE
ÖST. ÖSTERREICH
POL. POLEN
RUM. RUMÄNIEN
ST. KITTS SAINT KITTS UND NEVIS
ST. V. SAINT VINCENT AND THE GRENADINES
S.M. SAN MARINO
S. SCHWEIZ
S.R. SLOWAKISCHE REPUBLIK
SL. SLOWENIEN
SYR. SYRIEN
TAD. TADSCHIKISTAN
T.R. TSCHECHISCHE REPUBLIK
TURK. TURKMENISTAN
UNG. UNGARN
USBEK. USBEKISTAN
V. VATIKANSTADT
V.A.E. VEREINIGTE ARABISCHE EMIRATE
W.-R. WEISSRUSSLAND
W.-S. WESTSAMOA
ZENTRALAFR. REP. ZENTRALAFRIKANISCHE REPUBLIK

EUROPA

0 250 500 750 km
Legende siehe Weltkarte
ISLAND
Reykjavík
Nördl. Polarkreis
EUROPÄISCHES NORDMEER
ATLANTISCHER OZEAN
NORWEGEN
Oslo
SCHWEDEN
Stockholm
FINNLAND
Helsinki
ST. PETERSBURG
RUSSLAND
MOSKAU
KASACHSTAN
USBEK.
TURKMEN.
IRLAND
Dublin
GROSS-BRITANNIEN
LONDON
Nordsee
DÄNEMARK
Kopenhagen
ESTLAND
Tallinn
LETTLAND
Riga
LITAUEN
Vilnius
WEISS-RUSSLAND
MINSK
DEUTSCH-LAND
BERLIN
POLEN
WARSCHAU
NIEDERL.
Amsterdam
BELGIEN
Brüssel
LUX.
FRANKREICH
PARIS
TSCHECH. REP.
PRAG
SLOWAK. REP.
ÖSTERREICH
WIEN
SCHWEIZ
Bern
UNGARN
BUDAPEST
UKRAINE
KIEW
MOLDAWIEN
Chişinău
RUMÄNIEN
BUKAREST
KROATIEN
BOSNIEN U. HERZEG.
JUGOSLAWIEN
BELGRAD
BULGARIEN
SOFIA
MAKED.
ALBANIEN
Tirana
GRIECHENLAND
Athen
ITALIEN
ROM
SPANIEN
MADRID
PORTUGAL
Lissabon
ANDORRA
MAROKKO
Rabat
ALGERIEN
ALGIER
TUNESIEN
Tunis
MALTA
Valletta
MITTELLÄNDISCHES MEER
Schwarzes Meer
Kaspisches Meer
GEORGIEN
TIFLIS
ARMENIEN
JEREWAN
ASERBAIDSCHAN
BAKU
TÜRKEI
ANKARA
ZYPERN
Nikosia
LIBANON
Beirut
SYRIEN
IRAK
BAGDAD
IRAN
TEHERAN

NORDASIEN

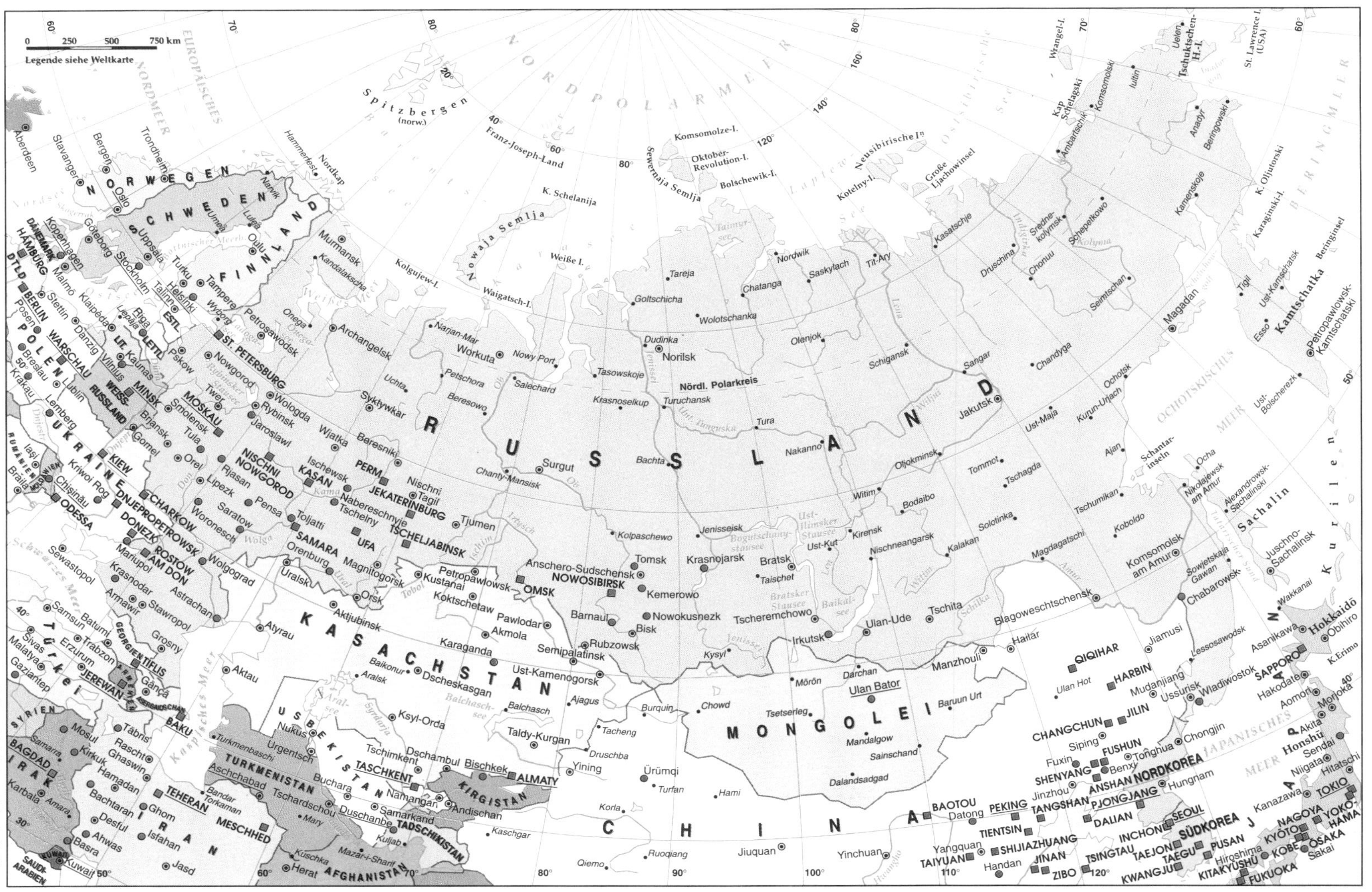

0 250 500 750 km
Legende siehe Weltkarte
NORDPOLARMEER
Spitzbergen (norw.)
Franz-Joseph-Land
Nowaja Semlja
Sewernaja Semlja
Neusibirische In
Nördl. Polarkreis
RUSSLAND
KASACHSTAN
MONGOLEI
CHINA
IRAN
IRAK
Türkei
USBEKISTAN
TURKMENISTAN
KIRGISTAN
TADSCHIKISTAN
AFGHANISTAN
UKRAINE
POLEN
NORWEGEN
SCHWEDEN
FINNLAND
NORDKOREA
SÜDKOREA
JAPAN
MOSKAU
ST. PETERSBURG
NOWOSIBIRSK
OMSK
JEKATERINBURG
TSCHELJABINSK
ALMATY
TASCHKENT
TEHERAN
PEKING
TIENTSIN
SEOUL
TOKIO
Ulan Bator
Jakutsk
Magadan
Irkutsk
Kamtschatka
Sachalin
Kurilen
Hokkaidō
Honshū
Kyūshū
Baikalsee
OCHOTSKISCHES MEER
JAPANISCHES MEER
Kaspisches Meer
Schwarzes Meer

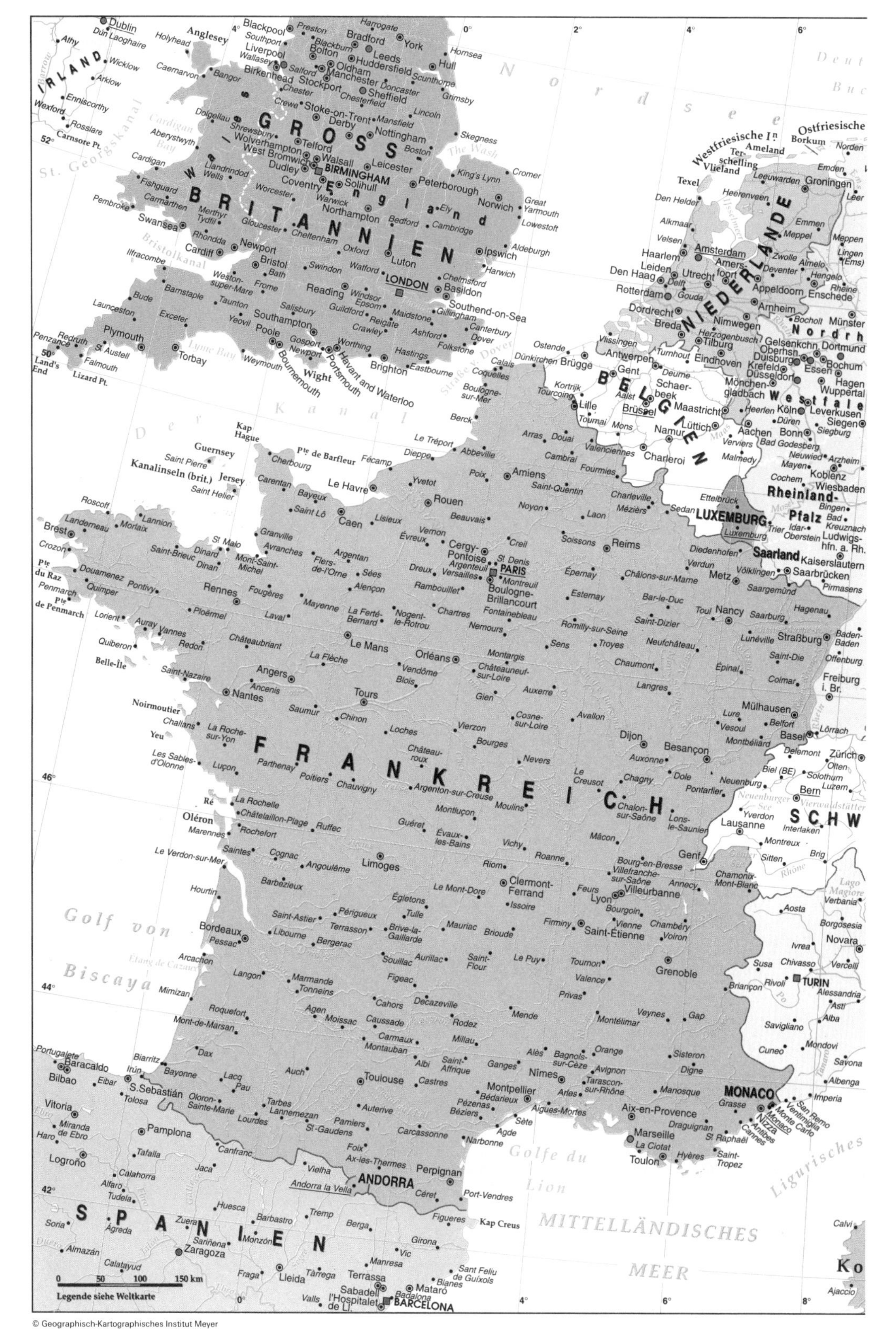

IRLAND
Dublin
Dún Laoghaire
Athy
Wicklow
Arklow
Enniscorthy
Wexford
Rosslare
Carnsore Pt.
Anglesey
Holyhead
Caernarfon
Bangor
Blackpool
Preston
Southport
Blackburn
Liverpool
Wallasey
Birkenhead
Salford
Bolton
Oldham
Manchester
Stockport
Chester
Crewe
Bradford
Leeds
York
Huddersfield
Harrogate
Hornsea
Hull
Scunthorpe
Grimsby
Doncaster
Sheffield
Chesterfield
Stoke-on-Trent
Mansfield
Lincoln
Derby
Nottingham
Skegness
Boston
The Wash
Dolgellau
Shrewsbury
Telford
Wolverhampton
West Bromwich
Walsall
Dudley
Leicester
BIRMINGHAM
Solihull
Coventry
Warwick
Peterborough
King's Lynn
Cromer
Norwich
Great Yarmouth
Lowestoft
Aberystwyth
Cardigan Bay
Cardigan
Llandrindod Wells
Worcester
Northampton
Bedford
Cambridge
Ely
Fishguard
Carmarthen
Pembroke
Merthyr Tydfil
Swansea
Rhondda
Cardiff
Newport
Gloucester
Cheltenham
Oxford
Ipswich
Aldeburgh
Harwich
Bristol
Bath
Swindon
Watford
Luton
LONDON
Chelmsford
Basildon
Southend-on-Sea
Gillingham
Maidstone
Canterbury
Dover
Folkestone
Ashford
Reading
Windsor
Epsom
Guildford
Reigate
Crawley
Salisbury
Southampton
Poole
Gosport
Newport
Worthing
Hastings
Eastbourne
Brighton
Portsmouth
Bournemouth
Weymouth
Wight
Havant and Waterloo
Weston-super-Mare
Frome
Taunton
Yeovil
Ilfracombe
Barnstaple
Bude
Launceston
Exeter
Plymouth
Torbay
St. Austell
Falmouth
Redruth
Penzance
Land's End
Lizard Pt.
Lyme Bay
GROSS-BRITANNIEN
Wales
England
St. Georgskanal
Bristolkanal
Nordsee
Straße v. Dover
Der Kanal
Kanalinseln (brit.)
Guernsey
Saint Pierre
Jersey
Saint Helier
Kap Hague
Pte de Barfleur
Cherbourg
Carentan
Bayeux
Saint Lô
Caen
Lisieux
Le Havre
Fécamp
Dieppe
Le Tréport
Abbeville
Berck
Boulogne-sur-Mer
Calais
Coquelles
Dünkirchen
Ostende
Brügge
Tourcoing
Kortrijk
Lille
Tournai
Arras
Douai
Cambrai
Valenciennes
Mons
Charleroi
Namur
Fourmies
Amiens
Saint-Quentin
Poix
Yvetot
Rouen
Beauvais
Noyon
Laon
Charleville
Mézières
Sedan
Soissons
Reims
Evreux
Vernon
Cergy-Pontoise
Argenteuil
St. Denis
Creil
PARIS
Montreuil
Versailles
Boulogne-Billancourt
Dreux
Rambouillet
Chartres
Fontainebleau
Nemours
Épernay
Châlons-sur-Marne
Esternay
Romilly-sur-Seine
Sens
Troyes
Roscoff
Lannion
Morlaix
Landerneau
Brest
Crozon
Pte du Raz
Penmarch
Pte de Penmarch
Douarnenez
Quimper
Saint-Brieuc
Dinard
St. Malo
Dinan
Granville
Avranches
Mont-Saint-Michel
Flers-de-l'Orne
Argentan
Sées
Alençon
Pontivy
Rennes
Fougères
Mayenne
Laval
Lorient
Auray
Vannes
Ploërmel
Quiberon
Belle-Île
Redon
Châteaubriant
La Ferté-Bernard
Nogent-le-Rotrou
Le Mans
La Flèche
Orléans
Montargis
Angers
Saint-Nazaire
Nantes
Ancenis
Tours
Vendôme
Blois
Châteauneuf-sur-Loire
Gien
Auxerre
Saumur
Chinon
Noirmoutier
Challans
Yeu
La Roche-sur-Yon
Les Sables-d'Olonne
Luçon
Parthenay
Poitiers
Chauvigny
Loches
Vierzon
Bourges
Châteauroux
Cosne-sur-Loire
Nevers
Avallon
FRANKREICH
Ré
La Rochelle
Châtelaillon-Plage
Rochefort
Oléron
Marennes
Ruffec
Saintes
Cognac
Angoulême
Le Verdon-sur-Mer
Barbezieux
Limoges
Argenton-sur-Creuse
Montluçon
Guéret
Évaux-les-Bains
Moulins
Vichy
Riom
Roanne
Clermont-Ferrand
Le Mont-Dore
Issoire
Égletons
Tulle
Périgueux
Saint-Astier
Terrasson
Brive-la-Gaillarde
Mauriac
Brioude
Hourtin
Bordeaux
Pessac
Libourne
Bergerac
Arcachon
Aurillac
Saint-Flour
Le Puy
Souillac
Figeac
Langon
Marmande
Tonneins
Mimizan
Golf von Biscaya
Étang de Cazaux
Cahors
Decazeville
Agen
Moissac
Caussade
Rodez
Roquefort
Mont-de-Marsan
Millau
Montauban
Carmaux
Albi
Saint-Affrique
Mende
Dax
Biarritz
Bayonne
Irún
Lacq
Pau
Auch
Toulouse
Castres
Tarbes
Lannemezan
Lourdes
St-Gaudens
Pamiers
Foix
Ax-les-Thermes
Carcassonne
Narbonne
Béziers
Pézenas
Bédarieux
Agde
Sète
Montpellier
Nîmes
Arles
Aigues-Mortes
Ganges
Alès
Bagnols-sur-Cèze
Orange
Avignon
Tarascon-sur-Rhône
Perpignan
Céret
Port-Vendres
Golfe du Lion
Kap Creus
Figueres
Girona
Vic
Manresa
Terrassa
Sabadell
Mataró
Badalona
Blanes
Sant Feliu de Guíxols
BARCELONA
l'Hospitalet de Ll.
Valls
Tàrrega
Lleida
Fraga
Berga
Tremp
Vielha
ANDORRA
Andorra la Vella
Huesca
Barbastro
Monzón
Jaca
Canfranc
Zuera
Sariñena
Zaragoza
Calatayud
Almazán
Soria
Ágreda
Tudela
Alfaro
Calahorra
Logroño
Tafalla
Pamplona
Haro
Miranda de Ebro
Vitoria
Bilbao
Baracaldo
Portugalete
Eibar
S. Sebastián
Tolosa
Oloron-Sainte-Marie
SPANIEN
Westfriesische In.
Texel
Vlieland
Terschelling
Ameland
Ostfriesische In.
Borkum
Norden
Emden
Leer
Groningen
Leeuwarden
Heerenveen
Den Helder
Alkmaar
IJsselmeer
Emmen
Meppel
Meppen
Lingen (Ems)
Velsen
Haarlem
Amsterdam
Leiden
Den Haag
Delft
Utrecht
Amersfoort
Zwolle
Almelo
Deventer
Hengelo
Enschede
Rheine
Apeldoorn
Rotterdam
Gouda
Dordrecht
Arnheim
Breda
Nimwegen
Bocholt
Münster
Herzogenbusch
Tilburg
Eindhoven
Vlissingen
Antwerpen
Turnhout
Gent
Aalst
Schaerbeek
Brüssel
Deume
Maastricht
Lüttich
Verviers
Malmedy
Heerlen
Aachen
NIEDERLANDE
BELGIEN
Gelsenkchn.
Oberhsn.
Duisburg
Dortmund
Bochum
Essen
Krefeld
Düsseldorf
Hagen
Wuppertal
Mönchen-gladbach
Leverkusen
Köln
Düren
Siegen
Bonn
Siegburg
Bad Godesberg
Neuwied
Arzheim
Mayen
Koblenz
Cochem
Wiesbaden
Nordrhein-Westfalen
Rheinland-Pfalz
Ettelbrück
LUXEMBURG
Luxemburg
Trier
Idar-Oberstein
Bingen
Bad Kreuznach
Ludwigshfn. a. Rh.
Kaiserslautern
Saarland
Saarbrücken
Völklingen
Diedenhofen
Verdun
Metz
Saargemünd
Pirmasens
Bar-le-Duc
Saint-Dizier
Toul
Nancy
Saarburg
Hagenau
Lunéville
Straßburg
Baden-Baden
Offenburg
Saint-Dié
Neufchâteau
Chaumont
Épinal
Colmar
Freiburg i. Br.
Langres
Mülhausen
Lure
Vesoul
Belfort
Montbéliard
Basel
Lörrach
Dijon
Besançon
Auxonne
Dole
Delémont
Zürich
Olten
Solothurn
Biel (BE)
Neuenburg
Bern
Luzern
Neuenburger See
Vierwaldstätter See
Pontarlier
Chagny
Le Creusot
Chalon-sur-Saône
Lons-le-Saunier
Yverdon
Lausanne
Interlaken
SCHWEIZ
Mâcon
Montreux
Sitten
Brig
Genf
Bourg-en-Bresse
Villefranche-sur-Saône
Annecy
Chamonix-Mont-Blanc
Lyon
Villeurbanne
Bourgoin
Vienne
Chambéry
Voiron
Feurs
Firminy
Saint-Étienne
Grenoble
Tournon
Valence
Privas
Montélimar
Veynes
Gap
Briançon
Aosta
Lago Maggiore
Verbania
Borgosesia
Novara
Ivrea
Chivasso
Vercelli
Susa
Rivoli
TURIN
Po
Alessandria
Asti
Alba
Savigliano
Cuneo
Mondovì
Savona
Albenga
Imperia
Sisteron
Digne
Manosque
Aix-en-Provence
Draguignan
Marseille
La Ciotat
Toulon
Hyères
Saint-Tropez
St. Raphaël
Cannes
Antibes
Grasse
Nizza
Monaco
MONACO
Monte Carlo
Ventimiglia
San Remo
Ligurisches Meer
MITTELLÄNDISCHES MEER
Calvi
Ajaccio
Korsika
0°
2°
4°
6°
8°
52°
50°
46°
44°
42°
0 50 100 150 km
Legende siehe Weltkarte

DÄNEMARK
RUSSLAND
Schleswig-
Holstein
Mecklenburg-
Vorpommern
Niedersachsen
DEUTSCHLAND
Brandenburg
Sachsen-Anhalt
Sachsen
Thüringen
Hessen
Bayern
Baden-Württemberg
POLEN
TSCHECHISCHE REPUBLIK
SLOWAKISCHE REPUBLIK
ÖSTERREICH
Nieder-österreich
Ober-österreich
Salzburg
Tirol
Ost-tirol
Vorarlberg
Steiermark
Kärnten
Burgenland
UNGARN
SLOWENIEN
KROATIEN
BOSNIEN U. HERZEGOWINA
JUGOSLAWIEN
ALBANIEN
ITALIEN
LIECHTENSTEIN
SAN MARINO
VATIKAN-STADT
BERLIN
HAMBURG
MÜNCHEN
PRAG
WIEN
BUDAPEST
WARSCHAU
BELGRAD
MAILAND
ROM
Ljubljana
Zagreb
Sarajevo
Preßburg
Bremen
Hannover
Leipzig
Dresden
Danzig
Stettin
Posen
Breslau
Krakau
Königsberg
Brünn
Linz
Graz
Innsbruck
Venedig
Triest
Florenz
Bologna
Genua
Adriatisches Meer

SKANDINAVIEN

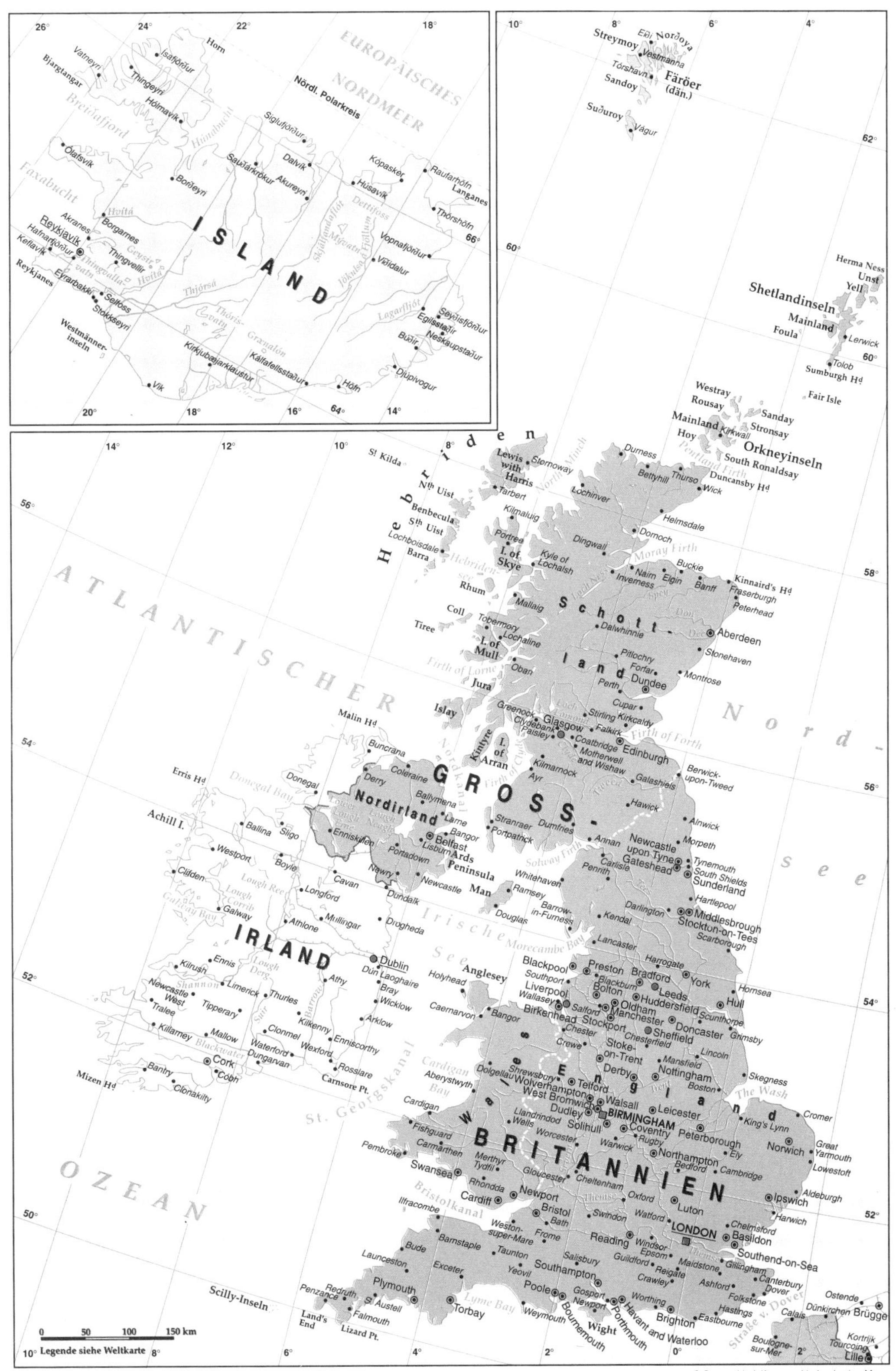
ISLAND
Europäisches Nordmeer
Nördl. Polarkreis
Reykjavík
Akureyri
Húsavík
Ísafjörður
Vestmannainseln
Färöer (dän.)
Tórshavn
Shetlandinseln
Lerwick
Orkneyinseln
Kirkwall
Hebriden
Schottland
Nordirland
IRLAND
GROSS-BRITANNIEN
England
Wales
Atlantischer Ozean
Nordsee
Irische See
Dublin
Belfast
Glasgow
Edinburgh
Aberdeen
Dundee
Newcastle upon Tyne
Liverpool
Manchester
Leeds
Sheffield
Birmingham
LONDON
Bristol
Cardiff
Plymouth
Southampton
Cork
Galway
Limerick
Man
Scilly-Inseln
0 50 100 150 km
Legende siehe Weltkarte
© Geographisch-Kartographisches Institut Meyer

ITALIEN UND BALKANLÄNDER

UKRAINE
MOLDAWIEN
RUMÄNIEN
JUGOSLAWIEN
BULGARIEN
MAKEDONIEN
ALBANIEN
GRIECHENLAND
TÜRKEI
Schwarzes Meer
Marmarameer
Ägäisches Meer
Ionisches Meer
Ionische Inseln
Nördl. Sporaden
Kykladen
Dodekanes
Peloponnes
Kreta
Uschgorod
Tschernowzy
Miskolc
Nyíregyháza
Debrecen
Sathmar
Oradea
Klausenburg
Târgu Mureş
Suceava
Botoşani
Iaşi
Bacău
Chişinău
Tiraspol
Tighina
ODESSA
Nikolajew
Kecskemét
Szeged
Arad
Subotica
Temesvar
Hermannstadt
Kronstadt
Galaţi
Brăila
Focşani
Buzău
Ploieşti
Piteşti
Târgovişte
Râmnicu Vâlcea
BUKAREST
Constanţa
Craiova
Drobeta Turnu Severin
Novi Sad
BELGRAD
Kragujevac
Niš
Priština
Skopje
Podgorica
Tirana
Durrës
Elbasan
Vlorë
Korçë
Ohrid
Bitola
Prilep
Veles
Štip
SOFIA
Pernik
Plowdiw
Stara Sagora
Russe
Plewen
Schumen
Warna
Dobritsch
Sliwen
Jambol
Burgas
Edirne
ISTANBUL
Izmit
Bursa
Saloniki
Kawala
Larisa
Wolos
Korfu
Athen
Piräus
Patras
Korinth
Argos
Tripolis
Kalamá
Thasos
Samothraki
Limnos
Lesbos
Chios
Samos
Euböa
Skiros
Andros
Tinos
Mikonos
Naxos
Paros
Milos
Santorin
Rhodos
Karpathos
Kefallinia
Lefkas
Sakinthos
Kithira
Kap Maleas
Kap Tänaron
Iraklion
Chania
Rethimnon
Çanakkale
Balıkesir
Manisa
İZMIR
Aydın
Denizli
Kütahya
Uşak
Muğla
Bodrum
Marmaris
Kos
20°
22°
24°
26°
28°
30°
34°
36°
38°
40°
42°
44°
46°

IBERISCHE HALBINSEL

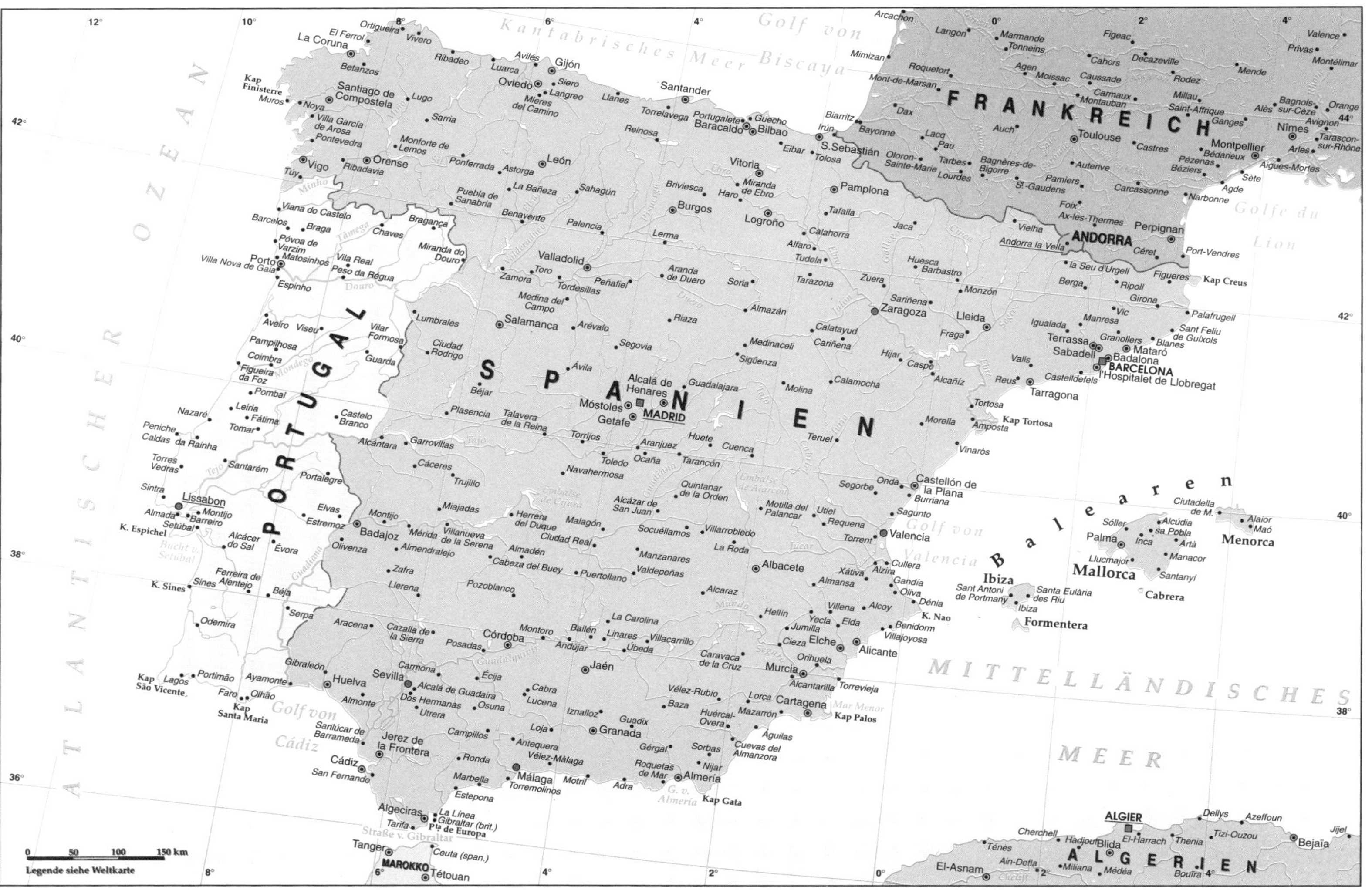

ATLANTISCHER OZEAN
Azoren (port.)
GROSSBRITANNIEN U. NORDIRLAND
Belfast
IRLAND
Dublin
LONDON
NORWEGEN
SCHWEDEN
FINNLAND
DÄNEMARK
ESTL.
LETTL.
LIT.
WEISS-RUSSLAND
ST. PETERSBURG
MOSKAU
NISCHNI NOWGOROD
KASAN
PERM
JEKATERINBURG
TSCHELJABINSK
UFA
SAMARA
RUSSLAND
KASACHSTAN
Aktjubinsk
Atyrau
Aktau
USBEKISTAN
TURKMENISTAN
BERLIN
NIEDERL.
BELGIEN
LUX.
DEUTSCHLAND
POLEN
WARSCHAU
KIEW
CHARKOW
UKRAINE
DNJEPROPETROWSK
DONEZK
ROSTOW A. DON
Astrachan
TSCHECH. REP.
SLOWAK. REP.
ÖSTERREICH
UNGARN
MOLD.
ODESSA
RUMÄNIEN
PARIS
FRANKREICH
SCHWEIZ
LIECHT.
SLOW.
KROATIEN
BOS. U. HERZEG.
BELGRAD
JUGOSL.
BULGARIEN
MAKED.
ALB.
Marseille
MONACO
S.M.
ITALIEN
ROM
NEAPEL
Korsika
Sardinien
ANDORRA
BARCELONA
SPANIEN
MADRID
PORTUGAL
Lissabon
Balearen
Schwarzes Meer
GEORGIEN
TIFLIS
BAKU
ARM.
ASER.
JEREWAN
ISTANBUL
ANKARA
TÜRKEI
IZMIR
Antalya
GRIECHENLAND
Athen
Täbris
Raschtr
TEHERAN
MESCHHED
Ghom
Isfahan
IRAN
Jasd
Schiras
Abadan
Mosul
BAGDAD
IRAK
Nadjaf
Basra
KUWAIT
SYRIEN
DAMASKUS
LIBANON
Beirut
Nikosia
ZYPERN
ISRAEL
Amman
Jerusalem
JORDANIEN
Rhodos
Kreta
Madeira (port.)
Funchal
Tanger
Rabat
CASABLANCA
Safi
Fès
MAROKKO
Marrakesch
Agadir
Kanarische Inseln (span.)
Las Palmas d. G. C.
ALGIER
Oran
Sidi-Bel-Abbès
Laghouat
Annaba
Constantine
Biskra
Tunis
TUNESIEN
Sfax
Gabès
Palermo
Sizilien
MALTA
MITTELLÄNDISCHES MEER
Tuggurt
Béchar
Tindouf
Ghadamis
Tripolis
Bengasi
El Beida
Tobruk
ALEXANDRIA
GISE
KAIRO
Port Said
Al Faijum
ALGERIEN
Reggane
LIBYEN
Audjila
Sabha
Ghat
Tamanrasset
El Aaiún
Ad Dachla
Westsahara
F'Derik
Nördl. Wendekreis
Nouadhibou
MAURETANIEN
Nouakchott
MALI
Ouadata
Timbuktu
Kidal
DAKAR
SENEGAL
Kaolack
GAMBIA
Banjul
GUINEA-BISSAU
Bissau
Kayes
Bamako
Mopti
Labé
GUINEA
Conakry
Kankan
SIERRA LEONE
Freetown
LIBERIA
Monrovia
Harper
Bobo-Dioulasso
BURKINA FASO
Ouagadougou
ELFENBEIN-KÜSTE
Man
Bouaké
Yamoussoukro
ABIDJAN
GHANA
Tamale
TOGO
BENIN
Lomé
Accra
Sekondi-Takoradi
Porto-Novo
Niamey
NIGER
Agadès
Fachi
Bilma
Djado
Maradi
Zinder
Sokoto
Kano
Kaduna
Abuja
NIGERIA
Maiduguri
Ogbomosho
Iwo
IBADAN
LAGOS
Enugu
Port Harcourt
TSCHAD
Bardai
Abéché
N'Djamena
Sarh
Moundou
Garoua
KAMERUN
Douala
Yaoundé
Malabo
Lomié
ÄQUATORIAL-GUINEA
SÃO TOMÉ UND PRÍNCIPE
Libreville
GABUN
Lambarene
Pagalu
ZENTRALAFRIKANISCHE REPUBLIK
Bangui
Bangassou
Bondo
ÄGYPTEN
Assiut
Kina
Luxor
Assuan
Abu Simbel
Uweinat
Nassersee
Wadi Halfa
Dongola
Port Sudan
Atbara
Omdurman
Kassala
Khartum
Wad Madani
Al Obeid
Kusti
Nyala
SUDAN
Waw
Weißer Nil
Juba
ERITREA
Asmara
Dahlak-arch.
Gondar
Tanasee
DJIBOUTI
Djibouti
Berbera
ADDIS ABEBA
Dire Dawa
Harar
ÄTHIOPIEN
SOMALIA
Belet Huen
Hobyo
Mogadischu
Hafun
Kap Guardafui
SAUDI-ARABIEN
Medina
DJIDDA
Mekka
At Taif
RIAD
Hofuf
Dammam
BAHRAIN
KATAR
Doha
Abu Dhabi
VEREIN.ARAB. EMIRATE
Menama
JEMEN
Sanaa
Djisan
Taiz
Aden
Makalla
Golf v. Aden
Rotes Meer
REP. KONGO
Brazzaville
Pointe-Noire
Cabinda
Mbandaka
Kisangani
Mungbere
DEM. REPUBLIK KONGO
KINSHASA
Bandundu
Matadi
Kindu
Bukavu
Mbuji-Mayi
Kananga
Kalemie
Kamina
Kolwezi
Likasi
Lubumbashi
Gulu
UGANDA
Kampala
Jinja
Kigali
RWANDA
BURUNDI
Bujumbura
Mwanza
Tabora
Kisumu
Eldoret
Marsabit
KENIA
NAIROBI
Mombasa
Kismaayo
Baardheere
Turkanasee
Victoriasee
Albertsee
Tanga
Sansibar
DARESSALAM
TANSANIA
Morogoro
Iringa
Kasanga
Mbeya
Lindi
INDISCHER OZEAN
SEYCHELLEN
Aldabra I.
KOMOREN
Moroni
Mayotte (frz.)
Antsiranana
LUANDA
Malanje
ANGOLA
Lobito
Huambo
Namibe
Tombua
Cassinga
SAMBIA
Kitwe
Kabwe
Lusaka
Tete
Livingstone
Harare
SIMBABWE
Bulawayo
MALAWI
Lilongwe
Blantyre
Malawisee
MOÇAMBIQUE
Moçambique
Nampula
Quelimane
Beira
Inhambane
MAPUTO
SWASILAND
Mbabane
MADAGASKAR
ANTANANARIVO
Toamasina
Antsirabe
Fianarantsoa
Toliary
Taolanaro
Tsumeb
Windhuk
NAMIBIA
Walfischbai
Lüderitz
BOTSWANA
Gaborone
Pretoria
JOHANNESBURG
Welkom
Maseru
LESOTHO
Bloemfontein
Pietermaritzburg
Durban
De Aar
SÜD-AFRIKA
East London
Port Elizabeth
Mossel Bay
KAPSTADT
Kap der Guten Hoffnung
Oranje
Ascension (brit.)
Sankt Helena (brit.)
ATLANTISCHER OZEAN
Äquator
Südl. Wendekreis
Golf von Guinea
Ad Dachla
Westsahara
Nouadhibou
MAURETANIEN
Nouakchott
KAP VERDE
São Tiago
Praia
DAKAR
SENEGAL
Kaolack
GAMBIA
Banjul
Bissau
0 250 500 750 km
Legende siehe Weltkarte
40° 30° 20° 10° 0° 10° 20° 30° 40° 50° 60° 70°

ASIEN

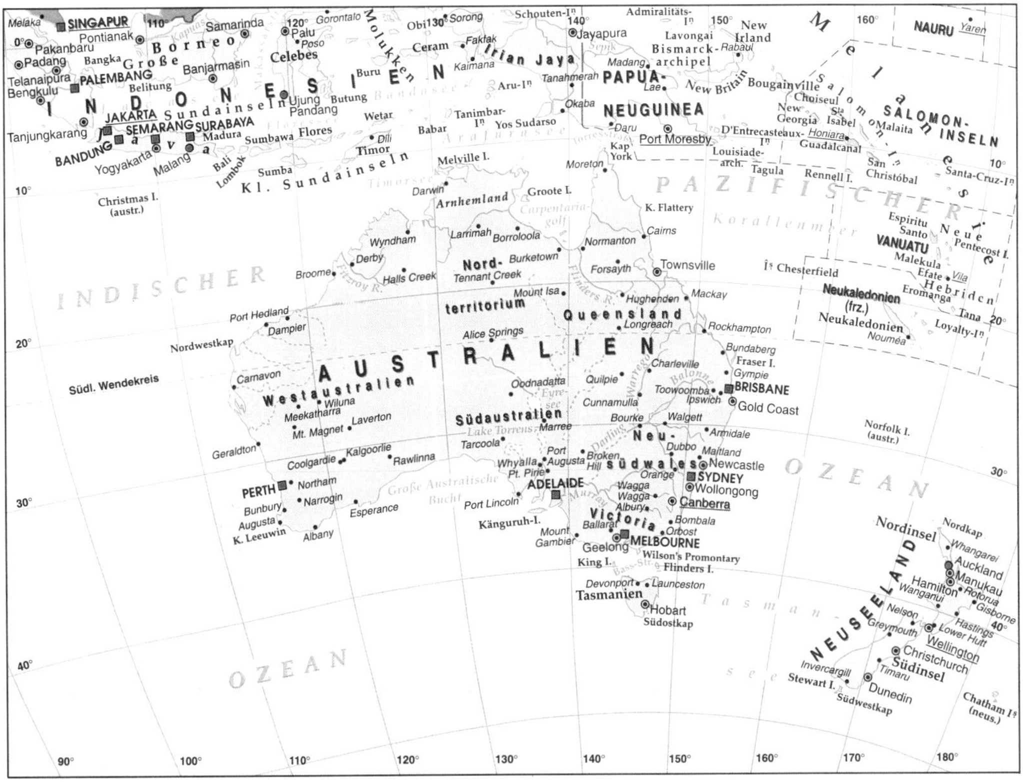

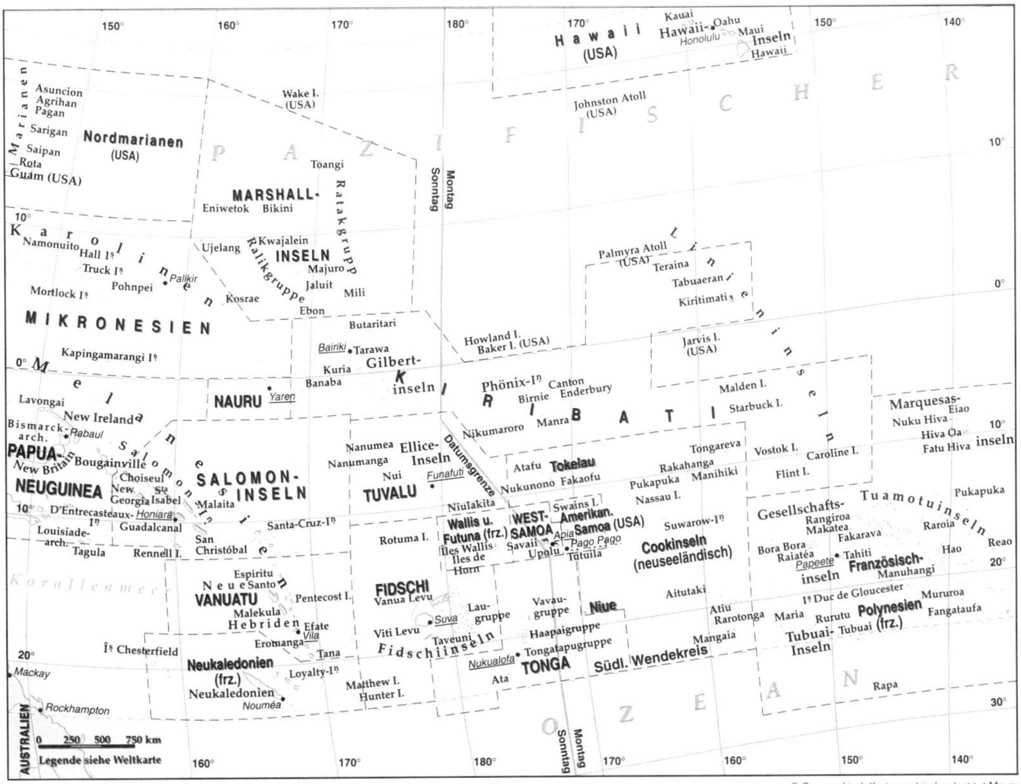

AUSTRALIEN UND OZEANIEN

Melaka SINGAPUR 110° Samarinda 120° Gorontalo Obi 130° Sorong Schouten-I[n] 140° Admiralitäts-I[n] 150° New Irland 160° NAURU Yaren

0° Pakanbaru Pontianak Borneo Palu Poso Molukken Ceram Fakfak Irian Jaya Jayapura Lavongai Bismarck-archipel Rabaul Melanesien

Padang Bangka Große Banjarmasin Celebes Buru Kaimana Madang PAPUA-NEUGUINEA Lae New Britain Bougainville Choiseul Salomon-Inseln

Telanaipura PALEMBANG Bengkulu Belitung INDONESIEN Ujung Pandang Butung Bandasee Aru-I[n] Tanahmerah Okaba New Georgia Sta Isabel Malaita SALOMON-INSELN

JAKARTA Sundainseln SEMARANG SURABAYA Tanjungkarang Java Madura Sumbawa Flores Wetar Tanimbar-I[n] Yos Sudarso Babar Dili Timor Arafurasee Torresstraße Daru Port Moresby D'Entrecasteaux-I[n] Honiara Guadalcanal

BANDUNG Yogyakarta Malang Bali Lombok Sumba Kl. Sundainseln Melville I. Kap York Louisiade-arch. Tagula Rennell I. San Cristóbal Santa-Cruz-I[n] 10°

10° Christmas I. (austr.) Timorsee Darwin Arnhemland Groote I. Carpentariagolf Moreton K. Flattery PAZIFISCHER Korallenmeer Espiritu Santo Neue Hebriden VANUATU Pentecost I. Malekula Efate Vila Eromanga

Wyndham Larrimah Borroloola Normanton Cairns

INDISCHER Broome Derby Halls Creek Fitzroy R. Nord-territorium Tennant Creek Burketown Forsayth Flinders R. Townsville Mackay I[s] Chesterfield Neukaledonien (frz.) Neukaledonien Nouméa Tana Loyalty-I[n] 20°

Port Hedland Dampier Mount Isa Hughenden Queensland Longreach Rockhampton

20° Nordwestkap Alice Springs AUSTRALIEN Bundaberg Fraser I. Gympie

Südl. Wendekreis Carnavon Westaustralien Wiluna Meekatharra Oodnadatta Eyresee Quilpie Charleville Warrego Balonne Toowoomba Ipswich BRISBANE Gold Coast

Mt. Magnet Laverton Südaustralien Lake Torrens Marree Cunnamulla Bourke Walgett Armidale Norfolk I. (austr.)

Geraldton Kalgoorlie Tarcoola Darling Neusüdwales Dubbo Maitland

Coolgardie Rawlinna Whyalla Port Augusta Pt. Pirie Broken Hill Orange Newcastle SYDNEY OZEAN 30°

30° PERTH Northam Narrogin Große Australische Bucht ADELAIDE Murray Wagga Wagga Wollongong Canberra

Bunbury Augusta K. Leeuwin Albany Esperance Port Lincoln Känguruh-I. Victoria Albury Bombala Orbost

Mount Gambier Ballarat Geelong MELBOURNE Wilson's Promontary Flinders I. King I. Bass-Str.

Devonport Launceston Tasmanien Hobart Südostkap Tasmansee Nordinsel Nordkap Whangarei Auckland Manukau Hamilton Wanganui Rotorua Gisborne Nelson Greymouth Hastings Lower Hutt Wellington 40° NEUSEELAND Christchurch Timaru Südinsel Invercargill Dunedin Stewart I. Südwestkap Chatham I[s] (neus.)

40° OZEAN

90° 100° 110° 120° 130° 140° 150° 160° 170° 180°

150° 160° 170° 180° 170° Kauai Oahu Honolulu Maui Hawaii-Inseln Hawaii (USA) 150° 140°

Marianen Asuncion Agrihan Pagan Sarigan Nordmarianen (USA) Saipan Rota Guam (USA) Wake I. (USA) Johnston Atoll (USA) PAZIFISCHER 10°

Toangi MARSHALL-INSELN Ratakgruppe Eniwetok Bikini Montag Sonntag

10° Karolinen Namonuito Hall I[s] Truck I[s] Pohnpei Palikir Ujelang Kwajalein Ralikgruppe Majuro Jaluit Mili Ebon Kosrae Mortlock I[s] Palmyra Atoll (USA) Teraina Tabuaeran Kiritimati Linieninseln 0°

MIKRONESIEN Butaritari Howland I. Baker I. (USA) Jarvis I. (USA)

Kapingamarangi I[s] Bairiki Tarawa Kuria Gilbert-inseln Banaba

0° Melanesien Lavongai New Ireland Bismarck-arch. Rabaul PAPUA-NEUGUINEA New Britain Bougainville Choiseul New Georgia Sta Isabel Malaita NAURU Yaren KIRIBATI Phönix-I[n] Canton Enderbury Birnie Manra Nikumaroro Malden I. Starbuck I. Marquesas-inseln Nuku Hiva Eiao Hiva Oa Fatu Hiva 10°

SALOMON-INSELN Salomonen Nanumea Nanumanga Ellice-Inseln Nui Funafuti TUVALU Datumsgrenze Atafu Tokelau Nukunono Fakaofu Tongareva Rakahanga Pukapuka Manihiki Vostok I. Caroline I. Flint I.

10° D'Entrecasteaux-I[n] Honiara Guadalcanal Louisiade-arch. Tagula Rennell I. San Cristóbal Santa-Cruz-I[n] Rotuma I. Niulakita Wallis u. Futuna (frz.) Îles Wallis Îles de Horn WEST-SAMOA Savaii Apia Upolu Swains I. Amerikan. Samoa (USA) Pago Pago Tutuila Nassau I. Suwarow-I[n] Cookinseln (neuseeländisch) Gesellschafts-inseln Bora Bora Raiatéa Papeete Tahiti Rangiroa Makatea Fakarava Tuamotuinseln Pukapuka Raroia Hao Reao Französisch-Polynesien (frz.) 20°

Korallenmeer Espiritu Santo Neue Hebriden VANUATU Pentecost I. Malekula Efate Vila Eromanga Tana FIDSCHI Vanua Levu Viti Levu Suva Taveuni Fidschiinseln Lau-gruppe Vavau-gruppe Niue Haapaigruppe Tongatapugruppe Nukualofa TONGA Ata Aitutaki Atiu Rarotonga Mangaia Manuhangi I[s] Duc de Gloucester Mururoa Fangataufa Maria Rurutu Tubuai Tubuai-Inseln

20° I[s] Chesterfield Mackay Neukaledonien (frz.) Neukaledonien Nouméa Loyalty-I[n] Matthew I. Hunter I. Südl. Wendekreis Rapa

Rockhampton AUSTRALIEN OZEAN Sonntag Montag 30°

0 250 500 750 km

Legende siehe Weltkarte

160° 170° 180° 170° 160° 150° 140°

NORDAMERIKA

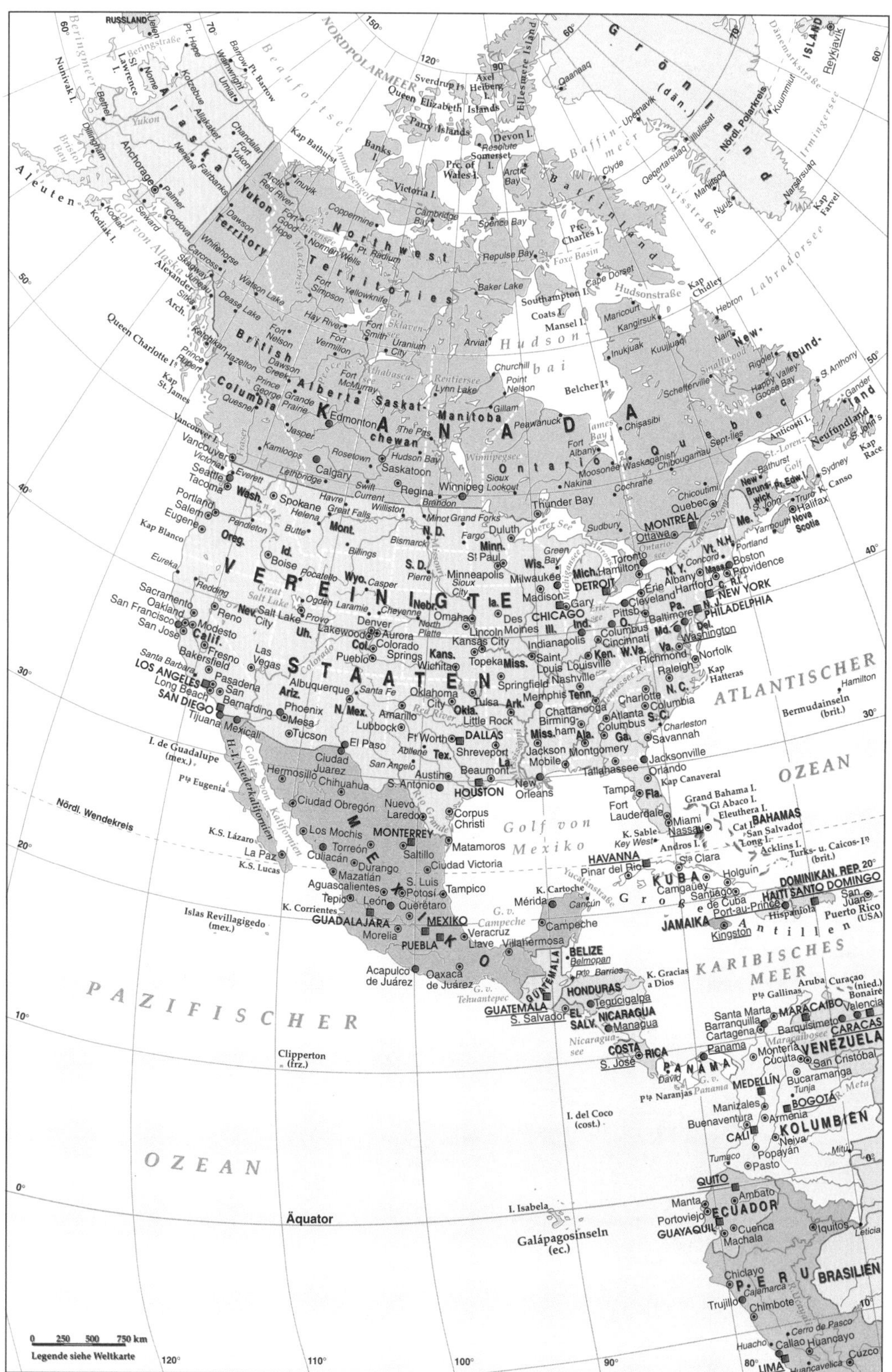

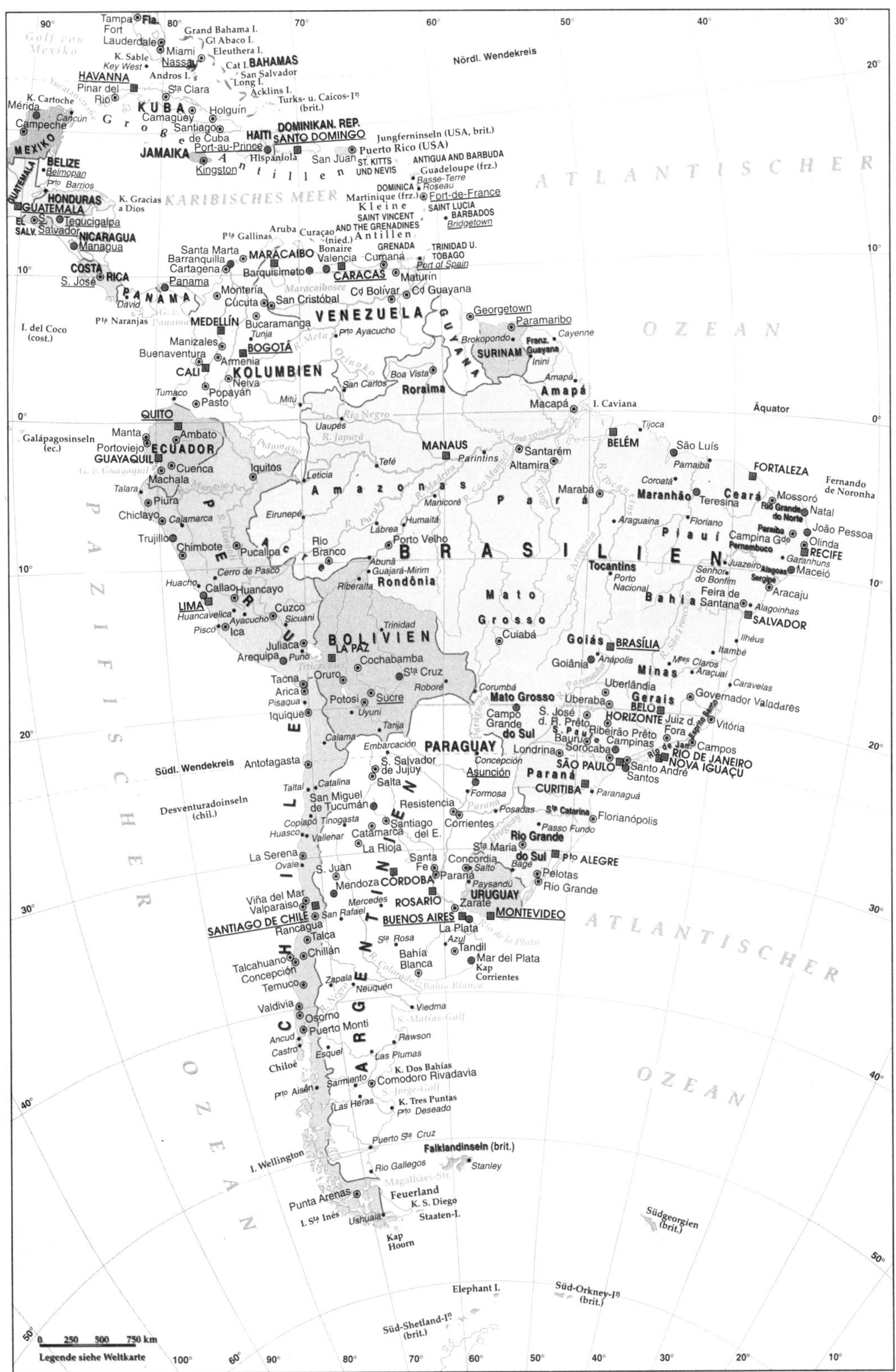
Golf von Mexiko
Tampa
Fla.
Fort Lauderdale
Miami
Grand Bahama I.
Gt Abaco I.
Eleuthera I.
Nassau
Cat I.
BAHAMAS
Andros I.
San Salvador
Long I.
Acklins I.
Turks- u. Caicos-In (brit.)
K. Sable
Key West
HAVANNA
Pinar del Rio
Sta Clara
KUBA
Camagüey
Holguín
Santiago de Cuba
Mérida
K. Catoche
Cancún
Campeche
MEXIKO
BELIZE
Belmopan
GUATEMALA
HONDURAS
Tegucigalpa
EL SALV.
S. Salvador
NICARAGUA
Managua
COSTA RICA
S. José
PANAMA
Panama
David
K. Gracias a Dios
HAITI
Port-au-Prince
DOMINIKAN. REP.
SANTO DOMINGO
JAMAIKA
Kingston
Hispaniola
Große Antillen
Jungferninseln (USA, brit.)
Puerto Rico (USA)
San Juan
ST. KITTS UND NEVIS
ANTIGUA AND BARBUDA
Guadeloupe (frz.)
Basse-Terre
DOMINICA
Roseau
Martinique (frz.)
Fort-de-France
SAINT LUCIA
BARBADOS
Bridgetown
SAINT VINCENT AND THE GRENADINES
Kleine Antillen
GRENADA
TRINIDAD U. TOBAGO
Port of Spain
KARIBISCHES MEER
Nördl. Wendekreis
ATLANTISCHER OZEAN
Aruba
Curaçao
Bonaire
(nied.)
Pta Gallinas
Santa Marta
Barranquilla
Cartagena
MARACAIBO
Maracaibosee
Barquisimeto
Valencia
CARACAS
Cumaná
Maturín
Cd Bolívar
Cd Guayana
Montería
Cúcuta
San Cristóbal
VENEZUELA
Georgetown
Paramaribo
Cayenne
GUYANA
SURINAM
Franz. Guayana
Brokopondo
Inini
MEDELLÍN
Bucaramanga
Tunja
BOGOTÁ
Manizales
Armenia
Buenaventura
CALI
KOLUMBIEN
Neiva
Popayán
Pasto
Tumaco
Pta Naranjas
I. del Coco (cost.)
Pto Ayacucho
Boa Vista
San Carlos
Roraima
Amapá
Macapá
I. Caviana
Mitú
Äquator
QUITO
Manta
Ambato
ECUADOR
Portoviejo
GUAYAQUIL
Cuenca
Machala
Galápagosinseln (ec.)
Uaupés
R. Japurá
Rio Negro
MANAUS
Parintins
Santarém
Altamira
BELÉM
Tijoca
São Luís
Parnaíba
FORTALEZA
Fernando de Noronha
Iquitos
Leticia
Tefé
Amazonas
Manicoré
Pará
Marabá
Maranhão
Coroatá
Teresina
Ceará
Mossoró
Rio Grande do Norte
Natal
Paraíba
João Pessoa
Pernambuco
Campina Gde
Olinda
RECIFE
Talara
Piura
Chiclayo
Cajamarca
Trujillo
Chimbote
Pucallpa
Eirunepé
Humaitá
Lábrea
Porto Velho
Rio Branco
Araguaina
Floriano
Piauí
BRASILIEN
Tocantins
Porto Nacional
Juazeiro
Garanhuns
Alagoas
Maceió
Sergipe
Aracaju
Senhor do Bonfim
Cerro de Pasco
Huacho
Callao
Huancayo
LIMA
PERU
Huancavelica
Ayacucho
Cuzco
Sicuani
Pisco
Ica
Abunã
Guajará-Mirim
Riberalta
Rondônia
Mato Grosso
Bahia
Feira de Santana
Alagoinhas
SALVADOR
Trinidad
BOLIVIEN
LA PAZ
Juliaca
Puno
Arequipa
Cochabamba
Sta Cruz
Cuiabá
Goiás
BRASÍLIA
Anápolis
Goiânia
Ilhéus
Itambé
Mtes Claros
Araçuaí
Minas Gerais
Tacna
Arica
Oruro
Roboré
Corumbá
Uberlândia
Caravelas
Pisagua
Potosí
Sucre
Uyuni
Iquique
Mato Grosso do Sul
Campo Grande
Uberaba
BELO HORIZONTE
Governador Valadares
Vitória
Espírito Santo
Juiz de Fora
S. José d. R. Prêto
Ribeirão Prêto
Tarija
Calama
Embarcación
PARAGUAY
Concepción
Bauru
Campinas
Sorocaba
Londrina
Campos
RIO DE JANEIRO
NOVA IGUAÇU
Südl. Wendekreis
Antofagasta
S. Salvador de Jujuy
Salta
ASUNCIÓN
SÃO PAULO
Santo André
Santos
Paraná
CURITIBA
Paranaguá
Taltal
Catalina
San Miguel de Tucumán
Resistencia
Formosa
Desventuradoinseln (chil.)
Copiapó
Tinogasta
Corrientes
Posadas
Sta Catarina
Florianópolis
Huasco
Vallenar
Santiago del E.
Catamarca
Passo Fundo
La Rioja
Rio Grande do Sul
Sta Maria
La Serena
Ovalle
S. Juan
Santa Fe
Concordia
Salto
Bagé
Pto ALEGRE
Pelotas
Rio Grande
Mendoza
CÓRDOBA
Paraná
Paysandú
URUGUAY
Viña del Mar
Valparaiso
ROSARIO
Mercedes
Zárate
MONTEVIDEO
SANTIAGO DE CHILE
San Rafael
BUENOS AIRES
La Plata
Rio de la Plata
Rancagua
Talca
Chillán
Sta Rosa
Azul
Tandil
Mar del Plata
Bahía Blanca
Kap Corrientes
Talcahuano
Concepción
Temuco
Zapala
Neuquén
R. Colorado
Bahía Blanca
Valdivia
Osorno
Puerto Monti
Viedma
S.-Matías-Golf
ARGENTINIEN
CHILE
Rawson
Ancud
Castro
Chiloé
Esquel
Las Plumas
K. Dos Bahías
Sarmiento
Comodoro Rivadavia
S.-Jorge-Golf
Pto Aisén
Las Heras
K. Tres Puntas
Pto Deseado
Puerto Sta Cruz
I. Wellington
Falklandinseln (brit.)
Rio Gallegos
Stanley
Magalhães-Str.
Punta Arenas
Feuerland
K. S. Diego
Staaten-I.
I. Sta Inés
Ushuaia
Kap Hoorn
Südgeorgien (brit.)
Elephant I.
Süd-Orkney-In (brit.)
Süd-Shetland-In (brit.)
PAZIFISCHER OZEAN
0 250 500 750 km
Legende siehe Weltkarte
90°
80°
70°
60°
50°
40°
30°
20°
10°
0°
100°

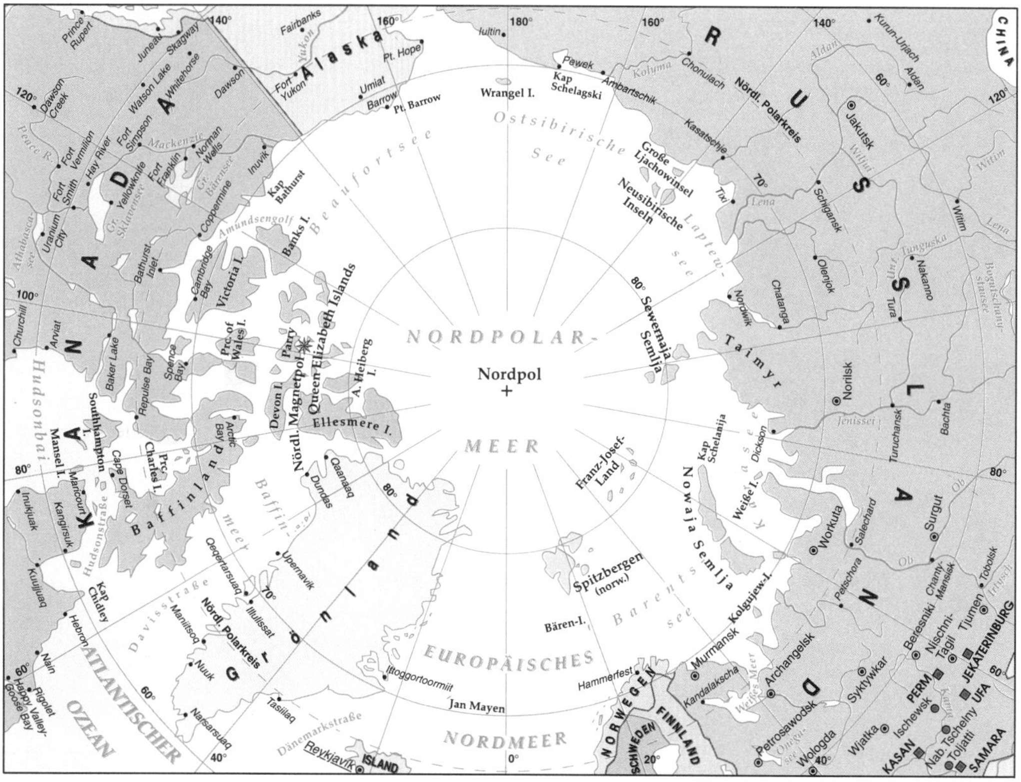

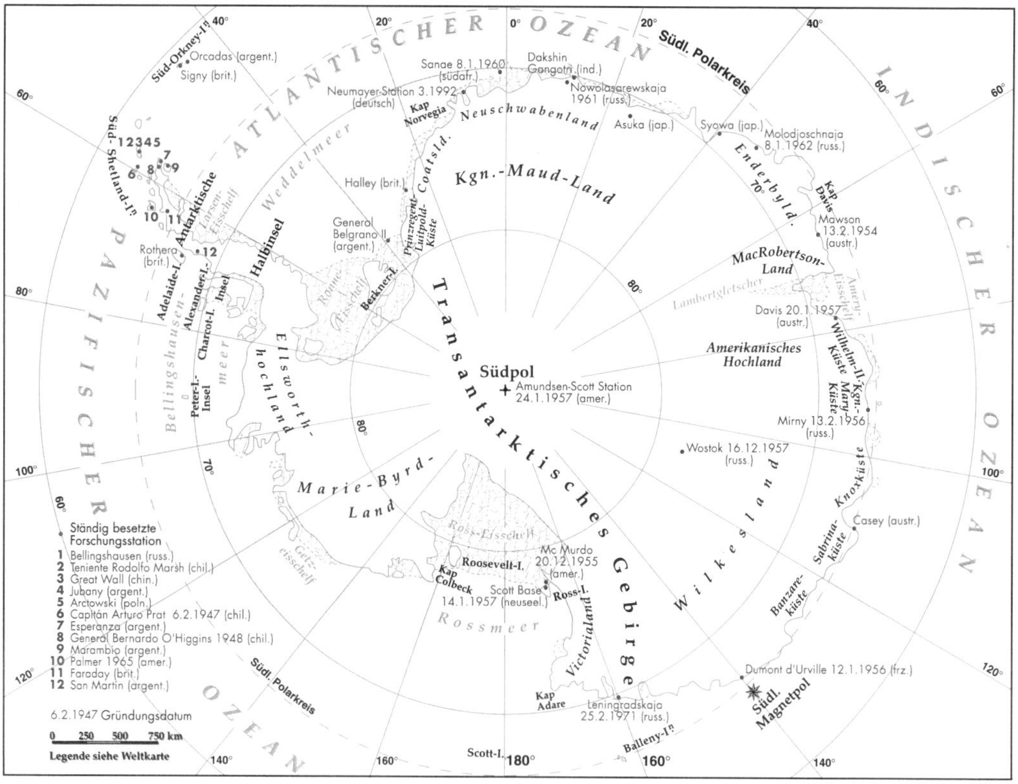

POLARGEBIETE

Ständig besetzte Forschungsstation

1 Bellingshausen (russ.)
2 Teniente Rodolfo Marsh (chil.)
3 Great Wall (chin.)
4 Jubany (argent.)
5 Arctowski (poln.)
6 Capitán Arturo Prat 6.2.1947 (chil.)
7 Esperanza (argent.)
8 General Bernardo O'Higgins 1948 (chil.)
9 Marambio (argent.)
10 Palmer 1965 (amer.)
11 Faraday (brit.)
12 San Martín (argent.)

6.2.1947 Gründungsdatum

0 250 500 750 km

Legende siehe Weltkarte

Loreto, Wallfahrtsort in Italien, 11 000 Ew., mit dem »Heiligen Haus«, angebl. das Wohnhaus der Hl. Familie, 1294 von Engeln nach L. gebracht.

Lorgnette [lɔrnˈjɛtə] *die,* bügellose Brille mit Stielgriff. **Lorgnon** [lɔrnˈjɔ̃] *das,* gestieltes Einglas.

Lorient [lɔˈrjã], Stadt in Frankreich, ehem. Kriegshafen an der Südküste der Bretagne, 61 600 Ew.; Fischereihafen; Schiffbau.

Loriot [loriˈoː], eigentl. Vico **von Bülow,** dt. Zeichner und Karikaturist, * 1923; auch satir. Fernsehsendungen, Filme.

Loris *Pl.,* **1)** Halbaffen im trop. Asien und Afrika. – **2)** Papageien in Australien und Indonesien, z. T. sehr farbenprächtig.

Lörrach, Krst. im südl. Bad.-Württ., 42 000 Ew.; Textil-, Schokoladenindustrie.

Lorrain [lɔˈrɛ̃], Claude, frz. Maler, Zeichner und Radierer, * 1600, † 1682; entwickelte sich zum Meister der Landschaftsmalerei.

Lorsch, Stadt in S-Hessen, 11 300 Ew. Nach der Zerstörung der 764 gegr. Benediktinerreichsabtei (1621) blieben nur ein Teil der Vorkirche und die karoling. Torhalle erhalten; die Klosteranlage gehört zum Weltkulturerbe.

Lortzing, Albert, dt. Komponist, * 1801, † 1851; Hauptvertreter der dt. Singspieloper: »Zar und Zimmermann« (1837), »Der Wildschütz« (1842), »Undine« (1845), »Der Waffenschmied« (1846).

Los, 1) Geschick, Schicksal. – **2)** Mittel der Schicksalsbefragung, z. B. durch Ziehen von Halmen. – **3)** Anteilschein in der Lotterie. – **4)** ✐ bestimmte Mengeneinheit.

Los Alamos [lɔs ˈæləməʊs], Ind.siedlung im Staat New Mexico, USA, 11 000 Ew.; Kernforschungszentrum (hier Entwicklung der 1. Atombombe bis 1945).

Los Angeles [lɔs ˈændʒɪlɪz], Stadt in Kalifornien, USA, 3,49 Mio. Ew., städt. Agglomeration L. A.-Long Beach 9,48 Mio. Ew.; eine der weiträumigsten Städte der Welt, inmitten eines reichen Obstbaugebiets und großer Erdölfelder; mehrere Univ.; Kunsthafen, ✈; Ind.zentrum: Film- **(Hollywood),** Flugzeug-, Auto-, Erdöl-, Textil-, chem., Möbel- u. a. Ind.; Seebäder.

löschen, 1) ⚓ ausladen. – **2)** ⚖ tilgen, streichen (z. B. im Grundbuch, Handels-, Strafregister). – **3)** 🖳 einen Speicherinhalt so verändern, dass er nicht mehr ausgegeben werden kann; erfolgt durch Überschreiben oder Tilgen des Dateinamens. – **4)** ⚗ Branntkalk mit Wasser versetzen.

loschmidtsche Zahl [nach dem dt. Physiker Joseph Loschmidt, * 1821, † 1895], ⚗ in Dtl. früher Bezeichnung für die avogadrosche Konstante (→ avogadrosches Gesetz).

Löss *der,* gelbl. mergeliger Sand, größtenteils Quarzmehl mit Kalkspat, Silikaten und Ton; sehr fruchtbar. L. wurde in der Eiszeit vom Wind aus Moränen ausgeweht. Er ist standfest, bildet senkrechte Wände (Hohlwege).

Lößnitz *die,* Landschaft am rechten Elbufer unterhalb Dresdens; Wein-, Obstbau.

Los|tage, nach dem Volksglauben für die Wettervorhersage bedeutsame Tage, z. B. Lichtmess (2. Febr.), die Eisheiligen (11. bis 13. Mai), Siebenschläfer (27. Juni), Allerheiligen (1. November).

Losung, 1) ⚔ Erkennungswort. – **2)** tägl. Bibelspruch. – **3)** 🦌 Kot von Wild, Hunden.

Lösung, meist flüssiges Stoffgemisch, das durch die feine Verteilung des gelösten Stoffs im **L.-Mittel** klar erscheint. Die **Löslichkeit** fester Stoffe in Flüssigkeiten wächst im Allg. mit der Temperatur. **Gesättigte L.** enthalten die Höchstmenge lösbaren Stoffs, **übersättigte L.** scheiden den Überschuss aus. Die Wärmemenge, die bei der Auflösung einer chem. Verbindung gebunden oder frei wird, heißt **L.-Wärme. Kolloidale L.** → Kolloide.

Lot *das,* **1)** √ gerade Linie, die auf einer anderen Geraden senkrecht steht. – **2)** ⌂ kegelförmiges Metallgewicht **(Senkblei)** zum Ermitteln der senkrechten Richtung. – **3)** ⚓ Gerät zum Messen der Wassertiefe **(loten).** – **4)** Lötmetall. – **5)** altes Edelmetallgewicht und Feingehaltsangabe.

Lot [lɔt] *der,* Fluss in Frankreich, rechter Nebenfluss der Garonne, 491 km lang.

Lot, im A. T. Neffe Abrahams.

Löten, ⚙ Verbinden von Metallteilen durch eingeschmolzenes Lot: **Weich-L.** (Blei und Zinn, Fp unter 450 °C); **Hart-L.** (Kupfer, Messing, Silber, Fp oberhalb 450 °C). Die Lötstelle wird metallisch rein geschabt oder gebeizt, mit einem Flussmittel (Lötwasser, Kolophonium, Borax) bestrichen und mit einem Lötkolben, Lötlampe, Schweißbrenner so weit erwärmt, bis Lot in die Lötfuge einfließt.

Lothar, Herrscher: **1) L. I.,** röm.-dt. Kaiser (840 bis 855), ältester Sohn Ludwigs des Frommen, * 795, † 855; von seinen Brüdern 841 besiegt, erhielt er im Teilungsvertrag von Verdun 843 die Kaiserwürde, Italien und den mittleren Teil des Fränk. Reichs. – **2) L. II.,** Sohn von 1), fränk. König, * um 835, † 869; erhielt 855 das nach ihm genannte Lotharingien (Lothringen). – **3) L. III.** oder **L. von Supplinburg,** * 1075, † 1137; seit 1106 Herzog von Sachsen, röm.-dt. Kaiser (1125 bis 1137), verband sich gegen die Staufer mit den Welfen, die seine Erben wurden; förderte die ostdt. Siedlung.

Los Angeles Stadtwappen

Lothar, Ernst, eigentl. E. L. **Müller,** österr. Schriftsteller, * 1890, † 1974; Theaterleiter; Gesellschafts- und Zeitromane.

Lothringen, frz. **Lorraine,** Landschaft in NO-Frankreich, zw. Vogesen, Champagne und Ardennen, von mehreren nach O steil abfallenden Landstufen durchzogen und von Mosel und Maas durchflossen. Neben Ackerbau, Viehzucht und Waldwirtschaft hat L. Eisenerz- (Minette) und Kohlebergbau; Industriegebiet (bes. Stahlind.). Seit Mitte der 1970er-Jahre verloren Bergbau und Schwerind. an Bedeutung.

Geschichte. L. war urspr. das Land zw. Schelde, Rhein, Maas und Saône, das der Karolinger Lothar II. 855 bei der Teilung als Königreich erhielt; es kam 870, endgültig 923 bis 925 an das ostfränk.-dt. Reich. Als dt. Herzogtum wurde es 959 in **Ober-L.** und **Nieder-L.** geteilt. Nieder-L., das die Niederlande, den größten Teil Belgiens und der Rheinprov. umfasste, zerfiel im 12. Jh. Aus dem Herzogtum Ober-L. mit der Hptst. Nancy bildete sich die jetzige Landschaft L. Frankreich riss 1552 die lothring. Bistümer Metz, Toul und Verdun an sich, 1766 fiel L. an Frankreich, 1871 bis 1918 gehörte der östl. Teil L.s zum Dt. Reich (Reichsland Elsass-Lothringen).

Lothringen Wappen

Loti, Pierre, eigentl. Julien **Viaud,** frz. Schriftsteller, * 1850, † 1923; »Islandfischer« (1886).

Lotosblume, mehrere Arten von Seerosen, in Ägypten und Indien heimisch: weiß blühende **Ägypt. L.** und die **Nelumbo** mit essbarem Wurzelstock und Samen. Die L. gilt als hl. Pflanze, Sinnbild für Reinheit, ewiges Leben.

Lötschental, Seitental der Rhône im schweizer. Kt. Wallis. Der **Lötschenpass,** 2 690 m hoch, führt ins Kandertal, die elektr. **Lötschbergbahn** durch den **Lötschbergtunnel** (14,6 km lang) von Spiez am Thuner See nach Brig.

Lotse *der,* ⚓ revierkundiger Seemann, der Schiffsführer bei Fahrten in schwierigen Gewässern nautisch berät.

Lotsenfisch, Leitfisch, Pilotenfisch, 70 cm lange Stachelmakrele der Hochsee; begleitet Haie.

Lotterie *die,* Glücksspiel, an dem sich mehrere Spieler mit Einsätzen (meist in Geld) beteiligen und bei dem die Gewinner nach einem vom Veranstalter **(L.-Unternehmer)** aufgestellten Spielplan durch ein auf

Louisiana Flagge

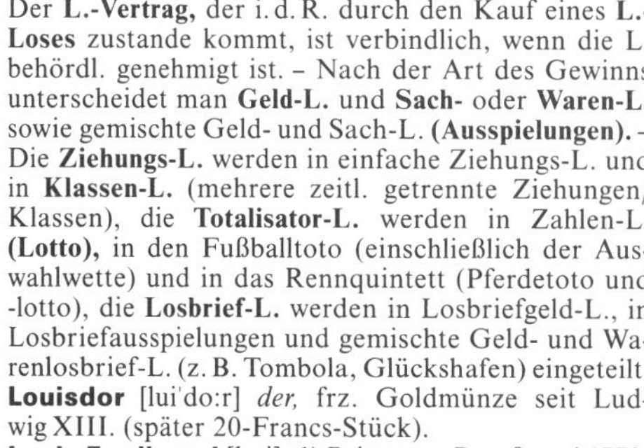

den Zufall abgestelltes Verfahren ermittelt werden. Der **L.-Vertrag,** der i. d. R. durch den Kauf eines **L.-Loses** zustande kommt, ist verbindlich, wenn die L. behördl. genehmigt ist. – Nach der Art des Gewinns unterscheidet man **Geld-L.** und **Sach-** oder **Waren-L.** sowie gemischte Geld- und Sach-L. **(Ausspielungen).** – Die **Ziehungs-L.** werden in einfache Ziehungs-L. und in **Klassen-L.** (mehrere zeitl. getrennte Ziehungen/Klassen), die **Totalisator-L.** werden in Zahlen-L. **(Lotto),** in den Fußballtoto (einschließlich der Auswahlwette) und in das Rennquintett (Pferdetoto und -lotto), die **Losbrief-L.** werden in Losbriefgeld-L., in Losbriefausspielungen und gemischte Geld- und Warenlosbrief-L. (z. B. Tombola, Glückshafen) eingeteilt.

Louisdor [lui'do:r] *der,* frz. Goldmünze seit Ludwig XIII. (später 20-Francs-Stück).

Louis Ferdinand [lu:i], **1)** Prinz von Preußen, * 1772, † 1806; Neffe Friedrichs d. Gr., fiel bei Saalfeld gegen die Franzosen. – **2)** Prinz von Preußen, Enkel Kaiser Wilhelms II., * 1907, † 1994; war seit 1951 Chef des Hauses Hohenzollern.

Luanda Stadtwappen

Louisiana [lʊɪzɪ'ænə], Abk. **La.,** Staat im S der USA, am Golf von Mexiko, am Delta des Mississippi, 123 677 km², 4,22 Mio. Ew. (33 % Schwarze); Hptst.: Baton Rouge; größte Stadt: New Orleans. Über 50 % der Fläche sind Wald; im S fruchtbares Schwemmland. Anbau: Zuckerrohr, Baumwolle, Reis, Mais u. a.; Fischerei, Holzgewinnung; ⚒ auf Erdöl, Erdgas, Schwefel, Kohle; chem. u. a. Ind.; Haupthafen: New Orleans. – L., zunächst frz., kam 1763 teils an Großbritannien, teils an Spanien, 1783 und 1803 an die USA. Seit 1812 Staat der Union.

Louis-Philippe [lwi fi'lip], → Ludwig 15).

Louis-quatorze [lwika'tɔrz, frz. »Ludwig XIV.«] *das,* klass. gemäßigter Barockstil unter Ludwig XIV. (1643 bis 1715).

Lübeck Stadtwappen

Louis-quinze [lwi'kɛ̃z, frz. »Ludwig XV.«] *das,* der unter Ludwig XV. (1715 bis 1774) in Frankreich herrschende Rokokostil.

Louis-seize [lwi'sɛ:z, frz. »Ludwig XVI.«] *das,* der in Frankreich von den 60er-Jahren des 18. Jh. bis zur Revolution von 1789 währende Stil der Übergangszeit vom Rokoko zum Klassizismus.

Louisville ['lu:ɪsvɪl], größte Stadt in Kentucky, USA, am Ohio, 286 500 Ew.; Univ., Erzbischofssitz; Tabak-, Weizenbau-, Viehzuchtgebiet; Großschlächtereien; Industrie.

Löwe. Männchen des Indischen Löwen

Lourdes [lurd], Stadt in S-Frankreich, an den Pyrenäen, 16 600 Ew.; einer der bekanntesten kath. Wallfahrtsorte mit Quelle, der übernatürl. Heilwirkungen zugeschrieben werden.

Heinrich Lübke

Louvois [lu'vwa], François Michel **Le Tellier** [lətɛl'je], Marquis de, * 1641, † 1691; seit 1668 Kriegsmin. Ludwigs XIV., befürwortete aus strateg. Überlegungen die systemat. Verwüstung der Pfalz (1689) im Pfälz. Erbfolgekrieg.

Louvre [lu:vr] *der,* ehem. Schloss der frz. Könige in Paris, seit 1793 Museum; Eröffnung der jüngsten Erweiterungsbauten 1989 und 1993.

Löwe *der,* **1)** große Wildkatze, in Afrika, SW-Asien, NW-Vorderindien, früher auch in SO-Europa; mit gelbem Fell und Mähne beim männl. Tier (Widerristhöhe 80 bis 100 cm, Länge 150 bis 190 cm). L. und Tiger können miteinander gekreuzt werden. – Als Symbol der Macht wurde der L. seit dem Altertum in Kunst und Mythologie mit Herrschern und Heroen in Verbindung gebracht. In der Bibel wird u. a. der Stamm Juda mit einem L. verglichen. Das frühe Christentum ordnete den L. dem Evangelisten Markus zu. In der Fabel erscheint der L. als König der Tiere. – **2)** ☼ fünftes Sternbild im Tierkreis; nördlich des L. der **Kleine Löwe.**

Lowell ['ləʊəl], Amy, amerikanische Lyrikerin, * 1874, † 1925; gehörte zum Londoner Dichterkreis der Imagisten, deren Hauptvertreterin in Amerika.

Löwen, fläm. und amtl. **Leuven** ['lø:və], frz. **Louvain** [lu'vɛ̃], belg. Stadt an der Dijle, 87 000 Ew.; got. Rathaus, 2 kath. Univ. (gegr. 1425 und 1970); Nahrungsmittelind., Brauereien.

Löwenherz, Beiname des engl. Königs Richard I.

Löwenmaul, Pflanzengattung mit zahlreichen Arten, darunter das **Garten-L.** als Zierpflanze; volkstüml. auch für andere Pflanzen.

Löwenzahn [nach dem Blattrand], 2 Korbblütlergattungen, milchige, meist staudige Pflanzen mit einzelnen Köpfen aus gelben Zungenblüten: 1) Gattung **Taraxacum,** darunter der **Gemeine L.** mit dickem Wurzelstock, hohlem Schaft und abblasbaren Flugfrüchten, auf Wiesen; Salat- und Gemüsepflanze, Volksarznei. 2) Gattung **Leontodon,** darunter der **Herbst-L.,** meist mit mehrköpfigem Stängel, bes. häufig auf Magerrasen.

Lowestoft ['ləʊstɔft], engl. Hafenstadt, Seebad, 55 200 Ew.; Fischerei, Motorenbau.

loyal [loa'ja:l], gesetzmäßig, pflichttreu; redlich.

Loyola, Ignatius v., span. Ordensgründer, * 1491, † 1556; zunächst Offizier; stiftete 1534 in Paris den Orden der Jesuiten; Schutzheiliger der Soldaten.

LPG, Abk. für **L**andwirtschaftliche **P**roduktions**g**enossenschaft.

Lr, chem. Symbol für das Element Lawrencium.

LSD, Abk. für → **L**yserg**s**äure**d**iäthylamid.

Ltd., Abk. für → limited.

Lu, chem. Symbol für das Element Lutetium.

Luanda, Hptst. und wichtigste Hafenstadt von Angola, 1,2 Mio. Ew.; Univ.; Industrie.

Luang Prabang, ehem. Residenz des Königs von Laos, am Mekong, 44 200 Ew.; buddhist. Wallfahrtsort, zahlreiche buddhist. Tempel.

Luba, Baluba, Bantuvolk (5,8 Mio. L.) im S der Demokrat. Rep. Kongo.

Lübben (Spreewald), Krst. in der Niederlausitz, Bbg., 15 200 Ew.; Textil-, Metallwaren-, Kartonagenind., Gurkenverarbeitung.

Lübeck, Hansestadt L., Stadt in Schlesw.-Holst., an der schiffbaren Trave, 217 000 Ew., mit Vorhafen Travemünde an der **Lübecker Bucht.** Handel mit Holz, Erz, Kohle, Fertigwaren, Getreide, Vieh, Marzipan; Hochschulen; Metall-, Lebensmittel-, chem., Textilind., Werft. Mittelalterl. Bauten mit Kunstschätzen: Marienkirche, Rathaus, Holstentor u. a. Die Altstadt gehört zum Weltkulturerbe. – L., 1143 gegr., wurde 1226 Reichsstadt, wirkte bei der Gründung vieler dt. Ostseestädte mit und war seit Ende des 13. Jh. Haupt der Hanse. Das **Lübische Recht,** das wichtigste Stadtrecht im dt. MA., verbreitete sich über den ganzen Ostseeraum. Seit dem 16. Jh. ging die Machtstellung L.s v. a. nach einem Krieg gegen Dänemark (1534 bis 1536) zurück.

Lubitsch, Ernst, dt.-amerikan. Filmregisseur, * 1892, † 1947; ab 1922 in Hollywood (»Ärger im Paradies«, 1932; »Ninotschka«, 1939).

Lübke, Heinrich, dt. Politiker (CDU), * 1894, † 1972; ab 1953 Bundesernährungsmin., 1959 bis 1969 Bundespräsident.

Lublin, Hptst. der Wwschaft L., Polen, 353 000 Ew.; 2 Univ., TH; Kraftwagenfabrik, Textilien, Maschinen. 1317 Magdeburger Stadtrecht.

Lubumbashi [-ˈbaʃi], bis 1966 **Elisabethville,** Hptst. der Prov. Shaba, Demokrat. Rep. Kongo, 565 000 Ew.; Univ.; Mittelpunkt des Kupferbergbaus.

Lucas [ˈlu:kəs], George, amerikan. Filmregisseur, * 1944; »American Graffiti« (1973), »Krieg der Sterne« (1977).

Lucas van Leyden [ˈly:kas fɑn ˈleidə], niederländ. Maler, Grafiker, * um 1489 oder 1494, † 1533; schuf Bildnisse, Altartafeln, v. a. bedeutende Kupferstiche.

Lucca, Stadt in der Toskana, Italien, bei Pisa, 87 200 Ew.; Erzbischofssitz; Dom; Ind. (Seide).

Nord-**Luchs**

Luchs *der,* katzenartiges Raubtier (bis 1,10 m lang), braun gefleckt, Pinselohren, kurzer Schwanz.

Lucia, Märtyrerin aus Syrakus, † 303 (?); Heilige (Tag: 13. 12.), in Schweden bes. gefeiert **(Lucienbraut).**

Luckenwalde, Krst. in Bbg., bei Potsdam, 26 000 Ew.; Hüte, Metall-, Papierwaren.

Luckner, Felix Graf v., dt. Seeoffizier, * 1881, † 1966; im 1. Weltkrieg Führer des Segelhilfskreuzers »Seeadler«, schrieb »Seeteufel« (1921).

Lucknow [ˈlʌknaʊ], Hptst. von Uttar Pradesh, Indien, 1,6 Mio. Ew.; Univ.; Kunsthandwerk.

Lucretia, röm. Sage: vornehme Römerin, tötete sich, weil sie von einem Sohn des Tarquinius Superbus entehrt worden war.

Lucullus, Lucius Licinius, röm. Feldherr, * um 117, † um 57 v. Chr.; siegreich gegen Mithridates VI. von Pontos. Seine Freude am Genuss ist sprichwörtlich (lukullisches Mahl).

Ludendorff, Erich, preuß. General, * 1865, † 1937; leitete unter Hindenburg den Krieg im Osten (Schlacht bei Tannenberg). Seit 1916 in der Obersten Heeresleitung, erhielt er als Erster Generalquartiermeister entscheidenden Anteil an der militär. Kriegführung. Nach dem Krieg betätigte er sich, gemeinsam mit seiner 2. Frau Mathilde (* 1877, † 1966), polit. im »deutschvölk.« Sinne.

Lüdenscheid, Krst. in NRW, im Sauerland, 82 000 Ew.; Metall-, Kunststoffindustrie.

Lüderitz, Adolf, Bremer Großkaufmann, * 1834, † 1886; kaufte 1883 den Hafen Angra Pequena (seit 1886 **L.-Bucht,** seit 1920 L.), Kern des Schutzgebiets Dt.-Südwestafrika, heute Namibia.

Ludhiana [lʊdɪˈa:nə], Stadt in Punjab, Indien, 670 100 Ew.; Textil-, Metallind.; Weizenanbau.

ludolphsche Zahl, √ die Kreiszahl π = 3,1415... nach Ludolph van Ceulen, * 1540, † 1610.

Ludwig, Herrscher: **1) L. I., der Fromme,** * 778, † 840; Kaiser ab 814, Sohn Karls d. Gr., unterlag 833 auf dem »Lügenfeld« bei Colmar einer Empörung seiner Söhne (Lothar I., L. der Dt., Karl der Kahle). – **2) L. der Deutsche,** * etwa 804/806, † 876, Sohn von 1); König des Ostfränk. Reichs ab 843, erhielt zum Ostfränk. Reich 870 im Vertrag von Mersen auch einen Teil Lothringens. – **3) L. das Kind,** * 893, † 911; König ab 900, der letzte ostfränk. Karolinger. – **Röm.-dt. Kaiser und Könige. 4) L. IV., der Bayer,** * 1281/82, † 1347; König ab 1314, Kaiser ab 1328, seit 1302 Herzog von Oberbayern, besiegte 1322 bei Mühldorf den Gegenkönig Friedrich den Schönen, geriet 1324 in langen Kampf mit dem Papst, wurde von den Kurfürsten unterstützt (Kurverein zu Rhense 1338), erwarb für sein Haus die Mark Brandenburg, Holland, Seeland und Hennegau. – **Baden. 5) L. Wilhelm I.,** * 1655, † 1707; Markgraf ab 1677, der **Türkenlouis,** besiegte die Türken 1691. – **Bayern. 6) L. I.,** * 1786, † 1868; König ab 1825, dankte 1848 ab, machte München zur Kunststadt, ließ Ludwigstraße, Glyptothek und Propyläen, Feldherrnhalle, Pinakotheken, Walhalla bei Regensburg bauen. – **7) L. II.,** * 1845, † 1886; König ab 1864, vollzog 1870/71 den Eintritt Bayerns ins Dt. Reich, förderte R. Wagner, baute die Schlösser Herrenchiemsee, Neuschwanstein und Linderhof; wurde für geisteskrank erklärt und ertrank unter ungeklärten Umständen im Starnberger See. – **Frankreich. 8) L. IX., der Heilige,** * 1214, † 1270; König ab 1226, unternahm 1246 bis 1254 den 6. Kreuzzug gegen Ägypten, starb auf dem 7. Kreuzzug vor Tunis. – **9) L. XI.,** * 1423, † 1483; König ab 1461, kämpfte zäh und erfolgreich gegen den mächtigen Burgunderherzog Karl den Kühnen. – **10) L. XIII.,** * 1601, † 1643; König ab 1610; seine Reg. wurde durch die Berufung von Kardinal Richelieu zum leitenden Min. (1624) zum eigentl. Beginn des frz. Absolutismus. – **11) L. XIV., der Sonnenkönig,** * 1638, † 1715; König ab 1643, Sohn von 10), regierte seit dem Tode des Kardinals Mazarin (1661) selbstständig. Unter ihm erlebte der frz. Absolutismus seine Glanzzeit. Der Minister J.-B. Colbert führte innere Reformen durch, während Marquis de Louvois ein starkes Heer schuf. Durch seine ersten Raubkriege (1667/68 und 1672 bis 1679) eroberte L. belg. Grenzgebiete und die Freigrafschaft Burgund; durch die →Reunionen riss er elsäss. Gebiete an sich und nahm 1681 Straßburg ein. Er verfolgte die Hugenotten (1685 Aufhebung des Edikts von Nantes). Seine europ. Vormachtstellung wurde schließlich durch den Span. Erbfolgekrieg gebrochen. Der prunkvolle Hof L.s in Versailles wurde das Vorbild vieler Fürsten; seine Reg. war zugleich das klass. Zeitalter des frz. Geisteslebens. – **12) L. XV.,** * 1710, † 1774; König ab 1715, Urenkel von 11), regierte willkürlich und verschwenderisch (Mätressen Pompadour, Dubarry); erwarb 1766 Lothringen, verlor aber durch den Siebenjährigen Krieg die nordamerikan. Kolonien (Kanada) an Großbritannien. – **13) L. XVI.,** * 1754, † 1793; König ab 1774, Enkel von 12), ⚭ mit der österr. Kaisertochter Marie Antoinette, versuchte innere Reformen, konnte 1789 den Ausbruch der Frz. Revolution nicht verhindern, wurde 1792 abgesetzt, 1793 enthauptet. – **14) L. XVIII.,** * 1755, † 1824; König ab 1814, Bruder von 13), war 1791 ins Ausland geflohen und nach dem Sturz Napoleons I. zurückgerufen worden. – **15) L. Philipp, der Bürgerkönig,** * 1773, † 1850; aus dem Hause Orléans, gelangte nach dem Sturz Karls X. durch die liberale Julirevolution von 1830 auf den Thron, vertrat eine Friedenspolitik, wurde durch die Februarrevolution von 1848 gestürzt. – **Thüringen. 16) L. IV., der Heilige,** * um 1200, † 1227; Landgraf ab 1217, Gatte der heiligen Elisabeth, starb auf dem 5. Kreuzzug. – **Ungarn. 17) L. I., der Große,** * 1326, † 1382; König ab 1342, seit 1370 auch von Polen; durch erfolgreich geführte Kriege hatte Ungarn unter ihm seine größte Ausdehnung (von der Ostsee bis zum Schwarzen und Adriat. Meer). – **Holland. 18) L. (Louis Bonaparte),** * 1778, † 1846; König 1806 bis 1810, Bruder Napoleons I., Vater Napoleons III.; dankte nach polit. Zerwürfnissen mit seinem Bruder ab.

Ludwig, 1) Christa, österr. Sängerin (Mezzosopran), * 1928; Opern- und Konzertsängerin. – **2)** Emil, schweizer. Schriftsteller dt. Herkunft, * 1881, † 1948;

Lublin
Stadtwappen

Ludwig XIV., der Sonnenkönig
Marmorbüste von Gian Lorenzo Bernini (1665)

Lüdenscheid
Stadtwappen

Luftfahrt. Erster Motorflug der Gebrüder Wright, 1903

biograph. Werke (»Napoleon«, 1906; »Goethe«, 1920). – **3)** Otto, dt. Dichter und Erzähler, *1813, †1865; Drama »Der Erbförster« (1853), Romane. – **4)** Peter, dt. Fabrikant, *1925, †1996; Kunstsammler. Seine Kollektion amerikan. Pop-Art befindet sich im Museum Ludwig, Köln.

Ludwigsburg Stadtwappen

Ludwigsburg, Krst. in Bad.-Württ., 81 000 Ew.; Barockschloss; PH; Metall verarbeitende, Elektro-, Textil-, Nahrungsmittelindustrie.

Ludwigsburger Porzellanmanufaktur, 1758 gegr., 1824 aufgelöst, 1948 wieder gegründet; Geschirr, Kleinplastik.

Ludwigshafen am Rhein, Industriestadt in Rheinl.-Pf., 167 500 Ew.; wichtiger Binnenhafen und Umschlagplatz; chem. (BASF) u. a. Industrie.

Ludwigshafen am Rhein Stadtwappen

Ludwigslied, ahdt. (rheinfränk.) Preislied auf den Sieg des westfränk. Königs Ludwig III. über die Normannen bei Saucourt 881; ältestes histor. Lied in dt. Sprache.

Lueger, Karl, österr. Politiker, *1844, †1910; ab 1897 Bürgermeister von Wien, Gründer der Christlich-Sozialen Partei, antisemit. Programmatiker.

Lues *die,* → Syphilis.

Luft, Gasgemenge der Atmosphäre, mit 78,09 % Stickstoff, 20,95 % Sauerstoff, daneben Edelgase, Kohlendioxid, Wasserstoff, Wasserdampf und Verunreinigungen.

Luft, Friedrich, dt. Schriftsteller und Kritiker, *1911, †1990; ab 1946 bekannt als »die Stimme der Kritik« beim RIAS Berlin.

Lugano Stadtwappen

Luftbrücke, Versorgung abgeschnittener Gebiete durch Flugzeuge, z. B. bei der Blockade Berlins durch die UdSSR (1948/49) sowie im jugoslaw. Bürgerkrieg zur Unterstützung Sarajevos (1992 bis 1996).

Luftdruck, → Druck 1).

Luftfahrt, Nutzung des Luftraums durch Luftfahrzeuge, v. a. Flugzeuge. – Die L. begann mit nichtlenkbaren Luftfahrzeugen, die leichter als Luft waren. Die Erfindung des Warmluftballons durch die Brüder Montgolfier 1783 (Montgolfière) leitete die eigentl. L. ein. Diese Entdeckung führte zum Freiballon und Luftschiff. Mit einfachen Flugapparaten führte O. Lilienthal seit 1891 Gleitflüge durch. Darauf aufbauend gelangen 1903 den Brüdern Wright gelenkte Motorflüge. Ein bedeutender Abschnitt der Entwicklung begann mit dem Bau des Ganzmetallflugzeugs von H. Junkers (1915). Die Leistungssteigerung der Motoren und die Verbesserung der Navigation und Nachrichtenübermittlung ermöglichten Flüge über Ozeane, Polargebiete, Urwälder, Wüsten (1. Atlantikflug in W-O-Richtung 1919 von J. W. Alcock und A. Whitten-Brown, in O-W-Richtung 1928 von G. v. Hünefeld, H. Köhl, J. Fitzmaurice; 1954 1. Passagierflug über den Nordpol: Kopenhagen–Los Angeles). 1957 erster Senkrechtstarter. 1969 Einführung der Großraumflugzeuge (Jumbojets). 1969 Erstflug eines Überschall-Verkehrsflugzeugs. 1976 Aufnahme des Überschallverkehrs. 1986 Umrundung der Erde in 9 Tagen in einem Leichtflugzeug (»Voyager«) nonstop und ohne Flugbetankung.

Lüneburg Stadtwappen

Luftfahrt-Bundesamt, Abk. **LBA,** → Bundesämter (ÜBERSICHT).

Luftfeuchtigkeit, Menge des in der atmosphär. Luft enthaltenen Wasserdampfs; Messung mit dem Hygrometer.

Luftgewehr, Gewehr, bei dem das Geschoss durch Druckluft aus dem Lauf getrieben wird.

Lufthansa → Deutsche Lufthansa AG.

Lufthoheit, Recht jedes souveränen Staats, die Benutzung des über seinem Staatsgebiet liegenden Luftraums bindend zu regeln.

Luftkissenfahrzeug, Bodeneffektfahrzeug, ein Luftfahrzeug, das auf einem Luftpolster schwebt, welches durch einen nach unten gerichteten Luftstrom erzeugt wird (etwa 40 cm über dem Boden oder über dem Wasser). Den Vortrieb erzeugen Luftschrauben oder Druckluftdüsen.

Luftkrieg, alle Kampfmaßnahmen der Luftstreitkräfte mit operativen oder takt. Zielen, sowohl in Verbindung mit Heer und Marine als auch selbstständig. Der operative L. richtete sich im 2. Weltkrieg gegen Ind., Wirtschaft und Zivilbevölkerung.

Luftlandetruppen, Streitkräfte, die mit Flugzeugen oder Lastenseglern zum Einsatzort gebracht werden (Fallschirmtruppen).

Luftpiraterie, Hijacking ['haɪdʒekɪŋ], Kapern eines Flugzeugs. Der Pilot wird durch Gewalt oder Drohung gezwungen, von der Flugroute abzuweichen und an einem anderen Ort als dem Bestimmungsziel zu landen. Der Entführer verübt L. meist zur Durchsetzung polit. Forderungen.

Luftpumpe, 1) ⚙ Verdichter, z. B. zum Aufpumpen von Fahrzeugreifen. – **2)** Vorrichtung zum Erzeugen eines Vakuums. Verwendet werden für Grobvakua Strahlpumpen (einige mbar), für Hochvakua Diffusions- und Molekularpumpen (bis 10^{-9} mbar), für Ultrahochvakua Sorptionspumpen (Getterpumpen).

Luftrecht, für die Luftfahrt geltendes Sonderrecht. In Dtl. liegt die Gesetzgebung über den Luftverkehr beim Bund (Artikel 73 Ziffer 6 GG), die Ausführung der Bundesges. meist bei den Ländern. Maßgebend ist das Luftverkehrsges. in der Fassung vom 14. 1. 1981. Privatrechtlich ist bes. wichtig das Warschauer Abkommen von 1929 zur Vereinheitlichung der Beförderungsregeln im internat. Luftverkehr (Beförderungsscheine, Haftpflicht, Personen- und Sachschäden). Völkerrechtlich wird der internat. Luftverkehr im Abkommen von Chicago geregelt (7. 12. 1944). Oberste internat. Behörde ist die **Internat. Zivilluftfahrt-Organisation** (ICAO) in Montreal (Kanada) als Sonderorganisation der UNO.

Luftreifen, ✈ 🚗 Gummireifen, der aus dem mit Luft gefüllten Schlauch und der schützenden Decke (Karkasse) mit einer dicken gerillten Lauffläche (Protektor) besteht; **schlauchlose Reifen** schließen luftdicht an der Felge ab; **Gürtelreifen** haben verhältnismäßig steifen Zwischen- und elast. Unterbau, zw. Karkasse und Protektor ist eine Verstärkungseinlage (Gürtel) angeordnet.

Luftröhre, Trachea, ⚕ etwa 12 cm langes, aus Knorpelringen bestehendes Rohr, welches Kehlkopf und Lungen verbindet. Sie teilt sich nach unten in die beiden Bronchien. **L.-Katarrh,** Entzündung der L.-Schleimhaut.

Luftschiff, Luftfahrzeug, das durch den aerostat. Auftrieb einer Traggasfüllung schwebend erhalten wird und sich mit eigener Kraft vorwärts bewegt. Das **Prall-L.** erhält seine feste Form durch Überdruck der Gasfüllung (Parseval-L.). Das **Starr-L.** hat unter einer Stoffhaut ein Gerippe aus Leichtmetall, so das Zeppelin-L. Zw. den Hauptringen des Gerippes liegen die

Gaszellen. Füllgas: Wasserstoff und Helium (nicht brennbar).
Luftschraube, Propeller, ✈ Vortriebsmittel der Luftfahrzeuge, meist 3 oder 4 tragflügelähnl., meist verstellbare Flächen aus Metall auf einer Drehachse. (→Schiffsschraube)
Luftschutz →Zivilschutz.
Luftspiegelung, durch Brechung der Lichtstrahlen an versch. warmen Luftschichten bewirkte scheinbare Erhöhung eines entfernten Gegenstands über den Horizont **(Kimmung).** Wenn tiefere Luftschichten eine geringere Dichte haben, kann eine Spiegelung nach unten erzeugt werden **(Fata Morgana).**
Lüftung, Zuführung frischer Luft in geschlossene Räume durch Ventilatoren oder Absaugen verbrauchter Luft; oft verbunden mit Reinigung, Erwärmung oder Abkühlung (Klimaanlagen).
Luftverflüssigung, Erzeugung flüssiger Luft durch Abkühlung gasförmiger Luft unter die krit. Temperatur (– 140,7 °C) unter gleichzeitiger Kompression.
Luftverkehr, Beförderung von Personen, Post, Fracht auf dem Luftweg. Neben dem öffentl. planmäßigen L. gibt es den Bedarfs-L. und den nichtöffentl. L. für Berufs-, Vergnügungs- und sportl. Zwecke. Den L. kennzeichnen Schnelligkeit und hohe Transportkosten, im **Luftfrachtverkehr** werden daher Güter von hohem Kosten- und Eilwert befördert. In verkehrsmäßig schlecht erschlossenen Ländern ist der L. oft wichtigstes Verkehrsmittel.
Luftverschmutzung, durch Rauch, Abgase von Ind., Heizungen, Fahrzeugen usw. verunreinigte Luft; gesundheitsschädlich. (→Smog)
Luftwaffe, Teil der Streitkräfte, umfasst Fliegertruppe, Flakartillerie, Fernmeldetruppe und Versorgungstruppen der Luftwaffe.
Luftwege, Nase, Rachen **(obere L.),** Kehlkopf, Luftröhre, Bronchien **(untere Luftwege).**
Luftwirbel, spiralförmige Luftbewegungen, treten u. a. als Wind-, Wasserhosen, als Wirbelstürme der Tropen (Tornado, Taifun, Zyklon) auf.
Luftwurzel, ⚘ →Wurzel.
Lugano, Stadt und Luftkurort in der südl. Schweiz, Kt. Tessin, 29 900 Ew., am **Luganer See** und an der Gotthardbahn.
Lugansk, 1935 bis 1958 und 1970 bis 1990 **Woroschilowgrad,** Gebietshptst. in der Ukraine, im Donezgebiet 501 000 Ew.; Hochschulen, Steinkohlenbergbau, Schwerindustrie.
Lüge, falsche Aussage. **Lügendichtung,** Erz. übertriebener Begebenheiten, z. B. »Eulenspiegel« (Beginn des 16. Jh.), »Münchhausen« (Ende des 18. Jahrhunderts).
Lügendetektor, Gerät, das die Erregungsschwankungen sichtbar macht, die z. B. bei falschen Aussagen auftreten. Als Beweismittel vor Gericht in Dtl. verboten.
Luginbühl, Bernhard, schweizer. Bildhauer, * 1929; monumentale Eisenplastiken; auch öffentl. Verbrennungen eigener Werke als Protest.
Luhmann, Niklas, dt. Rechts- und Sozialwissenschaftler, * 1927; entwickelte eine sozialwiss. »Systemtheorie«.
Luise, Königin von Preußen, Gemahlin Friedrich Wilhelms III., * 1776, † 1810; unterstützte die Reformen Steins und Hardenbergs.
Luitpold, Prinzregent von Bayern, * 1821, † 1912; regierte für die geisteskranken Könige Ludwig II. und Otto I. (1886 bis 1912).
Lukács [ˈlukaːtʃ], György (Georg), ungar. sozialist. Literaturhistoriker, * 1885, † 1971; »Theorie des Romans« (1916).
Lukas, Evangelist, Verfasser des **L.-Evangeliums** und der Apostelgeschichte, Begleiter des Paulus, Arzt; Schutzheiliger der Maler (Tag: 18. 10.). Sinnbild: Stier.

Luftfahrt. Überschall-Verkehrsflugzeug »BAC-Aerospatiale Concorde«

Lukian, griech. Schriftsteller, aus Samosata (Euphrat), * um 120, † nach 180 n. Chr.; geißelte mit scharfem Spott die Gebrechen seiner Zeit.
Lukmanier *der,* Alpenpass der Gotthardgruppe (1 917 m), verbindet das Medelser Tal (Graubünden) mit dem Val Blenio (Tessin).
Lukrez, eigentl. Titus **Lucretius Carus,** röm. Dichter, Philosoph, † 55 v. Chr.; schrieb ein großes Lehrgedicht »De rerum natura«.
lukullisch, üppig, schwelgerisch.
Luleå [ˈluːləoː], Hafenstadt in N-Schweden, an der Mündung des Luleälv in den Bottn. Meerbusen, 66 700 Ew.; Erzausfuhr, Stahlwerk.
Lullus, Raimundus, katalan. Ramón **Llull,** katalan. Mystiker und Dichter, * 1232/33, † 1316; Franziskaner; wirkte als Missionar bei den Muslimen in N-Afrika und im Orient; selig gesprochen (Tag: 3. 7.).
Lully [lyˈli], Jean-Baptiste, frz. Komponist, * 1632, † 1687; der erste Meister der frz. Nationaloper.
Lumbago *die,* →Hexenschuss.
lumbal, ⚕ die Lenden betreffend. **L.-Anästhesie,** Betäubung der unteren Körperhälfte. **L.-Punktion,** Entnahme von Nervenwasser aus dem Duralsack.
Lumbeck-Verfahren [nach dem dt. Erfinder E. Lumbeck, * 1886, † 1979], 🕮 fadenlose Klebebindung anstelle des Heftens von Druckerzeugnissen.
Lumberjack [ˈlʌmbədʒæk] *der,* blousonartige Jacke.
Lumen *das,* Zeichen **lm,** Einheit des Lichtstroms, 1 lm = 1 cd · sr.
Lumet [ˈluːmɪt], Sidney, amerikan. Regisseur, * 1924; Filme: »Die 12 Geschworenen« (1957), »Family Business« (1989).
Lumière [lyˈmjɛːr], Auguste, frz. Fototechniker, * 1862, † 1954; schuf mit seinem Bruder Louis (* 1864, † 1948) Neuerungen auf dem Gebiet der Fotografie.
Lumineszenz *die,* Lichtemission eines Stoffs oder Körpers infolge Energieabsorption ohne Temperaturerhöhung (»kaltes Licht«): →Fluoreszenz, →Phosphoreszenz. Die L. versch. Tiere (Glühwürmchen) heißt **Biolumineszenz.**
Lumineszenzdiode →Leuchtdiode.
Lumme *die,* zu den Alken gehörige Schwimmvögel. Die **Trottel-L.** brütet auf Helgoland.
Luna *die,* Mond; röm. Mondgöttin.
Lunch [lʌntʃ] *der,* kleine Mittagsmahlzeit.
Lund, Stadt in S-Schweden, 92 300 Ew.; Univ. (seit 1668), roman. Dom mit reicher Ausstattung (u. a. astronom. Uhr); Bischofssitz.
Lunda, Bantuvolk im S der Demokrat. Rep. Kongo.
Lüneburg, Hptst. des Reg.-Bez. L., Ndsachs., 60 400 Ew.; mittelalterl. Stadtbild, Univ.; Ind.; Sol- und Moorbad. – L., im 12. Jh. gegr., war im MA. bedeutender Handelsplatz für Salz.

Niklas Luhmann

Trottel-**Lumme**

Blaue **Lupine**

Lüneburger Heide, eiszeitl. Landrücken zw. Aller und Elbe; im Wilseder Berg (Naturschutzgebiet) 169 m hoch; teilweise bebaut oder aufgeforstet. Im SW Erdölvorkommen.

Lünen, Ind.stadt in NRW, an der Lippe, 87 700 Ew.; Steinkohlenbergbau.

Lünette *die,* **1)** ⌂ Bogenfeld, oft mit einem Relief oder einer Malerei. – **2)** ⚙ Stützvorrichtung an Drehmaschinen.

Lunéville [lyne'vil], Stadt im östl. Frankreich, 22 400 Ew.; landwirtschaftl. Handel, Textilind., Fayencemanufaktur. – Der **Friede von L.** (1801) zw. Frankreich und Österreich schloss die Frz. Revolutionskriege ab.

Lunge, Pulmo, Atmungsorgan aller Luft atmenden Wirbeltiere, besteht meist aus 2 Flügeln und liegt im Brustkorb. Beim Menschen unterscheidet man die rechte L., die aus 3 L.-Lappen, und die linke L., die aus 2 Lappen besteht. Überzogen sind die L. und die Wand der Brusthöhle von einer in sich geschlossenen feinen Haut (Pleura), die als **Rippenfell** die innere Brustwand, als **L.-Fell** die L. überkleidet. Das L.-Gewebe ist schwammig, elast., rosafarben. Die in die beiden L. eintretenden **Bronchien** enden mit ihren feinsten Verzweigungen in kleinen **L.-Bläschen** (L.-Alveolen), die von vielen Haargefäßen netzartig umsponnen sind und in denen das Blut durch die sehr dünnen Wände der L.-Bläschen und der Haargefäße hindurch bei der Atmung Sauerstoff aufnimmt und Kohlendioxid abgibt.

Lure

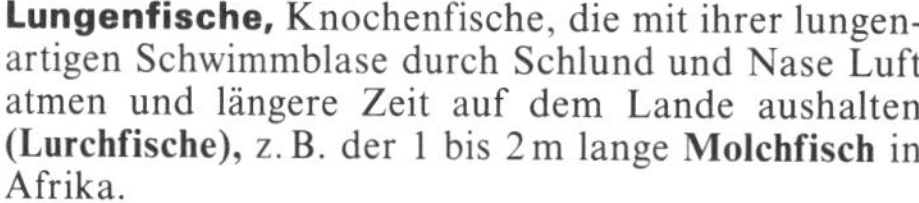

Lungenfische, Knochenfische, die mit ihrer lungenartigen Schwimmblase durch Schlund und Nase Luft atmen und längere Zeit auf dem Lande aushalten **(Lurchfische),** z. B. der 1 bis 2 m lange **Molchfisch** in Afrika.

Lungenkrankheiten: Lungenabszess, Eiterhöhle im Lungengewebe. – **Lungenblähung,** das Emphysem. – **Lungenembolie,** Verstopfung der Lungenschlagader oder eines ihrer Äste durch ein Blutgerinnsel; kann zu plötzl. Tod führen (Lungenschlag). – **Lungenentzündung, Pneumonie,** Durchsetzung (Infiltration) des Lungengewebes mit entzündl. Ausschwitzung aus den Blutgefäßen. **Fibrinöse** oder **kruppöse Lungenentzündung,** meist durch Pneumokokken verursacht, die Entzündung betrifft stets einen ganzen Lungenlappen. Die **katarrhal. Lungenentzündung** (Bronchopneumonie) betrifft kleinere Teile der Lunge. Erreger sind Bakterien verschiedenster Art, auch Viren. Meist geht ein Katarrh der feinsten Bronchien voraus oder eine Infektionskrankheit (Masern, Grippe, Typhus u. a.). Behandlung: Antibiotika, Sulfonamide. – **Lungenkrebs,** meist von der Schleimhaut der Bronchien ausgehende bösartige Geschwulst, Hauptursache ist das Rauchen. – **Lungenödem,** Übertritt von Blutwasser in das Lungengewebe infolge Blutstauung bei Herzschwäche, Nierenentzündung u. a.; ein Zustand höchster Atemnot und Erstickungsgefahr. – **Lungenpest** → Pest. – **Lungentuberkulose** → Tuberkulose.

Lusaka
Stadtwappen

Lungenkraut, ⚘ staudige, behaarte, borretschartige Frühlingspflanze, mit hellroten, dann blauen Blüten; früher als Lungenmittel verwendet.

Lungenschnecken, Pulmonata, landbewohnende Schnecken, bei denen das blutgefäßreiche Dach der Mantelhöhle als lungenähnl. Atmungsorgan dient.

Lunker *der,* ⚙ Hohlräume in Gussstücken.

Lunte, 1) ⚔ Feuerschwamm oder mit Bleizuckerlösung getränkter, langsam glimmender Hanfstrick, diente im MA. als Zündmittel bei Feuerwaffen. – **2)** ♈ Schwanz des Fuchses u. a. Tiere.

Lüttich
Stadtwappen

Lüpertz, Markus, dt. Maler, * 1941; monumentalisierte gegenständl. Darstellungen, symbol- und anspielungsreich; ab 1977 abstrakte Bilder, Bucheinbandgestaltung, Skulpturen.

Lupine *die,* Gattung der Schmetterlingsblütler, hohe Kräuter aus dem südl. Europa, Grün- und Körnerfutter, auch zur Gründüngung (Stickstoffsammler). In Dtl. am häufigsten die **Blaue,** seltener die **Gelbe** und **Weiße L.** Die gezüchtete **Süß-L.** ist bitterstofffrei.

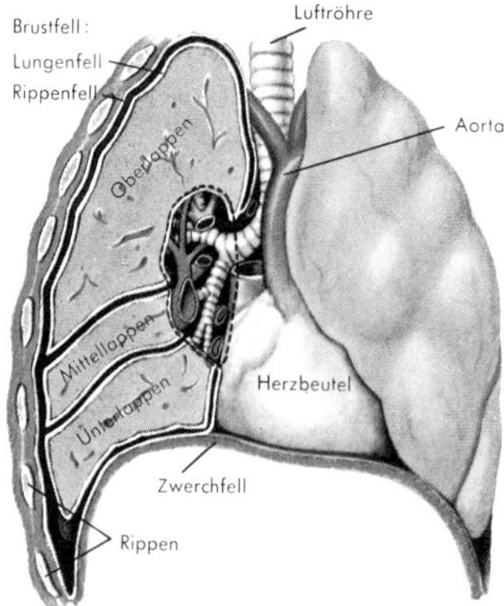

Lunge. Rechter Lungenflügel des Menschen, die gestrichelte Linie begrenzt die Lungenwurzel

Lupus *der,* → Hauttuberkulose.

Lurche, Amphibilen, wechselwarme Wirbeltiere mit nackter, drüsenreicher Haut und 4 Gliedmaßen. Die Jungen leben im Wasser und atmen durch Kiemen. Hauptgruppen sind: **Schwanz-L.** (Salamander, Molche), **Frosch-L.** (Frösche, Kröten).

Lure *die,* große, gewundene Bronzetrompete der nord. Bronzezeit.

Lusaka, Hptst. von Sambia, 819 000 Ew.; Handels- und Ind.zentrum; Universität.

Lusitanilen, röm. Prov. auf der Iber. Halbinsel, etwa das heutige Portugal.

Lust, alle Gefühlsarten, die eine Befriedigung von Bedürfnissen oder eine Steigerung des Lebensgefühls anzeigen.

Lüst, Reimar, dt. Physiker, * 1923; 1971 bis 1984 Präs. der Max-Planck-Gesellschaft, 1984 bis 1990 Generaldirektor der Europ. Weltraumorganisation (ESA).

Lustenau, Marktgemeinde in Vorarlberg, Österreich, 19 000 Ew.; Textil-, Eisenindustrie.

Lüster *der,* **1)** Kronleuchter. – **2)** leinwandbindiger Stoff.

Lustspiel → Komödie.

Lüta, chin. Stadt, → Dalian.

Lutetium *das,* Symbol **Lu,** chem. Element aus der Gruppe der Lanthanoide, OZ 71.

Luther, 1) Hans, dt. Politiker, * 1879, † 1962; 1923 bis 1925 Reichsfinanzmin., 1925/26 Reichskanzler, 1930 bis 1933 Reichsbankpräs. – **2)** Martin, dt. Reformator, * 1483, † 1546; Sohn des Bergmanns Hans L. aus Möhra; besuchte ab 1501 die Univ. Erfurt, trat 1505 aufgrund eines Gelübdes ins dortige Augustinerkloster ein, wurde 1507 Priester, 1508 Prof. der Philosophie in Wittenberg, 1512 Doktor und Prof. der Theologie. 1517 veröffentlichte er, veranlasst v. a. durch die Ablasspredigt J. Tetzels, in Wittenberg seine 95 (Disputations-)Thesen, musste sich 1518 vor Kardinal T. Cajetan in Augsburg verantworten, unterwarf sich nicht. Im Streitgespräch 1519 mit J. Eck, der Leipziger Disputation, bestritt er den Primat des Papstes und die Unfehlbarkeit der Konzilien. Damit hatte L. mit der kath. Kirche gebrochen und beschritt nun den Weg zu einer völligen Reformation der Kirche und der Theologie. 1520/21 veröffentlichte er die entscheidenden Reformationsschriften: »An den christl. Adel dt. Nation«, »Von der babylon. Gefangenschaft der Kirche«, »Von der Freiheit eines Christenmenschen«.

1520 verbrannte er die päpstl. Bannandrohungsbulle, wurde darauf gebannt, verteidigte sich 1521 vor dem Reichstag in Worms und wurde in die Reichsacht erklärt. Von Kurfürst Friedrich dem Weisen von Sachsen zum Schutz auf die Wartburg gebracht, übersetzte er das N.T. (1522 zuerst gedruckt). Im März 1522 kehrte er nach Wittenberg zurück und trat gegen die Wiedertäufer auf. 1525 heiratete er Katharina von Bora. 1526 bis 1530 half L. mit an der Einrichtung der Kursächs. Kirchen- und Schulvisitation. Mit den beiden Katechismen (1529), der Bibelübersetzung (1534 die ganze Bibel), seinen geistl. Liedern (»Ein feste Burg« u.a.) förderte er entscheidend die Entwicklung der dt. Sprache. – Im Mittelpunkt seiner Lehre von den Gnadenmitteln steht das »Wort Gottes« als Ges. und Evangelium. Mit der »Rechtfertigung allein aus dem Glauben« hat er das kath. Dogma gesprengt. Die unmittelbare Glaubensbeziehung zw. Gott und Mensch macht nach seiner Lehre jede priesterl. Mittlerschaft unnötig (allg. Priestertum aller Gläubigen). Die christl. Sittlichkeit erfüllt sich nach L. im weltl. »Beruf«, der im Glauben und in der Liebe getan wird.

lutherische Kirchen, an den luther. Bekenntnisschriften festhaltende ev. Kirchen, bes. in Dtl., Dänemark, Skandinavien und Nordamerika im Ggs. zu den von U. Zwingli und J. Calvin bestimmten reformierten Kirchen. In Preußen schlossen sich die l. K. und die reformierte Kirche 1817 zur **Altpreuß. Union** (nach 1945 in »Ev. Kirche der Union« umbenannt) zusammen; später Trennung der **Altlutheraner** von der Landeskirche. Die luther. Landeskirchen Dtl.s sind seit 1948 in der **Vereinigten Ev.-Luther. Kirche Dtl.s** (VELKD) zusammengeschlossen. Die Mehrzahl der l. K. der Welt sind im **Luther. Weltbund** (1947, Sitz Genf) verbunden.

Luton [lu:tn], Stadt in England, 164000 Ew.; Kraftwagen-, Apparatebau.

Martin Luther. Holzschnitt von Lucas Cranach d.Ä. (1520)

Lutosławski [lutɔˈsuafski], Witold, poln. Komponist, *1913, †1994; zunächst unter dem Einfluss von Strawinsky und Bartok, dann der westeurop. Avantgarde zugetan; Sinfonien, Konzerte; Trauermusik für Streichorchester.

Lutter am Barenberge, Flecken im Kr. Goslar, Ndsachs.; 1626 Sieg Tillys über Christian IV. von Dänemark.

Lüttich, amtl. frz. **Liège** [ljɛ:ʒ], Hptst. der belg. Prov. L., 192300 Ew.; liegt an der Mündung der Ourthe in die Maas; geistiger Mittelpunkt der Wallonen (Univ.). Steinkohlen- und Industriegebiet. – Das alte Reichsfürstentum der Bischöfe von L. kam 1801 an Frankreich, 1815 an die Niederlande, 1830/31 an Belgien.

Lützen, Stadt in Sa.-Anh., im SW von Leipzig, rd. 4100 Ew.; 1632 hier Sieg der Schweden über Wallenstein, Gustav Adolf fiel.

Lützow, Adolf Freiherr v., preuß. Generalmajor, *1782, †1834; stellte 1813 das **Lützowsche Freikorps** (Schwarze Schar) auf; Mitglieder u.a. T. Körner, F. L. Jahn und J. v. Eichendorff.

Luv *die,* auch *das,* ⚓ dem Wind zugekehrte Seite; Ggs.: Lee.

Lux *das,* Zeichen **lx,** Einheit der Beleuchtungsstärke, $1\,lx = 1\,lm/m^2$.

Luxation *die,* ⚕ Verrenkung.

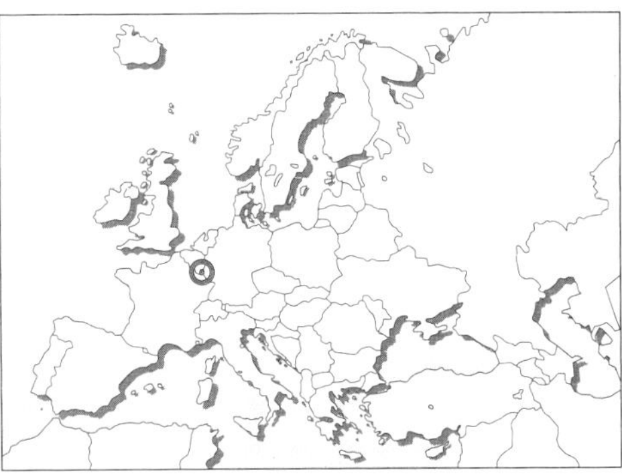

Luxemburg, frz. **Luxembourg,** Großherzogtum in W-Europa, 2586 km², 395000 Ew. (über 90% kath.); Hptst.: Luxemburg; Amtssprachen: Französisch, Dt., Luxemburgisch. Konstitutionelle Erbmonarchie (Haus Nassau). Gesetzgebungsorgan ist die Abgeordnetenkammer. – Der N hat Anteil an den Ardennen (Ösling), im S (Gutland) erzreiches Stufenland. Anbau von Getreide, Kartoffeln, Wein; Viehzucht; Bergbau (Eisen), Eisen- und Stahl- u.a. Industrie.

Geschichte. Die Grafen von L. stellten 1308 bis 1437 die dt. Kaiser (Heinrich VII., Karl IV., Wenzel, Sigismund). Das Herzogtum L. kam 1441 an Burgund, 1477 mit den Niederlanden an Habsburg, 1794 an Frankreich; als Großherzogtum 1815 mit den Niederlanden in Personalunion verbunden (bis 1890) und in den Dt. Bund aufgenommen. 1839 fiel der wallon. Teil an Belgien. 1867 wurde L. für neutral und selbstständig erklärt. 1890 wurde Adolf, bis 1866 Herzog von Nassau, Großherzog. Bis 1918 blieb L. im dt. Zollverband. 1922 Zoll- und Wirtschaftsunion mit Belgien, 1948 auf die Niederlande ausgedehnt (→Beneluxstaaten). L. ist Mitglied der NATO und der EU. Staatsoberhaupt: Großherzog Jean (seit 1964); Min.-Präs.: Jean Claude Juncker (seit 1995).

Luxemburg

Staatswappen

Staatsflagge

Internationales Kfz-Kennzeichen

Luxemburg, Hptst. von Luxemburg, 74400 Ew.; Ind.: Stahl, Maschinen, Porzellan. Sekretariat des Europ. Parlaments, Europ. Gerichtshof, Univ.-Zentrum, Banken.

Luxemburg, Rosa, dt. sozialist. Politikerin poln. Herkunft, *1870, †1919; gründete 1917 mit K. Liebknecht den Spartakusbund, nahm 1919 am Spartakusaufstand in Berlin teil; nach dessen Scheitern mit Liebknecht von Freikorpsoffizieren ermordet; zahlreiche polit. Schriften, Hauptwerk: »Die Akkumulation des Kapitals«, 1912.

Rosa Luxemburg

Luxor, Luksor, Stadt in Oberägypten, am Nil, 148000 Ew.; liegt mit dem Nachbarort Karnak an der Stelle der alten Residenzstadt Theben.

Lu Xun [-ç-], chin. Schriftsteller und Gelehrter, *1881, †1936; gesellschaftskrit., satir. Erzählungen; Arbeiten zur chin. Literaturgeschichte.

Luxus *der,* **1)** Üppigkeit, Wohlleben. – **2)** Aufwand, der die als normal empfundene Lebenshaltung weit überschreitet; Besteuerung seit dem 18. Jh. durch **Luxussteuern.**

Luzern, 1) Kt. der Schweiz, 1492 km², 338 000 (dt.-sprachige) Ew.; im S gebirgig, im N Hügelland; Ackerbau, Almwirtschaft, Schweinezucht; Ind.; Fremdenverkehr. – **2)** Hptst. von 1), 59 000 Ew., am Vierwaldstätter See; mittelalterl. Bauten; durch Brand zerstörte Kapellbrücke 1993/94 rekonstruiert; Apparatebau, Textilindustrie.

Luzerne *die,* Schmetterlingsblütler der Gattung Schneckenklee aus Vorderasien, mit violetten Blüten, schneckenhausförmiger Fruchthülse; vieljährige Futterpflanze.

Luzifer, 1) ☆ der Morgenstern. – **2)** der Teufel.

Luzon [lu'sɔn], Hauptinsel der Philippinen, 104 688 km², 23,7 Mio. Ew.; im S stark vulkan., hat feuchtwarmes Tropenklima; Vorkommen von Kupfer, Gold, Chrom. Anbau von Reis, Zuckerrohr, Manilahanf, Tabak. Urbewohner sind Negritos, eingewanderte Malaien. Auf L. befindet sich Manila, die Hptst. der Philippinen.

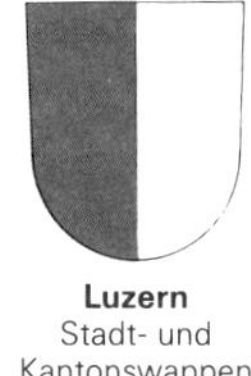

Luzern
Stadt- und Kantonswappen

Lydi|en, antike Landschaft im W Kleinasiens. Hptst.: Sardes. Einst ein mächtiger, reicher Staat (Krösus), 546 v. Chr. von Kyros II. erobert.

Lyki|en, antike Landschaft im SW Kleinasiens; monumentale Grabbauten (z. B. in Xanthos).

Lykurg, 1) sagenhafter Gesetzgeber Spartas. – **2)** athen. Staatsmann, * um 390, † 324 v. Chr.

Lymphe *die,* **Gewebsflüssigkeit,** ⚕ farblose bis gelbl. Flüssigkeit, die aus den Geweben abfließt und von den Lymphgefäßen aufgenommen wird; besteht aus Blutplasma mit weißen Blutkörperchen und vermittelt den Stoffaustausch zw. den Blutgefäßen und den Gewebezellen.

Lyon
Stadtwappen

Lymphgefäße, ⚕ den Blutadern ähnl. feine Röhren, die die Lymphe sammeln und dem Blut wieder zuführen. Die größeren L. besitzen Klappen. Die L., die von den unteren Gliedmaßen und den Baucheingeweiden kommen, treten vor der Lendenwirbelsäule zum **Brust-Lymphgang** zusammen, der in die linke Schlüsselbeinvene einmündet.

Lymphgefäß|entzündung, Entzündung der Lymphgefäße, als roter Streifen von der Infektionsstelle zum Lymphknoten sichtbar, meist mit schmerzhafter Schwellung.

Lymphknoten, früher fälschlich **Lymphdrüsen** genannt, linsen- bis haselnussgroße Kapseln, die als Filter in die Lymphgefäße eingeschaltet sind; sie enthalten in **Lymphfollikeln** gesammelte **Lymphzellen.**

Lympho|granulomatose *die,* →hodgkinsche Krankheit.

Lymphozyten, weiße Blutkörperchen.

Lynchen, gesetzloses Töten von Personen durch gewalttätige Gruppen **(Lynchjustiz).**

Lynkeus, griech. Sage: scharfsichtiger Steuermann des Schiffs der Argonauten.

Lyon [ljɔ̃], drittgrößte Stadt Frankreichs, 415 400 Ew.; am Zusammenfluss von Rhône und Saône; bedeutende Handels- (Lyoner Messe) und Ind.stadt; Kraftfahrzeug-, pharmazeut., Elektro-, Seidenind. Erzbischofssitz; 3 Univ. u. a. Hochschulen. – L. (Lugdunum) wurde unter Augustus die Hptst. Galliens, kam 1033 mit Burgund zum Dt. Reich, 1312 an Frankreich.

Lyra [griech. »Leier«] *die,* **1)** 𝄞 altgriech. Saiteninstrument. – **2)** 𝄞 Glockenspiel. – **3)** ☆ das Sternbild Leier.

Lyrik *die,* Gattung der Poesie, neben Epik und Dramatik. L. wird häufig im Sinne eines autonomen Sprachkunstwerks als die reinste Form von Dichtung aufgefasst. Stilmittel sind Rhythmus und Reim, Sprachklang, bildhafter Ausdruck. Formen: Lied, Hymne, Ode, Elegie, Sonett u. a.

Lysander, spartan. Feldherr, Staatsmann, † 395 v. Chr.; beendete durch seinen Seesieg bei Aigospotamoi 405 und die Eroberung Athens 404 v. Chr. den Peloponnes. Krieg.

Lysergsäure|diäthylamid, Abk. **LSD,** synthet. gewonnene Verbindung (Rauschgift) der Lysergsäure, bewirkt Halluzinationen.

Lysias, athen. Redner, * um 445 v. Chr., † nach 380 v. Chr.; wegen seiner einfachen, klaren Redeweise bewundert.

Lysippos, griech. Bronzebildner des 4. Jh. v. Chr.; Wegbereiter der hellenist. Kunst.

Lysol, Handelsname einer bis 5%igen Kresolseifenlösung; Desinfektionsmittel.

Lyssenko, Trofim, sowjet. Botaniker, * 1898, † 1976; entwickelte eine wiss. unhaltbare Vererbungslehre, der zufolge die Entstehung neuer Erbeigenschaften ausschließl. durch Umweltbedingungen gelenkt wird.

Lyzeum *das,* höhere Schule, in Dtl. früher höhere Mädchenschule.

M

m, M, 1) 13. Buchstabe des dt. Alphabets. – **2)** röm. Zahl: **M** = 1000. – **3) M.,** Abk. für frz. Monsieur, für engl. Master. – **4) M,** Vorsatzzeichen für Mega = 10^6; in der Informatik 2^{20} (rd. 1,05 Mio.). – **5) m** für Meter; **m²** für Quadratmeter; **m³** für Kubikmeter.

M. A., Abk. für Magister Artium.

Mäander *der,* **1)** im Altertum Name des Flusses Menderes in Anatolien. – **2)** Flusswindungen. – **3)** Ornamentband aus einer mehrfach rechtwinklig gebrochenen oder fortlaufenden Linie.

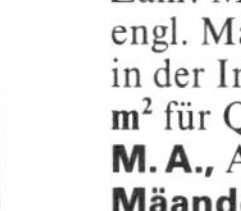

Maastricht
Stadtwappen

Maar *das,* trichterförmige Bodenvertiefung durch vulkan. Gasexplosionen; oft wassergefüllt, z. B. in der Eifel (Pulvermaar, Gemündener Maar u. a.) und auf der Schwäb. Alb.

Maas *die,* frz. **Meuse** [mø:z], Fluss im östl. Frankreich, Belgien und den südl. Niederlanden; Länge 925 km, davon 574 km schiffbar.

Maastricht [-'trɪxt], Hptst. der niederländ. Prov. Limburg, an der Maas, 116 400 Ew.; Univ. (seit 1976); roman. und got. Kirchen, Rathaus von P. Post (17. Jh.); Ind.: u. a. Fayence, Glas, Zement. – Der von den Staaten der EG am 7. 2. 1992 unterzeichnete **Vertrag von M.** (in Kraft seit 1. 11. 1993) sieht die Schaffung einer Europ. Wirtschafts- und Währungsunion (EWWU) bis 1999 in 3 Stufen vor.

Maat *der,* Unteroffizier der dt. Marine.

Mabillon [mabi'jɔ̃], Jean, frz. Benediktiner, * 1632, † 1707; schuf die wiss. Urkundenlehre.

Mac [mæk], Abk. **M'** oder **Mc,** unbetonte Vorsilbe in schott. und ir. Namen, svw. Sohn, z. B. Macdonald oder MacDonald.

Macao, chin. **Aomen,** Territorium an der S-Küste Chinas, unter port. Verw., eine Halbinsel und 2 Inseln, 16,9 km², 395 000 Ew.; Hptst. M. Mitte des 16. Jh.

Gründung einer port. Niederlassung; 1976 erhielt das »Territorium von M.« volle innere Autonomie. Gemäß einem Abkommen von 1987 wird M. 1999 an China zurückgegeben.

MacArthur [məˈkɑ:θə], Douglas, amerikan. General, * 1880, † 1964; im 2. Weltkrieg Oberkommandierender im Fernen Osten; 1945 bis 1951 Oberbefehlshaber in Japan und 1950 Oberbefehlshaber im Koreakrieg; 1951 abberufen.

Macaulay [məˈkɔ:lɪ], **1)** Rose, brit. Erzählerin, * 1881, † 1958; iron. Romane; »Tante Dot, das Kamel und ich« (1956). – **2)** Thomas, Lord **M. of Rothley** (1857), brit. Politiker, Historiker, * 1800, † 1859; »Geschichte von England ...« (1849 bis 1861).

Macbeth [mækˈbeθ], König von Schottland 1040 bis 1057. Drama von Shakespeare.

Macchie [ˈmakiə] *die,* dichtes, immergrünes Gebüsch der Mittelmeerländer.

Macdonnell Ranges [məkˈdɔnl ˈreɪndʒɪz], Gebirge in Australien, über 400 km lang, bis 1511 m hoch.

Maceió [maseˈjo], Stadt in Brasilien, 628 200 Ew.; Erzbischofssitz; Tabak- und Zuckerfabriken; ⚓.

Mạch, Ernst, österr. Physiker und Philosoph, * 1838, † 1916. Nach M. beruht alle Erkenntnis auf den Sinnesempfindungen. M. beeinflusste die Fortbildung des Positivismus und der Logik.

Machandelbaum → Wacholder.

Machatschkalạ, Hptst. Dagestans innerhalb Russlands, am Kasp. Meer, 315 000 Ew.; Univ.; Erdölindustrie.

Machete [maˈtʃetə] *die,* Haumesser, Buschmesser.

Machiavelli [makjaˈvɛlli], Niccolò, ital. Staatsmann, Geschichtsschreiber, * 1469, † 1527. Sein Buch »Il principe« (1532; Der Fürst) galt seinen Gegnern als Rechtfertigung des von allen sittl. Normen losgelösten Machtstaats **(Machiavellismus).** Friedrich d. Gr. verfasste dagegen seinen »Antimachiavell« (1739).

Machismo [-ˈtʃ-] *der,* mit Geringschätzung der Frau verbundenes, übersteigertes männl. Selbstbewusstsein. **Macho** [ˈmatʃo] *der,* sich (übertrieben) männl. gebender Mann.

Macht, Verhältnis der Über- und Unterordnung zw. Personen, Gruppen, Organisationen oder Staaten; bedarf im Unterschied zur Herrschaft nicht der Anerkennung der von ihr Betroffenen.

Mächtigkeit *die,* Dicke (Gesteinsschicht).

Machu Picchu [ˈmatʃu ˈpiktʃu], Ruinenstätte einer etwa um 1450 erbauten festungsartigen Stadtanlage der Inka über dem Urubamba-Tal, rd. 100 km im NW von Cuzco, Peru; umfasst Tempel, Opferstätten, Sonnenwarte, Behausungen für etwa 10 000 Menschen. M. P. blieb den Konquistadoren verborgen und wurde erst 1911 entdeckt; von der UNESCO zum Weltkulturerbe erklärt.

Mạchzahl [nach E. Mach], Verhältnis der Geschwindigkeit eines mit Überschallgeschwindigkeit bewegten Körpers zur Geschwindigkeit des Schalls in dem betreffenden Medium.

Mạcke, August, dt. Maler, * 1887, † (gefallen) 1914; gehörte dem »Blauen Reiter« an, malte, von R. Delauney beeinflusst, Bilder von lichter Farbigkeit, bes. Aquarelle.

Mạckensen, August v., preuß. Generalfeldmarschall, * 1849, † 1945.

Mackenzie [məˈkenzɪ] *der,* Strom im NW Kanadas; Quellflüsse: Athabasca und Peace River (mit Athabasca 4241 km lang); mündet ins Nordpolarmeer, rd. 2000 km schiffbar.

MacLaine [məˈklɛɪn], Shirley, amerikan. Schauspielerin, * 1934; Filme: »Das Mädchen Irma La Douce« (1962), »Madame Sousatzka« (1988), »Grüße aus Hollywood« (1990).

MacLeish [məˈkli:ʃ], Archibald, amerikan. Schriftsteller, * 1892, † 1982; Gedichte, Schauspiele.

Mac-Mahon [-maˈɔ̃], Maurice Marquis de, Herzog **von Magẹnta,** frz. Marschall, * 1808, † 1893; siegte 1859 bei Magenta, wurde 1871 bei Wörth und Sedan geschlagen; 1873 bis 1879 war er Staatspräsident der Dritten Republik.

Macmillan [məkˈmɪlən], Harold, britischer Verleger, Politiker (Konservativer), * 1894, † 1986; 1957 bis 1963 Premiermin. und Parteiführer.

Macpherson [məkˈfə:sn], James, brit. Dichter, * 1736, † 1796; Herausgeber der Lieder des → Ossian, die sich als Fälschungen erwiesen.

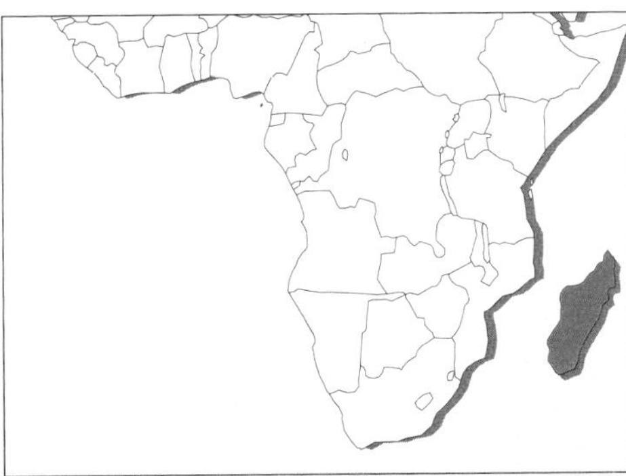

Madagạskar, Rep. im Ind. Ozean, von Südafrika durch den Kanal von Moçambique getrennt, umfasst die Insel M., 587 041 km², 12,83 Mio. Ew.; nach der Verf. von 1975 »Demokrat. Rep. auf der Basis der Charta der Sozialist. Revolution von M.«; Hptst.: Antananarivo; Amtssprachen: Französisch, Malagasy. – M. wird im O von einem vulkan. Gebirge (bis 2886 m) durchzogen; im W weites Tafelland. Klima tropisch. Pflanzenwelt mit nur hier vorkommenden Arten (Naturschutzgebiet Tsingy de Bemaraha zählt zum Weltkulturerbe).

Bevölkerung. Meist Madegassen; daneben Weiße, Inder u. a. Religion: Naturreligionen, rd. 41 % Christen, 5 % Muslime.

Wirtschaft. Anbau von Reis, Maniok, Kaffee, Erdnüssen u. a.; Viehwirtschaft. Bodenschätze nur z. T. im Abbau: Graphit, Glimmer, Edelsteine, NE-Metalle, Uran. Nahrungsmittel- u. a. Ind. Ausfuhr: Kaffee, Vanille, Zucker, Schlachtvieh, Textilien u. a. Haupthandelspartner: Frankreich, USA, Japan; ⚓: Toamasina, Mahajanga.

Geschichte. M. wurde 1896 frz. Kolonie, 1946 Überseegebiet der Frz. Union, 1960 unabhängige Rep. 1975 übernahm nach einem Putsch ein Militärrat die Reg.gewalt. Staatspräs.: D. Ratsiraka (seit 1997).

Madagaskar

Staatswappen

Staatsflagge

Internationales Kfz-Kennzeichen

Madame [maˈdam], frz. Anrede für verheiratete Frauen.

Madariaga y Rojo [maðaˈri̯aɣa i ˈrrɔxo], Salvador de, span. Schriftsteller, Diplomat, * 1886, † 1978; histor. Schriften, Romane, Dramen.

Mädchenhandel, ⚖ Anwerben und Verschleppen von weibl. Personen, um sie der Prostitution zuzuführen; von fast allen Staaten bekämpft, in Dtl. strafbar nach §§ 180, 181 StGB.

Made *die,* fußlose Larve mancher Insekten.

Madegạssen, einheim. Bev. Madagaskars. Aus dem Malaiischen Archipel eingewandert sind Merina, Betsimisaraka, Betsileo u. a. Bewohner des Innern und der O-Küste; im W leben Sakalaven u. a. Die Verkehrssprache (Malagasy) gehört zu den indones. Sprachen.

made in Germany [ˈmeɪd ɪn ˈdʒə:mənɪ], »in Dtl. hergestellt«, seit 1887 vorgeschriebene Handelsbezeichnung für nach Großbritannien eingeführte dt. Waren; später allg. für dt. Ausfuhrwaren.

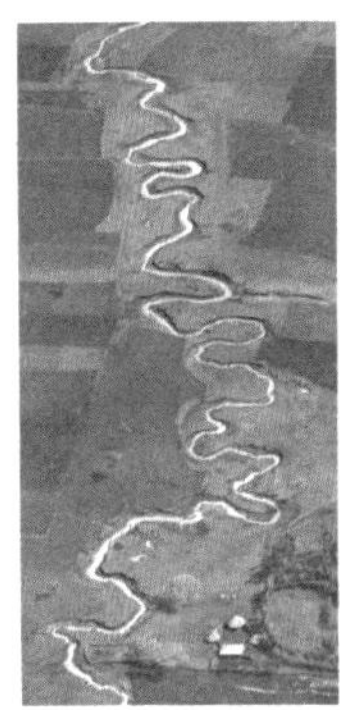

Mäander des Omo in Äthiopien

Madeira [ma'de:ra], **1)** port. Insel (Autonome Region) im Atlant. Ozean, 740 km², 272 000 Ew.; Hptst.: Funchal. Vulkanisch; mildes Klima. Anbau: Wein (M.-Wein), Zuckerrohr, Früchte, Gemüse. Fremdenverkehr. – **2) Rio M.** ['rriu ma'deira], rechter Nebenfluss des Amazonas, 3 200 km; Stromschnellen.

Mademoiselle [madmwa'zɛl], frz. Anrede für Fräulein.

Madenwurm, bis 12 mm langer weißl. Fadenwurm, Schmarotzer im menschl. Dickdarm, bes. bei Kindern, verursacht Jucken am After. Infektion durch Nahrung, die mit Wurmeiern verunreinigt ist.

Maderna, 1) Bruno, ital. Komponist, Dirigent, * 1920, † 1973; Kompositionen in Zwölftontechnik. – **2) Maderno,** Carlo, ital. Baumeister in Rom, * 1556, † 1629; seit 1603 Bauleiter der Peterskirche, die er mit dem Bau von Langhaus, Vorhalle und Fassade vollendete.

Madrid
Stadtwappen

Madison ['mædɪsn], Hptst. von Wisconsin, USA, 191 800 Ew.; Univ.; chem., Möbelind.; Flughafen.

Madjaren → Magyaren.

Madonna *die,* die Jungfrau Maria.

Madras, Hptst. des ind. Staats Tamil Nadu (früher M.), 3,8 Mio. Ew.; Kulturmittelpunkt; Baumwollind., Gerbereien; Hafen.

Madrid, Hptst. Spaniens, 3,1 Mio. Ew.; geistiger Mittelpunkt des Landes, 4 Univ., Akademien, Forschungsinstitute, Gemäldegalerien (Prado), Museen, Kirchen, Bauten; Regierungs-, Erzbischofssitz. In der Nähe: ehem. Königsschloss San Lorenzo el Real de El → Escorial, die Gärten von Aranjuez. M. wurde 1561 span. Königssitz.

Madrigal *das,* **1)** aus Italien stammende lyr. Form aus 6 bis 15 Versen, 7- bis 11-silbige Verse frei mischend. – **2)** 𝄞 urspr. kleines Hirtenlied; im 16./17. Jh. mehrstimmiges Chorlied a cappella.

Madura, Insel vor der N-Küste Javas, Indonesien, 4 481 km².

Madurai [mædʊ'raɪ], Stadt in Tamil Nadu, S-Indien, 952 000 Ew.; Weberei, Metallverarbeitung.

Fernão
de Magalhães

Maecenas, Gaius, röm. Ritter, Vertrauter des Kaisers Augustus, * um 70 v. Chr., † 8 v. Chr.; Gönner von Vergil und Horaz. (→ Mäzen)

ma|estoso, 𝄞 majestätisch, feierlich.

Ma|estro *der,* Meister.

Maeterlinck [mɛtɛr'lɛ̃k], Maurice, belg. Dichter, * 1862, † 1949; Nobelpreis 1911; schrieb Gedichte, Schauspiele, ferner »Das Leben der Bienen« (1901), »Das Leben der Termiten« (1926).

Mafia, urspr. polit. Geheimbund in Sizilien, 1800 bis 1860 im Kampf gegen die Bourbonen bedeutsam; nach 1943 als kriminelle Organisation wieder erstanden; Ü für organisierte Kriminalität.

Magalhães [maga'ʎãiʃ], Fernão de, eingedeutscht **Magellan,** port. Seefahrer, * 1480, † 1521; entdeckte 1520 die → Magellanstraße.

Magazin *das,* **1)** Lager-, Vorratshaus. – **2)** Unterhaltungszeitschrift. – **3)** Patronenkammer in Mehrladewaffen.

Magdalena, Río M., Hauptfluss Kolumbiens, von den Anden zum Karib. Meer, 1550 km lang.

Magdeburg
Stadtwappen

Magdalénien [-len'jɛ̃] *das,* jüngste Stufe der Altsteinzeit (etwa 15 000 bis 10 000 v. Chr.); benannt nach den Funden bei dem frz. Ort La Madeleine in der Dordogne.

Magdeburg, 1) Hauptstadt von Sa.-Anh., 265 500 Ew.; liegt an Elbe und Mittellandkanal; Medizin. Akademie, TU, PH; Umschlagplatz für landwirtschaftl. Erzeugnisse der **Magdeburger Börde;** Schwermaschinen-, chem. Ind., Konserven-, Zuckerfabriken. Bauten: Dom aus dem 13. Jh., roman. Liebfrauenkirche (11. Jh.). – M., 805 schon erwähnt, wurde 968 durch Otto d. Gr. Erzbischofssitz; besondere Bedeutung erlangte sein Stadtrecht, das weite Verbreitung im Osten fand. M. kam 1680 an Brandenburg-Preußen; 1815 bis 1944 war M. Hpst. der preuß. Prov. Sachsen, 1952 bis 1990 des Bezirks M. der DDR. – **2)** 1952 bis 1990 Bez. der DDR, 11 525 km², 1,248 Mio. Ew.; aus dem N-Teil des Lands Sa.-Anh. unter Geländeaustausch an der O-Grenze und am Harz gebildet.

Magdeburger Halbkugeln, 2 hohle, evakuierte und damit durch den Luftdruck aneinander gepresste Halbkugeln, die O. v. Guericke 1656 in Magdeburg erfand.

Magellan, → Magalhães, Fernão de.

Magellansche Wolken, die 2 nach F. de Magalhães benannten Sternsysteme außerhalb der Milchstraße; am S-Himmel mit bloßem Auge sichtbar.

Magellanstraße, 600 km lange Meeresstraße zw. dem südamerikan. Festland und Feuerland, entdeckt von F. de Magalhães.

Magelone, Heldin einer frz. Erzählung; danach dt. Volksbuch von der **schönen Magelone.**

Magen, sackartige Erweiterung des Verdauungskanals zw. Speiseröhre und Dünndarm, in der oberen Bauchhöhle unter dem Zwerchfell. Der Eingang heißt **M.-Mund** (Cardia), der durch einen Ringmuskel verschließbare Ausgang ist der **Pförtner** (Pylorus). Die Drüsen der M.-Schleimhaut liefern den **M.-Saft,** der neben Schleim v. a. Salzsäure, Pepsin, Lipase und Lab enthält. Durch die M.-Bewegungen (Peristaltik) wird der M.-Inhalt gemischt und durch den Pförtner von Zeit zu Zeit in den Darm entleert. Die M.-Verdauung einer gewöhnl. Mahlzeit dauert 2 bis 3 Stunden.

Magenbremse, ♡ Fliege, deren Larven im Magen der Pferde Verdauungsstörungen verursachen.

Magenkrankheiten, verlaufen akut oder chronisch, gehen mit Störungen der Verdauung einher. **Magenerweiterung,** meist zur Senkung führende Überdehnung des Magens infolge Erschlaffung der Muskulatur. – **Magengeschwür, Ulcus ventriculi,** entsteht meist auf dem Boden einer Entzündung bei zeitweise schlechter Durchblutung der Schleimhaut. – **Magenkrebs,** bösartige Geschwulst. – **Magenschleimhautentzündung, Gastritis,** zeigt sich an durch schmerzhaften Druck, Völlegefühl, mitunter Magenkrämpfe und Sodbrennen. Ursachen mannigfaltig, z. B. zu kalte oder verdorbene Speisen, reichl. Alkohol- oder Nikotingenuss; auch seel. Faktoren (Ärger) spielen bei der Entstehung eine Rolle.

Magersucht, ⚕ krankhafte Folge unzureichender Ernährung. **Anorexia nervosa** (Anorexia mentalis) v. a. bei Mädchen während der Pubertät **(Pubertäts-M.):** ein mit Angst vor Übergewicht, mit gestörtem Körperschema und Krankheitsverleugnung einhergehendes gestörtes Essverhalten, das zu extremer Gewichtsabnahme führt. (→ Bulimie)

Maghreb, westl. Teil des arab. N-Afrika (Marokko, Algerien, Tunesien). 1989 wurde mit Mauretanien und Libyen die **M.-Union** (Wirtschafts- und Beistandsvertrag) abgeschlossen.

Magie *die,* Zauber; Glaube, sich durch bestimmte geheimnisvolle Handlungen, Zeichen und Formeln übernatürl. Kräfte dienstbar machen und mit ihnen ird. Ereignisse beeinflussen zu können. Bei schädigendem Einfluss: **schwarze M.,** bei nutzbringendem: **weiße M.** Die M. findet sich weltweit seit vorgeschichtl. Zeit.

Maginotlinie [maʒi'no-], tiefes Befestigungssystem, 1929 bis 1936 an der frz. O-Grenze angelegt; benannt nach dem frz. Kriegsmin. A. Maginot (* 1877, † 1932).

magische Zahlen, ⚛ die Protonen- und Neutronenzahlen (2, 8, 20, 28, 50, 82 und die Neutronenzahl 126) im Atomkern, bei denen die Kerne bes. stabil sind.

Magister *der,* alter akadem. Grad; heute in den angelsächs. Ländern und in Österreich. In der Bundesrep. Dtl. wurde der **M. Artium,** Abk. **M. A.,** als Univ.-Abschluss geisteswiss. Fächer 1960 wieder eingeführt.

Magistrat *der,* **1)** im antiken Rom Bezeichnung für die durch Volkswahl verliehenen Ämter sowie deren Inhaber. – **2)** leitende städt. Behörde in einigen dt. Ländern.

Magma *das,* glutflüssiges Erdinneres.

Magna Charta ['karta] *die,* wichtigstes altengl. Staatsgrundgesetz und Grundstein der engl. Parlamentsverfassung; wurde 1215 dem König Johann ohne Land von den aufständ. Baronen und der Kirche des Landes abgenötigt. Die M. C. fasste altes Lehensrecht zusammen und enthielt Bürgschaften der persönl. Freiheit und des Eigentums.

magna cum laude, »mit großem Lob«, zweitbeste Note bei akadem. Prüfungen.

Magnani [maɲ'ɲa:ni], Anna, ital. Schauspielerin, * 1908, † 1973; Filme: »Rom – offene Stadt« (1945), »Die tätowierte Rose« (1956).

Anna Magnani

Magnat *der,* früher Angehöriger des hohen Adels in Ungarn, in Polen des Senatorenstands.

Magnesia *die,* MgO, Magnesiumoxid; feuerfestes Material für Tiegel, Brennöfen.

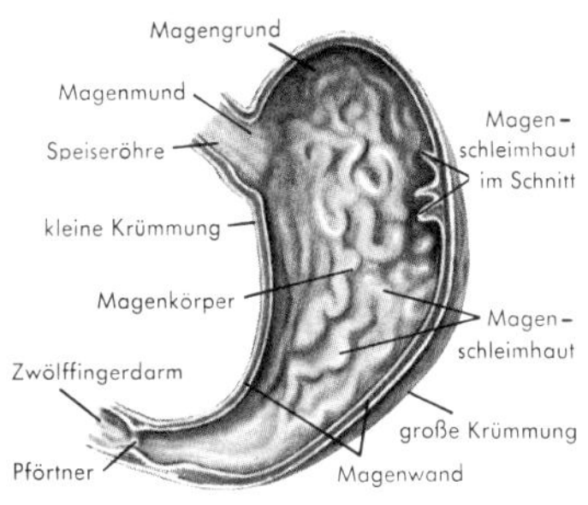

Längsschnitt durch den menschlichen **Magen**

Magnesit *der,* **Bitterspat,** weißes Mineral, Magnesiumcarbonat; für feuerfeste Ziegel.

Magnesium *das,* Symbol **Mg,** chem. Element, silberweißes Leichtmetall, OZ 12, relative Atommasse 24,305, D 1,738 g/cm^3, Fp 648,8 °C, Sp 1090 °C. Als Spurenelement ist M. unentbehrl. Bestandteil des tier. und menschl. Organismus. Weit verbreitete M.-Minerale sind die M.-Silikate Serpentin, Olivin, Dolomit, Talk, Magnesit, Meerschaum, Asbest. M.-haltige Salze: Kieserit, Kainit, Carnallit. Gewonnen wird M. durch Schmelzflusselektrolyse, verwendet in Feuerwerkssätzen, hauptsächl. aber in M.-Legierungen für den Fahrzeug- und Flugzeugbau.

Magnet *der,* Gegenstand, von dem ein M.-Feld ausgeht. Ein Dipol-M. hat einen magnet. Nordpol und einen magnet. Südpol; auch die Erde verhält sich wie ein M. (→ Erdmagnetismus); ihre M.-Pole liegen nahe den geograph. Polen. Auf der gegenseitigen Anziehung von Nord- und Südpol beruht die Wirkung des M.-Kompasses.

Magnetband, dünnes Kunststoffband genormter Breite mit magnetisierbarer Schicht zur magnet. Speicherung von Daten, Ton- und Bildsignalen.

Magnet|eisenstein, Magnetit, stark magnet. Eisenerz, Fe_3O_4, liefert natürl. Magnete. Hauptvorkommen: Schweden, Ural.

magnetische Stürme, magnetische Gewitter, rasche zeitl. Schwankungen des erdmagnet. Felds, als Wirkung der Sonnenflecken.

Magnetismus *der,* ⚛ Bezeichnung für Erscheinungen, die sich auf Magnetfelder und auf Stoffe beziehen, die mit ihnen in Beziehung stehen; Eigenschaft eines Körpers, auf andere Körper, bes. Eisen, Kräfte auszuüben. Die für den M. kennzeichnenden Feldgrößen sind die magnet. Induktion und die magnet. Feldstärke; man kann sich ihre Richtung und Größe durch Feldlinien veranschaulichen. Der M. beruht auf elektrischen Strömen oder auf den Spins von Elektronen oder Atomkernen. Ein stromdurchflossener Draht erzeugt ein Magnetfeld, dessen Kraftlinien den Draht kreisförmig umschlingen. Eine zylinderförmige stromdurchflossene Spule wirkt wie ein Stabmagnet. Der Bahndrehimpuls der Elektronen im Atom führt zum **Dia-M.,** der Eigenschaft aller Stoffe in jedem Aggregatzustand, in einem Magnetfeld eine dessen Richtung entgegengesetzte Magnetisierung anzunehmen. Dieser sehr schwache, praktisch temperaturunabhängige M. wird in vielen Stoffen durch den stärkeren **Para-M.** überdeckt, der Eigenschaft, in einem Magnetfeld eine in Feldrichtung zeigende Magnetisierung anzunehmen; sie beruht auf dem Vorhandensein permanenter magnet. Dipolmomente infolge unvollständig besetzter Elektronenschalen. Diese magnet. Momente sind wegen der Wärmebewegung mehr oder weniger ungeordnet, in einem Magnetfeld stellen sie sich aber bevorzugt parallel zur Feldrichtung ein. In manchen Festkörpern treten beim Vorhandensein permanenter magnet. Dipolmomente geordnete magnet. Strukturen auf, auf denen Ferro-M., Antiferro-M. und Ferri-M. beruhen. Dieser Festkörper-M. tritt unterhalb einer charakterist. Temperatur auf (Curie-Temperatur beim Ferro-M., Néel-Temperatur beim Ferri- und Antiferro-M.); bei höheren Temperaturen verhalten sich alle Festkörper paramagnetisch. – Unter **Elektro-M.** fasst man alle Erscheinungen zusammen, an denen elektr. und magnet. Felder gleichzeitig beteiligt sind. – Der technisch durch elektr. Ströme erzeugte M. hat größte Bedeutung in elektr. Maschinen und Messgeräten, für Schalter, Relais, Lautsprecher, Bildröhren u. a.

Magnetkies, Mineral, enthält meist Nickeleinschlüsse in Form von Pentlandit.

Magnetnadel, dünnes, im Schwerpunkt aufgehängtes oder auf eine Spitze gesetztes Magnetstäbchen, zeigt infolge des Erdmagnetismus zum magnet. Pol der Erde; Anwendung im Kompass.

Magneton *das,* ⚛ Elementarquantum des magnet. Moments.

Magnetosphäre, Zone der hohen Atmosphäre, in der schnelle Teilchen vom Magnetfeld der Erde eingefangen sind.

Magnetron *das,* ⚡ Laufzeitröhre zum Erzeugen von Dezimeter- und Zentimeterwellen.

Magnetschicht|speicher, 🖥 Speicher, bei denen die Informationen in dünnen (einige 10^{-3} mm) magnetisierbaren Schichten gespeichert werden. Man unterscheidet Magnetband-, Magnetkarten-, Magnetplatten- und Magnettrommelspeicher. Bei den schnelleren Magnetblasenspeichern müssen keine Träger mechanisch bewegt werden.

Magnetschwebebahn, Magnetbahn, in magnet. Aufhängung schwebendes spurgeführtes Fahrzeug, als unkonventionelles Schnell- und Nahverkehrsmittel in Versuchsanlagen erprobt. In Dtl. erreichte der Transrapid 1991 techn. Einsatzreife, die Strecke Hamburg–Berlin soll gebaut werden; auch Entwicklungsarbeiten in Japan und den USA.

Magnifizenz [lat. »Herrlichkeit«] *die,* Titel der Rektoren an Hochschulen, früher auch der regierenden Bürgermeister der Hansestädte.

Magnitogorsk, Ind.stadt in Russland (Südural), 445 000 Ew.; Hüttenwerke.

Magnoli|e *die,* Zierbäume mit großen tulpenähnl. weißen bis roten Blüten.

Magnus-Effekt [nach dem dt. Physiker H. G. Magnus, * 1802, † 1870], physikal. Effekt, nach dem Geschosse, die sich rasch um ihre Achse drehen, seitlich aus der Bahn abweichen (durch Luftströmungen am Mantel).

Nagib Mahfus

Gustav Mahler

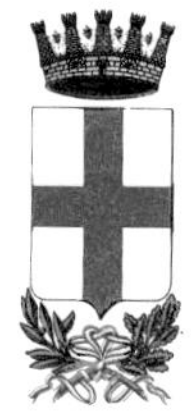
Mailand
Stadtwappen

Maine
Flagge

Mainz
Stadtwappen

Magot *der,* mit den Meerkatzen verwandter Affe; in Europa (Gibraltar) und N-Afrika.
Magritte [maˈgrit], René, belg. Maler, * 1898, † 1967; Vertreter des verist. Surrealismus.
Magyaren [-dʒ-], **Madjaren, Ungarn,** Volk im mittleren Donautiefland, zur finnougr. Sprachgruppe gehörig.
Mahabharata *das,* Nationalepos der Inder; im 4. Jh. n. Chr. aufgezeichnet.
Mahagoni *das,* versch. trop. Edelhölzer von rotbrauner Färbung mit Goldglanz.
Maharadscha, ind. Herrscher, → Radscha.
Mahatma, ind. Ehrentitel für bedeutende spirituelle Lehrer, z. B. für Gandhi.
Mahdi [ˈmaxdi, ˈmaːdi] *der,* der von den Muslimen erwartete Erlöser. 1881 gab sich Mohammed Achmed im ägypt. Sudan für den M. aus. Seine Anhänger, die **Mahdisten,** wurden 1898 von H. H. Kitchener besiegt.
Mahé [maˈe], größte Insel der Seychellen.
Mahfus [max-], Nagib, ägypt. Schriftsteller, * 1911; als Romancier Exponent der zeitgenöss. ägypt. Literatur (»Die Midaq-Gasse«, 1947; »Das Hausboot am Nil«, 1966; »Miramar«, 1967). Nobelpreis 1988.
Mah-Jongg [-ˈdʒɔŋ] *das,* urspr. chin. Spiel mit 144 dominoähnl. Steinen.
Mahler, Gustav, österr. Komponist, Dirigent, * 1860, † 1911; Brahms- und Brucknernachfolger, unter Ausweitung der musikal. Mittel; Sinfonien, Orchester-, Vokalmusik.
Mahler-Werfel, Alma, amerikan. Künstlerin österr. Herkunft, * 1879, † 1964; ⚭ mit G. Mahler, W. Gropius, F. Werfel; schrieb »Mein Leben« (1960).
Mähmaschine, fahrbare Landmaschine zum Schneiden von Gras, Getreide u. Ä. Das Schneidwerk wird von den Rädern, einem Einbaumotor oder der Zapfwelle des Motors der Zugmaschine angetrieben. **Mähdrescher,** Erntemaschine, die schneidet und drischt.

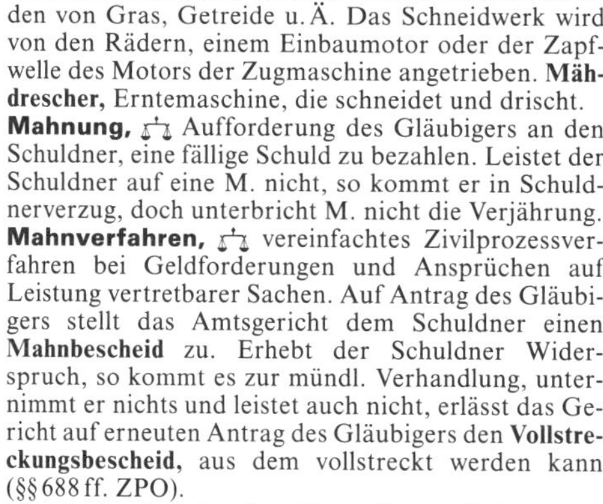

Mahnung, ⚖ Aufforderung des Gläubigers an den Schuldner, eine fällige Schuld zu bezahlen. Leistet der Schuldner auf eine M. nicht, so kommt er in Schuldnerverzug, doch unterbricht M. nicht die Verjährung.
Mahnverfahren, ⚖ vereinfachtes Zivilprozessverfahren bei Geldforderungen und Ansprüchen auf Leistung vertretbarer Sachen. Auf Antrag des Gläubigers stellt das Amtsgericht dem Schuldner einen **Mahnbescheid** zu. Erhebt der Schuldner Widerspruch, so kommt es zur mündl. Verhandlung, unternimmt er nichts und leistet auch nicht, erlässt das Gericht auf erneuten Antrag des Gläubigers den **Vollstreckungsbescheid,** aus dem vollstreckt werden kann (§§ 688 ff. ZPO).
Mahón [maˈɔn], katalan. **Mao,** Hptst., Kriegs- und Handelshafen der span. Insel Menorca, 23 000 Einwohner.
Mahonie *die,* nordamerikan. Zierstrauch, der Berberitze verwandt, mit immergrünen Dornblättern, gelben Blüten, blauen Beeren.
Mahr *der,* Alb, Nachtgespenst.
Mähren, tschech. **Morava,** Landschaft in der ČR. Ihren Kern bildet das Becken der March und Thaya, das durch die Böhm.-Mähr. Höhe von Böhmen, durch das Mähr. Gesenke von Schlesien, durch die Karpaten von der Slowakei getrennt wird. Nach N hat M. durch die Mähr. Pforte Verbindung zur Oder. Handelsmittelpunkt: Brünn. – Den german. Quaden folgten im 6. Jh. die slaw. Morawer. Nach 800 entstand das Großmähr. Reich; es erlag 906 den Ungarn. 1018 wurde M. mit Böhmen vereinigt, 1182 Markgrafschaft. Seit 1411 teilte M. die Geschichte Böhmens.
Mai, 5. Monat des Jahres (31 Tage). Der 1. M. ist mit Volksbräuchen verknüpft (Walpurgisnacht); seit 1890 ist er Arbeiterfeiertag.
Maidstone [ˈmeɪdstən], Stadt in SO-England, 72 300 Ew.; Hopfenhandel.
Maier-Leibnitz, Heinz, dt. Physiker, * 1911; 1974 bis 1979 Präs. der Dt. Forschungsgemeinschaft.
Maiglöckchen, staudiges Liliengewächs in lichten Gehölzen, mit duftreichen, weißen Blüten und roten Beeren, giftig.
Maikäfer, Blatthornkäfer, dessen Larve (Engerling) 3 bis 5 Jahre im Boden lebt (Wurzelschädling); der Käfer schadet durch Blattfraß.
Maikop, Hptst. der Adygeischen Rep. innerhalb Russlands, im N-Kaukasus, 149 000 Ew.; Erdölgebiet. Zahlreiche vorgeschichtl. Hügelgräber.
Mailand, ital. **Milano,** zweitgrößte Stadt Italiens, in der Lombardei, 1,31 Mio. Ew.; Erzbischofssitz, Univ., Handelshochschule, Polytechnikum, Kunstsammlungen, Scala (Opernhaus). M. ist die wichtigste Industrie- und Handelsstadt (Messe) Italiens: Banken; Maschinen-, Textil-, Elektro-, Auto-, Lebensmittel-, chem. Ind. Bedeutende Bauten: Dom, Santa Maria delle Grazie mit dem »Abendmahl« von Leonardo da Vinci (Weltkulturerbe) u. a. – M. entstand im Altertum als kelt. Stadt, wurde 1162 als Haupt der lombard. Städte von Friedrich Barbarossa zerstört. Das Geschlecht der Visconti regierte 1277 bis 1450.
Mailbox [ˈmeɪlbɔks], 🖳 elektron. Postfach, über das Computerbenutzer Serviceleistungen beziehen können. Die Anbindung des PC an ein Netzwerk ist Vorbedingung. Eine M. ist benutzerspezifisch adressierbar und durch Kennwort gesichert.
Mailer [ˈmeɪlə], Norman, amerikan. Schriftsteller, * 1923; »Die Nackten und die Toten« (1948), »Gnadenlos« (1979), »Feinde« (1992) u. a.
Maillol [maˈjɔl], Aristide, frz. Bildhauer, * 1861, † 1944; Stein- und Bronzeplastiken (v. a. weibl. Akte) in klass. Geschlossenheit; auch Radier- und Holzschnittillustrationen (Vergil).
Maimon, Salomon, jüd. Philosoph, * um 1753, † 1800; Kritiker der kant. Philosophie.
Maimonides, Moses, jüd. Religionsphilosoph, * 1135, † 1204; maßgebl. jüd. Gesetzeslehrer.
Main *der,* größter rechter Nebenfluss des Rheins, 524 km lang, entsteht bei Kulmbach aus dem **Weißen M.** (vom Fichtelgebirge) und dem **Roten M.** (vom O-Rand der Fränk. Alb), mündet bei Mainz; ab Bamberg schiffbar. Nebenflüsse: rechts Fränkische Saale, Kinzig, Nidda, links Regnitz, Tauber. Als Schifffahrtsverbindung zur Donau dient der **Rhein-Main-Donau-Großschifffahrtsweg** (Eröffnung 1992).
Mainardi, Enrico, ital. Cellist und Komponist, * 1897, † 1976.
Mainau, Insel im Bodensee, subtrop. Pflanzenwelt; im Besitz des schwed. Königshauses.
Maine [meɪn], Abk. **Me.,** Küstenstaat im NO der USA, 86 156 km², 1,2 Mio. Ew.; Hptst.: Augusta, größte Stadt: Portland. Ackerbau (Kartoffeln), Viehwirtschaft; Forstwirtschaft (rd. 80 % der Fläche bewaldet), Fischerei; Holz- und Papierindustrie; Fremdenverkehr.
Mainland [ˈmeɪnlənd], **1)** größte der Shetlandinseln. – **2) M.,** auch **Pomona,** Hauptinsel der Orkneyinseln.
Maintenon [mɛ̃tˈnɔ̃], Françoise d'Aubigné Marquise de, * 1635, † 1719; seit 1684 heiml. Gemahlin Ludwigs XIV.
Mainz, Hptst. von Rheinl.-Pf., 175 400 Ew.; gegenüber der Mündung des Mains in den Rhein; Umschlaghafen; Bischofssitz; roman. Dom (11. bis 13. Jh.); Univ., Fachhochschulen, Gutenberg- u. a. Museen; Verw.-Sitz des ZDF. Waggon-, Maschinen-, Glas- u. a. Ind. Wein- und Sektkellereien. – Die Stadt, auf dem Boden des röm. Kastells Mogontiacum, wurde 747 Sitz eines Erzbistums, das größte kirchl. und polit. Bedeutung erlangte. Die Erzbischöfe waren Kanzler und später Kurfürsten des Dt. Reichs. Das Erzbistum, zu dem auch Aschaffenburg, Erfurt und das Eichsfeld gehörten, wurde 1803 aufgelöst, 1827 als Bistum erneuert.

Mais *der,* **Welschkorn, Kụkuruz,** bis 2,50 m hohes einjähriges Getreidegras aus dem peruan. Hochland. Die männl. Blüten sitzen in Rispen, die weibl. weiter unten in blattumhüllten, dickachsigen Kolben, deren Spindeln mit Längsreihen von Fruchtknoten (Körnern) besetzt sind. Das Mehl wird mit Weizen- oder Roggenmehl zu Brot verbacken, in Italien und Rumänien als Brei genossen **(Polenta, Mamaliga),** in Mexiko als Fladen gebacken **(Tortilla).** Ferner liefert es M.-Stärke und Futtermittel.

Maische *die,* **1)** Wein: durch Traubenmühlen zerdrückte Traubenmasse. – **2)** Bier: das mit Wasser angesetzte zerkleinerte Darrmalz. – **3)** Branntweinherstellung: aufgeschlossener Rohstoff mit gequetschtem Grünmalz und Wasser.

Maisonette [mɛzɔˈnɛt] *die,* Wohnung mit 2 Etagen innerhalb eines größeren Hauses.

Maistre [mɛstr], Joseph Marie Comte de, frz. Staatstheoretiker, * 1753, † 1821.

Maizière [mɛˈzjɛ:r], **1)** Lothar de, dt. Politiker (CDU), * 1940; seit 1956 Mitglied der CDU in der DDR, seit Nov. 1989 deren Vors., war stellvertretender Min.-Präs. im Kabinett Modrow, April bis Okt. 1990 Min.-Präs. der DDR; 1990/91 stellvertretender Vors. der gesamtdt. CDU, 1990 Bundesmin. ohne Geschäftsbereich. – **2)** Ulrich de, dt. General, * 1912; Onkel von 1); 1962 bis 1964 Kommandeur der Führungsakademie der Bundeswehr in Hamburg, 1966 bis 1972 Generalinspekteur der Bundeswehr.

Mạja, ind. Religion: die als leidvoll erlebte Erscheinungswelt, aufgefasst als trüger. Verhüllung (»Schleier der M.«) des eigentl. Wirklichen.

Majakọwskij, Wladimir, russ. Dichter, * 1893, † (Freitod) 1930; Futurist, verherrlichte die bolschewist. Revolution.

Majdạnek, Stadtteil von Lublin, Polen; 1943/44 natsoz. Vernichtungslager (ermordet wurden zw. 250 000 und 360 000 Menschen, zumeist Juden); heute Gedenkstätte.

Majestät *die,* Titel und Anrede der Kaiser und Könige und ihrer Gemahlinnen.

Majestätsbrief, Bestätigung von Sonderrechten. Der M. von Rudolf II. 1609 gewährte den prot. böhm. Ständen freie Religionsausübung.

Majọlika [nach der Insel Mallorca] *die,* bemalte und glasierte Tonwaren.

Majonäse [majɔˈnɛ:zə] *die,* aus Eigelb und Öl aufgeschlagene dicke Soße.

Majọr *der,* unterster Dienstgrad der Stabsoffiziere (Heer und Luftwaffe).

Major [ˈmeɪdʒə], John, brit. Politiker, * 1943; von 1990 bis 1997 Führer der Konservativen Partei und Premierminister.

Majorạn, Meiran *der,* Küchengewürz, Lippenblütler der Gattung Dost mit weißen bis hellroten Blütchen.

Majorạt *das,* **Ältestenrecht, 1)** Erbfolgeordnung, die dem ältesten Sohn **(M.-Herrn)** das Vorzugsrecht auf das Erbgut gewährt. – **2)** das dieser Erbfolgeordnung unterworfene Erbgut, **M.-Gut.**

Majordomus *der,* → Hausmeier.

Majorität *die,* Mehrheit.

Majụskel *die,* Großbuchstabe, z. B. in Namen; Ggs.: Minuskel.

Makadạmdecke, Straßenfahrbahndecke aus Splitt, gebunden durch eingeschlämmten Sand und bituminöse Bindemittel.

Makạken, *Sg.* **Makạk** *der,* mit den Meerkatzen verwandte Affen, aus SO-Asien; bes. der gelbrote **Rhesusaffe.**

Makalu [ˈmækəlu:], Berg im Himalaya, an der Grenze zw. Nepal und Indien, 8 463 m.

Makarios III., orth. Theologe und Politiker auf Zypern, * 1913, † 1977; seit 1950 Erzbischof, ab 1960 Staatspräs. Zyperns.

Mạkart, Hans, österr. Maler, * 1840, † 1884; Historienbilder; sein Dekorationsstil beeinflusste Mode und Wohnkultur.

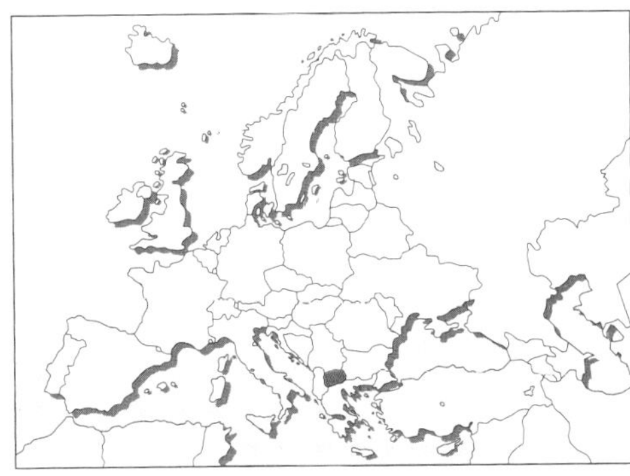

Makedọni|en, Mazedoni|en, Rep. in SO-Europa, 25 713 km², 2,11 Mio. Ew.; Hptst.: Skopje. Reich an Bodenschätzen (NE-Metalle, Eisen); daneben Landwirtschaft. – Die jugoslaw. Teilrep. M. erklärte sich im Nov. 1991 für unabhängig. Die griech. Vorbehalte gegen die Staatsbezeichnung M. und das Flaggenemblem verzögerten die internat. Anerkennung (Konflikt erst 1995 beigelegt). In die UNO wurde M. als »Ehem. Jugoslaw. Republik M.« aufgenommen. Staatspräs.: K. Gligorow (seit 1991).

Makedonien

Staatswappen

Staatsflagge

Internationales Kfz-Kennzeichen

Makedọni|en, Mazedoni|en, histor. Landschaft in SO-Europa, an der N-Küste des Ägäischen Meeres; gebirgig mit fruchtbaren Becken (Tabakanbau). Hauptflüsse: Wardar, Struma. – Das antike Kgr. M. war Ausgangspunkt des Alexanderreichs; 148/147 v. Chr. wurde M. röm. Prov., seit dem 15. Jh. war M. türkisch. Heute gehört es zum Staat M., zu Griechenland, ein kleiner Teil zu Bulgarien.

Makẹjewka, ukrain. Stadt, 422 000 Ew.; im Donezbecken; Hütten- u. a. Industrie.

Make-up [meɪkˈap] *das,* kosmet. Verschönerung bes. des Gesichts; auch die Mittel selbst.

Mạkis, die → Lemuren. **Koboldmakis,** Familie der → Halbaffen.

Makkabäer, jüd. Priestergeschlecht, nach Judas Makkabäus († 161 v. Chr.) benannt; erlosch 37 v. Chr. Simon der Makkabäer (142 bis 135 v. Chr.) beseitigte die syr. Herrschaft.

Makler *der,* Unterhändler, der gegen Entgelt Geschäfte nachweist oder Abschlüsse vermittelt. Es gibt Zivil-, Handels- und Kurs-M. Sie erhalten einen Prozentsatz der Umsatzsumme als Vergütung **(Maklergebühr).**

Mạko *der,* rötlich gelbe ägypt. Baumwolle.

Makramee *das,* **Macramé,** alte kunsthandwerkl. Knüpftechnik; seit dem 13. Jh. aus arab. Ländern bekannt.

Makrele *die,* Stachelflosser, Raubfisch im nördl. Atlantik und im Mittelmeer, Speisefisch.

makro..., lang, groß.

Mạkrobefehl, aus Einzelbefehlen bestehende Befehlsfolge, die mit einem Befehl aufgerufen werden kann; verringert den Programmieraufwand, aber nicht den Speicherbedarf eines Programms.

Makrobiotik *die,* nach C. W. Hufeland die Kunst, das menschl. Leben zu verlängern, z. B. durch geeignete Ernährung und Lebensführung; heute eine v. a. auf Getreide und Gemüse basierende Ernährungsweise.

Makrokọsmos, Universum, Weltall; Ggs.: Mikrokosmos.

Makromoleküle, sehr große Moleküle überwiegend organ. Natur, mit Molekularmassen ab etwa 10 000.

John Major

Makro|ökonomik, Teil der Volkswirtschaftslehre: erklärt Zusammenwirken der volkswirtschaftl. Gesamtgrößen (Produktion, Nachfrage, Investition u. a.).

Makropoden *Pl.,* häufig im Aquarium gehaltene Labyrinthfische.

makroskopisch, mit bloßem Auge sichtbar; Ggs.: mikroskopisch.

Maksimow, Wladimir, russ. Schriftsteller, *1930, †1995; lebte seit 1974 in Paris; Romane (»Die sieben Tage der Schöpfung«, 1971; »Der weiße Admiral«, 1986, u.a.); 1974 bis 1992 Chefredakteur der Zeitschrift »Kontinent«.

Malawi

Staatswappen

Staatsflagge

Internationales Kfz-Kennzeichen

Makua, Bantuvolk in SO-Afrika, 6,85 Millionen Angehörige.

Makulatur *die,* fehlerhafter Druckbogen; Altpapier. Verb: **makulieren,** einstampfen.

MAK-Wert, Abk. für **m**aximale **A**rbeitsplatz**k**onzentration, max. Schadstoffbelastung der Luft am Arbeitsplatz; festgelegte Grenzkonzentrationen für etwa 500 Stoffe.

Mal *das,* **1)** sichtbares Zeichen einer Grenze, z. B. Grenzstein, Pfahl, Fähnchen auf dem Sportplatz. – **2)** Fleck, Abzeichen. – **3)** Zeitpunkt: dieses M. (aber: diesmal).

Malabarküste, schmaler Küstenstreifen in SW-Indien; fruchtbar (Pfefferanbau).

Malachias, Maleachi, Prophet des A. T., letzter der »kleinen Propheten«.

Malachit *der,* grünes Mineral, bas. Kupfercarbonat; u. a. zu Schmucksteinen, Vasen verarbeitet.

Maladetta *die,* höchster Teil der Pyrenäen, im Pico de Aneto 3404 m hoch. Über die N-Abdachung verläuft die frz.-span. Grenze.

Málaga, Hafen- und Handelsstadt Spaniens, am Mittelmeer, 566000 Ew.; Bischofssitz; maur. Burgruine; Ind. (Zucker, Baumwolle); Ausfuhr: Südfrüchte, Málagaweine. Fremdenverkehrszentrum; internat. ✈.

Malaien, 1) früher Bez. für alle Indonesier. – **2)** indones. Volk auf der Malaiischen Halbinsel und im westl. Indonesien; Muslime. Die M. sind Reisbauern, Fischer, Viehzüchter, Handwerker, Seefahrer, Händler.

Malaiische Halbinsel, Malakka, der südlichste Teil Hinterindiens; gebirgig (bis 2190 m hoch); durch die Malakkastraße von Sumatra getrennt. Der NW gehört zu Birma, der NO und die Mitte zu Thailand, der S zu Malaysia und zu Singapur. Haupthäfen: Singapur, Georgetown.

Malaiischer Archipel, Australasien, Insulinde, zw. SO-Asien und Australien liegende Inselwelt, mit den Großen und Kleinen Sundainseln, den Philippinen, Molukken und kleineren Inselgruppen; der Rest einer Asien und Australien verbindenden Landbrücke.

Malaysia

Staatswappen

Staatsflagge

Internationales Kfz-Kennzeichen

Malaiischer Bund, 1948 gegr. Zusammenschluss der 9 malaiischen Sultanate sowie der brit. Niederlassungen Penang und Malakka, 1957 bis 1963 unabhängiges Mitglied des Commonwealth, gehört seither zu →Malaysia.

Malamud ['mæləməd], Bernard, amerikan. Schriftsteller, *1914, †1986; einer der Hauptvertreter des jüd. Romans in den USA, sozialkritisch.

Malang, Stadt auf Java, Indonesien, 547000 Ew.; Univ.; Zigarren-, Tonwarenherstellung.

Malaparte, Curzio, eigentl. Kurt **Suckert,** ital. Schriftsteller, *1898, †1957; Romane über die Kriegs- und Nachkriegszeit (»Die Haut«, 1949).

Malaria *die,* **Sumpffieber,** eine fieberhafte übertragbare Krankheit, hervorgerufen durch einzellige Sporentierchen, die beim Stich der M.-Mücke in die Blutbahn des Menschen gelangen, sich vermehren, in die roten Blutkörperchen eindringen und sich dort wieder vermehren. Mehrere Arten von Erregern mit versch. Entwicklungsdauer: 48 Stunden (Fieberanfall jeden 3. Tag, **M. tertiana**), 72 Stunden (Anfall jeden 4. Tag, **M. quartana**), 24 bis 48 Stunden (fast tägl. Anfall, **M. tropica**). Behandlung: spezif. Antimalariamittel; nur noch in Sonderfällen Chinin. Vorbeugung: Mückenbekämpfung.

Malariamücken, Fiebermücken, Gabelmücken, Anopheles, Stechmückengattung, von denen einige Arten die Malaria übertragen; nur die Weibchen saugen Blut.

Mälarsee, inselreicher See in Schweden, im W von Stockholm, 1140 km² groß; an ihm liegt Schloss →Gripsholm.

Malaspinagletscher, Gletscher an der SW-Küste Alaskas, 2220 km².

Malatya [-tja], türk. Prov.-Hptst., 276500 Ew.; Univ.; Landwirtschaft. Bei M. Siedlungsreste aus hethit. und assyr. sowie aus griech. und röm. Zeit.

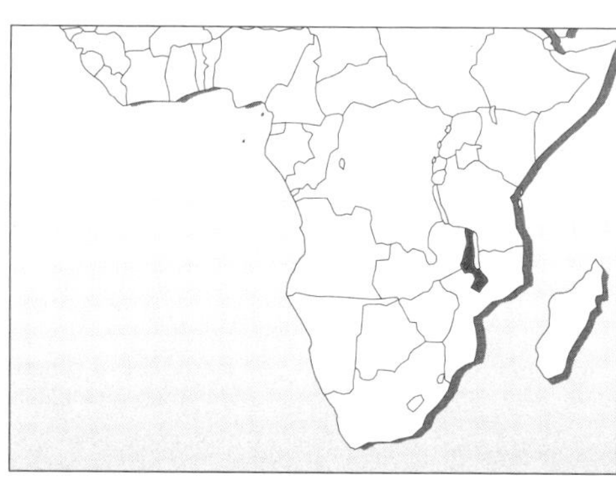

Malawi, Rep. in SO-Afrika, am W-Ufer des Malawisees, 118484 km², 8,56 Mio. Ew.; Hptst.: Lilongwe, größte Stadt: Blantyre; Amtssprache: Englisch. Präsidialverfassung. – Übergang von Tiefland (Zentralafrikan. Graben) über Hochflächen zu Gebirgen (im S bis 3000 m). – Bev.: meist Bantu; Religion: Naturreligionen, 26% Christen, rd. 6% Muslime. Anbau: Mais, Maniok, Hülsenfrüchte. Ausfuhr: Tee, Tabak, Baumwolle, Erdnüsse. Haupthandelspartner: Großbritannien, Rep. Südafrika. Internat. ✈: Blantyre, Lilongwe. – 1889 brit. Protektorat Njassaland, 1964 unabhängig, 1966 Rep. Präs.: Bakili Muluzi (seit 1994).

Malawisee, früher **Njassasee,** See in SO-Afrika, 30800 km², 706 m tief. Der M.-Nationalpark wurde zum Weltnaturerbe erklärt.

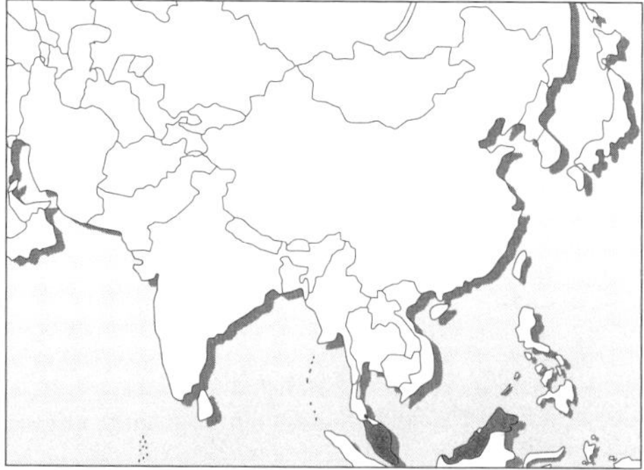

Malaysia, Bundesstaat in SO-Asien, 329757 km², 18,8 Mio. Ew. Hptst.: Kuala Lumpur. Amtssprache: Bahasa Malaysia, Handelssprache: Englisch. Staatsoberhaupt ist einer der islam. Herrscher, der vom Rat der Herrscher gewählt wird. Das Parlament besteht aus Senat und Repräsentantenhaus. Das Land ist in 13 Gliedstaaten gegliedert.

Landesnatur. M. umfasst den S-Teil der Malaiischen Halbinsel (West-M., Malaya) und den N der Insel Borneo (Ost-M.). Zwei Drittel von M. sind gebirgig (bis 4101 m).
Bevölkerung. 61 % Malaien, rd. 31 % Chinesen, 8 % Inder. Staatsreligion: Islam.
Wirtschaft. Kautschuk, Palmöl, Palmkerne, Reis, Pfeffer, Tee, Kopra, Ananas, Kaffee, Zuckerrohr, Kakao; an den Küsten Fischerei. ⚒: M. ist einer der größten Zinnproduzenten der Welt, ferner Eisenerz, Bauxit, Erdöl, Kupfer, Gold. Ind.: Aufbereitung von Kautschuk, Metall-, chem. Ind.; Erdölverarbeitung. Ausfuhr: Kautschuk, Zinn, Holz, Erdöl u. a. – Haupthandelspartner: Japan, USA, Singapur. Wichtigste Häfen: Port Klang, Penang, Sandakan, Port Dickson.
Geschichte. Am 16. 9. 1963 schlossen sich der Malaiische Bund, Sarawak, Singapur (1965 ausgetreten) und Sabah zur Föderation M. zusammen. Min.-Präs.: D. S. Mahathir bin Mohamad (seit 1981).

Malchen, Melibocus *der,* Berg im Odenwald, Hessen, an der Bergstraße, 517 m hoch.

Malcolm X ['mælkəm 'eks], eigentl. M. **Little,** afroamerikan. Bürgerrechtler, * 1925, † (ermordet) 1965.

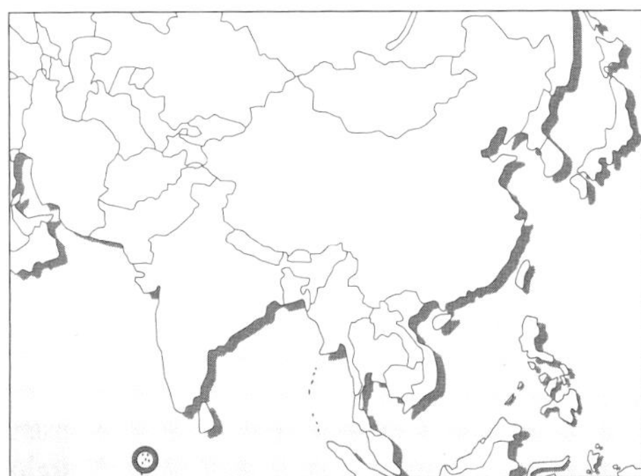

Malediven, Rep. im Ind. Ozean, auf den Malediven, 298 km², 227 000 Ew. (Muslime); Hptst.: Male; Amtssprache: Divehi. – Kokospflanzungen; bedeutender Fremdenverkehr. – 1887 brit. Protektorat, 1965 unabhängig; Staats- und Min.-Präs.: M. A. Gayoom (seit 1978).

Malente, Luftkurort in Schlesw.-Holst., in der Holstein. Schweiz; 9 800 Einwohner.

Malerei, Zweig der bildenden Kunst. Ihr Bereich ist die Fläche, ihr Mittel die Farbe; ihre Gestaltungen sind meist gegenständlich darstellender Art, im 20. Jh. auch ungegenständlich. – Nach Malgrund und Farbstoff unterscheidet man: Wand- (Fresko-), Tafel- (Tempera-, Öl-), Miniatur-M., Glas-M., Email-M., Aquarell-M., Gouache-M., Pastell-M. Nach dem Inhalt: Historien-M. (religiöse und weltl. Legende, Sage, Geschichte), Landschafts-, Porträt-, Architektur-, Stillleben-, Tier-, Genre-M. (Darstellungen aus dem Alltagsleben).

Malewitsch, Kasimir, russ. Maler, Kunsttheoretiker, * 1878, † 1935; Mitbegründer der modernen Malerei, gelangte in seinen Werken zur reinen Gegenstandslosigkeit (Suprematismus).

Malherbe [ma'lɛrb], François de, frz. Dichter, * 1555, † 1628; 1605 an den frz. Hof berufen, forderte Strenge in der Versbildung, klare allgemein verständl. Sprache, v. a. durch seine theoret. Werke Wegbereiter des sprachlich-literar. frz. Klassizismus.

Malheur, [ma'lœ:r], *das,* Unglück, peinl. Missgeschick.

Mali, Rep. in Afrika, 1,24 Mio. km², 9,82 Mio. Ew. (Mandingo, Tuareg, Fulbe; über 90 % Muslime); Hptst.: Bamako; Amtssprache: Französisch. – M.

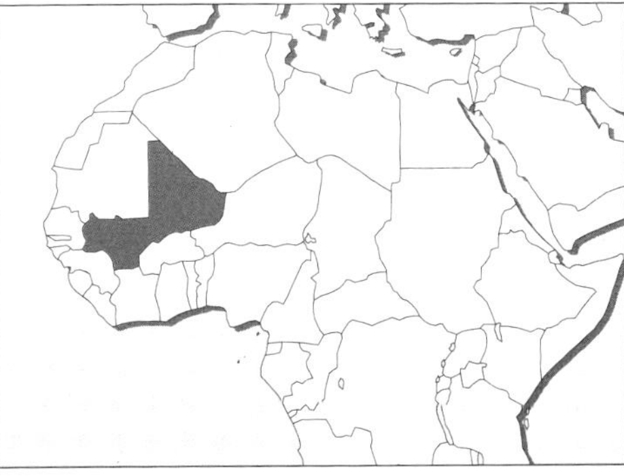

reicht vom Oberlauf des Senegal (Baumsavanne) über das Gebiet des oberen und mittleren Niger (Baum- und Kurzgrassavanne; Anbau von Hirse, Reis, Maniok, Erdnüssen, Baumwolle) bis weit in die Sahara (Datteln). Viehzucht; Fischerei. Ausfuhr: Baumwolle, Erdnüsse, Vieh, Häute, Fische. Eisenbahn: Koulikoro–Bamako–Dakar. Internat. ✈: Bamako. – Der Name M. stammt von dem islam. Reich M. im Gebiet des oberen Niger (größte Ausdehnung im 13. bis 15. Jh.). 1904 Bildung der frz. Kolonie Soudan (Frz.-Sudan, Teil von Frz.-Westafrika); sie wurde 1960 unabhängig. Staatspräs.: A. O. Konaré (seit 1992).

maligne, ⚕ bösartig.

Malinke, Mandingo, etwa 6 Mio. Menschen umfassendes, heute in Gruppen aufgespaltenes Volk W-Afrikas; gründete das alte Reich Mali.

Malipiero, Gian Francesco, ital. Komponist, * 1882, † 1973; vereinte Anregungen der ital. Musik des 17./18. Jh. mit modernen Stilelementen, schrieb Orchester-, Chormusik und Opern (u. a. »L'Orfeide«, 1919–25).

Mallarmé, Stéphane, frz. Dichter, * 1842, † 1898; einflussreicher Vertreter des frz. Symbolismus, v. a. Lyrik (»Der Nachmittag eines Fauns«, 1876, vertont von C. Debussy).

Malle [mal], Louis, frz. Filmregisseur, * 1932, † 1995; Vertreter der »Neuen Welle«: »Fahrstuhl zum Schafott« (1957), »Auf Wiedersehen, Kinder« (1987) u. a.

Mallorca [ma'ʎɔrka], größte Insel der span. Balearen; 3 684 km², 390 600 Ew., gebirgig; Hptst. und Haupthafen: Palma de Mallorca.

Malm *der,* oberste Abteilung des Jura (→Erdgeschichte, ÜBERSICHT).

Malmedy, amtl. frz. **Malmédy,** Stadt im östl. Belgien, 10 000 Ew.; im Hohen Venn; Mineralquellen. – 1815 an Preußen, 1920 mit Eupen an Belgien.

Malmö, Hafenstadt in S-Schweden, am Sund, 237 000 Ew., Rathaus (1546); Maschinen-, Schiffbau, Textil-, Zementind.; ✈.

Malojapass, schweizer. Alpenpass in Graubünden, zw. Bergell und Engadin (→Alpen; Alpenpässe, ÜBERSICHT).

Malpass ['mælpæs], Eric, brit. Schriftsteller, * 1910, † 1996; Geschichten aus der Perspektive des Kinds (»Morgens um sieben ist die Welt noch in Ordnung«, 1965, u. a.); Romantrilogie über Shakespeare (1973 bis 1983).

Malpighi [-gi], Marcello, ital. Arzt, * 1628, † 1694; gilt als Begründer der mikroskop. Anatomie.

Malraux [mal'ro], André, frz. Schriftsteller, Politiker, * 1901, † 1976; General im Span. Bürgerkrieg, trat 1939 aus der KP aus; Widerstandskämpfer; 1959 bis 1969 Min. für kulturelle Angelegenheiten. Romane, kunsttheoretische Schriften, »Anti-Memoiren« (1967).

Malstrom, norweg. **Malstrømmen** *der,* durch Ebbe und Flut verursachte wirbelartige Meeresströmung zw. den südl. Lofotinseln.

Mali

Staatswappen

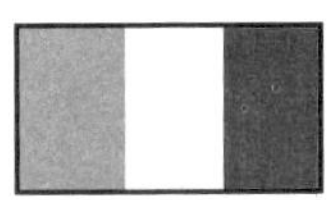

Staatsflagge

Internationales Kfz-Kennzeichen

Malediven

Staatswappen

Staatsflagge

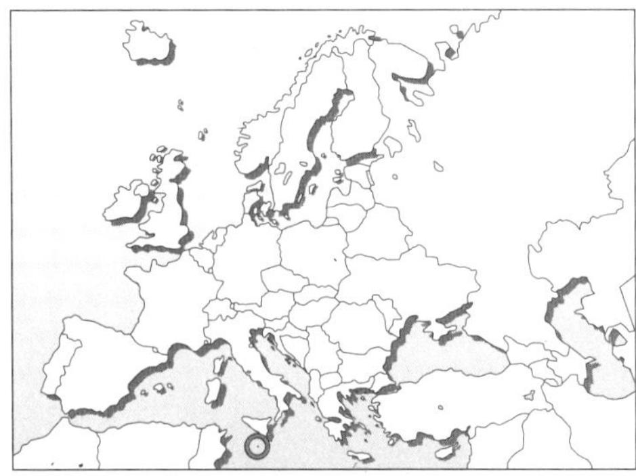

Malta

Staatswappen

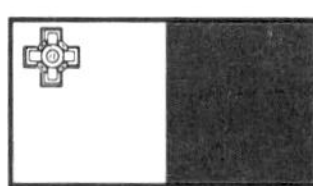
Staatsflagge

Internationales Kfz-Kennzeichen

Man Flagge

Manchester Stadtwappen

Malta, Staat und Insel im Mittelmeer, mit Nebeninseln 315,6 km², 361 000 Ew.; Hptst. und Hafen: Valletta; Amtssprachen: Englisch, Maltesisch. Parlamentar. Rep. im Commonwealth. – Stark befestigte Felseninsel. Landwirtschaft, Fremdenverkehr. Handelsschifffahrt. M. ist Einfuhrland. – M., urspr. phönik. und karthag. Besitz, wurde 218 v. Chr. römisch, fiel 870 an die Araber, gehörte 1090 bis 1530 zu Sizilien, dann dem Johanniterorden (Malteserorden); seit 1800 britisch (Flotten- und Luftstützpunkt), seit 1964 unabhängig. Staatspräs.: U. M. Bonnici (seit 1994).

Malter, altes dt. Getreidemaß.

Malteser, 1) Bewohner Maltas. Ihre Sprache, das Maltesische, ist eine arab. Mundart mit starkem ital. Wortschatz. – **2)** ♡ seidenhaariges Zwerghündchen.

Malteser-Hilfsdienst e. V., von den dt. Zweigstellen des Malteserordens und vom Dt. Caritasverband 1953 gegr. Organisation u. a. zur Unfallrettung.

Malteserkreuz, 1) achtspitziges Kreuz. – **2)** ⚙ Schaltwerk, das eine stetig umlaufende Bewegung in eine ruckweise fortschreitende umwandelt, z. B. beim Kinoprojektor.

Malteser|orden → Johanniterorden.

Malthus [ˈmælθəs], Thomas Robert, brit. Sozialforscher, * 1766, † 1834; vertrat die Ansicht, dass sich die Bev. schneller als die Nahrungsmittelmenge vermehre **(Malthusianismus),** empfahl Beschränkung des Bevölkerungswachstums.

Maltose *die,* Malzzucker.

Malus *der,* in der Kraftfahrzeugversicherung Prämienzuschlag bei öfterem Eintreten von Schadensfällen; Ggs.: Bonus.

Malvasier *der,* urspr. weiße Rebensorte auf Kreta und Inseln der Ägäis.

Malve *die,* **1)** artenreiche Pflanzengattung, Kräuter mit gelappten Blättern, röhrenförmig verwachsenen Staubblättern und linsenförmigen Früchten; an Wegen, Zäunen: **Wilde M., Weg-M., Sigmarswurz.** – **2)** weitere Pflanzenarten: **Stock-M.** (Stockrose), **Schön-M.** u. a.

Malz *das,* angekeimtes Getreide (Gerste, Roggen, Weizen) zur Bereitung von Bier und Spiritus. Durch den Keimvorgang bildet sich ein Enzym, die Diastase, das die Stärkekörner im Getreide in Maltose umwandelt (verzuckert) und dadurch vergärbar macht. Zur Bierherstellung wird die gekeimte Gerste noch gedarrt (getrocknet) und geröstet. **M.-Bier,** alkoholarmes, malzreiches Bier. **M.-Kaffee,** Kaffee-Ersatz aus geröstetem Gersten-M. **M.-Zucker,** die Maltose.

Mambo, Gesellschaftstanz kuban. Stils.

Mamelucken, urspr. Militärsklaven, die 1260 bis 1517 in Ägypten herrschten. Auch nach der Eroberung Ägyptens durch die Türken spielten die M. bis ins 19. Jh. in Politik und Verw. des Landes eine wichtige Rolle.

Mamertus, Bischof von Vienne, † um 477, Heiliger (Tag: 11. 5.; → Eisheilige).

Mamma *die,* die weibl. Brust.

Mammographie *die,* röntgenolog. Untersuchungsverfahren der weibl. Brust, z. B. zur Diagnose von Brustkrebs.

Mammon *der,* Götze der Gewinnsucht; verächtlich: Reichtum, Geld.

Mammut *das,* ausgestorbene Elefantenart mit rotbraunem langhaarigem Pelz und mächtigen, gebogenen Stoßzähnen, bis 4 m hoch, lebte in der Eiszeit im nördl. Asien und Europa. Im gefrorenen Boden Sibiriens fand man gut erhaltene Exemplare.

Mammutbaum, kalifornische Nadelbäume: **Riesen-M.,** bis 100 m hoch, **Küsten-M.,** Nutzholz.

Mammuthöhle, fünfstöckiges riesiges Höhlensystem in Kentucky, USA, die bislang erforschten Gänge haben eine Gesamtlänge von 362 km. 1941 wurde der **Mammoth Cave National Park** eingerichtet.

Man [mæn], brit. Insel in der Irischen See, 572 km², 64 300 Ew.; Hptst.: Douglas; eigene Verfassung, Volksvertretung. Getreide-, Gemüsebau, Viehzucht, Fischfang, Fremdenverkehr. Die kelt. Sprache **Manx** gilt als ausgestorben.

Mänaden *Pl.,* ekstat. Frauen im Gefolge des Dionysos.

MAN AG, Konzern des Maschinen-, Anlagen- und Nutzfahrzeugbaus sowie des Handels; Verw.-Sitz München.

Manager [ˈmænɪdʒə] *der,* Leiter, Geschäftsführer, Veranstalter, Vermittler. **Management,** Form moderner Unternehmensführung, beruht auf Trennung von Eigentum und Geschäftsführung; eine kleine Zahl leitender Angestellter, nicht die Eigentümer, führen die Großunternehmen.

Managerkrankheit, ⚕ durch Stress ausgelöste krankhafte Reaktionen v. a. des Herz-Kreislauf-Systems sowie des Magen-Darm-Kanals bei meist vorgeschädigtem Organismus; häufiger v. a. bei Männern ab dem 40. Lebensjahr.

Managua, Hptst. von Nicaragua, 974 000 Ew.; 1931 und 1972 durch Erdbeben z. T. zerstört.

Manasse, 1) Sohn Josephs, Ahnherr des israelit. Stamms M. – **2)** auch **Menasse,** König von Juda, 696 bis 642 v. Chr.

Manaus, Hptst. des brasilian. Staats Amazonas, 1,02 Mio. Ew.; ⚒, Industrie.

Mancha, La M. [ˈmantʃa], Steppenlandschaft in Neukastilien, Kornkammer Spaniens.

Manchester [ˈmæntʃɪstə] *der,* starker, gerippter, samtartiger Baumwollstoff.

Manchester [ˈmæntʃɪstə], Stadt in NW-England, 446 000 Ew.; Univ.; Kathedrale; Mittelpunkt der engl. Baumwollind. und des -handels; Maschinen-, elektrotechn., elektron., chem. u. a. Ind.; Binnenhafen am **M.-Schiffskanal** (58 km).

Manchestertum [nach der Stadt Manchester], Richtung des wirtschaftl. Liberalismus, für schrankenlosen Freihandel, gegen wirtschafts- und sozialpolit. Eingriffe des Staats.

Mandäer, gnost. Täufersekte in Irak.

Mandala *das,* myst. Diagramm des ind. Kulturkreises; dient als Meditationsbild.

Mandalay [mændəˈleɪ], Stadt in Birma, 553 000 Ew.; buddhist. Wallfahrtsort.

Mandarin *der,* im alten China Staatsbeamter.

Mandarine *die,* Rautengewächs aus S-China, Strauch oder Baum mit kleinen, apfelsinenähnl. Früchten; kernlose oder kernarme Sorten: Clementine, Satsuma, Tangerine. (→ Zitrusfrüchte)

Mandat *das,* ⚖ Auftrag, den der **Mandant** (Auftraggeber) dem **Mandatar** (Beauftragten) erteilt. **1)** bürgerl. Recht: Vertrag zur unentgeltl. Geschäftsbesorgung. – **2)** Verfassungsrecht: Stellung eines Abgeordneten; er ist in den modernen demokrat. Verfassungen nicht an einen Auftrag gebunden (freies M.). – **3)** Völkerrecht: der vom Völkerbund einigen Siegermächten des Ersten Weltkriegs erteilte Auftrag, in seinem Namen frühere dt. Schutzgebiete und frühere türk. Gebietsteile zu verwalten; auch diese Gebiete selbst **(M.-Gebiete)**. Die M. über die türk. Gebietsteile sind erloschen; es entstanden selbstständige Staaten. Nach dem Zweiten Weltkrieg wurden die früheren dt. Schutzgebiete und das frühere Ital.-Somaliland zu **Treuhandgebieten** der UNO.

Mandel *die,* **1)** → Mandelbaum. – **2)** ⚕ **Mandeln** (Tonsillen), lymphknotenähnl. Organe im Rachen. Die beiden **Gaumen-M.** und die **Rachen-M.** gehören zu dem lymphat. Rachenring. – **3)** altes Zählmaß; 1 M. = 15 Stück.

Mandela, Nelson, südafrikan. Politiker, * 1918; Rechtsanwalt, Bürgerrechtler, seit 1949 Mitglied des Exekutivausschusses des African National Congress (ANC), 1964 bis 1990 inhaftiert, Symbolfigur der schwarzafrikan. Antiapartheidsbewegung in der Rep. Südafrika, 1990 Vizepräs., seit 1991 Präs. des ANC, seit Mai 1994 Staatspräs. von Südafrika. 1993 Friedensnobelpreis (mit F. W. de Klerk).

Mandelbaum, dem Pfirsichbaum verwandtes Rosengewächs, mit dünnfleischiger Frucht, die in einer Steinschale den Kern **(Mandel)** enthält. Rosablütige Ziersträucher sind **Zwerg-M.** und der **dreilappige Mandelbaum.**

Mandelentzündung, Tonsillitis, ⚕ Entzündung bes. der Gaumenmandeln **(Halsentzündung, Angina),** mit Fieber, Halsschmerzen und, bei **eitriger M.,** gelblich weißen Flecken auf den Mandeln; es kann sich ein **Mandelabszess** bilden.

Mandelstam, Ossip Emiljewitsch, russ. Lyriker, * 1891, † (in stalinist. Verbannung) 1938; herausragender Lyriker des 20. Jahrhunderts.

Mandingo → Malinke.

Mandoline *die,* lautenartiges Musikinstrument mit 4 Drahtsaitenpaaren.

Mandrill *der,* Art der Hundsaffen in den Regenwäldern W-Afrikas, mit großem Kopf, blauen Wangenwülsten, Stummelschwanz, rotblauen Gesäßschwielen; Gewicht bis über 50 kg.

Mandala mit verschiedenen Schutzgottheiten des tibetischen Lamaismus

Mandschu, Volk tungus. Abstammung in O-Asien; die M. eroberten 1644 bis 1660 China und wurden hier Gründer des bis zum Ende des Kaiserreichs 1912 herrschenden Kaisergeschlechts (M.-Dynastie). Sie gingen im Chinesentum auf.

Édouard Manet. Nana (1877)

Mandschurei *die,* Landschaft im NO Chinas, zw. dem Amur im N, im W bis zum Großen Chingan und im O bis zum Ussuri und Yalu. Kernlandschaft ist die von Hochgebirgen umrahmte mandschur. Ebene, vom Sungari nach NO und dem Liao He nach SW durchflossen. Landwirtschaft; ⚒ (Kohle, Eisen, Zink, Bauxit); wichtige Stahl- u. a. Ind. – Die tungus. Mandschu einigten das Gebiet im 16. und 17. Jh. und eroberten 1644 bis 1660 China. 1900 wurde die M. von den Russen besetzt, 1905 in ein russ. und ein jap. Einflussgebiet aufgeteilt, 1917 faktisch selbstständig. 1931 errichtete Japan den Staat »Mandschukuo«. Seit 1946 Basis für die kommunist. Eroberung Chinas; seit 1949 Bestandteil der VR China.

Nelson Mandela

Manege [manˈeːʒə] *die,* Reitbahn in einer Halle, bes. im Zirkus.

Manen *Pl.,* bei den alten Römern: die Seelen der Verstorbenen.

Manessische Handschrift, Große Heidelberger Liederhandschrift, Sammelhandschrift mhdt. Minnedichtung, benannt nach dem Sammler Rüdiger Manesse († 1304) und dessen Sohn; entstanden in Zürich zw. etwa 1300 und 1340; mit 137 ganzseitigen Bildern. Seit 1888 in der Heidelberger Universitätsbibliothek.

Manet [maˈnɛ], Édouard, frz. Maler, * 1832, † 1883; Wegbereiter des Impressionismus.

Manfred, Sohn Kaiser Friedrichs II., * 1232; 1258 König von Sizilien, fiel 1266 gegen Karl von Anjou.

Mangalore [ˈmæŋgəlɔː], Hafenstadt in SW-Indien; 195 000 Einwohner.

Mangan *das,* Symbol **Mn,** chem. Element, eisenähnl. Schwermetall; OZ 25, relative Atommasse 54,9380, D 7,20 bis 7,43 g/cm³, Fp 1 244 ± 3 °C, Sp 1 962 °C; in der Natur in Form seiner Oxide weit verbreitet, bes. als Braunstein, MnO_2; wird zu Legierungen und bei der Stahlherstellung verwendet. M.-Stähle sind hart und verschleißfest.

Mängelhaftung, Gewährleistung, ⚖ Verpflichtung eines Vertragsteils, dem anderen für Fehler der geschuldeten Leistung (Sach- und Rechtsmängel) einzustehen. M. wird durch **Mängelrüge** geltend gemacht.

Mangelkrankheiten ⚕, → Vitamine.

Mangelsdorff, Albert, dt. Jazzposaunist, * 1928.

Mangfall *die,* linker Nebenfluss des Inns bei Rosenheim, Bayern, kommt aus dem Tegernsee, rd. 60 km lang.
Mangobaum, Gattung immergrüner Bäume aus Ostindien, mit gelben Steinfrüchten.
Mangold *der,* Art der Runkelrübe.
Mangrovengewächse, Gehölze, die im Gezeitenbereich trop. Küsten wachsen; haben Stütz- und Atemwurzeln. Aus den Früchten sprossen auf dem Baum Keimlinge, die vor dem Abfallen eine massive, lange Keimwurzel entwickeln.
Mangusten → Schleichkatzen.
Manhattan [mænˈhætn], Stadtteil New Yorks, auf der gleichnamigen Strominsel; Sitz der UNO.
Manichäer, Anhänger der von Mani aus Babylonien (gekreuzigt 276 n. Chr.) um 242 gestifteten Religion, des **Manichäismus.** Seine aus altpers. und christl. Vorstellungen gebildete Lehre stellte ein Reich des Lichts und ein Reich der Finsternis einander gegenüber; erlebte ihren Höhepunkt im 4. Jh., im 8. Jh. Staatsreligion im Uigurenreich, in China Fortbestand bis ins 14. Jahrhundert.
Manie *die,* **1)** Besessenheit, Sucht, Leidenschaft. – **2)** Phase der manisch-depressiven Erkrankung.
Manierismus *der,* Epochenbegriff für die Spätrenaissance (1520 bis 1600). Stilmerkmale: Auflösung des Statischen zugunsten von Bewegungsabläufen; Neigung zu zentrifugal angelegten Kompositionen anstelle des von der Hochrenaissance bevorzugten Zentrierten; Verformung der Figur zugunsten von Ausdruckssteigerung. Der M. führte zu kühlem Formalismus (G. Parmigianino, A. Bronzino, B. Cellini, B. Ammanati), auch zu gesteigertem seelisch-religiösem Ausdruck (Tintoretto, El Greco).

Manila Stadtwappen

Manifest *das,* öffentl. Erklärung, Programm.
Maniküre *die,* Hand- und Nagelpflege.
Manila, Hptst. der Philippinen, im W der Insel Luzon, 2 Mio. Ew. (Agglomeration 7,2 Mio.); teils altspan. (Kathedralen, Klöster), teils neuzeitlich amerikan. Gepräge; mehrere Univ., Lebensmittel-, Eisen-, Stahl-, Maschinen-, Textilindustrie.
Manilafaser, Bastfasern der Faserbanane.
Maniok *der,* **Manihot, Kassave,** trop. amerikan. Wolfsmilchgewächs; auch in allen Tropen angebaut; Wurzelknollen dienen nach dem Auskochen des Blausäuregifts als Nahrungsmittel (M.-, Mandioka-, Kassavemehl); das verfeinerte Mehl heißt **Tapioka.**
Manipel *der,* Unterabteilung der röm. Legion.

Golo Mann

Manipulation *die,* urspr. svw. geschickte Handhabung; heute im Allg. bewusste, aber verdeckte Beeinflussung (eines Menschen, der öffentl. Meinung).
Manipulator *der,* Fernbedienungswerkzeug für Strahlenschutzzellen, bedient von Hand oder durch elektr. Schaltwerk. **Mikro-M.** übertragen Bewegungen auf kleinste mikroskop. Dimensionen; Anwendung in der Mikroskopie, Skalenherstellung, Mikroelektronik.
Manisa [ˈmanisa, maˈnisa], türk. Prov.-Hptst., 158 000 Ew.; Marktort mit Ind. im Hauptgebiet der türk. Rosinenerzeugung (Sultaninen).
manisch-depressive Erkrankung, Psychose, bei der man. Zustände (gesteigertes Selbstgefühl, Rede- und Bewegungsdrang) mit depressiven (Schwermut, Entschlussunfähigkeit) abwechseln; dazwischen liegen Zeiten seel. Gesundheit.

Heinrich Mann

Manitoba [mænɪˈtəʊbə], Prov. in Mittelkanada, 650 086 km², 1,07 Mio. Ew.; Hptst.: Winnipeg. Getreideanbau (Weizen), Forstwirtschaft, Fischerei; ⚒ auf Nickel, Kupfer, Gold, Zink, Silber, Erdöl; Industrie.
Manitu, bei den Algonkin-Indianern Nordamerikas der Name einer allen Dingen und Naturerscheinungen innewohnenden Kraft.
Manizales [maniˈsalɛs], Prov.-Hptst. in Kolumbien, 328 000 Ew.; Kaffeehandel.

Thomas Mann. Zeitgenössisches Gemälde und Autogramm

Manko *das,* Mangel, Fehlbetrag.
Mann, der erwachsene männl. Mensch.
Mann, 1) Golo (Gottfried Angelo), Sohn von 4), dt. Historiker, * 1909, † 1994; »Dt. Geschichte des 19. und 20. Jh.« (1958), »Wallenstein« (1971). – **2)** Heinrich, dt. Schriftsteller, Bruder von 4), * 1871, † 1950; emigrierte 1933, schrieb 3 Renaissanceromane (»Die Göttinnen«, 1902/03), griff die wilhelmin. Gesellschaft mit ätzender Schärfe an (»Professor Unrat«, 1905; Trilogie »Das Kaiserreich«, 1918 bis 1925, mit »Der Untertan« als Teil 1); Essaysammlungen. – **3)** Klaus, dt. Schriftsteller, Sohn von 4), * 1906, † (Freitod) 1949; emigrierte 1933; »Mephisto« (1936), »Der Wendepunkt« (zuerst englisch 1942) u. a. – **4)** Thomas, dt. Schriftsteller, Bruder von 2), * 1875, † 1955; seit 1934 in der Schweiz, 1939 bis 1952 in den USA. Bürgerl. Niedergang und Künstlerdasein, der Mensch in seiner Gebrochenheit zw. Leben und Geist werden in seinen Romanen und Novellen mit meisterl. Sprachbeherrschung behandelt. Romane: »Buddenbrooks« (1901), »Der Zauberberg« (1924), »Joseph und seine Brüder« (4 Teile, 1933 bis 1943), »Lotte in Weimar« (1939), »Doktor Faustus« (1947), »Der Erwählte« (1951), »Bekenntnisse des Hochstaplers Felix Krull« (Teil 1, 1954); Novellen: »Tonio Kröger« (1903), »Tristan« (1903); »Der Tod in Venedig« (1912); Essays. Nobelpreis 1929.
Manna *das,* **1)** essbare, zuckerreiche, auch arzneil. pflanzl. oder tier. Absonderungen, z. B. **pers. M.** (vom **M.-Klee**). – **2)** Theologie: Himmelsbrot, mit dem Gott die Juden in der Wüste speiste.
Mannequin [manəˈkɛ̃] *das,* Vorführdame für Moden; männliche Entsprechung: der **Dressman.**
Mannerheim, Carl Gustav Freiherr v., Marschall von Finnland (1933), * 1867, † 1951; warf als Oberbefehlshaber der finn. »Weißen Garde« den kommunist. Aufstand 1918 nieder. Regent von Finnland 1918/19. Staatspräs. 1944 bis 1946.
Männertreu, volkstüml. Name für versch. Pflanzen: Ehrenpreis, Vergissmeinnicht u. a.
Mannesmann, Reinhard, dt. Techniker und Industrieller, * 1856, † 1922; entwickelte mit seinem Bruder

Max (* 1857, † 1915) Verfahren zur Herstellung nahtloser Rohre (**M.-Verfahren**), zus. mit drei weiteren Brüdern Gründer der heutigen **Mannesmann AG.**

Mannheim, Stadt in Bad.-Württ., an der Mündung des Neckars in den Rhein, 311 500 Ew.; Schloss (1720 bis 1760); Theater, Museen, Univ. u. a. Hochschulen; nach Duisburg zweitgrößter dt. Binnenhafen (Kohlen, Baustoffe, Mineralöl, Erze, Holz), Ind. (Maschinen, Fahrzeugbau, Elektrotechnik, Zellstoff, chem. Ind., Metalle, Textilien), Verlage. M. wurde 1606 gegr., 1720 Residenz der Kurpfalz, kam 1802 an Baden.

Mannheim
Stadtwappen

Mannstreu, distelähnl. Doldengewächse mit kopfförmigen Blütendolden: **Feld-M.,** grünlich blühend; **Stranddistel,** bläulich blühend.

Manometer *das,* Vorrichtung zum Messen des Drucks von Gasen und Flüssigkeiten. **Feder-M.:** durch das Gas wird eine in einem Gehäuse eingeschlossene Metallmembran durchgebogen. Die Durchbiegung wird auf einen Zeiger übertragen.

Manöver *das,* **1)** kriegsmäßige Übung für Führung und Truppe in 2 Parteien. – **2)** einem speziellen Zweck dienende Bewegungsänderung (Ausweich-M., Koppelungs-M.).

Mansart [mãˈsa:r], frz. Baumeister. **1)** François, * 1598, † 1666. – **2)** Jules **Hardouin-M.** [arˈdwẽ-], Großneffe von 1), * 1646, † 1708; nach ihm ist die **Mansarde** (ausgebauter Dachstuhl) benannt.

Mansfield [ˈmænsfi:ld], **1)** Jane, amerikanische Filmschauspielerin, * 1934, † 1967; bekannt geworden v. a. als »Sexbombe«. – **2)** Katherine, brit. Erzählerin, * 1888, † 1923; Kurzgeschichten.

Manstein, Erich v., eigentl. E. **v. Lewinski,** dt. Generalfeldmarschall, * 1887, † 1973; Stratege und Heerführer des 2. Weltkriegs.

Mansur, Mohammed ibn Abi Amir al-M., bei den Christen **Almansor,** Reichsverweser für den span. Omaijadenkalifen Hischam II., * 938, † 1002; erweiterte die Machtstellung des Islam in Spanien.

Mansura, Stadt in Unterägypten, 358 000 Ew.; Stapelplatz für Baumwolle, Univ., TH, Industrie.

Mantas *Pl.,* **Mantarochen, Teufelsrochen,** Familie der Rochen, mit flachem Körper, breiter als lang; **Riesen-M.** bis 6 m breit und 2 t schwer.

Mantegna [manˈtɛɲɲa], Andrea, ital. Maler, Kupferstecher, * 1431, † 1506; Meister der oberital. Frührenaissance; Hofmaler in Mantua.

Mantel, 1) Übergewand. – **2)** äußere Hülle von Hohlkörpern (z. B. Kessel-M.). – **3)** Urkunde des Wertpapiers; Ggs.: Dividenden-, Zinsbogen. – **4)** Rechtsform, das »Kleid«, in dem ein Unternehmen nach außen in Erscheinung tritt, z. B. AG, GmbH.

Manteltarif, Tarifvertrag, der für längere Zeiträume die Arbeitsbedingungen regelt, die keiner häufigen Änderung unterliegen, z. B. Arbeitszeit, Urlaub.

Manteltiere, Tunicata, fest sitzende Meerestiere, deren sackförmiger Körper von einem Mantel umhüllt ist. Als Vorstadium der Wirbelsäule verfügen sie über einen knorpeligen Skelettstab (Chorda). Zu den M. gehören die Salpen.

Manteuffel, Edwin Freiherr v., preuß. Generalfeldmarschall, * 1809, † 1885; war seit 1879 Reichsstatthalter in Elsass-Lothringen.

Mantilla [manˈtɪlja] *die,* Schleier- oder Spitzentuch der Spanierin, das Kopf und Schultern bedeckt; **Mantille** *die,* Frauenmantel.

Mantinea, Stadt in Arkadien, Griechenland, bei der 362 v. Chr. der theban. Feldherr Epaminondas fiel.

Mantisse *die,* √ die Ziffern nach dem Komma eines Logarithmus.

Mantua, ital. **Mantova,** Stadt in Oberitalien, am Mincio, 55 500 Ew.; Museum; Handel, Ind. In M. herrschten 1328 bis 1708 die Gonzaga.

Manu, in der ind. Mythologie der Urvater und Gesetzgeber der Menschheit.

Manual *das,* 𝄞 bei der Orgel die Tastenreihe für die Hände.

Manuel, Niklaus, gen. N. M. **Deutsch,** schweizer. Maler, Schriftsteller und Staatsmann, * 1484, † 1530.

Manuel I. Komnenos, Kaiser von Byzanz 1143 bis 1180; unterwarf 1151 Serbien, suchte vergeblich Friedrich I. aus Italien zu verdrängen.

Manufaktur *die,* früher: gewerbl. Großbetrieb mit Handarbeit (z. B. Porzellan-M.).

Manuskript *das,* Handgeschriebenes; bes. handgeschriebenes Buch vor Erfindung des Buchdrucks. Im literar. Urheberrecht das Originalwerk; jede Vorlage für den Setzer, auch wenn sie mit Schreibmaschine geschrieben ist; Ggs.: vervielfältigtes Exemplar.

Manytsch *der,* Niederung nördl. des Kaukasus zw. Asowschem und Kasp. Meer, gilt als Teil der Grenze zw. Asien und Europa.

Manzanares [manθaˈnares] *der,* Fluss in Spanien, 83 km lang, durchfließt Madrid.

Manzoni, Alessandro, ital. Dichter, * 1785, † 1873; Romantiker; Hymnen, Trauerspiele, geschichtl. Roman »Die Verlobten« (1827); Dramentheorie.

Manzù, Giacomo, ital. Bildhauer, * 1908, † 1991; figürl. Bronzeplastik; Bronzetür des Salzburger Doms und des Petersdoms in Rom.

Mao Dun, chin. Schriftsteller, * 1896, † 1981; sozialkrit. Romane, Novellen und Essays.

Maori *Pl.,* die Eingeborenen Neuseelands, ein Volk der Polynesier.

Mao Zedong, Mao Tse-tung, chin. Politiker, * 1893, † 1976; 1921 Mitgründer der Kommunist. Partei Chinas, seit 1931 ihr Vorsitzender. 1947 bis 1949 eroberte er von der Mandschurei aus das chin. Festland, rief 1949 die Chin. VR aus; 1954 bis 1959 Staatspräs.; bestimmte als Vors. des ZK die Politik Chinas. Seine Interpretation des Marxismus-Leninismus wird als **Maoismus** bezeichnet.

Maputo, bis 1976 **Lourenço Marques,** Hptst. von Moçambique, 1,2 Mio. Ew., an der Delagoa-Bai; Erzbischofssitz; Univ., Forschungsinstitute, Museum, Erdölraffinerien; Bahnlinien nach Transvaal, Simbabwe und Swasiland; Naturhafen.

Maquis [maˈki:] *der,* Buschwald, sinnbildl.: Schlupfwinkel; daher Bezeichnung für die frz. Widerstandsbewegung.

Marabu *der,* Aas sparender Storchvogel in Afrika, Indien; mit nacktem Kopf, Hals und Kropfsack.

Maracaibo [-ˈkaiβo], zweitgrößte Stadt Venezuelas, 1,26 Mio. Ew.; zwei Univ.; Industriezentrum; Schiffbau, Erdölraffinerien.

Mao Zedong auf dem Langen Marsch 1934

Maria
Schöne Madonna aus Thorn (um 1390 bis 1395)

Maracay [-ˈkai̯], Stadt in Venezuela, 354 000 Ew.; Lederwarenind., Automontage, ✈.

Maracuja, orangeroter Saft aus wohlschmeckenden, granatapfelähnlichen Früchten der Passionsblumenart **Purpurgrenadilla** (Passiflora edulis) aus dem trop. Amerika.

Maradona, Diego Armando, argentin. Fußballprofi, *1960; Weltmeister 1986, Vizeweltmeister 1990, beim WM-Turnier 1994 wegen Dopings gesperrt; wird zu den besten Fußballern aller Zeiten gezählt.

Marais [maˈrɛ], Jean, eigentl. J. Alfred **Villain-M.,** frz. Schauspieler, *1913; v. a. in Bühnen- und Filmwerken von J. Cocteau.

Maränen → Felchen.

Marañon [-ˈɲɔn] *der,* ein Hauptquellfluss des Amazonas, 1 414 km lang.

Maraschino [marasˈki:nɔ] *der,* Likör urspr. aus der dalmatin. Sauerkirsche.

Marasmus *der,* ⚕ fortschreitende körperl. Entkräftung, z. B. bei Altersschwäche.

Marat [maˈra], Jean Paul, einer der radikalsten Führer der Frz. Revolution, *1743, † (ermordet) 1793.

Marathen, Volk im nordwestl. Dekhan, Indien; Sprache: **Marathi.**

Marathon, altgriech. Ort an der O-Küste von Attika; der Sieg der Athener über die Perser 490 v. Chr. wurde nach Athen gemeldet durch den »Läufer von M.«. Daher **M.-Lauf,** sportl. Wettlauf über 42,195 km.

Marbach am Neckar, Stadt in Bad.-Württ., 13 000 Ew., am Neckar; Geburtsort Schillers; Schiller-Nationalmuseum und Dt. Literaturarchiv, Sitz der Dt. Schillergesellschaft.

Marbella [-ʎ-], Stadt an der Costa del Sol, Spanien, 68 000 Ew., Fremdenverkehr.

Marbod, König der → Markomannen, † um 37 n. Chr.

Marburg, Krst. in Hessen, 75 300 Ew., Univ. (gegr. 1527), got. Elisabethkirche mit Grabmal der hl. Elisabeth; chem.-pharmazeut. u. a. Ind. Auf dem Schloss 1529 erfolgloses Religionsgespräch zw. Luther und Zwingli.

Marburger Bund, 1947 gegr. Verband der angestellten und beamteten Ärzte in Deutschland.

Marc, Franz, dt. Maler, *1880, † (gefallen) 1916; gehörte dem »Blauen Reiter« an; Tierbilder von zunehmend abstrakter Art.

Marceau [marˈso], **1)** Marcel, frz. Pantomime, *1923; »Bip« (seit 1947), »Der Mantel« (1951). – **2)** Sophie, frz. Schauspielerin, *1966; erste Erfolge mit »Die Fête« (1980), internat. Durchbruch mit »Braveheart« und »D'Artagnans Tochter« (beide 1994), »Anna Karenina« (1996); daneben Theaterschauspielerin.

Marcel [marˈsɛl], Gabriel, frz. Philosoph, Dramatiker und Kritiker, *1889, † 1973; bedeutender Vertreter der frz. Existenzphilosophie.

Guglielmo Marconi

March *die,* tschech. und slowak. **Morava,** Hauptfluss Mährens, 358 km lang, mündet bei Preßburg in die Donau.

Marchfeld, Ebene zwischen Donau und March; Erdölfelder, Erdgaslagerstätten. 1278 besiegte hier Rudolf von Habsburg Ottokar II. von Böhmen.

Marcks, 1) Gerhard, dt. Bildhauer, Grafiker, *1889, † 1981; figürl. Plastiken, Tierdarstellungen; Zeichnungen, Holzschnitte. – **2)** Marie, dt. Karikaturistin, *1922; Cartoons aus dem familiär-pädagog. und gesellschaftl.-polit. Bereich.

Marconi, Guglielmo, ital. Ingenieur und Physiker, *1874, † 1937; erhielt für seine Pionierleistungen auf dem Gebiet der drahtlosen Nachrichtenübertragung 1909 den Nobelpreis für Physik.

Marcos, Ferdinando Edralin, philippin. Politiker, *1917, † 1989; von 1965 bis 1986 diktatorisch regierender Staatspräsident.

Margrethe II.

Marcus [ˈmɑ:kəs], Rudolph Arthur, amerikan. Chemiker, *1923; erhielt 1992 für Grundlagenarbeiten zur Reaktionskinetik und seine Theorie des Elektronenübergangs den Nobelpreis für Chemie.

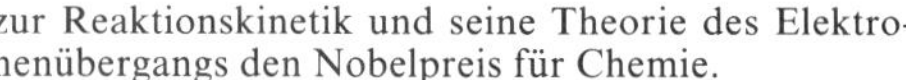

Marcuse, 1) Herbert, amerikan. Philosoph dt. Herkunft, *1898, † 1979; seit 1934 in den USA, übte scharfe Kritik an den gesellschaftl. Zuständen in den westl. Ländern. – **2)** Ludwig, dt. Kritiker, Philosoph und Journalist, *1894, † 1971; 1933 bis 1962 in Frankreich und USA, schrieb über G. Büchner, A. Strindberg, H. Heine, S. Freud u. a.; philosoph. Abhandlungen.

Mar del Plata, Hafenstadt, Seebad in der argentin. Prov. Buenos Aires, 448 000 Einwohner.

Marder *der,* Familie der Raubtiere mit gestrecktem Leib, kurzen Beinen und dichtem, feinem Fell, geschätzte Pelztiere; gute Kletterer. **Baum-M.** oder **Edel-M.,** bis 45 cm lang, braun, Kehle und Brust gelb; **Stein-M.** oder **Haus-M.,** 45 cm, grau-braun, Kehle und Brust weiß; **Zobel,** mit orangefarbenem Kehlfleck. Die **Stink-M.** haben Stinkdrüsen am After. Zu ihnen gehören der Iltis und das Frettchen; **Wiesel,** 20 cm, rostbraun-weiß, im Winter manchmal weiß, saugt seiner Beute das Blut aus, frisst Eier; **Hermelin** *das,* oder **Großes Wiesel,** 30 cm, im Sommer braun-weiß, im Winter weiß (Schwanzspitze schwarz), Edelpelztier, bes. in Sibirien, Nordamerika; **Nerz,** Sumpftier mit wertvollem Pelz. Zu den M. gehören auch Dachs, Otter, Stinktier.

Marduk, urspr. Stadtgott von Babylon, stieg allmählich zum Reichsgott auf (um 1700 v. Chr.).

Marées [maˈre:s], Hans v., dt. Maler, *1837, † 1887; v. a. Landschaften mit mytholog. Figuren; sein Hauptwerk sind die Fresken in der Bibliothek der Zoolog. Station in Neapel.

Maremmen *Pl.,* Küstenformation der Toskana.

Marengo *der,* Streichgarngewebe.

Marengo, Stadtteil von Alessandria, Italien; 1800 Sieg Napoleons über Österreich.

Margareta, Heilige (Tag: 20. 7.), eine der 14 Nothelfer, legendäre Märtyrerin.

Margarete, Herrscherinnen: **Dänemark. 1) M. I.,** Königin von Dänemark, Norwegen, Schweden ab 1387/89, *1353, † 1412; schloss 1397 die Kalmarer Union. – **2)** → Margrethe II. – **Tirol. 3) M. Maultasch,** Gräfin von Tirol (seit 1335), *1318, † 1369; überließ Tirol 1363 den Habsburgern. – **Navarra. 4) M. von Angoulême** oder **von Navarra,** *1492, † 1549, ⚭ mit König Heinrich von Navarra; stand den Reformierten nahe; Autorin des »Heptaméron« (1559). – **Niederlande. 5) M. von Parma,** Generalstatthalterin der Niederlande 1559 bis 1567, *1522, † 1586; unter ihr begannen die Unruhen in den Niederlanden.

Margarine *die,* jede der Butter und dem Butterschmalz ähnliche Zubereitung; Rohstoffe: Kokos- und Palmkernfett, Palm-, Soja-, Baumwollsaat-, Sonnenblumen-, Erdnussöl, Wal- und Fischöle. Die Fettmischung wird geschmolzen, mit Aroma, Farbstoffen, Vitaminen, Lecithin, etwas Stärke versetzt, emulgiert, geknetet und gepresst.

Margate [ˈmɑ:git], Seebad im südöstl. England, 53 300 Einwohner.

Marge [marʒə] *die,* **1)** Unterschied, Spanne (z. B. zw. Selbstkosten und Verkaufspreis). – **2)** Bareinschuss bei Termingeschäften.

Margerite → Chrysanthemen.

Marginalie *die,* Randbemerkung.

Margrethe II., dän. Königin (seit 1972), *1940, ⚭ (1967) mit Graf Henri de Laborde de Monpezat (seitdem Prinz Hendrik von Dänemark).

Mari, Tschermissen, finno-ugr. Volk in Russland, etwa 640 000 Angehörige.

Mari, Republik der, Teilrep. der Russ. Föderation an der mittleren Wolga, 23 200 km^2, 750 000 Ew. (Russen, M., Tataren u. a.); Hptst.: Joschkar-Ola; Land- und Forstwirtschaft; Holz-, Nahrungsmittel- u. a. Industrie.

Maria, hebr. **Mirjam,** Ehrennamen **Unsere Liebe Frau, Mutter Gottes, Heilige Jungfrau,** Mutter Jesu, von allen Christen verehrt. Nach dem N. T. empfing sie Jesus durch das Wirken des Hl. Geistes; sie wurde »unbefleckt« empfangen (kath. Dogma von 1854): Im Schoß ihrer Mutter Anna blieb sie vor dem Makel der Erbsünde bewahrt. Nach dem Dogma vom 1. 11. 1950 ist »die immer jungfräul. Gottesmutter nach Vollendung ihres ird. Lebenslaufs mit Leib und Seele in die himml. Herrlichkeit aufgenommen worden. In ihrer Würde überragt sie alle Heiligen«, sie ist »mit der Heiligsten Dreifaltigkeit in einzigartiger Weise verbunden«. In der Ostkirche ist die Verehrung der M. nicht minder groß. Die ev. Theologie anerkennt die besondere Stellung M.s als der Mutter Jesu, verwirft aber die Ausgestaltung der kath. Lehrtradition, v. a. die Lehre von der Gnadenvermittlung und der leibl. Himmelfahrt, sieht vielmehr in ihr einen sündigen Menschen, der der Erlösung bedarf. – M. ist neben Christus das häufigste Thema der christl. Kunst, in bibl. Szenen, Szenen aus dem Marienleben sowie als Einzelfigur, meist mit Kind, aber auch z. B. als Mater dolorosa, Schutzmantelmadonna und thronende Himmelskönigin. **M.-Feste:** Fest der Gottesgebärerin (1. 1.); Mariä Heimsuchung (31. 5.); Himmelfahrt Mariä (15. 8.); Maria Königin (22. 8.); Mariä Geburt (8. 9.); Fest der Schmerzhaften Jungfrau (15. 9.); Maria vom Rosenkranz (7. 10.); Darstellung Mariä im Tempel (21. 11.); Unbefleckte Empfängnis Mariä (8. 12.).

Maria, Herrscherinnen: **Österreich. 1) M. Theresia,** * 1717, † 1780; Erbtochter Kaiser Karls VI., Erzherzogin von Österreich, Königin von Böhmen und Ungarn (seit 1740), seit 1736 ⚭ mit dem späteren Kaiser (seit 1745) Franz I. aus dem Haus Lothringen; übernahm 1740 die Reg. der habsburg. Erblande, die sie im Österr. Erbfolgekrieg behauptete; verlor Schlesien an Friedrich d. Gr. (→Siebenjähriger Krieg). Seit 1765 war ihr Sohn Joseph II. Mitregent. Im Innern führte sie wichtige Reformen durch. – **England. 2) M., die Katholische** oder **die Blutige,** Königin ab 1553, * 1516, † 1558; ⚭ mit Philipp II. von Spanien; verfolgte die Protestanten. – **Frankreich. 3) M. von Medici,** Königin, * 1573, † 1642, ⚭ 1600 mit Heinrich IV.; wurde 1610 Regentin für Ludwig XIII., musste als Gegnerin Richelieus 1631 ins Ausland fliehen. – **4) Marie Antoinette,** Königin, Tochter von 1), * 1755, ⚭ 1770 mit Ludwig XVI., 1793 enthauptet. – **5) Marie Louise,** Kaiserin, Tochter des österr. Kaisers Franz II., * 1791, † 1847, ⚭ 1810 mit Napoleon I.; seit 1815 Herzogin von Parma. – **Schottland. 6) M. Stuart,** Königin 1542 bis 1568, Tochter Jakobs V. von Schottland, * 1542; heiratete 1558 den späteren König Franz II. von Frankreich, 1565 Lord Darnley, 1567 dessen Mörder Lord Bothwell; floh 1568 nach England; von Elisabeth I. gefangen gehalten, 1587 hingerichtet. – Drama von Schiller (1801).

Maria Laach, Benediktinerabtei am Laacher See, gegr. 1093, mit roman. Kirche (1156 geweiht).

Maria Magdalena, Maria von Magdala, Jüngerin Jesu, erste Zeugin seiner Auferstehung; Heilige.

Marianen, Inselgruppe Mikronesiens, 16 Inseln, ab 1565 spanisch; 1899 an das Dt. Reich, 1920 jap. Mandatsgebiet, 1947 Treuhandgebiet der USA, seit 1978 als »Commonwealth of the Northern Mariana Islands« (457 km², 20 600 Ew., ohne Guam) mit den USA assoziiert. Am O-Rand der **M.-Graben,** bis 10 924 m tief.

Marianische Kongregationen, kath. religiöse Laienbewegung zur Marienverehrung, heute **Gemeinschaften Christlichen Lebens.**

Maria-Theresia-Taler, Levantetaler, österr. Silbertaler von 1780 mit dem Bild Maria Theresias (bis heute nachgeprägt), bis in das 20. Jh. im Vorderen Orient und Ostafrika verbreitet.

Schloss Marienburg in **Marienburg** in Westpreußen

Maribor, dt. **Marburg an der Drau,** Stadt in Slowenien, 186 000 Ew.; Univ.; Metallverarbeitung; kath. Bischofssitz; kam 1919 von Österreich an Jugoslawien (Slowenien).

Marienbad, tschech. **Mariánské Lázně** [ˈmarja:nskɛ: ˈla:znjɛ], Kurort, Stadt in NW-Böhmen, ČR, 18 500 Ew.; Mineralquellen.

Marienburg (Westpr.), poln. **Malbork,** Stadt in der poln. Wwschaft Elbląg, ehem. Ostpreußen, an der Nogat, 38 000 Ew. Das **Schloss M.,** erbaut im 13. und 14., erneuert im 19. Jh., ist eins der bedeutendsten weltl. Bauwerke des MA. (got. Backsteinbau); Sitz der Hochmeister des Dt. Ordens.

Marienkäfer, Familie halbkugeliger Käferchen: **Siebenpunkt,** 4 mm lang, ziegelrot-schwarz. Die M. fressen Blattläuse.

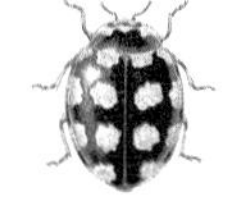

Marienkäfer
Oben: Siebenpunkt, Mitte: Vierzehnpunkt, unten: Larve des Siebenpunkt

Mari|enwerder, poln. **Kwidzyn,** Stadt in der poln. Wwschaft Elbląg, ehem. Ostpreußen, 36 200 Ew.; Burg (1233 vom Dt. Orden gegr.), Dom und Kapitelschloss (14. Jh.); landwirtschaftl. und chem. Industrie.

Marihuana *das,* aus Hanf gewonnenes Rauschgift.

Marille *die,* österr. für Aprikose.

Marimba *die,* afrikan., dem Xylophon ähnl. Schlaginstrument; von Sklaven nach Mittel- und Südamerika gebracht.

Marine *die,* jede Gesamtheit von Seeschiffen und Besatzungen; **marineblau,** dunkelblau.

Marinetti, Emilio Filippo Tommaso, ital. Schriftsteller, * 1876, † 1944; Begründer des Futurismus.

Marini, Marino, ital. Bildhauer, Maler und Grafiker, * 1901, † 1980. Seine Themen waren v. a. Pferd und Reiter sowie der weibl. Akt.

Marionette *die,* **1)** Gliederpuppe für die kleine Bühne des **M.-Theaters.** Die M. wird durch Fäden oder Drähte gelenkt. – **2)** Ü willenloser, von anderen beherrschter Mensch.

Mariotte [maˈrjɔt], Edme, frz. Physiker, * um 1620, † 1684; entdeckte u. a. den blinden Fleck im Auge **(mariottescher Fleck).** →Boyle, Robert.

Maris, niederländ. Maler, 3 Brüder: 1) Jacob, * 1837, † 1899; 2) Matthijs, * 1839, † 1917; 3) Willem, * 1844, † 1910.

Maritza *die,* Hauptfluss von S-Bulgarien, fließt vom Rilagebirge ins Ägäische Meer, 514 km.

Mariupol, 1948 bis 1989 **Schdanow,** ukrain. Ind.stadt an der Bucht von Taganrog (Asowsches Meer), 517 000 Ew., Seehafen.

Nördliche Marianen
Flagge

Marius, Gaius, röm. Konsul und Feldherr, * 156, † 86 v. Chr.; schlug 102 v. Chr. die Teutonen bei Aquae Sextiae, 101 die Kimbern bei Vercellae. Sein Streit mit Sulla führte 88 zum Bürgerkrieg; geächtet, floh M. nach Afrika, eroberte aber 87 Rom zurück, wo er blutige Rache nahm.

Mark *die,* **1)** urspr. altdt. Gewicht, vom 11. Jh. bis 1857 dt. Münzgrundgewicht (köln. M. = 233,85 g). – **2)** Währungseinheit des Dt. Reichs 1871 bis 1923, Abk. **M;** 1923 gefolgt von der **Renten-M.,** 1924 bis

1948 von der **Reichs-M.** (RM). 1948 wurde in der Bundesrep. Deutschland die **Dt. M.** (DM) eingeführt. In der DDR hieß die Währung nach 1948 zunächst ebenfalls **DM,** 1964 bis 1967 **M. der Dt. Notenbank** (MDN), 1968 bis 1990 **M. der DDR** (M).

Mark *das,* **1)** Zellgewebe im Innern von Knochen (Knochen-, Rücken-M.) oder Organen (Niere, Gehirn). – **2)** bei Pflanzen: Zellgewebe von innerer Lage und lockerer, weicher Beschaffenheit (Holunder-M.).

Mark Twain

Mark *die,* **1) Gemarkung,** Dorfflur, Gemeindeland, früher das von der **M.-Genossenschaft** bewirtschaftete Land, bes. Viehweide. – **2)** Grenzland, im mittelalterl. Dtl. verwaltet von einem **M.-Grafen** (z. B. Brandenburg).

Mark *die,* **1)** ehem. westfäl. Grafschaft mit der Hptst. Hamm, 1368 mit dem Herzogtum Kleve, 1511 auch mit Jülich und Berg vereinigt, kam 1614, endgültig 1666 an Brandenburg-Preußen. – **2) M. Brandenburg** →Brandenburg.

Mark Anton →Antonius, Marcus.

Markasit *der,* Mineral, FeS_2, rhomb. Modifikation des Pyrit.

Mark Aurel, eigentl. Marcus **Aurelius Antoninus,** röm. Kaiser (161 bis 180), *121, †180; langwierige Kämpfe an den Grenzen des Reichs, bes. gegen die Markomannen (Markomannenkriege); schrieb philosoph., von der Stoa beeinflusste »Selbstbetrachtungen« über Geschichte und Unbeständigkeit des Seins.

Marke *die,* **1)** allg. Merkmal zum Erkennen und Unterscheiden, z. B. einer Ware oder ihrer Verpackung **(M.-Artikel);** als Zeichen rechtl. geschützt →Marken. – **2)** Postwertzeichen: **Briefmarke.**

Marken, ital. **Marche** ['marke] *Pl.,* Landschaft und Region Mittelitaliens; Hptst.: Ancona.

Marken, im Geschäftsverkehr benutzte Mittel zur Kennzeichnung von Waren oder Dienstleistungen eines bestimmten Unternehmens mit dem Ziel, diese Produkte von denen anderer zu unterscheiden. Durch Eintragung in das M.-Register beim Dt. Patentamt wird ein Schutzrecht an einer Marke erlangt. Das dt. Marken-Ges. (in Kraft seit 1995) ersetzt das bisherige Warenzeichengesetz.

Marketenderin, früher Händlerin, die den Soldaten Lebensmittel u. a. verkaufte.

Marketing *das,* marktgerichtete und marktgerechte Unternehmenspolitik.

Markgraf, im MA. der Befehlshaber einer Grenzmark (→Mark); sein Bezirk: **Markgrafschaft.** Später wurde M. ein Fürstentitel.

Markgräfler Land, histor. Landschaft in Bad.-Württ., zw. dem Rheinknie bei Basel und dem ehem. vorderösterr. Breisgau; Weinbau.

Markise *die,* aufrollbarer Sonnenschutz aus Leinen u. a., bei Fenstern, Balkonen u. a.

Markomannen, westgerman. Stamm im Maingebiet, von Marbod 9 v. Chr. nach Böhmen geführt, kämpften 166 bis 180 n. Chr. gegen den röm. Kaiser Mark Aurel; im 3.und 4. Jh. ließen sie sich in Bayern nieder und bildeten wahrscheinlich den Kern der Baiern.

Markowitz ['ma:kɔwits], Harry, amerikan. Finanz- und Wirtschaftswissenschaftler, *1927; 1990 Nobelpreis für Wirtschaftswiss. (mit M. Miller und W. Sharpe).

Markscheide, ⚒ Grenze eines Grubenfelds. **M.-Kunst,** bergmänn. Berechnung und Vermessung durch **Markscheider.**

Markt, ✐ **1)** Veranstaltung, zu der an bestimmten Orten zu bestimmten Zeiten Käufer und Verkäufer zusammentreffen, um Waren zu erstehen oder abzusetzen (Kleinhandel: **Tages-, Wochen-, Jahr-M.;** Großhandel: →Messen). – Das Recht, M. zu errichten, war im MA. Vorrecht des Königs **(M.-Regal),** der es weiterverleihen konnte. – **2)** der (gedachte) Ort des Zusammentreffens von Angebot und Nachfrage, dient der Preisbildung. **M.-Formen:** Monopol, Oligopol, vollständige Konkurrenz. Bei staatl. Preisfestsetzungen können sich **graue** (geduldete) und **schwarze** (verbotene) M. bilden.

Marktforschung, Erforschung der Verhältnisse auf den Einkaufs- und Absatzmärkten, entweder zu einem bestimmten Zeitpunkt **(Marktanalyse)** oder in ihrer Bewegung **(Marktbeobachtung).**

Markt|ordnung, Beeinflussung des Wettbewerbs am Markt durch staatl. Maßnahmen sowie durch Zusammenschlüsse von Erzeugern und Verbrauchern (bes. für landwirtschaftl. Produkte).

Marktrecht, im MA die Befugnis, einen neuen Markt anzulegen. Das M. war urspr. ein Vorrecht des Königs, ging im 13. Jh. auf die Territorialherren über (Marktregal); auch das am Markt geltende Recht.

Marktredwitz, Große Krst. im Fichtelgebirge, Bayern, 18 800 Ew.; Egerland-Museum; Maschinen- und Werkzeugbau, Textil-, Porzellan-, Elektro- und elektron. Industrie.

Mark Twain [ma:k 'twɛin], eigentl. Samuel Langhorne **Clemens,** amerikan. Erzähler, *1835, †1910; humorist. Skizzen, Reisebeschreibungen, Schelmenromane »Tom Sawyer« (1876), »Huckleberry Finn« (1884).

Marktwirtschaft, Wirtschaftsordnung, in der Gütererzeugung und -verbrauch durch den auf dem Markt gebildeten Preis bestimmt werden. Die **freie M.** (unbeschränkter Wettbewerb, keine staatl. Eingriffe) ist anfällig für soziale Spannungen und Krisengefahren; daher wird heute die **soziale M.** für erstrebenswert gehalten, die durch ordnungspolit. Maßnahmen sozial nachteilige Auswirkungen zu verhindern sucht. (→Kapitalismus)

Markus, Evangelist, Verfasser des **M.-Evangeliums,** des ältesten erhaltenen Evangeliums; begleitete Paulus und Barnabas; Schutzheiliger von Venedig (Tag: 25. 4.). Sinnbild: Löwe.

Marl, Stadt im Kr. Recklinghausen, NRW, 91 500 Ew.; Bergbau, Großchemie.

Marlborough ['mɔ:lbərə], John **Churchill,** Herzog von, brit. Feldherr und Staatsmann, *1650, †1722; Oberbefehlshaber der britisch-niederländ. Armee im Spanischen Erbfolgekrieg.

Marley, Bob, eigtl. Robert Nesta M., jamaikan. Rockmusiker (Gitarre), *1942, †1982; galt als der Vertreter des Reggae, wandte sich gegen Rassendiskriminierung und soziale Ungerechtigkeit.

Marline *Pl.,* 2 Gattungen der Fächerfische: **Schwarzer M.** über 4 m, im Indopazifik, **Weißer M.,** bis 2,75 m, im Atlantik von Sportfischern begehrte Hochseefische.

Marlitt, E., eigentl. Eugenie **John,** dt. Schriftstellerin, *1825, †1887; Unterhaltungsromane (»Goldelse«, 1867; »Das Geheimnis der alten Mamsell«, 1868, u. a.).

Marlowe ['ma:ləʊ], Christopher, bedeutendster engl. Dramatiker vor Shakespeare, *1564, †1593; Tragödien (»Tamburlan der Große«, 1587; »Doktor Faustus«, 1592?).

Marmarameer, Binnenmeer zw. Dardanellen und Bosporus, etwa 200 km lang, bis zu 80 km breit.

Marmarika, Küstenland der O-Cyrenaika (zw. Libyen und Ägypten), 200 m hohe, fast regenlose Hochfläche.

Marmelade *die,* eingekochtes Obstmus.

Marmolada *die,* höchster Gebirgsstock der Dolomiten, Italien, 3 342 m hoch.

Marmor *der,* kristalliner, körniger Kalkstein (Calciumcarbonat), rein weiß, durch Beimengungen auch gelb, rot, grün, grau, schwarz gefärbt.

Marmoutier [marmu'tje], Maursmünster.

Marne [marn] *die,* rechter Nebenfluss der Seine (Mündung oberhalb Paris), 525 km lang, schiffbar.

Marodeur [maro'dø:r] *der,* von der Truppe abgekommener, plündernder Soldat.

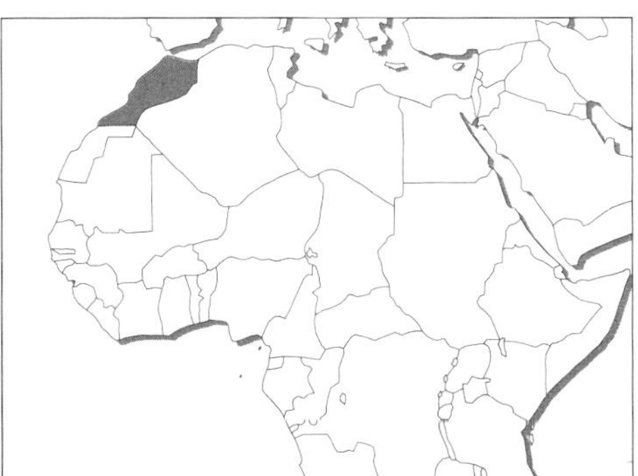

Marokko, Kgr. in NW-Afrika; 458 730 km², 26,3 Mio. Ew.; Hptst.: Rabat; Amtssprachen: Arabisch, Französisch; konstitutionelle Monarchie.
Landesnatur. Den Ketten des Mittleren Atlas, des Hohen Atlas und des Anti-Atlas ist nach NW ein breites Tafelland vorgelagert, das zur Atlantikküste abfällt. Im N das Rifgebirge (bis 2 456 m) mit Steilabfall zum Mittelmeer. Nach SW Übergang zu Steppe und Wüste. Klima: im Küstengebiet mittelmeerisch, im S trocken.
Bevölkerung. Araber, Berber, daneben Europäer, Juden. Staatsreligion: Islam.
Wirtschaft. Anbau von Getreide, Zitrusfrüchten, Gemüse, Wein, Oliven, Zuckerrüben, Baumwolle; Viehzucht (Schafe, Ziegen); Fischerei. ⚒ auf Phosphate, Eisen, Mangan, Blei, Zink, Kohle, Uran u. a. Nahrungsmittel-, Textil-, Metall- u. a. Ind. Der Energieversorgung dienen bes. Wasserkraftwerke. Fremdenverkehr. Ausfuhr: Bergbauprodukte, Zitrusfrüchte, Fischkonserven, Wein. Haupthandelspartner: Frankreich. ⚓ ✈ Casablanca.
Geschichte. Das antike Mauretanien kam um 40 n. Chr. unter röm., im 5. Jh. unter wandal., im 6. Jh. unter byzantin., um 700 unter arab. Herrschaft. Ansprüche Frankreichs auf die Vorherrschaft in M. führten zu den **M.-Krisen** (1905 und 1911). 1912 bis 1956 war M. bei Aufrechterhaltung seiner Einheit unter dem Sultan (Scherif. Reich) eingeteilt in: 1) das frz. Protektorat, Hptst.: Rabat; 2) das span. Protektorat, Hptst.: Tétouan; 3) das internat. Gebiet Tanger. 1920 bis 1926 Aufstand der Rifkabylen unter Abd el-Krim gegen Spanier und Franzosen; seit 1945 verstärkte Unabhängigkeitsbewegung. 1956 wurde M. unabhängig. Bei Spanien verblieben die Städte Ceuta und Melilla sowie das Gebiet von Ifni, das 1969 an M. zurückfiel. 1976 kam Span.-Sahara als →Westsahara unter marokkanisch-mauretan. Verw.; 1979 besetzte M. nach dem mauretan. Rückzug auch die zuvor mauretanisch verwalteten Gebiete. Staatsoberhaupt: König Hasan II. (seit 1961); Min.-Präs. A. Filali (seit 1994).
Maron, Buschneger, Nachkommen entlaufener Sklaven in Surinam und Frz. Guayana.
Marone *die,* Frucht der Edelkastanie.
Maronenpilz, ein schmackhafter Röhrenpilz.
Maroniten, von der Ostkirche getrennte Kirchengemeinschaft in Libanon und Syrien, mit Rom uniert.
Maroquin [maroˈkɛ̃:] *der* oder *das,* saffianähnl. Ziegen- oder Hammelleder.
Marquesas-Inseln [marˈke:zas-], vulkan. Inselgruppe in Frz.-Polynesien, 1 274 km², 7 500 Ew.; Kopra-Ausfuhr. – Seit 1842 französisch.
Marquet [marˈkɛ], Albert, frz. Maler, * 1875, † 1947; gehörte den Fauves an.
Márquez, →García Márquez, Gabriel.
Marquis [marˈki] *der,* frz. Adelstitel, zw. Fürst und Graf; weibl. **Marquise;** entsprechend in Großbritannien **Marquess,** in Italien **Marchese, Marchesa.**

Marrakesch, Stadt in Marokko, 549 000 Ew.; inmitten einer reich bewässerten Oase gelegen, am Rand des Hohen Atlas; Handelsplatz; die Altstadt gehört zum Weltkulturerbe.
Mars, 1) röm. Kriegsgott, dem griech. Ares gleich. – **2)** ☼ 4. Planet von der Sonne aus, Zeichen ♂, Abstand von der Erde zw. 56 und 400 Mio. km, Durchmesser etwa die Hälfte des Erddurchmessers, Umlaufzeit um die Sonne 687 Tage. Tageslänge und Jahreszeitenwechsel des M. sind ähnlich denen der Erde, seine Atmosphäre jedoch enthält nur wenig Sauerstoff und hat sehr geringen Druck. Die Oberfläche weist Krater auf, hat lange, breite Täler und ist wüstenartig. 2 Monde: Deimos und Phobos. (→Planeten, ÜBERSICHT) – **3)** ⚓ Plattform am Schiffsmast großer Segelschiffe.
Marsala, ital. Hafenstadt an der W-Küste Siziliens, 85 500 Ew.; Ausfuhr des M.-Likörweins.
Marsch *der,* **1)** Gangart; Bewegung von Truppen in Verbänden. – **2)** Musikstück in zweiteiligem Takt.
Marsch *die,* **Marschland,** besonders fruchtbares Schwemmland der Flusstäler und Küsten im NW Dtl.s, durch Deiche geschützt.
Marschall *der,* im Hl. Röm. Reich eines der von den Kurfürsten wahrgenommenen Erzämter **(Erz-M.);** hoher Hofbeamter **(Hof-M.);** höchster Generalsrang (Feld-M., Generalfeld-M.).
Marschflugkörper →Cruisemissile.
Marseillaise [marsɛˈjɛ:zə] *die,* frz. Nationalhymne: »Allons, enfants de la patrie, le jour de gloire est arrivé ...«; 1792 von C. J. Rouget de Lisle in Straßburg als Kriegslied für die Rheinarmee geschrieben.
Marseille [marˈsɛj], zweitgrößte Stadt Frankreichs und der bedeutendste frz. Hafen am Mittelmeer, nahe der Rhône-Mündung, 800 700 Ew., 2 Univ., kath. Erzbischofssitz; zahlreiche Museen, Theater; Ind.: Erdöl, Seife, Metall, Schiffbau, Nahrungsmittel; Ausgangspunkt der südeurop. Pipeline. – M., um 600 v. Chr. von den Griechen gegründet, hieß im Altertum **Massilia,** gehörte im MA. zum Kgr. Burgund, kam mit der Provence 1481 an Frankreich.
Marsfeld, 1) im alten Rom: Platz für Truppenübungen, Volksversammlungen. – **2)** in Paris: **Champs de Mars** [ʃãdˈmars], urspr. militär. Übungsfeld, seit 1867 Ausstellungsgelände.
Marshall [mɑ:ʃl], **1)** Bruce, brit. Schriftsteller, * 1899, † 1987; »Das Wunder des Malachias« (1931). – **2)** George C., amerikan. General, Politiker, * 1880, † 1959; 1939 Generalstabschef und militär. Hauptberater des Präs. F. D. Roosevelt, 1947 bis 1949 Außenmin., 1950/51 Verteidigungsmin.; Urheber des Marshallplans; erhielt 1953 Friedensnobelpreis.

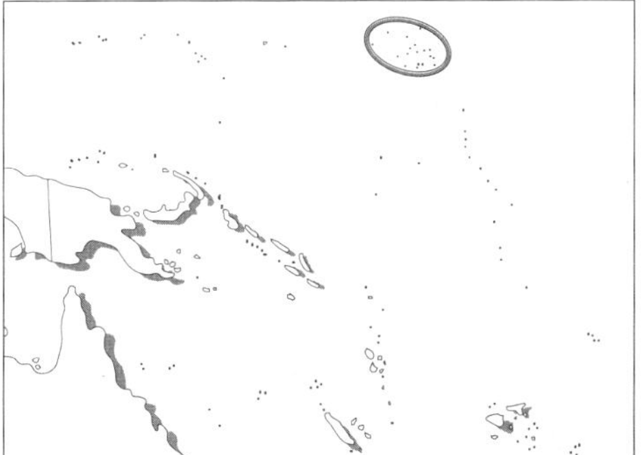

Marshallinseln [mɑ:ʃl], Rep. im Pazifik, umfasst 2 Atollreihen mit über 1200 auf 1200 km Länge gestreckten Inseln, Landfläche rd. 180 km², 46 000 Ew.; Hauptatoll Majuro mit der Hptst. Rita; Kopra-Aus-

Marokko

Staatswappen

Staatsflagge

Internationales Kfz-Kennzeichen

Marseille
Stadtwappen

George C. Marshall

Marshallinseln
Staatsflagge

fuhr. Im NW das Bikini- und das Eniwetok-Atoll. – 1885 dt. Schutzgebiet, 1920 jap. Völkerbundsmandat; 1947 bis 1990 Treuhandgebiet der USA; seither unabhängig. Staatsoberhaupt und Regierungschef: Amata Kabua (seit 1986).

Marshallplan [ma:ʃl-], **Europäisches Wiederaufbauprogramm,** engl. Abk. **ERP,** das von G. Marshall 1947 verkündete, am 3. 4. 1948 in Kraft getretene Programm der amerikan. Wirtschaftshilfe an westeurop. Staaten; bis 1952 13 Mrd. US-$ als nicht zurückzuzahlende Zuschüsse oder als langfristige Kredite, an die Bundesrep. Deutschland bis 1957 1,7 Mrd. US-$.

Karl Marx

Marsilius von Padua, ital. Staatstheoretiker, Rektor der Univ. Paris, *um 1275, †1342/43; spricht in der Streitschrift »Defensor pacis« die oberste Gewalt im Staat dem Volk zu; als Ketzer verurteilt.

Marstall *der,* Pferdeställe und Wagenschuppen einer fürstl. Hofhaltung.

Marterl *das,* österr., bayr. Bezeichnung für Bildstock am Ort eines Unglücks oder Verbrechens.

Martha, Schwester des Lazarus und Marias von Bethanien, Heilige (Tag: 29. 7.).

Marti, Kurt, schweizer. Schriftsteller, *1921; ref. Pfarrer; Gedichte bes. in Berner Umgangssprache voller Sprachwitz und polit. Aussagen (»Boulevard-Bikini«, 1959).

Martial, eigentl. Marcus **Valerius Martialis,** lat. Dichter, *um 40 n. Chr., †nach 100; schrieb treffsichere »Epigramme«.

Martin, Bischof von Tours, *316/17, †397; Apostel Galliens, Heiliger. Am 11. 11. wird das **M.-Fest** (Martini) gefeiert, mit volkstüml. Bräuchen (**M.-Männchen, M.-Gans** usw.). Am Vorabend werden **M.-Feuer** abgebrannt.

Martin V., Papst (1417 bis 1431), *1368, †1431. Mit seiner Wahl wurde das Große Schisma beendet.

Tomáš Masaryk

Martin, 1) ['ma:tɪn], Dean, amerikan. Filmschauspieler, *1917, †1995; »Vier für Texas« u. a.; auch Sänger. – **2)** [-'tɛ̃], Frank, *1890, †1974; schweizer. Komponist.

Martin du Gard [mar'tɛ̃ dy'ga:r], Roger, frz. Schriftsteller, *1881, †1958; Zyklenroman »Les Thibaults«; erhielt 1937 den Nobelpreis.

Martinique [marti'nik], Insel der Kleinen Antillen, 1 080 km², 368 000 Ew. (Schwarze, Mulatten); Hptst.: Fort-de-France; Amtssprache: Französisch. Gebirgig, im N vulkanisch (Montagne Pelée bis 1 397 m hoch). Zuckerrohr, Bananen, Ananas, Rum. – Seit 1635 von den Franzosen kolonisiert, seit 1946 frz. Überseedépartement.

Martinů, Bohuslav, tschech. Komponist, *1890, †1959; Opern, Ballette, Orchestermusik.

Märtyrer *der,* Blutzeuge, der sich für seinen Glauben opfert. Die christl. M. wurden seit dem 3. Jh. als Heilige und Fürsprecher verehrt.

Marvin ['ma:vɪn], Lee, amerikan. Filmschauspieler, *1924, †1987; v. a. in Western.

Pietro Mascagni

Marx, Karl, dt. Philosoph und Kritiker der Nationalökonomie, *1818, †1883; studierte Rechtswiss., Philosophie, 1842/43 Redakteur der liberalen »Rhein. Zeitung«; 1843 in Paris, 1845 bis 1848 in Brüssel; aus beiden Städten ausgewiesen, lebte er nach kurzem Aufenthalt in Köln von 1849 bis zu seinem Tod in London. M. wurde mit F. Engels der Schöpfer des wiss. Sozialismus (Marxismus). Er übernahm von Hegel die dialekt. Methode und Geschichtsauffassung (Erfassung der Wirklichkeit in ihren Widersprüchen und Zusammenhängen) und gestaltete sie (unter Abkehrung vom Idealismus Hegels) zum dialekt. und histor. →Materialismus um, wonach die wirtschaftl. Kräfte und Verhältnisse die Entwicklung von Gesellschaft und Geschichte bestimmen. Hauptwerk ist »Das Kapital«, 3 Bände (Band 1: 1867, Band 2 und 3 herausgegeben von F. Engels 1885 und 1894).

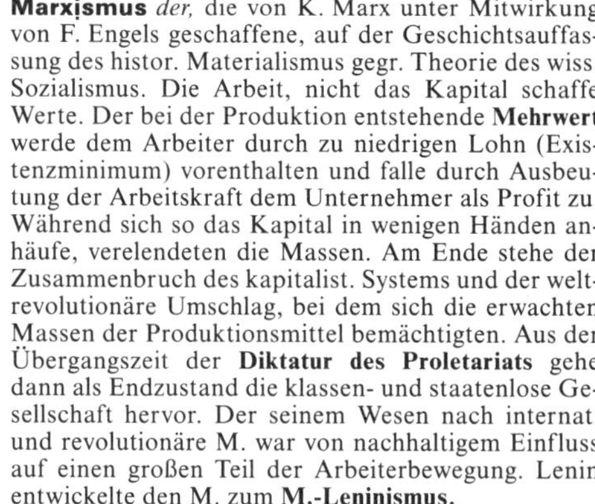

Marxismus *der,* die von K. Marx unter Mitwirkung von F. Engels geschaffene, auf der Geschichtsauffassung des histor. Materialismus gegr. Theorie des wiss. Sozialismus. Die Arbeit, nicht das Kapital schaffe Werte. Der bei der Produktion entstehende **Mehrwert** werde dem Arbeiter durch zu niedrigen Lohn (Existenzminimum) vorenthalten und falle durch Ausbeutung der Arbeitskraft dem Unternehmer als Profit zu. Während sich so das Kapital in wenigen Händen anhäufe, verelendeten die Massen. Am Ende stehe der Zusammenbruch des kapitalist. Systems und der weltrevolutionäre Umschlag, bei dem sich die erwachten Massen der Produktionsmittel bemächtigten. Aus der Übergangszeit der **Diktatur des Proletariats** gehe dann als Endzustand die klassen- und staatenlose Gesellschaft hervor. Der seinem Wesen nach internat. und revolutionäre M. war von nachhaltigem Einfluss auf einen großen Teil der Arbeiterbewegung. Lenin entwickelte den M. zum **M.-Leninismus.**

Mary, früher **Merw,** Handelsstadt in der **Oase M.,** Rep. Turkmenistan, 89 000 Ew.; Baumwoll-, Gartenbau, Fleisch- u. a. Lebensmittelindustrie.

Maryland ['mɛərɪlənd], Abk. **Md.,** Staat im O der USA, an der Chesapeake Bay, 27 092 km², 4,79 Mio. Ew. (etwa 24% Schwarze); Hptst.: Annapolis, größte Stadt und Hafen: Baltimore. Anbau: Getreide, Tabak u. a.; Viehzucht. ⚒ auf Kohle, Erdgas. Metall-, Maschinen-, chem. Industrie.

März [nach dem röm. Gott Mars], alte dt. Namen **Lenzmond, Lenzing,** der 3. Monat des Jahres (31 Tage).

Märzfeld, lat. **Campus Martius,** Heerschau im Fränk. Reich im März; ab 755 im Mai (Maifeld).

Marzipan *der* oder *das,* Konfekt aus Mandeln und Zucker; M. stammt aus dem Orient, seit dem MA. in Lübeck, Hamburg, Königsberg hergestellt.

Märzrevolution, durch die frz. Februarrevolution ausgelöste Erhebung des dt. liberalen Bürgertums im März 1848, scheiterte in ganz Deutschland 1849. (→Frankfurter Nationalversammlung).

Masaccio [ma'zattʃo], ital. Maler, *1401, †1429; bed. Maler der toskan. Frührenaissance (Fresken in der Brancacci-Kapelle in Santa Maria del Carmine von Florenz).

Masada, Massada, Felsenfestung im W des Toten Meers, Israel, von den Juden gegen die Römer verteidigt, von diesen 73 n. Chr. erobert; Ausgrabungen seit 1963/65.

Masai, Maasai, Massai *Pl.,* äthiopides Volk in Ostafrika, etwa 800 000 Angehörige.

Masaryk [-rik], Tomáš, tschech. Staatsmann, *1850, †1937; 1918 bis 1935 Staatspräsident.

Mascagni [mas'kaɲɲi], Pietro, ital. Opernkomponist, *1863, †1945; »Cavalleria rusticana«.

Maschine, 1) ⚙ jedes Gerät zur Übertragung von Kräften, das nutzbare Arbeit leisten (**Arbeits-M.**) oder eine Energieform in eine andere umwandeln kann (**Kraft-M.**). – **2)** ⚛ **einfache M.** heißen die Vorrichtungen: Hebel, Rolle, Wellrad, geneigte Ebene, Keil, Schraube.

Maschinenelemente, ⚙ meist genormte Grundbestandteile aller Maschinen, z. B. Schrauben, Nieten, Keile, Bolzen, Federn, Kolben, Wellen, Zapfen, Lager, Kupplungen, Räder, Rollen, Ketten, Zylinder, Stopfbüchsen, Ventile.

Maschinensprache, 💻 Programmiersprache, die der jeweilige Computer direkt, ohne Übersetzung versteht; Programme in M. bestehen aus Folgen von Ziffern.

Maschinenstraße, ⚙ Aneinanderreihung von Arbeitsmaschinen zur kontinuierl. Bearbeitung von Werkstücken. Unterschieden werden: **Fertigungs-, Maschinenfließ-, Taktstraßen.** Vollautomat. M. heißen auch **Transferstraßen.**

Maschinenstürmer, in der industriellen Frühzeit Arbeiter und Handwerker, die durch Zerstörung von Maschinen die (arbeitsplatzvernichtende) Technisierung aufzuhalten versuchten.

Maschinenwaffen, automat. Schusswaffen (z. B. Maschinengewehr), bei denen Laden und Abfeuern selbsttätig erfolgen, solange der Abzug betätigt wird.

Masefield ['meɪsfi:ld], John, engl. Dichter, *1878, †1967; »Salzwasserballaden« (1902); Dramen, Romane.

Maser ['meɪzə, engl., von **M**icrowave **a**mplification by **s**timulated **e**mission of **r**adiation] *der,* Gerät zur Erzeugung und Verstärkung von Mikrowellen durch Ausnutzung der Eigenschaften innermolekularer oder innerkristalliner Energie-Übergänge; **Gas-M.** (Ammoniak), **Festkörper-M.** (Rubin). Anwendung: rauscharme Verstärker für Radioastronomie, Funkempfang über Satelliten und von Raumfahrzeugen, Radar.

Masereel, Frans, belg. Grafiker, Maler, *1889, †1972; kraftvolle Holzschnittzyklen mit gesellschaftskrit. Gehalt.

Masern *Pl.,* sehr ansteckende Infektionskrankheit, erregt durch ein Virus; meist im Kindesalter. Erscheinungen sind: Bindehautentzündung, Husten, weiße Pünktchen auf der Wangenschleimhaut, linsengroße rote Flecke an Gesicht und Hals, dann am ganzen Körper. Bei der Heilung schuppt sich die Haut ab. Vorbeugend: Impfung; Behandlung: Bettruhe, Zimmer verdunkeln.

Maseru, Hptst. von Lesotho, im NW des Landes, 110 000 Ew., kath. Erzbischofs- und anglikan. Bischofssitz. – Gegr. 1869.

Masina, Giulietta, ital. Schauspielerin, *1921, †1994; bekannt v. a. durch Filme ihres Mannes F. Fellini (»La Strada«, »Nächte der Cabiria« u. a.).

Maskarenen *Pl.,* vulkan. Inselgruppe im Ind. Ozean; umfasst Réunion, Mauritius und Rodriguez mit Nebeninseln.

Maskat, engl. **Muscat,** Hptst. von →Oman.

Maske, 1) Gesichtsverhüllung bei Kulthandlungen, Volksfesten, Maskenbällen. – **2)** Aufmachung eines Schauspielers; die M. ist Sinnbild der Bühnenkunst, da die Schauspieler im Altertum Gesichts-M. trugen; in Japan bei Nō-Spielen getragen. – **3)** Fotografie: Abdeckschablone. – **4)** Halbleitertechnologie: →Elektronenstrahllithographie. – **5)** Hilfsmittel zum Auswählen bestimmter Stellen aus einem Datenfeld.

Frans Masereel. Holzschnitt aus der Folge »Mein Stundenbuch« (1919)

Masochismus [nach dem österr. Schriftsteller L. v. Sacher-Masoch] *der,* sexuelle Erregung oder Befriedigung durch Erleiden von Misshandlungen.

Mason [meɪsn], James, brit. Bühnen- und Filmschauspieler, *1909, †1984.

James Mason

Masowien, fruchtbare Landschaft an Weichsel und Bug, mit Warschau und Plozk.

Maß, 1) allg. etwas, womit ge-, be- oder zugemessen wird, eine Vergleichsgröße (z. B. in der Redensart »das M. aller Dinge«); auch der aufgrund einer Messung sich ergebende Messwert (z. B. Längen- oder Breiten-M.). Manchmal, nicht sehr präzis, auch svw. Messgröße oder Einheit. – **2)** logarithmiertes Verhältnis von Leistungs- oder Feldgrößen, zur Kennzeichnung der Eigenschaften eines Gegenstands, z. B. Übertragungs-M.; angegeben meist in Dezibel oder Neper.

Massachusetts [mæsə'tʃu:sets], Abk. **Mass.,** einer der Neuenglandstaaten der USA, 21 456 km², 6,02 Mio. Ew.; Hptst.: Boston. Werkzeug-, Maschinen-, Textil-, Leder- u. a. Ind.; Fischerei. – M. war Mittelpunkt des puritan. Neuengland.

Massachusetts
Flagge

Massage [ma'sa:ʒə] *die,* Heilbehandlung des Körpers durch mechan. Beeinflussung (Kneten, Klopfen, Streichen) v. a. mit den Händen.

Massai →Masai.

Maßanalyse, Ermittlung der Menge eines gelösten Stoffs durch Zusetzen einer genau bekannten Lösung eines anderen Stoffs **(Titrieren),** bis der zu untersuchende Stoff völlig umgesetzt ist.

Massaua, Haupthafen von Eritrea, 15 400 Ew.; einer der heißesten Orte der Erde (Jahresmittel 30,2 °C).

Masse, 1) Grundgröße der Physik, die Ursache der Gewichtskraft eines Körpers **(schwere M.)** und seines Widerstands gegen jede Bewegungsänderung **(träge M.).** SI-Einheit der M. ist das Kilogramm. – **2)** in der älteren Soziologie Bezeichnung für eine unstrukturierte Vielzahl von Menschen (im Ggs. zur Gruppe oder Gemeinschaft), die gleichwohl als Gesamtheit suggestiver Beeinflussung zugänglich ist.

Massel *der,* Glück; Ggs.: Schlamassel.

Massel *die,* in Sandformen oder Kokillen gegossene Roheisenbarren (bis 1 000 kg).

Massenanziehung, Gravitation, Anziehungskraft F zw. 2 punktförmigen Massen m_1, m_2; gehorcht dem **newtonschen Gravitationsgesetz:** $F = G \cdot m_1 \cdot m_2/r^2$ (r = Entfernung zw. m_1 und m_2 und $G = 6{,}672 \cdot 10^{-11}$ Nm²kg⁻², die **Gravitationskonstante).** Die M. ist die Ursache des inneren Zusammenhalts der Sterne und der Sternsysteme sowie der Sternbewegungen. Ein Sonderfall der M. ist die →Schwerkraft.

Massendefekt, Abweichung der Masse eines Atomkerns von der im Vergleich dazu größeren Summe seiner Protonen- und Neutronenmassen, verursacht durch die Bindungsenergie der Kernbestandteile.

Massenet [mas'nɛ], Jules, frz. Komponist, *1842, †1912; Opern (»Manon«, »Werther«, »Don Quichotte«), Orchesterwerke, Lieder.

Massenfertigung, Massenproduktion, Herstellung großer Mengen technisch gleichartiger Güter; führt zu optimaler Kapazitätsauslastung bei sinkenden Stückkosten.

Massenmedien, techn. Verbreitungsmittel, mit denen Informationen an ein großes Publikum gerichtet werden, z. B. Presse, Film, Funk, Fernsehen, neuerdings auch Datenverarbeitung.

Massenspektrograph *der,* Gerät zur Massenbestimmung von Atomen und Molekülen und zur Darstellung des Massenspektrums von Teilchengemischen. BILD S. 586

Massenvernichtungsmittel, Waffen oder Kampfstoffe, deren Einsatz unterschiedslos zu massenhaftem Tod und zur Vernichtung der Lebensgrundlagen führen würde, v. a. ABC-Waffen.

Massenwirkungsgesetz, ⚗ Grundgesetz der theoret. Chemie; gibt die Richtung an, in die eine Gleichgewichtsreaktion in Abhängigkeit von den Konzentrationen der Ausgangsstoffe und der Produkte verschoben wird.

Massenzahl, ⚛ Anzahl der Nukleonen eines Atomkerns, gleichbedeutend mit der ganzzahlig gerundeten Atommasse in atomaren Masseneinheiten.

Massiv *das,* Gebirgsstock, Massengebirge, Tiefengesteinsmasse.

Maßliebchen, das →Gänseblümchen.

Masson [ma'sɔ̃], André, frz. Maler und Grafiker, *1896, †1987; stand dem Surrealismus nahe (u. a. Bühnenbilder und -kostüme), entwickelte eine lyrisch-spontane Malweise.

Maßregeln der Besserung und Sicherung, ⚖ neben der Strafe vorgesehene Maßnahmen zur Besserung des Täters und zum Schutz der Allgemeinheit vor ihm, z. B. Einweisung in eine Entziehungsanstalt, Entzug der Fahrerlaubnis.

Maßstab, 1) Längenmessgerät, z. B. Lineal, Glieder-M., Stahlbandmaß. – 2) Kartographie: Längenverhältnis von Karten gegenüber der Natur (z. B. 1:25000 bedeutet: 1 cm der Karte entspricht 25000 cm in der Natur).

Maßwerk, ⌂ Schmuckform der Gotik, aus geometr. Gebilden, bes. als Fensterfüllung.

Massys [-sɛis], Quentin, fläm. Maler, *1466, †1530; neben Porträts und Genrebildern Madonnenbilder und Blätter für Flügelaltäre.

Mast, 1) ⚓ kräftiges Rundholz oder Metallrohr, an dem die Rahen oder Gaffeln mit den Segeln befestigt sind. – 2) Leitungsmast, →Leitung.

Mastaba *die,* altägypt. Grabbau.

Master ['mɑ:stə], Meister; Lehrer. 1) engl. Anrede an junge Leute höherer Stände. – 2) der Führer des Felds im Jagdreiten. – 3) akadem. Grad in den angelsächs. Ländern, z. B. **M. of Arts** (Abk. **M. A.**).

Mastiff *der,* schwere engl. Haushunderasse; Widerrist rd. 75 cm; Wach- und Verteidigungshund.

Mastitis *die,* ⚕ Entzündung der Brustdrüsen.

Mastix *der,* Harz einer Pistazienart, für Firnisse, Pflaster, Klebemittel.

Mastodon *das,* vorweltl. Rüsseltier.

Marcello Mastroianni

Mastroianni, Marcello, ital. Filmschauspieler, *1924, †1996; Charakterdarsteller und kom. Rollen (u. a. »Stadt der Frauen«, 1979, »Ginger und Fred«, 1986).

Masturbation *die,* **Ipsation, Onanie,** sexuelle Selbstbefriedigung.

Kurt Masur

Masur, Kurt, dt. Dirigent, *1927; 1970 bis 1996 Kapellmeister des Leipziger Gewandhausorchesters (1971 bis 1994) und Chefdirigent des New York Philharmonic Orchestra (seit 1991). Wesentlich an den Leipziger Montagsdemonstrationen beteiligt.

Masuren, Landschaft in Ostpreußen (heute zu Polen), wald- und seenreich, in den Seesker Höhen 309 m hoch. Die größten **Masur. Seen** sind **Mauer-, Spirdingsee.** M. wurde durch den Dt. Orden, durch preuß. Herzöge und Könige meist mit Bauern aus Masowien besiedelt. Im 1. Weltkrieg Schlachten an den Masur. Seen.

Masurka, Mazurka *die,* poln. Nationaltanz im $^3/_4$- oder $^3/_8$-Takt.

Matabeleland, Hochland in Simbabwe, Farm- und Bergbaugebiet.

Matadi, Prov.-Hptst. und Seehafen in der Demokrat. Rep. Kongo, am unteren Kongo, 162000 Ew., Beginn der Kongobahn; bedeutender Umschlagplatz.

Matador *der,* Stierkämpfer, der dem Tier den Todesstoß gibt.

Mata Hari, eigentl. Margarete **Zelle,** niederländ. Tänzerin, *1876, †1917; in Paris als dt. Spionin erschossen.

Matamoros, Stadt in Mexiko, 239000 Ew.; Flughafen.

Matanzas [-sas], Stadt auf Kuba, 112600 Ew.; Ausfuhr von Rohrzucker, Zuckerindustrie.

Mataré, Ewald, dt. Bildhauer, *1887, †1965; Tierplastiken in abstrahierter Form, im Spätwerk v. a. religiöse Thematik (Bronzetüren des Kölner Doms, der Weltfriedenskirche in Hiroshima).

Mate *der,* zu Tee verwendetes Laub einer südamerikan. Stechpalme, koffeinärmer als Tee.

Mater *die,* 1) Mutter. **M. dolorosa,** Mutter Jesu im Schmerz über die Leiden ihres Sohns (→Pietà). – 2) 🕮 →Matrize.

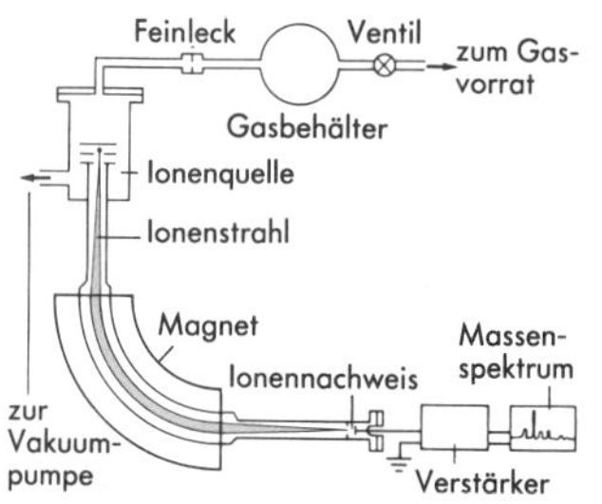

Massenspektrograph. Magnetisches Massenspektrometer

Material *das,* Rohstoff oder Hilfsmittel für eine Arbeit oder einen bestimmten Zweck.

Materialismus *der,* Weltsicht oder Haltung, für die die Materie der Grund alles Wirklichen ist; versucht das gesamte Weltgeschehen einschließlich des Lebens, der Seele und des Geistes als Wirkung des Stoffs und seiner Bewegungen zu erklären; Ggs.: Idealismus. In der Antike vertraten Leukipp, Demokrit, Epikur und Lukrez, in der Neuzeit P. Gassendi, P. H. T. d'Holbach, L. Feuerbach u. a. den M. – **Prakt. M.,** Lebensauffassung, die materielle Werte wie Genuss, Besitz den geistigen Werten vorzieht. – **Histor. M.,** Abk. **Histomat,** die theoret. Grundlage des Marxismus, von Marx und Engels entwickelt, indem sie die hegelsche dialekt. Selbstbewegung des Geistes umkehrten in eine dialekt. Selbstbewegung der materiellen, d. h. ökonom. Verhältnisse. Danach ist die Gesch. ein Vorgang, der allein von den gesellschaftl. Produktionsverhältnissen gelenkt wird. Diese bestimmten das menschl. Bewusstsein. Alle geistige Kultur sei nur »Überbau« über den jeweiligen Produktionsverhältnissen. So erscheint die Gesch. in ihrem Kern als eine Gesch. von Klassenkämpfen. – **Dialekt. M.,** Abk. **Diamat,** der Ausbau des histor. M. zu einem umfassenden System, bes. in Russland durch G. Plechanow und Lenin.

Materialprüfung →Werkstoffprüfung.

Materie *die,* 1) Stoff, Inhalt; Ggs.: Form. – 2) Gesamtheit dessen, was an chem. Elementen oder Verbindungen in der Natur anzutreffen ist.

Materiewellen →Wellenmechanik.

Mathematik [von griech. mathēmatikē (téchnē), zu máthēma »Gelerntes«] *die,* eine Wiss., die sich aus den prakt. Aufgaben des Zählens, Rechnens und Messens und den v. a. in Naturwiss. und Technik durch Zahlen und geometr. Figuren beschreibbaren Beobachtungen entwickelt hat. Heute untersucht die M. auf mengentheoret.-log. Grundlage Beziehungen zw. Mengen, die als den zu untersuchenden Objekten gemeinsam zugrunde liegende Strukturen von Interesse sind. Es ist das Ziel, so zu Modellen und damit zu einem besseren Verständnis dieser Objekte zu gelangen. Math. Methoden finden heute in nahezu allen naturwiss.-techn. und gesellschaftswiss. Disziplinen Anwendung. Große math. Teildisziplinen sind die math. Logik, Mengentheorie, Topologie, Algebra, Geometrie, Zahlentheorie, Analysis, Wahrscheinlichkeitstheorie und Statistik, Operations Research und die diskrete Mathematik.

Mathilde, 1) Gemahlin König Heinrichs I., Mutter Ottos d. Gr., * um 895, † 968; Heilige (Tag: 14. 3.). – **2)** Markgräfin von Tuscien (Toskana), * 1046, † 1115; unterstützte die Päpste gegen die dt. Kaiser im Investiturstreit, setzte die röm. Kirche zum Erben ihrer Güter und Lehen ein.

Mathis, Edith, schweizer. Sängerin (Sopran), * 1935.

Mathura [ˈmæθʊrɑː], früher **Muttra,** Stadt in Uttar Pradesh, N-Indien, 160 000 Ew.; Baumwoll- und chem. Industrie, archäolog. Museum; gilt als Geburts- und Wirkungsstätte Krishnas.

Matinee *die,* Morgenfeier, -veranstaltung.

Matisse [maˈtis], Henri, frz. Maler, Grafiker, Bildhauer, * 1869, † 1954; nach anfänglicher Anlehnung an den Impressionismus zentrale Gestalt der Gruppe der Fauves. Entwickelte einen dekorativen Flächenstil mit arabeskenhaften Elementen; malte v. a. Stillleben, Figurenkompositionen (Frauen), Landschaften und Porträts; auch Figuren- und Porträtplastiken.

Matjeshering, noch nicht laichreifer Hering.

Mato Grosso [ˈmatu ˈgrosu], Binnenstaat Brasiliens mit trop. Pflanzenwuchs, 1,2 Mio. km², 3,3 Mio. Ew. (viele Indianer), Hptst. Cuiabá; im S Viehzucht, im N Urwald; Reis, Tabak; Diamanten, Gold. – 1979 geteilt in **M. G.** und **M. G. do Sul** (350 000 km², 1,7 Mio. Ew.; Hptst.: Campo Grande).

Mätresse *die,* früher die oft einflussreiche Geliebte eines Fürsten, heute abwertend: Geliebte eines verheirateten Mannes.

Matriarchat *das,* Gesellschaftsordnung, in der die Frau (bes. die Mutter) eine hervorragende Stellung innehat.

Matrikel *die,* **1)** amtl. Verzeichnis von Personen oder Einkünften, auch der Reichsstände im Hl. Röm. Reich **(Reichs-M.).** – **2)** Hochschule: Aufnahmeverzeichnis der Studenten.

Matrix *die,* rechteckige Anordnung von Zahlen (oder anderen math. Größen), mit der ähnlich wie mit einer Zahl gerechnet wird.

Matrixdrucker, 🖳 Ausgabegerät von Computern, das alle Zeichen mit zeilen- und spaltenförmig angeordneten Bildpunkten darstellt, z. B. Nadel- und Laserdrucker.

Matrize *die,* **1)** Gussform für Druckbuchstaben. – **2)** 🕮 Kunststoffform (Mater), die vom Satz oder von Originaldruckplatten hergestellt wird. – **3)** ⚙ unterer Teil der Stahlform beim Gesenkschmieden, Prägen, Stanzen.

Matrizenmechanik, ⚛ von W. Heisenberg, M. Born und P. Jordan geschaffene Form der Quantenmechanik. In ihr wird eine beobachtbare Größe durch ein quadrat. Schema (eine Matrix) komplexer Zahlen dargestellt.

Matrone *die,* gesetzte, Würde ausstrahlende ältere Frau.

Matrose *der,* Seemann; in der Kriegsmarine: der einfache Soldat.

Matsumoto, Stadt auf der Insel Honshū, Japan, 198 000 Ew.; Seidenraupenzucht.

Matsuo, Bashō, jap. Zen-Mönch, * 1644, † 1694; Meister der Haiku-Dichtung.

Matsuyama, Hafenstadt auf der Insel Shikoku, Japan, 427 000 Ew.; Ind., Hochschulen; Schloss und Park, der als Muster jap. Gartenkunst gilt.

Matte, 1) Alpenwiese. – **2)** Geflecht oder Gewebe aus Fasern, Draht u. a.

Matteotti, Giacomo, ital. Politiker, * 1885, † (ermordet) 1924; führender Sozialist und Gegner Mussolinis.

Matterhorn, steile vierkantige Felspyramide der Walliser Alpen; über das M. verläuft die schweizer.-ital. Grenze, 4478 m; Erstbesteigung 1865.

Mattes, Eva, dt. Schauspielerin, * 1954; vielseitige Charakterdarstellerin, auch Filme.

Matthau [ˈmæθɔː], Walter, amerikanischer Schauspieler, * 1920; bekannt v. a. durch überzeugende kom. Rollen.

Matthäus, Apostel und Evangelist (Tag: 21. 9.), Verfasser des **M.-Evangeliums;** Sinnbild: Engel.

Mattheuer, Wolfgang, dt. Maler und Grafiker, * 1927; einer der profiliertesten Vertreter des krit. Realismus in der DDR.

Matthias, Apostel (Tag: 14. 5.), an Judas Ischariots Stelle in den Kreis der Jünger berufen.

Matthias, Herrscher: **Hl. Röm. Reich. 1) M.,** Kaiser (ab 1612), * 1557, † 1619; Bruder Rudolfs II., suchte vergebens zw. Protestanten und Katholiken zu vermitteln. – **Ungarn. 2) M. I. Corvinus,** König von Ungarn (ab 1458), * 1443, † 1490; Sohn des Johann Hunyadi, erwarb 1469 Schlesien, Mähren und die Lausitz, eroberte 1485 Wien; gründete die Univ. Preßburg.

mattieren, ⚙ **1)** Metall-, Glaswaren eine matte Oberfläche durch Bearbeitung mit Sand oder Säuren verschaffen. – **2)** Möbeln tiefmatten Glanz geben.

Matura *die,* österr. und schweizer. für Reifeprüfung.

Mauerfraß, Mauersalpeter, Zerstörung des Mörtelkalks durch Nitratverbindungen (weißer Beschlag oder schmutziger Überzug).

Mauerpfeffer, ⚘ eine Fetthennenart.

Mauersegler, ♈ schwalbenähnl. Vogel mit Klammerfüßen, vorzügl. Flieger, Zugvogel, Insektenvertilger.

Maugham [mɔːm], William Somerset, brit. Erzähler, Dramatiker, * 1874, † 1965; Arzt; Romane (»Der bunte Schleier«, 1925, u. a.), Lustspiele.

Maulbeerbaum, Gattung von Bäumen, deren Blätter Nahrung für Seidenraupen liefern; der **Weiße M.,** aus China, in Europa bis S-Schweden angebaut, mit weißen Früchten. Der **Schwarze M.** hat dickere Blätter, schwarze Früchte.

Maulbertsch, Franz Anton, österr. Maler, getauft 1724, † 1796; Meister des Spätbarock.

Maulbronn, Stadt im Enzkreis, Bad.-Württ., 6 100 Ew.; besterhaltene Zisterzienserabtei Dtl.s, gegr. 1147, gehört zum Weltkulturerbe; heute ev.-theolog. Seminar.

Maulbrüter, ♈ Fische (Buntbarsche), die ihre Eier im Maul ausbrüten.

Maul|esel, Kreuzung von Pferdehengst und Eselstute; **Maultier,** Kreuzung von Eselhengst und Pferdestute, pferdeähnlich, größer und stärker als M.; sind untereinander unfruchtbar, doch bringen die Stuten von einem Esel- oder Pferdehengst Fohlen; gutes Last- und Zugtier auf schwierigen Pfaden.

Maultrommel, Brumm|eisen, mit den Zähnen im Mund gehaltenes Musikinstrument mit einer Metallzunge, dessen Klangspektrum durch Änderung der Mundstellung moduliert wird.

Maul- und Klauenseuche, seuchenartig auftretende ansteckende Viruskrankheit des Klauenviehs (Wiederkäuer, Schweine); anzeigepflichtig. Kennzeichen: fieberhafter Bläschenausschlag, Geschwüre im Maul, an den Klauen, am Euter. Die M.-u. K. ist durch Berührung und den Genuss ungekochter Milch auf Menschen übertragbar.

Maulwurf *der,* im Boden wühlender Insektenvertilger mit dunklem Samtfell, Rüsselschnauze, Grabfüßen und rückgebildeten Augen.

Mau-Mau, brit. Bezeichnung für um 1950 entstandene Geheimorganisationen der Kikuyu in Kenia, mit denen die Erhebung gegen die brit. Herrschaft begann.

Mauna Kea und **Mauna Loa,** Vulkane auf der Insel Hawaii, 4 205 und 4 169 m hoch.

Maupassant [mopaˈsã], Guy de, frz. Schriftsteller, * 1850, † 1893; Novellen (»Fettklößchen«, 1880) und Romane (»Bel ami«, 1885).

Edith Mathis

Henri Matisse
Selbstbildnis (1937)

Eva Mattes

Walter Matthau

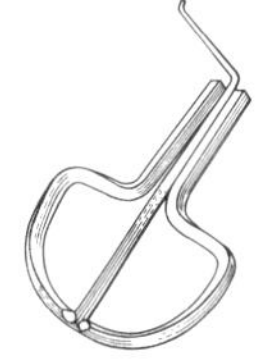
Maultrommel

Mauretanien

Staatswappen

Staatsflagge

Internationales Kfz-Kennzeichen

Maupertuis [mopɛrˈtɥi], Pierre Louis Moreau de, frz. Philosoph, Biologe und Mathematiker, * 1698, † 1759; formulierte ein Prinzip der kleinsten Wirkung; 1746 zum Präs. der Preuß. Akademie der Wiss. in Berlin ernannt.

Mauren, 1) berber.-arab. Mischbev. der Atlasländer. – **2)** die früheren Muslime in Spanien.

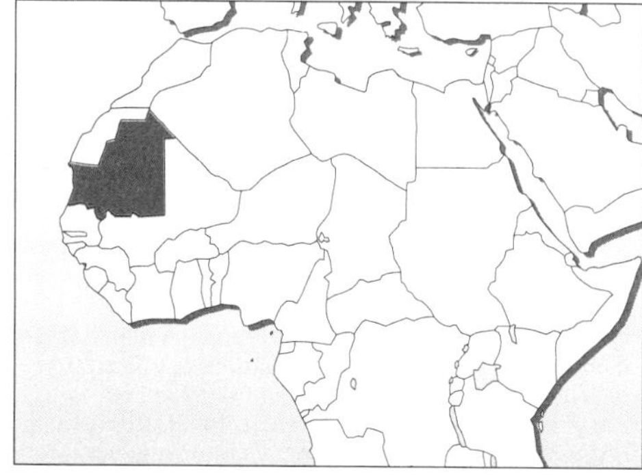

Mauretanien, islam. Rep. in W-Afrika, 1 030 700 km², 2,14 Mio. Ew. (meist Mauren, Schwarze); Hptst.: Nouakchott; Amtssprachen: Arabisch, Französisch. Präsidialverfassung. Staatsreligion: Islam. – Meist abflusslose Wüste; Getreideanbau am Senegal; Viehzucht. ⚒ auf Eisen, Kupfer. Ausfuhr: Eisenerz, Fischereierzeugnisse. See- und Flughäfen: Nouakchott, Nouadhibou.

Geschichte. Ehem. Gebiet von Frz.-Westafrika, 1960 unabhängig. 1976 erlangte M. mit Marokko Souveränitätsrechte in → Westsahara, die es 1979 unter marokkan. Protest an die saharaische Widerstandsorganisation POLISARIO abtrat. Staatsoberhaupt: M. O. S. A. Taya (seit 1984).

Mauritius

Staatswappen

Staatsflagge

Internationales Kfz-Kennzeichen

Mauriac [moriˈak], François, frz. Schriftsteller, * 1885, † 1970; Romane auf der Grundlage kath. Ethik (»Natterngezücht«, 1932; »Die schwarzen Engel«, 1936); Biographie »Charles de Gaulle«; Nobelpreis für Literatur 1952.

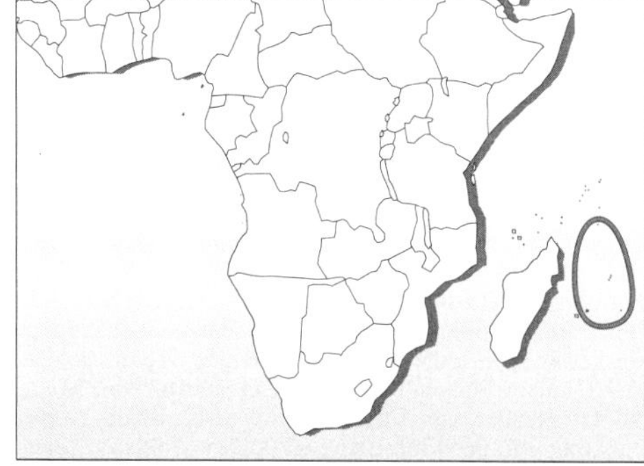

Mauritius, vulkan. Insel der Maskarenen, im Ind. Ozean, und Rep. im Commonwealth; umfasst mit der Insel Rodriguez und einigen kleineren Inseln 2 045 km², 1,1 Mio. Ew.; Hptst. und -hafen: Port Louis; Amtssprache: Englisch. Staatsoberhaupt: ein auf 5 Jahre gewählter Präsident. Klima tropisch. Bev.: Kreolen, Inder, Weiße, Chinesen. Religionen: Hinduismus, Katholizismus, Islam. Zuckeranbau und -ausfuhr. – 1598 niederländisch, 1715 französisch, 1810 britisch, 1968 unabhängig. Staatsoberhaupt: C. Uteem (seit 1992), Regierungschef: N. Rangoolam (seit 1995).

Wilhelm Maybach

Mauritius, Anführer der → Thebäischen Legion; Schutzheiliger der Infanterie (Tag: 22. 9.).

Maurois [mɔˈrwa], André, eigentl. Émile **Herzog,** frz. Schriftsteller, * 1885, † 1967; Dichterbiographien, Romane, Studien.

Mauroy [mɔˈrwa], Pierre, frz. Politiker, * 1928; seit 1973 Bürgermeister von Lille, 1981 bis 1984 Min.-Präs., seit 1992 Präs. der Sozialist. Internationale.

Maurras [mɔˈraːs], Charles, frz. Politiker, Schriftsteller, * 1868, † 1952; Mitbegründer der Action Française; Verfechter einer radikal antidemokrat. und antisemit. Politik; 1945 als Kollaborateur verurteilt.

Maursmünster, frz. **Marmoutier,** Gemeinde im Unterelsass, Frankreich, 2 000 Ew. – Ehem. Abteikirche Saint-Étienne (darin u. a. Silbermann-Orgel).

Maus, 💻 bewegl. Eingabegerät, mit dem das Markierungssymbol (Cursor) auf dem Bildschirm gesteuert werden kann.

Mäuse, ♡ Nagetierfamilie mit etwa 460 Arten; viele werden durch starke Vermehrung und große Gefräßigkeit dem Menschen schädlich. Zu den M. gehören u. a. Hamster, Wühlmäuse, Ratten und die Echten M.: Die **Haus-M.** ist mit Schwanz 18 cm lang und dunkelaschgrau gefärbt, lebt in menschl. Behausungen, fast über die ganze Erde verbreitet. Die **Weiße M.** (Albino) wird als Versuchstier gezüchtet. Die bräunlich graue **Wald-M.** lebt in Wäldern, die rostbraune **Brand-M.** ist ein Feldschädling. Einige Arten sind Überträger von Krankheiten.

Mäusedorn, stachlige, halbstrauchige Liliengewächse der Mittelmeerländer; auf blattförmigen, immergrünen Flachsprossen stehen in der Achsel eines Blättchens zweihäusige Blüten.

Mauser, Mauserung, Federwechsel der Vögel, meist nach einjähriger Tragedauer.

Mauser, Paul v. (seit 1912), dt. Waffenkonstrukteur, * 1838, † 1914.

Mäuseturm, Turm (frühes 13. Jh.) auf einer Felseninsel im Rhein bei Bingen, in den sich nach der Sage Erzbischof Hatto I. oder Hatto II. von Mainz vor Mäusen geflüchtet haben soll, die ihn zur Strafe für seine Hartherzigkeit gegen die Armen auffraßen.

Mausoleum *das,* monumentaler Grabbau (nach dem in der Antike berühmten M. des karischen Fürsten Mausolos, † 353 v. Chr.).

Maut *die,* Gebühr für die Benutzung von Straßen, Brücken usw.

Mauthausen, Marktgemeinde in OÖ. Bei M. bestand 1938/39 bis 1945 ein natsoz. Konzentrationslager.

mauve [moːv], malvenfarbig, bräunlich violett.

Max, Prinz von Baden, * 1867, † 1929; als letzter Reichskanzler des dt. Kaiserreichs verkündete er 1918 die Abdankung Wilhelms II. und trat das Amt des Reichskanzlers an F. Ebert ab.

Maxentius, Marcus Aurelius Valerius, * um 279, † 312; röm. Kaiser (ab 306); wurde von seinem Mitkaiser Konstantin d. Gr. 312 an der Milvischen Brücke besiegt.

Maxime *die,* Grundsatz, Lebensregel.

Maximian, * um 240, † 310; Mitkaiser (286 bis 305, 307/08) des röm. Kaisers Diokletian in der westl. Reichshälfte.

Maximilian, Herrscher: **Hl. Röm. Reich. 1) M. I.,** Röm. König (seit 1486) und Kaiser (seit 1508), * 1459, † 1519; gen. »der letzte Ritter«, gewann durch seine Heirat mit Maria von Burgund (1477) die Niederlande und durch Heiratspolitik 1506/16 die spanische Krone, 1515 die Anwartschaft auf Böhmen und Ungarn für die Habsburger, kämpfte erfolglos um Italien. 1495 verkündete er den Ewigen Landfrieden und setzte das Reichskammergericht ein. – **2) M. II.,** Kaiser (seit 1564), * 1527, † 1576; neigte zum Protestantismus, blieb aber äußerlich der kath. Kirche treu. – **Bay-**

Maximilian I. Ausschnitt aus einem Gemälde von Albrecht Dürer (1519)

ern. 3) M. I., Herzog (seit 1597), Kurfürst (seit 1623), * 1573, † 1651; gründete 1609 die kath. Liga, kämpfte im Dreißigjährigen Krieg aufseiten der habsburg. Kaiser (aber Gegner Wallensteins), erwarb die Oberpfalz. - **4) M. II. Emanuel,** Kurfürst (seit 1679), * 1662, † 1726; kämpfte gegen die Türken, verbündete sich im Spanischen Erbfolgekrieg mit Ludwig XIV. von Frankreich. - **Mexiko. 5) M.,** Kaiser (1864 bis 1867, auf Betreiben Napoleons III.), * 1832; Bruder des österr. Kaisers Franz Joseph, konnte sich gegen die Republikaner nicht durchsetzen; 1867 gefangen genommen und in Querétaro erschossen.

Maximinus, Gaius Julius Verus, gen. **M. Thrax** [»Thraker«], * 173 (?), röm. Kaiser (235 bis 238).

Maximum *das,* höchster Wert.

Max-Planck-Gesellschaft zur Förderung der Wissenschaften e. V., Abk. **MPG,** unterhält unabhängige wiss. Institute, Forschungsstellen u. a. Einrichtungen (insgesamt über 60), wird im Wesentl. staatl. finanziert; 1948 gegr., Sitz München; Nachfolgerin der Kaiser-Wilhelm-Gesellschaft.

Maxwell ['mækswəl], James Clerk, brit. Physiker, * 1831, † 1879; fand die Gesetze der Elektrodynamik, erkannte, dass das Licht eine elektromagnet. Wellenbewegung ist, und war maßgebl. an der Entwicklung der kinet. Gastheorie beteiligt.

May, 1) Ernst, dt. Architekt, * 1886, † 1970; vorbildlich gewordene Siedlungen und städtebaul. Planungen (Frankfurt am Main). - **2)** Karl, dt. Erzähler, * 1842, † 1912; schrieb spannende Erz., die meist unter den Indianerstämmen Nordamerikas (»Winnetou«) oder im Vorderen Orient (»Von Bagdad nach Stambul«) spielen, heute wieder stärker beachtet das Spätwerk (»Und Friede auf Erden« u. a.). **Karl-M.-Museen** in Radebeul und in Bamberg.

Maya, sprachverwandte Indianerstämme in Zentralamerika, bes. Yucatán, heute etwa 2,5 Mio. Sprecher. In vorkolumb. Zeit waren die M. Träger einer hoch entwickelten Kultur (Blütezeit ab etwa 300 n. Chr.). Zeugen ihrer vorkolumb. Kultur sind Tempel-, Palast-, Städtebauten (Chichén Itzá) mit toltek. Einfluss.

Maybach, Wilhelm, dt. Ingenieur und Unternehmer, * 1846, † 1929; erfand den Vergaser, entwickelte u. a. Wechselgetriebe, Kulissensteuerung, Wabenkühler.

Mayday ['meɪdeɪ, aus frz. m'aidez! »helft mir!«], internat. Notsignal im Funksprechverkehr.

Mayer, 1) Hans, dt. Literaturhistoriker, * 1907. - **2)** Julius Robert, dt. Arzt, Physiker, * 1814, † 1878; entdeckte das Ges. der Erhaltung der Energie.

Mayflower ['meɪflaʊə], Name des Schiffs, auf dem 1620 die ersten engl. Kolonisten **(Pilgerväter)** nach Amerika fuhren.

Mayo-Klinik, eins der bekanntesten Krankenhäuser der Welt, 1889 von W. W. Mayo und seinen Söhnen in Rochester (USA) gegr., verfügt über viele Abteilungen für diagnost. und therapeut. Verfahren. In Wiesbaden ist 1970 die **Dt. Klinik für Diagnostik** nach dem Vorbild der M.-K. eröffnet worden.

Mayonnaise [majɔ'nɛ:zə] *die,* → Majonäse.

Mayotte [ma'jɔt], Insel der Komoren, 374 km², 94 000 Ew. M. blieb nach der Unabhängigkeitserklärung der Komoren 1975 bei Frankreich.

Mayröcker, Friederike, österr. Schriftstellerin, * 1924; experimentelle Lyrik und Prosa.

MAZ *die,* Abk. für **m**agnet. Bild**a**uf**z**eichnung.

Mazarin [maza'rɛ̃], Jules, Herzog **von Nevers** (seit 1659), Kardinal (seit 1641), frz. Staatsmann, * 1602, † 1661; leitender Min. während der Minderjährigkeit Ludwigs XIV.

Mazedoni|en → Makedonien.

Mäzen [nach Maecenas] *der,* vermögender Gönner, v. a. in den Künsten und im Sport.

Mazurka [-'zʊr-], → Masurka.

Mazzini, Giuseppe, ital. republikan. Freiheitskämpfer, * 1805, † 1872.

Mbabane, Hptst. von Swasiland, 48 000 Einwohner.

Mbeki, Thabo Mvuyelwa, Erster Vizepräs. Südafrikas (seit Mai 1994), * 1942; war im Exil (seit 1962) Informationssekretär und später außenpolit. Sprecher des ANC; seit 1997 Präs. des ANC.

Mbini, bis 1973 **Rio Muni,** Festlandsteil von Äquatorialguinea, 26 017 km², etwa 240 000 Ew., Hochland mit trop. Wäldern; Holzausfuhr.

MByte, 💻 Zeichen für Megabyte, 1 024 × 1 024 = 1 048 576 Byte; Maß für die Speicherkapazität.

McCarthy [mə'kɑ:θɪ], **1)** Joseph Raymond, amerikan. Politiker, * 1909, † 1957; leitete als republikan. Senator von 1950 bis 1954 die Untersuchung »unamerikan. Umtriebe«, die sich unter seiner Führung zu einer repressiven, allg. antikommunist., nationalist. und antisemit. Vorurteile mobilisierenden Verfolgungswelle auswuchs. - **2)** Mary, amerikan. Schriftstellerin, * 1912, † 1985; Roman »Die Clique« (1963), daneben Erzählungen und Kurzgeschichten mit satir. Gesellschaftsanalysen, auch Autobiographisches.

McClintock [mə'klɪntɔk], Barbara, amerikan. Biologin, * 1902, † 1992; erhielt für genet. Zellforschungen 1983 den Nobelpreis für Physiologie oder Medizin.

McCloy [mə'klɔɪ], John Jay, amerikan. Politiker, * 1895, † 1989; 1949 bis 1952 Hochkommissar der USA in Dtl.; 1985 Ehrenbürger Berlins.

McCullers [mə'kʌləz], Carson, amerikan. Schriftstellerin, * 1917, † 1967; Erz. und Romane (»Das Herz ist ein einsamer Jäger«, 1940; »Frankie«, 1946).

Maya. Palastkomplex in Palenque (Mexiko)

James Clerk Maxwell

Karl May

Barbara McClintock

Maya
Detail eines Tempelreliefs in Tikal (Guatemala)

McKinley [mə'kɪnlɪ], William, amerikan. Politiker, *1843, †(ermordet) 1901; 1897 bis 1901 25. Präs. der USA (Republikaner).

Mead [mi:d], **1)** George Herbert, amerikan. Philosoph, *1863, †1931; Sozialpsychologe. – **2)** Margaret, amerikan. Ethnologin, *1901, †1978; Arbeiten zum sozialen Wandel.

Mechanik *die,* ❀ Wiss. vom Gleichgewicht und von der Bewegung der Körper. Erstere heißt auch **Statik,** letztere **Dynamik** oder **Kinetik.** In der **Kinematik** wird allein die Bewegung (Lage, Geschwindigkeit, Beschleunigung) der Körper ohne Rücksicht auf die sie verursachenden Kräfte untersucht. Die M. der flüssigen Körper heißt **Hydro-,** die der gasförmigen **Aeromechanik.**

Mechanismus *der,* innere Einrichtung einer Maschine, ihr Triebwerk; **mechanistisch,** Denkweise, die alles Geschehen auf streng ursächlich bestimmte Bewegungen stoffl. Massen zurückführt; Ggs.: organisch.

Mecheln, fläm. **Mechelen,** Stadt in Belgien, von mittelalterl. Gepräge, an der Dijle, 75 800 Ew.; Webwarenind. Erzbischofssitz.

Meckel, Christoph, dt. Schriftsteller und Grafiker, *1935; fantast. Literatur.

Mecklenburg, geschichtl. dt. Land, an der Ostsee zw. Lübecker Bucht und Darß, von der waldreichen **Mecklenburg. Seenplatte** durchzogen (Müritz, Schweriner See u. a.). – Urspr. german. Siedlungsgebiet, im 7. Jh. von Wenden (Obotriten) besetzt. Seit der Unterwerfung durch Heinrich den Löwen (12. Jh.) dt. besiedelt und christianisiert. Seit 1701 bestanden die Herzogtümer M.-Schwerin und M.-Strelitz; sie wurden 1815 zu Großherzogtümern, 1918 zu Freistaaten. 1934 Vereinigung zu einem Land M., das 1945 um den Westteil Vorpommerns vergrößert wurde. 1952 Aufteilung in die neu geschaffenen Bez. Rostock, Schwerin, Neubrandenburg, die 1990 in Mecklenburg-Vorpommern aufgingen.

Mecklenburg-Vorpommern
Landeswappen

Mecklenburg-Vorpommern, Land der Bundesrep. Dtl. im Norddt. Tiefland, grenzt im N an die Ostsee, im W an Schlesw.-Holst. und Ndsachs., im S an Bbg., im O an Polen, 23 170 km^2, 1,858 Mio. Ew., Hptst.: Schwerin.

M.-V. ist überwiegend agrarisch strukturiert, wichtigste Wirtschaftszweige sind Landwirtschaft und die darauf beruhende Lebensmittelind., Ind.ansiedlung v. a. im Küstenbereich (Werften, Hafenwirtschaft, Fischverarbeitung); Metall verarbeitende Ind. (Fahrzeug- und Maschinenbau) v. a. in Schwerin, Neubrandenburg, Parchim, Greifswald, Neustrelitz. Bedeutender Fremdenverkehr an der Ostseeküste und im Bereich der Mecklenburg. Seenplatte. – Min.-Präs. B. Seite (CDU; seit 1992).

Medaille [me'daljə, frz. me'daj] *die,* Denk- oder Schaumünze. **Medaillon** [-a'jɔ̃] *das,* flache Kapsel für ein kleines Bildnis; auch kleine, kurz gebratene Scheibe vom Filet.

Peter Bryan Medawar

Medawar ['medəwə], Sir (seit 1965) Peter Bryan, brit. Biologe, *1915, †1987; erhielt für die Entdeckung der erworbenen Immuntoleranz 1960 den Nobelpreis für Physiologie oder Medizin.

Medea, griech. Sage: Tochter des Königs von Kolchis; entfloh mit Iason und dem Goldenen Vlies; verstoßen, tötete sie ihre Nebenbuhlerin Kreusa und die eigenen Kinder.

Medellín [meðe'jin], Stadt in W-Kolumbien, 1,6 Mio. Ew.; Univ.; Textil-, Tabakind., in der Nähe Gold-, Platin-, Kupferbergbau; entwickelte sich in den 1980er-Jahren zu einem vom verbrecher. **M.-Kartell** beherrschten Zentrum des Kokainhandels.

Mediatisierte, Standesherren, Fürsten und Grafen, die 1803/06 ihre Landeshoheit verloren.

Medici ['mɛ:ditʃi], florentin. Herrscherhaus, wurde durch Bankgeschäfte reich, übte seit 1434 die Stadtherrschaft über Florenz aus. **Cosimo de' M.,** gen. **der Alte** (1434 bis 1464), und **Lorenzo de' M.,** gen. **der Prächtige** (1469 bis 1492), förderten großzügig Kunst und Humanismus. 1531 wurden die M. Herzöge von Florenz, 1569 Großherzöge der Toskana. Zu ihnen gehören auch die Päpste Leo X. und Klemens VII., die frz. Königinnen Katharina und Maria von M.; 1743 erlosch das Geschlecht.

Medi|en *Pl.,* Kommunikationsmittel zur Verbreitung von Informationen durch Zeichen und Bilder (Fotografie), Rede, Druck (Buch und Presse), Film, Rundfunk (Hörfunk und Fernsehen), Schallplatte und Bildplatte, Tonband und Bildband auf Spule oder Kassette.

Medi|en, im Altertum: NW-Teil von Iran. Die **Meder** schufen 714 v. Chr. ein Reich, das 550 v. Chr. von Kyros d. Gr. erobert wurde.

Medi|engewerkschaft, IG Medi|en, gegr. 1989 durch Zusammenschluss der Gewerkschaft Kunst und der IG Druck und Papier.

Medina, Stadt im Hidjas, Saudi-Arabien, 290 000 Ew.; neben Mekka wichtigster Pilgerort der Muslime; Grab Mohammeds.

Meditation *die,* sinnende Betrachtung, Versenkung; geistig-geistliche Sammlung.

mediterran, mittelmeerisch.

Medium *das,* **1)** Mittel, Vermittelndes. – **2)** ❀ Stoff, in dem sich ein Vorgang abspielt. – **3)** Kommunikationsmittel, → Medien. – **4)** Spiritismus: Mensch, der angebl. Wahrnehmungen aus der Geisterwelt vermitteln kann.

Medizin *die,* **Heilkunde,** Wiss. vom gesunden und kranken Lebewesen, von den Ursachen, Erscheinungen, Auswirkungen seiner Krankheiten **(Pathologie),** ihrer Erkennung **(Diagnostik),** Heilung **(Therapie)** und Verhütung **(Prophylaxe).** – Die Grundlage der neuzeitl. M. bilden Physik, Chemie, Biologie, Anatomie, Physiologie, Bakteriologie, Pharmakologie, Toxikologie; daneben Psychologie und Soziologie. Es werden unterschieden: **Human-M.** (Heilkunde vom Menschen), **Veterinär-M.** (Tierheilkunde) und **Phyto-M.** (Bekämpfung von Pflanzenkrankheiten). Die Human-M. ist aufgegliedert in Fächer wie innere M., Chirurgie, Frauenheilkunde, Kinderheilkunde, Neurologie, Psychiatrie, Hals-Nasen-Ohren-Heilkunde, Augenheilkunde, Nuklear-M., Gerichts-M., Tropen-M., Zahnmedizin.

Die wiss. Grundlage der M. schuf Hippokrates im 5. Jh. v. Chr.; neben ihm galt Galen (2. Jh.) bis ins MA. als medizin. Autorität. Die M. blühte im MA. bes. bei den Arabern. Auf prakt. Erfahrung wollte im 16. Jh. Paracelsus die M. aufbauen. Seit dem 19. Jh. machte die M. große Fortschritte, bes. durch das Behorchen (Auskultation), Beklopfen (Perkussion), die keimtötende (antisept.) und keimfreie (asept.) Wundbehandlung, die Erforschung der Bakterien und Viren, die Schutzimpfung, die Anwendung der Röntgenstrahlen, des Radiums oder radioaktiven Kobalts, die Chemotherapie, die Computertomographie.

medizinisch-technische Assistenten, Abk. **MTA,** v. a. von Frauen ausgeübter Beruf an Krankenanstalten, Gesundheitsämtern, in Arztpraxen u. Ä., die den Arzt unterstützende Arbeiten verrichten. Ausbildung in Lehranstalten für MTA (2 Jahre); staatl. Abschlussprüfung.

Médoc [me'dɔk], Landschaft in SW-Frankreich, zw. Gironde und atlant. Küste; an der Ostseite Anbau ausgezeichneter Bordeauxweine; an der Küste Fremdenverkehr.

Medusa, eine der Gorgonen (→ Gorgo).

Meduse *die,* Meerestier, → Qualle.

Meer *das,* zusammenhängende Wassermasse, die 71 % der Erdoberfläche (362 Mio. km^2) einnimmt und sich auf **3 Weltmeere,** Atlant., Ind., Pazif. Ozean, verteilt. Von diesen gliedern sich noch Neben-M. ab. Die mittlere **Meerestiefe** beträgt etwa 3800 m, etwa 32% des M. sind 4000 bis 5000 m tief; die größte bekannte Tiefe im Pazif. Ozean 10924 m, im Atlant. 9219 m, im Ind. 7455 m. Das **M.-Wasser** schmeckt salzig-bitter. Die versch. **Meeresströmungen** entstehen im Wesentl. im offenen Ozean als Winddriften durch gleichmäßig wehende Winde (Passat, Monsun), je nach der Herkunft warm (z. B. Golfstrom) oder kalt (z. B. Labradorstrom). Das entführte Wasser wird durch Ausgleichströme an der Oberfläche und in der Tiefe ersetzt. Über die Schwankungen des Meeresspiegels → Gezeiten. Die Wiss. vom M. heißt **Meereskunde** oder **Ozeanographie.**

Meer, Simon van der, niederländ. Ingenieur, * 1925; Beschleunigerkonstrukteur beim CERN, 1984 Nobelpreis für Physik mit C. Rubbia.

Meerbrassen, Familie der barschartigen Fische, in trop. und gemäßigten Meeren; mit der **Goldbrasse** (Echte Dorade).

Meerbusch, Stadt (seit 1970) im Kr. Neuss, NRW, 51600 Ew.; Edelstahlwerk, Gemüseanbau.

Meer|engenfrage, das polit. Problem der Durchfahrt bes. von Kriegsschiffen durch Bosporus und Dardanellen, bes. im 18. und 19. Jh. Heute geregelt durch das **Meerengen-Abkommen** (Montreux 1936), in dem der Türkei alle Hoheitsrechte (einschließlich einer Sperrung im Kriegsfall) zugestanden werden.

Meeresleuchten, nächtl. Leuchten v. a. trop. Meere durch Biolumineszenz von Meerestieren und -pflanzen.

Meeresverschmutzung, Belastung der Meere durch Abfallstoffe der techn. Zivilisation, v. a. durch in den Flüssen mitgeführte Abwässer, Verklappen von Abfällen und Schadstoffen, Tankerunfälle (Ölpest). Die M. überfordert die Selbstreinigungskräfte der Meere und beeinträchtigt dadurch nicht nur das ökolog. Gleichgewicht, sondern mittelbar, über die Nahrungskette, auch die menschl. Gesundheit.

Meerkatzen, afrikan. Affen, gesellig lebende Tiere, mit großen Backentaschen, Gesäßschwielen und überkörperlangem Schwanz.

Meerkohl, grünkohlähnl. Kreuzblütler, an europ. Küsten; Schösslinge sind Gemüse.

Meerrettich, Kren *der,* zu den Kreuzblütlern zählende 40 bis 125 cm hohe Staude, deren fleischige Wurzeln wegen ihres scharf-würzigen Geschmacks geschätzt werden; die in ihnen enthaltenen Allylöle wirken hautreizend.

Meersalz, allg. in Meerwasser gelöste Salze; i. e. S. Kochsalz, das durch Verdunsten von Meerwasser gewonnen wird (96% NaCl).

Meersburg, mittelalterl. Stadt in Bad.-Württ., 5200 Ew., am N-Ufer des Bodensees; Kunstgewerbe, Weinbau (u. a. Staatsweingut); Fremdenverkehr.

Meer|schaum, weiches, gelblich weißes Mineral, wasserhaltiges Magnesiumsilikat.

Meer|schweinchen, Familie 25 bis 75 cm langer Nagetiere. Von dem in Südamerika heim. Wild-M. stammt das formenreiche Haus-M. ab.

Meeting ['mi:tɪŋ] *das,* Versammlung, Treffen, auch Sportveranstaltung.

mega..., groß, z. B. Megaphon, Sprachrohr in Trichterform; **Mega,** Vorsatz vor Einheiten: das 10^6-fache (Millionenfache), z. B. MW = 10^6 Watt.

Megabit-Chip [-tʃɪp], 💻 Chip mit der Speicherkapazität 1024 × 1024 = 1048576 Bit. In der Bundesrep. Deutschland wurde 1989 mit der Fertigung eines 4-M.-C. begonnen, 1990 der erste funktionsfähige 16-M.-C. vorgestellt. Erste Labormuster eines 64-M.-C. wurden 1992 vorgelegt. Bis 1998 soll die Entwicklung von 256-M.-C. abgeschlossen sein; Chips im Giga-Bereich sind in Entwicklung.

Megalith *der,* großer Steinblock; in vorgeschichtl. Zeit im Kreis oder in Reihen aufgerichtet (Menhire). **M.-Gräber,** → Hünengräber.

Megalozyten, übergroße rote Blutkörperchen, z. B. bei perniziöser Anämie.

Simon van der Meer

Mecklenburg-Vorpommern. Verwaltungsgliederung

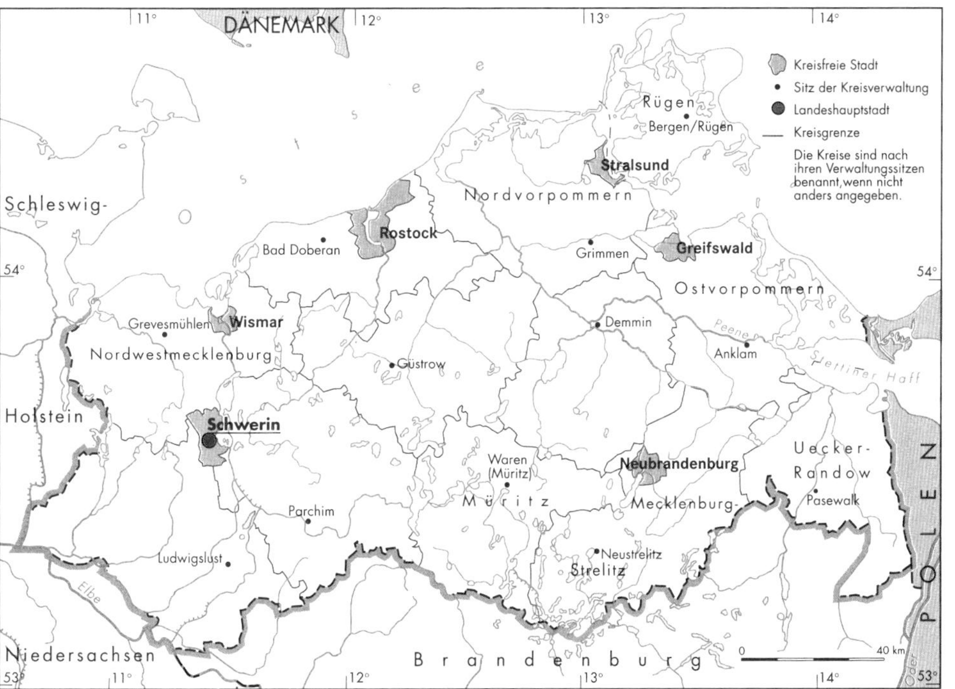

Golda Meir

Walter Mehring

Josef Meinrad

Meißen
Stadtwappen

Lise Meitner

Megaphon *das,* Gerät zur Sprachschall-Verstärkung; Schalltrichter oder handgehaltener Druckkammerlautsprecher mit Mikrofon und Verstärker.
Megara, Stadt in Mittelgriechenland, 17800 Ew., war im Altertum der Hauptort der dor. Landschaft **Megaris,** bis ins 6. Jh. v. Chr. eine der bedeutendsten Städte Griechenlands.
Megäre, Megaira *die,* **1)** griech. Sage: eine der →Erinnyen. – **2)** Ü böses Weib.
Mehlbeere, Frucht vom M.-Baum, einer Eberesche, auch von Weißdorn **(Mehlfässchen).**
Mehltau *der,* Pflanzenkrankheit, bes. auf Blättern, besteht aus dem Fadengeflecht von Schlauchpilzen, den **M.-Pilzen,** das Saugfortsätze in die Oberhautzellen der Wirtspflanze sendet; häufig an Beeren und Blättern des Weinstocks, an Eichen, Rosen, Stachelbeeren u.a. Bekämpfung mit schwefelhaltigen Mitteln. Der »Falsche M.« der Weinrebe wird durch →Peronosporales hervorgerufen.
Mehlwurm, Larve des **Mehlkäfers,** 2 cm lang; lebt in Mehl und Kleie; wird als Vogelfutter verwendet.
Mehrheit, der größere bzw. größte Teil. Nach dem **M.-Grundsatz** (Majoritätsprinzip) gilt bei Abstimmungen der Wille der M. als Ausdruck des Gemeinwillens. Man unterscheidet: **absolute M.** (mehr als die Hälfte aller Stimmen), **relative M.** (mehr Stimmen als für jede der anderen Meinungen abgegeben), **qualifizierte M.** (z.B. $^2/_3$ oder $^3/_4$ der Stimmen). (→Wahlrecht)
Mehring, 1) Franz, dt. polit. Schriftsteller, *1846, †1919; erste wiss. Darstellungen der dt. Arbeiterbewegung vom sozialist. Standpunkt. – **2)** Walter, dt. Schriftsteller, *1896, †1981; zeit-, sozialkrit. Gedichte, Chansons.
Mehrwertsteuer, Steuer auf die Wertschöpfung der Unternehmen, unter Abzug der Vorsteuer. Die M. wurde in der Bundesrep. Deutschland im Rahmen der Vereinheitlichung des Steuersystems in der EWG ab 1. 1. 1968 eingeführt; Steuersatz seit 1993: 15% (für manche Wirtschaftszweige nur 7%).
Meier [von lat. maior domus »Hausverwalter«], urspr. ein Verw.-Beamter, dann der auf einem Fronhof sitzende herrschaftl. Gutsverwalter.
Meiji Tenno [meɪdʒi -, jap. »erleuchtete Reg.«], eigentl. **Mutsuhito,** Kaiser von Japan (ab 1867), *1852, †1912; beseitigte durch sein Reformprogramm **(M.-Reform)** die mittelalterl. Strukturen Japans und führte Japan zur Großmachtstellung.
Meile [von lat. milia (passuum) »1000 (Doppelschritte)«] *die,* Wegemaß: 1) 1 geographische M. = 7420 m; 2) 1 dt. M. = 7500 m (etwa $^1/_{15}$ Äquatorgrad); 3) 1 See-M. = 1852 m = $^1/_{60}$ Äquatorgrad; 4) 1 engl. M. (mile) = 1609 m.
Meiler, mit Erde abgedeckter geschichteter Holzstapel zur Holzverkohlung.
Meinecke, Friedrich, dt. Historiker, *1862, †1964; prägte nachhaltig die dt. Geschichtsschreibung vom Kaiserreich bis nach 1945; »Weltbürgertum und Nationalstaat« (1908), »Die Entstehung des Historismus« (1936).
Mein|eid, Beschwören einer Aussage, deren Unrichtigkeit dem Schwörenden bewusst ist. Strafe: Freiheitsstrafe nicht unter einem Jahr.
Meiningen, Krst. in Thür., an der oberen Werra, 25700 Ew.; 1680 bis 1918 Hptst. der Herzöge von Sachsen-M. Großen Ruf genoss das Hoftheater und dessen Schauspieler, die **Meininger.**
Meinrad, Josef, österr. Schauspieler, *1913, †1996; Träger des Iffland-Rings.
Meinungsforschung, Demoskopie *die,* Erkundung der öffentl. Meinung, bes. durch Befragen »repräsentativer« Bev.-Gruppen. In den USA entstand 1935 das Gallup-Institut, in Dtl. nach 1945 u.a. das Institut für Demoskopie in Allensbach, das Institut für M. (EMNID) in Bielefeld.

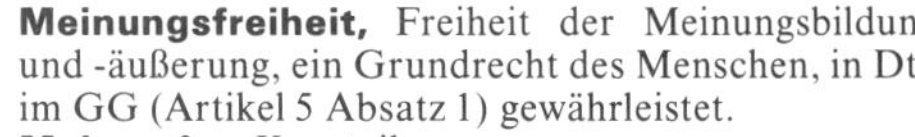
Meinungsfreiheit, Freiheit der Meinungsbildung und -äußerung, ein Grundrecht des Menschen, in Dtl. im GG (Artikel 5 Absatz 1) gewährleistet.
Meiose ❀, →Kernteilung.
Meir, Golda, früher G. **Meyerson,** israel. Politikerin, *1898, †1978; 1956 bis 1966 Außenmin., 1969 bis 1974 Min.-Präs. von Israel.
Meise *die,* Familie der Singvögel: Kohl-M., Blau-M., Sumpf- oder Nonnen-M., Weiden-M., Tannen-M., Hauben-M., Schwanzmeise.
Meisner, Joachim, dt. kath. Theologe, Kardinal (seit 1983), *1933; 1980 bis 1989 Bischof von Berlin, seither Erzbischof von Köln.
Meißel, ⚙ Werkzeug mit scharfer Schneide zur spanenden Formung oder zur Spaltung von Werkstücken, in der Bildhauerei **Grabstichel.**

Philipp Melanchthon. Miniaturgemälde von Hans Holbein d. J. (um 1530)

Meißen, Krst. in Sa., an der Elbe, 37900 Ew.; Albrechtsburg, Frauenkirche (Porzellan-Glockenspiel), Dom; älteste Porzellanwerkstätten Europas **(Meißner Porzellan).** – Burg M. wurde 929 von König Heinrich I. gegr.; **Bistum M.** 968 von Otto I., 1921 neu gegründet.
Meißner *der,* **Hoher M.,** Mittelgebirge in Hessen, südöstl. von Kassel, 754 m hoch; Braunkohleabbau.
Meistbegünstigung, Vertragsklausel der internat. Handelspolitik: Die Vertragspartner gewähren einander alle Vorteile, die sie dritten Ländern einräumen.
Meister Bertram, dt. Maler, →Bertram.
Meister Francke, dt. Maler, *um 1380, †nach 1430; Thomasaltar (Hamburg), nach 1424.
Meistermann, Georg, dt. Maler, Grafiker, *1911, †1990; Entwürfe für abstrakte Glasmalereien; Gemälde.
Meisterprüfung, Abschluss der dreistufigen Berufsausbildung im Handwerk u.a. Wirtschaftszweigen (Ind., Landwirtschaft, Gärtnerei). Zugelassen sind Inhaber des Gesellenbriefs, Absolventen der industriellen Facharbeiterprüfung mit mehrjähriger Berufspraxis sowie Fachschüler unter bestimmten Voraussetzungen.
Meistersang, zunftmäßige Lieddichtung des 14. bis 16. Jh. mit formaler Anlehnung an den Minnesang. Die Dichtkunst wurde zum schulmäßig gelehrten Handwerk (»Singschulen« in Nürnberg, Worms, Mainz u.a.), wie ihre Träger (die **Meistersinger**) oft Handwerksmeister waren. Bedeutendster Vertreter war Hans Sachs.
Meister von Flémalle [-fleˈmal], →Flémalle.
Meitner, Lise, österr.-schwed. Physikerin, *1878, †1968; Arbeiten über Radioaktivität, Höhenstrahlung, Methoden zur Gewinnung von Atomenergie; 1938 emigriert.

Meitnerium [nach Lise Meitner] *das,* Symbol **Mt,** künstl., radioaktives chem. Element, OZ 109.

Mekka, Stadt in der Landschaft Hidjas, Saudi-Arabien, Geburtsort des Religionsstifters Mohammed, wichtigster muslim. Wallfahrtsort, 550 000 Ew.; mit der →Kaaba.

Meknès, Stadt in Marokko, im nördl. Vorland des Mittleren Atlas, 320 000 Ew.; eine der vier Königsstädte Marokkos; Moscheen, Sultanspalast; Handelsmittelpunkt.

Mekong *der,* größter Strom Hinterindiens, 4 500 km lang, mündet ins Südchin. Meer.

Mélac, Ezéchiel Graf v., frz. General, † 1709; verwüstete 1689 die Pfalz.

Melancholie *die,* **1)** eins der vier Temperamente. – **2)** ⚕ Schwermut, Grübelsucht, Entschlussunfähigkeit, bes. bei manisch-depressiver Krankheit, auch infolge trauriger Erlebnisse, einer körperl. Krankheit oder höheren Alters.

Melanchthon, Philipp, eigentl. P. **Schwarzert,** dt. Humanist und Reformator, * 1497, † 1560; der bedeutendste Mitarbeiter Luthers bei der Reformation; verfasste das Augsburg. Bekenntnis; verbesserte das Schulwesen (»Lehrer Dtl.s«).

Melanesilen, Inselwelt im südwestl. Pazif. Ozean, umfasst Neuguinea, Bismarck-Archipel, Salomon-, Santa-Cruz-Inseln, Neue Hebriden, Neukaledonien, Fidschi-Inseln und kleinere Inselgruppen, zus. rd. 967 000 km², etwa 5 Mio. Einwohner.

Melange [meˈlãʒ] *die,* Mischung. Österr.: **Café mélange,** Milchkaffee.

Melanin *das,* natürl. gelbl. bis brauner Farbstoff (Pigment).

Melanom *das,* ⚕ bösartiger Tumor von pigmentbildenden Geweben der Haut oder Schleimhaut.

Melasse *die,* bei der Zuckergewinnung zurückbleibender schwarzbrauner Sirup; verwendet als Viehfutter, zur Rum- und Spiritusherstellung.

Melbourne [ˈmelbən], Hptst. und Hafen des austral. Staates Victoria, 2,96 Mio. Ew.; 3 Univ., Museum; bedeutendste Industrie- und Handelsstadt Australiens. 1835 gegründet.

Melchior, einer der Hl. Drei Könige.

Melde *die,* Gattung spinatähnl. Unkräuter, mit grünen Blüten; **Garten-M.,** ein Gemüse.

Meldepflicht. Jeder Wohnungswechsel ist binnen 1 Woche auf Meldescheinen der örtl. Meldebehörde anzuzeigen. Meldepflichtig sind: 1) der Umziehende selbst; 2) der Hauseigentümer; 3) der Wohnungsinhaber (bei Untermietern).

meldepflichtige Krankheiten. Nach dem Bundesseuchengesetz vom 18. 7. 1961 ist jeder Fall einer Erkrankung, des Verdachts einer Krankheit oder eines Todes an bestimmten Infektionskrankheiten meldepflichtig.

Melibocus *der,* →Malchen.

meliert, gesprenkelt, leicht ergraut.

Melilla [meˈliʎa], Hafenstadt an der Nordküste Marokkos, span. Exklave, 12,3 km², 56 000 Ew.; Erzverladehafen, Fischfang.

Melioration *die,* Urbarmachung oder Verbesserung landwirtschaftl. Böden.

Melisse *die,* Lippenblütlergattung; die Blätter der weiß blühenden **Zitronen-** oder **Garten-M.** werden als Gewürz, Tee, M.-Öl, Karmelitergeist verwendet.

Melk, Bezirksstadt in NÖ, an der Donau, 6 200 Ew.; Benediktinerstift im Barockstil (von J. Prandtauer 1702 begonnen; prachtvolle Innenausstattung).

Melkmaschine, Saugpumpe, die das Handmelken nachahmt und die Milch vom Euter der Kuh absaugt.

Melodie *die,* 𝄞 Weise, in wechselnden Tonhöhen sich bewegende, in sich geschlossene, sangbare Tonfolge.

Melodik *die,* Lehre oder Kunst der M.; **melodisch** oder **melodiös,** wohlklingend.

Melodrama *das,* Schauspiel oder Gedicht, begleitet von Musik, die Spiel und Wort ausdeutend untermalt oder verbindet.

Melone *die,* **1)** Kürbisgewächs der Tropen mit saftreichen, süßen, würzigen Früchten (Honig-M., Netz-M.); **Wasser-M.,** mit grünen, saftreichen Früchten. – **2)** steifer Herrenhut, Bowler.

Melonenbaum, trop., den Fächerpalmen ähnelnde Baumgattung mit melonenartigen Früchten (**Papayafrüchte).** Der Milchsaft des M. enthält das Enzym **Papain** (pflanzl. Pepsin), das Milch gerinnen lässt, Kochfleisch weich macht, magenstärkend wirkt.

Melos, ital. **Milo,** 151 km² große, tief gebuchtete griech. Kykladeninsel; heiße Schwefelquellen; ⚒ auf Baryt, Mangan und Blei. Fundort der **Venus von Milo.**

Melozzo da Forlì, ital. Maler, * 1438, † 1494; bedeutend durch die Beherrschung perspektiv. Kunst.

Melpomene, eine der →Musen.

Melville [ˈmelvɪl], Herman, amerikan. Schriftsteller, * 1819, † 1891. Sein Werk (Seeroman »Moby Dick«, 1851) gilt als ein Höhepunkt der amerikan. Prosaliteratur.

Melville Island [ˈmelvɪl ˈaɪlənd], Insel des Kanad.-Arkt. Archipels nördl. des **Viscount-Melville-Sund,** 42 149 km².

Membran *die,* **1)** ⚙ am Rand eingespanntes Häutchen (Papier, Metall, Kohle, Kunststoff, Leder) zu Druckfortpflanzung (Druckmesser), Schwingungserregung (Mikrofon, Lautsprecher, Trommel) und Transport bestimmter Stoffe (halbdurchlässige M.). – **2)** ⚘ Wand der →Zelle. – **3)** ⚕ dünne Häute, so das Trommelfell.

Memel, 1) *die,* litauisch **Nemunas,** Fluss, entspringt südl. von Minsk, 937 km lang, mündet ins Kur. Haff. – **2)** litauisch **Klaipėda,** Stadt in Litauen, 1924 bis 1939 Hptst. des Memelgebiets, 204 000 Ew.; Werften, Holzind., Fischverarbeitung; Hafen; Eisenbahnfährverbindung mit Rügen (Mukran), ⚓. 1252 von Riga aus gegr., 1328 mit Preußen vereinigt; 1919 von Dtl. abgetrennt.

Memelgebiet, der nördl. der Memel und des Ruß gelegene Teil Ostpreußens; im Versailler Vertrag (1919) ohne Befragung der Bev. an die Alliierten abgetreten, nach dem **Memelstatut** von 1924 ein Gliedstaat Litauens. 1939 gab Litauen das M. vertraglich an Dtl. zurück. 1948 bis 1991 Teil der Litauischen SSR, seitdem zu Litauen.

Memento *das,* Mahnung, auch Beginn des Fürbittgebets; **memento mori,** gedenke des Todes.

Memling, Hans, niederländ. Maler dt. Herkunft, * zw. 1433 und 1440, † 1494; malerisch feine Altar- und Andachtsbilder; Porträts.

Memmingen, kreisfreie Stadt in Bayern, am Rand des Allgäus, 39 700 Ew.; Textil-, Metall-, chem., elektrotechn. u. a. Ind.; 1286 Reichsstadt; gut erhaltenes mittelalterl. Stadtbild.

Memnon, griech. Sage: Sohn der Eos, später Fürst der Äthiopier, von Achilles getötet. Auf ihn wurden die **Memnonskolosse** beim ägypt. Theben, 2 Riesensteinbilder, zurückgeführt. BILD S. 594.

Memoiren [memoˈa:rən] *Pl.,* Lebenserinnerungen, Denkwürdigkeiten.

Memorandum *das,* Denkschrift.

Memorial *das,* **1)** Denk-, Bittschrift, Eingabe. – **2)** [mɪˈmɔ:rɪəl] *das,* Gedenkveranstaltung.

Memorylegierung [ˈmemərɪ-], ⚙ Metalllegierung, die nach Verformung bei tiefen Temperaturen beim Wiedererwärmen ihre urspr. Form wieder annimmt; verwendet für Satellitenantennen, für Nieten und Bolzen an unzugängl. Stellen.

Memphis, 1) älteste Hauptstadt Ägyptens; Ruinenstätte mit Tempelresten; gehört zusammen mit seinen 4 Tempelfeldern zum Weltkulturerbe. – **2)** Stadt in Tennessee, USA, am Mississippi, 610 300 Ew.; kath. Bischofssitz, Univ., bedeutendes Handelszentrum für

Melbourne
Stadtwappen

Herman Melville
Ausschnitt aus einem zeitgenössischen Gemälde

Memel
Stadtwappen

Memmingen
Stadtwappen

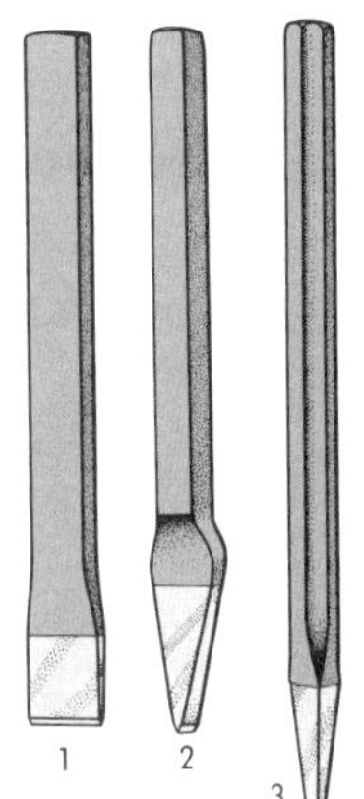

Verschiedene Formen des **Meißels**
1 Flach-, 2 Kreuz-, 3 Spitzmeißel

Memnon. Memnonskolosse, Höhe 17,9 m (um 1400 v. Chr.)

Baumwolle; Fahrzeug-, Maschinenbau, Holz- und Textilind.; Flusshafen.

Menage [meˈnaːʒə] *die,* kleines Tischgestell für Essig, Öl, Gewürz.

Menagerie [menaʒəˈriː] *die,* Tierschau, Tiergehege.

Menam *der,* Hauptstrom von Thailand, aus der Vereinigung von Ping und Nan, 365 km lang; mündet mit großem Delta (Reisanbaugebiet) in den Golf von Thailand.

Rigoberta Menchú

Menander, griech. Lustspieldichter, *342, †291 v. Chr.

Menarche *die,* das erste Auftreten der Menstruation.

Menchú [menˈtʃu], Rigoberta, guatemaltek. Bürgerrechtlerin, *1959; 1992 Friedensnobelpreis für ihren gewaltlosen Kampf um die Gleichberechtigung der Indianer.

Mendel, Gregor, österr. Botaniker, *1822, †1884; Augustinerprior, fand bei Kreuzungsversuchen mit Erbsen und Bohnen Gesetze für die Vererbung einfacher Merkmale, die **mendelschen Gesetze,** deren Tragweite erst 1900 erkannt wurde.

Gregor Mendel

Mendelejew, Dmitrij Iwanowitsch, russ. Chemiker, *1834, †1907; stellte 1869 unabhängig von Lothar Meyer das Periodensystem der Elemente auf.

Mendelevium *das,* Symbol **Md,** chem. Element, ein Transuran, Ordnungszahl 101.

Mendelsohn, Erich, dt.-amerikan. Architekt, *1887, †1953; verband Sachlichkeit mit formenreich-plastischer Durchgliederung des Baukörpers (Einsteinturm, Potsdam, 1920/21 u. a.). Ab 1933 in London, ab 1939 in Palästina, ab 1941 in den USA.

Mendelssohn, 1) Moses, dt. Philosoph, *1728, †1786; Freund G. E. Lessings, vertrat die Grundgedanken der Aufklärung (religiöse Toleranz, Deismus); Wegbereiter der Emanzipation der Juden. – **2) Bartholdy,** Felix, dt. Komponist, *1809, †1847; Enkel von 1); bedeutender Pianist, Dirigent; leitete mit der 1. Wiederaufführung der Matthäuspassion seit Bachs Tod die moderne Bach-Pflege ein; Mitgründer des Leipziger Konservatoriums; romant. Orchester-, Kammer-, Klaviermusik, Oratorien u. a.

Felix Mendelssohn Bartholdy Ausschnitt aus einem zeitgenössischen Gemälde

Menden (Sauerland), Stadt im Reg.-Bez. Arnsberg, NRW, 56 500 Ew.; Metallindustrie.

Mendoza [menˈdosa], argentin. Prov.-Hptst., 119 000 Ew.; kath. Erzbischofssitz, 4 Univ., Wein-, Obstbau; ⛯.

Menelaos, griech. Sage: König von Sparta, Bruder Agamemnons, Gemahl der Helena; einer der tapfersten Helden vor Troja.

Menelik, Menilek II., Kaiser von Äthiopien (1889 bis 1913), *1844, †1913.

Menetekel *das,* Warnungszeichen, nach dem Buch Daniel (5,25), wo Belsazar durch eine Geisterschrift gewarnt wurde.

Mengenlehre, √ von G. Cantor begründetes Teilgebiet der Mathematik. Der Begriff **Menge** wird von Cantor wie folgt umschrieben: »Eine Menge ist eine Zusammenfassung bestimmter wohl unterschiedener Objekte unserer Anschauung oder unseres Denkens, welche die Elemente der Menge genannt werden, zu einem Ganzen.« Die moderne Mathematik verzichtet auf diese Definition des Begriffs Menge und verwendet ihn als Grundbegriff. Eine Menge wird durch Angabe aller Elemente (nur bei endl. Mengen möglich) oder durch Angabe einer Eigenschaft, der die Elemente genügen sollen, beschrieben.

Mengzi, Meng-tzu, eigentl. **Meng Ke,** chin. Philosoph, *372, †289 v. Chr.; entwickelte die Ethik des Konfuzius weiter.

Menhir *der,* bis 20 m hoher, aufrecht stehender vorgeschichtl. Stein von kult. Bedeutung.

Meningitis *die,* **Gehirnhaut|entzündung,** ⚕ hervorgerufen durch Bakterien verschiedenster Art, Zeichen: Kopfschmerzen, Nackensteifheit, hohes Fieber, Benommenheit, Erbrechen, Hirnnervenlähmungen. Früher fast immer tödlich, heute durch Anwendung von Antibiotika meist heilbar. **M. epidemica,** ansteckende Genickstarre, hervorgerufen durch Meningokokken.

Meniskus *der,* **1)** 2 scheibenförmige Knorpel im Kniegelenk. – **2)** ❋ gewölbte Oberflächenform einer Flüssigkeit in einer Röhre. – **3)** Optik: **Meniskenglas,** stark durchgebogene Linse, liefert auch für Randstrahlen deutl. Bilder.

Mennige *die,* Pb_3O_4, gelb- bis scharlachrotes Blei(II, IV)-oxid, Rostschutzmittel.

Mennoniten [nach dem Stifter Menno Simons, *1496, †1561], ev. Religionsgemeinschaft, die Erwachsenentaufe, Eid- und Kriegsdienstverweigerung, Kampf für Toleranz fordert. Europ. Zentrum in den Niederlanden; größere Verbreitung heute v. a. in USA und Kanada (darunter die Amischen).

Menopause *die,* bei der Frau der Zeitpunkt der letzten Menstruation.

Menora *die,* siebenarmiger jüd. Leuchter, Symbol für den Tempel, Gottes Gegenwart, ewiges Leben; Emblem des Staats Israel.

Menorca, zweitgrößte Insel der Balearen, Spanien, 683 km², 62 000 Ew.; Landwirtschaft und Fremdenverkehr.

Menor|rhagie *die,* ⚕ zu starke und verlängerte Menstruationsblutung.

Menotti, Gian Carlo, ital. Opernkomponist, *1911; lebt in den USA; »Der Konsul« (1950).

Mensa *die,* **1)** Platte des Altars. – **2)** Studentenkantine.

Mensch, das geistig höchstentwickelte ird. Lebewesen; in der zoolog. Systematik ein Säugetier der Ordnung Primaten, nach morpholog., anatom., serolog., genet. u. a. Befunden näher mit dem Schimpansen verwandt als dieser mit dem Orang-Utan. Aufgrund seiner Fähigkeit, sachorientiert und abstrakt zu denken und zu sprechen und dadurch seine Umwelt gezielt zu gestalten, nimmt der M. in der Natur eine Sonderstellung ein. Der für die M.-Werdung, d. h. die Entwicklung des M. aus einem gemeinsamen Primatenstamm, entscheidende Zeitraum war vor etwa 5 bis 2 Mio. Jahren; vor etwa 4 bis 3 Mio. Jahren lebten die Ur-M., frühe Vorläufer des Jetzt-M. Die Entwicklungsstadien sind im Einzelnen strittig, fest steht aber, dass die Aufrichtung zur zweibeinigen Körperhaltung und Fortbewegung früher erfolgte als die Entwicklung des Gehirns, v. a. der Großhirnrinde, über das bei den Menschenaffen erreichte Maß hinaus. Mit dem Übergang zur Zweibeinigkeit verbunden war auch eine funktionale Änderung der Hand vom Greifen zum Ergreifen und »Handhaben«; die Zusammenarbeit zw. Händen und Gehirn war für die Weiterentwicklung des M. außerordentl. bedeutsam. Das wesentl. Merkmal des M.,

das ihn auch vor den Menschenaffen auszeichnet, ist seine Sprachfähigkeit mitsamt den anatom. Voraussetzungen dafür (Sprachzentrum im Gehirn, Kehlkopf-, Mund- und Rachengestaltung). Der Jetzt-M. (Homo sapiens sapiens) erschien nach dem Früh-M. (vor etwa 600 000 Jahren) und dem Alt-M. (Neandertaler, vor etwa 300 000 bis 30 000 Jahren) relativ unvermittelt vor etwa 40 000 Jahren.
Aufgrund der Größe und Leistungsfähigkeit seines Gehirns ist der M. außerordentlich lernfähig und durch seine Sprachbegabung auch imstande, das Gelernte weiterzugeben, und zwar nicht nur direkt von Individuum zu Individuum, sondern auch indirekt durch Aufzeichnung. Der sozialisierenden und kulturbildenden Bedeutung der Information und der Kommunikation für den M. entsprechen gewisse seiner Eigentümlichkeiten. So hat er als Phase intensiven Lernens eine vergleichsweise lange Kindheit, und seine Sexualität ist nicht nur biologisch, sondern auch sozial und kulturell geprägt. Das Heranwachsen des M. zu einem reifen Geschlechtswesen, einer Frau oder einem Mann, unterliegt andauernden steuernden Einflüssen, von der genet. Geschlechtsbestimmung zum Zeitpunkt der Befruchtung (Geschlechtschromosomen: XX weiblich, XY männlich) über die Steuerung vieler Körperfunktionen (v. a. die Ausbildung der Geschlechtsmerkmale im Embryonalstadium und in der Pubertät) durch Geschlechtshormone, über die unbewusste, gesellschaftlich bedingte Aneignung von Vorstellungen über die Geschlechterrollen bis zu bewusst-rationalen Entscheidungen über das eigene Verhalten im Erwachsenenalter. Aus der innigen gegenseitigen Durchdringung von Natur und Kultur in der Sexualität resultieren persönl. und gesellschaftl. Konflikte, für die Begriffe wie Patriarchat und Frauenbewegung als Beispiele dienen mögen.
Der Körper des M. besteht zu etwa 60% aus Wasser, 20% aus Eiweißstoffen, 15% Fett und 5% Mineralstoffen; etwa 8% des Körpergewichts entfallen auf das Blut. Die Eingeweide umfassen: Atmungssystem, Herz- und Kreislaufsystem, Harnsystem, innersekretor. Drüsen (Hormondrüsen), Geschlechtsorgane. Alle Lebensvorgänge werden vom Nervensystem in Verbindung mit dem Hormonsystem gesteuert und geregelt. - Die Wiss.-Disziplin, die sich mit dem M. befasst, speziell mit seinen geistigen Fähigkeiten und seinem Verhalten, ist die Anthropologie.
Menschen|affen, Familie der Altweltaffen; gesellig lebende Tiere, geschickte Kletterer, die kurze Zeit aufrecht gehen können. Der Körper ist stark behaart, die Arme sind länger als die Beine; der Daumen ist rückgebildet, der Fuß ist Greiforgan. Die Augen sind nach vorne gerichtet, die Stirn ist fliehend und hat starke Augenbrauenwülste. Die Menschenähnlichkeit ist auch im Verhalten ausgeprägt, rein äußerlich bei Jungtieren am größten. Gattungen: Gorilla, Orang-Utan, Schimpansen.
Menschen|artige, Überfamilie der Ordnung Primaten, mit den Familien Menschenaffen, Gibbons und Hominiden.
Menschenrassen, geographisch lokalisierbare Formengruppen des heutigen Menschen; unterschieden in die Europiden, Mongoliden, Indianiden und Negriden.
Menschenraub, die Überwältigung eines Menschen durch List, Drohung oder Gewalt, um ihn in hilfloser Lage auszusetzen oder in auswärtigen Kriegs- oder Schiffsdienst oder in Sklaverei zu bringen; wird in Dtl. nach § 234 StGB mit Freiheitsstrafe nicht unter einem Jahr bestraft. Beim **erpresser. M.** liegt Geiselnahme vor zum Zweck einer Erpressung.
Menschenrechte, angeborene, unveräußerl. und unantastbare Rechte und Freiheiten jedes Menschen gegenüber staatl. Eingriff; sie werden in den modernen Verfassungen als →Grundrechte gewährleistet. Der Schutz der M. ist ein Ziel der Vereinten Nationen; die von ihnen 1948 beschlossene **Allg. Deklaration der M.** enthält rechtl. nicht verbindl. Empfehlungen, auf deren Grundlage mehrere Konventionen zum Schutz der M. beschlossen wurden. Die Mitgliedsstaaten des Europarats haben 1950 die **Europ. Konvention der M.** abgeschlossen; 1959 wurde der **Europ. Gerichtshof für M.** gebildet. Seit 1993 gibt es einen Hochkommissar für M. bei der UNO.
Menschewiki *Pl.*, →Bolschewismus.
Menschikow, Aleksandr Danilowitsch, Fürst (seit 1705), russ. Staatsmann, * 1673, † 1729; Feldmarschall unter Peter d. Gr. und Katharina I., deren Politik er bestimmte.
mens sana in corpore sano [lat. »ein gesunder Geist in einem gesunden Körper«], Wahlspruch für eine ausgewogene Ausbildung der geistigen und körperl. Fähigkeiten.
Menstruation *die*, **Periode, Regel,** bei der geschlechtsreifen Frau in etwa 28-tägigen Abständen erfolgende Blutung aus der Gebärmutter. Sie zeigt den Tod einer unbefruchtet gebliebenen Eizelle an und geht mit einer Abstoßung der für die Schwangerschaft vorbereiteten Gebärmutterschleimhaut einher.
Mensur *die*, **1)** Fechtkunst: Abstand der beiden Gegner. - **2)** studentisch: Zweikampf mit blanker Waffe (Schläger). - **3)** 𝄞 bei Musikinstrumenten das Maßverhältnis des Tonkörpers. - **4)** ⚗ Messzylinder für Flüssigkeiten.
mental, den Geist betreffend. **Mentalität** *die*, Geistesrichtung, Denkungsart.
Menthol *das*, kühlender, antisept. Bestandteil des Pfefferminzöls; Zusatz bei Zahnpasten, Erkältungsmitteln.
Menton [mã'tɔ̃], ital. **Mentone,** Stadt, Kurort in Frankreich, an der Côte d'Azur, 29 500 Ew.; Parfümherstellung.
Mentor, griech. Sage: der Vertraute des Odysseus und Erzieher des Telemach. - Ü Lehrer, Berater.
Menü *das*, **1)** Speisenfolge, Speisekarte. - **2)** in der dialogorientierten Datenverarbeitung eine auf dem Bildschirm gezeigte Auswahlliste für Computerleistungen, z. B. Programmfunktionen.
Menuett *das*, **1)** alter frz. Tanz im Dreivierteltakt. - **2)** Satz einer Suite, Sonate, Sinfonie, aus Hauptteil und Trio bestehend.
Menuhin, Sir Yehudi, amerikan. Geiger, Dirigent, * 1916; Friedenspreis des Dt. Buchhandels 1979.
Menzel, Adolph v., dt. Maler, Zeichner, * 1815, † 1905; Wegbereiter des dt. Impressionismus, »Flötenkonzert« (1852), »Eisenwalzwerk« (1875); Federzeichnungen für Holzstiche zur Geschichte Friedrichs des Großen.
Mephistopheles, Mephisto, Name des Teufels in Goethes »Faust«.
Meppen, Krst. in Ndsachs., am Dortmund-Ems-Kanal, 30 500 Ew.; Erdölind., Maschinenbau.
Meran, ital. **Merano,** Stadt in Südtirol, Italien, an der Etsch, 33 500 Ew.; Schloss Tirol und Schloss Schenna; Wein- und Obstbau.
Merbold, Ulf, dt. Physiker und Astronaut, * 1941; Teilnehmer an 3 Raumflügen (1983 an Bord des amerikan. Raumtransporters Columbia, 1992 an Bord des amerikan. Raumtransporters Discovery, 1994 an Bord der russ. Raumkapsel Sojus TM 20 und der Raumstation Mir).
Mercalli-Skala [nach dem ital. Vulkanologen G. Mercalli, * 1850, † 1914], zwölfstufige Skala der Erdbebenstärke; Einordnung nach der Stärke der Auswirkungen an der Erdoberfläche.
Mercator, Gerhard, eigentl. G. **Kremer,** niederländ.-dt. Kartograph, * 1512, † 1594; wendete zuerst die winkeltreue **M.-Projektion** für Seekarten an. 1595 erschien als sein Hauptwerk der erste Atlas.

Meppen
Stadtwappen

Meran
Stadtwappen

Gian Carlo Menotti

Yehudi Menuhin

Gerhard Mercator
Kupferstich (1574)

Melina Mercouri

Angela Merkel

Merlin

Robert Bruce Merrifield

Merseburg (Saale) Stadtwappen

Mercedes Benz AG, Bereich der Daimler-Benz AG (→Daimler, Gottfried) für den Bau von Pkw und Nutzfahrzeugen, Sitz Stuttgart.

Merchandising [ˈməːtʃəndaɪzɪŋ] *das,* Sammelbegriff für Absatz schaffende und Absatz beschleunigende Maßnahmen.

Mercouri [-ˈku-], Melina, griech. Sängerin, Schauspielerin, Politikerin, * 1925, † 1994; 1981 bis 1989 griech. Kultusmin., Filme u. a. »Sonntags nie« (1959).

Meredith [ˈmerədɪθ], George, brit. Schriftsteller, * 1828, † 1909; psycholog., ironisch-satir. Romane (»Der Egoist«, 1879).

Mergel *der,* Sedimentgesteine, die v. a. aus Ton und Kalk bestehen.

Mergentheim, Bad M., Stadt in Bad.-Württ., im Taubertal, 21 600 Ew.; Heilbad (Bittersalzquellen); Deutschmeisterschloss; Parkettfabrik, Maschinenbau.

Merian, 1) Maria Sibylla, dt. Malerin, Kupferstecherin und Naturforscherin, * 1647, † 1717; Tochter von 2); realist. Insekten- und Blumenbilder von wiss. Wert. – **2)** Matthäus, d. Ä., schweizer. Kupferstecher, * 1593, † 1650; u. a. exakte Städteansichten (»Topographia«, »Theatrum Europaeum«). – **3)** Matthäus, d. J., schweizer. Maler, * 1621, † 1687, Sohn von 2).

Mérida [ˈmeriða], **1)** Hptst. der Region Extremadura, Spanien, 41 800 Ew.; Nahrungsmittelind., Viehmärkte; Eisenbahnknotenpunkt. M.s gut erhaltene röm. Bauwerke wurden zum Weltkulturerbe erklärt. – **2)** Hptst. des Staats Yucatán, Mexiko, 557 300 Ew., kath. Erzbischofssitz, Univ., Handels- und Verarbeitungszentrum des Sisalanbaus; nahebei Ruinen von Chichén Itzá. – **3)** Hptst. des Staats M., Venezuela, 242 200 Ew., kath. Erzbischofssitz, Univ., Handelszentrum für Agrarprodukte, verarbeitende Industrie.

Meridian *der,* Längenkreis, →Länge.

Mérimée, Prosper, frz. Schriftsteller, * 1803, † 1870; kunstvolle Novellen (»Carmen«, 1840).

Merino *der,* eine Feinwollschafrasse.

Merkantilismus *der,* wirtschaftspolit. System des Absolutismus (16. bis 18. Jh.) zur Erhöhung der staatl. Geldeinkünfte. Man förderte inländ. industrielle Erzeugung und Ausfuhr, um eine aktive Handelsbilanz und den Zustrom von Geld aus dem Ausland zu erreichen.

Merkel, Angela, dt. Politikerin (CDU), * 1954; Physikerin; 1991 bis 1994 Bundesmin. für Frauen und Jugend; seit 1994 Bundesmin. für Umwelt, Naturschutz und Reaktorsicherheit.

Merkur, 1) Mercurius, röm. Gott des Handels, dem griech. Hermes gleichgesetzt. – **2)** der sonnennächste Planet; hat keine Atmosphäre, besteht wohl zu 80 % aus Eisen. (→Planeten, ÜBERSICHT)

Merlin, 1) Zwergfalke. – **2)** Zauberer und Prophet des Artuskreises.

Merowinger, Königsgeschlecht der sal. Franken, gründete unter Chlodwig I. (482 bis 511) ein Großreich (Fränkisches Reich). Im 7. Jh. verlor es seine Macht an die karoling. Hausmeier; 751 wurde mit Childerich III. der letzte M. abgesetzt; der Aufstieg der Karolinger begann.

Merrifield [ˈmerɪfiːld], Robert Bruce, amerikan. Biochemiker, * 1921; Nobelpreis für Chemie 1984 für Forschungen über Aminosäuren.

Merseburger Zaubersprüche, 2 ahdt. Zauberformeln (Stabreime), aufgezeichnet im 10. Jh.; 1841 in der Merseburger Dombibliothek entdeckt.

Merseburg (Saale), Krst. in Sa.-Anh., an der Saale, 41 700 Ew.; romanisch-got. Domkirche; TH für Chemie; Papier- und Maschinenind.; südl. von M. die Leuna-Werk AG (→Leuna).

Mersen [ˈmeːrsə], niederländ. **Meerssen,** Gemeinde in den Niederlanden, 20 500 Ew.; 870 Vertrag zw. Ludwig dem Dt. und Karl dem Kahlen über die Teilung Lothringens.

Mersey [ˈməːzɪ] *der,* Fluss in NW-England, 110 km lang, mündet bei Liverpool in die Irische See.

Mersin, Prov.-Hptst. in der S-Türkei, am Mittelmeer, 414 300 Ew.; Erdölhafen mit -raffinerie, Textilind.; Ausfuhr von Baumwolle.

Meru, Vulkanstock in Tansania, Ostafrika, 4 567 m hoch, westl. des Kilimandscharo, schwach tätig, z. T. Nationalpark.

Merzerisation *die,* **Merzerisieren,** Spezialbehandlung von Baumwollgarnen zur Erhöhung von Glanz, Reißfestigkeit, Farbaufnahmefähigkeit.

Merzig, Krst. im Saarland (Kr. M.-Wadern), an der Saar, 30 100 Ew.; Metall-, Keramikindustrie.

Mesabi Range [məˈsɑːbɪ ˈreɪndʒ], Gebirgszug in Minnesota, USA, eines der reichsten Eisenbergbaugebiete der Erde.

Mesa Verde National Park [ˈmeɪsə ˈvəːd ˈnæʃnl ˈpɑːk], Nationalpark in SW-Colorado, USA, 211 km^2; enthält Reste von über 300 altindian. Wohnbauten (vor 1300 n. Chr.); gehören zum Welterbe.

Mescalin *das,* Alkaloid aus mexikan. Kakteen; halluzinogene Droge; von den Indianern als Rauschmittel (Peyotl) gekaut.

Meschede, Krst. des Hochsauerlandkr., NRW, an der oberen Ruhr, 31 700 Ew.; Hennetalsperre; Leichtmetall-, Metall- und Kunststoffverarbeitung.

Meschhed, Stadt im Iran, 1,5 Mio. Ew.; Univ., Wallfahrtsort der Schiiten mit Grabmoschee des Imam Resa († 817); Textil-, Zuckerind.; Verkehrsknotenpunkt mit ✈.

Mesmer, Franz Anton, dt. Arzt, * 1734, † 1815; begründete die Lehre vom »tier. Magnetismus« **(Mesmerismus).**

Mesner *der,* landschaftl.: Küster, Kirchendiener.

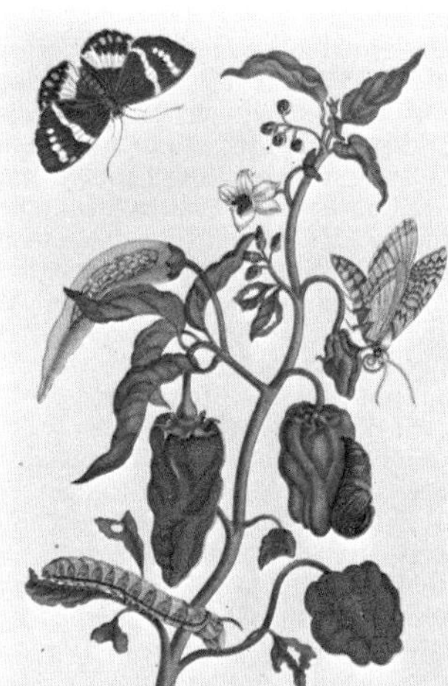
Maria Sibylla Merian. Spanischer Pfeffer, kolorierter Kupferstich (1705)

meso..., mittel..., zwischen...

Mesoamerika, Gebiet der präkolumb., indian. Hochkulturen: S-Mexiko, Guatemala, Belize, El Salvador und Teile von Honduras, Nicaragua und Costa Rica.

mesoamerikanische Hochkulturen, die vorspan. indian. Hochkulturen in Mesoamerika (ab etwa 1500 v. Chr.). Die Kultur der indian. Völker Mesoamerikas (bes. Azteken und Maya) ist von einheitl. Prägung. Erhalten sind außer Bauwerken hauptsächlich Keramik, Stein- und Metallgerät. – Um 200 bis um 900 n. Chr. entstanden größere kult. Bauwerke: mit Tempeln gekrönte Stufenpyramiden und Ballspielplätze. Die Bildhauerkunst schuf bes. Reliefs aus Stein oder Stuck. Auch die Wandmalerei blühte. Von der schon früh entwickelten Steinschneidekunst zeugen Masken für den Totenkult und Schmuckstücke. - Die Kunst der Metallbearbeitung breitete sich erst in der Toltekenzeit aus (um 900 bis um 1300), erst kurz vor der span. Eroberung traten Bronzearbeiten auf. Holzgegenstände, reich gemusterte Textilien und Federmosaiken haben sich nur spärlich erhalten. - Die Bildhauerkunst der Azteken (um 1370 bis 1519) brachte neben starren Götterbildern auch realist. Bildwerke von Tieren und Menschen hervor. Die Keramik verlor an Reichtum der Farbe, Figuren wurden nun stets in Modeln geformt. Eine Bilderschrift, die Astronomie und Arithmetik waren bes. hoch bei den Maya entwickelt.

Mesolithikum *das,* Mittelsteinzeit.

Mesolongion, neugriech. **Messalongi,** griech. Stadt am Eingang des Golfs von Patras, 11 200 Ew.; im griech. Freiheitskampf (seit 1821) Bollwerk gegen die Türken.

Mesonen *Pl.,* instabile Elementarteilchen, die bei energiereichen Stößen von Nukleonen entstehen. Sie zerfallen in Leptonen und Photonen. Die M. kommen positiv, negativ und ungeladen vor. Die π-M. **(Pionen)** spielen eine wesentl. Rolle bei Wechselwirkungen zw. Nukleonen, die K-M. **(Kaonen)** entstehen bei Wechselwirkungen zw. Nukleonen und π-Mesonen.

Mesopotamilen [griech. »Zwischenstromland«], histor. Großlandschaft am unteren und mittleren Euphrat und Tigris, gehört jetzt größtenteils zu Syrien und Irak. Im Altertum bedeutende Kulturlandschaft, später versteppt; neuerdings wieder zunehmend Anbauflächen, z.T. mit künstl. Bewässerung. Erdöllager. - M. umfasste Babylonien und Assyrien.

Mesosphäre *die,* Schicht der →Atmosphäre.

Mesozoikum *das,* Erdmittelalter (→Erdgeschichte, ÜBERSICHT).

Mespelbrunn, Gemeinde im Kr. Aschaffenburg, Bayern, im Spessart, 2100 Ew.; Wasserschloss (15./16. Jh.) der Grafen von Ingelheim.

Messalina, Valeria, *25 n. Chr., 3. Gattin des röm. Kaisers Claudius, Mutter der Octavia und des Britannicus, intrigant, ausschweifend und habgierig; 48 n. Chr. hingerichtet.

Messe *die,* **1)** kath. Kirche: **Messopfer,** Feier des Abendmahls als unblutige Erneuerung des Kreuzesopfers Christi. Hauptteile: **Wortgottesdienst** (Stufengebet, Introitus, Kyrie, Gloria, Kollekte, Epistel, Graduale, Evangelium, Credo), **Offertorium** (Bereitung der Opfergaben Brot und Wein), **Konsekration (Wandlung** von Brot und Wein in Leib und Blut Christi), **Kommunion** (Genuss der Opfergaben durch Priester und Gemeinde); danach abschließende Gebete, Segen. Der Feierlichkeit nach unterschied man **gesungene M.,** feierl. **Hochamt** (Missa solemnis) und **Pontifikalamt** (von Bischöfen zelebriert; höchste Form die päpstl. oder **Papal-M.).** - Wichtigste liturg. Neuerungen seit dem 2. Vatikan. Konzil: Freigabe der Landessprache neben der lat. für die ganze M., Zelebration zum Volk hin, Einführung der Konzelebration (gemeinsame Feier der M. durch mehrere Priester). - **2)** 𝄞 Das **Ordinarium Missae** sind die bei jeder M. wiederkehrenden Teile, das **Proprium Missae** die für jeden Sonn- und Feiertag des Kirchenjahrs wechselnden Gesänge. - **3)** ✐ →Messen. - **4)** ⚓ Speise- und Aufenthaltsraum der Offiziere und Unteroffiziere.

Messel, Gemeinde im Kr. Darmstadt-Dieburg, Hessen, 3 800 Ew. In der Nähe die **Messeler Grube** mit Ölschiefervorkommen (Abbau bis 1971) aus dem frühen Eozän (vor ca. 50 Mio. Jahren), die viele gut erhaltene Einschlüsse von Tieren und Pflanzen enthält; zählt zum Welterbe.

Messen, Handelsmessen, im MA. in einigen Städten entstandene Märkte. Früher brachten Fabrikanten und Großhändler die Waren mit **(Waren-M.),** seit dem Ende des 19. Jh. nur mehr Muster **(Muster-M).** Nach 1945 wurden in Dtl. neben Leipzig bes. Frankfurt am Main, Hannover, Köln, München, Nürnberg, Offenbach am Main, Düsseldorf und Berlin Messeplätze.

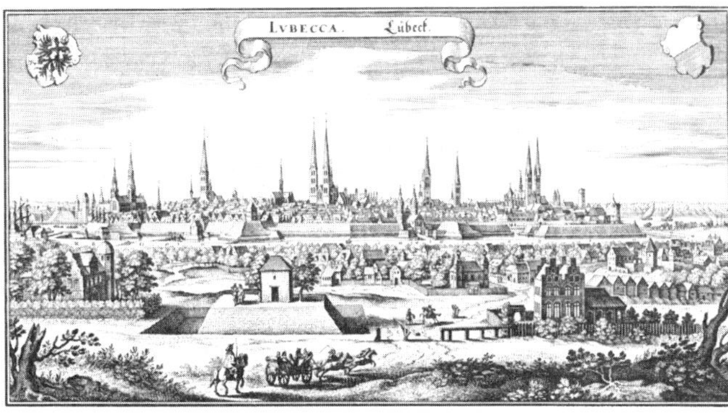

Matthäus Merian d. J. Lübeck, Kupferstich (1653)

Messenilen, griech. Landschaft im SW der Peloponnes, von Sparta in 3 **Messen. Kriegen** (8. bis 5. Jh. v. Chr.) unterworfen.

Messerschmitt, Willy, dt. Flugzeugkonstrukteur und Unternehmer, *1898, †1978.

Willy Messerschmitt

Messiaen [mɛs'jã], Olivier, frz. Komponist, *1908, †1992; Orchesterwerke, Kammermusik, Klavier-, Orgelwerke, Vokalmusik; initiierte die serielle Musik.

Messias, A. T.: Bezeichnung des Königs; später: der erwartete Nachkomme des Stamms David, der das **messian. Reich** aufrichten werde. Jesus hat sich als der erwartete M. und als der Erfüller der messian. Hoffnungen bekannt.

Messier [mɛs'je], Charles, frz. Astronom, *1730, †1817; entdeckte 21 Kometen, veröffentlichte den nach ihm benannten »Nebel«-Katalog **(M.-Katalog).**

Messina, ital. Hafenstadt im NO Siziliens, an der **Straße von M.** (3 bis 16 km breit), 231 700 Ew.; kath. Erzbischofssitz, Univ.; Werften; Messen; Fährverkehr zum Festland. - M. wurde im 8. Jh. v. Chr. von Griechen gegründet.

Olivier Messiaen

Messing *das,* meist goldfarbene Legierung aus Kupfer und 10 bis 45% Zink; zinkärmere Legierungen heißen **Tombak** (Rot-M.).

Messner, Reinhold, ital. Alpinist, *1944; bestieg alle 14 Achttausender ohne Höhenatemgerät; 1990 mit A. Fuchs erste Antarktisdurchquerung zu Fuß; Autor von Büchern und Fernsehfilmen.

Messluhr, Feinmessgerät zur Längenmessung; zeigt bei Messbereich bis 10 mm Abweichungen bis zu 0,001 mm.

Mess- und Regeltechnik, moderner Zweig der Technik, der sich mit der Messung kennzeichnender Größen und mit deren Verwendung zur Regelung, d. h. Selbststeuerung von techn. Prozessen, Verfahren usw. befasst.

Mestize *der,* Mischling zw. Weißen und Indianern.

Mestre, Stadtteil von Venedig, Italien, auf dem Festland, rd. 150 000 Ew.; Werften, chem. u. a. Ind., Verkehrsknotenpunkt.

Reinhold Messner

Met *der,* Getränk aus vergorenem Honig.

meta..., mit..., nach..., zwischen...

Metabolismus *der,* →Stoffwechsel.

Metalle, chem. Elemente mit untereinander ähnl. Eigenschaften, die sie von den anderen Elementen unterscheiden. M. sind i. d. R. bei Raumtemperatur fest (Ausnahme: Quecksilber) und undurchsichtig, bilden mit anderen M. Legierungen, sind gute elektr. und Wärmeleiter und sind im festen Zustand plastisch verformbar. Die meisten M. überziehen sich bei Kontakt mit Sauerstoff mit einer dunklen Oxidschicht (**unedle M.** im Ggs. zu den **edlen M.** Platin, Gold, Silber).

Nach der Dichte unterteilt man die M. in **Leicht-M.** (Dichte unter 4,5 g/cm³) und **Schwer-M.** In der Natur kommen Edel-M. z. T. gediegen vor, unedle M. nur in Verbindungen, bes. als Oxide und Sulfide. Viele M. sind in Säuren löslich und bilden mit ihnen Salze.

Metallographie *die,* i. e. S. svw. Metallkunde, i. w. S. dasjenige ihrer Arbeitsgebiete, das sich mit dem Gefügeaufbau befasst.

Metallspritzen, ⚙ Verfahren zur Herstellung metall. Schutzüberzüge durch Aufspritzen des erschmolzenen Materials.

Metallurgie *die,* **Hüttenkunde,** befasst sich mit Gewinnung und Raffination der Metalle aus Erzen.

Metamorphose *die,* Gestaltwandel, **1)** Entwicklung eines Tiers durch versch. Formen hindurch, z. B. Larve, Puppe. – **2)** Umbildung von Pflanzenteilen zu besonderen Aufgaben, z. B. Speicherwurzeln (Rüben, Knollen), Blattranken. – **3)** 🌐 Umwandlungen, die ein Gestein durch Änderung seines physikalisch-chem. Gleichgewichtszustands, etwa durch hohen Druck und hohe Temperatur, in der Erdkruste erleidet, ohne dass es völlig eingeschmolzen wird. **Metamorphe Gesteine** sind u. a. Gneise und Schiefer.

Metapher *die,* übertragener (bildl.) Ausdruck, z. B. »Hafen« für »Zuflucht«.

Metaphysik *die,* Teil der Philosophie, dessen Erkenntnis- und Begründungsinteresse über die Natur (griech. phýsis) hinausgeht.

Metas|tase *die,* Tochtergeschwulst oder Entzündung, die durch Verschleppung von Geschwulstzellen oder Keimen fernab vom Ursprung (Primärherd) an einer anderen Körperstelle entsteht (metastat. Abszess).

Metazentrum *das,* ⚓ Schnittpunkt der Auftriebsrichtung eines geneigten Schiffs mit dessen vertikaler Symmetrie-Ebene.

Metazo|en *Pl.,* die vielzelligen Tiere; Gegengruppe: Protozoen.

Meteor *der,* ✡ als Feuerkugel oder Sternschnuppe am Nachthimmel erscheinender Materiebrocken außerird. Ursprungs. Zur Erde gefallene Stücke werden **Meteorite** genannt. Die M. dringen mit hohen Geschwindigkeiten (15 bis 75 km/s) in die Erdatmosphäre ein und rufen dadurch die Leuchterscheinung hervor; ihre Masse schwankt zw. wenigen g und vielen t. Die meisten M. sind Stein-, einzelne Eisenmeteorite.

Meteora, Felsengruppe in Thessalien, Griechenland. Seit dem 9. Jh. siedelten auf den steilen Felsen Eremiten, Ende des 14. Jh. entstanden zahlreiche Klöster, die zum Weltkulturerbe gehören.

Meteoroid *der,* ✡ kleiner interplanetarer Körper, der die Sonne umläuft; im Fall seines Durchquerens der Erdatmosphäre entsteht ein Meteor.

Meteorologie *die,* Wetterkunde; untersucht die Atmosphäre und das Wettergeschehen.

Meteosat, Bezeichnung für 3 von der ESA entwickelte Wettersatelliten.

Meter *das,* Abk. **m,** Längeneinheit, urspr. der 40-millionste Teil eines Erdmeridians; das in Paris aufbewahrte **Urmeter** weicht geringfügig davon ab. Als Basiseinheit des Internationalen Einheitensystems (SI) 1983 als die Länge der Strecke definiert, die Licht im Vakuum während der Dauer von 1/299792458 s zurücklegt.

Methadon *das,* synthet. Morphinderivat, stark wirksames Schmerzmittel, unterliegt dem Betäubungsmittelges.; Ersatzdroge zur Behandlung Heroinabhängiger; seit 1988 in einigen dt. Bundesländern in der Erprobungsphase.

Methan *das,* der einfachste Kohlenwasserstoff aus der Gruppe der Alkane, CH_4, farb- und geruchloses, brennbares Gas; findet sich in erdölhaltigen Schichten, entsteht bei der Zersetzung organ. Stoffe **(Sumpfgas, Klärgas);** Ursache der schlagenden Wetter **(Grubengas).** M. gehört zu den klimawirksamen Gasen, die zum Treibhauseffekt führen.

Metronom

Ilja Iljitsch Metschnikow

Conrad Ferdinand Meyer

Erde von **Meteosat 2** am 18. 9. 1983 aus rund 36 000 km Höhe gesehen

Methode *die,* planmäßiges Verfahren zum Erreichen eines Ziels. **Methodologie** *die,* Lehre von den wiss. Verfahren. **Methodik** *die,* planmäßige Verfahrensweise.

Methodisten, Anhänger einer Gruppe prot. Freikirchen, die im 18. Jh. aus der Erweckungsbewegung von J. Wesley und G. Whitefield hervorgingen; in Dtl. besteht seit 1968 die **Ev.-methodist. Kirche.**

Methusalem, Mathusala, einer der Urväter (1. Mos. 5,21 ff.); soll 969 Jahre alt geworden sein. Sprichwörtlich: **so alt wie M.,** sehr alt.

Methyl..., einwertige Alkylgruppe $-CH_3$.

Methyl|alkohol *der,* **Methanol** *das,* CH_3OH, einfachste Alkoholverbindung; giftig, führt zur Erblindung.

Methylen..., in der chem. Nomenklatur die Gruppe $-CH_2-$.

Methylenblau, künstl. blauer Farbstoff zum Färben von Papier, Stroh, Tinte.

Methyl|orange [-ɔrãʒ], künstl. Farbstoff, ein Indikator; in sauren Lösungen rot.

Metier [meˈtjeː] *das,* Gewerbe, Tätigkeit, die man erfolgreich ausübt.

Metöke *der,* im antiken Griechenland: ortsansässiger Fremder mit Handels- und Gewerbe-, aber ohne Bürgerrecht.

Metrik *die,* **1)** Lehre vom Versmaß **(Metrum),** →Vers. – **2)** 𝄞 Lehre vom Takt. – **3)** √ ❀ Eigenschaft eines Raums, durch die in diesem der Abstand zw. 2 Punkten definiert ist.

metrisches System, ein auf dem Meter aufgebautes Einheitensystem.

Metro-Gruppe Deutschland, größtes dt. Großhandelsunternehmen mit Sitz in Düsseldorf; gegr. 1964 von Otto Beisheim (* 1924); 1996 Fusion mit der Kaufhof AG und der Asco AG zur Metro AG.

Metrologie *die,* Wiss. und Praxis des Messwesens.

Metronom *das,* 𝄞 Gerät zum Bestimmen des musikal. Zeitmaßes (Taktmesser).

Metropole *die,* Hptst., Mittelpunkt. **Metropolit** *der,* Leiter einer Kirchenprovinz. **Metropolitankirche,** Kathedrale eines Metropoliten.

Metropolitan Opera [metrəˈpɔlɪtn ˈɔpərə], kurz **Met,** führendes amerikan. Opernhaus, 1883 in New York eröffnet; seit 1966 in neuem Haus (am Lincolnplatz).

Metschnikow, Ilja Iljitsch, russ. Zoologe und Bakteriologe, * 1845, † 1916; Forschung über bakterielle Infektionen und Immunisierung; erhielt 1908 den Nobelpreis für Physiologie oder Medizin.

Metsu ['metsy:], Gabriel, niederländ. Maler, * 1629, † 1667; war ab 1657 in Amsterdam tätig; schilderte das häusl. Leben des niederländ. Bürgertums.
Mette *die,* Gottesdienst in der Nacht oder am Vorabend eines hohen Festes.
Metternich, Klemens Wenzel Reichsgraf, seit 1803 Fürst v. **M.-Winneburg,** österr. Staatsmann, * 1773, † 1859; 1809 Außenmin., 1822 Staatskanzler. Auf dem Wiener Kongress 1815 wirkte er führend an der Neuordnung Europas mit und sicherte Österreich die Vorherrschaft in Dtl. und Italien. Sein Ziel war die Erhaltung der 1815 wiederhergestellten vorrevolutionären staatl. Ordnung und des Gleichgewichts der Mächte. Durch Polizeiherrschaft suchte er nat. und liberale Strömungen zu unterdrücken. Als Symbolfigur reaktionärer Politik wurde er bei Ausbruch der Revolution in Wien 1848 gestürzt.
Mettmann, Krst. in NRW, 38 900 Ew.; Kleineisen-, Maschinen-, Metallind.; bei M. das Naturschutzgebiet Neandertal.
Metz, Hptst. der Region Lothringen, Frankreich; an der Mosel, 123 900 Ew.; Univ.; got. Kathedrale, mittelalterl. Befestigung; Eisen- und Stahl-, Auto-, Tabak-, Konservenind. - M., eine vorröm. Siedlung kam 870 zum Ostfränk. (Dt.) Reich, im 13. Jh. wurde es Reichsstadt, 1552 mit dem reichsunmittelbaren Gebiet der Bischöfe von M. von Frankreich besetzt. 1871 bis 1918 und 1940 bis 1944 gehörte M. zum Dt. Reich.
Meuterei *die,* Vereinigung mehrerer Personen, bes. Soldaten, Gefangene, Seeleute, zur Empörung gegen Vorgesetzte.
Mexicali [mɛxi'kali], Hptst. des Staats Baja California Norte, Mexiko, 602 400 Ew.; Univ.; Nahrungsmittelind.; Fremdenverkehr.
mexikanische Kunst, →mesoamerikanische Hochkulturen, →lateinamerikanische Kunst.

Mexiko, Staat in Mittelamerika, zw. dem Golf von M. und dem Pazif. Ozean, einschließlich Inselgebieten 1,958 Mio. km², 84,44 Mio. Ew.; Hptst.: Mexiko; Amtssprache: Spanisch.
Verfassung. M. ist Bundesrepublik mit 31 Gliedstaaten und einem Bundesdistrikt. Die Legislative liegt beim Kongress, der aus Senat und Abgeordnetenhaus besteht. Der Präs. wird vom Volk gewählt; er ernennt die Minister. Die Gliedstaaten haben eigene Volksvertretungen.
Landesnatur. Überwiegend Hochland (1 000 bis über 2 000 m), im W und O von höheren Gebirgen umsäumt; den S bildet eine Vulkanzone (Citlaltépetl 5 700 m, Popocatépetl 5 452 m). Tiefland nur an den Küsten und auf der Halbinsel Yucatán. Größter Fluss der Rio Grande del Norte. Klima: im N trocken, binnenländisch; im S sind die Küstenniederungen tropisch, höhere Lagen gemäßigt und kühl.
Bevölkerung. 90 bis 95% Mestizen, Indianer, Weiße, wenige Schwarze. Religion: über 92% katholisch.

Daten zur Geschichte Mexikos

1519–1521	H. Cortés erobert das Aztekenreich
1536	Errichtung des Vizekönigreichs Neuspanien
1810	Beginn der Unabhängigkeitsbewegung
1821	Mexiko wird unabhängig, 1822 wird A. de Itúrbide als Augustín I. Kaiser von Mexiko
1823	Sturz des Kaisers, Mexiko wird Republik; die Zentralamerikan. Konföderation trennt sich von Mexiko
1836	Texas erklärt sich für unabhängig von Mexiko
1845	Texas wird von den USA annektiert, das führt zum Mexikanischen Krieg. Im Frieden von Guadalupe Hidalgo 1848 muss Mexiko alle Gebiete nördlich des Rio Grande (Texas, Kalifornien, New Mexico sowie Teile der heutigen Staaten Arizona, Utah und Colorado) an die USA abtreten
1861	Militär. Intervention von Großbritannien, Frankreich und Spanien, weil Mexiko den Schuldendienst einstellt
1864	Auf Betreiben Napoleons III. nimmt der österreich. Erzherzog Maximilian die mexikanische Kaiserkrone an
1867	Sieg von B. Juárez García, der Kaiser wird erschossen
1876	Staatsstreich von General Porfirio Díaz
1910	Ausbruch der Revolution, Bürgerkrieg, Durchführung einer Agrarreform (1920 abgeschlossen)
1938	Nationalisierung der Erdölgesellschaften Großbritanniens und der USA
1982	Mexiko muss Zahlungsunfähigkeit erklären
1993	Mexiko schließt mit den USA und Kanada den Vertrag über eine Freihandelszone (NAFTA) ab
1994	Indioaufstand in Chiapas; Präsidentschaftswahlen, der Kandidat L. D. Colosio wird ermordet, E. Zedillo Ponce de León neuer Präsident

Wirtschaft. Anbau (z. T. mit Bewässerung) von Mais, Weizen, Hirse, Bohnen, Zuckerrohr, Baumwolle, Zitrusfrüchte, Kaffee, Sisal (Yucatán); Viehzucht, Forstwirtschaft, Fischerei. Bedeutender ⚒ auf Silber, Schwefel, Erdöl, Erdgas, Gold, Eisen, NE-Metalle u.a.; Ind. im Ausbau (Stahl-, Maschinen-, elektrotechn., chem., Papier- u.a. Ind.); Fremdenverkehr. Ausfuhr: Textilien, Kaffee, Zucker, Bergbauerzeugnisse. Haupthäfen: Veracruz, Tampico; ✈: M. City, Veracruz, Tampico.
Mexiko, Mexico City, amtl. **Ciudad de México** [siu'ðað ðɛ 'mɛxiko], Hptst. und größte Stadt der Rep. M., 8,25 Mio. Ew., in der Agglomeration etwa 20 Mio. Ew., 2 240 m ü. M.; mehrere Univ.; Barockkathedrale, Nationalpalast, Häuser und Paläste im span. Stil; wichtigster Handelsplatz des Landes; Verkehrsknoten; Textil-, Eisen-, chem., Tabak-, Zement-, Papierind.; extreme Schadstoffbelastung der Luft. M. wurde auf den Trümmern der alten Aztekenhptst. Tenochtitlán erbaut. Das histor. Zentrum gehört zum Weltkulturerbe.
Mexiko, Golf von M., der westl. Teil des Amerikan. Mittelmeers zw. Florida, Kuba und Yucatán; Wasserwärme: über 30 °C (im Aug.).
Mey, Reinhard, eigentl. Alfons **Yondraschek,** dt. Liedermacher, Chansonsänger, * 1942.
Meyer, 1) Conrad Ferdinand, schweizer. Schriftsteller, * 1825, † 1898; schrieb formvollendete Gedichte, meisterhafte Novellen, auch aus der ital. Renaissancezeit: »Angela Borgia« (1891), »Gustav Adolfs Page« (1882). Roman: »Jürg Jenatsch« (1876). Episches Gedicht: »Huttens letzte Tage« (1871). - **2)** Eduard, dt. Historiker, * 1855, † 1930; »Geschichte des Alterthums« (1884 bis 1902). - **3)** Heinz-Werner, dt. Gewerkschaftsführer, * 1932, † 1994; 1990 bis 1994 Vors. des Dt. Gewerkschaftsbunds. - **4)** Joseph, dt. Verlagsbuchhändler, * 1796, † 1856; Gründer des Bibliograph. Instituts in Gotha (1826); verlegte u.a. ab 1839 das 52-bändige »Große Conversationslexikon«, geograph. Werke, Atlanten und Kunstblätter. - **5)** Lothar, dt. Chemiker, * 1830, † 1895; stellte 1869 unabhängig von Mendelejew das Periodensystem der Elemente auf.
Meyerbeer, Giacomo, eigentl. Jakob Liebmann Meyer **Beer,** dt. Komponist, * 1791, † 1864; Vertreter der frz. großen Oper: »Robert der Teufel« (1831), »Die Hugenotten« (1836); »Die Afrikanerin« (1864).

Mexiko

Staatswappen

Staatsflagge

Internationales Kfz-Kennzeichen

Mexiko
Stadtwappen

Meyrink, Gustav, österr. Schriftsteller, * 1868, † 1932; Erz., Romane (»Der Golem«, 1915).

Meysel, Inge, dt. Schauspielerin, * 1910; humor- und gemütvolle resolute Frauenrollen.

Meysenbug, Malvida v., dt. Schriftstellerin, * 1816, † 1903; Demokratin, Freundin von R. Wagner, F. W. Nietzsche, G. Garibaldi; »Memoiren einer Idealistin« (1876).

MEZ, Abk. für **m**ittel**e**uropäische **Z**eit.

mezza voce [- 'vo:tʃɛ], 𝄞 mit verhaltener Stimme.

mezzo, mittel, halb. **Mezzosopran** *der,* 𝄞 Stimmlage zw. Sopran und Alt.

Mezzogiorno [meddzo'dʒorno] *der,* der Süden Italiens.

Mezzotinto *das,* künstler. Tiefdruckverfahren.

mg, Zeichen für **M**illi**g**ramm, 1 mg = 0,001 g.

Mg, chem. Symbol für **M**a**g**nesium.

MG, Abk. für **M**aschinen**g**ewehr.

Miami [maɪ'æmɪ], Stadt im SO von Florida, USA, 359 100 Ew.; Zentrum der Exilkubaner; 2 Univ.; Seebad und Winterkurort, inmitten einer trop. und subtrop. Pflanzenwelt, auf einer Nehrung vor M. das Seebad **M. Beach** (92 900 Ew.); internat. ✈.

Micha, A. T.: Prophet in Israel, wirkte ab 725 v. Chr.

Michael, einer der Erzengel im A. T. und N. T., Sieger über den Satan, Beschützer des Hl. Röm. Reichs und der Kirche (Tag: 29. 9.).

Hartmut Michel

Michaux [mi'ʃo], Henri, frz. Schriftsteller, Zeichner, * 1899, † 1984; Lyrik und Prosa unter Einfluss der Surrealisten.

Michel, Hartmut, dt. Biochemiker, * 1948; erhielt 1988 mit R. Huber und J. Deisenhofer den Nobelpreis für Chemie für Forschungen zur Photosynthese.

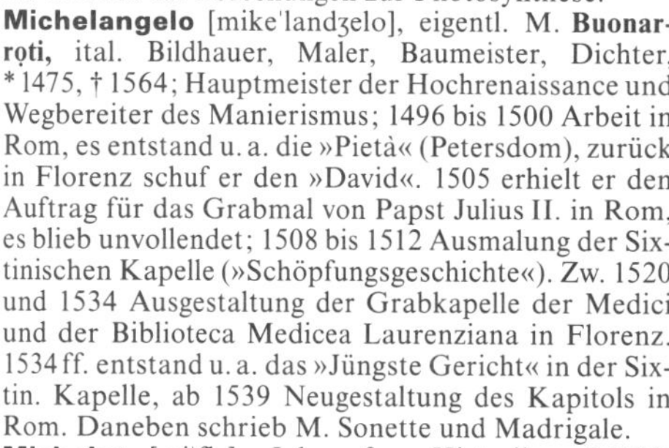

Michelangelo [mike'landʒelo], eigentl. M. **Buonarroti,** ital. Bildhauer, Maler, Baumeister, Dichter, * 1475, † 1564; Hauptmeister der Hochrenaissance und Wegbereiter des Manierismus; 1496 bis 1500 Arbeit in Rom, es entstand u. a. die »Pietà« (Petersdom), zurück in Florenz schuf er den »David«. 1505 erhielt er den Auftrag für das Grabmal von Papst Julius II. in Rom, es blieb unvollendet; 1508 bis 1512 Ausmalung der Sixtinischen Kapelle (»Schöpfungsgeschichte«). Zw. 1520 und 1534 Ausgestaltung der Grabkapelle der Medici und der Biblioteca Medicea Laurenziana in Florenz. 1534 ff. entstand u. a. das »Jüngste Gericht« in der Sixtin. Kapelle, ab 1539 Neugestaltung des Kapitols in Rom. Daneben schrieb M. Sonette und Madrigale.

Albert Michelson

Michelet [mi'ʃlɛ], Jules, frz. Historiker * 1798, † 1874; Werke: »Histoire de France« (17 Bde., 1833 bis 1867), »Histoire de la Révolution française« (7 Bde., 1847 bis 1853).

Michelozzo di Bartolommeo [mike'lɔttso -], ital. Baumeister und Bildhauer, * 1396, † 1472; Kloster San Marco, Palazzo Medici-Riccardi in Florenz; Zusammenarbeit mit Donatello.

Michelson ['maɪkəlsn], Albert, amerikan. Physiker, * 1852, † 1931; bewies die Unabhängigkeit der Lichtgeschwindigkeit von der Erdbewegung; Nobelpreis für Physik 1907.

Michelstadt, Stadt in Hessen, im Odenwald, 16 600 Ew.; Fachwerkrathaus (1484); versch. Ind., Elfenbeinschnitzerei, die seit 1990 mit Mammutelfenbein aus Russland arbeitet.

Michigan
Flagge

Michigan ['mɪʃɪgən], Abk. **Mich.,** nordöstl. Bundesstaat der USA, am Huron-, Michigan- und Oberen See, 151 586 km², 9,3 Mio. Ew.; Hptst.: Lansing; größte Stadt und bedeutendster Industriestandort ist Detroit. ⚒ auf Eisen, Erdöl, Erdgas u. a. Stark industrialisiert: Kraftwagen- (Detroit), Flugzeug-, Maschinen-, Möbel- u. a. Ind.; Zuckerrüben-, Sojabohnen-, Getreideanbau.

Michigansee ['mɪʃɪgən-], **Lake Michigan,** der südwestlichste der 5 Großen Seen Nordamerikas, 58 016 km² groß, bis 282 m tief.

Michelangelo. Ausschnitt aus der Schöpfungsgeschichte in der Sixtinischen Kapelle im Vatikan, Gewölbefresko (1508 bis 1512)

Mickiewicz [mits'kjɛvitʃ], Adam, poln. Dichter, * 1798, † 1855; lebte als Emigrant im Ausland; begründete die poln. romant. Schule.

Midas, König von Phrygien (2. Hälfte 8. Jh. v. Chr.), dem sich alles, was er berührte, in Gold verwandelte und dem Apollo aus Rache für eine Beleidigung Eselsohren wachsen ließ, die er vergeblich unter einer phryg. Mütze zu verbergen suchte. .

Middlesbrough ['mɪdlzbrə], Hafenstadt an der O-Küste Englands, 141 000 Ew. in der Agglomeration Teesside; Eisen- und Stahl-, chem. Ind., Schiffbau.

Midgard *der,* nord. Göttersage: die Erde; umschlungen von der **M.-Schlange.**

Midlands ['mɪdləndz], das mittelengl. Tiefland: durch Eisen- und Kohlevorkommen bedeutendes Ind.gebiet; wichtigste Städte Birmingham, Coventry, Nottingham.

Mieder *das,* **1)** eng anliegendes Oberteil der Frauenkleidung ohne Ärmel, bes. bei Trachten. – **2)** Sammelbegriff für Korsett, Hüfthalter, Büstenhalter u. a.

Miegel, Agnes, dt. Schriftstellerin, * 1879, † 1964; Erz., stimmungsvolle Balladen.

Miere, 2 Gattungen der Nelkengewächse: 1) Gattung Stellaria, darunter **Stern-M.,** weiß blühendes Unkraut, und **Vogel-M.** 2) Gattung Alsine, darunter die **Frühlingsmiere.**

Mierendorff, Carlo, dt. Politiker (SPD), * 1897, † (Luftangriff) 1943; seit 1930 MdR, 1933 bis 1938 im KZ, Verbindung zum Kreisauer Kreis.

Mies van der Rohe, Ludwig, amerikan. Architekt dt. Herkunft, * 1886, † 1969; war 1930 bis 1933 Leiter des Bauhauses Dessau, einer der führenden Architekten des neuen Bauens; lebte seit 1937 in den USA (Nationalgalerie in Berlin, 1962 bis 1967).

Miete, ⚖ Vertrag, durch den sich der Vermieter verpflichtet, dem Mieter eine unbewegliche oder bewegl. Sache gegen einen vereinbarten **Mietzins** (auch M. genannt) zum Gebrauch zu überlassen (§§ 535 ff. BGB). Der Mietzins ist am Ende der Mietzeit zu zahlen, bei Bemessung nach Zeitabschnitten jeweils nach Ablauf des betreffenden Zeitabschnitts. Der Vermieter von Grundstücken oder Räumen hat für seine Forderungen aus der M. ein gesetzl. Pfandrecht **(Vermieterpfandrecht)** an den eingebrachten pfändbaren Sachen des Mieters. Beendigung der M. mit Ablauf der vereinbarten Mietzeit oder nach Kündigung mit gesetzl. Frist.

Migration *die,* **1)** ❀ dauerhafte Ab- oder Einwanderung einzelner Tiere oder auch einer Population in eine andere gleicher Art. – **2)** Soziologie: Wanderung Einzelner oder von Gruppen im geograph. Raum, z. B. Gastarbeiter, auch im sozialen Gefüge.

Mihrab [miçˈra:p] *der,* Gebetsnische der Moschee, die die Gebetsrichtung (Mekka) anzeigt.

Mikado, 1) *der,* poet. Benennung des Kaisers von Japan. – **2)** *das,* Gedulds- und Geschicklichkeitsspiel.

mikro..., Wortbildungselement: klein...

Mikroben → Mikroorganismen.

Mikrobiologie, Wiss. von den Mikroorganismen; die **allg. M.** trug zur Entdeckung biolog. Grundvorgänge bei; **angewandte M.** mit prakt. Bedeutung für Medizin, Landwirtschaft, Nahrungsherstellung u. a.

Mikrochirurgie, ⚕ Spezialgebiet der Chirurgie, das sich mit operativen Eingriffen an Gewebsstrukturen im mikroskop. Bereich befasst, die mit opt. Hilfsmitteln (Lupenbrille, Operationsmikroskop), speziellen Instrumenten und Nahtmaterialien ausgeführt werden. Mikrochirurg. Verfahren werden v. a. an Auge (Linsenimplantation, Hornhauttransplantation), Innenohr, Gehirn und Nerven, Blutgefäßen, in der Gynäkologie z. B. zur Rekanalisierung der Eileiter, ferner in der Transplantationschirurgie angewendet. Zur M. zählt auch die **minimal invasive Chirurgie,** bei der mit Endoskop (Minivideokamera) dem Operateur ein dreidimensionales Bild vom Operationsort gezeigt wird, zu dem er über winzige Körperöffnungen durch Einschieben kleiner Röhrchen (Trokare) vordringt.

Mikrocomputer [-kɔmpju:tə], 🖳 elektron. Rechner, bestehend v. a. aus Mikroprozessor, Speichern, Ein- und Ausgabeeinheiten für Daten, Anschlüssen für externe Geräte, Datenleitungen und Stromversorgung.

Mikrodiskette, Diskette mit $3\,^1/_2$ Zoll Durchmesser und Speicherkapazitäten bis über 1 Megabyte.

Mikro|elektronik, Teilgebiet der Halbleiterelektronik, das sich mit Entwurf, Entwicklung, Herstellung und Anwendung von integrierten Schaltungen zu einer funktionsfähigen Einheit befasst.

Mikrofiche [-fiʃ] *das* oder *der,* Planfilm im Postkartenformat, bei dem zeilenweise 48, 96 oder 192 Mikrobilder **(Mikrokopien)** von DIN-A 4-Vorlagen nebeneinander gereiht sind.

Mikrofilm, meist 16 mm breiter fotograf. Film mit sehr hohem Auflösungsvermögen, auf dem Schriftgut, Zeichnungen u. Ä. in stark verkleinertem Abbildungsmaßstab gespeichert werden können. Zur Aufnahme und zum Lesen der Mikrokopien sind spezielle Kameras bzw. Lesegeräte erforderlich.

Ludwig Mies van der Rohe. Neue Nationalgalerie in Berlin (1962 bis 1967)

Mikrofon *das,* Gerät zur Umwandlung von Schallschwingungen in elektr. Wechselspannungen. Beim **Kohle-M.** des Fernsprechers werden zw. einer Membran und einer von ihr isolierten Gegenelektrode Kohlekörnchen durch die Schwingungen der Membran mehr oder weniger gegeneinander gepresst. Dadurch ändert sich der Übergangswiderstand zw. den Körnern, entsprechend schwankt ein durch sie geleiteter Gleichstrom. Beim **Kondensator-M.** werden die Wechselströme durch Kapazitätsänderung, beim **dynam.** (Tauchspulen-)**M.** durch Induktion erzeugt, beim **Kristall-M.** wird der → piezoelektrische Effekt ausgenutzt. Beim **elektromagnet. M.** schwingt in einer feststehenden Spule der durch den Schall bewegte Anker eines Magneten. **Körperschall-M.** (z. B. das **Kehlkopf-M.**) reagieren nur auf Schwingungen des Körpers, an den sie angelegt sind.

Mikrokosmos *der,* die kleine Welt des Menschen als verkleinertes Abbild des Universums (Makrokosmos).

Mikromechanik, Spezialgebiet der Technik (Mikrosystemtechnik), das sich mit Konstruktion, Herstellung und Anwendung kleinster mechan. Bauelemente mit Abmessungen von wenigen bis mehreren hundert µm befasst. Man unterscheidet einfache Strukturen (z. B. Gitter, Löcher, Kanäle), Sensoren, Aktoren (z. B. Relais, Schalter, Ventile, Pumpen) und Mikrosysteme (Mikromotoren, Druckköpfe). Für die Fertigung mikromechan. Bauelemente wurde aus der Halbleitertechnik u. a. die Photolithographie übernommen. Weitere Verfahren sind die Dünnschicht-, Siebdruck- und LIGA-Technik.

Mikrometer *das,* **1)** → Schraublehre. – **2)** Abk. **µm,** ein Millionstel Meter.

Mikronesien

Staatsflagge

Mikronesi|en, Federated States of Micronesia, Rep. im westl. Pazif. Ozean, umfasst die Ost- und Teile der Westkarolinen, 721 km², 111 000 Ew., Hptst.:

Palikir auf Pohnpei. – Kokosnüsse, Bananen, Zuckerrohranbau. Unabhängig seit Okt. 1991.

Mikronesi|en, Gebiet im westl. Pazifik mit den Inseln/Inselgruppen Nauru, Guam, Kiribati, den Marianen, Karolinen und Marshall-Inseln. Die Bev., die **Mikronesier,** ist mit den Polynesiern verwandt.

Mikro|organismen, Mikroben, die kleinsten Lebewesen, meist einzellig; M. sind auch die Viren.

Mikroprozessor, extrem verkleinertes Steuer- und Rechenwerk (Prozessor) eines Mikrocomputers, bei dem die gesamte Zentraleinheit einer Datenverarbeitungsanlage auf einem einzigen Siliciumplättchen (→Chip) aufgebaut ist. Durch die Miniaturisierung wird die Geschwindigkeit, mit der Befehle ausgeführt werden, wesentlich erhöht. Vielseitige Einsatzmöglichkeiten in allen Bereichen der Technik. Entwickelt wurde der M. 1969 in den USA.

Milchling
Reizker

Mikroskop *das,* opt. Gerät zur vergrößerten Betrachtung und fotograf. Aufnahme sehr kleiner naher Gegenstände. Eine Sammellinse sehr geringer Brennweite (Objektiv) entwirft ein reelles, vergrößertes Bild des Gegenstands, das durch eine als Lupe wirkende Okularlinse nochmals stark vergrößert betrachtet wird. Das auf einem drehbaren Objekttisch ruhende Präparat wird von unten mithilfe einer Beleuchtungseinrichtung (Hohlspiegel, Kondensorlinsen) durchleuchtet. Das Auflösungsvermögen wird durch die Wellenlänge des Lichts begrenzt, es liegt bei Verwendung von sichtbarem Licht bei etwa 0,2 µm. Mit dem **Ultra-M.** können nur die Beugungsbilder noch kleinerer Teilchen beobachtet werden. Mit Elektronenstrahlen statt Licht arbeitet das **Elektronen-M.** Mit dem **Rastertunnel-M.** können sogar einzelne Atomlagen erfasst werden.

Darius Milhaud

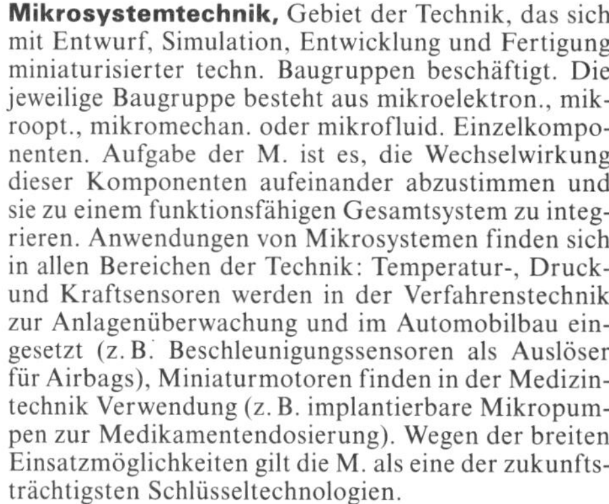

Mikrosystemtechnik, Gebiet der Technik, das sich mit Entwurf, Simulation, Entwicklung und Fertigung miniaturisierter techn. Baugruppen beschäftigt. Die jeweilige Baugruppe besteht aus mikroelektron., mikroopt., mikromechan. oder mikrofluid. Einzelkomponenten. Aufgabe der M. ist es, die Wechselwirkung dieser Komponenten aufeinander abzustimmen und sie zu einem funktionsfähigen Gesamtsystem zu integrieren. Anwendungen von Mikrosystemen finden sich in allen Bereichen der Technik: Temperatur-, Druck- und Kraftsensoren werden in der Verfahrenstechnik zur Anlagenüberwachung und im Automobilbau eingesetzt (z. B. Beschleunigungssensoren als Auslöser für Airbags), Miniaturmotoren finden in der Medizintechnik Verwendung (z. B. implantierbare Mikropumpen zur Medikamentendosierung). Wegen der breiten Einsatzmöglichkeiten gilt die M. als eine der zukunftsträchtigsten Schlüsseltechnologien.

Arthur Miller

Mikrotom *das,* hobelartige Schneidemaschine zur Anfertigung dünnster, bes. tier. oder pflanzl. Schnitte (bis 10^{-5} mm) zu mikroskop. Untersuchungen.

Mikrowellen, elektromagnet. Schwingungen im Dezimeter-, Zentimeter- und Millimeterbereich mit entsprechenden Frequenzen zw. 300 MHz und 300 GHz. Verwendung: in der Physik zur Erforschung des Aufbaus von Molekülen und Atomen (M.-Spektrographie), techn. zur Wärmeerzeugung (Trockenanlagen für Papier, Textilien, Vierfarbendruck, Vulkanisieren), medizin. zur M.-Therapie.

Mikrowellenherd, Herd, in dem das Kochgut in einem backofenähnlichen Hohlraum durch Mikrowellen im Gigahertz-Bereich erwärmt und gegart wird.

Glenn Miller

Milan *der,* Greifvogel; in Dtl. leben **Rot-M.** (Gabelweihe) und **Schwarz-M.;** Zugvogel.

Milben, Ordnung der Spinnentiere mit verschmolzenem Kopfbruststück und Hinterleib. Viele Arten sind Schmarotzer; es gibt: **Haus-, Lauf-, Käse-, Käfer-, Krätzmilben.**

Milch, 1) Abscheidung der M.-Drüsen der Frau und der weibl. Säugetiere nach dem Gebären; Nahrung des Neugeborenen. Versch. Haustiere haben durch Fortzüchtung reichlichere M.-Absonderung, bes. Kuh, Ziege, Schaf. Die **Kuh-M.** enthält 84 bis 90% Wasser, 2,8 bis 4,5% Fett, 3,3 bis 4% Eiweiß und 3 bis 5,5% **M.-Zucker,** außerdem Vitamine. Das Fett, der Rahm, der **Voll-M.** ist Ausgangsstoff für die Herstellung von Butter und Käse; als Rückstand entsteht Molke und Buttermilch (→Butter). Beim Sauerwerden der Milch wandelt sich der Milchzucker unter Mitwirkung von M.-Säurebakterien in **M.-Säure** um. – **2)** Samenflüssigkeit des männl. Fischs, des **Milchners.**

John Milton. Ausschnitt aus einem zeitgenössischen Kupferstich

Milchglas, durch Zugabe von Zinnoxid getrübtes, lichtdurchlässiges und lichtverteilendes Glas; bereits im Altertum bekannt.

Milchling, Gattung der Blätterpilze; sie sondern Milchsaft ab, z. B. der orange- bis ziegelrote Reizker und der orangebraune Brätling.

Milchstraßensystem, Galaxis *die,* das Sternsystem, in dem sich die Sonne befindet und das als unregelmäßiges, schwach leuchtendes Band am Nachthimmel zu sehen ist; entsteht durch den Glanz sehr vieler (einige hundert Milliarden) entfernter Sterne.

Milchzucker, Lactose *die,* Zuckerart aus der Milch der Säugetiere.

mildernde Umstände, besondere tatsächl. Verhältnisse eines Straffalls, die die regelmäßige Strafe als zu streng erscheinen lassen.

mile [maɪl] *die,* engl. für →Meile.

Milet, im Altertum die mächtigste ion. Stadt Kleinasiens, an der Mündung des Mäander in das Ägäische Meer. 494 v. Chr. von den Persern zerstört; neue Blüte unter den Römern.

Milhaud [miˈjo], Darius, frz. Komponist, *1892, †1974; Opern, Kammermusik.

Milieu [miˈljøː] *das,* Umfeld, Umgebung.

Militär, 1) *das,* Sammelbegriff für Soldaten, Wehrmacht, Streitkräfte. – **2)** *der,* Berufssoldat, Offizier.

Militär|attaché [-ataʃe] *der,* →Attaché.

Militärgerichtsbarkeit, durch militär. Behörden ausgeübte Gerichtsbarkeit über Militärpersonen in Strafsachen; 1920 aufgehoben, 1933 wieder eingeführt, 1945 abgeschafft.

Militärgrenze, vom 16. bis 19. Jh. der streng militär. eingerichtete, mit Bauernsoldaten (»Grenzern«) besiedelte Landstrich entlang der türk. Grenze Österreich-Ungarns.

Militarismus *der,* Vorherrschaft des Militärischen, bes. eine Gesinnung, die militär. Formen und Denkweisen überbetont.

Militärregierung, 1) mit der Ausübung der Staatsgewalt in einem besetzten Gebiet betraute militär. Kommandostelle. In Dtl. übten die Besatzungsmächte 1945 bis 1949 die oberste Regierungsgewalt durch den Kontrollrat aus. – **2)** →Junta.

Military [ˈmɪlɪtərɪ] *die,* ehemalige Bezeichnung der →Vielseitigkeit.

Miliz *die,* Truppe, die nur zu kurzer Ausbildung und im Mobilmachungsfall einberufen wird.
Mill, John Stuart, brit. Philosoph, Nationalökonom, * 1806, † 1873; vertrat in seiner Erkenntnislehre den Empirismus, in seiner Ethik den Utilitarismus und in seiner Wirtschaftslehre den Liberalismus.
Millais [mɪˈleɪ], Sir John Everett, brit. Maler, * 1829, † 1896; Genrebilder mit zeitgenöss. Motiven.
Mille *das,* das Tausend. **pro mille** oder **per mille** aufs Tausend, Zeichen ‰. **Millennium** *das,* Jahrtausend.
Miller, 1) Arthur, amerikanischer Dramatiker, * 1915; realist. Stücke: »Der Tod des Handlungsreisenden« (1949), »Hexenjagd« (1953), Drehbücher: »Nicht gesellschaftsfähig« (1961), »Zeitkurven« (Memoiren, 1987). – **2)** Glenn, amerikan. Jazzkomponist, Arrangeur, Bandleader, * 1904, † (Flugzeugabsturz) 1944; klass. Swingstil. – **3)** Henry, amerikan. Schriftsteller, * 1891, † 1980; Romane »Wendekreis des Krebses« (1934), »Sexus« (1945), »Plexus« (2 Bde., 1949), »Nexus« (1957). – **4)** Merton Howard, amerikan. Finanzwissenschaftler, * 1923; 1990 mit H. Markowitz und W. Sharpe Nobelpreis für Wirtschaftswiss. – **5)** Oskar v., dt. Ingenieur, * 1855, † 1934; Gründer des Deutschen Museums in München.
Millet [miˈlɛ], Jean-François, frz. Maler, * 1814, † 1875; Darstellungen des bäuerl. Lebens.
Milli..., Zeichen **m,** Vorsatz vor einer Einheit mit der Bedeutung $10^{-3} = {}^{1}/_{1000}$.
Milliarde *die,* 1000 Mio., 1 000 000 000 = 10^9.
Millikan [ˈmɪlɪkən], Robert Andrews, amerikan. Physiker, * 1868, † 1953; bestimmte die elektr. Elementarladung; Nobelpreis für Physik 1923.
Million *die,* 1000 mal 1000; 1 000 000 = 10^6.
Millöcker, Karl, österr. Operettenkomponist, * 1842, † 1899; »Der Bettelstudent« (1882).
Millowitsch, Willy, dt. Volksschauspieler, * 1909; Regisseur und Hauptdarsteller im populären Kölner **M.-Theater.**
Millstätter See, Alpensee (13 km², Fremdenverkehr) in Kärnten, Österreich.
Milošević [miˈlɔʃevitç], Slobodan, serbischer Politiker, * 1941; verfocht als Präs. Serbiens (seit 1989) einen betont nationalist. Kurs; wurde im Juli 1997 zum Präs. der Bundesrep. Jugoslawien gewählt.

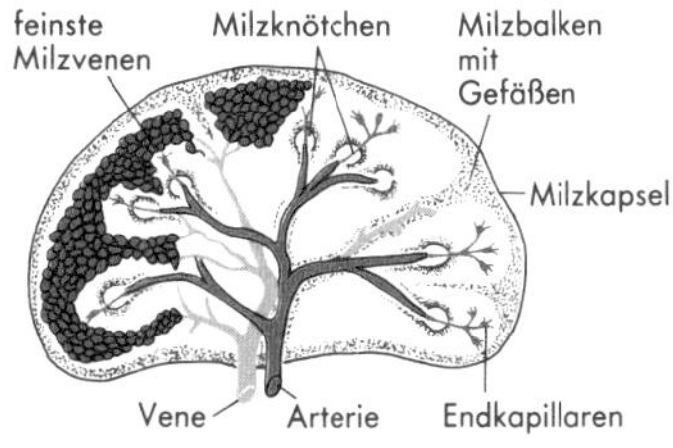

Schnitt durch die **Milz** des Menschen

Miłosz [ˈmiu̯ɔʃ], Czesław, poln. Schriftsteller, * 1911; seit 1956 in den USA, Romane, Lyrik; 1980 Nobelpreis für Literatur.
Milstein [ˈmɪlstaɪn], César, argentin. Molekularbiologe, * 1927; erhielt mit N. K. Jerne und G. Köhler den Nobelpreis für Physiologie oder Medizin 1984 für immunbiolog. Forschungen.
Miltenberg, Krst. in Unterfranken, Bayern, am Main, 8 900 Ew.; Elektromotorenbau, Holz- und Papier-Ind.; Fachwerkhäuser (»Haus zum Riesen«, 1590), Rathaus (15. Jh.).
Miltiades, athen. Feldherr, schlug 490 v. Chr. bei Marathon die Perser.
Milton [ˈmɪltən], John, engl. Dichter, * 1608, † 1674; Puritaner; verfasste polit. Schriften im Dienst Cromwells. Erblindet diktierte er die Epen: »Das verlorene Paradies« (dt. 1855) und »Das wiedergewonnene Paradies« (dt. 1752).
Milwaukee [mɪlˈwɔːkɪ], Stadt in Wisconsin, USA, am Michigansee, 628 100 Ew.; Erzbischofssitz; Univ.; ⚓; Motorradbau, chem. Ind., Brauereien.
Milz *die,* ⚕ in den Blutkreislauf eingeschaltetes größtes lymphat., bohnenförmiges Organ; beim Menschen zw. Magen und Zwerchfell. Funktion: Bildung von Lymphozyten sowie Antikörpern bei Infektionskrankheiten, Auffangen von Blutverunreinigungen (Bakterien), Bildung von Blut während der Embryonalzeit. Die M. ist nicht unbedingt lebensnotwendig.
Milzbrand, ⚕ durch den **M.-Bazillus** verursachte meldepflichtige Infektionskrankheit, bes. bei Schafen, Rindern, Pferden, Schweinen, Ziegen; auf den Menschen übertragbar.
Mimese *die,* spezielle Schutztracht, Übereinstimmung von Körpergestalt und Färbung eines Tiers mit anderen Objekten.
Mimik *die,* Ausdrucksformen des Gesichts, Mienenspiel. **Mime,** Schauspieler.
Mimikry *die,* bei wehrlosen Tieren bes. Form der Schutzanpassung, die durch Nachahmung von auffälligen Warntrachten durch täuschende Ähnlichkeiten mit wehrhaften Tieren abschreckend wirken soll.
Mimir, nord. Heldensage: weiser Ratgeber Odins, der sein Wissen aus einem Brunnen unter der Weltesche Yggdrasil schöpft.
Mimose *die,* Gattung der Hülsenfrüchtler. Die Blätter der **Mimosa pudica** sind stark reizempfindlich; daher Sinnbild für übertriebene Empfindlichkeit.
Mimus *der,* improvisierte Darbietung realist. Szenen in der Umgangssprache (v. a. im dorischen Sizilien, dann bes. in Rom bis zum Ausgang der Antike).
Minamata-Krankheit, nach dem Ort Minamata auf Kyūshū, Japan, benannte schwere chron. Quecksilbervergiftung durch Ind.abwässer, mittelbar durch den Verzehr von Meeresfrüchten.
Minarett *das,* Turm einer Moschee mit Galerie für den Gebetsrufer (Muezzin).
Minas Gerais [ˈminaʒ ʒeˈrais], Binnenstaat Brasiliens, 587 172 km², 15,8 Mio. Ew.; Hptst.: Belo Horizonte. Kaffee, Reis, Bohnen; Rinderzucht. Wichtigster Bergbaustaat Brasiliens (Eisen, Mangan, Gold, Schmucksteine, Uran, Bauxit u. a.); Schwerindustrie.
Mindanao, Insel der Philippinen, 94 630 km², 14,3 Mio. Ew.; gebirgig, vulkanisch (Mount Apo 2 954 m); trop. Monsunwald; Anbau von Reis, Zucker, Kaffee. Größte Stadt: Davao.
Mindel *die,* rechter Nebenfluss der Donau, Bayern, 75 km; nach ihr ist die **Mindel-Eiszeit** benannt.
Minden, Krst. in NRW, an der Weser und am Mittellandkanal (mit Häfen), 78 400 Ew.; Dom (frühgot. Hallenkirche, roman. Westwerk); chem., elektron., Papier-, Holz-, Metall-, keram. Ind. – Das Bistum M. kam 1648 als weltl. Fürstentum an Brandenburg.
Mindere Brüder → Franziskaner.
Minderheiten → nationale Minderheiten.
Minderjährigkeit, ⚖ Lebensabschnitt bis zum vollendeten 18. (in Österreich bis zum 19., in der Schweiz bis zum 20.) Lebensjahr.
Minderung, ⚖ Herabsetzung des Preises bei Mängeln der Ware, z. B. bei Kauf- und Werkvertrag (§ 462 BGB), → Mängelhaftung.
Minderwertigkeitsgefühl, Gefühl des Versagens vor den Ansprüchen des Lebens (Umwelt) und der Unterlegenheit gegenüber Leistung und Wert von Mitmenschen.
Mindestreserven, Guthaben, die die Kreditinstitute bei der Zentralnotenbank unterhalten müssen. Werden sie erhöht, müssen die Banken ihre Kreditgewährung einschränken, Senkung erlaubt Kreditausweitung **(M.-Politik).**

Henry Miller

Merton Howard Miller

Czesław Miłosz

César Milstein

Liza Minnelli

Minnesota
Flagge

Mindoro, waldbedeckte Philippineninsel, 9 735 km²; 642 000 Ew.; Reisanbau; ⚓: Calapan.

Mindszenty ['mindsɛnti], József, ungar. Kardinal (seit 1946), * 1892, † 1975; 1945 bis 1974 Erzbischof von Gran; 1949 bis 1956 als Gegner des Kommunismus in Haft, während des ungar. Aufstands befreit, 1956 bis 1971 in der amerikan. Botschaft in Budapest, dann in Wien.

Mine *die,* **1)** Sprengladung, die geballt oder in einem Gefäß verwendet wird. **Land-M.** dienen als Sperren. **See-M.** werden als M.-Felder durch M.-Leger ausgelegt. **Luft-M.** sind Fliegerbomben mit bes. Steuerung und hoher Luftdruckwirkung. – **2)** Bergwerk, Erzlager. – **3)** Füllung in Schreibstiften.

Minerale, Mineralilen *Pl.,* chemisch und physikalisch einheitl. Stoffe der Erdrinde; Gesteine dagegen sind M.-Gemenge. Die meisten M. nehmen bei ihrer Verfestigung Kristallform an (→Kristall). Die Beschreibung dieser, die Kristallographie, ist ein Teilgebiet der **allg. Mineralogie.** Die **spezielle Mineralogie** beschreibt die rund 2 000 einzelnen Minerale.

Mineralfarben, die →Erdfarben.

Mineralöle, Öle, die bes. durch Destillation des Erdöls, des Steinkohlen- und Braunkohlenteers und bei der Kohleverflüssigung gewonnen werden; sie oxidieren im Ggs. zu den pflanzl. und tier. Ölen an der Luft nicht.

Mineralquelle, Quelle, deren Wasser je kg mindestens 1000 mg gelöste Stoffe (bei einzelnen Substanzen auch weniger) oder 250 mg freies CO_2 enthält.

Mineralstoffe, Mineralsalze, i. w. S. alle natürlich oder künstlich hergestellten anorgan. Salze; i. e. S. die bei tier. und pflanzl. Organismen (auch beim Menschen) für den Aufbau von Körpersubstanzen notwendigen anorgan. Verbindungen, die ständig mit der Nahrung zugeführt werden müssen.

Minerva, röm., ursprüngl. etrusk. Göttin des Handwerks und der gewerbl. Kunstfertigkeit; später der griech. Göttin Athene gleichgesetzt.

Minette *die,* phosphorhaltiges Eisenerz; zum Teil im Tagebau gewonnen.

Mineralstoffe: Funktionen im Organismus des Menschen

Mineral-stoff	im Körper enthaltene Menge*	Vorkommen in Lebensmitteln	Funktion bzw. Mitwirkung bei
Calcium	1000–1500 g	Milch, Milchprodukte, Hülsenfrüchte	Knochen-, Zahnaufbau; Muskel-, Nervenerregung; Herztätigkeit, Blutgerinnung; Enzymaktivierung
Phosphat	ca. 700 g	Milch, Milchprodukte, Fleisch, Wurst, Getreideprodukte, Gemüse, Hülsenfrüchte	Knochen- und Zahnaufbau; Energiestoffwechsel; Säure-Base-Haushalt
Magnesium	ca. 30 g	Milchprodukte, Fleisch, Getreidevollkorn, grüne Blattgemüse, Hülsenfrüchte	Knochen- und Zahnaufbau; Muskel- und Nervenerregung; Enzymaktivierung
Kalium	ca. 150 g	Obst, Gemüse, Hülsenfrüchte, Kartoffeln, Getreideprodukte	Regulation des osmotischen Drucks; Enzymaktivierung; Muskel- und Nervenerregung; Herztätigkeit; Säure-Base-Haushalt
Natrium	70–100 g	Kochsalz, Fleisch, Wurst, Milch, Milchprodukte, Fertiggerichte	Regulation des osmotischen Drucks; Wasser- und Säure-Base-Haushalt; Muskel-, Nervenerregung
Chlorid	80–100 g	Kochsalz, Fleisch, Wurst, Fertiggerichte	Regulation des osmotischen Drucks; Wasserhaushalt; Salzsäurebildung im Magen
Sulfat	ca. 700 g	v. a. tierisches Protein	Enzymaktivierung; Entgiftungsreaktionen; Eiweißbestandteil

* Durchschnittsmengen beim Erwachsenen

Minetti, Bernhard, dt. Schauspieler, * 1905; Charakterdarsteller, moderne Rollen.

Ming, chin. Herrscherhaus, 1368 bis 1644.

Miniatur *die,* Buchbild oder Kleinbild. **M.-Malerei,** im MA. die Buchmalerei (Initialen, figürl. Bilder), in der Neuzeit Kleinbildmalerei (Bildnisse auf Pergament, Elfenbein oder Porzellan).

Minildiskette, Minifloppy, Diskette mit 5¹/₄ Zoll Durchmesser.

Minigolf, Kleingolf, dem Golf ähnl. Geschicklichkeitsspiel über 18 im Schwierigkeitsgrad unterschiedl. Hindernisbahnen.

minimal..., mindest..., niedrigst..., kleinst...; Ggs.: maximal...

Minimalart ['mɪnɪməl ɑːt], Name für einige Tendenzen der Kunst in den 1960er-Jahren, mit auf das Essenzielle reduzierter Formensprache.

Minimalmusic ['mɪnɪməl'mjuːzɪk], im Zwischenbereich von avantgardist. Musik und Gebrauchs-, v. a. Popmusik sich entwickelnde Musikgestaltung.

Minimen, Mindeste Brüder, Paulaner, Bettelorden, 1454 von Franz v. Paula gestiftet.

Minimum *das,* **1)** kleinster Wert, Tiefstand. – **2)** Wetterkunde: Tiefdruckgebiet.

Minister *der,* Mitglied der Reg., meist Leiter eines Zweigs der Staatsverw., z. B. der Finanzen; gelegentl. ohne bes. Geschäftsbereich (»ohne Portefeuille«). **M.-Präsident** oder **Premier-M.,** in vielen Ländern der Vors. der Reg. **M.-Rat,** in vielen Staaten das Gesamtministerium, vielfach auch ein M.-Ausschuss für bes. Aufgaben; in kommunist. Staaten das oberste Vollzugsorgan.

Ministeriale *der,* **Dienstmann,** im MA.: urspr. zu ritterl. Dienst herangezogener Unfreier. Die M. erlangten Gleichstellung mit den freien Rittern und wurden Kern des niederen Adels.

Ministerium *das,* **1)** oberste Behörde eines Verw.-Zweigs, z. B. das Justiz-M. – **2)** Gesamtheit der Minister (Gesamt-M., Kabinett, Regierung).

Ministrant *der,* kath. Kirche: Messdiener.

Minkowski, Hermann, dt. Mathematiker, * 1864, † 1909; schuf die math. Grundlagen der Relativitätstheorie.

Minne *die,* im MA. die Beziehung zw. dem Ritter und der von ihm als Ideal der Frau verehrten Dame; sie war mehr Liebeswerben als -erfüllung.

Minneapolis [mɪnɪ'æpəlɪs], Stadt in Minnesota, USA, am Mississippi, 368 400 Ew., Agglomeration 2,5 Mio. Ew.; Univ.; größtes Müllereizentrum der Welt mit Getreidebörse, versch. andere Ind.; internat. ✈. – M. ist mit Saint Paul zusammengewachsen.

Minnelli, Liza, amerikan. Schauspielerin, Sängerin, * 1946; »Cabaret« (1972) u. a.

Minnesang, höf. Lyrik des 12. bis 13. Jh.; Minnesänger waren u. a.: der Kürenberger, Dietmar von Aist, Heinrich von Veldeke, Friedrich von Hausen, Heinrich von Morungen, Reinmar der Alte, Walther von der Vogelweide, Wolfram von Eschenbach, später Neidhart, Frauenlob, Oswald von Wolkenstein.

Minnesota [mɪnɪ'səʊtə], Abk. **Minn.,** Staat im Mittleren Westen der USA, westl. des Oberen Sees, Ursprungsgebiet des Mississippi, 218 600 km², 4,38 Mio. Ew.; Hptst.: Saint Paul; größte Stadt: Minneapolis. Anbau von Hafer und Mais, Milchwirtschaft; ⚒ auf Eisenerz; Nahrungsmittelind., Maschinen- und Gerätebau.

minoische Kultur →ägäische Kultur.

Minorität *die,* Minderheit.

Minoriten →Franziskaner.

Minos, griech. Sage: Titel oder Name eines Königs von Kreta, Vater der Ariadne und der Phädra; seine Gattin gebar einen Menschen mit Stierkopf, den **Minotaurus,** den Minos in ein Labyrinth einsperrte. Theseus tötete den Minotaurus mithilfe der Ariadne.

Minsk, Hptst. Weißrusslands, 1,63 Mio. Ew.; Univ.; Fahrzeug-, Maschinenbau und Metallverarbeitung; Bahnknotenpunkt; internat. ✈.

Minuend *der,* → Grundrechnungsarten.

minus, 1) weniger. – **2)** √ Ausdruck für die Subtraktion und die negativen Zahlen; Zeichen: –.

Minuskel *die,* Kleinbuchstabe; Ggs.: Majuskel.

Minute *die,* **1)** 60. Teil einer Stunde, Abk.: min. – **2) Bogen-M.,** gesetzl. SI-fremde Einheit des ebenen Winkels, 1′ = 1/60°.

Minze *die,* Gattung der Lippenblütler, mehrjährige, würzige Kräuter, z. B. wilde Arten: **Acker-M., Wasser-M.,** kultiviert: **Pfeffer-M.,** deren Blätter krampflindernden, blähungstreibenden Tee liefern, und **Grüne M.,** Küchengewürz.

Miozän *das,* erdgeschichtl. Stufe im Tertiär, vor 25 bis 5 Mio. Jahren. (→ Erdgeschichte, ÜBERSICHT)

MIPS 💻 Abk. für **m**illion **i**nstructions **p**er **s**econd, Maßeinheit für die Rechengeschwindigkeit von Computern.

Mirabeau. Zeitgenössische Miniatur

Mirabeau [mira'bo], Honoré Gabriel **du Riqueti,** Graf von, frz. Staatsmann, * 1749, † 1791; geistsprühender Redner, 1791 Präs. der Nationalversammlung; strebte liberale Reformen unter Erhaltung des Königtums an.

Mirabelle *die,* eine → Pflaume.

Mirakel *das,* **1)** Wunder. – **2)** im MA.: dramatisierte Heiligenlegende **(M.-Spiel).**

Miró, Joan, katalan. Maler, Grafiker, Bildhauer, * 1893, † 1983; entwickelte eine »Traummalerei« aus fantast. Formen und kindl. Strichzeichnungen; Skulpturen, keram. Wanddekorationen.

Misanthrop *der,* Menschenfeind.

Misch|ehe, Ehe zw. Personen versch. ethn. oder religiöser Zugehörigkeit. Nach kath. Kirchenrecht ist die M. zw. einem kath. Partner und einem Angehörigen eines anderen Bekenntnisses nicht erlaubt, aber gültig; Erlaubnis wird erteilt, wenn beide Teile versprechen, sich kath. trauen und die Kinder kath. taufen zu lassen und zu erziehen. In der ev. Kirche gibt es keine rechtl. Beschränkung.

Mischkristalle → Isomorphie.

Mischling, 1) Mensch, dessen Eltern versch. Rassenkreisen angehören, z. B. Mulatte, Mestize, Zambo. – **2)** ♡ ⚘ ein → Bastard.

Mischna, der erste Teil des → Talmud.

Mischpult, 1) Elektroakustik: elektron. Gerät mit mehreren Eingängen und Lautstärkereglern sowie einem Ausgang zum Mischen von Tonfrequenzsignalen versch. Quellen (z. B. Mikrofon, CD-Player); meist zur musikal. Untermalung von Sprachdarbietungen genutzt. – **2)** Fernsehen: elektr. Gerät zum störungsfreien Einblenden von Bildsignalen in eine Sendung.

Mischwald, Wald, der aus Nadel- und Laubhölzern besteht.

Misereor, das 1959 gegr. bischöfl. Werk gegen Hunger und Krankheit in der Welt; Hilfe zur Selbsthilfe. Die Mittel stammen bes. aus dem jährl. Fastenopfer der dt. Katholiken.

Miserere *das,* Anfangswort und Bezeichnung des 51. Psalms.

Misericordias Domini, der 2. Sonntag nach Ostern.

Mises, Ludwig von, amerikan. Volkswirt, Soziologe österr. Herkunft, * 1881, † 1973; gründete 1926 das österr. Institut für Konjunkturforschung; Vertreter der Grenznutzenschule.

Mishima [-ʃ-], Yukio, jap. Schriftsteller, * 1925, † 1970; Romane, Novellen, Nō-Spiele, verband jap. Tradition mit westl. psycholog. Denken; beging rituellen Selbstmord (Seppuku).

Mishima Yukio

Miskolc ['miʃkolts], Stadt in N-Ungarn, 208 000 Ew.; TU; Eisen- und Stahlind.; Handel mit Wein; Kurort **Tapolca** mit zahlreichen Höhlen.

Mispel *die,* Kernobstbaum, Rosengewächs, stammt aus Vorderasien, blüht weiß, essbare Früchte.

Miss, 1) engl. Anredeform für eine unverheiratete Frau. – **2)** Bez. für eine Schönheitskönigin; häufig in Verbindung mit einem Länder- oder Ortsnamen, z. B. M. Germany.

Missale *das,* Messbuch der kath. Kirche.

Missbildung, Fehlbildung, ⚕ durch Entwicklungsstörung bedingte Abweichung von der normalen Bildung des gesamten Körpers oder seiner Teile. Geringfügige M. wird auch als **Anomalie** oder **Deformität** bezeichnet.

Missinglink *das,* Schlagwort für die vermutete Übergangsform zw. Mensch und Menschenaffen, auch für andere stammesgeschichtl. Bindeglieder.

Mission *die,* Sendung, Auftrag, bes. Gewinnung von Anhängern für eine Religion. Die Gesch. der **christl. M.** begann mit der Wanderpredigt und Gemeindegründung der Apostel. Nach der Christianisierung des Röm. Reichs wandte sich die M. vornehmlich an die german., kelt. und slaw. Völker. Erst seit dem 16. Jh. ging sie auch in außereurop. Länder. Die kath. **M.-Gesellschaften** unterstehen der **Missionskongregation** in Rom, die ev. stehen nicht unter kirchl. Leitung.

Mississippi, Abk. **Miss.,** Bundesstaat im S der USA, östl. des unteren M. mit Anteil an der Golfküstenebene, 123 514 km², 2,57 Mio. Ew. (40% Schwarze); Hptst.: Jackson. Klima subtropisch, fruchtbare Böden (Baumwolle, Sojabohnen, Getreide); Viehzucht, Holzwirtschaft; Erdöl und Erdgas.

Mississippi
Flagge

Mississippi *der,* längster Strom Nordamerikas, mit dem Missouri 6 021 km lang; entwässert das Gebiet zw. Kordilleren und Appalachen; mündet in 3 Haupt- und vielen Nebenarmen in den Golf von Mexiko; schiffbar bis oberhalb Saint Paul. Nebenflüsse: rechts Missouri, Arkansas, Red River; links Ohio. Einzugsgebiet: 3,2 Mio. km².

Missouri [mɪ'su:ri], Abk. **Mo.,** Staat im Mittleren Westen der USA, 180 516 km², 5,12 Mio. Ew.; Hptst.: Jefferson City, größte Städte Saint Louis, Kansas City. Anbau von Getreide, Baumwolle; Viehwirtschaft. ⚒ auf Blei, Kohle, Silber u. a.; Luft- und Raumfahrt-, Nahrungsmittel-, Leder-, chem. u. a. Industrie.

Missouri
Flagge

Missouri [mɪ'su:ri] *der,* rechter und mit 3 725 km längster Nebenfluss des Mississippi, entsteht in Montana, mündet bei Saint Louis.

Misstrauensvotum, Mehrheitsbeschluss des Parlaments, der der Regierung, dem Regierungschef oder einem Minister das Vertrauen entzieht und damit den Rücktritt erzwingt. In Dtl. ist nur das **konstruktive M.** gegenüber dem Bundeskanzler vorgesehen (Artikel 67 GG), d. h. Abwahl des alten durch die gleichzeitige Wahl eines neuen Bundeskanzlers.

Mistel *die,* **Hexenkraut,** Strauch, Halbschmarotzer auf versch. Bäumen. Die M. hat ledrige, überwinternde Blätter, zweihäusige grünl. Blüten und weiße

Mistinguett

Frédéric Mistral

Gabriela Mistral

Alexander Mitscherlich

Beeren mit klebrigem Saft. Bei Germanen und Kelten war die M. heilig; sie gehört heute noch zum Weihnachtsbrauchtum der Engländer. Wird auch als Arzneimittel verwendet.

Mister, Abk. **Mr.,** engl. Anrede für einen Mann, stets mit dem Familiennamen verbunden.

Mistinguett [mistɛ̃ˈgɛt], eigentl. Jeanne **Bourgeois** [burˈʒwa], frz. Varieteekünstlerin, Chansonette, *1873, †1956.

Mistkäfer, Blatthornkäfer mit plumpem Körper und Grabbeinen. Die Käfer vergraben u. a. Exkremente Pflanzen fressender Säugetiere als Nahrung für die Larven. Zu den M. gehören z. B. der **Rosskäfer** und der im Mittelmeerraum heim. **Heilige Pillendreher.** (→Skarabäus)

Mistral *der,* kalter, trockener Fallwind in Südfrankreich, bes. im Rhônetal.

Mistral, 1) Frédéric, neuprovenzal. Dichter, *1830, †1914; Epos »Mirèio« (1859), Nobelpreis für Literatur 1904. – **2)** Gabriela, eigentl. Lucila **Godoy Alcayaga,** chilen. Lyrikerin, *1889, †1957; Nobelpreis für Literatur 1945.

Mistress [ˈmɪstrɪz], Abk. **Mrs.** [ˈmɪsɪz], engl. Anrede der verheirateten Frau, stets mit dem Familiennamen.

Mitau, lett. **Jelgava,** Stadt in Lettland, 74 500 Ew.; Textil- u. a. Ind. Deutschordensburg, 1265 erbaut, Barockschloss; 1561 bis 1795 Hptst. der kurländ. Herzöge.

Mitbestimmung, Beteiligung der Arbeitnehmer bes. an den sozialen (betriebl. Arbeitsverhältnisse), personellen (Einstellung, Entlassung, Versetzung) sowie an den wirtschaftl. Entscheidungen (als Mitwirkung). In Dtl. durch das Betriebsverfassungsgesetz, das M.-Ges. Bergbau und Eisen, das Personalvertretungsges. und das neue M.-Ges., in Kraft seit 1. 7. 1976, geregelt. Dieses sieht für AG, GmbH u. a. mit mehr als 2 000 Arbeitnehmern paritát. M. vor, gleichmäßige Besetzung des Aufsichtsrats mit Vertretern der Anteilseigner und der Arbeitnehmer.

Mitchell [ˈmɪtʃəl], Margaret, amerikan. Schriftstellerin, *1900, †1949; Roman »Vom Winde verweht« (1936).

Mitchum [ˈmɪtʃəm], Robert, amerikan. Filmschauspieler, *1917, †1997; »Die Nacht des Jägers« (1955), »El Dorado« (1967).

Mit|eigentum, Beteiligung der Arbeitnehmer am Unternehmen, z. B. durch Belegschaftsaktien; dient der Eigentumsbildung.

Mit|erbe, Mitglied einer Erbengemeinschaft.

Mit|esser →Talgdrüsen.

Mithras, indoiran. Lichtgott; sein myst. Kult verbreitete sich von Persien über Rom bis nach Germanien und Britannien.

Mithridates VI. Eupator, König von Pontos, *um 130, †63 v. Chr.; dehnte seine Herrschaft bis zur Krim aus, wurde von den Römern in den 3 **Mithridat. Kriegen** besiegt.

Mitla, Ruinenstätte im Staat Oaxaca (Mexiko), einstige Residenz der Zapoteken.

Mitlaut, Konsonant, Laut minderer Schallfülle, der i. d. R. keine Silbe bildet.

Mitochondri|en, körnige bis fädige Teilkörper des Protoplasmas vieler Zellen; wichtig für den Energiehaushalt der Zelle.

Mitose *die,* indirekte →Kernteilung.

Mitra *die,* **1)** in der Antike Kopfbinde griech. und röm. Frauen. – **2)** mützenartige Kopfbedeckung altoriental. Herrscher. – **3)** Bischofsmütze.

Mitscherlich, 1) Alexander, dt. Psychoanalytiker, *1908, †1982; Leiter des Sigmund-Freud-Instituts in Frankfurt am Main. 1969 Friedenspreis des Dt. Buchhandels. – **2)** Eilhard, dt. Chemiker, *1794, †1863, Entdecker der Isomorphie. – **3)** Margarete, Psychoanalytikerin, *1917; ⚭ mit 1).

Mittag, 1) Zeitpunkt des Durchgangs der Sonnenmitte durch den Meridian eines Orts. **M.-Kreis,** der Längenkreis (→Länge), **M.-Punkt,** Südpunkt. – **2)** die Uhrzeit 12 Uhr.

Mittagsblume, artenreiche Pflanzengattung, oft durch Blattsukkulenz an Wüstenklima angepasst.

Mit|täterschaft, Form der Beteiligung mehrerer an einer Straftat, bei der jeder Einzelne einen die Tat fördernden Beitrag leistet und die Tat als eigene will. Nach § 25 StGB wird jeder Mittäter als Täter bestraft.

Mittel, Mittelwert. √ Das **arithmet. M.** oder der Durchschnitt mehrerer Zahlen wird gefunden, wenn man ihre Summe durch ihre Anzahl teilt, z. B. haben 2, 6 und 7 das arithmet. M. $(2+6+7):3 = 5$. Das **geometr. M.** findet man, wenn man aus dem Produkt der Zahlen die Wurzel zieht, z. B. haben 3 und 12 das geometr. M. $\sqrt{3 \cdot 12} = 6$.

Mittelalter, Abk. **MA.,** von den Humanisten geprägter Begriff für die Zeit zw. Altertum und Neuzeit (Früh-M. ca. 6. bis 9. Jh.; Hoch-M. 10. bis 13. Jh.; Spät-M. 13. bis 15. Jh.).

Mittel|amerika, Teil Amerikas, bestehend aus Mexiko, Zentralamerika (die Festlandbrücke zw. Nord- und Südamerika, von Guatemala bis Panama) und den Karib. oder Westindischen Inseln. Der Festlandsteil ist überwiegend Gebirgsland. Das atlant. Küstentiefland ist heiß, feucht, die Hochebenen gemäßigt, trockener. Bev.: Indianer, Mestizen, Weiße, Schwarze, Mulatten. Erzeugnisse: Kaffee, Zucker, Baumwolle, Edelhölzer, Mais, Reis, Bananen, Kakao, Tabak, Kautschuk.

Mittelamerika
(staatliche Gliederung)

Staat	Fläche (in 1000 km²)	Ew. (in 1000)
Antigua und Barbuda	0,442	81
Bahamas	13,9	264
Barbados	0,431	259
Belize	23	198
Costa Rica	51,1	3 192
Dominica	0,751	72
Dominikanische Republik	48,4	7 471
El Salvador	21,4	5 048
Grenada	0,344	91
Guatemala	109	9 742
Haiti	27,8	6 755
Honduras	112	5 462
Jamaika	11	2 435
Kuba	111	10 811
Mexiko	1 958	84 439
Nicaragua	120	3 955
Panama	79	2 515
Saint Kitts and Nevis	0,267	42
Saint Lucia	0,616	153
Saint Vincent and the Grenadines	0,389	109
Trinidad und Tobago	5,1	1 265
Nichtselbstständige Gebiete		
Frankreich:		
Guadeloupe	1,709	387
Martinique	1,1	368
Großbritannien:		
Anguilla	0,096	9
British Virgin Islands	0,153	17
Cayman Islands	0,259	27
Montserrat	0,102	12
Turks- und Caicosinseln	0,430	13
Niederlande:		
Aruba	0,193	69
Niederländische Antillen	0,8	191
USA:		
Puerto Rico	8,9	3 594
Virgin Islands of the United States	0,355	107

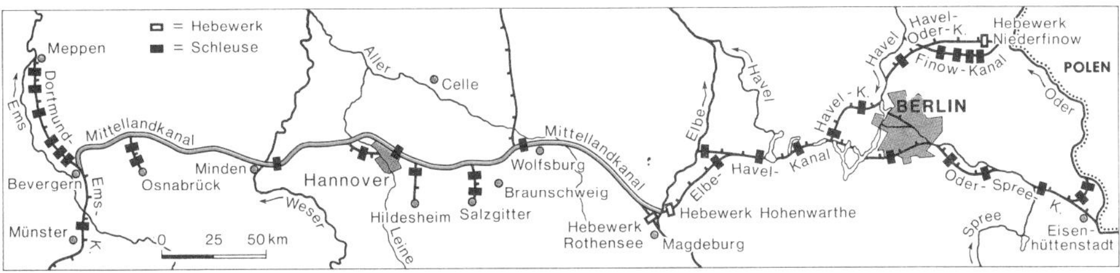

Mittellandkanal

Mitteldeutscher Rundfunk, Abk. **MDR,** Rundfunkanstalt des öffentl. Rechts für die Länder Sa., Thür. und Sa.-Anh., Mitglied der ARD; Sitz Leipzig.

Mitteldeutschland, Großlandschaft zw. dem sächsisch-böhm. Gebirgswall, Franken- und Thüringer Wald im SW, dem Fläming und Harz im N, mit der Leipziger Bucht als Kerngebiet. Über die Abgrenzung des Begriffs (entstanden aus der Sicht des ehem. Dt. Reichs) besteht unter den Geographen keine Übereinstimmung.

Mittel|europa, Teil Europas zw. den Alpen im S, Nord- und Ostsee im N; im W und O fehlen natürl. Grenzen. Gewöhnlich versteht man unter M. die Stromgebiete von der Schelde bis zur Weichsel und das der Donau bis zur Mähr. Pforte.

mittel|europäische Zeit, Abk. **MEZ,** → Zeit.

Mittelfranken, Reg.-Bez. in Bayern, 7245 km², 1,62 Mio. Ew.; Verw.-Sitz Ansbach.

Mittelgebirge, Bergland mit einer relativen Höhe von bis zu 1000 m.

Mittelgewicht, → Gewichtsklassen (ÜBERSICHT).

Mittelhochdeutsch, Abk. **mhdt.,** Entwicklungsstufe des Hochdeutschen, → deutsche Sprache.

Mittel|landkanal, 321,3 km langer Schifffahrtsweg für 1000-t-Schiffe vom Dortmund-Ems-Kanal bei Bergeshövede bis zur Elbe bei Magdeburg; 1938 eröffnet.

Mittelmächte, im 1. Weltkrieg das Dt. Reich und Österreich-Ungarn sowie ihre Verbündeten (Türkei, Bulgarien).

Mittelmeer, rund 3,02 Mio. km² großes, bis 5121 m tiefes Meer zw. S-Europa, Vorderasien und N-Afrika, das über die Straße von Gibraltar mit dem Atlant. Ozean, über den Suezkanal und das Rote Meer mit dem Ind. Ozean Verbindung hat. Es hat ein westl. und ein östl. Hauptbecken, die durch die Straße von Tunis und die Straße von Messina in Verbindung stehen. Zum westl. gehören Iber., Ligur., Tyrrhen. Meer, zum östl. Ion., Adriat., Syrten-, Ägäisches, Levantin. Meer. Dardanellen, Marmarameer und Bosporus führen zum Schwarzen Meer, einem Randmeer. Seiner Entstehung nach ist das M. ein Einbruchsbecken. Das Wasser ist sehr salzhaltig (36,3‰ im W, 39,1‰ im O). Das Klima, **M.-Klima,** ist gekennzeichnet durch Winterregen und Sommertrockenheit.

Mittel|ohr|entzündung → Ohrenkrankheiten.

Mittelpunktschule, schul. Einrichtung, die die Oberstufen der Schulen mehrerer Gemeinden zu einer Schule vereinigt.

Mittelstand, Schicht zw. gesellschaftl. Ober- und Unterschicht; man unterscheidet zw. »altem« (Handwerker, Bauern, kleine Gewerbetreibende) und »neuem« M. (Beamte, Angestellte).

Mittelsteinzeit, Mesolithikum, Übergangszeit zw. Alt- und Jungsteinzeit (etwa 9000 bis 4000 v. Chr.). Sie setzt ein mit der Umgestaltung der Steinwerkzeuge zu kleineren Geräten.

Mittelwellen, ⚡ elektromagnet. Wellen mit Wellenlängen von 182 bis 1000 m (1650 bis 300 kHz). I. e. S. der M.-Bereich der M.-Sender zw. 186 und 569 m (1606,5 bis 526,5 kHz).

Mittenwald, Luftkurort und Wintersportplatz in Oberbayern, am Fuß des Karwendelgebirges, 913 m ü. M., 8200 Ew.; Geigenbau.

Mitternacht, Zeitpunkt, an dem die Sonnenmitte zum 2. Mal durch den Meridian geht (24 Uhr).

Mitternachtssonne, die zw. den Polarkreisen und den Erdpolen im Sommer stets sichtbare Sonne (bedingt durch die Achsenstellung der Erde zur Ekliptik).

Mitterrand [mitɛ'rã], François, frz. Politiker, * 1916, † 1996; war wiederholt Min., 1971 bis 1981 Vors. der Sozialist. Partei; 1981 bis 1995 Staatspräsident.

François Mitterrand

mittlerer Bildungsabschluss, früher **mittlere Reife,** Abschluss, der zum Besuch einer auf Klasse 10 aufbauenden weiterführenden Schule oder der gymnasialen Oberstufe berechtigt.

Mittwoch, der 3. Tag der Woche.

Mixedmedia [mɪkst'mi:dɪə], → Multimedia.

Mixedpickles ['mɪkstpɪklz] *Pl.,* Beigericht aus jungem Gemüse in gewürzter Essigmarinade.

Mixteken [miʃ-], mexikan. Indianerstamm (rd. 320000 Personen) im Staat Oaxaca. Die M. hatten in vorspan. Zeit (um 1000 bis 1521) eine bedeutende Kultur aufgebaut.

Mixtur *die,* **1)** Mischung, flüssige Arznei aus mehreren Bestandteilen. – **2)** 𝄞 bei der Orgel das durch ein Register auslösbare gleichzeitige Erklingen von 3 oder mehr Pfeifen.

Mjölnir, Mjöllnir *der,* nord. Göttersage: Hammer des Thor.

Mjøsa ['mjø:sa], **Mjøsensee,** größter See Norwegens, nördl. von Oslo, 368 km² groß.

MKS-System, Maßsystem mit den Basiseinheiten Meter, Kilogramm, Sekunde; bei Zufügen einer elektr. Einheit, dem Ampere, erhält man das MKSA-System.

Mlle., Abk. für Mademoiselle.

mm, Zeichen für Millimeter, $^1/_{1000}$ m; **mm²,** Quadratmillimeter; **mm³,** Kubikmillimeter.

Mme., Abk. für Madame.

Mn, chem. Symbol für das Element Mangan.

Mnemonik, Mnemotechnik *die,* Gedächtniskunst, z. B. Eselsbrücken.

Mnemosyne, griech. Sage: Göttin des Gedächtnisses, Mutter der 9 Musen.

Mo, chem. Symbol für das Element Molybdän.

Moabiter, A. T.: ein den israelit. Stämmen verwandtes Volk im Ostjordanland (Moab).

Mob *der,* Pöbel, Gesindel.

Mobbing, Psychoterror v. a. unter Kollegen am Arbeitsplatz.

Mobile *das,* Gebilde z. B. aus federnden Drähten mit blattart. Blechen, das in schwingende Bewegung gebracht werden kann; der Name wurde 1932 für die Frühwerke von A. Calder geprägt.

Mobilfunk, Fernmeldedienst, der über Funksignale ein drahtloses Telefonieren (schnurloses Telefon) von jedem Ort aus ermöglicht. Die beiden D-Netze (digitale Netze) arbeiten in einem Frequenzbereich von 900 MHz, das im Mai/Juni 1994 eingeführte E-Netz im 1800-MHz-Bereich. Die Gebührenabrechnung erfolgt über eine Telekarte.

Mobutu Sese Seko

Mobilität *die,* Soziologie: Möglichkeit des Wechsels aus einer Position in eine andere, z. B. Wohnsitzwechsel, sozialer Auf- und Abstieg. Hohe M. ist ein besonderes Kennzeichen dynam. Industriegesellschaften.

Mobilmachung, i. e. S. die Überführung der Streitkräfte in den Kriegszustand; i. w. S. die Umstellung der gesamten Staatsverwaltung und Volkswirtschaft auf die Erfordernisse des Kriegs.

Mobutu Sese Seko, früher Joseph Désiré **Mobutu,** zair. Politiker, * 1930, † 1997; ergriff 1965 die Macht und erklärte sich zum Staatspräs. der Rep. Zaire, wurde 1997 gestürzt, danach im Exil.

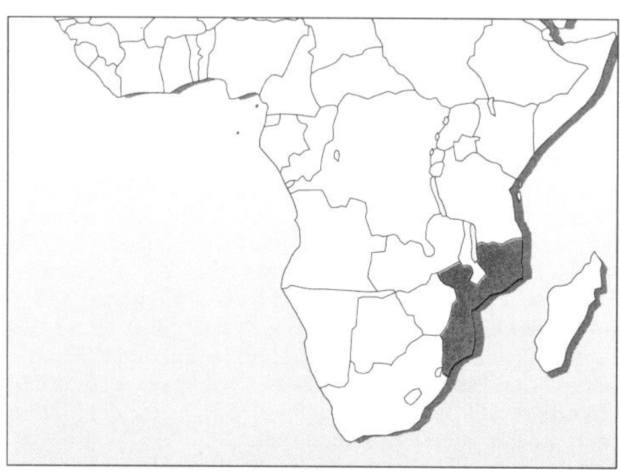

Moçambique

Staatswappen

Staatsflagge

Internationales Kfz-Kennzeichen

Moçambique [mosamˈbɪk], **Mosambik,** Rep. in SO-Afrika, am Ind. Ozean, 799 380 km², 14,87 Mio. Ew.; Hptst.: Maputo; Amtssprache: Portugiesisch. M. umfasst den östl. Steilabfall der inneren Hochländer Südafrikas und die vorgelagerte Küstenlandschaft; im S vorwiegend Steppe. Hauptfluss der Sambesi. Klima im Tiefland tropisch heiß, auf dem Hochland subtrop. Savannenklima. – Bev.: zu 98 % in mehrere Stämme aufgespaltene Bantu; überwiegend Naturreligionen, etwa 3,2 Mio. Christen, etwa 2,6 Mio. Muslime. Anbau von Reis, Mais, Maniok; für die Ausfuhr: Zucker, Baumwolle, Cashewnüsse, Erdnüsse, Tee, Sisal, Kopra. Fischfang (Krustentiere). Haupthandelspartner: USA, Rep. Südafrika, Italien. Haupthäfen und internat. Flughäfen: Maputo und Beira. – Die Befreiungsfront FRELIMO erreichte 1975 die Unabhängigkeit des ehem. Port.-Ostafrika von Portugal; 1990 Einführung eines Mehrparteiensystems; 1992 Friedensvertrag zur Beendigung des langjährigen Bürgerkriegs. Staatspräs.: J. A. Chissano (seit 1986).

Moche [ˈmotʃe], indian. Kultur (200 bis 800 n. Chr.) im Küstengebiet N-Perus; bezeichnet auch den ihr eigenen Keramikstil.

Moctezuma II., Montezuma II., eigentl. **M. Xocoyotzin,** letzter Herrscher des Aztekenreichs, * um 1466, † 1520; versuchte vergeblich, den Vormarsch der Spanier nach Zentralmexiko zu verhindern. Beim Zusammentreffen mit H. Cortés wurde M. gefangen genommen, starb in Gefangenschaft.

Modalität *die,* Art und Weise, wie etwas geschieht, gedacht, ausgesagt wird.

Mode *die,* i. w. S. jeder plötzlich auftretende Gebrauch, der sich rasch ausbreitet; i. e. S. die vorübergehend herrschende Bekleidungsweise.

Franco Modigliani

Model *der,* figürlich geschnitzte Hohlform. **M.-Druck, Handdruck,** Druckverfahren für Tapeten- und Stoffdrucke im Hoch- oder Tiefdruck.

Modell *das,* **1)** Vorbild, Muster, Gebrauchsmuster. – **2)** Aufbau, Form, nach der das eigentliche Werk geschaffen wird. – **3)** ✎ gegenständl. Vorbild oder lebende Person als Gegenstand der künstler. Darstellung. – **4)** vereinfachende bildl. oder mathemat. Darstellungen von Strukturen, Funktionsweisen, Verlaufsformen. **modellieren,** formen, bilden.

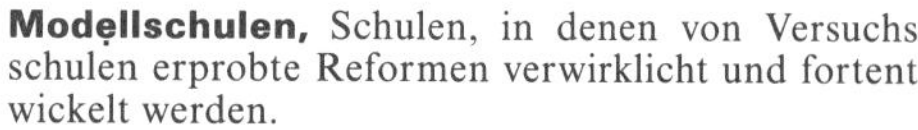

Modellschulen, Schulen, in denen von Versuchsschulen erprobte Reformen verwirklicht und fortentwickelt werden.

Modem *das,* auch *der,* Abk. für **Mo**dulator-**Dem**odulator, ⊙ Endgerät für die Übertragung von Daten über Fernsprechleitungen.

Modena, Stadt in N-Italien, im S der Poebene. 177 000 Ew.; roman. Dom; Erzbischofssitz, Univ. (gegr. 1175). M. war bis 1860 Hptst. des Herzogtums Modena.

Moder *der,* durch Fäulnis und Verwesung entstandene Stoffe.

moderato, 𝄞 gemäßigt, mäßig.

Moderator *der,* **1) Bremssubstanz,** im Kernreaktor verwendete Substanz, die die bei Kernspaltungen entstehenden schnellen Neutronen auf niedrige (thermische) Geschwindigkeit abbremst. – **2)** im Hörfunk und Fernsehen: Diskussionsleiter, i. e. S. Redakteur, der Beiträge einleitet und kommentiert. – **3)** kath. Kirchenrecht: Leiter einer Synode.

moderne Kunst. In der Baukunst die Abwendung von den histor. Baustilen; Versuch, die Form vom Zweck her und auf den Zweck hin zu entwickeln (funktionales Bauen); neue Werkstoffe, bes. Stahlbeton, boten andere konstruktive Möglichkeiten. In jüngster Zeit die Suche nach ökologisch verträglichen Lösungen. – In Plastik und Malerei bahnte sich ein Verzicht auf Gegenständlichkeit bereits im Impressionismus an und erreichte über Neoimpressionismus, Jugendstil, Futurismus, Expressionismus im Kubismus und in der »abstrakten Kunst« den Höhepunkt. Die Entwicklung war nicht einheitlich (neue Sachlichkeit in Dtl., Neoklassizismus in Italien u. a.), es gibt keinen einheitl. Gegenwartsstil. Der »gegenstandslosen Kunst« ist der stark gegenständlich bestimmte Surrealismus entgegengetreten, der Hintergründiges, Dämonisches anschaulich machen will. – Seit Ende des 2. Weltkriegs zeigt die Kunst internat. Charakter. Zu den neueren Richtungen gehören u. a. Actionpainting, Pop-Art, Op-Art, Happening, informelle Kunst. Seit Mitte der 70er-Jahre zeichnet sich ein neues Interesse an einer individuellen und gestisch-intuitiven Malerei ab (Patternpainting, neue Wilde). Im Hinblick auf den Pluralismus der Stile und den Trend, die Grenzen zw. den einzelnen Kunstgattungen zu verwischen, wird auf die zeitgenössische Kunst auch der Begriff → Postmoderne angewendet.

Modernismus *der,* die von Papst Pius X. 1907 verurteilte Richtung in der kath. Kirche, die einen Ausgleich zw. kath. Glauben und modernem Denken herbeizuführen suchte. Der **Antimodernisteneid** war 1910 bis 1967 für alle kath. Priester vorgeschrieben.

Modernjazz [ˈmɔdənˈdʒæz], Stilform des Jazz bes. nach 1940.

Modersohn, Otto, dt. Landschaftsmaler, * 1865, † 1943; Mitbegründer der Künstlerkolonie Worpswede, ⚭ mit Paula M.-Becker.

Modersohn-Becker, Paula, dt. Malerin, * 1876, † 1907; Bilder bäuerl. Menschen, v. a. Kinder, Selbstbildnisse und Stillleben; ⚭ mit O. Modersohn.

Modifikation *die,* **1)** Milderung, Abänderung. – **2)** ❀ nichterbliche Änderung von Merkmalen; Ggs.: Mutation. – **3)** mindestens 2 versch. Kristallformen, in denen manche chem. Elemente und Verbindungen existieren (→ Allotropie, → Polymorphie).

Modigliani [-diˈʎa:ni], **1)** Amedeo, ital. Maler und Bildhauer in Paris, * 1884, † 1920; v. a. Köpfe und Akte von jungen Frauen in stark überlängten Formen. – **2)** Franco, amerikan. Wirtschaftswissenschaftler ital. Herkunft, * 1918; Nobelpreis 1985.

Mödling, Stadt in NÖ, am Rande des Wienerwalds, 20 300 Ew.; großer Ind.park; Weinbau.

Modrow, Hans, dt. Politiker, * 1928; 1973 bis 1989 Erster Sekretär der SED-Bezirksleitung Dresden, war

1989/90 Min.-Präs. der DDR; 1990 bis 1994 MdB (PDS).

Modul *der,* **1)** Faktor, durch den sich der Logarithmus versch. Systeme unterscheidet. – **2)** Vielfaches der Zahl π, z. B. bei Gewinden (Steigung), Zahnrädern (Teilung); Modul × Zähnezahl gibt Teilkreisdurchmesser. **Elastizitäts-M.,** Kennzahl der Elastizität von Stoffen. – **3)** *das,* Baugruppe, die eine oder mehrere in sich geschlossene Funktionen übernimmt und durch elektron. Schaltkreise realisiert, meist als mechanisch leicht austauschbare Einheit.

Modulation *die,* **1)** Beeinflussung der Frequenz, Amplitude oder anderer Größen einer Schwingung durch die gleiche Größe einer gleichartigen 2. Schwingung. **Frequenz-M.** wird im UKW-Bereich, **Amplituden-M.** im Kurz-, Mittel- und Langwellenbereich angewandt. – **2)** Übergang von einer Tonart in die andere.

Modus *der,* **1)** Art, Weise. **M. Vivendi** *der,* Art und Weise eines erträgl. Zusammenlebens. – **2)** Aussageweise beim Verb. Adjektiv: **modal.**

Moeller van den Bruck ['mœ-], Arthur, dt. Schriftsteller, * 1876, † (Freitod) 1925; der Titel seines Buchs »Das dritte Reich« (1923) wurde sinnentstellt zum natsoz. Schlagwort.

Moers, Stadt in NRW, links des Niederrheins, 107 000 Ew.; Steinkohlenbergbau, chem., Metallind.; Schloss.

Mofa, Abk. für **Mo**tor**fa**hrrad.

Mofette *die,* kalte, Kohlendioxid fördernde Gasaustrittsstelle vulkan. Ursprungs.

Mogadischu, Mogadiscio [-moga'diʃo], Hptst., Wirtschaftszentrum und wichtigster Hafen der Rep. Somalia, rd. 1 Mio. Ew.; Univ.; internat. ✈.

Mogiljow [magi'ljɔf], Gebietshptst. in Weißrussland, am Dnjepr, 363 000 Ew.; Landmaschinenbau, Chemiefaserind.; Bahnknotenpunkt; ✈.

Paula Modersohn-Becker. Bauernkind (1904/05)

Mogul *der,* islam. Dynastie in Indien 1526 bis 1857, der Herrscher war der Großmogul.

Mohammed, eigentl. **Abu l-Kasim,** Stifter des Islam, * um 570, † 632. Seit ungefähr 595 unternahm M. als Kaufmann Handelsreisen, wobei er das Christentum, Judentum u. a. Religionen kennen lernte. Seit etwa 610 verkündete er in Mekka seine Offenbarungen, die wohl schon zu seinen Lebzeiten aufgezeichnet wurden (→ Koran). 622 entschloss sich M. zur Auswanderung nach Medina (Hidjra), wo er eine Gemeinde gründete. 630 konnte er Mekka besetzen und für seine Lehre gewinnen. Mittelpunkt des Islam und Wallfahrtsziel wurde die Kaaba in Mekka. M. sah sich als Erneuerer der Religion Abrahams, als Nachfahre von Moses und Jesus, den er als Propheten betrachtete. Als M. starb, war der Islam über weite Teile Arabiens verbreitet.

Mohammed, türk. **Mehmed** [mɛx-], Name türk. Sultane. **M. II., der Eroberer** (1451 bis 1481), eroberte 1453 Konstantinopel, unterwarf Serbien und Bosnien.

Mohammed Resa Pahlewi [paxlɛ'vi], Schahinschah, Kaiser von Iran, * 1919, † 1980; folgte 1941 seinem Vater Resa Schah Pahlewi auf den Thron. Nach dem Sturz von Min.-Präs. Mossadegh führte er, gestützt auf ein autoritäres Reg.-System, eine Landreform durch und intensivierte die Industrialisierung (»weiße Revolution«). Infolge von Korruption in Staat und Gesellschaft wurde er 1979 abgesetzt und mit seiner Frau Farah Diba in Abwesenheit zum Tod verurteilt.

Mohär [mo'hɛ:r] *der,* Wolle aus dem Haar der Angoraziege.

Mohenjo-Daro [mo'hɛndʒo-], Ruinenstätte am Unterlauf des Indus, größte bekannte Siedlung der Induskultur; zählt zum Weltkulturerbe.

Mohikaner, nordamerikan. Indianerstamm der Algonkin-Gruppe, fast ausgestorben.

Mohn *der,* Pflanzengattung mit weißem Milchsaft und Kapselfrucht. Der einjährige **Schlaf-M.** oder **Garten-M.** hat violette oder weiße Blüten. Aus der unreifen Fruchtkapsel wird Opium gewonnen. Die kleinen, bläul. Samen dienen als Würze (auf Backwerk) und, gepresst, als Mohnöl. Ackerunkraut ist der scharlachrot blühende **Klatsch-M.** (Feuer- oder Feldmohn).

Möhne *die,* rechter Nebenfluss der Ruhr in Westfalen, 57 km lang. Die **M.-Talsperre** fasst 135 Mio. m^3 Wasser.

Moholy-Nagy ['mohoj 'nɔdj], László, ungar. Maler, Bildhauer, * 1895, † 1946; 1923 bis 1928 Lehrer am Bauhaus in Weimar und Dessau, gründete 1937 in Chicago »The New Bauhaus«; Wegbereiter der kinet. Kunst, Arbeiten aus Metall und Plexiglas, z. T. unter Einbeziehung von Licht und Bewegung.

Mohrrübe, Karotte, Gelbe Rübe, Kulturform der **Möhre,** Doldenpflanze, blüht weiß, wächst wild auf Wiesen. Bei der Zuchtform ist die Pfahlwurzel fleischig, meist orangerot, zuckerreich; Gemüse, Futtermittel.

mohssche Härteskala → Härte.

Moiré [moa're] *das,* Gewebe mit matt schimmernder Oberfläche.

Moiren *Pl.,* griech. Schicksalsgöttinnen: Klotho, Lachesis, Atropos; sie spinnen bzw. zerschneiden den Lebensfaden. Von den Römern mit den Parzen gleichgesetzt.

Moissan [mwa'sã], Henri, frz. Chemiker, * 1852, † 1907; Entdecker des Fluors; Nobelpreis 1906.

Mokassin *der,* urspr. wildlederner Halbschuh der nordamerikan. Indianer.

Mokick *das,* Kleinmotorrad mit Kickstarter.

Mokka, Hafenort Jemens am Roten Meer, war im 19. Jh. wichtigster Seeumschlagplatz S-Arabiens und Ausfuhrhafen für den jemenit. Kaffee; danach Bezeichnung für starken Kaffee.

Mol *das,* Zeichen **mol,** SI-Basiseinheit der Stoffmenge; 1 mol ist die Stoffmenge eines Systems, das aus ebenso viel Einzelteilchen besteht, wie Atome in 12 g des Kohlenstoffnuklids ^{12}C enthalten sind.

Molaren *Pl.,* Bezeichnung für starke Backenzähne (→ Zähne).

molare Wärmekapazität, früher **Molwärme,** die zum Erwärmen von 1 mol eines Stoffs um 1 Grad benötigte Wärmemenge.

Molarität *die,* der Quotient aus der Stoffmenge eines gelösten Stoffes und dem Volumen der Lösung, gemessen in mol/dm^3.

Molasse *die,* jungtertiäre, bis mehrere 1 000 m mächtige Ablagerungen aus Konglomeraten, Sandsteinen, Mergeln am N-Rand der Alpen.

moderne Kunst Niki de Saint Phalle, Schwarze Nana (1968/69)

Mohn Schlafmohn

Molch *der,* Schwanzlurch; der auf dem Land lebende **Salamander,** ferner viele wasserlebende Arten (**Kamm-M., Berg-M.** u. a.).

Moldau, 1) *die,* tschech. **Vltava,** Hauptfluss Böhmens, entspringt im Böhmerwald, mündet bei Melnik in die Elbe, 440 km. – **2)** rumän. **Moldova,** Landschaft in Rumänien, zw. Ostkarpaten und Pruth. 1359 bis 1862 selbstständiges Fürstentum (im 16./18. Jh. der Türkei tributpflichtig), größte Stadt: Jassy. Die Vereinigung der Donaufürstentümer Moldau und Walachei Mitte des 19. Jh. bildete die Voraussetzung für die Proklamation (1862) des Fürstentums Rumänien.

Moldauklöster, Sammelbezeichnung für die im 15. u. 16. Jh. in der nördl. Moldau (Rumänien) erbauten Klöster. In den Kirchenbauten, meist inmitten von Wehranlagen gelegen, sind byzantin. Einflüsse mit abendländ. Gotik verschmolzen. Die Außenmauern der Kirchen sind mit Wandmalereien bedeckt.

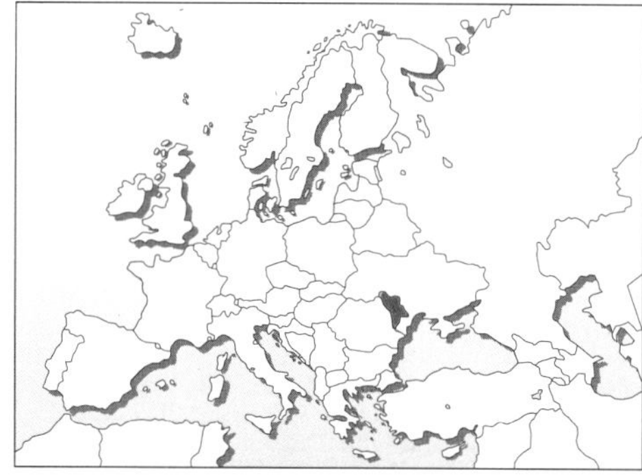

Moldawien

Staatswappen

Staatsflagge

Internationales Kfz-Kennzeichen

Moldawi|en, amtl. **Moldova,** Rep. in SO-Europa, 33 700 km^2, 4,36 Mio. Ew.; Hptst.: Chişinău. – Bev.: knapp 70 % Moldauer (Rumänen), je über 10 % Ukrainer und Russen, Gagausen. – Nahrungsmittelind., Landmaschinenbau; Getreide, Sonnenblumen, Obst, Gemüse, Weintrauben. – Seit 1359 Teil des Fürstentums Moldau; 1812 Annektion Bessarabiens durch Russland; 1924 ASSR; 1941 Annektion rumän. Gebiete (1941 bis 1991 SSR); seit 1989 Unabhängigkeitsbewegung; Unabhängigkeitserklärung am 27. 8. 1991; Mitglied der GUS (1991 bis 1993 und erneut seit 1994). 1991 Kämpfe mit russ. Separatisten in der Dnjestr-Region. 1994 entschied sich die Bev. gegen einen Anschluss an Rumänien. Präs.: P. Lucinschi (seit 1997).

Mole *die,* Damm, der einen Hafen gegen das offene Meer abgrenzt.

Molekül *das,* ⚗ das kleinste Teilchen einer chem. Verbindung, das noch deren chem. Eigenschaften darstellt, besteht aus 2 oder mehr Atomen. Man kennt auch organ. **Riesen-M.** (→ Makromoleküle) mit mehreren 1 000 Atomen. Die Summe der relativen Atommassen aller in einem M. vereinigten Atome ist die **relative M.-Masse** (Molekulargewicht).

Molekularbiologie, untersucht den Aufbau, die Differenzierung und die Wechselwirkung von Zellen untereinander auf molekularer Ebene.

Mönchengladbach
Stadtwappen

Molfetta, Hafenstadt in Apulien, S-Italien, 66 800 Ew.; Dom (1150); Werft, Zementfabrik, Weinkellerei.

Molière [mɔl'jɛːr], eigentl. Jean-Baptiste **Poquelin** [pɔ'klɛ̃], frz. Komödiendichter, * 1622, † 1673; leitete 12 Jahre eine Wandertruppe, seit 1658 Schauspieler, Theaterdirektor in Paris; genoss die bes. Gunst Ludwigs XIV. Seine Komödien mit ihrer meisterl. Handlungsführung und ihrer Sprache voller Witz stellen die Missstände seiner Zeit als Sonderformen ewiger menschl. Defekte bloß, z. B. in »Schule der Frauen« (1663), »Tartuffe« (1669), »Der Geizige« (1668), »Der Menschenfeind« (1667), »Der Arzt wider Willen« (1667). Der künstler. Durchbruch gelang ihm mit »Die lächerl. Preziösen« (1659).

Molina, Mario José, mexikan. Physiker, * 1943; erhielt für seine Forschungen über die Einwirkung von Fluorkohlenwasserstoffen auf die Ozonschicht 1995 den Nobelpreis für Chemie (mit P. Crutzen und S. F. Rowland.

Molke *die,* flüssiger Rückstand der von Fett und Kasein befreiten Milch.

Molkerei *die,* Weiterverarbeitung der Milch und der hierzu dienende Betrieb.

Moll *das,* 𝄞 Tonart mit kleiner Terz; Ggs.: Dur.

Moll, 1) Carl, österr. Maler und Grafiker, * 1861, † 1945; Mitbegründer der Wiener Sezession (Austritt 1905). – **2)** Oskar, dt. Maler, * 1875, † 1947; starkfarbige Landschaften und Stillleben.

Mölln, Stadt in Schlesw.-Holst., 16 600 Ew.; Kneippkurort; spätroman. Nikolaikirche (Grabstein Till Eulenspiegels); Textilind., Eisengießerei.

Mollusken → Weichtiere.

Molnár, Ferenc, ungarischer Schriftsteller, * 1878, † 1952; emigrierte 1940 in die USA, Lustspiele (»Liliom«, 1910), Romane.

Moloch, Bez. für ein Opfer (v. a. Kinder[verbrennungs]opfer) bei Puniern und im A. T.; später missdeutet als Name eines Gottes; in übertragener Bedeutung Bez. für verschlingende Macht.

Molotow, Wjatscheslaw Michajlowitsch, eigentl. W. M. **Skrjabin,** sowjet. Politiker, * 1890, † 1986; 1930 bis 1941 Vors. des Rats der Volkskommissare (Min.-Präs.), 1939 bis 1949 und 1953 bis 1956 Außenminister; 1957 als Stalinist seiner Ämter enthoben, 1984 rehabilitiert.

Molotow-Cocktail [-teɪl], mit einem Öl-Benzin-Gemisch gefüllte Flasche, behelfsmäßig zur Panzernahbekämpfung erstmals von sowjet. Truppen im 2. Weltkrieg benutzt.

Moltke, 1) Helmuth Graf v., preuß. Generalfeldmarschall, * 1800, † 1891; urspr. dän. Offizier, seit 1822 im preuß. Heer, 1858 Chef des Generalstabs der preuß. Armee. Er leitete die Kriegführung 1866 und 1870/71. – **2)** Helmuth v., Neffe von 1), preuß. Generaloberst, * 1848, † 1916; wurde 1906 Chef des Generalstabs der Armee, leitete 1914 die Operationen bis zur Marneschlacht, nach deren unglückl. Ausgang trat er zurück. – **3)** Helmuth James Graf v., dt. Jurist, * 1907, † (hingerichtet) 1945; war 1939 bis 1944 Sachverständiger für Kriegs- und Völkerrecht im Oberkommando der Wehrmacht, Mittelpunkt des Kreisauer Kreises.

Molton *der,* weiches, beidseitig gerautes Baumwollgewebe.

Molukken, Maluku, früher **Gewürzinseln,** Inselgruppe und Prov. Indonesiens, 74 505 km^2, 1,8 Mio. Ew.; Verw.-Sitz: Ambon. Vulkaninseln mit Monsunklima. Erzeugnisse: Gewürznelken, Muskatnüsse, Sago, Betelnüsse, Pfeffer, Kaffee, Kopra, Holz, Rotang, Fische u. a.

Mol|volumen, molares Volumen, das M. einer Stoffmenge ist der Quotient aus ihrem Volumen und der Stoffmenge. Ideale Gase haben bei 0 °C und bei 1,01325 bar das M. 22,414 l/mol.

Molwärme → molare Wärmekapazität.

Molybdän *das,* Symbol **Mo,** chem. Element, silberweißes Schwermetall; OZ 42, relative Atommasse 95,94, D 10,2 g/cm^3, Sp 2 617 °C. M. findet sich im **M.-Glanz,** MoS_2; wird zur Herstellung von Edelstählen verwendet.

Momaday ['mɔmədeɪ], N. (Navarre) Scott, amerikan. Schriftsteller, * 1934; Wegbereiter der modernen indianisch-amerikan. Literatur.

Mombasa, Stadt und Haupthafen von Kenia, 500 000 Ew.; Schwerind.; Touristenzentrum (Badestrände); internat. ✈.

Mombert, Alfred, dt. Lyriker, *1872, †1942; visionäre Gedichte.
Moment *das,* **1)** (wesentl.) Umstand; Gesichtspunkt. – **2)** ⚛ → Trägheitsmoment; **Dreh-M.,** → Hebel. – **3)** *der,* Augenblick; Zeitpunkt.
Mommsen, Theodor, dt. Historiker, *1817, †1903; liberaler Politiker. Hauptwerke: »Corpus inscriptionum Latinarum« (Sammlung lat. Inschriften), »Röm. Geschichte« (1854 bis 1855), »Röm. Staatsrecht« (1871 bis 1888); Nobelpreis für Literatur 1902.
Mon, mongolides Volk in Birma und Thailand, etwa 1,5 Mio. Die M. gründeten im 1. Jh. n. Chr. das Reich Pegu in Niederbirma (1757 zerstört).
Møn, dt. **Mön,** fruchtbare dän. Insel, im SO von Seeland, 218 km², 11 800 Ew.; Fischerei.

Mond: Charakteristische Daten	
mittlere Entfernung von der Erde	384 403 km
größte Entfernung von der Erde	406 740 km
kleinste Entfernung von der Erde	356 410 km
Neigung der Bahn gegen die Ekliptik	5° 8' 43,4"
Neigung des Mondäquators gegen die Ekliptik	1° 31' 2 2"
siderische Umlaufzeit	27,321 66 d
Äquatordurchmesser	3476 km
Umfang	10 920 km
Oberfläche	$3{,}796 \cdot 10^7$ km²
Volumen	$2{,}199 \cdot 10^{10}$ km³
Masse	$7{,}350 \cdot 10^{25}$ g
mittlere Dichte	3,341 g/cm³
Schwerebeschleunigung an der Oberfläche	161,9 cm

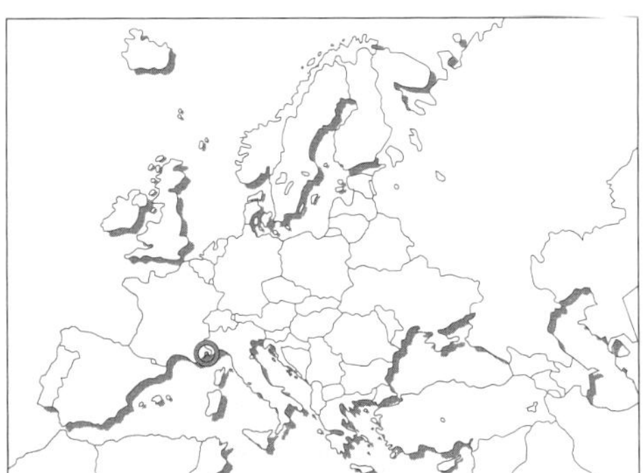

Monaco, konstitutionelles Fürstentum an der Riviera, unter frz. Schutz; 1,95 km², 29 000 Ew.; Amtssprache: Französisch. Die vier städt. Bez. Monaco, La Condamine, Monte-Carlo (Spielbank) und Fontvieille sind siedlungsmäßig weitgehend miteinander verwachsen. Fremdenverkehr. Staatsoberhaupt: Fürst Rainier III. (seit 1949).
Monade *die,* das Einfache, Unteilbare; bei G. W. Leibniz die letzten, in sich geschlossenen, einheitl. Wesen, aus denen die Welt zusammengesetzt ist **(M.-Lehre).**
Mona Lisa, La Gioconda [dʒoˈkɔnda], Gattin des Florentiners F. del Giocondo; Bildnis von → Leonardo da Vinci (um 1503 bis 1506, Paris, Louvre).
Monarchie *die,* Staatsform, in der ein Einzelner, der erbl. oder gewählte **Monarch,** auf Lebenszeit Staatsoberhaupt ist, zunächst als Alleinherrscher, der alle Staatsgewalt in seiner Person vereinigte **(absolute M.).** In der **konstitut. M.** ist seine Gewalt durch eine Verfassung (Konstitution) beschränkt, bes. ist die Volksvertretung (Parlament) an der Gesetzgebung und Festsetzung des Budgets beteiligt. In der **parlamentar. M.** beschränkt sich die Macht des Monarchen auf die Repräsentation. **Monarchist** *der,* Anhänger der Monarchie.
Monat *der,* Zeit eines Mondumlaufs um die Erde: 1) **sider. M.,** Zeit, die vergeht, bis der Mond wieder vor dem gleichen Fixstern erscheint: 27 Tage, $7\,^3/_4$ Stunden. 2) **synod. M.,** die Zeit von einem Neumond zum andern: 29 Tage, $12\,^3/_4$ Stunden. – Im bürgerl. Leben gelten die **Kalendermonate.**
Monazit *der,* rötlich braunes bis gelbes Mineral, Cerphosphat, in dem Cer teilweise durch Lanthan u. a. Lanthaniden ersetzt ist; enthält ferner bis 33% Thorium. Wichtig für die Thorium- und Cergewinnung.
Mönch *der,* einem Kloster angehöriges männl. Mitglied eines geistl. Ordens. Das **Mönchtum** (asket. Lebensform, Meditation, Gebet) ist in vielen Religionen auch außerhalb des Christentums verbreitet.
Mönchengladbach, Ind.stadt in NRW, in der Kölner Tieflandsbucht, 260 700 Ew.; Opernhaus; Garnison; Mittelpunkt der rhein. Textilind., Flugzeugbau; Trabrennbahn. – Im 10. Jh. als Benediktinerabtei entstanden.
Mönchgut, südöstliche Halbinsel Rügens.
Mond *der,* Himmelskörper, der sich um einen Planeten und mit diesem um die Sonne bewegt. Die Erde hat 1, Mars 2, Jupiter 16, Saturn 21, Uranus 15, Neptun 8 und Pluto 1 M. Der M. der Erde dreht sich im Laufe von 27,32 Tagen (sider. Monat) in einer ellipsenförmigen Bahn einmal um die Erde. Die Masse des M. entspricht $^1/_{81}$ der Erdmasse, die Schwerkraft auf dem M. ist $^1/_6$ der Schwerkraft auf der Erde. Er wendet der Erde stets dieselbe Seite zu. Der M. ist ohne Atmosphäre und Wasser, seine eintönig graue, staubüberzogene, steinige Oberfläche ist von unzähligen Kratern bis zur Größe von Ringgebirgen (Durchmesser bis 200 km, Höhe bis 8 km) bedeckt. Der M. erhält sein Licht von der Sonne; er erscheint von der Erde aus in versch. Phasen: **Neumond** (M. zw. Erde und Sonne), **Voll-M.** (Erde zw. M. und Sonne). Geht der Voll-M. durch den Erdschatten, entsteht eine partielle oder totale **M.-Finsternis.**

Molière. Gemälde von Pierre Mignard (um 1665) und Autogramm

mondän, von auffallender Eleganz.
Mondfisch, im Umriss runder, seitlich flacher Knochenfisch im Atlantik und im Mittelmeer.
Mondjahr → Kalender.

Monaco

Staatswappen

Staatsflagge

Internationales Kfz-Kennzeichen

Mondraute *die,* Gattung der Natternzungenfarne, Wiesenpflanze.

Mondrian, Piet, niederländ. Maler, *1872, †1944; Hauptvertreter der Stijl-Gruppe; unterteilte die Malfläche durch schwarze Linien in rechteckige Felder, reine Farben (Rot, Gelb, Blau).

Mondsee, See im Salzkammergut, OÖ, 14 km² groß; Fremdenverkehr.

Mondsonde, unbemannte Raumsonde zur Erforschung des Mondes durch Vorbeiflug, Landung oder Umrundung. Die erste M., Lunik 1 (1959), flog am Mond vorbei.

Mondstein →Adular.

Monegasse *der,* Bewohner von Monaco.

Monet [mɔ'nɛ], Claude, frz. Maler, *1840, †1926; durch sein Bild »Impression, soleil levant« dem Stil den Namen gebender Meister des Impressionismus; gibt in Landschaften das wechselnde Spiel des Lichts in zarten Farben wieder.

Moneta, Beiname der Göttin Juno; nahe ihrem Tempel befand sich die röm. Münzstätte; daher heißt **Moneten** svw. Geld; **monetär,** geldlich.

Jean Monnet

Mongolei *die,* Hochland im NO Zentralasiens, von →Mongolen bewohnt; meist abflusslose Wüste und Wüstensteppe (Gobi) mit Gebirgen (Changai über 4000 m). Die **Innere Mongolei** (450 000 km², 21,2 Mio. Ew., Hptst.: Hohhut) gehört als autonome Region zu China, die Äußere Mongolei bildet den Staat →Mongolei.

Mongolei

Mongolei, amtl. **Staat der Mongolei,** Rep. in Zentralasien, grenzt im N an Russland, im O, S und W an China; 1,565 Mio. km², 2,26 Mio. Ew., Hptst. Ulan Bator. Die M. reicht vom Altai im W bis zum Chingan im O. – Bev.: Mongolen, Turkvölker, Chinesen u. a.; der Lamaismus ist vorherrschend. – Getreideanbau (v. a. Weizen und Hirse), Viehzucht (Rinder, Schafe, Ziegen, Pferde, Kamele). Reiche, z. T. nur wenig erschlossene Bodenschätze (Gold, Kupfer, Molybdän, Wolfram u. a.), Braun- und Steinkohlebergbau. Internat. ✈: Ulan Bator. – Die M. war seit dem 17. Jh. chinesisch. 1911 erklärte sich die Äußere M. für unabhängig; 1921 wurde mit sowjet. Hilfe eine revolutionäre Reg. gebildet, 1924 die Mongol. VR ausgerufen (bis 1991); nach der Verf. von 1992 ist die M. eine Rep. mit Mehrparteiensystem. Staatspräs.: N. Bagabandi (seit 1997).

Staatswappen

Staatsflagge

Mongolen *Pl.,* verwandte Stämme in der Mongolei und deren Randgebieten; gehören zum mongoliden Rassenkreis und zur altaischen Sprachfamilie; Hauptgruppen: Ost-M., Nord-M. mit Burjaten und Kalmücken, West-M. Sie sind nomad. Viehzüchter. Zu Anfang des 13. Jh. gründete Dschingis Khan ein mongol. Weltreich; die M. eroberten ganz China, Mittelasien und Russland, stürzten das Kalifat in Bagdad, besiegten die Ungarn, wurden in Schlesien durch die Schlacht bei Wahlstatt (Liegnitz) 1241 aufgehalten. Gegen Ende des 13. Jh. zerfiel dieses Reich, 1368 wurden die M. aus China vertrieben. Um 1369 gründete Timur ein neues Großreich von Mittel- bis Vorderasien.

Mongolenfalte, Hautfalte, die den Tränenwinkel und den anschließenden Teil des Oberlids bei geöffnetem Auge überdeckt; die Lidspalte erscheint schief gestellt.

Mongolide *Pl.,* einer der Hauptstämme der Menschenrassen.

Mongolismus *der,* →Down-Syndrom.

Monier [mɔn'je], Joseph, frz. Gärtner, *1823, †1906; stellte seit 1948 mit Rundeisen (»Moniereisen«) armierte Blumenkübel her, setzte sich für die Verwendung von Stahlbeton im Bauwesen ein.

Monismus *der,* Lehre, wonach alles auf ein einziges stoffl. oder geistiges Prinzip zurückzuführen sei (Ggs.: Dualismus); bes. auf die naturwiss. Entwicklungslehre (E. Haeckel) gegr. Weltanschauung. Der »Dt. Monistenbund« (gegr. 1906) wirkte gegen christlich-dogmat. Anschauungen.

Monitor *der,* **1)** ⚛ Messgerät zur Überwachung physikal. Größen. – **2)** Kontrollbildschirm beim Fernsehen. – **3)** 🖳 Datensichtgerät.

Moniuszko [mɔn'juʃkɔ], Stanisław, poln. Komponist, *1819, †1872; Schöpfer der ersten poln. Nationaloper (»Halka«, 1848); ferner Operetten,Ballette, Kirchen- und Klaviermusik.

Monnet [mɔ'nɛ], Jean, frz. Wirtschaftspolitiker, *1888, †1979; stellte ein Modernisierungsprogramm für die frz. Wirtschaft auf; maßgebl. an der Gründung der Montanunion beteiligt, 1952 bis 1955 Vors. ihrer Hohen Behörde.

Monnier [mɔ'nje], Thyde, frz. Schriftstellerin, *1887, †1967; neonaturalist. Romane, »Liebe, Brot der Armen« (1937).

mono..., mon..., allein..., einzeln...

monochrom, einfarbig.

Monochromasie *die,* völlige Farbenblindheit.

Monodie *die,* Einzelgesang, unbegleitet (gregorian. Choral) oder mit Instrumentalbegleitung (Madrigal, Chanson); auch Gesang auf Akkordgrundlage im Ggs. zu kontrapunkt. Mehrstimmigkeit.

Monogamie *die,* Einehe; Ggs.: Polygamie.

Monogramm *das,* Anfangsbuchstaben eines Namens; Signatur eines Künstlers **(Künstler-M.).**

Monographie *die,* Abhandlung über ein wiss. Thema oder eine Person.

Monokel *das,* Einglas, Brillenglas für nur ein Auge.

monoklines Kristallsystem →Kristall.

Monokotyledonen →Einkeimblättrige.

Monokultur *die,* jährlich wiederkehrender Anbau derselben einjährigen Pflanzenarten auf der gleichen Fläche.

Monolith *der,* mächtiger, einzelner, behauener Naturstein (z. B. Obelisk, Menhir), auch Bez. für aus einem einzigen Stein hergestellte Obelisken, Säulen u. Ä.

Monolog *der,* Selbstgespräch; auch Vortrag.

Monomanie *die,* von einem bestimmten Gedanken besessener Geisteszustand.

Monophthong *der,* einfacher Vokal.

Monophysiten, Anhänger der christl. Lehre, die Christus nur eine Natur, die göttl., zuerkennt. Sie bilden die Kirchen in Armenien, Syrien, Ägypten, Äthiopien.

Monopol *das,* Marktform, bei der das Angebot (seltener die Nachfrage) in einer Hand vereinigt ist, wodurch der freie Wettbewerb am Markt unterbunden wird. Beim Angebots-M. kann der Inhaber **(Monopolist)** für seine Marktstrategie sowohl Absatzmenge als auch Preis **(M.-Preise)** wählen, um maximale Gewinne zu erzielen. Die M.-Stellung umfasst den Verkauf **(Vertriebs-M.)** oder auch die Erzeugung **(Herstellungs-M.).**

Claude Monet. Blaue Seerosen (nach 1916), Ausschnitt

Monotheismus *der,* Verehrung eines einzigen, persönl., überweltl. Gottes, im Judentum, Christentum, Islam vertreten; Ggs.: Pantheismus, Polytheismus.

monoton, eintönig, einförmig.

Monreale, Stadt auf Sizilien, Italien, 24000 Ew.; Erzbischofssitz; normann. Dom mit Bronzetüren und den Sarkophagen der Normannenkönige Wilhelm I. und II.

Monroe [mən'rəʊ], Marilyn, eigtl. Norma Jean **Baker,** amerikan. Filmschauspielerin, *1926, †(Freitod) 1962; 1956 bis 1961 verheiratet mit Arthur Miller; in den 1950er-Jahren amerikan. Sexidol (Filme u.a. »Manche mögen's heiß«, 1959).

Monroe-Doktrin [mən'rəʊ-], Erklärung des 5. Präs. der USA James Monroe (*1758, †1831) von 1823: Den europ. Mächten sollte die weitere Erwerbung amerikan. Kolonialgebiets und die Einmischung in die inneren Angelegenheiten amerikan. Staaten verwehrt sein.

Monrovia, Hptst. und Ind.zentrum der westafrikan. Rep. Liberia, 465000 Ew.; Univ.; Hafen, ✈.

Mons [mɔ̃:s], niederländ. **Bergen,** Stadt im Hennegau, Belgien, 92300 Ew.; Univ.; Handelszentrum; Zentrum der industriereichen Borinage.

Monsalvatsch, Gralsburg im »Parzival« von Wolfram v. Eschenbach.

Monseigneur [mɔ̃sɛn'jø:r], Abk. **Mgr.,** Anrede und Titel für Fürstlichkeiten und geistl. Würdenträger in Frankreich.

Monsieur [mə'sjø] *der,* Herr, Abk. **M.,** *Pl.* **Messieurs,** Abk. **MM.,** frz. Anrede.

Monsignore [mɔnzɪn'jo:re], Abk. **Mgr., Msgr.,** Titel hoher kath. Geistlicher.

Monstera *die,* staudige Kletterpflanze im trop. Amerika, Aronstabgewächs; Zimmerpflanze (Fensterblatt).

Monstranz *die,* in der kath. Kirche Gefäß für die Ausstellung der geweihten Hostie, im MA. auch von Reliquien.

monströs, unförmig, missgebildet.

Monstrum, Monster, *das,* Ungeheuer, Scheusal.

Monsun *der,* Luftströmung großer Ausdehnung mit halbjährl. Richtungswechsel in den Tropen, hervorgerufen durch die im Zusammenhang mit der unterschiedl. Erwärmung von Meer und Landmassen stehenden jahreszeitl. Verlagerung der äquatorialen Tiefdruckrinne; bes. ausgeprägt im süd- und südostasiat. Raum.

Mont [mɔ̃], frz. Berg, z.B. Montblanc.

Montabaur, Krst. und Luftkurort in Rheinl.-Pf., 11200 Ew.; Kunststoffind.; nahebei große Tonlager (Kannenbäckerland).

Montafon *das,* Tal der oberen Ill in Vorarlberg, Österreich.

Montag, der erste Tag der Woche.

Montage [mɔn'ta:ʒə] *die,* Zusammenbau von Maschinen und Geräten (**montieren,** ausrüsten) durch den **Monteur.**

Montagna [mɔn'taɲɲa], Bartolomeo, ital. Maler, *um 1450, †1523; Hauptmeister der Schule von Vicenza.

Montagne Pelée [mɔ̃taɲpə'le], **Mont Pelé** [mɔ̃pə'le], tätiger Vulkan auf der Antilleninsel Martinique, 1397m hoch. Ein Ausbruch 1902 vernichtete die Stadt Saint-Pierre und tötete rd. 40000 Menschen.

Marilyn Monroe

Montaigne [mɔ̃'tɛɲ], Michel **Eyquem de** [ɛ'kɛm-], frz. Philosoph und Schriftsteller, *1533, †1592; war mit seinem Hauptwerk »Les Essais« (1580ff.) der Begründer des Essays als literar. Form.

montan, das Gebirge, den Bergbau oder das Hüttenwesen betreffend.

Montana [mɔn'tænə], Abk. **Mont.,** Bundesstaat im NW der USA, am oberen Missouri, 380848 km², 799100 Ew. (6% Indianer); Hptst.: Helena. Getreideanbau (Weizen), Viehzucht. ⚒ auf Erdöl, Kupfer, Nickel, Platin, Gold u.a.

Montand [mɔ̃'tã], Yves, frz. Schauspieler und Sänger ital. Herkunft, *1921, †1991; Filme »Lohn der Angst« (1952), »Z« (1969).

Montan|industrie, Bergbau; i.w.S. auch die weiterverarbeitende Schwerindustrie.

Montanisten, altchristl. Sekte, nach dem Begründer Montanus, †178/179; er predigte die urchristl. Hoffnung auf baldige sichtbare Wiederkunft Jesu zur Errichtung des Tausendjährigen Reichs.

Michel Eyquem de Montaigne

Montan|union, amtl. **Europäische Gemeinschaft für Kohle und Stahl,** Abk. **EGKS,** die am 18.4.1951 in Paris gegr., seit 25.7.1952 wirksame übernat. Gemeinschaft der Bundesrep. Deutschland, Frankreichs, Italiens, Belgiens, Luxemburgs und der Niederlande zur Schaffung eines gemeinsamen Marktes für Kohle und Stahl. Seit 1967 ist ihr früheres oberstes Organ, die »Hohe Behörde«, mit der EWG- und Euratom-Kommission zur »Kommission der Europ. Gemeinschaften« verschmolzen. Die M. war die erste europ. Gemeinschaft, der staatl. Hoheitsrechte übertragen wurden (supranat. Gemeinschaft).

Montanwachs, durch Schwelen bitumenhaltiger Braunkohle gewonnenes Wachs.

Montblanc [mɔ̃'blã] *der,* höchster Gipfel der Alpen und Europas, in der M.-Gruppe der Westalpen, auf der frz.-ital. Grenze, bis 4808m hoch; 1786 zuerst bestiegen; von dem **M.-Tunnel** (11,6 km) durchquert.

Monte Albán, religiöses Zentrum der Zapoteken im mexikan. Staat Oaxaca aus dem 1. Jh. v.Chr., die Ruinen der Tempel und Paläste zählen zum Weltkulturerbe.

Montana
Flagge

Monte-Carlo, Teil von → Monaco.

Monte-Carlo-Methode, √ Rechenverfahren für Näherungslösungen mathemat. Probleme.

Montecassino, Benediktinerabtei, auf einem Berg (519m) über der südital. Stadt Cassino, wohl 529 gegr. von Benedikt von Nursia; 1944 durch angloamerikan. Bombenangriffe zerstört; wieder aufgebaut; 1964 Weihe des Neubaus.

Montecuccoli, Raimund Fürst, österr. Feldherr, *1609, †1680; besiegte die Türken 1664 bei Sankt Gotthard in Ungarn.

Montélimar [mɔ̃teli'ma:r], frz. Stadt im Rhônetal, 29200 Ew.; Herstellung von weißem Nugat.

Montenegro, serb. **Crna Gora** ['tsrna:-], Rep. in SO-Europa, Teil der Bundesrep. Jugoslawien, 13812 km², 613300 Ew.; Hptst.: Podgorica. Karsthochland mit

Charles Baron de Montesquieu

Maria Montessori

Montevideo Stadtwappen

Moose Laubmoos (oben) und Lebermoos

Schafzucht, in den Tälern Getreide- und Weinbau. – M., seit 1528 unter türk. Oberhoheit, wurde im 19. Jh. weltl. Fürstentum, 1910 Kgr.; 1918 mit Jugoslawien vereinigt. M. ist neben Serbien Bestandteil des 1992 ausgerufenen Bundesstaats Jugoslawien.

Montería, Hptst. des kolumbian. Dep. Córdoba, 265 800 Ew.; Univ.; Mittelpunkt eines bedeutenden Viehzuchtgebiets.

Monte Rosa, zweithöchster Gebirgsstock in den Walliser Alpen, an der Grenze des schweizer. Kt. Wallis und der ital. Regionen Piemont und Aostatal, in der Dufourspitze 4 637 m hoch (Schweiz).

Monterrey [mɔntɛˈrrɛi], Hptst. des mexikan. Staats Nuevo Léon, 2,52 Mio. Ew.; 4 Univ., TH; Erzbischofssitz; Bleischmelze, Eisen-, Stahlwerke; Tourismus; ✈.

Montesquieu [mɔ̃tɛsˈkjø], Charles **de Secondat** [-səkɔ̃ˈda], Baron **de la Brède et de M.** [-laˈbrɛ:d-], frz. Staatstheoretiker und Schriftsteller, * 1689, † 1755; schrieb satir. »Pers. Briefe« (1721), verglich in seinem Hauptwerk »Geist der Gesetze« (1748) die Staatsformen; er trat für die konstitutionelle Monarchie ein und gehört zu den geistigen Wegbereitern der Frz. Revolution.

Montessori, Maria, ital. Ärztin, Pädagogin, * 1870, † 1952; forderte Schulung der Sinnestätigkeit des Kindes, Selbsterziehung und -tätigkeit bes. in der Kindergartenerziehung.

Monteverdi, Claudio, ital. Komponist, * 1567, † 1643; als erster großer Musikdramatiker steht M. am Beginn einer Entwicklung, die über Gluck bis zu Wagner führt. Opern: »L'Orfeo« (1607), »La Arianna« (1608) u. a.; ferner Messen, Madrigale, Motetten.

Montevideo, Hptst. von Uruguay, an der Mündung des Río de la Plata, 1,38 Mio. Ew.; Univ.; Erzbischofssitz; Kathedrale; Ind.zentrum; ⚓, internat. ✈.

Montez [-s], Lola, * 1818, † 1861; Tänzerin, seit 1846 in München, Geliebte Ludwigs I.

Montezuma II. → Moctezuma II.

Montgolfier [mɔ̃gɔlˈfje], Étienne Jacques de, * 1745, † 1799, und Michel Joseph de M., * 1740, † 1810, frz. Brüderpaar; erfanden den Heißluftballon **(Montgolfière).**

Montgomery [məntˈgʌmərɪ], Bernard Law, 1. Viscount **M. of Alamein** [-əvˈæləmeɪn] (seit 1946), brit. Feldmarschall, * 1887, † 1976; hielt 1942 Rommels Vorstoß bei El-Alamein auf, 1951 bis 1958 stellvertr. Oberkommandierender der NATO.

Montherlant [mɔ̃tɛrˈlã], Henry de, frz. Schriftsteller, * 1896, † 1972; Romane (u. a. »Erbarmen mit den Frauen«, 4 Bde., 1936 bis 1939).

Montluçon [mɔ̃lyˈsɔ̃], Stadt im frz. Dép. Allier, am Cher, 46 600 Ew.; Schloss der Herzöge von Bourbon (15./16. Jh.).

Montmartre [mɔ̃ˈmartr], Stadtteil auf einer Anhöhe im N von Paris; Künstler- und Vergnügungsviertel.

Montparnasse [mɔ̃parˈnas], Stadtteil im SW von Paris; früher Künstlertreffpunkt; bedeutender Friedhof.

Montpellier [mɔ̃pəlˈje], Stadt in S-Frankreich, nahe dem Mittelmeer, 210 900 Ew.; Kathedrale (14. Jh.); 3 Univ.; Computer-, Maschinenbau, chem. Ind.; Weinbau.

Montreal [mɔntrɪˈɔ:l], frz. **Montréal** [mɔ̃reˈal], Handels-, Hafenstadt in Kanada, am St.-Lorenz-Strom, 1,02 Mio. Ew., in der Agglomeration 3,1 Mio. Ew. (68 % frz.-sprachig); Erzbischofssitz; Univ.; Ausfuhrhandel; Ind.: Flugzeugbau, Petrochemie, Erdölraffinerien; 2 internat. ✈. – M. wurde 1642 von Franzosen gegründet.

Montreux [mɔ̃ˈtrø], Luftkurort im schweizer. Kt. Waadt, 20 300 Ew., am Genfer See; internat. Musik- und Fernsehfestspiele.

Mont-Saint-Michel [mɔ̃sɛ̃miˈʃɛl], 78 m hohe Granitinsel an der Küste der Normandie, Frankreich, mit dem Wallfahrtsort **Le M.-S.-M.** (72 Ew.); ehem. Benediktinerabtei, die mittelalterl. Klosteranlage gehört zum Weltkulturerbe.

Montserrat, 1) *der,* Bergmassiv in Katalonien, Spanien, 1241 m hoch; mit Benediktinerkloster (880 gegr.). – **2)** Insel der Kleinen Antillen, 102 km^2, 12 000 Ew.; brit. Kronkolonie, Hptst.: Plymouth.

Monument *das,* Denkmal; **monumental,** groß, bedeutend.

Monumenta Germaniae Historica [»Geschichtsdenkmäler Dtl.s«], von Freiherr vom Stein und G. H. Pertz 1819 begonnene Sammlung der mittelalterl. Quellen zur dt. Geschichte.

Monumentum Ancyranum [lat.], 1555 entdeckte Abschrift des Tatenberichts des Augustus am Augustus-und-Roma-Tempel in Ankyra (heute Ankara) in lat. und griech. Sprache.

Monza, Stadt in Oberitalien, 120 700 Ew.; im roman. Dom die → Eiserne Krone; Textilind.; Autorennbahn.

Moor, dauernd feuchtes Gelände mit einer Torfschicht aus unvollständig zersetzten Pflanzenresten. Man unterscheidet: **Hoch-M.** (bes. in Nord-Dtl.), durch Dickenwachstum uhrglasähnlich aufgewölbt, mit Heidekraut u. a. bedeckt, und **Nieder-M.** (bes. in Süd-Dtl.), nicht höher als der Wasserspiegel, mit Gräsern und Sauergräsern; beide können zur Torfgewinnung genutzt werden. In Dtl. ist über 1 % der Gesamtfläche vermoort. Andere Namen für M.: Moos, Bruch, Ried, Luch, Fehn, Venn, Filz.

Moorbäder, ⚕ warme Voll- oder Teilbäder mit Moorerde, gegen Rheumatismus, Gicht, Gelenkentzündungen, Frauenkrankheiten.

Moore [ˈmʊə], **1)** George Augustus, irischer Erzähler, * 1852, † 1933; schloss sich der kelt. Renaissance an. – **2)** George Edward, brit. Philosoph, * 1873, † 1958; vertrat einen an der Naturwiss. orientierten Neurealismus. – **3)** Henry, brit. Bildhauer, Grafiker, * 1898, † 1986; v. a. abstrakte Bildwerke von starker Ausdruckskraft; ferner Radierungen, Lithographien.

Moorleichen, im Moor gefundene Leichen aus der vor- und frühgeschichtl. Zeit, die durch Luftabschluss und chem. Einflüsse vor Verwesung bewahrt geblieben sind.

Moos, 1) → Moose. – **2)** → Moor.

Moosbrugger, Mosbrugger, Kaspar, österreichisch-schweizer. Baumeister, * 1656, † 1723; Meister des barocken Kirchenbaus.

Moose *Pl.,* große Abteilung der Sporenpflanzen, 2 Klassen: entweder in Stängel und Blätter gegliedert, die Laubmoose, oder flächig-lappig geformt, die Lebermoose. Die M. haben Generationswechsel: 1. (geschlechtl.) Generation ist das Moospflänzchen, das aus der Spore über dem **Vorkeim** entsteht; 2. (ungeschlechtl.) ist die aus dem weibl. Geschlechtsorgan sprossende, auf der Moospflanze sitzende **Sporenkapsel.**

Mooslierchen, koloniebildende Kleinlebewesen mit Fangarmen, v. a. im Meer.

Moped *das,* Fahrrad mit Hilfsmotor (50 cm^3, meist in den Rahmen einbezogen) und Pedalen; versicherungs- und führerscheinpflichtig.

Mops *der,* kräftige Haushunderasse, mit kurzer, schwarzer Schnauze, kurzem Hals und Stirnfalten.

Moral *die,* **1)** Verhaltens- und Einstellungsnormen, die unter dem Einfluss einer Kultur in einer Gruppe oder Gesellschaft über längere Zeit hinweg offiziell und von der Mehrheit als verbindlich angesehen werden. – **2)** Lehre, Nutzanwendung. – **3)** sittl. Verhalten, Pflichtbewusstsein; **moralisch,** sittlich gut; **moralisieren,** belehrende Betrachtungen anstellen. **Moralist** *der,* Sittenprediger; Sittenbeobachter.

Moraltheologie, wiss. Darstellung der Sittenlehre nach den Grundsätzen der kath. Glaubenslehre. Teildisziplin der kath. Theologie.

Morandi, Giorgio, ital. Maler, * 1890, † 1964; zartfarbige, streng gebaute Stillleben (bes. Krüge, Flaschen), die der Pittura metafisica nahe stehen.

Moräne *die,* ⊕ von Gletschern verfrachtete und abgelagerte Schuttwälle: **Seiten-, Mittel-** und **Grund-M.** Am Ende des Gletschers häufen sich die Schuttmassen zur **Endmoräne.**

Moratorium *das,* **Stundung,** Zahlungsaufschub; kann vom Gläubiger bewilligt oder durch Gesetz angeordnet werden.

Morava *die,* der Hauptfluss Serbiens, rechter Nebenfluss der Donau, 539 km lang.

Moravia, Alberto, eigentl. A. **Pincherle** ['piŋkerle], ital. Schriftsteller, * 1907, † 1990; Romane: »Ich und er« (1971), »Desideria« (1978); Novellen, Erzählungen, Dramen, Essays; Autobiographie (1990).

Moray Firth ['mʌrɪ 'fə:θ], Meeresbucht an der NO-Küste Schottlands; Verbindung zum Atlantik durch den Kaledon. Kanal.

morbid, kränklich, krankhaft.

Morbidität *die,* Erkrankungshäufigkeit; das zahlenmäßige Verhältnis zw. Kranken und Gesunden innerhalb der Bevölkerung.

Morcheln, Gattung der Schlauchpilze mit keuligknolligem, hohlem, oben netzig-grubigem Fruchtkörper, essbar, wachsen im Frühling, z. B. **Speise-M., Spitzmorchel.**

Mord, ⚖ vorsätzl. Tötung eines Menschen, bei der der Täter aus Mordlust, Habgier, zur Befriedigung des Geschlechtstriebs oder anderen niedrigen Beweggründen, heimtückisch, grausam, mit gemeingefährl. Mitteln oder um eine andere Straftat zu ermöglichen oder zu verdecken handelt. Strafe in Dtl., Österreich und der Schweiz: lebenslängl. Freiheitsstrafe.

Mordent *der,* 𝄞 eine Verzierung, Triller.

Mörderbienen, Killerbienen, in Südamerika aus afrikan. und europ. Bienenrassen entstandene Kreuzung (»Brasilian. Honigbiene«). Gute Honigproduzenten, aber äußerst aggressiv.

Mordwinen, Volk mit finnisch-ugrischer Sprache, an der mittleren Wolga.

Mordwinische Republik, Mordwini|en, Mordowi|en, autonome Rep. in Russland, 1934 als ASSR gegründet; 26 200 km², 964 000 Ew. (Russen, Mordwinen, Tataren); Hptst.: Saransk. Landwirtschaft; Holz-, Textil- u. a. Industrie.

More [mɔ:], latinisiert **Morus,** Sir Thomas, engl. Humanist und Staatsmann, * 1478, † (enthauptet) 1535; Lordkanzler Heinrichs VIII.; als Anhänger des Papstes Gegner der Reformation; Verfasser der »Utopia« (1516, Schrift über einen Idealstaat auf Erden); Heiliger (Tag: 22. 6.).

Moreau [mɔ'ro], **1)** Gustave, frz. Maler, * 1826, † 1898; bibl. und mytholog. Bilder; Vertreter des Symbolismus. – **2)** Jeanne, frz. Schauspielerin, * 1928; 1948 bis 1953 an der Comédie Française, auch Filmrollen (»Jules und Jim«, 1961); auch Filmregie: »Im Scheinwerferlicht« (1976), »Mädchenjahre« (1978).

Morelia, Stadt in Mexiko, 490 000 Ew.; Univ.; Erzbischofssitz; Textilindustrie. Die histor. Altstadt gehört zum Weltkulturerbe.

Morelle *die,* Sauerkirsche.

Morgan ['mɔ:gən], Charles, brit. Erzähler, * 1894, † 1958; pflegte den psycholog. Roman (»Der Quell«, 1932; »Die Flamme«, 1936).

morganatische Ehe, Ehe zur linken Hand, in regierenden Häusern und beim Hochadel früher die Ehe mit einer nicht ebenbürtigen Frau.

Morgen, 1) der Tagesanbruch. – **2)** älteres Feldmaß, territorial versch. zw. 25 und 36 Ar.

Morgenland → Orient.

Morgenrot → Abendrot.

Morgenstern, 1) ☼ der Planet → Venus. – **2)** im MA. mit Stacheln besetzte Waffe (Keule oder Kugel).

Morgenstern, Christian, dt. Schriftsteller, * 1871, † 1914; Sprachgrotesken (»Galgenlieder«, 1905; »Palmström«, 1910, u. a.).

Morgenthau-Plan, nach dem Finanzmin. der USA, Henry Morgenthau Jr. (* 1891, † 1967), benannte Denkschrift von 1944; sah die Entmilitarisierung, Verkleinerung und Aufteilung Dtl.s vor, seine Reduzierung auf den Status eines Agrarlands durch Zerschlagung seiner Ind.; beeinflusste 1945 bis 1947 die amerikan. Besatzungspolitik in Deutschland.

Morgner, Irmtraud, dt. Schriftstellerin, * 1933, † 1990; fantastisch-iron., feminist. Romane.

Mori, Ōgai, jap. Schriftsteller und Übersetzer, * 1862, † 1922; studierte als Militärarzt in Dtl., gilt als Wegbereiter der modernen jap. Literatur, u. a. die Novelle »Die Tänzerin« (1890; verfilmt).

Mörike, Eduard, dt. Dichter, * 1804, † 1875; schrieb zarte Gedichte, die Novelle »Mozart auf der Reise nach Prag« (1856), den Künstlerroman »Maler Nolten« (2 Bände, 1832), Märchen.

Morisken, Mauren, die nach der arab. Herrschaft in Spanien zurückblieben.

Moritat *die,* Bänkelsängerlied.

Moritz, Herrscher: **1) M.,** Prinz von Nassau-Oranien, * 1567, † 1625; folgte 1584 seinem Vater Wilhelm dem Schweiger als Statthalter und Oberbefehlshaber der Niederlande, kämpfte siegreich gegen die Spanier. – **2) M.,** Kurfürst von Sachsen, * 1521, † 1553; seit 1541 Herzog, kämpfte, obwohl Protestant, im Schmalkaldischen Krieg aufseiten Karls V. und erhielt dafür 1547 die Kurwürde, zwang diesen jedoch 1552 zum Vertrag von Passau; Gründer der sächs. Fürstenschule.

Moritz, Karl Philipp, dt. Schriftsteller, * 1756, † 1793; Freund Goethes; autobiograph. Roman »Anton Reiser« (4 Bde., 1785 bis 1794).

Moritzburg, Jagdschloss bei Dresden, 1542 bis 1546 erbaut, Umbau 1722 bis 1736.

Mormonen, Anhänger der **Kirche Jesu Christi der Heiligen der letzten Tage,** 1830 in Amerika gegr., errichteten 1848 den M.-Staat Utah mit der Ansiedlung Salt Lake City, wo man die Wiederkunft Christi erwartet. Grundlegend für Selbstverständnis und Lehre der M. ist das **Buch Mormon,** das die amerikan. Gesch. als Fortsetzung der bibl. Gesch. erzählt.

Morpheus, bei Ovid der Traumgott.

Morphin, früher **Morphium,** betäubend wirkendes Hauptalkaloid des Opiums (Rauschgift), wirkt in Gaben von 0,01 bis 0,02 g schmerzstillend (heute v. a. in der Krebstherapie eingesetzt) und beruhigend, in größeren Mengen tödlich. Anhaltender Gebrauch, **M.-Sucht** oder **Morphinismus,** führt zu körperl. und geistigem Verfall.

Morphologie *die,* **1)** ❀ Wiss. von Bildung und Umbildung von Gestalten. – **2)** ⊕ **Geo-M.,** Wiss. vom Formenreichtum (Relief) der Erdoberfläche. – **3)** Ⓢ Lehre von den Wortbildungen.

Morris ['mɔrɪs], **1)** Robert, amerikan. Bildhauer, * 1931; Vertreter der Minimalart in den USA. – **2)** William, brit. Sozialreformer, Schriftsteller und Künstler, * 1834, † 1896; wandte sich gegen die maschinelle Herstellung kunstgewerbl. Gegenstände, erneuerte den Buchdruck.

Morrison ['mɔrɪsn], Toni, eigentl. Chloe Anthony **Wofford** ['wɔfəd], amerikan. Schriftstellerin, * 1931; wichtige Vertreterin der afroamerikan. Literatur (»Sehr blaue Augen«, 1970; »Menschenkind« 1987); 1993 Nobelpreis für Literatur.

Morse|alphabet, Morsezeichen, von Samuel Morse (* 1791, † 1872) geschaffene, aus Strichen und Punkten zusammengesetzte Zeichenschrift zum Telegrafieren.

Mörser, 1) Schale, in der harte Stoffe mit dem Stößel oder Pistill zerrieben werden. – **2)** 🚢 Steilfeuergeschütz.

Moorleichen
Fund von Tollund

a	·–
ae	·–·–
à, å	·––·–
b	–···
c	–·–·
ch	––––
d	–··
e	·
é	··–··
f	··–·
g	––·
h	····
i	··
j	·–––
k	–·–
l	·–··
m	––
n	–·
ñ	––·––
o	–––
oe	–––·
p	·––·
q	––·–
r	·–·
s	···
t	–
u	··–
ue	··––
v	···–
w	·––
x	–··–
y	–·––
z	––··
1	·––––
2	··–––
3	···––
4	····–
5	·····
6	–····
7	––···
8	–––··
9	––––·
0	–––––
Punkt	·–·–·–
Komma	––··––
Doppelpunkt	–––···
Bindestrich	–····–
Apostroph	·––––·
Klammer	–·––·–
Fragezeichen	··––··
Notruf: SOS	···–––···
Irrung	········
Verstanden	···–·
Schlußzeichen	·–·–·

Morsealphabet

Mortadella *die,* Wurst aus Schweine- und Kalbfleisch, Speck, Gewürzen.

Mortalität, die →Sterblichkeit.

Mörtel, Bindemittel für Bausteine. **Kalk-M.** →Kalk; **Wasser-M.** →Zement.

Morus, Thomas, →More, Sir Thomas.

MOS, ⚡ Abk. für **M**etal-**o**xide-**s**emiconductor, unipolarer Halbleiter.

Mosaik *das,* eine bereits in der Antike bekannte Technik, bei der aus flachen farbigen Steinchen oder Glasstückchen ornamentale oder figürl. Flächenverzierungen (Böden, Wände usw.) zusammengesetzt werden.

Mostar
Historische Steinbrücke über die Neretva (im Bürgerkrieg zerstört)

mosaisch, jüd., von Moses herrührend.

Mosambik →Moçambique.

Mosbach, Krst. in Bad.-Württ., an Neckar und Elz, 24500 Ew.; Gerätebau, Schuhfabrik.

Moschee *die,* muslim. Bethaus; meist mit Minaretten; im Innern die Gebetsnische (Mihrab).

Moscherosch, Johann Michael, dt. satirischer Schriftsteller, * 1601, † 1669.

Moschus *der,* **Bisam** *der,* stark duftende Drüsenausscheidung der Moschustiere; für Riechstoffe, Tusche; auch künstlich erzeugt (meist Nitroverbindungen).

Moschus|ochse, Horntier Grönlands und des arkt. Amerikas; schwarzbraun. Die männlichen Tiere riechen in der Brunftzeit stark nach Moschus.

Moschus|tiere, geweihlose Hirsche in Gebirgen Innerasiens, männl. Tiere mit Hauerzähnen und Drüse, die Moschus absondert.

Mosel *die,* linker Nebenfluss des Rheins, entspringt in den südl. Vogesen, durchfließt Lothringen, mündet bei Koblenz; 545 km lang; im M.-Tal Weinanbau **(M.-Weine).** 1964 wurde die M. zw. Diedenhofen und Koblenz für 1500-t-Schiffe schiffbar gemacht (14 Staustufen; Stromerzeugung).

Moseley ['məʊzlı], Henry, brit. Physiker, * 1887, † 1915; entdeckte das **moseleysche Gesetz,** nach dem die Schwingungszahl der von einem Atom ausgesandten Röntgenstrahlen von der Kernladungszahl des Atoms abhängt.

Moser, 1) Hans, eigentl. H. **Juli|er,** österr. Schauspieler, * 1880, † 1964; beliebter Volksschauspieler. – **2)** Johann Jakob, dt. Rechtslehrer, * 1701, † 1785; stellte als Erster das geltende dt. Staatsrecht dar. – **3)** Lucas, dt. Maler, * um 1390, † nach 1434; Schöpfer des Magdalenenaltars in Tiefenbronn bei Pforzheim (1431).

Möser, Justus, dt. Publizist und Historiker, * 1720, † 1794; Gegner der Aufklärung (»Patriot. Phantasien«, 4 Bde., 1774 bis 1778).

Moses, Mose, im A.T. Führer, Prophet und Gesetzesgeber der Israeliten. – Die 5 Bücher Mose →Pentateuch.

Moskau
Historisches Stadtwappen

Moses [məʊzız], Anna Mary, gen. **Grandma M.** ['grænma:-], nordamerikan. Farmersfrau, * 1860, † 1961; begann mit 70 Jahren, naive Bilder zu malen.

MOSFET, Abk. für **M**etal-**o**xide-**s**emiconductor-**f**ield-**e**ffect-**t**ransistor, Feldeffekttransistor, der als unipolarer Transistor v.a. für die Großintegration mikroelektron. Bauelemente (integrierte Schaltung) verwendet wird. Bei M. ist die Gate-Elektrode durch eine Metalloxidschicht vom Halbleiterkristall getrennt; der Steuerstrom ist dadurch stark reduziert.

Mosi, Mossi, Volk in W-Afrika, bes. in Burkina Faso, Elfenbeinküste und N-Ghana (rd. 3 Mio.), z.T. Muslime; hoch entwickelte Handwerkskunst.

Mösi|en, lat. **Moesia,** im Altertum röm. Prov. südlich der unteren Donau.

Moskau, russ. **Moskwa,** Hptst. von Russland, 8,97 Mio. Ew. M. liegt am Fluss Moskwa, in einem hoch entwickelten Ind.- und Wirtschaftsgebiet in günstiger Verkehrslage (Bahnen, Straßen, Binnenhafen, Flugnetz). Den histor. Mittelpunkt bilden Kreml und Roter Platz (gehören zum Weltkulturerbe). M. ist Sitz des Patriarchen der russisch-orth. Kirche; 2 Univ., Hoch- und Fachschulen; Akademie der Wiss., viele Museen, Bibliotheken, zahlreiche Theater; U-Bahn; Maschinen-, Fahrzeug-, Kugellager-, Triebwagen-, feinmechan., chem., Textil- u.a. Ind., Hüttenwerk. – M., 1147 erstmals erwähnt, war 1326 bis 1711 Sitz der russ. Herrscher; seit 1918 ist M. wieder Hauptstadt.

Moskauer Konferenzen, alliierte Konferenzen, bes. jene Großbritanniens, der UdSSR und der USA vom Okt. 1943; sie bestätigte den Entschluss, den Krieg bis zur bedingungslosen dt. Kapitulation fortzusetzen und eine neue Friedens- und Sicherheitsorganisation zu gründen (auch von China unterschrieben).

Moskauer Vertrag, Deutsch-Sowjetischer Vertrag, Vertrag vom 12. 8. 1970 zw. der Bundesrep. Deutschland und der UdSSR, seit dem 3. 6. 1972 in Kraft, enthält einen umfassenden Gewaltverzicht beider Staaten; diese betrachten alle Staatsgrenzen in Europa als unverletzlich, einschließlich der Oder-Neiße-Linie (als Westgrenze Polens) und der Grenze zw. der Bundesrep. Deutschland und der DDR. – In einem »Brief zur dt. Einheit« stellte die Bundesrep. Deutschland fest, dass der Vertrag nicht im Widerspruch zu ihrem Ziel einer Wiedervereinigung in Frieden und Freiheit stehe.

Moskitos →Stechmücken.

Moskwa *die,* Fluss in Russland, linker Nebenfluss der Oka, 502 km lang, ab Moskau schiffbar.

Moslem →Muslim.

Mößbauer, Rudolf, dt. Physiker, * 1929; erhielt für seine Arbeiten über Kernresonanzfluoreszenz bei tiefen Temperaturen **(M.-Effekt)** 1961 den Nobelpreis für Physik.

Most *der,* **1)** Fruchtsaft. – **2)** in Süd-Dtl. und Österreich Obstwein aus Äpfeln und Birnen. – **3)** beim Keltern gewonnener Traubensaft, der zur Weinbereitung bestimmt ist.

Mostar, Hptst. der Herzegowina, 63000 Ew. (vor den Kämpfen); Univ.; das oriental. Stadtbild wurde im Bürgerkrieg (1992 bis 1995) stark zerstört.

Mostar, Gerhart Herrmann, eigentl. G. **Herrmann,** dt. Schriftsteller, * 1901, † 1973; schrieb u.a. humorvolle Essays (»Weltgeschichte höchst privat«, 1954).

Mostrich *der,* →Senf.

Mosul, Mossul, Stadt in N-Irak, am Tigris, 570900 Ew.; landwirtschaftliches Handelszentrum; Textilind., Zementfabrik; nahebei Erdöllager; ⚒.

Motala ['mu:-], Stadt in Schweden, 42200 Ew.; Schwerind.; Rundfunksender.

Motel *das,* Hotelbetrieb, bes. für Reisende mit Kfz.

Motette *die,* 𝄞 mehrstimmiger kirchl. Gesang ohne Instrumentalbegleitung (a cappella), in streng kontrapunkt. Stil.

Motherwell ['mʌðəwəl], Robert, amerikan. Maler, * 1915, † 1991; Vertreter des abstrakten Expressionismus.

Motiv *das,* **1)** Beweggrund, Antrieb. – **2)** Gegenstand eines Kunstwerks. – **3)** 𝄞 kleinstes selbstständiges Glied im Melodiegefüge.

Motocross, Motorrad-Geländerennen quer durch Wälder, Wiesen, Sumpf.

Motor *der,* Antriebsmaschine, bes. →Elektromotor, →Verbrennungsmotor.

Motorboot, durch Verbrennungsmotor (Innen- oder Außenbordmotor) angetriebenes Boot.

Motorfahrrad, kurz **Mofa,** Fahrrad mit Hilfsmotor.

motorisch, der Bewegung dienend, z.B. m. Nerven, die zu den Muskeln gehen.

Motor|rad →Kraftrad.

Motor|roller, Zweiradfahrzeug, gekennzeichnet durch kleine Räder, weitgehende Verkleidung des Fahrwerks, Fahren im Sesselsitz ohne Knieschluss; Hubraum meist 125 bis 250 cm^3.

Motorschiff, Schraubenschiff mit Dieselmotor oder Gasturbine.

Motorsport, Sammelbegriff für alle Sportarten, die mit Motorfahrzeugen ausgeübt werden.
Mott, John Raleigh, amerikan. Theologe, * 1865, † 1955; Leiter der Weltorganisation des CVJM; führend in der ökumen. Bewegung; Friedensnobelpreis 1946.
Motten, Kleinschmetterlinge. Die Raupen der **Kleider-M.** werden bis 1 cm lang. Schutz: dicht schließende Behälter, Ausklopfen der Kleidungsstücke, Anwenden von M.-Schutzmitteln.
Motto *das,* Sinnspruch, Geleitspruch.
Mouche [muʃ] *die,* schwarzes Schönheitspflaster.
Mount [maʊnt], engl. für Berg. **Mountains** [-tinz], Gebirge.
Mountbatten [maʊntˈbætn], **1)** Louis, Earl **M. of Burma,** brit. Admiral, * 1900, † (bei einem Terroranschlag) 1979; 1944/45 Oberkommandierender in Birma, 1947 letzter Vizekönig von Indien, 1955 bis 1959 Erster Lord der Admiralität, 1959 bis 1965 Chef des Verteidigungsstabs. – **2)** → Philip Mountbatten. – **3)** → Battenberg.
Mount Everest [ˈmaʊnt-], → Everest, Mount.
Mount McKinley [ˈmaʊnt məˈkɪnlɪ], 6 193 m hoher Gipfel in der Alaskahauptkette, der höchste Berg Nordamerikas.

Wolfgang Amadeus Mozart musiziert mit seinem Vater und seiner Schwester, zeitgenössisches Aquarell

Mount Palomar [ˈmaʊnt ˈpæləmɑː], Berg in Kalifornien, 1 871 m; Observatorium mit einem der größten Spiegelteleskope.
Mount Vernon [ˈmaʊnt ˈvəːnən], Landsitz George Washingtons am Potomac in Virginia, USA, seit 1859 Gedenkstätte (Wohnhaus, Grab).
Mount Wilson [ˈmaʊnt ˈwɪlsn], Berg in Kalifornien, 1 740 m hoch, Observatorium der Carnegie-Stiftung.
moussieren [muˈsiːrən], schäumen (Wein).
Möwen, Vogelfamilie, kräftige Stoßtaucher mit Schwimmfüßen und langen, zugespitzten Flügeln, leben gesellig an Gewässern. Arten: Lach-, Silber-, Sturm-, Herings-M. u. a.
Mozart, Wolfgang Amadeus, österr. Komponist, * 1756, † 1791; der bedeutendste der Wiener Klassiker, zw. Haydn und Beethoven; erregte schon mit 6 Jahren Bewunderung als Klavierspieler und Komponist. Opern: »Die Entführung aus dem Serail« (1782), »Die Hochzeit des Figaro« (1786), »Don Giovanni« (1787), »Così fan tutte« (1789), »Die Zauberflöte« (1791), »Titus« (1791); Kirchenmusik (Messen, Requiem); 48 Sinfonien u. a. Orchesterwerke; Konzerte für Klavier, Geige; Sonaten u. a. für Klavier; Kammermusik (28 Streichquartette, Geigensonaten); Lieder. (→ Köchelverzeichnis)
M. P., Abk. für **1)** **M**ember of **P**arliament. – **2)** **M**ilitary **P**olice (Militärpolizei).
MPEG, Abk. für engl. **M**otion **P**icture **E**xpert **G**roup; urspr. in der Datenverarbeitung Bez. eines Standardisierungsgremiums, dann auch die von dieser Gruppe erarbeiteten Standards zur Kompression digitaler Bildfolgen. MPEG I wirkt im CD-ROM-Bereich und MPEG II im Bereich des digitalen Fernsehens normsetzend.
Mr., Abk. für → Mister.
Mrożek [ˈmrɔʒɛk], Sławomir, poln. Schriftsteller, Satiriker, * 1930; Drama »Tango« (1965) u. a.
Mrs., Abk. für → Mistress.
MS-DOS, Abk. für **M**icrosoft **D**isk **O**perating **S**ystem, weit verbreitetes Betriebssystem für »IBM-kompatible« Personalcomputer.
MTA, Abk. für → **m**edizinisch **t**echnische **A**ssistenten.
MTV Europe [ˈemˈtiˈvi], europaweiter privater Fernsehsender mit Popmusikprogramm; Sitz London, Sendebeginn 1987.
Mubarak, Mohammed Hosni, ägypt. General und Politiker, * 1928; 1972 bis 1975 Oberbefehlshaber der Luftwaffe, 1975 bis 1981 Vizepräs., nach der Ermordung von Präs. Sadat im Okt. 1981 dessen Nachfolger.
Mucius, Gaius, gen. **Scaevola** [»Linkhand«], Held der röm. Sage, er soll, bei einem Mordversuch gegen den etrusk. König Porsenna ergriffen, zum Beweis seiner Furchtlosigkeit seine rechte Hand im Feuer verbrannt haben.
Mücken, weltweit verbreitete Unterordnung der Zweiflügler, zw. 1 bis 40 mm lang, Larven leben in Wasser oder pflanzl. Stoffen. Die Vollinsekten ernähren sich teils von Pflanzensäften, teils räuberisch, bes. aber Blut saugend.
Mudjahedin [mudʒa-], islam. Glaubenskämpfer (auch im Untergrund) im Glaubenskrieg (Djihad). M. war auch Selbstbez. der in Afghanistan urspr. gegen die von der UdSSR unterstützte kommunist. Regierung Kämpfenden.
Mueller [ˈmy-], Otto, dt. Maler und Grafiker, * 1874, † 1930; Mitglied der Künstlergruppe »Die Brücke«. Zigeuner sind sein bevorzugtes Thema.
Mueller-Stahl, Armin, dt. Schauspieler, * 1930; Charakterdarsteller (»Jacob der Lügner«, 1975; »Oberst Redl«, 1985; »Der Unhold« 1996; »Shine« 1996).
Muezzin *der,* islam. Gebetsrufer.
Muffe *die,* kurzes Rohrverbindungsstück.
Muffel *die,* Schutzbehälter aus feuerfestem Ton oder Stahl zum Erhitzen von gemalten oder emaillierten Tonwaren im **M.-Ofen,** einem mit Öl oder Gas geheizten Härteofen.
Muffelwild, Mufflon *der,* Wildschaf, → Schafe.
Mufti *der,* islam. Rechtsgelehrter, der Gutachten nach religiösem Recht abgibt.
Mugabe, Robert Gabriel, simbabw. Politiker, * 1924; wurde 1980 Min.-Präs. des unabhängigen Simbabwe, nach Verf.-Änderung seit 1987 Staatspräs. mit exekutiven Vollmachten.
Müggelsee, Großer M., von der Spree durchflossener See (7,4 km²) südöstlich von Berlin.
Muhammad Ali [məˈhæməd ˈælɪ], bis 1965 **Cassius Clay** [-kleɪ], amerikan. Boxer, * 1942; 1960 Olympiasieger im Halbschwergewicht, mehrfach Weltmeister im Schwergewicht.

Louis Earl Mountbatten of Burma

Mohammed Hosni Mubarak

Mülhausen
Stadtwappen

Mülheim a. d. Ruhr
Stadtwappen

Heiner Müller

München
Stadtwappen

Börries von Münchhausen

Mühl|acker, Ind.stadt in Bad.-Württ., an der Enz, 24 500 Ew.; elektron. Ind., Maschinenbau.

Mühle *die,* **1)** Mahlmaschine, Mahlanlage, auch **Säge-M.,** Holzschneideanlage; **Öl-M.,** Quetsch-M. für Ölfrüchte; **Papier-M.,** veraltet für Papierfabrik. – **2) M.-Spiel,** Brettspiel zw. 2 Spielern mit je 9 Steinen.

Mühlhausen/Thüringen, Krst. in Thür., 39 400 Ew.; Textil-, Elektronik-, Holz-, Leder- u. a. Ind.; 775 erstmalig erwähnt, wurde 1180 als freie Reichsstadt genannt; 1525 Hauptquartier T. Müntzers; führte 1975 bis 1991 den amtl. Zusatz **Thomas-Müntzer-Stadt.**

Mühlsteinkragen, Halskrause, Hemdkragen aus gesteifter, in Falten gelegter Leinwand im 16. und 17. Jahrhundert.

Mühlviertel *das,* Bergland in OÖ, nördl. der Donau, benannt nach den Donaunebenflüssen **Große** und **Kleine Mühl.**

Mukden, früherer Name von →Shenyang.

Mulatte *der,* Mischling zw. Weißen und Schwarzen.

Mulde *die,* linker Nebenfluss der Elbe bei Dessau, 124 km lang, entsteht aus der **Freiberger M.** und der **Zwickauer M.,** die im Erzgebirge entspringen.

Mulhacén [mula'θen], höchster Berg Spaniens, in der Sierra Nevada Andalusiens, 3 478 m.

Mülhausen, frz. **Mulhouse** [my'lu:z], Ind.stadt im Oberelsass, Frankreich; an Ill und Rhein-Rhône-Kanal, 110 000 Ew.; Univ. (gegr. 1970); Museen; Textil-, Maschinen-, Papierindustrie; Abbau von Kalisalz.

Mülheim a.d. Ruhr, kreisfreie Stadt in NRW, 177 200 Ew.; Hafen an Ruhr und Rhein-Herne-Kanal; Solbad; Galopprennbahn; Maschinenbau, Stahl-, Erdölindustrie.

Mull *der,* leichtes Baumwollgewebe; auch Verbandsstoff **(M.-Binde).**

Mullah, Titel der untersten Stufe der schiitisch-islam. Geistlichkeit (v. a. in Iran); bei den Sunniten Ehrentitel islam. Würdenträger und Gelehrter.

Müller, 1) Friedrich, gen. **Maler M.,** dt. Maler und Dichter, * 1749, † 1825; schrieb Schauspiele, wirklichkeitsnahe Prosaidyllen (»Die Schafschur«, 1775). – **2)** Gebhard, dt. Politiker (CDU), * 1900, † 1990; Jurist; 1948 bis 1952 Staatspräs. von S-Württ.-Hohenzollern, 1953 bis 1958 Min.-Präs. von Bad.-Württ., 1958 bis 1971 Präs. des Bundesverfassungsgerichts. – **3)** Heiner, dt. Schriftsteller, * 1929 † 1995; Dramen: »Philoktet« (1965), »Die Schlacht« (1975); 1990 Kleist-Preis. – **4)** Hermann, dt. Politiker, * 1876, † 1931; Sozialdemokrat, unterzeichnete 1919 als Außenmin. den Vertrag von Versailles; war 1920 und 1928 bis 1930 Reichskanzler. – **5)** Karl Alex, schweizer. Physiker, * 1927; erhielt 1987 mit G. Bednorz den Nobelpreis für Physik für die Entdeckung der Supraleitung in Metallkeramiken. – **6)** Wilhelm, dt. Dichter, * 1794, † 1827; schrieb neben vielen Volksliedern die von Schubert vertonten Liederkreise »Müllerlieder« und »Winterreise«.

Müller-Thurgau, Weißweinrebsorte; 1882 in Geisenheim von Hermann Müller (* 1850, † 1927) aus dem Thurgau gezüchtet; liefert blumige, früh reifende Weine.

Mullis ['mʌlɪs], Kary Banks, amerikan. Chemiker, * 1944; entwickelte ein Verfahren zur Vermehrung der DNS, bei dem aus geringsten Mengen von genet. Material mithilfe des Enzyms Polymerase in einer Kettenreaktion größere Mengen an DNS gewonnen werden, die sich für detaillierte Analysen in der Forschung eignen.

Mullit *der,* Mineral, ein Aluminiumsilikat; dient zur Herstellung feuerfester Steine.

Müllverbrennung, therm. Verfahren der Abfallbeseitigung. Das brennbare Material wird bei über 800 °C zu Kohlendioxid und Wasser umgewandelt; die Abgase müssen gereinigt werden. Etwa $^1/_3$ der Müllmenge bildet nach der M. eine feste Schlacke.

multikulturelle Gesellschaft, Begriff der politisch-sozialen Sprache; nimmt Bezug darauf, dass bes. in modernen Gesellschaften Menschen unterschiedl. Sprachen, Traditionen, religiöser Bekenntnisse, Wertvorstellungen, Erziehung und Lebensstile zusammenleben; m. G. zielt hin auf eine Sozialordnung, die auf Toleranz und wechselseitiger Anerkennung der versch. kulturellen Erfahrungen beruht.

multi|lateral, mehrseitig.

Multimedia [lat.], **1)** allgemein: aufeinander abgestimmte Verwendung versch. Medien, Medienverbund. – **2)** 💻 Zusammenwirken versch. Medientypen (Texte, Bilder, Grafiken, Töne, Filme, Animationen) in einem **M.-System,** in dem Informationen empfangen, gespeichert, präsentiert und verarbeitet werden können. – **3)** ✍ **Mixedmedia,** avantgardist. Vorstellungen, bei denen visuelle und akust. Medien im Verbund eingesetzt werden.

multinationale Unternehmen, multinationale Konzerne, kurz **Multis,** große Unternehmen, die Produktionsstätten und Niederlassungen in mehreren Ländern haben.

Multiplechoice ['mʌltɪpltʃɔɪs], Fragebogen- und Testtechnik, bei der zw. mehreren vorgegebenen Antworten gewählt werden muss; v. a. in der sozialwiss. Forschung (Demographie), auch zu Prüfungszwecken.

multiple Sklerose *die,* Abk. **MS,** ⚕ eine der schwersten Erkrankungen des zentralen Nervensystems, bei der sich kleine Entzündungsherde bilden. Die Ursache des in Schüben verlaufenden Leidens ist noch unbekannt. Als Hilfsgemeinschaft Betroffener wurde die Dt. MS Gesellschaft in München gegründet.

Multiplikation *die,* das Malnehmen, eine →Grundrechnungsart.

Multscher, Hans, dt. Bildhauer und Maler, * um 1400, † 1467; tätig in Ulm; u. a. Altar in Sterzing (1456 bis 1458).

Mumi|e *die,* durch Einbalsamieren vor Verwesung geschützter, eingetrockneter Leichnam, mit Tuchstreifen umwickelt; im alten Ägypten, Mexiko u. a.

Mummelsee, kleiner See an der Hornisgrinde, im nördl. Schwarzwald, Bad.-Württ., 1 029 m ü. M.

Mumps *der,* **Ziegenpeter, Parotitis epidemica,** ⚕ ansteckende, meist Kinder befallende, i. d. R. harmlos verlaufende Viruskrankheit mit Schwellung der Ohrspeicheldrüsen.

Munch [muŋk], Edvard, norweg. Maler und Grafiker, * 1863, † 1944; wurde, vom Impressionismus ausgehend, ein Wegbereiter des Expressionismus.

München, Hptst. Bayerns, an der Isar, 1,24 Mio. Ew.; u. a. Frauenkirche (15. Jh.), Michaelskirche (16. Jh.), Theatinerkirche (Spätbarock), Asamkirche (1733 bis 1746), Residenz, Schloss Nymphenburg; Univ. (1826), TU, Kunstakademie, Hochschule für Musik u. a.; Dt. Museum (Technik), Bayer. Nationalmuseum, Alte und Neue Pinakothek (Gemälde), Glyptothek (Bildhauerwerke). In M. fanden 1972 die Olymp. Sommerspiele statt. U-Bahn; ✈. – Ind.: Maschinen-, opt., Apparate-, feinmechan., elektrotechn., Textilind.; Verlage, graf. und Kunstgewerbe, Brauereien. – M., nach einer kleinen Siedlung des Klosters Tegernsee (»Munichen«, bei den Mönchen) genannt, wurde 1158 durch Heinrich den Löwen als Stadt gegründet und war seit 1255 Wohnsitz der Wittelsbacher. Ludwig I. (König 1825 bis 1848) erhob M. zur Kunststadt von europ. Bedeutung.

Münchener Abkommen, am 29. 9. 1938 von A. Hitler, B. Mussolini, A. N. Chamberlain und É. Daladier abgeschlossen, über die Abtretung des Sudetenlands an Dtl. durch die Tschechoslowakei.

Münchhausen, 1) Börries Freiherr v., dt. Dichter, * 1874, † 1945; schrieb Balladen, Idyllen. – **2)** Karl Friedrich Hieronymus Freiherr v., Offizier, * 1720,

† 1797; seine witzigen Erz. unglaubl. Reise-, Jagd- und Kriegsabenteuer wurden 1786 von G. A. Bürger bearbeitet und erweitert.

Mund *der,* Eingang des Magen-Darm-Kanals, führt in die mit drüsenreicher Schleimhaut ausgekleidete **M.-Höhle,** wo die Nährstoffe zerkleinert und eingespeichelt werden. **M.-Fäule,** ⚕ Entzündung des Zahnfleischs und der Wangenschleimhaut mit Bildung von Geschwüren.

Mund|art *die,* **Dialekt** *der,* Volkssprache einer Landschaft, im Ggs. zur Hochsprache.

Mündel *das,* der von einem → Vormund betreute, nicht oder beschränkt Geschäftsfähige.

Münden, seit 1991 → Hannoversch Münden.

Münder, Bad M. am Deister, Stadt in Ndsachs., 18 600 Ew.; Schwefel-, Stahl-, Solbad; Möbel- und Glasherstellung.

Mundharmonika *die,* Blasinstrument mit Luftkanälen und Metallzungen, durch Saug- und Druckluft zum Klingen gebracht.

Mündigkeit *die,* **1)** → Volljährigkeit. – **2) Ehe-M.,** → Eherecht.

Mund|raub, ⚖ Entwendung oder Unterschlagung von Nahrungs- oder Genussmitteln oder anderen Gegenständen des hauswirtschaftl. Verbrauchs in geringer Menge oder von unbedeutendem Wert zum alsbaldigen Verbrauch; im Allg. nur auf Antrag verfolgt.

Mundschenk *der,* im MA. Hofbeamter, dem Keller und Weinberge anvertraut waren, als Erz-M. eins der Erzämter.

Mundt, Theodor, dt. Schriftsteller, * 1808, † 1861; zeitgeschichtl. Romane; geschichtl. und kritisch-ästhet. Werke im Stil des Jungen Deutschland.

Edvard Munch. Eifersucht, Lithographie (1896)

Mungos, Mangusten, Familie der Schleichkatzen in Eurasien und Afrika; schlankes wendiges Raubtier, jagt auch Giftschlangen.

Munition *die,* Sammelbezeichnung für Schießmaterial der Feuerwaffen; besteht aus Geschoss und Treibladung.

Munizipium *das,* Gemeinde mit besonderer Verfassung; Stadtobrigkeit.

Munk [mɔŋg], Kaj, dän. Schriftsteller, Pastor, * 1898, † (von der Gestapo erschossen) 1944; beeinflusst von Kierkegaard, suchte mit Dramen über religiöse und polit. Fragen eine Erneuerung des dän. Dramas.

Munster, 1) Stadt in Ndsachs., in der Lüneburger Heide, 16 300 Ew.; großer Truppenübungsplatz Munsterlager. – **2)** [ˈmʌnstə], irisch **Cúige Mumhan,** Prov. im SW der Rep. Irland, 24 126 km², 1,2 Mio. Ew., Hptst.: Limerick.

Münster *das,* große Stiftskirche, Hauptkirche einer Stadt; eigentl. Dom.

Münster, 1) Bad M. am Stein-Ebernburg, Radon- und Thermalheilbad in Rheinl.-Pf., an der Nahe, 4 100 Ew. – **2) M.,** Stadt in NRW, 261 400 Ew.; Hafen am Dortmund-Ems-Kanal; Univ.; Brauerei, Brennerei, Maschinen-, Textil- u. a. Ind. – Das Bistum M. wurde 802 gegr., der Ort wurde vor 1137 Stadt. In M. wurde 1648 der Westfälische Friede unterzeichnet.

Münster
Stadtwappen

Münster|eifel, Bad M., Stadt in NRW, 15 400 Ew.; Kneippheilbad. Im Stadtteil Effelsberg Radioteleskope u. a. mit 100-m-Parabolspiegel.

Münstersche Bucht, Westfälische Bucht, Einbuchtung der Norddt. Tiefebene zw. Teutoburger Wald und Rhein. Schiefergebirge. Der südl. Teil **(Soester Börde)** ist bes. fruchtbar.

Munt *die,* Grundbegriff im älteren german. Recht: Herrschafts- und Schutzgewalt.

Münter, Gabriele, dt. Malerin, * 1877, † 1962; Mitglied des »Blauen Reiters«.

Müntzer, Münzer, Thomas, dt. ev. Theologe und Revolutionär, * um 1490, † 1525; erst Anhänger, später Gegner Luthers; 1525 Führer im Bauernkrieg in Thür., bei Frankenhausen besiegt, gefoltert und hingerichtet.

Münze *die,* **1)** nach Zusammensetzung und Gewicht bestimmtes, geprägtes Metallgeld in Scheibenform. Bei **Scheide-M.** liegt der Metallwert unter dem Nennwert. – **2)** → Münzstätte.

Münzfälschung, Geldfälschung, ⚖ Herstellung oder Verbreitung falschen Metall- oder Papiergelds und diesen gleichgestellten Wertzeichen und Wertpapieren **(Falschmünzerei, Münzbetrug)** oder die Veränderung gültiger Geldzeichen, um diesen den Schein eines höheren Werts zu geben **(Münzverfälschung);** bestraft mit Freiheitsstrafe von mindestens 2 Jahren.

Münzfuß, gesetzl. festgelegte Zahl von Münzen, die aus der Gewichtseinheit des Münzmetalls geprägt werden sollen.

Münzkunde, Numismatik, Erforschung früherer Münzen, histor. Hilfswissenschaft.

Münzregal, Münzhoheit, das vom Staat ausgeübte oder verliehene Recht, Münzen zu prägen.

Münzstätte, Münze, Prägeort der Münzen; in Dtl.: Berlin (Münzbuchstabe A), München (D), Stuttgart (F), Karlsruhe (G), Hamburg (J).

Münz-Wertzeichendrucker, seit 1981 von der Dt. Bundespost (heute Dt. Post AG) aufgestellte Münzautomaten, die nach Münzeinwurf als Postwertzeichen gültige Wertzeichen drucken.

Mur *die,* linker Nebenfluss der Drau, v. a. in der Steiermark, 444 km lang.

Murano, Stadtteil von Venedig auf 5 Inseln. Mittelpunkt der venezian. Glaserzeugung **(M.-Gläser).**

Murat [myˈra], Joachim, frz. Marschall, * 1767, † (erschossen) 1815; ∞ mit Caroline, einer Schwester Napoleons I.; 1808 bis 1815 König von Neapel.

Murcia [ˈmurθia], Stadt in SO-Spanien, 328 000 Ew.; Univ.; got. Kathedrale; Nahrungsmittelind., Seidenverarbeitung; 2 ✈.

Murdoch [ˈmɔːdɔk], Dame (seit 1987) Iris, brit. Schriftstellerin, * 1919; Romane: »Lauter feine Leute« (1968), »The message to the planet« (1989).

Iris Murdoch

Murg *die,* rechter Nebenfluss des Rheins, Bad.-Württ., mündet bei Rastatt; 96 km lang.

Murillo [muˈriʎo], Bartolomé Esteban, span. Maler, getauft 1618, † 1682; bedeutender Meister des span. Barock; Madonnen, Bildnisse, Genrebilder.

Müritz *die,* größter See der Mecklenburg. Seenplatte, 115 km², bis 31 m tief (Naturschutzgebiet).

Murmansk, Gebietshptst. im NW Russlands, 468 000 Ew.; wichtiger, eisfreier Hafen an der **Murmanküste,** Endpunkt der Murman-Bahn von St. Petersburg; Fischerei-Ind., Werften; ✈.

Murmeltiere, Marmota, zu den Erdhörnchen gestellte Gattung der Nagetiere. Das **Alpen-M.** ist oben braungrau, unten rostgelb, bis 70 cm lang; lebt unter der Schneegrenze (1 600 bis 3 000 m), in umfangreichen Erdbauten, hält einen ausgedehnten Winterschlaf; unter Naturschutz.

Murray [ˈmʌrɪ] *der,* wasserreichster Fluss Australiens, entspringt in den Austral. Alpen, 2 589 km; mit seinem größten Nebenfluss **Darling** 3 370 km.

Joseph Edward Murray

Murray [ˈmʌrɪ], Joseph Edward, amerikan. Mediziner, *1919; erhielt für immunolog. Forschungen auf dem Gebiet der Transplantationschirurgie 1990 mit E. D. Thomas den Nobelpreis für Physiologie oder Medizin.

Murten, frz. **Morat** [mɔˈra], Hauptort des Bez. See im Kt. Freiburg, Schweiz, am **Murtensee,** 4 700 Ew.; Schloss (13. Jh.). – Bei M. siegten die Eidgenossen am 22. 6. 1476 über Karl den Kühnen von Burgund.

Mürzzuschlag, Bez.-Hptst. in der Steiermark, Österreich; 10 000 Ew.; Wintersportplatz; Stahlwerk, Holzindustrie.

Musäus, Johann Karl, dt. Schriftsteller, *1735, †1787; gab 1782 bis 1786 die »Volksmährchen der Deutschen« heraus.

Muscarin *das,* Gift des Fliegenpilzes.

Muschelkalk, Abschnitt der Erdgeschichte, mittlere Abteilung der german. Trias, vor etwa 243 bis 234 Mio. Jahren. (→Erdgeschichte, ÜBERSICHT)

Muschelkrebse, niedere Krebstiere in muschelähnl. Schale im Meer und Süßwasser.

Muscheln, Klasse der Weichtiere, meist mit muskulösem Fuß, von zweiklappiger Kalkschale umgeben, die durch Schließmuskeln zu schließen ist. Feine Wimpern treiben durch den Körper einen Wasserstrom, der pflanzl. und tier. Nahrung zuführt.

Muschg, Adolf, schweizer. Schriftsteller, *1934; ironisch-krit. Erz. und Romane (»Der rote Ritter«, 1993); Georg-Büchner-Preis 1994.

Musen, die 9 griech. Göttinnen der schönen Künste und Wiss., Töchter des Zeus: **Klio** (Geschichte), **Euterpe** (Musik), **Thalia** (Komödie), **Melpomene** (Tragödie), **Terpsichore** (Tanz), **Erato** (Liebesdichtung), **Polyhymnia** (ernster Gesang, Pantomime), **Urania** (Sternkunde), **Kalliope** (Epos, Elegie).

Muskeln. Oberflächliche Skelettmuskulatur des Menschen

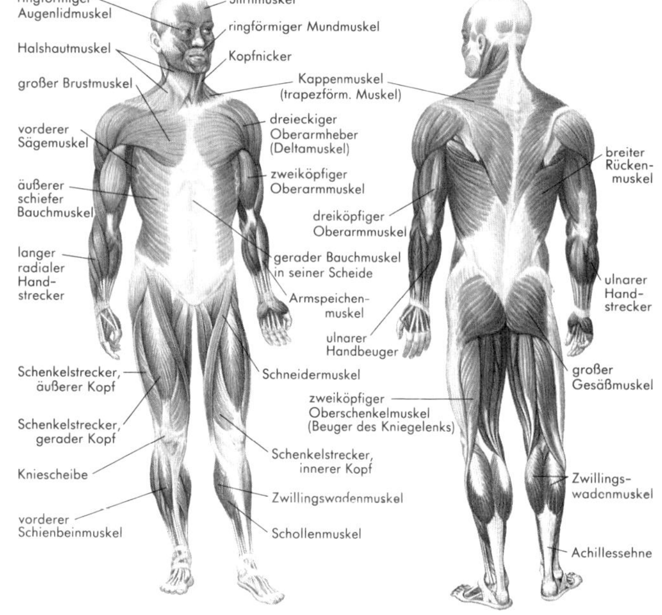

Musenalmanach *der,* regelmäßig erscheinende Sammlung von Gedichten, Dramenteilen u. a., z. B. der »Göttinger M.« (1770 von F. W. Gotter und H. C. Boie gegr.), »Schillers M.« (1796 bis 1800).

Musette [myˈzɛt] *die,* frz. Gesellschaftstanz zur Zeit Ludwigs XIV., meist im Dreivierteltakt; später Suitensatz. Aus der M. entwickelte sich der **M.-Walzer.**

Museum *das,* Sammlung von Werken der bildenden Künste und belehrenden Darstellungen aus allen Wissensgebieten (z. B. Erd-, Völker-, Naturkunde, Kulturgesch., Technik).

Musical [ˈmju:zɪkəl] *das,* operettenartiges Bühnenstück, zuerst in Amerika (z. B. »Kiss me, Kate«, 1948; »My fair Lady«, 1956; »Cats«, 1981, »Sunset Boulevard«, 1993).

Musik *die,* bei den alten Griechen die Bildung von Gemüt und Geist (im Ggs. zur Gymnastik); erst nach der klass. Zeit die **Tonkunst** als Ausdrucksmittel des menschl. Seelen- und Gefühlslebens. Gestaltungsmerkmale der M. sind Rhythmus, Melodie, Harmonie, ferner Tonstärken- und Zeitmaßverhältnisse sowie die Instrumentation. Nach den Darstellungsmitteln teilt man die M. ein in **Gesang** (Vokal-M.) und **Instrumentalmusik.** Werden viele versch. M.-Instrumente verwendet, spricht man von **Orchester-M.,** kommen einige wenige Instrumente zum Einsatz,von **Kammer-M.** Man unterscheidet ferner u. a. **Volks-M., Kunst-M.** mit **Kirchen-M., Unterhaltungs-M., Tanz-M., Jazz-M.** M. in Verbindung mit Darstellungen auf der Bühne: Oper, Operette, Musical, Singspiel. (→neue Musik)

Musikbox *die,* Musikautomat, der nach Münzeinwurf eine gewünschte Platte oder CD abspielt.

Musikdrama, durchkomponierte Oper im Ggs. zur älteren Nummernoper.

Musikhochschule, staatl. Lehrinstitut für die musikal. Berufsausbildung mit folgenden Berufszielen: a) Orchestermusiker, Instrumentalist, Dirigent, Komponist, Sänger, Tänzer; b) Musiklehrer; c) Schulmusiker, Kirchenmusiker.

Musikinstrumente, Geräte zum Erzeugen musikalisch verwendbaren Schalls; Saiten-, Blas- und Schlaginstrumente. **Musikautomat,** Gerät zur Musikwiedergabe auf mechan. Wege, z. B. Spieldose, elektr. Klavier.

Musil, Robert Edler von (seit 1917), österr. Schriftsteller, *1880, †1942; erste literar. Anerkennung mit »Die Verwirrungen des Zöglings Törleß« (1906); sein Hauptwerk ist »Der Mann ohne Eigenschaften« (1930 bis 1943; unvollendet). Novellen, Dramen.

musisch, die schönen Künste betreffend, künstlerisch begabt.

Muskateller, markant nach Muskat schmeckende Rebsorte, liefert Tafeltrauben, Rosinen, Traubensaft, Weiß-, Rot- und Likörweine.

Muskatnussbaum, ein bis 18 m hoher, trop. Baum mit einem eiförmigen, als Gewürz dienenden braunen Samen **(Muskatnuss)** in rotbraunem Samenmantel **(Mazis,** fälschl. **Muskatblüte).**

Muskau, Bad M., Stadt und Heilbad in Sa., 4 100 Ew.; Kneippkuren, Eisen-Moorbad an der Lausitzer Neiße; berühmter Landschaftspark des Fürsten Pückler-Muskau.

Muskelatrophie *die,* ⚕ Muskelschwund.

Muskelkater, schmerzhafte Verhärtung der Muskulatur nach größeren Anstrengungen. Aktive Muskelbelastung beschleunigt die Rückbildung.

Muskelkrampf, ⚕ unwillkürl. starke Muskelzusammenziehung (→Krampf).

Muskeln, aus Muskelgewebe bestehende Organe, die sich zusammenziehen können. Sie dienen der Fortbewegung sowie der Gestaltveränderung und der Bewegung von Gliedmaßen und Organen. Die Gesamtheit der M. eines Organismus nennt man **Muskulatur.** Man unterscheidet die dem Willen unterworfenen, quer gestreiften M. und die glatten M., die sich unabhängig vom Willen betätigen und die Bewegungen der inneren Organe regeln. Der Herz-M. ist zwar quer gestreift, aber nicht dem Willen unterworfen.

Muskelriss, ⚕ durch äußere Gewalteinwirkung oder durch zu starke Kontraktion bedingte Zerreißung von Muskelbezirken mit plötzl. Schmerzen und Ausfall der betreffenden Muskelfunktion.

Muskete *die,* alte Handfeuerwaffe mit Luntenschloss.

Musketier *der,* urspr. der mit einer Muskete bewaffnete Schütze, später bis 1919 der einfache Infanterist.

Muslim, Moslem *der,* Anhänger des Islam.

Muslimbruderschaft, fundamentalist. islam. Bewegung, gegr. 1928, forderte die Befreiung der arab. Länder von der Fremdherrschaft Andersgläubiger, nach 1945 ein bedeutender Machtfaktor, seit Mitte der 1950er-Jahre in vielen arab. Staaten verboten, gewann um 1980 mit der Forderung nach einer islam. Staats- und Gesellschaftsordnung wieder an Boden.

Musselin *der,* zartes Gewebe aus Wolle oder feinen Baumwollgarnen.

Musset [myˈsɛ], Alfred de, frz. Schriftsteller, * 1810, † 1857; Romantiker; Gedichte, Verserzählungen, Theaterstücke.

Mussolini, Benito, ital. Politiker, * 1883, † (erschossen) 1945; urspr. Sozialist; 1919 gründete er den faschist. »Kampfbund«. Als Regierungschef und Führer (Duce) der faschist. Partei erlangte er 1922 diktator. Gewalt, die er durch Ausschaltung der Parteien und innerparteil. Gegner zur persönl. Diktatur ausbaute. Außenpolitisch lehnte er sich an das natsoz. Dtl. an. Nach Scheitern von Hitlers Sieg- und Durchhaltekonzept Juli 1943 Entlassung und Verhaftung M.s durch König Viktor Emanuel III. Nach seiner Befreiung rief M. als »Staatschef« die von Dtl. völlig abhängige »Ital. Soziale Rep.« (Rep. von Salò) aus; von ital. Widerstandskämpfern erschossen.

Mussorgskij, Modest Petrowitsch, russ. Komponist, * 1839, † 1881; Oper »Boris Godunow« (1868/72), »Chowanschtschina« (1873 bis 1880).

Mustafa, Name mehrerer türk. Sultane.

Müstair [myʃˈtaɪr], schweizer. Ort im Münstertal, Graubünden, 707 Ew.; die ehem. Klosterkirche (um 800) mit karoling. Wandmalereien gehört zum Weltkulturerbe.

Mustang *der,* verwildertes Präriepferd.

Musterrolle, vom Seemannsamt ausgefertigtes Verzeichnis der angemusterten Schiffsmannschaft sowie techn. Schiffsdaten; ist an Bord mitzuführen.

Musterschutz, ⚖ gesetzl. Schutz bestimmter Gegenstände gegen Nachbildung. Für gewerbl. Muster und Modelle **(Geschmacksmuster)** nach Anmeldung beim **Musterregister** (Amtsgericht); Dauer 1 bis 15 Jahre. Für Arbeitsgerätschaften oder Gebrauchsgegenstände **(Gebrauchsmuster)** nach Eintragung in die **Gebrauchsmusterrolle** (Patentamt); Dauer 3 bis 6 Jahre.

Musterung *die,* **1)** Feststellung der militär. Tauglichkeit. – **2)** ⚓ **Heuer,** Abschluss der Arbeitsverträge von Seeleuten. – **3)** Art der Zeichnung, Ornamentik.

Mutation *die,* ❀ sprunghaft auftretende Veränderung eines erbl. Merkmals (Ggs.: Modifikation). M. können auch künstlich erzeugt werden durch Behandlung mit kurzwelligen Strahlen. Die von H. de Vries 1901 aufgestellte **M.-Theorie** ist die Grundlage der modernen Abstammungslehre.

Muthesius, Hermann, dt. Architekt, Kunstschriftsteller, * 1861, † 1927; Mitgründer des Dt. Werkbundes; Entwurf der Gartenstadt Hellerau (Dresden, 1913).

Muti, Riccardo, ital. Dirigent, * 1941; seit 1986 Musikal. Direktor der Mailänder Scala.

mutieren, 1) genetisch verändern. – **2)** die Stimme wechseln, sich im Stimmwechsel befinden.

Muting [ˈmju:tɪŋ] *das,* Rauschsperre, bes. die Verringerung des Pegels unerwünschter Signale (ohne Frequenzauslese).

Mutismus, absichtliche oder psychisch bedingte Stummheit ohne organischen Defekt.

Mutsuhito, Name des → Meiji Tenno.

Mutter, 1) Frau, die ein Kind geboren hat; bei Tieren **M.-Tier.** – **2)** ⚙ → Schraube.

Mutter, Anne-Sophie, dt. Violinistin, * 1963; gastiert seit 1977 mit bedeutenden Orchestern.

Müttergenesungswerk, Deutsches M., gemeinnützige Stiftung, 1950 von Elly Heuss-Knapp gegründet.

Mutterkorn, hornartiges Pilzgeflecht (durch schmarotzende Schlauchpilze) in der Ähre des Roggens; Arzneimittel gegen Gebärmutterblutungen, giftig.

Mutterkuchen, Placenta, Plazenta, weiches, scheibenförmiges, blutreiches Organ, das sich während der Schwangerschaft v. a. bei den meisten Säugetieren und beim Menschen in der Gebärmutter bildet. Der M. dient der Versorgung des Embryos mit Nähr- und Immunstoffen, dem Abtransport von embryonalen Schlackenstoffen und dem Gasaustausch. Die Verbindung zw. M. und Embryo bildet die Nabelschnur.

Mutterlauge, ⚗ Restflüssigkeit nach Auskristallisieren einer chem. Verbindung.

Muttermal, angeborene, teils auch später auftretende fleckförmige Veränderungen der Haut von bläulich rotem oder dunklem Erscheinungsbild (Feuermal, Leberfleck).

Mutterrecht, von J. J. Bachofen (1861) geprägter Begriff für eine Gesellschaftsform, die durch die Stellung der Frau in Familie und Gesellschaft bestimmt wird. Die Annahme einer allg. gültigen mutterrechtl. Entwicklungsstufe der menschl. Gesellschaft zw. Promiskuität und Vaterrecht hat sich als nicht haltbar erwiesen. Bachofen hat jedoch richtig gesehen, dass es Gesellschaftsordnungen gibt, in denen die mütterl. Abstammungslinie zählt.

Mutterschutz. Nach dem M.-Gesetz vom 18. 4. 1968 ist die Beschäftigung werdender und stillender Mütter mit schwerer körperl. Arbeit verboten. Werdende Mütter dürfen in den letzten 6 Wochen vor der Niederkunft, Wöchnerinnen während 8 Wochen nach der Niederkunft nicht beschäftigt werden. Mehr-, Nacht- und Sonntagsarbeit werdender und stillender Mütter ist grundsätzlich verboten. Ferner besteht gegenüber Frauen während der Schwangerschaft und bis zum Ablauf von 4 Monaten nach der Entbindung grundsätzlich ein Kündigungsverbot. Am 1. 7. 1979 wurde ein **Mutterschaftsurlaub** von 6 Monaten eingeführt. Der Kündigungsschutz reicht bis 2 Monate nach dessen Ablauf. Zum 1. 1. 1986 wurde der **Erziehungsurlaub** (seit 1. 1. 1992: 36 Monate, gilt auch für Väter) unter Zahlung eines **Erziehungsgelds** (bis zum 24. Lebensmonat) eingeführt.

Muttersprache, beim primären Spracherwerb des Kindes gelernte Sprache im Unterschied zu den später erlernten Fremdsprachen.

Muttertag, Tag zur besonderen Ehrung der Mutter (2. Maisonntag). In den USA entstanden, in Dtl. erstmalig 1923 gefeiert.

Mwanza, Muansa, Stadt in Tansania, am S-Ufer des Victoriasees, 223 000 Ew..; Handelszentrum, Lebensmittel-, Textilind.; Hafen, Eisenbahnfähre nach Kenia und Uganda; internat. ✈.

Myanmar, seit Mai 1989 amtl. Name von → Birma.

Mykene, im Altertum griech. Stadt in der Argolis, bei Homer Sitz des Agamemnon. – M. war im 2. Jt. v. Chr. Mittelpunkt der **myken. Kultur;** in der frühen Phase (1600 bis 1500) erste Palastbauten in M. und Tiryns; die mittelmyken. Kultur (1500 bis 1400) von Kreta be-

Robert Musil

Adolf Muschg

Benito Mussolini

Anne-Sophie Mutter

Das Löwentor in **Mykene**

einflusst (Kuppelgräber); zur spätmyken. Kultur (1400 bis 1150) zählen monumentale Befestigungen und das Schatzhaus des Atreus.

Alva Myrdal

Mykorrhiza *die,* Symbiose zw. Pilzen und Wurzeln höherer Pflanzen.

Mykosen, Pilz|erkrankungen, ❀ durch Pilze hervorgerufene Infektionskrankheiten, bes. →Hautpilzerkrankungen.

Mylady [mɪˈleɪdɪ], in Großbritannien Anrede (ohne Familienname) an eine adlige Dame (Lady); bei Männern **Mylord.**

Myokard *das,* ⚕ der Herzmuskel.

Myom *das,* ⚕ gutartige Geschwulst aus Muskelfasern, meist in der Gebärmutter.

Myon *das,* instabil geladenes Elementarteilchen aus der Gruppe der Leptonen.

My|opie *die,* →Kurzsichtigkeit.

Gunnar Myrdal

Myrdal, 1) Alva, schwed. Sozialwissenschaftlerin, * 1902, † 1986; ⚭ mit 2); erhielt 1982 mit A. García Robles den Friedensnobelpreis (für Verdienste um Abrüstung). - **2)** Gunnar, schwed. Nationalökonom und Politiker, * 1898, † 1987; für seine Arbeiten zur Geld- und Konjunkturtheorie erhielt er 1974 mit F. v. Hayek den Nobelpreis für Wirtschaftswiss. - **3)** Jan, schwed. Schriftsteller, Sohn von 1) und 2), * 1927; schreibt polit.-satir. Romane, Reiseberichte und dokumentar. Prosa; auch bed. als gesellschaftskrit. Journalist.

Myriade *die,* eine sehr große Menge.

Myrmidonen, bei Homer: Gefolgsleute des Achill vor Troja.

Myron, griech. Bildhauer der klass. Zeit in der Mitte des 5. Jh. v. Chr. in Athen. Werke: Diskuswerfer, Athena und Marsyas.

Myrrhe *die,* Harz einer arabisch-ostafrikan. Strauchgattung; für Räucherwerk.

Myrte *die,* Strauchgewächs; bekannt die **Braut-M.** aus dem Mittelmeergebiet. Die immergrünen Blättchen enthalten flüchtiges **M.-Öl.** Zweige mit weißen Blüten werden zu Brautkränzen gebunden.

Mysi|en, antike Landschaft im nordwestl. Kleinasien, südlich des Marmarameers.

Mysore [maɪˈsɔː], **Maisur,** Stadt im ind. Gliedstaat Karnataka, in den Westghats, 480 000 Ew.; Univ., Tempel; Stahlwerk, Textil-, Nahrungsmittel- u. a. Industrie.

Mysteri|enspiel, geistl. Drama, seit dem 14. Jh. aus der Liturgie entwickelt. Die Handlung basiert auf bibl. Erzählungen.

mysteriös, geheimnisvoll, dunkel.

Mysterium *das,* **1)** Geheimnis. - **2)** in der Antike: gottesdienstl. Handlung nur für »Eingeweihte« **(Mysten),** so die eleusin. und die orph. Mysterien. - **3)** kath. Kirche: das einzelne Sakrament.

Mystifikation *die,* Täuschung, Vorspiegelung; **mystifizieren,** einer Sache ein geheimnisvolles Gepräge geben.

Mystik *die,* Grundform des religiösen Lebens, das unmittelbare Erleben Gottes. M. kann der Art nach gefühlsbetont, sinnlich-rauschhaft, kontemplativ oder spekulativ sein; ihre Grundlage ist durchweg asketisch. - Bedeutende Ausprägungen: Taoismus in China, Erlösungslehre des Vedanta in Indien, die Mysterienkulte im alten Griechenland, der Neuplatonismus der Spätantike, der Sufismus im Islam, Kabbala und Chassidismus im Judentum, Braut-M. (Bernhard von Clairvaux) und Passions-M. sowie spekulative M. (Meister Eckhart, H. Seuse, J. Tauler) im Christentum des MA., in der Neuzeit die myst. Bewegungen in Spanien (Ignatius von Loyola, Theresia von Avila, Johannes vom Kreuz), Frankreich (Franz von Sales, B. Pascal, F. Fénelon), Russland (Starzentum) sowie der Pietismus.

mystisch, geheimnisvoll, dunkel.

Mystizismus *der,* Neigung zum Geheimnisvollen.

Mythen [ˈmiːtən], Gipfel der Glarner Alpen, Kt. Schwyz, Schweiz: **Großer M.,** 1 899 m (Seilbahn), **Kleiner M.,** 1 811 m hoch.

mythisch, den Mythos betreffend, auch: nach Art der Mythen, sagenhaft.

Mythologie *die,* **1)** Gesamtheit der myth. Überlieferung eines Volks. - **2)** Wiss. von den Mythen.

Mythos *der,* eigentl. Erz., insbesondere Vorzeiterzählung, oft auch Bericht über göttliche Mächte.

Mytilene, neugriech. **Mitilini,** Hptst. der griech. Insel Lesbos (M.), 25 400 Ew.; Textil-, Nahrungsmittelind.; ⚓, ✈.

Myx|ödem *das,* ⚕ bes. im Gesicht auftretende teigige Schwellung der Haut, verbunden mit körperl. und geistiger Schwerfälligkeit; durch Unterfunktion der Schilddrüse hervorgerufen.

Myxomatose *die,* meldepflichtige Viruskrankheit der Kaninchen und Hasen, mit eitriger Bindehautentzündung und Anschwellung der Körperöffnungen; meist tödl. Ausgang.

Myzel, Myzelium *das,* der spinnfädige, fortwachsende Pflanzenkörper der Pilze. Am M. bilden sich die Fruchtkörper.

Mzab *der,* Oasenregion in der mittleren Sahara, Algerien, etwa 120 000 Ew.; umfasst 5 in 11. Jh. angelegte Oasenstädte mit dem Hauptort **Ghardaia** und der hl. Stadt **Beni Isguen.** Das Tal zählt zum Weltkulturerbe.

N

n, N, 1) 14. Buchstabe im dt. Alphabet, ein Konsonant. – **2)** ✐ **n.,** netto. – **3)** ⊕ **N,** Norden. – **4)** ⚗ **N,** Symbol für das Element Stickstoff. – **5)** ✻ **N,** Einheitenzeichen für Newton. – **6)** Ⓢ **n,** Abk. für Neutrum. – **7) n,** ✻ Abk. für Neutron. – **8) n,** Vorsatzzeichen für Nano.

Na, ⚗ Symbol für das Element Natrium.

Naab *die,* linker Nebenfluss der Donau, Bayern, vom Fichtelgebirge, 165 km lang, mündet bei Regensburg.

Nabe *die,* ⚙ der Teil eines Rads, mit dem es auf der Welle oder dem Zapfen sitzt.

Nabel *der,* beim Menschen und bei Säugetieren rundl. Vertiefung in der Mitte des Bauchs. Zur Zeit des Lebens im Mutterleib mündet im N. die **N.-Schnur,** die Verbindung zw. Mutterkuchen und Embryo.

Nabelbruch, ⚕ bei Säuglingen durch den Nabelring hervortretender Eingeweidebruch, kann meist durch Heftpflasterverband zusammengezogen und geheilt werden.

Nabis [na'bi], Gruppe frz. Maler, die zw. 1888 und 1905 in Anlehnung an Symbolismus und jap. Holzschnittkunst arbeiteten (dekorative Grafiken, Bildteppiche, Theaterdekorationen).

Nablus, Stadt im Westjordanland, 70 000 Ew.; Agrargebiet.

Nabob *der,* steinreicher Mann, Vertreter des Geldadels, bes. in Indien.

Nabokov, Vladimir, amerikan. Schriftsteller russ. Herkunft, *1899, †1977; Romane (»Lolita«, 1955; u. a.).

Nabopolassar, König von Babylon (626 bis 606 v. Chr.), vernichtete 612 v. Chr. mithilfe der Meder die Assyrer; Gründer des neubabylon. Reichs.

Nachahmung, Imitation, 1) 𝄞 Wiederholung einer bestimmten Tonfolge, z. B. in Kanon, Fuge. – **2) Nachbildung,** Herstellung von künstler. Werken oder gewerbl. Gegenständen nach einem Vorbild; für gewerbl. Geschmacksmuster oder Modelle verboten. (→Plagiat)

Nachbarrecht, Rechtssätze, die das Verfügungsrecht eines Eigentümers über sein Grundstück im Interesse benachbarter Grundeigentümer einschränken.

Nachdruck, 1) ⚖ unberechtigte Vervielfältigung eines Schriftwerks, einer Abbildung, eines Tonwerks, das durch Urheberrecht geschützt ist. – **2)** unveränderter Abdruck (Reprint).

Nacherbschaft, ⚖ Erbeinsetzung mehrerer in der Weise, dass der eine (Nacherbe) erst mit dem Eintritt eines bestimmten Ereignisses (z. B. Tod des Vorerben) Erbe werden soll (§§ 2 100 ff. BGB).

Nachfrage, ✐ bei einem bestimmten Preis bestehende Bereitschaft der Käufer zur Abnahme einer bestimmten Gütermenge. Die Kaufbereitschaft steigt (sinkt) mit fallenden (steigenden) Preisen; je stärker sie auf eine Änderung des Preises oder Einkommens reagiert, desto elastischer ist sie **(N.-Elastizität).**

Nachgeburt →Geburt.

Nachhall, Nachklingen von Schall in einem Raum nach Ende der Schallanregung.

Nachhut *die,* ⚔ Verband, der die eigene Truppe nach hinten absichert.

Nachitschewan, seit 1924 autonome Rep. im Hochland von Armenien, zu Aserbaidschan gehörend, 5 500 km², 306 000 Ew. (Aserbaidschaner, Armenier); Hptst.: N. Anbau (z. T. mit Bewässerung): Baumwolle, Getreide, Wein.

Nachlass *der,* ⚖ **1)** das gesamte Vermögen eines Verstorbenen. **N.-Gericht,** Amtsgericht, in dessen Bez. der Erblasser seinen letzten Wohnsitz hatte. **N.-Konkurs,** Konkursverfahren über den N. eines Verstorbenen bei dessen Überschuldung. **N.-Pflegschaft,** die vom N.-Gericht anzuordnende Pflegschaft zur Sicherung und Erhaltung des N. für einen unbekannten Erben. **N.-Verwaltung,** Pflegschaft über einen N. zum Zwecke der Befriedigung der N.-Gläubiger. – **2)** Herabsetzung, Minderung einer Schuld (z. B. Steuer-N.) oder eines Preises (Rabatt).

Nachnahme, Einziehen des Rechnungsbetrags durch die Post bei der Aushändigung der Sendung.

Nachricht, Sachbericht in Kurzform, der über Kommunikationsmittel verbreitet wird, um über ein aktuelles Geschehen zu informieren.

Nachrichtenagentur, publizist. Unternehmen, sammelt und vermittelt gegen Entgelt aktuelle Nachrichten an Zeitungen **(Presseagentur),** Rundfunk- und Fernsehsender.

Nachrichtendienst, staatl. Geheimdienst zur Gewinnung und Auswertung geheim gehaltenen, für die Staatssicherheit bedeutsamen Materials aus dem Ausund Inland. (→Bundesnachrichtendienst)

Nachrichtensatellit, 🛰 künstlicher Erdsatellit für den interkontinentalen Nachrichtenverkehr (Fernsehen, Fernsprechen, Datenübertragung).

Nachschusspflicht, ✐ Pflicht der Gesellschafter einer GmbH und der Genossen einer Genossenschaft, über ihre Einlagen hinaus weitere Einzahlungen zu leisten.

Nacht, Zeitraum vom Untergang bis zum Aufgang der Sonne. Die kürzeste und die längste N. fallen in die Zeit der Sonnenwenden (21. 6. und 21. 12.).

Nachtblindheit, ungenügendes Vermögen der Augen, sich an die Dunkelheit anzupassen; angeboren oder durch Vitamin-A-Mangel.

Nachtgleiche →Tagundnachtgleiche.

Nachtigal, Gustav, dt. Arzt und Afrikareisender, *1834, †1885; erforschte 1869 bis 1874 Tibesti und Sudan, leitete 1884 die Schutzherrschaft des Dt. Reichs über Togo und Kamerun ein.

Nachtigall

Nachtigall, rostbraun-grauer Singvogel, wohltönender Gesang der Männchen (»N.-Schlag«, auch nachts); als Zugvogel nur von Mai bis August in Mitteleuropa.

Nachtkerze, Gattung von Krautpflanzen mit gelben königskerzenähnl. Blüten.

Nachtpfauenauge, Nachtfalter, dessen Flügel je einen bunten Augenfleck tragen. Das **Große N.,** im südl. M-Europa, bis zu 14 cm spannend, ist der größte Schmetterling Europas.

Nachtschattengewächse, Familie der zweikeimblättrigen Pflanzen, über 1 500 meist trop. Arten. Gattung: Kartoffel, Tomate, Schwarzer Nachtschatten; Stechapfel; Tabak; Tollkirsche.

Nachtschwalben, Ziegenmelker, in der Dämmerung und Nacht aktive Vögel mit eulenartigem Gefieder, mit den Schwalben (Singvögel) nicht verwandt.

Nachtviole *die,* ⚘ purpurviolett blühender, duftender Kreuzblütler, auf feuchten Wiesen.

Nachtwandeln →Somnambulismus.

Nachverbrennung, 🚗 Verbrennung des Kohlenmonoxids in den Abgasen von Ottomotoren mithilfe eines Katalysators.

Nairobi
Stadtwappen

Nagasaki
Stadtwappen

Imre Nagy

Namur
Stadtwappen

Nancy
Stadtwappen

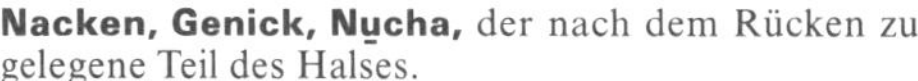

Nacken, Genick, Nụcha, der nach dem Rücken zu gelegene Teil des Halses.
Nacktkultur → Freikörperkultur.
nacktsamige Pflanzen, ♧ → Blüte.
Nacktschnecken, ♉ landbewohnende Lungenschnecken mit rückgebildeter Schale, z. B. **Weg-, Egelschnecken.**
Nadel, 1) spitzes Stechwerkzeug zum Verbinden von Geweben durch Fäden. – **2)** ♧ Blattform.
Nadelhölzer, Konifẹren, Klasse der Nacktsamigen, meist mit nadel- oder schuppenförmigen, immergrünen Blättern; Blütenstände meist ährenähnlich (Zapfen). Zugehörig: Fichte, Kiefer, Lärche, Tanne, Lebensbaum, Wacholder, Eibe.
Nadịr *der,* Fußpunkt, → Himmel.
Nạga, Stämme tibetobirman. Sprache im Gebirge zw. Indien und Birma.
Nagano, Stadt auf Honshū, Japan, 347 000 Ew.; Seidenraupenzucht, Rohseidenindustrie. – Austragungsort der Olymp. Winterspiele 1998.
Nagasaki, Stadt in Japan, 444 600 Ew.; bedeutender ⚓ im W der Insel Kyūshū; Univ.; Schiffbau, Textil-, Fischind. Am 9. 8. 1945 über N. Abwurf einer Atombombe, 25 000 bis 75 000 Opfer.
Nagel, 1) wohl ältestes Befestigungsmittel, besteht aus zugespitztem Schaft mit verschiedenartig geformtem Kopf, hölzern oder aus Draht. – **2)** ⚕ Hornplatte an Fingern und Zehen. Mit seiner inneren Fläche liegt der N. auf dem **N.-Bett.**
Nagel, 1) Ivan, Theaterkritiker und Intendant, * 1931; war u. a. Intendant des Dt. Schauspielhauses Hamburg und des Schauspiels in Stuttgart, seit 1988 Prof. an der Hochschule für Künste in Berlin. – **2)** Otto, dt. Maler, * 1894, † 1967; Szenen aus dem Berliner Arbeitermilieu im Stil des sozialist. Realismus.
Nägelein *das,* Name mehrerer Pflanzen: Nelke, Gewürznelke, Syringe, Goldlack.
Nagelfluh *die,* durch kalkhaltigen Sandstein verkittete Gerölle von Kalkstein.
Nagetiere, Ordnung der Säugetiere, mit **Nagezähnen,** d. h. meißelförmigen Schneidezähnen, die sich abnutzen und fortwährend nachwachsen. Die N. leben überwiegend von pflanzl. Nahrung; z. B. Mäuse, Ratten, Hamster, Hörnchen, Biber, Hasen, Stachelschweine, Schläfer. Einige N. sind wertvolle Pelztiere (Biber, Nutria, Chinchilla).
Nagọrny Karabạch, russ. Name von → Bergkarabach.
Nagoya, Stadt in Japan, auf der Insel Honshū; 2,15 Mio. Ew.; Univ.; versch. Industrien.
Nạgpur, Stadt in Maharashtra, Indien, rd. 1,66 Mio. Ew.; Erzbischofssitz; Univ.; Textilindustrie.
Nagy [nɔdj], Imre, * 1896, † (hingerichtet) 1958; 1956 als Min.-Präs. Führer der ungar. Volkserhebung; 1989 in einem Staatsakt rehabilitiert.
Nạhe *die,* linker Nebenfluss des Rheins, entspringt im südl. Hunsrück, mündet bei Bingen, 116 km; Weinbau.
Nạher Ọsten, Vọrderer Ọrient, die außereurop. Länder am östl. Mittelmeer, die arab. Staaten Vorderasiens sowie Israel und Ägypten.
Nährlösung, Lösung von Nährstoffen in destilliertem Wasser als Nahrungsquelle für Pflanzen, zu Versuchszwecken sowie zur erdelosen Pflanzenkultur (Wasserkultur); auch in fester Form **(Nährboden).**
Nahrungsmittel, der Ernährung dienende, roh oder gegart genossene tier. oder pflanzl. Stoffe. **N.-Chemie,** angewandte Chemie für das N.-Wesen. (→ Lebensmittel)
Naht, allg. svw. Verbindungslinie zweier zusammengefügter Teile. **1)** ⚕ natürl. Verbindung zw. Knochen am Schädel. **Chirurg. N.,** Vereinigung durchtrennter Gewebe mittels Seide, Katgut, Draht u. a. – **2)** ⚙ durch Nieten, Löten, Schweißen hergestellte Verbindungsstelle zweier Metallteile.

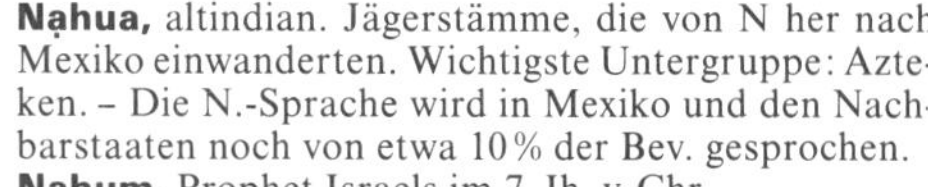

Nạhua, altindian. Jägerstämme, die von N her nach Mexiko einwanderten. Wichtigste Untergruppe: Azteken. – Die N.-Sprache wird in Mexiko und den Nachbarstaaten noch von etwa 10% der Bev. gesprochen.
Nạhum, Prophet Israels im 7. Jh. v. Chr.
Nairọbi, Hptst. von Kenia, 1 660 m ü. M., 828 000 Ew.; an der Ugandabahn; Erzbischofssitz; Univ.; Wirtschaftszentrum; internat. ✈.
naịv, natürlich, ungekünstelt, kindlich, arglos.
naịve Kunst, als Laienkunst außerhalb der kunstgeschichtl. Stilrichtungen stehende Kunst, meist farben- und detailfreudige Malerei; im Unterschied zur Volkskunst ganz durch die Individualität des Künstlers geprägt, der ohne akadem. Vorbildung, häufig auch ohne techn. Vorkenntnisse und ohne Bindungen an gegenwärtige oder vergangene Kunstrichtungen schafft. Die n. K. wird meist neben einem Beruf, aber als eigentl. Lebensinhalt ausgeübt.
Najạden, griech. Sage: die → Nymphen der Quellen.
Nạksch-e Rostạm [arab.-pers. »Bildwerk Rustams«, eines Sagenhelden], Felswand unweit Persepolis (Iran) mit Felsgräbern der Achaimenidenkönige Dareius I., Xerxes I., Artaxerxes I. und Dareius II.
Nạltschik, Hptst. der Rep. der Kabardiner und Balkaren, Russland, Kurort im nördl. Kaukasus-Vorland, 235 000 Ew.; Univ.; Industrie.
Nạmaland, 1) Groß-N., der südl., hoch liegende Teil im SW Afrikas. – **2) Klein-N., Namaqualand,** das südl. vom Oranje anschließende Gebiet in der südafrikan. Prov. Ostkap.

Nanga Parbat

Namangạn, Gebietshptst. in Usbekistan, 308 000 Ew.; Mittelpunkt eines Baumwollgebiets; Chemiefaser-, elektrotechn. und Konservenindustrie.
Name, willkürl. Benennung einer Person **(Eigen-N.)** oder Örtlichkeit **(Orts-, Flur-N.).** In Dtl. bildeten sich seit dem 12. Jh. die **Familien-N.** aus, zuerst beim Adel.
namenlose Produkte → No-Name-Produkte.
Namenspapiere, Rẹktapapiere, Wertpapiere, die auf den Namen einer bestimmten Person ausgestellt sind; Ggs.: Inhaberpapiere.
Namensrecht, die Gesamtheit der den Namen betreffenden Bestimmungen sowie das Recht, einen bestimmten Namen führen zu dürfen. Das dt. N. ist durch das Familiennamensrechts-Ges. von 1993 neu geordnet worden. Bestimmen die Ehegatten keinen gemeinsamen Ehenamen, so behalten sie ihren z. Zt. der Eheschließung geführten Namen. Die Bestimmung des Ehenamens kann auch noch 5 Jahre nach der Eheschließung erfolgen. Ein Ehegatte, dessen Ge-

burtsname nicht Ehename wird, kann seinen bisherigen Geburtsnamen dem Ehenamen voranstellen oder hinzufügen. Dies gilt nicht, wenn der Ehename aus mehreren Namen besteht. Das ehel. Kind führt den Ehenamen seiner Eltern als Geburtsnamen. Ist kein Ehenamen vorhanden und treffen die Eltern binnen eines Monats keine Entscheidung, welchen Namen das Kind als Geburtsnamen führen soll, überträgt das Vormundschaftsgericht das Bestimmungsrecht auf einen Elternteil.

Namib *die,* Wüste an der Küste Namibias, 1300 km lang, 120 km breit; Diamantenlager.

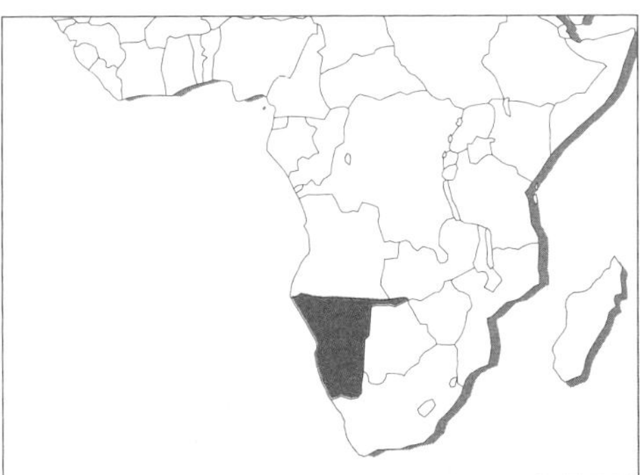

Namibia, früher **Südwestafrika,** Rep. im südl. Afrika, 824292 km², 1,4 Mio. Ew., Hptst.: Windhuk. Amtssprache: Englisch. Hochland im Landesinnern (1000 bis 2000 m ü. M.). Das Klima ist kontinental. Giraffe, Elefant, Löwe, Nashorn leben im N vorwiegend im Etoscha-Wildpark. – Die Bevölkerung setzt sich aus ethnisch unterschiedl. Gruppen zusammen; größten Anteil haben die Bantuvölker, v. a. die Ambo und Ovambo (rd. 50%) sowie die Kavango, Herero, Bergdama, Hottentotten und Buschmänner, daneben rd. 7% Weiße sowie Mischlinge. Als eigenes Volk leben Mischlinge im Raum Rebohot (Rebohoter Baster). In der Landwirtschaft überwiegt die Viehzucht. ⚒ auf Diamanten, Kupfer, Blei, Zink, Vanadium und Uranerz. Ausfuhr: Diamanten, Kupfer, Uranerz, Blei, Wolfram, Karakulfelle u. a. Internationaler ✈ Windhuk; ⚓ Walfischbai.

Geschichte. Im 19. Jh. beherrschten im N die Herero, im S die aus dem Kapland abgedrängten Nama das Land. 1884 bis 1918 war N. dt. Schutzgebiet (Dt.-Südwestafrika). 1919 kam N. als Mandat des Völkerbunds unter südafrikan. Verw. 1966 entzog die Generalversammlung der UNO der Rep. Südafrika das Mandat über N. Südafrika weigerte sich jedoch, seine Verw. zurückzuziehen. In der Folge suchte die SWAPO mit militär. Mitteln die Unabhängigkeit durchzusetzen. 1988 einigten sich auf Vermittlung der USA Südafrika, Angola und (als in Angola wirkende militär. Kraft) Kuba auf ein »Abkommen zur Unabhängigkeit N.s.«. Bei Wahlen zur verfassunggebenden Versammlung setzte sich Ende 1989 die SWAPO mit großer Mehrheit durch (1994 bestätigt). März 1990 wurde N. unabhängig. Staatspräs.: S. Nujoma (seit 1990).

Nampula, Prov.-Hptst. in Moçambique, rd. 203000 Ew.; landwirtschaftl. Handelszentrum; internat. ✈.

Namur [na'my:r], fläm. **Namen,** Stadt in der gleichnamigen belg. Prov., am Einfluss der Sambre in die Maas, 103400 Ew.; Stahl-, Glasind., Kohle-, Eisenbergbau.

Nanchang [-dʒaŋ], Hptst. der chin. Prov. Jiangxi, etwa 1,1 Mio. Ew.; Nahrungsmittel-, Textilindustrie; ✈, Binnenhafen.

Nancy [nã'si], Stadt in O-Frankreich, 102400 Ew.; Univ.; Ind. (Maschinen- und Motorenbau, Textil-, chem. Ind., Ton-, Glaswaren, Handschuhe). Bis 1766 Residenz der Herzöge von Lothringen. – Place Stanislas, Place de la Carrière sowie Place d'Alliance gehören zum Weltkulturerbe.

Nandu *der,* **Pampasstrauß,** Straußvogel der südamerikan. Graslandschaften.

Nanga Parbat, Gipfel im W-Himalaya, in dem unter pakistan. Verw. stehenden Teil Kaschmirs, 8126 m hoch; Erstbesteigung 3. 7. 1953 durch H. Buhl.

Nanking, amtl. **Nanjing** [-dʒiŋ], Hptst. der chin. Prov. Jiangsu, 1928 bis 1945 auch Hptst. Chinas, am Jangtsekiang, 2,1 Mio. Ew.; Univ.; Textilindustrie.

Nanning, Hptst. der Autonomen Region Guangxi Zhuang, China, 725000 Ew.; Handel.

Nano..., Zeichen **n,** Vorsatz bei physikal. Einheiten; das 10^{-9}fache der betr. Einheit.

Nansen, Fridtjof, norweg. Polarforscher, Zoologe, Ozeanograph und Diplomat, *1861, †1930; durchquerte 1888 als Erster Südgrönland, unternahm 1893 bis 1896 eine Nordpolfahrt mit der »Fram«; wirkte seit 1918 für die Rückführung der Kriegsgefangenen und die Beseitigung von Kriegsschäden; 1921 bis 1923 Hochkommissar des Völkerbunds; 1922 Friedensnobelpreis.

Nansenpass, auf Anregung von F. Nansen vom Völkerbund geschaffener Ausweis als Passersatz für Staatenlose, zunächst für russ., später auch für andere Flüchtlinge; wurde 1946 und 1951 weitergeführt.

Nanshan [-ʃan], Gebirge in Innerasien, Teil des Kunlun Shan, über 6000 m hohe Bergketten.

Nantes [nãt], Handelsstadt im westl. Frankreich, in der südl. Bretagne, an der Loire, 252000 Ew.; Univ.; herzogl. Schloss (seit 1466), spätgot. Kathedrale (1434 bis 1892; Wiederaufbau nach Brand 1972) mit Grabmal Franz' II.; Patrizierhäuser (18. Jh.). Schiffbau, Eisen-Ind. – 1598 **Edikt von N.** (→Hugenotten).

Nantong, Nantung, Stadt in der Prov. Jiangsu, China, 405000 Ew.; Baumwoll- und Nahrungsmittelindustrie.

Napalm *das,* kolloide Lösung kleiner Mengen bestimmter Metallverbindungen von **Na**phtensäuren oder **Palm**itinsäure in Kohlenwasserstoffen (z. B. Benzin); als Brandbombenfüllung v. a. durch den Einsatz im Vietnamkrieg bekannt.

Naphtha *das,* urspr. das russ. Roherdöl; dann das Erdöl schlechthin.

Naphthalin *das,* ⚗ im Steinkohlenteer vorkommender Kohlenwasserstoff von durchdringendem Geruch; kristallisiert in weißen Blättchen.

Naphthole *Pl.,* ⚗ den Phenolen entsprechende aromat. Alkohole, Naphthalinabkömmlinge; N. sind wichtig für die Herstellung von Farb- und Riechstoffen.

Napier ['neɪpɪə], **Neper,** John **Laird of Merchiston** [leəd ɔv 'mə:tʃɪstən], schott. Mathematiker, *1550, †1617; erfand die Logarithmen.

Napoleon, 1) N. I., Kaiser der Franzosen, aus der kors. Familie Buonaparte, *1769, †1821; wurde Artillerieoffizier, stieg in der Frz. Revolution rasch empor. Nach 1798/99 übernahm er als Erster Konsul die Staatsgewalt und krönte sich 1804 zum Kaiser, 1805 auch zum König von Italien. 1801 gewann N. die Vorherrschaft in Europa. Im Krieg gegen Großbritannien, den er 1803 begonnen hatte, verhängte er 1806 die Kontinentalsperre. 1805 wandte er sich gegen die Österreicher und zwang sie zum Preßburger Frieden (Verlust Venetiens und Tirols). Seinen Bruder Ludwig machte er zum König von Holland, seinen Schwager Murat zum König von Neapel. 1806 gründete er den Rheinbund, besiegte Preußen und gründete 1807 das Kgr. Westfalen (König: sein Bruder Jérôme). 1808 machte er seinen Bruder Joseph zum König von Spanien. Nach der Scheidung von Joséphine Beauharnais vermählte er sich 1810 mit der österr. Kaisertochter Marie Louise. Im russ. Feldzug von 1812 konnte N.

Nantes
Stadtwappen

Fridtjof Nansen

Namibia

Staatswappen

Staatsflagge

Internationales Kfz-Kennzeichen

Napoleon I.
Ölstudie von Jacques Louis David (1799)

zwar in Moskau einziehen, musste aber bald den Rückzug antreten, auf dem das Heer fast völlig zugrunde ging. Die Freiheitskriege 1813/14 führten zum Sturz. Im April 1814 musste er abdanken und wurde nach Elba verwiesen. Als er 1815 noch einmal die Macht in Frankreich an sich riss (für »Hundert Tage«), wurde er von den Engländern nach St. Helena verbannt. Grab (seit 1840) im Pariser Invalidendom. Von seinen innenpolit. Leistungen hat ihn bes. die große Gesetzessammlung **(Code N.)** überdauert. – **2) N. II.,** Sohn von 1), der Herzog von → Reichstadt. – **3) N. III.,** Kaiser der Franzosen, * 1808, † 1873; Neffe von 1), unternahm 1836 und 1840 missglückte Putschversuche gegen König Ludwig Philipp, wurde Ende 1848 zum Präs. der Zweiten Rep. gewählt, erlangte durch einen Staatsstreich 1851 die unumschränkte Macht und ließ sich 1852 zum Kaiser ausrufen; 1853 vermählte er sich mit der span. Gräfin Eugenie. Er siegte im Krimkrieg 1854 bis 1856 über Russland, im ital. Krieg von 1859 über Österreich. Im Dt.-Frz. Krieg musste sich N. am 2. 9. 1870 in Sedan ergeben. 1871 ging er nach England.

Narbonne Stadtwappen

Napoleondor *der,* unter Napoleon I. und III. geprägte frz. 20-Francs-Stücke in Gold.

Nappaleder, glacégegerbtes Schaf- oder Ziegenleder, weich und waschbar, für Handschuhe u. a.

Nara, jap. Stadt auf Honshū, 349 000 Einwohner.

Narbe, 1) ⚕ Endzustand einer Wundheilung. Das wenig elastische, kaum durchblutete **N.-Gewebe** entsteht durch Schrumpfung aus dem Granulationsgewebe. – **2)** ⚘ Teil des Stempels (→ Blüte).

Narbonne [nar'bɔn], alte Stadt in S-Frankreich, nahe dem Mittelmeer, 47 000 Ew.; war Hptst. der röm. Provinz Gallia Narbonensis. Weinhandelszentrum, Ölmühlen.

Narde *die,* wohlriechende Pflanzenteile für Salben, Salböl, Arzneien.

Narew *der,* Nebenfluss des Bug, 484 km.

Nargileh *die* oder *das,* oriental. Wasserpfeife, bei der der Rauch erst durch Wasser geht.

Narkose *die,* ⚕ allg. → Betäubung; **narkotisieren,** unter Narkose setzen.

Narkotika *Pl.,* Arzneimittel, die vorübergehend bestimmte Teile des Zentralnervensystems ausschalten und dadurch betäubend oder schmerzlindernd wirken, ohne das Atem- oder Kreislaufzentrum zu beeinträchtigen.

Narmada [nea'mædə], **Narbada** *die,* 1 250 km langer Fluss in Indien, mündet in den Golf von Cambay.

Narses, armen. Eunuch, * um 480, † 574; Feldherr des oström. Kaisers Justinian I., eroberte 552 bis 555 das Ostgotenreich in Italien.

Narvik, Stadt in N-Norwegen, am Ofotfjord; 18 700 Ew., eisfreier Ausfuhrhafen schwed. Eisenerze. N. wurde 1940 hart umkämpft.

Narwa, Hafenstadt in Estland, vor der Mündung der Narwa in den Finn. Meerbusen, 81 000 Ew.; Textilind. – N. gehörte 1346 bis 1558 zum Deutschordens-

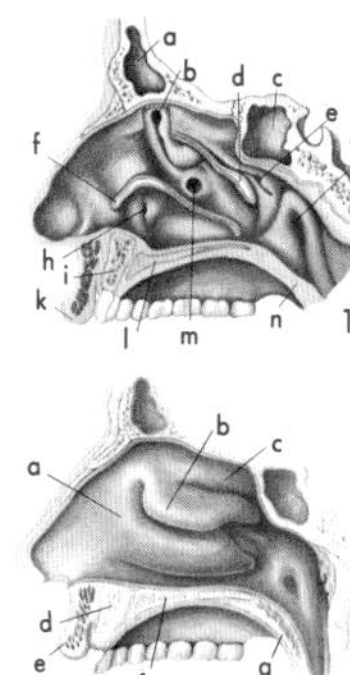

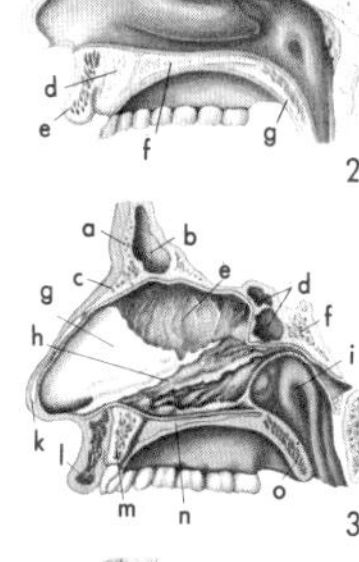

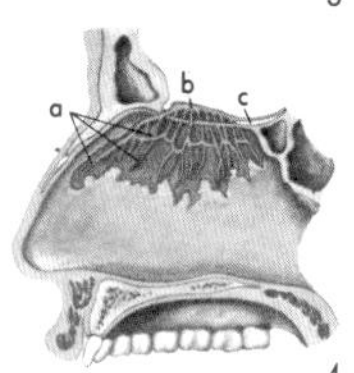

Nase. 1a Stirnhöhle, b Eingang in die rechte Stirnhöhle, c Keilbeinhöhle, d mittlere Muschel (abgetragen), e Zugang zur rechten Keilbeinhöhle, f untere Muschel (abgetragen), g Mündung der Ohrtrompete, h Mündung des Tränengangs, i Oberkiefer, k Oberlippe, l Gaumenbein, m Eingang in die rechte Kieferhöhle, n weicher Gaumen. 2 rechte seitliche Nasenwand mit Muscheln; a untere Muschel, b mittlere Muschel, c obere Muschel, d Oberkiefer, e Oberlippe, f Gaumenbein, g weicher Gaumen. 3a Stirnbein, b Stirnhöhle, c Nasenbein, d Keilbeinhöhlen, e knöcherner und herabhängender Teil der Nasenscheidewand, f Keilbein, g knorpliger Teil der Nasenscheidewand, h Pflugscharbein, i Mündung der Ohrtrompete, k Knorpel des Nasenrückens, l Oberlippe, m Oberkiefer, n Gaumenbein, o weicher Gaumen und Zäpfchen. 4a Fasern des Riechnervs, b Riechkolben, c Siebplatte

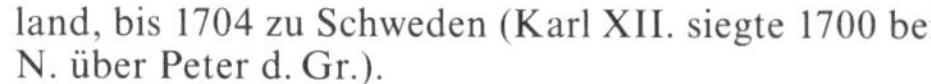

land, bis 1704 zu Schweden (Karl XII. siegte 1700 bei N. über Peter d. Gr.).

Narwal *der,* Gründelwal der Nordmeere; das männliche Tier trägt im Oberkiefer einen 2–3 m langen, schwach gedrehten Stoßzahn.

Narziss, griech. Sage: schöner Jüngling, der sich in sein Spiegelbild im Wasser verliebte. **Narzissmus,** abnorme Selbstverliebtheit.

Narzisse, Gattung der Amaryllisgewächse: **Weiße N.:** weiß-gelb-rote, duftreiche Blüte, **Gelbblütige N.** oder **Osterglocke.**

NASA, Abk. für National Aeronautics and Space Administration, 1958 gegr. zivile amerikan. Weltraumbehörde, Sitz Washington, D. C.; betreibt Weltraumforschung zu friedl. Zwecken.

nasal, auf die Nase bezüglich. **Nasal** *der,* Nasenlaut; im Deutschen: m, n, ng.

Nase, Geruchsorgan, Eingang in die Luftwege bei Menschen und Tieren. Die äußere N. mit dem **N.-Bein** und dem knorpeligen Teil bestimmt wesentlich den Gesichtsausdruck. Die **N.-Höhle** wird durch die **N.-Scheidewand** in 2 **N.-Gänge** geschieden, deren Außenwände je 3 knorpelige Muscheln tragen. Im Bereich der oberen N.-Muschel liegt die **Riechschleimhaut.** Die N.-Höhle steht mit den lufthaltigen Nebenhöhlen in Verbindung. Die Atemluft gelangt durch die hinteren Öffnungen der N.-Gänge (Choanen) in den **N.-Rachenraum.** Krankheiten: Behinderung der Atmung durch Verbiegung der N.-Scheidewand, **N.-Polypen,** Schleimhautgeschwulst im N.-Gang, Schwellung der N.-Schleimhaut. **N.-Bluten,** Zerreißung kleiner Schleimhautadern, meist am Vorderteil der Nasenscheidewand.

Nasen|affe, ein → Schlankaffe.

Nasenbären, Coatis, Gattung der Kleinbären.

Nash [næʃ], Paul, engl. Maler, * 1889, † 1946; Naturbilder, in denen sich Wirklichkeitsnähe mit Surrealismus verbindet.

Nashörner *die,* **Rhinozerosse,** Familie der Unpaarhufer; plumpe, dickhäutige Pflanzenfresser mit 1 bis 2 Nasenhörnern. Ein Horn hat z. B. das **Ind. Panzer-N.,** 1,70 m Schulterhöhe; 2 Hörner haben die **Afrikan. Nashörner.**

Nashornkäfer, Blatthornkäfer, deren Männchen ein Horn auf dem Kopf tragen; in Mitteleuropa der **Gemeine N.** (43 mm), im trop. Südamerika der **Herkuleskäfer** (16 cm).

Nashornvögel, häher- bis hühnergroße Vögel, dicker, langer Schnabel mit hornigem Aufsatz; in Indien, Neuguinea, Südafrika.

Nashville-Davidson ['næʃvɪl 'deɪvɪdsn], Hptst. von Tennessee, USA, am Cumberlandfluss, 488 000 Ew.; 2 Univ.; Verlage, Ind.; Holzhandel.

Nasik, Stadt in Maharashtra, Indien, 722 000 Ew.; Wallfahrtsort der Hindu.

Nassau, 1) ['næsɔ:], Hptst. der Bahamas, 172 500 Ew. – **2)** ehem. dt. Herzogtum, gehört jetzt zu Hessen, einzelne Kreise zu Rheinl.-Pf. Die **Grafen von N.,** vordem von Lauenburg, teilten sich 1255 in die walramsche und die ottonische Hauptlinie. Aus der otton. stammt das Haus **N.-Oranien,** das im 16. Jh. die Statthalterschaft, 1815 die Königswürde der Niederlande erwarb und 1890 im Mannesstamm ausstarb. Die walramsche Linie vereinigte N. 1806 und 1815 zum Herzogtum, wurde hier 1866 entthront, kam aber 1890 in Luxemburg zur Regierung; 1912 im Mannesstamm erloschen.

nassauern, volkstüml. Ausdruck für das Ausnutzen eines Vorteils auf Kosten anderer.

Nasser, Abd el-N., Gamal, **Abd an-Nasir,** ägypt. Offizier, Politiker, * 1918, † 1970; als führendes Mitglied des Komitees freier Offiziere am Sturz König Faruks 1952 beteiligt, April 1954 Min.-Präs., seit Nov. 1954 Staatspräs.; ein führender Sprecher der damaligen nicht paktgebundenen Dritten Welt.

Nassersee, durch den Bau des Assuanstaudamms entstandener Stausee des Nils, rd. 5 000 km².

Nastie *die,* Krümmungsbewegung eines Pflanzenteils, ausgelöst durch einen Reiz, z. B. **Photo-N.** (durch Lichtreiz).

Natal, 1) [ˈna:tal, engl. nəˈtæl], ehem. Prov. der Rep. Südafrika, am Ind. Ozean, 60 355 km², 2,14 Mio. Ew.; Hptst.: Pietermaritzburg; ⚓ Durban (Port N.). Getreide, Zuckerrohr, Tee, Baumwolle; ⚒ auf Eisen und Kohle; Schwerind. – N. wurde 1839 ein Burenfreistaat, 1845 britisch; 1893 Selbstreg., 1910 südafrikan. Prov., seit 1994 unter dem Namen KwaZulu/Natal. – **2)** [naˈtal], Hptst. und ⚓ des brasilian. Staats Rio Grande do Norte, 606 000 Einwohner.

Nathan [hebr. »von Gott gegeben«], Prophet, der David eine Bußpredigt hielt (2. Sam. 7 und 12).

Nation, 1) Gesamtheit der Bewohner eines Lands, wie sie durch die polit. Entwicklung geformt ist und sich als Einheit erhalten will (**Staats-N.,** z. B. Frankreich); oft gleichbedeutend mit »Staat«. – **2)** das Volk als Einheit der Abstammung, Sprache und Kulturüberlieferung (z. B. Fichtes »Reden an die Dt. N.«). Adjektiv: **national.**

Nationalchina → Taiwan.

Nationaldemokratische Partei Deutschlands, Abk. **NPD,** weit rechts stehende Partei in Dtl., gegr. 1964.

Nationale Befreiungsfront, frz. **Front de la Libération Nationale,** Abk. **FLN,** seit 1951 Zusammenschluss der für die Unabhängigkeit Algeriens eintretenden Kräfte, 1963 bis 1988 die allein zugelassene Partei Algeriens.

Nationale Front, Sammelorganisation der polit. Parteien und Massenorganisationen in den Volksdemokratien; in der DDR 1949 aus dem Volkskongress hervorgegangen, bestand bis 1989.

nationale Minderheiten, Volksgruppen, die in Abstammung, Sprache oder Religion von der Mehrheit des Staatsvolks verschieden sind. Nach 1945 ist ein Schutz der n. M. international nur in Einzelfällen vereinbart, so für Südtirol, doch verbieten die Verfassungen meist die unterschiedl. Behandlung nach Abstammung, Sprache und Religion. Die Bundesrep. Deutschland schloss 1955 ein gegenseitiges Abkommen über die n. M. mit Dänemark.

Nationales Olympisches Komitee, Abk. **NOK,** bereitet die Teilnahme der Sportler an den Olymp. Spielen vor. Präs. des dt. NOK: W. Tröger.

Nationalfarben, Landesfarben, Farben eines Staats oder staatsähnl. Territoriums, die in den Nationalflaggen, auf Kokarden, Schärpen, Ordensbändern u. Ä. geführt werden. Sie sind vielfach den Wappen entlehnt.

Nationalgarde, 1) Garde nationale [gard nasjɔˈnal], Bürgerwehr der frz. Revolutionszeit, seit 1862 Reserve der gedienten Soldaten über 30 Jahre. – **2) National Guard** [ˈnæʃnl ˈga:d], freiwillige Miliztruppe in den USA, sowohl militär. Organ der Bundesstaaten als auch Reserveformation der US-Streitkräfte; kann im Fall des nat. Notstands vom Präs. der USA einberufen werden.

Nationalhymne, Lied, das das Bewusstsein der Zusammengehörigkeit einer Nation ausdrückt, daher bei nat. Feiern und im zwischenstaatl. Verkehr zur Begrüßung und Ehrung von Staatsoberhäuptern, Sportmannschaften usw. gespielt wird, z. B. Deutschlandlied (3. Strophe), God save the King, Marseillaise.

Nationalismus *der,* Überbetonung des nat. Gedankens, bes. eine polit. Richtung seit dem 19. Jh. Der N. ist oft mit Imperialismus und Militarismus verbunden und fand seine stärkste Prägung in den totalitären Bewegungen und in Staaten mit nat. Minderheiten, bes. auch im Panslawismus. **Nationalist,** Vertreter des Nationalismus.

Nationalsozialismus. Adolf Hitler bei seiner Reichstagsrede am 1. September 1939, in der er den Krieg mit Polen verkündete

Nationalität *die,* Zugehörigkeit zu einer Nation oder einer nationalen Minderheit.

Nationalitätenstaat, Staat, dessen Bev. sich aus mehreren Nationen oder Volksgruppen (Nationalitäten) zusammensetzt, so das alte Österreich-Ungarn, Russland und China; Ggs.: Nationalstaat.

Nationalkirche, Kirche, die als Volkskirche möglichst die ganze Nation umschließt, nationales Gepräge und eine bevorrechtete Stellung hat; so die Ostkirchen und die luther. Kirchen in den skandinav. Staaten.

Nationalkonvent, 1) revolutionäre Volksvertretung in Frankreich 1792 bis 1795. – **2) National Convention** [ˈnæʃnl kənˈwenʃən], in den USA die Delegiertenversammlungen der Parteien zur Aufstellung der Präsidentschaftskandidaten.

Nationalliberale Partei, rechtsliberale Partei im Dt. Reich, 1867 gegr.; anfangs stärkste Partei des Reichstags; Führer: R. v. Bennigsen, G. Stresemann. In der Weimarer Rep. trat die Deutsche Volkspartei die Nachfolge an.

Nationalökonomie → Volkswirtschaftslehre.

Nationalpark → Naturschutz.

Nationalrat, 1) Schweiz: eine der beiden Kammern der Bundesversammlung. – **2)** Österreich: die Volksvertretung.

Nationalsozialismus, 1919 in München gegr., seit 1921 von A. Hitler geführte Bewegung, die sich in der **Nationalsozialist. Dt. Arbeiterpartei** (NSDAP) organisierte und 1933 bis 1945 die Herrschaft in Dtl. ausübte. Hitler hat die Ziele des N. in »Mein Kampf« (1925) offen dargelegt. Danach misst der N. dem als »rassische« Einheit aufgefassten Volk den höchsten Wert zu; dabei wird in der Wertung der Rassen der nordisch-german. Mensch an die Spitze gestellt, der Jude auf den untersten Rang verwiesen.

Gamal Abd el-Nasser

In seiner Propaganda wandte sich der N. radikal und fanatisch gegen die Folgen der Niederlage im 1. Weltkrieg und der Novemberrevolution, gegen die Bedingungen des Versailler Vertrags, gegen die parlamentarisch-demokrat. Neuordnung, gegen den Marxismus der kommunist. wie der sozialdemokrat. Richtung, gegen die demokratisch-liberale Ideenwelt, gegen den polit. Katholizismus, gegen bürgerlich-nationale und konservativ-feudale Richtungen und bes. gegen das

Judentum. Missstände und Krisenerscheinungen in der staatl. und gesellschaftl. Entwicklung der Weimarer Rep. wurden in diesem Kampf gegen die bestehende Ordnung demagogisch ausgenutzt. Die 1929 einsetzende Wirtschaftskrise mit ihrer Massenarbeitslosigkeit und der Verschuldung der Bauern führte der NSDAP Wählermassen zu, wobei auch die außenpolit. Schlagworte (für Gleichberechtigung, gegen Erfüllungspolitik) eine Rolle spielten. Der 30. 1. 1933 brachte die »Machtübernahme« im Staat. Mithilfe des Ermächtigungsges. wurde ein totalitäres Reg.-System errichtet.

Kennzeichen des natsoz. »Führerstaats« waren: erbarmungsloser Kampf gegen das Judentum, das erst entrechtet, dann in Hitlers Machtbereich nahezu ausgerottet wurde; Errichtung eines Polizeistaats mit Gestapo (→Geheime Staatspolizei), Sicherheitsdienst und Konzentrationslagern; Fortfall aller rechtsstaatl. Garantien; Beseitigung der Parteien und der Parlamente; Auflösung oder Gleichschaltung aller nicht natsoz. Organisationen; Gleichschaltung des Presse- und Rundfunkwesens. Neben dem Rassenprinzip wurden dem Volk einige wenige Grundsätze eingehämmert, so: 1) Anspruch auf Totalität. Das gesamte Leben mit Wirtschaft, Kultur und Religion wurde »gleichgeschaltet« und dem Machtanspruch des N. unterworfen. 2) Führerprinzip. Die Entscheidungen wurden nicht durch Mehrheitsbeschlüsse herbeigeführt; an ihre Stelle trat die Befehlsgewalt einer abgestuften Führerhierarchie mit Hitler als »dem Führer« an der Spitze. 3) Gedanke der Volksgemeinschaft durch Überwindung der Klassen- und Standesgegensätze, dadurch entwertet, dass weite Kreise, Juden und Andersdenkende, ausgeschlossen wurden. 4) »Gemeinnutz geht vor Eigennutz«, ein Grundsatz, der zu Willkürakten missbraucht wurde.

Bad Nauheim Stadtwappen

Der außenpolit. Weg führte über den Austritt Dtl.s aus dem Völkerbund (1933), die einseitige Kündigung der Rüstungsbeschränkung des Versailler Vertrags (1934), die Wiederbesetzung des Rheinlands (1936), den Anschluss Österreichs (1938) und des Sudetenlands (1938) zum Einfall in Polen (1. 9. 1939). Der 2. Weltkrieg brachte eine gesteigerte Schreckensherrschaft in Dtl. und den besetzten Gebieten und führte nach militär. Anfangserfolgen zur größten militär., polit., wirtschaftl. und moral. Katastrophe der dt. Gesch. Von den führenden Nationalsozialisten endeten Hitler, H. Göring, J. Goebbels, H. Himmler und R. Ley durch Freitod; A. Rosenberg, H. Frank, W. Frick, J. Streicher, J. v. Ribbentrop und E. Kaltenbrunner wurden in Nürnberg vom Internat. Militärtribunal zum Tode verurteilt und hingerichtet. Andere erhielten Freiheitsstrafen; von ihnen verblieb nur R. Heß (Freitod 1987) im alliierten Kriegsverbrechergefängnis in Spandau. (→Widerstandsbewegung, →Entnazifizierung)

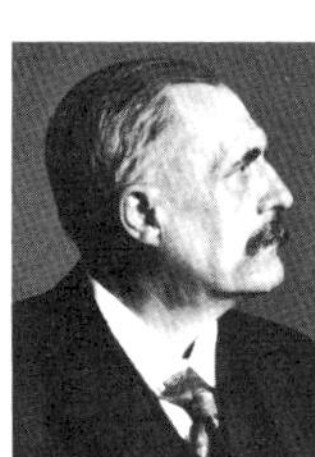

Friedrich Naumann

Nationalstaat, Staat, dessen Angehörige ganz oder überwiegend zur selben Nation gehören; Ggs.: Nationalitätenstaat.

Nationalstraßen, Fernstraßen in der Schweiz, Italien und Frankreich.

Nationalversammlung, Volksvertretung, die zu bes. Zwecken einberufen ist, namentlich zur Schaffung einer neuen Verf. Die erste N. wurde in Frankreich einberufen (1789 bis 1792), in Dtl. Frankfurter N., Weimarer N. In Frankreich ist die N. seit 1946 Gesetzgebungsorgan.

Nativität *die,* Stand der Gestirne bei der Geburt eines Menschen.

NATO, Abk. für **N**orth **A**tlantic **T**reaty **O**rganization, →Nordatlantikpakt.

Natorp, Paul, dt. Philosoph, * 1854, † 1924; einer der führenden Vertreter der Marburger Schule des Neukantianismus; vertrat eine Sozialpädagogik.

Natrium *das,* Symbol **Na,** chem. Element, ein Alkalimetall; OZ 11, relative Atommasse 22,99, D 0,97 g/cm³, Fp 97,8 °C, Sp 892 °C, silberweißes, weiches Metall, das an der Luft unter Bildung eines grauen Überzugs sofort oxidiert und Wasser unter Bildung von Wasserstoff und N.-Hydroxid stürmisch zersetzt; es wird deshalb unter Petroleum aufbewahrt, es verbrennt mit gelber Flamme. N.-Verbindungen kommen in großen Mengen in der Natur vor (Feldspat, Steinsalz, Chilesalpeter). **N.-Chlorid, Kochsalz,** NaCl, findet sich als Steinsalz sowie gelöst im Meerwasser. N.-Hydroxid, **Ätznatron,** NaOH, ergibt durch Auflösung in Wasser **Natronlauge,** eine sehr starke Base, die zur Seifenherstellung verwendet wird. **N.-Carbonat,** Na_2CO_3, →Soda. **N.-Bicarbonat,** (doppeltkohlensaures Natron), $NaHCO_3$, wird u. a. zur Mineralwasserbereitung und als Backpulver verwendet.

Natriumdampf|lampe, Gasentladungslampe, die eine Edelgasniederdruckfüllung und metall. Natrium enthält. Ihr monochromat. gelbes Licht durchdringt Nebel und Dunst besser als Tageslicht. Anwendung zur Beleuchtung von Ausfallstraßen, Hafenanlagen u. a. Gegenüber der Glühlampe höhere Lichtausbeute und Lebensdauer.

Natron *das,* **doppeltkohlensaures N.,** ☞ Natriumbicarbonat (→Natrium).

Nattern, artenreichste Familie der Schlangen. Ungiftig ist z. B. die Ringelnatter, giftig die Brillenschlange.

Natternkopf, hohes, borstiges, erst blau, dann rot blühendes Unkraut; Borretschgewächs.

Natternzunge *die,* Gattung der Farnpflanzen.

Natur *die,* Gesamtheit der beobachtbaren Tatbestände, soweit sie unabhängig von der Tätigkeit der Menschen da sind, also im Ggs. einerseits zum Übernatürlichen (als Gegenstand religiösen Glaubens), andererseits zur Kultur (als Inbegriff des vom Menschen Geschaffenen). Der Mensch macht die N. in den Naturwiss. zum Gegenstand der Erforschung, die Technik macht ihn in hohem Maß zum Beherrscher der N. Er bleibt aber selbst Glied und Teil der Natur.

Naturali|en *Pl.* **1)** Bodenerzeugnisse, Lebensmittel, Rohstoffe. – **2)** in Sammlungen aufgestellte Tiere, Pflanzen, Steine, Versteinerungen.

naturalisieren, einen Ausländer einbürgern.

Naturalismus *der,* **1)** Lehre, die alles aus Naturtatsachen erklären will. – **2)** Kunstrichtung, die eine genaue Nachahmung des Sichtbaren anstrebt; vielfach mit Realismus gleichgesetzt. In der Literatur löste der N. den Realismus ab (1880 bis 1900). Starken Einfluss

Stifterfiguren des Naumburger Meisters im Dom zu **Naumburg** (Westchor)

gewann der frz. N. (É. Zola) mit der Lehre von der Willensunfreiheit und der Bestimmtheit des Menschen durch Vererbung und soziale Umwelt.

Natural|leistung, Leistung in Gütern oder Diensten. Die Pflicht des Einzelnen zu N. an den Staat regelt das →Sachleistungsrecht.

Natural|lohn, Bezahlung in Sachgütern.

Natural|obligation, ⚖ Forderung, die nicht eingeklagt werden kann, z. B. Spiel- und Wettschulden, Ehemäklerlohn.

Naturalrestitution, ⚖ Schadensersatz durch Wiederherstellung des urspr. Zustands (§ 249 BGB); Ggs.: Schadenersatz in Geld.

Naturalwirtschaft, geldlose Wirtschaft (Tauschhandel).

Naturdenkmal, auffallende Form in der Natur, deren Erhaltung im öffentl. Interesse liegt.

Naturfasern, Sammelbegriff für alle, v. a. als Textilrohstoffe oder als Rohstoffe für Seile, Netze, Matten, Isoliermatten u. Ä. verwendeten Fasern natürl. Herkunft, wobei zw. tier. (z. B. Wolle, Seide) und pflanzl. Fasern (z. B. Baumwolle, Flachs) unterschieden wird. Einzige mineral. N. ist der als Krebs erregend bekannte Asbest.

Naturgesetz, feste Regel, nach der erfahrungsgemäß das Naturgeschehen verläuft und die sich meist mathematisch ausdrücken lässt, z. B. das Gesetz von der Erhaltung der Energie.

Naturheilkunde, ⚕ Lehre der Krankenbehandlung, die auf Steigerung der dem Menschen innewohnenden Naturheilkräfte hinzielt. Heilung durch naturgemäße Verfahren (Luft, Licht, Gymnastik, Massage, Ernährungsänderung u. a.). Die neuzeitl. N. hat als **biolog. Medizin** innerhalb der Schulmedizin zunehmend an Bedeutung gewonnen.

Naturkonstante, ⚛ fundamentale Konstante in den Naturgesetzen, z. B. Gravitationskonstante.

Naturkunde, der pflanzen- und tierkundl. Unterricht der Grundschule.

natürliche Kinder, ehel. und nichtehel. Kinder der Eltern, im Ggs. zu an Kindes statt angenommenen Kindern.

natürliche Person, ⚖ der Mensch als Träger von Rechten und Pflichten; Ggs.: jurist. Person.

Naturpark →Naturschutz.

Naturphilosophie, philosoph. Lehren, die in engem Anschluss an die Naturwiss. die Natur deuten, die Zusammenhänge des Naturgeschehens erkennen wollen.

Natur|recht, das in der göttl. Ordnung oder im Wesen des Menschen, bes. in seiner Vernunft begründete, daher unwandelbare Recht, im Ggs. zum staatl. gesetzten **positiven Recht.** – Die Grundgedanken des N. finden sich bereits im Altertum (Heraklit, Aristoteles u. a.). Augustinus, Thomas von Aquino u. a. sahen im N. das von Gott der menschl. Vernunft eingeschriebene Gesetz. Die Renaissance und bes. die Aufklärung (H. Grotius, B. de Spinoza, S. Pufendorf, I. Kant u. a.) lösten das N. aus der Verbindung zur Theologie und entwickelten es zum rationalen System.

Naturreligion, göttl. Verehrung der Naturkräfte oder -erscheinungen (→Animismus).

Naturschutz, Erhaltung, Gestaltung und Pflege der natürl. Umwelt der Menschen, der Tiere und Pflanzen, auch in der Kulturlandschaft. Maßnahmen: Einrichtung von 1) **Naturschutzgebieten** oder **Naturparks** zum Schutz von Natur und Landschaft und den darin wild lebenden Tieren und Pflanzen; 2) **Nationalparks** zum Erhalt des dort lebenden typ. Tier- und Pflanzenbestands, z. B. Bayerischer Wald, Schleswig-Holstein. Wattenmeer, Oberer Bayer. Wald, Drömling, Schweizer Nationalpark im Unterengadin, die Nationalparks in den USA, Kanada, Afrika u. a.; 3) **Landschaftsschutzgebiete;** 4) Naturparks, dienen u. a. zur Erholung; 5) Naturdenkmäler, schützenswerte Quellen, Felsformationen u. a. – Erlass von N.-Verordnungen (Verzeichnisse der geschützten Pflanzen und Tiere).

Naturvölker, Menschheitsgruppen abseits der Hochkulturen, die in starker Naturabhängigkeit, in Sippen-, Klan- und Stammesbildung, in von Naturverehrung, Totemismus, Magie u. a. abhängigen religiösen Vorstellungen leben.

Naturwissenschaften, Oberbegriff für die Wiss. von den Naturerscheinungen und den Naturgesetzen, z. B. Physik, Chemie, Astronomie, Mineralogie, Geologie, Biologie (Botanik, Zoologie, Anthropologie).

Nauheim, Bad N., Stadt in Hessen, 29 500 Ew.; am NO-Rand des Taunus; Kochsalzthermen; Kerckhoff-Herzforschungsinstitut.

Naumann, Friedrich, dt. ev. Theologe, christl.-sozialer Politiker, * 1860, † 1919; gründete 1895 die Wochenschrift »Die Hilfe«, 1896 den »Nationalsozialen Verein« mit dem Programm, die Arbeiterschaft für den Staat zu gewinnen; 1919 Vors. der Dt. Demokrat. Partei.

Naumburg (Saale), Krst. an der Mündung der Unstrut in die Saale, Sa.-Anh., 29 000 Ew.; Dom (13./14. Jh.) mit Bildwerken des Naumburger Meisters. Ind.: Nahrungsmittel, Textil-, Spielwaren.

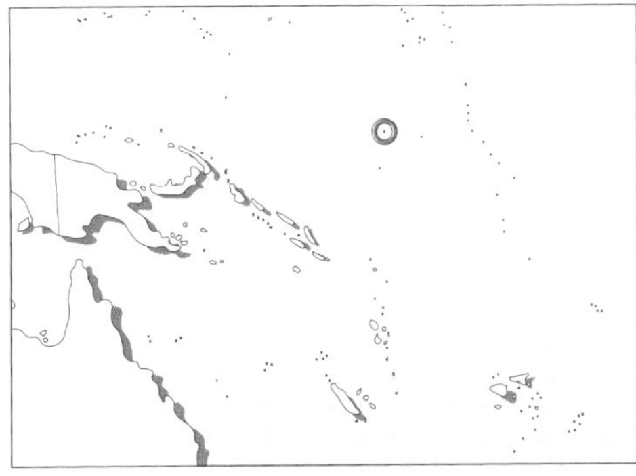

Nauru, Rep. im westlichen Pazif. Ozean, auf der gleichnamigen Insel, 21 km², 9 000 Ew. (Nauruer). Hptst.: Yaren; Amtssprachen: Nauruisch, Englisch; Phosphatlager (weitgehend erschöpft). – 1798 entdeckt, 1888 dt., seit 1920 unter brit.-australisch-neuseeländ. Verw., 1968 unabhängig.

Nauru

Staatswappen

Staatsflagge

Nausika|a, in Homers »Odyssee« die Tochter des Königs der Phäaken.

Nautik *die,* Schifffahrtskunde, Steuermannskunst; **nautisch,** das Seewesen betreffend.

Nautilus *der,* vierkiemiger Kopffüßer mit gewundener Schale, im Pazif. Ozean. Der N. ist der einzige lebende Vertreter einer vorzeitl. Gruppe der Kopffüßer (Ammoniten).

Navarra, Prov. im nördl. Spanien. Das ehem. **Kgr. N.** entstand aus der Span. Mark Karls d. Gr.; der südl. Teil fiel 1512 an Spanien, der Rest wurde 1589 mit Frankreich vereinigt.

Navigation *die,* ⚓ Führung von Schiffen, Luft- oder Raumfahrzeugen: **astronom. N.** (Standortbestimmung durch Höhenbeobachtung zweier Gestirne mittels Sextanten); **barometr. N.** (Fliegen nach Druckflächen); **Funk-N.; terrestr. N.** (opt. Beobachtung landfester Ziele u. a.); die **Satelliten-N.** ermöglicht wesentlich genauere Ortsbestimmungen und damit Treibstoffeinsparungen.

Navigations|akte, engl. Gesetz von 1651, das die Einfuhr aus Übersee den engl. Schiffen, aus Europa den engl. und den Schiffen des Ursprungslands vorbehielt (gegen den niederländ. Zwischenhandel); galt bis 1849.

Martina Navratilova

Nebraska
Flagge

Erwin Neher

Jawaharlal Pandit Nehru

Oswald von Nell-Breuning

Navratilova, Martina, amerikan. Tennisspielerin tschech. Herkunft, * 1956; gewann zw. 1978 und 1990 neunmal das Einzel in Wimbledon.

Naxos, größte Insel der Kykladen, 428 km², 14 000 Ew.; Wein, Ölbäume.

Nay, Ernst Wilhelm, dt. Maler, * 1902, † 1968; ungegenständl. Bilder in leuchtenden Farben.

Nazarener, 1) einige kleine Sekten. – **2)** Maler des Lukasbunds, gegr. 1809 von J. F. Overbeck und F. Pforr in Wien, seit 1810 in Rom, wo sich P. Cornelius, W. v. Schadow, J. Schnorr v. Carolsfeld u. a. anschlossen. Die N. erstrebten eine Erneuerung der Kunst auf religiöser Grundlage.

Nazareth, arab. **En-Nasira,** Stadt in Israel, 39 400 Ew.; Wallfahrtsort; nach dem N. T. Wohnort Jesu und seiner Eltern.

NB, n. b., Abk. für lat. **n**ota**b**ene, »beachte«.

Nb, chem. Symbol für das Element Niob.

n. Br. oder **n. B.,** nördl. Breite.

n. Chr., nach Christi Geburt; nach Christus.

Nd, chem. Symbol für das Element Neodym.

N'Djamena [ndʒa'mena], bis 1973 **Fort-Lamy,** Hptst. der Rep. Tschad, Afrika, 594 000 Ew.; Univ.; ✈.

NDR, Abk. für **N**ord**d**t. **R**undfunk.

Ne, chem. Symbol für das Element Neon.

Neandertaler, fossile Menschenform der jüngeren Eiszeit (etwa 60 000 v. Chr.), nach einem Schädelfund von 1856 aus dem Neandertal bei Düsseldorf, war nach Skelettfunden in Europa, Asien und Afrika weit verbreitet. Der N. war vermutlich nicht der direkte Vorfahr des heutigen Menschen.

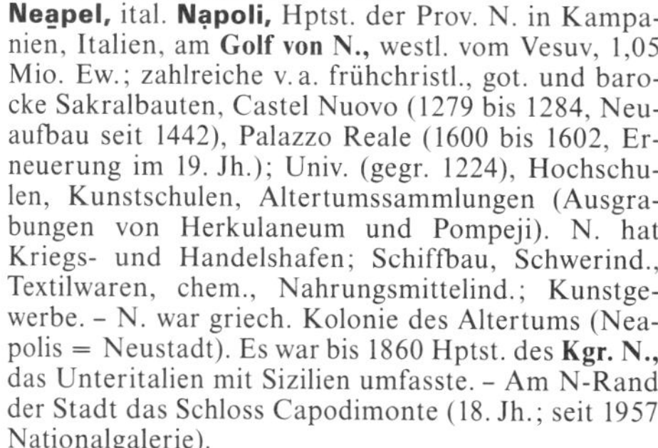

Neapel, ital. **Napoli,** Hptst. der Prov. N. in Kampanien, Italien, am **Golf von N.,** westl. vom Vesuv, 1,05 Mio. Ew.; zahlreiche v. a. frühchristl., got. und barocke Sakralbauten, Castel Nuovo (1279 bis 1284, Neuaufbau seit 1442), Palazzo Reale (1600 bis 1602, Erneuerung im 19. Jh.); Univ. (gegr. 1224), Hochschulen, Kunstschulen, Altertumssammlungen (Ausgrabungen von Herkulaneum und Pompeji). N. hat Kriegs- und Handelshafen; Schiffbau, Schwerind., Textilwaren, chem., Nahrungsmittelind.; Kunstgewerbe. – N. war griech. Kolonie des Altertums (Neapolis = Neustadt). Es war bis 1860 Hptst. des **Kgr. N.,** das Unteritalien mit Sizilien umfasste. – Am N-Rand der Stadt das Schloss Capodimonte (18. Jh.; seit 1957 Nationalgalerie).

Neapolitanische Schule, Kreis von Komponisten in Neapel im 17./18. Jh.; sie schufen die Buffo-Oper, führten Solo-Arie und Opernmelodik in die Kirchenmusik ein.

Nebel *der,* **1)** Ausscheidung sehr kleiner Wassertröpfchen aus der Luft. – **2)** ☼ **N.-Flecken,** helle, nebelartige Gebilde am Nachthimmel. Die **diffusen N.** sind leuchtende **(Emissions-N.)** oder das Sternenlicht reflektierende **(Reflexions-N.)** Gasmassen im Weltraum. **Planetar. N.** sind Gasmassen, die einen heißen Stern umlagern. Die **Spiral-N.** sind spiralähnliche Sternsysteme. **Dunkel-N.,** → Dunkelwolken.

Nebelkammer, ⚛ Gerät zum Sichtbarmachen der Bahnen elektr. geladener atomarer Teilchen in einem mit übersättigtem Dampf gefüllten Behälter. Ein ähnliches Gerät mit überhitzter Flüssigkeit ist die **Blasenkammer.**

Nebenhoden, ‡ dem Hoden aufsitzendes Organ, Speicher für reife Samenfäden.

Nebenhöhlen, ‡ ♡ lufthaltige, mit der Nase in Verbindung stehende Hohlräume in Schädelknochen (Stirn-, Oberkiefer-, Keilbeinhöhle).

Nebenklage, im Strafprozess der Anschluss des durch eine Straftat Verletzten an die vom Staatsanwalt erhobene öffentl. Klage. Die N. kann jeder erheben, der zu einer Privatklage berechtigt ist.

Nebenlini|e, in der Genealogie die Nachkommenschaft des Zweit- oder Drittgeborenen.

Nebennieren, ‡ 2 den Nieren aufsitzende kleine Drüsen mit innerer Sekretion, die eine Anzahl lebenswichtiger Hormone herstellen, u. a. Adrenalin (im **N.-Mark),** Corticosteron und Cortison (in der **N.-Rinde).**

Nebenschilddrüsen, Epithelkörperchen, ‡ erbsengroße Organe mit innerer Sekretion, hinten an der Schilddrüse gelegen; regeln Calcium- und Phosphatgehalt des Bluts.

Nebenstrafe → Strafe.

Nebraska [nɪ'bræskə], Abk. **Nebr.,** nordwestl. Mittelstaat der USA, 200 350 km², 1,57 Mio. Ew.; Hptst.: Lincoln; größte Stadt: Omaha. Meist fruchtbare Grassteppe; Ackerbau, Viehzucht; Nahrungsmittelind.; Erdöl.

Nebukadnezar, König von Babylonien (605 bis 562 v. Chr.), gründete das neubabylon. Reich, zerstörte 587 Jerusalem und führte die Juden in die Babylon. Gefangenschaft.

Neckar *der,* rechter Nebenfluss des Rheins, Bad.-Württ., entspringt im Schwarzwald, 367 km, mündet in Mannheim; ab Plochingen schiffbar.

Neckar|sulm, Stadt in Bad.-Württ., am Neckar, 22 200 Ew.; Audi AG.

Necker ['nɛkər], Jacques, Bankier, frz. Finanzmin., * 1732, † 1804; veranlasste 1789 die Einberufung der Generalstände; seine Entlassung war einer der Gründe für den Sturm auf die Bastille 1789; Vater der Mme. de Staël.

Neckermann, Josef, dt. Unternehmer, * 1912, † 1992; Gründer der N. Versand AG (heute zur Karstadt AG), war als Dressurreiter Weltmeister und Olympiasieger; 1967 bis 1989 Vors. der Stiftung Dt. Sporthilfe.

Nedbal, Oskar, tschech. Komponist und Dirigent, * 1874, † 1930; Operetten (u. a. »Polenblut«).

Nedjd [nɛdʒd], Binnenhochland im Innern Arabiens, in Saudi-Arabien, etwa 1 000 m hoch.

Neefe, Christian Gottlob, dt. Komponist, * 1748, † 1798; Lehrer Beethovens in Bonn.

Neffe *der,* Sohn des Bruders, der Schwester.

Negation *die,* **Negierung,** Verneinung. In der Digitaltechnik die Umkehrung des Binärwerts einer log. Verknüpfung; **negativ,** ablehnend, nachteilig; **negieren,** verneinen, ablehnen.

Negativ *das,* Fotografie: das latente Filmbild, beim Entwickeln entsteht ein Abbild vom Original in den Gegenfarben oder in umgekehrter Abstufung der Helligkeitswerte (bei der Schwarzweißfotografie).

Negativdruck, Druckverfahren, bei dem die umgebende Fläche bedruckt wird und Schrift und Bild in der Farbe des Untergrunds erscheinen.

negative Zahlen, √ Zahlen, die kleiner als null sind, z. B. − 1, − 2, − 3.

Neger [frz. nègre, zu lat. niger »schwarz«], Anfang des 17. Jh. aus dem Frz. übernommene, im 18. Jh. in Dtl. eingebürgerte Bezeichnung für die Angehörigen der negriden Menschenform (Rassenkreis). Seit dem Ende des 19. Jh. gilt N., zurückgehend auf den im Amerikan. üblich gewordenen Gebrauch von »Nigger«, als Schimpfwort, zunehmend als diskriminierend und wird heute durch »Schwarze«, »Schwarzafrikaner«, »Afroamerikaner« o. Ä. ersetzt.

Negev, Negeb, wüstenhafte Landschaft im S Israels, wird kolonisiert; Bergbau, Leichtindustrie.

Negrelli, Alois, Ritter **von Moldelbe,** österr. Ingenieur, * 1799, † 1858; entwarf die Pläne für den Bau des Suezkanals.

Negri, Ada, ital. Dichterin, * 1870, † 1945; soziale und religiöse Lyrik, Romane.

Negride *Pl.,* in Afrika südlich der Sahara verbreitete Menschenform, gekennzeichnet u. a. durch dunkelbraune bis schwarze Haare, Haut und Augen.

Negritos, dunkelhäutige, klein- bis zwergwüchsige Bev.-Gruppen S-Asiens: Andamaner, Semang, Aëtas (Ureinwohner der Philippinen).

Négritude [negri'tyd] *die,* von A. Césaire 1939 geprägter Begriff für die Rückbesinnung der Afrikaner und Afroamerikaner auf afrikan. Kulturtraditionen.
negroid, den Negriden ähnlich.
Negros, philippin. Insel, 13 671 km².
Negrospirituals ['ni:grəʊ 'spɪrɪtjuəlz], → Spirituals.
Negus, Titel des Kaisers von Äthiopien.
Nehemia, 445 bis 433 v. Chr. pers. Statthalter in Jerusalem, erneuerte das jüd. Gemeindeleben; nach ihm das Buch N. im A. T.
Neher, Erwin, dt. Physiker, * 1944; erhielt 1991 mit B. Sakmann für gemeinsam durchgeführte Forschungen über zelluläre Ionenkanäle den Nobelpreis für Physiologie oder Medizin.
Nehru, Jawaharlal, »Pandit« (»Gelehrter«), ind. Staatsmann, * 1889, † 1964; war Anhänger Gandhis, mehrmals Präs. des Ind. Nationalkongresses (Kongresspartei); achtmal in brit. Haft; seit 1947 ind. Min.-Präs., zeitweilig auch Außenmin.; betrieb eine Politik der »blockfreien Staaten«.
Nehrung, ⊕ langer, schmaler Landstreifen zw. Meer und Haff, meist mit Dünen.
Neiße *die,* poln. **Nysa,** 2 linke Nebenflüsse der Oder: **1) Glatzer N.,** 182 km, kommt vom Glatzer Schneeberg, mündet oberhalb Brieg. – **2) Lausitzer** oder **Görlitzer N.,** 256 km, kommt vom Isergebirge, mündet bei Guben; war Teil der »Oder-Neiße-Linie«.
Neisse, poln. **Nysa,** Stadt in der poln. Wwschaft Opole, in Oberschlesien, an der Glatzer Neiße, 39 000 Ew.; Nahrungsmittelindustrie.
Nekrassow, Nikolaj Aleksejewitsch, russ. Dichter, * 1821, † 1878; politisch-soziale Gedichte und Erzählungen.
Nekrolog *der,* Nachruf auf einen Verstorbenen.
Nekropole *die,* Gräberstätte aus Vorgeschichte und Altertum.
Nekrose *die,* ‡ der → Brand.
Nektar *der,* **1)** Trank der griech. Götter, der wie Ambrosia Unsterblichkeit verlieh. – **2)** Zuckersaft bei Pflanzen.
Nektarine *die,* glattschaliger Pfirsich.
Nekton *das,* selbstständig im Meer schwimmende Tiere; Ggs.: Plankton.
Nelken, 1) Dianthus, bunt blühende, duftreiche Zierpflanzen, so **Garten-N., Feder-N.;** wild wachsen: **Heide-N., Kartäuser-N.** – **2) Tunica,** bes. die rosa blühende **Felsen-N.** – **3)** → Gewürznelken.
Nelken|öl → Gewürznelken.
Nelkenwurz, Gattung der Rosenblütler; **Echte N.,** gelb, auf Waldwiesen; Gartenzierpflanze ist die **Scharlachblütige Nelkenwurz.**
Nell-Breuning, Oswald von, dt. Jesuit, * 1890, † 1991; Vertreter kath. Sozial-, Staats- und Wirtschaftslehre.
Nelson [nelsn], Horatio Lord, brit. Admiral, * 1758, † 1805; vernichtete 1798 die frz. Flotte bei Abukir, siegte 1805 über die frz.-span. Flotte bei Trafalgar, wo er tödlich verwundet wurde.
Nelson River [nelsn 'rɪvə], Fluss in Kanada, Abfluss des Winnipegsees in die Hudsonbai, 644 km lang.
Nematoden → Fadenwürmer.
Nemea, im Altertum Tal und Ort in Argolis, mit Zeustempel, Stätte der **Nemeischen Spiele.**
Nemesis, griech. Göttin der Vergeltung.
NE-Metalle, die → Nichteisenmetalle.
Németh ['ne:met], Lásló, ungar. Schriftsteller, * 1901, † 1975; literar. und kulturhistor. Essays, Gesellschaftsromane, existenzialist. Dramen.
Nenner, √ → Bruch.
Nennform, ⑤ → Infinitiv.
Nennwert, 1) Nominalwert, der auf einer Münze oder einem Wertpapier aufgeprägte oder aufgedruckte Wert; er kann vom tatsächl. Wert (Stoff-, Kurswert) stark abweichen. – **2)** ⚡ der auf dem Leistungsschild elektr. Geräte genannte Wert, z. B. Nennleistung.

neo..., neu...; z. B. **Neologismus** *der,* neue Wortbildung.
neo|afrikanische Literatur. Sammelbegriff für geschriebene Literatur (Romane, Dramen u. a.) in afrikan. und europ. Sprachen, die sich bes. im 20. Jh. entwickelte; sie sucht afrikan. mündl. Tradition und europ. Literatureinflüsse miteinander zu verbinden. – Von den afrikan. Sprachen entwickelte sich v. a. die Yoruba-Sprache (Nigeria) und das Suaheli (Tansania) zu modernen Literatursprachen. Daneben traten noch die Bantusprache Sotho sowie die Xhosa- und Zulu-Sprache (Rep. Südafrika).
Neodym *das,* Symbol **Nd,** chem. Element aus der Gruppe der Lanthanoide; OZ 60, relative Atommasse 144,24, Fp 1 016 °C, Sp 3 067 °C; wird den Glasflüssen für Glas-Laser und für blendungsfreie, nicht farbverfälschende Sonnenbrillen zugesetzt.
Neofaschismus, polit. Bewegung nach dem 2. Weltkrieg, geht auf den Faschismus zurück.
Neo|impressionismus, ✍ → Pointillismus.
Neoklassizismus, ✍ Ende des 19. Jh. aufkommende künstler. Tendenzen, die auf Vorbilder der Antike bzw. des Klassizismus zurückgriffen.
Neoliberalismus, wirtschaftspolit. Richtung, die unter Erneuerung des wirtschaftl. Liberalismus eine Ordnung des Wettbewerbs anstrebt. Durch Maßnahmen des Staats soll ein echter Leistungswettbewerb garantiert werden; zentrale Wirtschaftslenkung durch den Staat wird abgelehnt.
Neolithikum *das,* → Jungsteinzeit.
Neomarxismus, eine Vielfalt philosoph., ideolog. und polit. Strömungen in der Nachfolge des Marxismus von K. Marx und F. Engels.
Neon *das,* Symbol **Ne,** chem. Element, OZ 10, relative Atommasse 20,179, D (bei 0 °C und Normaldruck) 0,8999 g/l, Fp −248,67 °C, Sp −246,048 °C, Edelgas; ist in geringen Mengen in der Luft enthalten. Spuren von N. in Leuchtröhren erzeugen orangerotes Licht **(N.-Röhren).**
Neoplastizismus, ✍ vom Kubismus beeinflusste Kunstrichtung, strebte eine neue Räumlichkeit durch geometr. Klarheit und strenge Harmonie an (v. a. P. Mondrian und die Stijlgruppe).
Neorealismus, Literatur: illusionslose, bisweilen zyn. Lebensdarstellung nach dem 1. und 2. Weltkrieg; Film: der bes. in Italien nach dem 2. Weltkrieg entwickelte Stil der unbeschönigten Darstellung sozialen Elends und moralischer Verwilderung (Regisseure: L. Visconti, R. Rossellini, P. P. Pasolini, F. Fellini).
Neozoikum *das,* ⊕ → Känozoikum.

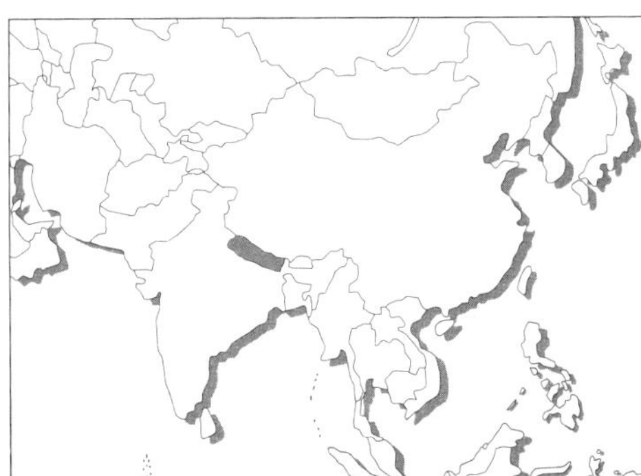

Nepal, Kgr. an der S-Seite des Himalaya, 147 181 km², 20,6 Mio. Ew.; Hptst.: Kathmandu. Vorwiegend Hochgebirge (Mount Everest); Kernland ist das Hochtal von N. Bev.: Mongolen, Tibeter, als Oberschicht hinduist. Gurkha. In den Tälern Anbau von Reis, Getreide, in höheren Lagen Alpwirtschaft; Ind.

Horatio Nelson
Zeitgenössisches Porträt

Nepal

Staatswappen

Staatsflagge

im Aufbau. Ausfuhr: Holz, Getreide, Heilkräuter, Häute und Felle. Haupthandelspartner: Indien. – Das Kgr. wurde 1769 von einem Gurkha-Fürsten gegr.; seit 1959 konstitutionelle Monarchie. 1990 erzwangen Unruhen die Zulassung polit. Parteien. 1990 nach Unruhen Einführung eines Mehrparteiensystems. König: Birendra Bir Bikram (seit 1972).

Neper, Zeichen **Np,** das gleiche Maß für die Dämpfung wie → Dezibel, jedoch mit natürl. Logarithmen.

Nephelin *das,* Mineral, Natrium-Aluminium-Silikat, Bestandteil von Eruptivgesteinen.

Nephrit *der,* → Jade.

Nephritis *die,* Nierenentzündung.

Nephrose *die,* Nierenerkrankung ohne Entzündung.

Nepomuk → Johannes von Nepomuk.

Nepos, Cornelius, röm. Geschichtsschreiber, † nach 27 v. Chr.

Nepotismus *der,* **Vetternwirtschaft,** Begünstigung von Verwandten bei der Vergabe öffentl. Ämter.

Neptun, 1) röm. Gott des fließenden Wassers, dann wie der griech. Poseidon auch des Meeres. – **2)** 8. Planet; 1846 von J. G. Galle in Berlin entdeckt, nachdem seine Bahn aus den Störungen der Uranusbahn von U. Le Leverrier berechnet worden war; besitzt 8 Monde, von denen 6 beim Vorbeiflug von Voyager 2 1989 entdeckt wurden. (→ Planeten, Übersicht)

Pablo Neruda

Neptunium *das,* Symbol **Np,** künstlich hergestelltes, radioaktives Element, ein Transuran.

Nereiden, die 50 Töchter des greisen Meergotts **Nereus,** darunter Thetis, Amphitrite.

Neri, Filippo, * 1515, † 1595; gründete die Weltpriester-Kongregation der Oratorianer; Heiliger (Tag: 26. 5.).

Nernst, Walter, dt. Physiker, * 1864, † 1941; Mitbegründer der physikal. Chemie; 1920 Nobelpreis für Chemie.

Nero, eigentl. Lucius **Domitius Ahenobarbus,** seit 50 n. Chr. durch Adoption **N. Claudius Caesar,** röm. Kaiser (54 bis 68 n. Chr.), * 37, † (Freitod) 68; verfolgte nach dem Brand Roms (64) die Christen als Brandstifter, ließ Mutter, Gattin und viele Senatoren ermorden.

Neruda, Pablo, chilen. Lyriker, * 1904, † 1973; 1971 Nobelpreis für Literatur.

Nerva, Marcus Cocceius, röm. Kaiser, * 30, † 98; Kaiser 96 bis 98 n. Chr. nach der Ermordung des Domitian, adoptierte Trajan.

Nerval [nɛrˈval], Gérard de, eigentl. G. **Labrunie** [labryˈni], frz. Dichter, * 1808, † 1855; Vorläufer des Surrealismus.

Nerven *Pl.,* ⚕ bei Mensch und Tieren strangartige Gebilde zur Reizleitung, die aus **N.-Fasern** aufgebaut sind und sich bis zu feinsten Zweigen verästeln. Das gesamte **N.-Gewebe** besteht aus N.-Zellen, N.-Fasern und einem Stützgewebe (Neuroglia). Die **N.-Zellen** (Ganglien) haben einen unregelmäßig sternförmigen Zellkörper mit verästelten kurzen Fortsätzen (Dendriten) und einem längeren, unverästelten Fortsatz (Neurit). Die **Empfindungs-N.** (sensible N.) dienen zur Aufnahme von Empfindungen (Schmerz, Temperatur) und ihrer Weiterleitung zum Gehirn (Bewusstsein), die **Bewegungs-N.** (motor. N.) übermitteln Befehle vom Gehirn an die quer gestreifte Muskulatur (Muskelbewegung). Viele Vorgänge verlaufen als Reflex. – **N.-Entzündung,** → Neuritis; **N.-Lähmung,** → Lähmung; **N.-Schmerz,** → Neuralgie; **N.-Schwäche,** → Neurasthenie; **N.-Schock,** → Schock.

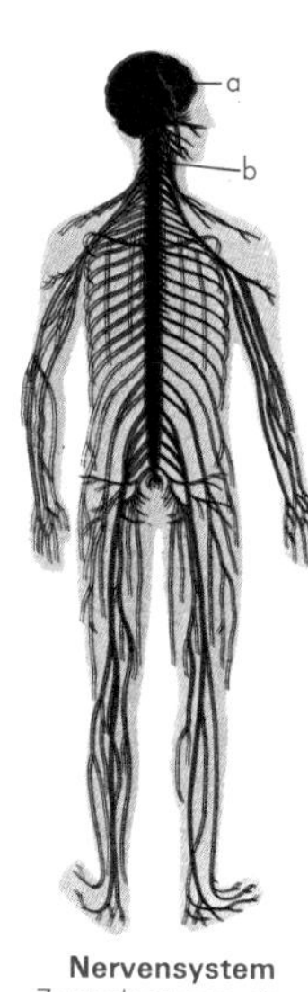

Nervensystem
Zentralnervensystem mit den von Gehirn (a) und Rückenmark (b) ausgehenden peripheren (zerebrospinalen) Nerven

Nervensystem, ⚕ Gesamtheit der reizleitenden und reizverarbeitenden Organe. Man unterscheidet zw. dem **zerebrospinalen N.** und dem **vegetativen** (autonomen) **N.** – Zum zerebrospinalen N. gehören Gehirn und Rückenmark **(Zentral-N.)** sowie die von da aus nach allen Körperteilen (zur Peripherie) laufenden Kopf- und Rückenmarksnerven **(peripheres N.).** Es vermittelt die mit dem Bewusstsein verbundenen Empfindungen und Bewegungen. – Das vegetative N. regelt die zum Leben nötige Tätigkeit der inneren Organe (Herz, Magen, Darm u. a.) unter Ausschluss des Bewusstseins und des Willens. Dabei wirken seine beiden Anteile, **Sympathikus, Parasympathikus** und **Vagus,** funktionell entgegengesetzt (der eine fördert z. B. die Herztätigkeit, der andere hemmt sie). Das vegetative N. besteht aus Kernen im Zwischen-, Mittelhirn und Rückenmark sowie aus zahlreichen Nervengeflechten im ganzen Körper, in die **Ganglien** (Nervenzellhaufen) eingeschaltet sind. Den Hauptteil bildet der Grenzstrang des Sympathikus, eine Kette von Ganglien beiderseits der Wirbelsäule.

Nervi, Pier Luigi, ital. Bauingenieur und Architekt, * 1891, † 1979; fand neue technisch-künstler. Lösungen für weit gespannte Hallen- und Kuppelwölbungen aus vorgefertigten Stahlbetonteilen.

Nervosität *die,* ⚕ Zustand psych. Spannung und damit erhöhter Reizbarkeit; auch Bezeichnung für Übererregbarkeit, Überempfindlichkeit; äußert sich in Unruhe und Ungeduld.

Nerz, Pelztier, → Marder.

Nessel, 1) *die,* **Brennnessel,** Kräuter mit grünl. Blütchen und hakenspitzigen Brennhaaren. Diese brechen leicht ab, ritzen die Haut und ergießen einen Brennsaft hinein. Junge Blätter sind Gemüse. – **2)** *der,* leinwandbindiges Baumwollgewebe.

Nesselausschlag, Nesselsucht, Urtikaria, ⚕ stark juckende Quaddeln auf der Haut, bisweilen von Fieber **(Nesselfieber)** begleitet, oft Ausdruck allerg. Reaktion nach Insektenstichen, Berühren von Brennnesseln, nach bestimmten Speisen, Arzneien.

Nesseltiere, Hohltiere mit **Nesselzellen** (mit giftiger Flüssigkeit) als Waffe.

Nest, Wohn- oder Brutstätte von Insekten, Fischen, Säugetieren und Vögeln. Bei den **N.-Hockern** bleiben die Jungvögel im N., die **N.-Flüchter** verlassen es sofort nach dem Ausschlüpfen.

Nestor, griech. Sage: König von Pylos, weiser Ratgeber vor Troja.

Nestorianer, Anhänger der Lehre des **Nestorius,** Patriarch von Konstantinopel († 451), dass die göttl. und menschl. Natur in Christus getrennt seien und Maria nur Mutter des Menschen Jesus sei.

Nestroy, Johann Nepomuk, österr. Bühnendichter, * 1801, † 1862; schrieb Wiener Volksstücke: »Lumpazivagabundus« (1835), »Einen Jux will er sich machen« (1844).

Nestwurz *die,* fast blattgrünfreie Orchideenpflanze mit braungelben Blüten, in Buchenwäldern; Wurzelwerk nestähnlich verflochten.

Netanyahu, Benjamin, israel. Politiker, * 1949; 1984 bis 1988 UN-Botschafter, seit 1993 Vors. des Likud-Blocks, seit 1996 Min.-Präsident.

Netiquette [von engl. **net** und frz. éti**quette**], ungeschriebener Verhaltenskodex für die Nutzer des Internets.

Netsuke [ˈnɛtskə] *die,* jap. Kleinschnitzereien aus Holz, Elfenbein oder Horn; Knopf zum Befestigen des Inro (kleiner mehrteiliger Behälter) oder des Tabakbeutels am Gürtel.

Nettelbeck, Joachim, preuß. Offizier, * 1738, † 1824; Seemann, unterstützte Gneisenau als Bürgeradjutant bei der Verteidigung Kolbergs (1807).

Nettetal, Stadt in NRW, 38 400 Ew.; Industrie.

netto, Abk. **n,** rein, nach Abzug; Ggs.: brutto. **N.-Ertrag,** Reingewinn. **N.-Gewicht,** Reingewicht einer Ware ohne Verpackung. **N.-Lohn,** Lohn nach Abzug von Steuern, Versicherungsbeiträgen usw. **N.-Preis,** Preis, von dem kein Abzug mehr gewährt wird. **N.-Produktionswert,** Wert der industriellen Produktion, von dem der Wert der bezogenen Rohstoffe, Halbfabrikate u. Ä. abgezogen wurde. **N.-Registertonne,** ⚓ → Registertonne. **N.-Sozialprodukt** → Volkseinkommen.

Netz, 1) Maschenwerk. – 2) √ in eine Ebene abgewickelte Oberfläche eines Körpers. – 3) ⚕ Teil des Bauchfells. – 4) Linienwerte zum Bestimmen eines Punkts, z. B. Gradnetz der Erde. – 5) ⚡ **Netzwerk,** Zusammenstellung elektr. Bauteile (z. B. Widerstände, Kondensatoren, Spannungsquellen, Dioden, Transistoren), um abhängige Variable (z. B. Spannung, Druck) in vorgeschriebener Weise umzuformen. – 6) **Netzwerk,** 💻 Datenkommunikationssystem, das durch Übertragung von Signalen den Austausch von Daten zw. mehreren unabhängigen Geräten ermöglicht. – 7) Verbindungsleitungen, Vermittlungseinrichtungen und Endgeräte, die zur Kommunikation von 2 räumlich getrennten Teilnehmern notwendig sind (Fernmelde-N.).

Netze *die,* poln. **Noteć,** rechter Nebenfluss der Warthe, in Polen, ab Nakel schiffbar, durchfließt das **N.-Bruch,** mündet östlich von Landsberg; 389 km lang.

Netzflügler, Insektenordnung mit netzartigen Flügeln (Ameisenlöwe, Florfliege).

Netzhaut → Auge.

Netzmagen, Teil des Wiederkäuermagens.

Neu|apostolische Kirche, religiöse Gemeinschaft, hervorgegangen aus den → Katholisch-Apostolischen Gemeinden (1863); will Fortsetzung der Urkirche sein.

Neuber, Friederike Caroline, gen. **die Neuberin,** dt. Schauspielerin, Theaterleiterin, * 1697, † 1760; verbannte mit J. C. Gottsched die groben Hanswurstspäße von der dt. Bühne.

Neubrandenburg, Stadt in Meckl.-Vorp., am NO-Rand der Mecklenburg. Seenplatte, 87 000 Ew.; vollständig erhaltener Mauerring (13. Jh.) mit 4 Stadttoren; Reuter-Museum; Maschinen-, Baustoffind. – 1248 gegr., kam um 1300 an Mecklenburg.

Neubraunschweig, Prov. von Kanada (→ New Brunswick).

Neubritanni|en, größte Insel des Bismarck-Archipels (→ New Britain).

Neuburg a. d. Donau, Krst. in Bayern, 24 900 Ew.; chem., Textilind.; war 1505 bis 1685 Hptst. des Fürstentums Pfalz-Neuburg.

Neuchâtel [nøʃa'tɛl], → Neuenburg.

Neu-Delhi → Delhi.

Neue Hebriden, Inselgruppe im Pazif. Ozean, → Vanuatu.

neue Linke, Anfang der 1960er-Jahre entstandene sozialist., v. a. marxist. Bewegung bes. unter Studenten (in der Bundesrep. Deutschland die Außerparlamentar. Opposition), die die Konsumgesellschaft kritisierte und sie beseitigen wollte; 1968 Studentenrevolten, bes. in Paris, Berlin.

neue Medi|en, auf neuen Technologien beruhende Verfahren der Informationsverarbeitung, -speicherung und -verbreitung. Prägend sind Digitalisierung und Miniaturisierung, die die Nutzung leitungsunabhängiger Telekommunikationstechniken (Satellitenfernsehen, Funktelefon) und neuer Übertragungsnetze wie v. a. ISDN erlauben. Dieses digitale Fernmeldenetz fasst verschiedene alte und neue Kommunikationsdienste zusammen (Telefon, Telefax, Btx, Datex, Bildfernsprechen, Bewegtbildübertragung); breitbandige Kabelnetze ermöglichen Kabel- und interaktives Fernsehen.

neue Musik, i. w. S. Sammel-Bez. für alle Strömungen der Kunstmusik im 20. Jh., wobei von Jahrzehnt zu Jahrzehnt v. a. die Produktion der jeweiligen Gegenwart gemeint ist. – I. e. S. ist n. M. die Musik der 2. Wiener Schule (A. Schönberg, A. Berg, A. Webern) und ihres Umkreises. Für die n. M. bedeutet jeder Kompositionsakt ein Einzelereignis, das nach allen Seiten offen ist und erst durch ein für jede Komposition neu zu entwerfendes Strukturgefüge gefunden werden muss. Ihre ersten Ausprägungen waren atonale Musik und Zwölftontechnik. Nach 1950 entwickelten sich die serielle und die elektronische Musik.

Neuenahr-Ahrweiler, Bad N.-A., Heilbad an der Ahr, in Rheinl.-Pf., 25 000 Ew.; alkal. Warmquellen; Eifelfangowerke, Spielbank, Weinbau.

Neuenburg, frz. **Neuchâtel** [nøʃa'tɛl], 1) Kt. der westl. Schweiz, 797 km², 162 600 Ew.; frz. Sprachgebiet. Gebirgig (Jura); im O der **Neuenburger See** (218 km²). Viehzucht, Weinbau, Uhren- u. a. Ind. – N., seit 1648 Fürstentum, unterstand 1707 bis 1806 und 1814 bis 1857 dem preuß. König; seit 1814 schweizer. Kt. – 2) Hptst. von 1), am Neuenburger See, 33 500 Ew.; Univ.; Schloss; Uhrenindustrie.

Neuen|fels, Hans, dt. Theater- und Opernregisseur, * 1941; bekannt durch kritisch-provozierende Inszenierungen.

Neuengland, engl. **New England,** der NO der USA mit den 6 N.-Staaten: Maine, New Hampshire, Vermont, Massachusetts, Rhode Island, Connecticut; im 17. Jh. von Puritanern besiedelt.

neue Philosophie, antimarxist., antiideolog., gesellschaftlich-politisch orientierte Gruppe frz. Philosophen (A. Glucksmann, B.-H. Lévy u. a.).

neuer Realismus, Nouveau Réalisme, ✍ Strömungen der zeitgenöss. Kunst seit etwa 1960. Auf den Ideen des Dadaismus basierende Objekt- und Aktionskunst. Vertreter: J. Tinguely, Niki de Saint Phalle, Y. Klein u. a.

Neue Sachlichkeit, ✍ in den 1920er-Jahren in Dtl. aufgekommene Richtung der Malerei, die im Ggs. zum Expressionismus die Wirklichkeit realistisch erfasste und sie in festen, oft starren Formen überbetont scharf darstellte. A. Kanold, G. Schrimpf, C. Schad u. a. schufen ruhig verhaltene Bilder, während z. B. O. Dix u. G. Grosz in fast überpointierten Gemälden sozial engagierte Gesellschaftskritik leisteten. – In der Lit. wendete sich die N. S. vom Gefühlsüberschwang des Expressionismus ab.

Neubrandenburg
Stadtwappen

neues Bauen, programmat. Begriff für die avantgardist. Architektur des Funktionalismus nach dem 1. Weltkrieg.

Neues Testament → Bibel.

Neue Welt → Alte Welt.

neue Wilde, junge Wilde, ✍ Bezeichnung v. a. für die dt. Maler, die seit Ende der 1970er-Jahre großformatige Bilder mit greller Farbigkeit mit z. T. figürl. Motiven schufen; vergleichbar Patternpainting in den USA, in Italien: Arte Cifra.

Neufundland, engl. **Newfoundland,** Insel vor der O-Küste Kanadas, 108 860 km², Teil der kanad. Prov. → Newfoundland.

Neugotik, Neogotik, ✍ künstler. Stilrichtung im 18./19. Jh., die Formen der Gotik wieder aufnahm; Voraussetzung war die romantisierende Rückbesinnung auf das Mittelalter.

neugriechische Literatur, Literatur in neugriech. Sprache, die sich bes. seit der Konstituierung des griech. Staats im 19. Jh. entwickelte.

neugriechische Sprache, Sprache der Griechen seit etwa dem 15. Jahrhundert.

Neuguinea [-gi'ne:a], Insel nördlich von Australien, 771 900 km², rd. 4,5 Mio. Ew. Südlich des Zentralgebirges (bis 5 030 m) liegt eine weite, z. T. sumpfige Ebene. Flüsse: Fly River, Sepik u. a. Klima tropisch-feucht; Regenwald. Bewohner: Papua, im O auch Melanesier, daneben Pygmäen; im W indones. Einfluss. Pflanzungswirtschaft; ⚒ auf Gold, Erdöl. – Polit. Gliederung: 1) im W gehört Irian Jaya zu Indonesien. 2) Ost-N. bildet den Hauptteil von → Papua-Neuguinea.

Neubrandenburg
Treptower Tor
(um 1400)

Neuhochdeutsch, Abk. **nhdt.,** seit 1500 Zeitabschnitt der → deutschen Sprache.

Neuhumanismus, Erneuerung der humanist. Bewegung seit etwa 1750. Das neue Bild des Griechentums und die Idee der Humanität wurden zum Leitmotiv des dt. klass. Zeitalters. Die Idee der Humanität wurde u. a. von Herder, Schiller, Goethe und W. v.

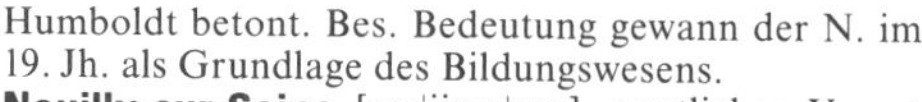

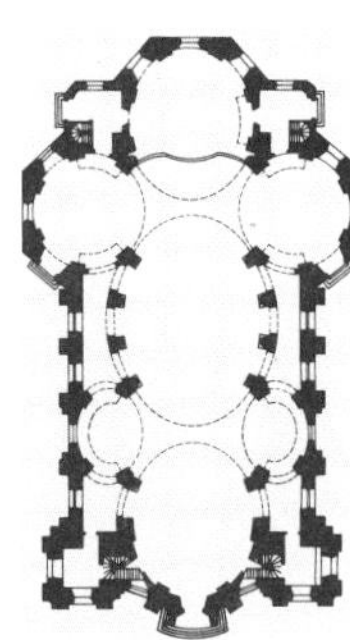

Balthasar Neumann
Grundriss der Wallfahrtskirche Vierzehnheiligen

Humboldt betont. Bes. Bedeutung gewann der N. im 19. Jh. als Grundlage des Bildungswesens.

Neuilly-sur-Seine [nœˈjisyrˈsɛn], westlicher Vorort von Paris, 62 000 Ew.; feinmechan., chem. Ind., Maschinenbau. **Vertrag von Neuilly,** 1919: Bulgarien verlor die südl. Dobrudscha an Rumänien, das thrak. Küstengebiet an Griechenland.

Neuirland → New Ireland.

Neu-Isenburg, Stadt in Hessen, in der Mainebene, 35 100 Ew.; photochem. Industrie.

Neukaledoni|en, frz. Überseegebiet im südwestl. Pazif. Ozean, umfasst die gebirgige Insel N. und Nebeninseln, zusammen 19 103 km² mit 164 200 Ew. (Melanesier, Weiße u. a.); Hptst.: Nouméa. Viehzucht, Bergbau. Ausfuhr: Nickel, Chrom, Eisen; Kaffee, Kopra. – Im 19. Jh. frz. Strafkolonie. 1987 Volksentscheid für Verbleib bei Frankreich.

Neukantianismus, philosoph. Bewegung seit 1860, die bes. in der Marburger Schule (H. Cohen, P. Natorp) eine Neubelebung und Weiterbildung des Kritizismus von Kant erstrebte.

Neumann, 1) Alfred, dt. Schriftsteller, * 1895, † 1952; psycholog. Geschichtsromane (»Der Teufel«, 1926). – **2)** Johann Balthasar, dt. Baumeister, * 1687, † 1753; Meister des Barock: fürstbischöfl. Residenz in Würzburg, Wallfahrtskirche Vierzehnheiligen, Abteikirche zu Neresheim. – **3)** John v., amerikan. Mathematiker ungar. Abstammung, * 1903, † 1957; entwickelte u. a. eine Rechnerstruktur, die zur allg. Grundlage der Computertechnik wurde. – **4)** Therese, * 1898, † 1962; 1926 vorgeblich stigmatisiert; erlebte seitdem visionär das Leiden Christi.

John Neumeier

Neumark, der östlich der Oder liegende Teil der Mark Brandenburg, Hptst.: Küstrin. – Um 1260 vom Markgrafen von Brandenburg erworben, 1402 bis 1455 dem Dt. Orden verpfändet; seit 1945 unter poln. Verwaltung, 1990 zu Polen.

Neumarkt i. d. OPf., Krst. in Bayern, 34 500 Ew.; Bleistiftherstellung, Kunststoffverarbeitung, Bekleidungsindustrie.

Neumecklenburg → New Ireland.

Neumeier, John, amerikan. Choreograph und Ballettdirektor in Hamburg, * 1942; sucht klass. Ballettstoffe auf Persönlichkeiten zu projizieren.

Neumünster, Stadt in Schlesw.-Holst., 79 600 Ew.; Bahnknoten; Textilfachschule; Textil-, Leder-, Maschinen-, chem. und Nahrungsmittelindustrie.

Neun|augen, Bricken *Pl.,* zu den Rundmäulern gehörende fischähnl. Wirbeltiere. An jeder Körperseite befinden sich 9 Öffnungen (7 Kiemenspalten, 1 Auge, 1 Nasenloch). **Fluss-N.** bis 50 cm, **Meerbricke** (Lamprete) bis 1 m lang.

Neunkirchen, Krst. im Saarland, 51 700 Ew.; Hausgeräteherstellung, Metall verarbeitende und chem. Industrie.

Neuntöter, ein Singvogel (→ Würger).

Neuphilologie, Wiss. von den lebenden Sprachen.

Neuplatonismus, letzte große Systembildung der griech. Philosophie, um 200 n. Chr. geschaffen: Die Welt ist ein geistiges Stufenreich. Höchster Begriff ist das Ur-Eine (Gott), aus dem nicht durch Schöpfung, sondern durch Ausstrahlung (Emanation) alle Seinsformen hervorgehen. Der bedeutendste Geist des N. und Systemschöpfer war Plotin. Der N. hatte starke Wirkung auf das abendländ. Denken.

Neupommern → New Britain.

Neuralgie *die,* ⚕ Nervenschmerz, oft quälend empfundener Schmerz ohne (oder mit geringem) objektiven Krankheitsbefund.

Neurasthenie *die,* ⚕ nervöse Erschöpfung nach schweren Krankheiten, hochgradiger Überarbeitung oder Unterernährung.

Neurath, Konstantin Freiherr v., dt. Diplomat, * 1873, † 1956; 1932 bis 1938 Außenmin.; 1939 bis 1943 Reichsprotektor in Böhmen und Mähren; 1946 zu 15 Jahren Gefängnis verurteilt, 1954 aus Spandau entlassen.

Neuritis *die,* ⚕ Nervenentzündung, krankhafte Vorgänge an den peripheren Nerven, die sich in Bewegungsstörungen und Missempfindungen äußern.

Neurochirurgie *die,* ⚕ Chirurgie des Nervensystems, chirurg. Eingriffe an Gehirn, Rückenmark, Nerven, Nervenknoten.

Neurode, poln. **Nowa Ruda,** Stadt in der poln. Wwschaft Wałbrzych, ehem. in Niederschlesien, im Eulengebirge, 26 300 Ew.; Webwaren, Steinkohlenbergbau.

Neurologie *die,* ⚕ Lehre von den Nerven und Nervenkrankheiten.

Neu|romantik, literar. Bewegung um 1905, stand im Ggs. zum Naturalismus, empfing Anregungen vom frz. Symbolismus. Vertreter: S. George, R. M. Rilke, H. v. Hofmannsthal, R. Huch. In der ⌂ eine Form des Historismus, v. a. Stil für Militär- und Schlossbauten des 19. Jahrhunderts.

Neuron *das,* ⚕ Nervenzelle mit ihren Fortsätzen (Dendriten und Neurit).

neuronales Netzwerk, ▣ in der Entwicklung befindliche Computerarchitektur, die aus vernetzten Mikroprozessoren bestehen und nach dem Vorbild menschl. Nervenzellen (Neuronen) arbeiten soll. Ziel ist es, die Leistungsfähigkeit der elektron. Informationsverarbeitung an die natürl. Systeme anzugleichen.

Neurose *die,* ⚕ durch seel. Krisen verursachte »Gleichgewichtsstörung«, die sich in seel. oder körperl. Krankheitserscheinungen oder in beiden äußert. N. sind oft aus unbewältigten Lebenskonflikten, überhaupt aus der Lebensgeschichte der Kranken zu verstehen.

Neuruppin, Krst. in Bbg., 26 800 Ew.; Luftkurort am Ruppiner See.

Neuschottland, Prov. Kanadas, → Nova Scotia.

Neuschwanstein, für König Ludwig II. von Bayern 1868 bis 1886 erbautes neuroman. Schloss bei Füssen (Allgäu).

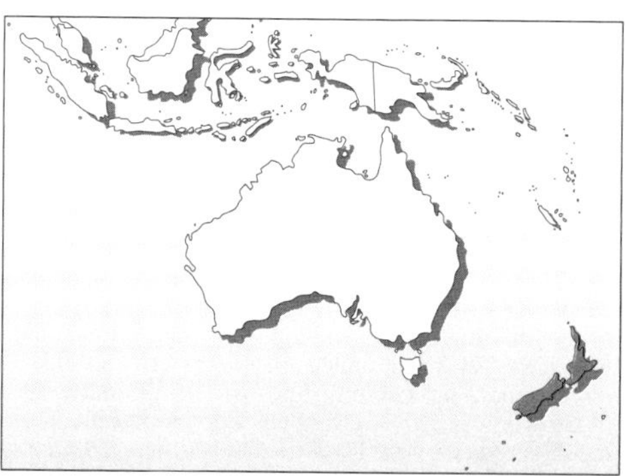

Neuseeland

Staatswappen

Staatsflagge

Internationales Kfz-Kennzeichen

Neuseeland, engl. **New Zealand,** Staat des Commonwealth of Nations, im Pazif. Ozean südöstl. Australiens, umfasst die Doppelinsel N. und benachbarte kleinere Inseln, 268 676 km², 3,45 Mio. Ew.; Hptst.: Wellington; Amtssprache: Englisch.

Verfassung. N. ist parlamentar. Monarchie, Staatsoberhaupt die brit. Krone, vertreten durch den Gen.-Gouv.; Gesetzgebung durch das Abgeordnetenhaus.

Landesnatur. Auf der N-Insel zahlreiche Vulkane, auf der S-Insel die teilweise vergletscherten Neuseeländ. Alpen (bis 3 764 m hoch). – **Klima.** Gemäßigt-mild, im W und im N (Subtropen) niederschlagsreich. Urtüml. Tier- und Pflanzenwelt.

Bevölkerung. Meist Europäer, daneben einheim. Maori (Polynesier). Größte Stadt: Auckland.

Wirtschaft. Auf der N-Insel herrscht Molkereiwirtschaft vor, auf der S-Insel Getreideanbau und Schafzucht; Fischerei. Wenig Bodenschätze (Kohle, Gold u.a.); Nahrungsmittel-, Maschinen-, chem. u.a. Ind. Ausfuhr: Molkereierzeugnisse, Fleisch, Wolle, Häute. Haupthandelspartner: Großbritannien, Australien, USA. ⚓: Auckland, Wellington, Lyttelton; internat. ✈: Auckland, Christchurch, Wellington.
Geschichte. N. wurde 1642 von A. Tasman entdeckt, 1840 brit. Kolonie, 1907 Dominion. Min.-Präs.: J. B. Bolger (seit 1990).

Neusibirische Inseln, russ. Inselgruppe im Nordpolarmeer, 35 500 km², unbewohnt.

Neusiedler See, See im Burgenland, etwa 320 km², bis 2 m tief; der N-Teil gehört zu Österreich, der S zu Ungarn.

Neusilber, Kupfer-Zink-Nickel-Legierung (Argentan, Alpaka u.a.), silberähnlich.

Neusohl, slowak. **Banská Bystrica,** Stadt in der Slowakei, 87 000 Ew.; Holzindustrie.

Neuss, Krst. in NRW, linksrhein., 147 400 Ew.; Quirinsmünster (13. Jh.); Hafen; chem., landwirtschaftl. Maschinenbau-, Eisenindustrie.

Neustadt, 1) N. a.d. Aisch, Krst. in Bayern, 11 500 Ew.; Musikinstrumentenherstellung. – **2) N. am Rübenberge,** Stadt in Ndsachs., 40 000 Ew.; Dachpappen-, Maschinenfabrik. – **3) N. an der Saale, Bad N. a.d. S.,** Stadt in Unterfranken, Bayern, 14 500 Ew.; Burgruine; Sol-, Moorbad. – **4) N. an der Weinstraße,** Stadt in Rheinl.-Pf., 51 200 Ew.; Weinhandel; Metallindustrie; Fremdenverkehr.

Neustettin, poln. **Szczecinek,** Stadt in der poln. Wwschaft Koszalin, ehem. in Pommern, 33 000 Einwohner.

Neustrelitz, Krst. in Meckl.-Vorp., am Zierker See, sternförmig angelegt, 26 000 Ew.; versch. Industrie.

Neustri|en, unter den Merowingern der westl. Teil des Fränk. Reichs.

Neusüdwales [-weɪlz], austral. Bundesstaat, →New South Wales.

Neutitschein, tschech. **Nový Jičín,** Hauptort des »Kuhländchens«, ČR, 33 000 Ew.; Textil-, Hut-, Tabakindustrie.

Neutra *die,* slowak. **Nitra** [ˈnjitra], linker Nebenfluss der Waag in der Slowakei, 220 km lang.

Neutra, Richard, amerikan. Architekt österr. Herkunft, *1892, †1970; schuf Wohnhäuser, Schulen, Krankenhäuser u.a. in strengen kub. Formen.

neutral, 1) unparteiisch. – **2)** Völkerrecht: nicht beteiligt (→Neutralität). – **3)** Ⓢ sächlich. – **4)** ⚛ elektrisch ungeladen.

neutralisieren, 1) unwirksam machen. – **2)** ⚗ eine Säure mit einer Base (oder umgekehrt) so absättigen, dass weder saure noch bas. Reaktion vorherrscht. – **3)** ⚐ einen Wettkampf auf bestimmte Zeit unterbrechen, ohne die Wertung zu ändern.

Neutralität *die,* **1)** allg.: unparteiische, neutrale Haltung; Nichteinmischung, Nichtbeteiligung, v.a. eines Staates in einem Konflikt. – **2)** Völkerrecht: Nichtteilnahme eines Staats an einem Krieg zw. anderen Staaten; teilweise geregelt im Haager Abkommen (1907). Zu **dauernder N.,** die auch die Außenpolitik in Friedenszeiten bindet, haben sich die Schweiz und der Vatikanstaat verpflichtet. Doch spricht man auch von N., wenn ein Staat sich allg. von internat. Konflikten oder Bündnissen fern hält, ohne formell neutralisiert zu sein (z.B. Schweden).

Neutrino *das,* ⚛ masseloses, ungeladenes Elementarteilchen aus der Gruppe der Leptonen, experimentell erstmals 1956 direkt nachgewiesen. N. kommen in 3 Arten als Elektron-, Myon- und Tau-N. vor.

Neutron *das,* ⚛ elektrisch ungeladenes Elementarteilchen, neben dem Proton Baustein der Atomkerne. Das N. hat eine Masse von $1{,}67493 \cdot 10^{-24}$g (etwa 1837 Elektronenmassen). N. sind bes. geeignet zur Auslösung von Kernreaktionen. Freie N. sind nicht beständig, sondern zerfallen in Protonen und Elektronen. In großen Mengen entstehen sie bei der Kernspaltung in Reaktoren.

Neutrum *das,* Ⓢ Wort sächl. Geschlechts.

Neu-Ulm, Krst. in Bayern, an der Donau, 46 000 Ew.; Leder-, Maschinenbauindustrie.

Neuwied, Krst. in Rheinl.-Pf., am Rhein, 61 200 Ew.; Schloss; Bimssteinindustrie.

Neuzeit, die Zeit von etwa 1500 n.Chr. bis zur Frz. Revolution 1789; dann **jüngere Neuzeit.**

Nevada [neˈvɑːdə], Abk. **Nev.,** Kordillerenstaat der USA, 286 352 km², 1,2 Mio. Ew.; Hptst.: Carson City; größte Stadt: Las Vegas. Wüstenhaft; Ackerbau bei künstl. Bewässerung; ⚒ auf Kupfer, Gold.

Nevers [nəˈvɛːr], Stadt in Mittelfrankreich, 43 800 Ew.; Kathedrale (13. bis 15. Jh.); Weinhandel, Fayence-, Maschinenbau-, chem. Industrie.

Newa *die,* Abfluss des Ladogasees, Russland, 74 km; mündet bei St. Petersburg in den Finn. Meerbusen.

Newage [njuː ˈeɪdʒ, engl. »neues Zeitalter«], seit den 1980er-Jahren von den USA ausgehende religiöse Bewegung, verknüpft bestehende Heilserwartungen und sieht die Gegenwart als kosm. Wendezeit, erwartet die Umgestaltung der Welt zu einer spirituellen Einheit mit neuen Lebens- und Technologieformen in einem neuen Zeitalter; auch **Wassermannzeitalter** genannt.

Newark [ˈnjuːək], Ind.stadt in New Jersey, USA, 275 200 Ew., mit Vororten 1,9 Mio. Ew.; Hafen.

New Bedford [njuː ˈbedfəd], Stadt in Massachusetts, USA, 96 500 Ew.; Textilind., Maschinenbau; Fischereihafen.

New Britain [njuː ˈbrɪtn], dt. **Neubritanni|en,** vor 1919 **Neupommern,** größte Insel des Bismarck-Archipels, 36 650 km², 154 000 Ew.; Hauptort: Raubaul. Kopra-, Kakaoausfuhr.

New Brunswick [njuː ˈbrʌnzwɪk], dt. **Neubraunschweig,** Prov. in Kanada, 72 090 km², 724 000 Ew.; Hptst.: Fredericton; Wald-, Fischreichtum; Viehzucht; Bergbau.

Newcastle [ˈnjuːkɑːsl], **1) N. upon Tyne** [-əˈpɔn ˈtaɪn], Hafenstadt an der O-Küste Englands, 192 000 Ew.; got. Kathedrale; chem., Stahl-, Eisen-, Glasind., Schiffbau. – **2) N.-under-Lyme** [-ʌndə ˈlaɪm], Stadt in M-England, 73 000 Ew.; Baumwoll-, Schuhind. – **3) N.,** Hafenstadt in Australien, 422 000 Ew.; Ausfuhr (Kohle); Metall-, chem. Ind., Schiffbau.

New Deal [ˈnjuː ˈdiːl] *der,* sozialpolit. Maßnahmen Präs. Roosevelts (seit 1933) zur Bekämpfung der Wirtschaftskrise.

Newfoundland [ˈnjuːfəndlənd], dt. **Neufundland,** Prov. Kanadas, besteht aus der Insel N. und der O-Küste Labradors; 371 690 km², 568 400 Ew.; Hptst.: Saint John's. N. hat Fischerei, viel Wald (Cellulose-, Papierind.), ⚒ auf Eisenerz, Zink, Kupfer u.a. – 1497 entdeckt, war seit 1713 brit., erhielt 1855 Selbstverwaltung; 1948 kanad. Provinz.

New Hampshire [ˈnjuː ˈhæmpʃɪə], Abk. **N. H.,** einer der Neuenglandstaaten der USA, 24 032 km², 1,1 Mio. Ew.; Hptst.: Concord; größte Stadt: Manchester. Schuh-, Textil- u.a. Industrie.

New Haven [ˈnjuː ˈheɪvn], Stadt in Connecticut, USA, 123 500 Ew.; Yale Univ.; Industrie.

New Ireland [ˈnjuː ˈaɪələnd], dt. **Neuirland,** vor 1919 **Neumecklenburg,** Insel des Bismarck-Archipels, 9 842 km², 65 700 Ew.; Hauptort: Kavieng.

New Jersey [ˈnjuː ˈdʒəːzɪ], Abk. **N. J.,** einer der atlant. Staaten der USA, 20 169 km², 7,7 Mio. Ew. (9% Schwarze); Hptst.: Trenton; größte Stadt: Newark. Getreide-, Obstanbau, Milchwirtschaft; Industrie.

Newman [ˈnjuːmən], **1)** John Henry, brit. Theologe, Kardinal (1879), *1801, †1890; urspr. anglikan. Geistlicher, wurde 1845 kath.; beeinflusste die moderne

Nevada
Flagge

Nevers
Stadtwappen

Newcastle upon Tyne
Stadtwappen

New Hampshire
Flagge

New Jersey
Flagge

John Henry Newman

Paul Newman

kath. Theologie. – **2)** Paul, amerikan. Filmschauspieler, * 1924; u. a. in »Der Clou« (1973), »Die Farbe des Geldes« (1986), »Sneakers – Die Lautlosen« (1992).

New Mexico [ˈnjuː ˈmeksɪkəʊ], Abk. **N. Mex.,** Kordillerenstaat der USA, 314 925 km², 1,52 Mio. Ew.; Hptst.: Santa Fe. Anbau mit künstl. Bewässerung: Baumwolle, Getreide u. a.; Viehzucht. ⚒ auf Uran, Erdöl, Erdgas, Kalisalze. Kernforschungszentrum Los Alamos.

New Mexico
Flagge

New Orleans [ˈnjuː ˈɔːlɪənz], Stadt in Louisiana, USA, Hafen im Mississippidelta, 532 000 Ew.; Univ.; Stapelort von Reis, Zuckerrohr, Baumwolle, Holz, Erdöl, Schwefel; Endpunkt der Schifffahrt auf dem Mississippi; Verkehrsknotenpunkt, internat. ✈; Ausgangspunkt einer Stilform des Jazz. – N., 1718 von Franzosen gegründet, kam 1848 an die USA.

Newport [ˈnjuːpɔːt], Hafenstadt in Wales, am Bristolkanal, 117 000 Ew.; Kohlenausfuhr; Eisen-, Stahl-, Gummiind., Schiffbau.

New South Wales [njuː saʊθ ˈweɪlz], dt. **Neusüdwales,** Staat des Austral. Bundes im SO Australiens, 801 600 km², 5,86 Mio. Ew.; Hptst.: Sydney.

Newton [ˈnjuːtn], Sir (seit 1705) Isaac, brit. Physiker, Mathematiker, * 1643, † 1727; Begründer der klass. theoret. Physik. N. fand die 3 Bewegungsgesetze der klass. Mechanik **(newtonsche Axiome, newtonsche Mechanik),** erklärte mit dem von ihm gefundenen Gravitationsgesetz die Planeten- und Mondbewegungen, die Gezeiten, entwickelte die Anfänge der Infinitesimalrechnung und wies die spektrale Zusammensetzung des weißen Lichts nach.

Isaac Newton. Zeitgenössisches Porträt

Newton [nach I. Newton] *das,* Zeichen **N,** SI-Einheit der Kraft: $1\,N = 1\,kg \cdot m \cdot s^{-2} = 1\,J/m$.

New Wave, Mitte der 1970er-Jahre unter Einfluss des Punkrock entstandene Variante der Rockmusik.

New York
Stadtwappen

New York [njuː ˈjɔːk], **1)** Abk. **N. Y.,** Staat im NO der USA, reicht vom Erie- und Ontariosee bis zur Atlantikküste, 127 190 km², 17,99 Mio. Ew.; Hptst.: Albany; größte Stadt: New York. Bedeutender Ind.- und Handelsstaat der USA; Landwirtschaft (Obstanbau, Viehzucht); Bodenschätze. – N. Y. wurde seit 1614 von den Niederländern besiedelt und bildete mit New Jersey die Kolonie Neuniederland; 1664 von den Engländern erobert. – **2) N. Y. City** [- ˈsɪtɪ], Stadt in 1), 7,35 Mio. Ew., Metropolitan Statistical Area 9,08 Mio. Ew. N. Y. liegt an der Mündung des Hudson, beiderseits des East River auf mehreren Inseln und dem Festland. 5 Stadtteile: Manhattan mit der Wall Street (Finanzdistrikt mit Börsen und Banken) und der typ. Skyline, Bronx, Brooklyn, Queens, Richmond. Der ältere südliche Teil, die Hauptgeschäftsgegend, ist unregelmäßig, die übrige Stadt rechtwinklig gebaut, mit vielen Hochhäusern; Hauptgeschäftsstraße: Broadway; am Nordende der 5. (Fifth) Avenue der Central Park. N. Y. besitzt mehrere Hochschulen, Büchereien, Museen, viele Theater. Über Hudson und East River führen große Brücken, darunter hindurch Tunnel. Der Hafen ist befestigt und neben London der verkehrsreichste der Erde. In seiner Einfahrt steht auf einer Insel die zum Weltkulturerbe zählende Freiheitsstatue. N. Y. ist einer der bedeutendsten Geldmärkte der Erde und die erste Ind.stadt der USA. – Es entstand 1625 als niederländ. Niederlassung, hieß damals **Neu-Amsterdam;** 1626 durch Ankauf der Insel Manhattan erweitert; 1664 wurde es englisch und in N. Y. umbenannt.

New York
Flagge

Nexø → Andersen-Nexø, Martin.

Ney, 1) Elly, dt. Pianistin, * 1882, † 1968. – **2)** [nɛ], Michel, frz. Marschall, * 1769, † 1815; zeichnete sich unter Napoleon I. 1812 bei Borodino aus; nach Napoleons Sturz erschossen.

nhdt., Abk. für **n**eu**h**och**d**eu**t**sch.

Ni, chem. Symbol für das Element Nickel.

Niagara [naɪˈæɡərə], Strom in N-Amerika, Verbindung von Erie- und Ontariosee, auf der Grenze zw. Kanada und den USA; 55 km lang, bildet die **N.-Fälle: Amerikan. Fälle** im O (300 m breit, 51 m hoch), **Kanad.** oder **Hufeisen-Fälle** im W (800 m breit, 49 m hoch); Kraftwerke.

Niamey [njaˈmɛ], Hptst., Wirtschafts- und Verkehrszentrum der Rep. Niger, 360 000 Einwohner; Textil-, Kunststoff-, Holzind.; Hafen, internat. ✈. **Nibelungen,** dt. Sage: Zwergengeschlecht, dessen Schätze **(N.-Hort)** der Zwerg Alberich hütete. Als Siegfried ihn überwunden hatte, ging der Name auf ihn und seine Mannen, später auf die Burgunden über.

Nibelungenlied, mhdt. Heldenepos, gedichtet um 1198 bis 1204 von unbekanntem österr. Dichter. In 39 »aventiuren« ist der Stoff urspr. getrennter Sagenkreise, dem des Brünhildelieds und dem der älteren Nibelungennot, zu einem einheitl. Epos geformt. Die 3 wichtigsten Handschriften entstanden im 13. Jahrhundert.

Nicäa, Nicaea, alte Stadt im nordwestlichen Kleinasien; Kirchenversammlungen. **Nicänisches Glaubensbekenntnis,** 325 beschlossen, lehrt die Wesenseinheit (Homousie) des Sohns mit dem Vater.

Nicaragua

Staatswappen

Staatsflagge

Internationales
Kfz-Kennzeichen

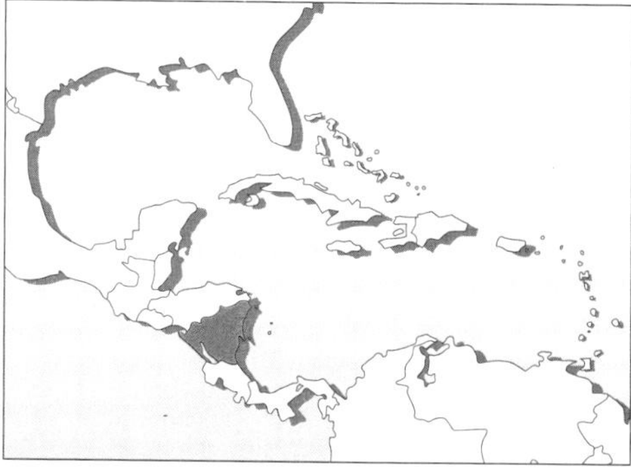

Nicaragua, Rep. in Zentralamerika, 120 254 km², 3,96 Mio. Ew. (Mestizen, daneben Indianer, Schwarze, Weiße u. a.; meist kath.); Hptst.: Managua; Amtssprache: Spanisch. – Parallel zur pazif. Küstenzone (Hauptanbaugebiet) verläuft die N.-Senke mit Vulkanen, dem Managua- und N.-See; im Innern Hochland (bis 1900 m), im O breites Tiefland (Urwald). Anbau: Mais, Reis, Hirse, Knollenfrüchte; für die Ausfuhr: Baumwolle, Kaffee, Zuckerrohr; Viehzucht, Forstwirtschaft, Fischerei. ⚒ auf Kupfer, Gold.

Nahrungsmittel-, Textil- u.a. Ind. Haupthandelspartner: Japan, zentralamerikan. Länder (v.a. Mexiko), Dtl., Belgien; ⚓: Corinto; internat. ✈: Managua. – 1522 bis 1524 von den Spaniern erobert, 1821 von ihrer Herrschaft befreit, seit 1839 selbstständige Rep.; häufige Bürgerkriege. Präs. A. Somoza, der mit seiner Familie über 45 Jahre autoritär in N. herrschte, wurde 1979 von der Sandinistischen Befreiungsfront gestürzt. Die Präsidentschaftswahlen von 1990 gewann die gemäßigt liberale Politikerin Violeta Barrios de Chamorro; bei den Wahlen 1996 setzte sich ein rechtsliberales Parteienbündnis durch. Präs. wurde 1997 A. Alemán Lacayo.

Nicholson [ˈnɪkəlsn], Jack, amerikan. Filmschauspieler, * 1944; internat. bekannt durch Filme wie »Easy Rider« (1969), »Chinatown« (1974), »Einer flog über das Kuckucksnest« (1976), »Wenn der Postmann zweimal klingelt« (1980), »Crossing Guard« (1995).

Nicht|angriffspakt, zwischenstaatl. Vertrag, der die Partner verpflichtet, sich über alle Streitfragen durch Verhandlungen zu verständigen und nicht Gewalt auszuüben.

Nichte *die,* Tochter des Bruders oder der Schwester.

nicht|eheliche Kinder, Kinder einer unverheirateten Frau; haben nur der Mutter gegenüber die rechtl. Stellung ehel. Kinder, sie tragen den Familiennamen der Mutter. Das n. K. steht grundsätzlich unter der elterl. Gewalt der Mutter. Der Vater ist zum Unterhalt verpflichtet, das n. K. hat ihm gegenüber ein Erbrecht.

Nicht|eisenmetalle, NE-Metalle, Sammelbezeichnung für techn. genutzte Metalle und Legierungen außer Eisen (Stahl). N. werden unterteilt in → Schwermetalle und → Leichtmetalle.

nicht|euklidische Geometrie, √ Geometrie, bei der es zu jeder Geraden durch einen Punkt außerhalb von ihr nicht genau eine Parallele gibt (wie in der gewöhnl. Geometrie), sondern bei der entweder keine oder mehrere Parallelen zugelassen werden. Die n. G. gilt z.B. für gekrümmte Flächen.

Nichtigkeit *die,* ⚖ Unwirksamkeit eines Rechtsgeschäfts, Verwaltungsakts oder Urteils. **N.-Klage,** Klage auf N.-Erklärung einer Ehe, auch Klage, mit der die Wiederaufnahme eines Zivilprozesses wegen bestimmter formaler Verstöße betrieben wird, ferner die Klage auf Feststellung der N. eines Hauptversammlungsbeschlusses einer AG oder eines GmbH-Gesellschaftsvertrags.

Nichtmetalle, früher **Metalloide,** chem. Elemente mit nichtmetall. Eigenschaften.

Nickel *das,* Symbol **Ni,** chem. Element, eisenähnl., ferromagnet. Schwermetall; OZ 28, relative Atommasse 58,71, D 8,9 g/cm³, Fp 1455 °C, Sp 2730 °C. N. ist silberweiß, zäh, dehnbar, luftbeständig, widerstandsfähig gegen Säuren und Alkalien. Es findet sich im Meteoreisen, in Form seiner Verbindungen in Erzen, bes. im nickelhaltigen Magnetkies und im Garnierit. Verwendung als Legierungsbestandteil des Stahls (erhöht Festigkeit, Härte, Zähigkeit, Korrosionsbeständigkeit, elektr. Widerstand), für Widerstandswerkstoffe und Heizleiter, hart- und weichmagnet. Werkstoffe; N.-Cadmium-Akkumulator.

New Orleans. Haus mit typischer Balkonfront im französischen Viertel (French Quarter)

Nicolai [ˈnikoˈlaɪ, ˈnɪkolaɪ], **1)** Friedrich, dt. Schriftsteller, * 1733, † 1811; gab u.a. die krit. Zeitschrift »Allg. Dt. Bibliothek« (1765 bis 1805) heraus; Vertreter der Aufklärung, humorist.-satir. Romane. – **2)** Otto, dt. Komponist, * 1810, † 1849; Opern (»Die lustigen Weiber von Windsor«, 1849, nach Shakespeare).

nicolsches Prisma [niˈkɔl-; nach W. Nicol, schott. Physiker, * 1768, † 1851], opt. Polarisator (→ Polarisation), aus 2 bes. geschliffenen Spaltstücken von Kalkspat zusammengekittet.

Nidwalden, amtl. **Unterwalden nid dem Wald,** Halbkanton von Unterwalden, Schweiz, 276 km², 32600 Ew.; Hauptort: Stans; umfasst das untere Engelberger Tal und das Ufergelände des Vierwaldstätter Sees.

Niebergall, Ernst Elias, dt. Mundartdichter, * 1815, † 1843; die in Darmstädter Dialekt geschriebene Tragikomödie »Datterich« (1841) hatte großen Erfolg.

Niebuhr, 1) Barthold Georg, dt. Historiker, * 1776, † 1831; begründete, insbesondere durch seine »Röm. Geschichte« (1812 bis 1845), die krit. Geschichtsschrei-

Elly Ney

Reinhold Niebuhr

Niagara-Fälle

Niederlande

Staatswappen

Staatsflagge

Internationales Kfz-Kennzeichen

bung. – **2)** Reinhold, amerikan. ev. Theologe, *1892, †1971; trat für eine Durchdringung des sozialen und politischen Lebens mit christlichen Grundsätzen ein.

Niederbayern, Reg.-Bez. in Bayern, 10331 km², 1,19 Mio. Ew.; Verwaltungssitz ist Landshut.

niederdeutsche Sprache, Plattdeutsch, dt. Mundarten, die von der hochdeutschen Lautverschiebung nicht betroffen worden sind. Im MA. war das **Mittelniederdeutsche** Schriftsprache in Nord-Dtl. (»Sachsenspiegel« von Eike von Repgow). Im 19. Jh. schrieben K. Groth, F. Reuter, F. Stavenhagen u. a. plattdeutsche Dichtungen.

Niederfrequenz, Abk. **NF,** i. e. S. Frequenzen bis 300 Hz, i. w. S. die hörbaren Frequenzen **(Tonfrequenzen)** von 16 Hz bis 20000 Hz.

Niederkalifornilen, span. **Baja California** ['βaxa -], lang gestreckte Halbinsel an der W-Küste Nordamerikas, zu Mexiko gehörig, 143800 km². Meist wüsten- und steppenhaft; bei künstl. Bewässerung Baumwollanbau; Acker- und Gartenbau. Salzgewinnung, Kupfererzbergbau.

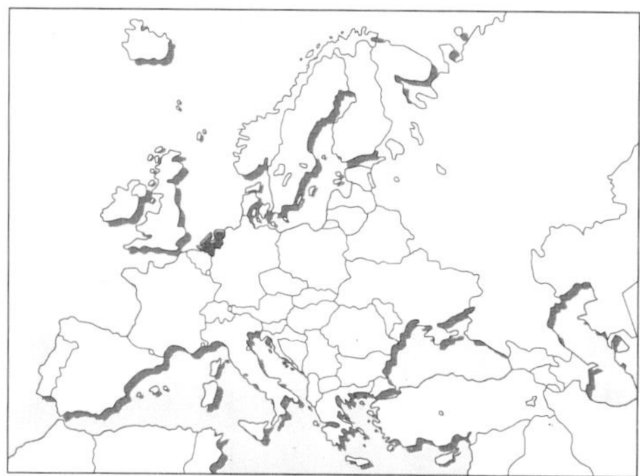

Niederlande, Kgr. in W-Europa, 41864 km² (samt interner Wasserfläche), 15,24 Mio. Ew.; Hptst.: Amsterdam; Regierungssitz: Den Haag.

Verfassung (von 1983). Die N. sind eine parlamentar. Monarchie. Gesetzgebung beim Monarchen und beim Parlament (Generalstaaten), das aus der 1. Kammer (von den Provinziallandtagen gewählt) und der vom Volk gewählten 2. Kammer besteht. Die Minister werden vom Monarchen ernannt und sind dem Parlament verantwortlich. – 12 Prov. mit eigenen Volksvertretungen (»Staaten«).

Landesnatur. Die N. sind Tiefland (über ⅓ der Fläche liegt unter dem Meeresspiegel). Im Mündungsgebiet von Rhein, Maas und Schelde und im nördl. Küstengebiet fruchtbare Marschen (Polder), sonst Geest- und Moorland. Das Ijsselmeer wird nach und nach trockengelegt. Nur im äußersten Süden (Limburg) hügelig. Das Klima ist mild und feucht.

Bevölkerung. Niederländer, Friesen. Religion: etwa 33% reformiert, rd. 36% kath., rd. 2% Muslime.

Wirtschaft. Acker-, Gartenbau (Blumen-, Obst-, Gemüseanbau), bed. Milchwirtschaft; Fischerei. ⚒ auf Steinsalz. Weitere Bodenschätze: Erdgas, Erdöl. Nahrungsmittel-, Metall-, chem. Ind., Schiffbau, Textil-, Papier- u. a. Ind. Ausfuhr: Molkereierzeugnisse, Maschinen und Apparate, Textilien, Erdöl u. a. Haupthandelspartner: EU-Länder. Bedeutende Fluss-, Kanal- und Seeschifffahrt; ⚓: Rotterdam, ✈: Schiphol bei Amsterdam, Zestienhoven bei Rotterdam. Die N. sind mit Belgien und Luxemburg wirtschaftlich bes. eng zusammengeschlossen (→Beneluxstaaten).

Daten zur Geschichte der Niederlande	
843	Bei der Reichsteilung fällt Flandern westlich der Schelde an das Westfränk. Reich, die anderen niederländ. Gebiete an Lotharingien und damit später an das Heilige Röm. Reich
1477	Durch die Ehe Marias von Burgund mit Maximilian I. kommen die N. an das Haus Habsburg
1555	Kaiser Karl V. überträgt die Herrschaft über die N. seinem Sohn Philipp II. von Spanien
1568	Aufstand gegen den span. Statthalter, den Herzog von Alba
1579	Unionen von Arras und Utrecht führen zur Spaltung der Niederlande
1581	Die 7 nördl. Provinzen unter Führung Wilhelms von Oranien sagen sich von Spanien und den Habsburgern los; sie bilden die überwiegend prot. Rep. der Vereinigten Niederlande
1585	Die Südl. N. werden wieder von Spanien besetzt
1609–1621	Waffenstillstand der Nördl. N. mit Spanien
1648	Der Westfäl. Frieden bestätigt die Unabhängigkeit der Nördl. N. und die Loslösung vom Heiligen Röm. Reich. Die N. entwickeln sich im 17. Jh. zur bedeutendsten Handels- und Seemacht und bauen mithilfe der Ost- und Westind. Handelskompanie ein Kolonialreich auf
1652–1654	1. Seekrieg gegen England, ausgelöst durch Cromwells Navigationsakte von 1651. Trotz der Erfolge der niederländ. Flotte verlieren die N. nach dem 2. Seekrieg gegen England (1664–1667) ihre Seeherrschaft
1815	Nach der Annexion durch das napoleon. Frankreich (1810) wird durch den Wiener Kongress das Königreich der Vereinigten N. geschaffen
1830/31	Die südl. N. trennen sich vom Königreich und bilden das Königreich Belgien
1890	Ende der Personalunion mit Luxemburg
1940–1944	Besetzung durch dt. Truppen
1949	Niederländisch-Indien wird als Indonesien unabhängig; NATO-Beitritt
1980	Königin Beatrix besteigt den Thron
1994	Wahlen; W. Kok (Sozialdemokrat) wird Ministerpräsident

Niederländische Antillen, die Westind. Inseln Curaçao, Bonaire, Sint Maarten (S-Teil), Sint Eustatius und Saba; autonomer Teil der Niederlande.

niederländische Kunst, die Kunst im Bereich der Niederlande und des heutigen Belgien (bis 1830; seit 1830 eigenständige belg. Kunst); die Kunst in den südl., habsburgisch gebliebenen Niederlanden von etwa 1600 bis 1800 wird auch als fläm. Kunst bezeichnet. Als stilist. Abgrenzung (»fläm. Schule«) fand sie bis etwa 1900 Anwendung. Anfang des 15. Jh. führten R. Campin und die Brüder van Eyck eine neue Wirklichkeitsmalerei ein. Neue Tiefen des Seelischen erschloss H. van der Goes. H. Bosch stellt einen Höhepunkt nord. Fantastik dar. Der bedeutendste Meister des 16. Jh. ist P. Bruegel d. Ä. Von überragender europ. Wirkung war die Malerei des 17. Jh., in dem sich stärker als bisher die barock bewegte fläm. und die malerisch stillere n. K. voneinander absetzen. Der fläm. Hauptmeister ist P. P. Rubens, neben dem A. van Dyck und J. Jordaens stehen. Von Rubens unabhängiger bleiben die Sittenbildmaler A. Brouwer und D. Teniers d. J. Die niederländ. Landschaftsmalerei entwickelte sich zu der heroisch gesteigerten Kunst J. van Ruisdaels. Unter den Innenraumbildern sind die J. Vermeer van Delfts am bedeutendsten. Alle schöpfer. Kräfte der niederländ. Malerei kommen bei Rembrandt zur Geltung. Im 18. Jh. verlor die n. K. ihre europ. Bedeutung. Erst mit dem späteren 19. Jh. begannen die Niederlande und Belgien wieder hervorzutreten (V. van Gogh, H. P. Berlage, C. E. Meunier, J. Ensor u. a.). Zu Beginn des 20. Jh. erreichen sie erneut internat. Bedeutung durch H. van de Velde (Belgien), die dem Jugendstil verwandte Stijlbewegung, durch P. Mondrian.

niederländische Sprache ist Schrift- und Umgangssprache der Niederlande **(Niederländisch)** und im westl. und nördl. Teil Belgiens **(Flämisch).** Die n. S. gehört zur german. Sprachgruppe, i. e. S. zum Niederfränkischen. Das bekannteste ältere Sprachdenkmal ist die Tierdichtung »Reinaert« (→Reinecke Fuchs). Die heutige n. S. hat sich seit dem Ende des 16. Jh. ausgebildet. Das **Afrikaans,** die Sprache der Buren, eine Tochtersprache der n. S., hat sich zur selbstständigen Hochsprache entwickelt.

Niederländisch-Guayana →Surinam.

Niederländisch-Indilen, umfasste bis 1945 die Großen Sunda-Inseln Sumatra, Java und Madura, Celebes, Borneo (zum Teil), die Kleinen Sunda-Inseln außer O-Timor, die Molukken sowie kleinere Nebeninseln, dazu den W Neuguineas; jetzt → Indonesien.

Niederlassungsfreiheit, Teil der → Freizügigkeit.

Niederösterreich, österr. Bundesland, 19172 km², 1,47 Mio. Ew.; Hptst.: St. Pölten, Verw.-Sitz war bis 1995 das ein eigenes Bundesland bildende Wien. N. liegt beiderseits der Donau zw. Ennsmündung im W und Marchmündung im O. Anbau: Getreide, Hackfrüchte, Obst, Wein; Waldwirtschaft; ⚒ auf Erdöl, Erdgas (Weinviertel, Marchfeld).

Niedersachsen, Land der Bundesrep. Dtl., 47577 km², 7,584 Mio. Ew.; Hptst.: Hannover. 4 Reg.-Bez.: Hannover, Lüneburg, Braunschweig, Weser-Ems. N. umfasst das Norddt. Tiefland zw. Ems und unterer Elbe mit den Ostfries. Inseln, den O-Teil des Weserberglands und den W-Harz. Sehr fruchtbare Gebiete (z. B. Marschland), daneben große Moor- und Geestgebiete (z. B. Teufelsmoor, Lüneburger Heide). Flüsse: Ems, Weser, Elbe, durch Kanäle (bes. Mittellandkanal) untereinander verbunden. Wirtschaft: Landwirtschaft (Ackerbau, Viehzucht); Moorkultivierung und Torfgewinnung; ⚒ auf Erdöl, Erdgas, Eisenerz (Salzgitter), Salz, Kali, Kohle; Ind.: Straßenfahrzeugbau, Nahrungs- und Genussmittelind., elektron. und elektrotechn. Ind. – N. wurde am 1. 11. 1946 aus der ehem. preuß. Prov. Hannover, den Ländern Braunschweig, Oldenburg, Schaumburg-Lippe und Lippe-Detmold und (seit 1. 1. 1947) Teilen des Landgebiets von Bremen gebildet. Min.-Präs.: G. Schröder (SPD, seit 1990).

Niederschlag, 1) ⚗ amorpher oder kristalliner Feststoff, der sich aus einer Lösung abscheidet. – **2)** Meteorologie: Verdichtung des in der Luft vorhandenen Wasserdampfs zu Nebel, Tau, Regen, Schnee, Hagel.

Niederschlagung, ⚖ **1)** Entscheidung der Finanzbehörde, einen Steueranspruch vorläufig nicht geltend zu machen. – **2)** → Abolition.

Niederspannung, ⚡ elektr. Spannung unter 1000 V gegen Erde.

Niederwald *der,* Bergrücken bei Rüdesheim, 350 m hoch, mit dem von J. Schilling 1871 bis 1883 geschaffenen **N.-Denkmal.**

Niehans, Paul, schweizer. Arzt, * 1882, † 1971; bekannt durch seine Frischzellenbehandlung.

Niello *das,* Verzierung von Metall, bes. Silber, durch schwärzl. Schmelz.

Nielsen, Asta, dän. Schauspielerin, * 1881, † 1972; Stummfilmstar.

Niemeyer, Oscar, brasilianischer Architekt, * 1907; plante und erbaute u. a. Brasília.

Niemöller, Martin, ev. Theologe, * 1892, † 1984; führender Vertreter der Bekennenden Kirche, 1938 bis 1945 im KZ; 1947 bis 1964 Kirchenpräsident der Ev. Kirche in Hessen und Nassau.

Nienburg (Weser), Krst. in Ndsachs., 30000 Ew.; Glas-, chem. Ind.; Rathaus (16. Jh., Weserrenaissance).

Niepce [njɛps], Joseph Nicéphore, frz. Offizier, * 1765, † 1833; einer der Erfinder der Fotografie (Niepcotypie); erfand ein Verfahren, auf lichtempfindl. Bitumenschichten fotograf. Bilder zu fixieren.

Niederösterreich Wappen

Niedersachsen Wappen

Niedersachsen. Verwaltungsgliederung

Kreisfreie Stadt
Sitz der Kreisverwaltung
Hannover Sitz des Regierungspräsidiums
Landeshauptstadt
Kreisgrenze
Grenze der Regierungsbezirke
0 60 km
Die Kreise sind nach ihren Verwaltungssitzen benannt, wenn nicht anders angegeben.

Niger

Staatswappen

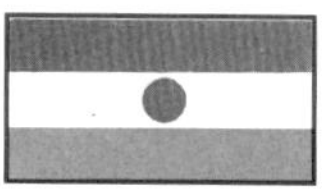
Staatsflagge

Internationales Kfz-Kennzeichen

Niere *die,* das paarige Organ der Harnabsonderung. Beim Menschen liegen die beiden N. an der hinteren Bauchwand beiderseits der Wirbelsäule in Höhe der 12. (letzten) Rippe, eingehüllt in fettreiches Bindegewebe **(N.-Kapsel).** Gestalt bohnenförmig, Länge etwa 11 cm. Die N.-Substanz besteht aus der äußeren Rindenschicht, die die **N.-Körperchen** (Glomeruli) enthält, und der inneren Markschicht mit den Harnkanälchen. Diese sammeln sich zu Ausflussröhrchen, aus denen der Harn in das N.-Becken und weiter in den Harnleiter abfließt.
N.-Krankheiten: Nierenbeckenentzündung (Pyelitis), Entzündung der Nierenbeckenschleimhaut mit Rückenschmerzen und Fieber, entsteht meist als Folge einer Harnblasenentzündung. **N.-Entzündung** (Nephritis), bakterielle Infektion, die bes. N.-Körperchen betrifft und damit zu Störungen der Harnbildung führt; hohes Fieber, Gesichtsschwellungen (Ödem), erhöhter Blutdruck und Eiweißharnen sind die wesentl. Anzeichen. Komplikationen können auftreten durch Harnvergiftung und **N.-Abszess.** Chron. N.-Entzündung kann zu einer Schrumpf-N. führen. **N.-Kolik,** heftiger Schmerzanfall bei Vorhandensein von N.-Steinen.

Nierenbaum, eine tropisch-südamerikan. Baumgattung; **Westind. N.,** Tropenobstbaum.

Nierenversagen, plötzl. Ausfall der Nierenfunktion, oft bedingt durch von der Niere unabhängige Ursachen (z. B. Schockzustand, Gift); meist folgt eine völlige Wiederherstellung.

Niers, *die,* re. Nebenfluss der Maas, entspringt bei Mönchengladbach, mündet bei Gennap in den Niederlanden.

Nießbrauch [mhdt. niez »Nutzen«], ⚖ dingl. Recht, eine fremde bewegl. Sache, ein fremdes Grundstück oder Recht zu nutzen. Der N. ist weder übertragbar noch vererblich.

Nieswurz *die,* **Schwarze N., Christrose,** Hahnenfußgewächs mit giftigem Wurzelstock, der gepulvert Niesen erregt; im Winter rötlich weiße Blüten.

Friedrich Nietzsche

Nietzsche, Friedrich, dt. Philosoph, * 1844, † 1900; seit 1889 geistesgestört. Seine Jugendschriften, von Schopenhauer und der Musik R. Wagners beeinflusst, spiegeln eine neue Auffassung des Griechentums (»Geburt der Tragödie aus dem Geiste der Musik«, 1872). Nach dem Bruch mit Wagner wandte er sich kritisch gegen seine Zeit und sucht als Wortführer eines Nihilismus die gesamte abendländ. Geistestradition als ein Geschehen der Entwertung der höchsten Werte zu deuten (»Gott ist tot!«). In seinem Hauptwerk »Also sprach Zarathustra« (1883 bis 1891) legte er dann seine Lehren vom »Willen zur Macht«, der »ewigen Wiederkehr des Gleichen« und der »Umwertung aller (bisherigen höchsten) Werte« dar; Ziel ist die Überwindung des Menschen auf den Übermenschen hin. N. war ein Meister der Sprache und hat als Deuter der Kulturkrise des späten 19. Jh. im 20. Jh. vielfältig nachgewirkt.

Nieuwe Maas ['ni:wə -], dt. **Neue Maas,** Hauptarm des Rheindeltas, von dem der **Nieuwe Waterweg** abzweigt, die Verbindung Rotterdams mit der Nordsee.

Nife, *das,* Abk. für die Materie des Erdkerns, die im Wesentlichen aus Nickel **(Ni)** und Eisen **(Fe)** bestehen soll.

Niflheim [»Nebelwelt«], in der nord. Göttersage die Unterwelt; Ggs.: Muspelheim.

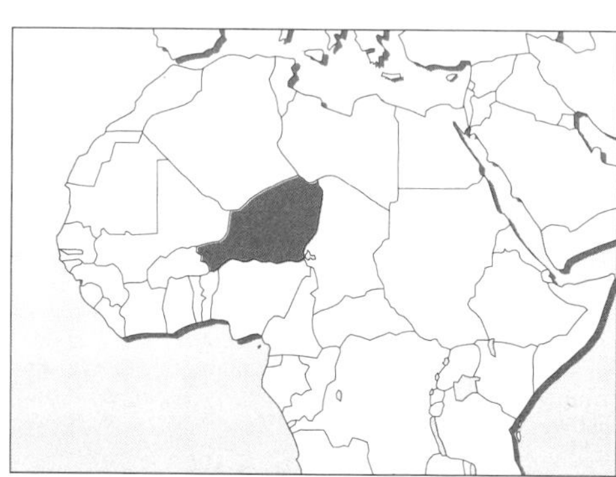

Niger, Rep. in Afrika, in der südl. Sahara, 1,267 Mio. km², 8,25 Mio. Ew. (Hausa, Fulbe, Tuareg u. a., viele Nomaden und Oasenbewohner; 85 % Muslime); Hptst.: Niamey; Amtssprache: Französisch. Die Verf. vom März 1993 wurde nach dem Militärputsch vom Januar 1996 suspendiert und 1996 eine neue Verf. in Kraft gesetzt. – Überwiegend Wüste; im S (vom mittleren Niger bis zum Tschadsee) Anbau von Hirse, Maniok, Erdnüssen u. a., in den Steppengebieten und Oasen Weideland (Ziegen, Rinder, Schafe). Uranvorkommen; ⚒ auf Salz, Zinn u. a. Wenig Ind. Ausfuhr: Uran, Erdnüsse u. a.; Haupthandelspartner: Frankreich. ✈: Niamey. – Ehem. Gebiet von Frz.-Westafrika, 1960 unabhängig.

Niger *der,* größter Strom W-Afrikas, entspringt in Oberguinea, mündet mit einem Delta in den Golf von Guinea, 4 160 km lang; auf weite Strecken schiffbar; Nebenfluss Benue. Bei Kainji Stausee. Im Delta können Hochseeschiffe die Häfen von Burutu, Warri und Port Harcourt erreichen. Große Bedeutung haben der Fischfang im N. sowie die Erdölvorkommen im Delta.

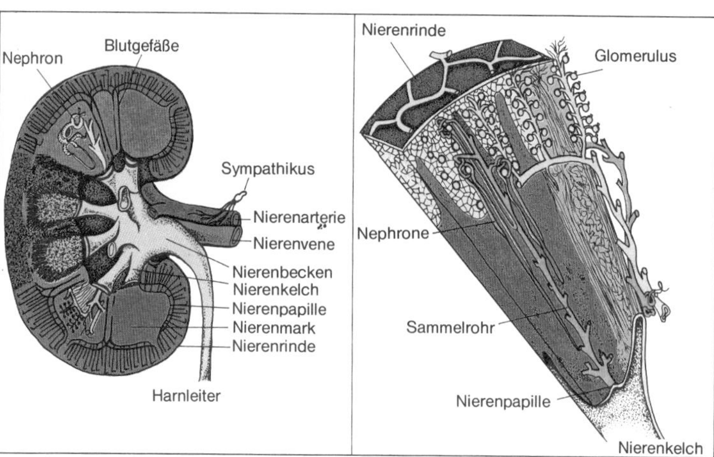

Längsschnitt durch die **Niere** des Menschen (links) und durch eine Nierenpapille (rechts)

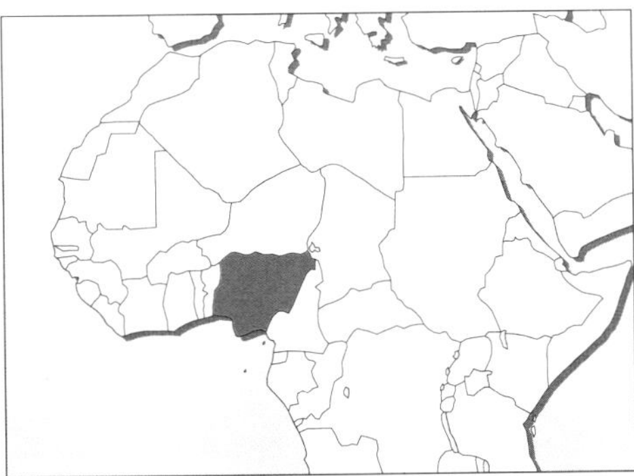

Nigeria, Bundesrep. in Afrika, beiderseits des unteren Niger und des Benue, 923 768 km², 115,66 Mio. Ew.; Hptst.: Abuja; Amtssprache: Englisch.

Verfassung von 1979 nach Militärputsch von 1983 außer Kraft und in geänderter Form 1984 und 1985 per Dekret wieder in Kraft gesetzt, 1993 erneut suspendiert; an der Spitze des Staats steht ein Präs., Parlament (2 Kammern); Bundesstaat mit Verw.-Einteilung (seit 1976) in 30 Staaten.

Landesnatur. An der Guineaküste Tiefland (Mangroven, trop. Regenwald), anschließend welliges Hochland mit Savanne (im Bauchi-Hochland bis 2000 m hoch).

Bevölkerung. Wichtigste der vielen Stämme: Hausa, Ibo, Yoruba, Fulbe. Religion: rd. 45% Muslime (bes. im N), 38% Christen (bes. im S), Naturreligionen.

Wirtschaft. Anbau von Yamswurzeln, Maniok, Hirse, Erdnüssen, Mais, Palmkernen, Baumwolle, Kakao, Kautschuk, Sojabohnen. Viehzucht bes. im N; Fischerei. ⚒ auf Erdöl, Erdgas, Zinn, Columbit. Nahrungsmittel-, chem., Textilind. Nigerstaudamm im Bau. Ausfuhr: Erdnüsse, Kakao, Palmkerne und -öl; Erdöl, Zinn. Haupthandelspartner: EU-Länder. ⚓: Lagos, Port Harcourt; internat. ✈: Lagos, Kano.

Geschichte. Seit dem MA. bestanden auf dem Gebiet des heutigen N. große Reiche. Das von Portugiesen entdeckte Gebiet geriet seit dem 18. Jh. unter brit. Handelsvorherrschaft. 1861 besetzten die Briten Lagos, nach 1880 das Hinterland; 1914 wurde N. brit. Kolonie, 1960 unabhängig, 1963 Rep., 1966 kam es zu Militärputschen und zu schweren Ausschreitungen gegen die Ibo. 1967 erklärte Oberst O. Ojukwu die Unabhängigkeit der Staaten der Ostregion unter dem Namen **Biafra.** Es kam zum blutigen Bürgerkrieg. Die Truppen Biafras wurden besiegt und mussten sich 1970 ergeben. Präs.: General S. Abacha (seit 1993).

Nightingale ['naɪtɪŋgeɪl], Florence, *1820, †1910; organisierte im Krimkrieg die freiwillige Krankenpflege.

Nihilismus [lat. nihil »nichts«] *der,* grundsätzl. Leugnung gültiger Erkenntnisse und allgemein verbindl. Werte, Grundbegriff der Philosophie Nietzsches. Die Existenzphilosophie gelangt, indem sie die Begriffe des Nichts und der absoluten Freiheit betont, zuweilen zu nihilist. Folgerungen.

Niigata, jap. Hafenstadt, an der W-Küste von Honshū, 486 000 Ew.; Erdöl- u. a. Industrie.

Nijinski [niʒ-], Vaclav, russ. Tänzer und Choreograph, *1888 oder 1889, †1950.

Nike, griech. Göttin des Sieges, geflügelt dargestellt.

Nikias, athen. Feldherr im Peloponnes. Krieg, *um 470 v. Chr., †(hingerichtet) 413; schloss 421 v. Chr. mit Sparta den »N.-Frieden«.

Nikkō, jap. Stadt auf Honshū, 25 500 Ew.; Tempel, Pagoden; Nationalpark.

Nikobaren, ind. Inselgruppe im Bengal. Meer; → Andamanen.

Nikodemus, Anhänger Jesu (Joh. 3).

Nikolais [nɪkə'lɑːɪz], Alwin, amerikanischer Choreograph, *1912, †1993; entwickelte »Sound and vision pieces« als Sonderform des Mixed-Media-Balletts.

Nikolajew, Schwarzmeerhafen in der Ukraine, 509 000 Ew.; Schiffbau, Industrie.

Nikolaus, Herrscher. **Russland 1) N. I.,** Kaiser (1825 bis 1855), *1796, †1855; besiegte 1828/29 die Türken, warf den poln. Aufstand von 1830/31 nieder, wirkte als Vertreter des strengsten Absolutismus auch auf die dt. Verhältnisse ein, unterlag im Krimkrieg. – **2) N. II.,** Kaiser (1894 bis 1917), *1868, †1918; regte die erste Haager Friedenskonferenz von 1899 an, verlor den Krieg gegen Japan 1904/05, musste infolge der Revolution von 1905 eine Verf. gewähren, wurde 1917 gestürzt und mit seiner Familie 1918 von den Bolschewiki ermordet.

Nikolaus, Päpste: **1) N. I.** (858 bis 867), *um 800, †867; verfocht die höchsten päpstl. Machtansprüche gegen die karoling. Könige und Bischöfe. – **2) N. V.** (1447 bis 1455), *1397, †1455; der erste Renaissancepapst, gründete die Vatikan. Bibliothek.

Nikolaus von der Flüe, gen. **Bruder Klaus,** schweizer. Einsiedler, Mystiker; Patron des Kt. Obwalden, *1417, †1487; verhütete die Spaltung der Eidgenossenschaft; Heiliger (Tag: 25. 9.).

Nikolaus von Kues [-kuːs], **Cusanus,** *1401, †1464; Denker, der von der Scholastik zur neuzeitl. Philosophie überleitet; schied zw. verstandesmäßiger Erkenntnis und myst. Anschauung, die zu Gott, der Einheit aller Gegensätze (Coincidentia Oppositorum), führt.

Nikolaus von Myra, Bischof von Myra (Lykien), *um 270, †342; legendärer Heiliger, Patron der Schiffer, Kaufleute, Bäcker, Schüler u. a. (Tag: 6. 12.); beschenkt im Volksglauben am Vorabend oder in der Nacht seines Festtags **(N.-Tag)** die Kinder.

Nikolaus von Verdun [vɛr'dœ̃], lothring. Goldschmied und Emailmaler, nachweisbar zw. 1181 und 1205; schuf vergoldete und emaillierte Kupfertafeln des »Verduner Altars« (heute in Klosterneuburg bei Wien); Dreikönigsschrein im Kölner Dom.

Nikolsburg, tschech. **Mikulov,** Stadt in der ČR, in S-Mähren; **Vorfriede von N.** im Deutschen Krieg von 1866.

Nikomedia, im Altertum Hptst. Bithyniens, Residenz des röm. Kaisers Diokletians.

Nikosia, griech. **Leukosia,** türk. **Lefkosa,** Hptst. der Rep. Zypern, 147 000 Ew.; Sitz sowohl der griechisch-zypriot. wie auch der türkisch-zypriot. Reg.; die Demarkationslinie verläuft seit 1974 durch die Stadt. Sitz des Erzbischofs der orth. Kirche von Zypern; Univ. (im griech. Teil); Moscheen, Kirchen.

Nikotin [nach Jean Nicot, *1530, †1600, der die Tabakpflanze nach Frankreich brachte] *das,* farblose, in Wasser leicht lösl. Flüssigkeit, in Form von Salzen in den Samen und Blättern des Tabaks. N. ist ein starkes Gift, wirkt in kleinen Mengen anregend, in größeren lähmend auf Gehirn, Atmung, Verdauung, Herztätigkeit.

Nil *der,* Strom in Afrika, 6671 km lang. Als Quellfluss gilt der in den Victoriasee mündende **Kagera.** Als **Victoria-N.** verlässt er den See. Er fließt als Bahr el-Djebel, dann als **Weißer N.** nordwärts, vereinigt sich bei Khartum mit dem **Blauen N.** Von hier an durchströmt er Wüstengebiet und nimmt als letzten Nebenfluss den Atbara auf. Der N. mündet in einem 24 000 km² großen Delta mit den Hauptarmen Damiette und Rosette in das Mittelmeer. Um Dauerbewässerung und damit mehrmalige Ernten im Jahr zu erreichen, wurden Wehre und Staudämme gebaut (vorher jährliche Hochwasser, die **N.-Schwelle).** Bes. durch den Bau des Damms bei Assuan treten negative ökolog. Folgen auf: die Versalzung der Anbauflächen sowie durch

Nigeria

Staatswappen

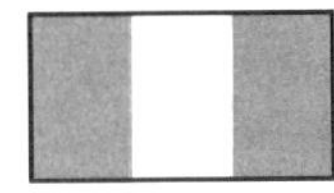
Staatsflagge

Internationales Kfz-Kennzeichen

Nîmes
Stadtwappen

Nimwegen
Stadtwappen

Nizza
Stadtwappen

Richard M. Nixon

Alfred Nobel

den Rückhalt des fruchtbaren N.-Schlamms im Nassersee Rückgang des Fischbestands und der Bodenfruchtbarkeit. Der N. ist zw. dem 4. und 3. Katarakt (insgesamt hat er 7 Stromschnellen), auf dem Nassersee und ab Assuan schiffbar.

Niloten, Völker in O-Afrika (Dinka, Nuer, Massai u. a.).

Nilpferd → Flusspferde.

Nilsson, Birgit, schwed. Sängerin (lyr., später hochdramat. Sopran), * 1918; v. a. Wagner-Interpretin.

Nimbus *der,* **1)** Heiligenschein. – **2)** Ansehen, Weihe.

Nîmes [ni:m], Stadt in S-Frankreich, 133 600 Ew.; alte Kathedrale, Reste röm. Bauwerke, Tempel (1. Jh.), in der Nähe röm. Aquädukt; Weinbau, Konserven- u. a. Ind. – N. war ein Hauptsitz der Hugenotten.

Nimrod [nach 1. Mos. 10,9] *der,* Städteerbauer und großer Jäger.

Nimwegen, niederländ. **Nijmegen,** Stadt in den Niederlanden, an der Waal, 145 500 Ew.; Univ., Ind. (Papier, Textilien, Elektrotechnik, Kunstfasern, Schiffbau u. a.), Handel. Im **Frieden von N.** 1678/79 erhielt Ludwig XIV. von Frankreich die Freigrafschaft Burgund und einige belg. Grenzstädte von den Spaniern.

Nin, Anaïs, amerikanische Schriftstellerin, * 1903, † 1977; Tagebücher (10 Bände) mit lyr. Reflexionen und poetisch-intimen erot. Erzählungen.

Ningbo, Hafenstadt in Mittelchina, 551 000 Ew.; Konservenind., Schiff- und Motorenbau.

Ningxia Huizu Zishiqu [nıŋçia hweıtsu tsiʃitʃu], Autonome Region in N-China, 66 000 km², 4,87 Mio. Ew. (Hui; chin. Muslime); Hptst.: Yinchuan. Reis, Weizen, Leinsaat; Schafzucht.

Ninive, alte Stadt am oberen Tigris, gegenüber Mosul, unter den Assyrern Hptst., 612 v. Chr. von Nabopolassar zerstört.

Niob *das,* Symbol **Nb,** chem. Element, seltenes, chem. sehr widerstandsfähiges Metall, in allen Säuren unlöslich; OZ 41, relative Atommasse 92,9064, D 8,58 g/cm³, Fp 2 468 °C; kommt in der Natur meist mit Tantal vor.

Niobe, griech. Sage: Gemahlin des theban. Königs, dem sie 14 Kinder schenkte. Übermütig höhnte sie die Göttin Leto, die nur 2 Kinder, Apollon und Artemis, hatte; diese töteten N.s Kinder vor deren Augen mit Pfeilen.

Nipkow [-ko], Paul, dt. Ingenieur, * 1860, † 1940; erfand die **N.-Scheibe** (mechan. Bildzerleger), die die Entwicklung des Fernsehens vorantrieb.

Nippel, kurzes Rohrstück mit Gewinde zur Befestigung oder Verbindung von Teilen. Ein **Schmier-N.** schließt mit einem Rückschlagventil eine Schmierstelle ab.

Nippflut → Gezeiten.

Nippon, jap. Name von Japan.

Nirvana [Sanskrit »das Verlöschen«] *das,* im Buddhismus: das Aufhören des Daseinsdurstes, das nach dem Tode eine Wiedergeburt unmöglich macht; im Brahmanismus: Aufgehen der Einzelseele im Absoluten.

Niš [ni:ʃ], **Nisch,** Stadt in Serbien, 231 000 Ew.; Bahnknoten, Tabak-, Textilindustrie.

Nischnij Nowgorod, 1932 bis 1990 **Gorkij,** russ. Gebiets.-Hptst., an der Mündung der Oka in die Wolga, 1,5 Mio. Ew.; Erdölraffinerie, Autowerk, ✈. – 1221 gegründet, Mitte des 17. Jh. Gründung eines bed. Klosters und mehrerer Kirchen.

Nischnij Tagil, Stadt im Ural, Russland, 423 000 Ew.; Hüttenwerke, chem. u. a. Ind., Bergbau.

Nishinomiya [niʃi-], jap. Stadt auf Honshū, 426 900 Ew.; Univ.; Erzverhüttung.

Nitrate, Salze der Salpetersäure.

Nitride, Stickstoffverbindungen der Metalle.

Nitrieren, 1) Nitrogruppen in organ. Verbindungen einführen. – **2)** Art des Oberflächenhärtens von Stahl.

Nitrifikation, Bindung und Weiterverarbeitung freien Stickstoffs durch **nitrifizierende Bakterien,** z. B. Knöllchenbakterien.

Nitrite, Salze der salpetrigen Säure, HNO_2.

Nitrobenzol, schwach gelbl., wie Bittermandelöl riechende, giftige Flüssigkeit; dient zur Herstellung von Anilin, findet Verwendung als Riechstoff für billige Seifen.

Nitroglycerin, 1) **Glycerintrinitrat,** ölige, explosible Flüssigkeit, → Dynamit. – **2)** krampflösend bei Angina pectoris.

Nitrozellulose, ein explosibler, gelblich weißer Stoff; entsteht durch Nitrieren von Zellulose. Schwach nitrierte Zellulose ergibt **Kollodiumwolle** (Ausgangsmaterial für Zelluloid), stärker nitrierte **Schießbaumwolle.**

Niue [ni:ˈueı], neuseeländ. Insel östlich der Tonga-Inseln, 259 km², rd. 4 000 meist polynes. Einwohner.

Niveau [niˈvo:] *das,* **1)** waagerechte Fläche. – **2)** Rang, Stufe.

nivellieren [zu Niveau], **1)** Unterschiede ausgleichen, beseitigen. – **2)** Vermessung: Bestimmen von Höhen auf geometr. Wege, bes. mit dem **Nivelliergerät,** einem Präzisionsinstrument mit Zielfernrohr und Libelle, und der **Nivellierlatte** (3 oder 5 m hoch, mit Skala).

Nix, Neck, Nöck *der,* german Sage: Wassergeist; weiblich: die **Nixe.**

Nixon [nıxn], Richard Milhouse, amerikan. Politiker (Republikaner), * 1913, † 1994; 1953 bis 1961 Vizepräs., 1969 bis 1974 der 37. Präs. der USA. Er bemühte sich um einen Abbau des militär. Engagements der USA im Vietnamkrieg und beendete die Politik der Nichtanerkennung gegenüber der VR China. Er musste 1974 wegen der Watergate-Affäre zurücktreten.

Nizza, frz. **Nice,** Kurort an der frz. Riviera, 345 600 Ew.; Festung, Parkanlagen, Univ., Theater, Museen (u. a. Nationalmuseum Marc Chagall), Spielkasino, Blumenfeste. – N., im 4. Jh. v. Chr. von Griechen gegr., kam 1388 an Savoyen-Piemont, 1860 an Frankreich.

n-Leitung, die Elektronenleitung in Halbleitern.

NN, Abk. für → Normalnull.

N. N. [aus lat. nomen nescio »Namen weiß ich nicht«], irgendjemand.

Nō, klass. jap. Drama mit Musik, Tanz.

No, chem. Symbol für Nobelium.

Noah, A. T.: der mit seinen Söhnen Sem, Ham, Japhet aus der Sintflut in der Arche gerettete Stammvater der heutigen Menschheit.

Nobel, Alfred, schwed. Chemiker, * 1833, † 1896; erfand Dynamit und Sprenggelatine, errichtete die Nobelstiftung (Nobelpreis).

Nobelium *das,* Symbol **No,** künstlich hergestelltes radioaktives Element, OZ 102 (Transuran).

Nobelpreis. A. Nobel hinterließ sein Vermögen (31 Mio. schwed. Kronen) einer Stiftung für verdiente Männer und Frauen aller Länder. Seit 1901 wurden i. d. R. 5, seit 1969 werden 6 Preise von (1995) je (umgerechnet) etwa 1,6 Mio. DM für Physik, Chemie, Physiologie oder Medizin, Literatur, Wirtschaftswiss. und Bemühungen um den Völkerfrieden verliehen. Die ersten 5 verteilt die Schwed. Akademie in Stockholm, den Friedenspreis das norweg. Storting in Oslo (Nobelpreisträger, ÜBERSICHT, S. 643 ff.).
Der »alternative N.« **(Right Livelyhood Award)** wurde 1980 von J. v. Uexküll begründet, vergeben für »prakt. und exemplar. Lösungen der wirkl. Probleme unserer Zeit«.

Nobile, Umberto, ital. General, * 1885, † 1978; überflog 1926 mit dem Luftschiff »Norge« den Nordpol, leitete 1928 die (missglückte) Polarexpedition mit dem Luftschiff »Italia«.

Nobelpreisträger 1901 bis 1997

Chemie

1901 J. H. van't Hoff NL
1902 E. H. Fischer D
1903 S. A. Arrhenius S
1904 Sir W. Ramsay GB
1905 A. von Baeyer D
1906 H. Moissan F
1907 E. Buchner D
1908 Sir E. Rutherford GB
1909 W. Ostwald D
1910 O. Wallach D
1911 M. S. Curie F
1912 V. Grignard F
P. Sabatier F
1913 A. Werner CH
1914 T. W. Richards USA
1915 R. M. Willstätter D
1918 F. Haber D
1920 W. H. Nernst D
1921 F. Soddy GB
1922 F. W. Aston GB
1923 F. Pregl A
1925 R. A. Zsigmondy D
1926 T. Svedberg S
1927 H. O. Wieland D
1928 A. O. R. Windaus D
1929 H. K. A. S. von Euler Chelpin S
A. Harden GB
1930 H. Fischer D
1931 F. Bergius D
C. Bosch D
1932 I. Langmuir USA
1934 H. C. Urey USA
1935 J. F. Joliot-Curie F
I. Joliot-Curie F
1936 P. J. W. Debye NL
1937 Sir W. N. Haworth GB
P. Karrer CH
1938 R. Kuhn D
1939 A. F. J. Butenandt D
L. Ružička CH
1943 G. K. de Hevesy H
1944 O. Hahn D
1945 A. I. Virtanen FIN
1946 J. H. Northrop USA
W. M. Stanley USA
J. B. Sumner USA
1947 Sir R. Robinson GB
1948 A. W. K. Tiselius S
1949 W. F. Giauque USA
1950 K. Alder D
O. P. H. Diels D
1951 E. M. McMillan USA
G. T. Seaborg USA
1952 A. J. P. Martin GB
R. L. M. Synge GB
1953 H. Staudinger D
1954 L. C. Pauling USA
1955 V. du Vigneaud USA
1956 Sir C. N. Hinshelwood GB
N. N. Semjonow SU
1957 Lord A. R. Todd GB
1958 F. Sanger GB
1959 J. Heyrovský ČSSR
1960 W. F. Libby USA
1961 M. Calvin USA
1962 Sir J. C. Kendrew GB
M. F. Perutz GB
1963 G. Natta I
K. Ziegler D
1964 D. Crowfoot-Hodgkin GB
1965 R. B. Woodward USA
1966 R. S. Mulliken USA
1967 M. Eigen D
R. G. W. Norrish GB
G. Porter GB
1968 L. Onsager USA
1969 Sir D. H. Barton GB
O. Hassel N
1970 L. F. Leloir RA
1971 G. Herzberg CDN
1972 C. B. Anfinsen USA
S. Moore USA
W. H. Stein USA
1973 E. O. Fischer D
G. Wilkinson GB
1974 P. J. Flory USA
1975 V. Prelog CH
Sir J. W. Cornforth GB
1976 W. N. Lipscomb USA
1977 I. Prigogine B
1978 P. Mitchell GB
1979 G. Wittig D
1979 H. C. Brown USA
1980 F. Sanger GB
W. Gilbert USA
P. Berg USA
1981 K. Fukui J
R. Hoffmann USA
1982 A. Klug GB
1983 H. Taube USA
1984 R. B. Merrifield USA
1985 H. A. Hauptman USA
J. Karle USA
1986 D. R. Herschbach USA
Y. T. Lee USA
J. C. Polanyi USA
1987 C. J. Pedersen USA
J.-M. Lehn USA
D. J. Cram USA
1988 J. Deisenhofer D
R. Huber D
H. Michel D
1989 S. Altman CDN
T. R. Cech USA
1990 E. J. Corey USA
1991 R. Ernst CH
1992 R. A. Marcus USA
1993 K. B. Mullis GB
M. Smith GB
1994 G. Olah USA
1995 P. Crutzen NL
M. J. Molina USA
F. S. Rowland USA
1996 R. F. Curl USA
H. W. Kroto GB
R. E. Smalley USA
1997 P. D. Boyer USA
J. C. Skou DK
J. E. Walker GB

Erhaltung des Friedens

1901 H. Dunant CH
F. Passy F
1902 É. Ducommun CH
C. A. Gobat CH
1903 Sir W. R. Cremer GB
1904 Institut de droit international, Gent
1905 B. von Suttner A
1906 T. Roosevelt USA
1907 L. Renault F
E. T. Moneta I
1908 K. P. Arnoldson S
F. Bajer DK
1909 A. M. F. Beernaert B
P. B. Baron de Constant de Rebecque d'Estournelles F
1910 Bureau international permanent de la Paix, Bern CH
1911 T. M. C. Asser NL
A. H. Fried A
1912 E. Root USA
1913 H. La Fontaine B
1917 Comité internationa de la Croix-Rouge, Genf CH
1919 T. W. Wilson USA
1920 L. V. A. Bourgeois F
1921 H. Branting S
C. Lange N
1922 F. Nansen N
1925 Sir J. A. Chamberlain GB
C. G. Dawes USA
1926 A. Briand F
G. Stresemann D
1927 F. Buisson F
L. Quidde D
1929 F. B. Kellogg USA
1930 L. O. N. Söderblom S
1931 J. Addams USA
N. M. Butler USA
1933 Sir N. R. L. Angell GB
1934 A. Henderson GB
1935 C. von Ossietzky D
1936 C. Saavedra Lamas RA
1937 Lord R. G. Cecil of Chelwood GB
1938 Office international Nansen pour les réfugiés, Genf CH
1944 Comité international de la Croix-Rouge, Genf CH
1945 C. Hull USA
1946 E. Balch USA
J. R. Mott USA
1947 The Quakers: American Friend's Service Committee, Washington USA
Friends Service Council, London GB
1949 Lord J. Boyd Orr of Brechin GB
1950 R. J. Bunche USA
1951 L. Jouhaux F
1952 A. Schweitzer F
1953 G. C. Marshall USA
1954 Office de l'UNHCR (UN-Hochkommissar für Flüchtlinge), Genf CH
1957 L. B. Pearson CDN
1958 G. Pire B
1959 P. Noel-Baker GB
1960 A. J. Luthuli ZA
1961 D. H. A. G. Hammarskjöld S
1962 L. C. Pauling USA
1963 Comité international de la Croix-Rouge, Genf CH
1964 M. L. King USA
1965 UNICEF
1968 R. Cassin F
1969 Internationale Arbeitsorganisation, Genf CH
1970 N. E. Borlaug USA
1971 W. Brandt D
1973 H. A. Kissinger USA
Le Duc Tho VN
1974 S. MacBride IRL
E. Satō J
1975 A. D. Sacharow SU
1976 M. Corrigan GB
B. Williams GB
1977 Amnesty International
1978 M. Begin IL
M. A. as-Sadat ET
1979 Mutter Teresa IND
1980 A. Pérez Esquivel RA
1981 Office de l'UNHCR (UN-Hochkommissar für Flüchtlinge), Genf CH
1982 A. Myrdal S
A. García Robles MEX
1983 L. Wałęsa PL
1984 D. Tutu ZA
1985 Internat. Ärzte zur Verhütung des Atomkrieges
1986 E. Wiesel USA
1987 O. A. Sánchez CR
1988 UN-Friedenstruppe
1989 Dalai-Lama Tibet
1990 M. S. Gorbatschow SU
1991 Aung San Suu Kyi BUR
1992 R. Menchú GCA
1993 F. W. de Klerk ZA
N. Mandela ZA
1994 J. Arafat Palästina
S. Peres IL
I. Rabin IL
1995 J. Rotblat GB
Pugwash-Bewegung
1996 C. F. X. Belo RI
J. R. Horta RI
1997 J. Williams USA
Internat. Kampagne zur Ächtung von Landminen

Literatur

1901 R. F. A. Sully Prudhomme F
1902 T. Mommsen D
1903 B. Bjørnson N
1904 J. Echegaray E
1904 F. Mistral F
1905 H. Sienkiewicz PL
1906 G. Carducci I
1907 R. Kipling GB
1908 R. C. Eucken D
1909 S. Lagerlöf S
1910 P. J. F. Heyse D
1911 M. Maeterlinck B
1912 G. Hauptmann D
1913 R. Tagore IND
1915 R. Rolland F
1916 V. von Heidenstam S
1917 K. Gjellerup DK
H. Pontoppidan DK
1919 C. Spitteler CH
1920 K. Hamsun N
1921 A. France F
1922 J. Benavente E
1923 W. B. Yeats IRL
1924 W. S. Reymont PL
1925 G. B. Shaw GB
1926 G. Deledda I
1927 H. Bergson F
1928 S. Undset N
1929 T. Mann D
1930 S. Lewis USA
1931 E. A. Karlfeldt S
1932 J. Galsworthy GB
1933 I. A. G. Bunin, staatenlos
1934 L. Pirandello I
1936 E. O'Neill USA
1937 R. Martin du Gard F
1938 P. S. Buck USA
1939 F. E. Sillanpää FIN
1944 J. V. Jensen DK
1945 G. Mistral RCH
1946 H. Hesse CH
1947 A. Gide F
1948 T. S. Eliot GB
1949 W. Faulkner USA
1950 Earl B. A. W. Russell GB
1951 P. Lagerkvist S
1952 F. Mauriac F

Nobelpreisträger 1901 bis 1997
(Fortsetzung)

Literatur (Fortsetzung)

1953 Sir W.L. Churchill GB
1954 E. Hemingway USA
1955 H.K. Laxness IS
1956 J.R. Jiménez E
1957 A. Camus F
1958 B.L. Pasternak SU
1959 S. Quasimodo I
1960 Saint-John Perse F
1961 J. Andric YU
1962 J. Steinbeck USA
1963 G. Seferis GR
1964 J.-P. Sartre F
1965 M.A. Scholochow SU
1966 S.J. Agnon IL
N. Sachs S
1967 M.A. Asturias GCA
1968 Y. Kawabata J
1969 S. Beckett IRL
1970 A.I. Solschenizyn SU
1971 P. Neruda RCH
1972 H. Böll D
1973 P. White AUS
1974 E. Johnson S
H. Martinson S
1975 E. Montale I
1976 S. Bellow USA
1977 V. Aleixandre E
1978 I.B. Singer USA
1979 O. Elytis GR
1980 C. Milosz USA
1981 E. Canetti GB
1982 G. García Márquez CO
1983 W. Golding GB
1984 J. Seifert ČSSR
1985 C. Simon F
1986 W. Soyinka WAN
1987 I.A. Brodskij USA
1988 N. Mahfus ET
1989 C.J. Cela E
1990 O. Paz MEX
1991 N. Gordimer ZA
1992 D. Walcott WL
1993 T. Morrison USA
1994 K. Oe J
1995 S.J. Heaney IRL
1996 W. Szymborska PL
1997 D. Fo I

Physiologie oder Medizin

1901 E.A. von Behring D
1902 Sir R. Ross GB
1903 N.R. Finsen DK
1904 I.P. Pawlow R
1905 R. Koch D
1906 C. Golgi I
S. Ramón y Cajal E
1907 C.L.A. Laveran F
1908 P. Ehrlich D
I.I. Metschnikow R
1909 E.T. Kocher CH
1910 A. Kossel D
1911 A. Gullstrand S
1912 A. Carrel USA
1913 C.R. Richet F
1914 R. Bárány H
1919 J. Bordet B
1920 S.A.S. Krogh DK
1922 Sir A.V. Hill GB
O.F. Meyerhof D
1923 Sir F.G. Banting CDN
J.J.R. Macleod CDN
1924 W. Einthoven NL
1926 J.A.G. Fibinger DK
1927 J. Wagner-Jauregg AG
1928 C.J.H. Nicolle F
1929 C Eijkman NL
Sir F.G. Hopkins GB
1930 K. Lansteiner A
1931 O.H. Warburg D
1932 Lord E.D. Adrian GB
Sir C.S. Sherrington GB
1933 T.H. Morgan USA
1934 G.R. Minot USA
W.P. Murphy USA
G.H. Whipple USA
1935 H. Spemann D
1936 Sir H.H. Dale GB
O. Loewi USA
1937 A. von Szent-Györgyi H
1938 C.J.F. Heymans B
1939 G. Domagk D
1943 H.C.P. Dam DK
E.A. Doisy USA
1944 J. Erlanger USA
H.S. Gasser USA
1945 E.B. Chain GB
Sir A. Fleming GB
Sir W.H. Florey GB
1946 H.J. Muller USA
1947 C.F. Cori USA
G.T. Cori USA
B.A. Houssay RA
1948 P.H. Muller USA
1949 W.R. Hess CH
A.C. Moniz-Egas P
1950 P.S. Hench USA
E.C. Kendall USA
T. Reichstein CH
1951 M. Theiler ZA
1952 S.A. Waksman USA
1953 H.K. Krebs GB
F.A. Lipmann USA
1954 J.F. Enders USA
F.C. Robbins USA
T.H. Weller USA
1955 A.H.T. Theorell S
1956 A.F. Cournand USA
W. Forßmann D
D.W. Richards jr. USA
1957 D. Bovet I
1958 G.W. Beadle USA
J. Lederberg USA
E.L. Tatum USA
1959 A. Kornberg USA
S. Ochoa USA
1960 Sir F.M. Burnet AUS
Sir P.B. Medawar GB
1961 G. von Békésy USA
1962 F.H.C. Crick GB
J.D. Watson USA
M.H.F. Wilkins GB
1963 Sir J.C. Eccles AUS
1963 Sir A.L. Hodgkin GB
Sir A.F. Huxley GB
1964 K. Bloch USA
F.F.K. Lynen D
1965 F. Jacob F
A. Lwoff F
J. Monod F
1966 C.B. Huggins USA
F.P. Rous USA
1967 R.A. Granit S
H.K. Hartline USA
G. Wald USA
1968 R.W. Holley USA
H.G. Khorana USA
M.W. Nirenberg USA
1969 M. Delbrück USA
A.D. Hershey USA
S.E. Luria USA
1970 J. Axelrod USA
U.S. von Euler S
B. Katz GB
1971 E.W. Sutherland USA
1972 G.M. Edelman USA
R.R. Porter GB
1973 K.v. Frisch D
K. Lorenz A
N. Tinbergen GB
1974 A. Claude B
G.E. Palade USA
C.R. de Duve B
1975 H.M. Temin USA
R. Dulbecco USA
D. Baltimore USA
1976 B.S. Blumberg USA
D.C. Gajdusek USA
1977 R.L. Guillemin USA
A.V. Schally USA
R.S. Yalow USA
1978 W. Arber CH
D. Nathans USA
1978 H.O. Smith USA
1979 A.M. Cormack USA
G.N. Hounsfield GB
1980 B. Benacerraf USA
G. Snell USA
J. Dausset F
1981 D. Hubel, CDN
R. Sperry USA
T.N. Wiesel S
1982 J. Vane GB
S. Bergström S
B. Samuelsson S
1983 B. McClintock USA
1984 N.K. Jerne DK
G. Köhler D
C. Milstein RA
1985 M.S. Brown USA
J.L. Goldstein USA
1986 S. Cohen USA
R. Levi-Montalcini USA
1987 S. Tonegawa J
1988 Sir J.W. Black GB
G.B. Elion USA
G.H. Hitchings USA
1989 M.J. Bishop USA
H.E. Varmus USA
1990 J.E. Murray USA
E.D. Thomas USA
1991 E. Neher D
B. Sakmann D
1992 E.H. Fischer USA
E.G. Krebs USA
1993 R. Roberts USA
P. Sharp USA
1994 A.G. Gilman USA
M. Rodbell USA
1995 C. Nüsslein-Volhard D
E.B. Lewis USA
E.F. Wieschaus USA
1996 P.C. Doherty AUS
R.M. Zinkernagel CH
1997 S.B. Prusiner USA

Physik

1901 W.C. Röntgen D
1902 H.A. Lorentz NL
P. Zeeman NL
1903 A.H. Becquerel F
M.S. Curie F
P. Curie F
1904 Lord J.W.S. Rayleigh GB
1905 P.E.A. von Lenard D
1906 Sir J.J. Thomson GB
1907 A.A. Michelson USA
1908 G. Lippmann F
1909 K.F. Braun D
G. Marconi I
1910 J.D. van der Waals NL
1911 W. Wien D
1912 G. Dalén S
1913 H. Kamerlingh Onnes NL
1914 M. von Laue D
1915 Sir W.H. Bragg GB
Sir W.L. Bragg GB
1917 C.G. Barkla GB
1918 M. Planck D
1919 J. Stark D
1920 C.E. Guillaume F
1921 A. Einstein D
1922 N. Bohr DK
1923 R.A. Millikan USA
1924 K.M.G. Siegbahn S
1925 J. Franck D
G. Hertz D
1926 J.B. Perrin F
1927 A.H. Compton USA
C.T.R. Wilson GB
1928 Sir O.W. Richardson GB
1929 L.-V. de Broglie F
1930 Sir C.V. Raman IND
1932 W. Heisenberg D
1933 P.A.M. Dirac GB
E. Schrödinger A
1935 Sir J. Chadwick GB
1936 C.D. Anderson USA
V.F. Hess A
1937 C.J. Davisson USA
Sir G.P. Thomas GB
1938 E. Fermi I
1939 E.O. Lawrence USA
1943 O. Stern USA
1944 I.I. Rabi USA
1945 W. Pauli A
1946 P.W. Bridgman USA
1947 Sir E.V. Appleton GB
1948 Lord P.M.S. Blackett GB
1949 H. Yukawa J
1950 C.F. Powell GB
1951 Sir J.D. Cockcroft GB
E.T.S. Walton IRL
1952 F. Bloch USA
E.M. Purcell USA
1953 F. Zernike NL
1954 M. Born GB
W. Bothe D
1955 P. Kusch USA
W.E. Lamb USA
1956 J.H. Bardeen USA
W.H. Brattain USA
W. Shockley USA
1957 T.D. Lee RC
C.N. Yang RC
1958 P.A. Tscherenkow SU
I.M. Frank SU
I.J. Tamm SU
1959 O. Chamberlain USA
E. Segrè USA
1960 D.A. Glaser USA
1961 R. Hofstadter USA
R.L. Mößbauer USA
1962 L.D. Landau SU
1963 M. Goeppert-Mayer USA
J.H.D. Jensen USA
E.P. Wigner USA
1964 N.G. Bassow SU
A.M. Prochorow SU
C.H. Townes USA

Nobelpreisträger 1901 bis 1997
(Fortsetzung)

Physik (Fortsetzung)

1965	R. P. Feynman USA	1974	A. Hewish GB	1981	K. M. Siegbahn S	1989	N. F. Ramsay USA
	J. Schwinger USA	1975	A. Bohr DK	1982	K. G. Wilson USA	1990	J. J. Friedman USA
	S. Tomonaga J		B. R. Mottelson DK	1983	S. Chandrasekhar		H. W. Kendall USA
1966	A. Kastler F		J. J. Rainwater USA		USA		R. Taylor CDN
1967	H. A. Bethe USA	1976	S. C. C. Ting USA		W. A. Fowler USA	1991	P.-G. de Gennes F
1968	L. W. Alvarez USA		B. Richter USA	1984	C. Rubbia I	1992	G. Charpak F
1969	M. Gell-Mann USA	1977	J. H. Van Vleck USA		S. van der Meer NL	1993	R. A. Hulse USA
1970	H. O. G. Alfvén S		Sir N. F. Mott GB	1985	K. von Klitzing D		J. H. Taylor USA
	L. E. N. Néel F	1978	P. L. Kapiza SU	1986	G. Binnig D	1994	B. Brockhouse CDN
1971	D. Gabor GB		A. A. Penzias USA		H. Rohrer CH		C. G. Shull USA
1972	J. Bardeen USA		R. W. Wilson USA		E. Ruska D	1995	M. L. Perl USA
	L. N. Cooper USA	1979	S. Glashow USA	1987	J. G. Bednorz D		F. Reines USA
	J. R. Schrieffer		S. Weinberg USA		K. A. Müller CH	1996	D. M. Lee USA
	USA		A. Salam USA	1988	L. M. Lederman USA		D. D. Osheroff USA
1973	L. Esaki J	1980	J. W. Cronin USA		M. Schwartz USA		R. C. Richardson USA
	I. Giaever GB		V. Fitch USA		J. Steinberger USA	1997	S. Schu USA
	B. D. Josephson GB	1981	N. Bloembergen USA	1989	H. G. Dehmelt D		C. Cohen-Tannoudji F
1974	M. Ryle GB		L. Schawlow USA		W. Paul D		W. D. Phillips USA

Wirtschaftswissenschaften

1969	R. Frisch N	1976	M. Friedman USA	1984	R. Stone GB	1992	G. S. Becker USA
	J. Tinbergen NL	1977	B. G. Ohlin S	1985	F. Modigliani USA	1993	R. W. Fogel USA
1970	P. A. Samuelson USA		J. E. Meade GB	1986	J. M. Buchanan		D. C. North USA
1971	S. Kuznets USA	1978	H. Simon USA		USA	1994	J. C. Harsanyi USA
1972	K. J. Arrow USA	1979	T. W. Schultz	1987	R. M. Solow USA		J. F. Nash USA
	J. R. Hicks GB		USA	1988	M. Allais F		R. Selten D
1973	W. W. Leontief USA		Sir A. Lewis USA	1989	T. Haavelmo N	1995	R. E. Lucas USA
1974	F. A. v. Hayek GB	1980	L. R. Klein USA	1990	H. Markowitz USA	1996	J. A. Mirrless GB
	G. Myrdal S	1981	J. Tobin USA		M. H. Miller USA		W. S. Vickrey CAN
1975	L. W. Kantorowitsch SU	1982	G. J. Stigler USA		W. F. Sharpe USA	1997	R. C. Merton USA
1975	T. C. Koopmans USA	1983	D. Debreu USA	1991	R. Coase GB		M. S. Scholes USA

Die Abk. der Nationalitätszugehörigkeit entspricht i. d. R. den Nationalitätszeichen bei Kraftfahrzeugen. – Fehlen in der chronolog. Abfolge der Preisträger ein oder mehrere Jahre, ist der betreffende Preis in dem oder den Jahren nicht vergeben worden.

Nobilität *die,* seit dem 3. Jh. v. Chr. die führenden Senatsfamilien Roms, die die höheren Beamten stellten.

Nobility [nəʊˈbɪlətɪ] *die,* in Großbritannien: der hohe Adel: Duke, Marquess, Earl, Viscount, Baron.

Noblesse [nɔˈblɛs] *die,* Adel, vornehme Denkart.

Nöck *der,* → Nix.

Nocken *der,* ⚙ kurvenförmiger Vorsprung an einer Welle oder Scheibe, ruft an einem darauf schleifenden Hebel eine Auf- und Abwärtsbewegung hervor.

Nocturne [nɔkˈtyrn] *das,* 𝄞 → Notturno.

Noelle-Neumann [ˈnœlə-], Elisabeth, dt. Medien- und Meinungsforscherin, * 1916; gründete 1947 mit E. P. Neumann (* 1912, † 1973) das Institut für Demoskopie Allensbach.

Nofretete, ägyptische Königin des 14. Jh. v. Chr.; Gemahlin Amenophis' IV.

Nogat *die,* Mündungsarm der Weichsel.

NOK → Nationales Olympisches Komitee.

Nolde, Emil, eigentl. E. **Hansen,** Maler, Grafiker, * 1867, † 1956; war Mitglied der »Brücke«, Hauptvertreter der expressionist. Malerei, schuf Landschaften, Meeresbilder, Blumen, religiöse Bilder in leuchtenden Farben; erhielt 1941 Malverbot.

Nolte, Claudia, dt. Politikerin (CDU), * 1966; Ingenieurin; seit 1994 Bundesmin. für Familie, Senioren, Frauen und Jugend.

Nomaden, umherziehende Hirtenvölker, die nach Jahreszeit das Weideland wechseln.

Nomen [lat. »Name«] *das, Pl.* **Nomina,** Ⓢ Bezeichnung für Substantiv, Adjektiv und Numerale. **N. est omen,** im Namen liegt eine Vorbedeutung (nach Plautus).

Nomenklatur *die,* **1)** systemat. Benennung wiss. Gegenstände und die zur Klassifizierung der Begriffe angewendete Methode. – **2)** Gesamtheit der Fachausdrücke einer Wiss. oder Kunst, auch deren systemat. Ordnung.

nominal, nominell, 1) dem Namen nach. – **2)** dem Nennwert **(Nominalwert)** nach.

Nominallohn, Lohn als Geldbetrag; Ggs.: Reallohn, der sich aus dem Index der Lebenshaltungskosten ergibt.

Nominativ *der,* Ⓢ Werfall.

Nomographie *die,* $\sqrt{\ }$ die Aufstellung von Nomogrammen, graf. Darstellungen des Verlaufs von Funktionen mehrerer Veränderlicher (graf. Rechnen).

Nomos *der,* Gesetz, Ordnung.

Emil Nolde. Feuerlilien und dunkelblauer Rittersporn (um 1925)

No-Name-Produkte [ˈnəʊˈneɪm-, engl. no name »kein Name«], **namenlose Produkte, weiße Produkte,** im Groß- und Einzelhandel vertriebene Güter, die im Ggs. zu Markenartikeln keine bes. Aufmachung durch Form- und Farbgestaltung, Markierung u. a. eines bestimmten Herstellers aufweisen, sondern lediglich eine Aufschrift über Art, Gewicht und inhaltl. Zusammensetzung des Gutes tragen.

Nonius *der,* Hilfsteilung an Längenmessgeräten, zum Ablesen von Zehnteln der Hauptteilung. Der N. hat meist 10 Teilstriche, die zusammen so lang sind wie 9 Einheiten der Hauptteilung.

Nonkonformist *der,* jemand, der mit herrschenden Ansichten nicht übereinstimmt.

Nonne, 1) Angehörige eines weibl. Ordens **(Ordensfrau).** – **2)** Trägspinnerschmetterling, Vorderflügel weiß mit schwarzen Zickzacklinien, Hinterleibsspitze rosa; als Raupe Nadelwaldschädling. – **3)** Vogel, ein Weberfink.

Nonnenwerth, Insel im Rhein, gegenüber vom Siebengebirge; Franziskanerinnenkloster (Schule).

Modellbüste der Königin **Nofretete** aus bemaltem Kalkstein

Nono, Luigi, ital. Komponist, * 1924, † 1990; experimentelle Musik.

Nooteboom, Cees, niederländ. Schriftsteller, * 1933; poet. Reisebeschreibungen, Lyrik, Erz., Romane.

Norbert von Xanten, Bußprediger, * um 1082, † 1134; gründete 1121 in Prémontré bei Laon den Prämonstratenserorden; wurde 1126 Erzbischof von Magdeburg. Heiliger (Tag: 6. 6.).

Nord|amerika, nördlicher Teil von Amerika. Grenzen: Nordpolarmeer im N, Atlantischer Ozean im O, Pazifischer Ozean im W, Golf von Mexiko und Landenge von Tehuantepec im S.

Landesnatur. Der N-Teil ist in zahlreiche Inseln aufgelöst. Das Festland ist durch wenige Meeresbuchten gegliedert: Hudsonbai, St.-Lorenz-Golf, Golf von Mexiko, Golf von Kalifornien. Im W wird N. von den Kordilleren (bis 6 198 m hoch) durchzogen. Nach O schließen sich an: Tafelland der Prärien, der seenreiche kanad. Schild und das Stromtiefland des Mississippi. Den O durchziehen die Appalachen, denen ein breites Küstentiefland vorgelagert ist. Küsten: im NO niedere Felsküsten, im SO flache Anschwemmungsküsten, im W Gebirgsküsten, die im N in Inseln und Fjorde gegliedert sind. Hauptflüsse: Mississippi mit Missouri und Ohio, St.-Lorenz-Strom (Abfluss der Kanad. Seen), Mackenzie, Yukon, Colorado, Rio Grande del Norte.

Luigi Nono

Klima. Am N-Rand herrscht Polarklima, an der W-Küste feuchtkühles Meeresklima, das in das warme, sommertrockene Klima Kaliforniens übergeht. Im Innern und im S trockenes, sommerheißes Binnenklima; der O ist ziemlich feucht, Florida und die Golfküste subtropisch heiß.

Pflanzen- und Tierwelt. Im hohen N Moor- und Flechtentundra mit Ren und Moschusochsen; anschließend ein breiter Waldgürtel, nach S zunehmend mit Laubwald. Im Innern weite Grassteppen (Prärien), einst reich an Steppentieren, und Wüsten; in den südl. atlant. Küstenebenen und am Golf von Mexiko z. T. immergrüne Wälder, im S mit Palmen vermischt.

Bevölkerung. Indianer bilden nur noch eine kleine Minderheit. Im äußersten N leben Eskimos. Die Hauptmasse der Bev. stellen die seit 400 Jahren eingewanderten Weißen. Die Nachkommen der seit 1700 als Sklaven eingeführten Schwarzen bilden mit ca. 12 % einen wesentl. Bev.-Bestandteil.

Wirtschaft. Grundlage für die günstige wirtschaftl. Entwicklung N.s ist sein Reichtum an Bodenschätzen u. a. Rohstoffen. Die USA und Kanada stellen bei weitgehender Arbeitsteilung ein stark technisiertes Wirtschaftsgebiet mit hoher Produktivität dar. Näheres siehe bei den einzelnen Staaten.

Verkehr. Ein geschlossenes Eisenbahnnetz überzieht N. mit Ausnahme der arkt. Gebiete. Hervorragendes Straßennetz; das Flugzeug wird zum Massenverkehrsmittel. Die Seehäfen N.s gehören zu den größten Weltumschlagplätzen.

Nordamerika
(staatliche Gliederung)

Staat	Fläche (in 1000 km²)	Ew. (in 1000)
Kanada	9971	27367
Vereinigte Staaten von Amerika (USA)*	9373	255159
Nichtselbstständige Gebiete		
Dänemark:		
Grönland	2176	55,4
Frankreich:		
Saint-Pierre-et-Miquelon	0,242	6,5
Großbritannien:		
Bermuda-Inseln	0,053	61

* einschließlich Hawaii, ohne die Großen Seen

nord|amerikanische Kunst, die Kunst der USA. Bis zur Unabhängigkeitserklärung (1776) wurde v. a. an die frz., engl., niederländ. und span. Kulturtradition angeknüpft (Kolonialstile). Nach 1776 entwickelte sich ein an antiken Vorbildern orientierter Repräsentationsstil, der die öffentl. Bauten bestimmte (u. a. das Kapitol in Washington, D. C., 1793). Die Malerei, zunächst eine naive Porträtkunst, die sich am europ. Geschmack orientierte, wurde Ende des 18., Anfang des 19. Jh. von starken europ. Einflüssen und meist im Ausland ausgebildeten Künstlern bestimmt. Seit der Mitte des 19. Jh. fand die Baukunst mit den ersten Hochhäusern (1883 bis 1885 Monadnock Building, Chicago, Ill.) ihre Eigenständigkeit, während die Malerei sowie die Skulptur weiterhin unter europ. Einfluss standen. An der Wende zum 20. Jh. stehen in der Architektur die Hochhausbauten von L. H. Sullivan; richtungweisend waren dann F. L. Wright sowie die aus Europa kommenden W. Gropius, L. Mies van der Rohe, M. Breuer.
Die Entwicklung der a. K. seit etwa 1950 ist in allen Bereichen internat. stilbestimmend geworden; aus ihr gingen Op-Art, Pop-Art, Fotorealismus, Patternpainting, Hardedge hervor; in den 1980er-Jahren entwickelten sich Minimalart, Land-Art, Happening, Performance und Environment.

nord|amerikanische Literatur. Erst seit 1800 gewann die n. L. selbstständige Bedeutung durch H. W. Longfellow, J. F. Cooper, H. Beecher-Stowe, N. Hawthorne und H. Melville. Durch W. Irving und E. A. Poe erlangte die Kurzgeschichte in der n. L. Bedeutung, es folgten: F. B. Harte, M. Twain, O. Henry, W. Saroyan, C. McCullers, J. Thurber. Führender Kopf der »Transzendentalisten«, war R. W. Emerson. Der Lyriker W. Whitman verlieh dem Lebensgefühl der Neuen Welt Ausdruck. Revolutionär-naturalist. oder sozialkrit. Romane schrieben T. Dreiser, S. Lewis, U. Sinclair, J. London, J. Dos Passos, S. Anderson, J. Steinbeck, E. Hemingway. In den epischen Gemälden von T. Wolfe, W. Faulkner, auch von M. Mitchell, trat der Süden der USA in den Vordergrund. Weltanschaul. Fragestellungen zeigen die Werke T. Wilders, J. Baldwins; P. S. Buck behandelt chin. Leben. Kriegsromane schrieben N. Mailer, J. Jones, H. Wouk. Als Romanschriftsteller traten ferner hervor N. West, H. Miller, S. Bellow, B. Malamud, J. D. Salinger, M. McCarthy, J. Updike. Realist. wie symbol. Elemente verbinden die Werke von T. Capote u. a. Als Dramatiker ragen E. O'Neill, T. Williams, A. Miller, E. Albee hervor. E. Pound u. a. »Imagisten« haben die moderne Lyrik entscheidend beeinflusst. Neuere Lyriker sind R. Frost, C. Sandburg, A. Lowell; A. Ginsberg, K. Rexroth, J. Kerouac u. a. zählen zu den Autoren der »Beatgeneration«. In den 1970er- und 1980er-Jahren bildete sich eine feminist. Schreibweise aus, die traditionelle Kulturwerte mit fantast. Elementen verbindet und polit. Engagement zur Verbesserung der Lage der Frau einsetzt (Vertreterinnen sind u. a. T. Morrison und A. Walker).

Nord|atlantikpakt, Abk. **NATO** [von engl. North Atlantic Treaty Organization], 1949 in Washington von Belgien, Dänemark, Frankreich, Großbritannien, Island, Italien, Kanada, Luxemburg, den Niederlanden, Norwegen, Portugal und den USA unterzeichneter Sicherheitspakt. Griechenland und die Türkei traten 1952 bei, 1955 die Bundesrep. Deutschland, Spanien 1982. Die Partner sind zur gegenseitigen Unterstützung, nicht aber zum automat. militär. Beistand verpflichtet, wenn einer von ihnen in Europa, Nordamerika und im nordatlant. Bereich angegriffen wird. Die polit. Leitung liegt beim **NATO-Rat** (Sitz bis 1967 in Paris, seitdem in Brüssel). Die militär. Leitung hat ihren Sitz bei Casteau (Belgien). Durch die Pariser Verträge von 1954 sind die NATO und die Westeuropäische Union in enge Verbindung gebracht. 1966 trat Frankreich aus der militär. Integration der NATO aus, blieb aber Mitglied der Allianz; Griechenland zog sich 1974 bis 1980 aus der integrierten Militärstruktur zurück. Mit den Veränderungen in der UdSSR und in O-Europa begann ab 1989 innerhalb der NATO ein Umdenken, das zum Angebot zur Kooperation (»Partnerschaft für den Frieden«, 1994) v.a. an die Staaten des ehem. Warschauer Paktes führte. 1993 übernahm die NATO gemäß dem UN-Auftrag die Aufsicht über den bosn. Luftraum und trat damit den ersten Kampfeinsatz seit ihrem Bestehen an; die 1995 aufgestellte internat. Friedenstruppe in Bosnien und Herzegowina stand unter Führung der NATO. Im Zuge ihrer geplanten Osterweiterung schloss die NATO 1997 Kooperationsabkommen mit Russland und der Ukraine und schuf den »Euro-Atlantischen Partnerschaftsrat« als Rahmen der Zusammenarbeit mit allen europ. Nichtmitgliedern. – NATO-Gen.-Sekr. ist seit 1995 J. Solana (Spanien).

Nord|deutscher Bund, 1866 bis 1871, bestehend aus Preußen und 17 norddt. Kleinstaaten, Bundesstaat, von Bismarck geschaffen, Vorläufer des Dt. Reichs.

Norden *der,* **Mitternacht,** Himmelsgegend des tiefsten Stands der Sonne.

Norden, Stadt im Kr. Aurich, Ndsachs., auf einer Geestinsel in der ostfries. Marsch, 23 600 Ew., mit Ortsteil Norddeich (Seefunkdienststelle); ev. Ludgerikirche (13./14. Jh.) mit Schnitger-Orgel (1685 bis 1688).

Nordenham, Ind.stadt in Ndsachs., ⚓ an der Unterweser, 28 600 Einwohner.

Nordenskiöld [ˈnu:rdənʃœld], **1)** Adolf Erik Freiherr von, schwed. Polarforscher, *1832, †1901; führte 1878/79 auf der »Vega« die erste Nordostpassage durch. – **2)** Otto, Neffe von 1), schwed. Polarforscher, *1869, †1928; leitete 1901 bis 1903 die schwed. Südpolarexpedition.

Norderney, Insel an der ostfries. Küste, Ndsachs., 26 km², 8 000 Ew.; Nordseeheilbad.

Norderstedt, Stadt im Kreis Segeberg, Schlesw.-Holst., 66 700 Ew.; Ind.- und Fertigungsbetriebe.

Nord|europa, zusammenfassende Bezeichnung für die Staaten Norwegen, Schweden, Dänemark, Finnland und Island.

Nordfriesland, Marschland im nordwestl. Schlesw.-Holst. und südwestl. N-Schleswig, Dänemark. **Nordfries. Inseln,** Inselkette der Nordsee von Amrum bis Fanø mit den Halligen.

Nordhausen, Krst. in Thür., am S-Rand des Harzes, 47 000 Ew.; Motoren-, Zigaretten- und Spirituosenherstellung; mittelalterl. Bauwerke, Dom (14. bis 15. Jh.), Rathaus (1610).

Nordhorn, Krst. in Ndsachs., 48 400 Ew.; Textilind.

Nord|irland, der 1921 bei Großbritannien verbliebene Teil von Irland (→Großbritannien und Nordirland), 14 120 km², 1,5 Mio. Ew. (davon 27 % Presbyterianer, 22 % Anglikaner, 31 % kath.); Hptst.: Belfast. N. wird von einem brit. N.-Min. verwaltet. Verw.-Einteilung: 26 Distrikte.

Wirtschaft. Anbau von Gerste, Hafer, Kartoffeln. Ind.: u.a. Textilien, Maschinen, Schiffbau, Elektrotechnik, Nahrungsmittel.

Geschichte. 1920 wurden die mehrheitlich prot. Grafschaften Ulsters unter Gewährung eines Autonomiestatus (Parlament und eigene Reg.) vom übrigen, mehrheitlich kath. Irland getrennt und im Rahmen einer Union mit Großbritannien verbunden. Soziale und religiöse Spannungen zw. beiden Volksgruppen steigerten sich ab 1969 zum Bürgerkrieg. Die brit. Reg. verlegte 1969 Truppen nach N. und nahm dieses später unter direkte Verwaltung. Verf.-Modelle auf der Basis der Teilhabe aller an der Macht sollten auf der polit. Ebene die Konfliktlösung bringen. Dem Terror der kath. IRA begegnete die prot. UDA (Ulster Defence Association) mit Gegenterror. Zur Erzielung einer polit. Lösung erklärten beide Gruppen 1994 einen Gewaltverzicht, den die IRA 1996 beendete, Juli 1997 aber wieder aufnahm.

Nordatlantikpakt
Flagge

Nordische Kombination, Skiwettkampf: 15-km-Langlauf und Springen von der Schanze.

Nordischer Krieg, Bezeichnung für 2 schwed. Hegemonialkriege: **1. Nordischer Krieg,** 1655 bis 1660, zur Abwehr der poln. Ansprüche auf den schwed. Thron begonnen; Brandenburg, Russland, Dänemark und der Kaiser wurden in den Krieg hineingezogen. Nach wechselndem Verlauf Frieden von Oliva: Schweden konnte seine Stellung im Baltikum halten. – **2. Nordischer Krieg,** 1700 bis 1721, zw. Schweden (Karl XII.) einerseits, Dänemark, Polen-Sachsen (August der Starke) und Russland (Peter d. Gr.), später auch Preußen und Hannover andererseits. Karl XII. war anfangs siegreich und zwang August den Starken 1706 zum Frieden von Altranstädt, wurde aber 1709 bei Poltawa von Peter d. Gr. entscheidend besiegt; 1718 fiel er. Der 2. N. K. beendete die Vormachtstellung Schwedens und erhob Russland zur Großmacht.

Nordischer Rat, seit 1951 gemeinsames Organ Dänemarks, Norwegens und Schwedens zur Zusammenarbeit in kulturellen, wirtschaftl. und sozialpolit. Fragen. Island trat 1952, Finnland 1955 bei.

Nordkanal, Meerenge zw. Schottland und Irland, an der engsten Stelle 20 km breit.

Nordkap, steiles, 307 m hohes Vorgebirge auf der norweg. Insel Magerøy; gilt als N-Spitze Europas, doch liegt ein anderer Vorsprung der Insel 1,5 km weiter nördlich.

Nordlicht, Lichterscheinung, →Polarlicht.

Nördlingen, Krst. in Bayern, Schwaben, 18 500 Ew.; wirtschaftl. Mittelpunkt des **Nördlinger Ries;** mittelalterl. Stadtbild z.T. erhalten (Tore, Stadtmauer). – Bis 1803 Reichsstadt. – Bei N. 1634 Sieg der Kaiserlichen über die Schweden, 1645 Sieg der Franzosen über die Kaiserlichen.

Nordossetische Republik, Nordosseti|en, autonome Rep. innerhalb Russlands, im N-Kaukasus, 8 000 km², 638 000 Ew. (→Osseten u.a.); Hptst.: Wladikawkas.

Nordostpassage [-ʒə], **Nordöstliche Durchfahrt,** Seeweg längs der nördl. Küste von Europa und Asien und durch die Beringstraße zum Pazif. Ozean; 1878/79 gefunden.

Nord-Ostsee-Kanal, früher **Kaiser-Wilhelm-Kanal,** Seekanal zw. der Kieler Förde (Ostsee) bei Kiel-Holtenau und der Elbebucht (Nordsee) bei Brunsbüttelkoog, 98,7 km lang; 1895 eröffnet.

Nordpol →Pol.

Nordpolargebiet →Arktis.

Nordpolarmeer, Nördliches Eismeer, Meer im Zentrum der Arktis, bis 5 450 m tief; der Lomonossowrücken trennt das Euras. vom Ameras. Becken. Im Winter nahezu vollständig von Eis bedeckt.

Nordrhein-Westfalen
Wappen

Nordrhein-Westfalen, Land der Bundesrep. Dtl., 34 072 km², 17,722 Mio. Ew.; Hptst.: Düsseldorf.

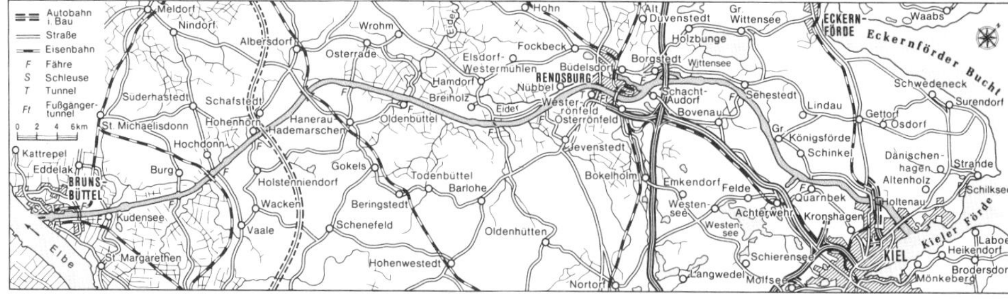

Nord-Ostsee-Kanal

5 Reg.-Bez.: Düsseldorf, Köln, Münster, Detmold, Arnsberg.
N.-W. umfasst etwa 2/3 Tiefland (Niederrhein. und Münstersche Bucht) und 1/3 Gebirgsland (N-Teil des Rheinischen Schiefergebirges, westl. Weserbergland). N.-W. ist stark industrialisiert, mit den Zentren Ruhrgebiet (Steinkohle; Schwerind., chem., Maschinen- u. a. Ind.), Kölner Raum (Braunkohle; chem. Ind., Fahrzeugbau u. a.), Berg. Land (Kleineisen-, Textilind.), Siegerland (Eisenerz; Hüttenind.); auch anderwärts Textil- (Niederrhein, Westfalen), chem. (Düsseldorfer Raum), Maschinen- (Düsseldorf, Aachen) u. a. Ind. N.-W. hat die größte Energieerzeugung Dtl.s; viele Erdölraffinerien. – Das Land N.-W. wurde 1946 aus dem N-Teil der preuß. Rheinprov. und der Prov. Westfalen gebildet, 1947 um Lippe-Detmold erweitert. Min.-Präs.: J. Rau (SPD, seit 1978).

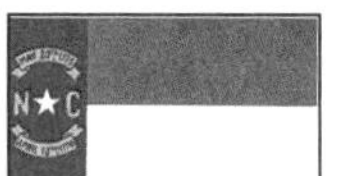

North Carolina
Flagge

Nordrhodesi|en → Sambia.

Nordschleswig, nördl. Teil Schleswigs, mit dt.sprachiger Minderheit, seit 1920 zu Dänemark gehörig.

Normandie
Historisches Wappen

Nordsee, Randmeer des Atlant. Ozeans, zw. den Brit. Inseln im W, Skandinavien und Jütland im O und dem nordwesteurop. Festland im S, rd. 580 000 km². Verbindung zum Atlantik durch den Ärmelkanal und das Meeresgebiet zw. Norwegen und Schottland, zur Ostsee durch Skagerrak und Kattegat. Mittlere Tiefe 70 m, tiefste Stelle 725 m, über der Doggerbank nur 13 m; starke Gezeiten. Erdgas- und Erdölvorkommen (seit den 1970er-Jahren verstärkt ausgebeutet). Wichtiges Fischereigebiet, eines der verkehrsreichsten Meere der Erde.

Nordseekanal, Großschifffahrtsweg von Amsterdam zur Nordsee.

Nordstrand, nordfries. Insel, 50 km², rd. 2 700 Ew.; Damm nach dem Festland bei Husum; in der Nordstrander Bucht ein Salz- und Süßwasserbiotop.

Nord-Süd-Konflikt, der Interessengegensatz zw. den industriell unter- und den industriell hoch entwickelten Staaten; basiert u. a. auf ungleichen Entwicklungschancen.

Normannen. Fassade des Doms in Cefalù im normannischen Baustil (1131 bis 1148)

Nordwest-Territori|en, Verw.-Gebiet in Kanada, → Northwest Territories.

Norfolk [ˈnɔːfək], **1)** Cty. in O-England. – **2)** Hafenstadt in Virginia, USA, 261 200 Ew.; Univ.; Werften, Holz-, chem. Ind.; Kriegshafen.

Norfolk-Insel [ˈnɔːfək-], austral. Insel in der Tasmansee, östlich Australiens, bis 316 m hoch, 36 km², 2 000 Ew.; zum Austral. Bund gehörend.

Noricum, im Altertum: Land zw. Donau, Inn, Karn. Alpen und Wienerwald, von den **Norikern** bewohnt; Hptst.: Noreia.

Norilsk, russ. Bergwerksstadt in N-Sibirien, 174 000 Ew.; Nickel-, Kupfer-, Kohlengruben.

Norische Alpen, Teil der Zentralalpen, zw. Murtal und Kärntner Becken; größtenteils zu Österreich.

Norm *die,* **1)** Richtmaß, Regel, Vorschrift. – **2)** ⚙ → Normung. – **3)** 📖 der gekürzte Titel am Fuß der ersten Seite jedes Bogens.

Normale *die,* √ bei Kurven (Flächen): die im Berührungspunkt der Tangente (Tangentialebene) auf dieser errichtete Senkrechte.

Normalnull, Abk. **NN,** Ausgangsfläche für Höhenangaben, der mittlere Wasserstand des Meeresspiegels.

Normal|uhr, 1) in Sternwarten die astronom. Hauptuhr. – **2)** in elektr. Uhrenanlagen die Mutteruhr. – **3)** Uhr auf öffentl. Straßen und Plätzen.

Normandie [nɔrmãˈdi], geschichtl. Landschaft in NW-Frankreich; mildes, feuchtes Klima. Hptst.: Rouen, ⚓: Le Havre, Cherbourg; kam 1449/50 endgültig an Frankreich; im 2. Weltkrieg begann in der N. die Invasion (6. 6. 1944) der alliierten Streitkräfte.

Normannen [eigentl. Nordmannen], **Wikinger,** Bewohner Skandinaviens, die im 8. bis 11. Jh. als Seeräuber, Kaufleute, Staatengründer die Küsten Europas heimsuchten. Sie erhielten 911 die Normandie, eroberten von hier aus 1066 England (Wilhelm der Eroberer) und gründeten das unterital. Reich Neapel-Sizilien (Robert Guiscard). Von Island kamen sie nach Grönland und um 1000 nach Nordamerika (Vinland). Schwed. N., die **Waräger,** schufen unter Rurik seit 862 das Russ. Reich.

Normannische Inseln, Kanalinseln, brit. Inselgruppe im Ärmelkanal mit verfassungsrechtl. Sonderstatus, 195 km², 135 000 Ew.; Hauptinseln Jersey und Guernsey.

normativ, als Norm, Richtschnur geltend.

Normenkontrolle, Überprüfung von Gesetzen durch Verfassungsgerichte.

Normung, in der Ind. die Vereinheitlichung von Benennungen, Kennzeichen, Formen, Größen, Abmessungen und Beschaffenheit von Ind.erzeugnissen. Ziel: Verringerung der Sortenzahlen, einfachere Lagerhaltung, Verbilligung der Herstellung, leichtere Ersatzbeschaffung und Austauschbarkeit. Normen sind verpflichtende Empfehlungen. Die Normungsarbeiten in Dtl. werden vom **Dt. Institut für N. e. V.** durchgeführt.

Nọrmvolumen, ⚛ das Volumen (m^3) eines Gases im Normzustand (bei 273,15 K oder 0 °C, 1,01325 bar).

Normzustand, ⚛ durch die **Normtemperatur** (273, 15 K) und den **Normdruck** (101 325 Pa) festgelegter Zustand eines festen, flüssigen oder gasförmigen Stoffs.

Nọrnen, altnord. Sagen: die Schicksalsgottheiten **Urd** (Vergangenheit), **Skuld** (Zukunft) und **Verdandi** (Gegenwart).

Nọrrbotten, der nördlichste Verw.-Bezirk Schwedens, 98 911 km^2, 261 000 Ew.; Hptst.: Luleå.

Norrköping [ˈnɔrtøːpiŋ], Hafen- und Ind.stadt in S-Schweden, nahe der Ostsee, 120 500 Ew.; Textil-, Papier-, Lebensmittel- u. a. Industrie; internat. ✈.

Nọrrland, der nördlichste, am dünnsten besiedelte Teil Schwedens.

Northampton [nɔːˈθæmptən], Stadt in Mittelengland, 156 000 Ew.; kath. Bischofssitz; Church of the Holy Sepulchre (11. Jh.), Saint Peter (um 1160), in Saint Matthew's (19. Jh.) Werke von H. Moore und G. Sutherland; Leder-, Metallindustrie. – 914 erstmals erwähnt.

North Carolina [nɔːθ kærəˈlaɪnə], Abk. **N. C.,** einer der atlant. Staaten der USA, 136 413 km^2, 6,63 Mio. Ew.; Hptst.: Raleigh. N. C. hat Anteil an der Küstenebene und den Appalachen. Tabak, Mais, Baumwolle; Vieh- und Geflügelzucht; Forstwirtschaft; Textil- u. a. Industrie.

Northcliffe [ˈnɔːθklɪf], Alfred, Viscount (seit 1917), brit. Verleger, * 1865, † 1922; Inhaber eines Zeitungskonzerns mit »Daily Mail«, »Times« u. a., den sein Bruder Lord Rothermere (* 1868, † 1940) weiterführte.

Alfred Viscount Northcliffe

North Dakota [nɔːθ dəˈkəʊtə], Abk. **N. D.,** Staat im N der USA, 183 119 km^2, 639 000 Ew.; Hptst.: Bismarck. Präriegebiet. Ackerbau (Getreide, Flachs, Kartoffeln); Viehzucht. ⚒ auf Erdöl, Erdgas, Braunkohle.

North Dakota Flagge

Nọrt|heim, Krst. in Ndsachs., 31 000 Ew.; Fachwerkhäuser (16. bis 19. Jh.), mittelalterl. Stadtbefestigung, spätgotische Hallenkirche; Maschinenbau, Textil- u. a. Industrie. – Um 800 erstmals erwähnt.

Northern Territory [nɔːθən ˈterɪtərɪ], dt. **Nọrdterritorium,** Territorium des Austral. Bunds, 1,346 Mio. km^2, 150 000 Ew.; Hptst.: Darwin; größtenteils Wüste und Savanne; wichtige Erzfunde: Uran, Bauxit, Mangan u. a.; große Teile Reservate der Ureinwohner (Aborigines).

Northumberland [nɔːˈθʌmbələnd], nördlichste Grafschaft Englands, Verw.-Sitz Morpeth.

Northwest Territories [nɔːθˈwest ˈterɪtərɪz], dt. **Nordwẹst-Territori|en,** Verw.-Gebiet im N Kanadas, 3,38 Mio. km^2, 54 000 Ew.; Hauptort: Yellowknife. Im N überwiegend Tundra, im S Waldland; ⚒ auf Erdöl, Erdgas, Blei, Gold; Pelztier- und Fischfang.

Nordrhein-Westfalen. Verwaltungsgliederung

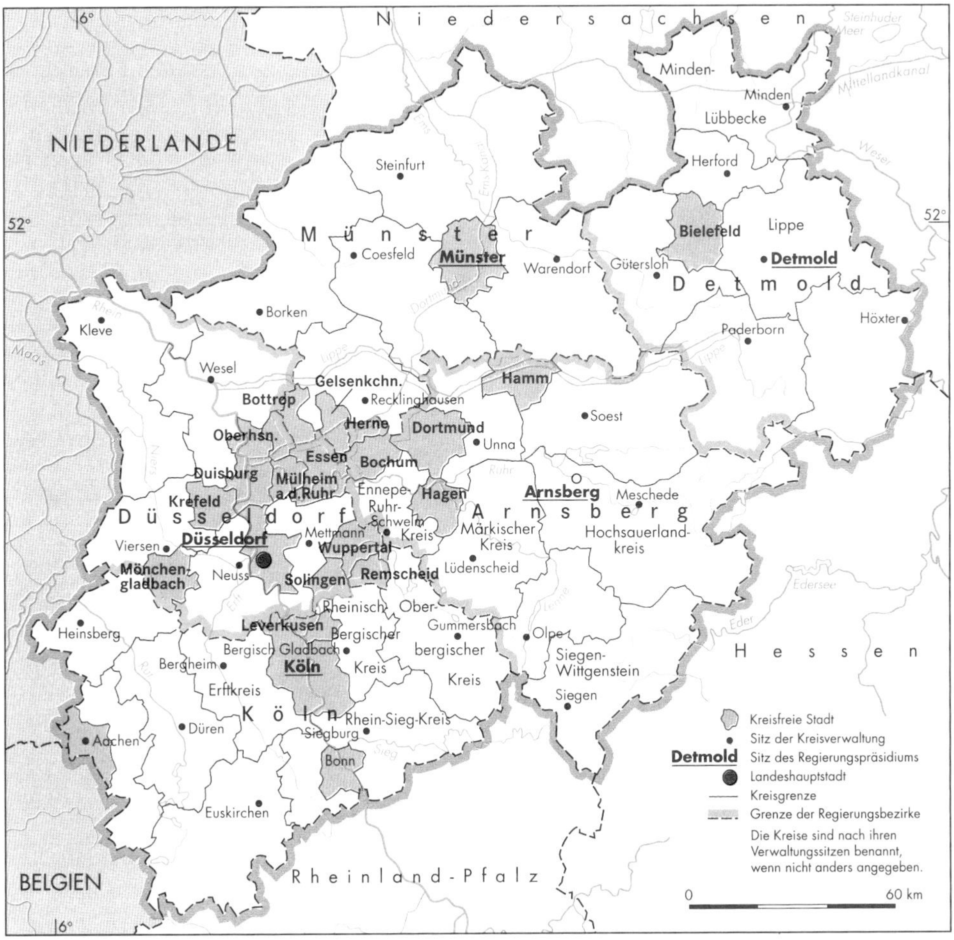

Kreisfreie Stadt
Sitz der Kreisverwaltung
Detmold Sitz des Regierungspräsidiums
Landeshauptstadt
Kreisgrenze
Grenze der Regierungsbezirke
Die Kreise sind nach ihren Verwaltungssitzen benannt, wenn nicht anders angegeben.
0 60 km

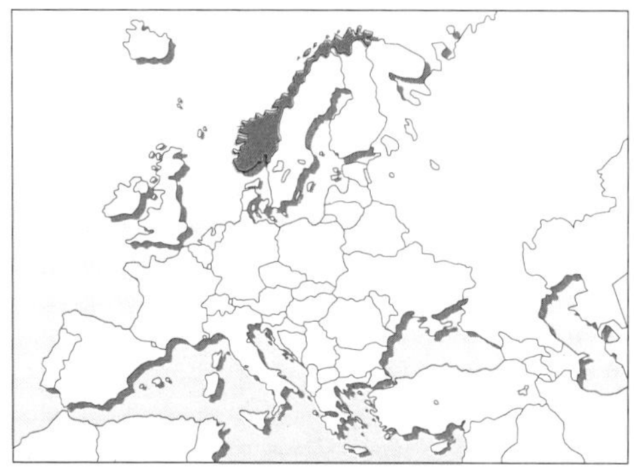

Norwegen

Staatswappen

Staatsflagge

Internationales Kfz-Kennzeichen

Norwich Stadtwappen

Norwegen, Kgr. in N-Europa, der westliche Teil der Skandinavischen Halbinsel (ohne arkt. Besitzungen Spitzbergen, Bäreninsel und Jan Mayen), 323 895 km², 4,31 Mio. Ew., meist protestantisch (Norweger, im N Lappen); Hptst.: Oslo.
Verfassung (von 1814, mit Änderungen). N. ist konstitutionelle Monarchie. Die ev.-luther. Kirche ist Staatskirche. Die Volksvertretung, der Storting (2 Kammern), hat die gesetzgebende Gewalt. Die vollziehende Gewalt liegt beim König, der Staatsoberhaupt und Oberbefehlshaber der Streitkräfte ist, und dem Ministerrat. Die Min. sind dem Storting verantwortlich. - Verw.-Einteilung: 19 Fylker (Provinzen).
Landesnatur. Größtenteils stark vergletschertes Hochgebirge (bis 2472 m hoch) mit fjordreicher Küste; Ebenen nur im S. Klima: feucht und mild.
Wirtschaft. Überwiegend Forst- und Weidewirtschaft; Anbau nur in Tälern. Pelztierzucht; Fischerei (Kabeljau, Hering). ⚒ auf Erze, Steinkohle (Spitzbergen), Erdöl- (Nordsee), Erdgasförderung. Papier-, Hütten-, elektron. Ind. Aluminium-, Magnesium-, Nickelproduktion. Grundlage der Energiewirtschaft ist die Wasserkraft. Handels- und Lohnschifffahrt; Fremdenverkehr. Hauptausfuhr: Brennstoffe, Metalle, Metallwaren, Maschinenbau- und elektrotechn. Erzeugnisse und Fahrzeuge. Haupthandelspartner: Großbritannien, Bundesrep. Deutschland, Schweden. Zahlreiche gute Häfen. Internat. ✈: Oslo.
norwegische Kunst. Der Raum des heutigen Norwegen gehörte in der Frühzeit zum Bereich der german. Kunst. Von n. K. im engeren Sinn spricht man seit der Begründung des Reichs durch Harald I. Der auf hohem Niveau stehenden Zimmermannstechnik der Wikinger sind neben Königshallen und Schiffen auch die 25 noch erhaltenen Stabkirchen zu verdanken. Daneben entstanden nach 1100 roman. Steinkirchen. Die späteren got. Steinbauten folgten engl. Beispiel. Eine reiche Volkskunst entstand im 17. und 18. Jh. Die repräsentativen Bauten des 19. und 20. Jh. folgten meist klassizist. Stilelementen, ein modernes Wahrzeichen ist das Rathaus in Oslo. G. Munthe lieferte mit seinen Entwürfen für Bildteppiche einen bedeutenden Beitrag zum Jugendstil, während O. Gulbransson als Grafiker hervortrat. Größte Bedeutung erlangte die n. K. mit E. Munch, einem der Wegbereiter des Expressionismus, sowie dem Bildhauer G. Vigeland.

Daten zur Geschichte Norwegens

1047	Einigung Norwegens
11. Jh.	Durchsetzung des Christentums
1261	Grönland wird norwegisch
1262–1264	Island wird norwegisch
1389/97	Kalmarer Union mit Dänemark (bis 1814) und Schweden (bis 1523)
1814	Personalunion mit Schweden
1905	Das Storting (Parlament) löst durch Beschluss die Personalunion mit Schweden; der dän. Prinz Karl wird vom Storting zum König gewählt und besteigt als Håkon VII. den Thron
1920	Der Völkerbund spricht Spitzbergen Norwegen zu
1940	Dt. Angriff auf Norwegen, Besetzung bis 1945
1949/51	NATO-Beitritt bzw. Beitritt zum Nordischen Rat
1990	G. Harlem Brundtland wird Ministerpräsidentin
1991	König Harald V. besteigt den Thron
1994	EU-Beitritt durch Referendum abgelehnt
1996	T. Jagland wird Ministerpräsident

norwegische Literatur. Die Dichtung erlebte schon um 800 eine Blüte; die altnorweg. Literatur bildete mit der altisländ. Literatur die Hauptgattungen der altnord. Literatur aus (eddische Dichtung, Skaldendichtung, Sagaliteratur). Erst im 19. Jh. entwickelte sich ein norweg. Nationalschrifttum. Einen Höhepunkt erreichte die n. L. mit H. Ibsen und B. Björnson sowie dem später wegen seiner Hinneigung zum natsoz. Ideengut stark angefeindeten K. Hamsun. Zur Tradition der n. L. gehören bes. Sozialkritik und polit. Engagement. Das Erlebnis der dt. Besatzung wurde nach 1945 zum Zentralthema. In den 1960er-Jahren gewann die n. L. Anschluss an experimentelle europ. Tendenzen, die sich in den 1970er- und 1980er-Jahren zu einer psychologisch orientierten Richtung entwickelten.
norwegische Sprache. Die n. S. gehört zur nordgerman. Sprachgruppe. Nach der Reformation wurde in Norwegen das Dänische als Kirchen- und Schulsprache, um 1600 auch als Rechtssprache eingeführt. Mit der beginnenden Selbstständigkeit erwachte der Wunsch nach Sprachreinigung. Das **Bokmål** (»Buchsprache«, früher Riksmål) beruht auf der norweg. Stadtsprache, einer dänisch-norweg. Mischung mit norweg. Lautgebung. Das 1853 von Ivar Aasen geschaffene **Landsmål** (»Landessprache«), seit 1929 **Nynorsk,** beruht auf den ältesten norweg. Mundarten. Seit 1907 sind beide Sprachen gleichberechtigt. Die Bemühungen, aus Bokmål und Nynorsk eine gemeinsame Sprache **(Samnorsk)** zu schaffen, schlugen bisher fehl.
Norwich [ˈnɔrɪdʒ], alte Bischofsstadt in O-England, 121 000 Ew.; normann. Kathedrale (1084 begonnen); Maschinen- u. a. Industrie.
Noske, Gustav, dt. Politiker (SPD), * 1868, † 1946; ließ 1919 als Mitglied des »Rates der Volksbeauftragten« den Spartakusaufstand niederwerfen, schuf als Reichswehrmin. (1919 bis 1920) die Grundlagen für den Aufbau der Reichswehr.
Nossack, Hans Erich, dt. Schriftsteller, * 1901, † 1977; Gedichte, Romane, Erz., Essays.
Nostalgie *die,* Sehnsucht nach vergangenen Zeiten.
Nöstlinger, Christine, österr. Schriftstellerin, * 1936; am realen Milieu ausgerichtete Kinder- und Jugendliteratur.
Nostradamus, eigentl. Michel **de Notredame,** frz. Astrologe, * 1503, † 1566; Leibarzt Karls IX.; seine Prophezeiungen wurden immer wieder neu gedeutet.
Nota *die,* **1)** Rechnung. - **2)** kurze Aufzeichnung.
Notar *der,* unabhängiger Träger eines öffentlichen Amts, der bes. Rechtsgeschäfte beurkundet, Unterschriften und Abschriften beglaubigt, Testamente und Erbverträge errichtet und vollstreckbare Urkunden ausstellt. Das **Notariat** kann mit der Anwaltschaft verbunden sein (z. B. in Hessen).
Notation *die,* 💻 Festlegung der Reihenfolge von Rechenoperationen.
Notbremse, Druckluftbremse der Eisenbahnen, kann in Notfällen von den Fahrgästen betätigt werden.
Note, 1) Anmerkung, bes. in einem Buch. - **2)** förml., schriftl. Mitteilungen zw. Reg. - **3)** 𝄞 Zeichen zur schriftl. Festlegung von Tönen. Die **N.-Schrift** umfasst N., Linien, Schlüssel, Erhöhungs-, Erniedrigungszeichen, Taktstriche, Pausen usw. - **4)** Beurteilung einer Leistung. - **5)** Banknote.

Notenbank → Banken.

Nothelfer, 14 Heilige, von denen man in bes. Nöten Hilfe erwartet: Achatius, Ägidius, Blasius, Christophorus, Cyriacus, Dionysius, Erasmus, Eustachius, Georg, Pantaleon, Vitus, Barbara, Katharina, Margareta.

Notifikation *die,* amtl. Mitteilung, z. B. des Kriegszustands an die neutralen Mächte; **notifizieren,** mitteilen, anzeigen.

Nötigung begeht, wer einen andern rechtswidrig durch Gewalt oder Drohung veranlasst, etwas zu tun, zu dulden oder zu unterlassen. Freiheitsstrafe oder Geldstrafe.

Notke, Bernt, dt. Bildschnitzer, Maler, *um 1436, †1508 (oder 1509), Künstler der Spätgotik; Hauptwerk Skulpturengruppe »Hl. Georg mit dem Drachen« (1489, Stockholm, Nikolaikirche).

Notker, Mönche in St. Gallen: **1) N. Balbulus** [»der Stammler«], *um 840, †912; verdient um den Kirchengesang; anekdot. Lebensbeschreibung Karls d. Gr. – **2) N. III. Labeo** [»der Großlippige«] oder **Teutonicus** [»der Deutsche«], *um 950, †1022; übersetzte lat. Werke ins Althochdeutsche.

norwegische Kunst. Stabkirche von Heddal (13. Jh.)

Notstand, 1) Zivilrecht: Zwangslage, in der eine fremde Sache beschädigt oder zerstört werden darf, wenn durch sie Gefahr droht (**Sachwehr,** § 228 BGB), oder in der auf eine neutrale Sache eingewirkt werden darf, wenn eine drohende Gefahr nicht anders abgewehrt werden kann. (**Nothilfe,** § 904 BGB). – **2)** Strafrecht: unverschuldete Gefahrenlage für Leib oder Leben, aus der man sich nur unter Verletzung strafrechtl. geschützter Interessen retten kann (§ 34 StGB). Der strafrechtl. N. schließt die Schuld aus. Einen **übergesetzl. N.** erkennt die Praxis als Rechtfertigungsgrund an, wenn der Täter eine höhere Rechtspflicht nur durch Verletzung geringerer Rechtsgüter erfüllen kann. – **3)** Staats-N.: Bei dringender Gefahr für Bestehen oder Sicherheit des Staats haben die obersten Vollzugsorgane das Recht, die zur Überwindung der Notlage erforderl. Maßnahmen zu treffen. In der Bundesrep. Deutschland erging am 24. 6. 1968 die N.-Gesetzgebung. Sie sieht unterschiedl. N.-Maßnahmen vor: 1) für den **Katastrophenfall,** 2) für den **inneren N.** (Gefahr für den Bestand des Staats oder für die freiheitl. demokrat. Grundordnung), 3) für den **Verteidigungsfall** (Spannungs- oder Verteidigungsfall; seinen Eintritt stellt der Bundestag mit $^2/_3$-Mehrheit fest). Die zur Gefahrenabwehr zulässigen Beschränkungen des Brief- und Fernmeldegeheimnisses, der Freizügigkeit, der Berufsfreiheit (z. B. durch Dienstleistungspflicht), des Eigentums (Sachleistungspflicht nach dem Bundesleistungs-Ges.) sind im GG und ergänzenden einfachen N.-Ges. (z. B. das Ges. zur Beschränkung des Post-, Brief- und Fernmeldegeheimnisses, Arbeitssicherstellungs-Ges., Ges. zur Erweiterung des Katastrophenschutzes) geregelt.

Not|taufe, Taufe eines Neugeborenen, das zu sterben droht; durch Laien vollziehbar.

Not|testament, kann durch mündl. Erklärung vor 3 Zeugen errichtet werden (§ 2250 BGB).

Nottingham [ˈnɔtɪŋəm], Stadt im mittleren England, 261 500 Ew.; Univ.; Industrie.

Notturno *das,* **Nocturne,** 𝄞 im 18. Jh. zur Nachtzeit aufgeführte Musikstücke (Serenade); einsätziges Klavierstück träumer. Art.

Notverordnung, Verordnung mit Gesetzeskraft, die in Notfällen erlassen wird; in den Rechtsstaaten ist dies nur in den verfassungsmäßig vorgesehenen Fällen und Formen und meist mit nachträgl. parlamentar. Kontrolle zulässig. Nach der Weimarer Verfassung konnten die Reichspräs. und die Reichsregierung N. erlassen (Ebert, Hindenburg). Das GG sieht N. nicht vor und regelt nur den Fall des → Gesetzgebungsnotstands.

Notwehr, ⚖ Verteidigung, die erforderlich ist, um einen gegenwärtigen rechtswidrigen Angriff von sich oder einem andern abzuwenden. Eine N.-Handlung ist nicht widerrechtlich; sie ist weder strafbar, noch zivilrechtlich unerlaubt; daher verpflichtet sie nicht zum Schadensersatz.

Not|zucht, veraltet für → Vergewaltigung.

Nouakchott [nwakˈʃɔt], **Nuakschott,** die Hptst. Mauretaniens, 600 000 Ew.; internat. Flughafen.

Nouveau Réalisme [nuˈvo reaˈlizmə], ✍ → neuer Realismus.

Nouveau Roman [nuˈvo rɔˈmã], frz. Romanform des 20. Jh., gekennzeichnet durch Ablehnung traditioneller Formen, Streben nach objektiver Beschreibung. Vertreter u. a.: A. Robbe-Grillet, N. Sarraute, M. Duras, M. Butor.

Nova *die,* → Sterne.

Novalis, Schriftstellername des Freiherrn Friedrich **von Hardenberg,** *1772, †1801; dt. Dichter der Romantik; er schrieb von Sehnsucht nach dem Jenseits erfüllte Gedichte (»Hymnen an die Nacht«, »Geistl. Lieder«), den unvollendeten Roman »Heinrich von Ofterdingen« (1802); daneben Tagebücher und Studienhefte.

Novara, Stadt in N-Italien, 103 100 Ew.; Bahnknoten, Textil-, Seiden-, Nahrungsmittel-, chem. Industrie.

Nova Scotia [ˈnəʊvə ˈskəʊʃə], dt. **Neuschottland,** Prov. Kanadas, am Atlant. Ozean, umfasst die Halbinsel N. und die Kap-Breton-Insel, 55 490 km², 873 000 Ew.; Hptst.: Halifax. Viehzucht, Forstwirtschaft, Eisen- und Stahlind.; Fischerei; ⚒ auf Kohle.

Novation *die,* **Schuldumwandlung,** ⚖ vertragl. Aufhebung eines Schuldverhältnisses, verbunden mit der Begründung eines neuen, das – vom bisherigen Schuldgrund gelöst – an die Stelle des ersten tritt.

Novelle *die,* **1)** Nachtrags-Ges. – **2)** kleinere Erz., meist in Prosa. Die klass. Form der N. entstand in der ital. Renaissance (Boccaccios »Decamerone«).

November *der,* 11. Monat des Jahrs, auch **Nebelung.** Im altröm. Kalender war er der 9. Monat.

November|revolution, 1) dt. Revolution im Nov. 1918. Sie begann am 30. 10. mit dem Marineaufstand in Kiel, führte am 7. 11. zum Sturz der bayr. Monarchie und am 9. 11. zur Abdankung Kaiser Wilhelms II. Alle dt. regierenden Fürsten wurden entthront, in Dtl. wurde die Rep. ausgerufen. – **2)** die revolutionären Veränderungen in der DDR im Herbst 1989, die am 9. 11. 1989 zur Öffnung der Mauer in Berlin und der Grenze zw. der Bundesrep. Deutschland und der DDR führten.

Gustav Noske

Hans Erich Nossack

Christine Nöstlinger

Nottingham
Stadtwappen

Novalis
auf einem Stahlstich nach einem zeitgenössischen Gemälde (1845)

Nowgorod Stadtwappen

Sam Nujoma

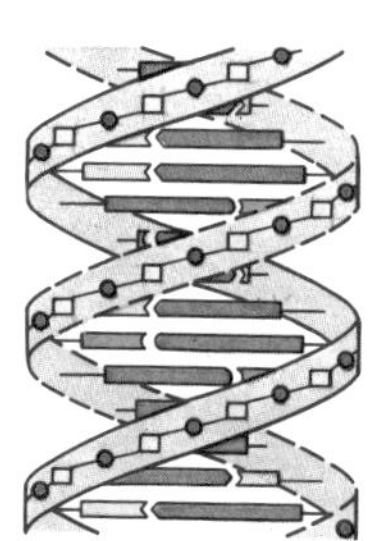
Ausschnitt aus der Doppelhelix der Desoxyribo-**Nukleinsäure**

Rudolf Nurejew

Nürnberg Stadtwappen

Novi Sad ['nɔvi: 'sa:d], dt. **Neusatz,** Stadt in der Wojwodina, Serbien, an der Donau, 258 000 Ew.
Noviziat *das,* Prüfungszeit der **Novizen** vor Eintritt in einen geistl. Orden.
Novum ['nɔ-, 'no:-] *das,* etwas Neues.
Nowaja Semlja, russ. Doppelinsel im Nördl. Eismeer, 83 000 km²; Kohle, Kupfer; Kernwaffen-Versuchsgelände.
Nowgorod, Stadt in Russland, am Wolchow, 229 000 Ew.; Sophienkathedrale, Klöster, alte Kirchen; im MA. Hanse-Kontor.
Nowokusnezk, Ind.stadt in W-Sibirien, Russland, 601 000 Ew.; Mittelpunkt des Kusnezker Kohlenbeckens.
Nowomoskowsk, Ind.stadt im Gebiet Tula, Russland, 146 000 Ew.; Hütten-, chem. Ind., Großkraftwerke.
Noworossijsk, Schwarzmeerhafen in Russland, 186 000 Ew.; Zement- u. a. Industrie.
Nowosibirsk, Ind.stadt Sibiriens, Russland, am Ob, 1,44 Mio. Ew.; Univ., Hochschulen; Maschinen-, Hütten-, Leichtind., Großkraftwerke.
Nowotscherkassk, Stadt im Gebiet Rostow (Don), Russland, 187 000 Ew.; Hochschulen; Weinbau; Lokomotivbau, Eisenindustrie.
Np, chem. Symbol für das Element Neptunium.
NPD, Abk. für →Nationaldemokratische **P**artei **D**eutschlands.
NRT, Abk. für **N**etto**r**egister**t**onne, →Registertonne.
NS, Abk. für **1)** **N**ach**s**chrift. – **2)** **N**ational**s**ozialismus.
NSDAP, Abk. für **N**ational**s**ozialistische **D**eutsche **A**rbeiter**p**artei, →Nationalsozialismus.
N. T., Abk. für **N**eues **T**estament (→Bibel).
Nuance [ny'ãsə] *die,* Abstufung, Abschattierung.
Nubilen, Landschaft in N-Afrika (S-Ägypten und N-Sudan), am Nil, zw. Assuan und Khartum, außerhalb des Niltals Wüste.
Nudismus →Freikörperkultur.
Nufenenpass, Pass in der Schweiz, 2478 m hoch, verbindet Tessintal mit Rhônetal.
Nugat, auch Nougat ['nu:gat], *der* oder *das,* Masse aus gerösteten Mandeln, Haselnüssen, Zucker, Vanille, Kakao.
Nujoma, Shafiishuna Samuel (Sam), afrikan. Politiker, *1929; Mitbegründer und Präs. der SWAPO, seit 1990 Präs. des unabhängigen Namibia.
nuklear [von lat. nucleus, »Kern«], den Atomkern betreffend; **nukleare Waffen,** Kernwaffen.
Nuklearmedizin, umfasst alle aus der Verwendung künstl. radioaktiver Isotope sich ergebenden ärztl. Aufgaben.
Nukle|insäuren, Verbindungen von Phosphorsäure, Nukleinbasen (Pyrimidin- oder Purinbasen) und dem Zucker Ribose **(Ribo-N., RNS)** oder Desoxyribose **(Desoxyribo-N., DNS).** Einfache N., **Mononukleotide,** kommen im Zellstoffwechsel und als Wirkgruppen von Enzymen vor, polymere N., **Polynukleotide** (N. i. e. S.), sind die zentralen Bestandteile der Gene im Zellkern; mit Eiweißen bilden sie **Nukleoproteide.** Viele Viren bestehen ausschließlich aus N. in einer Eiweißhülle.
Nukleonen *Pl.,* die Kernbausteine Proton und Neutron.
Nuklid *das,* Atomsorte mit einer nach Ladungs- und Massenzahl festgelegten Kernart (z. B. $^{60}_{27}$Co: »Kobalt 60«).
Null, Zahlzeichen 0, Ergebnis einer Subtraktion, wenn man eine Zahl von sich selbst abzieht, z. B. $3 - 3 = 0$.
Nullleiter, elektr. Leiter, der unmittelbar geerdet ist; meist ein Neutralleiter, der auch die Funktion eines Schutzleiters übernehmen kann.
Nulltarif, freie Benutzung von Verkehrsmitteln, freier Theatereintritt u. a.
Nullung, in elektr. Niederspannungsnetzen Schutzmaßnahme gegen gefährl. Berührungsspannungen; die zu schützenden Anlagenteile werden mit dem Nullleiter des Versorgungsnetzes verbunden.
Nullwachstum, Schlagwort für die Forderung, die Zunahme der Bev. und das wirtschaftl. Wachstum auf null zu begrenzen, um die Erschöpfung der Rohstoffvorräte zu verlangsamen.
Numa Pompilius, röm. Sage: der 2. König Roms, 715 bis 672 v. Chr.
Numen *das,* göttl. Walten, Gottheit. **Numinose** *das,* das Göttliche als unbegreifliche, zugleich Vertrauen und Schauer erweckende Macht.
Numeralia, Zahlwörter, 1) **Grund-, Kardinalzahlen,** lat. Cardinalia, z. B. eins, zwei. 2) **Ordnungszahlen, Ordinalzahlen,** lat. Ordinalia, z. B. erster, zweiter. 3) **Wiederholungs-** und **Vervielfältigungszahlen,** z. B. einmal, zweimal; dreifach, vierfach. 4) **Teilungs-** oder **Bruchzahlen,** z. B. ein Drittel, ein Viertel. 5) **unbestimmte Zahlangaben,** z. B. viele, wenige, manche, alle.

Nuraghe Sarbana bei Silanus auf Sardinien

numerisch, zahlenmäßig.
numerische Maschinensteuerung, bei automat. Werkzeugmaschinen allg. Bezeichnung für Steuerungen, bei denen die Steuerbefehle ziffernmäßig verschlüsselt auf einem Magnetband stehen. Die n. M. als Glied einer innerbetriebl. Daten verarbeitenden Kette bildet den Ausgangspunkt für eine umfassende Automatisierung.
Numerus *der,* **1)** Zahl, Ziffer; **N. clausus,** zahlenmäßige Beschränkung der Zulassung zum Hochschulstudium. – **2)** √ →Logarithmus. – **3)** Ⓢ Unterscheidungsform von Singular und Plural.
Numidilen, im Altertum: Kgr. in N-Afrika, das heutige O-Algerien; später röm. Provinz.
Numismatik *die,* Münzkunde.
Nuntius *der,* ständiger diplomat. Vertreter des Papstes in einem Staat.
Nuraghen [-gən], kegelförmige Steinbauten seit der Bronzezeit bis zur röm. Zeit auf Sardinien, Korsika **(Torre),** in S-Italien **(Trulli).**
Nürburgring, Automobil- und Motorradrennstrecke, um die Ruine Nürburg bei Adenau in der Eifel, 1927 eröffnet, 1981 bis 1984 umgebaut, galt vor dem Umbau als eine der sehnswersten Rennstrecken der Erde.
Nurejew, Rudolf, österr. Tänzer und Choreograph russ. Herkunft, *1938, †1993.
Nurmi, Paavo, finn. Weltrekordläufer im Langstreckenlauf, *1897, †1973; neunfacher Olympiasieger 1920 bis 1928; 22 Weltrekorde.
Nürnberg, Stadt in Mittelfranken, Bayern, an der Pegnitz, 494 400 Ew., überragt von der ehem. kaiserl. Burg; die Altstadt mit got. Kirchen (St. Sebaldus, St. Lorenz, Frauenkirche), Rathaus, Dürerhaus u. a. wurde im 2. Weltkrieg stark zerstört; Univ.; N. hat reiche Sammlungen der dt. Geschichte (German. Nationalmuseum); Hoch- und Fachschulen; elektrotechn., Maschinen-, Fahrzeug-, Spielwaren-, Lebkuchen u. a. Ind.; ⚓ am Rhein-Main-Donau-Großschifffahrtsweg.

Messestadt (u. a. Spielwarenmesse). - N. war eine der bedeutendsten dt. Reichsstädte und behauptete sich gegen die Stellung der fränk. Hohenzollern als Burggrafen von N.; kulturelle Blütezeit im 15./16. Jh. (Dürer, Veit Stoß, Peter Vischer, Hans Sachs); 1806 bayerisch; 1835 erste dt. Eisenbahn (»Adler«) zw. N. und Fürth.

Nürnberger Eier, in Nürnberg in der 2. Hälfte des 16. Jh. hergestellte Taschenuhren von eirunder Form (nicht die von Peter Henlein um 1510 hergestellten dosenförmigen Taschenuhren), bes. um 1600 von großer Beliebtheit.

Nürnberger Gesetze, die 1935 vom Reichstag beschlossenen →Rassengesetze.

Nürnberger Prozesse, aufgrund des Londoner Abkommens von 1945 zur Aburteilung dt. Kriegsverbrechen in Nürnberg durchgeführte Strafverfahren.

Nürnberger Trichter, scherzhaft für Lehrverfahren, durch das auch dem Dümmsten etwas beigebracht (eingetrichtert) werden kann.

Nürtingen, Stadt in Bad.-Württ., am Fuß der Schwäb. Alb, 37 000 Ew.; Metall-, Textilindustrie.

Nüsslein-Volhard, Christiane, dt. Entwicklungsbiologin, *1942; klärte anhand ihrer Forschungen mit Taufliegen die genet. Steuerungsmechanismen der Embryonalentwicklung auf; erhielt hierfür 1995 mit F. Wieschaus und B. Lewis den Nobelpreis für Medizin oder Physiologie.

Nut, längl. Vertiefung an Wellen, Zapfen, Balken zur Befestigung anderer Teile.

Nutation *die,* ⚛ period. Bewegung der Figurenachse eines Kreisels um die Drehimpulsachse; im Falle der Erde als Kreisel ein geringes Schwanken der Erdachse mit 18,6-jähriger Periode infolge der Anziehungskraft des Monds.

Nutria *die,* →Biberratte.

Nutzholz, Bau- und Werkholz; im Ggs. zu Brennholz.

Nutzlast, Gewicht der Ladung; im Ggs. zum Leer-, Eigen- oder toten Gewicht.

Nutzleistung, ⚙ von einer Maschine nach außen abgegebene nutzbare Leistung.

Schloss **Nymphenburg** in München

Nutznießung, früher **Nutzungsrecht** an fremdem Vermögen; jetzt nur noch →Nießbrauch (in der Schweiz N.).

NW, Abk. für Nordwest(en).

Nyíregyháza ['nji:rɛtjha:zɔ], Stadt in Ungarn, 114 000 Ew.; Wein-, Tabak- und Obstbaugebiet.

Nylon® ['naɪlɔn], Handelsname für Kunstfasern und -stoffe aus Polyamiden.

Nymphen *Pl.,* **1)** weibl. Naturgottheiten der alten Griechen, die in und an Quellen **(Najaden),** im Meer **(Nereiden),** auf Wiesen und Bergen **(Oreaden),** in Wäldern und Bäumen **(Dryaden)** hausen. - **2)** ⚘ Entwicklungszustand einiger Insekten mit unvollkommener Verwandlung.

Nymphenburg, Stadtteil im W von München mit **Schloss N.,** im Barockstil (1664 bis 1730); ausgedehnte Parkanlagen mit Lustschlösschen (u. a. die Amalienburg, 1734 bis 1739, von F. de Cuvilliés). Porzellanfabrik (seit 1747/61; **Nymphenburger Porzellan**).

Nymphomanie *die,* gesteigertes sexuelles Verlangen der Frau.

Nystagmus *der,* Augenzittern.

Nyx, lat. **Nox,** die Nacht, Gestalt der kosmogon. Dichtung der Griechen; ihre Kinder: Thanatos (Tod), Hypnos (Schlaf).

O

o, O, 1) 15. Buchstabe des dt. Alphabets, ein Vokal. - **2)** 🌐 **O,** Abk. für Osten. - **3) O,** chem. Symbol für das Element Sauerstoff.

O' [altirisch ane »Enkel«], in irischen Familiennamen svw. Sohn, Abkömmling.

Oahu, die volkreichste Hawaii-Insel, 1 601 km², 838 500 Ew., mit der Hptst. Honolulu.

Oakland ['əʊklənd], Hafenstadt in der Bucht von San Francisco, USA, 372 200 Ew.; Schiffbau, Erdöl- u. a. Industrie.

Oak Ridge ['əʊk 'rɪdʒ], Stadt in O-Tennessee, USA, 24 700 Ew.; Kernforschungsstätten.

OAS, 1) Abk. für engl. **O**rganization of **A**merican **S**tates, →Organisation der Amerikanischen Staaten. - **2)** Abk. für frz. **O**rganisation de l'**A**rmée **S**ecrète, frz. Untergrundbewegung in Algerien (bis 1962).

Oase *die,* Stelle reicheren Pflanzenwuchses in der Wüste, hervorgerufen durch Grundwasser, Flussläufe oder Quellen; Ansiedlung und Anbau (Dattelpalmen); Sammelpunkt der Karawanenwege.

Oates [əʊts], Joyce Carol, amerikan. Schriftstellerin, *1938; Romane (»Bellefleur«, »Letzte Tage« u. a.), Kurzgeschichten.

OAU, Abk. für engl. **O**rganization of **A**frican **U**nity, →Organisation für Afrikanische Einheit.

Oaxaca [oa'xaka], **1)** Staat im S von Mexiko, 95 364 km², 3,02 Mio. Ew.; Ackerbau, Fischereihafen. - **2) O. de Juárez** [- ðe 'xu̯ares], Hptst. des Bundesstaates O., Mexiko, 157 300 Ew.; Erzbischofssitz; Univ.; Museen. - 1468 angeblich von Azteken gegr., 1521 von Spaniern erobert. Die Altstadt zählt zum Weltkulturerbe.

Ob *der,* Hauptstrom W-Sibiriens, Russland, entspringt im Altai, mit Irtysch und Katun 5 410 km lang, mündet in das Karische Meer.

Obadja, Prophet Israels aus der Zeit nach der Babylon. Gefangenschaft.

Obduktion *die,* Leichenöffnung.

Obelisk *der,* hoher, frei stehender, rechteckiger, spitz zulaufender Steinpfeiler (meist Monolith); urspr. im antiken Ägypten aufgestellt.

Ober|ammergau, Gemeinde in Oberbayern, 5 200 Ew., Sommerfrische in den Kalkalpen, bekannt durch die seit 1634 alle 10 Jahre stattfindenden Passionsspiele mit einheim. Laienschauspielern; Mittelpunkt der dt. alpenländ. Holzschnitzerei.

Obelisk aus Luxor auf der Place de la Concorde in Paris

Oberhausen Stadtwappen

Oberösterreich Landeswappen

Oberbayern, Reg.-Bez. in Bayern, 17 529 km², 3,829 Mio. Ew.; Verw.-Sitz München.

Oberdeutsch, die süddt. Mundarten, →deutsche Sprache.

Oberleigentum, im alten dt. Recht beim »geteilten Eigentum« die Rechte des Lehnsherrn, Erbzinsherrn u. a. **(Obereigentümers)** am Grundstück als solchem, während das **Untereigentum** das Recht auf Nutzungen gewährte. (→Heimfall)

Oberer See, See in Nordamerika, der westlichste der Kanad. Seen, der größte Süßwassersee der Erde, 82 414 km², 405 m tief.

Oberfläche, äußere Begrenzung eines Körpers. **O.-Spannung,** die auf jedes Teilchen der O. einer Flüssigkeit wirkende, in das Innere der Flüssigkeit gerichtete Kraft, Ursache der Tropfenform. **O.-Schutz,** Korrosionsschutz (→Korrosion).

Oberfranken, Reg.-Bez. in Bayern, 7 231 km², 1,079 Mio. Ew.; Verw.-Sitz Bayreuth.

Obergaden, Lichtgaden, von Fenstern durchbrochene Mittelschiffwand einer Basilika.

Oberhaus *das,* die Erste Kammer einer Volksvertretung, bes. das House of Lords in Großbritannien.

Oberhausen, Ind.stadt in NRW, 224 000 Ew.; am Rhein-Herne-Kanal; Steinkohlenbergbau, Stahl-, Eisenind.; Kurzfilmtage.

Oberhof, Kurort und Wintersportplatz im Thüringer Wald, 2 300 Ew., 800 bis 835 m ü. M.

Oberlitalien, N-Italien mit den ital. Alpen, Venetien, Po-Ebene und nördl. Apennin.

Oberlitalienische Seen, Seen des südl. Alpenrands: Lago Maggiore, Luganer, Comer, Iseo- und Gardasee.

Oberkirchenrat, ev. Kirche: **1)** oberste kirchl. Verwaltungsbehörde in den Landeskirchen von Baden, Oldenburg, Mecklenburg, Württemberg sowie der Ev. Kirche in Österreich. – **2)** beamtete Mitglieder der Landeskirchenämter, der Kirchenkanzlei der EKD und des Kirchenamts der Vereinigten Ev.-Luther. Kirche Deutschlands.

Oberkommando der Wehrmacht, Abk. **OKW,** 1938 bis 1945 Führungsstab der dt. Wehrmacht.

Oberkreisdirektor, Leiter der Kreis-Verw. in NRW und Niedersachsen.

Oberlandesgericht, Gericht in der Bundesrep. Deutschland und in Österreich, →Gerichtswesen (ÜBERSICHT).

Oberleitungsomnibus, Abk. **Obus,** 🚗 Kfz im öffentl. Nahverkehr; wird von Elektromotoren angetrieben, die ihren Strom einer Oberleitung entnehmen.

Oberlin, Johann Friedrich, ev. Pfarrer im Elsass, *1740, †1826, gründete u. a. Kleinkinderschulen und Spar-, Leih- und Entschuldungskassen.

Oberon, 1) Elfenkönig, Gemahl der Feenkönigin Titania, gelangte durch G. Chaucer in die Kunstdichtung. – **2)** ✲ Mond des Planeten Uranus.

Oberlösterreich, österreichisches Bundesland, 11 980 km², 1,33 Mio. Ew.; Hptst.: Linz. O. erstreckt sich vom Donautal zw. Passau und der Ennsmündung nach N bis in den Böhmerwald, nach S über das fruchtbare Alpenvorland bis auf den Kamm der Kalkalpen. Flüsse: Donau, Inn mit Salzach, Enns mit Steyr, Traun mit Krems. Viehzucht, Ackerbau, Obstbau, Forstwirtschaft; Großkraftwerke; Erdgas-, Erdölförderung. Textil-, Zellstoff-, Lebensmittel-, Hütten- u. a. Industrie.

Oberpfalz, Reg.-Bez. in Bayern, 9 691 km², 1,015 Mio. Ew.; Verw.-Sitz Regensburg.

Oberrheinisches Tiefland, vom Rhein durchflossene, etwa 300 km lange Einsenkung zw. Schwarzwald und Odenwald im O und Vogesen und Haardt im W; fruchtbar, mildes Klima.

Obersalzberg, Berg bei Berchtesgaden, Bayern, 1 000 m, mit Hitlers »Berghof« (1945 zerstört).

Oberschlesien, ehem. preußische Prov., →Schlesien.

Oberstadtdirektor, Hauptverwaltungsbeamter kreisfreier Städte in NRW und Niedersachsen.

Oberstdorf, Kneippkurort in Bayern, in den Allgäuer Alpen, 843 m ü. M.; 10 000 Ew.; Wintersport, Bergbahnen; Molkereiprodukte.

Oberster Sowjet, ständiges Volksvertretungsorgan in der UdSSR sowie in deren Teilrepubliken.

Oberstes Gericht →Gerichtswesen (ÜBERSICHT).

Oberth, Hermann, dt. Physiker und Raumfahrtpionier, *1894, †1989; arbeitete über Rückstoßantrieb und Raketenbau.

Obertöne, Nebentöne, 𝄞 zum Grundton mitklingende höhere Töne, die seine Klangfarbe bestimmen.

Oberlursel (Taunus), Stadt in Hessen, 43 500 Ew.; luther. Theolog. Hochschule; Industrie.

Obervolta, bis 1984 Name der Rep. →Burkina Faso in W-Afrika.

Objekt *das,* **1)** Ⓟ Gegenstand einer Tätigkeit, z. B. des Denkens; im Ggs. zum Subjekt. – **2)** Ⓢ Satzteil, auf den sich das Verb bezieht; **objektiv,** auf das O. bezüglich; gegenständlich, sachlich, tatsächlich. **Objektivität** *die,* Denkweise und Haltung, die den Gegenstand sachlich, unbeeinflusst von Voreingenommenheiten, Gefühlen und Interessen auffasst.

Objektcode [-ko:d], 🖳 in eine Maschinensprache umgesetztes Computerprogramm.

Objektiv *das,* Optik: die dem Gegenstand zugewandte Linse; Ggs.: die dem Beschauer zugewandte Linse, das **Okular.**

Objektkunst, Ausdrucksform der modernen Kunst, die anstelle der Abbildung des Gegenstands diesen selbst in veränderter oder unveränderter Form (Abguss, Nachbildung u. a.) aus einem unspezif. Material präsentiert, z. B. Rauminstallation.

Oblate *die,* **1)** Hostie. – **2)** Arzneikapsel. – **3)** waffelartiges Gebäck.

Oblate *der,* **1)** Person, die sich einem kath. Orden angeschlossen hat. – **2)** Mitglied einer Ordensgemeinschaft, die den Ausdruck O. im Namen führt (z. B. O. des hl. Franz von Sales).

obligat, 1) verbindlich, unerlässlich. – **2)** 𝄞 selbstständig geführte Einzelstimme, z. B. eine solist. Instrumentalstimme.

Obligation *die,* **1)** ⚖ Verbindlichkeit eines Schuldners, auch das ganze Schuldverhältnis. – **2)** Teilschuldverschreibung, einzelnes Stück einer als Schuldverschreibung aufgenommenen festverzinsl. Anleihe (Staats-, Gemeinde-, Ind.-O.).

Obligationenrecht →Schuldrecht.

obligatorisch, verpflichtend, zwangsmäßig; Ggs.: fakultativ.

Obligo *das,* Verbindlichkeit, Verpflichtung; **ohne O., ohne Gewähr, frei von O.,** die Haftung ausschließender Vermerk auf Wechseln.

Obmann *der,* Vorsitzender, Leiter.

Oboe *die,* 𝄞 Blasinstrument mit doppeltem Rohrblatt als Mundstück, von etwas näselndem Klang.

Obolos *der,* altgriech. Gewicht und Münze.

Obolus *der,* kleine Geldspende.

Obra *die,* linker Nebenfluss der Warthe, Polen, 253 km lang, mündet bei Schwerin (Warthe).

Obrigkeitsstaat, Staatswesen mit monarchisch-patriarchal. Grundmustern, heute meist abwertend verwendet.

Observanz [lat. »Beobachtung«] *die,* **1)** B Ausprägung, Form. – **2)** Klostergebräuche. – **3)** ⚖ in einem begrenzten Kreis, z. B. einer Gebietskörperschaft, ausgebildetes Gewohnheitsrecht.

Observatorium *das,* Gebäude für physikal. Beobachtungen, bes. die Sternwarte.

Obsidian *der,* glasige Ausbildungsform junger Ergussgesteine mit muscheligem Bruch; kunstgewerbl. Werkstoff.

obskur, fragwürdig, unbekannt.

Obst, die schmackhaften Früchte und Samen, meist von Natur saftig und süß: **Stein-O.** (z.B. Kirschen, Pflaumen), **Kern-O.** (z.B. Äpfel, Birnen), **Beeren-O.** (z.B. Stachelbeeren), **Schalen-O.** (z.B. Nüsse). O. hat großen Vitamin- und Mineralgehalt. O. wird durch Trocknen, Tiefgefrieren oder Einmachen zur Dauerware, weitere O.-Erzeugnisse sind O.-Wein, O.-Säfte, Konfitüre u.a. mehr.

Obstipation *die,* ⚕ → Verstopfung.

Obstruktion *die,* im Parlament die Verhinderung oder Verzögerung von Beschlüssen durch Ausnutzung von Mitteln, die die Geschäftsordnung zulässt, z.B. durch Dauerreden oder Anträge.

obszön, unzüchtig, unanständig.

Obus, Abk. für → Oberleitungsomnibus.

Obwalden, amtl. **Unterwalden ob dem Wald,** ein Halbkanton von Unterwalden, Schweiz, 491 km², 28 800 Ew., Hauptort Sarnen; umfasst das Gebiet der Sarner Aa mit den Hochtälern von Lungern und Engelberg.

OCAM, Abk. für frz. **O**rganisation **C**ommune **A**fricaine et **M**auricienne, dt. Gemeinsame Afrikanisch-Mauritian. Organisation, Zusammenschluss von afrikan. Staaten und Mauritius mit dem Ziel polit., wirtschaftl. und kultureller Zusammenarbeit.

O'Casey [əʊˈkeɪsɪ], Sean, irischer Dramatiker, * 1880, † 1964, schrieb sozialkrit. Stücke (»Juno und der Pfau«, 1924, »Der Pflug und die Sterne«, 1926).

ABCDEFGHIJKLMNOPQRSTUVW
XYZ 0123456789 ⑁.⑂⑀+-*|{}
:;/='%"?&$

ABCDEFGHIJKLMNOPQRSTUV
WXYZ 0123456789
abcdefghijklmnopqrstuv
wxyz *+-=/.,:;"'_?!()<>
[]%#&@^¤£$¦\¨´`^~¸ÄÅÆ
IJÑÖØÜ {}m å æ ij ø ß § ¥

OCR-A-Schrift (oben) und die OCR-B-Schrift

Ochlokratie *die,* Pöbelherrschaft.

Ochotskisches Meer, Randmeer des Pazif. Ozeans, zw. Kamtschatka, den Kurilen, Hokkaidō, Sachalin und dem asiat. Festland.

Ochrana [russ. »Schutz«] *die,* zarist. Geheimpolizei (seit 1880).

Ochsen|auge, 1) ⌂ rundes oder ovales Fenster, v.a. im 17. und 18. Jh. – **2)** Großes O. und **Kleines O.,** bräunlicher Tagfalter mit schwarzen Augenflecken.

Ochsenfrösche, versch. Froscharten mit tief blökendem Paarungsruf, bis 24 cm lang und 600 g schwer.

Ochsenknecht, Uwe, Schauspieler, * 1956; bekannt v.a. durch seine Rollen in Film (»Schtonk«, 1990; »Honigmond«, 1995 u.a.) und Fernsehen (u.a. »Spur eines Zweifels«, 1995).

Ochsenzunge, Sandbodenpflanze, Borretschgewächs, steifhaarige Blätter, blaue Blüten.

Ockeghem, Okeghem [ˈoːkəxəm], Johannes, niederländ. Komponist, * um 1425 (?), † 1496 oder 1497, Hauptmeister der 2. niederländ. Schule; Messen, Motetten, Chansons.

Ocker, gelbes bis rotes Mineralgemenge, meist Eisenoxid und Ton, als rötl. Farbe verwendet.

Ockham, Occam [ˈɔkəm], Wilhelm von, engl. Philosoph, Theologe und Schriftsteller, * 1285, † 1347/50; Begründer des Nominalismus.

O'Connell [əʊˈkɔnl], Daniel, irischer Politiker, * 1775, † 1847, gründete 1823 die »Irish Catholic Association« und erreichte 1829 für die Katholiken in Großbritannien Gleichberechtigung.

OCR, Abk. für **O**ptical **C**haracter **R**ecognition, opt. Zeichenerkennung. OCR-Schriften haben Formen, die eine automat. Zeichenerkennung erleichtern.

Octavia, 1) Schwester des Kaisers Augustus, * um 70, † 11 v. Chr., ⚭ 40 v. Chr. mit Marcus Antonius, der sich 37 von ihr trennte, 32 Scheidung. – **2)** * um 40, † 62; Tochter des Kaisers Claudius und der Messalina, ⚭ 53 mit Nero, der sich 62 von ihr scheiden ließ; O. wurde verbannt und kurz darauf ermordet.

Hermann Oberth

Octavius, Name des Geschlechts, dem → Augustus entstammte.

Odd Fellows [ˈɔd ˈfeləʊz], freimaurerähnl. Orden, im 18. Jh. in England gegr., in Dtl. seit 1870.

Ode [griech. »Gesang«] *die,* feierl. Gedicht in altem, meist reimlosem Versmaß.

Ödem *das,* → Wassersucht.

Ödenburg, ungar. **Sopron** [ˈʃ-], Stadt in W-Ungarn, 57 000 Ew.; Univ.; beim Neusiedler See.

Odense [ˈoːðənsə], Hptst. der dän. Insel Fünen, 175 000 Ew.; Universität; Handel, Industrie.

Odenwald, Mittelgebirge in Bad.-Württ., Hessen und Bayern, zw. Kraichgau und Main; höchster Berg: der Katzenbuckel, 626 m; am Westrand verläuft die Bergstraße.

Sean O'Casey

Oder *die,* **1)** tschech. und poln. **Odra,** Fluss in Mitteleuropa, entspringt im **O.-Gebirge,** durchfließt das mähr. Steinkohlengebiet, Schlesien, Brandenburg (unterhalb Frankfurts das **O.-Bruch**), Pommern, bildet bei Stettin den Dammschen See, fließt in das Stettiner Haff und mündet aus diesem in 3 Armen, Dievenow, Swine, Peene, in die Ostsee. Die O., 910 km lang, ist eine Hauptwasserstraße, mit der Elbe und der Weichsel durch Kanäle verbunden. Hauptnebenflüsse links: Glatzer Neiße, Katzbach, Bober, Görlitzer Neiße; rechts: Klodnitz, Malapane, Bartsch, Warthe mit Netze; war seit 1945 Teil der Oder-Neiße-Linie. – **2)** Fluss im Harz, Ndsachs., mündet in die Rhume; bei Bad Lauterberg die **Odertalsperre** (30 Mio. m³).

Obwalden
Kantonswappen

Odermennig *der,* **Ackermennig,** Gattung der Rosengewächse mit gelben Blüten, auf Wiesen, an Wald- und Wegrändern.

Oder-Neiße-Lini|e, die im Potsdamer Abkommen 1945 festgelegte Demarkationslinie zw. den polnisch verwalteten dt. Gebieten und dem übrigen Dtl., heute die dt.-poln. Staatsgrenze. Sie verläuft von der Ostsee westlich Swinemünde nach S, erreicht südlich von Stettin die Oder, läuft an dieser entlang bis zur Einmündung der Lausitzer Neiße und folgt ihr bis zur tschech. Grenze. Das Potsdamer Abkommen behielt die Festlegung der W-Grenze Polens einem künftigen Friedensvertrag vor. Die DDR hatte 1950 (Görlitzer Abkommen) die O.-N.-L. als ihre O-Grenze anerkannt. Im Warschauer Vertrag (1970) erkannte die Bundesrep. Deutschland die O.-N.-L. an (vorbehaltlich früher von den Vertragspartnern geschlossener oder sie betreffender internat. Verträge). Im Zuge der Vereinigung beider dt. Staaten bekräftigten die »Gemeinsame Erklärung« von Bundestag und Volkskammer (21. 6. 1990), die »Zwei-plus-Vier-Verhandlungen« in Paris (18. 6. 1990) sowie der »Dt.-Poln. Grenzvertrag«, abgeschlossen 14. 11. 1990, in Kraft seit Jan. 1992, völkerrechtlich verbindlich den Verlauf der dt.-poln. Staatsgrenze entlang der Oder-Neiße-Linie.

Odense
Stadtwappen

Oder-Spree-Kanal, von Eisenhüttenstadt an der Oder zur Spree im SO Berlins, 84 km.

Odessa, Ind.stadt und bedeutendster Schwarzmeerhafen in der Ukraine, 1,1 Mio. Ew.; Univ.; Maschinenbau.

Odeur [oˈdøːr] *das,* Duft, Wohlgeruch; auch abwertend: seltsamer Geruch.

Odilienberg, Hohenburg, Berg der Vogesen, Frankreich, 826m ü.M., mit vorgeschichtl. Denkmälern und Kloster; Wallfahrtsort.

Odin, german. Gott, →Wodan.

Ödipus, in der griech. Sage der Sohn des theban. Königs Laios und der Iokaste; tötete seinen Vater, den er nicht kannte. In Theben löste er das Rätsel der Sphinx, wodurch er Gatte der Königswitwe, der eigenen Mutter, wurde. Dies erkennend, blendete er sich und irrte mit seiner Tochter Antigone umher, bis er von der Erde entrückt wurde. Tragödien von Aischylos, Sophokles, Euripides.

Ödipuskomplex, in der Psychoanalyse S. Freuds die frühkindl. Liebe des Knaben zur Mutter, des Mädchens zum Vater. Der gleichgeschlechtl. Elternteil erscheint als Rivale, der die Neigung mit Kastration zu bestrafen droht. Die Kinder sehen sich zur Verdrängung ihrer Triebe gezwungen, woraus vielfältige neurot. Symptome erwachsen können.

Jacques Offenbach

Odium *das,* Anrüchigkeit, Makel.

Ödland, land- und forstwirtschaftlich nicht genutztes Land.

Odoaker, westgerman. Heerführer, *433, †493 (erschlagen), setzte 476 Romulus Augustulus ab und machte sich zum König von Italien, wurde von dem Ostgotenkönig Theoderich besiegt.

Odontologie *die,* ⚕ Lehre von den Zähnen und den Zahnkrankheiten.

Odysseus, lat. **Ulixes,** in der griech. Sage der Sohn des Laertes, Gemahl der Penelope, Vater des Telemach, König von Ithaka, Held vor Troja. Die **Odyssee,** ein unter dem Namen Homers überliefertes Epos, erzählt seine Irrfahrt nach Trojas Fall und seinen Sieg über die seine Gattin Penelope bedrängenden Freier.

Ōe, Kenzaburō, jap. Schriftsteller, *1935; gesellschaftskrit. Erz. und Romane; Nobelpreis für Literatur 1994.

Offenbach am Main
Stadtwappen

OECD, Abk. für engl. **O**rganization for **E**conomic **C**ooperation and **D**evelopment (»Organisation für wirtschaftl. Zusammenarbeit und Entwicklung«), gegr. 1960, Sitz Paris; Mitglied sind alle EU- und EFTA-Mitgl. sowie Kanada, die USA, Mexiko, Australien, Neuseeland, Japan, Türkei. Oberstes Organ ist der Rat der OECD. Ziel ist die Koordination der Wirtschafts- und Entwicklungspolitik der Mitgliedsländer.

Oehlenschläger [ˈøː-, dän. ˈøːlənslɛːɣər], Adam Gottlob, dän. Dichter, *1779, †1850, Hauptvertreter der dän. Romantik mit Vorliebe für altnord. Stoffe.

Oels [øːls, œls], poln. **Oleśnica,** Stadt in der poln. Wwschaft Wrocław, ehem. Residenzstadt (Schloss) in Niederschlesien, 36000 Ew.; versch. Industrien.

Oelze [ˈœl-], Richard, dt. Maler, *1900, †1980; geheimnisvolle Landschaften.

Oetker-Gruppe [ˈœ-], dt. Unternehmensgruppe, gegr. 1891, Sitz Bielefeld; umfasst v.a. Lebensmittel produzierende Unternehmen, aber auch Banken, Versicherungen und Handelsunternehmen.

Œuvre [ˈøːvrə], Gesamtwerk eines Künstlers.

Oeynhausen [ˈøːn-], **Bad O.,** Stadt und Kurort in NRW, nahe der Westfäl. Pforte, 46900 Ew.; Thermal- und Solquellen.

OEZ, Abk. für **O**steuropäische **Z**eit.

O'Faoláin [əʊˈfælən], Seán, eigentl. John **Whelan,** irischer Schriftsteller, *1900, †1991; Romane und Kurzgeschichten mit irischer Thematik.

Ofen, Stadtteil von →Budapest.

Ofen, **1)** Wärmeerzeuger in Form eines von Wänden umschlossenen O.-Raumes, dessen Wärme zur Heizung, zur Lebensmittelzubereitung oder bei den Ind.öfen zum Schmelzen, Sintern, zur chem. Umsetzung usw. ausgenutzt wird. – **2)** ✡ Sternbild des Südhimmels.

Offbeat [-biːt], im Jazz kleine rhythm. Abweichung der Melodie vom Grundrhythmus.

Offenbach, Jacques, dt.-frz. Opern- und Operettenkomponist, *1819, †1880; »Orpheus in der Unterwelt« (1858), »Hoffmanns Erzählungen« (1880).

Offenbach am Main, Stadt in Hessen, 115200 Ew.; Renaissanceschloss; Hochschule für Gestaltung; Zentrum der dt. Lederind.; Maschinenbau, Metall-, chem., graf. Ind.; ⚓.

Offenbarung, allg. Erkenntnis, Erleuchtung, in den Religionen die Enthüllung einer religiösen Wirklichkeit, die für den Menschen von existenzieller Bedeutung ist und oft als das menschl. Vernunftwissen übersteigend angesehen wird.

Offenbarung des Johannes, Apokalypse, letztes Buch der Bibel; schildert in visionären Geschichten das Weltende, die neue Schöpfung, das himml. Jerusalem und die Wiederkehr Christi.

Offenbarungseid, frühere Bezeichnung für die eidesstattliche Versicherung zur Bekräftigung einer geschuldeten Auskunft oder das vom erfolglos gepfändeten Schuldner auf Antrag des Gläubigers dem Gericht vorgelegte Vermögensverzeichnis.

Offenburg, Krst. in Bad.-Württ., 53400 Ew.; am Austritt der Kinzig aus dem Schwarzwald; Obst- und Weinhandel; elektrotechn., graf. u.a. Industrie.

offene Handelsgesellschaft, Abk. **OHG,** Vereinigung von Gesellschaftern, die sich zum Betrieb eines Handelsgewerbes unter gemeinsamer Firma zusammenschließen. Jeder Teilnehmer haftet für die Schulden der Gesellschaft unbeschränkt (§§105ff. HGB).

offener Biss, ⚕ Zahnstellungsanomalie: bei Kieferschluss treffen nur die Backenzähne zusammen, zw. oberen und unteren Schneidezähnen bleibt ein Spalt.

offener Brief, öffentl. Meinungsäußerung in Briefform, in den Medien, als Flugblatt usw.

Offenmarktpolitik, An- oder Verkäufe von Wertpapieren durch die Zentralnotenbank, um die Geldmenge zu beeinflussen. Kauft die Notenbank Wertpapiere von Banken, so steigt deren Liquidität und die Möglichkeit zur Kreditgewährung; durch Verkauf engt sie diese ein.

offensiv, angreifend, verletzend. **Offensive** *die,* Angriff.

öffentliche Ämter, Ämter, deren Träger Organe der Staatsgewalt sind, z.B. Richter, Polizeibeamte, (teilweise) Notare.

öffentliche Hand, öffentliche Verwaltung (Staat, Gemeinde) als Teilnehmer (Unternehmer) am Wirtschaftsleben.

öffentliche Klage, die →Anklage im Strafprozess.

öffentliche Meinung, Gesamtheit der gegenüber Staat und Gesellschaft geäußerten, grundsätzl. und aktuellen Ansichten der Bürger.

öffentlicher Dienst, Tätigkeit im Dienste einer Anstalt, Körperschaft oder Stiftung des öffentl. Rechts; die Angehörigen des ö. D. gliedern sich in Beamte sowie Angestellte und Arbeiter des ö. D., die durch privatrechtl. Arbeitsvertrag angestellt werden.

öffentlicher Glaube, ⚖ Grundsatz, dass der Inhalt bestimmter öffentl. Bücher und Urkunden (Grundbuch, Erbschein) zugunsten der darauf vertrauenden Personen als richtig gilt.

öffentlicher Personennahverkehr, die auf eine bestimmte Entfernung (i.d.R. 50 km) beschränkte regelmäßige Beförderung von Personen durch spezielle Verkehrsunternehmen (Linienverkehr mit Straßenbahn, Stadtbahn, Hoch- und U-Bahn, Omnibus, auch Eisenbahn).

öffentliches Recht, ⚖ Teil der staatl. Rechtsordnung, der durch das Wirken hoheitl. Gewalt bestimmt ist, z.B. Verfassungs-, Verwaltungs- und Strafrecht; Ggs.: bürgerliches Recht.

öffentliche Unternehmen, Unternehmen im Besitz oder unter maßgebender Beteiligung eines öffentl.-rechtl. Gemeinwesens, z.B. Bahn, Post.

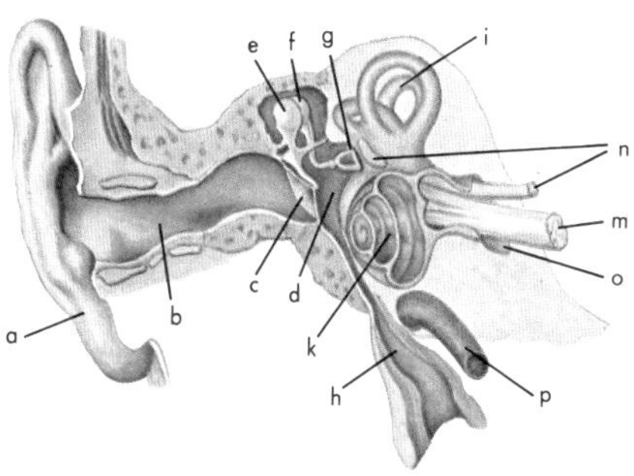

Ohr. a Ohrmuschel, b äußerer Gehörgang, c Trommelfell, d Paukenhöhle, e Hammer, f Amboss, g Steigbügel, h Ohrtrompete, i Bogengänge, k Schnecke, m Gehör- und Gleichgewichtsnerv, n Gesichtsnerv, o innerer Gehörgang, p innere Kopfschlagader

Öffentlichkeitsarbeit → Publicrelations.

öffentlich-rechtliche Körperschaft, jurist. Person, der zu öffentl. Zwecken besondere Rechte zustehen (z. B. Staat, Gemeinde, Kirche).

offerieren, anbieten. **Offerte** *die,* Antrag, (Verkaufs-)Angebot.

Offertorium *das,* bei der kath. Messe das Herbeibringen von Brot und Wein zum Abendmahl und die begleitenden Gebete des Priesters.

Offizialdelikt, von Amts wegen zu verfolgende strafbare Handlung.

offiziell, amtlich; förmlich.

Offizier, militär. Berufsstand (vom Leutnant aufwärts) mit der Aufgabe der operativen und takt. Führung im Krieg und der Ausbildung der Mannschaften. In der dt. Bundeswehr gibt es **Berufs-O., Reserve-O.** und **O. auf Zeit.** O. gibt es auch bei der Polizei, beim Bundesgrenzschutz.

Offizin *die,* Werkstätte (Apotheke, Druckerei).

Offizium *das,* Pflicht, Amt. **Heiliges O.,** bis 1965 Bezeichnung für die päpstl. »Kongregation für die Glaubenslehre«, die für die Reinhaltung der Glaubens- und Sittenlehre zuständig ist.

off limits, engl. für: Zutritt verboten!

Offline ['ɔflaɪn], 💻 Betriebsart eines Peripheriegeräts, das getrennt vom Computer betrieben wird. Die Daten werden nicht unmittelbar übernommen, sondern auf Zwischenträger überschrieben; Ggs.: Online.

Offsetdruck, 🕮 Flachdruckverfahren, bei dem von der Druckform erst auf einen Zwischenzylinder und von diesem auf das Papier gedruckt wird.

Offshoretechnik [-'ʃɔ:-], Aufsuchen und Gewinnen von Erdöl und/oder Erdgas aus küstennahen Meeresgebieten mit Bohrplattformen, Hubinseln, Bohrschiffen.

Offshorezentren [-'ʃɔ:-], internat. Finanzplätze für internat. Finanzgeschäfte von Banken und Unternehmen, die den Finanzmarkt des Landes, in dem sie getätigt werden, nicht berühren und von wesentl. nat. Beschränkungen freigestellt sind. O. sind u. a. London, Luxemburg, Hongkong, Singapur, die Bahamas, Manila.

O'Flaherty [əʊ'fleətɪ], Liam, irischer Schriftsteller, * 1896, † 1984; sozialkrit. Romane und Erzählungen zur jüngeren irischen Geschichte.

Ogaden, trockenes Hochland in SO-Äthiopien an der Grenze zu Somalia. – 1978 unterdrückte Äthiopien eine von Somalia unterstützte Separationsbewegung.

Ogbomosho [-ʃo], Stadt in SW-Nigeria, 598 000 Ew.; Textilind.; landwirtschaftl. Handelszentrum.

Ogi, Adolf, schweizer. Politiker, * 1942; seit 1987 Bundesrat (seit 1995 Verteidigungsdepartement), 1993 Bundespräsident.

Ogier der Däne [oʒ'je-], Gestalt der Heldensage, Gegner Karls d. Gr. im Langobardenkrieg; als **Holger Danske** zum dänischen Nationalhelden erhoben.

Ogowe *der,* Fluss in Gabun, an der W-Küste Afrikas, 850 km lang, mündet bei Kap Lopez.

OHG, Abk. für → **o**ffene **H**andels**g**esellschaft.

O'Higgins [o'iɣins], Bernardo, chilen. General und Freiheitskämpfer, * 1776, † 1842; kämpfte erfolgreich für die chilen. Unabhängigkeit.

Ohio [o'haɪo], **1)** Abk. **Oh.,** Staat der USA, zw. dem Fluss O. und dem Eriesee, 107 044 km², 10,8 Mio. Ew.; Hptst.: Columbus; größte Stadt: Cleveland. O. ist ein welliges Tafelland mit fruchtbaren Böden, Anbau von Mais, Hafer, Sojabohnen, Obst und Gemüse; Viehzucht. ⚒ auf Kohle, Kalk, Salz, Erdöl, Erdgas. Maschinen-, Fahrzeug-, Gummi-, elektrotechn. u. a. Industrie. – **2)** *der,* der wichtigste linke Nebenfluss des Mississippi, entsteht aus 2 Quellflüssen, die sich bei Pittsburgh vereinigen, von da an ist er schiffbar; 1 579 km lang.

Ohm, Georg Simon, dt. Physiker, * 1789, † 1854; entdeckte das **ohmsche Gesetz:** Bei konstanter Temperatur ist die elektr. Stromstärke I eines Stromkreises gleich der anliegenden Spannung U geteilt durch den elektr. Widerstand R des Stromkreises, $I = U/R$. Nach O. ist auch die Einheit des elektr. Widerstands, das O., Einheitenzeichen Ω, benannt.

ohne Gewähr, ohne Obligo → Obligo.

Ohnmacht, ⚕ vorübergehender Zustand von Bewusstlosigkeit, der auf mangelhafter Durchblutung des Gehirns beruht.

Ohio
Flagge

Ohnsorg, Richard, dt. Schauspieler und Bühnenleiter, * 1876, † 1947; gründete 1902 mit Laiendarstellern eine niederdt. Mundartbühne, das später durch Fernsehübertragungen populäre **O.-Theater.**

Ohr, Auris, paarig angelegtes Sinnesorgan, Sitz des Gehörs und des Gleichgewichtssinns beim Menschen und bei den Wirbeltieren. Das menschl. O. besteht aus dem äußeren O. **(O.-Muschel** und **Gehörgang),** dem **Mittel-O.** (Paukenhöhle mit 3 Gehörknöchelchen) und dem inneren O. Der Gehörgang wird durch das **Trommelfell** gegen das Mittel-O. abgeschlossen. Das Mittel-O. steht durch die **eustach. Röhre** oder **O.-Trompete** mit dem Nasen-Rachen-Raum in Verbindung. Das **innere O.** oder **Labyrinth** enthält ein mit Flüssigkeit gefülltes Röhrensystem. Es besteht aus dem Vorhof, den 3 Bogengängen und der Schnecke mit den gegen Erschütterungen (Schallwellen) empfindl. Hörzellen. Die Bogengänge dienen der Wahrnehmung von Kopfbewegungen und damit der des ganzen Körpers, der Vorhof meist der Wahrnehmung der Lage des ruhenden Körpers im Raum.

Ohrenkrankheiten, Erkrankungen, die an den 3 Ohrabschnitten auftreten; am häufigsten sind Entzündungen des äußeren Gehörgangs (meist durch Furunkel) und des Mittelohrs; Entzündung oder Katarrh des Mittelohrs und der Paukenhöhle, **Mittelohrentzündung,** entsteht durch Eindringen von Keimen vom Nasen-Rachen-Raum oder, bei durchlöchertem Trommelfell, vom äußeren Ohr her, oft auch bei Masern, Scharlach, Diphtherie, Grippe; sie führt zur Entzündung, oft mit Durchlöcherung des Trommelfells. **Schwerhörigkeit** kann bei den verschiedensten O. auftreten. Untersuchungen erfolgen mit dem trichterförmigen Ohrenspiegel, durch den Licht auf das Trommelfell geworfen wird.

Ohrenqualle, 🐚 teller- bis tassenähnl., violett durchscheinende Scheibenqualle, v. a. der europ. Küstenmeere.

Ohrenschmalz, Cerumen, Sekret der O.-Drüsen des äußeren Gehörgangs, vermischt mit Talg. Ein O.-Pfropf kann zur Schwerhörigkeit führen.

Ohrid ['ɔhrit], dt. **Ochrid,** Stadt in Makedonien, am O-Ufer des **O.-Sees** (367 km²), 30 000 Ew.; früher re-

David Oistrach

Oklahoma
Flagge

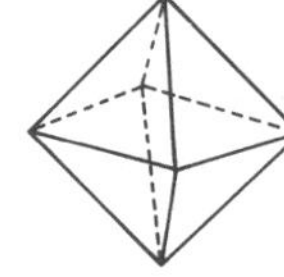
Regelmäßiges
Oktaeder

ökumenische
Bewegung
Emblem

Oldenburg (O.)
Stadtwappen

ligiöser Mittelpunkt SO-Europas. Die Altstadt mit zahlreichen Klöstern gehört zum Weltkulturerbe.

Ohrspeicheldrüse, Parotis, größte der Mundspeicheldrüsen; sie liegt vor und unter der Ohrmuschel. Entzündung der O., → Mumps.

Ohrwürmer, Insektenordnung mit 1 300 Arten; sich von Pflanzen und Insekten ernährende Tiere mit harmloser Zange am Hinterleib.

Ohser, Erich, Pseudonym **e. o. plauen,** dt. Zeichner, * 1903, † 1944; Karikaturen, Illustrationen und Bildergeschichten: »Vater und Sohn« (1934 bis 1937).

Oise [wa:z] *die,* rechter Nebenfluss der Seine, Frankreich; entspringt in den Ardennen, 302 km lang, mündet nordwestlich von Paris, z. T. kanalisiert.

Oistrach, David, russ. Violinist, * 1908, † 1974; (seit 1934) Prof. am Moskauer Konservatorium; sein Sohn Igor (* 1931) ist ebenfalls ein internat. bedeutender Violinvirtuose.

Oka *die,* rechter Nebenfluss der Wolga, Russland; mündet in Nischnij Nowgorod; 1 500 km lang.

Okapi *das,* zentralafrikan. Giraffenart; bis 1,7 m Schulterhöhe; in der Demokrat. Rep. Kongo (damals Belgisch-Kongo) seit 1933 geschützt.

Okarina [ital. »Gänschen«] *die,* Gefäßflöte aus Ton oder Porzellan.

Okawango *der,* Fluss in Afrika, entspringt in Angola, versickert (rd. 11 Mrd. m^3 Wasser jährlich) nach 1 600 km im **O.-Becken** (Wildreservat in N-Botswana).

Okayama, jap. Stadt auf Honshū, 604 500 Ew.; Univ.; Textil- u. a. Ind.; Burganlage.

Okeanos *der,* lat. **Oceanus,** nach der griech. Sage: Sohn des Uranos und der Gäa, göttl. Repräsentant des Weltstroms, der die Länder der Erde umfließt.

O'Keeffe [əʊ'ki:f], Georgia, amerikan. Malerin, * 1887, † 1986; kunstvoll abstrahierende Darstellung von Landschaften und v. a. Blumenmotiven.

Oker *die,* linker Nebenfluss der Aller, Ndsachs., 105 km, Talsperre im Harz.

Okinawa, die größte der → Ryūkyūinseln, Japan.

Okklusion *die,* **1)** allg.: Ein-, Verschließung. – **2)** Meteorologie: Vereinigung einer Kaltfront mit einer Warmfront. – **3)** Zusammenbiss von Ober- und Unterkiefer.

Okklusiv, Ⓢ Verschlusslaut.

okkult, verborgen, geheimnisvoll.

Okkultismus, Lehren und Praktiken, die auf außersinnl. Wahrnehmungen beruhen bzw. Erscheinungen betreffen, die durch Naturgesetze nicht erklärbar sind. (→ Parapsychologie)

Okkupation *die,* militär. Besetzung eines fremden Staatsgebiets.

Oklahoma [engl. əʊklə'həʊmə], Abk. **Okla.,** Staat in den zentralen USA, 181 186 km^2, 3,15 Mio. Ew.; Hptst.: Oklahoma City. Im O z. T. waldbedecktes Tiefland, im W Grasland (künstl. Bewässerung). Anbau von Weizen, hoch entwickelte Rinderzucht, ⚒ auf Erdöl, Erdgas. Erdölraffinerien, Nahrungsmittelindustrie.

Ökobank, genossenschaftl. Kreditinstitut, 1988 gegr., Sitz Frankfurt am Main; gewährt Kredite für alternative Betriebe und zur Förderung von Umwelt- und Entwicklungsprojekten; gibt an, wofür die Spareinlagen verwendet werden.

Ökologie, Wiss. von den Beziehungen der Lebewesen zu ihrer Umwelt (Standort, Boden, Klima, andere Lebewesen).

ökologische Bewegung, seit den 1970er-Jahren außerparlamentarisch wirkende politisch-soziale Bewegung gegen Umweltzerstörungen, aus der sich die Partei »Die Grünen« (heute Bündnis 90/Die Grünen) 1980 entwickelte.

ökologisches Gleichgewicht, Wechselwirkungen zw. den Gliedern einer biolog. Lebensgemeinschaft; jede Systemveränderung ruft eine entsprechende Gegenreaktion hervor, um das ö. G. wiederherzustellen.

ökologisches Jahr, seit 1993 bestehende Alternative zum freiwilligen sozialen Jahr in Dtl.; Einsatz von 16- bis 27-Jährigen auf Versuchsbauernhöfen, in Naturschutzparks, Firmen zur Entwicklung alternativer Energien, Umweltbildungszentren usw.

Ökonometrie, Zweig der Wirtschaftswiss., untersucht unter Anwendung math.-statist. Methoden auf wirtschaftsstatist. Daten wirtschaftstheoret. Modelle, u. a. zum Zweck der Bestimmung wirtschaftl. Konstanten.

Ökonomie, 1) Wirtschaftlichkeit, Sparsamkeit. – **2)** Wirtschaft (eines Gebiets, Sektors). – **3)** Wirtschaftswissenschaft.

Ökosystem, ökolog. Partnerschaft zw. Organismus oder Organismenverband und Umwelt.

Okra, in den Tropen und Subtropen angebautes Gemüse, fingerlange Schoten.

Oktaeder *das,* √ von acht dreieckigen Flächen begrenzter Körper, bei dem in jeder Ecke vier Kanten zusammenstoßen.

Oktant *der,* **1)** Winkelmessinstrument für die Schiffsortbestimmung, Vorläufer des Sextanten. – **2)** ☼ Sternbild am Südpol des Himmels.

Oktanzahl, Abk. **OZ,** Kennzahl für die Klopffestigkeit eines Ottokraftstoffs. Kraftfahrbenzin hat O. von 80 bis 100 und darüber, Flugbenzin von 100 bis 145.

Oktav, 1) *die,* in der kath. Liturgie die achttägige Feier von Weihnachten, Ostern. – **2)** *das,* Zeichen 8°, Buchformat bis 22,5 cm Höhe.

Oktave *die,* 𝄞 **1)** das Intervall, das vom Grundton 8 Stufen entfernt ist. – **2)** der 8 Stufen umfassende Tonraum zw. 2 gleichnamigen Tönen (C bis c, D bis d, E bis e usw.).

Oktett *das,* Musikstück für 8 Soloinstrumente.

Oktober, 10. (nach dem altröm. Kalender 8.) Monat des Jahrs. **O.-Fest,** jährl., 16-tägiges Münchener Volksfest.

Oktoberrevolution, Sturz der russ. bürgerl. Kerenskij-Reg. durch die Bolschewiki in Petrograd (St. Petersburg) am 25./26. 10. 1917 des damals in Russland gültigen julian. Kalenders (nach heutigem Kalender 7./8. 11. 1917).

Oktogon *das,* **Achteck,** Zentralbau über achteckigem Grundriss.

oktroyieren [ɔktroa'ji:rən], aufdrängen, aufzwingen.

Okular *das,* → Objektiv.

Okulieren, Form der Veredelung bei Gehölzen.

Ökumene *die,* **1)** der vom Menschen bewohnte Siedlungsraum. – **2)** Gesamtheit der christl. Kirchen.

ökumenische Bewegung, Bemühungen der christl. Kirchen, sich trotz Aufspaltung in versch. Bekenntnisse und Trennung durch Landesgrenzen zur Einheit zusammenzufinden (1925 Einberufung der ersten Weltkirchenkonferenz in Stockholm). Die versch. Strömungen wurden 1948 in dem **Ökumen. Rat der Kirchen (Weltkirchenrat;** Sitz Genf) zusammengefasst. Diesem können alle Kirchen (1990: über 300) angehören, die sich zu »Jesus Christus als Gott und

Okapi

Heiland« bekennen. Der Rat hat keine kirchenleitenden Befugnisse. Die kath. Kirche sieht sich erst seit dem 2. Vatikan. Konzil als Teil der ökumen. Bewegung.

ökumenisches Konzil, in den christl. Kirchen eine Versammlung der kirchl. Hierarchie, deren Beschlüsse für die ganze Kirche bindend sind.

Ökumenismus *der,* vom 2. Vatikan. Konzil übernommene Bezeichnung für die Annäherung der kath. Kirche an die ökumen. Bewegung.

OKW, Abk. für →**O**ber**k**ommando der **W**ehrmacht.

Okzident *der,* das Abendland; Ggs.: Orient.

Öl, gemeinsamer Name für meist flüssige chem. Stoffe, die brennbar, leichter als Wasser und in Wasser unlöslich sind: Erdöl, Fette und fette Öle, Mineralöle, ätherische Öle.

ö. L., ⊕ Abk. für **ö**stliche **L**änge.

Olaf, Herrscher: **1) O. II. Haraldsson, O. der Heilige,** König von Norwegen, *um 995, †(gefallen) 1030; förderte mit rücksichtsloser Strenge die Ausbreitung des Christentums; Schutzpatron Norwegens. – **2) O. V.,** König von Norwegen, *1903, †1991; folgte 1957 seinem Vater Håkon VII. auf den Thron.

Öland, schwed. Ostseeinsel, vom Festland durch den Kalmarsund getrennt, 1344 km².

Ölbaum, weidenähnl. Baum mit graugrünen, ledrigen Blättern, weißen Blüten und schwarzblauen Steinfrüchten, den **Oliven.** Aus dem Fruchtfleisch bereitet man Olivenöl. Der Ö. stammt aus Vorderasien und wird seit dem Altertum (3. Jt. v. Chr.) im Mittelmeerraum kultiviert.

Ölberg, Berg östlich von Jerusalem; Stätte der Himmelfahrt Christi.

Olbrich, Joseph Maria, dt. Architekt, *1867, †1908; Mitgründer der Wiener Sezession, Vertreter des Jugendstils; Bauten auf der Mathildenhöhe in Darmstadt.

Olbricht, Friedrich, dt. General, *1888, †(erschossen) 20. 7. 1944; gehörte zu den Führern der Umsturzpläne gegen Hitler; unmittelbar nach dem misslungenen Attentat vom 20. Juli 1944 hingerichtet.

Oldenburg, 1) dt. histor. Territorium, umfasst Geest-, Moor- und Marschgebiete westl. der Wesermündung. – O. kam als Stammgebiet der Grafen von O. 1667 an das dän. Königshaus, wurde 1777 Herzogtum und 1815 Großherzogtum, bekam 1803 das Stift Lübeck und 1817 das Fürstentum Birkenfeld, die beide 1937 an Preußen fielen. O. wurde 1918 Freistaat. – **2) O. (O.),** kreisfreie Stadt in Ndsachs., Verw.-Sitz des Reg.-Bez. Weser-Ems, 143800 Ew., an der Hunte und am Küstenkanal; Univ., Fachhochschulen, Staatstheater; Handel (Viehmärkte); Ind. (Glas, Maschinen, Nahrungs-, Genussmittel, Textilien); Renaissanceschloss; ⚓.

Oldenburg [ˈəʊldənbəːg], Claes, amerikan. Objektkünstler schwed. Herkunft, *1929; Vertreter der Pop-Art.

Oldesloe [-lo], **Bad O.,** Krst. in Schlesw.-Holst., 21200 Ew., an der Trave; Maschinen- und Apparatebau.

Oldie [ˈəʊldɪ] *der,* etwas (v. a. ein Musiktitel), was nach langer Zeit noch oder wieder aktuell ist.

Oldtimer [ˈəʊldtaɪmə] *der,* gepflegtes altes Fahrzeug mit Sammler- oder Liebhaberwert.

Olduvai, Oldoway, Schluchtsystem am Rand der Serengeti, Tansania; zahlreiche Funde der Gruppe Homo (bis fast 2 Mio. Jahre alt).

Oleander *der,* Rosenlorbeer, milchiger, giftiger Uferstrauch oder -baum im Mittelmeergebiet und in Vorderasien, mit rosafarbenen, duftreichen Blüten; in Mitteleuropa Zierpflanze.

Olefine, ⚗ azyklische und zyklische aliphat. Kohlenwasserstoffe (Alkene) mit einer oder mehreren reaktiven Doppelbindungen im Molekül.

Georgia O'Keeffe. Lake George Blue (1926)

Oleg, Waräger, †912, übernahm 879 nach Ruriks Tod die Herrschaft über Nowgorod, 880/882 über Kiew; begründete das Reich der Rurikiden.

Oléron [ɔleˈrɔ̃], Insel vor der Küste SW-Frankreichs, 175 km²; Salzgärten, Austernzucht, Fremdenverkehr.

Ole|um *das,* **1)** ⚗ rauchende konzentrierte Schwefelsäure, die noch SO_3 gelöst enthält. – **2)** in der Pharmazie Bezeichnung für Öle.

Ölfarben, Malfarben aus Pigmenten und einem trocknenden Öl (Leinöl, für Künstlerfarben auch Mohnöl); auch Anstrichmittel, ergeben dichten, wetterbeständigen, waschfesten Anstrich.

Ölfrüchte, Ölpflanzen, Kulturpflanzen, die aus Samen oder Früchten Öl liefern; z. B. in Europa: Ölbaum, Raps, Rübsamen, Senf, Mohn, Sonnenblume, Flachs, Hanf; außereurop.: Öl-, Kokospalme, Rizinus, Erdnuss, Sojabohne, Mandelbaum u. a.

Blütenzweig des **Ölbaums**

Ölkuchen: Pressrückstände (Futtermittel).

Oligarchie *die,* Herrschaft einer kleinen (selbstsüchtig agierenden) Gruppe.

Oligophrenie *die,* U (oft abwertend) **Schwachsinn,** allg. Bezeichnung für versch. Formen und Grade von ererbtem, angeborenem oder frühzeitig erworbenem Intelligenzmangel, von der Debilität als leichtester Form (eingeschränkte Fähigkeit zum Erwerb von Kenntnissen und zum Urteilen; Sonderschulbesuch erforderlich) bis zu völliger Bildungsunfähigkeit und Pflegebedürftigkeit.

Oligopol *das,* Marktform, bei der wenige Anbieter den gesamten Markt beliefern **(Angebots-O.)** oder wenige Nachfrager das ganze Angebot kaufen **(Nachfrage-O.).**

Oligozän *das,* Bereich der Erdgeschichte, mittlere Stufe des Tertiärs, vor 38 bis 25 Mio. Jahren.

Oliva, poln. **Oliwa,** Vorort von Danzig, Polen, mit ehem. Kloster, 1178 von Zisterziensern gegr., 1831 aufgehoben; Klosterkirche des 13./14. Jh. – **Friede von O.,** 1660 zw. Schweden und Polen.

Laurence Olivier

Olive, Frucht des →Ölbaums.

Olivier [ɔˈlɪvɪə], Sir Laurence, Baron (seit 1970), brit. Bühnen- und Filmschauspieler, *1907, †1989; weltberühmter Shakespeare-Darsteller, auch Regisseur.

Olivin *der,* olivgrünes Mineral, ein Magnesium-Eisen-Silikat. Edelsteinvarietäten sind Chrysolith und Peridot.

Ollenhauer, Erich, dt. Politiker, *1901, †1963; 1933 bis 1946 im Exil, 1952 bis 1963 Vors. der SPD.

Ölmalerei, 🎨 Malweise mit Ölfarben, sie wurde von den Malern seit dem 12./13. Jh. entwickelt und verdrängte allmählich die Temperamalerei. Die Zusammensetzung der Farbe wurde als Werkstattgeheimnis streng gehütet.

Olmeken, aztek. Name für die Bewohner der S-Küste des Golfs von Mexiko, Schöpfer der ersten mittelamerikan. Hochkultur, 1200 bis 400 v. Chr.

Erich Ollenhauer

Olmütz
Stadtwappen

Olmütz, tschech. **Olomouc,** Stadt in Mähren, ČR, an der March, 106 700 Ew.; Univ., Rathaus (14. Jh.), Dom (12. Jh.); Metall-, chem., Bekleidungsind. – 29. 11. 1850 **Olmützer Punktation:** Aufgabe der kleindt. Einigungspolitik Preußens unter dem Druck Österreichs und Russlands.

Ölpalme, Fiederpalme, in W-Afrika und Südamerika. Das **Palmöl** aus dem Fruchtfleisch wird zu Speisefett, Seife, Kerzen verarbeitet. Aus den Samen stellt man **Palmkernöl** her; der Pressrückstand, **Palmkernkuchen,** ist Mastfutter.

Olpe, Krst. im Sauerland, NRW, 23 800 Ew., am Biggestausee (Fremdenverkehr); Eisen verarbeitende und elektron. Industrie.

Olympische Spiele
Olympische Flagge

Ölpest, Verschmutzung küstennaher Meeresgebiete samt der Tier- und Pflanzenwelt durch in das Meer gelaufenes Erdöl, z. B. durch Tankerunfälle, Offshorebohrungen, Kriegshandlungen. Das Meerwasser verbindet sich mit dem Öl zu einer zähen braunen Brühe, die den Seevögeln das Gefieder verklebt. Man schätzt die ins Meer gelangte Menge an Erdöl auf jährlich 5 bis 6 Mio. Tonnen.

Ölsäure, ⚗ ungesättigte organ. Säure; kommt (als Glycerinester) in fast allen Fetten und fetten Ölen vor.

Ölschiefer, dunkle, bitumenreiche tonige Gesteine, die bei der Destillation Öl liefern.

Oman

Staatswappen

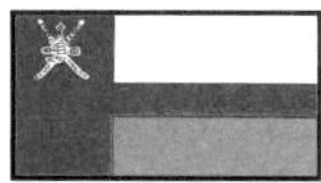

Staatsflagge

Internationales Kfz-Kennzeichen

Olten, Stadt in der Schweiz, nahe Basel, 18 200 Ew., Bahnknotenpunkt; Aarekraftwerk; Schuh-, Maschinen- u. a. Industrie.

Ölweide, Bäume und Sträucher mit weidenähnl., silberglänzenden Blättern, duftreichen Blüten und Steinfrüchten.

Olymp *der,* Gebirgsmassiv in Griechenland, in Thessalien und Makedonien, 2917 m hoch. In der Antike galt der O. als Sitz der Götter.

Olympia, antikes griech. Heiligtum von Zeus und Hera, Stätte der Olympischen Spiele in Elis (Peloponnes). Dt. Ausgrabungen im 19. und 20. Jh.; Giebelfiguren des Zeustempels im Museum von O. Die umfangreiche Ruinenanlage gehört zum Weltkulturerbe.

Olympiade *die,* **1)** die zw. 2 Feiern der Olymp. Spiele liegenden 4 Jahre. – **2)** U die Olymp. Spiele.

Olympische Spiele

Sommerspiele			Winterspiele		
1.	Athen	1896	1.	Chamonix-Mont-Blanc	1924
2.	Paris	1900	2.	Sankt Moritz	1928
3.	Saint Louis	1904	3.	Lake Placid	1932
4.	London	1908	4.	Garmisch-Partenkirchen	1936
5.	Stockholm	1912	5.	Sankt Moritz	1948
6.	Berlin	1916[1]	6.	Oslo	1952
7.	Antwerpen	1920	7.	Cortina d'Ampezzo	1956
8.	Paris	1924	8.	Squaw Valley	1960
9.	Amsterdam	1928	9.	Innsbruck	1964
10.	Los Angeles	1932	10.	Grenoble	1968
11.	Berlin	1936	11.	Sapporo	1972
12.	Helsinki, Tokio	1940[1]	12.	Innsbruck	1976
13.	London	1944[1]	13.	Lake Placid	1980
14.	London	1948	14.	Sarajevo	1984
15.	Helsinki	1952	15.	Calgary	1988
16.	Melbourne	1956	16.	Albertville	1992
17.	Rom	1960	17.	Lillehammer	1994[2]
18.	Tokio	1964	18.	Nagano	1998
19.	Mexiko	1968	19.	Salt Lake City	2002
20.	München	1972			
21.	Montreal	1976			
22.	Moskau	1980			
23.	Los Angeles	1984			
24.	Seoul	1988			
25.	Barcelona	1992			
26.	Atlanta	1996			
27.	Sidney	2000[2]			
28.	Athen	2004			

[1] ausgefallen. – [2] Auf Beschluss des internat. Olymp. Komitees finden künftig die Sommer- und die Winterspiele im zweijährigen Wechsel statt, erstmals 1994.

Olympische Spiele, im alten Griechenland die bedeutendsten Festspiele, in Olympia von 776 v. Chr. bis 393 n. Chr. alle 4 Jahre ausgetragen. Sportl. betrieben wurden bes. der klass. Fünfkampf, Dauerlauf, Wagenrennen u. a. In der Neuzeit die 1894 durch P. de Coubertin ins Leben gerufenen Internat. O. S., die seit 1896 (Athen) alle 4 Jahre stattfinden. Bis 1992 fanden Sommer- und Winterspiele im gleichen Jahr statt, seit 1994 um 2 Jahre versetzt. Zeichen der olymp. Bewegung sind die **olymp. Ringe.** Das **olymp. Feuer** gilt als Zeichen des Friedens.

Omaha ['əʊməhɔ:], Stadt in Nebraska, USA, 352 000 Ew., am Missouri; Mittelpunkt großer Getreide- und Viehzuchtgebiete, Großschlächtereien, Metallind.; Univ.; Erzbischofssitz.

Omaijaden, muslim. Herrschergeschlecht; 661 bis 750 Kalifen in Damaskus, 756 bis 1031 in Córdoba (Spanien).

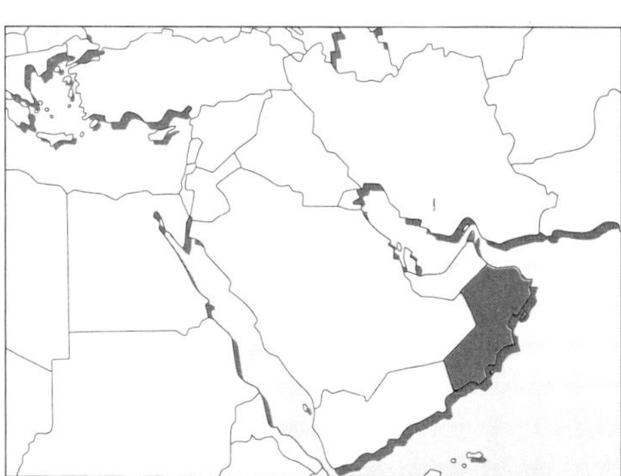

Oman, Sultanat im O Arabiens, 212 457 km^2, 1,64 Mio. Ew.; Hptst.: Maskat; wirtschaftl. Kernraum ist die Küstenebene, aus der das O.-Gebirge steil ansteigt und sich im Landesinnern zur Wüste abflacht. Fast 90 % Araber, Einwanderer aus Indien und Belutschistan sowie Gastarbeiter. Religion: Islam. – Anbau von Datteln, Südfrüchten, Getreide; Weihrauchgewinnung; Erdölförderung; Fischerei. Haupthandelspartner: Japan und Großbritannien; wichtigster ⚓: Matrah. – Seit 1891 brit. Protektorat, 1939 und 1951 Freundschaftsverträge mit Großbritannien. Staatspräs.: Sultan Kabus ibn Said ibn Taimur (seit 1970).

Omar I., der zweite Kalif (634 bis 644), leitete den Siegeszug des Islam ein.

Omar-e Chajjam, pers. Dichter, Astronom, Mathematiker, *1048, †1131; Sinnsprüche; gab u. a. eine systemat. Darstellung der kub. Gleichungen und ihrer Lösungen an.

Ombudsman [schwed. »Treuhänder«], Bevollmächtigter, Sachwalter; im Staatsrecht eine von der Volksvertretung bestellte Vertrauensperson, die die Rechtsanwendung und den Rechtsschutz des Einzelnen beaufsichtigt, in Schweden seit 1809; in der Bundesrep. Deutschland nehmen seit 1956 der Wehrbeauftragte und seit 1978 der Datenschutzbeauftragte teilweise die Funktionen eines O. wahr.

Omdurman, Stadt in Sudan, am Weißen Nil, gegenüber Khartum, 526 400 Ew.; Islam. Univ.; Handelszentrum (großer Kamelmarkt); Textil- u. a. Industrie.

Omega, ω, Ω, letzter Buchstabe des klass. griech. Alphabets.

Omelett [ɔm'lɛt] *das,* **Omelette** *die,* Speise aus geschlagenen Eiern ohne Mehl.

Omen *das,* Vorzeichen, Vorbedeutung.

ominös, von (schlimmer) Vorbedeutung, zweifelhaft.

Omnipotenz *die,* Allmacht; **omnipotent,** allmächtig.

Omnivoren *Pl.,* **Allesfresser,** Tiere, die pflanzl. und tier. Nahrung aufnehmen.

Omsk, Stadt in Russland, am Irtysch, 1,16 Mio. Ew.; kultureller Mittelpunkt Sibiriens mit Univ.; Maschinen-, Erdöl-, chem. u.a. Ind.; Verkehrsknotenpunkt.

Onager *der,* asiat. Halbesel.

Onanie *die,* → Masturbation.

Onega *die,* Fluss im Gebiet Archangelsk, Russland, 416 km lang, mündet ins Weiße Meer.

Onegasee, See in N-Russland, 9720 km², fließt durch den Swir zum Ladogasee ab, Teil wichtiger Wasserstraßen.

O'Neill [əʊ'ni:l], Eugene, amerikan. Dramatiker, * 1888, † 1953. Seine Schauspiele geben einer trag. Lebensauffassung Ausdruck: »Trauer muß Elektra tragen« (1931), »Der Eismann kommt« (1940), »Eines langen Tages Reise in die Nacht« (hg. 1955), »Fast ein Poet« (hg. 1957). Erhielt 1936 den Nobelpreis für Literatur.

Onkogene, Krebsgene, Tumorgene, ⚕ Gene, die eine bösartige Zellentartung bewirken können; finden sich in Tumorviren (in vielen Retroviren) sowie im menschl. und tier. Erbgut (mit fehlerhafter Codierung eines Proteins).

Onkologie *die,* ⚕ Lehre von den Geschwülsten.

Online, 🖳 direkte Kopplung an digitale Rechenanlagen; Ggs.: Offline.

Ontario, Prov. Kanadas am Nordufer der Kanad. Seen, 1,069 Mio. km², 9,4 Mio. Ew.; Hptst.: Toronto. Im S Anbau von Gemüse, Obst, Tabak u.a.; Milchwirtschaft und Viehzucht; im N Forstwirtschaft. ⚒ auf Nickel, Kupfer, Uran u.a. Fahrzeug-, Holz- und Papier-, chem., in jüngster Zeit v.a. elektron. Industrie.

Ontariosee, der kleinste der Kanad. Seen, 19529 km² groß, mit dem Eriesee durch den Niagara und den Wellandkanal, mit dem Atlant. Ozean durch den Sankt-Lorenz-Strom verbunden.

Ontogenese *die,* Individual- oder Einzelentwicklung eines Organismus.

Ontologie *die,* Ⓟ Lehre vom Wesen und von den Eigenschaften des Seienden, von den Seinsweisen und Seinsschichten, die zu zeigen hat, was allem Seienden als solchem gemeinsam ist; im Kritizismus Kants als Erkenntnismöglichkeit abgelehnt, erneuert durch M. Heidegger, N. Hartmann.

Onyx *der,* Schmuckstein, schwarzweiß gestreifter Chalcedon.

O|ogenese, Eibildung, Eireifung, Entwicklung der Eizellen aus den Ureizellen der Keimbahn bis zur Entstehung der reifen Eizellen.

O|olith *der,* aus Schalen oder Kügelchen aufgebautes Gestein, bes. Kalk-O., aus Calcit.

Oosterschelde [-'sxɛldə], Nordseebucht an der niederländ. W-Küste, ehem. Mündungstrichter der Schelde; 1986 durch ein Sturmflutsperrwerk geschützt.

op., 𝄞 Abk. für **Opus.**

opak, undurchsichtig.

Opal *der,* bunt schillerndes Mineral aus wasserhaltiger Kieselsäure; Schmuckstein.

Op-Art ['ɔpɑ:t], kurz für engl. **Optical Art,** ✐ Tendenzen zeitgenöss. Kunst, seit etwa 1964, stellt optische Täuschungsphänomene (Flimmereffekte) dar und findet v.a. Verbreitung in Werbegrafik und Mode; Hauptvertreter sind V. Vasarély, B. Riley und Y. Agam.

Opatija, ital. **Abazzia,** Kurort und Seebad in Istrien, Kroatien, 10000 Ew.; botan. Garten.

OPEC, Abk. für engl. **O**rganization of **P**etroleum **E**xporting **C**ountries, »Organisation der Erdöl exportierenden Länder«, Sitz Wien, 1960 gegr. von: Irak, Iran, Kuwait, Saudi-Arabien und Venezuela, weitere Vollmitgl. sind (1996): Algerien, Gabun, Indonesien, Katar, Libyen, Nigeria und Vereinigte Arab. Emirate. Ziele: Koordinierung der Erdölpolitik der Mitgliedstaaten, höhere und stabile, von Reg. der Mitgliedstaaten festgesetzte Abrechnungspreise, Begrenzung der Erdölförderung.

Opel, Adam, dt. Maschinenbauer und Unternehmer, * 1837, † 1895; gründete 1862 die **Adam Opel AG,** die zunächst Nähmaschinen und Fahrräder, seit 1899 Kfz produzierte; seit 1929 Tochtergesellschaft der General Motors Corporation; Sitz Rüsselsheim.

Openairfestival ['əʊpneə-], im Freien stattfindendes Festival (für Rockmusik, Folklore, auch klass. Musik).

Oper *die,* Bühnenwerk, in dem Musik, Dichtung, Gesang, Darstellungskunst und Bühnenarchitektur, bisweilen auch Tanz vereinigt sind. Man unterscheidet **ernste O.** (Opera seria) und **kom. O.** (Opera buffa). Der Form nach ist die O. eine Aneinanderreihung geschlossener Musikstücke (»Nummern«, Nummer-O.), die durch Rezitative oder Dialoge verbunden sind. Eine neue Form schuf Wagner mit dem durchkomponierten Musikdrama.

Operation *die,* **1)** Handlung, Verrichtung. – **2)** ⚕ chirurg. Eingriff an Körperorganen oder -teilen. – **3)** ⚔ in sich abgeschlossene Kampfhandlung in einem begrenzten Gebiet **(O.-Gebiet).** – **4)** √ Durchführung einer bestimmten Vorschrift algebraischer, geometr., mengentheoret. oder log. Art; z.B. die Grundrechenarten. – **5)** 🖳 Arbeitsschritt einer Rechenanlage; Ausführung eines Maschinenbefehls.

Operationsresearch [ɔpə'reɪʃnsrɪ'sə:tʃ], ✐ die → Unternehmensforschung.

Operator *der,* math. Grundbegriff; eine durch ein Symbol gekennzeichnete Zuordnungsvorschrift für bestimmte Größen, z.B. Funktionen. Die O.-Theorie besitzt wichtige Anwendungsmöglichkeiten in Physik und Technik (Elektrotechnik, Quantentheorie, Datenverarbeitung).

Operette *die,* musikal. Bühnenstück, meist mit gesprochenem Text, Gesangsnummern und Tanzeinlagen; in der Funktion heute vielfach vom Musical abgelöst.

Opfer, Darbringung von Gaben an die Gottheit und die Gabe selbst. **Mess-O.,** → Messe. **O.-Stock** oder **Gotteskasten,** Behälter an Kirchentüren für milde Gaben.

Ophir, im A.T. ein (sagenhaftes?) Goldland, aus dem Salomo Gold und Edelsteine holen ließ.

Ophthalmologie *die,* ⚕ Augenheilkunde.

Ophüls ['ɔph-], Max, frz. Regisseur dt. Herkunft, * 1902, † 1957; Theater- und Filmregisseur: »Liebelei« (1933), »Der Reigen« (1950) »Lola Montez« (1955).

Opiate, versch. Arzneimittel, die Opium oder ein Opiumalkaloid (v.a. Morphin) enthalten.

Opitz, Martin, dt. Dichter, * 1597, † 1639; im »Buch von der dt. Poeterey« (1624) schrieb er zur Verslehre; barocke Lyrik, Lehrgedichte.

Opium *das,* ein Rauschgift. O., der eingetrocknete Milchsaft des Schlafmohns, enthält die Alkaloide Morphin, Narcotin, Codein, Papaverin, Thebain, Narcein u.a. In kleinen Dosen ist O. ein wichtiges schmerzstillendes und betäubendes Arzneimittel; daneben dient es zur Gewinnung von O.-Alkaloiden (Morphin, auch Heroin). Als Rauschmittel wird O. geraucht, gekaut oder, in Wasser gelöst, injiziert; erhebl. Suchtgefahr.

Opiumkrieg, zw. England und China 1840 bis 1842, wegen der von China verweigerten engl. Opiumeinfuhr; das besiegte China musste Hongkong abtreten.

Opossum *das,* 🐾 rattenähnl. Beuteltier in Nord- und S-Amerika; die Felle werden zu Pelzen verarbeitet.

Oppeln, poln. **Opole,** Hptst. der poln. Wwschaft Opole, an der Oder; 121900 Ew.; Zentrum des westl. Oberschlesien mit Zement-, Textilind., Metallverarbeitung.

Oppenheimer, 1) Franz, dt. Nationalökonom, * 1864, † 1943; vertrat einen liberalen Sozialismus. – **2)** gen. **Jud Süß,** Joseph Süß, jüd. Geldvermittler,

Eugene O'Neill

Max Ophüls

OPEC
Emblem

Oppeln
Stadtwappen

Robert Oppenheimer

*1698/1699, †(hingerichtet) 1738; Finanzmin. des Herzogs Karl Alexander von Württemberg, nach dessen Tod er in einem anfechtbaren Prozess verurteilt wurde. – **3)** Robert, amerikan. Physiker, *1904, †1967; war führend an der Entwicklung der Atombombe beteiligt. Seine krit. Haltung gegenüber dem Bau der Wasserstoffbombe führte zu einem Untersuchungsverfahren gegen ihn wegen angebl. kommunist. Gesinnung; 1963 rehabilitiert.

opportun, passend, gelegen (zur rechten Zeit).

Opportunist *der,* Mensch, der rein zweckmäßig handelt, auch im Widerspruch zur eigenen Überzeugung oder Wertvorstellung.

Opposition *die,* **1)** allg. Gegensatz, Widerstand. – **2)** in der Politik die Gruppen, die der Regierung entgegentreten; **oppositionell,** gegnerisch, O. treibend, zur O. gehörig. – **3)** ☼ Stellung zweier Gestirne, wenn der Winkelabstand 180° beträgt.

Optik *die,* Lehre vom Licht. Die **geometr. O.** behandelt Ausbreitung, Brechung und Spiegelung des Lichts; die **physikal. O.** die Beugung, Interferenz, Polarisation, Farbenzerstreuung; die **angewandte O.** die opt. (aus Linsen gebauten) Geräte; die **physiolog.** und **psycholog. O.** die Vorgänge beim Sehen. **Optiker,** Fachmann für opt. Geräte.

Optimierung, 1) Aufsuchen des kleinsten oder größten Werts einer math. Funktion mehrerer Veränderlicher. – **2)** optimale Festlegung von Größen, Eigenschaften, zeitl. Abläufen u.a.

Optimismus *der,* Neigung, das Leben von der besten Seite aufzufassen und auf einen guten Ausgang der Dinge zu vertrauen.

Optimum [lat. »das Beste«] *das,* günstigstes Ergebnis.

Optionsrecht, ⚖ Wahlrecht. **1)** allg.: vertraglich eingeräumtes Recht, einen Gegenstand unter bestimmten Bedingungen zu erwerben (»Vorhand«). – **2)** Völkerrecht: der bei Abtretung eines Gebiets an einen anderen Staat vereinbarte Vorbehalt, dass sich dessen Bewohner in einer bestimmten Frist für ihre bisherige Staatsangehörigkeit erklären können. Meist muss der **Optant,** der für seine urspr. Staatsangehörigkeit **optiert,** das Land in einer festgelegten Zeit verlassen.

optische Datenverarbeitung, 💻 Informationsverarbeitung mit Laserstrahlen sowie nichtlinearen opt. Medien (Halbleiter); Vorteile sind die höhere Rechengeschwindigkeit und -kapazität. **Opt. Speicher** und **opt. Übertragungssysteme** werden schon eingesetzt; **opt. Computer,** die große Datenmengen gleichzeitig und frei von äußeren Störungen verarbeiten können, befinden sich im Entwicklungsstadium.

optische Täuschungen, den objektiven Gegebenheiten widersprechende visuelle Wahrnehmungen, v.a. bei geometr. Konfigurationen.

Opto|elektronik, ⚡ Teilgebiet der Elektronik mit Bauelementen, in denen elektron. und opt. Signale miteinander verknüpft werden. Optoelektron. Systeme ermöglichen höhere Speicherkapazitäten und niedrigere Schaltzeiten als rein elektron. Systeme.

opulent, reichlich, üppig.

Opuntie *die,* Kakteengattung aus Amerika, in andere Erdteile eingeschleppt; z.T. mit essbaren Früchten, so beim **Feigenkaktus.**

Opus *das,* Abk. **op.,** Werk; bes. das nummerierte Einzelwerk eines Komponisten.

Opus Dei, kath. Laienorganisation, soll die kath. Kirche vor Auflösung bewahren und die Welt christianisieren. Das O. D. geriet wegen seiner angewandten Methoden in die Kritik.

Oradour-sur-Glane [ɔradursyrˈglan], Ort im Dép. Haute Vienne, Frankreich, 1940 Ew.; 1944 wurden dort etwa 600 Ew. von der Waffen-SS umgebracht.

Orakel *das,* Schicksalsspruch; die Zukunft weissagende Sprüche und Zeichen der Götter, bes. an heiligen Stätten (Delphi); auch die Stätten selbst.

Orchideen
Fliegenragwurz

Orang-Utan

oral, mündlich, zum Mund gehörend; **orale Phase,** nach S. Freud die erste Phase der menschl. Sexualentwicklung; Lustgewinn durch Saugen, Lutschen, später auch Beißen.

Oran [ɔˈrã], Stadt in Algerien, 629000 Ew.; Univ.; Ausfuhrhafen für landwirtschaftl. Erzeugnisse; versch. Ind.; ⚓.

Orange [oˈrã:ʒə], die →Apfelsine.

Orange [ɔˈrã:ʒ], südfrz. Stadt im unteren Rhônetal, 28100 Ew.; Nahrungsmittelind. Die röm. Ruinen (u.a. gut erhaltenes Theater) sind Weltkulturerbe.

Orangeat [ɔrãˈʒa:t], kandierte Schale von Pomeranzen, Backzutat.

Orangerie [ɔrãʒˈri] *die,* ein →Gewächshaus.

Orang-Utan [malaiisch »Waldmensch«], Menschenaffe in den Regenwäldern Borneos und Sumatras. Die Arme reichen fast auf den Boden. Das Männchen wird bis 1,5 m groß. Geselliger Baumbewohner, ernährt sich von Pflanzen.

Orani|en, frz. **Orange,** ehem. frz. Fürstentum im Rhônetal; kam 1544 an Nassau-Dillenburg, aus dem die niederländ. Linie **Nassau-O.** stammt; fiel 1713 an Frankreich.

Orani|enburg, Krst. in Bbg., an Havel und Oder-Havel-Kanal, 28000 Ew.; Schloss (1651 ff.), Orangerie (um 1700); chem. und pharmazeut., Stahl-, Holz-, Nahrungsmittelind., Metallverarbeitung; nördlich von O. KZ-Gedenkstätte Sachsenhausen.

Oranje *der,* Strom in Südafrika, entspringt in den Drakensbergen, mündet in den Atlantik, 2250 km lang, nicht schiffbar, dient der Bewässerung.

Oranje-Freistaat, Prov. der Rep. Südafrika, 129480 km², 2,54 Mio. Ew.; Hptst.: Bloemfontein. Viehwirtschaft; Mais- und Weizenanbau. ⚒ auf Gold, Diamanten, Kohle. Nahrungsmittel- u.a. Ind. – 1842 als Burenfreistaat gegr., nach dem Burenkrieg 1902 brit. Kolonie, 1910 zur Südafrikan. Union.

Oration *die,* Amtsgebet des Priesters.

Oratorium *das,* **1)** kleines Gotteshaus, Betraum. – **2)** 𝄞 mehrteilige Komposition für Chor, Einzelstimmen und Orchester; in ihrem Aufbau (Arien, Rezitative, Chorgesänge, lyrisch-dramat. Teile) der Oper ähnlich.

Orb, Bad O., Stadt in Hessen, im Spessart, 8800 Ew., kohlensäurereiche Natriumchloridsäuerlinge.

Orbiter, auf einer Planetenumlaufbahn (**Orbit**) befindl. Raumflugkörper.

Orchester [griech. »Tanzplatz«] *das,* **1)** im Theater der versenkte Raum vor der Bühne. – **2)** 𝄞 aus einer größeren Anzahl von Instrumenten zusammengesetzter Klangkörper; Musikkapelle.

Orchestrion [ɔrˈçɛs-], *das,* mechan. Musikinstrument mit Orgel-, Klavier-, Geigenwerk u. a.
Orchideen, artenreiche Pflanzenfamilie, meist in trop. und subtrop. Ländern; einkeimblättrige Kräuter. Viele O. sind kostbare Zierblumen. Einheimisch sind z. B. Knabenkraut, Frauenschuh, Braunelle, Zweiblatt, Fliegenragwurz.
Orchis *der,* → Hoden.
Orchitis *die,* Hodenentzündung.
Orden [von lat. ordo »Ordnung«], **1)** O.-Gemeinschaften, z. B. → Ritterorden; **geistl. O.** sind vom Papst bestätigte Verbindungen von Männern oder Frauen, die nach der **O.-Regel** nach religiös-sittl. Vollkommenheit streben. Sie müssen die Klostergelübde ablegen (Armut, Keuschheit, Gehorsam geloben), in Mönchs- oder Nonnenklöstern leben und eine bestimmte **O.-Tracht** tragen. Die O. pflegen meist neben den Frömmigkeitsübungen tätige Nächstenliebe: Seelsorge, Krankenpflege, Mission, Unterricht. An der Spitze eines O. steht der **General,** über den Klöstern einer Provinz der **Provinzial,** über dem Kloster der **Abt.** Auch in nichtchristl. Religionen gibt es O., z. B. im Buddhismus. – **2)** O. als **Verdienstauszeichnung** sind aus den Abzeichen der mittelalterl. O. hervorgegangen. In der Bundesrep. Deutschland wurde 1951 der **Verdienst-O. der Bundesrep. Deutschland** gestiftet. O., Ehrenzeichen und Abzeichen aus den beiden Weltkriegen dürfen seit 1957 wieder getragen werden (ohne natsoz. Embleme). Die Friedensklasse des **O. Pour le Mérite** (gestiftet 1842) wurde 1952 als privater Verein neu gegründet. Zw. O., Ehrenzeichen u. ä. Auszeichnungen besteht keine scharfe Trennungslinie. Das → Eiserne Kreuz war eine Kriegsauszeichnung für besondere Tapferkeit. In Österreich werden Ehrenzeichen verliehen; die Schweiz verleiht keine O. Ältester weltl. Orden ist der engl. Hosenbandorden (seit 1348).
Ordensbänder, ♡ Eulenschmetterlinge (z. B. **Rotes O.**) mit gebänderten Hinterflügeln.
Ordensburg, Deutschordensburg, seit 1257 Burgentyp des Dt. Ordens in Preußen und den balt. Gebieten (z. B. Marienburg in Ostpreußen).
Orderpapiere, Wertpapiere, die zwar eine bestimmte, namentl. bezeichnete Person als berechtigt benennen, aber durch Indossament auf eine andere übertragen werden können, z. B. Wechsel, Scheck.
Ordinalzahl, √ → Numeralia.
Ordinariat *das,* **1)** kath. Kirche: Verwaltungsbehörde des Bischofs. – **2)** an Hochschulen: das Lehramt eines **Ordinarius.**
Ordinate *die,* √ → Koordinaten.
Ordination *die,* **1)** Weihe oder Berufung zum kirchl. Amt. – **2)** ⚕ ärztl. Verordnung.
Ordnung, ♡ ⚘ systemat. Einheit zw. Familie und Klasse.
Ordnungsbehörden, in einigen Bundesländern Behörden der öffentl. Verw., deren Aufgabengebiet die öffentl. Sicherheit und Ordnung ist; z. B. Bauordnungsamt, Gesundheitsamt, Gewerbeaufsichtsamt usw.; nicht die Polizei.
Ordnungswidrigkeit, ⚖ Verstoß gegen Anordnungen der Verw.-Behörden; i. d. R. mit Verwarnung oder Geldbuße geahndet (Einspruchsinstanz: Amtsgericht).
Ordnungszahl, 1) √ → Numeralia. – **2)** ⚗ Abk. **OZ,** gibt die Stelle eines chem. Elements im Periodensystem an; stimmt mit der Kernladungszahl des Atomkerns überein.
Ordonnanz, *die,* ⚔ Befehlsüberbringer. **O.-Offizier,** einem Stab zugeteilter Offizier.
Ordos, wüstenhaftes Hochplateau in der großen Nordschleife des Hwangho in China.
Ordovizium *das,* Abschnitt des Paläozoikums (Erdaltertum), vor 505 bis 438 Mio. Jahren. (→ Erdgeschichte, ÜBERSICHT)

Ordschonikidse, 1954 bis 1990 Name der Stadt → Wladikawkas.
Öre, dän. und norweg. **Øre,** urspr. skand. Gewicht; Münze in Dänemark, Norwegen, Schweden; 1 Ö. = $^1/_{100}$ Krone.
Örebro [-ˈbru:], Stadt in Mittelschweden, 119 800 Ew.; Univ.; Maschinenbau, Schuh-, Keksfabriken; Renaissanceschloss.
Oregano, Origano, Gewürz aus den getrockneten Blättern des Gemeinen Dosts; v. a. für ital. Gerichte.
Oregon [ˈɔrɪgən], Abk. **Oreg.,** Staat im NW der USA, am Pazif. Ozean, 251 419 km², 2,84 Mio. Ew.; Hptst.: Salem; größte Stadt ist Portland. Größtenteils gebirgig (Kordilleren), im O das steppenhafte Columbiaplateau; im W niederschlagsreich. Ackerbau (im O künstl. Bewässerung), Viehzucht, Forstwirtschaft, Lachsfang. ⚒ auf Titan, Zirkonium, Vanadium; Holz-, Leichtmetall-, Papier- u. a. Ind.; Fremdenverkehr.
Orel [arˈjɔlj], Stadt in Russland, an der Oka, 337 000 Ew.; Stahlwerk, Maschinenbau, Textilindustrie.
Orenburg, Stadt in Russland, am Uralfluss, 552 000 Ew.; Hochschulen; Maschinenbau, Nahrungsmittelind., Erdgasverarbeitung.
Orense, span. Prov.-Hptst. in Galicien, am Miño, 96 100 Ew.; keram. Industrie.
Orest, griech. **Orestes,** in der griech. Sage Sohn des Agamemnon und der Klytämnestra, rächte die Ermordung seines Vaters an Klytämnestra und deren Geliebtem Ägisth. Als Muttermörder wurde er von den Rachegöttinnen verfolgt, die er auf Befehl Apollos zu versöhnen suchte, indem er das Bild der Artemis aus Taurien holte; er kehrte glücklich mit seiner Schwester Iphigenie heim.
Öresund [œrəˈsʊnd], **Sund,** Meerenge zw. Seeland (Dänemark) und Schonen (S-Schweden).
ORF, Abk. für **Ö**sterreichischer **R**und**f**unk.
Orff, Carl, dt. Komponist, * 1895, † 1982; Opern (»Die Kluge«, 1943); szen. Oratorien (»Carmina burana«, 1937); begründete mit dem O.-Schulwerk eine heute weltweit verbreitete elementare Musiklehre.
Organ [griech. organon »Werkzeug«] *das,* **1)** ❀ aus versch. Zellen und Geweben unterschiedl. Struktur zusammengesetzte, für spezif. funktionelle Leistungen verantwortl. Einheit; z. B. Atmungs- oder Verdauungs-O., bei Pflanzen z. B. Wurzel, Spross, Blätter oder Blüte. Mehrere funktionell zusammenwirkende O. bilden ein **O.-System,** z. B. Nervensystem. Ein O. im Einzeller heißt **Organell.** – **2)** ⚖ Person oder Personenmehrheit, die in Staat, Vereinen, Gesellschaften u. a. bestimmte Aufgaben erfüllt, z. B. Vorstand und Aufsichtsrat einer AG. – **3)** Zeitung oder Zeitschrift einer polit., wirtschaftl. o. a. Organisation.
Organdy *der,* feines, transparentes Baumwollgewebe.
Organisation *die,* **1)** ❀ die den Lebensanforderungen entsprechende Gestaltung und Anordnung der Teile (Organe) eines Lebewesens. – **2)** planmäßige Gestaltung, z. B. eines Staats oder Unternehmens (Vereins).
Organisation der Amerikanischen Staaten, engl. **Organization of American States,** Abk. **OAS,** regionale Organisation aller (34) unabhängigen amerikan. Staaten; Kuba wurde 1962 von OAS-Aktivitäten ausgeschlossen. Ziel ist u. a. die Schlichtung aller Streitigkeiten zw. den Staaten.
Organisation für Afrikanische Einheit, engl. **Organization of African Unity,** Abk. **OAU,** Organisation für die Einheit Afrikas, gegr. 1963; Sitz Addis Abeba; umfasst fast alle unabhängigen afrikan. Staaten (1994 Aufnahme Südafrikas); Marokko trat 1984 aus.
organische Chemie, Teilgebiet der Chemie, das Verbindungen des Kohlenstoffs mit Ausnahme seiner Oxide und Carbide untersucht; fließende Übergänge zur **anorgan. Chemie.**
organisierte Kriminalität, kriminelle Vereinigungen mit einem hohen Organisationsgrad (z. B. Mafia),

Oregon
Flagge

Carl Orff

Organisation Amerikanischer Staaten
Flagge

Organisation für Afrikanische Einheit
Emblem

die geplante Straftaten begehen, oft mit Verbindungen zu Staat und Wirtschaft. Die o. K. ist im Rauschgifthandel, in der Prostitution, im Glücksspiel, Waffenhandel u. a. ausgeprägt.

Organismus *der,* **1)** Lebewesen. – **2)** Gesamtsystem der Organe.

Organist, Orgelspieler.

Organspender, Person, der Organe oder Organteile zum Zweck der Transplantation entnommen werden, i. d. R. Verstorbene (Nachweis des Hirntods durch 2 Ärzte), die zu Lebzeiten einer Organentnahme zugestimmt haben oder deren Angehörige ihr Einverständnis erklären. Der Handel mit Spenderorganen (oft aus der Dritten Welt) wird von der Ärzteschaft abgelehnt.

Orléans
Stadtwappen

Organum *das,* 𝄞 **1)** Bezeichnung für Musikinstrumente, v. a. für die Orgel im MA. – **2)** früheste mehrstimmige Musik des Abendlands.

Orgasmus *der,* Höhepunkt der sexuellen Erregung mit dem anschließenden Gefühl der Befriedigung.

Orgel, Tasteninstrument, dessen Klang durch Pfeifen erzeugt wird. Die Luft wird durch einen Blasebalg in Windladen gepresst, auf denen die Pfeifen stehen, die in einzelnen Reihen, den **Registern,** zusammengefasst sind. Jedes Register besteht aus Pfeifen gleicher Bauart und Klangfarbe. Die O. hat Tastenreihen für Hände **(Manuale)** und Füße **(Pedale)** sowie Registerzüge. Die erste O. wurde im 3. Jh. v. Chr. in Alexandria gebaut.

Orgi|e *die,* Ausschweifung, zügelloses Gelage; im antiken Griechenland die ekstat. Riten des Dionysos; **orgiastisch,** wild, zügellos.

Orient *der,* **1)** der Osten, das Morgenland. – **2)** der vorderasiat. Raum und die islam. Länder im Nahen Osten und in Nordafrika.

Orientalist, Wissenschaftler, der sich mit orientalischen Sprachen und Kulturen beschäftigt.

Orientbeule, Hautkrankheit mit Geschwürbildung **(Aleppobeule).**

José
Ortega y Gasset

Origami *das,* in Japan beliebte Kunst des Papierfaltens (kleine Puppen, Vögel usw.).

Original *das,* **1)** Urbild, Urschrift. – **2)** eigenartiger Mensch.

Orinoko, Orinoco *der,* Strom im N Südamerikas, entspringt im Hochland von Guayana; 2 140 km lang, bildet Wasserfälle, Stromschnellen, durch den Río Casiquiare mit dem Río Negro (Amazonasgebiet) verbunden, mündet mit zahlreichen Mündungsarmen unterhalb von Ciudad Bolívar in den Atlant. Ozean.

Orion, 1) griech. Sage: ein Jäger, Liebling der Eos. – **2)** auffallendes Sternbild am winterl. Abendhimmel mit den Sternen Rigel und Beteigeuze.

Orkan *der,* stärkster Sturm (ab Windstärke 12).

Orkney-Inseln [ˈɔːknɪ-], Inselgruppe vor der Nordspitze Schottlands; 976 km², 19 600 Ew.; Hptst.: Kirkwall. Fischerei, Viehzucht.

Orkus *der,* röm. Gott des Todes; auch die Unterwelt, das Totenreich.

George Orwell

Orlando [ɔːˈlændəʊ], Stadt in Florida, USA, 145 900 Ew.; Univ.; Touristenzentrum mit »Disney World« u. a. Vergnügungsparks; ✈.

Orléans [ɔrleˈɑ̃], Stadt in Frankreich, an der Loire, 108 000 Ew.; Kathedrale (13. bis 19. Jh.); Univ.; Kfz-, Reifen-, Textil-, Maschinenind., Marktzentrum. – Seit dem 4. Jh. Bischofssitz; 1429 von den Engländern belagert, von der Jungfrau von Orléans befreit.

Orléans [ɔrleˈɑ̃], frz. Herzogs- und Königshaus, wichtigste Nebenlinie der Bourbonen. Als die Hauptlinie der Bourbonen 1883 ausstarb, erbte das Haus O. ihre Thronansprüche.

Orlik, Emil, dt. Maler und Grafiker, * 1870, † 1932; Radierungen (v. a. Porträts) und Holzschnitte, die vom jap. Farbholzschnitt beeinflusst waren.

Orlow *der,* ab 1772 Diamant im russ. Zarenzepter.

Orlow, Aleksej Grigorjewitsch, Graf, * 1737, † 1808, russ. Admiral, mit seinem Bruder Grigorij Grigorje-

witsch, Graf O. (* 1734, † 1783), an der Palastrevolution und dem Sturz Peters III. 1762 beteiligt.

Ornament *das,* ⌂ sich wiederholende Verzierung an Bauwerken und Gegenständen. Das O. bewegt sich zw. rein linearen, abstrakten oder geometr. Formen und figuraler oder naturalist. Gestaltung.

Ornat *der,* feierl. Amtstracht.

Ornithologie *die,* Vogelkunde.

Orogenese, Gebirgsbildung, 🌐 nachhaltige Verformung begrenzter Krustenbereiche der Erde.

Orontes *der,* arab. **Nahr el-Asi,** wasserreicher Fluss in Vorderasien, 570 km lang.

Orpheus, sagenhafter griech. Sänger und Leierspieler, bezauberte durch seinen Gesang selbst Tiere, Bäume, Steine; durfte seine Gattin Eurydike aus der Unterwelt holen, verlor sie aber wieder, da er sich entgegen dem göttl. Gebot nach ihr umschaute. Wurde von den Mänaden zerrissen.

Orsini, röm. Adelsgeschlecht (Führer der Guelfenpartei), aus dem 5 Päpste hervorgingen.

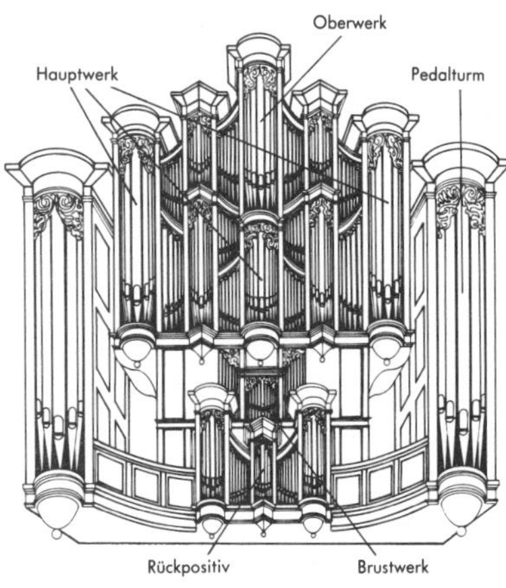

Gestaltung der Schauseite der **Orgel** und **Werkaufbau**

Ørsted [ˈœrsdɛð], Hans Christian, dän. Physiker, * 1777, † 1851; begründete die Lehre vom Elektromagnetismus. Nach ihm ist die nichtgesetzl. Einheit Oersted **(Oe)** der magnet. Feldstärke im elektromagnet. Maßsystem benannt.

Ort, 1) Platz, Stelle, Siedlung. – **2)** ⚒ Teilbereich einer Strecke, an dem gearbeitet wird.

Ortega Saavedra, Daniel, nicaraguan. Offizier und Politiker, * 1945; als einer der Kommandeure der Sandinist. Befreiungsfront 1967 bis 1974 in Haft; 1979 führend am Sturz A. Somozas beteiligt, dann Mitgl. der Junta; 1985 bis 1990 gewählter Staatspräsident.

Ortega y Gasset, José, span. Kulturphilosoph, Soziologe und Essayist, * 1883, † 1955; entwickelte gegen die Verabsolutierung einer formalen, abstrakten Vernunft eine die Individualität des Menschen betonende Lebensphilosophie. Ein bedeutendes zeitdiagnost. Werk ist »Der Aufstand der Massen«, 1929; daneben »Gesch. als System« (1941) u. a.

Ortenau, Landschaft in Bad.-Württ. zw. Oberrhein und mittlerem Schwarzwald; Obst-, Weinbau.

ortho..., griech. Vorsilbe mit der Bedeutung: gerade..., richtig..., z. B. Orthographie.

Orthodoxie *die,* Rechtgläubigkeit; Übereinstimmung mit der kirchl. Lehre; **orthodox,** rechtgläubig. **Orthodoxe Kirchen** → Ostkirchen.

Orthodrome *die,* kürzeste Verbindungslinie zweier Punkte auf einer Kugeloberfläche; Großkreis.

orthogonal, rechteckig, rechtwinklig, aufeinander senkrecht.

Orthographie *die,* Rechtschreibung.
Orthoklas *der,* → Feldspat.
Orthopädie *die,* ⚕ Lehre von der Entstehung, Verhütung, Behandlung angeborener oder erworbener Fehler des menschl. Stütz- und Bewegungsapparats (Knochen, Gelenke, Muskeln).
Ortlergruppe, vergletscherter Gebirgsstock in den ital. Zentralalpen, im **Ortler** 3899 m hoch.
Ortolan *der,* Gartenammer, ein Singvogel.
Orton [ɔ:tn], Joe, brit. Dramatiker, *1933, †(ermordet) 1967; sozialkritisch-witzige Stücke (»Seid nett zu Mr. Sloane«, 1964).
Ortsbestimmung, Bestimmung der Lage eines Punkts der Erdoberfläche durch Feststellung seiner geograph. Breite, Länge und Höhe.
Ortszeit, die für alle Orte auf gleichem Längengrad geltende Zeit.
Ortszuschlag, mehrstufiger Zuschlag zur Besoldung im öffentl. Dienst; seine Höhe richtet sich nach der Tarifklasse, der Besoldungsstufe und dem Familienstand.
Ortung, Standortbestimmung; Ermittlung von Ort, Bewegungszustand und Bahn eines Gegenstands oder einer Person, v.a. von See-, Luft- und Raumfahrzeugen.
Oruro, Stadt in Bolivien, 184100 Ew.; TU; Mittelpunkt des Blei- und Zinnminengebiets.
Orvieto, Stadt in Umbrien, Italien, 22800 Ew.; got. Dom; etrusk. Gräber; Weinbau.
Orwell ['ɔ:wəl], George, eigentlich Eric A. **Blair,** brit. Schriftsteller, *1903, †1950; gegen Diktatur gerichtete Satire »Farm der Tiere« (1945), pessimist. Zukunftsroman »1984« (1949).
Oryx|antilope, Spießbock, vom Aussterben bedrohte Antilopenart, früher über ganz Afrika und die Arab. Halbinsel (Weiße O.) verbreitet.
Os, chem. Symbol für das Element Osmium.
Ōsaka, drittgrößte Stadt Japans, auf Honshū, 2,62 Mio. Ew.; Verkehrsknotenpunkt, Hafen; Schiffbau, Stahl-, Kraftfahrzeug-, Nähmaschinen-, Textilind., Erdölraffinerien, Elektrizitätswerke; 5 Univ., Kernforschungsinstitut; mächtige Burganlage, zahlreiche Tempel.
Osborne ['ɔzbən], John, brit. Dramatiker, *1929, †1994; gesellschaftskrit. Stücke: »Blick zurück im Zorn« (1957), »Der Entertainer« (1957).
Oscar *der,* **Academy award** [ə'kædəmı ə'wɔ:d], jährl. (seit 1929) verliehener amerikan. Filmpreis (eine vergoldete Statuette) für beste Leistungen (Darstellung, Regie, Musik u.a.).
Oschersleben (Bode), Krst. in Sa.-Anh., 17200 Ew.; Elektromotoren-, Pumpen- und Verdichterbau, Zuckerherstellung.
Oseberg ['u:səbærg], Ort am Oslofjord, Norwegen, Fundort (1903) des O.-Schiffs (21,58 m lang) in einem Grabhügel einer norweg. Fürstin des 9. Jh., das in seinem Innern die Grabausstattung **(O.-Grab)** barg.
Ösel, estn. **Saaremaa,** größte estn. Ostseeinsel, vor der Rigaer Bucht, 2714 km². Ackerbau, Fischerei. – Ö. wurde 1227 vom dt. Schwertbrüderorden erobert, kam 1559 an Dänemark, 1645 an Schweden, 1721 an Russland, 1918 an Estland.
Ōshima [oʃ-], Nagisa, jap. Filmregisseur, *1932; Auseinandersetzung mit Tradition und Moderne in der Nachkriegszeit Japans: »Im Reich der Sinne« (1976); »Max, mon amour« (1985).
Oshogbo [oʃ-], Stadt in SW-Nigeria, 400000 Ew.; Kakao-, Tabakverarbeitung, Stahlwerk; Zentrum moderner nigerian. Kunst.
Osiander, Andreas, dt. luther. Theologe, *1498, †1552; nahm 1529 am Marburger Religionsgespräch mit Luther und Zwingli teil; wegen seiner Rechtfertigungslehre Streitigkeiten mit den Anhängern Melanchthons (Osiandr. Streit).

Osijek, dt. **Esseg,** Stadt in Kroatien, 104800 Ew., an der Drau (Hafen); Univ.; chem. Ind., Maschinen- und Fahrzeugbau.
Osiris, ägypt. Gott, Bruder und Gemahl der Isis, Vater des Horus, als Totengott verehrt; dargestellt als Mumie.
Oskar, schwed. und norweg. Könige: **1) O. I.** (1844 bis 1859), Sohn Bernadottes, *1799, †1859; Anhänger des Skandinavismus. – **2) O. II.** (1872 bis 1907), Sohn von 1), *1829, †1907; suchte vergebens die Union mit Norwegen aufrechtzuerhalten, die sich 1905 löste.
Osker, altitalischer Volksstamm in Kampanien, nah verwandt den Samniten.
Ösling *das,* Teil der Ardennen, in Luxemburg.
Oslo, 1624 bis 1924 **Christiania,** Hptst. von Norwegen, am Nordende des **O.-Fjords;** 458300 Ew.; luther. und kath. Bischofssitz; Univ., Akademie der Wiss.; Oper, Theater, Galerien, Museen; Hafen. Schiffbau, Maschinen-, Papier-, Textil-, chem. Ind.; Schloss **Akershus;** moderne Bauten: Neues Theater, Rathaus.
Osmanen, türk. Herrscherdynastie, benannt nach ihrem Gründer Osman I. (Sultan um 1300 bis 1326); auch allg. Bezeichnung der Türken.
Osmium *das,* Symbol **Os,** chem. Element, Platinmetall; OZ 76, D 22,61 g/cm³, relative Atommasse 190,2, Fp 3045±30 °C, Sp 5027±100 °C. O. ist der zweitschwerste aller bekannten Stoffe; zur Herstellung u.a. von Füllfederspitzen und elektr. Kontakten verwendet.
Osmose *die,* Hindurchtreten von Flüssigkeiten durch eine durchlässige oder halb durchlässige Wand, die 2 Lösungen voneinander trennt. Halb durchlässige Häutchen lassen nur Wasser eindringen. Dadurch wird die Konzentration einer Lösung und damit ihr **osmot. Druck** herabgesetzt. Die O. ermöglicht die Aufnahme und den Austausch von Wasser und Nährstoffen durch die Wände lebender Zellen. Der osmot. Druck bewirkt eine elast. Straffung **(Turgor)** der Zellwände.
Osnabrück, Stadt nördl. vom Teutoburger Wald, Ndsachs., 164000 Ew.; Univ., Fachhochschulen; Maschinenbau, Papier-, Stahlind.; Hafen am Osnabrücker Zweigkanal (zum Mittellandkanal). Dom (12. bis 13. Jh.), Rathaus (1487 bis 1512), Schloss. Von Karl d. Gr. begründeter Bischofssitz; war Mitglied der Hanse.
Osning *der,* Teil des Teutoburger Walds.
Ösophagus *der,* die Speiseröhre.
Ossa *der,* **Kissavos,** Gebirge im östl. Thessalien, Griechenland, bis 1978 m hoch.
Osseten, Ossen, Volk im mittleren Kaukasus, Viehzüchter, Anbau von Getreide, sprechen eine iran. Sprache. Die etwa 580000 O. bewohnen die Nordosset. Rep. in Russland und das Südosset. Autonome Gebiet in Georgien.
Ossiacher See, See in Kärnten, Österreich, 10,6 km², bis 47 m tief, viel besuchter Badesee.
Ossian, Held eines südirischen Sagenkreises, dessen angebl. Gedichte J. Macpherson 1760 herausgab; sie beeinflussten die naturhafte Lyrik des Sturm und Drang.
Ossietzky, Carl von, dt. Schriftsteller und Publizist, *1889, †1938 (nach Haft im KZ); Pazifist, Herausgeber der »Weltbühne«; Friedensnobelpreis 1935.
Ossowski, Leonie, dt. Schriftstellerin, *1925; sozialpolit. engagierte Autorin, »Die große Flatter« (1977), »Weichselkirschen« (1976).
Ostade, Adriaen van, niederländ. Maler, *um 1610, †1685; Meister des niederländ. Bauernbildes, auch Radierungen; sein Bruder Isaak (*1621, †1649) malte v.a. Dorfszenen.
Ost|asi|en, im W durch das Hochland von Zentralasien begrenzter Teil Asiens: China, Korea, die jap. Inseln, Kurilen und Sachalin.

Ōsaka
Stadtwappen

Oslo
Stadtwappen

Osnabrück
Stadtwappen

John Osborne

Carl von Ossietzky

Ostblockstaaten, allg. die kommunist. Staatenwelt, i.e.S. die im Warschauer Pakt 1955 bis 1991 zusammengeschlossenen Staaten v.a. des östl. Europa: UdSSR, Albanien (Austritt 1968), Bulgarien, Polen, Rumänien, ČSSR, Ungarn, DDR (ausgeschieden 1990); wirtschaftl. waren die O. im Rat für gegenseitige Wirtschaftshilfe (Comecon) zusammengeschlossen. Der Begriff verlor nach den polit. und wirtschaftl. Reformen 1989/1990 an Bedeutung.

Ostchinesisches Meer, flaches Randmeer des Pazif. Ozeans zw. China, Taiwan, den Ryūkyūinseln und dem Gelben Meer.

Ostdeutschland, bis 1919 geograph. nicht festgelegter Begriff für Gebiete des östl. Dtl., von 1919 bis 1939 für Ost- und Westpreußen, Posen, Schlesien und Pommern (ohne die an Polen abgetretenen Teile), nach 1945 für die DDR (das Restgebiet bezeichnete man als Deutsche Ostgebiete), nach 1990 für die östl. Bundesländer.

Ost|ende, Stadt in Belgien, 68 400 Ew.; Nordseebad mit Kuranlagen, Spielkasino; Fährhafen nach Großbritannien; Werften, Tabak-, Textilind.; Fischerei.

ostentativ, herausfordernd, betont.

Osteologie *die,* Knochenkunde.

Osteoporose *die,* ⚕ Form von Knochenschwund, Verminderung der Knochenmasse pro Volumeneinheit mit der Gefahr von Knochenbrüchen durch Minderbelastbarkeit. Von bes. Bedeutung ist die postklimakter. O., die v.a. Frauen zw. dem 50. und 70. Lebensjahr betrifft (verminderte Abgabe von Calcitonin nach Rückgang der Östrogenproduktion); als Vorbeugung wird calciumreiche Nahrung empfohlen.

Oster, Hans, dt. General, *1888, †(hingerichtet) 1945; mit Admiral W. Canaris in der militär. Widerstandsbewegung gegen Hitler.

Österbotten, Landschaft an der finn. W-Küste, meist bewaldetes Flachland eiszeitl. Prägung mit vielen Mooren und Seen.

Osterglocke → Narzisse.

Östergötland, histor. Prov. in Mittelschweden, zw. Vättersee und Ostsee; Hptst.: Linköping.

Oster|insel, chilen. Insel im S-Pazifik, östlichste Insel Polynesiens, vulkanisch, 180 km², 1 900 Ew. (einheim. Polynesier, Mischlinge und Weiße). Die **O.-Kultur,** belegt durch die rd. 600 riesigen Skulpturen mit menschl. Gesichtern, aus Tuffstein gemeißelt, und die **O.-Schrift** (Entzifferung schwierig oder unmöglich) gibt noch Rätsel auf. - Die O., Ostersonntag 1722 von dem Niederländer Roggeveen entdeckt, gehört seit 1888 zu Chile.

Monumentale Tuffsteinfiguren auf der Nordseite der **Osterinsel**

Österreich

Staatswappen

Staatsflagge

Internationales Kfz-Kennzeichen

Osterluzei *die,* **Pfeifenblume,** Pflanzengattung mit pfeifenkopfähnl. Blüten, mit Aasgeruch.

Ostern, ältester christl. Feiertag, aus dem jüd. Passahfest hervorgegangen, Fest der Auferstehung Christi am 1. Sonntag nach dem 1. Frühjahrsvollmond. **Osterbräuche:** Verschenken und Suchen der (gefärbten) **Ostereier,** die als Lebenssinnbild zu deuten sind und nach Kinderglauben vom **Osterhasen** gebracht werden; Schöpfen von **Osterwasser** in der Osternacht, es soll Gesundheit bringen; Anzünden von **Osterfeuern** zum Schutz der Felder und des Hauses. **Osterspiele,** Darstellungen der Auferstehung Christi.

Osterode, 1) O. am Harz, Krst. in Ndsachs., 27 000 Ew.; Elektro-, Metallind., Apparatebau, Gipsabbau; viele Fachwerkhäuser. - **2) O. in Ostpreußen,** poln. **Ostróda,** Stadt in Polen, am Drewenzsee, 33 000 Ew.; Fremdenverkehr.

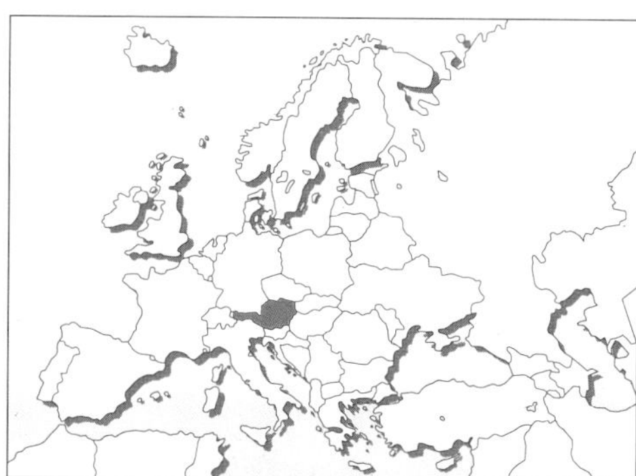

Österreich, Bundesstaat im SO Mitteleuropas, 83 856 km², 7,8 Mio. Ew.; Hptst.: Wien. 9 Bundesländer. (ÜBERSICHT S. 668)

Verfassung von 1920, in der Fassung von 1929, wieder in Kraft seit 1. 5. 1945. Die Gesetzgebung üben der vom Volk gewählte Nationalrat und der Bundesrat aus, dessen Mitglieder von den Landtagen gewählt werden; beide zus. bilden die Bundesversammlung. Staatsoberhaupt ist der Bundespräs.; er wird auf 6 Jahre vom Volk gewählt. Der Bundeskanzler und die Min. werden vom Bundespräs. ernannt und entlassen und sind vom Vertrauen des Nationalrats abhängig. Gesetzgebende und vollziehende Gewalt sind zw. dem Bund und den Ländern aufgeteilt. Der Verwaltungsgerichtshof kontrolliert die Verw.; der Verf.-Gerichtshof entscheidet über verfassungsgesetzl. gewährleistete Rechte.

Landesnatur. Ö. ist überwiegend ein Alpenland ($^2/_3$ der Fläche liegen in den Ostalpen) mit Anteil an den Nördl. Kalkalpen, den Zentralalpen (Großglockner 3 798 m) und den Südl. Kalkalpen. Nach NO schließt sich das Alpenvorland an, nördl. der Donau das Mühl-, Wald- und Weinviertel, östl. der Alpen das Wiener Becken und das Burgenland. Hauptflüsse sind Donau, Inn, Salzach, Traun, Enns, Mur, Drau. Zahlreiche Seen im Salzkammergut und in Kärnten; südöstl. von Wien liegt der Neusiedler See.

Bevölkerung. Rd. 98% der überwiegend kath. Österreicher sind dt.sprachig, daneben gibt es Tschechen, Kroaten, Magyaren und Slowenen. Die 5 größten Städte sind Wien, Graz, Linz, Salzburg, Innsbruck.

Wirtschaft. Ackerbau wird auf nur rd. 24% der Fläche betrieben: Getreide, Kartoffeln, Zuckerrüben; Weinbau; bedeutende Viehzucht und Milchwirtschaft; Forstwirtschaft; ⚒ auf Magnesit, Eisenerz, Braunkohle, Erdöl, Erdgas, Salz. Die Ind. (viele Großbetriebe verstaatlicht) hat steigenden Anteil am Sozial-

Daten zur Geschichte Österreichs

976	Die Babenberger werden Markgrafen der Bayer. Ostmark
996	Die Ostmark wird in einer Urkunde als »Ostarichi« bezeichnet
1246	Aussterben der Babenberger, der böhm. König Ottokar II. Přemysl erringt 1251 bis 1254 die Herrschaft in Österreich, 1260 in der Steiermark sowie 1269 in Kärnten und Krain
1278	Schlacht von Dürnkrut, Rudolf von Habsburg besiegt Ottokar II. Přemysl, der auf der Flucht getötet wird, und belehnt 1282 seine Söhne Albrecht I. mit Österreich und Rudolf II. mit der Steiermark
14. Jh.	Die Habsburger erwerben Kärnten und Krain (1335), Tirol (1363/64), Istrien (1374), Triest (1375), Feldkirch (1375)
1437	Albrecht V. wird als Albrecht II. dt. König
1453	Österreich wird Erzherzogtum, Kaiser Friedrich III. bestätigt das »Privilegium maius«, Fälschung Rudolfs IV. von Österreich
1482	Die Habsburger gewinnen durch Heirat das Herzogtum Burgund, dann Spanien
1485	Matthias Corvinus, König von Ungarn, besetzt Wien und große Teile Österreichs
1493	Der spätere Kaiser Maximilian I. vereinigt die österr. Erblande
1521/22	Der spätere Kaiser Karl V. überlässt seinem Bruder Ferdinand (seit 1531 dt. König, 1558 Kaiser) die Regierung der österr. Erblande
1526	Ferdinand I. erwirbt das Königreich Böhmen mit Schlesien und der Lausitz sowie Ungarn
1529	Belagerung von Wien durch die Türken
1618	Ausbruch des Dreißigjährigen Kriegs in Böhmen
1648	Westfälischer Frieden, Schwächung des Kaisers und des Hauses Habsburg
1683	2. türkische Belagerung Wiens, Beginn des großen Türkenkriegs, Rückeroberung von Ungarn bis 1699
1713	Die »Pragmatische Sanktion« Kaiser Karls VI. sichert die Nachfolge seiner Tochter Maria Theresia
1714	Im Ergebnis des Spanischen Erbfolgekriegs erhält Österreich die Südl. Niederlande, Mailand und Neapel-Sizilien (1735 wieder preisgegeben)
1716–1718	Prinz Eugen von Savoyen entreißt den Türken das Banat
18. Jh.	Im Österr. Erbfolgekrieg 1740 bis 1748 kann sich Maria Theresia, durch ihre Heirat mit Franz Stephan von Lothringen (Kaiser Franz I.) Stammutter des neuen Hauses Habsburg-Lothringen, gegen Bayern, Frankreich und Spanien behaupten. Schlesien wird im 1. Schlesischen Krieg 1740 bis 1742 von Preußen erobert. Im 2. Schlesischen Krieg 1744/45 und im 3. Schlesischen Krieg, dem Siebenjährigen Krieg (1756 bis 1763) gelingt es Österreich nicht, Schlesien zurückzuerobern. Österreich erhält 1772 das poln. Galizien, 1775 die Bukowina und 1779 das Innviertel
1781	Kaiser Joseph II. setzt Reformen durch (Aufhebung der Leibeigenschaft, allgemeine Grundsteuer, Toleranzpatent zur Duldung nichtkath. christl. Konfessionen)
1797	Friede von Campoformio mit dem revolutionären Frankreich, Verlust der österr. Niederlande und der Lombardei (dafür Entschädigungen mit Venetien, Istrien, Dalmatien)
1804	Franz II. nimmt den Titel »Kaiser von Österreich« an
1805	Besetzung von Wien durch Napoleon I., Schlacht von Austerlitz. Im Frieden von Preßburg muss Österreich die Vorlande, Tirol, Dalmatien und Venetien abtreten
1806	Franz II. legt die römisch-dt. Kaiserkrone nieder und erklärt das Heilige Röm. Reich für erloschen
1809	Erneuter Krieg und Niederlage gegen Napoleon I., im Frieden von Schönbrunn Verlust des Innviertels, Salzburgs und anderer Gebiete
1813/14	Teilnahme an den Befreiungskriegen
1814/15	Wiener Kongress unter Leitung des Fürsten Metternich, Österreichs Gebietsverluste werden rückgängig gemacht, mit Ausnahme der Vorlande und der Niederlande Österreich wird Präsidialmacht des Dt. Bundes, polit. Restauration (»System Metternich«)
1848/49	Revolution in Wien, Sturz Metternichs, Aufstände in Italien, Prag, Ungarn werden militärisch niedergeworfen, 1850 Wiederherstellung des Dt. Bundes (»Olmützer Punktation«). Kaiser Franz Joseph I. besteigt den Thron (1848)
1859	Krieg gegen Italien und Frankreich, Österreich verliert die Lombardei
1866	Im Dt. Krieg gegen Preußen unterliegt Österreich und muss der Auflösung des Dt. Bundes und der Gründung des Norddt. Bundes zustimmen, Venetien muss an Italien abgetreten werden
1867	Ausgleich mit Ungarn, Doppelmonarchie Österreich-Ungarn (k. u. k. Monarchie)
1879	Zweibund mit dem Dt. Reich
1881	Dreikaiserbund mit dem Dt. Reich und Russland. In der Folgezeit verschärft sich jedoch der Gegensatz zu Russland, dessen Panslawismus gegen den Einfluss der Habsburger auf dem Balkan gerichtet war
1882	Dreibund mit dem Dt. Reich und Italien
1914	Die Ermordung des österr. Thronfolgers in Sarajevo führt zur Kriegserklärung an Serbien, daraus entwickelt sich der 1. Weltkrieg
1918	Die habsburg. Monarchie bricht zusammen, 3. 11. 1918 Waffenstillstand, am 11. 11. 1918 verzichtet Karl I. auf den Thron, die Provisor. Nationalversammlung ruft die Rep. Deutschösterreich als Bestandteil der Dt. Rep. aus
1919	Die Verträge von Saint Germain und Trianon (1920) besiegeln die Zerschlagung der habsburg. Monarchie. Außer an die Nachfolgestaaten Ungarn und Tschechoslowakei fallen Gebiete an Polen, Rumänien, Italien, das Königreich der Serben, Kroaten und Slowenen. Die Staatsbezeichnung muss auf Verlangen der Alliierten in Rep. Österreich geändert werden, die Angliederung an das Dt. Reich wird verboten
1934	Niederschlagung der Februarunruhen durch Polizei, Militär und Heimwehr, Verkündung der autoritärständ. Verfassung durch Bundeskanzler Dollfuß. Natsoz. Putschversuch, bei dem Dollfuß ermordet wird
1938	Einmarsch der dt. Wehrmacht und Vereinigung Österreichs mit Dtl. (»Großdeutsches Reich«)
1945	Ausrufung der demokrat. Rep. Österreich, Aufteilung in 4 Besatzungszonen (Wien wird wie Berlin in 4 Sektoren geteilt)
1947–1966	Koalitionsregierung ÖVP/SPÖ
1955	Die 4 Großmächte schließen mit Österreich den »Staatsvertrag«, der Österreich die Unabhängigkeit bringt und zur Neutralität verpflichtet
1966–1970	ÖVP-Alleinregierung
1970–1986	SPÖ-Alleinregierung; 1970–1983 unter Bundeskanzler B. Kreisky
1986	F. Vranitzky (SPÖ) wird Bundeskanzler einer SPÖ/ÖVP-Regierung
1992	T. Klestil wird Bundespräsident
1995	EU-Beitritt (Volksabstimmung 1994)
1997	Nach dem Rücktritt von F. Vranitzky wird V. Klima (SPÖ) Kanzler einer SPÖ/ÖVP.-Regierung

produkt. Wichtige Zweige sind Eisen- und Stahl-, Maschinen-, Holz-, Papier-, Textilind., Energiewirtschaft (v. a. Wasserkraft). Bedeutender Fremdenverkehr (zunehmend Wintersport). Haupthandelspartner: Dtl., Italien, Schweiz, Frankreich. Ö. ist ein wichtiges Transitland, v. a. für den N-S-Verkehr über die Alpen; das Autobahnnetz wird ausgebaut (Tauernautobahn, Innviertel-Pyhrn-Autobahn). Wichtigste Donauhäfen: Linz, Wien; 6 internat. ✈.

österreichische Kunst. Frühe Höhepunkte waren die Bauten in Wien (Stephansdom, 13. bis 15. Jh.), der Altar in Sankt Wolfgang von M. Pacher sowie die Malerei der Donauschule. Nach dem Sieg über die Türken (1683) entfaltete sich der üppige österr. Barock

Österreich (Größe und Bevölkerung)		
Bundesland (Verwaltungssitz)	**km²**	**Ew.** (in 1000)
Burgenland (Eisenstadt)	3965	270,9
Kärnten (Klagenfurt)	9533	547,8
Niederösterreich (St. Pölten)	19172	1473,8
Oberösterreich (Linz)	11980	1333,5
Salzburg (Salzburg)	7154	482,4
Steiermark (Graz)	16388	1184,7
Tirol (Innsbruck)	12647	631,4
Vorarlberg (Bregenz)	2601	331,5
Wien	415	1612,0

(Architekten: J. B. Fischer v. Erlach, L. v. Hildebrandt, Bildhauer: G. R. Donner u.a.). Die Malerei des 19. Jh. stand unter dem Einfluss der Romantiker (M. von Schwind) und des Wiener Biedermeiers (F. Waldmüller). Zu Beginn des 20. Jh. war G. Klimt Hauptexponent des Stils der Wiener Sezession, E. Schiele leitete vom Jugendstil zum Expressionismus über, dem auch die Werke von O. Kokoschka angehören. Wichtige Architekten dieser Zeit sind O. Wagner, A. Loos u.a. Nach 1945 entstand die Wiener Schule des fantast. Realismus. Bedeutende Bildhauer sind F. Wotruba und A. Hrdlicka. F. Hundertwasser arbeitet u.a. als Architekt. – Die Kaiserstadt Wien zog zu allen Zeiten Musiker an, hier arbeiteten u.a. J. Haydn, W. A. Mozart, F. Schubert, L. van Beethoven und später A. Bruckner, J. Brahms und G. Mahler. Es entstanden der Walzer und die Operette (F. Lehár, J. Strauß) und im 20. Jh. die »neue Musik«. A. Schönberg entwickelte hier seine Zwölftontechnik, A. v. Webern die serielle Musik.

österreichische Literatur. Die ö. L. verfügt über eine große Spannweite zw. leidenschaftl. Tragik und volkshafter Komik, zw. Schwermut und philosoph. Heiterkeit. Die Volksdichtung (F. Raimund, J. Nestroy) entwickelte sich eigenständig neben der Kunstdichtung (F. Grillparzer, A. Stifter, H. v. Hofmannsthal, G. Trakl, A. Schnitzler, R. Musil, A. Broch, S. Zweig, H. v. Doderer). Eine weitere Gruppe bildeten die dt.sprachigen Schriftsteller in Prag: M. Brod, F. Werfel, R. M. Rilke, F. Kafka. Als Dramatiker traten Ö. v. Horváth, F. Csokor hervor, als Lyriker J. Weinheber. Nach 1945 Erzähler wie I. Aichinger und T. Bernhard; Lyriker: I. Bachmann, F. Mayröcker, E. Jandl. Sammelpunkt neuer literar. Bestrebungen wurde das Grazer Forum (P. Handke, B. Frischmuth). In jüngster Zeit Arbeiten von A. Brandstetter und E. Jelinek.

österreichische Kunst Krumauer Madonna (1400)

Österreichischer Erbfolgekrieg, europ. Krieg (1740 bis 1748) um die Durchsetzung der Erbfolge Maria Theresias in den habsburg. Ländern, ausgelöst durch den Angriff Preußens auf Schlesien; Kurfürst Karl Albert von Bayern (als Kaiser Karl VII.) verbündete sich mit Frankreich und Spanien; auf Österreichs Seite traten Großbritannien, die Niederlande, später Russland. Im Aachener Frieden 1748 wurde die Erbfolge Maria Theresias anerkannt.

Österreichische Volkspartei, ÖVP, gegr. 1945, demokrat., föderalist., national, vertritt die kath. Soziallehre.

Österreich-Ungarn, Österreichisch-Ungarische Monarchie, 1867 bis 1918 Bezeichnung der habsburg. Monarchie, bestehend aus 1) den im Reichsrat vertretenen österr. Ländern (»Kaisertum Österreich«), 2) den Ländern der ungar. Krone: Ungarn, Kroatien und Slawonien und 3) den 1878 besetzten, 1908 einverleibten türk. Provinzen Bosnien und Herzegowina. Staatsrechtl. war Ö.-U. eine Personal- und Realunion (»Doppelmonarchie«).

Ostleuropa, allg. Bezeichnung für die Länder im O Europas: Polen (auch zu Mitteleuropa gezählt), die balt. Staaten, Weißrussland, Moldawien, die Ukraine und der europ. Teil Russlands. – Im polit. Sprachgebrauch auch verwendet für die ehem. Ostblockstaaten.

Ostleuropabank, offiziell engl. **European Bank for Reconstruction and Development,** Abk. **EBRD,** 1991 in London gegr. internat. Bank als Finanzhilfeorganisation für die ehem. Ostblockstaaten; Förderschwerpunkt ist der private Sektor.

Ostflevoland, 1950 bis 1957 trockengelegter Polder im südöstl. Ijsselmeer. Bildet mit Südflevoland die Prov. Flevoland; Hauptort: Lelystad.

Ostfriesische Inseln → Friesische Inseln.

Ostfriesland, niedersächs. Landschaft zw. Oldenburg und den Niederlanden, mit den vorgelagerten Ostfries. Inseln; vorwiegend Ackerbau- und Viehzuchtgebiet; Erdgasvorkommen. Die ehem. Grafschaft O. kam 1744 an Preußen, 1815 an Hannover.

Ostgoten → Goten.

Ostia, Hafenstadt des antiken Rom an der Tibermündung; seit dem 4. Jh. verfallen.

Ostlindische Kompanien, die Anfang des 17. Jh. für den Handel mit Vorder- und Hinterindien sowie dem Malaiischen Archipel gegr. Handelsgesellschaften; herausragend die brit. sowie die niederländ. Ostind. Kompagnie.

Ostjaken, Chanten, finnougr. Volk (rd. 21 000 Personen) am mittleren Ob in W-Sibirien.

österreichische Kunst. Gustav Klimt, Die drei Lebensalter (1908)

Ostkirchen, die christl. Kirchen des Ostens; sie gliedern sich in die **orth. Kirchen** (u.a. russ., georg., serb., rumän., bulgar., griech. Kirche), die **oriental. Nationalkirchen** (u.a. kopt., äthiop., syr., armen. Kirche), die **Nestorian. Kirche** und die mit Rom **unierten O.;** zw. den O. bestehen teilweise deutl. theolog. und kulturelle Unterschiede. Gemeinsam ist die Bindung an frühkirchl. Tradition, die hierarch. Struktur und die starke Betonung der Liturgie.

Ostmark, 1) Bair. O., im MA. das Gebiet zw. Enns und Leitha in Niederösterreich. – **2) Sächs. O.,** die von Otto d. Gr. zw. Elbe und Spree errichtete Grenzmark gegen die Sorben. – **3)** 1938 bis 1942 im natsoz. Sprachgebrauch Name für Österreich.

Ostpreußen, ehem. Prov. des Dt. Reichs mit (1939) 36992 km² und 2,49 Mio. Ew.; umfasste die Reg.-Bez. Königsberg, Gumbinnen, Allenstein und (bis 1939) Westpreußen; Hptst.: Königsberg (Pr). – O. ist Teil des Norddt. Tieflands, durchzogen vom seenreichen Balt. Landrücken (Kernsdorfer Höhe 312 m); im N meist Acker- und Wiesenland, im S bewaldet; Bernsteingewinnung, Fischerei und Schiffbau.

Geschichte. O. ist aus dem ehem. Herzogtum Preußen, dem Rest des alten Ordensstaats (→Deutscher Orden), hervorgegangen; es fiel 1618 an die brandenburg. Hohenzollern. Durch die 1. poln. Teilung 1772 kam das Ermland hinzu, 1793 die Städte Danzig und Thorn. Durch den Vertrag von Versailles (1919) wurde O. vom übrigen Reich abgetrennt (Schaffung des Poln. Korridors), das Memelgebiet wurde ebenfalls abgetrennt. Auf der Potsdamer Konferenz (1945) wurde vorbehaltlich der Regelung durch einen Friedensvertrag die Teilung in ein sowjetisch (russisch) verwaltetes Gebiet (N-Teil mit Königsberg) und ein polnisch verwaltetes Gebiet im S (→Deutsche Ostgebiete) beschlossen; mit dem Zwei-plus-Vier-Vertrag von 1990 erklärte Dtl. die 1945 entstandenen Grenzen für cndgültig und bestätigte die dt.-poln. Grenze im Dt.-Poln. Grenzvertrag.

Ostpunkt, Punkt des Horizonts, an dem die Sonne zur Tagundnachtgleiche aufgeht; auch der Schnittpunkt des Horizonts mit dem Himmelsäquator.

Ostrau, tschech. **Ostrava,** aus **Mährisch-O.** und **Schlesisch-O.** 1945 entstandene tschech. Stadt an der Oder, 330600 Ew.; Bergbauhochschule; Steinkohlen-⚒, Hüttenwerke, Maschinenbau.

Ostrazismus *der,* **Scherbengericht,** Volksabstimmung im antiken Athen mit Tonscherben über eine Verbannung politisch verdächtiger Bürger.

Östrogene, weibl. →Geschlechtshormone.

Oströmisches Reich →Byzantinisches Reich.

Ostrowskij, Aleksandr Nikolajewitsch, russ. Dramatiker, *1823, †1886; neben Gogol einer der Schöpfer des russ. Schauspiels: »Gewitter« (1859), »Wölfe und Schafe« (1875).

Ostsee, Baltisches Meer, Binnenmeer, das die Skandinav. Halbinsel vom Festland trennt; etwa 390000 km² groß, bis 459 m tief (55 m mittlere Tiefe); salzarm. Die O. hat starke Eisbildung (Bottn. und Finn. Meerbusen bis 5 Monate vereist); die Gezeiten treten kaum in Erscheinung. Sie ist durch Öresund sowie Großen und Kleinen Belt mit der Nordsee verbunden; stark mit Schadstoffen belastet; Fischerei; wichtige ⚓: Kopenhagen, Stockholm, Helsinki, Kiel, Rostock, Stettin, Danzig, Sankt Petersburg.

Ostseeprovinzen, die ehem. russ. Gouvernements Estland, Livland (beide seit 1721) und Kurland (seit 1795). 1918 wurden aus den O. die Rep. Estland und Lettland.

Ostseerat, 1992 gegr. Rat der 10 Anliegerstaaten der Ostsee (Dänemark, Schweden, Finnland, Polen, Lettland, Litauen, Estland, Russland, Dtl., hinzu kommt Norwegen) zu einer verstärkten polit., wirtschaftl. und kulturellen Zusammenarbeit.

Ostwald, Wilhelm, dt. Chemiker und Philosoph, *1853, †1932; entdeckte u. a. den Mechanismus der Katalyse (1909 Nobelpreis für Chemie); beschäftigte sich mit der Farbenlehre und Naturphilosophie.

Ost-West-Konflikt, histor.-polit. Begriff für die ideologisch-polit. Auseinandersetzungen zw. den Staaten Westeuropas und Nordamerikas und den kommunist. Staaten Osteuropas.

Oswald, Eduard, dt. Politiker (CSU), *1947; seit 1987 MdB, wurde 1998 Bundesmin. für Raumordnung, Bauwesen und Städtebau.

Oswald von Wolkenstein, spätmhdt. Liederdichter, *1377, †1445; entstammte einem Tiroler Adelsgeschlecht, führte ein abenteuerl. Wanderleben; autobiograph. Minne- und Zechlieder sowie Liebesgedichte; sein Werk steht zw. MA. und Renaissance.

Oszillation *die,* ❀ Schwingung.

Oszillator *der,* ⚡ elektron. Schaltung zur Erzeugung von elektr. Schwingungen mit sinusförmigem Spannungsverlauf.

Oszilloskop *das,* elektron. Messgerät zur Beobachtung oder fotograf. Aufnahme oszillierender Vorgänge

Oswald von Wolkenstein. Bildnis in einer Handschrift des 15. Jahrhunderts

(Schwingungen an Bauwerken u. a.). Die mit einer Registriereinrichtung zum Aufzeichnen elektr. Vorgänge ausgerüsteten Geräte werden auch als **Oszillographen** bezeichnet.

Otaru, Hafenstadt in Japan, auf Hokkaidō, 172500 Ew.; Zentrum der jap. Fischerei.

Otfried von Weißenburg, Benediktinermönch in Weißenburg, Elsass, verfasste zw. 863 und 871 eine Evangelienharmonie, älteste dt. Dichtung mit Endreimen.

Wilhelm Ostwald

Othello, Held der Tragödie »O., der Mohr von Venedig« (1604) von Shakespeare, ermordete aus Eifersucht seine Gemahlin Desdemona, brachte sich nach dem Beweis ihrer Unschuld selbst um. Opern von Rossini, Verdi.

Otitis *die,* ⚕ Ohrenentzündung.

O'Toole [əʊˈtu:l], Peter, irischer Schauspieler, *1932; u. a. Filme »Lawrence von Arabien« (1962), »Der letzte Kaiser« (1987).

Otranto, ital. Hafenstadt in Apulien, 4900 Ew.; Erzbischofssitz; an der 70 km breiten **Straße von O.** zw. Italien und Albanien.

Ottawa [ˈɔtəwə], Hptst. Kanadas, am O. River, Prov. Ontario, 314000 Ew.; Erzbischofssitz; 2 Univ.; Holz-, Textil-, chem., Papierind.; neugot. Regierungsgebäude.

Otter →Fischotter.

Ottern, die →Vipern.

Otto, Herrscher: **Hl. Röm. Reich. 1) O. I., der Große,** *912, †973, König (seit 936), Kaiser (seit 962); Sohn Heinrichs I., brach die Macht der Stammesherzöge, stützte sich auf die Bischöfe (Gründung neuer Bistümer), besiegte die Ungarn 955 auf dem Lechfeld, dehnte die O-Grenze gegen die Slawen aus, erwarb 951/952 das Kgr. Italien (Oberitalien) und heiratete Adelheid, die Witwe des Königs von Italien; 962 in Rom zum Kaiser gekrönt; beigesetzt im Magdeburger Dom. – **2) O. II.,** *955, †983, König (seit 961), Kaiser (seit 967), Sohn von 1); ⚭ mit der byzantin. Prinzessin Theophano, kämpfte gegen Araber und Byzantiner in Unteritalien. – **3) O. III.,** *980, †1002, König (seit 983), Kaiser (seit 996), Sohn von 2); erstrebte die Wiederherstellung des röm. Weltreichs in christl. Geist; hochgebildet. – **4) O. IV. von Braunschweig,** *um 1177, †1218, König (seit 1198), Kaiser (seit 1209); Welfe, Sohn Heinrichs des Löwen, Gegenkönig des Staufers Philipp von Schwaben, nach dessen Ermordung 1208 anerkannt, 1214 durch den Staufer Friedrich II. verdrängt.

Ottawa
Stadtwappen

Otto, 1) Frei, dt. Architekt, * 1925; v. a. freitragende Konstruktionen: Olympiastadion in München, Multihalle in Mannheim, Dt. Pavillon auf der Weltausstellung in Montreal. – **2)** Nikolaus, dt. Ingenieur, * 1832, † 1891; konstruierte den nach ihm benannten Ottomotor.

Ottobeuren, Gemeinde im Unterallgäu, Bayern; Kneippkurort; Benediktinerabtei (Kirche 1737 bis 1766, Klostergebäude 1711 bis 1725).

Ottokar II., König von Böhmen (1253 bis 1278), * um 1233, † 1278; förderte die dt. Einwanderung, brachte 1251 Österreich, 1260 die Steiermark, 1269 Kärnten an sich; im Kampf gegen König Rudolf von Habsburg auf dem Marchfeld besiegt und getötet.

Ottomane *die,* Sitz- und Liegemöbel mit Armstützen.

Ottomotor [nach N. Otto], im Vier- oder Zweitaktverfahren arbeitender Kolbenmotor. Der O. ist gekennzeichnet durch Verbrennung eines im Brennraum durch einen Kompressionstakt verdichteten homogenen Luft-Kraftstoff-Gemischs. Die Verbrennung wird im Ggs. zum Dieselmotor durch Fremdzündung (Zündkerze) eingeleitet. Je nach Art der Gemischbildung unterscheidet man Vergaser-O. (Gemisch wird außerhalb des Zylinders im Vergaser zubereitet), Einspritz-O. (→Einspritzmotor) und Gas-O. (die gasförmige Kraftstoffe verarbeiten).

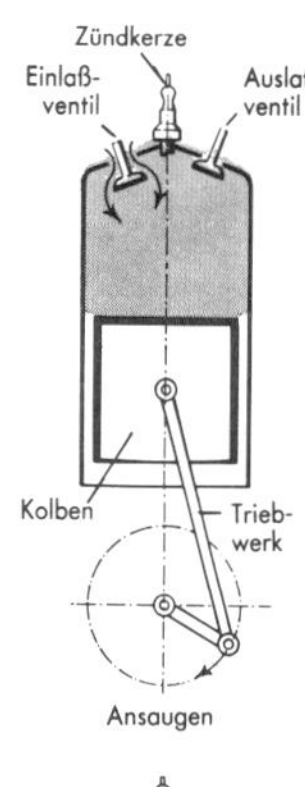

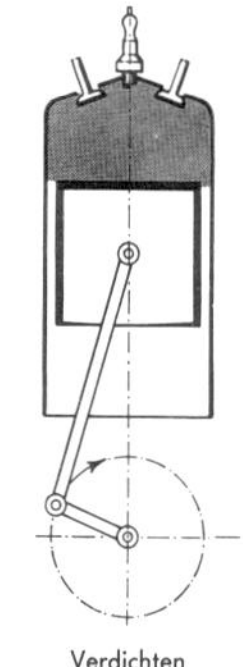

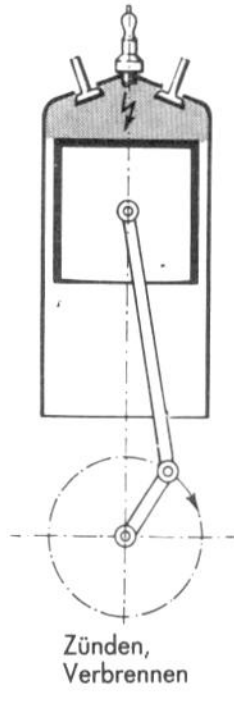

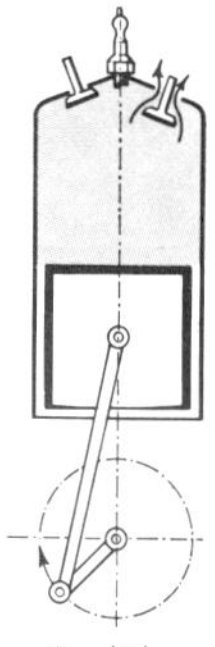

Ventil-, Pleuel- und Kurbelwellenstellung beim Viertaktverfahren im **Ottomotor.** Ein Arbeitsspiel umfasst zwei Umdrehungen der Kurbelwelle

Ottonen, Liudolfinger, dt. Könige und Kaiser des sächs. Hauses im 10./11. Jh. (Heinrich I., Otto I., Otto II., Otto III., Heinrich II.).

Otto-Peters, Luise, dt. Schriftstellerin, * 1819, † 1895; gründete 1849 die erste dt. »Frauen-Zeitung«, 1865 den »Allg. Dt. Frauenverein«.

Otto von Bamberg, Apostel der Pommern, * um 1060, † 1139; Bischof von Bamberg, missionierte in Pommern; Heiliger (Tag: 30. 6., in Bamberg 30. 9.).

Otto von Freising, mittellat. Geschichtsschreiber, * nach 1111, † 1158; seit 1138 Bischof von Freising; »Gesta Friderici Imperatoris« (bedeutende Quelle zur frühen Stauferzeit) und »Weltchronik« (geschichtsphilosoph. Werk).

Ötztal, rechtes Seitental des Oberinntals in Tirol, Österreich, trennt die stark vergletscherten **Ötztaler Alpen** (Wildspitze 3 768 m) von den Stubaier Alpen. Das obere Ö. spaltet sich in das **Venter** und das **Gurgltal;** starker Fremdenverkehr.

Ouagadougou [waga'dugu], Hptst. von Burkina Faso, 442 000 Ew.; Erzbischofssitz; Univ.; ✈, Bahn nach Abidjan.

Oujda [uʒ'da], Stadt in O-Marokko, 260 000 Ew.; Univ.; Bergbau- und Wirtschaftszentrum.

Oulu ['ɔulu], schwed. **Uleåborg,** Hafenstadt in N-Finnland, 97 300 Ew.; Univ.; Holzind., Düngemittel-, Sprengstofffabrik; Dom (18. Jh.).

Ounce [auns] *die,* **Unze,** Abk. **oz.,** angloamerikan. Gewicht, 1 Avoirdupois-O. = 28,35 g, für Edelmetalle und -steine, 1 Troy-O. = 31,1 g.

Ouro Prêto ['oru 'pretu], Stadt im Staat Minas Gerais, Brasilien, 24 000 Ew.; Univ.; altes Bergbauzentrum; wurde 1701 von Goldsuchern gegründet. Die barocke Altstadt gehört zum Weltkulturerbe. Straßen mit Häusern aus dem 18. Jh., Kirche São Francisco de Assis, fertig gestellt 1794.

Outlaw ['autlɔ:] *der,* Verfemter, Verbrecher.

Output ['autput] *der,* **1)** ⚡ 💻 Ausgangsinformation oder Ausgabe, auch Ausgangsleistung oder Ausgangsgröße eines elektron. Geräts. – **2)** ✐ der Produktionsausstoß.

Outsider ['autsaidə] *der,* Außenseiter.

Outsourcing ['autsɔ:siŋ, engl.] *das,* ✐ Auslagerung von Geschäftsbereichen an dienstleistende Fremdfir-

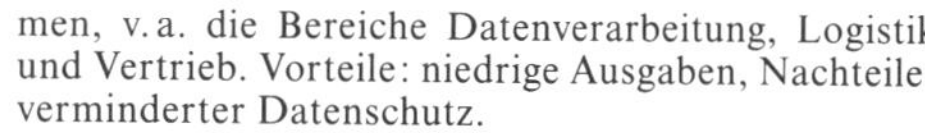

men, v. a. die Bereiche Datenverarbeitung, Logistik und Vertrieb. Vorteile: niedrige Ausgaben, Nachteile: verminderter Datenschutz.

Ouvertüre [uvɛr-; frz. »Eröffnung«] *die,* Instrumentalvorspiel zu Bühnenwerken (Oper, Ballett, Schauspiel) oder Oratorien; auch selbstständige Konzert- oder Festouvertüren.

Ouzo ['u:zo] *der,* griech. Anisbranntwein.

Ovambo, Bantustamm, →Ambo.

Ovarium, Ovar *das,* der →Eierstock.

Ovation *die,* stürm. Beifall.

Overall ['əuvərɔ:l] *der,* durchgehend geschnittener (Schutz-)Anzug zum Überziehen.

Overbeck, Johann Friedrich, dt. Maler, * 1789, † 1869; Mitglied der Vereinigung der Nazarener.

Overdrive ['əuvədraiv] *der,* 🚗 Umlaufgetriebe (Planetengetriebe) als Schnellgangzusatzstufe.

Overheadprojektor ['əuvəhed-] *der,* Tageslichtprojektor für transparente Vorlagen.

Overkill ['əuvəkil] *das,* ⚔ Zustand der militär. Aufrüstung mit Kernwaffen, die über das zur Vernichtung des Gegners nötige Potenzial hinausgeht.

Ovid, Publius **Ovidius Naso,** röm. Dichter, * 43 v. Chr., † etwa 17 n. Chr.; lebte in Rom als geschätzter Dichter, 8 n. Chr. von Augustus verbannt; schrieb Liebeselegien, das erot. Lehrgedicht »Ars amandi«, die »Metamorphosen« (Kleinepen aus der griech.-röm. Mythologie) und in der Verbannung »Tristia« (Klagelieder).

Oviedo [oß'jeðo], span. Prov.-Hptst. in Asturien, 190 700 Ew.; got. Kathedrale, 2 Kirchen aus dem 9. Jh. zählen zum Weltkulturerbe. Univ.; Waffen-, Eisen-, Lederind., Bergbauzentrum.

ÖVP, Abk. für →**Ö**sterreichische **V**olks**p**artei.

Ovulation *die,* der Eisprung (→Eierstock). **O.-Hemmer,** hormonal wirkende Arzneimittel zur Empfängnisverhütung.

Ozeanien
(staatliche Gliederung)

Staat	Fläche (in 1000 km²)	Ew. (in 1000)
Fidschi	18,3	747
Kiribati	0,86	74
Marshallinseln	0,18	46
Mikronesien	0,7	111
Nauru	0,02	9
Neuseeland	269	3450
Palau	0,5	16
Papua-Neuguinea	463	3772
Salomoninseln	28,4	326
Tonga	0,7	103
Tuvalu	0,03	9
Vanuatu	12,2	168
Westsamoa	2,9	160
Nichtselbstständige Gebiete		
Australien:		
Norfolkinsel, Kokosinseln, Christmas Island	0,18	5
Großbritannien:		
Pitcairn	0,046	0,065
Chile:		
Osterinsel	0,18	1,9
Frankreich:		
Neukaledonien, Frz.-Polynesien, Wallis-et-Futuna	23	388
Indonesien:		
Irian Jaya	422	1641
Neuseeland:		
Cookinseln, Niue, Tokelau	0,5	23
USA:		
Guam, Amerikanisch-Samoa, Nördl. Marianen, u. a. außerdem die Hawaii-Inseln	1,2	231

Owen ['əʊɪn], Robert, brit. Sozialreformer, * 1771, † 1858; führte als Industrieller soziale Reformen ein, u. a. Mustersiedlungen; beeinflusste die entstehenden Konsumvereine und Gewerkschaften.

Owens, ['əʊɪnz], Jesse, amerikan. Leichtathlet, * 1913, † 1980; vierfacher Goldmedaillengewinner bei den Olymp. Spielen 1936.

Oxalsäure, HOOC – COOH, ⚗ im Pflanzenreich (z. B. Sauerklee) sehr verbreitete organ. Säure, giftig, farblose Kristalle. Die O. und einige ihrer Salze (Oxalate) werden als Farbbeize, Bleichmittel, Fleckenmittel verwendet.

Oxenstierna ['uksənʃæ:rna], Axel G. Graf, schwed. Staatsmann, * 1583, † 1654; Kanzler Gustav Adolfs, leitete seit dessen Tod 1632 die schwed. Politik im Dreißigjährigen Krieg.

Oxford ['ɔksfəd], Stadt in England, an der Themse, 109 000 Ew.; älteste engl. Univ. (13. Jh.); Fahrzeugbau, Verlage; got. Kathedrale, alte Kirchen und Collegegebäude.

Oxid *das,* ⚗ Verbindung eines Elements mit Sauerstoff.

Oxidation *die,* ⚗ Reaktion von Sauerstoff mit anderen Elementen oder Verbindungen, z. B. die Verbrennung, auch die Abspaltung von Wasserstoff aus Verbindungen. **O.-Mittel:** Sauerstoff und Sauerstoff abgebende Mittel wie Ozon, Kaliumchlorat u. a.

Oxygenium *das,* Sauerstoff.

Oyo, Stadt in SW-Nigeria, 210 000 Ew.; Kunsthandwerk; Sitz eines Yoruba-Königs.

Oz [ɔz], Amos, israel. Schriftsteller, * 1939; Romane (»Der perfekte Friede«, 1982) und Reportagen (»Im Lande Israel«, 1982). – Friedenspreis des Dt. Buchhandels 1992.

OZ, Abk. für → Ordnungszahl 2).

Ozean *der,* Teil des Meers. **Ozeanographie, Ozeanologie,** die Meereskunde.

Ozeanilen, Inseln des Pazifiks, zw. Australien, den Philippinen und Amerika zw. dem Nördl. Wendekreis und 50° südl. Breite, rd. 7 500 Inseln mit einer Landfläche (einschließlich aller Riffinseln von Atollen) von 1,3 Mio. km², die über ein Meeresgebiet von etwa 70 Mio. km² verteilt sind; rd. 2 100 Inseln sind bewohnt; teils Reste alter Festlandmassen **(Melanesien),** teils aus vulkan. Gestein und Korallenkalk aufgebaut **(Mikronesien, Polynesien).**

Ozelot *der,* Pardelkatze, gefleckte Wildkatze; lebt im trop. und subtrop. Amerika.

Frei Otto. Zeltdach des Olympiastadions in München

Ozenfant [ozã'fã], Amédé, frz. Maler, Kunstschriftsteller, * 1886, † 1966; mit Le Corbusier Begründer des Purismus.

Ozon *das,* ⚗ Form des Sauerstoffs aus dreiatomigen Molekülen (O_3); starkes Oxidationsmittel. O. bildet sich aus Sauerstoff (Luft) durch ultraviolette Strahlen und elektr. Entladungen, riecht kräftig, reizt die Atmungsorgane. Die O.-Schicht der Hochatmosphäre (zw. 20 und 50 km Höhe) schützt die Erde vor der energiereichen UV-Strahlung der Sonne.

Ozonloch, seit etwa 20 Jahren gemessene Verringerung der Ozonkonzentration im September/Oktober in der Ozonschicht der Hochatmosphäre über der Antarktis. 1989 wurde erstmals auch über dem Nordpol eine Verdünnung der Ozonschicht nachgewiesen. Für die Zerstörung des Ozons werden u. a. die → Fluorchlorkohlenwasserstoffe (FCKW) verantwortlich gemacht. Obwohl über 90 % der FCKW von den Industrieländern der Nordhalbkugel ausgehen, sind sie in der Atmosphäre weltweit fast gleichmäßig verteilt.

Ozontherapie, Sammelbez. für medizin. Außenseiterverfahren, mit denen eine bessere Sauerstoffversorgung des Körpers erreicht werden soll, z. B. durch Direkteingabe eines Ozon-Sauerstoff-Gemischs in die Blutbahn oder durch die Nase (Sauerstoff-Mehrschritt-Therapie).

Oxford
Stadtwappen

P

p, P, 1) 16. Buchstabe des dt. Alphabets, ein Konsonant. – **2) P,** chemisches Symbol für das Element Phosphor. – **3) p.,** Abk. in Zitaten für **P**agina (Seite), auf Gemälden **p**inxit (hat gemalt). – **4) p,** piano. – **5) p,** Einheitenzeichen für Pond. – **6) P,** Pater, Papst oder Père.

Pa, 1) chem. Symbol für das Element Protactinium. – **2)** Einheitenzeichen für Pascal.

p. a., Abk. für **p**er **a**nnum bzw. **p**ro **a**nno, fürs Jahr.

Paar|erzeugung, Paarbildung → Elementarteilchen.

Paarhufer, Paarzeher, Säugetierordnung; alle huftragenden Säuger, bei denen nur die 3. und 4. Zehe entwickelt und mit einer hufartigen Hornmasse (Klaue) bedeckt sind. Es werden unterschieden Nichtwiederkäuer (Schweine), Wiederkäuer (Horntiere, Hirsche, Giraffen) und Schwielensohler (Kamele).

Paarvernichtung → Elementarteilchen.

Pachelbel, Johann, dt. Komponist und Organist, * 1653, † 1706. Seine Orgelwerke (bes. die freie Choralbearbeitung) waren von großem Einfluss auf J. S. Bach; auch Motetten und Kantaten.

Pacher, Michael, österr. Maler, Bildschnitzer, * um 1435, † 1498; Meister der dt. Spätgotik: Altar in Sankt Wolfgang (Salzkammergut).

Pacht, ⚖ die Überlassung eines Gegenstands an einen anderen **(Pächter)** zum Gebrauch und zur Nutzung gegen Zahlung eines **P.-Zinses** (§§ 581 ff. BGB). Auch Rechte (z. B. Jagdrechte) können Gegenstand der P. sein, außerdem erhält der Pächter im Rahmen einer ordnungsgemäßen Wirtschaft die Erträge des P.-Gegenstands. Im Allg. finden auf die P. die Vorschriften der Miete Anwendung.

Amos Oz

Al Pacino

Pacino [pəˈtʃiːnəʊ], Al, amerikan. Schauspieler, * 1940; Filme: »Der Pate« (1972), »Hundstage« (1975), »Der Duft der Frauen« (1992).

Packard [ˈpækɑːd, ˈpækəd], Vance, amerikan. Publizist, * 1914; populärsoziolog. Bücher über die Massenkonsumgesellschaft (»Die geheimen Verführer«, 1957).

Packeis, durch Pressungen zusammen- und übereinander geschobene Eisschollen.

Packung, 1) ⚕ Umhüllung des Körpers oder eines Körperteils mit feuchten Tüchern (meist mit feuchtkalten Leintüchern, darüber einem Wolltuch). – **2)** ⚙ Dichtungsart.

Pädagogik *die,* Lehre und Wiss. von der Erziehung, auch die entsprechende durch **Pädagogen** vermittelte Praxis; seit dem 17. Jh. wurde sie zu einer Wiss. mit vielen Zweigen: pädagog. Psychologie, soziolog. P., Didaktik (Unterrichtslehre), Gesch. der Pädagogik u. a.

Paderborn Stadtwappen

Pädagogische Hochschulen, Abk. **PH,** Institutionen zur Ausbildung von Grund- und Haupt-, z. T. auch Real- und Sonderschullehrern; meist in die Univ. integriert.

Padang, Hafenstadt in SW-Sumatra, Indonesien, 657 000 Ew.; Univ.; Zementfabrik; Marktort.

Paddel, freihändig geführtes Gerät mit einem schaufelförmigen Blatt am Ende zum Fortbewegen kleiner Wasserfahrzeuge (Kanu, Kanadier).

Päderastie *die,* **Knabenliebe,** homoerot. Beziehung zw. einem Mann und einem Jungen oder männl. Jugendlichen; im antiken Griechenland waren institutionalisierte Formen von P. Bestandteil der Erziehung.

Padua Stadtwappen

Paderborn, Krst. in NRW, am Eggegebirge, 122 700 Ew.; Erzbischofssitz; Dom (11. bis 13. Jh.), Rathaus (Renaissance); Fakultät für kath. Theologie; Gesamthochschule; elektron. Ind., Maschinenbau. – Im MA. Mitglied der Hanse. Karl d. Gr. stiftete das Bistum.

Paderewski, Ignacy, poln. Pianist, Komponist und Politiker (1919 Min.-Präs.), * 1860, † 1941.

Päd|iatrie *die,* Kinderheilkunde.

Pädogenese *die,* Form der Jungfernzeugung.

Padua, ital. **Padova,** Stadt in N-Italien, 220 400 Ew.; Bischofssitz; Univ., botan. Garten (1545, ältester Europas); Maschinen-, Auto-, Konservenind.; bedeutender Handel (internat. Messen); Wallfahrtsort; Dom (16. Jh.), Basilika Sant'Antonio (13. Jh.), davor Reiterstandbild von Donatello, Paläste. – P. fiel 1405 an Venedig, 1797 an Österreich, kam 1866 zu Italien.

Pakistan

Staatswappen

Paella [paˈɛlja], span. Gericht aus Reis, Fleisch, Meeresfrüchten, Gemüse und Gewürzen.

Paestum, griech. **Poseidonia,** antike Stadt am Golf von Salerno, Italien, heute Ruinenstätte; 3 gut erhaltene dorische Tempel.

Pag, kroat. Insel in N-Dalmatien, 285 km², 59 km lang, 2 bis 9 km breit; Weinbau, Fischerei, Meersalzgewinnung, Käseherstellung, Fremdenverkehr; Zentrum ist die Stadt P. (2 500 Ew.).

Staatsflagge

Pagan, Dorf im zentralen Birma; histor. Stätte mit über 1 000 (meist buddhist.) Kultbauten; von 1044 bis 1287 Hptst. Birmas.

Internationales Kfz-Kennzeichen

Paganini, Niccolò, ital. Geigenvirtuose und Komponist, * 1782, † 1840; galt aufgrund seiner Kunstgriffe als »Teufelsgeiger«; v. a. Werke für Violine.

Page [ˈpaːʒə] *der,* **1)** Edelknabe im Hofdienst. – **2)** junger uniformierter Hoteldiener.

Pagnol [paˈɲɔl], Marcel, frz. Schriftsteller, * 1895, † 1974; Lustspiele (Marius-Trilogie, 1929 bis 1931, »Die Frau des Bäckers«, 1946), Filme.

Pagode *die,* turmartige Tempelbauten der buddhist. Baukunst O-Asiens mit mehreren Stockwerken.

Pago Pago [ˈpaːgəʊ-], Hptst. von Amerikan.-Samoa, 3 100 Ew.; Hafen; Flottenstützpunkt, ⚓.

Paik, Nam June, korean. Multimediakünstler, * 1932; Videoinstallationen, auch Komponist.

Paine [peɪn], Thomas, brit.-amerikan. Schriftsteller und Politiker, * 1737, † 1809; Wortführer der amerikan. Unabhängigkeitsbewegung. Hauptwerk: »Menschenrechte« (1791).

Paionios, griech. Bildhauer, 5. Jh. v. Chr.; Marmorstandbild der Nike in Olympia.

Pair [pɛːr] *der,* in Frankreich bevorrechtigtes Mitglied des Hochadels, bes. Mitglied der Oberen Kammer 1814 bis 1848. In Großbritannien → Peer.

Paisiello, Giovanni, italienischer Komponist, * 1740, † 1816; Opern (»Der Barbier von Sevilla«, 1782) und Kirchenmusik; beeinflusste W. A. Mozart.

Paisley [ˈpeɪzlɪ], Stadt in Schottland, westl. von Glasgow, 84 800 Ew.; Schiff-, Maschinenbau, chem. Ind.; Abteikirche (14./15. Jh.).

Paketvermittlung, 🖳 Übertragung von Datenpaketen (Datenfeld einer bestimmten Anzahl von Bits) z. B. durch die Telekom (Datex).

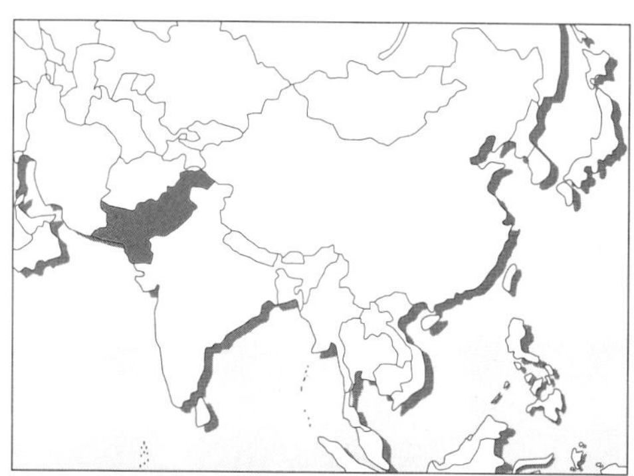

Pakistan, islam. Rep. in Vorderindien, 796 095 km², 124,8 Mio. Ew. Hptst.: Islamabad. Amtssprache: Urdu, daneben Regionalsprachen.

Landesnatur. P. erstreckt sich vom Hindukusch, Himalaya und Karakorum im N nach S und SW zum Arab. Meer; es umfasst das Stromgebiet des Indus, Teile des Pandschab und das Hochland von Belutschistan. Klima: trocken, sommerheiß, Monsuneinfluss.

Bevölkerung. Die 4 Hauptbevölkerungsgruppen sind die Panjabi, die Sindhi, die Pathanen und die Belutschen; größte Städte: Karatschi, Lahore.

Wirtschaft. Anbau von Zuckerrohr, Reis, Weizen, Baumwolle, Tee u. a.; Fischerei. ⚒ auf Erdöl, Erdgas, Chrom, Gips, Kalkstein, Kohle. Textil-, Nahrungsmittelind., Stahlwerke. Ausfuhr: Baumwolle und Textilien. Haupthandelspartner: USA, Japan, EU-Länder. Hafen: Karatschi; internat. Flughäfen: Karatschi, Lahore, Islamabad, Peshawar.

Geschichte. P. ist 1947 aus der Teilung Brit.-Indiens entstanden. Es bestand bis 1971 aus West- und Ost-P. Am 23. 3. 1956 wurde die Bindung an die brit. Krone gelöst und die unabhängige Rep. P. proklamiert. Mit Indien bestand 1947 bis 1966 der Konflikt um Kaschmir, der 1990 und 1992 wieder aufflammte. Der Ggs. zw. West- und Ost-P. sowie zw. orth. Muslimen und demokrat. Politikern führte wiederholt zu inneren Unruhen. Ost-P. erklärte 1971 seine Unabhängigkeit als → Bangladesh. 1972 erklärte P. seinen Austritt aus dem Brit. Commonwealth (1987 Wiederaufnahmeantrag). 1977 wurde Min.-Präs. Z. A. Bhutto (hingerichtet 1979) von Militärs unter General Zia ul-Haq gestürzt. 1979 schloss sich P. der »blockfreien Bewegung« an, innenpolitisch griff ein Islamisierungsprozess um sich, in dessen Folge die »Moslem-Liga« bei den Wahlen 1997 rd. 75 % der Stimmen errang. Staats-Präs.: Faruk Leghari (seit 1993). Min.-Präs.: N. Sharif (seit 1997).

Pakt *der,* Vertrag, bes. Staatsvertrag.

PAL → Fernsehen.

Paladin *der,* im Rolandslied einer der 12 Helden um Karl d. Gr.; allg.: treuer Gefolgsmann.
paläo..., alt...; ur...
Paläogeographie *die,* Zweig der Geologie, der sich mit den geograph. Verhältnissen der Vorzeit befasst.
Paläographie *die,* die Wiss. von den alten Schriftarten und -formen.
Paläolithikum *das,* die →Altsteinzeit.
Paläologen *Pl.,* das letzte byzantin. Kaiserhaus (1259 bis 1453).
Paläontologie *die,* Wissenschaft von den fossilen, d.h. versteinerten Tier- und Pflanzenresten sowie den menschlichen Resten und von der Geschichte des Tier- und Pflanzenreichs im Lauf der Erdgeschichte.
Paläozoikum *das,* **Erdaltertum,** Ära der Erdgeschichte, vor 590 bis 248 Mio. Jahren. (→Erdgeschichte, ÜBERSICHT)
Palas *der,* Wohnbau einer mittelalterl. Burg.
Palästina [»Land der Philister«], histor. Landschaft an der O-Küste des Mittelmeers, mit vielen dem Christentum, Judentum und Islam heiligen Orten, daher auch **Heiliges Land** genannt. P. reicht von der flachen, fast buchtenlosen Mittelmeerküste und der breiten Küstenebene über ein etwa 1000 m hohes Bergland bis zur Jordansenke (Spiegel des Toten Meers 396 m unter dem Mittelmeerspiegel). Mittelmeerklima mit spärl. Niederschlägen im Landesinnern.
Bevölkerung und **Wirtschaft** →Israel, →Jordanien.
Geschichte. In das schon zur Altsteinzeit besiedelte P. wanderten um 2200 v. Chr. die semit. Amoriter, später die Kanaaniter ein, denen die Israeliten folgten. Nach der Eroberung Babyloniens durch Persien kehrten die Israeliten aus der babylon. Gefangenschaft zurück; seitdem gehörte P. zum Perserreich, seit 332 v. Chr. zum Reich Alexanders d. Gr.; nach 320 v. Chr. kam es zum Ptolemäerstaat, 198 v. Chr. zum Seleukidenreich. Nach der Befreiung durch die Makkabäer wurde P. 63 v. Chr. abhängig von Rom. Seit dem 1. Jh. n. Chr. bildete P. eine röm. Prov., nach 395 gehörte es zu Ostrom. Seit 634 unter dem Einfluss des Islam, war P. 1517 bis 1918 türkisch, 1920 bis 1948 brit. Mandatsgebiet. 1948 wurde der jüd. Staat Israel ausgerufen, der östl. Teil P.s fiel an Jordanien (1967 von Israel besetzt). Die palästinens. Araber, 1948/49 weitgehend vor den israel. Truppen geflohen oder von diesen vertrieben, wurden in den arab. Nachbarländern in Lagern angesiedelt. Durch Guerillakrieg, Terrorismus, Aufstände (Intifada) und v.a. seit den 1980er-Jahren auch auf diplomat. Weg suchen sie, v.a. im Rahmen der PLO, ein arab. P. wiederherzustellen. Nach einer vertragl. Vereinbarung im Sept. 1993 wurde im Mai 1994 das Gaza-Jericho-Abkommen unterzeichnet, das den Palästinensern weitgehende (1995 auf weitere Gebiete im Westjordanland ausgedehnte) Autonomie gewährt; bei der Wahl des Palästinens. Autonomierats (1996) setzte sich die PLO durch und stellte mit J. Arafat dessen Präsident.
Palästinensische Befreiungsorganisation, engl. **Palestine Liberation Organization,** Abk. **PLO,** 1964 gegr., seit 1967 von J. Arafat geführt, umfasst die meisten palästinens. Guerilla-Organisationen; 1974 Abspaltung radikaler Untergruppen, Okt. 1974 von allen arab. Staaten als einzig rechtmäßige Vertreterin des palästinens. Volkes anerkannt; seit 1976 Vollmitgl. der Arabischen Liga; strich 1996 das Ziel der Vernichtung Israels aus ihrer Charta.
Palatal *der,* Ⓢ Vordergaumenlaut.
Palatin *der,* einer der 7 Hügel Roms, dort gründete der Sage nach Romulus die Stadt.
Palatina, Bibliotheca P., 1560 in Heidelberg eingerichtete Bibliothek der Pfalzgrafen; kam 1623 in den Vatikan; Teile wurden 1815/16 zurückgegeben.
Palau, Rep. im westl. Pazifik, 497 km², 16000 Ew., Hptst. Koror. – Die **Palau-Inseln** (westl. Karolinen)

wurden 1899 von Spanien (seit 1543 spanisch) an Dtl. verkauft, 1919 bis 1945 unterstanden sie einem japan. Völkerbundsmandat, 1947 kamen sie als Treuhandgebiet an die USA; 1981 innere Autonomie; seit Okt. 1994 souveräner Staat.
Palembang, Hafenstadt auf Sumatra, Indonesien, 874000 Ew.; Univ.; Erdölraffinerien, Schiff-, Maschinenbau; Moschee (18. Jh., Wallfahrtsziel).
Palenque [pa'leŋke], Ruinenstadt der Maya im mexikan. Staat Chiapas; gehört zum Weltkulturerbe.
Palermo, Hptst. Siziliens, an der Nordküste, am **Golf von P.,** 698600 Ew.; Erzbischofssitz; Dom (1170) mit den Gräbern Kaiser Heinrichs VI., Friedrichs II.; Palazzo Reale (11. Jh.); Univ.; Stahl-, Glas-, chem., Textil-, Zement-, Nahrungsmittelind., Schiffbau; wichtiger Hafen; Fremdenverkehr. – P. wurde von den Phönikern gegründet; 831 von den Arabern, 1072 von den Normannen erobert; Lieblingssitz Kaiser Friedrichs II.
Palestrina, Giovanni, ital. Komponist, *um 1525, †1594; Erneuerer der kath. Kirchenmusik (A-cappella-Stil): Messen, Motetten.
Pali, älteste mittelindoarische Sprache, in der die buddhist. hl. Texte überliefert sind.
Palimpsest *der* oder *das,* Pergamentschriftstück, dessen urspr. Text beseitigt und durch einen anderen ersetzt wurde; die ältere Schrift kann wieder lesbar gemacht werden.
Palindrom *das,* Buchstabenreihe, die vor- und rückwärts gelesen einen Sinn ergibt, z. B. Reliefpfeiler.
Palingenese *die,* **1)** Seelenwanderung. – **2)** Wiederholung stammesgeschichtlich älterer Formen in der Individualentwicklung.
Palisander *der,* rötlich braunes hartes Holz einiger Dalbergienarten (Ostindien, Südamerika).
Palladio, Andrea, ital. Baumeister, *1508, †1580; schuf Paläste, Villen und Kirchen von strenger Klarheit und Harmonie.
Palladion *das,* urspr. hölzernes Kultbild der gewappneten Pallas Athene mit Helm, Schild und Lanze; auch Schutzgottheit einer Stadt.
Palladium *das,* Symbol **Pd,** chem. Element, Platinmetall; OZ 46, relative Atommasse 106,4, D 12,02 g/cm³, Fp 1554 °C, Sp 3125 °C. In fein verteiltem Zustand **(P.-Mohr)** nimmt P. viel Wasserstoff auf; Verwendung als Katalysator, Einsatz in der Zahntechnik.
Pallas, Beiname der Göttin Athene.
Palliativa *Pl.,* Arzneimittel, die nur lindernd wirken, ohne die Ursachen zu beheben.
Pallium *das,* **1)** rechteckiger Umhang der Römer. – **2)** über das Messgewand von Papst und Erzbischöfen gelegte, ringförmige, mit 6 Kreuzen verzierte weißwollene Binde mit Brust- und Rückenstreifen.
Pallottiner *Pl.,* kath. Priestergesellschaft; 1835 gegründet, in Seelsorge und Mission tätig.
Palm, Johann Philipp, dt. Buchhändler, *1768, †1806; als Verleger einer antifrz., vaterländ. Druckschrift auf Befehl Napoleons erschossen.

Palau

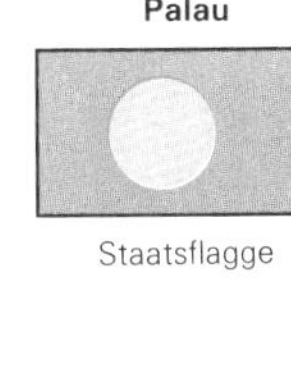

Staatsflagge

Niccolò Paganini
Zeitgenössische Zeichnung

Pagode
im Park von Xiangshan nördlich von Peking

Palermo
Stadtwappen

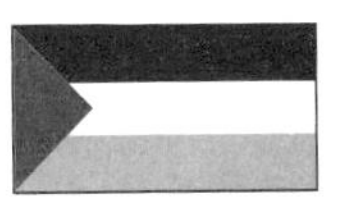

Palästinensische Befreiungsorganisation
Flagge

Palma de Mallorca
Stadtwappen

Palma, La P., nordwestlichste der Kanar. Inseln, 728 km², 72 700 Ew.; Landwirtschaft, Fischerei, Fremdenverkehr; internat. Großsternwarte.
Palma, P. de Mallorca, Hptst. und -hafen der Balearen, auf Mallorca, 307 000 Ew.; got. Kathedrale; Textil- und Lederind., Fremdenverkehr; ✈.
Palmarum, der →Palmsonntag.
Palm Beach [ˈpɑːm ˈbiːtʃ], Stadt und Seebad an der SO-Küste Floridas, USA, 11 200 Einwohner.
Palme, Olof, schwed. Politiker, *1927, †(ermordet) 1986; Jurist, 1969 bis 1976, 1982 bis 1986 sozialdemokrat. Ministerpräsident.

Olof Palme

Palmen, einkeimblättrige Pflanzenfamilie, bis 60 m hohe Holzgewächse der Tropen und Subtropen. Man unterscheidet nach der Form der Blätter **Fieder-P.** und **Fächer-P.** Die P. tragen blütenreiche, oft zweihäusige Blütenstände; die Früchte sind Beeren oder Steinfrüchte. Wichtige Nutzpflanzen sind: **Dattel-P., Kokos-P., Öl-P., Hanf-P., Sago-P.** u. a.
Palmer, Lilli, eigentl. Maria Lilli **Peiser,** dt. Schauspielerin, *1914, †1986; spielte u. a. in »Lotte in Weimar« (1975), schrieb die Autobiographie »Dicke Lilli – gutes Kind« (1974).
Palmerston [ˈpɑːməstən], Henry John Temple, Viscount, brit. Politiker, *1784, †1865; förderte liberale Strömungen in Europa, 1855 bis 1858, 1859 bis 1865 Premierminister.
Palmette *die,* **1)** symmetr., dem Palmenblatt ähnl. Ornament. – **2)** Spalierobstbaum.
Palmfarne, 1) stammbildende Samenfarne mit palmenartigen Wedeln; trop. Waldpflanzen Südasiens, Polynesiens, Australiens, Madagaskars; z. T. beliebte Zimmerpflanzen. – **2)** einfachste Formen der Nacktsamigen, in trop. Ländern, farnähnl. mit holzigem Stamm. Die **jap. P.** liefern Stärkemehl.
Palmitinsäure, ⚗ Fettsäure; in Form ihres Glycerinesters Bestandteil der meisten Fette.
Palmlilie →Yucca.
Palmnicken, russ. **Jantarnyj,** Ostseebad in Ostpreußen, Russland, an der samländ. Küste; Bernsteingewinnung.
Palmöl, Fett aus dem Fruchtfleisch der Ölpalme.
Palmsonntag, Palmarum, Sonntag vor Ostern, nach der Palmenprozession beim Einzug Christi in Jerusalem, Beginn der Karwoche.
Palmtop-Computer [ˈpɑːmtɔpkɔmˈpjuːtər], 💻 kleinste tragbare Computer, zw. 300 g und 1 kg schwer, speichern Informationen auf Speicherkarten oder Chips, mit PC-Cards erweiterungsfähig.
Palmwein, alkohol. Getränk aus Palmensaft.
Palmyra, Oasenstadt in der syr. Wüste; die Ruinen des antiken P. stammen aus dem 3. Jh. n. Chr.; gehört zum Weltkulturerbe.

Panama

Staatswappen

Staatsflagge

Internationales Kfz-Kennzeichen

Palo Alto [ˈpæləʊ ˈæltəʊ], Stadt in Kalifornien, bei San Francisco, 56 000 Ew.; Sitz der Stanford University; Forschungsinstitute (u. a. Friedens- und Konfliktforschung); Zentrum der Elektronikindustrie.
Palpation *die,* ⚕ Untersuchung durch Abtasten.
Palucca, Gret, dt. Tänzerin und Tanzpädagogin, *1902, †1993; Meisterin des Ausdruckstanzes; **P.-Schule** in Dresden, gegr. 1925.
Pamir *der,* Hochgebirge (auch »Dach der Welt« gen.) in Mittelasien zw. Kunlun Shan, Karakorum, Himalaya und Hindukusch, bis 7 495 m hoch; stark vergletschert, wüstenhaft; gehört zum größten Teil zu Tadschikistan.
Pampa *die,* **Pampas,** baumarme ebene Großlandschaft in Argentinien, landwirtschaftl. Kernlandschaft Argentiniens mit Viehzucht und Ackerbau.
Pampasgras, Silbergras, 2 bis 3 m hohe Grasart in den Pampas, mit silberweißer Rispe; beliebte Gartenzierpflanze.
Pampashase, hasenähnl. Meerschweinchen im zentralen und südl. Südamerika.
Pampelmuse *die,* →Zitrusfrüchte.
Pamphlet *das,* Schmähschrift.
Pamplona, Stadt in N-Spanien, 183 700 Ew.; Erzbischofssitz, Univ.; got. Kathedrale, Festungsmauern; Fahrzeugbau, Textil-, Papier-, Steingutind.; berühmte »Fiesta« mit Stierkämpfen.
Pamukkale, Naturdenkmal in Westanatolien, Türkei; Kalksinterterrassen, warme Quellen.
Pan, griech. (urspr. arkad.) Gott der Hirten und Jäger, dargestellt mit Bocksbeinen und halb tier. Gesicht. P. galt als Erfinder der Syrinx **(Panflöte)** und Urheber von plötzl. (pan.) Schrecken.
pan..., all..., ganz..., z. B. Panamerika.
Panama *der,* Gewebe mit kleinem Würfelmuster, eine Abart der Leinwandbindung.

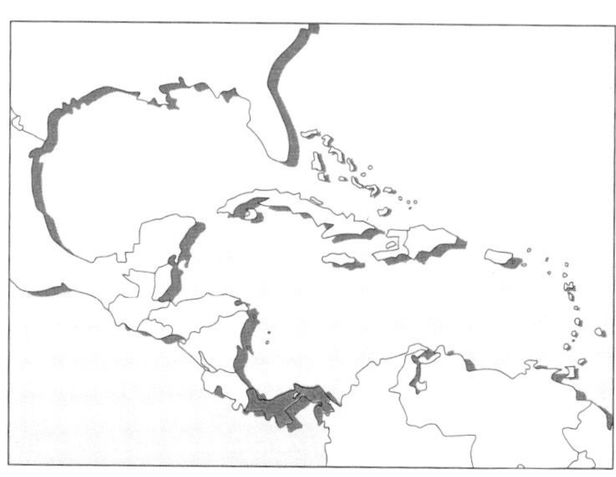

Panama, Rep. in Zentralamerika, beiderseits des Panamakanals, 78 678 km², 2,52 Mio. Ew. (überwiegend Mestizen, daneben Schwarze, Weiße, Mulatten, Indianer; rd. 92% kath.); Hptst.: Panama; Amtssprache: Spanisch. – P. umfasst die **Landenge von P.;** größtenteils gebirgig, an der pazif. Küste Tiefland, verbreitet Wälder, trop. Klima. Anbau von Reis, Mais; für die Ausfuhr: Bananen, Kaffee, Zuckerrohr u. a.; Fischerei (Krabben); Erdölraffinerie; Fremdenverkehr. Von wirtschaftl. Bedeutung sind die Einnahmen aus der Kanalzone und das Geschäft mit Schiffsregistrierungen (Billigflagge); wachsendes internat. Bankenzentrum. Haupthandelspartner: USA.
Geschichte. P. war bis 1821 spanisch, schloss sich 1821 Kolumbien an, erklärte 1903 seine Unabhängigkeit mit Unterstützung der USA, die das Recht zum Bau des Panamakanals und die Herrschaft über die Kanalzone erhielten. Nach dem Panamakanalvertrag von 1977 soll die Kanalzone bis 2000 voll in panames. Besitz übergehen. Militärmachthaber General M. Noriega Ende 1989 durch amerikan. Militärintervention gestürzt. Präs.: E. Perez Balladares (seit 1994).
Panama, Hptst. und -hafen der Rep. P., am Golf von P., 7 km vom S-Ende des P.-Kanals, 440 000 Ew.; Erzbischofssitz, 2 Univ.; ✈; 1519 an der Stelle eines indian. Fischerdorfs von Spaniern gegründet.
Panamahut, aus Blättern der Panamapalme geflochtener Herrensommerhut mit breiter Krempe.
Panamakanal, stark befestigter Schleusenkanal zw. Atlant. und Pazif. Ozean. Durchschneidet die Landenge von Panama; 81,6 km lang, wird meist in 14 bis 16 Stunden durchfahren; für Schiffe bis 12 m Tiefgang passierbar. – Der Bau des P., den zuerst 1879 bis 1889 eine von F. de Lesseps gegr. frz. Gesellschaft versuchte, erfolgte erst 1903 bis 1914 durch die USA.
Panamerican Highway [pænəˈmerɪkən ˈhaɪweɪ], span. **Carretera Panamericana,** Straßensystem, das Alaska (Fairbanks) mit Feuerland (Puerto Montt in Chile, Ushuaia in Argentinien) verbindet; etwa 26 000 km, zw. Panama und Kolumbien besteht noch eine 80 km lange Lücke.

panlamerikanische Bewegung, Zusammenarbeit der Staaten Amerikas zur freien Entwicklung gemeinsamer polit. und wirtschaftl. Interessen. Aus der 1. Konferenz (Washington 1889) ging 1890 die »Panamerikan. Union« hervor. Auf der 9. Konferenz (Bogotá 1948) entstand die Organisation der Amerikan. Staaten (OAS).

panlarabische Bewegung, mit dem Panislamismus sich überschneidende Bewegung zur Einigung aller arab. Staaten; führte u.a. zur Gründung der →Arabischen Liga.

panaschieren, bei der Verhältniswahl (→Wahlrecht) Kandidaten versch. Parteien auf einem Stimmzettel zusammenstellen.

Panlathenäen *Pl.,* in der Antike das in Athen gefeierte Hauptfest der Athene.

Pančevo ['pa:ntʃɛvɔ], Stadt in der Wojwodina, Serbien, an der Donau, 70300 Ew.; Bahn- und Straßenbrücke nach Belgrad; Erdölraffinerie, Nahrungsmittelind., Bau von Flugzeugteilen.

Pancho Villa ['pantʃo 'bija], →Villa, Francisco.

Pandämonium *das,* Versammlung, Versammlungsort aller bösen Geister.

Pandanus, Schraubenbaum, palmenähnl. trop. Baumgattung mit Stelzwurzeln und schraubigen Blattzeilen.

Pandas, Name zweier mit den Bären verwandter Arten: der rostrote **Kleine P.** (**Katzenbär;** Himalaya) und der **Große P.** (**Bambusbär;** Zentralchina).

Pandekten *Pl.,* ⚖ Hauptteil des Corpus Iuris Civilis (→Corpus).

Pandemie *die,* ⚕ eine sich über ganze Länder und Erdteile ausbreitende Epidemie.

Pandit [»weise«], Titel brahman. Gelehrter.

Pandora, griech. Sage: eine schöne, verführerische Frau, erhielt von Zeus, der die Menschen für den Raub des Feuers durch Prometheus bestrafen wollte, die **Büchse der P.,** ein Gefäß, in dem alle Übel eingeschlossen sind. Als P. es öffnete, flogen die Übel heraus; nur die Hoffnung blieb zurück.

Pandschab *das* oder *der,* engl. **Punjab** [»Fünfstromland«], Landschaft in W-Pakistan und NW-Indien, vom Indus und seinen Nebenflüssen durchflossen.

Panduren, im 17./18. Jh. die aus Südungarn stammenden österr. Soldaten.

Paneel *das,* Wandbekleidung, Vertiefung in einer Holzvertäfelung.

panegyrisch, rühmend, preisend.

Panel ['pænl] *das,* eine nach dem Stichprobenverfahren ausgewählte Personengruppe, die zu mindestens 2 Zeitpunkten auf gleiche Weise befragt wird; soll Trends im Verhalten aufspüren.

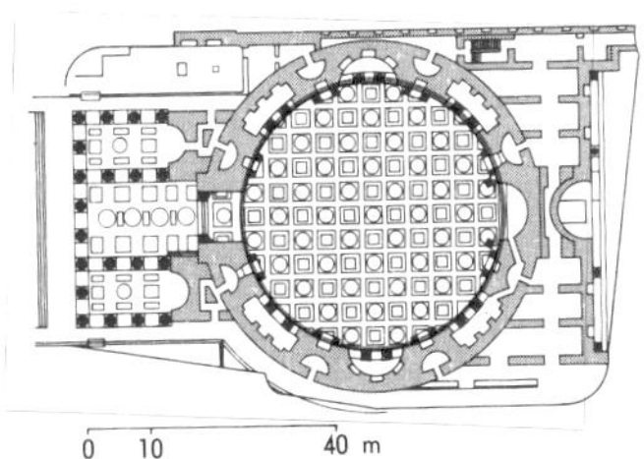

Grundriss des **Pantheons** in Rom

panem et circenses [lat. »Brot und Zirkusspiele«], Anspruch des Volks auf Lebensunterhalt und Vergnügen im antiken Rom.

Panier *das,* Banner, Feldzeichen; Wahlspruch, Parole.

Panik [zu Pan] *die,* plötzl. heftiger Schrecken; Massenangst.

Kleiner **Panda** (links) und Großer Panda

Panlislamismus, abendländ. Bezeichnung für das Streben der islam. Welt nach polit. Einheitlichkeit gegenüber dem Übergewicht der europ. Großmächte bzw. der USA (seit dem 19. Jh.).

Panizza, Oskar, dt. Schriftsteller, *1853, †1921; sein Drama »Das Liebeskonzil« (1895) führte zu einem Prozess wegen Gotteslästerung.

Panjepferd, in O-Europa verbreiteter mittelgroßer Pferdetyp; zähe Landrasse.

Pankhurst ['pæŋkhə:st], Emmeline, brit. Frauenrechtlerin, *1858, †1928; radikale Vorkämpferin für das Frauenwahlrecht in England.

Emmeline Pankhurst

Pankok, 1) Bernhard, dt. Architekt, Maler, Kunsthandwerker, *1872, †1943; fantasievolle Arbeiten in Jugendstilformen. – **2)** Otto, dt. Maler, Bildhauer, Grafiker, *1893, †1966; v.a. expressive Holzschnittfolgen zu sozialkrit. Themen.

Pankratius, Pankraz, röm. Märtyrer, †um 304; einer der Eisheiligen und 14 Nothelfer (Tag: 12. 5.).

Pankreas *das,* ⚕ die Bauchspeicheldrüse.

Panmunjom [-dʒʌm], korean. Ort an der Demarkationslinie zw. Nord- und Süd-Korea auf dem 38. Breitengrad, in dem am 27. 7. 1953 der Koreakrieg beendet wurde.

Pannonilen, röm. Provinz zw. Donau, Save und Ostalpen.

Pannwitz, Rudolf, dt. Kulturphilosoph und Pädagoge, *1881, †1969; strebte den Einklang von Kultur und Natur, Mensch und Kosmos an.

Panoptikum *das,* Wachsfigurenkabinett, Kuriositätensammlung.

Panorama *das,* **1)** Rundblick. – **2)** perspektivisch-plast. wirkendes Rundbild.

Pansen *der,* Vormagen der Wiederkäuer.

Panslawismus *der,* allslaw. Bewegung, die im 19. und frühen 20. Jh. den Zusammenschluss aller Slawen, bes. unter russ. Führung, anstrebte.

panta rhei [griech. »alles fließt«], angebl. Satz des Heraklit; alles Seiende ist dauernden Veränderungen unterworfen.

Pantelleria, vulkan. Insel in der Straße von Sizilien, Italien, 83 km² groß; heiße Quellen, Weinbau, Fremdenverkehr, ✈.

Pantheismus *der,* religiöse oder philosoph. Lehre, nach der Gott in allen Dingen der Welt existiert bzw. Gott und Weltall identisch sind. **Panentheismus** *der,* Einheit von Gott und Welt ohne die völlige Identität beider. Nach der philosoph. Lehre von K. Krause ruht das All in Gott, zugleich transzendiert Gott das All.

Pantheon *das,* **1)** in der Antike: allen Göttern geweihtes Heiligtum. Das bekannteste ist ein Rundbau in Rom, mit gewaltiger Kuppel, um 128 n.Chr. vollendet, Ruhestätte berühmter Italiener. – **2) Panthéon** [pãte'ɔ̃], Kirche Sainte-Geneviève in Paris (1764 bis 1790 von J. G. Soufflot), Begräbnisstätte bedeutender Franzosen.

Panther →Leopard.

Pantoffelblume, südamerikan. Rachenblütler mit pantoffelförmigen bunten Blüten; Zierpflanzen.

Papier. Langsiebpapiermaschine

Franz von Papen

Papageien
Graupapagei (oben) und Blauwangenlori

Pantoffeltierchen, Gattung der einzelligen Wimpertierchen, mit pantoffelförmigem Körper, leben in faulenden Gewässern.

Pantograph *der,* ein Zeichengerät, der →Storchschnabel.

Pantokrator *der,* Christus als Allbeherrscher, Motiv der ostkirchl. Ikonographie.

Pantomime *die,* darstellende Kunst ohne Gebrauch der Sprache, bei der nur Mimik und Gebärden, auch mit Musik und Tanz, die Handlung ausdrücken.

Pantry ['pæntrı, engl.] *die,* Speisekammer, Anrichte, Bordküche (auf Schiffen und in Flugzeugen).

Pantschen-Lama, Pantschen-Rinpotsche, Panchen, neben dem →Dalai-Lama der ranghöchste Würdenträger des tibet. Priesterstaats. Für den letzten P.-L. († 1989) ist die Nachfolge noch umstritten. Der 1995 mit Zustimmung der chines. Reg. inthronisierte P.-L. wird von weiten Teilen der Tibeter und von den Exil-Tibetern nicht anerkannt.

Panzer, 1) Schutzvorrichtung gegen feindl. Angriffe; auch im Tierreich (z. B. Schildkröte). – **2)** Panzerfahrzeug; die in der **P.-Truppe** eingesetzten P.: **Kampf-P.,** haben Waffen in Drehtürmen (meist Schnellfeuerkanonen), **Sturm-P.** sind Unterstützungsfahrzeuge mit Steilfeuerwaffen zum Kampf gegen Feldstellungen; **Jagd-P.** sind zum Kampf gegen Panzer bestimmt. Spezialpanzer zur Luftabwehr sind die **Flak-P.;** leicht gepanzerte **Schützen-P.** sind die Gefechtsfahrzeuge der P.-Grenadiere. Sonderbauarten: **Luftlande-P., Schwimm-P., Brückenlege-P., Minenräum-P.** Die schnellen, leicht gepanzerten **Späh-P.** dienen der Aufklärung. – Panzerabwehrwaffen sind P.-Fäuste, Lenkraketen, rückstoßfreie Leichtgeschütze.

Panzer|echsen →Krokodile.

Panzerglas, schuss-, druck- und schlagfestes Sicherheitsverbundglas, 20 bis 60 mm (auch bis 200 mm) dick.

Panzergrenadiere, Truppengattung der Kampftruppen zur Unterstützung der Panzertruppe.

Panzerschiff, 1) allg.: gepanzertes Kriegsschiff. – **2)** bis 1940 amtl. Bezeichnung der 1928 bis 1936 erbauten dt. 10 000-t-Kampfschiffe, später »Schwere Kreuzer«.

Päoni|e *die,* **Pfingstrose, Bauernrose,** staudige bis strauchige Hahnenfußgewächse, mit rosenähnl. Blüten.

Papa, lat. Bezeichnung des Papstes.

Papageien, artenreiche Vogelordnung in wärmeren Gebieten der Neuen und Alten Welt, Klettervögel mit stark gekrümmtem Schnabel, bewegl. Zunge und Kletterfüßen. Die oft farbenprächtigen, sehr geselligen P. nähren sich von Früchten, Samen, Insekten und

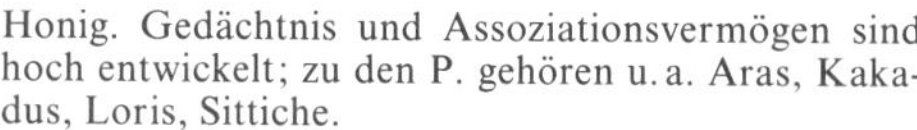

Honig. Gedächtnis und Assoziationsvermögen sind hoch entwickelt; zu den P. gehören u. a. Aras, Kakadus, Loris, Sittiche.

Papageienkrankheit, Psittakose, ⚕ durch Papageien u. a. Vogelarten übertragene gefährl., meldepflichtige Infektionskrankheit.

Papageifische, barschartige Meeresfische mit schnabelartigen Kiefern, in warmen Meeren.

Papandreu, Andreas, griech. Politiker, * 1919, † 1996; wie sein Vater Georgios P. (* 1888, † 1968) im Widerstand gegen die griech. Diktaturen vor und während des 2. Weltkrieges sowie gegen die Putschisten von 1967; gründete 1974 die »Panhellen. Sozialist. Bewegung« (PASOK), 1981 bis 1989 und 1993 bis 1996 Ministerpräsident.

Papayafrucht →Melonenbaum.

Papel *die,* Knötchen auf der Haut, Frühsymptom bei Hautkrankheiten.

Papen, Franz v., dt. Politiker, * 1879, † 1969; 1932 Reichskanzler, 1933 bis 1934 Vizekanzler, 1939 bis 1944 Botschafter in der Türkei; ebnete 1933 Hitler den Weg zur Macht, wurde aber im Nürnberger Prozess freigesprochen.

Papenburg, Stadt in Ndsachs., Fehnkolonie (Moorkolonie), durch einen Kanal mit der Ems verbunden, 30 500 Ew.; Schiffswerft (mit großem überdachtem Trockendock), Gardinenherstellung, Unterglaskulturen (Blumen, Gemüse).

Paperback ['peıpəbæk, engl.], kartoniertes Buch in Klebebindung, z. B. Taschenbuch.

Papier [von griech. papyros], wurde etwa um 105 n. Chr. erstmals in China hergestellt. Es wird durch dichtes Verfilzen, Pressen und Leimen feiner Pflanzenfasern (Baumwoll-, Hanf-, Leinen-, Holzfasern), für hochwertiges P. feinst gemahlener Hadern (Lumpen) gewonnen, die mit Wasser zu einem wässrigen Brei vermengt werden. Bei der vorherrschenden maschinellen P.-Herstellung fließt der P.-Brei auf ein endloses Metallsiebband, wird entwässert und anschließend über dampfgeheizten Trommeln getrocknet und geglättet (satiniert). Leimen macht das P. tintenfest; Füllen mit Kaolin, Talkum verleiht der Oberfläche Glanz und Glätte. Hauptrohstoff der P.-Herstellung ist Holz, das zu Holzschliff oder Zellstoff verarbeitet wird. Holzhaltiges P. (Zeitungs-P.) vergilbt, holzfreies (z. B. gutes Schreib- und Druck-P.) ist lichtecht. Von Zersetzung durch Säurebildung betroffen sind Bücher und Schriftstücke, die nach 1863 auf nach dem Sulfitverfahren hergestellten P. gedruckt wurden (etwa 30 % des Bücherbestands in dt. wiss. Bibliotheken).

Papierchromatographie, ⚗ Verfahren der chem. Analyse zur Auftrennung von Stoffgemischen aufgrund ihrer Löslichkeit. Die Stoffe werden durch ein Lösungsmittel, das von einem Filtrierpapierstreifen aufgesogen wird, verschieden schnell transportiert, durch Reagenzien fixiert und sichtbar gemacht.

Papierformate, DIN-Formate, nach DIN 476 festgelegte Abmessungen für Papierbogen (früher Oktav, Quart, Kanzlei). Ausgangsgröße ist A 0 (841 × 1189 mm) mit 1 m^2 Fläche. Die folgenden P. A 1 bis A 10 erhält man durch Halbieren des vorangegangenen Formats.

Papiergewicht, Sport: →Gewichtsklassen (ÜBERSICHT).

Papiermaché, Pappmaché [-maʃe] *das,* formbare Masse aus Altpapier mit Zusatz von Leim, Stärke, Gips, Ton, wird in Formen gepresst, dann getrocknet, gefirnisst und bemalt; v. a. für Spielzeug, Theaterdekorationen.

Papierwährung, heute übl. Währungssystem, bei dem außer Scheidemünzen das gesetzl. Zahlungsmittel aus Banknoten (Papiergeld) besteht.

Papille *die,* Wärzchen.

Papillom *das,* **Blumenkohlgeschwulst,** ⚕ aus Bindegewebe bestehende, meist gutartige Geschwulst der Haut oder Schleimhaut.

Papin, [paˈɛ], Denis, frz. Naturforscher, * 1647, † zw. 1712 und 1714 in England verschollen; erfand den Dampfkochtopf mit Sicherheitsventil **(Papinscher Topf)** und eine Dampfmaschine für den Schiffsantrieb, die er 1706 verbesserte.

Papini, Giovanni, Pseudonym Gian Falco, ital. Schriftsteller, * 1881, † 1956; Essays, Biografien und autobiograf. Schriften, u.a. »Ein fertiger Mensch« (autobiograf. Roman, 1912).

Papismus, abwertende Bezeichnung für einen starren Katholizismus mit Hörigkeit gegenüber dem Papst und der Kurie.

Pappatacifieber [-ˈta:tʃi-], **Dreitagefieber,** ⚕ durch eine Sandmücke übertragene, im Mittelmeergebiet auftretende Viruskrankheit mit grippeähnl. Verlauf.

Pappe, festes, dickes Papier, oft aus mehreren Lagen dünnen Faserstoffs.

Pappel *die,* Gattung der Weidengewächse, bis 30 m hoch. **Schwarz-P.,** mit dreieckigem Blatt, ist als **Pyramiden-P.** ein häufig gepflanzter Alleebaum; **Weiß-** oder **Silber-P.** hat Blätter, die unten schneeweiß-filzig sind. Die Blätter der **Zitter-P.** oder **Espe** sind ebenfalls unten weiß-filzig und flattern beim geringsten Luftzug.

Pappenheim, Gottfried Heinrich, Graf zu, kaiserl. General im Dreißigjährigen Krieg, * 1594, † 1632; Führer eines Kürassierregiments **(Pappenheimer),** wurde bei Lützen tödlich verwundet.

Paprika *der,* südamerikan. Gattung der Nachtschattengewächse, mit kartoffelähnl. Blüten und roten, kugeligen bis spindelförmigen Beeren **(P.-Schoten).** Einige Arten liefern mit ihrer Frucht das Gewürz P. oder den Cayennepfeffer (Chili), andere Gemüse oder Peperoni.

Papst *der,* Titel des Bischofs von Rom, nach kath. Lehre der Stellvertreter Christi auf Erden und Nachfolger des Petrus; Ehrentitel und Anrede: Heiliger Vater. Als Oberhaupt der röm.-kath. Kirche ist er oberster Lehrer, Gesetzgeber und Richter, steht über allen Bischöfen und Kirchenversammlungen (Konzilien) und ist, wenn er »vom Lehrstuhl Petri aus« (ex cathedra) in Sachen des Glaubens und der Sitten spricht, unfehlbar (→Unfehlbarkeit). Er ist zugleich Landesherr des Staats Vatikanstadt. Der P. wird gewählt durch die Kardinäle im Konklave, in geheimer Abstimmung mit Zweidrittelmehrheit (aktives und passives Papstwahlrecht seit 1970 auf Kardinäle bis zum 80. Lebensjahr beschränkt). Der Vorrang (Primat) des Bischofs von Rom ist nach kath. Lehre darin begründet, dass Christus dem Apostel Petrus die Schlüsselgewalt verliehen hat und dass Petrus der erste Bischof von Rom war. Kaiser Valentinian III. erkannte 445 den Bischof von Rom als den obersten (Primas) der Bischöfe an. Trotz Reformation und Aufklärung vermochte das Papsttum sein Ansehen zu erhalten und zu steigern, bes. seit dem 19. Jh. Auf dem 1. Vatikan. Konzil (1870) wurde das Dogma von der Unfehlbarkeit des P. verkündet. Pius XI. söhnte sich 1929 mit dem Kgr. Italien aus (→Kirchenstaat). Unkrit. Verhalten gegenüber dem natsoz. Dtl. und dem faschist. Italien unter Pius XI. und Pius XII. (seit 1939; Verurteilung des Kommunismus, Dogma von der Himmelfahrt Mariä). 1958 bis 1963 war Johannes XXIII. Papst (Einberufung des 2. Vatikan. Konzils 1962), 1963 bis 1978 Paul VI. (Lehre von der bischöfl. Kollegialität). Seit 1978 ist Johannes Paul II. (K. Wojtyła) Papst.

Papua *Pl.,* Urbev. Neuguineas und umliegender Inseln, mit dunkler Hautfarbe, kraushaarig; zu den verwandten Melanesiern bestehen v.a. sprachl. Unterschiede.

Papua-Neuguinea [-giˈnea], Staat im O Neuguineas, mit Bismarck-Archipel, Bougainville u.a. Inseln, 462 840 km², 3,77 Mio. Ew.; Hptst.: Port Moresby; Amtssprache: Englisch; bis auf einige Inseln dünn besiedelt, wenig erschlossen; vorwiegend Landwirtschaft, intensive Forstwirtschaft; ⚒ auf Kupfer-, Silber- und Golderze. – P.-N. erlangte 1975 die Unabhängigkeit von Australien.

Papua-Neuguinea

Staatswappen

Staatsflagge

Papyrus *der,* Stoff zum Beschreiben, aus Blättern der **P.-Staude,** in Ägypten seit dem 3. Jt. v. Chr., in Griechenland seit dem 6. Jh. v. Chr. gebraucht.

para..., bei..., neben..., gegen..., abweichend...

Pará, Rio P. [ˈrriu-], trichterförmiger Mündungsarm des Amazonas, vereinigt sich bei Belém mit dem Tocantins.

Parabel *die,* **1)** lehrhaftes Gleichnis in Erzählform. – **2)** √ Kurve, deren Punkte P von einem festen Punkt F **(Brennpunkt)** und einer festen Geraden *l* **(Leitlinie)** den gleichen Abstand haben. Die P. ist einer der Kegelschnitte (→Kegel).

Paraboloid *das,* √ Fläche 2. Ordnung mit der Gleichung $ax^2+by^2+2cz = 0$ (mit $a \cdot b \neq 0$); man unterscheidet ellipt. und hyperbol. P., als Sonderfall das Rotationsparaboloid.

Parabolspiegel, paraboloide Spiegelfläche zur Bündelung von Strahlen in ihrem Brennpunkt (z.B. bei Empfangsantennen) oder zur Erzeugung paralleler Strahlen bzw. ebener Wellen (bei Scheinwerfern).

Paracelsus, eigentl. Philipp Aureolus Theophrast **Bombast von Hohenheim,** Arzt, Naturforscher und Philosoph, * 1493, † 1541; erkannte die chem. Grundlagen der Lebensvorgänge und wendete sie in der Heilkunde an, auch theolog. und sozialpolit. Werke.

Parade *die,* **1)** Aufmarsch. – **2)** im Reit- und Rennsport Anhalten (ganze P.) oder Versammeln (halbe P.) eines Pferdes oder Gespanns. – **3)** bei anderen Sportarten: aktive Abwehr(handlung).

Paradies *das,* Garten Eden, Stätte der Ruhe, des Friedens und des Glücks, die urspr. Schöpfungswelt vor dem Sündenfall.

Paradies|apfel, Wildapfelform.

Paradiesvögel, Singvögel in trop. Regenwäldern Neuguineas und Australiens.

Paradigma *das,* Beispiel, Muster; ⓟ Erfahrungsmuster.

paradox, widersinnig. **Paradoxon** *das,* scheinbar widersinnige Behauptung, die auf die Widersprüchlichkeit und Vielfalt von Erscheinungen hinweisen will.

Paradoxie *die,* Widerstreit zweier an sich gleich begründeter Sinngehalte.

Paraffin *das,* ⚗ Gemisch fester Kohlenwasserstoffe, das aus Braunkohlenteer, Erdwachs, Erdöl durch Destillation gewonnen wird; löslich in Benzin, Äther, Schwefelkohlenstoff. Verwendung u.a. zur Herstellung von Kerzen und Salben. In der Chemie bezeichnet man die gesättigten Kohlenwasserstoffe als **Paraffine.**

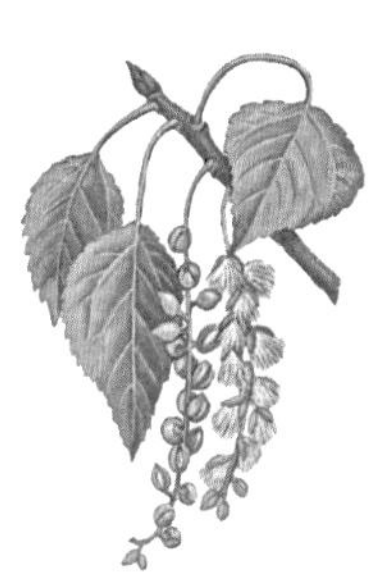

Pappel
Blätter und Fruchtstand der Schwarzpappel

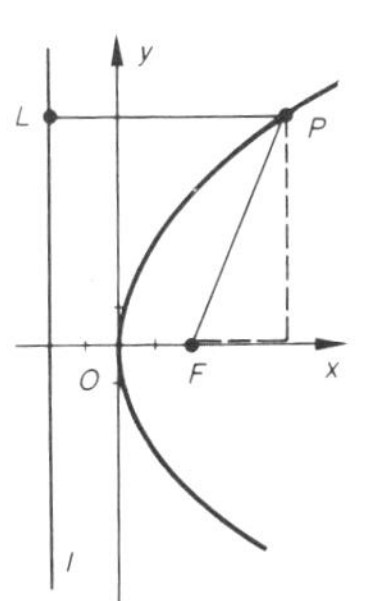

Parabel

Paragleiter, ✈ antriebsloses Luftfahrzeug mit flexiblen, deltaförmigen Tragflächen.
Paragraph *der,* ⚖ kleinerer Abschnitt in Gesetzen, Verträgen usw., Zeichen: §, *Pl.* §§.

Paraguay

Staatswappen

Staatsflagge

Internationales Kfz-Kennzeichen

Paraguay, Rep. in Südamerika, 406752 km², 4,12 Mio. Ew.; Hptst. Asunción; Amtssprache: Spanisch, Verkehrssprache auch Guaraní. – Der Fluss P. teilt P. in ein fruchtbares östl. Hügelland und ein größeres westl. Flachland mit Savannen und Wäldern (Gran Chaco).
Klima: subtrop., nach W zunehmend trocken.
Bevölkerung. Rd. 95% Mestizen, daneben Indianer, Weiße. Religion: 95% kath. (Staatsreligion).
Wirtschaft. Viehzucht im W vorherrschend, im östl. Landesteil überwiegend Ackerbau (Mais, Maniok, Sojabohnen), Forstwirtschaft; Nahrungsmittelind.; Ausfuhr von Fleisch, Holz, Baumwolle, Sojabohnen. Binnenhafen und internat. ✈ Asunción.
Geschichte. P. war im 17./18. Jh. Mittelpunkt des »Jesuitenstaats«. 1811 wurde P. unabhängige Rep., im Krieg 1865 bis 1870 unterlag es Brasilien, Argentinien und Uruguay, 1932 bis 1935 führte es den siegreichen Chacokrieg gegen Bolivien. 34-jährige Militärdiktatur (1954 bis 1988) unter General A. Stroessner. Präsidialsystem. Staatspräs.: J. C. Wasmosy (seit 1993).
Paraguay *der,* größter (rechter) Nebenfluss des Paraná in Südamerika, entspringt im Hochland von Mato Grosso in 300 m ü. M., mündet oberhalb Corrientes; 2500 km, größtenteils schiffbar.
Parallaxe *die,* Winkel zw. 2 Geraden, die von versch. Standorten aus nach dem gleichen Punkt gerichtet sind; dient in der Astronomie zur Entfernungsbestimmung von Sternen.
Parallelcomputer [-kɔmpjuˈtər], 💻 Anlage, bei der viele Mikroprozessoren gleichzeitig an einer Aufgabe arbeiten, aus deren Teilergebnissen das Endresultat ermittelt wird. In Entwicklung ist der **Teraflop-P.,** der 1 Billion Rechenoperationen pro Sekunde ausführen soll.

Das 1984 eingeweihte Wasserkraftwerk Itaipú am **Paraná**

Parallele *die,* √ Gerade, die eine gegebene Gerade nirgends im Endlichen schneidet.
Parallelepiped *das,* geometr. Körper, dessen Oberfläche von 3 Parallelogrammpaaren gebildet wird.
Parallelismus *der,* **1)** allg. das gleichartige Auftreten ähnlicher Ereignisse oder Entwicklungen. – **2)** Ⓢ gleichgerichtete Wortfolge in entsprechenden Wortgruppen oder Sätzen.
Parallelogramm *das,* Viereck, das von 2 Paaren gleichlaufender **(paralleler)** Geraden begrenzt wird.
Parallelschaltung, ⚡ alle Stromerzeuger oder Verbraucher liegen nebeneinander an derselben Spannung.
Paralympics [pærəˈlɪmpɪks] *Pl.,* ⛹ internat. Bezeichnung für die Weltspiele der Behinderten.
Paralyse *die,* ⚕ vollständige Lähmung. – **Progressive P.** ist eine Spätform der Syphilis mit Gehirnerweichung, chron. Entzündung und Atrophie des Gehirns.
Paramagnetismus *der,* Magnetismus, den alle Stoffe mit atomarem magnet. Moment besitzen. Paramagnet. Stoffe zeigen im Magnetfeld eine temperaturabhängige Magnetisierung in Feldrichtung; Ggs.: Diamagnetismus.
Paramaribo, Hptst. und -hafen von Surinam, 192100 Ew.; Univ.; Zementind., Werft; ✈.
Paramente *Pl.,* liturg. Gewänder; Ausstattung von Altar, Kanzel, Taufstein mit Tüchern.
Parameter *der,* **1)** √ in Funktionen und Gleichungen eine neben der eigentl. Variablen auftretende Hilfsvariable; in der Statistik charakterist. Zahlenwerte einer Verteilung, z. B. Mittelwert, Streuung usw. – **2)** 💻 variable Eingangs- und Steuerdaten einer Programmeinheit, deren Werte erst bei ihrem Aufruf festgelegt werden.
Paraná, 1) Bundesstaat in S-Brasilien, Hptst. Curitiba. – **2)** *der,* Fluss in Südamerika, entsteht aus Rio Grande und Paranaíba, hat viele Nebenflüsse (u. a. Paraguay), mündet nördlich von Buenos Aires in den Río de la Plata. 3700 km lang, bis Santa Fe schiffbar. Am P. befindet sich eines der größten Wasserkraftwerke der Erde: Itaipú.
Paranoia *die,* ⚕ System von Wahnvorstellungen, z. B. der Verfolgungswahn, auch als Form der Schizophrenie.
Paranuss, Brasilkastanie *die,* der ölreiche, wohlschmeckende Samen des P.-Baums.
Paraph *der,* **Paraphe** *die,* abgekürzter Namenszug.
Paraphierung *die,* ⚖ vorläufige, rechtlich noch nicht verbindl. Unterzeichnung einer völkerrechtl. Vereinbarung.
Paraphrase *die,* **1)** Umschreibung, freie Wiedergabe des Inhalts. – **2)** 𝄞 freie Bearbeitung von Tonstücken.
Parapsychologie *die,* Lehre von den Erscheinungen, die außerhalb der bekannten Naturgesetze zu stehen scheinen. Dazu gehören u. a. Telepathie, Hellsehen, Prophetie, Telekinese, Materialisationen.
Parasiten, → Schmarotzer.
Parasolpilz, Großer Schirmling, schirmförmiger Blätterpilz mit langem Stiel; essbar.
Parasympathikus *der,* Teil des vegetativen Nervensystems.
Paratyphus *der,* ⚕ dem Typhus ähnl., leichter verlaufende, meldepflichtige Infektionskrankheit mit Brechdurchfall, Fieber und Darmgeschwüren; durch Salmonellen übertragen.
Paravent [-ˈvã] *der,* Windschirm, spanische Wand.
par avion [paraˈvjɔ̃, frz. »mit dem Flugzeug«], durch Luftpost (Vermerk auf Postsendungen).
Parcours [parˈkuːr] *der,* Rennstrecke (im Motorsport); Pferdesport: Hindernisbahn für Springprüfungen im Turniersport.

Paris. Links: La Grande Arche im Stadtteil La Defense (1989). Rechts: Place des Vosges (1605 bis 1612)

Pardubitz, tschech. **Pardubice,** Stadt in Ostböhmen, ČR, an der Elbe, 95 700 Ew.; TH; chem., elektrotechn. Ind., Erdölraffinerie.

Par|enchym *das,* **1)** ⚘ das Grundgewebe, besteht aus lebenden, wenig differenzierten Zellen; im P. laufen die Stoffwechselvorgänge ab. – **2)** ♡ die spezif. Zellen eines Organs, die dessen Funktion bedingen.

par|enteral, unter Umgehung des Magen-Darm-Kanals; Anwendungsform von Arzneimitteln z. B. durch Injektion, Infusion.

Parenthese *die,* Einschaltung, Zwischenbemerkung, auch die entsprechenden Satzzeichen (Klammern, Kommas, Gedankenstriche).

Parese *die,* ⚕ unvollständige Lähmung.

par excellence [parɛksɛˈlã:s, frz.], vorzugsweise.

Parfait [parˈfɛ, frz.] *das,* **1)** halbgefrorenes Dessert. – **2)** pastetenähnl. Feinkost aus Fleisch, Geflügel usw.

par force [parˈfɔrs, frz.], mit Gewalt. **Parforcejagd,** Hetzjagd zu Pferd auf Haarwild; in Dtl. seit 1936 verboten; eine rein sportl. Art ist das Jagdreiten.

Parfüm *das,* aus versch. Riechstoffen hergestellte Duftkomposition, mit Haft- und Lösungsmitteln haltbar gemacht.

pari, von Wertpapieren: der Kurswert ist gleich dem Nennwert.

Paria *der,* Bezeichnung der kastenlosen Inder, »Unberührbare«; Ü sozial verachtete Gesellschaftsgruppen.

Paris [frz. paˈri], Hptst. Frankreichs und dessen geistiger und wirtschaftl. Mittelpunkt, im Pariser Becken, beiderseits der Seine, 2,15 Mio. Ew. (im Ballungsraum P. 10,6 Mio. Ew.). – Charakteristisch für das Stadtbild sind der Ring der inneren und äußeren Grands Boulevards und Prachtstraßen (Champs-Élysées, Quai d'Orsay) sowie Plätze (Place de la Concorde, Place Vendôme). Den Kern bildet die Île de la Cité in der Seine mit Justizpalast, Sainte-Chapelle, Kathedrale Notre-Dame (12./13. Jh.). Die Innenstadt zählt zum Weltkulturerbe. Am Südufer der Seine liegen: Quartier Latin mit Sorbonne, Künstlerviertel Montparnasse, Panthéon, Kirche Saint-Germain-des-Prés, Institut de France, Jardin du Luxembourg, Palais Bourbon (Sitz der Nationalversammlung), Invalidendom mit Grab Napoleons I. und Marsfeld mit Eiffelturm. Mehr als 30 Brücken verbinden den südl. mit dem nördl. Stadtteil: Rathaus, im Tuileriengarten der Louvre, Palais Royal, Palais de l'Élysée (Sitz des Staatspräs.), Place Charles de Gaulle mit Triumphbogen (Grabmal des Unbekannten Soldaten), Opernhaus. Im W liegt der Bois de Boulogne, im N der Montmartre mit der Kirche Sacré-Cœur, im Stadtteil Beaubourg das Centre Georges Pompidou. – P. ist Sitz der frz. Reg. und der obersten Staats- und kirchl. Behörden, vieler internat. Organisationen; es hat neben der Sorbonne mehrere andere Hochschulen (Grandes écoles: École Polytechnique u. a.) sowie Akademien (Académie française) und Forschungsinstitute, Bibliotheken (Bibliothèque Nationale), Museen, Theater. P. ist Finanz-, Handels- und Industriezentrum des Landes mit Börse, Mittelpunkt des frz. Eisenbahnnetzes, größter Binnenhafen des Landes; Untergrundbahn (Métro), Flughäfen (Orly, Le Bourget, Charles de Gaulle). – P., das gallisch-röm. **Lutetia Parisiorum,** war seit 508 Herrschersitz der Frankenkönige, später der Kapetinger. Im 17./18. Jh. war P. der geistige Mittelpunkt Europas, mit dem Sturm auf die Bastille 1789 Ausgangspunkt der Frz. Revolution. Der Zentralismus der Ersten Rep. und des Kaiserreichs festigten die Stellung der Stadt.

Paris, griech. Sage: Sohn des Priamos und der Hekuba, Bruder Hektors, entschied den Streit der Göttinnen Hera, Athene und Aphrodite um den Apfel der Eris zugunsten der Aphrodite **(Urteil des P.),** entführte Helena und verursachte dadurch den Trojan. Krieg, tötete Achilles durch einen Pfeilschuss in die Ferse, fiel durch Philoktet.

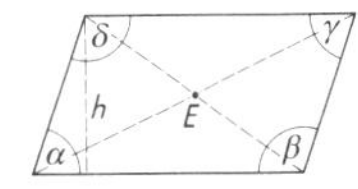

Parallelogramm

Pariser Bluthochzeit → Bartholomäusnacht.

Pariser Frieden, 1) 1763: zw. Großbritannien/Portugal und Frankreich/Spanien (Ende des Kolonialkriegs). – **2)** 1814 (1. Pariser Friede): → Freiheitskriege, Frankreich wurde auf die Grenzen von 1792 festgelegt. – **3)** 1815 (2. Pariser Friede): Frankreich erhielt die Grenzen von 1790 (ohne Saarbrücken, Landau, Savoyen). – **4)** 1856: zw. Frankreich, Großbritannien, Türkei u. a. und Russland, beendete den Krimkrieg. – **5) Pariser Vorortverträge** 1918 bis 1920: zw. den Alliierten und Dtl. (Versailles), Österreich (Saint-Germain), Ungarn (Trianon), Bulgarien (Neuilly), der Türkei (Sèvres). – **6)** 1946/47: zw. den Alliierten und (je gesondert) Finnland, Italien, Ungarn, Rumänien, Bulgarien.

Paris
Stadtwappen

Pariser Seerechtsdeklaration, in Paris 1856 unterzeichnete völkerrechtl. Erklärung über Kaperei, Blockade, Schutz neutraler Güter.

Pariser Übereinkunft, internationale Konvention zum Schutz des gewerblichen Eigentums, abgeschlossen 1883 in Paris.

Pariser Verträge, zw. den westeurop. Staaten und den USA am 23. 10. 1954 in Paris getroffene Vereinbarungen. Sie bestehen aus dem erweiterten → Deutschlandvertrag, dem Truppenvertrag (über den Aufenthalt ausländ. Truppen in der Bundesrep. Dtl.), den Protokollen über den Beitritt der Bundesrep. Dtl. zur Westeurop. Union und zur NATO (damit Ermächtigung zur Aufstellung von Truppen im Rahmen der NATO) sowie dem Saarland-Abkommen zw. Frankreich und der Bundesrep. Dtl.; seit 1955 in Kraft.

Parität *die,* **1)** Gleichheit, Gleichsetzung, Gleichbehandlung. – **2)** im Geldwesen Wertgleichheit, z. B. die P. einer Währung zu einer anderen. – **3)** ⚛ Eigenschaft eines Elementarteilchens, meist eine Symmetrieeigenschaft. – **paritätisch,** aus versch. Parteien gleichmäßig zusammengesetzt.

Park-and-ride-System [pɑ:k ənd ˈraɪd-], Regelung zur Verkehrsentlastung, bei der Pendler ihren Pkw am

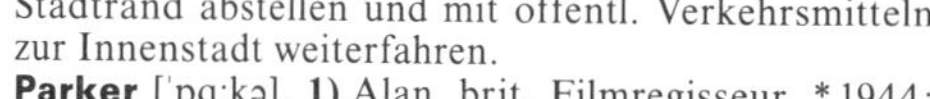

Charly Parker

Stadtrand abstellen und mit öffentl. Verkehrsmitteln zur Innenstadt weiterfahren.

Parker [ˈpɑːkə], **1)** Alan, brit. Filmregisseur, * 1944; internat. erfolgreich mit »Midnight express« (1977), »Birdy« (1984), »The Commitments« (1991). – **2)** Charlie, gen. **Bird,** amerikanischer Jazzmusiker (Altsaxophonist, Komponist), * 1920, † 1955; entwickelte den Bebop, wirkte stilbildend für den Modernjazz; schuf als Saxophonist eine eigenständige blueshaft-expressive Spielweise.

Parkett *das,* **1)** Fußbodenbelag aus Holz, meist aus Eiche, Buche, Kiefer, in versch. Verlegemustern in Form von Stäben, Riemen, Tafeln, Platten oder Mosaiklamellen; wird mit Fußbodenlack versiegelt. – **2)** im Parterre gelegener vorderer Teil des Zuschauerraums eines Theaters.

Parkinson [ˈpɑːkɪnsn], **1)** Cyril Northcote, brit. Historiker und Schriftsteller, * 1909, † 1993; ironisch-satir. Regeln **(parkinsonsche Gesetze)** für das Wachsen der bürokrat. Verwaltungen zu aufgeblähten Apparaten. – **2)** James, brit. Arzt, * 1755, † 1824; beschrieb eine mit Starre der gesamten Körpermuskeln und Zittern verbundene degenerative Erkrankung von Stammhirnbezirken **(parkinsonsche Krankheit, Parkinsonismus, erbl. Schüttellähmung).**

Gedächtnisstein mit dem Meisterzeichen der Familie **Parler** im Ulmer Münster

Parlament *das,* Volksvertretung, bestehend aus einer oder zwei Kammern. Die eine von ihnen ist in modernen Demokratien vom Volk in allg., geheimer und unmittelbarer Wahl gewählt; der Zugang zu der anderen ist unterschiedlich geregelt (mittelbare oder unmittelbare Wahl, Ernennung, Erblichkeit). Das P. ist in Verfassungsstaaten das Hauptorgan der Gesetzgebung, wobei die in Volkswahl gewählte Kammer meist den entscheidenden Anteil hat.

Parlamentär *der,* Unterhändler zw. Krieg führenden Parteien.

Parlamentarischer Rat, 1948/49 parlamentähnl. Körperschaft aus 65 von den Landtagen der 11 westdt. Länder gewählten Abgeordneten; verabschiedete das Grundgesetz für die Bundesrep. Deutschland. Präsident war K. Adenauer.

Parlamentarismus *der,* Reg.-Form, bei der die Reg. vom Vertrauen des Parlaments abhängig ist. Das Parlament ist an der Reg.-Bildung beteiligt, indem es entweder den Reg.-Chef wählt oder die vom Staatsoberhaupt ernannten oder vorgeschlagenen Mitglieder der Reg. durch ein Vertrauensvotum bestätigt. Reg.-Chefs oder Reg., denen das Parlament das Misstrauen ausspricht, müssen i. d. R. zurücktreten.

Parma
Stadtwappen

Parler, dt. Baumeister- und Bildhauerfamilie des 14. Jh., u. a.: Peter P., * 1330 oder 1333, † 1399; baute u. a. in Prag die Karlsbrücke mit dem Altstädter Brückenturm sowie Chor und Wenzelskapelle des Sankt-Veits-Doms.

Parma, Stadt in N-Italien, 170 500 Ew., Dom (11. Jh.), Baptisterium (12. Jh.); Univ. (erste Anfänge im 11. Jh.); Nahrungsmittel-, Textilindustrie.

Parma und Piacenza [-piaˈtʃɛntsa], vormals selbstständiges Herzogtum in N-Italien, kam 1545 an das Haus Farnese, 1731 und 1748 an eine Nebenlinie der span. Bourbonen, 1860 dem Kgr. Italien einverleibt.

Parmenides, griech. Philosoph, * um 515 (um 540?), † um 445 (um 470?) v. Chr.; lehrte: Nur das Denken lässt den wahren Sachverhalt erkennen, die sinnliche Wahrnehmung täuscht uns.

Parmesankäse [nach der Stadt Parma], würziger ital. Hartkäse.

Parmigianino [-dʒaˈniːno], eigentl. Girolamo Francesco **Mazzola,** ital. Maler und Radierer des Manierismus, * 1503, † 1540.

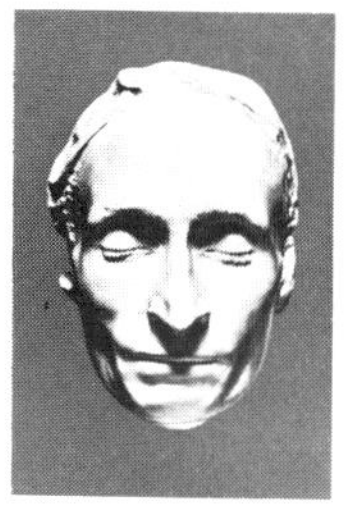

Totenmaske von **Blaise Pascal**

Parnass, Parnassos *der,* Gebirge im mittleren Griechenland, 2 457 m hoch; am S-Fuß liegt Delphi; galt in der Antike als Sitz des Apollo und der Musen; daher Ü Reich der Dichtkunst.

Parnassiens [parnaˈsjɛ̃] *Pl.,* frz. Dichtergruppe in der 2. Hälfte des 19. Jh., die eine kühle, formal vollendete Dichtung pflegte.

Parodie *die,* spött. Nachahmung ernster Dichtung, deren Form beibehalten, deren Inhalt ins Komische umgestimmt wird.

Par|odontitis *die,* ⚕ Entzündung des Zahnhalteapparats.

Par|odontose *die,* ⚕ nichtentzündlicher Zahnbettschwund (Atrophie).

Parole *die,* Leitspruch, Losung.

Paroli *das,* Verdoppelung des Einsatzes beim Pharaospiel. Ü **P. bieten,** wirksamen Widerstand leisten.

Paros, griech. Kykladeninsel, 195 km², gebirgig, bis 750 m hoch, Fremdenverkehr; an der W-Küste Marmorbrüche. **Parischer Marmor,** rein weißer Marmor.

Par|otitis *die,* ⚕ Ohrspeicheldrüsenentzündung; **P. epidemica,** → Mumps.

Parsec *das,* Einheitenzeichen **pc,** ☼ Längeneinheit in der Astronomie, 1 P. = 3,263 Lichtjahre.

Parsen *Pl.,* Anhänger des altiran. Parsismus, in Iran rd. 20 000, in Indien (bes. um Bombay), wohin sie im 8. Jh. auswanderten, über 100 000.

Parseval, August von, dt. Luftschiffer, * 1861, † 1942; erfand mit H. Bartsch v. Sigsfeld den Fesselballon, baute ein unstarres Luftschiff.

Parsifal, Oper von R. Wagner, → Parzival.

Parsismus *der,* die Religionslehre Zarathustras, die sich bei den Parsen entwickelte; in einer früheren Periode als Zoroastrismus bezeichnet.

Pars pro toto [lat.], ein Teil für das Ganze, z. B. »Köpfe« für »Menschen«.

Part *der,* Teil, Anteil, Rolle.

Partei *die,* **1) politische P.,** Verbindung von Menschen, die aufgrund gleich gerichteter polit. Anschauungen oder Interessen Einfluss auf die staatl. Willensbildung erstreben, bes. durch Teilnahme an der Wahl der Volksvertretung. P. im modernen Sinne entstanden zuerst in Großbritannien (»Tories« und »Whigs«), dann in den USA und Frankreich, in Dtl. erst nach 1815. Die wichtigsten P.-Typen sind (unter versch. Benennungen): Konservative, Liberale, Demokraten, Christlich-Soziale, Sozialisten, Kommunisten. In den westl. Demokratien gilt der Grundsatz der freien P.-Bildung. Es gibt Staaten mit einem **Zweiparteiensystem** (USA) und einem **Mehr-** oder **Vielparteiensystem** (Dtl., Frankreich). In totalitären Staaten herrscht i. d. R. das **Einparteisystem** (z. B. in der ehem. UdSSR); eine Abart war das **Blocksystem** der Volksdemokratien, in denen eine herrschende P. die neben ihr bestehenden P. unter ihrer Führung zu einem festen Block zusammenschließt. Die Leitung der P. liegt in der Hand eines **P.-Vorstands.** Die P. stellen ein **P.-Programm** auf als Grundsatz- oder als Aktionsprogramm etwa für eine kommende Wahl. In den Volksvertretungen schließen sich die Abgeordneten einer P. zu **Fraktionen** zusammen, die häufig eine einheitl. Stimmabgabe durch **Fraktionszwang** herbeiführen. In Dtl. ist die Gründung von P. frei, doch können sie durch das Bundesverfassungsgericht für verfassungswidrig erklärt werden. Die **P.-Finanzierung** erfolgt aus Mitgliedsbeiträgen, aus Vermögenseinnahmen, aus staatl. Zuschüssen und aus Spenden, über deren Herkunft die P. Rechenschaft ablegen müssen. Missbräuche in der Vergangenheit führten zu einer Neuregelung der Finanzierung. – **2)** ⚖ der Kläger oder Beklagte im Zivilprozess; Partner eines Vertrags im materiellen Recht. **P.-Vernehmung** ist das letzte Beweismittel im Zivilprozess, wenn alle anderen Beweismöglichkeiten erschöpft sind. **P.-Verrat, Prävarikation, Anwaltstreubruch** ist die pflichtwidrige Beratung oder Unterstützung beider P. in derselben Rechtssache durch einen Anwalt oder sonstigen Rechtsbeistand; wird mit Freiheitsstrafe bestraft.

Partei des Demokratischen Sozialismus, Abk. **PDS,** im Dez. 1989 als Nachfolgeorganisation der SED entstanden (gegr. als SED-PDS).

Parterre [-ˈtɛr] *das,* **1)** Erdgeschoss. – **2)** im Theater die Zuschauerplätze hinter dem Parkett.

Parthenogenese *die,* ❀ die →Jungfernzeugung.

Parthenon *der,* Tempel der jungfräul. Göttin Athene auf der Akropolis in Athen; 447 bis 432 v. Chr. errichtet.

Parther, iran. Stamm südöstl. des Kasp. Meers; bildete im 3. Jh. v. Chr. ein **Parth. Reich** zw. Euphrat und Indus, das die Sassaniden 224 n. Chr. stürzte.

Partie *die,* **1)** Abschnitt, Ausschnitt, Teil. – **2)** ✐ größere Menge einer (nicht mehr verkäufl.) Ware. – **3)** ♞ einzelnes Spiel. – **4)** 𝄞 Stimme, Rolle.

partiell, partial, zum Teil, teilweise.

Partikel *die,* **1)** ⚛ Teilchen. – **2)** Ⓢ Sammelbegriff für unflektierbare Wortarten wie Adverbien, Konjunktionen, Präpositionen; auch Füllwörter (»doch«, »etwa«).

Partikularismus *der,* Streben staatl. Teilgebiete oder einer Bev.-Gruppe, ihre besonderen Interessen gegen allgemeine Interessen durchzusetzen.

Partisan *der,* Freischärler, der den Kleinkrieg im besetzten Gebiet führt. (→Guerilla)

Partitur *die,* 𝄞 Aufzeichnung sämtl. Stimmen eines Tonstücks in Notenschrift; gleichzeitig erklingende Noten stehen übereinander.

Partizip, Partizipium *das,* Ⓢ Mittelwort oder Beiform des Verbs; z. B. »erwachend« (P. Präsens) und »erwacht« (P. Perfekt).

Partizipation, Beteiligung von Mitgliedern einer Gruppe an gemeinsamen Angelegenheiten; **partizipieren,** teilnehmen.

partout [parˈtu], durchaus, unbedingt.

Parvenü *der,* Emporkömmling.

Parzelle *die,* abgegrenztes Grundstück, Flurstück.

Parzen *Pl.,* die 3 röm. Schicksalsgöttinnen, entsprechen den griech. Moiren.

Parzival, sagenhaftes Urbild des christl. Ritters, der auf der schwierigen Suche nach dem Gral Ritterpflicht und Pflicht gegen Gott zu vereinigen sucht. Die Sage von P. ist der Artussage angegliedert. Bearbeiter des Stoffes: Chrétien de Troyes (um 1180), Wolfram von Eschenbach (1200 bis 1210); R. Wagner (Bühnenweihfestspiel »Parsifal«, 1882).

Pas [pa] *der,* Schritt, bes. Tanzschritt.

Pasadena [pæsəˈdiːnə], Stadt im Vorstadtbereich von Los Angeles, Kalifornien, USA, 130 000 Ew.; elektron., Raumfahrtind.; Zentrum der Weltraumforschung.

Pascal, Einheitenzeichen **Pa,** SI-Einheit des Drucks. $1\,\mathrm{Pa} = 1\,\mathrm{N/m^2} = 10^{-5}\,\mathrm{bar}$.

Pascal, Blaise, frz. Philosoph, Mathematiker und Physiker, * 1623, † 1662; arbeitete über Kegelschnitte, entdeckte das Gesetz der kommunizierenden Röhren, entwickelte Grundlagen der Wahrscheinlichkeitsrechnung; nach einer myst. Erleuchtung zog sich P. in ein Kloster zurück, war als Anhänger des →Jansenismus Gegner des Jesuitenordens, sah in seiner Verteidigung des Christentums (»Pensées sur la religion«) den Menschen als ein aus Größe und Nichtigkeit gemischtes Wesen.

PASCAL, 🖳 nach B. Pascal benannte Programmiersprache.

pascalsches Dreieck [nach B. Pascal], √ die als gleichschenkliges Dreieck angeordneten Binomialkoeffizienten; jede Zahl des p. D. ist die Summe der unmittelbar rechts und links darüber stehenden Zahlen.

Pasch *der,* im Würfelspiel Wurf mit gleicher Augenzahl auf jedem Würfel.

Pascha *der,* früher ein Titel der obersten türk. Beamten und Offiziere, 1934 in der Türkei, 1953 in Ägypten abgeschafft.

Parthenon. Der Tempel der Athena Parthenos auf der Akropolis von Athen

Paschalis II., Papst (1099 bis 1118), suchte vergeblich (Vertrag von Sutri 1111) den dt. Investiturstreit zu beenden.

Paschtunen, in Pakistan **Pathanen,** Volk in Afghanistan (etwa 8 Mio.) und Pakistan (rd. 15 Mio.) mit zahlreichen Stämmen; Sprache: **Paschto,** eine ostiranische Sprache (Amtssprache in Afghanistan).

Pas de Calais [padkaˈlɛ], frz. Name der Straße von →Dover.

Pasewalk, Krst. in Meckl.-Vorp., in der Uckermark, 15 200 Ew.; Nahrungsmittelind.; got. Marien- und Nikolaikirche.

Pašić [ˈpaʃitç], Nikola, serb. Politiker, * 1845, † 1926; Vertreter der großserb. Idee. 1919 maßgebl. an der Gründung des jugoslaw. Staats beteiligt.

Paso doble *der,* aus einem span. Volkstanz entstandener lateinamerikan. Gesellschaftstanz.

Pasolini, Pier Paolo, ital. Schriftsteller und Filmregisseur, * 1922, † (ermordet) 1975; Lyrik, realist. Romane; Filme: »Teorema« (1968), »Die 120 Tage von Sodom« (1975).

Pass *der,* **1)** 🌐 Einsenkung in einem Gebirgsrücken, meist mit Weg, Straße oder Eisenbahn. – **2)** amtl. Ausweis mit Lichtbild und Personenbeschreibung.

Passacaglia [pasaˈkalja], alter span.-ital. Tanz in langsamem $^{3}/_{4}$-Takt.

Passage [paˈsaːʒə] *die,* **1)** Durchgang, Durchfahrt. – **2)** 𝄞 schnelle Tonfolge aus tonleitermäßigen Gängen. – **3)** Reitübung der hohen Schule: versammelter Trab.

Passagier [pasaˈʒiːr] *der,* Fahr-, Fluggast.

Passah, Pessach, *das,* jüd. Fest zur Erinnerung an den Auszug aus Ägypten (2. Mos. 12), gefeiert am Abend des 1. Frühlingsvollmonds.

Passant *der,* **1)** Durchreisender. – **2)** Fußgänger (im Straßenverkehr).

Passarge *die,* poln. **Pasłęka,** Fluss in Ostpreußen, Polen, 156 km, mündet in das Frische Haff.

Passat *der,* regelmäßig wehender Wind aus östl. Richtung, in den Subtropen und Tropen; auf der nördl. Halbkugel bis zu 30° nördl. Breite aus NO, auf der südl. bis zu 25° südl. Breite aus SO, dazwischen liegt die etwa 1 100 km breite innertrop. Konvergenzzone, in die die Luftmassen aus den subtrop. Randgebieten von NO bzw. SO einströmen und nach oben steigen.

Passau, Stadt in Niederbayern, 48 500 Ew., an der Mündung von Inn und Ilz in die Donau, Umschlaghafen und Stapelplatz; barockes Stadtbild: Dom (Orgel mit 17 000 Pfeifen), bischöfl. Residenz; Univ.; Maschinen-, Textil-, chem. Ind. – Das alte Bistum P. (gegr. 737) fiel 1803 an Bayern. Der **Passauer Vertrag** von 1552 zw. Kurfürst Moritz von Sachsen und Ferdinand I. bereitete den Augsburger Religionsfrieden vor.

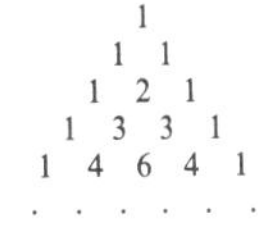

pascalsches Dreieck

Pier Paolo Pasolini

Passau
Stadtwappen

Boris Leonidowitsch Pasternak

Louis Pasteur

Gemeiner **Pastinak**

Pau
Stadtwappen

Passeier *das,* Seitental des Etschtals, Südtirol, Italien, mündet bei Meran, Heimat Andreas Hofers.

Passepartout [paspar'tu:] *das,* aus Karton geschnittene Umrahmung für Zeichnung, Grafik u. a.

Passgang, wiegender Gang von Tieren (Kamel, Elefant, beim Pferd »Zelter«) infolge gleichzeitigen Bewegens der Beine einer Seite.

passieren, **1)** vorbeikommen, durchreisen, überschreiten (eine Brücke, Grenze). – **2)** sich ereignen. – **3)** Kochkunst: durch ein Sieb pressen, durchseihen.

Passion *die,* **1)** das Leiden; auch Leidenschaft, Hang. – **2)** Leiden und Sterben Christi. **P.-Zeit,** die Fastenzeit vor Ostern.

Passionisten → Paulus vom Kreuz.

Passionsblume, Halbsträucher im wärmeren Amerika, meist kletternd, mit schönen großen Blüten. Im Griffel und den Staubfäden sah man Abbilder der Marterwerkzeuge Christi (Geißel, Dornenkrone und Nägel); Früchte essbar **(Granadillen, Grenadillen, Maracujas).**

Passions|spiel, Leiden und Sterben Jesu Christi in dramat. Gestaltung.

Passiv *das,* Ⓢ Leideform des Verbs; Ggs.: Aktiv.

Passiva *Pl.,* ✐ die auf der rechten Seite der Bilanz **(Passivseite)** ausgewiesenen Werte eines Unternehmens (Eigenkapital, Verbindlichkeiten).

passiver Widerstand, in polit. oder in Arbeitskämpfen Form der Auflehnung unter Verzicht auf Gewaltakte (z. B. Bummelstreik).

passives Wahlrecht → Wahlrecht.

Passivgeschäft → Banken.

Passung *die,* ⚙ bezeichnet Form und Art, wie zusammengehörige Teile, z. B. Welle und Lager, ineinander passen. Wirtschaftl. Fertigung und Austauschbarkeit ohne Nach- oder Passarbeit verlangen einheitl. Regelung des »Passens«. Dies geschah in Dtl. 1922 durch die **DIN-P.;** durch die internat. **ISO-P.** ersetzt. Diese legen u. a. die zulässigen Abweichungen **(Toleranzen)** vom Nennmaß (= Sollmaß), gestuft nach Genauigkeitsgraden **(Qualitäten),** sowie die Lage der Abweichungen **(Toleranzfeld)** fest und fassen zur Vereinfachung die Nennmaße zu **Durchmesserbereichen** zusammen, innerhalb deren Größe und Lage der Toleranz gleich bleiben.

Passus *der,* Abschnitt, Stelle einer Schrift.

Pastellmalerei, Malen mit trockenen Farbstiften, den Pastellstiften.

Pasternak, Boris Leonidowitsch, russ. Schriftsteller, * 1890, † 1960; Lyriker, Übersetzer (Goethe, Shakespeare, Rilke); Roman: »Doktor Schiwago«. Den Nobelpreis (1958) musste P. unter polit. Druck ablehnen.

Pasterze *die,* größter Gletscher der Ostalpen, in den Hohen Tauern, am Fuß des Großglockners, Österreich, 8,8 km lang, 19,6 km².

Pastete *die,* feine Fleisch-, Fisch- oder Gemüsespeise, die meist in Blätterteig gebacken wird.

Pasteur [pas'tœ:r], Louis, frz. Chemiker, Biologe, * 1822, † 1895; entdeckte die Mitwirkung von Bakterien an der Gärung, schuf die Grundlagen der Bakteriologie (Keimfreihaltung, Keimabtötung), stellte Impfstoffe gegen Tollwut, Milzbrand, Rotlauf her.

Pasteurisieren [...tø...; nach L. Pasteur], Erhitzungsverfahren zur Haltbarmachung von Lebensmitteln mit Temperaturen unterhalb von 100 °C. Die vermehrungsfähigen Formen von Mikroorganismen werden zu 90 bis 99 % abgetötet. Das P. wird z. B. bei Milch, Fruchtsäften, Limonaden und Bier angewendet.

Pastille *die,* Plättchen zum Lutschen.

Pastinak *der,* staudiger gelb blühender Doldenblütler; Wurzelgemüse.

Pasto, San Juan de P., Dep.-Hptst. in Kolumbien, 252 100 Ew.; 2 594 m ü. M.; Universität.

Pastor *der,* Seelsorger, bes. der ev. Geistliche.

Pastorale *das,* Schäferspiel; idyll. Musikstück.

Pastoraltheologie, Lehre von der Seelsorge.

pastos, Malerei: mit dickem Farbenauftrag.

Patagoni|en, südl. Teil Südamerikas. Im argentin. Ost-P. regenarmes, geröllübersätes Hochland mit zahlreichen Seen; Schafzucht; Erdölfelder. Der chilen. W mit Gletschern und Fjorden ist Teil der Anden.

Patau-Syndrom, Trisomie 13, ⚕ Erbkrankheit, überzähliges Chromosom 13; mit Schwachsinn, Taubheit, Krampfanfällen, organ. Missbildungen.

Pate *der,* **Patin** *die,* Taufzeuge, der für christl. Erziehung des **Patenkinds** bürgen soll. Nach kath. Auffassung bestand (bis 1983) zw. P. und Patenkind geistl. Verwandtschaft (Ehehindernis).

Patene *die,* in der christl. Kirche flache Schale für Hostien.

Patent *das,* ⚖ **1)** Urkunde, durch die für eine neue Erfindung ein Schutzrecht erteilt wird, geregelt im Patent-Ges. v. 5. 5. 1936/1. 1. 1981. Auch das Recht selbst wird P. genannt; es wird in einem Register **(P.-Rolle)** eingetragen. Ein P. wird erteilt, wenn die Erfindung eine techn. Neuheit darstellt und eine gewerbl. Verwertung gestattet. Das Recht auf das P. hat der Erfinder oder sein Rechtsnachfolger (Schutzdauer 20 Jahre). – **2)** Urkunde über eine öffentl. Rechtshandlung, durch die einem Privaten ein Recht verliehen wird (z. B. Kapitänspatent).

Patent|anwalt, akadem. freier Beruf zur Beratung und Vertretung auf dem Gebiet des gewerbl. Rechtsschutzes.

Pater *der,* Abk. **P.,** *Pl.* **PP.,** Ordensgeistlicher.

Paternoster *das,* Gebet: Vaterunser.

Paternoster|erbse, rote, schwarzfleckige, giftige Samen eines trop. Schmetterlingsblütlers; für Rosenkränze und als Zierrat.

Paternosterfahrstuhl, Personenaufzug mit ständig umlaufenden Kabinen.

Paterson ['pætəsn], Stadt in New Jersey, USA, 138 000 Ew.; Textil-, Maschinenindustrie.

Pathfinder ['pɑ:θfaɪndə(r)], im Dez. 1996 gestartete amerikan. Marssonde, erreichte im Juli 1997 den Mars und setzte dort das Roboterfahrzeug **Sojourner** frei, das von der Erde aus ferngesteuerte Erkundungsfahrten unternahm, spektroskop. Untersuchungen anstellte sowie herausragende Farbfotografien lieferte.

pathogen, krankheitserregend.

Pathogenese *die,* ⚕ Entstehungsgeschichte einer Krankheit.

Pathologie *die,* ⚕ Krankheitslehre und -forschung.

Pathos *das,* leidenschaftl., erhabener Ausdruck.

Patina *die,* grünl., braune oder schwarze Oberflächenschicht auf Metallen (Kupfer und Kupferlegierungen), entsteht durch Einwirken von Chemikalien.

Patio *der,* Innenhof span. Häuser.

Patisserie *die,* feines Kleingebäck; Feinbäckerei.

Patmos, griech. Insel des Dodekanes; Aufenthaltsort des Evangelisten Johannes; Kloster.

Patna, Hptst. des ind. Gliedstaates Bihar, am Ganges, 917 000 Ew.; Univ., Oriental. Bibliothek.

Patois [pato'a] *das,* in Frankreich: Mundart, Sprechweise der Landbevölkerung.

Paton [peɪtn], Alan, südafrikan. Erzähler, * 1903, † 1988; »Towards the mountain« (1980), »Journey continued« (1988).

Patras, Patrai, Hafenstadt auf der nördl. Peloponnes, Griechenland, 155 200 Ew.; Univ.; Wein-, Korinthenausfuhr; ⚓.

Patriarch *der,* **1)** A. T.: zunächst ein Familienoberhaupt, später v. a. die Stammväter Israels: Abraham, Isaak, Jakob (und dessen Söhne), bei Luther **Erzväter** genannt. – **2)** seit dem 5. und 6. Jh.: Bischöfe von Rom, Konstantinopel, Alexandria, Antiochia, Jerusalem. – **3)** Ehrentitel der Erzbischöfe von Goa, Venedig, Lissabon; Titel des Oberbischofs bei vielen Einzelkirchen der Ostkirchen.

patriarchalisch, nach Vorvätersitte, altväterlich.
Patriarchat *das,* **1)** der Geltungsbereich eines Patriarchen. - **2)** Vorrangstellung des Mannes in Familie, Gesellschaft, Politik, Kultur; Ggs.: Matriarchat.
Patrick ['pætrɪk], Missionar, Apostel Irlands, † 461; Heiliger (Tag: 17. 3.).
Patrimonialgerichtsbarkeit, die mit dem Besitz eines Ritterguts verbundene niedere Gerichtsbarkeit (in Dtl. 1877 beseitigt).
Patrimonium *das,* röm. Recht: das väterl. Erbteil. **P. Petri** (»Erbe des Apostels Petrus«), der älteste Teil des Kirchenstaats.
Patriotismus *der,* Vaterlandsliebe, vaterländ. Gesinnung.
Patristik *die,* **Patrologie,** Wiss., die die Schriften und Lehren der Kirchenväter behandelt.
Patrizi|er *der,* **1)** im alten Rom: Mitglied des Geburtsadels. - **2)** im MA.: vornehme Familien, aus denen Ratsmitglieder gewählt wurden.
Patroklos, griech. Sage: Freund des Achill, vor Troja von Hektor getötet.
Patron *der,* **1)** Schutz-, Schirmherr, Beschützer. - **2)** Schutzheiliger. - **3)** Inhaber des **Patronats,** der Schutzherrschaft über eine Kirche. - **4)** ⚓ Schiffs-, Handelsherr.
Patrone *die,* die zu einem Stück vereinigte (»Einheits-P.«), Geschoss und Treibladung, Zündhütchen und Metallhülse umfassende Munition der Faustfeuer-, Handfeuer- und Maschinenwaffen, z. T. auch der Geschütze. Spezielle P. ohne Geschoss sind die **Platz-P.** (nur Knallsatz), **Gas-P.** (Tränengas) und **Leucht-P.** (Treib- und Leuchtsatz).
Patrouille [pa'trʊljə] *die,* Spähtrupp, Streife.
Patt, Schach: unentschiedener Spielausgang; Sonderform des Remis; U Gleichheit der polit. Kräfte (z. B. parlamentar. P., nukleares P.).
Patternpainting ['pætən'peɪntɪŋ], dekorative Richtung der Malerei der 1970er-Jahre, die mit Schablonen Ornamente des Jugendstils, außereurop. Volkskunst u. a. zu farbenfrohen Kompositionen vereinigt.
Pau [po:], Stadt in SW-Frankreich, am Fuß der Pyrenäen, 83 900 Ew.; Univ., Ind., Weinhandel; heilklimatischer Kurort; Schloss (12. Jh. ff.).
Pauke *die,* **Kesselpauke,** Schlaginstrument mit veränderbarer Tonhöhe, ein mit Kalbfell oder Kunststoff bespannter Kupfer- oder Messingkessel.
Paukenhöhle, Höhlung des Mittelohrs.
Paul, Päpste: **1) P. III.** (1534 bis 1549), * 1468, † 1549; Gönner Michelangelos; bestätigte 1540 den Jesuitenorden; berief 1545 das Tridentin. Konzil ein. - **2) P. VI.** (1963 bis 1978), früher Giovanni **Montini,** * 1897, † 1978; 1954 Erzbischof von Mailand, 1958 Kardinal. Unter ihm wurden das II. Vatikan. Konzil 1965 zu Ende geführt, Kurie und Liturgie reformiert, das Kardinalskollegium erweitert.
Paul, Herrscher: **Griechenland. 1) P. I.,** König der Hellenen (1947 bis 1964), * 1901, † 1964. - **Jugoslawien. 2) P.,** Prinz von Jugoslawien, * 1893, † 1976; 1934 bis 1941 Prinzregent für Peter II. - **Russland. 3) P. I.,** Kaiser (1796 bis 1801), * 1754, † 1801; 1801 bei einer Offiziersverschwörung ermordet.
Paul, 1) Hermann, dt. Germanist, * 1846, † 1921; »Dt. Grammatik« (1916 bis 1920), »Dt. Wörterbuch« (1897). - **2)** Jean, dt. Dichter, → Jean Paul. - **3)** Wolfgang, dt. Physiker, * 1913, † 1993; erhielt 1989 mit N. F. Ramsay und H. G. Dehmelt den Nobelpreis für Physik für Arbeiten zur atomaren Präzisionsspektroskopie.
Pauli, Wolfgang, österr. Physiker, * 1900, † 1958; stellte das für den Atombau wichtige **P.-Prinzip** auf. Nobelpreis für Physik 1945.
Pauling ['pɔ:lɪŋ], Linus Carl, amerikan. Chemiker, * 1901, † 1994; 1954 Nobelpreis für Chemie für die Strukturaufklärung von Proteinen, 1962 Friedensnobelpreis als Gegner der Atombombenversuche.
Paulowni|e *die,* **Kaiserbaum, Blauglockenbaum,** großblättriger jap. Baum, violette Rachenblüten in 30 cm langen Rispen.
Paulskirche, ehem. ev. Kirche in Frankfurt am Main, 1848 bis 1849 Tagungsort der Frankfurter Nationalversammlung, heute Gedenkstätte.
Paulus, vor seiner Bekehrung **Saul,** der Heidenapostel, * Tarsus (Kilikien) um 10 n. Chr., † Rom um 60/62; zuerst Gegner der Christen, wurde um 32 vor Damaskus durch eine visionäre Erscheinung (Damaskuserlebnis) zum Jünger Jesu bekehrt. Seine Missionsreisen führten nach Zypern, Kleinasien (bes. Ephesos), Makedonien (bes. Philippi), Griechenland (bes. Korinth). Überall entstanden Gemeinden, mit denen P. in persönl. und schriftl. Verkehr stand. P. wurde 57/58 gefangen genommen, etwa 58/60 nach Rom überführt und dort hingerichtet. Seine Lehre ist in seinen Briefen im N. T. enthalten. Mittelpunkt ist die Botschaft von Jesus Christus, von dessen Tod, Auferstehung und Erhöhung. P. hat das Christentum den Ausdrucksformen der orientalisch-hellenist. Kulturwelt angepasst und ihm den Weg zur Weltreligion bereitet. - Heiliger, Tage: 29. 6. (Peter-und-Pauls-Tag), 25. 1. (Pauli Bekehrung).
Paulus, Friedrich, dt. Generalfeldmarschall, * 1890, † 1957; war 1942/43 mit der 6. Armee in Stalingrad eingeschlossen, verzichtete auf Befehl Hitlers auf einen Ausbruchsversuch, kapitulierte am 31. 1. 1943 auf eigene Verantwortung; bis 1953 in sowjet. Gefangenschaft, lebte ab 1953 in der DDR.
Paulus vom Kreuz, * 1694, † 1775; stiftete 1720 den Orden der Passionisten (innere und äußere Mission); Heiliger (Tag: 19. 10.).
Pausanias, 1) spartan. Feldherr, Führer der Griechen bei Plataiai 479 v. Chr. - **2)** griech. Schriftsteller aus Kleinasien, schrieb einen Reisebericht über Griechenland (zw. 160 und 180 n. Chr.).
Pauschale *die,* Gesamtabfindung anstelle von Einzelzahlungen. **Pauschbetrag,** Betrag, der ohne Ermittlung von Einzelzahlungen usw. berechnet wird.
Pause *die,* **1)** Durchzeichnung, auch kurz für Lichtpause. - **2)** Arbeitsunterbrechung. - **3) Pausenzeichen,** 📻 akust. oder opt. Signal zur Senderkennzeichnung.
Pausewang, Gudrun, dt. Schriftstellerin, * 1928; Kinder- und Jugendliteratur über Nachkriegszeit, Dritte-Welt-Probleme, atomare Gefahren.
Paustowskij, Konstantin Georgijewitsch, russ. Schriftsteller, * 1892, † 1968; Romane.
Pavarotti, Luciano, ital. Sänger (Tenor), * 1935; führend in Partien aus Opern G. Donizettis, G. Verdis und G. Puccinis, auch Konzertsänger.
Pavelić [-litɕ], Ante, kroat. Politiker, * 1889, † 1959; Führer der → Ustascha, 1941 Staatschef des »Unabhängigen Kroatien«.
Pavese, Cesare, ital. Schriftsteller, * 1908, † (Freitod) 1950; Romane »Junger Mond« (1950) u. a.
Pavia, Stadt in Oberitalien, am Tessin, 81 300 Ew.; Univ., Handel, Ind. - P. war 572 bis 774 Hptst. der Langobarden, kam 1359 an Mailand; 1525 wurde hier Franz I. von Frankreich von Kaiser Karl V. besiegt.
Paviane, Affen der Familie Hundsaffen, mit starkem Gebiss und grellroten Gesäßschwielen; leben auf Felsen in gebirgigen Gegenden Arabiens, Afrikas. **Mantel-P.,** mit langem Schulter- und Kopfhaar (Äthiopien bis Arabien); **Babuin** (Ostafrika). BILD S. 684
Pavillon ['pavɪljɔ̃] *der,* kleiner, meist frei stehender Bau in Garten- oder Parkanlagen; eingeschossige Einzelgebäude **(P.-System)** als Schul-, Büro- und Krankenhausbauten.
Pawlodar, Stadt in Kasachstan, 331 000 Ew.; Traktorenbau, Aluminiumwerk, Flusshafen.
Pawlow, Iwan, russ. Arzt, * 1849, † 1936; schuf die Lehre von den bedingten Reflexen. Nobelpreis für Physiologie oder Medizin 1904.

Papst Paul VI.

Figur des Apostels **Paulus** am Nordportal der Kathedrale in Reims (um 1230)

Luciano Pavarotti

Pavia
Stadtwappen

Octavio Paz

Pawlowa, Anna, russ. Balletttänzerin, * 1882, † 1931; »Der sterbende Schwan« (1907).

Pax, röm. Göttin des Friedens.

Payerne [pa'jɛrn], Stadt im schweizer. Kt. Waadt, 7 300 Ew.; entstanden um ein 962 gegr. Kloster; die ehem. Abteikirche ist eine der bedeutendsten roman. Klosterkirchen der Schweiz (roman. und got. Malereien).

Paz [pas], Octavio, mexikan. Schriftsteller, * 1914; visionäre, surrealist. Lyrik, Essays; 1984 Friedenspreis des Dt. Buchhandels, 1990 Nobelpreis für Literatur.

Pazifikpakt, ANZUS-Pakt, 1951 in San Francisco geschlossenes Verteidigungsbündnis zw. Australien, Neuseeland (1986 ausgeschieden) und den USA, ergänzt 1954 durch den Südostasiatischen Sicherheitsvertrag (SEATO).

Pazifischer Ozean, Pazifik, Großer Ozean, Stiller Ozean, größte Wasserfläche der Erde, zw. Amerika im O und Asien und Australien im W, 181,34 Mio. km^2; Nebenmeere: Bering-, Ochotskisches, Jap., Gelbes, Ostchin. Meer, Australasiat. Mittelmeer, Arafurasee mit Carpentaria- und Kaliforn. Golf. Seine mittlere Tiefe beträgt 4 188 m (ohne Nebenmeere), die größte 10 924 m (Marianengraben). Der SW-Teil, »Südsee«, ist reich an Inseln, bes. Atollen (Melanesien, Mikronesien, Polynesien). Hauptströmungen: Nordäquatorialstrom mit dem warmen Kuroshio-Strom und Südäquatorialstrom. In den ostasiat. Gewässern sind Taifune gefürchtet. Der P. O. ist im Allg. tierarm, nur die kalten Strömungen der amerikan. Küsten, Alaskas und die ostasiat. Gewässer sind fischreich. – Die 1. Überquerung des P. O. gelang Magalhães 1520/21 auf seiner Fahrt um die Erde.

Pazifismus *der,* geistige Strömung innerhalb der Friedensbewegung bzw. antimilitaristischer Bewegungen, die sich durch die Ablehnung von (militär.) Gewalt auszeichnet.

Robert Peary

Pb, chem. Symbol für das Element Blei.

PC, 1) Abk. für →Polycarbonate. – **2)** Abk. für →Personalcomputer.

p. Chr., Abk. für lat.: **p**ost **Chr**istum (natum), nach Christi Geburt.

PCP, Abk. für →**P**enta**c**hlor**p**henol.

Pd, chem. Symbol für das Element Palladium.

PDS, Abk. für →**P**artei des **D**emokratischen **S**ozialismus.

Peace Corps ['pi:s 'kɔ:], dt. **Friedenskorps,** amerikan. Organisation freiwilliger Entwicklungshelfer, geschaffen 1961; Vorbild für europ. Entwicklungsdienste.

Peace River ['pi:s 'rɪvə], Fluss in Kanada, 1 920 km lang, kommt mit 2 Quellflüssen aus dem Kanad. Felsengebirge, nach der Vereinigung mit dem Großen Sklavenfluss Quellfluss des Mackenzie.

Peak [pi:k] *der,* Bergspitze.

Pearl Harbor ['pə:l 'hɑ:bə], Flottenstützpunkt der USA auf der Hawaii-Insel Oahu. Der Überfall der Japaner auf P. H. am 7. 12. 1941 (u. a. sechs versenkte amerikan. Schlachtschiffe) eröffnete den jap.-amerikan. Krieg.

Charles J. Pedersen

Peary ['pɪərɪ], Robert, amerikan. Polarforscher, * 1856, † 1920; stellte 1901 die Inselnatur Grönlands fest, erreichte 1909 den Nordpol.

Péc [pɛ:tɕ], Stadt in Kosovo, Jugoslawien, 42 100 Ew.; 1346 bis 1766 serbisch-orth. Patriarchat; bei P. das ehem. Patriarchenkloster mit 3 Kirchen, Kapelle und Narthex (13./14. Jh.; bedeutende Fresken).

Pech *das,* **1)** zähflüssige, braune bis schwarze Masse, Rückstand bei der Destillation von Steinkohlenteer und Erdöl; zur Brikettierung von Kohlen, zum Wasserdichtmachen, zur Isolierung. – **2)** Ü Unglück.

Pechblende, Uran|pech|erz, U_3O_8, das wichtigste Uranerz.

Pechkohle →Gagat.

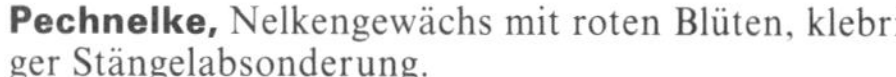

Pechnelke, Nelkengewächs mit roten Blüten, klebriger Stängelabsonderung.

Pechstein, Max, dt. Maler, Grafiker, * 1881, † 1955; entwickelte in Grafiken und Gemälden die dekorativen Möglichkeiten des Expressionismus; Mitglied der »Brücke«.

Peck, Gregory, amerikan. Filmschauspieler, * 1916; Charakterdarsteller, u. a. »Moby Dick« (1956).

Peckinpah, Sam, amerikan. Filmregisseur, * 1925, † 1984; Stilisierung von Gewalt (u. a. »Getaway«, 1972).

Pedal *das,* **1)** mit dem Fuß betätigter Hebel oder Kurbel **(Tretkurbel)** zum Übertragen einer Bewegung. – **2)** Fußhebel bei Harfe, Klavier, Pauke; bei der Orgel die mit den Füßen zu spielende Tastenreihe.

Pedanterie *die,* übersteigerter Ordnungssinn, peinl. Genauigkeit.

Peddigrohr, Rattan, die dünnen Stängel der →Schilfpalme.

Pedersen ['pɛ-], Charles J., amerikan. Chemiker, * 1904, † 1989; erhielt 1987 mit D. J. Cram und J.-M. Lehn den Nobelpreis für Chemie für Forschungen zur supramolekularen Chemie.

Pediküre *die,* Fußpflege.

Pedro, Kaiser von Brasilien: **1) P. I.** (1822 bis 1831), * 1798, † 1834; Sohn des port. Königs Johann VI.; machte Brasilien selbstständig. – **2) P. II.** (1831 bis 1889), * 1825, † 1891; Sohn von 1); hob die Sklaverei auf (1888); dadurch Sturz des Kaisertums.

Peel [pi:l], Sir Robert, brit. Staatsmann, * 1788, † 1850; mehrfach Min., 1834 bis 1835 und 1841 bis 1846 Premiermin.; Führer der Konservativen, ging 1846 zur Freihandelsbewegung über und hob die Getreidezölle auf.

Mantel-**Pavian**

Peene *die,* **1) Peenestrom,** westl. Mündungsarm der Oder. – **2)** schiffbarer Fluss in Meckl.-Vorp., mündet in 1).

Peenemünde, ehem. Fischerdorf im NW von Usedom, Meckl.-Vorp., am Peenestrom, 1936 bis 1945 Forschungsstelle für Raketen- und Fernlenkwaffen (heute Museum). Nach dem 2. Weltkrieg Stützpunkt der Volksmarine der DDR; nach der dt. Wiedervereinigung von der Bundesmarine aufgegeben.

Peepshow, auf sexuelle Stimulation zielendes Sich-zur-Schau-Stellen einer (meist weibl.) nackten Person, die gegen Geldeinwurf durch das Guckfenster einer Kabine betrachtet werden kann.

Peer ['pɪə] *der,* in Großbritannien: Mitglied des hohen Adels, der das Recht auf Sitz und Stimme im Oberhaus hat. Die Würde vererbt sich nach dem Erstgeburtsrecht. Rangstufen: Duke (Herzog), Marquess, Earl (Graf), Viscount und Baron; Titel: Lord.

Pegasus *der,* **1)** griech. Sage: Flügelross, dessen Hufschlag die Musenquelle Hippokrene hervorbrachte; daher übertragen »Dichterross«. – **2)** ✫ Sternbild des nördl. Himmels.

Pegel *der,* Vorrichtung zum Messen des Wasserstands; Latte mit Maßeinteilung oder Gerät mit Schwimmer und Zeiger (P.-Uhr).

Pegnitz *die,* Fluss in Franken, Bayern, 85 km, fließt durch Nürnberg, mündet bei Fürth in die Regnitz.

Péguy [pe'gi], Charles, frz. Schriftsteller, * 1873, † (gefallen) 1914; Vertreter des Renouveau Catholique.

Pehlewi ['pɛçlevi], **Pahlawi,** mittelpers. Sprache; die P.-Schrift ist aus der aramäischen Schrift abgeleitet.

Pei [pɛɪ], Ieoh Ming, amerikan. Architekt, * 1917; geometr. Bauten, u. a. Ostflügel der National Gallery of Arts in Washington, D. C. (1978) und Glaspyramide im Hof des Louvre, Paris (1989).

Peichl, Gustav, österr. Architekt, * 1928; schuf u. a. die Kunsthalle in Bonn (1986); auch Karikaturist (Pseudonym **Ironimus**).

Peilen, Richtungs- und Standortbestimmung von Schiffen, Flugzeugen usw.

Peine, Krst. in Ndsachs., 46 000 Ew.; am Mittellandkanal; Stahlwerke, Erdölraffinerie.

peinlich, ehemals von Strafen, bei Gericht: Leib und Leben betreffend; **peinliche Befragung,** → Folter.

Peipus|see, See in Russland, 2 670 km^2; sein Abfluss ist die Narwa.

Peirce [pəːs, pɪəs], Charles Sanders, amerikan. Philosoph, * 1839, † 1914; Begründer des Pragmatismus, Mitbegründer der math. Logik.

Peisistratos, Tyrann von Athen (um 546 bis 528/527 v. Chr.).

Peitschenwurm, Fadenwurm, bis 5 cm lang, harmloser Darmschmarotzer des Menschen.

Pekari, kleines tropisch-amerikan. Nabelschwein mit stark riechender Rückendrüse.

Pekinese *der,* langhaariger Zwerghund aus China.

Peking, amtl. **Beijing** [bɛɪdʒɪŋ], Hptst. der VR China, rd. 7 Mio. Ew., als eigenes Verw.-Gebiet 10,9 Mio. Ew. P. umfasst die Mandschustadt mit dem ehem. kaiserl. Palast-Bez. »Verbotene Stadt« (gehört zum Weltkulturerbe) und dem Gesandtschaftsviertel, ferner die Chinesenstadt. P. hat Tempel, Paläste, Museen, mehrere Universitäten, zahlreiche Hochschulen, Akademien, Kernforschungszentrum u. a.; Textil-, Gummi-, Elektro-, Leder-, Glasind. – Seit etwa 1000 v. Chr. Hptst. versch. Dynastien, zuletzt bis 1911/12 der Mandschukaiser. Nach Einnahme P.s durch die Kuo-min-tang war Nanking 1928 bis 1945 die Hptst. Chinas. 1937 wurde P. von den Japanern, 1945 wieder von den Kuo-min-tang, 1949 von den chin. Kommunisten erobert.

Pekingmensch, Sin|anthropus, bei Peking entdeckte Reste einer sehr altertüml. Menschenform, die dem Java-Menschen (Pithecanthropus) ähnelt. Er besaß Feuer, fertigte Steinwerkzeuge.

Pektin *das,* Gallertstoffe in Pflanzen, bewirken das Gelieren der Fruchtsäfte.

Pektorale *das,* Brustschnalle für den Chormantel des kath. Priesters; Brustkreuz.

Pelagianer, Anhänger des irischen Mönchs **Pelagius** († nach 418), der die Erbsünde leugnete und eine natürl. Fähigkeit des Menschen zum Guten behauptete; von Augustinus bekämpft.

Pelagische Inseln, vulkan. Inselgruppe südl. von Sizilien, Italien; Fremdenverkehr auf Lampedusa.

Pelargoni|e *die,* **Gerani|e,** Gattung der Storchschnabelgewächse, mit gespornten Blüten; z. T. Zierpflanzen, u. a. Edel-P., Efeu-P. (Hängegeranien).

Pelasger, Urbewohner Griechenlands.

Pelé, eigentl. Edson **Arantes do Nascimento,** brasilian. Fußballspieler, * 1940; 78 Länderspieleinsätze, dabei 3 gewonnene Weltmeisterschaften (1958, 1962, 1970).

Die ehemalige Audienzhalle (1420) in der »Verbotenen Stadt« in **Peking**

Pelerine *die,* ärmelloser Umhang.

Peleus, griech. Sage: Herrscher der Myrmidonen, Vater des Achill.

Pelias, griech. Sage: Sohn Poseidons, sandte Iason nach dem Goldenen Vlies aus. Nach Iasons Rückkehr wurde P. auf Medeas Anstiftung von seinen Töchtern (außer Alkestis) zerstückelt und in einem Zaubertrank gekocht.

Pelide *der,* Beiname Achills.

Pelikane, Familie der Ruderfüßer mit Kehlsack für die Fischbeute; leben im südl. Europa, in Afrika, S-Asien; sind Symbol der christl. Liebe.

Pelikan

Pelion, Pilion, bewaldetes Gebirge auf der griech. Halbinsel Magnesia, 1 551 m hoch.

Pella, Hptst. des alten Makedonien, bei Saloniki.

Pellagra *das,* auf Mangel an Vitamin B (Niacin) beruhende Krankheit; in Entwicklungsländern.

Pellworm, nordfries. Insel, Schlesw.-Holst., 37 km^2, 1 500 Ew.; Nordseebad, Solar- und Windkraftwerk.

Pelopidas, theban. Heerführer, † (gefallen) 364 v. Chr.; befreite 379 v. Chr. Theben von den Spartanern, entschied 371 die Schlacht von Leuktra.

Peloponnes *der,* fachsprachl. *die,* früher auch **Morea,** südl. Halbinsel Griechenlands, 21 379 km^2; mit dem Festland verbunden durch die Landenge von Korinth. Hauptort: Patras.

Peloponnesischer Krieg, Kampf zw. Athen und Sparta 431 bis 404 v. Chr., endete mit der Niederlage Athens.

Pelops, griech. Sage: Sohn des Tantalos, wurde als Kind von diesem geschlachtet und den Göttern als Speise vorgesetzt, von ihnen aber neu belebt. Seine Nachkommen sind die **Pelopiden.**

Pelota *die,* squashähnl. bask. Mannschaftsspiel.

Pelotas, Stadt im brasilian. Staat Rio Grande do Sul, 291 200 Ew.; Nahrungsmittelind., ⚓ ✈.

Peltier-Effekt [pɛl'tje-, nach dem frz. Physiker J. C. A. Peltier, * 1785, † 1845], ⚡ thermoelektr. Effekt an der Lötstelle eines Thermoelements: Fließt ein elektr. Strom durch die Lötstelle, so tritt je nach der Stromrichtung Abkühlung oder Erwärmung ein; Ggs.: Seebeck-Effekt.

Peltonrad → Wasserturbine.

Pelvis *die,* ⚕ ♡ der Beckengürtel.

Pelzflatterer, Riesengleitflieger, katzengroße Säugetiere mit Flughäuten; Baumbewohner in SO-Asien.

Pelztiere, Säugetiere, die wegen ihres Fells zur Pelzgewinnung gejagt oder gezüchtet werden: Nerz, Nut-

Krzysztof Penderecki

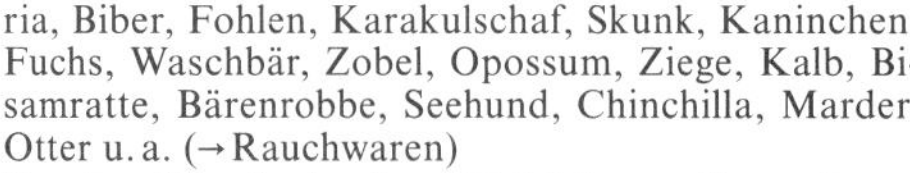
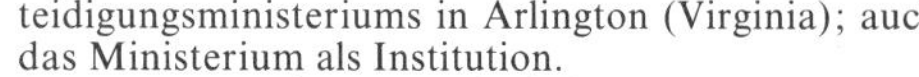

ria, Biber, Fohlen, Karakulschaf, Skunk, Kaninchen, Fuchs, Waschbär, Zobel, Opossum, Ziege, Kalb, Bisamratte, Bärenrobbe, Seehund, Chinchilla, Marder, Otter u. a. (→ Rauchwaren)

Pemba, Koralleninsel vor O-Afrika, zu Tansania gehörig, 984 km², 257 000 Ew.; Gewürznelkenpflanzungen.

Pemphigus *der,* ⚕ Blasenausschlag.

P. E. N., PEN-Club, internat. Vereinigung von Dichtern, Essayisten, Romanschriftstellern (**P**oets, **E**ssayists, **N**ovelists), 1921 in London gegründet.

Penalty [ˈpenəltɪ] *die,* Strafstoß (Elfmeter; Fußball), Strafschuss (Eishockey).

Penaten *Pl.,* altröm. Hausgötter.

Pence [pens] *Pl.* → Penny.

Penck, A. R., eigentl. Ralf **Winter,** dt. Maler, Grafiker, Bildhauer, * 1939; zeichenhaft verkürzte Bildsprache in der Nähe des Neoexpressionismus.

Pendel *das,* um eine Achse oder einen Punkt frei drehbarer Körper, der unter dem Einfluss der Schwerkraft eine period. Bewegung ausführt. Beim **math. P.,** dessen Masse man sich in einem Punkt vereinigt denkt, ist die Schwingungsdauer bei kleinen Schwingungen proportional der Wurzel aus der P.-Länge. Jedes wirkliche **(physikal.) P.** schwingt langsamer als ein gleich langes math. Pendel.

Pennsylvania Flagge

Pendel|achse, Achsbauart für Kraftwagen: Die Räder sind unabhängig voneinander abgefedert.

Penderecki [pɛndɛˈrɛtski], Krzysztof, poln. Komponist, * 1933; experimentelle Orchesterwerke, Vokalmusik, Opern.

Pendolino *der,* ital. Eisenbahnentwicklung, deren Wagenaufbauten sich bei Kurvenfahrten über eine computergesteuerte Hydraulik zur Seite neigen und damit eine höhere Geschwindigkeit erlauben; in Dtl. seit 1992 eingesetzt.

Penelope, Gemahlin des Odysseus.

Penicillin, Penizillin *das,* erstes, 1928 von A. Fleming entdecktes, seit 1940 in der Heilkunde verwendetes Antibiotikum; aus einem Schimmelpilz hergestellt. Neben natürl. gibt es biosynthetisch und halbsynthetisch hergestellte **Penicilline.**

Penis *der,* männl. Glied.

Penn, William, engl. Quäkerführer, Gründer von Pennsylvania, * 1644, † 1718; gründete 1683 Philadelphia, praktizierte unbedingte Religionsfreiheit, gewann das Vertrauen der Indianer.

Javier Pérez de Cuéllar

Penninische Alpen → Walliser Alpen.

Penninisches Gebirge, engl. **Pennines,** Gebirgszug in N-England, bis 893 m.

Pennsylvania [-ˈveɪnjə], Abk. **Pa.,** einer der mittleren atlant. Staaten der USA, 117 348 km², 11,88 Mio. Ew. Hptst.: Harrisburg. Hauptflüsse: Delaware, Susquehanna, Allegheny. Erzeugung von Getreide, Obst, Tabak; Milchwirtschaft. ⚒ auf Kohle, Erdöl, Erdgas. Stark industrialisiert (Schwer-, Textil-, chem., Tabak- u. a. Ind.). – P. wurde von W. Penn gegründet. Seit 1683 starke dt. Einwanderung.

Penny *der,* Pl. **Pence** (Wertangabe) oder **Pennies** (als Ausdruck mehrerer einzelner Stücke), Abk.: **p,** kleinste brit. Münzeinheit (1 £ = 100 Pence).

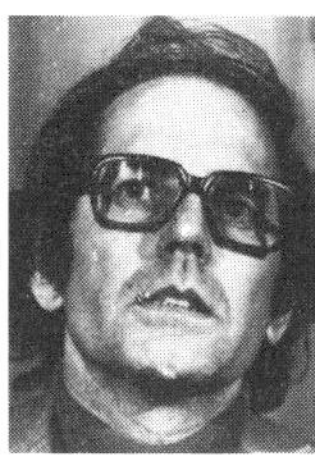
Adolfo Maria Pérez Esquivel

Penone, Giuseppe, ital. Künstler, * 1947; Vertreter der Arte povera.

Pensa, Ind.stadt in Russland, an der Sura, 543 000 Ew.; 5 Hochschulen, botan. Garten; Eisenbahnknotenpunkt.

Pension [auch: pãzi̯-, paŋzi̯-] *die,* **1)** Ruhegehalt; Witwen- und Waisengeld. – **2)** Fremdenheim mit Beköstigung. – **3) Pensionat,** Internat für junge Mädchen.

Pentachlorphenol *das,* Abk. **PCP,** giftige organ. Verbindung, Konservierungs- und Imprägniermittel.

Pentagon *das,* **1)** Fünfeck. – **2)** [ˈpɛntagɔn], in den USA Name des 1941/42 über einem fünfeckigen Grundriss errichteten Gebäudes des amerikan. Verteidigungsministeriums in Arlington (Virginia); auch das Ministerium als Institution.

Pentagramm *das,* → Drudenfuß.

Pentameter *der,* fünffüßiger daktyl. Vers, bildet mit dem Hexameter das Distichon.

Pentane *Pl.,* 3 isomere Kohlenwasserstoffe der Zusammensetzung C_5H_{12}; wichtiger Bestandteil des Benzins.

Pentateuch *der,* **5 Bücher Mose:** Genesis (1. Mos.), Exodus (2. Mos.), Levitikus (3. Mos.), Numeri (4. Mos.) und Deuteronomium (5. Mos.), wird nach dem Babylon. Exil als → Thora bezeichnet.

Pentathlon *das,* altgriech. Fünfkampf: Lauf, Weitsprung, Diskus-, Speerwurf, Ringen.

Pentatonik *die,* Tonordnung, die sich auf 5 Töne innerhalb des Oktavraums beschränkt und ursprünglich keine Halbtöne aufweist: f g a . c d . f g (Südsee, O-Asien, Afrika). Eine jüngere Form: e f . a h c . e f liegt der jap. Musik zugrunde.

Pentelikon *das,* griech. Berg auf Attika, 1109 m; **pentel. Marmor** wurde u. a. für Bauten der Athener Akropolis verwendet.

Penthesilea, griech. Sage: Königin der Amazonen, von Achill getötet.

Penthouse [ˈpenthaʊs] *das,* exklusive Wohnung auf dem Flachdach eines Hochhauses.

Pentlandit *der,* wichtiges Nickelerz, bes. in Magnetkies-Lagerstätten (Kanada).

Penzoldt, Ernst, dt. Dichter, Bildhauer, * 1892, † 1955; schrieb Schauspiele, heitere Romane (»Die Powenzbande«, 1930).

Pepita *der* oder *das,* Gewebe in klein karierter Musterung.

Pepping, Ernst, dt. Komponist, * 1901, † 1981; Vertreter neuer ev. Kirchenmusik.

Pepsin *das,* Eiweiß abbauendes Enzym des Magensaftes.

Peptide *Pl.,* Zwischenprodukte beim Abbau der Eiweiße.

per..., durch, für.

Perborate *Pl.,* Salze aus Borsäure und Natriumperoxid; Bleichmittel.

Percht, Berchta, oberdt. Volksglaube: Sagengestalt, die in den Zwölfnächten (25. 12. bis 6. 1.) helfend oder schadend durch die Lüfte fährt. Maskenbrauchtum: **Perchtenlauf.**

Pereira, Stadt in Zentralkolumbien, 335 000 Ew.; TU; Zentrum eines Kaffeeanbaugebiets.

Père-Lachaise [pɛ:r laˈʃɛ:z], Friedhof in Paris, Gräber bedeutender Persönlichkeiten.

perennierend, mehrfach überwinternd, mehrjährig.

Peres, Shimon, früher S. **Persky,** israel. Politiker, * 1923; mehrfach Min., 1984 bis 1986 Min.-Präs., seit 1977 Führer der Israel. Arbeiterpartei; seit 1992 Außenmin., nach der Ermordung von I. → Rabin 1995 bis 1996 Min.-Präs. und Verteidigungs-Min.; 1994 Friedensnobelpreis (mit J. Arafat und I. Rabin).

Perestroika, Bezeichnung für die geplante Umgestaltung des polit. Systems der UdSSR im Hinblick auf Demokratisierung des öffentl. Lebens und eine leistungsfähigere Wirtschaft im Rahmen der Reformpolitik M. Gorbatschows. Ihr Scheitern mündete 1991 in den Zerfall der UdSSR.

Pérez de Ayala [ˈperɛð ðe aˈjala], Ramón, span. Schriftsteller, * 1881, † 1962; Lyrik, Romane. 1931 bis 1936 Botschafter in London.

Pérez de Cuéllar [ˈperes ðe kueˈʎar], Javier, peruan. Diplomat, * 1920; war 1982 bis 1992 Gen.-Sekr. der UNO.

Pérez Esquivel [ˈperes eskiˈβel], Adolfo Maria, argentinischer Bildhauer und Menschenrechtskämpfer, * 1931; erhielt für seinen gewaltlosen Einsatz für die Menschenrechte den Friedensnobelpreis 1980.

Perfekt, Perfektum *das,* Ⓢ Vollendung in der Gegenwart, z. B. er hat gesprochen.
perfid, treulos, hinterlistig. Substantiv: **Perfidie.**
Perforation *die,* **1)** Loch- oder Schlitzlinie in Papier u. a. – **2)** ⚕ verletzungs- und krankheitsbedingte Durchtrennung von Gewebsschichten, v. a. bei Hohlorganen (z. B. Magen, Wurmfortsatz).
Performance [pəˈfɔːməns] *die,* allg.: Aufführung oder Vorstellung; i. e. S. bes. die von avantgardist. Künstlern. **P. Art,** eine in den 1970er-Jahren aus den USA kommende Form der Aktionskunst, die Happenings und Fluxusveranstaltungen ablöste.
Pergament *das,* Beschreibstoff aus enthaarten, geglätteten, getrockneten Tierhäuten.
Pergamon, in der Antike: Hptst. des **Pergamen. Reichs,** das in Mysien (Kleinasien) 280 v. Chr. gegr. wurde und 133 v. Chr. an Rom fiel. Dt. Ausgrabungen seit 1878 bei der heutigen türk. Stadt **Bergama** legten Burg, Tempel, Paläste frei. Die Skulpturen des **P.-Altars** (zw. 180 und 160 v. Chr.) stehen in Berlin (P.-Museum).
Pergola *die,* ⌂ auf Pfeilern oder Säulen ruhender Laubengang, auch Lattengerüst für Weinstöcke oder Rankgewächse.
Pergolesi, Giovanni Battista, ital. Komponist, * 1710, † 1736; komische Opern, u. a. »La serva padrona« (1733); Kirchenmusik (»Stabat mater«).
peri..., um ... herum, z. B. Peripherie.
Perigäum *das,* → Apsiden.
Perigon *das,* ⚘ Blütenhülle mit gleich gestalteten Blumen- und Kelchblättern.
Périgueux [periˈgø], Stadt in SW-Frankreich, Hauptort des Périgord, 35 400 Ew.; röm. Baureste, mittelalterl. Stadtbefestigung.
Perihel *das,* → Apsiden.
Perikard *das,* ⚕ der Herzbeutel. **Perikarditis** *die,* Herzbeutelentzündung.
Perikles, griech. Staatsmann, * nach 500, † 429 v. Chr.; wurde, gestützt auf das Volk, seit etwa 460 der maßgebende Führer Athens, das unter ihm die höchste Blüte erreichte (**perikleisches Zeitalter;** Bau der Akropolis).
Perikope *die,* Bibelabschnitt; beim Gottesdienst Lesestück und Predigttext.
peri|natal, um die Zeit der Geburt.
Periode *die,* **1)** regelmäßige Wiederkehr einer Erscheinung, z. B. Umläufe von Gestirnen. – **2)** √ Wiederkehr oder Wiederholung, etwa die Ziffernfolge 54 in dem period. Dezimalbruch $^6/_{11}$ = 0,5454... – **3)** ⚕ → Menstruation. – **4)** Zeitabschnitt, Zeitraum. – **5)** Ⓢ langer Satz.
Periodensystem der Elemente, ⚗ systemat. tabellarische Anordnung der chem. Elemente nach ihrem Atombau, bei der Elemente mit verwandten chem. Eigenschaften untereinander zu stehen kommen; z. B. enthält die Gruppe I die Alkalimetalle, die Gruppe II die Erdalkalimetalle, Gruppe VII die Halogene. Die den Elementen im P. d. E. zugeordnete **Atomnummer** stellte sich später als identisch mit der Kernladungszahl (Zahl der Protonen im Kern, ihr entsprechend Zahl der Elektronen der Hülle) heraus. – Das P. d. E. wurde 1869 gleichzeitig und unabhängig voneinander von D. I. Mendelejew und Lothar Meyer entdeckt.
Periöke *der,* im griech. Altertum der persönlich freie, aber politisch rechtlose Einwohner, bes. in Sparta.
Periost *das,* Knochenhaut (→ Knochen).
Peripatetiker *der,* Philosoph aus der Schule des Aristoteles (nach der Wandelhalle [»Peripatos«], wo Aristoteles gehend lehrte).
Peripetie *die,* in der Tragödientheorie des Aristoteles der Wendepunkt, von dem an die dramat. Handlung notwendig der Katastrophe zutreibt.
Peripherie *die,* Umfangslinie einer begrenzten Fläche, z. B. des Kreises. **P.-Geräte,** Geräte, die an die Zentraleinheit einer Rechenanlage angeschlossen werden können.
Periskop *das,* → Sehrohr.
Peristaltik *die,* ⚕ bei Hohlorganen (z. B. Darm) die fortschreitende Zusammenziehung der Ringmuskeln zum Vorwärtstreiben des Inhalts.
Peristyl *das,* ⌂ Säulenhalle um den Innenhof des altgriech. und röm. Wohnhauses.
Peritoneum *das,* ⚕ Bauchfell. **Peritonitis** *die,* Bauchfellentzündung.
Perkins [ˈpəːkɪnz], Anthony, amerikan. Schauspieler, * 1932, † 1992; Darsteller leicht neurot. Typen in Filmen wie »Lieben Sie Brahms?« (1960), »Psycho« (1960), »Mord im Orientexpress« (1974), »Psycho II« (1983), »Psycho III« (1986).

Anthony Perkins

Perkussion *die,* **1)** Erschütterung, Stoß, Schlag. – **2)** ⚕ Beklopfen des Körpers, um aus dem Schall Schlüsse auf die inneren Organe zu ziehen. – **3)** 𝄞 **P.-Instrumente,** Schlaginstrumente, das Schlagzeug. – **4) P.-Gewehr,** ⚔ ein Vorderlader.
perkutan, durch die unverletzte Haut hindurch.
Perle, Kügelchen aus Perlmutter, das als krankhafte Bildung bei vielen Weichtierarten, bes. Perlmuscheln, zw. Mantel und Schale entsteht. Um den »Perlkern« wird innerhalb von Jahren dauernd neuer Perlstoff abgelagert. Die Muscheln werden durch Taucher oder mit Netzen heraufgeholt **(Perlfischerei). Zucht-P.** werden durch Einschieben von kleinen Fremdkörpern oder Injizieren einer Ölmasse in gesunde Seeperlmuscheln erzeugt.
Perleberg, Krst. in der W-Prignitz, Bbg., 14 000 Ew.; Fleischverarbeitung, Holzindustrie; Rolandsfigur (1546), Fachwerkhäuser (17. Jh.).
Perlgras, zierl. Gras mit hängenden Ährchen in einer Rispe, wächst im Laubwald.
Perlhuhn, afrikan. Unterfamilie der Fasanenartigen, schwarzgrau, weiß getupft, mit Knochenhelm oder Federbusch; einige Arten auch als Hausgeflügel.
Perlman [ˈpəːlmən], Itzhak, israel.-amerikan. Violinist, * 1945; Interpret klass. und romant. Violinkompositionen.
Perlmutter *die,* auch *das,* **Perlmutt** *das,* Schicht aus dünnen Kalkblättchen in Weichtier-, bes. Muschelschalen; für Schnitz- und Einlegearbeiten.
Perlmutterfalter, Tagschmetterlinge; auf der Flügelunterseite perlmutterfarbige Flecken.
Perlon *das,* Handelsname für Kunstfasern aus Polyamiden.
Perlpilz, Speisepilz (nur gekocht!); Verwechslungsmöglichkeit mit giftigem Pantherpilz.
Perlwein, durch Zusatz von Kohlensäure leicht schäumender Weiß- oder Rotwein.
Perlzwiebel, Brutzwiebeln versch. Laucharten; auch kleine, in Essig eingelegte Zwiebeln.
Perm *das,* früher **Dyas,** System des Erdaltertums (→ Erdgeschichte, ÜBERSICHT).
Perm, Gebietshptst. in Russland, an der Kama, 1,09 Mio. Ew.; Univ.; vielseitige Ind., Flughafen.
Permanenz *die,* Fortdauer, Ständigkeit.
Permeabilität *die,* **1)** ⚗ Durchlässigkeit von Scheidewänden. – **2)** ⚛ Größe, die angibt, wievielmal sich die magnet. Induktion durch einen in das Magnetfeld gebrachten Stoff vergrößert oder verkleinert. Für paramagnet. Stoffe ist die P. etwas größer, für diamagnet. etwas kleiner als 1; bes. groß ist sie für ferromagnet. Stoffe, einige 1 000 bis 100 000.
Permoser, Balthasar, dt. Bildhauer, * 1651, † 1732; Hofbildhauer in Dresden; u. a. Skulpturen am Zwinger.
Permutite *Pl.,* ⚗ kristallisierte Mineralien, komplexe Natrium-Aluminium-Silikate, die bestimmte Stoffe aus wässrigen Lösungen gegen mineraleigene Stoffe austauschen. **Permutitverfahren** zur Wasserenthärtung mit Permutiten.

Pernik, Stadt in Bulgarien, 97 200 Ew.; Braunkohlenbergbau, Stahlwerk, Maschinenbau.

perniziöse Anämie, biermersche Krankheit, Blutkrankheit mit zu wenig roten Blutkörperchen und Fehlen von Magensäure. Anzeichen sind Ermüdung, Gewichtsabnahme, Zungenbrennen. Behandlung: Injektionen von Vitamin B_{12}.

Pernod [-'no] *der,* Handelsname eines aus Wermut, Anis u. a. Kräutern hergestellten alkohol. Getränks.

Juan Domingo Perón

Perón, Juan Domingo, argentin. General, Politiker, * 1895, † 1974; beteiligt an den Staatsstreichen 1942 bis 1944, wurde 1946 Staatspräs., 1955 gestürzt, lebte bis 1973 im Exil, wurde 1973 zum Staatspräs. gewählt. Anteil an seinem Aufstieg hatte seine 2. Frau Eva Duarte de P. (* 1919, † 1952). Nach P.s Tod übernahm seine 3. Frau María Estela (Isabelita) Martínez de P. (* 1931) die Präsidentschaft (1976 von Militärs gestürzt).

Peronosporales, wiss. Name der Falschen Mehltaupilze, z. B. an Weinreben; auch der **Blauschimmel** der Tabakpflanze.

per|oral, per os, ⚕ durch den Mund.

Per|oxide *Pl.,* ⚗ Abkömmlinge des Wasserstoffperoxids, die anstelle der Wasserstoffatome ein Metall enthalten, wie **Natrium-P.,** Na_2O_2.

Perpendikel *der, das,* **1)** Uhrpendel. – **2)** Lot.

Perpetu|um mobile *das,* Maschine, die ohne Energiezufuhr Arbeit leisten soll; sie ist mit den Naturgesetzen nicht vereinbar.

persische Kunst Achaimenidische Säule aus dem Palast Dareios' I. in Persepolis (um 510 v. Chr.)

Perpignan [pɛrpi'ɲã], Stadt in S-Frankreich, Hauptort des Roussillon, nahe dem Mittelmeer, 108 000 Ew.; Kathedrale, maur. Zitadelle; Handel, Ind. – P. kam 1659 von Spanien an Frankreich.

per procura, Abk. **p. p., ppa.,** ✐ Zusatz bei der Unterschrift durch einen Prokuristen.

Perrault [pɛ'ro], Charles, frz. Schriftsteller, * 1628, † 1703; Märchensammlung.

Perret [pɛ'rɛ], Auguste, frz. Architekt, * 1874, † 1954; Wegbereiter des Stahlbetonbaus.

Perseiden *Pl.,* → Sternschnuppen.

Persenning *die,* starkfädiges, wasserdichtes Flachs- oder Hanfsegeltuch in Leinwandbindung für Boots- und Autoverdecke, Zelte.

Persephone, lat. **Proserpina,** griech. Göttin, Tochter des Zeus und der Demeter, von Hades in die Unterwelt entführt und zu seiner Gemahlin gemacht.

Persepolis, Hptst. des altpers. Reichs, bes. unter Dareios I.; Hauptbauzeit 518 bis etwa 460 v. Chr.; wurde 330 v. Chr. durch Alexander d. Gr. in Brand gesteckt. Ab 1931 Ausgrabungen (gehört zum Weltkulturerbe).

Perserkatze, wohl aus Kleinasien stammende Langhaarkatze.

Perserkriege, Kriege zw. Persern und Griechen, 500 bis 448 v. Chr.

Perseus, 1) griech. Sage: Sohn des Zeus und der Danae, tötete die Medusa, befreite Andromeda und vermählte sich mit ihr. – **2)** ✩ nördl. Sternbild mit dem Stern 3. Größe **Algol.**

Persianer *der,* **Karakul,** feinste schwarze bis graue Lammfelle des Karakulschafs.

Persi|en, früherer Name von → Iran.

Persiflage [pɛrsi'fla:ʒə] *die,* ironisierende Darstellung; **persiflieren,** geistreich verspotten.

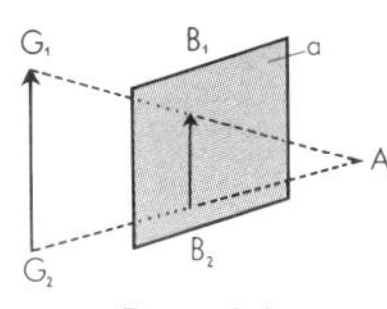

Perspektive

persische Kunst, altpers. Kunst des Achaimenidenreichs vom 7. Jh. bis 330 v. Chr., auch die Kunst der Parther, der Sassaniden und die Kunst Persiens in islam. Zeit. Hauptwerke altpers. Baukunst sind die Königspaläste in Persepolis und Susa mit ihren gewaltigen Säulenhallen, das Grabmal des Kyros in Pasargadai und die Felsgräber der Achaimenidenkönige in Naksch-e Rostam. Sehr gut erhalten sind die Reliefs der Palastwände in Persepolis (schreitende Gestalten, Tierkampfszenen) und die aus farbig glasierten Ziegeln in Susa (Bogenschützen, Löwen, Fabeltiere). Hoch entwickelt war die Kleinkunst.

Persischer Golf, Nebenmeer des Ind. Ozeans, zw. Iran und der Arab. Halbinsel, 240 000 km^2.

persische Sprache und Literatur. Das Persische ist ein Zweig der iran. Sprachen. Aus dem Altpers. (erhalten in Inschriften einer vereinfachten Keilschrift) ging das Mittelpers. (Pehlewi) hervor. Das Neupers. ist in arab. Schrift bis nach Nordindien verbreitet. Bedeutende Dichter sind Firdausi († 1020, Nationalepos »Königsbuch«) und der Lyriker Hafis († 1390, Ghaselendichtung). Geschichtsschreibung, Märchen- und Erzählungsdichtung wurden gepflegt. – Eine moderne pers. Dichtung entstand aus der Tradition und westl. Vorbildern.

Person *die,* **1)** menschl. Einzelwesen. – **2)** ⚖ Träger von Rechten und Pflichten: natürl. und juristische Person. **Persona grata,** in (hoher) Gunst stehend; Ggs.: **persona non grata.**

Personal|ausweis, polizeil. Ausweis mit Lichtbild, den jede über 16 Jahre alte meldepflichtige Person in Dtl. besitzen muss, soweit sie nicht einen gültigen Pass hat.

Personalcomputer [-kɔmpju:tər], Abk. **PC,** Mikrocomputer, der von einer Person (in begrenztem Ausmaß) beruflich oder privat genutzt wird. Moderne P. sind hinsichtlich Rechenleistung und Speicherkapazität sehr leistungsfähig (16- oder 32-Bit-Mikroprozessor, Arbeitsspeicher über 1 Gigabyte); größere P. verfügen über Anschlussmöglichkeiten an Datennetze (Dateldienste).

Personali|en *Pl.,* Angaben über Name, Herkunft, Geburtstag, Beruf usw.

Personalismus *der,* **1)** Gottesanschauung des Theismus (Glaube an einen persönl. Gott) im Ggs. zum Pantheismus. – **2)** Ⓟ jedes System, in dem »Person« als selbsttätiges Sein aufgefasst wird, in dem Freiheit, Entscheidungsfähigkeit, persönl. Selbstverwirklichung des Menschen betont werden (M. Scheler, K. Jaspers u. a.).

Personalpronomen *das,* persönl. Fürwort.

Personal|union *die,* durch die Person des gleichen Herrschers hergestellte Staatenverbindung, die (im Ggs. zur Realunion) die Selbstständigkeit des einzelnen Staates nicht berührt.

Personalvertretung, Vertretung der Beamten, Angestellten und Arbeiter des öffentl. Dienstes, in Dtl. geregelt durch das Bundespersonalvertretungsgesetz vom 15. 3. 1974; es entspricht etwa dem Betriebsverfassungsgesetz.

Personengesellschaft, eine Handelsgesellschaft, deren Gesellschafter für die Verbindlichkeiten der Gesellschaft persönlich haften (OHG, KG); Ggs.: Kapitalgesellschaft.

Personenkult, von N. S. Chruschtschow im Hinblick auf den Führungsstil Stalins geprägtes Schlagwort; kennzeichnet innerhalb der kommunist. Führung die Macht- und Autoritätskonzentration auf eine Person und deren übertriebene persönl. Verehrung.

Personenstand, ⚖ familienrechtl. Verhältnis einer Person zu einer anderen. Die Beurkundung des P. erfolgt in den **P.-Büchern** (Geburten-, Familien-, Sterbebuch), in dem P.-Ges. vom 8. 8. 1957 geregelt. An die Stelle des Familienbuchs am Eheschließungsort ist das Familienbuch des jeweiligen Wohnsitzes getreten. Die P.-Bücher begründen eine widerlegbare Vermutung für die Richtigkeit der Eintragung. **P.-Fälschung,** vorsätzl. Veränderung oder Unterdrückung des P. eines anderen (z. B. Kindesunterschiebung), bestraft nach § 169 StGB. (→ Familienstand)

Personifikation *die,* Verkörperung, Darstellung als Person (z. B. eines Naturphänomens als Gottheit).

Persönlichkeit *die,* ausgeprägte Individualität eines Menschen.

Perspektive *die,* scheinbare Verkürzung entfernterer Strecken und die zeichner. Darstellung entsprechend diesem räuml. Eindruck. Bei der **math. P.** werden vom Auge A aus Strahlen nach den Punkten G_1 und G_2 des Gegenstands gezogen. Wo diese die Bildebene a schneiden, liegen die zugehörigen Bildpunkte B_1 und B_2. Die Bilder paralleler Geraden schneiden sich in einem Punkt **(Fluchtpunkt).**

Perspektivismus *der,* Ⓟⓗ Lehre, wonach es keine standpunktfreie, allgemein gültige Erkenntnis gibt (F. Nietzsche, J. Ortega y Gasset).

Persson, Göran, schwed. Politiker, * 1949, mehrfach Min., seit 1996 Vors. der Sozialdemokrat. Partei und Min.-Präsident.

Perth [pə:θ], **1)** Stadt in Schottland, am Firth of Tay, 42000 Ew.; bis 1437 Sitz der schott. Könige. – **2)** Hptst. von W-Australien, mit der Hafen- und Ind.stadt Fremantle 1,14 Mio. Ew.; 2 Univ.; ✈.

Peru, Rep. im W Südamerikas, 1288217 km², 22,5 Mio. Ew.; Hptst.: Lima; Amtssprachen: Spanisch, Ketschua. – Präsidialverfassung.

Landesnatur. Im W flache, schmale Küstenzone; den Hauptteil nehmen die Kordilleren (bis 6768 m, viele Hochbecken) ein; im O schließt sich der westl. Teil des Amazonasgebiets an (Regenwälder). Im S hat P. Anteil am Titicacasee. Hauptflüsse: Marañón, Ucayali. Klima trop., im W durch die Höhe gemäßigt.

Bevölkerung. Rd. 54% Indianer, rd. 32% Mestizen, 12% Weiße, 2% Mulatten, Schwarze und Asiaten. Religion: überwiegend katholisch.

Wirtschaft. Im Küstenland werden Baumwolle, Kaffee, Zuckerrohr, Reis u.a., im Hochland Getreide, Maniok u.a. angebaut; Viehzucht. In den Regenwäldern Gewinnung von Kautschuk. Bedeutender Fischfang. ⚒ auf Eisen, NE-Metalle, Silber, Erdöl; Erdgas- und Phosphatlager. Textil-, Nahrungsmittel-, chem., Leder- u.a. Ind. Ausfuhr: Fischmehl, Baumwolle, Kupfermetalle, Zucker, Wolle, Häute. Haupthandelspartner: USA, die EU-Länder (v.a. Dtl.) und Japan. Schienennetz 2177 km, Panamerican Highway 3337 km. Haupthafen: Callao; internat. ✈: Lima.

Geschichte. P., das zum Reich der Inka gehörte, wurde 1532/33 von F. Pizarro erobert; als Vizekönigreich P. war es span. Kolonie. 1821 bis 1824 erkämpfte P. seine Unabhängigkeit; 1824 löste sich Bolivien ab. 1879 bis 1883 unterlag P. im »Salpeterkrieg« gegen Chile. 1942 wurde ein Streit mit Ecuador um die Zugänge zum oberen Amazonas zugunsten P.s entschieden (1981 und 1995 erneut Grenzkriege). Präs.: A. Fujimori (gewählt 1990 und 1995); Auflösung des Parlaments und Präsidialdiktatur 1992; neue Verf. 1993.

Perubalsam, vanilleartig duftender Harzsaft eines südamerikan. Baums; antisept., Rohstoff der Parfüm-, Seifen-, Süßwarenindustrie.

Perücke *die,* künstl. Haartracht, als Haarersatz, Mode- oder Amtstracht.

Perugia [peˈru:dʒa], das alte **Perusia,** Stadt in Mittelitalien, 149300 Ew.; etrusk. Mauerring, Univ. (seit 1307); Metallindustrie.

Perugino [peruˈdʒi:no], eigentl. Pietro **Vannucca,** ital. Maler, * um 1448, † 1523; Lehrer Raffaels; klar komponierte Wand- und Tafelbilder.

Perutz, 1) Leo, österr. Schriftsteller, * 1882, † 1957; emigrierte 1938 nach Palästina; Verfasser spannender und fantast. Romane und Novellen. – **2)** Max Ferdinand, brit. Chemiker österr. Herkunft, * 1914; erhielt für die Aufklärung der räuml. Struktur des Hämoglobins 1962 den Nobelpreis für Chemie (mit J. C. Kendrew).

Perversion *die,* Abweichung von der Norm des Gefühls- und Trieblebens, v.a. im sexuellen Bereich (z.B. Masochismus, Sadismus, Sodomie).

Perzeption *die,* (seel.) Vorgang des (sinnl.) Wahrnehmens ohne bewusstes Erfassen des Wahrgenommenen; **perzipieren,** begreifen.

Pesaro, Stadt in Italien, 90300 Ew., an der Adria; Herzogspalast (15./16. Jh.); Ind., Filmfestspiele.

Pescadores, chin. **P'eng-hu Lieh-tao,** Inselgruppe in der Formosastraße, zu Taiwan gehörend, 127 km², 99500 Ew.; Hauptinsel **Penghu** mit ⚓ ✈.

Pescara, Seebad in Italien, an der Adria, 129000 Ew.; Ind. (Majolika), Fischereihafen.

Pesch, Heinrich, dt. Volkswirtschaftler, Jesuit, * 1854, † 1926; entwickelte von der kath. Soziallehre her den Solidarismus.

Peseta *die,* span. Währungseinheit, 1 P. = 100 Centimos (nicht im Umlauf).

Peshawar [peˈʃɔ:ə], Stadt in Pakistan, östl. des Khaiberpasses, 566000 Ew.; Univ.; Handel, ✈.

Pesne [pɛ:n], Antoine, frz. Maler, * 1683, † 1757; seit 1711 preuß. Hofmaler in Berlin; Porträts.

Peso *der,* Währungseinheit in Argentinien, Chile, der Dominikan. Rep., Kolumbien, Kuba, Mexiko, Uruguay.

Pessach → Passah.

Pessar *das,* **Mutterring,** Ring aus Hartgummi, Kunststoff u.a., z.B. zur Lagekorrektur der Gebärmutter, zur Empfängnisverhütung.

Pessimismus *der,* Neigung, alles von der schlechten Seite her zu sehen (Ggs.: Optimismus). Ⓟⓗ Lehre, dass das Übel in der Welt das Gute überwiege (E. v. Hartmann), dass das Leben überwiegend Leiden sei (Schopenhauer) oder dass Welt und Leben sinnlos seien. Der P. kann den Grundton religiöser Glaubenslehren (Buddha, Prediger Salomon) sowie dichter. Werke bilden (griech. Tragiker).

Pest, Pestilenz *die,* schwere Infektionskrankheit, die von Nagetieren durch Vermittlung von Rattenflöhen auf den Menschen übergehen und dann (als **Lungen-P.**) von Mensch zu Mensch weitergegeben werden kann. Erreger ist das **P.-Bakterium.** Zunächst zeigen sich Lymphknotenvereiterungen **(Beulen-P., Bubonen-P.).** Behandlung: Sulfonamide, Antibiotika. Der **schwarze Tod,** die europ. P.-Epidemie 1347 bis 1352, tötete etwa ein Drittel der Europäer. Heute ist die P. in Europa erloschen.

Pest [pɛʃt], Stadtteil von Budapest.

Pestalozzi, Johann Heinrich, schweizer. Pädagoge, Philosoph, * 1746, † 1827. Seine Methode der Erziehung beruhte auf »Anschauung«. Er wollte die Kräfte des Zöglings bilden und betonte den erzieher. Wert der Arbeit und des Gemeinschaftslebens. Bewirkte eine Erneuerung der Erziehung in ganz Europa.

Pestalozzidörfer, eine Gruppe der → Kinderdörfer in allen Erdteilen.

Pestizide *Pl.,* Sammelname für chem. Schädlingsbekämpfungsmittel.

Pestwurz, Korbblütler mit rhabarberähnl. Blättern; traubiger, lang gestielter Blütenstand mit rötl. Blütenköpfchen.

Perth
Stadtwappen

Perugia
Stadtwappen

Peru

Staatswappen

Staatsflagge

Internationales Kfz-Kennzeichen

Johann Heinrich Pestalozzi

Peterskirche und Petersplatz in Rom

Petah Tiqwa, Petach-Tikva, Stadt in Israel, östl. von Jaffa, 140 000 Ew.; Zentrum des israel. Orangenanbaus; 1878 gegründet.

Philippe Pétain

Pétain [pe'tɛ̃], Philippe, frz. Marschall, * 1856, † 1951; 1916 Verteidiger von Verdun, 1922 bis 1931 Generalinspekteur der Armee, im Juni 1940 Min.-Präs., Juli 1940 Staatsoberhaupt (Sitz Vichy); arbeitete z.T. mit der dt. Besatzungsmacht zusammen. 1945 als Kollaborateur zum Tode verurteilt, zu lebenslanger Haft begnadigt.

Petel, Georg, Bildhauer des dt. Frühbarocks in Augsburg, * um 1601, † 1633. Setzte häufig Rubensmotive in bildhauer. Sprache um.

Peter I., der Große

Peter, Herrscher: **Jugoslawien. 1) P. II.,** * 1923, † 1970, König seit 1934, jedoch bis 1941 vertreten von Prinz Paul, 1941 vertrieben, 1945 abgesetzt. – **Russland. 2) P. I., d. Gr.,** Kaiser, * 1672, † 1725; regierte seit 1682, als Alleinherrscher seit 1689, suchte sein Land der westeurop. Kultur zu öffnen, erlernte selbst in den Niederlanden den Schiffbau, gründete 1703 die neue Hptst. Sankt Petersburg. Im Nordischen Krieg gegen Schweden gewann er Ingermanland, Estland, Livland und machte damit Russland zur europ. Großmacht. Seine inneren Reformen setzte er mit großer Härte durch. – **3) P. III.,** Kaiser, * 1728, † 1762; aus dem Hause Holstein-Gottorp, folgte 1762 der Kaiserin Elisabeth, schloss sogleich Frieden mit Preußen (Rückgabe von Ostpreußen), wurde aber von seiner Gemahlin Katharina II. gestürzt und von A. Orlow ermordet.

Peterborough ['pi:təbərə], Stadt im östl. Mittelengland, 115 400 Ew.; Kathedrale (12./13. Jh.), Abtei (gegr. 656); Textilindustrie.

Petermann, August, dt. Geograph und Kartograph, * 1822, † 1878; gründete 1847 eine kartograph. Anstalt in London.

Carl Peters

Peters, Carl, dt. Kolonialpolitiker, Gründer des Schutzgebiets Dt.-Ostafrika, * 1856, † 1918; erwarb privat 1884 Gebiete in Ostafrika, 1885 Reichskommissar. Sein Versuch, 1889/90 Uganda zu gewinnen, wurde durch den Helgoland-Sansibar-Vertrag vereitelt.

Petersberg, Basaltkuppe des Siebengebirges bei Bonn, 331 m; Hotel P., Gästehaus der Bundesrep. Deutschland.

Petersburg → Sankt Petersburg.

Petersilie *die,* gelblich blühende Doldenpflanze; Blätter und Wurzeln liefern Gewürz.

Peterskirche, Hauptkirche der kath. Christenheit in Rom; unter Konstantin d. Gr. erbaut, in der Renaissance und im Barock vollständig erneuert; den Neubau begann man 1506 nach dem Plan Bramantes: überkuppelter Zentralbau mit 4 gleich langen Kreuzarmen und 4 überkuppelten Eckräumen; Michelangelo führte den Zentralbau durch und entwarf die Rippenkuppel; G. della Porta vollendete die Kuppel, C. Maderna fügte das Langhaus und die Fassade an.

Peterspfennig, jährl. freiwillige Gaben der Katholiken für die Weltkirche.

Peterwardein, serb. **Petrovaradin** [-di:n], Stadtteil von Novi Sad, Serbien (Jugoslawien); 1716 Sieg Prinz Eugens über die Türken.

Petipa, Marius, frz. Choreograph und Ballettmeister, * 1818, † 1910; führte das russ. klassizist. Ballett zu Weltruhm.

Petit [pə'ti], Roland, frz. Choreograph, Ballettdirektor, * 1924; sucht klass. Ballett und modernen Ausdruckstanz zu verbinden.

Petition *die,* Gesuch, Bittschrift, Eingabe an Staatsoberhaupt, Volksvertretung oder Behörden. Das P.-Recht ist in Dtl. ein Grundrecht (Artikel 17 GG).

Petition of Right [pɪ'tɪʃən əv 'raɪt], Aufzählung der Rechte der Untertanen durch das engl. Parlament, 1628 von Karl I. anerkannt; an ihrer Auslegung entzündete sich u.a. die puritan. Revolution.

Petit point [pti' pwɛ̃] *der,* Stickerei mit bunten Garnen auf engmaschigem Gitterstoff.

Petits fours [pti' fu:r] *Pl.,* kleine, trockene oder glasierte Feingebäcke.

Petőfi ['pɛtø:fi], Sándor, ungar. Lyriker, * 1823, † (gefallen) im ungar. Freiheitskampf 1849; schrieb Revolutionslieder, volksliedhafte Dichtung.

Petra, Ruinenstätte mit Felsengräbern in Jordanien, alte Hptst. des Nabatäerreichs; gehört zum Weltkulturerbe.

PETRA, ⚛ Abk. für **P**ositron-**E**lektron-**T**andem-**R**ingbeschleuniger-**A**nlage, → Deutsches Elektronen-Synchrotron.

Petrarca, Francesco, ital. Dichter, Gelehrter, * 1304, † 1374; Wegbereiter des Humanismus. Seine lat. Werke umfassen alle Kunstformen der Zeit (Epos, Traktat, Dialog usw.). Seine ital. Gedichte (Gefühls- und Gedankenlyrik) waren jahrhundertelang Vorbild für die Dichter Italiens und Europas.

Petrochemie, Zweig der chem. Technik, der sich mit der Herstellung versch., aus Erdöl und Erdgas abgeschiedener Kohlenwasserstoffe (Petrochemikalien) für die Kunststoff-, Chemiefaser-, Kunstdünger-, Kunstkautschuk-, Waschmittel-, Pflanzenschutz- und die pharmazeut. Ind. beschäftigt.

Petrographie *die,* Gesteinskunde.

Petroläther, ⚗ sehr leicht siedendes Spezialbenzin; Extraktions- und Lösungsmittel.

Petroleum *das,* Destillationsprodukt des Erdöls, siedet bei 150 bis 270 °C; wird unter dem Namen Kerosin als Flugturbinenkraftstoff benutzt.

Petropawlowsk, 1) Ind.stadt in Kasachstan, am Ischim, 241 000 Ew.; Bahnknotenpunkt (Transsib). – **2) P.-Kamtschatskij,** Hauptort und ⚓ des russ. Gebiets Kamtschatka, 269 000 Ew., ✈.

Petrosawodsk, Hptst. Kareliens, Russland, am Onegasee, 270 000 Ew.; Univ., vielfältige Ind., ✈.

Petrus [griech. petra »Fels«], eigentl. **Simon,** Apostel, urspr. Fischer aus Kapernaum, wurde mit seinem Bruder Andreas Jünger Jesu, von diesem (nach Mt. 16, 18) als **Kephas** [aramäisch »Fels«] bezeichnet. Er hat nach der Überlieferung in Rom 64 n. Chr. unter Nero den Märtyrertod erlitten. Die kath. Kirche sieht in P. den ersten Bischof von Rom und Stellvertreter Christi auf Erden, d.h. den ersten Papst. Heiliger.

Tage: Peter-und-Pauls-Tag (29. 6.), Petri Stuhlfeier (22. 2.). Über dem vermutl. Grab des P. in Rom steht die →Peterskirche. **P.-Briefe,** 2 Briefe des Apostels P. im Neuen Testament. – Attribute sind Buch und/oder Schlüssel.

Petrus Lombardus, ital. Scholastiker, *um 1095, †1160; Bischof von Paris. Sein Hauptwerk »Sententiarum libri IV« (Erstdruck um 1471) war im MA. maßgebl. Lehrbuch der kirchl. Glaubenslehre.

Petsamo, russ. **Petschenga,** Gebiet am Nordpolarmeer, Russland; 1920 finn., 1939 bis 1940 sowjet., dann finn., ab 1944 sowjetisch. Hauptort P. am P.-Fjord, eisfreier ⚓ Liinahamari. In den P.-Bergen Nickel-, Kupfer-, Kobalterze.

Petschaft *das,* Handstempel mit Namenszug oder Wappen zum Siegeln mit Siegellack.

Petschora *die,* Fluss im N Russlands, 1809 km lang, mündet ins Nordpolarmeer.

Pettenkofer, Max von, dt. Hygieniker, *1818, †(Freitod) 1901; schuf die Grundlagen der neuzeitl. Hygiene.

Petticoat [ˈpetɪkəʊt] *der,* gesteifter Unterrock.

Petting *das,* Austausch erot. Zärtlichkeiten ohne Geschlechtsverkehr.

Petuni|e *die,* südamerikan. Nachtschattengewächs mit trichterförmigen Blüten; Zierpflanzen.

Petz, Meister P., der Bär in der Fabel.

Peutinger, Konrad, Augsburger Humanist, *1465, †1547. **Peutingersche Tafel,** Kopie einer röm. Straßenkarte aus seinem Besitz.

Pevsner [pɛvsˈnɛːr], Antoine, frz. Bildhauer und Maler, *1886, †1962; konstruktivist.-abstrakte Plastik.

Peymann, Claus, dt. Regisseur, *1937; seit 1986 Leiter des Burgtheaters in Wien.

Peyotl *der,* **Peyote** *die,* getrocknete Kakteenscheiben, enthalten →Mescalin.

Peyrefitte [pɛrˈfit], Roger, frz. Schriftsteller, *1907; Romane (»Die rote Soutane«, 1983).

Pfadfinder, in Dtl. 1911 nach dem Vorbild der engl. Boyscouts gegr. Jugendbund.

Pfaffe, urspr. Ehrenname jedes Geistlichen, dann abfällig gebraucht.

Pfaffenhütchen, Art des →Spindelstrauches.

Francesco Petrarca. Zeitgenössische italienische Miniatur

Pfäffikon, Bez.-Hptst. im schweizer. Kt. Zürich, am Pfäffiker See, 9000 Ew.; Gummi-, Kunststoffverarbeitung u. a.; spätgot. ref. Kirche. Am Seeufer wurden Pfahlbauten der Jungsteinzeit und Bronzezeit gefunden.

Pfahlbauten, auf Pfählen errichtete Siedlungen, während der europ. Stein-, Bronze- und Eisenzeit in und an Seen, Sümpfen und Mooren; in Westafrika, Indonesien, auf Neuguinea u. a. noch heute. BILD S. 692

Pfahlbürger, im MA. Landbewohner in den Außenwerken einer Stadt, die das Bürgerrecht der Stadt erworben hatten.

Pfalz *die,* im MA. Wohnsitz der Könige und Kaiser.

Pfalz *die,* **Rheinpfalz,** histor. Landschaft in Rheinhessen und am Oberrhein, bis 1968 Reg.-Bez. in Rheinl.-Pf. Im 11. Jh. entstand in diesem Raum die **Pfalzgrafschaft bei Rhein** (ab 1214 im Besitz der Wittelsbacher), seit dem Aufstieg der Pfalzgrafen zu Kurfürsten auch **Kurpfalz** gen. (Residenz Heidelberg, im 18. Jh. Mannheim), 1777 mit Bayern vereinigt, der rechtsrhein. Teil fiel 1803 an Baden.

Pfälzer Wald, Bergland in Rheinl.-Pf., bis 673 m (Kalmit), zw. Nordpfälzer Bergland und Elsass; bizarre Felsformen.

Pfalzgraf, Fränk. Reich: königl. und kaiserl. Verwalter einer Pfalz; Karolinger: Vorsitzender des Königsgerichts, seit Otto I. Vertreter der Königsrechte in den einzelnen Stammesherzogtümern.

Pfandbrief, festverzinsl. Schuldverschreibung einer Kreditanstalt **(P.-Anstalt).** Diese gibt das durch P. beschaffte Kapital gegen Bestellung von Hypotheken bes. für den Wohnungsbau weiter **(Hypotheken-P.).** Der P. gewährt keine Rechte an den belasteten Grundstücken, sondern verbrieft nur eine Forderung gegen die Bank.

Pfandkehr, ⚖ Antragsdelikt, das vorliegt, wenn jemand seine eigene bewegl. Sache oder eine fremde dem Nutznießer, Pfandgläubiger oder dem Gebrauchs- oder Zurückhaltungsberechtigten in rechtswidriger Absicht zugunsten des Eigentümers wegnimmt; bestraft nach § 289 StGB.

Pfandleihe, Ausleihen von Geld gegen Pfänder. Gewerbsmäßige P. durch private Pfandleiher bedarf der behördl. Erlaubnis.

Pfandrecht, dingl. Recht an einer fremden Sache (bei Grundstücken Hypothek, Grundschuld), aufgrund dessen der Berechtigte (der Pfandgläubiger) die Sache versteigern lassen kann, falls der Schuldner die durch das P. gesicherte Schuld nicht bezahlt. Das P. entsteht durch Vertrag, kraft Gesetzes (bes. bei Miete) oder durch staatl. Hoheitsakt (bei der Pfändung). Zur Entstehung des vertragl. P. an bewegl. Sachen ist Übergabe des Pfands an den Gläubiger erforderlich (Faustpfand). Soll die Übergabe vermieden werden, so lässt sich durch Sicherungsübereignung eine dem P. ähnl. Sicherung des Gläubigers erreichen. – Ein P. kann auch an Forderungen u. a. Rechten bestellt werden, soweit diese übertragbar sind.

Pfändung, ⚖ Beschlagnahme von bewegl. Sachen oder Rechten zur Durchführung einer Zwangsvollstreckung. Bewegl. Sachen werden vom Gerichtsvollzieher dadurch gepfändet, dass er sie dem Schuldner wegnimmt oder mit einem Siegel versieht. Die P. von Forderungen u. a. Rechten bewirkt das Amtsgericht durch **P.- und Überweisungsbeschluss,** durch den der Gläubiger anstelle des Schuldners in die Lage versetzt wird, eine dem Schuldner zustehende Forderung einzuziehen oder ein Recht geltend zu machen. (→Lohnpfändung)

Pfanne, 1) flaches Küchengerät zum Braten, Backen usw. – **2)** ⚕ Gelenkgrube am Knochen, z. B. die Hüftgelenk-P. des Hüftbeins. – **3)** 🌐 flache Mulde in Trockengebieten mit dauernder oder zeitweiser Wasserführung; mehr oder weniger salzhaltig **(Salzpfannen).**

Pfarrer, geistl. Vorsteher einer **Pfarre, Pfarrei.** Die kath. P. werden durch die Bischöfe, die ev. P., auch **Pfarrerin,** durch die Kirchenbehörden ernannt, meist unter Mitwirkung der Gemeinde. **Pfarrvikar,** kath. Kirche: vom Bischof anstatt oder zur Unterstützung eines P. ernannter Geistlicher; ev. Kirche: Geistlicher in der kirchl.-prakt. Ausbildung nach dem Theologiestudium.

Pfau *der,* **1)** 🐦 Fasanenvogel O-Indiens und Afrikas, truthahngroßer Waldvogel mit langen, durch Augenflecken geschmückte Oberschwanzfedern (die beim Hahn zum »Rad« fächerartig aufgerichtet werden können), Federkrönchen und blau, grün, rot schillerndem Gefieder; Weibchen unscheinbar gefärbt. – **2)** ✩ Sternbild des Südhimmels.

Petit point

Sándor Petőfi

Claus Peymann

Pfau Männchen (oben) und Weibchen

Pfauen|augen, Schmetterlinge mit augenähnlichen Flügelflecken, u.a. **Abend-P., Nacht-P., Tagpfauenauge.**

Pfeffer *der,* scharfe Gewürze vom **P.-Strauch,** der in heißen Ländern wächst. **Schwarzer P.** sind die unreifen, gedörrten Beeren eines in Ostindien heim. P.-Strauchs, **Weißer P.** die ausgeschälten reifen Samen.

Pfefferfresser, Tukane, bunte Vögel des trop. Amerika mit Kletterfuß, großem Schnabel.

Pfefferküste, Küstenstrich von Guinea, Liberia; früher Gewürzplantagen.

Pfefferminze, eine → Minze.

Pfifferling

Pfeife, 1) Rohr, in dem durch Luftschwingungen Töne erzeugt werden. Bei der **Lippen-P.** trifft der Luftstrom gegen eine Kante, an der periodisch Wirbel entstehen; bei der **Zungen-P.** tritt die Luft durch eine Öffnung, die durch die Schwingungen eines Metallstreifens periodisch geöffnet und geschlossen wird. – **2)** Tabakspfeife.

Pfeiffer, Michelle, amerikan. Filmschauspielerin, * 1958; internat. Erfolge u.a. »Die Hexen von Eastwick« (1987), »Batmans Rückkehr« (1992), »Wilde Gedanken« (1995).

Pfeiler, ñ recht- oder vieleckige Stütze aus Holz, Stein, Beton, Stahl zum Tragen von Gebälken, Bogen, Gewölben.

Pfeilgift → Kurare.

Pfeilkraut, staudige Wasserpflanze mit pfeilförmigen Blättern, rötlich weißen Blüten.

Pfemfert, Franz, dt. Schriftsteller, * 1879, † 1954; Expressionist, Herausgeber der Zeitschrift »Die Aktion« (1911 bis 1932); emigrierte 1933.

Pfennig, Abk. **Pf,** seit 1871 kleinste dt. Münzeinheit.

Hans Pfitzner

Pferd, 1) Turngerät für Sprungübungen: ein gepolsterter, lederüberzogener Holzrumpf mit ausziehbaren Beinen. – **2)** ☼ **Kleines P.,** das Sternbild Füllen. – **3)** Reit- und Zugtiere; zu den Unpaarhufern gehörige Säugetierfamilie der **Equiden.** Zu ihnen gehören außer dem Wild-P., das früher auch in Europa verbreitet war, heute aber auf Asien beschränkt ist, auch Zebra und Esel. Die P. sind hochbeinig, schnellfüßig und leben in Herden. Nur die 3. Zehe ihrer Gliedmaßen ist ausgebildet (»Einhufer«). Das Gebiss ist für pflanzl. Ernährung eingerichtet. Das **Haus-P.** stammt vom Wild-P. ab. Es gibt 2 große Rassengruppen: das leichtgebaute, edle **Warmblut** (Lauf-P.) und das schwergebaute **Kaltblut** (Schritt-P.). Nach Verwendung und Leistung unterscheidet man: Renn-P. (Galopp-P., Traber), Reit-P. (geeignete Rassen sind z.B. Trakehner, Araber, Oldenburger, Hannoveraner, Anglonormannen), Jagd-P. (Hunter), Spring-P., Dressur-P. und Kunstreit-P. (z.B. Lipizzaner), Gebirgs-P. (z.B. Haflinger), Wagen- und Zuglast-P. Das männl. P. heißt **Hengst,** das weibl. **Stute,** das junge Fohlen (Füllen), das kastrierte männl. **Wallach.** Nach der Farbe gibt es Schimmel, Fuchs, Isabellen, Rappen, Schecken, Braune, Falben. Das Haus-P. wird bis 40 Jahre alt; Tragzeit 11, Säugezeit 4 bis 6 Monate. – Das P. ist seit der Bronzezeit Haustier; vorher wurde es nur gejagt.

Pfahlbauten auf Mindanao

Pferderennen, Wettrennen zu sportlichen Zwecken und zur Prüfung der Leistungsfähigkeit der Pferde.

Pferdestärke, Abk. **PS,** seit 1. 1. 1978 nicht mehr gesetzl. Maßeinheit für die Leistung, 1 PS = 0,7355 kW.

Pfette *die,* ñ Dachstuhlbalken, der Sparren und Schalung trägt.

Pfifferling, dottergelber, pfefferig schmeckender essbarer Blätterpilz.

Pfingsten, in den christl. Kirchen Fest der Ausgießung des Hl. Geistes am 50. Tag nach Ostern; viele alte Volksbräuche: **Pfingstreiten,** Setzen von **Pfingstmaien.**

Pfingstrose → Päonie.

Pfinzgau, Landschaft zw. Schwarzwald und Kraichgau, Baden-Württemberg.

Pfirsich *der,* **Pfirsichbaum,** Steinobstbaum asiat. Herkunft, Rosengewächs, mit rosa Blüten und saftiger Steinfrucht mit samtartiger Haut; eine glattschalige Varietät ist die Nektarine.

Pfitzner, Hans, dt. Komponist, * 1869, † 1949; in der dt. Romantik verwurzelt: Opern (»Palestrina«, 1917), Kammermusik, Kantaten, Lieder.

Pflanze, Lebewesen, das seinen Körper aus anorgan. Nahrung aufbaut (→ Assimilation); manche niederste P. sind schwer von niederen Tieren unterscheidbar. Grundbestandteil der P. ist die Zelle; die niedersten P. bestehen aus nur einer Zelle (Bakterien, bestimmte Algen). Man unterscheidet Blüten- oder Samen-P. und blütenlose oder Sporenpflanzen.

Pflanzenformationen, die Pflanzengesellschaft von einheitl. Aussehen und bestimmter Wuchsform, z.B. Laubwald.

Pflanzengeographie, Geobotanik, Lehre von der Verbreitung der Pflanzen auf der Erde in ihrer Abhängigkeit von den Lebensbedingungen.

Pflanzenkrankheiten können verursacht sein durch pflanzl. Schmarotzer (Pilze, Bakterien), tier. Schmarotzer (Insekten) und andere Einflüsse, z.B. Rauchschaden, Frost und Sonnenbrand, Gelbsucht (Chlorose). Die P. äußern sich sehr verschiedenartig: Missbildung (Gallen), Kräuselung, Welken, Vertrocknen, Verfaulen.

Pflanzenkunde, Botanik, Wiss. von Pflanzen. Teilgebiete: Verwandtschaftslehre (Systematik); Gestaltlehre (Morphologie); Lehre von den Lebenserscheinungen (Physiologie); Beziehungen der Pflanzen untereinander und zur Umwelt (Ökologie); Verbreitung (Pflanzengeographie); Vorweltpflanzen (Paläophytologie). Zur **angewandten Botanik** gehören z.B. landwirtschaftl. Botanik, Pflanzenzucht, Lehre von den Pflanzenkrankheiten.

Pflanzenschutz, 1) Kultur-P., Bekämpfung und Verhütung von Pflanzenkrankheiten. – **2) botan. P.,** Naturschutz wild wachsender Pflanzen.

Pflanzenzucht, Veredelung schon vorhandener und Gewinnung neuer Pflanzenformen durch Auslese der Stammpflanzen, Kreuzung (Bastardierung), Änderung der Lebensbedingungen und Fortzüchten der Mutationen.

Pflaster, 1) klebender Verbandsstoff, z.B. Heft-P. – **2)** ñ Straßenbelag aus gesetzten Steinen.

Pflaume *die,* **Pflaumenbaum,** Steinobstpflanze, Rosengewächs mit zahlreichen Spielarten: 1) **Zwetsche,** mit violettblauer, längl. Frucht; 2) **Reineclaude** (Reneklode), mit grüngelber, kugeliger, sehr süßer Frucht; 3) **Kriechen-P.** oder **Spilling,** mit kleiner blauer oder auch gelber Frucht; 4) **Mirabelle,** mit kugeliger, gelber Frucht.

Pfefferfresser

Pflegekennzeichen, Etikett in Textilien mit Symbolen (internat.) für sachgemäße Reinigung und Pflege.

Pflegekinder, Kinder, die dauernd oder nur für einen Teil des Tags in fremde Pflege zu Familien oder in Heime gegeben sind. Vor der Aufnahme eines P. unter 16 Jahren ist die Erlaubnis des Jugendamts einzuholen.

pflegeleichte Textilien, aus synthet. Fasern oder veredelten natürl. Fasern bestehende Textilien, bedürfen nach dem Waschen kaum der Nacharbeit.

Pflegesatz, Richtsatz für die Kosten der Unterbringung und Behandlung in Kranken-, Heil- und Pflegeanstalten.

Pflegeversicherung, Versicherung zur finanziellen Vorsorge gegen das Risiko der Pflegebedürftigkeit (ständiges Angewiesensein auf die persönl. Hilfe anderer zur Bewältigung der regelmäßigen alltägl. Verrichtungen). Zu der bisher überwiegend freiwillig-privaten Absicherung tritt ab 1. 1. 1995 eine **soziale P.,** die je zur Hälfte vom Arbeitgeber und Arbeitnehmer finanziert wird (Beitragssatz: 1% des Bruttoeinkommens; ab 1. 7. 1996 1,7%). Die Leistungen der sozialen P. umfassen ab 1. 4. 1995 die häusl. Pflege (Sach- und Geldleistungen gestaffelt nach dem Grad der Pflegebedürftigkeit), ab 1. 7. 1996 auch die stationäre Pflege (pflegebedingte Aufwendungen bis zu 2800 DM monatlich).

Pflegschaft, ⚖ Fürsorge für in rechtl. Hinsicht hilfsbedürftige Person **(Personal-P.)** oder für ein Vermögen **(Sach-P.).** Im Ggs. zur Vormundschaft lässt die P. die Geschäftstätigkeit des **Pfleglings** unberührt und berechtigt den **Pfleger** nur innerhalb bestimmter Grenzen zum Handeln (§§ 1909 ff., 1961 BGB), z. B. Gebrechlichkeits-, Abwesenheits-, Nachlass-P. oder P. für die Leibesfrucht. Die P. wird durch das Vormundschafts- oder Nachlassgericht bestellt. Die Amts-P. des Jugendamts ist nach dem Einigungsvertrag in den neuen Bundesländern nicht anzuwenden.

Pflichtexemplar, 📖 das von jedem Druckwerk kostenfrei an die Dt. Bibliothek abzuliefernde Stück.

Pflichtteil, ⚖ Anteil am Nachlass, den die Abkömmlinge, die Eltern und der Ehegatte des Erblassers verlangen können, wenn sie durch Verfügung von Todes wegen von der gesetzl. Erbfolge ausgeschlossen worden sind. Der P. besteht in der Hälfte des Wertes des gesetzl. Erbteils; er ist ein schuldrechtl. Anspruch gegenüber den Erben.

Pflichtunterricht, der Teil des Schulunterrichts, den alle Schüler im Hinblick auf Gegenstand und Zeit leisten müssen, im Unterschied zum wahlfreien Unterricht.

Pflichtversicherung, Versicherung aufgrund einer gesetzl. Verpflichtung (in Dtl. v. a. die Sozialversicherung).

Pflichtverteidiger, Offizialverteidiger, ⚖ in schweren Strafsachen dem Angeklagten vom Gericht beigeordneter Verteidiger (Rechtsanwalt).

Pflimlin [pflim'lɛ̃], Pierre, frz. Politiker, * 1907; 1984 bis 1987 Präs. des Europ. Parlaments.

Pflug, Ackergerät zum Wenden, Mischen, Lockern und Krümeln des Bodens.

Pforr, Franz, dt. Maler, * 1788, † 1812; seit 1810 mit den Nazarenern in Rom; Bilder aus der mittelalterl. Legende und Geschichte.

Pfortader, ⚕ Vene, die das Blut aus dem Magen-Darm-Kanal sammelt, um es der Leber zuzuführen.

Pforte, 1) Tür, kleines Tor. – **2) Hohe P.,** bis 1922 Hof des türk. Sultans in Konstantinopel.

Pförtner, Pylorus, ⚕ Magenausgang.

Pforzheim, Stadt in Bad.-Württ., am N-Rand des Schwarzwaldes, 113 600 Ew.; Hauptsitz der dt. Schmuckwarenind.; Maschinen-, Papier-, Uhren-, feinmechan. Industrie.

Pfronten, Sommerfrische und Wintersportplatz in den Allgäuer Alpen, 8100 Ew.; feinmechan. und opt. Industrie.

Pfropfen, ✿ Verfahren der Veredelung, bei dem das zugeschnittene, dünnere Edelreis zw. Rinde und Splint des Wildlings in den gespaltenen Wildling oder einen Kerb eingesetzt wird.

Pfründe, Präbende, Benefizium, kath. Kirche: Kirchengut, dessen Nutznießung bestimmten geistl. Personen zusteht; Ü einträgl. Amt.

Pfund, 1) bis zur Einführung des metr. Systems in fast allen Kulturstaaten Gewichtseinheit versch. Größe und Einteilung; in Dtl. seit 1857: 1 P. = 500 g = ½ kg; 1884 als gesetzl. Maß abgeschafft. – **2)** Währungseinheit, bes. das engl. **P. Sterling,** Abk. £, zu 100 Pence; heißt als geprägtes Goldstück Sovereign.

Phäaken, Phaiaken, bei Homer: sagenhaftes Volk, dessen König Alkinoos Odysseus gastlich aufnahm.

Phädra, griech. Sage: Tochter des Minos und der Pasiphae, Gemahlin des Theseus.

Phaethon, griech. Sage: Sohn des Sonnengotts Helios, setzte mit dem Sonnenwagen die Erde in Brand; von Zeus durch einen Blitzstrahl vernichtet.

Phagozyten → Fresszellen.

Phalanx *die,* die altgriech. geschlossene Schlachtreihe des Fußvolks.

Phallus *der,* männl. Glied; in Religionsgeschichte und Kunst ein Fruchtbarkeitssymbol.

Phanarioten → Fanarioten.

Phanerogamen → Blütenpflanzen.

Phänologie *die,* biolog. Forschungsrichtung, die Lebenserscheinungen bei Pflanzen, Tieren im Jahreslauf untersucht.

Phänomen *das,* **1)** (ungewöhnl.) Erscheinung. – **2)** Ⓟⓗ das der Erkenntnis sich Darbietende.

Phänomenologie *die,* Ⓟⓗ von E. Husserl begründete Lehre von den Bewusstseinsgegebenheiten, unter Ausklammerung ihrer Realität.

Phänotyp *der,* **Erscheinungsbild,** äußere Erscheinungsform eines Lebewesens, als Ergebnis des Zusammenwirkens der Erbanlagen (→ Genotyp) mit der Umwelt.

Phantasma *das,* Schein-, Trugbild. **Phantasmagorie** *die,* Wahngebilde.

Phantastischer Realismus, Mitte der 1950er-Jahre aufgekommene Bez., die sich zunächst nur auf die Maler der → Wiener Schule des Phantastischen Realismus bezog, später auch die visionäre Malerei, die bis ins 18. Jh. zurückreicht (z. B. C. D. Friedrich, A. Böcklin), einbezog.

Phantom *das,* **1)** Trugbild. – **2)** ⚕ zu Lehrzwecken nachgebildeter Körperteil.

Phantombild, Bild eines polizeil. Gesuchten, nur nach Zeugenaussagen hergestellt.

Pharao *der,* Titel der altägypt. Könige.

Pierre Pflimlin

Pforzheim
Stadtwappen

Pflaume
Zwetschen (oben) und Mirabellen

Gérard Philipe

Pharisäer, 1) religiös-polit. Partei der Juden (2. Jh. v. Chr. bis 70 n. Chr.), standen im Ggs. zu den Sadduzäern, betonten strenge, bibl. Gesetzestreue. – **2)** Ü selbstgerechte Heuchler.

Pharmakologie *die,* Arzneimittellehre.

Pharmakopöe *die,* das Arzneibuch.

Pharmazie *die,* Wiss. von der Beschaffenheit, Herstellung und Verarbeitung der Arzneimittel.

Pharos, im Altertum: Insel (jetzt Halbinsel) bei Alexandria (Ägypten), mit Leuchtturm, eines der sieben Weltwunder der Antike.

Pharsalos, antike Stadt in Thessalien; 48 v. Chr. Sieg Caesars über Pompeius.

Phase *die,* Entwicklungsstufe, Erscheinungsform. **1)** ☼ wechselnde Lichtgestalten von Monden und Planeten, verursacht durch die Richtung des Lichteinfalls von der Sonne. – **2)** ⚛ durch Ort und Impuls bestimmter Zustand eines mechan. Systems. – **3)** ⚛ durch Frequenz und Anfangszustand bestimmter Zustand einer Welle. – **4)** ⚗ homogener Bereich innerhalb eines heterogenen Systems, z. B. die Dampf-P. über einer Flüssigkeitsoberfläche.

Philadelphia Stadtwappen

Phasenkontrastverfahren, ☼ Ausnutzung kleiner Phasenverschiebungen des von einer Metalloberfläche reflektierten Lichts zum Sichtbarmachen kleinster Unebenheiten im Mikroskop.

Phenole *Pl.,* ⚗ aromat. Verbindungen, bei denen Wasserstoffatome des Benzolkerns durch die Hydroxylgruppe –OH ersetzt sind; finden sich meist im Steinkohlenteer. – Das gewöhnl. **Phenol,** früher **Carbol(säure),** C_6H_5OH, bildet farblose Kristalle von durchdringendem Geruch, wirkt sehr giftig und keimtötend; Ausgangsstoff zur Darstellung von Farbstoffen, Kunstharzen u. a.

Phenolphthalein *das,* ⚗ weißes Pulver, das sich in Alkalien mit roter Farbe löst, durch Säurezusatz aber wieder entfärbt wird; Verwendung als Indikator in der Maßanalyse.

Phenyl..., ⚗ einwertige Atomgruppe C_6H_5– (in vielen aromat. Verbindungen).

Pheromone *Pl.,* **Ektohormone,** tier. Wirkstoffe ähnlich den Hormonen, die jedoch von Drüsen nach außen abgesondert werden; bes. bei Insekten als Duft- und Lockstoffe verbreitet.

Phiale *die,* flache Schale der griech. Antike.

Phidias, griech. **Pheidias,** att. Bildhauer, 5. Jh. v. Chr.; Schöpfer der hochklass. att. Kunst, seine Hauptwerke, Athena Parthenos (Akropolis, Athen) und der Zeus aus Olympia, sind nicht erhalten.

phil..., in Fremdwörtern ...freund, ...liebend.

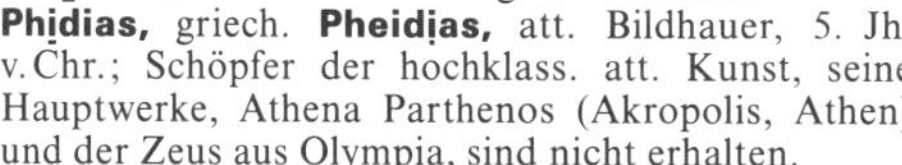

Philadelphia [fɪlə'delfɪə], Stadt in Pennsylvania, USA, 1,7 Mio. Ew.; bedeutende Ind., Einfuhrhafen am Delaware; Kulturinstitute; 4 Univ.; 1682 von dem engl. Quäker W. Penn gegr.; Ort der Unabhängigkeitserklärung der USA.

Philippinen

Staatswappen

Staatsflagge

Internationales Kfz-Kennzeichen

Philae, ehem. Nilinsel bei Assuan, Oberägypten, heute überschwemmt; die zahlreichen altägypt. Tempel wurden auf der Nachbarinsel **Agilkia** wieder aufgebaut (gehören zum Weltkulturerbe).

Philanthrop *der,* Menschenfreund. **Philanthropismus** *der,* pädagog. Reformbewegung, vertreten von J. B. Basedow und seinen Anhängern Ende des 18. Jh., erstrebte eine natur- und vernunftgemäße Erziehung.

Philatelie *die,* Briefmarkenkunde. **Philatelist** *der,* Briefmarkensammler.

Philemon und Baucis, griech. Sage: altes treues Ehepaar, das Zeus und Hermes Obdach gewährte und zum Dank in Bäume verwandelt wurde.

Philharmonie *die,* eine Konzertgesellschaft. **Philharmoniker,** Name versch. Orchester (Berliner, Wiener Philharmoniker).

Philhellenen, »Griechenfreunde«, Nichtgriechen, die seit 1821 den Freiheitskampf der Griechen unterstützten.

Philipe [fi'lip], Gérard, frz. Schauspieler, * 1922, † 1959; Filme, u. a. »Fanfan der Husar« (1951).

Philip Mountbatten [- maʊnt'bætn], Prinzgemahl der brit. Königin Elizabeth II. (seit 1947), * 1921; Prince of the United Kingdom (seit 1957), Herzog von Edinburgh (seit 1947).

Philipp, Herrscher: **Hl. Röm. Reich. 1) P. von Schwaben,** * um 1178; dt. König 1198 bis 1208, Staufer, kämpfte erfolgreich gegen den welf. Gegenkönig Otto IV., wurde von dem Pfalzgrafen Otto von Wittelsbach ermordet. – **Burgund. 2) P. der Kühne,** * 1342; Herzog 1363 bis 1404, erwarb durch Heirat 1384 Flandern, Artois und die Freigrafschaft Burgund. – **3) P. III., der Gute,** * 1396; Herzog 1419 bis 1467, erwarb Brabant, Hennegau, Holland, Luxemburg u. a.; sein Hof war der Mittelpunkt einer Spätblüte der frz. Ritterkultur. – **Frankreich. 4) P. II. August,** * 1165; König 1180 bis 1223, nahm am 3. Kreuzzug teil, entriss dem engl. König Johann ohne Land 1203 bis 1208 den größten Teil seiner frz. Besitzungen und siegte zus. mit dem Staufer Friedrich II. über Otto IV. 1214 bei Bouvines. – **5) P. IV., der Schöne,** * 1268; König 1285 bis 1314, ließ 1303 Papst Bonifatius VIII. gefangen nehmen, erreichte 1309 die Übersiedlung der Päpste nach Avignon und erzwang 1312 die Vernichtung des Templerordens. – **Hessen. 6) P. der Großmütige,** * 1504; Landgraf 1509 bis 1567, führte 1526 die Reformation ein, gründete 1527 die Univ. Marburg, war neben dem Kurfürsten von Sachsen der Führer des Schmalkald. Bunds der dt. Protestanten; 1547 bis 1552 von Kaiser Karl V. gefangen gehalten. – **Makedonien. 7) P. II.,** * um 382 v. Chr.; König 359 bis 336 v. Chr., Vater Alexanders d. Gr., erhob Makedonien zur Großmacht, einte ganz Griechenland unter makedon. Führung. – **Spanien. 8) P. II.,** * 1527; König 1555 bis 1598, Sohn Kaiser Karls V., Vorkämpfer des strengen Katholizismus der Gegenreformation, konnte den Abfall der nördl. (prot.) Niederlande nicht verhindern; im Krieg gegen die Königin Elisabeth von England wurde 1588 die span. Armada vernichtet. Doch vereinigte P. 1580 Portugal mit Spanien. – **9) P. V.,** * 1683; König 1701 bis 1746, Bourbone, Enkel Ludwigs XIV. von Frankreich, musste sich den Thron im Span. Erbfolgekrieg erkämpfen.

Philippi, antike Stadt in Thrakien, 42 v. Chr. Sieg von Antonius und Octavian über Cassius und Brutus.

Philippika *die,* Reden des Demosthenes gegen Philipp von Makedonien; Ü heftige Strafrede.

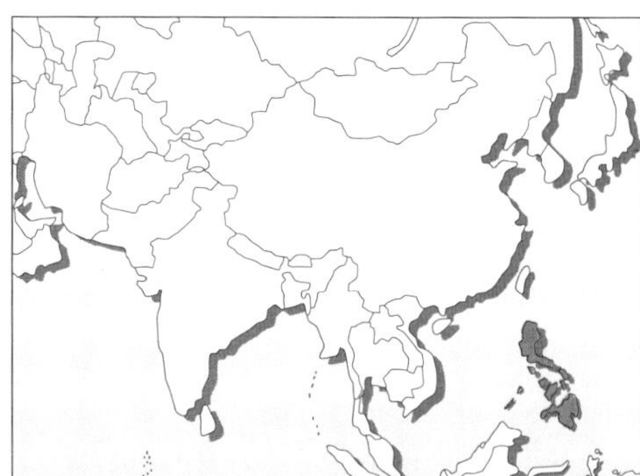

Philippinen *Pl.,* Rep. und nördlichste Inselgruppe des Malaiischen Archipels, 300 000 km², 65,2 Mio. Ew.; Hptst.: Manila (Quezon City); Amtssprache: Filipino, ein malaiischer Dialekt; Englisch. Präsidialverfassung.

Landesnatur. Die P. bestehen aus über 7100 Inseln (die größten sind Luzon und Mindanao); viele, z. T. tätige Vulkane. Trop. Monsunklima.

Bevölkerung. Überwiegend Filipinos, ein Zweig der Indonesier; Reste der Ureinwohner (Aeta); 10% Chinesen. Religion: rd. 84% kath., 6% kath. Nationalkirche, 4,3% Muslime, 3,5% Protestanten, Stammesreligionen u. a.
Wirtschaft. Anbau von Reis, Mais, Manilahanf, Kokospalmen, Zuckerrohr, Tabak; Geflügelzucht. Forstwirtschaft, Harzgewinnung. Fischerei. ⚒ auf Chrom-, Gold-, Kupfer-, Eisenerz u. a.; Nahrungsmittel-, Textil- u. a. Ind. Ausfuhr: Holz, Kopra, Zucker, Kupferkonzentrate, Kokosöl, Manilahanf. Internat. ✈: Manila.
Geschichte. Die P. wurden 1521 von F. de Magalhães entdeckt, von den Spaniern in Besitz genommen, 1898 an die USA abgetreten. Seit 1946 unabhängig. Staatspräs. F. E. Marcos (1965 bis 1986) schlug einen diktator. Kurs ein, seine Nachfolgerin Corazon Aquino bemühte sich um vorsichtige Demokratisierung; 1992 abgelöst von Fidel Ramos.
Philippus, Jünger und Apostel Jesu, aus Bethsaida (Galiläa); Heiliger (Tag: 3. 5.).
Philister, 1) nichtsemit. Kulturvolk an der SW-Küste Palästinas (seit 1200 v. Chr.); von Saul und David besiegt; erlag den Küsteneroberungen (seit 734 v. Chr.) der Assyrer. – **2)** Ü Spießbürger.
Philodendron *das,* Gattung tropisch-amerikan. Aronstabgewächse; Zierpflanze.
Philoktet, Held der griech. Sage, erbte den Bogen des Herakles, tötete Paris vor Troja.
Philologie *die,* i. e. S. Kunst, Texte zu deuten, i. w. S. Erforschung der geistigen Entwicklung und Eigenart eines Volks oder einer Kultur aufgrund von Sprache und Literatur. Die **klass.** oder **Alt-P.** beschäftigt sich mit der Antike. Als **Neu-P.** fasst man die P. der neueren Sprachen zusammen, bes. Germanistik, Anglistik (Amerikanistik), Romanistik, Slawistik. Aus der P. haben sich Sprachwiss. und Literaturwiss. entwickelt.
Philomela, griech. Sage: athen. Königstochter, wurde in eine Schwalbe verwandelt.
Philon von Alexandria, jüdisch-hellenist. Philosoph, * um 20 v. Chr., † um 50 n. Chr.; versuchte eine Vereinigung von griech. Philosophie und jüd. Glauben.
Philosophie *die,* Streben des menschl. Geistes, die Zusammenhänge des Seins und die Grundsätze der Lebensführung und Daseinsgestaltung zu erkennen. Der Umkreis ihrer Probleme ist nicht fest umrissen. Obenan stehen das Sein selbst und seine allg. Bestimmungen **(Metaphysik, Ontologie),** die Grundsätze und -formen der Erkenntnis **(Erkenntnistheorie)** sowie die allg. Gesetzlichkeit des Wahren **(Logik),** des Guten **(Ethik),** des Schönen **(Ästhetik).** Dazu kommen Sonderfächer wie **Natur-P., Geschichts-P., Sprach-P., Kultur-P.** usw. – Philosoph. Denken entwickelte sich aus myth. Denken, neben Chinesen und Indern zuerst bei den Griechen (→griechische Philosophie); sie schufen die Grundlagen der abendländ. P. In der P. des MA., der Scholastik, steht im Mittelpunkt die Frage, wie sich Offenbarung und menschl. Erkenntnis, Glauben und Wissen zueinander verhalten. In der P. der Neuzeit treten 2 große Gedankensysteme hervor, der Rationalismus und der Empirismus. In I. Kants Kritizismus werden Rationalismus und Empirismus in einer höheren Einheit zusammengefasst. Seine P. setzt sich im dt. Idealismus fort. Im 19. Jh. wird nach G. W. F. Hegels Tod (1831) der Idealismus durch positivist. und materialist. Denken zurückgedrängt (→Positivismus, →Materialismus). Ende des 19. Jh. und im 20. Jh. entwickeln sich die Lebensphilosophie, der Pragmatismus, die Wertphilosophie, die Phänomenologie, die Existenzphilosophie, der krit. Rationalismus u. a.
Phimose *die,* ⚕ Verengung der Vorhaut.
Phiole *die,* birnenförmiges Glasgefäß mit langem, engem Hals.
Phlebitis *die,* ⚕ Venenentzündung.
Phlegma *das,* Unempfindlichkeit, Trägheit; Mangel an Erregbarkeit.
Phlegmone *die,* →Zellgewebsentzündung.
Phlox *die* oder *der,* **Flammenblume,** Gartenzierpflanzen mit Doldentrauben weißer, roter oder pastellfarbiger Trichterblüten.
Phnom Penh [pnɔm'pɛn], Hptst. von Kambodscha, 800 000 Ew.; unter dem Pol-Pot-Regime (1975 bis 1979) Vertreibung von Vietnamesen und Chinesen sowie eines großen Teils der Khmer-Stadtbevölkerung; seither wieder besiedelt; Verw.-Metropole; Handels- und Kulturzentrum, Ind.standort, ⚓ am Mekong, internat. Flughafen.
Phöbe, griech. **Phoibe,** griech. Sage: **1)** Beiname der Artemis und der Selene. – **2)** Tochter des Uranus und der Gaia.
Phobie *die,* krankhafte Angst.
Phöbus, griech. **Phoibos,** Beiname Apolls.
Phoenix ['fi:nɪks], Hptst. von Arizona, USA, 924 000 Ew.; Univ.; Flugzeug-, elektrotechn., elektron. Industrie.
Phokis, lat. **Phocis,** histor. Landschaft in Mittelgriechenland.
Phon *das,* Einheit des Lautstärkepegels.
Phonetik *die,* **Lautlehre,** Wiss. von den äußeren Bedingungen menschl. Kommunikation mit gesprochener Sprache; **phonetisch,** lautgetreu, lautlich.
Phönikilen, Phönizilen, im Altertum Küstenstrich Syriens vom Fluss Eleutheros (Nahr el-Kebir) im N bis zum Kap Karmel im S. Die **Phöniker** (auch Sidonier, Kanaanäer, Punier) waren ein Handels- und Seefahrervolk; sie beherrschten das Mittelmeer und gründeten viele Kolonien (u. a. Karthago). Tyros errang die Vorherrschaft über die phönik. Städte. Im 8. Jh. v. Chr. unterwarfen die P. sich den Assyrern, 538 den Persern, 63 den Römern. Sie verehrten die Götter El, Baal, die Astarte u. a. Ihre schon im 16. Jh. (?) v. Chr. entwickelte Buchstabenschrift ist die Grundlage u. a. der griech. Alphabete, der lat. und kyrill. Schrift.
Phönix, sagenhafter Vogel der alten Ägypter, der sich selbst verbrennt und aus der Asche verjüngt hervorgeht; Sinnbild der Auferstehung.
Phonograph *der,* Vorläufer des Plattenspielers.
Phonothek *die,* Sammlung von Tonträgern (z. B. Schallplatten, CDs, Tonbänder, -filme).
Phosgen *das,* ⚗ $COCl_2$, sehr giftiges Gas aus Kohlenmonoxid und Chlor; im Ersten Weltkrieg als Kampfstoff eingesetzt (Grünkreuz).
Phosphate *Pl.,* ⚗ Salze der Phosphorsäure (→Phosphor). →Thomasmehl.
Phosphatide *Pl.,* ⚗ Gruppe zellwichtiger Lipoide (Lecithine, Kephalin, Plasmalogene).
Phosphor *der,* Symbol **P,** chem. Element, OZ 15, Nichtmetall; P. kommt in der Natur nur in **Phosphaten,** bes. Phosphorit (N-Afrika, Florida) vor. P. ist ein wesentl. Bestandteil des pflanzl. und tier. Organismus, in den Knochen und im Eiweiß. P. tritt in 5 versch. Modifikationen auf: **Weißer P.,** D 1,82 g/cm³, Fp 44,1 °C, Sp 280 °C, bildet sich bei der Abkühlung von P.-Dampf; sehr giftig, löslich in Schwefelkohlenstoff, sehr reaktionsfähig, leuchtet im Dunkeln, entzündet sich sehr leicht (bei 60 °C) an der Luft, wird deshalb unter Wasser aufbewahrt. **Roter P.** entsteht aus weißem P. durch Erhitzen unter Luftabschluss; ungiftig, unlöslich in Schwefelkohlenstoff, sehr reaktionsträge, leuchtet nicht im Dunkeln, wird für die Reibflächen der Zündholzschachteln verwendet. Weitere Modifikationen sind der **violette,** der **schwarze** und der **schwarze amorphe P.** mit wesentlich versch. physikal. und chem. Eigenschaften.
Phosphoreszenz *die,* Fähigkeit mancher Stoffe, unter Einwirkung von Strahlen eigenes Licht auszusenden, im Ggs. zur Fluoreszenz nachleuchtend (→Leuchtstoffe).

Phlox

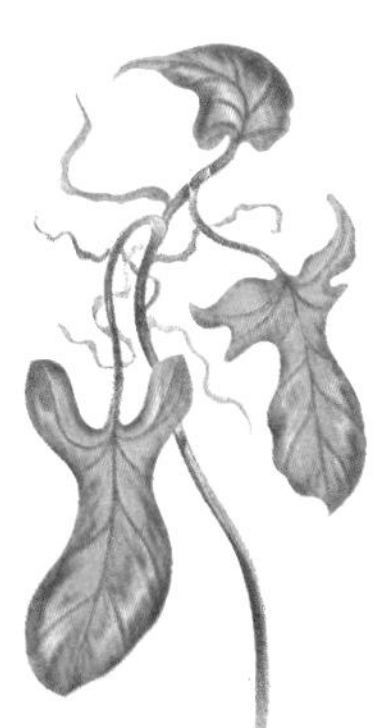
Philodendron

Phosphorit *der,* **Calciumphosphat,** ⚗ $Ca_3(PO_4)_2$, Mineral; Düngemittel.

photo..., eingedeutscht **foto...,** licht...

Photochemie *die,* Lehre von den durch elektromagnet. Strahlung ausgelösten chem. Reaktionen.

Photodiode *die,* ⚡ Halbleiterdiode zur Umwandlung von Licht- in Stromschwankungen (Photodetektor).

Photo|effekt, lichtelektrischer Effekt, ⚡ Auslösung von Elektronen aus belichteten Metallflächen, entdeckt 1888 von W. Hallwachs **(äußerer P.);** Anwendung in der Photozelle. Beim **inneren P.** wird Kristallelektronen Lichtenergie zugeführt, sodass sie sich im Kristallverband bewegen können und somit elektr. Leitfähigkeit hervorgerufen wird.

Photo|element, ⚡ optoelektron. Halbleiterbauelement, das bei Lichteinfall eine elektr. Spannung abgibt.

Photogrammmetrie, Messbildverfahren, Verfahren zur Geländeaufnahme und Landesvermessung aus fotograf. Aufnahmen der Landschaft (Messbildern) von der Erde oder vom Luftfahrzeug. Diese werden entzerrt in die Karte eingetragen.

Photographie → Fotografie.

Photogravüre *die,* **Heliogravüre, Gravüre,** eine auf photomechan. Weg hergestellte Tiefdruckform und der damit hergestellte Druck.

Piacenza
Stadtwappen

Photometrie *die,* **Lichtmessung,** bes. Messung von Lichtstärken, meist durch Photometer mit Photozelle.

Photon *das,* **Lichtquant, Gammaquant,** ⚛ masseloses Elementarteilchen, Träger des elektromagnet. Felds, z. B. des Lichts, der Röntgen- oder der Gammastrahlung. P. sind um so energiereicher, je kurzwelliger die elektromagnet. Strahlung ist.

Photonastie *die,* → Nastie.

Photosphäre *die,* äußerste Schicht der Sonne, aus der der überwiegende Anteil des Sonnenlichts abgestrahlt wird.

Photosynthese *die,* die für das Leben fundamentalen Stoffwechselreaktionen chlorophyllhaltiger Organismen (höhere Pflanzen, Algen, Blaualgen), bei denen aus Kohlendioxid und Wasser durch Lichtquantenabsorption molekularer Sauerstoff und Glucose gebildet werden.

Phototaxis *die,* → Taxis.

Phototransistor, ⚡ Transistor, dessen Sperrschicht einer externen Lichtquelle zugänglich ist. Der Lichteinfall erzeugt eine Spannung, die den P. steuert.

Phototropismus *der,* → Tropismus.

Photo|voltaik, ⚡ die direkte Umsetzung von Licht- in elektr. Energie mithilfe von Halbleitermaterialien (Solarzellen).

Photowiderstand, ⚡ Halbleiter, dessen elektr. Widerstand bei Strahlungseinwirkung (Licht) vermindert wird.

Photozelle, ⚡ Röhre zur Umwandlung von Licht in elektr. Strom unter Ausnutzung des lichtelektr. Effekts **(lichtelektr. Zelle).**

Phrase *die,* **1)** Satz, Redewendung, nichtssagende Aussage. – **2)** 𝄞 in sich geschlossene Motivfolge. **Phraseologie** *die,* Lehre von den einer Sprache eigentüml. Redensarten; **phrasieren,** gliedern.

Phrenologie *die,* von F. J. Gall eingeführte Schädellehre.

Phrygi|en, antike Landschaft in Kleinasien. Die indogerman. **Phryger** bildeten bis 546 v. Chr. ein selbstständiges Reich.

phrygische Mütze, Zipfelmütze der alten Phryger und kleinasiat. Griechen; Urbild der Freiheits-(Jakobiner-)Mütze (→ Jakobiner).

Édith Piaf

Phthaleine *Pl.,* ⚗ organ. Verbindungen, die aus Phthalsäureanhydrid und Phenolen oder Aminophenolen unter Wasseraustritt entstehen; z. B. der Indikator → Phenolphthalein.

pH-Wert, ⚗ Abk. für **p**otentia **h**ydrogenii, Konzentration der Wasserstoffionen als Maßzahl für den sauren oder bas. Charakter von Lösungen. Der pH-W. ist definiert als der negative dekad. Logarithmus der Wasserstoffionenkonzentration. Ist der pH-W. kleiner als 7, ergeben sich saure, ist er größer als 7 bas. Lösungen.

Phyle *die,* Unterabteilung altgriech. Stämme und Stadtstaaten.

Phyllit *der,* dunkles, metamorphes Gestein mit schiefrigem Gefüge.

Phylogenie *die,* → Stammesgeschichte.

Physik *die,* Lehre von den Naturerscheinungen, soweit sie Zustandsänderungen, nicht stoffl. Veränderungen sind und experimenteller Forschung, messender Erfassung und math. Darstellung zugänglich sind. Sie gliedert sich in die klass. Teilgebiete Mechanik, Thermodynamik, Akustik, Elektrodynamik (Elektrizität, Magnetismus) und Optik. Quer durch diese Gebiete geht die neuere Einteilung in Mikro-P. (Atom-, Kern-P., Quantenelektrodynamik), Makro-P. und Kosmologie (P. des Weltalls).

Physikalisch-Technische Bundesanstalt, Abk. **PTB,** Sitz Braunschweig, gegr. 1949, techn. Bundesoberbehörde für das Prüfungs-, Eich- und Zulassungswesen.

Physiognomie *die,* äußere Erscheinung eines Menschen, bes. sein Gesicht als Abbild seines Inneren, seiner Wesensart. **Physiognomik** *die,* Deutung der Wesensart eines Menschen aus seiner Physiognomie.

Physiokratismus *der,* von dem Franzosen F. Quesnay begründete volkswirtschaftl. Lehre, die den Boden als einzige Quelle des Reichtums ansieht; Ggs. Merkantilismus.

Physiologie *die,* Wiss. von den normalen, auch den krankheitsbedingten Lebensvorgängen und -äußerungen der Pflanzen, der Tiere und des Menschen.

phyto..., in Fremdwörtern: pflanzen...; z. B. **phytogen,** aus Pflanzen entstanden. **Phytophagen,** Pflanzen fressende Tiere.

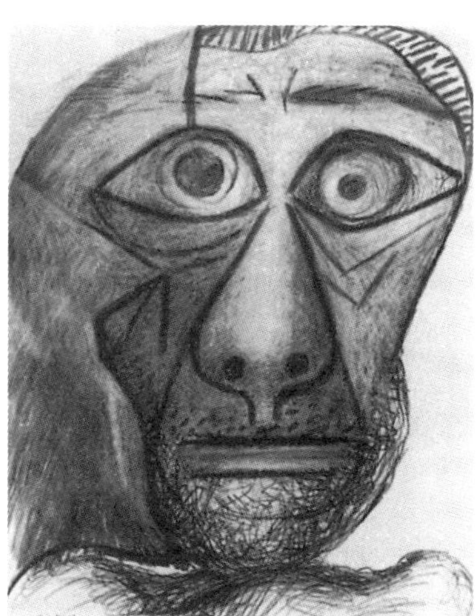

Pablo Picasso. Selbstporträt (1972)

Pi *das,* **1)** griech. Buchstabe. – **2)** $\sqrt{}$ die Zahl $\pi = 3{,}14159...$, die angibt, wievielmal so groß der Kreisumfang im Vergleich zum Durchmesser ist.

Piacenza [pia'tʃɛntsa], Prov.-Hptst. in Oberitalien, am Po, 102 300 Ew.; alte Bauten; Mittelpunkt eines Landwirtschaftsgebiets. 218 v. Chr. von den Römern gegr.; 1545 bis 1860 mit dem Herzogtum Parma vereinigt.

Piaf [pjaf], Édith, frz. Chansonsängerin, * 1915, † 1963; Welterfolge als »Spatz von Paris«. Interpretierte eindrucksvoll u. a. »La vie en rose«, »Je ne regrette rien«.

Pablo Picasso. L'Atelier (1956)

Piaffe *die,* Reitübung der hohen Schule: trabartige Bewegung auf der Stelle.
piano, Abk. **p,** 𝄞 leise, schwach; Ggs.: forte; **pianissimo, pp,** sehr leise.
Piano, *das,* 𝄞 Klavier. **Pianino** *das,* Klavier mit aufrecht stehendem Saitenkasten.
Piassave *die,* Bastfasern versch. Palmen; zu Bürsten, Matten u. a. verarbeitet.
Piasten, poln. und schles. Herrschergeschlecht, regierte in Polen bis 1370, in Masowien bis 1526, in Schlesien bis 1675.
Piaster *der,* kleine Münzeinheit in Ägypten, Libanon, Sudan, Syrien.
Piatti, Celestino, schweizer. Grafiker und Maler, * 1922; gestaltet seit 1961 v. a. Buchumschläge.
Piazzetta, Giovanni Battista, ital. Maler, * 1682, † 1754; Meister des venezian. Rokoko; v. a. Altar- und Genrebilder.
Picabia [pika'bja], Francis, frz. Maler, * 1879, † 1953; Anreger der Kunst des 20. Jh., v. a. des Dadaismus.
Picard [pi'ka:r], Max, schweizer. Schriftsteller, * 1888, † 1965; Beiträge zur Kunsttheorie und Kulturkritik.
Picardie *die,* fruchtbare Landschaft im nordöstl. Frankreich; Hptst.: Amiens.
Picasso, Pablo, eigentl. P. **Ruiz y P.,** span. Maler, Bildhauer und Grafiker, * 1881, † 1973; lebte seit 1901 v. a. in Paris, hier entstanden die schwermütigen Bilder der »blauen Periode« (1901 bis 1904), gefolgt von den Zirkusbildern der »rosa Periode« (1904 bis 1906); zeitgleich mit G. Braque entwickelte er den Kubismus (»Les Demoiselles d'Avignon«). Einer »klassizist.« Phase folgten surrealist. Arbeiten. Mitte der 30er-Jahre entstanden Radierfolgen sowie Stierkampfszenen, 1937 das monumentale Bild »Guernica« (Madrid), eine Anklage gegen die krieger. Zerstörung der bask. Stadt Guernica y Luno im Span. Bürgerkrieg. Die sich ständig wandelnde Vielfalt seiner Kunst ließ gegensätzl. Werke oft gleichzeitig entstehen.
Piccard [pi'ka:r], Auguste, schweizer. Physiker, * 1884, † 1962; Stratosphärenflüge; Tiefseetauchfahrten in einem selbst entworfenen Tauchschiff (Bathyskaph) mit seinem Sohn Jacques P. (* 1922).
Piccoli [pikɔ'li], Michel, frz. Schauspieler, * 1925; Charakterdarsteller, Filme: »Das große Fressen« (1973), »Die schöne Querulantin« (1991).
Piccolomini, ital. Adelsgeschlecht. **1)** Enea Silvio, → Pius II. – **2)** Ottavio, Fürst, kaiserl. Feldherr im Dreißigjährigen Krieg, * 1599, † 1656; 1634 führend am Sturz Wallensteins beteiligt.
Picht, Georg, dt. Pädagoge und Religionsphilosoph, * 1913, † 1982; Untersuchungen zum Bildungswesen: »Die dt. Bildungskatastrophe« (1964).
Pickel *der,* **1)** Spitzhacke, bes. der Eis-P. des Bergsteigers. – **2)** ⚕ kleine (entzündete) Erhebung der Haut.
Pickelhaube, Lederhelm mit Metallbeschlag und -spitze, seit 1842 preuß., in abgewandelter Form bis 1916 dt. Infanteriehelm.
Pico della Mirandola, Giovanni, ital. Humanist und Philosoph, * 1463, † 1494; erstrebte die Überhöhung des christl. Weltbildes im Sinn eines Bildungshumanismus; »Über die Würde des Menschen« (1486).
Pidgin English ['pɪdʒɪn 'ɪŋglɪʃ], eine Mischung aus Englisch und regionalen Sprachen in O-Asien, Melanesien und W-Afrika.
Pieck, Wilhelm, dt. Politiker, * 1876, † 1960; seit 1895 in der SPD, seit 1918 in der KPD; emigrierte 1933 nach Frankreich und ging von dort in die UdSSR; wurde 1945 Vors. der KPD, 1946 bis 1954 zus. mit O. Grotewohl. Vors. der SED, 1949 bis 1960 Präs. der DDR.
Piemont, histor. Landschaft und Region im westl. Oberitalien; Hauptstadt: Turin; Weinbau im Hügelland; wichtiges Industriegebiet (Hütten-, chem., Textil-, Automobil-, Leder-, Lebensmittelind.). – P. wurde im MA. das Kernland der Grafen (seit 1416 Herzöge) von Savoyen.
Pieper *der,* zu den Stelzen gehörende bräunl. Singvögel; Bodenbrüter. **Baum-P., Wiesen-P., Brach-P.** u. a.
Pier *der,* ⚓ Mole, Hafendamm.
Piercing ['pɪəsɪŋ], Durchbohren oder Durchstechen der Haut zum Anbringen von Körperschmuck.
Piero della Francesca [pjɛ:ro 'della fran'tʃeska], ital. Maler, * zw. 1415 und 1420, † 1492; Meister der Frührenaissance; Fresken und Tafelbilder in lichter Farbigkeit.

Auguste Piccard

Michel Piccoli

Pi|età *die*, ⚱ **Vesperbild,** Darstellung der trauernden Maria mit dem Leichnam Christi; Andachtsbild.

Pi|etät *die*, Frömmigkeit, Ehrfurcht, Anhänglichkeit.

Pietermaritzburg [piːtərmaˈrətsbœrx], Stadt in der Provinz KwaZulu/Natal, Rep. Südafrika, 192 000 Ew.; Univ., ✈.

Pilsen
Stadtwappen

Pi|etismus *der*, ev. religiöse Bewegung zur Erneuerung des geistl. Lebens und der Kirche, seit dem 17. Jh. Ihre Anhänger wurden urspr. spöttisch **Pietisten** (»Frömmler«) genannt. Eigentl. Schöpfer des P. war P. J. Spener. Zentren des älteren P. waren Halle (A. H. Francke), Württemberg, die niederrhein. Gebiete und die Herrnhuter Brüdergemeine.

pi|ezo|elektrischer Effekt, ✳ elektr. Aufladung mancher Kristalle durch mechan. Druck, beruht auf Polarisation der Atome, Verschiebung der äußeren Elektronenhülle gegenüber dem Atomrumpf. Durch elektr. Felder kann umgekehrt mechan. Schwingung im Kristall erzeugt werden. Anwendung zur Ultraschallerzeugung, beim piezoelektr. Resonator u. a.

Pigment *das*, **1)** farbgebender Stoff, der von Bindemitteln aufgenommen, aber nicht gelöst wird. – **2)** Farbstoff in tier. und menschl. Geweben.

Józef Piłsudski

Pik *das*, Farbe der frz. Spielkarte (schwarzer Spaten); entspricht dem Grün der dt. Spielkarten.

pikant, 1) appetitanregend gewürzt. – **2)** reizvoll, prickelnd. **Pikanterie** *die*, Anzüglichkeit, Reiz.

Pike *die*, Spieß, Lanze. **Von der P. auf,** vom untersten Rang an.

Pikee, Piqué *der*, Gewebe mit reliefartiger Musterung.

pikieren, junge Pflanzen auseinander pflanzen; **pikiert,** Ü gekränkt, verletzt.

Pikkolo *der*, **1)** Kellnerlehrling. – **2)** kleines Sektfläschchen (0,2 Liter).

Pikkoloflöte, 𝄞 die kleine → Flöte.

Pik Kommunismus, bis 1962 **Pik Stalin,** Berg im Pamir, Tadschikistan, 7 495 m; 1933 erstmals erstiegen.

Piko, Vorsatzzeichen: **p,** Vorsatz vor Einheiten für den Faktor 10^{-12} (Billionstel).

Pikör *der*, 🦌 reitender Jäger, der bei der Jagd die Hundemeute führt.

Pikrinsäure, Trinitrophenol, ⚗ entsteht durch Erhitzen vieler Benzolverbindungen mit Salpetersäure.

Pikten, vorkeltische oder keltische Stämme N-Schottlands; der Skotenkönig vereinigte um 850 sein Reich mit dem der P. zu einem schott. Großkönigtum.

Piktogramm *das*, Bildsymbol.

Pilaster *der*, ⌂ flacher Wandpfeiler, im Ggs. zur Lisene mit Kapitell und Basis.

Pilatus *der*, Bergstock am N-Rand der Alpen, Schweiz, bei Luzern, 2 120 m.

Pilatus, Pontius, 26 bis 36 n. Chr. röm. Prokurator in Judäa; war an der Verurteilung Jesu beteiligt.

Pilaw, Pilaf, Pilau *der*, oriental. Gericht aus Reis und Hammelfleisch.

Pilcher [ˈpɪltʃə], Rosamunde, engl. Schriftstellerin, * 1924; Kurzgeschichten und Unterhaltungsromane über die brit. Mittelklasse.

Pilcomayo *der*, Fluss in Südamerika, 2 500 km lang, entspringt in Bolivien, mündet in den Paraguay unterhalb von Asunción.

Pilger, Pilgrim, Wallfahrer zu hl. Stätten.

Pilgerväter, die ersten puritan. Ansiedler (1620) in Neuengland (USA).

Pilgram, Anton, österr. Baumeister, Bildhauer, * um 1460, † 1515; schuf Bildwerke von ausdrucksstarkem Realismus.

Pille, 1) Arzneizubereitung in Kugelform. – **2)** empfängnisverhütende Hormonpräparate (**Anti-Baby-P.,** → Empfängnisverhütung).

Pillendreher, ein → Mistkäfer.

Pillnitz, barockes Lustschloss der Kurfürsten und Könige von Sachsen bei Dresden, an der Elbe.

1

2

3

Piktogramme des Deutschen Sportbundes
1 Leichtathletik,
2 Fechten,
3 Basketball

Anton Pilgram. Selbstbildnis an der Kanzel in Sankt Stephan in Wien (1515)

Pilnjak, Boris Andrejewitsch, russ. Schriftsteller, * 1894, † (hingerichtet?) 1937; Erz., Romane (»Das nackte Jahr«; 1921).

Pilon [piˈlɔ̃], Germain, frz. Bildhauer, * um 1536, † 1590; Meister der Hochrenaissance; Marmorgrabmal für Heinrich II. und Katharina von Medici (Saint-Denis).

Pilot *der*, **1)** ⚓ Lotse, Steuermann. – **2)** ✈ Flugzeugführer. **P.-Ballon,** Wetterkunde: kleiner, unbemannter Ballon zur Windmessung in größeren Höhen.

Pilotstudi|e, Voruntersuchung kleineren Maßstabs, durch die Leistungen und Kosten eines Gesamtprojekts erkundet werden.

Piloty, Karl von, dt. Maler, * 1826, † 1886; großformatige, theatralisch-realistische Geschichtsbilder.

Pilsen, tschech. **Plzeň** [plzɛnj], Stadt in der ČR, 173 000 Ew.; bedeutender Wirtschaftsmittelpunkt: Brauereien, Schwermaschinen-, Fahrzeugbau, chem., Glas-, Bekleidungsindustrie.

Piłsudski [piuˈsutski], Józef, poln. Staatsmann, Marschall, * 1867, † 1935; kämpfte im 1. Weltkrieg mit seiner poln. Legion auf österr. Seite; 1918 bis 1922 Staatsoberhaupt Polens; sicherte 1920 im Krieg gegen die UdSSR die poln. Unabhängigkeit. 1926 stürzte er die parlamentar. Regierung und herrschte autoritär.

Pilze, Gruppe von Sporenpflanzen, mit rd. 100 000 heute bekannten Arten; i. e. S. die Echten P., zu denen die Ständer-, Joch-, Schlauch- und Algenpilze gehören. Die Echten P. haben kein Blattgrün und ernähren sich als Fäulnisbewohner (Saprophyten) oder Schmarotzer. Sie bestehen aus vielzelligen Pilzfäden oder Hyphen, die Gesamtheit dieser Fäden nennt man Lager oder Myzel. Die Echten P. vermehren sich durch Sporen, die in Sporenträgern oder Fruchtkörpern (»Pilzen«) entstehen, und zwar durch Abschnürung nach außen (Ständer-P.) oder im Innern von Sporenbehältern (Schlauch-P., Algen-P., Joch-P.). Zu den Echten P. gehören die Speise-P., Hefe-P., Schimmel-P., der schädl. Hausschwamm sowie viele Arten von Schmarotzer-P., die Krankheiten an Kulturpflanzen, seltener bei Tieren und Menschen hervorrufen. Gift-P. enthalten gesundheitsschädigende, z. T. tödlich wirkende Stoffe, meist Alkaloide.

Piment *der*, auch *das*, **Nelkenpfeffer,** unreife, getrocknete Beeren eines westind. Myrtengewächses; Küchengewürz.

Pimpernuss, Klappernuss, Sträucher mit dreizähligen oder gefiederten Blättern, meist weißen Blütentrauben und blasiger Frucht mit kugeligen, klappernden Samen.

Pimpinelle *die*, **Pimpernell** *der*, **Bibernell,** Gattung staudiger Doldengewächse, würzige Wiesenkräuter, darunter Anis.

Pinakothek *die,* Antike: Sammlung gemalter Weihegeschenke; seit dem Humanismus v. a. fürstl. Gemäldegalerien (z. B. in München).

Pinatubo, Mount P., Vulkan im N der Insel Luzon, Philippinen, 1475 m, brach nach 611-jähriger Ruhe im Juni 1991 erneut aus.

Pincheffekt [pɪntʃ-], **Quetsch|effekt,** ⚛ Zusammenschnüren einer Gasentladung hoher Stromstärke durch ihr eigenes Magnetfeld.

Pindar, griech. Dichter, * um 518 v. Chr., † nach 446; steht mit seiner Chorlyrik am Ausgang der archaischen Zeit; Hymnen.

Pindos *der,* Gebirgszug in Griechenland, trennt Thessalien von Epirus, bis 2637 m hoch.

Pinget [pɛ̃ˈʒɛ], Robert, frz.-schweizerischer Schriftsteller, * 1919, † 1997; fantastisch-satir. Romane; Vertreter des Nouveau Roman.

Pinguine, flugunfähige Schwimmvögel im Südpolargebiet, mit schuppenähnl. Gefieder und flossenartigen Flügeln; leben in Gesellschaften. **Riesen-P.** und **Kaiser-P.** werden bis 1 m groß.

Pini|e *die,* zur Gattung Kiefer gehöriger Nadelbaum mit schirmförmiger Krone, in den Mittelmeerländern, bis 25 m hoch; der hartschalige Samen **(P.-Nuss, Pignole)** enthält einen mandelähnlich schmeckenden Kern.

Pink Floyd [- ˈflɔɪd], brit. Rockmusikgruppe, gegr. 1965; entwickelte einen Sound mit intensiver Verwendung elektronisch erzeugter Klänge.

Pinne *die,* **1)** kleiner spitzer Nagel, Zwecke. – **2)** ⚓ Hebel zum Bedienen des Steuerruders.

Pinneberg, Krst. in Schlesw.-Holst., 36100 Ew.; Ind.; Rosenzucht, Baumschulen.

Pinocchio [-kkjo], Name der Titelgestalt des ital. Kinderbuchs »P.« (1883, von C. Collodi), eine holzgeschnitzte Gliederpuppe mit langer Nase.

Pinochet Ugarte [pinoˈtʃɛt uˈɣarte], Augusto, chilen. General und Politiker, * 1915; seit 1973 Oberbefehlshaber der Streitkräfte und Führer des Militärputsches gegen die Reg. Präs. S. Allende Gossens, 1973/74 Chef der Militärjunta; 1974 bis 1990 diktator. Präsident.

Pinscher *der,* **Glatthaarpinscher,** Gruppe von Haushunderassen. Der **dt. P.** ist ein wendiger Haus- und Wachhund.

Pinsel|äffchen, eichhorngroßer Krallenaffe (Marmosetten) der südamerikan. Urwälder. Haarbüschel an Ohren und seitlich am Kopf.

Pinsk, Stadt in Weißrussland, 119000 Ew.; Kanal zum Bug; Flusshafen am Pripet; Industrie.

Pint [paɪnt] *die,* engl. (0,568 Liter) und amerikan. (0,473 Liter) Hohlmaß.

Pinter [ˈpɪntə], Harold, brit. Schriftsteller, * 1930; Hörspiele, Theaterstücke; urspr. dem absurden Theater, später einem neuen Realismus verbunden; »Der Hausmeister« (1960), »Alte Zeiten« (1971), »Niemandsland« (1975) u. a.

Pin-up-Girl [pɪnˈapgəːrl] *das,* Bild einer erotisch ansprechenden Frau, bes. in Illustrierten und Magazinen.

pinxit [lat. »hat gemalt«], Abk. **p., pinx.,** Zusatz zur Künstlersignatur.

Pinyin *das,* in der VR China seit 1979 offiziell verwendete Umschrift (Transkription) der chin. Schrift in lat. Buchstaben.

Pinzette *die,* Federzange mit 2 Armen, zum Fassen kleiner Gegenstände.

Pinzgau *der,* Längstal der oberen Salzach in Salzburg, Österreich, zw. Hohen Tauern und Kitzbüheler Alpen.

Piombo, Sebastiano del, ital. Maler, → Sebastiano del Piombo.

Pioneer [ˈpaɪəˈnɪə], Serie amerikan. Raumsonden, die Messergebnisse und Bilder des Sonnensystems liefern.

Pionier *der,* **1)** Soldat der techn. Truppe des Heeres. – **2)** Wegbereiter, Vorkämpfer.

Piontek, Heinz, dt. Schriftsteller, * 1925; Lyrik, Erz., Hörspiele; Georg-Büchner-Preis 1976.

Pipeline [ˈpaɪplaɪn] *die,* Rohrleitung zum Befördern von Flüssigkeiten (z. B. Erdöl) und Gasen (z. B. Erdgas).

Pipette *die,* Stechheber zum Abmessen von Flüssigkeiten v. a. in Laboratorien.

Pippau *der,* Gattung der Korbblütler, meist gelb blühende Kräuter auf Wiesen.

Pippin der Jüngere (fälschlich »der Kleine«), * um 715, † 768; fränk. Herrscher aus dem Hause der Karolinger (seit 751), schenkte dem Papst seine langobard. Eroberungen **(pippinsche Schenkung,** die Grundlage des Kirchenstaats); Vater Karls des Großen.

Pirandello, Luigi, ital. Schriftsteller, * 1867, † 1936; Schauspiel: »Sechs Personen suchen einen Autor« (1921). Roman: »Mattia Pascal« (1904). Nobelpreis für Literatur 1934.

Piranesi, Giovanni Battista, ital. Kupferstecher, * 1720, † 1778; Ansichten antiker und barocker Baudenkmäler Roms; Raumfantasien.

Piranha [piˈranja] *der,* span. **Piraya,** südamerikan. Raubfischart mit dreieckigen, sehr scharfen Zähnen.

Piratensender, private Rundfunkgesellschaften ohne Lizenz und Sendefrequenz.

Piraterie *die,* → Seeräuberei.

Piräus, Hafenstadt im Ballungsraum Athen, Griechenland, 169600 Ew.; Ind. (Werften), Reedereien; Fährverkehr. – P. wurde 493/492 v. Chr. von Themistokles zum Hafen Athens ausgebaut, 86 v. Chr. von Sulla zerstört.

Pirckheimer, Pirkheimer, Willibald, Ratsherr in Nürnberg, * 1470, † 1530; Humanist, Freund Dürers.

Pire [piːr], Dominique Georges, belg. Dominikaner, * 1910, † 1969; gründete zahlreiche soziale Einrichtungen u. a. für heimatlose Ausländer; Aufbau von »Europadörfern«; 1958 Friedensnobelpreis.

Pirmasens, Stadt in Rheinl.-Pf., im Pfälzer Wald, 51000 Ew.; Zentrum der dt. Schuhindustrie.

Pirminius, Pirmin, Missionsbischof, † 753; gründete die Klöster Reichenau (Bodensee), Murbach (Elsass) u. a.; Heiliger (Tag: 3. 11.).

Pirna, Krst. in Sa., an der Elbe, 40400 Ew.; elektrotechn., Glas-, Möbelind.; Ausgangspunkt für Besucher des Nationalparks »Sächs. Schweiz«.

Pirol *der,* **Gold|amsel,** gelbschwarzer (Männchen) oder grünl. (Weibchen) amselgroßer Singvogel.

Pirouette [piruˈɛtə] *die,* **1)** Figur beim Ballett, Eis-, Rollkunstlauf: mehrfache Drehbewegung um die Körperachse. – **2)** Reitkunst: kreisförmige Drehung im Galopp um die Hinterhand.

pirschen, birschen, ♈ das Wild anschleichen. **Pirsch** *die,* Spürjagd.

Pisa, Stadt in der Toskana, Italien, am Arno, 98900 Ew.; Erzbischofssitz; roman. Dom mit dem »schiefen«, um 4,27 m geneigten, 54 m hohen Glockenturm (1173 bis 1350); Friedhof (Campo Santo, 1278 bis 1463, mit Wandgemälden). Die Domplatzanlage gehört zum Weltkulturerbe. Univ. (1343 gegr.); Textil-, Porzellan- u. a. Ind. – P. war im 11. bis 13. Jh. eine der führenden See- und Handelsstädte Italiens und beherrschte auch Sardinien und Korsika. BILD S. 700

Pisanello, eigentl. Antonio **Pisano,** ital. Maler, Medailleur, * 1395, † wohl 1455; führend in der Medaillenkunst der Renaissance; Fresken, Zeichnungen; Bahnbrecher der ital. Porträtkunst.

Pisano, 1) Andrea, ital. Bildhauer, * um 1295, † 1348 oder 1349. – **2)** Antonio, → Pisanello. – **3)** Giovanni, ital. Bildhauer, Baumeister, * um 1250, † nach 1314; got. Bauwerke. – **4)** Niccolò, ital. Bildhauer, Vater von 3), * um 1225, † nach 1278; griff auf antike Vorbilder zurück.

Augusto Pinochet Ugarte

Harold Pinter

Luigi Pirandello

Willibald Pirckheimer
Ausschnitt aus einer Kreidezeichnung von Albrecht Dürer (1503)

Erwin Piscator

Pittsburgh
Stadtwappen

Papst Pius X.

Papst Pius XII.

Piscator, Erwin, dt. Regisseur und Theaterleiter, * 1893, † 1966; expressionist. Inszenierungen in Berlin; 1931 bis 1951 emigriert; 1962 bis 1966 Intendant der Freien Volksbühne in Berlin (West).

Pisolith *der,* **Erbsenstein,** das aus kleinen Kügelchen bestehende Mineral Aragonit.

Pissarro, Camille, frz. Maler, Grafiker, * 1830, † 1903; impressionist. Landschaften, auch Großstadtszenen.

Pistazi|e *die,* vorderasiat., am Mittelmeer angepflanzter Baum mit eiförmigen, grün-rötl., fleischigen Früchten. Die haselnussgroßen Kerne **(P.-Nüsse, grüne Mandeln)** enthalten den mandelähnlich schmeckenden, ölreichen Samen **(Pistazie),** der als Gewürz, Nussobst, auch zur Ölbereitung dient. Verwandte Art am Mittelmeer: **Mastixstrauch,** liefert das Harz Mastix.

Piste *die,* **1)** Einfassung der Manege im Zirkus. – **2)** nicht ausgebauter Verkehrsweg; Skispur, Rodelbahn; Rennstrecke, Rennbahn; Start-, Landebahn eines Flughafens.

Pistill *das,* Stößel zum Zerreiben von Substanzen im Mörser oder in der Reibschale.

Pistoia, Stadt im mittleren Italien, 87 800 Ew.; roman. Dom, Baptisterium (1338 bis 1359), Palazzo Pretorio (14. Jh.); Metallwaren-, chem., Textilindustrie.

Pistole *die,* einhändige, ein- oder mehrläufige Handfeuerwaffe, heute meist Selbstlader.

Piston [pis'tɔ̃] *das,* 𝄞 Blechblasinstrument, ein Kornett mit Pumpventilen.

Pistyan, slowakisch **Piešt'any** ['piɛʃtjani], Stadt und Badeort in der Slowak. Rep., an der Waag, 33 700 Ew.; Schwefelquellen (69 °C), Moorbäder.

Pitcairn ['pɪtkeən], brit. Insel im S-Pazifik, 4,6 km².

Pitchpine ['pɪtʃpaɪn] *das,* rotgelbes amerikan. Kiefernholz; Bau- und Möbelholz.

Pithec|anthropus *der,* Urmensch der älteren Eiszeit, 1890/91 von E. Dubois auf Java entdeckt.

Pitt, 1) William, d. Ä., Earl of Chatham ['tʃætəm], brit. Staatsmann, Vater von 2), * 1708, † 1778; unterstützte Friedrich d. Gr. im Siebenjährigen Krieg und brach die frz. Vormacht zur See und in den Kolonien. – **2)** William, d. J., brit. Staatsmann, Sohn von 1), * 1759, † 1806; entschiedener Gegner Napoleons; vereinigte 1800 Irland staatsrechtlich mit Großbritannien.

Pitti, Palazzo P., Palast der Medici in Florenz (15./16. Jh.); jetzt Gemäldegalerie.

Pittsburgh ['pɪtsbə:g], Stadt in Pennsylvania, USA, am Ohio, 375 000 Ew.; Univ., Carnegie-Institut, Kernforschungsinstitut; eines der bedeutendsten Schwerind.zentren der Erde inmitten reicher Erdölfelder, Naturgasquellen, großer Kohlenlager, hat Eisen-, Stahl-, Maschinen-, Glasind.; großer Flusshafen. – 1759 gegründet als Fort Pitt.

Pisa. Dom mit schiefem Glockenturm (11./12. Jh.)

Pittura metafisica, Richtung der modernen ital. Malerei, von G. De Chirico und C. Carrà begründet. Die P. m. stellt Gegenstände mit betont zeichner. Härte und plast. Modellierungen dar.

Pityusen, Inselgruppe der Balearen; Hauptinseln: Ibiza und Formentera.

Pius, Päpste. **1) P. II.** (1458 bis 1464), Enea Silvio **Piccolomini,** * 1405, † 1464; 1442 Rat Kaiser Friedrichs III., bedeutend als Dichter, Humanist, Geschichtsschreiber. – **2) P. V.** (1566 bis 1572), Michele **Ghislieri** [gis-], * 1504, † 1572; Vorkämpfer der Gegenreformation. – **3) P. VII.** (1800 bis 1823), Barnaba **Chiaramonti** [kja-], * 1742, † 1823; krönte 1804 Napoleon I., verlor 1809 den Kirchenstaat an ihn, sprach den Bann gegen ihn aus, war 1809 bis 1814 sein Gefangener, stellte Kirchenstaat (1815) und Jesuitenorden (1814) wieder her. – **4) P. IX.** (1846 bis 1878), Giovanni **Mastai-Ferretti,** * 1792, † 1878; verlor den Kirchenstaat (1870); verkündete 1854 das Dogma der Unbefleckten Empfängnis Mariä, berief das 1. Vatikan. Konzil ein, das die päpstl. Unfehlbarkeit zum Dogma erhob (1870). – **5) P. X.** (1903 bis 1914), Giuseppe **Sarto,** * 1835, † 1914; seit 1893 Patriarch von Venedig, bemühte sich um inneren Ausbau des kirchl. Lebens, bekämpfte den Modernismus; Heiliger (Tag: 21. 8.). – **6) P. XI.** (1922 bis 1939), Achille **Ratti,** * 1857, † 1939; schloss 1929 mit Italien die Lateranverträge ab. – **7) P. XII.** (1939 bis 1958), Eugenio **Pacelli** [-'tʃ-], * 1876, † 1958; wurde 1920 Nuntius für das Dt. Reich, 1929 Kardinal in Rom; verkündete 1950 das Dogma von der Himmelfahrt Mariä; unkrit. Haltung gegenüber dem Nationalsozialismus. Mit P. erreichte der »absolutistische Pontifikatsstil« – P. regierte seit 1944 ohne Staatssekretär – seinen Höhepunkt.

Pixel *das,* Kurzwort aus Picture Elements, die durch Aufrasterung eines Bilds entstandenen Bildpunkte, die als digitalisierte Größen einem Rechner eingegeben werden können.

Pizarro [pi'θarrɔ], Francisco, span. Konquistador, * 1478, † (ermordet) 1541; eroberte 1531 bis 1533 das Inkareich in Peru, ließ dessen letzten Herrscher ermorden, gründete 1535 Lima.

Pizza *die,* ital. Gericht aus Hefeteig, mit Tomaten, Käse, Salami u. a. belegt, im Ofen gebacken.

PKK, Abk. für **P**artîya **K**arkerên **K**urdistan [»Arbeiterpartei Kurdistans«], 1978 gegr. militante kurd. Widerstandsbewegung, die einen unabhängigen kurd. Staat auf marxist. Grundlage erstrebt; seit 1984 Guerillakampf gegen den türk. Staat; in Dtl. nach zahlreichen Anschlägen gegen türk. Einrichtungen und gewalttätigen Demonstrationen im Nov. 1993 verboten.

Pkw, Abk. für **P**ersonen**k**raft**w**agen.

Placebo *das,* in Form, Farbe, Geschmack einem bestimmten Arzneimittel nachgebildetes Präparat ohne Wirkstoff (zur klin. Prüfung der Wirksamkeit von Medikamenten).

Placenta *die,* → Mutterkuchen.

Plädoyer [-dwa'je:] *das,* ⚖ Schlussvortrag einer Partei, im Strafprozess der des Staatsanwalts und der des Verteidigers.

Plafond [pla'fɔ̃] *der,* **1)** Zimmerdecke. – **2)** Höchstbetrag (bei Kreditgewährung), Spitzensteuersatz.

Plagiat *das,* geistiger Diebstahl, bewusste Verletzung des Urheberrechts.

Plagioklas *der,* Sammelname für alle Natrium und Calcium enthaltenden Feldspäte.

Plaid [pleɪd] *das, der,* urspr. die als Kilt getragene wollene Decke der Schotten mit Tartanmuster; heute Reisedecke.

Plakat *das,* öffentlich angeschlagene Bekanntmachung oder gestaltete Werbung im Großformat.

Plakette *die,* kleines, meist rechteckiges Schildchen aus versch. Materialien, mit unterschiedl. Darstellungen und Bedeutungen.

Pittura metafisica. Carlo Carrà, Das Oval der Erscheinungen (1918)

Plan *der,* **1)** Karte eines kleinen Gebiets (Stadt usw.) in großem Maßstab. – **2)** Absicht; Entwurf.

Planartechnik, ⚡ Halbleitertechnologie, bei der alle Bauelementstrukturen in Ebenen (planar) eingefügt werden.

Planck, Max, dt. Physiker, * 1858, † 1947. Durch die von ihm begründete Quantentheorie ist die Physik grundlegend umgestaltet worden. Seine Hauptarbeitsgebiete waren Strahlungstheoric und Thermodynamik; Nobelpreis 1918.

plancksches Wirkungsquantum, Planck-Konstante [nach M. Planck], Zeichen **h,** universelle Konstante von der Dimension einer Wirkung; $h \approx 6{,}626 \cdot 10^{-34}$ Js. (→Quantentheorie)

Planetarium *das,* Kuppelbau, in dem durch Projektionsapparate der Sternhimmel nachgebildet wird.

Planeten, Wandelsterne, ☼ kalte Himmelskörper, die sich nach den keplerschen Gesetzen in ellipt. Bahnen um die Sonne bewegen. Nach ihrer Entfernung von der Sonne geordnet sind es Merkur, Venus, Erde, Mars, Jupiter, Saturn, Uranus, Neptun, Pluto. Hinter Pluto wurde ein 10. P., Transpluto, vermutet. Die mit bloßem Auge sichtbaren P. von Merkur bis Saturn waren schon im Altertum bekannt; Uranus wurde 1781, Neptun 1846, Pluto 1930 entdeckt. Zw. den Bahnen von Mars und Jupiter bewegen sich kleine P. **(Planetoiden, Asteroiden);** man kennt die Bahnelemente von über 2 000 Planetoiden. Außer Merkur und Venus haben alle Planeten Monde; Jupiter, Saturn, Uranus und Neptun besitzen Ringe aus Meteoriten und Staub.

Planimeter *das,* Gerät zum Ausmessen unregelmäßiger ebener Flächen.

Planimetrie *die,* Geometrie in der Ebene.

plan|konkav, plan|konvex, Krümmungsarten der →Linse.

Plankton *das,* Gesamtheit der im Wasser frei schwebend lebenden Tiere **(Zo|o-P.)** und Pflanzen **(Phyto-P.).** Die tier. **Planktonten** besitzen besondere Einrichtungen, die das Absinken verhindern, z. B. Gasblasen im Innern des Körpers, lange Schwebefortsätze. Zum tier. P. gehören Radiolarien, Geißeltierchen, Quallen, Borstenwürmer, Flügelschnecken, Krebstiere, Larven von Fischen. Zum pflanzl. P. gehören Bakterien, einzellige Algen, Wasserlinsenarten. P. dient vielen Tieren als Nahrung und als Sauerstofflieferant.

Plantage [plan'ta:ʒə] *die,* Großbetrieb für landwirtschaftl. Produkte v. a. in den Tropen zur Erzeugung von Exportprodukten.

Plantagenet [plæn'tædʒɪnɪt], **Anjou-P.** [ã'ʒu-], engl. Königshaus, das 1154 bis 1485 herrschte. Der Name stammte von der Helmzier Graf Gottfrieds V. von Anjou (1129 bis 1151), einem Ginsterbusch (lat. planta genista).

Planwirtschaft, Zentralverwaltungswirtschaft, Wirtschaftsordnung, bei der (im Ggs. zur Marktwirtschaft) eine zentrale Planungsbehörde entsprechend allg. Zielvorgaben der staatl. Führung mithilfe staatl. Pläne die gesamte Volkswirtschaft steuert, z. B. in den Volkswirtschaften sozialist. Staaten. Nachdem auch in der Praxis der sozialist. Länder die Nachteile der zentralist. P. gegenüber Volkswirtschaften mit marktwirtschaftl. Strukturen immer unübersehbarer wurden, führte das seit Ende der 1980er-Jahre in fast allen diesen Ländern zusammen mit polit. Reformen zu deren Ablösung.

Plasma *das,* **1)** das Zytoplasma der Zelle. – **2)** gerinnbare Flüssigkeit, z. B. des Bluts, der Milch. – **3)** ⚛ hoch ionisiertes, elektr. leitendes Gas, Gemisch aus neutralen Atomen, positiven und negativen Ionen, Elektronen, Photonen und angeregten Atomen; bes. im Entladungsrumpf einer Gasentladung (Gasschlauch), in Flammengasen und Sternatmosphären. Die **P.-Physik** erforscht Eigenschaften und Anwendungen von P. bes. für die gesteuerte Kernfusion.

Plasmodium *das,* **1)** Entwicklungszustand der Schleimpilze. – **2) P. Malariae,** ein Sporentierchen, Erreger der →Malaria.

Plastik *die,* **1)** dreidimensionales Werk der Bildhauerkunst. – **2)** ⚕ Korrektur von Körperverunstaltungen durch plast. Chirurgie. – **3)** U Kunststoff.

Plastiksprengstoffe, knet- und verformbares Sprengmittel; die Explosion wird durch Zeitzünder oder chemisch ausgelöst.

plastische Chirurgie, Zweig der Chirurgie, der sich mit der Wiederherstellung von geschädigten oder fehlentwickelten Körperteilen durch rekonstruktive Maßnahmen beschäftigt.

Max Planck

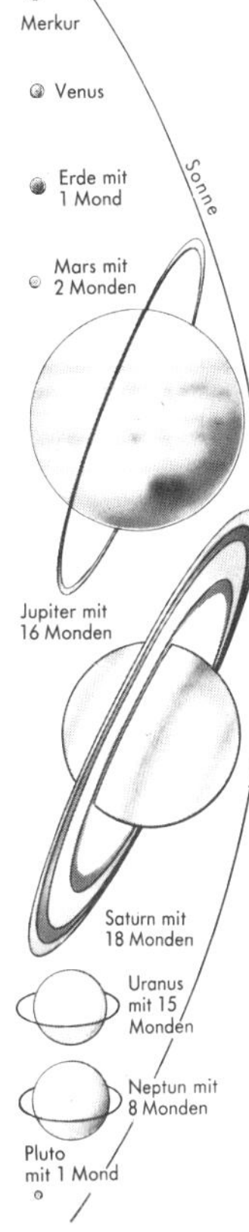

Größenverhältnisse der **Planeten** im Vergleich zur Sonne

Planeten

Name	Zeichen	Entfernung von der Sonne (in Mio. km)	Umlaufzeit	Äquatorialdurchmesser (in km)	Rotationsdauer (d = Tage)
Merkur	☿	58	88 Tage	4 878	58 d 15 h
Venus	♀	108	225 Tage	12 104	243 d 4 h
Erde	♁	150	1,00 Jahr	12 756	23 h 56 min
Mars	♂	228	1,88 Jahre	6 794	24 h 37 min
Jupiter	♃	779	11,86 Jahre	142 796	9 h 55 min
Saturn	♄	1 432	29,63 Jahre	120 870	10 h 39 min
Uranus	♅	2 884	84,66 Jahre	51 800	15 h 36 min
Neptun	♆	4 509	164,49 Jahre	48 600	16 h 3 min
Pluto	♇	5 996	247,70 Jahre	~3 000	6 d 9 h 22 min

August von Platen
Ausschnitt aus einer zeitgenössischen Gemäldekopie

Platon
Römische Marmorkopie einer griechischen Herme (um 365 v. Chr.)

Plauen
Stadtwappen

Plastizität *die,* Verformbarkeit mit bleibender Gestaltänderung.

Plastron [plasˈtrɔ̃] *das, der,* **1)** breite Krawatte. – **2)** Brustschutz beim Fechten.

Platää, griech. **Plataiai,** antike griech. Stadt in Südböotien; 479 v. Chr. Sieg der Griechen unter Pausanias über die Perser.

Platane *die,* Baumgattung mit heller, glatter, in Platten abfallender Borke, mit drei- bis fünflapp. Blättern und kugeligen (getrenntgeschlechtigen) Blütenständen und lang gestielten Früchten. Die **Morgenländ. P.** und die **Nordamerikan. P.** sind Park- und Alleebäume; liefern gutes Nutzholz.

Platen, August Graf v. **P.-Hallermünde,** dt. Dichter, *1796, †1835; virtuose Handhabung antiker, roman. und pers. Gedichtformen, populär bis heute die Ballade »Das Grab im Busento«; auch polit. Gedichte.

Platin *das,* Symbol **Pt,** chem. Element, silberweißes Metall; OZ 78, relative Atommasse 195,09, D 21,45 g/cm^3, Fp 1772 °C, Sp 3827 ± 100 °C. Es ist chem. sehr widerstandsfähig und in Säuren (außer Königswasser) unlöslich. P. findet sich nur gediegen, meist legiert mit den anderen **P.-Metallen** (Ruthenium, Rhodium, Palladium, Osmium, Iridium); Verwendung zu Schmuck, zur Herstellung von Schmelztiegeln, Schalen, Drähten und in fein verteilter Form **(P.-Mohr)** als Katalysator.

Platine *die,* ⚡ Träger einer gedruckten Schaltung.

Platon, lat. **Plato,** griech. Philosoph, Schüler des Sokrates, *427 v. Chr., †348/347 v. Chr.; gründete in Athen die → Akademie. Der Kern seiner Lehre sind die »Ideen«, die er als die ewigen Urbilder alles Seienden begreift; die Dinge der Wirklichkeit sind unvollkommene Abbilder der Ideen; die höchsten Ideen sind das Wahre, Schöne, Gute. Auch die Seele ist unsterblich, Ideenerkenntnis wird als Wiedererinnerung an die Urgestalt der sinnlich erfahrbaren Dinge vorgestellt. P.s Lehre ist in Gesprächen (Dialogen) dargestellt.

platonische Liebe, geistige, nicht sinnl. Liebe (nach Platons Schrift »Symposion«).

Platonow, Andrej Platonowitsch, russ. Schriftsteller, *1899, †1951; Lyrik, Erz., psychologisch motivierte, irrational verfremdete Romane.

Plattdeutsch → niederdeutsche Sprache.

Plattensee, ungar. **Balaton** [ˈbɔlɔton], größter See Mitteleuropas, W-Ungarn, 591 km^2, 78 km lang, bis 15 km breit, flach (durchschnittlich 2 m tief), fischreich; z. T. Naturschutzgebiet; Fremdenverkehrsregion.

Plattenspieler, früher **Grammophon,** Gerät zur Wiedergabe von Schall (Musik, Sprache), der auf einer Schallplatte aufgezeichnet ist. Der P. besteht aus einem **Plattenteller,** der von einem Elektromotor mit bestimmter, meist umschaltbarer Drehzahl gedreht wird, und einem schwenkbaren **Tonarm,** der den **Tonabnehmer** mit dem **Abtaststift** (Saphir- oder Diamantnadel) trägt. Der Tonabnehmer (Kristall- oder Magnetsystem) wandelt die Bewegungen der Nadel in den Plattenrillen in elektr. Wechselspannungen um, die verstärkt und einem Lautsprecher zugeführt werden. **Stereo-P.** werten die in den Rillen von Stereoschallplatten in Zweikomponentenschrift gespeicherten Informationen für die Aussteuerung der beiden beim Stereoverfahren erforderl. Kanäle getrennt aus. Bei der **Compact Disc** (CD), einer metallisierten Kunststoffscheibe, sind die digitalisierten Tonsignale in Form einer dichten Folge mikroskopisch kleiner Vertiefungen **(Pits)** angeordnet. Zum Abspielen der CD werden die Pits berührungslos mit dem fokussierten Lichtstrahl eines Halbleiterlasers abgetastet und die digitalen Signale über einen Digital-Analog-Wandler in die analogen Stereotonsignale gewandelt.

Plattentektonik, ⊕ geotekton. Hypothese zur Erklärung der Massenverlagerungen in der Erdkruste. Nach der P. besteht die Erdkruste aus 6 großen (Afrika, Amerika, Antarktis, Indien-Australien, Eurasien, Pazifik) und mehreren kleinen, mehr oder weniger starren, auf ihrer Unterlage verschiebbaren Tafeln. Driften diese auseinander, so bilden oder vergrößern sich Ozeane. Bewegen sich Platten aufeinander zu, so schiebt sich eine unter die andere: Kettengebirge und Inselbögen werden aufgefaltet. Als auslösendes Moment werden Unterströmungen in der Asthenosphäre, dem sich plastisch verhaltenden Teil des Erdmantels, angenommen. – Die Theorie der P. ist eine Weiterentwicklung der von A. Wegener entwickelten Theorie der → Kontinentalverschiebung.

Platt|erbse, krautige, meist rankende Schmetterlingsblütler. Die bläulich bis weiß blühende **Saat-P.** (Kicherling) wird der als Nahrung und Futter dienenden Samen wegen angebaut; die purpurn blühende **Knollen-P.** oder **Erdeichel** hat essbare Knollen.

Plattfische, Ordnung wenige Zentimeter bis mehrere Meter langer Knochenfische mit rd. 600 Arten, v. a. in flachen Meeresgewässern; Körper seitl. stark abgeplattet, asymmetr.; beide Augen und Nasenlöcher auf der dem Licht zugekehrten Körperseite; z. T. wichtige Speisefische, z. B. Scholle, Heilbutt, Steinbutt, Seezunge und Flunder.

Plattfuß, ⚕ angeborene oder erworbene Senkung des Fußgewölbes.

plattieren, ⚙ Metall mit einem anderen Metall überziehen, durch Walzen oder Galvanotechnik.

Plattwürmer, formenreiche Klasse der Würmer mit flachem Körper, meist Schmarotzer: Strudel-, Band-, Schnurwürmer.

Platz|angst, ⚕ **1) Agoraphobie,** krankhafter Angstzustand beim Überschreiten einer großen freien Fläche. – **2)** ungenau für → Klaustrophobie.

Platzhirsch, stärkster Hirsch am Brunftplatz.

platzieren, 1) unterbringen, anlegen (Geld). – **2)** 🏃 einen Treffer erzielen; einen (vorderen) Platz erringen.

Platzwechsel, 1) ✒ Wechsel, bei dem der Ausstellungsort auch Zahlungsort ist; Ggs.: Domizilwechsel. – **2)** 🏃 Seitenwechsel.

Plauen, Stadt in Sa., an der Weißen Elster, 70 300 Ew.; Verw.-Sitz des Vogtlandkreises; Vogtlandmuseum; Mittelpunkt der vogtländ. Textil- (Spitzen, Gardinen, Wäsche, Bekleidung u. a.), Maschinen-, Fahrzeug- und elektrotechn. Industrie.

Plauen, E. O., Pseudonym von → Ohser, Erich.

plausibel [lat.-frz.], einleuchtend.

Plautus, Titus Maccius, lat. Komödiendichter, *um 250, †184 v. Chr. Seine Komödien (21 erhalten) wurden wegweisend für das europ. Lustspiel.

Play-back [ˈpleɪbæk] *das,* nachträgl. Abstimmung von Bild und Ton bei Film-, Fernsehaufnahmen.

Playboy [ˈpleɪbɔɪ] *der,* wohlhabender, meist junger Mann, der v. a. seinem Vergnügen lebt; analog Playgirl.

Plazenta *die,* der → Mutterkuchen.

Plazet *das,* Zustimmungsformel.

Plebejer *der,* **1)** urspr.: Angehöriger der röm. Plebs. – **2)** Ü unfeiner, gewöhnlicher Mensch.

Plebiszit *das,* Volksabstimmung.

Plebs *die,* **1)** im alten Rom der Teil des Volks, der nicht zu den Patriziern gehörte (Plebejer), ab 287 v. Chr. polit. Gleichberechtigung. – **2)** *der,* Ü Pöbel.

Plechanow, Georgij Walentinowitsch, russ. Sozialist, *1856, †1918; einer der Gründer und Führer der russ. Sozialdemokratie.

Pleinairmalerei [plɛˈnɛːr-], → Freilichtmalerei.

Pleiße *die,* rechter Nebenfluss der Weißen Elster in Sa., 90 km lang, mündet in Leipzig.

Pleistozän *das,* → Eiszeitalter.

p-Leitung, ⚡ Defektelektronenleitung (Löcherleitung) in Halbleitern.

Plejaden *Pl.,* ☼ das → Siebengestirn.

Plektron *das,* 𝄞 Horn-, Holz-, Metallplättchen zum Anreißen der Saiten von Zupfinstrumenten.

Plenarsitzung, die Vollversammlung eines Kollegiums.
Plenum *das,* die Vollversammlung.
Plenzdorf, Ulrich, dt. Schriftsteller, *1934; Drama: »Die neuen Leiden des jungen W.« (nach »Die Leiden des jungen Werthers« von Goethe, 1973), Drehbücher.
Pleonasmus *der,* überflüssiger Zusatz (z. B. »weißer« Schimmel).
Plesiosaurus *der,* ausgestorbener Saurier mit schlangenartigem Hals, bis 5 m lang, lebte in küstennahen Meeresregionen.
Pleskau, russ. **Pskow,** Stadt in Russland, nahe dem **Pleskauer See,** der mit dem Peipussee verbunden ist, 204 000 Ew.; Verkehrsknotenpunkt.
Plessen, Elisabeth, eigentl. E. Gräfin v. P., dt. Schriftstellerin, *1944; sozialkrit. Prosa, Fernsehspiele.
Plessner, Helmuth, dt. Kulturphilosoph, *1892, †1985; Mitbegründer der philosoph. Anthropologie.
Plettenberg, Stadt im Sauerland, NRW, 29 700 Ew.; Metallind., Werkzeugherstellung.
Pleuelstange, Schubstange, Kurbelstange, Treibstange, ⚙ bei Kolbenmaschinen das Verbindungsglied, das die hin- und hergehende Bewegung des Kolbens in eine drehende umwandelt.
Pleura *die,* ⚕ Brustfell (→Rippenfell). **Pleuritis** *die,* Rippenfellentzündung.
Plewen, Pleven, Stadt im nördl. Bulgarien, 136 300 Ew.; Lebensmittel-, chem., Zementind.; Weinkellereien.
Plexus *der,* ⚕ Geflecht, netzartige Verbindung aus Blutgefäßen oder Nerven.
Pleydenwurff, Hans, dt. Maler, *um 1420, †1472; bedeutender Meister in Nürnberg vor A. Dürer; vermittelte der Nürnberger Malerei Einflüsse der niederländ. Kunst; v. a. Flügelaltäre und Tafelbilder.
Plinius, 1) P. der Ältere, röm. Offizier, Gelehrter, *23 oder 24 n. Chr., †79 (beim Vesuvausbruch); verfasste u. a. eine große »Naturgeschichte«. – **2) P. der Jüngere,** Neffe und Adoptivsohn von 1), *61 oder 62 n. Chr., †um 113; seine Reden und Briefe geben ein anschaul. Bild vom Leben seiner Zeit.
Plinse *die,* gefüllter Hefeteigpfannkuchen.
Pliozän *das,* erdgeschichtl. Abschnitt, jüngste Stufe des Tertiärs, vor 5 bis 2,5 Mio. Jahren.
Plissee *das,* Gewebe mit Falten; entsteht durch Pressen **(Plissieren),** bes. Webtechnik oder Wirkbindung.
PLO, Abk. für **P**alestine **L**iberation **O**rganization, →Palästinensische Befreiungsorganisation.
Ploiești [plo'jeʃtj], Stadt in Rumänien, 235 000 Ew.; TH; Mittelpunkt des rumän. Erdölgebiets am Rand der Karpaten.
Plombe *die,* **1)** Bleisiegel. – **2)** Zahnfüllung.
Plön, Krst. in Schlesw.-Holst., in der Holstein. Schweiz, 10 900 Ew.; dreiflügeliges Barockschloss der Herzöge von Schlesw.-Holst.-Sonderburg-P., klassizist. Rathaus (1816 bis 1818), Prinzenhaus (1745 bis 1747).
Plotin, griech. Philosoph, *um 205, †270; wichtigster Denker des Neuplatonismus.
Plotter *der,* 🖳 Gerät zur automat. Erstellung von Zeichnungen nach digitalen oder analogen Signalen mit mechan. Zeichenwerkzeugen (Stifte, Farbdüsen) oder Laserstrahlen; ausgeführt als Flachbett- oder Trommelplotter.
Plötze *die,* ein →Weißfisch.
Plowdiw, türk. **Filibe,** Stadt in Bulgarien, an der Maritza, 364 200 Ew.; Univ. u. a. Hochschulen, archäolog. Museum; Textil-, Nahrungsmittel-, Tabakindustrie; ✈.
Plozk, poln. **Płock** [puɔtsk], Hptst. der Wwschaft P., 122 000 Ew., an der Weichsel; roman. Dom. – 1138 bis 1351 Residenz der Masow. Herzöge.

Pluhar, Erika, österr. Schauspielerin und Chansonsängerin, *1939.
Plumeau [ply'mo:] *das,* dickeres Federdeckbett.
Plumpudding ['plʌm-] *der,* Pudding mit Nierenfett, Rosinen, Zitronat, Gewürz, mit Rum-Zucker-Gemisch übergossen und angezündet; engl. Weihnachtsspeise.
Plünderung, im Krieg die unbefugte Wegnahme von Gegenständen unter Ausnutzung der Kriegsverhältnisse. In der Haager Landkriegsordnung (1907) verboten.
Plural *der,* Ⓢ Mehrzahl; der **Pluralis Majestatis,** die von Fürsten gebrauchte Mehrzahl »wir« statt »ich«.
Pluraletantum *das,* nur in der Mehrzahl gebrauchtes Wort, z. B. Leute.
Pluralismus *der,* **1)** Ⓟ jede Lehre, die eine Vielheit von Prinzipien, Elementen oder Bereichen der Wirklichkeit annimmt, im Ggs. zu Dualismus und Monismus. – **2)** Politik: Staats- und Gesellschaftstheorie; erblickt in der Koexistenz und freien Entfaltung einer Vielzahl von sozialen und weltanschaul. Organisationen das tragende Element einer demokrat. Ordnung **(pluralist. Gesellschaft).**
plus, 1) allgem.: zuzüglich, und. – **2)** √ Zeichen +; Vorzeichen der positiven Zahlen; Ggs.: minus.
Plusquamperfekt *das,* Ⓢ Vergangenheitsform des Perfekts.
Plutarch, griech. Schriftsteller, *um 46 n. Chr., †um 120; vergleichende Lebensbeschreibungen bedeutender Griechen und Römer (z. B. Alexander d. Gr./Caesar).
Pluto, 1) P., Hades, griech. Gott der Unterwelt; Bruder des Zeus. – **2)** ✡ 9. Planet des Sonnensystems, 1930 entdeckt (→Planeten, ÜBERSICHT).
Plutokratie [von Plutos] *die,* Herrschaft des Reichtums, bes. des Geldkapitals.
plutonische Gesteine [von Pluto], die Tiefengesteine, →Gesteine.
Plutonismus [von Pluto] *der,* 🜨 zusammenfassende Bezeichnung für die magmat. Tätigkeit im Erdinnern, v. a. in der Erdkruste.
Plutonium *das,* Symbol **Pu,** künstlich hergestelltes, radioaktives chem. Element, ein Transuran; OZ 94, Fp 641 °C, Sp 3 232 °C. P. entsteht aus dem Uranisotop U 238 durch Beschuss mit Neutronen. Das Isotop Pu 239 wird durch langsame Neutronen gespalten (→Kernspaltung), dient deshalb als Spaltmaterial für Kernwaffen; auch Kernbrennstoff für Kernreaktoren (schnelle Brüter).
Plutos, altgriech. Gott des Getreidevorrats, dann des Reichtums.
Pluviale *das,* mantelähnl. Gewand der kath. Geistlichen.
Pluvialzeit, 🜨 Epoche höherer Niederschläge, bes. während des quartären Eiszeitalters und des Holozäns.
Plymouth ['plɪməθ], Hafenstadt an der S-Küste Englands, befestigter Kriegs-, bedeutender Handelshafen, 243 900 Ew.; Schiffbau, Docks; Maschinenbau, elektron. und Textilindustrie. – Von P. aus starteten (1620) die Pilgerväter nach Neuengland (USA).
Pm, chem. Symbol für das Element Promethium.
p. m., Abk. für **1) pro mille,** je Tausend. – **2) post meridi|em,** nachmittags.
Pneuma *das,* **1)** Hauch, Luft, Atem. – **2)** Seele, Geist. – **3)** der Heilige Geist.
Pneumatik *die,* Teilgebiet der Technik, das sich mit der Anwendung von Gasen, bes. Druckluft, als Energieträger für Arbeitsprozesse und Steuerungen befasst, z. B. für Bremsanlagen, Fördermittel.
Pneumokokken *Pl.,* Kugelbakterien; u. a. Erreger einer Lungenentzündung.
Pneumonie *die,* ⚕ die Lungenentzündung (→Lungenkrankheiten).

Georgij Walentinowitsch Plechanow

Ulrich Plenzdorf

Elisabeth Plessen

Pneumothorax *der,* Luftansammlung im Brustfell-Rippenfell-Raum.
p-n-Übergang, ⚛ in einem Halbleiter die Grenzschicht zw. einem Gebiet mit p-Leitung und einem mit n-Leitung; wird in Halbleiterdioden und Transistoren ausgenutzt.
Po *der,* lat. **Padus,** der größte Fluss Italiens (652 km), entspringt am Monte Viso (Cottische Alpen), durchfließt die fruchtbare, dicht besiedelte **P.-Ebene,** mündet in einem Delta, das sich ständig ins Adriat. Meer vorschiebt.

Edgar Allan Poe

Pocci [ˈpɔtʃi], Franz Graf v., dt. Zeichner, Dichter, Musiker, * 1807, † 1876; schrieb und illustrierte Kinderbücher, komponierte Singspiele, Opern.
Pochwerk, ⚙ Maschine zum Zerkleinern von Erz.
Pocken, Blattern *Pl.,* ⚕ durch ein Virus hervorgerufene Infektionskrankheit, bei der sich auf Haut und Schleimhäuten unter hohem Fieber Eiterpusteln bilden. Diese gehen in Geschwüre über, die beim späteren Abheilen entstellende Narben hinterlassen. – Die allg. Impfpflicht (1874) wurde 1976 aufgehoben, da kein Erkrankungsrisiko für die Allgemeinheit mehr besteht; seit 1979 gelten die P. als weltweit ausgerottet.
Pocketbook [ˈpɔkɪtbʊk] *das,* Taschenbuch.
Podagra *das,* ⚕ Fußgicht (→ Gicht).
Podest *der* oder *das,* **1)** Treppenabsatz. – **2)** Bühne, erhöhter Tritt.

Raymond Poincaré

Podgorica [-ts-], 1946 bis 1992 **Titograd,** Hauptstadt von Montenegro, Jugoslawien, 118 100 Ew.; Univ.; Aluminiumwerk, Textil- u. a. Ind.; Verkehrsknotenpunkt, ⚓.
Podolilen, fruchtbare Landschaft (Weizen, Zuckerrüben) in der Ukraine.
Poe [pəʊ], Edgar Allan, amerikan. Journalist und Schriftsteller, * 1809, † 1849; bedeutender Vertreter der amerikan. Romantik; spannende, fantasiereiche, oft unheiml. Erzählungen, Gedichte.
Poel [pø:l], Ostseeinsel in der Wismarer Bucht, Meckl.-Vorp., 37 km², 2 850 Ew.; Fremdenverkehr; mit dem Festland durch Damm verbunden.
Poem *das,* Gedicht. **Polesie** *die,* Dichtkunst. **Poet** *der,* Dichter. **Poeta laureatus** *der,* mit Lorbeer gekrönter Dichter; **poetisch,** dichterisch. **Poetik** *die,* Lehre von der Dichtkunst.
Pogrom *der* oder *das,* mit Plünderungen und Gewalttaten verbundene Judenverfolgung, meist initiiert von staatl. Stellen, z. B. im zarist. Russland, im natsoz. Dtl.; i. w. S. jede Ausschreitung gegen Minderheiten.
Pohl, Robert Wichard, dt. Physiker, * 1884, † 1976; grundlegende Arbeiten zur Festkörperphysik, wegweisend für die Didaktik der Physik.

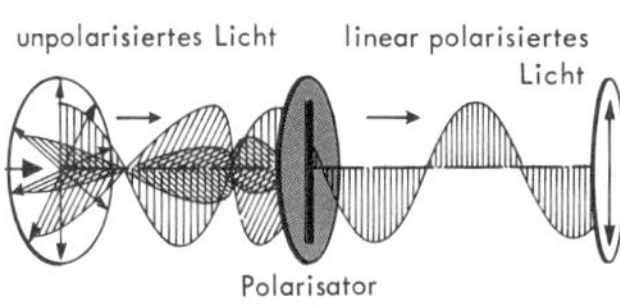

Aus einem Lichtbündel wird durch **Polarisation** Licht herausgefiltert, das nur in einer Ebene schwingt

Poincaré [pwɛ̃kaˈre], **1)** Jules Henri, frz. Mathematiker, * 1854, † 1912; Vetter von 2); Wegbereiter der modernen Topologie, in der Physik bedeutende Beiträge zur Thermodynamik, Vorläufer der Relativitätstheorie. – **2)** Raymond, frz. Staatsmann, * 1860, † 1934; Vetter von 1); 1913 bis 1920 Staatspräs.; 1912/13, 1922 bis 1924, 1926 bis 1929 Min.-Präs. P. baute das Bündnissystem mit Großbritannien und Russland (Tripelentente) aus. Nach dem 1. Weltkrieg vertrat er gegenüber Dtl. eine starre Reparationspolitik und ließ 1923 das Ruhrgebiet besetzen.

Poitiers
Stadtwappen

Polarlicht bei Lübeck (Aufnahme vom 24. 3. 1991)

Pointe [ˈpoɛ̃:tə] *die,* Spitze, entscheidende Stelle eines Witzes; **pointiert,** geistreich.
Pointillismus [pwɛ̃tiˈjis-] *der,* **Neoimpressionismus,** ✍ Fortsetzung des Impressionismus, bes. Wirkung durch reine Farben, die punktartig nebeneinander gesetzt werden (G. Seurat, P. Signac u. a.).
Point of sale [pɔɪnt əv ˈseɪl] *der,* Abk. **POS,** ✐ der Standort des Warenangebots; bes. Maßnahmen der Werbung und Verkaufsförderung sollen hier den Kaufentschluss beeinflussen. **POS-Systeme,** elektron. Zahlungssysteme für Kreditkarten u. Ä.
Poitier [ˈpwa:ti:eɪ], Sidney, amerikanischer Filmschauspieler, * 1924; erhielt als erster Schwarzer den »Oscar« (»Lilien auf dem Feld«, 1963), weitere Filme: »Flucht in Ketten« (1958), »In der Hitze der Nacht« (1966).
Poitiers [pwaˈtje], Stadt in W-Frankreich, 82 500 Ew.; Univ.; gotische Kathedrale, romanische Kirchen, Baptisterium Saint-Jean (4. Jh.), Technologie- und Freizeitpark »Futuroscope«. – P. war die Hptst. der Grafschaft Poitou. 732 schlug Karl Martell bei P. die Araber.
Poitou [pwaˈtu] *das,* histor. Landschaft in W-Frankreich, südl. der Loire, zw. Zentralmassiv und Atlantikküste; Hptst.: Poitiers. P. war 1154 bis 1224 und 1360 bis 1371 in engl. Besitz.
Pokal *der,* **1)** kunstvoller Becher mit Fuß. – **2)** sportl. Siegespreis.
pökeln, Fleisch haltbar machen durch Einlegen in eine Lösung von Salz und Salpeter.
Pol *der,* **1)** ⊕ ☼ Punkt, der bei der tägl. Umdrehung der Erde und der scheinbaren Drehung des Himmelsgewölbes in Ruhe bleibt; Endpunkte der Erdachse (**Erd.-P.,** Nord-, Süd-P.) und Himmelsachse (**Himmels-P.**). – **2)** ⚛ **magnetischer P.,** → Erdmagnetismus. – **3)** ⚡ Klemmen einer Stromquelle, zw. denen eine Spannung besteht (Plus-P.; Minus-Pol).
Polanski, Roman, poln. Filmregisseur, * 1933; vom Surrealismus und absurden Theater beeinflusst: »Ekel« (1965), »Tanz der Vampire« (1966), »Rosemaries Baby« (1968), »Piraten« (1985) u. a. Filme.
Polanyi [ˈpɔlənjɪ], John C., kanad. Chemiker, * 1929; Arbeiten zur Reaktionskinetik; 1986 Nobelpreis für Chemie mit D. R. Herschbach und Y. T. Lee.
Polargebiete, → Arktis, → Antarktis.
Polarimeter *das,* Gerät zum Messen der Drehung der Polarisationsebene von Licht; die einfachste Ausfüh-

rung besteht nur aus Lichtquelle, Polarisator, Analysator und Detektor.

Polarisation *die,* 1) ❀ **P. des Lichts.** Das gewöhnl. Licht ist eine transversale elektromagnet. Welle, d.h., die Schwingungen erfolgen senkrecht zur Fortpflanzungsrichtung. Treten die Schwingungen nur in einer Ebene **(P.-Ebene)** auf, so heißt das Licht **polarisiert.** Dies wird durch Spiegelung unter einem bestimmten Einfallswinkel oder bei Doppelbrechung in Kristallen erreicht. Spiegel oder Kristall (z.B. ein →nicolsches Prisma) heißen **Polarisator.** Fällt das polarisierte Licht auf einen 2. Spiegel oder durch einen 2. Kristall **(Analysator),** so wird es bei bestimmten Stellungen des Analysators völlig ausgelöscht. Derartige **P.-Apparate** verwendet man zu Untersuchungen von Kristallen (Polarimeter, P.-Mikroskop) und bei chem. Untersuchungen optisch aktiver Stoffe. – 2) ⚗ **elektrolytische P., Konzentrations-P.,** unerwünschte Änderungen der Ionenkonzentration an den Elektroden einer elektrolyt. Zelle (z.B. galvan. Element); **chem. P.,** unerwünschte Wasserstoffabscheidung an den Elektroden. Beide Effekte vermindern die Zellenspannung; Abhilfe durch bes. Elektrodenaufbau und **Depolarisatoren.**

Polarität *die,* Verhältnis der Gegensätzlichkeit.

Polarkreis, ⊕ Breitenkreise in 66°33′ nördl. **(nördl. P.)** und in 66°33′ südl. **(südl. P.)** Breite. Die P. trennen die Polarzonen von den klimatisch gemäßigten Zonen; bis zu den P. gibt es Polarnacht und Polartag.

Polarlicht, in höheren Breiten Leuchterscheinung am nächtl. nördl. oder südl. Himmel in Horizontnähe **(Nordlicht, Südlicht),** verursacht durch Teilchenstrahlung von der Sonne, die Atome und Moleküle in den oberen Atmosphärenschichten zum Eigenleuchten anregt.

Polarmeere, Eismeere, die die Pole umgebenden Teile des Weltmeeres **(Nord-P.** und **Süd-P.),** die großenteils ständig von Eis bedeckt sind.

Polarnacht, Zeitdauer, in der die Sonne mehr als 24 Stunden unter dem Horizont bleibt; betrifft Orte jenseits der Polarkreise und beträgt an den Polen nahezu 6 Monate; Ggs.: Polartag.

Polarstern, ✡ hellster Stern im Sternbild Kleiner Bär, etwa 1° vom Himmelsnordpol entfernt; dient nachts zur Feststellung der Himmelsrichtungen.

Polarzonen, kalte Zonen, die beiden Kugelkappen (Polarkappen) der Erde jenseits der beiden Polarkreise.

Polder *der,* durch Eindeichung gewonnenes Neuland.

Polemik *die,* scharfe Auseinandersetzung (oft mit persönl. Angriffen).

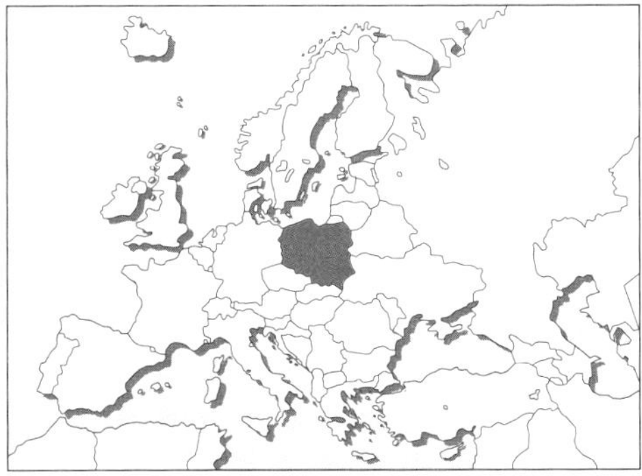

Polen, Rep. im östl. Mitteleuropa, umfasst 312683 km² mit 38,5 Mio. Ew.; Hptst.: Warschau; Amtssprache: Polnisch.

Verfassung von 1997; Staatsoberhaupt ist der direkt für 5 Jahre gewählte Präs.; die Exekutive liegt beim Ministerrat unter Leitung des Min.-Präs.; der Ministerrat ist dem Parlament verantwortlich. Legislativorgane sind das Parlament, der Sejm (460 Abg. auf 4 Jahre gewählt) und der Senat (100 Mgl.). – Verw.-Einteilung in 49 Woiwodschaften, darunter die Städte Warschau, Lodz, Krakau.

Landesnatur. Im N vorwiegend von den Eiszeiten geprägte Oberflächenformen (Anteil an der vom Balt. Landrücken durchzogenen Tiefebene und der Pommerschen Seenplatte). Im S schließen sich Mittelgebirge an (Łysica 612 m), im äußersten S Hochgebirge (Karpaten bis 2499 m hoch), im SW ein Teil der Sudeten. Hauptflüsse: Weichsel mit Bug, Oder mit Warth

Bevölkerung. Überwiegend Polen; dt. u.a. Minderheiten. Religion: überwiegend katholisch.

Wirtschaft. Seit 1947 entwickelte sich P. zu einem Ind.staat, in dem die Landwirtschaft ein wichtiger Wirtschaftszweig war. Das Agrarland blieb meist in Privatbesitz; die Schlüsselind. wurden verstaatlicht oder standen unter Staatskontrolle. Ab 1990 erfolgte der Übergang von der Plan- zur Marktwirtschaft, verbunden mit einem schwierigen Reformprozess und hoher Arbeitslosigkeit. Große Bedeutung hat der ⚒ auf Stein-, Braunkohle und Schwefel, ferner auf Zink-, Blei-, Eisenerz u.a.; Erdgaslager. Schwerindustrie, Maschinen- und Schiffbau, Erdölverarbeitung, elektrotechnische, chem., Papier-, Textil- u.a. Industrie; Forstwirtschaft, Fischerei. Ausfuhr: Maschinen und Transportmittel (v.a. Schiffe), Chemikalien, Steinkohle, Koks, Elektrizität, Metalle, Textilien. Haupthandelspartner Russland u.a. osteurop. Staaten, Deutschland, Großbritannien. ⚓: Gdingen, Danzig, Stettin; internat. ✈: Warschau. – Geschichte ÜBERSICHT S. 706

Polesien, dünn besiedelte Sumpf- und Waldlandschaft am Pripjet, in Weißrussland.

Polhöhe, Winkel des Himmelspols über dem Horizont; gleich der geograph. Breite.

Poliakoff, Serge, frz. Maler russ. Herkunft, *1906, †1969; seit 1923 in Paris; abstrakte Bilder von starker Farbigkeit.

Police [pɔˈliːsə] *die,* Versicherungsschein, Beweisurkunde über den Versicherungsvertrag.

Polier, Palier [von frz. parler »sprechen«] *der,* Aufsicht führender Bauhandwerker.

polieren, glänzende Oberflächen herstellen durch Glattschleifen mit feinkörnigen Schleifmitteln, bei Holz wird noch eine Politur aufgetragen.

Poliklinik *die,* ⚕ Krankenhausabteilung zur ambulanten Behandlung von Patienten.

Poliomyelitis *die,* →Kinderlähmung.

Polis *die,* altgriech. Stadtstaat.

Politbüro *das,* Kurzwort für **Polit**isches **Büro,** Führungsgremium einer kommunist. Partei.

Politesse *die,* Hilfspolizistin für bestimmte Aufgaben.

Politik *die,* 1) staatl. oder auf den Staat bezogenes Planen und Handeln; als **Staats-P.** zur Verwirklichung der Staatszwecke (Macht, Sicherheit, Frieden, Gerechtigkeit, Wohlfahrt, Kultur u.a.) und als **Partei-P.** zur Erringung von Macht oder Einfluss im Staat (durch Parteien, Klassen, Verbände, Interessengruppen u.a.). Bereiche: Außen-, Innen-, Länder-, Kommunal-, Finanz-, Sozial-, Wirtschafts-, Agrar-, Jugend-, Kultur-P. u.a. – 2) **wiss. P., Politologie, P.-Wiss.,** Lehre vom staatsbezogenen Denken und Handeln mit Wissensgebieten aus Staat, Recht, Wirtschaft, Soziologie, Gesch., Geographie.

politische Gefangene, i.e.S. Menschen, die wegen ihrer vermeintl. oder tatsächl. Opposition gegen ein Reg.-System inhaftiert sind; i.w.S. auch aus religiösen, rass., ethn. Gründen Verfolgte.

politische Straftaten, gegen den Staat gerichtete strafbare Handlungen, z.B. Hochverrat, Staatsgefährdung, Landesverrat, Handlungen gegen ausländ.

Sidney Poitier

Roman Polanski

John C. Polanyi

Polen

Staatswappen

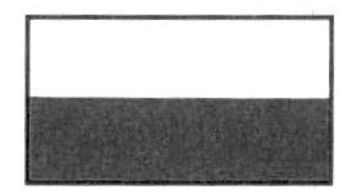

Staatsflagge

Internationales Kfz-Kennzeichen

Daten zur Geschichte Polens

um 600	Besiedlung durch Slawen nach dem Abzug der Germanen
966/67	Der Piastenherzog Mieszko I. (um 960 bis 992) nimmt das lat. Christentum an und wird mit Groß-Polen Lehnsmann des Kaisers; Bildung des Erzbistums Gnesen mit Einverständnis Kaiser Ottos III. im Jahr 1000
992–1025	Herrschaft von Bolesław I. Chrobry, der seinem Reich Klein-Polen, Pommern, Schlesien, Mähren, die Lausitz und die W-Slowakei angliedert
Ab 1138	Zeit der Teilfürstentümer
1163	Schlesien fällt an Böhmen, Pommern kommt 1181 an das Heilige Röm. Reich
1230	Westpreußen wird vom Dt. Orden erobert, der 1308 auch Pommerellen mit Danzig besetzt
1241	Mongoleneinfall, Niederlage bei Liegnitz
1320	Endgültige Erhebung von Polen zum Königreich
1333–1370	Herrschaft Kasimirs III., d. Gr., Eroberung von Galizien, Wolhynien, Podolien
1386	Jagiello, der Großfürst von Litauen aus dem Haus der Jagiellonen, heiratet Hedwig (Jadwiga), die Tochter Ludwigs I., und wird als Władisław II. auch König von Polen (Beginn der Personalunion zw. Litauen mit Weißrussland sowie der Ukraine und Polen
1410	Schlacht von Tannenberg, poln. Sieg über den Dt. Orden (1. Thorner Frieden 1411)
1466	2. Thorner Frieden nach dem 13-jährigen Krieg gegen den Dt. Orden: Polen gewinnt die Herrschaft über Westpreußen mit dem Ermland. Der Dt. Orden muss für Ostpreußen die poln. Lehnshoheit anerkennen
1525	Ostpreußen wird vom Hochmeister Albrecht von Brandenburg in ein weltl. Herzogtum umgewandelt
1561	Polen erringt Livland und die Lehnshoheit über Kurland
1569	Realunion zw. Polen und Litauen
1572	Aussterben der Jagiellonen, Begründung des poln. Wahlkönigtums. Das im 17. Jh. voll ausgeprägte »Liberum Veto« (Einspruchsrecht des Adels) führte zur häufigen Beschlussunfähigkeit des Reichstags und schwächte Polen nachhaltig
1654	Die Ukraine östlich des Dnjepr schließt sich Russland an (1667 Waffenstillstand von Andrussowo)
1655–1660	1. Nord. Krieg gegen Schweden
1657	Vertrag von Wehlau, Brandenburg erringt im Herzogtum Preußen die volle Souveränität
1660	Friede von Oliva, endgültiger poln. Verzicht auf Livland
1674–1696	Herrschaft von Johann III. Sobieski; erfolgreicher Kampf gegen die Türken
1697	August der Starke, Kurfürst von Sachsen, wird König von Polen
1700–1721	Der 2. Nord. Krieg schwächt Polen entscheidend
1772	1. Polnische Teilung
1793	2. Polnische Teilung
1795	3. Polnische Teilung, Polen ist völlig zw. Russland, Österreich und Preußen aufgeteilt
1807	Bildung des Herzogtums Warschau durch Napoleon I. aus preuß. und österr. Teilen, Herzog wird König Friedrich August I. von Sachsen
1815	Der Wiener Kongress unterstellt Polen in Personalunion Russland (»Kongresspolen«), Krakau wird Freie Stadt (bis 1846)
19. Jh.	Poln. Aufstände 1830/31, 1846 (Galizien), 1848 (Posen) und 1863/64 werden niedergeschlagen
1916	Die Mittelmächte proklamieren ein Königreich Polen
1918	Piłsudski errichtet die Republik Polen
1919	Polen werden im Versailler Vertrag die Prov. Posen und Westpreußen (»Poln. Korridor« zur Ostsee) zugesprochen. Ferner erhält Polen den kohle- und industriereichen kleinen Ostteil von Oberschlesien
1920	Danzig wird »Freie Stadt« (Freistaat Danzig; bis 1939, Polen besetzt das Wilna-Gebiet), Polnisch-Sowjet. Krieg, im Frieden von Riga (1921) erhält Polen eine Grenze 150 km östlich der als Grenze ursprünglich vorgesehenen Curzon-Linie
1934	Dt.-polnischer Nichtangriffspakt
1939	Beistandspakt mit Großbritannien. Der dt. Angriff auf Polen am 1. 9. löst den 2. Weltkrieg aus, auch die Sowjetunion marschiert am 17. 9. in Ost-Polen ein, Aufteilung Polens zw. dem Dt. Reich und der Sowjetunion
1941	Ganz Polen wird von den Deutschen erobert
1945	Polen wird von den Russen besetzt; Wiedererstehen des polnischen Staates, Ost-Polen bleibt sowjetisch, dafür erhält Polen die Verwaltungsbefugnis über die dt. Gebiete östlich der Oder-Neiße-Linie (Westverschiebung); die dt. Bevölkerung wird vertrieben
1947	Polen wird Volksrepublik; die Außenpolitik wird mit der UdSSR koordiniert
1949	Polen ist Gründungsmitglied des RGW
1950	Die DDR erkennt die Oder-Neiße-Linie als Grenze an
1955	Polen ist Gründungsmitglied des Warschauer Pakts
1970	Warschauer Vertrag mit der BRD zur Verbesserung der gegenseitigen Beziehungen
1980	Beginn einer Streikwelle in Danzig, Bildung der freien Gewerkschaft Solidarność (Solidarität)
1981	Anhaltende wirtschaftl. und soziale Spannungen führen zu Umbesetzungen in Partei- und Staatsführung; Ausrufung des Kriegsrechts (Dez. 1981 bis Juli 1983) zur Sicherung der kommunist. Herrschaft und zur Abwehr eines sowjet. Einmarschs
1989	Nach Wahlen stellt die Solidarność den Min.-Präs. (T. Mazowiecki), Beginn bürgerl. Reformen
1990	L. Wałesa wird in den ersten freien Wahlen seit dem 2. Weltkrieg zum Staatspräsidenten gewählt. Abschluss eines Grenzabkommens am 14. 11., in dem die BRD die bestehende Grenze als völkerrechtlich verbindlich anerkennt
1993	W. Pawlak wird Ministerpräsident
1995	A. Kwasniewski wird Staatspräsident
1997	J. Buzek wird Ministerpräsident

Staaten, Verbrechen und Vergehen in Beziehung auf die Ausübung staatsbürgerl. Rechte.

Polizei *die,* Teil der öffentl. Verw.; dient in erster Linie der Abwehr von Gefahren, durch die die öffentl. Sicherheit oder Ordnung bedroht wird. – Das **P.-Recht** ist in Dtl. bis auf einige Ausnahmen Angelegenheit der Länder, die auch Träger der P. sind. Auf einzelnen Gebieten verfügt der Bund über Sonderpolizeibehörden: Bundesgrenzschutz, Bundeskriminalamt, Zollgrenzschutz u. a. – Als Dienststellen der Vollzugs-P. (uniformierte Schutz-P. und Kriminal-P.) unterhalten die Länder die Landes-P., ein Landeskriminalamt und die Bereitschafts-P. Innerhalb der Landes-P. können bes. Dienststellen für bestimmte Aufgaben bestehen, z. B. Autobahn-P., Wasserschutz-P. – Die Voraussetzung für die Tätigkeit der P. gibt die polizeil. **Generalermächtigung.** Die Maßnahmen sind nach pflichtgemäßem Ermessen zu treffen und dürfen nicht weiter gehen, als zur Erreichung des Ziels nötig ist (Grundsatz der Verhältnismäßigkeit). Eingeschränkt werden die Maßnahmen der P. durch die zum Schutz des Bürgers vor Eingriffen in seine Freiheitssphäre (→Grundrechte) erlassenen Gesetze, z. B. über die Durchsuchung von Personen und Räumen.

Polizeiaufsicht, ⚖ Freiheitsbeschränkung, die in bestimmten Fällen vom Richter neben einer Freiheitsstrafe verhängt werden kann; 1975 durch eine **Führungsaufsicht** ersetzt.

Polizeistaat, Staat des Absolutismus im 17./18. Jh., der nach Willkür der Fürsten mit seiner von der Justiz nicht klar getrennten Verw. (Polizei im damaligen Sinne) stark in den Privatbereich der »Untertanen« eingriff. Im 19. Jh. wurde der P. durch den Verfassungs- und Rechtsstaat abgelöst; die totalitären Staaten des 20. Jh. näherten sich mit ihrer Beseitigung der rechtsstaatl. Garantien wieder dem P., v. a. durch willkürl. Machtausübung u. a. der Geheimpolizei.

Polizeistunde, durch Rechts-VO festgesetzter Zeitpunkt, nach dem, bzw. die Zeitspanne, während der der Aufenthalt in Gastwirtschaften verboten ist.

Polka *die,* Rundtanz im $^{2}/_{4}$-Takt.
Pollaiuolo, Antonio, ital. Bronzebildner, Maler, * 1432, † 1498; schuf die Grabmäler für Sixtus IV. und Innozenz VIII. (Rom, St. Peter); Werkstattgemeinschaft mit seinem Bruder Piero (* 1443, † 1496).
Pollen *der,* ⚘ Blütenstaub (→ Blüte, → Bestäubung). **P.-Analyse,** Erschließung des vorzeitl. Pflanzenwuchses eines Gebiets aus P. früherer Pflanzen; Verfahren der Altersbestimmung.
Pollock, Jackson, amerikan. Maler, * 1912, † 1956; bedeutender Künstler des Actionpainting.
Pollution *die,* ⚕ nächtl. Samenerguss, meist in der Pubertät, oft mit sexuellen Träumen verknüpft.
Pollux, 1) griech. Sage: einer der → Dioskuren. – **2)** ✧ hellster Stern im Sternbild Zwillinge.
polnische Kunst. Im MA. enger Zusammenhang mit mitteleurop. Kunst; wenige roman. Kirchen erhalten, bes. Zentralbauten; Bronzetür des Gnesener Doms (um 1170). Im 13. Jh. got. Bauformen durch Zisterzienser verbreitet. Nach dem Mongolensturm (1241) Aufschwung der Baukunst in den nach dt. Recht neu gegr. Städten (Krakau, Lublin, Lemberg u. a.). In spätgot. Zeit Nürnberger Meister in Krakau: V. Stoß, P. Vischer, H. v. Kulmbach u. a. Seit dem 16. Jh.: wachsender Einfluss der Renaissance; ital. Baumeister in Polen; dann zunehmende Verselbstständigung. Im 17. Jh. Verschmelzung europ. und oriental. Formen (»Sarmat. Stil«, bes. im Kunsthandwerk). Warschau Mittelpunkt des höf. Barock. Im 18. Jh.: dt. Einfluss maßgebend unter den sächs. Königen. Seit dem Übergang zum 19. Jh. der westeurop. Kunst entsprechende Entwicklung: Klassizismus, Eklektizismus; in der Malerei nat. Themen bevorzugt (Bilder aus der poln. Geschichte von J. Matejko u. a.). Nach 1945 vorbildl. Leistungen der Denkmalpflege durch Restaurierung zerstörter Städte (Warschau, Danzig, Posen) und Neugestaltung ganzer Stadtzentren. Hoch entwickelt bis in die Gegenwart die Volkskunst; hervorragende Leistungen auch in der Gebrauchsgrafik: Plakate, Illustrationen (bes. Kinderbücher). Fast alle Tendenzen der neuen westl. Strömungen wurden seit den 1950er-Jahren in der p. K. aufgenommen.
Polnischer Korridor → Korridor 2).
polnische Sprache und Literatur. Das Polnische gehört zum westl. Zweig der slaw. Sprachfamilie; Blütezeit der Lit. in der Romantik, 1822 bis 1863, danach naturalist.-psycholog. Richtung. Seit etwa 1895 entstand eine neuromant. Dichtung. Nach dem Zweiten Weltkrieg Hinwendung zum sozialist. Realismus. Seit dem Ende der »Tauwetterperiode« 1968 zunehmende Konfrontation zw. Staat und Literatur: Publikationsverbote für Schriftsteller; seit 1980 reger literar. »Untergrund«, meist im Ausland gedruckt. Seit dem Zusammenbruch des kommunist. Regimes 1989 verstärktes polit. Engagement poln. Literaten.

polnische Kunst. Romanische Rundkirche bei Hohensalza (um 1160)

polnische Kunst. Józef Chełmoński (1849 bis 1914), Altweibersommer (1875)

Polo *das,* **Pferdepolo,** reiterl. Ballspiel: 2 Mannschaften mit je 4 Spielern suchen einen Ball mit Holzschlägern durch das gegner. Tor zu treiben.
Polo, Marco, Kaufmann in Venedig, * 1254, † 1324; bereiste den Fernen Osten (1271 bis 1292), schrieb »Am Hofe des Großkhans«.
Polonaise [poloˈnɛːzə] *die,* urspr. poln., geschrittener Tanz im $^{3}/_{4}$-Takt.
Polonium *das,* Symbol **Po,** radioaktives chem. Element, OZ 84; entdeckt 1898 von P. und Marie Curie.
Poltawa, Stadt in der NO-Ukraine, 315 000 Ew.; Observatorium, Maschinen- und Motorenbau. – 1709 Sieg Peters d. Gr. über Karl XII. von Schweden im 2. Nord. Krieg.
Polterabend, Abend vor der Hochzeit, an dem Geschirr u. a. zerschlagen wird, weil die Scherben dem Brautpaar Glück bringen sollen.
poly..., in Fremdwörtern: viel...
Poly|acrylharze, ⚗ thermoplast., licht- und wetterbeständige Kunststoffe, oft glasklar (Acrylglas), auch als Faser verspinnbar.
Poly|amide, Abk. **PA,** ⚗ zähe und abriebfeste Kunststoffe, die zu Fasern (Nylon®, Perlon®), Folien, Lacken, Spritzgussteilen u. a. verarbeitet werden.
Poly|andrie → Polygamie.
Poly|äthylen *das,* **Poly|ethylen,** Abk. **PE,** ⚗ thermoplast. Kunststoff, u. a. für Fasern, Folien (Tragetaschen), Kabelisolierungen, Spritzgussteile.
Polybios, griech. Geschichtsschreiber, * um 200 v. Chr., † um 120 v. Chr., kam als Geisel nach Rom, beschrieb die Ausbreitung der röm. Herrschaft über die Mittelmeerwelt.
Polycarbonate, Abk. **PC,** ⚗ durchsichtige Kunststoffe für Fasern, Platten (z. B. Compactdiscs), Filme.
Polychlorbiphenyle, Abk. **PCB,** ⚗ organ. Verbindungen, die in geschlossenen Systemen als Isolier-, Hydraulik- und Kühlflüssigkeiten dienen; hochgiftig, Krebs erregend.
polychrom, vielfarbig, bunt.
Poly|eder *das,* **Vielflächner,** √ ein von ebenen Flächen begrenzter Körper, z. B. der Würfel.
Poly|ester *der,* Kunststoff für Folien, Fasern (Trevira®), Gießharze, Niederdruckpressmassen, Karosserien.
Polygamie *die,* Vielehe; die **Vielweiberei** oder **Polygynie** (Verbindung eines Mannes mit mehreren Frauen), die **Vielmännerei** oder **Polyandrie** (Verbindung einer Frau mit mehreren Männern).
polyglott, vielsprachig.
Polygon *das,* √ → Vieleck.

Römische Kopie der Amazone von **Polyklet**

Polyhistor *der,* Gelehrter, der in vielen Wiss. bewandert ist.

Polyhymnia, eine der → Musen.

Polyklet, klass. griech. Bildhauer des 5. Jh. v. Chr. Bestimmte in seiner Schrift »Kanon« die idealen Proportionen für die Darstellung des menschl. Körpers und entwickelte so ein System von idealen Verhältnisgrößen der Körperglieder zueinander.

Polykondensation, bei der Erzeugung von Makromolekülen wichtige Reaktion.

Polykrates, seit etwa 538 v. Chr. Tyrann von Samos, umfangreiche Bautätigkeit (Wasserleitungen, Hafenmolen); glanzvoller Hof; vom pers. Satrapen Oroites getötet (522). – Ballade von Schiller: »Der Ring des Polykrates« (1797).

Polymerisation *die,* ☌ Zusammenschluss vieler Moleküle einer einfachen Verbindung zu einem Makromolekül; ergibt ein **Polymerisat.**

Polymorphie *die,* **Polymorphismus** *der,* Vielgestaltigkeit. **1)** verschiedenerlei Gestalt in derselben Tier- oder Pflanzenart (Bienenkönigin, Drohne und Arbeiterin). – **2)** ☌ Eigenschaft chem. Verbindungen, in versch. Kristallformen aufzutreten.

Polynesilen, der östl. Teil Ozeaniens, meist vulkan. oder Koralleninseln; umfasst die Hawaii-Inseln, Fidschi-, Ellice-, Linien-, Tonga-, Samoa-, Tokelau-, Phoenix-, Gesellschafts-, Cook-, Tubuai-, Tuamotu-, Marquesas-Inseln, Neuseeland, die Osterinsel u. a.; zus. rd. 45 000 km² (ohne Neuseeland), rd. 1,7 Mio. Ew. (Polynesier, ferner weiße und asiat. Einwanderer). Fischerei, Kopragewinnung.

Polynom *das,* mathematischer Ausdruck der Form $a_0 + a_1x + a_2\ x^2 + \cdots + a_nx^n$; die Koeffizienten a_0, a_1, ... sind Zahlen, die Größe x heißt Unbestimmte, n ist der Grad des Polynoms.

Polyp [griech. »Vielfüßer«] *der,* **1)** fälschlich für Krake. – **2)** ♉ festsitzende, sich ungeschlechtlich fortpflanzende Form der Hohltiere. – **3)** ⚕ gutartige, geschwulstförmige Wucherung der Schleimhäute (Nasen-, Kehlkopf-P. u. a.).

Polyphem, griech. Sage: einäugiger Kyklop, wurde von Odysseus geblendet.

Polyphonie *die,* mehrstimmige Musik: Komposition, bei der jede Stimme eigene melod. Bedeutung hat. Adjektiv: **polyphon.**

Polypropylen *das,* Abk. **PP,** ☌ thermoplast. Kunststoff hoher mechan. Festigkeit für Spritzgussartikel, Folien, Fasern, Schaumstoffe.

Polysaccharide, ☌ zusammengesetzte Zuckerverbindungen.

Polystyrol *das,* Abk. **PS,** ☌ glasklarer, thermoplast. Kunststoff für den Spritzguss von Massenartikeln, z. B. Spielzeug, Verpackungen.

Polytechnikum *das,* höhere techn. Lehranstalt.

Marquise de Pompadour. Ausschnitt aus einem Gemälde von François Boucher (1758)

Blick auf das Forum in **Pompeji** mit dem Vesuv im Hintergrund

Polytheismus *der,* Vielgötterei.

polytonal, Musik, die versch. Melodielinien in versch. Tonarten gleichzeitig erklingen lässt.

Polylurethan *das,* Abk. **PUR,** ☌ Kunststoff, der als Schaumstoff für Autositze, Schuhsohlen u. Ä. sowie als Lackbindemittel dient.

Polylurie *die,* ⚕ krankhaft vermehrte Harnausscheidung.

Polyvinylchlorid *das,* Abk. **PVC,** ☌ Polymerisat des Vinylchlorids, in großen Mengen hergestellter thermoplast., schwer entflammbarer Kunststoff; als **Hart-PVC** für Folien, Rohrleitungen, Behälterauskleidungen, als **Weich-PVC** für Isolierungen, Beschichtungen, Wand- und Bodenbeläge, Schläuche, Schaumstoffe, Kunstleder u. a.

Polzin, Bad P., poln. **Połczyn Zdrój,** Stadt in der poln. Wwschaft Koszalin, auf dem Pommerschen Höhenrücken, 8 900 Ew.; Moor-, Solbad.

Pomeranze *die,* eine Zitrusfrucht.

Pomesanilen, altpreuß. Landschaft östl. der Weichsel, von Graudenz bis Elbing.

Pommerellen, hügelige, seenreiche Landschaft westl. der unteren Weichsel, Polen.

Pommern, histor. Territorium an der Ostseeküste, als preuß. Prov. (1938) 38 401 km², 2,39 Mio. Ew.; Hptst. Stettin. Die Oder trennt Vor-P. von Hinter-P.; hinter der Küste eine Ebene, südl. davon das Hügelland des **Pommerschen Landrückens (Pommersche Seenplatte).** – P. wurde 1124 bis 1128 durch Otto von Bamberg zum Christentum bekehrt. Die slaw. Herzöge von P. wurden 1181 Reichsfürsten; 1637 starben sie aus. Im Westfäl. Frieden (1648) wurde Vor-P. schwed., Hinter-P. brandenburg.; 1720 kam der größte Teil, 1815 der Rest von Vor-P. mit Rügen an Preußen. Hinter-P. mit einem östl. Streifen Vor-P.s gehört seit 1945 zu Polen, das übrige Vor-P. (1945 an Mecklenburg) war 1952 bis 1990 auf die Bez. Rostock und Neubrandenburg der DDR aufgeteilt und gehört heute zu Mecklenburg-Vorpommern.

Pommes frites [pɔmˈfrit], roh in Fett gebackene Kartoffelstäbchen.

Pomona [pəˈməʊnə], die Orkney-Insel Mainland.

Pomoranen, westslaw. Stamm, im frühen MA. zw. der unteren Weichsel und Oder, zu ihnen gehörten die Kaschuben.

Pomp *der,* Gepränge, Prachtentfaltung.

Pompadour [pɔ̃paˈduːr], Jeanne Antoinette **Poisson,** Marquise de P., Geliebte des frz. Königs Ludwig XV., * 1721, † 1764, von großem Einfluss auf die Regierung.

Pompeius, Gnaeus P. Magnus, röm. Staatsmann, * 106 v. Chr., † 48 v. Chr.; schloss 60 v. Chr. mit Caesar und Crassus das erste Triumvirat; wurde 48 von Caesar bei Pharsalos besiegt, in Ägypten ermordet.

Pompeji, in der Antike blühende Hafenstadt in S-Italien, 79 n. Chr. mit Herculaneum durch Ausbruch des Vesuvs verschüttet, seit dem 18. Jh. wieder ausgegraben und archäolog. untersucht.

Pompidou [pɔ̃piˈdu], Georges, frz. Politiker, * 1911, † 1974; Anhänger de Gaulles, 1962 bis 1968 Premiermin., 1969 bis 1974 Staatspräsident.

Ponape [ˈpɔnəpeɪ], größte Insel der Karolinen.

Ponce [-sɛ], Hafenstadt im S Puerto Ricos, 187 700 Ew.; Ausfuhr von Tabak, Zucker.

Poncelet [pɔ̃sˈlɛ], Jean Victor, frz. Mathematiker und Physiker, * 1788, † 1867; Mitbegründer der projektiven Geometrie, Arbeiten zu Mechanik und Hydraulik.

Poncho [ˈpɔntʃo] *der,* viereckige Decke mit Kopfschlitz, mantelartiger Überwurf der mittel- und südamerikan. Indianer und Gauchos.

Ponderabililen, wägbare Dinge. Adjektiv: **ponderabel.** Ggs.: Imponderabilien.

Pondicherry [pɔndɪˈtʃerɪ], Unionsgebiet mit gleichnamiger Hptst. an der SO-Küste Indiens, 492 km², 807 800 Ew.; ehem. frz. Kolonie.

Pop-Art. Robert Rauschenberg, Third time painting (1961)

Pongau, Talweitung der Salzach im österr. Bundesland Salzburg, vom Gasteiner Tal bis zum Pass Lueg.
Ponge [pɔ̃ʒ], Francis, frz. Schriftsteller, * 1899, † 1988; »Das Notizbuch vom Kiefernwald« (1947).
Poniatowski, poln. Adelsgeschlecht: **1)** Józef Fürst P., poln. General, napoleon. Marschall, * 1763, † 1813. – **2)** Stanislaus II. August P.; letzter König von Polen (→Stanislaus).
Ponta Delgada, Stadt der Azoren, auf der Insel São Miguel, 21 800 Ew.; Univ.; ⚓ ✈.
Pont du Gard [pɔ̃dy'ga:r], röm. Aquädukt über den →Gard.
Pontevedra [pɔnte'βeðra], Hafenstadt in Galicien, Spanien, 66 000 Ew.; Sardinenfang; Marinebasis; Seebad.
Pontiac ['pɔntıæk], Stadt in Michigan, USA, bei Detroit, 71 000 Ew.; Automobilbau.
Pontianak, Hafenstadt an der W-Küste Borneos, Indonesien, 304 800 Ew.; Universität.
Pontifex *der,* **1)** Mitglied eines altröm. Priesterkollegiums, an dessen Spitze der **P. maximus** (der oberste Priester) stand. – **2)** kath. Kirche: Titel des Papstes.
Pontifikalamt, feierliches Hochamt des Bischofs (→Messe). **Pontifikali|en** *Pl.,* Amtstracht oder geistl. Amtshandlungen der Bischöfe und Prälaten.
Pontifikat *das* oder *der,* **1)** Amt des Papstes oder eines Bischofs. – **2)** dessen Regierungszeit.
Pontinische Sümpfe, ehem. versumpfte Küstenebene im SO von Rom, von 1899 bis 1928 trockengelegt und besiedelt.
Pontisches Gebirge, Gebirgssystem in der Türkei, bildet den N-Rand von Anatolien, bis 3 937 m hoch; ⚒ auf Steinkohle bei Ereğli und Zonguldak.
Ponton [pɔ̃'tɔ̃] *der,* ein kastenförmiger Schwimmkörper aus Stahl, der als Träger von Fähren und Schiffbrücken **(P.-Brücken)** dient.
Pontos, im Altertum: Reich am Schwarzen Meer zw. Bithynien und Armenien, blühte unter Mithridates VI., danach röm. Provinz.
Pontresina, Kurort im schweizerischen Kt. Graubünden, im Oberengadin, 1 777 m ü. M., 1 900 Einwohner.
Ponys ['pɔni:s], kleine Pferderassen mit üppigem Schweif und Mähne.
Ponza|inseln, vulkanische Inselgruppe vor der W-Küste Italiens.
Pool [pu:l] *der,* **1)** Spieleinsatz. – **2)** Interessengemeinschaft, bes. Vereinbarung von Unternehmen, bestimmte Gewinne nach festem Schlüssel zu verteilen. – **3)** Ring, Zusammenschluss. – **4)** kurz für Swimmingpool.
Pool-Billard ['pu:l 'bıljart], **American Pool,** Sonderform des Billardspiels mit weißem Anstoßball und 15 nummerierten farbigen Bällen und einem Spieltisch mit 6 Löchern.
Poole [pu:l], Hafenstadt an der S-Küste Englands, 118 900 Ew.; Schiffbau.
Poona ['pu:na], **Pune,** Stadt in Maharashtra, Indien, 1,56 Mio. Ew.; alte Paläste, Tempel; Univ.; Textil-, chem. und pharmazeut. Industrie.
Popanz *der,* **1)** Schreckgestalt. – **2)** willenloser Mensch.
Pop-Art ['pɔpa:t] *die,* Strömung der zeitgenöss. Kunst seit Mitte der 1950er-Jahre. Die P.-A. entdeckte die bunte Welt der Unterhaltungsind. und der Werbung. Banale Objekte wurden durch Ausschnitt, Vergrößerung oder Reihung verfremdet und parodiert.
Popcorn ['pɔpkɔ:n] *das,* durch Rösten aus Puffmais gewonnene Speise.
Pope *der,* Bez. für Priester der Ostkirche.
Pope [pəʊp], Alexander, britischer Dichter, * 1688, † 1744; Lehrgedichte, Verserzählung.
Popeline *der* oder *die,* leinwandbindiges Gewebe, meist aus Baumwolle.
Popitz, Johannes, dt. Jurist, * 1884, † (hingerichtet) 1945; 1933 preuß. Finanzmin., als Widerstandskämpfer 1945 zum Tode verurteilt.
Popmusik, Sammelbezeichnung i. w. S. für alle durch Massenmedien verbreiteten Musikformen der Unterhaltungsindustrie (z. B. Schlager-, Film-, Tanzmusik); i. e. S. für die populären Formen der afroamerikan. Musik seit etwa 1960, die Stilmittel der Rockmusik übernehmen, umarrangieren und mit einem gängigen Sound verbinden.
Popocatépetl *der,* noch tätiger Vulkan im SO der Stadt Mexiko, 5 452 m hoch.
Popow, Oleg Konstantinowitsch, russ. Clown, * 1930; seit 1955 beim Moskauer Staatszirkus.
Popp, Lucia, österr. Sängerin, * 1939, † 1993; Koloratursopran.
Pöppelmann, Matthäus Daniel, dt. Baumeister, * 1662, † 1736; sein Hauptwerk ist der 1709 bis 1722 ausgeführte Zwinger in Dresden; Pläne für Schlösser; das Elbschloss Pillnitz zeigt Einflüsse ostasiat. Kunst.
Popper, Sir Karl Raimund, brit. Philosoph österr. Herkunft, * 1902, † 1994; Theoretiker des krit. Rationalismus, entwarf eine wissenschaftstheoret. Methodenlehre, forderte die Planung sozialen Wandels auf der Grundlage einer »offenen« Gesellschaft; geriet in Ggs. zu den Vertretern der Frankfurter Schule (Positivismusstreit).
populär, **1)** volkstümlich, beliebt. – **2)** gemeinverständlich.
Population *die,* **1)** Bev., die Gesamtheit der Individuen (Menschen, Tiere) eines abgegrenzten Gebiets. – **2)** ✡ Klassifikation von Sternen nach ihrem Alter und ihrer Lage im Milchstraßensystem.
Populismus *der,* opportunist., oft demagog. Politik, die darauf abzielt, durch Überzeichnen der Lage die Zustimmung der Massen zu gewinnen.
Pore *die,* Loch, Öffnung. **Haut-P.,** Mündung der Schweißdrüsen der Haut; **porös,** durchlässig.
Pori, Stadt in SW-Finnland, 1558 gegr., 76 800 Ew.; Holz-, Papierindustrie.
Porkkala, Halbinsel an Finnlands S-Küste, 393 km², 1945 bis 1956 als Marinestützpunkt an die UdSSR verpachtet.

Jean Victor Poncelet

Francis Ponge

Porst

Port-au-Prince
Stadtwappen

George Porter

Rodney Robert Porter

Porling, Sammelbegriff für an totem oder lebendem Holz wachsende Pilze.

Pornographie *die,* sprachl. und bildl. Darstellung sexueller Akte unter Ausklammerung der psych. und partnerschaftl. Aspekte der Sexualität. Die Verbreitung von P. unterliegt strafrechtl. und Jugendschutzbestimmungen.

Porphyr *der,* Eruptivgestein aus einer dichten Grundmasse mit groben Einsprenglingen. **Granit-** und **Quarz-P.** für Pflastersteine, Schotter, Splitt u. Ä.

Porree *der,* **Breitlauch, Küchenlauch,** Zuchtform des südeurop. Lauchs; Gemüse, Suppenkraut.

Porridge [ˈpɔrɪtʃ] *das,* dicker Haferbrei.

Porsche, Ferdinand, dt. Kraftwagenkonstrukteur, * 1875, † 1951; entwickelte Sport- und Rennwagen, Volkswagen, Tiger-Panzer; Gründer der heutigen **Dr. Ing. h. c. F. Porsche AG.**

Porst *der,* **Sumpfporst,** zu den Heidekrautgewächsen gehöriger Torfmoorstrauch, immergrün, mit weißen bis rötl. Blüten in Doldentrauben; stark riechend.

Portable [ˈpɔːtəbl] *das,* tragbares Gerät.

Portal *das,* monumental gestalteter Eingang eines Gebäudes.

Porta Nigra, Tor der röm. Stadtbefestigung in Trier, Ende 2. Jh. n. Chr.; vom 11. bis 19. Jh. Kirche (St. Simeon).

Portativ *das,* kleine tragbare Orgel.

Port-au-Prince [pɔrtoˈprɛ̃s], Hptst. von Haiti, 1,14 Mio. Ew.; Univ., Ausfuhrhafen.

Porta Westfalica, 1) → Westfälische Pforte. – **2)** Stadt in NRW, an der Westfäl. Pforte, 34 900 Ew.; Maschinenbau; Kneippkurort.

Portefeuille [pɔrtˈføːj] *das,* **1)** veraltet: Brieftasche, Mappe. – **2)** Bank: Bestand an Wertpapieren. – **3)** Politik: Geschäftsbereich eines Ministers.

Port Elizabeth [pɔːt ɪˈlɪzəbəθ], Hafenstadt in der Rep. Südafrika, 649 200 Ew.; Univ.; Kultur-, Handels- und Industriezentrum.

Porten, Henny, dt. Filmschauspielerin, * 1890, † 1960; Star des dt. Stummfilms.

Porter *der,* alkoholreiches, dunkles engl. Bier. Starke Sorte: der **Stout.**

Porter [ˈpɔːtə], **1)** Cole, amerikan. Komponist, * 1893, † 1964; Songs und Musicals (»Kiss me, Kate«, 1948). – **2)** Sir George, brit. Chemiker, * 1920; erhielt zus. mit R. G. W. Norrish und M. Eigen den Nobelpreis für Chemie 1967. – **3)** Katherine Anne, amerikan. Schriftstellerin, * 1890, † 1980; Kurzgeschichten, Erzählungen. – **4)** Rodney Robert, brit. Biochemiker, * 1917, † 1985; erhielt zus. mit G. M. Edelman den Nobelpreis für Physiologie oder Medizin 1972.

Portici [-tʃi], Stadt in S-Italien, auf den Trümmern von Herculaneum, 75 200 Ew.; Seebad; ⚓.

Portikus *der,* ⌂ von Säulen gestützter Vorbau.

Portland [ˈpɔːtlənd], **1) Isle of P.** [aɪl əv -], Halbinsel an der engl. Kanalküste, mit der Stadt P. (10 900 Ew.) und dem Kriegshafen P. Harbour. – **2)** Stadt in Oregon, USA, 418 500 Ew.; Handelszentrum, 2 Univ.; ⚓ am Columbia River.

Port-Louis [ˈpɔːt ˈlʊɪs], Hptst. und Hafen von Mauritius, 139 000 Ew.; Elektro-, Textilindustrie.

Portmann, Adolf, schweizer. Zoologe, Anthropologe, * 1897, † 1982; befasste sich mit der Entwicklungsgeschichte, bes. der Sonderstellung des Menschen.

Port Moresby [pɔːt ˈmɔːzbɪ], Hptst. von Papua-Neuguinea, 152 000 Ew.; Erzbischofssitz; Univ.; Maschinenbau, ⚓.

Porto [ˈportu], früher **Oporto,** zweitgrößte Stadt Portugals, an der Mündung des Douro, 350 000 Ew.; Univ.; Textil-, Leder-, Genussmittelind.; Ausfuhr von Wein (Portwein).

Pôrto Alegre [ˈpɔrtu aˈlɛgri], Hptst. des brasilian. Staats Rio Grande do Sul, 1,37 Mio. Ew.; Erzbischofssitz; Kulturzentrum (2 Univ.); ⚓ ✈.

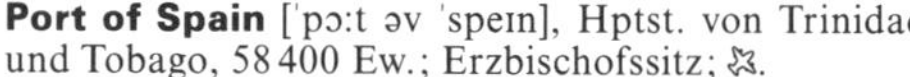

Port of Spain [ˈpɔːt əv ˈspeɪn], Hptst. von Trinidad und Tobago, 58 400 Ew.; Erzbischofssitz; ✈.

Porto Novo, Hptst. der Rep. Benin, 208 000 Ew.; Nahrungsmittelind., Seifenfabrik; Lagunenfischerei.

Porträt, [-ˈtrɛː] *das,* künstler. Darstellung eines Menschen, v. a. seines Antlitzes, in Malerei, Fotografie und Plastik.

Port Said [-ˈzaɪt], Hafenstadt in Ägypten, am nördl. Eingang des Sueskanals, 400 000 Ew.; Stadtbezirk seit 1975 Freihandelszone; Erdölraffinerien, chem. u. a. Industrie; ✈.

Pörtschach am Wörther See, Badeort am N-Ufer des Wörther Sees, Kärnten, Österreich, 2 500 Einwohner. Die kath. Pfarrkirche St. Johann der Täufer wurde 1787 errichtet.

Portsmouth [ˈpɔːtsməθ], **1)** Stadt und Hauptmarinehafen Großbritanniens, an der Kanalküste, 179 400 Ew.; Docks und Werften; Seebad. – **2)** Hafenstadt in Virginia, USA, 111 000 Ew.; Marinewerft und -stützpunkt; chem. Industrie.

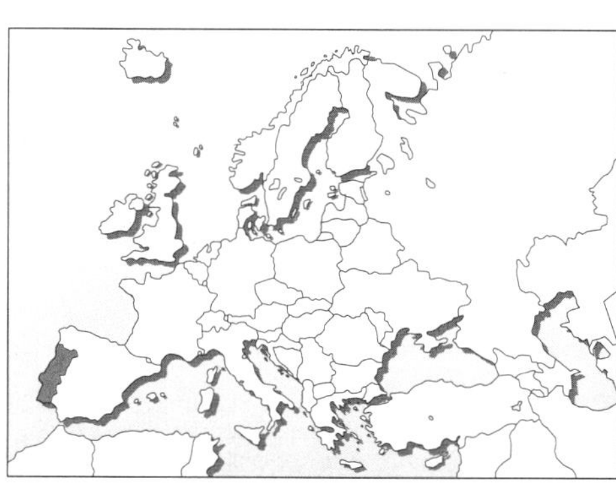

Portugal, Staat im W der Pyrenäenhalbinsel, 92 389 km², 9,85 Mio. Ew. (mit Azoren und Madeira); Hptst.: Lissabon; Amtssprache: Portugiesisch.

Verfassung. Nach der Verfassung von 1976 (1982 geändert) ist P. eine Rep. mit einem gewählten Präsidenten als Staatsoberhaupt. Die gesetzgebende Gewalt wurde 1976 bis 1982 vom Parlament und einem Revolutionsrat (1982 aufgelöst) gemeinsam ausgeübt.

Landesnatur. P. ist im N gebirgig (Serra da Estrêla, bis 1 991 m hoch), im S und an der Küste herrscht Tiefland vor. Flüsse: Minho, Douro, Tejo, Guadiana.

Klima. Im N mild und feucht, im S sommerheiß, bes. im Innern trocken.

Bevölkerung. Fast ausschließlich kath. Portugiesen. Wichtige Städte sind Lissabon, Porto, Setúbal und Coimbra.

Wirtschaft. P. hat Landwirtschaft (Weizen, Wein, Oliven, Kork, Südfrüchte), Viehzucht (bes. Schafe), Fischerei (Sardinen, Thunfisch). ⚒ auf Wolfram, Mangan u. a. Die Industrie (v. a. Nahrungsmittel-, Textilindustrie) wird ausgebaut. Wasserkraftwerke; Fremdenverkehr. Ausfuhr: Kork (weltweit größter Erzeuger), Wein, Sardinen, Fahrzeuge, Lederwaren, Textilien. Haupthandelspartner: Deutschland, Spanien und Frankreich. ⚓: Lissabon, Porto; ✈: Lissabon, Porto, Faro.

portugiesische Kunst, fassbar seit Anfang des 12. Jh.; roman. Kathedralen von Braga, Coimbra und Lissabon (südwestfrz. Einfluss); Abteikirchen von Alcobaça (in burgund.-zisterziens. Stil) und Batalha (Einfluss der frz. Gotik). Höchste Blüte und Originalität der Baukunst und -skulptur unter Emanuel I. (1495 bis 1521) und seinen Nachfolgern (Emanuelstil), u. a. João de Castilho; Bauten der Klöster Belém, Batalha und Tomar, Festung Torre de Belém. Gleichzeitig Höhepunkt der spätgot. Malerei mit Nuno Gonçalves. Wichtigste städtebaul. Leistung ist der Wiederaufbau von Lissabon nach dem Erdbeben von 1755 durch den Marquês de Pombal. Für die Malerei des 20. Jh. ist M. E. Vieira da Silva zu nennen.

portugiesische Literatur, Blütezeit im 16. Jh. (Gil Vicente: Schauspiele, L. Vaz de Camões: Nationalepos »Die Lusiaden«) und im 19. Jh. (A. Herculano de Carvalho e Araújo: histor. Roman, J. B. da Silva Leitão de Garrett: Drama). Realismus der »Generation von Coimbra«: J. M. Eça de Queirós und E. M. Geraldes de Melo e Castro. Im 20. Jh. Modernismus: Lyrik: F. A. Nogueira de Seabra Pessoa; Erz.: Regionalismus: A. Ribeiro; Drama: J. Dantas, A. Cortês.

portugiesische Sprache, roman. Sprache, in Portugal (einschl. der Madeiragruppe und der Azoren), in den ehem. port. Kolonien und in Brasilien gesprochen.

Portugiesisch-Guinea [-gi-], → Guinea-Bissau.

Portugiesisch-Ost|afrika → Moçambique.

Portugiesisch-Timor → Timor.

Portugiesisch-West|afrika → Angola.

Portulak *der,* **1) Gemüse-P.,** fette, oft rötl. Gemüse-, Würzpflanze, mit gelbl. Blütchen. - **2) Wasser-P.,** rötl. Weiderichgewächs.

Portwein, alkoholreicher weißer und roter port. Likörwein aus dem Dourogebiet.

Porzellan *das,* feinkeram. Erzeugnis weißer Farbe, in dünnen Schichten durchscheinend. Das temperaturunempfindl. **Hart-P.** besteht aus 50% Kaolin, 25% Quarz, 25% Feldspat. Herstellung: Fein geschlämmtes Kaolin wird mit Quarz und Feldspatpulver gemengt und entwässert. Die mit der Töpferscheibe, von Hand, durch Gießen oder Pressen in Gipsformen geformten Gegenstände werden langsam an der Luft getrocknet und darauf in Öfen bei etwa 1000 °C geglüht, nach dem Erkalten in die flüssige **Glasurmasse** getaucht, die ähnlich zusammengesetzt ist wie das P. Dann werden sie getrocknet und bei etwa 1400 °C glattgebrannt. P. ohne Glasur heißt **Biskuit-P.** Malereien werden meist vor dem Glasieren aufgetragen (Scharffeuerfarben). Malereien auf die Glasur brennt man in weniger heißen Öfen ein (Schmelzfarben). - P. war den Chinesen schon im Altertum bekannt; in Europa wurde es zuerst 1693 durch E. W. v. Tschirnhaus hergestellt, später von J. F. Böttger verbessert. Die 1. europ. P.-Manufaktur wurde 1710 in Meißen gegründet.

Porzellanblümchen, Art der Pflanzengattung → Steinbrech.

Porzellan|erde, das → Kaolin.

Porzellanmünzen, dt. Notgeld aus den Jahren 1920 bis 1922, das überwiegend aus braunem Böttgerstein-

Porzellan aus Meißen. Johann Joachim Kändler, Pantalone und Kolombine (um 1740)

Daten zur Geschichte Portugals

711	Eroberung durch Araber und Berber, Eingliederung in das Emirat von Córdoba
11. Jh.	Im Verlauf der Reconquista (christl. Rückeroberung) fällt Portugal an Kastilien-León und wird 1095 zur Grafschaft erhoben
1139	Sieg von Alfons Heinrich von Burgund über die Mauren bei Ourique, Alfons Heinrich nimmt als Alfons I. den Königstitel an
1143	Kastilien-León erkennt die Unabhängigkeit Portugals an
1147	Eroberung von Lissabon mithilfe von Kreuzfahrern
15. Jh.	Prinz Heinrich der Seefahrer baut eine Flotte auf, lässt alle Berichte portug. u. a. Seefahrer auswerten, konzentriert in Sagres Geographen, Astronomen und Mathematiker und organisiert auf diesen Grundlagen Entdeckungsfahrten entlang der afrikan. Küste. Zw. 1419 und 1457 werden Madeira, die Azoren, die Kapverdischen Inseln entdeckt, 1482 das Fort Elmina an der Guinea-Küste gegründet, 1488 das Kap der Guten Hoffnung umsegelt. In den Verträgen von Tordesillas (1494) und Saragossa (1529) teilen Portugal und Spanien die koloniale Welt unter sich auf
1498	Vasco da Gama erreicht Indien auf dem Seeweg, in den Jahrzehnten danach baut Portugal ein Netz von Stützpunkten und kolonialen Erwerbungen von Afrika, Indien, Ceylon, Malakka, Molukken bis Ostasien (Macao) aus. In Südamerika entwickelt sich das 1500 von P. A. Cabral entdeckte Brasilien zur wichtigen portug. Kolonie
1580	Spanien erobert Portugal, die Molukken (1607), Malakka (1641) und Ceylon (1656) gehen verloren
1640	Portugal wird wieder unabhängig
1703	Abschluss des Methuen-Vertrags (Handelsvertrag) mit England
1807	Frankreich besetzt Portugal (bis 1811), der Hof flüchtet nach Brasilien
1822	Brasilien erklärt seine Unabhängigkeit
1910	Ausrufung der Republik
1933	Min.-Präs. Salazar (seit 1932) begründet mit einer neuen Verfassung einen ständisch-autoritären Staat
1974	»Nelkenrevolution«, Rückkehr zur Demokratie, Auflösung des Kolonialreiches 1974/75 (außer Macao), Timor wird 1976 von Indonesien annektiert
1985	A. Cavaco Silva wird Ministerpräsident
1986	EG-Beitritt; M. Soares wird Staatspräsident
1988	Beitritt zur WEU
1995	A. Guterres wird Ministerpräsident
1996	J. Sampaio wird Staatspräsident

zeug oder weißem Biskuitporzellan hergestellt wurde. P. waren und sind Sammlerstücke, sie spielten im Geldumlauf nur eine geringe Rolle.

Porzellanschnecke, Kiemenschnecken mit porzellanartiger Schale; u. a. **Tigerschnecke, Kauri.**

POS, Abk. für → Point of sale.

Posamenten, textile Besatzartikel wie Schnüre, Borten, Quasten und Fransen.

Posaune *die,* 𝄞 Blechblasinstrument mit Röhre ohne Tonlöcher, ausziehbar (dadurch sind alle chromat. Töne erzeugbar). Arten: **Bass-, Tenor-, Altposaune.**

Pose *die,* wirkungsvolle Stellung, Gebärde.

Poseidon, griech. Meergott, auch der Erderschütterer, Bruder des Zeus; römisch: Neptun. Attribut: Dreizack.

Poseidonios, griech. stoischer Philosoph, * 135, † 51 v. Chr., lehrte in Rhodos und Rom; Naturforscher, Astronom, Geograph, Mathematiker, Historiker. Pompeius und Cicero waren seine Schüler.

Posen, poln. **Poznań,** Stadt in W-Polen, an der Warthe, 588700 Ew.; Univ. u. a. Hochschulen; Maschinenbau, Schiffbau, Lebensmittelind., Messen. Die bedeutenden Bauten (roman. Johanniskirche, got. Marienkirche, Dom, Schloss u. a.) wurden im 2. Weltkrieg z. T. zerstört. - P. wurde 968 Bischofssitz und war bis 1296 Residenz der poln. Herzöge. Der westl. Teil (Hauptteil) wurde 1253 von dt. Einwanderern angelegt und hatte bis 1793 eigene Verwaltung nach Magdeburger Recht; P. war Mitglied der Hanse. 1793 bis 1806 und 1815 bis 1918 preuß. (seit 1815 Hptst. der Prov. P.). 1920 bis 1939 und seit 1945 Hptst. der poln. Wwschaft Posen.

Posen-Westpreußen → Grenzmark Posen-Westpreußen.

Positionslampen, Leuchten zur Kennzeichnung von Schiffen und Flugzeugen **(Lichterführung).**

positiv, 1) bejahend. - **2)** tatsächlich, vorhanden; Ggs.: negativ. - **3)** $\sqrt{}$ größer als Null. - **4)** ⚛ einer der beiden elektr. Ladungszustände.

Portugal

Staatswappen

Staatsflagge

Internationales Kfz-Kennzeichen

Posen Stadtwappen

Positiv *das,* **1)** Fotografie: beim **Schwarzweiß-P.** ein Bild, das die Helligkeiten des Objekts in entsprechenden Grauwerten darstellt; beim **Farb-P.** ein Bild mit helligkeits- und farbrichtiger Motivwiedergabe. – **2)** 𝄞 kleine Orgel mit wenig Stimmen in hoher Lage. – **3)** Ⓢ **P.** *der,* Grundstufe bei der Steigerung.

Positivismus *der,* Ⓟ von A. Comte begründete Richtung der Philosophie, die nur in dem unmittelbar Wahrgenommenen eine sichere Grundlage des Erkennens sieht und Metaphysik ablehnt. Eine Erneuerung des P. bildet der bes. in angelsächs. Ländern verbreitete **Neu-P.** (Logischer P.), der eine Verbindung von empirist. Erkenntnistheorie und math. Logik anstrebt.

Positron *das,* das positiv geladene Antiteilchen des Elektrons, kommt vor in der kosm. Strahlung, beim Zerfall radioaktiver Stoffe u. Ä. (→ Elementarteilchen).

Positur *die,* bewusste Körperstellung, -haltung.

Posse *die,* Schwank, derbkom. Bühnenstück.

Possessivpronomen *das,* Ⓢ besitzanzeigendes Fürwort.

post, nach, hinter; **p. meridiem,** nachmittags; **p. Christum natum,** nach Christi Geburt.

Post *die,* Organisation zum Übermitteln von Nachrichten durch Briefe, Postkarten u. a. oder auf dem Draht- und Funkweg, ferner für die Beförderung von Kleingütern sowie zur Abwicklung von Geldverkehr. In den meisten Ländern ist die P. eine staatl. Einrichtung. In Dtl. erfolgte seit 1989 eine schrittweise Privatisierung des Post- und Fernmeldewesens. – Postähnl. Einrichtungen gab es schon im Altertum und MA. Seit 1516 bis ins 19. Jh. lag das dt. Postwesen im Wesentl. in Händen der Familie Thurn und Taxis. 1850 wurde der **Dt.-Österr. Postverein** gegr., 1868 von Preußen die **Norddt. Bundespost,** die nach 1871 zur **Dt. Reichspost** erweitert wurde; von 1945 bis 1950 **Dt. Post,** danach **Dt. Bundespost** (bis 1989).

Potsdam Stadtwappen

Post, Deutsche Post AG, Nachfolgeunternehmen der Dt. Bundespost; Beförderung von Briefen, Päckchen usw.

Postbank, Deutsche P. AG, Nachfolgeunternehmen der Dt. Bundespost, u. a. Postgirodienst und Postsparkasse.

Poster ['pəʊstə] *das,* künstler. Plakat, oft Nachdruck von Bildern, Plakaten, Fotos.

Postgeheimnis, Grundrecht aus Artikel 10 GG, das neben Brief- und Fernmeldegeheimnis den Postverkehr gegen unbefugte Einblicke schützt.

posthum, fälschlich für → postum.

postlagernd, im Auslandsverkehr **poste restante,** bezeichnet Postsendungen, die zur Abholung am Postschalter bereitgehalten werden.

Postleitzahl, Zahlenzusatz zur Ortsbezeichnung bei Postsendungen. Das in Dtl. 1993 eingeführte fünfstellige P.-System besitzt 83 Briefregionen (erste beiden Ziffern) und weist 209 Orten mehr als eine P. zu. P. wurden im Dt. Reich 1940, in der Bundesrep. Deutschland 1961, in der Schweiz 1964, in der DDR 1965, in Österreich 1966 sowie seitdem in vielen anderen Ländern eingeführt. Sendungen nach ausländ. Staaten, die P. haben, tragen vor der P. das Kfz-Länderkennzeichen des betreffenden Staats (z. B. CH-8000 für Zürich, Schweiz).

Postmoderne, ✐ zentraler Begriff der Kulturtheorie, der seit den 1960er-Jahren für Wandlungen und Umbrüche u. a. in Architektur, bildender Kunst, Literatur und Musik gebräuchlich ist. Den unterschiedl. Ausprägungen der P. ist die Relativierung der überkommenen Wertmaßstäbe und ein sich im Stilpluralismus äußernder Spielcharakter gemeinsam.

Postojna [pɔs'to:jna], dt. **Adelsberg,** Stadt in Slowenien, 6 300 Ew.; bei P. die → Adelsberger Grotten.

Postskriptum *das,* Abk. **PS,** Nachschrift.

Postsparkasse, Einrichtung zur Anlage von Spargeldern durch die Post. **Postsparbücher** gibt das Postamt aus. Der Sparer kann auf allen Postämtern, vielfach auch im Ausland, Beträge einzahlen oder abheben.

Postulat *das,* Forderung; in Wiss. und Philosophie unbeweisbare, aber unentbehrl. Annahme; nach I. Kant sind Willensfreiheit, Unsterblichkeit der Seele und Dasein Gottes P. der prakt. Vernunft.

postum, nachgeboren; nachgelassen.

Postwertzeichen → Briefmarke.

Potemkin [-'tjɔm-], → Potjomkin.

Potentat *der,* Machthaber, Herrscher.

Potentialis *der,* Ⓢ Möglichkeitsform des Verbs.

Potentiometer *das,* ⚡ Widerstand mit Schleifkontakt zur Spannungsregelung.

Potenz *die,* **1)** Macht, Leistung. – **2)** ⚕ Zeugungskraft. – **3)** √ Produkt einer Anzahl n gleicher Faktoren a, geschrieben a^n, gesprochen a hoch n. a heißt **Grundzahl** oder **Basis,** n heißt **Hochzahl** oder **Exponent;** z. B.: $a^3 = a \cdot a \cdot a$ (dritte P. von a). Für a^2 liest man auch zweite P. oder Quadrat von a. – **4)** Ⓟ die Möglichkeit, Anlage, im Ggs. zu Akt.

Potenzial *das,* ⚛ kennzeichnende Größe eines Kraft- oder Geschwindigkeitsfelds **(Gravitations-, elektr., Strömungs-P.).** ⚡ **P.-Differenz,** elektr. Spannung.

Potjomkin, Potemkin, Grigorij Aleksandrowitsch, Fürst, russ. Feldherr und Staatsmann, * 1739, † 1791; seit 1774 Günstling und polit. Ratgeber Katharinas II.; besetzte 1783 die Krim. **Potemkinsche Dörfer,** die angeblich von P. rasch aufgebauten Dorfattrappen in S-Russland, die der Kaiserin Wohlstand vorspiegeln sollten; später allg. Bezeichnung für Blendwerk.

Potomac River [pə'təʊmæk 'rɪvə], Fluss im O der USA, von den Appalachen zur Chesapeake Bay, 462 km lang. Am P. R. liegt Washington (D. C).

Postmoderne. Ricardo Bofill, Le Palacio d'Abraxas (1978 bis 1983) in Marne-la-Vallée bei Paris

Potosí, Hptst. des Dep. P., Bolivien, 3 976 m ü. M., im öden Hochland, 117 000 Ew.; einst ausgedehnter ⚒ auf Silber, heute auf Zinn. Stadt und Silberminen gehören zum Weltkulturerbe.

Potpourri ['pɔtpʊri] *das,* aus versch. Melodien zusammengestelltes Musikstück.

Potsdam, Hptst. des Bundeslands Bbg., an der Havel, 140 000 Ew. Brandenburg. Landeshochschule, Hochschule für Recht und Verwaltung, Hochschule für Film und Fernsehen, Sternwarte Babelsberg; Filmstudio Babelsberg; Zentrales Staatsarchiv (heute Teil des Bundesarchivs), Museen, Theater.

Unter Friedrich d. Gr. entstanden das Neue Palais (1763 bis 1769), Schloss und Park Sanssouci (1745 bis 1747); außerdem das Marmorpalais (1787 bis 1790; jetzt Dt. Armeemuseum), die Schlösser Glienicke (ab 1826), Charlottenhof (1826 bis 1828), Babelsberg (ab 1834), Cecilienhof (1913 bis 1917), Villen, Kirchen und

Parkanlagen. – 993 urkundlich erwähnt. Das **Edikt von P.** (1685) gewährte den frz. Hugenotten unter dem Großen Kurfürsten Glaubensfreiheit und wirtschaftliche Hilfe. Der preußische König Friedrich Wilhelm I. entwickelte P. zur 2. Residenz und wichtigsten Garnisonstadt Preußens.

Potsdamer Abkommen, die am 2. 8. 1945 auf der **Potsdamer Konferenz** (17. 7. bis 2. 8. 1945) zw. H. S. Truman, J. W. Stalin und C. Attlee (der am 25. 7. W. Churchill ablöste) und ihren Außenmin. gefassten Beschlüsse. Vereinbart wurden u. a.: 1) Grundsätze der polit. und wirtschaftl. Behandlung Dtl.s. 2) Reparationen. 3) Übertragung der Verw. der dt. Ostgebiete an die UdSSR und Polen bis zu einer Friedensregelung; dabei wurde der UdSSR die Unterstützung ihres Anspruchs auf Königsberg und das umliegende Gebiet zugesagt. 4) Die Ausweisung der Deutschen aus den osteurop. Gebieten. 5) Errichtung eines Rats der Außenmin. der 3 Mächte, Chinas und Frankreichs (Sitz London); erste Aufgabe war die Vorbereitung der Friedensverträge mit Italien, Bulgarien, Finnland, Rumänien und Ungarn.

Pottlasche, Kaliumcarbonat, → Kalium.

Potter, Paulus, niederländ. Maler, Radierer, * 1625, † 1654; meist kleinformatige Tierbilder.

Potteries [ˈpɔtərɪz, engl. »Töpfereien«], **Pottery District,** Ind.gebiet im westl. Mittelengland, v. a. Steingut und Porzellan.

Pottwal, der größte Zahnwal, bis 20 m lang, lebt gesellig in wärmeren Meeren, lieferte Ambra, Tran, Walrat; vom Aussterben bedroht.

Poularde [pu-] *die,* junges, noch nicht geschlechtsreifes Masthuhn oder -hähnchen.

Poulenc [puˈlɛ̃:k], Francis, frz. Komponist, * 1899, † 1963; Klavier-, Kammermusik u. a.

Pound [paʊnd], Ezra, amerikan. Schriftsteller, * 1885, † 1972; übte starken Einfluss auf die moderne Lyrik aus.

Poussin [puˈsɛ̃], Nicolas, frz. Maler, * 1594, † 1665; lebte v. a. in Rom, seine klass. Landschaften sind aus Architekturteilen und Naturformen in übersichtl. Ordnung aufgebaut.

Pozzuoli, ital. Stadt am Golf von Neapel, 74 200 Ew.; röm. Amphitheater (Ruine).

pp, 𝄞 Abk. für pianissimo, sehr leise.

ppa., ⚖ Abk. für lat. **p**er **p**rocur**a** (→ Prokura).

ppm., ⚗ Abk. für engl. **p**arts **p**er **m**illion, 1 Teil auf 1 Mio. Teile (Konzentrationsangabe).

Pr, chem. Symbol für das Element Praseodym.

PR, Abk. für → **P**ublic**r**elations.

prä…, Prä…, Vorsilbe in Fremdwörtern: vor…, vorher…

Präambel *die,* Vorrede, Einleitung.

Prachtfinken, bunte, trop. Webervögel.

Prachtlein, rot blühende Zierpflanze der Gattung Flachs.

Prädestination *die,* in der Religionsgesch. die Erwählung oder Verwerfung des Menschen, die allein dem Willen Gottes entspringt (unabhängig vom menschl. Handeln). Schöpfer der **P.-Lehre** war Augustinus; in der Reformation wurde sie von J. Calvin aufgegriffen. – Unter den nichtchristl. Religionen wird die P. am konsequentesten vom Islam vertreten.

Prädikat *das,* **1)** Ⓢ Satzaussage. – **2)** auszeichnende Bewertung; Titel.

prädisponiert, 1) vorausbestimmt. – **2)** ⚕ empfänglich, anfällig (für Krankheiten).

Praetorius, Michael, eigentl. M. **Schultheiß,** dt. Komponist, * 1571/72, † 1621; Organist im Dienst des Herzogs von Braunschweig-Lüneburg, schuf für die ev. Kirchenmusik des 17. Jh. maßgebende Choralbearbeitungen und Orgelwerke.

Präfation *die,* **1)** Vorrede. – **2)** kath. Messe: Gebet vor der Wandlung.

Präfekt *der,* oberster Verwaltungsbeamter, in Frankreich des Dép., in Italien der Provinz.

Präferenz *die,* Vorzug, Vorrang. **P.-System,** ✐ gegenseitige Vorzugsbehandlung zw. 2 oder mehreren Ländern, bes. durch niedrige Zollsätze (Vorzugszölle, **P.-Zölle**).

Präfix *das,* Ⓢ Vorsilbe.

Prag, tschech. **Praha,** Hptst. der ČR, 1,21 Mio. Ew., beiderseits der Moldau, mit schönem geschlossenem Stadtbild aus der Gotik und dem Barock. Auf dem hoch gelegenen Hradschin der gotische Sankt-Veits-Dom (14. Jh., 1873 bis 1929 vollendet) mit Wenzelskapelle, Grabmal des hl. Nepomuk; in der Altstadt (gehört zum Weltkulturerbe) Rathaus, Univ. u. a. Hochschulen. Im Wirtschaftsleben stehen Handel (Prager Mustermesse) und Bankwesen voran; vielseitige Ind., u. a. Maschinenbau, Nahrungsmittel-, elektrotechn., chem., opt. Ind.; Verkehrsknotenpunkt, Flusshafen, internat. ✈; südl. von P. Stauwerk mit Kraftwerk. – P. war seit dem 10. Jh. Sitz des Bischofs und der böhm. Könige. Es erlebte eine Blütezeit bes. unter Kaiser Karl IV., der 1348 in P. die erste dt. Univ. gründete. 1618 leitete der **Prager Fenstersturz** den Dreißigjährigen Krieg ein. 1866 **Prager Friede** zw. Preußen und Österreich (beendete den Dt. Krieg von 1866). 1918 wurde P. Hptst. der Tschechoslowakei. BILD S. 714

Prägen, Herstellen erhabener oder vertiefter Verzierungen, Schrift u. Ä. in Metall, Papier, Pappe mittels Pressen in zweiteiligen Prägeformen. **Massiv-P.** von Münzen; **Hohl-P.:** Gebrauchsgegenstände aus Blech, Verzieren von Pappe.

Prager Frühling, die Reformbemühungen 1968 in der Tschechoslowakei.

pragmatisch, 1) auf Tatsachen beruhend. – **2)** auf die Praxis bezogen. – **3)** dem Nutzen dienend.

Pragmatische Sanktion *die,* Staatsgrundgesetz, v. a. die österr. P. S. von 1713, durch die Kaiser Karl VI. die Unteilbarkeit des habsburg. Länderbesitzes festlegte und für den Fall des Aussterbens der männl. Linie die weibl. Erbfolge zugunsten seiner Töchter regelte.

Pragmatismus *der,* Ⓟ von C. S. Peirce 1878 begründete und von W. James ausgebildete philosoph. Lehre, die alles theoret. Erkennen nur nach prakt. Konsequenzen wertet. Die menschl. Erkenntnis ist nur ein Werkzeug des Handelns.

prägnant, bündig, treffend. **Prägnanz** *die,* Begriffsschärfe, Bestimmtheit.

Prähistorile *die,* → Vorgeschichte.

Prahm *der,* ⚓ flacher offener Lastkahn.

Präjudiz *das,* ⚖ Gerichtsentscheidung, die für künftige gleichartige Fälle richtungweisend ist.

Präkambrium *das,* erdgeschichtl. Zeitraum von der Entstehung der Erdkruste bis zum Kambrium, umfasst 86% der gesamten Erdgeschichte. (→ Erdgeschichte, ÜBERSICHT)

Praktikum *das,* **1) Praktikantenzeit,** prakt. Tätigkeit zur Vorbereitung auf bestimmte Berufe. – **2)** im akadem. Unterricht Übung zur prakt. Anwendung des Gelernten.

praktisch, 1) auf die Praxis, das Handeln bezogen; Ggs.: theoretisch. – **2)** brauchbar, geschickt. – **3)** zweckmäßig.

praktischer Arzt, auf dem Gebiet der Allgemeinmedizin in freier Praxis tätiger Arzt.

Prälat *der,* kath. Kirche: höherer kirchl. Würdenträger. Ev. Kirche: in einigen Landeskirchen der Leiter kirchl. Aufsichtsämter, auch der Vertreter der EKD bei der Bundesregierung.

Präliminarilen *Pl.,* Vorverhandlungen, vorläufige Abmachungen. **Präliminarfriede,** Vorfriede.

Praline *die,* **Praliné** *das,* Konfekt mit Schokoladenüberzug, gefüllt mit Marzipan u. a.

Präludium *das,* 𝄞 Vorspiel.

Francis Poulenc

Ezra Pound

Prachtlein

Prag. Blick über die Moldau auf Karlsbrücke, Hradschin und Sankt-Veits-Dom

Prämi|e *die,* **1)** ✐ Sondervergütung, zusätzl. Zahlung, z. B. P.-Lohn; auch Zusatzgewinn in der Lotterie. – **2)** Börse: Reuegeld beim P.-Geschäft. – **3)** Versicherung: regelmäßiger Beitrag des Versicherten.

Prämi|engeschäft, bedingtes Termingeschäft an der Börse, lässt Rücktritt vom Geschäft gegen Zahlung einer Prämie zu.

Prämi|ensparen, Gewinnsparen, 1) Sparverfahren bei Sparkassen und Volksbanken, bei dem regelmäßig ein Sparbetrag und ein Auslosungsbetrag einzuzahlen sind. – **2) prämienbegünstigtes Sparen,** 1959 bis 1980 in der Bundesrep. Deutschland praktiziertes Sparverfahren, bei dem der Staat für bestimmte Sparverträge (Laufzeit 7 Jahre) eine Sparprämie gewährte. Weiterhin prämienbegünstigt sind Bausparverträge (Wohnungsbauprämie).

Prämisse *die,* **1)** Voraussetzung. – **2)** Logik: der Vordersatz beim →Schluss.

Prämonstratenser, kath. Mönchsorden, gegr. 1120 in Prémontré (Picardie); weiße Tracht.

pränatal, ⚕ der Geburt vorausgehend.

Prandtauer, Jakob, österr. Barockbaumeister, * 1660, † 1726; Stift Melk an der Donau.

Pranger *der,* **Schandpfahl,** Pfahl, an dem im MA. Verbrecher zur Schau gestellt wurden.

Präparat *das,* etwas kunstgemäß Zubereitetes; z. B. Arzneimittel oder naturkundliche Lehrmittel. **Präparation** *die,* Vorbereitung, Zubereitung.

Präposition *die,* Ⓢ Verhältniswort.

Präraffa|eliten, 1848 in London gegründete Künstlervereinigung engl. Maler, die in ihren Arbeiten die Kunst vom Akademismus befreien wollten und an die Kunst der Frührenaissance, vor Raffael, anknüpften.

Prärie *die,* große baumlose Grasebenen in Nordamerika, östl. an das Felsengebirge anschließend, im SW Wüstensteppe.

Präsens *das,* Ⓢ Gegenwartsform des Verbs.

präsentieren, 1) vorzeigen, darreichen, einreichen, vorstellen, vorschlagen. – **2)** ⚔ das **Gewehr p.,** eine Ehrenbezeigung.

Präsenz *die,* Gegenwart, Vorhandensein.

Praseodym *das,* Symbol **Pr,** chem. Element aus der Gruppe der Lanthanoide, OZ 59.

Präservativ *das,* →Kondom.

Präses *der,* Präsident, heute v. a. der gewählte Vors. einer ev. Synode.

Präsident *der,* **1)** Vorsitzender. – **2)** Staatsoberhaupt einer Republik.

Präsidialsystem, Staatsverfassung, bei der ein vom Volk gewählter Präs. die Reg. unabhängig vom Vertrauen der Volksvertretung entweder selbst als Reg.-Chef (USA) oder durch ein von ihm eingesetztes Ministerium (Ende der Weimarer Rep.) ausübt.

Präsidium *das,* **1)** Vorsitz. – **2)** leitendes Gremium. – **3)** Amtsgebäude.

prätentiös, anspruchsvoll, anmaßend.

Prater *der,* Vergnügungspark in Wien.

Präteritum *das,* Ⓢ Vergangenheitsform des Verbs.

Prato, Stadt in Mittelitalien, 164 800 Ew.; roman. Dom Santo Stefano (frühes 13. Jh.; u. a. mit bed. Fresken); Paläste (14. Jh.), Kastell (1248), Gemäldegalerie; Textil-, Lederindustrie.

Pratolini, Vasco, ital. Schriftsteller, * 1913, † 1991; Romane (»Chronik armer Liebesleute«, 1947).

Prätor *der,* im alten Rom urspr. die obersten Staatsbeamten, dann die mit der Zivilgerichtsbarkeit betrauten Beamten.

Prätorianer, Leibwache röm. Feldherren und Kaiser; daher: Schutzwache.

Prättigau, Prätigau *das,* Hochtal des Flusses Landquart im schweizer. Kt. Graubünden.

Prävention *die,* Zuvorkommen, bes. mit einer Rechtshandlung; Strafrecht: Abschreckung. **Präventivkrieg,** Krieg, den ein Staat beginnt, um dem Angriff eines Gegners zuvorzukommen.

Praxis *die,* **1)** Ausübung, Anwendung einer Lehre; Ggs.: Theorie. – **2)** Tätigkeitsbereich, z. B. des Arztes; auch für die Räumlichkeiten.

Praxiteles, griech. Bildhauer des 4. Jh. v. Chr. in Athen; berühmt durch die Anmut seiner Götterbilder: Aphrodite, Apollon, Hermes.

Präzedenzfall, ⚖ Musterfall für die Behandlung späterer ähnl. Fälle.

Präzession *die,* ⚛ ☼ Wandern der Achse eines bewegten Kreisels auf einem gedachten Kegelmantel. Die Erdachse beschreibt in 25 850 Jahren **(platon. Jahr)** einen solchen Kegel. Infolgedessen durchwandern in diesem Zeitraum Frühlings- und Herbstpunkt einmal die Ekliptik, d.h., die Tagundnachtgleichen rücken jährlich auf der Ekliptik von Osten nach Westen um rund 50″ vor.

präzise, bestimmt, genau.

Predella *die,* Sockel des Altarschreins mit gemalten oder geschnitzten Szenen; diente im Barock auch als Reliquienschrein.

Prediger|orden, Bezeichnung für die →Dominikaner.

Prediger Salomo, Schrift des A.T., dem König Salomo zugeschrieben.

Predigerseminar *das,* Ausbildungsstätte für ev. Theologen in der 2. Ausbildungsphase.

Predigt, gottesdienstl. Rede, zur Verkündigung und Auslegung des Wortes Gottes; ihr liegt meist eine Bibelstelle zugrunde. In der ev. Kirche steht die P. im gottesdienstl. Mittelpunkt.

Pregel *der,* russ. **Pregolja,** Hauptfluss Ostpreußens, heute zu Russland, 128 km lang, entsteht aus Inster und Angerapp, mündet westl. von Königsberg in das Frische Haff.

Preis, 1) Gegenwert für eine Ware oder Leistung; pro Einheit eines Wirtschaftsguts gezahlte bzw. geforderte Geldmenge. In der freien Marktwirtschaft bilden sich die P. durch Ausgleich von Angebot und Nachfrage **(P.-Bildung).** Das Ausmaß, in dem die P. auf Veränderungen von Angebot oder Nachfrage reagieren, heißt **P.-Flexibilität.** Voraussetzung für das selbsttätige Einspielen der Markt-P. ist freier Wettbewerb. Monopole können ihre marktbeherrschende Stellung zum Herauftreiben oder Herabdrücken der P. ausnutzen. Bei Festsetzung unterschiedl. P. für versch. Teilmärkte (z.B. Inland/Ausland) spricht man von **P.-Differenzierung.** – Veränderungen der Waren-P. **(P.-Bewegungen)** sind eine Erscheinungsform der wirtschaftl. Zyklen. Generelle P.-Bewegungen erklären sich aus dem Steigen und Sinken des Geldwerts. – Staatl. **P.-Politik** ist die Beeinflussung der P., bes. in Kriegs- und Notzeiten, durch den Staat, aber auch im normalen Wirtschaftsleben für bestimmte Güter und Leistungen. Ihr wichtigstes Mittel ist die Festsetzung von Höchst-, Mindest- oder Fest-P. Da staatl. Fest-P. keinen automat. Ausgleich von Angebot und Nachfrage bewirken, sind ergänzende Maßnahmen der Produktions- und Verbrauchslenkung (Rationierung) notwendig. – **2)** Siegergewinn bei Wettbewerben.

Preiselbeere, Kronsbeere, immergrünes Heidekrautgewächs, auf trockenem Waldboden (nördl. Europa, arkt. Nordamerika), mit rötlich weißen Glockenblüten und roten, herben Beeren.

Preis|index, statist. Messzahl zur Erfassung von Preisentwicklungen. Der **P. der Lebenshaltung** zeigt die Entwicklung der Verbraucherpreise an.

Premiere [prəˈmi̯eːrə] *die,* Ur- oder Erstaufführung eines Bühnenstücks, Films.

Premierminister [prəˈmi̯e], erster Min., Reg.-Chef, z.B. in Großbritannien.

Preminger, Otto, amerikan. Schauspieler, Regisseur und Filmproduzent österr. Herkunft, *1906, †1986. Filme z.B.: »Bonjour Tristesse« (1957), »Porgy and Bess« (1959), »The Human Factor« (1979).

Prenzlau, Krst. in Bbg., 23000 Ew.; Maschinenbau, Möbel-, Nahrungsmittelindustrie.

Presbyter *der,* ev. Kirche: Kirchenvorstand, Kirchenältester.

Presbyterianer, im angelsächs. Raum reformiert-ev. Kirchen, die die bischöfl. Verfassung der anglikan. Kirche und den demokrat. Kongregationalismus ablehnen und sich selbst regieren **(Presbyterialverfassung).**

Presbyterium *das,* **1)** Kollegium der Presbyter. – **2)** der für die Geistlichkeit bestimmte Teil des Kirchenraums.

Presley [ˈpreslɪ], Elvis, amerikan. Rock and Roll-Sänger und Gitarrist, *1935, †1977; bis heute eines der größten Rockidole.

Preßburg, slowak. **Bratislava,** Hptst. der Slowak. Rep.; 435000 Ew.; Dom, Burg, Paläste; Univ. u.a. Hochschulen; vielseitige Ind., Weinbau; ✈. – P. war 1526 bis 1784 Haupt- und Krönungsstadt der ungar. Könige. **Preßburger Friede** von 1805 zw. Frankreich (Napoleon I.) und Österreich.

Presse, 1) Vorrichtung oder Maschine zur Ausübung von Druck, mit der Hand, mit Dampf, Druckwasser (hydraulische Presse), Druckluft. Arten: Schrauben-P., Hebel-P., Exzenter-P., Kurbel-P., Kolben-P., verwendet als Öl-, Wein-, Papier-, Präge-P. usw. – **2)** Zeitungen und Zeitschriften; auch Sammelbezeichnung für die Journalisten. Die P. ist neben Rundfunk und Fernsehen das wichtigste Medium zur Meinungsbildung und zur Verbreitung von Nachrichten, auch aus Wirtschaft und Wiss. (Fach-P.).

Presse|agentur →Nachrichtenagentur.

Pressefreiheit, Recht auf freie Meinungsäußerung durch die Presse; umfasst das Recht, ungehindert Nachrichten und Informationen einzuholen und ohne Zensur darüber zu berichten sowie Kritik zu üben. Die P. findet ihre Grenze an den allg. Gesetzen; sie ist in Artikel 5 GG garantiertes Grundrecht.

Presserecht, Rechtsnormen, die die Beziehungen zw. Presse, Staat und Allgemeinheit und dem Staatsbürger regeln. Das P. gilt für Druckerzeugnisse wie auch für alle Vervielfältigungen von Schriften und bildl. Darstellungen.

Pressmassen, Gemische aus harzartigen Stoffen (Kunstharzen) und Füllstoffen, die unter Druck und Hitze zu starren Formteilen verpresst werden.

Press|span, dichte, glatte, harte Pappe, für Isolierzwecke in der Hochspannungstechnik.

Pressuregroups [ˈpreʃəˈgruːps], Interessengruppen (z.B. Wirtschaftsverbände), deren Ziel die Einflussnahme auf polit. Entscheidungsträger ist (→Lobbyismus).

Prestige [prɛsˈtiːʒə] *das,* Ansehen, Geltung.

presto, 𝄞 schnell; **prestissimo,** sehr schnell.

Preston [ˈprestən], Hafenstadt in NW-England, 143700 Ew.; chem. Ind., Maschinen-, Fahrzeug-, Flugzeugbau.

Pretoria, Hptst. der Rep. Südafrika, 443000 Ew.; 2 Univ., wiss., kulturelle Einrichtungen; Eisen-, Stahl-, Zementind., Fahrzeugbau; bei P. Gold-, Platin-, Eisenlager.

Preußen, ehem. Kgr. und Land des Dt. Reichs, (1939) 294159 km² und 41,8 Mio. Ew., 10 Prov.: Ostpreußen, Bbg., Pommern, Schlesien, Sa., Schlesw.-Holst., Hannover, Westfalen, Hessen-Nassau, Rheinprovinz; dazu die Hptst. Berlin und die Hohenzoller. Lande.

Preußler, Otfried, dt. Schriftsteller, *1923; bes. Kinderbücher: »Die kleine Hexe« (1957), »Der Räuber Hotzenplotz« (1962), »Krabat« (1971) u.a.

Prévert [preˈvɛːr], Jacques, frz. Schriftsteller, *1900, †1977; Chansons, Gedichte, Drehbücher (»Kinder des Olymp«, 1943).

Prévost [preˈvoː], Marcel, eigentl. Eugène **Marcel,** frz. Erzähler, *1862, †1941; psycholog. Romane.

Prévost d'Exiles [prevodɛgˈzil], Antoine François, Abbé P., frz. Erzähler, *1697, †1763; »Manon Lescaut« (1728 bis 1731, Opern von Massenet und Puccini).

Preysing, Konrad Graf v., Kardinal (seit 1946), *1880, †1950; 1932 Bischof von Eichstätt, 1935 von Berlin; führend im kath. Widerstand gegen den Nationalsozialismus.

Preziosen, Pretiosen *Pl.,* Kostbarkeiten.

Priamos, sagenhafter König von Troja, Gemahl der Hekuba, Vater von 50 Söhnen, u.a. des Hektor und des Paris.

Preiselbeere

Preßburg
Stadtwappen

Pretoria
Stadtwappen

Preußen
Historisches Wappen

Daten zur Geschichte Preußens

1640	Regierungsantritt Friedrich Wilhelms, des Großen Kurfürsten
1648	Im Westfälischen Frieden erhält Brandenburg-Preußen Hinterpommern, Halberstadt, Minden und die Anwartschaft auf Magdeburg (Anfall 1680)
1657	Vertrag von Wehlau mit Polen, Brandenburg-Preußen erreicht die volle Souveränität im Herzogtum Preußen
1675	Sieg des Großen Kurfürsten gegen die Schweden in der Schlacht von Fehrbellin
1685	Edikt von Potsdam gewährt den frz. Hugenotten Glaubensfreiheit und Hilfe bei der Ansiedlung
1701	Kurfürst Friedrich III. wird in Königsberg als Friedrich I. zum König in Preußen gekrönt
1713	Regierungsantritt Friedrich Wilhelms I., des »Soldatenkönigs«, Aufbau einer umfassenden Finanzverwaltung, kameralist. Wirtschaftspolitik, Schaffung eines stehenden Heeres und eines Beamtentums im absoluten Gehorsam
1720	Erwerb Vorpommerns von Schweden
1740	Regierungsantritt König Friedrichs II. († 1786), der Preußen zur europ. Großmacht erhebt. Er nutzt den Tod Kaiser Karls VI. zur Annexion des bisher österr. Schlesien und verteidigt es im Siebenjährigen Krieg 1756 bis 1763
1744	Ostfriesland fällt an Preußen
1772	In der 1. Poln. Teilung kann Friedrich II. mit Westpreußen, dem Ermland unter dem Netzedistrikt die Fläche Preußens um 74 000 km² vergrößern. Das Heer wird auf eine Friedensstärke von 188 000 Mann gebracht. Durch Wirtschaftsförderung im Sinn des Merkantilismus wird das in den Kriegen verwüstete Preußen aufgebaut. Die preuß. Justizreform schafft die modernste Justiz Europas (»Allg. Preuß. Landrecht«, 1794). Überdies wird volle Glaubensfreiheit gewährt
1793	2. Poln. Teilung, 1795 die 3. Poln. Teilung. Mit Danzig, Thorn, Süd- und Neuostpreußen erweitert sich das preuß. Staatsgebiet um 105 000 km². Weitere Gebietsgewinne erzielt Preußen im Reichsdeputationshauptschluss 1803
1806/07	Im 4. Koalitionskrieg gegen Frankreich verliert Preußen 1806 die Doppelschlacht von Jena und Auerstedt und im Frieden von Tilsit 1807 über die Hälfte seines Territoriums
1807	Beginn der Reformen Steins, Hardenbergs und Scharnhorsts: Bauernbefreiung (1807), Städteordnung (1808), Gewerbefreiheit (1810/11), Judenemanzipation (1812), Heeresreform (1807 bis 1813)
1813/14	Befreiungskriege im Bündnis mit Russland und Österreich gegen Frankreich, entscheidender Sieg bei Leipzig
1815	Schlacht bei Waterloo, endgültiger Sieg der preuß. und brit. Armee über Napoleon I. Der Wiener Kongress stellt Preußens Großmachtstellung wieder her, Gebietsgewinne im Rheinland, in Westfalen, Posen, Sachsen und Vorpommern
1828–1834	Gründung des Dt. Zollvereins
1848	Märzrevolution
1849	Friedrich Wilhelm IV. lehnt die ihm von der Frankfurter Nationalversammlung angebotene dt. Kaiserkrone ab. Scheitern eines kleindt. Bundesstaats am Widerstand Österreichs. Konservative Verfassung
1862	König Wilhelm I. (1861 bis 1888) beruft Bismarck zum Min.-Präs., der die Heeresreform des Königs durchsetzt
1864	Krieg gegen Dänemark wegen Schleswig-Holstein
1866	Sieg gegen Österreich im Dt. Krieg, Auflösung des Dt. Bundes. Preußen verleibt sich Hannover, Nassau, Hessen-Kassel und Frankfurt am Main ein
1870/71	Dt.-Frz. Krieg, Sieg Preußens und seiner Verbündeten
1871	Ausrufung des (kleindt.) Kaiserreichs, der König von Preußen wird Dt. Kaiser, Preußen ist der führende Bundesstaat im Dt. Reich
1918	Preußen wird Freistaat, Gebietsverluste an Polen
1932	Reichskanzler von Papen setzt die sozialdemokrat. Regierung Braun-Severing ab
1933	Die preuß. Regierung wird mit der des Reichs gleichgeschaltet
1947	Staatsrechtl. Auflösung Preußens durch den Alliierten Kontrollrat

Price [praɪs], Leontyne, amerikan. Opern- und Konzertsängerin (Sopran), * 1927.

Priel *der,* Wasserablauf im Wattenmeer, in dem sich auch bei Ebbe noch Wasser befindet.

Priem *der,* Stück Kautabak.

Prießnitz, Vincenz, dt. Naturheilkundiger, * 1799, † 1851, trat für die Kaltwasserbehandlung ein. **P.-Umschlag,** feuchter Umschlag, mit trockenen wollenen Tüchern bedeckt.

Priester, Bevollmächtigter und Stellvertreter der Gemeinde bei kult. und rituellen Handlungen, häufig auch der Mittler zur Gottheit. Amt des P. ist es, die kult. Tradition zu hüten. Das **Priestertum** kann erblich sein oder als unpersönl. Amt durch Weihen u. a. übertragen werden. In der chin. Staatsreligion, im Islam und im Urbuddhismus fehlt es. In der kath. Kirche ist der P. ein Kleriker, der die **P.-Weihe** empfangen hat. Die ev. Kirchen kennen keinen bes. Priesterstand.

Priestley [ˈpriːstlɪ], **1)** John Boynton, britischer Erzähler, Dramatiker, * 1894, † 1984; schrieb u. a. die Romane »Die guten Gefährten« (1929) und »Die Engelgasse« (1930) sowie 1930 das Schauspiel »Ein Inspektor kommt«. – **2)** Joseph, brit. Naturforscher, * 1733, † 1804; Entdecker des Sauerstoffs.

Prignitz *die,* Nordwestteil der Mark Brandenburg, nordöstl. von Elbe und Havel.

Prim *die,* **1)** 𝄞 →Prime. – **2)** kath. Kirche: Gebetsstunde im Stundengebet. – **3)** 🤺 beim Fechtsport ein gerader Hieb von oben nach unten.

Primaballerina *die,* 1. Solotänzerin.

Primadonna *die,* Sängerin der ersten Hauptrolle in der Oper.

primär, ursprünglich, anfänglich.

Primär|energie, Energieinhalt natürl. Energieträger (fossile Brennstoffe, Uran, erneuerbare Energiequellen). P. wird in nutzbare **Sekundärenergie** (elektr. Energie, Wärme, mechan. Arbeit) umgewandelt.

Primarstufe, international die 1. Stufe des Pflichtschulbereichs, an die sich die →Sekundarstufe anschließt; die P. heißt in Dtl. Grundschule.

Primas [lat. »Erster«] *der,* in der kath. Kirche der erste Erzbischof eines Landes.

Primat *der* und *das,* **1)** Erstgeburtsrecht, erste Stelle, Vorrang. – **2)** Vorrang des Papstes als Oberhaupt der kath. Kirche.

Primaten, Herrentiere, Ordnung der Säugetiere: Affen, Halbaffen; schließt im zoolog. System die Menschen ein.

prima vista, 1) 𝄞 vom Blatt. – **2)** ✎ auf Wechseln: bei Sicht (zu bezahlen).

Prime *die,* 𝄞 1. Stufe; Grundton einer Tonleiter, eines Zusammenklangs.

Primel *die,* **Schlüsselblume,** eine ausdauernd krautige Pflanzengattung mit grundständiger Blattrosette; weltweit über 400 Arten. Bekannt sind v. a. Himmelsschlüssel, Frühlingsschlüsselblume, Giftprimel, Mehlprimel.

Prime rate [ˈpraɪm reɪt] *die,* in den USA der Bankzinssatz für kurzfristige Kredite.

primitiv, 1) ursprünglich, urzuständlich, urtümlich. – **2)** einfach, dürftig.

Primo de Rivera [- ðe rriˈβera], **1)** José Antonio, Marqués **de Estella,** span. Politiker, Sohn von 2), * 1903, † 1936; Gründer der Falange, im Span. Bürgerkrieg von Kommunisten erschossen. – **2)** Miguel, Marqués **de Estella,** span. General, Politiker, Vater von 1), * 1870, † 1930, kam nach einem Staatsstreich 1923 an

die Reg. und führte sie seit 1925 als Diktator unter dem König, der ihn 1930 entließ.
Primogenitur *die,* in Fürstenhäusern Nachfolgeordnung nach dem Erstgeburtsrecht.
primordial, ursprünglich, uranfänglich.
Primus, der Erste; **P. inter Pares,** der Erste unter an Rang Gleichen.
Primzahlen, √ natürl. Zahlen, die nur durch 1 und sich selbst teilbar sind, z. B. 2, 3, 5, 7, 11, 13.
Prince Edward Island ['prɪns 'edwəd 'aɪlənd], Insel im S des Sankt-Lorenz-Golfs, bildet mit 224 km Länge und 4 bis 60 km Breite die kleinste kanad. Prov., 5 660 km^2, 130 200 Ew.; Hptst.: Charlottetown.
Prince of Wales ['prɪns əv 'weɪlz], Fürst von Wales, Titel des brit. Thronfolgers seit 1301.
Princeps [lat. »der Erste, Vorderste«] *der, Pl.:* **Principes, 1)** im alten Rom: Ehren- oder Amtstitel; seit Augustus: der röm. Kaiser, →Prinzipat. – **2)** im MA.: Fürst.
Princeton ['prɪnstən], Stadt im Staat New Jersey, USA, 12 000 Ew.; Univ. (gegr. 1746).
Príncipe ['prĩsipe], Insel im Golf von Guinea, →São Tomé e Príncipe.
Prinz, weibliche Form **Prinzessin,** nicht regierendes Mitglied eines Fürstenhauses; **P.-Gemahl,** Gemahl einer regierenden Herrscherin; **P.-Regent,** P., der bei Behinderung eines Monarchen die Regentschaft führt.
Prinzip *das,* Grundsatz; Grundbegriff.
Prinzipal *der,* **1)** veraltet: Geschäftsinhaber. – **2)** 𝄞 Hauptstimme der Orgel.
Prinzipat *der* und *das,* das röm. Kaisertum des Augustus und seiner Nachfolger (mit weiter bestehenden republikan. Einrichtungen); von Diokletian zum **Dominat** (absolute Kaiserherrschaft) umgebildet.
Prior *der,* Abt eines Klosters.
Priorität *die,* Vorzug, Vorrang.
Prioritäts|aktie →Vorzugsaktie.
Pripjet *der,* rechter Nebenfluss des Dnjepr, 775 km lang, aus dem NW der Ukraine, durchfließt Polesien, mündet in den Kiewer Stausee.
Prise *die,* **1)** kleine Menge. – **2)** ⚖ als Seebeute weggenommenes feindl. oder neutrales Privatgut (Schiff, Ladung oder beides). Das **P.-Recht** ist auf der Grundlage des Völkerrechts in nat. **P.-Ordnungen** festgelegt. Über die Rechtmäßigkeit der Wegnahme entscheidet ein (nat.) **P.-Gericht.**
Prisma *das,* **1)** √ Säule; Körper, bei dem Grundfläche und Deckfläche deckungsgleiche Vielecke sind. Rauminhalt = Grundfläche × Höhe. – **2)** ❋ keilförmiger Körper aus lichtdurchlässigem und lichtbrechendem Stoff, z. B. Glas, Quarz oder Steinsalz, in der Optik benutzt zur Richtungsänderung abbildender Lichtstrahlen, zur Bilddrehung, zur spektralen Zerlegung von Licht.
Priština ['pri:ʃtina], Hptst. der serb. Prov. Kosovo, Jugoslawien, 69 500 Ew.; Univ.; Textilind.; Flughafen.
Privatdozent, zu Vorlesungen an einer Hochschule berechtigter Gelehrter ohne Professur.
Privatfernsehen, privatwirtschaftl., durch Werbeeinnahmen finanziertes Fernsehen; in der Bundesrep. Deutschland seit 1981 zugelassen. Von Medienunternehmen getragene P.-Gesellschaften sind z. B. RTL, SAT 1, Pro 7.
Privatisierung, Überführung von Staatsbesitz in privates Eigentum.
Privatklage, ⚖ Strafklage, die im Ggs. zur öffentl. (vom Staatsanwalt erhobenen) Anklage vom Verletzten selbst **(Privatkläger)** vor dem Amtsgericht erhoben wird; nur als Ausnahme zulässig, z. B. bei Beleidigung, Körperverletzung, Hausfriedensbruch. Die öffentl. Klage wird hier nur erhoben, wenn es im öffentl. Interesse liegt. Meist muss der P. ein Sühneversuch vorausgehen (§§ 374 ff. StPO).
Privatrecht, ⚖ →bürgerliches Recht.
Privatschulen, neben den öffentl. Schulen bestehende Unterrichtsanstalten, oft mit bes. pädagog. Ansätzen; entsprechen in Lehrziel und Lehrplan den öffentl. Schulen.
Privatwirtschaft, ✐ i. w. S. die auf Privateigentum an Produktionsmitteln beruhende Volkswirtschaft (d. h. die Marktwirtschaft); i. e. S. die von privaten Unternehmen geprägten Wirtschaftszweige.
Privileg, Privilegium *das,* Sonderrecht.
pro, für; **Pro und Kontra,** Für und Wider.
Probe|arbeitsverhältnis, ⚖ Arbeitsverhältnis, über dessen Fortsetzung erst nach einer **Probezeit** entschieden wird.
Problem *das,* Frage, Aufgabe, Rätsel, Schwierigkeit.
Problematik *die,* Fragestellung, Fragwürdigkeit.
Prodekan, an Universitäten der Stellvertreter des amtierenden Dekans.
Prodi, Romano, ital. Politiker, * 1939; zunächst Wirtschaftswissenschaftler und Industriemanager; Prof. für Wirtschaftswissenschaften in Bologna, 1978 bis 1979 Industrie-Min.; 1982 bis 1989 und 1993 bis 1994 Präs. der Staatsholding IRI; seit 1996 Ministerpräsident.
Productplacement ['prɔdʌkt'pleɪsmənt], ✐ die bezahlte Verwendung von Produkten und Marken in Filmen und im Fernsehen, bei der der Zuschauer die werbende Absicht nicht erkennt.
Produkt *das,* **1)** Erzeugnis. – **2)** √ →Grundrechnungsarten.
Produkthaftung, Entschädigungspflicht eines Herstellers für Schäden, die Verbrauchern durch fehlerhafte Erzeugnisse entstehen.
Produktion *die,* Erzeugung. **1)** ✐ Herstellung neuer Güter zur Befriedigung menschl. Bedürfnisse, erfordert den Einsatz von Produktionsfaktoren. Die Aufwendungen bilden die **P.-Kosten.** Das **P.-Programm** umfasst die Erzeugnisse, mit denen ein Betrieb am Markt auftritt. – **2)** Gesamtheit der erzeugten Gütermenge.
Produktionsfaktoren, ✐ zur Produktion eingesetzte Güter und Leistungen. In der klass. Nationalökonomie unterscheidet man die P. Boden, Arbeit und Kapital, in der Betriebswirtschaftslehre die **Elementarfaktoren** (Betriebsmittel, Werkstoffe, ausführende Arbeit) und den **dispositiven Faktor** (Leitungstätigkeit).
Produktionsgenossenschaften, landwirtschaftl. oder gewerbl. Genossenschaften, die die Erzeugnisse ihrer Mitglieder verarbeiten, verkaufen.
Produktivität *die,* schöpfer. Kraft, Ergiebigkeit. ✐ Verhältnis zw. Produktionsmenge (Output) und dem Faktoreneinsatz (Input: Arbeit, Kapital).
Produktpiraterie, unberechtigtes Nachahmen von Erzeugnissen mit bekanntem Warenzeichen.
Produzent *der,* Hersteller, Erzeuger.
Pro Familia Deutsche Gesellschaft für Sexualberatung und Familienplanung e. V., gegr. 1952; konfessionell und politisch unabhängige Vereinigung mit Beratungsstellen in vielen dt. Städten.
profan, ungeweiht, unheilig, weltlich; **profanieren,** entweihen, entwürdigen.
Profession *die,* Beruf. **Professional** [prəʊ'feʃnl] *der,* **Profi,** →Berufssportler.
Professor *der,* Hochschullehrer; Univ.-P., Amtsbezeichnung für P. an wiss. Hochschulen.
Profil *das,* Seitenansicht oder Schnitt eines Gegenstands oder Körpers; **profiliert,** scharf umrissen, hervortretend.
Profit *der,* Gewinn, Nutzen, Vorteil, den man aus einer Sache zieht, v. a. Kapitalertrag.
pro forma, der Form wegen, zum Schein.
profund, tief, gründlich, umfassend.
Progesteron *das,* ⚕ Gelbkörperhormon der Eierstöcke, reguliert den Schwangerschaftsablauf.

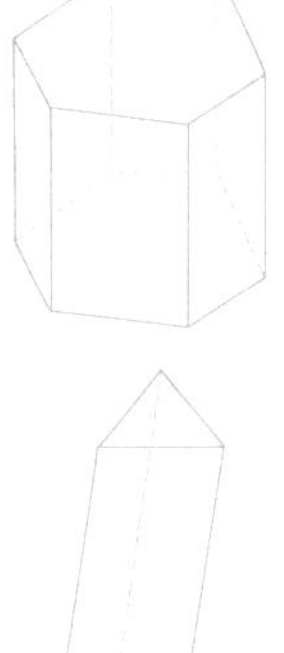
Gerades sechsseitiges und schiefes dreiseitiges **Prisma**

Prognose *die,* Vorhersage (des Wetters, des Verlaufs einer Krankheit). Verb: **prognostizieren.**
Programm *das,* **1)** Spielfolge, Festordnung. – **2)** Arbeitsplan, Ziel. – **3)** 💻 Folge von Anweisungen (Algorithmen) für einen Computer. In einer höheren Programmiersprache vorliegende P. sind auf unterschiedl. Rechenanlagen verwendbar, P. in Maschinensprache nur auf Rechnern einer bestimmten Art.
Programmiersprache, 💻 künstl., formale Sprache zur Aufstellung von Programmen für Computer. Man unterscheidet niedere, maschinenorientierte P. (Assembler-Sprachen) und höhere, problemorientierte P. Letztere werden eingeteilt in imperative (APL, ALGOL, COBOL, FORTRAN, PASCAL), funktionale und applikative (LISP, LOGO), prädikative (PROLOG) und objektorientierte Programmiersprachen (SMALLTALK, C++).
Programmmusik, 𝄞 bestimmte Ereignisse oder Vorstellungen, in der Sprache der Musik wiedergegeben.
Progression *die,* **1)** Fortschritt, Stufenfolge. – **2)** ⚖ Staffelung des Steuertarifs, sodass z. B. mit steigendem Einkommen Steuerbeträge und Steuersätze ansteigen; Ggs.: Degression.
progressive Paralyse *die,* → Paralyse.

Sergej Prokofjew

Prohibition *die,* Verhinderung, Verbot, bes. staatl. Verbot von Herstellung und Verkauf alkoholhaltiger Getränke (Alkoholverbot). P. bestand z. B. 1919 bis 1933 in den USA.
Projekt *das,* Plan, Entwurf.
Projektil *das,* Geschoss.
Projektion *die,* **1)** √ Abbildung von Körpern, Flächen oder Kurven auf eine Bildebene durch (gedachte) Strahlen. Bei der **Zentral-P.** gehen alle Strahlen von einem Punkt (Zentrum) aus. Die **Parallel-P.** bildet durch parallele Strahlen zur Bildebene parallele Strecken in wahrer Größe ab. Beim techn. Zeichnen erhält man durch Parallel-P. auf 3 senkrecht aufeinander stehende Ebenen **Grund-, Auf-** und **Seitenriss.** (→ Perspektive) – **2)** Ⓟ das Hinausverlegen subjektiver Einstellungen in Personen, Gegenstände oder Situationen der Außenwelt; nach S. Freud ein Abwehrmechanismus zur Entlastung von verdrängten Triebimpulsen, Schuldgefühlen u. a.

Entwicklungslinien und Entstehungszeit weit verbreiteter **Programmiersprachen**

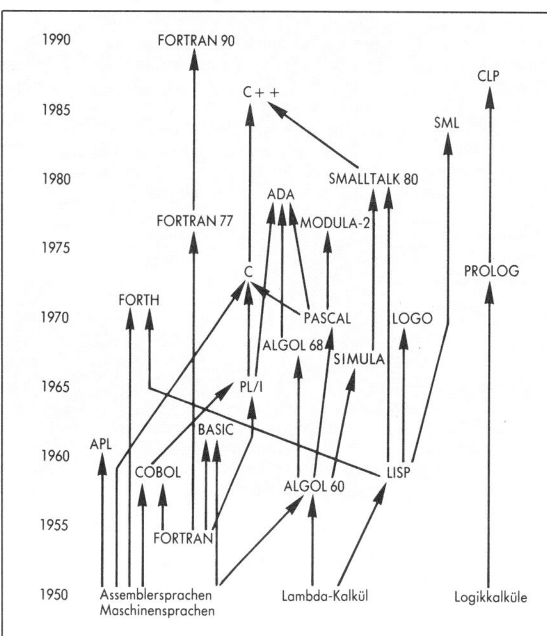

Projektionsgerät, Projektor, Bildwerfer, Apparat zur optisch vergrößerten Wiedergabe von Film- und Bildmaterial auf einer Bildwand, z. B. Film-, Dia-, Tageslichtprojektor, Episkop.
Proklamation *die,* Verkündigung, Bekanntmachung, Aufruf.
Proklos, griech. Philosoph, * 411, † 485 n. Chr.; der letzte bedeutende Neuplatoniker.
Prokofjew, Sergej Sergejewitsch, russ. Komponist und Pianist, * 1891, † 1953; Vertreter der modernen russ. Musik: Opern (»Die Liebe zu den drei Orangen«, 1921).
Prokonsul, im antiken Rom: ehem. Konsul oder Prätor als Statthalter einer Provinz.
Prokopjewsk, Stadt in W-Sibirien, Russland, 274 000 Ew.; Kohlenbergbau.
Prokrustes, griech. Sage: Riese, der den zu kurzen Reisenden auf einem Folterbett die Glieder streckte, den zu langen diese abhackte; von Theseus getötet. **P.-Bett,** Ü peinl. Zwangslage.
Prokura *die,* ⚖ umfassende Vollmacht eines Vollkaufmanns oder dessen gesetzl. Vertreters, die den Bevollmächtigten, den **Prokuristen,** zu allen Geschäften und Rechtshandlungen ermächtigt, die der Betrieb eines Handelsgewerbes mit sich bringt (Kennzeichnung durch den Zusatz **ppa.**). Die P. ist widerruflich, erlischt jedoch nicht mit dem Tode des Geschäftsinhabers (§§ 48 ff. HGB).
Prokurator *der,* **1)** Röm. Reich: Verwalter einer Provinz. – **2)** kath. Kirchenrecht: Prozessvertreter oder Vertreter eines religiösen Ordens beim Hl. Stuhl **(General-Prokurator).**
Prokyon *der,* heller Fixstern im Sternbild des Kleinen Hunds.
Prolaps *der,* ⚕ → Vorfall.
Proletari|er *der,* urspr. die besitzlosen Bürger im antiken Rom, die nicht einmal den niedrigsten Steuersatz zahlten. Im Zuge der industriellen Revolution wurde der Begriff allg. auf die besitzlosen Massen bezogen, v. a. auf die Fabrikarbeiter. Im Marxismus ist das **Proletariat** die Klasse der Lohnarbeiter, Träger des Klassenkampfs gegen die kapitalist. Wirtschafts- und Gesellschaftsordnung.
Prolog *der,* Vorrede.
PROLOG, 💻 Abk. für engl. **Pro**gramming in **log**ic, auf der math. Logik gründende Programmiersprache für Wissensverarbeitung.
Prolongation *die,* Verlängerung der Dauer eines Rechtsverhältnisses, einer Zahlungsfrist, bes. bei Wechseln.
PROM, 💻 Abk. für engl. **P**rogrammable **R**ead **O**nly **M**emory, programmierbarer Halbleiter-Festwertspeicher.
pro memoria, Abk. **p. m.,** zur Erinnerung. **Promemoria** *das,* Eingabe, Denkschrift.
Promenade *die,* **1)** Spaziergang. – **2)** Spazierweg.
Prometheus, griech. Sage: Sohn des Titanen Iapetos; raubte von Zeus das Feuer, um es den Menschen zu bringen; wurde zur Strafe an einen Felsen geschmiedet, wo ihm ein Adler die immer nachwachsende Leber aushackte, bis ihn Herakles befreite. Später schrieb man P. auch die Schöpfung des Menschen zu. Drama von Aischylos.
Promethium *das,* Symbol **Pm,** künstlich hergestelltes, radioaktives chem. Element aus der Gruppe der Lanthanoide, OZ 61.
Promille *das,* Abk. **p. m.,** Zeichen ‰, Tausendstel.
Promiskuität *die,* Geschlechtsverkehr mit häufig wechselnden Partnern.
Promoter [proˈmoːtər] *der,* Veranstalter sportl. Wettkämpfe, Konzerte u. Ä.

Promotion *die,* **1)** Verleihung der Doktorwürde. – **2)** [prəˈməʊʃn], ✐ Verkaufsförderung.
Pronomen *das,* **Fürwort,** ⓢ Wortart, die das Substantiv (Hauptwort) vertreten oder begleiten kann. **Personal-P.** (persönl. Fürwort): ich, du, er, sie, es, wir, ihr, sie; **Possessiv-P.** (besitzanzeigendes Fürwort): mein, dein, sein usw.; **Demonstrativ-P.** (hinweisendes Fürwort): der, dieser, jener; **Interrogativ-P.** (fragendes Fürwort): wer?, was?, welcher?; **Indefinit-P.** (unbestimmtes Fürwort): man, jemand; **bestimmtes P.:** jeder, alle, niemand; **Relativ-P.** (bezügl. Fürwort): der, wer, welcher; **Reflexiv-P.** (rückbezügl. Fürwort): sich; **reziprokes P.** (wechselseitiges Fürwort): einander.
Pronyscher Zaum [nach dem frz. Ingenieur R. de Prony, *1755, †1839], ⚙ Bremsdynamometer zur Leistungsmessung einer Maschine.
Propädeutik *die,* Vorbereitung, Vorschule.
Propaganda *die,* Form der Werbung, bes. für bestimmte geistige Ziele und polit., religiöse, wirtschaftl., aber auch künstler. oder humanitäre Ideen; allg. die publizist. Beeinflussung, ihre Inhalte und Methoden.
Propan *das,* ⚗ C_3H_8, gasförmiger Kohlenwasserstoff aus der Reihe der Alkane; Rohstoff in der chem. Ind.; in Druckgasflaschen abgefüllt als Heiz- und Treibgas.
Propeller *der,* ✈⚓ → Luftschraube, → Schiffsschraube.
Propeller-Turbinen-Luftstrahltriebwerk, PTL-Triebwerk, Turboproptriebwerk, ✈ Strahltriebwerk, dessen Turbine neben dem Verdichter noch einen Propeller antreibt, der den Hauptanteil der Vertriebskraft erzeugt.
Properz, lat. Sextus **Propertius,** röm. Elegiendichter, *um 50, †nach 16 v. Chr.
Prophet *der,* in vielen Religionen Verkündiger des göttl. Willens; Weissager; im A. T. v. a. Elias, Elisa, Nathan (weibl. P.: Deborah, Mirjam), als Schrift-P. die 4 »Großen P.« (Jesaja, Jeremia, Ezechiel, Daniel) und die 12 »Kleinen Propheten«.
Prophylaxe *die,* ⚕ Vorbeugung, Verhütung von Krankheiten durch Hygiene, Impfungen u. a.
Proportion *die,* **1)** Größenverhältnis. – **2)** √ Gleichung der Form $a:b = c:d$ (Verhältnisgleichung), z. B. $5:15 = 6:18$. In jeder P. ist das Produkt der inneren Glieder gleich dem Produkt der äußeren (hier 90).
Proportionalitätsfaktor, der konstante Quotient zweier veränderl. Größen; z. B. ist der P. zw. Spannung und Strom ein Widerstand.
Proporz *der,* Besetzung von Ämtern nach dem zahlenmäßigen Stärkeverhältnis von Parteien, Konfessionen, Volksgruppen, Interessenverbänden u. a.; bei der Ernennung von Beamten nicht zulässig. **P.-Wahl,** Verhältniswahl.
Proposition *die,* Aussage, Lehrsatz, Behauptung.
Propst *der,* **1)** kath. Kirche: 1. Würdenträger in Dom- und Stiftskapiteln. – **2)** ev. Kirche: Titel für Geistliche in gehobener Stellung. **Propstei, Präpositur** *die,* Sprengel, Amtshaus des Propstes.
Propyl..., die einwertige Atomgruppe $-C_3H_7$ bzw. $CH_3-CH_2-CH_2-$.
Propyläen *Pl.,* **1)** ⌂ mächtiger Torbau v. a. der Antike (P. der Akropolis in Athen), in der Neuzeit die P. in München (1846 bis 1860). – **2)** Name einer Zeitschrift, herausgegeben 1798 bis 1800 von Goethe.
Prorektor, Stellvertreter des Rektors.
Prosa *die,* freie, nicht durch Vers gebundene Sprache.
Prosaiker *der,* P.-Dichter; **prosaisch,** in P. geschrieben, auch Ü nüchtern.
Proselyt *der,* urspr. ein zum Judentum übergetretener Heide; heute allg. der zu einer anderen Religion Konvertierte.
Pros|enchym *das,* ⚘ Gewebe mit dickwandigen Zellen, das den Pflanzenkörper festigt.
Proserpina, lat. Name von → Persephone.

Propyläen der Akropolis in Athen

Proskription *die,* Ächtung, Verbannung (nach den P. im röm. Bürgerkrieg des 1. Jh. v. Chr.).
Prosodie *die,* ⓢ Lehre von der Behandlung der Sprache im Vers.
Prospekt *der,* **1)** Werbeschrift. – **2)** ✐ Bekanntmachung über Wertpapiere, die zur Börse zugelassen werden sollen. – **3)** ✐ Ansicht von Gebäudegruppen, Straßen, Plätzen. – **4)** Theater: gemalter Bühnenhintergrund. – **5)** 𝄞 Orgelfassade.
Prosperität *die,* **1)** Wohlstand. – **2)** ✐ Konjunkturaufschwung; **prosperieren,** gedeihen.
Prost, Alain, frz. Automobilrennfahrer, *1955; Formel-1-Weltmeister 1985, 1986, 1989, 1993.

Alain Prost

Prostata *die,* → Vorsteherdrüse.
Prostitution *die,* gewerbsmäßige Ausübung sexueller Handlungen; **prostituieren,** preisgeben, herabwürdigen.
Proszenium *das,* vorderster Bühnenteil zw. Vorhang und Orchester mit seitl. **P.-Logen.**
Prot|actinium *das,* Symbol **Pa,** radioaktives chem. Element aus der Gruppe der Actinoide, OZ 91.
Protagonist *der,* **1)** griech. Drama: Hauptspieler. – **2)** Vorkämpfer für etwas.
Protagoras aus Abdera, griech. Sophist, *um 485, †um 415 v. Chr.; lehrte die menschl. Bedingtheit alles Wissens und aller Erkenntnis (»der Mensch ist das Maß aller Dinge«).
Protein *das,* ⚗ → Eiweiß.
Protektion *die,* Förderung, Gönnerschaft (in berufl. und gesellschaftl. Hinsicht).
Protektionismus *der,* ✐ handelspolit. System, das die inländ. Erzeugung einzelner Wirtschaftsbereiche (z. B. Landwirtschaft) durch Schutzzölle, Einfuhrkontingente u. a. vor der ausländ. Konkurrenz zu schützen sucht. Das → GATT strebt den Abbau des P. seiner Mitglieder an.
Protektorat *das,* **1)** Völkerrecht: Schutzherrschaft eines Staats oder einer Staatenmehrheit über einen anderen Staat, dessen Außenpolitik ganz oder teilweise von der Schutzmacht wahrgenommen wird (z. B. Frankreich über Monaco); auch der abhängige Staat selbst. Das P. wird meistens durch einen Schutzvertrag begründet. Es kann auch eine Form kolonialer Abhängigkeit sein **(Schutzgebiet).** – **2)** Gönnerschaft. – **3)** Ehrenvorsitz.
Proterozoikum *das,* früher **Eozoikum,** System der Erdfrühzeit (Präkambrium), vor 1,8 Mrd. bis 590 Mio. Jahren. (→ Erdgeschichte, ÜBERSICHT)

Protest *der,* **1)** Einspruch, Widerspruch. – **2)** ⚖ **Wechsel-P.,** →Wechsel.

Protestant [lat. »öffentl. Bezeugender«] *der,* Angehöriger der luther. oder der reformierten Kirche. Der Name stammt von dem feierl. Einspruch (Protestation) der ev. Stände auf dem Reichstag zu Speyer 1529 gegen den Beschluss der kath. Mehrheit, der alle kirchl. Neuerungen verbot.

Protestantismus *der,* die aus der Reformation hervorgegangenen Glaubensgemeinschaften im Ggs. zur römisch-kath. und zur Ostkirche. Die kirchl. Mannigfaltigkeit des P. ist stark ausgeprägt. Allen prot. Richtungen ist gemeinsam, dass nur das Evangelium Richtschnur für Kirche und Verkündigung ist. Die Lehre von der Rechtfertigung allein durch den Glauben ist nicht für alle prot. Gemeinschaften in derselben Weise verbindlich geblieben. Gegenüber der sakralen Heilsvermittlung in der kath. Kirche betont der P. den persönl. Charakter des Glaubens, das allg. Priestertum. Der P. begründete die Freiheit des nur an Gottes Wort gebundenen Gewissens.

Pierre Joseph Proudhon

Protestsong, Lied mit polit., zeit- und gesellschaftskrit. Inhalt.

Proteus, griech. Sage: weissagender Meergreis, der sich in versch. Gestalten verwandeln konnte.

Prothallium *das,* der Vorkeim der Farnpflanzen.

Prothese *die,* ⚕ künstl. Ersatz für Körperteile, z. B. Zahn-P., Augen-P., Ersatzglieder (künstl. Glieder). Als Material werden meist Leichtmetalle und versch. Kunststoffe eingesetzt.

Marcel Proust

Protium *das,* das Wasserstoffisotop 1H.

Protokoll *das,* **1)** Niederschrift über eine Verhandlung, Versammlung, einen Beschluss. – **2)** Völkerrecht: zwischenstaatl. Vereinbarung, z. B. das Genfer P. von 1925. – **3)** Abteilung des Auswärtigen Amts unter dem **Chef des P.,** die sich mit den persönl. Angelegenheiten der Mitglieder des Diplomat. Korps und Fragen des diplomat. Zeremoniells befasst. – **4)** 💻 Datenaufzeichnung über den Ablauf eines Programms.

Proton *das,* elektrisch positiv geladenes Elementarteilchen. Das P. trägt eine Elementarladung und hat die Masse $1{,}67262 \cdot 10^{-24}$g (etwa 1837 Elektronenmassen). Es ist zus. mit dem Neutron Baustein aller Atomkerne; jeder Kern enthält so viele P., wie seine OZ angibt. Der Kern des Wasserstoffatoms besteht aus einem einzelnen Proton.

Protonenstürme, ☼ von der Sonne ausgeworfene Protonen, die so energiereich sind, dass sie die Erdatmosphäre tief durchdringen und eine merkl. Zunahme der Intensität der kosm. Strahlung auf dem Erdboden bewirken.

Prototyp *der,* Urbild, Muster.

Protozoen *Pl.,* →Urtierchen.

Protuberanz *die,* ☼ aus der Chromosphäre der Sonne emporgeschleuderte leuchtende Gasmasse. Größte Aufstiegshöhe etwa 2 Mio. km.

Proudhon [pru'dɔ̃], Pierre Joseph, frz. Frühsozialist, Schriftsteller, * 1809, † 1865; griff die herrschende Eigentumsverfassung an (»Eigentum ist Diebstahl«); Mitbegründer des Anarchismus.

Provence
Historisches Wappen

Proust [prust], Marcel, frz. Schriftsteller, * 1871, † 1922; Romanwerk »Auf der Suche nach der verlorenen Zeit« (7 Teile, 1913 bis 1927).

Provence [prɔ'vãs] *die,* Landschaft in S-Frankreich, mit Mittelmeerklima, meist Gebirgsland (Schaf-, Ziegenzucht); in den fruchtbaren Niederungen Obst-, Gemüse-, Weinbau, Blumenzucht, Maulbeerbaum- und Ölbaumkulturen; ⚒ auf Bauxit. Die Bewohner, **Provenzalen,** haben eine eigene, die provenzal. Sprache. – Der Name P. kommt von der röm. Bezeichnung Provincia für SO-Frankreich. Die P. gehörte zum Kgr. Burgund, 1246 zum Haus Anjou, 1481 mit Frankreich vereinigt.

Provenienz *die,* Herkunft, Ursprung.

Nebelkammeraufnahme von Alphastrahlen: im Kreis eine Kernreaktion, bei der ein **Proton** nach rechts unten emittiert wird

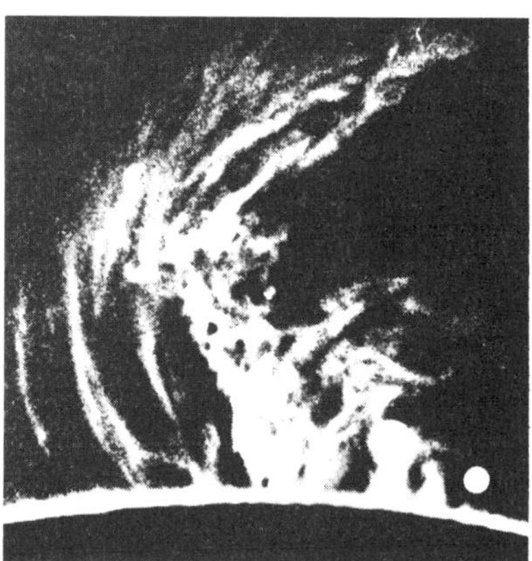
Protuberanz am Sonnenrand (zum Größenvergleich ist die Erde als helle Scheibe eingezeichnet)

provenzalische Sprache, Mundart in S-Frankreich **(langue d'oc),** war im MA. auch Schriftsprache. Blütezeit der Dichtung 11. bis 13. Jh. (→Troubadour).

Proverb, svw. Sprichwort.

Providence ['prɔvɪdəns], Hptst. des Staats Rhode Island, USA, 156 800 Ew.; Hafen, Univ.; bedeutende Schmuckwarenindustrie.

Provinz *die,* **1)** im antiken Rom ein der röm. Herrschaft unterworfenes, von einem Statthalter verwaltetes Land. – **2)** größerer Teil eines Staatsganzen. – **3)** im kath. Ordenswesen Vereinigung mehrerer Ordensniederlassungen unter einem **Provinzial.** – **4)** →Kirchenprovinz.

provinziell, kleinbürgerlich, beschränkt (in Gesichtskreis und Ansichten).

Provision *die,* Vergütung für die Vermittlung oder Besorgung eines Geschäfts.

provisorisch, vorläufig, bis zur endgültigen Regelung geltend. **Provisorium** *das,* Übergangslösung.

Provokation *die,* Herausforderung, Aufreizung.

Proxima Centauri, ☼ sonnennächster Fixstern (4,27 Lichtjahre entfernt).

Prozedur *die,* **1)** Verfahren. – **2)** 💻 Programmbaustein, Unterprogramm.

Prozent *das,* Zeichen %, vom Hundert (v. H.); verwendet bei Zahlenangaben, die sich auf die Vergleichszahl 100 beziehen (1 % = $^{1}/_{100}$).

Prozess *der,* **1)** Vorgang, Geschehen. – **2)** ⚖ Gerichtsverfahren zur Entscheidung von Rechtsstreitigkeiten (Zivil-P., Straf-P., Verwaltungsgerichts-P. u. a.). Das **P.-Recht** ist in **P.-Ordnungen** enthalten.

Prozessfähigkeit, ⚖ Fähigkeit, einen Prozess selbst oder durch selbst bestellte Vertreter zu führen; entspricht der Geschäftsfähigkeit.
Prozession *die,* **1)** feierl. Aufzug. – **2)** kath. Kirche: gottesdienstl. Umzug der Geistlichkeit und der Gläubigen, auch als Bittgang.
Prozessions|spinner, Nachtschmetterling, dessen Raupen abends in geordneten Zügen vom Ruheplatz zum Futterplatz in die Baumkronen wandern. **Eichen-P.** und **Kiefern-P.,** Schädlinge.
Prozesskostenhilfe, ⚖ bei einem Prozess vorläufige Befreiung von Gerichts-, Anwalts- und Gerichtsvollzieherkosten, wenn jemand ohne Beeinträchtigung seines Unterhalts die Verfahrenskosten nicht bestreiten kann; wird einer mittellosen Partei (Nachweis durch zu belegende Erklärung im Verfahren; früher durch Armutszeugnis) zur Führung eines aussichtsvollen Prozesses gewährt. Das Ges. über die P. vom 13. 6. 1980 hat die Vorschriften der ZPO über das Armenrecht ersetzt.
Prozessor *der,* 🖥 zentrale Funktionseinheit eines Computers, auf der die vom Programm gesteuerten Rechenprozesse ablaufen.
Prozessrechner, 🖥 Sonderform einer Rechenanlage zur Steuerung techn. Prozesse **(Prozesssteuerung),** z. B. in der chem. Ind., in Kraftwerken, im Straßen- und Bahnverkehr.
Prozessvollmacht, ⚖ die einer Person, im Allg. einem Rechtsanwalt, übertragene Vertretungsmacht im gerichtl. Prozess.
Prud'hon [pryˈdɔ̃], Pierre-Paul, frz. Maler, * 1758, † 1823; v. a. Kreidezeichnungen.
Prüm, Stadt in der Eifel, Rheinl.-Pf., 5 300 Einwohner; 721 Gründung der Benediktiner-Reichsabtei P. (der erhaltene schlossartige Klosterkomplex stammt aus dem 18. Jh., in der barocken ehem. Klosterkirche Grab Kaiser Lothars I.).
Prunus, Baum- und Strauchgattung, Rosengewächs, z. T. mit Steinobst (Kirsche u. a.).
Prus, Bolesław, eigentl. Aleksander **Głowacki,** poln. Schriftsteller, * 1847, † 1912; naturalistisch-psycholog. Romane (»Der Pharao«, 1897).
Prußen, Altpreußen, balt. Volksstämme an der Ostsee, östl. der Weichsel, vom Deutschen Orden im 13. Jh. unterworfen, zum Christentum bekehrt, verschmolzen mit den dt. Neusiedlern.
Pruth *der,* rumän. und ukrain. **Prut,** linker Nebenfluss der Donau, 967 km lang, ist Grenzfluss zw. Rumänien und Moldawien.

Psyche. Römische Skulpturengruppe »Amor und Psyche« in Ostia Antica

Przemyśl [ˈpʃɛmiɕl], Stadt in Polen, 68 100 Ew.; an der polnisch-ukrain. Grenze; Bischofssitz.
Przybyszewski [pʃibiˈʃɛfski], Stanisław, poln. Schriftsteller, * 1868, † 1927; schrieb zunächst deutsch; seit 1898 in Krakau einer der Führer des naturalistisch-symbolist. »Jungen Polens«.
PS, Abk. für **1) P**ferde**s**tärke (→Leistung). – **2) P**ost**s**kriptum, Nachschrift.
Psalm [griech. »Gesang«] *der,* die 150 im **Buch der P.** (Psalter) des A. T. gesammelten religiösen Dichtungen (Hymnen, Klagelieder, Danklieder). **Psalmodie** *die,* Psalmengesang in der christl. Liturgie.
Psalter *der,* **1)** Sammlung von Psalmen. – **2)** 𝄞 altes harfenähnl. Saiteninstrument.
pseudo..., in Fremdwörtern: falsch..., schein...
Pseudokrupp, ⚕ akuter Kehlkopfkatarrh mit entzündl. Schwellung, gleiche Symptome wie der diphther. Krupp; befällt v. a. Kleinkinder.
Pseudomorphose, stoffl. Umwandlung eines Minerals unter Beibehaltung seiner äußeren Form.
Pseudonym *das,* Deckname, Künstlername.
Psittakose *die,* ⚕ die →Papageienkrankheit.
Psoriasis, Schuppenflechte, nicht ansteckende Hautkrankheit; zugrunde liegt ein Erbfaktor.
Psycha|gogik *die,* Menschenführung durch seel. Beeinflussung.
Psyche *die,* **1)** urspr. Hauch, Atem. – **2)** Leben, Seele. – **3)** Geliebte des Amor; in der antiken Kunst als geflügeltes Wesen dargestellt (in der Neuzeit beliebtes Bildmotiv).
psychedelisch, durch Rauschmittel hervorgerufener euphor. Gemütszustand.
Psychiater [griech.], Facharzt für Psychiatrie.
Psychiatrie *die,* ⚕ Lehre von den seel. Krankheiten; befasst sich als Teilgebiet der Medizin mit der Diagnose und Behandlung psych. Störungen.
Psycho|analyse, auf S. Freud zurückgehendes Verfahren zur Behandlung psych. Störungen. Durch Befragen und Erzählenlassen, auch der Träume, werden Erlebnisse unangenehmer oder schmerzl. Art, die innerlich nicht verarbeitet und ins Unbewusste verdrängt wurden (Komplexe), wieder ins Bewusstsein gebracht und geklärt.
Psychohygi|ene *die,* Lehre von der Erhaltung der Gesundheit, bes. im seelisch-geistigen und sozialen Bereich.
Psychologie *die,* Wiss., die sich mit Erleben und Verhalten des Menschen befasst. Hauptforschungsgebiete: **theoretische P.:** Allg. P. (Modelle menschl. Erlebens und Verhaltens, Denkens und Lernens), Differenzielle P.: Persönlichkeits-P. oder Charakterologie, Entwicklungs-P. mit pränataler P. (vorgeburtl. seel. Einflüsse), Sozial-P. mit Gruppendynamik und Massen-P., Kultur-P. und Völker-P., Ausdrucks-P., Sondergebiet der Wahrnehmungs- und Motivations-P. **Angewandte P.:** Arbeits-, Berufs-, Betriebs- und Wirtschafts-P., Markt-, Werbe-, Verkehrs-P., Militär-P., Polit. P., Pädagog. P., Forensische P. (Gerichts-P.) und Klin. und Medizin. P., Pharmako-P. (psych. Wirkung chem. Substanzen) u. a.
Psychopathie *die,* ⚕ Persönlichkeitsstörung, angeborene oder im Lebensverlauf eingetretene Normabweichung; tritt in allen Graden auf (leichte, krankhafte, kriminelle P.). Behandlung durch Psychotherapie.
Psychopathologie *die,* ⚕ Gebiet der Psychiatrie, beschäftigt sich mit der Erkennung und Beschreibung krankhafter Erlebnisweisen (z. B. Halluzinationen, Depressivität).
Psychopharmaka *Pl.,* ⚕ Arzneimittel, die die Stimmung und Verhaltensweise des Menschen beeinflussen.
Psychophysik *die,* Wiss. von den Wechselbeziehungen zw. körperl. und psych. Vorgängen; ihr Begründer ist T. Fechner.

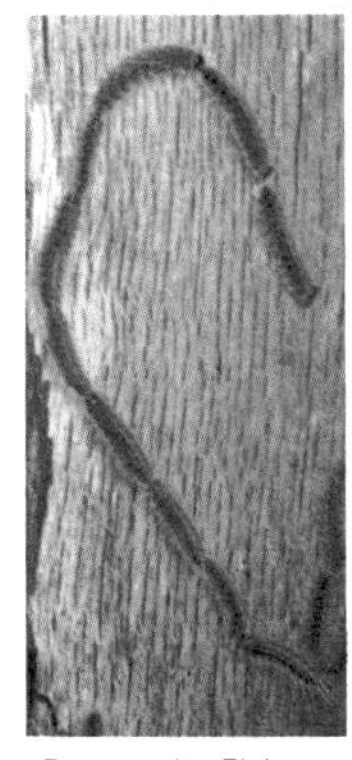

Raupen des Eichen-**Prozessionsspinners**

Stanisław Przybyszewski Ausschnitt aus einer Kohlezeichnung von Edvard Munch (um 1902)

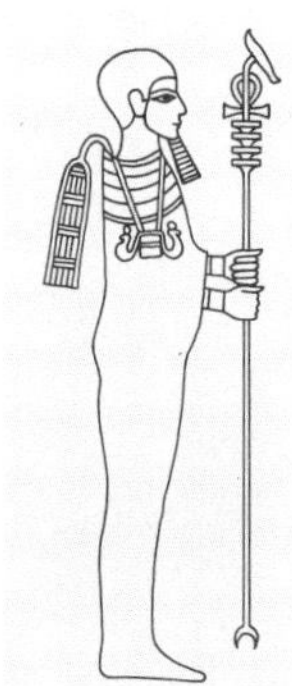

Ptah
in typischer Gestalt

Psychosen *Pl.,* Hauptgruppe der →seelischen Krankheiten.
Psychosomatik *die,* ‡ Lehre der Medizin und Psychologie über die Ganzheit von Seele und Körper, bes. über die Zusammenhänge zw. Seelenleben und organ. Krankheit.
Psychotherapie *die,* ‡ Behandlung psych. Störungen durch seel. Beeinflussung (z. B. Psychoanalyse, Verhaltenstherapie, Gesprächstherapie, autogenes Training).
Pt, chem. Symbol für das Element Platin.
Ptah, ägypt. Ortsgottheit von Memphis, Schutzherr der Handwerker und Künstler.
Pterosauri|er *der,* →Flugsaurier.
Ptolemaios, Feldherr Alexanders des Großen, *367/366, †283 v. Chr.; gewann nach 323 v. Chr. die Herrschaft über Ägypten; seine Nachkommen, die **Ptolemäer,** herrschten bis 30 v. Chr.
Ptolemäus, Claudius, griech. Geograph, Astronom, Mathematiker, gebürtiger Ägypter, *um 100, †um 160 n. Chr.; wirkte in Alexandria, fasste die Beobachtungen seiner Vorgänger im **ptolemäischen Weltsystem** zusammen; danach wurde die Erde als Mittelpunkt der Welt angenommen; schrieb eine wiss. Begründung der Astrologie.

Giacomo Puccini

Ptyalin *das,* ❀ Stärke spaltendes Enzym des Speichels.
Pu, chem. Symbol für das Element Plutonium.
Pubertät *die,* Geschlechtsreife, bei Jungen meist das 13. bis 16., bei Mädchen das 11. bis 15. Lebensjahr.
Publicity [pʌˈblɪsɪtɪ] *die,* **1)** Publizität; allg. Bekanntheit. – **2)** Reklame, Werbung.
Publicrelations [ˈpʌblɪkrɪleɪʃənz], Abk. **PR, Öffentlichkeitsarbeit,** Bemühungen um Einfluss und Vertrauen in der Öffentlichkeit seitens Einzelpersonen, Behörden, Parteien u. a.
Public School [ˈpʌblɪk ˈsku:l], engl. höhere Internatsschule, z. B. Eton, Harrow, Rugby.
Publizistik *die,* Behandlung öffentl. Angelegenheiten in öffentl. Aussprache durch Wort, Schrift, Bild; Ü die Mittel dieser Aussprache (Presse, Rundfunk, Film, Fernsehen). **Publizist** *der,* Schriftsteller, der auf die öffentl. Meinung einwirkt, bes. in der Presse; **P.-Wissenschaft, Kommunikationswiss.,** Forschung, Lehre und Studium vom Austausch von Wissen unter Menschen als Information, Kommentar, Unterhaltung.

Puerto Rico

Wappen

Flagge

Publizität *die,* **1)** Öffentlichkeit, Offenkundigkeit. – **2)** ⚖ Offenlegung von Rechtsverhältnissen durch Eintragung in öffentl. Bücher.
Puccini [putˈtʃini], Giacomo, ital. Opernkomponist, *1858, †1924; »La Bohème« (1896), »Tosca« (1900), »Madame Butterfly« (1904).
Puck *der,* **1)** Kobold. – **2)** Hartgummischeibe im Eishockey.
Pückler-Muskau, Hermann Fürst v., dt. Schriftsteller und Gartengestalter, *1785, †1871; bekannt durch seine Gartenanlagen Branitz und Muskau bei Cottbus, Brandenburg.
Pudel, kraushaarige Hunde, gelehrige Tiere.
Puder, mineral. Pulver, meist aus Zinkoxid und Talk zur Hautpflege, auch mit Zusatz von Arzneistoffen.
Puebla de Zaragoza [- saraˈgosa], Stadt in Mexiko, 1,06 Mio. Ew.; 2 Univ., Erzbischofssitz; Baumwoll-, Lederind.; das kolonialzeitl. geprägte Stadtzentrum gehört zum Weltkulturerbe.
Pueblo|indianer, sesshafte Indianerstämme in den südl. Hochlandstaaten Nordamerikas; wohnen in festungsartigen Stammeshäusern; Maisbauern.

Joseph Pulitzer

Puerto Rico, mit den USA assoziierter Staat, kleinste Insel der Großen Antillen, einschließl. Nebeninseln 8 897 km², 3,59 Mio. Ew. (2/3 Weiße, 1/3 Schwarze und Mischlinge), Hptst.: San Juan; gebirgig (bis 1 338 m hoch), mit trop. Klima. Anbau von Zuckerrohr, Bananen, Kaffee, Ananas, Tabak; Fischfang; Nahrungsmittel-, Textil-, Zementind., Maschinenbau u. a.; Fremdenverkehr. – P. R., 1493 von Kolumbus entdeckt, wurde 1508 von den Spaniern kolonisiert, 1898 an die USA abgetreten.

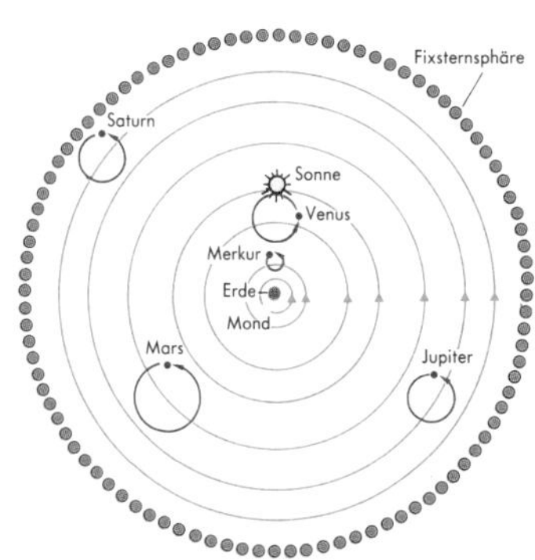

Claudius Ptolemäus. Das ptolemäische Weltsystem mit der ruhenden Erde im Mittelpunkt, der wie die Planeten die Erde umkreisenden Sonne und einer Fixsternsphäre

Pufendorf, Samuel, Freiherr v., dt. Jurist, Historiker, *1632, †1694; kritisierte die Verf. des Hl. Röm. Reiches; führender dt. Naturrechtsbelehrer.
Puff, 1) *das,* Brettspiel, Tricktrack. – **2)** *der,* U Bordell. – **3)** *der,* Schlag, Stoß.
Puffbohne, Saubohne, Dicke Bohne, zu den Wicken gehörige, weißschwarz blühende, fettkrautige Futter-, Gemüse-, Gründüngungspflanze.
Puffer, 1) Vorrichtung an Lokomotiven und Eisenbahnwaggons zur Aufnahme von Stoßkräften. – **2)** Stoffe zur Aufrechterhaltung der Wasserstoffionenkonzentration in Reaktionssystemen.
Pufferspeicher, engl. **Buffer,** Zwischenspeicher für kleinere Datenmengen, z. B. für die Ein- und Ausgabe von Daten.
Pufferstaat, ein kleiner Staat, der die Interessengebiete rivalisierender Mächte trennt.
Puff|otter, gefährl. Giftschlange Afrikas.
Pugwash-Bewegung [ˈpʌgwɔʃ], 1957 in Pugwash (Kanada) u. a. von A. Einstein und B. Russel gegr. Vereinigung zur Behandlung globaler Probleme (z. B. Weltentwicklung, Abrüstung) auf internat. wissenschaftl. Ebene. Die P.-B. und ihr Vors. J. →Rotblat erhielten den Friedensnobelpreis 1995 für ihren Einsatz zur weltweiten Abschaffung von Kernwaffen.
Pula, ital. **Pola,** Stadt in Kroatien, an der Südspitze von Istrien, 56 000 Ew.; röm. Amphitheater; Maschinenbau, Schiffswerft. – P. war 1850 bis 1918 österr.-ungar. Hauptkriegshafen.
Pulitzer, Joseph, amerikan. Zeitungsverleger, *1847, †1911; Stifter der **P.-Preise** für Journalismus, Literatur und Musik.
Pulkowo, südl. Stadtteil von Sankt Petersburg; astronom. Observatorium.
pullen, 1) ⚓ rudern. – **2)** Reitsport: scharf vorwärts drängen (vom Pferd gesagt).
Pullman [ˈpʊlmən], George Mortimer, amerikan. Industrieller, *1831, †1897; baute 1858 den ersten Eisenbahnschlafwagen, 1864 den Durchgangswagen **(P.-Wagen);** gründete 1880 die Chicagoer Arbeitervorstadt Pullman.
Pulpa *die,* ‡ Zahnmark (→Zähne).
Pulque [ˈpʊlkə] *der,* mexikan. alkohol. Getränk, gegorener Saft der Agave.
Puls *der,* **1)** ‡ sicht- und fühlbare Bewegung an den größeren Schlagadern, hervorgerufen durch das bei jedem Herzschlag wiederholte Einströmen des Bluts in den Anfangsteil der Hauptschlagader. Jedem Herzschlag entspricht ein P.-Schlag; in Ruhe beim Erwachsenen etwa 60 bis 80 in der Minute, beim Kind

im 10. Lebensjahr 90, im ersten 130; die Zahl wird erhöht durch körperl. Arbeit, geistige Erregung, Fieber (Tachykardie). Bei allen, auch krankhaften Veränderungen der Herztätigkeit ist der P. mit verändert. P.-Verlangsamung (Bradykardie) tritt z.B. bei Gehirnblutung auf. **P.-Adern,** die →Schlagadern. – **2)** regelmäßige Impulsfolge in der Technik, v.a. in der Elektronik.

Pulsare *Pl.,* ☼ stellare Objekte, die mit einer Periode 0,002 bis etwa 4,3 s Radioimpulse größter Regelmäßigkeit aussenden. Die Strahlung rührt von schnell rotierenden überdichten Neutronensternen her, deren Rotationsdauer der Pulsperiode entspricht.

Pulver, 1) sehr fein zerteilter fester Stoff. – **2)** →Schießpulver.

Pulver, Liselotte, schweizer. Schauspielerin, *1929; meist burschikose, komödiant. Filmrollen (»Das Wirtshaus im Spessart«, 1957, u.a.).

Pulvermetallurgie, ⚙ Herstellung von Metallteilen durch Pressen und Sintern von Pulvern oder körnigen Mischungen. Man unterscheidet Kalt- und Heißpressen.

Pulververschwörung, Versuch kath. engl. Edelleute (u.a. Guy Fawkes), König Jakob I. am 5. 11. 1605 bei der Parlamentseröffnung in die Luft zu sprengen.

Puma *der,* **Kuguar, Silberlöwe,** Großkatze mit braunem bis silbergrauem Fell, lebt wild nur noch in Amerika, in Nordamerika fast ausgerottet.

Pumpe, ⚙ Arbeitsmaschine zum Fördern von Flüssigkeiten und Gasen; wird in nahezu allen Gebieten der Technik eingesetzt. Die wichtigsten Arten sind Kreisel-, Verdränger-, Strahl-, Vakuumpumpen.

Pumpernickel *der,* westfäl. schwarzes Roggenbrot, Schrotbrot.

Pumps [pœmps] *Pl.,* Damenhalbschuhe mit höherem Absatz ohne Spangen oder Schnüre.

Pump|speicherwerk, Wasserkraftwerk, das in Schwachlastzeiten (z.B. nachts) überschüssige Energie anderer Kraftwerke speichert, indem Wasser in ein hoch gelegenes Speicherbecken gefördert wird.

Puna, kalte öde Hochebene in Peru und Bolivien, oberhalb von 3500 m.

Punch [pʌntʃ], Gestalt der engl. Komödie des 18. Jh. (Kasperl); danach politisch.-satir. engl. Wochenschrift (gegr. 1841).

Punchingball [ˈpʌntʃɪŋbɔːl], Übungsball für Boxer.

Pune →Poona.

Puni|er [»Phöniker«], röm. Name der Karthager.

Punische Kriege, die 3 Kriege der Römer mit den Karthagern **(Puniern)** um die Vorherrschaft im westl. Mittelmeer. Im **1. P. K.** (264 bis 241 v.Chr.) verlor Karthago nach röm. Seesiegen Sizilien. Den **2. P. K.** (218 bis 201 v.Chr.) führte Karthago anfangs erfolgreich, unterlag aber schließlich bei Zama und musste alle auswärtigen Besitzungen und die Flotte ausliefern. Im **3. P. K.** (149 bis 146 v. Chr.) wurde Karthago vernichtet.

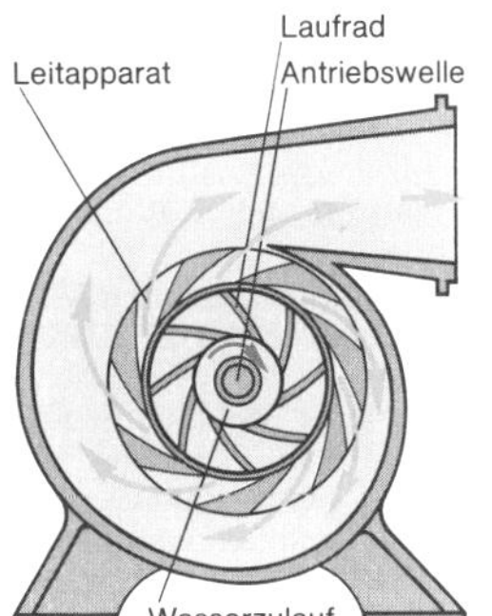

Pumpe. Kreiselpumpe mit Radialrad

Punjab [pʌnˈdʒɑːb], **1)** Gliedstaat in NW-Indien. – **2)** pakistan. Prov. an der Grenze zu Indien. – **3)** Landschaft in Pakistan und Indien (→Pandschab).

Punk [pʌŋk], **Punkrock,** Form der Rockmusik und jugendl. Subkultur, v.a. der 1980er-Jahre, die eine jugendl. Protesthaltung zum Ausdruck bringt. Ihre Anhänger, die **Punker,** verstehen sich als »zukunftslose Aussteiger«. Sie zeichnen sich häufig durch provozierende Erscheinung aus.

Punkt, 1) √ Ort im Raum, geometr. Gebilde ohne Ausdehnung. – **2)** Teilfrage, Glied einer Aufzählung oder Ausführung. – **3)** Einheit zur Bewertung von Leistungen. – **4)** Ⓢ Zeichen am Ende eines Satzes; Abkürzungszeichen. – **5)** typograph. Einheit für die Schriftgröße: 1 P. = 0,376 mm.

Punktation *die,* vorläufige Abfassung eines Vertrags (Aufstellung der einzelnen Punkte).

Punktion *die,* ‡ Einstich in Hohlräume, Gefäße oder Organe mit einer Hohlnadel, z.B. **Pleura-, Kniegelenk-P.** zur Diagnose oder Therapie.

Punktladung, ⚛ als punktförmig idealisierte elektr. Ladung.

Punktmasse, Massenpunkt, ⚛ die in einem Punkt vereinigt gedachte gesamte Masse eines Körpers.

Punsch *der,* heißes Getränk aus Wasser, Wein oder Tee mit Arrak oder Rum, Gewürzen, Zucker.

Punta *die,* in Spanien: Landzunge; Berggipfel.

Punta Arenas, Prov.-Hptst. in Chile, 112000 Ew.; Hafen an der Magellanstraße.

punzen, mit Stahlstiften **(Punze)** erhabene oder vertiefte Figuren in Metall treiben.

Pupille *die,* ‡ Sehloch im Auge.

Puppe *die,* **1)** Nachbildung der menschl. Gestalt, bes. als Kinderspielzeug. – **2)** Entwicklungsstufe der Insekten; ein Ruhezustand, in dem das Tier, in einer festen Haut liegend, die Verwandlung von der Larve zum ausgebildeten Vollinsekt vollzieht.

Puppenspiel, Theaterspiel mit bewegl. Marionetten oder Handpuppen.

PUR, Abk. für →**Poly**ur**ethan.

Purcell [ˈpəːsl], **1)** Edward Mills, amerikan. Physiker, *1912, †1997; entdeckte die magnet. Kernresonanz, erhielt mit F. Blach den Nobelpreis für Physik 1952. – **2)** Henry, engl. Komponist, *1659, †1695; Opern, Kirchen-, Instrumentalwerke.

purgieren, abführen, reinigen. **Purgativ** *das,* ‡ Abführmittel. **Purgatorium** *das,* Reinigungsort, Fegefeuer.

Purim [hebr. »die Lose«] *das,* **Losfest,** jüd. Fest am 14. Adar (Febr./März) zur Erinnerung an die Errettung der pers. Juden durch Esther.

Purinbasen, ⚗ bas. organ. Verbindungen, die am Aufbau der Nukleinsäuren (DNS, RNS) beteiligt sind.

Purine *Pl.,* ⚗ ringförmige, stickstoffhaltige Kohlenwasserstoffe, bilden sich im Tier- und Pflanzenkörper, z.B. Harnsäure.

Purismus *der,* Streben nach Echtheit, Reinheit.

Puritaner, seit etwa 1560 die engl. Protestanten, die im Geiste des Kalvinismus der Kirche ihre ev. Reinheit wiedergeben und bes. auch die bischöfl. Verfassung der anglikan. Staatskirche durch eine presbyterian. Synodalverfassung ersetzen wollten. Aus den P. sind neben den eigentl. Presbyterianern auch die Independenten, Baptisten und Quäker hervorgegangen. Die sittl. Ideale des **Puritanismus** sind strenge Selbstzucht und verstandesmäßige Beherrschung des Trieblebens.

Purpur *der,* blauroter Farbstoff aus dem Saft der P.- und Stachelschnecken, chem. ein Indigoabkömmling. – Im Altertum war der **P.-Mantel** Zeichen höchster Würde (asiat. Könige, röm. Senatoren und Kaiser), jetzt Farbe der Kardinäle.

Purrmann, Hans, dt. Maler und Grafiker, *1880, †1966; malte lichterfüllte südl. Landschaften, Stillleben, Akte und figürl. Bilder in kräftigen Farben.

George Mortimer Pullman

Puppe aus Japan (19. Jh.)

Edward Mills Purcell

Aleksandr Sergejewitsch Puschkin. Ausschnitt aus einem zeitgenössischen Gemälde und Autogramm

Purus *der,* span. **Purús,** rechter Nebenfluss des Amazonas, 3 148 km lang.

Pusan, Hafenstadt in Süd-Korea, 3,5 Mio. Ew.; Textil- u. a. Industrie.

Puschkin, bis 1918 **Zarskoje Selo,** russ. Stadt südl. von Sankt Petersburg, 97 000 Ew.; Baumaschinen, Elektroind.; Katharinenpalais (18. Jh.), Puschkin-Museum.

Puschkin, Aleksandr Sergejewitsch, russ. Dichter, * 1799, † 1837; Versroman »Eugen Onegin« (1833), Trauerspiel »Boris Godunov« (1831), Novellen.

Puschlav, ital. **Val Poschiavo** [-poski'a:vo], Landschaft im schweizer. Kt. Graubünden.

Pustertal, etwa 90 km langes Tal in den O-Alpen zw. den Hohen Tauern (Österreich) und den Dolomiten und Karn. Alpen. Der W-Teil ist seit 1919 italienisch; Hauptorte: Bruneck und Toblach.

Puszta *die,* in Ungarn große, einst unbewohnte Steppe, jetzt z. T. mit Reis und Grünfutter bebaut; Viehzucht.

Putbus, Seebad auf Rügen, 5 000 Einwohner.

Pute *die,* Truthenne. **Puter** *der,* Truthahn.

Putsch *der,* Umsturz oder Umsturzversuch.

Putte *die,* **Putto** *der,* oft geflügelte nackte Kindergestalt in der Kunst, bes. beliebt im Rokoko.

Puttgarden, Ortsteil von Bannesdorf auf der Ostseeinsel Fehmarn, Schlesw.-Holst.; Fährhafen nach Dänemark auf der → Vogelfluglinie.

Putumayo *der,* **Río P.,** linker Nebenfluss des oberen Amazonas, 1852 km, Grenzfluss zw. Kolumbien, Ecuador und Peru.

Putz, ⌂ Überzug aus besonderem P.-Mörtel auf Wand- und Deckenflächen; als Witterungsschutz und zur Verzierung.

Puy de Dôme [pɥidə'do:m] *der,* Gipfel in der Chaîne des Puys, Auvergne, Frankreich, 1 465 m.

Puzo ['pu:zəʊ], Mario, amerikan. Schriftsteller, * 1920; »Der Pate« (1969), »Narren sterben« (1978), »Der Sizilianer« (1984).

Puzzle [pʌzl], Geduldspiel aus vielen zusammenzusetzenden Einzelteilen.

PVC *das,* Abk. für → **P**oly**v**inyl**c**hlorid.

Pyelitis *die,* ⚕ Nierenbeckenentzündung.

S, h, G

Regelmäßige **Pyramide** (G Grundfläche, h Höhe, S Pyramidenspitze)

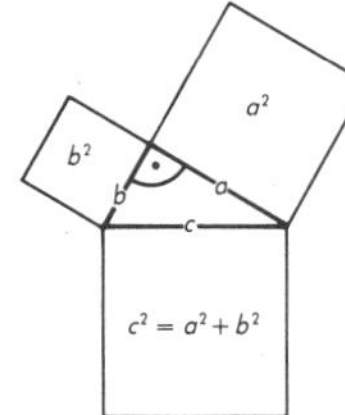

Lehrsatz des **Pythagoras**

Pygmäen, Stämme in Afrika (Regenwaldregionen); kleinwüchsig (1,45 m), kraushaarig, dunkelhäutig, z. B. Bambuti, Aka, Efe.

Pygmalion, griech. Sage: König, der sich leidenschaftlich in die von ihm selbst geschaffene Statue einer Jungfrau verliebte. Aphrodite belebte das Bild, und P. nahm die Jungfrau zur Gattin.

Pyhrn [pɪrn, pyrn] *der,* Pass in Österreich zw. den Ennstaler und den Ausseer Alpen, 945 m hoch.

Pyjama [py'dʒa:ma] *der,* Schlaf- und Hausanzug.

pyknischer Typ, ⚕ → Konstitution 3).

Pyknometer *das,* Gerät zur Messung der Dichte von Flüssigkeiten und festen Körpern.

Pylades, griech. Sage: Freund des Orest.

Pylon *der,* ⌂ **1)** ägypt. Tempeltor mit 2 turmartigen Seitenbauten. – **2)** turmartiger Bauteil, z. B. Brückenpfeiler von Hänge- oder Schrägseilbrücken.

P'yŏngyang, Pjöngjang, Hptst. von Nord-Korea, 2,6 Mio. Ew., wirtschaftl., kultureller Mittelpunkt.

Pyramide *die,* **1)** √ Körper mit einem Vieleck als Grundfläche, dessen Eckpunkte durch Kanten mit der Spitze verbunden sind. Rauminhalt = $\frac{1}{3}$ Grundfläche × Höhe. – **2)** ⌂ Grabbau altägypt. Könige in Form einer P. mit quadrat. Grundfläche. Das Kernmauerwerk besteht meist aus Muschelkalk, die Verkleidung aus Blöcken von feinkörnigem Kalkstein, auch Granit. Das Innere birgt die Sargkammer, zu der ein Stollen führt. Die meisten P. (rd. 70) liegen am westl. Nilufer (die größten: P. des Cheops und des Chephren bei Giseh). – Bedeutende P. gab es auch im Gebiet der alten Kulturen Mittel- und Südamerikas, wo sie als **Stufen-P.** meist den Unterbau von Tempeln bildeten. – Auch aus Ozeanien und Hinterindien sind P. bekannt.

Pyramus und Thisbe → Thisbe und Pyramus.

Pyrenäen *Pl.,* Kettengebirge zw. Frankreich und Spanien, 440 km lang, etwa 110 km breit. Sie bilden eine geschlossene Erhebung mit einheitl. Kamm und hohen Pässen, vorwiegend Quertäler; kleine Gletscher; zahlreiche Heilquellen. Im Ggs. zur reich bewaldeten N-Seite ist die Südabdachung meist kahl und öde. Die P. sind am höchsten in der Mitte im Granitmassiv der Maladetta. Die W-P. sind eher ein Mittelgebirge, dicht bewaldet, leicht überschreitbar. Daher haben sich hier die Basken über beide Hänge des Gebirges ausgebreitet, während die mittleren P. eine scharfe Scheide zw. dem frz. und dem span. Sprachgebiet bilden. Die P. werden von Straßen und Bahnlinien überquert. **P.-Halbinsel, Iberische Halbinsel,** die SW-Halbinsel Europas mit Spanien ($\frac{4}{5}$) und Portugal ($\frac{1}{5}$).

Pyridin *das,* ⚗ organ. Substanz im Steinkohlenteer; unangenehm riechend, giftig.

Pyrimidin *das,* ⚗ ringförmige organ. Verbindung mit 2 Stickstoffatomen im Ring.

Pyrit *der,* **Eisenkies, Schwefelkies,** FeS_2, metallisch glänzendes Mineral, dient zur Herstellung von Schwefelsäure.

Pyrmont, Bad P., Stadt in Ndsachs., 25 000 Ew.; im Weserbergland, Heilbad mit kohlensäurereichen Kochsalzquellen und Eisenmoor.

pyro..., in Fremdwörtern: feuer..., hitze..., z. B. **Pyromanie,** Brandstiftungstrieb.

Pyrolyse *die,* ⚗ Verfahren zur therm. Spaltung chem. Verbindungen unter Sauerstoffmangel, z. B. in der Erdöl- und Erdgasverarbeitung.

Pyrometer *das,* ein Gerät zur berührungslosen Messung hoher Temperaturen (über 1 400 °C), z. B. in Schmelz-, Härteöfen.

pyrophore Metalle, feinstverteilte Metalle, die sich bei Zimmertemperaturen an der Luft von selbst entzünden; z. B. Pulver aus Eisen, Leichtmetallen.

Pyrotechnik, Technik der Herstellung von Feuerwerkskörpern (Licht- und Knalleffekte) zu Vergnügungszwecken und von pyrotechn. Munition.

Die um 2 500 v. Chr. erbauten **Pyramiden** bei Giseh. Links: Cheopspyramide. Rechts: Chephrenpyramide

Pyroxene *Pl.,* für die Gesteinsbildung wichtige Gruppe von Mineralen; Silikate.
Pyrrhon, griech. Philosoph aus Elis, z. Z. Alexanders d. Gr., gründete in Athen die Schule der Skeptiker (Leugnung jeder Erkenntnis).
Pyrrhos, lat. **Pyrrhus,** König von Epirus, * 319, † 272 v. Chr.; siegte u. a. 280 und 279 in Unteritalien über die Römer, jedoch unter schweren Verlusten (**Pyrrhussieg**).
Pythagoras, griech. Philosoph, * um 570, † um 500 v. Chr.; wirkte in Kroton in Unteritalien; lehrte Zahl und Maß als Wesen der Dinge, fand die Gesetze harmonisch schwingender Saiten. Ihm zugeschrieben wird der ältere **Lehrsatz des P.**: Im rechtwinkligen Dreieck ist die Summe der Quadrate über den Katheten gleich dem Quadrat über der Hypotenuse.
Pytheas, griech. Geograph, Mathematiker aus Massilia (heute Marseille), reiste um 330 v. Chr. nach Britannien, Thule und ins »Bernsteinland«, brachte die erste Kunde von den Germanen in die Mittelmeerwelt.
Pythia, Priesterin des Orakels in Delphi; **pythisch,** dunkel, geheimnisvoll.
Python, griech. Sage: Drache, der das Orakel von Delphi bewachte; von Apoll getötet.
Pythonschlangen → Riesenschlangen.

Q

q, Q, Konsonant, im Deutschen mit nachfolgendem u geschrieben; der 17. Buchstabe des dt. Alphabets.
Q-Fieber [kurz für Queenslandfieber], **Balkanfieber,** durch Rickettsien hervorgerufene meldepflichtige Infektionskrankheit des Menschen.
Qingdao [tʃiŋ-], → Tsingtau.
Qinghai [tʃiŋ-], Prov. in NW-China, 721 000 km², 4,45 Mio. Ew., Hptst. Xining; Hochgebirgsland, meist Steppen, Wüsten; Weidewirtschaft, Getreideanbau; Förderung von Erdöl, Uranerz, Kohle; Salzgewinnung.
Qinghai Hu [tʃiŋ-], mongol. **Kuku Nur,** abflussloser Salzsee in der Prov. Qinghai, China, größter Endsee Tibets, 5 000 m², bis 38 m tief.
Qinling Shan [tʃinliŋ ʃan], **Tsinlingshan,** Gebirge in China, bis 3 767 m hoch, trennt N- und S-China.
Qiqihar [tʃi:tʃi:xa:r], **Tsitsikar,** Stadt in der Mandschurei, 1,2 Mio. Ew.
Quaddel *die,* ⚕ Anschwellung der Haut, bes. bei Nesselsucht.
Quaden, elbgerman. Stamm, erstmals 21 n. Chr. an der March bezeugt, dehnte sein Siedlungsgebiet noch im 1. Jh. über Waag und Gran aus; kämpfte mit den Markomannen gegen die Römer.
Quader *der,* **1)** √ ein von 6 paarweise parallelen Rechtecken begrenzter Körper. – **2)** ⌂ großer, rechteckig behauener Naturstein.
Quadflieg, Will, dt. Schauspieler und Regisseur, * 1914; Charakterdarsteller: Titelrolle in »Jedermann«, Mephisto in »Faust«; und Fernsehrollen.
Quadragesima *die,* die mit Aschermittwoch beginnende 40-tägige Fastenzeit vor Ostern.
Quadrant *der,* **1)** √ Viertelkreis. – **2)** ☼ ⚓ histor. Instrument zur Messung der Gestirnshöhe.
Quadrat *das,* **1)** ebenes Viereck mit 4 gleichen Seiten und 4 rechten Winkeln. – **2)** Messwesen: Der Zusatz »Q.« vor Längeneinheiten bezeichnet ein Q., dessen Seite gleich der Längeneinheit ist, z. B. Q.-Meter, Einheitenzeichen m²; Q.-Wurzel → Wurzel.
Quadratur des Kreises *die,* √ die unlösbare Aufgabe, einen Kreis mithilfe von Zirkel und Lineal in ein flächengleiches Quadrat umzuwandeln.
quadrieren, √ in die 2. Potenz erheben.
Quadriga *die,* Viergespann; in der Antike bei Pferderennen, Triumphzügen verwendet.
Quadrille [ka'driljə] *die,* im 18. Jh. entstandener frz. Gesellschaftstanz für je 4 Paare.
Quadrivium *das,* → freie Künste.
Quadrophonie → Stereophonie.
Quagga *das,* ausgestorbene Zebraart.
Quai d'Orsay [ke dɔr'sɛ], Straße in Paris am südl. Seine-Ufer, mit dem Außenministerium; auch dieses selbst.

Will Quadflieg

Quäker [engl. quaker »Zitterer«], urspr. Spottname für die im 17. Jh. von G. Fox in England gegr. »Religiöse Gesellschaft der Freunde«. Sie wurde durch W. Penn auch in Amerika verbreitet. Die Q. glauben an die unmittelbare Erleuchtung der Gläubigen durch Gott. Sie verwerfen Sakramente, Priestertum, Eid, Krieg, Lustbarkeiten; wirkten in und nach den Weltkriegen durch mannigfaltige Sozialarbeit und einen Friedensdienst in umfassendem Sinn.
Qualifikation *die,* Befähigung, Eignung (bes. für eine bestimmte berufl. Tätigkeit).

Quarz
Rosenquarz

Helmut Qualtinger

Quebec
Stadtwappen

Qualität *die,* Güte, Beschaffenheit, Wertstufe; Ggs.: Quantität; **qualitativ,** der Q. nach.

Qualitätswein, Wein höherer Qualität als Tafelwein; in Dtl. die mittlere **(Q. bestimmter Anbaugebiete,** Abk. **QbA)** und obere Güteklasse **(Q. mit Prädikat).**

Qualle *die,* frei schwimmende Form **(Meduse)** der Hohltiere. Ihr Körper besteht zum größten Teil aus Wasser; ihre Fangarme sind mit Nesselkapseln besetzt.

Qualtinger, Helmut, österr. Schauspieler, Kabarettist, Schriftsteller, * 1928, † 1986; mit C. Merz Satire »Der Herr Karl« (1961), viele Film- und Fernsehrollen.

Quant *das,* ✻ kleinste, unteilbare Einheit oder Menge einer physikal. Größe, z. B. der Energie **(Energie-Q.);** Wechselwirkung vermittelndes Teilchen **(Feld-Q.).**

Quanten|elektronik, ✻ Grenzgebiet zw. angewandter Physik und Elektronik, die quantenmechan. Theorie der Maser und Laser.

Quantentheorie, ✻ Beschreibung der (von der klass. Mechanik und Elektrodynamik abweichenden) Gesetze, nach denen sich mikrophysikal. Systeme verhalten. Die **Quantenmechanik** erklärt das Verhalten der Elementarteilchen, Atome, Moleküle und Kristalle (Festkörper), die **Quantenfeldtheorie** die Wechselwirkung von Elementarteilchen und den ihnen zugeordneten Feldern (für das elektromagnet. Feld: **Quantenelektrodynamik**). Aus dem Atom- und Molekülbau erklärt die Q. die Mannigfaltigkeit der Spektren und das chem. Verhalten der Materie. Kennzeichnend für die Q. ist der sprunghafte (»quantenhafte«), aus unteilbaren Einzelakten zusammengesetzte Geschehensablauf, theoretisch bedeutsam der mit jedem Messakt unvermeidl. Eingriff des Beobachters in das physikal. Geschehen, das deshalb grundsätzl. Unbestimmtheiten enthält (heisenbergsche Unschärferelation) und sich nur mehr statistisch erfassen lässt. Quanteneigenschaften und Unbestimmtheit werden in ihrer Größe durch eine fundamentale physikalische Konstante, das plancksche Wirkungsquantum, bestimmt. M. Planck gab um 1900 mit einer neuen Strahlungsformel den Anstoß zur Entwicklung der Q. Bedeutende Beiträge leisteten u. a. N. Bohr, A. Einstein, W. Heisenberg, E. Schrödinger, P. Dirac und M. Born.

Quantität *die,* Menge, Größe; Ggs.: Qualität; **quantitativ,** nach der Quantität.

Quantum *das,* durch Maß, Gewicht oder Stückzahl bestimmte Menge.

Quappe *die,* **Aalraupe,** Raubfisch im Forellenbach, auch in Brackwasser.

Quarantäne *die,* ⚕ Schutzmaßregel gegen Einschleppen von Seuchen; besteht in befristeter Isolierung von Personen.

Quark *der,* Frischkäseprodukt aus Sauermilch.

Quarks [kwɔːks, engl., nach einer Wortschöpfung von J. Joyce] *Pl.,* ✻ Grundbausteine der Materie, aus denen Baryonen und Mesonen bestehen; tragen drittelzahlige elektr. Elementarladungen. Q. treten nur gebunden, d. h. nicht als freie Elementarteilchen, auf.

Quartal *das,* Vierteljahr.

Quartär *das,* ⊕ jüngstes (bis in die Gegenwart reichendes) erdgeschichtliches System. (→Erdgeschichte, ÜBERSICHT)

Quarte *die,* 𝄞 4. Stufe oder der Zusammenklang der 1. und 4. Stufe einer Tonleiter.

Quartett *das,* **1)** 𝄞 Tonsatz für 4 Stimmen oder Instrumente. **Streich-Q.:** 2 Violinen, Bratsche, Violoncello; **Klavier-Q.:** Klavier und 3 Streichinstrumente. – **2)** Kartenspiel.

Quartier *das,* **1)** Wohnung, Nachtunterkunft. – **2)** Stadtviertel. – **3)** Unterkunft, Standquartier, Kaserne.

Quartier latin [kar'tje la'tɛ̃] *das,* Hochschulviertel von Paris, links der Seine.

Quarz *der,* weit verbreitetes, wasserhelles, oft trübes bis gefärbtes, hexagonales Mineral, chemisch wasserfreie Kieselsäure, SiO_2. Arten: Bergkristall (wasserhell), Regenbogen-Q., Rauch-Q., Amethyst (violett), der gebrannt als gelber Goldtopas, hellgelber Citrin, grüner Prasiolith gehandelt wird, Milch-Q. (milchweiß), Rosen-Q. (blassrosa), Saphir-Q. (indigoblau), Katzenauge (grünlich), Tigerauge (bräunlich), Falkenauge (blau), Aventurin (rotbraun), Eisenkiesel (rot), ferner Jaspis, Chalcedon u. a. Viele Q. dienen als Schmuckstein. In der Technik verwendet man Q.-Sand als Rohstoff u. a. für die Glasind., Q.-Kristalle als Grundlage opt. und elektron. Bauelemente.

Quarzglas, aus Quarz erschmolzenes Glas; hitzebeständig und durchlässig für UV-Strahlen.

Quarzit *der,* hartes Sedimentgestein aus feinkörnigen Quarzmineralen.

Quarzlampe, Quecksilberdampflampe zur Erzeugung ultravioletter Strahlung. **Bestrahlungslampen** dienen zur Heilbehandlung, **Analysenlampen** für Forschungszwecke und kriminolog. Untersuchungen.

Quarz|uhr, Präzisionsuhr, in der die Schwingungsdauer eines Schwingquarzes zur Zeitmessung ausgenutzt wird. Der piezoelektrisch zu hochfrequenten Schwingungen angeregte Quarz schwingt mit sehr konstanter Frequenz. Die Schwingungsfrequenz wird stufenweise herabgesetzt und zur Steuerung des Uhrwerks oder der Digitalanzeige verwendet.

Quasare *Pl.,* ☼ Objekte von sternähnl. (**quasistellarem**) Aussehen im opt. Spektralbereich, z. T. mit intensiver Radiostrahlung. Das Spektrum zeigt eine extreme Rotverschiebung. Q. gelten als die fernsten noch erfassbaren astronom. Objekte (mehr als 12 Mrd. Lichtjahre). Ihr gewaltiger Energieausstoß lässt sich möglicherweise durch Hineinstürzen von Gasmassen in ein Schwarzes Loch erklären.

quasi, gleichsam, als ob.

Quasimodo, Salvatore, ital. Lyriker, Kritiker, Übersetzer, * 1901, † 1968; Nobelpreis für Literatur 1959.

Quasimodogeniti, Sonntag nach Ostern; auch **Weißer Sonntag** genannt.

Quasiteilchen, ✻ als Teilchen beschreibbare Elementaranregungen in Festkörpern, z. B. Phononen (»Schallteilchen«).

Quastenflosser, Crossopterygi|er, seit dem Unterdevon bekannte Unterklasse der Knochenfische. Gegenwärtig lebt noch die Art **Latimeria chalumnae** im Ind. Ozean (1938 entdeckt).

Quästor *der,* im antiken Rom oberster Finanzbeamter.

quaternäre Verbindungen, ⚗ chem. Verbindungen aus vier versch. Elementen.

Quattrocento [-tʃ-, ital. »vierhundert«, Abk. für 1400] *das,* ital. Bezeichnung für das 15. Jh. und seinen Stil, die Frührenaissance.

Quebec [kve'bɛk], **1)** größte Prov. Kanadas, umfasst den Hauptteil von Labrador und das südlich anschließende Gebiet am Sankt-Lorenz-Strom, 1 540 680 km², 6,77 Mio. Ew., etwa 80 % Frankokanadier; Forstwirtschaft, Bergbau; Holz- und Papier-, Textilind., Fahrzeug-, Schiffbau u. a.; Wasserkraftwerke. – **2)** Hptst. von 1), am Sankt-Lorenz-Strom, 165 000 Ew.; Hafenfestung; Univ.; Seehandel. Das histor. Stadtzentrum gehört zum Weltkulturerbe. – 1608 von den Franzosen gegr., 1759 von den Engländern erobert.

Quebracho [ke'bratʃo] *der,* südamerikan. Baumgattung mit hartem Holz.

Quecke *die,* **Hundsgras,** Süßgräsergattung, oft lästige Unkräuter.

Quecksilber, griech.-lat. **Hydrargyrum,** Symbol **Hg,** hell silberglänzendes chem. Element; OZ 80, D 13,5935 g/cm³, Fp −38,87 °C, Sp 356,58 °C. Q. findet sich v. a. als →Zinnober, HgS. Es ist das einzige bei Zimmertemperatur flüssige Metall; der **Q.-Dampf** so-

Blick auf die Stadtmauer von **Quebec** und das »Château Frontenac« (1892)

wie alle lösl. Q.-Salze sind sehr giftig. Q. löst sich in konzentrierter Salpetersäure; mit den meisten Metallen bildet es Legierungen (→Amalgam). Es dient zum Füllen von Thermometern und Barometern, als Sperrflüssigkeit bei physikal. und chem. Apparaturen; elektr. Entladungen in Q.-Dampf liefern ein ultraviolettes Licht (→Quarzlampe).

Quecksilberdampflampe, Gasentladungslampe mit Quecksilberzusatz, gibt tageslichtähnl. Licht. Verwendung für Straßenbeleuchtung, Scheinwerfer u. a.

Quedlinburg, Krst. in Sa.-Anh., am Nordfuß des Harzes, 29 000 Ew.; Renaissanceschloss, roman. Basilika St. Servatius (1129 geweiht) mit den Gräbern Heinrichs I. und seiner Gemahlin Mathilde. Q. entstand in Anlehnung an eine aus karoling. Zeit stammende Pfalz; Mathilde gründete 936 das reichsfürstl. Frauenstift Q. Burgberg und Stadt gehören zum Weltkulturerbe.

Queensland [ˈkwi:nzlənd], Staat im NO des Austral. Bunds, 1 727 200 km², 2,9 Mio. Ew.; Hptst.: Brisbane. Landwirtschaft, Bergbau, Nahrungsmittelind. Der Nationalpark »Wet Tropics« gehört zum Welterbe.

Queis *der,* poln. **Kwisa** *die,* Nebenfluss des Bober in Polen, 136 km, entspringt im Isergebirge, mündet bei Sagan.

Quelle, 1) Zutagetreten fließenden Wassers, meist Grundwasser. Aus größeren Tiefen kommen warme und heiße Q. (Therme, Geysir). →Heilquellen, →Mineralquelle. – **2)** engl. **Source** [sɔ:s], einer der Anschlüsse des Feldeffekttransistors. – **3)** Herkunft, Belegstelle, schriftl. Dokument.

Quellensteuer, Steuer, die im Wege des Quellenabzugsverfahrens bereits bei der Auszahlung steuerpflichtiger Einkünfte einbehalten wird; angewendet z. B. bei der Lohnsteuer und bestimmten Kapitalerträgen.

Quellinus, Artus, d. Ä., fläm. Bildhauer, *1609, †1668; Hauptmeister der fläm. Barockplastik. Mitarbeiter war sein Vetter Artus Q. d. J. (*1625, †1700).

Quemoy [kɪˈmɔɪ], chin. **Jinmen Dao,** zu Taiwan gehörende Insel, 2 300 m vor dem chin. Festland.

Quendel *der,* →Thymian.

Queneau [kəˈno], Raymond, frz. Schriftsteller, *1903, †1976; Roman »Zazie in der Metro« (1959).

Quercia [ˈkwɛrtʃa], Iacopo della, ital. Bildhauer, *wohl 1374, †1438; Bahnbrecher der Renaissance (Fonte Gaia in Siena u. a.).

Querétaro [ke-], Stadt in Mexiko, 454 000 Ew.; hier wurde 1867 Kaiser Maximilian erschossen.

Querflöte →Flöte.

Querpfeife, kleine Flöte mit seitl. Blasloch, ohne Klappen.

Querschiff, Querhaus, der das Langhaus der Kirche vor dem Chor kreuzende Raum.

Querschläger, Geschoss aus einer Handfeuerwaffe, das an einem Gegenstand abprallt und in unkontrollierbarer Richtung fliegt.

Querschnitt, Schnitt durch einen Körper quer zur Längsachse.

Querschnittslähmung, durch Verletzungen, Tumoren o. a. verursachte Unterbrechung der Leitungsbahnen des Rückenmarks; bei totaler Q. ist Lähmung beider Beine, des Enddarm- und Blasenschließmuskels mit Empfindungslosigkeit die Folge.

Querschnittsuntersuchung, statist. Methode, bei der eine meist repräsentative Stichprobe nur zu einem bestimmten Zeitpunkt betrachtet wird, z. B. eine Repräsentativbefragung zu polit. Einstellungen.

Quersumme, Summe der Ziffern einer natürl. Zahl; z. B. die Q. von 314 ist $3 + 1 + 4 = 8$.

Querulant *der,* Nörgler, kleinl., rechthaberische Person.

Quetelet [keˈtlɛ], Lambert Adolphe Jacques, belg. Astronom, Statistiker, *1796, †1874; Begründer der Sozialstatistik.

Quetschung, Gewebsverletzung durch stumpfe Gewalt mit Zerreißung von Weichteilen unter der Haut.

Quetta [ˈkwetə], Hptst. der Prov. Belutschistan, Pakistan, 285 000 Ew.; Univ.; 1935 durch Erdbeben fast völlig zerstört, danach wieder aufgebaut.

Quetzal [kɛ-] *der,* Währungseinheit in Guatemala (1 Q. = 100 Centavos).

Quetzal [kɛ-], farbenprächtiger Vogel, lebt in trop. Wäldern Mittelamerikas; Männchen mit vier fast 1 m langen Deckfedern des Schwanzes, unterseits scharlachrot.

Quetzalcoatl [kɛ-, aztek. »Federschlange«], religiös bedeutendste Gestalt des vorkolumb. Mexiko, ein in aztek. Zeit vergöttlichter Herrscher des Toltekenreiches, der im 10. Jh. residierte; bildl. Darstellung als Schlange, deren Leib mit den Schwanzfedern des Quetzalvogels geschmückt ist.

Queue [kø:] *das,* Billardstock.

Quedlinburg
Stadtwappen

Raymond Queneau

Quezon City [ke'θɔn 'sɪtɪ], Stadt auf den Philippinen, nordöstl. von Manila, 1,4 Mio. Ew.; 1948 bis 1975 nominelle Hauptstadt.

Quiche [ki:] *die,* eine heiß zu essende Tortenart, bes. in Lothringen und Elsass, aus Blätter- oder Mürbeteig, vielfach mit Speck.

Quickborn, 1909 entstandener kath. Jugendbund.

Quiletismus *der,* religiöse Lehre des 17./18. Jh., die eine myst. Einigung mit Gott durch affekt- und willenloses Sichergeben in den Willen Gottes erstrebte.

Quito
Stadtwappen

Quillaja *die,* →Seifenbaum.

Quinn, Anthony, amerikan. Filmschauspieler, * 1915; errang als Charakterdarsteller Welterfolg mit Filmen wie »Der Glöckner von Notre Dame« (1956), »Alexis Sorbas« (1964) u. a.

Quinte *die,* 𝄞 **1)** 5. Stufe der diaton. Leiter. – **2)** Intervall, das 4 diaton. Tonschritte enthält.

Quintessenz *die,* der wesentl. Inhalt, der Kern einer Sache.

Quintett *das,* 𝄞 Tonstück für 5 Stimmen oder Instrumente; auch die 5 Ausführenden.

Quintilian, eigentl. Marcus **Fabius Quintilianus,** röm. Redner, * etwa 30 n. Chr., † um 96. Sein Werk über die (als Grundlage der Erziehung verstandene) Rhetorik »Institutio oratoria« wirkte stark auf die Humanisten.

Apfel-**Quitte**

Quipu [k-] *das,* (baum)wollene Knotenschnüre, die im vorspan. Südamerika als Hilfsmittel zur Erfassung und Ermittlung zahlenmäßig fassbarer Daten dienten.

Quirinal *der,* **1)** einer der 7 Hügel Roms mit dem Tempel des altröm. Gottes Quirinus, den Thermen Diokletians und Konstantins I., des Großen. – **2)** Palast auf diesem Hügel, heute Sitz des ital. Staatspräs., daher Ü die ital. Regierung.

Quiriten, im antiken Rom Bez. für die röm. Bürger, bes. in der Volksversammlung.

Quisling, Vidkun, norweg. Politiker, * 1887, † (hingerichtet) 1945; gründete die völkische »Nasjonal Samling«, führte 1942 bis 1945 die vom natsoz. Dtl. abhängige norweg. Reg. Sein Name wurde allg. zur Bez. für Kollaborateure.

Quito ['kito], Hptst. Ecuadors, 2850 m ü. M., 1,3 Mio. Ew.; 2 Univ.; Textil-, Schmuckwaren- u. a. Ind. Die Altstadt gehört zum Weltkulturerbe. – Q. gehörte zum Inkareich, 1534 von den Spaniern erobert.

Quitte *die,* aus Vorderasien stammender, im milderen Europa angepflanzter Obststrauch oder -baum, Rosengewächs mit einzeln stehenden weißrosa Blüten und grünlich gelben apfel- oder birnenförmigen Früchten. Die **Japan. Q.,** mit roten Blüten, ist in Mitteleuropa Zierstrauch.

Quittung, 1) Empfangsschein. – **2)** i. e. S. schriftl. Bestätigung eines Gläubigers, dass eine ihm zustehende Forderung getilgt ist (§§ 368 ff. BGB).

Quiz [kvɪz] *das,* Frage- und Antwortspiel.

Qumran [k-], **Kumran,** am NW-Ende des Toten Meers, nahe dem Wadi Q., Westjordanland, gelegene Ruine einer klosterähnlichen Anlage. Seit 1947 wurden zahlreiche Schriftrollen entdeckt, u. a. wesentlich ältere als die bis dahin bekannten Handschriften zu Büchern der hebr. Bibel.

quod erat demonstrandum, was zu beweisen war.

Quodlibet *das,* 𝄞 scherzhafte Kompositionsform im 16. bis 18. Jh., in der versch. Melodien verknüpft werden.

Quote *die,* Anteil, der bei Aufteilung eines Ganzen auf die Einheiten entfällt, z. B. die Erwerbsquote als Verhältnis der Beschäftigten zur Anzahl aller erwerbsfähigen Personen.

Quotenregelung, Verfahren mit dessen Hilfe eine bestimmte Zusammensetzung von Gremien (z. B. Partei, Ämter) erreicht werden soll; bekannt v. a. die **Frauenquote,** über die eine ausgewogene Besetzung eines Gremiums mit weibl. Funktionsträgern garantiert werden soll.

Quotient *der,* →Grundrechnungsarten.

quo vadis? [verkürzt aus lat. Domine, quo vadis? »Herr, wohin gehst du?«], der Legende nach Frage, die der aus dem Kerker entflohene Petrus dem ihm erscheinenden Christus stellte. – Titel eines Romans von H. Sienkiewicz (1896).

R

r, R, 1) 18. Buchstabe des dt. Alphabets, ein Konsonant. – **2)** Einheitenzeichen °R Grad für Réaumur. – **3)** Formelzeichen R für den elektr. Widerstand. – **4)** Nationalitätskennzeichen R für Rumänien. – **5)** im Wirtschaftsrecht Abk. für registered trademark, gekennzeichnet durch ® als international gebräuchl. Hinweis auf ein Warenzeichen.

Wilhelm Raabe

Ra, chem. Symbol für das Element Radium.

Ra, ägypt. Sonnengott, →Re.

Raab, 1) *die,* rechter Nebenfluss der Donau, 283 km, entspringt in der Steiermark, Österreich, mündet bei der Stadt R. – **2)** ungar. **Györ** [djø:r], Stadt in NW-Ungarn, 131 500 Ew., an der Raab; Dom (12. Jh.).

Raab, Julius, österr. Politiker (ÖVP), * 1891, † 1964; war 1953 bis 1961 Bundeskanzler.

Raabe, Wilhelm, dt. Erzähler, * 1831, † 1910. Sein Stil ist barock, verschmitzt, seine Gestalten sind oft Sonderlinge, die äußerlich scheitern, ihren inneren Reichtum jedoch bewahrt haben: »Die Chronik der Sperlingsgasse« (1857), »Der Hungerpastor« (1864); Erz.: »Die Akten des Vogelsangs« (1896) u. a.

Rabat, Hptst. Marokkos am Atlant. Ozean, Hafenstadt mit 518 600 Ew., Univ., Textil-, Metall-, chem. und Nahrungsmittelindustrie.

Rabatt *der,* ✐ Preisnachlass als Barzahlungs-R., Mengen-R., Sonder-R. z. B. für gewerbl. Vertreter und Werksangehörige und Treue-R. für den Dauerbezug.

Rabatte *die,* Einfassungs-, Randbeet.

Rabbi [hebr. »mein Meister«], urspr. Ehrentitel jüd. Schriftgelehrter.

Rabbiner, Titel jüd. Gelehrter und religiöser Funktionsträger.

Rabe, Vogel der Familie Rabenvögel, mit derbem Schnabel und meist krächzender Stimme. Zu den R. gehören u. a. Kolkrabe, Krähe, Dohle, Elster und Häher.

Rabelais [ra'blɛ], François, frz. Schriftsteller, * 1494, † 1553; Geistlicher und Arzt; derb-zeitkrit. Roman »Gargantua und Pantagruel« (1534).

Rabenschlacht, mhdt. Epos über die Kämpfe Dietrichs von Bern (Theoderich d. Gr.) mit Ermanarich vor Raben (Ravenna).

Rabin, Itzhak, israel. Politiker, * 1922, † (ermordet) 1995; 1974 bis 1977 und seit 1992 Min.-Präs., 1984 bis 1990 Verteidigungsmin.; begann die Aussöhnung zwischen Israel und den Palästinensern (Gaza-Jericho-Grundlagenabkommen 1994); Friedensnobelpreis 1994 mit J. Arafat und S. Peres; November 1995 von einem israelischen Rechtsextremisten ermordet.

Radierkunst. August Hirschvogel, Flusslandschaft (1546)

Rachel *der,* Berggruppe (im **Großen R.** 1453 m hoch) im Bayer. Wald, am SO-Fuß liegt der **R.-See.**
Rachen, ⚕ der obere, muskulöse Abschnitt des Verdauungstrakts. Er besteht aus dem Nasen-R.-Raum, dem hinter der Mundhöhle liegenden Mund-R. und dem hinter dem Kehlkopf liegenden Kehlkopf-R. Beim Menschen liegen im Bereich des R. die R.-Mandel und die paarigen Gaumen- und Zungenmandeln.
Rachenblütler, Braunwurzgewächse, zweikeimblättrige Pflanzenfamilie mit rd. 4500 weltweit verbreiteten Arten, meist Kräuter oder Stauden mit wechsel- oder gegenständigen Blättern. Bekannte Gattungen sind v.a. Fingerhut, Königskerze, Ehrenpreis und Löwenmaul.
Rachitis *die,* **englische Krankheit,** ⚕ volkstümlich »Knochenerweichung«, Störung des Kalk- und Phosphorstoffwechsels, die bes. Veränderungen am Knochensystem verursacht; erste Anzeichen zeigen sich meist im 2. bis 3. Lebensmonat. Ursache ist neben Vitamin-D-Mangel unzureichende Sonnenbestrahlung der Haut.
Rachmaninow, Sergej Wassiljewitsch, russisch-amerikan. Komponist, *1873, †1943; Opern, Orchester- und Klaviermusik.
Racine [ra'sin], Jean, frz. Bühnendichter, *1639, †1699. Seine Dramen sind der Höhepunkt der klass. frz. Bühnendichtung: »Andromache« (1668), »Berenike« (1671), »Phädra« (1677), die beiden bibl. Tragödien »Esther« (1689) und »Athalie« (1691).
Rackelhuhn, Bastard zw. Auer- und Birkhuhn.
rad, Einheitenzeichen für Radiant, → Winkel.
Rad, 1) ⚙ Maschinenteil für drehende (rollende) Bewegung, dessen äußerer runder Rollkranz (Felge) durch Speichen oder eine Scheibe mit der Nabe verbunden ist. – **2)** seitl. Überschlag aus dem Handstand heraus.
Radar *das,* auch *der,* Abk. für engl. **ra**dio **d**etecting **a**nd **r**anging, Geräte und Verfahren zur Ortung von Gegenständen (z.B. Schiffen, Flugzeugen), auch zur Geschwindigkeitsbestimmung **(Verkehrs-R.)** mithilfe gebündelter elektr. [Zentimeter]wellen, die von einem Sender ausgesendet, am Objekt reflektiert und als Echo über einen Empfänger auf einem Bildschirm sichtbar gemacht werden.
Radball, fußballähnl. Spiel zweier Mannschaften mit 2 Spielern auf Fahrrädern, bei dem der Ball mit Vorder- oder Hinterrad ins gegner. Tor zu treiben ist.
Rade *die,* Nelkengewächsgattung, → Kornrade.
Radebeul, Stadt in Sa., 33800 Ew.; Metallwaren- u.a. Ind., Obst- und Gemüsebau; Karl-May-Museum.
Radecki [ra'dɛtski], Sigismund v., dt. Schriftsteller, *1891, †1970; humorvolle Betrachtungen; übersetzte Puschkin, Gogol u.a.
Rädern, Todesstrafe im MA.; die Glieder des Verurteilten wurden durch ein Rad zerschlagen.
Rädertiere, Klasse der Schlauchwürmer mit rd. 1500 etwa 0,05 bis 3 mm langen, v.a. im Süßwasser lebenden Arten. Ein radförmiges Wimperorgan dient zum Herbeistrudeln der Nahrung und zur Fortbewegung.
Radetzky, Joseph Wenzel Graf **R. von Radetz,** österr. Feldmarschall (1836), *1766, †1858; besiegte die Italiener 1848 bei Custoza, 1849 bei Novara. Nach ihm wurde der **R.-Marsch** von J. Strauß (Vater) benannt.
Radhakrishnan [-ʃnan], Sarvapalli, ind. Philosoph, Politiker, *1888, †1975; 1962 bis 1967 Staatspräs. Indiens; 1961 Friedenspreis des Dt. Buchhandels.
Radialgeschwindigkeit, die Geschwindigkeitskomponente eines Himmelskörpers in Richtung seiner Verbindungslinie mit der Erde; bei positiver R. entfernt sich das Objekt, bei negativer R. nähert es sich (Stern in Sonnennähe etwa ±20 km/s).
Radiant *der,* Einheitenzeichen **rad,** SI-Einheit des ebenen → Winkels.
Radiator *der,* ⚙ aus einzelnen Gliedern zusammengesetzter Heizkörper.
Radierkunst, Tiefdruckverfahren, bei dem als Druckform eine geätzte Kupfer- oder Zinkplatte dient. Die ersten **Radierungen** entstanden im 16. Jahrhundert.
Radieschen → Rettich.
radikal, von Grund auf, gründlich; bis zum Äußersten gehend; rücksichtslos. **Radikal** *das,* → chemische Radikale. **Radikalismus** *der,* Unentwegtheit, Unbedingtheit, Schärfe der Anschauungen, bis zum Äußersten gehende Richtung.
Radikand *der,* $\sqrt{\ }$ → Wurzel.
Radio [lat. radius »Strahl«] *das,* → Rundfunk.
radioaktiver Abfall, alle in der Kerntechnik, bes. bei der Gewinnung von Kernenergie, anfallenden, aus techn. oder wirtschaftl. Gründen nicht weiter verwertbaren radioaktiven Stoffe.
radioaktiver Niederschlag, Niederschlag, der radioaktive Partikeln natürl. oder künstl. Ursprungs enthält.
Radioaktivität, ⚛ Eigenschaft instabiler Nuklide, sich spontan, d.h. ohne äußere Beeinflussung, in andere Nuklide umzuwandeln. Der radioaktive Zerfall dieser Kerne erfolgt unter Aussendung von Teilchen (Alpha- und Betateilchen) und/oder Gammastrahlung. Je nachdem, ob die radioaktiven Nuklide in der Natur vorkommen oder künstlich durch Kernreaktionen erzeugt werden, unterscheidet man **natürl.** und **künstl. R.** Die natürliche R. tritt bei allen Elementen mit OZ größer als 80 auf. Die Radionuklide dieser Elemente haben größtenteils kurze Halbwertszeiten und wären heute – etwa 5 Mrd. Jahre nach der Entstehung der Nuklide – nicht mehr nachweisbar, wenn sie nicht durch Alpha- oder Betazerfall immer wieder neu aus dem Zerfall der langlebigen Uranisotope ^{238}U und ^{235}U sowie des Thoriumisotops ^{232}Th hervorgingen. Auch einige leichtere Elemente sind radioaktiv und werden z.T. zur Altersbestimmung von Gesteinen und Mineralen herangezogen. Der Zerfall der durch Wechselwirkung der Höhenstrahlung mit der Atmosphäre und mit Meteoriten erzeugten kurzlebigen Nuklide gehört ebenso zur natürl. R. Durch Kernreaktionen mit Neutronen in Reaktoren und energiereichen Teilchen in Beschleunigern können aus jedem chem. Element ein oder mehrere künstl. Radioisotope entstehen. Sie finden u.a. Anwendung in der medizin. Diagnostik und Therapie. Die R. wurde erstmals 1896 von A. H. Becquerel an Uranmineralen beobachtet, die künstl. R. entdeckten 1934 F. und Irène Joliot-Curie.
Die Wirkung radioaktiver Strahlung auf biolog. Objekte zeigt sich z.B. in einer Herabsetzung der Keimungsfähigkeit von Samen und in Entwicklungshemmungen und Missbildungen bei Mensch und Tier. Gewebe sind umso empfindlicher, je jünger ihre Zellen und je größer deren Teilungsgeschwindigkeit ist. Daher werden v.a. Keimdrüsen und Blut bildende Or-

Itzhak Rabin

Sergej Wassiljewitsch Rachmaninow

Jean Racine

gane geschädigt, aber auch schnell wachsende Geschwulstbildungen (Krebs, Sarkome).

Radio|astronomie, ☼ Teilgebiet der Astronomie, das mit **Radioteleskopen** die von kosm. Objekten kommende Radiostrahlung untersucht. Die Radioteleskope sind Antennen mit einem metall. Parabolspiegel und werden als Einzelteleskope, zu mehreren als Syntheseteleskope oder mit sehr großem Basisabstand als Langstreckeninterferometer eingesetzt. Die R. geht zurück auf die Entdeckung der Radiostrahlung der Milchstraße durch K. G. Jansky 1932 und liefert Informationen über die Struktur des Weltalls. Bes. bedeutend waren die Entdeckungen der Radiogalaxien und Quasare, der Pulsare sowie der kosm. Hintergrundstrahlung.

Radiochemie, Chemie der radioaktiven Stoffe, ihre Anwendung in chem. Forschung, Biologie, Medizin, Landwirtschaft, Industrie.

Radiokarbonmethode, C-14-Methode, Verfahren zur Altersbestimmung geolog. und histor. Gegenstände aus organ. Material (Holz, Kohle und dergleichen) durch Ermittlung ihres Gehalts an radioaktivem Kohlenstoff. Dieser stammt aus dem Kohlendioxid der Luft und verringert sich im Laufe der Zeit gesetzmäßig durch radioaktiven Zerfall.

Radiokardiographie, ⚕ diagnost. Verfahren zur Erkennung von Herzkrankheiten mittels eines radioaktiven Isotops.

Radiolari|en *Pl.,* **Strahlentierchen,** den Wurzelfüßern zugeordnete Klasse frei schwebend im Meer lebender Einzeller mit fadenförmigen Scheinfüßchen und einem zierl. Kieselskelett. Die Skelette der abgestorbenen R. bilden den **R.-Schlamm.**

Radiosonde, Messgerät der Aerologie, das an einem Ballon in Luftschichten bis über 45 km Höhe steigt und über Funksignale Daten wie Druck, Temperatur und relative Luftfeuchtigkeit übermittelt.

Radium *das,* Symbol **Ra,** radioaktives chem. Element (Metall), OZ 88, D etwa 6 g/cm^3, Fp 700 °C, Sp 1 140 °C. Das langlebigste und wichtigste Isotop ist Ra 226 mit einer Halbwertszeit von etwa 1 620 Jahren. R. ist eines der seltensten Elemente, in der Natur kommt es als Zerfallsprodukt des Urans bes. in Uranmineralen vor.

Radolfzell am Bodensee Stadtwappen

Radius *der,* Halbmesser eines Kreises oder einer Kugel.

radizieren, √ die Wurzel (Radix) einer Zahl berechnen.

Radolfzell am Bodensee, Stadt am NW-Ufer des Untersees (westl. Bodensee), 25 100 Ew.; Vogelwarte im Schloss Möggingen; Textilind., elektrotechn. Ind., Zentrum eines Obstbaugebiets; auch Kneippkurort (auf der Halbinsel Mettnau).

Radom, poln. Stadt im nördl. Vorland des Kielcer Berglands, 223 600 Ew.; Hptst. der Wwschaft R.; TH; Maschinenbau, Metall verarbeitende, Textil-, Zigarettenindustrie.

Radon [ˈra:dɔn, raˈdo:n] *das,* chem. Symbol **Rn,** frühere Bezeichnung **Emanation,** radioaktives Element (Edelgas), OZ 86, D 9,7 g/l (bei 0 °C), Fp −71 °C, Sp −61,8 °C. R. ist ein farbloses Gas, das im festen Zustand phosphoresziert. Das seltene Element kommt in der Natur in Heilquellen und -schlämmen vor und wird in der Strahlentherapie verwendet.

Radpolo, von Fahrrädern aus mit Schlägern (Polostöcken) in Hallen betriebenes Torspiel zweier Mannschaften mit je 2 Spielern.

Radscha [Sanskrit »König«] *der,* Titel ind. und malaiischer Fürsten. **Maharadscha** (Großkönig), Fürst über mehrere Radschas.

Radschputen, Name einer in NW-Indien entstandenen Kaste (urspr. Adels- und Kriegerkaste), deren Angehörige (über 120 Mio.) sich über ganz N-Indien und Nepal ausgebreitet haben.

Raffael. Disputa. Ausschnitt aus einem Fresko in den Stanzen des Vatikan (1509 bis 1511)

Radsport, sportl. Wettkämpfe auf Fahrrädern; man unterscheidet Straßenrennsport, Bahnrennsport sowie Hallen- oder Saalwettbewerbe. Straßen- und Bahnrennen werden als Einzel- oder Mannschaftswettbewerbe von Amateuren und Profis ausgetragen.

Radstadt, österr. Stadt im Tal der Enns, Bundesland Salzburg, 856 m ü. M., 4 000 Ew.; Fremdenverkehr.

Radstand → Achsstand.

Radsturz, Achssturz, ⚙ Neigung des Rads gegen die Fahrzeuglängsebene, gemessen in der Fahrzeugquerebene. Bei Neigung oben nach außen ist der R. positiv. Leicht negativer Sturz erhöht die Seitenführungskraft.

Raeder, Erich, dt. Großadmiral, *1876, †1960; 1935 bis 1943 Oberbefehlshaber der Kriegsmarine. In den Nürnberger Prozessen zu lebenslängl. Haft verurteilt, 1955 entlassen.

RAF, Abk. für **1)** → Royal Air Force. – **2)** für → Rote-Armee-Fraktion.

Raffa|el, eigentl. Raffaello **Santi,** ital. Maler, Baumeister, *1483, †1520; klass. Meister der Renaissance: Madonnenbilder (Sixtinische Madonna), Bildnisse, Fresken in den Prachträumen (Stanzen) des Vatikan; seit 1514 Bauleiter an der Peterskirche, Rom.

Raffinade *die,* bes. sorgfältig gereinigtes Produkt, insbes. fein gemahlener, gereinigter Zucker.

Raffination *die,* Reinigung und Veredelung von Naturstoffen und techn. Produkten (Erdöl, Fette, Metalle, Zucker). **Raffinerie,** Anlage zur Raffination.

Rafflesi|engewächse, Schmarotzerblumen, trop. bis subtrop. zweikeimblättrige Pflanzenfam. mit über 50 Arten in acht Gattungen; fleischige Parasiten auf Holzpflanzen, deren Blüten direkt der Wirtspflanze aufsitzen. Bekannt ist die Riesenrafflesie, deren Blüten einen Durchmesser von fast 1 m erreichen.

Rafsandjani [-dʒ-], Hodjatoleslam Ali Akbar, iran. Politiker, *1934; am Sturz des Schahs beteiligt, 1980 bis 1989 Parlamentspräs., 1989 bis 1997 Staatspräsident.

Raglan *der,* Schnittform, bei der Schulter und Ärmel aus einem Stück geschnitten sind.

Ragnarök *die,* nord. Sage: Kampf der Götter mit den feindl. Mächten (Fenriswolf, Midgardschlange), ihr Untergang und die Vernichtung der Erde.

Ragout [ra'gu] *das,* warmes Gericht aus gewürfeltem und geschmortem Fleisch (auch Fisch). **Ragoût fin** besteht aus kleinen Kalb- oder Geflügelfleischwürfeln mit pikanter Soße.

Ragtime ['rægtaɪm] *der,* 𝄞 ein im letzten Drittel des 19. Jh. entstandener afroamerikan. Klaviermusikstil, der seinen Namen seiner bes. Synkopierungs- und Phrasierungsweise verdankt.

Ragusa, 1) ital. Stadt in S-Sizilien, 68 500 Ew.; Asphaltbergbau; Wein; in der Umgebung Erdöllagerstätten. – **2)** ital. Name von Dubrovnik.

Rah, Raa *die,* ⚓ Stange für **Rahsegel.**

Rahm *der,* **Sahne,** das Milchfett, Ausgangsstoff für Butter und Käse.

Rahmengesetzgebung, ⚖ Recht des Bundes, zur Regelung bestimmter Rechtsverhältnisse Rahmenvorschriften zu erlassen. Dem Landesgesetzgeber obliegt dann die Regelung der Einzelheiten.

Raiff|eisen, Friedrich Wilhelm, *1818, †1888; Gründer des ländl. Genossenschaftswesens in Dtl., bes. der Spar- und Darlehnskassen **(R.-Vereine, R.-Kassen).**

Raimund, Ferdinand, österr. Schauspieler, Bühnendichter, *1790, †1836; Volksstücke und Zauberpossen, z. B. »Der Verschwender« (1834).

Rainald von Dassel, Erzbischof von Köln, *um 1120, †1167; 1156 bis 1159 Reichskanzler und Berater Kaiser Friedrichs I.

Rainfarn, Wurmkraut, gelb blühender Korbblütler in Auwäldern, Hecken und an Wegrändern.

Rainier, Mount R. ['maʊnt rə'nɪə], **Mount Tacoma,** höchster Berg der Cascade Range (Kordilleren), im Staat Washington, USA, 4392 m ü. M.; erloschener Vulkan mit Gletschern im **M. R. National Park** (953 km²).

Rainier III. [rɛ'nje-], Fürst von Monaco (seit 1949), *1923; ab 1956 ⚭ mit Gracia Patricia, geb. Grace Kelly, *1929, †1982.

Rainkohl, Korbblütler mit blassgelben Blüten; heimisch ist der bis 1 m hohe Gemeine R. in Wäldern und auf Äckern.

Rainweide *die,* ⚘ → Liguster.

Raison [rɛ'zɔ̃] *die,* → Räson.

Raisting, Gemeinde im Kr. Weilheim-Schongau, Oberbayern, 554 m ü. M., nahe dem S-Ufer des Ammersees, (1991) 1 700 Ew.; Erdefunkstelle der Dt. Telekom.

Rajahmundry ['rɑːdʒə'mʌndrɪ], Stadt in Andhra Pradesh, Indien, 203 400 Ew.; Handelszentrum.

Rajasthan ['rɑːdʒəstɑːn], Gliedstaat in NW-Indien, 342 239 km², 43,9 Mio. Ew., Hptst. ist Jaipur.

Rajkot ['rɑːdʒkəʊt], Stadt in Gujarat, Indien, 445 000 Ew.; Univ.; Textilindustrie.

Rakel *die,* 🕮 messerartig geschliffenes Stahlband, das beim Tiefdruck die Druckfarbe vom Druckzylinder abstreift.

Raketen, Flugkörper, die ihren Vortrieb durch den Rückstoß (Schub) eines Antriebsstrahls erhalten; sie führen alle zur Erzeugung der Vortriebsenergie erforderl. Stoffe mit und sind so bes. für die Raumfahrt geeignet. R. setzen sich im Wesentl. zusammen aus dem R.-Körper als der eigentl. Tragekonstruktion, dem aus Brennkammer(n) und Strahlaustrittsdüse(n) bestehenden R.-Triebwerk, den meist in den R.-Körper integrierten Treibstoffbehältern und dem Treibstofffördersystem sowie aus der Instrumentenausrüstung mit elektron. Geräten für Überwachung und Regelung. Die zu transportierende Nutzlast wird meist als selbstständiges System konstruiert. Nach der Funktionsweise des Triebwerks werden die R. in solche mit chemotherm., elektr. und nuklearem Antrieb eingeteilt. Die konventionellen chemotherm. Triebwerke sind am weitesten verbreitet, elektr. und nukleare Raumflugtriebwerke befinden sich in der Entwicklung. In den chemotherm. Triebwerken wird die bei der chem. Umsetzung der Treibstoffe frei werdende Energie durch an die Brennkammern des Triebwerks anschließende Düsen in gerichtete Strömungsenergie der Reaktionsprodukte umgewandelt, wodurch entsprechend dem Impulserhaltungssatz ein zur Strömungsrichtung der entweichenden Gase entgegengesetzter Vortrieb der Rakete entsteht. Zur Schubsteigerung werden R.-Triebwerke parallel oder gebündelt angeordnet und gleichzeitig gezündet. Zur Erhöhung der Endgeschwindigkeit werden anstelle von Einstufen-R., die aus nur einem R.-System bestehen, Mehrstufen-R. eingesetzt, bei denen jede Stufe eine selbstständige Einheit darstellt. Die letzte Stufe bringt die Nutzlast (z. B. Satelliten) auf die erforderl. Höhe und Geschwindigkeit. Kleinere Feststoff-R. dienen u. a. als Feuerwerks- und Signal-R.; zahlreiche Einsatzmöglichkeiten für R. bestehen im militär. und wiss. Bereich, insbesondere in der Raumfahrt.

Raketenwaffen, ⚔ unbemannte Flugkörper mit Raketenantrieb, die durch vorherige Programmierung oder durch Fernlenkung ihr Ziel erreichen. R. für interkontinentale Reichweiten tragen auch Gefechtsköpfe mit mehreren, einzeln lenkbaren Sprengköpfen. – R. werden nach ihrer militär. Zweckbestimmung, nach ihrer Reichweite (Mittelstreckenraketen bis 5 000 km, Interkontinentalraketen über 9 000 km) und nach der Lage von Start- und Zielort unterschieden: Boden-Boden-R., Boden-Luft-R. (Flugabwehr-Raketen), Luft-Luft-R. (Flugzeugraketen), Luft-Boden-R., Unterwasser-Boden-R. u. a. Die systemat. Entwicklung der R. begann im 2. Weltkrieg; die bekanntesten Nahkampf- und takt. R. waren Panzerfaust, Nebelwerfer, Stalinorgel (Salven-R.), die erste Fernrakete war die V 2.

Rákóczi ['raːkoːtsi], ungar. Adelsgeschlecht, ausgestorben 1756; prot. Fürsten von Siebenbürgen; Georg I. (1630 bis 1648), sein Sohn Georg II. (1648 bis 1660); Franz II. (*1676, †1735) war 1703 bis 1711 Führer eines Aufstands gegen die Habsburger.

Raleigh ['rɔːlɪ], Sir Walter, engl. Seefahrer, Schriftsteller, *1554(?), †(hingerichtet) 1618; Günstling Elisabeths I.; durch zahlreiche Raub- und Entdeckungsfahrten nach Übersee ein Vorkämpfer der engl. Seeherrschaft gegen Spanien.

Rallen *Pl.,* Familie der Kranichvögel mit etwa 140 star- bis huhngroßen Arten, die weltweit verbreitet ist.

Raketen in der Startphase. Links Pershing II (USA), rechts Ariane 1 (Europa)

Rainier III.

Walter Raleigh auf einem Kupferstich nach einem zeitgenössischen Ölgemälde

Ralle
Blässhuhn

In Europa: **Wasserralle, Wiesenralle** (auch »Wachtelkönig«), **Teichralle** (auch »Teichhuhn«), **Blässralle** (auch »Blässhuhn«), **Sumpfrallen** (auch »Sumpfhühner«).

rallentando, 𝄞 langsamer werdend.

Rallye ['rali, 'rælı] *die,* Automobilwettbewerb über eine oder mehrere Etappen.

RAM, Abk. für **R**andom **A**ccess **M**emory [»Speicher mit wahlfreiem Zugriff«], Schreib- und Lesespeicher, Halbleiter-Speicherbaustein für elektron. Datenverarbeitungsanlagen, geeignet zum Auslesen sowie zum Einschreiben oder Verändern von Informationen.

Ramadan *der,* der 9. Monat des islamischen Mondjahres; Fastenmonat der Muslime.

Ramakrishna [-ʃna], ind. Asket, * 1834, † 1886; gründete einen hinduist. Reformorden.

Raps

Raman, Sir (seit 1929) Chandrasekhara Venkata, ind. Physiker, * 1888, † 1970; wies den **Smekal-R.-Effekt** nach: An Materie gestreutes Licht weist infolge unelast. Streuung teilweise geänderte Frequenzen auf; Nobelpreis für Physik 1930.

Ramayana, neben dem Mahabharata das 2. große Sanskritepos der Inder (vollendet wohl im 2. Jh. n. Chr.).

Rambouillet [rɑ̃bu'jɛ], **1)** frz. Stadt südwestlich von Paris, 25 300 Ew.; Schloss (14. Jh.), heute Sommerresidenz des frz. Staatspräs. – **2) Hôtel de R.,** Palais der Marquise de R. (* 1588, † 1665) in Paris; von etwa 1610 bis 1650 versammelte sich in ihrem Salon die vornehme Gesellschaft Frankreichs, um eine raffiniert-exklusive Salonkultur zu pflegen.

Rameau [ra'mo:], Jean-Philippe, frz. Komponist, * 1683, † 1764; Opern, Klaviermusik; Begründer der neueren Harmonielehre.

Ramie *die,* Bastfaser (Chinagras) mit bes. guter mechan. Festigkeit und Beständigkeit gegenüber Fäulnisbakterien.

Ramme, ⚙ zum Eintreiben von Pfählen u. Ä. ein in einer Führung gleitender Klotz, der durch Menschenkraft oder maschinell gehoben wird.

Leopold von Ranke

Rampe, 1) geneigte Ebene zur Überwindung von Höhenunterschieden (Laderampe). – **2)** Theater: vorderer Bühnenbodenrand.

Ramsay ['ræmzı], Sir (seit 1902) William, brit. Chemiker, * 1852, † 1916; entdeckte zahlreiche Edelgase; Nobelpreis für Chemie 1904.

Ramses, Name von elf ägypt. Königen der 19. und 20. Dynastie; bedeutend v. a.: **R. II.,** 1290 bis 1224 v. Chr. oder 1279 bis 1213 v. Chr., kämpfte mit den Hethitern (Schlacht bei Kadesch), errichtete viele große Bauten.

Ramsey ['ræmzı], Norman F., amerikan. Physiker, * 1915; erhielt 1989 mit W. Paul und H. G. Dehmelt den Nobelpreis für Physik für die Vervollkommnung der Atomstrahlresonanzmethode.

Ramuz [ra'my], Charles Ferdinand, schweizer. Erzähler, * 1878, † 1947; Roman »Das große Grauen in den Bergen« (1925).

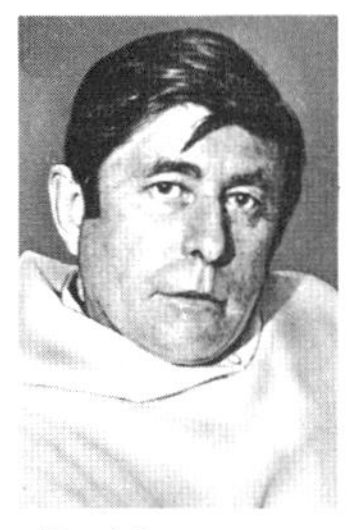
Knud Rasmussen

Ran, nord. Sage: Herrin des Meeres, Gemahlin des Ägir.

Ranch ['rɛntʃ] *die,* in den USA und in Kanada landwirtschaftl. Betrieb mit Viehzucht.

Rand *der,* Währungseinheit der Rep. Südafrika (1 R. = 100 Cents).

Randers ['ranərs], Hafen- und Handelsstadt im NO Jütlands, Dänemark, 61 200 Einwohner.

Rang, 1) Stufe in einer Ordnung; gesellschaftl. Stellung. – **2)** Offiziersdienstgrad. – **3)** Sitzplatzgruppen im Theater. – **4)** ⚖ Verhältnis eines Rechtsanspruchs zu einem anderen an derselben Sache. Bei bewegl. Sachen geht regelmäßig das früher entstandene dem später entstandenen Recht vor. Für den R. mehrerer Rechte an Grundstücken ist die Aufeinanderfolge der Eintragung in das Grundbuch maßgebend.

Ranger ['reındʒə] *der,* in den USA und Kanada Angehöriger einer bes. ausgerüsteten Militär- oder Polizeitruppe für Sondereinsätze.

Rangun, engl. **Rangoon** [ræŋ'gu:n], amtl. **Yangon,** Hptst. von Birma im Irawadidelta, 2,5 Mio. Ew.; Hafen, Ausfuhr bes. von Reis; Univ.; Shve-Dagon-Pagode.

Ranke, fädiges, zum Klettern dienendes Pflanzenorgan, entstanden durch Umbildung von Blättern (Zaunrübe), Blattteilen (Erbse) oder dem Spross (Wein).

Ranke, Leopold von (1865), dt. Historiker, * 1795, † 1886; forderte strenge Quellenkritik und unbedingte Sachlichkeit. Hauptwerke: »Die röm. Päpste im 16. und 17. Jh.« (1834 bis 1836), »Dt. Gesch. im Zeitalter der Reformation« (1839 bis 1847), »Weltgeschichte« (1881 bis 1888).

Rankenfüßer, Unterklasse der Krebstiere mit über 800 Arten, leben fast ausnahmslos fest sitzend oder parasitär im Meer; die Brustbeine sind zu Fangarmen umgestaltet; z. B. Seepocken, Entenmuscheln.

Ranküne *die,* Groll, heiml. Feindschaft.

ranzig, Zustand von Speisefetten und -ölen, die durch enzymat. oder chem. Reaktionen verdorben sind.

Rap [ræp] *der,* Musikstil auf der Grundlage von Bass- und Schlagzeugfiguren und eines rhythm. Sprechgesangs.

Rapallo, Stadt an der nordital. Riviera, 30 000 Ew.; Seebad und Winterkurort.

Rapallovertrag, 1) Vertrag (1920) zw. Italien und Jugoslawien über die gegenseitige territoriale Abgrenzung. – **2)** Vertrag (1922) zw. dem Dt. Reich und Sowjetrussland über die Aufnahme diplomat. und wirtschaftl. Beziehungen.

Raphael, Erzengel (Buch Tobias); Schutzherr der Pilger (Tag: 29. 9.).

Raphia *die,* Gattung der Fiederpalmen; eine madegass. Art liefert den **R.-** oder **Raffiabast,** eine westafrikan. die → Piassave.

Rappe *der,* schwarzes Pferd (auch mit weißen Abzeichen).

Rappen *der,* kleinste Währungseinheit in der Schweiz und in Liechtenstein; 1 R. = 0,01 Schweizer Franken.

Rappenau, Bad R., Stadt in Bad.-Württ., 14 200 Ew.; Saline, Solbad.

Rapperswil, Stadt im Kt. St. Gallen, Schweiz, 8 000 Ew.; alte Bauwerke; Textilindustrie.

Raps *der,* gelb blühender Kreuzblütler, in Kultur einjährig als Sommer- oder Winterraps ausgesät, wichtige einheimische Ölpflanze, liefert Rüböl **(Rapsöl), Rapsfett** aus dem Samen.

Rapunzel, 1) der → Feldsalat. – **2)** die → Teufelskralle.

Ras *der,* arabisch für Gipfel, Kap.

rasant, 1) flach verlaufend (Geschossflugbahn). – **2)** stürmisch (verlaufend), faszinierend.

Rask, Rasmus Kristian, dän. Sprachwissenschaftler, * 1787, † 1832; Mitbegründer der Indogermanistik.

Raskolniki *Pl.,* **Altgläubige,** russ. Glaubensgemeinschaften, die sich im 17. Jh. von der russisch-orth. Kirche getrennt haben.

Rasmussen, Knud, dän. Polarforscher, * 1879, † 1933; nahm 1902 bis 1904 an der Grönlandexpedition von L. Mylius-Erichsen teil, führte 1912 bis 1932 7 Polarexpeditionen durch.

Räson [rɛ'zɔ̃] *die,* **Raison,** Vernunft, Einsicht.

Rasputin, 1) Grigorij Jefimowitsch, russ. Mönch, Abenteurer, * 1864 oder 1865, † (ermordet) 1916; myst. Wundertäter, hatte seit 1907 großen Einfluss am russ. Zarenhof. – **2)** Walentin Grigorjewitsch, russ. Schriftsteller, * 1937; poetisch-realist. Dorfprosa.

Rasse, Gruppe von Lebewesen, die sich durch ihre gemeinsamen Erbanlagen von anderen Artangehörigen unterscheiden. In der zoolog. Systematik wird der Begriff R. synonym mit Unterart (Subspezies) gebraucht. Die Angehörigen versch. R. sind untereinander fruchtbar. Als **geograph. R.** bezeichnet man lokale Populationen, die versch., voneinander getrennte Areale besiedeln. Populationen, die im gleichen geograph. Gebiet, aber unter versch. Standortbedingungen leben, werden als **ökolog. R.** (Ökotypen) bezeichnet. – In der Tier- und Pflanzenzucht sind R. (Zucht-R.) aufgrund künstl. Auslese und sexueller Isolation gezüchtete Formengruppen mit (erwünschten) gleichen charakterist. Merkmalen. (→Menschenrassen)

Rassengesetze, allg. Bezeichnung für Gesetze, die der Diskriminierung von Gruppen dienen, denen bestimmte rass. Merkmale zugeschrieben werden, i. e. S. die **Nürnberger Gesetze** von 1935. Das »Reichsbürgergesetz« nahm den Juden das Vollrecht als Bürger; das »Blutschutzgesetz« verbot die Ehe zw. dt. Staatsangehörigen »dt. oder artverwandten Blutes« und Juden.

Rassismus *der,* Gesamtheit der Theorien und polit. Lehren, die versuchen, kulturelle Fähigkeiten und Entwicklungslinien der menschl. Geschichte nicht auf polit. und soziale, sondern auf biologisch-anthropolog. (d. h. typolog.) Ursachen zurückzuführen; i. e. S. alle Lehren, die aus solchen Zusammenhängen eine Über- bzw. Unterlegenheit einer menschl. Rasse gegenüber einer anderen behaupten, um die Herrschaftsverhältnisse zu rechtfertigen sowie mithilfe dieser Ideologie Massen für objektiv andere (z. B. polit. oder wirtschaftl.) Interessen zu mobilisieren. Der R. liefert innenpolitisch die Begründung für Diskriminierung, Unterprivilegierung oder Unterdrückung ethn. Gruppen (oft Minderheiten), die als Vertreter anderer Rassen bezeichnet werden. Außenpolitisch wurde der R. zur Rechtfertigung von Imperialismus und Kolonialismus herangezogen.

Rastafari *der,* Anhänger einer im 20. Jh. in Jamaika entstandenen afroamerikan. Religion. Theologisch grundlegend ist die Vorstellung, Gott sei in jedem Menschen gegenwärtig, Ausdrucksformen sind u. a. die am A. T. orientierte Lebensführung (z. B. Ablehnung der Lohnarbeit, besondere Esskultur) und Haartracht (z. B. eng geflochtene Zöpfe).

Rastatt, Krst. in Bad.-Württ., in der Rheinebene an der Murg, 41 800 Ew. Im 18. Jh. planmäßig neu angelegt; Barockschloss, Schlosskirche; Maschinen-, Metall-, Möbelind. – Der **Friede von R.** (1714) beendete den Span. Erbfolgekrieg.

Raster *der,* ein Liniennetz sich kreuzender Linien auf Glas oder Film, das in der graf. Technik zur Zerlegung von Halbtonbildern in druckfähige Bildelemente dient. In der elektron. Datenverarbeitung entspricht der R.-Punkt einem Pixel und dient der digitalen Zerlegung eines Bilds.

Rasterfahndung, bes. Form der polizeil. Fahndung, bei der mit Computerhilfe Datenbestände nach bes. Kriterien (»Rastern«) verglichen werden.

Rastrelli, Bartolomeo Francesco Graf, ital.-russ. Baumeister, *1700, †1771; Hauptmeister des russ. Spätbarock.

Rat, 1) Amtstitel von Beamten des höheren Dienstes (z. B. Ministerial-, Landrat); auch Ehrentitel (z. B. Hofrat). – **2)** Gesetzgebungs-, Verw.- oder Fachgremium, z. B. Bundes-, Betriebs- oder Bildungsrat.

Rate, relativer Anteil, Teilbetrag, z. B. regelmäßige Teilzahlungsbeträge im Abzahlungsgeschäft.

Rätedemokratie, Rätesystem, Konzept einer polit. und/oder wirtschaftl. direkten Demokratie, in der zuvor unterprivilegierte soziale Schichten (Arbeiter, Soldaten u. a.) in der Organisationsform von Räten die Macht übernehmen. Während der russ. Revolutionen 1905 und 1917 sowie der dt. Novemberrevolution 1918 bildeten sich in Dtl. (auch in Ungarn) nach diesem Prinzip Arbeiter-und-Soldaten-Räte.

Rat für gegenseitige Wirtschaftshilfe, Abk. **RGW,** engl. **COMECON,** 1949 gegr. Organisation für wirtschaftl. Zusammenarbeit der Ostblockländer UdSSR, Polen, ČSSR, Ungarn, Rumänien, Bulgarien, seit 1950 DDR, seit 1962 die Mongol. VR, seit 1972 Kuba, seit 1978 Vietnam. Albanien (Mitglied 1949) blieb dem RGW seit 1961 fern, Jugoslawien war seit 1964 assoziiertes Mitglied. Nach den revolutionären Veränderungen seit 1989 wurde die Organisation 1991 offiziell aufgelöst.

Rathaus, Gebäude für die Gemeindeverwaltung und die städt. Ämter. – Aus dem Altertum ist bes. das R. in Milet (2. Jh. v. Chr.) bekannt; im MA. wurde das R. meist als repräsentatives Gebäude am Marktplatz errichtet.

Rathenau, Walther, dt. Industrieller und demokrat. Politiker, *1867, †(ermordet) 1922; 1922 Außenmin.; trat für die Erfüllung des Vertrags von Versailles ein, schloss 1922 den Vertrag von Rapallo mit Sowjetrussland.

Rathenow [-no], Krst. in Bbg., an der Havel, 30 500 Ew.; Marien-Andreas-Kirche (13. bis 16. Jh.); opt. und elektrotechn. Industrie.

Ratibor, poln. **Racibórz** [raˈtɕibuʃ], Industriestadt in der poln. Wwschaft Katowice, ehem. in Oberschlesien, an der Oder, 62 000 Ew.; 1281 bis 1532 schles. Herzogssitz.

Rätilen, lat. **Raetia,** röm. Prov., die Graubünden, Tirol und Südbayern umfasste, unter Augustus 15 v. Chr. erobert. Die **Räter** sind mit den Kelten und Illyrern verwandt.

Ratifikation *die,* die bei gewissen völkerrechtl. Verträgen zu ihrer Wirksamkeit notwendige Bestätigung durch das Staatsoberhaupt nach vorheriger Zustimmung der gesetzgebenden Körperschaften. Vor der R. sind diese Verträge grundsätzlich nicht verbindlich.

Rätikon *der,* Gruppe der Nördl. Kalkalpen zw. Montafon und Prätigau, in der Schesaplana 2 965 m; über den Hauptkamm verläuft die österr.-schweizer. Grenze.

Ratingen, Stadt in NRW, 88 600 Ew., ehem. Wasserburg; am Autobahnkreuz die Miniaturstadt Minidomm.

Ratio *die,* Vernunft, i. e. S. der diskursive Verstand.

Ration *die,* zugeteiltes Maß, Anteil; (tägl.) Verpflegungssatz.

rational, 1) vernunftmäßig, die Ratio betreffend. – **2)** √ **rationale Zahlen:** alle Zahlen, die als Quotient m/n zweier ganzer Zahlen m, n mit $n \neq 0$ darstellbar sind.

Rationalisierung, alle Maßnahmen, die durch techn. und organisator. Verbesserungen höchste Leistung bei geringsten Kosten zu erreichen suchen, bes. durch Mechanisierung und Vereinheitlichung (Automatisierung, Normung, Standardisierung).

Rationalismus *der,* Ⓟ erkenntnistheoret. Position, nach der die Welt dem Verstand und der Vernunft gemäß, d. h. von logischer, gesetzmäßig berechenbarer Beschaffenheit sei. Nach rationalist. Auffassung sind auch alle geschichtl. Erscheinungen, bes. die Kulturgebilde, aus vernunftgeleiteten Erwägungen und Entschlüssen der handelnden Menschen entstanden. Die Aufklärung als Zeitalter des R. hat auch seine Schwächen deutlich gemacht: Verkennung der Bedeutung und Macht der Erfahrung (Empirismus), der Gefühlskräfte und des Unbewussten.

Rätische Alpen, die schweizer. O-Alpen, durch das Engadin in Rät. S- und N-Alpen geteilt.

Rätoromanen, die rätoroman. Mundarten sprechenden Bevölkerungsgruppen im Alpenraum; als R. i. e. S. gelten die Bündnerroman. sprechenden R. (Bündnerromanen) im schweizer. Kanton Graubünden, i. w. S. auch die Ladiner in den Dolomiten und die Friauler (Furlani) in Friaul.

Grigorij Jefimowitsch Rasputin

Walther Rathenau

Rastatt
Stadtwappen

Ratibor
Stadtwappen

Blick auf die auf einer Insel im Ratzeburger See gelegene Altstadt von **Ratzeburg**

Ratsche, ⚙ Zahnkranz mit ein- und ausschaltbarer Sperrklinke zum Feststellen eines Getriebeteils, z. B. Kfz-Handbremse.

Rätsel, Denkaufgabe, meist bildhaft-konkrete Umschreibung eines Gegenstands, eines Vorgangs, einer Person u. a., die es zu erraten gilt. Es gibt u. a. **Wort-R., Buchstaben-R., Bilder-R.** (Rebus), **Kreuzworträtsel.**

Rattan, das Peddigrohr (→ Schilfpalme).

Ratte
Hausratte

Ratten, 1) weltweit verbreitete Gattung der Mäuse; die **Haus-R.** ist braunschwarz, die **Wander-R.** oberseits bräunlich grau, unterseits grauweiß. R. sind Allesfresser, gefürchtete Krankheitsüberträger und große Vorratsschädlinge. – **2)** Bezeichnung für versch. Säugetiere, z. B. Biber-, Bisam- und Beutelratten.

Rattenkönig, ♡ junge Ratten, deren Schwänze vom Nestleben her verschlungen und verklebt sind.

Rattigan ['rætɪgən], Sir (1971) Terence Mervyn, brit. Dramatiker, * 1911, † 1977; Gesellschaftslustspiele, zeitnahe Problemstücke.

Ratzeburg, Krst. in Schlesw.-Holst., 11 800 Ew.; Kurort auf einer Insel im **Ratzeburger See;** roman. Dom (12./13. Jh.); landwirtschaftl. Handel; Holzind.; Ruderakademie des Dt. Ruderverbandes; Barlach-Gedenkstätte. – Im Schutz der Burg R. um 1060 als Siedlung entstanden. 1225 bis 1689 war R. Residenz der Herzöge von Lauenburg. Das Bistum wurde 1154 gegr., 1648 kam es als weltl. Fürstentum R. an Mecklenburg.

Joseph Ratzinger

Ratzinger, Joseph, dt. kath. Theologe und Kardinal (1977), * 1927; Prof. für Dogmatik; 1977 bis 1982 Erzbischof von München-Freising; seit 1981 Präfekt der Vatikan. Glaubenskongregation; schrieb »Das Salz der Erde« (1996).

Rau, Johannes, dt. Politiker (SPD), * 1931; seit 1978 Min.-Präs. von NRW, war 1994 Kandidat der SPD für das Amt des Bundespräsidenten.

Johannes Rau

Raub, ⚖ mit Gewalt gegen eine Person oder unter Drohungen mit gegenwärtiger Gefahr für Leib oder Leben begangener Diebstahl. Freiheitsstrafe, bei **schwerem R.** (z. B. Straßenraub) nicht unter 5 Jahren (§ 249 StGB).

Raubtiere, i. w. S. alle Tiere, die sich von lebendig ergriffener Beute nähren; i. e. S. Ordnung der Säugetiere mit großen Eckzähnen, starken Reißzähnen und scharfen Krallen, z. B. Katzen, Hyänen, Hunde, Marder, Bären.

Rauch, ein bei der Verbrennung von festen, flüssigen und gasförmigen Brennstoffen entstehendes Gemisch aus gasförmigen Substanzen (z. B. Kohlen- und Schwefeldioxid, Wasserdampf) sowie feinst verteilten festen Substanzen (z. B. Ruß).

Rauch, Christian Daniel, dt. Bildhauer, * 1777, † 1857; Bildnisse, Denkmäler; Meister des Klassizismus.

räuchern, Fleisch und Fisch im Rauch bestimmter Hölzer haltbar machen.

Rauchgasreinigung, ⚙ Beseitigung von Stäuben, Schwefeldioxid und Stickoxiden v. a. aus den Abgasen von Großfeuerungsanlagen nach versch. Verfahren zur Entschwefelung und Entstickung.

Rauchgasvorwärmer, engl. **Economizer,** ⚙ in den Abgaskanal der Dampfkesselfeuerung eingebautes Rohrsystem zur Vorwärmung des Dampferzeugerspeisewassers, Bestandteil jeder Dampfkesselanlage.

Rauchquarz *der,* grauer oder brauner Bergkristall; Schmuckstein.

Rauchvergiftung, meist Kohlenoxidvergiftung (→ Kohlenmonoxid).

Rauchwaren, 1) Tabakwaren. – **2)** [von rauch »behaart«] Pelzwirtschaft: veredelte, zur Herstellung von Pelzgegenständen taugl. Tierfelle, entweder nur zugerichtet (→ Leder) oder zugerichtet und gefärbt.

Räude, Krätze, ansteckende Hautkrankheit der Haustiere. Sie wird durch Milben hervorgerufen und verursacht stark juckenden Hautausschlag und Haarausfall.

Rauhes Haus [eigentl. »Ruges (des Erbauers) Haus«], **Wichernsche Anstalten,** die 1833 in Horn bei Hamburg von J. H. Wichern gegründete Anstalt zur Betreuung gefährdeter männl. Jugendlicher; heute u. a. Fachschule für Altenpflege.

Raum, i. d. R. eine dreidimensional vorgestellte, (teilweise) beschränkte oder unbeschränkteAusdehnung, z. B. ein umbauter R., der atmosphär. R. oder der Weltraum. In der Mathematik werden zahlreiche strukturierte Mengen als R. bezeichnet; z. B. ist die Menge aller reellen *n*-Tupel $(x_1 \ldots x_n)$, $x_i \in \mathbb{R}$, mit der punktweisen Addition und Skalarmultiplikation ein *n*-dimensionaler reeller Vektorraum. Die Relativitätstheorie A. Einsteins führte zu einer tief greifenden Wandlung des physikal. R.-Begriffs; ein bevorzugtes Bezugssystem und eine absolute Zeit existieren nach ihr nicht, R. und Zeit sind abhängig voneinander und werden zur **R.-Zeit** zusammengefasst.

Räumen, ⚙ Verfahren der spanenden Formung zur Herstellung von Ebenen und beliebigen zylindr. Flächen (Profilen) an Werkstücken aus Metall mit Räumnadeln. Die (bis zu 1 m lange) gezähnte **Räumnadel** nimmt sehr dünne Späne ab (etwa 0,01 mm).

Raumfahrt, Weltraumfahrt, Astronautik, die Erforschung und Erschließung des erdnahen Weltraums sowie des Sonnensystems mit unbemannten Geräten und durch den Menschen im Raum selbst. Die bei der R. zur Überwindung der Schwerkraft notwendigen hohen Geschwindigkeiten können nur mit Raketen erreicht werden. Sobald die Raketenendstufe oder der Raumgleiter die für die Erdumlaufbahn nötige Geschwindigkeit erreicht hat (7,9 km/s für Bahnen in niedriger Höhe) fliegt der Raumkörper antriebslos weiter, nachträgl. Bahnkorrekturen durch die Bodenstationen sind meistens möglich. Die Bodenstationen vermessen Flugbahnen und Positionen, senden Daten und Funkkommandos, empfangen und speichern techn. und Missionsdaten, leiten sie an die Nutzer zur Auswertung weiter, überwachen das Funktionieren der Bordsysteme (z. B. die Energieversorgung durch Sonnenzellen und/oder Batterien) sowie bei bemannten Objekten auch Lebenserhaltungssysteme, das Befinden der Besatzung, Strahlungsdosis u. a.

Ende des 19. Jh. erschienen erste wiss. Arbeiten z. B. über die Notwendigkeit flüssiger Raketentreibstoffe, ab 1898 von K. E. Ziolkowski, 1912 von R. Esnault-Pelterie und 1919 von R. H. Goddard und H. Oberth. Die erste Flüssigkeits-Versuchsrakete wurde 1926 in den USA gestartet. Die erste Rakete, die in den Weltraum bis 85 km Höhe vorstieß, war die dt. A-4 (auch V 2), die am 3. 10. 1942 von Peenemünde aus startete. In den USA wurden ab 1946 erbeutete A-4-Raketen

(bis 214 km Höhe), in der UdSSR ab 1947 weiter- und eigenentwickelte, ebenfalls militär. Interkontinentalraketen gestartet. Am 4. 10. 1957 (MEZ; 5. 10. Ortszeit) brachte die sowjet. R-7-Trägerrakete Semjorka, entwickelt unter S. R. Koroljow, den ersten künstl. Satelliten Sputnik 1 in eine Erdumlaufbahn (erster amerikan. Satellit 1958). Höhepunkte der bemannten amerikan. Mondflüge (Apollo-Programm) waren am 24./25. 12. 1968 Mondumrundungen durch Apollo 8 (F. Borman, J. Lovell, W. Anders). Am 20./21. 7. 1969 landeten die ersten Menschen mit Apollo 11 auf dem Mond (N. Armstrong, E. Aldrin). Die gleichzeitigen sowjet. bemannten Mondprogramme, die 30 Jahre lang geheim gehalten wurden, scheiterten dagegen an unbemannten Fehlstarts der Trägerraketen. Insgesamt hielten sich bis 1972 bei 6 Expeditionen 12 US-Astronauten auf dem Mond auf. Auf sowjet. Seite folgten den ersten Raumschiffen der Typen »Wostok«, ab 1967 »Sojus«, ab 1971 insgesamt 7 Raumstationen »Saljut«. In Erdumlaufbahnen, der »Hauptbühne« der bemannten und unbemannten R., arbeiteten sich ablösende Besatzungen in den Raumstationen Skylab (1973/74), Saljut (1971 bis 1986) und Mir (seit 1987 ständig bemannt).
Schwerpunkt der bemannten US-R. sind seit 1981 Kurzzeitflüge mit wieder verwendbaren Raumtransportern (Spaceshuttle), z. B. zum Aussetzen von Erdsatelliten, zur Bergung von Satelliten sowie für Forschungen mit großen Nutzlasten, wie dem wieder verwendbaren europ. Raumlabor Spacelab.
Einzelne Missionen mit Sojus, Saljut, Mir, Spaceshuttle und Spacelab boten auch Raumfahrern (insgesamt über 300) aus mehr als 25 Staaten Gelegenheit für Experimente, Dtl. z. B. 1985 mit der Spacelab-Mission D-1, 1992, 1994 und 1995/96 in der Raumstation Mir und 1993 bei der D-2-Mission.
Insgesamt gelangten bisher weltweit rund 4000 Raumflugkörper ins All. Die weitaus meisten davon sind automat. Erdsatelliten. Von allen sowjetisch-russ. und US-Satelliten dienten $^2/_3$ militär. und $^1/_3$ zivilen Anwendungen. Wiss. Nutzen ziehen aus der R. v. a. Geophysik, Geologie, Geographie, Meteorologie, Astronomie und Astrophysik. Wirtschaftl. Nutzen bringen Wetter-, Nachrichten- und Navigations-, Fernsehsatelliten. Indirekter wirtschaftl. Nutzen wird gewonnen aus der Vermarktung der Erzeugnisse, Werkstoffe und techn. Verfahren, die für die R. entwickelt wurden, bes. auf den Gebieten der Elektronik, Metallurgie und der Kunststoffe.

Raumfahrt

Wichtige Daten zur unbemannten Raumfahrt

4. 10. 1957	Erdsatellit, Sputnik 1 (UdSSR)
31. 1. 1958	Entdeckung des Van-Allen-Strahlengürtels durch Explorer 1 (USA)
12. 9. 1959	Mondflug, Luna 2 (UdSSR)
10. 8. 1960	Bergung eines Satelliten, Discoverer 13 (USA)
27. 8. 1962	Venuserkundung, Mariner 2 (USA)
28. 11. 1964	Marserkundung, Mariner 4 (USA)
6. 4. 1965	kommerzieller Nachrichtensatellit, Early Bird (USA)
31. 1. 1966	Mondlandung, Luna 9 (UdSSR)
17. 8. 1970	Venuslandung, Venera 7 (UdSSR)
3. 3. 1972	Raumfluggerät, das das Sonnensystem verließ, Pioneer 10 (USA)
10. 12. 1974	Naherkundung der Sonne, Helios 1 (BR Deutschland)
20. 8. 1975	Marslandung, Viking 1 (USA)
20. 8. 1977	Voyager 2, Vorbeiflug an den großen Planeten des Sonnensystems (USA)
2. 7. 1985	Untersuchung des Halleyschen Kometen durch die Sonde Giotto (ESA)
18. 10. 1989	Raumsonde Galileo zur Untersuchung des Planeten Jupiter (USA, BR Deutschland)
24. 4. 1990	Hubble Space Telescope (USA, Europa)
1. 6. 1990	Röntgensatellit ROSAT (Europa, USA)
6. 10. 1990	Überflug der Sonnenpole, Ulysses (Europa)
5. 4. 1991	Gammastrahlendurchmusterung des Weltalls, Gamma Ray Observatory (USA)
25. 1. 1994	Mineralgehaltsuntersuchung der Mondoberfläche, (USA)
4. 7. 1997	Landung der Raumsonde Mars Pathfinder auf dem Mars, Gesteinsuntersuchungen durch das Marsmobil Sojourner

Wichtige Daten zur bemannten Raumfahrt

12. 4. 1961	bemannter Erdsatellit, Wostock 1, mit J. Gagarin (UdSSR)
18. 3. 1965	Kosmonaut außerhalb eines Raumfahrzeugs im Weltraum (UdSSR)
21. 12. 1968	bemannte Mondumkreisung, Apollo 8 (USA)
16. 7. 1969	bemannte Mondlandung, Apollo 11 (USA)
19. 4. 1971	bemannte Raumstation Saljut 1 (UdSSR)
14. 5. 1973	bemannte Raumstation Skylab (USA)
15. 7. 1975	Rendezvousmanöver Apollo-Sojus (USA, UdSSR)
12. 4. 1981	Erstflug des teilweise wieder verwendbaren Raumtransporters (Spaceshuttle »Columbia«, USA)
28. 11. 1983	Spacelab (BR Deutschland) in einer Spaceshuttlemission
20. 2. 1986	permanent bemannte Raumstation Mir (UdSSR)
2. 12. 1993	Reparatur des Hubble Space Telescope (USA)
8. 1. 1994	Langzeitaufenthalt 438 Tage von W. Poljakow (Russland) in der Raumstation Mir
3. 10. 1994	Ulf Merbold bei seinem 3. Einsatz 31 Tage im All, Euromir 94 (Deutschland, Russland)
29. 2. 1996	Thomas Reiter beendet nach 176 Tagen den bislang längsten Flug eines Westeuropäers im All (Start zu Euromir 95: 3. 9. 1995)

Die angegebenen Daten sind die Starttermine der Raumfahrtunternehmungen.

Raumsonde. Die am 30. März 1971 gestartete Marssonde Mariner 9

Raum|inhalt, Volumen, Formelzeichen V, die Größe des von der Oberfläche eines Körpers oder einer sonstigen Begrenzungsfläche eingeschlossenen Raums. SI-Einheit des R. sind Kubikmeter (m^3) sowie Vielfache und Teile davon.

Raumkurve, Kurve, die nicht in einer Ebene liegt, z. B. eine Schraubenlinie. Die wichtigsten Eigenschaften einer R. sind ihre Krümmung, d. h. die Abweichung vom geradlinigen Verlauf, und ihre Windung, d. h. die Abweichung vom ebenen Verlauf.

Raumladung, ⚡ Ladungswolke, z. B. eine Elektronenwolke, die eine Glühkathode umgibt.

Raum|meter, Ster, Zeichen **Rm** bzw. **st,** Raummaß der Forstwirtschaft, 1 m^3 aufgeschichtetes Holz mit Zwischenräumen.

Raum|ordnung, koordinierende Vorsorge für eine geordnete, den Gegebenheiten der Natur und dem öffentl. Interesse entsprechende, planmäßige, vorausschauende Gesamtgestaltung des Landesgebietes oder einzelner Landesteile. .

Raumsonde, mithilfe von Mehrstufenraketen auf eine die Erde verlassende Bahn gebrachter unbemannter Raumflugkörper für wiss. Messungen im Weltraum und auf anderen Planeten.

Ravenna
Stadtwappen

Ravensburg
Stadtwappen

Typische Gestalt des Gottes **Re**

Ronald Reagan

Raumstation, Weltraumstation, Orbitalstation, mit mehreren Astronauten vorübergehend oder ständig besetztes bemanntes Raumflugsystem, das als komplette Einheit oder in einzelnen Baugruppen in eine Erdumlaufbahn gebracht (und dort montiert) wird.

Raumtransporter, Raumfähre, Spaceshuttle, Trägersystem für den Transport einer Nutzlast von der Erdoberfläche auf eine Satellitenbahn, das wieder verwendbar zur Erde zurückgeführt werden kann. Der R. besteht aus der einem Flugzeug ähnelnden, rückkehrfähigen Umlaufeinheit (»Orbiter«), einem großen Außentank für Flüssigwasserstoff und -sauerstoff sowie zwei zusätzl. bergungsfähigen Feststoffraketen. Der Start des ersten amerikan. R. »Columbia« erfolgte am 12. 4. 1981, die Sowjetunion startete ihren ersten R. (ohne Hecktriebwerke) »Buran« am 15. 11. 1988.

Räumung, ⚖ Herausgabe eines gemieteten Raums, zu der der Mieter nach Beendigung des Mietverhältnisses verpflichtet ist (§ 556 BGB). Für die R. von Wohnraum (nicht Geschäftsraum) kann das Gericht auf Antrag oder nach **R.-Klage** eine **R.-Frist** oder **R.-Aufschub** bewilligen (§§ 721, 794 a ZPO).

Raumwelle, die von einem Funksender ausgestrahlte und sich (im Ggs. zur Bodenwelle) im Raum ausbreitende elektromagnet. Welle; sie wird an der Ionosphäre unter Umständen mehrmals reflektiert oder entlanggeleitet und kann wegen ihrer geringen Schwächung mehrmals die Erde umlaufen.

Raumzahl, ⚓ in der Schiffsvermessung verwendetes Maß, das die bis 1994 gültige Registertonne ersetzt.

Raupe *die,* Larve der Schmetterlinge.

Raupenfahrzeuge, Gleiskettenfahrzeuge, Fahrzeuge, deren Räder zur Verringerung der Bodenpressung auf Gleisketten laufen, u. a. Panzer, Räumgeräte.

Rauschenberg, Robert, amerikan. Künstler, * 1925; Vertreter der Pop-Art; Thematik: die großstädt. amerikan. Zivilisation, v. a. ihre Idole.

Rauschgifte, Rauschmittel, Gruppe verschiedenartiger Stoffe (Drogen), die beim Menschen erregend oder lähmend auf das Zentralnervensystem wirken, häufig zu Bewusstseinsveränderungen und Euphorie führen und psych. und körperl. Abhängigkeit hervorrufen können. Kennzeichen der **psych. Abhängigkeit** ist das Unvermögen, mit der R.-Einnahme aus eigener Kraft aufhören zu können. Die **körperl. Abhängigkeit** äußert sich durch ernste körperl. Störungen (Entzugserscheinungen) bei Dosisverringerung oder R.-Entzug. Drogenabhängigkeit führt häufig zu chron. Gesundheitsschäden, sozialem und beruflichem Abstieg und Gesetzeskonflikten.
Es lassen sich im Wesentlichen folgende Gruppen von R. unterteilen: 1) Opiate (Morphin, Opium, Heroin, synthet. Betäubungsmittel/»Designerdrogen«), 2) Stimulantien (Amphetamine, Kokain, Crack, Ice), 3) Halluzinogene (LSD, Mescalin, Psilocybin), 4) Cannabisprodukte (Marihuana, Haschisch). Als »harte Drogen« werden bes. Opiate, als »weiche Drogen« Haschisch, i. w. S. auch Alkohol u. a. bezeichnet.

Rauschgold, ausgewalztes Messingblech von 0,01 bis 0,03 mm Dicke u. a. für Dekorationen.

Raute *die,* √ → Rhombus.

Raute *die,* **1) Ruta,** Gattung der Rautengewächse mit rd. 60 Arten, v. a. im Mittelmeergebiet; Kräuter oder Halbsträucher mit Öldrüsen enthaltenden Blättern und gelben oder grünl. Blüten. Die bekannteste Art ist die **Weinraute.** – **2)** Bezeichnung für versch., nicht mit den Rautengewächsen verwandte Pflanzen, z. B. Goldraute.

Ravel [raˈvɛl], Maurice, frz. Komponist, * 1875, † 1937; Opern, Orchester- und Kammermusik.

Ravenala, Gattung der Bananengewächse mit einer Art in Madagaskar **(Baum der Reisenden),** 3 bis 6 m hoch, mit fächerartig ausgebreiteten Blättern und weißen Blüten.

Ravenna, Stadt in Oberitalien, nahe dem Adriat. Meer, 135 500 Ew.; Baudenkmäler des 5./6. Jh.: Mausoleum der Galla Placidia, Kirche San Vitale, Basiliken Sant'Apollinare Nuovo und Sant'Apollinare in Classe, Grabmäler Theoderichs d. Gr. und Dantes; Kunstakademie. Ind.: Stickstoffdünger; Erdölraffinerie. – Wohl 49 v. Chr. röm. Munizipium; R. wurde 402 Sitz der weström. Kaiser, später der ostgot. Könige und byzantin. Exarchen (Statthalter) von Italien; im 8. Jh. fiel es an den Kirchenstaat.

Ravensbrück, Ortsteil von Fürstenberg/Havel, Bbg., 6 000 Ew. In R. errichteten die Nationalsozialisten 1939 ein KZ für Frauen; bis 1945 wurden rd. 132 000 Frauen und Kinder eingeliefert, von denen etwa 92 000 den Tod fanden. – Gedenkstätte (seit 1959).

Ravensburg, Krst. in Bad.-Württ., 43 900 Ew.; mittelalterl. Bauwerke; versch. Ind. – R. war bis 1803 Reichsstadt, seit 1810 württembergisch.

Raumtransporter. Zeichnung des amerikanischen Spaceshuttle bei geöffneten Ladeluken mit dem europäischen Raumlabor Spacelab als Nutzlast

Ravioli *Pl.,* kleine Nudelteigtaschen mit Fleisch- oder Gemüsefüllung.

Rawalpindi, Stadt in Pakistan, in NW-Pandschab, 795 000 Ew.; Erdölraffinerie.

Rax|alpe, Kalkhochfläche der Alpen, nordwestl. vom Semmering, Österreich, 2 007 m hoch.

Ray [reɪ], Man, amerikan. Objektkünstler, Fotograf und Maler, * 1890, † 1976; schuf Fotogramme (»Rayografien«) und surreal verfremdete Objekte; auch avantgardist. Filme.

Raygras, der → Lolch.

Rayon [rɛˈjɔ̃] *der,* und österr.: Umkreis, Bezirk.

Rayonismus [rɛjɔn-] *der,* ab 1910 von M. F. Larionow entwickelte Frühform der abstrakten Kunst.

Razzia *die,* polizeil. Fahndungsaktion nach verdächtigen Personen.

Rb, chem. Symbol für das Element Rubidium.

re..., lat. Vorsilbe mit der Bedeutung wieder, zurück, gegen, neu; z. B. Reform.

Re, chem. Symbol für das Element Rhenium.

Re, Ra, altägypt. Name der Sonne und des Sonnengotts, häufig mit einem Falkenkopf dargestellt, galt als Schöpfergott und Vater des jeweiligen Pharao.

Reading [ˈredɪŋ], Hptst. der Cty. Berkshire, England, 124 000 Ew.; Univ.; Industrie.

Reagan [ˈregən], Ronald Wilson, amerikan. Politiker, * 1911; Filmschauspieler, 1967 bis 1975 Gouv. von Kalifornien, 1981 bis 1988 der 40. Präs. der USA (Programm der »nationalen Erneuerung«: Wirtschaftsstabilisierung, militär. Gleichgewicht zur UdSSR).

Reagenz, Reagens *das,* jeder chem. Stoff, der zu Umsetzungen, Lösungen, Fällungen u. a. benutzt wird. **R.-Glas,** Glas für Versuche. **R.-Papier,** mit einem R. durchtränktes Papier, z. B. Lackmuspapier.

Reaktion *die,* **1)** allg. Gegenwirkung, Rückwirkung. - **2)** ⚗ →chemische Reaktionen, →Kettenreaktion. - **3)** Physiologie und Psychologie: Antwort eines Lebewesens auf einen inneren oder äußeren Reiz. - **4)** Politik: Streben nach Rückkehr zu überholten, veralteten Anschauungen und Einrichtungen. **Reaktionär** *der,* Anhänger der Reaktion.

Reaktor *der,* **1) Kernreaktor,** Anlage zur techn. Gewinnung von Kernenergie durch die Einleitung einer Kettenreaktion von →Kernspaltungen. Als Spaltstoffe verwendet man Uran 235, Uran 233 und Plutonium 239. Die bei der Spontanspaltung von U 235 entstehenden Neutronen werden durch einen Moderator, Graphit, leichtes oder schweres Wasser, so abgebremst, dass sie neue Spaltungen einleiten, bei denen wieder Neutronen entstehen usw. Die bei jeder Spaltung frei werdende Wärme wird durch Wasser, Gas (Kohlendioxid, Helium) oder flüssiges Natrium als Kühlmittel abgeführt. Die Regelung der Kettenreaktion erfolgt durch Neutronen absorbierende Stäbe aus Bor, Cadmium, Hafnium u.a. Weitere Energie neben Wärme wird in Form von Strahlung frei. Verwendung: **Forschungs-R.** als Neutronenquelle, **Produktions-R.** zur Erzeugung von Plutonium (Kernwaffen), **Leistungs-R.** in Kernkraftwerken. Für letzteren Zweck hauptsächlich **Leichtwasser-R.** mit angereichertem Uran 235, leichtem Wasser als Moderator und zur Kühlung, ausgelegt als **Siedewasser-** und **Druckwasser-R.** Der **Gas-Graphit-R.** mit Natururan konnte sich wirtschaftlich nicht durchsetzen. Entwicklungsrichtungen: Der **Hochtemperatur-R.** mit Thorium-Uran-Zyklus, Heliumkühlung und gegebenenfalls Helium-Gasturbine besitzt einen guten thermodynam. Wirkungsgrad; **schwerwassermoderierte R.** arbeiten mit Natururan; der **Brut-R.** (schneller Brüter) ohne Moderator erzeugt neben Wärme mehr spaltbares Material (z.B. Pu 239 aus U 238), als er verbraucht, Kühlung durch Natrium. - **2)** ⚗ **Reaktions|apparat,** Apparat, in dem in der chem. Technik die Reaktionen ablaufen.

Reaktorsicherung, Einrichtungen zur automat. Stillsetzung eines Reaktors bei Versagen der normalen Regelungs- und Sicherungsorgane, z.B. im Fall unzulässig hoher Erwärmung.

real, 1) sachlich, dinglich. - **2)** stofflich; Ggs.: ideal. - **3)** wirklich, wahrhaft.

Real *der,* alte span. Münze.

Realgar *das,* rubinrotes Mineral, chem. Arsensulfid AsS (auch As_4S_4).

Reali|en *Pl.,* wirkl. Dinge, Tatsachen.

Real|injuri|e, tätliche Beleidigung.

realisieren, 1) verwirklichen, ausführen. - **2)** zu Geld machen. - **3)** begreifen, einsehen.

Realismus *der,* **1)** Ⓟⓗ Anerkennung der selbstständigen Wirklichkeit der von uns erkannten Außenwelt. Der **naive R.** nimmt an, dass unsere Wahrnehmungen die Welt so spiegeln, wie sie ist; der **krit. R.** behauptet, dass wir zwar von der Außenwelt wissen, aber nur von ihren Erscheinungen, nicht von ihrem An-sich (→Idealismus). - **2)** Kunst, Literatur: Richtung, die jede Idealisierung ablehnt und die künstler. Darstellung der Wirklichkeit erstrebt. Sie tritt bes. in kulturellen Spätzeiten auf (Spätantike, Plastik des 13. Jh.). Insbesondere wird R. die Epoche von etwa 1830 bis 1880 genannt (Maler: G. Courbet, A. v. Menzel, W. Leibl; Dichter: H. de Balzac, G. Flaubert, G. Keller, W. Raabe, T. Fontane); sie wurde abgelöst von Naturalismus und Impressionismus. Der **sozialist. R.** war die offizielle Kunstrichtung in den Ostblockstaaten. Die Kunst wurde politisch-ideolog. Zielen untergeordnet. BILD S. 738

Realkonkurrenz, Tatmehrheit, ⚖ Verletzung mehrerer Strafgesetze oder die mehrfache Verletzung desselben Strafgesetzes durch mehrere selbstständige Handlungen; Ggs.: Idealkonkurrenz. Bei R. wird nach § 54 StGB eine Gesamtstrafe durch Erhöhung der verwirkten schwersten Strafe gebildet.

Real|last, ⚖ Belastung eines Grundstücks in der Weise, dass aus dem Grundstück an den Berechtigten wiederkehrende Leistungen (z.B. eine Rente) zu entrichten sind (§§ 1105 ff. BGB).

Real|lohn, der Lohn nach seiner Kaufkraft bemessen **(Realeinkommen).**

Realpolitik, von den realen Gegebenheiten bestimmte Politik (»Politik des Möglichen«).

Realschulen, in Dtl. Sekundarschulen, die mit der 10. Klasse abschließen und eine über die Hauptschule hinausgehende Bildung vermitteln.

Real|union, verfassungsrechtl. festgelegte Verbindung selbstständiger Staaten nicht nur durch Personalunion, sondern auch durch gemeinsame Einrichtungen.

Realwert, Kaufkraftwert; Ggs.: Nennwert.

Réaumur [reo'my:r], René-Antoine, frz. Physiker, Biologe, * 1683, † 1757; **R.-Skala:** Temperaturskala: 1°R = $\frac{5}{4}$°C.

Rebe, der →Weinstock.

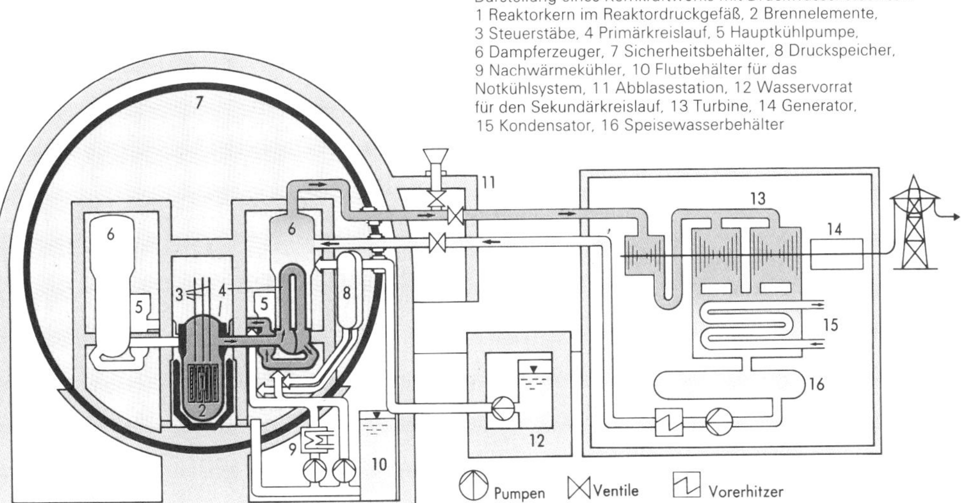

Darstellung eines Kernkraftwerks mit Druckwasser-**Reaktor.** 1 Reaktorkern im Reaktordruckgefäß, 2 Brennelemente, 3 Steuerstäbe, 4 Primärkreislauf, 5 Hauptkühlpumpe, 6 Dampferzeuger, 7 Sicherheitsbehälter, 8 Druckspeicher, 9 Nachwärmekühler, 10 Flutbehälter für das Notkühlsystem, 11 Abblasestation, 12 Wasservorrat für den Sekundärkreislauf, 13 Turbine, 14 Generator, 15 Kondensator, 16 Speisewasserbehälter

Realismus. Gustave Courbet, »Die Kornsieberinnen« (1855)

Rebekka, im A. T. Frau Isaaks, Mutter Jakobs und Esaus (1. Mos. 24 bis 27).

Rebell *der,* Aufrührer, Aufständischer.

Rebhuhn, erdfarbenes Feldhuhn.

Reblaus, sehr schädl., aus Nordamerika stammende Blattlaus. Als Wurzelläuse saugen die ungeflügelten Weibchen an den feinen Wurzeln des Weinstocks und erzeugen hier Wurzelgallen. Die Reben sterben bei Befall nach 5 bis 10 Jahren ab.

Rebstecher, in Europa verbreiteter, etwa 8 mm langer Afterrüsselkäfer; frisst an Knospen und Blättern von Weinreben.

Rebus *der,* das Bilderrätsel.

Récamier [rekaˈmje], Julie, * 1777, † 1849; unterhielt einen polit.-literar. Salon, der zeitweise Treffpunkt der Gegner Napoleons I. war, befreundet u. a. mit F. R. de Chateaubriand.

Rechenschieber, Rechenstab, stabförmiges Rechengerät zum Multiplizieren, Dividieren, Potenzieren und Radizieren, bei dem die logarithm. Rechenregeln mechanisch realisiert werden: der Multiplikation und Division entsprechen die Addition und Subtraktion logarithmisch unterteilter Skalen. Der R. ist heute vom Taschenrechner verdrängt.

Rechenzentrum, ▣ mit großen Datenverarbeitungsanlagen ausgerüstete Einrichtung zur Verarbeitung umfangreicher Datenmengen sowie zur Durchführung komplizierter Berechnungen, die im kaufmänn., techn. und wiss. Bereich anfallen.

Recherche [rəˈʃɛrʃə] *die,* Ermittlung, (journalist. oder kriminalist.) Nachforschung.

Rechner, der → Computer.

Rechnungseinheit, Abk. **RE,** im Geldwesen eines Lands die Größe, auf der sein Währungssystem basiert (im Allg. die Münz- und Währungseinheit); im internat. Verkehr die gemeinsame Verrechnungsgröße über den beteiligten Einzelwährungen, z. B. in der Europ. Union die European Currency Unit (ECU).

Recht, ⚖ **1) R.-Ordnung,** Gesamtheit der R.-Sätze, die innerhalb einer rechtsverbundenen Gesamtheit (R.-Gemeinschaft) für die R.-Genossen verbindlich gelten. – **2)** Anspruch, der sich im Einzelfall für eine Person aus der R.-Ordnung ergibt. Zur R.-Erzeugung befähigt sind: 1) Staat. 2) Kirche (Kirchen-R.). 3) Völkerrechtsgemeinschaft (→ Völkerrecht). Geltungsgrund, die eigentl. »Quelle« der R.-Ordnung, ist die R.-Idee (Gerechtigkeit), d. h. der aus den obersten sittlichen Werten der R.-Gemeinschaft hergeleitete Grundsatz, dass jedem R.-Genossen ein angemessener Anteil an Rechten und Pflichten innerhalb des Ganzen zukommt. Zu den Erscheinungsformen der R.-Ordnung gehören: 1) Gewohnheits-R., 2) Gesetzes-R., das vom obersten Gesetzgeber einer R.-Genossenschaft in schriftl. Anordnungen (Gesetzen usw.) niedergelegt wird, sowie 3) das von Gerichten entwickelte R. (Richter-R.). Es teilt sich in **öffentl. R.** (hierzu gehört systematisch auch das **Straf-R.**) und **Zivil-R.** Beide sind dort miteinander verschmolzen, wo der Staat beansprucht, R.-Beziehungen zw. Einzelnen durch hoheitl. Eingriffe mitzugestalten, z. B. im Arbeits-R., Wirtschafts-R., Miet- und Pachtrecht. (→ Naturrecht)

Rechte *die,* aus der nach 1814 übl. Sitzordnung (in Blickrichtung des Präs.) der frz. Deputiertenkammer übernommene Bezeichnung für die »Ordnungsparteien«, die im Wesentlichen auf die Bewahrung der politisch-sozialen Verhältnisse hinwirken.

Rechteck, ein rechtwinkliges Parallelogramm.

Rechtfertigung, 1) Ⓟ häufig synonym mit Begründung gebrauchter philosoph. Begriff. I. e. S. Begründung bes. von Zwecksetzungen und Handlungsregeln. – **2)** Begriff der christl. Theologie, mit dem der Vorgang reflektiert wird, dass das durch die Sünde gestörte Verhältnis zw. Mensch und Gott in einen als »heil« geglaubten Zustand überführt wird. – In den ev. Kirchen geht der Begriff R. wesentlich auf M. Luthers Neuinterpretation von Röm. 1, 17 zurück: »Gottes Gerechtigkeit« wird dem Menschen als Gabe zugeeignet. – Die kath. Theologie versteht die R. stärker als Gerechtmachung des Menschen. Die guten Werke gelten ihr als menschlich, wenn auch von Gottes Gnade veranlasst.

Rechts|anwalt, kurz **Anwalt,** juristisch ausgebildeter unabhängiger Berater und Vertreter in allen Rechtsangelegenheiten, bes. im Prozess. Als R. wird nur zugelassen, wer die Befähigung zum Richteramt hat. Die R. sind in R.-Kammern zusammengeschlossen. – Vom R. zu unterscheiden ist der **Rechtsbeistand,** der ohne Zulassung als R. aufgrund besonderer Erlaubnis (Rechtsberatungs-Ges. vom 13. 12. 1935) berechtigt ist, fremde Rechtsangelegenheiten geschäftsmäßig zu besorgen. Voraussetzungen: Zuverlässigkeit, persönl. Eignung, Sachkunde.

Rechtsbeugung, ⚖ bewusste Verletzung eines Gesetzes bei Leitung oder Entscheidung einer Rechtssache durch Richter (auch ehrenamtl. Richter), Schiedsrichter oder Amtsträger zugunsten oder zum Nachteil einer Partei. Freiheitsstrafe nicht unter einem Jahr (§ 336 StGB).

Rechtschreibung, Orthographie, Regelung der Schreibweise einer Sprache. – In Dtl. wurde 1902 eine Einheitsrechtschreibung, die auf K. → Duden zurückging, amtl. festgelegt; 1996 wurden Regeln für eine reformierte R. beschlossen.

Rechtsfähigkeit, Fähigkeit, Träger von Rechten und Pflichten zu sein. Rechtsfähig ist jeder Mensch von vollendeter Geburt an (§ 1 BGB) bis zum Tode, ferner jede juristische Person.

Rechtsgeschäft, ⚖ aus einer oder mehreren Willenserklärungen bestehende Rechtshandlung, durch die eine privatrechtl. Verpflichtung oder Verfügung bewirkt wird. Man unterscheidet **einseitige R.** (z. B. Kündigung, Testament), **zweiseitige R.** (z. B. Vertrag, Eheschließung) und **kollektive R.** (z. B. Gesellschaftsvertrag) oder aber **Verpflichtungsgeschäfte,** die eine schuldrechtliche Verpflichtung zu einer Leistung begründen (z. B. Kauf, Werkvertrag), und **Verfügungsgeschäfte,** die ein dingliches Recht ändern (z. B. Übereignung).

Rechtshängigkeit, prozessualer Zustand durch Klageerhebung oder Eröffnungsbeschluss, durch den z. B. die Verjährung unterbrochen wird.

Rechtshilfe, ⚖ richterl. Hilfeleistung (z. B. Zeugenvernehmung) durch ein anderes als das Prozessgericht.

Rechtskraft, ⚖ Endgültigkeit von Rechtsentscheidungen. Die R. kann beseitigt werden durch Wiederaufnahme des Verfahrens, Wiedereinsetzung in den vorigen Stand, Abänderungsklage.

Rechtsmedizin, forensische Medizin, früher **Gerichtsmedizin,** Fachgebiet der Medizin, das sich mit medizinisch-naturwiss. und standesrechtl. Fragen beschäftigt, die für die Rechtspflege von Bedeutung sind. Die R. umfasst als Teilgebiete die forensisch-klin. Medizin (z. B. ärztl. Beurteilung von Verletzungen, Verhandlungsfähigkeit), die forens. Pathologie (z. B. Leichenschau), die forens. Chemie und Toxikologie (z. B. Spurenuntersuchungen), die forens. Psychiatrie (z. B. Begutachtung der Zurechnungsfähigkeit) und die ärztl. Rechts- und Standeskunde.

Rechtsmissbrauch, gegen Treu und Glauben verstoßende Ausübung eines Rechts, z. B. Schikane.

Rechtsmittel, ⚖ gesetzl. Mittel gegen gerichtl. Entscheidungen (Beschwerde, Berufung, Revision).

Rechtsnachfolge, Sukzession, tritt ein durch Abtretung (Zession) oder Gesamtübergang (Universalsukzession), im Staats-, Völkerrecht durch Staatennachfolge.

Rechtsnorm, ⚖ zur Regelung des Gemeinschaftslebens erlassene Vorschrift (Verfassung, Gesetze, Rechtsverordnungen).

Rechts|pfleger, Beamter des gehobenen Justizdienstes, der mit der Erledigung bestimmter einfacher richterl. Aufgaben betraut ist, z. B. Vormundschafts-, Grundbuchsachen, Konkurs-, Vergleichsverfahren.

Rechts|positivismus, Ⓟ Richtung der Rechtsphilosophie, die im Ggs. zum Naturrecht das Recht mit den in einem Staat tatsächlich (»positiv«) geltenden Normen gleichsetzt und seine Rechtfertigung in der staatl. Macht sieht.

Recht|sprechung, ⚖ Anwendung der Gesetze auf den Einzelfall durch die Gerichte.

Rechts|staat, Staat, in dem die Staatstätigkeit durch die Rechtsidee bestimmt sowie durch die Rechtsordnung begrenzt ist und in dem die Rechtsstellung der Verbände wie der Einzelnen (bes. Leben, Freiheit und Eigentum) durch Rechtsgarantien gesichert ist. (→Gewaltentrennung, →Grundrechte)

Rechtsverordnung, ⚖ von einer staatl. Stelle erlassene Vorschrift, die, ohne formelles Gesetz zu sein, wie ein Ges. wirkt. In Dtl. können die Bundesreg., die Landesreg. und die Bundesmin. durch Ges. zum Erlass von R. ermächtigt werden (Artikel 80 GG).

Rechtsweg, ⚖ Weg, auf dem bei einer Gerichtsbarkeit um Rechtsschutz nachgesucht werden kann.

Rechtswidrigkeit, ⚖ Verstoß einer Handlung oder Unterlassung gegen die Verbote oder Gebote des Rechts.

Rechtswissenschaft, Jurisprudenz *die,* ⚖ systemat. und begriffl. Durchdringung und Auslegung des geltenden Rechts **(Dogmatik);** i. w. S. schließt die R. Rechtsphilosophie, -geschichte, -soziologie und -politik ein.

Recife [rreˈsifi], Hptst. des brasilian. Staats Pernambuco, 1,3 Mio. Einwohner.

Reck, Turngerät, waagerechte Stahlstange zw. 2 Haltestangen (2,4 m lang), in der Höhe verstellbar.

Recklinghausen, Krst. in NRW, 120 000 Ew.; Hafen am Rhein-Herne-Kanal; Steinkohlenbergbau, Metallind.; Ruhrfestspiele; Volkssternwarte.

Reclam, Anton Philipp, dt. Verleger, * 1807, † 1895; begründete 1828 in Leipzig den Verlag Philipp R. jun. Die R. Universal-Bibliothek (seit 1867) ist eine Sammlung preiswerter Ausgaben von Werken der Weltliteratur, von wiss. Werken u. a. Der Verlag wurde 1947 in Stuttgart neu gegründet. Seit 1991 besitzen der Stuttgarter Verlag und das 1950 in Leipzig verstaatlichte Stammhaus eine gemeinsame Geschäftsführung.

Recycling [riˈsaɪklɪŋ] *das,* Wiederverwendung von Abfällen oder verbrauchten Endprodukten der Ind. als Rohstoffe für neue Produkte.

Redakteur [redakˈtøːr] *der,* schweizer. **Redaktor** *der,* **1)** angestellter Journalist in Massenmedien. – **2)** Textbearbeiter in Buchverlagen; meist Mitglied einer **Redaktion.**

Redemptoristen [von lat. redemptor »Erlöser«], kath. Priestergemeinschaft, gegr. 1732 von Alfons Maria von Liguori. Die R. widmen sich der Seelsorge, bes. der Volksmission.

Redford [ˈredfəd], Robert, amerikan. Schauspieler, * 1937; wurde durch subtile Charakterdarstellungen (u. a. »Der Clou«, 1973; »Der große Gatsby«, 1974; »Ein unmoral. Angebot«, 1993) zu einem bekannten Hollywoodstar.

Robert Redford

Redgrave [ˈredgreɪv], Vanessa, brit. Schauspielerin, * 1937; Filme: »Blow up« (1966), »Julia« (1976).

Rediskontierung, Weiterverkauf diskontierter Wechsel (→Diskont).

Redoute [rəˈduːtə] *die,* früher trapezförmiges Befestigungswerk; veraltet für Ballsaal.

Redoxreaktion, chem. Reaktion, bei der ein Stoff oxidiert wird (Elektronenabgabe), der andere reduziert wird (Elektronenaufnahme).

Red River [ˈred ˈrɪvə, engl. »Roter Fluss«], rechter Nebenfluss des Mississippi, USA, 1 966 km lang.

Reduktion *die,* **1)** Zurückführung (auf Einfacheres oder Grundsätzliches), Verminderung. – **2)** Entfernung von Sauerstoff aus Verbindungen oder Anlagerung von Wasserstoff; i. w. S. Elektronenaufnahme.

Reduktions|teilung, →Kernteilung.

Reduktionszirkel, Zirkel zum Übertragen von Strecken in einen anderen Maßstab.

Redundanz *die,* Überfluss. Informationstheorie: Weitschweifigkeit, Gehalt von Signalen, die keine zusätzliche Information liefern. Die Mehrfachauslegung techn. Geräte zum Schutz gegen Ausfallerscheinungen heißt **techn. Redundanz.**

Reduzierventil, Ventil zur Druckverminderung von Flüssigkeiten, Gasen in Leitungen.

Reede, ⚓ geschützter Ankerplatz an einer Küste (Bucht, Flussmündung).

Reeder, der Eigentümer eines Seeschiffs, das dem Erwerb dient (Binnenschifffahrt: **Schiffseigner). Reederei,** Schifffahrtsunternehmen.

Recife
Stadtwappen

reell, 1) wirklich vorhanden. – **2)** redlich, anständig.

reelle Zahlen, √ alle rationalen und irrationalen Zahlen, z. B. 3, −17, $^3/_4$, $\pi = 3{,}14...$

Reeperbahn, 1) Anlage zur Herstellung von Seil **(Reep).** – **2)** Vergnügungsviertel in Hamburg.

REFA, Abk. für den 1924 gegr. »**Re**ichsausschuß **f**ür **A**rbeitszeitermittlung«, seit 1977 »REFA-Verband für Arbeitsstudien und Betriebsorganisation e. V.«, Sitz Darmstadt.

Refektorium *das,* Speisesaal in einem Kloster.

Referat *das,* **1)** Berichterstattung, Vortrag. – **2)** Sachgebiet oder Abteilung eines **Referenten** (Sachbearbeiters).

Referendar *der,* ein im Vorbereitungsdienst für die höhere Beamtenlaufbahn stehender Anwärter, z. B. Berg-, Forst-, Studien-R. sowie der im jurist. Vorbereitungsdienst zw. der 1. und 2. Staatsprüfung stehende Gerichtsreferendar.

Referendum *das,* →Volksentscheid.

Referenz *die,* Beziehung, Empfehlung.

Recklinghausen
Stadtwappen

Refinanzierung, Geldbeschaffung eines Kreditgebers bei Mangel an Eigenmitteln, z. B. durch Beleihung von Wertpapieren bei der Notenbank.

Reflektor *der,* **1)** Gerät an Beleuchtungskörpern zum Zurückwerfen des Lichts, z. B. bei Scheinwerfern. – **2)** Drahtgeflecht, Gitterwerk oder Metallfläche in Hohlspiegelform hinter Antennen, erhöht deren Richtwirkung. – **3)** Kerntechnik: ein Neutronen »reflektierender« Mantel um einen Reaktor.

Reflex *der,* **1)** Widerschein (das Zurückstrahlen des Lichts). – **2)** auf bestimmte Reize unwillentl. eintretende Reaktionen des Körpers, z. B. Kniescheiben-R. oder Magensaftabsonderung bei Nahrungs-

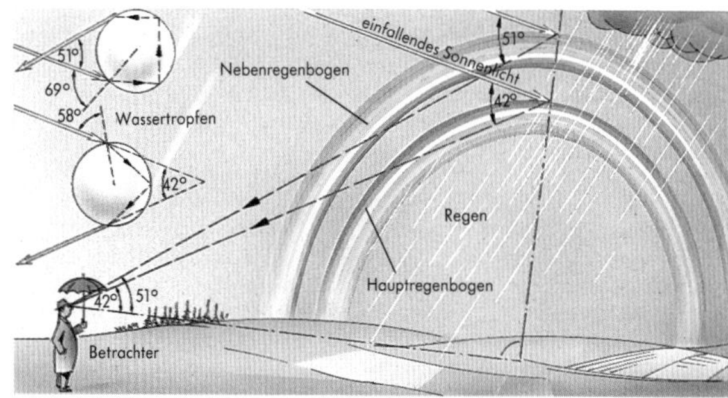

Regenbogen. Entstehung des Haupt- und Nebenregenbogens, links oben die Brechung und Reflexion des Lichts in einzelnen Wassertropfen

aufnahme. Auch Atmung und Herztätigkeit werden reflektorisch gesteuert.

Reflexion *die,* **1)** ❋ Zurückwerfen von Strahlen (Wellen) durch eine Fläche. Durch die R. des Lichts werden die nicht selbstleuchtenden Körper unserem Auge sichtbar. R. von Schallwellen, →Echo. (→Totalreflexion) – **2)** Nachdenken.

Reflexivpronomen, rückbezügl. Fürwort.

Reform *die,* Neugestaltung, planmäßige Umänderung; als Gegenbegriff zu Revolution eine Umgestaltung polit. und gesellschaftl. Einrichtungen unter Wahrung der Legalität.

Reformation *die,* i. w. S. jeder Versuch einer (gesellschaftl., institutionellen u. a.) Erneuerung unter Rückgriff auf die Ursprünge; i. e. S. die durch M. Luther ausgelöste religiöse Bewegung im 16. Jh., die die Entstehung neuer, vom Papsttum unabhängiger Kirchengemeinschaften herbeiführte. Grundgedanke war die Erneuerung der Kirche im Sinne urchristl. Reinheit zur Überwindung der Missstände. Dieser rein religiöse Ansatz führte gegen die Absicht der Reformatoren zur Kirchenspaltung. Vorreformator. Bewegungen waren mit J. Wycliffe und J. Hus verbunden. Wichtigste Ereignisse: Luthers Ablassthesen 1517, Reichstag zu Worms 1521 (endete mit der Reichsacht über Luther), Reichstag zu Speyer 1526 als Ausgangspunkt für die Einrichtung lutherischer Landeskirchen; »Protestation« der ev. Stände auf dem Reichstag zu Speyer 1529; Religionsgespräch zu Marburg 1529; Augsburg. Bekenntnis auf dem Reichstag zu Augsburg 1530; Schmalkald. Bund 1531; Nürnberger Religionsfriede 1532; Eröffnung des Tridentin. Konzils 1545; Schmalkald. Krieg 1546 bis 1547; Augsburger Interim 1548; Passauer Vertrag 1552; staatl. Anerkennung der Lutheraner im Augsburger Religionsfrieden 1555. – Von Dtl. griff die R. auf einen großen Teil Europas über, verlief aber in den einzelnen Ländern sehr verschieden. In der Schweiz begann die R. 1522 durch Zwingli; sie konnte aber nur in einem Teil der Kantone den Katholizismus verdrängen. Einen neuen Aufschwung nahm hier die reformator. Bewegung seit 1536 durch Calvin (→reformierte Kirchen). In Skandinavien und den Ostseeprovinzen hatte die R. Erfolg durch das Luthertum, in Schottland durch den Calvinismus. In den Niederlanden wurde der Calvinismus Staatsreligion, in England fand neben der →anglikanischen Kirche der Calvinismus Verbreitung, in Frankreich erlangte der Protestantismus nur vorübergehende Duldung (→Hugenotten). Seit etwa 1570 veränderte sich die Lage in Dtl. zuungunsten der luther. R.; die kath. Kirche begann wieder Boden zu gewinnen **(Gegen-R.).** Der Dreißigjährige Krieg brachte die große Auseinandersetzung um den Bestand des Protestantismus in Dtl. Im Westfäl. Frieden (1648) wurden die ev. Kirchen endgültig reichsrechtl. anerkannt.

Reformationsfest, ev. Gedenkfeier der Reformation am 31. 10. (Veröffentlichung der 95 Thesen durch Luther in Wittenberg 1517).

Reformieren, ⚗ verfahrenstechn. Prozess zur Herstellung hoch klopffester Benzine.

reformierte Kirchen, von U. Zwingli und J. Calvin begründete ev. Kirchengemeinschaft, ausgehend von der Schweiz, wo in Zürich die Reformation seit 1522 durch Zwingli, in Genf seit 1536 durch Calvin eingeführt wurde. In Genf entstand die strengste Form der r. K., die außer in Dtl. in Frankreich, England, Schottland, den Niederlanden, Polen und Ungarn Verbreitung fand. Der Gottesdienst der r. K. ist schlicht und prunklos, die Gemeinde von Ältesten geleitet (Presbyterialverfassung). Von den luther. Kirchen unterscheiden sich die r. K. bes. durch eine andere Auffassung des Abendmahls und der Prädestination.

Reformkonzilien, spätmittelalterliche Kirchenversammlungen von Pisa (1409), Konstanz (1414 bis 1418), Basel (1431 bis 1437) und Ferrara-Florenz-Rom (1438 bis 1445), die zur Beseitigung des Großen Schismas und Reform der kirchl. Missstände einberufen wurden.

Refrain [rəˈfrɛ̃] *der,* →Kehrreim.

Refraktion *die,* →Brechung der Lichtstrahlen.

Refraktor *der,* astronom. Fernrohr, bei dem das Objektiv aus einer oder mehreren Sammellinsen besteht.

Réfugiés [refyˈʒje] *Pl.,* vor der Verfolgung durch Ludwig XIV. aus Frankreich geflohene Hugenotten.

Rega *die,* Fluss in O-Pommern, Polen, 168 km lang.

Regal *das,* **1)** Gestell für Bücher, Waren. – **2)** kleine tragbare Orgel des 16. bis 18. Jh. – **3)** bei Orgeln ein kurzbecheriges Zungenregister.

Regalien *Pl.,* im MA. Bezeichnung für die urspr. dem König, später den Landesherren vorbehaltenen nutzbaren Hoheitsrechte, bes. **Zoll-, Münz-, Markt-, Jagd-, Berg-R.** Sie leben in den öffentlich-rechtl. Monopolen fort.

Regatta *die,* Wettfahrt von Wasserfahrzeugen (z. B. **Ruder-R., Segel-R.**).

Regel, 1) Richtschnur, Vorschrift. – **2)** →Menstruation.

Regelstudienzeit, nach dem Hochschulrahmengesetz vom 9. 4. 1987 die Studienzeit, die für den einzelnen Studiengang bis zum ersten berufsqualifizierenden Abschluss angesetzt ist.

Regelung, ⚙ Vorgang in einem abgegrenzten System, bei dem eine oder mehrere Größen (Regelgrößen) fortlaufend von einer Messeinrichtung erfasst und die gemessenen Augenblickswerte (Istwerte) mit den vorgegebenen Führungsgrößen verglichen werden. Bei einer Regelabweichung wird über ein Stellglied die Regelgröße wieder an den Sollwert angeglichen. Im Ggs. zur Steuerung wird bei der R. das Prinzip der Rückführung (Rückkopplung) angewandt, das auch in lebenden Organismen sowie ökonom. und soziolog. Systemen auftritt.

Regen, tropfenförmiger Niederschlag; entsteht dadurch, dass kleine, schwebende Wolkentröpfchen durch versch. Prozesse zu größeren Tropfen anwachsen, die von der Luftströmung nicht mehr getragen werden. Durch aus der Luft ausgewaschene Substanzen wie Kohlensäure, Schwefelsäure fördert der R. die Verwitterung von Gesteinen und wirkt als Dünger.

Regen *der,* linker Nebenfluss der Donau in Bayern, 98 km lang; die Quellflüsse **Großer R.** (entspringt im Böhmerwald) und **Kleiner R.** vereinigen sich zum **Schwarzen R.,** der mit dem **Weißen R.** zum R. zusammenfließt (mündet in Regensburg).

Regenbogen, farbige Lichterscheinung auf einer sonnenbeschienenen Regenwolke, die durch Brechung und Spiegelung der Sonnenstrahlen an den Regentropfen entsteht. Beim **Haupt-R.** erscheinen von außen nach innen folgende Farben: Rot, Orange,

Gelb, Grün, Blau, Violett; beim (lichtschwächeren) **Neben-R.** umgekehrt.

Regenbogenhaut →Auge.

Regenbogenpresse [benannt nach der bunten Aufmachung], unterhaltende Wochenzeitschriften.

Régence [reˈʒãs] *die,* frz. Kunststil zw. Barock und Rokoko während der Regentschaft Philipps II. von Orléans (1715 bis 1723).

Regency [ˈriːdʒənsɪ] *die,* engl. Stilphase z.Z. der Prinzregentschaft (1810 bis 1820) des späteren Königs Georg IV.

Regeneration *die,* **1)** Wiederherstellung; Erneuerung. – **2)** ❀ ⚕ der Ersatz abgenutzter, beschädigter oder verlorener Organ- und Körperteile; beim Menschen werden u. a. Nägel, Haare, Blut, Knochenmasse regeneriert.

Regenerator *der,* ⚙ Wärmeaustauscher, bei dem die Abgaswärme zum Vorwärmen der Frischluft verwendet wird.

Regenpfeifer, Sumpfvögel mit geradem Schnabel, langen Flügeln, kurzem Schwanz und hohen Beinen, leben an Gewässern. Bekannt sind der **Gold-R.,** in Dtl. seltener Brutvogel, **Fluss-R., Halsband-R., See-R., Mornell-Regenpfeifer.**

Regensburg, Hptst. des bayer. Reg.-Bez. Oberpfalz, an der Mündung von Regen und Naab in die Donau, 118600 Ew.; got. Dom St. Peter (13. Jh.), got. Rathaus; Univ.; chem., Nahrungs- und Genussmittelind.; Schiffswerften. – R., das röm. Standlager **Castra Regina,** war im 6. bis 12. Jh. Sitz der bayer. Stammesherzöge, 739 Bischofssitz, 1230 Reichsstadt, erlebte im 14. Jh. eine große Handelsblüte. 1663 bis 1806 tagte in R. der **Immer währende Reichstag.** 1810 kam R. an Bayern.

Regent *der,* Herrscher, i. e. S. Landesverweser, der für einen minderjährigen oder durch Krankheit oder Abwesenheit verhinderten Monarchen die Regierung führt; die Aufgabe kann auch einem **Regentschaftsrat** übertragen werden.

Regenwald, artenreicher, immergrüner Tropenwald.

Regenwurm, zu den Ringelwürmern gehörender bodenbewohnender, zwittriger Borstenwurm. Der Körper besteht aus vielen Gliedern, die auf der Bauchseite Borsten zur Fortbewegung haben.

Reger, Max, dt. Komponist, * 1873, † 1916; erneuerte die Polyphonie der Bachzeit in reicher Harmonik: Orgel-, Orchester-, Kammer-, Klaviermusik, Lieder.

Regesten *Pl.,* Urkundenauszüge.

Reggae [ˈregeɪ], Populärmusik der Bev. Jamaikas, verbindet karib. Rhythmik, afrikan. Musikpraxis und afroamerikan. Elemente aus Gospel und Rhythm and Blues.

Reggio di Calabria [ˈreddʒo -], Stadt in S-Italien, an der Straße von Messina, 178500 Ew. – Um 720 v. Chr. von Griechen gegr.; 1908 durch Erdbeben fast völlig zerstört.

Reggio nell'Emilia [ˈreddʒo -], Stadt in N-Italien, 131500 Ew.; landwirtschaftl. geprägte Umgebung.

Regie [reˈʒi] *die,* **1)** Führung einer wirtschaftl. Unternehmung durch Staat oder Gemeinde **(R.-Betrieb).** – **2)** Theater, Film: Tätigkeit des Spielleiters **(Regisseur),** der die Stücke in Szene setzt, die Rollen verteilt usw.

Regierung, das zur obersten Leitung der Staatsgeschäfte berufene Kollegium (z. B. die Bundes-R., Reichs-R., Landes-R.), das in einem Rechtsstaat die oberste Staatsgewalt mit anderen Organen (Parlament, Gerichte) teilt.

Regierungsbezirk, staatl. Verw.-Bez. der Mittelstufe in dt. Bundesländern, bestehend aus Stadt- und Landkreisen.

Regierungsrat, 1) höherer Verw.-Beamter. – **2)** in vielen schweizer. Kantonen die Reg. und ihre Mitglieder.

Regime [reˈʒiːm] *das,* Regierungsform; Herrschaft; Leitung.

Regiment *das,* **1)** Herrschaft, Leitung. – **2)** ⚔ Verband mit 2 bis 4 Bataillonen einer Truppengattung unter Führung eines R.-Kommandeurs (meist im Rang eines Obersten).

Regina [rɪˈdʒaɪnə], Hptst. der Prov. Saskatchewan, Kanada, 175100 Ew.; Industrie.

Regiomontanus, eigentl. Johannes **Müller,** dt. Mathematiker, Astronom, * 1436, † 1476; arbeitete über Zahlentheorie, Jahreslänge, Planetenbewegungen u. a.

Region *die,* Bezirk, Gebiet (mit bestimmten geograph., wirtschaftl., polit. Merkmalen).

Regisseur [reʒiˈsøːr] *der,* Spielleiter, →Regie.

Register *das,* **1)** amtlich geführtes Verzeichnis rechtserheblicher Umstände von öffentl. Interesse, z. B. Handels- und Vereinsregister. – **2)** 📖 Sach-, Namenverzeichnis. – **3)** 𝄞 bei Tasteninstrumenten Gruppen (Chöre) von Klangerzeugern gleicher oder ähnlicher Klangfarbe und unterschiedl. Tonhöhe. – **4)** 💻 kleiner Speicher eines Computers mit kurzer Zugriffszeit.

registered [ˈredʒɪstəd], in ein Register eingetragen, gesetzl. geschützt.

Registertonne, Abk. **Reg. T., RT,** ⚓ ein in der Handelsschifffahrt internat. bis 1994 gültiges Raummaß für Schiffe (2,8316 m³). **Brutto-R.** (BRT), der gesamte seefest abgeschlossene Schiffsraum. **Netto-R.** (NRT), Raum für Ladung und Passagiere. Seit 1994 ist die Schiffsvermessung nach der Raumzahl verbindlich.

Regensburg
Stadtwappen

Registrierkasse, Kontrollkasse, mit Tastatur, elektron. Addierwerken, Geldschublade, Anzeige- und Druckvorrichtung versehenes Gerät zur Warenberechnung.

Reglement [regləˈmã] *das,* Gesamtheit von Vorschriften, Bestimmungen.

Regler, ⚙ Gerät, das selbsttätig eine →Regelung auf einen eingestellten Wert steuert, z. B. Druck-R., Fliehkraft-R., Pendel (bei Uhren), Thermostat.

Regnitz *die,* linker Nebenfluss des Mains in Bayern, entsteht bei Fürth aus Rednitz und Pegnitz, mündet unterhalb von Bamberg; 65 km lang.

Regnum *das,* Herrschaft, (König-)Reich.

Regress *der,* Rückgriff eines haftbar gemachten Erstauf einen Zweitverpflichteten (z. B. im Wechselrecht); im Recht der Amtshaftung der Rückgriff des entschädigungspflichtigen Staats auf den verantwortl. Beamten.

Regula Falsi [lat. »Regel des Falschen«], math. Näherungsverfahren zur Nullstellenbestimmung stetiger Funktionen.

Regulation *die,* ❀ Fähigkeit von Lebewesen, sich körperl. und äußeren Veränderungen so anzupassen, dass die Lebensprozesse unter annähernd konstanten Bedingungen ablaufen.

regulativ, regelnd, Norm bildend. **Regulativ** *das,* regelnde Vorschrift, Verordnung.

Max Reger

regulieren, regeln, ordnen; einen Wasserlauf begradigen; eine Schuld begleichen.

Regulus, Stern 1. Größenklasse (α) im Sternbild Löwe.

Reh, europ.-asiat. Hirschart von zierl. Körperbau. Im Sommer ist das Fell rotbraun, das Winterkleid ist graubraun, der kurze Schwanz ist von einem weißen »Spiegel« umgeben. Der Bock trägt ein »Gehörn« (→Geweih). Das weibliche Tier **(Ricke)** setzt im Mai 1 bis 2 Junge **(Kitze),** deren Fell weiß gefleckt ist.

Rehabilitation *die,* **1) Rehabilitierung,** Ehrenerklärung, Wiedereinsetzung in den früheren Stand. – **2)** ⚕ alle Maßnahmen, die der Wiedergewinnung der berufl. Leistungsfähigkeit nach Unfall oder Krankheit dienen.

Rehpilz, Habichtspilz, Stachelpilz; jung essbar.

Rehposten *Pl.,* 🦌 stärkster Flintenschrot (6 bis 8 mm Durchmesser), für die dt. Jagd nicht zugelassen.

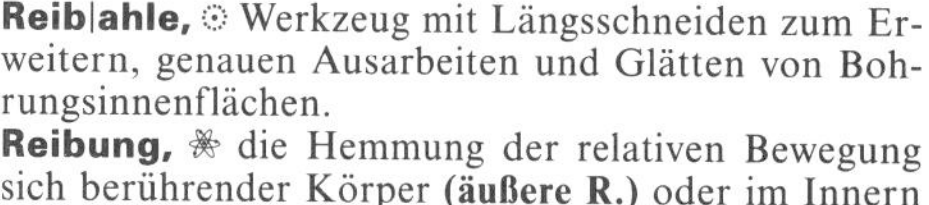

Reib|ahle, ⚙ Werkzeug mit Längsschneiden zum Erweitern, genauen Ausarbeiten und Glätten von Bohrungsinnenflächen.

Reibung, ⚛ die Hemmung der relativen Bewegung sich berührender Körper **(äußere R.)** oder im Innern von Flüssigkeiten und Gasen **(innere R.,** → Viskosität).

Reibungs|elektrizität, die durch Reiben hervorgerufene, entgegengesetzte elektrische Aufladung zweier Körper, z. B. Glasstab (+) mit Lederlappen (−).

Reich, Staat oder Herrschaftsbereich, z. B. im Altertum das Ägypt. R., das Röm. R., später das Heilige Römische Reich, das brit. Weltreich.

Jens Reich

Reich, 1) Jens, dt. Molekularbiologe, Politiker * 1939; Mitbegründer systemkrit. Kreise in der DDR, 1994 Kandidat zur Bundespräsidentenwahl. – **2)** [ˈraik], Steve, amerikan. Komponist, * 1936; Minimalmusic mit unaufhörl. Wiederholung einfachster Klänge und Rhythmen bei geringsten Variationen. – **3)** Wilhelm, österr. Psychoanalytiker, * 1897, † 1957; wurde v. a. bekannt durch den Versuch, die Theorien von S. Freud und K. Marx miteinander zu kombinieren. In der theoret. Verbindung von Psychoanalyse und Sozialismus propagierte er die Aufhebung der (sexuellen) Unterdrückung des Menschen (»Die sexuelle Revolution«, 1945).

Reichardt, Johann Friedrich, dt. Komponist, * 1752, † 1814; Lieder (bes. Goethetexte); Opern, Sinfonien, Kammermusik, Klaviersonaten.

Reichenau, Insel im Bodensee (Untersee), Bad.-Württ., 4 km², 4600 Ew. Die 724 gegr. Benediktinerabtei war eine der bedeutendsten Pflegestätten der frühmittelalterl. Kultur. Erhalten sind die Kirchen Mittel-, Nieder- und Oberzell.

Reichenbach, 1) R. (Eulengebirge), poln. **Dzierżoniów,** Stadt in der poln. Wwschaft Wałbrzych, in Niederschlesien, 37900 Ew.; Textilindustrie. – **2) R./Vogtl.,** Stadt in Sa., im unteren (nördl.) Vogtland, 25600 Ew.; Textil- u. a. Industrie.

Reichenbach, 1) Carl v., dt. Chemiker, Naturphilosoph, * 1788, † 1869; isolierte u. a. Paraffin und Kreosot. – **2)** Hans, deutsch-amerikan. Philosoph, * 1891, † 1953; förderte die Wissenschaftslehre, war einer der Hauptvertreter des log. Empirismus (Neopositivismus).

Marcel Reich-Ranicki

Reichenberg, tschech. **Liberec** [-ts], Stadt an der oberen Lausitzer Neiße, ČR, 105100 Ew.; Textil- u. a. Ind.; bis 1945 Mittelpunkt des Sudetendeutschtums.

Reichenhall, Bad R., Krst. und Staatsbad in Oberbayern, 16700 Ew.; Verw.-Sitz des Kr. Berchtesgadener Land; Solbad mit Gradierwerk; Salzgewinnung.

Reich Gottes, im A. T. Bezeichnung für die Königsherrschaft, den universalen Machtanspruch des Gottes Israels; im N. T. ein zentraler Gedanke der Botschaft Jesu Christi, sowohl auf die Gegenwart bezogen (»schon angebrochen«) als auch endzeitlich gedacht.

Reich-Ranicki [-raˈnɪtski], Marcel, dt. Literaturkritiker poln. Herkunft, * 1920; 1973 bis 1988 Leiter der Literaturredaktion der »Frankfurter Allgemeinen Zeitung«.

Reichs|adler, Wappentier des Hl. Röm. Reichs, bis 1410 und 1919 bis 1945 einköpfig ohne Krone, 1410 bis 1806 mit 2 bekrönten Köpfen, 1871 bis 1918 einköpfig mit preuß. Wappen auf der Brust und Kaiserkrone.

Reichs|ämter, 1) im Hl. Röm. Reich bis 1806 die Erz- und Erbämter. – **2)** im Dt. Reich 1871 bis 1918 die obersten, von Staatssekretären geleiteten Verwaltungsbehörden, Vorläufer der Reichsministerien in der Weimarer Republik.

Reichs|apfel, Kugel (Weltkugel) mit Kreuz, Sinnbild der Königs-(Kaiser-)Herrschaft, eins der Reichskleinodien.

Reichsbahn → Deutsche Reichsbahn.

Reichsbank, Deutsche R., von 1875 bis 1945 die Zentralnotenbank des Dt. Reichs.

Reichsdeputationshauptschluss, der letzte Beschluss der Reichsdeputation (Ausschuss des alten Reichstags) vom 25. 2. 1803: Aufteilung fast aller geistl. Fürstentümer und der meisten Reichsstädte, um die dt. Fürsten für den Verlust der linksrhein. Gebiete an Frankreich zu entschädigen.

reichsfrei → reichsunmittelbar.

Reichsgerichte, die obersten Gerichte des Hl. Röm. Reichs und des Dt. Reichs, z. B. das Reichsgericht für Zivil- und Strafsachen in Leipzig (1879 bis 1945).

Reichshofrat, 1498 (endgültig 1527) als Gegengewicht zum Reichskammergericht errichtetes oberstes kaiserl. Gericht für die habsburg. Erblande (bis 1559) und das Hl. Röm. Reich, das der polit. Beratung des Kaisers und der Ausübung seiner richterl. Gewalt diente.

Reichskammergericht, 1495 bis 1806 im Hl. Röm. Reich höchstes Gericht; seit 1527 in Speyer, 1693 bis 1806 in Wetzlar.

Reichskanzler, 1) bis 1806: seit dem 13. Jh. der Erzbischof von Mainz als Erzkanzler für Dtl. – **2)** 1871 bis 1918: der vom Kaiser ernannte einzige Reichsmin.; er leitete die Politik und die Verw. des Reichs. – **3)** 1919 bis 1933: der vom Reichspräs. ernannte Vors. des Reichskabinetts, abhängig vom Vertrauen des Reichstags. Er bestimmte die Richtlinien der Politik. Nach Hindenburgs Tod (1934) vereinigte Hitler das Amt des Reichspräs. mit dem des R. (»Führer und R.«). → deutsche Geschichte (ÜBERSICHT)

Reichskleinodi|en, Reichsinsigni|en *Pl.,* Herrschaftszeichen der mittelalterl. dt. Könige und Röm. Kaiser bis 1806: Krone, Zepter, Reichsapfel, Heilige Lanze, Schwert, Sporen und kostbare Kleidungsstücke; in Wien aufbewahrt.

Reichskonkordat, zw. dem Dt. Reich und dem Hl. Stuhl am 20. 7. 1933 abgeschlossener Vertrag über die Rechtsstellung der kath. Kirche in Dtl. Nach Entscheidung des Bundesverfassungsgerichts (1957) ist das R. gültiges Recht, die Länder sind aber in Schulfragen nicht an das R. gebunden.

Reichsland, im Hl. Röm. Reich jedes zum Reich gehörende Gebiet; i. e. S. im Dt. Reich 1871 bis 1918 das **R. Elsass-Lothringen.**

Reichsmark, Abk. **RM,** 1924 bis 1948 die dt. Währungseinheit (→ Mark).

Reichspost, Deutsche R., → Deutsche Bundespost, → Post.

Reichspräsident, in der Weimarer Rep. das vom Volk auf 7 Jahre gewählte Staatsoberhaupt des Dt. Reichs. (→ deutsche Geschichte, ÜBERSICHT)

Reichsrat, 1) in der Weimarer Verf. die Vertretung der Länder bei der Gesetzgebung und Verwaltung des Reichs. – **2)** in Bayern 1818 bis 1918 die 1. Kammer des Landtags. – **3)** in Österreich 1867 bis 1918 die Volksvertretung aus Herrenhaus und Abgeordnetenhaus.

Reichsreform, 1) im ausgehenden MA. die Bestrebungen, die Verf. des Hl. Röm. Reichs bes. durch Stärkung der Reichsstände gegenüber dem Kaiser zu ändern. – **2)** in der Weimarer Rep. die Bestrebungen, die Gebietsgliederung des Dt. Reichs und das Verhältnis der Länder zum Reich umzugestalten, z. B. 1920 Bildung des Lands Thüringen.

Reichsregierung, oberste Leitung der Reichspolitik und der Reichsverwaltung; im Kaiserreich ab 1871 der Reichskanzler und die ihm unterstellten Staatssekretäre; in der Weimarer Rep. der Reichskanzler und die ihm gleichgestellten Reichsminister. Im natsoz. Staat verlor die R. immer mehr an Bedeutung und trat seit 1938 nicht mehr zusammen.

Reichsritterschaft, im Hl. Röm. Reich bis 1806 der reichsunmittelbare niedere Adel, schloss sich im 14./15. Jh. zu Ritterbünden zusammen und gliederte sich seit 1577 in die 3 Ritterkreise Schwaben, Franken, Rheinstrom.

Reichs|städte, im Hl. Röm. Reich bis 1806 die reichsunmittelbaren Städte; sie verloren die Reichsunmittelbarkeit größtenteils 1803, einige 1806. (→Freie Städte)

Reichs|stände, im Hl. Röm. Reich bis 1806 die Reichsfürsten, Reichsgrafen, Reichsprälaten und die Reichsstädte, die im Reichstag Stimmrecht besaßen.

Reichstadt, Napoléon Herzog **v. R.,** einziger Sohn Napoleons I. und der Marie Louise, * 1811, † 1832; bei seiner Geburt als König von Rom, 1815 als Napoleon II. proklamiert; erhielt 1818 die böhm. Herrschaft Reichstadt.

Reichs|tag, 1) Hl. Röm. Reich bis 1806: Versammlung der Reichsstände, die seit 1663 als Gesandtenkongress fast ständig in Regensburg tagte und die 3 Kollegien Kurfürsten, Reichsfürsten und Reichsstädte umfasste. - **2)** Dt. Reich 1871 bis 1918: gemeinsame Vertretung des dt. Volks, hervorgegangen aus allg., gleichen, geheimen, unmittelbaren Wahlen. Der Schwerpunkt der Reichsgewalt lag beim Bundesrat. - **3)** Dt. Reich 1919 bis 1945: Nach der Weimarer Reichsverf. war der R. als Vertretung des Volks Gesetzgebungsorgan und Hauptträger der Reichsgewalt. Reichskanzler und Reichsmin. waren vom Vertrauen des R. abhängig (parlamentar. System). Mit der Zustimmung zum Ermächtigungsgesetz gab der R. am 24. 3. 1933 das Gesetzgebungsrecht in die Hand Hitlers. Der nach Auflösung der Parteien (außer der NSDAP) gebildete R., dessen Mitglieder von Hitler ernannt wurden, beschloss 1935 die Rassengesetze und trat nur zur Entgegennahme von Reg.-Erklärungen zusammen (zuletzt 26. 4. 1942).

Reichs|tagsbrand, Zerstörung des Reichstagsgebäudes in Berlin durch Brandstiftung am 27. 2. 1933. Er wurde von Hitler ausgenutzt, um die wichtigsten Grundrechte außer Kraft zu setzen (R.-Notverordnung 28. 2. 1933). Im R.-Prozess (Sept. bis. Dez. 1933) wurde der niederländ. Kommunist M. van der Lubbe als Alleintäter zum Tode verurteilt, die der Mittäterschaft bezichtigten Kommunisten E. Torgler, G. Dimitrow u. a. freigesprochen. - Entgegen dem von Anfang an erhobenen Vorwurf der natsoz. Urheberschaft des R. gilt heute die Alleintäterschaft van der Lubbes als weitgehend gesichert.

reichs|unmittelbar, reichsfrei, im Hl. Röm. Reich bis 1806 derjenige, der nur dem Kaiser und dem Reich untertan war, so Landesherren, Reichsstädte, -dörfer, -ritter, -beamte.

Reichsverfassung, die Verf. des dt. Gesamtstaats von 1849, 1871 und 1919 nach den Prinzipien des Nationalstaats, des allg. Wahlrechts (bis 1919 nur für Männer), der parlamentar. Repräsentation, des Rechtsstaats, der Gewaltentrennung und des Föderalismus. 1) Die **Frankfurter R.** vom 28. 3. 1849 sah für die 2. Kammer des Reichstags, das Volkshaus, die konfliktentscheidende Machtstellung gegenüber Staatenhaus und Reg. vor, trat aber infolge Nichtanerkennung durch die Einzelstaaten nicht in Kraft. 2) Die **bismarcksche R.** vom 16. 4. 1871 war die nur wenig geänderte Verf. des Norddt. Bunds von 1867. Ihre bedeutsamste Änderung, das Ges. vom 28. 10. 1918 zur Einführung des parlamentar. Systems, wurde nicht mehr wirksam. 3) Die **Weimarer R.** vom 11. 8. 1919 schuf einen demokratisch-parlamentar. und föderativen Rechtsstaat, der durch den Nationalsozialismus (1933) sein Ende fand, ohne dass die Verf. formell außer Kraft gesetzt wurde.

Reichsversicherungsordnung, Abk. **RVO,** das grundlegende dt. Sozialversicherungsgesetz vom 19. 7. 1911, das die bis dahin in zahlreichen Einzelgesetzen enthaltenen Vorschriften zusammenfasste. Die RVO enthält heute im Wesentlichen nur noch Vorschriften über die Leistungen bei Schwangerschaft und Entbindung sowie über die Unfallversicherung. Mit dem Gesundheitsreformges. vom 20. 12. 1988 wurde die Krankenversicherung und mit dem Rentenreformges. 1992 vom 18. 12. 1989 die Rentenversicherung ausgegliedert und damit Teil V bzw. VI des Sozialgesetzbuchs.

Reichenau. Münster in Mittelzell (9. bis 11. Jh.)

Reichsverweser, Inhaber der Staatsgewalt bei Thronvakanz, Vertreter eines Staatsoberhaupts oder vorläufiges Staatsoberhaupt. Im Hl. Röm. Reich wurde der R. **Reichsvikar** genannt. Den Titel R. hatte der von der Frankfurter Nationalversammlung 1848 zum Inhaber der vorläufigen Zentralgewalt für Dtl. gewählte Erzherzog Johann von Österreich.

Reichswehr, die Streitkräfte des Dt. Reichs 1919 bis 1935, nach dem Versailler Vertrag eine Freiwilligentruppe in Stärke von 115 000 Mann (einschließlich 15 000 Mann der Reichsmarine).

Reif, Niederschlag aus feinen Eisteilchen bei Kälte; bes. stark als **Raureif.**

Reifen →Luftreifen.

Reifeprüfung →Abitur.

Reihe, $\sqrt{}$ eine Folge (s_n), $n \in \mathbb{N}$, deren Glieder $s_n = a_0 + a_1 + ... + a_n$ die n-ten Partialsummen einer unterliegenden Folge (a_n), $n \in \mathbb{N}$, sind. Besitzt eine unendl. R. einen Grenzwert, so heißt sie konvergent, andernfalls divergent. Die R. mit $a_n = q^n$ heißt geometr. R. und konvergiert für $0 < q < 1$, dagegen divergiert die R. mit den unterliegenden Folgengliedern $a_n = 1/n$.

Reihenschaltung, Seri|enschaltung, ⚡ elektr. Grundschaltung, bei der 2 oder mehrere Bauelemente (Stromerzeuger, -verbraucher) hintereinander geschaltet sind und alle vom gleichen Strom durchflossen werden. Dabei ist der Ausgang eines Bauelements mit dem Eingang eines weiteren verbunden, wobei der Eingang des ersten Bauelements auch der Eingang der gesamten R. und der Ausgang des letzten Bauelements der Reihe gleichzeitig der Ausgang der R. ist.

Reiher
Fischreiher

Reiher, fast weltweit verbreitete Familie etwa taubengroßer bis 1,4 m körperlanger Storchenvögel, die v. a. an Süßgewässern leben und sich von Fischen, Lurchen, Insekten und Mäusen ernähren. Die häufigste Art, der **Grau-** oder **Fisch-R.,** wird etwa 1 m hoch und nistet in Baumkronen.

Reiherschnabel, Gattung der Storchschnabelgewächse mit rd. 75 Arten in den gemäßigten Zonen Eurasiens und am Mittelmeer. Bekannt ist der einheim. rotviolett oder rosa blühende **Schierlingsreiherschnabel.**

Reim, Ausdrucksmittel der gebundenen Sprache, der Gleichklang des Auslauts mehrerer Wörter, bes. am Ende von Verszeilen. Beim **stumpfen** oder **männl. R.** ruht der Gleichklang nur auf der letzten Silbe, z. B. Herz, Schmerz; beim **klingenden** oder **weibl. R.** auf den 2 letzten Silben, z. B. Regen, Segen; beim **gleiten-**

den auf den 3 letzten Silben, z. B. lebende, strebende. Die erste dt. Dichtung in Reimen ist Otfrieds »Evangelienharmonie« (um 870).

Reims [rɛ̃s], frz. Stadt an der Vesle, Dép. Marne, 185 100 Ew.; Erzbischofssitz; Univ.; Hauptort der Champagne; die got. Kathedrale (13. bis 15. Jh.), das Kloster Saint-Rémi und das Palais du Tau gehören zum Weltkulturerbe; versch. Ind., u. a. Champagnererzeugung. – R. war Hptst. der röm. Prov. Gallia Belgica, merowing. Königsresidenz. 1429 führte Jeanne d'Arc den Dauphin Karl (VII.) zur Krönung nach R. durch das von den Engländern besetzte Land.

Innenansicht des Westteils der Kathedrale von **Reims** mit Fensterrose (13. Jh.)

Reinecke Fuchs, Reineke Fuchs, Hauptgestalt satir. Tierdichtungen, die auf die alte Fabel vom Kampf zw. Wolf und Fuchs (Isegrim und Reinhart) zurückgehen; literar. Bearbeitungen: u. a. der altfrz. »Roman de Renart« (zw. 1175 und 1250).

Reines ['reınz], Frederick, amerikan. Physiker, * 1918; wies mit C. L. Cowan (* 1919, † 1974) erstmals experimentell die Existenz von Neutrinos nach. 1995 erhielt er (mit M. L. Perl) den Nobelpreis für Physik.

Reinhardswald, Höhenzug zw. Weser und Diemel, Hessen, bis 472 m hoch.

Max Reinhardt

Reinhardt, Max, eigentl. M. **Goldmann,** dt. Schauspieler und Regisseur, * 1873, † 1943; Leiter des Dt. Theaters und der Kammerspiele in Berlin, Mitbegründer der Salzburger Festspiele (1920), übernahm 1924 das Theater in der Josefstadt in Wien, emigrierte 1937 nach den USA, leitete dort eine Schauspielschule.

Re|inkarnation → Seelenwanderung.

Reinmar von Hagenau, Reinmar der Alte, Minnesänger am Wiener Hof, Lehrer Walthers von der Vogelweide, † vor 1210.

Reinmar von Zweter, rhein. Spruchdichter (1. Hälfte 13. Jh.).

Reinshagen, Gerlind, dt. Schriftstellerin, * 1926; Kinderbücher, Theaterstücke, Romane.

Reis, Gattung der Süßgräser mit rd. 20 Arten v. a. in wärmeren Ländern. Die wirtschaftlich wichtigste und bekannteste Art ist der Reis i. e. S., eine bis 1,80 m hohe, einjährige Kurztagpflanze mit langen, breiten Blättern und bis 50 cm langer Rispe mit einblütigen Ährchen, Letztere mit großen, kahnförmigen, harten Deckspelzen (R.-Schalen); die Früchte sind Karyopsen (Sonderform der Nussfrucht). Neben Mais und Sorghumhirse ist R. die wichtigste Getreidepflanze der Tropen und z. T. auch der Subtropen, denn für etwa ein Drittel der Menschen ist er Hauptnahrungsmittel. Wirtschaftlich bes. wichtig sind der mit künstl. Bewässerung im Terrassenfeldbau oder mit natürl. Überstauung in den Niederungen angepflanzte **Sumpf-R.** (Nass-R., Wasser-R.) sowie die anspruchslosen Sorten des **Berg-R.** (Trocken-R.), die bis in Höhen von 2 000 m angebaut werden und nur das Regenwasser benötigen.

Reis
Erntereife Rispe einer Bergreissorte

Reis, Philipp, dt. Physiker, * 1834, † 1874; konstruierte 1861 ein Gerät zur Übertragung von Tönen durch elektromagnet. Wellen (Telefonprinzip), von A. G. Bell zum Telefon weiterentwickelt.

Reisegewerbe, ambulantes Gewerbe, Hausierhandel, Gewerbe, das außerhalb der Räume der gewerbl. Niederlassung eines Unternehmens oder ohne eine solche Niederlassung ausgeübt wird.

Reisescheck, Travellerscheck, bargeldloses Zahlungsmittel im internat. Reiseverkehr in Form von Schecks oder scheckähnl. Urkunden.

Reispapier, Japanpapier, papierähnl. Erzeugnis aus dem Mark einer ostasiat. Aralie.

Reißbrett, Zeichenbrett für techn. Zeichnungen. Arbeitsgeräte am R. sind Reißschiene, Reißdreieck, Winkel oder die Zeichenmaschine; weitgehend durch grafikfähige Computer und Plotter verdrängt.

Reißlänge, Länge eines Drahts oder Seils, bei der diese unter ihrem Eigengewicht zerreißen würden.

Reißverschluss, Verschlussvorrichtung für Kleidung, Taschen u. a., die aus zwei Reihen gegenüberliegender, versetzt angeordneter Metall- oder Kunststoffzähnchen (Krampen) besteht, die beim Schließen durch einen Schieber ineinander und beim Öffnen auseinander gehakt werden.

Reißzeug, Satz von Geräten zur Anfertigung techn. Zeichnungen: Zirkel, **Reißfedern** (Ziehfedern), Letztere zum Nachziehen der Linien mit Zeichentusche.

Reiswein → Sake.

Reiter, Thomas, dt. Luft- und Raumfahrtingenieur, * 1958; nahm als Astronaut an der russ.-europ. Mission Euromir 95 teil (3. 9. 1995 bis 29. 2. 1996) und verzeichnete mit 176 Tagen die bisher längste Verweildauer eines westl. Astronauten im All.

Reit|sport, umfasst die Disziplinen Dressur-, Spring-, Jagd- und Vielseitigkeitsreiten, das Freizeitreiten, den Galopp- und Trabrennsport sowie Polo. Für den Turniersport gilt die Leistungsprüfungsordnung (LPO) der Dt. Reiterl. Vereinigung (FN). Die LPO kennt 3 Kategorien von Turnieren und Leistungsprüfungen sowie 5 Anforderungsklassen: Kategorie C (lokal): Klassen E = Eingangsstufe und A = Anfangsstufe; Kategorie B (regional): Klassen L = leicht und M = mittelschwer; Kategorie A (überregional): Klassen M und S = schwer.

Reiz, jede Einwirkung, die bei einem Lebewesen eine Empfindung oder Reaktion verursacht. Der R. muss eine bestimmte Stärke haben, um wirksam zu werden **(R.-Schwelle).**

Reizker, Blätterpilzgattung. Der **Echte R.** ist essbar, hat orangerote Milch und grünspanähnl. Wundstellen; der **Birken-R.** (Falscher R.) ist giftig, hat weiße Milch.

Reizkörperbehandlung, ⚕ versch. gesundheitsfördernde Verfahren, die Abwehr und Leistungsfähigkeit des Organismus verbessern sollen, z. B. Ernährungskuren, physikal. und naturheilkundl. Verfahren.

Reklamation *die,* Einspruch, Beschwerde.

Rekombination, 1) ⚡ Vorgang in Halbleitern, bei dem durch Vereinigung von Elektronen und Defektelektronen die Zahl freier Ladungsträger verringert wird. – **2)** Genetik: Neukombination von Genen während der Meiose.

Rekonstruktion, Wiederherstellung; in der Denkmalpflege die Wiederherstellung nicht oder nur in geringen Teilen erhaltener Kulturdenkmäler.
Rekonvaleszenz *die,* Genesung.
Rekonziliation, Versöhnung; im kath. Kirchenrecht die Wiederheiligung einer Kirche durch neue Weihe; auch die Wiederaufnahme eines Exkommunizierten.
Rekorder *der,* Registrier-, Aufzeichnungsgerät, bes. zur magnet. Daten-, Sprach-, Musik- oder Bildaufzeichnung, →Kassettenrekorder, →Videorekorder.
Rekrut *der,* Soldat in der Grundausbildung.
rektal, ⚕ den Mastdarm betreffend.
Rektapapiere, die →Namenspapiere.
Rekt|aszension, gerade Aufsteigung, ☼ der Winkel zw. dem Frühlingspunkt und dem Schnittpunkt des Himmelsäquators mit dem Stundenkreis eines Gestirns.
Rektifikation *die,* **1)** Trennung von Flüssigkeitsgemischen durch wiederholte Destillation. - **2)** √ die Berechnung der Bogenlänge einer Kurve.
Rektor *der,* **1)** der oberste Repräsentant einer Hochschule. - **2)** Schulleiter. - **3)** kath. Kirchenrecht: der leitende Geistliche einer Kirche, die nicht Pfarrkirche ist.
Rekuperator *der,* Wärmeaustauscher ohne Wärmespeicherung mit 2 parallelen Leitungssystemen für kalte Frischluft und heiße Abgase.
Rekurs *der,* **1)** allgemein Rückgriff, Rückbezug. - **2)** Rechtsmittel: in Dtl. seit 1960 →Widerspruch. Österreich: Rechtsmittel gegen Beschlüsse im Zivilprozess. Schweiz: Anfechtung von Verw.-Akten vor Verw.-Gerichten.
Relais [rəˈlɛː] *das,* Schaltgerät, dessen Arbeitsstromkreis durch Änderung anderer Größen (Temperatur, Druck, Stromstärke) betätigt wird. Beim **elektromagnet. R.** können durch den Anker mehrere Kontakte betätigt werden. Die erregenden Ströme sind meist schwach gegenüber den gesteuerten Strömen.

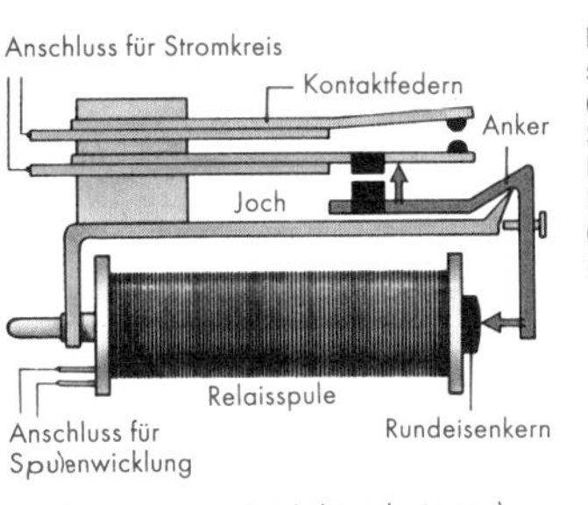

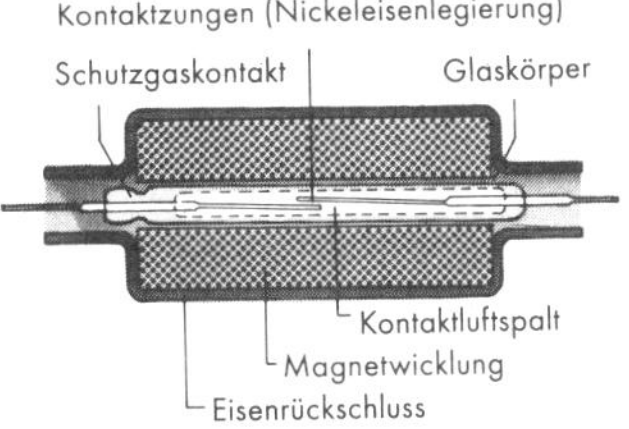

Elektromagnetisches **Relais** (oben) und Schutzgaskontakt mit Magnetwicklung (Reedrelais, unten)

Relais|station [rəˈlɛː-], Station mit Empfänger und Sender, die dazu dient, die Reichweite einer Funkverbindung zu vergrößern, indem sie die empfangenen Nachrichten verstärkt weitersendet.
Relation *die,* Beziehung, Verhältnis zw. zwei Begriffen (Subjekt-Objekt), Dingen (Ursache-Wirkung), Größen u.a.
relativ, verhältnismäßig; bedingt; bezogen; Ggs.: absolut. Ⓢ **Relativsatz,** Bezugssatz, Beifügungssatz, durch ein bezügl. Fürwort **(Relativpronomen)** oder ein Relativadverbium (»das Land, wo meine Wiege stand«) eingeleitet.

Relief. »Der ungläubige Thomas« aus dem Kreuzgang des Klosters Santo Domingo de Silos bei Burgos (11. Jh.)

Relativismus *der,* philosophisch-erkenntnistheoret. Haltung, die alle Erkenntnis nur als relativ richtig gelten lässt, weil sie durch den Standort des Erkennenden (bes. durch seine Individualität) bedingt sei.
Relativitäts|theorie, Theorie, die als **spezielle R.** ein grundlegendes Verständnis von Raum und Zeit vermittelt und als **allg. R.** die Zusammenhänge der Raum-Zeit-Struktur mit der Gravitation behandelt. Ein Grundprinzip der R. ist das **Relativitätsprinzip** der klass. Mechanik, nach dem es unmöglich ist, experimentell zu entscheiden, ob sich ein Körper in »absoluter Ruhe« oder in gleichförmig geradliniger Bewegung befindet. Die experimentell gesicherte Konstanz der Lichtgeschwindigkeit zwingt dazu, den Ablauf der Zeit vom Bewegungszustand des Beobachters abhängig zu machen (Einstein 1905). Nach einem verallgemeinerten Relativitätsprinzip sind die Wirkungen homogener Gravitationsfelder und konstanter Beschleunigungen auf ein System gleichartig, d.h., ein Beobachter in einem abgeschlossenen Bezugssystem kann experimentell nicht zw. Schwerkraft und Trägheitskraft unterscheiden (Einstein 1915). Die R. hat wegweisende Resultate für die Kosmologie erbracht.
Relegation *die,* **1)** früher der Ausschluss eines Studierenden vom Hochschulstudium als schwerste Disziplinarmaßnahme. - **2)** über Auf- und Abstieg entscheidende Spiel- und Kampfrunden.
Relief *das,* **1)** Werk der Bildhauerkunst, das im Ggs. zu einem freiplast. Werk an eine Fläche gebunden ist. Nach dem Grad der Erhebung über den Grund unterscheidet sich das **Hoch-R.** vom **Flach-R.** (Bas-R.). Bei dem **versenkten R.** der ägypt. Kunst setzen sich die Formen nur durch herausgemeißelte Umrisse gegen die Fläche ab. - **2)** Höhengestaltung der Erdoberfläche, in Karten plastisch wiedergegeben durch Schummerung oder Fotografieren eines aus Gips oder anderen Stoffen nachgebildeten Modells **(R.-Karten).** Mit einer Karte überzogene oder bedruckte Prägungen heißen **Kartenrelief.**
Religion *die,* das Ergriffenwerden von der Wirklichkeit des Numinosen (→Numen), das überwiegend in Glaubensgemeinschaften, den geschichtl. Religionen,

seine Ausdrucksform findet. Das religiöse Erleben hebt sich vom Erkennen einer Wahrheit, vom Anerkennen einer sittl. Forderung und vom Erfassen eines ästhet. Wertes mit gleicher Deutlichkeit ab. Es ruft im Menschen das Kreaturgefühl der »schlechthinnigen Abhängigkeit« hervor (Schleiermacher) und erhebt ihn zugleich. Religiöses Erleben äußert sich in Gebet und Verehrung. Der religiöse Glaube an ein transzendentes Sein oder Sollen hat stets auch das Erkenntnisstreben herausgefordert, das den Gegenstand der R. zu begreifen, zu objektivieren sucht, in frühen Zeitaltern magisch, dann mythisch, dann rational. Die vielen Einzel-R. lassen folgende Hauptformen erkennen: pantheist., für die Gott mit der Welt eins ist, und mono- oder polytheistische, in denen ein persönl. Gott oder eine Mehrzahl von Göttern der Welt gegenüberstehen; Natur-R., die das Heilige in Naturdingen erfassen, und Offenbarungs-R., die durch historische Persönlichkeiten gestiftet sind und heilige Schriften besitzen; Volks-R., die an eine begrenzte Gemeinschaft (Stamm, Volk) gebunden sind, und Universal-R., die Gültigkeit für alle Menschen beanspruchen.

Erich Maria Remarque

Religionsfreiheit →Glaubens- und Gewissensfreiheit.

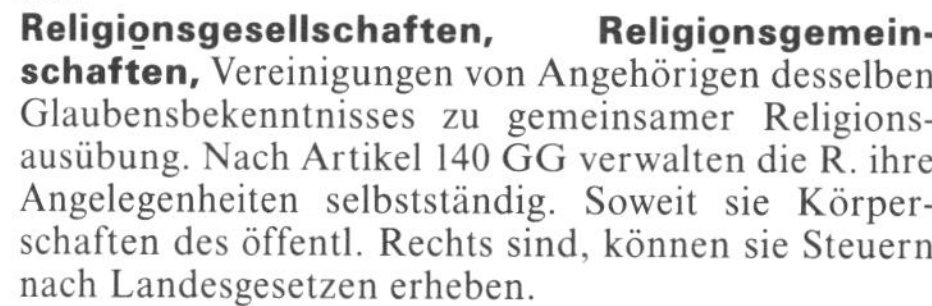

Religionsgesellschaften, Religionsgemeinschaften, Vereinigungen von Angehörigen desselben Glaubensbekenntnisses zu gemeinsamer Religionsausübung. Nach Artikel 140 GG verwalten die R. ihre Angelegenheiten selbstständig. Soweit sie Körperschaften des öffentl. Rechts sind, können sie Steuern nach Landesgesetzen erheben.

Religionskriege, alle aus religiösen Motiven geführten Kriege, die zumeist auch einen polit. Hintergrund besitzen, z. B. die Hugenottenkriege und der Dreißigjährige Krieg.

Religionsphilosophie, i. w. S. philosoph. Disziplin, die Begriffs- und Wesensbestimmung von Religion trifft, i. e. S. die ausschließlich mit wiss. Methoden operierende Reflexion der Bedingungen, Möglichkeiten und Grenzen von Aussagen der Religion.

Religionswissenschaft, die Erforschung sämtl. Religionen und religiösen Phänomene durch Religionsgeschichte, -psychologie, -soziologie u. a. Disziplinen.

Reliquilen *Pl.,* kath. Kult: Gebeine, Kleider, Marterwerkzeuge u. a. Hinterlassenschaften von Heiligen, die in Kreuzen, Kästchen oder Schreinen **(Reliquiaren)** aufbewahrt und oft als wundertätig verehrt werden.

Remagen, Stadt im Kr. Ahrweiler, Rheinl.-Pf., 14 100 Ew.; versch. Ind. – Auf der einzigen damals noch intakten Rheinbrücke in R. überschritten am 7. 3. 1945 amerikan. Truppen den Rhein; Friedensmuseum.

Renaissance. Treppenturm von Schloss Hartenfels bei Torgau (1533–36)

Rembrandt. Selbstporträt (1656 bis 1658)

Remarque [rə'mark], Erich Maria, eigentl. E. Paul **Remark,** dt. Schriftsteller, * 1898, † 1970; »Im Westen nichts Neues« (1929), »Arc de Triomphe« (1946).

Rembourskredit [rã'bu:r-], durch Übergabe der Verschiffungspapiere gesicherter Akzeptkredit im Überseehandel.

Rembrandt, eigentl. R. Harmensz. **van Rijn,** niederländ. Maler, Radierer, * 1606, † 1669; bedeutender Vertreter der niederländ. Malerei des 17. Jh., v. a. durch seine Fähigkeit, Farbe und Licht (Helldunkel) zu Mittlern tiefsten seel. Ausdrucks zu machen. Rund 70 Selbstporträts, bibl. Szenen und Gruppenbilder (»Nachtwache«, »Anatomie des Dr. Tulp« u. a.) sowie zahlreiche Radierungen. Die Trennung von Arbeiten seiner Schüler ist oft schwierig. Heute gelten zahlreiche Gemälde nicht mehr als eigenhändig, z. B. der »Mann mit dem Goldhelm«.

Reminiscere [lat. »gedenke«], der 2. Fastensonntag, 5. Sonntag vor Ostern.

Reminiszenz *die,* Erinnerung.

remis [rə'mi], unentschieden.

Remittenden *Pl.,* 🕮 unverkaufte, dem Verlag zurückgesandte Bücher, Zeitungen und Zeitschriften, auch fehlerhafte Bücher.

Remittent *der,* ✐ →Wechsel.

Remonstration *die,* Gegenvorstellung; **remonstrieren,** Einwände erheben.

Remoulade [rəmu'ladə] *die,* kaltgerührte Soße aus Eidotter, Öl, Essig, Senf u. a.

Remscheid, Ind.stadt in NRW, im Berg. Land, 120 100 Ew.; Werkzeugindustrie.

Remter *der,* Speiseraum in Deutschordensburgen.

Remus, Zwillingsbruder des →Romulus.

Ren *das,* →Rentier.

Renaissance [rənɛ'sã:s] *die,* Zeit von der Mitte des 14. bis zur Mitte des 16. Jh., in der das Natur- und Lebensgefühl, das Denken und Forschen begann, sich aus der kirchl. Gebundenheit des MA. zu lösen, sich auf die Kraft der Persönlichkeit zu gründen und am Diesseits, bes. an der Antike, zu orientieren. Wie der gleichzeitige Humanismus ging auch die R. von Italien aus, wurde aber zu einer europ. Bewegung, die in nahezu allen Ländern nat. Ausprägungen erfuhr. – ✍ Das Lebensgefühl des R.-Menschen fand seinen beredtesten Ausdruck in der bildenden Kunst Italiens. Hier löste der neue, an der Antike geschulte Stil um 1420 die Gotik ab **(Früh-R.),** erreichte um 1500 seinen Höhepunkt **(Hoch-R.)** und ging ab 1520 seinem Ende entgegen (**Spät-R.,** meist mit dem Manierismus gleichgesetzt). Zu den wichtigsten Künstlern gehören die universell begabten Michelangelo und Leonardo da Vinci, aber auch Architekten wie L. B. Alberti, F. Brunelleschi und Bramante, die Bildhauer Donatello und L. Ghiberti sowie die Maler S. Botticelli, D. Ghirlandaio, Raffael, Tizian, Giorgione, Tintoretto, Correggio, Masaccio. Außerhalb Italiens setzte sich der R.-Stil erst um 1500 gegen die Gotik durch. Zu den besonderen Leistungen der R. gehören die Entwürfe zu Idealstädten, die Entwicklung der Zentralperspektive, die frei stehende Plastik (v. a. Reiterstandbilder) sowie die Porträtmalerei als unverwechselbare Darstellung eines Menschen.

Rendezvous [rãde'vu:] *das,* verabredete Zusammenkunft, Stelldichein.

Rendite *die,* Ertrag einer Kapitalanlage, ausgedrückt in Prozenten des Kapitals.

Rendsburg, Krst. in Schlesw.-Holst., am Nord-Ostsee-Kanal, 31 000 Ew.; Eisen-, Schiffs- u. a. verarbeitende Industrie.

Reneklode, Reineclaude *die,* → Pflaume.

Renette *die,* Apfelsorte mit festem Fleisch, säuerlich-würzig-süßem Geschmack.

Reni, Guido, ital. Maler, * 1575, † 1642; gefühlvolle religiöse und mytholog. Bilder.

renitent, widerspenstig.

Renke, Fischgattung, → Felchen.

Renminbi ¥uan, Währungseinheit der VR China; 1 RMB¥ = 10 Jiao = 100 Fen.

Renn, Ludwig, eigentl. A. F. **Vieth von Golssenau,** dt. Schriftsteller, * 1889, † 1979; Offizier, trat 1928 der KPD bei; schrieb »Krieg« (1928) u. a.; gab kommunist. literar. Zeitschriften heraus.

Renner, Karl, österr. Politiker (SPÖ), * 1870, † 1950; 1918 bis 1920 Staatskanzler, 1930 bis 1933 Präs. des Nationalrats, 1945 bis 1950 Bundespräsident.

Rennes [rɛn], Hauptstadt der Region Bretagne, Frankreich, 203 500 Ew.; Erzbischofssitz; 2 Univ.; Auto-, elektron. Industrie.

Rennes Stadtwappen

Rennsteig, Rennweg *der,* 168 km langer Wanderweg über den Kamm des Thüringer Walds, von der Saale zur Werra.

Renoir [rə'nwa:r], **1)** Auguste, frz. Maler, * 1841, † 1919; Hauptmeister des Impressionismus; Bildnisse, Landschaften, Akte. – **2)** Jean, frz. Regisseur, Sohn von 1), * 1894, † 1979; Filme des poet. Realismus mit impressionist. Stimmungen (»Die Spielregel«, 1939).

Renommee *das,* (guter) Ruf; **renommieren,** prahlen, aufschneiden.

Renonce [rə'nɔ̃s] *die,* Kartenspiel: Fehlfarbe.

Renouvier [rənu'vje], Charles, frz. Philosoph, * 1815, † 1903; begründete den Neukantianismus in Frankreich.

Rentabilität, ✐ das in Prozent ausgedrückte Verhältnis zw. einer Erfolgsgröße (bei der Kapital-R. z. B. der Gewinn) und einer Bezugsgröße (z. B. das eingesetzte Kapital); Entscheidungskriterium für Investitionen.

Rente, Einkommen, das auf Besitz, Versicherungs- oder Versorgungsansprüchen beruht (z. B. Altersrente).

Rentenbank, landwirtschaftl. Kreditorganisationen, im 19. Jh. zur Ablösung der bäuerl. Lasten errichtet.

Rentenmark, 1923 geschaffene dt. Zwischenwährung zur Beendigung der Inflation; 1924 durch die Reichsmarkwährung abgelöst.

Rentenschuld, ⚖ bes. Art der Grundschuld, bei der in regelmäßigen Abständen eine bestimmte Geldsumme aus dem Grundstück zu zahlen ist (§§ 1199 ff. BGB).

Rentenversicherung, i. e. S. die vom Staat getragene Versicherung, die beim Eintreten bestimmter Voraussetzungen den Anspruch auf Zahlung bestimmter Leistungen, insbesondere einer Rente, gewährt. Diese R. wird auch als **soziale** oder **gesetzl. R.** bezeichnet, im Ggs. zur von privatrechtl. Versicherungsunternehmen getragenen **privaten R.** Ziel der gesetzl. R. ist die Sicherung des im Erwerbsleben erzielten Lebensstandards. Das Recht der R. wurde durch das Rentenreformges. vom 18. 12. 1989, gültig ab 1. 1. 1992, weiterentwickelt und ergänzt. Es wurde als VI. Buch in das Sozialgesetzbuch unter gleichzeitiger Aufhebung des IV. Buches der Reichsversicherungsordnung eingefügt. Die R. regelt als Pflichtversicherung die Renten von Arbeitern und Angestellten sowie die knappschaftl. Renten; ein bes. Zweig ist die Altershilfe für Landwirte. Bei Berufsunfähigkeit schützt eine Invalidenrente. Die nicht in der R. pflichtversicherten Selbstständigen können – wie fast alle nichtversicherungspflichtigen Personen, die das 16. Lebensjahr vollendet haben – auf Antrag in die R. einbezogen werden; versicherungsfrei sind Beamte. Nach Vollendung des 65. Lebensjahres wird die Regelaltersrente fällig, die Altersrente für langjährig Versicherte, wenn das 63. Lebensjahr vollendet ist (flexible Altersgrenze). Kindererziehungszeiten werden bei der Berechnung der Rentenhöhe mit 75 % des Durchschnittsentgelts veranschlagt.

Rentier, Ren, einzige Art der zu den Trughirschen gestellten Gattung Renhirsche, v. a. in Tundren und Wäldern N-Eurasiens, Kanadas und Grönlands. Die R. tragen ein schaufelförmiges Geweih. R. dienen auch als Zug- und Tragtiere sowie als Fell-, Fleisch-, Milch- und Lederlieferanten.

Auguste Renoir. Frühstückszene im Freien (1879)

Reparationen *Pl.,* Völkerrecht: den Besiegten eines Kriegs auferlegte Leistungen zum Ausgleich der Kriegsschäden der Sieger. – Nach dem Ersten Weltkrieg sollte Dtl. aufgrund des Versailler Vertrages Entschädigungen leisten, deren Höhe auf den Konferenzen von Boulogne und Spa (1920), Paris und London (1921) und Cannes (1922) festgelegt wurden, die dt. Leistungsfähigkeit aber überstiegen. 1923 kam es wegen Rückständen in den R. zur Besetzung des Ruhrgebiets durch frz. Truppen. Auch der Dawesplan (1924) und Youngplan (1930) erwiesen sich als unerfüllbar. Das Hoover-Moratorium (1931) stundete die Zahlungen und führte zur Konferenz von Lausanne (1932), die die R. beendete. – Nach dem Zweiten Weltkrieg bestanden die dt. R. in Sachleistungen. 1950 wurden die Demontagen in den Westzonen eingestellt. In der sowjet. Besatzungszone wurde nach 1947 nicht mehr demontiert; bis 1952 wurden allerdings R. aus der laufenden Produktion geleistet. Die Pariser Verträge von 1954 beendeten die R.-Leistungen der BRD.

Ottorino Respighi

Johannes Reuchlin

Reseda
Gartenreseda

Repatriierung, **1)** Zurückführung Kriegsgefangener, Zivilinternierter usw. in ihre Heimat. – **2)** Wiedereinbürgerung.

Repellents [rɪˈpelənts] *Pl.,* →Schreckstoffe.

Repertoire [repɛrˈtwa:r] *das,* **1)** der Spielplan einer Bühne. – **2)** Rollen, die ein Schauspieler, Sänger oder Artist beherrscht.

Repertorium *das,* wiss. Nachschlagewerk; systemat. Zusammenfassung bestimmter Sachgebiete.

Repetitorium *das,* Wiederholungsunterricht, -buch.

Repin, Ilja Jefimowitsch, russ. Maler, *1844, †1930; naturalist. Bilder sozialen und geschichtl. Inhalts (Wolgatreidler); Bildnisse (Tolstoj).

Replik *die,* **1)** Erwiderung. – **2)** Wiederholung eines Werks durch den Künstler selbst, im Ggs. zum **Replikat,** der originalgetreuen Nachbildung eines musealen Gegenstands.

Report *der,* **1)** Bericht. – **2)** Börse: Kurszuschlag bei Verlängerung von Zeitgeschäften.

Reportage [rəpɔrˈta:ʒə] *die,* Bericht.

Reporter *der,* Berichterstatter einer Zeitung.

Repräsentantenhaus, in den USA (daneben z. B. Australien, Neuseeland) die Parlamentskammer, in der die Wählerschaft nach ihrer Kopfzahl vertreten ist.

repräsentieren, **1)** darstellen. – **2)** jemanden vertreten. – **3)** standesgemäß auftreten. **Repräsentant** *der,* Volksvertreter, Abgeordneter. **Repräsentation** *die,* Stellvertretung; standesgemäßes Auftreten; **repräsentativ,** stellvertretend; würdig. **Repräsentativverfassung,** Teilnahme des Volks an der Staatsgewalt durch Abgeordnete.

Repressalie *die,* **1)** Maßnahme, die auf jemanden Druck ausübt. – **2)** im Völkerrecht: Vergeltungsmaßnahme eines Staats gegen völkerrechtswidrige Handlungen eines andern durch eine an sich gleichfalls rechtswidrige, zur Vergeltung aber zulässige Handlung (→Retorsion). R. gegenüber Kriegsgefangenen und Zivilinternierten sind nach der Genfer Konvention von 1949 verboten.

Repression *die,* Unterdrückung, Hemmung. Soziologie: jede Form der Behinderung der individuellen und gesellschaftl. Emanzipation.

Reprint [rɪˈprɪnt] *der,* durch fotomechan. oder elektrostat. Vervielfältigungsverfahren hergestellter Neudruck meist vergriffener Bücher oder Zeitschriften.

Reprise *die,* **1)** Wiederholung. – **2)** Theater, Film: Wiederaufnahme eines bereits gespielten Stücks in den Spielplan. – **3)** Börse: Kurserholung, Kurssteigerung.

Reproduktion *die,* **1)** Vervielfältigung, Wiedergabe, Abdruck. – **2)** Fortpflanzung.

Reptilien, *Sg.* **Reptil** *das,* **Kriechtiere,** wechselwarme, lungenatmende, meist landbewohnende Wirbeltiere mit den heute lebenden Ordnungen Schildkröten, Krokodile, Brückenechsen und Schuppenkriechtiere (Echsen und Schlangen). Ihr Körper ist mit Hornschilden oder Schuppen bedeckt; unter der Oberhaut liegen vielfach noch Knochenplatten. Die R. pflanzen sich überwiegend durch Eier fort, lebend gebärend ist z. B. die Kreuzotter. Im Erdmittelalter waren die R. weit verbreitet, z. T. von gewaltiger Größe (Dinosaurier).

Reptilienfonds [-fɔ̃], ein →Dispositionsfonds, urspr. Bezeichnung für die von Bismarck verwendeten Mittel aus dem Welfenfonds zur Unterstützung der regierungsfreundl. Presse.

Republik *die,* Staatsform, in der das Volk (Demokratie) oder ein Teil desselben (z. B. Aristokratie, Oligarchie, Plutokratie) Träger der Macht ist. Seit der Frz. Revolution wird der Begriff R. für eine sich von der Monarchie unterscheidende Staatsform gebraucht, die heute v. a. als parlamentar. und als präsidiale R. ausgeprägt ist.

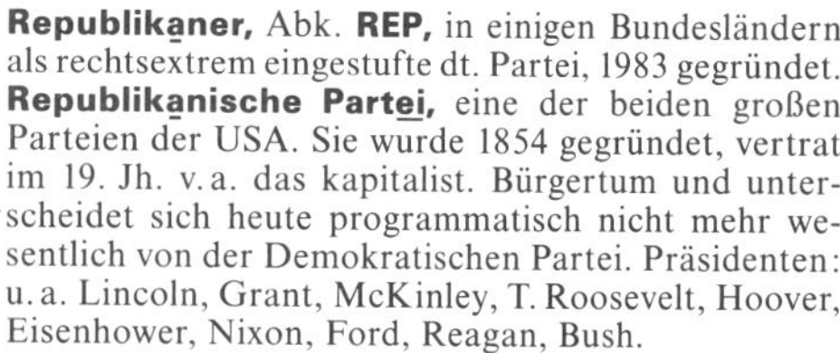

Republikaner, Abk. **REP,** in einigen Bundesländern als rechtsextrem eingestufte dt. Partei, 1983 gegründet.

Republikanische Partei, eine der beiden großen Parteien der USA. Sie wurde 1854 gegründet, vertrat im 19. Jh. v. a. das kapitalist. Bürgertum und unterscheidet sich heute programmatisch nicht mehr wesentlich von der Demokratischen Partei. Präsidenten: u. a. Lincoln, Grant, McKinley, T. Roosevelt, Hoover, Eisenhower, Nixon, Ford, Reagan, Bush.

Reputation *die,* guter Ruf, Ansehen.

Requiem *das,* in der kath. Kirche: Totenmesse, benannt nach dem Eingangsgesang: Requiem aeternam dona eis [lat. »Gib ihnen die ewige Ruhe«]; als Musikwerk u. a. von Mozart, Berlioz, Verdi, Reger bearbeitet.

requiescat in pace [-tsɛ, lat. »er (sie) ruhe in Frieden«], Abk. **R. I. P.,** häufige Inschrift auf Grabsteinen.

Requisiten *Pl.,* bei Theater, Film, Fernsehen jegl. Zubehör, das in einer Inszenierung verwendet wird.

Requisition *die,* **1)** Forderung von Sach- und Dienstleistungen durch die Besatzungsmacht in einem im Verlauf eines Krieges besetzten Gebiet. – **2)** Rechtshilfeersuchen.

Resa Schah, Schah von Iran (1925 bis 1941), *1878, †1944. R. S., 1925 Begründer der Dynastie Pahlewi, leitete innenpolit. Reformen ein; er musste 1941 nach dem Einrücken brit. und sowjet. Truppen zugunsten seines ältesten Sohnes Mohammed Resa Pahlewi abdanken und wurde in die Südafrikan. Union verbannt.

Reschenpass, Alpenpass zw. Inntal (Österreich) und Vintschgau (Italien), 1504 m hoch.

Reseda *die,* größte Gattung der R.-Gewächse mit rd. 50 Arten in Europa, N- und O-Afrika bis Indien. Bekannte Arten sind die **Garten-R.,** bis 60 cm hoch mit grüngelbl. Blüten, und der **Färberwau** (Gelbkraut), der früher den gelben Farbstoff Luteolin lieferte.

Resektion *die,* operatives Entfernen eines erkrankten Organteils oder Knochens.

Reservat *das,* **1)** vorbehaltenes Recht. – **2) Reservation,** Siedlungsgebiet bestimmter Bev.-Gruppen (z. B. Indianerreservat).

Reserve *die,* **1)** Zurückhaltung, Verschlossenheit; Vorbehalt. – **2)** Vorrat. – **3)** →Rücklage. – **4)** Gesamtheit der Wehrpflichtigen, die nicht im aktiven Wehrdienst stehen, ihn aber abgeleistet haben, oder, ohne gedient zu haben, ebenfalls der Wehrüberwachung unterliegen.

Reservoir [rezɛrvˈwa:r] *das,* Vorrats- und Sammelbehälter, z. B. Wasserreservoir.

Residenz *die,* Wohnsitz des Staatsoberhaupts (bes. eines Fürsten) oder eines hohen geistl. Würdenträgers. **R.-Pflicht,** Pflicht für Beamte und Richter im Bundesdienst, für Geistliche u. a., am Amtssitz zu wohnen.

Resignation *die,* Schicksalsergebenheit mit negativem Stimmungshintergrund.

Résistance [rezisˈtãs] *die,* frz. Widerstandsbewegung im 2. Weltkrieg gegen die dt. Besatzungsmacht und das von P. Pétain geführte Vichy-Regime.

Resistenz *die,* Widerstandsfähigkeit.

Resnais [rɛˈnɛ], Alain, frz. Filmregisseur, *1922; Vertreter der neuen Welle (»Hiroshima mon amour«, 1959; »I want to go home«, 1989).

Resolution *die,* Beschluss, Entschließung, Erklärung.

Resonanz *die,* das Mitschwingen eines schwingungsfähigen Systems **(Resonator),** das an ein anderes schwingendes System gekoppelt ist oder auf andere Weise periodisch erregt wird, bes. bei Schwingungsfrequenzen in der Nähe einer R.-Frequenz. Auf R. beruht z. B. das Mitschwingen von Bauwerken bei Erschütterungen.

Resorption *die,* Aufnahme von Stoffen, bes. der Nährstoffe in Blut, Lymphe und Zellen.

Respekt *der,* Achtung, Ehrfurcht.
respektive, Abk. **resp.,** beziehungsweise, oder.
Respighi [res'pi:gi], Ottorino, ital. Komponist, * 1879, † 1936; Opern, Orchester- und Kammermusik, Lieder.
Responsorium *das,* Wechselgesang zw. Solist und Chor, z. B. zw. Geistlichem und Gemeinde.
Ressentiment [rɛsãti'mã] *das,* heiml. Groll; lang, oft unbewusst gehegter Hass, Neid.
Ressort [rɛ'so:r] *das,* Fach, (Amts-)Bereich, Abteilung.
Ressourcen [rɛ'sursən] *Pl.,* Hilfs-, Geldmittel, Reserve.
Restauration *die,* Wiederherstellung eines früheren polit. oder wirtschaftl. Zustands, bes. die Neuordnung Europas auf dem Wiener Kongress 1814/15 bis zu den Revolutionen von 1830 und 1848.
Restaurierung *die,* Wiederherstellung gealterter, beschädigter oder durch spätere Hinzufügung entstellter Kunstwerke.
Restitution *die,* Wiederherstellung; im Völkerrecht: Leistungen zur Wiedergutmachung.
Retabel *das,* ♧ Altaraufsatz.
Rethel, Alfred, dt. Maler und Zeichner, * 1816, † 1859; Holzschnittfolgen (»Totentanz«), Ausmalung des Krönungssaals im Rathaus in Aachen.
retikulo|endotheliales System, Abk. **RES,** ⚕ zum Immunsystem gehörendes System von Zellen und Geweben, die der unspezif. Abwehr dienen, bes. in Milz, Knochenmark, Lymphknoten, Leber.
Retina *die,* Netzhaut im → Auge.
Retorsion *die,* Vergeltung einer rechtmäßigen, aber unfreundl. Handlung eines Staats durch eine gleiche Handlung, z. B. Abbruch der diplomat. Beziehungen.
Retorte *die,* ⚗ früher zur Destillation von Flüssigkeiten verwendetes Gefäß.
Retortenbaby, ein durch → In-vitro-Fertilisation gezeugtes Kind. Nach der Befruchtung wird der entstandene Keim (Zygote) zur Einnistung in die Gebärmutter der Frau gebracht und auf natürliche Weise ausgetragen.
Retrospektive *die,* Rückschau.
Rettich *der,* **Hederich,** Gattung der Kreuzblütler mit rd. 10 Arten in Europa und im Mittelmeergebiet; einjährige oder ausdauernde Kräuter mit dünner oder rübenförmig verdickter Wurzel; bekannte Arten sind **Acker-R.** (Ackerunkraut) und **Garten-R.** mit essbarer Wurzel (Unterart: **Radieschen).**
Rettungsring, im Wasser tragfähiger Ring aus Kork oder Schaumstoff, mit Gewebe oder Kunststoff überzogen.
Rettungs|schwimmen, Rettungs- und Befreiungsgriffe, Tauchen, Kleider- und Beförderungsschwimmen u. a. Übungen zur Rettung Ertrinkender. Die Dt. Lebens-Rettungs-Gesellschaft hat **Rettungsprüfungen** eingeführt; ihre Mitglieder überwachen viele Badestrände.
Rettungswesen, Einrichtungen, die bei Katastrophen, Krankheiten, Not- und Unglücksfällen Hilfe leisten können. Das R. ist kommunalen Körperschaften sowie privaten Hilfsorganisationen übertragen (z. B. Deutsches Rotes Kreuz, Arbeiter-Samariter-Bund, Malteser-Hilfsdienst, Johanniter-Unfall-Hilfe, Dt. Lebens-Rettungs-Gesellschaft). Im Rettungsdienst wirken die öffentl. (Feuerwehren, Techn. Hilfswerk u. a.) und privaten Hilfsorganisationen zusammen.
Retusche *die,* alle Methoden der Überarbeitung von fotograf. Negativen und Positiven sowie drucktechn. Ätzplatten, wobei der Bildcharakter meist gewahrt bleiben soll. Hat v. a. bei der Vorbereitung fotograf. Bildvorlagen für die Druckformenherstellung Bedeutung.
Reuchlin, Johannes, dt. Humanist, * 1455, † 1522; Vertreter eines myst. Neuplatonismus, förderte die

Blick über die mittelalterliche Altstadt von **Reval** mit den Türmen der Stadtbefestigung und dem Turm der Olaikirche im Hintergrund

Kenntnis des Griechischen und Hebräischen. Sein Streit mit den Dominikanern in Köln zog die → Epistolae obscurorum virorum nach sich.
Reue, 1) Schmerz über das eigene Tun. – **2)** ⚖ im Strafrecht die → tätige Reue.
Reugeld, ⚖ Geldbetrag, der vereinbarungsgemäß beim Rücktritt von einem Vertrag zu zahlen ist (§ 359 BGB).
Réunion [rey'njõ], vulkan. Insel im Ind. Ozean, eine der Maskarenen, 2510 km², 598000 Ew. (meist Kreolen); Hptst.: Saint-Denis. Zuckerrohr, Duft-, Gewürzpflanzen u. a. – Seit 1652 frz., seit 1946 Überseedépartement.
Re|unionen, die frz. Annexion von Gebieten des Hl. Röm. Reichs und der span. Niederlande zw. 1679 und 1681, die mit den v. a. 1648 an Frankreich gefallenen Territorien in Verbindung gestanden hatten. Im Frieden von Rijswijk 1697 bis auf das Elsass mit Straßburg zurückgegeben.
Reuse, Fanggerät für Fische aus Weiden-, Netz- oder Drahtgeflecht.
Reuß, Adelsgeschlecht, nach dem bis 1918 zwei Fürstentümer in O-Thüringen benannt waren; **R. ältere Linie** (Greiz), **R. jüngere Linie** (Gera und Schleiz).
Reuß *die,* rechter Nebenfluss der Aare in der Schweiz, kommt vom Sankt Gotthard, durchfließt den Vierwaldstätter See, ist von da an schiffbar, 159 km lang.
Reuter, 1) Christian, dt. Dichter, * 1665, † 1712; schrieb u. a. den Lügenroman »Schelmuffsky« (1696 bis 1697). – **2)** Ernst, dt. Politiker (SPD), * 1889, † 1953; 1947 zum Oberbürgermeister von Berlin gewählt, seit 1948 Oberbürgermeister von Berlin (West). – **3)** Fritz, niederdt. Dichter, * 1810, † 1874; verbrachte, als Burschenschafter erst zum Tode, dann zu 30-jähriger Festungshaft verurteilt, 7 Jahre in Festungshaft; war dann 10 Jahre als Gutsvolontär (niederdt. »Strom«) tätig. Schrieb zeitsatir. Mundartdichtung, u. a. »Ut de Franzosentid« (1860), »Ut mine Stromtid« (1862 bis 1864).
Reuters Ltd. [- 'lımıtıd], führende brit. Nachrichtenagentur, 1849 in Aachen gegr., 1851 nach London verlegt.
Reutlingen, Krst. in Bad.-Württ., 98900 Ew.; Fachhochschulen; Webwaren-, Leder-, Maschinenind. – R. war 1240 bis 1803 Reichsstadt.

Ernst Reuter

Reutlingen
Stadtwappen

Der **Rhein** bei Sankt Goarshausen mit Burg Neukatzenelnbogen

Reval
Kleines Stadtwappen

Reykjavík
Stadtwappen

Günter Rexrodt

Reutter, Hermann, dt. Komponist, * 1900, † 1985; Opern, Klavier-, Chorwerke, Lieder.

Reval, estn. **Tallinn,** Hptst. und wichtigster ⚓ Estlands, am Finn. Meerbusen, 482 000 Ew.; Domberg mit Befestigung, Domkirche, got. Rathaus; Baumwoll-, Papier-, Leder-, Maschinen- u. a. Ind. – R. entstand um 1230 als dt. Stadt; gehörte zur Hanse. BILD S. 749

Revanche [reˈvãʃ] *die,* Vergeltung, Rache.

Reventlow [-lo], Franziska Gräfin zu, dt. Schriftstellerin, * 1871, † 1918; schilderte die Münchner Boheme.

Reverend [ˈrevərənd], Titel von Geistlichen im englischsprachigen Raum.

Reverenz *die,* Ehrerbietung; Verbeugung.

Revers *der,* **1)** schriftl. Verpflichtung. – **2)** [reˈvɛːr], Rückseite einer Münze; Vorderseite: Avers. – **3)** Aufschlag an Kleidungsstücken.

reversibel, umkehrbar; Vorgänge, die rückwärts verlaufen können; Ggs.: irreversibel.

Revier *das,* **1)** Bezirk, begrenztes Gebiet, Tätigkeitsbereich; auch der von Tieren als eigenes Territorium betrachtete Lebensraum. – **2)** ⚒ Abbaugebiet.

Review [rɪˈvjuː] *die,* Übersicht, Rundschau; Rezension, Besprechung; auch Titel engl. und amerikan. Zeitschriften.

Revirement [rəvirəˈmã] *das,* Änderung in der Besetzung von Ämtern, bes. im diplomat. Dienst.

Revision *die,* **1)** Überprüfung, Änderung nach eingehender Prüfung. – **2)** regelmäßige Überprüfung des Rechnungswesens eines Unternehmens. – **3)** 🕮 letzte Durchsicht vor dem Druck. – **4)** ⚖ Rechtsmittel zur Nachprüfung der Rechtsfragen (nicht der Tatfragen) durch ein höheres Gericht **(R.-Gericht).**

Revisionismus *der,* Bemühungen, bestehende Verhältnisse, Verfassungen, Gesetzeswerke oder Staatsgrenzen zu verändern oder ideolog. Positionen zu modifizieren, i. e. S. die v. a. von E. Bernstein vertretene Richtung der internat. Arbeiterbewegung um 1900, zentrale Aussagen des Marxismus zur Anpassung an die gesellschaftl. Wirklichkeit neu zu bewerten.

Revolution *die,* **1)** Umwälzung von Bestehendem, z. B. der Bruch mit veralteten Wissensbeständen (R. des ptolemäischen Weltbilds), wirtschaftlich-techn. Organisationsstrukturen (industrielle R.), kulturellen Wertsystemen (Kultur-R.); i. e. S. grundlegender Umbruch der politisch-sozialen Ordnung. – **2)** ☼ Umlauf eines Himmelskörpers um einen anderen.

Revolver *der,* **1)** kurze Faustfeuerwaffe mit einer Mehrladeeinrichtung in Form einer drehbaren Trommel. – **2)** ⚙ drehbarer Werkzeugspanner an Werkzeugmaschinen (z. B. R.-Drehmaschine).

Revue [rəˈvy] *die,* **1)** Bühnendarbietung aus lose aneinander gereihten Szenen mit Gesang, Tanz, Artistik (Ausstattungs-, Tanz-, Eis-R.). – **2)** Zeitschriftentitel.

Rexbewegung, rechtsradikale kath. Bewegung im wallon. Belgien, gegr. 1930 von L. Degrelle. Im Zweiten Weltkrieg kämpften Freiwillige der R. auf dt. Seite, nach Kriegsende wurde sie verboten.

Rexrodt, Günter, dt. Politiker (FDP), * 1941; seit Jan. 1993 Bundesmin. für Wirtschaft.

Reykjavík [ˈraɪkjaːviːk], Hptst. und wichtigster Hafen Islands, 95 800 Ew.; Handels-, Wirtschafts- und Kulturzentrum.

Reymont [ˈrɛjmɔnt], Władysław, poln. Schriftsteller, * 1867, † 1925; Roman »Die Bauern« (1904 bis 1909); Nobelpreis für Literatur 1924.

Reynolds [ˈrenldz], **1)** Burt, amerikan. Filmschauspieler, * 1936. – **2)** Sir Joshua, brit. Maler und Kunsttheoretiker; * 1723, † 1792.

Reyon [rɛˈjɔ̃], → Kunstseide.

Rezension *die,* krit. Beurteilung dichter. und wiss. Werke sowie künstler. Leistungen.

rezent, gegenwärtig noch lebend; Ggs.: fossil.

Rezept *das,* **1)** ⚕ schriftl., mit Datum und Unterschrift versehene Anweisung eines Arztes an den Apotheker zur Herstellung oder Abgabe einer Arznei. – **2)** Zubereitungsvorschrift beim Kochen.

Rezeption *die,* **1)** Übernahme fremden Gedanken- und Kulturguts. – **2)** Empfangsbüro. – **3)** in Literatur-, Kunst- und Musikwiss. jede Art der kommunikativen Aneignung von Literatur, Kunst, Musik u. a. durch den **Rezipienten.**

Rezeptoren, ❀ Zellen oder Organellen, die Reize aus der Umwelt oder aus dem Körperinneren aufnehmen, sowie in der Zellmembran gelegene Moleküle, die spezif. Substanzen binden.

Rezess *der,* ⚖ Vereinbarung über strittige Verhältnisse, Vergleich.

Rezession *die,* konjunkturelle Abschwungphase mit rückläufigem Investitionsumfang und sinkender Produktion.

rezessiv, ❀ nicht in Erscheinung tretend (von Erbfaktoren gesagt); Ggs.: dominant.

Rezidiv *das,* ⚕ erneuter Ausbruch einer Krankheit.

reziprok, wechsel-, gegenseitig; z. B. ist $^1/_3$ die **Reziproke** der Zahl 3, ihr Kehrwert.

Rezitation *die,* künstler. Vortrag.

Rezitativ *das,* 𝄞 dem Rhythmus und Tonfall der Sprache angepasster Sprechgesang in der Oper.

Rezniček [ˈresnitʃɛk], Emil Nikolaus Freiherr v., österr. Komponist, Dirigent, * 1860, † 1954; Opern »Donna Diana« (1894), Orchesterwerke u. a.

Rezzori, Gregor von, dt.-sprachiger Schriftsteller, * 1914; »Maghrebinische Geschichten« (1953), »Der Tod meines Bruders Abel« (1976) u. a.

R-Gespräch, Ferngespräch, dessen Gebühr vom Inhaber des verlangten Anschlusses bezahlt werden muss; in Dtl. nicht möglich.

RGW, Abk. für → **R**at für **g**egenseitige **W**irtschaftshilfe.

Rh, chem. Symbol für das Element Rhodium.

Rhabanus Maurus → Hrabanus Maurus.

Rhabarber *der,* großblättrige Gattung der Knöterichgewächse mit rd. 40 Arten in gemäßigten Gebieten Asiens. Die oxalsäurehaltigen Blattstiele der auch in Mitteleuropa angepflanzten Arten werden zu Kompott verarbeitet, aus den Wurzeln werden in Asien Abführmittel gewonnen.

Rhapsodie *die,* **1)** in der Antike von einem Rhapsoden vorgetragenes Gedicht. – **2)** Musikstück in freier Form, oft mit folklorist. Zügen, so bei F. Liszt, J. Brahms, A. Dvořák, M. Ravel, G. Gershwin.

Rhea, griech. Göttermutter, Gattin des Kronos.

Rheda-Wiedenbrück, Stadt in NRW, an der Ems, 36 800 Ew.; Fachwerkhäuser u. a. Baudenkmäler; Möbel- u. a. Industrie.

Rhein *der,* einer der großen Flüsse Europas; Länge: 1 320 km; entsteht in der östl. Schweiz, im Kt. Graubünden, aus dem **Vorder-R.,** der vom Sankt-Gotthard-Massiv kommt, und dem **Hinter-R.,** der am Rheinwaldhorn in den Adula-Alpen entspringt. Er bildet später den **Alpen-R.,** durchfließt den Boden- und Untersee, bildet bei Schaffhausen den **R.-Fall** (mit 150 m Breite und 21 m Tiefe der größte Wasserfall Mitteleuropas), fließt nach W bis Basel **(Hoch-R.),** dann nach N durch die Oberrheinische Tiefebene bis Mainz **(Ober-R.),** darauf westwärts am Rheingau entlang, ab Bingen nach NW und durchbricht das Rhein. Schiefergebirge **(Mittel-R.).** Bei Bonn tritt der R. in das norddt. Flachland ein **(Nieder-R.)** und mündet in den Niederlanden in mehreren Armen in die Nordsee: **Waal,** der mit Merwede, Noord, Nieuwe Maas als Nieuwe Waterweg in die Nordsee mündet; der nördl. Arm **(Pannerdenscher Kanal)** fließt als Neder-Rijn und Lek weiter, mündet in die Nieuwe Maas. Die wichtigsten Nebenflüsse sind rechts: Kinzig, Murg, Neckar, Main, Lahn, Sieg, Wupper, Ruhr, Emscher, Lippe; links: Aare, Ill, Sauer, Lauter, Nahe, Mosel, Ahr, Erft, Maas. Der R. ist ein wichtiger Verkehrsweg; die Seeschifffahrt reicht bis Köln, die Großschifffahrt bis Straßburg, die Schifffahrt überhaupt bis Rheinfelden.

Rheinberg, Stadt in NRW, 26 200 Einwohner.

Rheinbund, 1) Bündnis westdt. Fürsten mit Frankreich und dem schwedischen König zur Stärkung des frz. Einflusses gegenüber Österreich und Brandenburg-Preußen (»Rhein. Allianz« 1658 bis 1668). – **2)** 1806 von den süd- und westdt. Fürsten unter Napoleon I. gegr. Bund, der im selben Jahr seinen Austritt aus dem Hl. Röm. Reich erklärte. Später traten der König von Sachsen und die kleineren mittel- und norddt. Fürsten dem R. bei; er löste sich 1813 auf.

Rheine, Stadt in NRW, an der Ems, 69 300 Ew.; Solbad; Textil-, Eisenindustrie.

Rheinfelden, 1) R. in Baden, Stadt in Bad.-Württ., am Rhein oberhalb von Basel, 27 500 Ew.; Aluminium-, chem. Ind. – **2) R.,** Solbad im schweizer. Kt. Aargau, 9 600 Ew., gegenüber von 1).

Rheingau, das vom westl. Taunus **(R.-Gebirge)** zum Rhein abfallende, klimatisch begünstigte Hügelland; obst- und weinreich. – Der R. kam im 13. Jh. an die Erzbischöfe von Mainz, 1803 an Nassau, 1866 an Preußen, 1945 an Hessen. **R.-Weine,** die rechtsrhein. Weine zw. Hochheim am Main und Lorch am Rhein.

Rhein-Herne-Kanal, Schifffahrtsweg in NRW zw. dem Rhein in Duisburg und dem Dortmund-Ems-Kanal bei Herne, 49 km lang.

Rheinhessen, Landschaft in Rheinl.-Pf., fruchtbares Hügelland von Worms bis Bingen.

Rheinhessen-Pfalz, Reg.-Bez. (seit 1969) in Rheinl.-Pf., 6 830 km², 1,806 Mio. Ew.; Verw.-Sitz Neustadt an der Weinstraße.

Rheinisches Schiefergebirge, Mittelgebirge zu beiden Seiten des Rheins unterhalb von Bingen; rechtsrhein. Taunus, Westerwald mit Siebengebirge, Bergisches Land, Sauerland mit Rothaargebirge; linksrhein. Hunsrück und Eifel-Ardennen.

Rheinisch-Westfälisches Industriegebiet → Ruhrgebiet.

Rheinland, dt. Gebiete zu beiden Seiten des Mittel- und Niederrheins, bes. die ehem. preuß. Rheinprovinz. – Durch Caesar kam das linke Rheinufer unter röm. Herrschaft; während der Völkerwanderung drangen die Franken ins linksrhein. Gebiet ein und schufen von hier aus das → Fränkische Reich, das die R. umfasste. Im Karolingerreich wurden sie zur Mittelachse des Reiches und kamen bei den Reichsteilungen (870 Vertrag von Mersen) an das Ostfränk., spätere Hl. Röm. Reich. Im MA. bildeten sich geistl. und weltl. Fürstentümer. Seit dem 17. Jh. strebte Frankreich nach der Rheingrenze: Es gewann 1648 das Elsass (ohne Straßburg), besetzte 1681 u. a. Straßburg und erhielt 1766 das Herzogtum Lothringen. In den frz. Revolutionskriegen erreichte Frankreich vorübergehend sein Ziel, musste jedoch 1815 mit Ausnahme Straßburgs und Teilen Lothringens das R. wieder an Dtl. zurückgeben. Auf dem linken Rheinufer wurde die preuß. **Rheinprovinz** gebildet; daneben entstanden die bayer. **Rheinpfalz** sowie als Teil des Großherzogtums Hessen-Darmstadt **Rheinhessen.**

Rheinländer, Bayerische Polka, Paartanz in mäßigem $^{2}/_{4}$-Takt.

Rheinland-Pfalz, Land der Bundesrep. Deutschland, 19 852 km², 3,852 Mio. Ew.; Hptst.: Mainz. 3 Reg.-Bez.: Koblenz, Trier, Rheinhessen-Pfalz. R.-P. hat Anteil am Rhein. Schiefergebirge (Hunsrück, Teile von Eifel, Westerwald und Taunus), am Oberrhein. Tiefland mit Rheinhessen, an der Haardt und dem Saar-Nahe-Berg- und Hügelland. Wichtigste Flüsse: Rhein, Nahe, Mosel mit Saar, Lahn. Ackerbau wird v. a. im Neuwieder Becken, in Rheinhessen, der Vorderpfalz und im Zweibrücker Hügelland betrieben, Weinbau an Rhein, Ahr, Mosel und Nahe, in Rheinhessen und der Pfalz, daneben Forstwirtschaft (39 % Waldfläche). Chem. Ind. (Ludwigshafen am Rhein), Maschinenbau (Bad Kreuznach, Frankenthal u. a.), Eisen- und Stahlwerke (Randgebiete des Siegerlan-

Rheinland-Pfalz
Landeswappen

Rheinland-Pfalz. Verwaltungsgliederung

des), Textil- (Kaiserslautern), Schuhind. (Pirmasens) u. a., Baustoffe und Basalt bes. im Neuwieder Becken, Fremdenverkehr. – R.-P. wurde 1946 aus der bayer. Pfalz, Rheinhessen, Teilen der preuß. Rheinprov. und der Prov. Hessen-Nassau gebildet. 1951 bis 1971 Koalition CDU/FDP, 1971 bis 1987 CDU-Reg., 1987 bis 1991 Koalition CDU/FDP, seither Koalition SPD/FDP, Min.-Präs.: K. Beck (seit 1994).

Rhein-Main-Donau-Großschifffahrtsweg, Sept. 1992 eröffnete europ. Binnenwasserstraße, die die Nordsee mit dem Schwarzen Meer verbindet (rd. 3 500 km lang). Das Kernstück (Gesamtlänge 677 km) umfasst den kanalisierten Main von Aschaffenburg bis zur Regnitzmündung bei Bamberg (297 km), den Main-Donau-Kanal (171 km) und die kanalisierte Donau zw. Kelheim und Passau (209 km).

Rhein-Marne-Kanal, Kanal in O-Frankreich vom Rhein bei Straßburg bis zum Seitenkanal der Marne bei Vitry, 314 km lang.

Rheinpfalz → Pfalz.

Rhein-Rhône-Kanal, 320 km langer Kanal in O-Frankreich vom Rhein bei Straßburg über Mülhausen zur Saône bei Saint-Symphorien.

Rheinsberg/Mark, Stadt in Bbg., nördlich von Neuruppin, 5 400 Ew.; Schloss (Kronprinzensitz Friedrichs d. Gr.).

Rheinseitenkanal, Kanal im Elsass, der den Oberrhein zw. Basel und Straßburg streckenweise auf frz. Gebiet ableitet.

Rheinstein, Burg am linken Rheinufer bei Trechtingshausen, Kreis Mainz-Bingen (Rheinl.-Pf.).

Rheinwaldhorn, der höchste Gipfel der Adula-Alpen, Schweiz, 3 402 m hoch.

Rheinweine, die in den Weinbaugebieten Ahr, Hess. Bergstraße, Mittelrhein, Nahe, Rheingau, Rheinhessen und Pfalz erzeugten Weine.

Rhenium *das,* Symbol **Re,** chem. Element, Metall; D 21,0 g/cm³, Fp 3 180 °C, Sp (geschätzt) 5 627 °C; tritt in der Natur spurenweise in Molybdän-, Platin- und Kupfererzen auf.

Rheotropismus *der,* **Rheotaxis** *die,* Bewegungsrichtung von Pflanzenteilen bzw. Lebewesen zur Strömungsrichtung, z. B. wachsen Maiswurzelspitzen gegen den Wasserstrom, viele Fische nutzen die Gegenströmung, um ein Abdriften zu verhindern.

Rhode Island
Staatsflagge

Rhesus|affe, in Indien und S-China verbreitete Art der Makaken.

Rhesusfaktor, Rh-Faktor, ⚕ Blutkörperchenmerkmal Rh (nach dem Rhesusaffen benannt), das bei 85% aller weißen Menschen vorhanden ist. Sein Fehlen wird mit rh bezeichnet. Wiederholtes Zusammentreffen von rhesuspositivem (Rh) mit rhesusnegativem (rh) Blut (z. B. Transfusion, Schwangerschaft) kann zu lebensbedrohl. hämolyt. Unverträglichkeitsreaktionen führen.

Rhetorik *die,* Redekunst; **rhetor. Frage,** Frage, die keine Antwort verlangt.

Rheumatismus *der,* **Rheuma** *das,* volkstüml. **Gliederreißen,** ⚕ Sammelbezeichnung für verschiedenartige mit Schmerzen einhergehende Krankheiten des Bewegungs- und Stützapparats (Knochen, Muskeln, Bindegewebe), deren Ursachen nur z. T. geklärt sind. Unter dem Begriff **Gelenk-R.** werden zahlreiche degenerative und entzündl. Gelenkerkrankungen zusammengefasst, der **Weichteil-R.** umfasst viele Erkrankungen des Muskel- und Sehnenapparates und des Bindegewebes. Der Weichteil-R. geht mit Schmerzen und Sensibilitätsstörungen einher, die temperatur-, lage- und belastungsabhängig sind. Die Schmerzen treten häufig an bestimmten Stellen (Rücken, Gelenknähe) auf und führen zu Bewegungs- und Funktionseinschränkungen. I. d. R. handelt es sich um einen Dauerschmerz, der durch Faktoren wie Wetter, psych. Verfassung und bes. Infekte mit beeinflusst werden kann. Behandlung: je nach Form Wärmeanwendung, Krankengymnastik, physikal. Therapie (Massagen u. a.), schmerzstillend und entzündungshemmend wirkende Arzneimittel, Glucocorticoide u. a.

Rhin *der,* rechter Nebenfluss der Havel, durchfließt viele durch Kanäle verbundene Seen.

Rhinozerosse → Nashörner.

Rhizom → Wurzelstock.

Rhizopoden → Wurzelfüßer.

Rhodan *das,* ⚗ Thiocyan, Atomgruppe SCN. Die Salze der **R.-Wasserstoffsäure,** HSCN, die **Rhodanide,** haben in der chem. Analyse Bedeutung.

Rhode Island [rəʊˈdaɪlənd], Abk. **R. I.,** der kleinste Bundesstaat der USA, 3 144 km², 1,0 Mio. Ew., am Atlant. Ozean; Hptst.: Providence. Textil-, Maschinen-, elektron. u. a. Ind. – Gegr. 1636 als engl. Kolonie mit Glaubensfreiheit.

Rhein-Main-Donau-Großschifffahrtsweg

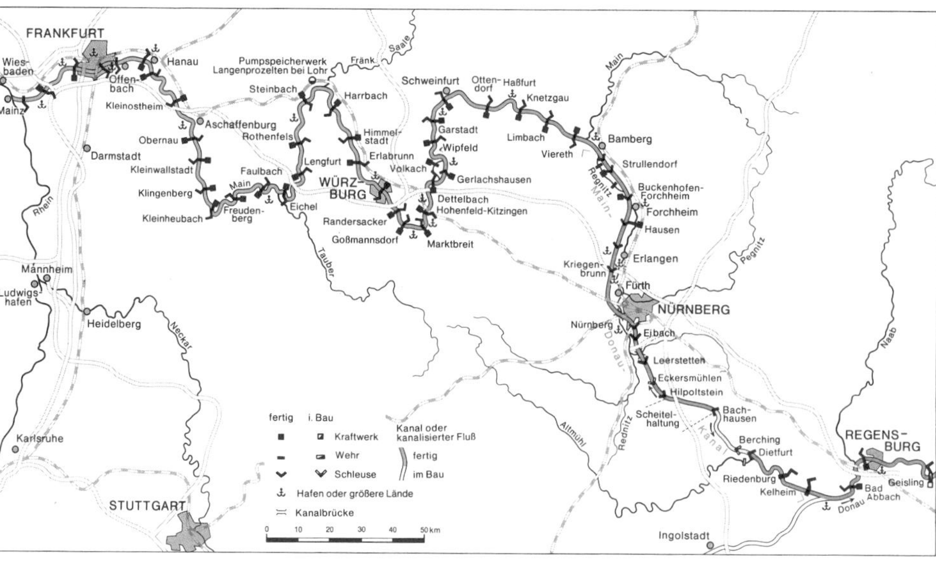

Rhodes [rəʊdz], Cecil, britisch-südafrikan. Kolonialpolitiker, * 1853, † 1902; bedeutender Verfechter des brit. Imperialismus; war 1890 bis 1896 Premiermin. der Kapkolonie, veranlasste die Besitznahme des Betschuanalands und des später nach ihm benannten Rhodesien, erstrebte die Eingliederung der Burenrepubliken.

Rhodesi|en, ehem. brit. Gebiet im nördl. Südafrika, das bis 1964 die Teilgebiete Nord-R. und Süd-R. umfasste. – R. wurde 1889/90 von der Brit.-Südafrikan. Gesellschaft in Besitz genommen, 1895 nach C. Rhodes benannt, dann ständig erweitert. Nord- und Süd-R. waren 1953 bis 1963 mit Njassaland (heute →Malawi) zur Zentralafrikan. Föderation zusammengeschlossen. Nord-R. wurde 1964 als →Sambia unabhängig; Süd-R. verblieb als Rhodesien brit. Kolonie. Seine einseitige Unabhängigkeitserklärung 1965 wurde von Großbritannien mit wirtschaftl. Sanktionen beantwortet. Weiteres →Simbabwe.

Rhodium *das,* Symbol **Rh,** chem. Element, Platinmetall; D 12,41 g/cm^3, Fp 1966 °C, Sp (3727 ± 100) °C; wird zu Thermoelementen, Katalysatoren u. a. verwendet.

Rhododendron *der,* auch *das,* Gattung schön blühender Heidekrautgewächse mit vielen Arten. In den Alpen 2 Arten, **Alpenrose** genannt, niedrige Sträucher mit immergrünen Blättern und leuchtend roten Blüten. Asiat. und nordamerikan. Arten mit großen, oft violetten Blüten sind Gartensträucher.

Rhodopen *Pl.,* waldreiches Gebirge in SW-Bulgarien; im Goljam Perelik 2191 m hoch.

Rhodos, 1) griech. Insel im Ägäischen Meer, 1398 km^2, 87800 Ew., gebirgig (bis 1215 m); bedeutende Ruinenstätten (Lindos, Kamiros), Fremdenverkehr; Wein, Olivenöl. – R. erlebte als griech. See- und Handelsmacht des Altertums seine Blütezeit im 3. und 2. Jh. v. Chr. Es war 1310 bis 1522 Sitz des Johanniterordens, dann türkisch, 1912 bis 1947 italienisch, seitdem griechisch. – **2)** Hptst. der Insel R. und des Dodekanes, 43000 Ew.; ⚓; Ritterpaläste. Die Altstadt gehört zum Weltkulturerbe.

Rhombus *der,* **Raute,** Parallelogramm mit 4 gleich langen Seiten.

Rhön *die,* Mittelgebirge im Grenzraum von Hessen, Bayern und Thür., zw. Werra, Fulda und Fränk. Saale, gliedert sich in die südl. **Hohe R.** (Wasserkuppe 950 m hoch) und die nördl. **Kuppen-** oder **Vorder-R.** (Milseburg 835 m hoch); Segelfluggebiet; Naturparks, seit 1991 Biosphärenreservat (1350 km^2).

Rhondda [ˈrɔndə], Bergwerks-, Ind.stadt in Wales, Großbritannien, 82000 Einwohner.

Rhône [roːn] *die,* Fluss der Schweiz und Frankreichs, entsteht aus dem **R.-Gletscher** zw. Grimsel- und Furkapass, durchströmt den Genfer See, wendet sich bei Lyon nach S, mündet in 2 Hauptarmen in das Mittelmeer (Golfe du Lion); 812 km lang, von Lyon an schiffbar.

Rhönrad, ⚘ 1925 entwickeltes Turngerät aus 2 miteinander quer verbundenen gleich großen Reifen (1,40 bis 2,20 m) aus Stahlrohr, mit Handgriffen und Fußhaltern.

Rhythm and Blues [ˈrɪðm ənd ˈbluːz], Ende der 1930er-Jahre aus dem Blues entstandene Variante der afroamerikan. Musik, in den 50er-Jahren in den städt. Schwarzenvierteln der USA weit verbreitet.

Rhythmus *der,* period. Gliederung, von grundlegender Bedeutung für die meisten Lebensvorgänge und Arbeitsleistungen. Der R. ist wesentl. für alle »Zeitkünste« (Musik, Dichtung, Tanz). In der Musik betrifft er die Zeitdauer der einzelnen Töne im Verhältnis zueinander (**Rhythmik:** i. e. S.: lang – kurz), den Wechsel nach Gewicht und Betonung (**Metrik:** leicht – schwer) und das Zeitmaß (Tempo) des Gesamtablaufs; mit der Melodik ist er Hauptträger der musikal. Aussage.

Die Stadt **Rhodos** mit der Burg im Hintergrund

Riad, Er-Riad, Er-Riyad, Hptst. von Saudi-Arabien, 2 Mio. Ew.; saud. Königsresidenz; Univ., Islam. Univ., TH; Oasenstadt, Verkehrsknotenpunkt; internat. ✈. – Seit 1902 Herrschersitz des Wahhabitenreichs.

Rial, Abk. **Rl.,** iran. Währungseinheit.

RIAS Berlin, Abk. für **R**undfunk **i**m **a**merikan. **S**ektor (Berlin), gegr. 1946; seit Jan. 1994 Teil des Senders Deutschlandradio.

Ribbentrop, Joachim v., dt. Diplomat und Politiker (NSDAP), * 1893, † (hingerichtet) 1946; 1938 bis 1945 Reichsaußenmin.; 1946 in Nürnberg verurteilt.

Ribera [rriˈßera], Jusepe de, span. Maler, * 1591, † 1652; Meister des span. Barocks.

Ribnitz-Damgarten, Krst. in Meckl.-Vorp., am **Ribnitzer Bodden,** 17000 Ew.; alte Kirchen.

Ribonukle|insäuren, Abk. **RNS,** →Nukleinsäuren.

Ricardo [riˈkɑːdəʊ], David, brit. Volkswirtschaftler, * 1772, † 1823; Liberaler, entwickelte eine geschlossene Werttheorie, eine Theorie der Grundrente, des Arbeitslohns, des Geldes u. a.

Rhododendron

Riccione [ritˈtʃoːne], Seebad an der ital. Adriaküste, Prov. Forlì, 32000 Einwohner.

Richard, Herrscher: **Hl. Röm. Reich. 1) R. von Cornwall,** * 1209, † 1272; als Gegenkönig Alfons' X. von Kastilien während des »Interregnums« 1257 aufgestellt. – **England. 2) R. I. Löwenherz,** * 1157, † 1199; König 1189 bis 1199, nahm 1190 bis 1192 am 3. Kreuzzug teil, geriet auf dem Rückweg in die Gefangenschaft Kaiser Heinrichs VI., erst 1194 freigelassen. – **3) R. II.,** * 1367, † 1400; König 1377 bis 1399, wegen seines willkürl. Regiments von Heinrich IV. und dem Parlament zum Rücktritt gezwungen. – **4) R. III.,** * 1452, † (gefallen) 1485; König 1483 bis 1485, aus dem Hause York, Herzog von Gloucester, gelangte durch die Ermordung seiner jungen Neffen Eduard V. und R. auf den Thron, fiel im Kampf gegen Heinrich VII. Tudor bei Bosworth.

Richard [ˈrɪtʃəd], Sir (seit 1995), Cliff, brit. Rocksänger und Gitarrist, * 1940.

Richardson [ˈrɪtʃədsn], **1)** Dorothy M., brit. Schriftstellerin, * 1873, † 1957; »Pilgerfahrt« (1915 bis 1928). – **2)** Samuel, brit. Schriftsteller, * 1689, † 1761; psychologisierender Briefroman: »Pamela« (1740).

Richelieu [riʃəˈljø], Armand Jean **du Plessis,** Herzog von R., Kardinal, frz. Staatsmann, * 1585, † 1642; seit 1624 leitender Min. Ludwigs XIII., setzte den königl. Absolutismus gegen den Adel durch, nahm den Hugenotten nach der Eroberung von La Rochelle 1628 ihre polit. Sonderstellung, griff 1635 auf schwed. Seite in den Dreißigjährigen Krieg ein, um die span.-habsburg. Macht zurückzudrängen. Begründer der Vormachtstellung Frankreichs.

Armand Jean du Plessis, Herzog von Richelieu

Richmond [ˈrɪtʃmənd], Hptst. des Bundesstaats Virginia, USA, 213 300 Ew.; Univ.; Ind. – R. war im Sezessionskrieg die Hptst. der Südstaaten.

Richter, ⚖ mit der Vollmacht zur Entscheidung von Rechtsstreitigkeiten ausgestatteter Staatsbeamter. Die Fähigkeit zum R.-Amt wird durch 2 staatl. Prüfungen erlangt: nach dem Rechtsstudium und nach einer dreieinhalbjährigen Vorbereitungszeit. Die R. sind in ihren Entscheidungen unabhängig und nur dem Gesetz unterworfen, d. h., sie sind an keine Weisungen eines »Vorgesetzten« gebunden und dürfen wegen ihrer richterl. Tätigkeit nicht benachteiligt werden. – Neben den Berufs-R. gibt es Laienrichter.

Swjatoslaw Richter

Richter, Führer des israelit. Volks nach Besetzung Kanaans bis zum Königtum Sauls, im A. T. Gegenstand des **Buchs der Richter.**

Richter, 1) Gerhard, dt. Maler, * 1932; arbeitete zunächst nach fotograf. Vorlagen (Prinzip der »Abbildung«), heute pastose, abstrakte Bilder. – **2)** Hans Werner, dt. Schriftsteller, * 1908, † 1993; Gründer der literar. »Gruppe 47«. – **3)** Johann Paul Friedrich, dt. Dichter, → Jean Paul. – **4)** Ludwig, dt. Maler und Zeichner, * 1803, † 1884; Meister der volkstüml. Illustration. – **5)** Swjatoslaw Teofilowitsch, ukrain. Pianist, * 1915, † 1997; einer der bedeutendsten Klaviervirtuosen des 20. Jahrhunderts.

Richterskala [nach dem amerikan. Seismologen Charles Francis Richter, * 1900, † 1985], 🌐 nach oben hin nicht begrenzte Skala zur Feststellung der Erdbebenstärke mit Seismographen.

Richtfest, bei einem Neubau die Feier der Handwerker und des Bauherrn nach Errichtung des Dachstuhls.

Richtfunk, 📡 funktechn. Nachrichtenübermittlung mithilfe von Richtantennen, die die elektromagnet. Wellen bevorzugt in einer Richtung abstrahlen bzw. aus ihr empfangen. Zur Überbrückung großer Entfernungen werden Relaisstationen (als Satelliten zur Überbrückung sehr großer Entfernungen) zwischengeschaltet.

Ferdinand Freiherr von Richthofen

Richthofen, 1) Ferdinand Freiherr v., dt. Geograph, * 1833, † 1905; reiste in S- und O-Asien, Kalifornien, erforschte China. – **2)** Manfred Freiherr v., * 1892, † (gefallen) 1918; erfolgreichster dt. Jagdflieger des 1. Weltkriegs (80 Luftsiege).

Richthofengebirge, chin. **Qilian Shan,** Teil des Nanshan (Innerasien), bis 5 934 m hoch.

Richtscheit, schmales Brett, dient als Unterlage für die Wasserwaage.

Richt|strahler, 📡 Sendeantenne, die in eine bevorzugte Richtung abstrahlt.

Ricke, weibl. Reh.

Rickert, Heinrich, dt. Philosoph, * 1863, † 1936; Mitbegr. der südwestdt. Schule des Neukantianismus.

Ridinger, Riedinger, 1) Georg, dt. Baumeister, * 1568, † nach 1628; Aschaffenburger Schloss (1605 bis 1614). – **2)** Johann Elias, dt. Maler, Grafiker, * 1698, † 1767; Tier-, Jagddarstellungen.

Riechstoffe, ⚗ Verbindungen von kennzeichnendem Geruch (Duftstoffe), verwendet in Parfümerie und Kosmetik, in der Genussmittelindustrie.

Ried *das,* **1)** ❀ rohr- oder schilfförmige Uferpflanzen. – **2)** Sumpf, Moor.

Riedböcke, Wasserböcke, rothirschgroße Antilopen mit 8 Arten in wasserreichen Biotopen Afrikas.

Riehl, 1) Alois, österr. Philosoph, * 1844, † 1924; vertrat eine Mittelstellung zw. Realismus und Idealismus. – **2)** Wilhelm Heinrich von (seit 1883), dt. Kulturhistoriker, * 1823, † 1897; Direktor des Bayer. Nationalmuseums; Mitbegründer der dt. Soziologie und der wiss. Volkskunde.

Riemann, 1) Bernhard, dt. Mathematiker, * 1826, † 1866; arbeitete über Funktionentheorie, Differenzialgleichungen und bes. über die Grundlagen der Geometrie. – **2)** Hugo, dt. Musikhistoriker, * 1849, † 1919; u. a. Lehrbuch der Komposition und der Harmonik, »Musik-Lexikon« (1882). – **3)** Katja, dt. Schauspielerin, * 1963; nach Bühnenengagements zunehmend Filmrollen, Durchbruch mit »Sommer in Lesmona« (1986), weitere Filme »Ein Mann für jede Tonart« (1994), »Der bewegte Mann« (1994), »Bandits« (1997).

Tilman Riemenschneider. Detail aus dem Mittelschrein des Marienaltars in der Herrgottskirche in Creglingen (1505 bis 1510)

riemannsche Geometrie [nach B. Riemann], √ System geometr. Sätze, in dem der Raum eine von Ort zu Ort veränderl. Krümmung haben kann und demnach der Begriff der Geraden durch den Begriff der kürzesten Linie **(geodät. Linie)** ersetzt ist.

Riemen, 1) ⚙ **Treib-R.,** endloses Band aus Leder, Gummi, Gewebe, Kunststoff zur Kraftübertragung (Flach-R., Keil-R. mit trapezförmigem Querschnitt, Zahn-R.). **R.-Trieb,** Verbindung zweier R.-Scheiben durch den R. – **2)** ⚓ volkstüml. **Ruder,** hölzerne Stange mit schaufelartiger Verbreiterung (»Blatt«) am Ende, zur Fortbewegung von Booten.

Riemenschneider, Tilman, dt. Bildhauer und Bildschnitzer, * um 1460, † 1531; ein Hauptmeister der dt. Spätgotik: Schnitzaltäre in Rothenburg ob der Tauber (Heiligblutaltar), Creglingen, Dettwang (Kreuzigungsaltar), Heidelberg (Windsheimer Zwölfbotenaltar), Münnerstadt sowie Heiligenskulpturen, Madonnen, Grabmäler u. a.

Rienz *die,* linker Nebenfluss des Eisack in Tirol, mündet bei Brixen, 90 km lang.

Rienzo, Rienzi, Cola di, röm. Volksführer, * 1313, † (ermordet) 1354; suchte 1347 im päpstl. Rom einen Freistaat nach altröm. Muster zu errichten, regierte kurze Zeit als Tribun.

Ries *das,* Papiermaß, früher 20 Buch = 500 Bogen, heute **Neuries** = 10 Buch = 1 000 Bogen. 10 R. = 1 Ballen.

Ries *das,* fruchtbare Einsenkung zw. der Schwäb. und der Fränk. Alb; Hauptort Nördlingen.

Ries, fälschlich **Riese,** Adam, dt. Rechenmeister, * 1492, † 1559; verfasste Lehrbücher des prakt. Rechnens.

Riesa, Stadt in Sa., 47 000 Ew.; ⚓ an der Elbe; Arzneimittel-, Zündwarenind., Großmühlen.

Riese, 1) Lebewesen von übernormaler Körpergröße. – **2)** Sage, Märchen: Giganten, Titanen, Zyklopen u. a., Verkörperungen der Naturkräfte, Feinde der Götter, Menschenfresser u. Ä.

Riesel|anlagen, dienen zur Bewässerung und Düngung von Feldern **(Rieselfelder)** oder Wiesen mit vorgeklärten städt. Abwässern, auch zur Abwasserreinigung.

Riesengebirge, höchster Teil der W-Sudeten, 37 km lang, 22 bis 25 km breit. Auf dem Kamm verläuft die Grenze zw. Polen und der ČR. Das R. ragt über die Waldgrenze auf und hat Reste einer Vergletscherung: Große und Kleine Schneegrube, Großer und Kleiner Teich (Hochseen). Die höchste Erhebung ist die Schneekoppe (1602 m). Zahlreiche Bäder, Kurorte (Krummhübel, Schreiberhau, Warmbrunn, Spindlermühle u.a.), Wintersportplätze; Nationalpark.

Riesensalamander, große wasserbewohnende, lidlose Schwanzlurche, bis 1,60 m lang; in Gebirgsbächen und Flüssen Ostasiens und Nordamerikas.

Riesenschlangen, Familie ungiftiger trop. Schlangen, 40 cm bis 9 m lang, die ihre Beute durch Umschlingen töten. Zu den Boaschlangen gehören die wasserbewohnende **Anakonda** und die bodenbewohnende **Abgott-** oder **Königsschlange** (beide Südamerika). Die Pythonschlangen kommen vor in Afrika, Indien, SO-Asien: **Netz-, Tiger-, Fels-** und **Rautenpython.**

Riesling *der,* eine Rebsorte.

Rietschel, Ernst, dt. Bildhauer, *1804, †1861; Lutherdenkmal in Worms, Goethe-und-Schiller-Denkmal in Weimar.

Rif *das,* arab. **Er-Rif,** Gebirge im N Marokkos, im Djebel Tidirhine 2450 m hoch, schluchtenreich; im westl. Teil von Arabern, im zentralen und O-Teil von Berbern (»Rifkabylen«) bewohnt.

Riff *das,* schmale Bank oder Klippen im Meer (Sand-, Fels-, Korallen-R.), dicht unter dem Meeresspiegel, als Untiefen gefürchtet.

Riga, Hptst. der Rep. Lettland, 915000 Ew.; Hafenstadt an der Düna; kath. Erzbischofssitz; Univ. u.a. Hochschulen; Maschinen- und Fahrzeugbau, chem., Textil- und Lebensmittelind.; ⛋. – In der unter Denkmalschutz stehenden Altstadt Domkirche (1211 bis 1226), St.-Petri-Kirche (1409 bis 1491), kath. Jakobikirche (1226), Schloss (1330, 1491 bis 1515). – R. wurde als dt. Stadt 1201 gegr., 1255 Erzbischofssitz, 1282 Mitglied der Hanse, kam 1582 unter poln., 1621 schwed., 1710 russ. Herrschaft; 1918 bis 1940 Hptst. der Rep. Lettland, 1940 bis 1991 der Lett. SSR.

Rigel *der,* ✡ hellster Stern im Orion.

Rigi *der* und *die,* Gebirgsstock am Vierwaldstätter See, Schweiz, in dem R.-Kulm 1798 m hoch; mehrere Zahnrad- und Seilbahnen.

Rigorosum *das,* die mündl. Doktorprüfung.

Rigveda *der,* ältestes Denkmal des ind. Schrifttums mit 1028 meist religiösen Liedern; reicht bis ins 2. Jt. v. Chr. zurück.

Rihm, Wolfgang, dt. Komponist, *1952; Vertreter der »Neuen Einfachheit«; Kammermusik, Opern.

Rijeka, ital. **Fiume,** Hafenstadt in Kroatien, am Golf von R., 193000 Ew.; Schiffswerften, Maschinenbau, Ölraffinerie, Tabakfabriken; ⛋. – Bis zum Ersten Weltkrieg war R. der Hafen Ungarns, 1920 wurde es Freistaat, 1924 italienisch, 1947 (bis zur Unabhängigkeit Kroatiens 1992) jugoslawisch.

Rijksmuseum Amsterdam [ˈrɛiksmy-], 1808 gegr., v.a. Werke ital., frz. und niederländ. Meister vom MA. bis zum Ende des 19. Jahrhunderts.

Rijswijk [ˈrɛiswɛik], niederländ. Stadt bei Den Haag, 48200 Ew. Im **Frieden von R.** 1697 musste Ludwig XIV. von Frankreich die →Reunionen bis auf das Elsass mit Straßburg herausgeben.

Rikscha *die,* zweirädriger Wagen in O- und S-Asien, wird von einem zw. den Deichseln laufenden oder auf einem Fahrrad (Motorrad) sitzenden Menschen gezogen.

Riksmål [-mo:l], heute **Bokmål** *das,* →norwegische Sprache.

Rilakloster, Kloster im Rilagebirge (1147 m ü. M.), rd. 120 km südlich von Sofia; die im 10. Jh. gegr. Einsiedelei entwickelte sich zum geistigen Zentrum Bulgariens; gehört zum Weltkulturerbe.

Riley [ˈraɪlɪ], Bridget, brit. Malerin und Grafikerin, *1931; wichtige Vertreterin der Op-Art.

Rilke, Rainer Maria, österr. Dichter, *1875, †1926; empfing maßgebende Eindrücke in Russland und Paris bei A. Rodin, drückte mit großer Sprach- und Reimkunst Einsamkeit, Schwermut, Weltangst und Suche nach Gott, schließlich schwer erkämpfte Weltbejahung aus; »Stundenbuch« (1905); »Duineser Elegien« (1923) und »Sonette an Orpheus« (1928). Weitere Werke: lyr. Prosa »Weise von Liebe und Tod des Cornets Christoph Rilke« (1906); Monographie »Auguste Rodin« (1903); Roman »Aufzeichnungen des Malte Laurids Brigge« (1910); Briefe.

Rainer Maria Rilke

Rimbaud [rɛ̃ˈbo], Arthur, frz. Dichter, *1854, †1891. Seine wenigen visionären Dichtungen (»Das trunkene Schiff«, 1883; »Ein Aufenthalt in der Hölle«, 1873) haben den frz. Symbolismus aufs Stärkste beeinflusst.

Rimet [riˈmɛ], Jules, frz. Sportfunktionär, *1873, †1956; 1921 bis 1954 Präs. des Fußballweltverbands, stiftete den **Coupe Jules Rimet** [kup ʒyl -] für Fußballweltmeisterschaften.

Rimini, Hafenstadt und Seebad in Mittelitalien, am Adriat. Meer, 130800 Ew.; röm. Baureste (Augustusbogen, 27 v. Chr.); ⛋.

Rimskij-Korsakow, Nikolaj Andrejewitsch, russ. Komponist, *1844, †1908; Opern, Orchester-, Klaviermusik u.a.

Nikolaj Andrejewitsch Rimskij-Korsakow

Rinckart, Martin, dt. Dichter und Theologe, *1586, †1649; schrieb geistl. Lieder (»Nun danket alle Gott«, 1636).

Rinde, 1) ⚘ vom Kambium nach außen liegendes Gewebe der Pflanzenachse; im Ggs. zum innen liegenden Mark oder Holz. Bei zunehmender Dicke des Stamms reißt die Oberhaut. Die nun entstehende Korkschicht lässt die außerhalb davon liegenden Zellen absterben und als Borke abblättern. Aus der R. versch. Pflanzen gewinnt man Gerb-, Arznei- und Gewürzstoffe. – **2)** das Mark umgebende äußere Schicht vieler Organe, z.B. des Gehirns, der Niere.

Rinder, Wiederkäuer mit dicken, nach außen gebogenen Hörnern. Die weiblichen R. (Kühe) haben ein Euter mit 4 Zitzen, viele R. am Unterhals eine hängende Hautfalte (Wamme). Die Wild-R. leben gesellig im Wald- oder Grasland, als Haustiere sind sie über die ganze Erde verbreitet. Zu den R. gehören Büffel, Zebu oder Buckelrind, Yak oder Grunzochse, Wisent und Bison. Das europ. **Haus-R.** stammt vom Auerochsen ab. Es erscheint als Haustier schon in der mittleren Steinzeit und wurde urspr. als heiliges Tier verehrt. Es ist eines der wichtigsten Nutztiere, als Fleisch-, Milch- und Arbeitstier. Es ist im 3. bis 5. Jahr ausgewachsen und wird über 20 Jahre alt. Die Tragzeit dauert 9 Monate. Das junge R. heißt **Kalb;** das männl. zuerst **Jungtier,** das geschlechtsreife **Stier** (Bulle, Farren), kastriert **Ochse.** Das weibl. R. heißt vor dem 1. Kalben **Färse, Kalbin,** danach **Kuh.** R.-Rassen: 1) Niederungs- und Tieflandrassen; schwarzbunte oder rotbunte Rinder. – 2) Höhenvieh: Schweizer, Dt. Fleckvieh, graubraunes Allgäuer Rind. – 3) Engl. Vieh (Shorthorn). Sie unterscheiden sich nach Milch-, Mast- und Zugleistung.

Riga
Stadtwappen

Rinderpest, tödl. Viruskrankheit, bes. der Rinder, mit Fieber, Belägen auf den Schleimhäuten und Ausfluss aus Augen, Nase, Mundspalte; heimisch in Afrika, Asien.

Rinderwahnsinn, Bovine Spongiforme Encephalopathie, Abk. **BSE,** »schwammartige Gehirnerkrankung beim Rind«, seit Ende der 1980er-Jahre in Großbritannien aufgetretene, mittlerweise auch in anderen europ. Ländern nachgewiesene Rinderseuche, die auf andere Säugetiere, vermutlich auch den Menschen, übertragen werden kann.

Ring, 1) kreisförmige Straße um einen Stadtkern. – **2)** Schmuckreif, Kettenglied. – **3)** ⚔ Kampfstätte beim Boxen und Ringen. – **4)** √ eine algebraische Struktur, eine Menge *R* mit 2 Operationen.

Ringelblume, Calendula, orange oder gelb blühender Korbblütler aus dem Mittelmeergebiet; Gartenpflanze.

Ringelnatter, häufigste Schlange in Dtl., bis 1,20 m lang, nicht giftig. Kennzeichen: 2 gelbl. halbmondförmige Flecken am Hals; lebt vorwiegend am Wasser, kann schwimmen, klettern, jagt Frösche, Molche und Fische.

Ringelnatter

Ringelnatz, Joachim, eigentl. Hans **Bötticher,** * 1883, † 1934; satir., humorist. Gedichte (»Kuttel Daddeldu«, 1920); Kriegsaufzeichnungen; als Kabarettist Interpret eigener Werke.

Ringelspinner, rotbrauner Schmetterling, klebt die Eier spiralig um Obstbaumzweige. Die Raupe ist ein Obstschädling.

Ringelwürmer, ♡ Gliedertiere, mit mehreren Abschnitten (Segmenten) von gleichem äußerem und innerem Bau, meist mit paarigen Anhängen, die als Bewegungsorgane dienen **(Anneliden);** z. B. die Borstenwürmer.

Ringen, ⚔ waffenlose, auf Körpergriffe beschränkte Form des Kampfes Mann gegen Mann. Beim **griech.-röm. Stil** sind Griffe vom Kopf bis zum Gürtel, beim **Freistil-R.** alle nicht schmerzhaften Griffe erlaubt; eine Abart des Freistilringens ist →Catch-as-catch-can. Der Ringkampf wird auf einer gepolsterten Matte von 9 m Durchmesser (Kampffläche 7 m Durchmesser) ausgetragen. Als besiegt gilt, wer den Boden mit beiden Schultern zugleich berührt.

Ringmodulator, ⚡ aus 2 Überträgern und 4 ringförmig angeordneten Dioden gebildete Modulationsschaltung.

Ring|ofen, ⚙ Ofen für fortlaufenden Betrieb zum Brennen von Tonwaren mit ringförmigem Brennkanal.

Ringrichter, Kampfrichter beim Boxen und Catchen.

Ringwälle, vor- oder frühgeschichtl. Befestigungen, Erdwälle mit Graben.

Rinser, Luise, dt. Erzählerin, * 1911; »Mitte des Lebens« (1950), »Ich bin Tobias« (1966), »Wir Heimatlosen« (Tagebuch, 1989 bis 1992).

Luise Rinser

Rinteln, Stadt in Ndsachs., an der Weser, 26 100 Ew.; Renaissance- und Fachwerkhäuser; Glas- u. a. Ind. – 1621 bis 1809 Universität.

Rio [port. Aussprache ˈrriu] *der,* span. **Río,** Fluss; auch kurz für Rio de Janeiro.

Rio de Janeiro [ˈrriu di ʒaˈnejru], Hptst. des gleichnamigen Küstenstaats in Brasilien, 5,6 Mio. Ew.; am Atlant. Ozean gelegen; kath. Erzbischofssitz; 3 Univ. u. a. Hochschulen, Kunstakademie, Nationalbibliothek; viele Prachtbauten. In der industriellen Entwicklung blieb die Stadt hinter São Paulo zurück (Gewerbeverbote in der Kolonialzeit). Hauptflughafen Brasiliens; bedeutender Handel, Kaffeeausfuhr; Fremdenverkehr, Badestrände (v. a. bekannt Copacabana), Straßenkarneval. – Die Bucht von R. de J. wurde von A. Vespucci 1502 entdeckt. R. de J. war von 1763 bis 1960 Hptst. Brasiliens.

Río de la Plata [span. »Silberstrom«], Mündungsbucht der Flüsse Paraná und Uruguay, etwa 300 km lang und 50 bis 200 km breit.

Río Grande del Norte *der,* Strom in Nordamerika, entspringt in Colorado, bildet die Grenze zw. Texas und Mexiko; 3 034 km lang, mündet in den Golf von Mexiko.

Rio Grande do Norte [ˈrriu ˈgrandi du ˈnɔrti], brasilian. Staat im NO Südamerikas, 53 015 km², 2,32 Mio. Ew.; Hptst.: Natal. Viehzucht; Salz.

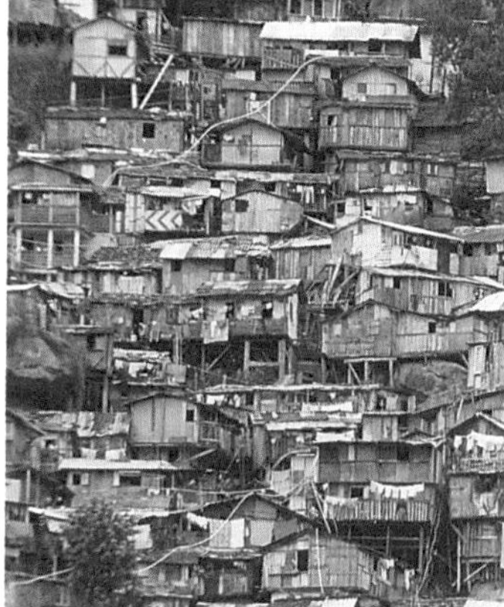
Elendsviertel (Favela) in **Rio de Janeiro**

Rio Grande do Sul [ˈrriu ˈgrandi du ˈsul], der südlichste Staat Brasiliens, 282 184 km², 9,16 Mio. Ew.; Hptst.: Pôrto Alegre. Weizen- und Viehzuchtgebiet; abgebaut werden Kohle, Halbedelsteine, Eisen, Blei, Wolfram- und Zinnerze.

Río Muni [ˈrrio -], ehem. span. Überseeprov. an der afrikan. W-Küste; seit 1968 als **Mbini** Teil von Äquatorialguinea.

Río Negro [ˈrriu ˈnegru], größter linker Nebenfluss des Amazonas, mündet unterhalb Manáus, 2 000 km lang. Er ist durch die Gabelteilung des Casiquiare mit dem Orinoko verbunden.

Río Tinto, Fluss im südl. Spanien, 93 km lang, von der Sierra Morena zum Golf von Cádiz; am Oberlauf Kupfererzgebiet.

R. I. P., Abk. für →**r**equiescat **i**n **p**ace.

Rippen, 1) bei Mensch und Wirbeltieren: bogenförmige Skelettelemente, Teil des Brustkorbs. – **2)** ⌂ am Grat eines Gewölbes hervortretende Verstärkung; auch Schmuckelement mittelalterl. Gewölbebaus. – **3)** ⚘ Struktur im Blatt.

Rippenfell, ⚕ ♡ das äußere Blatt des Brustfells, zu den Rippen hin gelegen.

Rippenfell|entzündung, Brustfell|entzündung, Pleuritis, Entzündung im Bereich der Pleurablätter (Brustfell mit Rippenfell), mit Fieber, Hustenreiz, Schmerz beim Atmen. Bei der **trockenen R.** werden die Brustfellblätter rau. Bei der **feuchten R.** bildet sich im Brustfellraum ein Flüssigkeitserguss.

Rippenquallen, im Meer frei schwebende, durchsichtige Hohltiere von zweistrahlig symmetr. Bau; bewegen sich mit in Reihen angeordneten Wimperplättchen fort.

Rips *der,* Gewebe mit hervortretenden Längs- oder Querrippen.

Ripuari|er →Franken.

Risiko *das,* Wagnis, Gefahr, z. B. die mit jeder wirtschaftl. Unternehmung verbundene Verlustgefahr. **R.-Faktoren,** Faktoren, die die Wahrscheinlichkeit des Auftretens bestimmter Krankheiten wesentlich erhöhen.

Risiko|strukturausgleich, Abk. **RSA,** am 1. 1. 1994 in Kraft getretene Auswirkung des Gesundheitsstruktur-Ges., mit der die unterschiedl. Risikostrukturen (z. B. Alter, Geschlecht, beitragsfrei Versicherte) der Krankenkassen berücksichtigt werden. Bei den meisten Krankenkassen waren damit Beitragserhöhungen verbunden.

Risorgimento [risɔrdʒiˈmento] *das,* ital. Einheits- und Freiheitsbewegung bes. 1815 bis 1870, i. w. S. auch bis 1918.

Risotto *der,* mit Fett und Zwiebel angedünsteter, in Wasser oder Fleischbrühe weich gekochter Reis.
Rispe *die,* traubiger Blütenstand.
Rispengras, Grasgattung mit lockeren Rispen, unbegrannt. **Wiesen-R.,** Futterpflanze.
Riß *die,* rechter Nebenfluss der Donau (Oberschwaben), Bad.-Württ., 53 km lang. Nach ihr ist die **Riß-Eiszeit** benannt.
Rist *der,* Hand- oder Fußrücken.
Rist, Johann v. (seit 1653), dt. Barockdichter, * 1607, † 1667; gründete den Dichterbund »Elbschwanenorden« zur Unterstützung der Sprachreformen des M. Opitz.
ritardando, Abk. **rit.,** 𝄞 langsamer werdend.
rite, genügend (geringstes Prädikat bei der Promotion).
ritenuto, Abk. **riten.,** 𝄞 zögernd.
Ritten *der,* Porphyrhochfläche (bis 1200 m) bei Bozen (Südtirol, Italien); Erdpyramiden.
Ritter, 1) im alten Rom: der 2. Stand nach den Senatoren, die Equites. – **2)** im MA.: Angehörige des Berufskriegerstands, beritten und gepanzert. Der R.-Stand entwickelte sich auf der Grundlage der altgerman. Gefolgschaft und des Lehnswesens, verdrängte seit der Karolingerzeit immer mehr das altgerman. Volksaufgebot, bildete eine Adelsgenossenschaft, in die auch die unfreien Ministerialen aufstiegen; Blütezeit der ritterl. Kultur im Zeitalter der Kreuzzüge. Die Waffenübung der R. gipfelte im Turnier. Die Jünglinge wurden nach einer Probezeit als Knappen durch den feierl. **R.-Schlag** wehrhaft.
Ritter, 1) Carl, dt. Geograph, * 1779, † 1859; Prof. in Berlin, einer der Begründer der wiss. Erdkunde. – **2)** Gerhard, dt. Historiker, * 1888, † 1967; »Carl Goerdeler und die dt. Widerstandsbewegung« (1954).
Ritter|akademien, Bildungsanstalten für junge Adlige im 16. bis 19. Jahrhundert.

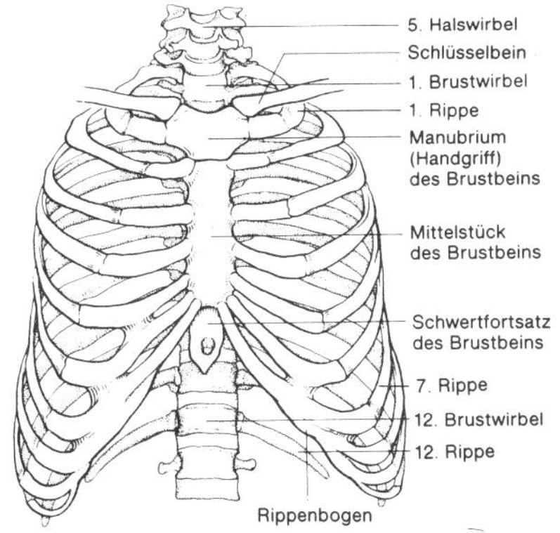

Rippen. Brustkorb des Menschen

Rittergut, größeres Landgut, urspr. ein Gut, dessen Besitzer Ritterdienste zu leisten hatte und besondere Vorrechte genoss.
Ritterkreuz, 1939 bis 1945 Stufe des Eisernen Kreuzes.
Ritterling, Gattung der Blätterpilze, mit dem Speisepilz Grünling.
Ritter|orden, Geistliche R., im MA. gegründet zum Schutz der Pilger im Hl. Land, zur Krankenpflege und zum Kampf gegen die Ungläubigen; so der Johanniterorden, der Deutsche Orden, die Templerorden.
Ritterschaft, der Adel in den → Landständen.
Rittersporn, Gattung krautiger Hahnenfußgewächse mit gespornten Blüten, Blaublütiger **Feld-R.,** Getreideunkraut; **Garten-R.,** Zierstaude vom Mittelmeer.
Rittmeister, bis 1945 Hauptmannsrang bei Kavallerie und Fahrtruppe; heute noch in Österreich.
Ritual *das,* feierl. Formeln und Gebräuche beim Gottesdienst. **Rituale Romanum** (Ritus), R.-Buch der röm.-kath. Kirche.
Ritualismus *der,* nach ihrem Hauptsitz auch **Oxford-Bewegung** genannt, seit 1833 hervorgetretene, zum Katholizismus neigende Richtung in der anglikan. Kirche. Der R. stieß auf starken Widerstand; er ging in der Hochkirche auf.
Ritualmord, die Tötung von Menschen als kult. Handlung (meist als Menschenopfer).
Ritus *der,* alter Brauch; bes. der kirchl. Brauch, die festgelegte Form von Kulthandlungen.
Ritzel, kleines Zahnrad, das ein größeres antreibt.
Riukiu|inseln → Ryūkyūinseln.
Rivalität, konflikthaftes, nicht regelgebundenes Verhalten zweier oder mehrerer Akteure, die dasselbe Ziel erreichen wollen und dazu die Mitakteure aus dem Felde schlagen müssen.
Rivel, Charlie, span. Artist, * 1896, † 1983; bekannt als »Akrobat schööön«.
River [ˈrɪvə], engl. für Fluss, Strom.
Rivera, Diego, mexikan. Maler, * 1886, † 1957; schuf volkstüml. realist., an altmexikanische Kunst anknüpfende monumentale Wandgemälde (Muralismo).
Riviera *die,* Küstenstrich am Golf von Genua, von Marseille bis La Spezia; buchtenreich, mildes Klima, üppiger Pflanzenwuchs. Man unterscheidet die frz. R. **(Côte d'Azur)** von der ital. R. (die westl. **R. di Ponente** und die östl. **R. di Levante).** Kurorte: Cannes, Nizza, Monaco, Menton, San Remo, Nervi, Rapallo.

Gerhard Ritter

Rizinus *der,* **Wunderbaum,** trop. Wolfsmilchgewächs; sehr schnell wachsende Zierpflanze (auch Arzneipflanze), bis 13 m hoch. Aus dem großen marmorierten, giftigen Samen presst man **R.-Öl,** als Abführmittel, zur Seifenherstellung, als schwer erstarrendes Schmiermittel.
Rjasan, Gebietshptst. in Russland, an der Oka, südöstl. Moskau, 515000 Ew.; Kreml und Kirchen des 15. und 16. Jh.; Bahnknotenpunkt; Industrie.
Rn, chem. Symbol für das Element Radon.
RNS → Nukleinsäuren.
Roadster [ˈrəʊdstə] *der,* 🚗 offener zweisitziger Sportwagen.
Roastbeef [ˈro:stbi:f] *das,* Rippenstück vom Rind, so gebraten, dass es innen noch rosa ist.
Robbe-Grillet [rɔbgriˈjɛ], Alain, frz. Schriftsteller, * 1922; einer der Hauptvertreter des Nouveau Roman, Romane (»Der Augenzeuge«, 1955), Filmdrehbücher.
Robben, Flossenfüßer, Meeressäugetiere mit spindelförmigem Körper und flossenartigen Gliedmaßen. Die R. sind Raubtiere, sie gehen zur Fortpflanzung ans Land. Zu den R. gehören die → Seehunde, → Walrosse und **Ohren-R.** Von diesen wird der **Seelöwe** 3,5 m lang und 600 kg schwer, andere Ohren-R. sind **Bären-R.** und **Mähnen-R.** Die R.-Jagd liefert Felle und Tran.
Robbia, 1) Andrea della, ital. Bildhauer, Neffe von 2), * 1435, † 1525; entwickelte mit seinen Söhnen die Technik der glasierten Terrakotta zu größerem Farbenreichtum. – **2)** Luca della, * 1400, † 1482; schuf v. a. mit Email- und Bleiglasur überzogene Skulpturen und Reliefs.
Robe *die,* **1)** festl. (Abend-)Kleid. – **2)** Amtstracht von Richtern, Anwälten, Geistlichen u. a.
Robert, Herrscher: **1) R. I.,** Herzog der Normandie (1027 bis 1035), * um 1006, † 1035; im 15. Jh. irrtümlich mit dem Sagenheld Robert der Teufel identifiziert. – **2) R. Guiscard** [- gisˈka:r, frz. »Schlaukopf«], Normanne, * 1016, † 1085; unterwarf seit 1057 Unteritalien und wurde 1059 Herzog von Apulien.
Robert von Molesmes [- mɔˈlɛ:m], Stifter des Zisterzienserordens, * 1027, † 1111; Heiliger (Tag: 26. 1.).

Julia Roberts

Richard John Roberts

Robert Robinson

Alexander Roda Roda Ausschnitt aus einer Karikatur von Olaf Gulbransson (1901)

Roberts, Julia, amerikanische Filmschauspielerin, *1967; internat. Erfolge u.a. in »Pretty Woman« (1990), »Mary Reilly« (1996).

Roberts [ˈrɔbəts], Richard John, brit. Biochemiker, *1943; erhielt für die Entdeckung der diskontinuierlich aufgebauten Gene 1993 den Nobelpreis für Physiologie oder Medizin.

Robespierre [rɔbɛsˈpjɛːr], Maximilien de, frz. Revolutionär, *1758, †1794; Rechtsanwalt, wurde in der Frz. Revolution der entschiedenste Vertreter der radikalen Jakobiner, übte 1793/94 eine blutige Schreckensherrschaft aus, ließ auch G. Danton hinrichten, wurde dann gestürzt und enthauptet.

Robin Hood [ˈrɔbɪn ˈhʊd], legendärer, edler Räuber; Held vieler engl. Volksballaden; ein histor. Vorbild ist nicht nachgewiesen.

Robinịe *die,* amerikan. Gattung der Schmetterlingsblütler; dornige Bäume oder Sträucher mit Blütentrauben. Die weiß blühende **Gemeine R. (Scheinakazie)** ist in Europa Straßen- und Forstbaum; ihre Rinde ist giftig. Rot und rosa blühende Arten sind Zierbäume.

Robinson [ˈrɔbɪnsn], **1)** Edwin Arlington, amerikan. Lyriker, *1869, †1935; Gedichte, Versepen. – **2)** Henry Morton, amerikan. Schriftsteller, *1898, †1961; Romane (»Der Kardinal«, 1950). – **3)** Sir Robert, brit. Chemiker, *1886, †1975; Präs. der Royal Society 1940 bis 1945, erhielt für Arbeiten über Alkaloide und Blütenfarbstoffe 1947 den Nobelpreis für Chemie.

Robinson Crusoe [ˈrɔbɪnsn ˈkruːsəʊ], Titelheld eines Romans von D. Defoe (1719/20), der die Erlebnisse eines Schiffbrüchigen auf einer einsamen Insel schildert. Vorbild war der Matrose A. Selkirk, der 1704 bis 1709 auf der menschenleeren Juan-Fernández-Insel Más a Tierra (heute R. C.) lebte.

Robin Wood [ˈrɔbɪn ˈwʊd], Aktionsgruppe, die durch Öffentlichkeits- und Informationsarbeit auf die Problematik des Waldsterbens hinweist und gegen die Ursachen angeht.

Rọboter [von slaw. robota »Arbeit«] *der,* Bez. für bewegl. Automaten, die Lebewesen nachgebildet sind und deren Funktion zumindest teilweise ausführen können. Bes. Kennzeichen **autonomer R.** ist die »Lernfähigkeit« (umgebungsorientiertes Handeln über Sensoren und Aktuatoren). Seit Mitte der 1960er-Jahre werden →Industrieroboter eingesetzt.

Rocaille [rɔˈkaːj] *das* oder *die,* **Muschelwerk,** muschelförmiges Dekorationselement des Rokoko.

Rocard [rɔˈkaːr], Michel, frz. Politiker (Sozialist), *1930; 1988 bis 1991 Min.-Präsident.

Rochade [rɔx-, rɔʃ-, pers. roch »Turm«] *die,* Schachspiel: Doppelzug mit König und Turm.

Rochdale [ˈrɔtʃdeɪl], Stadt in NW-England, 93 000 Ew.; Textil- u. a. Industrie.

Rochefort [rɔʃˈfɔːr], Hafenstadt in W-Frankreich, an der Charente, 27 000 Ew.; früher Kriegs-, heute kleiner Handelshafen; Flugzeugteile-, Boots- und Maschinenbau.

Rochefoucauld, →La Rochefoucauld.

Rochen, Knorpelfische mit abgeplattetem Körper. Die dunkle Oberseite trägt die Augen, die hellere Unterseite das quer gestellte Maul und die Kiemenspalten. Zu den R. gehören: **Glatt-R.,** bis 2,5 m lang, u. a. im N-Atlantik; **Stern-R.,** an den Küsten N-Europas und Nordamerikas; **Teufels-** oder **Manta-R.** (→Mantas) im O-Atlantik und Mittelmeer sowie die **Zitter-R.,** die elektr. Organe zur Orientierung und zum Beutefang besitzen.

Rochester [ˈrɔtʃɪstə], **1)** Hafenstadt in S-England, 52 500 Ew.; normann.-got. Kathedrale (11. bis 14. Jh.); Zement-, Papierindustrie. – **2)** Stadt in Minnesota, USA, 57 900 Ew.; Mayo-Klinik, versch. Ind. – **3)** Stadt im Staat New York, USA, 231 600 Ew.; Univ.; Herstellung fotograf., opt. und wiss. Geräte, Maschinenbau u. a. Industrie.

Rọchus, Nothelfer, Schutzheiliger gegen Pest und Seuchen, *um 1295, †1327; pflegte Pestkranke auf seiner Pilgerreise nach Rom (Tag: 16. 8.).

Rockefeller [ˈrɔkɪfelə], **1)** John Davison, amerikan. Unternehmer, *1839, †1937; führend in der amerikan. Erdöl- und Schwerind., errichtete die **R.-Stiftung** zur Förderung der Wiss. – **2)** Nelson Aldrich, amerikan. Politiker, Enkel von 1), *1908, †1979; 1974 bis 1976 Vizepräs. der USA.

Rọcker, in den 1950er-Jahren zunächst in den USA aufgekommene, v. a. von Jugendlichen getragene Subkultur, die durch Vorliebe für Rock 'n' Roll bzw. Rockmusik, Motorräder, Lederkleidung, aggressives Auftreten provozieren wollte.

Rọckmusik [zu Rock 'n' Roll], Sammelbezeichnung für alle populären afroamerikan. Musikformen seit Mitte der 1950er-Jahre, entstand aus der Verbindung von Blues, Rhythm and Blues und der »Country and Western Music« (in den 1960er-Jahren weit verbreitete, populäre amerikan. Musik). Häufig synonym zu Popmusik verwendet, unterscheidet sich R. von ihr durch eine Rückbesinnung auf ihre afroamerikan. Wurzeln: klass. Besetzung mit Gesang, Gitarre und Schlagzeug, eigenschöpfer. Improvisation, elektroakust. Aufbereitung und Verstärkung. In der R.-Szene hat sich das Leitbild des antibürgerl. und antikommerziellen Helden eingebürgert; der jugendl. Protest hat eine gewisse Echtheit bewahrt (»Politrock«, »Punkrock«), obwohl Profitstreben, vordergründige Showelemente die R. zunehmend zu schablonenhafter Massenware verfälscht haben (»Softrock«, »Happyrock«).

Maximilien de Robespierre. Punktierstich nach einer zeitgenössischen Zeichnung

Rock 'n' Roll [ˈrɔknˈrəʊl, engl. »wiegen und schaukeln«], i. w. S. um 1955 in den USA entstandener Musikstil Jugendlicher, zu dessen Merkmalen u. a. ein schnelles Tempo, elektr. Verstärkung sowie eine standardisierte Besetzung gehören. Parallel verlief die internat. Ausbildung einer jugendl. Protestkultur (→Rockmusik). I. e. S. ist R. ein Tanz im $^4/_4$-Takt mit starker rhythm. Wirkung.

Rocky Mountains [ˈrɔkɪ ˈmaʊntɪnz] *die,* **Rockies,** dt. **Fẹlsengebirge,** der östl. Teil der nordamerikan. Kordilleren, besteht aus zahlreichen Einzelketten und verläuft über etwa 4 500 km von der Brooks Range in Alaska bis New Mexico, zw. 80 und 700 km breit; bilden die Wasserscheide zw. Atlantik und Pazifik. Höchster Berg in den USA ist der Mount Elbert (Colorado) mit 4 399 m, in Kanada der Mount Robson mit 3 994 m.

Rọda Rọda, Alexander, eigentl. Sandór Friedrich **Rọsenfeld,** österr. Schriftsteller, *1872, †1945; emigrierte 1938 in die Schweiz, dann in die USA; Komödien; Romane, Erzählungen, Anekdoten; Mitarbeiter des »Simplicissimus«.

Rodeln, Rennrodeln, Wintersportart auf Rennschlitten; seit 1964 olymp. Disziplin.

roden, Wurzelstöcke entfernen, Waldland in Feld verwandeln.

Rodenberg, Julius, eigentl. J. **Levy,** dt. Schriftsteller, * 1831, † 1914; Gründer der Zeitschrift »Dt. Rundschau« (1874).

Rodeo [ˈro:deo, roˈde:o] *das,* amerikan. Reiterspiele mit Geschicklichkeitsübungen.

Roderich, span. **Rodrigo,** letzter König der Westgoten in Spanien (710/711), fiel 711 im Kampf gegen die Araber.

Rodin [rɔˈdɛ̃], Auguste, frz. Bildhauer, * 1840, † 1917. Seine Kunst ist der frz. impressionist. Malerei verwandt: »Ehernes Zeitalter«, 1876/77, »Der Denker«, 1880 bis 1890, »Die Bürger von Calais«, 1884 bis 1886, »Der Kuß«, 1886; Porträtbüsten u. a.

Rodriguez [rruˈðriγɪʃ], östlichste Insel der Maskarenen im Ind. Ozean, gehört zu Mauritius; 104 km², 35 300 Einwohner.

Rogate [lat. »bittet!«], der 5. Sonntag nach Ostern.

Rogen *der,* die Eiermasse der Fische. Aus Stör- und Lachs-R. wird Kaviar hergestellt.

Roger [ˈrɔdʒə], im internat. Funksprechverkehr Kurzwort für »Nachricht erhalten und verstanden«.

Roger, normann. Herrscher in Sizilien: **1) R. I.,** * 1031, † 1101; Bruder Robert Guiscards, entriss 1060 bis 1091 den Arabern Sizilien. – **2) R. II.,** * 1095, † 1154; Sohn von 1), vereinigte die normann. Eroberungen in Süditalien zu einem Gesamtstaat; seit 1130 König von Sizilien.

Roger Bacon [ˈrɔdʒə ˈbeɪkən], engl. Franziskaner, * 1219, † um 1292; suchte die Philosophie mathematisch-naturwiss. zu untermauern.

Roggen, Getreideart mit begrannten Ähren von 5 bis 20 cm Länge, eine Hauptbrotfrucht Europas; heute zu 50 bis 60% verfüttert. Der ergiebigere (heute fast ausschließlich angebaute) **Winter-R.** wird im Herbst ausgesät, **Sommer-R.** im Frühjahr. R.-Mehl ist dunkler als Weizenmehl.

Rogier van der Weyden [ro:ˈxi:r van dər ˈvɛjdə], → Weyden, Rogier van der.

Rohan [rɔˈã], altes frz. Adelsgeschlecht aus der Bretagne: **1) Henri I.,** Herzog v., * 1579, † 1638; führte 1621/22 und 1625 bis 1629 die Hugenotten gegen Richelieu, kämpfte später in dessen Diensten. – **2) Louis,** Prinz v., * 1734, † 1803; Kardinal, wurde 1779 Fürstbischof von Straßburg; 1785 in die Halsbandaffäre um die Königin Marie Antoinette verwickelt, musste er Frankreich 1790 verlassen.

Roh|eisen, im Hochofen erschmolzenes Eisen mit hohem Kohlenstoffgehalt.

Roh|ertrag, ✐ Ergebnis eines Geschäftsjahrs vor Abzug der Aufwendungen.

Rohlfs, 1) Christian, dt. Maler, Grafiker, * 1849, † 1938; malte realist. Stimmungslandschaften, gelangte dann in seinen Werken zu expressionist. Darstellung. – **2)** Gerhard, dt. Afrikareisender, * 1831, † 1896; durchquerte als erster Europäer 1865 bis 1867 Afrika von Tripolis nach Lagos, 1873/74 die Libysche Wüste.

Röhm, Ernst, dt. Offizier und Politiker, * 1887, † (erschossen) 1934; war seit 1931 »Stabschef« der SA, seit 1933 Reichsmin.; erstrebte die Verschmelzung der SA und der Reichswehr zu einem Volksheer, forderte eine 2. Revolution; wurde der Vorbereitung eines Putsches **(R.-Putsch)** beschuldigt, mit anderen hohen SA-Führern 1934 verhaftet und ermordet.

Rohmer [rɔˈmɛ:r], Eric, frz. Filmregisseur, * 1928; »Die Marquise von O...« (1975).

Roh|öl, ungereinigtes und nicht raffiniertes Erdöl, nicht raffinierte Öle aus Braun- und Steinkohlenteer sowie Ölschiefer.

Rohr, 1) ❀ Großgräser und deren Halme, z. B. Schilf-R., Bambus. – **2)** Stämmchen der R.-Palme (Schilfpalme), die zu Spazierstöcken verwendet werden (span. R.). – **3)** Maschinenteil, hauptsächlich zur Fortleitung von Flüssigkeiten und Gasen. Werkstoff: Stahl, Gusseisen, Kupfer, Messing, Aluminium, Blei, Ton, Glas, Kunststoffe.

Rohrdommel *die,* Reihervogel mit braunem, weichem Gefieder. In Mitteleuropa: **Große R.,** etwa 80 cm lang.

Rohrdommel

Röhre, ⚡ → Elektronenröhre.

Röhrenpilze, Löcherpilze, Röhrlinge, Gattung der Blätterpilze, bei denen an der Hutunterseite senkrechte, untereinander verwachsene Röhren stehen, in denen sich die Sporen entwickeln. Dazugehörig: die Speisepilze Stein-, Maronen-, Butterpilz u. a.; der Gallenröhrling oder Bitterling (nach seinem bitteren Geschmack); sehr giftig ist der Satanspilz mit rotem Stiel.

Rohrer, Heinrich, schweizer. Physiker, * 1933; erhielt 1986 mit G. Binnig und E. Ruska den Nobelpreis für Physik für die Entwicklung des Rastertunnelmikroskops.

Rohrkolben, schilfähnl. Pflanzen mit endständigem, zweiteiligem, samtigem Blütenkolben (Unterteil weibl., Oberteil männlich).

Rohrpalme → Schilfpalme.

Rohrpost, Rohrleitungssystem, in dem Briefe, Akten, Warenproben u. a. in zylindr. Büchsen (Patronen) durch Saug- oder Druckluft befördert werden. Geschwindigkeit etwa 5 bis 20 m/s.

Rohrsänger, Schilfsänger, graubraune Singvögel, geschickte Kletterer im Schilf, bauen kunstreiche Nester. Arten: **Drossel-R.** (Rohrspatz), der kleinere **Teich-R., Sumpf-R., Schilfrohrsänger.**

Rohrzucker, Rübenzucker, Saccharose, wichtigste Zuckerart, wird bes. aus Zuckerrohr und Zuckerrüben gewonnen, kann in Traubenzucker und Fruchtzucker zerlegt werden (→ Zucker).

Rohstoff, Ausgangsmaterial für die Be- oder Verarbeitung in der gewerbl. Wirtschaft. R. können Naturerzeugnisse tier., pflanzl. oder mineral. Herkunft sein, aber auch Halbfabrikate (z. B. Roheisen, Rohkupfer), Endprodukte einer Synthese (z. B. Kunststoffe, Spinnfasern) oder Abfälle (z. B. Schrott).

Roissy-en-France [rwaˈsiãˈfrãs], Gemeinde im frz. Dép. Val-d'Oise, 2 100 Ew.; Großflughafen von Paris (Aéroport Charles-de-Gaulle).

Gerhard Rohlfs

Rokoko *das,* auf den Barock zw. 1720 und 1780 folgende Kunstepoche in Europa, gekennzeichnet durch elegante Formen (Porzellane und Innendekorationen), helle, zarte Farben (Pastellmalerei), beschwingte Grazie und Freude am Exotischen (Chinoiserie). Wichtige Maler waren in Frankreich A. Watteau, J. H. Fragonard, F. Boucher, in Italien G. B. Tiepolo und F. Guardi. Zu den bedeutenden Bauten des R. in Dtl. zählen das Schloss Sanssouci bei Potsdam und die Wallfahrtskirche in der Wies (Bayern). Unter **R.-Literatur** wird die graziöse, spielerisch-frivole, galante Gesellschaftsdichtung verstanden; in Dtl. zeigen die Dichtungen der Anakreontik, der Empfindsamkeit und die Schäferdichtung wesentl. Elemente des R. (u. a. bei C. M. Wieland). In der **Musik** findet in der Epoche des R. der Übergang vom Barock zur Wiener Klassik statt. BILD S. 760

Rokossowskij, Konstantin, sowjet. und poln. Marschall, * 1896, † 1968; im Zweiten Weltkrieg sowjet. Heerführer, 1949 bis 1956 poln. Verteidigungsmin. und Oberbefehlshaber, dann stellvertretender Verteidigungsmin. der UdSSR.

Roland, Held der Karlssage, einer der Paladine und der Sage nach ein Neffe Karls d. Gr., 778 bei Roncesvalles gefallen. Frz. Epos (»Chanson de Roland«, um 1100 in Nordfrankreich entstanden), danach **Rolandslied** Konrads des Pfaffen.

Roland *der,* **Rolandsäule,** mittelalterliche Bildsäule aus Holz oder Stein auf den Markt- oder Hauptplätzen vieler Orte N- und Mittel-Dtl.s (z.B. Bremen), Symbol der hohen Gerichtsbarkeit.

Rolland [rɔ'lã], Romain, frz. Schriftsteller, *1866, †1944; behandelte die geistige Auseinandersetzung zw. Dtl. und Frankreich in dem Roman »Jean Christophe« (10 Bände, 1904 bis 1912); Nobelpreis 1915.

Romain Rolland

Rolle, 1) ⚙ radähnl. Maschinenteil mit Rille im Umfang zur Aufnahme einer Kette, eines Seils usw.: feste und lose R. bei Hebezeugen. Als gehärtete zylindr., kegelige tonnenförmige Walze Wälzkörper in R.-Lagern. - **2)** der dem Schauspieler zugeteilte Text sowie das Heft, das den Text und die vorhergehenden Anschlussworte (Stichworte) des jeweiligen Mitspielers enthält. - **3)** 🤸 Überschlag, Boden- oder Geräteübung vor- oder rückwärts.

Rollerskates ['rəʊləskeɪts], in den USA 1978 entstandene Art der Rollschuhe mit 3 bis 5 cm breiten Polyurethanwalzen auf Kugellagern und einer beweglichen Achse sowie einem Stopper zum Bremsen.

Rolling Stones ['rəʊlɪŋ 'stəʊnz], brit. Rockgruppe: »Mick« Jagger (*1943), Gesang; Keith Richard (*1943), Gesang, Gitarre; Brian Jones (*1942, †1969), u.a. Gitarre, Klavier; nach dessen Tod: »Mick« Taylor (*1949), für ihn ab 1975 Ron Wood (*1947), beide Gitarre; Bill Wyman (*1941), Bassgitarre; »Charlie« Watts (*1941), Schlagzeug; Ian Stewart (*1938, †1985), Keyboard (nicht ständiges Mitglied); erster Auftritt 1962; stilistisch eine in harter Rockmanier vorgetragene Mischung von Rhythm and Blues, Rock 'n' Roll und Blues.

Rollkunstlauf, künstler., teils akrobat. Darbietungen zu Musik auf speziellen Rollschuhen; Wettbewerbe für Damen und Herren; Weltmeisterschaften seit 1936.

Rollsiegel, im Alten Orient ein Siegelzylinder mit eingeschnittener Figurendarstellung, der beim Siegeln abgerollt wurde.

Rom
Stadtwappen

Rolltreppe, Fahrtreppe, Beförderungsmittel mit an endlos umlaufenden Ketten befestigten, stets waagerecht gehaltenen Treppenstufen und elektr. Antrieb.

Rom, ital. **Roma,** Hptst. Italiens, 2,83 Mio. Ew., größte Stadt des Landes, Mittelpunkt der kath. Christenheit, einer der ältesten und bedeutendsten Kulturmittelpunkte der Erde, auf beiden Seiten des Tibers, auf mehreren Hügeln, die z.T. nicht mehr sichtbar sind (die 7 Hügel des alten R. sind: Palatin, Kapitol, Quirinal, Viminal, Esquilin, Caelius, Aventin).

Rom. Petersplatz

Rokoko. François Boucher, Madame de Pompadour (1759)

Als Gründungsdatum setzte Varro 753 v.Chr. fest. Vor 500 v.Chr. breitete sich R. schon auf 7 Hügeln aus. Unter den Kaisern erhielt es als Residenz durch Tempel, Theater, Thermen, Foren, den Kaiserpalast, Denkmäler, Privatbauten den Glanz der Weltstadt. Zahlreiche Aquädukte versorgten R. mit Wasser; unter Aurelian erhielt es eine neue Ummauerung. 330 verlegte Konstantin d. Gr. die Residenz nach Byzanz. 410, 455, 546 eroberten die Germanen R. Im MA. bewahrte es als Sitz der Päpste und Zentrum des Kirchenstaats seine Bedeutung als »Haupt der Welt«. Die Päpste der Renaissance und des Barocks gaben mithilfe großer Baumeister und Künstler R. ein neues Gepräge. Seit dem 18. Jh. begann man, die antiken Denkmäler zu sichern: Forum Romanum mit Vespasian-, Saturn-, Castor- und Faustinatempel, Severus- und Titusbogen, Augustus-, Nerva- und Trajansforum (Trajanssäule), Palatin, Kolosseum, Konstantinsbogen, Neptuntempel, Pantheon, Grabmäler des Augustus und Hadrian (die heutige Engelsburg), Thermen Diokletians, Caracallas. Das histor. Zentrum von R. und die Vatikanstadt gehören zum Weltkulturerbe. 1809 bis 1814 gehörte R. dem napoleon. Kaiserreich an; 1871 wurde es Hptst. des Kgr. Italien. Durch die Lateranverträge (1929) wurde die →Vatikanstadt geschaffen.

Seit 1931 wurde die Stadt planmäßig umgestaltet und die Ruinenstätten in eine einheitl. Gesamtwirkung einbezogen. Mittelpunkt sind das Forum Romanum, an dessen N-Seite sich das Denkmal Viktor Emanuels II. mit dem Grab des Unbekannten Soldaten erhebt, und die Piazza Venezia. Von hier strahlen die Hauptstraßen aus: Via dei Fori Imperiali zum Kolosseum, Corso Vittorio Emanuele zur Engelsburg und der Vatikanstadt mit der Peterskirche. Hinter dem Nationaldenkmal erhebt sich das Kapitol. R. hat Univ., Akademien, Hochschulen, Kunstsammlungen; Maschinenbau, graf. Gewerbe, Erdölraffinerie, chem., elektron., Bekleidungs-, Nahrungsmittelind.; Filmstadt Cinecittà. Bahnknoten; Flughäfen (Leonardo da Vinci in Fiumicino; Ciampino); Seehafen. (→römische Geschichte)

ROM, Abk. für **R**ead **O**nly **M**emory (Nur-Lese-Speicher), 💻 Festwert-(Halbleiter-)Speicher, der seinen festen Speicherinhalt meist schon bei der Herstellung erhält.

Roma, *Sg.* **Rom,** weibl. **Romni,** Selbstbezeichnung der Angehörigen einer (mit Ausnahme SO- und O-Asiens) weltweit verbreiteten ethn. Minderheit ind. Herkunft; ihre Dialekte werden unter der Bezeichnung **Romani** zusammengefasst. Wohl zw. 800 und 1000 von arab. Volksstämmen vertrieben, waren die R. seitdem zu einem Wanderleben genötigt (in Dtl. erstmals 1407 erwähnt); auch in der Neuzeit zahlreiche Verfolgungen und Vertreibungen aus versch. Ländern, wodurch sich in nahezu jedem Land W-Europas kleinere »nat.« Bev.-Gruppen (z. B. in Frankreich **Manouches,** in Dtl. **Sinti** bildeten, die meist innerhalb der Landesgrenzen umherzogen. Höhepunkt der Verfolgungen im natsoz. Machtbereich (Deportationen, Massenvernichtung); auch nach 1945 Diskriminierungen, seit 1956 Gründung eigener Bürgerrechtsgruppen und Verbände (seit 1982 Zentralrat der Dt. Sinti und R.); die Zahl der Sinti und R. wird auf 7 bis 9 Mio. geschätzt (in Dtl. etwa 40 000 Sinti und 20 000 R.).

Romagna [roˈmaɲɲa] *die,* Landschaft in N-Italien, zw. Apennin und Adriaküste.

Romainmôtier [rɔmɛ̃moˈtje], Ort im Kt. Waadt, Schweiz; ehem. Cluniazenserpriorat, dessen Abteikirche (Rundpfeilerbasilika, 1000/1030, frühgot. Vorhalle, got. Chor, Wandmalereien) eines der bedeutendsten roman. Bauwerke der Schweiz ist.

Romains [rɔˈmɛ̃], Jules, eigentl. Louis **Farigoule** [fariˈgul], frz. Dichter, * 1885, † 1972; Romanreihe: »Die guten Willens sind« (1932 bis 1946).

Roman *der,* Form der erzählenden Dichtung, die seit Beginn der Neuzeit im Wesentl. die Aufgabe des Epos übernommen hat. Im R. wird ein breiter Lebensausschnitt oder das ganze Leben einer oder mehrerer Personen und ihre Umwelt dargestellt. Er bedient sich i. d. R. der Prosa, kann alle Darstellungsarten in sich aufnehmen, wie Bericht, Beschreibung, Gespräch, Monolog u. a. – Der neuzeitl. Prosaroman entstand aus der Auflösung der mittelalterl. ritterl. Versromane.

Romanik *die,* **romanische Kunst,** der auf die karoling. Kunst folgende Stil (etwa 950 bis 1250), der von der Gotik abgelöst wurde. Die R. hat einen monumentalen Baustil entwickelt; Grundform des Kirchenbaus ist die kreuzförmige Basilika. Hauptmerkmale sind der Rundbogen, die körperhaft gegliederten starken Mauern, der ernste wuchtige Innenraum, die Erneuerung der Monumentalplastik.

romanische Sprachen, Sprachen, die aus dem Lateinischen hervorgegangen sind: Portugiesisch, Spanisch, Katalanisch, Provenzalisch (Okzitarisch), Französisch, Sardisch, Italienisch, Rätoromanisch (Bündnerromanisch), Rumänisch.

Romanistik *die,* **1)** Wiss. vom röm. Recht. – **2)** Wiss. von den roman. Sprachen und Literaturen.

Romanow, russ. Herrscherhaus 1613 bis 1762, als Dynastie R.-Holstein-Gottorp bis 1918.

Romanshorn, Gemeinde im Kt. Thurgau, Schweiz, 8 700 Ew., am Südufer des Bodensees; Autofähre nach Friedrichshafen.

Romantik *die,* geistes- und stilgeschichtl. Epoche, die um die Wende zum 19. Jh. Aufklärung und Klassizismus ablöste; ihr Höhepunkt kann in Dtl. gesehen werden. **Romantisch** bedeutete urspr. »romanhaft«, »fabulös«, wurde dann zum Begriff des Gefühlvollen, Ahnungsreichen, im Ggs. zum Verstandesmäßigen. Die künstler. Formen wurden oft aufgelöst: Vorliebe für das Fragment, Verbindung der versch. Künste und der einzelnen Dichtungsgattungen. Am unmittelbarsten äußerte sich die R. in Dichtung, Musik, Malerei, wirkte jedoch auch in Philosophie und Wiss. Wesentl. Elemente romant. Kunstäußerung sind ausgeprägtes Naturempfinden, Entwicklung des Geschichtsbewusstseins, Betonung des Unheimlichen und Dämonischen. Innerer Zerrissenheit begegnen die Künstler mit melancholisch-sentimentaler Haltung (»Weltschmerz«). In der **Früh-R.** (Mittelpunkt Jena, dann Berlin; Novalis, die Brüder A. W. und F. Schlegel, L. Tieck) führte die romantische Haltung teilweise zu ausgeprägtem Subjektivismus. Ausdruck der als schmerzlich empfundenen Diskrepanz zw. dem Endlichen und dem Unendlichen ist die romantische Ironie. Die **Hoch-R.** (Mittelpunkt Heidelberg) entwickelte die Überzeugung, dass die schöpfer. Kräfte im Volksgeist und seinen Äußerungen Sprache, Dichtung usw. zu suchen seien (Wiedererweckung von Märchen, Sage, Volkslied und volksliedhafter Dichtung durch C. v. Brentano, A. v. Arnim, die Brüder J. und W. Grimm, J. v. Eichendorff). Weitere literar. Zirkel entstanden in Dresden und Berlin (R. Varnhagen v. Ense, A. v. Chamisso). Zur süddt. oder schwäb. R. gehören u. a. L. Uhland, J. Kerner und W. Hauff. Vertreter der **Spät-R.** sind u. a. E. Mörike, N. Lenau. – Die romant. Malerei drückt ein individuelles Naturgefühl aus, in dem Mensch und Natur eine innige Beziehung eingehen (P. O. Runge, C. D. Friedrich, J. Constable u. a.).

Romanik. Westwerk der Kirche Sankt Pantaleon in Köln (984 bis 1000)

Romanze *die,* **1)** kürzere episch-lyr. Dichtung in der Art der span. Volksromanzen (Verse von 16 Silben, durch Assonanz zusammengehalten). – **2)** stimmungsvolles Musikstück von schwärmer. Grundhaltung.

Römer, 1) Ew. des antiken Röm. Reichs. – **2)** Ew. von Rom. – **3)** kelchförmiges, farbiges Weinglas. – **4)** alter Teil des Rathauses in Frankfurt am Main, mit dem Kaisersaal, 1405 erbaut, nach Zerstörung im 2. Weltkrieg wieder aufgebaut.

Römerbrief, Abk. **Röm.,** im N. T. Brief des Paulus an die christl. Gemeinde in Rom; um 56 in Korinth entstanden; behandelt Rechtfertigung und Erlösung.

Römerstraßen, Straßen des Röm. Reichs. In Italien z. B. Via Appia (erste künstlich angelegte und ausgebaute R.), Via Flaminia, Via Aemilia und Via Aurelia.

Römische Frage, seit 1870 der Streit des Papstes mit dem Kgr. Italien um den Kirchenstaat, 1929 durch die → Lateranverträge gelöst.

römische Geschichte. Die Anfänge Roms liegen im Dunkeln. Die röm. Sage erzählt von 7 Königen; ihre legendären Namen bewahren z. T. die Erinnerung an die etrusk. Herrschaft.

römische Kunst. Nordseite des Kanopus in der Hadriansvilla bei Tivoli (133/134 n. Chr.)

Die Republik. Rom wurde zu einer Adelsrep. Die Senatsfamilien der Königszeit **(Patrizier)** suchten ihr Machtmonopol zu behaupten. Die Nichtpatrizier, die **Plebejer,** beendeten den Kampf gegen die Vorrechte des Geburtsadels u. a. mit der Errichtung des Volkstribunats (494? v. Chr.) und dem Zutritt zu den Ämtern (367/366 v. Chr. zum Konsulat). Allerdings entstand so ein neuer (Amts-)Adel **(Nobilität).** Der Machtbereich Roms dehnte sich seit dem 4. Jh. v. Chr. nach schweren Kriegen u. a. gegen die Etrusker, Latiner, Samniten, Tarentiner bis zur Straße von Messina aus. Das führte zum Zusammenstoß mit Karthago in den drei →Punischen Kriegen (264 bis 241, 218 bis 201, 149 bis 146 v. Chr.), die mit der Zerstörung Karthagos endeten. Den hellenist. O unterwarf Rom in den Makedon. Kriegen (215 bis 205, 200 bis 197, 171 bis 168 v. Chr.), im Syrischen Krieg (192 bis 189 v. Chr.); Aufstände in Spanien wurden im Numantin. Krieg (154 bis 133 v. Chr.) niedergeschlagen. Die Folgen des raschen Aufstiegs zur Weltmacht trieben die Rep. in eine Krise.

Ein hundertjähriger **Bürgerkrieg** begann mit den gracchischen Unruhen (133 bis 121 v. Chr.), führte zu den Kämpfen zw. Marius und Sulla (88 bis 79 v. Chr.), Pompeius und Caesar, dem der Senat 46 v. Chr. die Diktatur übertrug. Seine Ermordung (44 v. Chr.) verursachte einen neuen Bürgerkrieg, aus dem Octavian (→Augustus) 31 v. Chr. als Alleinherrscher hervorging.

Die Kaiserzeit. Augustus gab dem Reich eine neue, dauerhafte Ordnung. Die Grenzen waren Rhein (die Elbelinie ging durch die Schlacht im »Teutoburger Wald« 9 n. Chr. verloren), Donau und Euphrat, im W der Atlantik, in Afrika die Wüste. Auf das **julisch-claud. Haus** (Tiberius, Caligula, Claudius, Nero) folgte nach dem Vierkaiserjahr 69 die Dynastie der **Flavier** (Vespasian, Titus und Domitian). Das **Adoptivkaisertum** (mit Nerva 96 beginnend) war durch die Idee der Auswahl der Besten bestimmt: Trajan, Hadrian, Antoninus Pius, Mark Aurel, der durch die Nachfolge seines Sohnes Commodus eine neue Dynastie zu gründen versuchte. In seiner größten Ausdehnung umfasste das Röm. Reich (unter Trajan, 116) alle Länder des weiteren Mittelmeergebiets und reichte am Rhein mit SW-Dtl. und Teilen des Rheinlands und an der Donau mit Dakien (Rumänien) weit in den europ. Kontinent hinein, bezog England (nicht Schottland) ein und reichte im O bis zum Pers. Golf und zum Kasp. Meer.

Caracalla verlieh 212 allen Freien des Reichs das röm. Bürgerrecht. Die äußere Bedrohung wuchs. 247 beging der **Soldatenkaiser** Philippus Arabs mit Glanz die 1000-Jahr-Feier Roms, doch vom Schwarzen Meer her drangen die Goten in das Reich, über den Rhein Alemannen und Franken, im O die Perser. Im Innern kämpften allenthalben von den Soldaten ausgerufene Kaiser gegeneinander. Erst Aurelian (270 bis 275) konnte die Einheit des Reichs wiederherstellen, die Diokletian (284 bis 305) durch eine straffe Ordnung sicherte. 306 bis 324 erkämpfte sich Konstantin d. Gr. die Alleinherrschaft. Sein Übertritt zum Christentum beendete die Christenverfolgungen (bes. unter Nero, Decius und Diokletian). Seine Hptst. Konstantinopel (330) blieb bis 1453 die Kaiserstadt des →Byzantinischen Reichs. 378 mussten erstmals Goten als Föderaten (»Verbündete«) in das Reichsgebiet aufgenommen werden. Nach dem Tode Theodosius' I. (395), der das Christentum zur Staatsreligion erhob, wurde das Reich in ein O- und ein W-Reich geteilt. Staatsrechtlich bestand das Gesamtreich weiter, aber die Regierungen gingen politisch eigene Wege. Das W-Reich hörte auf zu bestehen, als 476 Odoaker Kaiser Romulus »Augustulus« absetzte.

römische Kunst, umfasst zeitlich die Kunst der Röm. Rep. und des Kaiserreichs bis zu Konstantin d. Gr. (danach bis zu Justinian I. als spätantike Kunst bezeichnet), räumlich die von Rom ausgehende Kunst, die sich über das Gebiet des Röm. Reichs verbreitete (außerhalb Italiens als **provinzialröm. Kunst**). Die r. K. ist stark von der etrusk. und der griech. Kunst beeinflusst. Die bedeutendsten eigenständigen Leistungen der röm. Architektur liegen mit wenigen Ausnahmen (Pantheon) im Profanbau, bei dem sie durch Zweckmäßigkeit der Anlage und durch ihre Wölbungskunst Großartiges leistete (Aquädukte, Thermen, Kaiserforen, Kolosseum). Die Skulptur schuf das Bedeutendste im Porträt und im histor. Relief (Trajans-, Mark-Aurel-Säule). Kenntnisse über die Malerei vermitteln v. a. die erhaltenen Wandgemälde vom frühen 1. Jh. v. Chr. bis 79 n. Chr. (Pompeji, Herculaneum). Weite Verbreitung im ganzen Reich fanden die röm. Mosaikkunst und das Kunsthandwerk (Gläser, Silberarbeiten, Tongeschirr, Gemmen, Münzen). →byzantinische Kunst, →frühchristliche Kunst.

Römische Kurile, zentrale Verw.-Behörde des Papstes; sie umfasst a) 9 Kurienkongregationen, b) Staatssekretariat, dessen sich der Papst für die Reg. der Gesamtkirche und für seinen Verkehr mit der weltl. Reg. bedient, c) 12 Päpstl. Räte (u. a. für die Laien, zur Förderung der Einheit der Christen, für die Familie, für Gerechtigkeit und Frieden), d) Gerichtsbehörden (Apostol. Signatur und Röm. Rota als Berufungsgerichte, Paenitentiarie für Gewissensangelegenheiten), e) Ämter (Apostolische Kanzlei für die Ausfertigung von Bullen, Finanz-, Vermögensverwaltung des Hl. Stuhls u. a.). An der Spitze der R. K. steht die Staats- oder Päpstl. Sekretarie.

römische Literatur. Die r. L. entstand aus bewusstem Anschluss an die Griechen. Naevius (um 230 v. Chr.) und Ennius wählten als Erste für ihre Epen und Dramen röm. Stoffe; Plautus und Terenz schufen in Anlehnung an griech. Vorbilder das röm. Lustspiel. Im 2. Jh. v. Chr. begründete Cato die römische Prosa. Das 1. Jh. v. Chr. war die Glanzzeit der r. L. Cicero führte die Redekunst zu klass. Höhe. Caesar schilderte seine Feldzüge. In Sallust erstand der erste große Geschichtsschreiber, in Catull der erste bedeutende Lyriker, Lukrez verkündete in einem Lehr-Epos die Philosophie Epikurs. Die augusteische Zeit erhielt ihr Gepräge durch Vergil (Aeneis), Horaz (Oden, Satiren), Properz, Tibull (Elegien), Ovid (Metamorphosen), die Kunstprosa Ciceros und das Geschichtswerk des Livius. Im 1. (z. T. im 2.) Jh. n. Chr. brachten der Prosaiker und Tragiker Seneca, die beiden Historiker und Biographen Plinius, der Romandichter Petronius, der Rhetoriker Quintilian, die Satiriker Persius und Juvenal, der Epigrammatiker Martial bedeutende Leistungen hervor. Die Geschichtsschreibung hatte um 100 einen Höhepunkt in Tacitus; richtungweisend für viele Jahrhunderte blieben die Kaiserbiographien von Sueton. Letzte bedeutende Werke der r. L.: Trostschrift des Boëthius (524) und die Kodifikation des röm. Rechts (Corpus Iuris Civilis) unter Justinian.

römische Religion. Urspr. nahmen in der r. R. die 3 Götter Jupiter, Mars, Quirinus den ersten Platz ein. An ihre Stelle trat im 6. Jh. v. Chr. die Dreiheit Jupiter, Juno, Minerva. Neben diesen wurden verehrt Tellus und Ceres als Gottheiten der Erde und der Saat, Neptun (Wasser), Vulcanus (Feuer), Vesta (Herdfeuer), Janus (Eingang und Ausgang). Götter des Hauses waren Laren und Penaten, Schützer der Zeugungskraft der Genius; als Geister der Toten wurden die Manen verehrt. Diese Götter waren für die Römer keine menschlich empfundenen Wesen; daher wurden neben ihnen viele abstrakte Begriffe, wie Fides (Treue), Concordia (Eintracht), als Gottheiten verehrt, und es gab urspr. auch keine Götterbilder und Tempel. Träger des staatl. Kults waren die Priester. Bedeutsam wurde das Eindringen griech. Vorstellungen; es veränderte seit dem 3. Jh. v. Chr. den Gehalt der r. R. Die röm. Götter wurden bildlich gefasst und mit den griech. gleichgesetzt, z. B. Jupiter mit Zeus, Minerva mit Athene. Später drangen Kulte aus dem O ein (z. B. Kybele, Mithras), bes. seit dem 3. Jh. n. Chr., bis im 4. Jh. das Christentum zur Staatsreligion erklärt wurde.

römisches Recht, das im Röm. Reich entstandene Recht; Zusammenfassung im **Corpus Iuris Civilis** unter Kaiser Justinian I. (527 bis 565). Diese Rechtssammlung verdrängte seit dem Spät-MA. das zersplitterte dt. Recht. Im 17./18. Jh. bildeten in Dtl. Rechtslehrer und Praktiker das r. R. unter stärkerer Einbeziehung des dt. Rechtsbrauchs zum gemeinen Recht um. Das r. R. ist durch seine klare Begriffsbildung und Systematik von starkem Einfluss auf das Rechtsdenken.

Römische Verträge, Gründungsverträge der Europäischen Wirtschaftsgemeinschaft (Rom 25. 3. 1957).

römische Ziffern, Zahlzeichen der alten Römer: I (1), V (5), X (10), L (50), C (100), D (500), M (1000), jetzt noch in Inschriften u. a. Nebeneinander gestellte Zeichen werden zusammengezählt, z. B. XX = X + X = 20 oder CX = C + X = 110. Steht aber eine kleine Ziffer links von einer größeren, wird sie von dieser abgezogen, z. B. XL = L – X = 40; MDIX = 1 509.

Römisch-Germanisches Zentralmuseum in Mainz, gegr. 1852. Sammlung zur Erfassung der wichtigsten Funde der europ. Vor- und Frühgeschichte.

römisch-katholische Kirche → katholische Kirche.

Rommee [rɔˈmeː, ˈrɔmeː] *das,* Kartenspiel für 3 bis 6 Personen, wird mit 2 Kartenspielen zu 52 Karten und 6 Jokern gespielt.

Rommel, Erwin, dt. Generalfeldmarschall, * 1891, † (Freitod) 1944; führte 1941 bis 1943 das dt. Afrikakorps, leitete seit Ende 1943 die Heeresgruppe B in Frankreich; stand später der Widerstandsbewegung nahe, zum Freitod gezwungen.

Rømø [ˈrœmø:], **Röm,** nordfries. Insel, meist Heide und Moor; seit 1920 dänisch.

Römpp, Hermann, dt. Chemiker, * 1901, † 1964; verfasste das »Chemie-Lexikon« (1947/48).

Romulus, sagenhafter Gründer der Stadt Rom, erster röm. König, wurde mit seinem Bruder **Remus** ausgesetzt, von einer Wölfin gesäugt und von einem Hirten aufgezogen.

Romulus Augustus, gen. **Augustulus,** letzter weströmischer. Kaiser, 476 von Odoaker abgesetzt.

Roncesvalles [rɔnθezˈβaʎes], frz. **Roncevaux** [rɔ̃səˈvo], span. Dorf in den Pyrenäen; 100 Ew.; hier wurde 778 die Nachhut Karls d. Gr. durch die Basken, Asturier und Navarresen vernichtet. (→ Roland)

Ronchamp [rɔ̃ˈʃɑ̃], frz. Wallfahrtsort in den Vogesen; Wallfahrtskirche von Le Corbusier.

Rondo, Rondeau [rɔ̃ˈdoː] *das,* **1)** Tanzlied mit Kehrreimen. – **2)** 𝄞 Tonstück mit wiederkehrender Hauptmelodie.

Ronkalische Felder, Ebene nördl. des Po, im MA. Sammelplatz der dt. Heere auf dem Wege nach Rom; die dt. Könige und Kaiser hielten hier Gericht, Heerschau und Reichstage ab.

Rønne [ˈrœnə], Hauptort der dän. Insel Bornholm, 15 400 Ew.; Hafen.

Röntgen, Wilhelm Conrad, dt. Physiker, * 1845, † 1923; entdeckte 1895 die Röntgenstrahlen; erhielt 1901 den 1. Nobelpreis für Physik.

Wilhelm Conrad Röntgen

Röntgen|astronomie, untersucht mit Raumsonden außerhalb der Atmosphäre die kosm. Röntgen- und Gammastrahlung.

Röntgenkunde, Röntgenologie *die,* Lehre von den Röntgenstrahlen und ihrer Anwendung. In der Technik werden sie benutzt zu Werkstoffprüfungen, Untersuchungen des Feinbaus von Kristallen, Metallen u. a. In der Medizin dienen sie zu diagnost. Zwecken (Röntgendurchleuchtung des Körpers, Röntgenuntersuchung von Organen mithilfe von → Kontrastmitteln) sowie zur Behandlung von Hautkrankheiten (Oberflächenbestrahlung) und bösartigen Geschwülsten.

Erwin Rommel

Röntgenographie *die,* **Röntgenfotografie,** Herstellung von dauerhaften Abbildungen **(Röntgenogramm)** mittels Röntgenstrahlen, die den abzubildenden Gegenstand durchdringen und danach auf eine fotograf. Schicht fallen. Hauptanwendungsgebiet ist die medizin. Diagnostik; daneben Werkstoffprüfungen u. Ä.

Röntgenspektroskopie, Anregung und Auswertung der charakterist. Eigenstrahlung der Atome (Röntgenstrahlen), um Einblicke in den inneren Bau der Atome zu gewinnen.

Röntgenstrahlen, engl. **X-rays,** ⚛ elektromagnet. Strahlung mit kürzeren Wellenlängen als das Licht; entsteht als **Bremsstrahlung** beim Aufprall von Elektronen auf Materie oder als **charakterist. Eigenstrahlung** der Atome, wenn die kernnächsten, inneren Elektronen der Atomhülle angeregt werden. R. sind unsichtbar, schwärzen Fotoplatten, erzeugen Fluoreszenz und haben hohes Ionisationsvermögen; technisch werden sie in **Röntgenröhren** erzeugt. Ähnlich den Lichtstrahlen zeigen sie Reflexion, Brechung, Beugung, Interferenz, Polarisation, haben aber im Ggs. zum Licht hohes Durchdringungsvermögen für die meisten Stoffe. Ihre biolog. Wirkung beruht auf der Absorption im Gewebe; unausgereifte Zellen sind gegen R. empfindlicher als ausgereifte, die Empfind-

Röntgenstrahlen. Doppelfokus-Drehanodenröhre für die Röntgendiagnostik

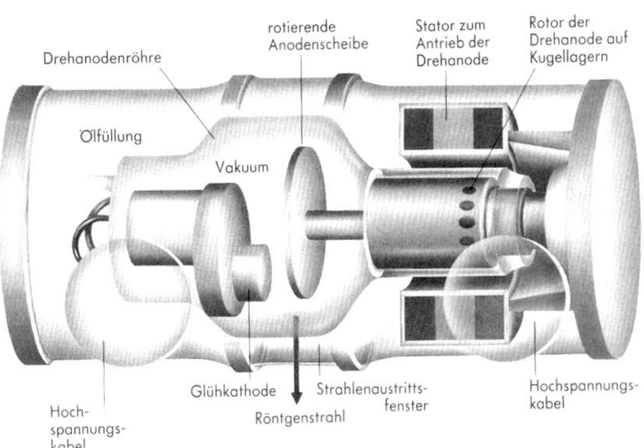

lichkeit steigert sich während der Kernteilung. Anwendung → Röntgenkunde.

Franklin Delano Roosevelt

Roon, Albrecht Graf v., preuß. Generalfeldmarschall, *1803, †1879; war 1859 bis 1873 Kriegsmin. und an der Neuordnung des preuß. Heers führend beteiligt.

Roosevelt [ˈrəʊz(ə)velt], **1)** Franklin Delano, 32. Präs. der USA (1933 bis 1945), Demokrat, entfernter Verwandter von 2), *1882, †1945. Als Präs. eröffnete er die Wirtschafts- und Sozialpolitik des »New Deal«. Im Zweiten Weltkrieg unterstützte er die Kriegführung der Alliierten schon vor dem Kriegseintritt der USA (1941). 1945 war er maßgebl. an der Gründung der UNO beteiligt. – **2)** Theodore, 26. Präs. der USA (1901 bis 1909), Republikaner, *1858, †1919; bekämpfte als Präs. innenpolitisch die Trusts, betrieb v. a. gegenüber Asien eine am Prinzip der »offenen Tür« orientierte imperialist. Außenpolitik und setzte einen förml. Aufsichtsanspruch der USA gegenüber Lateinamerika durch. 1905 vermittelte er zw. Russland und Japan; Friedensnobelpreis 1906.

Theodore Roosevelt

Röpke, Wilhelm, dt. Nationalökonom, *1899, †1966; Vertreter des Neoliberalismus und der sozialen Marktwirtschaft.

Roquefort [rɔkˈfɔːr] *der,* frz. Edelpilzkäse aus Schafsmilch.

Rorate *die,* volkstümlich **Engel|amt,** kath. Kirche: Messe zu Ehren Marias im Advent.

Ro-Ro-Schiff, Abk. für **R**oll **o**n **r**oll **o**ff, ⚓ modernes Seeschiff, bei dem die Ladung mit Trailern über eine Bug- oder Heckrampe transportiert wird.

Rorschach, Bez.-Hptst. im Kt. St. Gallen, Schweiz, 9900 Ew., am Bodensee; Hafen; Industrie; Fremdenverkehr.

Rorschachtest, von dem schweizer. Psychiater H. Rorschach (*1884, †1922) entwickelter Persönlichkeitstest, bei dem die Testperson (sinnfreie) klecksartige Figuren deuten muss.

Rosa, Salvator, ital. Maler, Dichter, *1615, †1673; Schlachten- und Landschaftsbilder.

Rosario, Ind.stadt in Argentinien, 955000 Ew., am Paraná; Univ.; Wirtschaftszentrum.

ROSAT [Kurzwort für Röntgensatellit], 1990 gestarteter dt. Forschungssatellit. Hauptnutzlast ist das sehr genaue Röntgenteleskop mit vierfach geschachteltem Spiegelsystem. Mit R. wurde erstmals eine Durchmusterung des gesamten Himmels nach Röntgenquellen möglich.

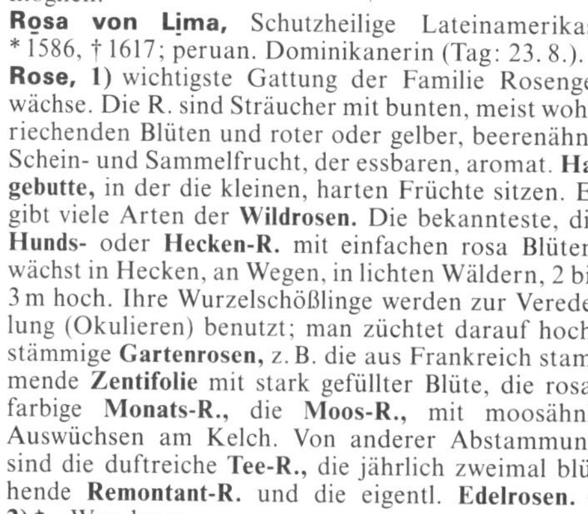

Rosa von Lima, Schutzheilige Lateinamerikas, *1586, †1617; peruan. Dominikanerin (Tag: 23. 8.).

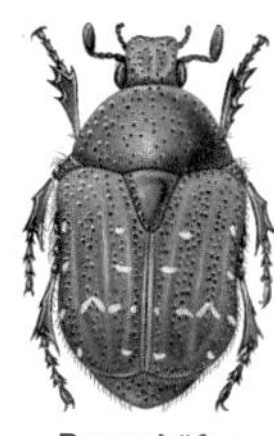

Rosenkäfer

Rose, 1) wichtigste Gattung der Familie Rosengewächse. Die R. sind Sträucher mit bunten, meist wohlriechenden Blüten und roter oder gelber, beerenähnl. Schein- und Sammelfrucht, der essbaren, aromat. **Hagebutte,** in der die kleinen, harten Früchte sitzen. Es gibt viele Arten der **Wildrosen.** Die bekannteste, die **Hunds-** oder **Hecken-R.** mit einfachen rosa Blüten, wächst in Hecken, an Wegen, in lichten Wäldern, 2 bis 3 m hoch. Ihre Wurzelschößlinge werden zur Veredelung (Okulieren) benutzt; man züchtet darauf hochstämmige **Gartenrosen,** z. B. die aus Frankreich stammende **Zentifolie** mit stark gefüllter Blüte, die rosafarbige **Monats-R.,** die **Moos-R.,** mit moosähnl. Auswüchsen am Kelch. Von anderer Abstammung sind die duftreiche **Tee-R.,** die jährlich zweimal blühende **Remontant-R.** und die eigentl. **Edelrosen.** – **2)** ⚕ → Wundrose.

Rosegger, Peter, österr. Erzähler, *1843, †1918; »Als ich noch der Waldbauernbub war« (1900 bis 1902).

Rosei, Peter, österr. Schriftsteller, *1946; Erz. und Romane in hintergründiger Sprache; »Das schnelle Glück« (1980).

Rosenberg, 1) Alfred, dt. natsoz. Politiker, *1893, †(hingerichtet) 1946; sein Buch »Der Mythus des 20. Jh.« (1930) gab dem Nationalsozialismus eine

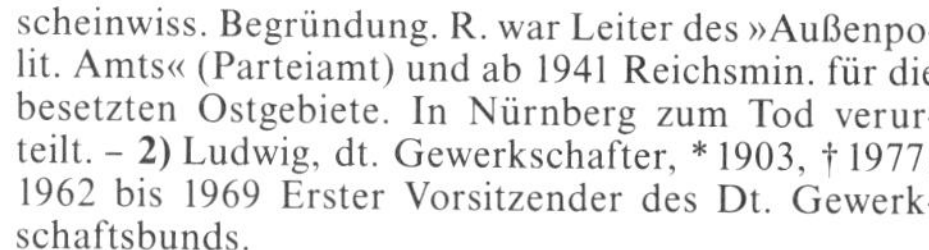

scheinwiss. Begründung. R. war Leiter des »Außenpolit. Amts« (Parteiamt) und ab 1941 Reichsmin. für die besetzten Ostgebiete. In Nürnberg zum Tod verurteilt. – **2)** Ludwig, dt. Gewerkschafter, *1903, †1977; 1962 bis 1969 Erster Vorsitzender des Dt. Gewerkschaftsbunds.

Rosengarten, 1) Großer R., Heldengedicht des burgundisch-got. Sagenkreises, schildert die Kämpfe der 12 Helden, die Kriemhilds Rosen bewachen, mit den 12 Helden Dietrichs von Bern. – **2) Kleiner R.** → Laurin.

Rosengarten, ital. **Catinaccio,** Felskette der Dolomiten, Südtirol, Italien, im Kesselkogel 3004 m hoch.

Rosengewächse, Rosazeen, Pflanzenfamilie mit vielen Arten; meist Stauden, Sträucher, Bäume mit strahligen, meist fünfblättrigen Blüten und in der Regel vielen Staubfäden. Zugehörig: Rose, Apfelbaum, Pflaume, Himbeere, Brombeere, Weißdorn u. a.

Rosenheim, Stadt in Oberbayern, am Inn, 56400 Ew.; Maschinen- u. a. Industrie.

Rosenholz, nach Rosen duftendes Wurzelholz, strauchige Windenpflanzen **(Jamaika-R.);** Hölzer von rosenroter Farbe, wie **Echtes R., Ostind. R., Afrikan. Rosenholz.**

Rosenkäfer, metall. glänzende Blatthornkäfer, deren Larven sich in alten Bäumen entwickeln; in Dtl. der **Dunkelgrüne R.** und der **Goldkäfer.**

Rosenkranz, kath. Kirche: **1)** Gebetform aus Ave-Maria und Vaterunser. – **2)** Gebetsschnur mit 6 größeren und 53 kleineren Perlen (Kugeln) zum Abzählen der Vaterunser und Ave-Maria. Ähnl. Gebetsschnüre werden auch in der Ostkirche, im Buddhismus, Islam verwendet. **R.-Fest** am 7. 10. zur Marienverehrung.

Rosenkreuzer, versch. religiöse und weltanschaul. Bewegungen, die im 17. Jh. als Reformbewegung innerhalb des dt. Protestantismus mit dem Grundanliegen einer umfassenden Erneuerung von Kirche, Staat und Gesellschaft auf der Grundlage einer Harmonie von Naturwiss. und christl. Glauben durch eine dem menschl. Wohl verpflichtete geheime Bruderschaft auftrat. Der R.-Gedanke wirkte stark auf die Freimaurerei, v. a. in England und Preußen. Heute wird der Name der R. v. a. von dem Okkultismus nahe stehenden Gruppen in Anspruch genommen.

Rosenkriege, engl. Thronkämpfe 1455 bis 1485 zw. den Häusern York (Wappenzeichen: weiße Rose) und Lancaster (rote Rose).

Rosenmontag, rhein. Bezeichnung für den Fastnachtsmontag; nach 1830 in Köln belegt.

Rosen|öl, wohlriechendes, flüchtiges Öl, aus Rosenblüten mit Wasserdampf hergestellt. 4000 bis 5000 kg Blüten geben 1 kg Öl. R. dient zu Parfümen, Essenzen.

Rosenquarz, Farbvarietät des Quarzes; trübe, lichtrosa bis schwach violette Färbung durch Rutil und Mangan; Schmuckstein.

Rosenquist [ˈrəʊzənkwɪst], James, *1933; amerikan. Objektkünstler, Vertreter der Pop-Art.

Roseola *die,* Hautausschlag mit linsengroßen roten Flecken, u. a. bei Typhus.

Rosette *die,* weltweit verbreitetes Ornamentmotiv in Form einer runden Blüte.

Rosette [roˈzɛt(ə)], arab. **Raschid,** Hafenstadt in Unterägypten, am westl. Mündungsarm des Nils, rd. 37000 Ew. Der 1799 gefundene **Stein von R.** ermöglichte durch seine Inschrift in griech., hieroglyph. und demot. Schrift die Entzifferung der Hieroglyphen (J.-F. Champollion).

Roséwein, Rosé, im dt. Weingesetz **Roseewein,** Wein aus hell gekeltertem Most von Rotweintrauben.

Rosinante, in Cervantes' Roman das elende Pferd Don Quijotes, das nur er für edel hält; Ü Schindmähre.

Rosinen *Pl.,* getrocknete Weinbeeren v. a. aus dem Mittelmeergebiet; große kernlose, hellgelbe R. heißen **Sultaninen,** kleine **Korinthen.**

Roskilde [ˈrɔskilə], Stadt auf Seeland, Dänemark, 48 900 Ew.; Univ.; Kernforschungszentrum. – Im MA. dän. Königssitz; roman.-got. Backsteindom mit Königsgräbern.
Rosmarin *der,* immergrüner Halbstrauch, Lippenblütler aus den Mittelmeerländern, mit bläulich weißen Blüten; im dt. Volksglauben Sinnbild für Liebe, Treue, Tod. Die Blätter werden als Küchengewürz verwendet, das flüchtige, kampferduftende **R.-Öl** in der Parfümind. und für Einreibemittel.
Ross, 1) Sir (seit 1843) James Clark, brit. Admiral und Polarforscher, * 1800, † 1862; entdeckte 1841 Süd-Viktorialand, das Rossmeer und die Rossinseln. – **2)** Sir (seit 1834) John, brit. Polarforscher, * 1777, † 1856, Onkel von 1); entdeckte 1831 auf Boothia Felix den nördl. Magnetpol.
Roßbach, Gemeinde im Kr. Merseburg, Sa.-Anh., 2000 Ew.; 1757 Sieg Friedrichs d. Gr. über die Franzosen und die Reichsarmee.
Rossbreiten *Pl.,* ⊕ → Kalmengürtel.
Rössel *das,* Springer im Schachspiel. **R.-Sprung,** 1) Zug des R. gerade-schräg auf das übernächste Feld. 2) danach Rätselart, bei der Silben oder Buchstaben in R.-Sprüngen über die Felder einer Figur verteilt sind.
Rossellini, Roberto, ital. Filmregisseur, * 1906, † 1977; Mitbegründer des ital. neorealist. Stils; »Rom, offene Stadt« (1945).
Rossellino, 1) Antonio, ital. Bildhauer der Florentiner Renaissance, * 1427, † 1479. – **2)** Bernardo, ital. Baumeister und Bildhauer, Bruder von 1), * 1409, † 1464; Leiter der Dombauhütte in Florenz.
Rossetti, Dante Gabriel, brit. Maler und Dichter, * 1828, † 1882; gehörte zum Kreis der Präraffaeliten; Romanzen, Balladen.
Rosshaar, Schweif- und Mähnenhaar des Pferdes; Polstermaterial und Bezug für Violinbögen u. a.
Rossini, Gioacchino, ital. Opernkomponist, * 1792, † 1868; »Die Italienerin in Algier« (1813), »Der Barbier von Sevilla«, (1816), »Wilhelm Tell« (1829).
Ross|insel, 1) antarkt. vulkan. Insel im Rossmeer mit dem tätigen Vulkan Erebus (3 794 m). – **2) James-Ross-Insel** [dʒeɪmz-], antarkt. Insel im Weddellmeer.
Rossitten, Ostseebad auf der Kur. Nehrung, Russland; Vogelwarte.
Rosskastani|e, Baum mit meist fünffingrigen Blättern und weißen oder roten Blüten in aufrecht stehenden Rispen. Der bittere Samen dient als Wildfutter.
Rossmeer, Bucht des Südl. Eismeers zw. Süd-Victorialand und Marie-Byrd-Land, im S vom **Ross-Schelfeis** begrenzt.
Rosstrappe *die,* Granitklippe des Bodetals im Harz, bei Thale, Sa.-Anh.; Ausflugsziel.
Rost, 1) aus gusseisernen Stäben gebildete, durchbrochene Einrichtung in Feuerungen, auf der der stückige Brennstoff verbrennt. – **2) Pfahl-R.,** als Fundament für Gebäude auf wenig tragfähigem Untergrund. – **3)** ⚗ die braunrote pulverig-schuppige Zersetzungsschicht (Korrosionsschicht), die sich auf Eisen an feuchter Luft bildet. – **4)** ❀ eisenrostähnlich hervortretende Pflanzenkrankheiten, hervorgerufen durch innerlich schmarotzende **R.-Pilze.** Vom **Getreide-R.** bilden sich an Berberitzenblättern orangerote Flecke von Pilzsporen, die vom Wind aufs Getreide übertragen werden. Weitere schädl. R.-Pilze: **Flachs-R., Johannisbeer-R., Zuckerrüben-R., Erbsenrost.**
Rostand [rɔˈstã], Edmond, frz. Dramatiker, * 1868, † 1918; Versdramen: »Cyrano de Bergerac« (1897), »Der junge Aar« (1900).
rösten, 1) Nahrungsmittel ohne Zusatz von Wasser erhitzen; auf dem Rost braten. – **2)** ⚙ Erze in **Röstöfen** erhitzen unter Luftzutritt zur Aufbereitung. – **3)** Faserbereitung: die Flachs-, Hanfstängel mit Wasser, Wasserdampf oder Schwefelsäure behandeln, um die Fasern bloßzulegen.

Links: **Dante Gabriel Rossetti.** Selbstporträt (1847). Rechts: **Gioacchino Rossini.** Ausschnitt aus einem zeitgenössischen Punktierstich

Rostock, kreisfreie Stadt in Meckl.-Vorp., 12 km vor der Mündung der Warnow in die Ostsee, 253 000 Ew.; Univ., Theater; Zoo; bedeutende Bauwerke der Backsteingotik. U. a. Großwerften, Fischverarbeitung; jährl. stattfindende Ostseewoche. Der Stadtteil **Warnemünde** liegt an der Ostsee; Seebad, Fähre nach Gedser und Trelleborg (Dänemark). – Nach 1160 gegr., erhielt 1218 Lüb. Recht, seit 1229 Hauptort des mecklenburg. Fürstentums R.; fiel 1314 an das Fürstentum Mecklenburg; Hansestadt; 1419 Gründung der ersten Univ. N-Deutschlands.

Rostock
Stadtwappen

Rostow am Don, Gebietshptst. in Russland, 1,02 Mio. Ew.; Univ.; Fluss- und Seehafen; Maschinenbau, Werften.
Rostra *die,* altröm. Rednertribüne.
Rostropowitsch, Mstislaw, russ. Musiker und Dirigent, * 1927; als Cellist von Weltgeltung 1974 Emigration, 1990 Rückkehr nach Russland.
Roswaenge, Rosvaenge, Helge Anton, dänischer Opernsänger, * 1897, † 1972; Tenor.
Roswitha, Hrotsvith von Gandersheim, mittellat. Dichterin, * um 935, † nach 973 (?); Kanonisse im sächs. Stift Gandersheim; Dramen, Heiligengeschichten, Dichtungen.

Mstislaw Rostropowitsch

Rot, Farbempfindung, die durch Licht einer Wellenlänge zw. etwa 600 nm und dem langwelligen Ende des sichtbaren Spektrums bei 780 nm (rotes Licht) hervorgerufen wird.
Rota *die,* amtl. **Sacra Romana Rota,** päpstl. Gerichtshof in kirchl. Prozessen.
Rot|algen, Rot|tange, eine Gruppe von Meeresalgen; das Blattgrün ist durch einen roten Farbstoff überdeckt.
Rotang *der,* → Schilfpalme.
Rotary-Club [ˈrəʊtərɪ klʌb], weltumspannende, unpolitische Vereinigung unter dem »Ideal des Dienens«, 1905 in Chicago gegründet.
Rotation *die,* → Drehung.
Rotationsmaschine, schnell laufende Druckmaschine für alle Druckverfahren, bei der die Druckformen auf dauernd umlaufenden Zylindern befestigt sind. Gedruckt wird auf eine »endlose« Papierbahn.
Rot|augen, Gattung der Karpfenfische.
Rotbarsch, Goldbarsch, lebend gebärender Meeresfisch, meist in großen Tiefen; Speisefisch.
Rotblat, Joseph, amerikan. Physiker poln. Herkunft, * 1908; gehörte 1957 zu den Gründern der Pugwash-Bewegung, ist seit 1988 deren Präs. 1995 erhielt er (mit der Pugwash-Bewegung) den Friedensnobelpreis.
Rotdorn, Form des → Weißdorns.
Rote Armee, eigentl. **Rote Arbeiter- und Bauern-Armee,** 1918 bis 1946 Bezeichnung für das Heer der UdSSR; danach Sowjetarmee genannt.

Eugen Roth

Anneliese Rothenberger

Rothenburg ob der Tauber Stadtwappen

Rotterdam Stadtwappen

Rote-Armee-Fraktion, Abk. **RAF,** Eigenbezeichnung der terrorist. Vereinigung, die aus der Baader-Meinhof-Gruppe hervorgegangen ist.

Rote Bete, Rote Rübe, Varietät der Gemeinen Runkelrübe mit dunkelroter Wurzelknolle (zu Salat und Saft verarbeitet).

Rote Garde, revolutionär-sozialist. Kampfverbände: Arbeiterformationen während der Revolution von 1905 in Russland, 1917 die Kernformation der Bolschewiki, 1966 bis 1969 in China maoist. Schüler- und Studentenverbände.

Rot|eisenstein, rötl. dichte Varietät des Minerals Hämatit, Fe_2O_3, wichtiges Eisenerz.

Rote Kapelle, von der Gestapo geprägte Bezeichnung für eine kommunistisch gelenkte Widerstandsorganisation in W-Europa (v. a. Belgien und Frankreich). 1938 als sowjet. Spionageorganisation aufgebaut, 1941/42 zerschlagen. Ziele waren u. a. die Beschleunigung des Zusammenbruchs der natsoz. Herrschaft, Errichtung einer sozialist. Rep. in Anlehnung an die UdSSR, sofortige Beendigung des Kriegs.

Rote Khmer, kommunistisch orientierte Guerillabewegung in Kambodscha, die 1975 unter Pol Pot ein Terrorregime errichtete, dem zw. 1 und 2 Mio. Kambodschaner zum Opfer fielen. 1979 durch vietnames. Truppen gestürzt und vertrieben, führten seitdem einen Bürgerkrieg gegen die Reg. in Phnom Penh. Nach internen Machtkämpfen gaben weite Teile der R. K. 1997 den Kampf auf.

Rötel *der,* **Rot|stein,** derber, roter Toneisenstein; Mal- und Anstrichfarbe, in Stiftform zum Zeichnen (R.-Zeichnungen).

Rote Liste, engl. **Red Data Book** [red ˈdeɪtə bʊk], Liste sämtlicher bedrohter Tier- und Pflanzenarten in aller Welt, zusammengestellt auf Initiative der »Internat. Union für Naturschutz«; einzelne Staaten haben eigene Rote Listen.

Röteln *Pl.,* ⚕ Viruskrankheit vorwiegend des Kindesalters, mit masernähnlichem Hautausschlag; kann während der ersten drei Schwangerschaftsmonate Fruchtschädigungen hervorrufen.

Rote Riesen, ☼ Sterne mit großem Durchmesser, hoher Leuchtkraft, niedriger Temperatur.

Rotes Kreuz, 1) rotes Kreuz auf weißem Grund, internat. Abzeichen des Sanitätsdienstes; dem R. K. entsprechen **Roter Halbmond** (islam. Länder), **Roter Davidstern** (Israel). – **2)** auf Anregung von H. Dunant 1863/64 gegr. internat. Organisation, die durch die Genfer Konventionen völkerrechtl. Schutz genießt. Das R. K. sorgt im Krieg für die Pflege von Verwundeten und Kranken, betreut Kriegsgefangene, leistet Hilfe in Katastrophenfällen, führt Krankentransporte durch und bildet Helfer aus. Das **Internat. Komitee vom R. K.** (IKRK) hat seinen Sitz in Genf. – **3)** das **Dt. Rote Kreuz** (DRK), Sitz in Bonn, gegr. 1921 (Neugründung 1950), eine selbstständige unpolit. Organisation, leistet Rettungsdienst, Krankenpflege, Familienzusammenführung (Suchdienst) usw. Ihm obliegt auch die Ausbildung der Bevölkerung in erster Hilfe und häusl. Krankenpflege und es ist in allen Bereichen sozialer Arbeit tätig (z. B. Alten-, Familien-, Jugend-, Behindertenhilfe). Das DRK unterhält eigene Krankenhäuser, Altenheime, Einrichtungen des ambulanten Dienstes.

Rotes Meer, Meeresarm des Ind. Ozeans zw. Arabien und Afrika, zugänglich durch die Meerenge Bab el-Mandeb, 438 000 km² groß, größte Tiefe 2920 m, salzreich, durch Algenwuchs rötlich gefärbt, das wärmste Meer der Erde; seit Eröffnung des Suezkanals wichtige Zugangsstraße von Europa nach Asien.

Rot-Grün-Blindheit → Farbenfehlsichtigkeit.

Rotgültig|erz, 2 rote, sulfid. Silbererze. **Dunkles R.,** ein Silber-Antimon-Sulfid; **lichtes R.,** ein Silber-Arsen-Sulfid.

Rotguss, Kupferlegierungen mit 4 bis 10% Zinn, 2 bis 7% Zink, Blei, Kupfer.

Roth, 1) Eugen, dt. Schriftsteller, * 1895, † 1976; heitere Verse (»Ein Mensch«, 1935, u. a.). – **2)** Gerhard, österr. Schriftsteller, * 1942; experimentelle Prosa, Romane. – **3)** Joseph, österr. Schriftsteller, * 1894, † (als Emigrant in Paris) 1939; u. a. Romane »Radetzkymarsch« (1932), »Die Kapuzinergruft« (1938). – **4)** [rɔθ], Philip, amerikan. Schriftsteller, * 1933; vorwiegend im Milieu des jüdisch-amerikan. Mittelstands angesiedelte Erz. und Romane: »Die Anatomiestunde« (1983), »Mein Leben als Sohn« (1991).

Rot|haargebirge, Bergzug im Sauerland, NRW und Hessen, im Kahlen Asten 841 m hoch. Quellgebiet von Eder, Lahn, Sieg, Lenne, Ruhr, Diemel.

Rot|hacker, Erich, dt. Philosoph, * 1888, † 1965; Anthropologe und Kulturphilosoph.

Rothenberger, Anneliese, dt. Sängerin (Sopran), * 1924; Opern- und Liedsängerin.

Rothenburg ob der Tauber, Stadt in Mittelfranken, Bayern, 11 100 Ew.; über dem Taubertal, eine der besterhaltenen mittelalterl. Städte mit vollständiger Stadtbefestigung. – 1172 Stadtrecht, später Freie Reichsstadt, kam 1803 an Bayern.

Rothenfelde, Bad R., Gemeinde im Kr. Osnabrück, Ndsachs., 6800 Ew.; Solequellen.

Rotholz, Bezeichnung für einige Überseehölzer, z. B. Mammutbaumholz.

Rothschild, internat. Bankhaus, gegr. 1766 in Frankfurt am Main von Meyer Amschel R. (* 1744, † 1812). Das Stammhaus in Frankfurt übernahm sein ältester Sohn Amschel Meyer R. (* 1773, † 1855), die anderen 4 Söhne errichteten eigene Banken in London, Paris, Wien und Neapel. Seit dem Wiener Kongress (1815) beherrschte das Haus R. das Anleihegeschäft der stark verschuldeten Staaten. – Das Frankfurter Stammhaus erlosch 1901; die Banque R. in Paris wurde 1982 verstaatlicht. Derzeit existieren noch Bankhäuser in London und Zürich.

Rotkehlchen, etwa 15 cm langer Singvogel mit rostroter Kehle, brütet in Bodennestern.

Rotkupfer|erz, Cuprit, rotbraunes bis metallgraues Mineral, Cu_2O (Kupfer(I)oxid).

Rotlauf, meldepflichtige Infektionskrankheit v. a. der Schweine, mit Hautröte, Fieber und allg. Blutvergiftung; durch Eindringen der Erreger in kleine Hautverletzungen auf den Menschen übertragbar (Erysipeloid).

Rotliegendes, ⊕ das untere Perm, Abschnitt der Erdgeschichte vor 286 bis 158 Mio. Jahren.

Rotor *der,* ⚙ Bezeichnung für laufende (rotierende) Bauteile, z. B. bei elektr. Maschinen der → Läufer 4), beim Hubschrauber der Drehflügel, in der Metallurgie ein kippbarer Ofen.

Rotschwanz, 1) Singvögel: **Garten-R.,** lebt in Baumhöhlen; **Haus-R.,** meist schwarzgrau, lebt in Mauerlöchern. – **2) Buchen-R., Buchenspinner,** weißlich grau gefärbter Schmetterling, Raupen verursachen Kahlfraß an Laubbäumen.

Rot|tanne → Fichte.

Rotte, 1) Abteilung, Schar. – **2)** ♆ mehrere Sauen, Wölfe.

Rottenburg am Neckar, Stadt in Bad.-Württ., 33 100 Ew.; kath. Bischofssitz; Fachhochschule für Forstwirtschaft; Maschinen-, Holz-, Uhrenind. – Röm. Siedlung; 1381 bis 1806 bei Österreich, dann an Württemberg.

Rotterdam, zweitgrößte Stadt der Niederlande, im Umschlag größter ⚓ der Welt und der bedeutendste Europas, an der Neuen Maas, 576 200 Ew. (Agglomeration 1,04 Mio.); Univ.; der ⚓ (Europoort) ist für Schiffe bis 19 m Tiefgang benutzbar; Umschlag von Erz und Kohle, Erdöl, Getreide, Fettrohstoffen, Nahrungsmitteln, Tabak. Großind.: Maschinen-, Waggon-

und Autofabriken, Erdölraffinerie u.a. – Im 17. und 19. Jh. großer wirtschaftlicher Aufschwung. Im Zweiten Weltkrieg stark zerstört, einige histor. Bauten (u.a. got. Grote Kerk) wurden wiederhergestellt.

Rottmann, Carl, dt. Maler, * 1797, † 1850; malte v.a. griech. und ital. Landschaften.

Rottmayr, Johann Michael, österr. Maler, * 1654, † 1730; Deckengemälde und Fresken in Barockbauten (z.B. in Salzburg, Melk, Klosterneuburg, Wien).

Rottweil, Stadt in Bad.-Württ., am oberen Neckar, 22800 Ew.; röm. Thermen, Kapellenkirche (14. bis 15. Jh.), Rathaus (1521), Heiligkreuzmünster; Textil-, feinmechan. u.a. Ind. Bekannt wegen ihrer Masken ist die **Rottweiler Fasnacht.** – Bis 1803 Reichsstadt.

Rottweiler, kurzhaarige, 55 bis 68 cm schulterhohe kräftige Hunderasse.

Rotunde *die,* ⌂ kleiner Rundbau.

Rotverschiebung, ☼ Verschiebung von Spektrallinien nach dem roten Ende des →Spektrums hin; zeigt sich bei Sternen, die sich von der Erde entfernen (Doppler-Effekt) und bei entfernten Spiralnebeln (Hubble-Effekt).

Rotwelsch *das,* dt. Sondersprache, die sich seit dem MA. in gesellschaftl. Randgruppen auszuprägen begann; R. enthält Lehnwörter aus dem Jiddischen und dem Romani.

Rotwild, Hirschwild.

Rotz *der,* ⚕ seltene, meist tödlich verlaufende ansteckende Tierkrankheit bei Einhufern (Pferden), die auch auf den Menschen übertragbar ist. Erreger ist der R.-Bazillus.

Rot|zunge, rotbrauner Plattfisch.

Roubaix [ruˈbɛ], Ind.stadt in N-Frankreich, 98100 Ew.; Textilindustrie.

Rouen [rwã], Stadt in Frankreich, in der Normandie, 105400 Ew.; wichtiger Einfuhrhafen an der Seine; kath. Erzbischofssitz; Kathedrale Notre-Dame (13. bis 16. Jh.), Abteikirche (14. bis 15. Jh.), Justizpalast (16. Jh.); Univ.; Textil-, Maschinen-, Papier-, petrochem., Kraftfahrzeugind., Schiffbau. – In R. wurde 1431 die Jungfrau von Orléans verbrannt.

Rouge et Noir [ruʒeˈnwa:r] *das,* Glücksspiel mit 2 frz. Kartenspielen (104 Blatt), von beliebig vielen gegen einen Bankhalter gespielt.

Rouget de Lisle [ruʒɛ ˈdlil], Claude Joseph, frz. Dichter, * 1760, † 1836; dichtete und vertonte die Marseillaise.

Roulette [ruˈlɛt], **Roulett** *das,* Glücksspiel mit einer Kugel auf einer drehbaren Scheibe mit nummerierten Fächern.

Rourkela [ˈrʊəkəlɑ:], Stadt in Orissa, Indien, 320000 Ew.; Eisen- und Stahlwerk (seit 1956; mit dt. Unterstützung aufgebaut), Düngemittel- und Chemiewerk.

Rousseau [ruˈso], **1)** Henri, gen. **Le Douanier,** frz. Maler, * 1844, † 1910; Hauptvertreter der naiven Malerei (Bildnisse, Stillleben, Landschaften). – **2)** Jean-Jacques, frz. Schriftsteller und Philosoph, * 1712, † 1778; Vertreter und zugleich Überwinder der Aufklärung; konstruierte einen glückl. naturhaften Urzustand der Menschheit (»Rückkehr zur Natur«). Im »Gesellschaftsvertrag« (»Du contrat social«, 1762) verkündete er die Lehre von der Souveränität des Volkes. Die Frz. Revolution wurde von seinen staatstheoret. Lehren entscheidend bestimmt. Mit seiner Hinwendung zu subjektiver Innerlichkeit und dem Zweifel an Fortschritt und Zivilisation nahm er das Lebensgefühl der Romantik vorweg. Weitere Werke: Roman »Julie oder die neue Héloise« (1761); Erziehungsroman »Émile« (1762); »Bekenntnisse« (1782).

Roussel [ruˈsɛl], Albert, frz. Komponist, * 1869, † 1937; Orchester-, Kammer-, Chormusik.

Roussillon [rusiˈjɔ̃] *das,* histor. Gebiet in S-Frankreich, bewohnt von Katalanen; Hptst.: Perpignan. – Bis 1659 spanisch.

Henri Rousseau. Urwaldlandschaft mit untergehender Sonne (1909)

Router [ˈraʊtər], in der Datenverarbeitung ein vermittlungstechn. Gerät zum Verbinden technisch unterschiedl. lokaler Netze. Ein R. leitet dabei die Daten aus dem Quellnetz in das Zielnetz und vermag zu erkennen, welche Computer sich in welchem Netz befinden.

Rovigo, Stadt in NO-Italien, 52500 Ew.; Dom (1696); Verkehrsknoten.

Rovuma *der,* Fluss in O-Afrika, 1100 km lang, bildet z.T. die Grenze Moçambique/Tansania, mündet in den Ind. Ozean; z.T. schiffbar.

Rowland [rəʊˈland], Sherwood Frank, amerikan. Chemiker, * 1927; erhielt für seine Forschungen zu Auswirkungen von Fluorkohlenwasserstoffen auf die Ozonschicht 1995 mit P. Crutzen und M. J. Molina den Nobelpreis für Chemie.

Rowohlt, Ernst, dt. Verleger, * 1887, † 1960; gründete 1919, erneut (nach Emigration) 1945 den E. R. Verlag (Sitz seit 1960 Reinbek), seit 1983 im Besitz der Holtzbrinck-Gruppe.

Roxane, baktr. Fürstentochter, seit 327 v.Chr. Gemahlin Alexanders d. Gr.; mit ihrem Sohn Alexander (* 323 v.Chr.) um 310 v.Chr. ermordet.

Royal Air Force [ˈrɔɪəl ˈeəfɔ:s], Abk. **RAF,** amtl. Name der brit. Luftwaffe.

Royalist *der,* Anhänger des Königtums.

Royal Society [ˈrɔɪəl səˈsaɪətɪ], älteste brit. Akademie der Wiss., gegr. 1660 zur Förderung der Naturwiss. Mitglieder der R. S. heißen **Fellows.**

Różewicz [ruˈʒɛvitʃ], Tadeusz, poln. Schriftsteller, * 1921; Lyrik, Erz., Dramen.

Rp., auf Rezepten: Abk. für lat. **Recipe,** nimm!

RSFSR, Abk. für **R**ussische **S**ozialistische **F**öderative **S**owjet**r**epublik.

RTL plus, privates Fernsehprogramm der luxemburg. Rundfunkanstalt **R**adio **T**élé **L**uxembourg, das sich durch Werbung finanziert und seit 1984 über Satellit ausgestrahlt wird.

Ru, chem. Symbol für das Element Ruthenium.

Ruanda, Rwanda, Rep. in Zentralafrika, 26338 km², 7,2 Mio. Ew. (meist Hutu); Hptst.: Kigali; Amtssprachen: Kinyaruanda, Französisch. R. liegt im O des Kiwusees; im W gebirgig. Anbau von Kaffee, Baumwolle, Yams, Bananen; Viehzucht. ⚒ auf Zinn, Wolfram u.a. Ausfuhr: Kaffee, Zinnerz (Kassiterit) u.a. Haupthandelspartner: USA, EU-Länder. – R. war bis zu seiner Unabhängigkeit (1962) Teil des belg. Treuhandgebiets **Ruanda-Urundi** (bis 1919 Teil von Dt.-

Rottweil
Stadtwappen

Rouen
Stadtwappen

Ruanda

Staatswappen

Staatsflagge

Internationales
Kfz-Kennzeichen

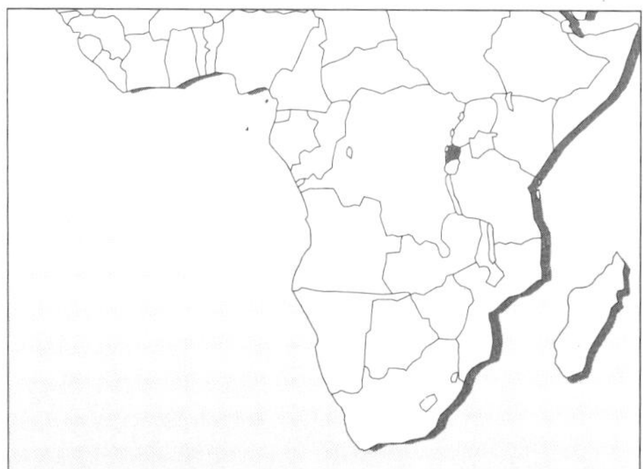

Ostafrika). Nach dem Tod des Staatspräs. J. Habyarimana bei einem Flugzeugabschuss 1994 entluden sich, vor dem Hintergrund der alten Spannungen zw. den Bev.-Gruppen (v. a. Hutu, Tutsi), polit. Rivalitäten in einem grausamen Bürgerkrieg (in wenigen Monaten etwa 0,5 Mio. Tote, 3 bis 4 Mio. Flüchtlinge).

Carlo Rubbia

Ruapehu [ruːəˈpeɪhuː] *der,* höchster Vulkan auf der Nordinsel von Neuseeland, 2 797 m.

Rubbia, Carlo, ital. Physiker, * 1934; erhielt für grundlegende Forschungen in der Teilchenphysik mit S. van der Meer den Nobelpreis für Physik 1984.

Rubel *der,* Währungseinheit in Russland und einigen Rep. der GUS; 1 R. = 100 Kopeken.

Ruben, israelit. Stamm, benannt nach dem ältesten Sohn Jakobs.

Rüben, fleischig verdickte Speicherorgane bei zweikeimblättrigen Pflanzenarten. Wichtige Nutzpflanzen sind Mohrrübe, Rettich, Radieschen, Runkelrübe, Zuckerrübe.

Peter Paul Rubens
Zeitgenössischer Stich nach einem Selbstporträt

Rubens, Peter Paul, fläm. Maler, * 1577, † 1640; malte religiöse, geschichtl., allegor. und mytholog. Bilder, auch Porträts und Landschaften; seine Werke sind gekennzeichnet durch Farbenpracht und Sinnenfülle: »Kreuzaufrichtung« (1610/11), »Doppelbildnis in der Geißblattlaube« (um 1609/1610), »Raub der Töchter des Leukippos« (1617), »Höllensturz der Verdammten« (1618 bis 1620), Medici-Zyklus (1622 bis 1625), Ildefonso-Altar (1630 bis 1632); »Das Pelzchen« (um 1638); Landschaften.

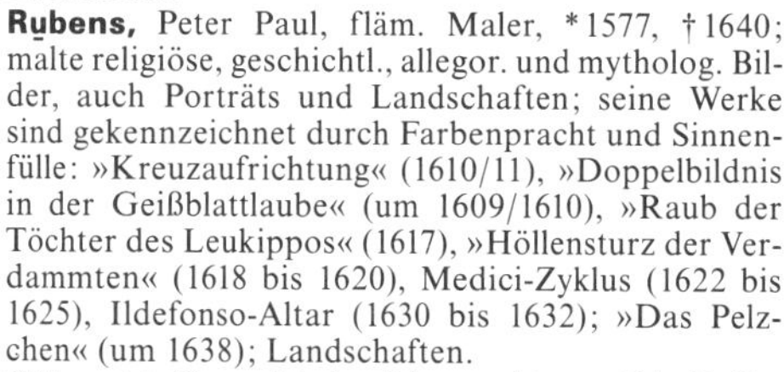

Rübezahl, Berggeist des Riesengebirges. Die R.-Sagen wurden zuerst im 17. Jh., dann in Musäus' »Volksmärchen« gesammelt.

Rubidium *das,* chem. Symbol **Rb,** dem Kalium ähnliches Element, in sehr geringen Mengen vorkommendes Alkalimetall; OZ 37, D 1,53 g/cm³, Fp 38,89 °C, Sp 686 °C.

Rüdesheim am Rhein
Stadtwappen

Rubikon *der,* lat. **Rubico,** Altertum: Grenzfluss zw. Italien und dem zisalpin. Gallien. Mit seiner Überschreitung eröffnete Caesar 49 v. Chr. den Bürgerkrieg gegen Pompeius; daher Ü: **den R. überschreiten,** einen entscheidenden Schritt tun.

Rubin *der,* Edelstein, durchsichtiger, rot gefärbter Korund.

Rubinstein, 1) Anton, russ. Pianist und Komponist, * 1829, † 1894. – **2)** Arthur, polnisch-amerikan. Pianist, * 1887, † 1982.

Rubljow, Andrej, russ. Maler, * 1360/70, † 1427/30; Mönch in Sagorsk und Moskau; sein Hauptwerk ist die Ikone »Die Dreifaltigkeit« (Moskau, Tretjakow-Galerie); 1988 heilig gesprochen (Tag: 4. 7.).

Rudolstadt
Stadtwappen

Rüb|öl, fettes Öl aus Raps oder Rübsamen; dient als Brenn-, Schmieröl.

Rubrik *die,* **1)** in mittelalterl. Handschriften und liturg. Büchern die rot ausgezeichneten Textstellen. – **2)** Ü Abschnitt, Spalte.

Rübsamen, Rübsaat, Rübenreps, Rübsen, rapsartige Kreuzblütlerpflanze, liefert Rüböl.

Ruchgras, Wiesengras mit charakterist. Heugeruch.

Rücken, die hintere (bei Tieren obere) Körperwand von der Grenze des Hinterhaupts bis zum Kreuzbein, gebildet von Wirbelsäule, hinteren Abschnitten der Rippen, Schulterblättern und darüber liegenden Weichteilen.

Rückenmark, Teil des zentralen Nervensystems; vom Gehirn ausgehender, im Kanal der Wirbelsäule liegender Nervenstrang, der eigene Nervenzentren und die wichtigen Nervenbahnen enthält, die das Gehirn mit dem übrigen Körper verbinden. Neben der Erregungsleitung ermöglicht das R. auch die Bildung der Reflexe. 31 Paar **R.-Nerven** (periphere Nerven) verlassen das R. jeweils durch die Zwischenwirbellöcher, um zu ihren Erfolgsorganen (Haut, Muskeln) zu gelangen. Das R. schwimmt in der **Gehirn-R.-Flüssigkeit** und ist von der weichen R.-Haut, der Spinnwebenhaut und der harten R.-Haut umgeben. – **R.-Krankheiten** sind solche Erkrankungen, die vorwiegend oder ausschließlich das R. und seine Höhlen befallen, z. B. multiple Sklerose, Kinderlähmung, R.-Schwindsucht (Tabes dorsalis), R.-Entzündung nach Masern, Typhus u. a. Je nach Sitz der Entzündungs- oder Degenerationsherde treten schlaffe oder krampfartige (spastische) Lähmungen, Blasen- und Mastdarmstörungen und andere Ausfallerscheinungen auf.

Rück|erstattung, jede Rückgewähr einer ohne Rechtsgrund erbrachten Leistung, bes. die Rückgabe der während der natsoz. Herrschaft entzogenen Vermögensgegenstände. In der früheren DDR → Rückübertragung.

Rückert, Friedrich, dt. romant. Dichter, * 1788, † 1866; Prof. der oriental. Sprachen; vaterländ. und Liebesgedichte, »Kindertotenlieder«; übersetzte meisterhaft arab. und pers. Dichtungen; seine »Weisheit des Brahmanen« (1836 bis 1839) fasst östl. und westl. Lebensweisheit zusammen.

Rückfall, ⚖ erneute Begehung einer mit Freiheitsstrafe bedrohten vorsätzl. Straftat.

Rückfallfieber, durch Spirochäten verursachte, u. a. durch Zecken übertragene, meldepflichtige Infektionskrankheit. 3 bis 6 Tage anhaltendes hohes Fieber tritt nach 6- bis 10-tägiger Pause mehrmals wiederholt in gleicher Weise auf.

Rückgrat, die → Wirbelsäule.

Rückgriff → Regress.

Rückkauf → Wiederkauf.

Rückkopplung, Feed-back, 1) Beeinflussung eines Geschehens durch die Rückwirkung der Folgen auf seinen weiteren Verlauf. Das Prinzip der R. ist grundlegend für die Theorie der Steuerungsvorgänge (Kybernetik, Regelung) in Technik, Biologie und Psychologie sowie Kommunikations- und Sozialforschung. – **2)** ⚡ bei elektronischen Verstärkerschaltungen die Rückführung eines Teils der Ausgangsenergie einer Schaltung, eines Regelkreises oder dergleichen an den Anfangspunkt zur Verstärkung von Schwingungen, Unterdrückung von Schwankungen, Einregelung einer Größe u. a.

Rücklage, Reserve, 🖋 zusätzlich zum nominellen (Grund-, Stamm-)Kapital in einem Unternehmen vorhandenes Eigenkapital. Aktiengesellschaften sind zur Bildung **gesetzlicher R.** verpflichtet, **freie R.** können freiwillig gebildet und beliebig aufgelöst werden. **Offene R.** werden aus dem ausgewiesenen Jahresgewinn gebildet. **Stille R.** sind in unterbewerteten Vermögensteilen oder in überbewerteten Schulden u. a. enthalten.

Rückruf, R. von Waren (z. B. Autos) durch die Herstellerfirma, wenn schwerwiegende Mängel an einer Serie festgestellt werden.

Rückstellungen, Verbindlichkeiten, die ihrer Entstehung nach bekannt, der Höhe nach noch ungewiss sind (z. B. Pensionszusagen).

Rückstoß, ⚛ Impuls, den ein Körper, z. B. eine Rakete, beim Ausstoßen eines Teils seiner Masse erfährt. Wegen Erhaltung des Gesamtimpulses sind der Impuls der ausgestoßenen Masse m_1 und der R. der ausstoßenden Masse m_2 stets entgegengesetzt: $m_1v_1 = m_2v_2$.

Rückstrahler, Geräte, die einfallendes Licht mit geringer Streuung zurückwerfen; vorgeschrieben für Straßenfahrzeuge aller Art **(Katzenaugen).**

Rücktritt, 1) Verzicht auf ein Amt. – **2)** Schuldrecht: einseitige Auflösung eines Vertrags durch Erklärung gegenüber dem anderen Vertragsteil, dass der Vertrag als nicht geschlossen behandelt werden soll. Das R.-Recht kann vertraglich vereinbart sein (§§ 346 ff. BGB) oder bei verschuldeter Unmöglichkeit der Leistung, Verzug, positiver Vertragsverletzung kraft Gesetzes gegeben sein (§§ 325 ff. BGB).

Rücktrittbremse, ⚙ Reibungsbremse in den Freilaufnaben bes. von Fahrrädern: bei Rückwärtsbewegung der Pedale wird ein Bremsmantel an die sich drehende Nabenhülse gepresst.

Rück|übertragung, auf dem Einigungsvertrag fußender, im Vermögensges. vom 14. 7. 1992 verankerter Grundsatz, dass die in der früheren DDR rechtsstaatswidrig enteigneten Vermögenswerte auf Antrag den ehem. Eigentümern zurückzugeben oder sie wahlweise zu entschädigen sind. Für die Höhe der Entschädigung von Grundstücken sind die Einheitswerte von 1935 maßgeblich.

Rückversicherung, Re|assekuranz *die,* Versicherung, durch die sich eine Versicherungsgesellschaft zur Deckung des von ihr übernommenen Risikos bei einer anderen Versicherungsgesellschaft (Rückversicherer) weiterversichert.

Rückversicherungsvertrag, der dt.-russ. geheime Neutralitätsvertrag auf 3 Jahre vom 18. 6. 1887; nach Bismarcks Sturz von L. v. Caprivi unter F. v. Holsteins Einfluss 1890 nicht verlängert.

Rückwirkung, ⚖ Anwendbarkeit einer gesetzl. Bestimmung auch für die Zeit vor deren Verkündung. Rückwirkende Strafgesetze sind in Dtl. verboten (Artikel 103 Absatz 2 GG).

Ruda Śląska [-ˈɕlɔ̃ska], Ind.stadt in der Wwschaft Kattowitz, Polen, 168 000 Ew.; Eisen- und Zinkhütten, Steinkohlengruben.

Rude [ryd], François, frz. Bildhauer, * 1784, † 1855; Hochreliefgruppe »La Marseillaise« am Arc de Triomphe in Paris.

Rüde *der,* Männchen der Hunde und Marder.

Rudel, ♈ eine Herde von Hirschen, Gämsen, Rehen oder Wölfen.

Rudelsburg, Burgruine auf dem rechten Saaleufer, bei Bad Kösen, Sa.-Anhalt.

Ruder, 1) ⚓ um eine senkrechte Achse drehbare Platte zum Steuern des Schiffs, meist am Heck. Die **Tiefen-R.** der U-Boote und Torpedos (immer paarweise angeordnet) sind um eine waagerechte Achse drehbar. – **2)** ✈ bewegl. Steuerflächen an Tragflügeln und Leitwerk der Flugzeuge. – **3)** U für →Riemen 2). – **4)** Füße der Schwimmvögel.

Ruderfüßer, Ordnung meist Fisch fressender Vögel, an deren Füßen alle Zehen durch Schwimmhäute verbunden sind, z. B. Kormorane, Tölpel.

Rudern, ⚑ wird hauptsächlich als Wettrudern über eine bestimmte Strecke, in der Regel 2 000 m, ausgeübt. – Bei Riemenbooten bedient jeder Mann einen Riemen (Ruder) mit beiden Händen, bei Skullbooten 2 Riemen. Riemenboote werden als Zweier, Vierer und Achter, die Skullboote als Einer, Doppelzweier, Doppelvierer gerudert; beim Dollenboot haben die Ruder ihren Drehpunkt in eisernen Gabeln (Dollen), beim Auslegerboot auf eisernen Trägern (Auslegern).

Rüdesheim am Rhein, Stadt in Hessen, 10 300 Ew., im Rheingau; Weinbau und -handel; oberhalb von R. das **Niederwalddenkmal.**

Rüdiger von Bechelaren, im Nibelungenlied Markgraf im Dienst des Königs Etzel.

Rudiment *das,* **1)** Überbleibsel, Rest. – **2)** rückgebildeter Körperteil (z. B. Wurmfortsatz).

Rudolf, Herrscher: **Hl. Röm. Reich. 1) R. von Rheinfelden,** 1077 von den Gegnern Heinrichs IV. als Gegenkönig aufgestellt, 1080 tödlich verwundet. – **2) R. I. von Habsburg,** König 1273 bis 1291, * 1218, † 1291; beendete das Interregnum, bekämpfte die Raubritter, besiegte 1278 den Böhmenkönig Ottokar II., brachte 1282 Österreich und die Steiermark an sein Haus; Grab im Dom zu Speyer. – **3) R. II.,** Kaiser (1576 bis 1612), Habsburger, * 1552, † 1612; begünstigte die Gegenreformation, musste aber den böhm. Protestanten im »Majestätsbrief« 1609 Religionsfreiheit zusichern. – **Österreich. 4) R. IV., der Stifter,** Herzog (1358 bis 1365), * 1339, † 1365; erwarb 1363 Tirol, gründete 1365 die Wiener Univ. – **5) R.,** Kronprinz von Österreich-Ungarn, einziger Sohn Franz Josephs, * 1858, † (Freitod in Mayerling) 1889.

Rudolf von Ems, mhdt. Dichter, * um 1200, † um 1250; beeinflusst von Gottfried von Straßburg, behandelte legendäre Stoffe.

Rudolstadt, Stadt in Thür., an der Saale, 31 000 Ew.; Freilichtmuseum, Schloss Heidecksburg (18. Jh.); Chemie- u. a. Industrie.

Ruf, Sep, dt. Architekt, * 1908, † 1982; funktionalist. Bauten, u. a. Kanzlerbungalow, Bonn (1963 bis 1965).

Rufmord, Zerstörung des Ansehens (Rufs) einer Person durch öffentl. Verleumdung.

Rugby [ˈrʌgbɪ; nach der Public School der Stadt Rugby] *das,* Kampfspiel zw. 2 Mannschaften mit je 15 Spielern, bei dem ein ovaler Ball mit Händen und Füßen in eine Torzone (Malfeld) hinter das gegner. Tor gebracht werden muss.

Rugby [ˈrʌgbɪ], Stadt in Mittelengland, am Avon, 60 000 Ew.; Public School; Eisenbahnwerkstätten u. a. Industrie.

Ruge, Arnold, dt. Schriftsteller des »Jungen Dtl.«, * 1802, † 1880; begründete 1838 die »Hallischen (seit 1841: Dt.) Jahrbücher für Literatur und Kunst«.

Rüge, 1) Tadel, Verweis. – **2)** ⚖ Behauptung einer Partei vor Gericht, dass Verfahrensvorschriften verletzt worden seien. – **3)** im bürgerl. und Handelsrecht Beanstandung von Mängeln an einer gekauften Sache. – **4)** im MA. Anzeige unverfolgt gebliebener Verbrechen durch vereidigte Männer **(R.-Geschworene, R.-Zeugen).**

Rügen, größte dt. Insel, in der Ostsee, von der pommerschen Küste durch den **Greifswalder Bodden** und den **Strelasund** getrennt, 926 km²; rd. 85 000 Ew.; Nationalpark und Biosphärenreservat; mit Stralsund durch den 2,5 km langen **R.-Damm** verbunden; Landwirtschaft, Fischerei, Fremdenverkehr (Seebäder). – R., urspr. von den german. Rugiern, dann von Slawen bewohnt, kam 1168 unter dän. Oberhoheit, 1325 an Pommern, 1648 an Schweden, 1815 an Preußen; 1952 bis 1990 zum Bez. Rostock, seither zu Meckl.-Vorpommern.

Rugi|er, german. Stamm, der aus dem Ostseegebiet im 4. Jh. nach Niederösterreich abwanderte, schloss sich den Ostgoten an.

Rühe, Volker, dt. Politiker (CDU), * 1942; 1989 bis 1992 Gen.-Sekr. der CDU; seit April 1992 Bundesmin. für Verteidigung.

Ruhegehalt, Pension, Altersruhegeld von Beamten, dessen Höhe sich nach der Länge der Dienstzeit und der Höhe der Dienstbezüge richtet.

Ruhestand, der Lebensabschnitt, der für Berufstätige nach Beendigung des Arbeitslebens eintritt: i. d. R. nach Vollendung des 65. Lebensjahres.

Rühmann, Heinz, dt. Filmschauspieler, * 1902, † 1994; als Komiker und Charakterdarsteller sehr populär; Memoiren »Das war's« (1982).

Rudolf I. von Habsburg
Grabplatte im Speyerer Dom (um 1290)

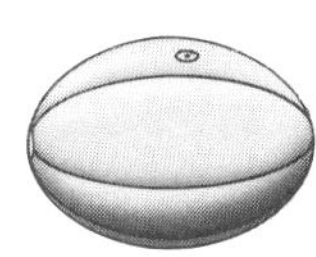

Rugby Ball

Volker Rühe

Heinz Rühmann

Rumänien

Staatswappen

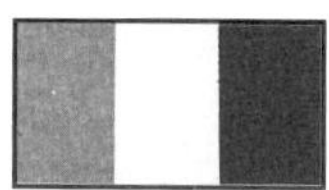
Staatsflagge

Internationales Kfz-Kennzeichen

Rühmkorf, Peter, dt. Schriftsteller, * 1929; zeitkrit. Dramen und Lyrik.
Ruhpolding, Luftkurort in Oberbayern, 6 100 Ew., im SO des Chiemsees.
Ruhr *die,* **Dys|enterie,** ⚕ infektiöse Darmerkrankung mit heftigen schleimigblutigen Durchfällen. Die meldepflichtige **Bakterien-R.** wird durch R.-Bakterien erregt. Behandlung: Antibiotika, Wärme, Diät (Flüssigkeitszufuhr: Tee, Haferschleim). Die **Amöben-R.** trop. und subtrop. Gebiete wird erregt durch die R.-Amöbe.
Ruhr *die,* rechter, im Unterlauf schiffbarer Nebenfluss des Rheins, entspringt im Sauerland, mündet in Duisburg (Ruhrort); 235 km lang.
Ruhrgebiet, rechts des unteren Rheins zw. Ruhr und Lippe, im O über Dortmund hinaus bis Hamm reichend, bildet zus. mit den Industriezentren am Niederrhein und an der Wupper das **Rhein.-Westfäl. Industriegebiet,** eines der größten industriellen Ballungsgebiete Europas. Grundlage der wirtschaftl. Entwicklung bilden die Steinkohlevorkommen. An den Bergbau schließt sich eine vielseitige Ind. an, bes. Eisen-, Stahl- und chem. Ind. Durch zurückgehende Wirtschaftlichkeit setzte 1957 eine Absatzkrise ein. Das Gebiet ist dicht bebaut und besiedelt mit zahlreichen Großstädten. Wichtigste Kanäle: Rhein-Herne-, Dortmund-Ems-Kanal. Zur einheitl. Regelung der Siedlungs-, Bebauungs- und Verkehrsfragen im R. wurde 1920 der **Siedlungsverband Ruhrkohlenbezirk** geschaffen. – 1919 und 1920 waren im R. schwere kommunistische Unruhen. 1921 besetzten frz. und belg. Truppen Düsseldorf, Duisburg und Ruhrort, um Dtl. zur Annahme der Reparationsbedingungen zu zwingen. Wegen geringer Rückstände bei den Reparationsleistungen besetzte Frankreich im Jan. 1923 das gesamte R. Der daraufhin von der Reg. proklamierte »passive Widerstand« musste aus wirtschaftl. Gründen (Inflation) im Sept. aufgegeben werden. Nach dem Dawesplan (1924) wurde das R. 1925 von den Franzosen geräumt.
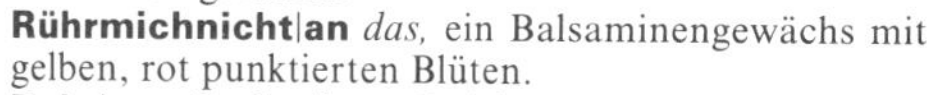
Rührmichnicht|an *das,* ein Balsaminengewächs mit gelben, rot punktierten Blüten.
Ruhr|ort, Stadtteil von Duisburg.

Daten zur Geschichte Rumäniens

101–106 n. Chr.	Dakerkriege, 106 wird die röm. Prov. Dakien errichtet (270 aufgegeben)
14. Jh.	Bildung der »Donaufürstentümer« Moldau und Walachei
15./16. Jh.	Die Walachei (1460) und die Moldau (1513) müssen die türk. Oberhoheit anerkennen
1829	Der Friede von Adrianopel zw. Russland und der Türkei stellt die Donaufürstentümer unter russ. Schutz (bis 1856)
1859	A. Cuza wird zum Fürsten der Moldau und der Walachei gewählt (Alexander Ion I.)
1866	Sturz Cuzas und Wahl von Karl von Hohenzollern-Sigmaringen zum Fürsten (Karl I.)
1878	Anerkennung der vollen Unabhängigkeit durch den Berliner Kongress, Rumänien wird 1881 Königreich
1916	Kriegserklärung an die Mittelmächte, nach der Niederlage Verlust der Dobrudscha 1918
1919/20	Die Pariser Vorortverträge sprechen Rumänien die Bukowina, Siebenbürgen und das Banat zu. Ferner kann sich Rumänien 1918 Bessarabien angliedern
1940	Die Sowjetunion zwingt Rumänien zur Abtretung Bessarabiens und der N-Bukowina. Der 2. Wiener Schiedsspruch führt zum Verlust von N-Siebenbürgen an Ungarn
1941	Im Bündnis mit Dtl. greift Rumänien die Sowjetunion an
1944	Waffenstillstand
1947	Friede von Paris, Rumänien erhält Siebenbürgen zurück. König Michael muss abdanken, Rumänien wird Volksrepublik, Beitritt zum RGW 1949 und zum Warschauer Vertrag 1955
1963	Beginn einer unabhängigeren Politik gegenüber der Sowjetunion
1965	N. Ceaușescu wird Vorsitzender der Kommunist. Partei und 1967 auch Staatsoberhaupt, Aufbau einer persönl. Diktatur der Familie Ceaușescu
1989	Volkserhebung in Temesvar führt zum Sturz von Ceaușescu, der mit seiner Frau zum Tode verurteilt und erschossen wird
1990	Freie Wahlen, I. Iliescu wird Staatspräsident (1992 bestätigt)
1996	E. Constantinescu wird Staatspräsident

Ruhrstatut, das Abkommen von 1949 zw. Belgien, Großbritannien, Frankreich, den Niederlanden, Luxemburg und den USA über die internat. Kontrolle der Kohle-, Koks- und Stahlproduktion des Ruhrgebiets. Das R. wurde 1952 mit Inkrafttreten der Montanunion aufgehoben.
Ruisdael ['rœjsda:l], Jacob Isaakszoon van, niederländ. Maler, * 1628/29, † 1682; Schüler seines Onkels S. van → Ruysdael; v. a. einsame, dunkle Wald- und Sumpflandschaften.
Rum, Trinkbranntwein aus Saft und Melasse des Zuckerrohrs, durch Vergären hergestellt, mit unterschiedl. Alkoholgehalt (zw. 38 und 83 Vol.-%) und spezif. Aromastoffen.
Rumänen, Volk in SO-Europa, rd. 20 Mio.; Nachkommen der romanisierten Daker und röm. Siedler, vermischt mit Slawen und Türken.

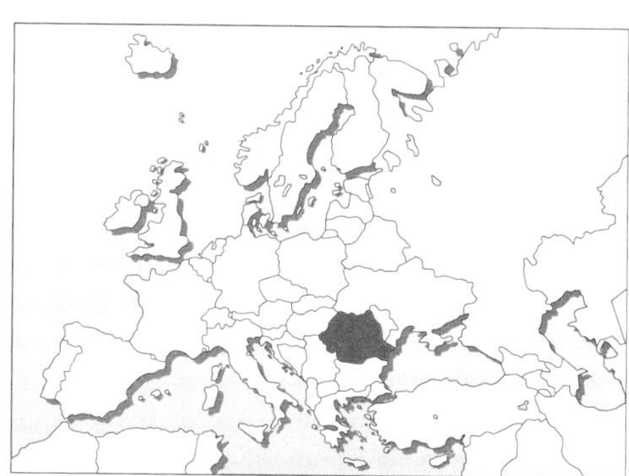

Rumäni|en, Rep. in SO-Europa, 237 500 km², 23,38 Mio. Ew.; Hptst.: Bukarest; Amtssprache: Rumänisch. **Verfassung** von 1991, schreibt politischen Pluralismus und Marktwirtschaft fest. Staatsoberhaupt ist der Staatspräsident.
Landesnatur. R. wird von den O- und S-Karpaten durchzogen, die mit dem Bihorgebirge und dem Banat das Hochland von Siebenbürgen einschließen. Am Außenrand der Karpaten liegen im S das Tiefland der Walachei, im O das Hügelland Moldau und südlich des sumpfigen Donaudeltas das Tafelland der Dobrudscha.
Klima. Binnenländisch. Flüsse: Donau mit Alt, Sereth, Pruth; zur Theiß entwässern Szamos und Maros.
Bevölkerung. 89% Rumänen, daneben Magyaren, Deutsche u. a. 20 Großstädte.
Religion. Die meisten Anhänger hat die rumänisch-orthodoxe Kirche, ferner Katholiken, ev. Christen (v. a. reformierte Ungarn), Juden u. a.
Wirtschaft. Über 90% der landwirtschaftl. Nutzfläche waren kollektiv bewirtschaftet; langsame Reprivatisierung. Anbau von Mais (an 1. Stelle in Europa), Weizen, Zuckerrüben, Gemüse, Obst, Wein; Viehzucht (Rinder, Schweine, Schafe), Forstwirtschaft; ⚒ auf Erdöl und Erdgas, Eisenerz, Kohle, NE-Metalle, Salz. Eisen- und Stahl-, Maschinen-, chem., elektrotechn., Textil- u. a. Ind. Wasserkraftwerke. Fremdenverkehr. Ausfuhr: Erdöl und -erzeugnisse, pflanzl. und tier. Erzeugnisse, Fertigwaren (bes. Maschinen). Haupthafen: Konstanza; wichtige Flusshäfen: Galatz, Brăila; internat. ✈ Bukarest.
rumänische Kunst. Die Traditionen der Volkskunst haben die r. K. seit dem MA. bis ins 20. Jh. beeinflusst. Die Kirchen des 15./16. Jh. in der Walachei und der Moldau (Curtea de Argeș, Voroneț, Sucevița) stellen eine Synthese zw. dem byzantin. Typus (Kreuzkuppelkirche) und abendländ. Einflüssen dar. Die Außenfresken der Moldauklöster aus dem 16. Jh. sind einzigartig in Europa. Im 19. Jh. suchten N. Grigorescu,

I. Andreescu und S. Luchian Anschluss an die frz. Malerei. Den wichtigsten rumän. Beitrag zur modernen Kunst leistete der Bildhauer C. Brancusi.

rumänische Sprache und Literatur. Rumänisch ist die östlichste der roman. Sprachen. Einen Höhepunkt der rumän. Dichtung bildete Mihail Eminescu (* 1850, † 1889), der Volksliedhaftes mit westlichen Einflüssen verband. Die moderne rumän. Lyrik ist von Mircea Dinescu (* 1950) geprägt.

Rumba *der* oder *die,* Gesellschaftstanz in mäßigem bis raschem geradem Takt: ursprünglich aus Kuba.

Rumelilen, in der türk. Verw. bis 1864 die europ. Türkei außer Bosnien, Ungarn und Morea.

Rumpler, Edmund, österr. Flugzeugkonstrukteur, * 1872, † 1940; gründete 1908 in Berlin die erste dt. Flugzeugfabrik, baute dort die **R.-Taube;** entwickelte 1921 ein Stromlinienauto mit Vorderradantrieb und Schwingachse.

Run [rʌn] *der,* Ansturm, Andrang, Zulauf.

Runde, ⚔ **1)** Boxen: Kampfabschnitt von 3 Min. – **2)** einmaliger Weg um eine Kampfbahn (bei Lauf- und Rennwettbewerben). – **3)** Verlauf eines Spiels in Sportarten mit mehreren Stationen.

Runde, Ortwin, dt. Politiker (SPD), * 1944; seit Nov. 1997 Erster Bürgermeister von Hamburg.

Rundfunk, Radio, Verbreitung von Darbietungen in Ton (Hör-, Ton-R.) oder Bild (Fernseh-R., Television, →Fernsehen) durch elektromagnet. Wellen; der R. nimmt als Medium für Unterhaltung und Meinungsbildung eine zentrale Stelle ein. Die durch die Darbietungen erzeugten Schallschwingungen in der Luft werden am Ort des Geschehens (Livesendung) oder in einem Aufnahmeraum (Studio) mit einer Fernsehkamera oder einem Mikrofon in elektr. Schwingungen umgewandelt und verstärkt. Mit diesen Schwingungen wird die Trägerschwingung des Senders, die eine sehr viel höhere Frequenz hat, entweder in ihrer Schwingungsweite (Amplitude) oder in ihrer Schwingungszahl (Frequenz) moduliert. Diese modulierten Schwingungen werden der Sendeantenne zugeführt und von ihr ausgestrahlt. Sie breiten sich mit Lichtgeschwindigkeit aus und erzeugen (induzieren) in der Empfangsantenne genau entsprechende hochfrequente Wechselspannungen, die im Empfänger demoduliert, verstärkt und im Lautsprecher oder der Bildröhre in die Darbietung zurückverwandelt werden.

Die Verwendung von Transistoren statt Elektronenröhren hat Gewicht und Größe der R.-Empfänger sehr herabgesetzt und damit den Bau von Reise- und Taschenempfängern ermöglicht. Zur Wiedergabe von Stereosendungen werden die Sender und Empfänger mit einem zweiten Übertragungs- und Empfangskanal, zugehörigen Mikrofonen und Lautsprechern ausgerüstet.

Zur Ausstrahlung werden versch. Wellenbereiche verwendet, deren Eigenschaften (Reichweite, Störungen, Einfluss von Tag und Nacht, Schwund) verschieden sind: Lang-, Mittel-, Kurz- und Ultrakurzwellen (UKW). Letztere zeichnen sich durch gute Störbefreiung und Ermöglichung einer hohen Klangqualität aus (wegen des großen zur Verfügung stehenden Frequenzbands) und verfügen über eine geringe Reichweite, die eine entsprechend geringe Störung eines Senders durch frequenzbenachbarte Sender verursacht.

Die **R.-Anstalten** sind öffentlich-rechtl. Natur. Ihre Organe sind der Rundfunkrat als Vertretung der Allgemeinheit, der Verwaltungsrat als wirtschaftl. Aufsicht und der Intendant als Leiter der R.-Anstalt. Seit 1984 werden auch Lizenzen an private Rundfunksender vergeben. 1989 wurde der mit Digitaltechnik arbeitende Digital-R. eingeführt.

Aufbauend auf den Arbeiten von M. Faraday, J. C. Maxwell, H. Hertz, N. Tesla u. a. verwendete G. Marconi als Erster elektromagnet. Wellen zur Nachrichtenübermittlung. Die Löschfunken-, Lichtbogen- und Maschinensender von K. F. Braun und W. Wien u. a. wurden durch den Röhrensender verdrängt. E. H. Armstrong führte die Rückkopplung ein und entwarf den Überlagerungsempfänger. 1921 wurde in den USA, 1923 in Dtl. der erste Mittelwellensender, 1949 der UKW-R. in Betrieb genommen.

Rundling, geschlossene Dorfform. Die Gehöfte ordnen sich um den inneren Anger.

Rundmäuler, einzige rezente Klasse fischähnl. Wirbeltiere, mit knorpeligem Skelett, Saugmund; z. B. Neunauge.

Rundwürmer, Schlauchwürmer, ungegliederte wurmförmige, wirbellose Tiere, rd. 23 000 im Wasser, an Land oder als Parasiten lebende Arten.

Runeberg [ˈrynəbærj], Johan Ludvig, finn. Nationaldichter, * 1804, † 1877; Verfasser der finn. Nationalhymne.

Runen, german. Kult- und Schriftzeichen, die vom 2. Jh. n. Chr. bis ins skandinav. MA. gebräuchlich waren. Sie wurden in Holz, Bein und Metall bes. auf Waffen und Schmuckgegenstände geritzt, im Norden auch in **R.-Steine** zum Gedächtnis der Toten. Das älteste der R.-Alphabete, die nach ihren ersten 6 Buchstaben **Futhark** [ˈfu:θark] genannt werden, besteht aus 3 Reihen zu je 8 Zeichen:

ᚠ ᚢ ᚦ ᚨ ᚱ ᚲ ᚷ ᚹ
f u þ a r k g w

ᚺ ᚾ ᛁ ᛃ ᛇ ᛈ ᛉ ᛊ
h n i j i p z (R) s

ᛏ ᛒ ᛖ ᛗ ᛚ ᛜ ᛞ ᛟ
t b e m l ŋ d o

Die Zahl der R.-Inschriften geht in die Tausende (Schweden über 2 000).

Runge, 1) Friedlieb Ferdinand, dt. Chemiker, * 1795, † 1867; entdeckte Anilin, Phenol, Koffein u. a. organ. Verbindungen. – **2)** Philipp Otto, dt. Maler, * 1777, † 1810; neben C. D. Friedrich der bedeutendste dt. Maler der Romantik, v. a. Figurenbilder, Zeichnungen (Zyklus »Vier Jahreszeiten«), kunsttheoret. Schriften und Märchen.

Runkelrübe, Gattung der Gänsefußgewächse; die **Meerstrandrübe** (Wilde Rübe) mit kaum verdickter Pfahlwurzel ist Stammform der **Gemeinen R.** oder **Futterrübe** (zweijährig, mit mächtigem Speicherorgan, gut lagerbares Wintersaftfutter für Rinder und

Runen. Runenstein in der dänischen Gemeinde Jelling (um 980)

Schweine), des Mangolds, der Roten Bete und der →Zuckerrübe.

Rupert, Ruprecht, Schutzheiliger von Bayern, *um 650, †718 (?); wirkte in Salzburg für das Christentum (Tag: 27. 3.).

Rupie *die,* Währungseinheit in Indien und Pakistan (= 100 Paisa) sowie in Sri Lanka (= 100 Cents); in Indonesien **Rupiah** (= 100 Sen), auf den Malediven **Rufiyaa** (= 100 Lari).

Rupprecht, Kronprinz von Bayern, *1869, †1955; ältester Sohn König Ludwigs III., Heerführer im 1. Weltkrieg.

Ruprecht, Herrscher: **Hl. Röm. Reich. 1) R. von der Pfalz,** Röm. König (1400 bis 1410), *1352, †1410; Wittelsbacher, Nachfolger des abgesetzten Luxemburgers Wenzel von Böhmen, nur z. T. anerkannt. – **Pfalz. 2) R. I.,** Kurfürst (1353 bis 1390), *1309, †1390; Gründer der Univ. Heidelberg (1386).

Salman Rushdie

Ruptur *die,* ‡ das Zerreißen von Gefäßen, Muskeln oder inneren Organen.

Rur *die,* niederländ. **Roer** [ru:r], rechter Nebenfluss der Maas, 248 km; entspringt auf dem Hohen Venn (Belgien), fließt durch die Eifel (NRW; bei Schwammenauel gestaut), mündet bei Roermont (Niederlande).

Rurik, waräg. Fürst in Nowgorod und Stammvater des ältesten russ. Herrscherhauses; †879.

Rushdie [ˈrʊʃdi], Salman, brit. Schriftsteller ind. Herkunft, *1947. Wegen seines nach radikal-moslem. Auffassung den Islam verhöhnenden Romans »Satan. Verse« (1988) rief der iran. Religionsführer Ajatollah Khomeini 1989 weltweit zur Ermordung des Schriftstellers auf.

Ernst Ruska

Rushhour [ˈrʌʃaʊə] *die,* Hauptverkehrszeit.

Ruska, Ernst, dt. Physiker, *1906, †1988; erhielt für die Entwicklung des Elektronenmikroskops den Nobelpreis für Physik 1986 (mit G. Binnig und H. Rohrer).

Ruskin [ˈrʌskɪn], John, brit. Kunstschriftsteller und Sozialreformer, *1819, †1900; forderte Neubewertung der Arbeit, regte Gründung von Gartenstädten und Arbeiterhochschulen an.

Ruß, tiefschwarzes Pulver, vorwiegend Kohlenstoff, entsteht bei unvollständiger Verbrennung organ. Stoffe; für Farben, Tusche, Kohlestifte, als Kautschukfüllstoff verwendet. R. tritt auch als (unerwünschtes) Produkt bei Verbrennungsvorgängen (z. B. Dieselabgase) auf; Krebs erregend.

Russe, Stadt in Bulgarien, 190 500 Ew., Donauhafen; Hochschule; Erdölraffinerie; Industrie.

Rüssel, röhrenförmige Verlängerung am Kopf. Saug- und Stech-R. bei Insekten; bei versch. Säugetieren (Elefanten, Tapire, Schweine) muskulöse Verlängerung der Nasenregion als Tast-, auch Greiforgan.

russische Kunst. Heimsuchung Mariä, Ausschnitt aus einem Fresko in der Sophienkathedrale in Nowgorod (um 1109)

Rüsselkäfer, Rüssler, weltweit verbreitete Fam. der Käfer mit rüsselförmig verlängertem Kopf; zahlreiche Arten sind Vorrats- und Pflanzenschädlinge: u. a. Kornkäfer und Rapsschotenrüssler.

Russell [rʌsl], **1)** Bertrand, 3. Earl R., brit. Philosoph, Mathematiker, Sozialkritiker, *1872, †1970; förderte den philosoph. Empirismus, entwickelte mit A. N. Whitehead das erste System der math. Logik. Seit dem 1. Weltkrieg einflussreich durch sozialkrit. und kulturpolit. Aktivitäten. 1950 Nobelpreis für Literatur. Gründete 1963 das B.-R.-Friedensinstitut. – **2)** George William, irischer Schriftsteller und Maler unter dem Decknamen Æ, *1867, †1935; visionäre Dichtungen und Bilder. – **3)** Henry Norris, amerikan. Astronom, *1877, †1957; Prof. und Direktor der Sternwarte in Princeton, wirkte bahnbrechend für die moderne Astrophysik.

Rüsselsheim, Stadt in Hessen, am Main, 58 500 Ew.; Kraftwagenind. (Adam Opel AG).

Rüsseltiere, Säugetierordnung, deren Nase zu einem Rüssel verlängert ist und als Greiforgan dient; im Tertiär und in der Eiszeit stark vertreten; ausgestorben sind: Mammut, Mastodon; rezente Gattungen: Asiat. und Afrikan. Elefant.

Russen, ostslaw. Volk (rd. 147 Mio. Menschen), v. a. in Russland u. a. GUS-Staaten.

Rußfilter, Filteranlagen für Dieselmotoren, sollen den im Abgas enthaltenen Ruß zurückhalten.

russische Kunst. Ilja Jefimowitsch Repin, Burlaken an der Wolga (1870 bis 1873)

russische Kunst. Altruss. Kunst: Die Christianisierung brachte den Aufschwung des Städtebaus, es entstanden im 11. Jh. nach byzantin. Vorbild Kreuzkuppelkirchen, z. B. in Kiew und Nowgorod die Sophienkathedralen. Im 15. Jh. wurde in Moskau der Kreml ausgebaut, russ. Sonderformen sind die Zeltdachkirchen (Himmelfahrtskirche in Kolomenskoje, 1532) und die in got. und ital. Mischformen erbaute Basiliuskathedrale in Moskau (1555 bis 1560) mit ihren bunten Zwiebeltürmen. Ein kunsthandwerkl. Meisterwerk des Metallgusses ist der Hostienbehälter (1435) der Sophienkathedrale in Kiew. Ab dem 12. Jh. entstanden byzantinisch geprägte Mosaiken sowie Fresken und Ikonen. Die Ikonenmalerei erlebte um 1600 eine Nachblüte, die Ikonen erhielten z. T. eine prunkvolle Verkleidung aus Edelmetall. – Die **neuruss. Kunst,** beginnend unter Peter d. Gr., wurde zunächst von niederländ., später ital. Architekten geprägt. Die Architektur des 18. und 19. Jh. stand unter dem Einfluss von in W-Europa ausgebildeten Künstlern. Die »Wanderer«, eine 1870 gegründete Künstlergruppe, zu der zunächst auch I. J. Repin gehörte, machte durch Ausstellungen ein breites Publikum v. a. mit der Historien- und der Landschaftsmalerei bekannt; die Werke gelten in Russland als Vorbilder des sozialist. Realismus. Konstruktivist. Tendenzen zeigten sich in den 1920er-Jahren bei K. Malewitsch, El Lissitzky und W. J. Tatlin. Mit den Bauten zu den Olymp. Spielen 1980 wird eine Öffnung zum Westen sichtbar. In der Malerei folgte auf Werke des radikalen Suprematismus und des Rayonismus seit 1922 eine Hinwendung zum sozialistischen Realismus, der zur herrschenden Kunstrichtung wurde; in den 1980er-Jahren erfolgte eine zunehmende Loslösung von den bisherigen Kulturdoktrinen.

russische Literatur. Von der altruss. Dichtung ist nur das Igorlied (um 1200) erhalten. M. W. Lomonossow legte im 18. Jh. Grundlagen für eine neue Schriftsprache. Anfang des 19. Jh. führte I. A. Krylow die Fabel zur höchsten Vollendung. A. S. Puschkin gilt als der bedeutendste russ. Dichter; prägend waren neben Puschkin v. a. M. J. Lermontow sowie der Romantiker und Satiriker N. W. Gogol. I. A. Gontscharow und I. S. Turgenjew bildeten die realist. Darstellung der russ. Welt weiter aus; sie gipfelte in den Schöpfungen L. N. Tolstojs und F. M. Dostojewskijs. Bedeutende Erzähler waren auch N. S. Leskow, D. S. Mereschkowskij, I. Bunin. Schauspiele schrieben N. W. Gogol, A. Ostrowskij, A. K. Tolstoj, A. P. Tschechow. Landstreichertypen und die russ. Arbeiterbewegung zeichnete M. Gorkij. Nach 1917 stand die r. L. im Dienst bolschewist. Propaganda: Lyriker W. Majakowskij, Erzähler A. N. Tolstoj, A. Fadejew, I. Ehrenburg, M. A. Scholochow; nach Stalins Tod begann eine »Tauwetterperiode«: B. Pasternak, W. D. Dudinzew, A. Solschenizyn; Lyriker J. A. Jewtuschenko, A. Wossnesenskij. Es werden nun Konflikte zw. Individuum und Gesellschaft geschildert, zunehmend auch das Auseinanderklaffen von kommunist. Idealen und sowjet. Alltag; eine eigenständige Strömung ist die »Dorfprosa«. Seit Mitte der 1980er-Jahre erhielt die r. L. neue Impulse durch die Veröffentlichung von früher entstandenen Werken. Wiederaufleben religiöser und philosoph. Fragestellungen.

Russische Sozialistische Föderative Sowjetrepublik, Abk. **RSFSR,** 1922 bis 1991 größte Unionsrep. und Kerngebiet der Sowjetunion; zum 25. 12. 1991 wurde sie in Russ. Föderation umbenannt (→ Russland).

russische Sprache, i. w. S. Ostslawisch (→ slawische Sprachen); i. e. S. Großrussisch. Der russ. Schriftsprache liegt die südgroßruss. Mundart von Moskau zugrunde. Die **russ. Schrift** ist eine jüngere Form der kyrill. Schrift.

Das russische Alphabet

Druckschrift	Volkstümliche Umschrift	Druckschrift	Volkstümliche Umschrift
А а	a	Р р	r
Б б	b	С с	s, ß, ss
В в	w	Т т	t
Г г	g	У у	u
Д д	d	Ф ф	f
Е е	e, je	Х х	ch
Ж ж	sch	Ц ц	z
З з	s	Ч ч	tsch
И и	i	Ш ш	sch
Й й	j, i	Щ щ	schtsch
К к	k	Ы ы	y(ü)
Л л	l	Ъ ъ	–[1]
М м	m	Ь ь	–[2]
Н н	n	Э э	e
О о	o	Ю ю	ju
П п	p	Я я	ja

[1] nur in der Druckschrift als Trennungszeichen im Wortinnern gebraucht; handschriftlich: ʼ (Apostroph).
[2] zeigt an, dass der vorausgehende Konsonant weich auszusprechen ist.

russisches Roulett [-ru], angebl. im 19. Jh. in russ. Militärkreisen entstandene Form des Duells, bei der der Zufall eine große Rolle spielt. Bei zwei mit nur je einer Patrone geladenen Revolvern lässt man vor dem Abdrücken die Trommel rotieren. Nur bei vor dem Lauf liegender Patrone löst sich der Schuss.

Russisch-Japanischer Krieg, geführt 1904/05 um Korea und die Mandschurei. Nach seinen Siegen von Port Arthur, Mukden, Tsushima gewann Japan im Frieden von Portsmouth (USA) Korea, Port Arthur, Sachalin; die Mandschurei kam an China zurück.

russisch-orthodoxe Kirche, mitgliederstärkste Ostkirche. Russland wurde seit dem 9. Jh. von Byzanz her christianisiert. Seit Errichtung des Moskauer Patriarchats (1589) wurde die r.-o. K. unabhängig von Byzanz. Unter Peter d. Gr. wurde anstelle des Patriarchen der Hl. Synod oberste geistl. Spitze, die vom Zaren durch einen weltl. Oberprokurator kontrolliert wurde. 1917 wurde wieder ein Patriarch bestellt, der unter dauernder Staatsaufsicht stand. Neben der r.-o. K. bestanden stets viele Sekten, bes. die → Raskolniki. Seit Ende der 1980er-Jahre und durch die kirchl. Außenpolitik der Patriarchen gelang die Öffnung der r.-o. K. gegenüber der ökumen. Bewegung.

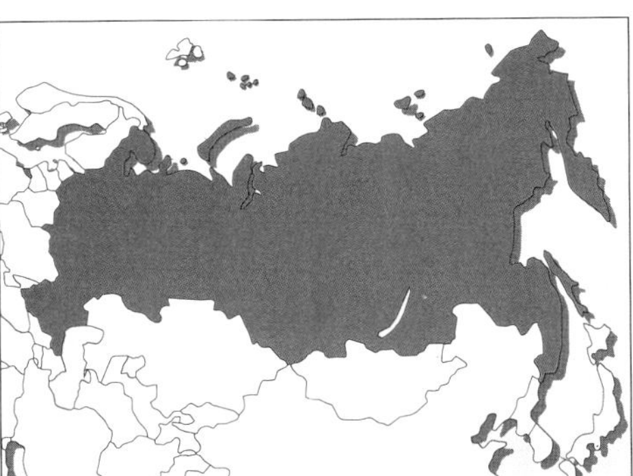

Russland, Russische Föderation, Rep. in O-Europa, N- und Zentralasien, mit 17 075 400 km² der flächenmäßig größte Staat der Erde, 145 Mio. Ew.; Hptst.: Moskau; Amtssprache: Russisch. – R. erstreckt sich von der Ostsee und dem Schwarzen Meer

Russland

Staatswappen

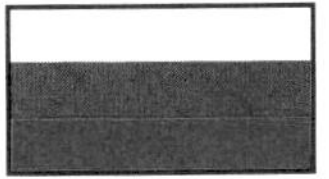

Staatsflagge

Internationales Kfz-Kennzeichen

Daten zur Geschichte Russlands

9./10. Jh.	Entstehung waräg. (normann.) Fürstentümer (Ankunft von Rurik und seinen Brüdern 862)
882	Oleg, der Nachfolger Ruriks, vereinigt mit seinem Zug nach Kiew die waräg. Fürstentümer, Bildung der Kiewer Rus
988	Wladimir der Heilige (978 bis 1015) nimmt von Byzanz das Christentum an Ausgedehnte Handelsbeziehungen zum Byzantin. Reich
12./13. Jh.	Aufsplitterung des Kiewer Reiches in Einzelfürstentümer
1237	Beginn der Unterwerfung der russ. Fürstentümer durch die Mongolen (Batu Khan), Tributzahlungen an die Goldene Horde
1380	Sieg des Moskauer Großfürsten Dmitrij Donskoj (1359 bis 1389) über die Tataren auf dem Schnepfenfeld (Kulikowo pole) am Don; von Moskau aus beginnt die »Sammlung der russ. Erde«
1462	Iwan III., d. Gr. (1462 bis 1505), wird Großfürst von Moskau und gliedert Jaroslawl (1463), Rostow (1474), Nowgorod (1478) und Twer (1485) dem Moskauer Staat an
1472	Iwan III. heiratet die Nichte des letzten byzantin. Kaisers und übernimmt den Doppeladler als russ. Wappen
1480	Das »Stehen an der Ugra« bedeutet das Ende der tatar. Oberhoheit über Russland
1547	Iwan IV., der Schreckliche (1533 bis 1584), wird zum Zaren gekrönt Eroberung von Kasan (1552), Astrachan (1556)
1582	Sieg des Kosakenführers Jermak Timofejewitsch über den Khan von Sibirien, Beginn der Eroberung Sibiriens
1582/83	Niederlage im Livländ. Krieg (1558 bis 1583)
1605	Nach dem Tod des Zaren Boris Godunow (1598 bis 1605) beginnt die »Zeit der Wirren«, eine wirtschaftl., polit. und soziale Krisenperiode, in deren Verlauf Moskau 1610 von Polen besetzt wird
1613	Thronbesteigung von Michail III. Fjodorowitsch (1613 bis 1645) aus dem Haus Romanow
1654–1667	Angliederung der östl. Ukraine mit Kiew
1700	Peter I., d. Gr. (1682 bis 1725), beginnt den 2. Nord. Krieg, in dessen Verlauf Russland nach anfängl. Niederlagen (Schlacht von Poltawa 1709) gegen Schweden im Frieden von Nystad 1721 bedeutende Territorialgewinne erzielt (Livland, Estland, Ingermanland) und zur Großmacht aufsteigt. Die neue Hauptstadt St. Petersburg wird 1703 gegründet. Annahme des Kaisertitels durch Peter d. Gr., der auch die innere Europäisierung Russlands einleitet
1757–1762	Im Siebenjährigen Krieg besetzt Russland Ostpreußen, 1760 auch kurzzeitig Berlin. Der überraschende Friedensschluss 1762 durch Peter III. rettet Friedrich II. von Preußen vor der totalen Niederlage
1762–1793	Während der Regierungszeit Katharinas II. (geb. Prinzessin von Anhalt-Zerbst) erzielt Russland große Territorialgewinne am Schwarzen Meer (1783 Annexion der Krim) und in Ostpolen durch die Poln. Teilungen (1772, 1793, 1795)
1809	Schweden muss Finnland an Russland abtreten
1812	Niederlage Napoleons I. in Russland in den Freiheitskriegen
1815	Russland wird durch den Wiener Kongress das poln. Kerngebiet (»Kongresspolen«) zugesprochen
1853–1856	Im Krimkrieg erleidet Russland eine Niederlage
1859	Abschluss der Unterwerfung der Kaukasusvölker, Eroberung von Turkestan (1864), Taschkent (1865), Samarkand (1868)
1861	Aufhebung der bäuerl. Leibeigenschaft
1872	Dreikaiserbund mit Dtl. und Österreich-Ungarn
1877/78	Sieg Russlands im Krieg gegen die Türkei
1878	Beginn von Terroraktionen revolutionärer Gruppen (1881 Ermordung Zar Alexanders II.)
1887	Rückversicherungsvertrag mit Dtl.
1891–1893	Verträge mit Frankreich Anwachsen des russ. Nationalismus (Panslawismus)
1904/05	Russ. Niederlage im Russ.-Jap. Krieg unter Nikolaus II.
1905	Die blutige Niederschlagung von Massendemonstrationen führt zur Revolution von 1905/06 und 1907 zur Bildung der Duma (Volksvertretung)
1907	Engl.-russ. Verständigung, die den Dreiverband mit Frankreich vollendet
1914	Beginn des 1. Weltkriegs, Besetzung Ostpreußens Schwere Niederlagen der russ. Armeen gegen dt. Heere in den Schlachten von Tannenberg, an den Masur. Seen und in der Winterschlacht (7.–27. 2. 1915)
1917	Als Folge der Februarrevolution muss Zar Nikolaus II. zurücktreten, Bildung der bürgerl. Provisor. Regierung, parallel dazu Herrschaftsanspruch der Räte (Sowjets), Zeit der »Doppelherrschaft«. Mit der Oktoberrevolution Übernahme der Macht durch die Bolschewiki unter Führung Lenins
1918	Bildung der Russ. Sozialist. Föderativen Sowjetrepublik; 3. 3. Friede von Brest Litowsk mit den Mittelmächten. Danach vollzieht sich die Geschichte Russlands innerhalb der 1922 gegründeten Sowjetunion
1990/91	Zerfall der Sowjetunion, Bildung der »Gemeinschaft Unabhängiger Staaten« (GUS), seither existiert Russland unter der Staatsbezeichnung »Russische Föderation«
1991	B. N. Jelzin wird Präs. der Russischen Föderation
1993	Putschversuch nationalist. und kommunist. Gruppierungen, bewaffnete Auseinandersetzungen in Moskau
1994–1996	Krieger. Auseinandersetzungen zw. Russland und der innerhalb Russlands gelegenen Rep. Tschetschenien, Einnahme der Hauptstadt Grosnyj im Jan. 1995
1995	Bei den Parlamentswahlen im Dez. 1995 erlangen Nationalisten und Kommunisten hohe Stimmenanteile
1996	B. N. Jelzin wieder gewählt

nach O bis zum Pazifik und der Beringstraße, von den innerasiat. Hochländern bis zum Nordpolarmeer; im W und in W-Sibirien überwiegen Ebenen, O-Sibirien und der Ferne Osten sind gebirgig.

Bevölkerung. Über 80% Russen sowie zahlreiche andere Nationalitäten, z. T. in autonomen Gebietskörperschaften. – Energierohstoffe (Kohle, Erdgas und Erdöl) sowie zahlreiche Erze werden in großen Mengen gewonnen; Maschinen- und Fahrzeugbau, chem. und Rüstungsind. sind v. a. um Moskau und Sankt Petersburg, im Ural und im südl. W-Sibirien konzentriert; zahlreiche Kernkraftwerke; Anbau von Getreide, Kartoffeln, Gemüse; Fleisch. – Die Russ. Föderation entstand am 25. 12. 1991 durch Umbenennung der Russ. Sozialist. Föderativen Sowjetrepublik. Sie ist Mitglied der GUS und in weiten Teilen Rechtsnachfolger der →Sowjetunion. Diese war aus dem Zarenreich **(Russ. Reich, Russland)** hervorgegangen.

Rüster *die,* →Ulme.

Rüstung, 1) der mittelalterl. Harnisch. – **2)** militär. und wirtschaftl. Einrichtungen eines Staats für den Kriegsfall.

Rutanzige|see [-z-], früher **Edwardsee,** See in Zentralafrika, westl. des Victoriasees, 2150 km²; durch den R. Grenze zw. der Demokrat. Rep. Kongo und Ruanda.

Ruth, A. T.: Moabiterin, Heldin des **Buchs R.,** Urgroßmutter von David.

Ruthenen, die Ukrainer im ehem. Österreich-Ungarn.

Ruthenium *das,* Symbol **Ru,** chem. Element, ein Platinmetall; OZ 44, relative Atommasse 101,07, D 12,4 g/cm³, Fp 2500°C, Sp. 3900°C; Verwendung als Katalysator u. a. bei der Autoabgasreinigung.

Rutherford [ˈrʌðəfəd], Ernest, Lord **R. of Nelson,** brit. Physiker, *1871, †1937; schuf die Grundlagen der

Atomphysik (Atommodell); 1919 erste künstl. Umwandlung eines Elements. Nobelpreis für Chemie 1908.

Rutherfordium *das,* **Rt,** künstl. chem. Element; radioaktiv, OZ 104 (Transuran).

Rutil *der,* TiO_2, rotbraunes Mineral, Titanerz.

Rütlischwur, seit 1471/72 nachweisbare Bezeichnung für das angeblich auf dem Rütli, einer Bergwiese über dem Urner See, im Aug. 1291 geschlossene »Ewige« Bündnis der Schweizer Urkantone Uri, Schwyz und Unterwalden (Eidgenossenschaft).

Rüttgers, Jürgen, Politiker (CDU), * 1951, Jurist; seit 1994 Bundes-Min. für Bildung, Wissenschaft, Forschung und Technologie.

Ruwenzori [-z-], *der,* Gebirgsstock O-Afrikas, zw. Albert- und Rutanzigesee, an der Grenze zw. Demokrat. Rep. Kongo und Uganda; 5 119 m hoch.

Ruwer *die,* rechter Nebenfluss der Mosel in Rheinl.-Pf., 40 km lang, mündet unterhalb von Trier; Weinbau.

Ruysdael [ˈrœjzdaːl], **Ruisdael,** Salomon van, niederländ. Maler, * zw. 1600 und 1603, † 1670; v.a. Dünen- und Flusslandschaften, Stillleben.

Ruyter [ˈrœjtər], Michiel Adriaenszoon de, niederländ. Admiral, * 1607, † 1676; siegte 1666 und 1672 über die Engländer.

RVO, Abk. für → Reichsversicherungsordnung und für Rechtsverordnung.

Rwanda → Ruanda.

Rybinsk [ˈri-], Stadt in Russland, nördl. von Moskau, 252 000 Ew.; Stausee; Werft.

Rybnik [ˈri-], Stadt in der Wwschaft Katowice (Kattowitz), 142 600 Ew.; Mittelpunkt eines Steinkohlenreviers. – R. fiel bei der Teilung Oberschlesiens 1922 an Polen.

Ryūkyū|inseln, Riukiuinseln, rd. 1200 km lange jap. Inselkette, schließt das Ostchin. Meer gegen den Pazifik ab; insgesamt 98 Inseln (davon 47 bewohnt) mit rd. 4 700 km²; Hauptort Naha (auf Okinawa). Anbau von Reis, Zuckerrohr; Fischfang. Der südl. Teil (einschließl. Okinawa) stand 1945 bis 1972 unter amerikan. Verwaltung.

Rzeszów [ˈʒɛʃuf], Hauptstadt der gleichnamigen Wwschaft, in Galizien, Polen, 147 000 Ew.; Hochschulen, Maschinenbau.

S

s, S, 1) der 19. Buchstabe des dt. Alphabets, ein Konsonant. – **2) S,** Abk. für Süden, für Schilling, ☈ Symbol für Schwefel. – **3) s,** Einheitenzeichen für Sekunde. – **4) S.,** Abk. für San, São, Santo, Santa (heilig).

SA, Abk. für **S**turm**a**bteilung, uniformierte Kampf- und Propagandatruppe des natsoz. Deutschland.

s. a., bei Angabe von Büchertiteln: Abk. für **s**ine **a**nno, ohne Jahreszahl.

Saadi, pers. Dichter, * zw. 1209 und 1213, † 1292; schrieb lehrhafte Erzählungen und formvollendete Gedichte.

Saalburg, röm. Kastell am Limes im Taunus, nördlich Bad Homburg v. d. H., Hessen, 1873 bis 1907 rekonstruiert.

Saale *die,* **1) Fränk. S.,** größter rechter Nebenfluss des Mains, 142 km lang, entspringt in den nördl. Haßbergen, mündet bei Gemünden. – **2) Sächs.** oder **Thüringer S.,** linker Nebenfluss der Elbe, kommt vom Fichtelgebirge, mündet bei Barby; 427 km lang; Unterlauf schiffbar.

Saalfeld/Saale, Krst. in Thür., 34 000 Ew.; Maschinen-, Süßwaren-, Elektromotoren- u. a. Ind. Bei S. die **Feengrotten** (Tropfsteinhöhlen). – **Burg S.,** im 10. Jh. Königshof. S. wurde 1680 Hptst. des Fürstentums Sachsen-Saalfeld, 1826 mit Sachsen-Meiningen vereinigt.

Saar *die,* rechter Nebenfluss der Mosel, entspringt in den Vogesen, Frankreich, mündet unterhalb von Konz, Rheinl.-Pf.; durch den **S.-Kohlenkanal** mit dem Rhein-Marne-Kanal verbunden; 246 km lang, ab Saargemünd schiffbar.

Saarbrücken, Hptst. des Saarlands, an der Saar, 188 700 Ew.; Univ.; Saargrubenverwaltung; Mittelpunkt des Industriegebiets mit Schwerind. im Saarkohlenbecken; ⚒. – S. war bis 1801 Residenz der Grafschaft Nassau-S.; im 18. Jh. zur Barockresidenz ausgebaut (Schloss, Ludwigskirche u. a.).

Saaremaa, estn. Name der Ostseeinsel Ösel.

Saarinen, finn. Architekten, **1)** Eero, Sohn von 2), * 1910, † 1961; die Ausbildung als Bildhauer hatte Einfluss auf die Gestaltung seiner Konstruktionen (Terminal des Dulles International Airport in Washington, D. C. (1958 bis 1963); Möbelentwürfe. – **2)** Eliel, * 1873, † 1950; Wegbereiter der modernen finn. Architektur (Hauptbahnhof Helsinki 1910 bis 1914), lebte seit 1923 in den USA.

Saarland, Land der Bundesrep. Deutschland, 2 570 km², 1,084 Mio. Ew.; Hptst.: Saarbrücken. Das S. grenzt an Rheinl.-Pf., Frankreich und Luxemburg. Es umfasst meist welliges Hügelland; sehr fruchtbar ist das Tal der Saar. Industrie: Steinkohlenbergbau (rückläufig), Schwerind., Energiewirtschaft u. a.

Das S. wurde durch den Versailler Vertrag aus Teilen der preuß. Rheinprov. und der bayer. Pfalz gebildet und für 15 Jahre unter eine Völkerbundsreg. gestellt **(Saargebiet).** 1935 kehrte es nach einer Volksabstimmung (90,8 % für die Rückkehr) zum Dt. Reich zurück. – 1946 wurde es aus der frz. Besatzungszone ausgegliedert und 1946/47 durch Teile von Rheinl.-Pf. erweitert. Die Verf. von 1947 ging von der Loslösung des S. von Dtl. und dem wirtschaftl. Anschluss an Frankreich aus. Das im dt.-frz. Abkommen von 1954 vorge-

Saarland
Landeswappen

Saarland. Verwaltungsgliederung

sehene europ. Saarstatut im Rahmen der Westeurop. Union wurde in der Volksabstimmung vom 23. 10. 1955 abgelehnt (67,7%). Aufgrund des dt.-frz. Saarvertrags vom 27. 10. 1956 wurde das S. am 1. 1. 1957 ein Land der Bundesrep. Deutschland; die wirtschaftl. Eingliederung erfolgte am 5. 7. 1959. Min.-Präs. ist seit 1985 O. Lafontaine (SPD).

Saarlouis [-ˈlʊi], 1936 bis 1945 **Saarlautern,** Krst. im Saarland, 37300 Ew.; Eisen verarbeitende Ind. 1681 von Ludwig XIV. als frz. Festung gegr.; bis 1918 Garnison, kam 1920 zum Saargebiet.

Saas|tal, Alpental im schweizer. Kt. Wallis mit dem Kurort **Saas-Fee** (1800 m ü. M.).

Paul Sabatier

Saba, im Altertum Landschaft und Reich der Sabäer im südl. Arabien.

Sabadell [saβaˈðɛl], Stadt in Spanien, Katalonien, 188000 Ew.; Woll-, Baumwoll-, Metallind., Seidenverarbeitung.

Sabadille *die,* Gattung der Liliengewächse in Mittelamerika; essigsaurer Auszug aus dem giftigen Samen dient als Hausmittel gegen Kopfläuse.

Sabah, Gliedstaat von Malaysia, im N der Insel Borneo, 73619 km², 1,37 Mio. Ew. (Malaien, Chinesen); Hptst.: Kota Kinabalu; ✈. – S. hat eine eigene Regierung und ein eigenes Parlament. Landwirtschaftliche Erzeugnisse: Reis, Bananen, Tabak, Kokospalmen, Kautschuk; Holzreichtum. – Das Gebiet von S. war als Nordborneo bis 1963 brit. Kolonie.

Sabaoth → Zebaoth.

Sabatier [sabaˈtje], Paul, frz. Chemiker, * 1854, † 1941; wichtige Beiträge zur Erforschung der Katalyse; 1912 Nobelpreis für Chemie.

Sábato [ˈsaβato], Ernesto, argentin. Schriftsteller, * 1911; »Der Maler und das Fenster« (1948), »Über Helden und Gräber« (1941).

Sabbat [hebr. »Ruhetag«] *der,* jidd. **Schabbes,** jüd. wöchentl. Feiertag von Freitag- bis Samstagabend; völliger Ruhetag, ein Tag der Freude, der Fasten und Trauer ausschließt.

Sabbatari|er, christl. Gemeinschaften, die am Sabbat festhalten, z. B. Adventisten.

Säbel, Hiebwaffe mit gekrümmter, einschneidiger, zugespitzter Klinge; als sportl. Fechtwaffe mit gerader Klinge.

SABENA, Abk. für **S**ociété **A**nonyme **B**elge d'**E**xploitation de la **N**avigation **A**érienne, belg. Luftverkehrsgesellschaft.

Sabiner, im Altertum ein von den Umbrern abstammendes Volk in Mittelitalien. Mit den Ladinern gehörten die S. zu den ältesten Bewohnern der röm. Hügel (Sage vom **Raub der Sabinerinnen**). Die S. erhielten 268 v. Chr. röm. Bürgerrecht.

Sabiner Berge, Gebirgszug des Apennins in Mittelitalien, bis 1365 m hoch.

Sabin-Impfung [ˈsæbɪn-], von dem amerikan. Mikrobiologen A. B. Sabin (* 1906, † 1993) erprobte, heute u. a. als Schluckimpfung verwendete Immunisierung gegen Kinderlähmung.

Sabotage [sabɔˈtaːʒə] *die,* allg.: Vereitelung eines Ziels durch geheime Gegenwirkung oder passiven Widerstand; i. e. S. das vorsätzl. Zerstören oder Beschädigen von Maschinen, Betriebsanlagen u. a. aus Anlass eines Arbeitskampfs, zu polit. Zwecken u. a.

SAC, Abk. für **S**chweizer **A**lpen-**C**lub.

Saccharide *Pl.,* die → Kohlenhydrate.

Saccharin *das,* Benzoesäuresulfimid, ein → Süßstoff.

Saccharose *die,* Rohrzucker, Rübenzucker.

Sacco di Roma *der,* Plünderung Roms durch dt. und span. Landsknechte Karls V. (6. 5. 1527 bis 17. 2. 1528).

Sachalin, russ. Insel an der Küste O-Asiens, 76400 km², als Verw.-Gebiet zus. mit den Kurilen 87100 km², 710000 Ew.; Hptst. Juschno-Sachalinsk; ⚓: Korsakow und Cholmsk. S. ist gebirgig, waldreich. Koh-

Sachsen. Verwaltungsgliederung

len-, Erdöllager; Fischerei. – 1875 Russland zugesprochen, das 1905 den ehemals jap. südl. Teil an Japan abtrat (1945 an die UdSSR zurück).

Sacharow, Andrej Dimitrijewitsch, russ. Atomphysiker und Bürgerrechtler, * 1921, † 1989; schuf mit anderen die wiss. Grundlagen für die ersten sowjet. Wasserstoffbomben. Sein Kampf gegen die Missachtung der Menschenrechte in der UdSSR brachte ihn in einen schweren Konflikt mit dem sowjet. Staat. 1980 bis 1986 war S. nach Gorki (Nischnij Nowgorod) verbannt. 1975 Friedensnobelpreis. – Memoiren »Mein Leben« (1991).

Sachbeschädigung, ⚖ vorsätzliche und rechtswidrige Beschädigung oder Zerstörung einer fremden Sache.

Sachbuch, stellt (im Ggs. zur Belletristik) Probleme, Gegenstände, historische Personen, Forschungsreisen u. a. in wiss. oder populärwiss. Form dar.

Sache, 1) Ding, lebloser Gegenstand. – **2)** ⚖ jeder körperl. Gegenstand (feste, flüssige und gasförmige Körper, nicht aber Elektrizität, vgl. §§ 90 ff. BGB). Man unterscheidet z. B. bewegl. und unbewegl., teilbare und unteilbare S. **Öffentl. S.** dienen der öffentl. Verw. und ihren Zwecken unmittelbar.

Sachenrecht, ⚖ der Teil des bürgerl. Rechts, der die Rechtsbeziehungen der Personen zu den Sachen, die → dinglichen Rechte, regelt. Das S. ist im 3. Buch des BGB enthalten.

Sacher-Masoch, Leopold Ritter von, österr. Schriftsteller, * 1836, † 1895; in zahlreichen Romanen (»Die geschiedene Frau«, 1870; »Venus im Pelz«, 1870) literar. Darstellung sexualpatholog. Phänomene (danach der Begriff Masochismus); im deutschsprachigen Bereich heftig abgelehnt.

Sachlegitimation, ⚖ Befugnis zur Führung eines Rechtsstreits als Kläger **(Aktivlegitimation)** oder Beklagter **(Passivlegitimation).**

Sachleistungsrecht, Rechtsvorschriften über die Sachleistungen des Einzelnen gegenüber dem Staat. In Dtl. regelt das Bundesleistungsges. die Überlassung von bewegl. Sachen, Grundstücken u. a. an die öffentl. Hand zur Verhütung oder Beseitigung einer Gefahr für den Bund oder für ein Land.

Sachs, 1) Hans, dt. Dichter, * Nürnberg 1494, † 1576; Schuhmacher, dichtete v. a. Meisterlieder, Spruchgedichte, gereimte Schwänke, Fabeln, Fastnachtsspiele. – **2)** Nelly, dt.-schwed. Dichterin, * 1891, † 1970; erhielt 1965 den Friedenspreis des Dt. Buchhandels, 1966 den Nobelpreis für Literatur.

Sachsa, Bad S., heilklimat. Kurort in Ndsachs., am Südharz, 8 000 Ew.; Wintersportplatz.

Sachsen, dt. Stamm, breitete sich im 3. bis 6. Jh. über NW-Dtl. aus. Ein Teil der S. ging nach England (→ Angelsachsen). Das altsächs. Stammesgebiet gliederte sich in Westfalen, Engern, Ostfalen und Nordalbingien (Holstein). Karl d. Gr. unterwarf die von Widukind geführten S. (772 bis 804) und zwang sie, das Christentum anzunehmen. Gegen Ende des 9. Jh. bildete sich das sächs. Stammesherzogtum. Dieses wurde 1180 zerschlagen. Die Herzogswürde ging auf eine Linie der Askanier über, die um Lauenburg und Wittenberg saßen; das Herzogtum **S.-Wittenberg,** das auch Kurfürstentum wurde, fiel 1423 an die wettinischen Markgrafen von Meißen.

Sachsen, Freistaat im O der Bundesrep. Deutschland, 18 407 km², 4,641 Mio. Ew.; Hptst.: Dresden. S. hat im N Anteil am Norddt. Tiefland; das Sächs. Bergland leitet zum Erzgebirge im S über; im O schließen sich Elbsandsteingebirge und Oberlausitz an. Flüsse: Elbe, Mulde und Spree. – Univ. und Hochschulen in Leipzig, Dresden, Chemnitz und Freiberg. – Intensiver Ackerbau (Weizen, Zuckerrüben, Gemüse); Braunkohlenabbau. – Maschinenbau, Elektro-, Textil-, Spielwaren-, chem. und keram. Industrie.

Daten zur Geschichte Sachsens	
929	Gründung der Mark Meißen, des sächs. Kernlands
1089	Die Wettiner werden Markgrafen von Sachsen
1307	Markgraf Friedrich der Freidige sichert durch den Sieg in der Schlacht von Lucka über den dt. König die Herrschaft der Wettiner in der Mark Meißen
1423	Die Wettiner werden mit Sachsen-Wittenberg und der damit verbundenen Kurwürde belehnt
1485	Leipziger Teilung, die Brüder Ernst und Albrecht begründen die ernestin. und albertin. Linie des Hauses Wettin
1502	Gründung der Universität Wittenberg, von der die Reformation, gefördert von dem Ernestiner Friedrich dem Weisen, ihren Ausgang nimmt
1547	Der Albertiner Moritz von Sachsen erringt nach der Niederlage des Schmalkald. Bundes die Kurwürde, die Ernestiner sinken durch viele Landesteilungen in die polit. Bedeutungslosigkeit
1635	Kursachsen erhält beide Lausitzen
1697	Kurfürst Friedrich August I. (August der Starke) tritt zum Katholizismus über, um König von Polen zu werden; er macht die Landeshauptstadt Dresden zu einer der schönsten Städte des Barock (»Elbflorenz«)
1756–1763	Im Siebenjährigen Krieg steht Sachsen auf der Seite Österreichs
1806	Sachsen tritt dem Rheinbund bei und wird Königreich
1813	In der Völkerschlacht bei Leipzig gerät der sächs. König in die Gefangenschaft der Verbündeten
1815	Der Wiener Kongress spricht Preußen über die Hälfte von Sachsen zu (preuß. Prov. Sachsen)
1918	Sachsen wird Freistaat
1949	Sachsen wird Land der DDR
1952	Das Land Sachsen wird auf die Bezirke Chemnitz (ab 1953 Karl-Marx-Stadt), Dresden und Leipzig aufgeteilt
1990	Wiedergründung des Freistaates Sachsen. K. Biedenkopf (CDU) wird Ministerpräsident (1994 bestätigt)

Sachsen-Anhalt, Land im O der Bundesrep. Deutschland, 20 440 km², 2,789 Mio. Ew.; Hptst.: Magdeburg. Überwiegend im Norddt. Tiefland gelegen, gehört der östl. Teil des Harzes zu S.-A. – Univ. und Hochschulen in Halle (Saale), Wittenberg, Magdeburg, Leuna und Merseburg. – Intensiver Ackerbau; Braunkohlenabbau; chem. Ind., Maschinen- und Fahrzeugbau. – S.-A. wurde 1947 aus Teilen der ehem. preuß. Prov. Sachsen und dem ehem. Land Anhalt gebildet; 1952 erfolgte die Aufteilung auf die Bez. Halle und Magdeburg der DDR. Das Land S.-A. wurde 1990 wieder errichtet. Min.-Präs.: R. Höppner (SPD, seit 1994). BILD S. 778

Sachsen
Landeswappen

Sachsenhausen, Stadtteil von Oranienburg, Bbg.; 1933 bis 1945 natsoz. Konzentrationslager, 1945 bis 1950 sowjet. Internierungslager.

Sachsenspiegel, um 1230 von Eike von Repgow aufgezeichnetes Gewohnheitsrecht, das älteste und in seiner Zeit bedeutendste dt. Rechtsbuch; bildete die Vorlage der oberdt. Rechtsbücher.

Sachsenwald, Waldgebiet (68 km²) östlich von Hamburg, Schlesw.-Holst.; im S. Schloss Friedrichsruh, 1871 von Wilhelm I. Bismarck geschenkt.

Sächsische Herzogtümer, die 4 Kleinstaaten der ernestin. Linie der Wettiner in Thüringen: Großherzogtum **Sachsen-Weimar-Eisenach** und die Herzogtümer **Sachsen-Altenburg, Sachsen-Coburg und Gotha** (Personalunion von Coburg und Gotha), **Sachsen-Meiningen.** Sie wurden 1918 Freistaaten und gingen 1920 im Land Thüringen auf. Coburg schloss sich Bayern an.

Sachsen-Anhalt
Landeswappen

Sachverständiger, ⚖ wer aufgrund besonderer Sachkunde Aufklärung über allg. Erfahrungssätze aus seinem Fachgebiet geben kann; häufig im Prozess zu Gutachten herangezogen.

Sachwert, Substanzwert, Wirtschaftsgüter, z. B. Aktien, Grundstücke, Edelmetalle, deren Wert bei Geldwertminderung ungefähr proportional zum allgemeinen Preisniveau steigt; kann vor Kaufkraftverlusten schützen.

Sackville-West [ˈsækvɪl ˈwest], Victoria Mary, engl. Schriftstellerin, * 1892, † 1962; Romane (»Schloß Chevron«, 1930) und Erzählungen, meist aus der Welt der engl. Aristokratie.

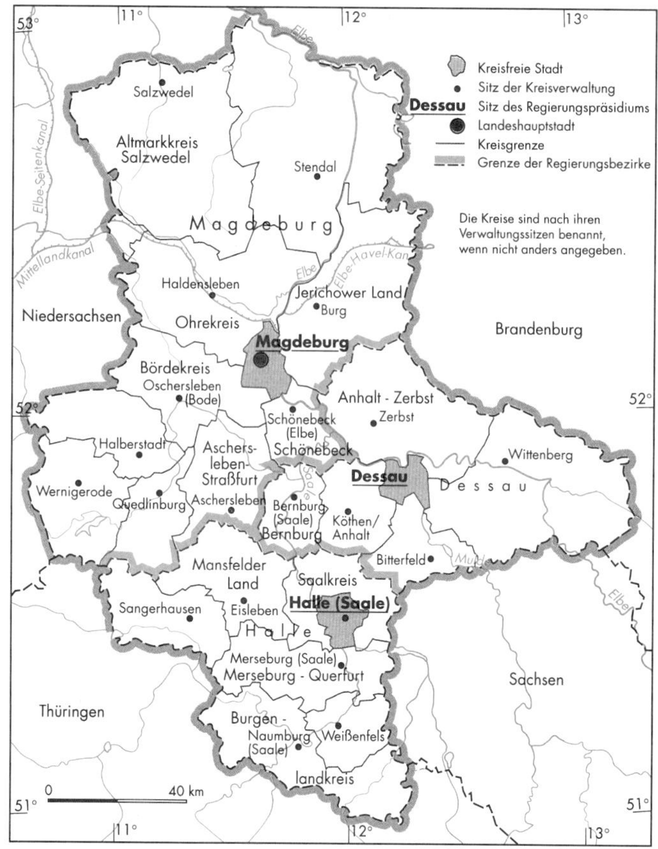

Sachsen-Anhalt. Verwaltungsgliederung

Sacramento [sækrəˈmentəu], Hptst. des Bundesstaats Kalifornien, USA, 338000 Ew.; Univ., Indianermuseum; Obst-, Gemüsekonserven-, Holzind., Eisenbahnwerkstätten, Maschinenbau. – **S.-Mountains,** Gebirgszug der Rocky Mountains, bis 3659 m.

Sacré-Cœur [sakreˈkœ:r], dem Herzen Jesu geweihte Kirchen; z. B. auf dem Montmartre in Paris (1875 bis 1919).

Sadat, Mohammed Anwar **as-S.,** ägypt. Politiker, * 1918, †(ermordet) 1981; ab 1970 Staatspräs. von Ägypten; Friedensnobelpreis 1978 mit dem israel. Min.-Präs. M. Begin für die gemeinsame Versöhnungspolitik (Abkommen von Camp David 1978, Friedensvertrag 1979).

Sadduzäer, jüd. Adelspartei zur Zeit Jesu; Gegner der Pharisäer; sie kontrollierten den Tempelkult.

Sade [sad], Donatien Alphonse François Marquis de, frz. Schriftsteller, * 1740, † 1814; verbrachte wegen exzentr. Lebensführung und seines sexuelle Perversionen beschreibenden Romanwerks (»Justine oder Das Missgeschick der Jugend«, 1791; Fortsetzung in 10 Bänden) 27 Jahre im Gefängnis. (→Sadismus)

Sadebaum, ein immergrüner, bis 5 m hoher Nadelbaum mit Schuppennadeln und schwarzen Beerenzapfen (Gattung Wacholder), Blätter giftig; an sonnigen Gebirgshängen Europas; Gartenpflanze.

Sadhu *der,* in Indien Ehrentitel für einen Hindu-Asketen.

Sadismus [nach dem Marquis de Sade] *der,* sexuelle Lustbefriedigung durch Quälen des Partners. Beim **Sadomasochismus** verbinden sich Lust am Zufügen und am Erleiden von Schmerzen in derselben Person.

SAE, Abk. für Society of **A**utomotive **E**ngineers, amerikan. Ingenieurvereinigung. **SAE-Grade** sind Viskositätsbezeichnungen für Schmieröle. **SAE-PS,** Leistungsangabe für Verbrennungsmotoren; gemessen wird die reine Motorleistung ohne die vorhandene Belastung durch Zusatzeinrichtungen (Kupplung, Schwungrad u. a.), daher 15 bis 20% höher als die DIN-Leistung.

Safari *die,* urspr. Karawanenreise; Touristikreise zur Jagd oder Tierbeobachtung (Foto-S.).

Saffianleder, sumachgegerbtes farbiges Ziegenleder.

Saflor *der,* **Färberdistel,** gelb oder orangerot blühender Korbblütler aus Asien; die Blüten wurden früher für Farben (Spanischrot) verwendet; aus dem Samen wird **S.-Öl** (Distelöl) gewonnen (hochwertiges Speiseöl).

Safran *der,* getrocknete braunrote Blütennarben einer Krokusart; S. wird zum Gelbfärben von Speisen und als Gewürz verwendet.

Saga, wirklichkeitsnahe, aus mündl. Überlieferung entstandene, im 12./13. Jh. aufgezeichnete altisländ. Prosaerzählung, die in versch. Gattungen eingeteilt wird: **Familien-S.,** Geschichten der bekanntesten Großbauerngeschlechter von der Landnahmezeit bis ins Hoch-MA., **Königs-S.** (Geschichtserz., z. B. »Heimskringla«), **Vorzeit-S.** (märchenhafte Erz. der Wikingerzeit, z. B. »Frithjofs-S.«; altnord. Übersetzung mittelalterl. Ritterromane, z. B. »Thidreks-S.«).

Sagan, poln. **Żagań** [ˈʒagaɲ], Stadt in der poln. Wwschaft Zielona Góra, im ehem. Niederschlesien, am Bober, 27000 Ew.; Wallensteinschloss; 1312 bis 1549 schles. Herzogssitz.

Sagan [saˈgã], Françoise, eigentl. F. **Quoirez,** frz. Schriftstellerin, * 1935; melancholisch-skept. und erot. Romane (»Bonjour tristesse«, 1954; »Seidene Fessel«, 1989).

Sage, Bezeichnung für mündliche, daher immer wieder umgebildete und dichterisch ausgestaltete Überlieferung (Riesen-, Elfen-, Hexen-S.).

Säge, ⚙ Schneidwerkzeug, bei dem ein S.-Blatt eine große Anzahl von Schneiden (Zähnen) trägt. Hand-S. sind **Fuchsschwanz, Loch-** oder **Stich-S., Schrot-** oder **Wald-S., Bügel-** oder **Spann-S., Fleischer-S., Metall-S.; S.-Maschinen** mit hin- und hergehender Bewegung des S.-Blatts sind die **Bügelsägemaschine** (für Metalle), das **Gatter** (für Holz), mit kontinuierlicher Bewegung des S.-Blatts die **Band-S.** und die **Kreissäge.**

Sägefisch, ♡ haifischähnl., bis zu 10 m langer Rochen mit schwertartiger Schnauze mit Dolchzähnen.

Säger, ♡ Gattung bis gänsegroßer Enten mit gezähntem Schnabel; in Europa: Gänse-S., Mittel-S. und Zwergsäger.

Sago, gekörntes Stärkemehl aus dem Mark ostind. Palmen und des S.-Palmfarns; auch aus Tapioka (Maniok) oder Kartoffelstärke.

Sagorsk, russ. Stadt, →Sergijew Possad.

Sahara [arab. »Wüste«] *die,* größte Wüste der Erde, in N-Afrika, rd. 9 Mio. km². Das Tafelland (200 bis 500 m) wird im Inneren von den Gebirgsländern Ahaggar (bis 3000 m) und Tibesti (bis 3415 m) überragt. Vorwiegend schuttbedeckte Hochebenen (Hamada) oder Sanddünenwüsten. Das Klima ist sehr trocken mit sehr großen tägl. Temperaturschwankungen. Trockenflussbetten (Wadis) führen nur nach heftigen Regengüssen streckenweise Wasser. Pflanzenwuchs (bes. Dattelpalmen, Akazien, Tamarisken) meist nur in Oasen oder an Flussläufen (Niltal). Die Bewohner sind vorwiegend hamit. Stämme (Berber, Tuareg) und Araber, sesshafte Oasensiedler oder Nomaden. Zahlreiche Karawanenstraßen, meist in N-S-Richtung, und Autopisten in der alger. S. Von großer wirtschaftl. Bedeutung sind Erdöl und Erdgas in Algerien und Libyen, Eisenerzlager in Mauretanien, Phosphate in der Westsahara.

Sahel [arab. sahil »Ufer«] *der,* Landschaftsgürtel am Rand der Sahara, die Übergangszone zw. den Trockengebieten der Wüste und den Savannen der Sudanzone. Nomad. Viehhaltung. Trockenperioden führen oft zu langjährigen Hungerkatastrophen.
Saiblinge, Lachsfische in Gebirgsseen der Alpen und N-Europas, u. a. der **Bach-S.,** ein aus Nordamerika eingeführter Speisefisch.
Saiga *die,* bis 1,4 m lange Antilope in den Steppen S-Russlands; Männchen mit bis 25 cm langen Hörnern.
Saigon, bis 1976 Name von → Ho-Chi-Minh-Stadt.
Saimaa *der,* See in SO-Finnland, 1460 km², fließt durch den Vuoksi in den Ladogasee ab; durch den **S.-Kanal** mit dem Finn. Meerbusen verbunden.
Saint [frz. sɛ̃, engl. snt, sɪnt, sənt], Abk. **St.,** weibl. **Sainte** [sɛ̃t], Abk. **Ste.,** heilig.
Saint Albans [snt ˈɔ:lbənz], Stadt in S-England, nördl. von London, 60 000 Ew.; normann. Kathedrale (12. Jh.); Bekleidungsind., Musikinstrumentenbau.
Saint-Cloud [sɛ̃ˈklu], westl. Wohnvorort von Paris, 28 600 Ew.; Schloss, Park; Pferderennbahn.
Saint-Denis [sɛ̃ˈdəni], Stadt im N von Paris, 91 300 Ew.; Univ.; Abteikirche mit Königsgräbern seit der Merowingerzeit; bedeutendes Ind.zentrum (Maschinen-, Elektronik-, chem. Ind.).
Sainte-Beuve [sɛ̃tˈbœ:v], Charles Augustin, frz. Schriftsteller, * 1804, † 1869; der führende Literaturkritiker seiner Zeit.
Saint-Étienne [sɛ̃teˈtjɛn], Ind.stadt in Frankreich, im O des Zentralmassivs, 201 500 Ew.; Mittelpunkt des südostfrz. Steinkohlenreviers; Maschinenindustrie.
Saint-Exupéry [sɛ̃tɛgsypeˈri], Antoine de, frz. Flieger, Schriftsteller, * 1900, † (bei einem Aufklärungsflug abgeschossen) 1944; vom humanist. Ethos geprägte Romane, Erz.: »Nachtflug« (1931), »Wind, Sand und Sterne« (1939), »Der kleine Prinz« (1943).
Saint-Germain-en-Laye [sɛ̃ʒɛrmɛ̃ãˈlɛ], Stadt westlich von Paris, 41 700 Ew.; entstand um ein im 10. Jh. gegr. Kloster; bis 1682 Sommerresidenz der frz. Könige; Friedensverträge von S.-G.-en-L. 1679 (zw. Frankreich, Schweden und Bbg.) und 1919 (zw. Österreich und den Alliierten des 1. Weltkriegs).
Saint Helens [sntˈhelɪnz], Ind.stadt in NW-England, 100 000 Ew.; Metallindustrie.
Saint John [sntˈdʒɔn], Stadt in Kanada, 76 400 Ew.; Univ.; eisfreier ⚓, Industrie.
Saint-John Perse [sɛ̃ʒɔnˈpɛrs], eigentl. Marie-René-Alexis **Léger,** frz. Lyriker, * 1887, † 1975; Diplomat; 1960 Nobelpreis für Literatur.
Saint John's [sntˈdʒɔnz], Hauptort der kanad. Prov. Newfoundland, 96 200 Ew.; Univ.; Fischfang; Maschinenbau; ⚓ ✈.

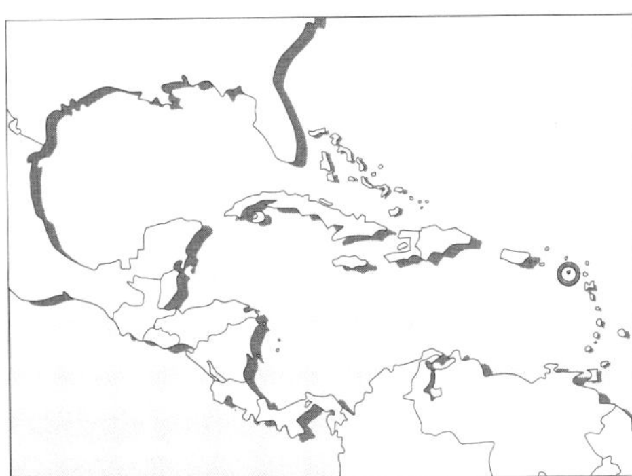

Saint Kitts [sntˈkɪts], **Saint Christopher** [sntˈkrɪstəfə], Insel der Kleinen Antillen, 1967 bis 1976 mit Nevis und Anguilla, 1976 bis 1983 mit Nevis Teil der Westind. Assoziierten Staaten.

Saint Kitts and Nevis [sntˈkɪts ənd ˈni:vis], Inselstaat in Mittelamerika, umfasst die Inseln Saint Kitts (Saint Christopher), Nevis und Sombreto, rd. 267 km², 42 000 Ew.; Hptst.: Basseterre auf Saint Kitts; Amtssprache: Englisch; die Bewohner sind v. a. Schwarze, Nachkommen von Sklaven; ⚓ ✈: Basseterre. – 1493 von Kolumbus entdeckt, 1783 bis 1983 britisch; seit Sept. 1983 unabhängig.
Saint Laurent [sɛ̃lɔˈrã], Yves, frz. Modeschöpfer, * 1936; seit 1962 eigenes Modehaus in Paris mit internat. Boutiquen; Bühnenentwürfe.
Saint Louis [sntˈlʊɪs], Stadt in Missouri, USA, am Mississippi, 403 700 Ew. (in der Agglomeration 2,4 Mio.); 3 Univ.; kath. Erzbischofssitz; Museen; bedeutender Binnenhandelsplatz; Ind. – S. L. wurde 1764 von den Franzosen gegr. und nach Ludwig IX., dem Heiligen, benannt.

Saint Kitts and Nevis

Staatswappen

Staatsflagge

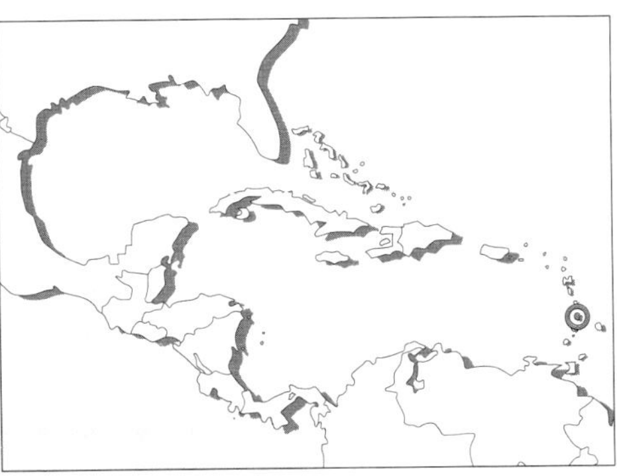

Saint Lucia [sntˈlu:ʃə], Staat auf der Insel S. L. der Kleinen Antillen, 616 km², 153 000 Ew.; Hptst.: Castries; Amtssprache: Englisch; ✈; seit 1979 unabhängig.
Saint-Malo [sɛ̃maˈlo], Hafenstadt in der Bretagne, Frankreich, 49 200 Ew.; Schiffbau, Fischerei, Seebad. Im 6. Jh. auf einer landfest gemachten Insel entstanden; unter Napoleon zum Kriegshafen ausgebaut.
Saint-Nazaire [sɛ̃naˈzɛ:r], Hafenstadt in W-Frankreich, an der Loiremündung, 68 000 Ew.; Schiffbauzentrum; ✈. Im 2. Weltkrieg einer der wichtigsten dt. U-Boot-Stützpunkte.
Saint Paul [sntˈpɔ:l], Hptst. des Bundesstaats Minnesota, USA, am Mississippi, 259 100 Ew.; kath. Erzbischofssitz; wichtiger Verkehrsknoten; Handel; Ind.; N-Ende der Stromschifffahrt; ✈.
Saint Petersburg [sntˈpi:təzbə:g], Stadt in Florida, USA, 234 400 Ew.; Winterkurort.
Saint Phalle [sɛ̃ˈfal], Niki de, frz. Plastikerin, * 1930; bekannt durch ihre großfigurigen burlesken Frauengestalten (»Nanas«) aus bunt bemaltem Polyester.
Saint-Pierre [sɛ̃ˈpjɛ:r], Jacques Henri **Bernardin de,** frz. Schriftsteller, * 1737, † 1814; Schüler von J.-J. Rousseau; »Paul et Virginie« (1784).
Saint-Pierre-et-Miquelon [sɛ̃ˈpjɛremiˈklɔ̃], seit 1976 frz. Übersee-Dép., 2 Inseln südlich Neufundland, mit Nebeninseln 242 km², 6 500 Ew.; Hptst.: Saint-Pierre auf Saint-Pierre.
Saint-Quentin [sɛ̃kãˈtɛ̃], Stadt in N-Frankreich, an der Somme, 62 000 Ew.; got. Kollegiatskirche (12. bis 15. Jh.); Textil-, Maschinenindustrie.
Saint-Saëns [sɛ̃sãs], Camille, frz. Komponist, * 1835, † 1921; Opern (»Samson und Dalila«, 1847); Oratorien, Orchester-, Orgelmusik.
Saint-Simon [sɛ̃siˈmɔ̃], Claude Henri **de Rouvroy,** Graf von, frz. Sozialtheoretiker, * 1760, † 1825; forderte die Abschaffung aller altständ. Vorrechte, Leitung der Gesellschaft aufgrund der wiss. erkannten sozialen Entwicklungsgesetze, Christentum der Tat.

Saint Lucia

Staatswappen

Staatsflagge

Internationales Kfz-Kennzeichen

Seine Schüler bildeten den **Saint-Simonismus** zu einem sozialistisch-religiösen Kollektivismus fort.

Saint-Tropez [sɛ̃trɔˈpe], frz. Seebad an der Côte d'Azur, 6 800 Ew.; Fremdenverkehr, Jachthafen.

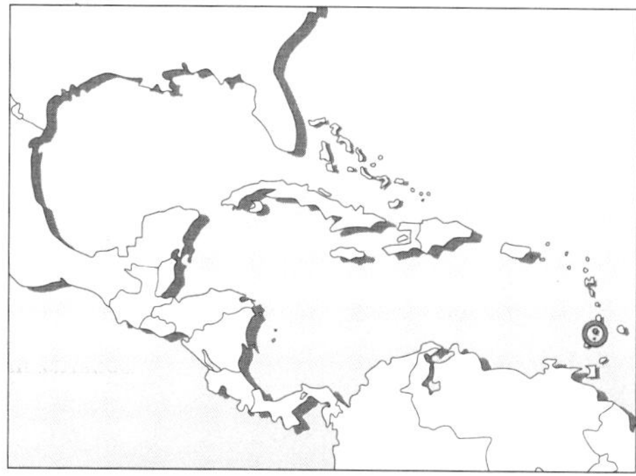

Saint Vincent and the Grenadines

Staatswappen

Staatsflagge

Internationales Kfz-Kennzeichen

Saint Vincent and the Grenadines [sntˈvɪnsənt ənd ðə grenəˈdi:nz], Staat in Mittelamerika, umfasst die Insel Saint Vincent der Kleinen Antillen sowie die nördl. Grenadinen, 389 km², 109 000 Ew.; Hptst.: Kingstown; ⚘; Amtssprache: Englisch; Unabhängigkeit seit 1979.

Sais, im Altertum Stadt in Unterägypten am Rosettearm des Nil. »Das verschleierte Bild zu S.« (Gedicht von Schiller) geht auf Plutarch zurück.

Saison [zɛzˈɔ̃] *die,* **1)** jahreszeitlich (durch Klima und Gebräuche) bedingte Hauptgeschäftszeit, in Kurorten und Fremdenverkehrsgebieten Zeit des Hauptverkehrs. – **2)** Theaterspielzeit.

Saite, Tonquelle der Saiteninstrumente, für Streich- und Lauteninstrumente, für Klaviere, Zithern usw.; fadenförmiger Körper aus Darm, Seide oder Metall.

Saitenwürmer, Klasse der Schlauchwürmer, im Jugendzustand in größeren Insekten, geschlechtsreif frei im Wasser; z. B. das violinsaitenähnl. **Wasserkalb.**

Sajangebirge, an der sibirisch-mongol. Grenze, im vergletscherten Munku-Sardyk 3 491 m hoch.

Sakai, Hafenstadt in Japan, südlich von Ōsaka, 808 000 Ew.; Werkzeug-, Stahl-, Erdölindustrie.

Sake *der,* **Reiswein,** jap. Nationalgetränk aus vergorenem Reis, enthält 12 bis 16 % Alkohol.

Sakkara, ägypt. Dorf westlich des alten Memphis, 12 000 Ew., Nekropole, Stufenpyramide des Pharaos Djoser (um 2600 v. Chr.).

Sakko *der,* kurzer Herrenrock, Jacke.

Sakmann, Bert, dt. Zellbiologe, * 1942; erhielt mit E. Neher den Nobelpreis für Physiologie oder Medizin 1991 für Forschungen über zelluläre Ionenkanäle.

Bert Sakmann

Sakrament *das,* Gnadenmittel. Die kath. Kirche und die Ostkirche kennen 7 S.: Taufe, Firmung, Altarsakrament, Buße, Krankensalbung, Weihe, Ehe; der Protestantismus 2: Taufe und Abendmahl.

Sakramentalilen *Pl.,* kath. Kirche: Weihungen und Segnungen zu kult. Zwecken; auch die geweihten und die gesegneten Dinge.

Sakrileg *das,* Religionsfrevel, unwürdige Behandlung von geweihten Personen und Sachen.

Sakristan *der,* kath. Kirchendiener, Küster.

Sakristei *die,* Raum in Kirchen, u. a. zum Aufbewahren der gottesdienstl. Geräte.

säkular, 1) nur einmal in hundert Jahren, außergewöhnlich; Jahrhunderte dauernd. – **2)** weltlich.

Säkularisation *die,* Verweltlichung; Überführung geistl. Besitzes in weltl.; in großem Maß vorgenommen in der Reformationszeit, in der Frz. Revolution, in Dtl. 1802/03 (→Reichsdeputationshauptschluss), in Italien 1860/70 (Kirchenstaat). Der Begriff **Säkularisierung** wird teilweise gleichbedeutend gebraucht, v. a. aber für den gesamtkulturellen Prozess, der in der europ. Neuzeit zu immer größerer Autonomie der Lebensgestaltung und Weltanschauung gegenüber Religion und kirchl. Autoritäten führte.

Säkulum *das,* **1)** Jahrhundert. – **2)** die Welt im Ggs. zur Kirche.

Saladin, Sultan von Ägypten, * 1137 oder 1138, † 1193; Sultan von 1171 bis 1193, eroberte Syrien, entriss den Kreuzfahrern 1187 Jerusalem.

Salam, Selam, Wohlbefinden, Heil. **S. alaikum,** Grußformel der Mohammedaner: Heil sei mit euch!

Salamanca, Hptst. der Prov. S., Spanien, 137 500 Ew.; 3 Univ. Die histor. Altstadt mit der Alten Kathedrale (1152 bis 1289), Jesuitenkolleg, Univ. von S., zahlreichen Palästen u. a. gehört zum Weltkulturerbe.

Salamander *der,* ein landbewohnender Schwanzlurch; u. a. Alpen-S., →Feuersalamander.

Salami *die,* geräucherte Dauerwurst.

Salamis, griech. Insel im Golf von Ägina, 95 km². In der **Seeschlacht von S.** 480 v. Chr. siegten die Griechen über die Perser.

Salangane *die,* indischer Seglervogel; liefert die aus Speichel bestehenden, essbaren »Schwalbennester«.

Salat *die,* das fünfmal täglich stattfindende rituelle Gebet im Islam.

Salat, Zubereitung von Gemüsen und Blattsalaten, Obst, Fleisch u. a. mit Essig und Öl oder Majonäse.

Salazar [-ˈzar], António **de Oliveira,** port. Staatsmann, * 1889, † 1970; 1928 bis 1940 Finanzmin., 1932 bis 1968 Min.-Präs., zugleich 1936 bis 1944 Kriegsmin. und 1936 bis 1947 Außenmin. Er regierte Portugal innenpolit. autoritär, außenpolit. westlich orientiert.

Salbe, Unguentum, streichfähige Masse zum Einreiben, aus Fett, Öl, Wachs u. a., Träger von Arzneistoffen, kosmet. Mittel.

Salbei, Lippenblütlergattung; z. T. Zierpflanzen. Der **Echte S.** enthält äther. Öl und ist Gewürz- und Arzneipflanze. **S.-Tee** wirkt schweißtreibend und krampflösend.

Saldo *der,* Betrag, um den die eine Seite eines Kontos größer ist als die andere **(Soll-, Aktiv-** oder **Haben-, Passiv-S.).** Der S. wird bei Abschluss des Kontos auf der Gegenseite eingesetzt und darauf neu vorgetragen. **(S.-Vortrag); saldieren,** ausgleichen.

Salem, 1) Gemeinde in Bad.-Württ., nördlich des Bodensees, 8 500 Ew.; Zisterzienserkloster (1134 gegr.), Schule **Schloss S.** (privates, staatlich anerkanntes Landerziehungsheim, gegr. 1920). – **2)** [ˈseɪləm], Hptst. des Bundesstaats Oregon, USA, 107 800 Ew., Willamette-Univ.; Konservenind. – **3)** [ˈseɪləm], Stadt im Gliedstaat Tamil Nadu, Indien, 364 000 Ew.; Textil- und Stahlindustrie.

Salep *der,* getrocknete Wurzelknollen versch. Orchideen, schleim- und stärkehaltig, dienen u. a. zur Herstellung von Emulsionen, Appreturen.

Salerno, Hafenstadt in S-Italien, am **Golf von S.,** 153 100 Ew.; Dom (11. Jh.), älteste medizin. Fakultät Europas (bis 1812); Textilind., Maschinenbau.

Salesianer, 1) Oblaten des hl. Franz von Sales. – **2) S. Don Boscos,** Priesterkongregation für Erziehung, Unterricht, äußere Mission, aufgebaut seit 1857.

Salicylsäure, ⚗ organ. Säure, farblose Kristalle, u. a. als keimtötendes Mittel oder als pharmazeut. Grundstoff verwendet.

Salier, fränk. Adelsgeschlecht mit Macht- und Besitzschwerpunkt in Nahe-, Speyer- und Wormsgau; mit Konrad II. gelangten die S. 1024 zur Königsherrschaft im Hl. Röm. Reich (bis 1125).

Salieri, Antonio, ital. Komponist, * 1750, † 1825; Hofkapellmeister in Wien; Lehrer von Beethoven, Schubert, Liszt.

Saline *die,* Anlage zur Gewinnung von Salz, häufig mit Gradierwerk.

Salisbury ['sɔːlzbərɪ], **1)** Stadt in S-England, 35 400 Ew.; got. Kathedrale; Messerschmiede, Feininstrumentenind. – **2)** bis 1982 Name von → Harare.

Salisbury ['sɔːlzbərɪ], Robert Arthur Talbot **Gascoyne-Cecil,** 3. Marquess of S., konservativer brit. Staatsmann, * 1830, † 1903; seit 1866 mehrfach Premier- und Außenmin.; Ausbau und Festigung des Brit. Reichs.

Salisches Gesetz, lat. **Lex Salica, 1)** Volksrecht der sal. Franken (vom Anfang des 6. Jh.). – **2)** seit dem 14. Jh. der Ausschluss der Frauen von der Thronfolge und die Thronberechtigung der in männl. Linie verwandten Männer.

Salk-Impfung ['sɔː(l)k-, nach dem amerikan. Bakteriologen J. E. Salk, * 1914, † 1995], Impfung gegen Kinderlähmung mit abgetöteten Erregern (erstmals 1954).

Sallust, eigentl. Gaius **Sallustius Crispus,** röm. Geschichtsschreiber, * 86, † um 35 v. Chr.; Anhänger Caesars; schrieb: »Die Verschwörung des Catilina«, »Der Jugurthin. Krieg«, »Historiae« (5 Bücher über die Zeit von 78 bis 67 v. Chr.). S. leitete Roms Niedergang aus dem allg. sittl. Verfall her; er beeinflusste Tacitus.

Salm *der,* ein Fisch, der ausgewachsene → Lachs.

Salmiak *der,* ⚗ Ammoniumchlorid, NH_4Cl, weißes Kristallpulver, wird u. a. beim Löten sowie in Kältemischungen verwendet. **S.-Geist,** wässrige Ammoniaklösung.

Salminen, Sally, schwedischsprachige finn. Erzählerin, * 1906, † 1976; Roman »Katrina« (1936) u. a.

Salmonellen, ⚕ krankheitserregende Darmbakterien, verursachen die **Salmonellosen,** z. B. Paratyphus.

Salome, Tochter der Herodias, forderte nach der Überlieferung für ihren Tanz vor Herodes Antipas von diesem das Haupt Johannes des Täufers.

Salomo, König von Israel und Juda (etwa 965 bis 926 v. Chr.); Sohn Davids. Die Nachwelt sah in ihm das Ideal eines weisen Herrschers, in seiner Reg. das goldene Zeitalter Israels. Mehrere Bücher des A. T. werden ihm zugeschrieben.

Salomon, Ernst von, dt. Schriftsteller, * 1902, † 1972; wegen Beteiligung am Mordanschlag auf W. Rathenau zu Freiheitsstrafe verurteilt; Lebensbericht »Der Fragebogen« (1951).

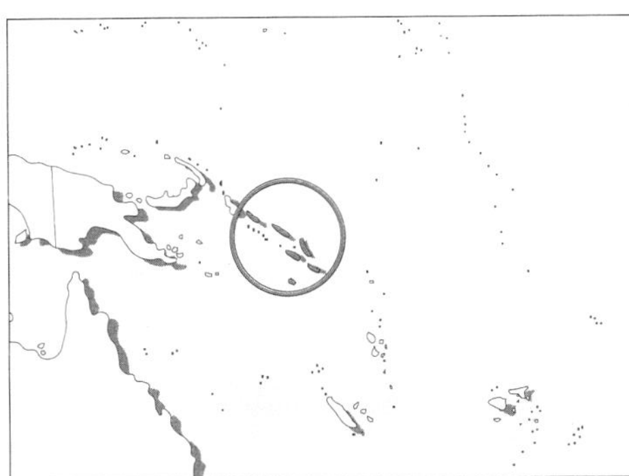

Salomoninseln, engl. **Solomon Islands** ['sɔləmən 'aɪləndz], Staat im südwestl. Pazif. Ozean auf den gleichnamigen Inseln, 28 446 km², 326 000 Ew.; Hptst.: Honiara auf Guadalcanal; Amtssprache: Englisch. Die S. sind seit 7. 7. 1978 ein unabhängiger Staat im Commonwealth (parlamentar. Monarchie).
Die Hauptinseln sind gebirgig, auf Guadalcanal 2 447 m hoch, tragen z. B. aktive Vulkane, sind von dichtem trop. Regenwald bedeckt und an den Küsten erschlossen. Die Bewohner sind überwiegend Melanesier. Die Bev. ist in ihrer Mehrheit protestantisch. Zur Eigenversorgung werden v. a. Yams und Taro angebaut, ferner Kakao, Reis und Ölpalmen. Bodenschätze: Gold, Silber, Kupfer, große Phosphat- und Bauxitlagerstätten. Wichtige Exportgüter sind Fische, Kokosnüsse, Kopra, Süßkartoffeln, Holz. Haupthandelspartner: Australien, Japan, Südkorea, Großbritannien.

Salomoninseln, Salomonen, Gruppe von 10 größeren und vielen kleineren Inseln im südwestl. Pazif. Ozean, erstrecken sich in einer doppelten Kette über 1450 km in nordwest-südöstl. Richtung. Sie bilden (ohne Bougainville und Buka) den gleichnamigen Staat. – 1886 und 1899 wurden die S. zw. Dtl. und Großbritannien geteilt. Der dt. Teil wurde 1920 austral. Mandat, 1945 Treuhandgebiet der UNO und kam 1975 an Papua-Neuguinea. 1976 erhielt das brit. Protektoratsgebiet Autonomie, 1978 die Unabhängigkeit.

Salomonssiegel, ⚘ Gemeine → Weißwurz.

Salon [sa'lɔ̃] *der,* **1)** Empfangs-, Gesellschaftszimmer. – **2)** im 17./18. Jh. Bezeichnung für Empfänge literarisch interessierter Damen. – **3)** gut ausgestatteter Geschäfts- oder Ausstellungsraum.

Saloniki, amtl. **Thessalonike,** Stadt in Griechenland, 406 400 Ew.; Hafen am **Golf von S.;** Univ.; viele der byzantin. und frühchristl. Bauwerke gehören zum Weltkulturerbe. Schiffbau, Erdölraffinerie; internat. ✈. – S., um 315 v. Chr. gegr., hatte in byzantin. Zeit seine größte Blüte; wurde 1430 türkisch, kam 1912 an Griechenland.

Salpen, Klasse 0,1 bis 10 cm langer, tonnenförmiger, meist glasig durchsichtiger Manteltiere; mit Ammenzeugung.

Salpeter *der,* ⚗ Kalium-, Natrium-, Calcium- und Ammoniumsalze der Salpetersäure, die sich entweder frei in der Natur finden **(Chile-S.)** oder aus S.-Säure hergestellt werden.

Salpetersäure, HNO_3, ⚗ wichtige anorgan. Säure; farblose, stechend riechende Flüssigkeit, D 1,5 g/cm³, Fp −42 °C, Sp 87 °C. S. ist ein sehr starkes Oxidationsmittel. Wegen ihrer Fähigkeit, Silber aus seiner Legierung mit Gold herauszulösen, nannte man sie früher **Scheidewasser.** Herstellung heute durch katalyt. Verbrennung von Ammoniak zu Stickoxid und dessen Überführung in S. Verwendung zum Lösen und Beizen von Metallen und zur Herstellung von Schieß-, Spreng- und Farbstoffen.

SALT [sɔːlt], Abk. für Strategic Arms Limitation Talks, Bezeichnung für die seit 1969 geführten sowjetisch-amerikan. Gespräche über eine Begrenzung des strateg. Waffenarsenals. 1972 schlossen die USA und die UdSSR einen unbefristeten Vertrag über die beiderseitige Begrenzung der Anti-Raketen sowie ein auf 5 Jahre begrenztes Abkommen über die Beschränkung des Baus von Interkontinentalraketen und ihrer Abschussvorrichtungen (SALT I). 1979 schlossen die USA und die UdSSR ein weiteres Abkommen (SALT II, zunächst ein bis 1985 befristeter Vertrag), das vor dem Hintergrund weltpolit. Krisen, v. a. der in Afghanistan, nicht in Kraft trat.

Salta, Stadt in Argentinien, in den östl. Kordilleren, 260 000 Ew.; Wallfahrtsort; Andenbahn zu dem chilen. Hafen Antofagasta.

Saltillo [sal'tijo], Hptst. des Staats Coahuila, Mexiko, 1600 m ü. M., 321 800 Ew.; 2 Universitäten; Textil-, chem. und pharmazeut. Industrie.

Salt Lake City ['sɔːlt 'leɪk 'sɪtɪ], Hptst. des Bundesstaats Utah, USA, 163 000 Ew.; Zentrum der Mormonenbewegung; Univ.; petrochem., elektron. Ind.; Fremdenverkehr; Flughafen.

Salto, ⛹ freier Überschlag in der Luft; aus größerer Höhe **S. mortale,** Todessprung.

Saluen *der,* **Salween** ['sælwiːn], Fluss in Hinterindien, entspringt auf dem Hochland von Tibet, mündet in den Golf von Martaban; 2 500 km lang; wegen zahlreicher Stromschnellen nur begrenzt schiffbar.

Antonio Salieri
Ausschnitt aus einem zeitgenössischen Punktierstich

António de Oliveira Salazar

Salomoninseln

Staatswappen

Staatsflagge

Saluki, oriental. Rasse bis 70 cm schulterhoher kurzhaariger Windhunde mit Hängeohren.

Salut *der,* militär. Ehrengruß durch Aufziehen der Flagge, Kanonenschüsse.

Salvador, 1) S., früher **Bahia,** Hptst. des brasilian. Staats Bahia, 1,8 Mio. Ew.; kath. Erzbischofssitz; Schiffbau, Zuckerraffinerie, Baumwollverarbeitung; 2 Univ., Textil-, Kakao-, Tabakind.; Hafen und Flughafen. – **2)** → El Salvador.

Salvator *der,* Erlöser, Heiland.

Salvatorianer, Gesellschaft des Göttlichen Heilands, 1881 gegr. kath. Ordensgemeinschaft für Seelsorge und Mission.

Salve *die,* ⚔ gleichzeitiges Abfeuern von Gewehren oder Geschützen, auch als militär. Ehrengruß **(Ehren-S.).**

Salzburg
Landeswappen

Salve Regina [lat. »gegrüßet seist du, Königin«], Anfang einer alten marian. Hymne.

Salvinie *die,* Schwimmfarn, auf ruhigen Gewässern der nördl. gemäßigten Zone.

Salz, 1) ⚗ Verbindung eines Metalls mit einer Säure, i. w. S. alle aus Ionen aufgebauten chem. Verbindungen, die nicht Säuren, Basen oder Oxide sind. – **2) Koch-S.,** chem. Natriumchlorid, NaCl. Es kommt als **Stein-S.** in großen Lagern vor (z. B. Staßfurt, Bad Reichenhall, Halle (Saale), in Galizien, Siebenbürgen, Frankreich, England), die aus S.-Seen oder Meeresteilen entstanden sind; Gewinnung durch bergmänn. Abbau oder Auflösung in Wasser. **Meer-S.** gewinnt man durch Verdunstung von Meerwasser, **Sole-S.** durch Eindampfen oder Gradieren natürlicher oder künstlich hergestellter Solen. Außer zum Würzen der Nahrung dient Kochsalz zur Herstellung von Natrium, Chlor, S.-Säure u. a. – Die Körperflüssigkeit der wirbellosen Meerestiere enthält dieselben S. in ungefähr gleichem Mengenverhältnis wie das Meerwasser, z. B. 3,5 % Koch-S. Bei Süßwasser- und Landtieren ist der Kochsalzgehalt geringer (z. B. bei Warmblütern 0,9 %).

Salzburg
Stadtwappen

Salzach *die,* rechter Nebenfluss des Inns, v. a. in Österreich, mündet bei Burghausen; 220 km lang.

Salzbrunn, Bad S., poln. **Szczawno Zdrój** [ˈʃtʃavnɔ ˈzdruj], Stadt in der poln. Wwschaft Wałbrzych, ehem. Kurort im Waldenburger Bergland, Schlesien, 7 000 Einwohner.

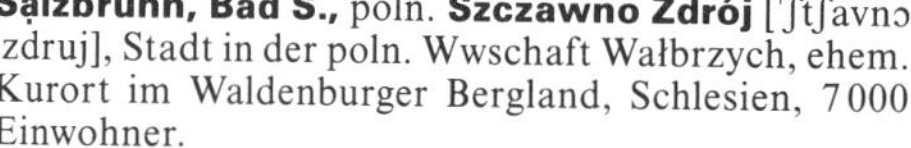

Salzburg, 1) österr. Bundesland, 7 154 km², 482 400 Ew.; reicht vom nördl. Alpenrand über die Kalkalpen und die Tallandschaften der Salzach (Pinzgau, Pongau) bis auf den Kamm der Hohen Tauern, im SO ins Murtal. Erwerbszweige: Alm- und Forstwirtschaft, Ackerbau, ⚒ auf Salz (Hallein), Kupfer (Bischofshofen), Marmor (Untersberg); Eisen-, Maschinen-, Aluminium- u. a. Ind.; Fremdenverkehr. – **2)** Hptst. von 1), an der Salzach, vor den Kalkhochalpen, 140 000 Ew.; Verkehrsknoten; die malerische Stadt, überragt von der Feste **Hohensalzburg** (gegr. 1077), besitzt bedeutende Kirchen, bes. der Barockzeit, Residenz, das Barockschloss Mirabell; im Benediktinerstift St. Peter das Grabmal Michael Haydns; Bibliotheken, Museen, Festspielhaus (seit 1920 jährlich **Salzburger Festspiele,** seit 1967 auch Osterfestspiele); Geburtsort Mozarts. In der Umgebung die Schlösser **Hellbrunn** (1613 bis 1615, mit schönem Park), **Leopoldskron** (1736 bis 1740), **Klessheim** (1700 bis 1709). – Das **Bistum S.** wurde 739 durch Bonifatius gegr., 798 zum Erzbistum erhoben, 1802 in ein weltl. Kurfürstentum umgewandelt und kam 1805, endgültig 1816 an Österreich.

Salzgitter
Stadtwappen

Salzburger Exulanten, die 1731 bis 1733 aus dem Erzbistum Salzburg vertriebenen Protestanten; meist in Ostpreußen angesiedelt.

Salzburgisch-Oberösterreichische Kalkalpen, Teil der nördl. Ostalpen, zw. den Nordtiroler Kalkalpen und den Salzkammergutbergen, mit Untersberg, Reiter Alpe, Steinernem Meer und Hochkönig.

Salzwedel
Stadtwappen

Minarett der Großen Moschee in **Samarra**

Salzgitter, Stadt im Reg.-Bez. Braunschweig, Ndsachs., 111 100 Ew.; Eisen verarbeitende Ind., Textil-, Elektro-, Papier- u. a. Ind.; bis 1976 Abbau von Eisenerzen; Binnenhafen mit Anschluss an den Mittellandkanal. Solbad im Stadtteil Bad Salzgitter.

Salzkammergut, Kalkalpenland beiderseits der Traun, in Oberösterreich und Salzburg; reich an Seen. Gebirgsgruppen: Dachstein, Höllen-, Totes Gebirge, Schafberg. Salzgewinnung in Hallstatt und Ischl; Fremdenverkehr. Hauptort: Bad Ischl.

Salzmann, Christian Gotthilf, dt. Pädagoge und ev. Theologe, * 1744, † 1811; Mitarbeiter am Philantropin in Dessau, wirkte seit 1784 an dem von ihm gegr. Erziehungsheim Schnepfenthal.

Salzpflanzen, Halophyten, Pflanzen salzreicher Standorte, z. B. des Meeresstrands, der Salzsteppen, u. a. Queller.

Salzsäure, Chlorwasserstoffsäure, ⚗ wässrige Lösung von Chlorwasserstoff, HCl, farblose, stechend riechende Flüssigkeit, D 1,2 g/cm³. S. gehört zu den stärksten Säuren, löst unedle Metalle wie Zink, Eisen, Nickel unter Wasserstoffentwicklung. Bestandteil des Magensafts der Wirbeltiere, Verwendung im Labor und in der chem. Industrie.

Salzsee, Großer S., abflussloser See in Utah, USA, 4 000 km², enthält 25 % Salz.

Salzstock, in Schwächezonen der Erdkruste aufgedrungene Salzmassen, die die überlagernden Schichten stock- oder pilzförmig durchstoßen haben; die obersten Teile sind oft durch Sickerwasser ausgelaugt, wobei über dem Salzspiegel als abschließende Kappe der »Gipshut« entsteht.

Salzuflen, Bad S., Stadt und Staatsbad in NRW, an der Salze, 51 200 Ew.; Thermal- und Solquellen.

Salzungen, Bad S., Krst. in Thür., an der Werra, 21 000 Ew.; Solquellen.

Salzwedel, Krst. in Sa.-Anh., 23 000 Ew.; Zucker-, chem. Industrie.

Samaden → Samedan.

Samara, 1934 bis 1991 **Kujbyschew,** Gebietshptst. und wichtiger Umschlaghafen in Russland, an der Wolga, 1,26 Mio. Ew.; Univ.; Hüttenwerk, Maschinenbau, Werften, Erdölraffinerie, ✈. – Im Wolgalauf zw. S. und Kasan Stausee, 6 450 km²; Kraftwerk (seit 1958).

Samaranch, Juan Antonio, seit 1992 Marquis **de Torello,** span. Diplomat, * 1920; seit 1966 Mitglied des Internat. Olymp. Komitees, seit 1980 Präsident.

Samaria, ehem. Stadt in Mittelpalästina, um 880 v. Chr. als neue Hptst. des Reiches Israel erbaut; später Name der umliegenden Landschaft; Ausgrabungen seit 1908.

Samariter, **1) Samaritaner,** Bewohner von Samaria, Mischvolk aus Israeliten und fremden Einwanderern, gründeten, von der jüd. Gemeinde ausgeschlossen, um 350 v. Chr. eine eigene Religionsgemeinschaft nach jüd. Muster. – **2)** Mitglied eines Vereins zur Leistung der ersten Hilfe (nach dem Gleichnis vom **barmherzigen S.,** Lk. 10, 30 ff.).

Samarium *das,* Symbol **Sm,** metall. Element aus der Gruppe der Lanthanoide, OZ 62, Verwendung in Dauermagneten, Laser- und Kerntechnik.

Samarkand, Gebietshptst. in Usbekistan, 366 000 Ew.; Univ., Denkmäler aus der Zeit des Timur; wichtiges Ind.zentrum; ✈. – Blütezeit durch die Araber seit 712; 1369 bis 1405 die Hptst. Timurs; S. wurde 1868 russisch.

Samarra, Stadt am linken Ufer des Tigris, Irak, 62 000 Ew.; schiit. Wallfahrtsort; Ruinenstätte (1911 bis 1913 dt. Ausgrabungen) der abbasid. Kalifenresidenz des 9. Jh. mit Werken frühislam. Kunst.

Samba *die,* urspr. brasilian. Volkstanz, dann Gesellschaftstanz im $^4/_4$-Takt.

Sambesi *der,* größter Fluss Südafrikas, fließt vom östl. Angola zum Ind. Ozean; 2 736 km lang, bildet die **Victoriafälle.** Der **Karibadamm** staut den S. zu einem 4 500 km² großen See (Kraftwerk beliefert Sambia und Simbabwe). In Moçambique ist in der Cabora-Bassa-Schlucht der S. zu einem 2 700 km² großen See aufgestaut. – Der S. wurde von D. Livingstone erforscht.

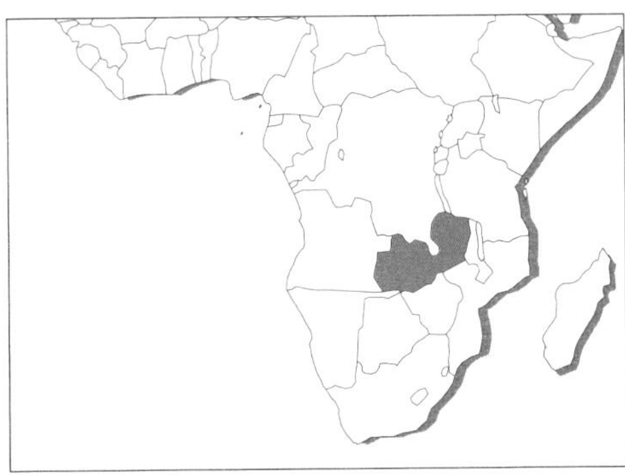

Sambia, engl. **Zambia,** Rep. im südl. Afrika, 752 614 km², 8,64 Mio. Ew.; Hptst.: Lusaka; Amtssprache: Englisch. Präsidialverfassung. Vorwiegend Steppenhochland (bis 1 500 m) mit trop., durch die Höhenlage gemäßigtem Klima.

Bevölkerung. Fast ausschließlich Bantu.

Religion. Naturreligionen, rd. 75 % Christen.

Wirtschaft. Mais, Hirse, Maniok, Tabak, Baumwolle, Erdnüsse. Viehhaltung, Fischerei. ⚒ auf Kupfer, Zink, Blei, Kobalt, Kohle u. a.; Nahrungsmittel-, Textil-, Zement-, Holz- u. a. Ind. Ausfuhr: Kupfer u. a. Bergbauerzeugnisse, Tabak; Handelspartner: Großbritannien, Japan, Südafrika. Seit 1975 stellt die Tansambahn die Verbindung zum Hafen Daressalam (Tansania) her; weitere Bahnlinien zu Häfen in der Rep. Südafrika und Angola. Internat. ✈: Lusaka, Ndola und Maramba.

Geschichte. S. war als **Nordrhodesien** brit. Protektorat, 1953 bis 1963 Teil des Zentralafrikan. Bunds; seit 1964 unabhängige Rep. Staatspräsident: F. Chiluba (seit 1991).

Samedan [-dən], früher dt. **Samaden,** Gem. im Kt. Graubünden, Schweiz, 2 600 Ew.; rätoroman. Bibliothek; heilklimat. Kurort, Sommer- und Winterferienort.

Samen, **1)** ⚘ bei den S.-Pflanzen der nach der Befruchtung aus der S.-Anlage hervorgegangene, von Hüllen umgebene und mit Nahrungsvorrat versehene Keim; er fällt von der Pflanze ab und keimt zu einem jungen Pflänzchen. Die Nährstoffe sind dem S. entweder in einem Nährgewebe (Endosperm) mitgegeben oder sie sind im Keimling (Embryo) selbst, z. B. den S.-Blättern (Keimblättern), gespeichert. Bei den **Nacktsamern** (Nacktsamigen) sitzt der S. frei an den Fruchtblättern, bei den **Decksamern** (Bedecktsamigen) in einer Frucht. – **2)** ♁ ⚕ **Sperma,** die Absonderung (S.-Flüssigkeit) der männl. Geschlechtsdrüsen (Hoden); sie besteht bei Mensch und Wirbeltieren vorwiegend aus den Sekreten der Vorsteherdrüse (Prostata) und der **S.-Bläschen** und enthält die männl. Geschlechtszellen (**S.-Zellen, S.-Fäden,** Spermien), die sich in den S.-Kanälchen der Hoden bilden. Beim Menschen sind die S.-Zellen etwa 0,06 mm lang, bestehen aus Kopf (mit Zellkern), Mittelstück und Schwanz und bewegen sich schlängelnd vorwärts. Der S. wird durch die Harnröhre entleert.

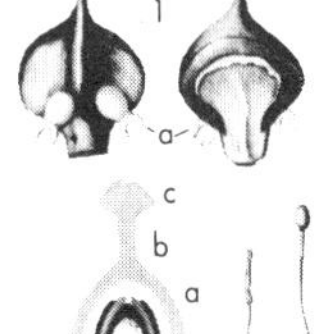

Samen
1 Nacktsamer (Kiefer), Fruchtblatt mit a Samenanlagen, **2** Decksamer (Stempel), a Fruchtkern mit Samenanlage, b Griffel, c Narbe, **3** Samenfäden, a Grünspecht, b Mensch

Samen|anlage, Jugendzustand des pflanzl. Samens vor der Befruchtung (**Samenknospe, Ei),** mit einer Hülle oder mehreren. Die Hüllen lassen einen Kanal frei (Mikropyle) als Eingang für den befruchtenden Pollenschlauch.

Samenpflanzen, die → Blütenpflanzen.

Samjatin, Jewgenij Iwanowitsch, russ. Schriftsteller, * 1884, † 1937; emigrierte 1932 nach Paris, schrieb gesellschaftskrit. Schauspiele und Erz., satirische Romane (»Wir«, 1924).

Samland, ostpreuß. Halbinsel zw. Frischem und Kurischem Haff; Gebiet Kaliningrad, Russland; Seebäder: Cranz, Neukuhren, Rauschen, Palmnicken und Pillau. Im W Steilküste; Bernsteingewinnung. – 1255 vom Dt. Orden unterworfen.

Samniter, im Altertum Volk in der mittelital. Landschaft **Samnium,** in den **S.-Kriegen** (343 bis 290 v. Chr.) von Rom unterworfen; 82 v. Chr. von Sulla endgültig geschlagen.

Samoainseln, Inselgruppe in Polynesien; 4 große (Savaii, Upolu, Tutuila, Manua) und zehn kleine vulkan. Inseln, insgesamt 3 039 km², 180 000 Ew. Ausfuhr von Kopra, Kakao, Bananen. Die S.-I. wurden 1722 entdeckt. Politisch sind sie geteilt in den Staat → Westsamoa und **Amerikanisch-Samoa,** 197 km²; 38 000 Ew.; Hptst.: Pago Pago; internat. ✈ auf Tutuila. – Nicht inkorporiertes Territorium der USA.

Samogiti|en, histor. Gebiet in Litauen, 1398 vom Dt. Orden unterworfen, 1411 polnisch; bewohnt von den **Samogitiern** (Schamaiten).

Samojeden, die Völker des östlichsten Zweigs der ural. Sprachengruppe, die in der subarkt. Tundra- oder Taigazone des europ. Russland und NW-Sibiriens leben. Dazu gehören die **Nenzen** beiderseits des Ural. Ihr Wohngebiet bildet innerhalb der Russ. Föderation 3 Nationalbezirke.

Samos, griech. Insel an der W-Küste Kleinasiens, 476 km², Hauptort: S., 5 900 Ew.; Erzeugung und Ausfuhr von **S.-Wein** (Likörwein). – Im Altertum erlebte S. seine Blüte unter Polykrates; bauliche antike Überreste gehören zum Weltkulturerbe. 1832 Fürstentum unter türk. Oberhoheit, kam 1912 an Griechenland.

Samothrake, griech. Insel in der N-Ägäis, 178 km², rd. 3 000 Ew.; Schaf- und Ziegenzucht. – Im Altertum bekannt durch das Heiligtum der »Großen Götter« mit seinen Mysterien. Fundort der **Nike von S.** (um 190 v. Chr.; Paris, Louvre).

Samowar *der,* russ. Heißwasserbereiter mit Auslaufhahn zur Teezubereitung.

Sampaio [sal'pajo], Jorge Fernando Branco de, port. Politiker, * 1939; wurde 1989 Bürgermeister von Lissabon; setzte sich 1996 bei den Präsidentschaftswahlen als Kandidat der Sozialisten durch.

Sample ['sa:mpl] *das,* → Stichprobe.

Sampras ['sæmprəs], Pete, amerikan. Tennisspieler, * 1971; gewann 1990 den Grand Slam, u. a. Wimbledonsieger im Einzel 1990, 1993, 1994, 1995 und 1997.

Sambia

Staatswappen

Staatsflagge

Internationales Kfz-Kennzeichen

George Sand
Ausschnitt aus einer zeitgenössischen Lithographie

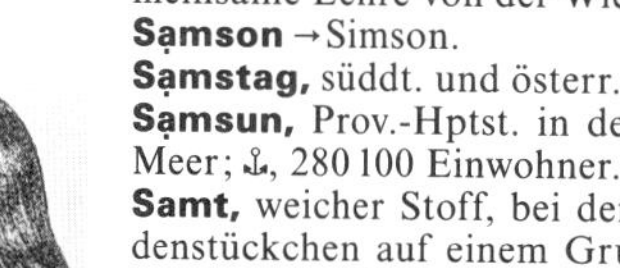

Samsara *das,* den Hindus, Buddhisten und Jainas gemeinsame Lehre von der Wiedergeburt aller Wesen.
Sạmson → Simson.
Sạmstag, süddt. und österr. für Sonnabend.
Sạmsun, Prov.-Hptst. in der Türkei am Schwarzen Meer; ⚓, 280 100 Einwohner.
Samt, weicher Stoff, bei dem kurz geschnittene Fadenstückchen auf einem Grundgewebe eine stoppelhaarige Oberfläche bilden.
Sạmu|el, A. T.: israelit. Seher und Priester (um 1050 v. Chr.), salbte Saul und David zum König.
Samum *der,* trocken-heißer, staub- oder sandbeladener Wüstensturm in Nordafrika.
Samurai, im feudalen Japan adliger Kriegerstand, vom 13. bis ins 19. Jh. privilegierte Vasallen.
Sạn, Abk. von Santo, heilig, z. B. San Francisco.
Sạn *der,* rechter Nebenfluss der Weichsel in Polen, 444 km, entspringt in den Waldkarpaten.
Sana, Sanaa, Hptst. der Rep. Jemen, in SW-Arabien; rd. 427 200 Ew.; Univ., Nationalmuseum, Handelszentrum; ✧. Die Altstadt mit bis zu 9-stöckigen, mit Ornamenten verzierten Lehmziegelbauten gehört zum Weltkulturerbe.
San Antonio [sænən'təʊnɪəʊ], Stadt in Texas, USA, 941 200 Ew.; 2 Univ.; kath. Erzbischofssitz, ✧; Handelszentrum, Maschinen-, Nahrungsmittelind., Erdöl.
Sanatorium *das,* Heilanstalt für chron. Kranke und Genesende.

Karl Ludwig Sand
Ausschnitt aus einem zeitgenössischen Punktierstich

Sancho Pansa ['santʃo -], Schildknappe Don Quijotes, verkörpert den realist. bäuerl. Sinn und Mutterwitz.
Sạnctus, in der kath. Messe der Jes. 6, 3 entnommene Lobgesang.
Sand, Lockergestein aus kleinen, losen Mineralkörnern, bes. Quarz; dient zur Mörtelbereitung, zur Glas- und Porzellanherstellung, zum Formen beim Metallguss, zum Schleifen.
Sạnd, 1) [sã:d], George, Pseudonym der frz. Erzählerin Aurore Baronne **Dudevant,** * 1804, † 1876; Geliebte von A. de Musset und F. Chopin, prangerte in ihren Romanen gesellschaftl. Vorurteile und soziale Missstände an. – **2)** Karl Ludwig, dt. Student, * 1795, † (hingerichtet) 1820; Jenaer Burschenschaftler, erdolchte 1819 A. v. → Kotzebue.
Sand|aale, aalschlanke Fischchen des Ufermeeres, bei Ebbe im Sand.
Sandale *die,* mit Riemen am Fuß befestigte Laufsohle mit flachem Absatz als Fußbekleidung, mit höherem Absatz als **Sandalette** für Damen.
Sandbad, ⚕ Bad in 45 bis 50 °C heißem Sand, wirkt überwärmend und schweißtreibend; z. B. gegen Gicht, Rheumatismus.
Sandblatt, unteres, größeres, hochwertiges Tabakblatt, meist Zigarrendeckblatt.
Sandburg ['sændbə:g], Carl, amerikan. Schriftsteller, * 1878, † 1967; schrieb die impressionist. »Chicago Poems« (1916), eine Lincoln-Biographie u. a.

Sangerhausen
Stadtwappen

Sand|dorn, bis 6 m hoher Strauch der Ölweidengewächse, an Meeresküsten und Gebirgsflüssen, mit schmalen Blättern und gelbroter Scheinbeere (reich an Vitamin C, zu Saft und Marmelade verarbeitet).
Sandelholz, sehr fein strukturiertes, stark aromat., gelbgrünlich bis goldbraunes, ölhaltiges Kernholz des Sandelbaum; für Kunsttischlerarbeiten und als Räuchermittel.
San Diego [sæn dɪ'eɪgəʊ], Stadt und Badeort in Kalifornien, USA, 1,07 Mio. Ew. (Metropolitan Area: 2,5 Mio.); 2 Univ., Zentrum für Luftfahrtind., Schiffbau, Marinestützpunkt; ⚓ ✧.
Sandinistische Nationale Befreiungsfront, span. **Frente Sandinista de Liberación Nacional,** Abk. **FSLN,** urspr. nicaraguanische Guerillaorganisation, gegründet 1962, benannt nach dem früheren Guerillaführer C. A. Sandino (* 1893, † 1934, ermordet), hatte

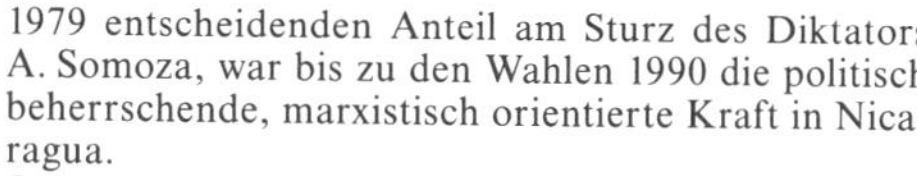

1979 entscheidenden Anteil am Sturz des Diktators A. Somoza, war bis zu den Wahlen 1990 die politisch beherrschende, marxistisch orientierte Kraft in Nicaragua.
Sandläufer, bunte, räuberisch lebende Bodenkäfer, z. B. der europ. **Sandlaufkäfer.**
Sandpilz, ein Röhrenpilz auf Heideboden, braungelb, essbar.
Sạndrart, Joachim v., dt. Maler, Kunstschriftsteller, * 1606, † 1688; schrieb die »Teutsche Academie der Edlen Bau-, Bild- und Mahlerey-Künste«, die erste Künstlergeschichte in dt. Sprache (2 Bde., 1675 bis 1679).
Sạndrock, Adele, dt. Schauspielerin niederländ. Herkunft, * 1863, † 1937; zunächst klass. Rollen, später meist als komische Alte (v. a. in Filmen).
Sandstein, Sedimentgestein aus verfestigtem Quarzsand. S. enthält winzige Zirkone, Turmaline, oft auch Glimmer u. a.; wichtiges Erdgas- und Erdölspeichergestein.
Sandstrahlgebläse, ⚙ Gerät zum Reinigen und Behandeln der Oberfläche harter Gegenstände; Sand oder Stahldrahtstücke werden durch Druckluft gegen die Oberfläche geschleudert.
Sandwespe, Gattung der Grabwespen, Nektarsauger; auf sandigen besonnten Wegen, wo auch die Brutröhren angelegt sind.
Sandwich ['zɛntvɪtʃ] *das,* belegte Weißbrotschnitte.
Sandwichbauweise ['zɛntvɪtʃ-], zur Gewichtsersparnis, Verbesserung der Formsteifigkeit, Wärme- und Schalldämmung bes. im Leicht- und Flugzeugbau angewendete Bauweise: eine leichte, wabenartige oder aus Schaumkunststoff bestehende Kernschicht, die zw. feste Deckplatten geklebt wird.
Sandwich-Inseln ['sænwɪtʃ-], → Hawaii.
Sandwurm, Borstenwurm, lebt in einer u-förmigen Wohnröhre in Sand oder Schlick an der Meeresküste.
San Francisco [sænfrən'sɪskəʊ], Stadt in Kalifornien, USA, 732 000 Ew. (Agglomeration: 6,25 Mio.), größter Hafen und Handelsplatz der W-Küste Amerikas, am Pazif. Ozean, auf der Landzunge zw. der **S.-F.-Bucht** und der Meeresstraße des Goldenen Tors (Golden Gate); kath. Erzbischofssitz; Sternwarte. Luft- und Raumfahrtind.; Erdölraffinerien, Schiff-, Maschinenbau, chem., Elektro-, Papier- und Textilind. u. a. ✧. – S. F. ist nach einer Siedlung span. Franziskanermönche benannt; 1906 durch Erdbeben zerstört. Auf der **Konferenz von S. F.** von 1945 wurde die Satzung der Vereinten Nationen vereinbart.
Sänfte, Tragstuhl, in Europa vom 17. bis 19. Jh. im Gebrauch.
Sanger ['sæŋə], Frederick, brit. Biochemiker, * 1918; entwickelte bahnbrechende Verfahren zur Strukturaufklärung der Eiweiße (z. B. Insulin); Nobelpreis für Chemie 1958 und 1980.
Sạnger, Eugen, dt. Raketenforscher, * 1905, † 1964; wiss. Arbeiten zur Raumfahrt; ab 1956 Vorsitzender der Dt. Gesellschaft für Raketentechnik und Raumfahrt.
Sangerhausen, Krst. in Sa.-Anh., am Harz, 33 500 Ew.; Rosenforschungsinstitut, Maschinen-, Starkstromanlagen-, Fahrradbau.
San Gimignano [sandʒimi'ɲa:nɔ], ital. Stadt in der Toskana, 7 400 Ew.; das histor. Zentrum mit 13 Geschlechtertürmen, Kirchen und Palästen gehört zum Weltkulturerbe.
Sangria *die,* span. Getränk aus Rotwein, Fruchtstücken, Zucker; wird mit Eis serviert.
Sanguiniker *der,* der »leichtblütige«, heitere, lebhafte Mensch, einer der 4 Persönlichkeitstypen der antiken Temperamentlehre.
Sạnherib, König von Assyrien (704 bis 681 v. Chr.), unterwarf Babylon, belagerte Jerusalem, baute Ninive zu einer prächtigen Stadt aus.

Sanierung, 1) Stadt-S., städtebaul. Maßnahmen zur Verbesserung der Lebensqualität in älteren Wohnvierteln. – **2)** ✐ Maßnahmen, durch die ein vom Konkurs bedrohtes Unternehmen auf gesunde Grundlagen gestellt wird, sodass es mit Gewinn arbeitet.

Sanitärtechnik, Zweig der Haustechnik, der sich mit der Herstellung und Installation sanitärer, v. a. der Hygiene dienender Einrichtungen befasst.

Sanitäter, Helfer bei Unfällen und plötzl. Erkrankungen, beim Krankentransport.

Sanitätsoffizier, dem Militär angehöriger Arzt, Zahnarzt, Apotheker, Veterinär im Offiziersrang.

Sanitätstruppe, Gesamtheit der militär. Sanitätsverbände und -einheiten.

Sanitätswesen, 1) das öffentl. Gesundheitswesen. – **2)** in der Bundeswehr alle dem Inspekteur für das Sanitäts- und Gesundheitswesen unterstellten Einrichtungen.

San Jose [sænhəʊˈzeɪ], Stadt in Kalifornien, USA, 738 400 Ew. (Metropolitan Area: 1,3 Mio.); Univ.; Obstbauzentrum; ✈.

San José [saŋxoˈse], **1)** Hptst. der Rep. Costa Rica, 284 600 Ew.; kath. Erzbischofssitz; 3 Univ.; ✈. – **2) S. J. de Cucuta,** meist kurz **Cucuta,** Stadt in Kolumbien, 441 000 Einwohner.

San Juan [-xuˈan], **1)** Hptst. der argentin. Prov. S. J., 118 000 Ew.; kath. Erzbischofssitz; Univ.; ✈. – **2)** Hptst. von Puerto Rico, 431 200 Ew.; kath. Erzbischofssitz; Univ.; ⚓. Die auf einer Landzunge gelegene, von Stadtmauern umgebene histor. Altstadt und die Festung gehören zum Weltkulturerbe.

Sankt Andreasberg, Stadt in Ndsachs., im Oberharz, 520 bis 650 m ü. M., heilklimat. Kurort und Wintersportplatz; 2 600 Einwohner.

Sankt Anton am Arlberg, Gemeinde in Tirol, Österreich, im Stanzer Tal, 1 302 m ü. M., 2 200 Ew.; Luftkurort, Wintersport.

Sankt Augustin, Stadt im Rhein-Sieg-Kr., NRW, 49 400 Ew.; Hochschule der Steyler Mission.

Sankt Bernhard, 2 Alpenpässe: **Großer** und **Kleiner S. B.** (→Alpen; Alpenpässe, ÜBERSICHT).

Sankt Blasien, Stadt in Bad.-Württ., im südl. Schwarzwald, 762 m ü. M., 3 900 Ew.; heilklimatischer Kurort; Benediktinerkloster (gegr. 948).

Sankt Florian, Markt in OÖ, bei Linz, 4 500 Ew.; Augustiner-Chorherrenstift (17. Jh.).

Sankt Gallen, 1) Kt. der östl. Schweiz, 2 014 km², 420 200 Ew.; im S Ausläufer der Glarner Alpen, in der Mitte die Säntisgruppe, im N fruchtbares Hügelland; Landwirtschaft mit Obst-, Weinbau, Viehzucht. – **2)** Hptst. von 1), 73 500 Ew.; Hochschule für Wirtschafts- und Sozialwiss.; Stiftskirche, Bibliothek. – Zum Weltkulturerbe erklärt wurde die ehem. Benediktinerabtei, im 7. Jh. als Einsiedlerzelle vom hl. Gallus gegr., im 9. bis 11. Jh. eine der bedeutendsten Stätten zur Pflege der mittelalterl. Kunst und Wiss. Die Äbte wurden 1206 Reichsfürsten und verbündeten sich im 15. Jh., ebenso wie die Stadt S. G., mit der Schweizer Eidgenossenschaft. 1803 entstand der heutige Kt. Sankt Gallen.

Sankt Georgen im Schwarzwald, Stadt in Bad.-Württ., 14 100 Ew.; Uhren-, Werkzeugmaschinenindustrie.

Sankt-Georgs-Kanal, englisch **Saint George's Channel,** Meeresstraße zw. Irland und Wales, verbindet die Irische See mit dem Atlantik.

Sankt Goar, Stadt in Rheinl.-Pf., links am Rhein, 3 100 Ew.; Weinbau; Ruine **Rheinfels.**

Sankt Goarshausen, Stadt in Rheinl.-Pf., am rechten Rheinufer, 1 600 Ew.; Weinbau; in der Nähe der Loreleyfelsen.

Sankt Gotthard, Pass in der Gotthardgruppe (bis 3 192 m hoch) der zentralen Alpen, Schweiz (→Alpen; Alpenpässe, ÜBERSICHT).

Geschlechtertürme in **San Gimignano**

Sankt Helena, engl. **Saint Helena,** brit. Insel im südl. Atlant. Ozean, 122 km², 5 560 Ew.; Hauptort: Jamestown; vulkanisch, fast unzugängl. Küsten, mildes Klima. Seit 1834 brit.; Verbannungs- (1815 bis 1821) und Sterbeort Napoleons I.

Sankt Ingbert, Stadt im Saarland, 41 000 Ew.; Metall-, Elektro-, Textilind., Reifenwerk.

Sanktion *die,* **1)** feierl. Bestätigung. – **2)** früher Bezeichnung für manche Staatsgesetze (z. B. →Pragmatische Sanktion). – **3)** gesetzlich für den Fall der Nichtbefolgung einer Rechtsnorm vorgesehene Zwangsmaßnahme; im Völkerrecht kollektive Maßnahme der UNO gegen einen den Frieden bedrohenden Staat. – **4)** Soziologie: alle positiven, bestätigenden (z. B. Lob, materielle Belohnung, sozialer Aufstieg) und negativen, abweisenden, bestrafenden (Tadel, Spott, formelle Strafen) Reaktionen auf das Verhalten von Einzelnen oder Gruppen; entscheidendes Mittel des Sozialisations- und Erziehungsprozesses.

Sankt Gallen
Kantonswappen

Sankt Joachimsthal, tschech. **Jáchymov,** Stadt in der ČR, 3 300 Ew., im Erzgebirge, 635 bis 750 m ü. M.; Radiumbad.

Sankt-Lorenz-Strom, Strom im östl. Nordamerika, Abfluss des Ontariosees, 4 023 km lang, mit zahlreichen Inseln, Stromschnellen, Seen und Nebenflüssen (Einzugsgebiet 1,55 Mio. km²). Er mündet mit langer Trichtermündung in den **Sankt-Lorenz-Golf.** 1959 wurde der Ausbau des S.-L.-S. zum **Sankt-Lorenz-Seeweg** für Seeschiffe bis Chicago und Duluth vollendet; Kraftwerke.

Sankt Gallen
Stadtwappen

Sankt Moritz, Kurort, Wintersportplatz in Graubünden (Schweiz), 6 000 Ew., im Oberengadin, 1 838 m ü. M.; Kohlensäurequelle und Moorbad.

Sankt Peter-Ording, Gemeinde in Schlesw.-Holst. 3 600 Ew.; Nordsee- und Schwefelheilbad.

Sankt Petersburg, russ. **Sankt-Peterburg,** 1914 bis 1924 **Petrograd,** 1924 bis 1991 **Leningrad,** Gebietshptst. in Russland, 4,6 Mio. Ew.; liegt an der Mündung der Newa in den Finn. Meerbusen, z. T. auf Inseln. Das histor. Zentrum gehört zum Weltkulturerbe, berühmte Museen (Bildergalerie »Eremitage«), große Staatsbibliothek (eine der größten Buch- und Handschriftensammlungen der Erde), Theater, Univ., Forschungsinstitute; Werften, Elektro-, feinmechan., Textil-, chem. Ind.; ⚓; internat. ✈. – S. P., 1703 von Peter d. Gr. gegr., war bis 1917 Residenz der russ. Kaiser. - BILD S. 786

Sankt Pölten, Landeshptst. in NÖ, 51 100 Ew.; kath. Bischofssitz; zahlreiche Barockbauten; Maschinen- u. a. Industrie.

Sankt Wendel, Krst. im Saarland, an der Blies, 26 400 Ew.; Textil-, Holz-, Metall verarbeitende Ind., graf. Gewerbe.

Sankt Wolfgang im Salzkammergut, Kurort in OÖ, 2400 Ew., am **St.-Wolfgang-See;** Wallfahrtskirche; Zahnradbahn auf den Schafberg.

San Luis Potosí, Hptst. des mexikan. Staats S. L. P., 406600 Ew.; Univ.; Institut für Wüstenforschung; Bergbauzentrum; Hüttenwerke, Textil- u. a. Industrie.

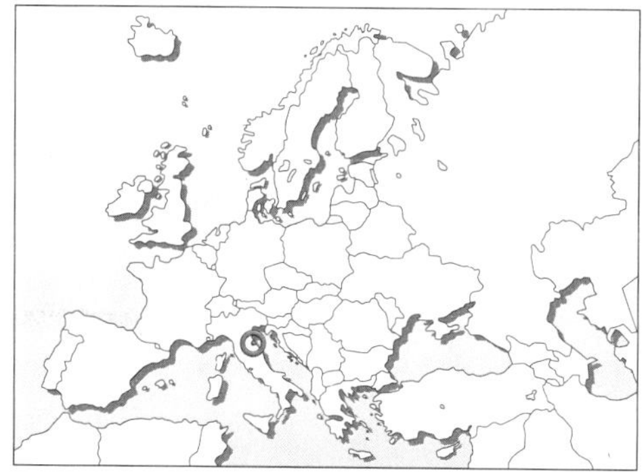

San Marino

Staatswappen

Staatsflagge

Internationales Kfz-Kennzeichen

San Marino, Rep. im mittleren Italien, südwestl. von Rimini, 61 km², 23000 Ew.; Hptst.: S. M. Staatsoberhaupt: 2 aus dem Parlament für 6 Monate gewählte regierende »Capitani reggenti«. Wichtigster Wirtschaftszweig ist der Fremdenverkehr, daneben der Weinbau sowie die Bekleidungs- und Lederwarenind. Bedeutung hat auch der Briefmarkenverkauf. – Erlangte im 13./14. Jh. die Unabhängigkeit; 1815 durch den Wiener Kongress bestätigt. Seit 1897 Freundschaftsvertrag mit Italien.

San Remo, ital. Kurort an der Riviera di Ponente; 60500 Ew. – Die **Konferenz von S. R.** lehnte im April 1920 die Revision der Versailler Verträge ab.

San Salvador, 1) früher **Watlings Island,** indian. **Guanahani,** eine der Bahama-Inseln, 155 km². Hier landete Kolumbus am 12. 10. 1492. – **2)** Hptst. der Rep. El Salvador, 459900 Ew.; kath. Erzbischofssitz; Akademie der Wiss., 3 Univ., Tropeninstitut; internat. ✈. – Span. Gründung (1525).

Sansculotten [sãky'lɔtən, frz. »ohne Kniehosen«] *Pl.,* Spottname für die Anhänger der Frz. Revolution, die lange Hosen (im Ggs. zu den in der Männerkleidung des Adels übl. Kniehosen) trugen.

Blick auf Wohnhäuser und Auferstehungskirche (1892 bis 1907) am Gribojedowkanal in **Sankt Petersburg**

San Sebastián, Hafenstadt im nördl. Spanien, am Golf von Biscaya, 177000 Ew.; alte Festung.

Sansevieria *die,* **Bogenhanf,** Liliengewächs im trop. Asien und Afrika.

Sansibar, Koralleninsel an der Küste O-Afrikas, gehört mit Pemba zu Tansania, 1660 km², 375600 Ew.; internat. ✈; Hptst.: S. – S. hat eigene Regierung und eigenes Parlament. Im W fruchtbar, Klima tropisch-feucht. Auf S. und Pemba Gewinnung von Gewürznelken (80% der Welternte). – Im 10. Jh. setzten sich die Araber auf S. fest. Seit 1828 residierten hier die Sultane von Oman. 1890 kam das Sultanat unter brit. Protektorat (Helgoland-S.-Vertrag); 1963 wurde es unabhängig. 1964 wurde der Sultan gestürzt und die »Volksrepublik« ausgerufen. 1964 schloss sich S. mit Tanganjika zusammen (→Tansania).

Sanskrit *das,* Sprache der altind. Literatur, starb schon im 6. Jh. v. Chr. als Volkssprache aus. Die S.-Forschung im 19. Jh. begründete die indogerman. Sprachwissenschaft.

Sansovino, 1) Andrea, ital. Bildhauer, *um 1460, †1529; u. a. Wandgrabmäler im Stil der Hochrenaissance. – **2)** Iacopo, *1486, †1570; Schüler von 1), der führende Baumeister und Bildhauer der venezian. Renaissance.

Sanssouci [sãsu'si, frz. »sorgenfrei«], Rokokoschloss und Park bei Potsdam, Lieblingsaufenthalt Friedrichs d. Gr., 1745 bis 1747 von G. W. von Knobelsdorff erbaut. Östlich vom Schloss die Bildergalerie (1755 bis 1763), westlich die Neuen Kammern (1771 bis 1773); das Neue Palais (1763 bis 1769), gegenüber die beiden Communs (Gästewohnungen, 1765 bis 1769); Schloss Charlottenhof (1826 bis 1828 von K. F. Schinkel im ital. Stil umgebaut); Orangerie (1851 bis 1857). Schloss und Park gehören zum Weltkulturerbe.

Santa, weibl. Form zu **Santo** (San) und **São,** heilig.

Santa Clara, Prov.-Hptst. auf Kuba, 178300 Ew.; Univ.; Industrie.

Santa Cruz de Tenerife [-'kruð-], Hauptort der span. Insel Teneriffa, 191000 Ew.; Überseekabelstation; ⚓, internat. ✈.

Santa Fe, 1) Hptst. der Prov. S. F. in NO-Argentinien, 292000 Ew.; kath. Erzbischofssitz, 2 Univ., Handelszentrum. – **2)** argentin. Prov. westlich des Paraná, 133007 km², 2,7 Mio. Einwohner.

Santander, Stadt in N-Spanien, 180500 Ew.; Bischofssitz; Univ.; Erzausfuhr; ⚓.

Santayana [sæntɪ'æna], George de, spanisch-amerikan. Philosoph, Schriftsteller, *1863, †1952; kulturkrit. Schriften über Moral, Kunst und Urteilskraft der Vernunft, kritisierte puritan. Pflichtethik, Roman »Der letzte Puritaner« (1936) u. a.

Santer [frz. sã'tɛːr], Jacques, luxemburg. Politiker, *1937; wurde 1972 Gen.-Sekr., 1974 (bis 1982) Vors. der Christl.-Sozialen Volkspartei; 1984 bis 1994 Min.-Präs., seit 1995 Präs. der EU-Kommission.

Santiago, 1) S. de Chile, Hptst. Chiles, 4,8 Mio. Ew. (mit Vororten); kath. Erzbischofssitz, 3 Univ., Sternwarte; internat. ✈. – **2) S. de Compostela,** Stadt in NW-Spanien, 104000 Ew.; kath. Erzbischofssitz. Die Altstadt des Wallfahrtsorts gehört zum Weltkulturerbe. Univ.; internat. ✈. – **3) S. de Cuba,** Prov.-Hptst. auf Kuba, 358800 Ew.; kath. Erzbischofssitz; Univ.; ⚓; Ausfuhr: Zucker, Kaffee, Nutzhölzer, Eisenerze.

Säntis *der,* höchster Gipfel der **S.-Gruppe** im Kt. St. Gallen, Schweiz, 2503 m; Wetterwarte; Seilbahn.

Santo André ['sãntu -], Stadt in Brasilien, 684000 Ew.; räumlich und wirtschaftlich eng mit São Paulo verbunden.

Santo Domingo, Hptst. der Dominikan. Rep., 1,4 Mio. Ew.; kath. Erzbischofssitz; Univ.; Ausfuhrhafen für Zucker; internat. ✈.

Santorin, in der Antike **Thera,** griech. Insel der Kykladen, 72 km² groß, vulkanisch.

Santos [-us], Hafenstadt in Brasilien, auf der Küsteninsel São Vicente, 461 000 Ew.; Bischofssitz; Kaffeeausfuhr.
São Francisco [sãu frã'sisku], **Rio S. F.,** 2 900 km langer Strom im östl. Brasilien, mit den Paulo-Afonso-Wasserfällen (84 m).
São Luis [sãu 'luis], Hptst. des brasilian. Staats Maranhão, 564 000 Ew.; kath. Erzbischofssitz; Univ.; verschiedene Industrie; ⚓.
São Miguel [sãumi'ɣɛl], größte Insel der port. Azoren, 747 km²; 133 000 Ew.; Thermalquellen. Hauptort Ponta Delgada.
Saône [so:n] *die,* Fluss in Frankreich, größter rechter Nebenfluss der Rhône, mündet in Lyon; 482 km lang, davon 374 km schiffbar.
São Paulo [sãum 'paulu], **1)** Gliedstaat im südl. Brasilien, 247 898 km², 33 Mio. Ew.; Kaffee-, Baumwoll-, Reisanbau; Viehzucht; Ind. Von S. P. aus erschlossen port. Waldläufer im 17./18. Jh. das riesige Hinterland Brasiliens. – **2)** Hptst. von 1), 10,1 Mio. Ew. (Agglomeration 16,8 Mio.); kath. Erzbischofssitz; 4 Univ.; Goethe-Institut; Hauptsitz des brasilian. Kaffeehandels, bedeutende Ind., 2 internat. ✈.
São Tiago [sãu'tiagu], die größte der Kapverdischen Inseln, 964 km², 125 000 Einwohner.

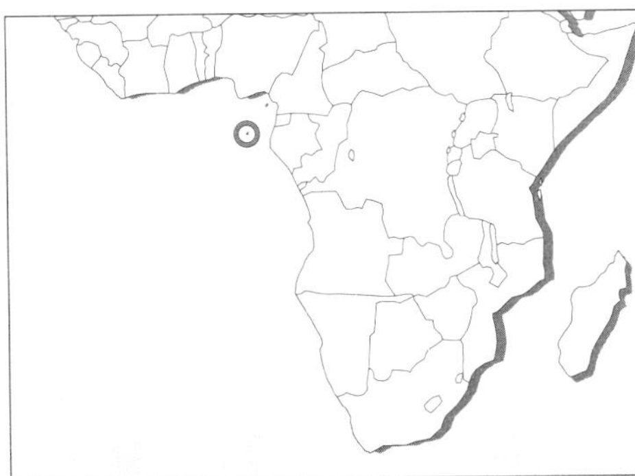

São Tomé e Príncipe [sãutu'mɛ e 'prĩsipə], Staat in W-Afrika, 964 km², 124 000 Ew.; umfasst die im Golf von Guinea gelegenen Inseln **São Tomé** (836 km², 75 000 Ew., bis 2 024 m hoch) und **Príncipe.** Hptst.: São Tomé. Amtssprache: Portugiesisch. Kakao-, Kaffee-, Zuckerrohranbau, Kokos-, Ölbaumkulturen. Das Straßennetz ist 380 km lang. Wichtigster Hafen ist Ana Chaves auf São Tomé. – 1470 Entdeckung der damals unbewohnten Inseln durch den port. Seefahrer P. de Escobar; seit 1475 port. Kolonie; 1641 bis 1644 vorübergehend in niederländ. Besitz; 1951 Umwandlung in eine überseeische Prov. Portugals; nach der Revolution in Portugal 1975 Erlangung der staatl. Unabhängigkeit; bis 1990 Einparteisystem unter Staatspräs. M. Pinto da Costa; 1991 Wahl des Oppositionskandidaten M. Trovoada.
SAP AG, dt. Softwareunternehmen, weltweit führender Hersteller betriebswirtschaftl. Standardsoftware; Sitz Walldorf (Baden).
Saphir *der,* Edelstein, der blaue Korund.
Saponine, in vielen Pflanzen (z. B. Panamarinde, Rosskastanie) vorkommende seifenartige organische Verbindungen (Glykoside).
Saporoschje, Gebietshptst. in der Ukraine, 884 000 Ew.; Dnjepr-Staudamm mit Kraftwerk; Aluminiumwerk u. a. bedeutende Industrie.
Sappho, griech. Dichterin, lebte auf Lesbos um 600 v. Chr.; formvollendete Gedichte von tiefer Leidenschaft und Naturverbundenheit.
Sapporo, Stadt auf der jap. Insel Hokkaidō, 1,58 Mio. Ew.; 2 Univ.; Textilind. Wintersportplatz.

Sanssouci

Sapropel *der,* → Faulschlamm.
Saprophyten, Fäulnisbewohner, Pflanzen (bes. Bakterien, Pilze), denen das Chlorophyll fehlt und damit die Fähigkeit, Kohlendioxid und mineral. Stoffe zu assimilieren; sie nähren sich von pflanzl. und tier. Zerfallsstoffen.
Sara, Sarah, im A. T.: Halbschwester und Frau Abrahams, dem sie Isaak gebar; Stammmutter Israels.
Sarabande *die,* Tanz span. Ursprungs im Dreiertakt; Satz der frz. Suite.
Saragat, Giuseppe, ital. Politiker, *1898, †1988; gründete 1947 die Sozialist. Arbeiterpartei, später die Sozialdemokrat. Partei, die er maßgeblich prägte; 1964 bis 1971 Staatspräsident.
Saragossa, spanisch **Zaragoza,** Stadt im nordöstl. Spanien, am Ebro, 575 300 Ew.; kath. Erzbischofssitz; got. Kathedrale; Univ. (1474 gegr.); u. a. Maschinen- und Waggonbau; versch. Industrie. – Seit 1118 Hptst. des Kgr. Aragonien.
Sarajevo, Hptst. der Rep. Bosnien und Herzegowina, im Dinar. Gebirge, 447 000 Ew.; kath. Erzbischofs- und orthodoxer Metropolitensitz; Univ. u. a. Hochschulen; Tabak-, Leder-, Textilind.; ⚓. In S. wurde am 28. 6. 1914 der österr.-ungar. Thronfolger Franz Ferdinand mit seiner Gemahlin ermordet. Im Bürgerkrieg seit Frühsommer 1992 von serb. Verbänden belagert und schwer zerstört; 1995 Aufhebung der Blockade.
Sarandon ['særədən], Susan, amerikan. Filmschauspielerin, *1946; »Thelma & Louise« (1991), »Dead Man Walking – Sein letzter Gang« (1995).
Saransk, Hptst. der Mordwin. Rep., Russland, 312 000 Ew., Univ.; versch. Ind.; Straßenverkehrsknotenpunkt.
Sarapis → Serapis.
Saratow, Stadt in Russland, an der Wolga, 905 000 Ew.; Univ.; Maschinenbau, Erdölverarbeitung; Erdgas- und Erdölvorkommen; ⚓.
Sarawak, Gliedstaat von Malaysia, an der NW-Küste der Insel Borneo, 124 449 km², 1,6 Mio. Ew. (Malaien, Dajak, Chinesen); Hptst.: Kuching. S. hat eine eigene Reg. und ein eigenes Parlament. Anbau von Reis, Sago, Kautschuk, Kokospalmen, Pfeffer; Erdöl, Bauxit, Gold. – Seit 1842 Herrschaft der Familie Brooke, 1888 bis 1963 war S. britisches Protektorat.
Sarazenen, im Altertum Name eines Beduinenstamms auf der Sinai-Halbinsel, im MA. auf Araber und Muslime übertragen.
Sardellen, Familie der Heringsartigen mit vielen Arten; Europ. S. → Anchovis.
Sardes, antike Hptst. von Lydien (Ruinen östl. von İzmir, Türkei).

São Tomé e Principe

Staatswappen

Staatsflagge

Sardine *die,* bis 20 cm langer Heringsfisch an den europ. Küsten des Atlantik; im Handel v. a. in Olivenöl **(Öl-S.)** eingelegt.

Sardinilen, ital. **Sardegna,** ital. Insel im Mittelmeer, 23813 km², 1,65 Mio. Ew. (Sarden); Regionshptst.: Cagliari. Gebirgig, im SW Ebene. Getreide, Wein, Ölbäume, Südfrüchte, Tabak; Viehzucht; ⚒ (Kohle, Zink, Blei, Mangan, Antimon). – S. kam im 5. Jh. v. Chr. unter karthag. Herrschaft und war seit 238 v. Chr. röm. Prov., später oströmisch. Vom 8. bis 11. Jh. war es in den Händen der Araber, dann der Pisaner, 1164 bis 1250 stauf. Kgr., seit 1297 spanisch. 1720 fiel S. nach kurzer österr. Herrschaft an die Herzöge von Savoyen, die den Königstitel von S. annahmen; das Kgr. S. ging nach der ital. Einigung im neuen Kgr. Italien auf (1861).

sardonisches Lachen, durch Muskelkrampf hervorgerufene Ausdrucksverzerrung des Gesichts bei Wundstarrkrampf; Ü boshaftes Lachen.

Sardonyx *der,* weiß und rot gestreifter Chalcedon; Schmuckstein.

Sardou [sarˈdu], Victorien, frz. Dramatiker, * 1831, † 1908; »Cyprienne« (1880), »Madame Sans-Gêne« (1907).

Sargassolsee, Teil des Atlant. Ozeans zw. den Azoren, Bermudas und den Westind. Inseln; Laichgebiet der Aale.

Sargent [ˈsɑːdʒənt], John Singer, amerikan. Maler, * 1856, † 1925; vom Impressionismus beeinflusste Bildnisse und Landschaften.

Sargon, altmesopotam. Könige: **1) S. von Akkad,** gründete um 2350 v. Chr. das erste semit. Großreich in Babylonien. – **2) S. II.,** König von Assyrien (721 bis 705 v. Chr.), befestigte und erweiterte in Kämpfen gegen Syrien, Babylonien und Armenien die assyr. Herrschaft.

Sari *der,* Wickelgewand der ind. Frau.

Sarkasmus *der,* beißender Spott.

Sarkom *das,* ⚕ bösartige, meist schnell wachsende Bindegewebsgeschwulst.

Sarkophag *der,* meist prunkvoller Steinsarg, der bei vielen Völkern des Altertums in Gebrauch war; übernommen in die abendländ. Kunst.

Sarmaten, im Altertum iran. Nomadenvolk in Südrussland **(Sarmatien).**

Sarnen, Hauptort des schweizer. Halb-Kt. Obwalden, 7800 Ew.; am **Sarner See;** Kunststoff-, Nahrungsmittel-, Elektroindustrie.

Sarong *der,* um die Hüfte geschwungener, bunter Rock der Malaien.

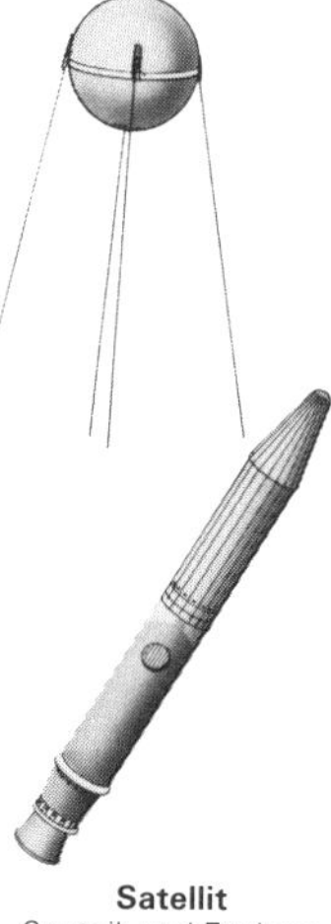

Satellit
Sputnik und Explorer (von oben)

Ehemalige Abteikirche (12. Jh.) Santissima Trinità di Saccargia auf **Sardinien**.

Saroyan [səˈrɔɪən], William, amerikan. Schriftsteller, * 1908, † 1981; »Menschl. Komödie« (1943), »Wir Lügner« (1951).

Sarraute [saˈroːt], Nathalie, geb. **Tscherniak,** frz. Schriftstellerin russ. Herkunft, * 1900; Vorläuferin und Wegbereiterin des Noveau Roman (»Porträt eines Unbekannten«, 1949; »Kindheit«, 1983; »Ici«, 1995).

Sarto, Andrea del, ital. Maler, * 1486, † 1530; Meister der florentin. Renaissance (Fresken, Tafelbilder).

Sartre, Jean-Paul, frz. Philosoph, Schriftsteller, * 1905, † 1980; Hauptvertreter der frz. Existenzphilosophie: Der Mensch »ist Freiheit«, ohne Bindung an einen Gott; er ist, wozu er sich durch sein Tun macht. Hauptwerk: »Das Sein und das Nichts« (1943); Schauspiele: »Die Fliegen« (1943), »Die schmutzigen Hände« (1948), »Die Eingeschlossenen« (1960); Romane. 1964 lehnte S. den Nobelpreis ab.

SAS, Abk. für Scandinavian Airlines System, dänisch-norwegisch-schwed. Gemeinschafts-Luftverkehrsgesellschaft, Sitz Stockholm.

Sasebo, Hafenstadt in Japan, im W der Insel Kyūshū, 249000 Ew.; Schiff-, Maschinenbau.

Saskatchewan [səsˈkætʃɪwən], **1)** *der,* Fluss in Kanada, mündet in den Winnipegsee, dem er als Nelson River entströmt, insgesamt 2575 km lang. – **2)** Prov. Kanadas, 570700 km², 1,01 Mio. Ew.; Hptst.: Regina. Getreideanbau (über 50 % der kanad. Weizenernte), Viehzucht, Pelztierfang; ⚒ auf Erdöl, Erdgas, NE-Metalle u. a.; Uranlager. Raffinerien, Holz verarbeitende u. a. Industrie.

Sassafras *der,* **Sassafraslorbeer,** Lorbeergewächs im atlant. Nordamerika mit gelbl. Blütenrispen und dunkelblauen Beeren. Holz und Rinde enthalten das nach Fenchel riechende **S.-Öl;** Würze für Seife, Tabak, Getränke.

Sassaniden, Sasaniden, neupers. Herrscherhaus von 224 bis um 642 n. Chr.

Sassari, Stadt im N Sardiniens, 120900 Ew.; kath. Erzbischofssitz; Univ.; Handel.

Saßnitz, Stadt auf Rügen, Meckl.-Vorp., 13000 Ew.; Fähre nach Trelleborg (Schweden).

SAT 1, von der Satelliten Fernsehen GmbH betriebener privater dt. Satellitenfernsehsender, gegr. am 1. 1. 1985; Sitz Mainz.

Satan *der,* Teufel, Verkörperung des Bösen.

Satanslpilz, Blutpilz, giftiger Röhrling.

Satellit *der,* **1)** Leibwächter, Begleiter. – **2)** ☼ einen Planeten begleitender Mond. – **3) künstl. S.,** unbemannter Raumflugkörper, der mit Trägerraketen auf eine der vorgegebenen Bahnhöhe entsprechende Geschwindigkeit gebracht wird und dann – im Gleichgewicht von Schwerkraft und Fliehkraft – antriebslos nach den Gesetzen der Himmelsmechanik Bahnen um die Erde **(Erd-S., Erdtrabant, künstl. Mond),** um Mond **(Mond-S.),** Planeten **(Planeten-S., künstl. Mond)** und Sonne **(künstl. Planet)** zieht. In etwa 200 km Höhe beträgt die Umlaufzeit von Erd-S. rd. $1\frac{1}{2}$ Stunden, während sie in etwa 36000 km Höhe auf 24 Stunden ansteigt (geostationäre Umlaufbahn von **Synchron-S.,** bes. bei Kommunikations-S. angewendet).
S. sind mit Messgeräten und Kameras ausgerüstet, speichern Daten und senden diese in Form von Signalen zur Erde. S. dienen z. B. Forschungen zur Kartographie, Ozeanologie, Geodäsie, Lagerstättenerkundung, als Wetter-, Kommunikations- und Navigations-S. u. a. Die erforderliche Bordenergie wird durch Solarbatterien, Brennstoffzellen, Kernenergie gewonnen.
Militär. S., die den weitaus größten Anteil aller S. ausmachen, dienen u. a. der visuellen oder elektron. Aufklärung und der Frühwarnung.

Satellitenrundfunk, die (weltweite) Übertragung von Hörfunk- und Fernsehprogrammen mittels Rundfunksatelliten (z. B. TDF1, TV-SAT2, Astra, Kopernikus) als Zwischenstationen.

Links: Echtfarbenaufnahme von Atmosphäre und Ringsystem des Planeten **Saturn**, aufgenommen von der Raumsonde Voyager 2 während des Vorbeiflugs im Juli 1981. Rechts: Ausschnitt aus dem Ringsystem des Planeten **Saturn** in einer Falschfarbenaufnahme, aufgenommen von der Raumsonde Voyager 2 während des Vorbeiflugs im August 1981

Satellitenstaat, abwertend für einen völkerrechtlich unabhängigen, jedoch von einer Großmacht abhängigen Staat.

Satie [sa'ti], Erik, frz. Komponist, *1866, †1925. In Abkehr von spätromant. Traditionen zeigen seine Werke eine klare, durchsichtige Satztechnik, mitunter ungewohnte Stilanleihen.

Satin [zat'ɛ̃] *der,* Gewebe von seidiger Oberfläche, in Atlasbindung; **satinieren,** Papier im Kalander glätten, Glanz geben.

Satire *die,* Literaturgattung, die durch Spott, Ironie, Übertreibung bestimmte Personen oder Sachverhalte kritisieren oder verächtlich machen will. Sie kann sich mit allen literar. Formen verbinden.

Satisfaktion *die,* Genugtuung, früher bes. mit der Waffe, bei Beleidigung und Ehrverletzung.

Satō, Eisaku, jap. Politiker, *1901, †1975; nach dem 2. Weltkrieg Min. in versch. Kabinetten; 1964 bis 1972 Min.-Präs., erreichte die Normalisierung des Verhältnisses zu Süd-Korea; Friedensnobelpreis 1974.

Sattel, 1) Vorrichtung, die den sicheren Sitz des Reiters ermöglicht. Neben dem **Reit-S.** gibt es den **Pack-S.** für Tragtiere. – **2)** Sitzvorrichtung beim Fahr- und Motorrad. – **3)** 🌐 Senke im Verlauf eines Bergzugs.

Sattelschlepper, 🚗 Zugfahrzeug.

Sattler, handwerkl. und industrieller Lehrberuf, **Groblederverarbeiter.** Spezialberufe: Geschirr-, Auto-, Sportartikelsattler.

saturiert, zufrieden gestellt, selbstzufrieden.

Saturn *der,* **1)** altröm. Gott der Saaten und der Fruchtbarkeit, später dem Kronos gleichgesetzt. – **2)** ☼ nach Jupiter der größte Planet. Das ihn umgebende Ringsystem **(S.-Ring)** besteht aus mehreren Hauptringen, die ihrerseits in zahlreiche Teilringe zerfallen. 23 Monde des S. sind bekannt. Bei einer Oberflächentemperatur von −180 °C besteht die Atmosphäre des Planeten ähnlich der des Jupiters u. a. aus Wasserstoff, Helium und Spuren von Methan, Ammoniak. (→Planeten, ÜBERSICHT)

Saturnalien *Pl.,* altröm. Fest zu Ehren des Gottes Saturn am 17. Dezember.

Satyr *der,* griech. Sage: mit Dionysos auftretender Quell- oder Walddämon; Mischgestalt mit Menschenkörper, Pferde- oder Bocksbeinen und Schwanz.

Satz, 1) Ⓢ sprachl. Ausdruck eines Gedankens; gliedert sich in 2 **S.-Teile: S.-Gegenstand** oder **Subjekt** und **S.-Aussage** oder **Prädikat.** Zum Verb (Zeitwort) der S.-Aussage kann die **Ergänzung** (das **Objekt**) hinzutreten. Ferner können S.-Gegenstand und -aussage durch nähere Bestimmungen erweitert werden. Es gibt **Haupt-** und **Neben-S.** (S.-Teil in Form eines S.). Mit dem S.-Bau beschäftigt sich die **S.-Lehre** oder **Syntax. S.-Zeichen:** Punkt, Strichpunkt, Beistrich usw. – **2)** ✐ Anzahl gleicher Gegenstände versch. Größe. – **3)** 𝄞 a) abgeschlossener Teil eines größeren Tonstücks (Sonate, Sinfonie u. a.). b) Setzweise, d. h. Art des Aufbaus eines Tonstücks. – **4)** 🕮 Zusammenstellung der Lettern.

Satzung, Statut, 1) rechtl. Anordnung, durch die eine mit Selbstverw. ausgestattete öffentl. Körperschaft, z. B. Gemeinde, ihr eigenes Recht im Rahmen der Gesamtrechtsordnung bestimmt. – **2)** Verf. eines Vereins oder einer Gesellschaft.

Sau 1) *Pl.* **Säue,** zuchtreifes weibl. Hausschwein. – **2)** *Pl.* **Sauen,** ♆ Wildschwein.

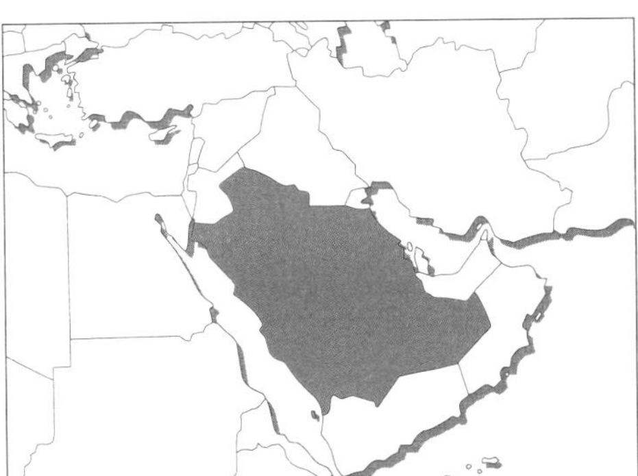

Saudi-Arabien, Kgr. in Arabien, 2,2 Mio. km², 16,93 Mio. Ew.; Hptst.: Riad. Amtssprache: Arabisch. – S.-A. umfasst den Hauptteil der Halbinsel Arabien, hat Anteil an den Küsten des Roten Meers und des Pers. Golfs.

Bevölkerung. Überwiegend muslim. Araber, die z. T. nomadisch oder halbnomadisch leben.

Wirtschaft. Oasen- und Bewässerungskulturen (Datteln), Viehhaltung (Schafe, Ziegen, Kamele); reiche Erdölvorkommen. Handwerksbetriebe, Leichtind., Raffinerien. ⚓: Djidda, Damman; internat. ✈: Riad, Djidda, Dhahran.

Saudi-Arabien

Staatswappen

Staatsflagge

Internationales Kfz-Kennzeichen

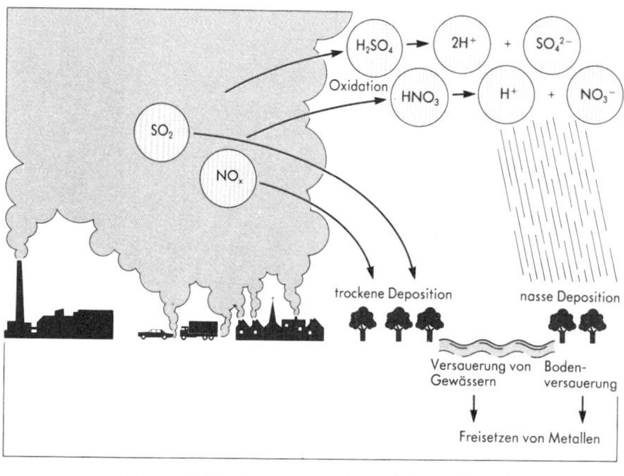

saurer Regen. Hauptwege der emittierten Säurebildner

Geschichte. Seit 1902 schuf sich der Wahhabitenherrscher Ibn Saud im Nedjd, dem Innern der Arab. Halbinsel, ein Herrschaftsgebiet, das er seit 1932 S.-A. nannte. Die wachsende Ölförderung machte S.-A. zu einem der reichsten Ölländer im Nahen Osten. Nach dem Tode Ibn Sauds (1953) wurde dessen Sohn Saud König, der 1964 von seinem Bruder Feisal verdrängt wurde. Nach dessen Ermordung (1975) bestieg Chalid den Thron; bei dessen Tod (1982) folgte Fahd Ibn Abd al-Asis. Unter Ablehnung des ägyptisch-israel. Friedensvertrags trat S.-A. mit eigenen Lösungsvorschlägen zum Nahost-Konflikt hervor. 1991 war es Hauptaufmarschgebiet der antiirak. Koalition im 2. Golfkrieg.

Sauer *die,* linker Nebenfluss der Mosel, entspringt in den Ardennen (Belgien), Grenzfluss zw. Luxemburg und Dtl., mündet bei Wasserbillig (Rheinl.-Pf.).

Sauer|ampfer *der,* →Ampfer.

Ferdinand Sauerbruch

Sauerbruch, Ferdinand, dt. Chirurg, * 1875, † 1951; neue Methoden der Brustkorbchirurgie, künstl. Glieder (Sauerbruch-Hand). Autobiographie: »Das war mein Leben« (1951).

Sauergräser, grasähnl. Sumpfwiesenpflanzen (Seggen, Binsen, Zypergräser), schlechtes Futter.

Sauerklee, kleinstaudige, rötlich weiß blühende Waldpflanze, reich an Kleesäure (Oxalsäure). Eine vierblättrige Schwesterart wird als Glücksklee gezogen. Amerikan. Arten haben essbare Knollen.

Sauerkraut, fein gehobelter, gesalzener Weißkohl, durch Gärung milchsäurehaltig.

Sauerland, der NO-Teil des Rhein. Schiefergebirges zw. Sieg, Möhne und Ruhr (großenteils zu NRW); Forst-, Weidewirtschaft, um den Kahlen Asten (841 m) Wintersportgebiet.

Sauerstoff, Symbol **O,** chem. Element, farb-, geruch- und geschmackloses Gas; OZ 8, D 1,429 g/l, Sp −182,96 °C. S. ist das häufigste Element auf der Erde, da gewichtsmäßig etwa 50% der oberen Erdrinde, 89% des Wassers und 21 Vol.-% der Luft aus S. bestehen. Dabei enthält die Luft den S. in chem. reiner Form (O_2), während er im Wasser an den Wasserstoff, in der Erdkruste meist an Metalle chem. gebunden ist. Mit den meisten Elementen vereinigt sich S. unmittelbar zu den **Oxiden,** diese Vereinigung wird **Oxidation,** bei bes. raschem Verlauf auch **Verbrennung** genannt. S. kann aus zahlreichen sauerstoffhaltigen Verbindungen (Braunstein, Kaliumchlorat) durch Erhitzen abgespalten werden. Technisch wird er durch →Luftverflüssigung gewonnen und kommt in blauen Stahlflaschen in den Handel. Verwendet wird S. in Atmungsgeräten sowie zum autogenen Schweißen, in der Stahlgewinnung und als Raketentreibstoffkomponente; lebensnotwendig für die Atmung fast aller Lebewesen. (→Ozon)

Sauerteig, biologisch gesäuerter und gärender Teig, den man aus Mehl und Wasser durch Stehenlassen bei etwa 28 °C erhält.

Sauerwurm, Raupe des →Traubenwicklers.

Säugetiere, Säuger, Mammalia, Klasse der höchstentwickelten Wirbeltiere, zu der im zoolog. System auch der Mensch gehört. Warmblüter mit Haarkleid (Wärmeschutz), atmen durch Lungen. Sie bringen lebende Junge zur Welt (Ausnahme: Kloakentiere), die mithilfe von Milchdrüsen gesäugt werden. Die 4 Gliedmaßen sind meist gleichartig als Füße ausgebildet, oft aber an die besondere Lebensweise angepasst, z. B. als Greifhand bei Affen, als Flosse bei Walen, Seehunden oder als Flugwerkzeuge bei Fledermäusen. Das Gebiss ist sehr verschieden und der Ernährungsweise angepasst. Die S. stammen von kriechtierähnl. Formen ab. Die ersten S. waren kleine Insektenfresser der oberen Trias (im Erdmittelalter). Die reichste Entfaltung der S. fällt in die Tertiärzeit vor 65 bis 5 Mio. Jahren.

Säugling, Kind im 1. Lebensjahr, in den ersten 28 Lebenstagen als Neugeborenes bezeichnet. Das Körpergewicht nimmt in den ersten 3 bis 5 Tagen ab, danach im Durchschnitt wöchentlich 150 bis 180 g zu. Im 5. Monat pflegt es verdoppelt zu sein, gegen Ende des 12. Monats verdreifacht. Bei einem Geburtsgewicht unter 2 500 g handelt es sich meist um Frühgeborene.

Säuglings|sterblichkeit, Anzahl der im 1. Lebensjahr gestorbenen Säuglinge, bezogen auf 1 000 lebend Geborene.

Saugwürmer, Ordnung der Plattwürmer; Schmarotzer mit Saugnäpfen zum Festhalten; z. B. Leberegel.

Saul, 1. König von Israel, um 1020 bis etwa 1004 v. Chr.

Säule, ñ frei stehende, walzenförmige Stütze aus Stein, Holz, Metall; klass. Gliederung in **Basis, Schaft** und **Kapitell.**

Säulen des Herkules, antike Bezeichnung für das Vorgebirge an der Meerenge von Gibraltar.

Säulenheilige, Styliten, christl. Asketen im 5. Jh., die einen großen Teil ihres Lebens auf der Plattform einer Säule zubrachten.

Säulenkaktus, Cere|us, südamerikan. Kaktusgattung, baum- oder strauchförmig mit bei Nacht sich öffnenden Blüten; auch Kübelpflanzen.

Saulus, Saul, Name des Apostels Paulus vor seiner Bekehrung.

Saumur [so'myr], frz. Stadt an der unteren Loire, 31 900 Ew.; 2 urspr. roman. Kirchen mit Sammlungen frz. Wandteppiche, Schloss (14. Jh. ff.) u. a.; Zentrum eines Weinbaugebiets mit Wein- und Sektkellereien, Likörherstellung u. a.

Sauna *die,* hölzernes Badehaus, das zu jedem finn. Gehöft gehört. Der Name übertrug sich auf die Badeweise selbst, ein Heißluftbad.

Saura, Carlos, span. Regisseur, * 1932; Filme: »Anna und die Wölfe« (1972), »Bluthochzeit« (1981), »Carmen« (1983).

Säuren, Verbindungen, die in polaren (z. B. wässrigen) Lösungen durch elektrolyt. Dissoziation positive Wasserstoffionen (Protonen) abgeben. **Wasserstoff-S.** bestehen aus Wasserstoff und einem weiteren Element, bei **Sauerstoff-S.** ist das Anion aus mehreren Atomen zusammengesetzt. Die Stärke der S. ist vom Lösungsmittel abhängig. Sauerstofffreie S. sind um so stärker, je weiter unten das Säurerest-Element in einer Gruppe des Periodensystems angeordnet ist. Bei sauerstoffhaltigen **Mineral-S.** (anorgan. S.) erhöht sich die Stärke mit der Anzahl der Wasserstoffatome im Molekül. **Super-S.** sind S., die stärker als 100%ige Schwefelsäure sind, z. B. Perchlorsäure.

saurer Regen, chemisch sauer reagierender Niederschlag, entsteht durch die Verbindung von Regentropfen mit in der Luft befindl. Schadstoffen, bes. Schwefel- und Stickstoffdioxiden, den Rückständen von Verbrennungsprozessen (Autoabgase, Heizung u. a.). Der s. R. gilt als eine der Hauptursachen des Waldsterbens.

Saurier *der,* in der Paläontologie Bezeichnung für die fossilen Amphibien und Reptilien, z. B. Dinosaurier, Ichthyosaurier.

Saussure [so'sy:r], **1)** Ferdinand de, schweizer. Sprachforscher, * 1857, † 1913; Begründer der modernen Linguistik. »Grundfragen der allg. Sprachwissenschaft« (1916). – **2)** Horace Bénédict de, schweizer. Naturforscher, Urgroßvater von 1), * 1740, † 1799; erfand meteorolog. Messinstrumente; 1787 Zweitbesteigung des Montblanc, den er als höchsten Berg Europas bestimmte.

Savannah [sə'vænə], Stadt in Georgia, USA, 142 000 Ew.; kath. und anglikan. Bischofssitz; Schiffbau, Holz- u. a. Ind., Erdölraffinerie; Überseehafen.

Savanne *die,* mit einzelnen Bäumen bestandene Grasflur trop. und subtrop. Gebiete mit reicher Tierwelt.

Save *die,* rechter Nebenfluss der Donau im N der Balkanhalbinsel, entspringt am Triglav, mündet bei Belgrad, 940 km lang, 583 km schiffbar.

Savigny ['zavınji], Friedrich Carl v., dt. Jurist, * 1779, † 1861; Begründer der histor. Rechtsschule. Werk: »Vom Berufe unserer Zeit für Gesetzgebung und Rechtswissenschaft« (1815).

Savona, Stadt in Italien, am Golf von Genua, 70 600 Ew.; kath. Bischofssitz; barocker Dom; Südfrüchte; Eisen-, Stahl-, chem. und elektrotechn. Ind., Glasherstellung, Werften.

Savonarola, Girolamo, ital. Dominikaner und Bußprediger, * 1452, † 1498; errichtete einen »Gottesstaat« und rief Christus zum König von Florenz aus, erhielt Predigtverbot, wurde exkommuniziert und 1498 in Florenz verbrannt.

Schachcomputer mit Sensorbrett (das Ziehen der Figuren ist gleichzeitig die Eingabe in den Computer)

Savoyen, frz. **Savoie,** Landschaft im südöstl. Frankreich, zw. Genfer See, Rhône und Mont-Cenis-Gruppe. – S., seit 121 v. Chr. unter röm. Herrschaft, dann von den Burgundern besiedelt, kam mit dem Kgr. Burgund 1033/34 an das Hl. Röm. Reich; das Kernland der Grafen, seit 1416 Herzöge von S. war seit dem 15. Jh. das oberital. Fürstentum Piemont (1560 Verlegung der Residenz von Chambéry nach Turin). Seit 1860 gehört S. zu Frankreich; das Haus S. stellte 1861 bis 1946 die Könige von Italien.

Savoyer Alpen, Teil der W-Alpen, höchster Berg der → Montblanc.

Saxo Grammaticus, dän. Geschichtsschreiber, * um 1150, † um 1220; schrieb eine dänische Geschichte bis 1185 in lateinischer Sprache.

Saxophon [nach dem Erbauer A. Sax, * 1814, † 1894] *das,* Blasinstrument (Körper aus Metall) mit Klarinettenmundstück, mit sonorem Klang; Einsatz v. a. im Jazz sowie in der Tanzmusik.

Sayers ['seıəz], Dorothy Leigh, brit. Schriftstellerin, * 1893, † 1957; Detektivromane (Hauptfigur »Lord Peter Wimsey«), später auch religiöse Dramen sowie einen Hörspielzyklus über Jesus.

Dorothy Leigh Sayers

Sb, chem. Symbol für das Element Antimon (lat. Stibium).

s. Br., ⊕ Abk. für: südl. → Breite.

sc., Abk. für **sculpsit,** hat es gestochen (auf Kupferstichen).

Sc, chem. Symbol für das Element Scandium.

Scala, Teatro alla S., Opernhaus (3 600 Plätze) in Mailand, 1776 bis 1778 von G. Piermarini erbaut; 1943 völlig zerstört, 1946 wieder aufgebaut.

Scaliger, Scala, ghibellin. Adelsgeschlecht N-Italiens, 1259 bis 1387 Stadtherren von Verona.

Scandium *das,* Symbol **Sc,** chem. Element aus der Gruppe der → Seltenerdmetalle, Ordnungszahl 21.

Scanner ['skænə] *der,* 🖳 Gerät, das einen Gegenstand punkt- oder zeilenförmig auf seine Struktur oder Strahlung hin (z. B. mit Licht- oder Röntgenstrahl) abtastet. Anwendung u. a. in der Computertomographie, an S.-Kassen zum Einlesen des Strichcodes. In der graf. Technik ist der S. ein rechnergesteuertes Gerät zum Abtasten farbiger Bildvorlagen und zur Herstellung entsprechender Farbauszüge für das Hauptdruckverfahren.

Scapa Flow ['skæpə'fləʊ], Bucht in den Orkneyinseln, in beiden Weltkriegen Hauptstützpunkt der brit. Flotte. 1918/19 Internierungsplatz eines Teils der dt. Hochseeflotte (1919 Selbstversenkung).

Scarborough ['skɑ:brə], Hafenstadt und Seebad im NO Englands, 43 100 Ew.; versch. Industrie.

Scarlatti, 1) Alessandro, ital. Komponist, * 1660, † 1725; Hauptvertreter der älteren neapolitan. Schule: Opern, Kantaten, Messen u. a. – **2)** Domenico, ital. Komponist, Sohn von 1), * 1685, † 1757. Seine Cembalowerke beeinflussten stark die europ. Klaviermusik.

Scarron [ska'rɔ̃], Paul, frz. Schriftsteller, * 1610, † 1660; Hauptvertreter der antiklass., burlesken Literatur des 17. Jh.; sein »Komödianten-Roman« (2 Bde., 1651 bis 1657, unvollendet) ist einer der wichtigsten frühen frz. realist. Romane.

Schaaf, Johannes, dt. Theater- und Filmregisseur, * 1933; Vertreter des »jungen dt. Films«; »Trotta« (1971), »Momo« (1986).

Schabbes *der,* jidd. Bezeichnung für → Sabbat.

Schaben, weltweit verbreitete Ordnung der Insekten, Geradflügler mit flachem Körper; Vorratsschädlinge, z. B. die **Küchen-S.** (Kakerlak).

Schabkunst, Schwarzkunst, Mezzotinto, ✎ künstler. Tiefdruckverfahren, bei dem eine Kupferplatte mit dem Granierstahl (Wiegeeisen) aufgeraut und die im Abdruck hell erscheinenden Stellen mit Polierstahl und Schabeisen geglättet werden, die aufgerauten Flächen erscheinen im Druck in tiefem samtigem Schwarz.

Schablone *die,* Muster oder Form aus Pappe, Blech, Holz für oft auszuführende gleiche Arbeiten.

Schabracke *die,* **1)** verzierte Decke über oder unter dem Pferdesattel. – **2)** Prunkdecke.

Schachbrettblume, Schachblume, Kiebitzblume, Art der Liliengewächse mit schachbrettartig gefleckten Blütenglocken; unter Naturschutz; auch Gartenzierpflanze.

Schachcomputer [-kɔmpju:tər], 🖳 seit etwa 1970 entwickelter elektron. Rechner, der nach den Regeln des Schachspiels Partien gegen Menschen oder andere S. spielen kann; die Spielstärke ist einstellbar.

Schächer, veraltet: Räuber, bes. die beiden mit Christus gekreuzigten Übeltäter.

Savoyen
Historisches Wappen

König

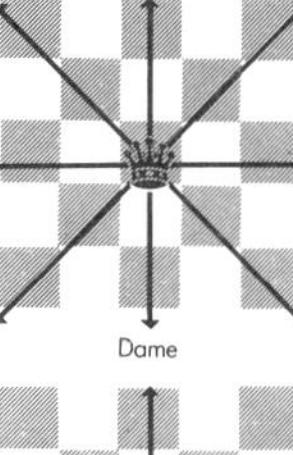

Dame

Turm

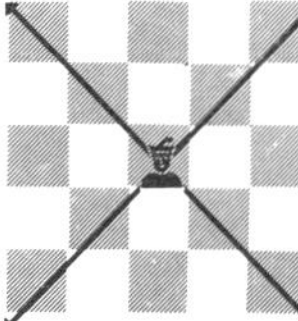

Läufer

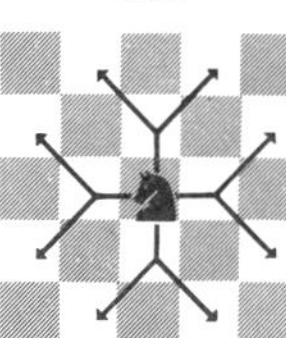

Springer

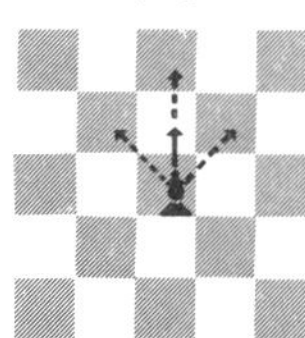

Bauer

Schachspiel
Gangarten der Schachfiguren

Schachspiel, Schach, aus Indien stammendes altes Brettspiel zw. 2 Spielern, gespielt auf dem Damebrett, mit 16 weißen, 16 schwarzen Figuren: je 1 König, 1 Dame, 2 Türme, 2 Läufer, 2 Springer, 8 Bauern. Das Ziel ist, den König des Gegners matt zu setzen.

Schacht, ⚒ senkrecht oder schräg niedergehender Grubenbau zum Erschließen eines Bergwerks, zur Förderung, Wetterführung. (→Bergbau)

Schạcht, Hjalmar, dt. Bankier, *1877, †1970; war 1924 bis 1930 und 1933 bis 1939 Reichsbankpräsident, außerdem 1934 bis 1937 Reichswirtschaftsmin. und bis 1944 Reichsminister ohne Geschäftsbereich; 1944/45 inhaftiert; im Nürnberger Prozess freigesprochen; gründete 1953 in Düsseldorf ein Bankhaus.

Schachtbrunnen →Brunnen.

Schachtelhalm, einzige rezente Gattung der S.-Gewächse mit rd. 30 Arten; ausdauernde Pflanzen von quirligem Wuchs, mit Stängeln aus ineinander geschachtelten Gliedern, kieselsäurereich. Der **Acker-S.** ist ein Ackerunkraut mit gelblich braunen, fruchtbaren Frühlings- und grünen, unfruchtbaren Sommertrieben. Heilmittel gegen Nieren-, Blasenleiden und Gicht.

schächten, nach jüd. Brauch schlachten: Dem lebenden Tier wird der Hals durchschnitten, das Fleisch blutet völlig aus.

Schacht|ofen, ⚙ schachtartiger Industrieofen in der metallurg. Ind. (Hochofen, Kupolofen).

Schạchty, Stadt im Gebiet Rostow, Russland, 224 000 Ew.; TH; Mittelpunkt eines Steinkohlegebiets; Großkraftwerk, Leder- u. a. Industrie.

Schạck, Adolf Friedrich Graf v., dt. Schriftsteller und Kunstsammler, *1815, †1894; bedeutende Gemäldesammlung **(S.-Galerie)** in München.

Schạd, Christian, dt. Maler, *1894, †1982; Vertreter der neuen Sachlichkeit, entwickelte eine eigene Form des Photogramms (»Schadographie«).

Schädel, ⚕ Gesamtheit der Skelettstücke des Kopfes. Der **Gehirn-S.** umschließt die S.-Höhle mit dem Gehirn; er besteht aus 8 Knochen: Stirnbein, 2 Scheitel-, 2 Schläfenbeine, Hinterhaupt-, Sieb-, Keilbein. Der **Gesichts-S.** hat 14 Knochen: Pflugscharbein, Unterkiefer, je 2 Oberkiefer-, Nasen-, Gaumen-, Tränen-, Jochbeine, untere Muschelbeine; zum Gesichts-S. werden noch die Gehörknöchelchen und das Zungenbein gerechnet. Einen knorpeligen oder knöchernen S. haben nur die Wirbeltiere.

Schaden, ⚖ jede Benachteiligung einer Person an ihren Rechtsgütern. Man unterscheidet **Vermögens-** und **immateriellen S.** Vermögensschaden wird durch **S.-Ersatz,** d. h. durch Wiederherstellung des vor der Benachteiligung bestehenden Zustandes oder durch Zahlung von Geld ausgeglichen (§§ 249 ff. BGB); Verpflichtung zum Schadenersatz, →Haftung.

Schädlinge, Tiere, die bei Massenvermehrung dem Menschen und seiner Wirtschaft schaden, vor allem Insekten. Bekämpfung: 1) techn. mit mechan. Mitteln (Absammeln, Abbrennen, Leimringe); 2) chem. durch Mittel, die als Berührungs-, Atem- oder Magengifte wirken; häufig umweltschädlich; 3) biolog. (vorbeugend) durch Schutz der natürl. Feinde der S. (Vögel, Waldameisen, Fledermäuse u. a.), künstl. Hervorrufung von Seuchen (Mäusetyphus); 4) integrierter Pflanzenschutz durch Kombination von biolog. und chem. Verfahren.

Schạdor, Tschạdor, in islam. Ländern von der Frau getragener bodenlanger Überwurf.

Schadow, 1) [ˈʃado], Johann Gottfried, dt. Bildhauer, *1764, †1850; bedeutendster dt. Bildhauer des frühen 19. Jh.: Quadriga auf dem Brandenburger Tor (Berlin), Doppelbildnis der Prinzessinnen Luise und Friederike v. Preußen (1796/1797), Bildnisbüsten. – **2)** Wilhelm von, dt. Maler, *1788, †1822; Sohn von 1); stand den Nazarenern nahe.

Schadstoffe, chem. Stoffe, die Mensch und Umwelt schädigen können, z. B. organ. Giftstoffe, Abgase, Schwermetalle, radioaktive Stoffe.

Schaefer [ˈʃɛ:-], Oda, dt. Schriftstellerin, *1900, †1988; Gedichte (»Die Windharfe«, 1939; »Die Grasmelodie«, 1959), Erzählungen.

Schaeffer [ˈʃɛ-], Albrecht, dt. Dichter, *1885, †1950; schrieb Gedichte, Erz., Romantrilogie »Helianth« (1920 bis 1924); Übersetzungen.

Schafe, horntragende Wiederkäuer, Paarzeher, mit zottigem oder wolligem Haar; der Bock hat ein spiraliges Gehörn. Wild lebende S. sind z. B. **Mufflon,** in Sardinien, Korsika, in dt. Mittelgebirgen als Jagdtiere ausgesetzt; wichtigste Stammform vom Haus-S. **Asiat. Steppen-S.** mit großen Hörnern; **Argali,** in den zentralasiat. Hochgebirgen, größtes Wild-S.; **Nordamerikan. Dickhorn-S., Mähnen-S.** im Atlas. Das **Haus-S.** stammt von versch. Wild-S. ab und ist über die ganze Erde verbreitet. Männl. Tiere heißen Bock (Widder), kastriert Hammel. Das weibl. S. (Mutterschaf, Zippe) wirft nach 5- bis 6-monatiger Tragzeit 1 bis 2 Junge (Lämmer). Das S. wird seit der jüngeren Steinzeit gezüchtet, es liefert Wolle, Fleisch, Milch, Felle, Wollfett (Lanolin). Das S. wird ein- bis zweimal im Jahr geschoren, liefert bis 7 kg Wolle. S.-Rassen: Haar-S., gemischtwollige S. (Heidschnucken, Karakul-S.), schlichtwollige S. (Rhön-S.), krauswollige S. (Merinos), engl. S. (lang- und kurzwollige).

Schäfer, Wilhelm, dt. Dichter, *1868, †1952; schrieb naturalistische Anekdoten, Rheinsagen, Erz., Roman »Der Hauptmann von Köpenick« (1930).

Schäferdichtung, Hirtendichtung, bukọlische Dichtung, arkạdische Poesịe, schildert und preist die Lebensart der Hirten; bildete sich in Zeiten aus, deren gesellschaftl. Verfeinerung sich nach einfachen Sitten und Zuständen zurücksehnte. Sie entstand in Anknüpfung an die Antike (Theokrit, Vergil) in der Renaissance und wurde im 17. Jh., getragen von der galanten Gesellschaft, in Dtl. heimisch als **Schäferspiel** (Hirtendrama) und als **Schäferroman,** der von Spanien über England und Frankreich nach Dtl. kam. Schäfermotive begegnen noch in der Lyrik Goethes.

Schäferhund, wolfsähnl. Hund: **Dt. S.,** glatt- bis langhaarig, grau, schwarz, gelb bis braun; Dienst-, Wach- und Blindenhund. **Schott. S.** (Collie), langhaarig, braunweiß gefärbt.

Schaffhausen, 1) Kt. der Schweiz, rechtsrheinisch; 298 km², 71 600 Ew.; Getreide-, Obstbau; Metall-, Uhrenind. – **2)** Hptst. von 1), 34 000 Ew., oberhalb des Rheinfalls; altertüml. Stadt mit roman. und got. Kirchen. Textil-, Uhren-, chem., Fahrzeugindustrie.

Schạffner, Jakob, schweizer. Erzähler, *1875, †1944; lebte seit 1913 in Dtl. Autobiograph. Romane, u. a. »Konrad Pilater« (1910).

Schafgarbe, Feldgarbe, Garbe, Gattung der Korbblütler mit über 100 Arten; u. a. **Gemeine** und **Weiße Schafgarbe.**

Schafkälte, häufig Mitte Juni (Zeit der Schafschur) in Mitteleuropa auftretender Kälteeinbruch.

Schafkopf, Kartenspiel für 4 Spieler. **Doppel-S., Doppelkopf** mit 2 Kartenspielen.

Schafọtt *das,* Gerüst für Hinrichtungen.

Schafstelze, Wiesenstelze, eine Bachstelzenart.

Schạh *der,* pers. Bezeichnung des Herrschers.

Schakạle, fuchsähnl. Wildhunde in Afrika, Asien, SO-Europa; einzeln oder in Rudeln lebend; nachtaktiv. **Schabracken-S.,** 90 cm Körperlänge, überwiegend rostrot mit abgesetzter, schiefergrauer Rückenseite.

Schalen, ♆ Hufe von Wisent, Elch, Reh, Dam-, Sikahirsch, Steinbock, Mufflon, Gams-, Rot-, Schwarzwild **(S.-Wild).**

Schalen|obst, in trockenen, harten Schalen sitzende Frucht- oder Samenteile, enthalten fettes Öl, Zucker; z. B. Nüsse, Edelkastanie, Mandel.

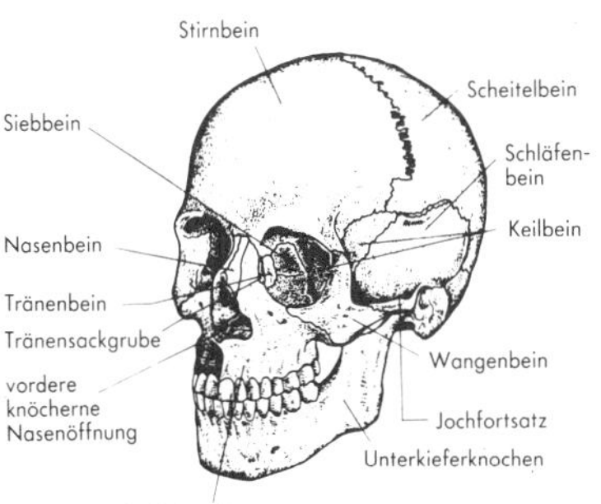

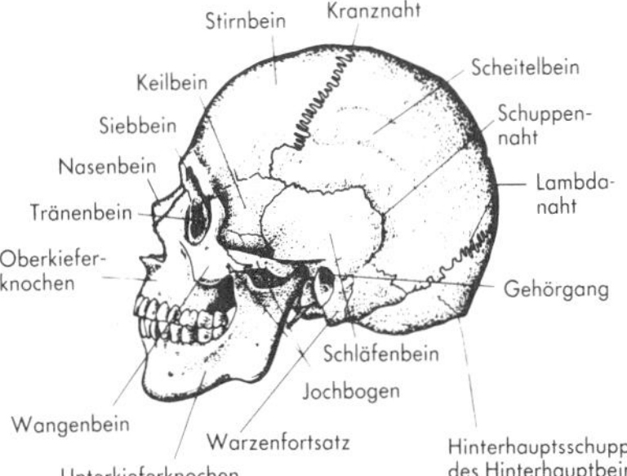

Ansicht des menschlichen **Schädels** von vorn und von der Seite

Schaljapin, Fjodor Iwanowitsch, russ. Sänger (Bass), * 1873, † 1938; arbeitete v. a. in New York und Paris.

Schall, ⚛ mechan. Schwingungen eines elast. Mediums, i. e. S. Empfindung, die durch die unser Ohr treffenden Luftschwingungen hervorgerufen wird. Der S. wird bei harmon. Schwingungen als **Ton** oder **Klang,** bei unharmon. Schwingungen und Schwingungsgemischen als **Geräusch, Knall** oder dergleichen empfunden. Die Aufnahmefähigkeit des menschl. Ohrs ist begrenzt; nur S.-Wellen von 16 bis 20 000 Schwingungen je Sekunde können wahrgenommen werden. (→ Ultraschall)
Die **S.-Geschwindigkeit** beträgt in Luft rund 331 m/s, in Wasser 1 408 m/s, in Eisen 5 100 m/s. Erreicht oder übertrifft ein Flugobjekt die S.-Geschwindigkeit, so bewirkt die starke Zunahme des Luftwiderstands **(S.-Mauer)** eine Stauung der zusammendrückbaren Luft. Die Verdichtungsstöße erzeugen einen intensiven Doppelknall.

Schall|aufzeichnung, Phonographie, 1) ⚛ Sichtbarmachen des zeitl. Verlaufs von Schallvorgängen (Schalldruck, Schallausbreitung, Frequenzspektrum) zu Untersuchungszwecken. Der Schall wird durch ein Mikrofon in ein elektr. Signal umgewandelt und dieses z. B. von einem Oszillographen angezeigt, fotografisch registriert oder von einem Schreibwerk aufgezeichnet **(Phonogramm).** – **2)** Schallspeicherung zwecks späterer Wiedergabe (magnet. Aufzeichnung, Nadeltonverfahren, Lichttonverfahren).

Schallplatte, kreisrunde Platte als Träger von Schallaufzeichnungen, zum Abspielen auf einem Plattenspieler. Zur Herstellung wird die Darbietung zunächst auf ein Magnettonband aufgenommen und dann mit einem Plattenschneider auf eine Lackfolie überspielt (Analogverfahren); dabei werden die Schallrillen eingraviert. Die Folie erhält einen Metallüberzug, der galvanisch verstärkt und von der Folie abgenommen wird. Diese Form dient zur Herstellung der Pressmatrizen. S. mit Mikrorillen für 45 und $33^1/_3$ Umdrehungen/min **(Langspielplatten)** bestehen aus Kunststoff auf Vinylgrundlage. Bei **stereophon. S.** werden in einer Rille in 2 um 90° gegeneinander geneigten Richtungen die von 2 Mikrofonen aufgenommenen Darbietungen eingeschnitten. Bei der Abtastung wertet die Nadel des Spezialtonabnehmers beide Teile getrennt aus (auch Abtastung mittels Laserstrahl, → Plattenspieler). – Weiteres → Compactdisc.

Schalmei *die,* **1)** Oberbegriff für Rohrblattinstrumente. – **2)** mittelalterl. Blasinstrument in Diskantlage mit doppeltem Rohrblatt.

Schalotte *die,* vorderasiat. Lauch mit mehrteiligem Zwiebelkörper.

Schalt|algebra, ⚙ eine Anwendung der booleschen Algebra auf die Verknüpfung von Schaltelementen mit 2 stabilen Zuständen (Kontakte, Relais) zur Beschreibung und Untersuchung log. Schaltungen.

Schalter, ⚡ Gerät zum Verbinden oder Trennen elektr. Stromwege dadurch, dass je Stromweg 2 Kontakte zur Berührung gebracht oder getrennt werden; im einfachsten Fall **Dreh-, Druckknopf-, Kipp-, Zug-S.** Der **Wechsel-S.** dient zum unabhängigen Schalten eines Stromkreises von 2 Stellen aus, der **Kreuz-S.** zum Schalten von mehreren Stellen aus, der **Gruppen-S.** zum abwechselnden Schalten zweier Stromkreise, der **Serien-S.** zum stufenweisen Schalten eines Stromkreises. S. für hohe Ströme und Spannungen sind **Motor-, Hebel-, Paket-, Öl-, Druckluft-, Hartgas-, Wasser-S.** u. a.

Schaltjahr, jedes 4. Jahr im gregorian. Kalender, an dem der 29. Februar eingeschaltet wird; alle durch 4 teilbaren Jahreszahlen (Ausnahmen: die nicht durch 400 teilbaren Jahreszahlen also z. B. 1700, 1800, 1900, 2100).

Schaltkreis|technik, 1) ⚡ techn. Bauweise von Schaltungen (Relais-, Halbleiter-S. u. a.). – **2)** ⚙ der funktionelle Aufbau digitaler Schaltkreise.

Schaltplan, Schaltbild, ⚡ zeichner. Darstellung elektr. Schaltungen durch genormte **Schaltzeichen** und **Schaltkurzzeichen.**

Schalt|tafel, ⚡ Tafel aus isolierendem Material, auf der Schalt-, Mess-, Reguliergeräte, Sicherungen, Sammelschienen u. a. montiert sind.

Schalt|uhr, ⚡ Uhr mit Kontakteinrichtungen zum selbsttätigen Schalten von Stromkreisen.

Schaltung, 1) ⚙ Art der Verbindung von Maschinen, Geräten untereinander. – **2)** ⚡ Anordnung der elektr. Verbindungen zw. Stromquellen, Maschinen, Geräten und Geräteteilen (z. B. **Dreieck-, Stern-, Hintereinander-, Parallel-S.**). – **3)** 🚗 Anordnung und Bedienung der Gänge im Wechselgetriebe.

Schalung, ⌂ Bretterverkleidung von Decken, Wänden, Wölbungen usw., die beim Betonieren bis zum Abbinden des Betons stehen bleiben.

Schaluppe *die,* ⚓ **1)** großes Beiboot. – **2)** einmastiges Segelboot oder Küstenfahrzeug.

Schälwald, Eichenniederwald zur Gewinnung von Gerbrinde (Lohe).

Scham, 1) S.-Gefühl, Gefühl des Bloßgestelltseins; instinkthafte, doch spezifisch menschl. Reaktionsform. – **2)** ⚕ die äußeren Geschlechtsteile, bes. die weibl. (große und kleine **S.-Lippen** und Kitzler).

Schamaiten, Bewohner der litauischen Landschaft → Samogitien.

Schamane *der,* Geisterbeschwörer, bes. in Sibirien, Zentralasien und bei den Indianern, der mit Dämonen oder Seelen Verstorbener in Verbindung treten soll. Nach dem Glauben seiner Anhänger **(Schamanismus)** sendet der S. seine Seele zu den Geistern aus, um übersinnl. Erkenntnisse zu gewinnen, böse Geister zu bannen und Segen für die Menschen zu erflehen.

Schambein, ⚕ Teil des Beckengürtels.

Schamotte *die,* gebrannter, feuerfester Ton, Quarz u. a., zum Auskleiden der Öfen für die Metall-, Glas-, keram. Industrie.

Schandau, Bad S., Stadt in Sa.; Mittelpunkt des Fremdenverkehrs im Elbsandsteingebirge, an der Elbe; 3 500 Ew.; Mineralquellen.

Schaffhausen
Stadtwappen

Schaffhausen
Kantonswappen

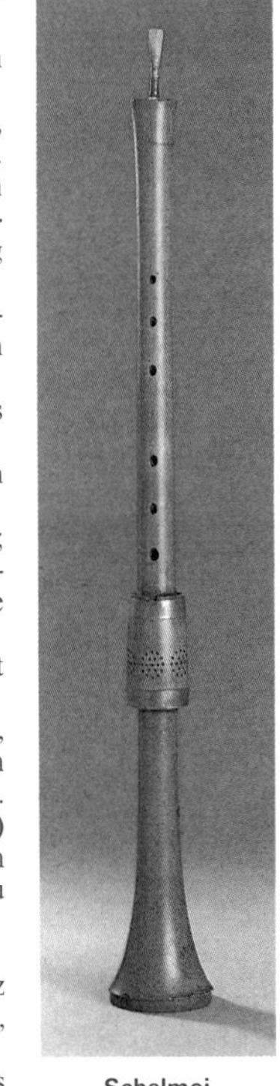

Schalmei
aus dem 16. Jahrhundert

Schärfentiefe. Dasselbe Motiv unter Beibehaltung der Objektivbrennweite mit offener (links) und mit geschlossener Blende (rechts)

Schattenriss Goethe und Fritz von Stein (1783)

Schändung, Entehrung durch körperl. An- oder Eingriff (z. B. Leichen-S.); Entweihung eines geheiligten Orts (z. B. Kirchen-S.); sexuelle S. (Missbrauch einer widerstandsunfähigen Frau) wird als Vergewaltigung bestraft.

Schanghai, Shanghai, größte Stadt und wichtigster Hafen Chinas, nahe der Mündung des Jangtsekiang, 8,84 (Agglomeration 13,3) Mio. Ew., eigene regierungsunmittelbare Verwaltungsregion sowie durch Freihandelszone bed. Handelszentrum. – Textil-, Schwer-, chem., Papier-, Glas- u. a. Ind., Erdölraffinerie, Schiffbau; internat. ✈; Verlagszentrum, mehrere Univ. u. a. Hochschulen.

Schanker *der,* ‡ Geschwür, infolge Ansteckung beim Geschlechtsverkehr meist an den äußeren Geschlechtsteilen. Der **harte S.** ist das erste Zeichen der Syphilis. Beim **weichen S.** (durch Streptobakterien hervorgerufene Geschlechtskrankheit) entzünden sich auch die Leistenlymphknoten.

Schankgewerbe, gewerbsmäßiger Ausschank von Getränken zum Genuss an Ort und Stelle; erlaubnispflichtig **(Schankkonzession).**

Schanstaat → Shanstaat.

Schantungseide, Rohseide in Leinwandbindung mit verdickten Stellen und Noppen, vielfach mit Chemieseide imitiert.

Schanze, stark ausgebaute Feldbefestigung mit Wall und Graben; auf Kriegsschiffen das Achterdeck.

Schapel, festl. Kopfputz im MA., heute noch bei Volkstrachten (Jungfrauenkronen).

Schaper, Edzard, dt. Schriftsteller, * 1908, † 1984; Werke mit religiösen Themen, u. a. »Die Macht des Ohnmächtigen« (1961).

Scharade *die,* Rätsel, bei dem das zu erratende Wort, in Silben oder Teile zerlegt, pantomimisch dargestellt wird.

Scharben → Kormorane.

Scharbockskraut, Hahnenfußgewächs in Laubmischwäldern, gelb blühend mit glänzenden, rundl. Blättern, enthält viel Vitamin C und wurde früher gegen Skorbut (Scharbock) verwendet.

Scharbockskraut

Schären, Inseln und Klippen vor den Küsten Schwedens, Norwegens und Finnlands.

Scharf, Kurt, dt. ev. Theologe, * 1902, † 1990; führendes Mitglied der Bekennenden Kirche; 1961 bis 1967 Ratsvorsitzender der EKD, 1966 bis 1977 Bischof von Berlin.

Schärf, Adolf, österr. Politiker, * 1890, † 1965; Rechtsanwalt; 1945 bis 1957 Vizekanzler und Vorsitzender der Sozialistischen Partei Österreichs, 1957 bis 1965 Bundespräsident.

Schärfentiefe, Tiefenschärfe, Tiefe des Raums vor und hinter der Gegenstandsebene, in dem ein opt. Gerät noch scharfe Bilder liefert. (→ Fotografie)

Scharff, Edwin, dt. Bildhauer, Radierer, * 1887, † 1955; Denkmäler, Bildnisbüsten, Figuren.

Schari *der,* Fluss im SW von Tschad, Hauptzufluss des Tschadsees, schiffbar, rd. 1 200 km lang.

Scharia *die,* → Scheriat.

Scharlach *der,* ‡ ansteckende Krankheit, bes. im Kindesalter, mit scharlachrotem Hautausschlag (S.-Exanthem). Beginn mit plötzl. hohem Fieber, Kopfschmerzen, Erbrechen, Mandelentzündung, Lymphknotenschwellungen am Hals. Im Laufe der 2. Woche Einsetzen einer Hautschuppung. Mögliche Nachkrankheiten mitunter Nierenentzündung, Mittelohrentzündung, Gelenkrheuma.

Scharlatan *der,* Schwindler, der bestimmte Fähigkeiten vortäuscht.

Scharmützel *das,* kleines Gefecht, Plänkelei.

Scharnhorst, Gerhard von, preuß. General, * 1755, † 1813 (nach Verwundung); leitete seit 1807 das Kriegsministerium, wurde der Schöpfer des preuß. Volksheers auf der Basis der allg. Wehrpflicht; wurde 1813 Generalstabschef Blüchers.

Scharnier *das,* Vorrichtung zum drehbaren Befestigen u. a. von Türen und Fenstern.

Scharoun [-ˈru:n], Hans, dt. Architekt, * 1893, † 1972; seit 1956 Präs. der Akademie der Künste, Berlin; Hauptwerke: Philharmonie (1960 bis 1963), Staatsbibliothek (1967 bis 1978) in Berlin.

Schärpe, breites Band, meist über der Brust oder um den Leib getragen.

Scharping, Rudolf, dt. Politiker (SPD), * 1947; 1991 bis 1994 Min.-Präs. von Rheinl.-Pf., Parteivors. der SPD 1993 bis 1995; Kanzlerkandidat der SPD 1994; seit Okt. 1994 Vors. der SPD-Bundestagsfraktion.

Schaschlik *der,* am Spieß geröstete Fleischstückchen mit Speck und Zwiebeln.

Schatt el-Arab *der,* vereinigter Unterlauf von Tigris und Euphrat, bildet die Grenze zw. Irak und Iran. Der irak. Versuch, 1980 im S. el-A. Grenzveränderungen durchzusetzen, führte zum 1. Golfkrieg.

Schatten, dunkler Raum hinter einem beleuchteten, undurchsichtigen Körper. Der Raum ohne jedes Licht heißt **Kern-S.** Er ist umgeben vom **Halb-S.,** in den von einigen Punkten der Lichtquelle Strahlen gelangen.

Schattenblume, kleinstaudiges Liliengewächs, in Dtl. kommt in Wäldern die giftige **Zweiblättrige S.** mit 2 Stängelblättern und roten Beeren vor; als Bodendecker in Parks verwendet.

Schattenkabinett, Ausschuss der Opposition, der die mutmaßl. Minister für den Fall eines Regierungswechsels umfasst.

Schattenmorelle, Sauerkirschensorte.

Schattenpflanzen, Pflanzenarten, die im Gegensatz zu den Licht- oder Sonnenpflanzen (Heliophyten) im Schatten anderer Pflanzen wachsen, z. B. Haselwurz, fast alle Farne.

Schattenriss, Silhouette, schwarz ausgefüllte Umrisszeichnung, seit dem 18. Jh. beliebt. Verwandt ist der **Scherenschnitt,** aus Papier ausgeschnittene bildl. Darstellungen auf andersfarbiger Unterlage befestigt.

Schattenspiel, Spiel mit Figuren hinter einer beleuchteten, durchsichtigen Fläche, auf der sie als Schatten erscheinen.

Schatulle *die,* **1)** Kästchen für Kostbarkeiten, Papiere usw. – **2)** Privatkasse eines Fürsten.

Schatz, ⚖ Sache, die so lange verborgen gelegen hat, dass der Eigentümer nicht mehr zu ermitteln ist. Wird ein S. entdeckt, so gehört er zur Hälfte dem Finder und zur anderen Hälfte dem Eigentümer der Sache, in der er verborgen war (§ 984 BGB). Landesrechtl. Bestimmungen können hiervon abweichen.

Schatzanweisungen, kurz- und mittelfristige Schuldverschreibungen des Staats. Bei den kurzfristigen **unverzinsl. S.** (U-Schätze) liegt der Ausgabekurs unter dem Rückzahlungsbetrag, wobei die Differenz

(»Abgabesätze«) die Zinsvergütung für die Laufzeit (6 bis 24 Monate) darstellt. Außer S. geben öffentl. Stellen auch kürzerfristige **Schatzwechsel** aus (Solawechsel, die über feste Beträge ausgestellt und von der Bundesbank unter Abzug des Diskonts bis zur Rückzahlung abgegeben werden; Laufzeit 90 Tage). Der Bund gibt seit 1991 **Bundes-S.** heraus (Laufzeit 4 Jahre, Stückelung 5 000 DM oder ein Mehrfaches, Erwerb durch jedermann).

Schaube *die,* im 15./17. Jh. repräsentativer, mantelartiger Oberrock.

Schaubild → Diagramm.

Schäuble, Wolfgang, dt. Politiker (CDU), * 1942; Jurist; seit 1972 MdB; seit 1991 Vorsitzender der CDU/CSU-Bundestagsfraktion.

Schau|brote, bei den Juden: die 12 Opferbrote als Speiseopfer auf dem Schaubrottisch im Heiligtum des Tempels; sie wurden am Sabbat erneuert (3. Mose 25, 30).

Schauerleute, Hafenarbeiter für das Be- und Entladen von Schiffsfrachten.

Schäufelein, Hans, dt. Maler und Grafiker, * 1480/85, † 1538/40; Schüler Dürers; Altarbilder, Porträts und v. a. Holzschnitte.

Schaukal, Richard v. (seit 1918), österr. Dichter, * 1874, † 1942; Gedichte, Novellen, Essays, Aphorismen, Übersetzungen frz. Symbolisten.

Schaumann, Ruth, dt. Bildhauerin, Grafikerin, Dichterin, * 1899, † 1975; Holz- und Scherenschnitte zu eigenen Dichtungen.

Schaumburg-Lippe, bis 1946 eines der kleinsten dt. Länder, 340 km², seitdem Kreis in Ndsachs. Hptst.: Bückeburg. – Als Teil der alten Grafschaft Schaumburg fiel S.-L. 1640 an eine Linie des Hauses Lippe; 1807 bis 1918 Fürstentum.

Schaumkraut, Gattung der Kreuzblütler, u. a. **Wiesen-S.,** 20 bis 60 cm hoch, Blüte weiß bis blassviolett, und **Bitterkresse** (Falsche Brunnenkresse).

Schaumstoffe, schaumartig aufgetriebene, in zelliger Struktur erstarrte Stoffe, z. B. Schaumkunststoffe, Schaumgummi, Gasbeton, Schaumbeton.

Schaumwein, Sekt, Wein, der im Ggs. zu gewöhnl. Wein viel Kohlendioxid gelöst enthält und daher schäumt. Das Kohlendioxid wird in ausgebauten Wein eingepresst (Imprägnierverfahren) oder in einem Jungwein durch Vergärung von zugesetztem Zucker erzeugt (Gärverfahren). Trockene S. enthalten rund 10 g/l, süße bis zu 50 g/l Zucker (in Lösung). Die bekanntesten S. kommen aus der Champagne **(Champagner).**

Schauspiel, Drama *das,* Dichtungsgattung, die Begebenheiten als gegenwärtige, vor den Augen des Zuschauers sich abspielende Handlungen darstellt. Wesentlich für die Spannung des Dramas ist der Ggs. zw. dem Helden und seinem inneren oder äußeren Gegenspiel (Schicksal, religiöses oder sittl. Gebot, widerstreitende Umwelt, minderwertige oder gleichberechtigte Gegenfigur). Hauptformen: **Tragödie** (Trauerspiel), endet mit dem Untergang des Helden; **Schauspiel** (i. e. S.), führt bei ernster Grundstimmung zu einer positiven Auflösung des Konflikts; **Komödie** (Lustspiel), löst die innere **(Charakterkomödie)** oder äußere **(Situationskomödie)** Verwicklung humorvoll oder ironisch-satirisch. Ihre derberen Kurzformen sind **Posse, Farce, Schwank.** Die **Tragikomödie** verbindet trag. und kom. Elemente. Das **Singspiel** leitet hinüber zur Oper. Das Drama baut sich herkömmlich aus 5, häufig aus 3 **Akten** auf, die ihrerseits in **Szenen** oder **Auftritte** unterteilt sind.

Schdanow, bis 1989 Name der Stadt → Mariupol in der Ukraine.

Scheck *der,* ✐ an bestimmte Formvorschriften gebundene, bei Vorlegung zahlbare Anweisung auf ein Bankguthaben des Ausstellers. Wesentl. Erfordernisse: 1) Bezeichnung als »Scheck« im Text; 2) unbedingte Anweisung auf Zahlung eines bestimmten Betrags; 3) Name des Bezogenen (Bank); 4) Zahlungsort; 5) Tag und Ort der Ausstellung; 6) Unterschrift des Ausstellers. Der S. kann **Inhaber-, Order-** oder **Namens-S.** sein. Ein im Inland ausgestellter und zahlbarer S. muss binnen 8 Tagen vorgelegt werden. Nach der Art der Zahlung unterscheidet man **Bar-** und **Verrechnungs-S.** Weite Anerkennung fand der → Eurocheque.

Scheck|karte, Ausweiskarte, die garantiert, dass der mit der S. vorgelegte Scheck unter bestimmten Voraussetzungen vom bezogenen Kreditinstitut eingelöst wird, und mit der an Geldausgabeautomaten von Kreditinstituten Geld vom eigenen Konto abgehoben werden kann.

Sched|dach [ʃ-], ⌂ Dach mit sägeförmigen Absätzen, Fenstern an den Steilseiten; ergibt gute Beleuchtung.

Schedel, Hartmann, Nürnberger Arzt, Humanist, * 1440, † 1514; verfasste die erste dt. Weltchronik (1493) mit über 1 000 Holzschnitten nach Entwürfen von M. Wolgemut und W. Pleydenwurff.

Scheel, Walter, dt. Politiker (FDP), * 1919; 1961 bis 1966 Bundesmin. für wirtschaftl. Zusammenarbeit, 1968 bis 1974 FDP-Vors., 1969 bis 1974 Vizekanzler und Außenmin., 1974 bis 1979 Bundespräsident.

Scheele, Karl Wilhelm, schwed. Chemiker, * 1742, † 1786; entdeckte unabhängig von J. Priestley den Sauerstoff sowie Chlor, Mangan, Blausäure, Glycerin, Wein-, Zitronen-, Apfel-, Milch- und Harnsäure.

Scheer, Reinhard, dt. Admiral, * 1863, † 1928; 1916 Chef der Hochseeflotte (Skagerrakschlacht), 1918 Chef des Admiralstabs.

Scheffel, früheres dt. Hohlmaß, für trockene Güter, 1 S. zw. 23 und 222 Liter.

Scheffel, Joseph Victor v. (seit 1876), dt. Dichter, * 1826, † 1886; Roman »Ekkehard« (1855), »Der Trompeter von Säckingen« (1854), Kommersliederbuch »Gaudeamus« (1868).

Scheffler, Johann, → Angelus Silesius.

Scheherazade [-ˈzadə], die Märchenerzählerin in Tausendundeiner Nacht.

Scheibe, ⚙ als Riemen-, Seil-, Reib-S. Maschinenteil zur Kraftübertragung.

Scheibenpilze, Ordnung der Schlauchpilze mit scheibenförm. Fruchtkörper; dazu gehören u. a. Morcheln, Lorcheln, Trüffel.

Scheich *der,* arab. Ehrentitel führender Persönlichkeiten der islam. Gesellschaft.

Scheide, 1) trennende Grenze, z. B. Wasserscheide. – **2)** schmales langes Behältnis, z. B. Säbel-S. – **3)** → Vagina.

Scheidegg *die,* 2 Alpenpässe in der Schweiz: **1) Große S.,** vom Hasli- zum Grindelwaldtal (1 961 m). – **2) Kleine S.,** von Grindelwald nach Lauterbrunnen (2 061 m).

Scheidemann, Philipp, dt. Politiker (SPD), * 1865, † 1939; seit 1903 MdR, Herbst 1918 im Kabinett des Prinzen Max von Baden; rief am 9. 11. 1918 die Dt. Rep. aus, wurde Febr. 1919 Min.-Präs., lehnte die Unterzeichnung des Versailler Vertrags ab und trat Juni 1919 zurück; 1920 bis 1933 MdR.

Scheidemünze, niedrigwertige Münze.

Scheidewasser → Salpetersäure.

Scheidt, Samuel, dt. Komponist und Organist, * 1587, † 1654; bedeutender prot. Kirchenmusiker.

Scheidung, Ehescheidung, → Eherecht.

Schein, Johann Hermann, dt. Komponist, * 1586, † 1630; ab 1616 Thomaskantor in Leipzig, schrieb weltl. Lieder, geistl. Motetten, Madrigale u. a.

Schein|akazi|e → Robinie.

Scheiner, Christoph, dt. Mathematiker, Astronom, * 1575, † 1650; S. erfand den Storchschnabel, entdeckte die Sonnenflecken, bestimmte empirisch die Umdrehungszeit der Sonne, stellte die erste Mondkarte her.

Rudolf Scharping

Wolfgang Schäuble

Walter Scheel

Wiesen-Schaumkraut

Scheiner-Grad [nach dem Astrophysiker J. Scheiner, * 1858, † 1913], frühere Angabe der Empfindlichkeit fotograf. Materials.

Scheinfrucht → Frucht.

Scheingeschäft, ⚖ von den Beteiligten nur zum Schein abgeschlossenes Geschäft; nichtig (§ 117 BGB).

Scheinleistung, ⚡ beim techn. Wechselstrom das Produkt aus den Effektivwerten von Stromstärke und Spannung.

Scheintod, in der Medizin nicht mehr verwendeter Begriff für einen Zustand, in dem sich nur durch sorgfältige Untersuchung Lebensfunktionen nachweisen lassen.

Scheinwerfer, parabel- oder halbkugelförmiger Reflektor. Bei Kraftwagen-S. ist zum Abblenden außer der Hauptlampe noch eine zweite Glühlampe vorgesehen, die sich oberhalb des Brennpunkts befindet oder als Zweifadenlampe (Biluxlampe) mit der Hauptlampe vereinigt ist.

Hermann Scherchen

Scheitel, 1) ⚕ der mittlere obere Teil des menschl. Kopfs (Wirbel). – **2)** √ Schnittpunkt der Schenkel eines Winkels. – **3)** √ Schnittpunkt einer Kurve mit einer Symmetrieachse.

Scheitelpunkt, der Zenit (→ Himmel).

Schekel *der,* ursprünglich babylon. Gewichts- und Währungseinheit, seit 1980 die Währung in Israel (1 S. = 100 Agorot).

Schelde *die,* Hauptfluss in Flandern, mündet mit 2 Armen **(Ooster-** und **Wester-S.)** in die Nordsee, 430 km lang, bis Antwerpen für Seeschiffe befahrbar.

Helmut Schelsky

Scheler, Max, dt. Philosoph, * 1874, † 1928; von der Phänomenologie E. Husserls ausgehend, begründete er u. a. eine philosoph. Anthropologie, in der das Verhältnis von Geist und Leben sowie eine materiale Wertethik im Mittelpunkt stehen.

Schelf, Festlandsockel, von der Flachsee (bis 200 m Tiefe) bedeckter Sockel der Erdteile, an dessen Rand der Abfall zur Tiefsee beginnt; **Schelfmeere,** z. B. die Nordsee.

Schell, 1) Maria, schweizer. Schauspielerin, * 1926. – **2)** Maximilian, Bruder von 1), schweizer. Schauspieler, * 1930.

Schellack, Harz ostind. Bäume, erzeugt durch den Saugstich einer Schildlaus, Verwendung u. a. für Lacke, Firnisse, Kitte.

Schellen, Farbe der dt. Spielkarte, entspricht dem Karo der frz. Spielkarte.

Schellenbaum, 𝄞 kaum noch gebräuchl. Rasselinstrument in Militärkapellen. Der S. entstammt der türk. Militärmusik.

Eduard Ambrosjewitsch Schewardnadse

Schellfisch, grauweißer Knochenfisch, kenntlich an der schwarzen Seitenlinie und dem schwarzen Fleck hinter der Brustflosse; etwa 50 cm lang, lebt im Atlant. Ozean, in Nord- und Ostsee; wichtiger Nutzfisch.

Schelling, Friedrich Wilhelm v., dt. Philosoph, * 1775, † 1854; vertrat die Identität von Natur und Geist. In seiner »Vorlesung zur Philosophie der Mythologie und der Offenbarung« (1808) versuchte er eine Deutung des Religiösen.

Schelmenroman, Roman um das Leben spitzbübischer Schelmen, Landstreicher und Glücksritter. Die Gattung entstand als **pikaresker Roman** (picaro = Gauner) in Spanien in der 2. Hälfte des 16. Jh. Seine Entwicklung mündete in den roman. Ländern und in Dtl. seit Grimmelshausens »Simplicissimus« (1669) in den Abenteuerroman.

Schelsky, Helmut, dt. Soziologe, * 1912, † 1984; Kritiker der marxist. Klassenanalyse, Werke: »Soziologie der Sexualität« (1955), »Die skeptische Generation« (1967), »Die Arbeit tun die anderen« (1975).

Schema *das,* Muster, Entwurf, Aufriss; Konzept.

Schengener Abkommen, zwei internat. Abkommen mit dem Ziel des schrittweisen Abbaus der Kontrollen an den gemeinsamen Grenzen der meisten EU-

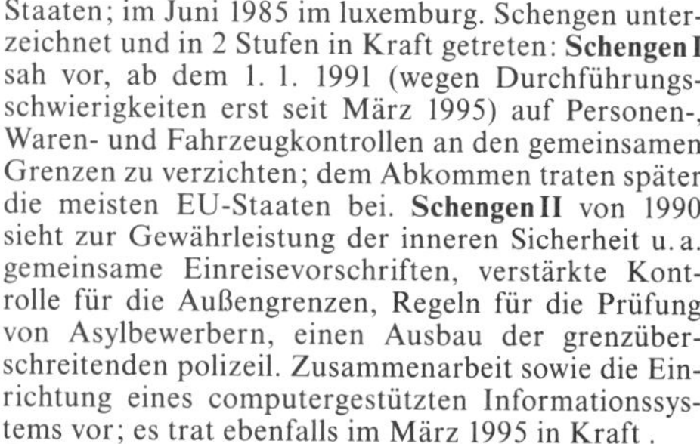

Staaten; im Juni 1985 im luxemburg. Schengen unterzeichnet und in 2 Stufen in Kraft getreten: **Schengen I** sah vor, ab dem 1. 1. 1991 (wegen Durchführungsschwierigkeiten erst seit März 1995) auf Personen-, Waren- und Fahrzeugkontrollen an den gemeinsamen Grenzen zu verzichten; dem Abkommen traten später die meisten EU-Staaten bei. **Schengen II** von 1990 sieht zur Gewährleistung der inneren Sicherheit u. a. gemeinsame Einreisevorschriften, verstärkte Kontrolle für die Außengrenzen, Regeln für die Prüfung von Asylbewerbern, einen Ausbau der grenzüberschreitenden polizeil. Zusammenarbeit sowie die Einrichtung eines computergestützten Informationssystems vor; es trat ebenfalls im März 1995 in Kraft .

Schenk, Otto, österr. Regisseur und Schauspieler, * 1930; Leiter des Theaters in der Josephstadt (Wien).

Schenkel, 1) ♡ ⚕ **Ober-** und **Unter-S.** des Beins. – **2)** √ → Winkel.

Schenkelhals, ⚕ winklig verbindender Knochenteil zw. Gelenkkopf und Schaft des Oberschenkelbeins.

Schenkendorf, Max von, dt. Lyriker, * 1783, † 1817; Dichter (»Freiheit, die ich meine«) der Freiheitskriege.

Schenkung, ⚖ unentgeltl. Zuwendung von Vermögensvorteilen an einen anderen. Die sogleich vollzogene S. **(Hand-S.)** ist formlos gültig. Ein S.-Versprechen muss gerichtl. oder notariell beurkundet werden. Die S. unterliegt der **S.-Steuer.**

Schenk von Stauffenberg, Claus, → Stauffenberg, Claus Schenk Graf von.

Scherbengericht → Ostrazismus.

Scherchen, Hermann, dt. Dirigent, * 1891, † 1966; »Lehrbuch des Dirigierens« (1929).

Schere, 1) Werkzeug zum Trennen von Werkstoffen, z. B. Hand-, Elektro-, Maschinen-S. – **2)** ♡ scherenartige Füße (Krebse) und Mundwerkzeuge (Kreuzspinne, Skorpion).

Scherenfernrohr, binokulares Prismenfernrohr, dessen Objektive an den Enden zweier senkrecht oder waagerecht einstellbarer Arme sitzen.

Scherenschnäbel, Familie bis fast 50 cm langer Möwenvögel mit scherenartigem Schnabel, in Indien, Afrika, Südamerika.

Scherenschnitt → Schattenriss.

Scherf, Henning, dt. Politiker, * 1938; 1972 und 1995 mehrfach Senator (u. a. für Finanzen; Bildung, Wissenschaft, Justiz, Verfassung) in Bremen, seit Juli 1995 Bürgermeister.

Scherge, 1) Gerichtsdiener, Büttel, Häscher. – **2)** käuflicher Verräter, Handlanger.

Scheriat, Scharia *die,* das auf Mohammed zurückgehende, alle Lebensbereiche wie Ehe, Familie, Erbschaft, wirtschaftl. Angelegenheiten und innere wie äußere Sicherheit der Gemeinschaft und das religiöse Leben erfassende Gesetz des Islam.

Scherif *der,* Ehrentitel der Nachkommen des Propheten Mohammed.

Schermaus, eine Art der → Wühlmäuse.

Scherrer, Paul, schweizer. Physiker, * 1890, † 1969; entwickelte mit P. Debye die **Debye-S.-Methode** zur Untersuchung von Kristallstrukturen mittels Röntgenstrahlen.

Scherung, ⚛ Verformung eines elast. Körpers durch in Richtung der Seitenflächen wirkende Kräfte.

Scherzo ['skertso] *das,* 𝄞 lebhaftes Musikstück, seit Beethoven Mittelsatz u. a. von Sonaten, Sinfonien.

Schesaplana *die,* höchster Gipfel des Rätikons, 2965 m, österr.-schweizer. Grenzgebiet.

Scheuch, Erwin Kurt, dt. Soziologe, * 1928; bemüht um die Weiterentwicklung der empir. Methoden der Sozialforschung.

Scheveningen ['sxe:vənɪŋə], Seebad in den Niederlanden, Vorort von Den Haag.

Schewardnadse, Eduard Ambrosjewitsch, georg. Politiker, * 1928; 1985 bis 1990 Außenmin. der Sowjetunion, entschiedener Reformer; seit März 1992 bis November 1995 als Parlamentspräs. Staatsoberhaupt, im November 1995 zum Staatspräs. Georgiens gewählt.

Schewtschenko, Taras Grigorjewitsch, ukrain. Dichter, Maler, * 1814, † 1861; erhob das Ukrainische zur Literatursprache.

Schiaparelli [skja-], Giovanni Virginio, ital. Astronom, * 1835, † 1910; war 1864 bis 1900 Leiter der Mailänder Sternwarte, arbeitete v. a. über Meteore; Entdecker der »Marskanäle«.

Schicht, 1) ⊕ Gesteinskörper von großer seitlicher, aber geringer senkrechter Ausdehnung. – **2)** tägl. Arbeitszeit des Ind.arbeiters. – **3)** Soziologie: Teilgruppe der Gesellschaft mit ähnl. wirtschaftl. Lage und sozialer Einschätzung.

Schichtgesteine, ⊕ Sedimentgesteine: durch Ablagerung oder biolog. Wachstum gebildete und durch Diagenese (Verfestigung und Umbildung lockerer Sedimente zu festen Gesteinen) verfestigte Gesteine.

Schichtlinilen → Höhenlinien.

Schichtstoffe, Laminate, ⚙ aus einzelnen, miteinander verbundenen Lagen hergestellte Werkstoffe, z. B. Schichtpressstoffe, Verbundwerkstoffe, Verbund-Sicherheitsglas.

Schick, Gottlieb, dt. Maler, * 1776, † 1812; Vertreter des Klassizismus, bibl. und mytholog. Motive.

Schickele, René, elsäss. Dichter, * 1883, † 1940; trat für eine europ. Völkergemeinschaft ein; dreiteiliger Roman »Das Erbe am Rhein« (1925 bis 1931); Drama »Hans im Schnakenloch« (1915).

Schicksal, begriffl. Umschreibung für die Erfahrung, dass vieles, was dem Menschen widerfährt, nicht Resultat seines Handelns und Wollens ist. Das S. kann als ein von einem göttl. Willen auferlegtes Geschick oder als Bestimmtheit des Menschen durch seine biolog., psych. oder gesellschaftl. Bedingungen erscheinen.

Schieblehre, Messwerkzeug zur Ermittlung von Außen- und Innendurchmesser und Abständen, meist mit Nonius.

Schiedam [sxiːˈdam], Hafenstadt in den Niederlanden, bei Rotterdam, 69 400 Ew.; Destillerien, Schiff-, Maschinenbau u. a. Industrie.

Schieder, Theodor, dt. Historiker, * 1908, † 1984; »Geschichte als Wiss.« (1965), »Friedrich der Große« (1983) u. a.

Schiedsgerichtsbarkeit, ⚖ **1)** im Zivilrecht ein Verfahren, in dem eine Streitigkeit durch **Schiedsrichter,** die von den Beteiligten durch **Schiedsvertrag** bestellt wurden, nicht durch die staatl. Gerichte entschieden wird. Ein Schiedsvertrag ist nur zulässig für Streitfälle, über die die Beteiligten einen Vergleich schließen können. Der von den Schiedsrichtern gefällte **Schiedsspruch** hat die Wirkung eines rechtskräftigen Urteils und kann, nachdem das zuständige Gericht ihn für vollstreckbar erklärt hat, vollstreckt werden. – **2)** im Völkerrecht ein Verfahren zur Entscheidung von zwischenstaatl. Rechtsstreitigkeiten aufgrund von Schiedsgerichtsklauseln oder Schiedsabkommen (→ Ständiger Schiedshof).

Schiedsrichter, 1) → Schiedsgerichtsbarkeit. – **2)** 🏃 der Unparteiische, der die Einhaltung der Spielregeln beaufsichtigt.

Schiefblatt → Begonie.

schiefe Ebene, eine um den Winkel α (Neigungswinkel) gegen die Waagerechte geneigte Ebene; gehört zu den »einfachen Maschinen«.

Schiefer, in dünnen ebenen Platten brechendes Gestein, benannt nach den Mineralgemengteilen (z. B. **Glimmer-S.**), der Verwendung (z. B. **Dach-S.**) u. a.

Schiele, Egon, österr. Maler, Zeichner, * 1890, † 1918; Akte, Bildnisse; befreundet mit G. Klimt, Vertreter eines erot. Expressionismus.

Schielen, ⚕ fehlerhafte Stellung der Augen, bei der die gleichzeitige Einstellung beider Augen auf einen

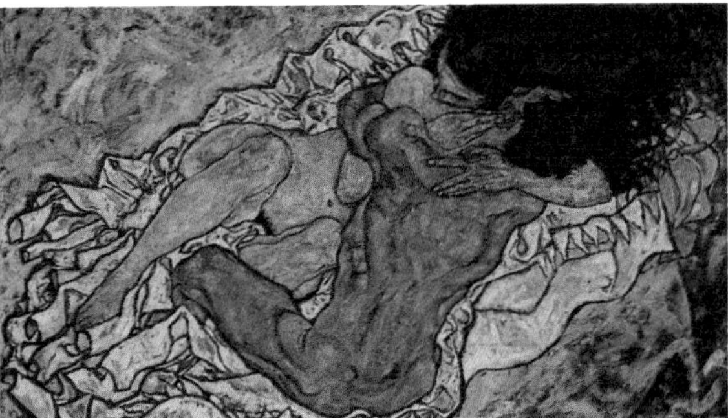

Egon Schiele. Umarmung (1917)

Punkt nicht möglich ist. Behandlung: Ausgleichen des Brechungsfehlers beim schielenden Auge **(Schielbrille).** Durch **Schieloperation** wird der Ansatz eines äußeren Augenmuskels am Augapfel verlagert; Schulung zum beidäugigen Sehen **(Orthoptik)** ist zu empfehlen.

Schienbein, der innen liegende stärkere Unterschenkelknochen.

Schiene, 1) ⚙ steg- oder rillenförmige Vorrichtung zur Führung eines Gegenstands auf bestimmter Bahn. – **2)** ⚕ aus Metall (z. B. Draht), Holz, Gips, Leder hergestellte Stützvorrichtung zum Ruhigstellen von Gliedmaßen.

Schienenbremse, 🚂 Bremse an Schienenfahrzeugen zur Ergänzung der Druckluftbremse.

Schierling, mehrere weißblütige, sehr giftige Doldenblütler. U. a. **Echter** oder **Gefleckter S.,** bis 2 m hoch, mit weißen Blüten und hohlem, unten oft braun geflecktem Stängel, die ganze Pflanze enthält das Gift Coniin. Im antiken Athen wurde u. a. Sokrates zum Tod durch einen S.-Saft enthaltenden Trank (Schierlingsbecher) veranlasst.

Gefleckter **Schierling**

Schierlingstanne → Hemlocktanne.

Schießbaumwolle, ⚗ Trinitrozellulose, Sprengstoff; wird aus Baumwolle durch Behandeln mit konzentrierter Salpeter- und Schwefelsäure hergestellt.

Schießen, Sportart mit Schusswaffen, ausgeübt im Gewehr-, Pistolen-, Bogenschießen und S. mit der Armbrust.

Schießpulver, der älteste Treib- und Sprengstoff; besteht als **Schwarzpulver** aus Holzkohle, Kaliumnitrat und Schwefel. Heute wird nur noch das **rauchschwache S.** verwendet, das im Wesentlichen aus Schießbaumwolle hergestellt wird.

Schiff, 1) größeres Wasserfahrzeug zur Personen- und Güterbeförderung auf See und auf Binnenwasserstraßen. Das Schwimmen eines S. beruht auf dem archimed. Prinzip (→ Auftrieb). Während Binnen-S. meist mit flachem Boden gebaut werden, besitzen See-S. i. d. R. einen **Kiel,** der das S. unten in ganzer Länge von Steven zu Steven durchzieht. An ihn sind seitlich zur Aussteifung des Bodens die **Bodenwrangen** wie Rippen angesetzt. Eine oben auf sie gelegte Beplattung, der Innenboden, bildet mit dem äußeren Boden zusammen den **Doppelboden.** Die Bordwände an den Seiten werden durch die Spanten ausgesteift. Oberer Abschluss ist das Hauptdeck mit den Aufbauten, sodass das Ganze eine Art von Kastenträger mit großem Querschnitt bildet. Der Raum zw. Innenboden und Hauptdeck wird je nach S.-Größe und -Art durch weitere Decks waagerecht unterteilt. Längs- und Querwände **(Schotte)** unterteilen weiter in wasserdichte Einzelräume, deren Verbindungen (Schotttüren, seemänn. Schotten) bei Gefahr von der Kommandobrücke aus geschlossen werden und dadurch auch beim Volllaufen einzelner Abteilungen eine bestimmte

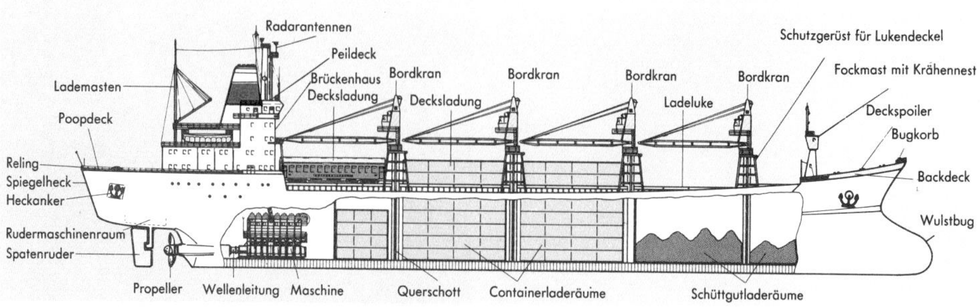

Schiff. Schematische Teilschnittzeichnung eines Frachtschiffs

Sinksicherheit gewährleisten. Der Baustoff aller größeren S. ist heute ausschließlich Stahl. Antrieb durch Öl-, vorwiegend Dieselmotoren, vereinzelt Gasturbinen. Bei den Anlagen mit Kernenergieantrieb liefert der Reaktor die Wärme. Das S. wird von der Kommandobrücke aus geführt (→Navigation). Jedes Fahrgast-S. muss mit Schwimmwesten, Rettungsflößen und -booten ausgerüstet sein. Anker, Feuerlöscheinrichtungen, Lenzpumpen und Ladegeschirr, Lüftungseinrichtungen und eine umfassende Stromversorgung bilden die Betriebseinrichtungen für das S. – **2)** ⛪ Raumteil einer Kirche, nach der Lage unterschieden als **Mittel-, Seiten-, Querschiff.**

Schiffchen, 1) Nähmaschine: Teil, der den Unterfaden durch die Schlinge des Oberfadens führt. – **2)** Weberei: Schussspule mit dem Schussfaden.

Schifffahrt, umfasst die **Handels-S.** zur gewerbsmäßigen Beförderung von Personen und Gütern **(Personen-, Fracht-S.)** auf Seen, Flüssen, Kanälen, an Küsten und auf Meeren sowie die **Kriegs-S.** In der **See-S.** gibt es Große, Mittlere, Kleine Fahrt und Küsten-S. **Große Fahrt** ist die S. nach allen Meeren und Häfen der Welt (Linien-, Tramp-, Passagierdienst), **Mittlere Fahrt** bezeichnet die S. zw. europ. und nichteurop. Häfen des Mittel- und des Schwarzen Meers, Häfen der westafrikan. Küste nördl. von 12° nördl. Breite sowie Häfen auf den Kapverd., Kanar. Inseln, auf Madeira. **Kleine Fahrt** umfasst die Ostsee, die Nordsee bis 61° nördl. Breite, den Engl., Bristol- und Sankt-Georgs-Kanal, die Irische See einschließlich der Clydehäfen. (→Binnenschifffahrt)

Schiffsbohrmuscheln, Schiffsbohrwürmer, bis 1 m lange, weit verbreitete Meeresmuscheln; bohren sich in hölzerne Unterwasserbauten.

Schiffshalter, ♡ Knochenfische, die sich mit einer schildförmigen Saugscheibe an Schiffen, Haifischen, Schildkröten festheften.

Schiffshebewerk, Bauwerk zur Überwindung größerer Höhenunterschiede in einem Schifffahrtskanal: Das Schiff gleitet in einen mit Wasser gefüllten Stahltrog, der in einem stählernen Gerüst oder auf einer schiefen Ebene hin und her bewegt werden kann. Der Trog wird durch Drahtseile oder durch hydraulisch bewegte Pressstempel bewegt.

Schiffsmakler, Schiffsklarierer, vermittelt Schiffsraum, Ladungen, Liegeplätze u. a.

Schiffsregister, ⚖ öffentl., bei den Amtsgerichten geführtes Register, das über Rechtsverhältnisse an Schiffen Auskunft gibt.

Schiffs|schraube, i. Allg. am Heck angeordnetes Vortriebsmittel für Schiffe, besteht aus meist 3 bis 7 auf einer Welle befestigten, z. T. verstellbaren Flügeln.

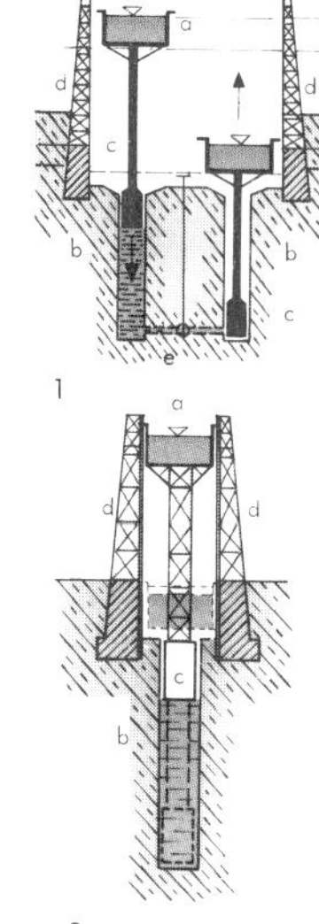

Schiffshebewerk. 1 Hydraulisches Hebewerk (a Trog, b Druckzylinder, c Druckkolben, d Führung, e Druckwasserleitung), 2 Schwimmerhebewerk (a Trog, b Schwimmerschacht, c Schwimmer, d Führung)

Schiiten, kleinere der beiden Hauptgruppen des Islam, die im Unterschied zu den Sunniten nur die direkten Nachkommen des Propheten Mohammed als Leiter der Gemeinde anerkennt.

Schikaneder, Emanuel, österr. Bühnenleiter und Bühnendichter, * 1751, † 1812; verfasste den Text zu Mozarts »Zauberflöte« (1791), schrieb Possen, Singspiele und Zaubermärchen.

Schild *der,* **1)** am linken Arm getragene Schutzwaffe aus Holz, Flechtwerk, Leder, Metall u. Ä. – **2)** Kerntechnik: in Kernreaktoren die aus geeigneten Abschirmstoffen bestehende Ummantelung des Reaktorkerns, die den Austritt ionisierender Strahlung verhindern soll.

Schild *das,* **1)** ✡ Sternbild des Südhimmels. – **2)** Geschäfts-, Namenstafel u. dergleichen. – **3)** ♡ schildförmige Platte an Krebsen, Insekten, Schildkröten.

Schildbürger, die törichten Bürger von Schilda, deren **S.-Streiche** das aus dem Lalebuch entstandene Volksbuch (1598) erzählt.

Schilddrüse, gefäßreiche lebenswichtige Drüse mit innerer Sekretion, am Hals, unter dem Kehlkopf. Ihre Hormone, **Trijodthyronin, Thyroxin** und **Calcitonin,** regulieren Wachstum, Stoffwechsel. Übermäßige Tätigkeit der S., meist mit Kropfbildung verbunden, bewirkt basedowsche Krankheit u. a., verminderte oder fehlende Tätigkeit Fettsucht, Myxödem, Kretinismus.

Schild|farn, Farnfamilie. Der Auszug aus dem Wurzelstock der häufigen Art des **Wurmfarns** ist Bandwurmmittel.

Schildkröten, ♡ Ordnung der Reptilien mit Bauch- und Rückenschild aus Knochenplatten, die mit Horntafeln **(Schildpatt)** überzogen sind. Kopf, Beine und Schwanz können unter dem Panzer geborgen werden. Die S. haben statt der Zähne Hornschneiden. Sie sind zäh- und langlebig und pflanzen sich durch Eier fort, die sie in den Boden legen. Man unterscheidet: 1) Land- und Sumpf-S., leben von Pflanzen. **Griech. Land-S.; Riesen-** oder **Elefanten-S.,** auf den Galapagosinseln, bis 2 m lang, bis 500 kg schwer, werden über 100 Jahre alt; **Europ. Sumpf-** oder **Teich-S.,** schwarzgrün und gelblich, im wärmeren Europa. 2) See- oder Meeres-S., mit Flossenfüßen, leben von Meerestieren. **Suppen-S.,** in warmen Meeren, essbar. **Karett-S.,** dunkelbraun, bes. im Karib. Meer; werden des Schildpatts wegen gejagt.

Schildläuse, ♡ Pflanzenschädlinge; die schildförmigen Weibchen sind flügellos. Sie saugen sich auf Pflanzen fest, von deren Saft sie leben.

Schildpatt *das,* getrocknete Hornplatten vom Panzer der Karettschildkröte; z. B. für Kämme.

Schilf, Bezeichnung für das Schilfrohr und die schilfrohrähnl. bestandbildenden Pflanzen; die bis 4 m hohen Halme werden u. a. für Matten und zur Papierherstellung verwendet.

Schilfpalme, Rohrpalme, Palmengattung; lianenartige Kletterpflanzen mit dünnen, langen Stämmen

(z. B. der **Rotang**). Die von den Blattscheiden befreiten Stämme dienen als Flechtmaterial **(Peddigrohr, Rattan).**

Schill, Ferdinand von, preußischer Offizier, * 1776, † 1809; bekämpfte 1809 mit seinen Husaren auf eigene Faust die napoleon. Fremdherrschaft, fiel in Stralsund im Straßenkampf.

Schiller, 1) Friedrich von (seit 1802), dt. Dichter, * 1759, † 1805; besuchte als Sohn des Militärwundarztes Johann Caspar S. auf Befehl des Herzogs Karl Eugen von Württemberg 1773 bis 1780 die Militärakademie (Karlsschule), veröffentlichte als Regimentsmedikus in Stuttgart 1781 »Die Räuber« und floh 1782. Danach arbeitete er an »Kabale und Liebe« (1784 aufgeführt) und wurde 1783 als Theaterdichter in Mannheim angestellt. In höchster wirtschaftl. Not bot ihm C. G. Körner 1785 Hilfe und Unterkunft in Leipzig, dann in Dresden. Dort entstand »Don Carlos« (1787), das letzte seiner Jugendwerke, die dem →Sturm und Drang angehören. Nach der Übersiedlung nach Weimar 1787 erhielt S. 1789 durch Goethes Vermittlung eine Professur für Geschichte und Philosophie in Jena. 1790 heiratete er Charlotte von Lengefeld (* 1766, † 1826). Früchte der histor. Studien sind »Die Geschichte des Abfalles der vereinigten Niederlande« (1788) und »Die Geschichte des Dreißigjährigen Krieges« (3 Bde., 1790 bis 1792). Die Auseinandersetzung mit I. Kant zeitigte viele philosoph. und ästhet. Abhandlungen. Seine Freundschaft mit Goethe ließ u. a. die Balladen und Xenien als Zeugnisse gemeinschaftl. Arbeit entstehen. Gesundheitlich gefährdet, arbeitete S. an seinen großen Dramen »Wallenstein« (1800), »Maria Stuart« (1800), »Die Jungfrau von Orléans« (1801), »Die Braut von Messina« (1803), »Wilhelm Tell« (1804). Über der Arbeit am »Demetrius« starb er. Schillers Ideendramen verbreiten, ausgehend von einer ethisch begründeten Freiheitsidee, den Humanitätsgedanken des dt. Idealismus. In seinen philosophisch-ästhet. Schriften findet seine Prosa ihren Höhepunkt. – **2)** Karl, dt. Nationalökonom, Politiker (SPD), * 1911, † 1994; Prof., 1966 bis 1972 Bundesmin. für Wirtschaft und 1971 bis 1972 für Finanzen.

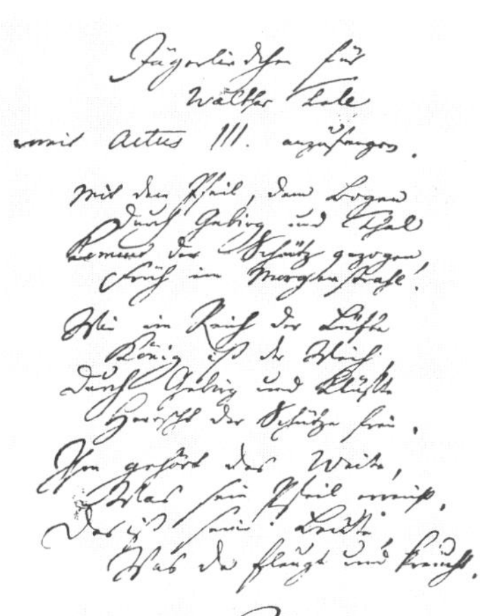

Friedrich **Schiller.** Autograph aus »Wilhelm Tell« (Jägerliedchen, 3. Akt)

Schillergesellschaft, Deutsche S., aus dem 1895 gegr. **Schwäb. Schillerverein** hervorgegangen; Sitz Marbach am Neckar; verwaltet das Schiller-Nationalmuseum (eröffnet 1903).

Schilling *der,* **1)** Rechnungsmünze nach der Münzordnung Karls d. Gr. = $^1/_{20}$ Pfund Silber = 12 Pfennig, nach dem Reichsmünzfuß von 1559 = $^1/_{32}$ Taler oder $^1/_{28}$ Gulden. – **2)** Währungseinheit in Österreich (1 S. = 100 Groschen); in Großbritannien bis 1971 (1 Shilling = 12 Pence).

Karl Friedrich Schinkel. Das Schauspielhaus (1818 bis 1821) am Platz der Akademie in Berlin

Schillings, Max von (seit 1912), dt. Komponist, * 1868, † 1933; schrieb Opern, die an R. Wagner anknüpfen (»Ingwelde«, 1894), auch ital. Einfluss (»Mona Lisa«, 1915).

Schimäre *die,* →Chimäre.

Schimmel, 1) zerstörender Pilz auf organ. Stoffen, z. B. der Algenpilz **Kopf-S.,** mit runden Sporenträgern; die zu den Schlauchpilzen zählenden **Gießkannen-S.** sowie **Pinsel-S.,** mit pinselähnlichen Sporenträgern. Zwei Arten der Pinsel-S. liefern Penicilline. – **2)** (teilweise) weißes Pferd (z. B. der Apfel-S., Grau-S.).

Schimmelreiter, Spukgestalt, Anführer der Wilden Jagd; Novelle von T. Storm (1888).

Schimpansen, Gattung der Menschenaffen im trop. Afrika, Männchen bis 1,70 m, die Weibchen bis 1,30 m groß, mit schwarzbraunem Fell, ernähren sich überwiegend von Früchten. Baumbewohner, die in Großfamilien mit strenger Hierarchie leben.

Schinderhannes, eigentl. Johann **Bückler,** * 1783 oder 1777, † (enthauptet) 1803; Anführer einer Räuberbande in Hunsrück und Taunus. – Drama von C. Zuckmayer (1927).

Schinkel, Karl Friedrich, dt. Baumeister und Maler, * 1781, † 1841; klassizist. Bauten in Berlin: Neue Wache (1816 bis 1818), Schauspielhaus am Gendarmenmarkt (1818 bis 1821), Altes Museum (1822 bis 1830), Friedrich-Werdersche Kirche (1824 bis 1830); Nikolaikirche (1830 bis 1837) in Potsdam.

Schipkapass, Pass im Balkan, in Bulgarien, zw. Gabrowo und Kasanlak, 1 185 m hoch.

Schippe, 1) Schaufel. – **2)** Pik im Kartenspiel.

Schirach, Baldur v., dt. natsoz. Politiker, * 1907, † 1974; 1933 bis 1940 »Jugendführer des Dt. Reiches«, 1940 bis 1945 Gauleiter und Reichsstatthalter in Wien; wegen Beteiligungan der Deportation österr. Juden 1946 bis 1966 in Spandau inhaftiert.

Schiras, Stadt in S-Iran, 850 000 Ew.; schiit. Wallfahrtsort; Univ.; Handelszentrum, Teppichherstellung; Erdölraffinerie, Zucker- u. a. Industrie.

Schirinowskij, Wladimir Wolfowitsch, russ. Politiker, * 1946; Jurist, kandidierte 1991 für das Amt des Staatspräs., vertritt großrussisch-nationalist. und antisemit. Ziele.

Schirmquallen, Scheibenquallen, Klasse der Hohltiere, gallertige Meeresbewohner mit Generationswechsel, scheibenförmig; **Ohrenqualle** an dt. Küsten.

Friedrich Schiller
Ausschnitt aus einer Miniatur (1793)

Johannes Schlaf

Kurt von Schleicher

Friedrich Daniel Ernst Schleiermacher
Ausschnitt aus einem zeitgenössischen Kupferstich

Schirokko *der,* im Mittelmeergebiet heißer, trockener, staubbeladener Südwind.
Schirrmann, Richard, dt. Volksschullehrer, * 1874, † 1961; begründete 1910 das Dt. Jugendherbergswerk.
Schisma *das,* Kirchenspaltung; bes. Bezeichnung für eine Spaltung der kath. Kirche mit Päpsten in Rom und in Avignon (**Abendländ. S.,** 1378 bis 1417).
Schitomir, Gebietshptst. in der Ukraine, 292 000 Ew.; vielseitige Industrie.
Schizophrenie *die,* ⚕ meist im jugendl. Alter entstehende Geisteskrankheit mit Zerfall der geistigen Persönlichkeit (»Spaltungsirresein«), Gemüts- und Willensstörungen, Wahnbildungen, Sinnestäuschungen, Erregungszuständen; zählt zu den endogenen Psychosen. Früher als **Dementia praecox** bezeichnet.
Schjelderup [ˈʃɛldərup], Gerhard, norweg. Komponist, * 1859, † 1933; Opern, sinfon. Dichtungen; Musikschriftsteller.
Schklowskij, Šklovskij [ʃ-], Wiktor Borissowitsch, russ. Literaturtheoretiker, Schriftsteller, * 1893, † 1984; Mitbegründer und führender Vertreter des russ. Formalismus; neben seinem theoret. Werk »Theorie der Prosa« (1925) stark memoirenhafte belletrist. Werke (»Sentimentale Reise«, 2 Teile, 1923).
Schlachta *die,* poln. **Szlachta** [ʃ-], der poln. Adel, der vom 14. bis 18. Jh. die poln. Nation verkörperte.
Schlacke, 1) Abfallstoffe der Erzverhüttung, z. B. kieselsäurereiche S. des Hochofens, kalkreiche Thomas-S. (→ Thomasmehl). – **2)** vulkan. Lavabrocken.
Schladming, Stadt in der Steiermark, Österreich, 3 900 Ew.; Wintersport. **Schladminger Tauern** mit Hochgolling (2 863 m).
Schlaf, beim Menschen und den meisten Tieren ein vom **S.-Zentrum** im Zwischenhirn gesteuerter Zustand mit Herabsetzung bzw. Aufhebung des Bewusstseins und der Aktivität. Im ersten Drittel der Nacht dominieren die Tiefschlafstadien, gegen Ende der Nacht nehmen die **REM-S.-Stadien** (von engl. **r**apid **e**ye **m**ovement »rasche Augenbewegung«) mit periodisch auftretenden Traumphasen zu. S.-Bedürfnis, S.-Zeiten, S.-Dauer wechseln stark und sind von Lebensalter, Beruf, Gewohnheiten, Klima abhängig.
Schlaf, Johannes, dt. Dichter, * 1862, † 1941; begründete mit A. Holz den dt. Naturalismus.
Schläfe, ⚕ zw. äußerem Augenwinkel, Ohr, Stirn und Jochbogen gelegener Teil des Schädels.
Schläfer → Bilche.
Schlafkrankheit, Trypanosomiasis, ⚕ Infektionskrankheit im trop. Afrika, erregt von Geißeltierchen (Trypanosomen), die durch die Tsetsefliegen übertragen werden.
Schlafmittel, ⚕ auf das Zentralnervensystem wirkende Arzneimittel mit beruhigender und dämpfender Wirkung. S. mit rasch einsetzender und etwa 3- bis 4-stündiger Wirkungsdauer heißen **Einschlafmittel,** solche mit 6- bis 7-stündiger **Durchschlafmittel** und S. mit noch längerer Wirkung und Folgen wie Schwindel und Benommenheit **Dauer-S.** Als S. dienen z. B. Abkömmlinge der Barbitursäure.
Schlafstörungen, Störungen des Schlafverhaltens, oft durch psych. Belastungen bedingt, auch durch Genussmittelmissbrauch, Schmerzen, z. T. Folge von psych. oder organ. Erkrankungen. Man unterscheidet Einschlaf- und Durchschlafstörungen bis hin zur Schlaflosigkeit, Störungen des Schlaf-Wach-Rhythmus, Schlafsucht (meist durch Vergiftungen, Tumoren, Entzündungen des Stammhirns) und Parasomnien wie Albträume, Schlafwandeln (→ Somnambulismus).
Schlafwagen, Eisenbahnwagen mit Schlafabteilen für 1 bis 3 Personen. **Liegewagen** haben Abteile mit 6 Liegesitzen.
Schlag, 1) flächenweise erfolgter Kahlabtrieb eines Baumbestands; auch die Fläche selbst. – **2)** Landwirtschaft: zusammenhängendes, i. d. R. nur mit einer Pflanzenart bestandenes Teilstück eines Betriebs. – **3)** ⚓ Stich, Knoten, Tauschlinge; Strecke zw. 2 Wenden beim Kreuzen. – **4)** Treiben des Balls mit dem Schläger; beim Schwimmen, Rudern Einzelphase der Bewegung; beim Boxen der Hieb. – **5)** alle Individuen einer Haustierrasse, die örtlich bedingte Eigenheiten aufweisen.
Schlag|adern, Arteri|en, ⚕ Blutgefäße, die vom Herzen weg in den Körper führen; sie enthalten, mit Ausnahme der Lungen-S., sauerstoffreiches, hellrotes Blut.
Schlag|anfall, Gehirnschlag, Apoplexie *die,* ⚕ plötzlich auftretende, meist mit Bewusstseinsverlust und Lähmungen verbundene Ausschaltung von Hirnteilen, meist durch Bersten eines Hirngefäßes infolge erhöhten Blutdrucks oder auch durch plötzl. Absinken des Blutdrucks.
Schlagball, Lauf- und Fangspiel, bei dem 2 Parteien (Schläger und Fänger) um das Schlagrecht kämpfen.
schlagende Wetter, Schlagwetter, ⚒ Grubenwetter, mit einem Grubengasgehalt von 5 bis 14 % (→ Methan). Sie explodieren heftig bei Berührung mit offenen Flammen, Funken, z. B. bei Sprengungen. Häufig folgen Kohlestaubexplosionen.
Schlager, 1) 𝄞 populäres, leicht eingängiges, oft gefühlsseliges Unterhaltungs-, Stimmungs- und Tanzlied. – **2)** Ü leicht verkäufl. Ware u. a.
Schlageter, Albert Leo, dt. Offizier, * 1894, † 1923; war 1923 aktiv am Widerstand gegen die Ruhrbesetzung beteiligt; von den Franzosen standrechtlich erschossen; von der natsoz. Propaganda als Märtyrer gefeiert.
Schlagintweit, drei Brüder, dt. Asienforscher; Adolf (* 1829, † 1857) und Hermann (* 1826, † 1882) bestiegen 1851 als Erste den Monte Rosa und bereisten mit Robert (* 1833, † 1885), z. T. auf getrennten Wegen, 1854 bis 1857 Vorderindien, das Himalayagebiet, Karakorum, Kunlun, Tarimbecken. Adolf S. wurde in Kaschgar als angebl. Spion hingerichtet.
Schlaglot, Hartlot, → Löten.
Schlagring, Schlagwaffe: eiserner Bügel mit 4 Ringen zum Überstreifen über 4 Finger; waffenrechtlich verboten.
Schlagsahne, österr. **Schlag|obers,** steif geschlagener Rahm, Mindestfettgehalt 30 %.
Schlagschatz, Münzgewinn, Unterschied zw. Nenn- und Metallwert einer Münze abzüglich der Prägekosten.
Schlagzeug, 𝄞 Musikinstrumente, deren Ton durch Schlagen erzeugt wird; Trommel, Pauke, Becken, Triangel u. a.
Schlamm, Mischung von Wasser mit fein verteilten festen Stoffen; als Ablagerung in Gewässern auch **Schlick** genannt.
Schlammbeißer, Schlammpeitzger, ein Karpfenfisch, 20 bis 30 cm lang, in schlammigen Gewässern.
Schlammfisch, urtümlicher Kahlhecht, bis 90 cm lang, in nordamerikan. Gewässern.
Schlammfliege, bienenähnl. Schwebfliege, deren Larve **(Rattenschwanzmade)** mit Atemröhre im Schlammwasser lebt.
Schlämmkreide, durch Einrühren in Wasser und Absetzen von fremden Bestandteilen gereinigte Kreide, wird zu Zahnpasten, Kitten und als Poliermittel sowie als Pigment für Wasser- oder Leimfarben verwendet.
Schlangen, Ordnung der Reptilien, mit lang gestrecktem Körper, der zahlreiche Wirbel aufweist und mit Schuppen bedeckt ist, und mit meist vollständig rückgebildeten Gliedmaßen. Die Haut wird mehrmals im Jahr abgestreift **(Natternhemd).** Die S. bewegen sich fort durch Schlängelung, mit Aufstellen der

Links: **Friedrich v. Schlegel,** Ausschnitt aus einem zeitgenössischen Holzstich. Mitte: **August Wilhelm v. Schlegel,** Ausschnitt aus einem zeitgenössischen Punktierstich. Rechts: **Caroline v. Schlegel,** Ausschnitt aus einem Gemälde von Friedrich August Tischbein (1798)

Bauchschuppen. Die Elemente des Schädels sind z. T. gegeneinander stark beweglich, was das Verschlingen auch größerer Beute ermöglicht. Die Zähne dienen nur zum Festhalten der Beute, bei **Gift-S.** auch zum Töten **(Giftzähne).** Fortpflanzung meist durch Eier, wenige Arten lebend gebärend.

Schlangenbad, hess. Staatsbad im Taunus, 5 500 Ew.; Thermalquellen.

Schlangengift, enthält Nerven- und Herzgifte. Die Nervengifte lähmen die Nervenzentren, bes. das Atemzentrum. Die Herzgifte führen zum Herzstillstand. Serumbehandlung.

Schlangensterne, ♉ Stachelhäuter mit meist 5 langen, bewegl. Armen, in allen Meeren.

Schlank|affen, zierl. Affen S-Asiens mit langem Schwanz und langgliedrigen Händen, z. B. Nasenaffen und Languren.

Schlaraffenland, Märchenland, in dem Milch und Honig fließen, Faulheit eine Tugend, Fleiß ein Laster ist; die Vorstellung geht auf Mythen vom verlorenen Paradies zurück.

Schlauchboot, Boot mit einem aufblasbaren Auftriebskörper; als Sport-, Rettungs- oder Pioniergerät.

Schlauchpilze, Pilze, deren Sporen im Innern von Zellschläuchen entstehen; z. T. Krankheitserreger, auch Speisepilze oder Antibiotikalieferanten. Zu den S. zählen: Morchel-, Trüffel-, Mehltau-, Hefepilze, Mutterkorn u. a.

Schlauchwürmer → Rundwürmer.

Schlaun, Johann Conrad, dt. Baumeister, * 1695, † 1773; Meister des westfäl. Barock (u. a. ehem. Fürstbischöfl. Schloss in Münster, 1767 bis 1784).

Schlegel, 1) August Wilhelm v. (1815), dt. Literaturkritiker und Sprachforscher, * 1767, † 1845; verbreitete die Ideen der Romantik, vermittelte als Übersetzer den Deutschen u. a. Shakespeare, Dante, Calderón de la Barca und begr. die altind. Philologie. – **2)** Caroline, dt. Schriftstellerin, * 1763, † 1809; bis 1803 Gattin von 1), dann von F. W. J. von → Schelling, eine der geistvollsten Frauen der Frühromantik. – **3)** Dorothea v. (1815), dt. Erzählerin und Übersetzerin, * 1764, † 1839; Tochter Moses Mendelssohns, verheiratet mit dem Bankier Veit, dann mit 4), in Wien Mittelpunkt eines literar. Kreises. – **4)** Friedrich v. (1815), dt. Dichter und Philosoph, Bruder von 1), * 1772, † 1829; begründete als genialer Anreger die frühromant. Welt- und Kunstanschauung.

Schlehdorn, Schwarzdorn, dorniger Strauch, Rosengewächs, in Hecken, an Waldrändern, mit weißen Blüten; die zwetschgenfarbigen, herben Steinfrüchte **(Schlehen)** geben Branntwein (S.-Wasser).

Schlei *die,* flussartig verengte Ostseebucht in Schlesw.-Holst., 43 km lang.

Schleich, Carl Ludwig, dt. Arzt und Dichter, * 1859, † 1922; erfand 1892 eine Art der örtl. Betäubung (Infiltrationsanästhesie).

Schleicher, Kurt v., dt. General und Politiker, * 1882, † 1934; 1932 Reichswehrmin., Dez. 1932/Jan. 1933 Reichskanzler; im Verlauf des »Röhm-Putsches« von SS-Angehörigen ermordet.

Schleichkatzen, Familie etwa fuchsgroßer Raubtiere mit langem Schwanz und kurzen Beinen; nachtaktive Tiere; Lebensräume in Afrika, Asien, Europa; Unterfamilien u. a. **Zibetkatzen** (liefern Duftstoffe), **Mangusten** (die Schlangenjäger **Mungos**).

Schleiden, Matthias, dt. Naturforscher, * 1804, † 1881; Prof. in Dorpat, hob die Bedeutung des Zellkerns für die Zellteilung hervor.

Schleie, europ. Karpfenfisch, bis 60 cm lang, bis 5 kg schwer; lebt in pflanzenreichem Süßwasser.

Schleier, leichtes Tuch, um Hut und Kopf getragen **(Braut-, Trauer-S.);** auch den Körper (der Frau) bedeckendes Tuch, v. a. in islam. Ländern.

Schleier|eule → Eulen.

Schleierkraut → Gipskraut.

Schleiermacher, Friedrich Daniel Ernst, dt. Theologe und Philosoph, * 1768, † 1834; versuchte Theologie und idealist. Philosophie zu verbinden. Das religiöse Bewusstsein des Menschen (»Gefühl schlechthinniger Abhängigkeit«), weniger das Wort Gottes, ist das Thema seiner Theologie.

Schleierschwanz, beliebter Aquarienfisch, eine Abart des Goldfischs, mit durchsichtiger Schwanzschleppe.

Schleifen, 1) ⚙ Verfahren der spanenden Formung: Die scharfen Kanten der Körner des Schleifkörpers nehmen feine Späne vom Werkstoff ab. – **2)** Befestigungswerke niederlegen.

Schleim, 1) ⚕ ♉ zähe, schlüpfrige Flüssigkeit, Absonderung von **S.-Drüsen** und Becherzellen der **S.-Häute.** Diese kleiden als Fortsetzung der äußeren Haut die Kanäle des Körpers aus (Magen-Darm-Kanal, Luftwege u. a.). – **2)** ⚘ **Pflanzen-S.,** Speicherstoff, z. B. in Zwiebeln, Knollen von Knabenkrautarten.

Schleimbeutel, ⚕ in sich abgeschlossene Verschiebespalten, die mit Gelenkflüssigkeit gefüllt sind; mildern die Reibung zw. Haut, Sehnen, Gelenkkapseln und Knochen.

Schleimpilze, Gruppe niederer Lebewesen an der Grenze zw. Tierreich und Pflanzenreich; nackte Zytoplasmamassen mit Sporen bildenden Fruchtkörpern; z. B. Lohblüte.

Schleißheim, 2 Schlösser in Bayern, nordwestlich von München: Altes (1616) und Neues Schloss (1701 ff., Staatsgalerie).

Schleiz, Krst. im Vogtland, Thür.; 8 200 Ew.; Glaswerke, Möbel- u. a. Ind. – 1666 bis 1848 Residenz einer Linie der Fürsten Reuß.

Schlemihl, Pechvogel, Unglücksmensch; die Erz. »Peter Schlemihls wundersame Geschichte« von A. v. Chamisso (1814) verknüpft S. mit dem Motiv des verkauften Schattens.

Schlehdorn: Blühender Zweig (oben) und Zweig mit Früchten

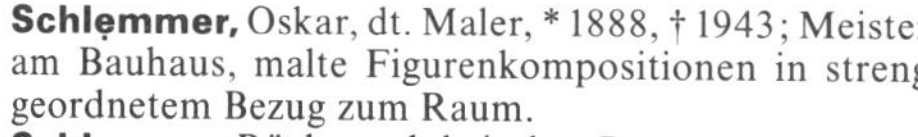

Schleswig
Stadtwappen

Schleswig-Holstein
Landeswappen

Schlemmer, Oskar, dt. Maler, * 1888, † 1943; Meister am Bauhaus, malte Figurenkompositionen in streng geordnetem Bezug zum Raum.

Schlempe, Rückstand bei der Branntweinherstellung, Futtermittel.

Schleppe, auf dem Boden nachschleifender Saum des Frauenkleids.

Schlepper, 1) ⚓ **Schleppdampfer,** zieht Frachtkähne oder Schleppkahnzüge an Tauen. – **2)** 🚗 Zugmaschine.

Schlern *der,* ital. **Monte Sciliar** [-ʃilˈjar], Kalk- und Dolomitstock in Südtirol, Italien, über der Seiser Alm, 2564 m hoch.

Schlesilen, histor. Gebiet beiderseits der oberen und mittleren Oder, zw. Sudeten im SW und poln. Ebene im O; meist Tiefland, an das sich nach SW mit einer Reihe von Vorbergen die Kette der Sudeten anschließt. Der Name S. geht wahrscheinlich auf die Silingen zurück, einen Teilstamm der Wandalen. Seit Ende des 10. Jh. gehörte S. zu Polen, 1163 setzte Kaiser Friedrich I. eine Linie des poln. Herrscherhauses der Piasten als selbstständige Herrscher ein. 1327 bis 1329 kam S. unter böhm. Lehnshoheit, mit Böhmen 1526 an die Habsburger. Durch die Schlesischen Kriege fiel fast ganz S. mit der Grafschaft Glatz an Preußen (seit 1807 Prov.), dazu 1815 der Hauptteil der bisher sächs. Oberlausitz. 1919 wurden die preuß. Provinzen **Nieder-S.** (Hptst. Breslau) und **Ober-S.** (Hptst. Oppeln) gebildet. Ein Teil von Ober-S. fiel nach der 1921 dort abgehaltenen Volksabstimmung an Polen, obwohl rd. 60 % für Dtl. gestimmt hatten. Der bis 1918 bei Österreich verbliebene Teil S.s wurde 1920 zw. Polen und der Tschechoslowakei geteilt. Seit 1945 gehört das preuß. S. östlich der Oder-Neiße-Linie zu Polen, der Landstrich westlich der Neiße zu Sachsen.

Schlesische Kriege, die 3 Kriege Friedrichs d. Gr. gegen Maria Theresia, endeten für Österreich mit dem Verlust, für Preußen mit dem Gewinn Schlesiens: **1. S. K.** (1740 bis 1742), **2. S. K.** (1744/45), **3. S. K.** (1756 bis 1763, → Siebenjähriger Krieg).

Schleswig-Holstein. Verwaltungsgliederung

Schleswig, 1) Stammgebiet der Kimbern, Angeln, Jüten und Friesen, als dän. Mark dem Fränk. Reich angegliedert, von Konrad II. an Dänemark abgetreten, wo es ein selbstständiges Herzogtum wurde (→ Schleswig-Holstein). – **2)** Krst. in Schlesw.-Holst., 26 800 Ew.; Hafen an der Schlei. Im MA. Bischofs- und Herzogssitz.

Schleswig-Holstein, Land der Bundesrep. Dtl., 15 732 km², 2,68 Mio. Ew.; Hptst.: Kiel. Verw.: 4 Stadt-, 11 Landkreise.

S.-H. umfasst den südl. Teil der Halbinsel Jütland und die vorgelagerten Inseln. S.-H. hat im O seenreiches Grundmoränen-, im W Marschland, in der Mitte sandige Geest. Die Landwirtschaft ist vorherrschend, bes. Viehzucht und Milchwirtschaft, daneben Getreide-, Kartoffel-, Futterrüben-, Gemüse- und Obstbau; Baumschulen (Halstenbek). Fischerei; Schiffbau, Maschinen-, Nahrungsmittel- u. a. Ind.; Fremdenverkehr. Die Schauenburger in Holstein erwarben 1386 auch das Herzogtum Schleswig als dän. Lehen. Nach ihrem Aussterben wurde 1460 der Dänenkönig Christian I. aus dem Haus Oldenburg zum Landesherrn gewählt unter der Bedingung, dass Schleswig und Holstein »auf ewig ungeteilt« bleiben sollten. Als Herzog von Holstein war der dän. König zugleich Reichsfürst. Seit 1815 war Holstein, nicht aber Schleswig, Glied des Dt. Bunds. Als die Dänen Schleswig von Holstein trennen und Dänemark einverleiben wollten, erhoben sich 1848 die Schleswig-Holsteiner. Sie unterlagen im Dt.-Dän. Krieg von 1848 bis 1850 den Dänen. Als Bismarck ein gemeinsames Vorgehen Preußens und Österreichs erreichte, wurden die Dänen im Dt.-Dän. Krieg von 1864 besiegt und mussten S.-H. abtreten, das dann infolge des Deutschen Kriegs von 1866 preußisch wurde. Durch Volksabstimmung aufgrund des Versailler Vertrags fiel N-Schleswig (im N der Flensburger Förde) 1920 an Dänemark. 1946 wurde aus der preuß. Prov. das Land S.-H. gebildet. Min.-Präs.: Heide Simonis (SPD; seit Mai 1993).

Schleuder, 1) alte Waffe zum Werfen von Steinen u. a. – **2)** → Zentrifuge.

Schleuderguss, ⚙ Gießverfahren, bei dem die Gussform in schnelle Drehung versetzt und das eingegossene Material durch Fliehkraft an die Formwandung angepresst wird, wo es erstarrt.

Schleudersitz, ✈ bei Gefahr mit Raketenantrieb oder durch Pulvertreibladung aus einem Flugzeug herausschleuderbarer Pilotensitz, mit Fallschirm versehen.

Schleuse, 1) ⚓ **Schiffs-S.** zur Überführung eines Schiffs von einem Gewässer in ein zweites mit anderer Höhe des Wasserspiegels. Bei der **Kammer-S.** fährt das Schiff in eine Kammer, die nach Ober- und Unterwasser Einfahrtstore besitzt. Durch Füllen oder Leeren der Kammer wird der Wasserspiegel dem Ober- oder Unterwasser angeglichen, sodass nach Öffnen des entsprechenden Tors die Fahrt fortgesetzt werden kann. – **2) Luft-S.,** Kammer mit 2 Türen zur Überwindung von Druckunterschieden zw. zwei Räumen.

Schlichter, Rudolf, dt. Maler und Grafiker, * 1890, † 1955; Vertreter des sozialkrit. linken Flügels der Neuen Sachlichkeit (Straßenszenen, Porträts).

Schlichtung, ⚖ im Arbeitsrecht Maßnahmen zur Verhütung und Beilegung von Arbeitskämpfen; zunächst aufgrund von Vereinbarungen der Tarifparteien, dann durch ein staatl. Vermittlungsverfahren mit Zustimmung beider Parteien. S.-Stellen gibt es auch bei den Ind.- und Handelskammern zur Beilegung von Wettbewerbsstreitigkeiten.

Schlick → Schlamm.

Schlick, Moritz, dt. Philosoph, * 1882, † 1936; Vertreter des Neupositivismus.

Schlieffen, Alfred Graf von, preuß. Generalfeldmarschall (1911), * 1833, † 1913; 1891 bis 1905 Chef des

Generalstabs, entwarf den Operationsplan für einen Zweifrontenkrieg: bei hinhaltendem Widerstand im O rasche Entscheidung im W durch starken Kräfteansatz am rechten Flügel **(S.-Plan).**

Schliemann, Heinrich, dt. Kaufmann und Archäologe, * 1822, † 1890; unternahm seit 1870 Ausgrabungen in Troja, Mykene, Tiryns, Orchomenos. »Selbstbiographie« (1892).

Schlieren, ⚗ beim Lösen eines Stoffs oder beim Mischen von Flüssigkeiten auftretende Gebilde, die das Licht anders brechen als der umgebende Stoff.

Schliersee, See (2,2 km²) in Oberbayern, am N-Ende der Kurort S., 6 100 Ew.; Wintersportplatz (Spitzingsee); Bauerntheater; Lackfabrik.

Schließfach, 1) Post-, Bank-S., zu mietendes, verschließbares Fach bei der Post (zum Abholen von Postsendungen), in Banken usw. – **2)** auf Bahnhöfen verschließbares Fach zur kurzfristigen Aufbewahrung von Kleingepäck.

Schließmuskel, ringförmiger Muskel, der Öffnungen umgibt (After-S., Blasen-S.).

Schliff, Bezeichnung für eine durch Schleifen geglättete Fläche (Glas, Marmor); bei Edelsteinen die Bearbeitungsverfahren zur Erhöhung der Brechkraft, des Glanzes usw. (z. B. Facetten-S., Glatt-S.). Ü gute Umgangsformen.

Schlingern, ⚓ Pendelbewegung des Schiffs um eine Längsachse infolge des Seegangs oder anderer Impulse. Ggs.: stampfen. Gegenmaßnahmen: 1) **Schlingertanks,** paarweise an beiden Seiten des Schiffes eingebaut, enthalten Wasser oder flüssigen Brennstoff und sind durch Wasser- und Luftkanäle miteinander verbunden. Ihr Inhalt schwingt im Gegentakt zum Schiff und dämpft das S. 2) kreiselgesteuerte **Dämpfungsflossen** werden gegen den Fahrtstrom angestellt; sie wirken wie Tiefenruder eines U-Boots.

Schlingpflanzen, Kletterpflanzen, Lianen.

Schlitten, 1) Fahrzeug mit Gleitschienen (Kufen) statt Rädern, zur Fortbewegung auf Schnee und Eis (Pferde-S., Rodel, Bobsleigh, Skeleton, Hörner-S., Eisjacht). Der **Motor-S.** hat Raupenantrieb oder Luftschrauben. – **2)** ⚙ hin- und hergleitender Maschinenteil, z. B. Gleitschuh, Walzenträger bei der Schreibmaschine.

Schlittschuhe, mit einer Kufe versehene Schuhe zum Gleiten auf Eis, meist aus Metall; Knochen-S. aus der Steinzeit nachweisbar.

Schlitzsteuerung, ⚙ Steuerung des Ladungswechsels von Zweitaktmotoren oder von Schiebermotoren durch Schlitze.

Schlöndorff, Volker, dt. Filmregisseur, * 1939; Filme v. a. nach literar. Vorlagen: »Der junge Törless« (1965), »Die verlorene Ehre der Katharina Blum« (1975), »Die Blechtrommel« (1979), »Eine Liebe von Swann« (1983), »Homo Faber« (1991).

Schloss, 1) ⌂ repräsentatives Wohngebäude, im Ggs. zur Burg meist unbefestigt. – **2)** ⚙ Vorrichtung zum Verschließen von Türen u. a. Das gewöhnl. **Kasten-S.** besitzt eine Zuhaltung. Das **Sicherheits-S.** (häufig ein Zylinder-S.) verwendet mehrere Zuhaltungen, die nur durch Schlüssel mit bestimmtem Bart in die zum Öffnen nötige Lage gebracht werden können. Das **Kombinations-S.** lässt sich ohne Schlüssel durch Einstellung bestimmter Zahlen oder Buchstaben öffnen. – **3)** bei Handfeuerwaffen: hinterer Verschluss des Laufs; dient zum Laden und Entzünden der Ladung sowie zum Spannen des Schlagbolzens.

Schlosser, 1) Friedrich Christoph, dt. Historiker, * 1776, † 1861; Prof. in Heidelberg; »Weltgeschichte für das dt. Volk« (19 Bde., 1843 bis 1857). – **2)** Johann Georg, dt. Schriftsteller, * 1739, † 1799; Schriften zu literar. und philosoph. Fragen; Freund und Schwager Goethes.

Schlot → Schornstein.

Schlözer, August Ludwig v. (seit 1804), dt. Historiker, * 1735, † 1809; einflussreicher polit. Publizist der dt. Aufklärung.

Schluchsee, See im südl. Schwarzwald, Bad.-Württ., 5,1 km², 930 m ü. M.; Talsperre mit Kraftwerk.

Schluckauf, ⚕ stoßweise auftretende, krampfartige Zwerchfellzusammenziehungen.

Schlucken, angeborener Reflexvorgang **(Schluckreflex),** wird durch das **Schluckzentrum** im verlängerten Rückenmark ausgelöst; bei Berührung von Gaumenbögen, Zungengrund oder Rachenwand reflektor. Verschluss der Luftröhre.

Schluckimpfung, ⚕ Impfung, bei der der Impfstoff durch den Mund aufgenommen wird, z. B. die Sabin-Impfung.

Schlund, unterer Teil des Rachens.

Schlupf, 1) ⚡ Drehzahlabfall des Asynchronmotors, bezogen auf die Drehfelddrehzahl. – **2)** ⚙ Drehzahlabfall des belasteten Riementriebs, abhängig von Umschlingungswinkel und Riemenspannung.

Schlupfwespen, Überfamilie der Hautflügler; die Weibchen legen mit dem Legebohrer ihre Eier in Eier oder Larven anderer Insekten.

Schluss, Logik: Ableitung eines Urteils aus einem anderen Urteil **(unmittelbarer S., Folgerung),** z. B.: Alle Menschen sind sterblich, alle unsterbl. Wesen sind keine Menschen; oder aus mehreren anderen Urteilen **(mittelbarer S., Syllogismus),** z. B.: Die Fische haben kaltes Blut, der Hecht ist ein Fisch, also hat der Hecht kaltes Blut. Der Syllogismus besteht also aus 2 Vordersätzen **(Prämissen)** und einem Schlusssatz **(Konklusion).**

Schlüssel, 1) → Schloss. – **2)** Chiffrier-S., Code. – **3)** 𝄞 Zeichen am Anfang der Notenlinien zur Bestimmung der Tonhöhe (C-, F-, G-S.).

Schlüsselbein, längl., flach s-förmig gekrümmter Knochen zw. Brustbein und Schultergelenk.

Schlüsselblume → Primel.

Schlüsselgewalt, 1) Berechtigung jedes Ehegatten, Geschäfte zur angemessenen Deckung des Lebensbedarfs der Familie mit Wirkung auch für den anderen Ehegatten zu besorgen (§ 1357 BGB). – **2)** nach kath. Lehre die von Christus verliehene höchste geistl. Gewalt, die dem Papst als Nachfolger des Petrus zusteht.

Schlüsselindustrie, Ind.zweige, die andere Wirtschaftszweige mit Rohstoffen, Halbfabrikaten und Energie versorgen (z. B. Schwerindustrie).

Schlüsselroman, Roman, in dem wirkl. Personen und Vorkommnisse mehr oder weniger erkennbar dargestellt sind.

Schlüsseltechnologien, industriell verwertbare techn. Verfahren und Methoden, von denen vielfältige Impulse ausgehen, die das wirtschaftl. und gesellschaftl. Umfeld grundlegend verändern, z. B. Gentechnologie, Energietechniken, Mikroelektronik.

Schlüssigkeit, ⚖ im Prozess die log. Geschlossenheit des Vorbringens und des Antrags einer Partei; eine Klage ist **schlüssig,** wenn die vorgetragenen Tatsachen den Klageantrag aufgrund der geltenden Gesetze rechtfertigen.

Schlussstein, ⌂ Scheitelstein eines Gewölbes.

Schlüter, Andreas, dt. Baumeister, Bildhauer, * um 1660, † 1714; Hauptmeister des norddt. Barocks: Umbau des Berliner Schlosses (1698 ff., 1950 gesprengt), Reiterdenkmal des Großen Kurfürsten (Bronzeguss 1700), Masken sterbender Krieger am Zeughaus (1695).

Schmalenbach, Eugen, dt. Betriebswirtschaftler, * 1873, † 1955; befasste sich bes. mit Kostenrechnung, Finanzierung, Bilanz (»dynam. Bilanz«).

Schmalfilm, Film bis 16 mm Breite.

Schmalkalden, Stadt und Kurort in Thür., 16 300 Ew.; Kleineisenind., Sportgeräteherstellung; alte Fachwerkhäuser.

Heinrich Schliemann

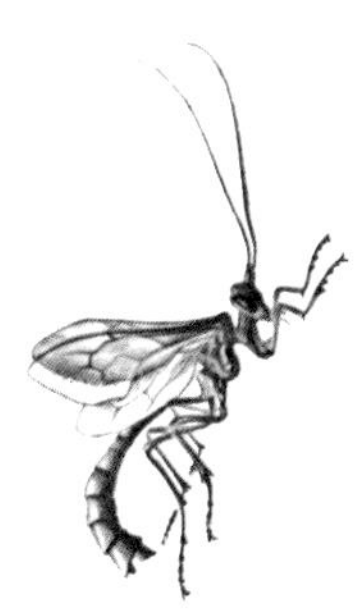

Schlupfwespe

Schmalkaldische Artikel, von Luther 1537 verfasstes Glaubensbekenntnis, das 1580 in das Konkordienbuch aufgenommen wurde.
Schmalkaldischer Bund, der von den meisten prot. Fürsten und Städten unter Führung des Kurfürsten von Sachsen und des Landgrafen Philipp von Hessen gegen Kaiser Karl V. 1531 in Schmalkalden geschlossene Bund. Im **Schmalkald. Krieg** 1546/47 siegte Karl V. bei Mühlberg; Kurfürst Johann Friedrich und Landgraf Philipp gerieten in kaiserl. Gefangenschaft, der S. B. löste sich auf.

Max Schmeling

Schmalspurbahnen, Schienenbahnen mit geringerer Spurweite als Normalspur.
Schmaltier, weibl. Hirschwild im 2. Jahr bis zur ersten Brunft.
Schmarotzer, Parasiten, Tiere oder Pflanzen, die auf Kosten eines anderen Lebewesens (Wirt) leben. Die **Außen-S.** sitzen auf dem Wirt, z. B. Läuse, Stechmücken, Milben. Die **Innen-S.** leben im Körper des Wirts, z. B. Bandwürmer, krankheitserregende Bakterien. Sie ernähren sich von seinen Körperbestandteilen. Anpassungen: Haftorgane (Blutegel), Saugorgane (Floh), Rückbildung der Bewegungs-, Sinnes-, Verdauungsorgane. Unter den Pflanzen gibt es **Voll-S.** ohne Chlorophyll (Schuppenwurz, Kleeseide) und **Halb-S.,** die mithilfe ihres Chlorophylls assimilieren können (Mistel).

Carlo Schmid

Schmätzer, einige kleine Arten der Drosseln, am Boden brütende Singvögel, z. B. Stein-S., Braunkehlchen, Schwarzkehlchen.
Schmeil, Otto, dt. Biologe, * 1860, † 1943; Verfasser von botan. und zoolog. Lehrbüchern.
Schmeißfliege → Fliegen.
Schmeling, Max, dt. Boxer, * 1905; 1930 bis 1932 Weltmeister im Schwergewicht.
Schmelz, 1) glänzender, oft gefärbter Überzug auf Metallgegenständen (Email). – **2)** Glasur auf Tonwaren. – **3)** ⚕ **Zahn-S.,** glänzende oberste Schicht des Zahns.
Schmelzen, Übergang aus dem festen in den flüssigen Aggregatzustand bei bestimmter Temperatur, dem **Schmelzpunkt.** Die dabei aufgenommene **Schmelzwärme** bewirkt keine Temperaturerhöhung.

Helmut Schmidt

Schmelzfarben, mit Metalloxiden gefärbte Glasflüsse, zum Einbrennen auf Glas, Porzellan, Email.
Schmelz|ofen, Industrieofen zum Schmelzen von Metallen, z. B. Tiegel-, Kessel-, Herd-, Schachtofen.
Schmelzschupper, urtüml. Fische (Ganoiden), z. T. mit Schuppen, die wie mit Zahnschmelz überzogen sind.
Schmelzsicherung, → Sicherung.
Schmerlen, Grundeln, Familie der Karpfenartigen Fische, Süßwasserbewohner, mit 6 bis 10 Bartfäden an der wulstigen Lippe.
Schmerz, ⚕ auf phys. und/oder psych. Ebene als leidvoll erlebter Zustand. Der **akute S.** (z. B. Verletzung, Kolik) hat eine unmittelbare Warn- und Schutzfunktion, da er zielgerichtetes Handeln zur Erhaltung der körperl. Integrität motiviert. Akuter S. kann zu chron. S. werden, der Hauptsymptom (z. B. Migräne) oder wichtiges Begleitsymptom einer Krankheit (z. B. Herz-S., Kreuz-S.) ist. Bei **chron. S.** ist keine Gewebsschädigung (mehr) diagnostizierbar bzw. sind die den Schmerz aufrechterhaltenden Bedingungen auf medizin. Wege schwer oder nicht behebbar. In **S.-Kliniken** werden Patienten mit chron. S. (ambulant und stationär) behandelt.

Renate Schmidt

Schmerzensgeld, Geldentschädigung, die bei Verletzung des Körpers, der Gesundheit sowie der Freiheit neben dem Ersatz des Vermögensschadens verlangt werden kann (z. B. für Schmerzen, Verunstaltung). Die Höhe bestimmt sich nach Billigkeit.
Schmetterlinge, Falter, seit der oberen Trias bekannte, heute mit mehr als 150 000 Arten weltweit verbreitete Ordnung der Insekten, mit 4 häutigen Flügeln, die mit kleinen, farbigen Schuppen bedeckt sind. Sie haben saugende Mundwerkzeuge (Rüssel) und eine vollkommene Verwandlung (Ei, Raupe, Puppe, S.). Die Raupen vieler S. sind durch Fraß schädlich. Zu den S. gehören Groß-S. und Klein-S., Schwärmer, Spinner, Spanner u. a.

Karl Schmidt-Rottluff. Bildnis Rosa Schapire (1911)

Schmetterlingsblütler, Familie der Hülsenfrüchtler mit schmetterlingsähnl. Blüte, deren Blütenblätter als »Fahne«, »Flügel« und »Schiffchen« bezeichnet werden. Zugehörig: Bohne, Erbse, Linse, Klee, Wicke, Lupine, Luzerne, Ginster, Robinie u. a.
Schmid [ʃmi:t, ʃmɪt], Carlo, dt. Völkerrechtslehrer, Politiker (SPD), * 1896, † 1979; 1948/49 Mitglied des Parlamentar. Rats, 1949 bis 1972 MdB; 1949 bis 1966 und 1969 bis 1972 Vizepräs. des Bundestags, 1966 bis 1969 Bundesmin. für Angelegenheiten des Bundesrats und der Länder. Setzte sich für die Integration Europas ein.
Schmidt, 1) Arno, dt. Schriftsteller, * 1914, † 1979; Romane (»Zettels Traum«, 1970); Literarhistorisches. – **2)** Erich, dt. Germanist, * 1853, † 1913; Lessingbiographie; große Verdienste um die goetheschen Werkausgaben. – **3)** Franz, österr. Komponist, * 1874, † 1939; Sinfonien, Orgelwerke, Oper »Notre-Dame« (1914). – **4)** Helmut, dt. Politiker (SPD), * 1918; 1969 bis 1972 Bundesverteidigungsmin., 1972 Bundesmin. für Wirtschaft und Finanzen; 1972 bis 1974 für Finanzen; 1974 bis 1982 Bundeskanzler; wurde nach dem Scheitern der SPD/FDP-Koalitionsreg. (17. 9. 1982) am 1. 10. 1982 durch ein konstruktives Misstrauensvotum gestürzt. – **5)** Renate, dt. Politikerin (SPD), * 1943; Vors. der SPD in Bayern; 1990 bis 1994 Vizepräs. des Bundestags. – **6)** Wilhelm, dt. kath. Theologe, Völkerkundler, * 1868, † 1954; Vertreter der Kulturkreislehre und eines Hochgottglaubens als Urform der Religion. – **7)** Wilhelm, dt. Ingenieur, * 1858, † 1924, erfand die Heißdampflokomotive.
Schmidtbonn, Wilhelm, eigentlich W. **Schmidt,** dt. Schriftsteller, * 1876, † 1952; schrieb v. a. Märchen, Sagen, volkstümliche Prosa über Menschen seiner rhein. Heimat sowie neuromant. Dramen.
Schmidt-Jortzig, Edzard, deutscher Politiker (FDP), * 1941; Professor für öffentliches Recht, seit 1994 MdB; seit Januar 1996 Bundesmin. der Justiz.
Schmidt-Rottluff, Karl, dt. Maler, Grafiker, * 1884, † 1976; Hauptvertreter des dt. Expressionismus; in heftigen Farben und mit derben Umrissen gemalte Bilder, kraftvolle Holzschnitte; Mitbegründer der »Brücke«.

Schmiedeberg im Riesengebirge, poln. **Kowary,** Stadt in der poln. Wwschaft Jelenia Góra, Kurort, 12 000 Ew.; Textilindustrie.
schmieden, ⚙ erhitzte oder glühende dehnbare Metalle mit dem Schmiedehammer auf dem Amboss oder im Gesenk formen.
Schmiege *die,* Winkelmaß mit verstellbarem Winkel.
Schmiele, Gattung der Süßgräser, z. B. Ruchgras, Honiggras, Zittergras.
Schmiermittel, ⚙ Stoffe zur Reibungsverminderung an Maschinenteilen, meist Öle.
Schminke, Mittel zum Färben der Haut, Lippen, Wimpern, Augenbrauen.
Schmirgel *der,* feinkörniges, hartes Schleifmittel mit Anteilen von Korund, Quarz.
Schmitt, Carl, dt. Staats-, Völkerrechtler, * 1888, † 1985; Kritiker des Parlamentarismus, Verfechter der Freund-Feind-Theorie als Grundbefindlichkeit aller menschl. Gemeinschaften, entwarf die Konturen eines totalen Staats.
Schmitz, Bruno, dt. Baumeister, * 1858, † 1916; Kyffhäuser-, Völkerschlachtdenkmal.
Schmoller, Gustav von, dt. Volkswirtschaftler, * 1838, † 1917; Vorkämpfer der dt. Sozialgesetzgebung.
Schmölln, Stadt im NO von Thür., 11 500 Ew.; Herstellung von Präzisionswerkzeugen.
Schmuck, Zierde, Verschönerung; Gegenstände, mit denen Menschen sich schmücken. Metalle, bes. Edelmetalle, Edelsteine, Perlen, geschnittene Steine, Glasfluss werden als S.-Material bevorzugt. In den Hochkulturen folgt der S. der Stilentwicklung der Kunst (geometr. Motive bei den Griechen, farbenprächtige Glasflüsse auf Gold im späten Rom und in Byzanz, reiche Goldschmiedekunst in Frankreich und Burgund im 15. Jh.). Außer der sozial auszeichnenden Funktion hat S. oft auch eine prakt. Funktion (Schnallen, Gürtel, Nadeln, Kämme, Stirnbänder u. Ä.).
Schmucksteine → Edelsteine.
Schmuggel, verbotswidriges Ein-, Aus- oder Durchführen von zollpflichtigen Waren; strafbar.
Schnabel, der mit Hornscheiden überdeckte Unter- und Oberkiefer der Vögel, auch bei Schnabeltier, Schildkröten.
Schnabel, 1) Artur, österr. Pianist, Komponist, * 1882, † 1951. – **2)** Franz, dt. Historiker, * 1887, † 1966; »Dt. Geschichte im 19. Jh.« (1929 bis 1937). – **3)** Johann Gottfried, dt. Dichter, * 1692, † nach 1750; Robinsonade »Insel Felsenburg« (1736 bis 1751).
Schnabelkerfe, Überordnung der Insekten mit saugend-stechenden Mundwerkzeugen. Viele sind Schädlinge an Kulturpflanzen, Blutsauger und Krankheitsüberträger. Zu den S. gehören Wanzen, Zikaden, Pflanzen- und Tierläuse.
Schnabeltier, ♡ zu den Kloakentieren gehörendes Wassersäugetier mit Entenschnabel, Schwimmhäuten; legt Eier, lebt in Australien und Tasmanien.
Schnack, 1) Anton, dt. Schriftsteller, * 1892, † 1973; Gedichte, Skizzen. – **2)** Friedrich, dt. Schriftsteller, Bruder von 1), * 1888, † 1977; Gedichte, Erzählungen.
Schnaderhüpfel, Schnadahüpfl [Schnittertanz], derbes Stegreiflied aus dem bayerisch-österr. Alpengebiet.
Schnaken, 1) Familie der Mücken, große, nicht stechende, langbeinige Zweiflügler, z. T. Pflanzenschädlinge. – **2)** U für die Stechmücken.
Schnauzer, rauhaariger Pinscher, drahthaarige Hunderasse mit Schnauzbart.
Schnebel, Dieter, dt. Komponist, * 1930; experimentelle, u. a. Sprachlaute einbeziehende Musik.
Schnecke, 1) Teil des inneren Ohrs. – **2)** ⚙ auf einem zylindr. Schaft eingeschnittene endlose Schraube (S.-Getriebe). – **3)** 𝄞 oberster Teil des Halses von Streichinstrumenten. – **4)** ⌂ → Volute. – **5) Förder-S.,** spiralförmiges Fördermittel für Schüttgut (Sand, Zement u. a.).
Schnecken, Gastropoden, Klasse der Weichtiere, zum großen Teil mit kalkiger Spiralschale **(S.-Haus)** um den Eingeweidesack. Der Fuß, der manchen S. fehlt, hat eine Kriechsohle. Der Kopf trägt Fühler mit Augen. Sie leben vorwiegend von Pflanzen. Zw. Körper und Schale (Mantelhöhle) liegen die Atmungsorgane, entweder Kiemen oder Lungen. Viele S. sind Zwitter. Man unterscheidet: **Kiemen-S.,** meist Meeresbewohner wie Wellhorn-S., Kauri-S., Napi-S., und **Lungen-S.** wie Garten-S., Weg-S., Teller-S., Weinbergschnecken.
Schnee, Niederschlag in fester Form, kleine, meist sternförmige Kristalle, die durch Gefrieren des Wasserdampfs in der Luft entstehen. Mehrere zusammengehakte Kristalle bilden **S.-Flocken.** Formen des S.: **Pulver-S.** (trocken, feinkörnig), **Papp-S.** (feucht, aus großen Flocken). Durch Wind entstandene S.-Anhäufungen heißen **S.-Wehen.** Älterer S. wird zu Firn.
Schneeball, Gattung der Geißblattgewächse. Der **Gemeine S.** ist ein Waldstrauch mit weißen, urspr. flachen Blütenständen und roten Beeren, als **Gefüllter S.** mit kugeligen Blütenständen Gartenzierstrauch. **Wolliger S.,** Wald- und Zierstrauch, mit filzigen Blättern, gelbweißen Dolden und schwarzen Beeren.
Schneeballsystem, ✐ Verkaufssystem, bei dem der Händler dem Käufer Preisnachlass oder andere Vergünstigungen gewährt, wenn er ihm weitere Kunden zuführt; als unlauterer Wettbewerb strafbar.
Schneebeere, ⚘ nordamerikan. Zierstrauch mit rosa Blüten, weißen Beeren; Geißblattgewächs.
Schneeberg, Stadt in Sa., im Erzgebirge, 21 000 Ew.; früher Silber-, später Uranbergbau, danach Ausbau der Textilind., Spitzenklöppelei, Spielwarenind., Motorenbau.
Schneeberg, 1) Gipfel der Kalkalpen in Niederösterreich, 2076 m. – **2) Glatzer** oder **Großer S.,** höchster Berg des Glatzer Schneegebirges in den Sudeten, Polen, 1425 m. – **3)** der höchste Gipfel des Fichtelgebirges, Bayern, 1051 m.
Schneeblindheit, ⚕ meist vorübergehende Blendung durch längeres Blicken auf sonnenbeschienene Schneefelder.
Schnee-Eifel, Schneifel, Hochfläche in der westl. Eifel.
Schneeglöckchen, weiß blühendes Amaryllisgewächs, zwiebelbildende, giftige Stauden; Vorfrühlingsblüher.
Schneegrenze, die untere Grenze des ewigen Schnees: sie steigt vom Meeresspiegel (im Polargebiet) bis über 6000 m (W-Anden).
Schneehuhn, rebhuhngroßes nordeurop. Wildhuhn, im Winter weiß, im Sommer braun gesprenkelt; die Beine und Zehen pelzartig befiedert. **Alpen-S., Moorschneehuhn.**
Schneeketten, 🚗 um die Räder eines Kraftfahrzeugs gelegte Stahlketten als Gleitschutz auf verschneiten oder vereisten Straßen.
Schneekoppe, höchster Gipfel des Riesengebirges, 1602 m. Über die S. verläuft die polnisch-tschech. Grenze.
Schneeleopard, Irbis, Großkatze in den Hochgebirgen Zentralasiens; bis 1,5 m lang.

Gustav von Schmoller

Blüte und Fruchtstand des Gemeinen **Schneeballs**

Höhe der klimatischen Schneegrenze in Gebirgen

Spitzbergen	78° nördl. Breite	300– 600 m
Skandinavien	62° nördl. Breite	1200–2200 m
Alpen, Zentralketten	47° nördl. Breite	2900–3200 m
Pyrenäen	43° nördl. Breite	2600–2900 m
Transhimalaya	30–33° nördl. Breite	6300–6500 m
Himalaya	29–31° nördl. Breite	4800–6000 m
Kilimandscharo	3° südl. Breite	5500–5600 m
Anden in Chile und Argentinien	26–28° südl. Breite	5800–6500 m

Reinhold Schneider

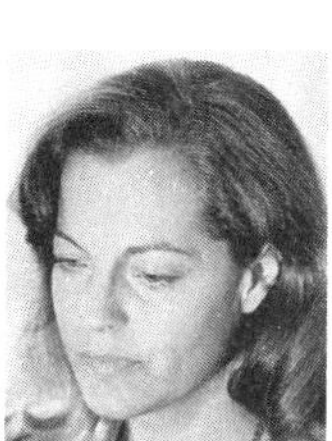
Romy Schneider

Rudolf Schock

Schnepfen: Waldschnepfe

Schneemensch, in Nepal **Yeti,** in Tibet **Kangmi,** angeblich affenähnl. Wesen im Himalaya und Pamir, dessen Existenz bisher nicht nachgewiesen wurde.

Schneeschuh, 1) → Ski. – **2) Schneereifen,** hölzerner Rahmen mit Geflecht, als Hilfsmittel zum Gehen auf dem Schnee.

Schneewittchen, Märchengestalt, wird von der Stiefmutter um ihre Schönheit beneidet und gequält, flieht zu den 7 Zwergen.

Schneezement, Salzmischung, die schmelzenden Schnee bei Temperaturen um und über 0 °C härtet; zur Präparierung von Skipisten.

Schneidemühl, poln. **Piła,** Hptst. der gleichnamigen poln. Wwschaft, 70 000 Ew.; Präzisionsinstrumentenbau u. a. Industrie.

Schneiden, 1) ⚙ Zerteilen von Werkstoffen mit Schneiden tragenden Werkzeugen, durch autogenes S. (autogenes Schweißen) oder elektr. S. mit einem Lichtbogen, der zw. einer Kohleelektrode und dem Werkstoff übergeht. – **2)** Ballsport: dem Ball einen Drall geben (bei Tennis, Tischtennis, Fußball), sodass er anders, als es der Gegner erwartet, abspringt. – **3)** den Gegner behindern, indem man seine Bahn kreuzt. – **4)** Kartenspiel: von 2 Karten die bessere aufsparen, um später einen besseren Stich machen zu können.

Schneider, 1) Erich, dt. Volkswirtschaftler, * 1900, † 1970; u. a. Vertreter der math. Volkswirtschaftslehre. – **2)** Peter, dt. Schriftsteller, * 1940; politischer Autor; u. a. Erz. (»Lenz«, 1973) und Romane (»Paarungen«, 1992). – **3)** Reinhold, dt. Schriftsteller, * 1903, † 1958; von christl.-humanist. Tradition geprägtes Werk, u. a. »Las Casas vor Karl V.« (1938); Gedichte. – **4)** Robert, österr. Schriftsteller, * 1961; Roman »Schlafes Bruder« (1992). – **5)** Rolf, dt. Schriftsteller, Regisseur, * 1932; Erzählwerke (»Die Reise nach Jaroslaw«, 1974), Dramen und Hörspiele (»Zwielicht«, 1966). – **6)** Romy, eigentl. Rosemarie **Albach,** österr.-dt. Schauspielerin, * 1938, † 1982; Filme: »Sissi« (1955 bis 1957), »Boccaccio 70« (1961), »Die Dinge des Lebens« (1970).

Schneidkluppe, ⚙ Werkzeug zum Schneiden von Außengewinden mit 2 verstellbaren **Schneidbacken.**

Schnellbahn, S-Bahn, elektr. betriebene Eisenbahn zur Bewältigung des Massenverkehrs zw. Großstädten und ihren Vororten.

Schnellboot, kleines Kriegsschiff für das Küstenvorfeld.

schneller Brüter → Reaktor 1).

Schnellkäfer, Familie schmaler Käfer, die sich aus der Rückenlage in die Höhe schnellen und auf die Beine fallen; z. B. der **Saat-S.,** dessen Larve, der **Drahtwurm,** die Saat schädigt.

Schnellkochtopf → Dampfkochtopf.

Schnellpresse, 🕮 veraltete Bezeichnung für Buchdruckmaschinen, die nach dem Druckprinzip Zylinder gegen Fläche (Stoppzylinder, Zweitourenmaschinen) arbeiten.

Schnellverfahren, ⚖ das beschleunigte Verfahren. (→ Strafprozess)

Schnepfen, Gattungsgruppe über 40 cm langer Schnepfenvögel mit 10 Arten; in Mitteleuropa die **Wald-S.,** Nest in Bodenmulde, dämmerungs- und nachtaktiv.

Schnirkelschnecken, Landlungenschnecken mit spiralig gewundener Schale; Weinberg-, Acker-, Gartenschnecke, Hainschnirkelschnecke.

Schnitger, Arp, dt. Orgelbauer, * 1648, † 1719; mit etwa 160 Werken bedeutendster norddt. Orgelbauer.

Schnittke, Alfred, russ. Komponist, * 1934; verknüpft verschiedenartige Stilelemente (»Polystilistik«).

Schnittlauch, weit verbreitete Art des Lauchs, rot blühend; Würzkraut.

Schnittstelle, engl. **Interface** [ˈɪntəfeɪs], 💻 näher beschriebene und bezeichnete (z. B. genormte) Stelle zw. 2 Funktionseinheiten (Hardware und/oder Software), über die in vereinbarter Form Informationen (Signale, Daten, Nachrichten) fließen können. Eine S. hat immer einen wohl definierten Eingang und einen wohl definierten Ausgang. Zur Beschreibung einer S. können mechan. (z. B. Stecker) und elektr. Eigenschaften und/oder Protokolle für die Informationsübergabe gehören.

Schnitzer, Eduard, → Emin Pascha.

Schnitzler, Arthur, österr. Schriftsteller, * 1862, † 1931; impressionistisch-psycholog. Bühnenstücke (»Anatol«, 1893; »Reigen«, 1900, u. a.), Romane, Novellen.

Schnorchel *der,* **1)** ⚓ Hohlmast am U-Boot zur Versorgung mit Frischluft bei Unterwasserfahrt. – **2)** Hilfsgerät beim Sporttauchen.

Schnorr von Carolsfeld, Julius, dt. Maler, * 1794, † 1872; schloss sich den → Nazarenern an; religiöse, histor. Bilder.

Schnüffeln, U Rauschzustände hervorrufendes Inhalieren von leicht flüchtigen Verdünnungsmitteln für Farben, Klebstoffe u. a.

Schnupfen, ⚕ die Entzündung (Katarrh) der Nasenschleimhaut. Der **akute S.** (Erkältungs-S.) beruht auf einer Virusinfektion nach Kälte- und Nässeeinwirkung. Der **chron. S.** (Stock-S.) entsteht durch Verstopfung der Nasengänge oder Schleimhautwucherungen (Polypen). – Über **Heu-S.** → Heufieber.

Schnupftabak, aus Tabakblättern gewonnenes Pulver, reizt die Nasenschleimhaut.

Schnürboden, Rollenboden, Theater: Raum über der Bühne mit Vorrichtungen zum Aufzug der Vorhänge, Kulissen, Prospekte.

Schnurkeramik, jungsteinzeitliche Fundgruppe, nach den mit Schnüren eingedrückten Verzierungen der Tongefäße benannt. Fundgebiete im nördl. Mitteleuropa (bis nach Südrussland und den Niederlanden).

Schnurre, Wolfdietrich, dt. Schriftsteller, * 1920, † 1989; Essays, Gedichte, Erzählungen (»Als Vaters Bart noch rot war«, Roman, 1958).

Schnurrhaare, Spürhaare, lange, borstige Tasthaare an den Lippen der Katze und anderer Säugetiere.

Schoah [hebr. »Sturm«, »plötzl. Untergang«, »Verderben«], neuhebr. Bezeichnung für den Holocaust während der natsoz. Herrschaft.

Schober, Diemen, Feime, regelmäßig aufgesetzter Haufen Getreide, Stroh oder Heu, z. T. mit festem Boden und Dach.

Schober, Johannes, österr. Politiker, * 1874, † 1932; 1921/22 und 1929/30 Bundeskanzler, 1930 bis 1932 Vizekanzler und Außenmin.; sein Plan einer Zollunion mit Dtl. scheiterte 1931.

Schock *das,* altes Zählmaß: 60 Stück.

Schock *der,* plötzl. schwere Beeinträchtigung des Nervensystems, die Kreislaufversagen mit Bewusstlosigkeit zur Folge hat, z. B. bei schweren Infektionskrankheiten, nach Verletzungen **(Wund-S.).** Als **psych. S.** bezeichnet man durch seel. Erschütterung (starke emotionale Reaktionen auf Ereignisse) hervorgerufene schockähnl. vegetative Reaktionen, die in extremen Fällen einen **Nerven-S.** auslösen. Die Behandlung besteht in Sofortmaßnahmen (S.-Lagerung mit Hochlage der Beine), Beruhigung, Bekämpfung der Ursachen (z. B. Blutstillung), Sauerstoffzufuhr, Schutz vor Wärmeverlust und intensivmedizin. Maßnahmen mit Infusionsbehandlung (außer bei einem durch akute Verminderung der Herzleistung hervorgerufenen S.).

Schock, Rudolf, dt. Sänger (lyr. Tenor), * 1915, † 1986.

Schoeck [ʃœk], Othmar, schweizer. Komponist, * 1886, † 1957; Opern, Orchestermusik, Lieder.

»Grünes Selbstbildnis« **Arnold Schönbergs** (1910)

Schofar *der,* meist aus einem Widderhorn gefertigtes, im jüd. Kult verwendetes Blasinstrument; in Israel auch bei feierl. weltl. Anlässen geblasen.
Schöffengericht, ⚖ in Dtl. bei den Amtsgerichten bestehendes Strafgericht, das mit dem Amtsrichter als Vorsitzendem und 2 Schöffen besetzt ist. (→Gerichtswesen, ÜBERSICHT) – **Schöffen** sind ehrenamtl. Richter (Laienrichter) eines S., einer Strafkammer oder eines Schwurgerichts (hier früher **Geschworene** gen.).
Schokolade *die,* Nahrungs- und Genussmittel aus Kakao, Zucker, Kakaobutter, Milch, Gewürzen.
Scholar *der,* im MA.: Schüler, Student.
Scholastik *die,* Philosophie und Theologie im MA. Sie suchte die kirchl. Glaubenslehren durch Vernunftbeweise zu erhärten und in ein einheitl. Gedankengebäude zu bringen; außer an die Kirchenväter knüpfte sie an Aristoteles an. Ihre Blütezeit war vom 11. bis 14. Jh., ihr bedeutendster Vertreter Thomas von Aquino.
Scholem Alejchem, eigentl. Schalom **Rabinowitsch,** jidd. Schriftsteller, *1859, †1916; »Klassiker« der jidd. Literatur.
Scholl, Geschwister Hans (*1918) und Sophie S. (*1921). Sie waren mit anderen Studenten, Gelehrten, Künstlern in der Widerstandsgruppe »Weiße Rose« vereinigt, wurden in der Univ. München am 18. 2. 1943 bei einer Flugblattverteilung verhaftet, vom Volksgerichtshof zum Tode verurteilt und am 22. 2. 1943 hingerichtet.
Schollen, Familie der Knochenfische, mit stark abgeplattetem Körper. Die Augen befinden sich fast stets auf der rechten Körperseite. Die S. leben meist auf dem Meeresboden an den Küsten, ernähren sich von kleinen Tieren. Ihr Fleisch ist wohlschmeckend. Arten: Heilbutt (bis 4,5 m lang und bis 300 kg schwer), Steinbutt, Flunder, Goldbutt, Rotzunge.
Schöllkraut, Schellkraut, behaartes staudiges Mohngewächs mit gelbem Milchsaft, gelben Blüten, stabförmigen zweiklappigen Schoten. In der Volksmedizin Heilpflanze u. a. gegen Warzen.
Scholl-Latour [-laˈtu:r], Peter, dt. Publizist, *1924; v. a. Reportagen aus Indochina und dem Nahen Osten; Bücher: »Der Tod im Reisfeld« (1979), »Das Schwert des Islam« (1990).
Scholochow, Michail Aleksandrowitsch, russ. Schriftsteller, *1905, †1984; erhielt 1965 für den Roman »Der stille Don« (4 Bände, 1928 bis 1940) den Nobelpreis; ferner »Neuland unterm Pflug« (2 Teile, 1933 bis 1960).
Scholz, Wilhelm v., dt. Schriftsteller, *1874, †1969; Schauspiele, Erz., Romane, Gedichte.
Schomburgk, Hans, dt. Afrikaforscher und Reiseschriftsteller, *1880, †1967.
Schönbein, Christian Friedrich, dt. Chemiker, *1799, †1868; entdeckte das Ozon, erfand die Schießbaumwolle und die Kollodiumwolle.
Schönberg, Arnold, österr. Komponist, *1874, †1951; Vertreter der Zwölftonmusik. Orchester-, Kammer-, Orgelmusik. Opern »Moses und Aron« (1930 bis 1932) u. a., sinfon. Dichtungen, Kammer-, Klaviermusik u. a.; malte auch visionäre Bilder.
Schönbrunn, ehem. kaiserl. Barockschloss südwestl. von Wien (1696 bis 1749) mit großem Park. Der **Friede von S.** 1809 beendete den Kriegszustand zw. Österreich und Frankreich.
Schönebeck (Elbe), Krst. in Sa.-Anh., an der Elbe, 44 000 Ew.; Maschinen- u. a. Ind.; Saline im Ortsteil **Bad Salzelmen.**
Schöneberg, Verw.-Bez. der Stadt Berlin. Das Rathaus S. war bis 1991 Sitz des Regierenden Bürgermeisters und des Senats von Berlin (bis 1990 von Berlin-West).
Schonen, südlichste, fruchtbarste Landschaft Schwedens; bis 1658 dänisch.
Schönen, Verfahren, um Trübungen im Wein zu beseitigen.
Schoner, Schuner, ⚓ mehrmastiges Segelschiff. Der **Gaffel-S.** führt nur Gaffel-, Stagsegel, der **Rah-S.** hat Rahen am vordersten Mast.
Schönerer, Georg Ritter v., österr. Politiker, *1842, †1921; setzte sich für den Anschluss Österreichs an das Dt. Reich ein; vertrat daneben ein antisemit. und antiklerikales Programm (»Los-von-Rom«-Bewegung); beeinflusste damit Hitler.
Schongauer, Martin, dt. Maler, Kupferstecher, *um 1450, †1491; förderte entscheidend die künstler. Entwicklung des Kupferstichs.
Schönheitspflege, Kosmetik *die,* Anwendung von Hautpflege- und Verschönerungsmitteln; bereits aus vorgeschichtl. Zeit belegt (Schmuckfärbung des Körpers).
Schönherr, Karl, österr. Dichter, *1867, †1943; Volksdramen (»Glaube und Heimat«, 1910).
Schönkopf, Anna Katharina (Käthchen), *1746, †1810; Jugendfreundin Goethes in Leipzig.
Schöntal, Gemeinde im Hohenlohekreis, Bad.-Württ., im Tal der Jagst, 5 400 Ew.; ehem. Zisterzienserkloster (barocke Neue Abtei, Kirche nach Plänen von J. L. Dientzenhofer).
Schonzeit, Hegezeit, Zeit, während der das Jagen und Fischen bestimmter Tiere verboten ist.
Schopenhauer, 1) Arthur, dt. Philosoph, *1788, †1860. Er betrachtet als Wesen der Welt einen grund- und ziellosen (blinden) Willen. Dieser »objektiviert« sich in der Erscheinungswelt als Wille zum Leben und zur Fortpflanzung. Auf den höheren Stufen wird er fähig, sich selbst als unvernünftig und vernichtend zu durchschauen und sich dadurch von seinem eigenen Drang zu erlösen. Dies geschieht im Anschauen der Kunstwerke und in der Musik sowie in einem Handeln aus Mitleid, das die Grundlage der Moral bildet. S. ist Pessimist; Aufgabe der Philosophie kann es nur sein, den Willen zum Leben zu verneinen (Einfluss des Buddhismus). S. wirkte sehr stark auf R. Wagner und F. Nietzsche. Hauptwerk: »Die Welt als Wille und Vorstellung« (1819). – **2)** Johanna, Mutter von 1), *1766, †1838; lebte als Schriftstellerin seit 1806 in Weimar; Romane, Erinnerungen.

Hans Scholl

Sophie Scholl

Martin Schongauer
Mädchenporträt (Federzeichnung)

Arthur Schopenhauer

Friedrich Schorlemmer

Schöpfung, 1) Erschaffung der Welt und der ersten Menschen. – **2)** Werk, Meisterstück.

Schoppen [zu schöpfen] *der,* **1)** früheres Flüssigkeitsmaß, meist etwa $^1/_2$ Liter. – **2)** jetzt auch: $^1/_4$ Liter Bier oder Wein.

Schöps *der,* landschaftl. für Hammel.

Schorf, Grind, 1) ⚕ durch geronnenes Blut oder eingetrocknete Hautabsonderungen entstandene Kruste auf Wunden. – **2)** ♣ Pflanzenkrankheiten mit wundschorfähnl. Missbildungen, hervorgerufen durch Pilze.

Schọrfheide, Waldgebiet in der Uckermark, Bbg.; Teil des Biosphärenreservats S.-Chorin.

Schọrle, Erfrischungsgetränk, meist: Weißwein mit Mineralwasser.

Schọrlemmer, Friedrich, dt. ev. Theologe und Politiker (SPD), *1944; 1989 Mitbegründer des »Demokrat. Aufbruchs«; 1993 Friedenspreis des Börsenvereins des Dt. Buchhandels.

Schọrndorf, Stadt in Bad.-Württ., 35 800 Ew.; Werkzeugmaschinenbau u.a. Industrie; Schloss (16. Jh.), Fachwerkhäuser.

Schornstein, Schlot, Esse, der senkrecht aufsteigende Kanal einer Feuerungsanlage, der die Verbrennungsgase ins Freie abführt und den zur Verbrennung erforderl. Luftzug erzeugt. Er wird im Inneren des Gebäudes bis über das Dach hochgeführt oder frei stehend aus Eisenblech oder Stein (Fabrik-S.) gebaut.

Schostakọwitsch, Dmitrij Dmitrijewitsch, russ. Komponist, *1906, †1975; Opern, Orchester-, Kammermusik.

Schote, Fruchtform der Kreuzblütler: zwei Fruchtblätter mit Mittelwand, an der die Samen sitzen.

Schott *das,* ⚓ ✈ Quer- und Längswände in Schiffen und Flugzeugen, zur Unterteilung in wasser- und feuersichere Abschnitte.

Schọtt, Sebcha [ˈzɛpxa], **Salar, Kawir, Salzsumpf,** abflusslose Salzpfannen, die sich in der Regenzeit in Salzsümpfe oder -seen verwandeln.

Schọtt, Friedrich Otto, dt. Chemiker, *1851, †1935; schuf die Grundlagen für die neuzeitliche Glasherstellung, gründete mit E. Abbe und C. Zeiss und dessen Sohn R. Zeiss 1884 das »Jenaer Glaswerk Schott & Gen.«.

Schọtten, heute nur noch z.T. Gälisch sprechende Bewohner des schott. Hochlands, die im 5. Jh. von Irland her einwanderten; ihre Tracht (Kilt, Weste, kurze Jacke, Plaid über linker Schulter und Schottenmütze) dient als Fest-, Sport- und Militärkleidung.

Schotter *der,* **Steinschlag,** Geröllablagerungen oder zerkleinerte Steine zur Herstellung, Instandhaltung **(Beschotterung)** von Straßen, Gleisanlagen, als Zuschlagstoff für Beton.

Schọttische Kirche, reformierte Kirche Schottlands, gegr. von John Knox. Sie hält streng an der Lehre Calvins fest.

Schọttland, nördl. Teil der brit. Hauptinsel (einschließl. Hebriden, Orkney- und Shetlandinseln), 78 773 km^2, davon 1 606 km^2 Binnengewässer, 5,169 Mio. Ew. (meist Schotten); Hptst.: Edinburgh. S. ist im Wesentlichen Gebirgsland (Ben Nevis 1 343 m). Die Highlands (Hochlande) im N werden durch das Senkungsfeld der Lowlands (mittelschottisches Tiefland) von den Southern Uplands (südschottisches Bergland) getrennt. In den Highlands zahlreiche Seen (Lochs), wenig Wald, Schafzucht. Kohle- und Eisenvorkommen in den Lowlands; wichtigster Industriestandort und größte Stadt ist Glasgow.

Das von den kelt. Pikten bewohnte nördl. S. (Kaledonien) blieb von der röm. Herrschaft frei. Im 4. und 5. Jh. kamen aus dem N Irlands die kelt. Skoten, von denen der Name S. herrührt; der S des Landes wurde von den german. Angeln besiedelt. Pikten und Skoten vereinigten sich um 850 zu einem Kgr., das seine Unabhängigkeit erfolgreich gegen England verteidigte. Seit 1371 regierte das Haus Stuart; die Königsgewalt blieb gegenüber dem Adel schwach. Im 16. Jh. setzte sich der Kalvinismus durch (John Knox), die kath. Königin Maria Stuart wurde 1568 gestürzt. Ihr Sohn Jakob VI. wurde 1603 als Jakob I. auch König von England; 1707 wurde S. endgültig mit England zum Kgr. Großbritannien vereinigt. (→Großbritannien und Nordirland)

schraffieren, 1) helle und dunklere Teile in Zeichnungen, Stichen usw. durch nebeneinander gesetzte mehr oder weniger starke Striche **(Schraffen; Schraffierung, Schraffur)** kenntlich machen. – **2)** Farben durch Striche oder Punkte andeuten.

Schram *der,* ⚒ tiefer Einschnitt in die Abbauschicht, wird mit der **Schrämmaschine** hergestellt; **schrämen,** glatt abkratzen.

Schrạmmelmusik [nach Johann (*1850, †1893) und Josef (*1852, †1895) Schrammel], Wiener Volksmusik (Geigen, Gitarre, Akkordeon, anfangs Klarinette).

Schrapnẹll [nach dem brit. General H. Shrapnel, *1761, †1842] *das,* mit Hartblei- oder Stahlkugeln gefülltes Artilleriegeschoss.

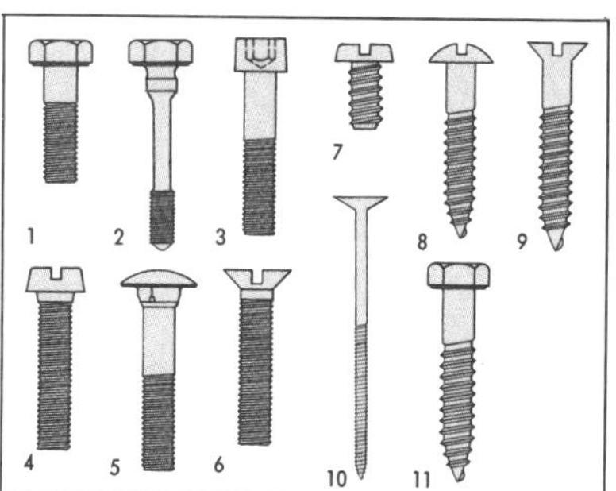

Schraube. 1 Sechskantschraube, 2 Dehnschraube, 3 Zylinderschraube mit Innensechskant, 4 Zylinderschraube mit Längsschlitz, 5 Schlossschraube, 6 Senkschraube mit Längsschlitz, 7 Blechschraube, 8 Halbrundkopfschraube, 9 Senkkopfschraube, 10 Mehrzweckschraube (mit Kreuzschlitz), 11 Schlüsselschraube

Schrat, Schratt [ahdt. scrato] *der,* Waldgeist.

Schraube, 1) ⚙ Befestigungsmittel aus Stahl, Kupfer, Messing, Leichtmetall zur Herstellung lösbarer Verbindungen; besteht aus dem Kopf, dem zylindr., mit Gewinde versehenen Schaft und der Mutter mit Innengewinde, die mittels **S.-Schlüssels** festgedreht (oder gelockert) wird. **Kopf-S.** (mit geschlitztem Kopf) werden ohne Mutter verwendet und mit **S.-Dreher,** umgangssprachl. **S.-Zieher,** gedreht. **Holz-S.,** in der Regel Kopf-S., haben einen schwach kegeligen Schaft. **Bewegungs-S.** dienen der Vermittlung einer geradlinigen Bewegung, z.B. die Spannspindel des Schraubstocks oder die Leitspindel der Drehbank, die den Feststeller vorwärts bewegt. – **2)** →Schiffsschraube.

Schrauben|antilope →Kudu.

Schraub|lehre, Messschraube, Mikrometerschraube, Gerät zum Messen kleiner Längen (zw. 0,01 und 0,001 mm).

Schraubstock, ⚙ Gerät mit gegeneinander bewegl. Backen zum Einspannen von Werkstücken. Beim **Parallel-S.** wird die eine Backe in einer Parallelführung gegen die andere Backe bewegt. Der **Maschinen-S.** ist ein Parallel-S. mit ebenem, geschlitztem Fuß, der auf den Tisch einer Werkzeugmaschine aufgespannt wird.

Schrẹbergärten →Kleingärten.

Schreckstoffe, engl. **Repẹllents,** chem. Stoffe, die bei Tieren Schreck- oder Fluchtreaktionen auslösen, im Ggs. zu →Lockstoffen. Künstl. S. werden z.B. bei der Schädlingsbekämpfung benutzt.

Schreibfeder, kurz **Feder,** Schreibwerkzeug aus hochelast. Stahl, Gold oder Palladiumlegierungen mit bes. gefertigter Spitze.

Schreibmaschine, Maschine für Schreibarbeiten, bei der über ein Tastenfeld Typen durch ein Farbband hindurch gegen das Schreibpapier geschlagen werden. Bei der **Typenhebel-S.** sind die Typenhebel unabhängig voneinander im kegeligen Typenkorb angeordnet, die **Schreibkopf-S.** trägt die Typen auf einem auswechselbaren, kugelförmigen Schreibkopf von Tischtennisballgröße. Bei **Typenrad-S.** befinden sich die Typen auf radial angeordneten, elast. Speichen, die Ansteuerung der Buchstaben erfolgt über Logikschaltungen. Das Papier ist auf einer Walze aufgespannt; es wandert unter der Typenanschlagstelle nach links (Typenhebel-S.) oder verbleibt in Ruhe, während der Schreibkopf nach rechts wandert (Schreibkopf-S.). **Elektr. S.:** nur leichter Tastendruck, alle anderen Funktionen elektrisch. Ausrüstungen mit elektromechan., magnet. oder elektron. Textspeichern und Text- oder Datenlesern sind möglich. Sonder-S.: S. mit Lochstreifensteuerung, Blinden-, Musiknoten-S., Stenografiermaschine.

Schreibtischtäter, Schlagwort, das mit der Verfolgung natsoz. Kriegsverbrecher aufkam. S. nennt man Personen, die zwar nicht direkt Straftaten begehen, für sie aber entweder die gesetzl.-verwaltungsmäßigen Voraussetzungen schaffen oder sie durch schriftsteler. Äußerungen fördern.

Schreier, Peter, dt. Sänger (Tenor), Dirigent, * 1935.

Schrein, hölzerner Behälter, Schrank.

Schrey, Ferdinand, dt. Stenograf, * 1850, † 1938; förderte die Stenografie durch ein eigenes System (1887), abgelöst 1897 durch das Ergänzungssystem **Stolze-Schrey.**

Schreyvogl, Friedrich, österr. Schriftsteller, * 1899, † 1976; Romane, Dramen.

Schrift, System von Zeichen, in denen Sprache festgehalten wird. Als älteste Schriftart wird die **Bilder-S.** angesehen, in der ein Sachverhalt ohne Bindung an eine bestimmte sprachl. Form dargestellt wird. Neuerdings sieht man in der **Gegenstands-S.,** Gegenständen, die Abbilder oder Symbole des Gemeinten sind, einen Vorläufer der Schrift. Bei der **Wort-S.** entspricht jedem Wort ein Bildzeichen in fester Form. Von einsilbigen Wörtern aus gelangt man zur **Silben-S.,** in der jedes S.-Zeichen eine ganze Silbe wiedergibt. Die **Buchstaben-S.** beruht auf der durchgängigen Zuordnung graf. Symbole zu einzelnen Lauten. Die Hieroglyphen sind eine Bilder-S., die schon den Weg zur Silben- und Laut-S. nimmt. Eine Wort-S. ist die chin. S.; eine gemischte Wort-Silben-S. war die →Keilschrift. Die erste reine Buchstaben-S. entwickelte sich im 2. Jt. v. Chr. im syrisch-palästinens. Raum mit den Sinai-Inschriften, deren S. z. T. auf ägypt. Hieroglyphen zurückgeht. Das nordsemit. Alphabet, dessen früheste Inschriften aus dem 13./12. Jh. v. Chr. stammen, spaltete sich früh in 3 Typen: den phönik., althebr. und aramäischen Typ, auf den u. a. die syr. und die arab. S. zurückgehen. Nach der herrschenden Ansicht ist die griech. S. wohl gegen Ende des 11. Jh. v. Chr. aus der phönik. entlehnt worden; sie wurde ihrerseits der Ausgangspunkt für die Entwicklung der europ. S.-Formen. Aus einer spätgriech. Unzialschrift stammen die got. S., die kopt. S., die Kyrilliza (kyrillische Schrift). Die lat. S. findet sich seit etwa 600 v. Chr. in zusammenhängenden Inschriften. Als Schreibwerkzeug dienten Griffel, mit denen man die S.-Zeichen in Wachs- oder Lackmasse einritzte, später Rohrfeder, Gänsekiel, seit dem 19. Jh. die Stahlfeder. Auf die lat. Schreibschriften gehen die Lettern der Druckschriften zurück. Der Form nach unterscheidet man bes. 2 Schriftarten: 1) **Antiqua** oder **Altschrift** und 2) **Fraktur.** Beide S. bildeten sich mit der Entwicklung des Buchdrucks heraus, die Antiqua im 15., die Fraktur im 16. Jh. Die **S.-Grade,** gestuft nach typograph. Punkten, unterscheidet man nach der Größe des Schriftkegels; ein typograph. Punkt misst 0,376 mm.

CORNELIVS LV
römische Capitalis, 2. Jh. v. Chr.

ET PICTVMCRO
Capitalis quadrata, 4. Jh. n. Chr.

pater noster qui es in
Halbunziale, Irland, 10. Jh.

Expectabat hicaum asino. ego &pu
karolingische Minuskel, um 870

vnd Mannlicher thaten
Schwabacher, um 1485

Vae qui ſapientes eſtis in
Garamond (Mediäval-Antiqua), 1621

Imprimerie abcdef
Firmin-Didot-Antiqua, um 1800

DAUMIER abcde
Egyptienne, 19. Jh.

One groſſe arbait vnnd
Rudolf Koch: Peter-Jessen-Schrift, 1924

Aller Kunst muß das
Post-Antiqua, 1932

Schriften. Verschiedene Schriftarten

Perl	5 p
Nonpareille	6 p
Kolonel (Mignon)	7 p
Petit	8 p
Borgis	9 p
Korpus	10 p
Cicero	12 p

Schriften Verschiedene Schriftgrade

Schriftform, ⚖ für bestimmte Rechtsgeschäfte gesetzl. oder vertragl. vorgesehene Form, bei der die Willenserklärungen schriftl. niedergelegt werden müssen; entscheidend die handschriftl. Unterzeichnung. Gerichtl. oder notarielle Beurkundung ersetzt die S. (§ 125 BGB).

Schriftsprache, vorzugsweise dem schriftl. Ausdruck dienende Form der Sprache. Sie ist nur eine besondere Verwendung der Hochsprache, die man oft ungenau S. nennt.

Schrimpf, Georg, dt. Maler, * 1889, † 1938; Autodidakt; Maler der Neuen Sachlichkeit.

Schrittmacher, 1) ⛹ Läufer oder Fahrer, bes. bei den Steherrennen im Radsport, der das Tempo angibt. – **2)** → Herzschrittmacher.

Schröder, 1) Gerhard, dt. Politiker (SPD), * 1944; seit 1990 Min.-Präs. von Niedersachsen. – **2)** Rudolf Alexander, dt. Schriftsteller, * 1878, † 1962; Mitbegründer (1899) der Zeitschrift »Die Insel«, Gedichte, prot. Kirchenlieder, Übersetzungen.

Schröder-Devrient [-devri'ɛ̃], Wilhelmine, dt. Sängerin (Sopran), * 1804, † 1860.

Schrödinger, Erwin, österr. Physiker, * 1887, † 1961; baute seit 1926 die Ansätze L. de Broglies zur Wellenmechanik aus, bemühte sich um die Fortentwicklung der allg. Relativitätstheorie. Nobelpreis 1933 zus. mit P. A. M. Dirac.

Schroeter ['ʃrø-], Werner, dt. Regisseur, * 1945; u. a. der Film »Malina« (1990); auch Theater- und Operninszenierungen.

Gerhard Schröder

Erwin Schrödinger

Erste serienmäßig hergestellte **Schreibmaschine** von Malling Hansen (1867)

Schröpfen, ⚕ Reizkörperbehandlung, örtl. Blutabsaugen durch Saugglocken, Blutegel oder durch Ritzen der Haut.

Schrot *das* oder *der,* **1)** grob gemahlenes Getreide, dient als Viehfutter und zum Backen von **S.-Brot.** – **2)** kleine Bleikörner zur Füllung von **S.-Patronen,** Durchmesser von 1 mm (Vogeldunst) bis 6 mm (Rehposten; in Dtl. verboten). – **3)** Gesamt- oder Raugewicht von Gold-, Silbermünzen.

Schrott, Metallabfälle und unbrauchbare Metallgegenstände.

Schrumpfniere, ⚕ narbige Verkleinerung der Niere durch Untergang von Nierengewebe und Bildung von Narbengewebe. S. ist oft mit erhöhtem Blutdruck und zunehmendem Nierenversagen verbunden und wird vorwiegend durch chron. Nierenentzündungen verursacht.

Franz Schubert Lithographie (1846) nach einem zeitgenössischen Aquarell

Schrụns, Marktgemeinde im Montafon, Vorarlberg, Österreich, 690 m ü. M., 3 800 Ew.; Wintersportplatz, Luftkurort.

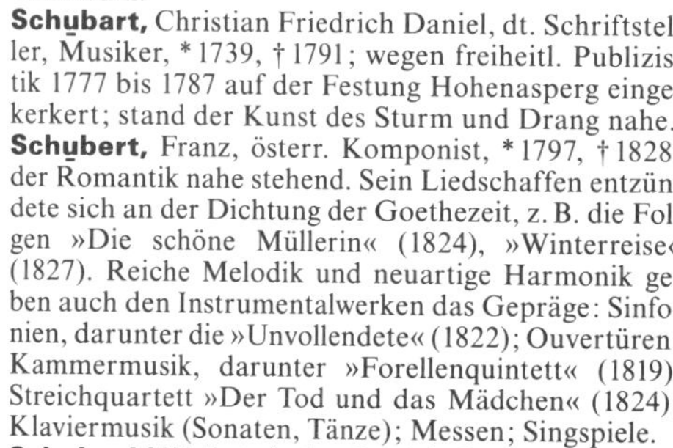

Schub, ✈ Vortriebskraft, die von einem Propeller-, Luftstrahl- oder Raketentriebwerk erzeugt wird; sie ergibt sich beim Strahltriebwerk aus dem Produkt der je Sekunde aus der Düse ausgestoßenen Gasmasse und der Übergeschwindigkeit des austretenden Strahls gegenüber der Eintrittsgeschwindigkeit ins Triebwerk.

Schụbart, Christian Friedrich Daniel, dt. Schriftsteller, Musiker, * 1739, † 1791; wegen freiheitl. Publizistik 1777 bis 1787 auf der Festung Hohenasperg eingekerkert; stand der Kunst des Sturm und Drang nahe.

Schụbert, Franz, österr. Komponist, * 1797, † 1828; der Romantik nahe stehend. Sein Liedschaffen entzündete sich an der Dichtung der Goethezeit, z. B. die Folgen »Die schöne Müllerin« (1824), »Winterreise« (1827). Reiche Melodik und neuartige Harmonik geben auch den Instrumentalwerken das Gepräge: Sinfonien, darunter die »Unvollendete« (1822); Ouvertüren; Kammermusik, darunter »Forellenquintett« (1819), Streichquartett »Der Tod und das Mädchen« (1824); Klaviermusik (Sonaten, Tänze); Messen; Singspiele.

Schubschifffahrt, ⚓ eine Betriebsform der Binnenschifffahrt, bei der starr verbundene kastenförmige Spezialkähne **(Schubleichter)** zu **Schubverbänden** zusammengefasst, von einem **Schubboot** geschoben und gesteuert werden.

Schubstange, ⚙ → Pleuelstange.

Schụch, Carl, österr. Maler, * 1846, † 1903; Stillleben, Landschaften.

Schụ̈cking, Levin, dt. Schriftsteller, * 1814, † 1883; schilderte das westfäl. Landleben, befreundet mit Annette v. Droste-Hülshoff.

Schụh, Oscar Fritz, dt. Theaterleiter, * 1904, † 1984; war 1963 bis 1968 Generalintendant in Hamburg.

Schuhplattler, oberbayer. Volkstanz, bei dem sich der Mann in einer Folge von Sprung- und Hüpfbewegungen nach dem Takt auf Schenkel, Knie und Fußsohlen schlägt.

Schuhschnabel, Abu Markụb, Reihervogel mit schuhförmigem Schnabel, am oberen Nil.

Schụkow, Georgij Konstantinowitsch, Marschall der UdSSR, * 1896, † 1974; verteidigte 1942 Moskau, nahm 1945 Berlin ein, war 1945/46 Oberbefehlshaber der sowjet. Truppen in Dtl.; 1955 Verteidigungsmin., 1957 aller Posten enthoben.

Schukọwskij, Wassilij Andrejewitsch, russ. Dichter, * 1783, † 1852; Wegbereiter der russ. Romantik, Übersetzer dt. Dichtung.

Schulbrüder, größte kath. Laienkongregation für Erziehung und Unterricht; 1681 in Reims, 1684 in Paris von J. B. de La Salle gegründet.

Schuld, ⚖ **1)** individuelle Vorwerfbarkeit und Zurechenbarkeit eines rechtswidrigen Verhaltens (Verschulden); man unterscheidet Vorsatz und Fahrlässigkeit. Die strafrechtl. S. ist ausgeschlossen bei mangelnder Zurechnungsfähigkeit, bei mangelndem Bewusstsein der Rechtswidrigkeit und wenn bes. **S.-Ausschließungsgründe** (z. B. Notstand, Notwehrüberschreitung) vorliegen. – **2)** die schuldrechtl. Verbindlichkeit (Schulden), Schuldverhältnis.

Schuld|anerkenntnis, Schuldversprechen, ⚖ Vertrag, durch den das Bestehen eines Schuldverhältnisses anerkannt oder eine Leistung versprochen wird. Bei Nichtkaufleuten ist eine Schriftform in der Regel erforderlich (§§ 780 ff. BGB; § 350 HGB).

Schuldbuchforderungen, Darlehensforderungen gegen eine öffentlich-rechtl. Körperschaft, die statt durch Ausstellung von Wertpapieren lediglich als Buchschulden durch Eintragung in ein **Schuldbuch** beurkundet sind. (→ Staatsschulden)

Schuldenkrise, Verschuldungskrise, Bezeichnung für die krisenhafte Entwicklung im internat. Finanzsystem seit 1982, als eine Reihe von Entwicklungsländern ihre Auslandsschulden bei den Industrieländern nicht mehr tilgen und fällige Zinsen nicht mehr bezahlen konnten.

Schuldnerverzeichnis, von Amtsgerichten geführtes Verzeichnis über Personen, die nach fruchtloser Zwangsvollstreckung die eidesstattl. Versicherung über ihre Vermögensverhältnisse geleistet haben.

Schuldnerverzug, die vom Schuldner zu vertretende Verzögerung einer geschuldeten Leistung.

Schuldrecht, Obligatiọnenrecht, Gesamtheit der Vorschriften, die das Recht der Schuldverhältnisse regeln, hauptsächlich im 2. Buch des BGB (§§ 241 bis 853).

Schuldschein, schriftl. Bescheinigung des Schuldners, dem Gläubiger eine bestimmte Leistung, meist eine Geldsumme, zu schulden. Bei Erfüllung der Verbindlichkeit kann der Schuldner die Rückgabe des S. verlangen (§ 371 BGB).

Schuldtitel, ⚖ i. w. S. jede Urkunde, in der sich jemand zu einer Leistung verpflichtet; i. e. S. eine Urkunde, aus der die Zwangsvollstreckung möglich ist.

Schuld|übernahme, die Übernahme einer Schuld durch einen Dritten, entweder anstelle des bisherigen Schuldners **(befreiende S.)** oder neben dem bisherigen Schuldner als Gesamtschuldner **(kumulative S.** oder **Schuldbeitritt).**

Schuld|umwandlung, ⚖ → Novation.

Schuldverhältnis, Rechtsverhältnis, das eine Partei (Gläubiger) berechtigt, von der anderen (Schuldner)

Schulpforta. Die Kirche des ehemaligen Zisterzienserklosters Pforta (1251 bis 1268)

Clara und Robert Schumann. Zeitgenössische Lithographie

eine Leistung zu fordern (§241 BGB). S. entstehen bes. aus Rechtsgeschäften (z. B. Verträgen), unerlaubten Handlungen und kraft Gesetzes.

Schuldverschreibung, Schuldurkunde (Wertpapier), in der sich der Aussteller dem Gläubiger gegenüber zu einer Leistung verpflichtet, die i. d. R. in einem Geldbetrag und einer laufenden Verzinsung besteht. S. sind bes. Anleihen von öffentl. Körperschaften und privaten Unternehmen (Industrie-S., Obligationen).

Schuldversprechen → Schuldanerkenntnis.

Schule, öffentl. oder private Lehranstalt. Die öffentl. S. werden von den Gemeinden und Kreisen oder vom Staat direkt unterhalten, die Privat-S. von nichtöffentl. Unterhaltsträgern. Dem Staat obliegt die Schulaufsicht (öffentl. und staatl. anerkannte Privat-S.). Meist wird unterschieden zw. allgemein bildenden S. (Grund-, Haupt-/Sekundar-, Real-S., Gymnasien sowie Gesamt-S., die sowohl zu mittleren Bildungsabschlüssen wie zum Abitur führen) und berufsbildenden S. (Berufs-, Berufsfach-, Berufsaufbau-, Fachober-S.). Die Schulpflicht wird in der Grund- und Haupt-S. abgeleistet, anstelle der Haupt-S. können auch die anderen Schularten besucht werden.
Das Schulrecht ist in Dtl. enthalten im GG (Artikel 7), in Ländergesetzen und Erlassen der Schulaufsichtsbehörden. Es regelt schulorganisator. Fragen, Schulpflicht, Lehrerbildung u. a. Zur Koordinierung der Schulpolitik der Länder wurde die Kultusministerkonferenz eingerichtet.
In der ehem. DDR wurde seit 1960 die 8-jährige Grund-S. in eine 10-jährige allgemein bildende polytechn. Ober-S. umgewandelt; die erweiterte Ober-S. führte mit den Klassen 11 und 12 zur Hochschulreife. Seit 1965 wurde in der S. eine berufl. Grundausbildung betrieben.
In **Österreich** wurde eine Gesamtneuordnung durch das Schulgesetzwerk von 1962 eingeleitet. Die allg. Schulpflicht beträgt hiernach 9 Jahre: 8-jähriger Volksschul- oder 4-jähriger Volksschul- und 4-jähriger Hauptschulbesuch sowie anschließender 1-jähriger polytechn. Lehrgang. Die nunmehr 9-jährigen höheren S. (bisher Mittel-S.) bauen auf dem 4. Volksschuljahr auf (Gymnasium, Realgymnasium, wirtschaftskundl. Realgymnasium), auf der 8. Schulstufe baut das Oberstufenrealgymnasium auf. Neben der Berufs-S. (Pflicht-S.) besteht die 1- bis 4-stufige mittlere berufsbildende S. (Fach-, Handels-S.), mittlere lehrer- und erzieherbildende Anstalten, höhere berufsbildende Schulen u. a. berufsbildende Lehranstalten (Wirtschaft, Land-, Forstwirtschaft), höhere lehrer- und erzieherbildende Anstalten sowie berufsbildende lehrer- und erzieherbildende Akademien.
In der **Schweiz** liegt die Schulhoheit bei den Kantonen. Die 1. Schulstufe ist die Primar- oder Elementarschule. Ihre Abschlussklassen (5. oder 6. Schuljahr) werden zunehmend auf werktätiger Grundlage ausgebaut. Eine vertiefte Bildung bieten in 3 oder 4 Jahren die Sekundar-, Real-S. oder Untergymnasien (manchmal auch Mittel-S. genannt), die auf dem 4. bis 6. Primarschuljahr aufbauen. Die höhere S. führt zum Maturitätsabschluss (entspricht dem deutschen Abitur). Vorhanden ist auch ein breites Spektrum von Berufs- und höheren Fachschulen.

Friedrich Werner Graf von der Schulenburg

Schulenburg, 1) Friedrich Werner Graf von der, dt. Diplomat, Onkel von 2), *1875, †(hingerichtet) 1944; 1934 bis 1941 dt. Botschafter in Moskau, gehörte der Widerstandsbewegung an. – **2)** Fritz-Dietlof Graf von der, dt. Verwaltungsjurist, *1902, †(hingerichtet) 1944; gehörte der Widerstandsbewegung an.

Fritz-Dietlof Graf von der Schulenburg

Schülermitverwaltung, früher **Schülerselbstverwaltung,** Beteiligung der Schüler an Verwaltung und Gestaltung des Schullebens (Klassensprecher, Schulsprecher, Schülerausschüsse, Schülerzeitschriften u. a.).

Schulpforta, frühere Internatsschule in Pforta (seit 1952 Stadtteil von Bad Kösen, Sa.-Anh.), 1543 gegr., eine der von Kurfürst Moritz von Sachsen errichteten Fürstenschulen, heute humanist. Gymnasium mit Internat.

Schulrat, Amtsbezeichnung für Schulaufsichtsbeamte.

Schulte, Dieter, dt. Gewerkschafter, *1940; DGB-Vors. seit Juni 1994.

Schulter, ‡ obere Grenze des Rumpfes zu beiden Seiten des Halses, gebildet von Schlüsselbeinen, Schulterblättern und dazugehörigen Muskeln.

Schultheiß, Schulze, frühere Bezeichnung für Gemeindevorsteher.

Schulz, Johann Abraham Peter, dt. Liederkomponist, *1747, †1800; Vertonung von M. Claudius' Gedicht »Der Mond ist aufgegangen«.

Schulze-Delitzsch, Hermann, dt. Volkswirt, *1808, †1883; gründete das gewerbl. Genossenschaftswesen (1849 die erste Kreditgenossenschaft in Delitzsch).

Kurt Schumacher

Schumacher, 1) Emil, dt. Maler, Grafiker, *1912; Vertreter des abstrakten Expressionismus; großzügige, starkfarbige Bilder. – **2)** Kurt, dt. Politiker (SPD), *1895, †1952; war 1930 bis 1933 MdR, 1933 bis 1945 im KZ, seit 1946 Vors. der SPD, erstrebte die Wiederherstellung der nat. Einheit Dtl.s in einer freiheitlich-demokrat. Verf. ohne Konzessionen an den Kommunismus; MdB seit 1949.

Schumacher, Michael, dt. Automobilrennfahrer, *1969; 1994 und 1995 Weltmeister in der Formel 1.

Michael Schumacher

Schuman [ʃuˈman], Robert, frz. Politiker, *1886, †1963; 1947 bis 1948 Min.-Präs., 1948 bis 1953 Außenmin. 1950 trat S. mit dem »Schuman-Plan«, dem Plan einer westeurop. Gemeinschaft für Kohle und Stahl, hervor, der später in der Montanunion verwirklicht wurde.

Schumann, Robert, dt. Komponist, *1810, †1856; wirkte in Leipzig, Dresden, Düsseldorf; Meister der Hochromantik. Schuf bes. Klaviermusik und Lieder, ferner Sinfonien, Kammermusik u. a. Seine Frau Clara (*1819, †1896), die Tochter seines Klavierlehrers F. Wieck, galt schon mit 16 Jahren als Pianistin von europ. Rang; komponierte u. a. zahlreiche Lieder und Klavierwerke.

Schumen, Stadt im NO Bulgariens, 108 000 Ew.; zur Türkenzeit bedeutende bulgar. Festung.

Schummerung, auf Landkarten Darstellung der Gebirge durch Abtönung oder Schattierung der Hänge.

Schumpeter, Joseph Alois, österr. Nationalökonom, * 1883, † 1950; schuf eine Theorie der Entwicklung des kapitalist. Wirtschaftssystems, in der der dynam. Unternehmer durch Innovationen den Konjunkturaufschwung herbeiführt.

Schuppen, 1) ⚕ trockene Abschilferungen der Haut. **Kopf-S.** → Seborrhö. **S.-Flechte** → Psoriasis. – **2)** schützende Hautgebilde; bei Knochenfischen Knochenplatten, die in die Haut eingelagert sind; bei Reptilien Verhornungen der äußeren Haut; bei Schmetterlingen kleine Chitin-S. auf den Flügeln. Die S. der Haifische bestehen aus Schmelz, Zahnbein und Zement.

Schuppenbaum, Lepidodendron, ausgestorbene Gattung der Bärlappgewächse; bildet die Hauptmasse der karbon. Steinkohle.

Schuppentiere, zahnlose Säugetierordnung mit 7 Arten in Afrika südl. der Sahara und S-Asien. Sie sind lang gestreckt, bis 1,40 m groß; ihren Körper bedecken große, scharfkantige Hornschuppen; ernähren sich u. a. von Ameisen.

Kurt Schuschnigg

schürfen, ⚒ nutzbare Mineralien in ihrer natürl. Lagerstätte aufsuchen und abbauen.

Schuricht, Carl, dt. Dirigent, * 1880, † 1967.

Schurz, Carl, amerikan. Politiker dt. Herkunft, * 1829, † 1906; flüchtete nach dem bad. Aufstand 1849 in die USA, kommandierte im Sezessionskrieg eine dt.-amerikan. Division der Nordstaaten, 1869 bis 1875 Senator von Missouri, 1877 bis 1881 US-Innenmin. – Zur Pflege der dt.-amerikan. Beziehungen wurde 1930 die »Carl S. Memorial Foundation« in New York gegründet.

Schuschnigg, Kurt Edler v., österr. Politiker (christl.-sozial), * 1897, † 1977; 1932 bis 1934 Justiz- und Unterrichtsmin., nach der Ermordung von E. Dollfuß 1934 bis 1938 Bundeskanzler; 1938 bis 1945 inhaftiert (zuletzt im KZ); seit 1948 Prof. in den USA, kehrte 1967 nach Österreich zurück.

Schussenried, Bad S., Stadt in Bad.-Württ., südwestl. von Biberach, 7 200 Ew.; barocke Klosteranlage von D. Zimmermann, nach seinen Plänen Wallfahrtskirche in **Steinhausen.** Im nahen Moor wurden Reste einer jungsteinzeitl. Siedlung gefunden.

Schusswaffen, nach dem Bundeswaffenges. (1976) tragbare Waffen, die zum Angriff, zur Verteidigung, zum Sport, zum Spiel oder zur Jagd bestimmt sind und bei denen Geschosse durch einen Lauf getrieben werden. S. mit einer Länge bis zu 40 cm sind **Kurzwaffen,** mit einer Länge von mehr als 40 cm **Langwaffen.**

Schusterkugel, wassergefüllte Glaskugel, die das Licht dahinter stehender Lichtquellen sammelt.

Schute *die,* **1)** ⚓ flacher, breiter Schleppkahn für den Hafenbetrieb. – **2)** Kiepenhut in gebogener Form.

Schütt *die,* 2 fruchtbare Donauinseln: **Große S.** (gehört zur Slowak. Rep.), 1 540 km², **Kleine S.** (gehört zu Ungarn), 275 km².

Schüttelfrost, ⚕ Muskelzittern als Begleiterscheinung des Anstiegs der Körpertemperatur beim Fieber.

Schüttellähmung → Parkinson, James.

Schüttelreim, Scherzreim, der die Anfangsbuchstaben zweier Wörter oder Wortteile vertauscht: »Wenn der Wind in **W**ipfeln **g**eht, Trost dir von den **G**ipfeln weht.«

Roger Schutz

Schutting, Julian, urspr. (bis 1989) Jutta S., österr. Schriftsteller, * 1937; »Der Vater« (Erz., 1980), »Liebesroman« (1983), »Wasserfarben« (Prosa, 1991).

Schuttpflanzen, Ruderalpflanzen, meist unscheinbar blühende Pflanzen, die sich auf oft stickstoffhaltigen Böden auf Geröll und Schotter in der Nähe menschl. Siedlungen ausgebreitet haben.

Schutz [ʃyts], Roger, Ordensname **Frère Roger,** schweizer. und frz. ev. ökumen. Theologe, * 1915; gründete die **Communauté de Taizé.** Ihr bes. Anliegen ist die Verständigung unter den christl. Konfessionen; 1974 Friedenspreis des Dt. Buchhandels, 1989 Karlspreis.

Schütz *das,* **1)** in Wasserläufen eine Anlage zum Absperren und Aufstauen des Wassers. – **2)** elektromagnetisch betätigter Schalter für große Schaltleistung und Schalthäufigkeit, gebaut als Luft- oder Ölschütz.

Schütz, 1) Heinrich, dt. Komponist, * 1585, † 1672; Hofkapellmeister in Dresden; wies der prot. Kirchenmusik neue Wege. »Cantiones sacrae« (Motetten, 1625), »Symphoniae sacrae« (geistl. Kantaten, 1629 bis 1650) und »Kleine geistl. Konzerte« (1636 und 1639), Weihnachtsoratorium (1664), Passionsmusiken (1665/66); erste dt. Oper »Dafne« (1627; Musik nicht erhalten). – **2)** Helga, dt. Schriftstellerin, * 1937; Romane: »Jette in Dresden« (1977), »Julia oder Erziehung zum Chorgesang« (1980), »In Annas Namen« (1986).

Schütze, 1) Mannschaftsdienstgrad in der Bundeswehr. – **2)** ✧ Sternbild der südl. Milchstraße, 9. Zeichen des Tierkreises, liegt in Richtung Milchstraßenzentrum.

Schützen *der,* **Weberschiffchen,** in der Webmaschine das Schiffchen, das den Schuss einträgt.

Schützenfisch, 20 cm langer Barschartiger Fisch in Fluss- und Brackwasser O-Asiens; spritzt sich mit Wassertropfen Insekten von Pflanzen ab.

Schutz|engel, der nach kath. Lehre jedem Menschen zur Leitung und Hilfe beigegebene Engel.

Schützengesellschaften, Vereinigungen zur Pflege des Schießsports; auf den Schützenfesten wird der **Schützenkönig** ermittelt.

Schützengraben, Graben zur Deckung der Infanterie gegen feindl. Feuer und zur sicheren Schussabgabe, oft mit Unterständen (Stollen) versehen.

Schutzfärbung, Schutztracht, Färbung oder Zeichnung eines Lebewesens oder Gegenstands, die ihrer Umgebung ähnelt und dadurch verbergen hilft; z. B. sind viele Wüstentiere sandgelb, Polartiere schneeweiß, Laubtiere grün. Besondere S.-Formen sind Mimese, Warntracht und Mimikry.

Schutzfrist, ⚖ Zeitraum, in dem das geistige Eigentum gegen ungenehmigte Auswertung durch andere geschützt ist (→ Urheberrecht, → Patent).

Schutzgas, Inertgas, chem. unwirksames Gas, z. B. Edelgase, Gemische von Wasserstoff, Kohlendioxid, Stickstoff u. a.; verhindert durch die Verdrängung des Luftsauerstoffs die Oxidation beim Blankglühen, Hartlöten, Schweißen und in Glühlampen sowie als Spülgas Explosionen in Rohrleitungen und Behältern.

Schutzgebiet → Protektorat 1).

Schutzhaft polizeil. Verwahrung einer Person zu ihrem eigenen Schutz, z. B. bei starker Trunkenheit. – **Polit. S.** ist die polizeil. Ingewahrsamnahme einer Person aus Gründen der Staatssicherheit. In Dtl. ist polit. S. verboten.

Schutzheiliger, Schutzpatron, kath. Kirche: Heiliger, der eine Person oder Sache beschützt.

Schutz|impfung, ⚕ künstl. Erzeugung einer Immunität bei Mensch und Tier gegenüber Krankheitserregern oder Giften. Durch künstl. Verabreichung von Antigenen oder vermehrungsfähigen, virulenzabgeschwächten Mikroorganismen, die Antigene im Körper bilden, wird der Organismus veranlasst, selbst Antikörper und dadurch eine lang anhaltende Immunität zu entwickeln (aktive S.). Eine kurzfristige Immunität kann durch Injektion von Präparaten, die (körperfremde) Antikörper enthalten, geschaffen werden (passive S.). – Die älteste S. ist die gegen Pocken. Weitere wichtige S. mit Lebendimpfstoffen sind die S. gegen Tuberkulose, Gelbfieber, Kinderlähmung (Schluckimpfung), Masern, Röteln, Mumps. S. mit inaktivierten oder abgetöteten Erregern werden zur Vorbeugung gegen Cholera, Typhus und Paratyphus,

Keuchhusten, Grippe, Kinderlähmung (Injektionsimpfung), Fleckfieber, Tollwut durchgeführt.

Schutzkontaktstecker, kurz **Schuko-Stecker,** ⚡ für elektr. Geräte mit Schutzleiteranschluss an **Schutzkontaktsteckdosen;** Letztere sind für alle Räume, für die Schutzmaßnahmen erforderl. sind, vorgeschrieben.

Schutzmacht, 1) Staat, der die Schutzherrschaft (Protektorat) über einen anderen ausübt. – **2)** im Krieg ein neutraler Staat, der die Interessen einer Krieg führenden Macht im Feindstaat wahrnimmt.

Schutzmarke, ✐ →Warenzeichen.

Schutzpolizei, Abk. **Schupo,** i. d. R. uniformierter Teil der Polizei.

Schutztruppe, die 1891 bis 1918 in den damaligen dt. Schutzgebieten eingesetzten Truppen.

Schutzzoll, ✐ Zoll auf Einfuhrwaren, der inländ. Erzeugnisse gegen ausländ. Wettbewerb schützen soll (→Protektionismus); Ggs.: Freihandel.

Schwab, Gustav, dt. Dichter, * 1792, † 1850; gehört der schwäb. Romantik an; schrieb Romanzen und Lieder; gab »Die schönsten Sagen des klass. Alterthums« (1838 bis 1840) und »Die Dt. Volksbücher« (1836/37) heraus.

Schwabach, Stadt im Reg.-Bez. Mittelfranken, Bayern, 33 500 Ew.; Metallind.; spätgotische Hallenkirche (15. Jh.) – **Schwabacher Schrift,** eine der ältesten dt. Druckschriften.

Schwäne
Höckerschwan

Schwaben, von den Sweben abgeleiteter, für die Bev. des alten Herzogtums S. verwendeter Volksname, löste um 900 die Stammesbezeichnung Alemannen ab, heute nur noch die Schwäbisch sprechenden Bewohner Altwürttembergs, Oberschwabens und des bayer. Schwaben bis zum Lech.

Schwaben, 1) Reg.-Bez. in Bayern. Verw.-Sitz Augsburg. 9 993 km², 1,62 Mio. Ew. – **2)** ehem. Herzogtum auf dem Siedlungsgebiet der Alemannen, nach den Sweben benannt, umfasste die dt. Schweiz, das Elsass, das südl. Baden, Württemberg und das bayer. S., Liechtenstein und Vorarlberg. Die Herzogswürde war 1079 bis 1268 im Besitz der Staufer; dann zerfiel S. in viele größere und kleinere Gebiete (bis zum 19. Jh. →Württemberg, →Baden). 1488 bis 1533 bestand der mächtige **Schwäb. Bund** zur Wahrung des Landfriedens, 1376 bis 1388 der **Schwäb. Städtebund** zur Wahrung der Reichsunmittelbarkeit.

Schwabenspiegel, privates süddt. Rechtsbuch, entstand 1274/75.

Schwäbische Alb, südwestdt. Mittelgebirge zw. Rhein und Nördlinger Ries, bis 1 015 m hoch, zahlreiche Tropfsteinhöhlen.

Schwäbisch-Fränkisches Schichtstufenland, abwechslungsreiche Großlandschaft zw. Schwarzwald, Odenwald und Böhmerwald.

Schwäbisch Gmünd, Krst. in Bad.-Württ., an der Rems, 56 800 Ew.; alte Türme, Fachwerk- und Rokohäuser, roman. Johanneskirche (um 1210 bis 1230), Heiligkreuzkirche (um 1320 ff.); Edelmetallind., Glashütten.

Schwäbisch Hall, Krst. in Bad.-Württ., am Kocher, 31 300 Ew.; St.-Michaels-Kirche (Hallenkirche mit roman. Turm; auf der Treppe Freilichtspiele), Rathaus (1732 bis 1735); Maschinenbau u. a. Ind. – S. H. war 1276 bis 1802 Reichsstadt.

Schwachsinn, →Oligophrenie.

Schwachstrom, ⚡ elektr. Strom in Anlagen mit Spannungen unter 24 Volt, in der Fernmeldetechnik unter 60 Volt; Ggs.: Starkstrom.

Schwadron *die,* kleinste Einheit der Kavallerie.

Schwägerschaft, Rechtsverhältnis zw. dem einen Ehegatten und den Verwandten, bes. dem Bruder **(Schwager)** oder der Schwester **(Schwägerin),** des Partners.

Schwaiger, Brigitte, österr. Schriftstellerin, * 1949; Romane »Wie kommt das Salz ins Meer?« (1977), »Tränen beleben den Staub« (1991).

Schwalbach, Bad S., Stadt in Hessen, im Taunus, 10 000 Ew.; Heilbad.

Schwalben
Rauchschwalbe

Schwalben, Singvögel mit Gabelschwanz, sehr tiefer Mundspalte und schmalen, spitzen Flügeln. Sie fliegen sehr schnell, erbeuten dabei Insekten u. a. und sind Zugvögel. In Mitteleuropa bauen die **Mehl-** oder **Haus-S.** und die etwas größere **Rauch-S.** ihre Nester aus durchspeichelter Erde in oder an Häusern. Kleiner ist die erdbraune **Ufer-S.;** sie höhlt in Uferwände Röhren zum Nest. Nicht verwandt mit den S. sind die Turm-S. (Mauersegler), die Nacht-S., die Seeschwalben.

Schwalbennester, essbare S., Nester eines Seglervogels (Salangane) in Indien, die als Delikatesse gelten.

Schwalbenschwanz, 1) ⚙ Verbindung zweier Teile mit trapezförmigem Querschnitt, auch als Führung des einen Teils in dem anderen verwendet. – **2)** bis 7 cm spannender, von N-Afrika bis Japan verbreiteter Tagfalter, dessen Hinterflügel geschwänzt sind; die grünschwarzrote Raupe lebt auf Fenchel, Möhren.

Schwalbenwurz, krautiges S.-Gewächs mit grünlich weißen Blüten; enthält giftige Glykoside.

Schwalm *die,* rechter Nebenfluss der Eder, entspringt auf dem Vogelsberg, durchfließt die gleichnamige hess. Landschaft.

Schwamm, 1) **Schwammerl,** oberdt.: Pilz. – **2)** kurz für →Hausschwamm. – **3)** poröser Reinigungsgegenstand, der viel Wasser aufnimmt. – **4)** Wassertiere, →Schwämme.

Schwämmchen, Soor *der,* eine →Hautpilzerkrankung.

Schwalbenwurz

Schwämme, mehrzellige Tiere von ungewöhnlich einfacher Organisation und ohne echte Gewebe und Organe. Sie sitzen im Wasser fest und bilden vielfach Stöcke. Die Körperwand hat viele Kanäle, die in den Körperhohlraum münden. Diese Poren dienen zur Aufnahme von Nahrung und Atemwasser, das durch die Ausströmöffnung wieder abfließt. Zum Bewegen dieses Wassers dienen Kragengeißelzellen, die das Innere des Körpers auskleiden. Die S. haben ein inneres Skelett; das aus Kalk, Kiesel oder Horn besteht. Fortpflanzung geschlechtlich durch Eier oder ungeschlechtlich durch Knospen. Man unterscheidet u. a. **Kalk-S.** (Meeresbewohner), **Kiesel-S.** (Meeres- und Süßwasser-S.), **Horn-S.** (Bade-S., Pferdeschwämme).

Schwammspinner, Schmetterling, dessen Raupen Obst- und Waldschädlinge sind. Bei Massenbefall kann es zu Kahlfraß kommen.

Schwan, Sternbild des nördl. Himmels.

Schwäne, Gattung großer Gänsevögel mit langem Hals, leben in Einehe, Nest meist an Süßwasserseen; die Nahrung besteht aus Pflanzen und Kleingetier. **Höcker-S.,** auch Ziervogel, weiß, mit schwarzem

Höcker auf dem roten Schnabel. **Sing-S.,** lebt in N-Europa und Asien; **Zwerg-S., Schwarzer Schwan.**

Schwanengesang, letztes Werk eines Dichters, nach dem angeblichen Sterbegesang des Schwans.

Schwangerenberatung, Schwangerenvorsorge, ⚕ Teilbereich der Gesundheitsvorsorge zum Schutz der Schwangeren vor Komplikationen des Schwangerschafts- und Geburtsverlaufs. Die S. dient auch der Senkung der Müttersterblichkeit und der perinatalen Mortalität (Tod des Kindes kurz vor, während oder bis sieben Tage nach der Geburt).

Felix Fürst zu Schwarzenberg
Ausschnitt aus einem Holzstich nach einem Gemälde (1848)

Schwangerschaft, Gravidität, ⚕ der Zeitabschnitt von der Empfängnis bis zur Geburt des Kindes (durchschnittlich 267 Tage). Während dieser Zeit nistet sich das befruchtete Ei in der Gebärmutter der Frau ein, teilt sich und wächst über ein embryonales und ein fötales Stadium heran. Da der Befruchtungstermin meist nicht genau bekannt ist, geht man bei der Berechnung der **S.-Dauer** und somit des Geburtstermins von dem ersten Tag der letzten normalen Menstruation aus und rechnet 280 Tage hinzu. Während der S. vergrößert sich die Gebärmutter, das Milchdrüsengewebe der Brüste wächst, und die bei der Geburt bes. beanspruchten Körperteile (Gebärmutterhals, Scheide, Damm, Bauchmuskulatur und Bauchhaut) werden aufgelockert; dadurch können Dehnungsstreifen **(S.-Narben)** entstehen, bes. an Unterbauch und Hüften. Massagen und Salbeneinreibungen können S.-Narben verhindern. Da auch die Wände der Blutgefäße erschlaffen, können sich Erweiterungen der Venen bilden (Krampfadern, Hämorrhoiden). Das früheste Anzeichen einer S. ist meist das Ausbleiben der Menstruation. Eindeutig lässt sich eine S. in den ersten Monaten nur nachweisen durch →Schwangerschaftsreaktionen. Jede Frau sollte während der S. in regelmäßigen Abständen den Arzt aufsuchen. **S.-Beschwerden** sind individuell versch. und treten bes. in den ersten 3 Monaten auf, z. B. Brechreiz, Appetitlosigkeit, Abscheu vor oder Heißhunger nach bestimmten Speisen. Eine ratsame Vorbereitung auf die Geburt ist die Schwangerschaftsgymnastik in der 2. S.-Hälfte.

Melvin Schwartz

Schwangerschafts|abbruch, Abtreibung, ⚕ künstl. Herbeiführen einer Fehlgeburt durch gynäkolog. Maßnahmen: durch Absaugen des Uterusinhalts, Ausschabung, durch Einbringen von Prostaglandinen in den Gebärmutterhals oder durch Operation. Die Anwendung eines seit 1988 in frz. Kliniken erprobten Anti-Progesterons (auch »RU 486«) ist in Dtl. nicht zugelassen. Nachdem 1975 die gesetzl. Verankerung einer Fristenlösung (legaler S. innerhalb von 12 Wochen ab Empfängnis) durch Urteil des Bundesverfassungsgerichts gescheitert und S. nach einem **Indikationsmodell** erlaubt worden war (S. bei Vorliegen medizin., eugen., ethischer oder sozialer Gründe), brachte der Einigungsvertrag vom 31. 8. 1990 die Notwendigkeit, die unterschiedl. Regelungen in der Bundesrep. Deutschland und der DDR anzugleichen. Dies erfolgte durch das Schwangeren- und Familienhilfeges. vom 27. 7. 1992. Es wurde eine **Fristenregelung mit Beratungspflicht** eingeführt, die die Rechtswidrigkeit des S. ausschließt, wenn er innerhalb von 12 Wochen nach Empfängnis ärztl. durchgeführt wird und die Schwangere sich 3 Tage vor dem Eingriff beraten ließ. Diese Regelung verwarf das Bundesverfassungsgericht durch Urteil vom 28. 5. 1993. Übergangsweise galt danach eine Fristenlösung mit Beratungspflicht mit der Maßgabe, dass der S. nur straflos, nicht aber rechtmäßig sei. Im Juni 1995 verabschiedete der Bundestag ein Gesetz zur Neuregelung des S. Danach bleibt der S. durch einen Arzt in den ersten 12 Wochen der Schwangerschaft straffrei (aber rechtswidrig, außer wenn die körperl. und seel. Gesundheit der Schwangeren durch Austragen des Kindes schwerwiegend beeinträchtigt würde, »Medizin. Indikation«, oder bei einer Vergewaltigung), wenn die Schwangere sich mindestens 3 Tage vorher durch eine staatlich anerkannte Beratungsstelle beraten lässt. Die Finanzierung eines rechtswidrigen S. obliegt der Schwangeren (bei Bedürftigkeit tragen die Bundesländer die Kosten); einen rechtmäßigen S. bezahlen die Krankenkassen. Strafbar macht sich, wer eine Schwangere durch Verweigerung des ihr zustehenden Unterhalts zum S. drängt bzw. sie anderweitig dazu nötigt.

Schwangerschaftsreaktionen, Schwangerschaftstests, Untersuchungsverfahren zum frühzeitigen Nachweis einer Schwangerschaft. Einen sicheren Nachweis schon 8 bis 12 Tage nach Ausbleiben der Menstruation bieten **immunologische Schwangerschaftstests.** Hierbei wird durch eine Antigen-Antikörper-Reaktion ein vom Mutterkuchen gebildetes Hormon nachgewiesen (auch zur Selbsttestung geeignet).

Schwangerschaftsverhütung →Empfängnisverhütung.

Schwank, derbe, lustige Erzählung, im 16. Jh. gern in S.-Büchern gesammelt; auch derbkom. Bühnenstück (Posse).

Schwann, Theodor, deutscher Naturforscher, * 1810, † 1882; entdeckte das Pepsin, wies nach, dass Zellen als Grundeinheiten Tier wie Pflanze aufbauen, Entdecker des Pepsins.

Schwanthaler, Ludwig v. (1844), dt. Bildhauer, * 1802, † 1848; Riesenstandbild der Bavaria in München.

Schwanz, bewegl. Fortsatz des Rumpfes oberhalb des Afters bei allen Wirbeltieren mit Ausnahme der Frösche und der Menschenaffen.

Schwanzlurche, Ordnung der Amphibien mit lang gestrecktem Körper, gut ausgeprägtem Schwanz und deutlich vom Rumpf abgesetztem Kopf (z. B. Molche und Salamander).

Schwärmer, 1) Familie der Schmetterlinge mit langen, schmalen Vorderflügeln, sehr langem Rüssel, fliegen meist in der Dämmerung. Die Raupen haben auf dem letzten Körperring ein aufrechtes Horn. **Liguster-, Wolfsmilch-S., Totenkopf.** – **2)** polem. Bezeichnung für →Wiedertäufer.

Schwartau, Bad S., Stadt in Schlesw.-Holst., nördl. von Lübeck, 19 800 Ew.; Jodnatriumquellen (Rheuma, Rachitis); Marmeladenfabrik.

Schwarte, zähe Außenhaut, z. B. am Speck; Haut von Dachs und Wildschwein.

Schwartz [ʃwɔ:ts], Melvin, amerikan. Physiker, * 1932; für Arbeiten zur Elementarteilchenphysik Nobelpreis 1988 (mit L. M. Lederberg und J. Steinberg).

Schwarz, 1) Farbe, die jede Lichtstrahlung vollkommen absorbiert. – **2)** in Zusammensetzungen, z. B. Schwarzfahrt, -hörer, -schlachtung, svw. unberechtigt, unerlaubt.

Schwarz, 1) Berthold, Mönch in Freiburg im Breisgau (14. Jh.); gilt als abendländ. Erfinder des Schießpulvers, das bereits die Chinesen kannten. – **2)** Rudolf, dt. Architekt, * 1897, † 1961; baute v. a. kath. Kirchen, das ehem. Wallraf-Richartz-Museum in Köln; entwarf den Plan für den Wiederaufbau von Köln nach 1945.

Schwarza *die,* linker Nebenfluss der Saale im Thüringer Wald, 52 km lang.

Schwarz|arbeit, § illegale, behördl. nicht angemeldete Arbeit gegen Entgelt unter Umgehung steuerl. Vorschriften.

Schwarzburg-Rudolstadt und **Schwarzburg-Sondershausen,** bis 1918 Fürstentümer des Dt. Reichs; sie gingen 1920 im Land Thüringen auf.

Schwarzdorn →Schlehdorn.

schwarze Kunst, 1) die schwarze →Magie. – **2)** die Buchdruckerkunst.

schwarze Listen, Verzeichnisse von Personen oder Sachen (z. B. Bücher), über die Ungünstiges vermerkt ist.

Schwarzenbachtalsperre, Talsperre des Schwarzenbachs, eines Nebenflusses der Murg, Bad.-Württ., Stauraum 14,3 Mio. m³; Kraftwerk.

Schwarzenberg, 1) Felix Fürst zu, österr. Staatsmann, * 1800, † 1852; seit 1848 Min.-Präs., bezwang die Revolution von 1848/49, behauptete die führende Stellung Österreichs in Dtl. (Olmützer Punktation 1850), kehrte zum Absolutismus zurück. – **2)** Karl Philipp Fürst zu, österr. Feldmarschall in den Freiheitskriegen, * 1771, † 1820.

Schwarzenegger, Arnold Alois, amerikan. Filmschauspieler österr. Herkunft. * 1947; seit 1968 in den USA (1983 amerikan. Staatsbürger); zunächst Karriere als Bodybuilder (u. a. Weltmeister 1965–80); Durchbruch als Filmstar mit »Conan, der Barbar« (1982); drehte danach u. a. »Der Terminator« (1984), »Eraser« (1996), »Batman & Robin« (1997).

Schwarzer, Alice, dt. Journalistin, * 1942; gründete 1976 die feministische Zeitschrift »Emma«; schrieb »Der kleine Unterschied und seine großen Folgen« (1975).

Schwarz|erde, russisch **Tschernosjom,** schwarzer fruchtbarer Steppenboden mit hohem Humusanteil.

Schwarzer Freitag, ✐ Tag schwerer Kursstürze; der Name verband sich urspr. mit dem Börsenkrach vom Freitag, dem 9. 5. 1873; später auch Bezeichnung für den New Yorker Börsenkrach vom 13. 5. 1927 und 25. 10. 1929, der die Weltwirtschaftskrise auslöste.

schwarzer Humor, das Grauen, das Grauenhafte einbeziehender Humor; in der Literatur eingeführt u. a. durch J. Swift, E. A. Poe; verstärkt im 20. Jahrhundert.

schwarzer Körper, ❀ ein Körper, der die elektromagnet. Strahlung aller Wellenlängen vollständig absorbiert, im Idealfall kleine Öffnung in einem Hohlkörper mit für elektromagnet. Strahlung undurchlässigen Wänden mit konstanter Temperatur. Er sendet eine Strahlung aus, deren spektrale Energieverteilung durch das plancksche Strahlungsgesetz beschrieben wird.

schwarzer Peter, Kartenspiel mit ungerader Kartenzahl zw. beliebig vielen Teilnehmern. Jeder Spieler legt je 2 gleichartige Karten weg, bis der s. P. übrig bleibt.

schwarzer Tod, ⚕ → Pest.

schwarzes Loch, engl. **Black Hole,** massereicher Reststern nach einer Supernova-Explosion, bei dem ein Gravitationskollaps stattgefunden hat. Wird dabei ein krit. Grenzradius (**Schwarzschild-Radius,** für die Sonne etwa 3 km) unterschritten, können keine Photonen mehr emittiert werden. Ein s. L. kann daher nur aufgrund seiner Gravitation entdeckt werden oder indirekt durch die beim Überströmen von Materie zu einem s. L. von einem Stern eines Doppelsternsystems (von dem ein Objekt ein s. L. ist) entstehende Röntgenstrahlung.

Schwarzes Meer, kühleres, salzärmeres Nebenmeer des Mittelmeers, nebel- und sturmreich, ohne das Nebenbecken des Asowschen Meers im NO 423 000 km², bis 2 245 m tief. Zugang: Dardanellen, Marmarameer, Bosporus. Wichtige Zuflüsse: Donau, Dnjestr, Dnjepr, Don.

Schwarzhandel, ✐ Warenverkauf außerhalb der normalen Absatzwege unter Umgehung von Zöllen und Steuern.

Schwarzhemden, Bezeichnung der ital. Faschisten unter B. Mussolini.

Schwarzhörer oder **Schwarzfernseher,** Rundfunkteilnehmer, der sein Empfangsgerät ohne Genehmigung benutzt (strafbar).

Schwarzkehlchen, in Eurasien und Afrika verbreitete Art der → Schmätzer.

Schwarzkopf, 1) Dame (seit 1992) Elisabeth, dt. Opern- und Konzertsängerin (Sopran) mit brit. Staatsangehörigkeit, * 1915. – **2)** ['ʃwɔːts-], H. Norman, amerikan. General, * 1934; 1988 bis 1991 Chef der amerikan. Kommandobehörde für den Nahen Osten; im Golfkrieg gegen Irak 1991 Oberkommandierender der alliierten Streitkräfte.

Schwarzkümmel, Gattung der Hahnenfußgewächse v. a. im Mittelmeergebiet; die Blüten besitzen einen Hüllkelch aus feinen grünen Hochblättern. Gartenzierpflanze ist die **Jungfer im Grünen (Braut in Haaren** oder **Gretel im Busch).**

Schwarzkümmel
Blüte und Frucht von Gretel im Busch

Schwarzpulver, ein → Schießpulver.

Schwarzwald, Mittelgebirge in Bad.-Württ., vom Hochrhein bis zum Kraichgau, 160 km lang, 22 bis 60 km breit, im S aus Gneis und Granit, im N aus Buntsandstein, nach W und S steil, nach O allmählich abfallend. Höchste Erhebungen: im S Feldberg 1 493 m, Herzogenhorn 1 415 m; im N Hornisgrinde 1 163 m. Zahlreiche Seen (Feld-, Schluch-, Titi-, Mummelsee), Kurorte, Wintersportplätze und Heilquellen (Baden-Baden, Badenweiler, Wildbad, Bad Liebenzell). Der S. hat überwiegend Nadelwälder; Ackerbau, Viehzucht, Waldwirtschaft; Holz-, Uhren-, Metall-, Textilindustrie.

Schwarzwild, ♈ das Wildschwein.

Schwarzwurzel, gelb blühender Korbblütler, ein Wurzelgemüse.

Schwaz, Stadt in Tirol, Österreich, 10 900 Ew.; Ordenshochschule der Franziskaner; früher Kupfer- und Silberbergbau.

Schwebebahn, Beförderungsmittel mit elektr. betriebenen, an ihrem Fahrwerk aufgehängten Fahrzeugen. Man unterscheidet Schienen-S. (z. B. die 1898 bis 1903 erbaute Wuppertaler S.) und Seil-S. (→ Seilbahn). → Magnetschwebebahn.

Schwebebalken, im Frauenturnen verwendetes, auf pyramidenförmigen Böcken gelagertes Turngerät (5 m lang, 1,20 m hoch, 10 cm breit).

Schwebeflug, von Hubschraubern und anderen Senkrechtstartflugzeugen erreichbarer Flugzustand, indem das Luftfahrzeug in der Luft auf der Stelle verharrt. Der S. dient v. a. zum Aufnehmen und Absetzen von Lasten.

Schwebfliegen, Schwirrfliegen, wespenähnl. Fliegen, die im Schwirrflug lautlos stillstehen.

Schwebung, ❀ period. Schwankung der Amplitude einer Schwingung; z. B. als Schwanken der Tonstärke beim Zusammenklang zweier eng benachbarter Töne.

Schwechat, Stadt in NÖ, östl. von Wien, 14 800 Ew.; Erdölraffinerie, petrochem. Industrie; ✈.

Schweden, das Staatsvolk Schwedens, german. Ursprungs; auch in SW-Finnland (einschließl. Ålandinseln) lebend, ferner Auswanderer bes. in Nordamerika.

Schweden

Staatswappen

Staatsflagge

Internationales Kfz-Kennzeichen

Schweden, schwed. **Sverige** ['sværjə], Kgr. in N-Europa, 449 964 km², 8,69 Mio. Ew.; Hptst.: Stockholm. **Verfassung** von 1809, mehrfach geändert, zuletzt 1975. Konstitutionelle Monarchie (Haus Bernadotte).

schwedische Kunst Taufstein in der Kirche von Bro auf Gotland (um 1170)

Der König übt als Staatsoberhaupt nur noch repräsentative Funktionen aus. Die Regierung ist dem Reichstag verantwortlich. – Verwaltungseinteilung in 24 Provinzen (Län).

Landesnatur. S. umfasst die Abdachung der Skandinav. Halbinsel zur Ostsee; im N gebirgig (Kebnekaise 2177 m) mit Küstenniederungen, im S vorwiegend Flachland. Zahlreiche Flüsse, Wasserfälle und Seen (Väner-, Vätter-, Mälarsee u. a.).

Klima. Mäßig warme Sommer, schneereiche, kalte Winter.

Bevölkerung (bes. im S) fast ausschließlich Schweden, daneben auch Finnen, im N Lappen. Großstädte: Stockholm, Göteborg, Malmö, Västerås.

Religion. Ev.-luther. Staatskirche (Erzbischof in Uppsala).

Wirtschaft. Anbau (bes. in Mittel- und Süd-S.): Getreide, Kartoffeln, Zuckerrüben; Rinder- und Schweinezucht, im N auch Rentier- und Pelztierzucht. Forstwirtschaft (Wald auf 69,6% der Fläche) bes. im N; Fischerei bes. an der S- und W-Küste. ⚒ auf Eisenerz, Blei, Kupfer u. a.; Eisen- und Stahl-, Metall-, Maschinen- und Fahrzeug-, Holz verarbeitende, chem. u. a. Ind.; Wasserkraftwerke. Ausfuhr: Maschinen und Fahrzeuge, Eisen und Stahl, Zellstoff, Papier, Holz. Haupthandelspartner: Dtl., Großbritannien, skandinav. Länder. ⚓: Göteborg, Stockholm, Malmö, Hälsingborg, Trelleborg; internat. ✈: Stockholm.

schwedische Kunst. Architektur: Der roman. Kirchenbau (Basiliken, Rundkirchen) war von Dtl., der got. von Frankreich beeinflusst (Dome von Uppsala, Linköping). Nach der Reformation überwog der Schlossbau unter Mitwirkung dt. und niederländ. Künstler (Renaissance: Gripsholm, Kalmar; Barock: Drottningholm, Stockholm). Im 19. Jh. herrschten Klassizismus und Historismus, nach 1900 eigenständige Architektur (Rathaus in Stockholm). – Bildhauerei: Noch engere Verbindung zur dt. Kunst, im 14. bis 16. Jh. Bevorzugung lübischer Meister; bis zum 19. Jh. überwogen frz. Einflüsse, europ. Bedeutung erlangte der Klassizist J. T. Sergel, im 20. Jh. C. Milles. – Eigenständige Malerei erst seit dem 18. Jh.; im 19. Jh. ragte C. J. Fahlcrantz, im 20. Jh. der Impressionist A. Zorn hervor. Entwicklung eines gemäßigten Expressionismus und einer Neuen Sachlichkeit, auch Hinwendung zu einem gesellschaftskrit. Realismus (J. E. Franzén, P. Tillberg). Viele Künstler folgen heute der internat. Entwicklung.

schwedische Kunst. Triumphkreuz in der Kirche von Öja auf Gotland (um 1270)

Daten zur Geschichte Schwedens	
9./10. Jh.	Reichsbildung unter dem Geschlecht der Ynglinge um das Heiligtum von Uppsala
1008	König Olaf Skötkonung lässt sich taufen, die Christianisierung des Landes kann aber erst im 12. Jh. abgeschlossen werden
1164	Der Königssitz Uppsala wird auch Erzbistum
1250	Mit Waldemar, dem Sohn des Birger Jarl, gelangen die Folkunger auf den Königsthron (bis 1363)
	Eroberung und Christianisierung Finnlands
1389	Sieg Margaretes von Dänemark über den schwed. König Albrecht von Mecklenburg, Vereinigung der 3 nord. Reiche Dänemark, Norwegen und Schweden
1397	Erich von Pommern, König von Dänemark und Norwegen, wird in Kalmar auch zum schwed. König gekrönt (»Kalmarer Union«)
1520	»Stockholmer Blutbad«, die Ermordung schwed. Adliger auf Geheiß Christians II. von Dänemark
1521	Gustav Erikson Wasa wird Reichsverweser, 1523 König von Schweden, Ende der Kalmarer Union, Einführung der Reformation
1611	Regierungsantritt Gustavs II. Adolf, Eroberung von Ingermanland und Livland
1630	Eingreifen Gustav Adolfs in den Dreißigjährigen Krieg (Landung in Pommern) zur Rettung des Protestantismus und zur Sicherung schwed. Interessen (Einrichtung eines schwedisch dominierten »Dominium maris Baltici«)
1632	Gustav II. Adolf fällt in der Schlacht bei Lützen, Graf Oxenstierna führt die Vormundschaftsregierung für Königin Christine
1645	Im Frieden von Brömsebro 1645 mit Dänemark und im Westfäl. Frieden 1648 erreicht Schweden bedeutende Territorialgewinne gegenüber Dänemark und dem Reich (Vorpommern, Bremen mit Verden). Schweden wird Großmacht
1700–1721	2. Nord. Krieg. Nach der Schlacht von Poltawa 1709 gerät Schweden in die Defensive. Nach dem Tod Karls XII. (1718) verliert Schweden in den Friedensschlüssen mit Russland, Polen, Dänemark, Preußen und Hannover seine Großmachtstellung
1808/09	Verlust Finnlands an Russland
1814	Im Frieden von Kiel tritt Dänemark Norwegen an Schweden ab
1818	Der ehem. frz. Marschall Bernadotte (1810 vom schwedischen König adoptiert) wird als Carl XIV. Johan König
1905	Norwegen löst die Personalunion mit Schweden
20. Jh.	Schweden bleibt in den beiden Weltkriegen neutral. Seit 1932 stellten die Sozialdemokraten meist die Reg. (1946 bis 1969 Tage Erlander, 1969 bis 1976 und 1982 bis 1986 Olof Palme, 1986 bis 1991 und 1994 bis 1996 Ingvar Carlsson, seither Göran Persson). Zw. 1946 und 1969 wird der schwed. Wohlfahrtsstaat aufgebaut. Seit 1951 ist Schweden mit Norwegen, Dänemark, Island und Finnland im Nord. Rat zusammengeschlossen. Seit 1973 ist Carl XVI. Gustav König. 1995 EU-Beitritt

schwedische Sprache und Literatur. Das Schwedische bildet mit dem Dänischen den ostnord. Zweig des Nordgermanischen. Die Schriftsprache entwickelte sich im 15. Jh., wobei die Mundart von Östergötland die Grundlage war. – Von der Heldendichtung der Wikingerzeit ist nichts erhalten. Älteste Sprachdenkmäler sind zahlreiche Inschriften in Runen (seit dem 9. Jh.). Im Allg. folgte die Entwicklung der schwed. Literatur der der europäischen. Lebens- und trinkfrohe Lieder schrieb C. M. Bellman (* 1740, † 1795). Die nord. Romantik vertrat E. Tegnér (* 1782, † 1846). A. Strindberg (* 1849, † 1912) vertrat einen gesellschaftskrit. Naturalismus. Bedeutende Repräsentanten der s. L. waren danach Selma Lagerlöf († 1940), die Neuromantiker V. Heidenstam († 1940) und P. Hallström († 1960), die Nobelpreisträger E. A. Karlfeldt († 1931), P. F. Lagerkvist († 1974), E. Johnson († 1976) und H. Martinson († 1978). In neuerer Zeit traten J. Myrdal, A. Lindgren, P. C. Jersild, L. Gustafsson, S. Delblanc, P. O. Enquist, L. Norén u. a. hervor.

Schwedt/Oder, Stadt in Bbg., 51 800 Ew.; Erdölraffinerie; Endpunkt einer Erdölpipeline aus Russland; 1265 als Stadt belegt.

Schwefel, lat. **Sulfur,** Symbol **S,** chem. Element, Nichtmetall, OZ 16, D 2,07 g/cm^3, Fp 112,8/119 °C, Sp 444,6 °C. S. ist ein hellgelber, spröder Stoff, unlösl. in Wasser, leicht lösl. in S.-Kohlenstoff; Nichtleiter der Elektrizität; verbrennt mit blauer Flamme zu S.-Dioxid. Freier S. kommt in großen Lagern in Sizilien, Nordamerika und Japan vor, gebundener S. in Sulfaten, Sulfiden, im S.-Wasserstoff und im Pflanzen- und Tierreich als Bestandteil der Eiweißstoffe. S. kommt als Stangen-S. oder »S.-Blume« (S.-Pulver) in den Handel; er dient zur Herstellung von S.-Säure, zur Vulkanisation des Kautschuks, als Schädlingsbekämpfungsmittel; in der Medizin zu Hautsalben und Abführmitteln verwendet; ist in Schwarzpulver, Streichhölzern und Feuerwerkskörpern enthalten. **S.-Verbindungen: S.-Dioxid,** SO_2, ein stechend riechendes Gas, bildet sich bei der Verbrennung von S. und beim Rösten der S.-Erze; beim Einleiten in Wasser bildet sich schweflige Säure, H_2SO_3. Aus S.-Dioxid und Luft gewinnt man bei etwa 400 °C in Anwesenheit eines Katalysators **S.-Trioxid,** SO_3, das mit Wasser in Schwefelsäure übergeht. Leitet man S.-Dämpfe über glühende Kohlen, so bildet sich **S.-Kohlenstoff,** CS_2, eine farblose, feuergefährl. Flüssigkeit, in der sich S., Phosphor, Fette leicht auflösen. **S.-Wasserstoff,** H_2S, ein nach faulen Eiern riechendes, giftiges Gas, bildet sich aus den Salzen des S., den Sulfiden, durch Einwirkung von Säuren.

Schwefelfarbstoffe, künstl. schwefelhaltige Farbstoffe zum Färben von ungebeizter Baumwolle.

Schwefelkies, der → Pyrit.

Schwefelkopf, eine Blätterpilzgattung, z. B. der essbare **Graublättrige Schwefelkopf.**

Schwefelsäure, H_2SO_4, ☌ wichtige anorgan. Säure. **Konzentrierte S.** wirkt stark wasserentziehend; sie bildet als Salze die **Hydrogensulfate** und die **Sulfate.** Herstellung früher nach dem **Bleikammerverfahren,** heute fast nur noch nach dem **Kontaktverfahren:** Röstgase von Sulfidmineralien werden gereinigt, gekühlt, gewaschen, das in ihnen enthaltene Schwefeldioxid katalytisch zu Schwefeltrioxid oxidiert und dieses in konzentrierter S. aufgefangen, wodurch **rauchende S.** entsteht. Sie wird mit Wasser zu gewöhnl. S. verdünnt.

schweflige Säure, H_2SO_3, ☌ starkes Reduktionsmittel. Die Salze der s. S. heißen **Sulfite.**

Schweidnitz, poln. **Świdnica** [ɕfidˈnitsa], Stadt in der poln. Wwschaft Wałbrzych, am NO-Rand des Eulengebirges, 62 000 Ew.; altes Stadtbild. Bei S. liegt das Dorf Kreisau (→ Kreisauer Kreis).

Schweigepflicht → Amtsgeheimnis, → Berufsgeheimnis.

Schweiger, Til(man) Valentin, dt. Schauspieler und Filmproduzent, * 1963; nach Rollen in Fernsehproduktionen (u. a. »Lindenstraße«, 1991) bekannt v. a. durch »Manta, Manta« (1991), »Der bewegte Mann« (1994); »Das Superweib« (1995) und »Knockin' On Heaven's Door« (Hauptrolle und Regie, 1997).

Schweine, Familie der Paarzeher, Nichtwiederkäuer mit Allesfressergebiss, kegelförmigem Rüssel und borstigem Haarkleid. Die Männchen (Eber) tragen wehrhafte Eckzähne (Hauer). Das **Wild-S.** lebt in feuchten Waldgebieten N-Asiens, Europas und N-Afrikas, meist in Rudeln. Es ist braunschwarz, bis 1,70 m lang und wiegt durchschnittl. bis 350 kg. In der Jägersprache heißt es **Schwarzwild** oder **Sau.** Das männl. Tier wird **Keiler,** das weibl. **Bache,** die rotbraunen, gelb gestreiften Jungen **Frischlinge** genannt. Das Fleisch jüngerer Tiere ist wohlschmeckend. Andere Wild-S. sind: asiat. **Binden-S.,** afrikan. **Warzen-S.,** amerikan. **Nabel-S.** Das aus dem Wild-S. gezüchtete **Haus-S.,** bis 500 kg schwer, wird meist im 2. Lebensjahr geschlachtet. Die Sau wirft jährlich 4 bis 6, auch bis zu 12 Junge, die zuerst **Ferkel,** dann **Läufer** genannt werden.

Schweinepest, ⚕ meldepflichtige, sehr ansteckende, meist tödlich verlaufende Viruskrankheit der Schweine (innere Blutungen).

Schweinfurt, Stadt im Reg.-Bez. Unterfranken, Bayern, am Main, 52 000 Ew.; Johanniskirche (13. bis 15. Jh.), Rathaus (1570 bis 1572); Kugellager-, Kraftfahrzeugzubehörindustrie.

Schweinfurth, Georg, dt. Afrikaforscher, * 1836, † 1925; bereiste 1864 bis 1889 Ägypten, den östl. Sudan und die Küste des Roten Meers.

Schweins|affe, Makakenart in S-Asien.

Schweiß, 1) flüssige Absonderung der S.-Drüsen der Haut, enthält 99 % Wasser, ferner Kochsalz, Harnstoff, Fette und (übel riechende) flüchtige Fettsäuren; spielt eine wichtige Rolle für die Temperaturregulation des Körpers. – **2)** ♈ Blut.

schweißen, ⚙ Werkstücke durch Ineinanderkneten (Pressschweißen) oder Ineinanderfließen (Schmelzschweißen) des örtlich erwärmten Werkstoffs verbinden. Bei der ältesten **Pressschweißung,** der **Hammerschweißung,** werden die Teile auf Rotglut erhitzt, übereinander gelegt und durch Hammerschläge ineinander geknetet. Bei der **elektr. Widerstandsschweißung** werden die Werkstücke an den Verbindungsstellen durch den elektr. Strom bis zur Schweißhitze erwärmt und in der Maschine zusammengepresst, bei der **Punktschweißung** zw. Stiftelektroden, bei der **Nahtschweißung** mit rollenförmigen Elektroden. – Bei der **Schmelzschweißung** werden die Teile an den Schweißkanten aufgeschmolzen, meist unter Abschmelzen eines Schweißstabs oder einer Elektrode aus gleichem oder ähnl. Werkstoff. Die Wärme wird erzeugt durch Verbrennen eines Heizgases (meist Acetylen) mit Sauerstoff **(autogenes S.),** durch einen Lichtbogen zw. dem Werkstück und einer Elektrode oder zw. 2 Elektroden **(Lichtbogenschweißung).** Der Zutritt von Luftsauerstoff und Stickstoff wird durch Schutzgase oder durch einen Schlackenmantel verhindert. Die **Elektronenstrahlschweißung** (im Vakuum) lässt das S. von Metallen mit sehr unterschiedl. Fließpunkt zu. Schweißungen an sehr kleinen Teilen und sehr dünne Schweißnähte ermöglicht das **Laserstrahlschweißen,** bei dem die Energiedichte im Fokus des Laserstrahls ausgenutzt wird, die ausreicht, um alle Materialien zu schmelzen. – Kunststoffe werden durch Erwärmen plastisch gemacht und dann zusammengepresst. Mit Ultraschall schweißt man dünne Bleche und Drähte.

Albert Schweitzer

Schweißhunde, Jagdhunde zum Aufspüren von angeschossenem (schweißendem) Wild, z. B. Cockerspaniel, Dt. Jagdterrier.

Schweitzer, Albert, elsäss. ev. Theologe, Philosoph, Musikforscher, Organist, * 1875, † 1965; studierte später auch Medizin, seit 1913 Missionsarzt in Lambarene in Gabun. Werke: »J. S. Bach« (1905), »Geschichte der Leben-Jesu-Forschung« (1906), »Das Problem des Friedens in der heutigen Welt« (1954); Friedensnobelpreis 1952.

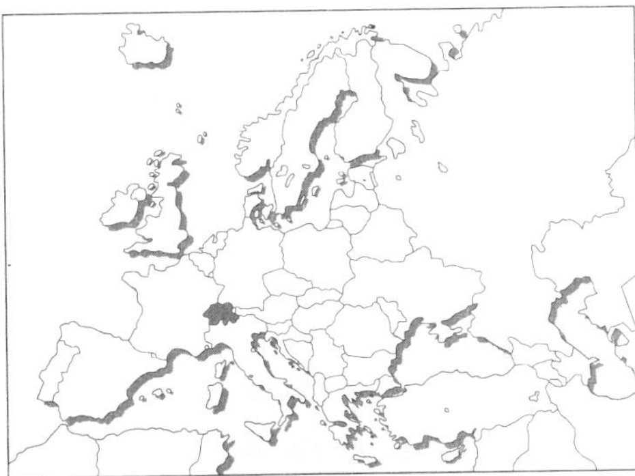

Schweiz

Staatswappen

Staatsflagge

Internationales Kfz-Kennzeichen

Schweiz, amtl. **Schweizerische Eidgenossenschaft,** frz. **Suisse** [sɥis], ital. **Svizzera,** rätoroman. **Svizra,** Bundesstaat in Mitteleuropa, 41 293 km², 6,86 Mio. Ew.; Hptst.: Bern; Amtssprachen: Deutsch, Französisch, Italienisch, Rätoromanisch (Bündnerromanisch).

Verfassung von 1874 (mehrfach geändert). Die S. ist ein republikan. Bundesstaat aus 26 Kantonen, von denen 3 in je 2 Halbkantone aufgeteilt sind. Die Bundesgesetzgebung liegt bei der Bundesversammlung. Diese

schweizerische Kunst Alberto Giacometti, Büste (um 1954)

besteht aus 2 Kammern, dem Ständerat (46 von den Kantonen gewählte Vertreter) und dem Nationalrat (200 in allgemeiner Wahl gewählte Mitglieder). Der Bundesrat wird von der Vereinigten Bundesversammlung auf 4 Jahre gewählt; er übt die vollziehende Gewalt (Reg.) aus. Seine 7 Mitglieder sind Leiter der Departemente (Ministerien). Aus dem Bundesrat wählt die Bundesversammlung den jährlich wechselnden Bundespräsidenten. Die Kantone haben eigene Volksvertretungen und Reg. Frauen haben seit 1971 auf Bundesebene das Wahlrecht, seit 1990 auch in allen Kantonswahlen.

Landesnatur. Die S. umfasst den mittleren Teil der Alpen. Der nördl. Gebirgszug erreicht in den stark vergletscherten Berner Alpen 4274 m (Finsteraarhorn), der südl. in den gletscherreichen Walliser Alpen den höchsten Punkt der S. mit 4637 m (Monte Rosa). Nach NW schließen sich die Hügelregion des dicht besiedelten Mittellands (500 m) und der Schweizer Jura an. Mittelpunkt des Gewässernetzes ist das Gotthardmassiv, von dem Rhein, Reuß, Aare, Rhône, Tessin ausgehen. Im SO hat die S. Anteil am oberen Inntal. Schöne Seen: Genfer, Neuenburger, Vierwaldstätter, Luganer See, Zürichsee u. a.

Klima. Gemäßigt warm bis rau, sonnenreich in den Hochtälern, am Nordufer des Genfer Sees und auf der Südseite der Alpen.

Bevölkerung. 65 % sprechen Deutsch (im größten Teil des Mittellands und den Alpen bis ins Monte-Rosa-Gebiet), 18,4 % Französisch (im Jura, Waadtland, Unterwallis), 9,8 % Italienisch (im Tessin und in den Randtälern Graubündens), 0,8 % Rätoromanisch (in Graubünden). Großstädte: Zürich, Basel, Genf, Bern, Lausanne. Religion: 44,3 % ev. (meist ref.), rd. 47,6 % katholisch.

Wirtschaft. Trotz geringer Bodenschätze ist die S. heute überwiegend Industrieland. In der Landwirtschaft arbeiten nur noch rd. 5,5 % aller Berufstätigen. Ackerbau (Weizen, Gerste, Mais, Zuckerrüben, Kartoffeln) in den tiefsten Lagen, auch Weinbau. Hoch entwickelt ist die Milchviehzucht (im Gebirge Almwirtschaft) mit Käserei und Milchverarbeitung. Die

Schweiz
(Verwaltungsgliederung)

Kanton	Fläche (in km²)	Ew. (in 1000)	Hauptort
Aargau	1404	512,0	Aarau
Appenzell-Außerrhoden	243	53,4	Herisau
Appenzell-Innerrhoden	173	14,5	Appenzell
Basel-Landschaft	428	233,2	Liestal
Basel-Stadt	37	196,6	Basel
Bern	6049	945,5	Bern
Freiburg	1670	214,6	Freiburg
Genf	282	383,9	Genf
Glarus	684	37,6	Glarus
Graubünden	7106	179,3	Chur
Jura	837	65,6	Delémont
Luzern	1492	319,5	Luzern
Neuenburg	797	162,6	Neuenburg
Sankt Gallen	2014	420,2	Sankt Gallen
Schaffhausen	298	71,6	Schaffhausen
Schwyz	908	116,1	Schwyz
Solothurn	791	226,3	Solothurn
Tessin	2812	294,1	Bellinzona
Thurgau	1013	213,2	Frauenfeld
Unterwalden nid dem Wald (Nidwalden)	276	32,6	Stans
Unterwalden ob dem Wald (Obwalden)	491	28,8	Sarnen
Uri	1077	35,5	Altdorf
Waadt	3219	583,6	Lausanne
Wallis	5226	248,3	Sitten
Zug	239	87,1	Zug
Zürich	1729	1158,1	Zürich

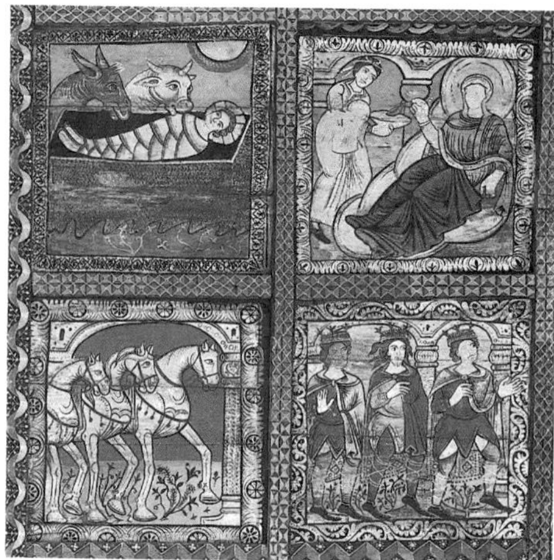

schweizerische Kunst. Detail der Decke von Sankt Martin in Zillis, Graubünden (1130)

Ind. (34,4 % der Berufstätigen), vorwiegend im nördl. Mittelland und Jura, liefert Qualitätswaren (Stickereien, Textilien, feinmechan. und opt. Ind., Maschinen-, Fahrzeugbau, elektr., elektron. und chem., pharmazeut. Ind., Nahrungs- und Genussmittel). Der Energiebedarf wird durch Erdöl, Kernenergie, Wasserkraft, Erdgas u. a. gedeckt. Starker Fremdenverkehr, bes. in den Höhenluftkurorten und Wintersportplätzen. Ausfuhr: v. a. Maschinenbauerzeugnisse, chem. und pharmazeut. Erzeugnisse, Apparate und Uhren, Textilien, Bekleidung, Nahrungsmittel; Haupthandelspartner: Dtl. u. a. EU-Länder, USA. Die S. gehört der Europ. Freihandelsgemeinschaft (EFTA) an. Basel hat als Rheinhafen große Bedeutung. Zahlreiche Bahnen (meist elektrisch) und Straßen führen über die Alpenpässe, die auch durch Tunnels (Gotthard-, Simplon-, Lötschberg-, Furkabasistunnel) unterquert werden. Internat. ✈: Zürich, Genf, Basel.

Schweizer, **1)** Bewohner der Schweiz. – **2)** päpstl. Leibwache im Vatikan, früher auch **Schweizer Garde** der frz. Könige.

schweizerische Kunst. Im MA. entstanden zahlreiche bedeutende Kirchen (u. a. Baseler Münster, Kathedrale von Lausanne, Kirchen in Königsfelden und Kappel mit Glasmalereien). Literar. und künstler. Zeugnis der Hochgotik ist die Manessische Handschrift. In Basel wirkten K. Witz (15. Jh.) und H. Holbein d. J. (16. Jh.). Typisch für das 16. Jh. die Gemälde und Zeichnungen von N. Manuel, H. Leu u. a., für die Renaissance reich ausgestattete Bürgerhäuser, Fassadenmalereien. Meister der Vorarlberger Schule schufen großartige Barockkirchen (St. Gallen, Maria Einsiedeln). Aus der S-Schweiz gebürtige Baumeister zählen zu den bedeutendsten des röm. Barocks (D. Fontana, F. Borromini u. a.). Im Ausland arbeiteten die bekanntesten Schweizer Maler des 18. Jh.: J. Liotard, J. H. Füssli sowie (im 19. Jh.) A. Böcklin. Aus der Schule von F. Hodler gingen u. a. Augusto Giacometti und F. Pauli hervor. Im 20. Jh. zählen F. Vallotton und F. Chiesa zur älteren Malergeneration, die jüngere repräsentieren J. Itten, M. Hunziker (Glasfenster), F. Glarner (konstruktivist. Arbeiten). Als Bildhauer traten hervor: C. Burckhardt, A. Zschokke, Alberto Giacometti, J. Tinguely u. a. Bedeutende Architekten: Le Corbusier sowie u. a. M. Botta und B. Tschumi.

schweizerische Literatur. Erste literar. Zeugnisse aus der dt. Schweiz stammen aus dem Kloster St. Gallen (Notker Labeo). Zur Minnedichtung trug u. a. Hadloub bei. Anfang 15. Jh. Bauernparodie »Der

Ring« von H. Wittenweiler, im 16. Jh. Reformationsdramen von N. Manuel. Mit J.-J. Rousseau und A. von Haller ging die Entwicklung eines neuen Naturgefühls im 18. Jh. von der Schweiz aus. J. J. Bodmer und J. J. Breitinger bereiteten in der Auseinandersetzung mit J. C. Gottsched den Sturm und Drang vor. Wirklichkeitsliebe zeigt sich im 18. Jh. bei U. Bräker, im 19. Jh. bei G. Keller und J. Gotthelf; mehr dem Symbolischen zugewandt war C. F. Meyer. Dichter der Jahrhundertwende: C. Spitteler, R. Walser. Mit M. Frisch und F. Dürrenmatt stellte die Schweiz bedeutende Vertreter der modernen deutschsprachigen Erzählkunst und Dramatik. Weitere Autoren: O. F. Walter, H. Loetscher, A. Muschg, P. Bichsel, W. M. Diggelmann, K. Marti. Vertreter einer jüngeren Generation sind G. Späth, B. Brechbühl, H. Wiesner, J. Steiner, F. Hohler, S. Blatter, C. Geiser, J. Laederach, H. Burger, Erica Pedretti, Gertrud Leutenegger, P. Nizon, F. Böni. – Die frz.-sprachige Literatur gelangte im 18. Jh. und frühen 19. Jh. mit J.-J. Rousseau, Mme. de Staël und B. Constant zu europ. Wirkung. Im 19. und 20. Jh. verfassten krit. Schriften: A. Vinet, J.-F. Amiel, E. Rambert u. a., Romane: R. Töpffer, P. Monnier, V. Cherbuliez, Lyrik: J. Olivier u. a. C. F. Ramuz gestaltete den Regionalroman zu weltliterar. Bedeutung, ihm folgten M. Saint-Hélier, G. de Pourtalès, B. Cendrars, M. Zermatten, die Essayisten C.-A. Cingria, E. Gilliard. Bekannte Autoren sind auch R. Pinget und J. Chessex. – In der ital.-sprachigen Literatur ragte im 20. Jh. der Lyriker und Erzähler F. Chiesa hervor.

Schwellenländer, Entwicklungsländer, die im Begriff sind, sich zum Ind.staat zu entwickeln.

Schwellenwert, ⚗ ❀ ⚕ der geringste physikalische oder chemische Reiz, der ausreicht, um eine bestimmte Reaktion auszulösen.

Schwellkörper, bei Mensch und Säugetieren schwammige Gewebe, die bei Reizung durch Blutzufuhr anschwellen (→ Erektion).

Schwelm, Krst. in NRW, östl. von Wuppertal, 30 500 Ew.; Metall verarbeitende und Textilindustrie.

Schwenckfeld, Kaspar, dt. Reformator, *1489, †1561; brach mit dem Luthertum; begründete die Sekte der *Schwenckfelder,* die nach Verfolgungen in Dtl. in Pennsylvania eine Freistatt fand.

Schwenkflügel, ✈ Flugzeugtragflügel, die im Fluge seitensymmetrisch um die Hochachse und um einen bestimmten Winkel geschwenkt werden können.

Schwerbehinderte, Personen, die infolge körperl., geistiger oder seel. Behinderung in ihrer Erwerbsfähigkeit um wenigstens 50% gemindert sind. Seit 1974 gilt das Gesetz zur Sicherung der Eingliederung S. in Arbeit, Beruf und Gesellschaft.

Schwerelosigkeit, das scheinbare Fehlen von Schwerkraftwirkungen auf Körper, die sich in keinem Schwerkraftfeld befinden oder im Schwerefeld frei fallen, z. B. Raumfahrzeuge nach Abschalten des Triebwerks.

schweres Wasser, Deuteriumoxid, D_2O, ⚗ Wasser, in dem die beiden gewöhnl. Wasserstoffatome (Wasserstoffisotope mit der Massenzahl 1) durch Deuterium ersetzt sind. D (bei 20 °C) 1,105 g/cm³, Gefrierpunkt 3,82 °C, Sp 101,42 °C. S. W. ist gesundheitsschädl.; es wird in Kernreaktoren als Bremssubstanz (Moderator) verwendet.

Schwerhörigkeit, ⚕ herabgesetztes Hörvermögen (→ Ohrenkrankheiten).

Schwerin, Hptst. von Meckl.-Vorp., am **Schweriner See** (65,5 km²), 124 000 Ew.; Museen, Philharmonie, Staatstheater, Zoo. U. a. Nahrungsmittelind., Maschinenbau sowie Kabelwerk. Got. Dom (14. und 15. Jh.), barocke Schelfkirche (Nikolaikirche, 1708 bis 1713); ehem. Residenzschloss (1843 ff., heute Sitz des Landtags), barockes Neustädt. Rathaus (18. Jh.). – 1160 Stadtrecht, Sitz des Bistums Schwerin (bis 1648); seit Ende des 15. Jh. (außer 1764 bis 1837) Residenz der Herzöge (1815 bis 1918 Großherzöge) von Mecklenburg-S.; 1918 bis 1952 Hptst. des Lands Mecklenburg; 1952 bis 1990 Hptst. des DDR-Bezirks Schwerin.

Schwer|industrie, Montan|industrie, Sammelbezeichnung für Bergbau, Eisen- und Stahlindustrie.

Schwer|ionenbeschleuniger, ❀ Anlage zur Beschleunigung ionisierter chemischer Elemente, die eingesetzt wird zu Forschungszwecken in der Hochenergiephysik, der Materialforschung, Medizintechnik u. a.; Bauformen: Linearbeschleuniger, Schwerionensynchrotron.

Schwerkraft, Schwere, ❀ die an der Oberfläche, in endl. Entfernung von dieser oder im Innern eines Himmelskörpers auf einen anderen Körper wirkende Kraft. Auf der Erde ist die S. eines Körpers die Resultierende aus der in Richtung des Erdmittelpunkts wirkenden Gravitationskraft und der aufgrund der Erdrotation wirkenden Zentrifugalkraft. In mittleren geograph. Breiten der Erde bewirkt die S. eine Fallbeschleunigung von 9,81 m/s².

Daten zur Geschichte der Schweiz

58 v. Chr.	Sieg Caesars über die kelt. Helvetier, 15 v. Chr. auch Eingliederung der rät. und Alpengebiete in das Röm. Reich
5./6. Jh.	Während der Völkerwanderung Siedlung von Alemannen und Burgundern
536	Eingliederung in das Fränk. Reich
1032–1034	Die W-Schweiz fällt mit dem Königreich Burgund an das Heilige Röm. Reich
13. Jh.	Zur Abwehr der Habsburger bilden sich Bündnissysteme
1291	»Ewiger Bund« von Uri, Schwyz und Unterwalden (Urkantone; Sage von Tell)
1315	Sieg der Urkantone am Morgarten
	Erweiterung des Bundes um Luzern (1332), Zürich (1351), Glarus und Zug (1352) und Bern (1353) zu den »Acht alten Orten«
1386	Sieg der Eidgenossen in der Schlacht von Sempach über ein österr. Ritterheer
15. Jh.	Die Eidgenossen erobern den Aargau von den Habsburgern, 1460 auch den Thurgau
	In den Burgunderkriegen 1474 bis 1477 besiegen die Eidgenossen Karl den Kühnen
	1481 werden Freiburg im Üchtland und Solothurn, 1501 Basel und Schaffhausen, 1513 Appenzell als vollberechtigte Kantone (»Orte«) in die Eidgenossenschaft aufgenommen, mit der sich ferner Wallis, St. Gallen, Graubünden, Genf u. a. als »zugewandte Orte« verbünden
	Der Schwabenkrieg (Reichskrieg) von 1499 führt zur tatsächl. Trennung vom Dt. Reich
16. Jh.	Ausweitung der Eidgenossenschaft durch die Eroberung des Tessin (1516) und der Waadt (1536)
	Einführung der Reformation durch U. Zwingli in Zürich (1523–1525), Bern (1528) und J. Calvin in Genf (1536), 1531 Krieg zw. den kath. und reformierten Kantonen; trotz der konfessionalen Gegensätze hat die Eidgenossenschaft Bestand
1648	Der Westfäl. Frieden entlässt die Eidgenossenschaft aus dem Reichsverband
1674	Im Holländ. Krieg wird das »Prinzip der bewaffneten Neutralität« erklärt
1712	Im 2. Villmerger Krieg (Bürgerkrieg) siegen die reformierten Kantone, nachdem im 1. Villmerger Krieg (1656) die kath. »Fünf Orte« (Luzern, Uri, Schwyz, Unterwalden, Zug) gesiegt hatten
1798	Eroberung durch frz. Truppen, Schaffung der »Helvet. Rep.« (»Helvetik«)
1803	Napoleon errichtet mit der Mediationsakte wieder die »Dreizehn alten Orte«, ergänzt um Graubünden und 5 neue Kantone (St. Gallen, Aargau, Thurgau, Tessin, Waadt)
1815	Der Wiener Kongress erkennt die Schweiz als unabhängigen Staat an und garantiert die dauernde Neutralität der Schweiz sowie deren Zusammensetzung durch nunmehr 22 Kantone
1830	Kantonale Umwälzungen (Beseitigung der aristokrat. Kantonsverfassungen)
1845	Gründung des kath. »Sonderbundes« (die »Fünf Orte« mit Freiburg im Üechtland und Wallis)
1848	Die Niederlage der kath. Kantone im Sonderbundkrieg 1847 ermöglicht die Annahme einer neuen Bundesverfassung, die einen festen Bundesstaat statt des losen Staatenbundes proklamiert
1914/1939	In beiden Weltkriegen bleibt die Schweiz neutral
1920	Genf wird Sitz des Völkerbundes
1947	Nach 1947 sind Freisinnige, Sozialdemokraten und Christl. Demokraten die stärksten Parteien
1979	Der Kanton Jura wird nach Volksabstimmung de jure eingerichtet
1990	Im Halbkanton Appenzell-Innerrhoden wird als letztem Kanton das Frauenstimmrecht eingeführt
1993	Der Beitritt zum Europ. Wirtschaftsraum (EWR) wird nach einer Volksabstimmung abgelehnt

Schwerin
Stadtwappen

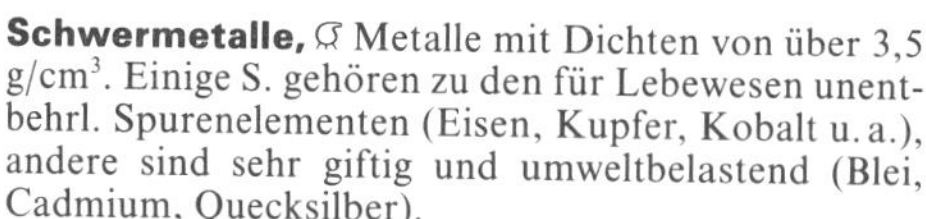

Schwermetalle, Metalle mit Dichten von über 3,5 g/cm³. Einige S. gehören zu den für Lebewesen unentbehrl. Spurenelementen (Eisen, Kupfer, Kobalt u. a.), andere sind sehr giftig und umweltbelastend (Blei, Cadmium, Quecksilber).

Schweröl, Erdöle mit Dichten über 920 kg/m³ sowie hochsiedende Produkte der Erdölbearbeitung und Kohlehydrierung.

Schwerpunkt, der Punkt eines Körpers, der sich unter Einwirkung einer zu seiner Masse proportionalen und gleichgerichteten Kraft so bewegt, als ob die gesamte Masse des Körpers in ihm vereinigt wäre. Ein im S. unterstütztes starres System behält in einem homogenen Schwerefeld jede Orientierung bei.

Schwerspat, Baryt, formenreiches, rhomb., weißes bis farbiges Mineral, Bariumsulfat, $BaSO_4$; wird in der chem. und Farbenind., in Papier-, Tapeten- und Textilfabrikation verwendet.

Sibirische **Schwertlilie**

Schwert, 1) Hieb- und Stoßwaffe mit ein- oder zweischneidiger Klinge. – **2)** eiserne oder hölzerne Platte, die in der Richtung des Kiels von flachbodigen Segelbooten ins Wasser greift, um Abdrift zu verhindern.

Schwertbrüder|orden, dt. Ritterorden, 1202 zur Eroberung Livlands gegr., 1237 mit dem Deutschen Orden vereinigt.

Schwerte, Stadt in NRW, an der Ruhr, 48 300 Ew.; Metall- u. a. Industrie.

Schwertfisch, zu den Barschartigen Fischen gehörender Knochenfisch, bis 5 m lang, mit schwertförmig verlängertem Oberkiefer, Raubfisch in trop. und subtrop. Meeren.

Schwertlili|e, Iris, Gattung der Irisgewächse, mit schwertförmigen Blättern und fleischigem Wurzelstock: die einheim. gelbblütige **Wasser-S.** (Teichlilie), als Gartenpflanze die dunkelviolette **Dt. S.** und die schilfähnl. **Sibir. S.** (äußere Blütenblätter hellblau, innere violett).

Schwetzingen, Große Kreisstadt in Bad.-Württ., 20 000 Ew.; Barockschloss mit Park; **Schwetzinger Festspiele;** Tabak-, Spargelanbau.

Schwib|bogen, → Strebebogen.

Schwiele, durch übermäßige mechan. Beanspruchung entstandene Verdickung der Hornschicht der Haut.

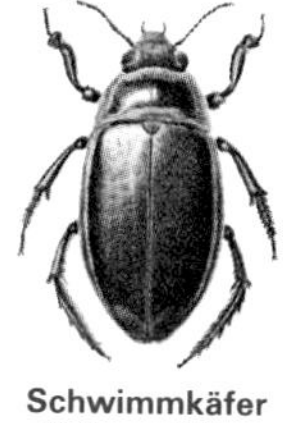

Schwimmkäfer Gelbrandkäfer

Schwimm|aufbereitung, → Flotation.

Schwimmblase, mit einem Kohlendioxid-Sauerstoff-Gemisch gefüllte Blase über dem Darm der Fische **(Fischblase);** regelt die Anpassung der Dichte des Fischkörpers an die des umgebenden Wassers.

Schwimmen, die Lage oder Bewegung eines Körpers an der Oberfläche einer Flüssigkeit. Ein Körper schwimmt, wenn sein Auftrieb größer ist als sein Gewicht; dies ist der Fall, wenn der Körper ein größeres Flüssigkeitsvolumen verdrängt, als seinem Gewicht entspricht. Ein Schiffskörper verdrängt aufgrund seiner speziellen Formgebung hinreichend viel Wasser.

Schwimmer, Hohlkörper oder Körper geringer Dichte, der durch seinen Auftrieb in einer Flüssigkeit zum Tragen einer Last (S. eines Wasserflugzeugs, künstl. Insel), zum Anzeigen des Flüssigkeitsstands (Kraftstoffanzeiger), als Regelorgan (im Vergaser eines Motors) u. a. dient.

Schwyz Kantonswappen

Schwimmkäfer, Familie der Käfer mit fast 4 000 Arten; die Beine sind mit langen Haaren dicht besetzt und wirken wie Ruderblätter. Der schwarzgrüne, 4 cm lange **Gelbrandkäfer** lebt in stehenden Gewässern ganz Europas, ist ein Fischereischädling. Verwandt sind der **Taumel-** oder **Drehkäfer,** der an der Wasseroberfläche schwimmt, und der **Kolbenwasserkäfer,** dessen Eipaket mit einem Fortsatz aus dem Wasser hervorragt.

Schwind, Moritz v., österr.-dt. Maler, Zeichner, * 1804, † 1871; Bilder zu dt. Märchen, Sagen.

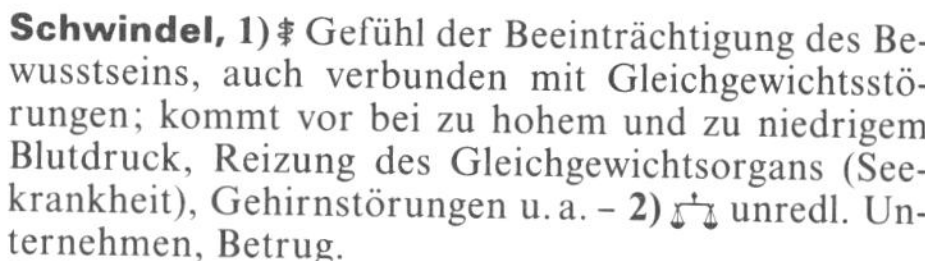

Schwindel, 1) Gefühl der Beeinträchtigung des Bewusstseins, auch verbunden mit Gleichgewichtsstörungen; kommt vor bei zu hohem und zu niedrigem Blutdruck, Reizung des Gleichgewichtsorgans (Seekrankheit), Gehirnstörungen u. a. – **2)** unredl. Unternehmen, Betrug.

Schwindling, Gattung kleiner, zäher, als Würze wertvoller Blätterpilze, z. B. **Nelken-S.** und **Knoblauchpilz.**

Schwindsucht, U für → Tuberkulose.

Schwingkreis, Zusammenschaltung eines induktiven (Spule) und eines kapazitiven (Kondensator) Bauelements zu einer elektr. Schaltungsanordnung. Im idealen verlustlosen S. führen Strom und Spannung ungedämpfte harmon. Schwingungen aus, im realen S. mit ohmschem Widerstand sind diese Schwingungen wegen des Wärmeverlusts gedämpft. Kondensator und Spule können in Reihe oder parallel geschaltet werden.

Schwingung, period. Hin- und Herbewegung eines Körpers (Pendel, Saite, Stimmgabel) oder period. Änderung eines Zustands (elektr. und magnet. Feld). Die Anzahl der S. in einer Zeiteinheit heißt **Frequenz** (Einheit: Hertz), der größte Ausschlag **Amplitude** (S.-Weite, Scheitelwert). Ohne Energiezufuhr nimmt die Amplitude einer S. z. B. durch Reibungsverluste bis auf null ab **(gedämpfte S.).** Bei ausgleichender Energiezufuhr (z. B. durch Feder oder Gewicht einer Uhr, bei elektromagnet. S. durch Schwingkreise, Schwingquarz u. a.) bleibt die Amplitude konstant **(ungedämpfte S.).** → Welle.

Schwippert, Hans, dt. Architekt, * 1899, † 1973; baute u. a. den Seitenflügel des Bundeshauses in Bonn (1949).

Schwirle *Pl.,* zu den Grasmücken gehörende Gattung bräunl. Singvögel, Arten: **Schlag-S., Rohr-S., Feldschwirl.**

Schwirrfliegen → Schwebfliegen.

Schwitters, Kurt, dt. Maler, Schriftsteller, * 1887, † 1948; begründete mit der ›Merzkunst‹ eine Sonderrichtung des Dadaismus. Collagen; auch dadaist. Dichtung (»Anna Blume«, 1919).

Schwundeffekt, → Fading.

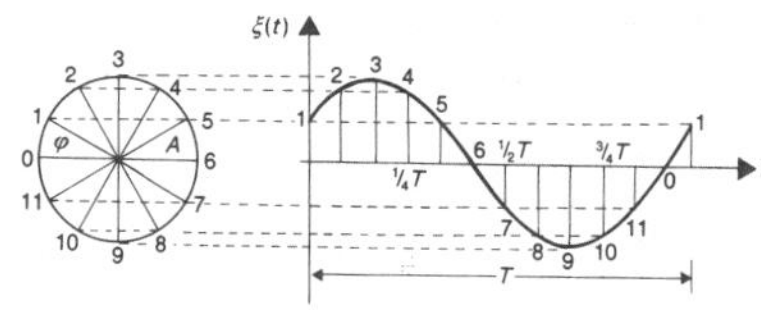

Grafische Darstellung der Sinus-**Schwingung**
$\zeta(t) = A \times \sin(\omega t + \varphi)$ mit $\varphi = 2\,\pi/12$

Schwungrad, Rad mit der Hauptmasse im Radkranz auf der Welle von Kolbenmaschinen, mechan. Pressen usw. zum Ausgleich der durch die Arbeitsweise bedingten Ungleichförmigkeit des Gangs.

Schwurgericht, in Dtl. Strafgericht, das sich aus 3 Berufsrichtern und 2 Schöffen zusammensetzt. Richter und Schöffen entscheiden mit gleichem Stimmrecht über die Schuld des Angeklagten und die Bestrafung gemeinsam.

Schwyz [-i:-], **1)** einer der Urkantone der Schweiz; 908 km², 116 100 Ew.; zw. Vierwaldstätter See und Zürichsee, Hauptort Schwyz. Viehhaltung, Almwirtschaft; Nahrungsmittel-, Möbel-, Textil- u. a. Ind. – **2)** Hauptort von 1), 13 200 Ew., an der Gotthardbahn; Bundesbriefarchiv mit den ältesten eidgenöss. Urkunden und Fahnen.

Schwyzerdütsch [-i:-], **Schweizerdeutsch,** die allg. mündl. Verkehrssprache der deutschsprachigen Schweizer.

Walter Scott. Gemälde von Edwin Landseer (1824)

Schygulla, Hanna, dt. Schauspielerin, * 1943; v.a. in Filmen von R. W. Fassbinder (»Die Ehe der Maria Braun«, 1979; »Lili Marleen«, 1981, u.a.); ferner »Barnum« (1986).

Sciascia ['ʃaʃʃa], Leonardo, ital. Schriftsteller, * 1921, † 1989; v.a. Kriminalromane: »Der Tag der Eule« (1961), »Tote Richter reden nicht« (1971).

Sciencefiction ['saɪənsfɪkʃən] *die,* romanhafte Schilderungen von Abenteuern in einer auf naturwiss.-techn. Grundlage fantasievoll ausgemalten Zukunftswelt (z. B. Raumfahrtabenteuer).

Scientificmanagement [saɪən'tɪfɪk'mænɪdʒmənt] *das,* »wiss. Betriebsführung«, von F. W. Taylor begründete Methode zur rationellen Gestaltung des Betriebsablaufs.

Scientology [saɪən'tɔlədʒɪ], nach eigenem Verständnis eine angewandte, religiösen Anspruch erhebende Philosophie über das »Studium des Wissens« zur Veränderung der Lebensbedingungen des Einzelnen und der Gesellschaft. 1954 wurde S. in den USA offiziell registriert und stellte sich als Kirche dar; seit 1970 gibt es die »S. Kirche Deutschland« (Sitz: München). Ihre Methoden (z. B. spezielle Managementschulung) sind stark umstritten.

Scilla *die,* **Blaustern,** Gattung der Liliengewächse; Zwiebelpflanzen mit lauchähnl. Blättern, meist mit blauen, traubig stehenden Blüten; früh blühende Zierpflanzen.

Scilly-Inseln ['sɪlɪ-], brit. Inselgruppe am Ausgang des Ärmelkanals, 16,4 km², 2000 Ew.; Blumenzucht.

Scipio, zu den Corneliern gehörende röm. Patrizierfamilie. **1)** Publius **Cornelius S.,** gen. **S. Africanus maior,** dt. **S. d. Ä.,** Feldherr und Politiker, * um 235, † 183 v. Chr.; eroberte im 2. Punischen Krieg Spanien, besiegte Hannibal 202 v. Chr. bei Zama. – **2)** Publius **Cornelius S. Aemilianus,** gen. **S. Africanus minor,** dt. **S. d. J.,** Feldherr und Politiker, * um 185, † 129 v. Chr.; zerstörte 146 Karthago, 133 Numantia.

Scoresbysund ['skɔ:zbɪ-], 300 km weit ins Land eindringender Fjord an der O-Küste Grönlands, der längste Fjord der Erde.

Scorsese [skɔ:'si:sɪ], Martin, amerikan. Filmregisseur, * 1942; »Taxi Driver« (1975), »Zeit der Unschuld« (1993), »Casino« (Regie, 1995).

Scotland Yard ['skɔtlənd 'jɑ:d], das ehem. Hauptdienstgebäude der Londoner Polizei; auch die Londoner (Kriminal-)Polizei selbst.

Scott, 1) Robert Falcon, brit. Südpolforscher, * 1868, † 1912; fuhr 1901 bis 1904 und 1911 nach Victorialand. Nach Erreichen des Südpols am 18. 1. 1912 (4 Wochen nach R. Amundsen) kam er auf der Rückkehr Ende März 1912 um. – **2)** Sir Walter, schott. Dichter, * 1771, † 1832; romant. Versepen, Begründer und zugleich Meister des histor. Romans der europ. Romantik (»Waverley«, 1814; »Ivanhoe«, 1820; »Kenilworth«, 1821).

Scribe [skrib], Augustin Eugène, frz. Dramatiker, * 1791, † 1861; verfasste mit zahlreichen Mitarbeitern etwa 400 Theaterstücke (»Das Glas Wasser«, 1840) und 60 Operntexte (»Fra Diavolo«, 1830).

Scudéry [skyde'ri], Madeleine de, frz. Schriftstellerin, * 1607, † 1701; prägende Gestalt des psycholog. Gesellschaftsromans.

SD, Abk. für **S**icherheits**d**ienst.

SDI, Abk. für → **S**trategic **D**efense **I**nitiative.

SDS, Abk. für **S**ozialistischer **D**eutscher **S**tudentenbund.

Se, chem. Symbol für das Element Selen.

Seal [si:l], **Sealskin** ['si:lskɪn] *der,* Pelz der Bärenrobbe, auch Pelze, die Seehundfell nachahmen. **Sealbisam,** Pelz der Bisamratte.

Sealsfield ['si:lzfi:ld], Charles, eigentl. Karl **Postl,** österr. Erzähler, * 1793, † 1864; Abenteuerromane.

Séance [se'ãs] *die,* (spiritist.) Sitzung.

Searle [sə:l], Humphrey, brit. Komponist, * 1915, † 1982; bedeutender Vertreter der neuen Musik; u.a. Opern.

Hanna Schygulla

SEATO, Abk. für **S**outh **E**ast **A**sia **T**reaty **O**rganization, → Südostasiatischer Sicherheitsvertrag.

Seattle [sɪ'ætl], Stadt im Staat Washington, USA, 516000 Ew. (Metropolitan Area 2,97 Mio.); 3 Univ.; größter Handels-, Fischerei- und Kriegshafen an der pazif. Küste; ✈.

Sebastian, röm. Märtyrer des 3. oder 4. Jh.; nach der Legende von Pfeilen durchbohrt. Schutzheiliger der Schützen (Tag: 20. 1.).

Sebastiano del Piombo, eigentl. S. **Luciani,** ital. Maler, * um 1485, † 1547; malte in Venedig unter dem Einfluss Giorgiones. In Rom (seit 1511) schloss er sich dem Raffael-Kreis, dann Michelangelo an.

Sebnitz, Stadt in Sa., an der Grenze zur ČR, 11000 Ew.; Webereien, Elektrowerkzeugbau.

Seborrhö *die,* **Talgfluss,** ⚕ anlagemäßig bedingte, verstärkte und veränderte Absonderung der Hauttalgdrüsen. **Trockene S.** meist am behaarten Kopf; führt zu kleiiger Schuppenbildung. **Fettige S.** zeigt fettig glänzende Gesichtshaut und öliges Haar, begünstigt Haarausfall.

sec [sɛk], bei alkohol. Getränken: trocken.

SECAM → Fernsehen (Farbfernsehen).

Secchi ['sekki], Angelo, ital. Physiker, * 1818, † 1878; Astrophysik, bes. Spektralanalyse (Sternklassifikation).

Seccomalerei, Wandmalerei auf trockenem Putz.

Sechstagerennen, Radsport: auf Hallenbahnen ausgetragenes Rennen über 6 Tage und Nächte mit eingelegten Runden- und Punktwertungen. Die beiden Mannschaftsfahrer lösen sich gegenseitig ab.

Seckau, österr. Marktgemeinde in der Steiermark, 1400 Ew.; roman. Basilika Mariä Himmelfahrt mit spätgot. Sterngewölbe, Mausoleum für Erzherzog Karl II. (Spätrenaissance), barock umgestaltete Stiftsgebäude.

Secret Intelligence Service ['si:krɪt ɪn'telɪdʒəns 'sə:vɪs], Abk. **SIS,** innen- und außenpolit. Geheimdienst Großbritanniens.

SED, Abk. für → **S**ozialistische **E**inheitspartei **D**eutschlands.

Hans von Seeckt

Sedan [frz. səˈdã], Stadt an der Maas, NO-Frankreich, 23 400 Ew.; Woll-, Metall- u. a. Ind.; 1870 Kapitulation der frz. Hauptarmee vor den Deutschen, Gefangennahme Kaiser Napoleons III.
Sedativa, *Sg.* **Sedativum** *das,* Beruhigungsmittel, setzen die Erregbarkeit des Nervensystems herab, z. B. Baldrian, Brom.
Sediment *das,* Bodensatz, Ablagerung, bes. von Schichtgesteinen, z. B. Gips.
Sedisvakanz *die,* der Zeitraum, während dessen der päpstl. oder ein bischöfl. Stuhl nicht besetzt ist und die Jurisdiktion ruht.
Sedow, Leonid Iwanowitsch, russ. Physiker, * 1907; arbeitete über Strömungstheorie, Gasdynamik, astrophysikal. Fragen.
Sedum *das,* Pflanzengattung, → Fetthenne.
See, 1) *der,* größeres Binnengewässer. – **2)** *die,* das Meer.
Seealpen, Meer|alpen, frz. **Alpes Maritimes,** Teil der W-Alpen in Frankreich und Italien, zw. Golf von Genua und oberer Durance, in der Punta Argentera 3 297 m hoch.
See|amt, Behörde zur Untersuchung von Seeunfällen in dt. Gewässern.
See|anemone → Seerose 2).
Seebeck-Effekt [nach dem dt. Physiker T. J. Seebeck, * 1770, † 1831], das Auftreten eines elektr. Stroms (Thermostrom), wenn die Kontaktstelle von zwei zu einem Kreis geschlossenen Stücken versch. Metalle eine geeignete Temperaturdifferenz aufweist. (→ Thermoelement)
Seeckt, Hans v., dt. Generaloberst, * 1866, † 1936; im Ersten Weltkrieg Generalstabschef A. v. Mackensens, 1920 bis 1926 Chef der Heeresleitung, baute die Reichswehr auf, 1934/35 militär. Berater von Chiang Kai-shek in China.
See-Elefant → Seehund.
Seefahrtschulen, Schifffahrtsschulen, Navigationsschulen, ⚓ staatliche Fachhoch- und Fachschulen zur Ausbildung von Schiffsingenieuren, Seesteuermännern, techn. und nautischen Schiffsoffizieren und Kapitänen für die Handelsschifffahrt und Hochseefischerei.

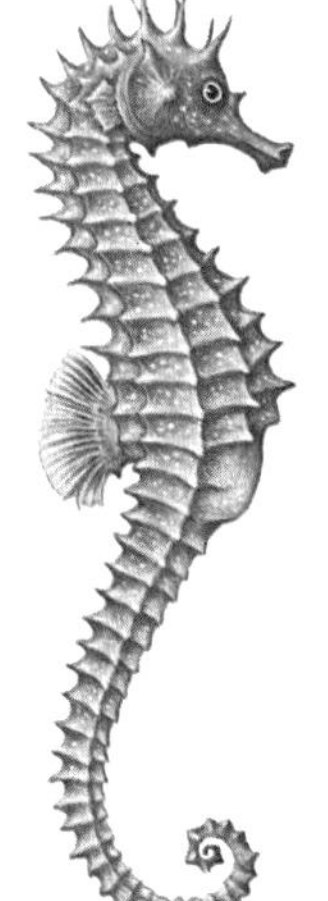
Seepferdchen

Seefeld in Tirol, Sommerfrische und Wintersportplatz, Österreich, 2 800 Ew., am 1 185 m hohen **Seefelder Sattel.**
Seefried, Irmgard, österr. Sängerin dt. Herkunft (lyr. Sopran), * 1919, † 1988.
Seegurken → Seewalzen.
Seehasen, Fischfamilie der Panzerwangen mit 141 Arten in nördl. Meeren und in der Antarktis, Länge bis 60 cm.
Seehofer, Horst, dt. Politiker (CSU), * 1949; seit 1992 Bundesmin. für Gesundheit.
Seehunde, Unterfamilie bis 3 m langer Robben, v. a. an den Küsten der nördl. Meere. Ihr Körper ist mit kurzen, anliegenden Haaren bedeckt. Die Füße sind ruderähnl., die Zehen durch Schwimmhäute verbunden. Der Kopf ist hundeähnl., äußere Ohren fehlen. Wegen ihrer Häute wurden die S. stark verfolgt, heute existieren versch. Schutzverordnungen. Arten: **Gemeiner Seehund, Rüsselrobbe** oder **See-Elefant** (stark bedrohte Art), **Kegel-, Sattel-, Bart-, Ringel-, Baikal-, Kaspirobbe** und **Klappmütze.**

Weiße **Seerose**

See|igel, formenreiche Klasse der Stachelhäuter, mit apfel- bis scheibenförmigem, kugeligem Körper; mit bewegl. Stacheln besetzter Kalkpanzer. Der Mund befindet sich auf der Unterseite.
Seekarten, nautische Karten, ⚓ Karten der Meere und Küsten, die alle für die Schifffahrt wichtigen Seezeichen, Riffe, Lotsenstellen, Tiefen usw. angeben.
Seekrankheit, ⚕ durch die schwankende Bewegung des Schiffs hervorgerufene Reizung des Gleichgewichtsorgans mit Übelkeit, Schwindel.

Die größten Seen der Erde

See	Fläche (in km²)
Kaspisches Meer (Westasien)	rd. 200 000
Oberer See (Nordamerika)	82 414
Victoriasee (Ostafrika)	68 000
Huronsee (Nordamerika)	59 596
Michigansee (Nordamerika)	58 016
Aralsee (westl. Mittelasien)	37 000*
Tanganjikasee (Ostafrika)	34 000
Baikalsee (Südsibirien)	31 500
Großer Bärensee (Nordamerika)	31 153
Malawisee (Südostafrika)	30 800

* Rückgang des Seespiegels ab 1960 (damals 64 100 km²)

Seekühe, Sirenen, walähnl. Säugetiere in trop. Meeren und Flüssen, 4 bis 8 m lang, Vordergliedmaßen flossenförmig, Schwanz zu einem Ruder verbreitert; 2 Familien: **Dugongs** und **Manatis.**
Seelachs, Schellfischart der nordeurop. Meere, mit schwarzem Brustflossenfleck.
Seeland, 1) größte Insel Dänemarks, mit der Hptst. Kopenhagen, durch den Sund von Schweden getrennt, 7 026 km², 2,14 Mio. Ew.; fruchtbar; Landwirtschaft. – **2) Zeeland** [ˈze:lant], Prov. der Niederlande, 3 039 km² (mit Binnengewässern), 356 000 Ew.; Hptst.: Middelburg.
Seele, 1) das metaphys. Prinzip des Lebens, vorgestellt als Lebenskraft oder Träger des Lebens. Nach manchen Glaubenslehren wird die S. im Tod vom Körper getrennt oder geht in andere Lebewesen ein (→ Seelenwanderung). Aristoteles unterschied die vegetative (Wachstums-), die sensitive (wahrnehmende und erinnernde) S. von der denkenden Geist-S. Die wiss. Erforschung des S.-Lebens ist Aufgabe der Psychologie. – **2)** 𝄞 Stimmstock, das dünne Holzstäbchen zw. Boden und Decke des Resonanzkörpers von Streichinstrumenten.
Seelenblindheit, die Unfähigkeit, mit den intakten Sinnesorganen wahrgenommene Reize zu erkennen, infolge von Schädigungen der Nervenfaserverbindungen im Gehirn.
Seelenwanderung, im Glauben der antiken Orphiker und Pythagoreer (Metempsychose) wie im Buddhismus und Hinduismus der Übergang der Seele eines Menschen im Augenblick seines Todes auf ein neues Wesen (Mensch, Tier, Pflanze); in ihm nimmt die Seele wieder Gestalt an (Reinkarnation).
Seeler, Uwe, dt. Fußballspieler, * 1936; nahm an 4 Weltmeisterschaften teil.
Seelili|en, festsitzende Stachelhäuter mit meist blumenkelchförmigem Körper und gegliedertem Stiel; die S. bilden mit den frei bewegl. **Haarsternen** eine Klasse (Crinoidea).
seelische Krankheiten, ⚕ durch psych., phys., auch unbekannte Ursachen hervorgerufene Abweichungen des Verhaltens und Erlebens, i. e. S. **Psychosen** (Schizophrenie, manisch-depressive Erkrankung u. Ä.), i. w. S. auch Oligophrenie versch. Grads, seel. Störungen, Psychopathien, Neurosen u. a. Häufige Ursachen von s. K. sind einmalige seel. Erlebnisse, Erlebnisketten, Lebenskonflikte, krankhafte Erbanlagen, Gehirnkrankheiten und -schädigungen, Alterungsvorgänge.
Seelow [ˈze:lo], Krst. am Oderbruch, Bbg., 5 500 Ew. – Die als letzte Verteidigung vor Berlin befestigten **Seelower Höhen** wurden am 16. bis 18. 4. 1945 unter schweren Verlusten von der sowjet. Armee erstürmt.
Seelöwe → Robben.
Seelsorge, in den christl. Kirchen die Hinführung der Gläubigen zu Gott.

Seemann, ⚓ in einem Heuerverhältnis auf einem Seehandelsschiff stehender Arbeitnehmer. Die Rechtsverhältnisse sind im Seemannsges. von 1957 geregelt.

Seemanns|amt, staatl. Behörde zur An- und Abmusterung, Schlichtung von Streitigkeiten der Schiffsbesatzung usw.

Seemeile, Einheitenzeichen **sm,** ⚓ Längenmaß; 1 S. = 1852 m.

Seenadeln, Rüsselkiemerfische mit rüsselförmiger Schnauze, z. B. das Seepferdchen.

Seenotrettungsdienst, Einrichtung zur Suche und Rettung von Schiffbrüchigen und in Seenot geratenen Personen und Schiffen; in Dtl. v. a. von der **Dt. Gesellschaft zur Rettung Schiffbrüchiger** wahrgenommen.

Seepferdchen, Gattung der Seenadeln mit etwa 25 Arten, bes. in den Tangwäldern trop. Meere, der Kopf ist pferdähnlich, der Schwanz dient als Greiforgan; die Männchen mit Brusttasche.

Seepocke, Krebstier, ein Rankenfüßer.

Seeräuberei, Piraterie, Gewalthandlungen gegen Schiffe oder Personen auf offener See, um Schiff, Ladung oder Passagiere zu erbeuten. Die an der S. Beteiligten dürfen von jedem Staat auf hoher See verfolgt und bestraft werden.

Seerecht, für das Seewesen und die Seeschifffahrt geltende Rechtsnormen. Das dt. **private S.** ist v. a. enthalten im 5. Buch des Handelsgesetzbuchs und im Seemannsges. von 1957. Das **öffentl. S.** in Dtl. ist in zahlreichen Bundesgesetzen geregelt (z. B. in der Seeschifffahrtsstraßenordnung in der Fassung von 1987). Das **internat. öffentl. S.** (Seevölkerrecht) beruht auf zahlreichen internat. Vereinbarungen (bes. der S.-Konvention von 1982), deren Grundlage die von H. Grotius proklamierte »Freiheit der Meere« ist.

Seerose, 1) Gattung der S.-Gewächse mit etwa 35 weltweit verbreiteten Arten; heimisch sind die **Weiße S.**, die kleinere **Glänzende S.** und die **Gelbe S.** oder **Nixblume.** Aus Afrika stammt die **Blaue Lotusblume der Ägypter,** aus Indien stammen die **Rote S.** und die **Blaue Lotusblume von Indien;** daneben gibt es auch zahlreiche gezüchtete, winterfeste Sorten. – **2) Seeanemone, Aktini|e,** zu den sechsstrahligen Korallen gehörende Korallentiere mit über 1000 Arten. Ihr Körper besteht aus der Mundscheibe mit Mund und Tentakeln, dem Körperstamm und der Fußscheibe.

Seescheiden, Ascidi|en, meist am Meeresgrund sitzende Manteltiere mit je einer Öffnung zum Ein- und Ausströmen des Wassers samt Nahrung und Auswurf, mit dickem, festem Mantel.

Seeschlangen, Familie meeresbewohnender, z. T. lebend gebärender Giftschlangen, bis 2 m lang, im Ind. und Pazif. Ozean.

Seeschwalben, Familie etwa 20 bis 60 cm langer Möwenvögel mit rd. 40 Arten; überwiegend schlanke Stoßtaucher, mit sehr kleinen Füßen, gegabeltem Schwanz, grauweißem Gefieder und schwarzer Kopfplatte; Koloniebrüter; meist Küstenbewohner. **Brand-S., Fluss-S., Küsten-S., Zwergseeschwalben.**

Seesen, Stadt in Ndsachs., am westl. Harzrand, 22400 Ew.; Blechwaren-, Nahrungsmittelindustrie, Abbau von Kalkstein.

Seeskorpion, groppenartiger Raubfisch des Atlantik und seiner nördl. Nebenmeere, mit Kopfstacheln und ohne Schwimmblase.

Seesterne, Klasse der Stachelhäuter mit etwa 1500 Arten von wenigen Zentimetern bis zu 1 m Spannweite. Ihr strahlenförmig gebauter Körper hat häufig 5 (manche bis 50) unverzweigte Arme. Die meisten Arten sind getrenntgeschlechtig, daneben kommt auch ungeschlechtl. Fortpflanzung durch Zweiteilung oder Regeneration aus abgelösten Armen vor. Der Mund liegt auf der Mitte der Unterseite, der After auf der Oberseite. Der **Gemeine S.** lebt in den europ. Meeren, nährt sich u. a. von Muscheln.

Seetaucher, Ordnung der Wasservögel, die an Süßgewässern der nördl. Nordhalbkugel brüten und während des Zuges vorwiegend auf dem Meer vorkommen. Sie schwimmen ausgezeichnet, tauchen bis 70 m tief und bis zu 10 Minuten; nähren sich von Fischen; z. B. **Eistaucher, Prachttaucher, Sterntaucher.**

Seeversicherung, ⚓ Versicherung von Schiff, Ladung, Fracht gegen Seegefahren (Untergang, Strandung, Verschollenheit, Zusammenstoß, Leckage, Seeraub, Brand, Explosion).

Seewalzen, Seegurken, Klasse der Stachelhäuter mit 1100 Arten von etwa 1 cm bis 2 m Länge in allen Meeren bis in über 10000 m Tiefe. Der Körper ist schlauchförmig, in der Haut befinden sich Kalkplättchen; asiat. Arten werden getrocknet als **Trepang** gegessen.

Seewarte, Deutsche S., 1875 gegr. Reichsanstalt zur Erforschung der Meere, verwertete die Ergebnisse für die Schifffahrt. Ihre Aufgaben gingen 1945 auf das **Dt. Hydrograph. Institut** und das **Seewetteramt des Dt. Wetterdienstes** über.

Seewinkel, sumpfige Flachlandschaft im Burgenland, östl. vom Neusiedler See, Österreich, westlichste Salzsteppe Europas; seltene Fauna und Flora, Naturschutzgebiet; Obst-, Weinbau.

Seewölfe, Familie der Barschartigen Fische; sieben Arten mit plumpem Kopf und großen Mahlzähnen im N-Atlantik und Pazifik.

Baupläne des **Seesterns** (oben) und des **Seeigels**

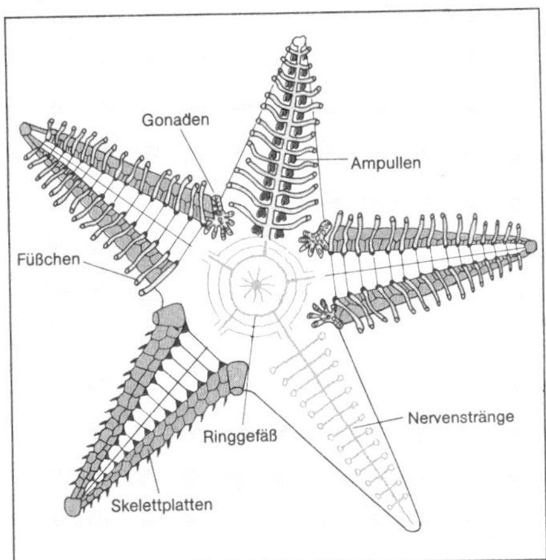

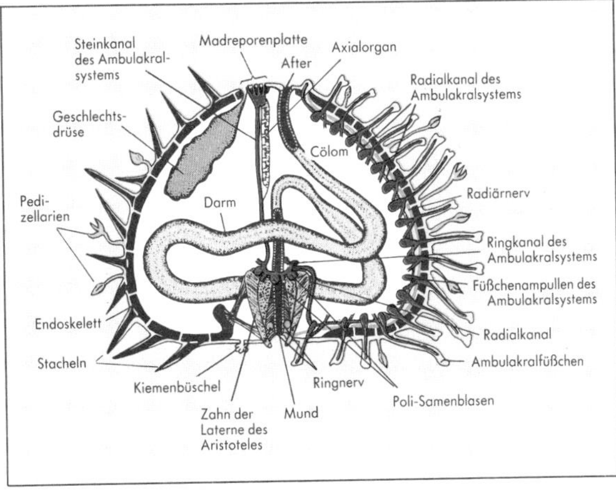

Seezeichen, ⚓ dienen zur Kenntlichmachung des Fahrwassers (Leuchtfeuer, Baken, Tonnen, Feuerschiffe, Bojen usw.).

Seezunge, Plattfisch, Körper gestreckter als bei der Scholle; in gemäßigten bis trop. Meeren, versch. Arten in Süßgewässern; Speisefisch.

Sefẹris, Giorgos, eigentl. G. **Seferiạdis,** neugriech. Lyriker, * 1900, † 1971; beeinflusste die griech. Moderne (»Wende«, 1931; »Myth. Geschichte«, 1935); Nobelpreis 1963.

1

Segal [ˈsiːgəl], **1)** Erich, amerikan. Schriftsteller, * 1937; Romane (»Love story«, 1970; »Die Gottesmänner«, 1992, u. a.). – **2)** George, amerikan. Bildhauer, Grafiker, * 1924; bedeutender Vertreter der Pop-Art; lebensgroße weiße Gipsfiguren in natürl. Ensembles und Environments.

Sẹgeberg, Bad S., Krst. in Schlesw.-Holst., 14 900 Ew.; Imkerschule; Karl-May-Festspiele. Der Kurbetrieb (Solquelle) wurde eingestellt.

2

Segel, 1) ⚓ Fläche aus festem Gewebe, durch die der Wind zur Fortbewegung von S.-Schiffen genutzt wird. **Schrat-S.** stehen in Längsrichtung (Gaffel- und Stag-S.), **Rah-S.** stehen quer zum Schiff. Die S. eines voll getakelten Mastes sind von unten nach oben: **Unter-S.** (Fock-, Groß-S.), **Unter-, Obermars-S., Unter-, Oberbram-S., Reuel** (Royal), **Sky-S.** – **2)** ✧ Sternbild des Südhimmels.

Segelfalter, Art der Ritterfalter, Flügel gelb mit schwarzen Längsstreifen, Hinterflügel mit blauen Punkten.

3

Segelflug, Fliegen mit einem motorlosen Flugzeug, dem **Segelflugzeug,** auch mit Hilfsmotor ausgerüstet **(Motorsegler).** Dieses nutzt nach oben steigende Luftströmungen aus: Aufwind an Berghängen (Hangsegeln), vertikale Luftströmungen über erwärmtem Boden (Thermiksegeln), vor Gewitterfronten (Gewitter- und Frontsegeln), Aufwinde in größerer Höhe auf der Leeseite von Gebirgen und stationären Luftmassen (Wellensegeln). – Gestartet wird meist an einem von einer Motorwinde gezogenen Schleppseil oder im Schlepp eines Motorflugzeugs. Im S.-Sport gibt es Wettbewerbe für Streckenflüge, Zielflüge, Höhenflüge, Dreieckflüge und Kunstflüge.

4

Segeln, Fortbewegung eines Schiffs oder Bootes durch Windkraft. Die Segelführung richtet sich nach Windrichtung und Kurs. Bei Rückenwind werden die Segel rechtwinklig zur Windrichtung gestellt. Bei Gegenwind ist das Ziel nur durch Kreuzen (Zickzackkurs) zu erreichen. Bei Seitenwind werden die Segel so gestellt, dass sie den Winkel der Wind- und Kielrichtung etwa halbieren. Kiel oder Schwert wirken dem seitl. Abtreiben des Segelschiffs vom Kurs durch Wind oder Seegang (Abdrift) entgegen.

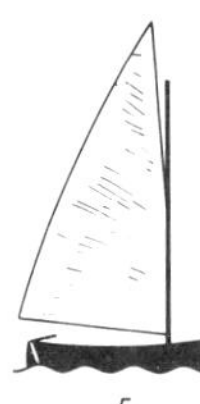
5

Segelschiff, ein durch Windkraft fortbewegtes Schiff mit Segeln. Den Typ eines S. bestimmen die Bauart des Schiffskörpers, die Anzahl der Masten und die Form und Anordnung der Segel. Ein S. mit voll getakelten Masten heißt **Vollschiff.** Zu den S. mit Rahsegeln zählen (Fünf-, Vier-, Dreimast-)Vollschiffe, Briggen (Zweimastvollschiffe); **Barken** sind Dreimaster, deren hinterer Mast keine Rahen hat; **Schoner** haben nur Schratsegel. Ferner gibt es viele S.-Typen mit gemischter Rah- und Schratsegeltakelung.

6

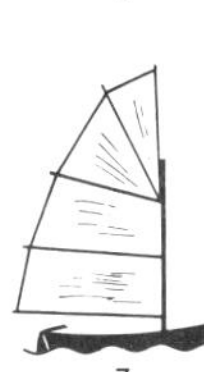
7

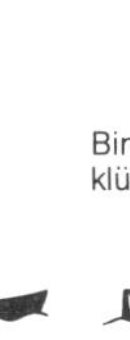

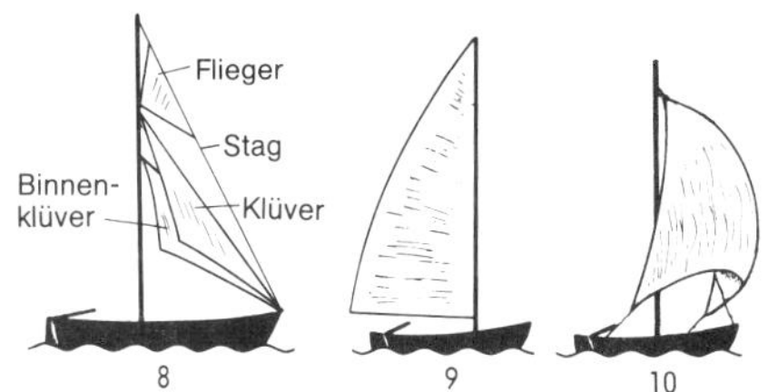

Segel. Verschiedene Typen: 1 Rahsegel, 2 Gaffelsegel, 3 Luggersegel, 4 Lateinersegel, 5 Spitzsegel, 6 Sprietsegel, 7 Fledermaussegel, 8 Stagsegel, 9 Hochsegel, 10 Spinnaker

Segelsport, wird auf Binnengewässern wie auch auf See ausgeübt, hier unterscheidet man **Küsten-** und **Hochsee-S.,** ferner **Renn-** und **Fahrten-S.** (Renn- und Fahrtenjachten).

Segeltuch, festes, Wasser abweisendes Gewebe aus Baumwolle, Hanf oder Chemiefasern in Leinwand- oder S.-Bindung.

Segen, 1) Gottes Gunst; Glück, Gedeihen. – **2)** feierl. Handlung, in der göttl. Hilfe erbeten oder zugesprochen wird.

Segẹsta, Stadt des Altertums im NW Siziliens; westl. ein unvollendeter dor. Tempel (um 420 v. Chr.), auf dem Stadtberg ein in den Fels gehauenes hellenist. Theater (um 200 v. Chr.).

Segge *die,* artenreiche Riedgrasgattung, meist an feuchten Standorten; die **Sand-S.** mit queckenartigen Ausläufern wird als Flugsandbefestiger angepflanzt.

Sẹghers, Anna, eigentlich Netty **Reịling,** verheiratete **Radványi,** dt. Schriftstellerin, * 1900, † 1983; ab 1928 Mitglied der KPD, emigrierte 1933 (Frankreich, Spanien, Mexiko); lebte seit 1947 in Berlin (Ost). Romane: »Aufstand der Fischer von St. Barbara« (1928), »Das siebte Kreuz« (1942), »Die Toten bleiben jung« (1949).

Segler, schwalbenähnl. Vögel mit langen schmalen Flügeln, sehr kurzen Beinen und einem gegabelten Schwanz. Zu den S. gehört der **Mauersegler.**

Segmẹnt *das,* √ von einem Kurvenbogen und einer Geraden begrenztes Flächenstück, z. B. Kreissegment.

Segovia [seˈɣoβi̯a], Stadt in Altkastilien, Spanien, 54 000 Ew.; röm. Bauten; Bischofssitz; traditionelles Kunsthandwerk. – Die Altstadt und der Aquädukt (aus röm. Zeit, um 100 n. Chr.) gehören zum Weltkulturerbe.

Segovia [seˈɣoβi̯a], Andrés, span. Gitarrenvirtuose, * 1893, † 1987.

Segrè [seˈgrɛ], Emilio Gino, ital.-amerikan. Physiker, * 1905, † 1989; entdeckte u. a. das Antiproton; Nobelpreis 1959 mit O. Chamberlain.

Segregatiọn *die,* gesellschaftl., eigentumsrechtl., häufig auch räuml. Absonderung einer Menschengruppe von der Mehrheit der Bev., z. B. die jüd. Gettos im alten Europa, die Absonderung der Schwarzen von den Weißen im S der USA (in den 1950er- und 60er-Jahren gesetzl. aufgehoben), der Unberührbaren in Indien (1950 durch Verf. aufgehoben). In Südafrika war die S. Vorstufe der Apartheid.

Sehen, Aufnehmen von Lichtreizen durch die Augen und Wahrnehmung des Informationsgehalts dieser opt. Reize im Gehirn. Bei Mensch und Wirbeltieren werden die Lichtstrahlen durch Hornhaut, Linse und Glaskörper so gebrochen, dass auf der Netzhaut ein umgekehrtes reelles Bild entsteht. Die entsprechenden Aktionspotenziale in der Netzhaut werden über den Sehnerv in die Großhirnrinde geleitet und dort verarbeitet.

Sehne, 1) aus zugfesten Bindegewebsfasern bestehende Verbindung zw. Muskel und Knochen. – **2)** √ Strecke, die 2 Punkte einer gekrümmten Linie oder Fläche verbindet. – **3)** der Strang, der den Bogen spannt.

Sehnenscheide, ⚕ bindegewebige Hülle, in der die Sehne gleitet. Durch Überanstrengung oder durch Eitererreger kann eine **S.-Entzündung** entstehen.

Sehnerv, der erste der paarigen Gehirnnerven; die Fasern enden in der **Sehrinde** des Hinterhauptlappens.

Sehrohr, Periskọp *das,* ⚓ opt. Gerät zur Überwasserbeobachtung vom getauchten U-Boot aus.

Sehschärfe, Auflösungsvermögen der Netzhaut des Auges; wird geprüft mit Buchstaben, Bildern, Zahlen, die aus bestimmter Entfernung erkannt werden müssen **(Sehproben).**
Seicento [sei̯ˈtʃɛnto, ital. »sechshundert«] *das,* Bezeichnung für das 17. Jh. und seinen Stil, bes. für die Epoche des ital. Barock.
Seiches [sɛːʃ] *Pl.,* **Schaukelwellen,** freie Schwingungen von Wassermassen in Form stehender Wellen, verursacht durch Luftdruckschwankungen oder windbedingten Wasserstau.
Seide, 1) ein proteinhaltiges Sekret aus den Spinndrüsen von Gliederfüßern, bes. der Schmetterlingsraupen, das an der Luft sofort erhärtet und sich zu einem hauchdünnen Faden ausziehen lässt. Die **Echte S.** oder **Maulbeer-S.** wird von den Raupen des Maulbeerseidenspinners beim Verpuppen erzeugt. Der Faden wird von der durch Erhitzen getöteten Puppe abgehaspelt **(Roh-S., Grège).** Der mittlere Teil eines Kokons liefert einen 300 bis 900 m langen Faden; 1 kg Roh-S. erfordert 7 bis 9 kg getrocknete Kokons. Die Roh- oder Bast-S. wird in einer heißen Seifenlösung vom S.-Leim (S.-Bast) befreit (degummiert, entbastet) und durch Zwirnen zu versch. S.-Garnen verarbeitet. Wichtige S.-Garne: **Organsin,** eine stark gezwirnte S., und **Schuss-S.** oder **Trama-(Tramé-)S.,** schwächer gedreht. Die Abfälle bei der Gewinnung der Roh-S. werden zu **Florett-** oder **Schappe-S.,** die bei der Spinnerei ausgekämmten kurzen Fasern zu **Bourrette-S.** versponnen. Die größten S.-Produzenten sind traditionell die ostasiat. Staaten China, Japan, Thailand und Vietnam, neuer Produzent ist u. a. Brasilien. – **2)** ⚘ **S., Teufelszwirn,** Gattung der Windengewächse; chlorophyllfreie Vollparasiten, die auf anderen Pflanzen haften. Die **Flachs-, Klee-** und **Hopfen-S.** schmarotzen auf den entsprechenden Pflanzen und verursachen durch oft massenhaftes Auftreten großen Schaden.
Seidel *das,* Bierglas; altes Maß, 0,354 bis 0,535 Liter.
Seidelbast, Gattung der Spatzenzungengewächse mit etwa 50 Arten in Eurasien; Sträucher mit kurz gestielten Blättern; der **Gemeine S.** hat purpurne, duftreiche Blüten und giftige Steinfrüchte.
Seidenschwanz, Familie stargroßer Singvögel mit 8 Arten auf der N-Halbkugel.
Seidenspinner, Familie der Schmetterlinge mit 300 Arten, v. a. in den Tropen. Der bekannteste S. ist der gelblich weiße ostasiat. **Maulbeer-S.** Seine Raupe, die weißl. **Seidenraupe** (Seidenwurm), frisst v. a. Blätter des Weißen Maulbeerbaums. Ihr Spinnsekret wird in Mundspinndrüsen produziert, aus dem Puppenkokon wird die Echte Seide gewonnen. Die **Seidenraupenzucht,** in China seit etwa 2600 v. Chr., wurde unter Kaiser Justinian I. nach Byzanz gebracht. Außer dem Maulbeer-S. liefern u. a. der **Tussah-S.** und der **Eichenspinner** Seide (»wilde Seide«).
Seidenstraßen, Netz von Karawanenstraßen (spätestens seit dem 2. Jh. v. Chr.) von China durch Innerasien zum Mittelmeer, auf denen bes. chin. Seide befördert wurde. Bedeutend für den west-östl. Kulturaustausch.
Seife, Waschmittel aus Alkalisalzen höherer Fettsäuren. S. entsteht, wenn Tier- oder Pflanzenfette mit Natron- oder Kalilauge gekocht (verseift) werden; aus dem sich bildenden S.-Leim wird die S. durch Zusatz von Kochsalz ausgeschieden (ausgesalzen), als Nebenprodukt entsteht Glycerin. **Kern-S.** entsteht bei Verseifung mit Natronlauge, **Schmier-S.** ist nicht ausgesalzene Kali-S. **Flüssige S.** enthält nur geringe Fettsäuremengen.
Seifen, abbauwürdige Anreicherungen von spezifisch schweren Mineralien wie Gold, Diamanten, Platin, Zinnstein u. a. in leicht verwitterndem Gestein.
Seifenbaum, Quillaja, südamerikan. Gattung der Rosengewächse; saponinhaltige Rinde **(Panama-** oder **Quillajarinde)** v. a. des **Chilenischen S.** dient als Waschmittel.

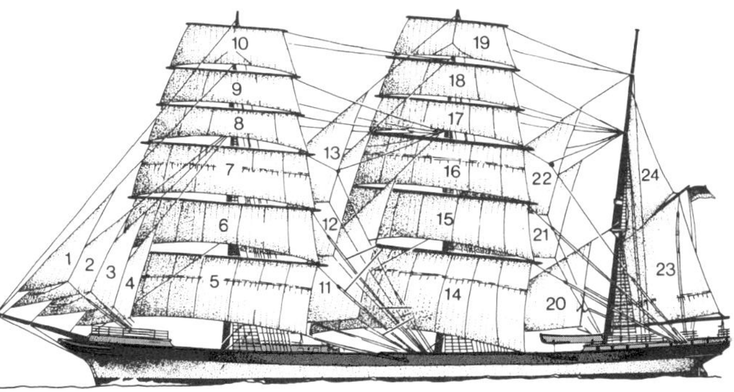

1 Außenklüver	9 Voroberbramsegel	17 Großunterbramsegel
2 Klüver	10 Vorroyalsegel	18 Großoberbramsegel
3 Binnenklüver	11 Großstengestagsegel	19 Großroyalsegel
4 Vorstengestagsegel	12 Großbramstagsegel	20 Besanstagsegel
5 Focksegel	13 Großroyalstagsegel	21 Besanstengestagsegel
6 Voruntermarssegel	14 Großsegel	22 Besanbramstagsegel
7 Vorobermarssegel	15 Großuntermarssegel	23 Besansegel
8 Vorunterbramsegel	16 Großobermarssegel	24 Gaffeltoppsegel

Segelschiff. Bezeichnung der Segel einer voll getakelten Bark

Seifenkraut, Saponaria, Gattung der Nelkengewächse. Das **Gemeine S.** hat rötlich weiße Blüten, enthält Saponin im Wurzelstock.
Seifert, Jaroslav, tschech. Lyriker, * 1901, † 1986; erhielt für seine einfühlsame, gefühlvoll-lebendige Stimmungslyrik 1984 den Nobelpreis für Literatur.
Seigern, ⚙ bei Metallschmelzen das Ausscheiden von Kristallen beim Erkalten. Der Guss bekommt dadurch ein uneinheitl. Gefüge.
Seignettesalz [zɛnˈjɛt-], Kalium-Natrium-Salz der Weinsäure; farblose Kristalle.
Seil, Faser- oder Drahterzeugnis (→ Drahtseil), hergestellt durch Verflechten oder Zusammendrehen von Fasern, Garnen oder Drähten. Faser-S. bestehen aus Hanf, Baumwolle oder Chemiefasern.
Seilbahn, Verkehrs- und Fördermittel (Bergbahn) für Personen und Güter, bei dem die Wagen durch Seilzug bewegt werden. Bei der **Draht-S.** (Seilschwebebahn) mit 2 Seilen hängen die Wagen an einem Laufwerk, werden durch das Tragseil getragen und durch das Zugseil fortbewegt. Beim **Sessellift** sind die Wagen an das Seil angeklemmt und laufen ständig mit um, können aber auch an der Endstelle abgeklemmt werden. Im Unterschied zu den Hängebahnen laufen bei der **Stand-S.** die Wagen auf Schienen und werden mit einem zw. den Schienen geführten Zugseil bewegt.
Sein, Ⓟ die allgemeinste Eigenschaft alles Wirklichen (Ggs.: Nichtsein, Nichts); Gegenstand der Ontologie; es umfasst sowohl die Tatsache, dass etwas ist (Dasein, Existenz), als auch was etwas ist (Wesen, Essenz).
Seine [sɛn] *die,* Fluss in N-Frankreich, entspringt im Hochland von Langres, durchfließt Paris, mündet bei Le Havre in den Ärmelkanal; 776 km, viele Kanalverbindungen; ab Troyes schiffbar.
Seipel, Ignaz, österr. Politiker, * 1876, † 1932; kath. Priester, 1922 bis 1924 und 1926 bis 1929 Bundeskanzler, 1930 Außenminister.
Seismologie, Seismik *die,* Wiss. von den Erdbeben.
Seismograph, Seismometer, Gerät zur automat. Registrierung von Erdstößen, zur Messung ihrer Stärke (nach der Richterskala) und zur Feststellung des Erd-

Segovia
Stadtwappen

Emilio Gino Segrè

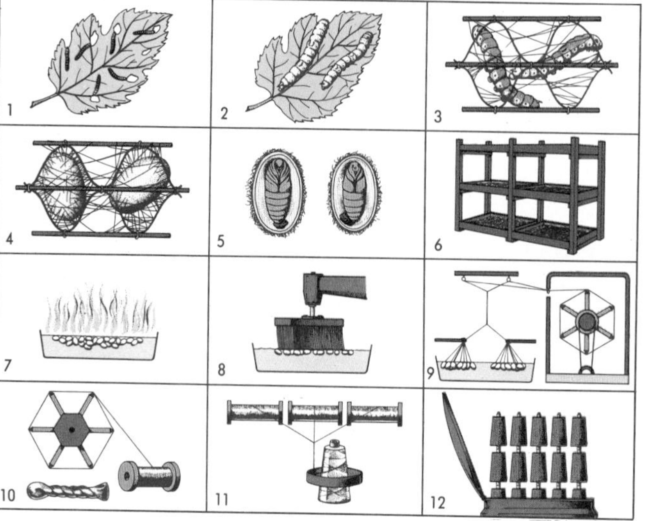

Entstehung der **Seide:** 1 Raupen des Seidenspinners auf Blättern des Maulbeerbaums, 2 nach der fünften Altersstufe umspinnt sich die Raupe (3) mit einem Kokon (4), in dem sie sich zur Puppe (5) entwickelt. In der Seidenraupenzucht werden die Raupen in besonderen Stellagen (6) gefüttert. 7 Die Kokons werden in Heißwasserbädern erweicht und mit Bürsten abgehaspelt (8), wobei etwa acht Fäden zum Grègefaden vereinigt und zwei Grègefäden zu Seidensträngen (9) verzwirnt werden. Diese werden aufgewickelt (10) zu festeren Fäden verzwirnt (11) und dann gefärbt (12)

bebenherdes. **Seismogramme** heißen die aufgezeichneten Kurven.

Europäischer **Seidenschwanz**

Seite, Berndt, dt. Politiker (CDU), * 1944; seit 1992 Min.-Präs. von Meckl.-Vorpommern.

Seitenstechen, ‡ stechende Schmerzen meist in der linken unteren Rippengegend, bes. bei Jugendlichen, oft nach Anstrengungen, die nach einer Ruhepause verschwinden; Ursache ist eine Kontraktion der Milz- (Leber-)Kapsel.

Seiters, Rudolf, dt. Politiker (CDU), * 1937; 1989 bis 1991 Bundesmin. für besondere Aufgaben im Bundeskanzleramt, 1991 bis 1993 Bundesinnenminister.

Seitz, Gustav, dt. Bildhauer, Zeichner, * 1906, † 1969; Akte (meist als Torso), Porträtköpfe.

Seizinger, Katja, dt. Skiläuferin, * 1972; 1994 Olympiasiegerin (Abfahrt), Weltcupsiegerin 1992 (Abfahrt), 1993 (Abfahrt, Super-G) und 1996 (Gesamt).

Sejm *der,* das Parlament in Polen, 1919 bis 1939 die 2. Kammer.

Sekante *die,* √ Gerade, die eine Kurve oder Fläche in 2 Punkten schneidet (→ Kreis).

Sékou Touré [səˈku tuˈre], Ahmed, Politiker in Guinea, → Touré, Ahmed Sékou.

Katja Seizinger

Sekret *das,* ‡ ♡ ⚘ durch **Sekretion** (Absonderung) abgegebene Flüssigkeiten, die, im Ggs. zum Exkret, bestimmten Aufgaben im Körper dienen.

Sekretär *der,* **1)** mittlerer Beamter; auch Geschäftsführer von Gesellschaften. – **2) S., Sekretärin,** qualifizierte Angestellte in Privatwirtschaft und Verwaltung. – **3)** Schreibschrank. – **4)** ♡ storchbeiniger Greifvogel der afrikan. Steppen.

Sekt → Schaumwein.

Sekte, heute meist abwertend gebrauchte Bezeichnung für eine kleinere Gesinnungsgemeinschaft, bes. religiöse Sondergruppe.

Sektion *die,* **1)** Abteilung. – **2)** ‡ Leichenöffnung.

Sektor *der,* **1)** √ von einem Winkel und einem Kurvenbogen begrenztes ebenes Flächenstück (z. B.

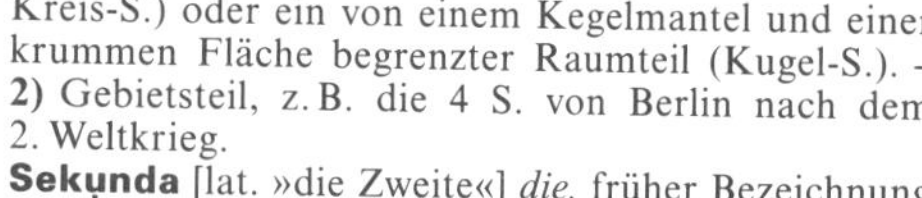

Kreis-S.) oder ein von einem Kegelmantel und einer krummen Fläche begrenzter Raumteil (Kugel-S.). – **2)** Gebietsteil, z. B. die 4 S. von Berlin nach dem 2. Weltkrieg.

Sekunda [lat. »die Zweite«] *die,* früher Bezeichnung für 2 Klassen einer höheren Schule: **Unter-S.** 10. Schuljahr, **Ober-S.** 11. Schuljahr.

Sekundarstufe, die auf die Primarstufe (Primarschule) folgende Stufe: u. a. Hauptschule, Realschule und Gymnasium. **Sekundarstufe I:** Klassen 5 bis 10; **Sekundarstufe II:** Klassen 11 bis 13.

Sekunde *die,* **1)** ✻ SI-Einheit der Zeit, urspr. der 86 400. Teil eines mittleren Sonnentags **(Weltzeit-S.),** seit 1956 durch die Bahnbewegung von Erde, Planeten und Mond **(Ephemeriden-S.)** festgesetzt, seit 1967 als das 9 192 631 770fache der Periodendauer derjenigen elektromagnet. Strahlung definiert, die beim Übergang zw. den beiden Hyperfeinstrukturniveaus des Grundzustands von Atomen des Nuklids Cäsium 133 emittiert wird **(Atom-S.);** Einheitenzeichen s. – **2)** √ Einheit des ebenen Winkels, der 60. Teil einer Altminute (**Alt-S.,** Zeichen ″) oder der 100. Teil einer Neuminute (**Neu-S.,** Zeichen ^{cc}). $1^{cc} = 10^{-4}$ gon = 0,1 mgon. – **3)** 𝄞 2. Stufe der diaton. Tonleiter.

Sekundogenitur *die,* in fürstl. Häusern eine den Zweitgeborenen zustehende Erb- oder Vermögensfolge sowie deren Anwartschaft auf bestimmte Herrschafts- oder Amtsstellungen. Die Anwartschaft der Drittgeborenen heißt **Tertiogenitur.**

Selaginella *die,* **Moosfarn,** moosähnl. Gattung der Bärlappgewächse, in Europa selten wild, z. T. Topfpflanzen oder in Rasenform in Gewächshäusern. Viele Arten in den Tropen.

Selbstbefruchtung, Form der geschlechtl. Fortpflanzung, bei der sich die Geschlechtszellen einer Mutterzelle miteinander paaren; bei höheren Pflanzen z. B. die **Selbstbestäubung** (Übertragung von Pollen auf die Narbe der gleichen Blüte).

Selbstbestimmungsrecht, Recht der Völker oder gebietlich zusammenhängender Volksgruppen, über ihre staatl. Organisation, bes. über ihre Zugehörigkeit zu einem bestimmten Staat, selbst zu entscheiden. Die Forderung des S. lag bereits der Unabhängigkeitserklärung der USA von 1776 zugrunde; in der UN-Charta und den Menschenrechtspakten von 1966 als Grundsatz des Völkerrechts formuliert.

Selbstbeteiligung, Versicherung: Anteil des Versicherten am Schaden; die Versicherung setzt bei jedem Schaden erst nach Überschreiten des vereinbarten Betrags ein, um die Versicherer von den für sie unwirtschaftl. Bagatellschäden zu entlasten (z. B. bei der Autokaskoversicherung). S. (Eigenbeteiligung) in der Krankenversicherung bezeichnet die Zuzahlungen des Versicherten bei Inanspruchnahme bestimmter Leistungen.

Selbstbewusstsein, 1) Überzeugung vom Wert der eigenen Person. – **2)** Ⓟ Wissen des Ichs von sich selbst als dem beharrenden Träger der wechselnden Erlebnisse.

Selbstbildnis, Selbstporträt, ✍ Selbstdarstellung eines Künstlers in Bildhauerei, Malerei, Fotografie u. a.; literarisch bereits für die Antike bezeugt, gewann im MA. Bedeutung, wurde rasch, bes. im Norden (A. Dürer), zu einem aufschlussreichen Mittel der Selbstdeutung des Künstlers, am umfassendsten bei Rembrandt.

Selbstbiographie → Autobiographie.

Selbsterfahrung, Ⓟ das Sich-selbst-verstehen-Lernen durch Sprechen über sich selbst und seine Probleme (und durch das Kennenlernen ähnl. Probleme bei anderen). Das Training in S. findet in **S.-Gruppen** statt.

Selbsterhaltungstrieb, zusammenfassend für Lebensdrang, Daseinswille, Nahrungs- und Verteidigungstrieb.

Selbstfinanzierung, ✐ Finanzierung von Anlagen durch Bildung von Eigenkapital im Betrieb, meist durch Nichtentnahme von Gewinnen.

Selbsthilfe, ⚖ im bürgerl. Recht (§§ 229 ff. BGB) eigenmächtiger Eingriff in einen fremden Rechtsbereich, z. B. Wegnahme einer Sache, Festnahme eines fluchtverdächtigen Schuldners. Die S. ist nicht widerrechtlich, wenn obrigkeitl. Hilfe nicht rechtzeitig zu erlangen ist und ohne sofortiges Eingreifen die Gefahr besteht, dass die Verwirklichung des Anspruchs vereitelt oder wesentlich erschwert wird. Rechtmäßig handelt auch der Besitzer, der sich verbotener Eingriffe in seinen Besitz mit Gewalt erwehrt (§ 859 BGB). Über S. im Strafrecht → Notstand, → Notwehr.

Selbsthilfegruppe, Ⓟ Gruppe von Personen mit gleichartigen Problemen (z. B. Krebskranke in der Nachsorge), die sich freiwillig zusammenschließen, um sich untereinander ohne professionell geschulte Kräfte zu helfen.

Selbsthilfeverkauf, ⚖ Verkauf geschuldeter beweglicher Sachen für Rechnung des Gläubigers durch öffentl. Versteigerung; zulässig für den Schuldner beim Gläubigerverzug, wenn die geschuldete Sache für eine Hinterlegung nicht geeignet ist **(freihändiger Verkauf).**

Selbstinduktion, ⚡ → Induktion.

Selbstlaute → Vokale.

Selbstmord, Selbsttötung, Freitod, Suizid, gewaltsame und überlegte Vernichtung des eigenen Lebens, oft aufgrund von Normen- oder Orientierungskonflikten des Individuums. Nach dem dt. StGB werden S., S.-Versuch, Anstiftung und Beihilfe zum S. nicht bestraft. In Österreich wird die Mitwirkung am S. als Verbrechen bestraft. Das schweizer. StGB bestraft die Anstiftung und Beihilfe aus selbstsüchtigen Gründen.

Selbstverstümmelung, 1) ⚖ Beschädigung des eigenen Körpers, grundsätzl. straflos, außer der Täter wollte einen Betrug begehen oder sich zum Wehrdienst untaugl. machen. – **2)** ♡ **Autotomie,** Schutzeinrichtung vieler Tiere (Spinnen, Stachelhäuter, Eidechsen), besteht im Abwerfen von Körperteilen, die meist regeneriert werden.

Selbstverwaltung, Regelung öffentl. Angelegenheiten durch jurist. Personen des öffentl. Rechts (Gemeinden, Verbände, Körperschaften) unter eigener Verantwortung. Sie erfüllen ihre Aufgaben aufgrund staatl. Ermächtigung und unter staatl. Aufsicht. Wichtigste Form: **kommunale S.** der Gemeinden. Ferner gibt es die **kulturelle S.** (z. B. Univ.), die **wirtschaftl. S.** (z. B. Industrie- und Handelskammer), **soziale S.** (z. B. Sozialversicherungsträger) und die **berufsständ. S.** (z. B. Ärzte-, Anwaltskammern).

Selbstverwirklichung, Ⓟⓗ Ⓟ Entfaltung der eigenen Persönlichkeit durch das Realisieren von Möglichkeiten, die in einem selbst angelegt sind.

Seldschuken, türk. Volksstamm und Dynastie (11./12. Jahrhundert).

Selektion *die,* → Auslese.

Selektivität *die,* ⚙ → Trennschärfe.

Selen *das,* Symbol **Se,** chem. Element, Nichtmetall mit einer metallähnl. Erscheinungsform; OZ 34, D 4,81 g/cm³ (graues S.). S. kommt in Schwefelkiesen vor und wird zur Herstellung von Photozellen (lichtelektr. Zellen, S.-Zellen), Gleichrichtern und zum Rotfärben von Glas verwendet.

Selene, griech. Mondgöttin.

Selenga *die,* Zufluss des Baikalsees, aus der Mongolei, 1 024 km lang.

Selentschuk, ✫ astrophysikal. Observatorium im N-Kaukasus, Russland, mit dem derzeit größten opt. Teleskop der Erde (Spiegeldurchmesser 6 m) und einem ringförmigen Radioteleskop (Durchmesser 600 m).

Seleukeia, mehrere von den Seleukiden gegr. Städte des Altertums, darunter **S. am Tigris,** einst Hptst. des Reichs der Seleukiden; **S. Pieria,** in Syrien, Hafenstadt Antiochiens.

Seleukiden, griech. Herrschergeschlecht, begründet von Seleukos I. († 281 v. Chr.), einem der Diadochen; beherrschten 312 bis 64 v. Chr. v. a. Syrien.

Selige, nach kath. Lehre verstorbene Gläubige, die sich wegen ihrer Tugenden der ewigen Seligkeit erfreuen. **Seligsprechung,** Verleihung des Titels eines »Seligen« durch den Papst; Vorstufe der Heiligsprechung.

Seligenstadt, Stadt in Hessen, am Main, 18 200 Ew.; Textilind., Lederverarbeitung; die Kirche der 828 gegr. Abtei (»Einhardsbasilika«, 831 bis 840) ist die größte karoling. Basilika nördl. der Alpen.

Seligkeit, kath. Theologie: Zustand der Gerechten im Jenseits, die frei von Sünden gestorben sind oder sie abgebüßt haben.

Selim I., türk. Sultan (1512 bis 1520); unterwarf Mesopotamien, Syrien, Palästina, Ägypten.

Selinunt, Selinus, westlichste altgriech. Stadt auf Sizilien, von Dorern 628 v. Chr. gegr.; Reste von mehreren Tempeln.

Selkirk [ˈselkəːk], Alexander, schott. Seemann, * 1676, † 1721; Vorbild der Romanfigur → Robinson Crusoe.

Sellafield [ˈselafiːld], früher **Windscale,** brit. Kernforschungszentrum an der NW-Küste Englands mit Wiederaufbereitungsanlage für Kernbrennstoffabfälle.

Selbstbildnis. Oben: Rembrandt (1629). Unten: Otto Dix als Soldat (1914/15)

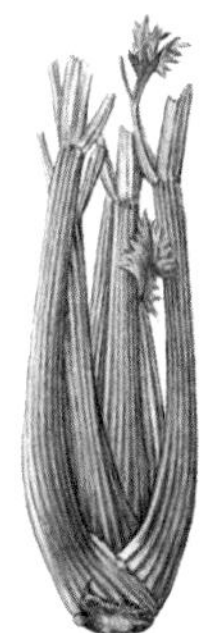
Bleich-**Sellerie**

Peter Sellers

Nikolaj Nikolajewitsch Semjonow

Sellars ['seləz], Peter, amerikan. Opern- und Theaterregisseur, * 1957; mit provozierenden Inszenierungen internat. erfolgreich.

Sellerie *der* oder *die*, Doldenblütler; als Gemüse, Salat und Gewürz verwendet. Es gibt **Knollen-S., Stängel-** oder **Bleich-S.** und **Blattsellerie.**

Sellers ['seləz], Peter, brit. Filmschauspieler, * 1925, † 1980; wandlungsfähiger Komiker; »Ladykillers« (1955), »Die Maus, die brüllte« (1959), »Dr. Seltsam oder Wie ich lernte, die Bombe zu lieben« (1963), »Der rosarote Panther« (1963), »Willkommen, Mr. Chance« (1979).

Sellner, Gustav Rudolf, dt. Regisseur und Theaterleiter, * 1905, † 1990; trat für die griech. Tragödie und bes. für das »absurde Theater« von E. Ionesco ein.

Selm, Stadt im Kr. Unna, NRW, 24 900 Ew., Elektro- u. a. Ind. Im Ortsteil **Cappenberg** Schloss (erbaut 1708) und ehem. Prämonstratenserkloster, in der dreischiffigen Pfeilerbasilika u. a. ein Kopfreliquiar Friedrichs I. Barbarossa (nach 1155).

Selten, Reinhard, dt. Wirtschaftswissenschaftler, * 1930; Prof. in Bonn; erhielt 1994 mit J. F. Nash und J. C. Harsanyi den Nobelpreis.

seltene Erden, ⚗ **1)** historisch begründete, aber irreführende Bezeichnung für die Seltenerdmetalle. – **2)** i. e. S. Oxide der Seltenerdmetalle.

Selten|erdmetalle, ⚗ Bezeichnung für die chem. Elemente Scandium (OZ 21), Yttrium (39) und Lanthan (57) sowie 14 weitere Elemente (58 bis 71), die Lanthanoide.

Selterswasser [nach Niederselters, Kr. Limburg-Weilburg], kohlensäurehaltiges Mineralwasser.

Selvas *Pl.*, trop. Regenwälder im Amazonasbecken, Südamerika.

Selye, Hans, österr.-kanad. Arzt, * 1907, † 1982; Hormonforscher, begründete die Lehre vom Stress.

Sem, im A. T. der älteste Sohn Noahs, gilt als Stammvater der Semiten.

Semantik *die*, Ⓢ Lehre von den Wortbedeutungen.

Semarang, Hafenstadt an der N-Küste Javas, Indonesien, 1,03 Mio. Ew.; kath. Erzbischofssitz, Univ.; Textilind., Traktorenbau, Werft, ✈.

Semele, griech. Sage: Tochter des Kadmos, Geliebte des Zeus, Mutter des Dionysos.

Semester *das*, Halbjahr, bes. Studienhalbjahr an Hochschulen.

semi..., in Zusammensetzungen: halb...

Semifinale, Halbfinale, Vorschlussrunde, ⛹ letzte Ausscheidung vor dem Endspiel.

Semikolon *das*, der Strichpunkt.

Seminar [lat. »Pflanzschule«] *das*, **1)** Bildungsanstalt für Geistliche. – **2)** an Hochschulen: Institut für wiss. Übungen, auch die Veranstaltungen selbst. – **3)** Lehrerbildungsanstalt.

Gottfried Semper. Fassade des Opernhauses in Dresden, Zeichnung

Semiotik [zu griech. sema »Zeichen«] *die*, Ⓢ Lehre von den Zeichen. Zur S. zählen u. a. die Lehre vom Satzbau (Syntax) und die Semantik.

Semipalatinsk, Stadt in Kasachstan, am Irtysch und an der Turkestan-Sibir. Eisenbahn, 334 000 Ew.; Handelsplatz; Nahrungsmittel-, Lederindustrie.

semipermeabel, halb durchlässig.

Semiramis, sagenumwobene assyr. Königin des 9. Jh. v. Chr.; errichtete gewaltige Bauten und führte Kriege. Die in der Bibel erwähnten »Hängenden Gärten« werden ihr zugeschrieben.

Semiten [nach Sem], 1787 in die Sprachwiss. eingeführter Begriff, der aufgrund der Völkertafel in 1. Mos. 10 eine Reihe von Völkern in Vorderasien und N-Afrika als Träger einer gemeinsamen Sprache (»Semitisch«) bezeichnet; von histor. Bedeutung waren Akkader, Assyrer, Phöniker, Karthager, Aramäer, Chaldäer; heute v. a. Araber, Juden, Äthiopier.

Semjonow, Nikolaj Nikolajewitsch, sowjet. Chemiker, * 1896, † 1986; Nobelpreis (mit C. N. Hinshelwood) 1956.

Semmelpilz, Semmelstoppelpilz, essbarer, gelblich brauner Stachelpilz in Wäldern.

Semmelweis, Ignaz, ungar. Geburtshelfer, * 1818, † 1865; wies nach, dass das Kindbettfieber durch Infektion übertragen wird; empfahl als Vorbeugemaßnahme die Desinfektion.

Semmering *der*, Ostalpenpass (985 m hoch) zw. NÖ und Steiermark.

Semnonen, german. Stamm zw. mittlerer Elbe und Oder; das Hauptvolk des Bunds der Sweben, zog nach Süd-Dtl., wo aus ihm die Alemannen hervorgingen.

Sempach, Gemeinde im schweizer. Kt. Luzern, am **Sempacher See,** 3 200 Ew.; 1386 Sieg der Eidgenossen über Leopold III. von Österreich.

Sempé [sã'pe], Jean Jacques, frz. Zeichner, Cartoonist, * 1932.

Semper, Gottfried, dt. Baumeister, * 1803, † 1879; Opernhaus (1838 bis 1841, 1869 abgebrannt, 1871 bis 1878 Neuaufbau, 1945 zerstört, 1976 bis 1985 rekonstruiert), Gemäldegalerie (1847 bis 1854, 1945 ausgebrannt, wiederhergestellt) in Dresden, Burgtheater (1874 bis 1888) in Wien in Renaissanceformen.

Semprún, Jorge, span., überwiegend frz.-sprachiger Schriftsteller, * 1923; 1943 bis 1945 im KZ Buchenwald (darüber Roman »Die große Reise«, 1963); 1988 bis 1991 span. Kulturmin.; Romane, z. B. »Netschajew kehrt zurück« (1987); 1994 Friedenspreis des Dt. Buchhandels.

sen., Abk. für lat. **sen**ior, der Ältere.

Senancour [sənã'ku:r], Étienne Pivert de, frz. Schriftsteller, * 1770, † 1846; Briefroman »Obermann« (1804).

Senat [lat. »Rat der Alten«] *der*, **1)** im antiken Rom: Staatsrat, bei dem wichtige polit. Entscheidungen lagen; verlor in der Kaiserzeit an Bedeutung. – **2)** in Berlin, Hamburg und Bremen: oberste Landes- und Stadtbehörde (Reg.). – **3)** Hochschulwesen: Selbstverwaltungskörper der Hochschule, bestehend aus Dekanen der Fachbereiche, Assistenten, Studenten. – **4)** ⚖ die Richterkollegien bei hohen Gerichten. – **5)** in einigen Staaten: die Erste Kammer der Volksvertretung, z. B. in den USA, Frankreich.

Senckenbergische Naturforschende Gesellschaft, gegr. 1817 von Bürgern Frankfurts am Main, um ein naturkundl. Museum zu errichten; benannt nach dem Arzt Johann Christian Senckenberg (* 1707, † 1772), der 1763 sein Vermögen für die Forschung stiftete.

Sendai, jap. Stadt im N von Honshū, 879 000 Ew.; Univ.; Lack-, Seiden-, Nahrungsmittel-, chem. Ind., Kunsthandwerk.

Sender, Gerät oder Anlage zur Erzeugung und Aussendung von Schallwellen, elektromagnet. oder Lichtwellen zur Nachrichtenübermittlung oder Richtungsbestimmung.
Seneca, Lucius Annaeus, d. J., röm. Dichter und Philosoph, * um 4 v. Chr., † 65 n. Chr. (von Nero erzwungener Freitod); vertrat die stoische Sittenlehre; schrieb Tragödien.
Senefelder, Alois, österr. Erfinder des Steindrucks, * 1771, † 1834.

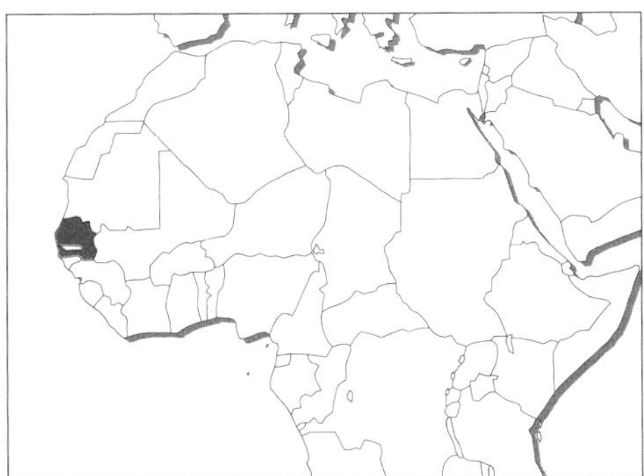

Senegal, Rep. in W-Afrika, 196 192 km², 7,7 Mio. Ew. (überwiegend Sudanvölker); Hptst.: Dakar; Amtssprachen: Französisch und Wolof. S. liegt südlich des Unterlaufs des Senegal, ist Küstentiefland mit Baum-, Grassteppen. Anbau von Erdnüssen, Hirse, Baumwolle u. a.; Fischerei. ⚒ auf Phosphate; Nahrungsmittel-, Textil- u. a. Ind. Ausfuhr: Erdnüsse, Phosphate, Erdöl. ⚓ und internat. ✈: Dakar. – S. war Gebiet von Frz.-Westafrika, wurde 1960 unabhängig. Staatspräs.: A. Diouf (seit 1981).
Senegal *der,* Strom in W-Afrika, 1430 km lang, z. T. Grenzfluss zw. Senegal und Mauretanien, mündet bei Saint-Louis in den Atlant. Ozean.
Seneschall *der,* Hofbeamter im Fränk. Reich, entsprechend dem dt. Truchsess.
Senf, 1) Weißer S., Kreuzblütler mit hellgelben, violettadrigen, vanilleduftenden Blüten, wild am Mittelmeer. – **2) Schwarzer S.,** Kreuzblütler mit bläul. Stängel, fiederspaltigen Blättern, gelben Blüten. – Die Samen beider Arten **(S.-Körner)** dienen als Gewürz, zur Herstellung von Speise- und techn. Öl, Mostrich, S.-Pflaster u. a. – **3) Acker-S.,** Wildkraut, auch als Gründünger verwendet.
Senftenberg, Krst. in Bbg., 31 500 Ew.; Braunkohlen-⚒, Bauindustrie.
Senghor [sɑ̃ˈgɔːr], Léopold Sédar, senegales. Politiker, Schriftsteller in frz. Sprache, * 1906; 1960 bis 1980 Präs. von Senegal. 1968 Friedenspreis des Dt. Buchhandels; 1983 als erster Schwarzafrikaner in die Académie française gewählt.
Seni, Giovanni Battista, ital. Sterndeuter, * 1600, † 1656; 1629 bis 1634 im Dienst Wallensteins.
senior, Abk. **sen.,** der Ältere; Ggs.: junior.
Senkblei → Lot 2).
Senkfuß, leichte Form des Plattfußes.
senkrecht, 2 Geraden oder Ebenen, die miteinander Winkel von 90° bilden.
Senkrechtstarter, der → Vertikalstarter.
Senkwaage, das → Aräometer.
Senlis [sɑ̃ˈlis], frz. Stadt im Dép. Oise, 15 200 Ew.; mittelalterl. Stadtbild mit frühgot. Kathedrale u. a. – Im **Vertrag von S.** (1493) musste der frz. König dem späteren Kaiser Maximilian I. den größten Teil des burgund. Reiches Karls des Kühnen überlassen.
Senne, Heidegebiet am SW-Rand des Teutoburger Walds, NRW; Truppenübungsplatz Sennelager.
Sennerei, Milchwirtschaft, bes. die sommerl. Almwirtschaft.
Sennesblätter, die getrockneten Blätter einer Art Kassie; Abführmittel.
Señor [seˈɲor], span. Anrede, Herr. **Señora,** Frau, Herrin. **Señorita,** Fräulein.
Sense, Handgerät zum Mähen von Gras, Getreide, besteht aus Stahlschneide und Holz- oder Stahlrohrstiel (Wurf).
sensibilisieren, 1) fotograf. Schichten mit bestimmten Chemikalien **(Sensibilisatoren)** für einzelne Wellenlängenbereiche empfindlich machen. – **2)** ⚕ (den Organismus) gegen bestimmte Antigene empfindl. machen, die Bildung von Antikörpern bewirken **(Sensibilisierung).**
Sensibilität *die,* Empfindlichkeit für Sinnesreize und die Fähigkeit, seelisch darauf zu reagieren.
Sensor *der,* **Messfühler,** elektr./elektron. Bauelement, das physikal. Größen, z. B. Temperatur, Druck und Dichte von Gasen, Lage und Bewegungen eines Körpers im Raum, elektromagnet. Erscheinungen in der Atmosphäre und im Weltraum, erfasst und in elektr. Signale umsetzt. Die meist analog vorliegende Messgröße wird mit einem Analog-digital-Wandler in ein digitales Signal gewandelt; unverzichtbares Bauelement z. B. im Kühlschrank und bei Robotern.
Sensualismus *der,* Ⓟ Lehre, nach der alle Vorstellungsinhalte aus der Sinneswahrnehmung stammen (z. B. G. Berkeley, D. Hume, J. Locke).
Sentiment [sɑ̃tiˈmɑ̃] *das,* Empfindung, Gefühl; **sentimental,** empfindsam, gefühlsselig, übertrieben gefühlvoll.
Senussi, muslim. Orden in N-Afrika, gegr. 1833; bes. anfangs europäer- und christenfeindlich.
Seoul [seˈul], korean. **Sŏul,** Hptst. von Süd-Korea, 10,9 Mio. Ew.; kath. Erzbischofssitz, 22 Universitäten, Nationalakademien der Künste und Wiss., Wirtschafts- und Verkehrszentrum des Landes; Waggon- und Kraftfahrzeugbau, Textil-, Nahrungsmittel- u. a. Ind.; Paläste.
Separation *die,* Abtrennung eines territorialen Gebildes zum Zweck der polit. Verselbstständigung.
Separatismus *der,* Bezeichnung für Loslösungsbestrebungen, bes. von nat. Sondergruppen.
Sepi|en, *Sg.* **Sepia** *die,* zu den Zehnarmern gehörende Kopffüßer mit über 80 Arten in allen Weltmeeren; im Mittelmeer der **Gemeine Tintenfisch,** sein Fleisch ist ein geschätztes Nahrungsmittel.
Sepsis *die,* ⚕ → Blutvergiftung.
September [von lat. septem »sieben« (der 7. Monat im altröm. Kalender)] *der,* 9. Monat des Jahres; 30 Tage.
septentrional, ⊕ nördlich.
Septett *das,* Tonstück für 7 Stimmen.
Septimani|en, seit spätröm. Zeit das Land zw. O-Pyrenäen und unterer Rhone, Hptst.: Narbonne; 759 zum Fränk. Reich.
Septime [lat. septima] *die,* 7. Stufe der diaton. Tonleiter. **Septimen|akkord** (Septakkord), Zusammenklang von Grundton, Terz, Quinte und Septime.
Septimius Severus, Lucius, röm. Kaiser (193 bis 211 n. Chr.), * 146, † 211; machte das Heer zur entscheidenden Staatsmacht; Vater des Caracalla.
Septuaginta [lat. »die Siebzig«] *die,* älteste griech. Übersetzung des A. T., die im 3. Jh. v. Chr. auf der Insel Pharos 72 Schriftgelehrte herstellten.
Sequenz [lat. »Folge, Reihe«] *die,* **1)** im MA. in die Messliturgie eingefügte Dichtung. – **2)** 𝄞 Wiederholung eines Motivs auf höherer oder tieferer Tonstufe. – **3)** beim Kartenspiel: eine Reihe von drei oder mehr aufeinander folgenden Karten der gleichen Farbe. – **4)** Folge der Bausteine in kettenförmigen Makromolekülen (z. B. Aminosäuren in Eiweißen).

Senegal

Staatswappen

Staatsflagge

Internationales Kfz-Kennzeichen

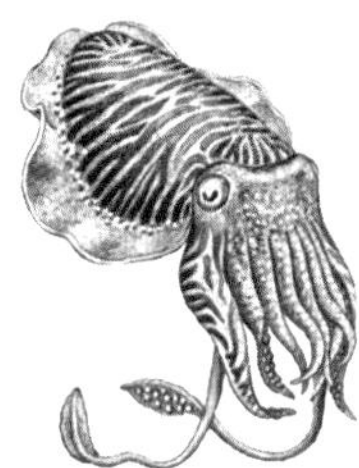

Sepia

Jorge Semprún

Rudolf Serkin

Sequester *der,* **1)** ‡ abgestorbenes Gewebestück, bes. am Knochen. – **2)** ⚖ Zwangsverwalter.
Sequestration *die,* →Zwangsverwaltung.
Sequoia, →Mammutbaum.
Serail [se'ra:j] *das,* Palastanlage in Istanbul, bis 1922 Residenz des türk. Sultans.
Seraing [sə'rɛ̃], Stadt in Belgien, an der Maas, 61 400 Ew.; v. a. Eisen- und Stahlindustrie.
Seram, Ceram, größte der Molukkeninseln Indonesiens, mit Nebeninseln 18 600 km², bis 3019 m hohe Gebirgskette; Sago, Kokosnüsse, Gewürznelken, Reis, Tabak, Kakao, Erdöl. Hauptort ist Masohi an der SW-Küste.
Seraph *der,* Pl. **Seraphim,** schlangenförmige geflügelte Gestalten des hebr. Volksglaubens; bei Jesaja als Engel mit 3 Flügelpaaren beschrieben.
Serapis, Sarapis, ägypt. Gott, in hellenist. Zeit hochverehrt, zeusähnlich dargestellt.
Serben, südslaw. Volk auf der Balkanhalbinsel, meist der serb.-orth. Kirche angehörig.

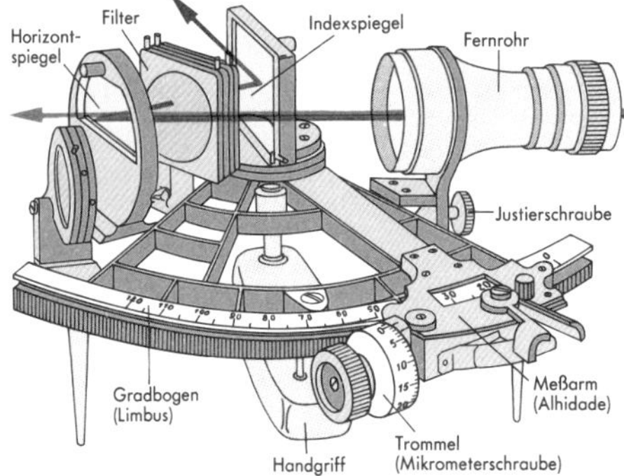

Trommel-**Sextant**

Serbien
Flagge

Serbi|en, serb. **Srbija,** Teilrep. Jugoslawiens, umfasst einschließlich des Kosovo und der Wojwodina 88 361 km² mit 9,71 Mio. Ew.; Hptst.: Belgrad. Die Landschaft am Zusammenfluss von Donau, Theiß, Save und Morava bildet den fruchtbaren, dicht besiedelten Kernraum. Im S beckenreiches Gebirgsland. ⚒ auf Erdöl (Banat), Kupfer u. a.
Geschichte. Im 7. Jh. wanderten die südslaw. Serben ein, die sich im 12. Jh. aus der Abhängigkeit von Byzanz lösten. Seit der Schlacht auf dem Amselfeld 1389 gerieten sie unter türk. Oberherrschaft (seit 1459 türk. Prov.), erkämpften sich erst 1804 bis 1816 die Selbstständigkeit unter eigenen Fürsten aus den Häusern Obrenović und Karadjordjević. 1878 volle Unabhängigkeit, 1882 Kgr. Durch die Balkankriege gewann S. 1913 einen großen Teil Makedoniens. Die gegen Österreich-Ungarn gerichteten großserb. Bestrebungen waren eine der Ursachen des 1. Weltkriegs (28. 6. 1914 Ermordung des österr. Thronfolgers Franz Ferdinand in Sarajevo). 1918 wurde S. Teilgebiet des neu gegründeten Jugoslawien. Beim Zerfall Jugoslawiens 1991/92 hielt S. mit Montenegro an der Idee eines gemeinsamen Bundesstaats Jugoslawien fest; daneben strebte es eine Vereinigung aller Serben in einem Staat an. In die Bürgerkriege in Kroatien sowie Bosnien und Herzegowina griff S. massiv ein; daher wurden 1992 von der UNO Sanktionen verhängt. Diese wurden nach der Zustimmung zum Friedensvertrag von Dayton (1995) schrittweise beendet. Erst nach wochenlangen Dauerprotesten erkannte die Reg. im Febr. 1997 die Wahlerfolge der Opposition bei den Kommunalwahlen vom Nov. 1996 an.

Sevilla
Stadtwappen

serbische Kunst. Die s. K. begann mit der Christianisierung der Serben durch östl. Missionare und war dementsprechend von Anfang an von der byzantin.

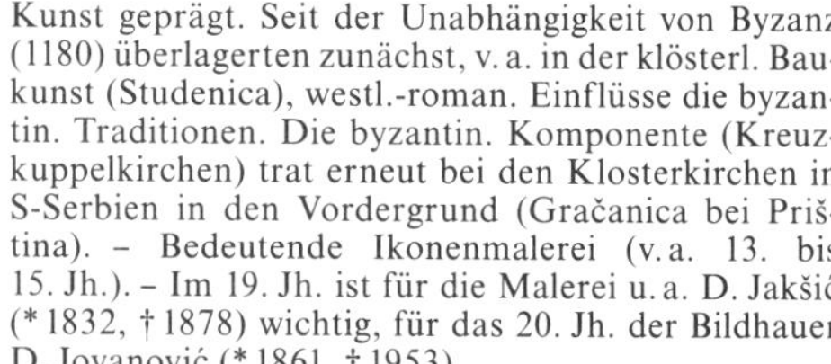

Kunst geprägt. Seit der Unabhängigkeit von Byzanz (1180) überlagerten zunächst, v. a. in der klösterl. Baukunst (Studenica), westl.-roman. Einflüsse die byzantin. Traditionen. Die byzantin. Komponente (Kreuzkuppelkirchen) trat erneut bei den Klosterkirchen in S-Serbien in den Vordergrund (Gračanica bei Priština). – Bedeutende Ikonenmalerei (v. a. 13. bis 15. Jh.). – Im 19. Jh. ist für die Malerei u. a. D. Jakšić (* 1832, † 1878) wichtig, für das 20. Jh. der Bildhauer D. Jovanović (* 1861, † 1953).
serbokroatische Sprache, gehört zum südslaw. Zweig der slaw. Sprachen; durch die Schrift in Serbisch und Kroatisch geschieden: Serben kyrill., Kroaten lat. Schrift.
Serenade *die,* **1)** Abendmusik, Ständchen. – **2)** ständchenhaftes Tonstück für Kammermusik oder kleines Orchester.
Serengeti *die,* Savanne in N-Tansania; Wildreservate, Nationalpark (14 503 km², gehört zum Welterbe).
Serenissimus [lat. »der Allergnädigste«], früher Titel und Anrede regierender Fürsten.
Sereth *der,* linker Nebenfluss der unteren Donau, 706 km lang, mündet bei Galatz (Rumänien).
Sergeant [zɛr'ʒant], **1)** im dt. Heer bis 1919 der Unterfeldwebel. – **2)** ['sɑ:dʒənt], Unteroffiziersdienstgrad in den USA, Großbritannien; in Frankreich **Sergent** [sɛr'ʒã].
Sergijew Possad, früher **Sagorsk,** russ. Stadt nordöstl. von Moskau, 115 000 Ew.; geistl. Zentrum der russisch-orth. Kirche mit Klöstern und Kirchen (v. a. 16. Jh.).
serielle Musik, auf dem Prinzip der Ordnung aller Toneigenschaften in Reihen aufgebaute Musik, die u. a. die Beziehungen zw. Tonhöhe, -dauer, Klangfarbe und Lautstärke regelt; um 1950, angeregt durch A. v. Webern, entstanden; ist eine Weiterentwicklung der Zwölftonmusik. Hauptvertreter: P. Boulez, M. Kagel, G. Ligeti, L. Nono, K. Stockhausen, Y. Xenakis.
Seri|enschaltung, ⚡ →Reihenschaltung.
Serkin, Rudolf, amerikan. Pianist russ. Herkunft, * 1903, † 1991.
Serologie *die,* ‡ Erforschung der Immuneigenschaften des Blutserums; Teilgebiet der Immunologie.
Serpentin *der,* dichtes, meist grünes, schlangenhautartig gefärbtes Mineral, Magnesiumsilikat; als S.-Gestein abgebaut, zu Reibschalen, Vasen u. a. verarbeitet.
Serpentine *die,* in engen Kurven ansteigender Weg an Berghängen.
Serpuchow, russ. Stadt südl. von Moskau, 144 000 Ew.; Metall-, Baumwoll-, Kunstfaser-, Farbenind.; astronom. Observatorium; Nationalpark (48 km²).
Sertürner, Friedrich, dt. Apotheker, * 1783, † 1841; Entdecker des Morphiums.
Serum *das,* ‡ wässriger, ungerinnbarer Bestandteil von Körperflüssigkeiten, bes. als Blut-S. **S.-Behandlung,** Behandlung von Infektionskrankheiten mit Heil-S. – **S.-Krankheit,** eine Überempfindlichkeitsreaktion gegen artfremdes Eiweiß.
Servatius, legendärer Bischof von Tongern (4. Jh.), einer der Eisheiligen (Tag: 13. 5.).
Servet [sɛr'vɛ], Michel, span. Theologe, Arzt, * 1511, † 1553; entdeckte den kleinen Blutkreislauf; wegen Bekämpfung der Dreieinigkeitslehre in Genf verbrannt.
Service, 1) [sɛr'vis] *das,* zusammengehörendes Tafelgeschirr. – **2)** ['sɔ:vɪs] *der,* Kundendienst. – **3)** ['sɛrvis] *der,* in Österreich und der Schweiz: Bedienung; Trinkgeld. – **4)** ['sɔ:vɪs] *der,* Tennis: Aufschlag.
Serviten, Orden der Diener Mariens, 1233 gestifteter kath. Bettelorden.
Servomechanismen, ⚙ mechan., elektr., pneumat. oder hydraul. Kraftverstärker als Hilfsgeräte, bes. bei der Betätigung von Bremsen **(Servobremse),** Lenkungen **(Servolenkung)** und Steuerungen **(Servomotor).**

Sesam *der,* krautige, dem Fingerhut ähnl. Ölpflanze Vorderasiens, mit weißen oder rötl. Blüten; das Öl aus den Samen dient zur Herstellung von türk. Honig, von Margarine, Speiseöl u. a.

Sesshū [sɛʃʃu:], jap. Maler, * 1420, † 1506; bedeutendster Meister der altjap. Tuschmalerei.

Sesterz *der,* altröm. Silbermünze der Rep. zu 2 ½ As, in der Kaiserzeit Bronzemünze zu 4 As.

Set *der* oder *das,* zusammengehörige Gebrauchsgegenstände.

Sète [sɛ:t], Hafenstadt in S-Frankreich, 41 900 Ew.; Endpunkt des Canal du Midi, Seebad.

Seth, ägypt. Gott, Gegner des Horus und Osiris.

Seth, 3. Sohn Adams, Stammvater der **Sethiten.**

Setter *der,* ein langhaariger Vorstehhund: **Engl., Irischer** und **Schott. S.** (Gordon Setter).

Setúbal [sə'tuβal], port. Hafenstadt an der Mündung des Sado, 77 900 Ew.; Zementfabriken, Fischereihafen, Schiffbau; nahebei Salinen.

setzen, 1) 🕮 Lettern zum Satz zusammenfügen (durch Hand- oder Maschinensatz). – **2)** ♈ Gebären beim Haarwild.

Setzmaschinen, 🕮 Einrichtungen zum maschinellen Herstellen des Schriftsatzes. **Zeilengießmaschinen** (z. B. Linotype) liefern fertig gesetzte und gegossene Zeilen, **Einzelbuchstaben-S.** (z. B. Monotype) liefern einzeln gegossene Buchstaben, die zu Zeilen zusammengesetzt werden. Bei der **Licht-** oder **Foto-S.** wird der Satz als belichteter Film ausgegeben. Der Text wird mit Loch- oder Magnetbändern oder von Satzrechnern **(Computersatz)** eingegeben. Die modernste Form der Satzherstellung ist das **Desktoppublishing** mithilfe von Computern, wobei der Satz in digitalisierter Form vorliegt.

Setzwaage, die → Wasserwaage.

Seuche, ⚕ die → Epidemie.

Seulingswald, Teil des Hess. Berglands, Sandsteingebirge zw. Werra und Fulda, bis 483 m.

Seume, Johann Gottfried, dt. Schriftsteller, * 1763, † 1810; »Spaziergang nach Syrakus im Jahre 1802« (1803).

Seurat [sœ'ra], Georges, frz. Maler, * 1859, † 1891; begründete den Pointillismus.

Seuse, Heinrich, lat. Henricus **Susa,** dt. Mystiker, * 1295, † 1366; Schüler Meister Eckharts; »Büchlein der Wahrheit« (um 1326).

Severer, röm. Dynastie 193 bis 235 n. Chr., begründet von L. Septimius Severus.

Severn ['sevən] *der,* Fluss im SW Englands, mündet in den Bristolkanal, 354 km lang.

Seveso, Gemeinde in der Prov. Mailand, Italien; 1976 wurden bei einem Chemieunfall Giftstoffe (→ Dioxine) freigesetzt und verseuchten den Ort.

Sévigné [sevi'ɲe], Marie Marquise de, frz. Schriftstellerin, * 1626, † 1696; berühmt durch über 1 500 Briefe an ihre Tochter über das höf. Leben ihrer Zeit, die zu den klass. literar. Werken des 17. Jh. in Frankreich zählen.

Sevilla [se'βiʎa], Stadt in SW-Spanien, 732 000 Ew.; wichtigste Handels- und Ind.stadt Andalusiens, Hafen am Guadalquivir, für Seeschiffe zugänglich; ✈; Erzbischofssitz. Die Kathedrale (15. Jh.), der Alcázar und das Archivo General de Indias gehören zum Weltkulturerbe. Univ.; vielseitige Ind. – Eine Gründung der Phöniker; 1147 Hptst. der maur. Almohaden; vom 16. bis 18. Jh. der wichtigste Hafen Spaniens. 1992 Weltausstellung »Expo '92«.

Sèvres [sɛ:vr], Stadt im SW von Paris, Frankreich, 22 000 Ew.; Porzellanmanufaktur (gegr. 1756). Im **Vertrag von S.** vom 10. 8. 1920 zw. den alliierten und assoziierten Mächten (ohne die USA) und dem Osman. Reich wurde die Türkei auf Konstantinopel und das Gebiet bis zur Tschataldschalinie und Kleinasien beschränkt.

Sewardhalbinsel ['sju:əd-], rund 50 000 km² große Halbinsel Alaskas, bis 1 437 m hoch.

Sewastopol, Sebastopol, Seefestung und Kriegshafen an der SW-Küste der Krim, Ukraine, 356 000 Ew.; Werften; Seebad. – Im Krimkrieg und Zweiten Weltkrieg schwer umkämpft.

Sewernaja Semlja, unbewohnte russ. Inselgruppe im Eismeer, 37 000 km².

Sex *der,* Erotik, Geschlechtstrieb; Geschlechtsverkehr.

Sexappeal ['seksəpi:l] *der,* sexuelle Anziehungskraft.

Sexismus *der,* Diskriminierung aufgrund der Geschlechtszugehörigkeit.

Sexta *die,* früher unterste Klasse der höheren Schule (5. Schuljahr).

Sextant *der,* **Spiegelsextant,** ein v. a. bei der Navigation zur Messung des Winkelabstandes zweier Sterne bzw. zur Bestimmung der Höhe eines Sterns über dem Horizont verwendetes Winkelmessinstrument, bestehend aus einem Fernrohr, einem fest vor dem Fernrohr angeordneten halb durchlässigen Spiegel und einem bewegl. Spiegel, dessen Winkelabweichung gegenüber dem festen Spiegel auf einem Teilkreis abgelesen werden kann.

Sexte *die,* 𝄞 6. Stufe der diaton. Tonleiter. **Sextakkord,** Umkehrung des Dreiklangs, die Terz liegt im Bass.

Sextett *das,* 𝄞 Tonstück für 6 Stimmen.

Sexualhormone → Geschlechtshormone.

Sexualität *die,* **Geschlechtlichkeit,** allg. der Eigenschaftskomplex, der zw. den beiden Gruppen der Organismen unterscheidet, die sich durch Verschmelzung von Geschlechtszellen (Eier und Samen) vermehren; speziell beim Menschen die Gesamtheit der Lebensäußerungen, die auf dem Geschlechtstrieb beruhen, d. h. auf dem Bestreben nach Herbeiführung einer geschlechtl. Beziehung und Befriedigung, oder die damit in Verbindung stehen. Bei höheren Tierarten und bes. beim Menschen spielt neben der hormonellen die Großhirnsteuerung des Sexualverhaltens, und damit das Lernen sexueller Praktiken, eine wichtige Rolle. Mit der Höhe der Entwicklungsstufe wird dabei die unmittelbare sinnl. Lust zunehmend wichtiger als das Ziel der Fortpflanzung. Der S. des Menschen liegt ein vielschichtiger Komplex biolog., psycholog. und soziolog. Faktoren zugrunde. Außer von individuellen Gefühlen, Bedürfnissen, Erwartungen und Wünschen, Vorstellungen und Erfahrungen wird sie wesentl. von kulturellen und gesellschaftl. Verhältnissen, Einrichtungen und Normen geprägt.

Sexualwissenschaft, Lehre vom Geschlechtsleben, umfasst Sexualbiologie und -medizin, Sexualpsychologie und -pathologie, Sexualpädagogik, Sexualhygiene und Teilbereiche der Soziologie, Rechtswiss. und Theologie (Sexualethik).

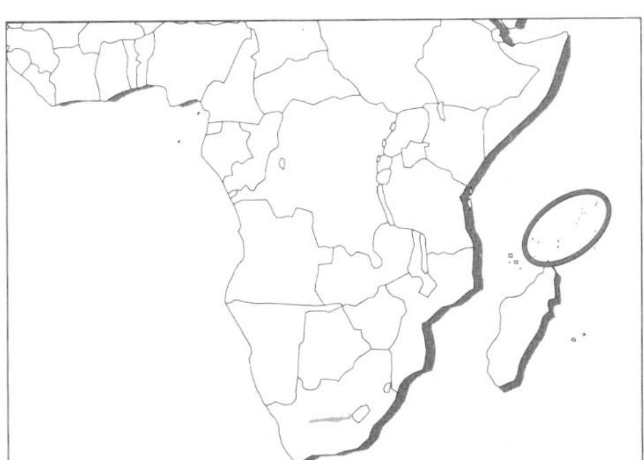

Seychellen [zɛʃ-], Inselgruppe und Rep. im Ind. Ozean, mit Nebeninseln 443 km², 72 000 Ew., Hptst.: Victoria; an sozialist. Zielen orientierte Verf. (1979);

Der Glockenturm der Kathedrale, das Minarett »La Giralda« (12. Jh.) in **Sevilla**

Seychellen

Staatswappen

Staatsflagge

Internationales Kfz-Kennzeichen

Ausfuhr von Kopra, Guano, äther. Ölen; Fremdenverkehr. Das Aldabra-Atoll gehört zum Welterbe. Die S. waren 1810 bis 1975 brit. Kolonie. Staatspräs.: F.-A. René (seit 1977).

Seydlitz, Friedrich Wilhelm v., preuß. Reitergeneral Friedrichs d. Gr. im Siebenjährigen Krieg, *1721, †1773.

Seyß-Inquart, Arthur, österr. natsoz. Politiker, *1892, †(hingerichtet) 1946; wurde kurz vor dem dt. Einmarsch Bundeskanzler, dann Reichsstatthalter; 1940 bis 1945 Reichskommissar für die Niederlande.

Sezession *die,* **1)** Absonderung, Trennung. – **2)** Völkerrecht: Abtrennung von Gebietsteilen eines Staats gegen dessen Willen durch die dort ansässige Bev. mit dem Ziel, einen neuen Staat zu bilden oder sich einem anderen Staat anzuschließen. – **3) Secession,** ✐ seit Ende des 19. Jh. Name von Künstlervereinigungen, die sich von jeweils älteren getrennt haben, z. B. Münchener S. (1892), Wiener S. (»Sezessionsstil«, der österr. Jugendstil; 1897), Berliner S. (1898).

sezieren, ⚕ **1)** eine Sektion, Leichenöffnung vornehmen. – **2)** genau zergliedern.

Sfax, Hafenstadt an der O-Küste Tunesiens, 232 000 Ew.; Univ.; Ausfuhr: Olivenöl, Südfrüchte; internat. ✈.

Sforza, Francesco, ital. Kondottiere, *1401, †1466; 1450 Herzog von Mailand; unterwarf 1464 auch Genua.

sforzato, sforzando, Abk. **sf., sfz.,** 𝄞 verstärkt, stark betont.

Sgraffito *das,* Pl. **Sgraffiti,** Fassadendekoration, bei der die Zeichnung in die noch feuchte Putzschicht geritzt wird, bis der meist gefärbte Kratzgrund sichtbar wird.

's-Gravenhage [sxravən'ha:xə], niederländ. für → Den Haag.

Shaanxi [ʃa:nçi:], **Shensi,** Prov. in China, am Mittellauf des Hwangho, 205 000 km², 32,9 Mio. Ew., Hptst.: Xi'an; Anbau von Reis, Tee, Hirse, Sojabohnen, Baumwolle; reiche Erz-, Kohle-, Erdöl-, Goldvorkommen, Salzgewinnung.

Peter Shaffer

Shaba [ʃ-], bis 1971 **Katanga,** Landschaft und Prov. im S der Demokrat. Rep. Kongo, 496 965 km², 4,34 Mio. Ew.; Hptst.: Lubumbashi. S. ist wegen seiner reichen Vorkommen von Kupfer-, Uran-, Zinn-, Kobalterzen, Germanium, Kohlen und Ind.diamanten eines der wichtigsten Bergbaugebiete der Erde.

Shackleton ['ʃækltn], Sir Ernest H., brit. Südpolforscher, *1874, †1922; unternahm versch. Expeditionen (u. a. 1901 bis 1904 mit W. Scott); 1909 Entdeckung des südl. magnet. Erdpols.

Shaffer ['ʃɛfə], Peter, brit. Schriftsteller, *1926; schrieb die Dramen »Fünffingerübung« (1958), »Equus« (1973), »Amadeus« (1979).

Shaftesbury ['ʃɑ:ftsbərı], Anthony Earl of, engl. Moralphilosoph, *1671, †1713. Seine gefühlsbetonte Kunstlehre hatte Einfluss auf J. G. Herder, Goethe, Schiller und die Romantiker.

Shag [ʃæg] *der,* kräftiger Tabak für die Stummel-(Shag-)Pfeife.

Shake [ʃeık] *der,* alkoholfreies Mischgetränk.

Shakers ['ʃeıkəz], amerikan. Sekte, Ende des 18. Jh. aus den engl. Quäkern hervorgegangen.

Shakespeare ['ʃeıkspıə], William, engl. Dramatiker, *1564, †1616; heiratete 1582 Ann Hathaway, ging um 1586 nach London, wurde 1592 erstmals als Schauspieler und Dramatiker erwähnt. Als der erfolgreichste Bühnenautor seiner Zeit kam er zu Wohlstand. S.s Drama »will der Tugend ihre eigenen Züge, der Schmach ihr eigenes Bild und der Zeit den Abdruck ihrer Gestalt zeigen«. Der trag. Konflikt liegt bei S. in dem betreffenden Menschen selbst, im Zwiespalt zw. dem, was Hamlet Blut und Verstand nennt. S.s Helden sind überlebensgroß im Sinn des Heldenideals seiner Zeit; aber wo sie die Natur vergewaltigen wie Lady Macbeth, stellt der Dichter ihr Menschentum wieder her, indem er die vergewaltigte Natur sich rächen lässt. Auch in den Komödien lauert hinter dem fantast. Spiel und dem funkelnden Witz der trag. Ernst. S. ist unerreicht in der Menschenschilderung; er individualisiert im Ggs. zum klass. Drama, das typisiert. Werke: Verserzählungen; tiefsinnig-rätselhafte »Sonette«. Die Chronologie der Dramen ist umstritten. Man unterscheidet 4 Schaffensperioden: a) um 1590 bis 1595 »Heinrich VI.« (Trilogie); »Richard III.«; »Titus Andronicus«; romant. Tragödie »Romeo und Julia«; »Die Komödie der Irrungen«, »Der Widerspenstigen Zähmung«, »Ein Sommernachtstraum« u. a. Komödien. b) bis 1599 die Königsdramen »Richard II.«, »König Johann«, »Heinrich IV.«, »Heinrich V.«; Komödien »Der Kaufmann von Venedig«, »Die Lustigen Weiber von Windsor«, »Viel Lärm um nichts«, »Wie es euch gefällt«, »Was ihr wollt«. c) bis 1609 die großen Tragödien (»Hamlet«, »Othello«, »Macbeth«, »König Lear«), die Römerdramen (»Julius Caesar«, »Antonius und Cleopatra« u. a.), Komödien (»Maß für Maß« u. a.). d) 1611 ff. 3 Romanzen »Cymbeline«, »Das Wintermärchen«, »Der Sturm«. Die erste dt. Versübersetzung stammt von A. W. v. Schlegel, Dorothea und L. Tieck sowie W. v. Baudissin (1825 bis 1833).

William Shakespeare. Kupferstich auf dem Titelblatt der ersten Gesamtausgabe (1623)

Shandong [ʃ-], **Shantung,** Prov. an der NO-Küste Chinas, 153 300 km², 84,4 Mio. Ew., Hptst.: Jinan; umfasst die buchtenreiche Halbinsel und das Bergland von S. sowie Teile der nordchin. Ebene; Anbau: Getreide, Sojabohnen, Baumwolle; Bodenschätze: Kohle, Gold, Erdöl, Eisenerz.

Shannon ['ʃænən] *der,* größter Fluss Irlands, 368 km, im Unterlauf schiffbar, mündet in den Atlant. Ozean. Großkraftwerk bei Limerick; am N-Ufer der Mündung internat. ✈ S. Airport.

Shanstaat [ʃ-], **Schanstaat,** Verw.-Gebiet in Birma, 158 222 km², 3,73 Mio. Ew.; Hptst.: Taunggyi.

Shanty ['ʃæntı] *das, Pl.* **Shantys,** Matrosenlied z. Z. der Segelschiffe.

Shanxi, Shansi [ʃançi:], Prov. in N-China, 15 800 km², 28,8 Mio. Ew.; Hptst.: Taiyuan; Anbau von Weizen, Hirse, Mais, Reis, Baumwolle, Tabak; im N auch Viehzucht; Kohlen-, Eisenlagerstätten.

SHAPE [ʃeıp], Abk. für: **S**upreme **H**eadquarter of the **A**llied **P**owers in **E**urope, das Oberkommando der NATO in Europa.

Sharaku [ʃ-], eigentl. **Tōshūsai, S.,** jap. Farbholzschnittmeister, um 1795, schuf aggressiv-satir. Schauspielerbildnisse.
Share [ʃɛə] *der,* im engl. Sprachbereich die Aktie.
Sharif [ʃ-], Omar, ägypt. Schauspieler, * 1932; Filme: »Lawrence von Arabien« (1962), »Doktor Schiwago« (1965), »Peter der Große« (1986) u. a.
Sharp [ʃɑ:p], Phillip Allen, amerikan. Molekularbiologe, * 1944; erhielt für die Entdeckung der diskontinuierlich aufgebauten Gene gemeinsam mit R. J. Roberts 1993 den Nobelpreis für Medizin.
Shaw [ʃɔ:], George Bernard, irischer Dramatiker, * 1856, † 1950; Stücke voll Geist, Witz, Ironie und Bosheit im Dienst der Kulturkritik und sozialist. Gesellschaftsreform: »Candida« (1898), »Caesar und Cleopatra« (1901), »Major Barbara« (1907), »Pygmalion« (1912), »Die heilige Johanna« (1923), »Der Kaiser von Amerika« (1929).
Shawnee [ʃɔ:ˈni:], nordamerikan. Indianerstamm der Algonkin, urspr. im mittleren Ohio-Tal, Reste leben heute in Oklahoma; bedeutendster Häuptling: Tecumseh (* um 1768, † 1813).
Sheffield [ˈʃefi:ld], Ind.stadt in Mittelengland, 477 100 Ew.; anglikan. Bischofssitz, Univ.; ⚒; Hütten-, Metallindustrie.
Shelley [ˈʃelɪ], Percy Bysshe, brit. Dichter, * 1792, † 1822; romant. Gedichte und Schauspiele: »Der entfesselte Prometheus« (1820), »Ode an den Westwind« (1820).
Shensi [ʃ-], chin. Prov., → Shaanxi.
Shenyang [ʃenjaŋ], Hptst. der chin. Prov. Liaoning, 4,4 Mio. Ew., Mittelpunkt der Mandschurei. Im Alten Palast der ehem. 2. Residenz der Mandschu-Kaiser Museum und Hochschule. 1621 von den Mandschu erobert, 1625 bis 1644 unter dem Namen **Mukden** Hptst. Chinas.
Sheridan [ˈʃerɪdn], Richard Brinsley, engl. Dramatiker und Politiker ir. Herkunft, * 1751, † 1816; witzige Lustspiele (»Die Lästerschule«, 1777).

William Shakespeare. Die fünf erhaltenen Autogramme

Sheriff [ˈʃerɪf] *der,* **1)** Großbritannien: Verwaltungsbeamter einer Grafschaft; heute nur noch ein Ehrenamt. – **2)** USA: Beamter einer County mit richterl. und verwaltungsmäßigen Befugnissen.
Sherlock Holmes [ˈʃə:lɔk ˈhəʊmz], Meisterdetektiv in den Romanen von A. Conan Doyle.
Sherpa, Scherpa, Bergbev. in Nepal, oft Träger bei Expeditionen im Himalaya.
Sherry [ˈʃerɪ] *der,* südspan. Wein aus der Gegend von Jerez de la Frontera.
's Hertogenbosch [shɛrto:xənˈbɔs], niederländ. Name für → Herzogenbusch.
Shetlandinseln [ˈʃetlənd-], brit. Inselgruppe nordöstl. von Schottland, 1429 km², 23 500 Ew.; mildes, feuchtes Klima. Fischfang, Viehzucht **(Shetlandpony).**
Shijiazhuang [ʃidʒiaʒwaŋ], **Shihchiachuang,** Hptst. der chin. Prov. Hebei, 1,2 Mio. Ew.; führend in der chin. Textilindustrie.
Shikoku [ʃi-], kleinste der 4 Hauptinseln Japans, 18 780 km², 4,22 Mio. Einwohner.
Shilling [ˈʃɪlɪŋ] *der,* Abk. **sh,** brit. Münzeinheit bis 15. 2. 1971, 1 sh = $^1/_{20}$ £ = 12 Pence.
Shimonoseki [ʃi-], Hafenstadt in Japan, an der SW-Spitze der Insel Honshū; 269 000 Ew.; Tunnel nach Kitakyūshū. – Der **Friedensvertrag von S.** beendete den 1. Chin.-Jap. Krieg (1894/95).
Shintoismus [ʃin-] *der,* früherer Staatskult Japans. Der S. verehrt als Gottheiten Naturkräfte, Berge, Seen, Flüsse, einige Pflanzen und Tiere. Später kam die Verehrung der Ahnen und Helden hinzu. Damit zusammen hängt der Kult des Kaisers, der seine Abstammung von der Himmelsgöttin Amaterasu herleitet. Mit dem Buddhismus vermischt.
Shire [ˈʃaɪə], Grafschaft. In Zusammensetzungen wird S. dem Eigennamen angehängt und [-ʃɪə] gesprochen, z. B. Devonshire.
Shiva [ʃ-, Sanskrit »der Gütige«], einer der Götter des Hinduismus, verkörpert den Aspekt der Auflösung und Zerstörung; im **Shivaismus** als Hauptgott verehrt. S. wird oft mit seinem Reittier Nandi und seinem Attribut, dem Dreizack, dargestellt. Sein Symbol ist der Linga, ein phallisch geformter Kultstein.
Shizuoka [ʃiz-], Hptst. der Prov. S., Japan, 468 000 Ew., an der SO-Küste von Honshū; Univ.; Mittelpunkt der Erzeugung von Tee, Lack- und Korbwaren, Papier, Textilien.
Shkodër [ˈʃkodər], **Skutari,** Stadt in Albanien am Skutari-See, 73 600 Ew.; Metall-, Textil-, Tabak- und Nahrungsmittelindustrie.
Shōgun [ʃo-], in Japan urspr. Titel eines Krieg führenden kaiserl. Feldherrn, dann erbl. Titel des Kronfeldherrn.
Sholapur [ˈʃəʊlə-], Stadt in Indien, → Solapur.
Shona [ʃ-], **Schona, Maschona,** sprachlich und kulturell verwandte Bantustämme in Simbabwe und Moçambique.
Shorts [ʃɔ:ts] *Pl.,* kurze Hose, Sportkleidung für Herren und Damen.
Shortstory [ʃɔ:tˈstɔ:rɪ] *die,* Gattung der engl. und amerikan. Literatur, ähnl. der dt. Kurzgeschichte.
Shortton [ʃɔ:ttʌn] *die,* brit. Gewicht, 1 S. = 907 kg.
Shoshone, Shoshoni [ʃəʊˈʃəʊnɪ], Sprachgruppe der nordamerikan. Indianer (Paiute, Komantschen u. a.) im Großen Becken, in der südl. Prärie und in S-Kalifornien.
Show [ʃəʊ] *die,* Schau, bunte Unterhaltungsdarbietung. **Showbusiness** [ˈʃəʊbɪznɪs], Schaugeschäft, Unterhaltungsindustrie.
Shreveport [ˈʃri:vpɔ:t], Stadt in Louisiana, USA, 218 000 Ew.; Erdölraffinerie, Baumwollindustrie.
Shrewsbury [ˈʃru:zbərɪ], engl. Stadt in Shropshire, 59 800 Ew.; kath. Bischofssitz; Maschinenbau u. a. Ind.; maler. Altstadt (u. a. Abteikirche Holy Cross, 11. bis 14. Jh.; Fachwerkhäuser, v. a. im Tudorstil).
Shudra [ʃ-] *der,* im Hinduismus Angehöriger der untersten der 4 Kasten, durfte früher nur als unrein geltende Berufe ausüben (z. B. Diener, Schauspieler, Handwerker).
Shunt [ʃʌnt] *der,* **1)** ⚕ angeborene oder operativ hergestellte Verbindung zw. 2 versch. Kreislaufsystemen. – **2)** ⚡ ein Nebenschlusswiderstand, bes. in der Messtechnik.
Shylock [ˈʃaɪlɔk], jüd. Geldverleiher in Shakespeares »Kaufmann von Venedig«.
Si, chem. Symbol für das Element Silicium.
SI, Abk. für Système International d'Unités (→ Internationales Einheitensystem).
Sial *das,* 🌐 granitartige, silicium- und aluminiumhaltige äußerste Schicht der Erdkruste.
Sialkot [ˈsja:lkəʊt], Stadt im W-Punjab, Pakistan, 296 000 Ew.; Herstellung von Sportgeräten, Gummiwaren, medizin. Instrumenten.

Phillip Allen Sharp

George Bernard Shaw

Sheffield
Stadtwappen

Siam, ehem. Name von →Thailand.
siamesische Zwillinge, miteinander verwachsene Zwillinge; nach einem Zwillingspaar aus Siam (* 1811, † 1874).

Jean Sibelius

Siamkatzen, exot. Kurzhaarkatzen, mittelgroß, meist hellfarbig. Ohren- und Schwanzspitze sowie Nasenspiegel dunkler.
Sian, Hptst. der chin. Provinz Shaanxi, →Xi'an.
Siangkiang, Fluss in China, →Xiang Jiang.
Siangtan, Hafenstadt in China, →Xiangtan.
Sibelius, Jean, finn. Komponist, * 1865, † 1957; u. a. sinfon. Dichtungen (»Finlandia«, 1899/1900).
Šibenik [ˈʃibεniːk], kroat. Stadt an der dalmatin. Küste, rd. 33 000 Ew.; kath. Bischofssitz; Hafen; Bauten aus Gotik und Renaissance (Dom, Foscolo-Palast).
Sibirien, nördl. Teil Asiens vom Ural bis zu den Wasserscheidengebirgen westl. des Pazifik und vom Nordpolarmeer bis zum Gebirgsrand Hochasiens, rd. 10 Mio. km², rd. 40 Mio. Ew. S. gehört zu Russland. Bev.: größtenteils Russen, zahlreiche mongolide Völkerschaften. 3 Großlandschaften: Westsibir. Tiefebene zw. Ural und Jenissej, von Ob und Irtysch entwässert; Mittelsibir. Bergland (bis 1 701 m) zw. Jenissej und Lena; Ostsibir. Gebirgsland (2 500 bis 3 500 m). Kontinentales Klima; in Nordost-S. kälteste Gebiete der Erde. Pflanzenwelt von N nach S: Tundra, Taiga (sibir. Nadelwald), Steppe und Ackerland, Gebirgswälder. Waldwirtschaft, Pelztierjagd, Viehzucht u. a. S. ist reich an Bodenschätzen: Kohle, Eisenerze, Gold, Silber und weitere NE-Metalle, Erdöl, Erdgas, Diamanten. Große Kraftwerke. S. wird zunehmend industrialisiert; bes. der SW ist ein Mittelpunkt der Schwer-, chem. Ind., des Maschinenbaus u. a. Verkehr: Transsibir. Eisenbahn von Moskau über Jekaterinburg, Omsk, Nowosibirsk, Irkutsk, Baikalsee nach Wladiwostok, quer durch S., 9 300 km (erbaut 1891 bis 1916); nördlich davon verläuft die Baikal-Amur-Magistrale; ferner Südsibir. Bahn und neue Anschlussstrecken. Im Sommer Flussschifffahrt. – Seit dem 11. Jh. drangen russ. Kaufleute vor, 1581 wurde das Tatarenreich von Sibir am Irtysch unterworfen; beim weiteren Vordringen erreichten die Russen 1640 den Pazifik. Wirtschaftl. Erschließung im Wesentlichen erst im 19. und bes. im 20. Jh. 1918 bis 1920 kämpfte Admiral A. Koltschak in S. gegen die Bolschewiki; seit 1922 gehörte ganz S. zur RSFSR.

Sicherheitsgurte

Sibiu →Hermannstadt.
Sibylle *die,* im Altertum Name weissagender Frauen.
Sica, Vittorio, →De Sica, Vittorio.
Sichel, halbkreisförmige, einwärts scharfe Stahlklinge mit kurzem hölzernem Griff, zum Schneiden von Getreide und Gras.
Sicherheitsgurt, elast. Gurt aus Natur- oder Kunstfasern, z. B. in Kraftfahrzeugen und Flugzeugen, der die Insassen auf dem Sitz festhält und vor Aufprallverletzungen schützen soll.
Sicherheitslampe, Grubenlampe, ⚒ eine schlagende Wetter anzeigende, aber nicht zündende Lampe.

Franz von Sickingen
Bronzemedaille
(1521)

Sicherheitsleistung, ⚖ Maßnahme zur Verhinderung künftiger Rechtsverletzungen oder zur Sicherung in Aussicht stehender Ansprüche; i. d. R. Hinterlegung von Geld oder Wertpapieren (§§ 232 ff. BGB; Kaution). Im Zivilprozess spielt die S. hauptsächlich wegen der Prozesskosten und zur Abwendung oder Ermöglichung der Vollstreckung von vorläufig vollstreckbaren Urteilen eine Rolle.
Sicherheitsrat, eines der Hauptorgane der Vereinten Nationen. Er besteht aus 15 Mitgliedern, darunter 5 ständigen (Frankreich, Großbritannien, Russland, USA, VR China). Der S. handelt im Namen aller Mitglieder der UNO; er bemüht sich um die friedl. Beilegung von Streitfällen; er stellt das Vorliegen einer Friedensbedrohung, eines Friedensbruchs oder einer

Siamkatze

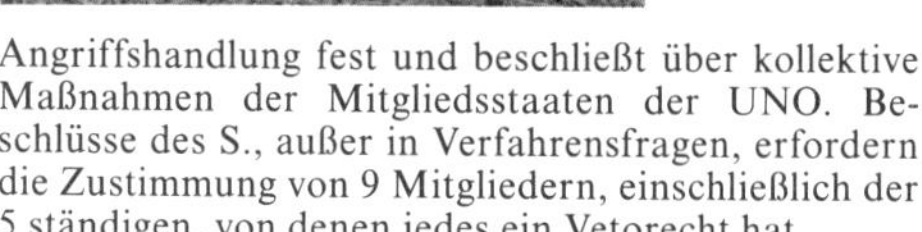
Angriffshandlung fest und beschließt über kollektive Maßnahmen der Mitgliedsstaaten der UNO. Beschlüsse des S., außer in Verfahrensfragen, erfordern die Zustimmung von 9 Mitgliedern, einschließlich der 5 ständigen, von denen jedes ein Vetorecht hat.
Sicherheitsventil, ⚙ gewichts- oder federbelastete Absperrvorrichtung an Dampfkesseln, die sich selbsttätig öffnet, wenn der Dampfdruck zu groß wird.
Sicherung, ⚡ in elektr. Stromkreise eingebaute Schutzvorrichtung: Sie unterbricht einen Stromkreis, wenn die Stromstärke durch Kurzschluss oder Überlastung eine bestimmte Größe überschreitet. Als **Schmelz-S.** ist sie ein Glas- oder Porzellanrohr, in dem in Sand ein Schmelzdraht eingebettet ist, der durch die Stromwärme geschmolzen wird. Bei den wieder verwendbaren **Leitungsschutzautomaten** und **Motorschutzschaltern** wird elektromagnetisch oder durch einen Bimetallstreifen der Kontakt unterbrochen.
Sicherungsübereignung, ⚖ Übereignung einzelner bewegl. Sachen oder einer Sachgesamtheit (Warenlager) an einen Gläubiger zur Sicherung seiner Forderung mit der Abrede, dass das Eigentum nur für die Dauer des Bestehens der Forderung übergehen soll. Der Veräußerer behält den Besitz. Die S. ist Ersatz für das ohne Besitzübertragung nicht zulässige Pfandrecht.
Sicherungsverwahrung, ⚖ Maßregel der Sicherung und Besserung, die neben der Strafe zum Schutz der Allgemeinheit angeordnet wird, wenn der Täter wegen vorsätzl. Straftaten schon zweimal jeweils zu einer Freiheitsstrafe von mindestens 1 Jahr verurteilt worden ist (§ 66 StGB).
Sichtbeton, ⌂ Beton, der ohne Verkleidung dem Beschauer sichtbar bleibt und als solcher architekton. Ausdrucksmittel ist.
Sichteinlagen, täglich abrufbare Guthaben von Bankkunden (gering oder unverzinslich).
Sichtgerät, Sichtanzeigegerät, ⚙ Anzeigegerät mit Leuchtfeldern oder einem Bildschirm (Kathodenstrahlröhre, Flüssigkristallanzeige), das Ergebnisse als Schriftzeichen, Kurven oder Zeichnungen darbietet.
Sichtvermerk, Visum *das,* in einem Pass eingefügte amtl. Bestätigung eines fremden Staats, dass Einreise **(Einreisevisum),** Aufenthalt oder Durchreise **(Transitvisum)** gewährt werden.
Sichuan [-tʃ-], **Szechwan, Setschuan,** Prov. in Zentralchina, 567 000 km², 107,22 Mio. Ew., Hptst. Chengdu; am Oberlauf des Jangtsekiang; fruchtbare Böden und reiche Bodenschätze.
Sickingen, Franz v., Reichsritter, * 1481, † 1523; Söldnerführer unter Maximilian I. und Karl V. Durch Ulrich v. Hutten für die Reformation gewonnen, gewährte S. auf der Ebernburg an der Nahe Anhängern der neuen Lehre Zuflucht. Sein Kampf gegen die Fürsten schlug fehl; er wurde bei der Belagerung seiner Burg Landstuhl tödlich verwundet.
Siddhartha, Name →Buddhas.
siderisch, ☼ die Gestirne betreffend.
Siderit *der,* →Eisenspat.

Sidi-Bel-Abbès [sidibɛla'bɛs], algerische Stadt, 116000 Ew.; Mittelpunkt eines Landwirtschaftsgebiets; 1843 bis 1962 Hauptgarnison der frz. Fremdenlegion.

Sidon, alte Hafenstadt Phönikiens, an der Stelle des heutigen Saida, Libanon; war neben Tyros zeitweise die erste Seemacht Vorderasiens. Zahlreiche Funde (Alexandersarkophag).

Sieb|bein, Riechbein, unpaariger siebartiger Schädelknochen zw. den Augenhöhlen, für den Durchtritt der Riechnerven in die Nase.

Siebdruck, Druckverfahren zum Bedrucken von Plakaten, Textilien und Hartmaterial (Glas, Blech, Holz, Pappe). Druckform ist eine Schablone. Über sie wird ein engmaschiges Textil- oder Drahtgewebe gelegt, durch das hindurch die Farbe aufgetragen wird.

sieben, Primzahl, gilt seit alters als hl. Zahl (z.B. 7 Schöpfungstage), Symbol der Vollkommenheit.

Siebenbürgen, rumän. **Transilvania** oder **Ardeal,** hügeliges Hochland in Rumänien, zw. Ostkarpaten, Südkarpaten und Siebenbürg. Erzgebirge, etwa 4 Mio. Ew. Flüsse: Szamos, Maros, Alt. Bev.: etwa 65% Rumänen, rd. 30% Ungarn, Deutsche u.a. Erwerbszweige: Ackerbau (Mais, Weizen, Wein), Schaf- und Rinderzucht, Waldwirtschaft, ⚒ auf Gold, Salz, Eisen; Ind.; Hptst.: Klausenburg. – S., im Altertum zum Reich der Daker gehörend, wurde im 9. Jh. von Ungarn unterworfen. Die ungar. Könige riefen im 12. Jh. Deutsche **(Siebenbürger Sachsen)** ins Land. Seit 1541 war S. selbstständig unter ungar. Fürsten (türk. Oberherrschaft), kam 1691 mit Ungarn unter habsburg. Herrschaft; 1918 mit Rumänien vereinigt; durch den Wiener Schiedsspruch 1940 kam der nördl. und östl. Teil S.s an Ungarn, durch den Pariser Frieden (1947) ganz S. wieder an Rumänien.

Plättchen (Unterbrechungsmelder)
Sichtfenster
Druckfeder
Schraubkappe
Sicherungspatrone
Sand
Sockel
Schmelzleiter
Passring für den Fußkontakt

Sicherung. Schmelzsicherung (Schnitt)

Siebengebirge, vulkan. Berggruppe am rechten Mittelrhein, NRW, im Großen Ölberg 460 m hoch.

Siebengestirn, Plejaden, ✩ Sterngruppe im Sternbild Stier.

Siebenjähriger Krieg, 3. Schlesischer Krieg, 1756 bis 1763. Um das von Friedrich d. Gr. im 1. und 2. Schlesischen Krieg eroberte Schlesien zurückzugewinnen, verbündete sich Österreich mit Russland, Frankreich und Sachsen-Polen; später auch Unterstützung durch Spanien, Schweden und die Reichsarmee. Preußen, nur im Bunde mit Großbritannien-Hannover, kam der Einkreisung zuvor. Friedrich siegte u.a. bei Prag, Roßbach, Leuthen, Zorndorf, Liegnitz, Torgau, Krefeld, Minden; verlor bei Kolin, Hochkirch, Kunersdorf. Aus arger Bedrängnis rettete ihn 1762 das Ausscheiden Russlands. Im Frieden von Hubertusburg behauptete Friedrich Schlesien und die Großmachtstellung Preußens. Mit dem S. K. war ein frz.-brit. Kolonialkrieg verflochten. Im Frieden von Fontainebleau trat Frankreich sein Kolonialreich in Nordamerika an Großbritannien ab, das nach dem S. K. seine Kolonialmacht ausbauen konnte.

Siebenkampf, ⛹ Mehrkampfwettbewerb für Frauen (seit 1979), besteht aus 100-m-Hürdenlauf, Kugelstoßen, Hochsprung, 200-m-Lauf (1. Tag), Weitsprung, Speerwurf, 800-m-Lauf (2. Tag).

Siebenschläfer, 1) 7 legendäre christl. Brüder, die, vom röm. Kaiser Decius verfolgt, fast 200 Jahre in einer Höhle bei Ephesos geschlafen haben sollen. Das Wetter um den **S.-Tag** (27. 6.) ist im Volksglauben bestimmend für das der 7 nächsten Wochen. – **2)** ♉ → Bilche.

Sieben Schwaben, Helden eines Schwanks aus dem 15. Jh., die, mit einem großen Spieß bewaffnet, vor einem Hasen davonlaufen.

Siebenstromland, Landschaft in W-Turkestan, südlich vom Balchaschsee, benannt nach den 7 Hauptflüssen Ili, Karatal, Bijen, Aksu, Lepsa, Baskan und Sarkand.

Sieben Weise, griech. Philosophen und Staatsmänner des 7./6. Jh. v. Chr., Vorbilder der Weisheit: Thales, Bias, Pittakos, Solon, Kleobulos, Myson (oder Periander), Chilon.

sieben Weltwunder, 7 berühmte Bau- und Kunstwerke des Altertums: die ägypt. Pyramiden, die hängenden Gärten der Semiramis in Babylon, der Artemistempel in Ephesos, die Zeusstatue des Phidias in Olympia, das Mausoleum in Halikarnassos, der Koloss zu Rhodos, der Leuchtturm von Pharos bei Alexandria.

Sieburg, Friedrich, dt. Schriftsteller, Kritiker, * 1893, † 1964; »Napoleon« (1956) u.a.

Friedrich Sieburg

Siebzehnter Juni, Juniaufstand, die v.a. von Industriearbeitern in den Großstädten und Industriezentren der DDR getragene Erhebung vom 17. 6. 1953, die, ausgelöst durch einen lohnpolitischen Konflikt (Erhöhung der Arbeitsnormen), sich zu einer Protestbewegung gegen die Politik der SED und der von ihr getragenen Regierung steigerte; wurde von sowjet. Truppen niedergeschlagen. – Bis 1990 nat. Feiertag (»Tag der dt. Einheit«) in der Bundesrep. Deutschland; seither Gedenktag. BILD S. 836.

Sieden, Übergang einer Flüssigkeit in den gasförmigen Aggregatzustand bei einer bestimmten Temperatur, dem **Siedepunkt** (Sp); Ggs.: Kondensieren. Der Sp steigt mit wachsendem Druck. Flüssigkeiten mit gelösten Stoffen erfahren eine Sp-Erhöhung.

Siedewasser|reaktor, Abk. **SWR,** ⚛ Kernreaktor mit Wasserkühlung; neben dem Druckwasserreaktor der verbreitetste Leistungsreaktor.

Siedlung, allg. jede feste menschl. Niederlassung, vom neuen Wohnplatz in bisher unbesiedeltem Gebiet bis zum planmäßig angelegten Ortsteil.

Sieg *die,* rechter Nebenfluss des Rheins in NRW, entspringt im Rothaargebirge, mündet unterhalb von Bonn-Beuel, 131 km lang.

Siegbahn, 1) Kai Manne, schwed. Physiker, * 1918, Sohn von 2); erhielt für seine Forschungen auf dem Gebiet der Elektronenspektroskopie 1981 zus. mit N. Bloembergen und A. L. Schawlow den Nobelpreis für Physik. – **2)** Karl Manne Georg, schwed. Physiker, * 1886, † 1978, Vater von 1); entdeckte die »M-Serie« der Röntgenspektren, wies die prismat. Brechung der Röntgenstrahlen nach; Nobelpreis für Physik 1924.

Siegburg, Krst. in NRW, an der Sieg, 33600 Ew.; Bundesfinanzakademie; Eisen-, Holz- und chem. Industrie.

Siegel, Abdruck eines Stempels in einer weichen Masse, früher in Gold, Silber, Blei oder Wachs gedrückt, später benutzte man S.-Lack. Eine Weiterbildung des S. ist der Gummi- oder Stahlstempel, der von

Siebzehnter Juni. Sowjetischer Panzer auf dem Potsdamer Platz

den Behörden als Amts-S. zur Beglaubigung ihrer Schriftstücke verwendet wird.

Siegelbewahrer, im MA. Hüter der großen Staatssiegel; im Hl. Röm. Reich der Kurfürst von Mainz, in England der Lordkanzler.

Siegelbruch, ⚖ das vorsätzl. unbefugte Erbrechen, Ablösen oder Beschädigen eines amtl. Siegels, das angelegt ist, um Sachen zu verschließen, zu bezeichnen oder zu beschlagnahmen. Freiheitsstrafe oder Geldstrafe (§ 136 StGB).

Siegelkunde, griech. **Sphragistik,** histor. Hilfswiss., befasst sich mit dem Vorkommen, der Echtheit, den Formen und der rechtl. Bedeutung von Siegeln.

Siegel|lack, gefärbtes, leicht schmelzbares Harzgemenge in Stangenform, aus Schellack und Kolophonium, zum Siegeln von Urkunden, Verschließen von Briefen.

Siegen, Krst. in NRW, an der Sieg, 106 400 Ew.; Gesamthochschule, Eisen- und Stahlindustrie.

Siegfried, nord. **Sigurd,** Gestalt der german. Heldensage. Im Nibelungenlied besteht S. in seiner Jugend zahlreiche Abenteuer (Drachenkampf, Erringung des Nibelungenhorts), überwindet für den Burgunderkönig Gunther mithilfe der Tarnkappe Brunhilde, erhält Gunthers Schwester Kriemhild zur Frau. Als Brunhilde erfährt, dass S., nicht Gunther, sie besiegt hat, lässt sie S. durch Hagen töten.

Siel *der* oder *das,* Deichschleuse zur Entwässerung der eingedeichten Niederungen an der See oder in Flussgebieten.

Siele *die,* Brustblatt, Geschirr der Zugtiere; Ü **in den S. sterben,** aus der Arbeit heraus sterben.

Siemens, Werner v., dt. Ingenieur, Begründer der Starkstromtechnik, * 1816, † 1892; verbesserte den elektr. Zeigertelegrafen, gründete 1847 zus. mit J. G. Halske eine Telegrafenbauanstalt, die 1848/49 die erste große unterird. Telegrafenleitung (Berlin–Frankfurt am Main) legte. 1866 erfand er die Dynamomaschine.

Siemens AG, größtes dt. Unternehmen der elektrotechn. und elektron. Ind., entstand aus der 1847 gegr. Siemens & Halske OHG; Sitz Berlin und München.

Siena, Stadt in der Toskana, Italien, 58 700 Ew.; zahlreiche Bauwerke des Spät-MA. und der Renaissance mit der muschelförmigen Piazza del Campo als Mittelpunkt; Univ. (gegr. im 12. Jh.), zweite Univ. seit 1979. – In röm. Zeit **Sena Julia;** seit dem 12. Jh. Freistaat, 1559 von Florenz besiegt.

Siena Stadtwappen

Sienkiewicz [ɕɛŋˈkjɛvitʃ], Henryk, poln. Romanschriftsteller, * 1846, † 1916; »Quo vadis« (3 Bände, 1896). Nobelpreis 1905.

Sierra *die,* span. Bezeichnung für Gebirgszug.

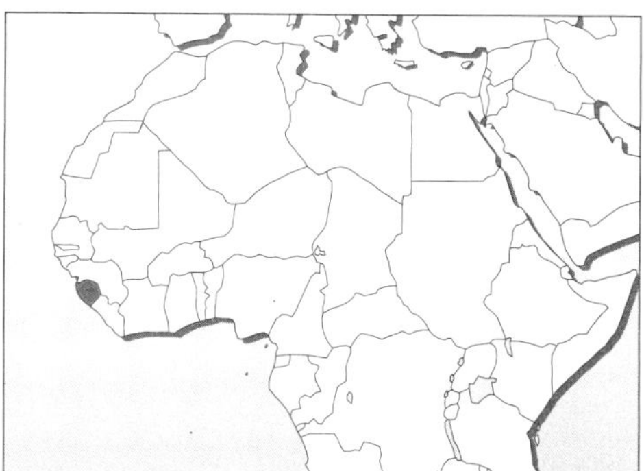

Sierra Leone, Rep. in W-Afrika, an der Oberguineaküste, 71 740 km², 4,38 Mio. Ew.; Hptst.: Freetown. Nach der Verf. von 1991 ist S. L. ein Mehrparteienstaat (nach dem Militärputsch von 1997 suspendiert). Im W Flachland (Mangrovenküste), im O Plateaulandschaft. Für die Eigenversorgung v. a. Reisanbau, Maniok, Hirse und Mais, zum Export Palmkerne und -öl, Kaffee, Ingwer; Eisenerz, Diamanten, Bauxit, Chrom-, Titanerze. – Seit 1808 brit. Kolonie, seit 1896 Protektorat; seit 1961 unabhängig; Anfang bis Mitte der 1990er-Jahre Bürgerkrieg. Nach einem Militärputsch im Mai 1997 wurde der Putschistenführer J. P. Koroma zum Präs. gewählt.

Sierra Leone

Staatswappen

Staatsflagge

Internationales Kfz-Kennzeichen

Sierra Morena, S-Abfall des Kastil. Hochlands in Spanien, reich an Bodenschätzen (Kupfer, Quecksilber, Bleierz).

Sierra Nevada, 1) höchstes Gebirge Spaniens, in Andalusien, im Mulhacén 3 478 m hoch. – **2)** Gebirgskette in Kalifornien und Nevada (USA), im S zahlreiche Gipfel über 4 000 m, höchste Erhebung: Mount Whitney (4 418 m hoch). – **3) S. N. de Mérida,** Teil der Kordilleren in Venezuela, bis 5 002 m.

Sieyès [sjɛ'jɛs], Emmanuel Joseph Graf, frz. kath. Geistlicher, * 1748, † 1836; zu Beginn der Frz. Revolution Wortführer des 3. Stands.

Sigel *das,* Wortkürzung, bes. in der Kurzschrift.

Sigismund, Herrscher: **Hl. Röm. Reich. 1) S., Siegmund,** der letzte Luxemburger, Sohn Kaiser Karls IV., * 1368, † 1437; König ab 1410, Kaiser ab 1433, war seit 1378 Kurfürst von Brandenburg, seit 1387 auch König von Ungarn, gab Brandenburg 1415/17 an die Hohenzollern; veranlasste die Einberufung des Konstanzer Reformkonzils 1414 bis 1418, erst nach Führung der Hussitenkriege (1420 bis 1436, →Hussiten) als König von Böhmen anerkannt. – **Polen. 2) S. II. August,** * 1520, † 1572; König (1548 bis 1572), gewann 1561 Livland und Lehnsoberhoheit über Kurland, vereinigte Litauen mit Polen. – **3) S. III. Wasa,** König 1587 bis 1632, König von Schweden 1592 bis 1604, dessen Krone er als Förderer der Gegenreformation verlor.

Signac [siɲ'ak], Paul, frz. Maler, * 1863, † 1935; Vertreter des Pointillismus: Landschaften.

Signal *das,* verabredetes oder durch Vorschrift bestimmtes Zeichen zur Nachrichtenübermittlung: **hörbare** (akust.) **S.,** z. B. durch Trompete, Trommel, Pfeife, Sirene; **sichtbare** (opt.) **S.,** z. B. **Licht-** und **Flaggen-S.** Flaggen-S. für die Seeschifffahrt sind im **Internat. S.-Buch** zusammengestellt.

Signalement [siɲal'mã] *das,* **1)** Personalbeschreibung (im Pass o. Ä.). – **2)** in der Pferdezucht die Gesamtheit der Merkmale, die ein bestimmtes Tier trägt.

Signatur *die,* **1)** Kennzeichen, Bezeichnung. – **2)** 📖 die Bezifferung der Bogen am Fuße der 1. Seite. – **3)** Namensunterschrift. – **4)** 🌐 auf Landkarten: Zeichen für bestimmte Gegenstände, Bodenbedeckungen usw.

Signet [zin'je:] *das,* Drucker- oder Verlegerzeichen.

Signifikanz *die,* Bedeutsamkeit, Wesentlichkeit; **signifikant,** bezeichnend; in der Statistik: über eine bloß zufällige Abweichung (zw. 2 Maßzahlen) hinausgehend.

Signora [siɲ'ɲo:ra], Frau, **Signore,** Herr, **Signorina,** Fräulein, ital. Anrede.

Signorelli [siɲo'rɛlli], Luca, ital. Maler, * um 1445/50, † 1523; Fresken und Tafelbilder.

Signoret [sɪɲo'rɛ], Simone, eigentl. S. **Kaminker,** frz. Schauspielerin, * 1921, † 1985; ⚭ mit Y. Montand; bedeutende Charakterdarstellerin des internat. Films. Filme: »Zur roten Laterne« (1946), »Die Katze« (1970).

Signoria [siɲo'ri:a] *die,* im mittelalterl. Italien Herrschaft über ein Stadtgebiet.

Signum *das,* Zeichen, Künstlerzeichen.

Sihanouk [sia'nuk], Norodom, kambodschan. Politiker, * 1922; 1941 bis 1955 König, 1960 bis 1970 Staatschef (von Lon Nol gestürzt), nach Exil und Widerstand gegen die kommunist. Reg. 1991 Staatsoberhaupt, 1993 wieder König.

Sikhs, die Anhänger einer um 1500 gegr. hinduist.-muslim. monotheist. Lehre im Pandschab (Hauptheiligtum in Amritsar). Bei dessen Teilung 1947 mussten sie den (muslim.) pakistan. Teil verlassen; in Indien wachsende Spannungen zw. militanten S. und Hindus.

Ältestes **Siegel** der Stadt Aachen, Messing (um 1134)

Sikiang, Fluss in China, →Xi Jiang.

Sikkative *Pl.,* ⚗ →Trockenstoffe.

Sikkim, Gliedstaat Indiens im Himalaya, 7 107 km², 440 000 Ew. (Nepalesen u. a.); Hptst.: Gangtok. Reis, Obst u. a.; Viehzucht. Das Kgr. kam 1890 zu Brit.-Indien; seit 1950 ind. Protektorat; 1974 wurde der König entmachtet; seit 1975 ist S. Gliedstaat der Ind. Union.

Sikorsky, Igor Iwanowitsch, amerikan. Flugzeugbauer ukrain. Herkunft, * 1889, † 1972; baute 1913 in Russland das erste viermotorige Flugzeug, seit 1919 in den USA, entwickelte viele leistungsstarke Hubschrauber.

Silbe, Ⓢ zusammengehörige Lautgruppe innerhalb eines Worts; kleinste Sprecheinheit.

Silber, lat. **Argentum,** Symbol **Ag,** chem. Element, Edelmetall mit der OZ 47; D 10,5 g/cm³, Fp 961,9 °C, Sp 2 212 °C; glänzend weiß, sehr polierfähig, weicher als Kupfer, härter als Gold; von allen Metallen leitet es die Wärme und Elektrizität am besten. An der Luft ist S. ziemlich beständig, von Schwefelwasserstoff wird es unter Bildung von **S.-Sulfid,** Ag_2S, geschwärzt (Anlaufen von S.-Gegenständen). In Salpetersäure löst es sich zu **S.-Nitrat,** AgNO (Höllenstein). Mit Gold, Kupfer, Blei, Quecksilber, Zink legiert es sich sehr leicht. In der Natur findet sich S. in gediegener Form, in kleinen Mengen auch in den S.-Erzen **Rotgültigerz, Fahlerz** sowie im **Horn-S.** und **S.-Glanz,** Ag_2S; meist aber als S.-Sulfid im **Bleiglanz** und **Kupferkies.** S. wird in Legierungen für Münzen, Schmuck, Geräte, in der Hauptsache jedoch von der fotograf. Ind. als **S.-Bromid,** AgBr, verarbeitet. **Versilbern** von Metallgegenständen geschieht bei Feuerversilberung durch Anreiben eines silberhaltigen Amalgams, aus dem durch Hitze Quecksilber herausgelöst wird, bei der galvan. Versilberung durch Elektrolyse einer S.-Nitratlösung.

Silberblatt, Kreuzblütlerstaude mit silbriger Schotenscheidewand, im Felsgebüsch; Zierpflanze (u. a. **Judassilberling** oder **Mondviole).**

Silberdistel, eine →Eberwurz.

Silberfischchen, ein weltweit verbreitetes silberweißes, 1 cm großes, ungeflügeltes Urinsekt, in feuchtwarmen Räumen.

Silbergras, das →Pampasgras.

Silberlegierungen, werden für Schmuck, Bestecke u. a. verwendet. **Juwelier-S.** enthalten 8 bis 20% Kupfer zur Erhöhung der Härte. Der Stempel »800« bedeutet 800 Teile Silber auf 1000 Teile Legierung (d. h. 80% Silber). **Sterlingsilber** enthält 925 Teile Silber auf 1 000 Teile Legierung. **Münzsilber** ist mit 5 bis 50% Kupfer und bis zu 20% Zink legiert.

Silberlöwe, der →Puma.

Silbermann, Gottfried, dt. Orgel-, Klavierbauer, * 1683, † 1753; Orgeln in Freiberg, Straßburg u. a.

Silbernes Lorbeerblatt, ⚘ 1950 in der Bundesrep. Deutschland gestiftete höchste Auszeichnung für sportl. Leistungen.

Silberstift, Zeichengriffel aus Silber oder einer Metalllegierung, zeigt auf speziell vorbehandeltem Papier einen zartgrauen, bald bräunlich oxidierenden Strich.

Silberwurz, Dryas, weißblütiger Polsterstrauch der Hochalpen und der Arktis mit unterseits silberfilzigem Laub.

Silcher, Friedrich, dt. Liederkomponist, * 1789, † 1860; »Ännchen von Tharau«, »Ich weiß nicht, was soll es bedeuten«.

Sild *der,* Hering. **Delikatess-S.,** entgräteter, in Kräuter eingelegter junger Hering.

Silen *der,* griech. Sage: Fruchtbarkeitsdämon, menschengestaltig mit tier. Zügen (Schweif, Hufe u. a.).

Silene, Leimkraut, Gattung der Nelkengewächse mit weltweit rd. 500 Arten; in Dtl. der **Taubenkropf** und das **Stängellose Leimkraut.**

Silicium, Silizium *das,* Symbol **Si,** chem. Element; OZ 14, D 2,33 g/cm³, Fp 1 410 °C; bildet schwarz-

Norodom Sihanouk

Silberblatt
Mondviole

Silberwurz

Siegel
Sumerisches Rollsiegel mit Griff in Form eines Widders (3. Jahrtsd. v. Chr.)

Anja Silja

graue, glänzende Kristalle, ist an der Luft und gegen Säuren (außer Flusssäure) beständig, löst sich in Laugen unter Bildung von **Silikaten;** mit Metallen bildet es Verbindungen **(Silicide)** oder Legierungen, mit Kohlenstoff das **S.-Carbid.** S. wird in der Halbleitertechnik zur Herstellung von Chips und für die Synthese von Siliconen verwendet. Etwa 25% der äußeren Erdrinde bestehen aus S., das aber nur in Form von Silikaten oder als **S.-Dioxid,** SiO_2, und zwar in grobkristalliner Form als Quarz (Sand), bei Färbung durch Spuren von Schwermetalloxiden als Rauchquarz, Rosenquarz, Amethyst, Chrysopras u. a., bei wasserklarem Aussehen als Bleikristall, in poröser Form als wasserhaltiger Kieselgur vorkommt. Mit den Oxiden zahlreicher Metalle verbindet sich das S.-Dioxid zu den Silikaten, zu deren natürl. Vertretern die Feldspäte, Glimmer, Asbest, Talk und andere Mineralien gehören. Weitere Anwendungen: für Legierungen, Heizleiter, elektr. Isolierstoffe.

Frans Eemil Sillanpää

Silicone, Silikone *Pl.,* Kunststoffe aus Silicium-Sauerstoff-Ketten mit Acryl- und Alkylgruppen, je nach Aufbau flüssig **(S.-Öle),** fest **(S.-Harze)** oder kautschukartig **(S.-Kautschuk).**

Silikose *die,* ⚕ →Staubinhalationskrankheiten.

Silja, Anja, dt. Sängerin (Sopran), * 1940.

Sillanpää, Frans Eemil, finn. Schriftsteller, * 1888, † 1964; Romane: »Silja, die Magd« (1931), »Schönheit und Elend des Lebens« (1945). Nobelpreis für Literatur 1939.

Silone, Ignazio, eigentl. Secondo **Tranquilli,** ital. Schriftsteller, * 1900, † 1978; schildert in sozialreformer. Romanen das südital. Bauerntum. – »Fontamara« (1930), »Brot und Wein« (1936).

Sils im Engadin, rätoroman. **Segl,** Kurort im Kt. Graubünden, Schweiz, 400 Ew., besteht aus **S.-Baselgia** (1802 m) und **S.-Maria** (1817 m), zw. Silvaplaner und Silser See. S.-Maria war 1881 bis 1888 Sommeraufenthalt F. Nietzsches.

Silur *das,* **Silurische Formation,** 🌐 System des Erdaltertums (→Erdgeschichte, ÜBERSICHT).

Silvaner, mittelfrühe, weiße Rebsorte.

Silvester, Sylvester, Name mehrerer Päpste: **S. I.** († 335) wurde heilig gesprochen (Tag: 31. 12.), daher heißt der letzte Tag des Jahres auch **S.** oder **S.-Tag** (S.-Abend).

Silvretta *die,* Gebirgsstock auf der Grenze von Vorarlberg, Tirol und Graubünden (Piz Linard, 3411 m hoch).

Sima *die,* 🌐 Zone der Erdkruste, die hauptsächlich aus **Si**licium und **Ma**gnesium aufgebaut ist.

Simbabwe

Staatswappen

Staatsflagge

Internationales Kfz-Kennzeichen

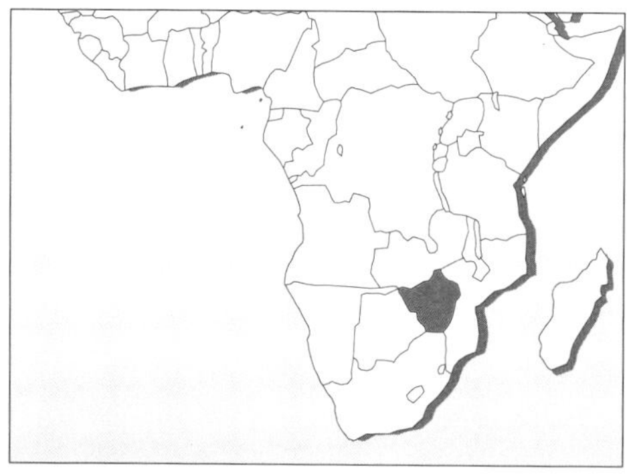

Simbabwe, engl. **Zimbabwe,** Binnenstaat im südl. Afrika, 390580 km², 10,4 Mio. Ew.; Hptst.: Harare; Amtssprache: Englisch; Religion: überwiegend Naturreligionen. Nach der Verf. von 1980 (1987 und 1990 geändert) ist der Präs. Staatsoberhaupt, die Nationalversammlung umfasst 150 Abgeordnete (davon 120 gewählt).

Landesnatur. S. ist ein Hochland (bis 800 m »Niederveld«; bis 1200 m »Hochveld«) zw. Sambesi und Limpopo, im O von einer Gebirgsschwelle (bis 2596 m) begrenzt. Trop. Klima, durch die Höhenlage gemäßigt.

Bevölkerung. Rd. 95% Afrikaner (Bantuvölker), 4,5% Weiße, 0,5% Mischlinge und Asiaten; allg. Schulpflicht, Univ. in Harare.

Wirtschaft. Tabak, Mais, Erdnüsse, Weizen, Baumwolle, Zuckerrohr, Zitrusfrüchte. Bedeutende Viehwirtschaft. Abbau der reichen Bodenschätze: Chrom, Asbest, Gold, Eisen, Steinkohle, Phosphat, Nickel. S. gehört zu den am stärksten industrialisierten Ländern Afrikas: Metall-, Nahrungsmittel-, Tabak-, Textil-, chem. u. a. Ind. Das Land ist durch Bahnlinien mit Sambia, Botswana, Moçambique (Häfen Beira und Maputo) und der Rep. Südafrika (Durban) verbunden; 75000 km Straßen; internat. ✈: Harare.

Geschichte. Die brit. Kolonie Südrhodesien (→Rhodesien) erklärte sich 1965 gegen brit. Protest (Wirtschaftssanktionen) unter Führung einer Reg. der weißen Bev.-Minderheit für unabhängig. Als Vertreter der zugelassenen schwarzen Opposition bildete 1979 A. Muzorewa eine Reg., die jedoch weder von London noch von den in der Patriotischen Front zusammengeschlossenen schwarzen Guerillagruppen anerkannt wurde. Die Londoner Rhodesienkonferenz (Sept. bis Dez. 1979; Teilnehmer: Großbritannien, Patriot. Front, Reg. Muzorewa) beschloss eine Verf. für »Simbabwe«, allg. Wahlen dort und einen Waffenstillstand zw. den Guerillastreitkräften und der offiziellen Armee von S.-Rhodesien. Bei den Wahlen 1980 errang die »Zimbabwe African National Union« (ZANU; R. Mugabe) die absolute Mehrheit. Nach der Entlassung des Landes in die Unabhängigkeit (18. 4. 1980) bildete Mugabe als Min.-Präs. zunächst eine Koalitionsregierung (bis 1987). Seit 1987 ist er Staatspräsident.

Simbirsk, 1924 bis 1992 **Uljanowsk,** Stadt in Russland, an der Wolga, 638000 Ew.; Industrie.

Simenon [simˈnɔ̃], Georges, Pseudonym G. **Sim,** frz.-belg. Schriftsteller, * 1903, † 1989; Journalist; wurde weltbekannt durch seine Kriminalromane um die Gestalt des Kommissars Maigret.

Simeon, Fürst der Bulgaren (893 bis 927), * um 865, † 927; nahm 919 den Titel »Kaiser (Zar) der Bulgaren und Griechen« an; führte erfolgreiche Kriege gegen Byzanz.

Simferopol, Stadt auf der Krim, Ukraine, 344000 Ew.; Univ., Ind.; internat. ✈.

Similaun *der,* vergletscherter Gipfel in den Ötztaler Alpen (3606 m), über den die österr.-ital. Grenze verläuft; 1991 Fund der kältegetrockneten Leiche eines 25 bis 35 Jahre alten Mannes (»S.-Mann«) aus der Jungsteinzeit (Alter etwa 5400 bis 5300 Jahre).

Simili *das* oder *der,* Imitation von Edelsteinen aus Glas. (→Strass)

Simmel, 1) Georg, dt. Philosoph, Soziologe, * 1858, † 1918; einer der Begründer der formalen Soziologie. – **2)** Johannes Mario, dt. Schriftsteller, * 1924; Romane: »Es muß nicht immer Kaviar sein« (1960), »Der Stoff, aus dem die Träume sind« (1971), »Im Frühling singt zum letztenmal die Lerche« (1990), »Träum den unmöglichen Traum« (1996).

Simon, im N.T.: **1)** eigentl. Name des Apostels →Petrus. – **2) S. von Kyrene,** wurde gezwungen, das Kreuz Christi zu tragen (Markus 15). – **3) S. Magus** →Simonie.

Simon [siˈmɔ̃], Claude, frz. Schriftsteller, * 1913; Vertreter des Nouveau Roman (»Das Gras«, 1958; »Die Leitkörper«, 1971); 1985 Nobelpreis.

Simonides von Keos, griech. Lyriker, * um 556, † um 467 v. Chr.; Epigramme auf die Helden der Perserkriege u. a.

Simonie [nach Simon Magus, der den Hl. Geist erkaufen wollte] *die,* Erwerbung geistl. Ämter durch Kauf; nach Kirchenrecht strafbar.
Simonis, Heide, dt. Politikerin (SPD), *1943; war 1988 bis 1993 Finanzmin., seit Mai 1993 Min.-Präsidentin von Schlesw.-Holstein.
Simonow, Konstantin Michajlowitsch, sowjet. Schriftsteller, *1915, †1979; Romantrilogie »Die Lebenden und die Toten« (1959), Dramen.
Simplicissimus, 1) Held eines Romans von J. J. C. von Grimmelshausen: »Der abenteuerl. S.«. – **2)** polit.-satir. Wochenschrift, erschien 1896 bis 1944 und 1954 bis 1967 in München.
Simplon *der,* ital. **Passo del Sempione,** →Alpen (Alpenpässe; ÜBERSICHT).
Simpson Desert ['sɪmpsn 'dezət], Wüste im Inneren Australiens, bes. im Nordterritorium.
Sims *der* oder *das,* **Gesims** *das,* ⌂ waagrechter, vorspringender Streifen als Abschluss oder Gliederung einer Wand.
Simse *die,* ⚘ Gattung der Riedgräser; europ. Arten sind: **Strandsimse, Teichsimse;** eine Zimmerpflanze ist das **Frauenhaargras.**
Simson, Samson, im A.T. israelit. Volksheld von übermenschl. Körperkraft; besiegte die Philister; von Delila (Dalila) durch Scheren der Haare seiner Kraft beraubt, von den Philistern geblendet; nahm sterbend Rache (Richter 13 f.).
Simson, Eduard v., dt. liberaler Politiker, *1810, †1899; Jurist; führte 1849 als Präs. der Frankfurter Nationalversammlung die Abordnung, die Friedrich Wilhelm IV. von Preußen die Kaiserkrone anbot.
Simulation *die,* **1)** Verstellung. – **2)** ⚕ bewusste Vortäuschung von Krankheit. – **3)** Darstellung physikal., techn., biolog., psycholog. oder ökonom. Prozesse oder Systeme durch math. oder physikal. Modelle.
Simulator *der,* **1)** 🖳 Echtzeitdatenverarbeitungsanlage (digitaler oder analoger Prozessrechner) zur Nachbildung physikal. Vorgänge; z. B. werden mit einem **Flug-S.** durch Vortäuschen eines wirkl. Flugs und/oder von Gefahrensituationen Flugzeugführer für bestimmte Flugzeugmuster ausgebildet. – **2)** 🖳 Programm für eine digitale Rechenanlage, das die Arbeitsvorgänge so nachbildet, dass die Anlage als Modell dienen kann.
simultan, gemeinschaftlich, gleichzeitig. **Simultankirche,** Kirche, die von mehreren Konfessionen benutzt wird. **Simultanschule,** die Gemeinschaftsschule. **Simultan-Übersetzungsanlage,** Anlage zur gleichzeitigen Übertragung einer Rede in versch. Sprachen.
sin, √ Abk. für **Sin**us, →Winkelfunktionen.
Sinai *der,* Gebirgsstock (bis 2637 m) auf der **S.-Halbinsel,** die das Rote Meer vom Mittelmeer trennt. Welcher von den Gipfeln der bibl. Berg Horeb, der Berg der Gesetzgebung, war, ist umstritten; am Fuß des Djebel Musa das im 6. Jh. gegr. Katharinenkloster. – Die zu Ägypten gehörende Halbinsel war 1956/57 und 1967 bis 1982 von Israel besetzt.
Sinan, osman. Baumeister, *um 1490, †1587/88; Sohn christl. Eltern, kam als Knabe nach Konstantinopel, wurde 1538 Baumeister für das gesamte Osman. Reich (über 300 Moscheen, Paläste, Bäder u. a.).
Sinanthropus *der,* →Pekingmensch.
Sinatra, Frank, amerikan. Sänger, Entertainer, Filmschauspieler, *1915; »Verdammt in alle Ewigkeit« (1953) u. a. Filme.
Sinclair ['sɪŋklɛə], Upton, amerikan. Schriftsteller, *1878, †1968; sozialkrit. Romane: »Lanny-Budd«-Serie (11 Bände, 1940 bis 1953), in der er seine antifaschistische Haltung und desillusionierende Sicht der Sowjetunion darstellte; Autobiographie (1962).
Sindelfingen, Stadt in Bad.-Württ., 56 900 Ew.; Pkw-Produktion, Herstellung von Datenverarbeitungsanlagen, daneben Uhren- u. a. Industrie.
Siné [si'ne], frz. Karikaturist, *1928; Vertreter des »schwarzen Humors«.
Sinekure [von lat. sine cura »ohne Sorge«] *die,* urspr. Pfründe ohne Amtsgeschäfte; Ü einträgl., aber müheloses Amt.
Sinfonie, Symphonie *die,* Orchesterwerk von 3 oder 4 Sätzen: schnell, langsam, schnell (Menuett oder Scherzo), schnell (Finale). Der erste Satz hat in der Regel Sonatenform. Die zur S. hinführende ältere Entwicklung gipfelte in den S. von Haydn, Mozart, Beethoven.
sinfonische Dichtung, meist einsätziges Orchesterwerk, die wichtigste Gattung innerhalb der Programm-Musik. Beispiel: R. Strauss, »Till Eulenspiegel«.

Heide Simonis

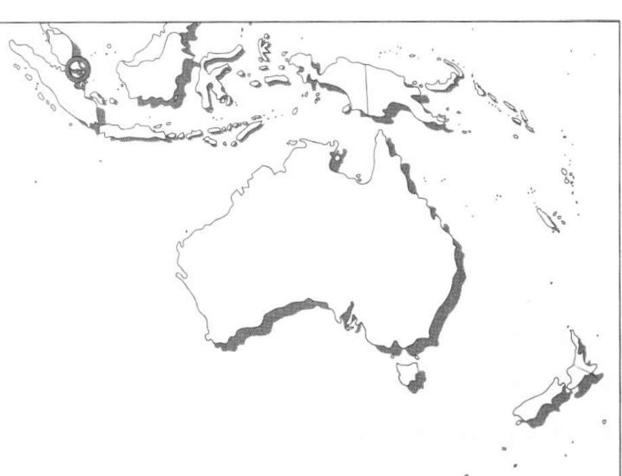

Singapur [»Löwenstadt«], engl. **Singapore,** Rep. im Commonwealth of Nations, auf der Insel S., an der S-Spitze von Malakka, 581 km², 2,77 Mio. Ew. (rd. 75% Chinesen, daneben Malaien, Inder u. a.); Hptst.: S.; Amtssprachen: Englisch, Malaiisch, Chinesisch, Tamil. S. entwickelte sich nach 1965 zu einem internat. bedeutenden Wirtschaftszentrum. Die Stadt S. hat nach Tokio den zweitgrößten ⚓ Asiens, internat. ✈. – S. stand 1819 bis 1963 unter brit. Oberhoheit, seit 1959 autonomer Staat. 1963 bis 1965 gehörte es der Föderation Malaysia an; seit 1965 unabhängige Rep. Präs.: Ong Teng Cheong (seit 1993), Min.-Präs.: Goh Chok Tong (seit 1990).

Singapur

Staatswappen

Staatsflagge

Internationales Kfz-Kennzeichen

Singen (Hohentwiel), Stadt in Bad.-Württ., im Hegau, 41 600 Ew.; Nahrungsmittel-, Eisen-, Stahl-, Aluminiumindustrie.
Singer ['sɪŋə], Isaac Bashevis, amerikan. Schriftsteller poln. Herkunft, *1904, †1991; Romane, Erz. in jidd. Sprache; Nobelpreis für Literatur 1978.
Singhalesen, Bauernvolk auf Ceylon (Sri Lanka), rd. 11 Mio., dessen herrschende indoar. Schicht im 5. Jh. v. Chr. aus NW-Indien einwanderte; Buddhisten.
Single ['sɪŋgl], **1)** *die,* Schallplatte mit nur einem Titel pro Seite. – **2)** *der,* allein lebende Person.
Singspiel, Bühnenstück, bei dem Gesang und gesprochener Dialog wechseln.
Singular *der,* Ⓢ Einzahl; **singulär,** vereinzelt.
Singvögel, Unterordnung der Sperlingsvögel mit rd. 4000 Arten. Sie haben einen bes. gestalteten unteren Kehlkopf, der sie zu einem wohltönenden Gesang befähigt. Alle S. sind Nesthocker. Wichtigste Familien: Finken, Meisen, Stare, Würger, Raben, Paradiesvögel, Drosseln, Sänger (Grasmücken, Nachtigall, Zaunkönig), Stelzen, Lerchen, Schwalben.
Sinide, den Mongoliden zugehörige Menschenform.
Sining, Stadt in China, →Xining.
Sinkiang, Region in China, →Xinjiang Uygur Ziziqu.
Sinkkasten →Stadtentwässerung.
Sinnbild →Symbol, Emblem.
Sinne, Gesamtheit aller Fähigkeiten, Vorgänge der Außenwelt und Zustände des eigenen Körpers wahr-

Frank Sinatra

Sinter-Terrassen im Yellowstone-Nationalpark, Wyoming

zunehmen. Hierzu dienen **Sinnesorgane. Sinnesreize** werden durch **Sinnesnerven** dem Gehirn zugeleitet, wo sie durch Erregung bestimmter **Sinneszentren** zum Bewusstsein gelangen. Außer Elementar-S. (Sehen, Hören, Riechen, Schmecken, Tasten) gibt es zusammengesetzte (komplexe) Sinneswahrnehmungen wie Schmerz, Lustgefühle u. a. körperl. Empfindungen, die das Gefühlsleben beeinflussen. Im Tierreich gibt es Geruchs-, Geschmacks-, Licht-, Temperatur-, Tast-, Strömungs-, Gleichgewichts-, elektr. und magnet. S. Auch bei Pflanzen gibt es anatom. Einrichtungen für die Reizaufnahme (z. B. Fühlborsten). – **Sinnestäuschung,** → Illusion, → Halluzination.

Fred Sinowatz

Sinn Féin ['ʃın 'feın], nationalist. irische Partei, gegr. 1905, strebte die Befreiung Irlands von der engl. Herrschaft an. Nach Errichtung des Irischen Freistaats (Eire) spaltete sie sich 1922.

Sinngedicht → Epigramm.

Sinologie *die,* Wiss. von der chin. Sprache, Kultur, Geschichte und Politik.

Sinop, kleinasiat. Hafenstadt am Schwarzen Meer, Türkei. – S., das antike **Sinope,** war im 2./1. Jh. v. Chr. Hptst. des Pont. Reichs.

Sinowatz, Fred, österr. Politiker (SPÖ), * 1929; 1971 bis 1983 Bundesmin. für Unterricht und Kunst, 1981 bis 1983 Vizekanzler, 1983 bis 1986 Bundeskanzler, 1983 bis 1988 Vors. der SPÖ.

Sinsheim, Stadt in Bad.-Württ., 27 500 Ew.; Maschinen-, Apparate-, Metallind.; Auto- und Technikmuseum; Burg auf dem Steinsberg, ehem. Benediktinerstift auf dem Michelsberg.

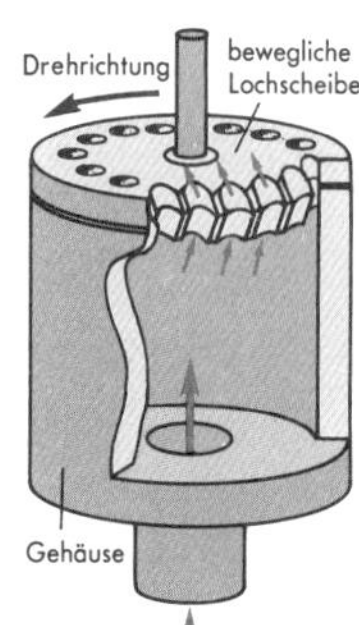

Sirene
mit schrägen Löchern und Druckluftzufuhr

Sinter *der,* Mineralabsatz (bes. Kalk und Kieselsäure) aus fließendem Wasser, bildet Krusten, traubige, zapfenförmige Formen usw. **S.-Terrassen,** treppenförmige Bildungen von S., bes. von heißen Quellen und Geysiren.

sintern, ⚙ pulverförmige oder kleinstückige Stoffe so weit erhitzen, dass sie oberflächlich schmelzen und dann zusammenbacken, z. B. in der Pulvermetallurgie.

Sintflut, im A. T. Überflutung der Erde als göttl. Strafe für die Sünden der Menschheit, die nur Noah mit seiner Familie und einem Paar aller Tiere überlebte; in ähnl. Form in Sagen vieler Völker.

Sinti → Roma.

Sinus *der,* √ → Winkelfunktionen.

Sioux ['zi:ʊks], Gruppe nordamerikan. Indianer, v. a. in den Plains und Prärien von Alberta und Saskatchewan im N bis nach Arkansas im Süden.

Siphon ['zi:fɔ̃] *der,* **1)** der → Geruchsverschluss. – **2)** tragbares Schankgefäß mit Kohlendioxid-Patrone, die das Getränk schaumig austreibt.

Sippe, Bezeichnung für eine Gruppe von Individuen gleicher Abstammung.

Sippenhaftung, Bestrafung oder sonstige Benachteiligung von Familienangehörigen polit. Gegner; widerspricht der rechtsstaatl. Ordnung.

Sir [sə:], **1)** engl. Titel des niederen Adels, stets dem Vornamen vorangestellt. – **2)** ohne Zusetzung eines Namens höfl. engl. Anrede.

Sirach, Buch Jesus S., apokryphe Sammlung hebräischer Weisheitssprüche (entstanden zw. 180 und 170 v. Chr.) von Jeshua Ben Eleazar Ben Sira.

Sire [si:r], im MA. in Frankreich Anrede für Lehnsfürsten, ab dem 16. Jh. dem König vorbehalten.

Sirene *die,* lautstarkes Schallsignalgerät. Druckluft oder Dampf, die durch eine feststehende und eine rasch umlaufende Scheibe mit jeweils gleich vielen Löchern strömen, erzeugen den Ton durch period. Unterbrechung des Luftstroms. **Ultraschall-S.** dienen zur Entnebelung und Entstäubung.

Sirenen *Pl.,* **1)** griech. Sage: nach der Odyssee mit betörendem Gesang begabte Vogeldämonen auf einer Insel, die Vorüberfahrende anlockten und dann töteten. – **2)** ♉ → Seekühe.

Sirius *der,* **Hundsstern,** ☼ Stern im Sternbild Großer Hund, hellster Fixstern.

Sirmien, Syrmien, Landschaft in Kroatien, zw. Donau und Save; Landwirtschaft.

Sirup *der,* konzentrierte Zuckerlösung, Rückstand bei der Zuckerherstellung.

SIS, Abk. für das 1990 in Betrieb genommene Schwerionensynchrotron, ein ringförmiger → Schwerionenbeschleuniger.

Sisal, Faser aus Agaveblättern.

Sisley [si'slɛ], Alfred, frz. Maler brit. Herkunft, * 1839, † 1899; lichte impressionist. Landschaften.

sistieren, 1) (Verfahren) unterbrechen. – **2)** festnehmen zur Feststellung der Personalien.

Sisyphos, lat. **Sisyphus,** griech. Sage: König von Korinth, musste in der Unterwelt zur Strafe für seine Verschlagenheit ein Felsstück auf einen steilen Berg wälzen, von dem es immer wieder herabrollte. Ü **Sisyphusarbeit,** vergebl. Anstrengung.

Sitte, Art des Verhaltens und Handelns, die aufgrund langer Gewohnheit befolgt wird; sie kann innerhalb einer Gemeinschaft verbindlich sein. (→ gute Sitten)

Sitte, Willi, dt. Maler, * 1921; 1974 bis 1988 Präs. des Verbands der bildenden Künstler der DDR.

Sitten, frz. **Sion,** Hptst. des Kt. Wallis, Schweiz, im Rhonetal, 23 500 Ew.; Bischofssitz; Obst-, Weinbau, Tabakind.; ⚘.

Sittiche, alle kleinen bis mittelgroßen Papageien in Amerika, Afrika, S-Asien und Australien; bunt gefärbte, gesellige Schwarmvögel mit langem, keilförmigem Schwanz.

Sittlichkeit, Ⓟh menschl. Denken und Handeln, das dem **Sittengesetz,** der obersten Norm des der Natur- oder Seinsordnung entsprechenden und von menschl. Konventionen unabhängigen Guten, aus freier Entscheidung folgt; U die Sexualmoral.

Sittlichkeitsdelikte, ⚖ neben Inzest v. a. die im 13. Abschnitt des StGB behandelten Straftaten gegen die sexuelle Selbstbestimmung: Vergewaltigung, Päderastie, Förderung der Prostitution, Menschenhandel zu sexuellen Zwecken, Verführung von Mädchen unter 16 Jahren, Exhibitionismus, Verbreitung pornograph. Schriften und sexueller Missbrauch von Schutzbefohlenen.

Sivas, Siwas, Stadt in der Türkei, am oberen Kızılırmak, 197 300 Ew.; Bauten aus der Seldschukenzeit (12./13. Jh.); Nahrungsmittel-, Baustoff-, Textil-, Metall- u. a. Industrie.

Siwa, ägypt. Oasengruppe in der Libyschen Wüste, 50 km lang, 4 bis 6 km breit; Anbau von Datteln, Oliven, Orangen, Wein.

Sixtinische Kapelle, 1) unter Papst Sixtus IV. 1473 bis 1481 erbaute Kapelle im Vatikan, mit Fresken von

Pinturicchio, Botticelli, Ghirlandaio, Michelangelo u. a. BILD →Michelangelo. – **2)** 𝄞 nach der Kapelle benanntes päpstl. Sängerkollegium.

Sixtinische Madonna, Altarbild von Raffael, benannt nach dem auf ihm dargestellten Papst Sixtus II. (Dresden, Gemäldegalerie).

Sixtus, Päpste: **1) S. IV.** (1471 bis 1484), *1414, †1484; baute die Sixtin. Kapelle. – **2) S. V.** (1585 bis 1590), *1521, †1590; errichtete Prachtbauten in Rom, wie die Vatikan. Bibliothek.

Sixtus von Bourbon-Parma [- burˈbɔ̃ -], Bruder der österr. Kaiserin Zita, *1886, †1934; versuchte 1917 eine geheime Friedensvermittlung zw. Österreich-Ungarn und der Entente (»S.-Affäre«).

Sizilianische Vesper, Volksaufstand in Palermo zur Vesperstunde am 30. 3. 1282 gegen die Herrschaft Karls von Anjou, der aus Sizilien vertrieben wurde (Oper von G. Verdi, 1855).

Sizilien, größte Insel des Mittelmeers, gehört zu Italien, durch die Straße von Messina vom Festland getrennt, 25 426 km², 5,16 Mio. Ew.; Hptst.: Palermo; hafenreiche Nord- und Ostküste, gebirgig, im O der tätige Vulkan Ätna (3 263 m). Klima: im Sommer trocken-heiß, im Winter mild-feucht. Südfrüchte, Weizen, Wein, Ölbäume; Fischfang, Gewinnung von Seesalz; ⚒ auf Stein-, Kalisalz, Erdgas. – S. wurde im Altertum von Phönikern und bes. von Griechen besiedelt, kam zum Teil unter karthag., 241 v. Chr. unter röm. Herrschaft (Syrakus erst 212 v. Chr.). Es wurde im 9. Jh. von den Arabern, 1061 bis 1091 von den unterital. Normannen erobert und gehörte dann zum Kgr. Neapel-S., dem späteren (seit 1815) Kgr. beider S.; von ihm war es jedoch unter den Königen von Aragonien infolge der Sizilian. Vesper 1282 bis 1442 getrennt. 1713 bis 1720 bildete S. einen Teil von Savoyen-Piemont. 1720 bis 1735 war S. österr., danach regierte eine Linie der span. Bourbonen. Garibaldi stürzte 1860 die Bourbonen, seit 1861 gehörte S. zum Kgr. Italien.

Skabiose *die,* **Grindkraut,** Gattung staudiger Kardengewächse, mit korbblütlerähnl. Blütenstand. Zierpflanzen; einheim. Arten sind u. a. in den Alpen und im Mittelgebirge **Glänzende S.** und blauviolette **Taubenskabiose.**

Skagerrak *das,* Teil der Nordsee zw. Jütland, Norwegen und Schweden, stellt mit dem Kattegat die Verbindung zw. Nord- und Ostsee her. Die **Seeschlacht vor dem S.** zw. der dt. und brit. Hochseeflotte (31. 5./1. 6. 1916) war die größte Seeschlacht des 1. Weltkriegs; die brit. Flotte erlitt höhere Verluste als die deutsche.

skål [skɔ:l], entspricht unserem »Prosit« in den skandinav. Sprachen.

Skala *die,* **1)** 𝄞 Tonleiter. – **2)** Gradeinteilung, Stufenleiter.

Skalar *der,* √ eine Zahl, die beim Übergang von einem Koordinatensystem zu einem anderen unverändert bleibt. S. sind allein durch Angabe eines Zahlenwerts charakterisiert (bei Vektoren ist noch die Angabe der Richtung erforderlich).

Skalden *Pl.,* norweg. und isländ. Hofdichter des 9. bis 13. Jh., die in kunstvoll gestalteten Preisliedern **(S.-Dichtung)** u. a. die Heldentaten nordischer Könige besangen. **S.-Lehrbuch** (→Edda) von Snorri Sturluson.

Skalp *der,* bei nordamerikan. Indianern ein Stück dem besiegten Feind als Siegeszeichen und Tapferkeitstrophäe abgezogener Kopfhaut samt den Haaren.

Skalpell *das,* in der Chirurgie und Anatomie gebräuchl. Operations- bzw. Seziermesser.

Skanderbeg, eigentlich Gjergj **Kastriota,** alban. Nationalheld, *um 1405, †1468; kämpfte erfolgreich gegen die Türken. Nach seinem Tod wurde Albanien endgültig osmanisch.

skandieren, Verse taktmäßig ohne Rücksicht auf den Sinnzusammenhang sprechen.

Skandinavien, Teil N-Europas, i. e. S. die Skandinav. Halbinsel (mit Norwegen und Schweden) zw. dem Atlant. Ozean, Nord- und Ostsee, vom **Skandinav. Gebirge** (im Glittertind 2 472 m hoch) durchzogen, 1800 km lang, 300 bis 700 km breit, umfasst rd. 750 000 km²; im W fjordreich, im O flach und seenreich. I. w. S. werden Dänemark, manchmal auch Finnland ebenfalls zu S. gezählt.

skandinavische Kunst, →dänische Kunst, →norwegische Kunst, →schwedische Kunst.

Skapulier *das,* Ordenskleidung: über Brust und Rücken bis zu den Füßen reichender Überwurf aus 2 Tuchbahnen.

Skarabäus *der,* der Pillendreher (→Mistkäfer), im alten Ägypten ein hl. Symbol des mit Re gleichgesetzten Urgottes.

Skateboard [ˈskeɪtbɔ:d] *das,* ⛷ 75 bis 100 cm langes Fiberglasbrett, an dessen Unterseite Räder befestigt sind, gesteuert durch Körpergewichtsverlagerung.

Skeetschießen [ˈski:t-], ⛷ Wettbewerb des Wurftaubenschießens mit Schrotflinten, wobei die Schützen auf einer halbkreisförmigen Anlage bei jedem Schuss einen anderen Standplatz einnehmen und die Flinte dann anschlagen, wenn die Taube (Asphaltscheibe) erscheint.

Skeleton *der,* ⛷ kurzer Sportschlitten aus Stahl; wird nur auf vollständig vereisten Bahnen gefahren.

Skelett *das,* Körpergerüst, das durch seine harte Beschaffenheit als Schutz- oder Stützorgan geeignet ist. Man unterscheidet **äußeres S.** (Hautskelett, Schalen) und **inneres S.,** beide entweder ungegliedert oder gegliedert. S. finden sich in vielfältigen Formen schon bei niederen Tieren, z. B. bei Radiolarien, Foraminiferen, Schwämmen, Korallen, Stachelhäutern, Weichtieren. Gliederfüßer (z. B. Insekten, Krebse) haben ein gegliedertes **Haut-S.,** das aus Chitin besteht und Schutz- und Stützorgan zugleich ist. Wirbeltiere und der Mensch haben ein inneres, aus Knochengewebe bestehendes **Stütz-S.,** das nach einem einheitl. Bauplan gestaltet ist. Es besteht aus Wirbelsäule, Schädel, Rippen, Schultergürtel mit Vordergliedmaßen, Beckengürtel mit Hintergliedmaßen. BILD S. 842

Skepsis *die,* Zweifel, kritisch-zurückhaltende Betrachtungsweise.

Skeptizismus *der,* Ⓟⓗ Standpunkt grundsätzl. Zweifels; im Extremfall Verneinung der Erkenntnismöglichkeit von Wahrheit, Wirklichkeit und allgemein gültigen Normen.

Sketch [skɛtʃ] *der,* u. a. im Kabarett dramatische Kurzszene, meist witzig-ironischen Inhalts mit scharfer Schlusspointe.

Ski [ʃi:] *der,* **Schi,** ⛷ Schneeschuh, besteht aus einem Brett aus Holz, Metall oder Kunststoff, das vorn etwas aufgebogen ist; Länge, Breite und Gewicht des S. richten sich u. a. nach der Körpergröße des Skiläufers und der jeweiligen Verwendungsart. Die S. werden mit der **Bindung** an die Schuhe geschnallt. Bei der Abfahrt bedient man sich je nach der Geländebeschaffenheit des Schussfahrens, versch. **Schwünge** oder des Geländesprungs, heute immer mehr des Temposchwungs. Das **Skispringen** von der Sprungschanze ist ein Sondergebiet des Skisports (bei bes. hohen Schanzen spricht man von **Skifliegen**).

Skibob [ˈʃi:-], ⛷ Wintersportgerät, besteht aus einem Stahlrohrrahmen, der auf einen kurzen Ski montiert ist, und einer Lenkvorrichtung mit Lenk- oder Leitkufe. An den Schuhen des S.-Fahrers ist je ein kurzer Ski befestigt.

Skiff *das,* ⛷ einsitziges Ruderboot.

Skikda, früher **Philippeville,** Hafenstadt im östlichen Algerien, in der Kleinen Kabylei, 140 000 Ew.; Erdölraffinerie, Erdgasverflüssigungsanlage, Petrochemie.

Skikjöring [ˈʃi:kjøriŋ], **Skijöring,** ⛷ Skifahren hinter vorgespanntem Pferd oder Motorrad.

Glänzende **Skabiose**

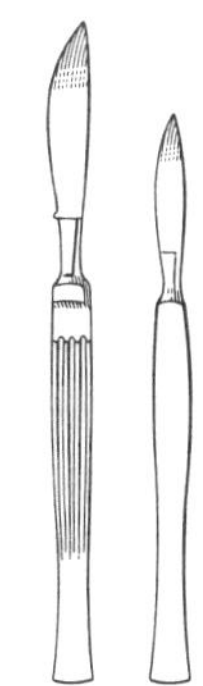

Skalpell

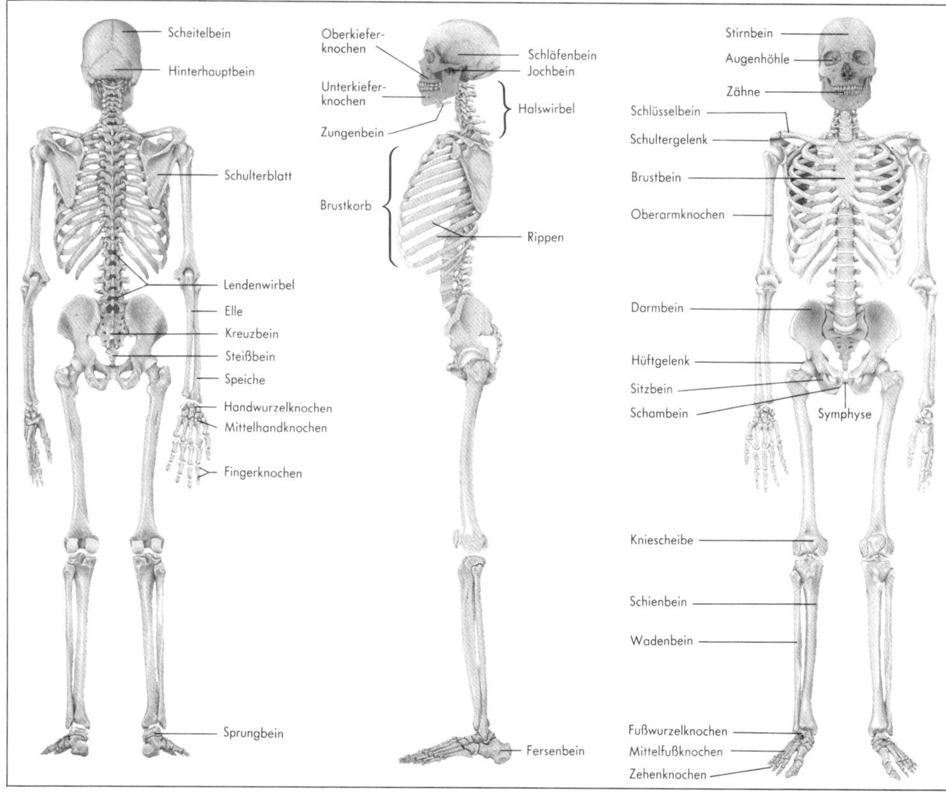

Rücken-, Seiten- und Vorderansicht des menschlichen **Skeletts**

Skịn|effekt, ⚡ Ströme sehr hoher Frequenzen bewegen sich nur auf der Oberfläche eines Leiters und verursachen dadurch Stromwärmeverluste. Abhilfe: Leiter aus vielen dünnen, miteinander verdrillten Drähten (Litzen) oder Hohlleiter verwenden.

Skinheads ['skınhedz], zu militantem Verhalten neigende Jugendliche, gekennzeichnet durch Kurzhaarschnitt oder Glatze.

Skịnke, Familie 10 bis 60 cm langer Echsen Australiens, Afrikas und Ostasiens.

Skipetaren, Eigenbezeichnung der →Albaner.

Skịzze *die,* **1)** zeichner. Entwurf. – **2)** kurze, knappe Erzählung.

Sklavenfluss, Großer S., der Athabasca in Kanada, zw. Athabasca-See und **Großem Sklavensee** (28 570 km² groß).

Skopje
Stadtwappen

Sklavenküste, frühere Bezeichnung der Guineaküste (W-Afrika), zw. Volta- und Nigermündung; im 18. Jh. Hauptgebiet des atlant. Sklavenhandels.

Sklaverei, Bezeichnung für die völlige rechtl. und wirtschaftl. Abhängigkeit eines Menschen **(Sklaven)** von einem anderen. Die S. hat sich in verschiedenen Gebieten der Erde selbstständig ausgebildet, vielfach im Zusammenhang mit Kriegsgefangenschaft und Kolonisation. In Europa hatte sie einen ersten Höhepunkt im antiken Griechenland und im Röm. Reich. Zu einem weltweiten Phänomen wurde sie im Zeichen des europ. Kolonialismus vom 16. bis 18. Jh. Nach der Entdeckung Amerikas nahm der **Sklavenhandel** neuen Aufschwung; bes. Schwarzafrikaner wurden nach Amerika in die S. verkauft. Erst im 19. Jh. wurde der Sklavenhandel von allen Kolonialmächten verboten. In den USA führte die Sklavenfrage zum Sezessionskrieg.

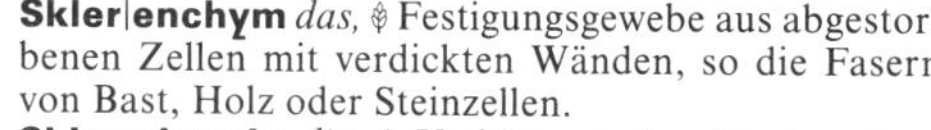

Skler|enchym *das,* Festigungsgewebe aus abgestorbenen Zellen mit verdickten Wänden, so die Fasern von Bast, Holz oder Steinzellen.

Sklerodermie *die,* ⚕ Verhärtung der Haut, sodass z. B. der Gesichtsausdruck maskenartig wird.

Sklerose *die,* ⚕ Verhärtung von Geweben und Organen. (→Arteriosklerose)

Sklerotium *das,* knolliges, dauerhaftes Pilzgebilde aus verflochtenen Pilzfäden, z. B. bei einigen Pflanzenkrankheiten **(Sklerotienkrankheiten),** Stängelfäule bei Zierpflanzen u. a.

Škodawerke [ʃk-], größtes Ind.- und Rüstungsunternehmen der ČR, Sitz Pilsen, Prag; gegr. 1859; Kfz-Sektor seit 1991 mit Beteiligung der Volkswagen AG.

Skoliose *die,* ⚕ seitl. Verkrümmung und Drehung der Wirbelsäule.

Skonto *der, das,* Abzug vom Rechnungsbetrag, z. B. bei Barzahlung.

Skontro *das,* Hilfsbuch in der Betriebsbuchführung, in dem der Ein- und Ausgang von Waren, Wechseln u. a. verbucht wird.

Skopas von Paros, griech. Bildhauer und Baumeister des 4. Jh. v. Chr., arbeitete vermutlich mit am Mausoleum in Halikarnassos (Amazonenfries).

Skopje, serb. **Skoplje,** Hptst. der Rep. Makedonien, 504 600 Ew.; Bischofssitz, Univ.; oriental. Altstadt; Kultur- und Wirtschaftsmittelpunkt; 1963 durch ein Erdbeben großenteils zerstört, seither wieder aufgebaut; ✡.

Skopolamin *das,* dem →Atropin verwandtes Alkaloid.

Skorbut *der,* ⚕ Erkrankung durch Mangel an Vitamin C; Schleimhautblutungen, Zahnausfall, Infektionsanfälligkeit, Kräfteverfall.

Skorpion *der,* ✡ Sternbild des südl. Himmels, mit Antares; das 8. Zeichen des Tierkreises.

Skorpione, ♉ mit über 1100 Arten in den Tropen und Subtropen verbreitete Ordnung der Spinnentiere mit Giftstachel am Ende des Hinterleibs und mächtigen Scheren. Der Stich trop. Arten, die bis 21 cm lang werden können, kann für den Menschen tödlich sein.

Skoten, kelt. Volksstamm in Irland, der im 5./6. Jh. nach Schottland einwanderte.

Skript *das,* Drehbuch, schriftl. Ausarbeitung.

Skrjabin, Aleksandr Nikolajewitsch, russ. Pianist und Komponist, * 1872, † 1915; Tendenz zu philosoph., myst. Gedankengut; ein Wegbereiter der modernen Musik.

Skrupel *der,* meist *Pl.,* Gewissensbisse, moral. Bedenken; **skrupellos,** gewissenlos.

Skuld, eine der → Nornen.

Skullboot, ⛷ → Rudern.

Skulptur *die,* ✎ plast. Werk der → Bildhauerkunst.

Skunks → Stinktiere.

Skupschtina *die,* in Jugoslawien (Serbien) die Volksvertretung.

Skutari, alban. Stadt, → Shkodër.

Skye [skaɪ], größte Insel der Inneren Hebriden (Schottland), 1735 km², 11700 Ew.; Schafzucht, Fischerei. Hauptort: Portree.

Skylightfilter [ˈskaɪlaɪt-], fotograf. Filter zur Minderung des ultravioletten und blauen Beleuchtungsanteils.

Skylla, bei Homer: Menschen verschlingendes Ungeheuer in einer Höhle gegenüber der Charybdis; daher: **zw. S. und Charybdis,** zw. 2 Gefahren oder Übeln.

Skyros, größte Insel der Nördl. Sporaden (Griechenland), 209 km² groß.

Skythen, Scythen, die Bewohner der euras. Steppe im 1. Jt. v. Chr. (nomad. Reiterkrieger).

Slalom *der,* ⛷ Disziplin des alpin. Skisports über eine durch Tore bezeichnete abschüssige Strecke.

Slang [slæŋ] *der,* z. T. stark von der Hochsprache abweichende (engl. und amerikan.) Umgangssprache.

Slapstick-Komödie [ˈslæpstɪk-], kurze Groteske im frühen amerikan. Stummfilm.

Slatoust, Ind.stadt in Russland, im südl. Ural, 208000 Ew.; Stahlwerke; Uhrenfertigung.

Slawen, indogerman. Völkergruppe in O- und SO-Europa, durch Kolonisation auch in Sibirien, gegliedert in **Ost-S.** (Russen, Ukrainer, Weißrussen), **West-S.** (Polen, Slowaken, Tschechen, Kaschuben, Sorben), **Süd-S.** (Slowenen, Kroaten, Serben, Bulgaren, Makedonier).

slawische Sprachen, Sprachfamilie der indogerman. Sprachen. Man unterscheidet: 1) **Ostslawisch** mit Russisch, Ukrainisch, Weißrussisch; 2) **Westslawisch** mit Tschechisch, Slowakisch, Sorbisch, Polnisch, Kaschubisch und den ausgestorbenen Sprachen Slowinzisch und Polabisch; 3) **Südslawisch** mit Slowenisch, Serbisch, Kroatisch, Bulgarisch und Makedonisch.

Skorpion

Slawistik *die,* **slawische Philologie,** die philolog. Forschung im Bereich der slaw. Sprachen und Literaturen.

Slawjansk, Stadt in der Ukraine, 143000 Ew.; chem. Ind., Wärmekraftwerk; Sol-, Moorbäder.

Slawonilen, Landschaft in Kroatien, zw. Save und Drau.

Sleipnir, altnord. Sage: das achtfüßige Ross Odins.

Slevogt, Max, dt. Maler und Grafiker, * 1868, † 1932; neben M. Liebermann und L. Corinth der Hauptvertreter des dt. Impressionismus (Figurenbilder, Landschaften, Buchillustrationen).

Slibowitz, Sliwowitz *der,* Zwetschgenschnaps.

Slice [ˈslais] *der,* v. a. beim Tennis Schlag mit nach hinten gekippter Schlägerfläche, verleiht dem Ball starken Unterschnitt.

Slickreifen, breiter, nur für trockene Strecken geeigneter Automobilrennreifen ohne Profil; erhält durch besondere Gummimischungen außerordentliche Bodenhaftung.

Slipper *der,* flacher Schlupfschuh.

Slogan [ˈsləʊgən] *der,* Werbeschlagwort.

Słowacki [suɔˈvatski], Juliusz, poln. Dichter, * 1809, † 1849; neben A. Mickiewicz und Z. Krasinski der bedeutendste poln. Romantiker.

Slowaken, westslaw. Volk in der Slowakei und SO-Mähren sowie in Ungarn, rd. 4,5 Mio., mit eigener Schriftsprache.

Slowakische Republik, Kurzform **Slowakei,** Rep. in Mitteleuropa, östl. der March, 49035 km², 5,29 Mio. Ew. (Slowaken; daneben u. a. Tschechen und Ungarn); Hptst.: Bratislava (Preßburg); Amtssprache: Slowakisch. – Überwiegend gebirgig (West-, Waldkarpaten, Beskiden, Hohe Tatra, Slowak. Erzgebirge); Hauptfluss: die Waag. – Ackerbau in den tieferen Gebieten, Viehzucht und Waldwirtschaft (auch Papierind.) in den Gebirgen, ⚒ auf Braunkohle, u. a. Erdöl- und Erdgasgewinnung; Hütten-, chem. Ind.; Maschinenbau. Touristenverkehr mit zunehmender Bedeutung, zahlreiche Kur- und Heilbäder. – Die Slowakei gehörte 1000 Jahre lang zu Ungarn, seit 1918 zur Tschechoslowakei. Nach dem Münchener Abkommen 1938 erhielt die S. Autonomie; im März 1939 wurde sie formal selbstständiger Staat unter Führung des kath. Geistlichen J. Tiso, war jedoch völlig vom natsoz. Dtl. abhängig. 1945 wurde sie Teil der wiederhergestellten Tschechoslowakei. 1969 erhielt sie den Status einer autonomen Rep. mit eigener Reg. und Volksvertretung. Nach der »sanften Revolution« von 1989 gewannen die nach staatl. Unabhängigkeit strebenden Kräfte unter V. Mečiar die Wahlen von 1992 (1994 in Wahlen bestätigt)

Aleksandr Nikolajewitsch Skrjabin

Slowakische Republik

Staatswappen

Staatsflagge

Internationales Kfz-Kennzeichen

und erreichten im Jan. 1993 die Unabhängigkeit der S. R. Staatspräs.: Michal Kováč (seit 1993).

Slowenen, südslaw. Volk, v. a. in Slowenien, Randgebieten NO-Italiens, Teilen Südkärntens, ferner in Kroatien und SW-Ungarn, rd. 1,9 Mio.; Kultur stark deutsch beeinflusst.

Slowenien

Staatswappen

Staatsflagge

Internationales Kfz-Kennzeichen

Slowenien, Rep. in SO-Europa, 20 251 km², 1,98 Mio. Ew.; Hptst.: Ljubljana (Laibach); Amtssprache: Slowenisch. Waldreich; ⚒ auf Braunkohle, Eisenerz u. a.; Papier-, chem., Metall- u. a. Ind. – Die Slowenen wanderten in der 2. Hälfte des 6. Jh. in ihr Siedlungsgebiet ein. Der Kernraum wurde das Herzogtum Krain, das seit dem 13. Jh. zu Habsburg gehörte. 1918 schlossen sich die Slowenen mit den Serben und Kroaten zusammen (seit 1929 Staat Jugoslawien). 1991 erklärte sich S. für unabhängig; seit Januar 1992 international anerkannt. Staatspräs.: M. Kučan (seit 1990).

Slum [slʌm] *der,* Elendsviertel.

Sluter ['sly-], Claus, niederländ. Bildhauer, * wohl um 1355, † 1406; Hauptwerk: Mosesbrunnen in der Kartause von Champmol.

sm, Abk. für: **See**m**eile.**

Sm, chem. Symbol für das Element Samarium.

Småland ['smo:-], Landschaft in S-Schweden, wald- und seenreich (bis 377 m hoch).

Smaragd *der,* Edelstein, grüne, durchsichtige Abart des Beryll.

SMD-Technik [Abk. für **S**urface **M**ounted **D**evices »oberflächenmontierbare Bauelemente«], ⚡ Montageverfahren, bei dem elektron. Bauteile mit ihren Anschlüssen flach auf Leiterplatten aufgelötet werden; kommt ohne Leiterplattenlöcher aus.

Smetana, Bedřich (Friedrich), tschech. Komponist, * 1824, † 1884; Schöpfer der nationaltschech. Kunstmusik; Opern (»Die verkaufte Braut«, 1866), Kammermusik, sinfon. Dichtungen (»Mein Vaterland«, 1847 bis 1879), Lieder.

Frans Snyders. Fischmarkt (undatiert)

Smirke [smə:k], Sir (1832) Robert, brit. Architekt, * 1781, † 1867; Bauten im klassizist. Stil (Brit. Museum, London, 1823 bis 1847).

Smith [smɪθ], **1)** Adam, brit. Moralphilosoph und Volkswirtschaftler, Begründer der klass. Volkswirtschaftslehre, * 1723, † 1790. S. sah nicht in Geld und Bodenertrag allein, sondern in Arbeit und Arbeitsteilung die Ursache des Volkswohlstandes. – **2)** Michael, kanad. Chemiker, * 1932; erhielt für die Entwicklung der ortsspezif. Mutagenese (Einführung einer künstl. Erbinformation in ein natürl. Gen, um eine Mutation herbeizuführen) mit K. B. Mullis 1993 den Nobelpreis für Chemie.

Smog *der,* gefährl. Anreicherung von Verbrennungsprodukten (Kohlenwasserstoffe, Kohlenmonoxid, Schwefeldioxid, Stickoxide, Ruß, Flugasche) in der Luft, bes. bei Nebel. In gefährdeten Gebieten gibt es einen S.-Warndienst, der bei hoher Schadstoffkonzentration in der Luft **S.-Alarm** gibt. Der weltweit erste S.-Großversuch wurde 1994 in Heilbronn durchgeführt.

Smoking *der,* Jackett aus schwarzem Tuch mit seidenbesetztem Kragen und Revers als Abendanzug.

Smolensk, Gebietshptst. in Russland, am Dnjepr, 341 000 Ew.; Hoch- und Fachschulen; Maschinen-, elektrotechn. u. a. Ind.; eine der ältesten russ. Städte mit bedeutenden Baudenkmälern (u. a. Peter-und-Paul- sowie Erzengel-Michael-Kirche, 12. Jh. und Uspenskij-Kathedrale, 17. Jh.).

Smutje *der,* ⚓ Spitzname des Schiffskochs.

Smuts [smœts], Jan Christiaan, südafrikan. Staatsmann, brit. Feldmarschall, * 1870, † 1950; kämpfte im Burenkrieg gegen die Briten, wirkte dann für die Versöhnung. S. war 1910 Mitbegründer der Südafrikan. Union, 1919 bis 1924 und 1939 bis 1948 Min.-Präsident.

Smyrna, griech. Name von → İzmir.

Sn, chem. Symbol für das Element Zinn.

Snake River [sneɪk 'rɪvə] *der,* Fluss im W der USA, Nebenfluss des Columbia River, 1 670 km lang, mehrere Cañons.

Snell, George Davis, amerikan. Genetiker, * 1903; erhielt 1980 mit B. Benacerraf und J. Dausset für seine Arbeiten über Transplantationsimmunologie den Nobelpreis für Physiologie oder Medizin.

Snellius ['snεli:ys], eigentlich Willebrord **Snel van Rojen** [- van 'ro:jə], niederländ. Naturforscher, * 1580, † 1626; entdeckte das Gesetz der Lichtbrechung.

Snob *der,* Vornehmtuer, der sich durch zur Schau gestellte Extravaganz den Schein geistiger, kultureller Überlegenheit zu geben versucht.

Snorri Sturluson, isländ. Dichter, Geschichtsschreiber, Staatsmann, * 1178 oder 1179, † 1241; gab die jüngere Edda und die »Heimskringla« (Gesch. der norweg. Könige bis 1177) heraus.

Snowdon ['snəʊdn] *der,* höchster Berg in Wales, 1 085 m.

Snyders ['snεj-], **Snijders,** Frans, fläm. Maler, * 1579, † 1657; v. a. Stillleben und Tierbilder.

Soapopera ['səʊpɔpərə], in den USA entstandener Typ von Familienserien im Fernsehen, die urspr. von der Waschmittelind. finanziert wurden, charakterisiert durch Darstellung eines oft klischeehaften Alltagslebens einer Frau.

Soares [sʊ'arɪʃ], Mario, port. Politiker (Sozialist), * 1924; Rechtsanwalt, seit 1973 Gen.-Sekr. der Sozialist. Partei, 1976 bis 1978 und 1983 bis 1985 Min.-Präs., 1986 bis 1996 Präsident.

Sobibór [sɔ'bibur], Dorf in Polen, in der Wwschaft Chełm. Im 2. Weltkrieg bestand hier ein natsoz. Vernichtungslager, in dem 1942/43 mehr als 250 000 Menschen, v. a. Juden, ermordet wurden.

Sobieski, Jan, poln. König, →Johann 5).
Sobranje *die,* bulgar. Volksvertretung.
Soccer ['sɔkə], in angelsächsischen Ländern Kurzbezeichnung für Fußball, abgeleitet von Association football (»Verbandsfußball«); bes. in den USA im Ggs. zum Football.
Société Anonyme [sɔsje'te anɔ'nim], Abk. **S. A.,** frz. Bezeichnung für Aktiengesellschaft.
Sockel, ⌂ Unterbau eines Bauwerks, Block für Säulen, Standbilder; Postament.
Soda *die, das,* **Natriumcarbonat,** Na_2CO_3, farblose, in Wasser leicht lösl. Kristalle. S. findet sich in der Natur gelöst in S.-Seen (Ägypten, China, Ungarn, Armenien, Ostafrika, Nord- und Südamerika). I. Allg. wird es aber nach dem **Solvay-Verfahren** (E. Solvay, * 1838, † 1922) gewonnen: In Kochsalzlösung wird Ammoniak und durch Brennen aus Kalk gewonnenes Kohlendioxid eingeleitet; es fällt Natriumhydrogencarbonat aus, das durch Erhitzen in S. übergeführt wird. Verwendung: Bestandteil von Wasch- und Reinigungsmitteln, zur Hestellung von Glas, Seife, zur Wasserenthärtung und in der Zellstoffindustrie.
Sodbrennen, ⚕ brennendes Gefühl im Bereich der unteren Speiseröhre, v. a. bei Übersäuerung des Magens.
Soddy ['sɔdɪ], Frederick, brit. Chemiker, * 1877, † 1956; machte grundlegende Entdeckungen über Radioaktivität, Isotope und ihre Entstehungsgesetze; 1921 Nobelpreis für Chemie.
Soden am Taunus, Bad S. am T., Kurort in Hessen, am S-Fuß des Taunus, 18 100 Ew.; kohlensäure- und kochsalzhaltige Heilquellen, pharmazeut. und Nahrungsmittelindustrie.
Soden-Salmünster, Bad S.-S., Stadt in Hessen, 1974 durch Zusammenschluss entstanden, 11 000 Ew.; Solquellen; Kunststoff-, Gummiind.; im MA. Salzgewinnung.
Söderblom [-blum], Nathan, schwed. ev. Religionsforscher, * 1866, † 1931; Erzbischof von Uppsala, Führer der ökumen. Bewegung; 1930 Friedensnobelpreis.
Södermanland, Prov. in Mittelschweden, im SW von Stockholm, seen- und waldreich.
Södertälje, Stadt in Schweden, südwestlich von Stockholm, 80 700 Ew.; versch. Industrien.
Sodoma, eigentl. Giovanni Antonio **Bazzi,** ital. Maler, * 1477, † 1549; Fresken, Tafelbilder.
Sodomie *die,* sexuelle Handlungen von Menschen mit Tieren; Strafbarkeit 1969 aufgehoben.
Sodom und Gomorrha, A. T.: Städte in Palästina, nach 1. Mos. 10, 19 wegen Gottlosigkeit durch Jahwe vernichtet. – Ü für lasterhafte Zustände.
Soest [zo:st], Krst. in NRW, in der Soester Börde, 40 200 Ew.; ev. Predigerseminar; Stiftskirche St. Patrokli (1166 geweiht); vielseitige Ind. S. ist Handelsstadt und gehörte zur Hanse.
Soffittenlampe, eine röhrenförmige Glühlampe.
Sofia, Hptst. von Bulgarien, am Isker, 1,22 Mio. Ew.; Verkehrsknoten; Sitz des Patriarchen; Univ. u. a. Hochschulen; wichtiger Ind.standort; ✈. – 809 von den Bulgaren, 1382 von den Türken erobert, seit 1878 Hauptstadt.
Sofortbildfotografie, erstmals 1947 vorgestelltes fotograf. Verfahren, das mithilfe spezieller Kameras **(Sofortbildkamera)** und Sofortbildmaterialien minuten- oder auch sekundenschnell fertige Fotografien liefert. Schwarzweiße Bilder entstehen nach dem Prinzip des **Diffusionsverfahrens,** bei dem unbelichtetes Silberhalogenid aus der Negativschicht des Aufnahmematerials in eine Bildempfangsschicht diffundiert, in der ein positives Bild entsteht. Entsprechend, nur mit 3 Silberhalogenidschichten, die für rotes, grünes und blaues Licht sensibilisiert sind, arbeitet das **Farbdiffusionsverfahren.** Neuere Verfahren benützen Materialien nach dem Direktumkehrverfahren.

Sojus. Der Raumflugkörper TM-10 am Heck der Raumstation Mir (rechts oben TM-10 am Heck des Modullabors Quant 1, einem Modul, das zusammen mit dem Basisblock und den senkrecht stehenden Modullabors Quant 2 und Kristall die gesamte Raumstation Mir ausmacht)

Frederick Soddy

Softcopy ['sɔftkɔpɪ] *die,* 💻 (Text-)Ausgabe in Form einer Darstellung auf dem Bildschirm.
Softdrinks ['sɔftdrɪŋks], alkoholfreie Getränke.
Software ['sɔftweə] *die,* 💻 Sammelbegriff für alle nichtapparativen Funktionsbestandteile eines Computers, z. B. Betriebssysteme und Anwenderprogramme, die zur Betriebsabwicklung und zur Bearbeitung von Einzelaufgaben wie Berechnungen, Textverarbeitung, Erstellen von Grafiken u. a. dienen. (→Hardware)
Sog, Unterdruck mit Saugwirkung bei Gas- und Flüssigkeitsströmungen.
Sognefjord ['sɔŋnəfju:r], Fjord an der SW-Küste Norwegens, 204 km lang.
Sohar *der,* Hauptwerk der Kabbala, aus dem 13. Jh.; enthält myst. Ausdeutungen der Thora.
Sohle, 1) die Lauffläche des Schuhs. – **2)** ⚒ unterste Begrenzung eines Grubenbaus, auch die Stockwerke eines Grubenbaus. – **3)** Boden von Tälern, Gräben, Flüssen, Docks.
Sohlengänger, Säugetiere, die mit ganzer Fußsohle auftreten, z. B. Bären.
Soirée [swa're] *die,* Abendgesellschaft, Abendvorstellung.
Soissons [swa'sɔ̃], Stadt an der Aisne, Frankreich, 32 100 Ew.; got. Kathedrale; Maschinen-, Nahrungsmittel-, Düngemittelind. Bei S. besiegte 486 Chlodwig den röm. Statthalter in Gallien, Syagrius; ab 511 war S. die Hptst. eines merowing. Teilreichs; die Grafschaft S. war vom 14. Jh. bis 1734 im Besitz königl. Seitenlinien.
Soja|bohne, Soja, Hülsenfrüchtler; die Samen enthalten bis 40 % Eiweiß, bis 20 % Fette sowie bis 20 % Kohlenhydrate und 2 % Lecithin. Die S. ist in Ostasien seit Jahrtausenden eine wichtige Kulturpflanze; sie liefert vor allem **S.-Öl.** Der Anbau ist in warmen Ländern (auch S-Europa) verbreitet. Klimafest gezüchtete Sorten werden auch in Deutschland angebaut. Die Bohne, ihr Öl und Eiweiß sind in steigendem Maße Rohstoff für Nahrungsmittel (z. B. **Sojamehl**) und technische Produkte. Der Rückstand der Ölbereitung **(Soja-Extraktionsschrot, S.-Kuchen)** gibt Kraftfutter.
Sojus [sa'jus, russ. »Bündnis«], Name einer Serie bemannter sowjet. (russ.) Raumflugkörper (seit 1967);

Soest
Stadtwappen

Sofia
Stadtwappen

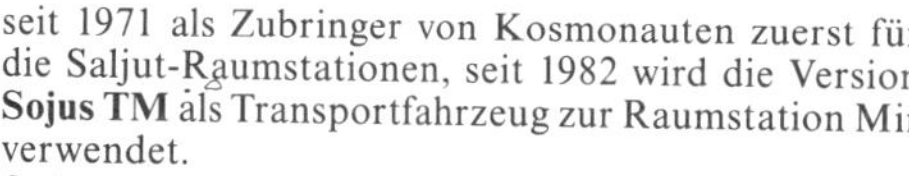

seit 1971 als Zubringer von Kosmonauten zuerst für die Saljut-Raumstationen, seit 1982 wird die Version **Sojus TM** als Transportfahrzeug zur Raumstation Mir verwendet.

Sokotra, Insel vor der O-Spitze Afrikas, zu Jemen gehörig; 3580 km², rd. 80 000 Einwohner.

Sokrates, griech. Philosoph und Lehrer, *um 470, †399 v. Chr. in Athen. Durch eindringl. Fragen **(sokrat. Methode, Maieutik)** suchte er vermeintl. Wissen zu zerstören und zum »Wissen des Nichtwissens« hinzuführen; von Einzelfällen ausgehend, suchte er zum Allgemeinen, Gesetzmäßigen aufzusteigen (Induktion). S. widmete sein Denken v. a. dem sittl. Handeln: Aus einsichtigem Denken folgt notwendig richtiges Handeln, Tugend ist Wissen; eine innere Stimme (Daimonion) warnt den Menschen vor Irrwegen. S. wurde aufgrund von Verleumdungen zum Tod durch den Giftbecher verurteilt. Die Wirkung der sokrat. Lehre beruht auf den Berichten seiner Schüler, v. a. Platons.

Sojabohne
Pflanze mit Blüten und Hülsen

Sokratiker, Schüler des Sokrates, die seine Lehre selbstständig fortsetzten, bes. Platon, Anthistenes, Aristippos, Xenophanes.

Sol *das,* kolloidale Lösung.

Sol, Sonnengott der röm. Religion.

Solana Madariaga, Javier, span. Politiker (Sozialist), *1942; seit 1982 Min., u. a. 1992 bis 1995 Außen-Min., seit Dezember 1995 Gen.-Sekr. der NATO.

Solapur [ˈsəʊlɑːpʊə], **Sholapur** [ˈʃəʊ-], Stadt im Gliedstaat Maharashtra, Indien, 514 900 Ew.; Baumwollverarbeitung; Verkehrsknotenpunkt.

Solar|architektur, die Gesamtheit der baul. Vorrichtungen, Anlagen und Maßnahmen zur passiven Sonnenenergienutzung.

Solar|energie, Sonnen|energie, die neben anderen Energieformen zur Deckung des Energiebedarfs dienende, in →Sonnenkraftwerken genutzte Strahlungsenergie der Sonne.

Solargenerator →Sonnenbatterie.

Solarheizung, Sonnenheizung, Heizung mit Sonnenenergie. Die einfallende Strahlungsenergie wird von →Sonnenkollektoren absorbiert und in Wärme umgewandelt.

Solarisation *die,* bei fotograf. Negativen die Erscheinung, dass bei starker Überbelichtung Umkehrung eintritt, d. h. weiße Gegenstände im Positiv schwarz erscheinen.

Solarium *das,* Einrichtung zur Körperbestrahlung mit ultraviolettem Licht durch Quecksilberdampflampen, zur Hautbräunung.

Sommerwurz
Kleeteufel

Solarkollektor →Sonnenkollektor.

Solarkonstante, die Strahlungsenergie, die von der Sonne auf einer Fläche von 1 m² der Erde auftrifft. Die S. beträgt gegenwärtig (1 367 ± 2) W/m².

Solarkraftwerk →Sonnenkraftwerk.

Solarmobil →Elektrofahrzeug.

Solarzelle →Sonnenbatterie.

Soldanelle *die,* →Alpenglöckchen.

Soldat *der,* **1)** jeder im Waffendienst stehende Angehörige der Streitkräfte eines Staats. – **2)** Individuum in einem Ameisen- oder Termitenstaat, das als Verteidiger dient.

Sole *die,* **1)** kochsalzhaltiges Wasser; dient als Heilmittel **(Solbäder)** oder zur Gewinnung von Speisesalz durch Eindampfen. – **2)** i. w. S. die Lösung eines beliebigen Salzes.

Solothurn
Kantonswappen

Solfatare *die,* Ausströmung von Schwefelwasserstoff bei abklingender Vulkantätigkeit. (→Fumarole)

Solferino, Dorf in N-Italien, im NW von Mantua; Franzosen und Piemontesen besiegten 1859 bei S. die Österreicher.

Solidarhaftung, gesamtschuldner. Haftung.

Solidarität *die,* Zusammengehörigkeitsgefühl, Gemeinsinn.

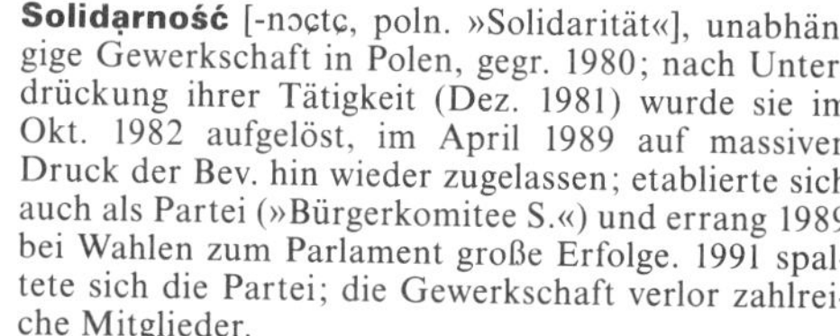

Solidarność [-nɔɕtɕ, poln. »Solidarität«], unabhängige Gewerkschaft in Polen, gegr. 1980; nach Unterdrückung ihrer Tätigkeit (Dez. 1981) wurde sie im Okt. 1982 aufgelöst, im April 1989 auf massiven Druck der Bev. hin wieder zugelassen; etablierte sich auch als Partei (»Bürgerkomitee S.«) und errang 1989 bei Wahlen zum Parlament große Erfolge. 1991 spaltete sich die Partei; die Gewerkschaft verlor zahlreiche Mitglieder.

Solidus *der,* spätröm. und byzantin. Goldmünze; seit Konstantin d. Gr.

Soliman, Name türk. Sultane, →Süleiman.

Solingen, kreisfreie Stadt in NRW, im Berg. Land, 165 600 Ew.; Theater; Besteck- und Schneidwarenzentrum, Maschinenbau.

Solipsismus *der,* Lehre, dass die Welt nur eine Vorstellung des denkenden Ichs und dieses allein wirklich sei.

Solitär *der,* einzeln gefasster Diamant.

Solitude [-ˈtyd], Lustschloss bei Stuttgart, 1763 bis 1767 im Rokokostil erbaut; seit 1991 Akademie für junge Künstler.

Soll, Buchführung: linke Seite des Kontos (Debet), Belastung.

Sölle, Dorothee, dt. ev. Theologin, *1929; vertritt eine kirchenkrit. »Gott-ist-tot-Theologie«, die die christl. Überlieferung als Forderung nach innerweltlicher Humanität begreift.

Söller *der,* Altan, offener Umgang oder Saal.

Solling *der,* Höhenzug zw. oberer Leine und Weser, Ndsachs., 528 m hoch, z. T. Naturpark.

Solmisation *die,* Bezeichnung der Tonstufen durch Silben.

Solms, Hermann Otto, dt. Politiker (FDP), *1940; seit 1980 MdB, seit 1991 Fraktionsvors. der FDP im dt. Bundestag.

Solnhofen, Gemeinde in Bayern, im Altmühltal, 1600 Ew.; Gewinnung von fossilhaltigen Plattenkalken **(Solnhofener Schiefer).**

Solo *das,* Einzelstimme mit oder ohne Begleitung im Ggs. zum mehrfach besetzten Chor oder Orchester; auch Tonstück für ein Instrument.

Sologub, Fjodor, eigentl. F. Kusmitsch **Teternikow,** russ. Dichter, *1863, †1927; Vertreter des russ. Symbolismus. Novellen, Romane (»Der kleine Dämon«, 1907).

Solomos, Dionysios, neugriech. Dichter, *1798, †1857, schloss sich dem griech. Freiheitskampf an; »Hymne an die Freiheit« (1823, griech. Nationalhymne).

Solon, athen. Staatsmann und Dichter (etwa 640 bis nach 560 v. Chr.), einer der →Sieben Weisen; beauftragt, die soziale Neuordnung Athens durchzuführen, schuf er die **solon. Gesetze** und damit die Grundlage der att. Demokratie (Aufhebung der Schulden, Verbot der Schuldknechtschaft; Ausbau der Wirtschaft, bes. des Handels; Aufzeichnung des geltenden Privatrechts; Gliederung der Bürgerschaft in 4 Klassen nach der Besitzgröße, →Timokratie).

Solothurn, 1) Kanton der NW-Schweiz, 791 km², 226 300 Ew.; Ind. – **2)** Hptst. von 1), 15 600 Ew., an der Aare. Seit 1218 Reichsstadt; 1481 in die Eidgenossenschaft aufgenommen.

Solow [ˈsəʊləʊ], Robert Merton, amerikan. Wirtschaftswissenschaftler, *1924; 1987 Nobelpreis für Wirtschaftswiss. für die Entwicklung wirtschaftl. Wachstumstheorien.

Solowjow [-ˈjɔf], Wladimir Sergejewitsch, russ. Philosoph, Dichter, *1853, †1900; erstrebte eine Verbindung der orth. Glaubenslehren mit westl. Philosophie und eine Wiedervereinigung der christl. Kirchen.

Solschenizyn [sɔlʒəˈnitsin], Aleksandr Issajewitsch, russ. Schriftsteller, *1918; Romane (»Krebsstation«, 1968; »Archipel GULag«, 1973 bis 1975; »Die Eiche und das Kalb«, 1975); Nobelpreis 1970; 1974 Ausbürgerung aus der UdSSR, 1994 Rückkehr nach Russland.

Solstitium *das,* ☼ → Sonnenwende.

Solti [ˈʃɔlti], Sir Georg, brit. Dirigent ungar. Herkunft, * 1912, † 1997.

Georg Solti

Solutréen [sɔlytreˈɛ̃] *das,* Kulturstufe der jüngeren Altsteinzeit.

Solvay-Verfahren [sɔlˈvɛ-], → Soda.

Somal, *Sg.* **Somali** *der,* Volk in NO-Afrika, etwa 5,4 Mio. Angehörige, v. a. Hirtennomaden in Somalia, Djibouti und SO-Äthiopien.

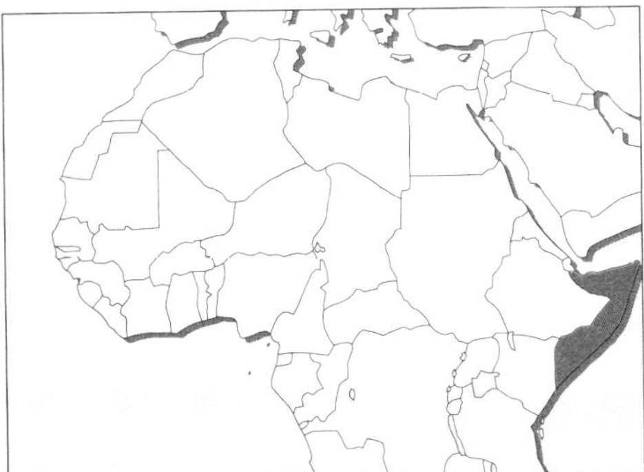

Somalia, Rep. in O-Afrika, 637 657 km², 9,2 Mio. Ew.; Hptst.: Mogadischu, Amtssprache: Somali. – S. umfasst das Küstenland der Somali-Halbinsel; im N Hochland, im S Küstenebene; Trockensavanne.
Bevölkerung. Überwiegend Somal, meist Hirtennomaden, mit kuschit. Sprache; Religion: Islam.
Wirtschaft. Anbau von Hirse, Mais, Maniok, Gemüse u. a.; Viehhaltung; Küstenfischerei. Ausfuhr: Vieh, Häute und Felle, Bananen u. a.; Haupthandelspartner: Italien, Saudi-Arabien, USA, Dtl.; Verkehrswesen wenig entwickelt; ⚓ und internat. ✈: Mogadischu.
Geschichte. Brit.- und Ital.-Somaliland wurden am 1. 7. 1960 als S. unabhängig. Seit Ende der 80er-Jahre wird S. von einem Bürgerkrieg erschüttert; Ende 1992 Eingreifen von UN-Friedenstruppen, darunter ein 1 800 Mann umfassendes Kontingent der Bundeswehr. Bis März 1995 Rückzug der UN-Friedenstruppen, ohne dass eine endgültige Befriedung des Landes erreicht wurde.

Somalia

Staatswappen

Staatsflagge

Internationales Kfz-Kennzeichen

somatisch, auf den Körper bezogen.

Somatologie *die,* Teilgebiet der Anthropologie, erforscht Merkmale am Körper des lebenden Menschen.

Sombart, Werner, dt. Volkswirtschaftler, Soziologe, * 1863, † 1941; baute auf historisch-soziolog. Grundlagen eine »verstehende Nationalökonomie« auf.

Sombrero *der,* in Lateinamerika getragener hoher, kegelförmiger, breitkrempiger Hut.

Somme [sɔm] *die,* Fluss in N-Frankreich, 245 km lang, mündet in den Kanal. 1914 und 1916 fanden an der S. schwere Kämpfe statt.

Sommer, auf der nördl. Halbkugel die Zeit vom 21. 6. bis 23. 9.; auf der südl. vom 21. 12. bis 21. 3.

Sömmerda, Krst. an der Unstrut, Thür., 23 000 Ew.; elektron. Ind. – 918 erstmals erwähnt.

Sommerfeld, Arnold, dt. Physiker, * 1868, † 1951; förderte die Quantentheorie, bes. in der Anwendung auf den Atombau.

Sommerschlaf, dem Winterschlaf entsprechender Zustand herabgesetzter Lebenstätigkeiten bei Tieren trop. und subtrop. Gegenden während der heißen, trockenen Jahreszeit.

Sommersprossen, bes. im Sommer hervortretende braune, auf zu starker Farbstoff-(Pigment-)Bildung beruhende Hautflecke.

Sommerwurz, Gattung krautiger Pflanzen, ohne Blattgrün; Schmarotzer auf Wurzeln anderer Pflanzen, z. B. auf Klee **(Kleeteufel),** Hanf **(Hanfwürger)** und Quendel **(Quendel-S.).**

Sommerzeit, Stundenzählung während der Sommermonate, die um eine Stunde vorverlegt ist, zur besseren Ausnutzung des Tageslichts, z. B. in Dtl. vom letzten Sonntag im März bis zum letzten Sonntag im September.

Somnambulismus *der,* **Schlafwandeln, Nachtwandeln,** das Ausführen teils komplexer Handlungen (Aufstehen, Ankleiden) während des Schlafs; kann auch durch Hypnose **(Trance)** entstehen.

Sonargerät, Abk. für: **So**und **na**vigation and **r**anging, ⚙ Navigations- und Entfernungsmessgerät zur akust. Peilung und Ortung bes. von Unterwasserobjekten (z. B. Eisberge, U-Boote).

Sonate *die,* 𝄞 Instrumentalstück aus mehreren Sätzen, von denen wenigstens einer in der **S.-Form** gehalten ist. Diese ist durch die Aufstellung zweier Themen und eines Durchführungsteils bestimmt, der die Themen frei verarbeitet. **Sonatine** *die,* kleinere, leicht spielbare Sonate.

Sonde *die,* **1)** ⚕ röhrenförmiges Instrument zum Untersuchen von Körperhöhlen. – **2)** ⚒ Probebohrung, bes. nach Erdöl. – **3)** → Raumsonde.

Sonder|abschreibungen, ✐ Abschreibungen, die gesetzlich aus wirtschafts- und sozialpolit. Gründen zugelassen sind.

Sonder|ausgaben, im Einkommensteuerges. aufgezählte Ausgaben des Steuerpflichtigen (z. B. Lebensversicherungsbeiträge), werden auf Antrag vom Gesamtbetrag der Einkünfte abgezogen.

Sonderbundkrieg, Krieg der schweizer. liberalen Kantone gegen die 1845 im »Sonderbund« zusammengeschlossenen kath. Urkantone, der 1847 zur Auflösung des »Sonderbunds« führte.

Sonderburg, dän. **Sønderburg,** Hafenstadt auf der Insel Alsen, Dänemark, 27 700 Ew.; Maschinenbau, Nahrungsmittel-, Möbel- und Textilind.; Werft.

Sondergerichte, ⚖ Gerichte, die im Ggs. zu den ordentl. Gerichten beschränkte Zuständigkeit besitzen (z. B. Finanzgerichte). Vom natsoz. Staat wurden für bestimmte Strafsachen (bes. polit. Vergehen) S. eingerichtet, die unter Ausschluss von Rechtsmitteln entschieden.

Sondermüll, Abfallstoffe, die aufgrund ihrer Gefährlichkeit für Mensch und/oder Umwelt nicht mit dem Hausmüll beseitigt werden können (z. B. Krankenhausabfälle, Altöl, Klärschlämme).

Sonderpädagogik → Heilpädagogik.

Sonderschulen, eigenständige Unterrichts- und Erziehungseinrichtungen für schulpflichtige Kinder und Jugendliche, die sich wegen unterschiedl., auch mehrfacher Behinderung in den allg. Schulen nicht entfalten können; hauptsächlich S. für Lernbehinderte, für geistig Behinderte, für Körper- und Sinnesgeschädigte (Blinde, Sehbehinderte, Gehörlose, Schwerhörige, Körperbehinderte), für verhaltensauffällige Schüler, für Sprachbehinderte und als Krankenhausschulen (langfristig Erkrankte). **Sonderschullehrer** absolvieren entweder nach der allg. Ausbildung ein Zusatzstudium oder auf direktem Wege ein achtsemestriges Studium.

Sondershausen, Krst. im nördl. Thür., 24 000 Ew.; elektrotechn., Baustoffind.; bis 1918 Hptst. des Fürstentums Schwarzburg-Sondershausen.

Sonderzeichen, 🖳 alle Zeichen, die nicht Buchstaben oder Ziffern sind, z. B. +, §.

Sonderziehungsrechte, Abk. **SZR,** ✐ 1969 geschaffene neue Form der internat. Liquidität. S. stellen einen Anspruch auf Überlassung konvertierbarer Währung gegenüber allen anderen Teilnehmern eines Sonderziehungskontos beim Internat. Währungs-

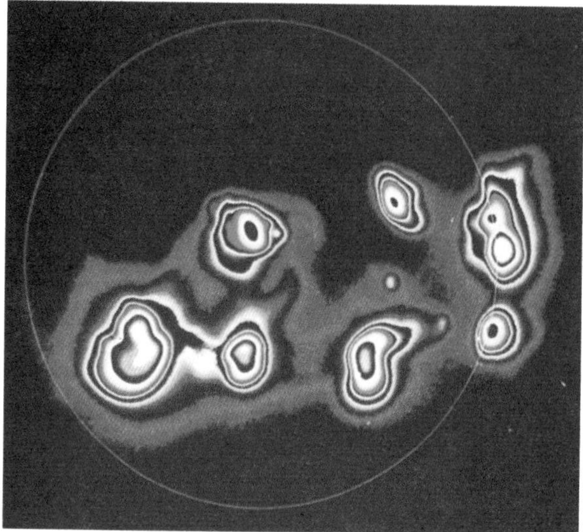

Sonne. Röntgenaufnahmen der Regionen mit Temperaturen über 1 Mill. K sind als helle Flecken sichtbar

fonds dar; sie sind eine Art Buchgeld, das nur im Verrechnungsweg umläuft.

Sonett *das,* Gedicht aus 14 Zeilen, gegliedert in 2 Vierzeiler und 2 Dreizeiler. Reimschema meist: abba abba cde cde.

Song *der,* Lied, Schlager; auch mit sozialkrit. Inhalt (Protestsong).

Song Koi, vietnames. Name des »Roten Flusses« in Südostasien, rd. 800 km, mündet in den Golf von Tongking.

Sonn|abend, Samstag, 6. Tag der Woche.

Sonnblick, Hoher S., Gipfel der Hohen Tauern, Österreich; 3 105 m hoch, meteorolog. Station.

Sonne, ☼ Fixstern, um den sich die Planeten bewegen und von dem sie Licht und Wärme erhalten. Die S. hat Kugelgestalt (Durchmesser 1 392 520 km) und erscheint uns in einer mittleren Entfernung von 149,6 Mio. km als eine Scheibe. Ihre Masse entspricht rund 333 000 Erdmassen, ihre D 0,26 der mittleren Erddichte; die Temperatur an ihrer Oberfläche, der Photosphäre, beträgt 5 777 K, im Inneren etwa 15 Mio. K. Die S. besteht zu etwa $^4/_5$ aus Wasserstoff, $^1/_5$ aus Helium, zu rd. 2% aus Anteilen anderer Elemente (fraunhofersche Linien im Spektrum der S.). Die Temperatur wird durch Fusion von Wasserstoff- zu Heliumkernen (Kernverschmelzung) aufrechterhalten; der Wasserstoffvorrat reicht für etwa 10 Milliarden Jahre. Die Photosphäre ist umgeben von der sehr dünnen, selbstleuchtenden Chromosphäre. **Sonnenflecken** sind mit einer mittleren Periode von 11,2 Jahren zeitweilig erscheinende dunkle Flecken, aus denen die Umdrehungszeit der S. zu etwa 27 Tagen bestimmt worden ist (synod. Rotationsdauer). Bei S.-Finsternissen werden die Korona und rosafarbene, wolkenähnl. Gebilde, die Protuberanzen, sichtbar. Außer Licht sendet die Sonne, meist aus begrenzten Bereichen eruptiver Tätigkeit, Radio-, Ultraviolett-, Röntgen- und energiereiche Teilchenstrahlen aus.

Gemeine **Sonnenblume**

Sonne: Charakteristische Daten

Radius	696 260 km (= 109 Erdradien)
Oberfläche	6,0936 · 10^{12} km² (= 11 930 Erdoberflächen)
Volumen	1,412 · 10^{18} km³ (= 1 304 000 Erdvolumen)
Masse	1,993 · 10^{33} g (= 332 946 Erdmassen)
mittlere Dichte	1,409 g/cm³ (= 0,26 Erddichte)
Schwerebeschleunigung an der Erdoberfläche	2,739 · 10^4 cm/s²
effektive Temperatur	5 777 K
Energieabstrahlung an der Oberfläche	6,329 W/cm²
absolute Helligkeit (visuelle)	4^m,733
Neigung des Sonnenäquators gegen die Ekliptik	7° 15′
sider. Rotationsdauer	25,380 d
synod. Rotationsdauer	27,275 d

Sonneberg, Krst. in Thür., am S-Rand des Thüringer Schiefergebirges, 27 000 Ew.; Mittelpunkt der thüring. Spielzeugindustrie.

Sonnenbatterie, Solargenerator, ☼ Stromquelle aus vielen hintereinander geschalteten **Solarzellen,** meist dünnen Silicium-, Cadmiumsulfid- oder Galliumarsenid-Photoelementen, zur Umwandlung von Strahlungsenergie der Sonne in elektr. Energie; Einsatz in der Raumfahrt.

Sonnenblume, 2 bis 3 m hohe, urspr. amerikan. Korbblütlergattung; Kräuter mit großem Blütenstand mit leuchtend gelben Randblüten. Aus dem Samen der **Gemeinen S.** wird Öl gewonnen; sie dienen auch als Vogelfutter. Eine Nutzpflanze ist auch die **Knollen-S.** (→Topinambur).

Sonnenbrand, ⚕ entzündliche Rötung der Haut durch zu lange Einwirkung ultravioletter Sonnenstrahlung, kann zu Blasenbildung und Hautschälung führen.

Sonnen|energie →Solarenergie.

Sonnenferne, Ap|hel, ☼ →Apsiden.

Sonnenfinsternis, ☼ entsteht dadurch, dass der Mond zw. Erde und Sonne tritt. Erdorte, die vom Kernschatten des Monds getroffen sind, haben **totale S.,** Orte, die im Halbschatten liegen, **partielle S.,** Orte, die im Gegenkegel des Mondkernschattens liegen, **ringförmige Sonnenfinsternis.**

Sonnengeflecht, Eingeweidegeflecht, Plexus solaris, ⚕ großes Geflecht von Nervenknoten des vegetativen Nervensystems dicht unterhalb des Zwerchfells auf der Vorderseite der Hauptschlagader, steht mit den Nerven aller Bauchorgane in Verbindung.

Sonnenheizung →Solarheizung.

Sonnenkollektor, Solarkollektor, ☼ Anlage, die Sonnenstrahlung absorbiert und als Wärme an ein einströmendes Medium (Wasser, flüssiges Natrium) abgibt. **Flächenkollektoren** (bis 200 °C) besitzen geschwärzte Aluminium- oder Kupferbleche. Bei **Schüsselkollektoren** (Parabolspiegel) befindet sich eine kleine Absorberfläche im Brennpunkt, bei **Rinnenkollektoren** ein Absorberrohr in der Brennlinie.

Sonnenkompass, Fähigkeit der Honigbiene und von Zugvögeln, nach dem Sonnenazimut unter Einrechnung der Tageszeit Himmelsrichtungen festzulegen. Auch nachgewiesen u. a. bei Krebsen, Spinnen, Fischen.

Sonnenkönig, Beiname →Ludwigs XIV.

Sonnenkraftwerk, Solarkraftwerk, ☼ Anlage zur Nutzung der Sonnenstrahlung in sonnenreichen Gegenden durch Verdampfen von Wasser oder Natrium in Sonnenkollektoren (weitere Nutzung wie im Dampfkraftwerk) oder durch Erzeugung von elektrischer Energie mittels Solarzellen (S. finden auch Anwendung in der Wasserstofftechnologie).

Sonnenkult, religiöse Verehrung der Sonne; schon in vorgeschichtl. Zeit bekannt und in den unterschiedlichsten Kulturen verbreitet.

Sonnennähe, Perihel, ☼ →Apsiden.

Sonnen|ofen, ☼ Spiegelanordnungen zur Erzeugung punktweise sehr hoher Temperaturen (bis über 3 000 °C), die die von der Sonne auf die Erde gestrahlte Energie (Mittelwert etwa 1 kW/m²) verwerten; v. a. zur Hochtemperaturforschung, für metallurg. Zwecke, zur Salzwasserdestillation.

Sonnenrös|chen, Gattung der Zistrosengewächse u. a. im Mittelmeergebiet; in Dtl. Gartenpflanze **(Gemeines S.)** mit goldgelben Blüten für sonnige Standorte.

Sonnenstich, Überwärmung des Gehirns durch intensive Sonnenstrahlung; Symptome wie beim → Hitzschlag.

Sonnensystem, ☼ umfasst alle Himmelskörper, die sich im Anziehungsbereich der Sonne befinden und sich in Bahnen, die den keplerschen Gesetzen folgen, um diese bewegen. Es sind dies die 9 Planeten mit ihren Monden, die über 50 000 Planetoiden, die Kometen und Sternschnuppenschwärme. Das S. bewegt sich im Vergleich zu den umgebenden Fixsternen mit 20 km/s in Richtung auf das Sternbild des Herkules; mit seiner näheren Umgebung kreist es um den Mittelpunkt des Milchstraßensystems mit einer Geschwindigkeit von 200 bis 275 km/s.

Sonnentau, Drosera *die,* tierfangende Pflanzen, mit weißen Blütchen; auf Moorböden. Setzt sich ein Kerbtier auf eines der löffelförmigen Blätter, so krümmen sich klebrige rote Drüsenhaare, die Verdauungssaft ausscheiden, auf das Tier und »verdauen« es.

Sonnentierchen, Ordnung bis 1 mm großer, kugelförmiger Einzeller, v. a. in Süßgewässern; meist frei schwebende, selten mittels eines Stielchens am Untergrund festsitzende Protozoen, die Scheinfüßchen aussenden, an deren Außenplasma Kleinstorganismen kleben bleiben, die dann in das Zellinnere gebracht werden.

Sonnen|uhr, Zeitmesser. Die S. misst Länge oder Richtung des Schattens, den ein Stab bei wechselndem Sonnenstand auf eine waagerechte oder senkrechte Fläche wirft.

Sonnenwende, Solstitium, ☼ Umkehr der Sonne von ihrer größten nördl. oder südl. Abweichung nach dem Äquator zu. Der nördl. Punkt, die **Sommer-S.,** wird am 21./22. 6. erreicht. Durch diesen Punkt hat man den nördl. Wendekreis gelegt. Die **Winter-S.** wird am 21./22. 12. erreicht. Durch diesen Punkt läuft der südl. Wendekreis.

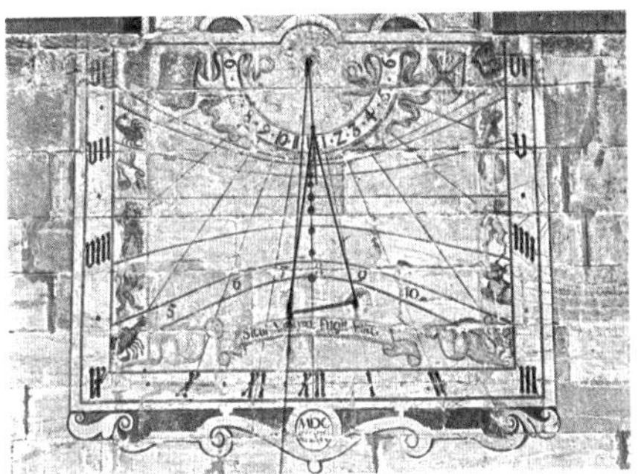

Sonnenuhr an der Pfarrkirche Sankt Veit in Ellwangen/Jagst (1634)

Sonnenzeit, durch die Stellung der Sonne bestimmte Zeit: Der zw. 2 aufeinander folgenden höchsten Sonnenständen (→ Mittag) liegende Zeitraum ist ein **wahrer Sonnentag.** Da dieser im Laufe des Jahres ungleich lang ist, wählt man das Mittel aller Sonnentage als **mittleren Sonnentag.** Der Unterschied zw. wahrer und mittlerer S. heißt **Zeitgleichung** (höchstens + 16 min 21 s am 3. 11. und – 14 min 24 s am 12. 2.). → Sterntag.

Sonnenzyklus, Sonnenzirkel, Zeitraum von 28 Jahren, nach dessen Ablauf die Wochentage wieder auf die gleichen Monatsdaten fallen (Beginn im Jahr 9 v. Chr.).

Sonnleitner, Gerd, dt. Landwirtschaftsverbandsfunktionär und Landwirt, * 1948; wurde 1997 zum Präs. des Dt. Bauernverbandes gewählt.

Sonntag [Tag der Sonne], der 7. Tag der Woche, wird in der christl. Kirche als Ruhetag gefeiert. Die Sonntagsruhe ist gesetzlich geschützt.

Sonnwendfeier, bei vielen Völkern Fest zur sommerl. Sonnenwende, in christl. Zeit mit dem Fest Johannes' des Täufers (24. 6.) zusammengelegt. Dt. Volksbräuche: Johannisfeuer, Feuerrad u. a.

Sonographie *die,* → Ultraschalldiagnostik.

Sontheimer, Kurt, dt. Politologe, * 1928; befasst sich v. a. mit dem polit. System der Bundesrep. Dtl.; »Antidemokrat. Denken in der Weimarer Rep.« (1962); »Von Dtl.s Rep.« (1991).

Sonthofen, Krst. in Bayern, im Allgäu, 20 000 Ew.; Metallverarbeitung, Landwirtschaftsbetriebe, Textilindustrie; Luftkurort; barocke Pfarrkirche St. Michael, Ruine Fluhenstein.

Sooden-Allendorf, Bad S.-A., Stadt in Hessen, an der Werra, 10 000 Ew.; brom- und jodhaltige Solquellen (gegen Asthma, Rheuma).

Soonwald, Höhenzug im östl. Teil des Hunsrücks (Rheinl.-Pf.).

Soor *der,* ⚕ eine → Hautpilzerkrankung.

Sophia, wohl legendäre röm. Märtyrerin des 3./4. Jh.; zählt zu den Eisheiligen (Kalte Sophie), Tag: 15. 5.

Sonnenröschen

Sophist *der,* **1)** im antiken Griechenland Lehrer der Allgemeinbildung, bes. der Redekunst, seit dem 5. Jh. v. Chr.; die S. vertraten relativist. und skeptizist. Positionen. – **2)** Ü spitzfindiger Mensch. **Sophistik** *die,* Lehre der S.; abwertend: die Kunst der Scheinbeweise und -schlüsse.

Sophokles, griech. Dichter, * 497/496, † 406/405 v. Chr.; einer der 3 großen griech. Tragödiendichter, zeigte den Menschen als sittl. Wesen, dessen innere Vollendung sich in der Annahme eines von der überragenden und furchtbaren Macht der Götter zeugenden Schicksals zeigt. Von seinen 123 dem Titel nach bekannten Dramen sind 7 erhalten: König Ödipus, Antigone, Elektra u. a.

Sopran *der,* **Diskant,** 𝄞 höchste Frauen-, Knabenstimme; man unterscheidet **hohen S.** und **Mezzo-S.** Normalumfang c[1] bis a[2].

Sorau, poln. **Żary** [ˈʒari], Stadt in der poln. Wwschaft Zielona Góra, 34 000 Ew.; Textilind.; mittelalterl. u. a. Bauten.

Sorben, früher **Wenden,** die seit dem frühen MA. zw. Saale und Lausitzer Neiße wohnenden Slawen.

Sorbet [ˈzɔrbɛt, zɔrˈbeː] *der,* **Scherbet,** Halbgefrorenes aus Fruchtsaft.

Sorbinsäure, organ. Verbindung, Fettsäure; Konservierungsmittel gegen Bakterien, Schimmelpilze, Hefen.

Sorbonne [sɔrˈbɔn] *die,* die Univ. in Paris, der Mittelpunkt des Quartier Latin, gegr. 1257 von Robert v. Sorbon als Internat für mittellose Theologiestudenten; 1968 in 13 Univ. aufgegliedert.

Sordino *der,* Dämpfer; bei Musikinstrumenten Vorrichtung zur Abschwächung der Tonstärke.

Sorel [sɔˈrɛl], Georges, frz. Sozialphilosoph, * 1847, † 1922; zunächst Marxist, später mit seiner Lehre vom sozialen Mythos und von der Gewalt ein Wegbereiter des Faschismus.

Sorghum [-gʊm] *das,* **Mohrenhirse,** → Hirse.

Sorrent, ital. **Sorrento,** Stadt und Seebad in S-Italien, am Golf von Neapel, 17 600 Ew.; Erzbischofssitz; Intarsiengewerbe; Wein- und Obstbau.

Kurt Sontheimer

Sortiment *das,* **1)** Zusammenstellung von verschiedenartigen Waren derselben Gattung. – **2) S., S.-Buchhandlung,** Ladenbuchhandlung; der hier tätige Buchhändler heißt **Sortimenter.**

SOS, Buchstabenfolge des Morsealphabets, internat. Notsignal.

Soschtschenko, Michail Michajlowitsch, russ. Schriftsteller, * 1895, † 1958; humorist. und satir. Darstellungen der sowjet. Alltagswirklichkeit.

SOS-Kinderdorf e. V. → Kinderdörfer.

Sowjetunion
Historische Flagge

Southampton
Stadtwappen

South Carolina
Flagge

South Dakota
Flagge

Sosnowitz, poln. **Sosnowiec** [-vjɛts], Stadt in Polen, im Dombrowaer Kohlengebiet, 255 000 Ew.; Steinkohlengruben, Schwer- u. a. Industrie.

sostenuto, 𝄞 gehalten, getragen.

Soter, **1)** bei den Griechen Beiname des Zeus in seiner Eigenschaft als Retter, im Hellenismus auch Titel von Herrschern. – **2)** im N. T. Jesus.

Sotho, Basuto, 2 nahe verwandte Bantuvölker im südl. Afrika.

Sotschi, Stadt in der Region Krasnodar, Russland, am Schwarzen Meer, 337 000 Ew.; Hafen, Heil- und Seebad im Kaukasusvorland; ✈.

Sou [su] *der,* frz. 5-Centimes-Stück.

Soubrette [zuˈbrɛtə] *die,* Sopranistin in jugendl., oft komischen Rollen.

Souffleur [zuˈfløːr] *der,* weibl. Form **Souffleuse** [suˈfløːzə], Vorsager(in), Einhelfer(in) im **S.-Kasten** dicht vor der Bühne.

Soul [səʊl] *der,* afroamerikan. vokaler Musikstil der 1960er-Jahre, mit Elementen des Spirituals und Gospels (Expressivität), des Blues (Ruf-Antwort-Modelle) und des Jazz in einer v. a. dem Rhythm and Blues verpflichteten Musik. Der S. hatte großen Einfluss auf die amerikan. Popmusik.

Sound [saʊnd] *der,* 𝄞 beim Jazz der einem Solisten, einer Band oder einem Jazzstil eigene typ. Klang; in der Rockmusik Begriff für eine Stilrichtung.

Soundkarte [ˈsaʊnd-], bei Personalcomputern zusätzl. Einsteckkarte zum externen Anschluss von Mikrofon und Lautsprechern, erlaubt neben der Wiedergabe von Tönen aller Art oft auch (mit zugehöriger Software) deren Aufnahme und Bearbeitung auf dem PC.

Sousaphon [zuza-] *das,* Blechblasinstrument, benannt nach dem amerikan. Komponisten J. P. Sousa (* 1854, † 1932).

Sousse [sus], arab. **Susah,** Hafenstadt und Seebad an der O-Küste Tunesiens, 83 500 Ew.; Textil-, Nahrungsmittel- u. a. Ind. – Phönik. Gründung des 9. Jh. v. Chr., röm. Name **Hadrumetum.**

Soutane [zu-] *die,* langes Obergewand unter den liturg. Gewändern der kath. Geistlichen. (→ Talar)

Southampton [saʊθˈæmptən], Stadt in England, an der S-Küste, am **S. Water,** einer 15 km langen Bucht, 200 500 Ew.; Hafen mit bed. Dockanlagen; Schiffbau, -reparatur, Kabelherstellung, elektron. Ind. u. a.; Univ., mittelalterl. Bauten; internat. ✈.

South Carolina [saʊθ kærəˈlaɪnə], Abk. **S. C.,** Bundesstaat im SO der USA, reicht vom Atlant. Ozean bis an die Appalachen (Blue Ridge), 80 582 km², 3,49 Mio. Ew. (30,5% Schwarze); Hptst.: Columbia (mit Staatsuniv.). Tabak, Baumwolle, Sojabohnen; Viehzucht; Forstwirtschaft (rund 60% der Fläche bewaldet), Textil-, Bekleidungs-, chem. u. a. Industrie.

South Dakota [saʊθ dəˈkəʊtə], Abk. **S. D.,** Bundesstaat der USA, beiderseits des mittleren Missouri, 199 730 km², 696 000 Ew.; Hptst.: Pierre; größte Stadt: Sioux Falls. Präriegebiet; Getreideanbau, Viehwirtschaft.

Southend-on-Sea [ˈsaʊθend ɔn ˈsiː], Seebad in SO-England, 159 900 Ew.; elektrotechn. Industrie.

South Shields [ˈsaʊθ ʃiːldz], Hafenstadt in NO-England, Vorhafen von Newcastle, 100 500 Ew.; Schiffbau, Metallverarbeitung, Leichtindustrie.

South West Africa People's Organization [ˈsaʊθ ˈwest ˈæfrɪkə ˈpiːplz ɔːgənaɪˈzeɪʃn] → SWAPO.

Souveränität [zuvə-] *die,* die nicht abgeleitete, nach innen und außen unbeschränkte Hoheitsgewalt eines Staats. Träger der S. **(Souverän)** ist in absoluten und konstitutionellen Monarchien das Staatsoberhaupt, in parlamentar. Monarchien und Demokratien das Volk (→ Volkssouveränität). Die modernen Staatengemeinschaften (z. B. EU, UNO) führen zur Einschränkung der staatl. Souveränität.

Sovereign [ˈsɔvrɪn] *der,* engl.-brit. Goldmünze, geprägt ab 1489, seit 1816 als Pfund Sterling Standardmünze der neuen Goldwährung.

Sowchos [-ç-] *der* oder *das,* **Sowchose** *die,* staatl. landwirtschaftl. Großbetrieb in der Sowjetunion und ihren Nachfolgestaaten.

Soweto, Abk. für engl. **S**outh **We**stern **To**wnship, Wohnstadt für Schwarze im SW von Johannesburg, Rep. Südafrika, rd. 2 Mio. Ew.; war seit 1976 Ausgangspunkt von Protestaktionen gegen die Apartheidspolitik.

Sowjet *der,* urspr. Bezeichnung für die Arbeiter- und Soldatenräte in Russland, später für die formell beschließenden Organe der Sowjetunion und ihrer Untergliederungen.

Sowjetische Militäradministration in Deutschland, Abk. **SMAD,** höchste sowjet. Besatzungsbehörde (ab 9. 6. 1945) in der Sowjet. Besatzungszone, Sitz Berlin-Karlshorst. Die SMAD übte hier die Hoheitsgewalt aus und vertrat die sowjet. Deutschlandpolitik im Alliierten Kontrollrat; am 10. 10. 1949 durch die »Sowjet. Kontrollkommission in Dtl.« (Abk. SKKD; bis 1953) abgelöst.

Sowjetunion, Union der Sozialistischen Sowjetrepubliken, Abk. **UdSSR,** bis Ende 1991 der räumlich größte Staat der Erde, in O-Europa und Asien, einschließl. Wasserflächen 22,4 Mio. km², 284,4 Mio. Ew.; Hptst.: Moskau. Staatssprache war Russisch, daneben in den 15 Unionsrep., 20 Autonomen Rep. und 8 Autonomen Gebieten die jeweiligen Volkssprachen als Amtssprachen.

Verfassung vom 7. 10. 1977, geändert 1. 12. 1988 und 13. 3. 1990. Danach war die S. ein föderativ organisierter Staat. Staatsoberhaupt war der für 5 Jahre vom Volk direkt gewählte Staatspräs. mit weitgehenden exekutiven Vollmachten. Höchstes Staatsorgan war der meist einmal jährlich zusammentretende, auf 5 Jahre in geheimer, gleicher, direkter und allg. Wahl ermittelte Kongress der Volksdeputierten mit 2 250 Mitgliedern. Ihm oblagen u. a. Verf.-Änderungen, die Wahl des Obersten Sowjets sowie von dessen Präsidium und Stellvertretern. Als ständig handelndes Gesetzgebungs- und Kontrollorgan fungierte der Oberste Sowjet. Er bestand aus 2 gleichberechtigten und mit gleich viel Abgeordneten (je 750) besetzten Kammern, dem Unionssowjet und dem Nationalitätensowjet. In seinen Aufgabenbereich fielen neben der Gesetzgebung auch die Ernennung des Vors. des Ministerrats, des Generalstaatsanwalts, die Überwachung der Einheit der Gesetzgebung. Geleitet wurde der Oberste Sowjet von einem ihm rechenschaftspflichtigen Präsidium, das der Kongress der Volksdeputierten bestimmte. Der Ministerrat, geleitet vom Min.-Präs., dem neben dem Ersten Stellvertretenden 8 weitere Stellvertreter zu Seite standen, führte die Regierungsgeschäfte. Der Ministerrat war dem Obersten Sowjet verantwortlich. Die führende Rolle der KPdSU (Machtmonopol) als einzig zugelassene Partei wurde 1990 aus der Verf. gestrichen. Seither waren weitere Parteien, Organisationen und Bewegungen, soweit sie sich im Rahmen der Verf. bewegten, zugelassen.

Landesnatur. Die S. erstreckte sich von der Ostsee, den Karpaten und dem Schwarzen Meer nach O bis zum Pazifik und zur Beringstraße, von den innerasiat. Hochländern nach N bis zum Nordpolarmeer. Tiefländer herrschten vor: das Osteurop. Tiefland westl. des Urals, östl. davon das Sibir. Tiefland und im S das Tiefland von Turan. Das Mittelsibir. Hügelland geht im O in Küstengebirge über (Kamtschatka 4 850 m). Den S-Rand der S. bildeten hohe Faltengebirge: Kaukasus, Hochland von Armenien, Pamir, westlicher Tienschan, Altai. Große Ströme: im europ. Teil die Wolga, in Sibirien Ob, Jenissej, Lena, in O-Asien

Daten zur Geschichte der Sowjetunion

1918	Nach der Oktoberrevolution 1917 übernehmen die Bolschewiki unter Führung Lenins die Macht
	Am 3. März Abschluss des Friedensvertrags von Brest-Litowsk mit den Mittelmächten, Sowjetrussland tritt das Baltikum, die Ukraine und Finnland ab
	Der Allruss. Kongress beschließt im März die Gründung der Russ. Sozialist. Föderativen Sowjetrepublik (RSFSR)
1918–1921	Die Rote Armee, organisiert von L. Trotzkij, geht aus dem Bürgerkrieg gegen »Weiße Armeen« und ausländ. Interventionstruppen als Sieger hervor
	Rückeroberung der Ukraine
1920	Friedensverträge mit Estland, Lettland und Finnland, Waffenstillstand mit Polen (Friede von Riga 1921)
1921	Lenin leitet die »Neue Ökonom. Politik« (NEP) ein, mit der die Wirtschaft die Folgen des Kriegskommunismus beseitigt
1922	Stalin wird Generalsekretär der kommunist. Partei Russlands (1925 in KPdSU umbenannt). In den Jahren bis 1929 baut er eine ihm ergebene Funktionärsschicht auf, mit deren Unterstützung er innerparteil. Gegner (Trotzkij, Sinowjew, Kamenew, Bucharin) z. T. in Schauprozessen ausschaltet
	Zusammenschluss der RSFSR mit den Sowjetrep. Ukraine, Weißrussland, Transkaukasien zur Sowjetunion (UdSSR)
1928	Stalin erklärt das Ende der NEP, Beginn des 1. Fünfjahresplans (1928 bis 1932), Zwangskollektivierung der Landwirtschaft. Unter der Losung »Liquidierung des Kulakentums« wird mit äußerster Härte (Millionen Tote) gegen selbstständige Bauern vorgegangen, Bildung von Kolchosen und Sowchosen
1935	Beginn der »Großen Tschistka« (1935 bis 1939) nach der Ermordung von S. M. Kirow (1934). 1936/38 befinden sich etwa 5% der Gesamtbevölkerung der Sowjetunion in Lagern (GULAG) und Gefängnissen. Im Verlauf der Säuberung wird 1937/38 ein großer Teil der Armeeführung liquidiert
1939	Abschluss des Dt.-Sowjet. Nichtangriffspakts mit geheimen Zusatzklauseln über Einflussgebiete am 23. 8.
	Nach dem dt. Angriff auf Polen (1. 9.) besetzt die Rote Armee Ostpolen bis zu der mit Dtl. vereinbarten Linie, Angriff der Sowjetunion auf Finnland (Winterkrieg), der Völkerbund schließt die Sowjetunion deswegen aus
1940	Die Sowjetunion annektiert die balt. Rep. Estland, Lettland und Litauen; Rumänien muss Bessarabien und Teile der Bukowina, Finnland Teile Kareliens abtreten
1941	Am 22. 6. greift das Dt. Reich die Sowjetunion an, womit sich der Krieg zum Weltkrieg ausweitet. Die Sowjetunion verbündet sich mit den angelsächs. Mächten. Der dt. Vormarsch kommt erst vor Moskau zum Stehen
31. 1. 1943	Die dt. 6. Armee ergibt sich vor Stalingrad
1945	Die Sowjetunion geht als Sieger- und Weltmacht aus dem 2. Weltkrieg hervor. Die Beschlüsse von Jalta und das Potsdamer Abkommen sichern der S. das nördl. Ostpreußen und die Karpato-Ukraine. Im Fernen Osten tritt die Sowjetunion im August in den Krieg gegen Japan ein, Besetzung der südl. Kurilen und von ganz Sachalin. In den osteurop. Staaten und der sowjet. Besatzungszone in Dtl. installiert die Sowjetunion kommunist. Diktaturen (Ostblock)
1946/47	Herausbildung des Ost-West-Konflikts (»Kalter Krieg«)
1948/49	Berliner Blockade
1949	Zündung der 1. sowjet. Atombombe; Gründung des Rats für gegenseitige Wirtschaftshilfe (RGW)
1950	Freundschafts- und Beistandspakt mit dem kommunist. China
1953	Tod Stalins am 5. März
	Volksaufstand in der DDR am 17. Juni wird von sowjet. Truppen niedergeschlagen
1955	Gründung des Warschauer Pakts unter sowjet. Führung. In ihrer Deutschlandpolitik vertritt die Sowjetunion die These von der Existenz zweier dt. Staaten und der freien Stadt West-Berlin (Berlin-Ultimatum 1958)
1956	In den Machtkämpfen nach Stalins Tod kann sich N. S. Chruschtschow durchsetzen. Er leitet auf dem XX. Parteitag der KPdSU die Entstalinisierung ein, Verurteilung des Personenkults.
	Außenpolitisch schwenkt die Sowjetunion auf eine Politik der »Friedl. Koexistenz« ein (Ende des Koreakrieges, Versöhnung mit Tito), dennoch werden freiheitl. Bestrebungen im Ostblock brutal unterdrückt (militär. Niederschlagung des ungar. Aufstands)
1962/63	Raketenstationierung auf Kuba löst die Kubakrise aus
1964	Sturz von Chruschtschow, L. I. Breschnew wird Erster Sekr. des ZK der KPdSU (bis 1982) und ist von 1977 bis 1982 auch Staatsoberhaupt
1968	Einmarsch von Truppen des Warschauer Pakts in die ČSSR
1979	Einmarsch sowjet. Truppen in Afghanistan
1982	Tod Breschnews. Die Nachfolger J. W. Andropow (1982 bis 1984) und K. U. Tschernenko (1984/85) ändern wenig an dem unter Breschnew entstandenen bürokrat.-diktator. Staatsgefüge, das von einer Restalinisierung der Regierungspraxis gekennzeichnet war
1985	M. S. Gorbatschow wird Gen.-Sekr. der KPdSU und 1988 auch Vors. des Präsidiums des Obersten Sowjets (Staatsoberhaupt)
	Unter den Bezeichnungen Glasnost und Perestroika leitet Gorbatschow ein Reformprogramm in der Innen-, Außen- und Wirtschaftspolitik ein, das zu einem Ende des Ost-West-Konflikts führt
1989/90	Den polit. Umwälzungen in den Staaten O-Europas steht die Sowjetunion neutral gegenüber
	Innerhalb der Sowjetunion brechen in den einzelnen Rep. offene Nationalitätenkonflikte auf, die von der Reg. in Moskau auch militärisch nicht mehr unterdrückt werden können. 1990 finden erste freie Wahlen in der Sowjetunion statt
	Die 4 Siegermächte des 2. Weltkriegs schließen den »Zwei-plus-vier-Vertrag« ab (12. 9.), der Dtl. die Einheit und die uneingeschränkte Souveränität bringt
1991	Auflösung des RGW und des Warschauer Pakts
	Im August scheitert ein Putschversuch kommunist. Reformgegner v. a. an der russ. Führung unter B. Jelzin, Verbot der KPdSU wegen Verwicklung in den Putsch
	Die balt. Rep. Estland, Lettland und Litauen erklären ihre Unabhängigkeit
	Die Gründung der GUS am 21. 12. und der Rücktritt Gorbatschows (25. 12.) bedeuteten das Ende der Sowjetunion; Rechtsnachfolger sind die Russ. Föderation und die GUS

Anteil am Amur. Das Kasp. Meer ist der größte, der Baikalsee der tiefste Binnensee der Erde. – *Klima.* Scharfe jahreszeitl. Gegensätze; im N und NO lange und kalte Winter (tiefste Temperaturen in NO-Sibirien), im S heiße und sehr trockene Sommer. Über Pflanzen- und Tierwelt →Asien, →Europa.

Bevölkerung. 128 Völker (letzte Volkszählung 1989), etwa $^3/_4$ Ostslawen (Russen, Ukrainer, Weißrussen), ferner Usbeken, Tataren, Kasachen, kaukas. u. a. Turkvölker, Iraner, Finnen, Deutsche, Polen u. a. 1989 lebten 66% der Bev. in Städten; 1990 gab es 42 Großstädte mit mehr als 500 000 Ew., 18 davon über 1 Mio. Einwohner.

Religion. Staat und Kirche waren getrennt. Die Verfassung garantierte formal allen Bürgern die Freiheit des religiösen Bekenntnisses und der antireligiösen Propaganda. Die russisch-orth. Kirche bildete die stärkste religiöse Gruppe. Andere Ostkirchen sind die georg., die armen. Kirche und die Altgläubigen (→Raskolniki). Die mit Rom unierte ukrain. Kirche war 1945 zwangsweise der orth. Kirche eingegliedert worden. Röm. Katholiken in Litauen und den früher poln. Teilen der S., Protestanten (Baptisten, Lutheraner) bes. in Estland, Lettland; etwa 43 Mio. Muslime und etwa 2,5 Mio. Juden.

Bildung. Alle Schulen waren staatlich; Schulunterricht und Studium waren kostenlos. Schulpflicht bestand vom 7. bis zum 15. Lebensjahr. Hauptglied des Schulsystems war die 10-klassige allgemein bildende Mittelschule. Die praktische Betriebsarbeit neben Schule und Studium spielte eine große Rolle (polytechn. Erziehung).

Wirtschaft. Seit dem Beginn der Fünfjahrespläne (1928) nahm die Industrialisierung rasch zu. Wirtschaftsgrundlage war das sozialist. Eigentum an Boden und Bodenschätzen sowie an den übrigen Produktionsmitteln, die der staatl. Planwirtschaft unterlagen. Die Landwirtschaft wurde überwiegend in Kolchosen und Sowchosen betrieben. Die Anbauflächen wurden erweitert. Von rd. 550 Mio. ha landwirtschaftl. Nutzfläche entfielen im Durchschnitt der letzten Jahre 58% auf Ackerland. Haupterzeugnisse waren Getreide, Zuckerrüben, Kartoffeln, Sonnenblumenkerne, Baumwolle. Bedeutende Viehzucht und Forstwirtschaft (etwa $^1/_3$ des Waldbestands der Erde), Fischerei in den Randmeeren und in internat. Gewässern. Pelztierfang und -zucht bes. in O-Sibirien. Die Industrialisierung nahm bes. seit dem Zweiten Weltkrieg stark zu. Schwerpunkte: zw. Dnjepr und Donez, um Moskau, am Ural (Swerdlowsk, heute Jekaterinburg, Tscheljabinsk, Magnitogorsk), W- und Mittelsibirien (Omsk, Nowosibirsk, Nowokusnezk, Irkutsk), Mittelasien (Taschkent), Ferner Osten (Amurtal). Neben der Schwer-, Maschinen-, Raketen- und Raumfahrt-, chem. Ind. und dem Fahrzeugbau wurde zuletzt auch die Verbrauchsgüterind. verstärkt ausgebaut. Ausfuhr (bes. in die damaligen Ostblockstaaten): Maschinen, Ausrüstungen, Fahrzeuge, Textilwaren, Bergbauerzeugnisse u. a.

Bodenschätze. Eisenerz, Mangan, Stein- und Braunkohle, Chrom, Erdöl, Erdgas, Gold, Kalisalze, Bauxit u. a.; ferner ⚒ auf Zink, Kupfer, Silber, Uran u. a.

Verkehr. Rd. 1,5 Mio. km Straßen, rd. 141 000 km Eisenbahn. Wichtige Binnenschifffahrt auf Flüssen und Kanälen (Marienkanalsystem, Moskau-Kanal, Ostsee-Weißmeer-Kanal, Dnjepr-Bug-Kanal, Wolga-Don-Kanal). Bedeutende Seeschifffahrt, Häfen: Leningrad (heute St. Petersburg), Murmansk (einziger eisfreier Hafen), Archangelsk, Odessa, Rostow, Wladiwostok.

Soyinka [sɔʊ'jɪŋkɑ:], Wole, nigerianischer Schriftsteller, * 1934; Nobelpreis 1986.

Sozial|abgaben, Sozialbeiträge, i. e. S. die von privaten Haushalten und Unternehmen entrichteten Beiträge zur Sozialversicherung (Renten-, Kranken-, Arbeitslosenversicherung).

Sozial|arbeit, berufl. Tätigkeiten, die auf individuelle Hilfen oder gesellschaftspolit. Maßnahmen zur Verbesserung der Lebenslage sozial Schwacher und Gefährdeter abzielen. **Sozialarbeiter** werden an Fachhochschulen ausgebildet.

Sozialdemokratie, polit. Parteirichtung, die die Grundsätze des Sozialismus und der Demokratie zu verbinden sucht. Der Name S. beschränkt sich seit dem 1. Weltkrieg auf den gemäßigten, evolutionären Flügel; er umfasst nach dem in Dtl. übl. Sprachgebrauch die nichtkommunist., in der 1919/20 gegr. »Internat. Arbeitsgemeinschaft Sozialist. Parteien« und dann 1951 begründeten »Sozialist. Internationale« zusammengefassten sozialist. Parteien. – Die **Sozialdemokrat. Partei Deutschlands** (SPD) ging 1890 aus der Sozialdemokrat. Arbeiterpartei hervor, die ihrerseits 1875 aus der Vereinigung des Allg. Dt. Arbeitervereins mit der Sozialdemokrat. Arbeiterpartei entstanden war. Sie vertrat urspr. einen entschiedenen Marxismus, zu dem sich das Erfurter Programm von 1891 bekannte. 1912 stellte sie die stärkste Fraktion des Reichstags. Seit 1899 entstand der bes. von E. Bernstein entwickelte reformist. Revisionismus, der sich bis 1919 in der Partei durchsetzte. Die im 1. Weltkrieg abgespaltene **Unabhängige Sozialdemokrat. Partei** (USPD) ging 1922 wieder in der SPD auf. In der Weimarer Rep. war die SPD mehrfach an Koalitionsreg. beteiligt und stellte mit F. Ebert den ersten Reichspräs. Zu den Führern gehörten u. a. A. Bebel, K. Liebknecht, F. Ebert, P. Scheidemann, H. Müller. In der natsoz. Zeit wurde die SPD, die als einzige Partei (die KPD war schon verboten) gegen das »Ermächtigungsgesetz« gestimmt hatte, 1933 aufgelöst. Nach 1945 wieder gegr., ging sie in der sowjet. Besatzungszone 1946 in der →Sozialistischen Einheitspartei Deutschlands (SED) auf und entstand 1989 in der DDR wieder als eigenständige Partei. In der Bundesrep. wurde sie zweitstärkste Partei. Auf dem Parteitag in Bad Godesberg (1959) gab sich die SPD ein neues Grundsatzprogramm. 1966 bildete sie mit der CDU, 1969 bis 1982 mit der FDP eine Koalitionsreg., Bundeskanzler: W. Brandt (1969 bis 1974), H. Schmidt (1974 bis 1982). In **Österreich** bildete sich 1888/89 unter V. Adler die **Sozialdemokrat. Partei Österreichs, SPÖ** (1945 bis 1991 **Sozialist. Partei Österreichs**), die 1907 die zweitstärkste Partei des Reichsrats wurde. Nach 1918 wurde sie zunächst die stärkste, 1920 die zweitstärkste Partei. Maßgebend war die radikale Richtung des **Austromarxismus.** Unter der Regierung Dollfuß wurde die SPÖ 1934 aufgelöst. Seit der Neugründung 1945 stellte sie bis 1986 den Bundespräs. (K. Renner, T. Körner, A. Schärf, F. Jonas); bis 1966 trat sie in alle Koalitionsreg. seit 1949 ein; 1970 bis 1983 stellte sie die Reg. unter B. Kreisky. Nach den Wahlen 1986 ging sie eine Koalition mit der Österr. Volkspartei (ÖVP) ein, die Ende 1995 scheiterte, nach den Wahlen Dez. 1995 wegen fehlender Alternativen 1996 aber wieder aufgenommen wurde.

In der **Schweiz** wurde die Sozialdemokrat. Partei 1888 gegründet. Von ihrer anfangs radikalen Haltung wandte sie sich bes. seit 1933 ab.

soziale Frage, die Gesamtheit der sozialpolit. Probleme, die sich im Verlauf der Bevölkerungs- und Industrialisierungsentwicklung und der daraus resultierenden Umwälzungen ergaben; i. e. S. für die soziale Lage der europ. Arbeiter im 19. und beginnenden 20. Jahrhundert.

soziale Marktwirtschaft →Marktwirtschaft.

sozialer Wohnungsbau, Bau von Wohnungen für einkommensschwache Bevölkerungsschichten. Der Staat gibt den Trägern zinslose oder zinsverbilligte Darlehen, Steuervergünstigungen u. a.

soziale Sicherheit, Forderung nach dem Schutz des Einzelnen, bes. der Sicherung seines Einkommens bei Krankheit, Unfall, Arbeitsunfähigkeit, Arbeitslosigkeit, Alter (Atlantik-Charta der Vereinten Nationen).

Sozialforschung, empirische S., →Soziologie.

Sozialgerichtsbarkeit, bes. Zweig der Verwaltungsgerichtsbarkeit. Die Gerichte der S. entscheiden im Wesentl. über öffentl.-rechtl. Streitigkeiten in Angelegenheiten der Sozialversicherung, der Arbeitslosenversicherung und der Kriegsopferversorgung.

Sozialhilfe, früher **öffentliche Fürsorge,** organisierte Hilfen zum Lebensunterhalt und Hilfen in besonderen Lebenslagen durch Staat, Kirche, private Wohlfahrtsorganisationen. Die S. ist ein gegenüber den Sozialversicherungen nachrangiges soziales Sicherungssystem, das Lücken in der sozialen Sicherung schließen und in Notlagen Hilfe gewähren soll. Das Bundessozialhilfeges. von 1961 (Neufassung von 1976) regelt die staatl. Pflicht zur Gewährung von S. Träger der S. sind auf örtl. Ebene die kreisfreien Städte und Landkreise, auf überörtl. Ebene werden sie durch die Länder bestimmt. Träger der privaten freien Wohlfahrtspflege sind konfessionelle, humanitäre, weltanschaulich-polit. Organisationen, Vereine, Anstalten, Stiftungen.

Sozialisation *die,* Prozess sowie Ergebnis des Hineinwachsens des Menschen in die Gesellschaft.

Sozialisierung, Überführung des Eigentums oder sonstiger vermögenswerter Güter aus Privathand in die Hand des Staats mit dem Ziel einer am Allgemeinwohl orientierten Nutzung; v. a. die Umwandlung privater in staatl. (Groß-)Unternehmen wird **Verstaatlichung** genannt.

Sozialismus *der,* die im 19. Jh. als Folge der Industrialisierung und der damit anfänglich verbundenen Proletarisierung der Arbeitermassen entstandenen Bewegungen und Lehren, die die individualist., liberal-kapitalist. Gesellschafts- und Wirtschaftsordnung durch eine klassenlose, auf Gemeineigentum und Gemeinwirtschaft gegründete Ordnung ersetzen wollen. In dieser allg. Zielsetzung stimmen die beiden auf die Lehre von K. Marx und F. Engels zurückgehenden, etwa seit der Russ. Revolution von 1917 getrennten Bewegungen des →Kommunismus (Marxismus, Bolschewismus) und des S. überein. Unter S. i. e. S. wird in der westl. Welt heute meist der evolutionäre S. (Revisionismus, Reformismus) verstanden (→Sozialdemokratie). Er will den S. schrittweise durch soziale Reformen **(demokrat. S.),** nicht durch die Weltrevolution erreichen. Die von der marxist. Lehre der zunehmenden Verelendung des Proletariats in der Realität abweichende Entwicklung mit ihrer weitgehenden Umschichtung von Besitz und Einkommen ließ den Gedanken des Klassenkampfes zurücktreten; die Forderung nach einer Sozialisierung der Produktionsmittel wird auf den Großgrundbesitz und die Grundindustrien (Kohle, Eisen, Energie) oder auf diese und andere Wirtschaftszweige (Banken, Versicherungen, Verkehr) beschränkt; der Schwerpunkt liegt in dem Streben, die soziale Lage des Arbeitnehmers und seine Stellung im Betrieb (→Mitbestimmung) zu verbessern. Die wirtschaftl. und gesellschaftl. negativen Folgeerscheinungen der Industrialisierung bewirkten, dass das Bestehen der »sozialen Frage« auch in den nichtsozialist. Parteien, oft unter Einfluss christl. Gedanken, erkannt wurde, sodass sich vielfach der Abstand zw. den sozialist. und den bürgerl.-sozialen Parteien verringert hat; der in vielen Ländern erfolgte Eintritt der Sozialisten in Koalitionsregierungen führte ebenso zu einer Annäherung. – Nach der marxist.-leninist. Lehre ist dagegen der S. **(wiss. S.)** ein Übergangsstadium zum Kommunismus; der S. ist erreicht, wenn die Produktionsmittel und die Produktion vergesellschaftet sind und die klassenlose Gesellschaft hergestellt ist, der Kommunismus, wenn darüber hinaus jeder den gleichen Zugang zu den Verbrauchsgütern hat und die staatl. Zwangsgewalt fortgefallen ist. Die polit. Veränderungen in den osteurop. Staaten 1989/90 offenbarten das Scheitern der marxist.-leninist. Konzeption des »real existierenden Sozialismus«.

Sozialistengesetz, von O. v. Bismarck 1878 nach den Attentaten auf Kaiser Wilhelm I. zur Bekämpfung der Sozialdemokratie durchgesetztes Ausnahmegesetz. Es sollte die sozialdemokrat. Parteiorganisation im Dt. Reich durch Versammlungs-, Organisations- und Publikationsverbot zerschlagen, ermöglichte die verschärfte polizeil. Kontrolle aller Versammlungen sowie das Verbot der öffentl. Verbreitung von Druckschriften. Das S. lief 1890 ab.

Sozialistische Einheitspartei Deutschlands, Abk. **SED,** in der DDR bis 1990 herrschende Staatspartei, 1946 in der sowjet. Besatzungszone unter Druck der Sowjet. Militär-Administration in Dtl. durch Zusammenschluss der KPD und SPD entstanden; oberstes Parteiorgan: das Zentralkomitee (ZK), das das Politbüro und das Sekretariat wählte (an seiner Spitze der Erste Sekretär, später Gen.-Sekr.). Die SED beherrschte bis Ende 1989 die Nationale Front, in der die Parteien (Blockparteien) und Massenorganisationen der DDR zusammengeschlossen waren. Im Staat übte sie die entscheidende Macht aus. Im Zug der revolutionären Veränderungen in der DDR 1989/90, durch die sie ihre Herrschaft einbüßte, benannte sich die SED in Partei des Demokratischen Sozialismus (PDS) um.

sozialistischer Realismus →Realismus.

Sozialleistungen, alle den privaten Haushalten oder Personen vom Staat bzw. öffentlich-rechtl. Körperschaften oder von Unternehmen zur Deckung bestimmter sozialer Risiken und Bedürfnisse gewährten Geld- und Sachleistungen.

Sozialplan, Vereinbarung zw. Betriebsleitung und Betriebsrat über Ausgleich oder Milderung wirtschaftl. Nachteile, die Arbeitnehmern durch Betriebsänderungen (Stilllegung, Verlegung) entstehen; kann einmalige oder dauernde finanzielle wie auch nichtfinanzielle Leistungen beinhalten.

Sozialpolitik, Maßnahmen zur Verbesserung der Arbeits- und Lebensbedingungen der arbeitenden (auch der nichtarbeitsfähigen) Menschen, bes. der Schutz vor Not durch Krankheit, Alter, Erwerbslosigkeit, umfasst Arbeitsschutz und -verfassung, Entlohnung, Sozialversicherung u. a. Es gibt staatl. und betriebl. Sozialpolitik.

Sozialprodukt, zusammengefasste Wertsumme der Produktion einer Volkswirtschaft in einem Jahr. Das →Bruttosozialprodukt bezieht sich auf die Gesamtwertschöpfung unter Einbeziehung aller Investitionen. Das **Netto-S.** ist die um die Abschreibungen verringerte Wertschöpfung. (→Volkseinkommen)

Sozialrente, die von der sozialen Rentenversicherung, Unfallversicherung, Kriegsopferversorgung gezahlte Rente.

Sozialstaat, ein Staat, der die Überwindung sozialer Benachteiligung, die Befriedung sozialer Gegensätze und die Förderung der sozialen Wohlfahrt in sein Aufgabengebiet einbezieht. Das GG der Bundesrep. Dtl. bekennt sich zum **sozialen Rechtsstaat,** einer Verbindung von S. und →Rechtsstaat. (→Wohlfahrtsstaat)

Sozialstation, von freien Wohlfahrtsverbänden, Kirchen oder Kommunen getragene ambulante Einrichtung, in der die wichtigsten gesundheits- und sozialpfleger. Dienste zusammengefasst sind.

Sozialstatistik, i. w. S. die Statistik der gesellschaftl., kulturellen und wirtschaftl. Vorgänge und Einrichtungen; sie schließt die ganze Wirtschaftsstatistik ein; i. e. S. nur die Statistik der sozialen Vorgänge und Einrichtungen, bes. die der öffentl. Sozialleistungen.

Sozialstruktur, Gliederung einer Bev. in soziale Gruppen, Organisationen u. a. nach Stellung im Beruf, Einkommenshöhe, Konsumgewohnheiten u. a.

Sozialversicherung, staatl. Pflichtversicherung, umfasst die soziale →Rentenversicherung, →Krankenversicherung, →Unfallversicherung und →Arbeitslosenversicherung. Versicherungspflichtig sind in Dtl. alle gewerbl. Arbeitnehmer, ein großer Teil der Angestellten (Einkommensgrenzen) sowie einzelne Gruppen von Selbstständigen. – Die deutsche Sozialversicherung wurde von O. v. Bismarck geschaffen **(Sozialgesetzgebung):** 1883 Kranken-, 1884 Unfall-, 1889 Invaliden- und Altersversicherung; 1911 folgte die Angestellten-, 1927 die Arbeitslosenversicherung. Nach 1945 wurde die gesetzl. Grundlage der S. in der Bundesrep. Deutschland ständig ergänzt und neu geregelt, z. B. 1994 durch die →Pflegeversicherung.

Sozialwissenschaften, Gesellschaftswissenschaften, befassen sich mit den Erscheinungen des gesellschaftl. Lebens. I. e. S. zählen zu den S. v. a. Soziologie, Politikwiss. und Wirtschaftswiss. sowie ergänzend Ethnologie, Anthropologie und Sozialpsychologie. Zum weiteren Bereich gehören auch Rechts- und Geschichtswiss., Psychologie und Pädagogik.

Soziletät *die,* Gesellschaft, Genossenschaft, Verband.

Sozinianer, Religionsgemeinschaft, die auf die ital. Humanisten L. und F. Sozzini (16. Jh.) zurückgeht; sie lehrten statt der Dreieinigkeit die Einheit Gottes (eine Gruppe der Unitarier).

Soziologie *die,* **Gesellschaftslehre,** Wiss. von der Gesellschaft, ihren Formen, Gesetzlichkeiten und ihrer Entwicklung. Die **allg. S.** sucht soziolog. Grundbegriffe zu gewinnen und systematisch zu ordnen, die **spezielle S.** wendet die soziolog. Fragestellung auf einzelne Teilbereiche (u. a. Religions-, Rechts-, Wirtschafts-S.) oder auf bestimmte soziale Gruppen an (Jugend-S., Familien-S. u. a.). Die **empir. Sozialforschung** versucht, Forschungshypothesen durch Ansammeln von Tatsachenmaterial (Erhebungen, Gruppenexperimente) zu untermauern.

Sozius *der,* Teilhaber; Beifahrer auf einem Motorrad.

Spacelab ['speɪslæb] *das,* europ. Raumfahrtprojekt als Beitrag zum Apollo-Nachfolgeprogramm, ausgeführt als amerikan.-europäisches Gemeinschaftsprojekt (NASA, ESRO/ESA). S. ist ein wieder verwendbares Weltraumlabor (Durchmesser 4,20 m, Länge 14,20 m, Gewicht 8 050 kg), das bis zu 4 Personen aufnehmen kann. Es wird mit dem Spaceshuttle auf eine Erdumlaufbahn transportiert und bleibt während der gesamten Mission an dessen Oberstufe, den »Orbiter«, gekoppelt; in ihm befinden sich auch die Wirtschafts- und Schlafräume für die Besatzung. Im S. können wiss. Experimente ausgeführt werden. Erstflug: 1983; seither zahlreiche weitere Flüge.

Spaceshuttle ['speɪsʃʌtl] *das,* → Raumtransporter.

Spagat *der,* Turnen: Spreizen der Beine bis in die Waagrechtstellung.

Spalatin, Georg, dt. Theologe, * 1484, † 1545; Freund Luthers, Hofkaplan Friedrichs des Weisen.

Spalier *das,* **1)** Gerüstwand für Spalierbäume. – **2)** Ehrenaufstellung, Menschen in Reihen zu beiden Seiten eines Weges.

Spaltfrucht, ⚘ Trockenfrucht, die in einsamige Teilfrüchte längs geteilt ist, z. B. beim Kümmel.

Spaltlöffnungen, Stomata, mikroskopisch kleine, spaltförmige Öffnungen an oberird. Organen der Farn- und Samenpflanzen, bes. in der Haut der Unterseite der Blätter; zur Atmung, Verdunstung, Assimilation.

Spaltprodukte, ⚛ die bei der Kernspaltung als Bruchstücke auftretenden (radioaktiven) Atomkerne und ihre Folgekerne, z. B. die Isotope Strontium 90, Iod 131 und Cäsium 137.

spanlabhebende Formung, ⚙ Bearbeitungsverfahren, wie Drehen, Fräsen, Hobeln, Honen, Räumen, Schleifen, bei denen ein Werkstück durch Abnehmen von Spänen geformt wird.

Spanferkel, noch saugendes Ferkel; Schlachtung nach etwa 6 Wochen bei etwa 12 kg Gewicht.

Spanilels *der,* v. a. in England herausgezüchtete Rassengruppe von Stöberhunden, etwa 40 bis 60 cm Schulterhöhe.

Spacelab. Teilschnittdarstellung einer möglichen Anordnung des Raumlabors mit zwei Paletten und Labormodul

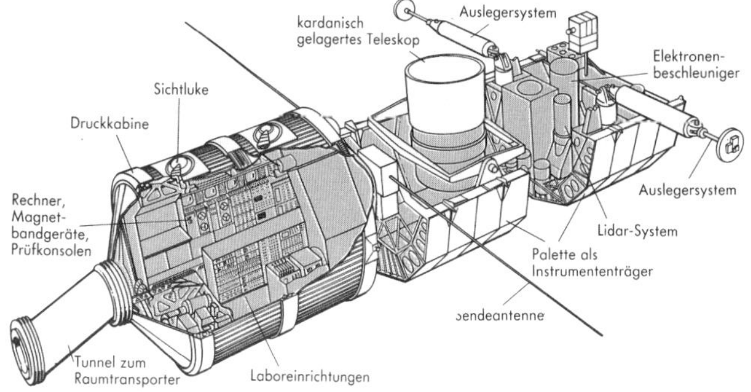

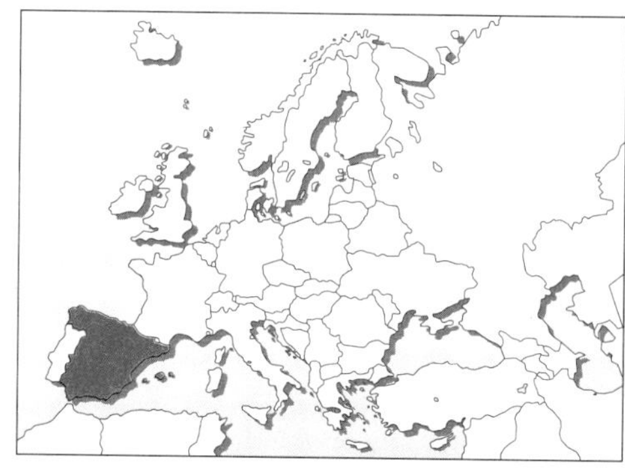

Spanien

Staatswappen

Staatsflagge

Internationales Kfz-Kennzeichen

Spanilen, span. **Reino de España,** Staat auf der Pyrenäenhalbinsel, 504 750 km² (einschließl. Kanar. Inseln, Balearen sowie Ceuta und Melilla), 39,11 Mio. Ew.; Hptst.: Madrid. Amtssprache: Spanisch.

Verfassung. Nach der am 29. 12. 1978 in Kraft getretenen Verf. ist S. eine parlamentar. Erbmonarchie; Staatsoberhaupt ist der König. Volksvertretung und gesetzgebendes Organ ist das Parlament (Cortes Generales), bestehend aus dem Abgeordnetenhaus und dem Senat, der die Prov. vertritt. An der Spitze der Reg. steht der auf Vorschlag der Cortes vom König ernannte Min.-Präs. Das Land gliedert sich in 17 autonome Regionen, die eine beschränkte Selbstverw. mit Regionalparlament und Reg. besitzen.

Landesnatur. S. umfasst das innere Hochland (Alt- und Neukastilien, getrennt durch das Kastil. Scheidegebirge), die nordwestl. Küstengebirgslandschaften Galicien, Asturien und Baskenland, im NO das Ebrobecken bis zum Kamm der Pyrenäen, die östl. Küstenlandschaften Katalonien, Valencia und Murcia, im S das Tiefland Andalusien mit der Sierra Nevada (Hochandalusien), ferner die Inselgruppen der Balearen und der Kanar. Inseln. Hauptflüsse: Duero, Tajo, Guadiana und Guadalquivir zum Atlant. Ozean, Ebro und Júcar zum Mittelmeer.

Klima. Im inneren Hochland und Ebrobecken im Sommer heiß, im Winter kalt, vorwiegend trocken; im NW mild und feucht (Bergwälder), an der südl. Mittelmeerküste sehr heiß (subtrop. Pflanzenwelt).

Bevölkerung. Spanier, Katalanen, Galicier, Basken; 42 Großstädte. Die Bev. ist zu 97 % röm.-katholisch.

Wirtschaft. Anbau von Weizen, Gerste, Mais, Kartoffeln, Wein, Oliven, Südfrüchten, im S Zuckerrohr und Baumwolle (vielfach künstl. Bewässerung). Viehzucht (Schafe u. a.), Fischerei. ⚒ auf Kohle, Eisenerz, Schwefelkies, Kupfer, Blei u. a.; Quecksilber- und Erdölvorkommen; Hütten-, Fahrzeug- und Maschinen-, Textil-, chem., pharmazeut., Nahrungs- und Genussmittel- u. a. Ind. Fremdenverkehr. Ausfuhr: Zitrusfrüchte, Oliven, Nüsse, Wein, Fahrzeuge, Bergbau-, elektrotechn. Erzeugnisse u. a. Haupthandelspartner: USA, Dtl., Frankreich. Häfen: Barcelona, Valencia, Málaga, Cádiz, Bilbao.

Spanier, roman. Volk auf der Pyrenäenhalbinsel, hervorgegangen aus der iber. Urbevölkerung durch vielfältige Überschichtung mit Kelten, Karthagern, Griechen, Römern, Germanen, Berbern und Arabern. Zum span. Sprach- und Kulturbereich gehören auch Mittel- und Südamerika (außer Brasilien).

Daten zur Geschichte Spaniens

3. Jh. v. Chr.	Karthago und Rom teilen die Iber. Halbinsel unter sich auf. Nach dem 2. Pun. Krieg (Friede von 201 v. Chr.) herrscht Rom uneingeschränkt
5. Jh. n. Chr.	Germanen dringen auf die Iber. Halbinsel vor, die Sweben und Westgoten errichten Königreiche
711	Landung der Araber. Bis 714 wird die Iber. Halbinsel omajad. Prov. 756 Gründung des Emirats (929 Kalifat) von Córdoba
718–722	Die Schlacht von Covadonga gilt als Beginn der Reconquista, der christl. Rückeroberung. Im W und N entstehen im 8.–10. Jh. christl. Reiche: León, Navarra, Katalonien, Aragonien, Kastilien; Portugal wird im 11. Jh. selbstständig
11.–13. Jh.	Entscheidende Phase der Reconquista: 1031 Eroberung Toledos, 1118 Saragossas, 1236 Cordobas, 1238 Valencias, 1248 Sevillas. Legendäre Symbolgestalt dieser Zeit ist der span. Nationalheld El Cid
1469	Heirat von Isabella von Kastilien mit Ferdinand II. von Aragonien. 1474/75 werden sie als Könige Kastiliens und 1479 auch Aragoniens anerkannt, Entwicklung zum span. Gesamtstaat
1480	Einführung der Inquisition
1492	Eroberung von Granada, des letzten maur. Reiches in Spanien; Vertreibung der Mauren und Juden C. Kolumbus entdeckt in span. Diensten Amerika. In den darauf folgenden Jahrzehnten errichten die Konquistadoren das span. Kolonialreich, wobei die Reiche der Azteken und der Inka vernichtet werden. Karl I. (als Kaiser Karl V.) konnte sagen, dass in seinem Reich die Sonne nie untergeht
1525	Sieg über Franz I. von Frankreich bei Pavia, Spanien wird europ. Hegemonialmacht Unter Philipp II. (1556 bis 1598) wird Spanien, die Heimat des Jesuitenordens, die Vormacht der Gegenreformation in Europa
1580	Portugal wird mit Spanien vereinigt (bis 1640)
1581	Die 7 nördl. Prov. der Niederlande sagen sich von Spanien los
1588	Untergang der span. Armada beim Versuch einer Invasion Englands
1700	Der Tod Karls II. und das damit verbundene Aussterben der span. Habsburger führen zum Spanischen Erbfolgekrieg. Der Frieden von Utrecht 1713 bestätigt zwar den Bourbonen Philipp V. als König von Spanien, gleichzeitig verliert Spanien aber seine europ. Besitzungen in Italien und die südl. Niederlande sowie Gibraltar
1767	Die Jesuiten werden aus Spanien vertrieben
1808	Napoleon I. ernennt seinen Bruder Joseph zum König von Spanien (bis 1813), gegen die frz. Herrschaft bricht noch 1808 ein Aufstand aus
1810–1824	Verlust aller amerikan. Kolonien außer Kuba und Puerto Rico
1820	Die nach der Rückkehr Ferdinands VII. auf den span. Thron 1814 eingeleitete Restauration führt zur liberalen Revolution, die von der Hl. Allianz niedergeworfen wird
1833–1839	Der Thronanspruch des jüngeren Bruders von Ferdinand V., Don Carlos, gegenüber Isabella II. (1833 bis 1868) stürzt Spanien in die Karlistenkriege
1847–1849	Niederschlagung republikan. und karlist. Aufstände
1868	Militärrevolte, die Königin flieht nach Paris
1870	Leopold von Hohenzollern-Sigmaringen verzichtet unter frz. Druck auf die span. Krone
1871	Amadeus von Savoyen wird König
1872–1876	3. Karlistenkrieg, Abdankung des Königs, Ausrufung der Rep. (1873)
1875	Wiedereinführung der Monarchie
1898	Span.-Amerikan. Krieg, span. Niederlage, Verlust von Kuba, Puerto Rico und der Philippinen
20. Jh.	Seit 1904 ist Spanien in Kämpfe mit den Rifkabylen in Marokko verwickelt
1914–1931	Im 1. Weltkrieg bleibt Spanien neutral. Mit Duldung des Königs errichtet General Primo de Rivera 1923 eine Militärdiktatur (bis 1930). 1931 wird die Republik ausgerufen
1934	Aufstände in Asturien und Katalonien werden niedergeschlagen
1936	Gegen die Volksfrontregierung putscht General Franco und löst damit den Spanischen Bürgerkrieg aus. Franco errichtet nach seinem Sieg 1939 eine autoritär-zentralist. Regierung Im 2. Weltkrieg bleibt Spanien neutral, unterstützt Dtl. jedoch mit der Blauen Division und der Span. Legion an der Ostfront
1953	Spanien durchbricht mit dem Beistandsabkommen mit den USA seine außenpolit. Isolierung. Seit 1954 entlässt Spanien seine afrikan. Kolonien in die Unabhängigkeit
1969	Franco setzt Prinz Juan Carlos zu seinem Nachfolger ein
1975	Nach dem Tod Francos wird Juan Carlos König. Zusammen mit Min.-Präs. A. Suárez González baut er die parlamentar. Demokratie auf
1979	Katalonien und das Baskenland erhalten einen Autonomiestatus, Andalusien und Galicien 1981 Die radikalautonomist. ETA führt trotz des Autonomiestatus des Baskenlands die Terroraktionen weiter
1982	Spanien tritt der NATO bei; F. González Márquez (Sozialist. Arbeiterpartei, PSOE) wird Min.-Präs.
1986	Spanien tritt der EG (EU) bei
1996	Die Konservative Volkspartei wird stärkste polit. Kraft; ihr Vors. J. M. Aznar wird Min.-Präs. einer Koalitionsregierung

Spaniolen, Nachkommen der 1492 aus Spanien und Portugal vertriebenen Juden.

Spanische Fliege, 12 bis 21 mm lange, metallisch grüne Art der Blasenkäfer.

spanische Kunst. Gut erhalten sind Kirchen aus westgot. Zeit (409 bis 711). Seit dem Einfall der Araber (711) blieb der S bis 1492 eine islam. Kunstprov. (Córdoba, Toledo). Seit dem 11. Jh. setzte sich der roman. Stil in Baukunst, Plastik, Fresko- und Buchmalerei bes. in Katalonien durch. Die im 13. Jh. aus Frankreich übernommene Gotik brachte große Kathedralen v. a. entlang der Pilgerstraße nach Santiago de Compostela hervor, die in den Schmuckformen manche Besonderheiten zeigen (León, Burgos). Eine Verbindung maur. und got. Elemente spiegelt der Mudéjarstil (Alcázar von Sevilla, Synagogen in Toledo und Córdoba) wider. Baukunst und Bildnerei der Renaissance sind stark von Italien abhängig (Escorial); Hauptmeister des Manierismus ist der Maler El Greco. Im Barock treten eigenständige Momente deutlicher hervor und äußern sich v. a. in üppiger Fülle der Formen. Im 17. Jh. erlangte die span. Malerei durch D. Velázquez und B. Murillo europ. Bedeutung, im 19. Jh. wirkte der große künstler. Revolutionär F. Goya; an der Entstehung der modernen Kunst haben Spanier (A. Gaudí, P. Picasso, J. Miró, S. Dalí, A. Tàpies, J. González) bedeutenden Anteil.

spanische Literatur. Ihr ältestes Denkmal ist das Heldengedicht vom Cid (um 1140). Nach den frz. beeinflussten Ritterromanen des 13. und 14. Jh. und der ital. beeinflussten Kunstlyrik des 15. Jh., die neben die volkstüml. Romanzendichtung trat, erreichte mit der polit. Entfaltung Spaniens im 16./17. Jh. auch die Literatur ihren Höhepunkt (»Goldenes Zeitalter«) mit dem Erzähler M. de Cervantes Saavedra (»Don Quijote«), den Dramatikern Lope de Vega und P. Calderón de la Barca sowie dem Mystiker F. L. de León. Im üppigen Barockstil dichteten L. de Góngora y Argote und F. G. de Quevedo y Villegas. Das aufgeklärte 18. Jh. stand unter frz. Einfluss. Im 19. Jh. wurde die nat. Romantik um 1860 von einer der Wirklichkeit zugewandten Dichtung abgelöst (V. Blasco Ibáñez, B. Pérez Galdos u. a.). Seit etwa 1900 spiegelt auch die Literatur das Bemühen um eine geistige Erneuerung Spaniens wider. Als Dramatiker erlangten Jacinto Benavente (* 1866, † 1954; Nobelpreis 1922), als Lyriker und Dramatiker F. García Lorca, als Essayisten M. de Unamuno, F. Ortega y Gasset Weltruf; bedeutende Lyriker waren u. a. J. R. Jiménez (Nobelpreis 1956) und Vicente Aleixandre (* 1898, † 1984, Nobelpreis 1977), als Erzähler traten u. a. P. Baroja y Nessi und C. J. Cela (Nobelpreis 1989) hervor.

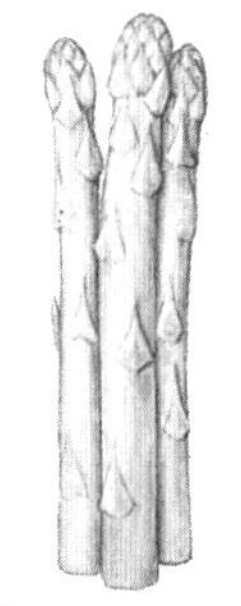

Stangen-**Spargel**

Spanischer Bürgerkrieg, der von Juli 1936 bis April 1939 geführte Kampf der revoltierenden Truppen General Francos, der von der Falange und den klerikaltraditionalist. Karlisten unterstützt wurde, gegen die republikan. Madrider Reg., die sich bes. auf sozialist. Gruppen stützte. Aufseiten Francos griffen Truppen des faschist. Italien und des natsoz. Dtl. (Legion Condor) ein, aufseiten der Republikaner, die militärtechn. Hilfe der UdSSR erhielten, Freiwillige aus vielen Nationen (Internat. Brigaden). Die Eroberung Kataloniens durch Franco (Jan./Febr. 1939) entschied den S. B.; Madrid wurde am 28. 3. 1939 kampflos besetzt.

Spanische Reitschule Wien, 1572 in Wien als **Span. Hofreitschule** gegr. Reitschule, Pflegestätte der hohen Schule; Dressurpferde sind Lipizzaner.

Spanischer Erbfolgekrieg, 1701 bis 1714 um das Erbe des letzten span. Habsburgers Karl II. geführter europ. Krieg. Als der Bourbone Philipp V., ein Enkel Ludwigs XIV., den Thron bestieg, verbanden sich England, die Niederlande und Österreich und stellten ihm den österr. Habsburger Karl (später Kaiser Karl VI.) entgegen. Eugen von Savoyen und Marlborough erfochten 1704 bis 1709 die Siege von Höchstädt, Turin, Ramillies, Oudenaarde, Malplaquet. Dann erfolgte ein Umschwung: Marlborough wurde gestürzt, England schloss den Utrechter Frieden 1713, dem Österreich im Ratstatter Frieden 1714 beitreten musste. Philipp V. blieb König von Spanien, während die Span. Niederlande, Neapel, Mailand, Mantua und Sardinien an Österreich fielen; England erhielt u. a. umfangreichen Kolonialbesitz in Nordamerika sowie Gibraltar.

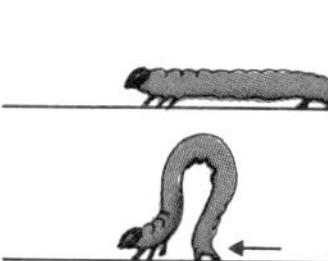

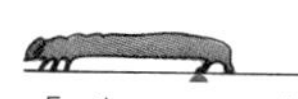

Fortbewegung einer **Spanner**-Raupe

spanischer Reiter, bewegliches Hindernis (Holzgestell mit Bespannung aus Stacheldraht) zum Schließen von Sperrlücken.

spanische Sprache, roman. Sprache, die auf dem größten Teil der Pyrenäenhalbinsel, auf den Kanar. Inseln, im größten Teil Südamerikas, Mittelamerika, Mexiko sowie z. T. auf den Philippinen gesprochen wird. Die Schriftsprache ist aus der kastil. Mundart hervorgegangen. Die **katalan. Sprache** entwickelte sich selbstständig; sie steht zw. dem Spanischen und dem Provenzalischen.

spanische Wand → Paravent.

Spanisch-Guinea [-gi-], ehem. span. Kolonie, seit 1968 unabhängig als → Äquatorialguinea.

Spanisch-Sahara [-ˈza:hara, -zaˈha:ra], früherer Name von → Westsahara.

Spann, Oberseite des menschl. Fußes.

Spann, Othmar, österr. Nationalökonom, Philosoph, * 1878, † 1950; forderte einen christl. Ständestaat.

Lothar Späth

Spanner, Familie von Nachtfaltern, deren Raupen sich »spannend« fortbewegen, indem sie ihren Körper stark krümmen und wieder ausstrecken. **Stachelbeer-S.** (Harlekin), an Beerensträuchern; **Frost-S.,** Obstbaumschädling; **Kiefern-S.,** Waldschädling.

Spannung, ⚛ **1)** Zustand, den ein elast. Körper einnimmt, wenn äußere Kräfte auf ihn einwirken. – **2)** ⚡ **elektr. S.,** → Elektrizität.

Spannungskonstanthalter, Stabilisator, ⚡ elektr. Schaltung, die bei schwankender Versorgungsspannung einen nachgeschalteten Verbraucher mit einer konstanten Spannung beliefert.

Spannungsreihe, ⚡ **1) thermo|elektr. S.,** Einordnung der Metalle nach der Größe ihrer Thermospannung gegen ein Bezugsmetall (i. d. R. Kupfer): Sb, Fe, Sn, Au, Cu, Ag, Pb, Al, Hg, Ni, Bi (negativ). – **2) elektrochem. S., voltasche S.,** Reihenfolge der Elemente nach steigendem Potenzial gegenüber der Normalwasserstoffelektrode: (unedel, negativ) K, Ca, Na, Mg, Al, Mn, Zn, Cr, Fe, Cd, Ni, Sn, Pb, H, Sb, As, Cu, Ag, Hg, Au, Pt (edel, positiv).

Spannweite, 1) bei Brücken der Abstand benachbarter Stützen voneinander. – **2)** Vögel, Flugzeuge: Entfernung zw. den Flügelenden.

Spanten, ⚓ ✈ gebogene Träger aus Holz oder Metallprofilen zur Querversteifung und Formhaltung.

Spargel, Asparagus, Liliengewächs, bis 2 m hohe Staude mit hellgrünen Schein-Nadeln, grünlich gelben Blüten und roten Beeren; die unterird. dicken, weißen Sprosse **(S.-Stangen)** geben geschätztes Gemüse; Zucht auf sonnigem, feinkörnigem Sandboden.

Spark [ˈspɑ:k], Muriel, brit. Schriftstellerin, * 1918; Romane, u. a. »Symposion«, 1990.

Sparkasse, Kreditanstalt, die Spareinlagen verwaltet und verzinst. Jeder Inhaber eines **Sparkontos** erhält ein **Sparbuch,** in dem alle Kontoänderungen eingetragen und quittiert werden. Die S. führen auch Depositen- und Kontokorrentkonten; sie geben Kommunal-, Hypotheken- und kurzfristige Kredite.

Sparren, die schräg liegenden Hölzer des Dachgerüsts, Träger der Dachdeckung.

Sparringskampf, Boxen: Trainingskampf mit Gesichts- und Kopfschutz.

Sparta, im Altertum **Lakedämon,** Hptst. der Landschaft Lakonien, am Eurotas, neben Athen die bedeutendste Stadt Altgriechenlands. Die **Spartaner** führten ein auf Krieg und Dienst am Staat eingestelltes Leben; **spartanisch,** anspruchslos, streng.

Spartacus, röm. Sklave, Thraker, Führer im 3. Sklavenkrieg, schlug mehrere röm. Heere, fiel 71 v. Chr.

Spartakusaufstand, u. a. vom Spartakusbund initiierte Massendemonstration Berliner Arbeiter am 5./6. 1. 1919; von Freikorps blutig niedergeschlagen.

Spartakusbund, linksradikale Vereinigung unter Führung von Karl Liebknecht und Rosa Luxemburg, gegr. 1917; aus ihr ging 1918/19 die Kommunist. Partei Dtl.s hervor.

Spar- und Darlehnskasse, Darlehnskassenverein, ländl. Kreditgenossenschaft.

spasmisch, spastisch, ⚕ krampfartig.

Spasmophilie *die,* ⚕ durch Kalkverarmung des Blutes bedingte Neigung zu Muskelkrämpfen bei Kindern mit Rachitis.

Spat|eisenstein → Eisenspat.

Späth, Lothar, dt. Politiker (CDU), * 1937; 1978 bis 1991 Min.-Präs. von Bad.-Württ.; seither Vors. der Jenoptik Carl Zeiss Jena GmbH.

Spätlese, Gütebezeichnung für Qualitätsweine mit Prädikat, zw. Kabinett und Auslese; aus vollreifen, nach der allg. Lese geernteten Trauben.

SPD, Abk. für Sozialdemokratische Partei Deutschlands (→ Sozialdemokratie).

Speaker [ˈspi:kə, engl. »Sprecher«] *der,* im brit. Unterhaus und im Repräsentantenhaus der USA der Leiter der Sitzungen.

Spechte, Klettervögel mit starkem, meißelartigem Schnabel, Kletterfuß und steifen, aufstemmbaren Schwanzfedern. Sie hacken Insekten aus Rinde und Holz frei und erbeuten sie mithilfe ihrer langen, widerhakigen, klebrigen Zunge. Ihre Nisthöhlen meißeln sie meist in morsche oder kernfaule Bäume. Mitteleurop. Arten: **Schwarz-S.,** 50 cm, mit rotem Kopf; **Grün-S.,** grünlich, am Kopf und Nacken rot; ferner die → Buntspechte.

Spechtmeise, anderer Name für den → Kleiber.

Special effect [ˈspeʃəl ɪˈfekt], **Spezialeffekt,** Sonderverfahren im Film oder in dessen Soundtrack zur Darstellung nicht existierender oder nur sehr aufwendig zu visualisierender Situationen mit filmtech. Aufnahmeverfahren, Computeranimation u. a.

Species → Spezies.

Entwurf **Friedrich Spees von Langenfeld** zum Titelblatt »Trutz-Nachtigal...« (1649)

Speckbacher, Joseph, Tiroler Freiheitskämpfer, * 1767, † 1820; gehörte 1809 zum Führungskreis um Andreas Hofer.

Speck|käfer, weltweit verbreitete Familie rundlicher bis ovaler, 2 bis 10 mm langer Käfer; Larven fressen an organischen Stoffen meist tierischer Herkunft; bekannt: Museumskäfer (v. a. in Insektensammlungen) und Teppichkäfer.

Speckstein, Steatit, dichter → Talk; vielseitige techn. und kunstgewerbl. Verwendung.

Spediteur [-'tø:r] *der,* gewerbsmäßiger Beförderer von Gütern.

Speedwayrennen ['spi:dweɪ-], Motorradrennen auf Aschen- und Eisbahnen.

Speer, 1) kürzere Form der Lanze. – **2)** Sportgerät für Wurfübungen (Männer 2,60 bis 2,70 m lang, 800 g schwer; Frauen 2,20 bis 2,30 m, 600 g).

Speer, Albert, dt. Politiker (Nationalsozialist), * 1905, † 1981; Architekt, 1937 Generalbauinspektor für Berlin, 1942 bis 1945 Reichsmin. für Bewaffnung; 1946 in Nürnberg zu 20 Jahren Gefängnis verurteilt (Spandau).

Spee von Langenfeld, Friedrich, dt. kath. Theologe und Dichter, * 1591, † 1635; Jesuit, religiöser Lyriker des Frühbarock, Sammlung: »Trutz-Nachtigal...«, hg. 1649; setzte sich für die Abschaffung der Hexenprozesse ein.

Speiche, 1) ⚙ Verbindungsstück zw. Radkranz und Nabe. – **2) Radius,** ⚕ Röhrenknochen an der Daumenseite des Unterarms.

Speichel, dünn- oder zähflüssige Absonderung der Mundspeicheldrüsen (Ohrspeichel-, Unterkiefer-, Unterzungendrüse u. a.); besteht aus Wasser, Salzen, Schleimstoffen und enthält das Stärke spaltende Enzym Ptyalin. Er dient zur leichteren Verdauung der Nahrung. Die tägl. abgesonderte Menge beträgt etwa 1 bis 1,5 l.

Speicher, 💻 wichtige, Daten speichernde Funktionsgruppe eines Computers. Als Intern-S. fungieren **Halbleiter-S.** (→ ROM, → RAM), als Extern-S. nichtflüchtige **magnet.** (Magnet- oder Festplatte, Diskette, Magnetband) oder **opt. Speicher.**

Speicherkapazität, 💻 Fassungsvermögen eines digitalen Speichers für Information, d. h. die Zahl seiner Speicherelemente (für je ein Bit) oder Speicherzellen (für je ein Byte oder Speicherwort).

Speicherkraftwerk, Wasserkraftwerk, bei dem Wasser in einem Staubecken gesammelt wird. Das S. wird nur bei Spitzenbedarf genutzt.

Speierling, Spierling, Art der Eberesche; Baum mit weißen bis blassrötl. Blüten; die kugeligen Früchte dienen als Zusatz bei der Apfelweinherstellung.

Speik *der,* **1)** in den Alpen in 2 000 bis 3 500 m Höhe vorkommende Art des Baldrians. – **2) Kleiner S.,** der Echte → Lavendel.

Speise|eis, Gefrorenes, süßes Genussmittel: Milcheis (70 % Milch), Sahneeis (60 % Sahne), Fruchteis (20 % Obstanteil) und lagerfähige Eiskrem.

Speisefette, die zur menschl. Ernährung geeigneten festen Fette, z. B. Butter, Margarine, Schweine-, Hammelfett. Gehärtete S. müssen als **Kunst-S.** bezeichnet werden.

Speise|öle, die der menschl. Ernährung dienenden, bei Zimmertemperatur flüssigen Fette, v. a. pflanzl. Herkunft.

Speise|röhre, Ösophagus, Teil des Nahrungskanals, zw. Schlundkopf und Magen, ein rd. 25 cm langes, 1 bis 1,5 cm breites muskulöses Rohr, innen mit Schleimhaut versehen.

Speisewasser, ⚙ Wasser, das einem Dampfkessel zur Ergänzung des verdampften Wassers zugeführt wird.

Spektral|analyse, ⚗ Verfahren zum Nachweis und zur Mengenbestimmung chem. Elemente und Verbindungen aus ihrem Spektrum.

Spektral|apparate, ✳ opt. Geräte zum Erzeugen und Messen von Spektren und zum Bestimmen der Wellenlänge.

Spektralklassen, Spektraltypen, ✩ Klassen von Sternen, die aufgrund deren Spektren erstellt werden.

Albert Speer

Spektral|lampe, Gasentladungslampe zum Erzeugen des Linienspektrums eines Gases oder Metalls und von monochromat. Licht.

Spektroskopie *die,* ✳ Lehre von der Erzeugung, Beobachtung, Registrierung und Deutung der Spektren (Atom-, Hochfrequenz-, Kern- und Molekül-S.) sowie ihrer Ausmessung **(Spektrometrie).** Die S. dient v. a. dem Nachweis und der Bestimmung der Eigenschaften der Atome und Moleküle, wobei mit den Mitteln der Quantentheorie und der theoret. Chemie Einblicke in die Struktur der Materie möglich sind.

Spektrum *das,* ✳ Lichtband, das entsteht, wenn man das durch einen Spalt hindurchtretende Licht entsprechend seinen versch. Wellenlängen verschieden stark seitlich ablenkt und auf einen Schirm wirft. Stammt das Licht von einem glühenden Gas, so entsteht eine Folge von Spaltbildern **(Linien-S.);** jedes Bild **(Spektrallinie)** hat eine der Wellenlänge entsprechende Farbe. Sehr viele dicht benachbarte Linien bilden ein **Banden-S.** Beim Sonnenlicht entsteht ein zusammenhängendes farbiges Band von Blauviolett über Blau, Grün, Gelb, Orange bis Gelblichrot **(Spektralfarben).** Das sichtbare S. lässt sich durch fotograf. u. a. Hilfsmittel in Richtung auf kürzere **(Ultraviolett-S.)** und längere **(Infrarot-S.)** Wellenlängen fortsetzen (→ elektromagnetische Wellen). Auch andere Wellengemische besitzen ihre S., z. B. **Schallspektrum.**

Hans Spemann

Spekulation *die,* **1)** das Denken, das versucht, durch Überlegungen den Bereich der Erfahrung zu überschreiten. – **2)** ✍ Käufe und Verkäufe unter Ausnutzung von (erwarteten) Preisveränderungen, bes. auf Wertpapier-, Waren- und Grundstücksmärkten und im Börsenhandel.

Spekulatius *der,* Gewürzgebäck.

Spelz, Spelt *der,* → Dinkel.

Spelze *die,* Hochblatt (Deck-, Füllspelze) in Blütenständen der Gräser, oft begrannt.

Spemann, Hans, dt. Zoologe, * 1869, † 1941; förderte die Entwicklungsphysiologe; Nobelpreis für Physiologie oder Medizin 1935.

Spencer ['spensə], Herbert, brit. Philosoph, * 1820, † 1903; machte das Evolutionsprinzip zum Grundgedanken seiner Philosophie.

Spender ['spendə], Sir (seit 1983) Stephen, brit. Schriftsteller, * 1909, † 1995; Gedichte, Essays, Autobiographie »Welt zw. Welten« (1951).

Spener, Philipp Jacob, dt. ev. Geistlicher, * 1635, † 1705; Begründer des luther. Pietismus.

Spengler, Oswald, dt. Geschichtsphilosoph, * 1880, † 1936. Entstehung, Blüte und Verfall der Kulturen haben nach S. eine vergleichbare Gesetzlichkeit; die zeitgenöss. abendländ. Kultur beschrieb er als Stadium des Verfalls. Werke: »Der Untergang des Abendlandes« (2 Bde., 1918 bis 1922), »Preußentum und Sozialismus« (1920).

Malteserkreuzgetriebe

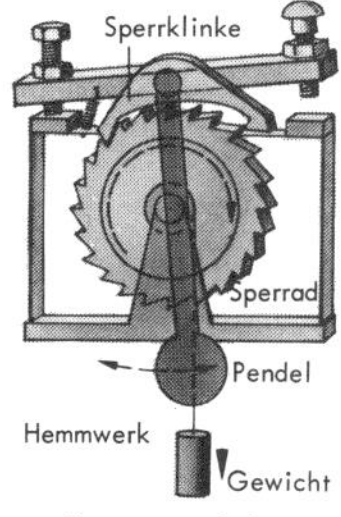

Sperrgetriebe

Spenser ['spensə], Edmund, engl. Dichter, * 1552 (?), † 1599; neben Shakespeare der bedeutendste Dichter der engl. Renaissance; Sonette, allegor.-lehrhaftes Epos »Feenkönigin«.

Spenzer [nach Earl G. J. Spencer, * 1758, † 1834] *der,* taillenlange Überjacke (18. Jh.); Bestandteil der österr. und bayer. Volkstracht.

Sperber, taubengroßer Greifvogel, braunweiß gebändert.

Sperber, Manès, österr. Schriftsteller, * 1905, † 1984; Romantrilogie »Wie eine Träne im Ozean« (1961), Erinnerungen: »All das Vergangene« (3 Bde., 1974 bis 1977); 1983 Friedenspreis des Dt. Buchhandels.

Sperlinge, mit rund 25 Arten weltweit verbreitete Unterfamilie 12 bis 20 cm langer, meist unscheinbar gefärbter Singvögel, u. a. **Feld-S., Haus-S.** (der »Spatz«).

Sperma *das,* → Samen.

Sperrfrist, Schutzfrist, innerhalb derer bestimmte Rechtshandlungen nicht vorgenommen werden dürfen oder nicht wirksam werden können.

Sperrgebiet, 1) als Kriegsgebiet erklärtes Seegebiet, in dem Schiffe ohne Warnung angegriffen werden können. – **2)** Orte, die nur mit Sonderausweis zugänglich sind.

Sperrgetriebe, Getriebe, bei denen mit einem Sperrglied die Beweglichkeit einzelner Teile gesperrt werden kann.

Sperrholz, Lagenholz, bei dem Holzplatten in mind. 3 Lagen in gekreuzter Faserrichtung miteinander verleimt werden. Das Schrumpfen oder Quellen der einen Platte wird durch die andere Platte »gesperrt«.

Roger Sperry

Sperry ['sperı], Roger W., amerikan. Neurophysiologe, * 1913, † 1994; erhielt 1981 mit D. Hubel und Torsten N. Wiesel für seine Arbeiten über die Funktion der Gehirnhemisphären den Nobelpreis für Physiologie oder Medizin.

Spesen *Pl.,* Aufwendungen und Auslagen, die bei einer Geschäftsbesorgung entstehen; sie sind i. d. R. durch den Auftraggeber zu ersetzen.

Spessart *der,* Waldgebirge in Mainfranken, rechts vom Main, im Geiersberg 586 m hoch.

Speyer, Stadt in Rheinl.-Pf., am Rhein, 42 700 Ew.; der Kaiserdom (11. Jh.) mit Gräbern dt. Kaiser (gehört zum Weltkulturerbe) ist der größte roman. Kirchenbau in Dtl.; kath. Bischofssitz; Hochschule für Verw.-Wiss.; Histor. Museum der Pfalz; Metall-, Druck-, elektrotechn. Ind., Flugzeugbau. – S., das kelt. **Noviomagus,** in röm. Zeit **Civitas Nemetum,** ist alter Bischofssitz, wurde 1294 Reichsstadt, 1527 bis 1689 Sitz des Reichskammergerichts und 1816 Kreishptst. der Pfalz; die Reichstage in S. 1526 und 1529 waren von großer Bedeutung für die dt. Reformation.

Speyer
Stadtwappen

Spezialbanken, Banken, die sich nur einem bestimmten Zweig des Bankgeschäfts widmen (z. B. Hypothekenbanken, Bausparkassen).

Spezies, Species *die,* **1)** in der Biologie nur *Sg.,* die → Art. – **2)** bei Arzneiverordnungen nur *Pl.,* Gemische von Pflanzenteilen miteinander oder mit anderen Stoffen.

Der Dom zu **Speyer** von Osten (1061 geweiht)

spezifisch, wesentlich, kennzeichnend; etwas, was zum Wesen einer Person, Sache oder eines Stoffes gehört und diesen allein eigen ist. In Physik und Technik gibt es für s. Größen auch eigene Namen.

spezifische Masse, die → Dichte eines Stoffs, gemessen in g/cm^3.

spezifischer Widerstand, elektr. Widerstand eines Leiters, bezogen auf die Längen- und Querschnittseinheit; Materialkonstante, gemessen in Ω · cm.

spezifisches Gewicht, frühere Bezeichnung für die Wichte eines Stoffes, gemessen in N/cm^3; heute meist ersetzt durch Dichte.

spezifische Wärmekapazität, früher **spezifische Wärme,** die Wärmemenge, die nötig ist, um 1 kg eines Stoffs um 1 K zu erwärmen; Einheit: J/kgK.

Sphäre *die,* **1)** Kugel. – **2)** Himmelsgewölbe. – **3)** Wirkungskreis.

sphärisch, 1) die Himmelskugel betreffend. – **2)** auf die Kugel oder ihre Oberfläche bezogen, z. B. **s. Dreieck,** ein Dreieck auf der Kugeloberfläche.

Sphäroid *das,* Bez. für einen kugelähnl. Körper oder eine von einer Kugel wenig versch. Fläche; i. e. S. ein Rotationsellipsoid.

Sphinx, *der* oder *die,* Fabelwesen der ägypt. und griech. Sage. In Ägypten symbolisiert sie den Pharao (Löwenleib); die griech. S. (geflügelter Löwenrumpf mit Mädchenkopf), ein Todesdämon, hauste auf einem Felsen bei Theben und tötete jeden Wanderer, der das ihm aufgegebene Rätsel nicht lösen konnte; Ödipus erriet es, worauf die S. sich vom Felsen herabstürzte.

Sphragistik *die,* → Siegelkunde.

Spiegel, 1) glatte Fläche, die Lichtstrahlen zurückwirft (spiegelt). Der **Glas-S.** besteht aus einer Glasplatte, die auf der Rückseite mit einer sehr dünnen Silber- oder Aluminiumschicht versehen ist; **Metall-S.** bestehen aus einer auf Hochglanz polierten Metallplatte. Die zurückgeworfenen Strahlen bilden mit dem Einfallslot den gleichen Winkel wie die einfallenden Strahlen. Das erzeugte Bild ist ein virtuelles (scheinbares) Bild. **Hohl-** oder **Konkav-S.** erzeugen ein virtuelles, aufrecht stehendes, vergrößertes Bild, wenn der Gegenstand sich innerhalb der Brennweite befindet; befindet er sich außerhalb der Brennweite, so entsteht ein reelles, umgekehrtes Bild. **Konvex-S.,** d. h. nach außen gekrümmte S., erzeugen stets ein virtuelles, aufrechtes und verkleinertes Bild (Parabol-S.). – In Mitteleuropa ist der S. seit der La-Tène-Kultur belegt. – **2)** ⚓ Abschluss des Hecks von Segelbooten oder Schiffen. – **3) Satz-S.**, der bedruckte Teil einer Buchseite. – **4)** der weiße Fleck am Hinterteil von Reh-, Rot- oder Damwild; farbiger Flügelfleck bei Enten. – **5)** Titel von Büchern, die Regeln enthalten, z. B. **Fürsten-S.** – **6)** Tuchbesatz auf den vorderen Kragenenden der Uniform.

Spiegelteleskop, ☼ ein →Fernrohr.

Spiekeroog, eine der Ostfries. Inseln, Insel zw. Langeoog im W und Wangeroog im O, Ndsachs., 17,4 km²; Seebad mit breitem, feinsandigem Strand.

Spiel, 1) jede Tätigkeit, die aus Freude an dieser selbst geschieht, im Ggs. zur zweckbestimmten Arbeit. – **2)** Bühnen- oder Filmdarbietung. – **3)** z. B. Fußball-, Handball-S. – **4)** →Glücksspiel. – **5)** ⚙ Maßunterschied von 2 zueinander gehörenden Maschinenteilen. – **6)** Anzahl zusammengehöriger Gegenstände, z. B. ein S. Karten.

Spiel|automat, Spielgerät, mechanische Spieleinrichtung mit Gewinnmöglichkeit.

Spielbank →Glücksspiel.

Spielberg [ˈspɪːlbɜːg], Steven, amerikan. Filmregisseur, * 1947; »Der weiße Hai« (1974), »E. T.« (1982), »Die Farbe Lila« (1986), »Jurassic Park« (1993), »Schindlers Liste« (1994).

Spielhagen, Friedrich, dt. Erzähler, * 1829, † 1911; Romane »Problemat. Naturen« (1861), auch Gedichte.

Spielkarten, Karten für Unterhaltungsspiele. Die **dt. Karte** hat 32 Blatt, die **frz.** 52, die **Tarockkarte** 78. S. sind in 4 Gruppen (Farben und Symbole) eingeteilt, dt.: Herz, Grün, Eichel, Schellen, oder frz.: Treff (Kreuz), Karo, Pik, Herz. Werte in der dt. und frz. Karte: Daus oder Ass, König, Ober oder Dame, Unter oder Bube, Zehn, Neun, Acht, Sieben, Sechs; in der frz. bis Zwei. **Kartenspiele:** Skat, Whist, Tarock, Bridge, Rommee, Schafkopf, Patience, Canasta. – Die S. stammen aus Korea und China (7./8. Jh.) und kamen im 14. Jh. nach Europa.

Spielkarten. Karobube eines Kartenspiels aus Rouen (16. Jh.)

Spielmannsdichtung, im MA. die Dichtung (anonym überliefert) der fahrenden Sänger und Kleriker, vor und neben der ritterl.-höf. Kunstdichtung, z. B. »Herzog Ernst«, »König Rother«.

Spieltherapie, Form der Psychotherapie, die versucht, in spieler. Darstellen und Durchleben psych. Konfliktsituationen zu klären; v. a. bei Kindern und Jugendlichen angewendet.

Fragment einer geflügelten **Sphinx** eines Athener Bildhauers (560 v. Chr.)

Spielzeug, Dinge, die den Spieltrieb der Kinder, z. B. ihren Nachahmungs- (Puppen), Gestaltungs- (Bauen, Malen), körperl. Betätigungstrieb (Ball, Kreisel) fördern und weiterentwickeln.

Spieß, 1) längere Form der Lanze. – **2)** Geweih mit einfachen Stangen ohne Sprossen; der junge Rehbock oder Hirsch, der 2 S. trägt, sowie die in Afrika und Arabien lebenden Oryxantilopen heißen daher **S.-Böcke.** – **3)** spitze Gegenstände, z. B. Bratspieß.

Steven Spielberg

Spießbürger, im MA.: die ärmeren, nur mit Spießen bewaffneten Bürger einer Stadt. Ü engherziger, pedant. Mensch.

Spießgeselle *der,* ursprünglich Waffengefährte; Ü Mittäter, Kumpan.

Spießrutenlaufen, Gassenlaufen, Militärstrafe, oft mit tödl. Ausgang, im 17./18. Jh. für Fahnenflucht u. a.: Der Verurteilte musste, bis zum Gürtel entkleidet, eine Gasse von bis zu 300 Mann ein- oder mehrmals durchlaufen und erhielt von jedem einen Rutenhieb auf den Rücken.

Spikes [spaɪks] *Pl.,* Laufschuhe mit biegsamer Stahleinlage, an der Dornen sitzen. **S.-Reifen:** Autoreifen mit einvulkanisierten Stahlstiften als Gleitschutz im Winter; in Dtl. nicht zugelassen.

Spill *das,* ⚓ Winde zum Lichten des Ankers und zur Bedienung der Taue und Leinen.

Spin *der,* →Elementarteilchen.

spinal, ⚕ die Wirbelsäule (spina dorsi), das Rückenmark betreffend.

Spinat *der,* krautige Gemüsepflanze, Meldengewächs, 1- bis 2-jährig.

Spindel, 1) der zur Aufnahme des fertigen Fadens bestimmte Teil des Spinnrades und der Spinnmaschine. (→Spinnerei) – **2)** ⚙ Hauptarbeitswelle, die das Werkzeug oder Arbeitsstück dreht.

Spindelstrauch, Gattung der Spindelbaumgewächse; sommer- oder immergrüne Sträucher; einheim. Art ist das **Pfaffenhütchen** mit roten Früchten; giftig.

Spindelstrauch Pfaffenhütchen

Spinell *der,* das Mineral $MgAl_2O_4$; namengebend für eine Gruppe von isomorphen Mineralien, die aus Aluminium- und Magnesium-, Zink-, Eisen- oder Chromoxid bestehen; Schmuckstein.

Spinett *das,* →Klavier.

Spinnaker *der,* ⚓ auf Segelbooten ein großes bauchiges Vorsegel, das fast ausschließlich bei Vorwindkurs eingesetzt wird.

Spinnentiere, Klasse der Gliederfüßer. Ihr Körper besteht aus Hinterleib und einem einheitl. Kopfbruststück, das 2 Paar Mundwerkzeuge, 4 Paar Gangbeine und Punktaugen hat. Die S. atmen durch Tracheen oder Tracheenlungen. Sie pflanzen sich, außer einigen Milben und Skorpionen, durch Eier fort. Zu den S. gehören die Spinnen, Weberknechte, Skorpione, Milben. Die **Spinnen** besitzen bis zu 4 Paar Spinnwarzen und sind mit Haken, Kämmen und Bürsten zum Glätten des Spinnfadens ausgestattet. Sie ernähren sich von Kleingetier, das sie mithilfe ihres Netzes fangen oder im Sprung erjagen und mit Giftklauen töten. Das Fangnetz ist durch einen Signalfaden meist mit dem Wohnnetz verbunden. Spinnenarten sind: Kreuz-, Haus-, Wolfs-, Krabben-, Wasser-, Vogelspinne.

Spinner, Sammelbezeichnung für versch. Schmetterlingsfamilien wie Augen-, Bären-, Seiden-, Träg- und Zahnspinner.

Spinnerei, Spinnen, ☺ Herstellung von Garnen aus tier., pflanzl. oder künstl. Fasern, wobei mehrere Fasern zu einem Faden von beliebiger Länge zusammengedreht werden. Dazu benutzte man früher das Spinnrad, heute Spinnmaschinen, von denen die Faserballen aufgelockert, ausgebreitet (Flor), gekämmt, vorgesponnen, grob und schließlich fein versponnen und aufgewickelt werden. – Bereits in der Steinzeit wurden Schafwolle und Flachs versponnen. Das Tretspinnrad kam zu Beginn des 16. Jh. auf. 1767 erfand der brit. Weber J. Hargraves den Wagenspinner, 1830 der Amerikaner J. Thorp die Ringspinnmaschine.

Spinnstoffe → Faserstoffe.

Spinoza [-ˈnoːtsa, spiˈnoːzaː], Baruch de, latinisiert Benedictus de S., niederländ. Philosoph, * 1632, † 1677; entwickelte in seinem um 1662 entstandenen Werk »Ethik« einen Pantheismus: Gott ist die alles umfassende Natur, alle endl. Wesen sind Ausprägungen (Modi) dieser ewigen Substanz.

Baruch de Spinoza
Ausschnitt aus einem anonymen Gemälde (um 1665)

Spionage [-ˈnaːʒə] *die,* Ausspähen und Verrat von Staatsgeheimnissen zugunsten eines fremden Staats, auch vorbereitende Handlungen hierzu. Die S. ist als Landesverrat strafbar (§ 96 StGB). Nach der Haager Landkriegsordnung ist **Spion,** wer heimlich oder unter einem Vorwand im militär. Operationsgebiet Nachrichten einzieht oder einzuziehen versucht, um sie der Gegenseite mitzuteilen. – I. w. S. versteht man unter S. die rechtswidrige Erkundung von Geheimnissen jeder Art (z. B. Wirtschaftsspionage).

Spiräe *die,* **Spierstrauch,** staudige bis baumförmige Rosengewächse. Die **Weidenblättrige S.** mit rosenroten bis weißen Blütenrispen ist Zierpflanze, oft verwildert.

Spirale *die,* **1) Schneckenlinie,** ebene Kurve mit unendlich vielen Umläufen um einen Punkt. – **2)** U für → Intrauterinpessar.

Spiralnebel, Spiralgalaxie, ☼ Sternsystem, bestehend aus einer zentralen Sternanhäufung und Spiralarmen, z. B. Andromedanebel, Milchstraße.

Spirant *der,* Ⓢ Reibelaut.

Spirdingsee, poln. **Śniardwy,** der größte der Masur. Seen in Ostpreußen, Polen, 113 km², bis 25 m tief, fischreich.

Spiritismus *der,* Lehre und Praxis der Beschwörung von Geistern. (→ Okkultismus)

Spiritualilen, »geistl. Sachen« der kath. Kirche, z. B. Sakramente, Ämter.

Spiritualismus *der,* Lehre, dass alles Bestehende im Grunde Geist sei.

Spirituals [ˈspɪrɪtjʊəlz] *Pl.,* **1) Spiritual Songs,** geistl. Volkslieder der weißen Bev. Amerikas aus der Zeit der Erweckungsbewegung. – **2) Negro S.** [ˈniːgrəʊ -], religiöse Lieder der Afroamerikaner; entstanden seit dem 18. Jh. im S der USA und wurden um 1900 zu einer Hauptquelle des Jazz (Verbindung von abendländ. und afroamerikan. Musizierformen).

Spirituosen, Getränke mit einem Alkoholgehalt von mindestens 20 %: Branntweine, Liköre u. a.

Spiritus *der,* Geist, Seele, **S. Sanctus,** der Hl. Geist. **S. Rector,** lenkender Geist.

Spiritus *der,* gewerbsmäßig hergestellter Alkohol; wird meist durch Gärung des mittels Malz aus der

Der Arkadenhof von Schloss Porcia in **Spittal an der Drau**

Stärke gewonnenen Zuckers von Kartoffeln »gebrannt«, auch aus Getreide, durch Vergären zuckerhaltiger Früchte (Weintrauben, Obst), aus Holz und synthetisch hergestellt. Verwendung für Trinkbranntwein, als Treibstoff sowie in der kosmet. und chem. Industrie.

Spirochäten, korkenzieherförmig geschlängelte Urtiere (Protozoen), z. T. Krankheitserreger (Syphilis, Rückfallfieber u. a.).

Spittal an der Drau, Bez.-Hptst. in Kärnten, Österreich, 14 500 Ew.; Sommertheater; Schloss Porcia (1533 ff.), Renaissance-Rathaus.

Spitteler, Carl, schweizer. Dichter, * 1845, † 1924; versuchte humanist. Gedankengut, mythisch-kosm. Vorstellungen sowie zeit- und kulturkrit. Ansichten zu verschmelzen. Versepen (»Prometheus und Epimetheus«, 1881; »Olymp. Frühling«, 1900 bis 1905), Lyrik, Erz. und Essays u. a.; Nobelpreis 1919.

Spitzbergen, norweg. Inselgruppe im Nordpolarmeer, 61 872 km², bildet den Hauptteil des Verw.-Gebiets Svalbard; Inseln: Nordostland, Edge-Insel, Barentsinsel, Prinz-Karl-Vorland. Hauptort: Longyearbyen auf S. – Gebirgig, z. T. vergletschert; ⚒ auf Steinkohle in norweg. und russ. Gruben. – S., wohl schon den Wikingern bekannt, wurde 1596 durch W. Barents entdeckt; seit 1925 norwegisch.

Spitzbogen → Bogen.

Spitze, Hunderasse mit spitzen Stehohren und Ringelrute; man unterscheidet: **Europ. S.** (z. B. Wolfs-S.), **Chin. S.** (Chow-Chow) und **Jap. S.** (Akita-Inu).

Spitzen, zarte, durchbrochene, gemusterte Gewebe, hergestellt durch Klöppeln, Nähen, Häkeln, Stricken, Knüpfen; auch maschinell. Handgefertigt sind die **Brüsseler Spitzen.**

Spitzentanz, Kunsttanz auf Zehenspitzen im Spitzenschuh; 1832 kreiert.

Spitzfuß, Fußdeformation, bei der nur auf Fußballen und Zehen gegangen wird.

Spitzmäuse, etwa 3 bis 18 cm lange mausähnliche Insektenfresser mit rüsselartiger Schnauze. **Wald-S., Haus-S., Feld-S., Wasser-S.** (Fischereischädling); **Zwerg-S.,** kleinstes in Dtl. vorkommendes Säugetier.

Spitzmorchel, eine Art der → Morcheln.

Spitzpocken, ⚕ → Windpocken.

Spitzweg, Carl, dt. Maler, * 1808, † 1885; humorvoller Schilderer kleinbürgerl. Lebens; meisterhafte Landschaften; Vertreter des Biedermeier.

Spitzwegerich, 5 bis 50 cm hohes Wiesenkraut mit schmalen Blättern und dichter Ähre von unscheinbaren Blüten.

Spleißen, ⚓ Verflechten zweier Tauenden.

Splint *der,* **1)** weiche Holzschicht direkt unter der Rinde. – **2)** zweischenkeliger Drahtstift.

Split, ital. **Spalato,** kroat. Stadt, 180 600 Ew.; Erzbischofssitz; Univ.; wichtigster Hafen Dalmatiens; Zement-, chem., elektrotechn. u. a. Ind., Werft; Badestrände. – Die histor. Altstadt innerhalb des ehem. Diokletianpalastes gehört zum Weltkulturerbe.

Splitting *das,* Verfahren der Einkommenbesteuerung bei Ehegatten: beide Einkommen werden zusammengerechnet, zur Hälfte der Einkommensteuer unterworfen; die so errechnete Steuerschuld wird verdoppelt.

Splügen *der,* → Alpen (Alpenpässe; ÜBERSICHT).

SPÖ, Abk. für Sozialdemokratische Partei Österreichs, → Sozialdemokratie.

Spoerl [spœrl], Heinrich, dt. Schriftsteller, * 1887, † 1955; »Die Feuerzangenbowle« (1933), »Der Maulkorb« (1936) u. a.

Spohr, Louis, dt. Komponist, Dirigent, Geigenvirtuose, * 1784, † 1859; Opern (»Jessonda«, 1823), Sinfonien, Violinkonzerte u. a.

Spoiler [ˈspɔɪlə] *der,* **1)** ✈ Störklappe auf der Oberseite eines Tragflügels; durch Ausschlagen des S. wird die Umströmung des Flügels so verändert, dass ein Auftriebsverlust eintritt. – **2)** 🚗 **Bug-** oder **Heck-S.,** ein Luftleitblech, das durch Beeinflussung der Luftströmung die Bodenhaftung des Fahrzeugs verbessert.

Spokane [spəʊˈkæn], Stadt in Washington, USA, 171 000 Ew.; Univ.; Handelszentrum.

Spoleto, Stadt im mittleren Italien, 38 000 Ew.; Erzbischofssitz; über der Stadt die Festung (14. Jh.).

Spondeus *der,* Versfuß aus 2 langen Silben.

Carl Spitzweg. Der Kaktusfreund

Spondylus *der,* ⚕ ♡ Wirbel. **Spondylitis** *die,* Wirbelentzündung. **Spondylose** *die,* nichtentzündl. Altersveränderung der Wirbel.

Sponsor [ˈspɔnsə(r)] *der,* Gönner, Geldgeber; z. B. für Sport- oder Kulturveranstaltungen.

spontan, aus eigenem Antrieb, rasch einer Eingebung folgend; ohne äußeren Einfluss geschehend.

Sporaden, griech. Inseln in der Ägäis. Die **Südl. S.** bilden den Dodekanes.

Spore, 1) ⚘ einzellige, ungeschlechtl. Fortpflanzungskörper der Sporenpflanzen; entstehen meist in einem **S.-Behälter** (Sporangium). **Schwärm-S. (Zoosporen)** sind im Wasser frei beweglich. – **2)** ♡ Fortpflanzungskörper der Sporentierchen.

Sporenpflanzen, Kryptogamen, Pflanzen, die sich durch Sporen vermehren: Algen, Pilze, Flechten, Moose, Farne.

Sporentierchen, Sporozoen, Stamm der Protozoen (Urtierchen) mit geringer Zelldifferenzierung, z. T. Krankheitserreger.

Sport, Sammelbezeichnung für die an spieler. Selbstentfaltung sowie am Leistungsstreben ausgerichteten vielgestaltigen Formen körperl. Betätigung, die sowohl der geistigen und körperl. Beweglichkeit als auch dem allgemeinen Wohlbefinden dienen sollen. Entsprechend der Art sportl. Betätigung unterscheidet man u. a. Freizeit- und Breiten-S. im Unterschied zum Leistungs-S. sowie Amateur-S. im Unterschied zum Berufs-S. (Profisport).

Sportabzeichen, Auszeichnung für sportl. Leistungs- und Vielseitigkeitsprüfungen, in Dtl. das **Dt. S.,** verliehen in 3 Stufen: Abzeichen in Bronze, in Silber und in Gold. Außerdem werden das **Dt. Jugend-S.,** das **Dt. Schüler-S.,** das **Dt. S. unter Behindertenbedingungen** und das **Dt. Jugend-S. unter Behindertenbedingungen** verliehen. In Österreich bestehen das **Österr. Sport- und Turnabzeichen** und das **Österr. Jugend-Sport- und Turnabzeichen.**

Sportakrobatik, Sportart, die sich aus dem früheren **Kunstkraftsport** und dem Bodenturnen entwickelt hat; vereint akrobat. und tänzer. Elemente.

Sportarzt, Arzt mit sportmedizin. Ausbildung, zu seinen Aufgaben gehören v. a. Verhütung und Behandlung von Sportverletzungen und -schäden.

Sportmedizin, Bereich der Sportwiss., der die Bedeutung des Sports für den Körper untersucht und die Erkenntnisse der Vorbeugung, Therapie und Rehabilitation dienlich macht.

Spot [spɔt] *der,* kurze Szene in Werbesendungen des Hörfunks oder Fernsehens **(Werbespot).**

Spotgeschäft [ˈspɔt-], sofortige Lieferung gegen Kasse an internat. Warenbörsen.

Spotlight [ˈspɔtlaɪt] *das,* Lichtquelle mit stark gebündeltem Strahl, z. B. für Effektbeleuchtung.

S.P.Q.R., Abk. für Senatus Populusque Romanus, »Senat und Volk von Rom«.

Sprache, Ausdruck und Darstellung von Gedanken, Gefühlen, Willensregungen durch Zeichen **(Zeichen-S.),** Gebärden **(Gebärden-S.),** bes. durch Laute. Die **Laut-S.** ist die vollendetste aller Formen menschl. (und tier.) Kommunikation.

Die in ununterbrochener Tradition überkommenen S. sind lebende, natürliche S. **Künstl. S.** (→ Welthilfssprachen) sind Vereinfachungen von S. zur Erleichterung der internat. sprachl. Verständigung. Die auch zu den künstl. S. gehörenden **formalisierten S.** sollen für exakt definierte Zwecke Aussagen präzisieren und Missverständnisse und Mehrdeutigkeiten ausschalten, so die → Programmiersprachen und die elektroakust. Nachbildungen der natürl. S. Die Gesamtheit der einer Menschengruppe gemeinsamen sprachl. Möglichkeiten heißt **Sprachbesitz** (Mutter-S.). Eine Menschengruppe mit wesentlich gleichem Sprachbesitz heißt **Sprachgemeinschaft.** Sie ist vielfach gegliedert nach Mundarten oder Dialekten, nach dem Bildungsgrad, nach Berufs- oder Lebensgemeinschaft. Diesen Besonderheiten steht die **Gemein-S.** als gemeinsames Kommunikationsmittel gegenüber. Nach dem Zweck des Sprechens unterscheidet man die situationsgebundene **Umgangs-S.** des tägl. Lebens von der **Hoch-S.** (Standard-S.) der Literatur, der Wiss., der Verwaltung, der feierl. Rede.

Die **Sprachwiss.** erforscht Bau und Verwandtschaft der S. **(Sprachfamilien, Sprachstämme)** und die geschichtl. Entwicklung der Einzelsprachen.

Sprachgeographie, Dialektgeographie, Gebiet der Sprachwiss., das die geograph. Verbreitung gegenwärtiger und histor. Spracherscheinungen erforscht.

Sprachgesellschaften, gelehrte Vereinigungen im 17./18. Jh. zur Pflege der dt. Sprache (z. B. »Fruchtbringende Gesellschaft«, 1617 gegr.).

Split Stadtwappen

Spoleto Stadtwappen

Bauernhof bei Lübbenau/**Spreewald**

Sprachlabor, Hilfsmittel des Fremdsprachunterrichts mit programmierten audiovisuellen Unterrichtsmitteln (Kopfhörer, Tonband, Bildschirm u. a.).

Sprachlehre, Grammatik *die,* enthält die Regeln für den richtigen Gebrauch einer Sprache.

Sprachregelung, Anordnung oder Empfehlung über die erwünschte publizist. Darstellung von Ereignissen und Entwicklungen; Mittel indirekter Zensur.

Sprachstörungen, Beeinträchtigung der Sprechfähigkeit verschiedenster Art. Bei den **Sprachentwicklungsstörungen** wird die Muttersprache nicht altersentsprechend angewendet (häufig infolge organ. Vorschädigungen, z. B. Lippen-, Gaumen-, Kieferanomalien, auch bei geistiger Behinderung). **Störungen der Aussprache** sind Artikulationsstörungen, z. B. Lispeln, Stammeln, Näseln. Bei den **Störungen der Sprechflüssigkeit** (Sprech-, Redestörungen) ist der dialog. Gebrauch der Sprache erheblich mitbetroffen, so beim Stottern aufgrund der häufigen Unterbrechung des Sprechablaufs oder beim Poltern aufgrund des Überspringens oder Verschluckens von Wörtern.

Carl-Dieter Spranger

Spranger, 1) Bartholomäus, fläm. Hofmaler in Wien und Prag, * 1546, † 1611; allegorisch-mytholog. Bilder manierist. Stils. – **2)** Carl-Dieter, dt. Politiker (CSU), * 1939; seit 1991 Bundesmin. für wirtschaftl. Zusammenarbeit. – **3)** Eduard, dt. Philosoph, Pädagoge, * 1882, † 1963; begründete eine geisteswiss. Psychologie, geistesgeschichtl. und bes. jugendpsycholog. Arbeiten (»Psychologie des Jugendalters«, 1924).

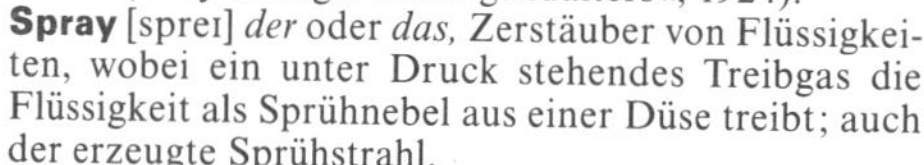

Spray [spreɪ] *der* oder *das,* Zerstäuber von Flüssigkeiten, wobei ein unter Druck stehendes Treibgas die Flüssigkeit als Sprühnebel aus einer Düse treibt; auch der erzeugte Sprühstrahl.

Axel Springer

Sprecher, 1) → Speaker. – **2)** Vorsitzender von Gesellschaften, Vereinen.

Spree *die,* linker Nebenfluss der Havel, aus der Oberlausitz, durchfließt den Spreewald, Schwieloch- und Müggelsee, Berlin und mündet bei Spandau; 403 km lang, 180 km schiffbar; Teil des Oder-S.-Kanals.

Spreewald, bis 16 km breite und 45 km lange Urstromtallandschaft in der Niederlausitz, von der Spree vielarmig durchschnitten; Gemüseanbau; Fremdenverkehr; Siedlungsgebiet der Sorben; seit 1991 von der UNESCO anerkanntes Biosphärenreservat.

Spreizfuß, ⚕ Formabweichung (Abplattung und Verbreiterung), die durch Einsinken des vorderen Quergewölbes des Fußes entsteht.

Spremberg, Stadt in Bbg., 24 800 Ew.; Kunststoff verarbeitende, Textil- u. a. Ind.; Wohnstadt für die Beschäftigten des Braunkohlenenergiewerkes Schwarze Pumpe.

Sprengel, Amtsbezirk eines Geistlichen (Diözese, Pfarrei), einer Behörde (Gerichts-S.).

Sprengstoffe, feste, flüssige oder gelatinöse explosionsfähige Stoffe, die durch ihren plötzlichen Gas- und Hitzestoß bei der Detonation zum Sprengen, Treiben (z. B. von Geschossen), Zünden sowie für pyrotechn. Zwecke geeignet sind. **Plastik-S.** sind knetbare S., die meist durch Zeitzünder gezündet werden **(Plastikbombe).** → Dynamit.

Sprengwerk, ⌂ Tragkonstruktion, die den eine Öffnung überspannenden Balken von unten her durch ein System von Streben und Riegeln stützt; Ggs.: Hängewerk.

Sprichwort, bündige, bildhafte, oft witzige Formulierung einer Lebensweisheit im Volksmund (z. B. Morgenstund hat Gold im Mund).

Spriet *das,* **Sprietbaum,** ⚓ Stange, die ein viereckiges Segel diagonal spreizt, z. B. **Bugspriet.**

Sprietsegel, ⚓ ein durch eine diagonale Spiere (Spriet) gespreiztes Gaffelsegel.

Springe, Stadt in Ndsachs., 29 000 Ew.; elektrotechn. Ind., Maschinenbau, Holzverarbeitung; bei S. Naturschutzpark.

Springer → Rössel.

Springer, 1) Axel, dt. Zeitungs- und Zeitschriftenverleger, * 1912, † 1985; baute seit 1945 im Verlagshaus A. S. & Sohn, Hamburg, den größten dt. Zeitungs- und Zeitschriftenverlag auf (z. B. »Bild-Zeitung«, »Die Welt«, »Hör zu«). – **2)** Julius, dt. Verleger, * 1817, † 1877, Gründer des wiss. S.-Verlags (Sitz Berlin und Heidelberg).

Springfield ['sprɪŋfi:ld], Hptst. des Bundesstaats Illinois, USA, 176 100 Ew.; Nahrungsmittel- und chem. Industrie.

Springflut → Gezeiten.

Springkraut → Balsamine.

Springmäuse, Nagetiere mit verlängerten Hinterbeinen und langem Stützschwanz; sie bewegen sich springend sehr schnell fort; sind nachtaktiv und leben in Wüsten und Steppen.

Springs ['sprɪŋz], Ind.stadt in der Rep. Südafrika, Gauteng, 154 000 Ew.; Goldbergbau.

Springschwänze, flügellose Urinsekten mit Sprunggabel am Hinterleib, z. B. **Schneefloh, Gletscherfloh** (auf alpinen Gletschern).

Sprinkler, Vorrichtung zum Besprengen großer Flächen; Feuerlöschanlagen, werden bei Ausbruch des Feuers selbsttätig eingeschaltet.

Sprinter, ⛹ Kurzstreckenläufer, -schwimmer, -fahrer.

Sprit *der,* **1)** Spiritus. – **2)** U Benzin.

Spritzgurke, Eselsgurke, Mittelmeerpflanze, einjähriges Kürbisgewächs mit taubeneigroßer Frucht, die bei der Reife abspringt und Fruchtsaft mit Samen zur Aussaat verspritzt.

Spritzguss, ⊙ Formungsverfahren für Kunststoffe, die in flüssiger oder plast. Form in eine Stahlform gespritzt werden.

Spritzpistole, ⊙ Gerät mit pistolenartiger Form zum Aufspritzen von Farbe, Lack oder auch Beton mithilfe von Druckluft.

Spross, Pflanzentrieb, bes. die Achse mit den Blättern bei den S.-Pflanzen; entwickelt die der Assimilation dienende Blattfläche. Im trockenen Klima kann das Laub rückgebildet sein und die Achse die Assimilation übernehmen; manche S. bilden Dornen. S., die Reservestoffe speichern, sind Wurzelstock, Knolle, Zwiebel.

Sprossenwand, ⛹ Turngerät für Kletter-, Hang- und Streckübungen.

Sprotte, bis 15 cm langer Heringsfisch; als **Kieler S.** gesalzen und geräuchert.

Sprüche Salomonis, Buch im A. T.; Sammlung von weisheitl. Lehrreden und Gedichten; von der jüd. Tradition König Salomon zugeschrieben.

Sprung, 1) ⛷ Hauptgruppe der Wettkampfübungen, umfasst den Weit-, Hoch-, Drei- und Stabhoch-S. Es gibt ferner S.-Übungen an Geräten wie Bock, Pferd, Kasten; weitere Disziplinen sind Skispringen (Sprunglauf) und das Wasserkunstspringen. – 2) vom Tierhalter gesteuerte Begattung der Haustiere. **S.-Geld,** Gebühr für den Einsatz des männl. Zuchttiers.

Sprungbein, der oberste Fußwurzelknochen.

Sprungrevision, ⚖ die in bestimmten Fällen zulässige Anrufung des Revisionsgerichts unter Auslassung der 2. (Berufungs-)Instanz.

Sprungschanze, Anlage zur Ausführung des Skisprungs; besteht aus der stark geneigten Anlaufbahn, dem fast waagerechten Absprungtisch, dem geneigten Auslauf.

Sprungtuch, Rettungsgerät der Feuerwehr zum Auffangen von aus oberen Stockwerken Abspringenden; ein mit Gurtstreifen verstärktes Segeltuch (3,50 × 3,50 m).

Sprungwelle, in Flussmündungen eindringende Flutwelle mit wallartigem Kamm.

Spule, 1) zylindr. oder kegeliger Körper, auf den Garn gewickelt wird. – 2) ⚡ Wicklung aus mehreren Windungen isolierten Drahts zur Verstärkung des Magnetfelds, Vergrößerung der Induktivität.

Spulwürmer, regenwurmgroße Fadenwürmer, Darmschmarotzer bei Mensch und Tier; Arten der Gattung **Ascaris** verursachen Gesundheitsstörungen **(Ascaridiasis).**

Spund, 1) Füllloch des Fasses. – 2) der dazugehörige Zapfen zum Verschließen.

Spundwand, ⚙ wasserdichte Wand aus Holzbohlen, die miteinander verspundet sind, oder aus bes. geformten Stahlprofilen; dient u. a. zur Umschließung von Baugruben und Befestigung von Ufern.

Spur, ♈ → Fährte.

Spuren|elemente, ⚗ Stoffe, die nur in winzigen Mengen im menschl., tier. und pflanzl. Körper vorkommen, jedoch für den Organismus große Bedeutung besitzen.

Spurensicherung, 1) seit den 1970er-Jahren Richtung der Kunst: Aus Relikten der Vergangenheit (Fotos, Gebrauchsgegenständen u. a.) wird eine subjektive Interpretation der eigenen Kindheit, der Vergangenheit gegeben. – 2) kriminalist. Beweissicherung am Tatort einer Straftat.

Spurkranz, 🚆 bei Rädern von Schienenfahrzeugen der Wulst an der Innenseite des Radreifens, dient zur Führung des Rades.

Spurweite, 1) 🚗 Abstand zweier Räder derselben Achse. – 2) 🚆 Abstand zw. den Innenkanten der Schienenköpfe. Die **Normalspur** der öffentl. Bahnen beträgt 1,435 m; andere S. haben z. B. Spanien und Portugal (1,676 m), Russland (1,524 m). Die **Schmalspur** der öffentl. Kleinbahnen in Dtl. beträgt 1 m, 0,75 m, 0,60 m.

Sputnik [russ. »Reisegefährte«], Name des ersten künstl. Erdsatelliten; mit seinem Start (5. 10. 1957) begann die Ära der Weltraumflüge.

Sputter-Technik ['spʌtə-, engl. »Sprühen«], ⚙ nach dem Prinzip der Kathodenzerstäubung arbeitendes Beschichtungsverfahren u. a. in der Halbleitertechnik (Dünnschichttechnik).

Sputum *das,* ⚕ der → Auswurf.

Spyri, Johanna, schweizer. Schriftstellerin, * 1827, † 1901; »Heidi« (1880/81) u. a.

Square ['skweə] *der,* Quadrat, viereckiger Platz; **square foot** [- fu:t], angloamerikan. Quadratfuß, Flächenmaß.

Squaredance ['skweədæns], amerikan. Volkstanz, getanzt von 4 Paaren nach Weisung eines Ansagers im Viereck mit meist 4 Figuren. Begleitinstrumente: Akkordeon, Violine, Gitarre, Banjo.

Squash [skwɔʃ] *das,* ⛷ Rückschlagspiel gegen eine Wand mit Weichgummiball und einer Art Tennisschläger.

Squatter ['skwɔtə] *der,* in den USA Ansiedler, die sich ohne Rechtstitel auf unbebautem Land niederlassen; in Großbritannien und den USA auch Besetzer leer stehender, zum Abriss vorgesehener Häuser.

Squire ['skwaɪə] *der,* **Esquire,** engl. Anrede für den Gutsherrn.

Sr, chem. Symbol für das Element Strontium.

Srbik ['zɪrbɪk], Heinrich Ritter von, österr. Historiker, * 1878, † 1951; »Metternich« (3 Bde., 1925 bis 1954) u. a.

Sri Lanka, bis 1972 **Ceylon,** Staat vor der S-Spitze Vorderindiens, auf der Insel Ceylon und 23 kleinen Inseln im Ind. Ozean, Rep. mit Präsidialsystem, Mitglied des Commonwealth, 65 610 km², 17,67 Mio. Ew.; neue Hptst.: Colombo; Amtssprachen: Singhalesisch, Tamil. – Im S des Inneren ein Gebirge (bis 2 525 m), allseitig von Tiefland ($^3/_5$ von S. L.) umgeben. Im N und O kommt Monsunwald, sonst Regenwald vor. Bev.: Singhalesen (meist Buddhisten), Tamilen (meist Hindus), Mischlinge. Erzeugung: Reis, Kopra, in Plantagenwirtschaft Tee, Kautschuk. Bodenschätze: Edelsteine, Graphit, Kaolin. – Teile von S. L. waren

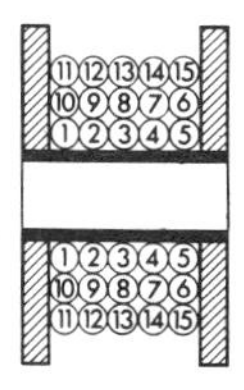

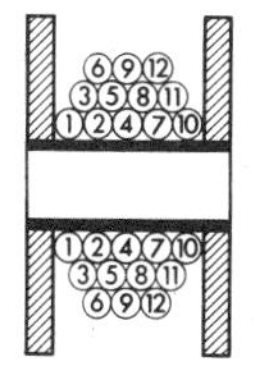

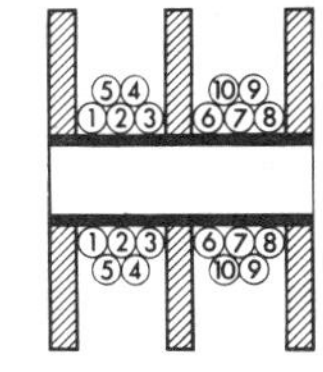

Wicklungsarten von **Spulen 2).** Lagenwicklung, Stufenwicklung, Kreuz- oder Honigwabenwicklung (von oben)

Spurenelemente: Funktion im Organismus des Menschen

Spuren-element	im Körper enthaltene Menge*	Vorkommen in Lebensmitteln	Funktion bzw. Mitwirkung bei
Eisen	4–5 g	Fleisch, Leber, Gemüse, Hülsenfrüchte, Vollkornprodukte	Bestandteil von Hämoglobin, Myoglobin und Sauerstoff übertragenden Enzymen
Jod	10–20 mg	Seefische u. a. Meeresprodukte, »jodiertes« Speisesalz	Bestandteil der Schilddrüsenhormone (Kropfprophylaxe)
Fluor	2–3 g	Seefische, schwarzer Tee, angereichertes Trinkwasser	Remineralisierung der Zahnoberfläche (Kariesprophylaxe)
Zink	2 g	Fleisch, Innereien, Fisch, Schalentiere, Milchprodukte	Enzymbestandteil und -aktivator; Insulinspeicherung; Unterstützung des Immunsystems
Kupfer	ca. 100 mg	Innereien, Fische, Schalentiere, Nüsse, Kakao, Grüngemüse	Bestandteil und Aktivator von Enzymen bei Redoxreaktionen
Mangan	10–20 mg	pflanzliche Lebensmittel	Bestandteil von Enzymen; Enzymaktivierung
Chrom	5–10 mg	Fleisch, Käse, Vollkornprodukte	Kofaktor der Glucosetoleranz
Kobalt	Spuren	Vitamin B_{12} enthaltende Lebensmittel	Bestandteil von Vitamin B_{12}; Enzymaktivierung
Molybdän	Spuren	Fleisch, Milch, Gemüse	Enzymbestandteil; Elektronenübertragung
Selen	Spuren	Fleisch, Meerestiere, Getreidevollkorn	Bestandteil der Glutathionperoxidase; Antioxidans

* Durchschnittsmenge beim Erwachsenen

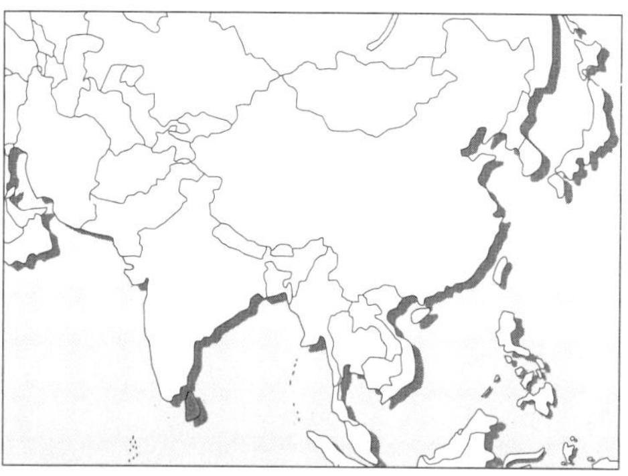

Sri Lanka

Staatswappen

Staatsflagge

Internationales Kfz-Kennzeichen

seit 1505/18 portugiesisch, dann seit 1656 niederländisch und seit 1796 britisch. S. L. war 1802 bis 1948 brit. Kolonie. Seit 1983 herrscht Bürgerkrieg zw. der singhales. Bevölkerungsmehrheit und der v.a. im N und O von S. L. siedelnden tamil. Minderheit, die einen eigenen Staat errichten will. Staatspräsidentin: Chandrika Bandaranaike Kumaratunga (seit Nov. 1994).

Srinagar [engl. ˈsriːnəgə], Sommerhptst. des ind. Gliedstaats Jammu und Kaschmir, 610 000 Ew.; Kunsthandwerk, Teppichweberei.

Srinangam, ind. Stadt im Bundesstaat Tamil Nadu; 62 000 Ew.; hinduist. Tempelbezirk; Hinduwallfahrtsstätte.

SS, Schutzstaffel, natsoz. Gliederung, 1925 aus der SA abgesondert, seit 1929 unter H. Himmler zu einem innenpolit. und militär. Kampfverband entwickelt. Die **SS-Totenkopfverbände** waren für die Konzentrationslager verantwortlich. Die **SS-Verfügungstruppe** trat als **Waffen-SS** neben die Wehrmacht. Im Nürnberger Prozess wurde die SS zur »verbrecher. Organisation« erklärt.

SSD, Abk. für →Staatssicherheitsdienst.

SSR, Abk. für russ. Sowjetskaja Sozialistitscheskaja Respublika, Sozialist. Sowjetrepublik.

Staat, dauernde, organisierte Vereinigung von Menschen auf einem bestimmten Gebiet unter einer höchsten Gewalt. – Die **S.-Gewalt** ist die hoheitl. Befehls- und Zwangsgewalt; sie steht im Obrigkeits-S. einem Einzelnen oder einer kleinen Führungsschicht zu, im Volks-S. der Gesamtheit der gleichberechtigten Staatsbürger. – Das **S.-Gebiet** ist der Raum, auf den sich die Gebietshoheit erstreckt, u.a. samt dem Luftraum darüber und den Eigen- und Küstengewässern. – Das **S.-Volk** ist die Gesamtheit der durch die Herrschaftsordnung vereinigten Menschen. Es kann in Gruppen mit unterschiedl. Rechtsstellung gegliedert sein (früher z.B. Adel, Freie, Leibeigene); im modernen Volks-S. ist es i.d.R. eine Nation (→Nationalstaat). Bisweilen umfasst ein S. auch mehrere Nationen (→Nationalitätenstaat; →Bundesstaat). – **S.-Organe** sind alle Personen, Körperschaften und Behörden, die im Namen und in Vollmacht des S. kraft Zuständigkeit an der Ausübung der S.-Gewalt teilnehmen. – **S.-Formen** sind die versch. Systeme, in denen die staatl. Herrschaft organisiert (Herrschaftsform) und die S.-Gewalt ausgeübt wird (Reg.-Form). – Bei den Herrschaftsformen ist seit dem griech. Altertum die Einteilung in Monarchie, Aristokratie und Demokratie üblich. Reg.-Formen sind die durch Herkommen, S.-Praxis oder Verf. festgelegten Methoden, nach denen die S.-Gewalt durch die S.-Organe ausgeübt wird. Man unterscheidet als Hauptformen u.a. den Absolutismus, den Feudalismus, den Stände-S., den Klassen-S., das Präsidialsystem und den Parlamentarismus. – Die Entstehung eines S. kann zurückgeführt werden auf Vertrag, Herrschaftsakt oder organ. Wachstum. Eine S.-Umwälzung ist die gewaltsame Änderung der S.-Form. Der S.-Untergang tritt ein bei S.-Auflösung, Staatenverbindung, Annexion oder Vereinigung mit einem anderen Staat.

Staatenbund, Bund selbstständiger Staaten, im Unterschied zum Bundesstaat.

Staats|angehörigkeit, Zugehörigkeit zu einem bestimmten Staat, völkerrechtlich das Unterscheidungsmerkmal gegenüber Ausländern (Mitglieder anderer Staaten) und Staatenlosen, staatsrechtlich die Eingliederung in den Schutzverband des Staats, aus der Rechte und Pflichten erwachsen. In Dtl. gilt das Reichs- und S.-Ges. vom 22. 7. 1913 in der Fassung vom 20. 12. 1974. Danach wird die dt. S. erworben durch Geburt, Legitimation, Einbürgerung u.a., sie wird verloren durch Entlassung, Erwerb einer ausländ. S. bei gleichzeitigem Verzicht auf die dt. S. (davon zahlreiche Ausnahmen). Gegen seinen Willen kann ein dt. Staatsangehöriger die S. nicht verlieren, wenn er dadurch staatenlos würde.

Staats|anwaltschaft, ⚖ staatliche Untersuchungs- und Anklagebehörde bei den Gerichten mit der Aufgabe, strafbare Handlungen zu ermitteln, die öffentl. Anklage zu erheben und in der Hauptverhandlung zu vertreten sowie die Strafe zu vollstrecken. Auch bei Entmündigungs- und bestimmten Ehesachen wirkt die S. mit. Die Beamten der S. in Dtl. sind **Amtsanwalt** (Amtsgericht), **Staatsanwalt, Erster Staatsanwalt, Oberstaatsanwalt** (Landgericht), **Generalstaatsanwalt** (Oberlandesgericht), **Bundesanwalt, Generalbundesanwalt** (Bundesgerichtshof).

Staats|aufsicht, Aufsicht des Staats über rechtsfähige Verw.-Einheiten, bes. über Körperschaften, Anstalten und Stiftungen des öffentl. Rechts. Hauptbeispiel: Kommunalaufsicht, die sich grundsätzlich auf die Gesetzmäßigkeitskontrolle (Rechtsaufsicht) beschränkt.

Staats|examen, staatl. Prüfung für akadem. Berufe mit vorgeschriebenem Ausbildungsgang (Richter, Arzt, Lehrer u.a.).

Staatsgeheimnis →Landesverrat.

Staatsgerichtshof →Verfassungsgerichtsbarkeit.

Staatshaushalt →Haushaltsplan.

Staatskirche, die innerhalb der Grenzen eines Staats einzige oder vorherrschend als Kirche anerkannte Religionsgemeinschaft.

Staatslehre, Wissenschaftszweig, der das Wesen des Staats erforscht; er beschäftigt sich u.a. mit Staatsphilosophie, -soziologie und Verfassungslehre.

Staatsmonopolistischer Kapitalismus, Abk. oft **Stamokap,** marxist. Begriff, besagt, dass im Zuge der Konzentration des Kapitals Wirtschaftsmonopole entstünden, die mit dem Staat zunehmend verschmelzen und ihn in den Prozess der Profitaneignung einschalten würden.

Staatspräsident, Staatsoberhaupt einer Republik, i.d.R. direkt vom Volk oder Parlament gewählt.

Staatsquallen, Röhrenquallen, Ordnung der Hydrozoen; in warmen Meeren schwimmende Tierstöcke.

Staatsräson [-rɛˈzɔ̃] *die,* Lehre, wonach die staatl. Sicherheit, Wohlfahrt und Macht den Vorrang vor religiösen, sittl. und rechtl. Ansprüchen habe und wonach Leben, Freiheit, Eigentum des Einzelnen um des Staatswohls willen beschränkt, im Notfall aufgeopfert werden müssen.

Staatsrat, 1) urspr. Kollegium zur Begutachtung von Ges.-Entwürfen und Verw.-Maßnahmen; auch die Bezeichnung seiner Mitglieder; schließlich bloßer Titel. – **2)** in Preußen 1920 bis 1933: die Vertretung der Prov. bei der Gesetzgebung und Verw., 1933 bis 1945 nur als beratendes Organ. – **3)** Schweiz: die Reg. einzelner Kantone.

Staatsrecht, Teil des öffentl. Rechts, i.w.S.: Allg. Staatslehre, Verfassungs- und Verw.-Recht.

Staats|schulden, Schuldverpflichtungen eines Staats, dienen meist der Deckung eines Haushaltsfehlbetrages, wenn die ordentl. Einnahmen nicht die ordentl. Ausgaben decken oder wenn außerordentl. Ausgaben anfallen. Zur Deckung der S. werden kurzfristige Schatzanweisungen oder langfristige Staatsanleihen ausgegeben. Man unterscheidet: Inlands- und Auslands-, verzinsl. und unverzinsl. Schulden; auf den Inhaber oder Namen lautende Brief- und im Staatsschuldbuch verzeichnete Buchschulden u.a. Verzinsung und Tilgung der S. und die Führung des **Staatsschuldbuches** obliegen der **S.-Verwaltung** (Dtl.: **Bundesschuldenverwaltung**).

Staats|sekretär, 1) Vertreter des Min.; neben den beamteten S. gibt es auch MdB als **parlamentar. S.** – **2)** im Dt. Reich 1871 bis 1918 die dem Reichskanzler unterstellten Chefs der Reichsämter (Ministerien). – **3)** in den USA die Leiter der Ministerien (z. B. »Secretary of State« für Außenmin.). – **4)** in Großbritannien Amtsbezeichnung einiger Min. – **5) Kardinal-S.**, an der Röm. Kurie der Leiter der Auswärtigen Angelegenheiten.

Staats|sicherheitsdienst, Abk. **SSD, Stasi** *die* und *der,* Bezeichnung für das Ministerium für Staatssicherheit (MfS) der DDR. Der S. war eines der wichtigsten Herrschafts- und Unterdrückungsinstrumente der SED in der DDR. Er verband die Sicherung der Parteiherrschaft nach innen mit der Spionage nach außen. In ihm bündelten sich die Aufgaben einer polit. Geheimpolizei, einer mit exekutiven Befugnissen ausgestatteten Untersuchungsbehörde für polit. und wirtschaftl. Strafsachen und eines geheimen Nachrichtendienstes. Im Zuge des Sturzes des SED-Regimes (1989/90) wurde der S. offiziell aufgelöst.

Staats|streich, gegen die Verf. gerichteter Umsturz durch den Inhaber der Reg.-Gewalt oder einen anderen Träger oberster Staatsfunktionen (z. B. Militärbefehlshaber).

Staatsvermögen, Wirtschaftsgüter in staatlichem Besitz: a) das nach privatwirtschaftl. Grundsätzen verwendete **Finanzvermögen** (Domänen, Bergwerke, Kassenbestände usw.); b) das bestimmten Verw.-Zwecken dienende **Verw.-Vermögen** (öffentl. Gebäude, militär. Anlagen usw.); c) das dem allg. Gebrauch überlassene **öffentl. Vermögen** (Straßen, Kanäle, Brücken usw.).

Staatsvertrag, 1) völkerrechtl. Vereinbarung eines Staats mit einem andern oder einer Staatenverbindung **(internat. Vertrag).** – **2)** Abkommen zw. Gliedstaaten zur Rechtsvereinheitlichung **(innerstaatl. S.).**

Staatswappen, herald. Hoheitszeichen eines Staats, dessen Verwendung den staatl. Einrichtungen und Dienststellen vorbehalten ist.

Staatswissenschaften, Zweig der Wiss., der sich mit der Erscheinung, Entwicklung und Tätigkeit des Staats i. w. S. befasst. Dazu gehören u. a.: Verfassungs-, Verwaltungs- und Völkerrechtswiss., Völker- und Staatenkunde, polit. Soziologie, Staatslehre, Wirtschafts- und Sozialwissenschaften.

Stab, 1) Führung eines Truppenverbands, bes. die dem Kommandeur zugeteilten **Stabsoffiziere.** – **2)** Stock, Stange.

Stäbchenbakterien → Bakterien.

Stabheuschrecke, eine Gespenstschrecke.

Stabhochsprung, leichtathlet. Wettkampfübung: Hochsprung mithilfe eines beliebig langen Stabs (heute ein Kunststoffrohr).

stabil, dauerhaft, standhaft, unveränderlich; **stabilisieren,** befestigen, fest begründen (bei der Währung die Festigung des Geldwerts, bei der Wirtschaftslage die Vermeidung von Inflation und Arbeitslosigkeit).

Stabilisator *der,* **1)** → Spannungskonstanthalter. – **2)** Torsionsstäbe zum Verringern der Neigung der Karosserie beim Kurvenfahren. – **3)** an Luftfahrzeugen Flossen, an Wasserfahrzeugen Flossen oder Tanks zur Vermeidung von Dreh- und Rollbewegungen. – **4)** Zusatzstoff zur Verzögerung unerwünschter chem. Umsetzungen.

Stabkirche, v. a. in Norwegen seit dem 11. Jh. übl. Form der Holzkirche mit Wänden aus senkrechten Pfosten: beherrschender Hauptraum, steile übereinander geschichtete Dächer, oft reiches Schnitzwerk.

Stabreim, Alliteration *die,* Gleichklang des Anlauts betonter Silben in mehreren Wörtern, die Reimform der german. Dichtung (z. B. »Nicht war Sand noch See, noch Salzwogen«), lebt noch in zweigliedrigen Redewendungen (Land und Leute, Haus und Hof) fort.

staccato, abgestoßen zu spielen; Ggs.: legato.

Stachanow, 1978 bis 1992 Name der ukrain. Stadt → Kadijewka.

Stachanow-System [nach dem Bergarbeiter A. Stachanow, * 1906, † 1977], in der UdSSR von der Regierung propagierter Arbeitswettbewerb zur Steigerung der Arbeitsleistung über die »Norm«; in der DDR bis 1989 **Hennecke-Bewegung.**

Stachel, 1) → Dorn. – **2)** überstark entwickelte Haare (Igel) oder Schuppen (viele Fische), Hautzähne (Knochenfische), gelenkige Anhänge eines Hautskeletts bei vielen Stachelhäutern, die Stechwaffe vieler Hautflügler (Biene).

Stachelbeere, Beerenobststrauch; Zuchtformen mit grünen, gelben, roten Früchten.

Zweig mit Früchten der **Stachelbeere**

Stachelflosser, Knochenfische mit stachelähnl. Flossenstrahlen; z. B. Barsch, Stichling.

Stachelhäuter, Echinodermen, wirbellose, meist fünfstrahlig gebaute Meerestiere mit einem Skelett aus Kalkplatten oder -stacheln. Ein Wassergefäßsystem dient der Fortbewegung und dem Austausch der Atemgase. Die S. haben frei bewegl., zweiseitig symmetr. Larven. Klassen: Seesterne, Seeigel, Seelilien, Seewalzen, Schlangensterne.

Stachelpilze, Gruppe der Ständerpilze, deren Fruchtkörper auf der Unterseite an Stacheln die Sporenschicht tragen. Speisepilze: Habichtsschwamm, Stoppelschwamm.

Stachelschweine, Familie der Nagetiere mit Rückenstacheln, die bei Gefahr gespreizt werden. Das **Gewöhnl. S.** ist dachsgroß und ist in den Mittelmeerländern verbreitet, dämmerungs- und nachtaktiv; das amerikan. S. lebt auf Bäumen.

Stade, Krst. in Ndsachs., an der Elbe, 40 900 Ew.; Verw.-Akademie; Elbhafen; Großkraftwerk.

Stabkirche in Borgund (12. Jh.)

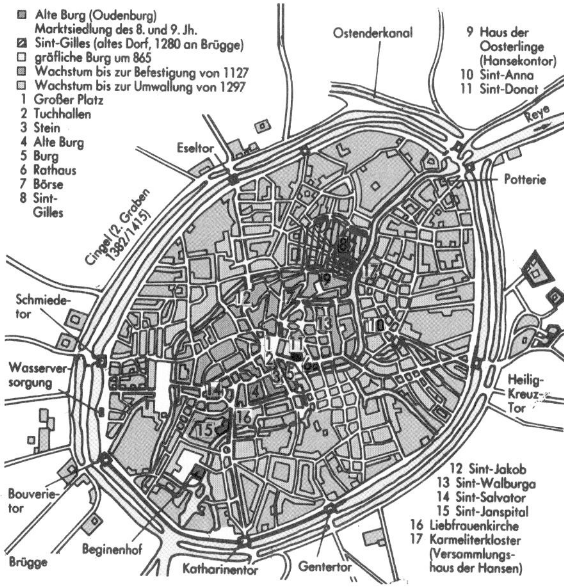

Anlage der mittelalterlichen **Stadt** Brügge

Städelsches Kunst|institut, Gemäldegalerie und Kunstschule in Frankfurt am Main, Vermächtnis des Bankiers J. F. Städel (* 1728, † 1816).

Stadion *das,* in der griech. Antike nach der gleichnamigen Längeneinheit (1 S. ≈ 192 m) benannter Schauplatz des Laufs; heute eine große Sportanlage.

Stadium *das,* Abschnitt einer Begebenheit, Entwicklungsstufe.

Stadler, Ernst, elsäss. Lyriker, Literaturhistoriker, * 1883, † (gefallen) 1914; Wegbereiter des Expressionismus (»Der Aufbruch«, 1914).

Stadt, Siedlung, die Mittelpunkt von Gewerbe, Handel und Verkehr ist und oft zentrale Aufgaben (Markt, Verw.) hat. Man unterscheidet: Klein- (5 000 bis 20 000 Ew.), Mittel- (20 000 bis 100 000 Ew.), Groß- (100 000 bis 1 Mio. Ew.), Welt-S. (über 1 Mio. Ew.). Die dt. S. entstanden im Anschluss an röm. Gründungen (z. B. Köln, Mainz, Regensburg, Trier), an Marktorte, Bischofssitze, neben Pfalzen und Burgen. Die S. hatten im MA. meist eigene Verw., Gerichtsbarkeit, Marktrecht. Das Stadtrecht einiger dt. S. breitete sich bes. in O-Europa weit aus. Im 13. Jh. entstanden mächtige **S.-Bünde,** deren größter die Hanse war. Später verloren die meisten S. ihre Selbstständigkeit an die Landesherren. Seit der **S.-Ordnung** des Freiherrn vom und zum Stein (1808) erhielten die S. wieder größere Selbstverwaltung. Einen großen Aufschwung erlebten die S. im 19. Jh. durch die Industrialisierung.

Germaine Baronne de Staël
Ausschnitt aus einem Kupferstich nach einem zeitgenössischen Gemälde

Stadtbahn, Verkehrsmittel des Schienennahverkehrs in Großstädten, wozu auch S- und U-Bahnen rechnen.

Stadtbücher, im MA. in den Städten geführte Aufzeichnungen in Buchform, z. B. Satzungen, Gerichtsakten (Grund-, Pfandbücher u. a.), Verwaltungsakten.

Stadtdirektor, in NRW und Ndsachs. der ausführende Leiter der Verw. in den Städten.

Städtebau, Teilgebiet aus der Wiss. des Städtewesens mit der Aufgabe, die räuml., bes. die baul. Entwicklung im gemeindl. Bereich zu lenken; dazu gehört v. a. die **Städteplanung** (»Bauleitplanung«, auch »Ortsplanung«), die die gesamte Bebauung in den Städten und Dörfern, die zu ihr gehörenden Anlagen und Einrichtungen sowie die mit der Bebauung in Verbindung stehende Nutzung des Bodens unter dem Gesichtspunkt der Wirtschaftlichkeit, Zweckmäßigkeit, sozialer, gesundheitlicher und kultureller Erfordernisse vorbereiten und leiten muss.

Stadt|entwässerung, Maßnahmen zur Beseitigung der Abwässer. Die **Grundstücksentwässerungsanlage** besteht aus Fallrohren, die das aus Ausgüssen, Aborten, Badeeinrichtungen, Dachrinnen kommende Wasser aufnehmen. Sie münden in Kanäle, diese in ein Klärwerk. Das Niederschlagswasser fließt dem Leitungsnetz durch Straßenabläufe **(Gully)** zu, die durch **Sinkkästen** den Straßenschmutz fern halten.

Städtetag, Deutscher S., kommunaler Spitzenverband, freiwilliger Zusammenschluss der Städte und Stadtverbände, vertritt die Interessen seiner Mitglieder durch Beratung und Erfahrungsaustausch. Sitz Köln.

Stadtgas, früher **Leuchtgas,** v. a. für Heizzwecke, früher auch zur Straßenbeleuchtung verwendetes Brenngas, früher aus Steinkohle, ab etwa 1955 zusätzlich aus Mineralölprodukten hergestellt; weitgehend von Erdgas verdrängt.

Stadtkämmerer, Leiter einer städt. Finanzverwaltung.

Stadtkreis, in Bad.-Württ. eine kreisfreie Stadt.

Stadtmission, sozialer Hilfsdienst der ev. Kirche in Großstädten.

Stadtpräsident, 1) in den kreisfreien Städten von Schlesw.-Holst. der Vors. der Gemeindevertretung. – **2)** in der Schweiz in Städten der Vors. des Stadtrats.

Stadtrat, in einigen dt. Bundesländern (z. B. NRW) ein Stadtverordneter, in anderen (z. B. Hessen) ein Mitglied des Magistrats.

Stadtrecht, im MA. die Verf. der dt. Städte, deren Hauptbestandteile die Freibriefe der Stadtherren, Ratsordnungen, Schöffensatzungen und -spruchsammlungen waren.

Stadtschaft, genossenschaftlich aufgebaute öffentlich-rechtl. Bodenkreditanstalt zur Beleihung städt. Grundeigentums.

Stadtstaat, Stadt als selbstständiges Staatswesen mit einem beschränkten Herrschaftsbereich, z. B. die griech. Polis, das mittelalterl. Venedig, im Hl. Röm. Reich die Reichsstädte, heute in Dtl. Hamburg, Bremen und Berlin.

Stadtverordneter, gewählter Vertreter der Bürgerschaft einer Stadt; er hat in der **S.-Versammlung** Sitz und Stimme.

Staeck, Klaus, dt. Grafiker, * 1938; entwickelte v. a. Plakate zu massenwirksamen Medien der polit. Satire.

Staël [stal], **1)** Germaine Baronne de, frz. Schriftstellerin, * 1766, † 1817; Tochter des Finanzmin. Necker, wurde von Napoleon I. verbannt, bereiste Europa. Ihr Buch »Deutschland« (1810/13) verherrlicht das Dtl. der Dichter und Denker. – **2)** Nicolas de, frz. Maler russ. Herkunft, * 1914, † 1955; auf differenzierte farbl. Beziehungen aufgebaute abstrakte Kompositionen.

Staffa [ˈstæfə], Insel der Inneren Hebriden, Schottland, mit der Fingalshöhle (→ Fingal).

Staffel, 1) ✈ der Kompanie entsprechende Einheit fliegender Verbände. – **2)** ⚘ kleinere Gruppe von Wettkämpfern, z. B. in der Leichtathletik; **S.-Lauf** (Stafettenlauf), Wettlauf mit Weitergeben eines Stabs an den nächsten Läufer der Teilstrecke.

Staffelei *die,* Holzgerüst zur Befestigung eines in Arbeit befindl. Gemäldes.

Staffelsee, See in Oberbayern, bei Murnau, Abfluss zur Ammer; Insel Wörth mit Schloss.

Stag *das,* ⚓ Tau zum Befestigen von Masten; **über S. gehen,** wenden. **S.-Segel,** an einem S. angebrachtes Segel.

Stagflation [aus **Stag**nation und In**flation**] *die,* ✐ Zustand einer nicht wachsenden Volkswirtschaft (Wachstumsrate des realen Sozialprodukts gleich null) bei steigenden Preisen.

Stagnation *die,* Stillstand, Stockung.

Stahl, jedes schmiedbare Eisen mit einem Kohlenstoffgehalt bis 2%. Durch Legieren, z. B. mit Nickel, Chrom, Vanadium, Kobalt, Mangan, Molybdän, Wolfram, durch Wärmebehandlung (Glühen, Härten, Anlassen), durch die Art der Kaltverformung und thermomechan. Behandlung können die Eigenschaften in großen Bereichen variiert und dem jeweiligen Verwendungszweck angepasst werden. S. wird aus flüssigem Roheisen durch **Frischen** hergestellt; dabei werden der zu hohe Gehalt an Kohlenstoff und übrige Beimengungen durch Zufuhr von Luft und Sauerstoff verbrannt, wobei der Kohlenstoff als Kohlenoxid entweicht und Phosphor und Schwefel in die Schlacke gehen. Für das Frischen des Roheisens sind ältere, nicht mehr angewendete Blasverfahren das Bessemer-Verfahren und das Thomas-Verfahren, bei denen mit Luft gefrischt wurde. Bei den heutigen Sauerstoffblasverfahren erfolgt das Frischen mit reinem Sauerstoff, der mit einer Blaslanze von oben auf das Roheisen geblasen wird **(Aufblasverfahren).** Kalkzugaben bilden eine flüssige Schlacke zur Bindung der festen Abbrandprodukte. Nach einer Frischedauer von 20 bis 50 Minuten wird die Schlacke über den Rand des Konverters (Kippofen), der S. über ein Abgießloch mit einer Temperatur von ca. 1600 °C in die Gießpfanne abgegossen. Weitere Blasverfahren sind das OBM-Verfahren, ein **Sauerstoffbodenblasverfahren,** bei dem Sauerstoff durch Düsen im Konverterboden zugeführt wird, und **kombinierte Blasverfahren,** bei denen Bodenblas- und Aufblasverfahren gleichzeitig eingesetzt werden, um die Vorteile beider Verfahren zu nutzen (intensive Durchmischung, kurze Blasdauer bzw. hoher Schrottzusatz). Neben den Blasverfahren gibt es die **Herdfrischverfahren.** Bei dem weitgehend verdrängten **Siemens-Martin-Verfahren** wird in einem mit vorgewärmtem Gas und Luft beheizten Flammofen Roheisen und Schrott zusammengeschmolzen, gefrischt und eventuell mit Chrom, Nickel usw. legiert. Beim **Elektrostahlverfahren** wird aus Schrott bes. reiner, meist legierter S. in Lichtbogen- oder Induktionsöfen gewonnen.

Stahl, Friedrich Julius, dt. Rechtsphilosoph, *1802, †1861; Schöpfer der christl.-konservativen Staatslehre.

Stahlbeton [-beˈtɔŋ, -beˈtõ], ⋒ Beton mit Stahleinlagen **(bewehrter Beton).** Der Beton nimmt nur Druckspannungen, die eingelegten Stahldrähte oder -stäbe die Zug- und Scherspannungen auf.

Stahlflachstraße, Stahlplattenkonstruktion, die im Bereich von Baustellen (Autobahnen, Bundesfernstraßen) aufgelegt wird, um zusätzl. Fahrraum zu schaffen; auch als Brücken **(Stahlhochstraße)** verwendet.

Stahlhelm, 1) → Helm. – **2) Bund der Frontsoldaten,** 1918 in Magdeburg von F. Seldte gegr., 1935 aufgelöst, 1951 neu gegründet.

Stahlquelle, eisenhaltige Heilquelle.

Stahlstich, dem Kupferstich verwandtes Tiefdruckverfahren, bei dem die Zeichnung in Stahl eingearbeitet wird; heute v. a. zum Drucken von Banknoten, Aktien, Briefmarken benutzt.

Staiger, Emil, schweizer. Literaturhistoriker, *1908, †1987; »Grundbegriffe der Poetik« (1946) u. a.

Stainer, Jakob, Tiroler Geigenbauer, *vor 1617, †1683.

Stalagmit *der,* und **Stalaktit** *der,* Formen des → Tropfsteins.

Stalhof [von mndt. stal »Tuch«], fälschlich **Stahlhof,** Niederlassung (Kontor) der Kaufleute der Hanse in London, 1598 geschlossen, wurde erst nach Wiedereröffnung 1853 verkauft.

Stalin, Jossif Wissarionowitsch, eigentl. J. W. **Dschugaschwili,** Politiker der UdSSR, *1879, †1953; Georgier, schloss sich 1903 den Bolschewiki an, wurde mehrmals verhaftet und nach Sibirien verbannt. Seit 1917 in hohen Staats- und Parteiämtern, wurde S. 1922 Gen.-Sekr. der KPdSU. Nach Lenins Tod (1924) passte er dessen Lehre den Zeitumständen an. In zähem Kampf baute er seine Stellung als unumschränkte Autorität des Bolschewismus und als Diktator des Staats aus; er isolierte L. Trotzkij und entmachtete 1927 den linken, 1929 den rechten Flügel der Partei. Vermutete Gegner ließ er 1936 bis 1938 nach großen Schauprozessen hinrichten. Für den Aufbau des Terrorsystems in der Sowjetunion mit Millionen Opfern trägt S. die Hauptverantwortung. Im 2. Weltkrieg übernahm S. auch formal die Staatsführung, außerdem den militär. Oberbefehl. – Nach der Ablösung des Stalinismus durch das System der »kollektiven Führung« wurde S. von N. Chruschtschow kritisiert, auf dem 20. Parteitag 1956 verurteilt.

Stalingrad, 1925 bis 1961 Name von → Wolgograd.

Stallone, Sylvester Enzio, amerikan. Filmschauspieler und -produzent, *1946; spielt mit Vorliebe kraftvolle, brutale Charaktere, u. a. in den Spielfilmserials »Rocky« (5 Filme, 1976–90) und »Rambo« (3 Filme, 1982–86) sowie in zahlreichen Actionfilmen.

Stamitz, Johann, böhm. Komponist, *1717, †1757; Schöpfer des zur Wiener Klassik führenden Instrumentalstils.

Stamm, Völkerkunde: Gruppierung von Familien, Sippen oder Klanen aufgrund kultureller (bes. sprachl.) Gemeinsamkeiten.

Stamm|akti|e, Aktie ohne Vorrechte; Ggs.: Vorzugsaktie.

Stammbaum, 1) bildl. Darstellung einer Stammtafel in Baumform. – **2)** → Stammesgeschichte.

Stammbuch, urspr. Verzeichnis von Familienangehörigen, seit der 2. Hälfte des 16. Jh. ein Freundschafts- oder Erinnerungsbuch. (→ Familienbuch)

Stamm|einlage, Stammkapital, ✐ → Gesellschaft mit beschränkter Haftung.

Stammesgeschichte, Phylogenie *die,* Lehre von der Stammesentwicklung der Tiere und Pflanzen (→ Abstammungslehre). Die **Ontogenie** (Entwicklung der Einzelwesen), die **vergleichende Anatomie** und die **Paläontologie** (Versteinerungskunde) liefern die Tatsachen, aus denen sich die Entwicklung des Tier- oder Pflanzenreichs in Form von Stammbäumen darstellen lässt. Solche Stammbäume lassen sich bes. aufstellen innerhalb einzelner Tiergruppen (z. B. Unpaarhufer, Chordaten). Für kleinere Gruppen lässt sich die stammesgeschichtl. Entwicklung **(Evolution)** fast lückenlos belegen, z. B. für die Pferde.

Stammler, Wolfgang, dt. Germanist, *1886, †1965; Begründer und Mitherausgeber des »Reallexikons der dt. Literaturgeschichte« (1925 bis 1931) und der »Dt. Literatur des MA. Verfasserlexikon« (1933 bis 1955).

Stammrolle, ⚔ bei Heer und Luftwaffe Liste der Soldaten eines Truppenteils oder einer Dienststelle mit Personalangaben.

Stammtafel, Übersicht über die Nachkommen einer Person, im Unterschied zur Ahnentafel.

Stammwürze, Bierbrauerei: der Prozentgehalt an gelösten Stoffen (Extrakt) in der flüssigen »Würze«, dem noch unvergorenen, aus gemälzter Gerste und Wasser durch den Siedevorgang bereiteten Grundstoff des Biers.

Stampfen, ⚓ Bewegung eines Schiffs um seine Querachse; Auf- und Abschwingen des Vor- und Achterschiffs.

Stand, Gesellschaftsgruppe, die durch Abstammung, Besitz, Beruf, Bildung oder polit. Verdienste zusammengehört. Die **ständ. Ordnung** im MA. unterschied Adel, Geistlichkeit und stadtbürgerl. Patriziat; S. niederen Rangs waren das einfache Bürgertum und das (freie) Bauerntum. Die Frz. Revolution beseitigte Adel und Geistlichkeit als S., der »dritte S.« setzte sich mit der Nation gleich. An die Stelle der Stände traten im 19. Jh. neue berufsständ. Gruppen (Beamten-S., Offiziers-S.). → Ständestaat.

Emil Staiger

Jossif Wissarionowitsch Stalin

Henry Morton Stanley

Johannes Stark

Stare
Gemeiner Star

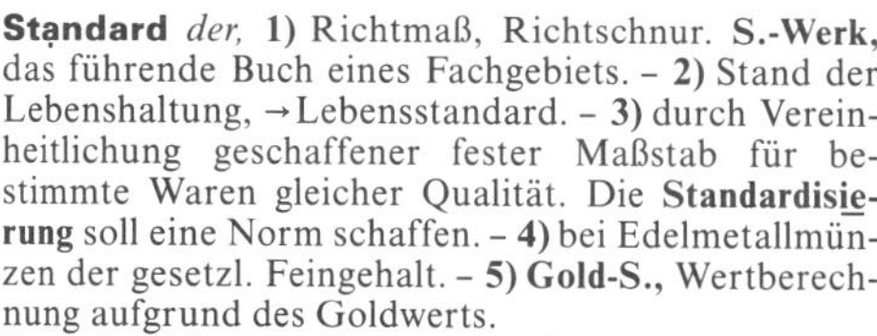

Standard *der,* **1)** Richtmaß, Richtschnur. **S.-Werk,** das führende Buch eines Fachgebiets. – **2)** Stand der Lebenshaltung, →Lebensstandard. – **3)** durch Vereinheitlichung geschaffener fester Maßstab für bestimmte Waren gleicher Qualität. Die **Standardisierung** soll eine Norm schaffen. – **4)** bei Edelmetallmünzen der gesetzl. Feingehalt. – **5) Gold-S.,** Wertberechnung aufgrund des Goldwerts.

Standardtänze, Tanzsport: langsamer Walzer, Tango, langsamer Foxtrott (Slowfox), Wiener Walzer und Quickstepp.

Standarte *die,* **1)** früher Fahne der Reiterei. – **2)** Hoheitszeichen von Staatsoberhäuptern.

Stander, ausgezackte oder dreieckige Signalflagge; Kommandozeichen.

Ständerat, die föderative Kammer der Bundesversammlung in der Schweiz.

Ständerpilze, Klasse der höheren Pilze, deren Sporen auf keulenförmigen Zellen, den **Ständerzellen,** stehen. Nach der Anordnung der Sporenschicht unterscheidet man 5 Unterklassen: Blätterpilze, Röhrenpilze, Stachelpilze, Keulenpilze, Bauchpilze.

Standesamt, Behörde (i. d. R. bei den Gemeinden) zur Beurkundung von Geburten, Eheschließungen, Todesfällen; diese werden durch den **Standesbeamten** in **Personenstandsbücher** eingetragen.

Standesherren, Angehörige der 1803/06 mediatisierten dt. Fürsten- und Grafengeschlechter.

Ständestaat, Staat, in dem bestimmte Stände durch ihre Vertretungen bei Gesetzgebung und Verw. mitwirken; bis ins 18. Jh. herrschende Staatsform in den meisten europ. Ländern. Mussolini führte im faschist. Italien einen berufsständ. Staatsaufbau ein.

Ständiger Internationaler Gerichtshof →Internationaler Gerichtshof.

Ständiger Schiedshof, Haager Schiedshof, Internationaler Schiedsgerichtshof, Schiedsgerichtshof zur friedl. Erledigung internat. Streitfälle, errichtet aufgrund des Haager Abkommens von 1899, Sitz Den Haag. Der S. S. besteht neben dem →Internationalen Gerichtshof weiter.

Standort, 1) Umwelt, der eine Pflanze oder ein Pflanzenbestand in der Natur ausgesetzt ist. – **2)** Ort, in dem Truppenteile, militär. Dienststellen, Einrichtungen und Anlagen ständig untergebracht sind. – **3)** örtl. Lage von Wirtschaftsbetrieben. Die **S.-Lehre** befasst sich mit der räuml. Verteilung der Gütererzeugung.

Standrecht, im Ausnahmezustand bestehendes Recht, über Verbrechen im abgekürzten gerichtl. Verfahren durch **Standgerichte** zu entscheiden.

Standvögel, Vögel, die ganzjährig an ihrem Nistort bleiben; Ggs.: Zugvögel.

Stanislaus, poln. **Stanisław** [-uaf], poln. Nationalheiliger, *1030; bannte als Bischof von Krakau (seit 1071) König Bolesław II., der ihn 1079 ermorden ließ (Tag: 7. 5., in Polen 8. 5.).

Stanislaus, poln. **Stanisław** [-uaf], Könige von Polen: **1) S. I. Leszczyński** [- lɛʃtʃiĩskj], *1677, †1766; König (1704 bis 1709) anstelle Augusts des Starken; 1735 mit dem Herzogtum Lothringen abgefunden. – **2) S. II. August Poniatowski,** *1732, †1798; König (1764 bis 1795); unter ihm die 3 Poln. Teilungen.

Stanislawskij, Konstantin, eigentlich K. **Aleksejew,** russ. Schauspieler, Regisseur, Theaterleiter, *1863, †1938; erstrebte einen künstlerisch vertieften Naturalismus.

Stanley [ˈstænlɪ], Sir (seit 1899) Henry Morton, brit. Afrikareisender, *1841, †1904; fand 1871 den verschollenen D. Livingstone auf, mit dem er die Suche nach den Nilquellen fortsetzte. Später erforschte er das zentralafrikan. Seengebiet und das Kongobecken; 1887 bis 1889 unternahm er eine Expedition zur Befreiung Emin Paschas.

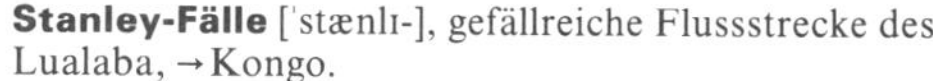

Stanley-Fälle [ˈstænlɪ-], gefällreiche Flussstrecke des Lualaba, →Kongo.

Stanniol *das,* sehr dünn ausgewalztes Zinn; durch Aluminium- u. a. Folien ersetzt.

Stanowoigebirge, Gebirgszug in O-Sibirien, Russland, bis 2412 m hoch.

Stanze *die,* **1)** *Pl.,* die von Raffael ausgemalten Prachträume des Vatikans. – **2)** ital. **Ottava rima,** aus der ital. Dichtung übernommene achtzeilige Strophenform aus gereimten Elffüßern.

Stanzen, Fertigungsverfahren, bei dem das Werkstück durch Schneid- und Biegevorgänge mithilfe eines formgebenden Werkzeugs in einem Hub hergestellt wird; für Blech, Leder, Furniere und Pappe geeignet.

Stapel, 1) geschichteter Haufen. – **2)** Warenlager. – **3)** Unterlage (Klötze) des Kiels beim Schiffbau; **S.-Lauf,** Zuwasserlassen des fertigen Schiffsrumpfes. – **4)** Faserlänge eines Textilrohstoffs.

Stapelbetrieb, engl. **Batchprocessing,** schrittweise Abarbeitung einer zuvor festgelegten Reihe von Befehlen; Ggs.: Dialogbetrieb.

Stapelie *die,* stammsukkulente Pflanze mit dickfleischigen, kakteenartigen Sprossen; die sternförmigen Blüten riechen nach Aas **(Aasblume);** z. T. Zimmerblumen.

Staphylokokken *Pl.,* traubenförmig zusammenliegende Bakterien **(Traubenkokken);** Eitererreger.

Star, Augenkrankheiten mit Veränderung der Farbe des Sehlochs: **1) grauer S., Katarakt,** Trübung der Augenlinse, wobei das Sehloch grau erscheint, tritt auf als **Wund-S.** bei Verletzungen, als Folge von Augen- und Stoffwechselkrankheiten sowie als **Alters-S.** Behandlung: operatives Entfernen der Linse, später S.-Brille als Ersatz für die Linse. – **2) grüner S., Glaukom,** Schädigung der Netzhaut und des Sehnervs durch krankhafte Drucksteigerung des Augeninnern; kann zur Erblindung führen. Behandlung: Senken des Augeninnendrucks durch Medikamente oder Operation.

Stara Sagora, Stadt in Bulgarien, 156 400 Ew.; Maschinenbau, Nahrungsmittelindustrie.

Stare, Familie sperlings- bis drosselgroßer Singvögel mit über 100 Arten; Gefieder meist schwarz bis braun, metallisch glänzend; gesellig lebende, häufig in Kolonien brütende Vögel.

Stargard in Pommern, poln. **Stargard Szczeciński,** Stadt in der poln. Wwschaft Szczecin, 69 000 Ew.; Landmaschinenbau.

Starhemberg, 1) Ernst Rüdiger Graf v., österr. Feldmarschall, *1638, †1701; verteidigte 1683 erfolgreich das von den Türken belagerte Wien. – **2)** Ernst Rüdiger Fürst v., österr. Politiker, *1899, †1956; Bundesführer der österr. Heimwehren, 1934 bis 1936 Vizekanzler.

Stark, Johannes, dt. Physiker, *1874, †1957; Entdecker des **S.-Effekts** (Aufspaltung von Spektrallinien durch ein elektr. Feld); Nobelpreis für Physik 1919.

Stärke, pflanzl. Vorratsstoff, der chemisch zu den Polysacchariden gehört und durch Kohlenstoffassimilation entsteht. Die S. wird im Zellinnern in Form von Körnchen aufgebaut. Technisch gewinnt man sie aus Kartoffeln und Getreidekörnern. Verwendung als Nährstoff, Rohstoff für die Spiritusbrennerei, bei der Textilausrüstung, der Herstellung von Papier und Klebstoffen.

Starkstromtechnik, »Erzeugung« und Verteilung elektr. Energie sowie ihre Umsetzung in andere Energieformen (Wärme, Licht, mechan. Energie).

Starnberg, Krst. in Oberbayern, im Alpenvorland, 21 000 Ew.; Schloss; Ausflugsort am **Starnberger See** (früher Würmsee; 584 m ü. M., bis 127 m tief, 57 km²).

Starost *der,* **1)** im Kgr. Polen königl. Statthalter, Beamter, auch Inhaber von Königsgut. – **2)** im zarist. Russland Funktionär der unteren Lokalverwaltung.

Starre|zustand, meist vorübergehende Aufhebung versch. Lebensvorgänge bei ungünstigen Umweltbedingungen, z. B. Kälte-, Licht-, Trocken-, Wärmestarre; auch aktives Sichtotstellen z. B. von Insekten zum Schutz vor Feinden.

Stars and Stripes [stɑ:z ənd ˈstraɪps], **Sternenbanner,** die Flagge der USA.

star-spangled banner, The [ðə ˈstɑ: ˈspæŋgld ˈbænə, »das sternenbesäte Banner«], Nationalhymne der USA, amtlich seit 1931.

Start *der,* Ablauf, Absprung, Abflug bei Wettbewerben nach einem **Startsignal** (z. B. Pistolenschuss).

START [stɑ:t], Abk. für **St**rategic **A**rms **R**eduction **T**alks, sowjetisch-amerikan. Gespräche (1982 bis 1989) über die Verminderung der Interkontinentalraketen; als Fortsetzung von →SALT; Vertragsunterzeichnung 1991 (START-1), 1993 (START-2).

Startautomatik, am Vergaser von Verbrennungsmotoren befindl. Einrichtung, die beim Starten selbsttätig die Starterklappe schließt.

Starter *der,* **1)** **Anlasser,** Durchdrehvorrichtung zum Anwerfen von Verbrennungsmotoren, meist ein batteriegespeister Hauptstrommotor, der das Drehmoment durch ein Ritzel auf das Schwungrad überträgt. – Bei kleineren Verbrennungsmotoren Anlassen durch Handstartvorrichtung oder Fuß beim Motorrad **(Kickstarter).** – **2)** Kampfrichter, der das Zeichen zum Rennbeginn gibt.

Startfenster, in der Raumfahrt der Zeitraum (Tage oder Wochen), der für den Start eines Raumflugkörpers unter Berücksichtigung der antriebsenerget. Bedingungen günstig ist bzw. praktisch ausschließlich gewählt werden kann.

Stasi, U Abk. für →**Sta**ats**si**cherheitsdienst.

Staßfurt, Stadt in Sa.-Anh., an der Bode, 24 300 Ew.; Sodawerk, Chemieanlagenbau, Nahrungsmittelindustrie.

State Department [ˈsteɪt dɪˈpɑ:tmənt], das Außenministerium der USA.

Statement [ˈsteɪtmənt] *das,* Verlautbarung, öffentl. Darlegung.

Staten Island [ˈstætn ˈaɪlənd], Insel an der W-Seite der Hudsonmündung, der SW von New York, USA.

Stater *der,* antike griech. Gold- und Silbermünze.

Statik *die,* Lehre vom Gleichgewicht der Kräfte, ein Teil der Mechanik.

Station *die,* **1)** Bahnhof; Haltepunkt. – **2)** Abteilung (Krankenhaus). – **3)** Standort, Aufenthalt. – **4)** Ort für wiss. Beobachtungen.

Statist *der,* in Nebenrollen beschäftigter Schauspieler, meist stumme Rolle.

Statistik *die,* **1)** Verfahren, um Massenerscheinungen zu erfassen, nach Merkmalen auszuzählen, zu gruppieren und die Ergebnisse auszuwerten. – **2)** Teilgebiet der Mathematik, das sich mit der mathemat. Erfassung und Auswertung von zufälligen Ereignissen und Erscheinungen (Ergebnisse von Versuchen, Proben u. a.) befasst, um durch die Vielzahl der Ereignisse Gesetzmäßigkeiten nachzuweisen, die mittels der Einzelereignisse nicht formuliert werden können. Jede statist. Aussage ist mit einer abschätzbaren, jedoch prinzipiell unvermeidl. Unsicherheit behaftet.

Statistisches Bundesamt →Bundesämter (ÜBERSICHT).

Stativ *das,* Gestell zum Befestigen von Kameras, Fernrohren u. a. Geräten.

Statthalter, Vertreter der Staatsobrigkeit in einer Provinz oder einem Gebietsteil.

Statue *die,* frei stehende, vollplastische Einzelfigur (Standbild). **Statuette,** kleine Statue.

Statur *die,* Gestalt, Wuchs.

Status *der,* Stand, Zustand; Grad der sozialen Wertschätzung, **S. quo (ante),** Zustand, in dem sich etwas befindet (befand).

Statut *das,* die Satzung.

Staubblätter, Staubgefäße →Blüte.

Stau|becken →Talsperre.

Staub|inhalationskrankheiten, Erkrankungen der Atmungsorgane durch Staub, z. B. **Kohlenlunge** (Anthrakose), **Eisenlunge** (Siderose). Melde- und entschädigungspflichtige Berufskrankheiten, z. B.: **Asbestose** der Asbestarbeiter; **Staublunge** (Silikose) bei Steinmetzen und Bergleuten. Vorbeugung: Absaugen des Staubs, Atemschutzgeräte.

Staubsauger, trag- oder fahrbares Entstaubungsgerät, oft mit Zusatzgeräten zum Bürsten, Bohnern, Klopfen u. a. Ein durch Elektromotor getriebener Ventilator saugt durch eine Düse die Schmutzteilchen an und treibt sie in einen Luftfilterbeutel.

Stauden, mehrjährige Blütenpflanzen.

Staudruckmesser, in Flugzeugen Gerät zum Messen der Fluggeschwindigkeit.

Staudte, Wolfgang, dt. Filmregisseur, * 1906, † 1984; »Rosen für den Staatsanwalt« (1959), »Der eiserne Gustav« (1978/79; Fernsehfilm).

Staufer, Hohenstaufen, dt. Herrschergeschlecht, nach der schwäb. Stammburg auf dem →Hohenstaufen genannt. Die S. wurden 1079 Herzöge von Schwaben, erbten 1125 die Hausgüter des sal. Kaiserhauses und saßen 1138 bis 1254 auf dem dt. Königs- und Kaiserthron; 1194 erwarben sie auch das normann. Kgr. Neapel-Sizilien. Die bedeutendsten S. waren Friedrich I. Barbarossa, Heinrich VI., Friedrich II. Mit Konradin (enthauptet 1268) erlosch das Geschlecht.

Claus Schenk Graf von Stauffenberg

Stauffenberg, Claus **Schenk** Graf **von,** deutscher Offizier und Widerstandskämpfer, * 1907, † (erschossen) 20. 7. 1944; war seit 1944 Stabschef des Befehlshabers des Ersatzheers. S. legte am 20. 7. 1944 im Hauptquartier Hitlers bei Rastenburg eine Bombe und löste mit seinen Mitverschworenen in Berlin einen Putsch gegen das natsoz. Reg.-System aus (→Widerstandsbewegung); von einem Standgericht zum Tod verurteilt.

Stauffer-Bern, Karl, schweizer. Maler, Radierer, * 1857, † (Freitod) 1891; seit 1881 gefragter Porträtist in Berlin.

Staupe, Hundeseuche, fieberhafte, ansteckende Infektionskrankheit der Hunde: Erbrechen, Husten, Ausfluss aus Nase und Ohren oder Krämpfe und Lähmungen.

Stäupen, Stauchen, öffentl. Auspeitschung mit Ruten (mittelalterl. Strafe).

Stavanger, Hafenstadt in SW-Norwegen, am Boknfjord **(S.-Fjord),** 98 200 Ew.; Verw.- und Versorgungssitz der norweg. Erdölförderung (offshore); roman. Dom; internat. Flughafen.

Stavenhagen, Fritz, dt. Dichter, * 1876, † 1906; plattdt. Schauspiele (»Mudder Mews«, 1904).

Wolfgang Staudte

Stawropol, Hptst. der Region S. in Russland, im Kaukasusvorland, 318 000 Ew.; TH, PH; Maschinenbau und Nahrungsmittelindustrie; .

Steak [steɪk] *das,* kurz gebratenes Fleischstück v. a. aus der Lende; z. B. Rumpsteak, Chateaubriand.

Stealth [ˈstelθ, engl. »Heimlichkeit«], Eigenschaft von Kampfflugzeugen, aufgrund konstruktiver Maßnahmen (Bauweise ohne scharfe Kanten und vertikale Flächen, radarstrahlabsorbierende Materialien u. a.) für gegner. Radar fast unsichtbar zu sein.

Stearin *das,* aus den Fettsäuren Palmitin- und S.-Säure bestehendes, wachsartiges Gemisch, das zur Kerzenherstellung und in der Seifen-, Gummi- und Textilind. verwendet wird.

Steatit *der,* →Speckstein.

Steben, Bad S., Marktgemeinde im Frankenwald; Bayer. Staatsbad (Radonquelle), 3 800 Ew.; Wintersportplatz (Frankenwaldschanze).

Stech|apfel, Datura, krautiges, weiß blühendes Nachtschattengewächs, sehr giftig; eine beliebte Kübelpflanze ist die Engelstrompete.

Gertrude Stein
Marmorbüste

Heinrich Friedrich Karl Reichsfreiherr vom und zum Stein
Zeitgenössische Bleistiftzeichnung

Stechpalme

Steiermark
Landeswappen

Stechfliege, Stallfliege, Fliege aus der Gattungsgruppe der Vollfliegen, mit Stechrüssel; Blutsauger an Mensch und Vieh, Krankheitsüberträger.
Stechmücken, Gelsen, Moskitos, Familie der Mücken von 3 bis 15 mm Länge, mit gut entwickeltem Stechrüssel. Nur die Weibchen saugen Blut, um damit ihre Eier zur Reife zu bringen (Männchen ernähren sich von Pflanzensäften und Wasser). In Mitteleuropa leben die **Wiesen-S.** (Rheinschnaken) und die **Hausmücken.** S. sind v. a. in den Tropen Krankheitsüberträger (z. B. Malaria, Gelbfieber).
Stechpalme, Ilex, Strauch mit immergrünen, dornig gezähnten Blättern, in Wäldern; mit weißen Blüten und beerenartigen Steinfrüchten; unter Naturschutz. Die Blätter südamerikan. Arten dienen zur Teebereitung (Mate).
Steckbrief [urspr. Vorladung vor ein Femegericht; sie wurde dem Beklagten in den Torriegel gesteckt], ⚖ das schriftl., vom Richter oder Staatsanwalt erlassene öffentl. Ersuchen an alle Behörden, einen Flüchtigen oder sich verborgen Haltenden festzunehmen.
Steckling, in die Erde gesteckter Pflanzenspross, der zur Pflanze auswächst.
Stedinger, freie friesisch-niedersächs. Bauern des MA. an der Unterweser, 1229 bis 1234 von dem Bremer Erzbischof Gerhard II. unterworfen.
Steen, Jan Havicksz., niederländ. Maler, * 1626, † 1679; v. a. Bilder aus dem Volksleben.
Steeplechase [ˈsti:pltʃeɪs] *die,* Pferdesport: ein Hindernisrennen.
Stefano, Giuseppe Di, ital. Sänger (Tenor), * 1921; v. a. ital. Partien.
Stefánsson, Davíđ, isländ. Schriftsteller, * 1895, † 1964; Lyrik; Romane.
Steffens, Henrik, dt. Naturphilosoph und Schriftsteller, * 1773, † 1845; Autobiographie »Was ich erlebte« (1840 bis 1844).
Steg, 1) Fußgängerbrücke. – **2)** 𝄞 Auflage für die Saiten bei Streichinstrumenten.
Stegreif, frühere Bezeichnung für Steigbügel; **aus dem S.,** Improvisation von Reden, Darstellung von Spielszenen ohne Textvorlage.
Steher, 🏇 **1)** bes. ausdauerndes Rennpferd. – **2)** Radfahrer (Dauerfahrer) hinter einem → Schrittmacher.
Stehr, Hermann, dt. Schriftsteller, * 1864, † 1940; grübler. Erzählungen und Romane (»Der Heiligenhof«, 1918; »Peter Brindeisener«, 1924).
Steiermark, Bundesland im SO Österreichs, 16 388 km², 1,19 Mio. Ew.; Hptst.: Graz. S. reicht vom Dachstein über das obere Ennstal, die Niederen Tauern und Eisenerzer Alpen, das obere Mur- und Mürztal bis ins südöstl. Alpenvorland (Oststeir. Hügelland). Ackerbau (Getreide und Sonderkulturen wie Tabak, Hopfen, Wein und Obst), Viehwirtschaft; Eisenerzabbau (Erzberg), ferner ⚒ auf Magnesit, Braunkohle; Hütten- und Eisenindustrie bes. um Leoben und Bruck a. d. Mur; Holz-, Papierind.; Wasserkraftwerke; Fremdenverkehr. – Im Altertum keltisch, dann Teil des Röm. Reichs (Noricum-Pannonien). 1180 wurde die S. Herzogtum, 1192 fiel sie an die österr. Babenberger, 1282 an Habsburg. Die Süd-S. kam 1919 an Jugoslawien (Slowenien).
Steig|eisen, 1) an die Schuhe anschnallbare Stahlhaken zum Erklettern von Holzmasten. – **2)** Stahlbügel als Greif- und Steighilfe an der Wand, in Schächten u. a. – **3)** Hilfsmittel des Bergsteigers für Eistouren.
Steiger, Bergmann, der unter Tage Aufsichtsaufgaben durchführt.
Steigerung, Komparation, Ⓢ Veränderung der Adjektive von der Grund- (**Positiv**) zur Höher- (**Komparativ**) und Höchststufe (**Superlativ**), z. B. »gut«, »besser«, »am besten«.
Steigerwald, Bergland in Unterfranken, westlich von Bamberg, im Hohenlandsberg 498 m hoch.

Steinkreuze auf dem Friedhof des Klosters Monasterboice bei Drogheda, Irland (10. bis 12. Jh.)

Stein, 1) Charlotte v., dt. Schriftstellerin, * 1742, † 1827; Freundin Goethes, die sein dichter. Schafen entscheidend beeinflusste. – **2)** Edith, dt. Philosophin, * 1891, † im KZ Auschwitz 1942; suchte die Lehre Thomas v. Aquinos mit der Phänomenologie E. Husserls neu zu begründen; 1987 selig gesprochen. – **3)** [staɪn], Gertrude, amerikan. Schriftstellerin, * 1874, † 1946; in Paris von großem Einfluss auf die »verlorene Generation« (Hemingway u. a.). – **4)** Heinrich Friedrich Karl Reichsfreiherr vom und zum, preuß. Staatsmann, * 1757, † 1831; wurde 1807 leitender Min. in Preußen, das er durch innere Reformen erneuerte: Aufhebung der bäuerl. Erbuntertänigkeit, Städteordnung, einheitl. Verw. Als Gegner Napoleons I. musste er Ende 1808 und (nach erneuter Amtsführung) 1813 zurücktreten. 1812 war er Berater des russ. Zaren Alexander I. 1819 regte er die Gründung der »Gesellschaft für ältere dt. Geschichtskunde« an. – **5)** Lorenz v., dt. Staatsrechtslehrer, * 1815, † 1890; erkannte vor Marx die Bedeutung der sozialen Frage in der Industriegesellschaft; schrieb »Verwaltungslehre« (1865 bis 1884). – **6)** Peter, dt. Theaterregisseur, * 1937; politisch engagierte Inszenierungen.
Steinamanger, ungar. **Szombathely,** Bez.-Hptst. in W-Ungarn, 86 000 Ew.; Textilind., Landmaschinenbau.
Stein am Rhein, Stadt im schweizer. Kt. Schaffhausen, 2 800 Ew.; ehem. Benediktinerabtei, Rathaus (1539), Fassadenmalerei im Stadtkern.
Steinbeck [ˈstaɪnbek], John Ernst, amerikan. Schriftsteller, * 1902, † 1968; sozialkrit. Romane (»Straße der Ölsardinen«, 1945, u. a.); Nobelpreis 1962.
Steinbeißer, eine Schmerle; Speisefisch.
Steinberg [ˈstaɪnbə:g], Saul, amerikan. Karikaturist, * 1914; beeinflusste die Fortentwicklung der zeitgenössischen amerikan. und europ. Karikatur.
Steinberger [ˈstaɪnbə:gə], Jack, amerikan. Physiker dt. Herkunft, * 1921; bedeutende Arbeiten zur Elementarteilchenphysik, mit L. M. Lederman und M. Schwartz Nobelpreis für Physik 1988.
Steinbock, 1) 🐾 Horntier, den Ziegen zugehörig. Der **Alpen-S.** wird bis 1,70 m lang, die Hörner der Männchen bis über 1 m. – **2)** ✡ Sternbild des Südhimmels, 10. Zeichen des Tierkreises.
Steinbrech *der,* **Saxifraga,** Pflanzengattung; in Europa z. B. **Körniger S.,** weiß blühende Wiesenpflanze mit Brutknöllchen. Gebirgspflanze ist der weißblütige **Traubige S.,** Zierpflanze der weißrot-punktig blühende **Porzellan-S.** (das **Jehovablümchen**); Topfpflanze ist der **Judenbart.**

Steinbuch, Karl, dt. Informationstheoretiker, * 1917; v. a. gesellschaftskrit. Arbeiten (»Programm 2000«, 1970; »Maßlos informiert«, 1978; »Die desinformierte Gesellschaft«, 1989).
Steinbüchel, Theodor, dt. kath. Theologe, * 1888, † 1949; bearbeitete die philosoph. und sozialen Grundlagen der Moraltheologie.
Steinbutt, ein Plattfisch.
Steindruck → Lithographie 1).
Steiner, Rudolf, österr. Pädagoge und Philosoph, * 1861, † 1925; Begründer der Anthroposophie, einer Weltanschauungslehre, die die im Menschen schlummernde Seelenkraft durch geistige Schulung entwickeln will. S. gründete 1913 die Anthroposoph. Gesellschaft, 1919 die erste **Waldorfschule** in Stuttgart, 1913 (nach Brand wieder aufgebaut 1924) das **Goetheanum** in Dornach.
Steinernes Meer, verkarsteter Gebirgsstock der Salzburger Kalkalpen, Österreich, in der Schönfeldspitze 2653 m hoch.
Steinfurt, Krst. in NRW, im Münsterland, 31 500 Ew.; Textil-, Metall verarbeitende Ind.; Schloss Burgsteinfurt.
Steingut, Tonwaren mit nicht verglastem, porösem, nicht durchscheinendem Scherben und durchsichtiger Glasur; für Küchen-, Essgeschirre, Waschbecken, Badewannen u. a.
Steinholz, wärmedämmender Estrich aus Magnesitbinder und Füllstoffen (z. B. Sägemehl).
Steinhuder Meer, See in Ndsachs., nordwestlich von Hannover, 29 km², bis 3 m tief, mit Abfluss zur Weser; auf einer Untiefe die Festung Wilhelmstein (18. Jh.).
Steinhuhn, Berghuhn, rebhuhngroßes Feldhuhn der Gebirgsgegenden S-Europas.
Steinkauz → Eulen.
Steinklee → Honigklee.
Steinkohle → Kohle.
Steinkreuze, etwa 5 m hohe Steinmonumente, die um 600 als Missionsdenkmäler im Gebiet des Hadrianswalls und im 9. bis 12. Jh. in Mittelengland und Irland errichtet wurden. In Dtl. wurden im hohen und späten MA. niedrige S. v. a. als Mahn- und Sühnezeichen für Morde errichtet.
Steinlen, Théophile Alexandre, frz. Zeichner schweizer. Herkunft, * 1859, † 1923; sozialkrit. Darstellungen, Illustrationen, Plakate zw. Jugendstil und Moderne.
Steinmetz, Handwerker, der Natursteine für Bauten, Denkmäler u. a. bearbeitet. **S.-Zeichen,** v. a. im MA. monogrammartige Zeichen auf bearbeiteten Steinen.
Stein|nuss, Elfenbein|nuss, der Samen versch. Palmen, bes. von der **S.-Palme,** Elfenbeinersatz (Knöpfe u. a.).
Stein|obst, Obstarten, deren Früchte einen Steinkern enthalten, z. B. Pflaume, Kirsche, Pfirsich.
Steinpilz, Herrenpilz, essbarer Röhrenpilz mit zuerst weißen, dann gelbgrünl. Röhren und engmaschigem Stielgeäder; in Wäldern.

Steinschneidekunst. Kamee »Grablegung Christi« (16. Jh.)

Steinsalz, als Mineral vorkommendes Salz, durch Abbau unterirdischer Lager gewonnen; gereinigt als Kochsalz im Handel.
Steinschneidekunst, Glyptik, Kunst, in Edel- und Schmucksteine, auch Glas, Bilder zu schneiden (Gemme, Kamee, Intaglio).
Steinzeit, Zeitstufe der menschl. Vorgeschichte, in der Metalle noch unbekannt waren und Waffen und Werkzeuge aus Stein, Knochen oder Holz gefertigt wurden; eingeteilt in → Altsteinzeit, → Mittelsteinzeit und → Jungsteinzeit.
Steinzeug, Tonwaren aus dichtem, verglastem Scherben, unglasiert oder mit Salzglasur; hergestellt werden Krüge und Vorratsbehälter **(Fein-S.),** Klinker, Fliesen u. a. **(Grob-Steinzeug).**
Steißbein, beim Menschen der unterste, aus 5 Wirbeln verwachsene Teil der Wirbelsäule.
Steißfüße, Lappentaucher, Familie der Wasservögel; in Europa u. a. Haubentaucher, Rothalstaucher, Schwarzhalstaucher, Zwergtaucher.
Steißgeburt, Geburt, bei der zuerst der Steiß des Kindes hervortritt **(Steißlage, Beckenendlage).**
Stele *die,* als frei stehender Pfeiler errichteter Grenz- oder Inschriftstein oder ein Grabmal, an der Vorderseite mit einem Relief des Toten, auch seiner Angehörigen, bekrönt durch Giebel oder Palmette.
Stellar|astronomie, der Teil der Astronomie, der sich mit den Fixsternen, Sternhaufen und Sternsystemen befasst.
Stellwerk, Eisenbahnbetriebswerk, von dem aus Weichen und Signale bedient werden, auf großen Bahnhöfen als Gleisbild- oder Spurplan-S.; mechan., elektromechan., heute v. a. elektronisch betrieben.
Stelzvögel, Schreitvögel, Vögel mit hohen Watbeinen: u. a. Störche, Reiher, Rohrdommeln, Ibisse, Stelzenläufer.
Stemm|eisen, andere Bezeichnung für → Beitel.
Stempel, 1) Handdruckgerät mit Gummi- oder Stahltypen, auch durch eine Uhr automatisch verstellbar **(S.-Uhr).** – **2)** der Abdruck selbst, z. B. als Merkmal für Güte, Beglaubigungszeichen. – **3)** der Fruchtknoten mit Griffel und Narbe (→ Blüte).
Stempelsteuer, Verkehrssteuer, deren Entrichtung durch Aufdruck eines Stempels, Anbringen einer Stempelmarke oder durch Stempelpapier belegt wird.
Stendal, Krst. in Sa.-Anh., in der Altmark, 48 100 Ew.; Maschinenbau und Lebensmittelind.; im MA. Handelsstadt; Backsteinarchitektur.
Stendhal [stɛ̃ˈdal], eigentl. Marie Henri **Beyle** [bɛl], frz. Schriftsteller, * 1783, † 1842; in seinen Romanen trotz betonter Nüchternheit ein mitreißender Gestalter verborgener Beweggründe menschl. Handelns; schrieb »Rot und Schwarz« (1830), »Die Kartause von Parma« (1839).
Stenografie *die,* → Kurzschrift.
Stenotypistin, Kurzschrift- und Maschinenschreiberin.
Stentor, griech. Held aus der Ilias, dessen Stimme so laut war wie die von 50 Männern **(S.-Stimme).**
Stephan, Heinrich v., Organisator der Dt. Reichspost, * 1831, † 1897; 1870 Generalpostdirektor, später Generalpostmeister und Staatssekr. des Reichspostamts, Gründer des Weltpostvereins (1874).
Stephan I., der Heilige, König von Ungarn (997 bis 1038), * um 975, † 1038; führte das Christentum in Ungarn ein; 1000 mit einer vom Papst geschenkten Krone als Apostol. König gekrönt. Schutzheiliger Ungarns (Tag: 16. 8., in Ungarn 20. 8.).
Stephanskrone, ungar. Königskrone, entstanden zwischen 1074 und 1077, besteht aus versch. Teilen; gelangte 1945 in die USA, wurde 1978 an Ungarn zurückgegeben.
Stephanus, der erste Märtyrer, Armenpfleger in der christl. Urgemeinde; wurde gesteinigt; Heiliger.

Jack Steinberger

Rudolf Steiner

Stendal
Stadtwappen

Heinrich von Stephan

Josef von Sternberg

Dolf Sternberger

Stephenson ['sti:vnsn], George, brit. Ingenieur, * 1781, † 1848; leitete 1821 bis 1825 in Großbritannien den Bau der ersten Eisenbahnstrecke.

Steppe, baumlose Ebene der Subtropen und gemäßigten Breiten mit Gräsern und Kräutern, der Trockenheit und Winterkälte angepasst. Typen: **Gras-S.** (z.B. Prärie, Pampa), **Federgras-S.** (krautarm) und **Wermut-S.** (bes. Salzpflanzen).

Steppen, bes. Stichart (Steppstiche).

Stepptanz, Tanz, bei dem der Rhythmus durch schnellen Bewegungswechsel zw. Hacken und Spitzen (steppen) der mit Steppeisen versehenen Schuhe akzentuiert wird.

Stepun, Fedor, russ.-dt. Kulturphilosoph, * 1884, † 1965; philosoph., literarhistor. Werke.

Ster *der,* Einheitenzeichen **st.,** → Raummeter.

Sterbehilfe, Sammelbezeichnung für Maßnahmen, die von der **Sterbebegleitung** (schmerzlindernde pfleger. Versorgung und menschl. Zuwendung für Sterbende) über das Unterlassen lebensfördernder Handlungen **(passive S., Sterbenlassen)** bis zu aktiven lebensverkürzenden Handlungen (**aktive S.;** strafbar) reichen. Der Bereich zulässiger S. ist ethisch und rechtlich umstritten. Der international gebräuchl. Begriff Euthanasie ist in Dtl. diskreditiert.

Sterbekasse, Begräbniskasse, kleinerer Versicherungsverein auf Gegenseitigkeit, der den Hinterbliebenen ein **Sterbegeld** (zur teilweisen Abdeckung der Begräbniskosten) gewährt.

Sterbesakramente, kath. Kirche: Buße, Eucharistie und Krankensalbung.

Sterblichkeit, Mortalität, in der Bev.-Statistik Höhe und Struktur des Risikos einer Bev., in einem bestimmten Zeitraum zu sterben. Die S., v.a. die Säuglings-S., ist in allen Kulturländern durch die Gesundheitsfürsorge zurückgegangen.

stereo..., in Fremdwörtern: körperlich, raum...

Stereochemie, Lehre von der räuml. Anordnung der Atome im Molekül.

Stereofilm, mit einer **Stereokamera** aufgenommener Film **(dreidimensionaler Film, 3-D-Film),** erzielt Raumwirkung durch seine je für ein Auge bestimmten Halbbilder.

Stereometrie *die,* Geometrie der räuml. Gebilde.

Stereophonie *die,* Aufnahme und Wiedergabe von Sprache und Musik, bei der der räuml. Eindruck erhalten bleibt. Die von mehreren im Raum verteilten Mikrofonen aufgenommenen Töne werden über je einen Übertragungskanal je einem Lautsprecher zugeführt, deren Aufstellung das urspr. Schallfeld wiedergibt. Am wirklichkeitsnächsten wirken die Aufnahme mit Mikrofonen in einer Kopfnachbildung **(Kunstkopf-S.)** und die Wiedergabe über Kopfhörer. Aus der zweikanaligen S. wurde die **Vierkanal-S.** oder **Quadrophonie** entwickelt, die sich beim Hörfunk jedoch nicht durchsetzte.

Stereoskop *das,* opt. Gerät, das bei der Betrachtung gezeichneter oder fotografierter Stereobildpaare einen räuml. Bildeindruck vermittelt.

Stereoskopie *die,* **Raumbildverfahren,** bildl. Erzeugung des räuml. Eindrucks durch Stereokamera und Stereoskop, Anaglyphen u.a.

Stereotypie *die,* 🕮 Verfahren zur Vervielfältigung von Schriftsätzen in Hochdruckformen. Auf diese wird angefeuchtete Matrizenpappe aufgedrückt, in die nach dem Trocknen Hartblei eingegossen wird. Durch wiederholten Abguss erhält man beliebig viele Druckplatten; hat keine industrielle Bedeutung mehr.

Sterilisation *die,* **1)** → Desinfektion. – **2)** → Unfruchtbarmachung.

Sterlet *der,* Fisch, ein bis 1 m langer → Stör des Schwarzen Meeres.

Sterling ['stə:lɪŋ], frühere englische Silbermünze. (→ Pfund)

Stern, 1) [stə:n], Isaac, amerikan. Violinist ukrain. Herkunft, * 1920. – **2)** Otto, dt.-amerikan. Physiker, * 1888, † 1969; bestimmte 1921 mit W. Gerlach die Richtungsquantelung des Kernspins beim Silberatom und 1933 das magnet. Moment des Protons; Nobelpreis für Physik 1943. – **3)** William, dt. Psychologe und Philosoph, * 1871, † 1938; prägte den Begriff Intelligenzquotient; Begründer der differenziellen Psychologie.

Sternberg ['stə:nbə:g], Josef v., amerikan. Filmregisseur österr. Herkunft, * 1894, † 1969; prägte den Hollywoodstil der frühen Dreißigerjahre; Entdecker von M. Dietrich (»Der blaue Engel«, 1930).

Sternberger, Dolf, dt. Publizist und Politikwissenschaftler, * 1907, † 1989; Veröffentlichungen v.a. zu literar. und polit. Aspekten des 19. Jahrhunderts.

Sternbilder, zu Figuren zusammengefasste Fixsterngruppen mit größtenteils antiken, teils auch neueren Namen. In der heutigen Astronomie verwendet man eine nach den S. benannte schemat. Aufgliederung des Himmels.

Sterndeutung → Astrologie.

Sterne, kompakte gasförmige Himmelskörper, bes. die → Fixsterne, i.w.S. auch die → Planeten u.a. Mit bloßem Auge erkennbar sind etwa 5 500 Fix-S., mit den größten Fernrohren mehrere Mrd. Sie werden nach ihrer scheinbaren Helligkeit in Größenklassen eingeteilt, wobei die hellsten S. zur 1., die eben noch dem freien Auge erkennbaren zur 6. Klasse gehören. Zur Differenz von einer Größenklasse gehört ein Intensitätsverhältnis von 1 : 2,512. Alle dem freien Auge sichtbaren S. zählen zum Sternsystem der Milchstraße. Die Sonne ist ebenfalls ein Stern. Während die Sonne nur $8\,^1/_3$ Lichtminuten von der Erde entfernt ist, beträgt die Entfernung zum nächsten Fix-S. 4 Lichtjahre. Die Geschwindigkeiten von S. gegeneinander sind im Allg. kleiner als 100 km/s, sodass sich ihre Anordnung in S.-Bildern für den irdischen Betrachter erst in Jahrtausenden merklich ändert. Die wahren Helligkeiten der S. schwanken stark, sie hängen von der Temperatur der Oberfläche (von 700 bis 100 000 K) und von deren Größe (also vom Durchmesser) ab. Die Strahlung wird durch Kernfusion im S.-Inneren aufrechterhalten. Die Sonne und ähnl. S. haben als Temperatur im Zentrum $20 \cdot 10^6$ (bis $35 \cdot 10^6$) K.

Die Hauptmenge der S. gehört 2 Klassen an, den **Riesen** (bis zum Mehrhundertfachen des Sonnendurchmessers) und den – viel häufigeren – **Zwergen** (Durchmesser um 10 000 km). Ein typ. Zwerg-S. wie die Sonne kann mit seinem Wasserstoffvorrat viele Mrd. Jahre strahlen. Erst nach Erschöpfung des Wasserstoffs setzen andere Prozesse ein, die zu einem Übergang in das Riesenstadium führen und schließlich bei dem Stadium eines → Weißen Zwergs enden, einem S.-Typus, bei dem Atomkerne und Elektronen zu einer engen Packung entarten, deren Dichte bis etwa 1 000 kg/cm³ anwächst. In der Entwicklung eines S. kann es zu Pulsationen kommen. Einzelne S. werden im Innern so instabil, dass sie explodieren. Bei solchen **Neuen S.** oder **Novae** (*Sg.* Nova) nimmt die Ausstrahlung zunächst rasch, später langsam zu und kehrt im Lauf von Jahren zum urspr. Zustand zurück. Bes. heftige Explosionen zeigt der Typ der → Supernova, deren Endstadium vermutl. ein überdichter Reststern **(Neutronen-S.)** ist. Solche Reststerne wurden in den → Pulsaren gefunden.

Die S.-Entwicklung beginnt mit der Bildung lokaler Zusammenballungen durch Gravitation in interstellaren Gaswolken. Der Gravitationskollaps führt zu **Protosternen,** die sich durch weiteres Zusammenziehen aufheizen, bis im Zentrum die für Kernfusionsprozesse notwendige Temperatur von etwa 15 Mio. K erreicht wird.

Sterne [stə:n], Laurence, engl. Erzähler, * 1713, † 1768; im 18. Jh. Hauptvertreter des engl. humorist. empfindsamen Romans (»Das Leben und die Ansichten Tristan Shandys«, 1766 bis 1767).

Sternenbanner → Stars and Stripes.

Sternhaufen, Anhäufungen von Sternen auf beschränktem Raum. Die **offenen S.** aus 100 bis einigen 1 000 Sternen haben Durchmesser von 4 bis 6 Parsec. Die **kugelförmigen S.** (Kugelhaufen) sind weit sternreicher (Durchmesser 50 bis 70 Parsec).

Sternheim, Carl, dt. Dramatiker, * 1878, † 1942; satir. Komödien, u. a. »Die Hose« (1911).

Sternkarten, Himmelskarten, ☼ kartograph. Darstellung des Sternhimmels, in der Sterne und andere Himmelsobjekte nach Lage und Helligkeit eingetragen sind. Mehrere zusammengehörige S. werden als **Sternatlas** bezeichnet. Die ältesten S. stammen von A. Dürer (1515).

Sternmotor, luftgekühlter Flugmotor, bei dem die Zylinder (oft in 2 Sternen hintereinander, **Doppel-S.**) radial um die Kurbelwelle angeordnet sind.

Sternschaltung, ⚡ Schaltung zur Verkettung der 3 Wicklungen von Drehstrommaschinen: Die einen Enden der Wicklungen sind im Sternpunkt zusammengeführt, die anderen an die 3 spannungsführenden Leitungen angeschlossen.

Sternschnuppen, ☼ Bezeichnung für Meteore. In manchen Jahreszeiten fallen ganze Schwärme von S., z. B. vom 9. bis 13. August die **Perseiden** (Laurentiusschwarm), um den 16. November die **Leoniden.**

Sternsysteme, ☼ große, bis zu mehreren Mrd. zählende Ansammlungen von Sternen, die voneinander durch weite Strecken intergalakt. Raums getrennt sind. In dem astronom. Instrumenten zugängl. Teil des Weltraums sind heute über 3 Mrd. S. erfassbar. Man unterscheidet S. von **unregelmäßigem** (Gruppen von Sternwolken), **ellipt.** (regelmäßige Verteilung der Sterne, keine interstellare Materie) und **spiralförmigem** Bau. Letztere S. (z. B. unser Milchstraßensystem) bestehen aus einem Kern, der einem ellipt. S. gleicht und um den sich in einer Ebene Spiralarme legen. Bei unserem Milchstraßensystem liegt der Kern im Sternbild Schütze. Manche S. bilden **Doppelsysteme,** die sich um ihren Schwerpunkt bewegen, andere bilden Gruppen oder **Nebelhaufen** mit mehreren 100 oder 1 000 Mitgliedern.

Sterntag, ☼ Zeit zw. 2 Durchgängen desselben Fixsterns durch den Meridian = 23 Stunden 56 Minuten 4,09 Sekunden = wahre Umdrehungszeit der Erde. Die Zeitmessung nach S. heißt **Sternzeit.**

Sternwarte, Forschungsinstitut (Observatorium) mit astronom. Instrumenten (Teleskope, Refraktoren u. a.), in hoch gelegener Lage; mit drehbarem Kuppeldach, das geöffnet werden kann.

Steroide *Pl.,* ⚗ umfangreiche Gruppe natürl. (meist auch synthet. herstellbarer) organ. Verbindungen (mehr als 100 000), darunter Sexual-, Nebennierenhormone, Vitamin D, Gallensäure, Saponine, einige Alkaloide.

Stetho|skop *das,* ⚕ ärztl. Gerät zum Abhören von Herztönen, Atmungsgeräuschen; meist ein **Schlauch-S.** (zum Hören mit beiden Ohren); in der Geburtshilfe ein trichterförmiges Hörrohr mit Hörmuschel.

stetig, fest, nicht schwankend, gleichmäßig dauernd. - √ Eine math. Funktion $y = f(x)$ heißt s., wenn einer beliebig kleinen Änderung des Arguments x auch eine beliebig kleine Änderung des Funktionswerts y entspricht.

Stettin, poln. **Szczecin,** Hptst. der poln. Wwschaft Szczecin, ehem. Haupt- und wichtigste Ind.stadt Pommerns, 412 000 Ew.; größter poln. Seehafen (mit Vorhafen → Swinemünde); Univ., TH u. a. Hochschulen; Werften, Maschinen-, Kfz- und Motorradbau, Hüttenwerk; ⚜. - S. war im MA. Hansestadt und pommerscher Herzogssitz, wurde 1648 schwed., 1720 preuß., 1945, endgültig 1991 zu Polen.

Stettiner Haff, Oderhaff, Haff an der Mündung der Oder, durch die Inseln Usedom und Wollin von der Ostsee getrennt, durch Peene, Swine und Dievenow mit ihr verbunden, 650 km², bis 9 m tief; östl. Teil: das Große Haff, westl. Teil: das Kleine Haff.

Steuben, Friedrich Wilhelm v., amerikan. General dt. Herkunft, * 1730, † 1794; war preuß. Offizier, ging 1777 nach Amerika, war seit 1778 der Organisator des amerikan. Heers im Unabhängigkeitskrieg.

Steuer, Vorrichtung zur Führung eines Fahrzeugs, z. B. Lenkrad, S.-Knüppel, S.-Ruder. **S.-Bord,** rechte Seite des Schiffs; Ggs.: Backbord. **Steuermann,** Schiffsoffizier, der den Kapitän bei der Schiffsführung unterstützt.

Steuerberatung, die geschäftsmäßige Hilfeleistung in Steuersachen (Beratung, Vertretung sowie Beistand bei der Bearbeitung der Steuerangelegenheiten und bei der Erfüllung der steuerl. Pflichten); wird v. a. von Steuerberatern und Steuerbevollmächtigten sowie S.-Gesellschaften durchgeführt, die von der Finanzverw. zugelassen sind.

Steuererklärung, von bestimmten Steuerpflichtigen abzugebende Darstellung ihrer Vermögens- und Einkommensverhältnisse.

Steuerflucht, Verlegung von Wohn- oder Unternehmenssitz oder nur von Einkünften und Vermögen in einen Staat mit niedrigerer Besteuerung (»Steueroase«, »Steuerparadies«).

Carl Sternheim

Stettin
Stadtwappen

Sternwarte. Längsschnitt durch das Teleskopgebäude des Deutsch-Spanischen Astronomischen Instituts auf dem Calar Alto, Spanien; die Stunden und Polachse (gestrichelt) weist zum nördlichen bzw. südlichen Himmelspol. 1 Stahlkuppel, 2 Kran, 3 Kuppelrad, 4 Spiegelteleskop, 5 Primärspiegel, 6 Vertikalspektrograph, 7 Coudé-Labor, 8 Vakuumanlage zur Erneuerung der Spiegelschicht, 9 inneres, die Instrumente tragendes Pfeilersystem

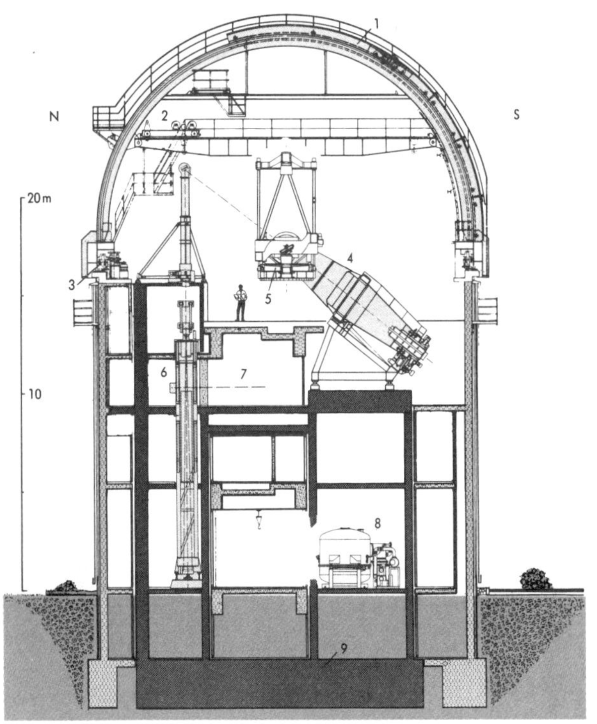

Steuergeheimnis, das von einem Steuerbeamten gegenüber Außenstehenden geheim zu haltende Wissen über die finanziellen und geschäftl. Verhältnisse eines Steuerpflichtigen.

Steuern, Abgaben, die öffentl.-rechtl. Gemeinwesen Personen oder Unternehmen zwangsweise und ohne Anspruch auf eine spezielle Gegenleistung zur Deckung ihres Finanzbedarfs auferlegen; von S. zu unterscheiden sind Gebühren, Beiträge und Sonderabgaben. Wer die S. entrichtet, heißt S.-Zahler, wen das Ges. zur S.-Leistung verpflichtet, S.-Subjekt (S.-Schuldner; i. d. R. auch der S.-Zahler). Da versucht wird, die S.-Last über den Markt auf andere zu übertragen (S.-Überwälzung), wird unterschieden, wem durch Ges. die S.-Last zugedacht ist (S.-Destinatar) und wer sie tatsächlich trägt (S.-Träger). Bei der Besteuerung können die persönl. Verhältnisse der S.-Pflichtigen berücksichtigt werden (Personen-S.) oder nicht (Objekt-S.).
Zum allg. **S.-Recht** gehören Abgabenordnung und Bewertungsges.; zum speziellen S.-Recht die Einzelsteuerges. nebst Durchführungsverordnungen und Verw.-Richtlinien. Die Gesamtheit der gegen S.-Vergehen erlassenen Bestimmungen heißt **S.-Strafrecht.** Eine S.-Straftat ist die **S.-Hinterziehung,** d. h. die vorsätzl. Vereitelung der rechtzeitigen S.-Festsetzung in voller Höhe (S.-Verkürzung) z. B. durch unvollständige oder falsche Angaben, eine S.-Ordnungswidrigkeit die **S.-Gefährdung,** d. h. das Ermöglichen der S.-Verkürzung durch Ausstellen falscher Belege oder unrichtiges Verbuchen.
Entscheidungen über Höhe, Ziele und Art der Besteuerung **(S.-Politik)** zählen zu den wirtschaftspolit. Maßnahmen. Die wirtschaftl. Bedeutung der S. wird am Verhältnis des S.-Aufkommens zum Volkseinkommen gemessen **(S.-Quote).**

Stiefmütterchen Gartenstiefmütterchen

Robert Louis Stevenson Bronzebüste

Steuersatz, Größe, mit der aus der jeweiligen Bemessungsgrundlage die Steuerschuld errechnet wird; entweder Geldbetrag pro Einheit der Bemessungsgrundlage (Mengensteuer) oder ein Prozent- bzw. Promillesatz (Wertsteuer).

Steuerung, ⚙ Beeinflussung eines Vorgangs, um die richtige Arbeitsweise einer Anlage sicherzustellen; man teilt die Steuersysteme ein 1) in elektr., mechan., hydraul., pneumat. S.; 2) in **Einzel-S.,** bei der eine Eingangsgröße eine Ausgangsgröße bewirkt, und **Programmsteuerung.**

Steven *der,* ⚓ hölzerner oder stählerner Balken, der auf dem Schiffskiel steht und den Schiffsrumpf vorn **(Vorder-S.)** und hinten **(Achter-S.)** begrenzt. (→ Schiff)

Stevenson ['sti:vnsn], Robert Louis, brit. Schriftsteller, * 1850, † 1894; Abenteuerromane (»Die Schatzinsel«, 1883), Erzählungen.

Michael Stich

Steward ['stjʊəd] *der,* **Stewardess** ['stjʊədəs] *die,* Betreuer(in) der Fahrgäste, bes. auf Schiffen und in Flugzeugen.

Stewart ['stjʊət], James Maitland, amerikan. Filmschauspieler, * 1908, † 1997; einer der klass. Hollywoodstars; spielte u. a. in »Mein Freund Harvey« (1950), »Der Mann, der Liberty Valance erschoß« (1961).

Steyr, Stadt in OÖ, an der Enns, 39 000 Ew.; gut erhaltenes histor. Stadtbild; Kraftfahrzeug-, Stahl-, Maschinen- u. a. Industrie.

StGB, ⚖ Abk. für **Str**afgesetz**b**uch.

Stich, Michael, Tennisspieler, * 1968; gewann 1991 das Turnier von Wimbledon, 1992 mit B. Becker Olympiasieger im Doppel.

Stichel *der,* spitzes Werkzeug des Holzschneiders, Stahl- und Kupferstechers.

Adalbert Stifter Anonymer Holzschnitt (19. Jh.)

Stichflamme, gebündelte, spitze Flamme, die entsteht, wenn Gase unter hohem Druck aus einer engen Öffnung strömen oder wenn Luft (Sauerstoff) durch enge Öffnung in eine Flamme geblasen wird.

Stichlinge, Familie etwa 4 bis 20 cm langer Knochenfische mit Stachelflossen, in Süß- und Brackwasser. Das Männchen baut aus Wasserpflanzen ein Nest für Eier und Junge und bewacht sie.

Stichprobe, der Teil einer statist. Gesamtheit, der nach einem bestimmten Auswahlverfahren zustande gekommen ist, meist nach einer strengen Zufallsauswahl (i. e. S. **Zufalls-S.,** engl. **Sample**). Von den Ergebnissen der S. wird auf die Gesamtheit geschlossen.

Stichtag, für eine Erhebung oder eine sonstige Handlung festgesetzter Termin.

Stichwahl → Wahlrecht.

Stickelberger, Emanuel, schweizer. Schriftsteller, * 1884, † 1962; geschichtl. Novellen aus prot. Weltschau (»Holbein-Trilogie«, 1942 bis 1946).

Sticker, selbstklebendes Bild aus Folie oder Spezialpapier; kann nach Abziehen von einem imprägnierten Träger direkt auf eine fettfreie Oberfläche aufgebracht werden.

Stickstoff *der,* Symbol **N,** chem. Element, farb-, geruch- und geschmackloses Gas, das sich nur sehr schwer mit andern Stoffen verbindet; OZ 7, D 1,25 g/l, Sp − 195,8 °C. Die atmosphär. Luft besteht zu etwa 78 Vol.-% aus S., der an der Atmung und Verbrennung nicht teilnimmt. Gebunden kommt S. in der Natur in allen Eiweißstoffen und deren Zersetzungsprodukten, z. B. Steinkohle, Harnstoff, und im Salpeter vor. Mithilfe von Bodenbakterien (Knöllchenbakterien) wird der S. der Luft von manchen Pflanzen aufgenommen (Hülsenfrüchte). In reiner Form wird S. aus flüssiger Luft oder durch Zersetzung von S.-Verbindungen hergestellt und als Füllgas für Glühlampen verwendet. Mithilfe elektr. Entladungen kann man S. und Sauerstoff der Luft zu **S.-Monoxid,** NO, vereinigen, aus dem sich an der Luft sofort braunes **S.-Dioxid,** NO_2, bildet, das sich mit Wasser zu Salpetersäure umsetzt (Verwendung für Düngemittel, Explosivstoffe u. a.). Beide Oxide **(Stickoxide)** entstehen auch bei höherer Temperatur, z. B. in Verbrennungsprozessen (Autoabgase, Müllverbrennung); das umweltschädliche Gemisch wird als NO_x bezeichnet. Mit geeigneten Katalysatoren lässt sich S. mit Wasserstoff zu Ammoniak (Haber-Bosch-Verfahren) vereinigen. Ein stickstoffhaltiges Gas ist das → Lachgas.

Stiefmütterchen, ⚘ Veilchenart, meist saftig weichkrautige Stauden mit spatelförmigen Blättern, z. B. das **Wilde Acker-S.** und großblütige Zuchtformen (Gartenpflanzen).

Stieglitz, Distelfink, bunte, bis 12 cm lange Finkenart, mit roter Gesichtsmaske.

Stieler, 1) Adolf, dt. Kartograph, * 1775, † 1836; »Handatlas« (1817 bis 1822). – **2)** Joseph Karl, dt. Maler, * 1781, † 1858; v. a. Porträts. – **3)** Kaspar v., dt. Dichter und Sprachforscher, * 1632, † 1707; Liebeslieder, geistl. Lieder, Wörterbücher.

Stier, 1) ♉ Bulle, das unkastrierte männl. Rind. – **2)** ✩ nördl. Sternbild mit Aldebaran, Hyaden und Siebengestirn; Tierkreiszeichen.

Stierkampf, Schaukampf von Menschen gegen Stiere in der Arena. Die klass. span. Form des S. wird von berufsmäßigen Stierkämpfern **(Torero, Matador)** ausgeführt und endet mit dem tödl. Degenstoß zw. die Schulterblätter des Stiers.

Stift *das,* **1)** mit Vermögen ausgestattete selbstständige Anstalt zu karitativen und erzieher. Zwecken. – **2) Dom-** und **Kollegiat-S.,** mit Grundbesitz dotierte Kirche. – **3) Damen-S.,** ehem. Frauenkloster zur Versorgung lediger adliger Damen. – **4)** in Donau- und Alpenländern Name für bestimmte Klöster. – **5)** bis 1803 der Territorialbesitz der Bistümer und Erzbistümer als **Hoch-** oder **Erzstift.**

Stifter, Adalbert, österr. Dichter und Maler, * 1805, † 1868; strebte in seinen Werken nach Humanität, Maß und Ordnung; schilderte die Natur im Sinne eines »poet. Realismus«. »Bunte Steine« (1853), »Witiko« (1865 bis 1867).

Stifterverband für die Deutsche Wissenschaft e.V., Abk. **SV,** Sitz Essen, gegr. 1920, wieder gegr. 1949; Stiftung zur Förderung der Wiss. und Technik in Forschung und Lehre.

Stiftung, ⚖ mit eigener Rechtspersönlichkeit (→juristische Person) ausgestattete Vermögensmasse, die einem bestimmten Zweck dauernd gewidmet ist (§§ 80 ff. BGB).

Stiftung Deutsche Sporthilfe, 1967 gegr. Sozialwerk des Sports in Dtl. mit Sitz in Frankfurt am Main, um Spitzensportler bei der nat. Repräsentation und auch über den Sport hinaus zu fördern.

Stiftung Preußischer Kulturbesitz, 1957 durch Ges. geschaffene Körperschaft zur Pflege und Fortentwicklung des ehem. preuß. Kulturbesitzes; Sitz Berlin.

Stiftung Volkswagenwerk, seit 1989 **Volkswagen-Stiftung,** 1961 von der Bundesrep. Deutschland und Ndsachs. gebildete Stiftung des bürgerl. Rechts, Sitz Hannover; Förderung von Wiss. und Technik aus den Erträgen der Vermögenswerte.

Stiftung Warentest, staatlich unterstütztes, 1964 mit Mitteln des Bundes gegr. Warentestinstitut, Sitz Berlin; informiert Verbraucher über Qualität von Waren und Dienstleistungen anhand objektiver Merkmale.

Stillleben. Georg Flegel (1560 bis 1638): Großes Schauessen

Stigler ['stɪglə], George Joseph, amerikan. Wirtschaftswissenschaftler, *1911, †1991; Studien zur Funktionsweise und Struktur von Märkten; 1982 Nobelpreis für Wirtschaftswissenschaften.

Stigma *das,* **1)** Wund-, Brandmal. – **2)** Atemöffnung der Gliederfüßer.

Stigmatisation *die,* das Auftreten äußerlich sichtbarer, psychogen bedingter Körpermerkmale. Im theolog. Sinn das Auftreten der Leidensmale Jesu am Leib eines lebenden Menschen, verbunden mit visionärem Verhalten.

Stijl [stɛil], **De S.,** 1917 gegr. niederländ. Künstlergruppe; erstrebte geometr. Klarheit.

Stil, 1) Schreibart, Eigenart des sprachl. Ausdrucks. – **2)** eigentüml. künstler. Gestaltungsweise eines Meisters, einer Schule, einer Epoche.

Stilb *das,* →Lichttechnik.

Stilett *das,* kleiner Dolch mit dreikantiger Klinge.

Stilfser Joch →Alpen (Alpenpässe; ÜBERSICHT).

Stilicho, Flavius, röm. Feldherr wandal. Herkunft, *um 365 n. Chr., †(enthauptet) 408; leitete 395 bis 408 das Weström. Reich für den unmündigen Kaiser Honorius.

stilisieren, eine künstler. Darstellung nicht gegenstandsgetreu, sondern einer bestimmten Formvorstellung entsprechend gestalten; einen Text sprachlich durcharbeiten.

Stilistik *die,* Lehre von den Gesetzen eines guten Schreib- und Sprachstils.

stille Gesellschaft, die nach außen nicht hervortretende Beteiligung an dem Handelsgewerbe eines andern mit einer Vermögenseinlage.

Stillen, die natürl. Ernährung des Säuglings mit Muttermilch.

Stiller Ozean →Pazifischer Ozean.

Stillhaltung, 1) zeitweiliger Verzicht von Gläubigern auf Zahlungen ihrer Schuldner. – **2)** organisierte Stundung kurzfristiger Kredite, die von einer Gläubigergruppe **(Stillhaltekonsortium)** einem Schuldnerland gewährt wird.

Stillleben [stilles Leben], in der Malerei die Darstellung von unbewegten oder leblosen Dingen des tägl. Lebens: Blumen, Früchte usw.

Still-Videokamera, elektron. Stehbildkamera, bei der der Film durch CCD-Lichtsensoren und eine die Bildinformationen speichernde Magnetdiskette ersetzt ist.

Stimme, 1) Klänge, die im Kehlkopf durch den Luftstrom beim Ausatmen entstehen, indem die angeblasenen beiden **Stimmbänder** schwingen; die Tonhöhe wird durch Länge und Spannung der Bänder bestimmt, die Klangfarbe durch Mitschwingen der Mund- und Nasenhöhle. Der Übergang der hohen Kinder-S. in die tiefere des Erwachsenen **(Stimmwechsel, Stimmbruch)** vollzieht sich während der Reifezeit. – **2)** 𝄞 nach Höhe oder Tiefe des Umfangs: Sopran (Diskant), Mezzosopran, Alt; Tenor, Bariton, Bass. Innerhalb einer S. unterscheidet man 2 **Stimmregister: Brust-S.** und **Kopf-S.** (→Falsett).

Stimmer, Tobias, schweizer. Maler und Grafiker der Renaissance, *1539, †1584; Porträts, Fassadenmalereien.

Stimmgabel, 𝄞 gabelförmig gebogener Stahlstab, der zum **Stimmen** angeschlagen wird und in der Frequenz des Stimmtons (→Kammerton) tönend schwingt.

Stimmrecht →Wahlrecht.

Stimmritze, ⚕ →Kehlkopf. **S.-Krampf,** krampfhafter Verschluss der S. mit Atemnot oder Atemstillstand; Anzeichen von Nervosität oder bei Kindern von →Spasmophilie.

Stimmung, 1) vorwiegende Färbung der Gefühlslage eines Menschen. – **2)** 𝄞 Festlegung der absoluten Tonhöhe des Grundtons (→Kammerton), nach dem ein Instrument eingestimmt ist. – **3)** 𝄞 Ordnung der Tonabstände, d. h. die Schwingungszahlenverhältnisse für die Töne untereinander. In der heute übl. **gleichschwebend temperierten S.** ist die Oktave in 12 gleiche Tonabstände geteilt.

George Joseph Stigler

Stimulantia *Pl.,* →Anregungsmittel.

Stinde, Julius, dt. Schriftsteller, *1841, †1905; humorist. Schilderungen des Berliner Bürgertums (»Die Familie Buchholz«, 1884 bis 1886).

Stinkmorchel, morchelähnlicher ungiftiger Bauchpilz mit Aasgeruch; dieser geht von dem Sporenschleim aus, der den Hut bedeckt; die S. schwillt aus einem eiförmigen weißen Körper hervor, dem **Hexen-** oder **Teufelsei.**

Stinktiere, Skunks, Unterfamilie der Marder, auf dem amerikan. Kontinent, 25 bis 50 cm lang, schwarz mit weißem Längsstreifen, mit stinkendem Afterdrüsensaft.

Stinnes, Hugo, dt. Großindustrieller, *1870, †1924; erweiterte das von Matthias S. (*1790, †1845) gegr. Familienunternehmen (Kohlenhandel, Bergbau, Reederei) zum **S.-Konzern.**

James Stirling. Neue Staatsgalerie in Stuttgart (1978 bis 1984)

Stinte, Familie kleiner, silberglänzender, heringförmiger Fische. Der Europ. S. wird bis zu 30 cm lang; Verwendung v.a. zur Futtermittel- und Trangewinnung.

Stipendium *das,* Geldunterstützung, bes. für Studierende **(Stipendiaten)** auf bestimmte Zeit oder für bestimmte Zwecke (z. B. Auslandsstudium).

Edmund Stoiber

Stirling ['stə:liŋ], Hptst. der schott. Central Region, am Forth, 38 600 Ew.; Univ.; Landmaschinenbau; im 16. Jh. Residenz der schott. Könige.

Stirling ['stə:liŋ], James, brit. Architekt, *1926, †1992; Vertreter der Postmoderne (Neue Staatsgalerie, Stuttgart, 1978 bis 1984).

Stirn, der durch das breite, gewölbte **S.-Bein** gebildete oberste Teil des Gesichts. An die Nasenhöhlen schließen sich im S.-Bein die **S.-Höhlen** an, auf die ein Katarrh von der Nase her übergehen kann **(Stirnhöhlenkatarrh).**

Stoa *die,* **1)** ⌂ griech. offene Säulenhalle mit geschlossener Rückwand. – **2)** die S. Poikile in Athen, in der der Philosoph Zenon von Kition (†264 v. Chr.) lehrte, danach die Philosophenschule in der Nachfolge Zenons, von Chrysipp systematisiert, die bis ins 3. Jh. n. Chr. bestand (kaiserzeitl. S.: Seneca, Epiktet, Mark Aurel). Der **Stoizismus** ist eine Sitten- und Lebensweisheitslehre. Allein die Tugend, die sich in Selbstüberwindung und sittl. Stolz gegenüber jedem Schicksal bewährt (stoische Ruhe), vermittelt Glückseligkeit. Die S. beeinflusste die Philosophie von MA., Renaissance, Aufklärung.

Manfred Stolpe

stochastisch, zufallsabhängig.

Stöchiometrie *die,* ⚗ Lehre von der mengenmäßigen Zusammensetzung chem. Verbindungen und von den Mengenverhältnissen bei chem. Umsetzungen.

Stock [stɔk] *der,* angelsächs. Bezeichnung für eine Aktie bzw. für das Grundkapital einer AG, auch für den Gesamtbetrag einer Anleihe. **S.-Exchange,** Effektenbörse.

Stockcar ['stɔkkɑ:], 🚗 Wettbewerbsfahrzeug (serienmäßiger Personenwagen) für geschlossene Rennstrecken mit bes. starkem Motor; auch Bezeichnung für umgebaute, bei Geländerennen gebrauchte Fahrzeuge.

Stockfisch, getrockneter Dorsch.

Stockhausen, Karlheinz, dt. Komponist, *1928; serielle, elektron. Musik, dann improvisierte, »intuitive« Musik.

Stockholm
Stadtwappen

Stockholm, Haupt- und Residenzstadt Schwedens, am Abfluss des Mälarsees zur Ostsee, auf mehreren Inseln, 674 500 Ew., mit Vororten 1,64 Mio. Ew.; wichtigste Ind.stadt des Landes: Metall-, Papier-, Lebensmittel-, Bekleidungs-, chem. und graf. Ind., Schiffbau; Univ., TH, zahlreiche Hoch- und Fachschulen, Akademien, Nobelstiftung, mehrere Museen; Rundfunksender, ev.-luther. und kath. Bischofssitz. Bauwerke: Königliches Schloss, Ritterhaus, Reichstagsgebäude, Opernhaus u. a.; landschaftl. reizvolle Umgebung. – S. wurde im 13. Jh. gegr.; im MA. Hansestadt.

Stockholm International Peace Research Institute ['stɔkhəum ɪntə'næʃnl pi:s rɪ'sə:tʃ 'ɪnstɪtju:t], Abk. **SIPRI,** Friedensforschungsinstitut, 1966 als Stiftung vom schwed. Parlament gegr. Institution, veröffentlicht u. a. das SIPRI-Jahrbuch, das die internat. Rüstungsentwicklung dokumentiert.

Stockport ['stɔkpɔ:t], Stadt in NW-England, 136 500 Ew.; Baumwoll-, Maschinenindustrie.

Stockrose, Roter Eibisch, Stockmalve, zur Gattung Althaea gehörende schlanke Zierpflanze.

Stockschwämmchen, im Herbst auf Laubholzstubben büschelig wachsender brauner Speisepilz.

Stoecker ['ʃtœ-], Adolf, ev. Hofprediger in Berlin und Politiker, *1835, †1909; gründete 1878 die Christlich-Soziale Arbeiterpartei; stärker wirkte er durch seinen Antisemitismus, der sich in der Berliner Bewegung artikulierte.

Stoff, 1) aus Garnen durch Weben, Wirken oder Stricken hergestelltes Erzeugnis. – **2)** einer Dichtung zugrunde liegender (erfundener oder einem bestimmten Lebensbereich entnommener) Geschehniszusammenhang. – **3)** ⚗ ❋ svw. Materie.

Stoffwechsel, Metabolismus, im pflanzlichen, tierischen und menschlichen Organismus die biochem. Vorgänge bei der Aufnahme, Umsetzung, Verwertung der Nährstoffe und Ausstoßung der Abgänge; er dient dem Aufbau und der Erhaltung der Körpersubstanz sowie der Aufrechterhaltung der Körperfunktionen.

Stoffwechselkrankheiten, ⚕ Krankheiten, die auf einer Regulationsstörung des Stoffwechsels beruhen, wobei es sich um funktionelle oder um morpholog. Störungen mit gesteigerter oder gehemmter Enzymwirkung handeln kann.

Stoiber, Edmund, dt. Politiker (CSU), *1941; war 1988 bis 1993 bayer. Innenmin., seit Mai 1993 bayer. Min.-Präsident.

Stoizismus *der,* →Stoa.

Stoke-on-Trent ['stəuk-], Stadt in Mittelengland, 244 800 Ew.; Mittelpunkt der »Potteries«, daher Tonwaren-, auch Stahl-, chem. Industrie.

Stokes [stəuks], Sir George Gabriel, brit. Mathematiker, Physiker, *1819, †1903; stellte die **stokessche Regel** auf: Fluoreszenzlicht hat stets größere Wellenlänge als das die Fluoreszenz erregende Licht.

Stola *die,* **1)** knöchellanges Gewand der röm. Matrone, das über der Tunika getragen wurde. – **2)** schärpenartiges Kleidungsstück der kath., morgenländ. und anglikan. Geistlichen. – **3)** schalartiger Umhang für Frauen.

Stolberg, 1) S. (Harz), Stadt- und Luftkurort am Südharz, Sa.-Anh., 1 600 Ew.; Fachwerkhäuser, Schloss der Fürsten zu S.-S., Thomas-Müntzer-Haus. – **2) S. (Rhld.),** Stadt am N-Rand der Eifel, NRW, 57 200 Ew.; Metall- (u. a. Messing-), Glas- u. a. Industrie.

STOL-Flugzeug [Abk. für engl. **S**hort **T**ake-**O**ff and **L**anding], Kurzstartflugzeug, benötigt für Start und Landung sehr kurze Strecken (150 bis 300 m).

Stollberg/Erzgeb., Krst. in Sa., am Rand des Erzgebirges, 13 900 Ew.; elektrotechn.-elektron. Ind., Blechverarbeitung, Stahlbau.

Stollen, 1) ⚒ waagerecht in das Gebirge getriebener Gang. – **2)** Teil des Hufeisens.

Stolp, poln. **Słupsk,** Hptst. der Wwschaft S., in Ostpommern, Polen, 99 500 Ew.; Schuh-, Holzind., Maschinenbau. – 1269 erstmals urkundlich erwähnt.

Stolpe, Manfred, dt. Politiker (SPD), *1935; Kirchenjurist, bis 1990 Konsistorialpräs. der Ev. Kirche in Berlin-Brandenburg, seit Nov. 1990 erster Min.-Präs. von Brandenburg.

Stoltenberg, Gerhard, dt. Politiker (CDU), * 1928; 1965 bis 1969 Bundesmin. für Wiss. und Forschung; 1971 bis 1982 Min.-Präs. von Schlesw.-Holst., 1982 bis 1989 Bundesfinanzmin., 1989 bis 1992 Verteidigungsminister.

Stolypin, Pjotr Arkadjewitsch, russ. Politiker, * 1862, † (Attentat) 1911; 1906 bis 1911 Min.-Präs., führte eine grundlegende Agrarreform zur Stabilisierung der sozialen Verhältnisse durch.

Stolz, Robert, österr. Operettenkomponist, * 1880, † 1975; über 100 Filmmusiken: »Zwei Herzen im Dreivierteltakt« (1930) u.a.

Stolze, Wilhelm, dt. Erfinder einer Kurzschrift, * 1798, † 1867. Sein System wurde 1897 mit demjenigen von F. Schrey vereinigt.

Stolzenfels, Schloss am Rhein, bei Koblenz; 1689 von den Franzosen zerstört, nach Plänen von K. F. Schinkel 1836 bis 1840 im Stil der dt. Burgenromantik wieder errichtet.

Stomata *Pl.,* ⚘ die → Spaltöffnungen.

Stone [stəʊn], **1)** Richard, brit. Wirtschaftswissenschaftler, * 1913, † 1991; erhielt 1984 für seine Leistungen bei der Entwicklung von Systemen der volkswirtschaftl. Gesamtrechnung den Nobelpreis für Wirtschaftswissenschaften. – **2)** Sharon, amerikan. Filmschauspielerin, * 1958; internat. Erfolg u.a. mit »Quartermain – Auf der Suche nach dem verlorenen Schatz der Könige« (1985), »Basic Instinct« (1991), »Diabolisch«, »Last Dance« (beide 1996).

Stonehenge [ˈstəʊnhendʒ], Steinkreis, vorgeschichtl. Kultstätte in S-England bei Salisbury; gehört zum Weltkulturerbe.

Stoph, Willy, dt. Politiker (SED), * 1914; versch. Min.-Posten, 1964 bis 1973 Min.-Präs., 1973 bis 1976 Staatsratsvors., 1976 bis 1989 wieder Min.-Präs.; wurde im Dez. 1989 aus der SED ausgeschlossen. 1992 angeklagt wegen der Tötung von Menschen an der innerdt. Grenze (Verfahren wegen Verhandlungsunfähigkeit S.s eingestellt).

Stoppard [ˈstɔpəd], Tom, brit. Dramatiker tschech. Herkunft, * 1937; satirisch-absurde Theaterstücke, Fernsehspiele.

Störche, langbeinige, Wasser liebende Stelzvögel mit langem Schnabel, Zugvögel; Arten: **Weiß-S.** (weißschwarz, Schnabel und Beine rot) nisten auf Bäumen oder Gebäuden, **Schwarz-S.** (seltener Waldvogel); in Afrika und Asien ist der → Marabu verbreitet.

Storchschnabel, 1) ⚘ **Geranium,** Pflanzengattung, krautige Wiesenpflanzen mit schnabelförmiger Frucht, z.B. **Wiesen-S., Ruprechtskraut.** Eine andere Gattung der **S.-Gewächse** ist die Zierpflanze **Pelargonie.** – **2) Pantograph,** Gerät zum Übertragen von Bildern, Zeichnungen in verändertem Maßstab.

Störe, vom Aussterben bedrohte Fische mit Knochenplatten, zahnlosem Saugmaul und Bartfäden. S. sind wegen ihres Fleisches, ihrer Eier (Kaviar), ihrer Schwimmblase (Hausenblase) wertvoll: der **Gemeine S.** (wandert vom Meer in den Flüssen aufwärts), **Hausen, Sterlet.**

Störfallverordnung, VO in Dtl. (Fassung von 1988), die Chemiefirmen verpflichtet, schon die Gefahr der Freisetzung gefährl. Chemikalien als Störfall zu melden.

Storm, Theodor, dt. Schriftsteller, * 1817, † 1888; schrieb Gedichte, melancholisch und dramatisch gespannte Novellen: »Immensee« (1849), »Pole Poppenspäler« (1874), »Der Schimmelreiter« (1888) u.a.

Storno *der* oder *das,* Aufhebung einer falschen Buchung durch Gegenbuchung; **stornieren,** rückgängig machen, tilgen, z.B. einen Auftrag.

Störstelle, ⚡ die elektr. Leitfähigkeit von Halbleitern beeinflussende, lokale Abweichung vom idealen Bau eines Kristallgitters, hervorgerufen durch den Einbau von Fremdatomen (→ Dotieren).

Störtebeker, Klaus, hingerichtet 1402; Führer der → Vitalienbrüder.

Storting [ˈstu:rtiŋ, »großes Thing«] *das,* das aus 2 Kammern bestehende norweg. Parlament.

Stoß, Veit, dt. Bildhauer, Kupferstecher, Maler, * um 1447/48, † 1533; bedeutender, ausdrucksstarker Bildschnitzer der Spätgotik: Marienaltar (1477 bis 1489), Krakau, St. Marien; Engl. Gruß (1517 bis 1518), Nürnberg, St. Lorenz; Bamberger Altar (1520 bis 1523), Bamberg, Dom. BILD S. 878

Stoßdämpfer, 🚗 bei Räderfahrzeugen eine Vorrichtung zw. Rädern (oder Laufwerk) und Aufbau, zur Dämpfung der durch Fahrbahnunebenheiten verursachten Federschwingungen; arbeitet meist mit Druckluft oder Hydrauliköl.

Stottern → Sprachstörungen.

Stout [staʊt] *der,* engl. obergäriges dunkles Bier.

Stowe [stəʊ], Harriet Beecher, → Beecher-Stowe, Harriet.

StPO, Abk. für **St**raf**p**rozess**o**rdnung.

Strabon, griech. Geograph und Geschichtsschreiber, * um 63 v.Chr., † nach 23 n.Chr.; unternahm große Reisen. Von seinem Geschichtswerk (47 Bücher) sind nur Fragmente erhalten; bedeutend seine erstmals ausführl. Beschreibung Britanniens und Germaniens in seinem im Wesentl. erhaltenen geograph. Werk (17 Bücher).

Stradivari, Antonio, ital. Geigenbauer in Cremona, * 1644, † 1737; Schüler von N. Amati, baute Streichinstrumente von Weltruf.

Strafantrag, ⚖ Antrag des Verletzten oder sonst Berechtigten auf Verfolgung einer strafbaren Handlung; bei bestimmten leichteren Straftaten **(Antragsdelikten)** notwendig. Der S. ist bei Gericht oder der Staatsanwaltschaft schriftlich oder zu Protokoll anzubringen (§ 77 StGB).

Strafanzeige, ⚖ Mitteilung des Verdachts einer Straftat an die Polizei, die Staatsanwaltschaft oder das Amtsgericht.

Strafaufschub, ⚖ vorläufiger Aufschub der Vollstreckung rechtskräftiger Strafurteile; z.B. bei schwerer Krankheit des Verurteilten oder Beantragung der Wiederaufnahme des Verfahrens (§§ 455, 360 StPO).

Strafausschließungsgründe, ⚖ Umstände, die bei dem Täter die Bestrafung trotz strafbarer Handlungen ausschließen (z.B. Verwandtschaftsverhältnisse). Von **Strafaufhebungsgründen** spricht man bei Umständen, die nach der Tat eintreten (z.B. freiwilliger Rücktritt von dem Versuch, eine Straftat zu vollenden).

Strafaussetzung, ⚖ → Bewährungsfrist.

Strafbefehl, ⚖ schriftl. Festsetzung einer Strafe für Übertretungen und Vergehen durch den Amtsrichter auf Antrag der Staatsanwaltschaft ohne mündl. Verhandlung; nur zulässig für Freiheitsstrafen bis zu 3 Monaten, Geldstrafen, Fahrverbot und Einziehung (§§ 407 ff. StPO). Durch Einspruch, der binnen 2 Wochen nach Zustellung des S. möglich ist, kann der Beschuldigte die Hauptverhandlung vor dem Amtsgericht erwirken.

Strafe, ⚖ i.e.S.: die durch richterl. Urteil verhängte **Kriminal-S.** als Folge einer strafbaren Handlung (→ Strafrecht); i.w.S.: die Dienststrafe (→ Disziplinarrecht), Ordnungsstrafe, Vertragsstrafe. Nach den Strafmitteln unterscheidet man **Hauptstrafen** (Todesstrafe – in Dtl. abgeschafft –, Freiheitsstrafe, Geldstrafe) und **Nebenstrafen,** auf die nur neben einer gleichzeitig verhängten Hauptstrafe erkannt werden kann (Einziehung und Unbrauchbarmachung der Gegenstände, mit denen das Verbrechen verübt wurde, Fahrverbot, Unfähigkeit zur Bekleidung öffentlicher Ämter u.a.). Keine S. im Rechtssinn sind die Maßregeln der Sicherung und Besserung.

Straf|freiheitsgesetz, Ges., das allg. Straferlass für bestimmte, noch nicht abgeurteilte Delikte vorsieht.

Richard Stone

Theodor Storm

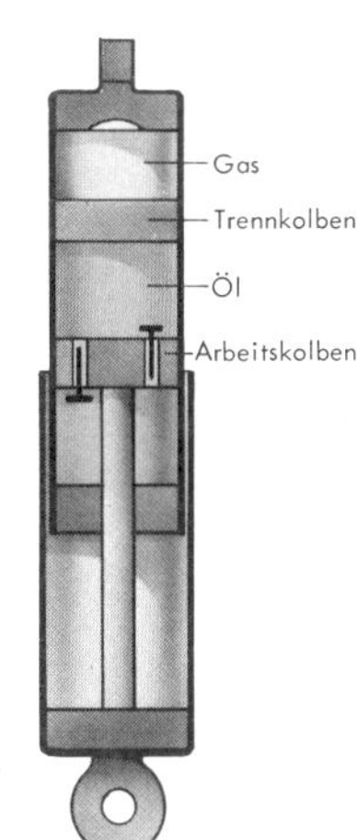

Stoßdämpfer
Einrohrdämpfer

Strafkammer →Gerichtswesen (ÜBERSICHT).

Strafmündigkeit, ⚖ das zur Bestrafung notwendige Lebensalter des Täters. Bis zum vollendeten 14. Lebensjahr ist er strafunmündig, zw. dem vollendeten 14. und 18. bedingt strafmündig. (→Jugendstrafrecht)

Strafprozess, ⚖ gerichtliches Verfahren zur Sühne strafbarer Handlungen (→Strafrecht). Den S. regelt die **Strafprozessordnung** (StPO) von 1877, in der Bundesrep. Deutschland in der Fassung v. 7. 4. 1987. Das Verfahren gliedert sich in die **Vorbereitung der öffentl. Klage,** das **Zwischenverfahren,** das mit dem Einreichen der Anklageschrift beginnt und in dem das Gericht über die Eröffnung des **Hauptverfahrens** entscheidet. Wesentl. Teil des Hauptverfahrens ist die im Allg. öffentl. **Hauptverhandlung.** Diese verlangt die ununterbrochene Gegenwart der Richter, des Staatsanwalts, Protokollführers und im Allg. des Angeklagten, der durch einen Verteidiger unterstützt werden kann, und endet mit der Verkündung des Urteils. Gegen das Urteil sind i. d. R. →Rechtsmittel zulässig. Bes. geregelt sind die →Privatklage, der →Strafbefehl und das **beschleunigte Verfahren** (Verfahren vor Amtsrichter oder Schöffengericht bei einfachem Sachverhalt; §§212ff. StPO). - Die Strafprozessordnung in Österreich entspricht im Wesentl. der dt. Strafprozessordnung; in der Schweiz ist das Strafverfahrensrecht kantonal, der Bundesstrafprozess einheitlich geregelt.

Strafraum, bei Fußball, Handball, Radball, Wasserball der Spielraum in der Nähe der Tore mit verschärften Strafbestimmungen.

Strafrecht, ⚖ Gesamtheit der Rechtssätze, die bestimmte Handlungen und Unterlassungen verbieten und für strafbar erklären. Das S. dient dem Schutz bestimmter **Rechtsgüter** (Staatssicherheit, Persönlichkeit, Eigentum u. a.). Die neuere S.-Theorie sieht nicht so sehr den rechtsverletzenden Erfolg der Tat als vielmehr den verbrecher. Willen des Täters als strafwürdig an (Willens-, Täter-S.). Grundlage des geltenden dt. S. ist das **Strafgesetzbuch** (StGB) von 1871 in der Fassung vom 10. 3. 1987, seit 1871 durch über 100 Novellen einschneidend geändert und ergänzt. Die jahrzehntelangen Bemühungen um eine Gesamtreform des StGB haben v. a. durch die Ges. zur Reform des S. (bisher 5) das S. stark verändert. Es wurde die Einheitsstrafe eingeführt, d. h., die früher unterschiedenen Formen der Freiheitsentziehung (Zuchthaus, Gefängnis, Haft) sind durch eine einheitl. »Freiheitsstrafe« ersetzt worden; Freiheitsstrafen unter 6 Monaten sollen wegen der oft schädl. Wirkungen nur noch ausnahmsweise verhängt werden; die Möglichkeiten, eine Freiheitsstrafe zur Bewährung auszusetzen und Freiheits- in Geldstrafen umzuwandeln, wurden erweitert. Die Maßregel der Unterbringung in einem Arbeitshaus und die Strafbarkeit des Ehebruchs, der einfachen Homosexualität, der Unzucht mit Tieren und des Zweikampfs sind abgeschafft, die Fälschung techn. Aufzeichnungen ist erstmals ebenso unter Strafe gestellt worden wie Straftaten gegen die Umwelt, im Bereich der Wirtschaftskriminalität, der organisierten Kriminalität u. a. In der Schweiz gilt seit 1. 1. 1942 das Strafgesetzbuch vom 21. 12. 1937, in Österreich das StGB vom 1. 1. 1975.

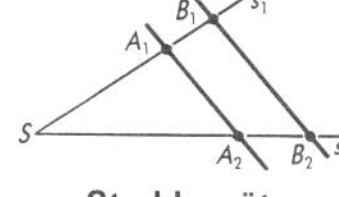

Strahlensätze

Strafregister, ⚖ amtl. Verzeichnis gerichtl. vorbestrafter Personen, das zentral geführt wird. Eingetragen in das S. werden alle gerichtl. Strafen mit Ausnahme der Geldstrafen wegen Übertretungen. Aus dem S. ist nur gerichtl. u. a. öffentl. Behörden Auskunft zu erteilen. Nach Ablauf von 3 bis 5 Jahren wird nur noch beschränkt Auskunft erteilt und nach 5, 10, 15 Jahren (je nach Schwere der Verurteilung) der Strafvermerk getilgt. Danach gilt der Verurteilte nicht mehr als vorbestraft.

Strafvollstreckung, die Strafverwirklichung bei rechtskräftigen Strafentscheidungen (Urteile, Strafbefehle usw.); Geldstrafen werden nach der Zivilprozessordnung vollstreckt; können sie nicht beigetrieben werden, so werden sie in Freiheitsstrafen umgewandelt. Die Durchführung der Freiheitsstrafen in den →Justizvollzugsanstalten wird **Strafvollzug** genannt. Vollstreckungsbehörde ist in Dtl. grundsätzlich die Staatsanwaltschaft, in amtsgerichtlichen Strafsachen der Amtsrichter, in Jugendsachen der Jugendrichter, in Steuerstrafsachen die Verwaltungsbehörde.

Veit Stoß. Der Englische Gruß (1517/18)

Strahl, √ von einem Punkt ausgehende Gerade.

Strahlen, ⚛ scharf gebündelte Energie- oder Teilchenströme. **Korpuskular-S.** (Teilchen-S.) sind z. B. Elektronen- und Ionen-S. sowie die aus dem Weltraum kommende Ultrastrahlung (→kosmische Strahlung). **Wellen-S.** sind z. B. Schall-S. (bes. im Gebiet des Ultraschalls) und elektromagnet. S. wie Licht-S., Röntgen-S., Gamma-S. u. a. Seit der Entdeckung der Wellennatur der Materie (→Wellenmechanik) und der Quantennatur des Lichts (→Quantentheorie) können S. sowohl in der einen als auch in der anderen Art beschrieben werden.

Strahlenbehandlung, Strahlentherapie, ⚕ Heilmaßnahmen durch Bestrahlung des Körpers oder einzelner Körperteile; i. w. S. rechnet man hierzu jede Anwendung elektromagnet. Wellen, einschließlich Mikrowellen, Kurzwellen, Infrarot- und Ultraviolettstrahlung und sichtbarem Licht, i. e. S. nur den Einsatz ionisierender Strahlen innerhalb der Radiologie (Röntgenbehandlung und Radionuklidtherapie wie die therapeut. Nutzung von Elektronen- und Neutronenstrahlen).

Strahlenbelastung, Belastung der Umwelt mit natürl. (Radon) und künstl. (v. a. radioaktiver) Strahlung.

Strahlenpilze, Gruppe von Bodenbakterien, die verzweigte Zellfäden bilden. Manche Arten binden als Knöllchenbakterien freien Stickstoff (z. B. **Actinomyces alni** in Wurzelknöllchen von Erlen); andere rufen Krankheiten bei Mensch und Tier hervor, z. B. Strahlenpilzkrankheit, oder bilden antibiot. Stoffe (z. B. **Streptomyces griseus** das Streptomycin).

Strahlensätze, √ wichtige Satzgruppe der Elementargeometrie: Werden die beiden von S ausgehenden Strahlen s_1 und s_2 von einem Paar paralleler Geraden in den Punkten A_1 und B_1 bzw. A_2 und B_2 geschnitten, so gelten folgende Gleichheiten: $\overline{SA_1}/\overline{SB_1}=\overline{SA_2}/\overline{SB_2}$ (1. Strahlensatz) und $\overline{SA_1}/\overline{A_1A_2}=\overline{SB_1}/\overline{B_1B_2}$ (2. Strahlensatz).

Strahlenschädigungen, Strahlenschäden, ⚕ Folgen von Ganz- oder Teilkörperbestrahlungen mit energiereicher Strahlung (z. B. Röntgen- oder Gammastrahlung, Elektronen, Protonen, Neutronen, α-Teilchen) so großer Dosis, dass sichtbare oder spürbare Wirkungen auftreten; auch bei Strahlenunfällen (z. B. Reaktorunfällen) oder Atombombenangriffen zu befürchten.

Strahlenschutz, Maßnahmen zum Schutz gegen Schädigungen durch Strahlungen aller Art, z. B. Abschirmung durch Absorptionsmaterial, Beschränkungen im Umgang mit radioaktiven Stoffen (S.-Verordnung) u. a. Für jede Strahlungsart besteht eine äußerste zulässige Strahlendosis **(Toleranzdosis),** die bei dauernder Bestrahlung nicht überschritten werden darf.

Strahlentherapie → Strahlenbehandlung.

Strahlentierchen → Radiolarien.

Strahltriebwerk, Düsentriebwerk, ein auf dem Rückstoß beruhendes Triebwerk für Fahrzeuge und Flugkörper. Das S. ist eine Gasturbine. Einem von vorn eintretenden Luftstrom wird bei höherem Druck als dem Außendruck Wärme zugeführt, und der Luftstrom wird mit größerer Geschwindigkeit als der Fahr- bzw. Fluggeschwindigkeit aus einer Düse nach hinten ausgestoßen. S. werden gebaut als Propeller-Turbinen-Luft-S., Stau-S. (Ramjet), Turbinen-Luft-S., Verpuffungs-S. (Schmidtrohr).

Strahlung, ⚛ Ausbreitung von → Strahlen.

Strahlungsdruck, ⚛ Druck, den eine Strahlung (z. B. Licht: **Lichtdruck**) ausübt, wenn sie absorbiert oder reflektiert wird.

Strahlungsgürtel, Van-Allen-Gürtel [væn ˈælɪn-], ringförmige Bereiche hoher Strahlungsintensität um die Erde. Der innere Van-Allen-Gürtel befindet sich etwa 1 000 bis 6 000 km, der äußere etwa 15 000 bis 25 000 km über dem Erdäquator, sie sind rotationssymmetrisch zur magnet. Erdachse und nahezu spiegelsymmetrisch zur magnet. Äquatorialebene. Zu den geomagnet. Polen verringert sich ihre Höhe. 1992 wurde ein 3. S. in etwa 12 000 km Höhe entdeckt.

Straits Settlements [ˈstreɪts ˈsetlmənts], 1867 bis 1946 brit. Kolonie, sie umfasste Malakka, Singapur, Penang.

Stralsund, kreisfreie Stadt in Meckl.-Vorp., 70 600 Ew., Hafenstadt am Strelasund der Ostsee, mit Rügendamm zur Insel Rügen; Marinetechnikschule der Bundeswehr (seit 1992 im Aufbau); spätgot. Rathaus, got. Backsteinkirchen; Fischverarbeitung, Schiff- und Maschinenbau. – S., früher Hansestadt (der **Friede von S.** 1370 sicherte der Hanse die polit. und wirtschaftl. Vormachtstellung in der Ostsee), wurde 1627 von Wallenstein vergeblich belagert; 1648 schwedisch, 1815 preußisch.

Stramin *der,* gitterartiges Gewebe in Leinwandbindung für Stickereien.

Strand, der im Wirkungsbereich der Wellen liegende Teil einer Küste.

Strand|distel → Mannstreu.

Strandhafer, Strandgerste, hohe Gräser auf Dünen, ohne Grannen, stellenweise zur Bodenbefestigung angepflanzt.

Strandläufer, meisen- bis amselgroße Schnepfenvögel; an dt. Küsten brütet nur der **Alpenstrandläufer.**

Strandsegeln, sportl. Wettbewerb mit drei- oder vierrädrigen Segelwagen auf Sandstränden oder Sandpisten.

Strangulation *die,* Erhängen, Erdrosseln.

Strass [nach dem frz. Juwelier G. F. Stras, * 1700, † 1773] *der,* stark lichtbrechendes Bleiglas; geschliffen zu Edelsteinimitationen verwendet.

Straßburg, frz. **Strasbourg** [strasˈbu:r], Hptst. des Elsass, Frankreich, an der Mündung der Ill, des Rhein-Marne- und Rhein-Rhône-Kanals in den Rhein, 256 000 Ew.; bedeutender Umschlagplatz; geistiger und wirtschaftl. Mittelpunkt des Elsass; Univ., seit 1992 die École Nationale d'Administration (ENA) u. a. Hochschulen, Bibliotheken, Museen, Rundfunksender; Bischofssitz (seit 1988 Erzbistum), Sitz des Europarats, des Europ. Parlaments. Die Altstadt (zählt zum Weltkulturerbe) wird überragt vom **Straßburger Münster,** einem Hauptwerk der Gotik; viele maler. Fachwerkhäuser und Renaissancebauten. Elektrotechn., Metall-, Holz-, Textil-, Leder-, Nahrungs- und Genussmittelind.; Brauereien, Verlage. – S. wurde 1262 Freie Stadt, war im 15./16. Jh. ein Mittelpunkt des dt. Humanismus und der Reformation. 1681 wurde S. von Frankreich okkupiert. 1871 bis 1918 war S. Hptst. des Reichslands Elsass-Lothringen; 1919 kam es wieder zu Frankreich.

Straßburger Eide, 842 abgelegter Bündnisschwur Ludwigs des Deutschen und Karls des Kahlen gegen Lothar I. Ludwig leistete den Eid in altfrz., Karl in althdt. Sprache.

Straße, planmäßig angelegter und befestigter Verkehrsweg. **S.-Recht** i. e. S. ist das → Wegerecht, i. w. S. auch das S.-Verkehrsrecht (→ Verkehrsvorschriften). In Dtl. unterscheidet man nach dem Träger der S.-Baulast 1) Bundesfern-S.: Bundesautobahnen und Bundes-S. (Bund), 2) Land-S. I. Ordnung (Länder), 3) Land-S. II. Ordnung (Landkreise und kreisfreie Städte), 4) Gemeinde-S. und -wege (Gemeinden). Sowohl der Bund als auch die Landkreise und die kreisfreien Städte haben ihre Verwaltungsaufgaben den Ländern übertragen. – Planmäßig angelegte S. hatten Ägypter, Babylonier, bes. die Perser. Meister des S.-Baus waren die Römer. Ein planmäßiger Wegebau begann wieder im 17. Jh., zuerst in Frankreich.

Stralsund
Stadtwappen

Straßenbahn, Trambahn, Kurzbez. **Tram,** Schienenbahn, deren Gleise auf Straßen verlegt sind (häufig auf eigenem Bahnkörper), mit elektr. Antrieb und Stromzuführung durch Oberleitung. Ihre verkehrspolit. Vorteile im Vergleich zur U-Bahn und zum Bus veranlassten zahlreiche Großstädte zum Ausbau oder zur Wiedereinführung der S. in jüngster Zeit.

Straßenbau, planmäßige Herstellung befestigter Verkehrswege für Straßenfahrzeuge. Der Straßenkörper besteht aus Unterbau und Fahrbahndecke. Der Unterbau ist meist die Packlage, für den schweren Verkehr ein 17 bis 22 cm hoher Betonkörper mit Längs- und Querfugen, um Risse zu verhüten. Die älteste Fahrbahndecke ist die Pflasterdecke. Bei Schotter- oder Makadamdecken wird auf die Packlage Schotter aufgewalzt, im einfachsten Fall wird er mit Sand eingeschlämmt (wassergebundene Decke), sonst mit Bitumen umhüllt (Mischdecke), oder das Bitumen wird nach dem Einbau zw. die Steine gegossen (Tränkdecke), oder es wird mit Bitumen umhüllter Splitt eingestreut und gewalzt (Streudecke). Bei Trass- und Zement-Schotterdecken wird der Schotter mit Trasskalkmörtel oder Zement gebunden. Asphaltbeton und Sandasphalt sind Gemische aus abgestuften Körnungen, denen im heißen Zustand ein Bindemittel zugemischt wird und die heiß (80 bis 180 °C) auf der Straße eingebaut und durch Walzen verdichtet werden.

Straßburg
Stadtwappen

Straßenverkehrsrecht → Verkehrsvorschriften.

Straßmann, Fritz, dt. Chemiker, * 1902, † 1980; Mitentdecker der Kernspaltung.

Strategic Defense Initiative [strəˈti:dʒɪk dɪˈfens ɪˈnɪʃɪətɪv], Abk. **SDI,** ⚔ seit 1983 Forschungsprogramm der USA zur Errichtung eines umfassenden, großenteils auch weltraumgestützten Abwehrsystems gegen ballist. Atomraketen; seit 1991 Umorientierung des Projekts mit dem Ziel einer »Kleinen SDI« (des neuen Programms Global Protection Against Limited

Meryl Streep

Strikes [Abk. GPALS]) zum Schutz gegen begrenzte Kernwaffenangriffe.

Strategie *die,* ⚔ höhere Kriegskunst; die Lehre von der Kriegführung, im Unterschied zur operativen Führung und zur Taktik.

strategische Waffen, ⚔ Waffensysteme mit Atomsprengkörpern (deshalb auch »strateg. Nuklearkräfte«), die aufgrund ihrer Reichweite (mindestens 5500 km) im Territorium eines Gegners dessen militärstrateg. Waffenpotenzial, höchste zivile und militär. Kommandozentralen sowie größere Bev.- und Ind.zentren zerstören können.

Stratford-upon-Avon ['strætfəd ə'pɒn 'eɪvən], Stadt in Mittelengland, am Avon, 21 000 Ew.; Geburts- und Sterbeort Shakespeares; jährliche Festspiele.

Stratosphäre *die,* Schicht der →Atmosphäre.

Stratus *der,* **Schichtwolke,** graue, gleichförmige Wolkenschicht mit tiefer Untergrenze; typ. Form des Hochnebels.

Franz Josef Strauß

Straube, Karl, dt. Kirchenmusiker, *1873, †1950; Organist und Thomaskantor in Leipzig. Verdienste um die Erneuerung des Orgelspiels.

Straubing, kreisfreie Stadt in Niederbayern, an der Donau, 42 100 Ew.; Zentrum des fruchtbaren Gäubodens; altes Stadtbild; elektron. Ind., Maschinen- und Fahrzeugbau, Herstellung von Sportartikeln.

Straus, Oscar, österr. Operettenkomponist, *1870, †1954; »Ein Walzertraum« (1907) u.a., daneben Filmmusik.

Strauß, zu den Straußenvögeln gehörender größter lebender Vogel (bis 2,60 m), mit langem Hals, hohen, kräftigen Beinen und ziemlich großen, fluguntaugl. Flügeln. Der S. lebt heute nur noch südlich der Sahara (v.a. Namibia, Rep. Südafrika); er läuft sehr schnell (60 bis 70 km/h).

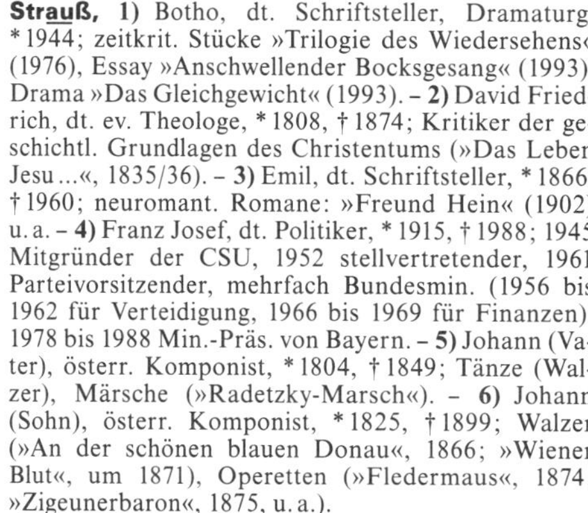

Strauß, 1) Botho, dt. Schriftsteller, Dramaturg, *1944; zeitkrit. Stücke »Trilogie des Wiedersehens« (1976), Essay »Anschwellender Bocksgesang« (1993), Drama »Das Gleichgewicht« (1993). – **2)** David Friedrich, dt. ev. Theologe, *1808, †1874; Kritiker der geschichtl. Grundlagen des Christentums (»Das Leben Jesu ...«, 1835/36). – **3)** Emil, dt. Schriftsteller, *1866, †1960; neuromant. Romane: »Freund Hein« (1902) u.a. – **4)** Franz Josef, dt. Politiker, *1915, †1988; 1945 Mitgründer der CSU, 1952 stellvertretender, 1961 Parteivorsitzender, mehrfach Bundesmin. (1956 bis 1962 für Verteidigung, 1966 bis 1969 für Finanzen), 1978 bis 1988 Min.-Präs. von Bayern. – **5)** Johann (Vater), österr. Komponist, *1804, †1849; Tänze (Walzer), Märsche (»Radetzky-Marsch«). – **6)** Johann (Sohn), österr. Komponist, *1825, †1899; Walzer (»An der schönen blauen Donau«, 1866; »Wiener Blut«, um 1871), Operetten (»Fledermaus«, 1874; »Zigeunerbaron«, 1875, u.a.).

Johann Strauß (Sohn)

Strauss, Richard, dt. Komponist, *1864, †1949; sinfon. Dichtungen (»Don Juan«, 1889; »Ein Heldenleben«, 1898), Opern (»Salome«, 1905; »Elektra«, 1909; »Der Rosenkavalier«, 1911; »Ariadne auf Naxos«, 1912 [3. Fassung unter dem Titel »Der Bürger als Edelmann«, 1918]; »Arabella«, 1933), Lieder, Kammermusik u.a.

Richard Strauss

Straußenvögel, Ordnung größerer flugunfähiger Laufvögel: Strauß, Emu, Kasuar, Nandu und die **Schnepfenstrauße** (Kiwi), früher auch Moa.

Straußfarn, bis 1,5 m hohes Farnkraut; fruchtbare Wedel sind wie Straußenfedern gekräuselt.

Straußwirtschaft, Besenwirtschaft, Heckenwirtschaft, in Österreich **Buschenschank,** der (zeitlich beschränkte) Ausschank selbst angebauten Weins oder Apfelweins durch den Erzeuger, angezeigt durch Aushang eines Straußes, Besens oder Kranzes.

Strawinsky, Igor Fjodorowitsch, russ. Komponist, *1882, †1971; lebte in Paris, dann in den USA; einer der führenden Vertreter der neuen Musik: Ballette

(»Der Feuervogel«, 1910; »Agon«, 1957), Opern, Orchester-, Chorwerke, Kammermusik.

Strebebogen, Schwib|bogen, ⌂ frei schwebender Bogen zw. Strebepfeiler und Hochschiffwand einer got. Kirche, leitet Druck der Gewölbe auf den Strebepfeiler ab.

Strebepfeiler, ⌂ Pfeiler zur Verstärkung von Mauern, die seitlichem Druck (Seitenschub) zu widerstehen haben.

Strecke, 1) ⚒ waagerechter Stollen größerer Länge. – **2)** Verkehrswesen: Gleisabschnitt zw. Haltestellen. – **3)** √ begrenzte gerade Linie.

Streckverband, Zugverband, ⚕ Verband bes. zur Behandlung von Knochenbrüchen, meist in Form der **Drahtextension,** bei der der Zug am Spannbügel eines durch den Knochen gebohrten Stahldrahts angreift, damit das Zusammenheilen ohne Verkürzung erfolgt.

Streep [stri:p], Meryl, eigentl. Mary Louise S., amerikan. Schauspielerin, *1949; Hauptrollen in den Filmen »Kramer gegen Kramer« (1979), »Jenseits von Afrika« (1985), »Der Tod steht ihr gut« (1992), »Das Geisterhaus« (1993), »Davor und danach« (1996).

Strehler, Giorgio, ital. Regisseur und Theaterleiter, *1921, †1997; bedeutende Goldoni-Inszenierungen, führte Dramen von Brecht am ital. Theater ein.

Streichen, 1) ⚓ Niederholen der Flagge, des Segels. – **2)** ⊕ die als Abweichung von der Nordrichtung in Grad angegebene Richtung der Schnittfläche einer geneigten geolog. Schichtfläche mit der Horizontalen.

Streicher, Julius, dt. Politiker (NSDAP), *1885, †1946 (hingerichtet); war maßgeblich am Hitlerputsch 1923 beteiligt; 1928 bis 1940 Gauleiter in Franken; fanat. Propagandist des Antisemitismus, seit 1923 Herausgeber des Hetzblatts »Der Stürmer«.

Streichgarn, Garn aus kurzen Fasern (Streich-Reißwolle); Ggs.: Kammgarn.

Streichholz →Zündholz.

Streich|instrumente, 𝄞 Musikinstrumente wie Geige (Violine), Bratsche (Viola), Violoncello, Kontrabass, Gambe, Fiedel u.a. Die Töne entstehen durch Streichen der Saiten mit einem Bogen.

Streichquartett, 𝄞 **1)** kammermusikal. Ensemble aus zwei Violinen, Viola und Violoncello. – **2)** eine Komposition für diese Besetzung.

Streik, Ausstand, gemeinsame, planmäßige Arbeitsniederlegung durch eine größere Zahl von Arbeitnehmern mit dem Ziel, Arbeitsbedingungen und Arbeitsentgelt zu verbessern **(sozialer S.)** oder polit. Forderungen durchzusetzen **(polit. S.).** Der **organisierte S.** wird von einer Gewerkschaft, der **wilde S.** unabhängig von den Gewerkschaften, meist gegen ihren Willen, durchgeführt. Beim **Sympathie-S.** wird zugunsten der Arbeitnehmer eines anderen Betriebs gestreikt. **Demonstrations-S.** und **Protest-S.** bezwecken häufig die Bekundung polit. Kampfbereitschaft. Beim **Sitz-S.** bleiben die Arbeitnehmer an ihren Arbeitsplätzen, verweigern aber die Arbeit, in abgeschwächter Form beim **Bummel-S.** Beim **Dienst nach Vorschrift** (im angelsächs. Sprachbereich **go slow**) wird durch genaueste Beachtung der Dienstvorschriften der Arbeitsablauf verzögert oder lahm gelegt mit dem Ziel, Gehalts- oder Lohnerhöhungen durchzusetzen. Beim **General-S.** stellen alle oder die meisten Arbeitnehmer eines Landes die Arbeit ein. – Das **S.-Recht** ist in vielen Staaten, so in einigen dt. Länder-Verf., anerkannt; das GG gewährleistet die Koalitionsfreiheit, aus der das S.-Recht für Arbeiter und Angestellte abgeleitet wird. Gegenmaßnahme der Arbeitgeber ist die →Aussperrung.

Streisand ['straɪsənd], Barbra Joan, amerikan. Filmschauspielerin, -regisseurin, Sängerin, *1942; »Yentl« (1983), »Herr der Gezeiten« (1991), »Liebe hat zwei Gesichter« (1996) u.a.

Streit|axt, beilartige Wurf-, Hiebwaffe; schon in vorgeschichtl. Zeit bekannt (auch Kultgerät).

Streitgenossenschaft, ⚖ mehrere Kläger oder Beklagte in einem Zivilprozess, die den Rechtsstreit gemeinsam führen.
Streitverkündung, ⚖ im Zivilprozess die schriftl. Aufforderung einer Prozesspartei an einen Dritten, gegen den sie im Falle des Unterliegens im Prozess einen Anspruch auf Gewährleistung zu haben glaubt oder von dem sie einen derartigen Anspruch befürchtet, dem Rechtsstreit (als Nebenintervenient) beizutreten.
Streitwagen, ein zweirädriger pferdebespannter Kriegswagen der Ägypter, Assyrer, Perser, Griechen; z. T. mit Sicheln an den Rädern.
Streitwert, ⚖ im Zivilprozess der Wert des Streitgegenstands (bei Anwaltsgebühren **Gegenstandswert,** bei Gerichtsgebühren **Geschäftswert**).
Strelitzen *Pl.,* im 16./17. Jh. Leibwache der russ. Zaren, durch Peter d. Gr. aufgelöst.
Streptokokken *Pl.,* Rundbakterien, die sich in Ketten vermehren; spielen als Milchsäurebakterien bei der Milchverarbeitung eine große Rolle; einige Arten sind Eiter- oder Krankheitserreger.
Streptomycin, ein Antibiotikum (→ Strahlenpilze).
Stresemann, Gustav, dt. Staatsmann, * 1878, † 1929; Nationalökonom; nach dem 1. Weltkrieg Gründer und Führer der Dt. Volkspartei, 1923 Reichskanzler, 1923 bis 1929 Reichsaußenmin.; beendete den passiven Widerstand im Ruhrkampf, suchte Verständigung mit Frankreich. Schuf durch Annahme des Dawesplans 1924 und durch die Locarno-Verträge 1925 die Basis einer Verständigungspolitik; erreichte den Eintritt Dtl.s in den Völkerbund 1926 und die vorzeitige Räumung des Rheinlands 1930. Friedensnobelpreis (mit A. Briand) 1926.
Stress *der,* Überbelastung körperl. oder seel. Art; ruft »Alarmreaktionen« des Körpers hervor.
Stretch [stretʃ] *der,* sehr dehnfähige, hoch elast. Web- und Wirkwaren.
Streuung, Abweichung der einzelnen statist. Werte vom Durchschnitt.
Streuvels [ˈstrø:vəls], Stijn, eigentl. Frank **Lateur,** fläm. Erzähler, * 1871, † 1969; schilderte flandr. Bauerntum; »Der Flachsacker« (1907); »Werkmenschen« (1926).
Strich, $^1/_{32}$ des Kompassumfangs = $11\,^1/_4°$.
Strichcode, Strichkode [-kɔd], aus unterschiedlich dicken, parallelen Strichen bestehendes, maschinelles Lesen ermöglichendes Verschlüsselungssystem für numer. Daten, z. B. Kennnummern von Warenartikeln. (→ EAN-System)
Strichvögel, Vögel, die in weitem Umkreis um ihr Brutgebiet auf Nahrungssuche umherschweifen; stehen zw. Stand- und Zugvögeln.
Stricker, Der S., mhdt. Dichter aus dem 13. Jh., aus Franken, lebte v. a. in Österreich; schrieb das Epos »Karl der Große« (um 1220).
Strigel, Bernhard, dt. Maler, * 1460/61, † 1528; Altartafeln und Bildnisse.
Strindberg [ˈstrindbærj], August, schwed. Dichter, * 1849, † 1912; nahm den Weg vom Naturalismus über den Individualismus (Einfluss Nietzsches) zur Mystik; gestaltete den Kampf der Geschlechter und die seel. Zerrissenheit. Romane: »Das rote Zimmer«, 1879, u. a. Schauspiele: »Der Vater«, 1887; »Fräulein Julie«, 1888; »Totentanz«, 1901; »Ein Traumspiel«, entstanden 1901; »Gespenstersonate«, 1907.
Striptease [ˈstrɪpti:z] *der,* Entkleidungsszene in Nachtklub, Bar, Revue.
Strittmatter, Erwin, dt. Schriftsteller, * 1912, † 1994; stilistisch ein konsequenter Vertreter des sozialist. Realismus. Seine wichtigsten Erzählwerke: »Der Wundertäter« (1957 bis 1980), »Ole Bienkopp« (1963), »Der Laden« (1983 bis 1992).
Stroboskop *das,* Gerät zur periodischen Unterbrechung oder Intensitätsänderung eines Lichtbündels, entweder durch Verdeckung (Blendenverfahren) oder durch Beleuchtung (Lichtblitzverfahren).
Strohblumen → Immortellen.
Strohmann, ⚖ Person, die anstelle einer andern vorgeschoben wird, z. B. als Käufer.
Stromboli, eine der → Liparischen Inseln.
Stromkreis, ⚡ in sich geschlossene elektr. Verbindung, besteht aus Stromquelle (z. B. Batterie), Stromverbraucher (z. B. Glühlampe, Messgeräte) und der elektr. Leitung (Drähten).
Stromlini|enform, Formgebung von Fahrzeugen, Flugzeugen, Schiffen, verhindert Wirbelbildung, verringert Luftwiderstand.
Strom|messer, Amperemeter, ⚡ Gerät zum Messen der elektr. Stromstärke.
Strømø [ˈsdrœmø:], **Streymoy,** Hauptinsel der Färöer, Dänemark, 392 km², 20 600 Ew.; Fischerei.
Stromrichter, ⚡ Sammelbezeichnung für Gleich- und Wechselrichter.
Stromschnelle, Flussstrecke mit starkem Gefälle, großer Strömungsgeschwindigkeit und geringer Wassertiefe, meist durch Felsgestein.
Stromstärke, ⚡ die Elektrizitätsmenge, die in 1 Sekunde durch den Leiterquerschnitt fließt; Einheit ist das **Ampere.**
Strömungslehre, Wiss. von den Bewegungsformen der Gase und Flüssigkeiten **(Aerodynamik, Hydrodynamik).** Die Bahnen, auf denen sich die Teilchen eines strömenden Mediums bewegen, heißen **Strömungslinien.**
Stromversorgung → Elektrizitätsversorgung.
Strontium *das,* Symbol **Sr,** chem. Element, Erdalkalimetall; OZ 38, D 2,67 g/cm³, Fp 769 °C; seltenes, silberweißes, weiches Metall, das sich in der Natur in Form seiner Verbindungen **Strontianit,** S.-Carbonat, $SrCO_3$, und **Zölestin,** S.-Sulfat, $SrSO_4$, findet. S.-Salze färben die Flamme karminrot; Verwendung in der Pyrotechnik und der Stahlindustrie, das radioaktive Isotop Sr 90 in der Nuklearmedizin. Es trägt als Folgeprodukt von Kernspaltungen (auch Reaktorunfall) durch Einbau in Knochen zur Strahlenbelastung bei.
Strophanthin *das,* ein aus den Samen verschiedener Strophanthusgewächse, giftiger trop. Kettersträucher, gewonnenes Glykosid (Mittel gegen Herzmuskelschwäche).
Strophe *die,* in der Verslehre ein in sich geschlossenes metr. Gebilde, das aus der Verbindung mehrerer Verszeilen besteht. S.-Formen werden nach äußerl. Kennzeichen unterschieden: Verszahl, Reimart, Versfuß u. a.
Strudel, Wasserwirbel mit trichterförmig abwärts saugender Spiraldrehung.
Strudelwürmer, meist im Wasser lebende Plattwürmer, Körper mit Flimmerhaaren besetzt; z. B. **Planarien,** bis 11 mm lang.
Struensee [ˈʃtru:ənze:], Johann Friedrich Graf v., dän. Staatsmann dt. Herkunft, * 1737, † (hingerichtet) 1772; wurde 1769 Leibarzt Christians VII., 1770 leitender Min., begann große Reformen im Geist der Aufklärung; 1772 wegen zu großer Machtfülle gestürzt.
Struktur *die,* Gefüge, innerer Aufbau, gegliederter Zusammenhang eines wirkl. oder gedachten Gegenstands, z. B. eines Kristalls, dessen innere Gliederung mit Röntgenstrahlen erforscht wird **(S.-Analyse). S.-Formel,** → chemische Symbole. In der Soziologie wird unter S. die **Sozial-S.** als relativ stabiles Ordnungsgefüge eines sozialen Systems verstanden. Die **Wirtschafts-S.** als das Verhältnis der Teile einer Volkswirtschaft zueinander und zur Gesamtwirtschaft wird bestimmt durch die Gliederung der Bevölkerung (Altersgliederung, Erwerbsintensität), die natürl. Ausstattung eines Gebiets, den Stand der Entwicklung von Technik und Wiss., die rechtl. Ordnung u. a. Die S.-

Gustav Stresemann

August Strindberg
Ausschnitt aus einer Lithographie von Edvard Munch (um 1900)

Erwin Strittmatter

Johann Friedrich Graf von Struensee

Psychologie untersucht den Zusammenhang von Erlebnissen in der Ganzheit einer seel. S.; sie wurde von W. Dilthey, F. Krueger ausgebildet.

Strukturalismus *der,* eine in den 1960er-Jahren von Frankreich ausgehende wiss. Denkweise, die Tatbestände in erster Linie aus ihrer Einbettung in einen Gesamtzusammenhang zu erklären sucht. Strukturen werden hierbei als überzeitl. Größen verstanden; histor. Wandel erscheint als bloße Veränderung der Grundstrukturen. Strukturalist. Methoden werden z. B. in Psychologie, Sprachwiss. und Völkerkunde (C. Lévi-Strauss) angewendet.

Struma *die,* ⚕ → Kropf 2).

Struma *die,* Fluss auf der Balkanhalbinsel (Bulgarien, Griechenland), mündet ins Ägäische Meer, 408 km lang.

Struwwelpeter [von strubbelig], Kinderbuch mit Versen und Bildern von H. Hoffmann (1847).

Strychnin *das,* sehr giftiges Alkaloid im Samen zweier Arten von trop. Strychnosgewächsen (z. B. Brechnuss); wirkt erregend auf das Zentralnervensystem und fand deswegen häufig in der Heilkunde Anwendung bei Lähmungen, bei Herz- und Kreislaufschwäche u. a. **S.-Vergiftung** zeigt sich an durch Steigerung sämtl. Reflexe mit folgenden Starrkrämpfen.

Stuart ['stjʊət], schott. Geschlecht, kam 1371 auf den schott., 1603 auch auf den engl. Thron. 1688 wurde Jakob II. gestürzt, die kath. Linie der S. endgültig 1701 von der Reg. ausgeschlossen. Die männl. Linie der S. erlosch 1807.

Stubaital, Hochtal der **Stubaier Alpen** in Tirol, Österreich; **S.-Bahn** von Innsbruck nach Fulpmes.

Stubbenkammer, Kreidefelsen an der NO-Küste Rügens, Meckl.-Vorp., mit altem Buchenbestand; Teil des Nationalparks Jasmund.

Stuhlweißenburg Stadtwappen

Stubenfliege, über die ganze Erde verbreitete Art der Vollfliegen; frisst an Nahrungs- und Genussmitteln, schadet durch Übertragen von Krankheits-, auch Fäulniserregern und Schimmelpilzsporen.

Stuck *der,* ⌂ Gemisch aus Sand, Wasser und Bindemitteln (Kalk, Gips, Leim); dient als Decken- und Wandverkleidung und zur Herstellung von Verzierungen an Decken, Wänden und Fassaden, auch zur Herstellung von Bildwerken.

Stuck, Franz v., dt. Maler, Bildhauer, Radierer, * 1863, † 1928; Stuckvilla (München): Versuch eines Gesamtkunstwerks im Jugendstil.

Stückgüter, Frachtgüter, die in einzelnen Stücken befördert werden.

Stückzinsen, Zinsen, die beim Kauf festverzinsl. Wertpapiere mit laufendem Zinsschein vom letzten Zinstermin bis zum Kauftag berechnet und zum Kurswert zugeschlagen werden.

Karl-Heinrich von Stülpnagel

stud., Abk. für lat. **studiosus,** Studierender, Student, z. B. stud. med., Student der Medizin.

Student *der,* Hochschüler. Alle S. einer Hochschule bilden die **Studentenschaft,** die durch die Allg. Studentenversammlung und den Allg. Studentenausschuss **(AStA)** vertreten ist. Im MA. schlossen sich die S. zu Landsmannschaften zusammen, im 18. Jh. kam es erstmals zu student. Verbindungen.

Studentenwerk, Einrichtung an Hochschulen im Rahmen der Studienförderung, heute meist als eingetragener Verein oder Anstalt des öffentl. Rechts geführt; zur wirtschaftl., gesundheitl. und kulturellen Betreuung, auch zur fachl. Beratung der Studierenden. Dachverband: Deutsches S. e. V., Sitz Bonn.

studentische Verbindungen, studentische Korporationen, Form des student. Gemeinschaftslebens an den Hochschulen des dt. Sprachgebiets.

studentische Vereinigungen, nach 1945 an den westdt. Hochschulen neben den student. Verbindungen gebildete, urspr. eng mit den polit. Parteien verbundene polit. Studentengruppen.

Studie *die,* **1)** wiss. Untersuchung. – **2)** Übungsarbeit, Vorarbeit, bes. für ein Kunstwerk.

Studienrat, Amtsbezeichnung für den Inhaber eines Lehramts an weiterführenden Schulen (v. a. Gymnasien und berufsbildenden Schulen). Voraussetzung zur Übernahme in den Staatsdienst sind das 1. und 2. Staatsexamen. Beförderungsstellen sind der Ober-S., der Studiendirektor und der Oberstudiendirektor.

Studienstiftung des deutschen Volkes e. V., gegr. 1925, wieder gegr. 1948, fördert den künstlerisch oder wiss. hoch begabten Nachwuchs; Sitz Bonn-Bad Godesberg.

Studio *das,* **1)** Arbeitsraum eines Künstlers. – **2)** Aufnahmeräume bei Rundfunk, Fernsehen, Film-, Tonträgerherstellung.

Studium *das,* **1)** Hochschulbesuch, -ausbildung. – **2)** systemat. wiss. Erforschen eines Sachverhalts.

Studium generale *das,* **1)** im MA. Bezeichnung für Hochschulen von nat. Rang. – **2)** Vorlesungen in allgemein bildenden Fächern für Studenten aller Fakultäten.

Stufe, **1)** Absatz, bes. in der Treppe. – **2)** ⚙ Arbeits- oder Antriebseinheit, z. B. bei mehrstufigen Turbinen, Pumpen, Mehrstufenraketen u. a. – **3)** ⊕ Unterabteilung einer stratigraph. Serie; entspricht der Lebensdauer einer bestimmten Tier- oder Pflanzengattung (Leitfossil).

Stufenausbildung, Form der Berufsausbildung im Baukastensystem mit selbstständigen Zwischenabschlüssen; gegliedert in berufliche Grund- sowie allg. und spezialisierte Fachausbildung.

Stufenbarren, Gerät des Kunstturnens für Damen mit einem hohen (230 cm hoch) und einem niedrigen (150 cm hoch) Holm.

Stufenschule, Organisationsmodell im Schulwesen, das sich nicht primär nach Schulformen oder -zweigen, sondern nach Alters- oder Bildungsstufen orientiert, z. B. Gesamtschulen mit fließenden Übergängen.

Stuhlweißenburg, ungar. **Székesfehérvár,** Stadt in Ungarn, zw. Budapest und Plattensee, 109 000 Ew.; Ind.stadt mit Fahrzeug-, Maschinen- und Gerätebau. Im MA. Krönungsstadt und Begräbnisort der ungar. Könige.

Stüler, Friedrich August, klassizist. dt. Baumeister, * 1800, † 1865; Berlin: Neues Museum (1843 bis 1856, nach Zerstörung im 2. Weltkrieg Wiederaufbau).

Stülpnagel, Karl-Heinrich von, dt. General, * 1886, † (hingerichtet) 1944; 1942 bis 1944 Militärbefehlshaber in Frankreich; Mitglied der Widerstandsbewegung gegen Hitler; organisierte für den 20. Juli 1944 den Umsturzversuch in Paris.

Stummabstimmung, das → Muting während des Sendersuchlaufs bei Radiogeräten.

Stummfilm, vor Entwicklung des Tonfilms der Film, der die Handlung ohne Ton, nur durch das Bild (und Zwischentexte) wiedergibt (bis etwa 1929). Der S. erhielt nur »von außen« – durch Erklärer oder Pianisten – eine akust. Komponente.

Stummheit, ⚕ → Taubstummheit.

Stumpen *der,* nicht zugespitzte Zigarre ohne Deckblatt.

Stumpf, Carl, dt. Philosoph, Psychologe, Musikforscher, * 1848, † 1936; Vorbereiter der Gestaltpsychologie.

Stundenbuch, enthält die Laiengebete für die einzelnen Tageszeiten.

Stundenkilometer, U Bezeichnung für die Geschwindigkeitseinheit Kilometer je Stunde (km/h).

Stundung, ⚖ vertragl. Hinausschieben der Fälligkeit eines Anspruchs.

Stuntman ['stʌntmən] *der,* Schauspielerdouble für gefährl. Szenen und akrobat. Leistungen.

Stupa *der,* buddhist., meist hügelförmiger Sakralbau.

Sturlunga saga, Sammlung isländ. Erzählungen (12./13. Jh.), die Islands Gesch. bis zur Einverleibung durch Norwegen (1262) darstellen.

Sturm, Wind von mindestens Stärke 9 (18 und mehr m/s). An der Küste werden als **S.-Warnungszeichen** schwarze Bälle oder Kegel, bei Nacht rote und weiße Lichter gezeigt. **S.-Flut,** durch ständig gegen die Küste wehenden S. erzeugter bes. hoher Wasserstand des Meers.

Stürmer, 1) Angriffsspieler beim Fußball u.a. – **2)** eine Studentenmütze.

Sturm und Drang, Geniezeit, die nach einem Drama F. M. Klingers benannte Umbruchphase der dt. Literatur um 1775, schuf, ausgehend von J. G. v. Herders ästhet. Ideen, einen neuen Typus des Dramas (Ablehnung der Einheit von Zeit, Raum und Handlung, ausdrucksstarke Prosasprache). Vertreter: J. M. R. Lenz, Klinger, der junge Goethe. Auch Schillers »Räuber« (1782) werden zum S. u. D. gezählt.

Sturmvögel, sehr gewandt fliegende Vögel, mit langen Flügeln und Schwimmfüßen, kommen nur zum Brüten ans Land; z. B. Albatrosse, Sturmschwalben.

Sturzo, Don S., Luigi, eigentl. L. **Boscarelli,** ital. kath. Priester, *1871, †1959; gründete 1919 den christl.-demokrat. Partito Popolare Italiano.

Stute, weibl. Tier von Pferd, Esel, Zebra und Kamel.

Stuttgart, 1) Reg.-Bez. in Bad.-Württ., 10558 km², 3,49 Mio. Ew.; Hptst.: Stuttgart. – **2)** Hptst. des Lands Bad.-Württ., am Neckar, 551900 Ew. Um den alten Stadtkern im Talkessel entstanden an den Hängen und auf den umliegenden Höhen neuere Wohnviertel und Ind.vororte. Bauwerke: u. a. Stiftskirche (14./15. Jh.), Altes (v. a. 1553ff.) und Neues Schloss (1746ff.); Hauptbahnhof von P. Bonatz (1911 bis 1927). Univ. S. und Hohenheim, Fachhochschulen, Fachschulen; Museen, Theater und Rundfunksender. Industriezentrum mit Textil-, feinmechan., Maschinen-, Werkzeug-, Elektro- (Bosch), Kraftwagen- (Daimler-Benz), Kartonagen-, Möbel-, chem., Nahrungsmittel-, Leder-, Musikinstrumentenind.; Buchverlage und graf. Gewerbe; Obst- und Weinbau. Neckarhafen, ✈. Mineralquellen in den Vororten Bad Cannstatt und Berg. – S. ist seit 1250 Stadt.

Stutzen, 1) kurzes Jagdgewehr. – **2)** Strumpfgamasche ohne Fuß.

Stützgewebe, Bindegewebe, Knorpel, Knochen.

Styling ['staılıŋ] *das,* (industrielle) Formgestaltung.

Styliten → Säulenheilige.

Stymphalos, antike Stadt in NO-Arkadien, in der Sage berühmt durch die **Stymphal. Vögel,** die mit ihren Federn Menschen erschossen; Herakles tötete sie.

Styrax, subtrop. und trop. Gehölzgattung; viele Arten liefern wohlriechende Harze.

Styrol *das,* Derivat des Benzols; Ausgangsstoff des Polystyrols.

Styx *die,* dt. fälschlich *der,* griech. Sage: Fluss der Unterwelt.

Suaheli, Swahili, islamisierte Mischbevölkerung aus Arabern und der Küsten-Bev. O-Afrikas, zw. Somalia und Moçambique; hoch entwickelte Kultur. Ihre Sprache, das S. (auch **Kisuaheli, Kiswahili**), gehört zu den Bantusprachen und ist bes. mit arab. und engl. Fremdwörtern durchsetzt; sie ist Handels- und Verkehrssprache in O-Afrika, Amtssprache in Tansania, Kenia und Uganda.

Suárez ['suarεθ], Francisco, span. Jesuit, *1548, †1617; Spätscholastiker; Werke über die Gnaden- und Rechtslehre.

Suárez González ['suarεð ɣɔn'θalεθ], Adolfo, span. Politiker, *1932; leitete als 1. demokrat. Min.-Präs. Spaniens nach F. Francos Tod (1976 bis 1981) den Demokratisierungsprozess ein.

sub|ant|arktisch, an die Antarktis grenzend.

sub|arktisch, an die Arktis grenzend.

Subiaco, ital. Stadt in der Prov. Rom, 8900 Ew.; Anfang des 6. Jh. verfasste Benedikt von Nursia hier seine Ordensregel und gründete 12 kleine Klöster; Burg (Rocca) des 11. Jh., Klöster Santa Scolastica und Sacro Speco oder San Benedetto (Kirche mit Fresken des 13./14. Jh.).

Subjekt *das,* **1)** Ⓢ Satzgegenstand. – **2)** Ⓟⓗ das Ich, sofern es sich erkennend, wahrnehmend, wollend einem Nicht-Ich, einem Gegenstand (→ Objekt), gegenüberfindet. Der **Subjektivismus** leugnet allgemein gültige Werte sowie die Möglichkeit objektiver Erkenntnis.

Subjektivität *die,* persönliche Auffassung; Vorherrschen persönlich gefärbter Urteile.

Subkultur, eine relativ eigenständige Kultureinheit innerhalb eines größeren Kulturganzen (z. B. bestimmte ethn., auch schicht- oder altersspezif. Gruppen), die Teile der Gesamtkultur enthält, dazu aber neue oder überbetont entlehnte Elemente entwickelt.

subkutan, ⚕ unter der Haut befindlich.

Sublimation *die,* direkter Übergang eines festen Stoffs in den gasförmigen Zustand. Das bei der Umkehrung des Vorgangs entstehende feste Destillat heißt **Sublimat.**

Sublimierung, Verwandlung in Höheres, Veredlung, z. B. von sinnl. Begehren in Verehrung.

Submission *die,* **1)** Unterwerfung, Unterwürfigkeit. – **2)** Vergabe bes. öffentl. Arbeiten durch Ausschreibung **(Verdingung).**

Sub|ordination *die,* Unterordnung; Gehorsam.

Subotica ['subɔtitsa], früher **Maria-Theresiopel,** Stadt in Serbien, in der Batschka, an der Grenze zu Ungarn, 154600 Ew.; Metall-, Leder-, Leinenind., Handel.

Stuttgart
Stadtwappen

subpolar, an die Polarzone grenzend.

Subsidiaritätsprinzip, Grundsatz, wonach im Gemeinschaftsleben die jeweils übergeordnete Gemeinschaft die Wirkungsmöglichkeiten der untergeordneten anerkennen muss und nur die Aufgaben an sich ziehen soll, die von dieser nicht erfüllt werden können.

Subsidi|en, 1) bei den Römern: Reserve-, Hilfstruppen. – **2)** Hilfsgelder oder -mittel (Truppen, Kriegsmaterial), die ein Staat einem anderen zur Verfügung stellt.

Subskription *die,* Übernahme der Verpflichtung zur Abnahme neuer Wertpapiere oder eines Buches, das erst erscheinen soll.

Substantiv, Substantivum *das,* Ⓢ das Hauptwort. Wortart, die Gegenständlichkeit ausdrückt (Personen, Lebewesen, Gegenstände).

Substanz *die,* **1)** Stoff, Masse. – **2)** das Wesentliche, Wichtige einer Sache; Ⓟⓗ was Träger von Eigenschaften ist und im Wechsel beharrt; das Wesentliche im Ggs. zum Zufälligen; auch das Selbstständige.

Substitut *der,* Ersatz, Surrogat; Stellvertreter, Verkaufsleiter.

Substitution *die,* **1)** die Ersetzbarkeit eines wirtschaftl. Gutes durch andere. Bei Preissteigerungen verlagert sich ein Teil der Nachfrage auf andere, meist billigere Güter **(S.-Güter),** z. B. von Brot auf Kartoffeln. – **2)** wechselseitiger Austausch von Atomen oder Atomgruppen eines Moleküls. – **3)** √ Einsetzen einer Größe oder Reihe von Größen für eine andere Größe oder Reihe anderer Größen, um eine gestellte Aufgabe zu vereinfachen oder die Gleichwertigkeit verschiedener math. Gegenstände zu zeigen. – **4)** ⚕ **S.-Therapie,** der arzneil. Ersatz eines vom Körper selbst nicht mehr ausreichend gebildeten Stoffs, z. B. eines Hormons oder eines Enzyms. – **5)** ⚖ **S.-Recht,** das Recht zur Erteilung einer Untervollmacht.

Substrat *das,* Grundlage, Unterschicht, Keimboden.

Subsumtion *die,* Unterordnung von Begriffen unter einen Oberbegriff.

Subtraktion *die,* √ das Abziehen (→ Grundrechnungsarten).

Subtropen, Übergangsgebiete vom heißen zum gemäßigten Klima.
Subvention *die,* aus öffentl. Mitteln gezahlte zweckgebundene Unterstützungszahlungen an einzelne Privatunternehmen oder bestimmte Wirtschaftszweige (z. B. Landwirtschaft).
subversiv, umstürzlerisch; zerstörend.
Sucht, Zustand, der durch wiederholten Gebrauch von Drogen (Rauschgifte, Arzneimittel) oder Alkohol hervorgerufen werden kann; gekennzeichnet durch seel. und körperl. Abhängigkeit vom Stoff sowie die Notwendigkeit, die Dosis ständig zu steigern, um die Wirkung zu erhalten. Da nicht alle S.-Arten diese Kennzeichen aufweisen, spricht man laut WHO statt von Drogen-S. besser von **Drogenabhängigkeit.**
Suchtkrankenhilfe, Betreuung Süchtiger im Zusammenwirken von öffentl. Einrichtungen und privaten Selbsthilfegemeinschaften (Anonyme Alkoholiker, Guttemplerorden, Releasecenters, d. h. Drogenberatungsstellen, u. a.). Ziel: Erfassung, Beratung, Heilung und Wiedereingliederung. Dachverband in Dtl. ist die Dt. Hauptstelle gegen Suchtgefahren (DHS), Hamm.
Sucre, Hptst. Boliviens (Regierungssitz: La Paz), 86 600 Ew.; Universität, Erzbischofssitz.

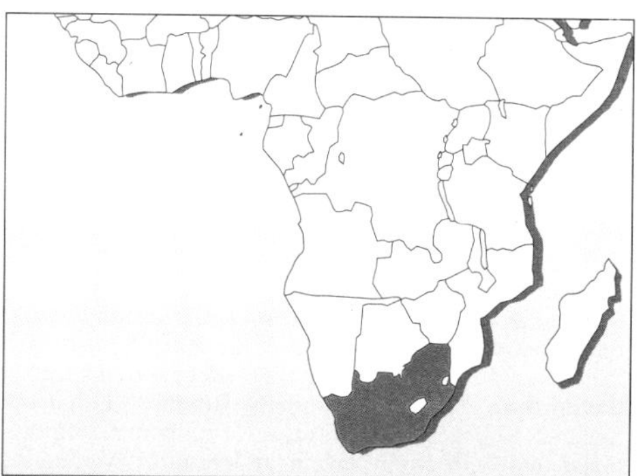

Südafrika

Staatswappen

Staatsflagge

Internationales Kfz-Kennzeichen

Südafrika, Rep. im S Afrikas, am Atlant. und Ind. Ozean, 1,127 Mio. km², 37,2 Mio. Ew.; Hptst.: Pretoria, Sitz des Parlaments: Kapstadt; Amtssprachen: Afrikaans, Englisch, Ndebele, Pedi, Sotho, Swazi, Tsonga, Tswana, Venda, Xhosa, Zulu.
Verfassung. Seit 1961 Rep., seit 1994 mit 9 Prov.: Gauteng, Kwazulu/Natal, Mpumalanga, Nordkap, Nord-Transvaal, Nordwesten, Oranjefreistaat, Ostkap, Westkap. Die Verf. von 1997 sieht ein Zweikammerparlament vor (Nationalversammlung und Nationalrat der Prov.). Die vollziehende Gewalt übt der von der Nationalversammlung gewählte Präs. aus, der zugleich die Reg. führt. Das Kabinett wird aus Vertretern der Parteien gebildet, die mindestens 5% der Stimmen erringen.
Landesnatur. Das Innere von S. ist eine muldenförmige Hochfläche (900 bis 1200 m), deren hochgebirgsartige Randstufe (Drakensberge 3 482 m) steil zur Küstenebene abfällt. Im S die Trockensteppe der Karru und die Faltenzüge der Kapketten. Hauptflüsse: Oranje, Vaal, Limpopo. Klima subtropisch, warme Sommer, milde Winter.
Bevölkerung. 67,2% Bantu, 18,7% Weiße, 10,7% Mischlinge, 3,3% Asiaten. 14 Großstädte. Religion: rd. 80% Christen, Naturreligionen, 5% Hindus, Muslime, Juden u. a.
Wirtschaft. Anbau von Mais, Zitrusfrüchten, Zuckerrohr, Baumwolle, Tabak, Wein u. a.; Viehzucht (bes. Schafe); Fischerei. Reiche Bodenschätze: Gold, Diamanten, Uran, Platin u. a. NE-Metalle, Kohle, Eisen. Bedeutende Ind., in der alle Zweige vertreten sind. Ausfuhr: Bergbau- und Ind.erzeugnisse, Wolle, Nahrungsmittel. Haupthandelspartner sind Großbritannien, USA, Dtl., Japan. Leistungsfähiges Eisenbahn- und Straßennetz, bedeutende Handelsflotte. ⚓: Durban, Kapstadt, Port Elizabeth, East London; internat. ✈: Johannesburg, Durban, Kapstadt.
Geschichte. Kernland ist die 1652 als niederländ. Siedlung entstandene Kapprovinz, die 1806 von den Engländern erobert wurde. Nach dem Burenkrieg 1899 bis 1902 wurde sie 1910 mit Natal, dem Oranjefreistaat und Transvaal zur Südafrikan. Union vereinigt (Dominionrang). 1920 erhielt diese das ehem. Dt.-Südwestafrika als Mandatsgebiet. Die englandfreundl. Südafrikan. Partei (L. Botha, J. C. Smuts) regierte 1910 bis 1924 und 1939 bis 1948, danach die Nationale Partei unter D. Malan, J. E. Strijdom, H. F. Verwoerd, B. J. Vorster, deren Politik der Apartheid (u. a. Bildung von »Autonomstaaten« und »Homelands« für die schwarze Bev.) zu innen- und außenpolit. Konflikten führte. Die Reg. unter P. W. Botha (1978 bis 1989) bemühte sich vergebens, die Apartheidspolitik aus ihren dogmat. Formen zu lösen. Den von ihr in Gang gebrachten Prozess führte F. W. de Klerk (1989 bis 1994) fort. Er setzte die Wiederzulassung des schwarzafrikan. »African National Congress« (ANC) und die Freilassung des schwarzafrikan. Widerstand symbolisierenden N. Mandela durch. Nach langwierigen Verhandlungen stimmte S. der Unabhängigkeit Südwestafrikas als Namibia (1990) zu. 1991 bis 1993 wurden die Apartheidgesetze abgeschafft; ein Referendum bestätigte im März 1992 Präs. de Klerks Politik einer schrittweisen, gleichberechtigten Reg.-Beteiligung aller ethn. Gruppen; eine Allparteienkonferenz erarbeitete 1993 eine neue Verf. 1994 eskalierten Auseinandersetzungen zw. Anhängern des ANC und der Zulu-Bewegung Inkatha. Die Wahlen vom April 1994 gewann der ANC mit mehr als 60% der Stimmen. Staatspräs.: N. Mandela (seit Mai 1994).
Südamerika, südl. Teil des amerikan. Erdteils, südlich der Landenge von Panama; rd. 18 Mio. km².
Landesnatur. Auf der W-Seite wird S. von den Kordilleren (Aconcagua 6 959 m) durchzogen. Auf der O-Seite finden sich Mittelgebirge und Tafelländer; dazwischen große Tiefländer (am Amazonas, Paraguay-Paraná, Orinoco, den bedeutendsten Strömen in S.). S. gehört großenteils der trop. Klimazone an (im Amazonasgebiet feuchtheiß, nördlich und südlich davon Savanne und Steppe); im S reicht es weit an das Südpolargebiet heran. Im Hochgebirge kühl. Das Argentinische Tiefland hat Grassteppe (»Pampa«);

Südamerika
(staatliche Gliederung)

Staat	Fläche (in 1000 km²)	Ew. (in 1000)
Argentinien	2780	33100
Bolivien	1099	7524
Brasilien	8512	154113
Chile	757	13232
Ecuador	273	11055
Guyana	215	808
Kolumbien	1139	33392
Paraguay	407	4124
Peru	1288	22451
Surinam	164	417
Uruguay	176	3117
Venezuela	912	20186
Nichtselbstständige Gebiete		
Frankreich:		
Französisch-Guayana	91	104
Großbritannien:		
Falklandinseln	12,2	2,1

Trockengebiete an der W-Küste (Atacama-Wüste) und im SO. Tierwelt reich an einheim. Arten (Lama, Alpaka, Tapir, Jaguar, Puma u. a.).
Bevölkerung. Indianer leben v. a. in den Kordillerenstaaten, Reste im Amazonasgebiet und im Gran Chaco. Viele Weiße in Argentinien, Uruguay, S-Brasilien; Schwarze in NO-Brasilien, Asiaten in Guayana; sonst überwiegend Mischlinge. Religion: überwiegend röm.-katholisch.
Wirtschaft. S. ist Großerzeuger von landwirtschaftl. Rohstoffen und Nahrungsmitteln (Kaffee, Getreide, Zuckerrohr, Fleisch, Wolle) und hat bedeutende Bodenschätze: Erdöl, Kupfer, Zinn, Wolfram, Antimon, Bauxit, Eisen, Mangan, Blei, Salpeter. Viele südamerikan. Länder entwickeln zunehmend eigene Industrien.

Sudan *der*, **Sudanzone,** Großlandschaft im Übergangsgebiet zw. Sahara und trop. Regenwald Innerafrikas, im W vom Atlant. Ozean, im O vom Äthiop. Hochland begrenzt; Dornbusch-, Trocken- und Feuchtsavanne mit hohen Temperaturen und Sommerregen. Im N überwiegt Viehzucht, im S Ackerbau.

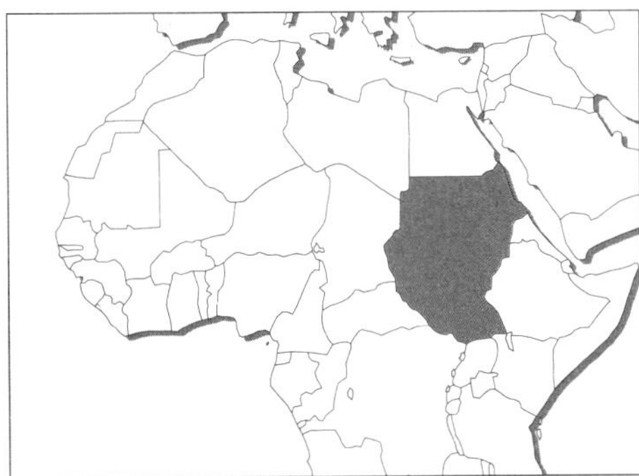

Sudan, Rep. beiderseits des oberen Nils, 2,5 Mio. km², 26,66 Mio. Ew.; Hptst.: Khartum; Amtssprache: Arabisch. Die Verf. von 1973 wurde 1989 suspendiert. Staatsoberhaupt ist der Vors. des als Reg. fungierenden 12-köpfigen Revolutions-Kommandorates. Die Legislative liegt beim 1992 vom Staatsoberhaupt ernannten Übergangsparlament.
Landesnatur. Überwiegend Hochland; meist Savanne, im N Wüste (Nubien), im zentralen S Überschwemmungs- und Sumpfland.
Bevölkerung. Im N Muslime (Araber, Nubier, Bedja u. a.), im S Anhänger von Naturreligionen (Dinka, Nuer u. a.), z. T. christianisiert.
Wirtschaft. Anbau (z. T. Bewässerung): Baumwolle, Hirse, Erdnüsse, Sesam, Zuckerrohr; Gewinnung von Gummiarabikum. Viehhaltung (z. T. nomadisch); Nahrungsmittelindustrie. Haupthandelspartner sind Großbritannien, Indien, Italien. Seehafen: Port Sudan; internat. ✈: Khartum.
Geschichte. S. war 1899 bis 1955 brit.-ägypt. Kondominat. Es wurde am 1. 1. 1956 unabhängig. Kulturelle und religiöse Gegensätze zw. Nord- und Süd-S. führten zum Bürgerkrieg. Staatspräs. (nach Militärputsch 1989): O. H. Ahmad al-Bashir.

Sudanvölker, zusammenfassend für die ethnisch und sprachl. vielfältigen Völker des Sudans. Die wichtigsten sind: Hausa, Fulbe, Mandingo, Mosi, Kanuri.

Sudbury ['sʌdbərɪ], Stadt in Kanada, 90 000 Ew.; Univ.; Mittelpunkt eines großen Nickelminengebietes (auch Kupfer, Gold, Silber und Platin).

Südchinesisches Meer, Randmeer des westl. Pazifik, zw. S-China, Hinterindien, Borneo und den Philippinen; bis 4614 m tief.

Süddeutschland, Gebiete südlich der mitteldt. Gebirgsschwelle: die Oberrhein. Tiefebene mit ihren Randgebirgen, die schwäbisch-fränk. Schichtstufenlandschaften, das Alpenvorland und die dt. Alpen.

Süden, Mittag, die Himmelsgegend des höchsten Sonnenstands. **Südpunkt** oder **Mittagspunkt** heißt der Schnittpunkt des Mittagskreises mit dem südl. Gesichtskreis.

Sudeten *Pl.*, Gebirgszug zw. Schlesien und Böhmen, 300 km lang, 30 bis 60 km breit. Teile: **West-S.** mit Iser-, Riesen-, Bober-Katzbach-Gebirge; **Innersudet. Mulde** mit Waldenburger Bergland, Eulen-, Heuscheuer-, Adler-, Glatzer, Reichensteiner Gebirge; **Ost-S.** mit Altvatergebirge, Mähr. Gesenke. Viele Heilquellen.

Sudetendeutsche, 1902 geprägter Name für die Deutschen in Böhmen und Mähren, 1935: 3,1 Mio. Die S. waren im 12./13. Jh. aus Bayern, Franken, Sachsen, Schlesien eingewandert, gehörten 1526 bis 1918 zu Österreich, dann zur Tschechoslowakei, seit dem Münchener Abkommen 1938 zum Dt. Reich (Sudetenland). 1945 wurden die S. verfolgt und vertrieben; viele kamen dabei um. Etwa 2,6 Mio. wurden in Dtl. aufgenommen; etwa 100 000 blieben im Land.

Sudetenland, ehem. dt. Reichsgau, 1938 gebildet aus den von der Tschechoslowakei abgetretenen sudetendt. Gebieten; 1945 an die Tschechoslowakei zurückgefallen.

Südholland, mittlere der westl. Küstenprov. der Niederlande, 3 326 km², 3,22 Mio. Ew.; Hptst.: Den Haag.

Südliches Kreuz, Kreuz des Südens, Sternbild der südl. Halbkugel.

Südostasiatischer Sicherheitsvertrag, engl. **South-East Asia Treaty Organization,** Abk. **SEATO,** Verteidigungsbündnis, abgeschlossen in Manila (1954) von den USA, Frankreich, Großbritannien, Australien, Neuseeland, Pakistan, den Philippinen und Thailand. 1977 aufgelöst.

Südosteuropa, etwa das Gebiet der heutigen Staaten Slowenien, Kroatien, Bosnien und Herzegowina, Makedonien, Montenegro, Ungarn, Rumänien, Bulgarien, Albanien, Griechenland, der europ. Türkei; somit die Balkanhalbinsel und das Gebiet von der mittleren Donau bis zum Schwarzen Meer.

Südpol, südlichster Punkt der Erdachse, → Pol.

Südpolargebiet → Antarktis.

Südpolarmeer, Südliches Eismeer, antarkt. Teile des Atlant., Ind., Pazif. Ozeans.

Südtirol, ital. **Alto Adige** [- 'a:didʒe], 1948 bis 1972 amtl. dt. Bez. **Tiroler Etschland,** südlich des Brenners gelegener Teil der ehem. Grafschaft Tirol; entspricht der ital. autonomen Provinz Bozen innerhalb der autonomen Region Trentino-Südtirol; 7400 km², 438 400 Einwohner.
S. wurde im frühen MA. vom baier. Stamm besiedelt. Im 19. Jh. wurde der Name S. auch auf die heutige Prov. Trient ausgedehnt. 1919, als das Gebiet an Italien kam, gebrauchte man S. nur noch für das urspr. deutsch besiedelte Gebiet. Nach 1945 blieb S. bei Italien und wurde ein Teil der Region Trentino-Südtirol, die eine gewisse Autonomie zugestanden bekam. Erneute Verhandlungen zw. Italien und Österreich erreichten 1969 für die Prov. Bozen die Gesetzgebungskompetenz auf personal-, wirtschafts- und sozialpolit. Gebiet. 1971 wurden hierzu weitere Abkommen geschlossen. 1992 wurden die noch strittigen Punkte des Autonomiestatus zw. Italien und Österreich völkerrechtlich durch Hinterlegung von diplomat. Noten bei der UNO geklärt und der S.-Konflikt offiziell beendet.

Süd-Victoria-Land, Teil der O-Antarktis (Südpolargebiet), von Australien beansprucht.

Südwestafrika → Namibia.

Südwester, Seemannshut aus geölter Leinwand.

Sue [sy], Eugène, frz. Schriftsteller, * 1804, † 1857; Schöpfer des Feuilletonromans.

Sueben, die → Sweben.

Sudan

Staatswappen

Staatsflagge

Sueton, eigentl. Gaius **Suetonius Tranquillus,** röm. Schriftsteller, *um 70 n. Chr., †nach 140; verfasste Lebensbeschreibungen röm. Kaiser und bedeutender röm. Persönlichkeiten.

Suez, arab. **As-Suwais,** Hafenstadt in Ägypten, am südl. Ausgang des Suezkanals, 265 000 Ew.; Erdölraffinerien.

Suharto

Suezkanal, 1859 bis 1869 nach Plänen des Österreichers A. v. Negrelli durch F. de Lesseps erbaute schleusenlose Großschifffahrtsstraße durch die Landenge von Suez zw. Mittelmeer (Port Said) und Rotem Meer (Suez), 195 km lang, 20 m tief. Der S. kürzt den Seeweg von Europa nach Vorderindien und Ostasien ab (London–Bombay um 8 800 km). Eigentümerin des S. war, befristet bis 1968, die **S.-Gesellschaft,** eine 1859 gegr. Gesellschaft ägypt. Rechts mit Sitz in Paris; das Aktienkapital war zu 37,5 % im Besitz der brit. Regierung. 1956 wurde die S.-Gesellschaft, die die Kanalgebühren erhob, von Ägypten verstaatlicht. Dies führte 1956 zu anglo-frz. militär. Operationen im Gebiet des S. und zum israel. Sinaifeldzug **(Suezkrise).** 1967 bis 1975 war der Kanal als Folge des israelisch-arab. »Sechstagekriegs« vom Juni 1967 gesperrt.

Süffisance [-ˈzãs] *die,* Selbstgefälligkeit, Dünkel.

Suffix *das,* Nachsilbe.

Suhl
Stadtwappen

Suffragan *der,* der einem Metropoliten unterstellte Diözesanbischof.

Suffragetten, Bez. für die militanten Mitgl. der brit. Frauenbewegung vor 1914; Hauptziel war das Stimmrecht (lat. suffragium) für Frauen.

Sufismus *der,* myst. Richtung im Islam, die sich seit dem 9. Jh. durchsetzte und Ausdruck in der islam. Dichtung fand.

Suggestion *die,* gezielte Beeinflussung von Gefühlen, Urteilen, Willensentschlüssen bei andern **(Fremd-S.)** oder bei sich selbst **(Auto-S.).** Die Beeinflussbarkeit **(Suggestibilität)** ist bei Kindern größer als bei Erwachsenen. Der **Massen-S.** bedient sich die polit. Propaganda und die Werbung. In der Medizin wird die S. als Heilmittel angewendet (→Hypnose).

Suggestivfragen legen eine bestimmte Antwort nahe (vor Gericht nicht erlaubt).

Suharto, indones. General, *1921; 1962 Kommandant der Truppen zur Befreiung W-Neuguineas, entmachtete allmählich A. Sukarno; übernahm 1966 die Reg.-Gewalt, 1967 die Funktion des Präs. in Indonesien, wurde 1968 zum Staatspräs. gewählt.

René François Armand Sully Prudhomme

Suhl, Stadt im Thüringer Wald, Thür., 56 100 Ew.; Heimat- und Waffenmuseum; Freilichttheater. Jagd- und Sportwaffenproduktion; Solquelle. Spätgot. Hauptkirche (15. und 18. Jh.).

Sühneversuch, Güteversuch, ⚖ Versuch, einen Rechtsstreit gütlich beizulegen. Im Zivilprozess soll das Gericht in jeder Lage des Verfahrens auf einen S. bedacht sein. Im Strafprozess ist Erhebung der Privatklage erst nach erfolglosem S. statthaft.

Suhrkamp Verlag KG, gegr. 1950, gibt Welt- und zeitgenöss. Literatur, Philosophie, Gesamt- und Werkausgaben, Reihen und Zeitschriften heraus; Sitz Frankfurt am Main.

Suisse [svis], **La S.,** frz. für Schweiz.

Suite [ˈsviːtə] *die,* **1)** Folge, Reihe. – **2)** Zimmerflucht im Hotel. – **3)** 𝄞 ital. **Partita,** Instrumentalstück: Folge von Einzelstücken (meist Tänze) und Bewegung.

Suizid *der* oder *das,* der Freitod (→Selbstmord).

Sujet [syˈʒɛ] *das,* Gegenstand, Thema (einer künstler. Darstellung).

Sukarno, Achmed, indonesischer Politiker, *1901, †1970; rief 1945 die Rep. Indonesien aus und erreichte die Anerkennung der Unabhängigkeit; 1949 bis 1967 Präs. von Indonesien.

Sukkulenten, Saftpflanzen, Fettpflanzen, sind ihrem trockenen Standort durch fleischig-saftige, Wasser speichernde Beschaffenheit angepasst. Die

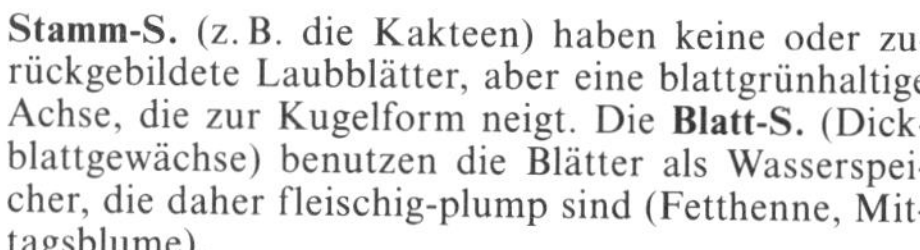

Stamm-S. (z. B. die Kakteen) haben keine oder zurückgebildete Laubblätter, aber eine blattgrünhaltige Achse, die zur Kugelform neigt. Die **Blatt-S.** (Dickblattgewächse) benutzen die Blätter als Wasserspeicher, die daher fleischig-plump sind (Fetthenne, Mittagsblume).

Sukzession *die,* Aufeinanderfolge, Rechtsnachfolge, Thronfolge.

Sulawesi, indonesisch für →Celebes.

Süleiman, Sulaiman, Soliman, Name mehrerer türk. Sultane. Unter **S. II., dem Prächtigen** (*1494, †1566; Sultan 1520 bis 1566) erreichte das Osman. Reich den Höhepunkt seiner Macht; er eroberte 1526 und 1541 den Hauptteil Ungarns, belagerte vergeblich 1529 Wien, kämpfte siegreich gegen Persien; beherrschte das Mittelmeer.

Sulfate *Pl.,* ⚗ Salze und Ester der Schwefelsäure.

Sulfide *Pl.,* ⚗ Salze und Ester der Schwefelwasserstoffsäure, Verbindungen des Schwefels mit einem anderen Element.

Sulfite *Pl.,* ⚗ Salze und Ester der schwefligen Säure.

Sulfonamide *Pl.,* ⚗ synthet., schwefel- und stickstoffhaltige organ. Verbindungen, die als Heilmittel bei Infektionen dienen.

Sulky *der,* zweirädriger Einspänner für Trabrennen.

Sulla, Lucius Cornelius, röm. Staatsmann, Feldherr, *138, †78 v. Chr.; besiegte Mithridates VI. von Pontos, brach die Herrschaft des Marius (82), schaltete seine Gegner durch »Proskriptionen« aus und regierte als Diktator bis 79.

Sullivan [ˈsʌlɪvən], Sir Arthur Seymour, brit. Komponist, *1842, †1900; Operetten (»Der Mikado«, 1885), Kammer-, Orchestermusik u. a.

Sully Prudhomme [syli pryˈdɔm], eigentl. René François Armand **Prudhomme,** frz. Dichter, *1839, †1907; schrieb Lyrik in wissenschaftlich präziser Sprache, einer der Hauptvertreter der Parnassiens. Nobelpreis für Literatur 1901.

Sultan *der,* islam. (v. a. türk.) Herrschertitel. **Sultanat** *das,* Herrschaftsgebiet eines Sultans.

Sultanine *die,* gelbe, kernlose Rosine.

Sulu *Pl.,* Bantuvolk, →Zulu.

Sülze, Fleisch- oder Fischstücke in einer Gallertmasse.

Sumach *der,* Gattung der S.-Gewächse, Bäume und Sträucher; Arten: als Zierpflanzen der fiederblättrige **Hirschkolben-S.** oder **Essigbaum** aus Nordamerika und der rundblättrige **Perücken-S.** S-Europas; als Nutzpflanzen die Gerbstoff, Pflanzenwachs und Firnis liefernden Arten der Mittelmeerländer **(Gerber-S.)** und O-Asiens **(Gallen-S.** und **Lack-S.).**

Sumatra, Insel des Malaiischen Archipels, 425 000 km²; von NW nach SO von einer vulkanreichen Gebirgskette durchzogen, die nach NO zu einer flachen Küstenebene mit wasserreichen Flüssen abfällt. Klima tropisch heiß und feucht; Urwald, Mangrovensümpfe. S. hat etwa 32,6 Mio. Ew. (Malaien, außerdem Chinesen, Weiße). Erzeugnisse: Tabak, Kautschuk, Kaffee, Tee, Pfeffer, Reis, Kopra, Edelhölzer; Kohle, Erdöl. – Im 13. Jh. von den Arabern, seit Ende des 16. Jh. von den Niederländern erobert, gehört S. seit 1945 zu Indonesien.

Sumba, Sandelholzinsel, eine der Kleinen Sunda-Inseln, zu Indonesien, 11 145 km², 251 000 Einwohner.

Sumerer, die ältesten Bewohner S-Babyloniens, des Lands **Sumer,** Volk unbekannter Herkunft, seit Beginn des 3. Jt. v. Chr. nachweisbar. Ihre religiösen Vorstellungen und ihre Kunst haben die spätere babylon. Kultur bestimmt; Erfinder der Keilschrift.

Summa *die,* **1)** ✐ Summe. – **2)** zusammenfassende Darstellung eines Wissenszweigs, z. B. die »S. theologiae« des T. von Aquino.

summa cum laude [lat. »mit höchstem Lob«], das höchste Prädikat bei akadem. Prüfungen.

Summand *der,* Zahl, die einer anderen zugezählt werden soll.
Summe, 1) Gesamtzahl, Ergebnis der Addition. – **2)** Geldbetrag.
Summer, ⚡ Signalgerät zur Erzeugung von Summtönen: ein Gleichstrom niedriger Spannung wird durch einen Selbstunterbrecher, der auch den Ton gibt, zerhackt.
Summerhill [ˈsʌməhɪl], engl. Internatsschule bei Leiston (Cty. Suffolk), 1921 von A. S. Neill gegr. Dieser versuchte, dort im Anschluss an S. Freud und W. Reich den Gedanken einer »repressionsfreien« Erziehung zu verwirklichen.
Sumo, jap. Ringsport, bei dem der Gegner aus einem Kreis mit Erde gefüllter Säcke gedrängt werden muss. Die Ringer wiegen 90 bis 140 kg.
Sumpfdotterblume → Dotterblume.
Sumpffieber → Malaria.
Sumpfgas → Methan.
Sumpf|hühner, Sumpf|rallen, Gattung der Rallen in Mooren, Sümpfen; u. a. mit **Tüpfel-S., Zwerg-S., Kleines Sumpfhuhn.**
Sumy, Gebietshptst. in der Ukraine, nordwestl. von Charkow, 248 000 Ew.; landwirtschaftl. Verarbeitungsind., Maschinenbau, Leder- und Textilindustrie.
Sund, Meerenge, Meeresstraße.
Sundainseln, Inselgruppe in der **Sundasee,** die **Großen S.** (Sumatra, Java, Borneo, Celebes) und die **Kleinen S.** (Bali, Lombok, Flores, Timor u. a.). Die S. gehören zum größten Teil zu Indonesien, Teile Borneos zu Malaysia und Brunei.
Sünde, in der christl. Theologie geprägte, auch in anderen Religionen übl. Bez. für das Abweichen vom göttl. Gebot, gilt im Christentum als dem Menschen nach dem **S.-Fall** angeboren **(Erb-S.);** nach kath. Auffassung geschieden in S. der Gedanken, Worte, Werke, der Begehung und Unterlassung, lässl. S., **Tod-S.** (mit Verlust des Gnadenstandes). Die einzige unvergebbare S. ist die **S. wider den Heiligen Geist,** d. h. die hartnäckige Zurückweisung der göttl. Wahrheit.
Sundgau, Hügellandschaft des Oberelsass, Frankreich, zw. Schweizer Jura, den südl. Vogesenausläufern und dem Oberrhein. Tiefland.
Sundsvall, schwed. Hafenstadt am Bottn. Meerbusen, 94 000 Ew.; wichtigste Handelsstadt N-Schwedens; Holzausfuhr.
Sung, Song, chin. Dynastie; die Kaiser der **Nördl. S.** regierten 961 bis 1127, die der **Südl. S.** 1127 bis 1278.
Sungari, Songhua Jiang, rechter Nebenfluss des Amur, in der Mandschurei, China, 1927 km lang, halbjährig vereist.
Sunn *der,* **Bengalischer Hanf,** indischer Schmetterlingsblütler, liefert sehr feine Gespinstfasern für Gewebe, Seile, Papier u. a.
Sunna *die,* Überlieferung des Islam. Ihre Anhänger, die **Sunniten** (rd. 90 % aller Muslime), erkennen die 4 ersten Kalifen als rechtmäßige Nachfolger Mohammeds (d. h. als Imame) an; im Ggs. zu den Schiiten.
Süntel *der,* Bergrücken rechts der Weser, bei Hameln, Ndsachs., 437 m hoch.
Sun Yat-sen, eigentl. **Sun Wen,** chin. Staatsmann, * 1866, † 1925; trat seit 1894 für die Erneuerung Chinas auf republikan. Grundlage ein, gründete die Kuomin-tang; 1912 nach dem Sturz der Mandschu-Dynastie vorübergehend Präs. der Republik.
Suomi, finn. Name für Finnland.
super..., über..., ober..., äußerst.
Supercomputer, ein Höchstleistungsrechner mit hoher Rechenleistung, Datenspeicherkapazität und Übertragungsgeschwindigkeit, erreichbar durch neueste Entwicklungen wie Vektorprozessor (oft mehrere in Parallelschaltung), 16-Megabit-Chip, 64-Bit-Datenbus u. a.

Super|intendent, ev. Geistlicher, der einen Kirchenkreis verwaltet.
Superior *der,* Oberer, Vorgesetzter, bes. der Klosterobere.
Superlativ *der,* Meiststufe bei der Steigerung des Adjektivs.
Supermarkt, Selbstbedienungskaufhaus, bes. für Lebensmittel.
Supernova *die,* Abk. **SN,** ☼ Bezeichnung für veränderl. Sterne, deren Helligkeit plötzlich sehr stark zunimmt (explosionsartiges Bersten des Sterns), Steigerung der Leuchtkraft auf etwa das Milliardenfache.
Superphosphat, ältestes künstl. Düngemittel, hergestellt durch Aufschließen von Tricalciumphosphat und Schwefelsäure.
Suppé, Franz von, österr. Komponist, * 1819, † 1895; ab 1840 Theater-Kapellmeister in Wien; begründete einen eigenen Wiener Operettentyp: »Leichte Kavallerie« (1866), »Fatinitza« (1876), »Boccaccio« (1879) u. a.
Supplement *das,* **1)** Ergänzung. – **2)** √ Winkel, der einen andern zu 180° ergänzt.
supra..., über..., oberhalb.
Supraleitung, ⚛ das physikal. Phänomen, dass zahlreiche Elemente (u. a. Aluminium, Arsen, Titan, Zinn) und mehrere Tausend Legierungen und Verbindungen unterhalb einer für das Material charakterist. krit. Übergangstemperatur in einen elektrisch widerstandsfreien Zustand übergehen, d. h. supraleitend werden. Ein Strom fließt unter entsprechenden Bedingungen auch nach Entfernung des induzierenden Magnetfelds weiter. Die Sprungtemperaturen der seit 1911 bekannten klass. Supraleiter liegen unter 20 K; seit 1986 sind auch oxid. Supraleiter mit Übergangstemperaturen über 77 K bekannt, die damit eine kostengünstige Kühlung mit flüssigem Stickstoff ermöglichen. Supraleiter finden Einsatz beim Bau von Magneten mit sehr hoher Kraftflussdichte für die Hochenergiephysik und bei der Realisierung elektron. Bauelemente, u. a. für die Mess- und Nachrichtentechnik und bei der Entwicklung ultraschneller Computer.
Supremat *der* oder *das,* Obergewalt, bes. die des Papstes über die Bischöfe.
Surabaya, zweitgrößte Stadt Javas, Indonesien, 2,03 Mio. Ew.; Hafen, Marinebasis; Nahrungsmittel-, Metallind.; ✈.
Surakarta, indones. Stadt auf Java, 470 000 Ew.; Herstellung von Gold-, Lederwaren.
Surat [ˈsʊrət], Stadt in Gujarat, Indien, an der Mündung der Tapti, 776 900 Ew.; u. a. Brokat- und Seidenweberei, Stickerei; ⚓.
Sure *die,* Kapitel des Korans, in Verse unterteilt.
Surfing [ˈsəːfɪŋ] *das,* → Wellenreiten.

Surinam, Rep. im NO Südamerikas, 163 820 km², 417 000 Ew.; Hptst. und -hafen: Paramaribo. Ausfuhr: Bauxit, daneben Holz, Reis. – Seit 1667 niederländ.

Surinam

Staatswappen

Staatsflagge

Internationales Kfz-Kennzeichen

Joan Sutherland

1234567890

Sütterlinschrift

Rita Süssmuth

Jonathan Swift

Kolonie (Niederländ.-Guayana), seit 1954 autonomer Teil der Niederlande, wurde 1975 unabhängig. Ein Militärputsch beendete 1990 die Präsidentschaft des 1987 demokratisch gewählten Ramsewak Shankar, scheiterte jedoch am internat. Widerstand; Staatspräs. (seit 1996) J. Wijdenbosch.

Surrealismus *der,* künstlerisch-literar. Avantgardebewegung, die als Reaktion auf den Zusammenbruch traditionell-abendländ. Wertvorstellungen im 1. Weltkrieg entstand und deren Ziel die Wiederherstellung der urspr. Ganzheit des Menschen durch die Befreiung des Geistes aus inneren und äußeren Zwängen war. Vertreter des von A. Breton seit 1921 in Paris geführten literar. S. waren, meist nur in einer Periode ihrer Entwicklung, L. Aragon, P. Éluard, J. Prévert, R. Char u. a. Neuerdings neigt man dazu, über die Gruppe der frz. Surrealisten hinaus jeden Stil als surrealistisch zu bezeichnen, der Reales mit Traumhaftem oder Mythischem in der Weise durchdringt, dass auch das Irreale oder der »sinnlose«, ungewohnte, bestürzende Zusammenhang den gleichen selbstverständl. Realitätscharakter beanspruchen wie die alltägl. Wirklichkeit. Surrealist. Züge solcher Art zeigt die neueste Dichtung seit F. Kafka. – Mit den Malern G. De Chirico und M. Ernst drang der S. auch in die Malerei ein. 1925 fand in Paris die erste Ausstellung surrealist. Maler statt, auf der auch H. Arp, P. Picasso, P. Klee vertreten waren. Y. Tanguy und S. Dalí stellten unvereinbare, sich zu traumhaft-absurden Erscheinungen verbindende Dinge und Formen im perspektiv. Raum naturalistisch dar, J. Miró u. a. malten abstrakte, auch in Gegenständliches übergehende Bilder. Unter den dt. Malern des S. ragt M. Zimmermann hervor. – Auch im Film wurde der Versuch surrealist. Darstellung gemacht, u. a. von L. Buñuel, S. Dalí und J. Cocteau.

Susa, altoriental. Stadt in SW-Iran, vom 4. Jt. bis 646 v. Chr. Hptst. von Elam, später achaimenid. Residenz; bedeutende Funde und Ruinenstätte.

Süskind, Patrick, dt. Schriftsteller, * 1949; Romane »Das Parfum« (1985), »Die Taube« (1987) sowie Einpersonenstück »Der Kontrabaß« (1980).

Suso, Henricus, → Seuse, Heinrich.

Suspension *die,* **1)** Aufschlämmung, grob disperses System, bei dem Feststoffteilchen in einer Flüssigkeit fein verteilt sind. – **2)** Dienstenthebung eines Beamten.

Susquehanna River [sʌskwiˈhænə ˈrɪvə], Fluss in Pennsylvania, USA, 715 km lang.

Sussex [ˈsʌsɪks], ehem. Cty. an der S-Küste Englands, geteilt in **East S.** und **West S.** mit den Hauptstädten Lewes und Chichester.

Süßholzstrauch, Gattung der Schmetterlingsblütler mit rd. 20 Arten, v. a. in Eurasien; häufig Kräuter oder Halbsträucher mit unpaarig gefiederten Blättern und verschiedenfarbigen Blüten; der mediterrane S. wird in S-Europa angebaut und dient der Gewinnung von Lakritze.

Süssmuth, Rita, dt. Politikerin (CDU), * 1937; 1985 bis 1988 Bundesmin. für Jugend, Familie, Frauen und Gesundheit, seither Präs. des Bundestags.

Süß-Oppenheimer → Oppenheimer.

Süßstoffe, nährwertlose, künstlich gewonnene Süßungsmittel, die an Süßkraft die natürl. Zucker weit übertreffen, z. B. Saccharin, Cyclamat. Wichtig als toxikologisch unbedenkliches Süßmittel für Zuckerkranke.

Süßwasserpolypen, in Süßgewässern verbreitete Hydrozoen, mit Tentakeln, Fortpflanzung durch Knospung; sehr regenerationsfähig.

Sustenpass, Pass in den östl. Berner Alpen, Schweiz, 2 224 m hoch.

Sutermeister, Heinrich, schweizer. Komponist, * 1910, † 1995; Opern, u. a. »Romeo und Julia« (1940).

Sutherland [ˈsʌðələnd], **1)** Donald, kanad. Schauspieler, * 1935; kam 1964 zum Film: »Wenn die Gondeln Trauer tragen« (1973), »Fellinis Casanova« (1976), »Schrei aus Stein« (1991). – **2)** Graham, brit. Maler, * 1903, † 1980; Bild des gekreuzigten Christus (Northampton); Kompositionen aus pflanzl. und mineral. Formen; Bildnisse (W. Churchill, K. Adenauer u. a.). – **3)** Joan, australische Sopranistin (Koloratursopran), * 1926.

Sutlej [ˈsʌtlɪdʒ] *der,* **Satledsch,** der östlichste der 5 Ströme des Pandschab, größter Nebenfluss des Indus (1 370 km lang), entspringt in Tibet, mündet bei Mithankot (Pakistan).

Sutra *das,* in der ind. Literatur kurzer, einprägsamer Lehrsatz; auch Name bestimmter Abschnitte der kanon. Schriften.

Sutri, ital. Gemeinde in der Prov. Viterbo; auf der **Synode von S.** 1046 begann die Kirchenreform (u. a. Absetzung der 3 gleichzeitig regierenden Päpste) unter dem beherrschenden Einfluss Kaiser Heinrichs III.

Sütterlinschrift, von dem Berliner Grafiker L. Sütterlin (* 1865, † 1917) geschaffene Schreibschrift; 1935 bis 1941 als »dt. Schreibschrift« an dt. Schulen eingeführt.

Suttner, Bertha von, geb. Gräfin **Kinsky,** österr. Pazifistin und Schriftstellerin, * 1843, † 1914; Roman »Die Waffen nieder!« (1889); gründete die »Österr. Gesellschaft der Friedensfreunde«; Friedensnobelpreis 1905.

Süverkrüp, Dieter, dt. Liedermacher und Gitarrist, * 1934; v. a. polit. Lieder gegen wirtschaftl. und soziale Missstände.

Suzeränität *die,* im älteren Völkerrecht die Oberhoheit eines Staats oder seines Herrschers über einen abhängigen Staat (Vasallenstaat).

Suzhou, Sutschou, Stadt in der chin. Prov. Jiangsu, 700 000 Ew., am Kaiserkanal; Seidenind., Papierfabrik; ⚓.

Svalbard [ˈsva:lbar], arkt. Verw.-Gebiet Norwegens, umfasst Spitzbergen u. a. Inseln; 62 049 km², 3 000 Einwohner.

Svealand, der mittlere der 3 Landesteile Schwedens, zw. Götaland und Norrland.

Svedberg [ˈsve:dbærj], Theodor, schwed. Chemiker, * 1884, † 1971; untersuchte Kolloide; Nobelpreis für Chemie 1926.

Sverdrup-Archipel [nach dem norweg. Polarforscher Otto Sverdrup, * 1854, † 1930], unbewohnte arkt. Inselgruppe im Nordpolarmeer, etwa 60 000 km².

Sverige [ˈsværjə], schwed. Name für Schweden.

Swakop *der,* Fluss im mittleren Namibia, etwa 315 km lang, entspringt im zentralen Hochland von Okahandja, mündet bei **Swakopmund** in den Atlantik.

Swansea [ˈswɔnzɪ], Hafenstadt in Wales, Großbritannien, 182 100 Ew.; an der **S.-Bai,** einer Bucht des Bristolkanals; Univ.-College; Metallind., Schiff-, Maschinenbau; ⚓.

Swap-Geschäft [ˈswɔp-], Devisenhandel: Verbindung von Kassakauf (-verkauf) und gleichzeitigem Verkauf (Rückkauf) von Devisen zu einem späteren Termin.

SWAPO, Abk. für **S**outh **W**est **A**frica **P**eople's **O**rganization, Befreiungsbewegung in Namibia, 1968 gegr.; nach der Unabhängigkeit Namibias (1990) stärkste polit. Kraft.

Swasiland, eigener Name **Ngwane,** Kgr. im östl. S-Afrika, 17 364 km², 792 000 Ew. (Swasi); Hptst.: Mbabane. Viehzucht (bes. Schafe), Anbau von Mais, Zuckerrohr, Reis, Hirse, Baumwolle, Südfrüchten u. a.; Forstwirtschaft. ⚒ auf Asbest, Eisen, Kohle. Haupthandelspartner: Rep. Südafrika. – 1906 als brit. Protektorat von Transvaal abgetrennt, seit 1968 unabhängig. König Mswati III. (seit 1986).

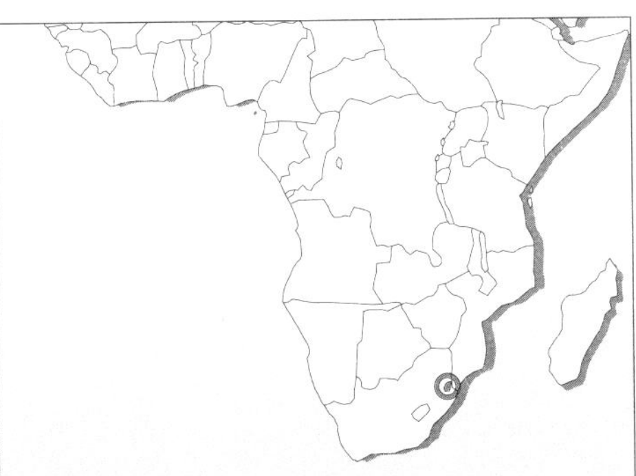

Swastika, Svastika *die,* → Hakenkreuz.

Sweben, Sueben, Gruppe german. Stämme in Mitteldtl., die im 1. Jh. v. Chr. nach SW-Dtl. vordrangen; traten zuerst unter Ariovist hervor. Hauptstämme: Semnonen, Markomannen, Hermunduren.

Swedenborg [-bɔrj], Emanuel von, schwed. Naturforscher, Theosoph, * 1688, † 1772. Aus seinen visionären Erlebnissen entstand seine Deutung des Universums. Seine Anhänger, die **Swedenborgianer,** gründeten eigene Religionsgemeinschaften, bes. in den USA.

Sweelinck, Jan Pieterszoon, niederländ. Komponist, * 1562, † 1621; Organist in Amsterdam, wegweisend für die barocke norddt. Orgelschule, schrieb auch geistl. Vokalwerke.

Swerdlowsk, bis 1991 Name von → Jekaterinburg.

Swift, Jonathan, irischer Schriftsteller, * 1667, † 1745. Seine polit., gesellschaftl. und weltanschaul. Attacken fanden besonders Ausdruck in der satir. Erz. »Gullivers sämtl. Reisen« (1726).

Swinburne [ˈswɪnbəːn], Algernon Charles, brit. Schriftsteller, * 1837, † 1909; Formkünstler und Freidenker, »Gedichte und Balladen« (1866 ff.), histor. Dramen.

Swindon [ˈswɪndən], Stadt in S-England, 91 100 Ew.; Eisenbahnwerkstätten.

Swine *die,* Hauptmündungsarm der Oder, zw. Usedom und Wollin.

Swinemünde, poln. **Świnoujście,** Stadt in der poln. Wwschaft Szczecin, Vorhafen Stettins, auf Usedom, 47 000 Ew.; Ostseebad. Werften, Fischverarbeitung.

Swing *der,* **1)** ✐ die von 2 Ländern in einem bilateralen Verrechnungsabkommen gegenseitig eingeräumte höchste Kreditlinie (»Swinggrenze«). – **2)** 𝄞 → Jazz.

Switchgeschäft [ˈswɪtʃ-], ✐ internat. Warengeschäft, das unter Ausnutzung der Kursrelationen über ein drittes Land abgewickelt wird.

Syagrius, letzter röm. Machthaber in Gallien, 486 von Chlodwig besiegt.

Sybaris, griech. Kolonie am Golf von Tarent (gegr. um 720 v. Chr.); gelangte zu sprichwörtl. Reichtum, weil es ein großes Gebiet im Hinterland beherrschte; die Siedlung wurde 510 v. Chr. im Krieg mit Kroton zerstört.

Sybel, Heinrich von, dt. Historiker, Politiker, * 1817, † 1895, gründete 1859 die »Histor. Zeitschrift«; Exponent einer kleindt. Geschichtsschreibung; Hauptwerk: »Die Begründung des Dt. Reiches durch Wilhelm I.« (1890 bis 1894).

Sydney [ˈsɪdnɪ], Hptst. von New South Wales, Australien, mit Vororten 3,66 Mio. Ew., zu beiden Seiten der fjordähnl. Jackson Bay, die von einer 1 150 m langen Brücke überspannt wird; wichtigster Hafen und bedeutendster Handelsort Australiens; anglikan. und kath. Erzbischofssitz; 3 Univ., Museen, Oper (Wahrzeichen der Stadt), Sternwarte; vielseitige Ind., Schiffbau; internat. ✈. – S. ist aus der 1788 gegr. Strafkolonie Port Jackson hervorgegangen.

Syenit *der,* granitähnl. dunkelgraues oder graurotes Tiefengestein, hoher Feldspat-, niedriger Quarzgehalt; Mauer-, Zier-, Pflasterstein.

Sykomore *die,* **Maulbeerfeigenbaum,** afrikan. Feigenbaumart mit sehr festem Holz; ihre Früchte **(Eselsfeigen)** sind kleiner und weniger schmackhaft als echte Feigen.

Syktywkar, Hptst. der Rep. der Komi, Russland, an der Wytschegda, 233 000 Ew.; Univ.; Holzind., Hafen.

Syllabus *der,* Verzeichnis aller Lehren, die vom Papst verdammt sind (1864; 1950).

Syllogismus *der,* Ⓟⓗ → Schluss.

Sylt, größte der Nordfries. Inseln, 99,1 km², durch den Hindenburgdamm mit dem Festland (Schlesw.-Holst.) verbunden; Seebäder: Westerland, Wenningstedt, List, Hörnum u. a.

Sylvester → Silvester.

Sylvin *der,* KCl, ⚒ ein Kalisalz.

Symbiose *die,* ⚘ ♡ dauerndes, enges Zusammenleben zweier Lebewesen versch. Art zum gegenseitigen Nutzen. Es gibt S. zw. Tier und Tier (Einsiedlerkrebs und Seerose), Tier und Pflanze (einzellige Grünalgen in Hohl- bzw. Weichtieren), Pflanze und Pflanze (Alge und Pilz: Flechte).

Symbol *das,* ein wahrnehmbares Zeichen bzw. Sinnbild (Gegenstand, Handlung, Vorgang), das stellvertretend für etwas nicht Wahrnehmbares (auch Gedachtes, Geglaubtes) steht; i. e. S. jedes Schrift- oder Bildzeichen mit verabredeter oder unmittelbar einsichtiger Bedeutung, das zur Darstellung eines Begriffs, Objekts, Verfahrens, Sachverhalts u. a. verwendet wird.

Symbolik *die,* **1)** Sinnbildgehalt einer Darstellung; Lehre von den Symbolen. – **2)** Konfessionskunde; **symbol. Bücher,** Bekenntnisschriften.

Symbolismus *der,* Ende des 19. Jh. von Frankreich ausgehende literar. Richtung, die dem Naturalismus absagte und in Sinnbildern (Symbolen) und Wortklängen seel. Kräfte und Werte auszudrücken suchte. Der S. prägte vor allem die Lyrik. Vertreter des S. **(Symbolisten)** sind in Frankreich A. Rimbaud, P. Verlaine, S. Mallarmé, in Dtl. S. George, R. M. Rilke, der Österreicher H. v. Hofmannsthal; der Ire W. B. Yeats. – In der Malerei griff der S. die Welt des Traums und der Fantasie auf (P. Gauguin, A. Kubin, E. Munch).

Symmetrie *die,* **1)** Ebenmaß, Gleichmaß. – **2)** √ Die S. kennzeichnet Kongruenzeigenschaften geometr. Figuren, z. B. bildet ein ebenes Dreieck mit seinem Bild durch einen Punkt oder an einer Achse gespiegelten Bild eine **punkt-** bzw. **achsensymmetr. Figur.** Weitere S.-Typen sind z. B. die **Zentral-S.** einer Ellipse, die **Radial-S.** eines regelmäßigen n-Ecks und die **Rotations-S.** einer Kugel bezüglich jeder durch ihren Mittelpunkt verlaufenden Achse.

sympathetisch, von geheimnisvoller Wirkung.

Symbolismus. Paul Gauguin, Verlust der Jungfräulichkeit (1891)

Swasiland

Staatswappen

Staatsflagge

Internationales Kfz-Kennzeichen

Jörg Syrlin d. Ä.
Detail am Chorgestühl des Ulmer Münsters (15. Jh.)

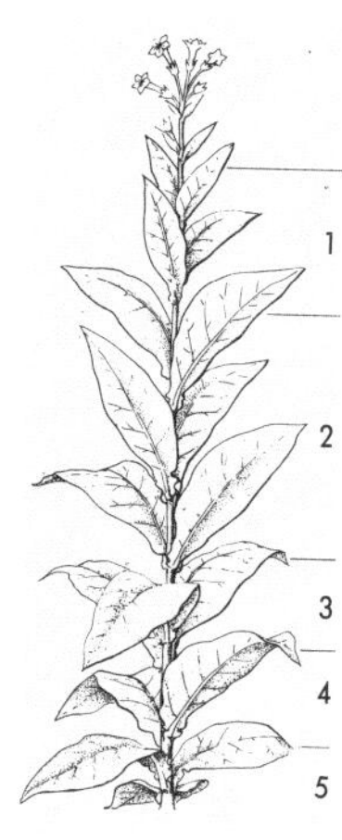

Tabak
Einteilung der Tabakpflanze nach Blattqualitäten: 1 Obergut, 2 Hauptgut, 3 Mittelgut, 4 Sandblatt, 5 Grumpen

Sympathie *die,* Mitgefühl, Wohlwollen, Neigung.

Sympathikus *der,* Teil des vegetativen Nervensystems.

Symphonie *die,* 𝄞 → Sinfonie.

Symposion *das,* **1)** Gelage der Griechen und Römer. – **2)** (wiss.) Tagung.

Symptom *das,* Anzeichen, bes. Krankheitszeichen.

Synagoge *die,* der gottesdienstl. Versammlungsort der jüd. Gemeinde.

Synapse *die,* ⚕ Bezeichnung für Kontaktstellen im Nervensystem zur Erregungsübertragung zw. Nervenzellen der primären Sinneszellen und anderen Nervenzellen oder Erfolgsorgan (Muskelzellen, Drüsenzellen).

Syn|ästhesie *die,* die (Mit-)Erregung eines Sinnesorgans durch einen nichtspezif. Reiz, die zu gleichzeitigem Erleben versch. Sinneseindrücke bei Reizung von nur einem Sinnesorgan führt, z. B. die Erregung opt. Erscheinungen durch akust. Eindrücke.

Synchronisation *die,* **Synchronisierung,** Herstellen des Gleichlaufs von Vorgängen, Maschinen u. a.; in der Tonfilmtechnik alle Maßnahmen zur gleichzeitigen Wiedergabe von Bild und Ton.

Synchronschwimmen, Kunstschwimmen, Wassersportart; mit Musik synchrone Bewegungen, Tanz und Gymnastik im Wasser.

Synchrotron *das,* ⚛ eine Klasse ringförmiger Beschleuniger zur Durchführung von Streuexperimenten in der Hochenergiephysik und in der Schwerionenforschung und zunehmend zur Erzeugung von Synchrotonstrahlung. Allen S. ist gemeinsam, dass die Teilchen in ihnen synchron mit der Schwingung der beschleunigenden Hochfrequenzspannung umlaufen.

Synchrotronstrahlung, ⚛ elektromagnet. Strahlung, die von leichten Teilchen mit Geschwindigkeiten in der Nähe der Lichtgeschwindigkeit ausgestrahlt wird, wenn sie beschleunigt werden, z. B. in radialer Richtung durch ein Magnetfeld in einem ringförmigen Beschleuniger.

Syndikalismus *der,* Lehre einer revolutionären gewerkschaftl. Arbeiterbewegung, wonach die Gewerkschaften die Urzelle der neuen Wirtschaftsgesellschaft sein sollen; der Staat wird im Sinne des Anarchismus abgelehnt **(Anarcho-S.).** Der S. breitete sich von Frankreich (P. J. Proudhon u. a.) her bes. in den roman. Ländern aus.

Syndikat *das,* Gesellschaft, im Ausland auch Gewerkschaft. In der Wirtschaft ist das S. die höchste Organisationsform des Kartells.

Syndikus *der,* rechtskundiger Geschäftsführer einer Körperschaft (Wirtschaftsverband, Berufsvertretung usw.); Bearbeiter der Rechtssachen eines wirtschaftl. Unternehmens **(Justiziar).**

Syndrom *das,* ⚕ Symptomenkomplex, Gesamtbild mehrerer → Symptome.

Synedrion, Synhedrion *das,* **1)** in der Antike Entscheidungsgremien im Staats- und Gerichtswesen Griechenlands. – **2)** hebr. **Sanhedrin,** in der dt. Übersetzung des N. T. **Hoher Rat,** oberste jüd. Instanz der Prov. Judäa unter dem Vorsitz des Hohen Priesters.

Syn|ergie *die,* das Zusammenwirken versch. Kräfte, Faktoren oder Organe zu einer abgestimmten Gesamtleistung.

Synergismus *der,* **1)** die Lehre, dass menschl. Wille beim Erlangen der göttl. Gnade mitwirken müsse. – **2)** ⚗ ⚕ Zusammenwirken von Substanzen oder Faktoren.

Synge [sɪŋ], John M., irischer Dramatiker, * 1871, † 1909; Tragödien, Komödien.

Synkope *die,* **1)** 𝄞 rhythm. Verschiebung: Betonung eines sonst unbetonten Taktwertes in Verbindung mit der Notierung eines Bindebogens. – **2)** Ⓢ Ausfall eines unbetonten Vokals zw. 2 Konsonanten im Wortinnern.

Synkretismus *der,* Verschmelzung von philosoph. Lehren, Kulturen, Religionen.

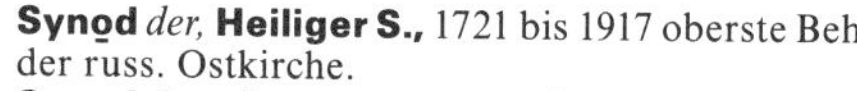

Synod *der,* **Heiliger S.,** 1721 bis 1917 oberste Behörde der russ. Ostkirche.

Synodalverfassung, ev. Kirche: Wahrnehmung kirchl. Gesetzgebung und Verwaltung in den kirchl. Selbstverwaltungskörpern (Gemeinden, Kreisen usw.) durch gewählte Vereinigungen von Geistlichen und Laien **(Synodalen).** Aufbau: Gemeindevorstand und Gemeindekirchenrat, Kreis- (Dekanats-), Landessynode; die Synoden der einzelnen Landeskirchen entsenden Vertreter in die Synode der EKD. Die S. hat die frühere Konsistorialverfassung abgelöst.

Synode *die,* in den christl. Kirchen allg. die Versammlung hoher kirchl. Amtsträger (→ Konzil, → Synodalverfassung).

Synonym *das,* Wort, das mit einem anderen oder mehreren Wörtern derselben Sprache bedeutungsgleich oder sinnverwandt ist (z. B. »Samstag«, »Sonnabend«).

Syn|opsis *die,* Zusammenschau, bes. die vergleichende Nebeneinanderstellung der Evangelien des Matthäus, Markus, Lukas (der **Synoptiker**).

Syntax *die,* **1)** Ⓢ Satzlehre. – **2)** √ Regeln zur Bildung von Zeichenfolgen in formalen Sprachen aus einem zugrunde liegenden Alphabet.

Synthese *die,* **1)** Verknüpfung zur Einheit, Zusammenschau. – **2)** Logik: die wechselseitige, etwas (qualitativ) anderes ergebende Verbindung gegensätzl. gedankl. Vorstellungen (→ Dialektik). – **3)** ⚗ Aufbau von Verbindungen aus Elementen oder einfacheren Verbindungen.

Synthesizer [ˈsɪntesaɪzər] *der,* 𝄞 Gerät zur elektronischen Klang- und Geräuscherzeugung.

Synthetics, synthetisch hergestellte Kunstfasern und die daraus gefertigten Artikel.

Syphilis, Lu|es *die,* ⚕ die wegen ihrer Spätfolgen gefährlichste Geschlechtskrankheit. Der Erreger, das Bakterium Treponema pallidum, dringt durch feinste Hautabschürfungen, Risse usw. in den Körper ein. Die Übertragung erfolgt meist durch Geschlechtsverkehr, selten durch anderen Intimkontakt. Etwa 3 bis 4 Wochen nach der Ansteckung entwickelt sich ein Geschwür **(harter Schanker).** Die Lymphknoten in der Nähe des Primäraffekts schwellen an **(primäre S.).** Nach 6 bis 8 Wochen entwickeln sich zahlreiche fleck- oder knötchenförmige Krankheitsherde oder nässende Papeln an der Haut des ganzen Körpers **(sekundäre S.).** Die **tertiäre S.** tritt oft erst nach jahrelanger, völlig erscheinungsfreier Pause **(Latenzperiode)** an Haut, Knochen und inneren Organen auf. Schließlich können S.-Erreger progressive Paralyse im Gehirn hervorrufen. – Die Behandlung der S. erfolgt mit Penicillin, Tetrazyklinen oder Erythromyzin.

Syrakus, ital. Hafenstadt an der O-Küste Siziliens, 125 400 Ew., Erzbischofssitz; Dom, griech. und röm. Baureste; Weinbau, Fischerei. – Im 5. bis 3. Jh. v. Chr. die mächtigste Stadt des griech. Sizilien; 212 v. Chr. von den Römern erobert.

Syrdarja *der,* in der Antike **Jaxartes,** Fluss in Innerasien, mit Naryn 3 019 km lang, erreicht wegen starker Wasserentnahme den Aralsee nicht mehr.

Syri|en, Rep. in Vorderasien, 185 180 km², 13,28 Mio. Ew.; Hptst.: Damaskus; Amtssprache: Arabisch.

Landesnatur. Das Innere S.s ist Wüstensteppe und Wüste. Auf den fruchtbaren Küstenstreifen im NW folgt eine Gebirgszone, die zum Syr. Graben abfällt. Im SW schließen sich der Antilibanon und das Hermongebirge an. An der Küste Mittelmeerklima.

Bevölkerung. Arab. Syrer, Kurden, Armenier u. a. Religion: 80 % Sunniten, auch Christen, Juden, Drusen.

Wirtschaft. Anbau an der Küste, in Flusstälern und Bewässerungsgebieten: Weizen, Baumwolle, Obst, Wein u. a.; Viehhaltung (Schafe, Ziegen u. a.). Erdöl- und Erdgasvorkommen. Textil-, Nahrungsmittel- u. a. Ind. Haupthandelspartner: GUS, VR China, Dtl.; ⚓: Latakia, Banias; internat. ✈: Damaskus.

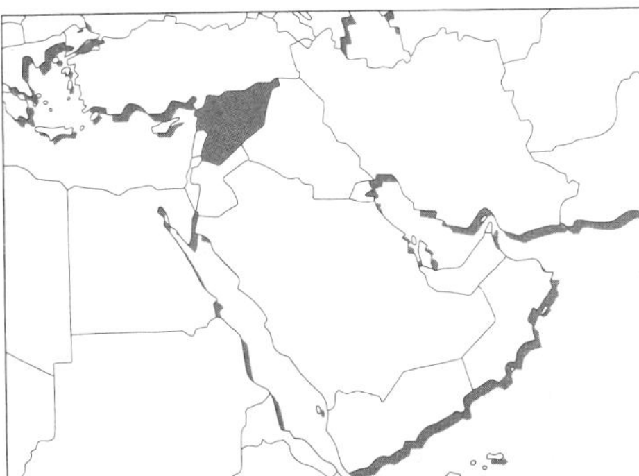

Syrien

Staatswappen

Staatsflagge

Internationales Kfz-Kennzeichen

Geschichte. Im Altertum Schauplatz der Auseinandersetzungen der Großmächte Vorderasiens und N-Afrikas (Hethiter, Ägypter, Assyrer, Perser). Seit 301 v. Chr. Mittelpunkt des hellenist. Seleukidenreichs, 64 v. Chr. röm. Provinz, seit 636 von den Arabern erobert. 1516 bis 1918 war S. türkisch, dann frz. Völkerbundsmandat. 1926 wurde der Libanon herausgelöst; 1946 wurde S. unabhängige Rep. 1958 bis 1961 Zusammenschluss mit Ägypten zur Vereinigten Arab. Rep. Im arab.-israel. Sechstagekrieg (1967) verlor S. die →Golanhöhen. Nach inneren Machtkämpfen setzte sich General H. al-Assad (Putsch 1970) durch. Unter seiner Präsidentschaft wurden panarab. Pläne wieder aufgenommen. 1976 griff S. in den libanes. Bürgerkrieg ein und besetzte große Teile des Landes. Im Golfkrieg 1991 stand S. auf der Seite der Alliierten. Staatspräs.: H. al-Assad (seit 1971).

Syringe, Syringa *die,* →Flieder.

syrische Kirchen, zusammenfassende Bezeichnung für die in dem antiken, auf Antiochia ausgerichteten syr. Kulturraum entstandenen christl. Kirchen.

syrische Sprache, alte semit. Sprache, heute noch die Kirchensprache der syr. Christen.

Syrjänen →Komi.

Syrlin, Jörg, d. Ä., dt. Bildhauer und -schnitzer, *um 1425, †1491; Chorgestühl (u. a. im Ulmer Münster).

Syrmi|en →Sirmien.

Syrte, Doppelbucht des Mittelmeers an der N-Küste Afrikas; die **Kleine S.** (Golf von Gabès) im SO Tunesiens; die **Große S.** (Golf von Sydra) in Libyen.

Sysran ['si-], Ind.stadt im Gebiet Samara, Russland, 174 000 Ew.; Erdölfelder.

System *das,* **1)** allg.: ganzheitl. Zusammenhang von Dingen, Vorgängen, Teilen. – **2)** auf allg. Grundsätze zurückgeführtes Lehrgebäude einer Wissenschaft. – **3)** Plan, Ordnung. – **4)** ☡ Periodensystem der Elemente.

Systematik *die,* **1)** allg.: Kunst, nach allg. Grundsätzen planmäßig und ganzheitl. zu ordnen und darzustellen. – **2)** ⚘ ♉ **Klassifikation,** Ordnung **(System)** der Lebewesen in einander über- oder untergeordnete Gruppen. Als einander übergeordnete **systemat. Einheiten** von Individuen folgen aufeinander: **Art** (Species), **Gattung** (Genus), **Familie** (Familia), **Ordnung** (Ordo), **Klasse** (Classis), **Stamm** (Phylum), das gesamte **Tier-** oder **Pflanzenreich** (Regnum). Systemat. Gruppen sind auch **Abteilung (Divisio** oder **Plylum), Reihe** (Ordo) u. a. Alle diese Einheiten können noch in Untergruppen gegliedert werden, so die Art in **Unterarten** (Subspecies) oder **Rassen.**

Systole *die,* ⚕ die mit der Diastole rhythmisch wechselnde Kontraktionsphase des Herzmuskels.

Szechwan, Szetschuan →Sichuan.

Szeged, Stadt in Ungarn, zu beiden Seiten der Theiß, 189 000 Ew.; Univ.; bedeutender kultureller und industrieller Mittelpunkt.

Székesfehérvár ['se:kɛʃfɛhe:rva:r], Stadt in Ungarn, →Stuhlweißenburg.

Szekler, Sekler, magyar. Volksstamm in Siebenbürgen, etwa 500 000 Angehörige; Bauern, Viehzüchter.

Szenario *das,* Gesamtheit von Annahmen über mögl. (gesellschaftl.-polit., ökolog., techn.-wiss.) Entwicklungen, erstellt auf der Grundlage math. Modelle.

Szenarium *das,* Szenenfolge im Drama; im 18. und 19. Jh. Verzeichnis des szen. Beiwerks einer Aufführung.

Szene *die,* **1)** Bühne; Schauplatz, auf dem das Stück spielt. – **2)** Unterteilung des Aktes, Auftritt. – **3)** allg.: erregter Vorgang, Wortwechsel.

Szenerie *die,* **1)** Schauplatz. – **2)** Theater: Bühnenbild.

Szintillation *die,* Funkeln, Glitzern. ⚛ **S.-Zähler,** Gerät zum Nachweis von Teilchen (α-, β-Teilchen, Protonen) durch S. beim Durchgang durch bestimmte Leuchtstoffe **(Szintillatoren).**

Szombathely ['sombothɛj], Stadt in Ungarn, →Steinamanger.

Szymanowski [ʃima'nɔfski], Karol, poln. Komponist, *1882, †1937; knüpfte an F. Chopin und A. Skrjabin an: Opern (»Hagith«, 1922; »König Roger«, 1926), Chorwerke u. a.

Szymborska [ʃim'bɔrska], Wislawa, poln. Dichterin, *1923; Exponentin der poln. Gegenwartslyrik; schreibt auch Essays. S. erhielt 1996 den Nobelpreis für Literatur.

T

t, T, 1) 20. Buchstabe im dt. Alphabet, ein Konsonant. – **2) T** Abk. für Tara, Zeichen für Tesla, chem. Symbol für das Wasserstoffisotop Tritium. – **3) t** Zeichen für Tonne (Masse).

Ta, chem. Symbol für das Element Tantal.

Tabak *der,* Gattung hochkrautiger Nachtschattengewächse. Genussmittel. **Virgin. T.,** rot blühend; **Großblättriger T.** und **Bauern-T.** (Veilchen-T.), gelb blühend, stammt aus Amerika; angebaut wird er bes. in Nord-, Mittel-, Südamerika, Asien (China, Türkei), Afrika und auf dem Balkan. Seine Blätter werden zu **Rauch-, Schnupf-, Kau-T.** verarbeitet. Sie werden gepflückt, getrocknet, befeuchtet und machen eine »Fermentation« durch (Selbsterhitzung durch Tätigkeit von Bakterien). Dann folgen das Entfernen der Blattrippen, Rösten und manchmal Behandeln mit **T.-Beize** (aus Zucker, Salzen, Gewürzen u. a.). Wichtigster Bestandteil des T. ist das Nikotin. – Der T. kam um 1550 nach Spanien, 1560 durch J. Nicot nach Frankreich. Die ersten Berichte über T. und das T.-Rauchen stammen von Begleitern des C. Kolumbus. Der erste Bauern-T. gelangte im 16. Jh. als Zierpflanze nach Spanien.

Tabernakel *der,* **1)** turmbekröntes Ziergehäuse für Statuen in der got. Architektur. – **2)** Sakramentshäuschen zur Aufbewahrung des Allerheiligsten.

Tadschikistan

Staatswappen

Staatsflagge

Internationales Kfz-Kennzeichen

Tabes dorsalis *die,* **Rückenmarksschwindsucht,** ⚕ bes. Erscheinungsform der Syphilis mit ausschließl. Befall der weißen Rückenmarksubstanz; auch unter Beteiligung der Sehnerven; dementsprechende Ausfallserscheinungen (unsicherer Gang, Reflexlosigkeit, Sehstörungen, Empfindungsstörungen).

Tabor *der,* hebr. **Har Tavor,** Berg in Galiläa, Israel, 588 m hoch, gilt als Ort der Verklärung Christi (Mk. 9, 2–13).

Tabori [təˈbɔːrɪ], George, brit. Schriftsteller, Regisseur und Theaterleiter ungar. Herkunft, * 1914; lebte 1947 bis 1971 überwiegend in den USA, seit 1971 arbeitet T. im dt.-sprachigen Raum; 1992 erhielt er den Georg-Büchner-Preis. Werke: »Kannibalen« (1968), »Pinkville« (1970), »Der Großinquisitor« (1993). T. arbeitet auch als Filmregisseur (»Frohes Fest«, 1981).

Taboriten, radikale Richtung der → Hussiten.

Täbris [ˈtɛːbrɪs, tɛˈbriːs], Hptst. der Prov. O-Aserbaidschan, Iran, rd. 971 000 Ew.; großer überdeckter Basar; Herstellung von Teppichen, Silber-, Lederwaren, Seiden- und Baumwollstoffen.

Tabu *das,* in einigen Religionen ein religiös, magisch oder rituell begründetes und allg. respektiertes Meidungsgebot, d. h. das Verbot, bestimmte Gegenstände oder Personen anzurühren oder zu verletzen, gewisse Handlungen vorzunehmen, bestimmte Örtlichkeiten zu betreten, über bestimmte Dinge zu reden oder gewisse Namen auszusprechen, um ein durch übernatürl. Macht bewirktes Unheil zu vermeiden. Der Begriff wird auch in modernen Gesellschaften verwendet.

Tabula rasa machen, vollständig aufräumen mit etwas.

Tabulator *der,* Vorrichtung an Schreibmaschinen zum Unterbrechen der Typenträger- oder Wagenbewegung an festgelegter Position, zum Schreiben von Tabellen.

Tachismus [taʃ-] *der,* ✍ eine nach dem 2. Weltkrieg aufgekommene Richtung der informellen Kunst, die seel. Regungen unmittelbar, unter Ablehnung jeder bewussten Formgestaltung, in Farbflecken (»taches«) ausdrückt.

Tachistoskop *das,* Gerät zur Kurzdarbietung von Buchstaben, Bildern usw.; für psycholog. Prüfungen.

Tachometer *der,* auch *das,* ⚙ Geschwindigkeitsmesser für Fahrzeuge durch Messen der Drehzahl von Wellen u. a. Maschinenteilen.

Tachykardie *die,* ⚕ Zunahme der Herzfrequenz (über 100 Schläge pro Minute). **Paroxysmale T.,** anfallsweises Herzjagen.

Tachymeter *das,* Schnellmesser, ein zu Geländeaufnahmen benutzter Theodolit.

Tacitus, Cornelius, röm. Geschichtsschreiber, * um 55 n. Chr., † nach 116; stellte in den nur teilweise erhaltenen »Annalen« und »Historien« die Zeit von 14 bis 96 n. Chr., in der »Germania« die german. Frühzeit dar.

Tackling [ˈtæklɪŋ] *das,* Fußball: harte, aber erlaubte Spielweise eines Abwehrspielers, bei der er einen Gegner. Spieler (durch Hineingrätschen in dessen Ballführung) vom Ball trennt.

Tacoma [təˈkəʊmə], Hafenstadt im Staat Washington, USA, 158 500 Ew.; 2 Univ.; Industrie.

Tadschikistan, Rep. in Zentralasien, 143 100 km², 5,59 Mio. Ew.; Hptst.: Duschanbe. – Hochgebirgsland (über 50 % des Landes höher als 3 000 m). – Bev.: über 60 % Tadschiken, über 20 % Usbeken; Russen, Tataren; zahlreiche Erzvorkommen; Wasserkraftwerke; Nahrungsmittel- und Textilind.; Baumwolle, Reis, Mais, Gewürze; Schafhaltung, Seidenraupenzucht. – Seit 1870 unter russ. Herrschaft; 1924 ASSR, 1929 bis 1991 SSR; Unabhängigkeitserklärung am 9. 9. 1991; Mitglied der GUS. Staatspräs.: Emomali Rachmanow (seit 1992).

Taiwan

Staatswappen

Staatsflagge

Internationales Kfz-Kennzeichen

Tadsch Mahal → Taj Mahal.

Taegu, Prov.-Hptst. in Süd-Korea, 2,23 Mio. Einwohner.

Taekwondo *das,* korean., dem Karate ähnl. Kunst der waffenlosen Selbstverteidigung durch Faust- und Fußstöße, Sprünge, Wendungen und blitzschnelles Zustoßen.

Taeuber-Arp [ˈtɔɪ-], Sophie, schweizer. Malerin, * 1889, † 1943; ⚭ mit H. Arp; nahm an der Dada-Bewegung teil; durch strukturelle Koordination bestimmte Arbeiten.

Tafelbai, der geräumige Hafen von Kapstadt, Rep. Südafrika, vom **Tafelberg** (1 092 m) überragt.

Tafel|land, 🌐 Flachland aus waagerecht geschichtetem Gestein.

Tafelmalerei, ✍ Malerei auf Holztafeln oder versteifter Leinwand.

Täfelung, Verkleidung der Wände und Decken mit Holztafeln.

Taft, Taffet *der,* leinwandbindiges Gewebe mit feinen Querrippen aus Seide, Halbseide oder Chemiefäden.

Taft [tæft], **1)** Robert Alphonso, amerikan. Politiker, * 1889, † 1953; Führer der republikan. Opposition gegen F. D. Roosevelt und H. S. Truman. – **2)** William Howard, Republikaner, 27. Präs. der USA (1909 bis 1913), * 1857, † 1930.

Tag, 1) helle Tageszeit, im Ggs. zur Nacht. Die Länge des T. hängt (außer am Äquator) von der geograph. Breite und der Jahreszeit ab. Von $66\,^1/_2$° Breite an geht die Sonne nicht mehr an jedem T. unter den Horizont und kommt auch nicht an jedem T. des Jahres über denselben. – **2)** die stets gleich lange Zeit (24 Stunden) einer ganzen Erdumdrehung, zw. 2 Höchstständen eines Sternes **(Sterntag)** oder der Sonne.

Taganrog, Hafenstadt an der N-Küste des Asowschen Meers, Russland, 291 000 Ew. – 1698 von Peter d. Gr. als Kriegshafen gegründet.

Tagebau, ⚒ Abbau von Mineralien (Braunkohlen, Erzen) in offenen Gruben.

Tagelied, Wächterlied, Gattung des mittelalterl. Minnesangs, schildert das Scheiden der heimlich Liebenden am Morgen, den der Wächter (Wächterlied) vom Turm verkündet; durch provenzal. Vorbilder angeregt. Meister des dt. T. sind Wolfram von Eschenbach und Oskar von Wolkenstein.

Tagfalter, Tagschmetterlinge.

Tagliamento [taʎa-] *der,* Fluss in Oberitalien, 172 km lang, entspringt in den Karn. Alpen und mündet ins Adriat. Meer.

tägliches Geld, unbefristetes Gelddarlehen mit tägl. Kündigung.

Tagore, Rabindranath, ind. Dichter, Philosoph, * 1861, † 1941; trat für eine umfassende Reform der hinduist. Gesellschaft ein; schrieb in Bengali und Englisch Romane, Dramen und Gedichte. Hauptwerk: »Gitanjali« (religiöse Gesänge, 1912). Nobelpreis für Literatur 1913.

Tagpfauen|auge, ein Tagfalter; die Raupe lebt auf Brennnesseln.

Tagsatzung, 1) Schweiz: bis 1848 Versammlung der Gesandten der Kantone. – **2)** Österreich: Gerichtstermin im Zivilprozess.

Tagundnachtgleiche, die beiden Tage im Jahr, an denen Tag und Nacht je 12 Stunden betragen **(Äquinoktium):** der 21. März und der 23. Sept.; die Sonne steht dann im Himmelsäquator.

Tahiti, die größte der Gesellschaftsinseln, Mittelpunkt Frz.-Polynesiens, 1042 km², 131 300 Ew., Hauptort Papeete; Ausfuhr von Kopra, Vanille u.a. – 1767 entdeckt, seit 1842 französisch.

Tai, vorwiegend paläomongolides Volk in Hinterindien und S-China; in Birma **Shan,** in Thailand **Thai,** in Laos und im nördl. und östl. Thailand **Lao** genannt; Talbewohner; betreiben Reisbau, Viehzucht, Handwerk.

T'aichung [-dʒuŋ], Stadt auf Taiwan, 715 000 Ew.; Univ.; Textil-, Düngemittel-, chem. Industrie.

Taifun *der,* orkanartiger Wirbelsturm in Küstengebieten O-Asiens.

Taiga *die,* russ.-sibir. Wald- und Sumpfland.

Taille [ˈtaljə] *die,* **1)** Leibesmitte, Gürtelgegend. – **2)** der entsprechende Abschnitt an Kleidern.

Taimyr, tundrabedeckte Halbinsel in N-Sibirien, Russland, mit Kap Tscheljuskin (77° 37′ nördl. Breite).

T'ainan, Stadt auf Taiwan, 622 000 Ew.; Univ.; vielfältige Industrie.

Taine [tɛːn], Hippolyte, frz. Historiker, Philosoph, * 1828, † 1893; entwickelte die Milieutheorie; »Entstehung des modernen Frankreich« (1876 bis 1894).

Taipeh, T'aipei, Hptst. Taiwans, 2,68 Mio. Ew.; Sitz der nationalchin. Reg.; Univ.; Maschinenbau, Textil-, pharmazeut., chem., Papier-, elektrotechn. u.a. Ind.; ✈.

Tairow [-ɔf], Aleksandr Jakowlewitsch, russ. Regisseur, * 1885, † 1950; gründete 1914 das Moskauer Kammertheater (expressiv-bewegter, komödiant., dekorativer Theaterstil).

Tai Shan [-ʃaːn], **Taishan,** heiliger Berg Chinas, in der Prov. Shandong, 1532 m hoch; gehört zum Welterbe.

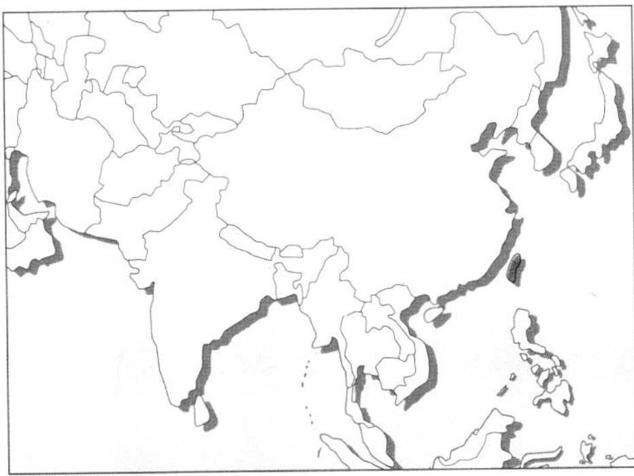

Taiwan, Republik China, früher **Formosa,** Staat und Insel vor der SO-Küste Chinas, mit kleineren Inseln 35 981 km², 20,46 Mio. Ew., meist Chinesen, Hptst.: Taipeh. Der W ist flach bis hügelig, der O Hochgebirge; trop. Monsunklima. Gesetzgebendes Organ ist der Legislativ-Yüan. Ihm ist die Regierung (Exekutiv-Yüan) verantwortlich. 1996 erstmals Direktwahl des bisher durch die Nationalversammlung gewählten Präs. Wirtschaft: Anbau von Reis, Zucker, Mais, Ananas; Bodenschätze: Kohle, Erdgas. Nahrungsmittel-, Textil-, Leder-, Papierind., Maschinen- und Gerätebau, Metall-, chem., Kunststoffindustrie sowie die stark exportorientierte Elektronikind. Haupthandelspartner: Japan, USA. ⚓: Keelung; internat. ✈ T'aoyüan (bei Taipeh), Kaochsiung. T. war 1624 bis 1662 niederländisch, seit 1683 chinesisch; 1895 bis 1945 an Japan abgetreten. 1949 zog sich die Kuo-min-tang-Reg. (Chiang Kai-shek) mit dem Rest ihrer Truppen nach T. zurück und rief 1950 die Rep. China (inoffiziell »Nationalchina«) aus. Sie war Mitglied der UNO; 1971 wurde die Mitgliedschaft aberkannt und an die VR China vergeben. Mit der Aufnahme diplomat. Beziehungen zw. USA und China 1979 beendeten die USA ihre diplomat. Beziehungen zu T. Nach dem Tode Chiang Kai-sheks folgten ihm als Staatspräs. Yen Chia-kan (1975 bis 1978), Chiang Ching-kuo (1978 bis 1988) sowie Li Teng Hui (seit 1988), Min.-Präs.: V. Siew (seit 1997).

Taiyuan, Taiyüan, Hptst. der Prov. Shanxi, N-China, 1,68 Mio. Ew.; Hochschulen; Stahlind., Schwermaschinenbau, chem. Industrie.

Taizé, Communauté de T. [kɔmynoˈte də tɛˈze], → Schutz, Roger.

Taj Mahal [tadʒ-], **Tadsch Mahal,** Grabgebäude der Frau des Schah Jahan, in Agra, erbaut 1631 bis 1648; gehört zum Weltkulturerbe. BILD S. 894

Tajo [ˈtaxo], → Tejo.

Takamatsu, Prov.-Hptst. auf Shikoku, Japan, 328 000 Ew.; Fährverkehr nach der Insel Honshū; Zigaretten-, Möbelindustrie.

Takelung, Takelage [-ʒə] *die,* ⚓ gesamte Segeleinrichtung eines Segelschiffs.

Takla-Makan *die,* **Talimupendi, Taklimakan Shamo** [-ʃa-], Wüste in Zentralasien, China, umfasst den größten Teil des Tarimbeckens.

Takoradi, Hafenstadt in W-Ghana, hat zusammen mit dem benachbarten **Sekondi** rd. 103 700 Einwohner.

Takt, 1) Feingefühl, rücksichtsvolles Verhalten. – **2)** 𝄞 Einteilung eines Töneablaufs in eine regelmäßig wechselnde Folge betonter (schwerer) und unbetonter (leichter) gleich langer Zeiteinheiten und ihre Zusammenfassung in Gruppen von gleich langer Dauer. Begrenzt wird jeder T. durch den **T.-Strich.** Die T.-Art wird durch die **T.-Vorzeichnung** angegeben. **T. schlagen,** den T. mit dem **T.-Stock** durch **T.-Figuren** angeben. **T.-Messer,** das → Metronom. – **3)** 🚗 → Viertaktverfahren, → Zweitaktverfahren.

Taktik *die,* **1)** ⚔ Lehre von der Führung von Truppen versch. Waffengattungen im Gefecht. – **2)** Kampfweise. – **3)** berechnendes, zweckbestimmtes Verhalten.

Tal, 🌐 Einsenkung oder Einkerbung im Gelände. Der Entstehung nach gibt es **Erosions-T.** (vom fließenden Wasser ausgewaschen), **tekton. T.** (in Brüchen und Spalten der Erdoberfläche), **Einbruchs-T.** (Einsturz unterird. Hohlräume). Formen (nach Gestalt des Querschnitts): **Schlucht** (Klamm), **Cañon** (steile Wände), **Kerb-T.** (v-förmig), **Trog-T.** (u-förmig, von Gletschern überformt), **Sohlen-T.** (flach) u.a. Nach der Richtung des T. zum Gebirgsverlauf unterscheidet man **Längs-** und **Quertal.**

Talar *der,* langes Obergewand, bes. Amtskleid von Geistlichen.

Talbot [ˈtɔːlbət], William Henry Fox, brit. Mathematiker, Chemiker, * 1800, † 1877; entwickelte das erste fotograf. Negativ-Positiv-Verfahren **(Talbotypie),** maßgeblich an der Entzifferung der Keilschrift beteiligt.

Talcahuano [talkaˈuano], Hafenstadt in Chile, an der Bucht von Concepción, 231 100 Ew.; nahe T. das Stahlwerk Huachipato.

Talent *das,* **1)** angeborene Anlage zu guten Leistungen auf einem bestimmten Gebiet. – **2)** altgriech. Gewichtseinheit (1 T. = 60 Minen).

Taler [nach dem böhm. Bergwerksort Joachimsthal], **Guldengroschen,** eine erstmals 1486 in Tirol geprägte Großsilbermünze, die in Dtl. vom 16. bis 19. Jh. Hauptwährungsmünze war (Reichs-, Konventions-, Kronen-, Vereins-T. waren T. mit versch. Silbergehalt), in Skandinavien als **Daler,** in den Niederlanden als **Daalder,** in den USA als **Dollar** bezeichnet. **Ver-**

Rabindranath Tagore

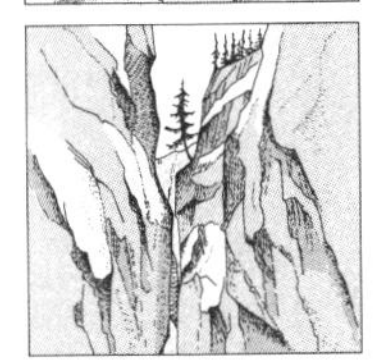

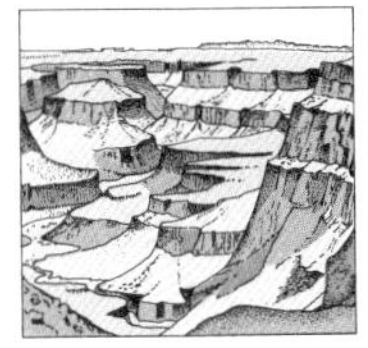

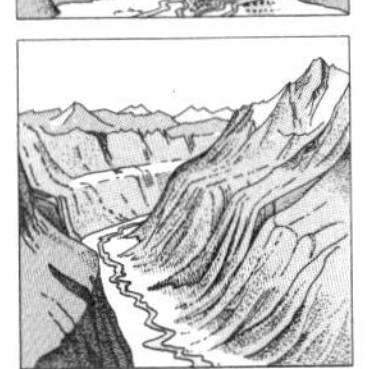

Tal
Kerbtal, Klamm, Cañon, Sohlental, Trogtal, Muldental (von oben)

eins-T. kursierten als 3-Mark-Stücke noch bis 1907 im Dt. Reich.

Talg, 1) Unschlitt, tier. Fett, bes. von Rind und Hammel. Der flüssige Teil dient als Küchenfett, der Pressrückstand wird für Kerzen, Seife verwendet. – **2) Pflanzen-T.,** eine aus versch. Talgbäumen (Sumach, Butterbaum) gewonnene wachsähnl. Masse.

Talgdrüsen, Hautdrüsen an Haarbälgen zum Geschmeidighalten von Haut und Haaren; durch Talgeindickung oder Schmutz verstopfte und erweiterte T. sind **Mitesser.**

Talilen → Dalian.

Talisman *der,* schützender, Glück bringender Gegenstand.

Talk *der,* **Talkum** *das,* weiches, hellfarbiges, sich fettig anfühlendes, wasserhaltiges Magnesiumsilikat; Polier- und Gleitmittel, Streupulver, für Schminke u.a. verwendet. (→ Speckstein)

Talkshow [ˈtɔːkʃəʊ], unterhaltende Fernsehsendung, in der ein Moderator **(Talkmaster)** seine Gäste zu versch. Themen befragt.

Talleyrand [taleˈrã], Charles Maurice de, Fürst v. **Benevent,** Herzog v. **T.-Périgord,** frz. Staatsmann, * 1754, † 1838; war Bischof von Autun, schloss sich der Revolution von 1789 an, war 1797 bis 1807 Außenmin., lehnte die Eroberungspolitik Napoleons I. ab, betrieb 1814 die Wiedereinsetzung der Bourbonen, vertrat Frankreich erfolgreich auf dem Wiener Kongress.

Tallinn, estn. Name der Stadt → Reval.

Talmi *das,* vergoldetes Messing für Schmuckgegenstände; Sinnbild für Unechtheit.

Tamariske
Tamarix gallica

Talmud *der,* nachbibl. jüd. Sammlung von Religionsgesetzen; besteht aus **Mischna** (nach Themen geordnete Rechtssammlung in Hebräisch) und **Gemara** (Kommentierung der Mischna in Aramäisch).

Talsperre, Stauwerk, das die gesamte Talbreite abschließt, das Gewässer aufstaut (Staubecken) und so Wasser speichert. T. dienen zum Hochwasserschutz, zur Wasserversorgung, für Wasserkraftanlagen, zur Speisung von Kanälen u.a.

TA Luft, Abk. für **T**echn. **A**nleitung zur Reinhaltung der **Luft.** (→ Immission)

Tamarinde *die,* Bäume des trop. Afrika, in vielen Tropenländern eingeführt; Hülsenfrüchtler. Das schwarzbraune Fruchtmark dient als Abführmittel **(T.-Mus).**

Tamariske *die,* Strauch- und Baumgattung in Asien, Afrika, Europa; immergrüne Schuppenblättchen, rosa Blütenrispen.

Tambour [tamˈbuːr] *der,* **1)** Trommler; Trommel. – **2)** zylindr. Unterbau einer Kuppel.

Tamburin *das,* flache schellenbesetzte Handtrommel zum Tanz.

Tamerlan → Timur.

Weibliche (oben) und männliche Blütenstände der **Tanne**

Tamilen, Volk mit Dravida-Sprache, verbreitet v.a. im SO Vorderindiens und im N Sri Lankas (dort Unabhängigkeitsbestrebungen, die zu anhaltend blutigen Kämpfen zw. T. und Singhalesen führen); rd. 2,8 Mio. Menschen.

Tampa [ˈtæmpə], Hafenstadt in Florida, USA, 281 500 (in der Agglomeration 2,0 Mio.) Ew.; Winterkurort; Univ.; ✈.

Tampere, schwed. **Tammerfors,** Ind.stadt in S-Finnland, 171 100 Ew.; Univ.; ✈.

Tampico, Hafenstadt an der O-Küste Mexikos, 268 000 Ew.; Erdölausfuhr; ✈.

Tampon [ˈtampɔn, tamˈpoːn, tãˈpɔ̃] *der,* ⚕ Pfropf oder Bausch von Mull, Watte usw. zum Stillen von Blutungen oder zum Ausstopfen **(Tamponade, Tamponieren)** von Wundhöhlen.

Tanagra, altgriech. Stadt in Böotien, Fundstätte vieler bemalter Tonfigürchen des 4. bis 2. Jh. v. Chr., der **T.-Figuren.**

Tananarive, ehem. Name der Hptst. Madagaskars, → Antananarivo.

Tanasee, See in Äthiopien, 3 630 km²; sein Abfluss ist der Blaue Nil.

Tandem *das,* **1)** Fahrrad für 2 Personen, die hintereinander sitzen. – **2) T.-Maschine,** ⚙ 2 hintereinander geschaltete Antriebe bei Maschinen. – **3)** Gespann von 2 hintereinander gehenden Pferden.

Tang *der,* großwüchsige Grün- und Braunalgen.

Tang, chin. Dynastie (618 bis 907); polit., kulturelle und wirtschaftl. Blütezeit.

Tanganjika, Landesteil von Tansania.

Tanganjikasee, See in O-Afrika, 34 000 km², bis 1 435 m tief, 2 bis 80 km breit.

Tange, Kenzō, jap. Architekt, * 1913; u.a. Planung des Friedenszentrums in Hiroshima, der Weltausstellung in Ōsaka 1970; Wiederaufbau der durch Erdbeben zerstörten Stadt Skopje (1965 bis 1966).

Tangens *der,* → Winkelfunktionen.

Tangente *die,* √ Gerade, die eine Kurve in nur einem Punkt berührt, z. B. Kreis-T. (→ Kreis).

Tanger, Hafenstadt in Marokko, am westl. Eingang der Straße von Gibraltar, 312 200 Ew.; Univ.; Handelsplatz mit regem Gewerbe, Schiffbau, Konserven-, Textil- u.a. Ind. Von 1923 bis 1956 war das **internat. Gebiet T.** einer internat. Verw. unterstellt.

Tangermünde, Stadt in Sa.-Anh., an der Elbe, 12 000 Ew.; war Hansestadt; gotische Backsteinbauten; Süßwaren-, Konservenindustrie.

Tango *der,* in der Umgebung von Buenos Aires entstandener Tanz, seit 1910 in Europa auch Gesellschaftstanz, im $^{2}/_{4}$- oder $^{4}/_{8}$-Takt.

Tangshan [-ʃan], **Tangchan,** Stadt in der chin. Prov. Hebei, 1,5 Mio. Ew.; Schwer- und Maschinenind. Erdbeben 1978 mit vermutlich über 700 000 Toten.

Tanguy [tãˈgi], Yves, frz. Maler, * 1900, † 1955; malte v.a. surrealist. Bilder.

Tanker, Tankschiff, Schiff zum Transport flüssiger Ladung (meist Mineralöl). Die Laderäume, mit Entlüftungs- und Feuerschutzeinrichtungen, sind so unterteilt, dass die Stabilität nicht gefährdet ist.

Tankred, Herrscher: **1) T., Tancred,** normann. Fürst aus S-Italien, ein Führer des 1. Kreuzzugs, * um 1076, † 1112. – **2) T. von Lecce** [-ˈlettʃe], Enkel Rogers II. von Sizilien, * um 1130/34, † 1194; wurde 1190 in Sizilien zum König erhoben, verteidigte sein Reich erfolgreich gegen den Staufer Heinrich VI.

Tanne, Nadelbaumgattung mit flachen, vorn stumpfen oder eingekerbten Nadeln und aufrechten Zapfen, die auf dem Baum zerfallen. Die **Weiß-T.** (Edel-T.), mit weißl. Rinde, Nadelunterseite mit 2 weißen Streifen, liefert Bau-, Nutzholz und (Straßburger) Terpentin. Versch. fremdländ. T. sind bei uns als Zierbäume eingeführt. Als **Rot-T.** wird die Gemeine Fichte bezeichnet. Die **Zimmer-T.** ist eine Araukarie.

Taj Mahal in Agra, Indien (17. Jh.)

Tannenberg, poln. **Stebark,** Dorf in der Wwschaft Olsztyn, Polen. – 1410 erlitt hier das Heer des Dt. Ordens durch die Polen und Litauer eine vernichtende Niederlage. 1914 siegte hier P. v. Hindenburg über die russ. Narew-Armee. Das 1927 erbaute T.-Denkmal wurde 1945 beim dt. Rückzug gesprengt.
Tannenhäher, etwa 30 cm langer, dunkelbrauner, weiß getupfter Rabenvogel der Gebirgsnadelwälder.
Tanner [taˈnɛr], Alain, schweizerischer Filmregisseur, * 1929; Mitbegründer des neuen schweizer. Films.
Tannhäuser, süddt. Minnesänger des 13. Jh. Die T.-Sage versetzt ihn in den Venusberg. Oper von R. Wagner (1845/47).
Tannin *das,* eine Gerbsäure, u. a. in Pflanzengallen, in schwarzem Tee.

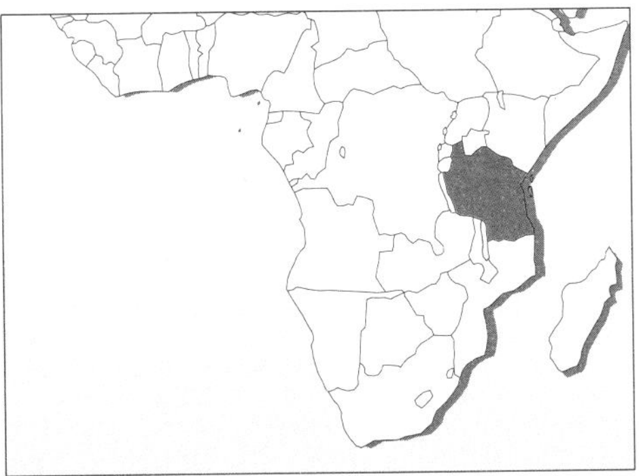

Tansania, Rep. in O-Afrika, am Ind. Ozean, 945 087 km², 27,83 Mio. Ew.; Hptst.: Dodoma, Reg.-Sitz Daressalam; Amtssprache: Suaheli, daneben auch Englisch. Religion: Rd. 33 % der Ew. sind Anhänger traditioneller Stammesreligionen, 33 % Muslime, 20 % kath., 10 % prot. Christen. Nach der Verf. von 1977 ist T. eine föderative Präsidialrep.; von den beiden Vize-präs. ist einer Präs. von Sansibar, der andere der Premiermin. der Unionsregierung.
Landesnatur. T. umfasst die der Küste vorgelagerten Inseln Sansibar und Pemba sowie das Gebiet Tanganjika, das sich von der mittleren O-Küste Afrikas landeinwärts über ein Küstenhügelland und weite Hochflächen bis zum Zentralafrikan. Graben erstreckt, von Inselbergen, gehobenen Schollen und vulkan. Ergüssen überragt (Kilimandscharo 5 895 m); es hat im W Anteil am Tanganjikasee, im N am Victoriasee. T. hat weitgehend trop. Hochlandklima. In der Bev. überwiegen die Bantu mit über 100 ethn. Gruppen.
Wirtschaft. In der Landwirtschaft werden für den Eigenbedarf Hirse, Maniok, Mais, Reis angebaut, für den Markt Kaffee, Baumwolle, Cashewnüsse. Viehhaltung und Ind. sind unbedeutend, zahlreich vorhandene Bodenschätze noch nicht erforscht. Fremdenverkehr (z. B. zum Serengeti-Nationalpark). Haupthandelspartner: Großbritannien, USA, Dtl. Haupthäfen: Daressalam und Sansibar, internat. ✈: Daressalam. Binnenschifffahrt auf Tanganjika- und Victoriasee.
Geschichte. Die port. Herrschaft (1500 bis 1650) wurde von islam. Arabern abgelöst. Im Gebiet des heutigen T. errichtete die dt. Reg. 1890 das Schutzgebiet **Dt.-Ostafrika,** dessen Hauptteil ab 1922 als Völkerbundsmandat **Tanganjika,** 1946 als Treuhandgebiet der UNO von Großbritannien verwaltet wurde. 1961 erhielt Tanganjika die Unabhängigkeit. 1964 schloss es sich mit Sansibar und Pemba zur »Vereinigten Rep. von T.« zusammen, die sich 1967 zu den Grundsätzen sozialist. Politik bekannte; seit 1986 zunehmende Abkehr von der sozialist. Wirtschaftsordnung. Staatspräsident: B. Mkapa (seit 1995); 1995 erste Mehrparteienwahlen.

Tanta, Stadt in Unterägypten, im Nildelta, 373 500 Ew.; Univ.; islam. Wallfahrtsort; Erdölraffinerie.
Tantal *das,* Symbol **Ta,** chem. Element, seltenes, chem. sehr widerstandsfähiges Metall, gegenüber den meisten Säuren sehr beständig, wird aber durch Flusssäure rasch gelöst; OZ 73, relative Atommasse 180,95, D 16,6 g/cm^3, Fp 2 996 °C, Sp 5 425 ± 100 °C; kommt in der Natur meist zusammen mit dem verwandten Niob vor. Verwendung zu chem. Geräten, chirurg. Instrumenten, Uhrfedern, Elektroden, Supraleitern u. a., in der Hochtemperaturphysik, zur Herstellung von Hartmetallen.
Tantalos, Tantalus, griech. Sage: frevelhafter König, der den Göttern den eigenen Sohn zum Mahl vorsetzte. Zur Strafe musste er in der Unterwelt im Wasser unter einem Obstbaum stehen, ohne trinken und essen zu dürfen **(T.-Qualen).** Seine Nachkommen sind die **Tantaliden.**
Tantieme *die,* Anteil am Reingewinn, als Vergütung für Aufsichtsrats- und Vorstandsmitglieder sowie für leitende Angestellte, auch Vergütung für Autoren und Komponisten.
Tantra *das,* Gattung religiöser Schriften der ind. Literatur, die sich bes. mit Magie und Mystik beschäftigen.
Tanz, rhythm. Körperbewegungen, meist von Musik begleitet; urspr. religiös bedingter **Kult-T.** Aus diesem entwickelte sich der **Volks-, Gesellschafts-** und **Kunst-T.** Die bekanntesten Gesellschaftstänze des 16. Jh. sind Pavane und Gaillarde, des 17. Jh.: Courante, Sarabande, Gigue, des 18. Jh.: Bourrée, Menuett, Allemande, des 19. Jh.: Walzer, Polka, des 20. Jh.: Tango, Foxtrott, Slowfox, langsamer Walzer, Charleston, Rumba, Boogie-Woogie, Rock 'n' Roll, Samba, Twist, Beat, Lambada.
Tao → Dao.
Taoismus, Daoismus *der,* → Dao.
Taormina, ital. Stadt, Seebad an der O-Küste Siziliens, 10 000 Ew.; griech. Theater.
Tapajós [tapaˈʒɔs] *der,* Fluss in Brasilien, entsteht aus 2 Quellflüssen im Mato Grosso, 2 200 km lang, z. T. schiffbar, mündet in den Amazonas.
Tapete *die,* Wandbekleidung, urspr. aus Gewebe, Leder, jetzt meist aus Papier.
Tàpies, Antoni, eigentl. A. T. **Puig,** katalan. Maler und Grafiker, * 1923; Mitbegründer der Gruppe »Dom al Set« in Barcelona; bedeutende Beiträge zur informellen Kunst.
Tapioka *die,* → Maniok.
Tapir *der,* Familie der Unpaarzeher, mit schwartiger Haut und Rüsselnase. Hinterfüße mit 3, Vorderfüße mit 4 Zehen; sie leben in trop. Urwäldern Mittel- und Südamerikas und Südasiens.
Tapisserie *die,* urspr. die Wandteppich- und Tapetenherstellung; Sammelbezeichnung für alle in Wirk- oder T.-Technik hergestellten Gewebe.
Tara *die,* Gewicht der Verpackung.
Tarantel *die,* hellbraune, bis 3 cm lange Wolfsspinne Südeuropas. Ihr Biss verursacht schmerzhafte Entzündungen.
Tarantella *die,* neapolitan., zunehmend rascher werdender Tanz im $^6/_8$-Takt.
Tarascon [-ˈkɔ̃], frz. Stadt an der unteren Rhône, 11 200 Ew.; Schloss mit mächtigen Wehrmauern (15. Jh.), Kirche Sainte Marthe (12. bis 15. Jh.).
Tarbes [tarb], Stadt in SW-Frankreich, am Fuß der Pyrenäen, 50 200 Ew.; Kathedrale (13. bis 15. Jh.); ✈ (Pilgerverkehr nach Lourdes).
Tarbusch *der,* arab. für → Fes.
Tarent, ital. **Taranto,** Kriegs- und Handelshafen in S-Italien, am **Golf von T.,** 244 500 Ew.; Erzbischofssitz; Dom; Stahlind.; Austernzucht. – T. wurde um 750 v. Chr. von Griechen gegr.; kam 272 v. Chr. unter röm., 1063 unter normann. Herrschaft.

Tansania

Staatswappen

Staatsflagge

Internationales Kfz-Kennzeichen

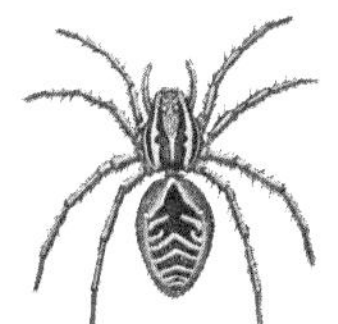
Tarantel

Tarent
Stadtwappen

Target *das,* Auffangfolie oder Auffangkörper für energiereiche Strahlen von Teilchenbeschleunigern; zur Auslösung von Kernreaktionen u. a.

Tarif *der,* einheitlich festgelegter Preis (Entgelt) für bestimmte Waren, Lieferungen und Leistungen, bes. für solche öffentlich-rechtl. Art, z. B. Zoll-, Steuer-, Post-, Bahntarif.

Tariflohn, nach Tarifvertrag vereinbarter Lohn.

Tarifvertrag, ⚖ Vertrag zw. einer Gewerkschaft und einem Arbeitgeber oder Arbeitgeberverband zur Regelung der beiderseitigen Rechte und Pflichten **(schuldrechtl. Teil)** und zur Festsetzung arbeitsrechtl. Normen **(normativer Teil).** Der T. ist im Ggs. zum Einzelarbeitsvertrag ein Kollektivvertrag.

Tarragona
Stadtwappen

Tarim [ta'rɪm, 'ta:rɪm] *der,* größter Fluss im abflusslosen Innerasien, NW-China, 2137 km lang, entspringt im Karakorum, endet im Lopnor, durchfließt das **T.-Becken.**

Tarkowskij, Andrej Arsenjewitsch, russ. Filmregisseur, * 1932, † 1986; drehte poet. Filme mit philosoph. Elementen, »Andrej Rubljow« (1965), »Stalker« (1975), »Nostalghia« (1983), »Opfer« (1986) u. a.

Tarn *der,* rechter Nebenfluss der Garonne in S-Frankreich, 375 km lang.

Tarnów ['tarnuf], Stadt in Polen, am Fuß der Beskiden, 118 000 Ew.; Stickstoff-, Holzind., Elektromotoren- und Maschinenbau.

Tarnung, 1) Verbergen von Truppen, Waffen usw., z. B. mit Tarnanstrichen, Zweigen, Nebel. – **2)** → Schutzfärbung.

Taro *der* oder *das,* essbare, stärkehaltige Knollenfrucht der asiat. Tropen.

Tarock *das,* skatähnl. Kartenspiel, gewöhnlich 3 Spieler mit 78 oder 54 Blatt.

Tarpan *der,* Wildpferd der südruss. Steppen, im 19. Jh. ausgerottet.

Tarpejischer Fels, Felsen am W-Abhang des Kapitols in Rom, von dem im Altertum Staatsverbrecher hinabgestürzt wurden.

Tarquinia, Stadt in der ital. Prov. Viterbo, 13 100 Ew.; im O lag das antike **Tarquinii.** Die in Felsengrabkammern erhaltenen Fresken sind Hauptwerke der etrusk. Malerei.

Tarquinius, der Sage nach 2 etrusk. Könige Roms: **T. Priscus** (»der Alte«), König 616 bis 578 v. Chr., und **T. Superbus** (»der Stolze«), Roms letzter König (534 bis 509 v. Chr.).

Tarragona, Hafenstadt im NO Spaniens, am Mittelmeer, 107 400 Ew.; Univ.; Erzbischofssitz mit roman.-got. Kathedrale (12. bis 14. Jh.); chem. u. a. Ind.; Werften; Offshoreerdölförderung südlich vor Tarragona.

Tarrasa, katalan. **Terrassa,** Ind.stadt in NO-Spanien, 153 000 Einwohner.

Tarski, Alfred, poln. Philosoph, * 1901, † 1983; emigrierte in die USA, befasste sich mit Mathematik, Logik und Semantik.

Tarsus, Tarsos, Stadt in der kleinasiat. Türkei, 120 300 Ew.; im Altertum die Hptst. Kilikiens. Geburtsort des Apostels Paulus.

Tartaros, lat. **Tartarus** *der,* griech. Sage: der tiefste Abgrund der Unterwelt.

Tartrate *Pl.,* die Salze der Weinsäure.

Taschenbuch, 1) Taschenkalender, kleines Vormerkbuch. – **2)** engl. **pocket book** [- bʊk], Buch (meist) im Taschenformat mit flexiblem Umschlag.

Taschenkrebs → Krabben.

Taschenrechner, elektron. Rechengerät in kleinem (Taschen-)Format, besteht i. d. R. aus einer Eingabetastatur, einer Anzeigeeinheit und dem elektron. Rechenwerk aus Mikroprozessor und Speicher. Manche T. besitzen adressierbare Speicher, eine Schnittstelle für Drucker und/oder zum Koppeln mit einem PC, oft sind sie programmierbar.

Tauben
Felsentaube
Ringeltaube
Turteltaube
(von oben)

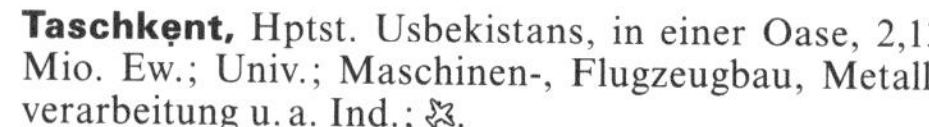

Taschkent, Hptst. Usbekistans, in einer Oase, 2,13 Mio. Ew.; Univ.; Maschinen-, Flugzeugbau, Metallverarbeitung u. a. Ind.; ✈.

Tasman, Abel, niederländ. Seefahrer, * 1603, † 1659; entdeckte 1642/43 Tasmanien, Neuseeland sowie die Tonga- und Fidschiinseln.

Tasmanien, Insel südlich von Australien, Gliedstaat des Austral. Bundes, mit Nebeninseln 67 800 km², 458 600 Ew.; Hptst.: Hobart.

TASS, Abk. für Telegrafnoje Agenstwo Sowjetskowo Sojusa, bis 1991 staatl. sowjet. Nachrichtenagentur, Sitz Moskau; Nachfolgeorganisation seit Febr. 1992 ITAR-TASS.

Tasso, Torquato, einer der bedeutendsten ital. Dichter, * 1544, † 1595; schrieb das kunstvolle, christlich-romant. Epos »Das befreite Jerusalem« (1581). Schauspiel »T. T.« (1790) von Goethe.

Tastatur *die,* Tastenwerk, Griffbrett.

Taster, 1) Messgerät zum Übertragen von Abmessungen, z. B. vom Maßstab auf das Werkstück oder umgekehrt. Arten: **Außen-T.** (Greifzirkel), **Innen-T.** – **2)** Schalter für Momentkontakt.

Tastsinn, Druck- und Berührungssinn, Fähigkeit zu Tastempfindungen, vermittelt durch Tastpunkte auf der Haut.

Tataren, fälschl. **Tartaren,** urspr. ein mongol. Stamm, der seit dem 13. Jh. versch. Türkvölker in sich aufgenommen hat.

Tatarische Republik, Tatarstan, Teilrep. der Russ. Föderation, an der Wolga, 68 000 km², 3,64 Mio. Ew. (Tataren, Russen u. a.); Hptst.: Kasan. Erdölförderung, -verarbeitung; Rinder-, Pelztierzucht.

Tatauierung, Tätowierung, das Einbringen von Farbstoffen unter die menschl. Haut in Mustern oder Zeichnungen.

Tati, Jacques, frz. Filmschauspieler und -regisseur, * 1907, † 1982; bekannt v. a. durch »Die Ferien des Monsieur Hulot« (1951), »Mein Onkel« (1958).

tätige Reue, ⚖ das freiwillige und ernsthafte Bemühen eines Täters, den Erfolg einer Straftat zu verhindern; t. R. wirkt beim Versuch strafbefreiend.

Tateinheit, ⚖ → Idealkonkurrenz.

Tätigkeitswort → Verb.

Tatlin, Wladimir Jewgrafowitsch, russ. Maler und Bildhauer, * 1885, † 1953; Mitbegründer und Theoretiker des Konstruktivismus.

Tatmehrheit, ⚖ → Realkonkurrenz.

Tatra *die,* 2 Gebirgszüge der W-Karpaten, die überwiegend zur Slowak. Rep. gehören: **1) Hohe T.,** bis 2655 m hoch, wild und zerklüftet, hat Hochseen (Meeraugen). – **2) Niedere T.,** Gebirgszug südl. der Hohen T., bis 2045 m hoch.

Tattersall *der,* Reitschule.

Tau *der,* an der Erdoberfläche und an festen Gegenständen während der Nacht entstehender wässriger Niederschlag aus dem Wasserdampf der Luft und der Bodenfeuchtigkeit.

Tau, Max, dt. Schriftsteller, * 1897, † 1976; emigrierte nach Norwegen, schrieb Romane im Geist der Humanität. Friedenspreis des Dt. Buchhandels 1950.

Taube, Henry, amerikan. Chemiker, * 1915; erhielt 1983 den Nobelpreis für Chemie für die Untersuchungen über anorgan. Reaktionen in Lösungen v. a. von Metallkomplexen.

Tauben, mittelgroße Vögel, über die ganze Erde verbreitet, ernähren sich von Samen und Früchten. Wild lebende T.: **Ringel-, Hohl-, Turtel-** und **Türken-T.;** die **Felsen-T.** ist die Stammform der **Haus-T.,** die in vielen Rassen gezüchtet wird: **Farben-T., Pfauen-T., Perücken-T., Brieftauben.**

Tauber *die,* linker Nebenfluss des Mains in Bayern und Bad.-Württ., mündet bei Wertheim, 120 km lang.

Tauber, Richard, österr. lyr. Tenor, nach 1938 brit. Staatsbürger, * 1891, † 1948.

Tausendundeine Nacht. Die Nacht der Scheherazade. Farblithographie von Marc Chagall (1948)

Tauberbischofsheim, Krst. an der unteren Tauber, Bad.-Württ., 12500 Ew.; Schloss, Barockhäuser; Holz-, Metallind.; Weinbau.

Taubheit, ⚕ Unfähigkeit zu hören infolge Funktionsuntüchtigkeit wichtiger Teile des Innenohrs, des Hörnervs oder der Hirnrinde.

Täubling, weltweit verbreitete Gattung der Ständerpilze mit essbarem **Speise-T.** und giftigem **Spei-T.** u. a. Arten.

Taubnessel, krautige Lippenblütler mit vierkantigem Stängel und nesselähnl. Blättern, behaart, nicht brennend: **Rote T.** (Acker-T.), **Gelbe T.** (Goldnessel), **Weiße Taubnessel.**

Taubstummheit, ⚕ Fehlen der Sprechfähigkeit infolge Taubheit. Eine ursächl. Behandlung ist nicht möglich, ein Taubstummer kann aber in **Taubstummenanstalten** und **-schulen** das Sprechen lernen (Gebärdensprache).

Tauchen, sportl. Wettbewerbe unter Wasser, als Strecken-, Geräte- und Orientierungstauchen.

Taucher, im Tauchen ausgebildete Person, kann mithilfe eines **T.-Apparats** in größeren Wassertiefen Arbeiten verrichten. Die **T.-Anzüge** bestehen aus Gummistoff, der anschraubbare Helm hat Luftschlauch oder Sauerstoffflaschen und Fernsprechanlage und gestattet, in Tiefen bis zu 40 m zu arbeiten. Der **Tauchpanzer** aus Stahlpanzerringen ermöglicht ein Arbeiten in Tiefen bis 200 m. Die **T.-Glocke** wird durch Druckluft wasserfrei gehalten. **Unterwasserlaboratorien** werden auf den Meeresboden abgesenkt.

Tauchvögel, Wasservögel, bei denen die Schwimmbeine weit hinten sitzen, z. B. **Haubentaucher.**

Tauern *Pl.,* **1) Hohe T.,** Gruppe der O-Alpen, Österreich, im W auf Italien übergreifend, mit Großglockner-, Venediger-, Ankogelgruppe. - **2) Niedere T.,** östl. Fortsetzung der Hohen T. in Salzburg und der Steiermark, Österreich, im Hochgolling 2863 m hoch. **T.-Bahn** durch den T.-Tunnel (8,6 km lang); **T.-Autobahn** mit T.-Tunnel (6,4 km) und Katschbergtunnel (5,4 km). - **3)** Pässe der T.-Kette: Krimmler (2634 m), Felber (2545 m), Radstädter T. (1739 m) u. a.

Taufe, christl. Sakrament, durch das der **Täufling** in die Kirche aufgenommen wird. Wirkung der T.: Vergebung der Sünden, bes. der Erbsünde. Hauptstück der **Taufhandlung:** Übergießung oder Besprengung mit Wasser. Seit dem 2. Jh. trat die Kinder-T. an die Stelle der Erwachsenen-T.; bei versch. Sondergemeinschaften (**Täufer:** Baptisten, Mennoniten, Wiedertäufer) Erwachsenentaufe.

Taufliegen, Drosophila, kleine Fliegen, die von Essig, Wein, Bier, Fruchtsaft leben **(Essig-, Fruchtfliege);** Versuchstiere in der Vererbungsforschung.

Taufstein, Taufbecken, rundes oder viereckiges Gefäß aus Stein, Holz oder Metall für das Taufwasser. Der T. hatte schon in roman. Zeit versch. Formen mit ornamentalem oder figürlichem Schmuck.

Tauglichkeit, Eignung. **Wehrdienst-T.,** körperl. Eignung für den Militärdienst; für die Bundeswehr nach T.-Stufen abgestuft.

Taumelkäfer → Schwimmkäfer.

Taunus *der,* südöstl. Teil des Rhein. Schiefergebirges in Hessen und Rheinl.-Pf., im Großen Feldberg 880 m hoch. Am Rand viele Heilquellen (Wiesbaden, Bad Nauheim, Bad Homburg v. d. Höhe, Bad Schwalbach, Schlangenbad u. a.).

Taunusstein, Stadt (seit 1971) im Rheingau-Taunus-Kr., Hessen, 25900 Ew.; Musikinstrumenten-, Maschinenbau, Kunststoff-, Nahrungsmittelindustrie.

Tauon, τ-Teilchen, negativ geladenes, instabiles Elementarteilchen aus der Gruppe der Leptonen, ähnelt physikal. dem Elektron, besitzt aber eine 3490-mal größere Ruhemasse als dieses.

Taupunkt, die Temperatur, bei der der Wasserdampfgehalt der Luft gerade zur Sättigung ausreicht und bei deren Unterschreitung sich Niederschlag, Nebel oder Tau bildet.

Tauroggen, Tauragė, Stadt in Litauen, nordöstl. von Tilsit, 22000 Ew.; Baustoff-, Möbel-, Lebensmittelind.; **Konvention von T.** (30. 12. 1812), wurde der Auftakt zur preuß. Erhebung gegen Napoleon I.

Taurus *der,* südl., bewaldetes Randgebirge Kleinasiens, Türkei, bis 4168 m hoch; östlich davon der **Anti-T.** Durch den T. führt die Bagdadbahn.

Tausch, ⚖ Hingabe eines wirtschaftl. Gutes gegen Überlassung eines anderen. Auf den T. werden die Vorschriften über den Kauf entsprechend angewendet (§ 515 BGB).

Tauschierarbeit, mit Gold- und Silberdrähten, kleinen Blechstücken u. Ä. kunstvoll eingelegte Metallarbeit.

Täuschung, ⚖ → Anfechtung.

Tauschwert, im Tauschverkehr erzielter Wert eines Gutes, in Geld ausgedrückt der Preis.

Tauschwirtschaft, ✐ Wirtschaftsform, in der die Wirtschaftseinheiten durch den Austausch von Gütern und Leistungen miteinander verbunden sind **(Verkehrswirtschaft).** Aus der nat. T. entsteht im Verlauf der wirtschaftl. Entwicklung die Geldwirtschaft, bei der regelmäßig Geld gegen andere Güter getauscht wird.

Tausendblatt, ausdauernde Wasserpflanzen mit fein zerteilten Blättchen, die in Quirlen angeordnet sind; Aquarienpflanze.

Tausendfüßer, weltweit verbreitete Klasse der Gliederfüßer, deren Körper aus vielen Leibesringen mit je einem Beinpaar besteht; atmen durch Tracheen. Zu den T. gehören die **Hundertfüßer** mit Steinläufer, Steinkriecher, Skolopender u. a.

Tausendgüldenkraut, Gattung der Enziangewächse mit rosafarbenen, gelben oder weißen Blüten; wächst auf Wiesen und Lichtungen.

Tausendjähriges Reich, 1) Vorstellung einer Friedensherrschaft nach Christi Wiederkunft (→ Chiliasmus). - **2)** programmatisch-propagandist. Bezeichnung für das natsoz. Deutschland.

Tausendundeine Nacht, arab. Sammlung von Märchen, Romanen, Novellen, Liebes-, Schelmen-, Seefahrergeschichten verschiedensten Ursprungs, durch eine Rahmenerzählung zusammengefasst; die Erzählerin ist **Scheherazade.**

Taut, 1) Bruno, dt. Architekt, * 1880, † 1938; Fabrik- und Siedlungsbauten. - **2)** Max, Bruder von 1), dt. Architekt, * 1884, † 1967; Zweckbauten, Schulen.

Elizabeth Taylor

Joseph Hooton Taylor

Richard Edward Taylor

Renata Tebaldi

Tautologie *die,* Fügung, die einen Sachverhalt doppelt wiedergibt, z. B. kleiner Zwerg.
Taverne *die,* ital. Wirtshaus.
Taxameter *der,* Fahrpreisanzeiger.
Taxe, Taxation *die,* **1)** Bestimmung des Werts einer Sache; meist durch einen Schätzer oder **Taxator.** – **2)** Preisfestsetzung für Waren und Leistungen (Gebühr).
Taxis *die,* ⚘ ♡ durch Außenreize bewirkte und gerichtete Ortsbewegung frei bewegl. Lebewesen. Nach Art des Reizes (Wärme, Licht, chem. Reiz) unterscheidet man u. a. Thermo-, Photo-, Chemo-T. (→Tropismus).
Taxus *der,* die →Eibe.
Tay [teɪ] *der,* Fluss im östlichen Schottland, 193 km lang. Die **T.-Brücke** bei Dundee ist 3 214 m lang.
Taygetos *der,* Hochgebirge in Griechenland, Peloponnes, bis 2 407 m hoch.
Taylor [ˈteɪlə], **1)** Elizabeth, brit.-amerikan. Filmschauspielerin, * 1932. – **2)** Frederick Winslow, amerikan. Ingenieur, * 1856, † 1915; Begründer des Scientific Management. – **3)** Joseph Hooton jr., amerikan. Physiker und Astronom, * 1941. Für die 1974 gelungene erste Entdeckung eines Pulsars in einem Doppelsternsystem erhielt T. zus. mit R. Hulse 1993 den Nobelpreis für Physik. – **4)** Richard Edward, kanad. Physiker, * 1929; erhielt 1990 mit Jerome I. Friedman (* 1930) und Henry W. Kendall (* 1926) für den Nachweis der Quark-Elementarteilchen den Nobelpreis für Physik.
Tazzelwurm, Tatzelwurm, bayer.-österr. Bez. für den Lindwurm (→Drache); im Volksglauben ein riesiger Vierfüßer, der bes. bei Wetterwechsel erscheinen soll.
Tb, chem. Symbol für das Element Terbium.
Tbc, Tb, ⚕ Abk. für Tuberkulose.
Tc, chem. Symbol für das Element Technetium.
tdw, Abk. für engl. **t**ons **d**ead**w**eight, Tragfähigkeit eines Schiffes, etwa 1 016 kg, →Deadweight.
Te, chem. Symbol für das Element Tellur.
Teakholz [ˈti:k-], hochwertiges, hellbraunes, hartes, wenig schwindendes, termitenfestes Nutzholz S- und SO-Asiens.
Team [ti:m] *das,* **1)** Mannschaft. – **2)** Arbeitsgemeinschaft.
Tebaldi, Renata, ital. Sopranistin, * 1922; ab 1946 an der Mailänder Scala, bed. Verdi- und Puccini-Interpretin.
Technetium *das,* Symbol **Tc,** künstlich hergestelltes radioaktives Element, ein dem Rhenium ähnl. Metall, OZ 43, D 11,50 g/cm^3, Fp 2 172 °C, Sp 4 877 °C. Verwendung als Katalysator; in der Nuklearmedizin, in der Supraleitungstechnik.
Technik, 1) Erkenntnis und Beherrschung der Mittel, um ein Ziel zu erreichen (T. der Malerei, des Fliegens u. a.). – **2)** alle Maßnahmen, Verfahren und Einrichtungen zur Beherrschung und zweckmäßigen Nutzung der Naturgesetze und der von der Natur gebotenen Energien und Rohstoffe. **Techniker,** jeder, der in der T. tätig ist, bes. der auf einer techn. Fachschule Vorgebildete.
Technische Hochschule, Abk. **TH, Technische Universität,** Abk. **TU,** Ausbildungs- und Forschungsstätte für Ingenieur- und Naturwissenschaften mit Promotionsrecht.
technisches Bildungswesen, zusammenfassende Bezeichnung für alle Schulen, die eine Ausbildung für techn. Berufe vermitteln: Berufsschulen, Berufsaufbauschulen, Berufsfachschulen, Berufsoberschulen, Fachschulen, Meisterschulen, Fachoberschulen, Fachhochschulen und die Technische Hochschulen.
Technisches Hilfswerk, Abk. **THW,** 1950 gegr. freiwillige Organisation zur Beseitigung öffentl. Notstände in lebenswichtigen Betrieben und zur Hilfeleistung bei Katastrophen; Bundesanstalt; Vorläufer war die **Technische Nothilfe.**
technisches Zeichnen, die Anfertigung exakter maßstäbl. Zeichnungen von techn. Objekten, meist in Auf-, Grund-, Seitenriss und Schnitten in Strichzeichnungen nach DIN-Normen.
technische Truppe, ⛴ Truppengattung des Heeres der Bundeswehr für Nachschub, Transport, Instandsetzung.
technische Überwachung, durch Ges. bzw. Verordnungen festgelegte Überprüfung von Ind.anlagen u. Ä. zum Schutz der Beschäftigten und der Umgebung, Aufgabe der **Technischen Überwachungsvereine** (TÜV). Kraftfahrzeuge werden in regelmäßigen Abständen von den TÜV oder (in Hessen) von **Techn. Überwachungsämtern** (TÜA) geprüft.
Techno, elektronische, von besonders schnellem Rhythmus bestimmte Tanzmusik, v. a. in Diskotheken.
Technokratie *die,* meistens kritisch verwendeter Begriff für eine Gesellschaft, in der durch die Technik vorgegebene Sachzwänge und die mit deren Beherrschung betrauten Eliten polit. und gesellschaftl. Entscheidungen bestimmen.
Technologie *die,* die Verfahren und Methodenlehre eines Produktionszweigs. Der **technolog. Prozess** ist die Gesamtheit der in einem Produktionsprozess eingesetzten Verfahren, Arbeitsmittel und die Arbeitsorganisation.
Technologietransfer, Austausch von Forschungsergebnissen zw. Forschungsinstituten und Ind.unternehmen und deren internat. Weitergabe.
Teckel →Dackel.
Tecumseh, berühmtester Häuptling der →Shawnee.
Tedeum *das,* christl. Lob-, Dank- und Bittgesang, nach dem Anfang des Lobgesangs »Te Deum laudamus« (»Dich, Gott, loben wir«).
Tee, Teestrauch, Baum oder Strauch der Tropen und Subtropen mit weißer bis rötl. jasminduftender Blüte und dreisamiger Kapselfrucht. Er wird als Genussmittelpflanze strauchig gezogen. In den Blättern ist Koffein enthalten. In China wurde T. schon lange vor unserer Zeitrechnung verwendet, in Europa seit dem 17. Jh. Er wird außer in China und Japan bes. in Vorderindien, Sri Lanka, in O-Afrika, Indonesien und in Russland angebaut. **Grüner T.** sind nichtenzymatisch veredelte, getrocknete Blätter; **Ziegel-** oder **Backstein-T.,** gepresster Abfall; **Pekoe-T.,** feine Sorte aus den jüngsten Blättern.
Teenager [ˈti:neɪdʒə] *der,* Jugendliche im Alter von 13 bis 19 Jahren.
Teer, ⚗ bei der Destillation von Kohle, Holz u. a. gewonnene zähflüssige dunkelbraune Masse. **Braunkohlen-T.** wird vorwiegend zu Treibstoffen verarbeitet. Durch Destillation gewinnt man Gas- oder Paraffinöl, Paraffin, Benzin, Mittel- und Schweröl, Pech. **Steinkohlen-T.** ist Ausgangsstoff für die Herstellung von künstl. Farbstoffen (früher T.-Farben), Riechstoffen, Kunstharzen, Lacken, Heilmitteln, Treibstoffen u. a.; T. wird auch im Straßenbau verwendet.
Tegel, Teil des Bez. Reinickendorf, Berlin, an der Havel **(Tegeler See);** Schloss (1822 bis 1824) von K. F. Schinkel für W. v. Humboldt; ⛯.
Tegernsee, Stadt in Oberbayern, 4 100 Ew.; Luftkurort am T. (9 km^2); Heilquellen.
Tegnér [tɛŋˈne:r], Esaias, schwed. Dichter, * 1782, † 1846, seit 1824 Bischof von Växjö; vom dt. Idealismus und vom Nationalgefühl der nord. Romantik bestimmt.
Tegucigalpa [teɣusiˈɣalpa], Hauptstadt von Honduras, 604 000 Ew.; Kathedrale (18. Jh.); Univ.; Ind.; internat. ⛯.
Teheran [ˈte:həra:n, tehəˈra:n], Hauptstadt Irans, 6,04 Mio. Ew.; polit., kultureller und wirtschaftl. Mittelpunkt Irans mit zahlreichen Moscheen, mehreren Univ. und Hochschulen; Teppich-, Seiden-, Baumwollweberei; Leder- u. a. Ind.; ⛯.

Teheran-Konferenz [ˈteːhəraːn-, tehəˈraːn-], Konferenz 1943 in Teheran zw. Churchill, Roosevelt und Stalin über militär. Zusammenarbeit, die Besetzung Dtl.s, Nachkriegsplanung u. a.

Tehuantepec [teu̯anteˈpɛk], Stadt in Oaxaca, Mexiko, rd. 22 000 Ew.; **Isthmus von T.:** Landenge zw. Atlant. und Pazif. Ozean, 216 km breit.

Teichralle, Grünfüßiges Teichhuhn, 30 cm lange Rallenart.

Teichwirtschaft, Fischzucht in Teichen.

Teilchen, kleinste Bestandteile der Materie: → Atom, → Molekül, → Elementarteilchen.

Teilchenbeschleuniger, ⚛ Geräte zur Beschleunigung von geladenen Elementarteilchen und Ionen auf sehr hohe Geschwindigkeiten für die Untersuchung von Atomkernen und Elementarteilchen sowie für die Herstellung von radioaktiven Isotopen und für Bestrahlungen. T. sind Hochspannungsanlagen. Zu den T. gehören u. a. Betatron, Linearbeschleuniger, Synchrotron, Zyklotron.

Teiler, √ eine ganze Zahl, die in einer andern bei der Teilung ohne Rest aufgeht.

Teilhaber, Gesellschafter einer Personengesellschaft (Mitinhaber, Mitunternehmer).

Teilhard de Chardin [tɛˈjaːr də ʃarˈdɛ̃], Pierre, frz. Jesuit, * 1881, † 1955; Vorgeschichtsforscher, Anthropologe, suchte Ergebnisse der modernen Naturwiss. (besonders die materialist. Evolutionstheorie) und die christl. Heilslehre und Heilsgesch. in Einklang zu bringen. »Der Mensch im Kosmos« (1955).

Teilung, 1) Division, → Grundrechnungsarten. – **2)** ⚘ Form der ungeschlechtl. Fortpflanzung und der Kernteilung.

Teilzahlung → Abzahlungsgeschäft.

Teint [tɛ̃] *der,* Hautfarbe; Beschaffenheit der Gesichtshaut.

Teja, letzter König der Ostgoten, fiel 552 am Vesuv im Kampf gegen die Byzantiner unter Narses.

Tejo [ˈtɛʒu] *der,* span. **Tajo,** der längste Strom der Iber. Halbinsel (1 007 km); mündet bei Lissabon in den Atlant. Ozean; versch. Stauwerke.

tektonisch, 1) ⌂ klar aufgebaut, wie in der Baukunst gefügt. – **2)** 🜨 den Bau der Erdkruste betreffend.

Tel Aviv-Jaffa, Hafenstadt in Israel, bildet mit Jaffa eine Doppelstadt von 318 500 Ew.; Univ.; elektron., Nahrungs- und Genussmittel-, Textil-, chem. u. a. Ind.; bedeutendes Kunstgewerbe; internat. ✈; 1908 gegründet.

Telebanking [-bæŋkɪŋ], Abwicklung von Bankgeschäften über Einrichtungen des Postdienstes (per Brief) und der Telekommunikation wie Telefon (deshalb auch Telefonbanking) und v. a. Bildschirmtext vom Wohnort bzw. Sitz des Bankkunden aus.

Telefax, Telefaxdienst, Dienst der Dt. Telekom; Übertragung geeigneter Vorlagen mittels Fernsprechanschluss über → Fernkopierer.

Telefon *das,* → Fernsprecher.

Telefonkarte, Kunststoffkarte mit integriertem Mikrochip zur Bezahlung von Telefongesprächen in Kartentelefonen des öffentl. Fernsprechnetzes. Im Chipspeicher sind 12 DM oder 50 DM als Guthaben gespeichert, die während des Gesprächs entsprechend der vertelefonierten Einheiten entwertet werden. Eine Weiterentwicklung erlaubt die Abrechnung der von jedem beliebigen Anschluss geführten Gespräche über den eigenen Anschluss des Telefonierenden.

Telefonseelsorge, Angebot der christl. Kirchen zu anonymer Beratung durch Telefongespräch bei Notsituationen.

Telegrafen|agentur, Nachrichtenagentur.

Telegrafie *die,* ⚡ elektr. Nachrichtenübermittlung auf drahtgebundenen (Kabel, Freileitung) oder drahtlosen (Funk) Übertragungswegen mithilfe besonderer T.-Zeichen, die am Empfangsort entweder aufgezeichnet (Zeichenschrift oder gewöhnl. Buchstaben) oder akustisch wahrgenommen werden. Von den älteren Telegrafen wurde der Morseapparat lange benutzt. Daraus weiterentwickelt wurde der heutige Fernschreiber, der ähnlich wie eine Schreibmaschine bedient wird und auch Dialogverkehr ermöglicht. Für Funkverbindungen hat sich der Hell-Schreiber bewährt. Die Bild-T. ermöglicht die Übertragung von Bildern, auch ganzer Seiten gedruckter Texte. Mit Mitteln der Trägerfrequenztechnik können heute gleichzeitig mehrere Signale in einer oder beiden Richtungen übermittelt werden (Wechselstrom-T.). Die Unterlagerungs- und Überlagerungs-T. ermöglicht gleichzeitiges Fernsprechen und Telegrafieren auf derselben Leitung. – In Dtl. und den meisten Ländern betreibt die Post die T. Die dt. **Telegrafenämter** sind selbstständige Ämter innerhalb der Telekom. – Vor der Erfindung der elektr. T. zu Beginn des 19. Jh. (P. L. Schilling von Canstadt, C. F. Gauß, W. Weber, S. Morse u. a.) ist T. i. w. S. schon seit frühgeschichtl. Zeit durch Schall, Rauch, Feuer, Licht, Flaggen, z. T. über riesige Entfernungen, praktiziert worden. Nach Erfindung des Fernrohrs war die »optische T.« mit Flügeltelegrafen (an einem Mast befestigte bewegl. Flügel) im 18. Jh. und v. a. während der Napoleon. Kriege von Bedeutung.

Telegramm *das,* eine durch Telegrafen oder Fernschreiber übermittelte Nachricht. Neben der T.-Gebühr werden für Funk-T. an Schiffe Küsten- und Bordgebühren erhoben.

Telekolleg, Einrichtung des Bildungsfernsehens im Rahmen der Erwachsenenbildung.

Telekom, Deutsche T. AG, gegr. 1989 als Dt. Bundespost Telekom, AG seit 1995, umfasst den Fernsprech- und Textübermittlungsbereich.

Telekommunikation, früher **Fernmeldewesen, Nachrichtenwesen,** Sammelbezeichnung für alle theoret. und prakt. Aspekte der Nachrichtenübertragung mit Mitteln der elektr. Nachrichtentechnik. Man unterscheidet a) konventionelle Formen der T.: Bildtelegrafie, Fernschreiber, Fernsehen, Fernsprecher, Rundfunk, b) neue Formen der T. in bestehenden Netzen: Bildschirmtext, Bildschirmzeitung (→ Videotext), Datenfernverarbeitung, Fernkopierer, Konferenzschaltung, c) Formen der T. in Breitbandverteilnetzen: z. B. Kabelfernsehen, und d) in Breitbandvermittlungsnetzen: z. B. Bildfernsprechen, Videokonferenz; → ISDN.

Telemach, bei Homer: Sohn des Odysseus und der Penelope.

Telemann, Georg Philipp, dt. Komponist, * 1681, † 1767; Opern, Orchester-, Kammermusik u. a.

Telemark, schnee- und waldreiche Gebirgslandschaft im S Norwegens (Skilauf).

Telemetrie *die,* Übertragung von Daten oder elektr. Messwerten auf drahtgebundenem oder auf drahtlosem Wege. Anwendung z. B. in Raumfahrt und Medizin **(Biotelemetrie).**

Tele|objektiv *das,* fotograf. Linsensystem großer Brennweite, zur Aufnahme weit entfernter Gegenstände.

Teleologie *die,* Ⓟ philosoph. Lehre, dass alles Geschehen durch Zwecke bestimmt und geleitet wird.

Telepathie *die,* → Gedankenübertragung.

Teleshopping [-ʃɔpɪŋ], ✐ Vertrieb von Ge- und Verbrauchsgütern mithilfe audiovisueller Medien, v. a. des Fernsehens.

Teleskop *das,* → Fernrohr.

Teleskop|fisch, ein → Goldfisch.

Teleskopie *die,* Bestimmung der Einschaltquote von Fernsehsendungen mittels eines Zusatzgeräts zum Fernsehempfänger, das von repräsentativ ausgewählten Fernsehteilnehmern durch Druck bestimmter Tasten bedient wird.

Zweig mit Blüten des **Tee**-Strauchs

Pierre Teilhard de Chardin

Edward Teller

Television *die,* → Fernsehen.
Telex-Netz, Fernschreib-Teilnehmernetz in Deutschland.
Telinga → Telugu.
Tell *der,* das, Ruinenhügel aus Siedlungsresten versch. Zeitstufen in Vorderasien; in Iran **Tepe,** in der Türkei **Hüyük** genannt.
Tell, Wilhelm, Held der bekanntesten Schweizer Sage, verkörpert als Tyrannenmörder (des habsburg. Landvogts Geßler) die Kühnheit und Freiheitsliebe der Schweizer. Die Tellsage, von Ä. Tschudi im 16. Jh. in die landläufige Form gebracht, gestaltete F. Schiller als Drama, G. Rossini als Oper.
Tell el-Amarna → Amarna.
Teller ['telə], Edward, amerikan. Physiker ungar. Herkunft, * 1908; arbeitete an der Entwicklung der Atombombe mit, war maßgeblich an der Entwicklung der Wasserstoffbombe beteiligt.
Teller|eisen, Tritt|eisen, Raubtierfalle; Platte (Teller), über der bei Berührung 2 Bügel durch Federkraft zusammenschlagen; in Dtl. seit 1935 verboten.

Mutter Teresa

Téllez ['teʎeθ], Gabriel, span. Dramatiker, → Tirso de Molina.
Tell Halaf, heutiger Name des durch Ausgrabungen berühmt gewordenen Schutthügels der altoriental. Stadt Gosan in NO-Syrien.
Tellur *das,* Symbol **Te,** chem. Element, ein dem Selen ähnliches Metall, Halbleiter. OZ 52, D 6,2 g/cm³, Fp 449,5 ± 0,3 °C, Sp 989,8 ± 3,8 °C; selten, findet sich gebunden an Erze (Gold, Silber u. a.); wichtiger Legierungsbestandteil.
tellurisch, auf die Erde bezüglich; von ihr herrührend.
Telugu, Telinga, dravid. Volk im östl. Zentralindien, v. a. in Andhra Pradesh, rd. 65,5 Mio. Menschen. Ihre Sprache **(Telugu)** ist eine Dravidasprache.
Tema, wichtigste Hafen- und Ind.stadt (Aluminiumschmelze) in Ghana, 110 000 Einwohner.
Temesvar [-ʃ-], rumän. **Timişoara** [-ʃo'ara], Stadt in Rumänien, 319 500 Ew.; Univ.; Handel und Ind. – 1989 Ausgangsort der Erhebung gegen Präs. N. Ceauşescu.
Temex [Abk. für engl. **Te**le**m**etry **Ex**change »Messdatenfernaustausch«], Austausch von Daten über das Telefonnetz (Dienst der Dt. Telekom AG) zur Messdatenerfassung und Steuerung von Anlagen und Geräten **(Fernwirken).**

Tennessee
Flagge

Temirtau, Stadt in Kasachstan, 212 000 Ew.; Hüttenwerk, chem. Ind., Eisen- und Stahlwerke.
Tempel, allg. ein nicht christl. Kultbau. Der griech. T. entwickelte sich aus einer lang gestreckten Cella (Megaron), die seit dem 7. Jh. v. Chr. mit Holzsäulen umgeben wurde. Mit seiner Umsetzung in den Steinbau gegen 600 und der Erweiterung der Cella um eine Vorhalle (Pronaos) und eine Rückhalle (Opisthodom) erreichte der griech. T. (Ringhallen-T. oder Peripteros, Dipteros) seine endgültige Gestalt (Zeus-T. von Olympia). Später entwickelten sich der Anten-T., bestehend aus einer Cella und einer Vorhalle mit 2 Säulen zw. den vorgezogenen Längswänden, ferner der Doppelanten-T., der Prostylos ohne Säulenumgang, mit einer Säulenreihe vor der Eingangsfront, und der Amphiprostylos mit einer Säulenreihe vor der Eingangsfront und einer Säulenreihe an der Rückseite. Eine Sonderform war die Tholos (Rund-T.). – Die röm. Baukunst hielt lange am etruskisch-italischen Podium-T. fest. Neue Lösungen fand sie im kuppelüberwölbten Rund-T. (Pantheon).
Tempelhof, Verw.-Bez. von Berlin. Auf dem ✈ T. war der zivile Flugverkehr 1975 bis 1990 zugunsten des ✈ Tegel eingeschränkt.
Temperamalerei, ✍ Malerei mit Farben, die mit anorgan. Pigmenten in Emulsionen aus Lein-, Mohn- oder Nussöl und wässrigen Bindemitteln (Lösungen

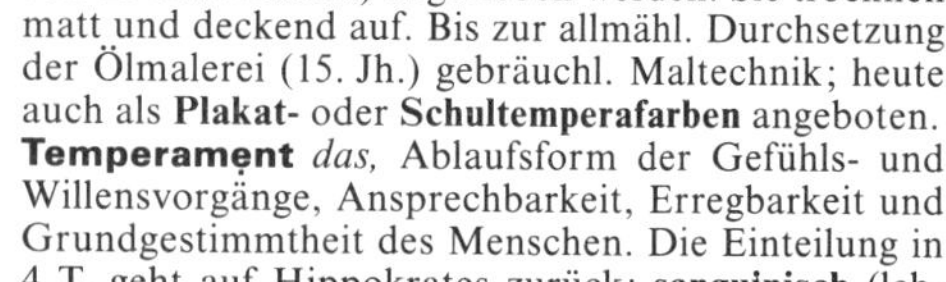
von Ei bzw. Kasein) angerieben werden. Sie trocknen matt und deckend auf. Bis zur allmähl. Durchsetzung der Ölmalerei (15. Jh.) gebräuchl. Maltechnik; heute auch als **Plakat-** oder **Schultemperafarben** angeboten.
Temperament *das,* Ablaufsform der Gefühls- und Willensvorgänge, Ansprechbarkeit, Erregbarkeit und Grundgestimmtheit des Menschen. Die Einteilung in 4 T. geht auf Hippokrates zurück: **sanguinisch** (lebhaft, sprunghaft), **cholerisch** (leicht erregbar, aufbrausend, heftiger Willensmensch), **phlegmatisch** (gleichgültig, kaltblütig), **melancholisch** (schwermütig, schwärmerisch).
Temperatur *die,* Wärmegrad eines Stoffs, gemessen mit dem Thermometer, wird durch Bewegung seiner kleinsten Teile (Atome, Moleküle) verursacht. Wenn sie sich in Ruhe befinden, ist die tiefstmögliche T. erreicht. Sie liegt bei –273,15 °C **(absoluter Nullpunkt).** Die von ihm aus gerechneten Wärmegrade nennt man **absolute** (thermodynam.) **T.,** → Kelvin-Skala.
Temperatur|regler → Thermostat.
Temperatur|sinn, Fähigkeit, Wärme- und Kältereize aufzunehmen und sinngemäß zu beantworten. Der T. ist beim Menschen auf die Haut und bestimmte Schleimhäute (bes. der Mund- und Nasenhöhle) beschränkt, und zwar auf die **Wärme-** und **Kältepunkte.**
Templer|orden, geistl. Ritterorden, 1119 in Akkon gegr., 1312 auf Betreiben des frz. Königs Philipp IV. aufgelöst.
Temporali|en *Pl.,* mit einem kirchl. Amt verbundene weltl. Rechte, bes. Einkünfte.
Tempus *das,* Ⓢ die Zeit, d. h. Gegenwart, Zukunft usw.
Temuco, Prov.-Hptst. in Chile, 239 000 Einwohner.
Tendenzbetriebe, Arbeitsrecht: Betriebe, die polit., gewerkschaftl., konfessionellen, wiss., künstler. u. ä. Bestimmungen dienen, z. B. Privatschulen, Einrichtungen der polit. Parteien oder Gewerkschaften, Theater, Verlage. Das Betriebsverfassungsges. gilt für T. nur teilweise.
Tender *der,* **1)** 🚂 einer Dampflokomotive angehängter Vorratswagen für Wasser und Kohle. – **2)** ⚓ leicht bewaffnetes Versorgungsschiff in Kriegsmarinen.
Tendrjakow, Wladimir Fjodorowitsch, russ. Schriftsteller, * 1923, † 1984; Erz. und Romane aus dem sowjet. Alltag.
Ténéré [berber. »Land da draußen«] *die,* Dünengebiet in der S-Sahara, Rep. Niger, Dattelpalmoase Fachi, Salzgewinnung; die Landschaft zählt zum Welterbe.
Teneriffa, span. **Tenerife,** größte der Kanarischen Inseln, Spanien; vulkanisch, im **Pico de Teide** 3 718 m hoch; 2 057 km², 600 000 Ew.; mildes Klima. Hptst. und Hafen: Santa Cruz de Tenerife; Fremdenverkehr; 2 internat. ✈.
Teng Hsiao-p'ing → Deng Xiaoping.
Teniers [tə'ni:rs], David, d. J., fläm. Maler, * 1610, † 1690; Bilder aus dem Volksleben; auch Hexen- und Spukszenen.
Tennengebirge, Gruppe der Salzburger Kalkalpen, Österreich, bis 2 431 m hoch; höhlenreich (Eisriesenwelt).
Tennessee ['tenəsi:], Abk. **Tenn.,** Bundesstaat im SO der USA, östl. des Mississippi; 109 152 km², 4,88 Mio. Ew.; Hptst.: Nashville(-Davidson); größte Stadt: Memphis; fruchtbares Tafelland, vom Mississippi und T. River bewässert. Anbau von Sojabohnen, Tabak, Baumwolle, Mais; Forstwirtschaft; ⚒ auf Zink, Phosphate. Chem. u. a. Ind.; Energiewirtschaft.
Tennessee River ['tenəsi: 'rɪvə] *der,* linker größter Nebenfluss des Ohio, USA, 1 049 km lang, entspringt (2 Quellflüsse) in den Appalachen, mündet bei Paducah; schiffbar bis Knoxville; Energiegewinnung.
Tennis *das,* 🏃 Rückschlagspiel auf einem Platz, der in der Mitte durch ein Netz geteilt ist. Gespielt wird auf

Rasenplätzen (Lawn) und Hartplätzen. Der Ball ist mit dem T.-Schläger so zu schlagen, dass ihn der Gegner möglichst schwer zurückschlagen kann.

Tenno [jap. »himmlischer Herrscher«] *der,* Titel des Kaisers von Japan.

Tennyson ['tenɪsn], Alfred Lord, brit. Dichter, * 1809, † 1892; klangvolle eleg. Gedichte, Verserzählung »Enoch Arden« (1864).

Tenochtitlán, Hptst. des Aztekenreichs, Mexiko, um 1325 gegr. (um 1500 die wohl größte Stadt der Welt), auf ihren Ruinen die heutige Stadt Mexiko.

Tenor *der,* **1)** grundlegender Gehalt, Sinn (einer Äußerung). – **2)** ⚖ Inhalt, Wortlaut einer Urkunde, bes. die Urteilsformel.

Tenor *der,* 𝄞 hohe Männerstimme; Umfang etwa c–a^1, bei Berufssängern A–c^2.

Tenside, Detergenzi|en *Pl.,* ⚗ grenzflächenaktive chem. Verbindungen: seifenartige Substanzen, die die Oberflächenspannung des Wassers herabsetzen und Schmutzstoffe lösen.

Tension *die,* Spannung, Druck, bes. von Gasen und Dämpfen.

Tensor *der,* √ math. Größe, Verallgemeinerung eines Vektors, z. B. in der Differenzialgeometrie und der Relativitätstheorie.

Tentakel *das,* ♡ bewegl. Körperanhänge niederer Tiere zum Tasten (Fühler) oder Greifen (Fangarme).

Teotihuacán, Ruinenstätte und Kulturepoche (1. bis 8. Jh.) in Mexiko. Die mächtige Stadtanlage gehört zum Weltkulturerbe.

Tepl, Johannes von, mittelalterl. dt. Dichter, * Mitte des 14. Jh., † 1414. Sein wichtigstes Werk, das Streitgespräch »Der Ackermann aus Böhmen« (um 1400) zw. dem Tod und dem Ackermann, erschien in zahlreichen Ausgaben.

Teplitz, tschech. **Teplice,** Stadt im Erzgebirge, ČR, 53 100 Ew.; ältestes Heilbad in Böhmen, radioaktive Quellen; Industrie.

Teppich, Fußbodenbelag, auch Wandbehang oder Möbelbedeckung aus Wolle u. a. Tierhaaren, Seide, Baumwolle, Hanf, Jute, Kokosfaser, Sisal, Bast, Schilf und Chemiefasern sowie Mischungen davon. Nach den Herstellungstechniken in Hand- und Maschinenarbeit unterscheidet man Knüpf-, Web-, Wirk-, Nadelflor- (Tufting-), Nadelfilz-, Klebe-, Strick-T. u. a. **Maschinen-T.** werden bes. als schwere Web-T. und Tufting- oder Nadelfilz-T. hergestellt. Gewebte Maschinen-T. werden als Flachgewebe hergestellt oder als **Flor-T.** mit geschlossenen Florschlingen **(Bouclé-T.)** oder mit aufgeschnittenen Flornoppen **(Velour-** oder **Plüsch-T.).** Jacquardmaschinen sorgen für die Musterbildung. **Getuftete T.** oder **Nadel-T.** erhalten ihren geschlossenen oder später aufgeschnittenen Flor durch Einziehen von Schlingen mithilfe einer Vielnadelmaschine. **Handgefertigte T.** sind neben den **Knüpf-T.** der **Kelim** und der **Allgäuer T.** (beide gewebt), der **Gobelin** (gewirkt) sowie **Stick-** und **Applikations-T.** Zu den Knüpf-T. zählen **Orient-, Savonnerie-, Spanien-, Berber-T.** und die langflorigen nord. **Rya-T.** Die einzelnen, rd. 2 bis 4 cm langen Fadenenden von Wollknäueln aus Schafwolle, seltener aus Kamel- oder Ziegenhaar, Baumwolle oder Seide werden in eine aufgespannte Kette aus Wolle oder Baumwolle eingeknüpft. Man unterscheidet 2 Knotenarten: den **türk. (Ghordes-** oder **Smyrna-)Knoten,** bei dem jeweils 2 Kettfäden gleichartig umschlungen werden, und den **Perserknoten** (Sinneh-Knoten), bei dem jeweils 2 Kettfäden ungleichförmig umschlungen werden. Die mittlere Knotenzahl beträgt bei Orient-T. 100 000 bis 200 000 je m^2, die höchste um 1 Mio. je m^2, bei anderen Knüpf-T. meist weniger. **Orient-T.** ist Handelsbezeichnung für ausschließlich handgearbeitete T. aus der Türkei, Iran, Ägypten, Afghanistan, dem Kaukasus, Turkestan, Pakistan, Indien, Zentralchina und

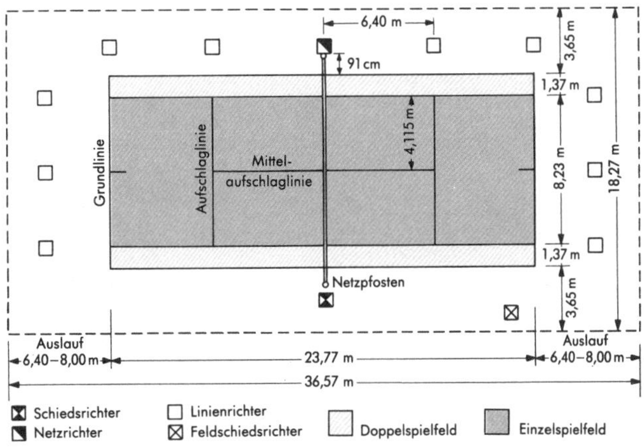

Tennis. Spielfeld

Tibet. Seit 1920 werden Orient-T. maschinell nachgeahmt. Neue handgeknüpfte Orient-T. werden heute v. a. in Indien, Pakistan, Nepal und Tibet hergestellt.

Tequila [te'kiːla], **Mezcal,** aus Agavensaft **(Pulque)** gewonnener mexikanischer Trinkbranntwein.

Teratologie *die,* ⚕ Lehre von den Missbildungen.

Terbium *das,* Symbol **Tb,** chem. Element aus der Gruppe der Lanthanoide; OZ 65, relative Atommasse 158,9253.

Terborch, Gerard, niederländ. Maler, * 1617, † 1681; Porträts und Darstellungen aus dem Leben der bürgerl. Gesellschaft.

Terek *der,* Fluss in N-Kaukasien, entspringt im Großen Kaukasus, mündet ins Kasp. Meer; 623 km lang; Kraftwerke.

Terenz, eigentl. Publius **Terentius Afer,** röm. Komödiendichter, * um 185 oder 195, † 159 v. Chr.; neben Plautus bedeutendster Vertreter der altröm. Komödie.

Teresa, Mutter T., eigentl. Agnes **Gonxha Bojaxhio,** ind. Ordensgründerin alban. Herkunft, * 1910, † 1997; widmete sich seit 1946 der Armenpflege in Indien, gründete in Kalkutta 1950 den Orden »Missionarinnen der Liebe«, der weltweit wirkt. Friedensnobelpreis 1979.

Term *der,* **1)** √ begrenzter Teil einer math. Formel. – **2)** ⚛ Energiestufe eines Atoms oder Moleküls.

Termin *der,* festgelegter Zeitpunkt; im Prozess der Verhandlungstag.

Terminal ['təːmɪnl] *der,* auch *das,* Abschluss einer techn. Anlage, z. B. Abfertigungsgebäude eines Flughafens, Empfangsgebäude eines Bahnhofs, Umschlaganlage für Schiffsladungen, Datenendgerät eines Computers.

Termingelder, Termineinlagen, verzinsl. Guthaben bei Kreditinstituten mit vereinbarter Festlegungsdauer **(Festgelder)** oder unbefristet mit vereinbarter Kündigungsfrist **(Kündigungsgelder).** Der Zinssatz orientiert sich am Geldmarkt-, nicht am Kapitalmarktzins.

Termingeschäft, Zeitgeschäft, Börsengeschäft zum Kurs des Tages des Geschäftsabschlusses, dessen Erfüllung jedoch im Unterschied zum Kassageschäf (unverzügl. Erfüllung) erst zu einem vereinbarten späteren Termin erfolgt; gehandelt wird mit Wertpapieren, Devisen oder Waren. T. werden an **Terminbörsen** abgewickelt.

Terminologie *die,* Fachsprache eines Wissensgebiets.

Termiten, Staaten bildende trop. und subtrop. Insekten, äußerl. den Ameisen ähnlich **(weiße Ameisen),** aber nicht mit ihnen verwandt, weiß oder glasig, lichtscheu. Sie leben in Baumstämmen, Höhlen oder selbst

Teppich
Türkischer Knoten
Perserknoten
(von oben)

Tessin
Kantonswappen

Erwin Teufel

Teufelskralle

errichteten kegelförmigen Bauten aus Erde oder Holz, als Bindemittel dienen Speichel und Kot. Der T.-Staat beherbergt oft viele Mio. Einzeltiere. Die bis 11 cm lange Königin hat einen durch große Eierstöcke unförmig aufgetriebenen Hinterleib, sie kann täglich mehrere Tausend Eier legen. Zus. mit dem König lebt sie in einer Kammer. Die flügellosen, nicht fortpflanzungsfähigen Arbeiter und Soldaten (jeweils Männchen und Weibchen) sorgen für Ernährung und Verteidigung. Die T. richten durch Zerstörung von Holz großen Schaden an.

Terms of Trade [tə:mz əv 'treɪd], das Verhältnis von Ausfuhr- zu Einfuhrpreisindizes.

Terni, Prov.-Hptst. in Mittelitalien, 109 800 Ew.; roman. Dom; chem. und Kunststoffindustrie.

Ternopol, Stadt im W der Ukraine, am Sereth, 205 000 Ew.; medizin., Finanzwirtschaftshochschule; Textil-, Nahrungsmittelind., Maschinenbau.

Terpene *Pl.,* in äther. Pflanzenölen vorkommende Kohlenwasserstoffe.

Terpentin *das,* Kiefernbalsam oder -harz, aus dem das äther. **T.-Öl** gewonnen wird (als Lösungsmittel für Farben, Lacke, zur Herstellung von Schuhcreme, Bohnerwachs).

Terpsichore, eine der → Musen.

Terrakotta *die,* (Kunst-)Gegenstand aus gebranntem, unglasiertem Ton.

Terrarium *das,* Glasbehälter zur Haltung von Reptilien, Lurchen.

Terra sigillata *die,* röm. glänzend rote Töpferware, v. a. Gebrauchsgeschirr.

Terrasse *die,* **1)** Hangstufe im Gelände (Fluss-, Strand-T. u. a.). – **2)** befestigte Plattform, auch größerer Vorbau am Erdgeschoss.

Terrazzo *der,* Zementestrich aus farbigen Natursteinkörnungen und -mehlen.

terre des hommes [tɛrdɛ'zɔm], 1959 gegr. internat. Hilfsorganisation für in Not lebende Kinder.

terrestrisch, die Erde betreffend; auf dem Festland entstanden.

Terrier *der,* alte, aus England stammende, formenreiche Hunderassen, urspr. zur Jagd auf Tiere in Erdhöhlen verwendet: u. a. Airedale-, Bull-, Fox-, Scotch-, Yorkshireterrier.

Territorialitätsprinzip, im Staatsrecht der Grundsatz der ausschließl. Zuständigkeit eines Staats zum Erlass von Hoheitsakten auf dem eigenen Territorium (Gebietshoheit). Die Hoheitsgewalt erstreckt sich auf alle Personen und Sachverhalte im eigenen Gebiet, auch auf den Staatsfremden. Das T. hat auch für den Geltungsbereich des Strafrechts Bedeutung. Ausnahmen bei diplomat. Immunität.

Territorium *das,* Gebiet, Staatsgebiet; im Hl. Röm. Reich bis 1806 das Herrschaftsgebiet der reichsunmittelbaren Landesherren.

Terror *der,* Schrecken; Bedrohung, Unterdrückung.

Terrorismus *der,* unterschiedl. Formen politisch motivierter Gewaltanwendung zur Erreichung polit., sozialer oder militär. Ziele durch zahlenmäßig dem Staat unterlegene, im Untergrund arbeitende Personengruppen. In den letzten Jahrzehnten griffen immer zahlreicher radikale Gruppen zum Mittel des planmäßigen Terrors.

Terschelling [tɛr'sxɛlɪŋ], niederländ. Insel im westfries. Wattenmeer, 90 km^2, 4 600 Einwohner.

Tersteegen, Gerhard, dt. pietist. Prediger, geistl. Liederdichter, * 1697, † 1769; u. a. »Ich bete an die Macht der Liebe«.

Tertia *die,* früher 2 Klassen eines Gymnasiums: **Unter-T.** und **Ober-T.,** 8. und 9. Schuljahr.

Tertiär *das,* **Braunkohlezeit,** System der Erdneuzeit (→ Erdgeschichte, ÜBERSICHT).

Tertullian, eigentlich Quintus **Septimius Florens Tertullianus,** lat. Kirchenschriftsteller, * um 160, † um 222; war ein Vorläufer der abendländ. Lehre von der Dreieinigkeit und den 2 Naturen Christi.

Teruel, Prov.-Hptst. im östl. Zentralspanien, 31 100 Ew.; Marktzentrum; einige Kirchen aus dem 12. bis 14. Jh. gehören zum Weltkulturerbe.

Terz *die,* **1)** der 3. Ton der diaton. Tonleiter, Intervall im Abstand von 3 diaton. Stufen; die **große T.** kennzeichnet das Dur-, die **kleine T.** das Mollgeschlecht. – **2)** christl. Liturgie: auf 9 Uhr angesetzter Teil des Stundengebets.

Terzett *das,* Komposition für 3 Singstimmen, meist mit Instrumentalbegleitung.

Terziar, Tertiarier, Laienmitglieder kath. Orden, leben nach den Regeln des Dritten Ordens.

Terzine *die,* Strophenform aus je 3 Versen, bei denen der 2. Vers den Reim für den 1. und 3. Vers der folgenden T. anschlägt (aba bcb cdc usw.).

Terzka, Terzky, tschech. **Trčka** ['trtʃka], Adam Erdmann, kaiserl. General im Dreißigjährigen Krieg, * um 1599, † 1634; Schwager und Vertrauter Wallensteins, zus. mit diesem ermordet.

Teschen, ehem. österr. Krst., in Oberschlesien; T. war 1291 bis 1653 schles. Herzogssitz. 1920 wurden Stadt und Land T. zw. Polen und der damaligen Tschechoslowakei geteilt in das poln. **Cieszyn** (36 600 Ew.; elektrotechn., Süßwarenind.) und das tschech. **Český Těšín** (28 800 Ew.; Nahrungsmittelindustrie).

Tesla [nach dem amerikan. Physiker Nicola Tesla, * 1856, † 1943], Zeichen **T,** SI-Einheit der magnet. Flussdichte. 1 T = 1 Wb/m^2 = 1 Vs/m^2.

Tesla-Ströme, Wechselströme mit sehr hoher Spannung und Frequenz.

Tessin, ital. **Ticino** [ti'tʃi:no], **1)** *der,* linker Nebenfluss des Po, entspringt in der Gotthardgruppe (Schweiz), durchfließt den Lago Maggiore, mündet bei Pavia, 248 km lang. – **2)** *das,* der südlichste Kt. der Schweiz, umfasst die Tessiner Alpen und fruchtbares Alpenvorland um Lago Maggiore und Luganer See, 2 812 km^2, 294 100 Ew.; Hptst.: Bellinzona; ital. Sprachgebiet. Acker-, Wein-, Obstbau, Almwirtschaft; etwas Ind.; Banken- und Dienstleistungszentrum; Fremdenverkehr. – Die Eidgenossen eroberten zw. 1403 und 1516 das vorher mailänd. T. und verwalteten es bis 1798 als Untertanenland; seit 1803 Kanton.

Test *der,* einfaches Prüfverfahren, Stichprobe, Experiment, bes. in der Psychologie (zur Messung der intellektuellen Leistungsfähigkeit).

Testakte, engl. Gesetz von 1673, das die Zulassung zu öffentl. Ämtern nur Angehörigen der anglikan. Staatskirche gewährte; erst 1829 aufgehoben.

Testament *das,* **1)** im Ggs. zum Erbvertrag einseitige, frei widerrufl., schriftlich festgelegte Anordnung des Erblassers (Testators) für die Zeit nach seinem Tod **(letztwillige Verfügung von Todes wegen).** Der Erblasser kann durch T. den Erben bestimmen (Erbeinsetzung), einen Verwandten oder Ehegatten von der gesetzl. Erbfolge ausschließen (bis auf den Pflichtteil), einen Vermögensvorteil zuwenden (Vermächtnis), Auflagen machen und einen T.-Vollstrecker ernennen. Das T. wird entweder durch Erklärung vor einem Richter oder Notar **(öffentl. T.)** oder durch eine eigenhändig geschriebene und unterschriebene Erklärung des Erblassers **(eigenhändiges** oder **privates T.)** errichtet. Ein **gemeinschaftl. T.** können nur Ehegatten errichten. (→ Nottestament) – **2)** das **Alte T.** und das **Neue T.,** die beiden Hauptteile der → Bibel.

Testat *das,* Zeugnis, Bestätigung.

Testis *der,* → Hoden.

Testosteron *das,* wichtigstes männl. Geschlechtshormon.

Tetanie *die,* Krankheit mit Muskelkrämpfen (bes. in Armen, Beinen) und übererregtem Nervensystem; beruht auf Calciummangel, z. B. infolge Versagens der Nebenschilddrüsen. **Kindl. T.** → Spasmophilie.

Tetanus *der,* ⚕ → Wundstarrkrampf.
Tete-a-tete, Tête-à-tête [tɛtaˈtɛ:t] *das,* Gespräch unter 4 Augen; Schäferstündchen.
Tethys, Titanin der griech. Sage, Schwester und Gemahlin des Okeanos.
Tétouan [teˈtwã], Prov.-Hptst. in NW-Marokko, 350 000 Ew.; Fakultät der Univ. Fes, Kunsthochschulen; maler. Altstadt; nahebei Seebäder.
tetra..., Vorsilbe mit der Bedeutung vier...
Tetrachlorkohlenstoff, CCl_4, farblose, giftige Flüssigkeit; Lösungsmittel, früher als Feuerlöschmittel verwendet.
Tetracycline *Pl.,* ⚕ wichtige Gruppe von Antibiotika.
Tetraeder *das,* Vierflächner, von 4 gleichseitigen Dreiecken begrenzter Körper, dreiseitige Pyramide.
Tetrafluor|äthylen *das,* ⚗ geruchloses Gas, wichtiger Ausgangsstoff zur Synthese temperaturbeständiger Kunststoffe.
Tetralin *das,* **Tetrahydro|naphthalin,** farbloses Öl, Lösungsmittel.
Tetralogie *die,* Folge von 4 zusammengehörigen Werken (Dramen, Romane).
Tetrarchie *die* [griech. »Viererherrschaft«], in der Antike ein von 4 Fürsten **(Tetrarchen)** beherrschtes Gebiet.
Tetschen, tschech. **Děčín,** Stadt in Nordböhmen, ČR, 55 200 Ew.; Schloss; Maschinenbau, chem. Ind.; Elbhafen.
Tetzel, Johannes, dt. Dominikanermönch, * um 1465, † 1519; veranlasste 1517 durch seine Ablasspredigten Luther zum Thesenanschlag.
Teufe *die,* ⚒ Tiefe (eines Schachts, einer Bohrung).
Teufel, in vielen Religionen die Verkörperung des Bösen, der Widersacher Gottes; im A.T. und N.T. erscheint er als »Engel des Bösen« **(Satan)** oder als gefallener Engel **(Luzifer)** und unter versch. Namen **(Beelzebub, Belial).**
Teufel, Erwin, dt. Politiker (CDU), * 1939; seit Febr. 1991 Min.-Präs. von Bad.-Württemberg.
Teufels|insel, frz. Insel der Gruppe der Salutinseln, vor der Küste von Französisch-Guayana; 1852 bis 1945 frz. Sträflingskolonie.
Teufelskralle, Rapunzel, Gattung der Glockenblumengewächse mit ähren- oder köpfchenförmigem Blütenstand und röhriger Blumenkrone mit schmalen, an der Spitze vereinigten Zipfeln.
Teufelsmesse, schwarze Messe, seit dem MA. begangene, der kath. Messe nachgebildete orgiast. und obszöne Feier; von versch. Satanskulten abgehalten.
Teufelsmoor, weitgehend abgetorftes Moorgebiet in Ndsachs., bei Worpswede.
Teufelsnadeln, schlanke, sehr bunte Libellenarten.
Teufelsrochen → Mantas.
Teufelszwirn, die → Seide.
Teutoburger Wald, 110 km langer Höhenzug des Weserberglands in NRW und Ndsachs., zw. der Diemel und der Ems, bis 468 m hoch. Gliedert sich in: Lipp. Wald, Osning, Iburger Wald. Naturdenkmal Externsteine; am Rand Heilbäder. **Die Schlacht am T. W.** (9 n. Chr.), in der die Cherusker unter Arminius das röm. Heer des Varus vernichteten, fand nach neueren Grabungen jedoch nicht im T. W., sondern in der Kalkrieser Senke bei Osnabrück statt.
Teutonen, german. Volk, nahm am Zug der Kimbern teil, wurde 102 v. Chr. bei Aquae Sextiae (Aix-en-Provence) von Marius besiegt.
Tewkesbury [ˈtju:ksbərɪ], Stadt in Gloucestershire, SW-England, 9 600 Ew.; um 1100 gegr. Abtei, roman. Kirche Saint Mary, Fachwerkhäuser. - In der **Schlacht bei T.** (1471) nahm Eduard IV. Margarete von Anjou, die Frau Heinrichs VI., gefangen und ließ den bereits eingekerkerten König ermorden.
Texas, Abk. **Tex.,** zweitgrößter Staat der USA, am Golf von Mexiko, 691 027 km², 16,99 Mio. Ew.; Hptst.: Austin; größte Städte: Houston, Dallas; erstreckt sich von der Golfküstenebene in die Great Plains bis zu den Rocky Mountains. Bedeutende Landwirtschaft (Baumwolle, Reis, Gemüse, Obst; im trockeneren W Viehzucht). ⚒ auf Erdöl, Erdgas, Graphit, Schwefel und Salze; Flugzeug- und Schiffbau, petrochem., Eisen- und Stahl-, Nahrungsmittelind.; Fremdenverkehr. - T., früher span. Kolonie, seit 1821 mexikanisch, erkämpfte 1836 die Unabhängigkeit und wurde 1845 Staat der USA.

Texas
Flagge

Texel [ˈtesəl], westlichste und größte der Westfries. Inseln, Niederlande, 161 km², 12 800 Ew.; zahlreiche Vogelschutzgebiete.
Text, Wortlaut eines Schriftwerks. **Textkritik,** wiss. Prüfung eines Schriftwerks, dessen Echtheit nicht gesichert ist oder von dem es mehrere Fassungen gibt.
Textildruck, das Aufbringen farbiger Muster auf textile Gewebe, früher von Hand (Modeldruck), heute industriell nach unterschiedl. Verfahren.
Textilien, von der Textilind. aus Fasern durch Spinnen, Weben, Wirken, Stricken, Klöppeln hergestellte Waren.
Textur *die,* Gefüge, Gewebe, Aufbau.
Textverarbeitung, Sammelbezeichnung für alle Verfahren und Methoden zur rationalisierten Verarbeitung von Texten beliebiger Art; umfasst das Formulieren, Diktieren, Schreiben, Vervielfältigen usw. bis hin zur Archivierung; heute v.a. für computergestützte Erstellung, Formatierung, Veränderung und Druck oder Archivierung von Text mithilfe spezieller T.-Programme (Editor).
TGV, Abk. für train à grande vitesse, 🚄 elektr. betriebener Hochgeschwindigkeitszug der frz. Eisenbahn, stellte 1990 mit 515,3 km/h einen Geschwindigkeitsweltrekord für Eisenbahnen auf (zuvor vom dt. ICE gehalten).
Th, chem. Symbol für das Element Thorium.
Thackeray [ˈθækərɪ], William Makepeace, brit. Schriftsteller, * 1811, † 1863; Parodien; spött.-nachdenkl. Romane, z.T. scharfe Satire (»Jahrmarkt der Eitelkeit«, 1848); auch Karikaturist (u.a. für »Punch«).
Thaddäus, Judas T., Jünger Jesu, Apostel; Heiliger (Tag: 28. 10.).
Thadden-Trieglaff, Reinold von, dt. Jurist, * 1891, † 1976; führend in der Bekennenden Kirche; begründete 1949 den Dt. Ev. Kirchentag.
Thaer [tɛ:r], Albrecht, dt. Arzt, * 1752, † 1828; begründete die wiss. Landwirtschaftslehre.
Thai, 1) Bewohner von Thailand, auch ihre Sprache, eine sinotibet. Sprache. - **2)** die thailänd. Sprache, eine sinotibet. Sprache.

Thailand

Staatswappen

Staatsflagge

Internationales Kfz-Kennzeichen

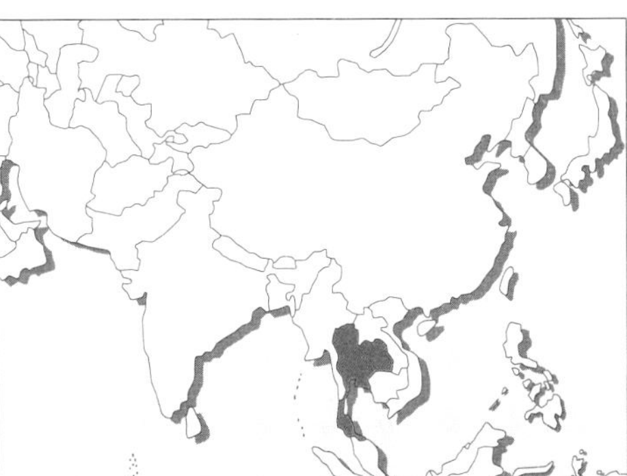

Thailand, bis 1939 **Siam,** Kgr. in Hinterindien, am Golf von T., 513 115 km², 56,13 Mio. Ew. (meist Thai, ferner Chinesen, im S Malaien u.a.; rd. 93 % Buddhisten); Hptst.: Bangkok; Amtssprache: Thai.

Margaret Hilda Thatcher

Landesnatur. Kerngebiet ist die Schwemmlandebene des Menam; im NO das Koratplateau. Den N und W durchziehen Gebirgsketten. Im S hat T. Anteil an der Halbinsel Malakka. Hauptflüsse: Menam, Mekong. Trop. Monsunklima.

Wirtschaft. Wichtige Agrarerzeugnisse sind Reis, Kautschuk, Ananas, Zuckerrohr, Maniok, Kokosnüsse, Hölzer. Viehzucht (Rinder, Büffel, Schweine). ⚒ auf Zinn, Braunkohle, Gips, Zink. Die Ind. gewinnt an Bedeutung. Starker Fremdenverkehr. Ausfuhr: Bekleidung, Reis, Kautschuk, Zinn; Haupthandelspartner: Japan, USA. ⚓ und internat. ✈: Bangkok.

Geschichte. T. wurde seit dem 9. Jh. von Thaistämmen aus S-China besetzt. Im 19. Jh. kam es unter europ. Einfluss, konnte jedoch trotz großer Gebietsverluste an benachbarte, unter frz. und brit. Herrschaft stehende Territorien seine polit. Unabhängigkeit behaupten. 1932 wurde die absolute in eine konstitutionelle Monarchie umgewandelt. Die bis 1992 festgeschriebenen Vollmachten der Streitkräfte wurden weitgehend beschnitten und das polit. System seither demokratisiert. Staatsoberhaupt: König Bhumibol (seit 1950).

thailändische Kunst, besteht aufgrund der zentralen Lage des Landes aus einer Fülle von Kunstformen, denen gemeinsam ist, dass sie bes. vom Buddhismus geprägt sind, dass in der Architektur meist Backstein und Stuckdekor Verwendung fanden und die Bildhauer v. a. in Bronze arbeiteten. In der Dwarawatikunst im 6./7. Jh. entstanden riesige Buddhastatuen. Im 11. bis 13. Jh. wurde Lop Buri zum Zentrum einer Kunstschule. Im Reich von Sukhothai gelangte die t. K. im 13./14. Jh. zu ihrem Höhepunkt (Figuren des schreitenden Buddha). Die Kunst des Reiches von Ayutthaya (Mitte 14. bis 18. Jh.) war geprägt durch einen prunkvollen Stil.

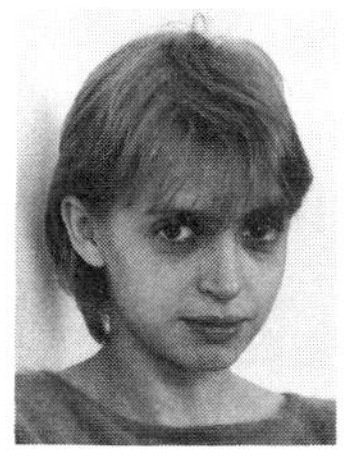

Katharina Thalbach

Thalbach, Katharina, dt. Schauspielerin, * 1954; erfolgreich an Bühnen und im Film; »Die Blechtrommel« (1979), »Domino« (1982), »Die Denunziantin« (1993), »Der Hauptmann von Köpenick« (1996).

Thales von Milet, griech. Naturphilosoph, * um 625 v. Chr., † um 547 v. Chr.; einer der → sieben Weisen, dem mehrere geometr. Sätze zugeschrieben werden. Er hielt das Wasser für den Urstoff aller Dinge.

Thalia, eine der → Musen.

Thalidomid, Handelsname **Contergan,** Schlaf- und Beruhigungsmittel, das bei Einnahme in der Frühschwangerschaft v. a. schwere Gliedmaßenanomalien der Frucht verursachen kann; die Anwendung wurde in der Bundesrep. Deutschland 1962 verboten.

Thallium *das,* Symbol **Tl,** chem. Element, weiches Schwermetall; OZ 81, D 11,85 g/cm³, Fp 303,5 °C, Sp 1 457 ± 10 °C. Verwendung in Kältethermometern, in der Halbleitertechnik u. a., seine Verbindungen sind giftig.

Thallophyten, Lagerpflanzen, Bez. für die Gesamtheit der niederen Pflanzen, deren Körper sich nicht deutlich in Wurzel, Spross und Blätter gliedert, sondern ein fädiges oder blattartiges flaches Lager **(Thallus)** bildet: Algen, Pilze, Flechten, Moose.

Thälmann, Ernst, dt. Politiker, * 1886, † (im KZ Buchenwald erschossen) 1944; seit 1920 Mitglied der KPD, die er seit 1925 leitete; 1924 bis 1933 MdR, seit 1933 im Konzentrationslager.

Thanatos, bei den Griechen Personifikation des Todes, Zwillingsbruder des Schlafs (Hypnos).

Thanksgiving Day ['θæŋksgɪvɪŋ 'deɪ], Familienfest in den USA, am 4. Donnerstag des Nov.; urspr. ein Erntedankfest.

Thar *die,* Wüstensteppe im NW Vorderindiens, v. a. in Indien, rd. 250 000 km²; großenteils durch menschl. Einflüsse entstanden.

Thasos, Thassos, griech. Insel in der nördl. Ägäis, 379 km², gebirgig, waldreich.

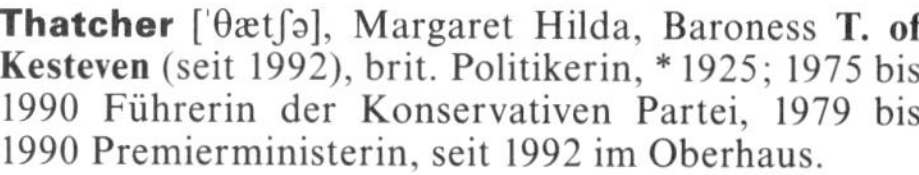

Thatcher ['θætʃə], Margaret Hilda, Baroness **T. of Kesteven** (seit 1992), brit. Politikerin, * 1925; 1975 bis 1990 Führerin der Konservativen Partei, 1979 bis 1990 Premierministerin, seit 1992 im Oberhaus.

Thaya *die,* rechter Nebenfluss der March, 290 km lang, in NÖ und der ČR.

Theater *das,* Sammelbegriff für alle für Zuschauer bestimmten Darstellungen eines in Szene gesetzten Geschehens; Sprech-T. (Schauspiel), körpersprachlich orientiertes T. (Tanz-T., Ballett, Pantomime) und Musik-T. (Oper, Operette, Musical). Der Begriff umfasst auch die Gesamtheit aller Einrichtungen, die eine T.-Darstellung ermöglichen (v. a. T.-Bau und Bühne), sowie die Gesamtheit des künstler., techn. und organisator. Ensembles, das Planung, Inszenierung und Realisierung von T.-Aufführungen übernimmt.

Zu den Vorläufern des modernen T. gehören 1) das **antike griech. T.,** das den Schauplatz der Vorführungen zuerst architektonisch ausgestaltete: im Halbkreis angeordnete, stufenweise ansteigende Zuschauersitze, ihnen gegenüber ein Holzbau – die Skene – für den Zu- und Abgang der Schauspieler und als Hintergrundkulisse. 2) **T. des MA.,** hatte urspr. als reines Oster- und Weihnachtsspiel den Chor der Kirche zum Schauplatz, die Zunahme weltl. Elemente führte zur Verlegung auf freie Plätze. Dann entstand die **Simultanbühne,** die alle Schauplätze der Handlung nebeneinander zeigte. 3) Das im Anschluss an die Antike von der Renaissance geschaffene **Humanisten-T.** (Terenzbühne), in dem es zur perspektivisch ausgestalteten Bühne kam. 4) Mit dem Entstehen fester T.-Bauten entstand die neuzeitl. **Guckkastenbühne.** Normalform war bis ins 19. Jh. die **Kulissenbühne.** Im 17. Jh. entstanden die ersten großen Bauten (1669 Opernhaus in Paris, 1678 in Hamburg). Eine Sonderrolle nimmt die **Freilichtbühne** ein.

Thebäische Legion, legendäre römische christl. Truppe; verweigerte um 300 unter ihrem Anführer Mauritius die Christenverfolgung, wurde deshalb niedergemetzelt.

Theben, 1) antike Hptst. von Böotien, der Sage nach von Kadmos gegr., später von Ödipus beherrscht, unter Epaminondas 371 bis 362 v. Chr. mächtigste griech. Stadt. – **2)** ehem. Stadt in Oberägypten, das »hunderttorige« T. genannt, lange Zeit Hptst. und religiöser Mittelpunkt des Pharaonenreichs; die erhaltenen Reste der Wohn- und Totenstadt zählen zum Weltkulturerbe. T. lag an der Stelle der heutigen Städte Luxor und Karnak.

Theismus *der,* religiöse oder philosoph. Überzeugung von dem Dasein eines höchsten, überweltl., persönl. Gottes, der die Welt erschaffen hat, erhält und regiert. (→ Atheismus, → Pantheismus, → Deismus)

Theiß *die,* größter Nebenfluss der Donau, 977 km, entspringt mit 2 Quellflüssen in den Waldkarpaten, durchfließt das Ungar. Tiefland (umfangreiche Wasserbaumaßnahmen, Verkürzung des Flusslaufs um 452 km), mündet nordwestl. von Belgrad; schiffbar.

Thema *das,* **1)** Leitgedanke, Gegenstand einer Rede, eines Gesprächs oder Abhandlung. – **2)** 𝄞 in sich geschlossene Tonfolge, die Inhalt und Aufbau eines Musikstücks bestimmt.

Themis, griech. Göttin der Sitte und Ordnung, Hüterin des göttl. Rechts.

Themistokles, athen. Staatsmann, * um 525, † nach 460 v. Chr.; ließ eine Flotte bauen, mit deren Hilfe er 480 die Perser bei Salamis schlug, baute Athen zur Festung aus, wurde 471 verbannt.

Themse *die,* engl. **Thames,** Hauptfluss Englands, fließt durch London, mündet in breitem Trichter bei Sheerness in die Nordsee; 346 km lang, schiffbar bis Oxford; im Unterlauf zahlreiche Hafenanlagen, großes Sturmflutsperrwerk.

theo..., Vorsilbe mit der Bedeutung: gott...

Theobromin *das,* Alkaloid in Kakaobohnen, schwarzem Tee und Kolanüssen; wirkt harntreibend und leicht stimulierend.

Theoderich der Große, König der Ostgoten (seit 471), *um 451, †526; besiegte und tötete seinen Rivalen Odoaker, wurde 493 Herrscher in Italien, das sich unter seiner Reg. zu hoher Blüte entwickelte. Er residierte in Ravenna und Verona; Grabmal in Ravenna. Die dt. Heldensage nennt ihn →Dietrich von Bern.

Theodolit *der,* Instrument zum Messen von Horizontal- und Höhenwinkeln; eingesetzt im Vermessungswesen, zur geograph. Ortsbestimmung. T. mit Einrichtungen zur Entfernungsmessung werden als **Tachymeter** bezeichnet.

Theodora, Gemahlin des byzantin. Kaisers Justinian I., auf den sie großen Einfluss ausübte, *um 500, †548.

Theodorakis, Mikis, griech. Komponist, *1925; politisch engagierte Kompositionen, auch unter Verwendung von Elementen griech. Volksmusik.

Theodosius I., der Große, *347 oder 346, †395; röm. Kaiser (379 bis 395), 394 Alleinherrscher; erklärte das Christentum zur Staatsreligion, verbot heidn. Kulte, teilte das Reich unter seine Söhne Arcadius und Honorius.

Theokratie *die,* Herrschaftsform, in der religiöse und staatl. Ordnung eine Einheit bilden. Die Staatsgewalt wird von Priestern oder vom als gottähnlich angesehenen Monarchen ausgeübt.

Theoderich der Große (Goldmedaillon, 6. Jh.)

Theokrit, griech. Dichter, aus Syrakus, lebte etwa 300 bis 260 v. Chr.; begründete die bukol. Dichtung (→Schäferdichtung).

Theologie *die,* systematisch reflektierende Entfaltung religiöser Glaubensaussagen. Die christl. T. befasst sich als Wiss. mit den Glaubensinhalten des Christentums. Im Ggs. zur Religionswiss. geht die T. immer von der »Wahrheit« der eigenen Tradition aus, auch wenn sie sich mit anderen Religionen befasst.

Theophrast, eigentl. **Tyrtamos,** griech. Philosoph, *um 370, †um 287 v. Chr.; Schüler des Aristoteles, bekannt durch seine »Charaktere«, eine Aufzeichnung fehlerhafter Charaktertypen; seine »Pflanzengeschichte« wirkte bis ins Mittelalter.

Theorbe *die,* 𝄞 eine Basslaute.

Theorem *das,* Lehrsatz.

Theorie *die,* wiss. Lehre, die alle Erscheinungen ihres Gebiets erklärt; sie wird gewonnen aufgrund von Hypothesen (Annahmen); rein gedankl. Betrachtungs- und Erklärungsweise im Unterschied zur prakt. Anwendung; durch Denken, nicht durch Erfahrung gewonnenes Wissen.

Theosophie *die,* myst. Richtung der Theologie und Philosophie, die höheres Wissen um Gott und seine Geheimnisse durch unmittelbares inneres Schauen erstrebt.

Theosophische Gesellschaft, von der Russin H. P. Blavatsky (*1831, †1891) 1875 in New York gegr. Gemeinschaft, die den Okkultismus und Spiritismus des 19. Jh. mit hinduist. und buddhist. Vorstellungen verband; von Einfluss auf die heutigen esoter. Bewegungen.

Thera →Santorin.

Therapie *die,* ⚕ Behandlung der Krankheiten. **Symptomat. T.** erstrebt eine Linderung der Krankheitserscheinungen. **Kausale T.** sucht die Krankheitsursache zu beseitigen; sie kann **spezifisch** (d. h. auf den Krankheitserreger abgestimmt) oder **unspezifisch** sein, d. h. die Heilkräfte des Körpers unterstützen. Zur **Physio-T.** gehören viele Naturheilverfahren.

Theresia, 1) T. von Ávila, Teresa de Jesús [- xeˈsus], span. Mystikerin, *1515, †1582; reformierte den Karmeliterorden; Heilige (Tag: 15. 10.); 1970 zur Kirchenlehrerin erhoben. – **2) T. vom Kinde Jesu, T. von Lisieux** [- liˈzjø], frz. Karmelitin, *1873, †1897; Autobiographie »Geschichte einer Seele« (1898); Heilige, Kirchenlehrerin (Tag: 1. 10.).

Theresienstadt, tschech. **Terezín,** Stadt in der ČR, an der Eger, etwa 2700 Ew.; 1780 als Festung gegr.; 1941 bis 1945 natsoz. Konzentrationslager, heute Gedenkstätte.

Theriak *der,* im MA. berühmteste Arznei, Mittel gegen alle Krankheiten, bes. Vergiftungen; enthielt 50 bis 100 Bestandteile (immer Opium).

Therme *die,* **1)** heiße Quelle. – **2)** öffentl., meist prächtig ausgestattetes antikes Bad, seit dem 5. Jh. v. Chr. nachweisbar.

Thermidor *der,* Hitzemonat, 11. Monat im frz. Revolutionskalender (Juli/Aug.).

Thermik *die,* Bildung von Luftströmungen durch Sonnenwärme. (→Segelflug)

Thermionikelement, thermionischer Umwandler, ⚡ Gerät zur direkten Umwandlung von Wärme in elektr. Energie; gas- oder dampfgefülltes Vakuumgefäß mit 2 metall. Elektroden mit unterschiedl. Austrittsarbeit, von denen diejenige mit der höheren Austrittsarbeit bis zur Elektronenemission erhitzt wird. Die Elektronen wandern zur anderen Elektrode und halten einen elektr. Strom in einem Außenkreis aufrecht.

Thermistor *der,* ⚡ elektron. Bauelement aus gesinterten Metalloxiden, dessen Leitfähigkeit mit steigender Temperatur zunimmt; für Mess- und Regelzwecke.

thermo..., Vorsilbe mit der Bedeutung wärme...

Thermochemie, Lehre von den Wärmeerscheinungen bei chem. Reaktionen.

Thermodynamik, ⚛ Teil der Wärmelehre, der die Beziehungen zw. der Wärme und anderen Energieformen untersucht. Grundlage sind 3 **Hauptsätze:** 1) Alle Energiearten können ineinander umgewandelt werden; Energie kann jedoch weder vernichtet noch aus dem Nichts erzeugt werden (Energieerhaltungssatz). 2) Verwandlung von Wärmeenergie in mechan. Energie ist nur dann möglich, wenn ein Temperaturgefälle vorhanden ist (Entropiesatz). 3) Der absolute Nullpunkt (−273,15 °C) ist unerreichbar.

Thermoelektrizität, Bezeichnung für Zusammenhänge zw. Temperaturdifferenzen und elektr. Spannungen oder Strömen innerhalb von elektr. Leitersystemen. An Kontaktstellen zw. unterschiedl. Metallen bildet sich eine Berührungsspannung aus, deren Größe von der Temperatur abhängt. (→Peltier-Effekt, →Seebeck-Effekt)

Thermoelement, ⚡ Anordnung aus 2 versch. Metallen oder halbleitenden Materialien, die an einem Ende (Messstelle) miteinander hartgelötet oder verschweißt und deren beide andere Enden über Ausgleichs- und Fernleitungen an ein Messgerät ange-

Theseus

Wolfgang Thierse

Ludwig Thoma

Edward Donnall Thomas

William Thomson, Lord Kelvin of Largs

schlossen werden. Wird die Messstelle erwärmt, entsteht eine elektr. Spannung, die bei Metall-T. ein Maß für die Temperatur der Messstelle ist; werden auch als Strahlungsmessgeräte verwendet. **Halbleiter-T.** dienen zur Energieerzeugung in Raumflugkörpern.

Thermographie *die,* Verfahren zur Sichtbarmachung und Aufzeichnung von Temperaturverteilungen und -änderungen an Oberflächen von Objekten mittels der ausgehenden Wärmestrahlung. Man erhält ein **Wärmebild** (Thermogramm), auf dem die unterschiedl. Farben bzw. Grauwerte durch langwellige Infrarotstrahlung zustande kommen.

Thermometer *das,* Instrument zum Messen der Temperatur. Die gewöhnl. T. sind Ausdehnungs-T., bei denen die Volumenänderung von Flüssigkeiten oder Gasen sichtbar gemacht wird, z. B. das **Quecksilber-T.,** – 39 bis rd. 150 °C, bei Verwendung von Quarzglas und Gasdruck (bis 50 bar) bis 750 °C, **Alkohol-T.** bis – 110 °C. Die Ausdehnung oder Zusammenziehung wird an einer Skala gemessen, die nach Celsius in 100, nach Fahrenheit in 180 Teile unterteilt ist, bezogen auf den Gefrierpunkt (0 °C, 32 °F) und Siedepunkt (100 °C, 212 °F) des Wassers bei normalem Luftdruck von 101 325 Pa. Die Kelvin-Skala ist eine theoret. Temperaturskala, ausgehend vom absoluten Nullpunkt. Beim **Maximum-T.** schiebt die Quecksilbersäule bei ihrem Steigen ein Eisenstäbchen vor sich her, das bei ihrem Zurückgehen liegen bleibt, oder aber der Quecksilberfaden selbst behält seinen höchsten Stand so lange bei, bis er durch Schütteln zurückgeschlagen wird **(Fieber-T.). Minimum-T.** sind Alkohol-T. Sie enthalten in der Glasröhre einen Glasstift, der bei sinkender Temperatur mitgezogen wird, während bei steigender Temperatur der Alkohol über ihn hinwegfließt. **Maximum-Minimum-T.** sind u-förmig gebogene Alkohol-T. mit einem Quecksilberfaden und 2 Eisenstäbchen, die an den jeweiligen Endpunkten zur Ablesung mit Magneten fixiert werden. Zur Messung an entfernter Stelle dient das **elektr. Widerstands-T.** (– 200 bis + 850°C), das durch Wärmeunterschiede hervorgerufene Widerstandsänderungen mit einem Messgerät anzeigt, und das → Thermoelement.

thermonukleare Reaktion, ⚛ Kernreaktion, die bei sehr hohen Temperaturen unter Energiefreisetzung als Verschmelzung leichter Atomkerne (Kernfusion) stattfindet.

Thermoplaste *Pl.,* feste Kunststoffe, die in der Wärme plastisch verformbar, schmelzbar und schweißbar sind.

Thermopylen *Pl.,* Pass aus 3 Engstellen in Mittelgriechenland. 480 v. Chr. fiel dort der Spartanerkönig Leonidas im Kampf gegen die Perser.

Thermosgefäße, doppelwandige Glasgefäße mit luftleerem Zwischenraum in einem verspiegelten Schutzmantel zum Warm- oder Kühlhalten von Flüssigkeiten.

Thermosphäre, die oberhalb (ab etwa 80 km) der Mesosphäre gelegene Schicht der Atmosphäre, in der die Temperatur mit der Höhe stark ansteigt.

Thermostat *der,* Kombination von Temperaturregler und Wärmegerät. Als Temperaturregler werden verwendet: **Bimetall-** (Bügeleisen), **Dehnrohr-** (Warmwassergeräte) und **Flüssigkeitsdehn-Temperaturregler** (Waschmaschine); für größere Leistungen **Temperaturfühler** (z. B. Thermoelement), der mit Hilfsenergie auf elektr. Schalter, Gas- oder Dampfventil einwirkt.

Theroux [θəˈruː], Paul Edward, amerikan. Schriftsteller, * 1941; Romane, Erz., Reisebeschreibungen.

Thesaurus *der,* **1)** alphabetisch und systematisch geordnetes, thematisch begrenztes Verzeichnis von Sachwörtern bzw. Sachwortgruppen. – **2)** Titel wiss. Sammelwerke, bes. großer Wörterbücher alter Sprachen, z. B. T. linguae Latinae, das umfassende lat. Wörterbuch (seit 1894).

These *die,* Satz, der eine Behauptung enthält, die erst bewiesen werden muss. In der Dialektik wird der T. die Anti-T. entgegengesetzt.

Theseus, sagenhafter König von Athen, bestand in seiner Jugend viele Abenteuer, tötete u. a. den Minotaurus (→ Minos).

Thespis, griech. Tragödiendichter des 6. Jh. v. Chr., soll seine Stücke auf einem Wagen, dem **T.-Karren,** aufgeführt haben.

Thessalilen, fruchtbare Beckenlandschaft im östl. Mittelgriechenland; Hauptorte: Larissa und Volos.

Thessaloniki, antiker und heutiger amtl. Name von → Saloniki.

Thetis, griech. Meeresnymphe, Gemahlin des Peleus, Mutter des Achill.

Thiamin, das Vitamin B_1.

Thidrekssaga [θ-], altnord. Zusammenfassung der Sagen über Dietrich von Bern, im 13. Jh. vermutlich in Bergen entstanden.

Thiers [tjɛːr], Adolphe, frz. Historiker, * 1797, † 1877; Präs. der Frz. Rep. (1871 bis 1873); »Histoire de la Révolution française« (1823 bis 1827).

Thierse, Wolfgang, dt. Politiker, * 1943; März bis Okt. 1990 Abg. in der Volkskammer, seit Sept. 1990 stellvertretender Vors. der SPD, seit Dez. 1990 MdB.

Thietmar von Merseburg, Dietmar v. M., dt. Geschichtsschreiber, * 975, † 1018; Bischof von Merseburg, Chronist des sächs. Kaiserhauses.

Thimphu [-ˈpu], **Thimbu,** Hptst. von Bhutan (seit 1960), 2 600 m hoch, 27 000 Ew.; Kunsthandwerk; ✈.

Thing *das,* nordgerman. für → Ding.

Thionville [tjɔ̃ˈvil], dt. **Diedenhofen,** Stadt in Lothringen, Frankreich, an der Mosel, 40 800 Ew.; ⚒ auf Eisenerz, Schwerindustrie.

Thioplaste *Pl.,* kautschukähnl. säurebeständige Kunststoffe, die durch Polykondensation z. B. aus Äthylenchlorid und Natriumpolysulfiden hergestellt werden.

Thisbe und Pyramus, ein babylon. Liebespaar, dessen trag. Tod in Ovids »Metamorphosen« erzählt wird.

Thixotropie *die,* Eigenschaft bestimmter Gallerte oder Gele, ohne Temperaturerhöhung durch Schütteln oder Ultraschall verflüssigt zu werden und danach wieder zu gelieren.

Tholos *die,* antiker Rundbau, z. B. in Delphi.

Thoma, 1) Hans, dt. Maler, * 1839, † 1924; realist. Porträts, bäuerl. Figurenbilder, stimmungsvolle Landschaften. – **2)** Ludwig, dt. Schriftsteller, * 1867, † 1921; schilderte in humorvollen und satir. Erz. und Komödien die oberbayer. Menschen, u. a. »Lausbubengeschichten« (1905).

Thomanerchor, aus Schülern der bis 1212 zurückreichenden Thomasschule in Leipzig gebildeter Knabenchor. **Thomaskantoren** waren u. a. 1701 bis 1722 J. Kuhnau, 1723 bis 1750 J. S. Bach, 1940 bis 1956 G. Ramin, seit 1992 G. C. Biller.

Thomas, Heilige: **1)** einer der 12 Apostel, soll in Persien und Indien gewirkt haben. Die dortigen Christen werden deshalb **T.-Christen** genannt. Heiliger (Tag: 3. 7., früher 21. 12.). – **2) T. von Aquino,** * 1224 oder 1225, † 1274; Dominikaner, bedeutender Vertreter der Scholastik; Heiliger (Tag: 28. 1.). Er suchte die Lehre des Aristoteles mit der christl. Lehre zu verschmelzen. Hiernach gibt es natürl. und übernatürl. Gotteserkenntnis. Natur und Gnade sind keine Gegensätze; die Gnade vollendet die Natur. Seine Anhänger nennt man **Thomisten.** – **3) T. von Canterbury** [- ˈkæntəbəri], **T. Becket,** * um 1118, † 1170; machte als Erzbischof von Canterbury die Rechte der Kirche gegenüber König Heinrich II. von England, seinem früheren Freund, geltend; von dessen Anhängern ermordet. Heiliger (Tag: 29. 12.). Novelle von C. F. Meyer, Schauspiele von T. S. Eliot, J. Anouilh.

Thomas, 1) [to'ma], Ambroise, frz. Komponist, *1811, †1896; Oper »Mignon« (1866). – 2) ['tɔməs], Dylan, walis. Schriftsteller, *1914, †1953; lyr. Hörspiel »Unter dem Milchwald« (1954). – 3) Edward Donnall, amerikan. Mediziner, *1920; Entdeckungen auf dem Gebiet der Knochentransplantation, Nobelpreis für Physiologie oder Medizin zus. mit J. E. Murray 1990.

Thomasius, Christian, dt. Rechtslehrer, *1655, †1728; hielt seit 1687 Vorlesungen in dt. Sprache (an der Univ. Leipzig), bekämpfte die Hexenprozesse; bedeutender Vertreter der dt. Aufklärung.

Thomasmehl, gemahlene Thomasschlacke (Rückstand bei der Stahlproduktion nach dem Thomasverfahren); Phosphatdünger.

Thompson ['tɔmpsn], 1) Emma, brit. Schauspielerin, *1959; bedeutende Shakespeare-Darstellerin; auch Filme »Howards End« (1992), »Was vom Tage übrig blieb« (1993). – 2) Francis, brit. Dichter, *1859, †1907; symbolist. Gedichte.

Thomson ['tɔmsn], 1) Sir (seit 1908) Joseph John, brit. Physiker, *1856, †1940; entdeckte die atomist. Struktur der Elektrizität. Mitbegründer der modernen Atomphysik; Nobelpreis für Physik 1906. – 2) Sir William, seit 1892 **Lord Kelvin of Largs,** brit. Physiker, *1824, †1907; Mitbegründer der Thermodynamik, führte die absolute Temperaturskala (→Kelvin-Skala) ein; erfand und verbesserte zahlreiche Messverfahren.

Thomsongazelle ['tɔmsn-], Gazellenart in den Steppen O-Afrikas, braunes Rückenfell durch ein schwarzes Flankenband vom weißen Band abgegrenzt, lebt in großen Herden.

Thor, altnord. Gott, →Donar.

Thora *die,* im Judentum Bezeichnung für den →Pentateuch; als Gesetz Gottes Kernstücke des jüd. Glaubens.

Thorax *der,* 1) ⚕ Brustkorb (→Brust). – 2) Bruststück der Insekten.

Thoreau [θəˈrəʊ], Henry David, amerikan. Schriftsteller, *1817, †1862; naturphilosoph. Tagebücher (»Walden«, 1854); Sozialkritiker, Essayist.

Thorium *das,* Symbol **Th,** radioaktives chem. Element, silbergraues Metall, OZ 90, D 11,7 g/cm³, Fp 1750 °C, Sp 4200 °C; findet sich in chemisch gebundener Form u. a. im Monazit. T. ist das Anfangsglied einer radioaktiven Zerfallsreihe. Verwendung als Legierungszusatz in der Elektronik, in Kernbrennstoffen, als **T.-Dioxid** in keram. Werkstoffen.

Thorn, poln. **Toruń,** Stadt in Polen, an der Weichsel, 202000 Ew.; Univ.; chem., elektrotechn. Ind., Maschinenbau; Flusshafen. – Stadtmauer, got. Backsteinbauten. – T., 1231 vom Dt. Orden gegr., war Mitglied der Hanse; seit dem 1. und 2. **Thorner Frieden** (1411 und 1466) unter poln. Oberhoheit; 1793 bis 1807, 1815 bis 1919 preußisch.

Thorndike ['θɔːndaɪk], Edward Lee, amerikan. Psychologe, *1874, †1949; untersuchte Lernen und Verhalten bei Tieren, entwickelte eine Theorie des Lernens durch Versuch und Irrtum.

Thorvaldsen, Bertel, dän. Bildhauer, *1770, †1844; lebte ab 1797 v. a. in Rom, zahlreiche klassizist. Büsten und Standbilder.

Thot, altägypt. Gott des Mondes, der Schreibkunst und Wiss., auch Götterbote und Seelenführer; mit Ibiskopf oder als Pavian dargestellt.

Thraker, indogerman. Volk in SO-Europa und Vorderasien, seit dem 2. Jt. v. Chr., im 6./7. Jh. untergegangen; hoch entwickelte Kultur.

Thrakilen, südöstl. Teil der Balkanhalbinsel, zw. Rhodopen und Marmarameer; im O fruchtbares Hügelland. Anbau von Tabak, Obst, Getreide; Schafzucht. – T. war seit 46 n. Chr. röm. Prov. (reichte bis zum Balkangebirge); gehört zu Griechenland, Bulgarien und der Türkei.

Thriller ['θrɪlə] *der,* spannungsreicher Roman oder Film, mit kriminellem Hintergrund.

Thrombose *die,* ⚕ durch Bildung eines Blutgerinnsels **(Thrombus)** im Blutgefäßsystem hervorgerufene Gefäßverengung oder -verstopfung; entsteht am häufigsten in den Venen der unteren Körperhälfte; seltener in Arterien.

Thrombozyten *die,* Blutplättchen, →Blut.

Thronfolge, Sukzession, Regierungsnachfolge in der Monarchie.

Thuja *die,* die Pflanzengattung →Lebensbaum.

Thukydides, griech. Geschichtsschreiber, *um 460, †nach 400 v. Chr.; suchte in seiner »Gesch. des Peloponnes. Krieges« das Geschehen wahrheitsgemäß und realistisch darzustellen.

Thule, 1) antiker Name eines Landes oder einer Insel im N; später sprichwörtlich für das äußerste Land am N-Rand der Welt **(ultima Thule).** – 2) heute **Qaanaaq,** Siedlung im NW Grönlands, Verw.-Sitz für N-Grönland; nach Gründung des Luftwaffenstützpunkts der USA **Dundas** errichtet.

Thulium *das,* Symbol **Tm,** chem. Element aus der Gruppe der Lanthanoide; OZ 69.

Thumb, dt. Baumeisterfamilie, begründete die Vorarlberger Bauschule: 1) Michael, *1640, †1690. – 2) Peter, *1681, †1766; Sohn von 1), baute u. a. die Wallfahrtskirche Birnau und die Klosterbibliothek in St. Gallen.

Thun, Bez.-Hptst. im Kt. Bern, Schweiz, 37700 Ew.; am Ausfluss der Aare aus dem **Thuner See;** altertüml. Stadtbild; Fremdenverkehr; Waffenfabrik, Verlage.

Thünen, Johann Heinrich von, Volkswirtschaftler, *1783, †1850; entwickelte eine Standortlehre der Landwirtschaft: Art und Intensität der Bodennutzung hängen von der Entfernung zum Markt ab **(thünensche Kreise);** Begründer der Grenzproduktivitätstheorie.

Thunfische, mehrere Makrelengattungen in fast allen Meeren, wertvolle Nutzfische, bis 5 m lang und 600 kg schwer.

Thurgau, Kt. der Schweiz, 1013 km², 213200 Ew.; Hptst.: Frauenfeld. Hügelland im SW des Bodensees, beiderseits der zum Rhein fließenden Thur. Viehzucht, Obst- und Weinbau, Textil- und Stickereiind., Maschinenbau; Fremdenverkehr. – Der T. wurde 1460 von den Schweizern erobert; seit 1803 selbstständiger Kanton.

Thüringen, Land in der Mitte Dtl.s, 16175 km², 2,55 Mio. Ew.; Hptst.: Erfurt. Umfasst Thüringer Wald, Thüringer Schiefergebirge und Thüringer Becken, grenzt im W an Werra und Rhön, im N an die Ausläufer des Harzes, greift im Osten über die Saale hinaus. Univ. in Jena und Erfurt, TU in Ilmenau, Medizin. Akademie in Erfurt, Hochschule für Architektur und Bauwesen sowie für Musik in Weimar; Anbau von Weizen, Gerste, Zuckerrüben u. a., Erfurt ist Saatzuchtzentrum; Rinder- und Schweinehaltung; Kali- und Uranerzbergbau wurden eingestellt. Automobilind., elektrotechn., Glas-, Spielzeug-, opt. und feinmechan. Ind.; Fremdenverkehr.
Das Kgr. T. der Hermunduren wurde 531 von den Franken und Sachsen erobert. Von Mitte des 11. Jh. bis 1247 herrschten die fränk. Ludowinger (seit 1130 Landgrafen). Nach ihrem Aussterben wurde T. 1263 wettinisch. Bei der wettin. Landesteilung 1485 fiel es größtenteils der ernestin. Linie zu. 1918 wurden sämtl. thüring. Länder Freistaaten; 1920 vereinigten sie sich, mit Ausnahme von Coburg, das zu Bayern kam, zum Land T. 1949 wurde T. Land der DDR, 1952 durch die Aufteilung in die Bez. Erfurt, Suhl, Gera aufgelöst; 1990 wiedererrichtet. Die ersten Landtagswahlen 1990 gewann die CDU (Koalition mit der FDP). Min.-Präs.: B. Vogel (seit 1992; seit Nov. 1994 Koalition mit der SPD). BILD S. 908

Thot
Darstellung als Ibis

Thorn
Stadtwappen

Thurgau
Kantonswappen

Thüringen
Landeswappen

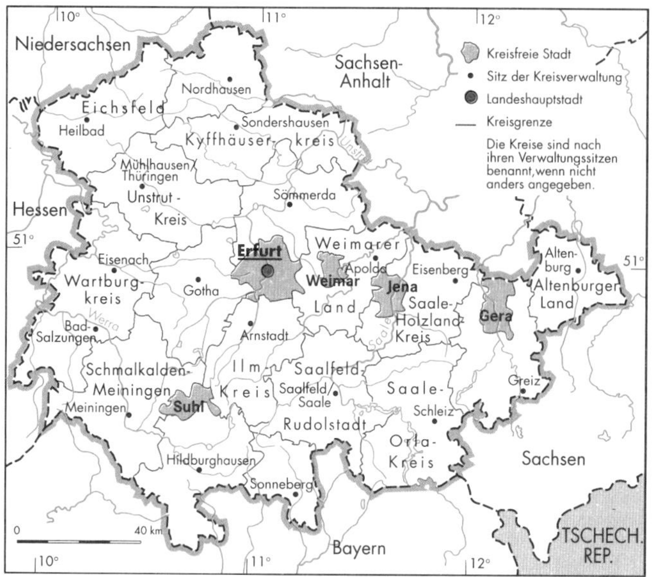

Thüringen. Verwaltungsgliederung

Thüringer Wald, waldreiches Mittelgebirge in Mitteldtl., zw. der oberen Werra und dem Thüringer Becken, rd. 60 km lang, geht westl. der Schwarza in das **Thüringer Schiefergebirge** über. Höchste Gipfel: Großer Beerberg 982 m, Schneekopf 978 m, Großer Inselsberg 916 m. Über den Kamm verläuft der →Rennsteig.

Thurn und Taxis, fürstl., aus der lombard. Familie Taxis hervorgegangenes Geschlecht, das vom 16. bis 19. Jh. das Generalpostmeisteramt im Hl. Röm. Reich und in den südl. Niederlanden besaß; seit 1695 Reichsfürsten, 1806 mediatisiert, 1815 bundesunmittelbare Stellung.

Thurnwald, Richard, dt. Ethnologe und Soziologe, * 1869, † 1954; maßgebl. Begründer der dt. Ethnosoziologie.

Thurstone, [θə:stən], Louis, amerikan. Psychologe, * 1887, † 1955; Beiträge zur Intelligenzforschung.

Thutmosis, Name von 4 ägypt. Königen der 18. Dynastie, darunter **T. I.** (1506 bis 1493 v. Chr.) und **T. III.** (1490 bis 1436), die Ägypten zum Weltreich machten.

Garten-**Thymian**

Thymian *der,* krautige bis halbstrauchige, purpurblütige Lippenblütlergattung mit würzigen Blättern, u. a. **Feld-T.** (Quendel) und **Garten-T.** (Gewürz- und Heilpflanze).

Thymin *das,* ⚗ ❀ Pyrimidinbase der Nukleinsäure, kommt in der DNS vor.

Thymol *das,* im Thymianöl enthaltene Verbindung; wirkt keimtötend, für Mundwässer.

Thymus *der,* **Thymusdrüse,** beim Kalb **Bries,** Immunorgan bei Mensch und Wirbeltieren. Der T. ist während des Wachstums tätig und bildet sich später zurück. Beim Menschen liegt der T. vor dem Herzbeutel, hinter dem Brustbein. Der T. hat eine entscheidende Funktion für die Ausreifung und Differenzierung der für die immunolog. Abwehr wesentl. Lymphozyten sowie für Körperwachstum und -stoffwechsel. Umstritten ist die Funktion als endokrine Drüse. Neuerdings wird der T. auch wieder als hormonproduzierendes Organ angesehen.

Thyristor *der,* ⚡ steuerbares, gleichrichtendes Halbleiterventil, hat 4 Schichten mit abwechselnder p- und n-Leitfähigkeit, 3 Sperrschichten, 3 Elektroden: Anode, Kathode, Steuerelektrode.

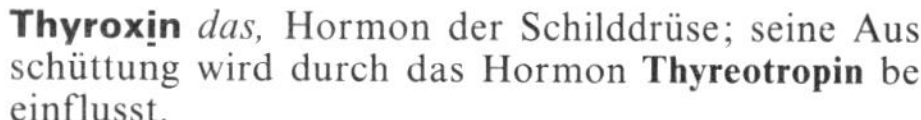

Thyroxin *das,* Hormon der Schilddrüse; seine Ausschüttung wird durch das Hormon **Thyreotropin** beeinflusst.

Thyssen, August, dt. Industrieller, * 1842, † 1926. Die von ihm 1871 gegr. Thyssen & Co. in Mülheim a. d. Ruhr wurde einer der größten dt. Montankonzerne.

Ti, chem. Symbol für das Element Titan.

Tiahuanaco [tiau̯a'nako], indian. Ruinenstätte nahe dem Titicacasee in Bolivien. Die **T.-Kultur** hatte ihre Blütezeit um 300 bis 600 n. Chr.

Tianjin [-dʒɪn], →Tientsin.

Tiara *die,* **1)** altoriental. Kopfbedeckung. – **2)** mit 3 Kronen geschmückte, außerliturg. Kopfbedeckung des Papstes; seit 1964 außer Gebrauch.

Tiber *der,* ital. **Tevere,** drittlängster, ab Rom schiffbarer ital. Fluss; entspringt im südl. Etrusk. Apennin; durchfließt Rom, mündet in das Tyrrhen. Meer, 405 km lang.

Tiberias, Stadt in Israel, am W-Ufer des Sees Genezareth, 31 000 Ew.; seit dem 2. Jh. n. Chr. Zentrum der jüd. Gelehrsamkeit.

Tiberius, eigentl. T. **Iulius Caesar Augustus,** vor der Adoption T. **Claudius Nero,** röm. Kaiser (14 bis 37 n. Chr.), * 42 v. Chr., † 37 n. Chr.; Stief- und Adoptivsohn des Augustus, siegreicher Feldherr in Germanien und Pannonien.

Tibesti *der,* Gebirge in der mittleren Sahara, größtenteils in Tschad, im Emi Kussi 3 415 m hoch; Oasen mit Dattelpalmen.

Tibet, amtl. **Xizang Zizhiqu,** autonome Region im W Chinas in Innerasien, 1,214 Mio. km², 2,2 Mio. Ew. (lamaist. Tibeter); Hptst.: Lhasa. Den weitaus größten Teil nimmt das nördl. vom Transhimalaya gelegene abflusslose **Hochland von T.** ein (mittlere Höhe 4 500 m), reicht bis zum Tanggula Shan und zum Kunlun Shan im N, mit Wüstenstrichen und zahlreichen Salzseen. Hauptanbaugebiet ist die zw. Transhimalaya und Himalaya gelegene südtibet. Längstalfurche. Ost-T. ist ein zerklüftetes fächerförmiges Bergland. Extremes Binnenklima mit starken Temperaturunterschieden. Anbau (in den Tälern) von Gerste, Mais, Hirse; Viehzucht (Schafe, Ziegen, Rinder). Die Bodenschätze (Salz, Borax, Gold) sind kaum erschlossen. Teppichherstellung; Ind. (Textilien, Leder u. a.) im Aufbau.

Zugleich mit der Einigung der tibet. Stämme und der Gründung Lhasas im 7. Jh. drang der Buddhismus ein, hier zum Lamaismus umgeformt. Seit dem 13. Jh. erkannte der Dalai-Lama die Oberhoheit des chin. Kaisers an, doch blieb die Verbindung locker, bis sie sich nach dem Sturz der chin. Monarchie (1911) fast vollständig löste. T. wurde 1951 von China annektiert. 1959/60 kam es zu Aufständen gegen die chin. Herrschaft; 1959 Flucht des Dalai-Lama nach Indien. 1965 wurde T. zur autonomen Region erklärt; seit 1987 verstärkte Unabhängigkeitsbestrebungen.

Tibeter, Eigenbezeichnung **Bod, Bodpa,** teils zu den Mongoliden, teils zu den Turaniden zählendes Volk im Hochland von Tibet, rd. 5 Mio. Angehörige; sprechen eine sinotibet. Sprache.

Ticino [ti'tʃi:no], ital. Name für das →Tessin.

Tide *die,* Flut. **Tiden** *Pl.,* Gezeiten.

Tieck, Ludwig, dt. Schriftsteller, Herausgeber und Übersetzer, * 1773, † 1853; schrieb Märchen (»Der blonde Eckbert«), Schauspiele, Gedichte, Novellen, Romane; Vertreter der Romantik. Herausgeber der von T.s Tochter Dorothea und dem Grafen W. Baudissin fortgeführten schlegelschen Übersetzung Shakespeares.

Tief, Tiefdruckgebiet, barometrisches Minimum, Zyklone, Gebiet niedrigen Luftdrucks, bringt feuchtkühles Wetter; im Sommer auch Hitzetiefs mit Gewitterfronten.

Tiefbau, 1) Bauarbeiten zu ebener Erde, in und unter der Erde wie Straßen-, Eisenbahn-, Wasserbau, Kanalisation. – **2)** Bergbau unter Tage im Ggs. zum Tagebau.

Tiefbohrungen, drehende oder schlagende Erdbohrungen zum Aufsuchen von Lagerstätten und Fördern von Bodenschätzen oder zu Forschungszwecken. Der Bohrer hängt in einem Gerüst, dem Bohrturm, und wird maschinell angetrieben. (→kontinentales Tiefbohrprogramm)

Tiefdruck, 🕮 ein Druckverfahren, bei dem die druckenden Stellen gegenüber den nicht druckenden vertieft in die Druckform (Platte, Zylinder) eingearbeitet werden. Beim **Rakel-T.** taucht der geätzte oder gravierte Druckzylinder in dünnflüssige Farbe ein, die mit einer Stahlrakel von der Oberfläche abgestrichen wird. Aus den Vertiefungen des Druckbilds wird die Farbe dann in der Druckzone zw. Druckzylinder und Presseur auf den Bedruckstoff übertragen.

Tiefenpsychologie, Denk- und Forschungsrichtung der Psychologie, die das Unbewusste und seine Einwirkungen auf das Seelenleben in den Mittelpunkt rückt, v. a. die Psychoanalyse.

Tiefenrausch, beim Tieftauchen durch erhöhte Aufnahme von Sauerstoff im Gewebe hervorgerufene euphor. Zustände mit Denk- und Bewegungsstörungen, im Extremfall Bewusstlosigkeit und Tod.

Tiefenschärfe →Schärfentiefe.

Tiefgang, ⚓ Abstand von der Wasseroberfläche bis zur Unterkante des Kiels eines Schiffs.

Tiefkühlkost, in Gefrieranlagen tiefgefrorene Lebensmittel, die in Handel und Haushalt in bes. Geräten (Tiefkühltruhen, Gefriergeräten) bei Temperaturen gelagert werden, die $-18\,°C$ nicht übersteigen. Die Haltbarkeitsdauer von T. liegt zw. etwa 4 (Fisch) und 24 Monaten (Obst); für Eiscreme beträgt sie etwa 6, für Fleisch 6 bis 12 Monate.

Tiefsee, 🌐 die landfernen, lichtlosen Meeresräume unterhalb 800 m Tiefe, bedecken rd. 60 % der Erdoberfläche. Die Temperatur erreicht nur wenige °C über null, Pflanzen leben bis etwa 400 m Tiefe, darunter Algen und Plankton; Tiere finden sich noch in größten Tiefen. Die **T.-Forschung** untersucht Gestalt und Beschaffenheit des Meeresbodens (Bodenschätze), Temperatur, Strömung, Salz- und Gasgehalt des Wassers und die Tierwelt. **T.-Gräben,** lange, schmale Einsenkungen des Meeresbodens, die z. T. bis über 10 000 m tief sind, bes. am Rand des Pazifiks (10 924 m im Marianengraben). Im Sinne der Plattentektonik werden die T.-Gräben als Verschluckungszonen, die untermeer. Rücken als Dehnungszonen der Erdkruste gedeutet, die durch Eindringen vulkanischer Schmelzen erweitert werden. **T.-Tiere** sind an Finsternis und Nahrungsarmut ihres Lebensraumes angepasst. Sie leben von organ. Stoffen, die aus den oberen Meeresschichten absinken, oder sind Räuber. Viele T.-Tiere sind bizarr gestaltet, haben Leuchtorgane, einige große, leistungsfähige Augen (z. B. Teleskopfische).

Tieftemperaturphysik, Spezialgebiet der Physik, das sich mit der Erzeugung und Messung extrem tiefer Temperaturen (unter 80 K) sowie mit den bei solchen Temperaturen auftretenden Prozessen und Materialeigenschaften beschäftigt (→Supraleitung, →Kryotechnik).

Ti|enschan, Tian Shan, stark vergletschertes Gebirge in Zentral- und Mittelasien, an der Grenze zw. Kirgistan, Kasachstan, Usbekistan, Tadschikistan und der chin. Prov. Sinkiang, im Pik Pobeda 7439 m hoch.

Ti|entsin, Tianjin, Stadt in N-China (im Rang einer Prov.), im SO von Peking, 4,6 (als Prov. 8,8 Mio.) Ew.; wichtigster Handelsplatz N-Chinas am schiffbaren Hai He und Kaiserkanal, Hochseehafen und Sonderwirtschaftszone; Bahnknoten, ✈; Univ. u. a. Hochschulen; Schwer-, Maschinen-, Textilind. (Teppiche), Erdölraffinerie.

Tiepolo, Giovanni Battista, ital. Maler, *1696, †1770; Meister des venezian. Rokoko, tätig auch in Würzburg (Fresken im Kaisersaal und im Treppenhaus der Residenz, 1750 bis 1753) und Madrid.

Tiere, Lebewesen, bei denen im Ggs. zu den Pflanzen die Gewebezellen nicht von einer Zellwand umgeben sind, Bewegungsvermögen und Empfindungsleben hervortreten und v. a. im Stoffwechsel Zerfall organ. Stoffe vorherrscht; dieser führt zu reichl. Ausscheidung von stickstoffhaltigen Stoffen und Kohlensäure und bedingt, dass die T. von Pflanzen oder anderen T. als Quellen organ. Nahrung abhängig sind (Heterotrophie). Das Bewegungsvermögen tritt bei gewissen T. so zurück, dass diese lange als Pflanzen gegolten haben: Korallen, Schwämme. Der Körper der T. besteht aus einer einzigen Zelle (Einzeller) oder aus vielen (Vielzeller), die infolge Arbeitsteilung versch. Gewebe und Organe bilden. Die Größe der T. variiert von einigen tausendstel Millimeter (Protozoen) bis zu über 30 m (Blauwal). Die Zahl der festgestellten lebenden T.-Arten wird mit rd. 1,2 Mio. angegeben, etwa 500 Mio. Arten sind im Lauf der Zeit ausgestorben.

tierfangende Pflanzen, Fleisch fressende Pflanzen, v. a. auf nährstoffarmen Böden wachsende Pflanzen, die Vorrichtungen wie Tentakel (Sonnentau), Fallenblätter (Venusfliegenfalle) oder Fangblasen (Wasserschlauch) besitzen, mit deren Hilfe sie v. a. Insekten fangen, festhalten und verdauen, meist mithilfe eines pepsinhaltigen Saftes, um sie als zusätzl. Stickstoffquelle auszunutzen.

Tiergarten, Tierpark →zoologischer Garten.

Tierhalterhaftung, ⚖ Gefährdungshaftung des Halters eines Tiers für jeden Schaden, den das Tier anrichtet (§ 833 BGB).

Tierheilkunde, Veterinärmedizin, beschäftigt sich mit den Krankheiten der Tiere, umfasst auch Einrichtungen zur Bekämpfung von Tierseuchen und zum Schutz des Menschen gegen die von Haustieren auf den Menschen übertragbaren Krankheiten (Fleischbeschau, tierärztl. Milchkontrolle). Die **Tierärzte** haben Hochschulausbildung und arbeiten in einer freien Praxis oder als Beamte in der Veterinärverw. oder in Forschung und Lehre.

Ludwig Tieck
Ausschnitt aus einer zeitgenössischen Lithographie

Tierkreis, Zodiakus, Zone am Himmel, beiderseits der Ekliptik, innerhalb deren sich die Sonne, der Mond und die Planeten bewegen und in der die 12 Sternbilder, die **T.-Zeichen** Widder, Stier, Zwillinge, Krebs, Löwe, Jungfrau, Waage, Skorpion, Schütze, Steinbock, Wassermann, Fische, liegen. Um Christi Geburt lag der Anfang des T., der Frühlingspunkt, im Widder; heute fällt er wegen der Präzession in das Sternbild der Fische. Für astrolog. Zwecke wurden die »Zeichen« in ihrer alten Folge beibehalten, sodass heute das Zeichen des Widders in die Fische, das Zeichen des Stiers in den Widder usw. fällt.

Tierkreislicht →Zodiakallicht.

Tierkult, religiöse Verehrung bestimmter Tiere als Gottheiten, Heilbringer u. a., bes. in Jäger- und Viehzüchterkulturen. (→Totemismus)

Tierkunde, Zo|ologie, Wiss. von den Tieren, Teilgebiet der Biologie; sie erforscht Gestalt und Körperbau (Morphologie, Anatomie), Lebenstätigkeiten (Physiologie), Entwicklungs- und Stammesgeschichte (einschließlich Paläontologie), Erbgeschehen (Genetik), Umweltbeziehungen (Ökologie), Verbreitung (Tiergeographie), Verhalten (Tierpsychologie).

Tierra *die,* in den trop. Gebirgsländern Lateinamerikas (Mexiko bis Bolivien) Bezeichnung für die klimat. Höhenstufen: **T. caliente** (von 0 bis 700 bzw. 1000 m, heiß-feucht oder heiß-trocken), **T. templada** (bis 1700 bzw. 2000 m, gemäßigt), **T. fría** (bis 3000 bzw. 4000 m, kühl), **T. helada** (ewiger Schnee, sehr kalt).

Hans Tietmeyer

Tierschutz, Bestrebungen zum Schutz des Lebens und zur angemessenen Behandlung von Tieren (Haus-, landwirtschaftl. Nutztiere, Laborversuchstiere). Für die Erhaltung der frei lebenden Tiere setzt sich der →Naturschutz ein.

Tiersprache, Kommunikationsformen der Tiere, auch mittels chem. Signale oder aufgrund bestimmter Verhaltensweisen; die Bedeutung der Signalzeichen ist meist angeboren. Lock-, Warn-, Drohrufe der Vögel; Tanz der Bienen; Lautäußerungen und Gebärden der Affen u. a. Säugetiere.

Tierstöcke, Tierkolonilen, Ansammlungen von Tieren, die durch Knospung oder Teilung aus einem Einzelwesen hervorgehen und körperlich verbunden sind; z. B. bei Schwämmen, Moostierchen, Korallentieren.

Tierversuche, Eingriffe oder Behandlungen an lebenden Tieren. Diese sind nach § 5 des Tierschutzges. verboten, jedoch können sie wiss. Instituten und Laboratorien unter bestimmten Voraussetzungen genehmigt werden, nicht bei der Erprobung von Waffen, der Prüfung von Tabakerzeugnissen, Waschmitteln und Kosmetika.

Tietmeyer, Hans, dt. Politiker, * 1931; seit Okt. 1993 Präs. der Dt. Bundesbank.

Tiffany [ˈtɪfənɪ], Louis Comfort, amerikan. Kunsthandwerker, * 1848, † 1933; Vertreter des Jugendstils; Glaskunst, Schmuck, Möbel usw.; übernahm 1902 von seinem Vater das berühmte Juweliergeschäft T. & Co. in New York.

Tillandsie

Tiflis, georg. **Tbilissi,** Hptst. Georgiens, an der Kura, 1,27 Mio. Ew.: Kulturzentrum Transkaukasiens; Univ. u. a. Hochschulen; Verkehrsknotenpunkt; vielseitige Ind.; Mineral-, Schwefelquellen. Patriarchat der georgisch-orth. Kirche.

Tiger, Großkatze mit bis 2,8 m Körperlänge und bis 300 kg Körpergewicht, gelbbraunweißes Fell mit schwarzen Querstreifen; lebt in Wäldern SW- bis O-Asiens. Der T. schlägt große Säugetiere und greift vereinzelt auch den Menschen an. **Bengal. T.** (Königs-T.) in Indien; **Sibir. T.** (größte Unterart); **Insel-T.** auf den Sunda-Inseln (stark bedroht).

Tigerlauge, braun und gelb gestreifter, schimmernder Quarz, Schmuckstein.

Tigre, in zahlreiche Stämme gegliederte Volksgruppe in N-Eritrea und Sudan, etwa 700 000 Angehörige.

Tigrinja, Volk im N des Äthiop. Hochlands, etwa 4 Mio. Menschen, ebenso wie die Tigre überwiegend äthiop. (monophysit.) Christen, etwa 200 000 (v. a. in Eritrea) sunnit. Muslime.

Johann Tserclaes Graf von Tilly
Ausschnitt aus einem zeitgenössischen Kupferstich nach einem Gemälde von Anthonis van Dyck (um 1630)

Tigris *der,* Strom in Vorderasien, Mesopotamien, entspringt in der Türkei. 1 950 km lang, vereinigt sich mit dem Euphrat zum Schatt el-Arab; Flussschifffahrt im Ausbau, mehrere Staudämme.

Tijuana [tiˈxuana], Stadt in NW-Mexiko, nahe der Grenze zu den USA, 742 700 Ew.; Fremdenverkehrszentrum.

Tikal, größte Stadt der Maya (rd. 16 km², z. T. rekonstruierte Anlagen), im nördl. Guatemala, mit Tempelpyramide (70 m hoch); zählt zum Weltkulturerbe.

Tilburg [ˈtɪlbyrx], Stadt in der Prov. Nordbrabant, Niederlande, 160 000 Ew.; kath. Hochschule, Akademie für Baukunst; Textil- und Metallind., Autoreifenwerk.

Tilde *die,* Aussprachezeichen; im Spanischen bezeichnet die T. die palatale Aussprache des n (z. B. doña [ˈdoɲa]), im Portugiesischen die nasalierte Aussprache eines Vokals (z. B. São [sãʊ]).

Tilgung, **1)** Rückzahlung einer Schuld (in einem Betrag oder in Raten). – **2)** Löschung einer Eintragung im Strafregister **(Straf-T.).**

Tillandsile, Gattung der Ananasgewächse, meist epiphyt. lebend ohne oder mit nur schwach entwickelter Wurzel; bekannt ist der **Greisenbart.** Einige Arten wurden unter Naturschutz gestellt.

Till Eulenspiegel →Eulenspiegel, Till.

Tillich, Paul, dt.-amerikan. ev. Theologe, * 1886, † 1965; Prof., seit 1933 in den USA; Religionsphilosoph; »Systemat. Theologie« (1951 bis 1963).

Tilly, Johann Tserclaes Graf von, kaiserl. Feldherr, * 1559, † 1632; Heerführer der kath. Liga im Dreißigjährigen Krieg, besiegte 1620 am Weißen Berge bei Prag die prot. Böhmen, 1626 bei Lutter am Barenberge den Dänenkönig Christian IV., erstürmte 1631 Magdeburg, wurde aber von den Schweden bei Breitenfeld (1631) und bei Rain am Lech (1632) besiegt (hier tödlich verwundet).

Tilsit, russ. **Sowjetsk,** Stadt in Ostpreußen, Russland, 45 000 Ew.; Hafen an der Memel; Nahrungsmittel-, Möbel-, Maschinenind. – Im **Tilsiter Frieden** von 1807 verlor das von Napoleon I. besiegte Preußen alle Gebiete westlich der Elbe.

Tiger. Königstiger

Timbales *Pl.,* auf einem Ständer befestigtes Trommelpaar, v. a. in Schlagzeuggruppen von Tanzorchestern.

Timbre [ˈtɛ̃:brə] *das,* Klangfarbe (einer Stimme, eines Instruments).

Timbuktu, Oasenstadt in Mali, rd. 9 000 Ew.; 10 km nördlich des Niger; Schnittpunkt alter Karawanenstraßen; bis zum 17. Jh. Handels- und Kulturmittelpunkt des Islam im Sudan; Das in Lehmbauweise errichtete Stadtbild wurde zum Weltkulturerbe erklärt.

Timesharing [ˈtaɪmʃeərɪŋ] *das,* zeitl. Aufteilung der Benutzung einer Datenverarbeitungsanlage durch mehrere Benutzer mit eigenen Ein- und Ausgabegeräten.

Timing [ˈtaɪmɪŋ] *das,* zeitl. Abstimmung und Einteilung im Ablauf von Tätigkeiten.

Timişoara [timiˈʃoara], →Temesvar.

Timmelsjoch, →Alpen (Alpenpässe; ÜBERSICHT).

Timmendorfer Strand, Ostseebad an der Lübecker Bucht, Schlesw.-Holst., 8 400 Ew.; Kongresshalle.

Timmermans, Felix, fläm. Dichter und Maler, * 1886, † 1947; Erz. und Romane erfüllt von humorvoller Heimatliebe und Frömmigkeit.

Timokratie *die,* Staatsverf., in der polit. Rechte nach Vermögensverhältnissen abgestuft sind.

Timor, größte der Kleinen Sunda-Inseln, 33 600 km², rd. 1,5 Mio. Ew.; gebirgig; Ausfuhr: Kaffee, Kopra, Sago; die Sandelholzbestände sind durch Raubbau weitgehend vernichtet; Viehhaltung. – Die niederländisch-port. Rivalität auf T. führte seit dem 17. Jh. zur Teilung der Insel; der niederländ. SW-Teil (Hauptort Kupang) wurde 1949 indonesisch. 1975 besetzten indones. Truppen Port.-T. (Hauptort Dili), das 1976 offiziell dem indones. Staat eingegliedert wurde.

Timotheus, im N. T. Apostelschüler, Begleiter des Paulus; Märtyrer; Heiliger (Tag: 26. 1.).

Timur, bei den Persern **Timur-i Läng,** daraus entstellt **Tamerlan,** mongol. Eroberer, * 1336, † 1405; unterwarf Mittelasien, N-Indien, Persien und Teile Vorderasiens; sein Herrschersitz war Samarkand.

Tinbergen [ˈtɪnbɛrxə], **1)** Jan, niederländ. Volkswirtschaftler, * 1903, † 1994; Bruder von 2); Arbeiten v. a. zu dynam. Wirtschaftsabläufen, 1969 Nobelpreis für Wirtschaftswiss. – **2)** Nikolaas, niederländ. Zoologe,

* 1907, † 1988; Bruder von 1); gilt als Mitbegründer der Verhaltenslehre (»Instinktlehre«), 1973 Nobelpreis für Physiologie oder Medizin.

Tinguely ['tɪŋəli, frz. tɛ̃gə'li], Jean, schweizer. Bildhauer, * 1925, † 1991; ⚭ mit Niki de Saint Phalle; v. a. kinet., häufig auch motorisierte Skulpturen, »Fasnachtsbrunnen« (1977) in Basel.

Tinktur *die,* Arzneikunde: dünnflüssiger Auszug aus pflanzl. oder tier. Stoffen.

Tinte, Schreibflüssigkeit. Die heute vorwiegend als **Schreib-T.** verwendeten blau- und andersfarbigen T. sind wässrige Lösungen von lichtbeständigen Teerfarbstoffen mit Zusätzen. **Sympathet. T.** (Geheim-T.) werden erst durch bestimmte Behandlung (Erwärmen oder chem. Einwirkung) sichtbar.

Tintenfische → Kopffüßer.

Tintenstrahldrucker, ein → Matrixdrucker.

Tintoretto, eigentl. Iacopo **Robusti,** ital. Maler, * 1518, † 1594; lebte in Venedig und schuf v. a. religiöse Gemälde von ausdrucksstarker, leidenschaftlich bewegter Gestaltung und raffinierter Lichtwirkung sowie Porträts.

Tipi *das,* kegelförmiges Stangenzelt nordamerikan. Prärieindianer, mit gegerbten Bisonfellen bespannt.

Tipperary [tɪpə'reərɪ], Stadt im S Irlands, 5200 Ew.; auch ehem. Cty., heute geteilt.

Tippett ['tɪpɪt], Sir (seit 1966) Michael, brit. Komponist, * 1905; polit. engagierte Opern, auch Sinfonien und Chorwerke.

T. I. R., Abk. für frz. Transport International de Marchandises par la Route, Internat. Transport von Gütern auf der Straße, Kennzeichen für Lkw, die einen Zollpassierschein für ihre Waren mitführen.

Tirana, Hptst. Albaniens, 243 000 Ew.; Univ.; Maschinenbau, Textil-, chem. Ind.; ✈; oriental. geprägte Altstadt.

Tiresias, Teiresias, griech. Sage: blinder Seher aus Theben.

Tirich Mir ['tɪərɪtʃ 'mɪə], höchster Berg des Hindukusch, in Pakistan, nahe der Grenze zu Afghanistan, 7690 m hoch.

Tirol, österr. Bundesland, 12 647 km², 631 400 Ew.; Hptst.: Innsbruck. **Nord-T.** umfasst im N die höchsten Teile der Nördl. Kalkalpen: Lechtaler Alpen, Wetterstein-, Karwendel-, Kaisergebirge, im S des Inntals die östl. Rät. Alpen, die Ötztaler, Stubaier, Zillertaler Alpen. Durch die Abtretung → Südtirols an Italien nach dem 1. Weltkrieg ist **Ost-T.** (S-Seite der Zentralalpen und Lienzer Dolomiten) vom übrigen T. getrennt. Hauptsiedlungsgebiet ist das mittlere Inntal. Viehzucht, Waldnutzung, Ackerbau in Tallagen; Bergbau (Magnesit), Wasserkraftwerke; Holz-, Textil-, Glas-, metallurg. u. a. Ind.; Fremdenverkehr. Durch T. führt die Haupttransitverbindung zw. Dtl. und Italien über den Brenner. – Das urspr. von Kelten besiedelte, seit 15 v. Chr. röm. T. wurde im 6. Jh. von den Baiern in Besitz genommen. Im 11. Jh. kam es als Lehen des Bischofs von Brixen an die Grafen von T.; die Gräfin Margarete Maultasch vererbte T. 1363 an Österreich.

Tirpitz, Alfred von, dt. Großadmiral, * 1849, † 1930; 1897 bis 1916 Staatssekretär des Reichsmarineamts, förderte den Ausbau der kaiserl. Kriegsmarine, Verfechter des uneingeschränkten U-Boot-Kriegs; 1924 bis 1928 MdR (deutschnational).

Tirso de Molina, eigentl. Gabriel **Téllez,** span. Dichter, * 1571 oder 1579, † 1648; Komödien und religiöse Stücke (»Don Gil von den grünen Hosen«, 1635). Die Zuschreibung des Don-Juan-Dramas an ihn wird heute abgelehnt.

Tiruchirapalli [-tʃi-], Stadt in S-Indien, 386 000 Ew.; Univ., TH; Ind.; kath. Bischofssitz; hinduist. Wallfahrtsort; shivait. Höhlentempel.

Tiryns, myken. Burg und Stadt in der griech. Argolis. Ausgrabungen u. a. 1884/85 durch H. Schliemann.

Tischbein, dt. Malerfamilie: **1)** Johann Heinrich, d. Ä. (»Kasseler T.«), * 1722, † 1789; Onkel von 2) und 3); religiöse und mytholog. Bilder, Rokokobildnisse. – **2)** Johann Friedrich August (»Leipziger T.«), * 1750, † 1812; Neffe von 1); v. a. Porträts. – **3)** Johann Heinrich Wilhelm (»Goethe-T.«), * 1751, † 1829; Neffe von 1); reiste mit Goethe nach Italien, malte neben Porträts (»Goethe in der röm. Campagna«; 1787, Frankfurt am Main, Städel) u. a. auch Stillleben.

Tischrücken, spiritist. Praktik: Die Teilnehmer einer Sitzung legen die Hände auf einen Tisch, an dem Bewegungen und Klopfzeichen auftreten, die als Verständigung mit Geistern gedeutet werden.

Tischtennis, dem Tennis ähnl. Rückschlagspiel zw. Einzelspielern und Doppeln mit Bällen (2,5 g) auf einer durch ein Netz in 2 Hälften getrennten waagrechten Tischplatte von 274 × 152,5 cm in 76 cm Höhe; gespielt wird mit beschichteten Holzschlägern.

Tiso ['tjisɔ], Jozef, slowak. Politiker, * 1887, † (hingerichtet) 1947; kath. Geistlicher, 1939 bis 1945 Präs. der vom natsoz. Dtl. abhängigen Slowakei.

Titan *das,* Symbol **Ti,** chem. Element, silberweißes Metall; OZ 22, D 4,51 g/cm³, Fp 1 660 °C, Sp 3 287 °C. T. ist in der Natur weit verbreitet, es findet sich bes. in eisenhaltigen Erzen und wird v. a. zur Veredelung von Stahl sowie als wärmefestes Leichtmetall verwendet; sehr korrosionsbeständig. **T.-Dioxid,** TiO_2, ist ein wichtiges Pigment für Farben und Lacke (T.-Weiß).

Titan, ☼ mit 5 150 km Durchmesser der größte Mond des Planeten Saturn; 1980 Vorbeiflug der Raumsonde Voyager 2.

Titanen, griech. Göttergeschlecht, die 6 Töchter und 6 Söhne von Uranos und Gaia, von Zeus in den Tartaros gestürzt.

Titanic [taɪ'tænɪk] *die,* ⚓ brit. Passagierschiff, galt als unsinkbar, stieß 1912 auf der Jungfernreise im Nordatlantik mit einem Eisberg zusammen und sank (1 503 Todesopfer); das Wrack wurde 1985 geortet.

Titel *der,* **1)** akadem. Grade, Amts- oder Berufsbezeichnungen sowie Ehrenbezeichnungen für besondere Verdienste. – **2)** 🕮 Aufschrift, Name eines Schrift- oder Kunstwerks. – **3)** ⚖ **Rechts-T.,** der Grund, auf den ein Recht gestützt wird.

Titicacasee, größter Hochlandsee der Erde und größter See Südamerikas, zw. Peru und Bolivien, liegt 3 812 m ü. M., 8 300 km².

Titisee-Neustadt, Stadt am Feldberg im Schwarzwald, Bad.-Württ., 12 200 Ew.; Kneippkurort, Wintersportplatz; in der Nähe der **Titisee,** 840 m ü. M., 1,3 km².

Tito, Josip, eigentl. J. **Broz,** jugoslaw. Politiker, Marschall, * 1892, † 1980. Im 2. Weltkrieg organisierte er in Jugoslawien eine kommunist. Partisanenbewegung. Nach der Errichtung der VR Jugoslawien wurde T. 1945 Min.-Präs.; 1953 Präs. (seit 1963 auf Lebenszeit nach Ausschaltung seiner innenpolit. Gegner). 1948 kam es zum Bruch mit dem Kominform und der sowjet. Politik **(Titoismus).** T. betrieb eine Politik der Blockfreiheit. Innenpolitisch vermochte er die nat. Einheit des Vielvölkerstaats Jugoslawien zu erhalten.

Titograd → Podgorica.

titrieren, ⚗ Menge eines gelösten Stoffs durch → Maßanalyse bestimmen.

Titularbischof, nur der Weihe nach ein Bischof; leitet keine Diözese.

Titus, 1) T. Flavius Vespasianus, röm. Kaiser (79 bis 81 n. Chr.), * 39, † 81; zerstörte 70 Jerusalem. Sein Triumph ist im Titusbogen in Rom dargestellt. – **2)** im N. T. Begleiter des Apostels Paulus; Heiliger (Tag: 26. 1.).

Tivoli, ital. Stadt östl. von Rom, 54 400 Ew.; Wasserfälle (Energiegewinnung); Schwefelbad; röm. Baureste. Villa d'Este, einer der schönsten ital. Renaissancebauten; Park in Terrassen, Wasserspiele.

Alfred von Tirpitz

Johann Heinrich Wilhelm Tischbein
Ausschnitt aus einem Selbstporträt

Tirol
Landeswappen

Jan Tinbergen

Nikolaas Tinbergen

Tizian. Der Zinsgroschen (um 1518)

Tizian, eigentl. Tiziano **Vecellio,** ital. Maler, *um 1488, †1576; einer der Hauptvertreter der venezian. Renaissance; religiöse und mytholog. Darstellungen voll sinnl. Lebensfreude, psycholog. Porträts. Seine Farbgebung, teils leuchtend, teils tief glühend, wirkt im Spätwerk gedämpft und vergeistigt.

tizianrot, leuchtende, gold- bis braunrote Haarfarbe.

Tjumen, russ. Gebietshptst. in W-Sibirien, 477 000 Ew.; Univ.; Zentrum des Westsibir. Erdöl- und Erdgasreviers; ✈.

tkm, Abk. für →**Tonnenkilometer.**

Tl, chem. Symbol für das Element Thallium.

Tm, chem. Symbol für das Element Thulium.

TNT, Abk. für den Sprengstoff →**Trinitrotoluol.**

Toast [to:st] *der,* **1)** geröstete Brotschnitte. - **2)** Trinkspruch.

Tobago →Trinidad und Tobago.

Tobel *der* oder *das,* schluchtartige Wildbachstrecke.

Tobias, im A. T. die beiden Helden, Vater und Sohn, des apokryphen **Buchs T.** oder **Tobit.**

Tobin [ˈtəʊbɪn], James, amerikan. Volkswirtschaftler, *1918; erhielt für seine Analyse von Finanzmärkten 1981 den Nobelpreis für Wirtschaftswissenschaften.

Toboggan *der,* Schlitten der kanad. Indianer.

Tobol *der,* linker Nebenfluss des Irtysch in W-Sibirien (Kasachstan und Russland), 1 591 km lang, schiffbar, 3 Stauseen; entspringt am Ural, mündet bei **Tobolsk** (82 000 Ew.; Kosakenfestung aus dem 16. Jh., zahlreiche histor. Bauwerke).

Tobruk, Hafenstadt in der Cyrenaika, Libyen, 94 000 Ew. - Im 2. Weltkrieg hart umkämpft.

Tocantins [tokanˈtĩs] *der,* Fluss in Brasilien, 2 640 km lang, vereinigt sich mit dem Rio do Pará im Amazonasmündungsgebiet; Wasserkraftwerke.

Toccata, Tokkata *die,* 𝄞 präludienartiges Musikstück für ein Tasteninstrument, v. a. Orgel oder Klavier.

Tocharer, wohl indogerman. Volk aus NW-China, das, von den Hunnen um 165 v. Chr. vertrieben, in Sogdiana (im NO Irans) eindrang.

Tochtergeschwulst →Metastase.

Tochtergesellschaft, ✐ Kapitalgesellschaft, die von einer anderen abhängig ist.

Tocqueville [tɔkˈvil], Alexis **Clérel de,** frz. Historiker und Politiker, *1805, †1859; analysierte die amerikan. Gesellschaft (»Die Demokratie in Amerika«, 1835 bis 1840) und die Voraussetzungen der Frz. Revolution (»Der alte Staat und die Revolution«, 1856).

Tod, Stillstand der Lebensfunktionen bei Mensch, Tier und Pflanze. Als **klin. T.** wird der Stillstand von Herz und Kreislauf sowie Atmung bezeichnet; zum **Hirn-T.** kommt es nach dem unwiderrufl. Absterben von Gehirnzellen, wenn das Gehirn nicht mehr mit Sauerstoff versorgt wird.

Todes|erklärung, ⚖ gerichtl. Feststellung des Todes eines Verschollenen aufgrund eines Aufgebots. Die T. ist im Allg. zulässig, wenn binnen 10 Jahren keine Nachricht von dem Leben eines Verschollenen eingegangen ist; sie darf nicht vor Ablauf des Jahres erfolgen, in dem der Verschollene das 25. Lebensjahr vollendet hätte. Bei Kriegs-, See- und Luftverschollenen gelten besondere Vorschriften.

Todes|strafe, die schwerste der Kriminalstrafen. Ihre Berechtigung und Zweckmäßigkeit ist seit der Aufklärung sehr umstritten. In der Bundesrep. Deutschland wurde die T. 1949 durch Artikel 102 GG abgeschafft. In Österreich wurde die T. 1968 abgeschafft, in der Schweiz ist sie nur noch im Militärstrafrecht für Kriegszeiten vorgesehen. In Frankreich wurde die T. 1981 abgeschafft. Insgesamt sind jedoch die Länder, in denen die T. zulässig ist, in der Überzahl; so z. B. in den meisten Bundesstaaten der USA, in vielen asiat. und afrikan. Ländern.

Tödi *der,* Gebirgsstock der Glarner Alpen, Schweiz, im Piz Russein 3 614 m hoch.

Todsünde →Sünde.

Todt, Fritz, dt. Ingenieur und Politiker (NSDAP), *1891, †(Flugzeugunfall) 1942; wurde u. a. 1933 Gen.-Inspekteur für das dt. Straßenwesen, organisierte 1938 den Bau des Westwalls und gründete die **Organisation T.** (OT), deren Baukolonnen im Krieg variabel eingesetzt werden konnten, seit 1940 Reichsmin. für Bewaffnung und Munition.

Tofu *der,* **Sojaquark,** quarkähnl. Produkt aus Sojabohnenextrakt; eiweißreiches, fett- und kalorienarmes Nahrungsmittel, das gekocht, gebraten oder roh gegessen wird.

Toga *die,* Obergewand des freien röm. Bürgers; ließ die rechte Schulter frei; in der Kaiserzeit offizielles Staatsgewand.

Toggenburg, Landschaft im schweizer. Kt. St. Gallen, um die obere Thur, von der Passhöhe Wildhaus bis Wil; Obstbau, Viehzucht.

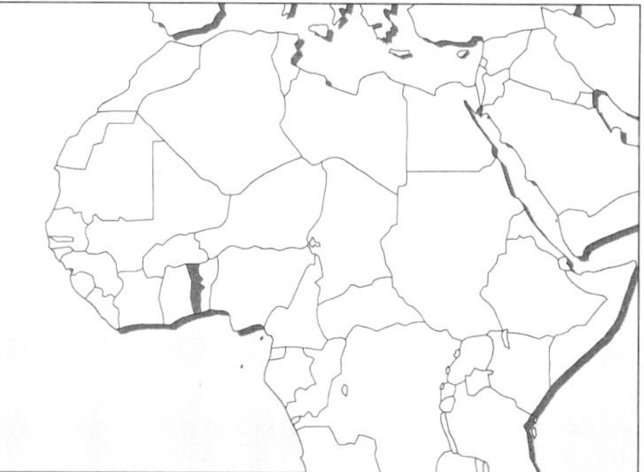

Togo

Staatswappen

Staatsflagge

Internationales Kfz-Kennzeichen

Togo, Rep. in W-Afrika, am Golf von Guinea, 56 785 km², 3,76 Mio. Ew. (über 40 ethn. Gruppen); Hptst.: Lomé; Amtssprache: Französisch. Weitgehend eine Plateaulandschaft mit einer schmalen Küstenebene; tropisch-heißes Klima. Erzeugnisse: Kaffee, Kakao, Palmkerne, Erdnüsse, Baumwolle, Kopra. ⚒ auf Phosphat. Haupthandelspartner: Frankreich u. a. EU-Länder. Über den Seehafen von Lomé wird auch z. T. der Überseehandel versch. Nachbarländer abgewickelt. ✈ in Lomé. - Das ehem. dt. Schutzgebiet T. wurde 1919 Völkerbundsmandat, 1946 Treuhandgebiet; der brit. Anteil kam 1957 zu Ghana, der frz. wurde 1960 als T. unabhängig. 1967 bis 1991 Einparteiensystem; seit 1992 neue Verf.; Staatspräs.: É. G. Eyadéma (seit 1967).

Tohuwabohu [hebr. »Wüste und Öde«] *das,* im A. T. Zustand der Erde zu Beginn der Schöpfung; Ü Wirrwarr, Durcheinander.
Toilette [tọa'lɛtə] *die,* **1)** Gesellschaftskleid. – **2)** das Ankleiden, Frisieren (T. machen). – **3)** Abort und Waschraum.
Tōjō [-dʒ-], Hideki, jap. General und Politiker, * 1884, † (hingerichtet) 1948; 1940 Kriegsmin., 1941 Min.-Präs., am Kriegseintritt Japans führend beteiligt. 1944/45 Generalstabschef; als Kriegsverbrecher zum Tode verurteilt.
Tokaj ['tokɔj], Gemeinde in Ungarn, an der Theiß, 5000 Ew.; in der Umgebung Weinbau **(Tokajer).**
Tokelau, Koralleninseln im Pazifik, 10 km², rd. 1700 Ew.; zu Neuseeland gehörendes Überseeterritorium nördl. der Samoa-Inseln.
Tokio, amtl. **Tōkyō,** bis 1868 **Edo,** Hptst. und Kaiserresidenz von Japan, auf Honshū, 7,9 Mio. Ew.; größte Stadt und heute wirtschaftl. sowie kultureller Mittelpunkt Japans; Univ. u. a. Hochschulen; Ind.: Elektronik, Druckereien, Lebens- und Genussmittel, Baumwolle, Seidenwaren, Porzellan, Flugzeug-, Schiff- und Kraftfahrzeugbau u. a. Der Hafen von T. ist seit 1941 mit dem von Yokohama zusammengewachsen (Keihin-Hafen). T. ist größter Bahnknoten Japans; ✈ Narita. – Seit dem 17. Jh. polit. Mittelpunkt Japans. Erdbeben richteten wiederholt starke Zerstörungen an, v. a. 1703 und 1923; modernes Stadtbild.
Tokkata → Toccata.
Tokugawa, jap. Shōgun-Dynastie, die von T. Ieyasu 1603 begründet wurde, der Edo (Tokio) zum polit. Zentrum Japans machte; durch straffe Zentralreg. wurde eine 250-jährige Friedenszeit geschaffen.
Tokushima [-ʃi-], Hafenstadt in Japan, auf Shikoku, 263 300 Ew.; Univ.; chem. Ind.; Puppenschnitzerei.
Toledo, 1) Prov.-Hptst. in Zentralspanien, am Tajo, 63 600 Ew.; Sitz des Primas von Spanien; Waffenfabrik, berühmtes Kunsthandwerk. Die Altstadt mit maur., jüd. und got. Bauwerken gehört zum Weltkulturerbe. – T. war 576 bis 712 Hptst. des Westgotenreichs, Blütezeit unter den Arabern, 1085 bis 1559 Residenz des Kgr. Kastilien. – **2)** [tə'li:dəʊ], Ind.stadt im Bundesstaat Ohio, USA, am Eriesee, 332 900 Ew.; Univ.; größter Hafen an den Großen Seen.
Toleranz *die,* **1)** Duldsamkeit, bes. in religiösen, eth., polit. Fragen. – **2)** zulässige Abweichung vom genauen Maß oder Gewicht. **T.-Dosis,** bei Giften, im Strahlenschutz: noch zulässige Menge.
Toljatti, russ. Stadt am Wolgastausee Samara, 642 000 Ew.; TH; Maschinen- und Kfz-Bau; ⚓.
Tolkien ['tɔlki:n], John R. R. (Ronald Reuel), brit. Schriftsteller und Philologe, * 1892, † 1973; mytholog. und fantast. Erzählwerk (Trilogie »Der Herr der Ringe«, 1954/55).
Toller, Ernst, dt. Schriftsteller, * 1893, † (Freitod) 1939; 1919 Mitglied der Münchener Räteregierung, Pazifist, emigrierte 1933 in die USA; Dramen: »Masse Mensch« (1921), »Hinkemann« (1922); Autobiographie: »Eine Jugend in Dtl.« (1933).
Tollkirsche, Atropa, Gattung der Nachtschattengewächse, am bekanntesten die **Schwarze T.** (Belladonna) mit braunen Blüten; alle Pflanzenteile sind giftig, die schwarz glänzenden Beeren durch → Atropin.
Tollwut, Hundswut, Rabi|es, meldepflichtige, ansteckende Viruskrankheit der Tiere, wird durch Biss tollwütiger Tiere (v. a. Füchse, Hunde, Fledermäuse) auf andere Tiere, auch Haustiere und auf den Menschen übertragen; beginnt mit Fieber und Kopfschmerzen; dann folgen Schluckbeschwerden, Unruhe und Krämpfe, bes. beim Anblick von Wasser (Wasserscheu), Tobsucht, Lähmungserscheinungen und Tod. Vorbeugung durch Tollwutimpfung.
Tölpel, Familie bis 1,8 m spannender Meeresvögel, stoßtauchende Fischfresser, brüten in Kolonien an gemäßigten Küstenzonen; u. a. **Bass-T.** im N Europas und Amerikas.
Tolstoj, russ. Adelsfamilie mit berühmten Schriftstellern: **1)** Aleksej Konstantinowitsch Graf, * 1817, † 1875; histor. Roman »Der silberne Fürst« (1863) und Dramen. – **2)** Aleksej Nikolajewitsch Graf, * 1883, † 1945; emigrierte nach der Revolution, kehrte 1923 zurück, »Peter I.« (1929 bis 1945). – **3)** Lew (Leo) Nikolajewitsch Graf, einer der größten russ. Dichter, * 1828, † 1910; Romane: »Krieg und Frieden« (1868/69), »Anna Karenina« (1878), »Auferstehung« (1899) und Erzählungen; Schauspiele: »Die Macht der Finsternis« (1886). Im Alter forderte er, Staat, Kirche, Eigentum, Kunst und Zivilisation verneinend, eine Art »Urchristentum«.
Tolteken, altmexikan. Kulturvolk, mit dem Zentrum Tula, dominierende Macht im 9. bis 11. Jh. im zentralen Hochland von Mexiko; von den Azteken als Kulturbringer angesehen.
Toluca de Lerdo, Hptst. des mexikan. Staats Mexiko, 487 600 Ew.; Univ.; Textilind., Brauerei.
Toluol *das,* **Methylbenzol,** $C_6H_5CH_3$, wasserhelle, stark lichtbrechende Flüssigkeit, aus Steinkohlenteer gewonnen; dient zur Herstellung des Sprengstoffs Trinitrotoluol, von Lösungsmitteln, der Benzoesäure u. a.
Tölz, Bad T., Krst. in Oberbayern, an der Isar, 15 500 Ew.; Jodquellen; Fremdenverkehr.
Tomahawk ['tɔməhɔ:k] *der,* Kugelkopfkeule oder Kriegsbeil der nordamerikan. Indianer.
Tomar, Stadt in Portugal, 20 000 Ew.; Baumwollind. Die riesige Burg des Templerordens im got. Emanuelstil gehört zum Weltkulturerbe.
Tomasi di Lampedusa, Giuseppe, ital. Schriftsteller, * 1896, † 1957. Sein einziger Roman »Der Leopard« (1958) beschreibt den Niedergang einer sizilian. Adelsfamilie (1963 verfilmt).
Tomate, Liebesapfel, Paradies|apfel, einjähriges Nachtschattengewächs mit gelben Blüten. Die roten Beerenfrüchte erreichen Apfelgröße. Aus Südamerika Ende des 16. Jh. als Zierfrucht eingeführt, erst seit Ende des 19. Jh. als Gemüsepflanze kultiviert.
Tombak *der,* Messing mit hohem Kupferanteil.
Tombola *die,* Verlosung von meist gespendeten Gegenständen, z. B. auf Wohltätigkeitsveranstaltungen, Jahrmärkten.
Tomographie *die,* ⚕ Schichtbildaufnahme, Verfahren der Röntgenuntersuchung, v. a. in Form der Computertomographie.
Tomsk, russ. Stadt in W-Sibirien, am Tom, 506 000 Ew.; Univ., TH u. a. Hochschulen; petrochem., Holz- und Maschinenind.; Flusshafen, ✈.
Ton, ✻ durch das Ohr wahrgenommene regelmäßige Schallschwingung. Je größer die Anzahl der Schwingungen in einer Sekunde, desto höher der Ton.
Ton, gelbl. bis graues Lockergestein, das durch Verwitterung älterer Gesteine entsteht; besteht v. a. aus Tonmineralen (Silikate), Quarz, Feldspat, Glimmer u. a. T. ist feucht leicht knetbar; trocken bricht er; beim Brennen wird er hart und bleibt formbeständig. Kaolinitreicher T. heißt → Kaolin und dient zur Herstellung von Porzellan; die weniger reinen Sorten werden für grobkeram. Erzeugnisse (Steinzeug, Steingut, Schamotte, Ziegelsteine u. a., daneben in der Papier-, Gummiind.) verwendet. – **T.-Lager** sind wasserundurchlässig und stauen das Grundwasser.
Tonalität *die,* 𝄞 Verbundenheit des harmon. Ablaufs eines Musikstücks auf eine Grundtonart; Ggs.: Atonalität.
Ton|art, 𝄞 Beziehung eines der beiden **Tongeschlechter** Dur und Moll auf einen bestimmten Grundton, d. h. auf eine der 12 Tonstufen. Innerhalb dieser bauen sich die T. entsprechend der C-Dur- und der a-Moll-Leiter, durch Erhöhung (♯) oder Erniedrigung (♭) einzelner Töne, auf; Kreuztonarten: G-Dur (e-Moll) 1, D

James Tobin

Alexis Clérel de Tocqueville

John Ronald Reuel Tolkien

Ernst Toller

Toledo
Stadtwappen

(h) 2, A (fis) 3, E (cis) 4, H (gis) 5, Fis (dis) 6, Cis (ais) 7 Kreuze; B-Tonarten: F (d) 1, B (g) 2, Es (c) 3, As (f) 4, Des (b) 5, Ges (es) 6, Ces (as) 7 b.

Tonbandgerät, Magnetbandgerät zur Speicherung und Wiedergabe von Schallereignissen nach dem Magnettonverfahren. **Stereo-T.** haben je 2 Tonköpfe, Verstärker, Mikrofone und Lautsprecher, um je 2 Spuren gleichzeitig aufzuzeichnen und wiederzugeben. Nach der Anzahl der Tonspuren unterscheidet man T. für **Doppelspuraufzeichnung** (Halbspurverfahren) und T. für **Vierspuraufzeichnung** (Viertelspurverfahren), beide in Mono- und Stereoausführung. **Synchron-T.** liefern Bänder mit Synchronisierungskennzeichen (Perforierung oder besondere Spur). Am einfachsten zu bedienen sind **Kassetten-T.** (→Kassettenrekorder). Neueste Entwicklung sind in Digitaltechnik arbeitende Tonbandgeräte für Digitaltonbänder. (→DAT, →DCC)

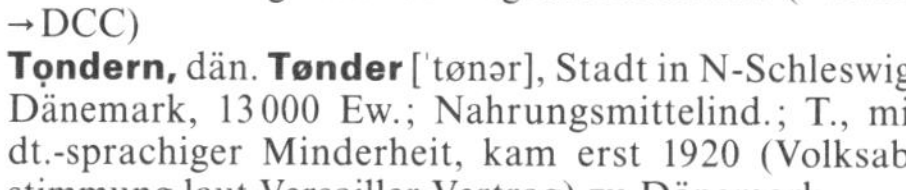

Topas

Tøndern, dän. **Tønder** [ˈtønər], Stadt in N-Schleswig, Dänemark, 13 000 Ew.; Nahrungsmittelind.; T., mit dt.-sprachiger Minderheit, kam erst 1920 (Volksabstimmung laut Versailler Vertrag) zu Dänemark.

Tonegawa, Susumu, jap. Molekularbiologe, * 1939. Für die Erforschung der genet. Grundlagen der Antikörpervielfalt erhielt er 1987 den Nobelpreis für Physiologie oder Medizin.

Ton|erde, ⚗ das Aluminiumoxid (→Aluminium).

Tonfilm →Film.

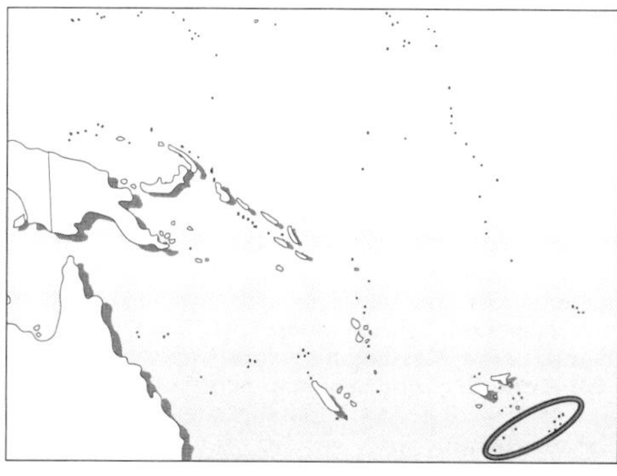

Tonga

Tonga, Kgr. (Mitglied des Commonwealth) im südwestl. Pazifik, umfasst die rd. 170 **T.-Inseln,** auch **Freundschaftsinseln,** 747 km², 103 000 meist polynes. Ew.; Hptst.: Nuku'alofa; Amtssprache: Tongaisch, Englisch; meist waldbedeckte vulkan. Inseln und Koralleninseln westlich des **T.-Grabens** (bis 10 882 m tief). Ausfuhr von Kopra, Bananen, Vanille und Fisch; Fremdenverkehr. – 1845 Kgr., 1876 Freundschaftsvertrag mit Dtl., wurde 1900 brit. Protektorat, 1970 unabhängig. König (seit 1965): Taufa'ahau Tupou IV.

Staatswappen

Staatsflagge

Tongking, Tonkin, der nördl. Teil von Vietnam mit dem Deltabereich des Roten Flusses als Zentrum; wirtschaftlich wichtigstes und dichtest besiedeltes Gebiet N-Vietnams, mit intensiver Landwirtschaft, reichen Bodenschätzen und Industrie.

Tonicwater [ˈtɔnɪkˈwɔːtə] *das,* mit Chinarinde (Chinin) aromatisiertes, bittersüßes, stark kohlensäurehaltiges Getränk; bes. als Zusatz zu Gin (Gin Tonic).

Tonikum *das,* kräftigendes Heilmittel.

Tonleiter, 𝄞 stufenweise Folge der Töne innerhalb einer Oktave. Die **diaton. T.** hat 5 Ganz- und 2 Halbtöne, die **chromat. T.** nur Halbtöne.

Tonle Sap, See im W Kambodschas, steht durch den 110 km langen Fluss T. S. mit dem Mekong in Verbindung, wirkt bei den winterl. Monsunniederschlägen als dessen Rückhaltebecken, die Wasseroberfläche steigt dann von rd. 2 700 km² auf 10 000 bis 15 000 km² an; sehr fischreich.

Tonmalerei, 𝄞 Nachahmung von Naturlauten (Sturm, Donner) und Stimmungen mit musikal. Mitteln.

Tonnage [tɔˈnaːʒə] *die,* ⚓ Schiffsraumgehalt, Tragfähigkeit.

Tonne, 1) größeres Fass. – **2)** Einheitenzeichen **t,** gesetzl. Einheit der Masse, 1 t = 1 000 kg. Das Tausendfache der T. ist die **Kilo-T.** (kt), das Tausendfache der Kilo-T. die **Mega-T.** (Mt). Als veraltetes Raummaß für Schiffe →Registertonne.

Tonnengewölbe, ⌂ Raumdecke, die in der Form einer halben Tonne gewölbt ist.

Tonnenkilometer, Abk. **tkm,** Produkt aus beförderter Last in t und Beförderungsweg in km, Leistungsmaßstab für den Güterverkehr.

Tönnies [-niəs], Ferdinand, dt. Soziologe und Philosoph, * 1855, † 1936. Im Zentrum seiner Soziologie stehen Gemeinschaft und die Gesellschaft.

Tonschiefer, schiefriges, in Platten spaltendes Tongestein, besteht aus Glimmerblättchen, Quarzkörnchen, Kalk. Verwendung als Dach-, Tafel-, Griffel-, Zeichen-, Wetzschiefer.

Tonsillen, ⚕ →Mandel.

Tonsur *die,* das Scheren des Haupthaars bei kath. Geistl. und Mönchen als Zeichen für die Übereignung an Gott; bekannt bereits im altkirchl. Mönchtum, seit dem MA. allg. Brauch; 1972 abgeschafft.

Tonus *der,* ⚕ Spannungszustand von menschl. und tier. Gewebe.

Tonwaren, aus Ton oder Kaolin und Zusätzen hergestellte, gebrannte keram. Gegenstände: Geschirr, Kacheln, Porzellan, Ziegelsteine u. a.

Topas *der,* Mineral; meist gelbe, durchsichtige Kristalle, fluorhaltiges Aluminiumsilikat; Schmuckstein. **Rauch-T.** ist brauner Bergkristall, **Gold-T.** geglühter Amethyst oder Rauchquarz.

Topeka [təˈpiːkə], Hptst. von Kansas, USA, 119 900 Ew.; Univ.; Fleischverarbeitung, Verlage.

Töpfer, Klaus, dt. Politiker (CDU), * 1938; Volkswirtschaftler; 1987 bis 1994 Bundesmin. für Umwelt, Naturschutz und Reaktorsicherheit, 1994 bis 1998 für Raumordnung, Bauwesen und Städtebau; seither Direktor des UN-Umweltprogramms (UNEP).

Töpferei, Herstellung von Keramik von Hand oder mithilfe der **Töpferscheibe.**

Topinambur *die,* in Nordamerika heim. Art der Sonnenblume. Die kartoffelgroßen unterird. Knollen werden als Gemüse und Viehfutter verwendet.

Topitsch, Ernst, österr. Philosoph, * 1919; ideologiekrit., wissenschaftstheoret. Schriften.

Topographie *die,* 🌐 genaue Erfassung und Wiedergabe der Geländeverhältnisse. **Topograph. Karte** →Landkarte.

Topologie *die,* Teilgebiet der Mathematik, das diejenigen Eigenschaften geometr. Gebilde behandelt, die bei »stetigen Veränderungen« erhalten bleiben, z. B. die Nachbarschaftsbeziehungen zw. Punkten.

Topp *der,* ⚓ Spitze des Mastes. **T.-Flaggen,** bei feierl. Gelegenheiten im T. gehisste Flaggen.

Toque [tɔk] *die,* steifes Barett, im 16. Jh. von Männern und Frauen getragen. Nach 1900 Bezeichnung für einen krempenlosen Damenhut.

Toraja [-dʒa], altindones. Bev. im zentralen Celebes (Sulawesi), etwa 1,5 Mio. Menschen; reich verzierte Holzhäuser; Toten- und Ahnenkult.

Torbay [ˈtɔːbeɪ], Stadt in der engl. Cty. Devon, 122 500 Ew.; 1968 aus den Städten Brixham, Paignton und Torquay gebildet; Seebad.

Torberg, Friedrich, österr. Schriftsteller und Publizist, * 1908; † 1979; Romane, Erz., Anekdoten u. a.; »Der Schüler Gerber« (1930 und 1954), »Die Tante Jolesch« (1975).

Torelli, Giuseppe, ital. Geiger und Komponist, * 1658, † 1709; gilt als Schöpfer des Violinkonzerts.

Torero *der,* bezahlter Stierkämpfer.

Torf, Produkt der unvollkommenen Zersetzung abgestorbener pflanzl. Substanz unter Luftabschluss. Der T. wird mit dem Spaten gestochen oder auch gebaggert, dann getrocknet; Verwendung als Brennstoff, Heizwert 9300 bis 16400 kJ, zur Bodenverbesserung im Gartenbau als **T.-Mull.** Bei der Vergasung oder Schwelung fallen **T.-Teer** und **T.-Koks** an.

Torfmoos, Sphagnum, Laubmoosgattung, weit verbreitet, auf Moorboden; hellgrün, nach der Austrocknung weißlich; bildet schwammähnl. Polster, die oben weiterwachsen, während die unteren Teile absterben und zu Torf werden. Charakterpflanze der Hochmoore.

Torgau, Krst. in Sa., 21700 Ew.; Glasfabrik, Papierverarbeitung; neue Elbbrücke (die histor. Brücke – Denkmal der Begegnung von amerikan. und sowjet. Truppen im April 1945 – wurde 1994 gesprengt); got. Marienkirche, spätgot. Schloss Hartenfels.

Tories ['tɔ:rɪz], in England seit 1679 Bezeichnung für die königstreue Hofpartei, im Ggs. zu den Whigs; seit etwa 1832 entstand aus den T. die Konservative Partei.

Tori|i *das,* das aus 2 Pfeilern und 2 oder 3 darüber liegenden, meist beiderseits überstehenden Querbalken gebildete Tor vor jap. Shintōheiligtümern.

Törn, ⚓ Schlinge, Umwicklung mit einer Leine; Ü eine bestimmte wiederkehrende Zeitspanne oder Reihenfolge (z. B. Wach-T.), Zeitabschnitt einer Reise (See-T.).

Tornado *der,* **1)** Wirbelsturm in Nordamerika. – **2)** allwetterfähiges, zweisitziges Mehrzweckkampfflugzeug mit Schwenkflügeln; gemeinsam entwickelt von Großbritannien, Italien und Deutschland.

Torneälv ['to:rnə'ɛlv] *der,* Fluss in Skandinavien, 410 km lang, entfließt dem nordschwed. See **Torneträsk,** bildet im Unterlauf die finnisch-schwed. Grenze, mündet in den Bottn. Meerbusen.

Toronto [tə'rɔntəʊ], Hptst. der kanad. Prov. Ontario, am Ontariosee, 635400 Ew. (Agglomeration 3,9 Mio.); Erzbischofssitz; Ind.metropole (Nahrungsmittel-, Gummi-, Bekleidungs-, Elektroind., Schiff- und Maschinenbau), Banken- und Finanzzentrum; Univ.; ✈. Wahrzeichen der Stadt ist der 553 m hohe Canadian Tower (1975).

Torpedo *der,* ⛴ zigarrenförmiges Unterwassergeschoss mit eigener Antriebsanlage und Steuerung, aus T.-Rohren über oder unter Wasser ausgestoßen. Vorne im Kopf Sprengladung und Zündeinrichtung. T. werden sowohl von Überwasserschiffen als auch von U-Booten aus eingesetzt oder von Flugzeugen abgeworfen.

Torpedoboot, kleines, schnelles, wendiges Kriegsschiff, dessen Hauptwaffe der Torpedo war; v. a. im 1. Weltkrieg eingesetzt; heute durch Zerstörer und Schnellboote ersetzt.

Torquemada [tɔrke'maða], Tomás de, span. Dominikaner, * 1420, † 1498; seit 1484 Generalinquisitor in Spanien, Beichtvater des Königspaares.

Torr [nach E. Torricelli] *das,* nichtgesetzl. Einheit des Drucks, bes. des Luftdrucks; der 760ste Teil der physikal. Atmosphäre: 1 T = $\frac{1}{760}$ atm = 1,33322 mbar = 133,322 Pa.

Torre del Greco, Seebad in S-Italien, am Golf von Neapel, 103600 Ew.; Kameenherstellung.

Torremolinos, Stadt in S-Spanien, Seebad an der Costa del Sol, 40000 Ew.; Spielkasino.

Torres|straße, Meerenge zw. Australien und Neuguinea, 153 km breit; 1608 von dem Spanier L. V. de Torres entdeckt.

Torricelli [tɔrri'tʃɛlli], Evangelista, ital. Mathematiker und Physiker, * 1608, † 1647; erfand das Quecksilberbarometer. (→Torr)

Tórshavn ['tɔ:ur̯sha:u̯n], Hptst. der Färöer, Dänemark, auf Streymoy, 14500 Ew.; Univ.; Fischfang und -verarbeitung; Hafen.

Torsion *die,* **1)** ⚙ **Drillung,** Drehung eines Stabs oder Drahts um seine Längsachse. – **2)** ⚕ Achsendrehung eines Hohlorgans, z. B. bei der Darmverschlingung.

Torsions|stab, Drehstab, ⚙ auf Torsion beanspruchte Stabfeder, z. B. bei Kraftfahrzeugen zur Abfederung und als Stabilisator zur Verminderung der Kurvenneigung.

Torsionswaage *die,* →Drehwaage.

Torso *der,* ✍ unvollständig erhaltene oder unvollendete Statue; auch eine absichtl. bruchstückhafte Skulptur.

Tortilla [tɔr'tɪlja] *die,* **1)** in Lateinamerika: Fladenbrot aus Maismehl. – **2)** in Spanien: Omelette mit versch. Zutaten.

Tortosa, Stadt in Katalonien, Spanien, am Ebro, 32000 Ew.; Öl-, Wein-, Reishandel. Im Span. Bürgerkrieg stark zerstört.

Tortur *die,* →Folter.

Toscanini, Arturo, ital. Dirigent, * 1867, † 1957; v. a. Verdi-Interpret, Leiter der Mailänder Scala, des NBC-Sinfonieorchesters New York u. a.

Toskana *die,* histor. Landschaft und Region im westl. Mittelitalien, Hptst.: Florenz; bedeutende Kulturlandschaft. Die T., das Etrurien der Antike, bildete im frühen MA. die Markgrafschaft **Tuszien** und zerfiel dann in selbstständige Stadtstaaten, von denen Florenz die Vorherrschaft erlangte. Die Medici wurden 1569 Großherzöge der T.; nach ihrem Aussterben kam die T. 1737 an das Haus Habsburg. 1859/60 ging die T. im geeinigten Italien auf.

Totalisator *der,* ⛹ bei Pferderennen: der amtl. Wettbetrieb auf der Rennbahn.

Totalitarismus *der,* Prinzip jener polit. Herrschaft, die einen uneingeschränkten Verfügungsanspruch über die von ihr Beherrschten stellt. Zuerst von B. Mussolini für das faschist. Regime in Italien und dessen revolutionäre Dynamik verwendet, dient der Begriff seit den 1930er-Jahren auch zur Bezeichnung anderer Regime **(totaler Staat, totalitärer Staat).** Getragen wird der T. jeweils von einer herrschenden Partei oder einem Machthaber. Merkmale sind u. a. polit. Diktatur, geistige Manipulation der Bev. durch Propaganda, Terror gegen Einzelne und Gruppen, die sich nicht fügen.

Totalreflexion *die,* ✳ vollkommene Reflexion von Wellen an der Grenzfläche beim Übergang vom optisch dichteren Medium (z. B. Glas, Wasser) in ein optisch dünneres (z. B. Luft); tritt nur ein, wenn der Lichtstrahl unter einem Einfallswinkel auftritt, der größer ist als der Grenzwinkel. Die T. wird in Lichtleitfasern ausgenutzt.

Totemismus *der,* gefühlsmäßige oder auf myth. Abstammung zurückgeführte Bindung von Menschen an bestimmte Tiere, Pflanzen oder Naturphänomene **(Totems),** v. a. bei Naturvölkern.

Totempfahl, bei den Indianern NW-Amerikas ein hoher geschnitzter und bemalter Holzpfahl mit Darstellungen des Totemtieres und einer Ahnenreihe.

Totenbestattung, Beisetzung von Leichen oder Leichenbrand, im europ. Kulturkreis meist Beerdigung in einem Grab auf einem Friedhof oder Feuerbestattung, seltener sind Versenken ins Meer (Seemannsgrab), Einbalsamieren, Beisetzen in bes. Bauten (Grüften). Zu ihren Bräuchen gehören: Aufbahren, Leichenwache, Leichenrede, Totenklage, Totenmahl. Die T. war immer mit einem Kult verbunden. Der Gedanke an ein Fortleben nach dem Erlöschen der Lebensfunktionen führte seit vorgeschichtl. Zeit dazu, das Grab als eine Art Behausung zu gestalten.

Klaus Töpfer

Friedrich Torberg

Arturo Toscanini

Toronto Stadtwappen

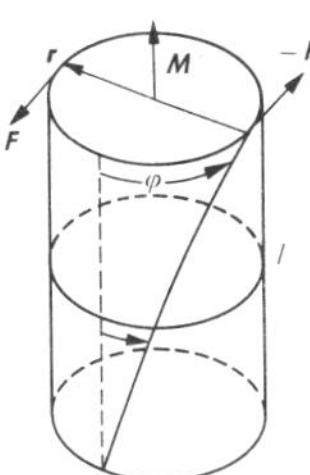

Torsion eines kreisrunden Stabs, der am unteren Ende eingespannt und am oberen Ende um den Winkel verdreht ist. $M = r \times F$ ist das angreifende Drehmoment; r Radiusvektor, F und $-F$ Kraftpaar

Ahmed Sékou Touré

Totengräber, meist schwarze Aaskäfer, vergraben kleine Tierkadaver als Nahrung für die Brut.
Totenkopfschwärmer, großer, schwarzgelber Schmetterling mit totenkopfähnlicher Zeichnung auf dem Rücken. Die bis 15 cm große Raupe lebt an Nachtschattengewächsen.
Totenkult, kult. Bräuche zu Ehren eines Verstorbenen; vielfach mit der Vorstellung verbunden, dass der Geist noch beim Leichnam verweilt.
Totenmaske, der von Verstorbenen genommene Gesichtsabdruck in Gips oder Wachs.
Totenmesse → Requiem.
Totensonntag, eigentl. **Ewigkeitssonntag,** in den dt. ev. Kirchen letzter Sonntag des Kirchenjahrs; Gedenktag für die Toten.
Totenstarre → Leiche.
Totentanz, im 14. Jh. entstandene gemalte oder graf. Darstellung eines Reigens, in dem Menschen versch. Alters und Standes von Toten, mit denen sie tanzen, fortgeführt werden.
toter Punkt, 1) Totpunkt, diejenige Stellung eines Bewegungsmechanismus, bei der eines seiner Glieder durch Richtungsumkehr in Ruhe ist; beim Kurbeltrieb Anfang und Ende des Hubs. – **2)** Zustand der Unlust, vorübergehende Leistungsminderung bei einer intensiven Ausdauerleistung.
toter Winkel, 1) Geländeraum hinter einer Deckung, den das gegner. Feuer nicht erfasst. – **2)** durch Rückspiegel nicht einzusehender Sektor hinter einem Kraftfahrzeug.
Totes Gebirge, stark verkarsteter Gebirgsstock der Nördl. Kalkalpen, OÖ und Steiermark; im Großen Priel bis 2515 m hoch.
Totes Meer, abflussloser Salzsee an der israel.-jordan. Grenze, 1020 km², rd. 400 m tief, Seespiegel etwa 400 m unter dem Meeresspiegel; aufgrund ständig sinkenden Wasserspiegels, auch durch Wasserentnahme aus dem Jordan in 2 Seen geteilt. Er bildet die tiefste Einsenkung des Jordangrabens. Wegen des hohen Salzgehalts nur von Bakterien besiedelt; Salzgewinnung; Kurzentrum u. a. für Behandlung von Schuppenflechte.

Toulon Stadtwappen

Totila, König der Ostgoten (541 bis 552), eroberte 542 bis 550 Rom zurück, fiel 552 gegen die Byzantiner unter Narses.
Toto *das,* → Wette.
Totschlag, vorsätzl. Tötung eines Menschen, die nicht die bes. Merkmale des Mordes oder die Sonderfälle der Tötung auf Verlangen oder Kindestötung aufweist. Strafe: Freiheitsstrafe nicht unter 5 Jahren, bei mildernden Umständen Freiheitsstrafe nicht unter 6 Monaten (§§ 212f. StGB).
Tötung auf Verlangen, Tötung aufgrund ausdrückl. und ernstl. Verlangens des Getöteten; Freiheitsstrafe von 6 Monaten bis zu 5 Jahren (§ 216 StGB).

Toulouse Stadtwappen

Tötungsdelikte, Straftaten, durch die vorsätzlich oder fahrlässig der Tod eines Menschen verursacht wird. Das StGB unterscheidet bei den vorsätzl. T. zw. Mord, Totschlag, Kindestötung und Tötung auf Verlangen. Bei fahrlässiger Tötung Freiheitsstrafe bis zu 5 Jahren (§ 222 StGB).
Toul [tul], Stadt in O-Frankreich, in Lothringen, an der Mosel, 17700 Ew.; Gießerei, Papier-, Bekleidungsind., Reifenfabrik; Weinbau. Kam 925 zum Dt. Reich, wurde im 13. Jh. dt. Reichsstadt, 1552 von Frankreich besetzt; got. Kirchen.

Tours Stadtwappen

Toulon [tu'lɔ̃], Stadt in S-Frankreich, 170200 Ew.; Univ.; Kriegs- und Handelshafen am Mittelmeer; u. a. Schiffbau. Im 2. Weltkrieg stark zerstört.
Toulouse [tu'lu:z], Stadt in S-Frankreich, an der Garonne, 366000 Ew.; Altstadt mit roman. Basilika Saint-Sernin; Univ. u. a. Hochschulen; Raumforschungszentrum; Erzbischofssitz. Handelszentrum; Raumfahrt-, elektron., chem. u. a. Ind.; ✈. – T. war im 5. Jh. die Hptst. des Tolosan. Reichs der Westgoten. Die frz. Grafen von T. beherrschten bis ins 13. Jh. das gesamte Languedoc. Im 12. Jh. Zentrum der Albigenser.
Toulouse-Lautrec [tuluzlo'trɛk], Henri de, frz. Maler und Grafiker, * 1864, † 1901; krit. Darstellungen des Pariser Lebens mit eigener Form- und Farbgebung, zahlreiche Farblithographien und Plakate; beeinflusste den Jugendstil.
Toupet [tu'pe] *das,* Haarersatzteil; **toupieren,** die Haare aufbauschen.
Touraine [tu'rɛ:n] *die,* histor. Landschaft in Frankreich, um Tours, beiderseits der Loire.
Tourcoing [tur'kwɛ̃], Ind.stadt in NO-Frankreich, 94400 Ew.; Textilindustrie.
Tour de France [turdə'frãs], jährlich stattfindendes internat. Straßenradrennen durch Frankreich (zw. 3500 und 4000 km).
Touré [tu're], Ahmed Sékou, Politiker in Guinea, * 1922, † 1984; Vorkämpfer für die Unabhängigkeit schwarzafrikan. Staaten; ab 1958 Präs. von Guinea.
Tourismus [tu-] *der,* → Fremdenverkehr.
Touristik Union International GmbH & Co. KG [tu-], → TUI.
Tournai [tur'nɛ], niederländ. **Doornik,** Stadt in Belgien, an der Schelde, 66700 Ew.; Teppich-, Textil-, Nahrungsmittel-, Eisenind., Verlage. – Roman. Kathedrale, zahlreiche got. Kirchen. Im 5./6. Jh. ein Zentrum der Merowinger.

Henri Toulouse-Lautrec. Troupe de Mlle. Eglantine

Tournedos [turnə'do:] *das,* wie ein Steak zubereitete runde Lendenschnitten von der Filetspitze des Rinds.
Tournee [tur'ne:] *die,* Gastspielreise.
Tournier [tur'nje], Michel, frz. Schriftsteller, * 1924; Romane mit kulturphilosoph. Thematik, u. a. »Der Erlkönig« (1970), »Der Goldtropfen« (1985).
Tours [tu:r], Stadt in W-Frankreich, an der Loire, 133400 Ew.; Erzbischofssitz; Univ.; got. Kathedrale, Abteikirche Saint-Martin (mit dem Grab des hl. Martin von T.); Messestadt; Metallverarbeitung, chem., pharmazeut., Gummi-Ind. – T., das röm. Caesarodunum, kam mit der umliegenden Landschaft, der **Touraine,** 1205 an die frz. Krone.
Tower of London ['tauə-], ehem. Festung in London, am nördl. Themseufer, oberhalb der **T.-Brücke** (1886 bis 1894), ältestes Gebäude und eines der Wahrzeichen von London (Baubeginn 1078); königl. Residenz, später Staatsgefängnis, heute Museum, Arsenal und Kaserne; zählt zum Weltkulturerbe.
Toxikologie *die,* Lehre von den Giften.
Toxine *Pl.,* von Bakterien, Pflanzen und Tieren (Kröten, Schlangen, Spinnen) gebildete giftige Stoffwechselprodukte, wirken schon in geringer Menge giftig, lösen im Körper die Bildung von Gegengiften **(Anti-T.)** aus. **Toxikose,** durch Gift erzeugte Krankheit.

Toxoplasmose *die,* ⚕ Protozoenkrankheit vieler Tiere, v. a. Katzen; Erreger ist ein Sporentierchen. T. kann beim Menschen (als Zwischenwirt) zu langwierigem Fieber, zur Schädigung des Nervensystems oder der Leibesfrucht führen.

Toynbee ['tɔɪnbɪ], Arnold Joseph, brit. Historiker und Geschichtsphilosoph, * 1889, † 1975. Sein Hauptwerk »Der Gang der Weltgeschichte. Aufstieg und Verfall der Kulturen« (1934 bis 1961) versucht alle Kulturen darzustellen und typ. wiederkehrende Formen aufzuzeigen.

Toyota, Stadt auf Honshū, Japan, östl. von Nagoya, 332 300 Ew.; Sitz des größten Unternehmens der jap. Kfz-Industrie.

Trab, laufende Gangart, bes. des Pferds, bei der ein Vorderfuß und der entgegengesetzte Hinterfuß zugleich aufgesetzt werden. **Trabrennen,** Rennen mit in der Gangart T. laufenden Pferden (Trabern); einspännig gefahren vor dem einachsigen Sulky.

Trabant *der,* ☼ Satellit, Mond.

Trabantenstadt, Satellitenstadt, baulich in sich abgeschlossene und selbstständige Nebenstadt einer Großstadt in einem Verdichtungsraum.

Traberkrankheit, Scrapie ['skreɪpi:], tödl. Viruskrankheit bei Schafen, führt nach schleichendem Verlauf zu Schädigungen des Zentralnervensystems wie auch der → Rinderwahnsinn.

Trabzon, früher **Trapezunt,** türk. Hafenstadt am östl. Schwarzen Meer, 143 900 Ew.; TU; Ausfuhr von Haselnüssen und Tabak, Bootsbau. Ehem. byzantin. Kirche (heute Museum).

Tracer ['treɪsə] *der,* → Isotopenindikatoren.

Trachea *die,* → Luftröhre.

Tracheen *Pl.,* **1)** Atmungsorgane der Insekten, Tausendfüßer und Spinnentiere; durchziehen als verzweigtes Röhrensystem den Körper, umspinnen die inneren Organe und münden in Atemlöchern in der Haut. – **2)** röhrige Zellen im → Gefäßbündel.

Trachom *das,* → Körnerkrankheit.

Tracht, Kleidung einer bestimmten Gruppe, Gemeinschaft (Völker, Stämme, Stände, Berufsgruppen), auch eines bestimmten Zeitabschnitts. In Mitteleuropa war die ländl. T. jahrhundertelang nach Landschaften verschieden (Volkstrachten). Eine bes. Rolle spielt die Gewandung für bestimmte Anlässe (Heirat, Trauer). Man spricht auch von **Haar-, Barttracht.**

trächtig, bei Tieren: tragend, schwanger.

Trachyt *der,* helles, feinkörniges, oft poröses Ergussgestein.

Trackball [træb'bɔl], periphere Positioniereinheit bei Personalcomputern für den Cursor. Sensoren registrieren die Rollbewegungen einer in einer Mulde gelagerten drehbaren Kugel und setzen sie in Cursorbewegungen um.

Tracy ['treɪsɪ], Spencer, amerikan. Schauspieler, * 1900, † 1967; zunächst Bühnenrollen, ab 1930 Charakterdarsteller beim Film; »Das siebte Kreuz« (1944), »Der alte Mann und das Meer« (1958).

Trademark ['treɪdmɑ:k] *die,* Handelsmarke, Warenzeichen.

Trade Unions [treɪd 'ju:njənz] *Pl.,* die in Großbritannien entstandenen Gewerkschaften.

Tradition *die,* **1)** Überlieferung, das Weitergeben von Kulturbesitz auf nachfolgende Generationen durch mündl. oder schriftl. Überlieferung. **Traditionalist. Kulturen** (z. B. Naturvölker) sind auf das Altgewohnte als unverbrüchl. Norm des Handelns eingestellt; oft ist der **Traditionalismus** mit Autoritätsglauben verbunden. – **2)** Religion: alles Überkommene innerhalb eines Glaubens-, Kult- oder Sozialsystems.

Trafalgar, Kap an der S-Küste Spaniens. 1805 Seesieg der brit. Flotte unter Admiral Nelson über die frz.-span. Flotte.

Trafo, Kurzwort für Transformator.

Tragant *der,* Gattung staudiger bis strauchiger Schmetterlingsblütler. Einige Arten liefern das Gummiharz T., Zusatz zu Klebstoffen u. a.

Trägerfrequenztechnik, die Gesamtheit der Verfahren und Geräte, mit deren Hilfe eine Vielzahl von Nachrichten gleichzeitig und unabhängig voneinander über einen einzelnen Nachrichtenübertragungsweg großer Frequenzbandbreite übertragen werden können.

Arnold Joseph Toynbee

Trägerrakete, mehrstufige Rakete zum Transport von bemannten (Raumkapseln, -transporter) und unbemannten Raumflugkörpern (Satelliten, Raumsonden) ins All, z. B. Sojus, Proton, Energija (UdSSR/Russland); Delta, Saturn, Titan, Raumtransporter Spaceshuttle (USA); Ariane (Europa).

Tragfähigkeit, 1) der Widerstand eines Bauglieds oder einer Konstruktion gegen Bruch und das Vermögen, die Lasten einschließlich des Eigengewichts unter Berücksichtigung eines Sicherheitszuschlags zu tragen. – **2)** ⚓ → Deadweight. – **3)** Bevölkerungslehre: die wirtschaftl. Aufnahmefähigkeit eines Gebiets für eine bestimmte Anzahl von Bewohnern.

Tragflügel, Tragfläche, der Flugzeugbauteil, an dem der dynamische Auftrieb erzeugt wird.

Tragflügelboot, Tragflächenboot, ⚓ Motorboot, bei dem schmale Tragflächen an Stützen so unter dem Bootskörper angebracht sind, dass deren dynam. Auftrieb den Bootskörper (außer dem Heck) aus dem Wasser hebt und so hohe Geschwindigkeiten ermöglicht.

Trägheit, 1) **Beharrungsvermögen,** die Eigenschaft jedes Körpers, einer Änderung der Größe oder Richtung seiner Geschwindigkeit zu widerstehen. Die T. eines Körpers ist proportional seiner Masse. Das **T.-Gesetz** von Galilei (1609) lautet: Jeder Körper verharrt in seinem Zustand der Ruhe oder der gleichförmigen Bewegung, solange er nicht durch einwirkende Kräfte gezwungen wird, diesen Zustand zu ändern. – **2)** Passivität, Lethargie.

Trägheitsmoment, Maß für die Trägheit eines rotierenden Körpers, die der Masse bei der geradlinigen Bewegung von Massenpunkten entspricht. Das T. eines Massenteilchens ist das Produkt aus seiner Masse und dem Quadrat seines Abstands von der Drehachse.

Spencer Tracy

Trägheitsnavigation, Inertialnavigation, v. a. in der Luft- und Raumfahrt angewandtes Navigationsverfahren, unabhängig von Bodenstellen; vergleicht die bei der Beschleunigung auftretenden Trägheitskräfte mit der zugehörigen Zeit, ermöglicht damit Korrekturen nach der Sollflugbahn.

Traghimmel → Baldachin.

Tragik *die,* Spannungsverhältnis bei einem ausweglosen Konflikt, der dem Einzelnen zum Verhängnis wird und notwendig zum Untergang führt.

Tragikomödie, dramat. Gattung, in der trag. und kom. Elemente sich wechselseitig durchdringen bzw. zusammenwirken.

Traglufthalle, Halle aus luftdichten Materialien, die nur durch einen geringen Überdruck der Innenluft getragen wird.

Tragödie *die,* **Trauerspiel,** Gattung des Dramas, gestaltet einen unvermeidl. und unausgleichbaren Konflikt, der zum Untergang des Helden führt. Nach den großen griech. Tragikern (Aischylos, Sophokles, Euripides) kam es erst wieder seit der Renaissance zu einer neuen Blüte: in England Shakespeare, in Frankreich Corneille und Racine, in Spanien Lope de Vega und Calderón de la Barca, in Dtl. Schiller, Kleist, Grillparzer, Büchner, Grabbe, Hebbel. – Im Drama der Gegenwart treten zunehmend neue Formen an die Stelle der T., so die Tragikomödie, die Groteske, die Farce, das absurde Theater.

Tragschrauber, ein Drehflügelflugzeug, bei dem die den Aufwind liefernde Tragschraube durch den Fahrtwind gedreht wird. Den Vortrieb liefert die motorgetriebene Luftschraube.

Trainee [treɪˈniː] *der,* jemand, der innerhalb eines Unternehmens ein **T.-Programm** durchläuft, eine prakt. Ausbildung in versch. Abteilungen erhält und auf eine meist leitende Tätigkeit in einer dieser Abteilungen vorbereitet wird.

Georg Trakl

Trajan, eigentl. Marcus **Ulpius Traianus,** *53, †117; röm. Kaiser 98 bis 117 n. Chr., eroberte Dakien und die spätere Prov. Arabia, gewährleistete polit. Stabilität. Ihm zu Ehren wurde auf dem Forum die **T.-Säule** (113 fertig gestellt) errichtet.

Trajekt *der,* Fähre, Fährschiff.

Trakehnen, russ. **Jasnaja Poljana,** Dorf in Ostpreußen, heute Russland, ehem. preuß. Gestüt, in dem die **Trakehner** (Warmblutpferde) gezüchtet wurden.

Trakl, Georg, österr. Dichter, *1887, †1914; expressionist. Lyrik von assoziativer Bildhaftigkeit (u. a. »Sebastian im Traum«, »Der Herbst des Einsamen«).

Trakt *der,* **1)** Strecke, Strang (z. B. Darm-T.). – **2)** Straßenzug, Gebäudeteil.

Traktat *der* oder *das,* literar. Zweckform in Prosa, Abhandlung; bes. die religiöse Erbauungsliteratur.

Traktor *der,* →Zugmaschine.

Trälleborg [trɛləˈbɔrj], schwedische Stadt, →Trelleborg.

Tram [von engl. tramway »Schienenbahn«] *die,* **Trambahn,** →Straßenbahn.

Traminer, spät reife Rebsorte; die wichtigste Spielart ist der **Gewürztraminer.**

Tramp [trɛmp] *der,* Landstreicher, umherziehender Gelegenheitsarbeiter; **trampen,** per Anhalter reisen.

Trampeltier, zweihöckriges →Kamel.

Trampolin *das,* etwa 3 × 4 m großes (für den Wettkampf 2,13 × 4,26 m) elastisches Sprungtuch, das in einem Gestell durch Gummikabel gespannt wird; für Sprungübungen.

Trampschiff [ˈtrɛmp-], nicht im Linienverkehr, sondern nach Bedarf eingesetztes Frachtschiff.

Tränendes Herz

Tran *der,* öliges Fett von Walen und Robben, auch von Fischen gewonnen; Verwendung als Margarinerohstoff, zur Seifenherstellung, in der Medizin (→Lebertran).

Trance [trɑ̃s] *die,* ⚕ eingeengte Bewusstseinszustände wie bei Benommenheit, Schlafwandeln, Hypnose, Ekstase oder meditative Entrückung.

Tranche [ˈtrɑ̃ʃ] *die,* **1)** Scheibe, Schnitte; **tranchieren,** einen Braten, auch Fisch, Geflügel, Wild zerteilen. – **2)** Teil einer Anleihe.

Tränen, von den **T.-Drüsen** abgesonderte klare Flüssigkeit, dient zur Befeuchtung der vorderen Augenfläche und zum Wegschwemmen kleiner Fremdkörper. Die T. fließen durch den **T.-Kanal** in die Nase ab.

Tränendes Herz, Flammendes Herz, Gartenzierstaude mit rotweißen Blüten; Erdrauchgewächs.

Tränengas, starken Tränenreiz verursachende, leicht flüchtige chem. Substanzen wie Bromaceton, Chloracetophenon u. a.

Trani, ital. Seebad und Hafen in Apulien, an der Adria, 49 900 Ew.; normann. Kathedrale, stauf. Kastell.

Tranquillantien *Pl.,* **Tranquilizer** [ˈtræŋkwɪlaɪzə], ⚕ Psychopharmaka mit dämpfender Wirkung zur Beseitigung von Angst-, Spannungs- und Erregungszuständen und der durch sie bedingten Schlafstörungen.

trans..., Vorsilbe mit der Bedeutung durch, jenseits, über; z. B. **transalpin,** jenseits der Alpen.

Transactinoide, chem. Elemente mit den Ordnungszahlen 104 bis 121, von denen bisher nur die Elemente 104 bis 112 künstlich hergestellt werden konnten. Die T. folgen dem letzten Actinoid Lawrencium (OZ 103).

Transaktion *die,* Übertragung, bes. geschäftl. Art.

Transall C-160, ein dt.-frz. Transportflugzeug mit extremer Kurzstart- und -landefähigkeit.

Transamazônica [trɑ̃zamaˈzonika], rd. 5 600 km lange, in O-W-Richtung durch Amazonien (Brasilien) verlaufende Fernstraße; 1970 begonnen; führt von João Pessoa bzw. Recife bis an die Grenze Perus.

Transaminasen *Pl.,* bei der Biosynthese von Aminosäuren wichtige Enzyme; treten bei bestimmten Erkrankungen (Herzinfarkt, Leberentzündung) vermehrt im Blutserum auf.

Transandenbahnen, Eisenbahnlinien, die, die Anden kreuzend, Argentinien, Chile und Bolivien miteinander verbinden, bes. die **Andenbahn** von Buenos Aires nach Valparaíso (Tunnel in 3 165 m Höhe) und die Linie von Salta nach Antofagasta u. a.

Transceiver [trænsˈsiːvə] *der,* Sende-Empfangs-Gerät, z. B. Sprechfunkgerät.

Transcoder *der,* Farbfernsehen: Gerät zur Umsetzung (Umcodierung) der Farbinformation eines Systems (z. B. PAL) in die eines anderen (z. B. SECAM).

Transdanubien, das Gebiet Ungarns westlich der Donau; größte Stadt ist Fünfkirchen (Pécs).

Transduktion *die,* ❀ die Übertragung genet. Information von einer Bakterienzelle auf eine andere durch bestimmte Bakteriophagen u. a. Viren.

Transfer *der,* **1)** Übertragung, Weitertransport im Reiseverkehr, Vereinswechsel von Berufssportlern. – **2)** bes. die Durchführung von Zahlungen in das Ausland ohne direkte Gegenleistung.

Transferasen *Pl.,* Gruppe von Enzymen, die Molekülteile von einem Molekül auf ein anderes übertragen.

Transferstraße, ⚙ →Maschinenstraße.

Transfluxor *der,* ⚡ magnet. Schalt- und Speicherelement, z. B. für Torschaltungen und Schieberegister.

Transformation *die,* **1)** Umwandlung, Umgestaltung. – **2)** ❀ Übertragung fremder Gene auf Empfängerzellen mit den Methoden der Gentechnologie. Bei Verwendung von Keimzellen können sich dann **transgene Organismen** mit veränderten Merkmalen entwickeln (z. B. transgene Mäuse in der Krebsforschung). – **3)** √ die umkehrbar eindeutige Abbildung einer Ebene bzw. eines Raums auf sich.

Transformator *der,* Kurzwort **Trafo,** ⚡ Umspanner, ruhendes Gerät zur Umwandlung hoher Wechselspannungen in niedere und umgekehrt. Auf einem Eisenkern befinden sich 2 Wicklungen, die Oberspannungswicklung hat viele Windungen mit kleinem Querschnitt, die Unterspannungswicklung hat wenige Windungen mit großem Querschnitt. Die Spannungen verhalten sich wie die Windungszahlen, die Ströme umgekehrt. Man unterscheidet nach Stromart Einphasen-T. und Dreiphasen-T. (Drehstrom), nach Isolier- und Kühlmittel Trocken-T. (Luft-T.) und Öl-T. mit Selbst- und Fremdkühlung.

Transfusion *die,* ⚕ Übertragung (von Blut).

Transgression *die,* ⊕ Vordringen eines Meers über Festland durch Landabsenkung oder Ansteigen des Meeresspiegels in geolog. Zeiträumen; Ggs.: Regression.

Transhimalaya [-hiˈmaːlaja, -himaˈlaːja] *der,* ⊕ Gebirgszug in S-Tibet, durch den oberen Brahmaputra vom gleichlaufenden Himalaya getrennt, bis 7 088 m hoch; 1906 bis 1908 von Sven Hedin erforscht.

Transistor *der,* ⚡ Halbleiter-Bauelement der Elektronik mit mindestens 3 Elektroden zur Verstärkung, zur Schwingungserzeugung und für Regel- und Schaltzwecke, besteht meist aus Silicium-, für spezielle Zwecke auch Galliumarsenid- oder Germanium-Einkristallen mit 2 Arten von Ladungsträgern: Elektronen (Überschuss-, n-Leitung) und Löcher (Defektelektronen, d. h. unbesetzte Kristallgitterstellen, Mangel-, p-Leitung). Der **bipolare** oder **Flächen-T.** hat 3 Schichten verschiedenartiger Leitfähigkeit, die die Elektroden des T. bilden, in pnp- oder npn-Anordnung; die beiden Grenzflächen dazwischen sind Sperrschichten. Die 3 Schichten heißen Emitter (emittiert Ladungsträger), Basis (steuert Emission der Ladungsträger), Kollektor (sammelt Ladungsträger). Emitter-Basis-Strecke wird in Durchlassrichtung, Basis-Kollektor-Strecke in Sperrrichtung betrieben. Unterschieden wird Emitter-, Basis- und Kollektorschaltung, je nachdem, welcher Pol für Ein- und Ausgang gemeinsam ist. Für universelle Anwendung als Verstärker wird die Emitterschaltung bevorzugt. Besondere Ausführungsformen sind der Legierungs-T., Drift-T., Mesa- und Planar-T. Der **unipolare** oder **Feldeffekt-T.** (FET) hat 2 nicht sperrende Schichten und eine davon isolierte Steuerelektrode (Gate), die den wirksamen Querschnitt des Stromweges (Kanal) beeinflusst. Der Stromfluss besteht beim Feldeffekt-T. im Ggs. zum bipolaren T. aus nur einer Ladungsträgerart. Je nach Art der Isolierung zw. Steuerelektrode und Halbleiterkanal unterscheidet man Sperrschicht-Feldeffekt-T. und Metalloxid-Feldeffekt-T. (MOSFET), die als Isolation eine dünne Schicht aus Siliciumdioxid besitzen. Die dem Emitter- und dem Kollektoranschluss beim bipolaren T. entsprechenden Anschlüsse werden als Quelle (Source) und Senke (Drain), die Steuerelektrode als Tor (Gate) bezeichnet. Die Vorteile gegenüber den bipolaren T. liegen in dem bes. hohen Eingangswiderstand und der damit verbundenen leistungslosen Steuerung.

Transit *der,* **Durchfuhr,** Beförderung von Waren durch ein Staatsgebiet zw. Ursprungs- und Bestimmungsland.

transitiv, Ⓢ Verben, die ein Akkusativobjekt verlangen und auch ein persönl. Passiv bilden können **(Transitivum).**

Transjordani|en → Jordanien.

Transkarpati|en, Gebiet in der Ukraine, grenzt an die Slowakei, Ungarn und Rumänien; gehörte bis 1919 zu Ungarn, 1919 bis 1939 zur ČSR (Karpato-Ukraine bzw. Karpato-Russland), 1939 von Ungarn annektiert, 1945/46 der Ukrain. SSR eingegliedert.

Transkaukasi|en, der südlich des Hauptkamms vom Großen Kaukasus gelegene Teil von Kaukasien (Georgien, Aserbaidschan und Armenien).

Transkei *die,* Gebiet in Südafrika, besteht aus 3 Landstücken zw. Ind. Ozean, der Prov. Ostkap und Lesotho, 41 600 km², 2,9 Mio. Ew. (überwiegend Xhosa), Hptst.: Umtata; 1910 Teil der Südafrikan. Union, wurde von der Rep. Südafrika 1976 als erstes Bantuhomeland zum (internat. nicht anerkannten) Staat erklärt, 1994 nach Südafrika rückgegliedert.

Transkription *die,* **1)** Übertragung einer Schrift in eine andere mit lautlich ungefähr entsprechenden Zeichen. – **2)** 𝄞 Bearbeitung eines Musikstücks für eine andere als die urspr. vorgesehene Besetzung. – **3)** der erste Schritt bei der Biosynthese von Proteinen, bei dem die in der DNS genetisch codierte Information auf eine Überträger-RNS umgeschrieben wird. (→ Nukleinsäuren, → Translation)

Translation *die,* **1)** ❀ geradlinig fortschreitende Bewegung eines Körpers. – **2)** der zweite Schritt bei der Biosynthese von Proteinen, bei dem die von der Überträger-RNS gespeicherte Erbinformation in eine Abfolge von Aminosäuren des zu synthetisierenden Proteins umgeschrieben wird.

Transleithani|en, in Österreich-Ungarn (1867 bis 1918) die Länder der ungar. Krone (jenseits der Leitha).

Transliteration *die,* buchstabengetreue Umsetzung fremder Schriftzeichen.

Transmission *die,* ⚙ Anlage zum Antrieb mehrerer Arbeitsmaschinen mit Riemengetrieben von einer Kraftmaschine aus.

Transmitter, chem. Überträgersubstanzen, die Nervenimpulse weiterleiten, z. B. Adrenalin, Acetylcholin und bestimmte Aminosäuren.

transparent, durchscheinend. **Transparent** *das,* durchscheinendes Bild, das von hinten beleuchtet wird; Spruchband.

Transpiration *die,* **1)** ⚕ die Schweißsekretion (→ Schweiß). – **2)** ✿ die Wasserdampfabgabe, bes. durch die Spaltöffnungen der Laubblätter.

Transplantation *die,* **1)** ⚕ die Überpflanzung eines menschl. oder tier. Gewebe- oder Körperteils an eine andere Stelle desselben oder eines anderen Lebewesens. In der Medizin werden verlorene Gewebestücke (z. B. Haut bei Dermatoplastik, Knochen bei Osteoplastik) durch T. entsprechender Teilstücke auf die Wunde ersetzt; in der kosmet. Chirurgie werden (entstellende) Schönheitsfehler durch T. beseitigt. **Organ-T.,** Verpflanzung eines Organs (mit Ausnahme des Gehirns) von einem Spender auf einen Empfänger. Ein bes. Risiko stellt die Abstoßung des Implantats durch den Empfängerorganismus dar. – **2)** ✿ In der Gärtnerei wird T. beim Pfropfen und bei anderen Verfahren der Veredelung angewendet.

Transponder *der,* ✆ automat. Antwortgerät in Ortungs-, Navigations- und Nachrichtensystemen, das auf empfangene Abfragesignale Antwortsignale aussendet.

transponieren, 𝄞 in eine andere Tonart versetzen.

Transportgefährdung, ⚖ Beeinträchtigung der Sicherheit des Schienenbahn-, Schwebebahn-, Schiffs- oder Luftverkehrs, z. B. durch Zerstörung oder Beschädigung verkehrsnotwendiger Anlagen oder Bereitung von Hindernissen; mit Freiheitsstrafe bis zu 5 Jahren bedroht (§§ 315 StGB).

Transportversicherung, sie bezweckt den Ersatz von Schäden an versicherten Beförderungsmitteln **(Kaskoversicherung)** und beförderten Gütern (T. von Waren, **Kargoversicherung;** T. von Schmuck- und Wertsachen, **Valorenversicherung**) während einer Reise.

Transputer [træns'pju:tər] *der,* 💻 für parallele Datenverarbeitung ausgelegter Mikroprozessor mit eigenem Arbeitsspeicher; mehrere T. können durch spezielle Kanäle miteinander kommunizieren (T.-Netzwerk).

Transrapid *der,* 🚄 in Dtl. entwickelte, für Geschwindigkeiten bis 500 km/h ausgelegte Magnetschwebebahn. Die Strecke Hamburg–Berlin soll 2005 fertig gestellt sein.

Trans|sexualität, Trans|sexualismus, Ⓟ psychisch bedingtes, dominierendes Gefühl der Zugehörigkeit zum anderen Geschlecht.

Trans|sibirische Eisenbahn → Sibirien.

Trans|silvanische Alpen, früherer Name der Südkarpaten.

Trans|substantiation *die,* nach der kath. Lehre vom Altarsakrament die Verwandlung von Brot und Wein in Leib und Blut Christi.

Trans|urane, ⚗ chem. Elemente mit höherer OZ als Uran (OZ 92), die in der Natur nicht oder nur in äußerst geringen Mengen (Neptunium, Plutonium) vorkommen und alle radioaktiv sind. T. lassen sich über Neutroneneinfangreaktionen oder über Kernverschmelzungsreaktionen bei Stoßprozessen aufbauen. In wachsendem Maß werden T. in der Technik verwendet, z. B. das Plutoniumisotop Pu 239 als Kernbrennstoff und Pu 238 als Energiequelle von Nuklidbatterien und Herzschrittmachern.

Transvaal, ehem. Prov. im NO der Rep. Südafrika, 262 499 km², 7,53 Mio. Ew. (vorwiegend Bantu); Hptst.: Pretoria, Wirtschaftsmittelpunkt: Johannesburg. Eines der an Bodenschätzen (Gold, Kohle, Diamanten) reichsten Gebiete der Erde. Seit 1994 aufgeteilt in die Prov. Ost-T., Nord-T. und Pretoria/Witwatersrand/Vereeniging. – T. wurde 1856 als Freistaat der Buren gegründet. Es kämpfte nach einem Annexionsversuch durch die Engländer 1881 und 1896 unter Ohm Krüger erfolgreich gegen diese, wurde aber im

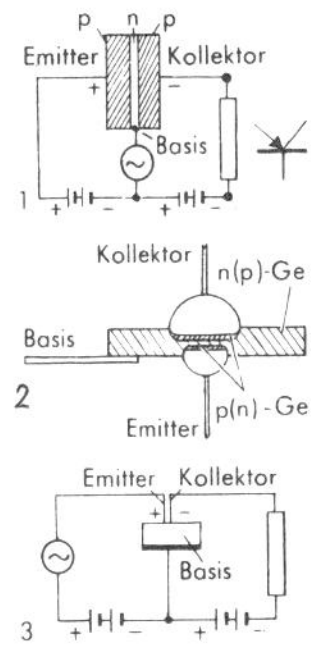

Transistor
1 Schaltschema und Schaltzeichen eines Flächentransistors
2 Schnitt durch einen Flächentransistor
3 Schaltschema eines Spitzentransistors

Burenkrieg 1899 bis 1902 unterworfen. Seit 1910 Teil der Südafrikan. Union.

Transversale *die,* Gerade, die ein Dreieck oder Vieleck durchschneidet.

Transvestitismus *der,* **Transvestismus,** das Bedürfnis, Kleidung und Verhalten des anderen Geschlechts anzunehmen.

Gleichschenkliges **Trapez**

transzendent [lat. »überschreitend«], die Grenzen der Erfahrung und der Vorstellungsmöglichkeiten überschreitend. **Transzendenz Gottes:** Überweltlichkeit, Jenseitigkeit Gottes; Ⓟ **transzendental,** nach Kant eine Betrachtungsart, die von den »Bedingungen der Möglichkeit« der Erkenntnis ausgeht.

Trapani, Hafenstadt an der NW-Küste Siziliens, 72 800 Ew.; barocker Dom (17./18. Jh.); Ausfuhr von Marsalawein, Salz; Fischerei; Schiffbau.

Trapez *das,* **1)** √ Viereck mit 2 parallelen, aber ungleich langen Seiten. – **2)** Turnen, Artistik: Schaukelreck, kurze Holzstangen zw. 2 verstellbaren Seilen.

Trappen, lauftüchtige Kranichvögel in Feldern, Steppen und Halbwüsten Afrikas, Eurasiens und Australiens. Die **Groß-T.** ist größter europ. Landvogel (bis 100 cm lang), Bestände in Dtl. bedroht. **Zwerg-T.** (etwa 30 cm lang) ist selten.

Trappisten, kath. Orden (gegr. 1664), aus einem reformierten Zweig der Zisterzienser hervorgegangen; nach der Abtei La Trappe in der Dordogne. Die T. verpflichten sich zu ständigem Schweigen. Viele Abteien sind landwirtschaftliche Musterbetriebe. Tracht: weiße Kutte, schwarzes Skapulier.

Trasimenischer See, ital. **Lago Trasimeno,** größter See auf der Apenninenhalbinsel, Italien, westlich von Perugia, 128 km², bis 7 m tief. – Am T. S. vernichtete 217 v. Chr. Hannibal das röm. Heer des Flaminius.

Trasse *die,* im Gelände kenntlich gemachte Linie für einen Verkehrsweg.

Tratte *die,* ✐ der gezogene Wechsel; im kaufmänn. Bereich meist für einen noch nicht akzeptierten Wechsel gebrauchte Bezeichnung.

Traube, ⚘ Blüten- und Fruchtstand; im Besonderen: der Fruchtstand des Weinstocks.

Traubenkirsche, Ahlkirsche, Rosengewächs mit hängenden, weißen, duftenden Blütentrauben und schwarzen, ungenießbaren Steinfrüchtchen; wächst in feuchten Wäldern.

Traubenwickler, zwei in ihrer Lebensweise ähnl. Schmetterlingsarten. Die Raupen sind Weinstockschädlinge: als **Heuwurm** in den Blüten, als **Sauerwurm** in den Beeren.

B. Traven

Traubenzucker, Glucose, D-Glucose, Dextrose, in süßen Früchten und im Honig vorkommende Zuckerart; weniger süß als Rohrzucker. Techn. Darstellung durch Hydrolyse von Stärke, Verwendung in Kellerei, Brauerei, Nahrungs- und Genussmittelherstellung, zur künstl. Ernährung. Die Ausscheidung von T. mit dem Urin ist ein wichtiges Symptom der Zuckerkrankheit.

Trauer, das schmerzl. Innewerden eines Verlustes, v. a. von Personen. Die Ausdrucksformen von T. im Zusammenhang mit dem Tod eines Menschen sind stark religiös bestimmt. Alle Kulturen kennen vielfältige T.-Bräuche: neben Bestattungsriten u. a. T.-Kleidung, Totenklage (oder auch Schweigegebote), Einhaltung von T.-Zeiten. – Die individuelle Überwindung von T. kann sehr stark variieren.

Trauermantel, Art der Fleckenfalter, dunkelbraun mit hellen Flügelrändern.

Trauerspiel → Tragödie.

Traum, im Schlaf erlebte Fantasiebilder. Der T.-Inhalt stammt aus umgedeuteten Wahrnehmungen der trotz des Schlafes tätigen Sinnesorgane, ferner aus Erinnerungen; den wesentlichsten Anteil haben sinnbildl. Darstellungen von Gefühlszuständen, Wünschen, Ängsten. Schon im Alten Orient maß man den

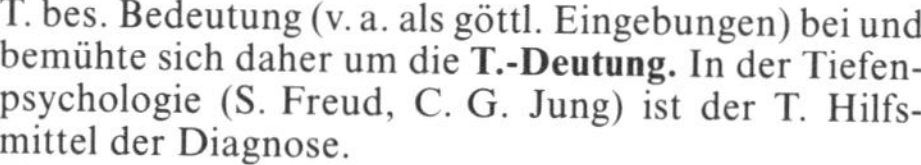

T. bes. Bedeutung (v. a. als göttl. Eingebungen) bei und bemühte sich daher um die **T.-Deutung.** In der Tiefenpsychologie (S. Freud, C. G. Jung) ist der T. Hilfsmittel der Diagnose.

Trauma *das,* ⚕ schädigende Gewalteinwirkung körperl. (z. B. Unfall-T.) oder seel. Art; von **psych. T.** spricht man bei extrem belastenden Erlebnissen wie Folter, Vergewaltigung, Katastrophen, die zu anhaltenden **posttraumat. Belastungsreaktionen** (Albträume, Depressionen u. a.) führen können.

Traun, 1) *die,* rechter Nebenfluss der Donau in Österreich, rd. 153 km lang, entspringt im Salzkammergut, durchfließt den **Traunsee** (25 km²), mündet unterhalb Linz. – **2)** oberösterr. Stadt, 23 000 Ew.; Schloss (16. Jh.); Industrie.

Traunstein, Krst. in Oberbayern, 17 200 Ew.; Luftkurort östlich vom Chiemsee.

Trauung, Eheschließung vor einem Standesbeamten oder Geistlichen. Die **kirchl. T.** darf erst nach der **standesamtl. T.** stattfinden. (→ Eherecht, → Zivilehe)

Trave *die,* Fluss in Schlesw.-Holst., mündet bei Travemünde in die Ostsee, 118 km lang.

Travellerscheck [ˈtrævələ-], **Traveller's cheque** [-tʃek], **Traveller's check** [-tʃek] *der,* → Reisescheck.

Travemünde, Ortsteil und Vorhafen von Lübeck, Schlesw.-Holst.; Seebad, Spielkasino; Werftindustrie.

Trappen Großtrappe

Traven, B., deutschsprachiger Schriftsteller, * 1890 (?), † 1969; lebte in Mexiko; war stets bemüht, seine Identität zu verbergen und nannte sich auch Richard Maurhut, Ret Marut und Hal Croves; sozialkrit. Romane, u. a. »Das Totenschiff« (1926), »Der Schatz der Sierra Madre« (1927).

Traverse *die,* **1)** Querstück. – **2)** Querdamm.

Travertin *der,* gelbl. Kiesel- oder Kalktuffe, dienen als Werk- und Dekorationsstein; Vorkommen u. a. bei Tivoli, Bad Cannstatt und Weimar-Ehringsdorf.

Travestie *die,* literar. Genre, das in satir. Absicht einen bekannten literar. Stoff mit anderen formal-stilist. Mitteln behandelt; mit der Parodie verwandt.

Travolta, John, amerikan. Filmschauspieler, * 1954; nach Erfolgen v. a. in Musikfilmen der 1970er-Jahre (»Saturday Night Fever«, 1977) gelang T. in den 1990er-Jahren ein Come-back u. a. mit »Pulp Fiction« (1994) und »Michael« (1996).

Trawler [ˈtrɔːlər, engl. ˈtrɔːlə] *der,* ⚓ mit Grundschleppnetz fischendes Hochseefischereifahrzeug.

Treber, Bierbrauerei: Rückstände der Maischebereitung, wertvolles Viehfutter.

Treblinka, poln. Ort nordöstlich von Warschau, 1942 bis Okt. 1943 natsoz. Vernichtungslager.

Treck *der,* Zug von Menschen mit ihrer gesamten Habe, z. B. von Flüchtlingen.

Treff *das,* frz. **Trèfle** [»Kleeblatt«], dt. **Kreuz,** schwarzes Dreiblatt der frz. Spielkarte, entspricht der Eichel der deutschen Spielkarte.

Treiben, Treibarbeit, Herstellen und Verzieren von Metallgegenständen in kaltem Zustand mit Treibhammer und Punze.

Treibhaus →Gewächshaus.

Treibhaus|effekt, Bezeichnung für die Erscheinung, dass sich die Atmosphäre erwärmt, da Wasserdampf und die »Treibhausgase« (CO_2, Methan u.a.) sichtbares Licht der Sonne zwar durchlassen, die von der Erdoberfläche emittierte Wärmestrahlung jedoch absorbieren. – Der T. wird in Zusammenhang mit dem in der Atmosphäre durch Verbrennung fossiler Brennstoffe ansteigenden Kohlendioxidgehalt diskutiert, weil darin die Gefahr eines globalen Temperaturanstiegs mit teilweisem Abschmelzen der Eiskappen an den Polen und weiterer Ausdehnung der Wüstenregionen gesehen wird.

Treib|stoffe, brennbare flüssige oder gasförmige Gemische, meist Kohlenwasserstoffe, zum Betrieb von Verbrennungsmotoren. Die wichtigsten **flüssigen T.:** Benzin, Benzol, Alkohol, Gasöl. Benzin findet im Ottomotor (Vergasermotor) Verwendung. Benzol wird wegen seiner höheren Klopffestigkeit dem Benzin beigemischt, ebenso Alkohol. Als T. für Dieselmotoren dienen **Gas-, Mittel-** und **Schweröl.** Die **gasförmigen T.** (Treibgase) werden als Flüssiggase (Propan, Butan) für die Verbrennung in Ottomotoren, die Speichergase (Erdgas, Stadtgas) vorwiegend als T. ortsgebundener Verbrennungsmaschinen verwendet.

treideln, ein Schiff auf Flüssen oder Kanälen vom Ufer aus schleppen.

Treitschke, Heinrich von, dt. Historiker und polit. Publizist, * 1834, † 1896; geistiger Wegbereiter des Bismarckreichs, trat für einen dt. Einheitsstaat ein. »Dt. Geschichte im 19. Jh.« (1879 bis 1894).

Trelleborg [trɛləˈbɔrj], 1913 bis 1937 **Trälleborg,** Hafenstadt an der S-Spitze Schwedens, 34800 Ew.; Eisenbahn- und Autofähren.

Trema *das,* Ⓢ diakrit. Zeichen in Form von 2 Punkten über dem einen von 2 nebeneinander stehenden, getrennt zu sprechenden Vokalen.

Tremolo [ital. »Zittern«] *das,* Abk. **trem,** 𝄞 schnelle Wiederholung eines Tons, Akkords.

Tremor *der,* das →Zittern.

Trenchcoat [ˈtrentʃkəʊt, engl. »Schützengrabenmantel«] *der,* zweireihiger (Regen-)Mantel.

Trenck, 1) Franz Freiherr von der, österr. Pandurenoberst, * 1711, † 1749. – **2)** Friedrich Freiherr von der, preuß. Offizier und Abenteurer, Vetter von 1), * 1726, † (hingerichtet) 1794; Ordonnanzoffizier Friedrichs d. Gr., wurde 1745 (angeblich wegen eines Liebesverhältnisses mit des Königs Schwester Amalie, vermutlich aber wegen Spionageverdachts) gefangen gesetzt (1746 Flucht). In Paris als österr. Spion hingerichtet.

Trenker, Luis, Südtiroler Schauspieler, Regisseur, Schriftsteller, * 1892, † 1990; v.a. Bergfilme, u.a. »Der Rebell« (1933), »Der verlorene Sohn« (1934).

Trennschärfe, Selektivität, ⚡ die Fähigkeit eines Empfängers, die Frequenz des gewünschten Senders von den Frequenzen der benachbarten Sender so zu trennen, dass benachbarte Frequenzen nicht empfangen werden.

Trennung von Kirche und Staat, Unabhängigkeit der staatl. und kirchl. Einrichtungen voneinander; der Staat überlässt das religiöse Leben den religiösen Gemeinschaften, gewährt ihnen aber auch keine Geldunterstützung; durchgeführt z.B. in Frankreich.

Trennung von Tisch und Bett, nach röm.-kath. Kirchenrecht die Aufhebung der ehel. Gemeinschaft bei rechtl. Fortbestand der Ehe.

Trense, Gebissteil des Zaumzeugs der Pferde: 2 durchch ein Gelenk verbundene Eisenstangen mit Ringen für die Zügel.

Trent *der,* Fluss in England, 270 km lang; bildet mit dem Ouse den Mündungstrichter des Humber.

Trentino-Südtirol, ital. **Trentino-Alto Adige,** nordital. autonome Region in den Zentral- und Südalpen (→Südtirol).

Trenton [ˈtrentn], Hptst. des Staats New Jersey (USA), 92100 Ew.; Gummi-, Kunststoff-, Metallwaren-, Textilindustrie.

Trepang *der,* Handelsbezeichnung für getrocknete →Seewalzen.

Tresckow [-ko], Henning v., dt. Generalmajor (seit 1944) und Widerstandskämpfer, * 1901, † (Freitod) 21. 7. 1944; maßgebl. beteiligt an den Vorbereitungen zum 20. 7. 1944.

Tresor *der,* diebstahlsicherer, feuerfester Stahlschrank mit Sicherheitsschlössern.

Trester, ausgepresste Rückstände bei Wein- und Obstweinkelterei, dient zur Herstellung von **T.-Wein** (Nachwein). **T.-Branntwein,** aus Wein- und Obst-T., hat mindestens 38 Vol.-% Alkohol.

Treuepflicht, ⚖ Pflicht des Arbeitnehmers, auf die berechtigten Interessen des Arbeitgebers Rücksicht zu nehmen, z.B. Geschäftsgeheimnisse zu bewahren, umgekehrt gilt die Fürsorgepflicht des Arbeitgebers.

Treuhand, Treuhandschaft, ⚖ Verw. fremder Interessen oder Vermögenswerte durch einen Einzelnen, eine jurist. Person, einen Staat oder eine Organisation **(Treuhänder, Trustee).**

Treuhand|anstalt, Kurz-Bez. **Treuhand,** Abk. **THA,** im Zuge des Einigungsprozesses von ehemaliger DDR und Bundesrep. Dtl. (Vertrag über die Währungs-, Wirtschafts- und Sozialunion vom 18. 5. 1990, Einigungsvertrag vom 31. 8. 1990) errichtete rechtsfähige bundesunmittelbare Anstalt des öffentl. Rechts, die der Aufsicht des Bundesmin. für Finanzen untersteht; Sitz: Berlin, mit Nebenstellen in sämtl. neuen Bundesländern. Die T. sollte die früheren volkseigenen Betriebe der DDR wettbewerblich strukturieren und privatisieren; per 31. 12. 1994 aufgelöst.

Treuhandgebiete, in die Treuhandschaft der Vereinten Nationen übernommene Mandatsgebiete (→Mandat).

Treu und Glauben, ⚖ Rechtsgrundsatz, nach dem von jedem ein redliches, das Vertrauen des Partners nicht missbrauchendes Verhalten gefordert wird (§§ 157, 242 BGB).

Treverer, kelt.-german. Volk an der Mosel, 54 und 52 v.Chr. von Caesar unterworfen; Hauptort zur Römerzeit war Augusta Treverorum (Trier).

Treviso, ital. Stadt in Venetien, in der venezian. Ebene, 84100 Ew.; roman. Dom (mit Werken von Tizian); Textil-, Nahrungsmittelind., Keramik-, Messglas-, Glasinstrumentenherstellung.

tri... [von griech. tris »dreimal«], drei...

Triangel *der,* österr. *das,* **1)** Dreieck. – **2)** 𝄞 dreieckig gebogenes Schlaginstrument, an einem Riemen zu halten, mit Stahlstab zu schlagen.

Triangulation *die,* **Dreiecks|aufnahme,** 🌐 die im Wesentl. aus Winkelmessungen bestehenden Vermessungsarbeiten zur Bestimmung von Punkten der Erdoberfläche nach geograph. Länge und Breite sowie Höhe. Die T. liefert so die Grundlage für die Kartierung eines Lands durch ein Netz messbarer Dreiecke, deren Ecken die **trigonometr. Punkte** sind.

Trianon [triaˈnɔ̃], Name zweier Schlösser im Park von Versailles. **Vertrag von T.,** der nach dem Ersten Weltkrieg 1920 zw. Ungarn und den Alliierten abgeschlossene Friedensvertrag. Ungarn verlor zwei Drittel seines Staatsgebiets.

Trias *die,* 🌐 ältestes System des Erdmittelalters (Mesozoikum), →Erdgeschichte (ÜBERSICHT).

Triathlon *das,* 🏃 in unmittelbarer Aufeinanderfolge der Disziplinen Freistilschwimmen, Straßenradrennen und Langstreckenlauf ausgetragener Ausdauermehrkampf.

Tribadie *die,* die weibl. Homosexualität.

Tribalismus [engl. tribe »Stamm«] *der,* Bezeichnung für die stammesgebundene Politik v.a. in afrikan. Staaten.

Heinrich von Treitschke

Friedrich Freiherr von der Trenck

Luis Trenker

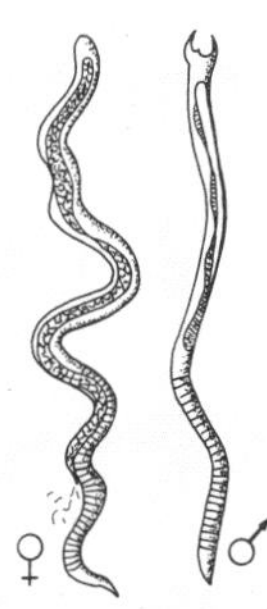

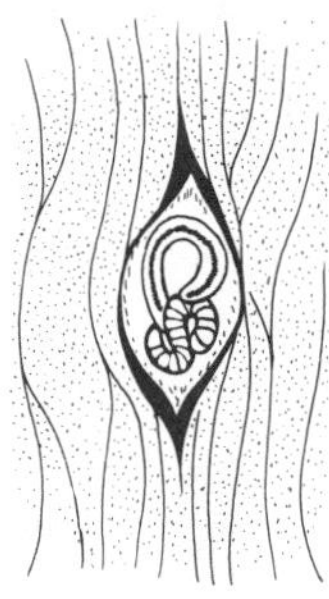

Trichine
Oben: Weibchen und Männchen der Darmtrichine. Unten: eingekapselte Muskeltrichine

Trient
Stadtwappen

Trier
Stadtwappen

Triberg im Schwarzwald, Stadt in Bad.-Württ., 6000 Ew.; heilklimat. Kurort und Wintersportgelände; Uhren-, Metall-, Holzind.; **Triberger Wasserfälle** der Gutach, 162 m hoch.

Tribun *der,* im antiken Rom: **1) Volks-T.,** konnte, persönlich unverletzlich, gegen Anordnungen der Beamten und Beschlüsse des Senats Einspruch erheben. – **2) Militär-T.,** die höchsten Offiziere in einer Legion.

Tribunal *das,* **1)** im antiken Rom erhöhter Sitz der Magistrate, bes. bei Rechtsprechung. – **2)** in der Neuzeit Bezeichnung für polit. Sondergerichte.

Tribüne *die,* **1)** Rednerbühne. – **2)** meist schräg nach hinten ansteigende, z. T. überdachte Tragkonstruktion mit Sitzplätzen.

Tribus *die,* im antiken Rom Aushebungs-, Wahl- und Steuerbezirk der Bürgerschaft.

Tribut *der,* Abgaben, bes. der besiegten Völker an den Sieger.

Trichine *die,* etwa 1,5 bis 4 mm langer Fadenwurm, Schmarotzer in Schweinen, Hunden, Katzen, Ratten, Menschen. Die Larven der Darm-T. dringen mit dem Blutstrom in die Muskeln ein. Diese Muskel-T. werden eingekapselt und bleiben viele Jahre lebensfähig. Wenn trichinenhaltiges Schweinefleisch genossen wird, lösen sich die Kapseln auf, und die T. wachsen wieder zu **Darm-T.** heran. – ⚕ Die T.-Krankheit **(Trichinose)** ist eine schwere, oft tödlich verlaufende Infektionskrankheit, Schutz: Verwendung von durchgekochtem oder durchgebratenem Fleisch, behördlich vorgeschriebene **T.-Schau.**

Trichlor|äthylen, ⚗ ein Chlorkohlenwasserstoff; farblose Flüssigkeit; wichtiges Lösungsmittel; Reinigungs- und Entfettungsmittel; bei Inhalation narkotisch wirkend.

Tricho|phytie *die,* **Haarpilzflechte,** eine → Hautpilzerkrankung.

Trichterbecher, Gefäßform mit hohem, trichterartig nach oben ausladendem Hals, Leitform der europ. **T.-Kultur** (Beginn: 3. Jt. v. Chr.) während der Jungsteinzeit.

Trichterlinge, Gattung der Blätterpilze mit im Alter trichterförmigem Hut; z. T. das Pilzgift Muskarin enthaltend, z. T. essbar (z. B. der Mönchskopf).

Trickfilm, film. Darstellung mit Mitteln der Tricktechnik, z. B. Mehrfachbelichtung, Zeichentricks, Computergrafik u. a.; bes. als Puppen-, Zeichen- und Werbefilm.

Trickskilaufen [-ʃi:-], **Ski|akrobatik,** Form des Skisports mit den Disziplinen Ballett, Buckelpistenfahren und Luftakrobatik (mit Sprüngen).

Tridentinisches Konzil, Tridentinum *das,* 19. allg. Kirchenversammlung in Trient zur Erneuerung der kath. Kirche: 1545 bis 1547, 1551/52, 1562/63; es legte die Glaubenssätze der Kirche in ihrem Unterschied zur reformator. Lehre fest, stellte Missbräuche ab, sicherte den Vorrang des Papsttums.

Trieb, 1) Antrieb, sinnl. Verlangen; bei Tieren ein zielgerichtetes Verhalten, z. B. **Nahrungs-T., Selbsterhaltungs-T., Geschlechts-T.** (Begattungs-T.). Beim Menschen besteht die Möglichkeit einer bewussten Lenkung und Hemmung der T., ihrer Ablenkung auf vorgestellte Ziele und ihrer Vergeistigung (Sublimierung). – **2)** ⚘ Pflanzenspross.

Triebwagen, Schienenfahrzeug mit Eigenantrieb.

Triebwerk, bei Fahrzeugen alle zum Antrieb dienenden Teile.

Trient, ital. **Trento,** Hptst. der autonomen ital. Region Trentino-Südtirol, an der Etsch, 101 400 Ew.; romanisch-got. Dom (13. bis 16. Jh.), Kastell (13., 15. und 16. Jh.); Museen; Zement-, chem. und Metall verarbeitende Industrie. – Erzbischofssitz. Hier tagte das Tridentin. Konzil.

Trier, Stadt an der mittleren Mosel, Rheinl.-Pf., Verw.-Sitz des Reg.-Bez. T., 96 700 Ew.; Römerbauten (Amphitheater, um 100 n. Chr., Porta Nigra, Ende des 2. Jh. n. Chr., Kaiser- [3./4. Jh.] und Barbarathermen [2. Jh.], Römerbrücke, Basilika, um 305), roman. Dom (11. bis 13. Jh.; Hl. Rock), frühgot. Liebfrauenkirche (um 1235 bis 1265), ehem. Kurfürstl. Barockschloss. Die röm. Baudenkmäler, Dom und Liebfrauenkirche gehören zum Weltkulturerbe. Bischofssitz; Univ., Museen, Theater; Handelsplatz für Wein. Zigaretten-, Lederwaren-, Nahrungsmittel-, keram., Kautschuk und Metall verarbeitende u. a. Industrie. – T. wurde 16 v. Chr. von Augustus im Gebiet der Treverer gegründet **(Augusta Treverorum),** war 293 bis 395 Sitz der röm. Kaiser für die westl. Reichshälfte und mit rd. 70 000 Ew. für ein Jh. größte Stadt nördlich der Alpen. Mit Lothringen kam es 925 an das Dt. Reich. Die Erzbischöfe von T. wurden auch Kurfürsten und beherrschten bis 1797 die untere Mosel.

Triere *die,* ⚓ antikes Kriegsschiff mit Rammsporn und mit drei übereinander liegenden Ruderbänken.

Triest, ital. **Trieste,** slowen. **Trst,** Hptst. der ital. Region Friaul-Julisch-Venetien, am Golf von T., Adria, 233 000 Ew.; Bischofssitz mit Dom San Giusto (11. bis 14. Jh.); röm. Baureste; Univ., Naut. Institut, Meerwasseraquarium; ⚓ (v. a. Rohölimporte); Schiffbau, Eisen-, Stahlwerke, Erdölraffinerie u. a. Ind. – T., das röm. **Tergeste,** stand im 10. bis 13. Jh. unter der Herrschaft seiner Bischöfe. Seit 1382 gehörte es zu Österreich und war seitdem der wichtigste Hafen des mittleren Donauraums. 1919 kam es an Italien. Nach dem 2. Weltkrieg zw. Italien und Jugoslawien umstritten, wurde T. mit Umgebung 1947 Freistaat unter internat. Kontrolle, der 1954 zw. Italien und Jugoslawien aufgeteilt wurde; die Stadt fiel an Italien. 1975 (Vertrag von Osimo) wurde diese Regelung bestätigt.

Trifels, teilweise ausgebaute Burgruine im S von Rheinl.-Pf., war bis ins 14. Jh. Kaiserpfalz; hier saß Richard Löwenherz 1193/94 gefangen; 1125 bis 1273 Aufbewahrungsort der Reichskleinodien.

Triforium *das,* in Bogenstellungen geöffneter, schmaler Laufgang unter den Fenstern im Inneren roman. und got. Kirchen.

Trigeminus *der,* **dreigeteilter Nerv,** ⚕ der 5. Gehirnnerv; der Bewegung vermittelnde Teil verläuft bes. zu den Kaumuskeln, der Empfindungen aufnehmende Teil enthält Nerven für die Kopf- und Gesichtshaut, Mund- und Nasenhöhle, Zähne und Zahnfleisch; in ihm verlaufen außerdem die Fasern für die Tränen- und Speicheldrüsen. **T.-Neuralgien,** heftigste Anfälle von Gesichtsschmerzen, meist nur einer Hälfte.

Triggerdiode, Thyristordiode, ⚡ Halbleiterbauelement, das beim Überschreiten einer bestimmten Spannung vom Sperr- in den Durchlasszustand kippt.

Triglav [triˈglau̯] *der,* höchster Berg der Julischen Alpen, 2 863 m hoch, in Slowenien.

Trigonometrie *die,* √ Berechnung der Seiten, des Winkels und Inhalts eines Dreiecks aus 3 gegebenen Stücken. Die **sphär. T.** befasst sich mit der Berechnung von Kugeldreiecken.

trigonometrische Funktionen → Winkelfunktionen.

trigonometrischer Punkt → Triangulation.

Trijodthyronin *das,* ein Schilddrüsenhormon.

triklines System → Kristall.

Trikolore *die,* i. w. S. dreifarbige Flagge, i. e. S. die blauweißrote frz. Nationalflagge.

Trikot [triˈko] *der,* gewirkte, sehr dehnbare, elast., schmiegsame Maschenware **(Trikotage)** für Unterwäsche und Sportkleidung.

Triller, 𝄞 wiederholter, sehr schneller Wechsel des Haupttons mit seiner kleinen oder großen Obersekunde mit oder ohne Nachschlag.

Trillion *die,* 1 Mio. Billionen, 10^{18}.

Trilobiten, ausgestorbene Meereskrebse des Erdaltertums; wichtige Leitfossilien.

Trilogie *die,* aus 3 Teilen bestehendes literar. (oder musikal.) Werk, z.B. 3 zusammengehörende Tragödien oder Romane.
Trimester [lat. »Zeitraum von 3 Monaten«] *das,* Drittel des Studienjahres.
trimmen, 1) ⚓ Schwimmlage eines Schiffs in der Längsrichtung ändern. - **2)** einen Schwingungskreis mithilfe eines Kondensators **(Trimmer)** abstimmen. - **3)** bei Kernreaktoren kleine Abweichungen vom krit. Zustand ausgleichen. - **4)** Ausgleichssport treiben.
Trimurti, im späteren Brahmanismus die Einheit der Götter Brahma, Vishnu und Shiva.

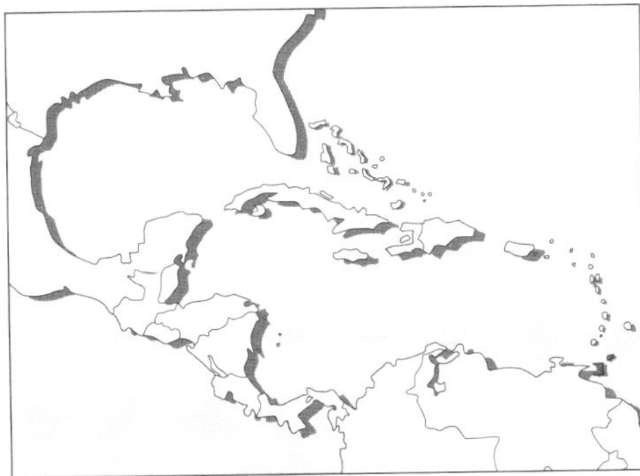

Trinidad und Tobago, Rep. in Westindien, 2 Inseln vor der NO-Küste Venezuelas, zus. 5128 km², 1,27 Mio. Ew. (Schwarze, Inder, Mischlinge, Weiße, Chinesen); Hptst.: Port of Spain auf Trinidad; Amtssprache: Englisch. Nach der Verf. von 1976 ist T. u. T. eine präsidiale Rep. Trinidad (4827 km²) ist im N gebirgig, fruchtbar. Ausfuhr: Erdöl, Erdgas, Asphalt; Zucker, Kakao, Zitrusfrüchte u.a.; Erdölraffinerien. ⚓ und internat. ✈: Port of Spain. - Die Inseln wurden 1498 von Kolumbus entdeckt; Trinidad 1797, Tobago 1814 britisch; 1962 unabhängig. Staatspräs.: Arthur N. R. Robinson (seit 1997).
Trinität *die,* **Drei|einigkeit, Dreifaltigkeit,** die im Christentum geglaubte Dreiheit der Personen (Vater, Sohn und Hl. Geist in Gott); wurde auf den Konzilien von Nicäa (325) und Konstantinopel (381) verkündet.
Trinitatisfest, Fest der Hl. Dreifaltigkeit (Sonntag nach Pfingsten).
Trinitrophenol, → Pikrinsäure.
Trinitrotoluol, Abk. **TNT,** Derivat des Toluols, hochbrisanter Sprengstoff.
Trinkwasserverordnung, von der EG 1986 festgelegte Grenzwerte für Pflanzenschutzmittel u.a. Stoffe (seit 1. 10. 1989 in Kraft): 0,1 oder 0,5 Mikrogramm pro Liter für einzelne Stoffe oder deren Gemische.
Trintignant [trɛ̃tiˈɲɑ̃], Jean-Louis, frz. Schauspieler, *1930; vielseitiger Charakterdarsteller; u.a. »Ein Mann und eine Frau« (1966); auch Filmregisseur.
Trio *das,* 𝄞 **1)** Tonstück für 3 Instrumente. - **2)** ruhigerer Zwischensatz in Märschen, Tänzen.
Triode *die,* Elektronenröhre mit 3 Elektroden.
Triole *die,* 𝄞 Figur von 3 Tönen mit dem Zeitwert von 2 Noten der gleichen Art.
tripel..., dreifach..., drei...
Tripoli, Hafenstadt der Rep. Libanon, 175000 Ew.; Endpunkt der Erdölleitung von Kirkuk (Irak); Handelszentrum mit internat. Messe.
Tripolis, Hptst. von Libyen, Hafenstadt am Mittelmeer an der Kleinen Syrte, 1,6 Mio. Ew.; Univ.; Ölpressen, Tabakverarbeitung, Herstellung von Leder-, Gold-, Silberwaren. Fremdenverkehr; ✈. Phönik. Gründung (7. Jh. v. Chr.); der altgriech. Name T. (»Dreistadt«) galt urspr. dem ganzen Landstrich (heute **Tripolitanien**).

Tripper *der,* **Gonorrhö** *die,* ⚕ häufigste, durch Übertragung des Gonokokkus hervorgerufene Geschlechtskrankheit; beginnt 2 bis 4 Tage nach Ansteckung mit Brennen in der vorderen Harnröhre und eitrigem Ausfluss; kann zu schmerzhaften Nebenhoden- oder Eierstockentzündungen und Sterilität führen. Behandlung: Antibiotika.
Triptychon *das,* dreiteiliges Tafelbild; Altar mit einem Mittelstück und zwei Seitenflügeln.
Tripura [ˈtripʊrə], ind. Gliedstaat, grenzt im S, W, N an Bangladesh, 10486 km², 2,55 Mio. Ew.; Hptst.: Agartala.
Trisomie 13 → Patau-Syndrom.
Tristan, Sagengestalt des MA. T. wirbt für König Marke um Isolde von Irland; infolge eines Zaubertranks verliebt er sich in sie.
Tristan da Cunha [ˈtristən də ˈku:nə], Inselgruppe im südl. Atlant. Ozean, Teil der brit. Kronkolonie Sankt Helena, Hauptinsel ist die Vulkaninsel T. da C. (104 km², 310 Ew.).
Tritium, Symbol **T,** künstlich hergestelltes, radioaktives Isotop des Wasserstoffs mit der Massenzahl 3 (1 Proton, 2 Neutronen).
Triton, 1) *das,* Atomkern des Tritiums. - **2)** *der,* griech. Meeresgottheit. - **3)** ✡ ein Mond des Planeten Neptun; 1989 Vorbeiflug der Raumsonde Voyager 2.
Tritonshörner, Trompetenschnecken, Gattung räuber. Meeresschnecken.
Tritonus *der,* Intervall von 3 Ganztönen: übermäßige Quarte, verminderte Quinte.
Triumph *der,* im alten Rom der feierl. Einzug eines siegreichen Feldherrn; daher: glänzender Erfolg, Siegesfreude. **T.-Bogen,** zur Erinnerung an Siege errichteter Torbogen.
Triumvirat *das,* »Dreimännerbund«, im antiken Rom. **1. T.** (60 v. Chr.): Caesar, Pompeius, Crassus; **2. T.** (43 v. Chr.): Antonius, Octavian, Lepidus.
Trivandrum [triˈvændrəm], Hptst. des ind. Gliedstaats Kerala, 520000 Ew.; Univ.; Baumwoll-, Seidenindustrie.
Trivial|literatur, Literatur, die in Stoff- und Motivwahl, Sprache, Handlungsführung »trivial« (gewöhnlich, schematisch) ist. Die T. gilt als niedrigste Stufe der Unterhaltungsliteratur; verbreitet sind Abenteuer-, Kriminal-, Liebes-, Heimatromane.
Trivium *das,* → freie Künste.
Troas, antike Landschaft im nordwestl. Kleinasien, an der Dardanellenküste, benannt nach Troja.
trocken, beim Wein und Schaumwein: geringe Restsüße (bis 9 Gramm) enthaltend.
Trocken|eis, Kältemittel aus erstarrtem flüssigem Kohlendioxid.
Trocken|element → galvanische Elemente.
Trockenfäule, Pflanzenkrankheiten: meist durch pilzl. Erreger verursachter trockener, morscher Zerfall von Pflanzenteilen, z.B. Kartoffelknollenfäule.
Trockenmilch, Milchpulver, pulverig eingetrocknete Milch, hergestellt auf von innen geheizten, sich drehenden Blechtrommeln oder durch Zerstäubung in heißer Luft.
Trockenpflanzen, Xerophyten, Pflanzen, die trockene Standorte (z.B. Wüsten, Steppen, Felsen) besiedeln.
Trockenstoffe, i.d.R. öllösl. Metallsalze (Metallseifen), die die Filmbildung von oxidativ trocknenden Bindemitteln in Öllacken, Alkydharzlacken u.a. katalytisch beschleunigen. **Sikkative** sind T. in gelöster Form.
Trockental, das → Wadi.
Trockenzeit, Jahreszeit fast ohne Regenfall, in den Tropen meist winters, im Mittelmeergebiet und in den Subtropen sommers.
Trocknung, Entzug von Feuchtigkeit, z.B. um Stoffe haltbar zu machen oder in einen für Transport oder

Triest
Stadtwappen

Trinidad und Tobago

Staatswappen

Staatsflagge

Internationales Kfz-Kennzeichen

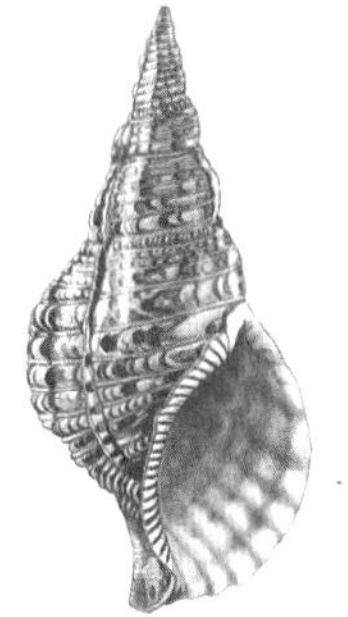

Tritonshörner
Gemeines Tritonshorn

Ernst Troeltsch

Weiterverarbeitung geeigneten Zustand zu überführen. Die **Luft-T.** erfolgt durch Ausnutzung der Luftwärme und der Strahlungsenergie der Sonne. Bei der **T. unter Wärmezufuhr** wird dem Trockengut die Feuchtigkeit mit erhitzter Luft oder heißen Gasen entzogen. In **Vakuumtrocknern** entweicht das Wasser in einem Raum mit Unterdruck. **Mechan. T.** geschieht durch Auswringen, Pressen, Schleudern; die **chem. T.**, z.B. mithilfe von Kieselgel (SiO_2), wird u.a. zum Trocknen und Reinigen von Industriegasen und Raumluft eingesetzt.

Troddelblume → Alpenglöckchen.

Troeltsch [trœltʃ], Ernst, ev. Theologe, Geschichtsphilosoph, * 1865, † 1923; Religionssoziologe und bedeutendster Philosoph des Historismus; lehnte den Absolutheitsanspruch des Christentums ab.

Troger, Paul, österr. Maler, * 1698, † 1762; Altarbilder, Deckenfresken (Stift Melk u.a.).

Troika *die,* russ. Dreigespann.

Troilos, griech. Sage: von Achill getöteter Sohn des Trojanerkönigs Priamos.

Troisdorf ['tro:s-], Stadt in NRW, 65 300 Ew.; chem., Kunststoff-, Eisenindustrie.

Troja, Ilios, Ilion, von Homer überlieferter griech. Name einer prähistor. Stadt, Hauptort von Troas in Kleinasien. In der griech. Sage ist T. Schauplatz des **Trojan. Kriegs,** in dem die Griechen unter Agamemnon 10 Jahre lang um die von Paris geraubte Helena kämpften. Einen Teil der Kämpfe schildert Homers »Ilias«. Die Griechen eroberten die Stadt mithilfe des **Trojan.** oder **Hölzernen Pferds,** in dessen hohlem Bauch sie die 30 tüchtigsten Helden verbargen, die dann von den ahnungslosen Trojanern mit dem Pferd in die Stadt geführt wurden. Als die Stätte T.s ermittelte H. Schliemann den von ihm 1870 bis 1894 ausgegrabenen Ruinenhügel (Hissarlik). Fortgesetzt wurden die Grabungen von W. Dörpfeld, C. W. Blegen und M. Korfmann. – Literarisiert wurde der Trojan. Krieg u.a. in den spätantiken und mittelalterl. **Trojaromanen.**

Margarethe von Trotta

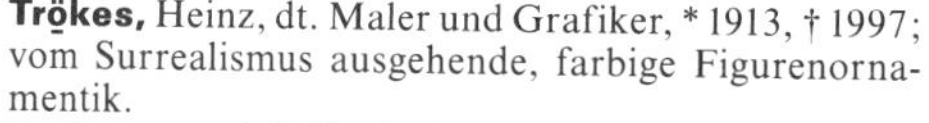
Trökes, Heinz, dt. Maler und Grafiker, * 1913, † 1997; vom Surrealismus ausgehende, farbige Figurenornamentik.

Troll, im nord. Volksglauben Dämon in Riesen- oder Zwergengestalt.

Trollblume, Gattung der Hahnenfußgewächse; kugelige, goldgelbe Blüten bei der **Europ. T.** (Goldranunkel).

Trolleybus [trɔlı-], bes. schweizer. Bezeichnung für Oberleitungsomnibus.

Trollhättan, Stadt im südwestl. Schweden, am Götaälv, 51 000 Ew.; großes Kraftwerk an den **Trollhättefällen** (32 m hoch), die durch den **Trollhättekanal** (28 km) umgangen werden.

Trombe *die,* Luftwirbel um eine fast senkrechte Achse; die kleinsten sind **Sand-** oder **Staubwirbel;** größere heißen **Wind-, Sandhosen,** über dem Wasser **Wasserhosen.**

Leo Dawidowitsch Trotzkij

Trommel, 1) 𝄞 Membranophon, das als Schlaginstrument benutzt wird. Zu unterscheiden sind ein- und zweifellige T., bei denen eine bzw. zwei Öffnungen des Resonators mit einer Membran überspannt sind. Die **kleine T.** (Militär-T.) wird mit 2 hölzernen Schlägeln, die **große T.** mit einem Schlägel mit Lederkopf geschlagen. Die **Wirbel-, Rühr-** oder **Landsknechts-T.** mit hohem hölzernem Körper hat einen tiefen, dumpfen Ton. – **2)** ⚙ Hohlzylinder; auch zum Aufwinden von Seilen usw.

Trommelfell, Teil des → Ohrs.

Trommelsucht, Blähsucht, bei Wiederkäuern auftretende Krankheit mit Auftreibung des Bauches nach Aufnahme gärender oder quellender Futtermittel.

Trompe *die,* ⌂ nischenartige Wölbung an einer Mauerecke.

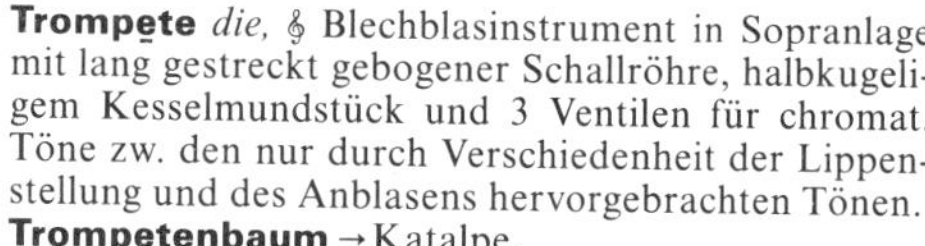
Trompete *die,* 𝄞 Blechblasinstrument in Sopranlage mit lang gestreckt gebogener Schallröhre, halbkugeligem Kesselmundstück und 3 Ventilen für chromat. Töne zw. den nur durch Verschiedenheit der Lippenstellung und des Anblasens hervorgebrachten Tönen.

Trompetenbaum → Katalpe.

Trompetenschnecken → Tritonshörner.

Tromsø ['trɔmzø, norweg. 'trumsø:], Hafenstadt in N-Norwegen, auf einer Insel im **T.-Sund,** 51 300 Ew.; Schiffbau, Fisch-, Walfang.

Trondheim ['trɔnhɛim], früher dt. **Drontheim,** Stadt in Norwegen, am eisfreien **T.-Fjord,** 138 100 Ew.; luther. Bischofssitz; TH, Univ.; Dom (12. Jh.; größte Kirche Skandinaviens), Museen; Schiffbau, Fischerei; Flughafen.

Tropen *Pl.,* ⊕ urspr. die Wendekreise, dann die zw. ihnen gelegene Zone **(T.-Zone),** in der die Sonne im Zenit stehen kann; i.w.S. alle Länder mit **T.-Klima** (hohe Lufttemperatur, hohe relative Luftfeuchtigkeit); in den inneren T. herrscht Regenwald vor, in den äußeren T. Savanne.

Tropenkrankheiten, ⚕ Krankheiten, die durch bes. in den Tropen verbreitete Erreger bewirkt werden (z.B. Malaria, Gelbfieber, Schlafkrankheit), teils auch durch ungünstige trop. Lebensbedingungen (z.B. Lepra oder Vitaminmangelkrankheiten wie Beriberi).

Tröpfchen|infektion, ⚕ Übertragung von Krankheitserregern (z.B. des Influenzavirus bei Grippe) durch die von einem Infektionsträger beim Sprechen, Niesen, Husten versprühten feinsten Tröpfchen aus Mund und Atemwegen.

Tropfstein, Kalkstein, der sich aus herabträufelndem Wasser ausscheidet; besteht aus Kalkspat oder Aragonit; häufig in Höhlen der Kalkgebirge als Zapfen an den Decken **(Stalaktiten)** und als Säulen auf dem Boden **(Stalagmiten).**

Trophäe *die,* Siegeszeichen; Jagdbeute.

Tropismus *der,* ⚘ ♡ Krümmungsbewegung bei Pflanzen oder festsitzenden Tieren, womit sich diese in eine bestimmte Lage zur Richtung eines Reizes einstellen; z.B. **Helio-T., Photo-T.** durch Lichtreize, **Geo-T., Gravi-T.** durch Schwerkraft, **Thermo-T.** durch Wärme.

Troposphäre *die,* unterste Schicht der → Atmosphäre.

Troppau, tschech. **Opava,** Stadt in der ČR, an der Oppa, nahe der Grenze zu Polen, 63 600 Ew.; Zucker-, Textil-, Maschinenind.; im MA. schles. Herzogsitz, 1849 bis 1918 Hptst. von Österr.-Schlesien.

Tropsch, Hans, dt. Chemiker, * 1889, † 1935; entwickelte zus. mit F. J. E. Fischer das Fischer-Tropsch-Verfahren.

Trotta, Margarethe von, dt. Schauspielerin, Regisseurin und Drehbuchautorin, * 1942; Filme: »Die bleierne Zeit« (1981), »Rosa Luxemburg« (1986), »Zeit des Zorns« (1993) u.a.

Trott zu Solz, Adam von, dt. Diplomat, * 1909, † (hingerichtet) 1944; gehörte der dt. Widerstandsbewegung an.

Trotzalter, Übergangsabschnitt der Kindesentwicklung (etwa vom 3. Jahr ab), in dem der Selbstbehauptungswille sich geltend macht; tritt als 2. T. auch in der Pubertät auf.

Trotzkij, Leo (Lew) Dawidowitsch, eigentl. Lejb **Bronštein** [-ʃt-], russ. Revolutionär, * 1879, † (ermordet) 1940; 1917 am bolschewist. Umsturz in Russland beteiligt, 1918 bis 1925 Volkskommissar für Heer und Marine. Nach Lenins Tod geriet er in scharfen Gegensatz zu Stalin und wurde 1929 aus der Sowjetunion ausgewiesen; suchte vergeblich von Mexiko aus, Stalin zu bekämpfen.

Troubadour [-'tru:badu:r, von provenzal. trobar »dichten«] *der,* provenzal. Dichter und Minnesänger des 12. und 13. Jahrhunderts. – **Trouvère** [tru'vɛ:r], nordfrz. Minnesänger.

Troyes [trwa], frz. Stadt in der Champagne, an der Seine, 63 600 Ew.; got. Kathedrale (1208 ff.); Textil- u. a. Ind., Weinhandel.
Troygewicht [trɔɪ-], angloamerikan. Gewicht für Edelmetalle, -steine u. a.
Trübner, Wilhelm, dt. Maler, * 1851, † 1917; malte, ausgehend von W. Leibl, schlichte, tonig gehaltene Bildnisse, Stillleben, Landschaften.
Truchsess, im MA. der Hofbeamte, der die Aufsicht über die fürstl. Tafel hatte.
Truffaut [try'fo], François, frz. Filmregisseur, * 1932, † 1984; zur »Neuen Welle« gehörig; Filme: »Sie küßten und sie schlugen ihn« (1959), »Jules und Jim« (1961), »Fahrenheit 451« (1966), »Die letzte Metro« (1980), »Auf Liebe und Tod« (1983) u. a.
Trüffel *die,* Gattung der Schlauchpilze mit unterird. Fruchtkörpern, die Kartoffeln ähnlich sind; die kostbarsten Speise- und Gewürzpilze, z. B. die **Périgord-T.,** die **Winter-T.,** die **Sommer-T.** Hauptverbreitungsgebiete: Frankreich (im Périgord), Italien.
Trugdolde, ⚘ Form des Blütenstands, z. B. bei Holunder.
Trugnattern, Unterfamilie giftiger Nattern mit etwa 73 Gattungen, v. a. in den Tropen.
Truhe, Kastenmöbel mit Klappdeckel.
Truman ['tru:mən], Harry S., 1945 bis 1953 der 33. Präs. der USA, * 1884, † 1972; war als Mitglied der Demokrat. Partei 1934 bis 1944 Senator, 1944 Vizepräs., wurde nach dem Tod Roosevelts 1945 Präs.; wieder gewählt 1948. Mit der **T.-Doktrin** (1947) begann die aktive Unterstützung der »in ihrer Freiheit bedrohten freien Völker«. Innenpolitisch entwickelte T. 1949 ein Sozialprogramm (»Fair Deal«).
Trumpf, Farbe im Kartenspiel, die alle anderen sticht; Vorteil.
Trunkenheit im Verkehr, amtlich **Fahruntüchtigkeit nach Alkoholgenuss,** ⚖ Führen eines Fahrzeugs, obwohl der Fahrzeugführer infolge Alkoholgenusses dazu nicht in der Lage ist. Strafe: Geldstrafe oder Freiheitsstrafe, auch wenn kein Unfall verursacht wurde.
Trunksucht, ⚕ → Alkoholismus.
Truppe, 1) ⚔ Gesamtheit der militär. Verbände und Einheiten aller Waffengattungen; besteht aus **T.-Teilen.** – **2)** Gruppe von Mitgliedern eines Zirkus, Varietees oder Theaters.
Trust [trʌst] *der,* ✐ Kapitalgesellschaft, die durch Zusammenschluss ehemals rechtlich selbstständiger Unternehmen entsteht mit dem Ziel ausschließl. Marktbeherrschung; eine strengere Form des Konzerns. Der **Investment-T.** ist hingegen eine Kapitalanlagegesellschaft.
Trut|hühner, schön gefärbte Hühnervögel (bis fast 1,3 m lang) aus Nordamerika, mit nacktem rotem Kopf und Vorderhals. Bei Erregung breitet der Hahn **(Puter)** den Schwanz fächerförmig aus. Die T. werden als schmackhaftes Geflügel gezüchtet.
Trypanosomen, Familie spindelförmiger Flagellaten, die in Menschen, Tieren, Pflanzen und Protozoen parasitieren, z. T. Krankheitserreger. ⚕ Als **T.-Krankheit** (Trypanosomiasis) tritt beim Menschen u. a. die Schlafkrankheit auf, bei Tieren Beschälseuche und Tsetsekrankheit.
Trypsin *das,* Eiweiß spaltendes Enzym der Bauchspeicheldrüse.
Tsavo-Nationalpark, größter Nationalpark (Großwild) in Kenia, 20 800 km².
Tschad [tʃat, tʃa:t], Rep. im Innern N-Afrikas, 1,284 Mio. km², 5,85 Mio. Ew.; Hptst.: N'Djamena; Amtssprache: Französisch, z. T. Arabisch. – T. umfasst das Tschadseebecken und reicht im N bis zum Tibesti-Gebirge (Sahara).
Bevölkerung. Schwarze, Araber, Kanuri u. a.; Religion: rd. 44 % Muslime, 33 % Anhänger traditioneller Religionen, 23 % Christen.

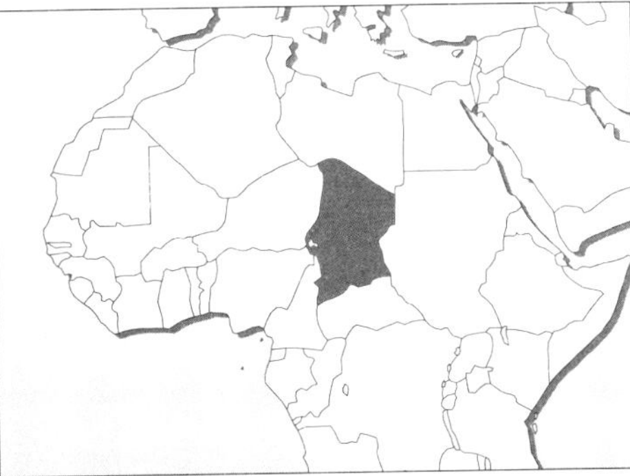

Tschad

Staatswappen

Staatsflagge

Wirtschaft. Im S Anbau von Hirse, Maniok, Reis, für die Ausfuhr: Baumwolle, Erdnüsse. Viehzucht (z. T. nomadisch). Fischfang im Tschadsee und den Flüssen. Kaum industrialisiert. Haupthandelspartner: Frankreich, Nigeria. Internat. ✈: N'Djamena.
Geschichte. T., ehem. Gebiet von Frz.-Äquatorialafrika, ist seit 1960 Rep. Religiös-polit. Differenzen zw. christl. S und muslim. N führten seit Mitte der 70er-Jahre zum Bürgerkrieg; zeitweilig griffen libysche Truppen ein. 1982 setzte sich H. Habré als Präs. durch; er wurde 1990 von I. Déby gestürzt, der 1992 eine Rebellion von Habré-Anhängern niederwarf. 1994 räumte Libyen nach einem Spruch des Internat. Gerichtshofs das von ihm annektierte Grenzgebiet des Tschad.
Tschador → Schador.
Tschadsee ['tʃat-, 'tʃa:t-], abflussloser flacher, teilweise versumpfter Süßwassersee im mittleren Sudan, Afrika; Oberfläche in der Trockenzeit rd. 10 000 km², in der Regenzeit rd. 25 000 km². Fischfang.
Tschaikowskij, Peter Iljitsch, Komponist der westlich orientierten russ. Schule, * 1840, † 1893; 10 Opern (»Eugen Onegin«, 1879), Sinfonien, Ballette (»Schwanensee«, 1877), Kammer- und Klaviermusik, Lieder.
Tscheboksary, Čeboksary [tʃ-], tschuwasch. **Schupaschkar,** Hptst. der Rep. Tschuwaschien innerhalb Russlands, Hafen an der Wolga (Kraftwerk), 420 000 Ew.; Univ., Theater; u. a. Maschinenbau.
Tschechen, westslaw. Volk v. a. in Böhmen und Mähren.
tschechische Kunst. Früheste Baudenkmäler in Böhmen und Mähren sind kleine Rundkirchen (seit dem 9. Jh.). Prag wird im 14. Jh. als Residenzstadt des Röm. Königs Karl IV. ein Zentrum europ. mittelalterl. Kunst. Die Prager Dombauhütte (seit 1344 unter Matthias von Arras, seit 1353 unter P. Parler) ist gleichermaßen berühmt für ihre Wölbetechnik wie für ihre dekorative und figürl. Plastik. Die zuvor schon durch Miniaturen vertretene Malerei (Codex aus Vyšehrad, 1085) kam im 14. Jh. ebenfalls zu hoher Blüte (Hohenfurther Altar, um 1350, Meister von Wittingau). Eine vergleichbare fruchtbare Epoche von europ. Rang war das böhm. Barock (Dientzenhofer; Peter Johannes Brandl, * 1668, † 1735). Eine nat. betonte t. K. setzte im 19. Jh. ein (romant. Historien- und Landschaftsmalerei). In Paris profilierten sich A. Mucha als Vertreter des Jugendstils, F. Kupka als Mitbegründer der abstrakten Malerei; in Prag stellte die »Gruppe der Acht« den Kubismus vor. Für die nat.-tschech. Plastik war der Bildhauer Josef Václav Myslbek (* 1848, † 1922) die bestimmende Figur. Der historisierenden Architektur (Prager Nationaltheater von J. Zítek, 1868 bis 1883) setzte Jan Kotěra (* 1871, † 1923) moderne Konzepte entgegen.
tschechische Literatur. Erste schriftl. literar. Schöpfungen stammen aus dem 10. bis 14. Jh.; Jan Hus begründete ein nat., reformatorisch-revolutionä-

Peter Iljitsch Tschaikowskij

res Schrifttum, das die Böhm. Brüder (J. A. Comenius) fortführten. Nach 1620 kam das literar. Schaffen vorübergehend zum Stillstand. Die Dichtung vor 1848 enthält Ideen der westeurop. Romantik, bes. von J. G. Herder (F. L. Čelakovský, K. J. Erben, K. H. Mácha). Die Romantik wurde vom Realismus abgelöst, der zunächst soziale (Božena Němcová, J. Neruda), dann immer stärker polit. Themen bevorzugte. J. Vrchlický vertrat um 1870 eine weltbürgerl. Richtung. Die Dichtung nach Gründung des tschech. Staats (1918) folgte den Strömungen der westeurop. Literaturen (O. Březina, A. Sova). Internationale Geltung erlangten hier z. B. K. Čapek, J. Hašek mit dem grotesken Roman »Die Abenteuer des braven Soldaten Schwejk während des Weltkrieges« (1921 bis 1923). Nach Wiedererrichtung des Staats (1945) erzwangen die polit. Verhältnisse die Anpassung an Normen des sozialist. Realismus; doch gingen zw. 1960 und 1968 von den tschech. Schriftstellern entscheidende Impulse zum Versuch der Umgestaltung des dogmat. Kommunismus in einen demokrat. und humanen Sozialismus aus. Nach der sowjet. Okkupation 1968 gingen viele Schriftsteller ins Ausland (neben P. Kohout u. a. M. Kundera), zahlreiche Schriftsteller erhielten Schreibverbot (u. a. I. Klíma, V. Havel). Seit den polit. Umwälzungen 1989/90 stehen v. a. die Veröffentlichung der seit Ende der 1960er-Jahre verbotenen Werke, die Rückkehr der exilierten Autoren und die literar. Aufarbeitung der letzten Jahrzehnte im Vordergrund.

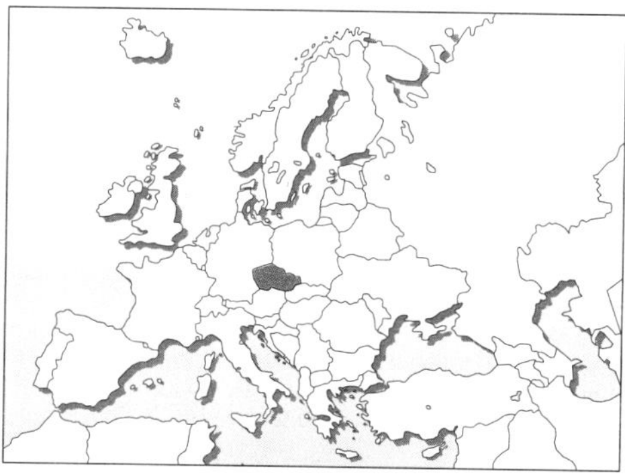

Tschechische Republik

Staatswappen

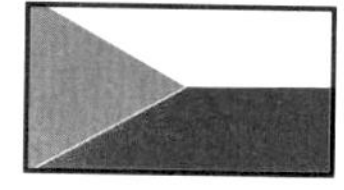

Staatsflagge

Internationales Kfz-Kennzeichen

Tschechische Republik, Abk. **ČR** [tʃeˈɛr], dt. auch **Tschechi|en,** Rep. (seit Jan. 1993) im östl. Mitteleuropa, umfasst Böhmen, Mähren und Randgebiete Schlesiens, 78 864 km², 10,49 Mio. Ew. (94,9 % Tschechen); Hptst.: Prag; Amtssprache: Tschechisch.
Landesnatur. →Böhmen, →Mähren.
Wirtschaft. Bedeutende Forstwirtschaft, ⚒ auf Stein- und Braunkohle, Eisenerz u. a., Eisen- und Stahl-, Maschinen-, chem., Textil-, Kohle verarbeitende u. a. Ind. Ausfuhr: Fertigwaren. ✈: Prag.
Geschichte. Die ehemaligen tschech. Kronländer Böhmen, Mähren und Schlesien kamen 1918 zur neu gegr. →Tschechoslowakei; 1969 bis 1990 als Tschech. Sozialist. Rep., danach bis zum 31. 12. 1992 unter heutigem Namen Teilrep. der Tschechoslowakei; mit deren Auflösung wurde die ČR am 1. 1. 1993 ein souveräner Staat; nach der Verfassung ist die ČR eine demokrat. Rep. mit einem Präs. als Staatsoberhaupt. Präs.: V. Havel (seit 1993); Min.-Präs.: J. Tošovský (seit 1998).

tschechische Sprache, vornehmlich in Böhmen und Mähren gesprochene westslaw. Sprache.

Tschechoslowakei *die,* 1990 bis 1992 Abk. **ČSFR** [tʃeːɛsɛfːˈɛr], für tschechisch **Č**eská a **S**lovenská **F**ederativní **R**epublika, 1960 bis 1989 **ČSSR,** Abk. für **Č**eskoslovenská **S**ocialistická **R**epublika, 1918 bis 1992 Rep. im östl. Mitteleuropa, 127 899 km², 15,62 Mio. Ew.; Hptst.: Prag; Amtssprachen: Tschechisch, Slowakisch. – Die T. war seit 1. 1. 1969 eine Föderative Rep. mit der Tschech. und der Slowak. Rep. als Einzelrepubliken mit eigenen Parlamenten. Dem Bund oblag Außenpolitik, Verteidigung, Bundesgesetzgebung. Staatsoberhaupt war der direkt gewählte Präsident.
Geschichte. Im 19. Jh. hatte sich eine Nationalbewegung der Tschechen und zugleich eine gegen die ungar. Herrschaft gerichtete Nationalbewegung der Slowaken entwickelt. Nach dem Zerfall der Donaumonarchie wurde 1918 in Prag die Unabhängigkeit der T. ausgerufen, die sich aus Böhmen und Mähren, dem Hultschiner Ländchen, Teilen des österr. Schlesien und Teilen von Ungarn (Slowakei, Karpato-Ukraine) zusammensetzte. T. G. Masaryk wurde Staatspräs. Die Tschechen besetzten die sudetendt. Gebiete und vertrieben die dort gebildete Reg. Den Slowaken blieb die versprochene Autonomie versagt. Die Außenpolitik war bestimmt durch eine enge Anlehnung an Frankreich (1919), die Abwehr des ungar. Revisionismus, die Bildung der Kleinen Entente (mit Jugoslawien und Rumänien) und ein Bündnis mit der UdSSR (1935). Ende 1935 bis 1938 war E. Beneš Staatspräs. Durch das Münchener Abkommen (1938) wurden die sudetendt. Gebiete (etwa 26 600 km², rd. 3 Mio. Ew.) als Reichsgau Sudetenland mit dem Dt. Reich vereinigt. Die Tschechen mussten der Slowakei Autonomie gewähren, Grenzgebiete an Polen und Ungarn abtreten; die Karpato-Ukraine fiel 1939 an Ungarn. 1939 gelang es Hitler, das Restgebiet als »Protektorat Böhmen und Mähren« dem Dt. Reich anzugliedern und einen dem dt. Einfluss ausgelieferten »Schutzstaat« Slowakei zu errichten. Nach dem dt. Zusammenbruch wurde E. Beneš 1945 wieder Staatspräs. Unter Regierungen der Nationalen Front (seit 1946 K. Gottwald) bereitete die KP ihre Machtübernahme vor. Nach dem kommunist. Staatsstreich (1948) wurde Gottwald Staatspräs. Innenpolit. Gegner wurden ausgeschaltet (bes. R. Slánský [* 1901, hingerichtet 1952]). Kritik von reformbemühten Kräften an Partei und Staatsführung führte im Jan. 1968 zum Rücktritt von A. Novotný; Parteichef wurde A. Dubček (»Prager Frühling«). Die Spannungen zur UdSSR führten zur Besetzung der T. durch Truppen des Warschauer Pakts (außer Rumänien) am 21. 8. 1968. Die seit 1968 nie ganz zu unterdrückende Bürgerrechtsbewegung (»Charta 77«) erstarkte v. a. nach der in der UdSSR eingeschlagenen Reformpolitik. In einer Welle von Bürgerprotesten wurde Ende 1989 die Ablösung der bisherigen kommunist. Regierung erreicht. Zum Präs. wurde der Sprecher der Bürgerrechtsbewegung V. Havel gewählt. In den ersten freien Wahlen 1990 wurden Havel und das von ihm geführte Bürgerforum bestätigt. Versuche, Differenzen zw. den Rep. als Nationalitätenkonflikt hinzustellen und die Einzelstaatlichkeit zu fordern, trugen bei den Wahlen im Juni 1992 zum Sieg der nach Unabhängigkeit strebenden Kräfte v. a. in der Slowakei bei. Die Slowak. Rep. erklärte im Juli 1992 die Souveränität der Slowakei und einigte sich mit der Tschech. Rep. über den Zeitplan zur Unabhängigkeit. Es entstanden zum 1. 1. 1993 die Tschech. und die Slowak. Republik als souveräne Staaten.

Tschechow, Anton Pawlowitsch, russ. Dichter, * 1860, † 1904; Arzt; schrieb humorist. Skizzen, schwermütige, z. T. gesellschaftskrit. Kurzgeschichten; entwickelte einen neuen Typus des impressionist. Stimmungsdramas, das seine Wirkung aus dem Neben- und Gegeneinander von Seelenzuständen erhielt, u. a. »Die Möwe« (1896), »Drei Schwestern« (1901), »Der Kirschgarten« (1904).

Tscheka, russ. Kurzform für die 1917 bis 1922 bestehende polit. Polizei des bolschewist. Russlands, dann umgewandelt zur →GPU.

Tscheljabinsk, Stadt in Russland, am O-Rand des südl. Ural, 1,15 Mio. Ew.; Univ.; Braunkohle (Tief- und Tagebau); Hütten-, Maschinen-, chem. Industrie.

Tscheljuskin, Kap T., nördlichstes Kap Asiens, auf der Taimyr-Halbinsel, Russland.

Tschenstochau, poln. **Częstochowa,** Hptst. der gleichnamigen Wwschaft in Polen, an der Warthe, 258 000 Ew.; Textil-, Metallind.; Wallfahrtsort mit wundertätigem Marienbild »Schwarze Madonna von T.« (14. Jh.).

Tscherenkow, Pawel Aleksejewitsch, russ. Physiker, *1904; entdeckte 1934 den **T.-Effekt,** das Aussenden elektromagnet. Strahlung **(T.-Strahlung)** durch sehr schnelle Elektronen in einem optisch dichten Mittel. Nobelpreis für Physik 1958. – **T.-Zähler,** Teilchennachweisgerät mittels T.-Effekt.

Tscherepnin, Aleksandr Nikolajewitsch, russ. Komponist und Pianist, *1899, †1977; Opern, Klavier-, Kammermusik.

Tscherkassy, Stadt in der Ukraine, ⚓ am Dnjepr, 290 000 Ew.; Maschinen-, Metall-, Tabakindustrie.

Tscherkessen, kaukas. Völkergruppe in Russland, in der Adygeischen Rep. und in der Rep. der Karatschaier und T.; zu den T. werden auch die Kabardiner gerechnet; im 19. Jh. rd. 700 000 bis 1 Mio. T.; 1861 bis 1864 von den Russen unterworfen, über 80% wanderten aus (v. a. in das heutige Syrien und die Türkei).

Tschermak, Erich, Edler von **Seysenegg,** österr. Botaniker, *1871, †1962; entdeckte gleichzeitig mit K. E. Correns und H. de Vries die von G. Mendel gefundenen Vererbungsgesetze wieder.

Tschernigow, ukrain. **Tschernihiw,** Stadt in der Ukraine, ⚓ an der Desna, 296 000 Ew.; Metall-, Textilind.; eine der ältesten russ. Städte.

Tschernobyl, Stadt in der Ukraine, am Pripjet; im Kernkraftwerk T. bislang folgenschwerster atomarer Unfall (26. 4. 1986), dessen Folgeschäden nur schwer abzusehen sind.

Tschernomyrdin, Wiktor Stepanowitsch, russ. Politiker, *1938; 1985 bis 1989 Min. für die Gasind., seit Dez. 1992 Min.-Präsident.

Tschernowzy, dt. **Czernowitz,** Gebiets-Hptst. in der Ukraine, am Pruth, 257 000 Ew.; Hauptort der Bukowina; war Zentrum der Bukowinadeutschen; Univ.; Bischofssitz; Verkehrsknotenpunkt, ✈; u. a. Textil-, Nahrungsmittelindustrie.

Tscherwonez *der,* urspr. russ. Name für ausländ. Goldstücke, dann auch für russ. Goldmünzen. 1923 wurde ein goldenes sowjetruss. 10-Rubel-Stück als T. bezeichnet und auch auf T. lautendes Papiergeld ausgegeben.

Tschetniks → Četnici.

Tschetschenen, Volk im N-Kaukasus, mit den verwandten Inguschen etwa 865 000 Menschen; Muslime, Viehzüchter.

Tschetschenilen, Rep. innerhalb Russlands im N des Kaukasus, 16 100 km², 1 Mio. Ew.; Erdöl, Erdgas; Landwirtschaft, Industrie. – T. war bis 1992 Teil der **Rep. der Tschetschenen und Inguschen** innerhalb der Russ. Föderation; es erklärte sich 1991 einseitig unabhängig. Um die von Russland nicht anerkannte Unabhängigkeit kam es seit Ende 1994 zu krieger. Auseinandersetzungen (Hptst. Grosnyj) zw. tschetschen. und russ. Truppen; Aug. 1996 Friedensabkommen.

Tschiang Kai-schek → Chiang Kai-shek.

Tschimkent, Oasenstadt im S Kasachstans, 393 000 Ew.; an der Turkestan-Sibir. Bahn; Bleihütte, Textil-, chem. u. a. Industrie.

Tschita, Stadt in Transbaikalien, Russland, 366 000 Ew.; Maschinenbau.

Tschou En-lai → Zhou Enlai.

Tschuktschen, Volk an der NO-Spitze Sibiriens **(T.-Halbinsel),** etwa 14 000 Menschen; Rentierzüchter, Küstenfischer.

Luftaufnahme des Kernkraftwerks **Tschernobyl** vom 9. Mai 1986; der Pfeil weist auf den völlig zerstörten Reaktorblock

Tschuwaschen, Turkvolk beiderseits der mittleren Wolga.

Tschuwaschische Republik, Tschuwaschilen, Teilrep. der Russ. Föderation, 18 300 km², 1,33 Mio. Ew. (Tschuwaschen, Russen, Tataren u. a.); Hptst.: Tscheboksary. Landwirtschaft, Industrie.

Tsetsefliegen, Stechfliegen Mittelafrikas; sie übertragen Trypanosomen und damit die Schlafkrankheit des Menschen und die Tsetsekrankheit (Nagana) der Haustiere.

Tshombé, Tschombé [ˈtʃɔmbe, tʃɔmˈbe], Moïse, kongoles. Politiker, *1919, †1969; erklärte im Juli 1960 die Kongoprov. Katanga für unabhängig und wurde deren Präs. (bis Jan. 1963), 1964 bis 1965 Min.-Präs. der Demokrat. Rep. Kongo/Katanga (heute Demokrat. Rep. Kongo).

Wiktor Stepanowitsch Tschernomyrdin

Tsinan → Jinan.

Tsingtau, Qingdao, chin. Hafenstadt an der S-Küste der Halbinsel Shandong (→ Kiautschou), 2,04 Mio. Ew.; Univ.; ozeanograph. Museum, Museum für Meeresbiologie; Textilind., Ölmühlen, Außenhandel.

Tsinlingshan → Qinling Shan.

Tsitsikar → Qiqihar.

Tsushima [-ʃi-], jap. Inselgruppe in der Koreastraße. Der jap. Sieg in der **Seeschlacht von T.** 1905 entschied den Russisch-Jap. Krieg.

TTL, T²L, 1) ⚡ Abk. für Transistor-Transistor-Logik, Gruppe digitaler log. Halbleiterschaltungen, bei der zur Verknüpfung und Verstärkung von Signalen Transistoren verwendet werden; sehr kurze Schaltzeiten (um 10 ns). – **2)** in der Fotografie Abk. für engl. **through the lens,** die Belichtungsmessung durch das Objektiv.

Tuamotu-Inseln, Paumotu-Inseln, Inselgruppe im Pazif. Ozean, Frz.-Polynesien, etwa 80 kleine Atolle, rd. 900 km², Kernwaffentestgebiet auf Mururoa und Fangataufa.

Tuareg *Pl.,* nomad. Berberstamm in den Gebirgen der zentralen Sahara und im südlich anschließenden Sudan (Algerien, Niger, Mali); 1,02 Mio. Angehörige. Muslime, Viehzüchter, mit ausgeprägter sozialer Schichtung und eigener vorarab. Schrift.

Tuba *die,* 𝄞 tief tönendes Blechblasinstrument mit mehrfach gewundener Schallröhre, Kesselmundstück und 3 bis 6 Ventilen. Die T. wird in mehreren Größen **(Bass-T., Kontrabass-T.)** gebaut. **Röm. T.,** eine gerade Trompete.

Tuberkulose *die,* Abk. **Tb, Tbc, Tbk,** ⚕ die in der gemäßigten Zone verbreitetste meldepflichtige Infektionskrankheit des Menschen und der Wirbeltiere. Erreger ist der 1882 von R. Koch entdeckte **Tuberkel-**

Tübingen Stadtwappen

Kurt Tucholsky

Franjo Tudjman

Tunesien

Staatswappen

Staatsflagge

Internationales Kfz-Kennzeichen

bazillus; Übertragung durch Einatmen der Bazillen oder durch verseuchte Nahrungsmittel (Milch, Fleisch). Die T. verläuft meist in Form einer schleichenden Entzündung, wobei sich hirsekorngroße Gewebsknötchen **(Tuberkel)** bilden. Da alle Organe befallen werden können, ist das Erscheinungsbild entsprechend vielgestaltig. Am häufigsten ist die **Lungen-T.**, bei der man zw. der offenen (mit Aushusten von Tuberkelbazillen; Ansteckungsgefahr) und der geschlossenen T. unterscheidet. Weitere Formen sind die **Kehlkopf-, Darm-, Nieren-, Hirnhaut-, Knochen-, Gelenk-, Lymphknoten-, Haut-T.** u. a. Frühzeitige Erkennung der T. ist in allen Fällen für die Heilungsaussichten sehr wichtig (T.-Beratungsstellen, Röntgenreihenuntersuchungen). Die Behandlung erfolgt mit Chemotherapeutika **(Tuberkulostatika)** und muss über einen langen Zeitraum durchgeführt werden (mind. 2 Jahre). Bettruhe.

Tuberose *die,* Narzissengewächs aus Mittelamerika mit weißen Blütenrispen.

Tübingen, Krst. am Neckar, Bad.-Württ., Verwaltungssitz des Reg.-Bez. T.; 85700 Ew.; Univ. (gegründet 1477), Hochschulen und Forschungsinstitute; Renaissanceschloss (1507ff.) mit frühbarocker Toranlage (1606), ev. spätgot. Stadtpfarrkirche (1470 bis 1483), Marktplatz mit spätgot. Rathaus (1435, mehrfach verändert), Fachwerkhäuser; Maschinen-, Metall-, Elektro- u.a. Industrie. – T., 1078 zuerst erwähnt, kam 1342 an Württemberg.

Tübke, Werner, dt. Maler, * 1929; Vertreter einer realist. Malerei mit surrealen Elementen und Stilanleihen bei Renaissance und Manierismus (Panoramagemälde zum dt. Bauernkrieg in Frankenhausen/Kyffhäuser).

Tubus *der,* Röhre, Rohrstück.

Tucholsky, Kurt, dt. Schriftsteller, Journalist, Decknamen **Theobald Tiger, Peter Panter, Kaspar Hauser, Ignaz Wrobel,** * 1890, † (Selbstmord) 1935; iron., zeitkrit. Aufsätze, Gedichte, Erzählungen: »Schloß Gripsholm« (1931).

Tucson ['tu:sɔn], Stadt in Arizona, USA, 405400 Ew.; Univ., Institut zur Erforschung der Wüstenvegetation, Sonnenobservatorium; ✈.

Tudjman ['tudʐ-], Franjo, kroat. Politiker, * 1922; schied 1961 als Generalmajor aus dem Militärdienst aus, Historiker; 1967 Ausschluss aus der KP, 1971 bis 1973 und 1981 bis 1984 in Haft; 1989 Gründer der »Kroat. Demokrat. Gemeinschaft« (HDZ); seit 1990 Präs. der Rep. Kroatien.

Tudor ['tju:də], engl. Königshaus von 1485 bis 1603.

Tuff *der,* Gesteine aus verfestigten vulkan. Aschen.

Tu Fu → Du Fu.

Tugend [von taugen], sittl. Lebenshaltung, auf Verwirklichung moral. Werke ausgerichtete Gesinnung. (→ Kardinaltugenden)

TUI, Abk. für **Touristik Union International GmbH & Co. KG,** Hannover; größter dt. Reiseveranstalter mit u. a. Touropa, Scharnow-Reisen, Transeuropa, Hummel-Reisen, Dr. Tigges-Reisen und Twen Tours, gegr. 1968.

Tuilerien [tɥilə'ri:ən, »Ziegelbrennereien«], ehem. Schloss (1564ff.) der frz. Könige in Paris, 1871 während des Aufstands der Kommune in Brand gesteckt, 1883 bis auf 2 Eckflügel abgetragen.

Tukane → Pfefferfresser.

Tula, Stadt in Russland, im S des Moskauer Braunkohlengebiets; 543000 Ew.; ältestes Zentrum der Metallind. in Russland; **T.-Arbeiten,** Einlegearbeiten eines dunklen Metalls in Silber oder Gold.

Tüll [nach der frz. Stadt Tulle] *der,* leichtes, netzartiges Gewebe.

Tulla, Johann Gottfried, dt. Bauingenieur, * 1770, † 1828; leitete die 1817 begonnene Regulierung des Oberrheins.

Tulpe, Tulipa, mit Zwiebeln überwinternde Liliengewächsgattung. Die geruchlose **Garten-T.** stammt wohl von rot blühenden T. des Orients ab, wird in vielerlei Formen und Farben gezüchtet; bes. in den Niederlanden (Haarlem).

Tulpenbaum, bis 30 m hohes Magnoliengewächs, gelbl., tulpenähnl. Blüten und ahornähnl. Blätter; Nutzholz; Parkbaum.

Tulsa ['tʌlsə], Stadt in Oklahoma, USA, am Arkansas River, 367300 Ew.; reiche Erdöl- und Erdgasfelder; 2 Univ.; ✈.

Tumba *die,* sarkophagähnl. Aufbau über einem Bodengrab.

Tumler, Franz, österr. Schriftsteller, * 1912; Romane: »Ein Schloß in Österreich« (1953), »Der Schritt hinüber« (1956), Erzählungen, Essays.

Tümmler → Delphine.

Tumor *der,* ⚕ Schwellung, Geschwulst.

Tumulus *der,* vorgeschichtl. Hügelgrab.

Tundra *die,* ⊕ baumloser, artenarmer Vegetationstyp jenseits der Waldgrenze im kalten Klima aller Polargebiete, auf Böden, die im Sommer nur kurzzeitig auftauen.

Tuner ['tju:nə(r)] *der,* ⚡ Abstimmeinrichtung von Rundfunkempfängern, i. w. S. bei Hörfunkempfängern das Empfangsteil bis zum Ausgang des Demodulators; bei Hi-Fi-Anlagen auch als separates Bauteil.

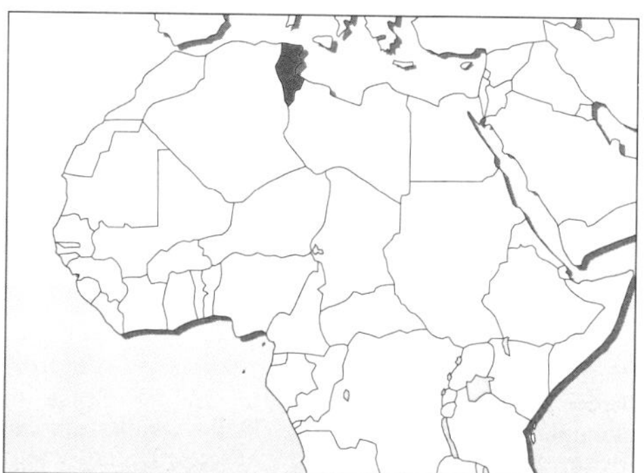

Tunesilen, Rep. in N-Afrika, am Mittelmeer, 154530 km², 8,4 Mio. Ew.; Hptst.: Tunis; Amtssprache: Arabisch. Präsidialverfassung.

Landesnatur. T. ist im N gebirgig, hat im O buchtenreiche Küste mit fruchtbaren Küstenebenen; im Innern Steppen (Halfagras), im S große Salzsümpfe (Schott el-Djerid) und Wüste. Im N Mittelmeerklima.

Bevölkerung. Über 98% Araber und arabisierte Berber, daneben Berber und Europäer. Staatsreligion: Islam.

Wirtschaft. Anbau von Getreide, Wein, Oliven, Südfrüchten; im S Datteln (in Oasen); Viehzucht (Schafe u.a.); Küstenfischerei. ⚒ bes. auf Phosphate und Erdöl; Wollspinnerei, Teppichweberei; Nahrungsmittel-, Eisen- und Stahl-, Zement- u. a. Ind.; Fremdenverkehr an der Küste und auf der Insel Djerba. Ausfuhr: Textilien, Lederwaren, Südfrüchte, Erdöl, Phosphate. Haupthandelspartner: Frankreich, Italien. ⚓: Tunis, Biserta, Sousse, Sfax; internat. ✈ Le Carthage bei Tunis.

Geschichte. T. war im Altertum vor der Eroberung durch die Römer (→ Punische Kriege) das Kerngebiet des karthag., im 5./6. Jh. n. Chr. des Wandalenreichs. 533 eroberten es die Byzantiner, 645 bis 698 die Araber, 1574 die Türken. 1881 wurde T. frz. Protektorat. Im 2. Weltkrieg war es 1942/43 Kriegsschauplatz. 1956 wurde T. unabhängig; Min.-Präs. wurde Habib Bourguiba, nach der Absetzung des Beis (Mohammed VIII. al-Amin, * 1881, † 1962) und Ausrufung der

Rep. (1957) auch Staatspräs. 1987 wurde Bourguiba aller Ämter enthoben. Staatspräs.: Zine al-Abidine Ben Ali (seit 1987).

Tungbaum, Lackbaum, Baum im mittleren China, Wolfsmilchgewächs. Das Samenöl **(Tungöl)** liefert u. a. Linoleum.

Tungusen, Gruppe mongol. Stämme (v. a. Ewenken) in NO-Asien, Jäger, Fischer, Viehzüchter; von China nach N ausgebreitet.

Tunguska *die,* Name mehrerer Flüsse in Sibirien: **T.** (Nebenfluss des Amur, 86 km), **Obere T.** (früherer Name für den Unterlauf der Angara), **Mittlere** oder **Steinige T.** (1 865 km) und **Untere T.** (2 989 km). Die 3 letzten sind Nebenflüsse des Jenissej.

Tunika *die,* aus zwei Teilen genähtes Gewand der röm. Männer und Frauen, urspr. ärmellos, etwa knielang.

Tuning [ˈtjuːnɪŋ] *das,* 🚗 Verändern eines serienmäßig hergestellten Kraftwagens, auch eines Serienmotors, zur Leistungssteigerung.

Tunis, Hptst. von Tunesien, am Golf von T., 596 700 Ew.; wichtiger Handelshafen; internat. ✈; Univ.; Altstadt (gehört zum Weltkulturerbe) mit zahlreichen Moscheen, Palästen; Metall-, Textil-, Juwelierarbeiten. Bei T. Reste des alten Karthago.

Tunnel *der,* unterirdisch geführte Strecke eines Verkehrswegs. Bei **Gebirgs-T.** wird meist von beiden Seiten ein Richtstollen von 5 bis 10 m² Querschnitt vorgetrieben. Von ihm aus wird der Vollausbruch an mehreren Stellen gleichzeitig vorgenommen. **Unterwasser-T.** werden meist mit Schildvortrieb gebaut: In Richtung der T.-Achse wird mit hydraul. Pressen ein Stahlrohr von der Größe des T. und mit einer vorderen Schneide, dem Brustschild, vorgedrückt. Unter dem Schutz des Schilds wird das Gebirge abgetragen. Nichtmechanische, nur in Sonderfällen angewendete Bauweisen sind das **Gefrierverfahren,** bei dem durch Bohrrohre rings um das spätere T.-Profil Kältelösungen eingepresst werden, und das **Versteinungsverfahren,** bei dem das Gestein durch chem. Lösungen verfestigt wird. Die längsten **Eisenbahn-T.:** Seikan-T. (Japan) 53,8 km, Kanal-T., auch Euro-T. (Frankreich–Großbritannien) 49,4 km (1994 eröffnet), Daishimizu-T. (Japan) 22,2 km, Simplon-T. (Schweiz–Italien) 19,8 km, Apennin-T. (Italien) 18,5 km. Weitere bekannte Eisenbahn-T.: Gotthard-T. (Schweiz) 15 km, Lötschberg-T. (Schweiz) 14,6 km, Mont-Cenis-T. (Frankreich–Italien) 13,6 km, Landrücken-T. (Dtl.) 10,8 km, Arlberg-T. (Österreich) 10,2 km, Tauern-T. (Österreich) 8,5 km, Zugspitzbahn-T. (Dtl.) 4,4 km. **Schifffahrts-T.:** Rove-T. (Frankreich) 7,1 km. **Straßen-T.:** Gotthard-T. (Schweiz) 16,3 km, Arlberg-T. (Österreich) 14,0 km, Fréjus-T. (Frankreich–Italien) 12,7 km, Montblanc-T. (Frankreich–Italien) 11,6 km, Karawanken-T. (Österreich–Slowenien) 7,9 km, San-Bernardino-T. (Schweiz) 6,5 km, Tauern-T. (Österreich) 6,4 km, Großer-Sankt-Bernhard-T. (Italien–Schweiz) 5,8 km, Elb-T. (Dtl., Hamburg) 2,6 km.

Tunneldiode, Esaki-Diode [nach dem jap. Physiker L. Esaki], ⚡ Halbleiterdiode, die in einem Teil des Durchlassbereichs infolge des Tunneleffekts einen negativen Widerstand hat. Sie wird als Verstärker ohne Rückkopplung und als schnell arbeitender elektron. Schalter benutzt.

Tunneleffekt, ⚛ in der Quantenmechanik die Überwindung rücktreibender Kräfte ohne den nach klass. Gesetzen notwendigen Energieaufwand; ist nach statist. Gesetzen dann möglich, wenn dem Bereich des Energieverlusts ein Bereich des Energiegewinns folgt. In anschaul. Darstellung unterfährt ein Teilchen beide Bereiche wie in einem Tunnel.

Tüpfelfarn, Farnkrautgattung; der **Gemeine T.** (Engelsüß) lieferte mit seinem zuckerreichen Wurzelstock Arznei (Hustenmittel).

Tupí-Guaraní, indian. Sprachgruppe in Südamerika, rd. 2 Mio. Angehörige.

Tupolew, Andrej Nikolajewitsch, sowjet. Flugzeugkonstrukteur, * 1888, † 1972; baute ab 1924 die ersten sowjet. Ganzmetallflugzeuge, entwarf mehr als 100 Flugzeugtypen, von denen zahlreiche in Serienproduktion gingen; sein Sohn Aleksej Andrejewitsch T. (* 1925) war Chefkonstrukteur des Überschallverkehrsflugzeugs Tu 144.

Tura, Cosmè (Cosimo), ital. Maler, * 1429/1430, † 1495; ein Hauptmeister der ferraresischen Schule.

Turan, 🌐 Tiefland zw. den Gebirgen Innerasiens und dem Kasp. Meer (→ Turkmenistan).

Turandot, Prinzessin einer Erzählung in der oriental. Sammlung »1001 Tag« (17. Jh.); gibt ihren Freiern Rätsel auf und lässt sie töten, wenn sie keine Lösung finden; schließlich erhört sie einen Bewerber, der die Rätsel lösen kann.

Turban *der,* Kopfbedeckung in Vorderasien und Indien, eine mit Streifen aus Musselin umwundene Kappe; von Hindus und Muslimen getragen.

Turbine [von lat. turbo »Kreisel«] *die,* ⚙ Strömungsmaschine, bei der das Betriebsmittel mit hoher Geschwindigkeit auf die Schaufeln des Laufrades trifft und dieses in Drehung setzt (→ Wasserturbine, → Dampfturbine, → Gasturbine, Strahl-T.). Strömt das Betriebsmittel in Achsrichtung durch die T., so hat man die **Axial-T.,** wenn es von innen nach außen oder umgekehrt strömt, die **Radialturbine.**

Turbogenerator, ⚙ durch eine Dampf- oder Gasturbine angetriebener Generator.

Turbolader, Abgasturbolader, besteht aus einer Abgasturbine und einem Turboverdichter; dient zur Aufladung von Verbrennungsmaschinen.

Turenne [tyˈrɛn], Henri de **La Tour d'Auvergne,** Vicomte de T., frz. Marschall im Dreißigjährigen Krieg und in den Feldzügen Ludwigs XIV., * 1611, † (gefallen) 1675.

Turfan, amtlich **Turpan,** Oase in Sinkiang, China; Erdölförderung, Anbau von Baumwolle und Getreide, Obst- und Weinbau, Seidenraupenzucht. Bei T. u. a. Orten Ost-Turkestans archäolog. Funde buddhist. Kunst (um 650 bis 950).

Turgenjew, Iwan Sergejewitsch, russ. Schriftsteller, * 1818, † 1883; bedeutender Erzähler des Realismus; zeitkrit. Darstellungen der russ. Gesellschaft; Romane (»Väter und Söhne«, 1862), Erz. (»Aufzeichnungen eines Jägers«, 1852).

Turgor *der,* **Turgeszenz** *die,* Innendruck pflanzl. Zellen, bewirkt durch genügenden osmot. Druck (→ Osmose) der Zellflüssigkeit, der die Zellen prall erhält.

Turin
Stadtwappen

Turgot [tyrˈgoː], Anne Robert, Baron de **l'Aulne** [dəˈloːn], frz. Staatsmann, * 1727, † 1781; Anhänger des Physiokratismus; als Finanzmin. Ludwigs XVI. entwarf er den Plan einer inneren Reform (z. B. Gewerbefreiheit), scheiterte am Widerstand der bevorrechteten Stände.

Turin, ital. **Torino,** Hptst. der ital. Region Piemont, am oberen Po, 991 800 Ew.; Kirchen (u. a. Renaissancedom, 1492 bis 1498, mit Grabtuchreliquie) und Paläste; kath. Erzbischofssitz; Univ. (gegr. 1404), TH; bedeutende Museen und Sammlungen; Automobil- (FIAT), Textil-, Leder-, chem. u. a. Ind., Wermutherstellung, Stahlwerk; ✈. – T. war seit 1482 Sitz des Hauses Savoyen, 1861 bis 1865 Hptst. des Kgr. Italien. In der **Schlacht bei T.** 1706 besiegten Kaiserliche unter Prinz Eugen die Franzosen.

Türkei *die,* Rep. in Kleinasien und Südosteuropa, 779 452 km², 58,36 Mio. Ew.; Hptst.: Ankara; Amtssprache: Türkisch.

Verfassung. Der Staatspräs. ernennt den Min.-Präs., der dem Ministerrat vorsteht. Gesetzgebung durch das Parlament (450 Mitglieder). Verwaltungseinteilung in 75 Provinzen.

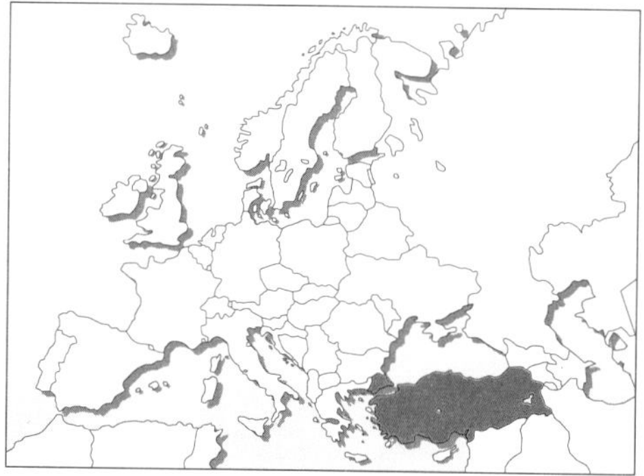

Türkei

Staatswappen

Staatsflagge

Internationales Kfz-Kennzeichen

Landesnatur. Kleinasien (Anatolien) ist ein 900 bis 1 200 m hohes steppenhaftes Hochland, von Bergzügen und Vulkanen durchsetzt und von Gebirgen umrahmt (Pont. Gebirge, Taurus). Im O Hochgebirge mit dem Ararat (5 137 m). In O-Thrakien Mittelgebirgslandschaft.

Bevölkerung. Rd. 80 % Türken, daneben etwa 10 bis 12 Mio. (etwa 20 %) Kurden, außerdem Araber, Armenier u. a. Religion: 98 % Muslime.

Wirtschaft. Anbau von Getreide, Zuckerrüben; für die Ausfuhr: Trauben, Südfrüchte, Baumwolle, Tabak, Haselnüsse, Tee; Viehzucht (Schafe, Ziegen). ⚒ auf Kohle, Erdöl, Baryt, Chrom-, Kupfer- u. a. Erze. Nahrungsmittel-, Eisen- und Stahl-, Textil-, chem. u. a. Ind. (bes. im S und W). Ausfuhr: landwirtschaftl. und Bergbauerzeugnisse. Haupthandelspartner: USA, Dtl. Die T. ist assoziierter Staat der EU. Fremdenverkehr; ⚓: Mersin, Istanbul, İzmir; internat. ✈: Istanbul, Ankara, İzmir.

Geschichte. Unter Osman I. (1288 bis 1326) befreiten sich die aus Turkestan eingewanderten Türken von den ebenfalls türksprachigen Seldschuken und gründeten das alte Türk. oder **Osman. Reich,** das sich im 14./15. Jh. über die ganze Balkanhalbinsel ausdehnte. Sultan Mohammed II. (1451 bis 1481) eroberte 1453 Konstantinopel, das er zur Hptst. erhob. Selim I. (1512 bis 1520) nahm nach der Eroberung Syriens und Ägyptens 1517 die Kalifenwürde an. Höhepunkt der türk. Macht unter Süleiman II. (1520 bis 1566), der 1526 und 1541 den Hauptteil Ungarns eroberte und 1529 erstmals Wien belagerte. Auch das N-Ufer des Schwarzen Meers, Armenien, Mesopotamien, Arabien, Tripolitanien, Tunesien, Algerien kamen unter türk. Herrschaft oder Oberhoheit. Seit 1683 wurde das türk. Großreich in Europa durch die Türkenkriege Österreichs und Russlands zurückgedrängt; gleichzeitig verfiel es im Innern. Die christl. Balkanvölker (Griechen, Serben, Rumänen, Bulgaren) erkämpften sich im 19. Jh. ihre Unabhängigkeit; Österreich-Ungarn nahm 1878 Bosnien und Herzegowina in Besitz; in Ägypten ging der türk. Einfluss im 19. Jh. immer mehr zurück; Italien eroberte 1911/12 Tripolitanien, und die Balkankriege 1912/13 beschränkten die europ. T. auf O-Thrakien. Die Reformpartei der Jungtürken riss 1908 die Herrschaft an sich. Im 1. Weltkrieg auf der Seite der Mittelmächte, wurde die T. im Vertrag von Sèvres (1920) auf Anatolien beschränkt und musste die griech. Herrschaft in Smyrna (İzmir) anerkennen. Aber Mustafa Kemal Pascha (später Atatürk) vertrieb 1921/22 an der Spitze der Nationaltürken die Griechen und Alliierten aus Kleinasien und erreichte im Frieden von Lausanne (1923), dass die T. im Wesentlichen ihre heutigen Grenzen erhielt. 1922 wurde Sultan Mohammed VI. entthront, 1923 die Rep. ausgerufen und Atatürk zum Präs. gewählt, 1924 das Kalifat abgeschafft. Atatürk führte viele Reformen nach europ. Vorbild durch. Im 2. Weltkrieg erklärte die T. erst im Febr. 1945 Dtl. den Krieg. 1952 trat die T. der NATO bei, 1955 schloss sie den Bagdadpakt mit Großbritannien, Irak, Iran und Pakistan, im März 1959 ein zweiseitiges Sicherheitsabkommen mit den USA. Nach Ausscheiden des Iraks trat 1959 an die Stelle des Bagdadpakts die CENTO. Wirtschaftl. und soziale Schwierigkeiten führten 1960 zu einem Militärputsch. Die nach Verabschiedung einer neuen Verf. (1961) installierte Reg. von S. Demirel wurde 1971 zum Rücktritt gezwungen. Nach der Abhaltung von Wahlen und der Lockerung des Ausnahmezustands 1974 putschte 1980 das Militär erneut. 1982 billigte die Bev. eine neue Verf., durch die wieder eine parlament. Demokratie installiert wurde. Im Verlauf der Krise um Zypern (1974) besetzten türk. Truppen den nördl. Teil der Insel. Die Frage der Nutzung von Bodenschätzen in der Ägäis verschärfte zusätzlich (seit 1975) die griechisch-türk. Spannungen. Seit dem Ende des Golfkriegs 1991 hat die T. die militär. Bekämpfung der nach Unabhängigkeit strebenden Kurden intensiviert. – Staatspräs.: S. Demirel (seit 1993).

Tut-ench-Amun
Goldmaske
(um 1337 v. Chr.)

Desmond Tutu

Türken, 1) Völker, die eine Türksprache sprechen. – **2)** staatsbildendes Volk der Türkei, bis zum Ende des Osman. Reichs nach der herrschenden Dynastie **Osmanen** genannt; Muslime.

Türkenbund → Lilie.

Türkenkriege. 1) Die T. Österreichs. Seit dem Sieg bei Mohács 1526 eroberten die Türken den Hauptteil Ungarns und belagerten 1529 sogar Wien. Die entscheidende Wende brachte erst der »Große T.« von 1683 bis 1699. Die Türken belagerten 1683 abermals Wien, das jedoch durch den Sieg am Kahlenberg befreit wurde; dann gingen die Österreicher zum Gegenangriff über: Herzog Karl von Lothringen erstürmte 1686 Ofen und siegte 1687 bei Mohács, Markgraf Ludwig Wilhelm I. von Baden (»Türkenlouis«) 1691 bei Slankamen, Prinz Eugen von Savoyen 1697 bei Senta; im Frieden von Karlowitz 1699 musste die Türkei auf Ungarn und Siebenbürgen verzichten. Als Prinz Eugen in einem neuen T. bei Peterwardein 1716 und bei Belgrad 1717 siegte, kamen durch den Frieden von Passarowitz 1718 auch das Banat und Belgrad an Österreich; aber 1737 bis 1739 kämpfte es unglücklich und verlor Belgrad. Sein letzter T. von 1787 bis 1791 endete ergebnislos. – **2) Die T. Russlands.** Kaiserin Katharina II. gewann durch ihre siegreichen T. von 1768 bis 1774 und 1787 bis 1792 das ganze N-Ufer des Schwarzen Meers; das große Ziel der russ. Eroberungspolitik war seitdem die Befreiung der christl. Balkanvölker und die Herrschaft über Konstantinopel und die Dardanellen. Durch den T. von 1806 bis 1812 wurden Bessarabien und die östl. Moldau russisch. Der T. von 1828/29 sicherte die Unabhängigkeit Griechenlands und die russ. Schutzherrschaft über die Walachei und die Moldau. Im Krimkrieg 1853 bis 1856 unterlag Russland, siegte aber im T. von 1877/78 bei Plewna; die Bedingungen des Vorfriedens von Santo Stefano wurden freilich durch den Berliner Kongress stark eingeschränkt. Danach erhielt Russland ein kaukas. Grenzgebiet, Rumänien, Montenegro und Serbien erlangten die volle Unabhängigkeit, und ein neues Fürstentum Bulgarien wurde geschaffen. Der letzte russisch-türk. Krieg war ein Teil des 1. Weltkriegs.

Turkestan [ˈtʊrkɛstaːn, tʊrkɛsˈtaːn], veraltet **Turkistan,** historisch-geograph. Name für die von Türkvölkern bewohnten Landschaften Mittelasiens mit der Gliederung in **West-** oder **Russ.-T.** (heute Usbekistan, Turkmenistan, Tadschikistan, Kasachstan, Kirgistan) und **Ost-** oder **Chin.-T.** (Tarimbecken).

Türkis *der,* undurchsichtiges, wachsglänzendes, sehr feinkörniges, blaues bis grünes Mineral aus wasserhaltigem Aluminiumphosphat; Schmuckstein.

türkische Sprache, osmanische Sprache, wichtigste Schriftsprache der Türksprachen, ist die Amtssprache der Türkei, auch auf Zypern, in Syrien und Irak gesprochen; 1928 wurde das lat. Alphabet amtlich eingeführt.

Turkmenen, sunnitisch-muslim. Türkvolk im Tiefland von Turan, größere Gruppen auch in Afghanistan und in Iran.

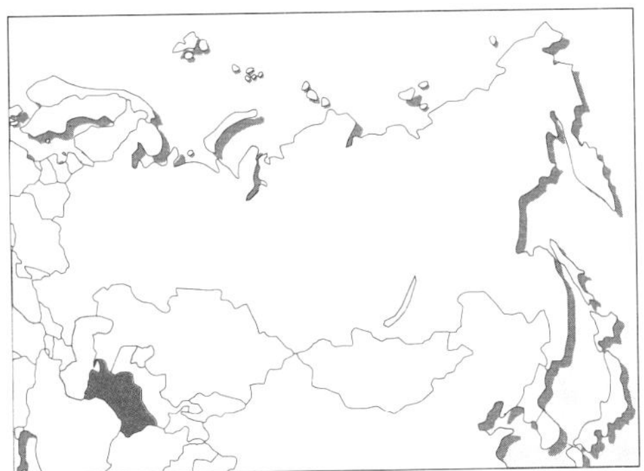

Turkmenistan, Rep. im SW Mittelasiens, 488 100 km², 3,86 Mio. Ew.; Hptst. Aschchabad.

Landesnatur. Wird überwiegend vom steppenhaften, mit Wüsten (u. a. Karakum) durchsetzten Tiefland von Turan eingenommen; im SO gebirgig; kontinentales Klima.

Bevölkerung. Über 70% Turkmenen, je rd. 10% Russen und Usbeken; Kasachen.

Wirtschaft. Erdgas, Erdöl, Schwefel; Maschinenbau, Textilind., Teppichherstellung; Baumwolle, Getreide, Gemüse, Obst; Seidenraupenzucht, Weidewirtschaft.

Geschichte. Seit 1877 unter russ. Herrschaft; 1925 bis 1991 SSR; Souveränitätserklärung am 27. 10. 1991; Mitglied der GUS. Nach Annahme einer Verf. (1992) wählte die Bev. S. Nijasow zum Präsidenten.

Turksib, Abk. für **Turk**estan-**Sib**irische Eisenbahn, 1927 bis 1931 erbaute Bahnlinie von Arys (nördlich von Taschkent) über Alma-Ata nach Nowosibirsk (2 160 km).

Turks- und Caicos-Inseln [tə:ks, 'kaɪkəs-], brit. Kronkolonie im Bereich der Westind. Inseln, 430 km², 13 000 Ew., Koralleninseln; internat. Finanzzentrum.

Turku, schwed. **Åbo** ['o:bu:], Stadt an der SW-Küste Finnlands, 159 200 Ew.; finnisch- und schwedischsprachige Univ.; Winterhafen, ✈; Schiffbau. Der Dom (1290) ist Finnlands älteste Kirche, das Schloss (um 1300) seine älteste Festung.

Turmalin *der,* säulenförmig kristallisierendes Mineral, meist schwarz, auch farbig, selten farblos, ein Magnesium-Aluminium-Borsilikat; Schmuckstein.

Türme des Schweigens, niedrige Rundtürme, auf denen die Parsen ihre Toten den Geiern zum Fraß aussetzten.

Turmspringen → Wasserkunstspringen.

Turnen, Bez. für alle Leibesübungen; i. e. S. **Geräteturnen** in der Halle und **Bodenturnen;** i. w. S. auch alle im Dt. Turner-Bund gepflegten Arten des T. wie Gymnastik, Turnspiele, Fechten, Judo, Schwimmen u. a. Wettkampfmäßig ausgetragene Form des T. ist das **Kunstturnen.** – Anfang des 19. Jh. entstand in Dtl. unter maßgebl. Einfluss F. L. Jahns eine an den Ideen des Liberalismus und Nationalismus orientierte, organisierte **Turnbewegung;** nach anfängl. Verboten verbreiteten sich die durch bes. Kleidung und Sprache verbundenen Turngemeinden rasch; 1841 wurde in Frankfurt am Main das erste größere dt. Turnfest ausgerichtet; die gesamte dt. Turnerschaft traf sich erstmals 1860 in Coburg. – 1990 wurde der Dt. Turn-Verband der ehem. DDR in den 1950 gegr. Dt. Turner-Bund aufgenommen.

Turner ['tə:nə], **1)** Kathleen, amerikan. Filmschauspielerin, * 1954; Fernseh- und Filmrollen (u. a. »Die Ehre der Prizzis«, 1985; »Der Rosenkrieg«, 1989). – **2)** Tina, eigentl. Anna Mae **Bullock** ['bʊlək], amerikan. Rock- und Popsängerin, * 1939. – **3)** William, brit. Maler, * 1775, † 1851; Landschaften und Seebilder; atmosphär. Farbmalerei; oft mit mytholog. Figuren.

Tina Turner

Turnerschaften, Farben tragende, schlagende student. Verbindungen, wollen sportl. Leibesübungen in akadem. Kreisen fördern.

Turnhout ['tyrnhɔut], Gemeinde in Belgien, im Kempenland, 37 600 Ew.; Schloss (12. und 16./17. Jh.); Spielkartenherstellung.

Turnier *das,* **1)** im MA. ritterl. Kampfspiel. – **2)** Ü Wettkampf, z. B. Schach-, Reitturnier.

Tusche, in der Malerei wässrige Lasurfarbe. Die heute bes. für techn. Zeichnen verwendete **Auszieh-T.** bindet infolge ihres Gehalts an Schellackseife wasserlöslich ab. **Chin. T.** besteht aus Lampenruß, der mit Knochenleim gebunden und in feste Tuschsteine gepresst wird; sie wird mit Wasser angerieben.

Tuschmalerei, ✍ monochrome Maltechnik mit Tusche und Pinsel, bes. in O-Asien verbreitet; erfordert überlegene Beherrschung des Pinsels, da die verwendeten Seiden und Papiere kein Radieren oder Übermalen gestatten.

Tusculum, antike Stadt in Latium, Italien, beim heutigen Frascati, einst Lieblingsaufenthalt vornehmer Römer, bes. Ciceros.

Tut-ench-Amun, ägypt. König (etwa 1347 bis 1339 v. Chr.). 1922 wurde im Tal der Könige bei Theben sein Grab mit reichen Schätzen entdeckt (Kairo, Museum).

Tutor *der,* erfahrener Student, der Studienanfänger betreut.

Tutsi → Hima.

Tutti, 𝄞 alle Stimmen; Ggs.: Solo.

Tuttlingen, Krst. in Bad.-Württ., an der Donau, 34 100 Ew.; Herstellung von chirurg. Instrumenten, Schuhen, Trikotagen.

Tutu, Desmond, südafrikan. Erzbischof der anglikan. Kirche (seit 1996 im Ruhestand), * 1931; erhielt 1984 den Friedensnobelpreis für seine Bemühungen um eine friedliche Lösung des Apartheidproblems.

Tutzing, Luftkurort in Oberbayern, am Starnberger See; 9 400 Ew.; Ev. Akademie.

TÜV → technische Überwachung.

Turkmenistan

Staatswappen

Staatsflagge

Internationales Kfz-Kennzeichen

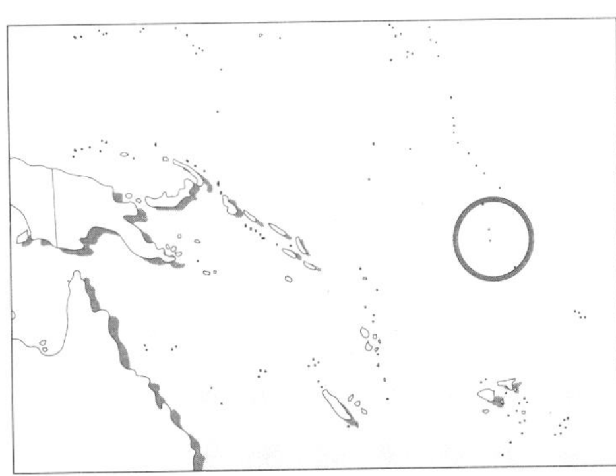

Tuvalu, Rep. (seit 1. 10. 1978) im Südpazifik, umfasst die Ellice-Inseln, 26 km², 9 000 Ew.; Hptst.: Funafuti; Amtssprachen: Tuvalu (ein polynes. Dialekt), Englisch. Die Inselgruppe besteht aus 9 Atollen, Bev.: Polynesier. – Kopraerzeugung, Fischfang.

Tuwinen, Volk mit Türksprache in S-Sibirien und im W der Mongolei.

Tuwinische Republik, Teilrep. der Russ. Föderation, 170 500 km², 307 000 Ew. (Tuwinen, Russen);

Tuvalu

Staatswappen

Staatsflagge

Hptst. Kysyl. Viehzucht, Getreideanbau. ⚒ auf Kohle, Asbest, Kobalt.

TV, Abk. für Television, → Fernsehen.

TV-Sat, 2 direkt strahlende dt. Fernsehsatelliten; TV-Sat 1 1988 wegen Defekten aufgegeben; TV-Sat 2 1989 in Betrieb genommen.

Twain [tweın], Mark, → Mark Twain.

Tweed [twi:d] *der,* klein gemustertes Wollgewebe aus Streichgarnen in Köperbindung.

Tweed [twi:d] *der,* Grenzfluss zw. Schottland und England, mündet in die Nordsee, 156 km lang.

Twen [von engl. twenty »zwanzig«] *der,* junger Mensch im Alter von 20 bis 29 Jahren.

Twer, 1931 bis 1990 **Kalinin,** Gebiets-Hptst. in Russland, an der Wolga, 451 000 Ew.; Univ., Wolgahafen; Maschinen-, Waggonbau, Textilind., Druckereien; bei T. Kernkraftwerk.

Tristan Tzara

Twist *der,* **1)** um 1960 in den USA entstandener Modetanz. – **2)** weich gedrehter Zwirn.

Tyche, griech. Göttin des Glücks und Zufalls; ihr entspricht die röm. Fortuna.

Tympanon *das,* **1)** 🏛 geschmücktes Bogenfeld von Kirchenportalen. – **2)** 𝄞 Pauke.

Tyndall-Effekt ['tındl-, nach dem irischen Physiker J. Tyndall, * 1820, † 1893], ⚛ die Streuung des Lichts an kleinsten Teilchen, z. B. den Teilchen in kolloidalen Lösungen.

Tyne [taın] *der,* Fluss im N Englands, fließt zur Nordsee, 100 km lang.

Tynemouth ['taınmaυθ], Hafenstadt, Seebad im nordöstl. England, 60 000 Ew.; Kohlenausfuhr, Schiffbau, Fischerei.

Type *die,* 🕮 Druckbuchstabe (Letter) aus Metall im Buchdruck oder bei der Schreibmaschine. **Typographie** *die,* Buchdruckerkunst.

Typhus [griech. »Dunst«, »Umnebelung«] *der,* ⚕ gefährl., oft seuchenartig auftretende, meldepflichtige Infektionskrankheit; Erreger ist eine Salmonellenart. Beginn etwa 7 bis 11 Tage nach der Ansteckung mit Kopfschmerzen, leichtem Fieber, Darmkatarrh, Benommenheit **(Nervenfieber).** Danach hohes Fieber, Auftreten eines kleinfleckig-blassroten Hautausschlags am Unterleib, oft kommt es zur Bildung von Geschwüren im Dünn- oder Dickdarm, die Darmblutungen und, bei Durchbruch der Darmwand, Bauchfellentzündung hervorrufen können. Übertragung durch Trinkwasser und Nahrungsmittel, auch durch Berührung des Kranken oder durch Bazillenträger. Zur Vorbeugung T.-Schutzimpfung, Isolierung der Kranken, ständige Desinfizierung von Ausscheidungen und Wäsche. Erfolgreiche Behandlung durch Antibiotika.

Typographie *die,* seit dem 17. Jh. die Buchdruckerkunst im Allg., heute im Besonderen die künstler. Gestaltung eines Druckwerks durch die Wahl von Type, Schriftgrad, die Gestaltung der Buchseiten und der Titelei; auch Papier und Einband bestimmt die T. mit.

typographischer Punkt, 🕮 Einheitenzeichen **p,** nicht gesetzl. Längeneinheit für Satzmaterialien; 1 p = 0,376 mm.

Typus, Typ *der,* die einer Gruppe von Dingen oder Individuen gemeinsame Grundgestalt, dann auch das vorbildl. Muster. Die **Typenlehre** beschäftigt sich mit den Merkmalen solcher Grundformen.

Tyrann *der,* Gewaltherrscher. **Tyrannis** *die,* **Tyrannei** *die,* Gewaltherrschaft.

Tyros, lat. **Tyrus,** antike Hafenstadt Phönikiens am Mittelmeer; schon im 2. Jt. v. Chr. reich und mächtig; heute **Sur** (Libanon). 64/63 v. Chr. von den Römern erobert. Bei Ausgrabungen wurden zahlreiche röm. Bauten gefunden (von der UNESCO zum Weltkulturerbe erklärt).

Tyrrhenisches Meer, ital. **Mare Tirreno,** Teil des Mittelmeers, zwischen Italien, Korsika, Sardinien und Sizilien.

Tzara [tsa'ra], Tristan, eigentl. Samuel **Rosenstock,** frz. Schriftsteller rumän. Herkunft, * 1896, † 1963; gründete mit H. Arp u. a. die Zürcher Gruppe des Dadaismus, 1919 mit A. Breton u. a. die Pariser Gruppe; schrieb dadaist. Lyrik und Dramen, auch Essays.

U

u, U, 1) der 21. Buchstabe des dt. Alphabets, ein Vokal. – **2)** U chem. Symbol für das Element Uran.

U-Bahn, Abk. für Untergrund**bahn.**

Ubangi *der,* längster Nebenfluss des Kongos, mit Quellfluss Uele (entspringt nahe dem Albertsee) 2 300 km, mündet bei Irebu; ab Bangui schiffbar; Grenzfluss zw. der Demokrat. Rep. Kongo und der Zentralafrikan. Republik.

Ubangi-Schari → Zentralafrikanische Republik.

Überbau, 1) bei Brücken die sich auf die Pfeiler und Fundamente stützenden Teile (Fahrbahn, Tragwerk, Lager). – **2)** Ⓟ → Marxismus. – **3)** ⚖ Errichtung eines Gebäudes zum Teil jenseits der Grundstücksgrenze. Für die Duldung ist der Nachbar durch eine jährl. Geldrente zu entschädigen (§§ 912 ff. BGB). – **4)** im histor. Materialismus die Gesamtheit charakterist. Ideen und Institutionen (im Ggs. zu den Produktionsverhältnissen als materieller Basis).

Überbein, Ganglion *das,* ⚕ im Bereich von Gelenkkapsel oder Sehnenscheiden (v. a. an der Streckseite des Handgelenks und auf dem Fußrücken) lokalisierte Geschwulst mit gallertartigem Inhalt.

Übereignung, ⚖ rechtsgeschäftl. Eigentumsübertragung. Sie erfordert: bei bewegl. Sachen im Allg. deren Übergabe an den Erwerber sowie Einigung zw. Veräußerer und Erwerber über den Eigentumsübergang, bei Grundstücken → Auflassung und Eintragung in das Grundbuch (§§ 873, 925, 929 ff. BGB).

Über|empfindlichkeit → Allergie.

Überfall, ⚖ **1) strafrechtlich** ein unvorhergesehener Angriff, auf den sich der Angegriffene nicht rechtzeitig einstellen kann. – **2) zivilrechtlich** das Hinüberfallen von Früchten auf ein Nachbargrundstück, wobei die Früchte als Früchte des Nachbargrundstücks gelten.

Überfangglas, Kameoglas, Flach- oder Hohlglas, dem auf einer Seite eine andersfarbige Glasschicht aufgeschmolzen ist.

Überhangmandate, in Dtl. Direktmandate, die eine Partei über die ihr nach dem Verhältniswahlrecht zustehenden Sitze erlangt.

Überich, Ⓟ nach S. Freud eine Kontrollinstanz der Persönlichkeit (»Gewissen«), die die triebhaften Impulse des »Es« einer normativen Zensur unterzieht.

Überkompensation, Ⓟ über das Maß gehendes Ausgleichen (Kompensation) eines Fehlers oder Mangels, z. B. Ü. von Minderwertigkeitsgefühlen durch Überheblichkeit.

überkritische Lösungen, Stoffgemische unbestimmten Aggregatzustands (weder Gas noch Flüssigkeit), die entstehen, wenn Temperatur und Druck über den Werten des krit. Punkts liegen; Anwendung bei Prozessen wie Entkoffeinierung, Extraktion von Aromastoffen, von Nikotin aus Tabak u. a.

Überlagerungsempfang, Überlagerung einer im Empfänger erzeugten Frequenz mit der Empfangsfrequenz; im Superhet und v. a. zum Hörbarmachen der ungedämpften Schwingungen von Telegrafiesendern.

Überlingen, Stadt in Bad.-Württ., Kneippkurort am **Überlinger See,** dem nordwestl. Ausläufer des Bodensees, 20 900 Ew.; got. Münster (1350 bis 1562), alte Tore und Bauten, Geräte- und Maschinenbau, Weinbau. – Ü. war 1268 bis 1803 Reichsstadt.

Überschallflug, Bewegung von Flugkörpern mit über 1 200 km/h **(Überschallgeschwindigkeit).** Da der Wirkungsgrad von Propellertriebwerken bei Annäherung an die Schallgeschwindigkeit stark absinkt, haben Flugzeuge für Ü. Strahl- oder Raketentriebwerke. Der Übergang zum Ü. wird als Durchbrechen der **Schallmauer** bezeichnet.

Überschuldung, Vermögenslage, bei der die Schulden größer sind als das Vermögen. Bei Ü. müssen u. a. Kapitalgesellschaften ein Vergleichs- oder Konkursverfahren beantragen.

Überseedepartements [-de-], frz. **Départements d'Outre-Mer** [depart'mã dutrə'mɛ:r], die 1946 zu Dep. erhobenen frz. Kolonien Guadeloupe, Martinique, Réunion und Frz.-Guayana.

Überseeterritorien, frz. **Territoires d'Outre-Mer** [tɛri'twa:r dutrə'mɛ:r], Abk. **TOM,** Gebiete unter frz. Hoheit mit beschränkter Selbstverw.: Neukaledonien, Frz.-Polynesien, Wallis-et-Futuna, Terres Australes et Antarctiques Françaises.

Übersichtigkeit, Weitsichtigkeit, Hyperopie *die,* Brechungsfehler des Auges: Der Vereinigungspunkt paralleler Strahlen liegt hinter der Netzhaut.

Übersteuern, Kurvenverhalten eines Fahrzeugs, bei dem die Neigung besteht, über den Steuereinschlag hinaus in die Kurve zu ziehen, verlangt Gegenlenken; Ggs.: Untersteuern.

Übertragung, 1) die Spätgeburt. – **2)** Weitergabe von vermittlungstechn. Steuerzeichen, Daten und Nachrichten mittels elektr. Spannungen und Ströme.

Übertragungsgeschwindigkeit, Gesamtzahl der pro Sekunde übermittelten Informationseinheiten (Binärzeichen); Einheit: bit/s. Die höchsten Ü. von Chips liegen im Bereich Gbit/s = Mrd. bit/s.

Übertragungstechnik, Bindeglied zw. Sende- und Empfangstechnik, hat die Aufgabe, die vom Sender in elektr. Schwingungen verwandelte Nachricht möglichst unverzerrt über Draht oder drahtlos zum Empfänger zu transportieren.

Übertretung, früher eine Straftat, die mit Haft (bis 6 Wochen) oder mit Geldstrafe (bis 500 DM) bedroht war. Seit dem 1. 1. 1975 teils als Ordnungswidrigkeit, teils als Vergehen geahndet.

Überversicherung, liegt vor, wenn die Versicherungssumme den Versicherungswert übersteigt. Im Schadensfalle wird nur der Versicherungswert ersetzt.

Übervölkerung, Missverhältnis zw. den wirtschaftl. Existenzmöglichkeiten in einem Raum und der Größe seiner Bev., gemessen am Lebensstandard in einem vergleichbaren Raum.

Überweisung, bargeldlose Zahlung durch Umschreibung des Betrags vom Konto des Zahlenden auf das des Zahlungsempfängers aufgrund eines Auftrags **(Ü.-Scheck).**

Überziehungskredit, Dispositionskredit, der von einer Bank individuell verschieden eingeräumte Kredit zur gelegentlichen Inanspruchnahme.

Ubier, westgerman. Stamm, urspr. auf dem rechten, seit 38 v. Chr. unter röm. Schutz auf dem linken Rheinufer; Hauptort war Oppidum Ubiorum (heute Köln).

üble Nachrede, → Beleidigung.

U-Boot → Unterseeboot.

Ucayali [uka'jali] *der,* rechter Quellfluss des Amazonas in Peru, rd. 1600 km lang.

Uccello [ut'tʃɛllo], Paolo, eigentlich P. **di Dono,** ital. Maler, *um 1397, †1475; um die Perspektive bemühter Meister der Florentiner Frührenaissance; Reiterbild des John Hawkwood (1436) im Dom von Florenz.

Uckermark, von der Eiszeit überprägtes Gebiet zw. der oberen Havel und unteren Oder, beiderseits von Uecker und Randow, Bbg., etwa 4 000 km² groß, Hauptorte: Prenzlau, Angermünde, Templin.

Udaipur [ʊ'daɪpʊə], Stadt im ind. Gliedstaat Rajasthan, am Picholasee (Stausee aus dem 14. Jh.), 308 000 Ew.; 2 Univ.; chem., Textilind.; mehrere kostbar ausgestattete Paläste, v. a. die Residenz des Maharadschas (um 1571).

Udet, Ernst, dt. General, *1896, †(Freitod) 1941; 1914 bis 1918 Jagdflieger, 1938 Gen.-Luftzeugmeister.

Udine, Prov.-Hptst. in Italien in der Tagliamentoebene, Friaul, 98 300 Ew.; Erzbischofssitz; Univ., Museen; Palazzo del Comune, Loggia di San Giovanni mit Uhrturm (1533 bis 1539), Schloss (1517 ff.); Seiden-, Maschinenindustrie.

Udmurten, Wotjaken, Volk mit finnougrischer Sprache zw. Kama und Wjatka (mittlere Wolga) im O des europ. Russland.

Udmurtische Republik, Teilrep. der Russ. Föderation, 42 100 km², 1,63 Mio. Ew. (Udmurten, Russen u. a.); Hptst. Ischewsk. Ackerbau, Maschinenindustrie.

UdSSR, Abk. für **U**nion **d**er **S**ozialistischen **S**owjet**r**epubliken (→ Sowjetunion).

Üechtland, Üchtland, Landschaft in den schweizer. Kt. Freiburg und Bern, zw. Aare und Saane.

Uecker ['ykər], Günther, dt. Maler und Objektkünstler, *1930; schuf Nagelbilder, auch Filme, Happenings (Mitgl. der Gruppe Zero).

Ueckermünde, Krst. in Meckl.-Vorp., 2 km vor der Mündung der Uecker in das Stettiner Haff, 11 800 Ew., Eisengießerei, Fischverarbeitung.

UEFA, Abk. für **U**nion **E**uropéenne de **F**ootball **A**ssociation, 1954 gegr. internat. Fußballbund, Sitz Bern. **UEFA-Pokal,** seit 1957 europ. Pokalwettbewerb.

Uelzen ['yltsən], Krst. in Ndsachs., 35 600 Ew., Zuckerfabrik, Milchwerke; Blumen- und Samenzucht; Hafen am Elbeseitenkanal.

Uetersen ['y:tər-], Stadt in Schlesw.-Holst., zw. Geest und Elbmarschen, 19 000 Ew.; Rosenzucht; chem., Papier-, Lederind., Maschinenbau.

Jakob Johann von Uexküll

Uexküll ['ykskyl], **1)** Jakob von, schwed.-dt. Journalist, Enkel von 2), *1944; Gründer (1980) der Right Livelihood Award Stiftung, die den alternativen Nobelpreis vergibt. – **2)** Jakob Johann Baron von, baltischer Biologe, *1864, †1944; Begründer der Umweltforschung, Mitbegründer der vergleichenden Physiologie.

Ufa, die **U**niversum **F**ilm **A**G, gegr. 1917.

Ufa, Hptst. der Baschkir. Rep. innerhalb Russlands, im südl. Ural, 1,1 Mio. Ew.; Univ.; Metall-, chem., Textilind., Maschinenbau; Erdölraffinerien; ✈.

Uffizien *Pl.,* Palast in Florenz, 1560 bis 1574 von G. Vasari erbaut; heute Gemäldegalerie.

UFO, Ufo *das,* Abk. für engl. **U**nidentified **f**lying **o**bject [»nicht identifiziertes fliegendes Objekt«], unbekannte Flugobjekte, oft als scheiben- (»fliegende Untertassen«) oder zigarrenförmig, hell leuchtend und bewegt beschrieben, über deren Beobachtung, bes. über Nordamerika, seit 1947 berichtet wird. Der behauptete außerird. Ursprung der UFOs wurde bisher nicht nachgewiesen. Die UFO-Forschung **(Ufologie)** ist vorwiegend privat organisiert.

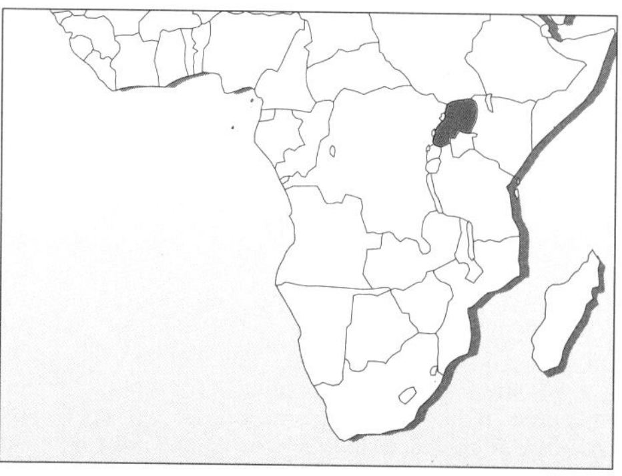

Uganda

Staatswappen

Staatsflagge

Internationales Kfz-Kennzeichen

Uganda, Rep. in O-Afrika, nordwestlich des Victoriasees, 236 036 km², 18,7 Mio. Ew. (meist Bantu); Hptst.: Kampala; Amtssprache: Englisch. Präsidialverf. (seit 1967); 1995 trat die neue Verf., die die Macht des Präs. einschränkt, in Kraft.
Landesnatur. Größtenteils Hochland im Bereich des Zentralafrikan. Grabens mit aufgesetzten Inselbergen bzw. Vulkanen, trop. Höhenklima.
Wirtschaft. Anbau von Hirse, Mais, Bananen, für die Ausfuhr: Kaffee, Baumwolle, Tee, Zuckerrohr; Fischerei; ⚒ auf Kupfer (Ausfuhr); Stahl-, Walzwerke, Textil-, Nahrungsmittelind. Haupthandelspartner: Kenia, Großbritannien, USA. Eisenbahnlinie nach Mombasa. Binnenschifffahrt bes. auf dem Victoriasee; internat. ✈: Entebbe.
Geschichte. Seit 1894 war U. brit. Protektorat. Seit 1962 unabhängiger Staat und Mitglied des Commonwealth, wurde U. 1963 eine Rep., deren Staatspräs. König Mutesa II. von Buganda wurde. 1966 stürzte Min.-Präs. M. Obote Mutesa II. und machte sich zum Staatsoberhaupt. Nach einem Staatsstreich der Armee (1971) übernahm General Idi Amin die Macht und errichtete ein terrorist. Herrschaftssystem. 1979 wurde er mit militär. Hilfe Tansanias gestürzt. Nach Wahlen vom Dez. 1980 kehrte U. zur parlamentar. Regierungsform zurück, Obote wurde erneut Staatspräs., 1985 gestürzt. Nachfolger: Y. Museveni (1996 per Wahl bestätigt).
Ugarit, kanaanäischer Stadtstaat, heute Ruinenstätte **Ras Schamra** nördl. von Latakia, Syrien; Blütezeit des seit 2400 v. Chr. bezeugten Handels- und Kulturzentrums um 1400 bis 1200 v. Chr.; spätbronzezeitl. Funde (Verwandtschaft mit der Kunst der Phöniker).
ugrische Sprachen, Sprachen der Ostjaken, Wogulen und Magyaren (Ungarn), Gruppe der finnougrischen Sprachen.
Uhde, Fritz von, dt. Maler, * 1848, † 1911; religiöse und familiäre Szenen im impressionist. Stil.
UHF, Abk. für **U**ltra**h**och**f**requenz, Bereich der Dezimeterwellen.
Uhland, Ludwig, dt. Dichter und Germanist, * 1787, † 1862; gehörte zum spätromant. schwäb. Dichterbund; Meister des schlichten Lieds (»Der gute Kamerad«, »Der Wirtin Töchterlein«) und volkstüml. Balladen (»Des Sängers Fluch« u. a.), widmete sich später hauptsächlich germanist. Studien; war 1848 bis 1849 Mitglied der Frankfurter Nationalversammlung.
Uhr, Zeitmessgerät. **Mechan. U.** (Räder-U.) werden durch ein gehobenes Gewicht oder eine gespannte Zugfeder angetrieben. Das Räderwerk setzt sich aus Zahnrädern zusammen, die den Antrieb in versch. Übersetzung auf die Zeiger übertragen. Als Gangregler dient bei ortsfesten U. das **Pendel,** bei tragbaren U. (Taschen-, Armband-U.) die **Unruh,** ein radförmiger Ring mit feiner Spiralfeder, der hin- und herschwingt. Die **Hemmung** bewirkt, dass das Räderwerk im Takt der Schwingungen freigegeben und gesperrt wird, sodass die Zeiger sich schrittweise bewegen. **Elektr. U.** sind mechan. Räderuhren mit elektr. Aufzug, bei Zentraluhrenanlagen werden viele Neben-U. von einer Mutter-U. gesteuert. **Synchron-U.** werden durch einen aus dem Lichtnetz gespeisten Synchronmotor getrieben. Bei der **Atom-U.** werden die Eigenschwingungen von Gasatomen und -molekülen zur Stabilisierung der Frequenz eines Quarzoszillators benutzt (→Quarzuhr). Funkgesteuerte U. **(Funk-U.)** bestehen aus Energiequelle, Empfänger, Verstärker, Decoder und Anzeigeeinheit. – Die ältesten U. waren Sonnen-, Wasser- und Sand-U. Die erste Nachricht über Räder-U. stammt von Dante (um 1300); die ersten tragbaren U. (»Nürnberger Eier«) fertigte P. Henlein (* 1480, † 1542).
Uhu, bis 70 cm langer Eulenvogel, lebt in Wäldern und Steppen Eurasiens, in Dtl. fast ausgerottet, steht unter Naturschutz; hat an den Ohren aufrichtbare Federbüschel; jagt kleinere Wirbeltiere.
Uiguren, innerasiat. Türkvolk, herrschte 745 bis 840 in der Mongolei, vom 10. bis 13. Jh. in Ostturkestan. Die U. leben heute in der chin. Provinz Kansu (Gelbe U.), in Sinkiang (rd. 5,9 Mio.) und in Kasachstan, Kirgistan und Usbekistan.
Ujjain [uːˈdʒaɪn], Stadt im ind. Gliedstaat Madhya Pradesh, 366 800 Ew.; eine der 7 hl. Städte der Hindu mit Tempeln und Palästen; Univ.; Textilindustrie. In der Sanskritgeographie wird U. als Zentrum der Welt betrachtet.
Ujung Pandang [ˈudʒʊŋ-], früher **Makassar,** Prov.-Hptst. und Hafen auf Celebes, Indonesien, 709 000 Ew.; Erzbischofssitz; 3 Univ.; Textil-, Papierind.; ✈.
Ukas *der,* Erlass (des Zaren).

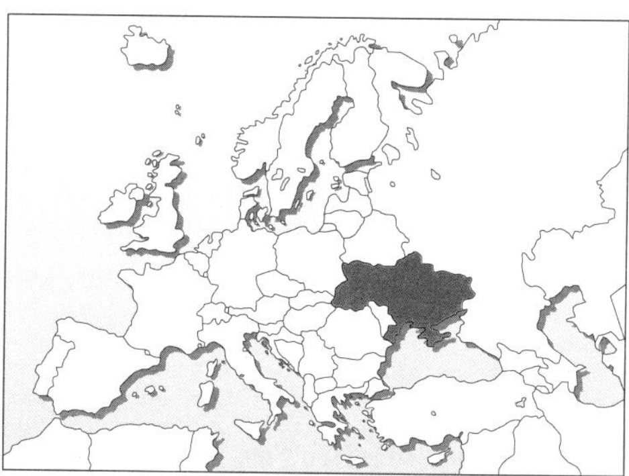

Ukraine

Staatswappen

Staatsflagge

Internationales Kfz-Kennzeichen

Ukraine, Rep. im SW O-Europas, 603 700 km², 52,24 Mio. Ew.; Hptst.: Kiew.
Landesnatur. Im N Waldland, sonst Grassteppe auf fruchtbarer Schwarzerde und Löss; Gebirgsregionen (Karpaten, Krim).
Bevölkerung. 72,7 % Ukrainer, 21,1 % Russen.
Wirtschaft. Erdgas- und Erdölförderung; ⚒ auf Kohle, Uran, Eisen, Blei, Mangan, Zink; mehrere Kernkraftwerke (u. a. Tschernobyl); Stahl-, Metall-, chem., Elektro-, Textil- und Rüstungsind., Maschinen-, Fahrzeug- und Schiffbau; Anbau von Getreide, Zuckerrüben, Kartoffeln, Gemüse, Tabak; Viehwirtschaft. Dichtes Verkehrsnetz; wichtigster ⚓ ist Odessa, wichtigster internat. ✈ Borispol bei Kiew.
Geschichte. Als Kerngebiet ostslaw. Stämme bildete die U. seit dem 10. Jh. das Zentrum des von Byzanz aus christianisierten Kiewer Reichs. Nach der Verwüstung durch den Mongoleneinfall (1240) fiel die U. im 14. Jh. an Litauen und 1569 an Polen. 1654 unterstellten sich die Kosaken der U. der russ. Herrschaft, die U. wurde russ. Prov. 1918/19 bestand eine Ukrain. Nationalrep., die von den Bolschewiki zerschlagen wurde. Diese gründeten die Ukrain. SSR (1919 bis 1991), die 1922 Gründungsmitglied der Sowjetunion

war. Der westl. Teil der U. fiel 1921 an Polen; er wurde 1939 durch die UdSSR annektiert und der Ukrain. SSR zugeschlagen, ebenso 1945 die Karpato-Ukraine. Zur Ukrain. SSR kam 1945 auch die Nordbukowina (von Rumänien). 1954 wurde die Krim angegliedert (vorher Russland). Die U. war Gründungsmitglied der UNO. 1989 entstand die Volksfront »Ruch«; Souveränitätserklärung am 16. 7. 1990; Unabhängigkeitserklärung am 24. 8. 1991; Mitgl. der GUS. Unter Wahrung gutnachbarl. Beziehungen verfolgt die U. eine eigenständige Politik gegenüber Russland. - Präs.: L. D. Kutschma (seit 1994).

Ukrainer, ostslaw. Volk, bes. in der Ukraine, auch in Russland, Kasachstan, Moldawien, Weißrussland u.a. Gebieten der ehem. Sowjetunion; rd. 44 Mio. Menschen. Die U. haben eigene Sprache und bedeutende Literatur. Größter ukrain. Dichter ist T. Schewtschenko.

Ukulele *die,* 𝄞 gitarrenartiges Zupfinstrument.

UKW, Abk. für →Ultrakurzwellen.

Ulan-Bator, früher **Urga,** Hptst. der Mongol. Rep., 548400 Ew.; wichtigstes mongol. Kultur- und Wirtschaftszentrum; Univ., PH, TH; Kreuzungspunkt wichtiger Karawanenstraßen; internationaler ✈.

Ulan-Ude, Hptst. der Burjat. Rep. innerhalb Russlands im S Ostsibiriens, 353000 Ew.; Kultur- und Wirtschaftszentrum Transbaikaliens; wichtiger Verkehrsknotenpunkt; ✈.

Ulbricht, Walter, dt. kommunist. Politiker, *1893, †1973; Mitbegründer der KPD, 1928 bis 1933 MdR, danach Emigration, 1938 bis 1945 in der UdSSR. U. war einer der Hauptbeteiligten bei der zwangsweisen Verschmelzung der SPD und KPD zur SED. 1949 bis 1960 war er stellvertretender Min.-Präs. der DDR, 1950 wurde er Gen.-Sekr. (1953 bis 1971 Erster Sekretär) des ZK der SED und Mitglied des Politbüros. 1960 bis 1973 Vors. des Staatsrats (Staatsoberhaupt).

Uleåborg [u:ləo'bɔrj], schwed. Name von →Oulu.

Ulema *der,* im Islam Vertreter der theolog. Gelehrsamkeit und des Rechts.

Uljanowsk, bis 1992 Name der russ. Stadt →Simbirsk.

Ulkus, Ulcus *das,* ⚕ →Geschwür.

Ullmann, Liv, norweg. Bühnen- und Filmschauspielerin, *1938; spielte v.a. unter der Regie von I. Bergman; seit 1980 UNICEF-Botschafterin.

Ullrich, 1) Jan, dt. Radsportler, *1973; Amateurweltmeister 1993; seit 1995 Profifahrer, Zweiter der Tour de France 1996, gewann 1997 als erster Deutscher die Tour de France. - **2)** Luise, dt. Filmschauspielerin, *1911, †1985; u.a. »Annelie« (1941), »Frau Irene Besser« (1961).

Ulm, Krst. und Stadtkreis in Bad.-Württ., an der Donau, 109500 Ew.; got. Münster (14./15. Jh., 1890 vollendet) mit 161 m hohem Turm, Rathaus (14. bis 16. Jh.); Univ., Museen (Dt. Brotmuseum); Kfz-, Maschinen-, Textil-, Nahrungsmittel- u.a. Ind. - U. war bis 1802 schwäb. Reichsstadt, kam dann an Bayern, 1810 an Württemberg.

Ulme, Rüster, Bäume des gemäßigten und warmen Klimas, haben lilabraune Blütchen in Büscheln, die vor den Blättern erscheinen, und geflügelte Früchte. Einheim. Arten: **Feld-U., Berg-U.** und **Flatter-U.** Die U. liefert wertvolles Nutzholz. **U.-Sterben,** durch den Großen Ulmensplintkäfer verbreitete Pilzerkrankung.

Ulrich, Herzog von Württemberg, *1487, †1550; warf 1514 den Bauernaufstand des »Armen Konrad« nieder; 1519 durch den Schwäb. Bund vertrieben, 1534 durch Philipp von Hessen zurückgeführt; wandte sich der Reformation zu.

Ulrich von Ensingen →Ensinger, Ulrich.

Ulrich von Lichtenstein, U. von Liechtenstein, mhd. Minnesänger, *um 1200/10, †1275; Versroman »Frauendienst«.

Ulster ['ʌlstə], ehemals die nördlichste Prov. Irlands; seit 1921 geteilt in das bei Großbritannien verbliebene Nordirland (die Countys Londonderry, Antrim, Tyrone, Fermanagh, Armagh und Down) und die Countys Cavan, Donegal, Monaghan der Rep. Irland.

Ultimatum *das,* Forderung an den Verhandlungspartner mit der Ankündigung nachteiliger Maßnahmen bei Nichtannahme.

Ultimo *der,* letzter Geschäftstag des Monats.

ultra..., jenseits, darüber hinaus.

Ultrafilter, Filter aus Zelluloseacetat oder Polyamid, der kleinste Teilchen (1 nm bis 10 µm) zurückhält.

Ultrahoch|erhitzung, Sterilisierungsverfahren für Milch: Erhitzung durch eine knapp 2,4 s dauernde Dampfinjektion auf 150 °C, danach rasche Abkühlung. Ultrahocherhitzte Milch kommt als **H-Milch** (haltbare Milch) in den Handel.

Ultrakurzwellen, Abk. **UKW, VHF** [engl. **V**ery **h**igh **f**requency], elektromagnet. Wellen zw. 10 und 1 m Wellenlänge, d.h. mit Frequenzen zw. 30 MHz und 300 MHz, die sich geradlinig (wie Licht) fortpflanzen und mit besonderen Sendeantennen leicht zu bündeln sind. Ihr Empfang ist nur im Bereich der opt. Sicht möglich; verwendet bes. für Fernsehen, Hörfunk, auch in der Funkmesstechnik und zur U.-Behandlung.

Ultramarin *das,* blauer Mineralfarbstoff; früher aus Lapislazuli, heute künstlich gewonnen.

Ultramikroskop →Mikroskop.

Ultrarot, svw. →Infrarot.

Ultraschall, ⚛ Schallwellen mit Schwingungszahlen oberhalb der menschl. Hörgrenze (20 kHz). Sie werden heute meist mithilfe elektromagnet. und piezoelektr. Schwingungen (Quarzkristalle) erzeugt. In den dem U. ausgesetzten Stoffen können sehr heftige mechan. Wirkungen erzielt werden. U. wird verwendet zur Erzeugung sehr feiner Emulsionen, zur Prüfung von Werkstücken, in der Medizin zur U.-Diagnostik und U.-Therapie, bei Schiffen als Echolot u.a. Einige Tiere bedienen sich des U. zur Orientierung (z.B. Fledermäuse). - Bei Frequenzen über 1 Mrd. Hertz spricht man von →Hyperschall.

Ultraschalldiagnostik, Sonographie, ⚕ Untersuchungsverfahren, das durch Ultraschallechos Bilder aus dem Körperinneren gewinnt, u.a. zur Beobachtung der Fetusentwicklung während der Schwangerschaft (u.a. zur Geschlechtsbestimmung).

Ultrastrahlung →kosmische Strahlung.

Ultraviolett, Abk. **UV,** der auf Violett folgende unsichtbare, kurzwellige Teil des Spektrums (Wellenlänge 380 bis 10 nm), der sich bis zu den Röntgenstrahlen erstreckt. Das U. vermag die Pigmentbildung in der Haut anzuregen, chem. Reaktionen auszulösen, fotograf. Platten zu schwärzen u.a. Das gebräuchlichste Gerät zur Erzeugung von U. ist die →Quarzlampe.

Ulysses [ju:'lɪsi:z, engl. »Odysseus«], eine von der NASA und ESA gemeinsam entwickelte Raumsonde. Start: Okt. 1990; erreichte im Febr. 1992 den Planeten Jupiter in 449000 km Abstand, überflog 1994/95 die Polregionen der Sonne.

Umbra *die,* **1)** ☼ der dunkle Kern der Sonnenflecken. - **2)** braune Erdfarbe; aus verwitterten manganhaltigen Eisenerzen.

Umbrer, altitalisches Volk am Ostabhang des Apennins. Nach ihm ist die Landschaft **Umbrien** in Mittelitalien, um die Stadt Perugia, benannt.

Umbruch, 🕮 im Bleisatz das Herrichten von fertigen Druckseiten; beim modernen Foto- und Computersatz wird der Text oft automatisch umbrochen.

Umeå ['u:məo:], Stadt in Schweden, am Umeälv, 92700 Ew.; Univ.; Holz-, Zellstoff-, Papierind.; ⚓, Fährverbindung mit Vaasa (Finnland).

Umformer, ⚡ Gerät zur Umwandlung von Wechsel- in Gleichstrom und umgekehrt.

Umkippen, bei Gewässern die →Eutrophierung.

Ludwig Uhland

Walter Ulbricht

Ulm
Stadtwappen

Ulme
Blüte und Laubzweig der Feldulme

Umlauf, ⚕ die → Fingerentzündung.
Umlaufvermögen, Betriebskapital, ✐ Vermögensgegenstände, die im Unterschied zum Anlagevermögen zum kurzfristigen Verbrauch oder zur Weiterveräußerung bestimmt sind oder der Abwicklung der Geschäfte dienen (z. B. Roh-, Hilfs- und Betriebsstoffe, fertige und unfertige Erzeugnisse, Forderungen, Guthaben bei Banken).
Umlaut, Ⓢ die Veränderung eines Vokals infolge des Einflusses des Vokals (oder eines Halbvokals) der Folgesilbe (a, o, u zu ä, ö, ü).
Umsatz, ✐ Wert der abgesetzten Waren in einer Zeiteinheit. **U.-Beteiligung, U.-Provision,** die nach dem U. berechnete Provision. **U.-Bonifikation,** dem Großabnehmer auf seinen U. nachträglich gewährter Preisnachlass.

Umweltzeichen

Umsatzsteuer, allg. Verbrauchsteuer, die an den Umsatz anknüpft; ab 1. 1. 1968 durch die Mehrwertsteuer ersetzt.
Umsetzer, Frequenz|umsetzer, Kleinsender (bis 50 W) zur Fernsehversorgung von Tälern, in denen der Empfang des Hauptsenders zu schwach ist.
Umsiedlung, die Veränderung des Wohnsitzes von Personen- oder Volksgruppen durch staatl. Förderung oder aufgrund völkerrechtl. Verträge. Bei zwangsweiser U. über die Grenzen eines Staatsgebiets hinweg spricht man von **Vertreibung** (→ Vertriebene). U. haben in der Vergangenheit dem nationalstaatl. Ziel einer ethnisch einheitl. Bevölkerung gedient (z. B. U.-Aktionen dt. Volksgruppen während des 2. Weltkriegs).
Umspanner → Transformator.
Umstandswort → Adverb.
Umwelt, i. e. S. (physiolog. U.) die spezif., lebenswichtige Umgebung einer Tierart, die als Merkwelt (Gesamtheit der Merkmale) wahrgenommen wird und als Wirkwelt (Gesamtheit ihrer Wirkungen) das Verhalten der Artvertreter bestimmt. Als einziges Wesen (und alleinige Art) ist der Mensch nicht an eine spezif. Natur-U. gebunden. I. w. S. (Zivilisations-U., Kultur-U.) versteht man unter U. auch den vom Menschen an seine Lebensbedürfnisse angepassten und v. a. durch Technik und wirtschaftl. Unternehmungen künstlich veränderten Lebensraum, wodurch eine Art künstl. Ökosystem geschaffen wurde.
Umweltbundes|amt → Bundesämter (ÜBERSICHT).
Umwelt|engel → Umweltzeichen.
Umweltforschung, 1) ❀ svw. → Ökologie. – **2)** Soziologie: die Untersuchung und Erforschung der durch die Tätigkeit des Menschen auftretenden Veränderungen seiner Umwelt und der Wechselwirkung zw. dieser und dem natürl. Ökosystem.

Sigrid Undset

Umweltkriminalität, Bez. für Zuwiderhandlungen gegen Bestimmungen des Umweltschutzes, werden nach dem Ges. zur Bekämpfung der U. (vom 28. 3. 1980) geahndet.
Umweltschäden, nachteilige Beeinflussung der belebten und unbelebten Welt innerhalb der Großräume Luft (Abgase und Rauch von Ind., Verkehrsmitteln), Wasser (häusl. und industrielle Abwässer) und Boden (Verseuchung durch chem. Stoffe), bewirkt v. a. durch den chemisch-physikalisch-techn. Zivilisationsfortschritt. Durch die U. können beim Menschen zusammen mit anderen Faktoren (z. B. Lärmbelastung) Zivilisationsschäden und -krankheiten verursacht werden.
Umweltschutz, Sammelbegriff für alle Maßnahmen zur Erhaltung und Schaffung bzw. Wiederherstellung lebensgerechter Umweltbedingungen. Zum U. zählen bes. Luft- und Wasserreinhaltung, geordnete und sachgerechte Abfallbeseitigung, Recycling, Lärmbekämpfung, Einschränkung von Pestiziden und Herbiziden. Eine **Umweltpolitik** wurde seit dem Beginn der 1970er-Jahre von der → ökologischen Bewegung gefordert. In der Bundesrep. Deutschland wurde nach dem Reaktorunfall in Tschernobyl 1986 ein Bundesministerium für Umwelt, Naturschutz und Reaktorsicherheit eingerichtet, dem das Umweltbundesamt nachgeordnet ist. In den Bundesländern liegt die Zuständigkeit für den U. bei den Landwirtschafts- oder eigenen Umweltministerien. Internat. Bemühungen um den U. verfolgen u. a. die UNO und die EU, auf nichtstaatl. Ebene Organisationen wie Greenpeace und Robin Wood.
Umwelt|technik, Umwelt|technologie, die Bereiche der Technik und Technologie, die für Maßnahmen des Umweltschutzes von Bedeutung sind, z. B. Abwasserreinigung, Vorrichtungen zur Wasserreinhaltung, zur Beseitigung von Luftverschmutzung.
Umweltverträglichkeitsprüfung, Abk. **UVP,** auf dem U.-Ges. (UVPG) von 1990 (nach den EU-Richtlinien von 1985) beruhendes Verfahren zur Prüfung von Bauvorhaben wie Kraftwerke, Müllverbrennungsanlagen, Autobahnen u. a. auf ihre negativen Auswirkungen auf die Umwelt.
Umwelt|zeichen, Umwelt|engel, Bildsymbol zur Kennzeichnung umweltfreundl. Produkte, besteht aus dem Umweltzeichen der UNO (blauer Engel) und der Umschrift »umweltfreundlich weil...«; seit 1978 vergeben; in Dtl. verliehen von der Jury Umweltzeichen.
UN, Abk. für United Nations, → Vereinte Nationen.
Un|abhängigkeitserklärung, englisch **Declaration of Independence,** das von T. Jefferson entworfene, am 4. 7. 1776 von den 13 aufständ. brit. Kolonien in Nordamerika (von da an »Staaten«) angenommene Dokument, das deren Loslösung von Großbritannien verkündete.
Una-Sancta-Bewegung, Sammelbezeichnung für kath. Bemühungen um Glaubenseinheit, die nach dem Zweiten Vatikan. Konzil im Ökumenismus aufgegangen sind.
Unbefleckte Empfängnis, kath. Dogma (seit 1854), besagt, dass Maria als die Mutter Jesu ohne Erbsünde war.
Unbekannter Soldat, ein namenloser Gefallener, der symbolhaft für alle Gefallenen geehrt wird.
Unbewusstes, seel. Vorgänge, die nicht unmittelbar der Selbstbeobachtung zugänglich sind oder an ihren Wirkungen erkannt werden; Voraussetzung für das bewusst erfahrbare Seelenleben. Viele Verhaltensweisen des Menschen sind unbewusst gesteuert. Einstellungen, Gewohnheiten, Neigungen wirken unabhängig vom wachen Bewusstsein.
Uncle Sam [ʌŋkl ˈsæm, »Onkel Sam(uel)«], scherzhafte Bez. der USA, wohl nach der Abk. U. S.-Am. (= U. S.-America).
Underground [ˈʌndəgraʊnd] *der,* zeitgenöss. polit., literar. und künstler. Bewegung, die außerhalb des »etablierten Kulturbetriebs« die herrschenden Auffassungen kritisiert.
Undine, weibl. Wassergeist, der durch Vermählung mit einem ird. Mann eine Seele erhielt; Novelle »U.« (1811) von F. de la Motte Fouqué.
Undset [ˈunsɛt], Sigrid, norweg. Dichterin, * 1882, † 1949; schrieb soziale und histor. Romane, getragen von kath. Religiosität (»Kristin Lavranstochter«, 1920 bis 1922). Nobelpreis für Literatur 1928.
un|eheliche Kinder → nichteheliche Kinder.
unehrliches Gewerbe, im MA. bestimmte Berufe (z. B. Henker, Abdecker, fahrende Leute, Dirnen, seit dem 15. Jh. auch Schäfer, Müller, Zöllner, Totengräber), die von Zunft, Gericht und Rat sowie kirchl. Begräbnis ausgeschlossen waren.
Un|endlichkeit, √ das Überschreiten aller endlichen Zahlen und Maße. So gibt es z. B. unendlich viele ganze Zahlen oder Punkte auf einer Strecke.
un|erlaubte Handlung → Delikt.
UNESCO, Abk. für United Nations Educational, Scientific and Cultural Organization, Organisation

der UNO für Erziehung, Wiss. und Kultur, gegr. 1946, Sitz Paris. Der U. gehören (1994) 164 Staaten der UNO als Vollmitglieder an. In den Mitgliedstaaten bestehen nat. Kommissionen, in Dtl. die »Dt. U.-Kommission«, Sitz Köln. Eine neuere Aufgabe der UNESCO ist der Schutz des Welt[kultur]erbes.

Unfall, durch plötzl., schnell vorübergehende Einwirkung von außen verursachte Schädigung eines Menschen, z. B. durch Verschüttung, Verbrennung, Explosion. Die häufigsten U.-Ursachen sind menschl. Versagen oder menschl. Fehlhandlungen.

Unfallflucht → Fahrerflucht.

Unfallschutz, Teil des → Arbeitsschutzes.

Unfallversicherung, Versicherung von Personen gegen die wirtschaftl. Folgen von Unfällen. **1)** Die **gesetzl. U.** ist ein Zweig der Sozialversicherung (Ges. zur Neuregelung der U. vom 30. 4. 1963). Träger sind die gewerbl. und landwirtschaftl. Berufsgenossenschaften. Leistungen: Krankenbehandlung, Berufsfürsorge, Ausbildung für einen neuen Beruf, Rente (bei Erwerbsunfähigkeit). – **2)** Die **private U.** schützt gegen wirtschaftl. Folgen von Unfällen, die Arbeitsunfähigkeit, Invalidität oder Tod herbeiführen.

Unfehlbarkeit, kath. Dogma (seit 1870): die Irrtumslosigkeit, die der kirchl. Lehrverkündigung in Glaubens- und Sittenfragen zukommt, wenn sie die ganze Kirche verpflichtet. Träger der U. sind der Papst persönlich, wenn er ex cathedra, d. h. als oberster Lehrer, spricht, Papst und Bischöfe in ihrer Gesamtheit sowie das ökumen. Konzil.

Unfruchtbarkeit, Sterilität, ‡ Unvermögen des Mannes, Kinder zu zeugen, und das der Frau, schwanger zu werden; kann durch Missbildungen oder Krankheiten der Geschlechtsorgane verursacht, aber auch seelisch bedingt sein.

Unfruchtbarmachung, Sterilisation, ‡ das Herbeiführen von Unfruchtbarkeit durch Unterbinden der Ausführungsgänge der Geschlechtsdrüsen (im Unterschied zur Kastration). Die U. dient entweder zu Heilzwecken oder soll das Entstehen von Nachkommen verhindern. Die freiwillige U. unterliegt keiner Strafvorschrift; U. eines Minderjährigen ist unzulässig.

ungarische Kunst. Die ältesten Zeugnisse (9. Jh.) der u. K. sind der pers.-sassanid. Kunst verwandt, danach wurden westeurop. Einflüsse bestimmend. Der Klassizismus hatte seine Hauptvertreter in dem Bildhauer I. Ferenczy und Architekten wie M. Pollak. Im 19. Jh. wurde der realist. Maler M. Munkácsy bedeutend. Auf einen »ungar. Stil« unter Einfluss der Volkskunst zielte A. Arkay. Seit dem 1. Weltkrieg bildete sich eine Avantgarde der geometr. Abstraktion, deren Vertreter größtenteils in der Emigration wirkten; L. Kassák und S. Bortnyik kehrten zurück, andere wie L. Moholy-Nagy gingen ans Bauhaus. V. de Vasarély ließ sich in Frankreich nieder.

ungarische Literatur. Als Nationaldichter gilt der romant. Lyriker und Freiheitsheld S. Petőfi. Etwa gleichzeitig wirkten der Balladen- und Ependichter J. Arany (* 1817, † 1882), der Dramatiker und Schöpfer des ungarischen Nationalliedes M. Vörösmarty (* 1800, † 1855). »Die Tragödie des Menschen« (1861), den ungar. »Faust«, schrieb I. Madách († 1864). Symbolist. Lyriker war E. Ady († 1919). Als Dramatiker trat F. Molnár († 1952) hervor. Wichtige Erzähler sind M. Jókai († 1904), K. Mikszáth († 1910), Z. Móricz († 1942), F. Herczeg († 1954), Z. von Harsányi († 1943), L. Németh († 1975), T. Déry († 1977), G. Illyés († 1983). Von den jüngeren Vertretern der u. L. sind u. a. der Lyriker S. Weöres († 1989) und die Prosaautoren M. Szabó (* 1917), G. Konrád (* 1933), P. Nádas (* 1942), P. Esterhazy (* 1950) und L. Krasznahorkai (* 1954) zu nennen.

ungarische Sprache, magyarische Sprache [madʒ-], gehört zur ugr. Gruppe der finnisch-ugr. Sprachen mit etwa 10 Mio. Sprechern in Ungarn, etwa 3 Mio. in den Nachbarstaaten Ungarns und etwa 1 Mio. in W-Europa und Amerika. Im 19. Jh. wurde die Schriftsprache von türk., slaw., dt. und lat. Lehn- und Fremdwörtern gereinigt, die durch künstliche magyar. Ausdrücke ersetzt wurden.

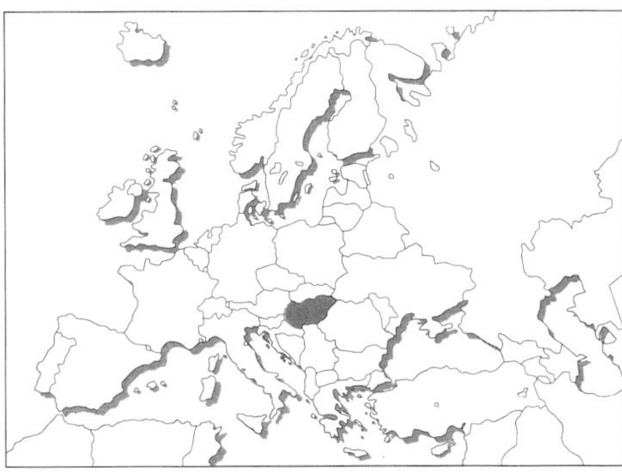

Ungarn, Rep. im SO Mitteleuropas, 93 032 km², 10,54 Mio. Ew.; Hptst.: Budapest.

Ungarn

Staatswappen

Staatsflagge

Internationales Kfz-Kennzeichen

Verfassung von 1949, zuletzt geändert 1990. U. ist eine Rep. An ihrer Spitze steht der vom Parlament gewählte Präs. Die Reg.-Geschäfte führt der dem Parlament verantwortl. Min.-Präsident.

Landesnatur. Zum größten Teil Tiefland. Einzige Gebirge im N das Ungar. Mittelgebirge (Kékes 1 015 m), der Bakonywald, im S das Fünfkirchener Bergland. Hauptflüsse: Donau, Theiß; größter See: Plattensee. Klima: binnenländisch, heiß, trocken.

Bevölkerung. Überwiegend Magyaren, Minderheiten von Rumänen, Slowaken, Deutschen.

Wirtschaft. Seit 1990 kontrolliert eine zentrale Privatisierungsbehörde die nach dem Zweiten Weltkrieg fast ganz verstaatlichte oder kollektivierte Wirtschaft. Vielseitiger Ackerbau, Viehzucht. ⚒ auf Braun-, Steinkohle, Bauxit, etwas Erdöl und Erdgas; Ind. seit 1945 ausgebaut (Maschinen-, Metall-, chem. u. a. Ind.). Ausfuhr: Maschinen, Rohstoffe, Nahrungsmittel; Haupthandelspartner: Dtl., Österreich, Russland, ČR und Slowak. Rep., Polen, Italien. Hauptbinnenhafen und internat. ✈: Budapest.

Geschichte. Um 896 drangen die Magyaren unter dem Großfürsten Árpád von S-Russland her in U. ein. Ihre verheerenden Einfälle in die westl. Nachbarländer endeten erst 955 mit dem Sieg Ottos d. Gr. auf dem Lechfeld. 975 begann die Christianisierung, die Stephan der Heilige, der 1001 den Titel eines »apostol.« Königs erhielt, abschloss. Im 12. Jh. Ansiedlung von Deutschen (Siebenbürger und Zipser Sachsen). 1241 Einfall der Mongolen. Als das Haus der Arpaden 1301 ausstarb, folgten Könige aus versch. Häusern, von denen Matthias I. Corvinus (1458 bis 1490) der erfolgreichste war. Der Jagiellone Ludwig II. fiel 1526 bei Mohács im Kampf gegen die Türken. Darauf geriet der Hauptteil U.s mit Budapest unter türk. Herrschaft, während der W an die Habsburger kam und Siebenbürgen ein eigenes magyar. Fürstentum bildete. Erst durch den Krieg von 1683 bis 1699 (→ Türkenkriege) wurde ganz U. von den Türken befreit und mit den übrigen Ländern der österr. Habsburger vereinigt; doch behauptete der magyar. Adel seine alten ständ. Sonderrechte. Im 18. Jh. wurden die Donauschwaben (u. a. im Banat) angesiedelt. Die starke liberale und nat. Bewegung wurde in der Revolution von 1848/49 (Führung L. Kossuth) niedergeworfen. Dann kam es zum Ausgleich von 1867, der die Sonderverf. U.s wiederherstellte und dem magyar. Adel die Vorherrschaft in der transleithan. Reichshälfte sicherte

UNICEF Emblem

(österr.-ungar. Monarchie). Nach dem Ersten Weltkrieg bildeten die Kommunisten unter Béla Kun (* 1886, † 1939?) 1919 vorübergehend eine Räterep. Im Vertrag von Trianon (1920) verlor U. $^2/_3$ seines Gebiets und mehr als die Hälfte seiner Einwohner. N. Horthy wurde 1920 Reichsverweser, die Monarchie wurde grundsätzlich aufrechterhalten. Aufgrund der dt.-ital. Wiener Schiedssprüche von 1938 und 1940 erhielt U. 1920 abgetretene Gebiete zurück. 1940 trat es dem Dreimächtepakt bei und nahm seit 1941 auf dt. Seite am Zweiten Weltkrieg teil. 1946 musste U. alle zurückgewonnenen Gebiete wieder abtreten. Nach der Proklamation der Republik (1946) wurde U. 1949 eine Volksdemokratie in enger Anlehnung an die UdSSR. Ein am 23. 10. 1956 in Budapest und anderen Orten ausgebrochener Volksaufstand mit dem Ziel größerer außen- und innenpolit. Freiheit wurde durch sowjet. Truppen niedergeschlagen. Als erster Staat des östl. Bündnisses ersetzte U. 1989 in friedl. Reformprozess das sozialist. Reg.-System durch ein demokratisches. Präs.: A. Göncz (seit 1990); Min.-Präs.: G. Horn (seit Juli 1994).

Ungerer, Tomi, frz. Zeichner, * 1931; Karikaturist, Buchillustrator, Kinderbuchautor.

UNICEF, Abk. für United Nations International Children's Emergency Fund, der **Internat. Kinderhilfsfonds,** gegr. 1946, ein Hilfswerk der UNO, Sitz New York.

unierte Kirchen, 1) kath. Kirche: → Ostkirchen. – **2)** ev. Kirchen: die in der Ev. Kirche der Union (EKU) zusammengeschlossenen Gliedkirchen der Ev. Kirche in Dtl.; sie gehen zurück auf die → Altpreußische Union von 1817.

Uniform *die,* einheitl., vorschriftsmäßige Bekleidung, bes. bei Soldaten, Polizisten.

Union *die,* **1)** allg.: Vereinigung, Zusammenschluss. – **2)** polit. Staatenverbindungen in versch. Formen, so als Bundesstaat (z. B. Brasilien, USA), als Personalunion, als Realunion oder in loserer Form, z. B. die Panamerikan. Union. – **3) Prot. U.,** 1608 geschlossenes Bündnis luther. und ref. Reichsstände unter Führung Kurfürst Friedrichs IV. von der Pfalz; löste sich nach der Niederlage Friedrichs V. von der Pfalz am Weißen Berg (1620) auf. – **4)** Kirchenrecht: Zusammenschluss versch. Kirchen (→ unierte Kirchen).

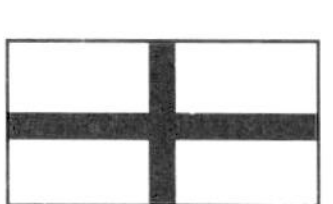

Entstehung des **Union Jack:** von oben: Georgskreuz (England), Andreaskreuz (Schottland), Patrickskreuz (Irland), Union Jack

Union der Sozialistischen Sowjetrepubliken, Abk. **UdSSR,** die → Sowjetunion.

Union Jack [ˈjuːnjən ˈdʒæk] *der,* volkstüml. Bezeichnung der brit. Flagge.

unisono, einstimmig. **Unisono** *das,* 𝄞 2 und mehr Stimmen im Einklang.

Unitarier, Angehörige prot. Gruppen, die die Einheit Gottes betonen und die Trinitätslehre ablehnen.

Unitarismus *der,* Bestreben, innerhalb eines Bundesstaats oder Staatenbunds die Selbstständigkeit der Gliedstaaten zurückzudrängen. Ggs.: Föderalismus.

United Kingdom of Great Britain and Northern Ireland [juːˈnaɪtɪd ˈkɪŋdəm ɔv ˈgreɪt ˈbrɪtn ənd ˈnɔːðn ˈaɪələnd], → Großbritannien und Nordirland.

United Nations [juːˈnaɪtɪd neɪʃnz], Abk. **UN,** die → Vereinten Nationen.

United Parcel Service [juˈnaɪtɪd ˈpɑːsl ˈsəːvɪs], Abk. **UPS,** weltgrößtes privates Paketdistributionsunternehmen, gegr. 1907, Sitz Atlanta (USA); in der Bundesrep. Deutschland seit 1976 tätig.

United Press International [juːˈnaɪtɪd pres ɪntəˈnæʃnl], Abk. **UPI,** nordamerikan. Nachrichtenagentur, gegr. 1958.

United States of America [juːˈnaɪtɪd ˈsteɪts ɔv əˈmerɪkə], Abk. **USA,** die → Vereinigten Staaten von Amerika.

Universalgeschichte → Weltgeschichte.

Universalien [»Allgemeinheiten«], Ⓟ Allgemein-, Gattungsbegriffe. Im MA. entbrannte unter den Scholastikern ein Streit um die Realität der U. **(U.-Streit);** Gegner waren v. a. die Vertreter von Realismus, Konzeptualismus und Nominalismus. In der modernen Philosophie erlangte die U.-Frage erneut Bedeutung.

Universität *die,* Körperschaft des öffentl. Rechts für Forschung, Lehre und Studium in allen Wiss. Die moderne U. ist in Fakultäten und Fachbereiche gegliedert und wird von ihren aus gewählten Vertretern der Hochschullehrer, der wiss. Mitarbeiter, der Studenten und der nichtwiss. Mitarbeiter gebildeten Organen geleitet: dem satzungsgebenden und die U.-Spitze wählenden **Konzil** (Konvent), dem **Senat** und dem **Rektor** (Präsidenten). Im Rahmen der institutionalisierten Reformbestrebungen wurde 1971 die erste Gesamthochschule (Kassel) errichtet, der zahlreiche weitere (auch kirchl.) folgten. In größerem Umfang wurde auch die Neuorganisation der U., die Neugliederung in Fachbereiche und die Einführung der Mitbestimmung für einen verschieden großen Kreis von U.-Angehörigen, verwirklicht. – Die 1. U. wurde 1119 in Bologna, die 1. dt. U. 1348 in Prag gegründet.

Universum *das,* → Weltall.

UNIX [ˈjuːnɪx], 💻 weit verbreitetes Betriebssystem für Computer (Mikrocomputer bis Großrechner); geeignet für mehrere Benutzer, Mehrprogramm-, Dialog- und Stapelbetrieb.

Unken, Bombina, Gattung der Froschlurche; in Europa die **Gelbbauch-U.** (Berg-U.) und **Rotbauch-U.** (Feuerkröte, Tiefland-U.).

unlauterer Wettbewerb, ✐ das Streben nach geschäftl. Vorteilen mit unlauteren Mitteln. Das Ges. gegen den u. W. vom 7. 6. 1909 in der Fassung vom 23. 6. 1970 bestimmt in § 1 (Generalklausel), dass derjenige, der im geschäftl. Verkehr u. W. begeht (u. a. Preisschleuderei, vergleichende Lockvogelwerbung), auf Unterlassung und Schadensersatz in Anspruch genommen werden kann. Sondervorschriften gelten für Ausverkauf, Preisnachlässe u. a. In bestimmten Fällen ist u. W. strafbar.

Unmündigkeit, ⚖ rechtl. Zustand bis zur → Volljährigkeit. (→ Jugendstrafrecht)

Unna, Stadt in NRW, am Hellweg, 62 000 Ew.; got. Hallenkirche, Hellweg-Museum; Maschinen-, Rohrleitungs- und Apparatebau, Metallwaren-, Textil-, Leichtmetall-, Kondensatoren- u. a. Ind. – U. gehörte im 15. Jh. zur Hanse.

UNO, Abk. für United Nations Organization, die → Vereinten Nationen.

Unpaarhufer, Unpaarzeher, huftragende Säugetiere mit stark entwickelter Mittelzehe; Pferde, Nashörner, Tapire.

unpfändbare Sachen, ⚖ bestimmte Sachen, die dem persönl. Gebrauch oder der Erwerbstätigkeit des Schuldners dienen und nicht gepfändet werden können.

UNRRA, Abk. für United Nations Relief and Rehabilitation Administration, 1943 bis 1947 Hilfsorganisation der UNO für Flüchtlinge und Verschleppte.

Unruh *die,* Teil der → Uhr.

Fritz von Unruh

Unruh, Fritz v., dt. Schriftsteller, * 1885, † 1970; Pazifist; Dramen: »Offiziere« (1911), »Bonaparte« (1927); Erz. »Opfergang« (1919).

Unschärferelation, Unbestimmtheitsrelation, ⚛ von W. Heisenberg formuliertes Prinzip der Quantenmechanik: Ort und Impuls oder Zeit und Energie können nicht zugleich beliebig genau gemessen werden.

Unschlitt *das,* → Talg.

Unsere Liebe Frau → Maria.

Unsterblichkeit, der Glaube an die Überwindung des Todes als Übergang in eine neue (höhere oder niederere) Existenz, findet sich in vielen Religionen im Zusammenhang mit Vorstellungen von Wiedergeburt, Seelenwanderung oder Leben mit Gott nach der Auferstehung der Toten.

Unstrut *die,* linker Nebenfluss der Saale in Thür. und Sa.-Anh., entspringt im Eichsfeld, mündet bei Naumburg (Saale), 192 km lang.

Unterbewusstsein, seel. Vorgänge unterhalb der Bewusstseinsschwelle; sie treten als Äußerungen hervor (z. B. Traum), die vom Wachbewusstsein nicht gesteuert werden.

Unterbrecher, ⚡ Gerät, das einen Stromkreis in schneller Folge unterbricht und so Stromstöße hervorruft, z. B. der **wagnersche Hammer** bei der elektr. Klingel.

Unterfranken, Reg.-Bez. in Bayern, 8532 km², 1,27 Mio. Ew.; Verw.-Sitz Würzburg.

Unterhaltspflicht, ⚖ die auf Ges. oder Vertrag beruhende Pflicht zur Gewährung von Unterhalt; sie besteht gegenüber Verwandten in gerader Linie, dem nichtehel. Kind, dem Ehegatten (u. U. auch nach der Scheidung). Zum Unterhalt zählen die Kosten des Lebensbedarfs, einschließlich Erziehung und Ausbildung. Wer sich seiner gesetzl. U. vorsätzlich entzieht, kann mit Freiheitsstrafe belegt werden (§ 170 b StGB). Durch Ges. vom 23. 7. 1979 (Neufassung vom 4. 1. 1993) wurde für Kinder allein stehender Mütter oder Väter der Anspruch auf **Unterhaltsvorschuss** gegen den Staat eingeführt.

Unterhaltungselektronik, U die Gesamtheit aller Verfahren und Geräte zur Aufzeichnung und Wiedergabe von Bild und Ton auf elektron. Wege (Platten- und CD-Spieler, Video- und Fernsehgeräte u. a.).

Unterhaltungsliteratur, literar. Texte, die hauptsächlich dem Unterhaltungsbedürfnis des Publikums entgegenkommen; nach traditionellem Verständnis unterhalb des Niveaus der Dichtung angesiedelt, aber von gehobenerer themat., formaler und sprachl. Gestaltung als die (nicht streng abzugrenzende) → Trivialliteratur.

Unterhaus, engl. **House of Commons,** das Abgeordnetenhaus (2. Kammer) des brit. Parlaments.

Unterkühlung, 1) ⚕ **Auskühlung, Hypothermie,** Senkung der Körpertemperatur durch Wärmeverlust, z. B. bei Erfrierung. – **2)** Abkühlung einer Flüssigkeit unter ihren Gleichgewichts-Erstarrungspunkt.

Untermiete, ⚖ Rechtsverhältnis, das dadurch entsteht, dass der Mieter **(Hauptmieter)** die gemietete Sache, bes. einen Teil einer Mietwohnung, an einen Dritten **(Untermieter)** weitervermietet. Vorschriften über Miete finden entsprechende Anwendung.

Unternehmen, Unternehmung, ✐ die rechtl. und organisator. Verw.-Einheit der Betriebe in marktwirtschaftl. Wirtschaftssystemen. Bei Privat-U. steht i. d. R. die Erwirtschaftung eines Gewinns im Vordergrund, während bei staatl. U. häufig die Gemeinwohlorientierung an die Stelle des Erwerbsprinzips tritt.

Unternehmensberater, Betriebsberater, ✐ i. d. R. freiberuflich tätiger Fachmann mit wirtschaftswiss. Kenntnissen, der Unternehmen in sämtl. betriebswirtschaftl. und steuerrechtl. Fragen berät.

Unternehmensforschung, Operationsresearch, ✐ Anwendung formaler Methoden bei der Ermittlung bestmögl. Unternehmerentscheidungen, die Beschreibung der mögl. Entscheidungen und die Erfassung von Präferenzvorstellungen in der Form math. Modelle.

Unternehmer, derjenige, der ein wirtschaftl. Unternehmen auf eigene Rechnung und Gefahr leitet und hierfür Arbeiter und Angestellte beschäftigt. Die Leistung des U. liegt auf techn. und kaufmänn. Gebiet, er muss u. a. die künftige Marktlage abschätzen, um danach seine Entscheidungen zu treffen. Er trägt das Risiko des Kapitalverlustes **(U.-Risiko).** Der freie U. ist Eigentümer des von ihm geleiteten Unternehmens; in Kapitalgesellschaften üben Geschäftsführer (Manager) die U.-Funktionen aus. Interessengemeinschaft der freien U. sind die **U.-Vereinigungen.** – **U.-Gewinn,** das Einkommen des U., bes. der Teil, der nach Abzug des Entgelts für seine Arbeit **(U.-Lohn)** und nach Verzinsung des Eigenkapitals als Gewinn übrig bleibt.

Unter|offizier, militär. Dienstgradgruppe zw. Offizieren und Mannschaften.

Unterricht, planmäßige, regelmäßige Vermittlung von Fähigkeiten, Wissen und Fertigkeiten in einem bestimmten Fach oder einem durch ein Bildungsziel geprägten Fächerkanon.

Untersberg, Gebirgsstock in den Salzburgisch-Oberösterr. Kalkalpen, Dtl. und Österreich, bis 1972 m hoch. Im Volksmund Sagen- und Zauberberg.

Unterschlagung, ⚖ Aneignung fremden Gelds oder anderer Güter, die der Täter (z. B. als Verwalter oder Finder) im Besitz oder Gewahrsam hat; Freiheitsstrafe (§ 246 StGB).

Unterschrift, Unterzeichnung, der unter eine Urkunde eigenhändig geschriebene Name zum Zeichen der Vollziehung.

Untersee, westl. Teil des → Bodensees.

Unterseeboot, Kurzwort **U-Boot,** zum Tauchen und zur Unterwasserfahrt, als Forschungs- bzw. Arbeitsfahrzeug für Unterwasserarbeiten oder für den militär. Einsatz (Bewaffnung: u. a. Torpedos, Marschflugkörper, Raketen) verwendet. Angetrieben wird das U. bei Überwasserfahrt durch Diesel-, bei Unterwasserfahrt durch Elektromotoren. Mit Kernenergie angetriebene **Atom-U.** haben Einheitsantrieb für Über- und Unterwasserfahrt. Getaucht wird durch Fluten der Tauchtanks und gleichzeitige Schräglage der am Bug und Heck angebrachten Horizontalruder. Zum Auftauchen wird das Wasser durch Pressluft aus den Tauchtanks wieder herausgedrückt. Bei der Unterwasserfahrt in geringer Tiefe erfolgt die Beobachtung durch Sehrohre, die Belüftung durch Schnorchel. – Der Bau von U. wurde bereits im 17. und 18. Jh. versucht, 1851 von W. Bauer. Das erste brauchbare U. entwickelte 1898 der amerikan. Erfinder J. P. Holland. In beiden Weltkriegen spielte der Einsatz von U. eine große Rolle.

Unterwalden (Obwalden)
Kantonswappen

Unterstützungskasse, in Betrieben Kasse zur Altersversorgung der Betriebsangehörigen und zur Hilfe in Notfällen; ohne Rechtsanspruch.

Untersuchung, ⚖ im Strafprozess auf Entdeckung und Überführung des Täters gerichtete Maßnahmen.

Untersuchungs|ausschuss, durch ein Parlament eingesetztes Gremium zur Aufklärung bestimmter Sachverhalte; in Dtl. ein Ausschuss des Bundestags (Artikel 44 GG), der Feststellungen treffen und darüber dem Bundestag berichten soll, jedoch keine Entscheidungen fällen kann.

Untersuchungshaft, ⚖ Festnahme und Festsetzung eines dringend Verdächtigen aufgrund eines Haftbefehls, sofern Fluchtverdacht oder Verdunklungsgefahr vorliegt. Der Verhaftete muss spätestens am Tage nach der Festnahme vom Richter vernommen werden. Gegen den Haftbefehl kann der **Untersuchungsgefangene** (der in U. genommene Beschuldigte) **Haftbeschwerde** einlegen. Bei späterer Verurteilung zur Freiheitsstrafe kann die U. auf die Strafe angerechnet werden.

Unterwalden (Nidwalden)
Kantonswappen

Unterwalden, schweizer. Kanton südl. des Vierwaldstätter Sees; besteht aus den selbstständigen Halbkantonen → Obwalden und → Nidwalden. Haupterwerbszweige sind Milchwirtschaft, Obstbau und Fremdenverkehr. U. ist einer der Urkantone.

Unterwasserlabor, Abk. **UWL,** engl. **Sealab,** Tauch- und Arbeitsstation auf dem Meeresboden für meereskundl. Aufgaben; druckfeste Kugel, Zylinder oder Ellipsoid (für Tiefen über 100 m mit mehreren Zellen) mit den für einen längeren Aufenthalt notwendigen Einrichtungen; ein U. ist im Betrieb ein nach unten offenes System, d. h., in dem Raum herrscht der Druck der umgebenden Wassertiefe.

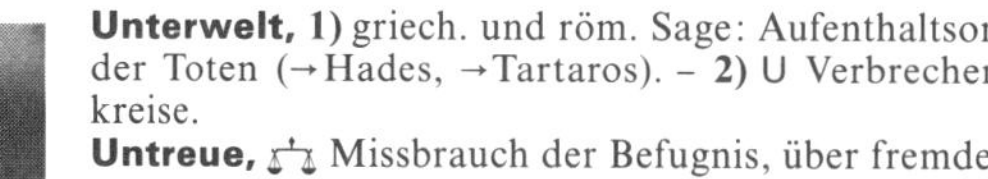

John Updike

Unterwelt, **1)** griech. und röm. Sage: Aufenthaltsort der Toten (→Hades, →Tartaros). – **2)** U Verbrecherkreise.

Untreue, ⚖ Missbrauch der Befugnis, über fremdes Vermögen zu verfügen; Verletzung der Pflicht, fremde Vermögensinteressen wahrzunehmen; wird mit Freiheitsstrafe und Geldstrafe, in bes. schweren Fällen mit Freiheitsstrafe bis zu 10 Jahren bestraft (§ 266 StGB).

Unze *die,* urspr. röm. Maß, Gewicht **(Uncia);** heute noch als Gewichtseinheit für Edelmetalle gebräuchlich: 1 U. = 31,103 g.

Unzialschrift, abgerundete röm. Schrift.

Unzucht, ⚖ veraltete, im Sexualstrafrecht nicht mehr verwendete Bez. für sexuelle Handlungen.

Upanishaden [-ʃ-], Abhandlungen des Brahmanismus, entstanden etwa seit 800 v. Chr., wurden zur Grundlage der ind. Philosophie.

Updike ['ʌpdaɪk], John, amerikan. Schriftsteller, * 1932; gesellschaftskrit., z. T. satir. Romane (»Die Hexen von Eastwick«, 1984), Erz. (»Der Mann, der ins Sopranfach wechselte«, 1996), Lyrik, Essays.

Papst Urban VIII.
Ausschnitt aus einem Kupferstich (1623)

UPI [ju:pi:'aɪ], Abk. für →United Press International.

Upolu [u:'pəʊlu:], eine der Hauptinseln des Staats Westsamoa (1 118 km²), Hptst. Apia.

Uppercut ['ʌpəkʌt] *der,* Boxsport: kurzer Aufwärtshaken.

Uppsala, Stadt in Schweden, 170 700 Ew.; Sitz des ev. Erzbischofs von U., Univ. (gegr. 1477; berühmte Bibliothek: Handschriften, u. a. Codex argenteus des Wulfila), got. Dom (um 1287 bis 1435) mit Grab Gustav Wasas, Schloss (16. Jh.).

UPS [ju:'pi'es], Abk. für →United Parcel Service.

Ur *der,* →Auerochs.

Ur, altoriental. Stadt in Sumer; der Ruinenhügel **Tell Mukajir** im südl. Irak liegt jetzt rd. 15 km vom Euphrat entfernt. Ur war eine bedeutende Handelsstadt (Seehandel) und in frühdynast. Zeit (1. Dynastie von Ur um 2500 v. Chr.) und v. a. unter der 3. Dynastie (etwa 2070 bis 1950) polit. Zentrum von Sumer. Engl. Ausgrabungen fanden über der Kulturschicht des 5./4. Jt. eine bis 4 m hohe Schlammschicht (4. Jt.); frühdynast. Königsfriedhof (um 2500) mit Sklavenbestattungen; reiche Beigaben, oft mit Einlegearbeiten (darunter die »Standarte von Ur«) verziert. Aus der Zeit der 3. Dynastie v. a. Reste des Nanna-Heiligtums. – Nach bibl. Tradition ist Ur die Heimat Abrahams.

Uppsala
Stadtwappen

Urach, Bad U., Stadt und Heilbad im Kr. Reutlingen, Bad.-Württ., 12 500 Ew. – Maler. mittelalterl. Ortsbild mit spätgot. ehem. Stiftskirche St. Amandus, spätgot. Fachwerkrathaus, Schloss u. a.

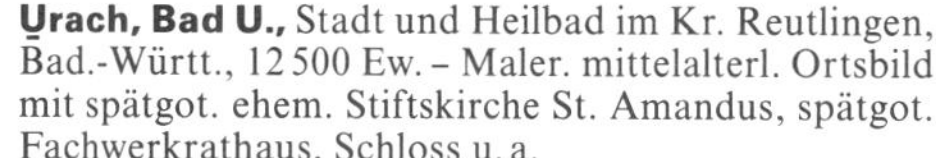

Ural *der,* **1)** Gebirge in Russland, gilt als Teil der Grenze zw. Europa und Asien, über 2 000 km lang, bis 1 895 m (Narodnaja) hoch, reich an Erzen (auch Platin), Salz, Kohle, Erdöl und Erdgas, Edel- und Halbedelsteinen; Schwerind. um Perm, Jekaterinburg, Magnitogorsk. – **2)** Grenzfluss zw. Europa und Asien, entspringt im südl. Ural, mündet ins Kasp. Meer, 2 428 km lang.

ural|altaische Sprachen, zusammenfassend für ural., türk., mongol. und tungus. Sprachen.

Uralsk, Gebietshptst. W-Kasachstans, am Uralfluss (Hafen), 200 000 Ew.; Industrie; ⚒.

Urämie *die,* →Harnvergiftung.

Uran *das,* Symbol **U,** radioaktives chem. Element, stahlgraues Schwermetall; OZ 92, D 19,0 g/cm³, Fp 1 132 °C., Sp 3 818 °C; U. findet sich, v. a. als U.-Oxid (Pechblende), in Kanada, Rep. Südafrika, USA, der Demokrat. Rep. Kongo, Frankreich, Australien. Natürl. U. besteht im Wesentl. aus den Isotopen U 238 und U 235, den Anfangsgliedern zweier radioaktiver Zerfallsreihen. U 235 dient in angereicherter Form als Kernbrennstoff, U 238 wird in Brutreaktoren zur Gewinnung von Plutonium verwendet (→Kernspaltung, →Reaktor).

Uran
Pechblende

Urania, eine der →Musen.

Uranos, griech. Himmelsgott, Sohn und Gemahl der Gaia, der Vater u. a. der Titanen und Kyklopen, wurde von Kronos gestürzt.

Uranus, ☼ der (von der Sonne aus gerechnet) 7. Planet des Sonnensystems, von F. W. Herschel 1781 entdeckt; von den 1997 bekannten 17 Monden wurden allein 10 von der Raumsonde Voyager 2 (1985/86) entdeckt; Ringsystem mit 11 sehr lichtschwachen Ringen (→Planeten, ÜBERSICHT).

Uräus|schlange, Art der Kobras, etwa 2 m lang, die in Afrika und in Asien vorkommt und von »Schlangenbeschwörern« verwendet wird; im alten Ägypten Herrschersymbol.

urban [von lat. urbs »Stadt«], städtisch; weltmännisch, gebildet.

Urban, Päpste: **1) U. II.** (* um 1035, † 1099; 1088 bis 1099), leitete die Kreuzzugsbewegung ein. – **2) U. VIII.** (* 1568, † 1644; 1623 bis 1644), zwang G. Galilei, der kopernikan. Lehre abzuschwören.

Urbanisierung →Verstädterung.

Urbanistik *die,* alle sich mit der Stadt befassenden Wissensgebiete und Praktiken.

urbi et orbi, päpstl. Segen (an Festtagen), der der Stadt (Rom) und der Welt gilt.

Urbino, Stadt in den Marken, Mittelitalien, 15 900 Ew.; Erzbischofssitz; Univ.; Palazzo Ducale (1444 ff.), Dom (1474 bis 1534), Geburtshaus Raffaels.

Urchristentum, Urkirche, das Christentum z. Z. der Apostel, bis etwa 150 n. Chr.

Urd, eine der 3 →Nornen.

Urdu, (neuind.) Amtssprache in Pakistan.

Ureter *der,* ⚕ Harnleiter. **Urethra** *die,* Harnröhre. **Urethritis** *die,* Harnröhrenkatarrh.

Urethane *Pl.,* ⚗ Ester der Carbamidsäure $H_2N-COOH$; Schlafmittel; für die Synthese wichtiger Schaumkunststoffe (→Polyurethan).

Urey ['jʊərɪ], Harold Clayton, amerikan. Chemiker, * 1893, † 1981; Entdecker des schweren Wasserstoffs (→Deuterium); Nobelpreis 1934.

Urfa, Stadt in SO-Anatolien, Türkei, 276 500 Ew.; ⚒. U. ist das alte →Edessa.

Urfehde [mhd. »Ende der Fehde«], ⚖ im MA.: eidl. Versprechen, wegen einer erlittenen Verletzung keine Wiedervergeltung zu üben, auch ein Land, aus dem man verwiesen wurde, nicht wieder zu betreten.

Urft *die,* rechter Nebenfluss der Rur in der Eifel, NRW, 41 km lang, mit großer Talsperre (45,5 Mio. m³).

Urgemeinde, erste christl. Gemeinde, in Jerusalem; an ihrer Spitze standen die 12 Apostel.

Urgeschichte, die →Vorgeschichte.

Urheber|recht, ⚖ persönl. Verfügungsrecht **(Autorrecht)** des Schöpfers eines Werks der Literatur, Musik, Kunst oder Fotografie (geistiges Eigentum). Das U. in Dtl. ist geregelt im Ges. vom 9. 9. 1965. Träger des U. an einem Werk ist der **Urheber** (Autor, Verfasser, Bearbeiter, Übersetzer). Bei Sammelwerken besteht neben dem U. an den Einzelbeiträgen ein U. des Herausgebers am Gesamtwerk. Inhalt des U. sind das Persönlichkeitsrecht und das Verwertungsrecht (u. a. Aufführungsrecht). Die Schutzfrist beträgt für Werke der Literatur und der bildenden Kunst 70 Jahre nach dem Tod des Urhebers (in den meisten anderen Staaten 50 Jahre), bei Fotografien 25 Jahre seit Erscheinen. Nach Gesetzesnovelle von 1972 geändert: § 26 (Folgerecht), § 27 (Bibliotheksabgabe), § 46 (Vergütungspflicht bei Entnahme für Unterrichtsgebrauch). – Internat. Regelungen enthalten u. a. die Berner Übereinkunft und das Welturheberrechtsabkommen vom 6. 9. 1952. Wenn ein Werk in den USA, die der Berner Übereinkunft nicht beigetreten sind, den Schutz des U. (Copyright) genießen soll, muss es auf dem Titelblatt den Copyrightvermerk tragen und im Register of Copyright in Washington eingetragen sein.

Urheber|rolle, vom Dt. Patentamt geführtes Register, in das sich anonyme und pseudonyme Urheber von Werken eintragen lassen können.

Uri, einer der 3 schweizer. Urkantone, 1077 km², 35500 Ew. (davon 7,9% Ausländer); Hauptort ist Altdorf; Hochalpenland (Urner Alpen) südlich des Vierwaldstätter Sees. Wichtige wirtschaftl. Basis ist der Durchgangsverkehr auf der Gotthardroute; Almwirtschaft, Granitgewinnung im Reußtal, Fremdenverkehr.

Uria, Urias, A.T.: ein Heerführer; Gatte der von David verführten Bathseba; auf Befehl Davids im Kampf an die gefährlichste Stelle gestellt, wo er umkam.

Uri|el [hebr. »Licht Gottes«], ein Erzengel.

Urin *der,* → Harn.

Uris ['jʊərɪs], Leon, amerikan. Schriftsteller, * 1924; zeitgeschichtl. Romane, u.a. über die Entstehung des Staats Israel (»Exodus«, 1958; verfilmt).

Urkirche → Urchristentum.

Urknall, engl. **Bigbang,** ☼ kosmolog. Modell, ausgehend von einem Anfangszustand vor 15 bis 20 Mrd. Jahren, an dem alle Materie des Weltalls mit unvorstellbar großen Werten für Dichte und Temperatur auf unendlich kleinem Raum konzentriert war (kosmolog. Singularität) und durch den U. explosionsartig auseinander getrieben wurde. Nach dem U. existierten urspr. nur Strahlung und dann Elementarteilchen. Wasserstoff- und Heliumatome bildeten sich nach etwa 1 Mio. Jahren. Galaxien und Sterne entstanden 1 Mrd. Jahre nach dem U., das Sonnensystem vor etwa 4 bis 5 Mrd. Jahren. Die Vorstellung vom U. geht u.a. auf H. A. Bethe und G. Gamow (* 1904, † 1968) zurück.

Urkunde, i.w.S. jeder eine Gedankenerklärung verkörpernde Gegenstand (z.B. Grenzstein), der allg. oder für Eingeweihte verständlich ist, den Aussteller erkennen lässt und zum Beweis einer rechtlich erhebl. Tatsache bestimmt und geeignet ist, i.e.S. nur das einen solchen Gedanken verkörpernde Dokument aus Schriftzeichen. **Öffentl. U.,** von einer öffentl. Behörde ausgestellte Urkunde.

Urkundenfälschung, ⚖ Herstellung einer unechten, die Verfälschung einer echten oder der Gebrauch einer unechten oder verfälschten Urkunde zum Zweck der Täuschung im Rechtsverkehr; ferner das unbefugte Ausfüllen eines mit der Unterschrift eines anderen versehenen Papiers, z.B. eines Wechselformulars **(Blankettfälschung)** sowie die **Urkundenvernichtung.** Freiheitsstrafe bis zu 5 Jahren oder Geldstrafe (§§ 267 bis 279 StGB).

Urkundenlehre, Diplomatik, 1681 begründete histor. Hilfswiss., die die Echtheit (Schrift, Stil, Siegel), Entstehung, Datierung, Merkmale (Arten) und Überlieferung von Urkunden erforscht und sie in krit. Editionen zugänglich macht.

Urlaub, bezahlte arbeitsfreie, der Erholung dienende Tage, in Dtl. durch das Mindesturlaubsgesetz für Arbeitnehmer (Bundes-U.-Ges.) vom 8. 1. 1963 sowie in Tarif- und Einzelverträgen geregelt. Danach beträgt der Mindest-U. jährlich 18 Werktage. Jugendliche haben nach dem Jugendarbeitsschutzges., abgestuft nach dem Alter, 24, 30 (jünger als 16) und 25 Werktage Urlaub.

Urne, 1) Gefäß aus Ton, Stein oder Metall für die Aufnahme des Leichenbrands. – **2)** Kasten zum Einwerfen von Stimmzetteln oder Losen.

Urogenitalsystem, Gesamtheit der Harn- und Fortpflanzungsorgane.

Urologie *die,* ⚕ Teilgebiet der Medizin, das sich mit den Erkrankungen der Nieren und der ableitenden Harnwege sowie der männl. Geschlechtsorgane befasst. Der Facharzt für U. heißt **Urologe.**

Urstromtäler, große, in O-W-Richtung verlaufende Täler in Nord-Dtl., die beim Rückzug des diluvialen Inlandeises entstanden.

Ursula, nach der Legende eine brit. Königstochter, die mit 11000 Jungfrauen bei Köln von den Hunnen getötet wurde; Heilige (Tag: 21. 10.).

Ursulinen, kath. Frauenorden, der sich der Mädchenerziehung widmet (seit 16./17. Jh.).

Urteil, 1) ⚖ förml. richterl. Entscheidung, Richterspruch. – **2)** sichere Meinung. – **3)** Logik: Aussage über einen Gegenstand oder Sachverhalt in Form eines Satzes (z.B. »Der Vogel singt«).

Urtica, die Pflanzengattung Brennnessel (→ Nessel).

Urticaria, der Nesselausschlag.

Ur|tierchen, Protozoen, mikroskopisch kleine tier. Einzeller. Ihr Körper besteht aus einer einzigen Zelle, die Zellkern und Zytoplasma enthält. Innerhalb der Zelle treten vielfach bes. Bildungen (Organellen) auf, die eine bestimmte Aufgabe zu erfüllen haben, z.B. Nahrungsaufnahme, Fortbewegung, Reizleitung. Einige U. (Geißeltierchen) stellen Übergangsformen zw. Tier und Pflanze dar. Fortpflanzung durch Teilung, Sporenbildung oder geschlechtlich durch Verschmelzung. Die U. sind die ältesten und einfachsten Tierformen, aus denen sich die Vielzeller entwickelt haben. Zu den U. gehören die Wurzelfüßer, Sporentierchen, Geißeltierchen, Wimpertierchen.

Uri
Kantonswappen

Uruguay, Rep. an der O-Küste von Südamerika, nördl. des Río de la Plata, 176215 km², 3,12 Mio. Ew. (etwa 90% europ. Abstammung); Hptst.: Montevideo; Amtssprache: Spanisch. Flachwelliges Hügelland, warmgemäßigtes Klima.

Wirtschaft. Vorherrschend Rinder-, Schafzucht; Anbau von Weizen, Mais, Reis, Leinsaat, Sonnenblumen, Obst u.a.; Nahrungsmittelind. (bes. Fleischverarbeitung), Textil-, chem. u.a. Ind. Fremdenverkehr. Ausfuhr: Wolle, Rindfleisch, Häute, Textilien. ⚓ und internat. ✈: Montevideo.

Geschichte. U., nach der 1. Landung von Europäern 1516 gegen indian. Widerstand im 17. Jh. von Spaniern und Portugiesen besiedelt, war bis 1811 span. Kolonie, wurde 1826 als unabhängige Rep. anerkannt. Seit 1919 wechselte die Verf. wiederholt zw. Präsidial- und Kollegialsystem. Nach Staatsstreichen von 1973 und 1976 bestimmte das Militär die Politik. Nach Wahlen (1984) wurde 1985 wieder ein Zivilist, J. M. Sanguinetti (bis 1990 und erneut seit 1995) Präsident.

Uruguay

Staatswappen

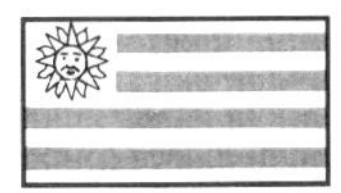

Staatsflagge

Internationales Kfz-Kennzeichen

Uruguay, Río U., Strom in Südamerika, 1600 km lang; entspringt in S-Brasilien, bildet mit dem Paraná den Río de la Plata.

Uruk, altoriental. Stadtstaat in S-Babylonien, die heutige Ruinenstätte **Warka** in Irak; im 3. Jt. v. Chr. Königssitz u.a. des Gilgamesch.

Ürümqi, Urumchi, amtl. **Wulumuqi,** Hptst. von Sinkiang, NW-China, am N-Fuß des Tienschan, 1,15 Mio. Ew., Univ.; vielseitige Industrie.

Peter Ustinov

Urundi → Burundi.
Urwald, von Forstkultur und geregelter Nutzung unberührter Wald. Große U. gibt es noch in Sibirien, Kanada (Nadelwald) und in den immerfeuchten Tropengebieten Brasiliens, des Kongos, Sumatras, Borneos, Neuguineas.
Urzeugung, elternlose Entstehung von Lebewesen aus anorgan. und organ. Stoffen. Erst L. Pasteur bewies, dass selbst Bakterien nicht aus leblosem Stoff, sondern durch Sporen entstehen. Die Möglichkeit einer U. unter Bedingungen der Erdfrühzeit wird von der Molekularbiologie erforscht.
USA → Vereinigte Staaten von Amerika.
Usambara, Bergland in NO-Tansania, O-Afrika, eine im W bis 2230 m ansteigende Gebirgsscholle. Der niederschlagsreiche O trägt dichten Wald, in Rodungen bes. Tee- und Kaffeepflanzungen, der W Hochweiden.
Usambaraveilchen, Zierpflanze aus Usambara, mit eiförmigen, behaarten Blättern und veilchenähnlichen Blüten.

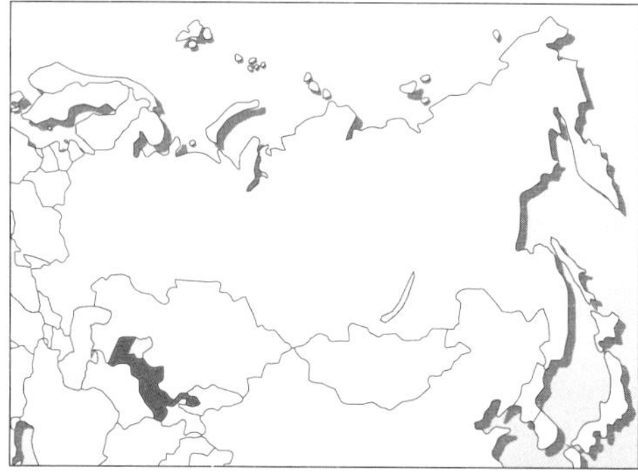
Usbekistan

Staatswappen

Staatsflagge

Internationales Kfz-Kennzeichen

Usbekistan, Rep. in Zentralasien, 447 400 km², 21,45 Mio. Ew.; Hptst. Taschkent. V. a. Wüsten und Halbwüsten, im O und SO Gebirgszonen.
Bevölkerung. Über 70% Usbeken; Russen, Tadschiken, Kasachen, Tataren, Karakalpaken.
Wirtschaft. Zahlreiche Bodenschätze: Erdgas, Erdöl, Kohle, Erze (Gold und Buntmetalle); Baumwollanbau (künstl. Bewässerung); Schaf-, Rinderzucht. Textil-, Bekleidungsind., Maschinen-, Fahrzeugbau, elektrotechn., Nahrungsmittelindustrie.
Geschichte. Um 1870 russ. Oberherrschaft; 1924 bis 1991 SSR; Souveränitätserklärung am 20. 6. 1990; Unabhängigkeitserklärung am 31. 8. 1991; Mitglied der GUS. Präs.: Islam Karimow (seit 1991).
Usedom, Ostseeinsel, zw. Peene und Swine (Odermündung), 445 km² groß, hat zahlreiche Seebäder (Usedom, Swinemünde, Ahlbeck, Heringsdorf, Zinnowitz u. a.); gehört größtenteils zu Meckl.-Vorp., der östlichste Teil mit Swinemünde zu Polen.
Ushuaia [uˈsṷaịa], Hptst. des Nationalterritoriums Tierra del Fuego (Feuerland), Argentinien, 11 000 Einwohner.
Ussuri *der,* rechter Nebenfluss des Amur in O-Asien, 897 km lang, bildet die Grenze zw. Russland und der VR China; 622 km schiffbar.

Utah
Flagge

Ussurijsk, Stadt in Russland, an der Vereinigung der Transsibir. mit der Ostchin. Bahn, 162 000 Ew.; Maschinenbau u. a. Industrie.
Ustascha *die,* 1929 gegr. radikale Organisation kroat. Nationalisten; 1941 bis 1945 unter A. Pavelić tragende polit. Kraft in Kroatien, vom ital. Faschismus beeinflusst, verfolgte Juden, Muslime und orthodoxe Christen (meist Serben).
Uster, Bezirksort im Kt. Zürich, Schweiz, 25 000 Ew.; Schloss; u. a. Maschinenbau.
Ustinov, Sir (seit 1990) Peter Alexander, eigentl. Petrus Alexandrus von U., brit. Schauspieler russisch-frz. Abstammung, * 1921; Dramatiker, Theater- und Filmregisseur. Romane (»Der Verlierer«, 1960), Dramen, Kurzgeschichten; Filme.
Ust-Kamenogorsk, Gebietshptst. in Kasachstan, am Irtysch, 324 000 Ew.; Ind.; Hochschulen; Zentrum der Buntmetallerzverhüttung.
Usurpation *die,* widerrechtl. Besitzergreifung, v. a. Aneignung eines Staatsamts durch Putsch oder Staatsstreich.
Utah [ˈjuːtɑː], Abk. **Ut.,** Staat der USA, in den Rocky Mountains, 219 889 km², 1,78 Mio. Ew. (73% Mormonen); Hptst. Salt Lake City. Überwiegend Trockengebiet, der W um den Großen Salzsee ist wüstenhaft. Anbau (künstl. Bewässerung) von Getreide, Kartoffeln, Zuckerrüben, Obst. ⚒ auf Kupfer-, Silber-, Blei-, Eisen-, Uranerze, Erdöl, Erdgas, Kohle u. a.; Erzverhüttung, Metallverarbeitung, Flugzeugbau; Fremdenverkehr (Nationalparks).
Utamaro, eigentl. **Kitagawa U.,** jap. Holzschnittmeister, * 1753, † 1806; Mehrfarbendrucke; Porträt- und Gruppenbilder schöner Frauen, erot. Darstellungen, Insekten, Blumen, Vögel, Landschaften.
UTC, Abk. für **U**niversal **T**ime **C**oordinated, → Weltzeit.
Ute, in der dt. Heldensage Mutter der Kriemhild und ihrer Brüder.
Uterus *der,* die → Gebärmutter.
Utica, von Phönikern gegr. antike Stadt in N-Afrika, nordwestlich von Karthago.
Utilitarismus *der,* philosoph. Richtung, die das menschl. Handeln nach dessen Nutzen für die Einzelnen sowie für die Gesamtheit bewertet. (→ Pragmatismus)
Utopie [griech. »kein Ort«] *die,* Schilderung eines erdachten (erhofften oder befürchteten) Gesellschaftszustands; urspr. ein Idealzustand, so in dem namengebenden Roman von T. More »Utopia« (1516).
Utraquisten, gemäßigte → Hussiten.
Utrecht [ˈyːtrɛxt], Stadt in den Niederlanden, am Amsterdam-Rhein-Kanal, 230 600 Ew.; alte Patrizierhäuser; gotischer Dom; 2 Univ.; Maschinenbau, Nahrungsmittel-, pharmazeut., elektrotechn., elektron., Papier verarbeitende u. a. Ind. – U. ist Römerstadt und alter kath. Bischofssitz (seit 1559 Erzbistum). Die Bischöfe traten ihr großes weltl. Herrschaftsgebiet 1527/28 an Kaiser Karl V. ab. In der **Utrechter Union** 1579 schlossen sich die nördl. Niederlande gegen Spanien zusammen; 1581 sagten sie sich von Spanien los. Der **Utrechter Friede** 1713 beendete den Span. Erbfolgekrieg.
Utrillo [uˈtriʎo, frz. ytriˈjo], Maurice, frz. Maler, * 1883, † 1955; farbenkräftige, klar aufgebaute Bilder von Straßen, bes. des Montmartre, von dörfl. Vorstädten und Kathedralen.
Utsunomiya, Prov.-Hptst. in Japan, auf Honshū, 419 000 Ew.; opt. Ind., Maschinenbau.
UV, Abk. für → Ultraviolett.
Uxmal [uʃˈmal], Ruinenstätte der Maya in Yucatán, Mexiko, südlich von Mérida; die bedeutende Stadt war zw. dem 7. und 11. Jh. besiedelt, Blütezeit gegen Ende des 10. Jahrhunderts.

V

v, V, **1)** 22. Buchstabe des dt. Alphabets, ein Konsonant. – **2)** röm. Zahlzeichen: **V** = 5. – **3)** ⚛ *v* Geschwindigkeit; *V* Volumen (Inhalt). – **4)** ⚡ **V** Zeichen für Volt. – **5) V** chem. Symbol für das Element Vanadium.

V 1, V 2, → V-Waffen.

VA, Einheitenzeichen für → Voltampere.

Vaal *der,* rechter Nebenfluss des Oranje in Südafrika, 1251 km lang, bildete z. T. die Grenze zw. Transvaal und Oranje-Freistaat.

Vaasa, schwed. **Vasa,** Hafenstadt in Finnland, am Bottn. Meerbusen, 53 800 Ew.; u. a. Holzverarbeitung, Textilindustrie.

Vabanque spielen [va'bãk-, frz. »es gilt die ganze Bank«], **1)** beim Glücksspiel: um den ganzen Bankeinsatz spielen. – **2)** Ü alles auf eine Karte setzen.

Vademekum [lat. »geh mit mir«] *das,* Taschenbuch als Reisebegleiter oder Ratgeber.

Vaduz [f-], Hptst. des Fürstentums Liechtenstein, am Rand der Alpenrheinebene, 4 900 Ew.; Schloss.

Vaganten [lat. »Umherschweifende«], im MA.: Vertreter der weltl. lat. Lyrik, fahrende Studenten oder Studierte.

Vagina *die,* **Scheide,** weibl. Geschlechtsorgan, ein häutig-muskulöser, mit Schleimhaut ausgekleideter Gang zw. Gebärmutter und Scheidenvorhof.

Vagus *der,* zehnter Gehirnnerv, Gegenspieler des Sympathikus; im oberen Teil gekoppelt mit dem Parasympathikus; Teil des vegetativen → Nervensystems.

Vaihingen an der Enz, Stadt in Bad.-Württ., 25 700 Ew.; Weinmuseum, Metall-, chem. und elektrotechn. Industrie.

Vakanz *die,* unbesetzte Stelle. (→ Sedisvakanz)

Vakuole *die,* mit Flüssigkeit gefüllter Hohlraum im Protoplasma der Zelle. Bei Einzellern und tier. Zellen dienen V. u. a. der Nahrungsaufnahme und Verdauung.

Vakuum *das,* ideal der völlig leere, materiefreie Raum, praktisch ein Raum mit verminderter Gasdichte. **V.-Technik** → Hochvakuumtechnik.

Vakuumextraktion, Saugglockenentbindung, ⚕ geburtshilfl. Verfahren: eine Saugglocke wird an den Kopf des Kindes angesetzt.

Vakzine *die,* ⚕ Impfstoff aus Bakterien oder Bakteriengiften zur Schutzimpfung.

Val d'Isère [valdi'zɛ:r], Wintersportort in den frz. Alpen, 1 850 m ü. M., 1 700 Einwohner.

Valdivia [bal'diβia], Prov.-Hptst. in Mittelchile, 120 600 Ew., darunter viele dt. Abstammung; kath. Bischofssitz, Univ., Handel, Industrie.

Valencia [ba'lenθia], **1)** im MA. maur. Königreich in Spanien, am Mittelmeer; wurde 1094 von El Cid, endgültig 1238 von Jakob I. von Aragonien erobert. – **2)** Regionshptst. an der O-Küste Spaniens, 777 000 Ew.; Erzbischofssitz, got. Kathedrale, Univ. (gegr. 1498); bedeutender Agrarhandel; Maschinenbau, Metall-, chem., elektrotechn. u. a. Ind.; ⚓ El Grao, ✈. – **3)** Stadt in Venezuela, 903 600 Ew.; Erzbischofssitz, Univ.; Metallverarbeitung, Kfz-, keram., Nahrungsmittel- u. a. Industrie.

Valenciennes [valã'sjɛn], Stadt in N-Frankreich, 39 300 Ew.; Kirche Saint Géry (13. Jh.); Univ.; Zentrum eines Kohlenreviers, Metall verarbeitende und Autoind.; früher weltberühmte Spitzenherstellung **(V.-Spitzen).**

Valens, Flavius, oström. Kaiser (364 bis 378), fiel 378 im Kampf gegen die Westgoten.

Valentia [və'lenʃɪə], Insel an der S-Küste Irlands; Ausgangspunkt wichtiger Amerikakabel (1866 erstes transatlant. Kabel).

Valentin, Märtyrer des 3. Jh., Schutzheiliger gegen Gicht und Fallsucht (Tag: 14. 2.).

Valentin ['fa-], Karl, eigentl. Valentin Ludwig **Fey,** Münchner Komiker und Schriftsteller, * 1882, † 1948.

Valentinian, weström. Kaiser: **1) V. I.,** eigentl. Flavius **Valentinianus** (364 bis 375), gab den östl. Reichsteil an seinen Bruder Valens. – **2) V. III.,** eigentl. Flavius **Placidus Valentinianus** (425 bis 455), ließ 454 den Feldherrn Aëtius ermorden.

Valentino, Rudolph, eigentl. Rudolfo **Guglielmi,** amerikan. Schauspieler ital. Herkunft, * 1895, † 1926; auch Tänzer; »Der Sohn des Scheichs« (1926).

Valenz *die,* ⚗ die → Wertigkeit.

Valeriana, die Pflanzengattung → Baldrian.

Valéry [vale'ri], Paul, frz. Dichter, * 1871, † 1945; Vertreter einer intellektuellen Lyrik.

Valladolid [baʎaðo'lið], Stadt in N-Spanien, 345 300 Ew.; Erzbischofssitz, Kathedrale, Univ. (gegr. 1346), zahlreiche Renaissancebauten; Metall-, Maschinen-, chem. u. a. Industrie.

Valle-Inclán ['baʎe iŋ'klan], Ramón Maria del, span. Schriftsteller, * 1866, † 1936; schrieb antibürgerl. Dramen und Romane, gilt als origineller Vertreter des span. Modernismo.

Valletta, maltes. **il-Belt Valletta,** Hptst. der Rep. Malta, 9 200 Ew.; Erzbischofssitz, Univ., Kathedrale, ehem. Großmeisterpalast des Johanniterordens, Festungsanlagen; ⚓, Reparaturwerft. Die Altstadt gehört zum Weltkulturerbe.

Vallotton [valɔ'tɔ̃], Félix, frz. Maler und Grafiker schweizer. Herkunft, * 1865, † 1925; Vertreter von Symbolismus und Art nouveau.

Valois [val'wa], histor. frz. Grafschaft. Das **Haus V.** regierte Frankreich 1328 bis 1589.

Valparaíso [b-], drittgrößte Stadt Chiles, am Pazif. Ozean, 288 300 Ew.; kath. Bischofssitz, 2 Univ., TU; bedeutendster Einfuhrhafen Chiles.

Valpolicella [valpɔli'tʃella], rubinroter, trockener bis leicht liebl. frischer Wein aus dem gleichnamigen Tal nördlich von Verona.

Valtenberg, höchste Erhebung des Lausitzer Berglands, Sa., 589 m hoch.

Valuta *die,* **1)** Wert, Gegenwert. – **2)** im Kontokorrentverkehr die Wertstellung (Datum der Wirksamkeit) von Gutschriften und Belastungen. – **3)** fremde Währung.

Vamp [væmp, amerikan. Abk. von Vampir] *der,* erot. anziehende, oft kühl berechnende Frau.

Vampir *der,* **1)** im slaw. Volksglauben Verstorbener, der nachts seinem Grab entsteigt, um Lebenden das Blut auszusaugen. – **2)** 🐾 → Fledermäuse.

Vanadium *das,* **Vanadin,** Symbol **V,** chem. Element, stahlgraues luftbeständiges Metall von großer Härte. OZ 23, D 6,11 g/cm³, Fp etwa 1890 °C, Sp 3 380 °C. V. ist in geringen Mengen in Eisenerzen enthalten. Durch V.-Zusatz werden Härte, Zähigkeit und Hitzefestigkeit von Metallen gesteigert; eine Legierung aus V. und Eisen heißt **Ferrovanadin.**

Van-Allen-Gürtel [væn 'ælın-], → Strahlungsgürtel.

Vaduz Stadtwappen

Valencia Stadtwappen

Valladolid Stadtwappen

Valparaíso Stadtwappen

Karl Valentin

Harold Eliot Varmus

Mario Vargas Llosa

Vancouver [vænˈkuːvə], **1) V. Island,** Insel vor der W-Küste Kanadas, im Pazif. Ozean, 31 284 km², gebirgig (bis 2280 m); 372 000 Ew.; Fischfang; Holzeinschlag und -verarbeitung; Hauptort: Victoria. – **2)** größte Hafenstadt Kanadas an der W-Küste, 471 800 Ew., Ballungsraum 1,6 Mio. Ew.; kath. Erzbischofssitz, Univ., Wirtschaftszentrum; Holzverarbeitung, Nahrungsmittelherstellung, Metallind., Maschinenbau; internat. ✈.

Vandalen → Wandalen.

Van-de-Graaff-Generator [ˈvændəgræf-], → Bandgenerator.

Vanderbilt [ˈvæn-], Cornelius, amerikan. Unternehmer, * 1794, † 1877; gewann (bes. mit Eisenbahnen) ein großes Vermögen, stiftete die V.-Universität in Nashville (Tenn.).

Vane [veɪn], Sir (seit 1984) John Robert, brit. Chemiker und Pharmakologe, * 1927; erhielt zus. mit S. K. Bergström und B. Samuelsson für Forschungen über Prostaglandine den Nobelpreis für Physiologie oder Medizin 1982.

Vänersee, schwed. **Vänern,** größter See Skandinaviens, in Mittelschweden, 5 585 km², bis 92 m tief; fließt in das Kattegat ab.

Vanille [vaˈnɪljə, vaˈnɪlə] *die,* Gattung trop. Orchideen, Schlinggewächse mit grünl., innen weißen Blüten. Die gelblich grünen schotenförmigen Kapselfrüchte werden durch Trocknung und Fermentierung zu schwarzem, glänzendem Gewürz **(V.-Stangen).** Anbaugebiete: Westindien, W-Afrika, Java. **Vanillin** ist der würzige Riechstoff der V.-Frucht; auch Bezeichnung für den synthetisch hergestellten V.-Ersatz.

Vanuatu

Staatswappen

Staatsflagge

Vanuatu, Rep. in Ozeanien, umfasst die Neuen Hebriden, 12 190 km², 168 000 Ew., Hptst.: Vila (auf Efate); größte Insel: Espiritu Santo; Ackerbau, Viehzucht, Holzeinschlag, Abbau von Mangan; Ausfuhr von Kakao, Kaffee, Gefrierfleisch, Mangan. – Die Neuen Hebriden wurden 1606 von span. Seefahrern entdeckt; seit 1906 brit.-frz. Kondominium, seit 1980 als V. unabhängig. Staatsoberhaupt Jean-Marie Leyé (seit 1994), Reg.-Chef S. Vohor (seit 1996).

Varanasi [vaːˈraːnəsɪ], früher **Benares,** Stadt in Uttar Pradesh, Indien, 926 000 Ew.; hinduist. Wallfahrtsort am linken Ufer des Ganges, über 1500 Tempel und Kultstätten; 2 Univ.; Textil-, chem. und Metall verarbeitende Industrie.

Varangerfjord [vaˈraŋgərfjuːr], nördlichster Fjord Norwegens, 95 km lang.

Varel [f-], Stadt in Ndsachs., am Jadebusen, 24 100 Ew.; Luft- und Raumfahrtind., Maschinenind.; Nordseebad **Dangast.**

Varese, Stadt in Italien, im O des Lago Maggiore, 85 500 Ew.; Leder- und Metallverarbeitung, Kfz- u. a. Industrie.

Vargas Llosa [ˈbarɣaz ˈjosa], Mario, peruan. Schriftsteller, * 1936; seit 1993 auch span. Staatsbürger, 1996 mit dem Friedenspreis des Dt. Buchhandels ausgezeichnet; Romane »Das grüne Haus«, »Der Hauptmann und sein Frauenbataillon«, »Lob der Stiefmutter«, »Tod in den Anden«.

Variable *die,* √ veränderl. Größe.

Variante *die,* abweichende Lesart.

Variation *die,* **1)** Abwechslung, Schwankung, Ungleichheit. – **2)** 𝄞 die Abwandlung eines Themas in Melodie, Harmonie, Rhythmus. – **3)** ✿ ♡ Auftreten erbl. oder nichterbl. Unterschiede bei Individuen einer Art oder einer Population.

Variationsrechnung, √ Gebiet der höheren Mathematik, das sich mit bes. Extremwertaufgaben befasst.

Varieté [frz. »Mannigfaltigkeit«] *das,* Theater, in dem Akrobatik, Tanz, Komik, Zauberei u. a. dargeboten wird.

Variometer *das,* Gerät zur Beobachtung von Messwertänderungen. Funkmesstechnik: Spule mit einstellbarer Induktivität.

Vario-Objektiv, das Zoomobjektiv (→ fotografische Objektive).

Variskisches Gebirge, ⊕ das im Paläozoikum (bes. Karbon) gebildete, vielfach zu Rümpfen abgetragene Faltengebirge Mittel- und Westeuropas.

Varistor [Abk. für engl. **var**iable res**istor** »veränderl. Widerstand«] *der,* ⚡ nichtlineares elektr. Bauelement aus Metalloxiden, dessen elektr. Widerstand mit zunehmender Spannung stark abnimmt; als Überspannungsschutz verwendet.

Värmland, waldreiche Landschaft in Mittelschweden, nördlich vom Vänersee.

Varmus [ˈvaːməs], Harold Eliot, amerikan. Mediziner, * 1939; erhielt mit M. J. Bishop für die Entdeckung des zellulären Ursprungs retroviraler Onkogene (Krebsgene) den Nobelpreis für Medizin 1989.

Varnhagen von Ense [f-], **1)** Karl August, dt. Diplomat, Schriftsteller, * 1785, † 1858; vertrat liberaldemokrat. Ansichten; Biographien. – **2)** Rahel, geb. **Levin** [ˈleːvin, leˈviːn], Gattin von 1), * 1771, † 1833; Mittelpunkt eines literar. Salons der Romantiker und des »Jungen Deutschland«.

Varro, Marcus **Terentius,** röm. Gelehrter, * 116, † 27 v. Chr.; Anhänger Pompeius', Verfasser mehrerer Enzyklopädien.

Varuna, ind. Gott, im Veda Hüter der sittl. Weltordnung; in nachved. Zeit Gott des Wassers.

Varus, Publius **Quinctilius,** röm. Feldherr, * um 46 v. Chr., † 9 n. Chr.; von Arminius im Teutoburger Wald (?) vernichtend geschlagen **(V.-Schlacht).**

Vasall *der,* Lehnsmann.

Vasallenstaat, trotz formeller Selbstständigkeit von einem Oberstaat abhängiger Staat.

Vasarély [vazareˈli], Victor de, frz. Maler ungar. Herkunft, * 1908, † 1997; lebte seit 1930 in Paris, führender Vertreter der auf reine Geometrisierung des Bildraums gerichteten Gruppe »Espace«; trug bes. zur Entwicklung der Op-Art bei.

Vasari, Giorgio, ital. Maler, Baumeister, Kunstschriftsteller, * 1511, † 1574. Seine Lebensbeschreibungen ital. Künstler zählen zu den wichtigsten Quellen der Kunstgeschichte.

Vasco da Gama → Gama, Vasco da.

Vaseline *die,* ☊ Kohlenwasserstoffgemisch, u. a. aus Erdölfraktionen gewonnen; dient als Schmiermittel, gereinigt als Salbengrundlage.

vasomotorische Nerven, Gefäßnerven, ⚕ regeln bei Mensch und Wirbeltieren die Blutverteilung in den einzelnen Körperteilen.

Vasopressin *das,* **Adiuretin** *das,* ⚕ die Harnbildung hemmendes Hormon des Hypophysenhinterlappens.

Västerås [vɛstəˈroːs], Stadt in Mittelschweden, am Mälarsee, 120 400 Ew.; Domkirche, Schloss.

Västerbotten, Landschaft und Verw.-Bez. (Län) in N-Schweden; Hptst.: Umeå.

Väster|norrland, Landschaft und Verw.-Bez. (Län) in N-Schweden; Hauptort: Härnösand.
Västmanland, Landschaft und Verw.-Bez. (Län) in Mittelschweden; Land-, Forstwirtschaft, Bergbau, Eisenindustrie. Hptst.: Västerås.
Vater, der Erzeuger eines Kindes.
Vater|recht, Rechtsordnung, in der die väterl. Abstammung maßgebend ist.
Vaterschaft, Rechtsverhältnis des Vaters zum Kind. Bei einer **Vaterschaftsklage** wird die V. mithilfe medizinisch-naturwiss. Gutachten gerichtlich festgestellt.
Vater|unser, im N. T. das mit diesen Worten beginnende Gebet Jesu (»Gebet des Herrn«).
Vatikan *der,* Residenz des Papstes auf dem Monte Vaticano in Rom, an die Peterskirche angegliedert; enthält etwa 1000 Säle, Zimmer und Kapellen, darunter die Sixtinische Kapelle, die von Raffael ausgemalten Stanzen, ferner Archiv, wertvolle Bücher- und Kunstsammlungen.
Vatikanische Konzile, zwei im Vatikan abgehaltene Konzile; das **Erste V. K.** (Vaticanum I) tagte 1869/70, verkündete Primat und →Unfehlbarkeit des Papstes; das **Zweite V. K.** (Vaticanum II) tagte 1962 bis 1965 und verfolgte das Ziel einer Erneuerung von Lehre und Leben der Kirche; zu den wichtigsten Ergebnissen gehören: die Liturgiereform, die Stärkung der Ostkirchen und der nat. Bischofskonferenzen sowie die Öffnung gegenüber nichtkath. Kirchen (Ökumenismus) und nichtchristl. Religionen.

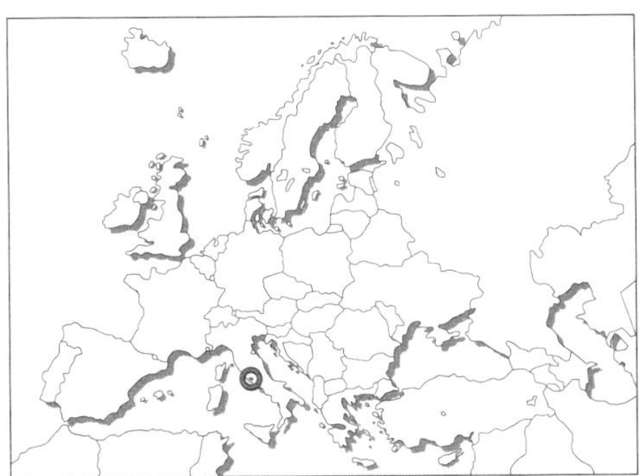

Vatikanstadt, selbstständiger Stadtstaat im NW Roms, 0,44 km², etwa 750 Einwohner. Staatsoberhaupt ist der Papst, der die oberste gesetzgebende, vollziehende und richterl. Gewalt ausübt. Amtssprache Italienisch. Bildungseinrichtungen: Päpstl. Univ. (nicht in der V.), Päpstl. Akademie der Wiss., Vatikan. Bibliothek u. a. Die V. umfasst den Vatikan, die Peterskirche, die päpstl. Gärten und den Petersplatz. Von der UNESCO wurde sie zum Weltkulturerbe erklärt. Außerdem besitzt der Heilige Stuhl als freies Eigentum mit dem Recht der Exterritorialität mehrere Kirchen und Gebäude in Rom und den päpstl. Sommerpalast in Castel Gandolfo. Die V. hat einen eigenen Bahnhof, Rundfunksender, Münz- und Posthoheit. Durch die Lateranverträge von 1929 hat Italien die volle Souveränität der V. anerkannt.
Vatnajökull, größter Gletscher Europas, im SO von Island, 8300 km².
Vättersee, schwed. **Vättern,** zweitgrößter See Schwedens, 1912 km², durch den Götakanal mit Ost- und Nordsee verbunden.
Vauban [vo'bã], Sébastien **le Prestre de,** frz. Marschall, * 1633, † 1707; Festungsbaumeister.
VDE, Abk. für **V**erband **D**eutscher **E**lektrotechniker e. V. **VDE-Vorschriften** sind behördlich anerkannte Bestimmungen für Bau, Errichtung und Betrieb elektr. Geräte.
VDI, Abk. für **V**erein **D**eutscher **I**ngenieure e. V.
VdK, Abk. für **V**erband **d**er **K**riegs- und Wehrdienstopfer, Behinderten und Sozialrentner Deutschlands e. V.
VEB, **V**olkseigener **B**etrieb, in der DDR bis Juli 1990 vorherrschende Organisationsform der Betriebe.
Veda [altind. »Wissen«] *der,* **Weda,** Name der ältesten heiligen Schriften der Inder, deren früheste aus der Zeit vor dem 1. Jt. v. Chr. stammen. Man unterscheidet den **Rigveda** (Hymnen an die Götter), den **Samaveda** (Opfergesänge), den **Yajurveda** (Opfersprüche) und den **Atharvaveda** (Zauberlieder). Daran schließen sich die Brahmanas und die Upanishaden an. Der V. zählt zu den heiligen Schriften des Hinduismus.
Védrine [ve'drin], Hubert, frz. Politiker (Parti Socialiste, PS), * 1947; 1988 bis 1995 Sprecher und Generalsekretär des Präsidialamtes, seit 1997 Außenminister.
Vedute *die,* ✍ Stadt- oder Landschaftsgemälde in getreuer Wiedergabe.
Vega Carpio ['beɣa -], Lope Félix de, Kurzform **Lope de Vega,** span. Dichter, * 1562, † 1635. V. soll über 1500 Theaterstücke geschrieben haben; u. a. lebensvolle Komödien, geistl. Spiele; Epen, Romane, geistl. und weltl. Lyrik.
Vegesack, Siegfried von, dt. Schriftsteller, * 1888, † 1974; Romantrilogie »Die Balt. Tragödie« (1933 bis 1935).
Vegetari|er *der,* jemand, der sich (ausschließl. oder überwiegend) von pflanzl. Kost ernährt.
Vegetation *die,* Pflanzenwelt, Pflanzenbestand eines Gebiets in seiner Gesamtheit.
Vegetationspunkte, ⚘ meist kegelförmige Enden der Sprossachsen und Wurzeln, die Längenwachstum und Neubildung von pflanzl. Organen bewirken.
vegetativ, 1) ⚘ pflanzlich. – **2)** ⚕ unbewusst wirkend.
Vegetatives Nervensystem →Nervensystem.
Veilchen, Viola, Gattung krautiger, kleiner Staudenpflanzen mit kriechendem Wurzelstock und gespornten Blüten. Das **Wohlriechende V.** (März-V.) hat dunkelviolette Blüten; auf Niederungswiesen, angepflanzt in Gärten. Das blau blühende **Hunds-V.** wächst in Wäldern, duftet nicht. Das **Wilde Stiefmütterchen,** auf Äckern, Wiesen, blüht gelb und violett. Das **Gartenstiefmütterchen** mit großen farbenreichen Blüten ist eine Züchtung. Nicht verwandt: Alpenveilchen und Usambaraveilchen.
Veit, Vitus, frühchristl. Märtyrer, Schutzheiliger.
Veits|tanz, Chorea, ⚕ Gruppe von Erkrankungen des zentralen Nervensystems mit charakterist. Bewegungsstörungen. Die **Chorea minor** bei Kindern heilt meist folgenlos aus. Die im Erwachsenenalter auftretende **Huntington-Chorea** ist eine unheilbare Erbkrankheit und führt zum Tod.
Vejle ['vajlə], dän. Handels- und Ind.stadt am V.-Fjord, O-Jütland, 51800 Einwohner.
Vektor *der,* √ Größe, die durch Betrag und Richtung bestimmt ist und daher durch eine gerichtete Strecke (Pfeil) dargestellt wird. V. werden nach bestimmten Regeln addiert und subtrahiert. Viele physikal. Größen (Kräfte, Feldstärken) lassen sich wie V. behandeln.
Vektorrechner, 🖳 Rechner, der für die parallele Verarbeitung von Daten, v. a. Vektoren, geeignet ist.
Velázquez [be'laθkεθ], Diego **Rodríguez de Silva y V.,** span. Maler, * 1599, † 1660; seit 1623 Hofmaler in Madrid. Seine Italienreisen hinterließen deutl. Spuren in seinem Werk. Am Anfang malte er in Helldunkelmanier (»Das Frühstück«), das Hauptwerk der 2. Epoche ist die »Übergabe von Breda«.
Velbert [f-], Stadt in NRW, 90100 Ew.; Metall verarbeitende Industrie.
Velde, van de, **1)** Adriaen, niederländischer Landschaftsmaler, * 1636, † 1672. – **2)** Henry, belg. Architekt, * 1863, † 1957; einer der vielseitigsten Künstler des Jugendstils.

Lope Félix de Vega Carpio

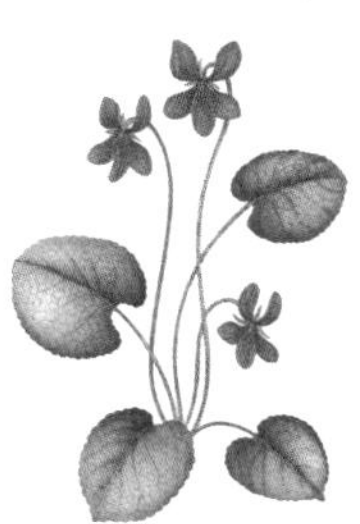

Wohlriechendes **Veilchen**

Vatikanstadt

Staatswappen

Staatsflagge

Internationales Kfz-Kennzeichen

Venezuela

Staatswappen

Staatsflagge

Internationales Kfz-Kennzeichen

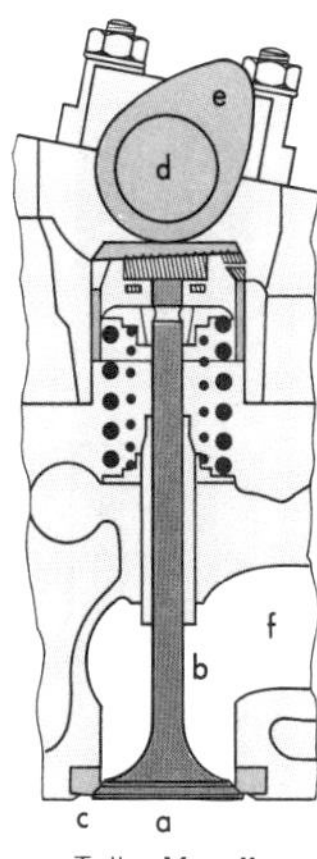

Teller-**Ventil** eines Kolbenmotors, das durch eine oben liegende Nockenwelle betätigt wird; a Ventilteller, b Ventilschaft, c Ventilsitz, d Nockenwelle, e Nocke, f Gaskanal

Vẹlden am Wörther See [f-], Kurort und Sommerfrische in Kärnten, am W-Ufer des Wörther Sees, 470 m ü. M., 8 000 Ew.; Spielkasino.

VELKD, Abk. für →Vereinigte **E**vangelisch-**L**utherische **K**irche **D**eutschlands.

Vẹlo [v-] *das,* Fahrrad. **Velodrọm** *das,* Radrennbahn.

Velours [vəˈluːr] *der,* **1)** Samt. – **2)** Florgewebe.

Velsen [ˈvɛlsə], Stadt in den Niederlanden, am Nordseekanal, 61 500 Ew.; Stahl-, chem. Industrie.

Vẹlten [f-], Stadt in Bbg., im NW von Berlin, 10 800 Ew.; keram. Industrie.

Veltlịn *das,* ital. **Valtellịna,** ital. Alpental der oberen Adda, zw. Ortlergruppe und Comer See; Obst-, Weinbau. Hauptort ist Sondrio. – Das V. war 1512 bis 1797 schweizer., fiel 1797 an die Zisalpinische Rep., 1814 österr., 1861 italienisch.

Velvet [ˈvelvɪt] *der,* Baumwollsamt.

Vẹnda, Gebiet in Südafrika, im NO der Prov. Transvaal, Siedlungsgebiet der rd. 550 000 Venda.

Vendée [vãˈde] *die,* **1)** histor. Landschaft in W-Frankreich, südl. der Loiremündung; 1793 bis 1796 royalist. Erhebung gegen die republikan. Regierung. – **2)** Dép. in W-Frankreich, 6 720 km², Hptst.: La Roche-sur-Yon.

Vendẹtta *die,* ital. für Blutrache.

Vendsyssel-Thy [ˈvɛnsysəlˈtyː], der nördlich des Limfjords gelegene Teil Jütlands, Dänemark.

Venẹdig, ital. **Venẹzia,** Stadt in N-Italien, am Adriat. Meer, 308 700 Ew., auf etwa 150 Inseln in einer Lagune auf Pfahlrosten erbaut, durch eine 3 601 m lange Eisenbahnbrücke und eine Autostraße mit dem Festland verbunden und von zahlreichen Kanälen durchschnitten (Canal Grande mit der Rialtobrücke); Erzbischofssitz, Univ. Bekannt sind: Markusplatz mit der Sankt-Markus-Kirche (1063 begonnen) und Palästen, z. B. dem Dogenpalast (zw. 1309 und 1442 errichtet) sowie dem viereckigen Glockenturm (Campanile), got. Kirche Santa Maria Gloriosa dei Frari (um 1340 begonnen) mit Grabmal Tizians, Kirche Santa Maria della Salute (1631 begonnen). V. hat Hochschulen für Handel, Musik, Akademie der schönen Künste, Museen und Galerien, Musik- und Filmfestspiele und ist einer der wichtigsten Handelshäfen Italiens mit Werften, Docks und Ind. (v. a. in den auf dem Festland gelegenen Vorstädten **Marghera** und **Mestre**). Fremdenverkehr, auch Seebad (Lido). V. gehört zum Weltkulturerbe. V., nach der röm. Verw.-Einheit »Venetien« benannt, entstand im 4./5. Jh. und wurde ein Adelsfreistaat, an dessen Spitze seit dem 7. Jh. ein Doge stand. Es errang neben Genua die Seeherrschaft im östl. Mittelmeer (Istrien, Dalmatien, Peloponnes, Kreta, Zypern). Durch die Entdeckung des Seewegs nach O-Indien und Amerika wurde die Handelsmacht zurückgedrängt. Dazu verlor V. nach und nach seine griech. Besitzungen an die Türken. 1797 machte Napoleon dem Adelsfreistaat ein Ende; V. kam mit Istrien und Dalmatien an Österreich. 1848/49 erhob sich V. vergeblich gegen die Fremdherrschaft, 1866 kam Venetien – ohne Istrien und Dalmatien – an das neue Kgr. Italien.

Venẹdiger *der,* **Großvenediger,** Gipfel der Hohen Tauern, Österreich, 3 666 m hoch.

Vẹnen, ⚕ →Blutadern. **V.-Entzündung, Phlebịtis,** entsteht durch Verletzung, durch die Nähe eines Entzündungsherds (z. B. Furunkel) oder durch im Blut kreisende Erreger; führt häufig zu Thrombose, mitunter zu Embolie. **V.-Erweiterung** →Krampfadern, →Hämorrhoiden.

venẹrische Krankheiten, ⚕ die →Geschlechtskrankheiten.

Venẹti|en, ital. **Vẹneto,** Region in NO-Italien, 18 365 km², 4,4 Mio. Ew., Hptst.: Venedig; umfasst Teile der Venetianer Alpen, den NO der Poebene und das Tiefland des Polesine.

venezianische Schule, 1) 🎨 Richtung der Malerei in Venedig, Blütezeit im 16. Jh., u. a. Tizian, P. Veronese. – **2)** 𝄞 Gruppe von Kapellmeistern in Venedig zw. 1530 und 1620, u. a. A. Willaert, C. Monteverdi, A. und G. Gabrielli.

Venezuẹla, Staat im nördl. Südamerika, am Karib. Meer, 912 050 km², 20,19 Mio. Ew.; Hptst.: Caracas; Amtssprache: Spanisch. Nach der Verf. von 1961 ist V. eine föderative Rep., Staatsoberhaupt der Präsident.

Landesnatur. V. umfasst das Orinoko-Tiefland (Llanos), im W Ausläufer der Kordilleren (Kordillere von Mérida, 5 002 m) und das Tiefland von Maracaibo, hat im SO Anteil am Bergland von Guayana. Hauptfluss: Orinoko.

Klima. Tropisch, im Gebirge gemäßigt bis kühl.

Bevölkerung. Überwiegend Mischlinge, v. a. Mestizen, rd. 20 % Weiße, schwarze und indian. Minderheiten.

Wirtschaft. Die während des Erdölbooms vernachlässigte Landwirtschaft wurde in den letzten Jahren wieder ausgebaut (Mais, Reis, Zuckerrohr, Kaffee, Kakao, Früchte); Fischerei. Erdölförderung, ⚒ auf Eisenerz, Aluminium, Diamanten u. a.; Erdölraffinerien, Eisen- und Stahl-, Nahrungsmittel-, Textilind. Ausfuhr: Erdöl und -erzeugnisse, Aluminium, Stahl, Eisenerz, Kaffee, Kakao. Haupthandelspartner: USA, Dtl., Italien. ⚓: La Guaira (Caracas), Maracaibo, Puerto Cabello, Puerto Ordaz; internat. ✈: Caracas, Maracaibo u. a.

Geschichte. V., nach einem Pfahldorf der Eingeborenen »Klein-Venedig« genannt, wurde 1498/99 entdeckt, 1528 von Kaiser Karl V. den Augsburger Welsern verpfändet. 1546 fiel es an die span. Krone zurück, von der es 1810 bis 1821 durch S. Bolívar befreit wurde (Teil Großkolumbiens). Seit 1830 unabhängige Rep., 1864 Bundesrep. Staatspräs.: R. Caldera Rodríguez (seit 1994).

vẹni, vịdi, vịci [lat. »ich kam, sah, siegte«], Ausspruch Caesars nach dem Sieg bei Zela 47 v. Chr.

Venizẹlos [vɛniz-], Eleftherios, griech. Politiker, * 1864, † 1936; erreichte die Vereinigung seiner Heimat Kreta mit Griechenland (endgültig 1913), war 1910 bis 1935 mehrfach Min.-Präsident.

Vẹnlo [f-], Stadt in den Niederlanden, an der Maas, 64 900 Ew.; Ind.; Gemüse- und Obstbau.

Venn →Fehn.

venọ̈s, ⚕ eine Vene (Blutader) betreffend; **venöses Blut,** kohlensäurereiches, sauerstoffarmes Blut.

Ventịl *das,* **1)** ⚙ Absperrvorrichtung für Flüssigkeiten und Gase mit Bewegung des Verschlusselements in Durchflussrichtung. Sonderbauarten: **Reduzier-, Schnellschluss-, Sicherheits-V.** – **2)** 𝄞 bei Blechblasinstrumenten Vorrichtung zur Verlängerung oder Verkürzung der Schallröhre, um chromat. Zwischentöne hervorbringen zu können. – **3)** ⚡ **elektr. V.,** Bauelement, das den Strom in einer Richtung durchlässt, in der anderen sperrt, z. B. Diode, Thyristor.

Ventilator *der,* **Lüfter,** ⚙ Gerät zur Erzeugung eines Luftstroms (zur Kühlung, zur Be- oder Entlüftung von Räumen); arbeitet mit elektrisch angetriebenem Flügel- oder Schaufelrad.

Ventimiglia [venti'miʎa], Seebad an der ital. Riviera (frz. Grenze), 26 000 Einwohner.

ventral, ⚕ bauchseitig.

Ventriculus *der,* Magen. **Ventrikel** *der,* **1)** Herzkammer. – **2)** Hirnkammer.

Venturi-Rohr [nach dem ital. Physiker G. B. Venturi, * 1746, † 1822], Gerät zur Mengenstrommessung strömender Flüssigkeiten und Gase durch eine in die Rohrleitung eingebaute **Venturi-Düse.** Druckunterschiede vor und im engsten Querschnitt der Düse zeigt ein Differenzmanometer an.

Venus, 1) röm. Göttin der Liebe, urspr. altitalische Gartengöttin, später der Aphrodite gleichgesetzt. – **2)** ☼ zweiter Planet des Sonnensystems. Steht die V. östl. von der Sonne, so ist sie als **Abendstern** (Hesperos) sichtbar, bei westl. Stand von der Sonne als **Morgenstern.** Die Atmosphäre des Planeten ist undurchsichtig und enthält 96% Kohlendioxid und 3% Stickstoff, die Oberflächentemperatur beträgt um +480°C, der Druck 9,5 MPa (= 95 bar). (→Planeten ÜBERSICHT)

Venusberg, Name mehrerer Berge in Dtl., bes. in Schwaben und Thüringen. (→Tannhäuser)

Venusfliegenfalle, Dionaea, nordamerikan. tierfangende Sumpfpflanze. Die empfindl. Blätter klappen bei Berührung durch Insekten zusammen, fangen und verdauen sie.

Veracruz [bera'kru:s], wichtigste Hafenstadt der O-Küste Mexikos, 327 500 Ew., ⚓. – V. wurde 1519 von H. Cortés als erste span. Niederlassung in Mexiko gegründet.

Veranda *die,* überdachter Freisitz an einem Haus.

Ver|änderliche, 1) √ svw. Variable. – **2)** ☼ veränderl. Sterne, deren Zustandsgrößen (bes. Helligkeit, auch Temperatur, Dichte, Durchmesser u. a.) schwanken.

Ver|ätzung, Hautver|ätzung, ⚕ Verletzung von Haut und Schleimhäuten durch Ätzgifte (Säuren, Alkalien, Metallsalze).

Ver|äußerung, ⚖ Übertragung eines Rechts, bes. des Eigentums, auf eine andere Person; Art der →Verfügung.

Verb *das,* lat. **Verbum, Zeitwort, Tätigkeitswort,** Ⓢ Wortart, die als Prädikat des Satzes auftritt. Konjugation (Beugung) heißt die Veränderung nach Person, Numerus (Zahl), Tempus (Zeit), Genus (Handlungsart: Aktiv oder Tatform, Passiv oder Leideform) und Modus (Aussageweise: Indikativ oder Wirklichkeitsform, Konjunktiv oder Möglichkeitsform, Imperativ oder Befehlsform).

verbal, 1) mündlich. – **2)** Ⓢ zeitwörtlich. **Verbalinjuri|e,** ⚖ die Beleidigung durch Worte. **Verbal|inspiration,** wörtl. Eingebung durch den Hl. Geist.

verballhornen [nach dem Drucker Johann Balhorn, * 1528, † 1603], ein Wort o. Ä. (versehentlich oder absichtlich) entstellen.

Verband, 1) ⚕ Bedeckung kranker oder verletzter Körperteile mit Verbandstoffen (**Schutz-** oder **Wund-V.**). (→Gipsverband, →Streckverband) – **2)** ⚖ Personenvereinigung zu einem bestimmten Zweck, die eine Satzung hat, einen gemeinschaftl. Willen bilden kann und zumeist rechtsfähig ist. Es gibt privatrechtl. und öffentlich-rechtl. Verbände.

Verbannung, Verbot des Aufenthalts in einem Gebiet, auf Zeit oder Lebenszeit.

Verbene, Verbena *die,* →Eisenkraut.

Verbindlichkeit, ⚖ Verpflichtung des Schuldners zu einer Leistung; sie entspricht der Forderung auf der Gläubigerseite.

Verbindung, 1) alles Einigende, Zusammenschließende, Verknüpfende. – **2)** ⚗ →chemische Verbindung. – **3)** Form des student. Gemeinschaftslebens; man unterscheidet Burschenschaften, Corps, Landsmannschaften. Bes. Kennzeichen der meisten Verbände: Tragen von Verbindungsfarben in Band und Mütze (»Couleur«); versch. Verbände bejahen die →Mensur.

verblenden, ⌂ Bauteile mit anderem, meist besserem Material verkleiden.

Verbraucher, Käufer von Waren zur eigenen Bedürfnisbefriedigung (End-, Letzt-V.). **V.-Forschung** stellt Bedarf und Wünsche der V. fest; die Vertretung der Interessen der V. übernehmen **V.-Verbände.**

Verbrauchergenossenschaften →Konsumgenossenschaften.

Verbraucherschutz, Maßnahmen zum Schutz des Verbrauchers vor einer Gefährdung seiner Sicherheit und Gesundheit sowie vor Täuschung und Übervorteilung.

Verbrauchsgüter, Konsumgüter, die nach einmaliger Nutzung aufgebraucht sind (z. B. Nahrungsmittel); Ggs.: Gebrauchsgüter.

Verbrauchsteuer, Aufwandsteuer auf den Verbrauch von Gütern (Tabak, Alkohol, Mineralöl u. a.); eine allg. V. ist die Mehrwertsteuer.

Verbrechen, ⚖ i. e. S. eine gemäß StGB mit Freiheitsstrafe nicht unter 1 Jahr bedrohte Straftat. Der Versuch eines V. ist stets strafbar. V. i. w. S. ist jede strafbare Handlung, im Ggs. zu den Ordnungswidrigkeiten. – **V. gegen die Menschlichkeit,** →Humanitätsverbrechen.

Verbrennung, 1) ⚗ Verbindung brennbarer Stoffe mit Sauerstoff unter Flammenbildung, eine Oxidation. – **2)** ⚕ durch Hitze hervorgerufene Gewebeschädigung in 4 Schweregraden: 1. Rötung, 2. Brandblasenbildung, 3. Entstehung von Brandwunden, 4. Verkohlung. Behandlung: Kühlung und keimfreie Abdeckung der verbrannten Hautflächen, Gabe von schmerzstillenden Mitteln, Antibiotika und Tetanusimpfstoffen; bei ausgedehnter V. Behandlung im Krankenhaus.

Verbrennungskraftmaschine, ⚙ Maschine, in der durch unmittelbare Verbrennung von Treibstoffen mit Luft eine Antriebskraft erzeugt wird. Einteilung der V.: Verbrennungsmotoren, Heißgasmotoren, Gasturbinen.

Verbrennungsmotor, ⚙ Verbrennungskraftmaschine, die mit einem Kolben arbeitet, der sich in einem Zylinder bewegt. Bauformen: Otto-, Diesel-, Kreiskolbenmotor.

Verbrennungswärme →Heizwert.

Verbundglas, Sicherheitsglas, aus 2 oder mehr normalen Glastafeln mit Kunststofffolien als Zwischenlage verklebt.

Verbundmaschine →Dampfmaschine.

Verbundwerkstoffe, ⚙ Werkstoffe aus verschiedenartigen, miteinander fest verbundenen Materialien, bei denen die wesentl. Eigenschaften der Komponenten vorteilhaft kombiniert sind. Je nach Art der Verbindung unterscheidet man **Teilchen-, Faser-** und **Schichtverbundwerkstoffe.**

Verbundwirtschaft, ✐ Zusammenarbeit von Betrieben, z. B. in der Energieversorgung.

Vercelli [ver'tʃɛlli], Stadt in N-Italien, 48 600 Ew.; Erzbischofssitz; Kernforschungszentrum; Kastell, Dom, die Basilika Sant' Andrea mit Campanile (15. Jh.); Reisanbau und -handel.

Vercingetorix, Keltenfürst, Führer des gall. Aufstands gegen Caesar, 52 v. Chr. in Alesia überwältigt, 46 v. Chr. in Rom hingerichtet.

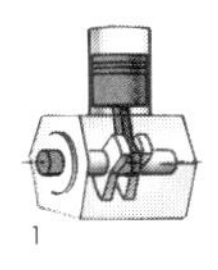

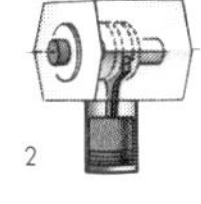

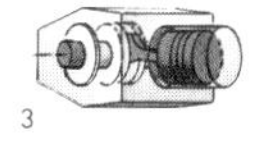

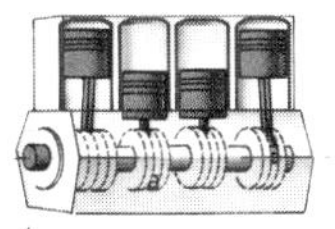

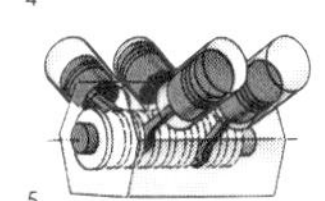

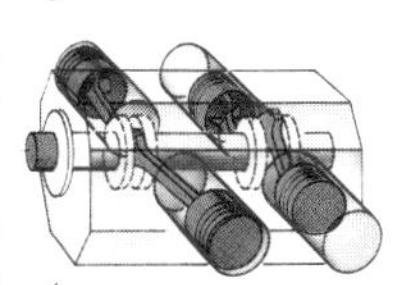

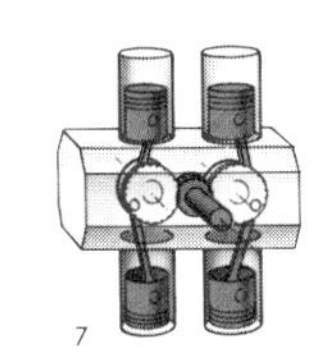

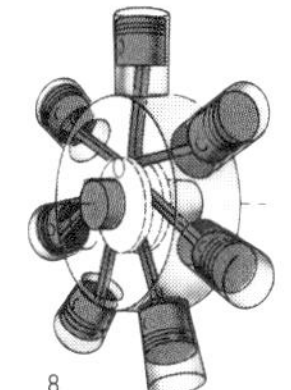

Schematische Darstellung verschiedener Hubkolben-**Verbrennungsmotoren.** 1–3 Einzylindermotoren: 1 stehend, 2 hängend, 3 liegend; 4–7 Vierzylinder-Reihenmotoren; 4 Reihenmotor stehend, 5 V-Reihenmotor stehend, 6 Boxermotor, 7 H-Reihenmotor; 8 Sternmotor

Giuseppe Verdi
Ausschnitt aus einem zeitgenössischen Ölgemälde

Verdienstorden der Bundesrepublik Deutschland
Ordenskreuz und Ordensband

Verdun
Stadtwappen

Vereinigte Arabische Emirate

Staatswappen

Staatsflagge

Internationales Kfz-Kennzeichen

Vercors [vɛrˈkɔːr], eigentl. Jean **Bruller,** frz. Schriftsteller, *1902, †1991; Mitgründer des frz. Widerstandsverlags »Les Éditions de Minuit«; Romane, Novellen u. a.

Verdampfung, Übergang eines flüssigen oder festen Stoffs in den gasförmigen Zustand (Verdunstung, Sieden, Sublimation).

Verdampfungswärme, Wärmemenge (in kJ), die benötigt wird, um 1 kg einer Flüssigkeit bei unverändertem Druck in Dampf gleicher Temperatur zu überführen **(spezif. V.).**

Verdandi, eine der →Nornen.

Verdau|ung, Sammelbegriff für die Vorgänge im V.-Kanal (Mundhöhle, Magen, Darm), durch die die Nahrung zur Aufnahme (Resorption) in die Körpersäfte umgewandelt wird. Nach Zerkleinerung durch Kauen werden die Nahrungsstoffe mithilfe der V.-Säfte (Speichel, Magensaft, Galle, Bauchspeichel, Darmsaft) und der in ihnen enthaltenen Enzyme in ihre Grundbestandteile abgebaut: Kohlenhydrate durch Ptyalin (Speichel) und Diastase (Bauchspeicheldrüse) in Traubenzucker; die Eiweißkörper durch Pepsin (Magensaft), Trypsin und Erepsin (Darmsaft) in Aminosäuren; die Fette durch Lipase (Bauchspeichel) in Glycerin und Fettsäuren, nach vorheriger Emulgierung in feinste Teilchen durch die Galle. Traubenzucker und Aminosäuren können von den Darmzotten direkt ins Blut aufgesaugt werden. Wasserunlösl. Fettsäuren werden durch Gallensäuren und Alkali wasserlöslich gemacht. Die V.-Vorgänge, wie Absonderung der V.-Säfte, Magen-Darm-Bewegungen (Peristaltik) zur Durchmischung und Vorwärtsbewegung des Speisebreis, werden vom vegetativen Nervensystem gesteuert. Über **V.-Störungen** →Darmkrankheiten, →Magenkrankheiten.

verdeckter Ermittler, ⚖ Polizeibeamter, der unter einer veränderten Identität im Bereich der organisierten Kriminalität (Drogen-, Waffenhandel, Staatsschutz) ermittelt; der Einsatz v. E. ist in der Strafprozessordnung geregelt.

Verden (Aller), Stadt in Ndsachs., 26900 Ew.; Dom, got. Hallenkirche; Bürgerhäuser des 16. bis 19. Jh.; versch. Ind.; Pferderennbahn, Reitturniere, Pferdemuseum.

Verdi, Giuseppe, ital. Komponist, *1813, †1901. Seine Opern sind durch reiche, sinnfällige Melodik und dramat. Spannung gekennzeichnet: »Rigoletto« (1851), »Troubadour« (1853), »La Traviata« (1853), »Don Carlos« (1867, Neufassung 1884), »Aida« (1871), »Othello« (1887).

Verdichter, Kompressor, ⚙ Maschine zum Verdichten von Gasen und Dämpfen, z. B. zur Erzeugung von Druckluft, für Kälteanlagen, Ferngasversorgung, Luftverflüssigung, Drucksynthesen. **Kolben-V.** arbeiten nach dem Verdrängungsprinzip mit einem sich im Zylinder bewegenden Hub- oder Drehkolben. **Turbo-V.** setzen als Strömungsmaschinen die Geschwindigkeitsenergie des Gasstroms in Druckenergie um.

Verdienst|orden der Bundesrepublik Deutschland, kurz **Bundesverdienstkreuz,** 1951 von Bundespräs. T. Heuss gestifteter Orden für Leistungen, die zum Wiederaufbau Dtl.s beitragen. Der V. wird verliehen als Großkreuz, Großes Verdienstkreuz, Verdienstkreuz, jeweils in versch. Ausführungen, sowie als Verdienstmedaille.

Verdingung →Submission.

Verdrängung, Ⓟ von S. Freud geprägter Ausdruck für das Vergessen unangenehmer Erlebnisse, die aus dem Bereich bewusster Empfindung ins Unbewusste abgedrängt und nicht verarbeitet, sondern in Krankheitssymptome umgesetzt werden (→Psychoanalyse).

Verdun [vɛrˈdœ̃], Stadt in NO-Frankreich, an der Maas, 23400 Ew.; Zitadelle, Kathedrale (11./12. Jh.). – V. ist eine kelt. Gründung, im 4. Jh. Bischofssitz. Im **Vertrag von V.** wurde 843 das Fränkische Reich der Karolinger geteilt. V. war seit dem 13. Jh. dt. Reichsstadt, fiel 1552, endgültig 1648, an Frankreich. Die **Schlacht um V.** (1916) war die verlustreichste des Ersten Weltkriegs.

Verdunkelungsgefahr, ⚖ Gefahr, dass der einer Straftat Verdächtige die Spuren der Tat beseitigt oder Zeugen beeinflusst; bei V. wird häufig Untersuchungshaft angeordnet.

Verdunstung, langsamer Übergang einer Flüssigkeit in den gasförmigen Zustand unterhalb des Siedepunkts. Die dazu nötige Wärme wird der Flüssigkeit und ihrer Umgebung entzogen **(V.-Kälte).**

Ver|edelung, ⚘ Verpflanzung einer Knospe (Auge) oder eines Zweigs (Edelreis) einer wertvollen Pflanze, die bei der Fortpflanzung durch Samen entarten würde, auf eine verwandte Pflanze.

Ver|ein, vom Mitgliederwechsel unabhängige, dauernde Verbindung von Personen mit einer Satzung, die Zweck, Organisation und Namen regelt. In Dtl. besteht Vereinigungsfreiheit. Man unterscheidet rechtsfähige und nicht rechtsfähige V., je nachdem, ob sie →juristische Personen sind oder nicht. Wirtschaftl. V. erlangen die Rechtsfähigkeit gewöhnlich durch staatl. Verleihung, soweit nicht besondere Ges. bestehen (z. B. für Aktiengesellschaften, Genossenschaft u. a.), nichtwirtschaftl. V. durch Eintragung in das **Vereinsregister** beim Amtsgericht (»eingetragener V.«, Abk. **e. V.**). Organe des V. sind Vorstand und Mitgliederversammlung.

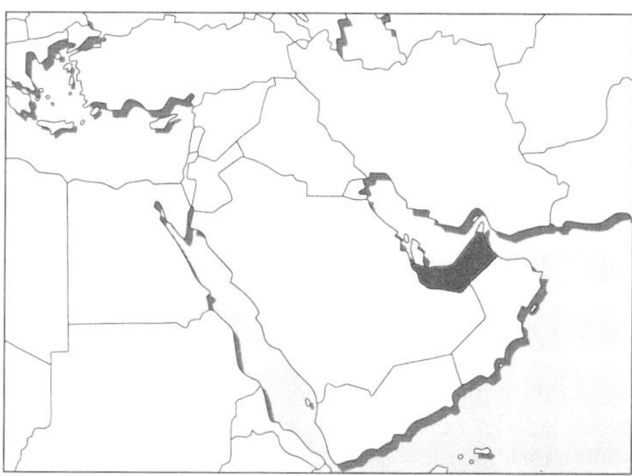

Ver|einigte Arabische Emirate, Abk. **VAE,** früher **Trucial States,** dt. **Vertragsstaaten,** Föderation der 7 arab. Scheichtümer Abu Dhabi, Dubai, Sharja, Ras al-Khaima, Fujaira, Umm al-Kaiwain, Ajman am Pers. Golf, zus. 83600 km², 1,7 Mio. Ew.; Hptst.: Abu Dhabi. Nach der Verf. von 1975 bilden die Herrscher der 7 Scheichtümer den Obersten Rat, der den Präs. aus ihrer Mitte wählt. Erdöl wird seit 1962 gefördert, seit 1971 Aufbau weiterer Ind.zweige: Aluminium-, Zement-, Düngemittel-, Kunststoff- und pharmazeut. Ind., Meerwasserentsalzungsanlagen; 5 internat. ✈. – Die seit dem 19. Jh. unter brit. Protektorat stehenden Scheichtümer sind seit 1971/72 als VAE unabhängig.

Ver|einigte Arabische Republik, Abk. **VAR,** 1958 bis 1961 der staatl. Zusammenschluss Ägyptens und Syriens (Jemen war assoziiert). Seit Loslösung Syriens 1961 führte Ägypten den Namen VAR bis 1972 allein.

Ver|einigte Evangelisch-Lutherische Kirche Deutschlands, Abk. **VELKD,** Zusammenschluss der 8 evangelisch-luther. Landeskirchen: Bayern, Braunschweig, Hannover, Mecklenburg, Nordelbien, Sachsen, Schaumburg-Lippe, Thüringen. Die VELKD entstand 1948, ihre Gliedkirchen gehören auch der EKD an. Die zur DDR gehörigen bildeten 1968 bis 1991 eine eigene Dachorganisation und gehören seit 1991 zur VELKD.

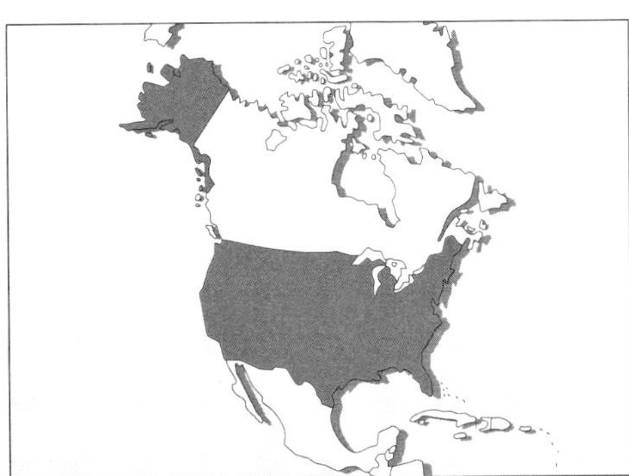

Ver|einigte Staaten von Amerika, engl. **United States of America** [ju'naɪtɪd 'steɪts əv ə'merɪkə], Abk. **USA,** Staat in Nordamerika, 9,37 Mio. km², 255,16 Mio. Ew.; Hptst.: Washington (D. C.); Amtssprache: Englisch; Währung: US-Dollar.

Verfassung von 1787 (seither zahlreiche Zusätze). Verw.-Gliederung in 50 Bundesstaaten und den unter Bundesverw. stehenden District of Columbia (D. C.) mit eigener Verf. und Volksvertretung. Die Gesetzgebung liegt beim Kongress, bestehend aus Repräsentantenhaus (435 Mitglieder) und Senat (100 Mitglieder, je 2 für jeden Staat). Staatsoberhaupt ist der Präs.; er wird auf 4 Jahre von unmittelbar gewählten Wahlmännern gewählt. Er ist zugleich Reg.-Chef und Oberbefehlshaber der Streitkräfte. Die Reg. ist nicht vom Vertrauen des Kongresses abhängig. Der Oberste Gerichtshof in Washington überprüft die Verfassungsmäßigkeit der Gesetze.

Landesnatur →Nordamerika.

Bevölkerung. 0,8% Indianer, Eskimo und Aleuten, 80,3% Weiße, 12,1% Schwarze (bes. in den Südstaaten, den atlant. Küstenstaaten bis New Jersey und in den Ind.gebieten an den Kanad. Seen), 2,9% Asiaten; gruppenübergreifend bezeichnen sich die lateinamerikan. Einwanderer auch als Chicanos oder Hispanos (9%). In Sprache und Kultur haben die angelsächs. Einwanderer dem Land sein Gepräge gegeben. Seit 1921 wurde die Einwanderung gesetzlich beschränkt. Etwa 75% der Bev. lebt in den großen Ballungsräumen.

Religion. Keine Staatskirche. Hauptbekenntnisse: 32,5% Protestanten (Baptisten, Methodisten, Lutheraner u.a.), 22% Katholiken, 1,6% Orthodoxe, 2,4% Juden.

Bildungswesen. Das Schulwesen liegt in der Hand der Einzelstaaten. Meist besteht Schulpflicht bis zum 16. Lebensjahr. Schulaufbau: Kindergarten, bis zu 12-jähriger Schulbesuch in Elementary School und High School (Aufteilung nach Staaten versch.); Studium an College (4 Jahre) oder Univ. Viele private Institutionen.

Wirtschaft. Die Landwirtschaft ist vielfältig und hoch entwickelt. In meist vollmechanisierten Betrieben werden fast alle wichtigen Nahrungsmittel erzeugt. Schwerpunktgebiete der Landwirtschaft: Milchwirtschaft im Gebiet der Kanad. Seen bis zur Atlantikküste; Mais um den oberen Mississippi; Baumwolle in den Südstaaten; Weizen im Mittelwesten; Weidewirtschaft besonders in den Gebirgsstaaten, Sonderkulturen (Südfrüchte) in Kalifornien. Forstwirtschaft v.a. im NW. Erdöl, Erdgas, Kohle, Eisenerz, übrige Metalle, Phosphate, Salze u.a. werden in großem Umfang gefördert. In den hoch industrialisierten USA sind alle Ind.zweige stark vertreten. Führend sind der Maschinen- und Fahrzeugbau, die Eisen-, Stahl- und Elektroind., die Luft- und Raumfahrt- sowie die chem. und pharmazeut. Ind. Prägend für die amerikan. Wirtschaft ist v.a. der Dienstleistungssektor, der rd. 70% aller zivilen Erwerbstätigen beschäftigt. – Die USA sind eines der wichtigsten Welthandelsländer. Sie liefern u.a. Maschinenbau-, elektrotechn. Erzeugnisse und Fahrzeuge, chem. Erzeugnisse, Nahrungsmittel, Gemüse und Früchte, Rohstoffe. Haupthandelspartner: Kanada, Japan, Mexiko, EU-Länder.

Verkehrsnetz. Sehr gut ausgebaut; knapp 250000 km Eisenbahn (dabei mehrere den gesamten nordamerikan. Kontinent durchquerende Linien); dazu ein sehr dichtes Straßennetz (rd. 6,3 Mio. km) mit durchgehenden O-W- und N-S-Verbindungen. Wichtigste Binnenwasserstraßen: Ohio-Mississippi, Sankt-Lorenz-Seeweg (gemeinsam mit Kanada). Hauptseehäfen: New York, Baltimore, Philadelphia, New Orleans, Houston, Los Angeles, San Francisco; Binnenhäfen: Chicago, Detroit, Buffalo, Duluth, Toledo; ✈: Chicago, Atlanta, Dallas, New York, Los Angeles, San Francisco, Denver, Boston u.a.; hervorragend ausgebautes Luftverkehrsnetz (über 40 Luftverkehrsgesellschaften).

Geschichte. Den Kern der USA bilden die 13 engl. Kolonien an der atlant. Küste. Als älteste Kolonie wurde 1606 Virginia gegründet; durch Puritaner entstanden seit 1620 die Kolonien →Neuenglands; 1664 wurde das bisher niederländ. New York englisch; südlich von Virginia entstanden die Kolonien Carolina und Georgia, nördlich Pennsylvania. Aus dem Widerstand gegen die Besteuerung entwickelte sich der **Unabhängigkeitskrieg** 1775 bis 1783. Die 13 Kolonien erklärten am 4. 7. 1776 ihre Unabhängigkeit. 1783 erkannte Großbritannien diese Unabhängigkeit an und überließ ihnen auch das Hinterland bis zum Mississippi. Aufgrund der Bundesverf. vom 17. 9. 1787 wurde G. Washington 1789 der erste Präs. der USA. Durch Kauf wurden 1803 das ganze Gebiet zw. dem Mississippi und den Rocky Mountains, 1819 das bisher span. Florida, durch einen siegreichen Krieg gegen Mexiko 1848 Arizona, New Mexico und Kalifornien erworben, 1845 Texas angegliedert, 1867 von Russland Alaska abgekauft. Wichtig für die Außenpolitik der USA wurde die 1823 aufgestellte Monroe-Doktrin. Die Besiedlung des »wilden Westens« bis zum Pazif. Ozean hin vollzog sich infolge der Masseneinwanderung aus Europa, die auch viele Deutsche ins Land brachte, sehr rasch. Binnenwanderung, Besiedlung des W und die Ausdehnung des Wirtschaftsraums bedingten, unterstützt durch Einwanderungswellen, das wirtschaftl. Wachstum. Mit der Ausbreitung der USA war auch die gewaltsame Vertreibung der Indianer aus dem Gebiet östlich des Mississippi und ihre Ansiedlung westlich der Staaten Arkansas und Missouri verbunden, wo sie in immer kleinere Territorien verwiesen wurden. Inzwischen hatten sich die industrialisierten Nordstaaten und die agrar. Südstaaten, deren reiche Baumwollpflanzer mit Negersklaven arbeiteten, in ökonom., soziokultureller und polit. Hinsicht auseinander entwickelt, wobei die Auseinandersetzung um die Sklaverei eine zunehmend wichtige Rolle spielte. »Demokraten« und »Republikaner« traten sich als die beiden großen Parteien entgegen. Während der Präsidentschaft des Republikaners Lincoln bildeten die Südstaaten von Virginia bis Texas 1860/61 einen Sonderbund (Sezession), unterlagen aber in dem blutigen Bürgerkrieg **(Sezessionskrieg)** 1861 bis 1865; die Sklaverei wurde abgeschafft, jedoch nicht die Gleichberechtigung der Schwarzen hergestellt. In der Folgezeit nahm die Ind., durch hohe Schutzzölle und den Eisenbahnbau begünstigt, einen großen Aufschwung. 1897 wurden die Hawaii-Inseln besetzt, 1898 trat Spanien die Philippinen und Puerto Rico ab; damit erlangten die USA auch die allg. Anerkennung als Großmacht. Sie gewannen die Vorherrschaft in Mittelamerika, wo sie 1903 bis 1914 den Panamakanal bauten. Präsident Wilson (Demokrat) er-

Vereinigte Staaten von Amerika

Staatswappen

Staatsflagge

Internationales Kfz-Kennzeichen

klärte im 1. Weltkrieg nach anfängl. Neutralität dem Dt. Reich 1917 den Krieg. Der Versailler Vertrag, v. a. der von Wilson selbst geschaffene Völkerbund, wurde 1920 von den USA abgelehnt. Die Konferenz von Washington 1921/22 bestimmte die Gleichstellung der amerikan. mit der brit. Seemacht. Präsident Franklin D. Roosevelt (1933 bis 1945) leitete als Antwort auf die Weltwirtschaftskrise eine neue Wirtschafts- und Sozialpolitik ein, die den Wirtschaftsliberalismus durch eine staatl. Wirtschafts- und Reformpolitik zu überwinden suchte (→New Deal). Außenpolitisch versuchten die USA, ihre panamerikan. Politik zu beleben (Politik der »guten Nachbarschaft« in Lateinamerika). Mit Rücksicht auf die Isolationisten (→Isolationismus) traten die USA nicht sofort in den Zweiten Weltkrieg ein, unterstützten jedoch die gegen die Achsenmächte Krieg führenden Länder durch Hilfeleistungen, ganz bes. nach dem 1941 eingeführten Leih-Pacht-System. Der jap. Überfall auf Pearl Harbor (7. 12. 1941) löste die amerikan. Kriegserklärung aus. Mit dem Abwurf der ersten Atombombe über Hiroshima wurden die USA zur ersten Atommacht. Im Wesentl. aufgrund amerikan. Initiative wurden die Vereinten Nationen (26. 6. 1945) ins Leben gerufen. Als größte wirtschaftl. und militär. Weltmacht förderten die USA unter Präs. Truman (1945 bis 1953) mit dem Marshallplan den Wiederaufbau der europ. Wirtschaft, wehrten mit der »Truman-Doktrin« das kommunist. Vordringen bes. in Europa ab, sicherten den Bestand freiheitl., selbstständiger Staaten vor der sowjet. Machtpolitik durch den Nordatlantikpakt (1949) und den Pazifik-Pakt (1951), der 1954 unter Präs. Eisenhower (1953 bis 1961) zum Südostasiatischen Sicherheitsvertrag erweitert wurde (1977 aufgelöst). Die kommunist. Aggression in Korea wurde 1950 bis 1953 unter Führung der USA abgewehrt. Präs. J. F. Kennedy (1961 bis 1963) gelang es während der internat. Krise um Kuba (Okt./Nov. 1962), die UdSSR zum Verzicht auf militär. Unterstützung Kubas zu zwingen und damit die Krise beizulegen. In der Innenpolitik trat Kennedy für polit. und wirtschaftl. Reformen und für die volle Gleichberechtigung der Schwarzen ein. Im Nov. 1963 wurde er in Dallas (Texas) ermordet. Unter Präs. Johnson (1963 bis 1969) weitete sich die Verstärkung des antikommunist. Engagements in Vietnam zum größten Krieg seit dem 2. Weltkrieg aus. Durch das Bürgerrechtsges. (1964) suchte Johnson die volle Gleichberechtigung der Schwarzen zu erreichen. Der Führer der Bürgerrechtsbewegung, Martin Luther King, wurde 1968 ermordet. 1969 bis 1974 war der Republikaner R. Nixon Präs., der die Beteiligung der USA am Vietnamkrieg einschränkte und die »Vietnamisierung« des Konflikts einleitete. Am 28. 1. 1973 trat ein Waffenstillstandsabkommen in Kraft (weitere Entwicklung →Vietnamkrieg). Nixon musste 1974 wegen der →Watergate-Affäre zurücktreten. Am 1. 1. 1979 nahmen die USA diplomat. Beziehungen zu China auf und brachen die mit Taiwan ab. Präs. war 1977 bis 1981 J. Carter, 1981 bis 1989 R. Reagan, 1989 bis 1993 G. Bush, seither W. J. (Bill) Clinton. Das Ende des Kalten Kriegs führte im Weltsicherheitsrat zu engerer Kooperation mit der Sowjetunion und dann mit Russland (u. a. beim Golfkrieg 1991). Der Zerfall der Sowjetunion zwang die USA in den 1990er-Jahren zu einer Neubewertung ihrer Rolle als einzig verbliebene Weltmacht.

Vereinigte Staaten von Amerika
(staatliche Gliederung)

Staat (Abkürzung, postamtliche Abkürzung)	**Fläche** (km^2)	**Ew.** (in 1000)	**Hauptstadt**
Alabama (Ala., AL)	133915	4040,6	Montgomery
Alaska (Alas., AK)	1530700	550,0	Juneau
Arizona (Ariz., AZ)	295260	3665,2	Phoenix
Arkansas (Ark., AR)	137754	2350,7	Little Rock
Colorado (Colo.[1], CO)	269596	3294,4	Denver
Connecticut (Conn., CT)	12997	3287,1	Hartford
Delaware (Del., DE)	5295	666,2	Dover
District of Columbia (D.C., DC)	178	606,9	Washington
Florida (Fla., FL)	151939	12937,9	Tallahassee
Georgia (Ga., GA)	152576	6478,2	Atlanta
Hawaii (Ha., HI)	16760	1108,2	Honolulu
Idaho (Id., ID)	216432	1006,7	Boise
Illinois (Ill., IL)	145934	11430,6	Springfield
Indiana (Ind., IN)	93720	5544,2	Indianapolis
Iowa (Ia., IA)	145753	2776,8	Des Moines
Kalifornien (Calif., CA)	411049	29760,0	Sacramento
Kansas (Kans., KS)	213098	2477,6	Topeka
Kentucky (Ky., KY)	104661	3685,3	Frankfort
Louisiana (La., LA)	123677	4220,0	Baton Rouge
Maine (Me., ME)	88156	1227,9	Augusta
Maryland (Md., MD)	27092	4781,5	Annapolis
Massachusetts (Mass., MA)	21456	6016,4	Boston
Michigan (Mich., MI)	151586	9295,3	Lansing
Minnesota (Minn., MN)	218600	4375,1	Saint Paul
Mississippi (Miss., MS)	123514	2573,2	Jackson
Missouri (Mo., MO)	180516	5117,1	Jefferson City
Montana (Mont., MT)	380848	799,1	Helena
Nebraska (Nebr., NE)	200350	1578,4	Lincoln
Nevada (Nev., NV)	286352	1201,8	Carson City
New Hampshire (N.H., NH)	24032	1109,2	Concord
New Jersey (N.J., NJ)	20169	7730,2	Trenton
New Mexico (N.Mex., NM)	314925	1515,1	Santa Fe
New York (N.Y., NY)	127190	17990,5	Albany
North Carolina (N.C., NC)	136413	6628,6	Raleigh
North Dakota (N.D.[2], ND)	183119	638,8	Bismarck
Ohio (Oh., OH)	107044	10847,1	Columbus
Oklahoma (Okla., OK)	181186	3145,6	Oklahoma City
Oregon (Oreg., OR)	251419	2842,3	Salem
Pennsylvania (Pa., PA)	117348	11881,6	Harrisburg
Rhode Island (R.I., RI)	3140	1003,5	Providence
South Carolina (S.C., SC)	80582	3486,7	Columbia
South Dakota (S.D.[3], SD)	199730	996,0	Pierre
Tennessee (Tenn., TN)	109152	4877,2	Nashville-Davidson
Texas (Tex., TX)	691027	16986,5	Austin
Utah (Ut., UT)	219889	1722,8	Salt Lake City
Vermont (Vt., VT)	24900	562,8	Montpelier
Virginia (Va., VA)	105586	6187,4	Richmond
Washington (Wash., WA)	176479	4866,7	Olympia
West Virginia (W.Va., WV)	62759	1793,5	Charleston
Wisconsin (Wis., WI)	145436	4891,8	Madison
Wyoming (Wyo., WY)	253326	453,6	Cheyenne

[1]Auch Col. – [2]Auch N. Dak. – [3]Auch S. Dak.

Ver|einte Nationen, engl. **United Nations (Organization),** Abk. **UN, UNO,** Staatenverbindung mit internat. Rechtspersönlichkeit; anstelle des Völkerbunds geschaffen durch die Charta (Satzung) von San Francisco vom 26. 6. 1945; Sitze: New York, Genf, Wien. Zweck der V. N. ist: 1) Wahrung des Weltfriedens durch kollektive Maßnahmen gegen Friedensbedrohungen und Angriffshandlungen sowie durch Schlichtung internat. Streitigkeiten; 2) Förderung freundschaftl. Beziehungen zw. den Nationen aufgrund der Gleichberechtigung und Selbstbestimmung; 3) internat. Zusammenarbeit zur Lösung wirtschaftl., sozialer, kultureller und humanitärer Probleme und Förderung der Menschenrechte ohne Unterschied von Rasse, Geschlecht, Sprache oder Religion. – Die Mitglieder der V. N. sind u. a. verpflichtet, ihre Streitigkeiten friedlich zu regeln, sich der Drohung mit Gewalt und der Gewaltanwendung zu enthalten, einen Angreifer nicht zu unterstützen und an Kollektivmaßnahmen teilzunehmen. – Hauptorgane: Vollversammlung, Sicherheitsrat, Treuhandrat (für die Treuhandgebiete), Wirtschafts- und Sozialrat, Internat. Gerichtshof und das Sekretariat mit dem Generalsekretär (1946 bis 1953 T. Lie, 1953 bis 1961 D. Hammarskjöld, 1961 bis 1971 S. U Thant, 1971 bis 1981 K. Waldheim, 1982 bis 1991 J. Pérez de Cuéllar, 1992 bis 1997 B. B. Ghali, seit 1997 K. Annan). –

Daneben bestehen Sonderorganisationen (in denen auch Nichtmitglieder vertreten sind) wie die Internat. Arbeitsorganisation, die Internat. Ernährungs- und Landwirtschaftsorganisation (→FAO), die UNESCO, die Weltgesundheitsorganisation, der Internat. Währungsfonds, die Internat. Bank für Wiederaufbau und Entwicklung (Weltbank), die Internat. Organisation für Zivilluftfahrt, der Weltpostverein, die Internat. Fernmeldeunion, die Internat. Atomenergiebehörde, die Welthandelsorganisation (bisher GATT) u.a. – Den V. N. gehören (1995) 185 Staaten an. Die Bundesrep. Deutschland und die DDR wurden am 19. 9. 1973 Mitglieder der V. N. – Die UN-Friedenstruppe erhielt 1988 den Friedensnobelpreis.

Ver|erbung, ❀ Übertragung von genet. Informationen auf die Nachkommen bei Mensch, Tier und Pflanze. Die Erbanlagen (→Gen) sind in den Chromosomen des Zellkerns verankert. Die Gene sind Nukleoproteidmoleküle (→Nukleinsäuren). Im Erbgang lassen sich Gesetzmäßigkeiten (z.B. Weitergabe von homozygoten oder heterozygoten, d.h. rein- oder mischerbigen Merkmalen) beobachten, die zuerst von G. Mendel (1865) durch planmäßige Kreuzungen an Erbsen entdeckt wurden.
Auch die Ausbildung des Geschlechts unterliegt den Gesetzen der V. und wird bestimmt durch das **Geschlechtschromosom.** Dieses X-Chromosom ist beim weibl. Individuum meist paarig (XX), beim männl. unpaarig (XY). Geschlechtsgebundene Merkmale (z.B. Bluterkrankheit, Rotgrünblindheit) sind durch bes. Gene im X-Chromosom bedingt. Erblich bedingt können auch körperl. und geistig-seel. Eigenschaften sowie Krankheiten sein.

Verfahren, ⚖ Folge von Rechtshandlungen vor Gerichten oder Verwaltungsbehörden zur Erledigung einer Einzelsache.

Verfahrens|technik, Ingenieurwiss., die sich mit Verfahren für Stoffumwandlungen befasst: Reaktionstechnik (chem. Reaktionen), mechan. V. (Zerkleinern, Filtern u.a.) und therm. V. (Destillation u.a.).

Verfassung, 1) geschriebene oder ungeschriebene Grundsätze über Aufbau und Tätigkeit, bes. über die Form und Willensbildung des Staats, die Rechtsstellung der Reg. und der Staatsbürger; auch die diese Grundsätze enthaltende Urkunde (V.-Urkunde, Staatsgrundgesetz). Der Inhalt der V. ist nach der Staatsform verschieden. Geschaffen wird die V. vom Träger der V.-Gewalt, in der Demokratie durch ein von Volksvertretern beschlossenes Ges., oft bestätigt durch eine Volksabstimmung. – **2)** grundlegende Satzung einer Vereinigung oder Körperschaft.

Verfassungs|änderung, Änderung des geltenden Verf.-Rechts; sie ist von einer qualifizierten Mehrheit (z.B. $^2/_3$-Mehrheit) der an der Gesetzgebung beteiligten Körperschaften abhängig.

Verfassungsbeschwerde, in Dtl. Rechtsschutzmittel des Einzelnen zur prozessualen Durchsetzung der Grundrechte und gegen verfassungswidrige Eingriffe der Staatsgewalt.

Verfassungsgerichtsbarkeit, das einem höchsten Gericht übertragene Verfahren zur Entscheidung verfassungsrechtl. Streitigkeiten; in Dtl. das Bundesverfassungsgericht und für die einzelnen Länder Staats- oder Verf.-Gerichtshöfe.

Verfassungs|organe, in der Verf. vorgesehene höchste Staatsorgane, im dt. GG Bundestag, Bundesrat, Gemeinsamer Ausschuss, Bundespräs., Bundesversammlung, Bundesreg. und Bundesverfassungsgericht.

Verfassungsschutz, alle Maßnahmen zum Schutz der Verf.; in Dtl. von **V.-Ämtern** der Länder und des Bundes wahrgenommen.

Verfassungswidrigkeit, mangelnde Übereinstimmung mit der Verf., bes. bei Gesetzen. Verfassungswidrige, d.h. gegen die Grundsätze der freiheitl.-demokrat. Grundordnung gerichtete Parteien oder Vereinigungen können verboten werden.

Verflüssigung, 1) ✻ Überführung von Stoffen in den flüssigen Zustand durch Abkühlung, Druckerhöhung oder Wärmezufuhr. – **2)** ⚗ chem. Umsetzung von Feststoffen in flüssige Substanzen, z.B. bei der Kohleverflüssigung.

Verfolgungswahn, ⚕ U eine Krankheitserscheinung bei versch. psych. Krankheiten.

Verfremdung, in der Literatur das Verändern gewohnter Erscheinungen ins Ungewöhnliche, ein Kennzeichen jeder stark stilisierenden Kunst. Für das Drama wurde der V.-Effekt bes. von B. Brecht gefordert, um im Dargestellten den Charakter des »Gezeigten« zu wahren: Das Drama soll keine Erlebnisse, sondern Erkenntnisse vermitteln.

Verfügung, ⚖ im Ggs. zu Urteilen und Beschlüssen eine prozessleitende Anordnung des Richters. – Bürgerl. Recht: Rechtshandlung, durch die unmittelbar ein Recht aufgehoben, übertragen, belastet oder inhaltl. verändert wird. – Im Verw.-Recht ein Verw.-Akt, der ein Ge- oder Verbot enthält.

Verführung, ⚖ früher das Verleiten eines Mädchens unter 16 Jahren zum Beischlaf. Die Neufassung des § 182 StGB vom 31. 5. 1994 stellt unabhängig vom Geschlecht des Opfers den sexuellen Missbrauch von Jugendlichen unter 16 Jahren durch Erwachsene unter Strafe.

Verga, Giovanni, ital. Schriftsteller, *1840, †1922; schilderte in naturalist. (veristischem) Stil sizilian. Bauern (»Die Malavoglias«, 1881).

vergällen →denaturieren.

Vergangenheit, Ⓢ Abwandlungsform des Verbs im Präteritum: Imperfekt, Perfekt und Plusquamperfekt.

Vergaser, ⚙ Bauteil des Ottomotors, der den flüssigen Kraftstoff zerstäubt und das für die Verbrennung notwendige Kraftstoff-Luft-Gemisch herstellt. Der Kraftstoff fließt vom Tank über die Schwimmerkammer zur Hauptdüse; ein Schwimmer mit Nadelventil regelt die Kraftstoffzufuhr. An der Hauptdüse wird der Kraftstoff ins Mischrohr zerstäubt und mit der angesaugten Luft vermischt. Hinsichtlich der Strömungsrichtung der Luft im V. unterscheidet man **Fallstrom-** und **Flachstrom-V. Doppel-V.** werden für getrennte Ansaugrohre verwendet. V. werden zunehmend durch Benzineinspritzung verdrängt.

Vergasung, ⚗ Überführung eines festen Brennstoffs in Gas, z.B. durch Erhitzen unter unzureichender Luftzufuhr und Zusatz von Wasserstoff, Wasserdampf u.a.

Vergehen, ⚖ rechtswidrige Tat, die mit Freiheitsstrafe im Mindestmaß von weniger als einem Jahr oder mit Geldstrafe bedroht ist.

Vergesellschaftung, 1) ♡ ⚘ Zusammenleben versch. Arten (Pflanzen, Tiere). – **2)** ✐ Überführung privater wirtschaftl. Unternehmen in Gemeineigentum.

Vergewaltigung, mit Gewalt oder durch Drohung erfolgende Nötigung einer Frau zum Beischlaf; Freiheitsstrafe von 2 bis 15 Jahren (§ 177 StGB). Seit 1997 ist V. in der Ehe ein Straftatbestand.

Vergiftung, 1) ⚕ Erkrankung durch Giftwirkung; kann durch innerl. Aufnahme, durch Eindringen von Giftstoffen in die Haut oder durch Einatmen von Giften eintreten. – **2)** ⚖ absichtl. Beibringen von Gift, um die Gesundheit eines anderen zu schädigen; Freiheitsstrafe bis zu 10 Jahren, bei Todesfolge nicht unter 10 Jahren (§ 229 StGB). V. mit Tötungsvorsatz wird als Mord, Totschlag oder ggf. Tötung auf Verlangen bestraft.

Vergil, eigentl. Publius **Vergilius Maro,** röm. Dichter, *70 v.Chr., †19 v.Chr.; schrieb 10 Hirtengedichte (»Eclogae« oder »Bucolica«), pries in den »Georgica« den Landbau und unternahm in der »Aeneis«, Schil-

Vergil
Ausschnitt aus einem römischen Mosaik (1. Jh. n. Chr.)

derung der Irrfahrten des Äneas, seine Ansiedlung in Italien, eine Deutung der weltgeschichtl. und sittl. Sendung Roms von der augusteischen Ordnung her, in der V. die Vollendung der Geschichte Roms sah.

Vergissmeinnicht

Vergissmeinnicht, Gattung der Raublattgewächse mit blauer, rosafarbener oder weißer Blütenkrone.

Vergleich, ⚖ Vertrag, durch den ein Streit oder die Ungewissheit der V.-Partner über ein Rechtsverhältnis durch gegenseitiges Nachgeben beseitigt wird (§ 779 BGB). Vor Gericht zur Beilegung eines Rechtsstreits geschlossener V. (Prozess-V.) ist ein vollstreckbarer Schuldtitel. **V.-Verfahren,** gerichtl. Verfahren, das auf Antrag eines zahlungsunfähigen Schuldners (V.-Schuldners) vom Amtsgericht zur Abwendung des Konkurses durchgeführt werden kann. Ziel: Entschuldung durch Stundung oder Erlass eines Teils der Verbindlichkeiten unter Aufrechterhaltung des Geschäftsbetriebs.

Vergnügungsteuer, früher **Lustbarkeitsteuer,** Verbrauchsteuer, die die Gemeinden aufgrund der Landesvergnügungsteuergesetze und der Gemeindesteuerverordnungen von Veranstaltern von Vergnügungen (z. B. Tanz-, Theater-, Kino-, Sportveranstaltungen, Spielklubs) erheben.

vergolden, ⚙ einen Gegenstand mit einer dünnen Goldschicht überziehen; erfolgt durch Kathodenzerstäubung, galvanisch, als Blattgold, als Goldbronze.

Vergrößerungs|apparat, Gerät zum Herstellen eines vergrößerten fotograf. Papierbilds; ein Objektiv bildet die beleuchtete Vorlage (Negativ, Diapositiv) auf das Fotopapier ab. Farb-V. besitzen einen Farbmischkopf zur Erzeugung farbstichfreier Kopien.

vergüten, 1) ⚙ Stähle durch Härten und Anlassen in ihren Materialeigenschaften verbessern. – **2)** die Oberfläche opt. Linsen mit einer dünnen, durchsichtigen Schicht zur Verminderung der Reflexionsverluste überziehen; oft mehrschichtig (Multicoating).

Émile Verhaeren

Verhaeren [vɛraˈrɛn], Émile, belg. Dichter, * 1855, † 1916; gestaltet Zuversicht und Desillusion des Menschen in einer industrialisierten Großstadtwelt.

Verhaftung, ⚖ → Festnahme, → Haft.

Verhaltensforschung, Ethologie, ❀ die Untersuchung des Verhaltens von Mensch und Tier, als Forschungsrichtung von K. Lorenz und N. Tinbergen auf der Basis von C. Darwins Evolutionslehre begründet.

Verhältnis, messbare vergleichbare Beziehung zw. Objekten.

Verhältniswort, Präposition, ⑤ Wortart zum Ausdruck syntakt. Beziehungen, z. B. hinsichtlich, mittels, oberhalb, außer, entsprechend, seit, ohne, an, auf, für.

Verhör, Vernehmung, ⚖ Befragung durch den Richter oder die Polizei.

verhütten, ⚙ Erze auf technisch wichtige Bestandteile verarbeiten.

verifizieren, die Richtigkeit einer Aussage durch Überprüfung bestätigen; Ggs.: falsifizieren.

Verismus *der,* **1)** ✍ Begriff des 20. Jh. für eine krass realist., schonungslose Darstellungsweise; wichtige Vertreter: G. Grosz, O. Dix. – **2)** in Italien eine vom frz. Naturalismus angeregte literar. Strömung, die sich um schonungslose Darstellung der Wirklichkeit bemühte. Hauptvertreter G. Verga. Auch die ital. Oper (P. Mascagni, R. Leoncavallo) schloss sich dem V. an.

Verjährung, ⚖ **1)** im bürgerl. Recht der Verlust der Durchsetzbarkeit eines Anspruchs, der innerhalb eines im Ges. bestimmten Zeitraums nicht geltend gemacht worden ist. Der Schuldner kann Leistung verweigern, das trotz V. Geleistete aber nicht zurückfordern. Die V.-Frist beträgt 30 Jahre; teilweise auch kürzere Fristen. Die V. wird u. a. durch Klageerhebung unterbrochen. – **2)** Im Strafrecht unterscheidet man V. der Strafverfolgung (abgestuft nach der angedrohten Strafe) und V. der Strafvollstreckung (abgestuft nach der Höhe der verhängten Strafe). Verbrechen des Völ-

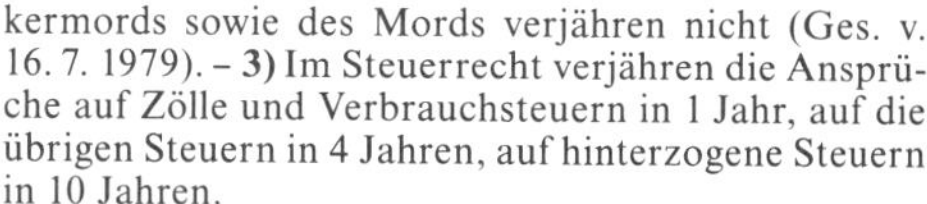

kermords sowie des Mords verjähren nicht (Ges. v. 16. 7. 1979). – **3)** Im Steuerrecht verjähren die Ansprüche auf Zölle und Verbrauchsteuern in 1 Jahr, auf die übrigen Steuern in 4 Jahren, auf hinterzogene Steuern in 10 Jahren.

Verjüngung, 1) ⌂ Verringerung der Ausmaße, z. B. im Durchmesser einer Säule. – **2)** ♣ Erneuerung eines Walds durch natürl. (Samenverbreitung, Stockausschlag, Wurzelbrut) oder künstl. V. (Saat und Pflanzung). – **3)** Gartenbau: das Entfernen alten Holzes oder starker Rückschnitt.

Verkabelung, U für den Aufbau von Breitbandkabelnetzen in Dtl. zur Verteilung von Hörfunk- und Fernsehprogrammen über Kabelrundfunk; dienen der Nutzung neuer Informationstechniken (→ ISDN).

Verkalkung, ⚕ krankhafte Verhärtung von Geweben und Organen durch Ablagerung von Calciumsalzen (U für Arteriosklerose).

Verkehr, Beförderung von Personen, Gütern, Nachrichten und Energie unter Benutzung der V.-Mittel (Kfz, Flugzeug, Eisenbahn, Schiff), V.-Anlagen (Post, Draht, Funk) und der V.-Wege (Straßen, Schienen, Kanäle, Pipelines). Man unterscheidet: **Personen-V.** (Berufs-, Reise-, Fremden-V.), **Güter-V.** (wirtschaftl. bes. bedeutungsvoll) und **Nachrichten-V.** (Postdienste, Telekommunikation). Die Träger sind teils verstaatlicht, teils in privater Hand.

Verkehrsberuhigung, Verminderung der Dynamik bes. des motorisierten Straßenverkehrs in Wohngebieten durch Schaffung von Fußgängerzonen, Beschränkung der Höchstgeschwindigkeit, Umgestaltung von Straßen durch Schwellen, Begrünung, Verbreiterung der Gehwege u. a.

Verkehrsfunk, Abk. **VF,** Service der Rundfunkveranstalter zur regelmäßigen Information über die Straßenverkehrslage. In der Bundesrep. Deutschland ist seit 1974 das UKW-Kennungssystem, auch **ARI** (**A**utofahrer-**R**undfunk-**I**nformationssystem) genannt, eingeführt, dessen Kennung durch einen **VF-Decoder** ausgewertet wird. ARI soll in den nächsten Jahren durch **RDS** (**R**adio-**D**aten-**S**ystem) ersetzt werden, das digitale Signale ausstrahlt, die auf der LCD-Anzeige am Autoradio erscheinen.

Verkehrsgefährdung, Bezeichnung für die gemeingefährl. Delikte von Straßenverkehrsgefährdung und Transportgefährdung durch Tathandlungen wie Trunkenheit, Nichtbeachtung der Vorfahrt in grob verkehrswidriger und rücksichtsloser Weise, falsches Überholen u. a. Strafe: Freiheitsentzug bis zu 5 Jahren oder Geldstrafe (§§ 315 b, c, 316 StGB).

Verkehrsleitsystem, in Entwicklung befindl., elektron. vernetzte Regelung und Optimierung des Kfz-Verkehrs durch Informationsübertragung zw. Fahrzeug und zentralen Verkehrsleitrechnern; auch die Vernetzung von öffentl. und Privatverkehr (»kooperatives Verkehrsmanagement«).

Verkehrsverbund, im öffentl. Personenverkehr die koordinierte Verkehrsbedienung eines zusammengehörigen Gebiets. Versch. Verkehrsunternehmen arbeiten zusammen bei Linienführung, Netz- und Fahrplangestaltung und gemeinsamen Tarifen.

Verkehrsverstöße, Zuwiderhandlungen im Straßenverkehr, die den Tatbestand einer Straftat oder einer Ordnungswidrigkeit erfüllen können.

Verkehrsvorschriften, Gesamtheit der Vorschriften, die den Luft-, Binnenschifffahrts-, See-, Eisenbahn- und Straßenverkehr regeln. Im Straßenverkehrsrecht gelten in Dtl. bes. das **Straßenverkehrsgesetz** (StVG) v. 19. 12. 1952, zuletzt geändert am 28. 12. 1982, die **Straßenverkehrsordnung** (StVO) in der Fassung vom 16. 11. 1970 und die **Straßenverkehrs-Zulassungsordnung** (StVZO) in der Fassung vom 28. 9. 1988. Verstöße gegen die V. können mit der gebührenpflichtigen Verwarnung oder durch Bußgeld geahndet werden. Durch das Zweite Ges. zur Sicherung des Straßenverkehrs (in Kraft seit dem 2. 1. 1965) sind die Strafen für Verkehrsdelikte verschärft worden. Höchststrafe für Trunkenheit am Steuer, auch wenn kein Unfall verursacht worden ist, bis zu einem Jahr Freiheitsentzug (§ 316 StGB); für Fahren ohne Fahrerlaubnis: ein Jahr Freiheitsentzug und Einziehung des Fahrzeugs (§ 21 StVG), für Ordnungswidrigkeiten 1 000 DM Geldbuße. Der Entzug der Fahrerlaubnis kann schon durch Strafbefehl erfolgen.

Verkehrswacht, gemeinnützige Selbsthilfeorganisationen, die zur Unfallverhütung, Verkehrssicherheit und Hebung des Verantwortungsbewusstseins im Straßenverkehr beitragen wollen; die über 500 örtl. V. sind in Landes-V. zusammengeschlossen mit der Dt. V. e. V. als Spitzenorganisation.

Verkehrszeichen, Zeichen zur Verkehrsregelung: Gefahr-, Vorschrift- (Gebots-, Verbotszeichen) und Richtzeichen. **Verkehrseinrichtungen** sind baul. und sonstige techn. Ergänzungen von Verkehrswegen wie selbsttätige Lichtzeichen, Schranken, Seil- und Ketten- u. a. Absperrungen, Leiteinrichtungen, Parkuhren usw. BILDER S. 954 und 955

Verkehrszentralregister, beim Kraftfahrt-Bundesamt in Flensburg für Dtl. zentral geführte Kartei (»Verkehrssünderkartei«) zur Registrierung von Entscheidungen der Verw.-Behörden über Versagung und Entziehung der Fahrerlaubnis, Fahrlehrererlaubnis und von Verurteilungen u. a. wegen eines Verkehrsdelikts.

Verklappen, Verklappung, das Versenken von festen oder flüssigen, z. T. giftigen Abfallstoffen (Dünnsäure, Klärschlamm) durch Spezialschiffe auf See.

Verkleinerungsform → Diminutiv.

Verkohlung, 1) Umwandlung organ. Stoffe in Kohle durch Erhitzen unter Sauerstoffmangel. – **2)** ⚕ schwerster Grad der Verbrennung.

Verkröpfung, ⌂ Abwinkeln eines Gesimses bei Mauervorsprüngen der Wand.

Verkündung, ⚖ mündl. Bekanntmachung gerichtl. Entscheidungen sowie die Veröffentlichung gesetzl. Vorschriften.

Verlag, 1) Unternehmen des Zwischenhandels, z. B. Bierverlag. – **2) V., V.-Buchhandel,** Zweig des Buchhandels, der sich aufgrund eines V.-Vertrags (V.-Ges. von 1901, Urheberrecht), bei urheberrechtl. freien Werken ohne diesen, der Herstellung, Vervielfältigung und Verbreitung von Werken des Schrifttums, der Kunst und Musik sowie elektron. Medien widmet, die oft erst auf seine Anregung entstehen (dann auch aufgrund von Werkverträgen). Der Besitzer eines V. heißt **Verleger. V.-Recht,** ⚖ Rechtsbeziehungen zw. dem Verfasser eines Literatur- oder Musikwerks und einem Verleger; sie betreffen bes. die Herstellung, Vervielfältigung und Verbreitung des Werks sowie die Vergütung des Verfassers. Die Rechte sind übertragbar.

Verlaine [vɛrˈlɛːn], Paul, frz. Dichter, * 1844, † 1896; Hauptvertreter des Symbolismus; betonte die Musikalität der Sprache.

Verleumdung → Beleidigung.

Verlöbnis, Verlobung, ⚖ gegenseitiges Versprechen künftiger Eheschließung. Aus dem V. kann nicht auf Eingehung der Ehe geklagt werden. Ungerechtfertigter Rücktritt vom V. verpflichtet zum Schadensersatz.

Verlust, ✐ Differenz zw. höherem Aufwand und niedrigerem Ertrag im Geschäftsjahr.

Vermächtnis, Legat, Zuwendung eines Vermögensvorteils durch eine Verfügung von Todes wegen an eine Person, die nicht als Erbe eingesetzt wird (§ 1939 BGB). Der V.-Nehmer erwirbt mit dem Erbfall einen schuldrechtl. Anspruch gegen den Erben auf Gewährung des Vermachten.

Vermeer [v-], Jan, eigentl. Johannes V., gen. **V. van Delft,** niederländ. Maler, * 1632, † 1675; Meister der im Licht leuchtenden Farbe, bes. Genrebilder, »Die Briefleserin« (1662 bis 1664).

Vermessungs|ingenieur [-ɪnʒenjøːr], **Geodät,** früher **Geometer,** Diplomingenieur, der Längen-, Flächen- und Höhenmessungen und Kartierungen vornimmt.

Vermessungskunde → Geodäsie.

Vermeylen [vərˈmɛilə], August, fläm. Schriftsteller und Kunsthistoriker, * 1872, † 1945; symbol. Erz. »Der ewige Jude« (1906), Romane, Essays.

Vermietung → Miete.

Vermisste → Todeserklärung.

Vermittlungs|ausschuss, in Dtl. ein Ausschuss aus Mitgliedern des Bundestags und Bundesrats, der bei Meinungsverschiedenheiten zw. beiden Körperschaften in nichtöffentlicher Sitzung über Gesetzesvorlagen nochmals berät.

Vermittlungstechnik, ⚙ Teil der Nachrichtentechnik, der Verbindungen zw. 2 oder mehreren Teilnehmern eines Fernmeldedienstes betrifft; dabei wird eine Anzahl von Verbindungswegen hergestellt und für eine bestimmte Dauer zur Verfügung gehalten; urspr. durch Handvermittlung, heute durch Selbstwählverkehr. Als wirtschaftlichster Ersatz der derzeitigen Analogsysteme gilt ein digitales Netz (→ ISDN) mit Analog-Digital-Wandlung direkt beim Teilnehmer.

Vermont
Flagge

Vermögensbildung, Umwandlung von Einkommen in Vermögenswerte. Sozialpolit. Instrumente zur V. einkommensschwacher Bev.-Schichten sind die **V.-Gesetze** (vom 12. 7. 1961, 12. 7. 1965, 27. 6. 1970, 6. 2. 1984 und 19. 1. 1989), die Zulagen der Arbeitgeber **(vermögenswirksame Leistungen)** und staatl. Leistungen (Steuerbegünstigung bzw. Arbeitnehmersparzulage) für bestimmte Anlagemöglichkeiten regeln.

Vermögensteuer, Besitzsteuer, deren Bemessungsgrundlage das Vermögen ist, in Dtl. geregelt durch das V.-Ges. in der Fassung vom 14. 11. 1990. – Die V. wird in der bestehenden Form seit 1997 nicht mehr erhoben.

Vermont [vəːˈmɔnt], Abk. **Vt.,** einer der Neuenglandstaaten der USA, in den nördl. Appalachen; 24 900 km², 562 800 Ew.; Hptst. Montpelier. Viehzucht; Marmor-, Granitgewinnung; Elektronikind., Maschinenbau; Fremdenverkehr.

Jules Verne

Verne [vɛrn], Jules, frz. Schriftsteller, * 1828, † 1905; fantastisch-abenteuerliche Zukunftsromane. »20 000 Meilen unter dem Meer« (1869/70).

Vernehmung → Verhör.

Vernetzung, 1) ⚗ Bildung molekularer Kunststoffnetzwerke durch dreidimensionale Verknüpfung von Kettenmolekülen, z. B. zur Härtung von Duroplasten. – **2)** wechselseitige Verknüpfung und Beeinflussung der Elemente eines komplexen Systems; häufig verwendeter Begriff in der Ökologie, Datenverarbeitung, Telekommunikation und Weltwirtschaft.

Vernichtungslager, von der SS seit Ende 1941 zum Zweck der Massentötung der europ. Juden errichtete Lager, die aus Geheimhaltungsgründen im besetzten Polen errichtet wurden, u. a. in Treblinka (zw. 700 000 und 900 000 Opfer), in Lublin-Majdanek (zw. 250 000 und 360 000) und Auschwitz-Birkenau (als Konzentrationslager gegr., zw. 2,5 und 4 Mio. Opfer).

Verona
Stadtwappen

Vernissage [vɛrniˈsaːʒ] *die,* ✎ Eröffnung einer Ausstellung (mit geladenen Gästen).

Vernunft, nach Kant das »obere Erkenntnisvermögen«, das die vom Verstand diskursiv erfassten Erkenntnisgegenstände verbindet, übergreifende Sinnzusammenhänge und Einheit von Wissen und Handeln stiftet.

Verona, Prov.-Hptst. in Venetien, Italien, an der Etsch, 252 700 Ew., röm. Amphitheater (Opernfestspiele), roman. Dom, Scaligerburg, Paläste, Stadtmauer; Handelsmessen; vielseitige Ind.; Fremdenverkehr. – V. war Herrschersitz des Ostgotenkönigs Theoderich d. Gr., kam 1405 an Venedig, 1797 an Österreich, 1866 an Italien.

Veronese, eigentl. Paolo **Caliari,** ital. Maler, *1528, †1588; glanzvolle, weltzugewandte Tafel- und Wandbilder.

Veronika, Heilige (Tag: 4. 2.), reichte nach der Legende dem kreuztragenden Christus ihren Schleier, auf dem sich sein Gesicht abdrückte **(Schweißtuch der V.).**

Ver|ordnung, Abk. **VO,** von einer Verwaltungsbehörde erlassene allg. Anordnung.

Verpackungsverordnung, VO über die Vermeidung von Verpackungsabfällen vom 12. 6. 1991; danach sollen Verpackungen aus umweltverträgl. und die stoffl. Verwertung nicht belastenden Materialien hergestellt werden. Hersteller und Vertreiber sind verpflichtet, zurückgenommene Verpackungen einer erneuten Verwendung oder stoffl. Verwertung zuzuführen.

Verpfändung, Bestellung eines → Pfandrechts.

Verrat, pflichtwidrige Preisgabe von Geheimnissen (→ Hochverrat, → Landesverrat).

Verrechnung, ✐ Ausgleich von Forderungen und Verbindlichkeiten zw. 2 oder mehreren Personen, im Außenhandel zw. Staaten. **V.-Einheit,** Währungseinheit, zu der die an einem Zahlungsabkommen beteiligten Länder abrechnen. **V.-Preise,** Preise oder Rechnungsziffern für die innerbetriebl. Abrechnung. **V.-Scheck,** Scheck, der nicht bar ausgezahlt, sondern dem Konto des Vorlegers gutgeschrieben wird.

Verrenkung, Luxation *die,* ⚕ teilweise oder vollständige Verschiebung des Gelenkendes eines Knochens aus dem Gelenklager; v. a. bei Schulter-, Hüft- und Kniegelenken.

Verrocchio [verˈrɔkkjo], Andrea del, ital. Bildhauer und Maler, *1435/36, †1488; Lehrer Leonardo da Vincis; Reiterdenkmal des Colleoni in Venedig (1481 bis 1488).

Vers, rhythmisches Glied einer Dichtung in gebundener Rede (Gedicht, V.-Novelle, V.-Erzählung, V.-Roman); wird durch Zeilenende, bei Dichtungen mit Endreim auch durch den Reim abgeschlossen. Die Lehre vom **V.-Maß** (Metrum), der einem V. eigentüml. Form, heißt **V.-Lehre** oder **Metrik.** Die kleinste rhythm. Einheit des V. ist der **V.-Fuß** (Anapäst, Iambus, Trochäus, Daktylus). Als V.-Schmuck kommen vor: der Stabreim, der Reim, die Assonanz. Die einzelnen V. werden zur Strophe gebunden. In neuerer Zeit verwendet man vielfach freie Rhythmen.

Versailler Vertrag [vɛrˈzajər -], der am 28. 6. 1919 in Versailles von den Ententemächten und dem Dt. Reich zur Beendigung des 1. Weltkriegs unterzeichnete Friedensvertrag, am 10. 1. 1920 in Kraft getreten. – Die Kreise Eupen und Malmédy fielen an Belgien, Elsass-Lothringen und die Saarkohlengruben an Frankreich. Das Saargebiet wurde für 15 Jahre dem Völkerbund unterstellt (Abstimmung 1935). An Polen fielen der Hauptteil der Prov. Posen und Westpreußen. Volksabstimmungen wurden vorgesehen für die west- und ostpreuß. Bez. Allenstein und Marienwerder sowie für Oberschlesien. Danzig wurde als Freistaat unter den Schutz des Völkerbunds gestellt. An die Tschechoslowakei fiel das zu Schlesien gehörende Hultschiner Ländchen. An Dänemark fiel Nordschleswig nördlich der »Clausenlinie« durch Volksabstimmungen. Das zunächst an die Alliierten abgetretene Memelland wurde 1923 Litauen zugesprochen. Der vom österr. Parlament beschlossene Anschluss der neu gebildeten Rep. Österreich an das Reich wurde verboten. Das Reich musste auf Kolonien verzichten. Die dt. Ströme wurden internationalisiert, das linke Rheinufer mit den Brückenköpfen Kehl, Mainz, Koblenz und Köln 15 Jahre besetzt, das Rheinland entmilitarisiert. Die Entwaffnungsbestimmungen sollten den »Anfang einer allg. Rüstungsbeschränkung aller Nationen« ermöglichen. Das dt. Heer wurde auf ein Berufsheer beschränkt (→ Reichswehr), dem Reich der Besitz größerer Schiffseinheiten, der Bau von Unterseebooten, Flugzeugen, modernen und schweren Waffen verboten, der Generalstab aufgelöst. Zur Überwachung wurde eine Militärkontrolle eingesetzt. Zur Rechtfertigung der Reparationen diente der Artikel 231, der Dtl. die Schuld am Ausbruch des Kriegs zuwies. Der größte Teil der dt. Handelsflotte wurde ausgeliefert, das dt. Privateigentum im feindl. Ausland enteignet. Gefordert, jedoch nicht durchgesetzt wurde die Auslieferung des Kaisers sowie von als »Kriegsverbrecher« bezeichneten Deutschen.

Der V. V. wurde von den USA nicht ratifiziert (Sonderfriede 1921). In Dtl. wurde er leidenschaftl. abgelehnt; er wurde zur schweren polit. und wirtschaftl. Belastung für die → Weimarer Republik. Ein Teil der wirtschaftl. Auswirkungen wurde durch die Verständigungspolitik G. Stresemanns gemildert. Der Kampf gegen den V. V. war ein Kernstück der natsoz. Propaganda.

1

2

3

4

5

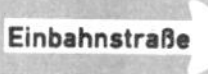

6

7

8

Verkehrszeichen (Auswahl). 1–3 Gefahrenzeichen; 1 Schleudergefahr bei Nässe oder Schmutz, 2 Gegenverkehr, 3 unbeschrankter Bahnübergang; 4–8 Vorschriftzeichen; 4 Andreaskreuz (dem Schienenverkehr Vorrang gewähren), 5 Halt! Vorfahrt gewähren!, 6 Einbahnstraße, 7 Überholverbot für Kraftfahrzeuge aller Art, 8 Halteverbot (in beiden Richtungen)

Versailles [vɛrˈsɑːj], Stadt im SW von Paris, 91 000 Ew.; landwirtschaftliche Fachhochschule; bedeutender Ausflugsverkehr. Hauptanziehungspunkt ist das **Schloss von V.,** unter Ludwig XIV. seit 1661 erbaut, anfangs unter Leitung von L. Le Vau, seit 1678 von J. Mansart. Der in klass. Barock errichtete Bau umfasst außer den königl. Wohnräumen die Spiegelgalerie, die Schlosskapelle und ein Theater. Der riesige Park mit Wasserbecken, Wasserspielen, Bildwerken wurde seit 1661 von A. Le Nôtre angelegt. In seinem südl. Teil 2 kleinere Schlösser (Grand und Petit Trianon). Das Schloss, 1672 bis 1739 Residenz der frz. Könige, ist heute Nationalmuseum. Die gesamte Anlage zählt zum Weltkulturerbe. – Dem nordamerikan. Unabhängigkeitskrieg machte der **Friede von V.** 1783 zw. Frankreich, Spanien, den USA und Großbritannien ein Ende. Durch die Novemberverträge von V. traten die süddt. Staaten 1870 dem Norddt. Bund bei; am 18. 1. 1871 wurde Wilhelm I. in V. zum Dt. Kaiser ausgerufen; am 26. 2. 1871 **Vorfriede von V.** (→ Deutsch-Französischer Krieg von 1870/71). 1871 bis 1879 tagte die frz. Nationalversammlung, 1919 die Siegermächte des 1. Weltkriegs in Versailles.

Versalilen *Pl.,* die Großbuchstaben.

Versammlungsfreiheit, Recht der Bürger, sich friedlich und unbewaffnet zu versammeln; ein wesentliches, nur für Versammlungen unter freiem Himmel eingeschränktes Grundrecht jedes freiheitl. Staats, in Dtl. in Artikel 8 GG garantiert. Ausländern steht in Dtl. dieses Grundrecht nicht zu, sie haben aber nach Artikel 11 der Europ. Menschenrechtskonvention das Recht, sich zu versammeln.

Versandhandel, ✐ Betriebsform des Einzelhandels: Waren werden über Kataloge, Prospekte, Sammelbesteller oder Vertreter an den Verbraucher abgesetzt; Bar- oder Teilzahlung.

Versäumnisverfahren, ⚖ Verfahren bei Nichterscheinen einer Partei zur mündl. Verhandlung. Auf Antrag der erschienenen Partei ergeht **Versäumnisurteil** gegen die nicht erschienene Partei. Gegen dieses Urteil kann innerhalb 2 Wochen (im Amtsgerichtsprozess innerhalb einer Woche) Einspruch eingelegt werden.

Verschleppung. ⚖ V. begeht, wer einen anderen durch List, Drohung oder Gewalt in ein Gebiet außerhalb Dtl.s verbringt.

Verschlusslaute, Laute, bei deren Äußerung der nach außen drängende Luftstrom am Mundraum oder am Hintergaumen gestoppt wird (p, t, k, b, d, g).

Verschneiden, in der Spirituosenherstellung das Zusetzen von Äthylalkohol zum urspr. Destillat; das Ergebnis, der **Verschnitt,** darf außer bei Rum (Rumverschnitt) nur unter einem Markennamen auf den Markt kommen. In der Weinbereitung das Mischen versch. Weine (Cuvée), bes. bei Spitzenweinen aus dem Bordelais; unterliegt meist einer gesetzl. Bestimmung.

Verschollenheit → Todeserklärung.

Verschulden → Schuld.

Verschwörung, ⚖ geheime Verbindung mehrerer Personen, zielt bes. gegen den Staat oder seine Einrichtungen; wird als Komplott (§ 30 StGB) bestraft.

Verseifung, ⚗ Zerlegung von Estern in Alkohole und Säuren (oder deren Salze); z. B. Spaltung der Fette in Seifen und Glycerin durch Kochen mit Alkalien.

Versetzungszeichen, 𝄞 das Zeichen für die Erhöhung (♯; Kreuz) oder Erniedrigung (♭; b) eines Tons um einen Halbton, doppelt geschrieben (♯♯ oder ♭♭) um 2 Halbtöne.

Versicherung, Deckung eines durch bestimmte Ereignisse hervorgerufenen Vermögensbedarfs durch Verteilung auf eine größere Anzahl gleichartig bedrohter Personen. Durch Zahlung eines Beitrags **(Prämie)** an den Versicherer deckt sich der Versicherte gegen die Wechselfälle des Lebens. Über den V.-Vertrag wird ein **V.-Schein** (Police) ausgestellt. – Man unterscheidet: 1) **Schaden-V.,** um einen Vermögensschaden zu ersetzen: **Sach-V.** (z. B. Feuer-V.), **Vermögens-V.** (z. B. Kraftfahrzeughaftpflicht, Haftpflicht, Einbruchdiebstahl); 2) **Personen-(Summen-)V.:** z. B. Lebens-, Kranken-, Unfall-V. Die V. wird betrieben als private V. (Individual-V.) oder als öffentl. V. (→ Sozialversicherung). Die V. stehen unter staatl. Aufsicht. Seit Juli 1994 können V.-Gesellschaften mit Niederlassung in einem EU-Staat ihre Dienste auch in allen übrigen EU-Staaten anbieten. **V.-Amt,** Behörde, die die Geschäfte der Sozialversicherung wahrnimmt.

versicherungsfremde Leistungen, Leistungen, die vom Gesetzgeber den gesetzl. Sozialversicherungen auferlegt wurden, obwohl sie nicht oder nur teilweise dem eigtl. Versicherungszweck dienen, z. B. die beitragsfreie Familienvers. in der Krankenvers., die Finanzierung von Kindererziehungszeiten in der Rentenversicherung.

Versiegelung, 1) Verschließen von Briefen u. a. mit einem Siegel. – **2)** Verfahren zum Schutz von Oberflächen (Holz, Stein, Beton usw.) durch Verschließen der oberflächennahen Poren mittels Aufbringens eines Beschichtungsfilms. – **3)** Verdichtung oder Abdichtung des Bodens im Bereich von Siedlungen, Ind., Landwirtschaft und Verkehrsflächen, mit negativen Auswirkungen auf den Naturhaushalt, z. B. kann das Oberflächenwasser nicht mehr ungehindert versickern.

versilbern, eine Silberschicht auf Gegenstände aufbringen, meist galvanisch.

Versöhnungstag, hebr. **Jom Kippur,** hohes jüd. Fest am 10. des 7. Monats (Sept./Oktober), an dem der Hohepriester im alten Israel das Heiligtum, das Volk und sich selbst entsühnte.

Versorgung, Sicherung des Lebensunterhalts für Arbeitsunfähige, Ruheständler, Hinterbliebene. In Dtl. ist die V. nach der Erwerbstätigkeit geregelt: 1) **Beamten-V.** umfasst Ruhegehalt, Unterhaltsbeitrag, Hinterbliebenen-V., Unfallfürsorge, Abfindung, Übergangsgeld; Regelung durch Bundes- und Ländergesetze. 2) Die **V. der Angestellten und Arbeiter des öffentl. Dienstes** regeln die soziale Rentenversicherung und eine V.-Anstalt. 3) Für die **Kriegsopfer-V.** gelten das Bundes-V.-Ges. in der Fassung vom 22. 1. 1982 und andere Ges., das Schwerbehindertenges., das Wiedergutmachungsges., das Heimkehrerges., das Kriegsgefangenen-Entschädigungsges. sowie das Ges. über die Unterhaltsbeihilfe für Angehörige von Kriegsgefangenen. 4) Die **V. der Soldaten** der Bundeswehr unterliegt dem Soldaten-V.-Ges. vom 26. 7. 1957 in der Fassung vom 5. 3. 1987. 5) Über die **V. der freien Berufe,** der Arbeiter und Angestellten der Wirtschaft → Lebensversicherung, → Rentenversicherung, → Altersversorgung.

Versorgungsbetrieb, Unternehmen zur Versorgung mit Wasser, Gas, Fernwärme oder Elektrizität, zur Entsorgung von Abwasser und Abfallstoffen sowie für den öffentl. Nahverkehr.

Verstaatlichung → Sozialisierung.

Verstädterung, Urbanisierung, 1) Anwachsen der städt., bes. der großstädt. Bev. innerhalb der Gesamtbev.; z. Z. leben fast 50% der Weltbevölkerung in Städten. – **2)** Vorherrschen städt. Lebensformen in urspr. ländl. Gebieten.

Verstand, Fähigkeit des richtigen Erkennens und Beurteilens; der V. bildet Begriffe, urteilt, schließt. (→ Vernunft)

Verstärker, engl. **Amplifier,** ⚡ Schaltung oder Gerät zur Verstärkung schwacher elektr. Spannungen und Ströme. Die Verstärkung geschieht mithilfe von Strömen elektr. Ladungsträger, deren Größe durch das zu verstärkende Signal gesteuert wird. Als Bauelemente werden Transistoren oder integrierte Schaltkreise **(Operations-V.)** verwendet (früher Elektronenröhren), die in mehreren Stufen hintereinander geschaltet sein können. Bes. rauscharm sind der **Reaktanz-V.** und der **Molekular-V.** (für Mikrowellen). Als Licht-V. hat der → Laser große Bedeutung erlangt.

Verstauchung, Distorsion *die,* ⚕ Dehnung (Zerrung) oder Zerreißung von Gelenkbändern oder -kapseln, meist mit Bluterguss.

Versteigerung, Auktion, ⚖ öffentl. Verkauf von Sachen an den Meistbietenden. Jedes Gebot erlischt durch ein höheres; der Abschluss erfolgt durch den Zuschlag. **Freiwillige V.** werden durch staatlich zugelassene Versteigerer, Zwangsversteigerungen durch Gerichtsvollzieher durchgeführt.

Versteinerungskunde → Paläontologie.

Versteppung, durch Eingriffe in den Wasserhaushalt der Natur (unsachgemäße Flussregulierung, übermäßige Rodung, Raubbau) bewirktes Absinken des Grundwasserspiegels. Es führt zur Austrocknung, Abspülung und Ausblasung des Oberbodens (→ Desertifikation). Auch die natürl. Umwandlung eines Waldgebiets an der Trockengrenze in Steppe.

Verstopfung, Konstipation, Obstipation, ⚕ Störung der Darmtätigkeit mit ungenügender Stuhlentleerung. **Chron. V.** wird häufig verursacht durch Bewegungsmangel und ballaststoffarme Ernährung. Zu **akuter V.** kommt es bei einer Verengung, Abschnürung eines Darmabschnitts.

Versuch, 1) ⚖ im Strafrecht der Beginn der Ausführung einer Straftat mit dem Willen, diese zu begehen. Der V. eines Verbrechens ist stets, der V. eines Vergehens nur dann strafbar, wenn das Gesetz es ausdrücklich vorschreibt. Der V. wird milder bestraft als die vollendete Tat (§§ 23f. StGB). – **2)** wiss. Experiment.

Vertebraten, die → Wirbeltiere.

Verteidigung, 1) ⚖ im Strafprozess die Wahrnehmung der Interessen des Beschuldigten durch ihn selbst oder durch einen **Verteidiger.** Zum Verteidiger kann vom Beschuldigten jeder bei einem dt. Gericht zugelassene Rechtsanwalt und jeder Rechtslehrer einer dt. Hochschule gewählt werden **(Wahlverteidiger),** andere Personen nur mit Genehmigung des Gerichts.

Versailles
Stadtwappen

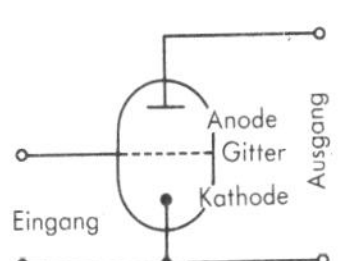

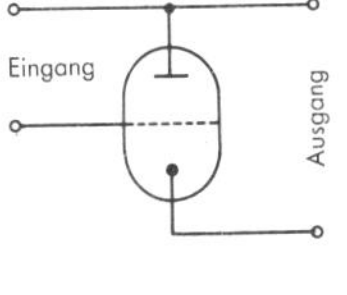

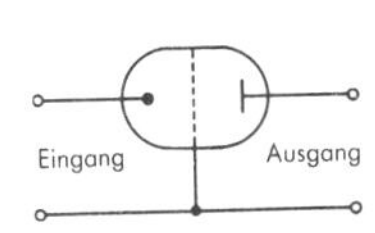

Verstärker
Grundschaltungen mit Elektronenröhren (Trioden): Kathodenbasisschaltung, Anodenbasisschaltung, Gitterbasisschaltung (von oben)

9

10

11

Verkehrszeichen. 9–11 Richtzeichen; 9 verkehrsberuhigter Bereich, 10 Autobahn, 11 Fußgängerüberweg

In den Fällen **notwendiger V.** ist die Mitwirkung eines Verteidigers (gegebenenfalls eines vom Gericht zu bestellenden **Pflicht-** oder **Offizialverteidigers**) notwendig. – **2)** Kriegs- oder Kampfführung zur Abwehr eines Angreifers.

Verteiler, bei Verbrennungsmotoren (Ottomotoren) ein umlaufender Kontakt, der den in der Zündspule erzeugten hochgespannten Strom an die jeweilige Zündkerze leitet.

Vertikalstarter, Senkrechtstarter, jedes Flugzeug einschließl. des Hubschraubers, das ohne An- und Ausrollen in annähernd vertikaler Richtung starten und landen kann. Starrflügelflugzeuge bilden i. e. S. die Gattung der **Senkrechtstarter,** die auch auf der Stelle schweben und in den Waagerechtflug übergehen (Transition) können.

Vertikutieren, Lockerung und Belüftung der Grasnarbe eines Rasens, die mit dem **Vertikutierer** (dem Handrechen oder Motorrasenmäher ähnl. Gerät mit Messern) aufgerissen und vom Rasenfilz befreit wird.

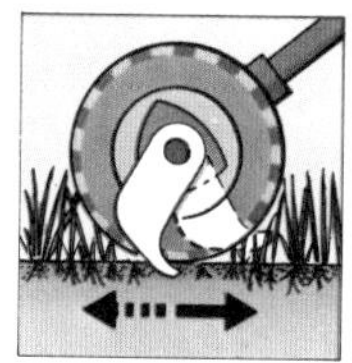

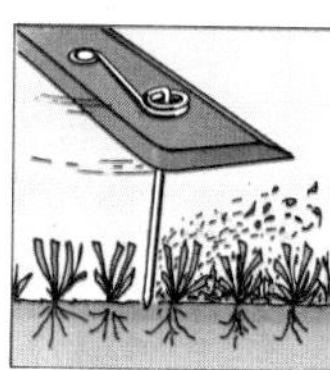

Vertikutieren
Vertikutiergerät mit pendelnden Messern und Vertikutierstift (von oben)

Vertrag, Kontrakt, Rechtsgeschäft, das durch Angebot und Annahme zustande kommt. Man unterscheidet öffentlich-rechtl. (z. B. Staats-V., Konkordate) und privatrechtl. V.; unter Letzteren u. a. schuldrechtl. (obligator., z. B. Kauf, Miete), dingl. (Auflassung), familienrechtl. (Ehe) und erbrechtl. (Erb-V.), ferner entgeltl. und unentgeltl. V., je nachdem, ob für die Leistung des einen Teils eine Gegenleistung des andern vereinbart ist oder nicht.

Vertragsfreiheit, Grundsatz im bürgerl. Recht, nach dem Verträge frei gestaltet werden können, sofern sie nicht gegen gesetzl. Verbote oder gegen die guten Sitten verstoßen. Ferner gilt sie nur im Schuldrecht, während im Sachenrecht und im Erbrecht Bindung an vorgesehene Vertragstypen herrscht **(Typenzwang).**

Vertragslehre, staatsphilosoph. Lehre, nach der das Entstehen und Bestehen des Staats auf eine freie Vereinbarung der Einzelnen zurückgeht und dadurch gerechtfertigt wird **(Vertragstheorie).** Ihre letzte Ausprägung fand die V. durch Rousseaus Schrift über den Gesellschaftsvertrag.

Vertrags|strafe → Konventionalstrafe.

Vertrauens|arzt, für Behörden, Träger der Sozialversicherung und andere Versicherungen gutachterlich tätiger Arzt, der u. a. bei der Feststellung von Berufs- und Erwerbsunfähigkeit herangezogen wird.

Vertrauensfrage, Antrag des Reg.-Chefs an das Parlament, ihm das Vertrauen auszusprechen. Die Verneinung der V. kommt im Allg. einem → Misstrauensvotum gleich.

Vertrauensmann, Vertrauensfrau, ein Gewerkschaftsmitglied, das sich in ehrenamtl. Tätigkeit auf betriebl. Ebene für gewerkschaftl. Ziele engagiert.

vertretbare Sachen, bewegl. Sachen, die nach Zahl, Maß oder Gewicht bestimmt zu werden pflegen; z. B. Geld, Getreide.

Vertreter, jemand, der ermächtigt ist, Rechtsgeschäfte für einen andern abzuschließen, bes. im kaufmänn. Verkehr (z. B. Handlungsbevollmächtigter, -reisender, Kommissionär), oder ihn im Zivilprozess zu vertreten; er ist **bevollmächtigter V.,** wenn er durch rechtsgeschäftl. Vollmacht, **gesetzl. V.,** wenn er durch Gesetz ermächtigt ist.

Vertriebene, i. w. S. Bezeichnung für Personen, die ihre Wohn- und Heimatgebiete zwangsweise verlassen mussten; i. e. S.: die dt. Staatsangehörigen oder Volkszugehörigen, die ihren Wohnsitz in den ehem. dt. Ostgebieten oder in Gebieten außerhalb des Dt. Reichs in den Grenzen von 1937 hatten und diesen durch Flucht oder Vertreibung im Zusammenhang mit dem 2. Weltkrieg verloren haben. Das Bundes-V.-Ges. unterscheidet zw. Heimat-V. (Personen, die am 23. 12. 1937 oder vorher einmal ihren Wohnsitz in dem Staate hatten, aus dem sie vertrieben wurden) und V., zu denen nach dem Lastenausgleichsges. auch die → Aussiedler gehören. Nach dem 1. 1. 1993 (Inkrafttreten der Kriegsfolgenbereinigungsges.) kommende Aussiedler werden als Spätaussiedler bezeichnet.

Verviers [vɛr'vje], Stadt im östl. Belgien, 53 600 Ew.; Zentrum der belg. Wollind., Maschinenbau.

Verwahrungsvertrag, Vertrag, durch den sich der **Verwahrer** verpflichtet, eine ihm von einem anderen (dem **Hinterleger**) übergebene bewegliche Sache aufzubewahren (§§ 688 ff. BGB); z. B. Gepäckaufbewahrung, Theatergarderobe. Die Verwahrung von Wertpapieren geschieht im Depot.

Verwaltung, planmäßige Tätigkeit zur Erreichung bestimmter Zwecke (der V.-Zwecke) innerhalb öffentl. oder privater Organisationen (betriebl. oder Unternehmens-V.). – Die **Staats-V.** umfasst die gesamte Staatstätigkeit außer der polit. Staatsleitung (»Regierung«), der Gesetzgebung, der Rechtsprechung und der Ausübung der militär. Kommandogewalt; Zweige sind auswärtige V., innere V. (einschließl. Polizei), Militär-, Finanz-, Wirtschafts-, Verkehrs-, Arbeits-, Kultur-, Justiz-, Sozial-, Kultur-V. – In Dtl. sind die V.-Aufgaben zw. dem Bund und den Bundesländern geteilt. Neben der Staats-V. besteht die → Selbstverwaltung.

Verwaltungs|akt, hoheitl. Maßnahme (Verfügung, Entscheidung, Anordnung) zur Regelung eines Einzelfalls des öffentl. Rechts mit unmittelbarer rechtl. Wirkung. Der V. darf nur auf gesetzl. Grundlage ergehen. Ist der V. rechtswidrig, dann ist er fehlerhaft; bei schweren Fehlern ist er nichtig, bei leichteren ist er mit der Maßgabe wirksam, dass er durch Rechtsmittel der Verwaltungsgerichtsbarkeit angefochten werden kann.

Verwaltungsgerichtsbarkeit, wird durch unabhängige, von den Verw.-Behörden getrennte Verw.-Gerichte ausgeübt. Sie kann auf die gesetzlich aufgeführten Fälle beschränkt sein oder sich auf alle verwaltungsrechtl. Streitigkeiten erstrecken **(Generalklausel),** die nicht gesetzlich den ordentl. Gerichten zugewiesen sind, so in Dtl. **(Verw.-Prozess).** Wer sich hier durch einen Verw.-Akt oder eine Unterlassung der Verw.-Behörde beeinträchtigt fühlt, kann vor dem Verw.-Gericht klagen, doch muss er i. d. R. zunächst eine Änderung der Entscheidung durch Widerspruch, Einspruch oder Beschwerde bei der Behörde selbst versucht haben. – Verw.-Gerichte des Bundes sind das Bundesverwaltungsgericht und, als bes. Verw.-Gerichte, der Bundesfinanzhof und das Bundessozialgericht. – Zur V. werden auch die Disziplinargerichte gerechnet (→ Disziplinarrecht).

Verwandten|ehe, Ehe zw. nahen Blutsverwandten. Sie ist verboten zw. Verwandten in gerader Linie und voll- oder halbbürtigen Geschwistern.

Verwandtschaft, 1) Verhältnis zw. Personen, die voneinander (V. in gerader Linie) oder von derselben dritten Person (V. in der Seitenlinie) abstammen. Der **V.-Grad** richtet sich nach der Zahl der die V. vermittelnden Geburten (§ 1589 BGB). Eltern und Kinder sind also im 1. Grad in gerader Linie, Geschwister im 2. Grad in der Seitenlinie verwandt (→ Schwägerschaft). Auch das nichtehel. Kind ist wegen seiner blutmäßigen Abstammung mit seinem Vater verwandt. – **2)** Nach der Abstammungslehre nimmt man in der Tier- und Pflanzenwelt engere oder weitere V. an, darauf gründet sich das System der Pflanzen und der Tiere.

Verwarnung, 1) Zuchtmittel im Jugendstrafrecht. – **2)** Androhung des Schieds- oder Kampfrichters, einen Sportler bei weiterhin regelwidrigem Verhalten zu disqualifizieren; z. B. im Fußball Zeigen einer gelben Karte. – **3) gebührenpflichtige V.,** Ahndung von Ordnungswidrigkeiten, bes. im Straßenverkehr.

Verweis, im Beamtenrecht: Disziplinarstrafe (→ Disziplinarrecht).

Verwerfen, bei Haustieren das vorzeitige Ausstoßen der nicht lebensfähigen Leibesfrucht.

Verwerfung, Bruch, Sprung, ⊕ Störung einer Gesteinslagerung, bei der diese an einer Bruchfläche in 2 Schollen zerbrochen wird und diese gegeneinander verschoben werden.

Verwesung, Zersetzung von organ. Stoffen durch Bakterien und Pilze unter Luftzufuhr.

Verwirkung, ⚖ **1)** im Verf.-Recht Verlust von Grundrechten bei denjenigen, die sie zum Kampf gegen die demokrat. Grundordnung missbrauchen. – **2)** im Zivilrecht Verlust eines Rechts wegen verspäteter Geltendmachung.

Verwitterung, ⊕ Zersetzung von Gesteinen durch mechan., chem. und biogene Witterungseinflüsse. V. ist die Voraussetzung für die Abtragung und Neubildung von Sedimenten, dadurch für die Gestaltung der Erdoberfläche und schließlich für die Bodenbildung.

Very Large Telescope [ˈverɪ lɑːdʒ ˈtelɪskəʊp], Abk. **VLT,** ☼ im Bau befindl. Großteleskop, das ab 1996 bei der Europ. Südsternwarte in den chilen. Anden aufgestellt werden soll. Das aus 4 Einzelteleskopen bestehende VLT wird nach Fertigstellung (vermutlich 2001) das leistungsfähigste opt. Gerät zur Beobachtung des Weltalls sein.

Verzerrung, ✇ übertragungsbedingte Verfälschung des zeitl. Verlaufs und des Frequenzspektrums analoger elektr. Signale. Gewollte V. dienen u. a. zur Signalformung, Filterung, Modulation.

Verzicht, ⚖ Aufgabe eines Rechts; nur bei übertragbarem Recht wirksam.

Vespasian, eigentl. Titus **Flavius Vespasianus,** röm. Kaiser (69 bis 79), * 9 n. Chr., † 79; 69 von seinen Legionen ausgerufen, stellte die in den Bürgerkriegen zerrüttete Ordnung wieder her, ließ das Kolosseum in Rom errichten.

Vespucci [vesˈputtʃi], Amerigo, ital. Seefahrer, * 1451, † 1512; nahm 1497 bis 1504 an Entdeckungsfahrten längs der Küste Südamerikas teil und gab die erste Beschreibung der entdeckten Länder. Nach ihm wurde Amerika benannt.

Vesta, altitalische Göttin des Herdfeuers, der griech. Hestia verwandt. Ihre Priesterinnen, die **Vestalinnen,** hüteten das ewige Feuer in einem Rundtempel auf dem Forum in Rom.

Vestibül *das,* Vorhalle, Eintrittshalle.

Vesuv *der,* aktiver Vulkan am Golf von Neapel, Italien, gegenwärtig 1281 m hoch, mit Observatorium; Sesselbahn; fruchtbare Böden, u. a. Weinbau. Heftige Ausbrüche: 79 n. Chr. (Zerstörung von Pompeji, Herculaneum und Stabiae), 1631, 1794, 1872, 1906, 1929, 1944.

Veteran *der,* alter Soldat; Teilnehmer an einem früheren Krieg.

Veterinärmedizin → Tierheilkunde.

Veto *das,* **Vetorecht,** Recht, einen Beschluss durch Stimmabgabe innerhalb des beschließenden Organs zu verhindern oder den Beschluss eines anderen Organs durch Einspruch unwirksam zu machen oder aufzuschieben.

Vevey [vəˈvɛ], Stadt im Kt. Waadt, Schweiz, am Genfer See, 16 000 Ew.; Nahrungsmittel-, Aluminiumind., Apparatebau; Weinbau; Fremdenverkehr.

Vexierbild, Suchbild, das eine nicht sofort erkennbare Figur enthält.

Vézelay [vezˈlɛ], Gemeinde in Burgund, Frankreich, 580 Ew.; die Benediktinerabtei (Wallfahrtskirche aus dem frühen 12. Jh.) zählt zum Weltkulturerbe.

Vézère [veˈzɛːr] *die,* rechter Nebenfluss der Dordogne in SW-Frankreich, 192 km lang; in ihrem Tal die vorgeschichtl. Fundstätten Les Eyzies, Cro-Magnon, La Madeleine, Le Moustier, Lascaux; die Höhlenmalereien gehören zum Weltkulturerbe.

v. H., Abk. für vom Hundert (→ Prozent).

VHF, Abk. für engl. Very **h**igh **f**requency, → Ultrakurzwellen.

VHS, Abk. für engl. Video **h**ome **s**ystem, ein Videoaufzeichnungsverfahren.

Via *die,* Straße, Weg. **V. dolorosa,** Weg der Schmerzen, der Kreuzweg in Jerusalem.

Viadukt *der,* auch *das,* ⩎ Überführung.

Via Mala, bis 600 m tiefe Schlucht des Hinterrheins in Graubünden, Schweiz, bei Thusis, mit 1822 erbauter Straße.

Viareggio [viaˈreddʒo], Seebad in Mittelitalien, am Tyrrhen. Meer, 60 300 Ew.; berühmte Karnevalsumzüge.

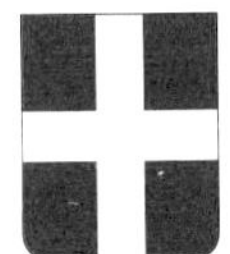

Vicenza
Stadtwappen

Viatikum [lat. »Wegzehrung«] *das,* kath. Kirche: die einem Sterbenden gereichte Eucharistie.

Viborg, 1) [ˈvibɔr], Stadt in N-Jütland, Dänemark, 39 400 Ew., Dom (Krypta: 12. Jh.), bis 1340 Wahlstätte der dän. Könige. – **2)** schwed. für → Wyborg.

Vibration *die,* Schwingung mit einer Frequenz im unteren Hörbereich.

Vichy
Stadtwappen

Vicenza [viˈtʃɛntsa], Stadt in Venetien, Italien, 107 100 Ew.; Textil-, chem., Keramikind.; Theaterfestspiele; zahlreiche Bauten von A. Palladio, u. a. Teatro Olimpico.

Vichy [viˈʃi], Stadt und Heilbad in Frankreich (Auvergne), am Allier, 28 000 Ew.; alkal. Quellen. – 1940 bis 1944 Sitz der faschist. Regierung Pétain **(V.-Regime).**

Vico, Giovanni Battista, ital. Geschichtsphilosoph, * 1668, † 1744; begründete die Völkerpsychologie und Geschichtsphilosophie.

Vicomte [viˈkɔ̃t], engl. **Viscount** [ˈvaɪkaʊnt], ital. **Visconte** *der,* in roman. Ländern und England Adelstitel zw. Graf und Baron.

Victoria, 1) Hptst. der kanad. Prov. British Columbia, auf der Insel Vancouver, 71 200 Ew.; Univ.; Schiffbau; ⚓; Endpunkt des Trans-Canada-Highway. – **2)** Hptst. der Rep. Seychellen auf der Insel Mahé, 23 000 Ew.; ⚓; ✈. – **3)** Verw.-Sitz von Hongkong, 1,1 Mio. Ew. – **4)** Staat des Austral. Bundes im SO des Kontinents; 227 600 km², 4,38 Mio. Ew., Hptst. Melbourne.

Amerigo Vespucci

Victoria, 1) Königin von Großbritannien und Irland (1837 bis 1901), Kaiserin von Indien (seit 1876), * 1819, † 1901; ⚭ seit 1840 mit ihrem Vetter Prinz Albert von Sachsen-Coburg und Gotha († 1861). Nach ihr wird die Blütezeit des engl. Bürgertums im 19. Jh. als »Viktorian. Zeitalter« bezeichnet. – **2)** → Viktoria.

Victoria amazonica, Seerosengewächs im Amazonasgebiet; pfannenförmige Blätter, bis 2 m Durchmesser, weiße bis rötliche, etwa 40 cm große Blüten, faustgroße, stachlige Früchte.

Victoriafälle, Wasserfälle (110 m) des Sambesi, bei Livingstone an der Grenze Simbabwe/Sambia; zählen zum Welterbe.

Victoria Island [- ˈaɪlənd], Insel im Kanadisch-Arkt. Archipel, 217 290 km², 2 Eskimosiedlungen; Wetterstation.

Victoriasee, Victoria Nyanza, größter See Afrikas, gehört zu Tansania, Uganda und Kenia, 68 000 km², Zufluss Kagera, Abfluss Victorianil.

Gore Vidal

Vidal [vaɪdl], Gore, amerikan. Schriftsteller, * 1925; Essays, Detektiv- und gesellschaftskrit. Romane, »Washington D. C.« (1967).

Videoclip *der,* kurzer Videofilm zu einem Musikstück aus der Pop- und Rockmusik, der von der Musikindustrie v. a. zu Werbezwecken produziert wird.

Videokamera, Aufzeichnungsgerät, bei dem die Bildaufnahmen einschließl. Begleitton auf das Magnetband einer **Videokassette** aufgezeichnet werden. Bei den heute verwendeten **Kamerarecordern** (Camcorder) können die Aufzeichnungen unmittelbar danach im Sucher der V. oder am Bildschirm eines mit der Kamera verbundenen Fernsehgeräts betrachtet werden.

Videokonferenz, eine Form der Telekommunikation über Breitbandverbindungen (→ISDN), bei der zwischen allen Konferenzteilnehmern Hör- und Sichtverbindung besteht.

Videokunst, die Benutzung elektron.-opt. Medien (Videoaufzeichnungen bzw. Direktübertragungen, sichtbar gemacht auf Monitoren) als künstler. Aussagemittel. In Videoskulpturen sind die Monitore selbst künstlerisch verwendet.

Videoplatte →Bildplatte.

Videorekorder, Gerät zur magnet. Bildaufzeichnung (MAZ) von Fernsehsendungen oder Aufnahmen mit einer Videokamera bzw. zur Wiedergabe von auf Magnetband (Videoband) gespeicherten Bild-Ton-Inhalten über ein Fernsehgerät. Die Aufzeichnung kann auch mechanisch auf einer →Bildplatte oder optisch auf einem Film (EVR) erfolgen. Bedingt durch unterschiedl. Fernsehnormen und Herstellerfirmen und -länder wurden zahlreiche V.-Systeme entwickelt, u.a. VHS (das in Dtl. gebräuchlichste), Betamax und Video 2000.

Video|spiele, Bildschirmspiele, ⊙ Spiele, die mithilfe eines an einen Fernsehempfänger anschließbaren Zusatzgeräts auf dem Bildschirm (als Spielfeld) gespielt werden können; die Spielaktionen werden von Hand über eine Tastatur oder über einen Joystick gesteuert. Auch Bezeichnung für die V.-Geräte selbst, meist tragbare Geräte mit Flüssigkristallbildschirmen (Handelsname: **Gameboy®**).

Videotext, Form der Telekommunikation zur Übertragung von Textnachrichten innerhalb eines Fernsehsignals und ihre Darstellung auf dem Bildschirm.

Videothek *die,* öffentl. oder private Sammlung von bespielten Videokassetten, die verliehen oder verkauft werden.

Vidikon *das,* eine mit einer Halbleiterplatte als lichtempfindl. Schicht ausgestattete Fernseh-Bildaufnahmeröhre, die das Bild bis zur Abtastung mit einem Elektronenstrahl speichern kann.

Viebig, Clara, dt. Schriftstellerin, *1860, †1952; schrieb naturalist. Novellen und sozialkrit. Romane (»Das tägl. Brot«, 1901).

Viel|eck, Polygon, geometr. Figur aus n Punkten und n Seiten (z.B. Dreieck).

Viel|ehe →Polygamie.

Vielfraß, Jerf, bärenähnlich aussehender Marder v.a. in Wäldern und Tundren Eurasiens und Nordamerikas (70 bis 105 cm groß); dichtes und langes, dunkelbraunes Fell.

Vielseitigkeit, früher **Military,** im Pferdesport Prüfung in drei Disziplinen: Dressur, Geländeritt und Springen.

Vielstoffmotor, Dieselmotor mit besonderem Einspritz- und Verbrennungssystem, der verschiedene flüssige Kraftstoffe innerhalb eines Siedebereichs von etwa 30 bis 450°C verbrennen kann, z.B. Benzin, Dieselöl.

Vienne [vjɛn], **1)** *die,* linker Nebenfluss der Loire in W-Frankreich, 350 km lang. – **2)** Stadt in SO-Frankreich, an der Rhône, 30400 Ew.; pharmazeut., Textilind.; Weinbau; röm. Baureste.

Vientiane [viɛntiˈa:nə], Hptst. von Laos, am Mekong, 377400 Ew.; Univ.; Kleinindustrie. – Seit 1569 Hptst. des laot. Königreichs.

Vier|eck, geometr. Figur mit 4 geradlinigen Seiten. Beim allg. ebenen V. sind die Seiten und die Winkel ungleich. Besondere V. sind Trapez, Parallelogramm, Drachen-V., Rhombus, Rechteck, Quadrat.

Vierfarbendruck, der Übereinanderdruck der Grundfarben des Dreifarbendrucks mit einer Schwarzplatte zur Vertiefung der Konturen und Schattenpartien.

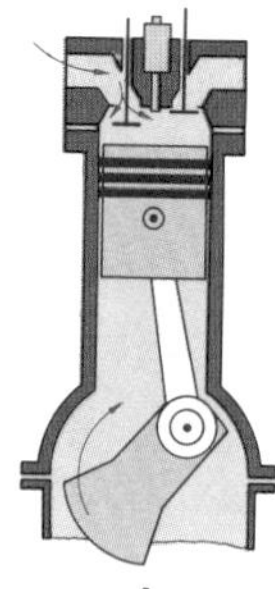
1

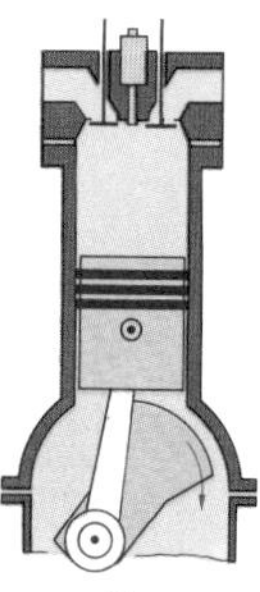
2

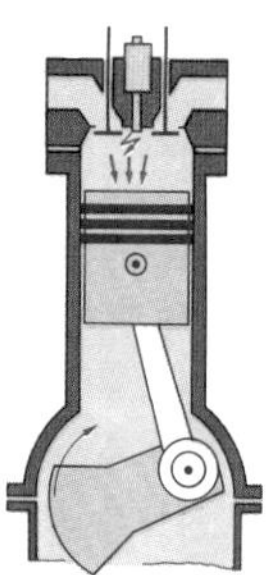
3

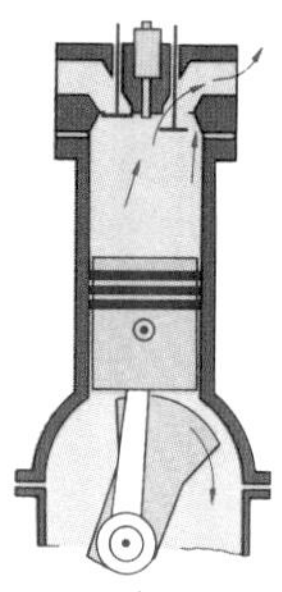
4

Schematische Darstellung der Vorgänge eines im **Viertaktverfahren** arbeitenden Ottomotors.
1 Ansaugen im 1. Takt, 2 Verdichten im 2. Takt, 3 Arbeiten im 3. Takt, 4 Ausschieben im 4. Takt

Vierkaiserjahr, Jahre 68/69 n.Chr., in denen nacheinander Galba, Vitelius, Otho und Vespasian zu röm. Kaisern ausgerufen wurden.

Vierlande, zu Hamburg gehörende Marschniederung zw. Elbe und Geestrand; Gemüse-, Obstbau.

Viermächtepakt, ein 1933 vom Dt. Reich, Frankreich, Großbritannien und Italien geschlossener Vertrag, der die Zusammenarbeit der 4 Mächte in Fortführung des Locarno- und Kellogg-Pakts vorsah, aber nicht wirksam wurde.

Vierpass, ⩃ got. Maßwerkform: 4 meist einem Kreis einbeschriebene Kreisbögen.

Viersen, Krst. in NRW, im Niederrhein. Tiefland, 77600 Ew.; Textil-, chem. und Nahrungsmittelind., Maschinenbau.

Viertaktverfahren, ⊙ Arbeitsweise der Verbrennungsmotoren (Otto- und Dieselmotoren) mit Hubkolben, bei der sich das Arbeitsspiel in 4 Takten gleich 2 Kurbelwellenumdrehungen vollzieht. Beim Ottomotor saugt im 1. Takt der Kolben das vom Vergaser oder durch Einspritzung gebildete Kraftstoff-Luft-Gemisch in den Zylinder. Im 2. Takt wird das Gemisch durch den rückwärts gehenden Kolben verdichtet und kurz vor Erreichen des oberen Totpunkts durch einen elektr. Funken entzündet, sodass in dem folgenden 3. Takt die sich ausdehnenden Gase den Kolben vor sich her treiben und Arbeit leisten. Im 4. Takt schiebt der rückkehrende Kolben die verbrannten Gase ins Freie. Auf 4 Takte kommt ein Arbeitstakt. Beim Dieselverfahren wird im 1. Takt statt des Gemischs reine Luft angesaugt und am Ende des 2. Takts der Kraftstoff durch eine Pumpe in die hochverdichtete Luft eingespritzt, worauf die Verbrennung selbsttätig einsetzt.

vierte Dimension, ⚛ Bezeichnung für die Zeitkoordinate, die in der Relativitätstheorie die 3 räuml. Koordinaten formal zur vierdimensionalen Raum-Zeit ergänzt.

vierter Stand, im 19. Jh. aufgekommene Bez. für die als Folge der industriellen Revolution entstandene Schicht lohnabhängiger Arbeiter.

Vierte Welt, diejenigen Staaten der Dritten Welt, deren Rohstoffbasis gering ist und deren industrielle und landwirtschaftliche Entwicklung auf niedriger Stufe steht; Unterentwicklung, Hunger und Armut sind Kennzeichen.

Vierwaldstätter See, viel verzweigter Alpensee in der Zentralschweiz, zw. den Kt. Uri, Schwyz, Unterwalden, Luzern, 114 km² groß, bis 214 m tief, von der Reuß durchflossen, Aussichtsberge (Rigi, Pilatus, Bürgenstock); geschichtl. Erinnerungsstätten (Rütli, Tellplatte); Fremdenverkehrsgebiet.

Vierzehn Heilige →Nothelfer.

Vierzehnheiligen, Wallfahrtskirche bei Staffelstein in Oberfranken, Bayern, bedeutender Barockbau von B. Neumann (erbaut 1743 bis 1772).

Vierzehn Punkte, die vom amerikan. Präs. W. Wilson in seiner Botschaft an den Kongress vom 8.1.1918 aufgestellten Grundsätze für einen allg. Weltfrieden: 1) Ende der Geheimdiplomatie, 2) Freiheit der Meere, 3) Freiheit des Handels, 4) Abrüstung, 5) Ausgleich aller kolonialen Ansprüche, 6) bis 8) und 11) Räumung der von den Mittelmächten besetzten Gebiete, Rückgabe Elsass-Lothringens an Frankreich, 9) Berichtigung der ital. Grenzen nach den Volksgrenzen, 10) und 12) autonome Entwicklung der Völker Österreich-Ungarns und des Türk. Reichs, 13) Errichtung eines unabhängigen Polen mit Zugang zur See, 14) Gründung eines Völkerbunds. – Außerdem stellte Wilson als Grundlage für die Friedensverhandlungen der Alliierten mit Dtl. weitere, im Versailler Vertrag nicht berücksichtigte Grundsätze auf: keine Annexionen, keine Kriegsentschädigungen u.a.

Vierzigstundenwoche, die Arbeitswoche zu 40 Stunden Normalarbeitszeit, meist als Fünftagewoche mit arbeitsfreiem Samstag; in der Bundesrep. Deutschland seit Mitte der 1950er-Jahre schrittweise eingeführt. Inzwischen liegt die durchschnittl. Arbeitszeit in den alten Bundesländern bei 38,5 Std. pro Woche, in den neuen ist die V. noch die Regel.

Vi|etcong, Abk. für **Viet**-nam **Cong** San, »Kommunisten von Vietnam«, die südvietnames. kommunist. Guerillakämpfer im Vietnamkrieg.

Vi|etminh, »Liga der Verbände für die Unabhängigkeit Vietnams«, seit 1941 von Ho Chi Minh geführte kommunist. Bewegung in Vietnam; sie stellte nach der Teilung Vietnams in Nord-Vietnam die Regierung.

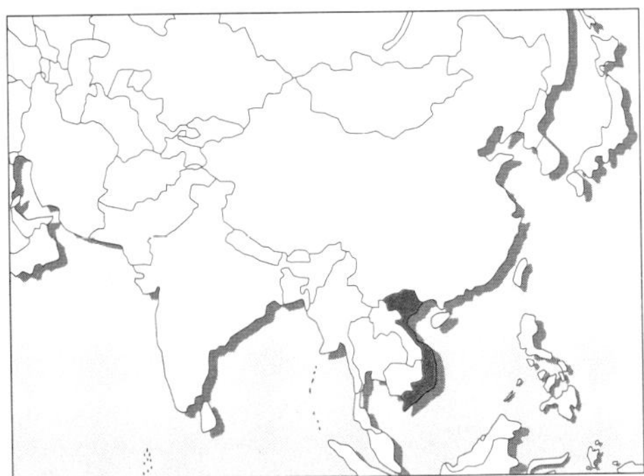

Vi|etnam, Staat in SO-Asien, an der O-Küste Hinterindiens, vom Flussgebiet und Delta des Roten Flusses (Zentrum Hanoi) im N bis zum Mekongdelta mit Ho-Chi-Minh-Stadt (Saigon) im S; dazwischen überwiegend Gebirgsland. 329566 km², 69,5 Mio. Ew.; überwiegend →Vietnamesen; Hptst.: Hanoi; Amtssprache: Vietnamesisch.

Verfassung. Nach der Verf. von 1992 ist V. eine sozialist. Rep. Die Verf. bekräftigt die Monopolstellung der »Kommunist. Partei V.s«; diese steht an der Spitze der »Vietnames. Vaterländ. Front«, die die Reg. stellt. Legislative ist die alle 5 Jahre mit Einheitsliste gewählte Nationalversammlung, die den Min.-Präs. (Spitze der Reg.) und den Präs. (Staatsoberhaupt) wählt. Die Verf. enthält einige wirtschaftl. Freiheitsrechte.

Wirtschaft. Die seit 1986 eingeleiteten marktwirtschaftl. Reformen haben die Kollektivierung der Landwirtschaft und Verstaatlichung der Ind. noch nicht beseitigen können. Anbau von Reis, daneben Zuckerrohr, Mais, Baumwolle, Tee, Kaffee, Tabak; Kautschukgewinnung; Viehzucht, v.a. Schweine; Fischerei. ⚒ auf Steinkohle, Apatit, Chrom, Eisen, Zinn, Wolfram, Erdölförderung. Nahrungsmittel-, Textil-, Eisen- und Stahl-, Maschinen-, chem. u.a. Ind. Ausfuhr: Erdöl, Kohle, Textilien; Haupthandelspartner: Singapur, Japan, Hongkong, Frankreich. Das 1975 verhängte Handelsembargo der USA wurde im Febr. 1994 aufgehoben. ⚓: Haiphong; internat. ✈ Hanoi und Ho-Chi-Minh-Stadt.

Geschichte. 207 v.Chr. eroberten die Lac Viet (alter Name der Vietnamesen) das Reich Au Lac und nannten es Nam Viet, was »südl. Land der Viet« bedeutet. 111 v.Chr. annektierte die chin. Han-Dynastie das Reich Nam Viet, das spätere Annam. In der Mitte des 10. Jh. beseitigten die rebell. Vietnamesen die chin. Oberhoheit und gründeten 968 das Reich Annam, das 1471 auch das Reich (Champa) der Cham unterwarf. Erst mit frz. Hilfe gelang es dem vietnames. Kaiser Gia Long 1802, V. zu vereinigen. 1883 wurde V. von Frankreich zum Protektorat erklärt. Im 20. Jh. entstand eine Unabhängigkeitsbewegung, deren Führung nach einem gescheiterten Aufstand (1930) an die von Ho Chi Minh geführten Kommunisten überging. Im 2. Weltkrieg verdrängten die Japaner die Franzosen. Nach der militär. Niederlage Japans geriet V. wieder unter die Herrschaft Frankreichs. Nach einem langjährigen Krieg (Indochinakrieg, 1946 bis 1954) mit den kommunist. Vietminh musste es sich jedoch aus V. zurückziehen. Nach der Genfer Indochinakonferenz (1954) bildeten sich in V. 2 Rep.: die kommunistisch geführte **Demokrat. Rep.** (Nord-)**V.** und die nichtkommunist. **Rep.** (Süd-)**V.**

In Nord-V. übte die kommunist. Partei (Vors. Ho Chi Minh, nach dessen Tod 1969 Le Duan) nach dem Muster der Volksdemokratie die Herrschaft aus. Während die vietnames. Kommunisten in Nord-V. mit rigorosen Mitteln eine Bodenreform durchführten und eine Industrialisierung einleiteten, suchten sie seit 1957/58 mithilfe des Vietcong in Süd-V. Fuß zu fassen. Mit diplomat. und wirtschaftl. Unterstützung der USA baute in Süd-V. Präs. Ngo Dinh Diem einen nichtkommunist. Staat auf. Nach schweren innenpolit. Spannungen wurde er 1963 vom Militär gestürzt. 1965 wurde General Nguyen Van Thieu Präsident.

Seit 1957/58 hatte sich zw. der Rep. (Süd-)V. und den von Nord-V. unterstützten Vietcong ein Bürgerkrieg entwickelt. Nach dem Waffenstillstand (1973) gelang es den Kommunisten 1975, Süd-V. zu erobern. 1976 wurde Süd-V. mit Nord-V. zur Sozialist. Rep. V. vereinigt. Zahlreiche Südvietnamesen flüchteten aus dem Land. Hegemoniale Bestrebungen V.s in Indochina (Einmarsch in Kambodscha, Jan. 1979) führten zum Krieg mit der VR China (Febr. bis März 1979). 1989 zog V. seine Truppen aus Kambodscha zurück und unterstrich seine Politik einer vorsichtigen außenpolit. und wirtschaftl. Liberalisierung. Staatsoberhaupt: Nguyen Manh Cam (seit 1997).

Vietnamesen, früher **Annamiten,** Volk in Hinterindien, Staatsvolk in Vietnam, etwa 57,5 Mio. Angehörige; insgesamt mongolid. Viele Elemente ihrer Kultur und Religion haben sie von den Chinesen übernommen, unter deren Herrschaft sie vom 2. Jh. v.Chr. bis zum 10. Jh. n.Chr. standen.

Vietnamkrieg, um die Einheit und Unabhängigkeit Vietnams 1946 bis 1975 geführter Krieg, dessen 1. Phase auch als eigenständiger Krieg (**Indochinakrieg** 1946 bis 1954, →Indochina) betrachtet wird; i.e.S. der Krieg in Süd-Vietnam, der sich seit 1957/58 aus Kämpfen zw. südvietnames. Reg.-Truppen und den kommunist. Vietcong entwickelte. Auf der Seite Vietnams griffen die USA und die Mehrheit der Staaten der SEATO in den Krieg ein. Den Vietcong (1960 bis 1969 unter der Führung der Nationalen Befreiungsfront Süd-Vietnams) traten Truppen Nord-Vietnams zur Seite; sie wurden mit Waffen und Material von der UdSSR, der VR China und anderen kommunist. Staaten unterstützt. Über den Ho-Chi-Minh-Pfad (weit verzweigtes Netz von Dschungelpfaden von Nord-Vietnam über Laos, Kambodscha nach Süd-Vietnam) kamen zunächst Waffen, dann auch nordvietnames. Truppen zur Unterstützung des Vietcong nach Süd-Vietnam. Die USA sandten der südvietnames. Reg. zunächst Militärberater, seit 1965 Truppen zur Hilfe. Mit punktuellen Bombardierungen hatten die USA schon 1964 einen Luftkrieg gegen Nord-Vietnam begonnen. Ende 1968 standen 543000 amerikan. Soldaten in Süd-Vietnam. Den kommunist. Truppen (1969 etwa 240000 Mann) gelang es unter Führung von Vo Nguyen Giap immer wieder, gegenüber der amerikanisch-südvietnames. Überlegenheit an Truppen und Material das strateg. Gleichgewicht herzustellen; 1968 Waffenstillstandsverhandlungen in Paris. Die Kämpfe gingen jedoch weiter. 1969 stellte der amerikan. Präs. R. Nixon das Programm einer »Vietnamisierung« des Kriegs auf: stufenweiser Rückzug der amerikan. Truppen und Übertragung der Führung

Vietnam

Staatswappen

Staatsflagge

Internationales Kfz-Kennzeichen

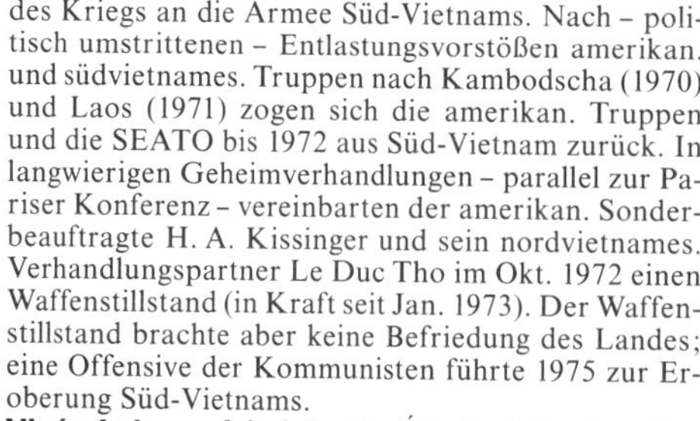

des Kriegs an die Armee Süd-Vietnams. Nach – politisch umstrittenen – Entlastungsvorstößen amerikan. und südvietnames. Truppen nach Kambodscha (1970) und Laos (1971) zogen sich die amerikan. Truppen und die SEATO bis 1972 aus Süd-Vietnam zurück. In langwierigen Geheimverhandlungen – parallel zur Pariser Konferenz – vereinbarten der amerikan. Sonderbeauftragte H. A. Kissinger und sein nordvietnames. Verhandlungspartner Le Duc Tho im Okt. 1972 einen Waffenstillstand (in Kraft seit Jan. 1973). Der Waffenstillstand brachte aber keine Befriedung des Landes; eine Offensive der Kommunisten führte 1975 zur Eroberung Süd-Vietnams.

Viktor Emanuel III.

Vigée-Lebrun [viʒelǝ'brœ̃], Élisabeth-Louise, frz. Porträtmalerin, * 1755, † 1842.

Vigeland ['vi:gǝlan], Gustav, norweg. Bildhauer, * 1869, † 1943; naturalist. Bildwerke: Skulpturenanlage im Frognerpark in Oslo.

Vigil *die,* in der kath. Kirche: Vorfeier eines Festes am Vortage.

Vignette [vɪn'jɛtǝ] *die,* **1)** graf. Buchschmuck, meist auf der Titelseite, am Anfang und Ende eines Kapitels. – **2)** Aufkleber (z. B. zum Nachweis bezahlter Gebühren).

Vignola [viŋ'ŋɔ:la], Giacomo da, ital. Baumeister, * 1507, † 1573; Meister der Jesuitenbaukunst: Kirche Il Gesù in Rom (1568 ff.).

Rudolf Virchow

Vigo ['biɣo], Hafenstadt in NW-Spanien, 300 000 Ew.; Fischfang und -verarbeitung, Elektro-, keram. Ind., Kfz-, Schiffbau; ✈; Seebad.

Vikar *der,* Stellvertreter (bei geistl. Ämtern).

Viktor Emanuel, Herrscher: **1) V. E. II.,** König von Italien 1861 bis 1878, * 1820, † 1878; König von Sardinien (Piemont) 1849 bis 1861, führte mit C. Cavour die nat. Einigung Italiens durch. – **2) V. E. III.,** * 1869, † 1947, König von Italien (1900 bis 1946, Abdankung) und Albanien (seit 1939), Kaiser von Äthiopien (seit 1936), berief 1922 B. Mussolini an die Reg.-Spitze.

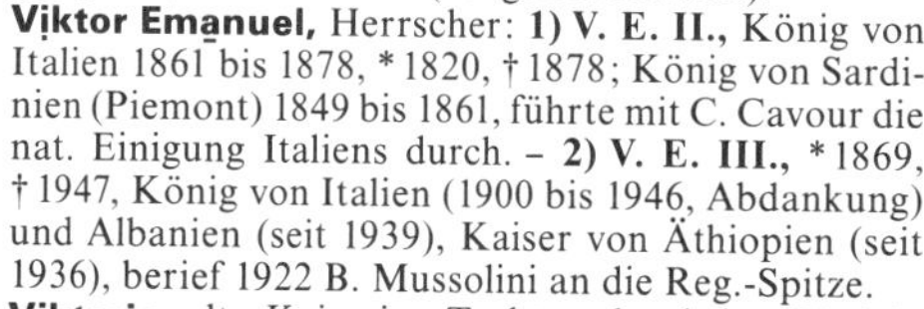

Viktoria, dt. Kaiserin, Tochter der brit. Königin Victoria, * 1840, † 1901; ⚭ seit 1858 mit dem späteren Kaiser Friedrich III.; liberale Gegnerin Bismarcks.

Vilbel, Bad V., Stadt in Hessen, nördl. von Frankfurt am Main, an der Nidda, 26 000 Ew., Heilbad (stark kohlensäurehaltige Quellen).

Villa ['bija], Francisco, gen. **Pancho V.,** eigentl. Doroteo **Aranyo,** mexikan. Revolutionsführer, * 1877, † (ermordet) 1923; eroberte 1911 und 1914 mit E. Zapata die Hauptstadt Mexiko.

François Villon auf einem Holzschnitt aus der Erstausgabe seines Gedichts »Das große Testament« (1489)

Villach [f-], Stadt in Österreich, Kärnten, an der Drau, 55 000 Ew.; Eisen-, Holz-, chem. Ind. Wintersport auf der V.er Alpe. Südlich von V. das **Warmbad V.** mit radonhaltigen Thermalquellen.

Ville ['vɪlǝ], **Vorgebirge,** Höhenrücken im S der Niederrhein. Bucht, Ausgangsbereich des Rhein. Braunkohlenreviers, dessen Fördergebiet sich nach W verlagert; Großkraftwerke. Die rekultivierten Abbauflächen sind Erholungsgebiet für die Kölner Region.

Villiers de l'Isle-Adam [vil'je dǝlila'dã], Philippe Auguste Graf von, frz. Dichter, * 1838, † 1889; verbindet in seinen fantast. Novellen satir. Gesellschaftskritik und romant. Mystik; schrieb auch Romane und Dramen.

Villiger, Kaspar, schweizer. Politiker, * 1941; Bundesrat (1989 bis 1995 Militärdepartement, seither Finanzdep.), 1995 Bundespräsident.

Villingen-Schwenningen, Krst. in Bad.-Württ., zw. Schwarzwald und Baar, 80 800 Ew.; Uhren-, Elektro-, elektron. Ind.; mittelalterl. Stadtkern in Villingen.

Villon [vi'jɔ̃], **1)** François, frz. Dichter, * 1431, † nach 1463; führte ein unstetes Vagantenleben. Seine sowohl derb-zyn. wie auch erschütternden, tief empfundenen Balladen beeinflussten die moderne Lyrik. – **2)** Jacques, eigentl. Gaston **Duchamp,** frz. Maler, * 1875, † 1963; ging vom Kubismus aus und gelangte zu einer Synthese geometr. und farbl. Tendenzen.

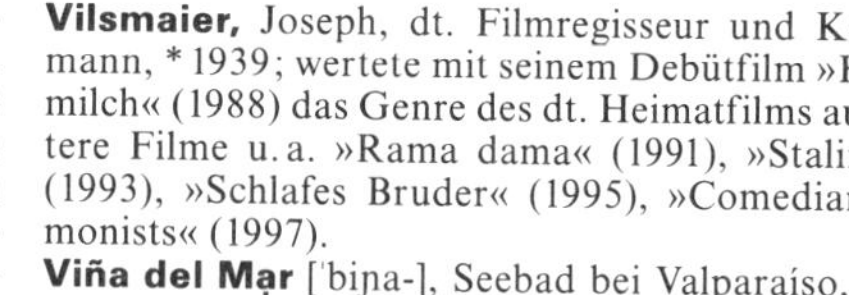

Vilsmaier, Joseph, dt. Filmregisseur und Kameramann, * 1939; wertete mit seinem Debütfilm »Herbstmilch« (1988) das Genre des dt. Heimatfilms auf, weitere Filme u. a. »Rama dama« (1991), »Stalingrad« (1993), »Schlafes Bruder« (1995), »Comedian Harmonists« (1997).

Viña del Mar ['biɲa-], Seebad bei Valparaíso, Chile, 302 800 Ew; TU, kath. Univ.; Spielkasino.

Vincennes [vɛ̃'sɛn], östl. Vorort von Paris, 42 700 Ew.; Schloss (14. Jh.; Museum), Univ.; Industrie.

Vinci ['vintʃi], Leonardo da, → Leonardo da Vinci.

Vinland, normann. Name für einen Teil der NO-Küste Nordamerikas, um 1000 von dem Wikinger Leif Eriksson entdeckt, wahrscheinlich Nova Scotia (Neuschottland).

Vintschgau [f-], ital. **Val Venosta,** das obere Etschtal in Südtirol, Italien, zw. Reschenpass und Meran; Fremdenverkehr.

Vinyl *das,* ⚗ die einwertige ungesättigte Atomgruppe $CH_2{=}CH-$. **V.-Chlorid,** $CH_2{=}CHCl$.

Vinzenz von Paul, frz. Priester, * 1584, † 1660; widmete sich der Seelsorge, gründete die Orden der Lazaristen und der Barmherzigen Schwestern **(Vinzentinerinnen);** Heiliger (Tag: 27. 9.).

Viola, die Pflanzengattung → Veilchen.

Viola *die,* 𝄞 **1)** svw. Bratsche. – **2)** Kurzbezeichnung für weitere Streichinstrumente: **V. da Braccio** (Armgeige); **V. da Gamba** (Kniegeige) → Gambe; **V. d'Amore,** Sonderform der Altgambe mit 5 bis 7 Spielsaiten und 5 bis 14 Resonanzsaiten.

violett, veilchenblau, Mischung von Blau und Rot.

Violine *die,* **Geige,** wichtigstes Streichinstrument, Ende des 16. Jh. aus der Viola entwickelt; bespannt mit 4 Saiten (g, d', a', e'').

Violinschlüssel, 𝄞 Notenschlüssel mit der Kennnote g^1 auf der 2. Notenlinie.

Violoncello [-'tʃɛlo] *das,* **Cello, Kniegeige,** Streichinstrument (Tenor–Bass), das zw. den Knien gehalten wird, mit 4 Saiten: C-G-d-a.

VIP, Abk. für engl. **v**ery **i**mportant **p**erson, wichtige Persönlichkeit mit besonderen Privilegien.

Vipern, Ottern, Familie meist lebend gebärender Giftschlangen. **Levanteotter,** bis 2 m lang, größte europ. Giftschlange, im östl. Mittelmeerraum, **Aspis-V.,** grau, plump, im Mittelmeer- und Alpengebiet. **Horn-V.** in der Steiermark und Ungarn, **Puffottern** und → Kreuzotter.

Virchow ['vɪrço], Rudolf, dt. Mediziner, * 1821, † 1902; begründete die Zellularpathologie, verdient um die öffentl. Gesundheitspflege.

Viren, *Sg.* **Virus** *das,* auch *der,* ⚕ Krankheitserreger in der Größe zw. 10 und 450 nm. V. sind in Proteinhüllen verpackte Stücke genet. Materials, die den Stoffwechsel geeigneter (lebender) Wirtszellen auf Produktion neuer V. derselben Art umprogrammieren können. V. haben keinen eigenen Stoffwechsel; ihre Zurechnung zu lebenden Mikroorganismen ist daher strittig. Durch Hitze, Desinfektionsmittel, oft auch durch organ. Lösungsmittel werden V. zerstört. V. bestehen im Wesentl. aus Nukleinsäuren und Protein. Jedes Virus enthält nur entweder doppel- oder einsträngige DNS bzw. RNS. Bei allen V. ist die Nukleinsäure von einer Proteinhülle umgeben. Bei der Infektion gelangt entweder nur die Nukleinsäure (z. B. bei Bakteriophagen) oder (meistens) das intakte Viruspartikel (Virion) in die Zelle, in der dann die Nukleinsäure freigegeben wird. Während der folgenden Periode der Eklipse (während dieser Zeit werden in der Zelle neue V. produziert) lässt sich kein infektiöses Virus mehr nachweisen. Die in die Zelle gelangte virale Nukleinsäure dirigiert den Zellstoffwechsel so um, dass v. a. Virusbausteine synthetisiert werden. Fast alle Virusinfektionen erzeugen Immunität gegen eine Zweiterkrankung. – Man kennt heute mehr als 1 500 V.; sie werden mit Trivialnamen bezeichnet, die auf Wirt, Krankheitssymptome und Vorkommen anspielen (z. B. Afrikan. Schweinefiebervirus), doch wird eine Nomenklatur mit latinisierten Gattungsnamen und Kurzbezeichnungen für die einzelnen Typen angestrebt. V. können bei fast allen Lebewesen auftreten. Manche V. haben ein enges Wirtsspektrum (das menschl. Pockenvirus befällt nur den Menschen), andere besiedeln sehr viele Arten.

Virginia [vəˈdʒɪnjə], Abk. **Va.**, Staat im SO der USA, am Atlantik, 105 586 km², 6,19 Mio. Ew.; Hptst.: Richmond. V. hat Anteil an der atlant. Küstenebene und den Appalachen, gemäßigtes Klima; Anbau von Tabak, Mais, Weizen, Erdnüssen; Viehzucht; ⚒ auf Kohle; Tabak-, chem. Ind., Schiffbau. – V., die älteste engl. Kolonie in Nordamerika, 1584/85 von Sir W. Raleigh versuchsweise kolonisiert, endgültig 1607 gegründet.

Virginia, in der röm. Sage eine Jungfrau, die von ihrem Vater getötet wurde, als der Dezemvir Appius Claudius (449 v. Chr.) sie entehren wollte.

Virginia, 1) [-dʒ-] *der,* Tabaksorte. – **2)** *die,* lange, dünne Zigarre mit Mundstück aus Stroh.

Virgin Islands [ˈvəːdʒɪn ˈaɪləndz], die Jungferninseln; gliedern sich in das US-amerikan. Territorium **V. I. of the United States** und die brit. Kronkolonie **British Virgin Islands.**

viril, männlich.

virtuell, der Anlage nach als Möglichkeit vorhanden.

virtuelle Realität →Cyberspace.

virtueller Zustand, ⚛ quantenmechan. Zustand, der aufgrund der Unschärferelationen möglich ist, dessen Existenz aber dem Energiesatz widerspricht. V. Z. sind nicht beobachtbar, spielen aber in der Quantenmechanik eine wichtige Rolle.

virtuelles Bild, ein durch Linse oder Spiegel entworfenes, scheinbares Bild, das man nicht auf einem Schirm auffangen kann; Ggs.: reelles Bild.

virtuos, meisterhaft, techn. vollendet.

virulent, ansteckungsfähig; allg.: dringend, heftig.

Virunga|vulkane, noch aktive Gruppe von Vulkankegeln in der Demokrat. Rep. Kongo, Uganda und Ruanda, bildet im Zentralafrikan. Graben zw. Edward- und Kiwusee die Wasserscheide zw. Kongo und Nil; höchste Erhebung: Karisimbi (4 507 m). Die Landschaft zählt zum Welterbe; mehrere Nationalparks.

Visakhapatnam [vɪˈsɑːkəpətnəm], **Vishakhapatnam,** Hafenstadt im Staat Andhra Pradesh, Indien, am Golf von Bengalen, 750 000 Ew.; Univ.; Schiffbau, Stahlwerk, Erdölraffinerie, Kunstdüngerind.; Ausfuhr von Mangan, Eisenerz u. a.; Marinestützpunkt.

Visby [ˈviːsbyː], Hptst. der schwed. Insel Gotland, Fährhafen, 21 000 Ew.; im MA. Hansestadt; alter Stadtkern mit zahlreichen Kirchen (13. Jh.).

Vischer [f-], **1)** Friedrich Theodor von, dt. Schriftsteller, Publizist und Philosoph, * 1807, † 1887; Roman »Auch Einer« (1879). – **2)** Peter, d. Ä., dt. Bildhauer, Erzgießer, * um 1460, † 1529. Seine und seiner Söhne (Hans, Hermann, Peter) Gießhütte in Nürnberg war die bedeutendste in Dtl., u. a. Sebaldusgrab in Nürnberg.

Visconti, lombard. Adelsgeschlecht, besaß 1277 bis 1447 die Herrschaft über Mailand.

Visconti, Luchino, ital. Film- und Theaterregisseur, * 1906, † 1976; zunächst neorealist. Filme: »Die Erde bebt« (1948), »Der Leopard« (1962), »Tod in Venedig« (1970).

Viscount [ˈvaɪkaʊnt] *der,* →Vicomte.

Vishnu, Wischnu, neben Brahma und Shiva einer der Hauptgötter des Hinduismus, schon im Veda erwähnt. Neunmal soll sich V. auf Erden verkörpert haben, v. a. als Rama und Krishna. Eine zehnte Wiederverkörperung wird erwartet. Im Vishnuismus als höchster Gott verehrt. – V. wird meist vierhändig dargestellt mit den Attributen Schnecke, Rad, Keule und Lotus. Sein Reittier ist der myth. Vogel Garuda.

Visier *das,* bewegl. Teil des Helms, zum Durchschauen. **V.-Einrichtung,** Zielvorrichtung von Handfeuerwaffen.

Vision *die,* Gesichts-, Sinnestäuschung; (religiöse) Erscheinung.

Visitation *die,* **1)** Durchsuchung. – **2)** Kirchenrecht: Aufsicht über das Verhalten der Kirchenangehörigen und über die kirchl. Einrichtungen.

Viskose *die,* ⚗ aus Zellulose, auch aus Baumwolle hergestellte Chemiefaser.

Viskosität *die,* ⚛ Zähflüssigkeit, die den Gasen und Flüssigkeiten eigentüml. innere Reibung; sie nimmt mit steigender Temperatur ab. Die V. von Flüssigkeiten wird mit dem **Viskosimeter** bestimmt, das die Ausflusszeit einer bestimmten Menge durch ein Rohr bestimmter Weite ermittelt.

Visualisierung, Aufbereitung von Information mit v. a. bildl. Mitteln und deren Wahrnehmung **(visuelle Kommunikation);** Sichtbarmachung mit v. a. elektron. Mitteln, z. B. Computergrafik.

Visum *das,* →Sichtvermerk.

Vita *die,* Lebensbeschreibung; Titel von Biographien in MA. und Antike.

Vitali|enbrüder, Liekedeler, als Hilfstruppen des schwed. Königs auftretende Freibeuter, die um 1390 Stockholm mit Lebensmitteln (Vitalien) versorgten, später als Seeräuber in Ost- und Nordsee; 1401 von der Hanse bei Helgoland besiegt. Ihr bekanntester Führer war Klaus Störtebeker.

Vitalität *die,* Lebenskraft, Energiepotenzial eines Organismus.

Vitamine, essenzielle, mit der Nahrung zuzuführende Stoffe, die zur Erhaltung und für das Wachstum des Körpers notwendig sind. Sie gehören sehr versch. chem. Verbindungsklassen an und kommen in sehr geringer Menge in den meisten Nahrungsmitteln vor. Die meisten V. werden im Körper in Koenzyme eingebaut. Ihr dauerndes Fehlen verursacht Krankheiten **(V.-Mangelkrankheiten, Avitaminosen),** bekannt sind v. a. Skorbut und Rachitis. Die V. kennzeichnet man durch Buchstaben.

Vitellius, Aulus, röm. Kaiser (69 n. Chr.), * 15 n. Chr., † 69 n. Chr. Statthalter in Niedergermanien, von Vespasian besiegt, starb in Rom bei Straßenkämpfen.

Viterbo, Prov.-Hptst. in Mittelitalien, 58 400 Ew.; Bischofssitz; keram., Papierind.; ummauerte mittelalterl. Altstadt mit Papstpalast (1257 bis 1281 Residenz).

Vitoria, Verw.-Sitz der Region Baskenland, N-Spanien, 209 700 Ew.; Bischofssitz; Maschinenbau, Reifen-, Möbelind., Viehmärkte.

Vitriol *das,* ⚗ die in Wasser lösl. Sulfate der zweiwertigen Schwermetalle, z. B. **Kupfervitriol.**

Vitruv, eigentl. **Vitruvius,** röm. Architekt, * um 84, † nach 27 v. Chr.; grundlegendes Werk über die Baukunst.

vivace [viˈvaːtʃe], 𝄞 lebhaft.

Vivaldi, Antonio, ital. Komponist und Violinist, * 1678, † 1741; v. a. Konzerte (u. a. »Die vier Jahreszeiten«, 1725) für Soli und Orchester.

vivipar, lebend gebärend.

Vivisektion *die,* zoologischen und medizinischen Forschungszwecken dienender Eingriff am lebenden, i. d. R. narkotisierten Tier. V. unterliegen den Bestimmungen des Tierschutzgesetzes.

vize..., stellvertretend.

VKSE, Abk. für **V**erhandlungen über **k**onventionelle **S**treitkräfte in **E**uropa, Abrüstungsgespräche in Wien 1989/90 zwischen NATO und Warschauer Pakt (→Abrüstung).

Vlaardingen [ˈvlaːrdɪŋə], Hafenstadt in der Prov. Südholland, Niederlande, 73 900 Ew.; Heringsfischerei; Apparatebau.

Virginia
Flagge

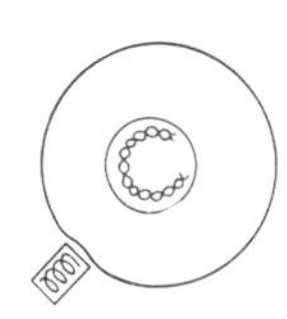
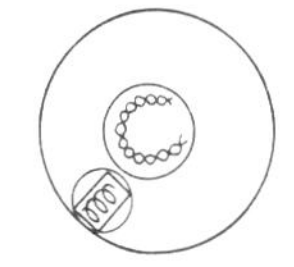
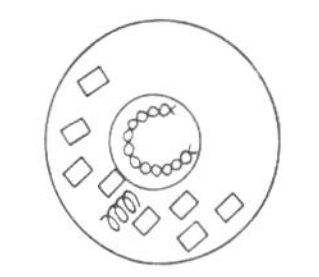

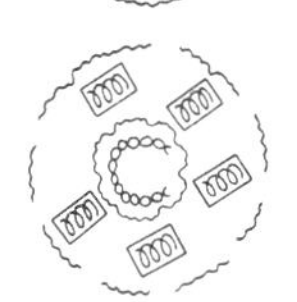

Viren
Schematische Darstellung des Vermehrungszyklus

Vlaminck [vlaˈmɛ̃k], Maurice de, frz. Maler, * 1876, † 1958; gehörte zur Gruppe der Fauves; Landschaften, Stillleben.

V-Leute [V Abk. für Verbindungs-, Vertrauens-], Personen, die der Polizei Hinweise zur Verhinderung und Aufklärung von Straftaten geben und deren Identität geheim gehalten wird; im Ggs. zu verdeckten Ermittlern keine Polizeibeamten.

VLF, Abk. für engl. Very low frequency, der zur Funknavigation verwendete Frequenzbereich von 10 bis 30 kHz; entspricht Radiowellen von 10 bis 100 km Wellenlänge.

Vlies [f-] *das,* **1)** das abgeschorene Wollkleid der Schafe. – **2)** → Goldenes Vlies.

Vlissingen [ˈvlɪsɪŋə], Stadt in den Niederlanden, an der Mündung der Westerschelde, 43 900 Ew.; Fährverkehr nach England (Sheerness), Schiffswerft, Erdölraffinerien; westlich von V. Seebad.

VMOS-Technik, Abk. für Vertical Metal Oxide Semiconductor, ⚡ Art der MOS-Technik, bei der die Halbleiterschichten untereinander angeordnet werden, sodass der Stromfluss vertikal verläuft. VMOS-Transistoren sind für stromlose, schnelle Schaltvorgänge geeignet, z. B. in verzerrungsarmen Niederfrequenz-Leistungsverstärkern in Hi-Fi-Anlagen.

Vocoder [voˈkoːdər] *der,* Kurzwort aus engl. **voice coder,** Gerät zur digitalen Übertragung von Sprache mit verminderter Frequenz (Frequenzkompression); wichtig für Datenfernübertragung.

Voerde (Niederrhein) [ˈføːrdə-], Stadt im Kr. Wesel, NRW, an der Mündung des Wesel-Datteln-Kanals in den Niederrhein, 37 400 Ew.; Metallbau, Steinkohlenkraftwerk; Hafen.

Vogel, 1) Bernhard, dt. Politiker (CDU), * 1932, Bruder von 2); 1967 bis 1976 Kultusmin., 1976 bis 1988 Min.-Präs. von Rheinl.-Pf., seit 1992 Min.-Präs. von Thür. – **2)** Hans-Jochen, dt. Politiker (SPD), * 1926; Bruder von 1); Jurist, 1960 bis 1972 Oberbürgermeister von München, 1972 bis 1974 Bundesmin. für Raumordnung, Bauwesen und Städtebau, 1974 bis 1981 Bundesjustizmin., 1981 Regierender Bürgermeister von Berlin, 1983 bis 1991 Vors. der SPD-Bundestagsfraktion, 1987 bis 1991 Parteivors. der SPD.

Vögel, Klasse der Wirbeltiere; weltweit in allen Biotopen mit rd. 8 600 Arten verbreitet; Warmblüter mit Federn und Hornschnabel, Vordergliedmaßen zu Flügeln ausgebildet. Die Knochen sind leicht und werden z. T. von Luftsäcken durchzogen. Die Speiseröhre ist oft zum Kropf erweitert. Auge und Gehör sind gut entwickelt, der Geruchssinn ist verkümmert. Männchen zeichnen sich oft durch bes. Färbung, Schmuckfedern und schöne Stimme aus. Die Eier werden in einem Nest ausgebrütet, die Jungen vielfach von den Eltern betreut (Brutpflege); eine Ausnahme ist der Kuckuck. Stammesgeschichtlich werden die V. von Reptilien (Sauriern) hergeleitet (Archaeopteryx); noch zur Kreidezeit gab es Zahnvögel.

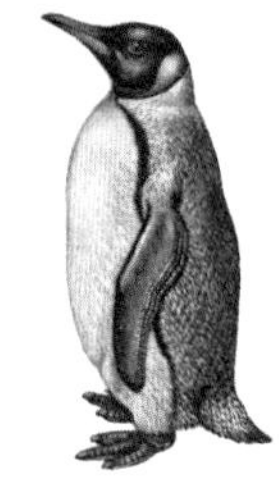

Vögel
Standvogel: Kaiserpinguin, Strichvogel: Grünling, Zugvogel: Klunkerkranich, Teilzieher: Buchfink

Vogelbeerbaum → Eberesche.

Vogeler, Heinrich, dt. Maler, Innenarchitekt, * 1872, † 1942; Vertreter des Jugendstils; lebte in der Künstlerkolonie Worpswede; seit 1931 in der UdSSR, wo er auch starb.

Vogelfluglini|e, kürzeste, dem Zugvogelflug folgende Eisenbahn- und Straßen- bzw. Autofährverbindung Kopenhagen–Hamburg über die Inseln Fehmarn, Lolland und Falster.

vogelfrei, im MA. rechtlos, friedlos, geächtet.

Vogelkirsche, Wildform der Süßkirsche mit schwarzen, bittersüßen Früchten.

Vogelkunde, Ornithologie, Wiss. zur Erforschung der Vögel.

Vogelmilbe, Hühnermilbe, rote Blut saugende Milbe, die Hühner, Stubenvögel (gelegentl. Menschen) befällt.

Vogelsberg, Mittelgebirge in Hessen, zw. Rhön und Taunus, alter Schildvulkan, mit rd. 2 500 km² größtes Basaltvorkommen Mitteleuropas, im Taufstein 774 m hoch.

Vogelschutz, Maßnahmen zur Erhaltung der Vogelwelt, umfassen Biotopschutz, Schaffung von Nistgelegenheiten und Vogeltränken, Schutz gegen Unfälle, Winterfütterung, Unterstützung der Arbeiten der Vogelschutz- und Vogelwarten.

Vogelschutzwarte, wiss. geleitetes staatl. Institut für Vogelkunde; u. a. in Karlsruhe, Frankfurt am Main, Hannover, Kiel, Seebach (Thür.). Außenstellen einer V. sind **Vogelschutzstationen.**

Vogelspinnen, große, stark behaarte, tropische und subtrop. Giftspinnen, bis 10 cm lang; nähren sich von Insekten und kleinen Wirbeltieren.

Vogelwarte, Institut zur Erforschung des Vogellebens, bes. des Vogelzugs mithilfe der Vogelberingung; in Dtl. Radolfzell, Helgoland (Hauptsitz Wilhelmshaven) und Hiddensee.

Vogelzug, der regelmäßige Herbstflug der **Zugvögel** aus ihren Brutgebieten nach S in wärmere Länder und Rückflug im Frühjahr. Manche Vögel ziehen einzeln, andere in großen Scharen, oft in bestimmter Gruppierung. Sie folgen einem durch Hormone gesteuerten Zugtrieb. Flugleistungen: Storch und Küstenseeschwalbe 10 000 km, Tagesleistungen: 50 bis über 1 000 km. Geschwindigkeit: 65 bis 145 km/h.

Vogesen, frz. **Vosges,** früher **Wasgenwald,** bewaldeter Mittelgebirgszug am SW-Rand der Oberrhein. Tiefebene, O-Frankreich. Sie fallen nach dem Rhein zu steil ab, nach W allmählich. Höchster Gipfel: Großer oder Sulzer Belchen (1 423 m). In den Tälern am O-Abhang (Münster-, Lauch-, Steintal) Textil- und Glasind., Käsereien; auf den Höhen Viehzucht, in der Vorbergszone Weinbau; rückläufige Landwirtschaft; Fremdenverkehr.

Vogt, Verw.-Beamter im MA., z. B. Deich-, Land-V. **Vogtei** *die,* Amt(sbezirk) eines Vogts.

Vogtland, Bergland an der oberen Elster und Saale, zw. Fichtelgebirge und Erzgebirge, Sa.; Textil-, Musikinstrumentenind., Heilquellen; im MA. durch Vögte verwaltetes Reichsgebiet.

Voile [voˈaːl] *der,* durchscheinender Schleierstoff in Leinwandbindung.

Vokabel *die,* einzelnes Wort aus einer fremden Sprache. **Vokabular** *das,* Wörterverzeichnis, Wortschatz.

Vokal *der,* Ⓢ Selbstlaut.

Vokativ *der,* Ⓢ Fall (Kasus) in einigen Sprachen (z. B. Latein), der dem Anruf oder der Anrede dient.

Vol., Abk. für **Volumen. Vol.-%,** Volumenprozent.

Volapük *das,* 1879 geschaffene Welthilfssprache.

Volière [vɔˈljɛːrə], *die,* großer Flugkäfig für Vögel.

Volk, 1) durch gemeinsame Herkunft, Geschichte, Kultur und meist auch Sprache verbundene Gesamtheit von Menschen; urspr. die Kriegsschar, auch eine bestimmte Menschengruppe, dann die Hauptmasse einer Bev., im Unterschied zur Oberschicht, zur polit. Führung, zur Regierung, überhaupt zu den öffentl. Gewalten und Berufen. Der Begriff wird oft gleichbedeutend mit Nation gebraucht. – **2)** zusammengehörige Gruppe von Tieren, z. B. Bienen-V.; auch Schwarm oder Rudel.

Volkach, Stadt in Unterfranken, Bayern, am Main, 9 200 Ew.; maler. Marktplatz mit Renaissancerathaus; spätgot. Wallfahrtskirche St. Maria im Weingarten mit »Maria im Rosenkranz« von T. Riemenschneider.

Völkerbund, 1919 gegr. Staatenvereinigung zur Sicherung des Weltfriedens und zur Förderung der Zusammenarbeit unter den Nationen, Sitz Genf. Dem V. gehörten zeitweilig 59 Staaten an. Die USA traten nicht bei. Dtl. war 1926 bis 1933 Mitglied. Nach Gründung der UNO löste sich der V. 1946 auf.

Völkerkunde → Ethnologie.

Völkermord, Genocid, Genozid, im 20. Jh. entstandener Begriff, der die vollständige oder teilweise, direkte oder indirekte Ausrottung von nat., ethn., rass., religiösen oder sozialen Gruppen bezeichnet. Als histor. Phänomen schon in der Antike bekannt; nach dem natsoz. V. an den Juden u. a. Gruppen von der UNO 1948 zum internat. geächteten Verbrechen erklärt. V. ist in Dtl. mit lebenslanger Freiheitsstrafe (§ 220 a StGB) bedroht und verjährt nicht.

Völker|recht, Rechtsnormen, die die Beziehungen zw. den Staaten sowie zw. Staaten und anderen Rechtsträgern regeln. Das V. beruht auf Vereinbarung, Gewohnheit und allgemeinen, von den Kulturstaaten anerkannten Rechtsgrundsätzen; Entscheidungen der internat. Gerichte und die Lehren der V.-Wissenschaft dienen als Hilfsmittel. Das V. wird eingeteilt in **Friedensrecht** und **Kriegsrecht.** Wichtige Einzelgebiete sind das Vertragsrecht, das Recht der internat. Zusammenarbeit und Organisation, das Gesandtschafts- und Konsularrecht, die Menschenrechte, das Fremdenrecht, das Seerecht und das Recht der internat. Gerichtsbarkeit.

Völkerwanderung, 1) i. w. S. die seit Ende des 3. Jt. v. Chr. aufgetretenen Wanderungen ganzer Völker oder Stämme, durch Landnot, Klimawechsel oder Druck anderer Völker hervorgerufen (Dor. Wanderung im 12. Jh. v. Chr., Kelt. Wanderungen im 7. und 4./3. Jh. v. Chr., Kimbernwanderung im 2. Jh. v. Chr.). – **2)** i. e. S.: Wanderzüge der german. Völker nach S- und W-Europa im 2. bis 8. Jh., der Übergang vom Altertum zum MA.; treibende Kraft dieser Wanderzüge war wahrscheinlich Landnot, unaufhaltsam wurde die Bewegung aber durch den Einbruch der Hunnen nach Europa ab 375. Die V. führte zum Untergang des Röm. Reichs und schuf in ihren Reichsbildungen die Grundlagen der abendländ. Staatenwelt.

Völklingen, Ind.-Stadt im Saarland, 44 000 Ew.; Hochschule für Bildende Künste, Ind.-Museum »Völklinger Hütte« (stillgelegte Hochofengruppe, zählt zum Weltkulturerbe); Metallwarenind., Steinkohlenbergbau.

Volkmann, Richard v., dt. Arzt und Schriftsteller, * 1830, † 1889; 1870/71 Generalarzt der preuß. Armee; schrieb unter dem Decknamen **Richard Leander** die Märchen »Träumereien an frz. Kaminen« (1871).

Volks|abstimmung, svw. Plebiszit; in Österreich der → Volksentscheid.

Volks|akti|en, bei der Privatisierung von Unternehmen der öffentl. Hand zu niedrig angesetztem Kurs ausgegebene Aktien (in der Bundesrep. Deutschland erstmals 1959, in Österreich 1957).

Volks|armee, Nationale V., Abk. **NVA,** die Streitkräfte der DDR.

Volksbegehren, das Recht, mittels Volksabstimmung dem Parlament einen Ges.-Entwurf zur Beschlussfassung vorzulegen oder von ihm die Ausarbeitung eines Ges. zu verlangen.

Volksbücherei, meist von den Gemeinden unterhaltene **öffentl. Bücherei** für jedermann; im Ggs. zur wiss. Bibliothek.

Volksbühne, Verein, der seinen Mitgliedern verbilligte Theaterbesuche ermöglicht. Die erste Freie V. erwuchs 1890 aus der Arbeiterbewegung in Berlin. Die V. sind in Dtl. im **Verband der V.-Vereine** zusammengeschlossen. Die Freie V. e. V. Berlin unterhält ein eigenes Theater.

Volksdemokratie, nach marxistisch-leninist. Lehre die Reg.-Form eines bereits unter der »revolutionärdemokrat. Diktatur der Arbeiter und Bauern« stehenden, klassenmäßig aber noch uneinheitl. Staats; eine Variante der »Diktatur des Proletariats«. Aufbauend auf die V. sollte bei zeitweiligem nominellem Festhalten an einigen Institutionen und Spielregeln der parlamentar. Demokratie der Sozialismus etappenweise verwirklicht werden. Der Begriff »V.« kennzeichnete bis 1989/90 u. a. die kommunist. Regime, die nach 1945 in den in die sowjet. Machtsphäre geratenen Ländern Mittel-, O- und SO-Europas entstanden.

Volksdeutsche, die in Ländern außerhalb der Grenzen des Dt. Reichs von 1937 und Österreichs ansässigen Bewohner dt. Herkunft.

Volks|eigene Betriebe, Abk. **VEB,** in der DDR die entschädigungslos enteigneten und in »Volkseigentum« überführten sowie die als VEB gegründeten Betriebe, bis zur Wiedervereinigung die vorherrschende Wirtschaftsform; die Gewinne flossen in die Staatskasse. Neben der Volkseigenen Industrie (VEI) gab es Volkseigene Güter (VEG), Verkehrsbetriebe, Maschinen- und Traktorenstationen (MTS) für die Landwirtschaft, Erfassungs- und Ankaufsbetriebe (VEAB), die Staatl. Handelsorganisation (HO) und die Dt. Handelszentralen (DHZ).

Volks|einkommen, Nettosozialprodukt zu Faktorkosten, Summe aller Erwerbs- und Vermögenseinkommen, die Inländern in einer Periode aus dem In- und Ausland zugeflossen sind; errechnet aus dem Bruttosozialprodukt, von dem man Abschreibungen und indirekte Steuern abzieht, Subventionen zuzählt.

Volks|entscheid, Referendum, Entscheidung der Staatsbürger über eine polit. Maßnahme oder ein Ges. In den dt. Länderverfassungen sind Volksbegehren und V. vorgesehen; nicht dagegen im GG, außer bei Neugliederung des Bundesgebiets.

Volksfront, Zusammenschluss kommunist., sozialdemokrat. und linksbürgerl. Parteien.

Volksfront für die Befreiung Palästinas, engl. Abk. **PFLP,** marxist. Guerilla-Organisation der palästinens. Araber unter G. Habasch, radikale Gegner Israels.

Volksgerichtshof, ⚖ 1934 bis 1945 das höchste nat.-soz. Gericht zur Aburteilung von Hoch- und Landesverrat, ein Sondergericht, das mit seinen drakon. Urteilen und den unwürdigen Verhandlungsformen seines Präs. R. Freisler ein Instrument des natsoz. Terrors wurde.

Volkshochschule, Abk. **VHS,** Fortbildungsstätte für Erwachsene mit Abendkursen (Abend-V.) oder Lehrgängen in Heimvolkshochschulen.

Volkskammer, bis 1990 die Volksvertretung der DDR; gewählt nach Einheitsliste auf 4 Jahre; März bis Okt. 1990 das frei gewählte Parlament.

Volkskommune, seit 1958 (sozialist.) ländl. Produktionsgemeinschaft in der VR China, wobei das Kollektiv die gesamte Planung und Organisation der Bodenbewirtschaftung und des Zusammenlebens übernimmt.

Volkskunde, Wiss. von den Lebensformen des Volkes: 1) Volksglaube, Aberglaube, Volksrecht, Brauchtum, Sitte; 2) Volksdichtung (Märchen, Sage, Lied, Reim); 3) Volkskunst.

Volkskunst, die an die Überlieferungsgesetze von Landschaft, Stamm und Stand, Volksglauben und Volksbrauch gebundenen Formen v. a. der bildenden Kunst (Ausgestaltung von Haus, Hof, Gerät, Tracht).

Volkslied, von J. G. Herder geprägter Ausdruck für ein im Volk gesungenes Lied von meist unbekanntem Verfasser. Auch Kunstlieder können durch Verbreitung und Popularisierung zu V. werden.

Volksmusik, nach dem Gedächtnis überlieferte Gebrauchs- und Unterhaltungsmusik des Volkes, deren Schöpfer meist unbekannt sind. Ihre Kennzeichen sind die bündige Form, der schlichte Bau und die in der Kunstmusik wenig gebrauchten Instrumente (Zither, Gitarre, Dudelsack, Mandoline, Balalaika, Schalmei).

Volkspolizei, Abk. **VP, Vopo,** die Polizei der ehem. DDR.

Volksrepublik, Abk. **VR,** nach der russ. Oktoberrevolution Vorstufe von sozialist. Sowjetrep., nach dem

2. Weltkrieg die Volksdemokratien innerhalb des kommunist. Staatensystems. Auch Eigenbezeichnung sozialistisch orientierter Staaten in Asien und Afrika.

Volks|souveränität, demokrat. Grundsatz, dass die Staatsgewalt vom Volke ausgeht, und die Verwirklichung dieses Grundsatzes in der Staatsverfassung.

Volks|sturm, Deutscher V., gegen Ende des 2. Weltkriegs in Dtl. aufgebotene, unausgebildete militär. Einheiten (16- bis 60-jährige waffenfähige Männer); H. Himmler unterstellt.

Volks|tanz, an Landschaft, Stand, Brauchtum und Tracht gebundene Tänze, zumal der Bauern. Ein Nationaltanz ist z. B. der ungar. Csárdás, ein Heimattanz der Schuhplattler, ein Zunfttanz der Schäfflertanz.

Volks|tracht, regional gebundene, traditionelle Kleidung der bäuerl. Bevölkerung.

Volks|trauertag, in der Bundesrep. Deutschland seit 1952 nat. Trauertag für die Opfer des Nationalsozialismus und die Gefallenen beider Weltkriege: vorletzter Sonntag vor dem 1. Advent.

Volksvertretung → Parlament.

Volkswagen AG, 1937 gegr. dt. Automobilkonzern; eines der größten dt. und europ. Unternehmen der Kraftwagenind., Sitz Wolfsburg.

Volkswagen-Stiftung, neuer Name der → Stiftung Volkswagenwerk.

Volkswirtschaftslehre, National|ökonomie, politische Ökonomie, Teilgebiet der Wirtschaftswiss.; zählt zu den Sozialwiss. Die **Wirtschaftstheorie** erklärt die wirtschaftl. Zustände, Abhängigkeiten und Abläufe aus dem Verhalten der Wirtschaftssubjekte und aus dem Rahmen, in dem diese handeln (Wirtschaftssystem). Die Mikroökonomie befasst sich mit dem Verhalten einzelner Entscheidungseinheiten, die Makroökonomie mit der Analyse gesamtwirtschaftl. Zusammenhänge. Die **theoret. Wirtschaftspolitik** untersucht, mit welchen Instrumenten sich wirtschaftspolit. Ziele erreichen lassen und welche Folgen bestimmte wirtschaftspolit. Maßnahmen haben.

Alessandro Volta

Volkszählung, Zensus, amtl. Erhebung zur Feststellung der Bev. in einem Staat nach Zahl, Beruf usw.; Bundesrep. Deutschland: 1950, 1961, 1970, 1987; DDR: 1950, 1964, 1971.

Vollbeschäftigung, ✐ **1)** volkswirtschaftlich: vollständige Auslastung des gesamtwirtschaftl. Produktionspotenzials, bes. der Einsatz aller Erwerbspersonen im Wirtschaftsprozess im Sinne eines Gleichgewichts am Arbeitsmarkt. V.-Politik gehört zu den wichtigsten Aufgaben der staatl. Wirtschaftspolitik. – **2)** betriebswirtschaftlich: volle Ausnutzung der Kapazität eines Unternehmens.

Vollblut, als arab. und engl. V. gezüchtetes, bes. edles Hauspferd; v. a. als Rennpferd.

Volleyball [ˈvɔlɪ-], Ballspiel: der Ball soll, ohne vorher den Boden zu berühren, mit der Hand über ein Netz in das Spielfeld der Gegenpartei geschlagen werden.

Volljährigkeit, Mündigkeit, Großjährigkeit, Altersstufe, mit der der Mensch das Recht erlangt, seine rechtl. Angelegenheiten ohne gesetzl. Stellvertreter (elterl. Gewalt oder Vormund) selbst zu regeln; damit beginnt die volle Geschäftsfähigkeit; in Dtl. mit Vollendung des 18., in Österreich des 19. und in der Schweiz des 20. Lebensjahrs.

Vollkornbrot, dunkles Brot, enthält Keim und Randschichten des Korns (Vollkornschrot), Eiweiß, Mineralsalze, Vitamine.

Vollmacht, ⚖ durch Rechtsgeschäft erteilte Ermächtigung, den V.-Geber zu vertreten (§§ 166 ff. BGB). **General-V.** ermächtigt zur Vornahme aller Rechtsgeschäfte für eine Person.

Vollschiff, ⚓ drei-, vier- oder fünfmastiges Segelschiff, an allen Masten mit Rahsegeln getakelt.

Vollstreckung, ⚖ → Zwangsvollstreckung, → Strafvollstreckung. **V.-Beamter,** der → Gerichtsvollzieher, **V.-Bescheid** → Mahnverfahren. **V.-Schutz,** gesetzl. Schutz des Schuldners gegen außergewöhnl. Härten der Zwangs-V. (§ 811 ZPO), auch die Beschränkung der → Lohnpfändung. **V.-Titel,** bestimmte Urkunden, aufgrund deren die Zwangs-V. gegen den Schuldner betrieben werden kann, z. B. Urteile, gerichtl. Vergleiche, V.-Befehle, für vollstreckbar erklärte Schiedssprüche; sie müssen mit der **V.-Klausel** (»Vorstehende Ausfertigung wird dem ... [Gläubiger] zum Zwecke der Zwangs-V. erteilt«) versehen und dem Schuldner zugestellt worden sein.

vollziehende Gewalt, die → Exekutive.

Volontär *der,* ein Arbeitnehmer, der zur Vorbereitung seiner künftigen berufl. Tätigkeit unentgeltlich oder gegen geringes Entgelt in einem Betrieb arbeitet.

Volsinii, eine der bedeutendsten Städte der Etrusker, in Umbrien, Italien, 264 v. Chr. von den Römern erobert; Ausgrabungen (Tempel, Nekropolen) bei Orvieto.

Volsker, altitalischer Volksstamm im südl. Latium, 338, endgültig 329 v. Chr. von den Römern unterworfen.

Volt *das,* Einheitenzeichen **V,** ⚡ die nach A. Graf Volta benannte Einheit der elektr. Spannung: 1 V = 1 J/C = 1 W/A. Das Messgerät ist das **V.-Meter;** es wird an die beiden Punkte einer Stromleitung angeschlossen, zw. denen die Spannung bestimmt werden soll.

Volta *der,* Fluss in W-Afrika, Hauptfluss Ghanas, mündet in den Golf von Guinea, 1 600 km lang; durch den Akosombo-Damm aufgestaut (See von 8 500 km²).

Volta, Alessandro Graf, ital. Physiker, * 1745, † 1827; konstruierte die ersten galvan. Elemente **(voltasche Säule).** Nach ihm benannt das Volt.

Voltaire [vɔlˈtɛːr], eigentl. François-Marie **Arouet,** frz. Philosoph, Schriftsteller, * 1694, † 1778; lebte 1750 bis 1753 am Hof Friedrichs d. Gr. V. war das Haupt der frz. Aufklärung, scharfer Kritiker überlieferter Ordnungen (Adel, Kirche). Streitschriften, histor. Werke, Epen, Romane (»Zadig«, 1747; »Candide«, 1759), Dramen.

Volt|ampere, Einheitenzeichen **VA,** ⚡ Einheit der elektr. Scheinleistung; 1 VA = 1 Watt.

Volte *die,* **1)** Reitkunst: Reiten eines Kreises von 6 m Durchmesser. – **2)** ein Kartenspiel so mischen, dass eine gewisse Karte an einen bestimmten Platz kommt (die **V. schlagen**).

voltigieren [vɔltiˈʒiːrən], Gewandtheitsübungen auf einem galoppierenden Pferd, das an der Longe einen Kreis beschreibt.

Volturno *der,* Fluss in S-Italien, 175 km lang, entspringt in den südl. Abruzzen, mündet in den Golf von Gaeta.

Volumen *das,* **1)** Band, Teil einer Schrift. – **2)** ⚛ → Rauminhalt.

Voluntarismus *der,* Ⓟ Lehre, die den Willen als bestimmendes Prinzip der Welt oder als Basis der Erkenntnis betrachtet.

Völuspá *die,* Eröffnungsgedicht der Edda, behandelt Ursprung, Untergang und Erneuerung der Welt.

Volute *die,* **Schnecke,** ⌂ Ornament oder Bauelement, eine spiralförmige Endeinrollung, z. B. am ion. Kapitell.

Volvo AB, schwed. Kfz- und Maschinenbaukonzern; Sitz Göteborg.

Vo Nguyen Giap [vɔ ŋuiən ʒap], vietnames. General und Politiker, * 1912; Mitbegründer der Vietminh, 1945 bis 1976 war er Verteidigungsmin. der Demokrat. Rep. (Nord-)Vietnam, gilt als maßgebl. Stratege des Indochinakriegs, befehligte im Vietnamkrieg die nordvietnames. Truppen und den Vietcong. 1976 bis 1980 Verteidigungsmin. des wieder vereinigten Vietnam, stellvertretender Min.-Präs. 1955 bis 1991 von Nord-Vietnam bzw. des geeinigten Vietnam.

Voodoo ['vu:du:], → Wodu.

Vorarlberg, westlichstes Bundesland Österreichs, 2 601 km², 331 300 Ew., Hptst.: Bregenz; erstreckt sich vom Bodensee und Rhein bis auf den Arlbergpass, den Kamm des Rätikons und der Silvretta. Alpwirtschaft, Textilind., Energiegewinnung, Fremdenverkehr. – Von den Grafen von Montfort erwarben die Habsburger durch Kauf 1376 den größten Teil der Herrschaft Feldkirch, 1394 Bludenz, 1451 und 1523 Bregenz.

Vorausklage, ⚖ die vor Inanspruchnahme des Bürgen gegen den Hauptschuldner durchzuführende Klage. Solange der Gläubiger nicht (erfolglos) gegen den Hauptschuldner vorgegangen ist, kann der Bürge i. d. R. die Zahlung an den Gläubiger mit der **Einrede der V.** verweigern.

Vorbehalt, ⚖ Einschränkung, Bedingung; → Eigentumsvorbehalt. **V.-Gut,** das bei Gütergemeinschaft von der gemeinsamen Verwaltung ausgenommene Gut.

Vorbereitungsdienst, prakt. Ausbildung des Referendars zw. der 1. und 2. Staatsprüfung, ferner der Beamten des mittleren und gehobenen Dienstes vor der Anstellungsprüfung.

Vorderasien, ⊕ Südwestteil Asiens, von Kleinasien bis zum Indus, vom Kaukasusgebiet bis zum Roten Meer.

Vorderindien, Indischer Subkontinent, ⊕ Halbinsel in S-Asien zw. dem Arab. Meer und dem Golf von Bengalen. Im W, N und O von Gebirgsketten (Himalaya, Ost- und Westghats u. a.) umrahmt, gliedert sich V. in das Indus- und das Ganges-Brahmaputra-Tiefland, das gebirgige Mittelindien, das Hochland von Dekhan und die Insel Ceylon. Die Küsten sind wenig gegliedert. V. ist politisch gegliedert in Bangladesh, Bhutan, Indien, Nepal, Pakistan, Sri Lanka.

Vorderlader, Feuerwaffe, bei der Treibladung und Geschoss von der Rohr- oder Laufmündung her eingeführt werden.

Vorderösterreich, ehem. südwestdt. Lande der Habsburger (im Elsass, Breisgau, Ortenau, Hohenberg, Nellenburg, oberschwäb. Landvogtei, Burgau, Vorarlberg); 1648 mussten die elsäss. Besitzungen an Frankreich, 1805 das übrige V. an Baden, Württemberg und Bayern abgetreten werden.

Vorerbe → Nacherbschaft.

Vorfahrtstraßen, durch Verkehrszeichen gekennzeichnete Straßen, auf denen Fahrzeuge aller Art, abweichend von der Regel »rechts vor links«, die Vorfahrt haben.

Vorfall, Prolaps *der,* ⚕ Hervortreten eines inneren Organs durch eine natürl. oder künstl. Öffnung; z. B. Mastdarmvorfall.

Vorfinanzierung, Aufnahme eines kurzfristigen Überbrückungs- oder Zwischenkredits zur vorläufigen Deckung eines langfristigen Finanzbedarfs bis zur [späteren] Ablösung des kurzfristigen Fremdkapitals durch Eigenkapital oder langfristiges Fremdkapital.

Vorgabe, Ausgleichsverfahren, um allen Teilnehmern gleiche Siegesaussichten zu geben (Raum-, Zeit-, Gewichts-, Punkte-V.).

Vorgebirge → Ville.

Vorgelege, Verbindung von Wellen mit Riemen- oder Rädergetrieben an Maschinen zur Erzielung bestimmter Drehzahlen und zum Schalten auf Leer- und Volllauf.

Vorgeschichte, Prähistorie, Urgeschichte, der Zeitraum von den ersten Anfängen der Menschheit bis zu der Zeit, aus der schriftl. Überlieferungen vorliegen. Die **V.-Forschung** wertet bes. die Bodenaltertümer aus. Wesentlich für ihre Forschungsweise sind: 1) das von C. J. Thomsen aufgestellte Dreiperiodensystem: Stein-, Bronze-, Eisenzeit; 2) die von O. Montelius geschaffene typologisch-chronolog. Methode (zeitl. Bestimmung eines Funds durch Einordnung in die passende Typenreihe aufgrund von Form und Ausbildungsgrad); 3) die von G. Kossinna angebahnte siedlungsarchäolog. Methode (Erschließen von Heimat, Kulturstufe, Wanderwegen aufgrund von Siedlungsresten, Grabanlagen usw.).

Vorhand, 1) Kartenspiel: das Recht, das erste Blatt auszuspielen. – 2) einer der Grundschläge beim Tennis.

Vorhaut, ⚕ Hautfalte über der Eichel, dem vordersten Teil des männl. Glieds. **V.-Verengung** (Phimose) erschwert Harn- und Samenentleerung und verursacht **V.-Entzündung.**

Vorkaufsrecht, ⚖ Recht, durch einseitige Erklärung in einen vom Eigentümer mit einem Dritten über einen bestimmten Gegenstand geschlossenen Kaufvertrag anstelle des Dritten einzutreten (§§ 504 ff. BGB).

Vormärz, Zeit zw. Wiener Kongress (1815) und dt. Märzrevolution (1848).

Vormund, ⚖ Fürsorger und Vertreter für Minderjährige oder entmündigte Volljährige (Mündel). Der V., neben dem bei erhebl. Mündelvermögen ein **Gegen-V.** bestellt werden kann, wird vom **Vormundschaftsgericht** (Amtsgericht) eingesetzt und beaufsichtigt. Bestimmte Geschäfte darf der V. nur mit Genehmigung des Vormundschaftsgerichtes durchführen.

Vorpommern, westl. der Oder gelegener Teil von → Pommern, heute zu → Mecklenburg-Vorpommern.

Vorsatz, 1) ⚖ **Dolus** *der,* Zivilrecht: das Wollen eines rechtswidrigen Erfolgs; Strafrecht: der mit Wissen und Willen verwirklichte Straftatbestand **(direkter V.).** V. liegt auch vor, wenn der Täter den Erfolg zwar nicht erstrebte, aber doch als mögl. Folge der Tat voraussah und ihn für den Fall des Eintritts in Kauf nahm **(bedingter V.).** – 2) im Messwesen vor eine Einheit gesetzte Vorsilbe zur Bezeichnung eines bestimmten dezimalen Vielfachen oder Teils der Einheit. Erlaubt sind 20 versch. V., die durch ein Kurzzeichen vor dem Einheitenzeichen, das **V.-Zeichen,** kenntlich gemacht werden.

Vorschulerziehung, i. e. S. Bildungseinrichtungen für Kinder im Vorschulalter, die auf den Schuleintritt vorbereiten.

Vorsehung, Providenz *die,* christl. Glaubenslehre: die göttl. Leitung von Weltentwicklung und menschl. Schicksal.

Vorsilbe, vorangestellte Ableitungssilbe, wie ge..., ver...

Vorsorgeuntersuchungen, ⚕ ärztl. Untersuchungen, die gezielt zur Früherkennung von Krankheiten eingesetzt werden; neben **Krebs-V.** v. a. **Schwangerschaftsvorsorgeuntersuchungen.**

Vorstand, ⚖ das leitende Organ (1 Person oder mehrere), der gesetzl. Vertreter einer Aktiengesellschaft, einer Genossenschaft, eines rechtsfähigen Vereins, einer Stiftung.

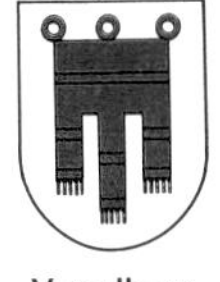

Vorarlberg
Landeswappen

Vorsätze

Y	Yotta...	=	10^{24}	=	1 000 000 000 000 000 000 000 000
Z	Zetta...	=	10^{21}	=	1 000 000 000 000 000 000 000
E	Exa...	=	10^{18}	=	1 000 000 000 000 000 000
P	Peta...	=	10^{15}	=	1 000 000 000 000 000
T	Tera...	=	10^{12}	=	1 000 000 000 000
G	Giga...	=	10^{9}	=	1 000 000 000
M	Mega...	=	10^{6}	=	1 000 000
k	Kilo...	=	10^{3}	=	1 000
h	Hekto...	=	10^{2}	=	100
da	Deka...	=	10^{1}	=	10
d	Dezi...	=	10^{-1}	=	0,1
c	Zenti...	=	10^{-2}	=	0,01
m	Milli...	=	10^{-3}	=	0,001
µ	Mikro...	=	10^{-6}	=	0,000 001
n	Nano...	=	10^{-9}	=	0,000 000 001
p	Piko...	=	10^{-12}	=	0,000 000 000 001
f	Femto...	=	10^{-15}	=	0,000 000 000 000 001
a	Atto...	=	10^{-18}	=	0,000 000 000 000 000 001
z	Zepto...	=	10^{-21}	=	0,000 000 000 000 000 000 001
y	Yocto...	=	10^{-24}	=	0,000 000 000 000 000 000 000 001

Vulkan. Lavaströme am Ätna auf Sizilien im Mai 1971

Henning Voscherau

Johann Heinrich Voß auf einem Gemälde von Johann Heinrich Wilhelm Tischbein (1818)

Franz Vranitzky

Vorsteherdrüse, Prostata *die,* Drüse, die beim Mann den Anfangsteil der Harnröhre unterhalb der Harnblase umgreift; liefert einen Teil der Samenflüssigkeit.

Vorstehhund, Hühnerhund, Jagdhund zur Jagd auf Niederwild (Rebhühner, Hasen), bleibt vor dem Wild stehen.

Vorstrafe, ⚖ eine im Strafregister noch nicht gelöschte gerichtl. Strafe.

Vortrieb, ✈ ⚙ Kraft an der Luftschraube von Luftfahrzeugen oder an der Schiffsschraube von Wasserfahrzeugen, die die Vorwärtsbewegung hervorruft; bei Verwendung von Strahl- und Raketentriebwerken der **Schub.**

Vorurteil, kritiklos übernommene Meinung, die einer sachl. Begründung nicht standhalten kann.

VOR-Verfahren ['vi:oʊ'a:], Abk. für **V**ery-high-frequency-**o**mnidirectional-**r**ange-Verfahren, internat. standardisiertes Funknavigationsverfahren für die Kurz- und Mittelstreckennavigation; arbeitet mit einem am Boden installierten UKW-Drehfunkfeuer (VOR), bestehend aus einer Rundstrahlantenne und einer mit 30 U/s umlaufenden Richtantenne, die im Empfangsgerät an Bord des Flugzeugs eine in der Phase richtungsabhängige Wechselspannung liefern, sodass mithilfe einer Phasenmessung eine Richtungsbestimmung bezüglich des VOR möglich ist.

Vorzeichen, 1) Anzeichen künftigen Geschehens. – **2)** 𝄞 die am Anfang des Liniensystems angegebenen Versetzungszeichen. – **3)** √ die Zeichen + und –.

Vorzugs|aktie, Prioritäts|aktie, ✐ wird gegenüber der Stammaktie bes. bei der Gewinnverteilung bevorzugt.

Voscherau, Henning, dt. Politiker (SPD), *1941; war 1988 bis 1997 Erster Bürgermeister von Hamburg.

Voß, Johann Heinrich, dt. Dichter, *1751, †1826; Mitglied des Göttinger Dichterbunds, übersetzte Homer, Ovid, Vergil u.a.; schrieb die Idylle »Luise« (1795).

Vostell, Wolf, dt. Happeningkünstler, *1932.

Votive, Gaben, die einem Hl. dargebracht werden; **Votivtafel, Votivbild.**

Votum *das,* **1)** Gelübde. – **2)** Stimme, Stimmabgabe.

Voyager ['vɔɪədʒə], Name zweier amerikan. Raumsonden zur Erforschung der äußeren Planeten, gestartet 1977. V. 1 näherte sich Jupiter im März 1979 bis auf 278 000 km, V. 2 im Juli 1979 bis auf 647 000 km. Ergebnisse der rd. 33 000 Fotos: Entdeckung eines Ringsystems sowie zweier neuer Jupitermonde. 2. Ziel war der Planet Saturn, dem sich V. 1 im Nov. 1980 bis auf 124 000 km, V. 2 im Aug. 1981 bis auf 102 000 km näherte; Nachweis weiterer Saturnringe und weiterer 6 Monde. V. 2 erreichte im Jan. 1986 den Planeten Uranus (Abstand 10 700 km; Entdeckung weiterer 10 Monde) und im Aug. 1989 den Planeten Neptun (Abstand: 28 900 km; Entdeckung weiterer 6 Monde).

VPS, Abk. für **V**ideo**p**rogramm**s**ystem, Codesystem zum automat. Ein- und Ausschalten von Videorekordern zur Aufzeichnung von Fernsehsendungen.

VR, Abk. für **V**olks**r**epublik.

Vranitzky, Franz, österr. Politiker (SPÖ), *1937; 1986 bis 1997 Bundeskanzler, 1988 bis 1997 auch Parteivorsitzender.

Vries, 1) Adriaen de, niederländ. Bildhauer, *1545, †1626; Bronzeplastiken. – **2)** Hugo de, niederländ. Botaniker, *1848, †1935; stellte die Lehre von den Mutationen auf.

Vring, Georg von der, dt. Schriftsteller, *1889, †1968; Gedichte, Geschichtsromane.

V-Stähle, ⚙ säurefeste und nicht rostende Stähle; z.B. V2A-Stahl (18% Chrom, 8% Nickel, 0,12% Kohlenstoff).

VTOL-Flugzeug, Abk. für **V**ertical **t**ake-**o**ff and **l**anding, ein Senkrechtstartflugzeug.

Vuillard [vɥi'ja:r], Édouard, frz. Maler, Grafiker, *1868, †1940; Mitbegründer der Nabis.

Vukovar [v-], Stadt in Kroatien, an der Donau, 44 600 Ew., Textil-, Holz-, Schuhind., Hafen; im Krieg serb. Freischärler gegen Kroatien 1991 schwer zerstört.

Vulcano, eine der Lipar. Inseln, Italien.

Vulcanus, altitalischer Gott des Feuers.

Vulci ['vultʃi], etrusk. Stadt in Mittelitalien, Prov. Viterbo; etrusk. Funde (Bronzegeräte, Steinskulpturen in großen Nekropolen).

vulgär, gewöhnlich, gemein, niedrig.

Vulgärlatein →lateinische Sprache.

Vulgata *die,* lat. Bibelübersetzung des Hieronymus (um 405), in der kath. Kirche gebraucht; vom Trienter Konzil 1546 für authentisch erklärt.

Vulkan *der,* Stelle, an der Magma aus der Erdtiefe zutage tritt, i.e.S. Feuer speiender Berg. Bei einem vulkan. Ausbruch (Eruption) steigen Magma und Gase durch einen die Erdrinde durchstoßenden **Schlot** auf, der eine trichter- oder kesselförmige Mündung, den **Krater,** hat. Aus dem Krater, häufig auch aus Nebenkratern, werden Gase und flüssige Lava oder auch Lockermassen (vulkan. Bomben, Schlacken, Lapilli, Sande und Aschen) gefördert. Der Auswurf beruht auf gewaltigen Gasspannungen tief in der Erde. Die Lockerprodukte bilden um den Krater einen Wall (Aschen-, Schlacken-, Tuffkegel). Die Temperatur der Lava beträgt bis 1250°C. Kieselsäurereiche Lava **(Blocklava)** ist zähflüssig und kann im Schlot erstarren (Quellkuppe). Dünnflüssig sind bas. Schmelzen **(Stricklava),** die häufig aus Spalten austreten und flach geböschte **Schild-V.** (Hawaii) oder ausgedehnte **Plateaubasalte** (Island, Dekhan) bilden. Häufiger als diese **Lava-V.** sind die aus Lagen von Lava und Tuff aufgebauten **Schicht-V.** (Vesuv). Die Schlote der Gas-V., die oft gesellig vorkommen (Maare in der Eifel), enthalten Trümmer vulkan. Festgesteine und solche des Nebengesteins. Postvulkanisch treten Fumarolen, Solfataren und Mofetten auf. Man unterscheidet **erloschene V.,** deren Wiederausbruch nicht anzunehmen ist (z.B. Vogelsberg in Hessen), **untätige V.,** die sich in einem vorübergehenden Zustand der Ruhe befinden, und **tätige V.** Begleiterscheinungen der Ausbrüche sind: Erdbeben, Gewitter, Wirbelwinde, Flutwellen u.a. Untermeer. V. finden sich bes. häufig in dem alle Ozeane durchziehenden Gebirgssystem des Mittelozean. Rückens. **Vulkan. (Erguss-)Gesteine:** Lava, Trachyt, Basalt, Porphyr, Diabas u.a. Wirtschaftl. Nutzung des fruchtbaren Bodens, der Erzlagerstätten und der Erdwärme. Einige tätige V.: Europa: Hekla (Island), Ätna (Sizilien), Vesuv und Stromboli (S-Italien). Afrika: Ol Doinyo Lengai (O-Afrika), Kamerunberg (W-Afrika), Piton de la

Fournaise (Réunion). Amerika: Montagne Pelée (Martinique), Cotopaxi (Ecuador), Popocatépetl (Mexiko), Lassen Peak und Mount Saint Helens (USA). Asien: Kljutschewskaja Sopka (Kamtschatka), Fujisan (Japan), Pinatubo (Luzon), Semeru (Java), Krakatau, Tambora (Sunda-Straße). Ozeanien: Mauna Loa (Hawaii), Kilauea (Hawaii).

Vulkanfiber, harter, hornartiger Kunststoff aus Zellulose, der durch Zinkchloridlösung pergamentiert, dann gewässert und hydraulisch zu Platten gepresst wird.

Vulkan-Inseln, jap. Inselgruppe südl. der Bonin-Inseln; 1951 bis 1968 unter amerikan. Verwaltung.

Vulkanisation *die,* ⚗ das Mischen von Rohkautschuk mit Schwefel (→ Kautschuk).

Vulkanismus, *der,* alle Kräfte und Erscheinungen, die mit dem Aufsteigen von heißen gasigen, flüssigen oder festen Stoffen aus dem Erdinnern an die Erdoberfläche zusammenhängen; Ggs. **Plutonismus,** die magmat. Vorgänge im Erdinnern.

Vulpius, 1) Christian August, dt. Schriftsteller, * 1762, † 1827, Goethes Schwager; Verfasser des Räuberromans »Rinaldo Rinaldini, der Räuberhauptmann« (1798). – **2)** Christiane, Schwester von 1), Goethes Gattin, * 1765, † 1816.

Vulva *die,* die äußeren weibl. Geschlechtsteile.

VU-Meter, kurz für Volume unit meter [ˈvɔljuːm ˈjuːnɪt ˈmiːtə], Einrichtung zur Kontrolle der Signalgrößen (meist Tonsignalspannung) an Magnetbändern, Verstärkern u. a. VU-Meter zeigen den Signaldurchschnittswert an (1 VU = 1 dB).

V-Waffen, Abk. für »Vergeltungs**waffen**«, von der dt. Wehrmacht gegen Ende des Zweiten Weltkriegs entwickelte, bes. gegen London eingesetzte Waffen: **V1,** ein unbemanntes Flugzeug, und **V2,** die erste Flüssigkeitsgroßrakete; Reichweite: rd. 300 km.

w, W, 1) der 23. Buchstabe des dt. Alphabets, ein Konsonant. – **2) W,** Abk. für Westen. – **3) W,** Einheitenzeichen für Watt. – **4) W,** chemisches Symbol für das Element Wolfram.

Waadt [vat, vaːt] *die,* **Waadtland,** frz. **Pays de Vaud,** Kt. der Schweiz, 3219 km², 583 600 meist frz.-sprachige Ew.; Hptst. Lausanne. W. umfasst die SW-Ecke des Schweizer Mittellands auf der N-Seite des Genfer Sees. Getreide-, Wein-, Tabakanbau, Viehzucht; Uhren- u. a. feinmechan. Ind., Maschinenbau, Nahrungsmittel-, Tabak-, chem. und Textilind. Seit 1803 selbstständiger Kanton.

Waag *die,* slowak. **Váh** [vaːx], linker Nebenfluss der Donau in der Slowakei, entspringt in der Hohen Tatra, mündet in die Kleine Donau (Waagdonau); 378 km lang.

Waage, 1) ⚙ Gerät zur Gewichtsbestimmung. Zur Gruppe der **Hebel-W.** gehören die **Balken-W.** mit gleicharmigen Hebeln, die **Brücken-W.,** bei der die Last auf einer Plattform (Brücke) ruht, und die W., die je nach dem Hebelverhältnis als Dezimal- oder Zentesimal-W. bezeichnet wird, ferner die ungleicharmige **Laufgewichts-W.** (röm. W.) mit verschiebbarem Gewicht. Bei der **Neigungs-W.** wird durch die Last ein unveränderl. Gewicht aus seiner Ruhelage ausgeschlagen und das Gewicht an dem Skalenbogen abgelesen. Bei **Schalt-W.** werden mit einem Schalthebel nacheinander Gewichte eingeschaltet, die in einer Kassette ruhen und auf einen Hebel wirken. Die 2. Gruppe der W. umfasst die **Feder-W.,** bei denen die durch die Belastung verursachte Veränderung der Federlänge (Zug- oder Druckfeder) ein Maß für das Gewicht ist. **Hydraul. W.** dienen zum Wägen sehr großer Lasten. Bei **Fein-W.** (Skalenwert 1 mg oder 0,1 mg) kann durch opt. Einrichtungen die Ablesegenauigkeit wesentlich erhöht werden. – **2)** ✩ südl. Sternbild; das 7. Zeichen des Tierkreises.

Waal *die,* Mündungsarm des Rheins in den Niederlanden.

Waals, Johannes Diderik van der, niederländ. Physiker, * 1837, † 1923; arbeitete über die Zustandsgleichung von Gasen, Dämpfen, Flüssigkeiten. Nobelpreis für Physik 1910.

Wabenkröte, Pipa, südamerikan. Frosch; die Eier entwickeln sich in wabenartigen Bruttaschen der Rückenhaut.

Wachau *die,* das landschaftl. schöne Donautal zw. Melk und Krems, Niederösterreich.

Wacholder, Juniperus, Gattung der Nadelhölzer mit beerenähnl. kleinen Zapfen. Der **Gemeine W.** (Machandelbaum, Heide-W.) ist ein 1 bis 2 m hoher Strauch, seltener ein Baum, zweihäusig; wächst auf Sand- und Heideböden. Die Beeren, **Krammetsbeeren,** sind blauschwarz und von strengem Geschmack; dienen als Gewürz und zur Herstellung von W.-Branntwein, als harntreibendes Mittel, Räucherwerk. Weitere Arten: **Span.** oder **Zeder-W.,** mit braunroten Früchten; **Virgin. W.** oder **Rote Zeder,** liefert Holz (»Zedernholz«) für Bleistifte, Zigarrenkisten.

Wachs, knetbare, fettartige Absonderung der Honigbiene, ihr Baustoff für Zellen und Waben; dient zur Herstellung von Kerzen, Pflaster, Salbe, Appretur. **Pflanzen-W.** wird aus trop. Pflanzen gewonnen; Verwendung zu Bohner- und Schuhputzmitteln. **Synthet. W.** sind z. T. Ester, z. T. leiten sie sich von Polyäthylen, chlorierten Kohlenwasserstoffen u. a. Kunststoffen ab.

Wachsbildnerei, Herstellung von Modellen aus Wachs, bes. Totenmasken, Büsten und Weihegaben; auch lebensgroße Nachbildungen **(Wachsfigurenkabinett).**

Wachsblume, südasiatischer dickblättriger Kletterstrauch mit rötl., wachsähnl., duft- und honigreicher Blüte.

Wachsmalerei → Enkaustik.

Wachsmotten, die → Bienenmotten.

Wachstuch, Baum- oder Zellwollgewebe mit einseitigem, glattem Leinölfirnisüberzug.

Wachstum, nicht umkehrbare Volumenzunahme einer Zelle oder eines Organismus bis zu einer genetisch festgelegten Endgröße. Das W. beruht auf dem Aufbau körpereigener Substanz und ist daher eine Grundeigenschaft des Lebens.

Wachtel, dem Rebhuhn ähnliches, sandbraunes Feldhuhn, lebt auf Feldern und Wiesen; zieht im Herbst ins nördl. Afrika.

Wachtelkönig, Wiesenknarrer, Wiesenralle, 27 cm lange Ralle, in Feldern und auf Wiesen Eurasiens; im Bestand stark gefährdet.

Wachtelweizen, Rachenblütler, krautige Halbschmarotzer auf Wurzeln, mit gelben, weißl. oder purpurfarbenen Blüten.

Waadt
Kantonswappen

Heide-**Wacholder**

Wachtel

Julius
Wagner von Jauregg

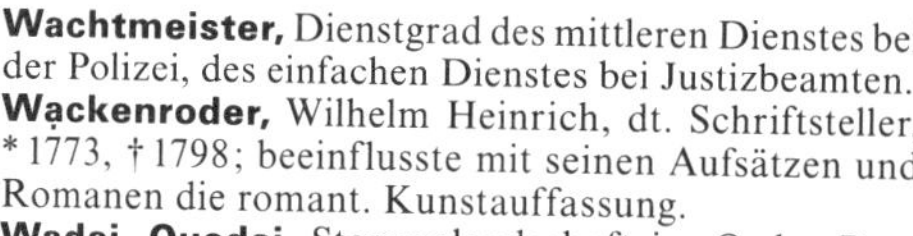

Wachtmeister, Dienstgrad des mittleren Dienstes bei der Polizei, des einfachen Dienstes bei Justizbeamten.

Wackenroder, Wilhelm Heinrich, dt. Schriftsteller, * 1773, † 1798; beeinflusste mit seinen Aufsätzen und Romanen die romant. Kunstauffassung.

Wadai, Ouadai, Steppenlandschaft im O der Rep. Tschad, Afrika.

Wade, Hinterfläche des Unterschenkels, deren Wölbung von dem **W.-Muskel** gebildet wird.

Wädenswil, schweizer. Ort im schweizer. Kt. Zürich, am Zürichsee, 19 100 Ew.; Eidgenössische Forschungsanstalt und Ingenieurschule für Obst-, Wein- und Gartenbau.

Wadi *das,* **Trockental,** nur nach Regenfällen Wasser führendes Flussbett in der Wüste.

Waechter ['vɛ-], Friedrich Karl, dt. Karikaturist und Schriftsteller, * 1937; satir. Zeichnungen; illustrierte Kinderbücher (»Der Antistruwwelpeter«, 1970).

Wafer ['weɪfə] *der,* ⚡ dünne Halbleiterscheibe als Träger integrierter Schaltkreise; wird nach der Funktionsprüfung in Chips zerteilt.

Waffe, Kampfgerät; **Angriffs-** und **Trutz-W.** sind Geräte zur unmittelbaren Einwirkung oder Vorrichtungen zum Abschießen von Munition (Hieb-, Stich-, Wurf-, Feuer-W.). **Schutz-W.** dienten der Verteidigung (z. B. Schild, Helm).

Wilhelm Heinrich Wackenroder
Marmorrelief (1798)

Waffenrecht, regelt Herstellung, Vertrieb, Besitz, Tragen und Gebrauch von Waffen. In Dtl. (Waffenges. vom 19. 9. 1972 in der Fassung vom 8. 3. 1976) ist der Erwerb von Faustfeuerwaffen nur zulässig, wenn der Erwerber eine behördl. ausgestellte **Waffenbesitzkarte,** einen **Waffenschein** oder einen gültigen **Jahresjagdschein** besitzt. Zum Führen einer Faustfeuerwaffe außerhalb der Wohnung, der Geschäftsräume oder des umfriedeten Besitztums ist ein Waffenschein erforderlich, der stets mitzuführen ist. – Der Waffengebrauch bei Polizei und Bundesbehörden ist erst erlaubt, wenn alle anderen Mittel versagen.

Waffenstillstand, zeitweilige Kampfeinstellung zw. Krieg führenden Parteien, die den Kriegszustand rechtlich fortbestehen lässt.

Wagen, 1) ⚙ Maschinenteil zur Führung eines Gegenstands, z. B. von Papier an der Schreibmaschine. – **2)** ✡ **Großer** und **Kleiner W.,** die Sternbilder Großer und Kleiner Bär.

Waggerl, Karl Heinrich, österr. Erzähler, * 1897, † 1973; heiter-besinnliche Bauernromane.

Wagner, 1) Adolph, dt. Volkswirt, * 1835, † 1917; führender Vertreter des Kathedersozialismus sowie der Finanzwiss. – **2)** Hermann, dt. Geograph, * 1840, † 1929; verdient um geograph. Schulunterricht. – **3)** Richard, dt. Komponist, * 1813, † 1883; war Kapellmeister in Magdeburg, Riga, Dresden, floh nach dem Maiaufstand 1849 nach Zürich. 1864 berief ihn König Ludwig II. nach München, das W. bald wieder verließ. 1872 übersiedelte er nach Bayreuth, wo er 1872 den Grundstein zum Bayreuther Festspielhaus legte, das seiner Idee des »Gesamtkunstwerks« dienen sollte. Dieses beruht auf dem Musikdrama, das W. in dichter. und musikal. Umwandlung der alten Oper schuf. Werke: »Rienzi« (1840), »Der Fliegende Holländer« (1841), »Tannhäuser« (1845), »Lohengrin« (1848), »Tristan und Isolde« (1859), »Die Meistersinger von Nürnberg« (1867), »Der Ring des Nibelungen« (1853 bis 1874; »Rheingold«, »Walküre«, »Siegfried«, »Götterdämmerung«), Bühnenweihfestspiel »Parsifal« (1882). Kulturpolit. Schriften. W.s Gattin in 2. Ehe war Cosima, die Tochter Franz Liszts, * 1837, † 1930. Beider Sohn Siegfried, Komponist, Dirigent, * 1869, † 1930, leitete die Bayreuther Festspiele; ebenso dessen Söhne: Wieland (* 1917, † 1966) und Wolfgang (* 1919).

Wagner-Régeny, Rudolf, dt. Komponist, * 1903, † 1969; neoklassizist. Opern.

Wagner von Jauregg, Julius, österr. Psychiater, * 1857, † 1940; führte die Malariaimpfung als Mittel gegen progressive Paralyse ein. 1927 Nobelpreis für Physiologie oder Medizin.

Wagram, heute **Deutsch-Wagram,** Gemeinde in NÖ, 1809 Sieg Napoleons I. über die Österreicher unter Erzherzog Karl.

Wagrien, das südöstl. Holstein an der Lübecker Bucht; nach dem Stamm der Wagrier benannt.

Wahhabiten, Anhänger einer strenggläubigen islam. Sektenbewegung, die Mitte des 18. Jh. von Innerarabien ausging (→ Ibn Saud).

Wahlkreis, Unterteilung des Staatsgebiets zur Vornahme der Wahl für die Volksvertretung.

Wahlmonarchie, Monarchie, in der der neue Herrscher durch Wahl berufen wird; Ggs.: Erbmonarchie.

Wahlperiode, Legislaturperiode.

Wahlrecht, 1) das Recht zu wählen **(aktives W., Stimmrecht)** und die Fähigkeit, gewählt zu werden **(passives W.).** – **2)** Gesamtheit der Vorschriften über die Wahl; sie sind meist in den Verfassungen enthalten, die Einzelheiten werden in Wahlgesetzen geregelt. – Arten: 1) **allg. W.:** alle Staatsbürger, die bestimmte, unerlässl. Voraussetzungen erfüllen (Mindestalter, bürgerl. Ehrenrechte u. a.), sind wahlberechtigt. Das volle allg. W. schließt das **Frauen-W.** (in Dtl. seit 1918) ein. 2) **unmittelbares** (direktes) **W.:** der Wähler wählt den Bewerber unmittelbar, nicht über dazwischenstehende Wahlmänner (Urwahl). 3) **gleiches W.:** jede abgegebene Stimme wird gleich bewertet im Ggs. z. B. zum Dreiklassen-W. (in Preußen bis 1918). 4) **geheimes W.:** Wahl durch verdeckte Wahlzettel; Verletzung des Wahlgeheimnisses wird mit Freiheitsstrafe bis zu 2 Jahren oder Geldstrafe bestraft. – **Wahlsysteme:** Erhält bei absoluter **Mehrheitswahl** kein Bewerber im ersten Wahlgang die absolute Mehrheit, so entscheidet entweder eine **Stichwahl** zw. den beiden Bewerbern mit der höchsten Stimmenzahl, oder es findet eine **Nachwahl** statt, bei der die relative Mehrheit entscheidet. Die **Verhältniswahl** soll auch den in der Minderheit Gebliebenen eine Vertretung im Parlament sichern: die Sitze werden auf die Parteien nach dem Verhältnis der abgegebenen Stimmen verteilt; die Verhältniswahl ist immer Listenwahl im Ggs. zur Persönlichkeitswahl. In Dtl. gilt ein gemischtes W. (Vergabe der Erststimmen nach dem Prinzip der Mehrheitswahl, die der Zweitstimmen nach dem Grundsatz der Verhältniswahl). Für die Wahl zum Bundestag gilt das Bundeswahlges. in der Fassung vom 23. 7. 1993 und die Bundeswahlordnung in der Fassung vom 7. 12. 1989. – In totalitären Einparteienstaaten kann nur eine **Einheitsliste** gewählt werden.

Wahlschein, in der Schweiz **Stimmkarte,** Bescheinigung, aufgrund deren ein Wahlberechtigter sein Wahlrecht außerhalb seines Wahlbezirks ausüben darf, z. B. bei Briefwahl.

Wahlstatt, poln. **Legnickie Pole,** schles. Ort südöstl. von Liegnitz, heute Polen. Am 9. 4. 1241 Abwehrschlacht des schles. Heerbanns unter Herzog Heinrich II. gegen die Mongolen. – Fürstentitel Blüchers nach der nahebei stattgefundenen Schlacht an der Katzbach (26. 8. 1813).

Wahn, Stadtteil von Köln (1929 bis 1975 von Porz am Rhein), Flughafen für Köln-Bonn.

Wahrheitsbeweis, ⚖ bei übler Nachrede der Beweis der Wahrheit der ehrenrührigen Behauptung. Der W. schließt Bestrafung wegen übler Nachrede aus, nicht aber wegen Beleidigung.

Wahrheitspflicht, ⚖ Pflicht der Parteien im Prozess, ihre Erklärungen der Wahrheit gemäß abzugeben.

Wahrnehmung berechtigter Interessen, bewirkt Straffreiheit einer Beleidigung, wenn nicht aus der Form oder den näheren Umständen eine Beleidigung hervorgeht (§ 193 StGB).

Wahrsagen, angebl. Fähigkeit zur Voraussicht des Zukünftigen durch Hellsehen, Kartenlegen.

Wahrscheinlichkeit, 1) Erkenntnislehre: Eigenschaft von Aussagen, für deren Geltung einleuchtende, doch nicht hinreichende Gründe bestehen. – **2)** √ zahlenmäßiger Ausdruck für das Eintreffen oder Nichteintreffen zufälliger Ereignisse. Man teilt die Anzahl der günstigen Fälle durch die Anzahl der mögl. Fälle und erhält so die W. als Zahl zw. 0 (Ereignis unmöglich) und 1 (Ereignis sicher).

Währung, i. w. S. die gesetzl. Ordnung des Geldwesens eines Lands (Geldordnung), v. a. die Festlegung des Münzsystems, die Bestimmung der gesetzl. Zahlungsmittel; i. e. S. die Geldeinheit **(W.-Einheit)** eines Lands selbst. Der Außenwert der W. ist die Kaufkraft der inländ. W. im Ausland, die vom Austauschverhältnis (Wechselkurs) zweier W. bestimmt wird. **W.-Parität** ist das von der Zentralbank festgelegte Austauschverhältnis (fester Wechselkurs im Unterschied zum flexiblen Wechselkurs, der sich am Devisenmarkt bildet). – **W.-Systeme:** Man unterscheidet an ein bestimmtes W.-Metall (Gold, Silber), einen Waren- oder W.-Korb **gebundene W.** (wichtigste Metall-W. war die Gold-W.) und aus Banknoten und Scheidemünzen bestehende **freie W.,** bei denen die Zentralbank Geldmenge und Zahlungsverkehr nach wirtschaftspolit. Erfordernissen regelt. – **W.-Politik** umfasst alle Maßnahmen bes. der Zentralbank zur Schaffung einer W.-Ordnung (Geldordnung) und zur Sicherung des Binnen- und Außenwerts der W. (Preisniveau- bzw. Wechselkursstabilität). – Dtl. hat eine reine Papier-W., die Geldmenge wird durch die Dt. Bundesbank reguliert.

Währungsreform, Neuordnung des Geldwesens nach seiner Zerrüttung durch eine übermäßige Inflation (z. B. infolge eines Kriegs). Zu einer W. gehören die Einführung neuen Gelds (meist eine neue Währungseinheit) und eine Reform der Wirtschaftspolitik. Mit der dt. W. von 1923 wurde die Rentenmark (1924 die Reichsmark) eingeführt. Nach dem 2. Weltkrieg löste in den drei westl. Besatzungszonen mit Wirkung vom 21. 6. 1948 die Deutsche Mark (DM) die Reichsmark ab, in der sowjet. Besatzungszone folgte die W. am 23. 6. 1948.

Währungsreserven, die von der Zentralbank gehaltenen Bestände an internat. einsetzbaren liquiden Mitteln: Goldbestand, Devisenreserven, Reserveposition im Internat. Währungsfonds, Sonderziehungsrechte, Forderungen im Europ. Währungssystem. W. sichern die internat. Zahlungsfähigkeit eines Landes und können zur Stützung des eigenen Wechselkurses an den Devisenmärkten eingesetzt werden.

Währungs|union, die Gesamtheit von Staaten, die gemeinsam eine einheitl. Geld- und Währungspolitik betreiben entweder unter Beibehaltung der nat. Währungen oder unter Einführung einer einheitl. Währung. Die am 1. 7. 1990 vollzogene W. zw. Bundesrep. Deutschland und DDR war Vorstufe der staatl. Vereinigung.

Waiblingen, Krst. in Bad.-Württ., an der Rems, 50 000 Ew.; Maschinenbau, Herstellung von Ind.ausrüstungen u. a. Nach der ehemals stauf. Burg W. nannten sich die ital. Ghibellinen.

Waid *der,* **Färberwaid,** gelb blühender Kreuzblütler; wurde wegen des in den Blättern enthaltenen blauen Farbstoffs vor Aufkommen des Indigos viel angebaut.

Waidmann, ♈ → Weidmann.

Waigel, Theodor, dt. Politiker (CSU), * 1939; Jurist; seit 1988 Vors. der CSU, seit 1989 Bundesmin. für Finanzen.

Waisenhaus, früher eine öffentl. Einrichtung, in der elternlose Kinder (Waisen) untergebracht und erzogen wurden; heutige entsprechende Einrichtungen sind in Europa meist Kinder- oder Jugenddörfer.

Waisenrente, von der sozialen Rentenversicherung und der Unfallversicherung an Waisen der Versicherten und der Rentenempfänger gezahlte Rente.

Wajda ['vajda], Andrzej, poln. Filmregisseur, * 1926; Filme: »Asche und Diamant« (1958), »Korczak« (1990).

Wakayama, Hafenstadt auf der jap. Insel Honshū, 401 400 Ew.; chem., Bekleidungsind., Maschinenbau.

Wake [weɪk], Insel zw. Hawaii und den Marianen; Marine- und Flugstützpunkt der USA.

Wakefield ['weɪkfi:ld], Ind.stadt in Mittelengland, 60 500 Ew.; got. Kathedrale; Kohlenbergbau, Woll-, chem. Industrie.

Walachei *die,* geschichtl. Landschaft Rumäniens, zw. S-Karpaten und Donau. Durch den Alt geteilt in die **Große W.** im O und die **Kleine W.** im Westen.

Walachen, i. w. S. seit dem 10. Jh. die Rumänen, i. e. S. die Bewohner der Walachei.

Walburga → Walpurga.

Walchensee, Alpensee in Oberbayern, 16,4 km² groß, 802 m ü. M., 192 m tief. Das **W.-Kraftwerk** nutzt das Gefälle zw. W. und Kochelsee.

Walcheren ['walxərə], niederländ. Insel vor der Scheldemündung, Hptst. Middelburg.

Walcott ['wɔ:lkət], Derek, Schriftsteller aus Saint Lucia, * 1930; vornehmlich Lyrik in engl. Sprache: »In a green night« (1962), »Omeros« (1990); auch Bühnenstücke; Nobelpreis für Literatur 1992.

Wald, umfasst den Baumbestand, der sich ohne menschl. Eingreifen entwickelt **(Ur-W.),** und den planmäßig genutzten, gepflegten W. **(Wirtschafts-W., Forst),** besteht auch als **Schutz-W.** gegen Windbruch, Lawinen u. a. **W.-Formen** sind: Nadel-, Laub-, Misch-W. Wichtige W.-Bäume in Dtl. sind: Kiefer, Fichte, Tanne, Lärche, Rotbuche, Eiche, Birke, Erle. Andere, wie Douglastanne, Weymouthskiefer, Esche, Ahorn, Weißbuche, Ulme, Hasel, Eberesche, Weide, Pappel, finden sich als Nebenholzarten in gemischten Beständen. Dtl. hat einen W.-Bestand von etwa 30 % der Gesamtfläche. Der W. ist wichtig wegen seines Holzes und seines Einflusses auf Klima, Wasserführung u. a. sowie als Erholungsraum.

Waldaihöhen, Hügelland in Russland, zw. Sankt Petersburg und Moskau, bis 343 m hoch; Quellgebiet von Wolga, Düna und Dnjepr.

Waldeck, ehem. Fürstentum, im Flussgebiet von Eder und Diemel; seit 1867 unter preuß. Verw., 1918 Freistaat, 1929 zur preuß. Prov. Hessen-Nassau; seit 1945 gehört W. zu Hessen.

Waldemar, Herrscher: **Brandenburg. 1) W.,** Markgraf (1308 bis 1319), * 1281, † 1319. Mit dem Tode W.s und seines Vetters Heinrich d. J. (1320) starben die brandenburg. Askanier aus. 1348 trat der **falsche W.** gegen die Wittelsbacher Markgrafen auf (angeblich ein Müllerbursche); er wurde bis 1350 von Kaiser Karl IV. unterstützt; † 1356. **Dänemark. – 2) W. I., d. Gr.,** König (1157 bis 1182), * 1131, † 1182; eroberte 1168/69 Rügen im Kampf gegen die Wenden. – **3) W. II.,** König (1202 bis 1241), * 1170, † 1241; erstrebte die Herrschaft über alle Ostseeländer, unterwarf Holstein und Estland, wurde aber 1227 bei Bornhöved von den norddt. Fürsten besiegt. – **4) W. IV. Atterdag,** König (1340 bis 1375), * um 1320, † 1375; verkaufte 1346 Estland an den Dt. Orden, unterlag der Hanse (Stralsunder Friede 1370).

Walden, Herwarth, eigentl. Georg **Levin,** dt. Schriftsteller und Kritiker, * 1878, † 1941; 1901 bis 1911 ⚭ mit Else Lasker-Schüler; setzte sich mit der Zeitschrift »Der Sturm« (1930 bis 1932) für avantgardist. Richtungen wie Dadaismus, Futurismus, Expressionismus und Kubismus ein.

Waldenburg, poln. **Wałbrzych,** poln. Ind.stadt im Waldenburger Bergland, 141 000 Ew.; ⚒ auf Steinkohle; chem. u. a. Industrie.

Waid

Theodor Waigel

Derek Walcott

Lech Wałęsa

Otto Wallach

Gemeine **Waldrebe**

Wales
Flagge

Wallis
Kantonswappen

Waldenser, religiöse Laienbewegung in S-Frankreich, um 1175 durch Petrus Waldus († zw. 1184 und 1218) gestiftet. Die W. forderten Rückkehr zu apostol. Armut und Einfachheit. Sie wurden seit dem 13. Jh. von der Inquisition verfolgt. Nur in Italien, Frankreich und Südamerika haben sich W.-Gemeinden erhalten.

Waldersee, Alfred Graf v., preuß. Generalfeldmarschall, * 1832, † 1904; Führer der europ. Truppen gegen die → Boxer in China.

Waldheim, Kurt, österr. Politiker, Jurist, * 1918; 1972 bis 1981 Gen.-Sekr. der UNO, 1986 bis 1992 österr. Bundespräsident.

Waldhufendorf, Dorfform der dt. Kolonisationszeit des MA. in und an den Mittelgebirgen. Die Höfe liegen in lockerer Reihe ein- oder beidseitig des Wegs und Wasserlaufs im Tal; hinter jedem Hof geschlossen die Hufe (Feld, Wiese, Wald).

Waldkirch, Luftkurort im Breisgau, Bad.-Württ., 18 900 Ew.; opt.-elektron. Ind., Metallbau.

Waldmeister, Labkrautgewächs, bes. in Buchenwäldern, weiß blühend. Wird zur Zubereitung der Maibowle verwendet.

Waldmüller, Ferdinand Georg, österr. Maler, * 1793, † 1865; Vertreter des Wiener Biedermeier; Landschaften, Genrebilder, Porträts.

Waldorfschulen, Freie W., auf den Grundsätzen der Anthroposophie R. Steiners aufgebaute einheitl. Gesamtschule. Die W. gehen zurück auf die Freie W. der Waldorf-Astoria-Zigarettenfabrik in Stuttgart.

Waldrebe, Clematis, Klematis, Gattung der Hahnenfußgewächse, meist Klettersträucher: **Gemeine W.,** mit weißen Blüten; blau blühende **Alpenrebe.**

Waldsassen, Stadt im Kr. Tirschenreuth, Bayern, 8 000 Ew.; Porzellan-, Glasfabrik u. a.; Zisterzienserkloster mit barocker Klosterkirche (G. und C. Dientzenhofer), Klostergebäude mit barocker Bibliothek.

Waldsee, Bad W., Stadt in Bad.-Württ., 15 200 Ew., auf der oberschwäb. Hochebene; Kneippkurort; Wohnmobil- und Wohnwagenbau u. a. Ind.; Schloss (um 1550), Sitz der Fürsten Waldburg-Wolfegg-Waldsee.

Waldshut-Tiengen [-ˈtɪŋən], Große Krst. in Bad.-Württ., zw. Südschwarzwald und Hochrhein, 23 000 Ew.; 1975 Zusammenschluss der Städte Waldshut und Tiengen/Hochrhein.

Waldstädte, die 4 bis 1805 vorderösterr. Städte Rheinfelden, Säckingen, Laufenburg, Waldshut.

Waldstätte, die um den Vierwaldstätter See gelegenen schweizer. Kt. Uri, Schwyz und Unterwalden.

Waldsterben, in Europa bes. in den Hoch- und Mittelgebirgen auftretende Schädigung des Baumbestands; z. T. durch hohe Schadstoffbelastung der Luft, Nährstoffmangel, extreme Witterung (Trockenheit gefolgt von großer Kälte) verursacht.

Waldviertel, waldreiche, 400 bis 800 m hohe Landschaft im NW von NÖ, Weinbau, Holzwirtschaft, Fremdenverkehr.

Wale, völlig dem Wasserleben angepasste, jedoch lungenatmende Säugetiere. Die Schwanzflosse der W. liegt waagerecht, die Vordergliedmaßen sind als Brustflossen ausgebildet; Hintergliedmaßen und Becken sind fast völlig rückgebildet. Die **Barten-W.,** zu denen Glatt-, Furchen- (mit dem Blau-W.) und Grau-W. gehören, tragen lange Hornplatten **(Barten),** die beim Schließen des Rachens wie ein Sieb die als Nahrung dienenden kleinen Meerestiere zurückhalten. Die **Zahn-W.** mit den Gründel-, Schweins-, Pott-W. sowie den Delphinen und Flussdelphinen Indiens und Südamerikas haben oft über 200 Zähne.

Walensee, See in der Schweiz, Kt. Glarus und St. Gallen, 24 km², 144 m tief, zw. Churfirsten und Glarner Alpen.

Wales [weɪlz], walis. **Cymru,** Halbinsel im SW Großbritanniens, 20 761 km², 2,8 Mio. Ew., gebirgig, rau, meist von Wiesen und Weiden bedeckt (Viehzucht); Bergbau (Kohle). Die kelt. Bev. **(Waliser)** ist stark mit Engländern vermischt; sie spricht noch z. T. eine kelt. Sprache, das Kymrische. Großstädte: Cardiff, Swansea, Newport. – Das kelt. Fürstentum W. wurde 1282 vom engl. König Eduard I. erobert, aber erst 1536 und 1542 wurde die unbeschränkte Geltung engl. Ges. auf W. ausgedehnt. Seit 1301 führt der jeweilige engl. bzw. brit. Kronprinz den Titel **Prince** (Fürst) **of Wales.**

Wałęsa [vaˈu̯ɛ̃sa], Lech, poln. Politiker, * 1943; Elektromonteur; Gewerkschafter; im Aug. 1980 Sprecher der streikenden Werftarbeiter in Danzig, Mitbegründer (1980) und Vors. der Gewerkschaft Solidarność; seit Verhängung des Kriegsrechts (Dez. 1981) interniert (bis Nov. 1982); erhielt 1983 den Friedensnobelpreis; 1990 bis 1995 poln. Staatspräsident.

Walhall, altnord. **Valhöll,** Totenhalle der altnord. Sage, in die Odin die gefallenen Krieger beruft.

Walhalla, Ruhmeshalle bei Regensburg, Bayern, 1830 bis 1842 von L. v. Klenze erbaut, mit Büsten berühmter Deutscher.

Wali *der,* **Vali,** oberster Verwaltungsbeamter einer türk. Provinz.

walken, 1) ⚙ Bleche wechselnden starken Durchbiegungen unterwerfen zur Beeinflussung des Gefüges. – **2)** Textilfasern in feuchtwarmem Zustand verfilzen durch Stoßen, Stauchen, Pressen.

Walkenried, Ort am S-Rand des Harzes, Ndsachs.; ehem. Zisterzienser-Reichsabtei (got. Klostergebäude mit Kreuzgang).

Walkie-Talkie [ˈwɔːkɪˈtɔːkɪ], → Funksprechgerät.

Walkman® [ˈwɔːkmən], Handelsname sehr kleiner, tragbarer Stereokassettenrekorder zum Abspielen von Kompaktkassetten.

Walküren, in der nord. Dichtung göttl. Jungfrauen (z. B. Brunhild), die auf Odins Befehl die im Kampf Erschlagenen nach Walhall bringen.

Wallabys [ˈwɔləbɪz], Gattung der Kängurus (0,5 bis 1 m körperlang).

Wallace [ˈwɔlɪs], **1)** Alfred Russel, brit. Zoologe, * 1823, † 1913; teilte die Erde in tiergeograph. Regionen ein, stellte 1858 eine Lehre der natürl. Zuchtwahl auf, was C. R. Darwin veranlasste, seine ähnl., ältere Lehre zu veröffentlichen. – **2)** Edgar, brit. Schriftsteller, * 1875, † 1932; Detektivromane. – **3)** Lewis, amerikan. Erzähler, * 1827, † 1905; geschichtl. Roman »Ben Hur« (1880).

Wallach, kastrierter Hengst.

Wallach, Otto, dt. Chemiker, * 1847, † 1931; arbeitete bes. über den Aufbau zykl. organ. Verbindungen; Nobelpreis für Chemie 1910.

Walldürn, Stadt im östl. Odenwald, Bad.-Württ., 10 800 Ew.; barocke Wallfahrtskirche (1698 bis 1714); Kunstblumen- u. a. Industrie.

Wallenstein, Waldstein, Albrecht v., Herzog von Friedland (1625), * 1583, † (ermordet) 1634; warb im Dreißigjährigen Krieg 1625 auf seine Kosten ein Heer für Kaiser Ferdinand II., wurde nach mehreren Siegen und der Eroberung Holsteins (mit Tilly), Schleswigs und Jütlands 1629 Herzog von Mecklenburg. 1630 entließ ihn der Kaiser auf Wunsch v. a. Bayerns; W. wurde 1632 zurückgeholt, um das Vordringen Gustav Adolfs aufzuhalten. Nach dessen Tod in der Schlacht bei Lützen führte W. eigenmächtig Friedensverhandlungen mit den Schweden und dt. Protestanten; darauf setzte ihn der Kaiser als Hochverräter ab; kaiserl. Offiziere ermordeten ihn.

Wallfahrt, religiös motivierte Fahrt oder Wanderung zu hl. Stätten, Gräbern oder Gnadenbildern.

Wallis *das,* frz. **Le Valais,** Kt. der Schweiz, Hochalpenland um das obere Rhônetal, 5 226 km², 248 300 Ew.; Hptst.: Sitten. Die Bewohner **(Walliser)** sprechen in Ober-W. deutsch, in Unter-W. französisch. Erwerbszweige: Almwirtschaft, in den Tälern Wein-,

Walther von der Vogelweide auf einer Miniatur aus der Manessischen Liederhandschrift (14. Jh.)

Obstbau; Kraftwerke. Fremdenverkehr. – Ober-W., seit 1416/17 mit den Schweizern verbündet, eroberte 1475 das savoyische Unter-W.; seit 1814 Kanton.

Walliser Alpen, Penninische Alpen, Teil der W-Alpen, Schweiz, im Monte Rosa 4637 m hoch, Gletscher.

Wallis-Inseln, Inselgruppe des frz. Überseedép. **Wallis und Futuna,** im südl. Pazifik, 96 km^2, 6000 Ew. Ausfuhr von Orangen, Zitronen.

Wallonen, Bewohner S-Belgiens und des angrenzenden Frankreich, etwa 4 Mio.; romanisierte Kelten mit german. Einschlag.

Wallraff, Günter, dt. Schriftsteller, *1942; krit. Reportagen über gesellschaftl. Missstände.

Wallraf-Richartz-Museum, städt. Kunstmuseum in Köln, gegr. 1824; Schwerpunkte der Sammlung bilden Werke der Kölner Malerschule des 14. bis 16. Jh., die niederländ. Malerei und die Kunst des 19. Jh. Die Bestände des 20. Jh. wurden in das **Museum Ludwig** überführt (Grundstock war die Kollektion amerikan. Pop-Art von P. Ludwig). Beide Museen zogen 1986 in den Neubaukomplex auf der Südostseite des Doms.

Wall Street ['wɔːlstriːt], Banken- und Börsenstraße in New York, auf Manhattan.

Walmdach, Satteldach, bei dem anstelle der Giebel Dachflächen, die **Walme,** angeordnet sind.

Walnussbaum, Gattung der Walnussgewächse in Europa, Asien, Nordamerika, bis 25 m hoher Baum mit grauer Rinde, großen Fiederblättern. Die Früchte sind reich an äther. Ölen. Hartes Holz (Möbel).

Walpole ['wɔːlpəʊl], **1)** Hugh S., brit. Erzähler, *1884, †1941; schrieb den vierteiligen Generationsroman »Herries, der Vagant« (1930 bis 1933) u. a. – **2)** Sir Robert, seit 1742 Earl **of Oxford,** brit. Staatsmann, *1676, †1745; war 1721 bis 1742 Premiermin., Führer der Whigs.

Walpurga, Walburga, angelsächs. Benediktinerin, *um 710, †779; wirkte in Dtl. als Missionarin (Äbtissin in Heidenheim [an der Brenz]); Heilige (Tage: 25. 2. und 1. 5.). **Walpurgisnacht,** Nacht zum 1. Mai, in der nach der Sage die Hexen zum Blocksberg reiten.

Walrosse, große Robben der nördl. Meere, 4 m lang, bis 1600 kg schwer, mit dicker Haut. Die oberen Eckzähne der männl. Tiere bis 75 cm lang.

Walser, 1) Martin, dt. Schriftsteller, *1927; Romane (»Halbzeit«, 1960; »Seelenarbeit«, 1979; »Die Verteidigung der Kindheit«, 1991; »Finks Krieg«, 1996), Dramen. – **2)** Robert, schweizerischer Schriftsteller, *1878, †1956; Romane (»Geschwister Tanner«, 1907).

Martin Walser

Walsertal, 2 Alpentäler in Österreich: **1) Großes W.,** rechtes Seitental der Ill in Vorarlberg. – **2) Kleines W.,** wirtschaftlich an das bayer. Allgäu angeschlossen, entwässert zur Iller.

Waltari, Mika, finn. Schriftsteller, *1908, †1979; Romane (»Sinuhe der Ägypter«, 1945).

Walter, 1) Fritz, dt. Fußballspieler, *1920; Spielführer der dt. Weltmeisterschaftself von 1954, jetzt Ehrenspielführer. – **2)** Otto F., schweizerischer Schriftsteller, *1928, †1994; »Der Stumme« (1959), »Die Verwilderung« (1977).

Walther von der Vogelweide, der bedeutendste Lyriker des dt. MA., *um 1170 in Österreich, †um 1230 wahrscheinl. auf seinem Lehen nahe Würzburg; gab dem höf. Minnelied Gefühlsgehalt und gestaltete in formvollendeten Sprüchen den mittelalterl. Reichsgedanken.

Walton ['wɔːltən], Ernest T. S., irischer Physiker, *1903, †1995; erhielt 1951 den Nobelpreis für die Entwicklung eines Protonenbeschleunigers.

Waltrop, Stadt in NRW, 29000 Ew.; Arzneimittel- u. a. Ind., Fahrzeugbau.

Walze, zylindr. Körper, der in Drehbewegung versetzt wird und auf einer Unterlage abrollt oder gegen andere W. drückt, um einen Körper oder Stoff weiterzubewegen (Transport-W.), zu verformen (z. B. im Walzwerk), zu verkleinern (z. B. **Walzenmühle** zum Mahlen von Getreide) oder zu verdichten.

Walzer, Rundtanz im 3/4-Takt; Blütezeit als **Wiener W.** durch die Komponisten J. Lanner, J. Strauß Vater und Sohn.

Walzwerk, ⚙ Anlage zur Formung von Metallen durch Walzen, z. B. **Walzstahl** aus glühenden Stahlblöcken. Bleche werden auf zylindr. Walzen ohne Profil, Form- und Stabmaterial mit profilierten Walzen geformt. Abstand und Druck der Walzen gegeneinander (ihre Anstellung) sind regelbar. Nach Anzahl der Walzen und Art des Walzvorgangs unterscheidet man: **Zweiwalzen-(Duo-), Dreiwalzen-(Trio-), Vierwalzen-(Quarto-), Vielwalzen-W., Schräg-, Pilgerschritt-W.** u. a. Beim **Umkehr-(Reversier-)W.** wird das Walzgut in demselben Walzgerüst hin- und hergewalzt. Beim **kontinuierl. W.** durchläuft das Walzgut mehrere Walzgerüste.

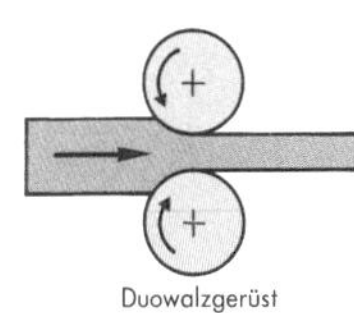

Duowalzgerüst

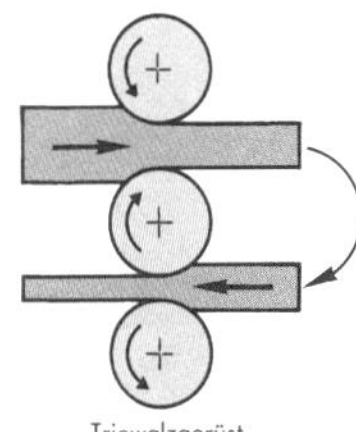

Triowalzgerüst

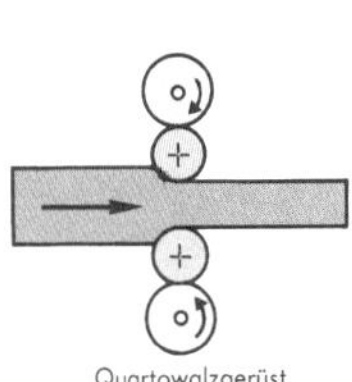

Quartowalzgerüst

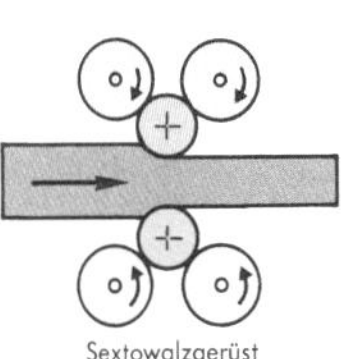

Sextowalzgerüst

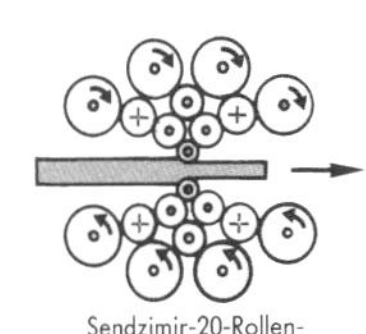

Sendzimir-20-Rollen-Walzgerüst

Walzwerk Anordnung von Walzen in verschiedenen Walzgerüsten (Arbeitswalzen dunkelblau, Stützwalzen hellblau)

Wampum *der,* Perlen aus weißen und violetten Muschelschalen, auf Schnüren aufgereiht, zu Ketten oder Gürteln verarbeitet; diente den Indianern des östl. Nordamerika als Geld, auch als Urkunde bei Verträgen.

Wandalen, Vandalen, german. Volk, seit dem 1. Jh. v. Chr. im Oder-Warthe-Raum ansässig, wanderte im 5. Jh. nach Spanien und N-Afrika und gründete dort unter König Geiserich ein mächtiges Reich, das 533 von den Byzantinern zerstört wurde. **Wandalismus, Vandalismus,** rohe Zerstörungswut; fälschl. Bezeichnung nach den angebl. Verwüstungen Roms (455) durch die Wandalen.

Wandelschuldverschreibung, engl. **Convertible Bond,** von einer Aktiengesellschaft ausgegebene Schuldverschreibung, die neben dem Anspruch auf Rückzahlung des Nennwerts und Verzinsung zusätzl. Rechte verbrieft, entweder das Wandlungs- oder Umtauschrecht, die W. nach einer Frist, meist unter Zuzahlung eines Geldbetrags, in einem bestimmten Verhältnis in Aktien der betreffenden AG umzutauschen (Wandelanleihe), oder das Options- oder Bezugsrecht, gegen Zahlung eines Bezugskurses zusätzlich zur Anleihe auch Aktien der betreffenden AG zu erwerben (Optionsanleihe).

Wandelsterne, ✧ die → Planeten.

Wanderfeldröhre, svw. → Lauffeldröhre.

Warendorf Stadtwappen

Aby Warburg

Warschau Stadtwappen

Wanderheuschrecke, Feldheuschrecke der Steppengebiete, tritt in großen Wanderflügen auf und vernichtet den Pflanzenwuchs.

Wandervogel, 1896 gegr. Vereinigung Jugendlicher zur Pflege des Wanderns bei natürl. Lebensweise, Ursprung der Jugendbewegung.

Wandlung, 1) kath. Kirche: Mittelpunkt des Messopfers (→Transsubstantiation). – **2)** ⚖ rückwirkende Aufhebung eines Kauf- oder Werkvertrags bei Mängeln der gelieferten Ware (Mängelhaftung).

Wandmalerei, ✍ Bemalung von Wänden, Decken und Gewölben im Ggs. zur Tafelmalerei. Gemalt wird auf den noch feuchten Putz (al fresco, Freskomalerei) oder auf die trockene Wand (al secco). Die W. kann das Flächige der Wand zu wahren suchen (strenge W.) oder die Illusion von räuml. Tiefe erstreben (illusionist. W.).

Wanen, Vanen, nord. Sage: Göttergeschlecht, das die Asen bekämpfte.

Wange, Backe, Seitenwand der Mundhöhle. **W.-Bein,** Backenknochen, Jochbein, paariger dicker Knochen, bildet den oberen äußeren Teil des Gesichtsschädels.

Wangen im Allgäu, Krst. in Bad.-Württ., 24 200 Ew., Textil-, Elektro- u. a. Industrie, Käseverarbeitung; Luftkurort, Fremdenverkehr.

Wangerooge, Ostfries. Insel, Ndsachs., 4,7 km², 1 100 Ew.; Leuchtturm, Seebad Wangerooge.

Wankelmotor, ⚙ von dem dt. Ingenieur F. Wankel (* 1902, † 1988) entwickelter Kreiskolbenmotor.

Wannsee, von der Havel gebildete, 2,7 km² große Bucht im Bez. Zehlendorf, Berlin.

Wannseekonferenz, Besprechung von 15 hohen Beamten der obersten Reichs- und Parteibehörden des natsoz. Dtl. (u. a. A. Eichmann) unter dem Vorsitz R. Heydrichs am 20. 1. 1942 am Wannsee in Berlin-Zehlendorf über die »Endlösung der Judenfrage«.

Wanzen, Schnabelkerfe, Insekten mit Saugrüssel und Stinkdrüsen, mit unvollkommener Verwandlung, nähren sich von Pflanzensäften oder sind Blutsauger. **Land-W.** (Baum-, Feuer-, Ufer-, Bett-W.). **Wasser-W.** (Rückenschwimmer, Wasserskorpion, Wasserläufer).

Wapiti *der,* nordamerikan. Unterart des Rothirschs.

Wappen, farbiges Abzeichen von Personen und Personengemeinschaften, z. B. **Geschlechter-** und **Familien-W., Staats-** und **Stadt-W.** Die W. sind aus der Kennzeichnung der Waffenträger im 12./13. Jh. entstanden. Für die Darstellung wurden strenge Regeln entwickelt, über die die **W.-Kunde** (Heraldik) Auskunft gibt. Die Staats-W. gehören mit den Farben, Flaggen und Siegeln zu den nat. Symbolen.

Waräger, Bezeichnung für die im 9. bis 11. Jh. v. a. in O-Europa auftretenden Wikinger.

Warane, räuber. Echsen in Afrika, S-Asien, Australien. Fleisch und Eier sind schmackhaft. **Nil-W.,** bis 2 m lang, **Binden-W., Komodo-W.** bis 3 m.

Warburg, 1) Aby, dt. Kunst- und Kulturhistoriker, * 1866, † 1929; Gründer der Bibliothek W., aus der das kunstwiss. W. Institute in London hervorgegangen ist. – **2)** Otto Heinrich, dt. Physiologe, * 1883, † 1970; grundlegende Forschungen über Atmungsenzyme, Stoffwechselvorgänge und Photosynthese. Nobelpreis für Physiologie oder Medizin 1931.

Wardar *der,* **Vardar,** Hauptfluss Makedoniens, 420 km, mündet in den Golf von Saloniki.

Warendorf, Krst. in NRW, an der Ems, 37 200 Ew.; Ind.; Westfäl. Landgestüt, Dt. Reitschule, Dt. Olympiakomitee für Reiterei.

Warenzeichen, Schutzmarke, ✐ Zeichen, durch das ein Gewerbetreibender eine Ware als von ihm hergestellt **(Fabrikmarke)** oder vertrieben **(Handelsmarke)** kennzeichnet, um deren Echtheit zu gewährleisten. Es erlangt durch Eintragung in die beim Patentamt geführte W.-Rolle Zeichenschutz.

Warft *die,* **Wurt** *die,* **Warp** *das,* **Werft** *die,* Wohnhügel im Marschgebiet der dt. und niederländ. Nordseeküste und auf den Halligen.

Warhol [ˈwɔːhɔl], Andy, eigentl. Andrew **Warhola,** amerikanischer Popkünstler, Filmregisseur, Fotograf, * 1928, † 1987; einer der Begründer der amerikanischen Pop-Art, schuf eine neue Ästhetik.

Warmblut, Pferderassen mit lebhaftem Temperament; Reit- und Rennpferde.

Warmblüter, Vögel und Säugetiere, auch der Mensch, die, im Ggs. zu den Kaltblütern, eine von der Außentemperatur unabhängige, gleich bleibende Körperwärme haben.

Wärme, physikal. Erscheinung, die der **W.-Empfindung** zugrunde liegt; die Bewegungsenergie der ungeordnet durcheinander fliegenden (in Gasen) oder um feste Mittellagen schwingenden (im festen Körper) Moleküle. Einheit der **W.-Menge** ist das **Joule** (früher die Kalorie). 4186,8 Joule (1 kcal) entsprechen dem **mechan. W.-Äquivalent** oder $1{,}16310^{-3}$ kWh **(elektr. W.-Äquivalent). W.-Leitung** liegt vor, wenn sich die W. von Teilchen zu Teilchen fortpflanzt. Die **W.-Leitzahl** (W.-Leitfähigkeit) gibt an, welche W.-Menge in der Zeiteinheit durch die Flächeneinheit einer Stoffschicht von 1 cm Dicke hindurchgeht, wenn die Temperaturdifferenz zw. beiden Oberflächen 1 Grad beträgt. Gute W.-Leiter sind alle Metalle, schlechte z. B. Luft, Glaswolle. Erhitzte Körper können W. auch durch **W.-Strahlung** übertragen, das sind elektromagnet. Wellen, die unterhalb 2 800 °C vorwiegend im Bereich des Ultrarot liegen. Wahrgenommen wird W. mittels bes. **W.-Punkte** in der Haut.

Wärmebildkamera, eine im Infrarotbereich arbeitende Kamera, bei der die Bildpunkte gemäß ihren Intensitätsunterschieden zu einem Falschfarbenbild zusammengesetzt werden; Anwendung in Medizin, Raumfahrt, Bautechnik u. a.

Wärmedämmung, Verhinderung der Wärmeleitung durch Dämmstoffe, Reflexion der Wärmestrahlung an spiegelnden Flächen oder Verminderung der Konvektion der Wärme.

Wärmelehre, ⚛ →Thermodynamik.

Wärmepumpe, ⚙ Anlage, die einem wärmeren Körper (Erdreich, Flusswasser, Luft) mithilfe eines Arbeitsmittels (Gas, Flüssigkeit) Wärme entzieht und einem kälteren zu Heizzwecken zuführt.

Wärmespeicher, bei Kraft- und Heizanlagen: gut isolierter Kessel, in dem (z. B. nachts) überschüssiger Dampf (Dampfspeicher) in Wasser gespeichert wird.

Wärmetod, W. des Welt|alls, hypothetischer Endzustand der Welt, in dem sich alle Energien in Wärme umgesetzt haben und alle Temperaturunterschiede verschwunden sind. Der W. folgt aus der Gültigkeit des Entropiesatzes, sofern man die Welt als abgeschlossenes System betrachten darf.

Wärmezähler, Gerät zum Messen der von einem Heizkörper abgegebenen Wärmemengen (ermittelt aus der Durchflussmenge des Wärmeträgers, bei Dampfheizungen aus der Menge des Kondensats). – Fälschlich werden die an den Heizkörpern befestigten Heizkostenverteiler als W. bezeichnet.

Warna, Varna, Stadt in Bulgarien, 314 900 Ew.; Seehafen und -bad; Werft; internat. ✈.

Warnemünde, Hafen von Rostock, Meckl.-Vorp., an der Warnow-Mündung in die Ostsee; Werft, Badeort.

Warntracht, Warnfärbung, grelle, auffallende Färbung vieler Tiere (Wespen, Marienkäfer) in Verbindung mit Wehrhaftigkeit (Stachel) oder Ungenießbarkeit; dient als Schutz gegen Verfolger.

Warschau, poln. **Warszawa,** Hptst. von Polen, 1,65 Mio. Ew.; beiderseits der Weichsel, auf dem O-Ufer u. a. die Ind.siedlung Praga; got., barocke und klassizist. Gebäude und Kirchen (die Altstadt gehört zum Weltkulturerbe); Univ., TH u. a. Hochschulen; Erzbischofssitz; Maschinenbau, Textil-, Metall-, elektrotechn. und elektron., chem., Nahrungsmittel- u.a. Ind. – W., 1224 zuerst erwähnt, war seit 1596 Residenz der Könige von Polen, 1919 Hptst. der Rep. Polen. Im 2. Weltkrieg wurde W. erheblich zerstört, danach großenteils vorzüglich rekonstruiert.

Warschauer Pakt, der am 14. 5. 1955 unter den Staaten des Ostblocks abgeschlossene Freundschafts- und Beistandsvertrag; bildete die Rechtsgrundlage für die Stationierung von Sowjettruppen in diesen Staaten. Der W. P. war neben dem RGW die wichtigste multilaterale Organisation der europ. kommunist. Staaten. Mitglieder des W. P. waren: Bulgarien, Polen, Rumänien, ČSFR, UdSSR, Ungarn, DDR. Albanien trat 1968 nach der Besetzung der Tschechoslowakei aus dem W. P. aus. Nach den revolutionären Veränderungen in den Mitgliedsstaaten des W. P. seit 1989 löste sich der W. P. 1991 selbst auf.

Warschauer Vertrag, Vertrag zw. der Bundesrep. Deutschland und der VR Polen, am 7. 12. 1970 in Warschau unterzeichnet, am 3. 6. 1972 in Kraft getreten, machte die Anerkennung der →Oder-Neiße-Linie als poln. W-Grenze (unter Friedensvertragsvorbehalt) seitens der Bundesrep. Deutschland zur Grundlage einer Normalisierung des dt.-poln. Verhältnisses.

Warstein [ˈvaːr-, ˈvar-], Stadt in NRW, 30000 Ew.; Metall- u.a. Ind.; Tropfsteinhöhle.

Wartburg, Burganlage bei Eisenach, am Thüringer Wald, nach 1067 von Ludwig dem Springer gegr., 1838 bis 1890 erneuert, Sitz der thüring. Landgrafen. Unter Landgraf Hermann (1190 bis 1217) war sie eine der Hauptpflegestätten ritterl. Dichtkunst **(Sänger- oder W.-Krieg).** Sie ist weiter bekannt durch die hl. Elisabeth von Thüringen (1211 bis 1227), den Aufenthalt Luthers 1521 bis 1522 und durch das **W.-Fest** der Burschenschaft (1817).

Wartezeit, Karenz|zeit, ⚖ Versicherung: begrenzter Zeitraum nach Abschluss des Vertrags, während dessen bestimmte Rechte (z.B. Versicherungsrechte) noch nicht geltend gemacht werden können.

Warthe *die,* poln. **Warta,** größter rechter Zufluss der Oder, in Polen, entspringt südlich von Tschenstochau, mündet bei Küstrin; 808 km lang; durch den Netze-Brahe-Kanal mit der Weichsel verbunden. Zw. Landsberg und Küstrin das **W.-Bruch,** unter Friedrich d. Gr. 1767 bis 1782 urbar gemacht.

Warze, ⚕ durch Viren verursachte, meist gutartige, glatte oder höckerige Wucherung von Hautpapillen unter einer stark verdickten Hornschicht.

Warzenfortsatz, ⚕ Teil des Schläfenbeins hinter der Ohrmuschel.

Warzenschwein, afrikan. Wildschwein mit großen Hauern und Rückenmähne.

Wasa, schwed. Adelsgeschlecht, das durch Gustav I. W. 1523 auf den schwed. Königsthron kam und bis 1654 herrschte.

Wasa-Lauf, ⛷ Ski-Langlauf-Wettbewerb auf nicht vorbereiteter Piste zw. Mora und Sälen, Schweden (84 bis 90 km); jährlich seit 1922.

Wäschetrockner, bestehen aus einer horizontal gelagerten Trockentrommel, die sich im ständigen Wechsel rechts- und linksherum dreht, wobei von einem Gebläse ein kräftiger Warmluftstrom durch die aufgelockerte, vorher gut ausgeschleuderte Wäsche geblasen wird.

Waschmaschine, Gerät zur Reinigung von Textilien in einer wässrigen Lösung waschaktiver Substanzen. In der erwärmten Waschlauge wird die Wäsche durch ein Rührwerk oder eine Trommel bewegt, wobei auch noch die Waschlauge durch eine Pumpe umgewälzt werden kann. In selbsttätigen W. **(Waschautomaten)** wird die Wäsche auch gespült und geschleudert.

Waschmittel, meist pulverförmige Erzeugnisse zum Waschen von Wäsche. Je nach Art der Fasern verwendet man **Universal-, Fein-** oder **Spezial-W.,** deren wichtigste Bestandteile Tenside sind. Sie verbessern die Benetzbarkeit der Textilien und bewirken die Abschwemmung von fettigem Schmutz.

Waschphosphate, bevorzugt Natriumpolyphosphate, die die Waschwirkung der waschaktiven Substanzen durch Komplexierung von Calciumionen maßgeblich unterstützen. W. tragen zur Eutrophierung der Gewässer bei, daher werden phosphatarme Waschmittel angestrebt (Phosphat-Höchstmengen-VO vom 4. 6. 1980). Diese enthalten Phosphatersatzstoffe wie Zeolithe, Polycarbonsäuren, Nitrilotriessigsäure (NTA) u.a.

Wasgau, südl. Teil des Pfälzer Waldes.

Wasgenwald →Vogesen.

wash and wear [wɔʃ ənd ˈweə], Bezeichnung für pflegeleichte Textilien.

Washington [ˈwɔʃɪŋtən], **1)** Abk. **Wash.,** Staat im NW der USA, am Pazif. Ozean, 176479 km², 4,86 Mio. Ew.; Hptst. ist Olympia; größte Stadt ist Seattle. Weizen, Obst, Viehzucht; Waldwirtschaft; Fischerei. ⚒ auf Kupfer-, Blei-, Zinkerz, Gold, Silber u.a.; Wasserkraftwerke. u.a. Luft- und Raumfahrtind., Aluminiumerzeugung, Schiffbau. – **2) W. (D. C.)** [-diːˈsiː], Bundeshptst. der USA, zugleich Bundesdistrikt (District of Columbia), 606900 Ew.; Bauten: Kapitol, Weißes Haus; 7 Univ., Bibliotheken (u.a. Library of Congress), bedeutende Museen, ✡. – 1790 gegr., benannt nach Präs. Washington, seit 1800 Sitz der Bundesregierung.

Washington
Flagge des Bundesstaats

Washington [ˈwɔʃɪŋtən], George, nordamerikan. General, Staatsmann, * 1732, † 1799; im Unabhängigkeitskrieg gegen England 1775 bis 1783 zum Oberbefehlshaber gewählt, leitete 1787 den Verfassungskonvent, wurde 1789 zum 1. Präs. der USA gewählt, 1792 wieder gewählt. Auf eine 3. Wahl verzichtete er (1796).

George Washington
Ausschnitt aus einem Gemälde (1796)

Wasow, Iwan, bulgar. Dichter, * 1850, † 1921; Roman »Unter dem Joch« (1894).

Wasser, H_2O, chem. Verbindung von Wasserstoff mit Sauerstoff. Reines W. siedet unter Normaldruck (1013,25 hPa) bei 100°C, es erstarrt bei 0°C und hat bei 4°C seine größte D von 1 g/cm³. W. ist das wichtigste Lösungsmittel, in ihm spalten sich bes. die anorgan. Stoffe in Ionen (→Dissoziation). Das in der Natur verbreitete W. enthält Staub, Bakterien, organ. Bestandteile, Luft, Kohlendioxid, Salze. Verhältnismäßig rein sind Regen und Schnee. Die Pflanzen bestehen bis zu 95%, die höheren Tiere und der Mensch zu 60 bis 70% aus W. In der Natur ist das W. in einem beständigen Kreislauf, in den auch alles organ. Leben durch Aufnahme und Ausscheidung von W. einbegriffen ist. (→schweres Wasser)

Wasser|amsel, Singvogel mit weißer Kehle, der in Bächen nach Kleingetier taucht.

Wasser|aufbereitung, Behandlung des natürlich vorkommenden Wassers, die seine Beschaffenheit dem jeweiligen Verwendungszweck als Trinkwasser oder für techn. Verwendung anpassen soll. W. beschränkt sich nicht nur auf **Wasserreinigung,** d.h. die Entfernung von Verunreinigungen.

Die höchsten Anforderungen werden an die Reinheit des **Trinkwassers** gestellt. Oberflächenwasser aus fließenden und stehenden Gewässern wird zunächst in großen Becken von gröberen Sink- und Schwebstoffen befreit **(mechan. W.),** oft unter Zusatz von Fällungsmitteln (Kalk, Soda, Eisen- und Aluminiumsalze) sowie durch Schnellfiltration **(chem. W.).** Durch Langsam- oder Uferfiltration, mitunter durch Grundwasseranreicherung und längere Verweildauer im Boden, wird ein biolog. Abbau der organ. Stoffe erreicht **(biolog. W.).** Dabei erfährt Oberflächenwasser eine **Temperaturerniedrigung.** Durch **Belüftung** (Verdüsung) wird das Wasser mit Sauerstoff angereichert, und es werden flüchtige Stoffe (CO_2, H_2S u.a.) entfernt. Diese Maßnahmen dienen zugleich zur **Schönung**

(Verbesserung von Farbe, Klarheit, Geruch, Geschmack), die auch durch Filterung über Aktivkohle erzielt wird.
Enthärtung des Wassers mildert unerwünschte Härte, zu hoher Salzgehalt wird durch **Entsalzung** herabgesetzt, beide Verfahren erfolgen z. B. durch Ionenaustauscher. Wasser, das mehr freies Kohlendioxid enthält, als der Carbonathärte entspricht, zerstört Beton, Mörtel, Metalle und muss entsäuert werden **(mechan.** und **chem. Entsäuerung),** die oft gleichzeitig eine **Enteisenung** und **Entmanganung** bewirkt. Die **Entkeimung** wird außer durch Bodenpassage und Langsamfilter durch Zusatz von Chlorgas, Chlorkalk, Chloramin u. a. vorgenommen, ferner durch Einblasen ozonhaltiger Luft, durch Silberung oder Ultraviolettbestrahlung. Kleinere Wassermengen können auch durch Filter aus Asbestplatten, Kieselgur, Aktivkohle, Flockungs- und Desinfektionsmittel entkeimt werden.

Jakob Wassermann

Wasserball, Ballspiel im Wasser zw. 2 Mannschaften zu je 7 Spielern.
Wasserböcke → Riedböcke.
Wasserburg a. Inn, Stadt in Oberbayern, 9 500 Ew.; spätmittelalterl. Stadtkern, malerisch in einer Innschleife gelegen.
Wasserdost *der,* Gattung der Korbblütler; heimisch nur der **Gemeine W.** (Kunigundenkraut), eine 1,5 m hohe Staude mit roten Blüten.
Wasserfall, Absturz fließenden Wassers über eine oder mehrere Stufen **(Kaskaden);** oft zur Energieerzeugung genutzt.
Wasserfarbenmalerei. Man unterscheidet lasierende **Aquarellmalerei** von deckender **Gouachemalerei.** Beim Aquarell legt man das Bild meist erst in leichten Farbtönen an und übermalt diese, sobald sie getrocknet sind, mit stärkeren Farben. Weiß wird durch Aussparen des Papiergrunds erzielt oder mit Deckweiß. In neuerer Zeit wird auch ohne Untertuschung mit nass ineinander verfließenden Farben gemalt. – Mit Wasserfarben malten schon die alten Ägypter. Die Buchmaler des MA. bevorzugten Deckfarben, die auch im 16. Jh. neben Aquarellfarben verwendet wurden.

Gemeiner **Wasserschlauch**

Wasserfarne, Farnpflanzen, die auf und im Wasser wachsen; z. B. die Aquariumpflanze **Schwimmblatt** (Salvinie).
Wasserflöhe, flohförmige niedere Krebstiere (Blattfüßer) des Süßwassers; Fischfutter.
Wasserglas, Kalium- **(Kali-W.)** oder Natriumsilikat **(Natron-W.),** glasige, in Wasser lösl. Massen zur Herstellung von Kunststeinen, Aerogelen u. a.
Wasserhärte → Härte.
Wasserheilverfahren, Hydrotherapie, Anwenden kalten oder warmen Wassers zur besseren Durchblutung, Stoffwechselanregung, in Form von Bädern, Duschen, Güssen, Abreibungen, Packungen **(Prießnitz-Umschlag), Wassertreten** (Waten in kaltem Wasser) u. a. Ein bes. W. ist die **Kneippkur.**
Wasserhose → Trombe.
Wasserjungfern → Libellen.
Wasserkäfer → Schwimmkäfer.
Wasserkopf, Hydrozephalus, krankhafte Stauung der Gehirn-Rückenmark-Flüssigkeit; kann zu schweren Gehirnschäden führen.
Wasserkraftwerk, ein Kraftwerk, in dem die potenzielle Energie aufgestauten Wassers zur Gewinnung von elektr. Energie genutzt wird.
Wasserspringen, Springen vom federnden Sprungbrett **(Kunstspringen)** oder vom Sprungturm **(Turmspringen).**
Wasserkuppe, höchster Berg der Rhön (950 m), in Hessen; Segelflugzentrum, Wetter- und Radarstation.
Wasserläufer, 1) Gattung der Schnepfenvögel. – **2)** Wasserwanzen mit langen Beinen, mit denen sie auf dem Wasser hin und her laufen.

Wasserlilie, 1) gelbe Schwertlilie. – **2)** weiße Seerose.
Wasserlinse, winzige schwimmende ausdauernde Wassergewächse, mit grünen, z. T. linsenförmigen, blattähnl. Sprossgliedern **(Entenflott).**
Wassermann, lat. **Aquarius,** südl. Sternbild; 11. Zeichen des Tierkreises.
Wassermann, Jakob, dt. Schriftsteller, *1873, †1934; Romane: »Caspar Hauser« (1908) u. a.
wassermannsche Reaktion, Abk. **WaR,** Serumreaktion zum Nachweis von Antikörpern, Blutuntersuchung auf Syphilis; 1906 von A. von Wassermann angegeben.
Wassernuss, Schwimmpflanze stehender Gewässer; harte bestachelte Früchte, essbare Samen.
Wasserpest, nord- und südamerikan. Süßwasserpflanze mit flutendem, bis 3 m langem, kurzgliedrigem Stängel; Aquarienpflanze.
Wasserpfeife, türk. **Nargileh,** Tabakspfeife, bei der der Rauch durch ein Wasserbad geleitet und dadurch gefiltert wird.
Wasserpflanzen, Hydrophyten, höhere Pflanzen mit (im Unterschied zu den Landpflanzen) besonderen morpholog. und physiolog. Anpassungen an das Wasserleben. Man unterscheidet wurzellose und bewurzelte W. Amphib. W. kommen sowohl als Wasser- als auch als Landform vor und bilden so den Übergang zu den Sumpfpflanzen **(Helophyten).**
Wasserpocken, die → Windpocken.
Wasserrad, Rad, am Umfang mit Schaufeln (Zellen) besetzt. Das in die Zellen fallende Wasser versetzt das Rad teils durch das Wassergewicht, teils durch den Strömungsdruck in Umdrehung. W. wurden durch die mehr Leistung bringenden Turbinen ersetzt.
Wasserratte, Art der → Wühlmäuse.
Wasserrecht, Gesamtheit der Regelungen, die das Wasser als Lebensgrundlage und seine Bedeutung für Wasserwirtschaft und Landeskultur sowie als Verkehrsweg betreffen.
Wasserscheide, Trennungslinie der Einzugsgebiete von Flusssystemen, meist Höhenzüge.
Wasserschlauch, gelb blühende, tierfangende Schwimmpflanzen in Teichen; Wasserblätter mit reusenähnlichen Schlauchanhängen.
Wasserschutzgebiet, Teil des Einzugsgebiets einer Wassergewinnungsanlage, das Nutzungsbeschränkungen unterliegt.
Wasserschwein, Nagetier, bis 1,30 m lang, lebt in Flüssen Südamerikas.
Wasserski [-ʃi], kurze, breite Skier, mit denen man, von Motorbooten gezogen, auf dem Wasser gleitet.
Wasserskorpion, Wasserwanze mit langem Atemrohr am Hinterkörper.
Wasserspinne, Spinne, die im Wasser lebt und am behaarten Hinterleib eine Luftschicht trägt.
Wasserstoff, Symbol **H,** chem. Element, farb- und geruchloses Gas, leichtestes aller Elemente; D 0,08 g/l, Sp −252,8 °C. Schwere Isotope des W. sind das Deuterium und Tritium. W. kommt im Wasser und in den meisten organ. Verbindungen vor und wird dargestellt durch Elektrolyse des Wassers; im Laboratorium am einfachsten durch Einwirkung von Säuren auf un-

Wasserzähler. Flügelradwasserzähler

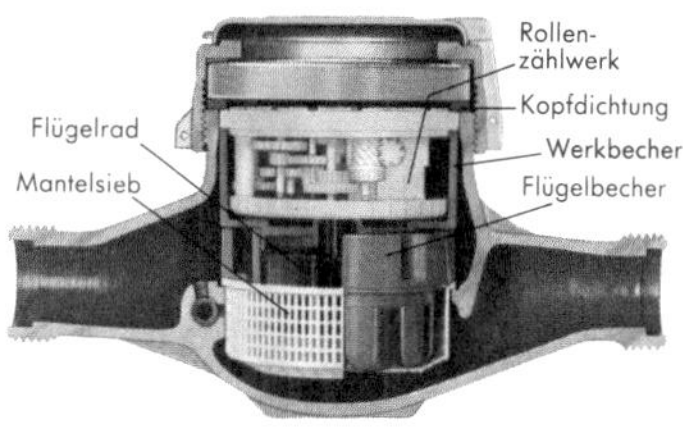

edle Metalle. W. wird in der Technik vielseitig verwendet, v. a. zur Hydrierung, zur Fetthärtung, zu Reduktionen, als Füllgas für Ballons und als Brennstoff für das Knallgasgebläse. (→ Wasserstofftechnologie)

Wasserstoffbombe, H-Bombe, thermonukleare Waffe, deren Energie aus der Verschmelzung von Deuterium zu Helium stammt (Kernfusion).

Wasserstoff|ionenkonzentration → pH-Wert.

Wasserstoffperoxid, früher **Wasserstoffsuperoxid,** H_2O_2, ☡ wasserklare, leicht zersetzl. Flüssigkeit; kräftiges Oxidationsmittel, Raketentreibstoff; dient verdünnt zum Desinfizieren und Bleichen.

Wasserstofftechnologie, Wasserstoff|energietechnik, Gesamtheit aller techn. Verfahren, die Wasserstoff herstellen und ihn als (sehr umweltfreundl.) Sekundärenergieträger nutzen, z. B. Elektrolyse von Wasser mittels Strom aus Solarzellen oder Sonnenöfen, Speicherung des Wasserstoffs in Kryogentanks oder als Metallhydrid und Nutzung als Treibstoff durch Verbrennung mit Sauerstoff.

Wassersucht, Ödem, Hydrops, ⚕ krankhafte Ansammlung von Flüssigkeit in Gewebsspalten oder Körperhöhlen (z. B. **Bauch-W.**), bei Entzündungen, bei Störungen des Blutkreislaufes (Herz-, Nieren-, Leberkrankheiten) oder der Ernährung.

Wasserturbine, ⚙ wichtigste Wasserkraftmaschine: Mit einem Wirkungsgrad von über 90% wird die Energie fließenden Wassers durch ein Laufrad in Rotationsenergie umgewandelt. Wird das Wasser dem Laufrad am ganzen Umfang zugeführt, ist die W. voll beaufschlagt, wird nur an einigen Punkten Wasser auf das Laufrad geleitet, ist sie teilbeaufschlagt. Bei der teilbeaufschlagten **Freistrahl-, Gleichdruck-, Aktionsturbine** (Peltonturbine) für kleine Schluckfähigkeit bei großer Fallhöhe (über 700 m) wird der Wasserdruck vor Eintritt des Wassers ins Laufrad in Bewegungsenergie umgewandelt. Die **Durchströmturbine** ist eine Gleichdruck-W. mit walzenförmigem Laufrad. **Überdruck-, Reaktionsturbinen (Francis-, Kaplan-** und **Propellerturbinen)** sind voll beaufschlagt. Das Leitrad (mit verstellbaren Schaufeln) dient als Regel- und Absperrorgan. Turbinen- und Generatorwelle sind fest gekuppelt. Francisturbinen wurden für Fallhöhen bis über 650 m und Leistungen bis rd. 500 000 kW, Kaplanturbinen für Fallhöhen bis 80 m und mit Laufraddurchmessern von rd. 10 m ausgeführt.

Wasser|uhr, alte Zeitmessvorrichtung: Aus einem oberen Gefäß tropft Wasser in ein unteres Gefäß. Der steigende Wasserspiegel ist ein Maß für den Zeitablauf. In Ägypten bereits im 2. Jt. v. Chr. verwendet.

Wasserverdrängung, ⚓ von einem Schiff verdrängte Wassermenge; wird in Tonnen (t; = 1 000 kg) oder longtons (ts; = 1 016 kg) ausgedrückt, entspricht dem Schiffsgewicht.

Wasserversorgung, Versorgung von Wohn- und Ind.siedlungen mit Trink- und Brauchwasser; aus Quellen, Grundwasser, Flüssen und Seen stammendes Wasser muss aufbereitet werden (→ Wasseraufbereitung). **Wasserhochbehälter** und **Wassertürme** sichern genügende Wassermenge und Wasserdruck.

Wasserwaage, Setzwaage, ⚙ Holzstab mit eingesetzten Libellen zum Prüfen senkrechter und waagerechter Flächen.

Wasserzähler, fälschlich **Wasseruhr,** Messgerät zur Ermittlung des Wasserverbrauchs in Rohrleitungen durch Messung der Durchflussmenge oder -geschwindigkeit.

Wasserzeichen, durchscheinende Zeichen im Papier, bes. bei Banknoten und Wertpapieren, entstehen durch dünnere Stellen im Papier.

Watergate-Affäre ['wɔ:təgeɪt-], der Einbruch von Beauftragten des republikan. »Komitees für die Wiederwahl des Präsidenten« in das Hauptquartier der Demokraten (Watergate Apartments, Washington, D. C.; Juni 1972) und seine Folgen. Die Mitwisserschaft des republikan. Präs. R. Nixon und sein Versuch, sie zu verschleiern, führten zu einem Amtsenthebungsverfahren gegen ihn. Unter dem Druck der Öffentlichkeit trat er am 9. 8. 1974 als erster Präs. der USA zurück. Die W.-A. löste eine polit. Vertrauenskrise aus.

Waterloo, belg. Stadt südl. von Brüssel, 25 000 Ew.; in der **Schlacht bei W.** (von Blücher als **Belle-Alliance** bezeichnet) 1815 besiegten die Briten unter Wellington und die Preußen unter Blücher und Gneisenau Napoleon I.

Waterloo, Anthonie, niederländ. Maler, * um 1610, † 1690; Radierungen, Zeichnungen, Gemälde.

waterproof ['wɔ:təpru:f], wasserdicht.

Waterton-Glacier International Peace Park ['wɔ:tətən 'gleɪʃə ɪntə'næʃnl 'pi:s 'pɑ:k], internat. Naturschutzpark in den Rocky Mountains, umfasst den Waterton Lakes National Park (Kanada, 526 km^2) und den Glacier National Park (USA, 4 100 km^2).

Watson ['wɔtsn], **1)** James Dewey, amerikan. Biochemiker, * 1928; entwickelte mit F. H. Crick das Modell der DNS (→ Nukleinsäuren). Nobelpreis für Physiologie oder Medizin 1962 (mit Crick und M. H. F. Wilkins). – **2)** John Broadus, amerikan. Psychologe, * 1878, † 1958; gilt als Begründer des Behaviorismus.

Watt *das,* Küstenstreifen an flachen Gezeitenküsten zw. festem Land und offenem Meer, bes. ausgeprägt an der Nordsee zw. der dt.-niederländ. Küste und den Fries. Inseln, bei Ebbe fast ganz vom Meer **(Wattenmeer)** frei. **Wattenfischerei** auf Austern, Krebse, Krabben, Aale. Der fette Schlickboden des W. wird durch Eindeichung nutzbar gemacht. Zum Schutz des empfindl. Lebensraums wurden in Dtl. 3 Nationalparks eingerichtet.

Watt *das,* Einheitenzeichen **W,** nach J. Watt benannte Einheit der elektr. Leistung. Bei Gleichstrom 1 W = 1 Volt × 1 Ampere, bei Wechselstrom 1 W = 1 Volt × 1 Ampere × cos φ, wobei cos φ der Leistungsfaktor, φ der Phasenverschiebungswinkel zw. dem Spannungs- und Stromvektor ist. **Wattstunde, Wh,** Einheit der Arbeit; 1 Kilowattstunde, kWh = 1000 Wh.

Watt [wɔt], James, brit. Ingenieur, * 1736, † 1819, erfand die 1. wirtschaftl. nutzbare Dampfmaschine.

Watteau [va'to], Jean-Antoine, frz. Maler, * 1684, † 1721; heitere Bilder galanter Feste in Parklandschaften, Szenen aus der ital. Komödie.

Watussi, Volksstamm in Afrika, → Hima.

Watzmann, Gipfelgruppe der Berchtesgadener Alpen, Bayern, mit schroffem Absturz zum Königssee, 2 713 m hoch.

Waugh [wɔ:], Evelyn, brit. Erzähler, * 1903, † 1966; gesellschaftskrit. Romane (»Eine Handvoll Staub«, 1934; »Tod in Hollywood«, 1948).

Wayne [weɪn], John, amerikan. Filmschauspieler, * 1907, † 1979; war v. a. in den Rollen als Westernheld erfolgreich (u. a. »Rio Bravo«, 1959).

Wb, Einheitenzeichen für → Weber.

Weber [nach W. E. Weber] *das,* Zeichen **Wb,** SI-Einheit des magnetischen Flusses; 1 Wb = 1 V · s.

Weber, 1) Alfred, Volkswirtschaftler, Soziologe, Bruder von 5), * 1868, † 1958; Begründer der industriellen Standortlehre, Arbeiten zur Sozialpolitik und Kultursoziologie. – **2)** A. (Andreas) Paul, dt. Zeichner, * 1893, † 1980; zeitkrit., satirische Blätter. – **3)** Carl Maria v., dt. Komponist, * 1786, † 1826; Schöpfer der dt. romant. Oper (»Der Freischütz«, 1821; »Euryanthe«, 1823; »Oberon«, 1826); Klavier- und Kammermusik, Lieder. – **4)** Friedrich Wilhelm, dt. Dichter, * 1813, † 1894; Epos »Dreizehnlinden« (1878). – **5)** Max, dt. Soziologe, Philosoph und Politiker, * 1864, † 1920, Bruder von 1); sah die Soziologie als eigenständige wiss. Disziplin, die soziales Handeln deutend verstehen und erklären sollte. – »Religionssoziologie«, 3 Bände (1920 bis 1921). – **6)** Wilhelm Eduard, dt.

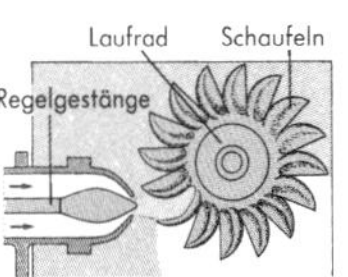

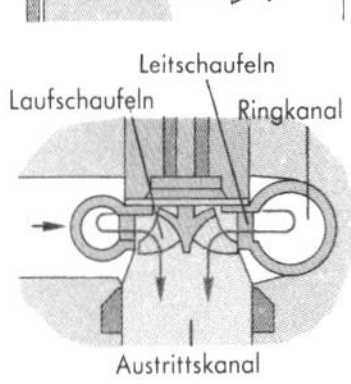

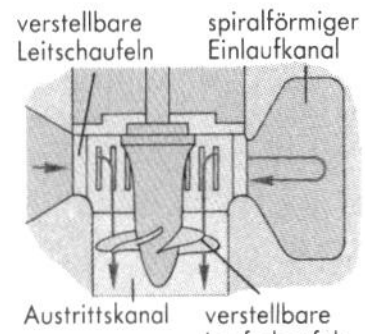

Hauptbauarten und Arbeitsprinzip von **Wasserturbinen,** von oben: Pelton-Turbine, Francis-Turbine, Kaplan-Turbine

James Watt
Ausschnitt aus einem Kupferstich

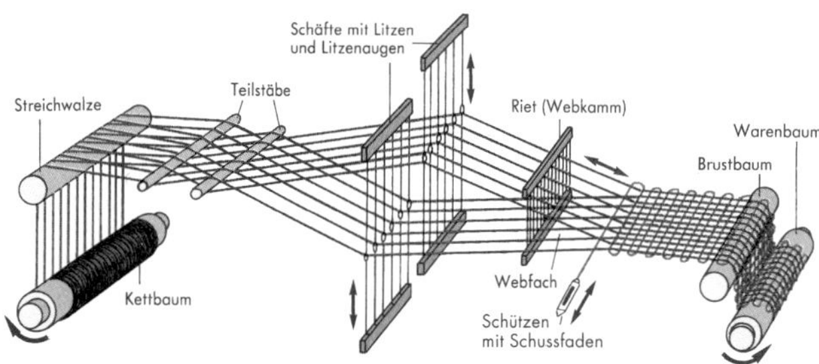

Weberei. Schema des Schaftwebens

Physiker, *1804, †1891; arbeitete über Elektrizität und Telegrafie.

Carl Maria von Weber
Ausschnitt aus einem Gemälde

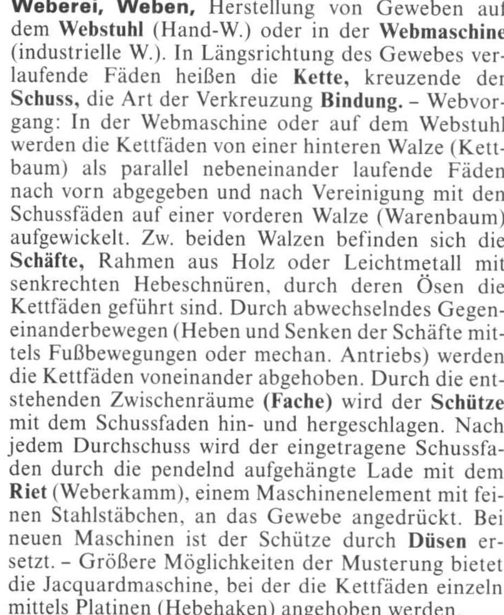

Weber|aufstand, Hungerrevolte der schles. Weber in Peterswaldau und Langenbielau (Juni 1844), von preuß. Truppen niedergeschlagen.

Weberei, Weben, Herstellung von Geweben auf dem **Webstuhl** (Hand-W.) oder in der **Webmaschine** (industrielle W.). In Längsrichtung des Gewebes verlaufende Fäden heißen die **Kette,** kreuzende der **Schuss,** die Art der Verkreuzung **Bindung.** – Webvorgang: In der Webmaschine oder auf dem Webstuhl werden die Kettfäden von einer hinteren Walze (Kettbaum) als parallel nebeneinander laufende Fäden nach vorn abgegeben und nach Vereinigung mit den Schussfäden auf einer vorderen Walze (Warenbaum) aufgewickelt. Zw. beiden Walzen befinden sich die **Schäfte,** Rahmen aus Holz oder Leichtmetall mit senkrechten Hebeschnüren, durch deren Ösen die Kettfäden geführt sind. Durch abwechselndes Gegeneinanderbewegen (Heben und Senken der Schäfte mittels Fußbewegungen oder mechan. Antriebs) werden die Kettfäden voneinander abgehoben. Durch die entstehenden Zwischenräume **(Fache)** wird der **Schütze** mit dem Schussfaden hin- und hergeschlagen. Nach jedem Durchschuss wird der eingetragene Schussfaden durch die pendelnd aufgehängte Lade mit dem **Riet** (Weberkamm), einem Maschinenelement mit feinen Stahlstäbchen, an das Gewebe angedrückt. Bei neuen Maschinen ist der Schütze durch **Düsen** ersetzt. – Größere Möglichkeiten der Musterung bietet die Jacquardmaschine, bei der die Kettfäden einzeln mittels Platinen (Hebehaken) angehoben werden.

Max Weber

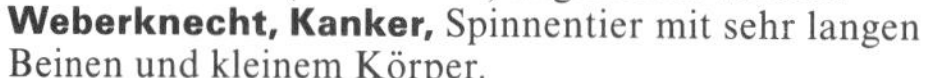

Weberknecht, Kanker, Spinnentier mit sehr langen Beinen und kleinem Körper.

Wẹbern, Anton von, österr. Komponist, *1883, †1945; wirkte mit der Fortführung der Zwölftonmusik Schönbergs stark als Anreger serieller Komponisten; Orchester-, Kammermusik, Lieder, Chöre, Klavierstücke.

Webervögel, gesellige, farbenprächtige Singvögel, die kunstvolle Nester flechten.

Anton von Webern

Wechsel, ✐ Urkunde **(W.-Brief),** in der in bestimmter Form die vom Schuldgrund losgelöste Verpflichtung übernommen wird, eine bestimmte Geldsumme an den legitimierten Inhaber der Urkunde zu zahlen. Das geltende W.-Recht ist im W.-Ges. von 1933 in der Fassung von 1963 geregelt. Der Aussteller des W. kann sich entweder selbst zur Zahlung der W.-Summe verpflichten **(eigener** oder **trockener W., Sola-W.)** oder einen andern damit beauftragen **(gezogener W.** oder **Tratte).** Die Tratte ist im Wirtschaftsleben die häufigste Form des W., z. B.: Erst durch die Annahme (das **Akzept**) des Bezogenen – üblicherweise durch »Querschreiben« des Namens auf der Vorderseite des W. – wird der Bezogene, der nunmehr **Annehmer** (Akzeptant) heißt, zum W.-Schuldner. Der Empfänger des W. wird als **W.-Nehmer, Remittent,** bezeichnet. Der W. wird im Allgemeinen durch →Indossament übertragen; Ausnahme nur bei ausdrückl. Zusatz »nicht an Order« **(Rekta-W.).** Die Einlösung des W. kann ganz oder teilweise durch **W.-Bürgschaft** gesichert werden. Am Zahlungstag oder einem der beiden folgenden Werktage hat der Inhaber den W. dem Annehmer zur Zahlung vorzulegen. Zahlt der Annehmer nicht, so muss dies durch eine bes. Urkunde **(W.-Protest),** die von einem Notar, Gerichts- oder Postbeamten aufgenommen wird, festgestellt werden. In diesem Fall kann der Inhaber des W. vom Aussteller, von allen früheren Inhabern und von den Wechselbürgen im Wege des **Rückgriffs** (des **Regresses**) Zahlung der W.-Summe nebst Zinsen und Protestkosten verlangen. Der W. kann sowohl als Zahlungsmittel im Warenverkehr wie auch als Kreditmittel verwendet werden.

Wechselgetriebe, ⚙ Kfz-Getriebe, dient zum Einschalten versch. Übersetzungen.

Wechseljahre, Klimakterium, etwa die Zeit zw. dem 45. und 55. Lebensjahr der Frau, in der die Tätigkeit der Eierstöcke erlischt und die Menstruation aufhört (Menopause). Meist schwächer ausgeprägte W. beim Mann (abnehmende Produktion des männl. Geschlechtshormons) im 6. Lebensjahrzehnt.

Wechselkurs, Devisenkurs, Austausch- bzw. Umrechnungsverhältnis zweier Währungen.

Wechselrichter, ⚡ Geräte (Stromrichter) zur Umformung von Gleichstrom in ein- oder mehrphasigen Wechselstrom.

Wechselstrom, ⚡ elektr. Strom, dessen Richtung periodisch wechselt. Da er sich durch Transformatoren leicht auf hohe Spannungen umformen lässt, eignet er sich bes. zur Übertragung elektr. Energie auf weite Entfernungen.

Wechseltierchen →Amöben.

wechselwarme Tiere →Kaltblüter.

Wechselwirkung, ⚛ die gleichzeitige, gegenseitige Einwirkung zweier physikal. Objekte, eigentl. Ursache von Kräften. Man unterscheidet 4 W.: **elektromagnet. W., schwache W.** und **starke W.** sowie **Gravitations-W.**

Wechte, Schneewechte, überhängende Schneewehe auf Gebirgsgipfeln und -graten.

Weck|amine, ⚕ Arzneimittel, Verwandte des Adrenalins (süchtig machende Rauschmittel). Sie wirken als Anregungsmittel und Appetitzügler.

Wẹcker, Konstantin, dt. Liedermacher und Lyriker, *1947; »Lieder und Gedichte« (1981).

Wẹckherlin, Georg Rudolf, dt. Dichter, *1584, †1653; geistl. und weltl. Lyrik.

Wẹda →Veda.

Wedda *Pl.,* Urbevölkerung Sri Lankas.

Weddellmeer ['wedl-, nach dem brit. Seefahrer J. Weddell, *1787, †1834], südl. Teil des Atlant. Ozeans, als große Bucht des antarkt. Festlands im W von der Antarkt. Halbinsel, im SO von Coatsland und Königin-Maud-Land begrenzt.

Wẹdekind, Frank, dt. Dichter, *1864, †1918; satir. Dramatiker, suchte die konventionelle bürgerl. Moral als Unmoral zu enthüllen. »Frühlings Erwachen« (1891), »Erdgeist« (1895; 1903 als »Lulu«, danach Oper von A. Berg); auch Prosa und Lyrik. Seine Stücke waren für die Weiterentwicklung des dt. Dramas von großer Bedeutung.

Wẹdel (Họlstein), Stadt in Schlesw.-Holst., an der Unterelbe, 31 000 Ew.; opt. Industrie.

Wedgwood ['wedʒwʊd], Josiah, brit. Keramiker, *1730, †1795; gründete die Eturia-Werke, die bis heute Steingutgebrauchsgeschirre herstellen; W. fertigte v. a. **Jasperware** (lichtdurchlässiges Steinzeug).

Wẹga *die,* ☼ hellster Stern im Sternbild Leier.

Wẹgberg, Stadt in NRW, 26 600 Ew.; Textil-, Leder-, Eisen- u. a. Industrie.

Wẹgener, Alfred, dt. Geophysiker, *1880, †1930. Aus seiner Kontinentalverschiebungstheorie entstand die Theorie der →Plattentektonik.

Wegerecht, Straßenrecht, ⚖ gesetzl. Bestimmungen über öffentl. Wege, bes. über Anlegung, Unterhaltung, Benutzung und Einziehung. Der Bund ist für Bundesautobahnen und Bundesstraßen, die Länder sind für Landstraßen I. Ordnung, die Kreise für Landstraßen II. Ordnung zuständig.

Wegerich, weltweit verbreitete Gattung der W.-Gewächse mit etwa 250 Arten, überwiegend Kräuter mit unscheinbaren Blüten. Heimisch sind u. a. der **Große W.** und der →Spitzwegerich auf Wiesen und an Wegrändern.

Wegschnecken, zu den Nacktschnecken gehörende Landlungenschnecken. Heimisch sind u. a. die bis 15 cm lange, rot, schwarz oder braun gefärbte **Rote W.** und die tiefschwarz gefärbte **Schwarze Wegschnecke.**

Wegwarte →Zichorie.

Wehnelt-Zylinder [nach dem dt. Physiker A. R. B. Wehnelt, * 1871, † 1944], ⚡ negativ geladene, zylinderförmige Steuerelektrode in Elektronenstrahlröhren, z. B. als Helligkeitsregler in Fernsehbildröhren.

Wehner, Herbert, dt. Politiker (SPD), * 1906, † 1990; Journalist, seit 1927 Mitglied der KPD, von der er sich nach 1942 abwandte; 1935 bis 1946 in der Emigration (UdSSR, seit 1942 in Schweden), 1949 bis 1983 MdB, 1966 bis 1969 Bundesmin. für gesamtdt. Fragen, 1969 bis 1983 Vorsitzender der SPD-Fraktion im Bundestag.

Wehrbeauftragter, in Dtl. Beauftragter des Bundestags, der die Wahrung der Grundrechte und der Grundsätze des demokrat. Aufbaus der Bundeswehr überwacht. Jeder Soldat kann sich unmittelbar an ihn wenden.

Wehrdienst, Ableistung der Militärdienstzeit bei den Streitkräften; in der Bundeswehr Grund-W., Wehrübungen, Ersatzdienst.

Wehrdienstverweigerung, die →Kriegsdienstverweigerung.

Wehrpflicht, gesetzl. Verpflichtung eines jeden waffenfähigen Staatsangehörigen zum Wehrdienst; in Dtl. besteht allg. W. für alle Männer vom 18. bis 45. Lebensjahr (10 Monate Grundwehrdienst und höchstens 2-monatige Verfügungsbereitschaft).

Weibel, Waibel *der,* **1)** Feldwebel. – **2)** schweizer.: Gerichtsdiener.

Weichbild, im MA. Stadtgerichtsbezirk, später das Stadtgebiet.

Weiche, 1) Vorrichtung zum Überführen eines Schienenfahrzeugs von einem Gleis auf ein anderes. Es gibt Rechts- und Links-W., in Krümmungen Innen- und Außenbogen-W. sowie einfache und doppelte Kreuzungs-W. Die W. werden von Hand oder elektrisch vom Stellwerk aus bedient. – **2)** ⚡ Filterschaltung für Lautsprechersysteme **(Frequenzweiche).**

Weichmacher, chem. Zusatzstoffe für Kunststoffe, Lacke, Klebstoffe u. a. zur Herabsetzung der Härte und Erhöhung der Elastizität.

Weichsel *die,* poln. **Wisła,** Hauptstrom Polens, entspringt in den W-Beskiden, fließt durch Polen, an Krakau, Warschau, Thorn vorüber, mündet in einem Delta teils in die Danziger Bucht der Ostsee, teils in das Frische Haff. Sie ist 1 047 km lang, durch Kanäle mit Netze (Oder), Memel und Dnjepr verbunden.

Weichtiere, Mollusken, Stamm wirbelloser Tiere mit sackähnl. Körper, meist mit Mantel (umhüllender Hautfalte) und mit einem vom Mantel abgesonderten ein- oder zweiteiligen, kalkig-hornigen Panzer (Gehäuse, Haus, Schale), wonach die W. auch **Schaltiere, Konchylien,** heißen, in der Haut mit vielen Schleimdrüsen. Die W. sind Meer-, Süßwasser- und Landbewohner, größtenteils Eier legend. Die Gehäuse abgestorbener W. haben wesentlich zur Gesteinsbildung beigetragen (Kalkstein, Kreide). Die W. sind wichtige Leitfossilien. Klassen: →Muscheln, →Schnecken, →Kopffüßer.

Weide, 1) Baum- und Strauchgattung mit kurzstieligen, meist längl. Blättern und zweihäusigen Blütenkätzchen. Sie ist verbreitet auf feuchterem Boden der nördl. gemäßigten und der kalten Zonen. **Weiße W.** (Silber-W.), ihre Blätter haben weiße, seidige Härchen; **Korb-** oder **Band-W.,** mit lanzettförmigen Blättern; **Sal-** oder **Palm-W.,** Kirchenschmuck am Palmsonntag; **Krautige W.,** kriechender Zwergstrauch der Hochalpen, Grönlands usw. **(Polar-W.); Trauer-W.,** mit hängenden Zweigen, aus Vorderasien. Aus W.-Bast werden Matten, aus Rutengezweig Korbwaren hergestellt. – **2) Viehweide,** Wiese, die dem Vieh als Futterplatz dient.

Weide
Salweide. Oben: männliche (links) und weibliche Kätzchen. Unten: Laubzweig

Weiden i. d. OPf., kreisfreie Stadt in der Oberpfalz, Bayern, 43 100 Ew.; Porzellan- u. a. Ind.; historische Bauten.

Weidenröschen, Gattung staudiger, rötlich blühender Nachtkerzengewächse mit weidenähnl. Blättern und rosafarbenen bis roten Blüten.

Weiderichgewächse, in die weitere Verwandtschaft der Myrtengewächse gehörige Pflanzenfamilie mit etwa 580 Arten in 26 Gattungen, v. a. in den Tropen und Subtropen verbreitet; überwiegend Kräuter. Bekannt sind die Höckerblume und der Hennastrauch.

Weidmann, Waidmann, der Jäger, der die Jagd (das Weidwerk) kunstgerecht (weidgerecht) ausübt. **Weidmannsheil!,** Jägergruß.

Weierstraß, Karl, dt. Mathematiker, * 1815, † 1897; Theorie der analyt. Funktionen.

Weigel, Helene, dt. Schauspielerin und Theaterleiterin österr. Herkunft, * 1900, † 1971; ⚭ mit B. Brecht; bedeutende Charakterdarstellerin.

Weihbischof, kath. Kirche: Titularbischof, unterstützt den Diözesanbischof bei den Weihehandlungen.

Weihe, Ordination zum geistl. Amt.

Weihen, Gattung der Habichtartigen mit weltweit 10 Arten, in Europa die **Rohr-, Korn-, Wiesen-** und die **Steppen-W.** Die W. bevorzugen offene, feuchte Landschaften.

Herbert Wehner

Weihenstephan, ehem. Benediktinerabtei, heute zu Freising, Oberbayern; Fakultäten u. a. für Landwirtschaft, Brau- und Milchwiss. der TH München.

Weihgeschenk, Votivgeschenk, Gegenstand, der der Gottheit infolge eines Gelübdes als Dank oder Bitte dargebracht wird.

Weihnachten, Christfest, Christtag, Fest der Geburt Jesu; volkstümlichstes Fest der christl. Kirche, seit 354 am 25. 12. gefeiert, wahrscheinlich anknüpfend an das Fest des von Kaiser Aurelian 274 als Reichsgott eingesetzten Sol invictus (»unbesiegte Sonne«). Viel röm. und german. Brauchtum hat sich mit dem **Heiligen Abend** (24. 12.) überliefert. Die häusl. Feier mit der Bescherung der Kinder durch das Christkind bildete sich im 16. Jh. in ev. Gebieten aus. Der **Weihnachts-** oder **Christbaum** ist um 1600 zuerst in Dtl. nachweisbar. Seit dem 11. Jh. sind **Weihnachtsspiele, Krippenspiele** – dramat. Darstellungen der Geburt Christi – aus dem Wechselgesang des Weihnachtsgottesdienstes entstanden.

Weihnachts-Insel, engl. **Christmas Island, 1)** austral. Insel südlich von Java, im Ind. Ozean; 140 km², 3 200 Ew.; Phosphatlager. – **2) Kirimati,** größtes Atoll im Pazif. Ozean, 388 km², 1 700 Ew.; gehört zu Kiribati.

Weihrauch, arabisch-ostafrikan. Baumharz, das beim Erhitzen einen angenehmen Geruch verbreitet; in der kath. Kirche Räuchermittel.

Weihwasser, kath. Kirche: vom Priester unter Beimischung von Salz geweihtes Wasser, gilt als Sakramentale. Zur Selbstbesprengung (Kreuzzeichen) sind an den Kircheneingängen **W.-Becken** auf einen Schaft gestellt oder in die Wand eingefügt.

Weikersheim, Stadt im Main-Tauber-Kr., Bad.-Württ., 7 700 Ew.; Schloss der Fürsten Hohenlohe-Langenburg (1568 ff.).

Kurt Weill

Weil, 1) W. am Rhein, Stadt in Bad.-Württ., 27 400 Ew.; Textil- und elektrochem. Ind.; Designmuseum. – **2) W. der Stadt,** Stadt im Kr. Böblingen, Bad.-Württ., 17 800 Ew.; Geburtsort von J. Kepler.

Weilburg, Stadt in Hessen, an der mittleren Lahn, 13 500 Ew.; Luftkurort; 1335 bis 1816 Residenz der Fürsten von Nassau-W., die ein weitläufiges Schloss (v.a. 16. und 18. Jh.) errichteten.

Weilheim, 1) W. an der Teck, Stadt im Kr. Esslingen, Bad.-Württ., 9 200 Ew.; spätgot. ev. Pfarrkirche mit Freskenzyklen; Ruine der Zähringerburg Limburg. – **2) W. i. OB,** Krst. in Oberbayern, an der Ammer, 19 000 Ew.; frühbarocke Pfarrkirche u.a.

Weill, Kurt, dt. Komponist, * 1900, † 1950; komponierte Lehrstücke und Opern, bes. auf Texte B. Brechts (»Dreigroschenoper«, 1928; »Aufstieg und Fall der Stadt Mahagonny«, 1930).

Weimar, kreisfreie Stadt und Krst. in Thür., an der Ilm, 58 800 Ew.; besitzt zahlreiche Erinnerungen an Goethe (Goethehaus am Frauenplan mit Goethe-Nationalmuseum), Herder, Schiller (Schillerhaus mit Schillermuseum), Wieland, Liszt, Nietzsche u.a.; Nationaltheater; mehrere Hoch- und Fachschulen; Maschinen-, opt. u.a. Ind. In natsoz. Zeit KZ Buchenwald auf dem Ettersberg (nach 1945 von der sowjet. Besatzungsmacht weitergeführt). – W. kam 1373 an die Wettiner, wurde Hptst. des ernestin. Großherzogtums Sachsen-W., unter Karl August (1758 bis 1828), einem Freund Goethes, Mittelpunkt des dt. Geisteslebens.

Weimar
Stadtwappen

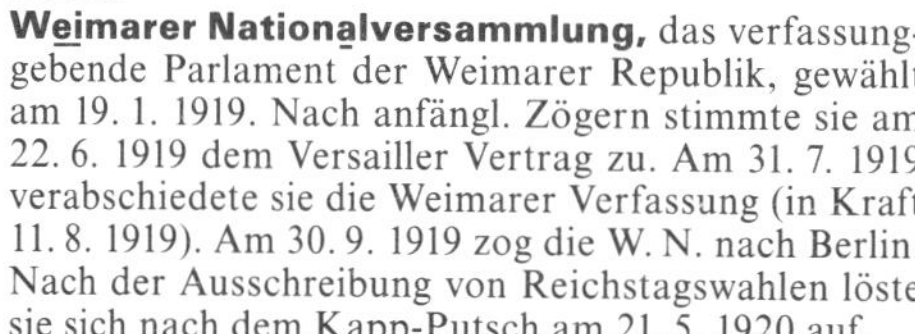

Weimarer Nationalversammlung, das verfassunggebende Parlament der Weimarer Republik, gewählt am 19. 1. 1919. Nach anfängl. Zögern stimmte sie am 22. 6. 1919 dem Versailler Vertrag zu. Am 31. 7. 1919 verabschiedete sie die Weimarer Verfassung (in Kraft 11. 8. 1919). Am 30. 9. 1919 zog die W. N. nach Berlin. Nach der Ausschreibung von Reichstagswahlen löste sie sich nach dem Kapp-Putsch am 21. 5. 1920 auf.

Weimarer Republik, das Dt. Reich in seiner durch die Weimarer Verf. vom 11. 8. 1919 bestimmten Staats- und Reg.-Form (1919 bis 1933). Die W. R. war ein demokratisch-parlamentar. Bundesstaat, der das Reich Bismarcks fortsetzte. Staatsoberhaupt war der vom Volk gewählte **Reichspräs.** (1919 bis 1925 F. Ebert, seit 1925 Hindenburg) mit starker Stellung. Die Gesetzgebung lag bei dem gewählten **Reichstag** unter Mitwirkung des **Reichsrats,** in dem die Länder durch Regierungsmitglieder vertreten waren. Die **Reichsreg.** (Reichskanzler, Reichsmin.) war vom Vertrauen des Reichstags abhängig. Die W. R. war durch die Bedingungen des Versailler Vertrags schwer belastet; damit hing z.T. das Anwachsen der radikalen Flügelparteien (v.a. NSDAP und KPD) zusammen, das sich nach Ausbruch der Weltwirtschaftskrise (1929) und der damit verbundenen Massenarbeitslosigkeit beschleunigte, sodass es seit 1930 bei mehrfachen Reichstagsauflösungen nur Minderheitsregierungen gab, die mithilfe der Ausnahmegewalt des Reichspräs. regierten. Die Radikalisierung des polit. Lebens und auch die anhaltenden wirtschaftl. Schwierigkeiten führten zu einer Staatskrise, die 1933 den Zusammenbruch der W. R. bewirkte.

Blüte, Blätter und Früchte des Eingriffeligen **Weißdorns**

Wein, aus Traubensaft (u.a. Obstsäften, **Obst-W.**) durch alkohol. Gärung hergestelltes Getränk. Trauben werden im Herbst geerntet **(W.-Lese),** in Traubenmühlen zerquetscht (zu **Maische**) und ausgepresst **(gekeltert).** Unter Zusatz von Hefen (z.T. spezielle Reinhefen), die den Traubenzucker in Alkohol und Kohlendioxid zersetzen, gärt der Saft (Most) anschließend in Fässern. Trübstoffe: Traubenfleisch, Hefezellen und Weinstein setzen sich ab, der darüber stehende klare **Jung-W.** wird auf bes. Fässer abgezogen und erreicht nach weiterem Abstich die Reife. Der Alkoholgehalt des W. beträgt etwa 6 bis 14%. **Rot-W.** entsteht durch Vergärung von Maische der roten Trauben mit Schalen. Weinbaugebiete: Mosel-Saar-Ruwer, Ahr, Mittelrhein, Nahe, Rheingau, Rheinhessen, Pfalz, Hess. Bergstraße, Württemberg, Baden, Franken, Saale-Unstrut, Elbtal; Niederösterreich, Untersteiermark; wichtige Weinproduzenten sind auch Frankreich, Italien, Ungarn, Spanien, Portugal, Griechenland, die USA u.a. Länder.

Weinstock
Zweig mit Blütenrispe des Echten Weins

Weinberg ['waɪnbə:g], Steven, amerikan. Physiker, * 1933; stellte mit S. L. Glashow und A. Salam die vereinheitlichte Theorie der schwachen und elektromagnet. Wechselwirkung auf **(W.-Salam-Theorie);** Nobelpreis 1979.

Weinberger, Jaromír, tschech. Komponist, * 1896, † 1967; Orchesterwerke, Volksoper »Schwanda, der Dudelsackpfeifer« (1927).

Weinbrand, geschützte Bezeichnung (seit 1971) für in Dtl. hergestellten Qualitätsbranntwein aus Wein; die Bezeichnung W. wurde 1907 zuerst von H. Asbach verwendet.

Weinbrenner, Friedrich, dt. Baumeister, * 1766, † 1826; klassizist. Bauten; als Baudirektor von Karlsruhe (ab 1800) war er wesentlich für das Stadtbild verantwortlich.

Weingarten, Stadt in Bad.-Württ., in Oberschwaben, 25 200 Ew.; barocke Benediktinerabtei. **Weingartner Liederhandschrift** (Anfang 14. Jh.; jetzt in Stuttgart), Minnesängerhandschrift.

Weingeist, Bezeichnung für den Trinkalkohol (→Alkohol).

Weinheber, Josef, österr. Schriftsteller, * 1892, † 1945; Hymnen und Oden (»Adel und Untergang«, 1935), Gedichte (»Wien wörtlich«, 1934).

Weinheim, Stadt in Bad.-Württ., an der Bergstraße, 42 700 Ew.; botan. Garten; beim Schloss (16. bis 19. Jh.; heute Rathaus) Schlossgarten und Exotenwald; Wein-, Obstbau; Gummi- und Kunststoffverarbeitung, Nudelfabrik, Verlage. Über W. Burg Windeck (12. bis 15. Jh., heute Ruine) und die Wachenburg (1907 bis 1913).

Weinhold, Adolf Ferdinand, dt. Physiker, * 1841, † 1917; erfand die Vakuum-Mantelflasche, ein hoch evakuiertes mehrwandiges Glasgefäß (heute noch in Thermosflaschen).

Weinsäure, ☌ Dihydroxybernsteinsäure, zweibasige organ. Säure: **Rechts-W.** (optisch aktiv, dreht die Ebene des polarisierten Lichts nach rechts), **Links-W.** (linksdrehend), **Traubensäure** (Verbindung aus Rechts- und Links-W., optisch inaktiv), **Meso-W.** (optisch inaktiv).

Weinsberg, Stadt im Kr. Heilbronn, Bad.-Württ., 10 700 Ew.; ev. Johanneskirche (13. Jh.), Justinus-Kerner-Haus; über der Stadt Ruine der Burg Weibertreu (11. Jh.).

Weinstock, Rebe, Gattung rankender Klettergewächse, etwa 40 Arten, die meisten in warmen Gebieten der nördl. Halbkugel heimisch, viele in Nordamerika. Wichtigste Art: **Echter Wein** mit zweihäusiger Wildform in Flusswäldern Mitteleuropas und meist zwittrigen Sorten für den Weinbau (Europäertraube). Blätter drei- bis fünflappig, Beeren grün, gelb, rot oder blau. Die Sortenzahl des Echten W. beträgt weit über 1000. Wichtigste **Keltertrauben** sind für Weißweine in Dtl. vor allem Riesling, Silvaner, Ruländer (Grauburgunder), Müller-Thurgau u.a., für Rotweine z.B. Spätburgunder und Portugieser. **Tafeltrauben** werden im S im Weinberg, in nördl. Ländern meist am Spalier und unter Glas gezogen. Die amerikan. Wildrebenarten mit kleinen Beeren (Fuchsrebe) dienen z.T. als vor Reblaus sichere Pfropfunterlagen oder als Ziersträucher, so die Südliche Fuchsrebe mit resedaduftenden Blüten. **W.-Schädlinge:** Reblaus, Traubenwickler; durch Pilze entstehen W.-Krankheiten wie Mehltau, Blattfallkrankheit u.a.

Weinstraßen, Straßen, die durch namengebende Weinbaugebiete führen; v. a. die **Dt. Weinstraße** in Rheinl.-Pf. entlang der Haardt (80 km lang), von Bockenheim a. d. Weinstraße bis Schweigen.
Weinviertel, Hügelland im NO Niederösterreichs; Weinbau, Erdölvorkommen.
Weise, Christian, dt. Dichter, *1642, †1708; Schuldramatiker und Komödiendichter, schrieb auch satir. Romane, Lehrbücher zur Poesie und Rhetorik.
Weisel *der,* auch *die,* Bienen- und Ameisenkönigin.
Weisenborn, Günther, dt. Schriftsteller, *1902, †1969; gesellschaftskrit., zeitgeschichtl. und histor. Dramen (»Die Neuberin«, 1934, »Die Illegalen«, 1946), Romane (»Das Mädchen von Fanö«, 1935).
Weiser, Grethe, dt. Schauspielerin und Kabarettistin, *1903, †1970; Filme: »Die göttl. Jette« (1937), »Ferien vom Ich« (1963).
Weisheit Salomos, Buch der Weisheit, im A. T. hellenistisch-jüd. Weisheitsbuch.
Weisheitszahn → Zähne.
Weiss, Peter, dt. Schriftsteller, Grafiker, *1916, †1982; Erz., Romane (u. a. »Die Ästhetik des Widerstands«, 1975 bis 1981), Dramen (»Die Verfolgung und Ermordung Jean Paul Marats«, 1964 und 1965, »Hölderlin«, 1971).
weissagen, die Zukunft aufgrund »seherischer« Fähigkeiten verkünden.
Weißbier, obergäriges Bier aus Gerstenmalz und Weizenmalz, kohlensäurereich; z. B. **Berliner Weiße.**
Weißblech, verzinntes Stahlblech; bes. für Konservendosen.
Weißbuche, Hainbuche, Waldbaum mit Kätzchenblüten, Birkengewächs; die Rinde hat silberige Längsstreifen; hartes Nutzholz.
Weißbücher → Farbbücher.
Weißdorn, Gattung der Rosengewächse, dornige Holzpflanzen, meist mit weißen Blüten. **Eingriffeliger W., Zweigriffeliger W.** oder **Gemeiner W.,** rote mehlige Scheinfrüchtchen **(Mehlbeeren, Mehlfässchen),** Holz als Drechslerholz verwendet. Zuchtform des Gemeinen W. ist der rot blühende **Rotdorn,** der vorderasiatisch-afrikan. **Azarolbaum** ist ein Zierstrauch.
Weißenburg i. Bay., Krst. in Bayern, in der südl. Fränk. Alb, 18 100 Ew.; altes Stadtbild; Andreaskirche (ab 1327), Karmeliterkirche (14. Jh.).
Weißenfels, Krst. in Sa.-Anh., an der Saale, 35 000 Ew.; Schuhmuseum; spätgot. Stadtkirche, barockes Rathaus, frühbarockes Schloss Neu-Augustusburg (1656 bis 1746 Residenz der wettin. Linie Sachsen-Weißenfels).
Weißensee, Gebirgssee in Kärnten, Österreich, 930 m ü. M., 6,4 km², bis 97 m tief.
Weiße Rose, 1942/43 student. Widerstandsgruppe an der Univ. München, → Scholl (Geschwister).
Weißer Sonntag → Quasimodogeniti.
Weißes Haus, Amts- und Wohnsitz des Präsidenten der USA, in Washington (D. C.), 1792.
Weißes Meer, Bucht der Barents-See, zw. den Halbinseln Kanin und Kola, rd. 90 000 km², von Nov. bis Mai mit Treibeis bedeckt.
Weiße Zwerge, ☼ Sterne mit sehr kleinem Durchmesser und geringer absoluter Helligkeit trotz hoher Oberflächentemperatur; durch Gravitationskollaps entstanden.
Weißfische, kleinere Arten der Karpfenfische; im Süßwasser der nördl. Erdhälfte, mit silbrig glänzenden Schuppen: **Plötze, Elritze, Rotfeder, Döbel.**
Weißflog, Jens, dt. Skispringer, *1964; 1985 und 1989 Weltmeister, 1984 und 1994 Olympiasieger, viermaliger Gewinner der Internat. Vierschanzentournee.
Weißgold, silberglänzende Legierung aus 75% Gold, 15% Silber und 10% Kupfer.
Weißherbst, dt. Roséwein, der nur aus einer Rebsorte (z. B. Spätburgunder) bereitet wurde.
Weißlinge, Schmetterlingsfamilie mit über 1 500 weltweit verbreiteten Arten; Tagfalter mit weißen oder gelbl. Flügeln. **Kohl-W., Zitronenfalter, Gelbling, Aurorafalter.**
Weißrussen, Belorussen, ostslaw. Volk, v. a. in Weißrussland, Russland und der Ukraine, rd. 10 Mio. Angehörige.

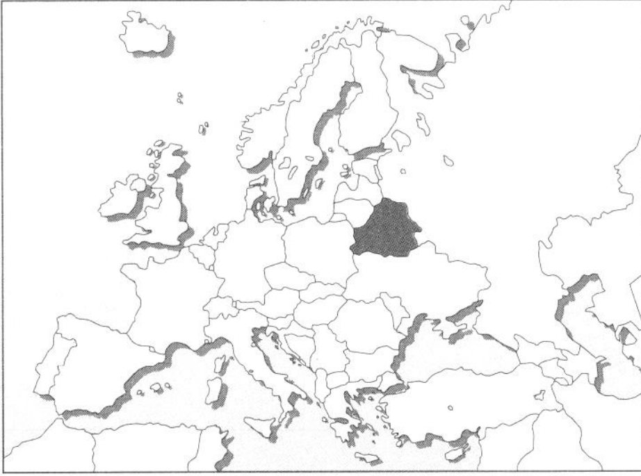

Weißrussland, amtl. **Belarus,** Rep. in O-Europa. 207 600 km², 10,3 Mio. Ew.; Hptst. Minsk. – Flachland mit großen Sumpfgebieten. – Bev.: 78% Weißrussen, 13% Russen, 4% Polen, Ukrainer u. a.
Wirtschaft. Torf-, Salzgewinnung, Phosphatabbau; chem., Leichtind., Maschinenbau; Anbau von Flachs, Zuckerrüben, Kartoffeln, Getreide; Milchwirtschaft, Rinderzucht.
Geschichte. Seit dem MA. Teil Litauens: 1795 mit diesem an Russland; 1919 bis 1991 SSR; der westl. Teil von W. 1919 bis 1939 bei Polen; 1989 Entstehen einer Unabhängigkeitsbewegung; Unabhängigkeitserklärung am 26. 8. 1991; Mitglied der GUS. Währungsunion mit Russland 1994. Staatspräs. A. Lukaschenko (seit Juli 1994).
Weißwasser, Krst. in Sa., in der Oberlausitz, 33 000 Ew.; Glas-, Porzellanind.; Braunkohlentagebau.
Weißwurz, Gattung staudiger Liliengewächse, z. B. das Salomonsiegel.
Weitsichtigkeit → Übersichtigkeit.
Weizen, Gattung der Süßgräser mit etwa 20 Arten in Europa, dem Mittelmeergebiet, W-Asien und Äthiopien. Getreidepflanzen sind außer dem Emmer und Dinkel, Einkorn und Zweikorn vor allem der **Gemeine W.,** der in vielen Abarten in den gemäßigten Gebieten als **Winter-W.** und als **Sommer-W.** angebaut wird, teils mit unbegrannten Ähren **(Kolben-W.),** teils mit begrannten Ähren **(Rau-W.** oder **Bart-W.).** W. wird verwendet als Brotgetreide, für Grieß, Graupen sowie zur Bier- und Branntweinherstellung.
Weizman, Ezer, israel. Politiker, General, *1924; Neffe von C. Weizmann; nahm am Unabhängigkeitskampf 1948/49 teil; mehrfach Min.; seit 1993 Staatspräsident.
Weizmann, Chaijim, israel. Chemiker und Politiker, *1874, †1952; beeinflusste maßgebend die Balfour-Deklaration von 1917, war 1921 bis 1935 Präs. der zionist. Bewegung, 1929 bis 1945 der Jewish Agency; 1948 bis 1952 erster Präs. des Staats Israel.
Weizsäcker, 1) Carl Friedrich Freiherr v., Sohn von 2), dt. Physiker und Philosoph, *1912; arbeitet über das physikal. Weltbild. – **2)** Ernst Freiherr v., dt. Diplomat, *1882, †1951; 1938 bis 1943 Staatssekretär des Auswärtigen Amts, 1943 bis 1945 Botschafter beim Vatikan; im Nürnberger »Wilhelmstraßenprozess« zu Gefängnis verurteilt, 1950 entlassen. – **3)** Richard Freiherr v., dt. Jurist und Politiker (CDU), Sohn von 2), *1920; 1964 bis 1970 Präs. des Ev. Kirchentags, 1981 bis 1984 Regierender Bürgermeister von Berlin,

Weißrussland

Staatswappen

Staatsflagge

Internationales Kfz-Kennzeichen

Jens Weißflog

Carl Friedrich Freiherr von Weizsäcker

Richard Freiherr von Weizsäcker

Wellington
Stadtwappen

Wels
Stadtwappen

1984 bis 1994 Bundespräs. – **4)** Viktor Freiherr v., Bruder von 2), dt. Arzt, * 1886, † 1957; begründete die allg. anthropolog. Medizin.

Welfen, dt. Herrschergeschlecht. Das ältere welf. Haus stammte aus Schwaben; es erlosch 1055 im Mannesstamm. Welf IV. aus dem ital. Geschlecht Este begründete das jüngere welf. Haus. Die W. wurden 1070 Herzöge von Bayern, 1137 auch Herzöge von Sachsen, behielten aber nach dem Sturz Heinrichs des Löwen (1180) nur ihren niedersächs. Hausbesitz, der 1235 zum Herzogtum Braunschweig-Lüneburg erhoben wurde. Auf ihren Ggs. zu den Stauferkaisern (→ Ghibellinen) geht der Parteiname Guelfen zurück. Seit dem 17. Jh. bestanden 2 welf. Hauptlinien: die Herzöge von Braunschweig, die 1884 ausstarben, und die Kurfürsten, seit 1814 Könige von Hannover, die 1714 bis 1837 (im Mannesstamm; Königin Victoria bis 1901) zugleich auf dem brit. Thron saßen.

Wellandkanal ['welənd-], verbindet Ontario- und Eriesee in Kanada, 44,4 km lang.

Wellblech, Blech mit wellenförmigem Profil.

Welle, 1) ⚛ Bewegungszustand eines Stoffs, dessen Teilchen regelmäßige Schwingungen ausführen. Beginnen benachbarte Teilchen in regelmäßigen Abständen nacheinander zu schwingen, so entstehen **fortschreitende W.;** durchlaufen die außer den ruhenden Knotenpunkten sämtlich schwingenden Teilchen eines Systems gleichzeitig die Ruhelage, so liegt eine **stehende W.** vor (schwingende Saite). Schwingen die Teilchen senkrecht zur Fortpflanzungsrichtung der W., so entsteht eine **Quer-W.** (Wasser-W.), schwingen sie in der Fortpflanzungsrichtung, eine **Längs-W.** (Schall). Bei Quer-W. bilden sich W.-Berge und -Täler, bei Längs-W. Verdichtungen und Verdünnungen. Als **W.-Länge** bezeichnet man den Abstand zweier aufeinander folgender Teilchen von gleichem Schwingungszustand (Phase), als **Schwingungszahl** oder **Frequenz** die Zahl der Schwingungen, die ein Teilchen in einer Sekunde ausführt. Die **Fortpflanzungsgeschwindigkeit** (W.-Länge mal Schwingungszahl) ist vom Stoff abhängig. Auch die Zustände elektromagnet. Felder können sich wellenförmig ändern (→ elektromagnetische Wellen, → Beugung, → Interferenz, → Polarisation, → Schall). – **2)** ⚙ Maschinenelement mit kreisförmigem Querschnitt zur Kraftübertragung. – **3)** 🌐 **Meeres-W.** sind meist Quer-W., die über 800 m Länge und 15 m Höhe erreichen können. **Dünung** (lange W. mit runden Kämmen), **Brandungswellen. Tsunamis** (Oberflächen-W. des Meeres) werden durch unterseeische Erdbeben oder Vulkanausbrüche ausgelöst, können eine mittlere Fortpflanzungsgeschwindigkeit von 700 km/h und an den Küsten eine W.-Höhe bis 35 m erreichen und katastrophale Schäden verursachen.

Wellen|astrild, afrikan. Prachtfinkenart (Stubenvogel) mit dunkler Wellenzeichnung.

Wellenmechanik, ⚛ von E. Schrödinger 1926 begründete Form der Quantenmechanik. In ihr wird jedem Teilchen eine Wahrscheinlichkeitswelle zugeordnet, deren absolutes Amplitudenquadrat ein Maß für die Ortswahrscheinlichkeit des Teilchens ist. Die experimentell nachweisbaren Beugungs-, Brechungs- und Interferenzerscheinungen solcher »Materiewellen« sind danach statistisch zu deuten.

Wellenreiten, Surfing, aus Polynesien stammende Sportart, bei der der Wellenreiter sich auf einem flachen Brett über die Brandungswellen dem Strand entgegentreiben lässt.

Wellensittich, bis 20 cm langer Papagei, in Australien, seit 1872 in vielen Farben gezüchtet; beliebter Stubenvogel.

Welles [welz], Orson, amerikan. Filmschauspieler, -regisseur, -autor und -produzent, * 1915, † 1985; Filme: »Citizen Kane« (1941, Regie), »Der dritte Mann« (1949, Darsteller).

Wellington ['welɪŋtən], Hptst. Neuseelands, auf der N-Insel, 324 800 Ew.; kath. Erzbischofssitz; Univ.; Schiffbau, Eisengießereien; ⚓ ✈.

Wellington ['welɪŋtən], Arthur **Wellesley,** Herzog von (seit 1814), * 1769, † 1852; Befehlshaber der brit. Truppen gegen die Franzosen in Portugal und Spanien, Vertreter Großbritanniens auf dem Wiener Kongress, siegte mit Blücher und Gneisenau 1815 bei Waterloo über Napoleon; war 1828 bis 1846 wiederholt Min. und Min.-Präsident.

Wells [welz], Stadt in der Cty. Somerset, SW-England; 8 400 Ew.; anglikan. Bischofssitz; mittelalterl. Stadtbild, got. Kathedrale (um 1180 ff.).

Wells [welz], H. G. (Herbert George), brit. Schriftsteller, * 1866, † 1946; naturwiss. utop. Romane (»Die Zeitmaschine«, 1895).

Welpe *der,* junger, noch nicht entwöhnter Hund, Fuchs, Wolf.

Wels, Bez.-Hptst. in OÖ, an der Traun, 58 000 Ew.; Maschinen-, Papier-, Mühlen-, Kunststoffind.; in der Nähe Erdgasquellen.

welsch, urspr. german. Bezeichnung für »keltisch«, später für »romanisch«.

Welsch, Maximilian von, dt. Baumeister, * 1671, † 1745; baute u. a. die Orangerie in Fulda und die Abteikirche in Amorbach.

Welschkorn, der → Mais.

Welse, Ordnung der Knochenfische mit rd. 2 000 weltweit verbreiteten, fast ausschließlich im Süßwasser lebenden Arten. Europ. Arten **(Fluss-W.)** werden bis 3 m lang, 200 kg schwer und sind überwiegend nachtaktiv. In heißen Ländern leben u. a. der **Zitter-W.** mit elektr. Organen, der kleine **Panzer-W.,** der **Zwerg-** oder **Katzenwels.**

Welser, eines der bedeutendsten Augsburger Handels- und Bankhäuser des 16. Jh., erhielt 1528 von Kaiser Karl V. als Pfand Venezuela (bis 1556).

Welt, i. e. S. die Erde, i. w. S. alles Seiende, Inbegriff des Bestehenden; astronomisch: Gesamtheit der Himmelskörper (Weltall).

Welt|all, Universum, Gesamtheit der Himmelskörper und ihre Ordnung. Die Erde ist einer der 9 größeren Planeten, die zus. mit über 2 000 kleineren Planeten und vielen Kometen die Sonne umkreisen und mit ihr unser **Sonnensystem** bilden. Entfernungen werden durch Angabe der Zeit ausgedrückt, die das Licht braucht, um die zu messenden Strecken zurückzulegen (→ Lichtjahr). Unser Sonnensystem bildet mit mehreren Milliarden weiterer Sonnensysteme das stark abgeplattete, linsenförmige **Milchstraßensystem.** Diese Sonnen sind von der Erde alle so weit entfernt, dass ihre Bewegungen für uns kaum erkennbar sind, sie heißen daher Fixsterne. Unsere Sonne ist etwa 30 000 Lichtjahre vom Mittelpunkt des Milchstraßensystems entfernt, der im Sternbild des Schützen liegt. Der größte Durchmesser des Milchstraßensystems beträgt mindestens 100 000 Lichtjahre. Von außen gesehen ist es einem Spiralnebel ähnlich. Unsere Sonne bewegt sich mit einer Geschwindigkeit von 275 km/s um den Mittelpunkt des Milchstraßensystems und benötigt zu einem Umlauf rund 100 Mio. Jahre. Das Alter des Milchstraßensystems dürfte einige Milliarden Jahre betragen. Außerhalb unseres Milchstraßensystems sind viele nebelartige Gebilde erkennbar, die zur Hauptsache aus Sternen bestehen und dem Milchstraßensystem ähnlich sind. Der nächste dieser **Nebel,** der große Andromedanebel, befindet sich in einer Entfernung von etwa 2,5 Mio. Lichtjahren. Mit Spiegel- und Radioteleskopen sind Sternsysteme in 8 Mrd. Lichtjahren, Quasare in 17 Mrd. Lichtjahren Entfernung entdeckt worden. Diese Nebel befinden sich in einer Fluchtbewegung von der Erde fort, woraus sich das Bild eines sich gleichförmig ausdehnenden W. ergibt. Die Erforschung der Entstehung, der Entwicklung, des Alters, der Ausdehnung und der Struktur des W. ist Aufgabe der **Kosmologie.** Die gegenwärtige Theorie nimmt an, dass die Expansion des W. bei einem nahezu punktförmigen W. mit einer gewaltigen Urexplosion (Urknall) ihren Ausgang nahm; möglicherweise bildet die Ausdehnung eine Phase eines sich rhythmisch ausdehnenden und wieder zusammenziehenden Weltalls.

Weltanschauung, im Ggs. zum wiss. **Weltbild** eine auf das Ganze des menschl. Lebens abzielende Sinndeutung. Nach ihr richtet sich die Rangordnung der Werte, die das Handeln der Menschen bestimmen. Auch aus den umfassenden Systemen der Philosophie sind W. abgeleitet worden.

Weltausstellung, internat. Ausstellungen, die seit 1851 (London) in Abständen von 1 bis 8 Jahren in versch. Städten (1984 New Orleans, 1988 Brisbane, 1992 Sevilla, 1993 Taejŏn, 1998 Lissabon, 2000 Hannover) stattfinden; dienen der wirtschaftl. Information und der nat. Selbstdarstellung.

Weltbank, die →Internationale Bank für Wiederaufbau und Entwicklung.

Weltbestleistung, internat. bisher beste von einem Sportler erreichte Leistung in einer messbaren Sportart; wird im Unterschied zum →Weltrekord nicht offiziell geführt, z. B. wegen fehlender vergleichbarer Normen (so beim Marathonlauf aufgrund unterschiedl. Streckenführung).

Weltbürgertum, Kosmopolitismus, Anschauung, dass alle Menschen gleichberechtigte Mitbürger einer die Menschheit umfassenden Gemeinschaft sind.

Weltchroniken, mittelalterliche, sagenhafte Geschichtsdarstellungen, die mit der Schöpfungsgeschichte einsetzen; die älteste dt. W. ist die »Sächsische Weltchronik«.

Weltenburg, Ortsteil der Gemeinde Kelheim, Niederbayern, mit Benediktinerabtei (gegr. im 7. oder 8. Jh., spätbarocke Abteikirche mit Fresken und Stuckarbeiten der Brüder Asam).

Welt|erbe, Bezeichnung für bes. erhaltenswerte Stätten des Menschheitserbes, und zwar **Weltkulturgüter** (Weltkulturerbe) und **Naturdenkmäler,** die von der UNESCO als solche anerkannt, d. h. in die Liste des W. (World Heritage List) aufgenommen wurden.

Weltergewicht, Gewichtsklasse im Boxen; →Gewichtsklassen (ÜBERSICHT).

Welt|ernährungsrat →FAO.

Welt|esche →Yggdrasil.

Weltgeistliche, Weltpriester, kath. Geistliche, die keinem Orden und keiner Kongregation angehören und zum Dienst in ihrer Diözese verpflichtet sind; Ggs.: Ordensgeistliche.

Weltgeschichte, Universalgeschichte, Versuch, die geschichtl. Entwicklung der versch. Völker und Kulturkreise in ihren Beziehungen zueinander und ihrem inneren Zusammenhang zu erfassen.

Weltgesundheitsorganisation, englisch **World Health Organization,** Abk. **WHO,** 1948 gegr. Sonderorganisation der UNO, Sitz Genf. Zu ihren Aufgaben gehören u. a.: Bekämpfung von Seuchen, Krankheiten, Verbesserung der Ernährung und der Gesundheitspflege.

Welthandel →Weltwirtschaft.

Welthandelsorganisation, Abk. **WTO,** Nachfolgeorganisation des →GATT.

Welthilfssprachen, Universalsprachen, künstl. Sprachen, die für den zwischenstaatl. Verkehr bestimmt sind, z. B. **Esperanto, Volapük.** Sie konnten sich nicht durchsetzen.

Weltkirchenrat →ökumenische Bewegung.

Weltkrieg [erstmals 1814 von F. L. Jahn mit Bezug auf die Befreiungskriege gebraucht], Krieg, an dem viele Völker und Staaten der Erde, bes. die Großmächte, beteiligt sind.

Der Erste Weltkrieg 1914 bis 1918

Vorgeschichte. Verschiedenartige Ursachen waren für den Kriegsausbruch verantwortlich. Die Expansionspolitik der rivalisierenden europ. Großmächte seit etwa 1860 führte zu Interessenkollisionen in Übersee. Frz. Revanchebestrebungen für die Niederlage von 1870/71, der dt.-engl. Konkurrenzkampf im Welthandel, der forcierte dt. Flottenbau, das Streben Russlands nach den Meerengen sowie die panslawist. Bewegung auf dem Balkan waren weitere Faktoren. Zum äußeren Anlass für den Kriegsausbruch geriet schließlich die Ermordung des österr.-ungar. Thronfolgers Erzherzog Franz Ferdinand durch serb. Nationalisten am 28. 6. 1914 in Sarajevo. Österreich-Ungarn verlangte am 23. 7. in einem Ultimatum von Serbien faktisch die Aufgabe seiner polit. Eigenständigkeit. Am 28. 7. folgte die Kriegserklärung. Die Verflechtungen im europ. Bündnissystem veranlassten Dtl., die Partei Österreich-Ungarns zu ergreifen und nacheinander Russland (1. 8.) und Frankreich (3. 8.) den Krieg zu erklären. Nach dem dt. Einmarsch in Belgien (4. 8.) trat Großbritannien auf der Seite Russlands und Frankreichs in den Krieg ein.

Der Kriegsverlauf bis Ende 1916. Die dt. OHL (Oberste Heeresleitung) wollte gemäß dem Schlieffen-Plan vorerst unter Defensive im O mit der Masse des Heers die Entscheidung im W suchen und hierzu durch weiträumiges Ausgreifen des starken rechten Flügels das frz. Heer gegen die Schweiz drängen. Die dt. Angriffskräfte überschritten Anfang Sept. die Marne, zogen sich jedoch nach britisch-frz. Gegenangriffen (»Marneschlacht«, 5. bis 9. 9. 1914) hinter die Aisne zurück. Nach gegenseitigen Umfassungsversuchen in NO-Frankreich und Flandern erstarrte die Front schließlich im Stellungskrieg.

In Ostpreußen vereitelte die dt. 8. Armee unter v. Hindenburg (Stabschef E. Ludendorff) bei Tannenberg (26. bis 31. 8. 1914) und an den Masur. Seen (6. bis 14. 9.) ein russ. Vordringen nach Ostpreußen. Das in Galizien aufmarschierte österr.-ungar. Heer musste nach Anfangserfolgen in S-Polen vor der russ. Übermacht im Sept. in die Karpaten zurückweichen. Zu seiner Unterstützung im Okt. von Oberschlesien bis südl. Warschau vorgestoßene dt. Kräfte sahen sich durch drohende Umfassung zum Rückzug genötigt. Eine neue dt. Offensive von NW im Nov. führte wiederum nicht zu vollem Erfolg. Im Dez. kam es auch an der Ostfront zum Stellungskrieg. In Serbien eroberten die Österreicher am 2. 12. 1914 Belgrad, serb. Gegenangriffe zwangen sie aber bald wieder zur Räumung Serbiens.

In der Champagne und im Artois versuchten die Alliierten im Frühjahr und Herbst 1915 vergeblich, die dt. Westfront zu durchbrechen. Im O brachte der am 2. 5. 1915 begonnene Angriff Mackensens bei Gorlice-Tarnów die russ. Front in Galizien zum Einsturz und führte zu weitem Raumgewinn an der Ostfront. Italien, anfangs neutral, erklärte am 23. 5. 1915 Österreich-Ungarn den Krieg und suchte vergeblich, die österr.-ungar. Isonzofront zu durchbrechen. Die Türkei, seit Okt. 1914 an der Seite der Mittelmächte im Krieg, wehrte seit März 1915 an den Dardanellen britisch-frz. See- und Landangriffe ab. Um Landverbindung mit der Türkei zu bekommen, warfen die Mittelmächte mit bulgar. Hilfe im Herbst 1915 Serbien nieder, Montenegro und Albanien wurden Anfang 1916 von österr.-ungar. Truppen besetzt.

Weltgesundheitsorganisation

Das Jahr 1916 stand bes. im Zeichen der Schlachten um Verdun (Febr. bis Dez.) und an der Somme (Juni bis Nov.). Im O brachte die Brussilow-Offensive (ab 4. 6. 1916) den Russen nochmals beträchtl. Geländegewinn. Die Rumänen wurden nach ihrer Kriegserklärung an Österreich-Ungarn (27. 8.) geschlagen und aus der Walachei (Besetzung Bukarests 6. 12.) bis hinter den Sereth zurückgeworfen. Ein dt. Friedensangebot vom 12. 12. wurde von der Entente abgelehnt, auch eine amerikan. Friedensnote vom 18. 12. blieb wirkungslos.

Der Kriegsverlauf bis zum Waffenstillstand. Im W verblieb das dt. Heer 1917 in der Defensive und wehrte mehrere frz. und brit. Großangriffe ab. Im O führten der Ausbruch der Revolution in Russland (März 1917) und Siege der Mittelmächte (Eroberung O-Galiziens im Juli, der balt. Inseln im Okt.) zum Zusammenbruch des russ. Heers. Die im Nov. 1917 zur Macht gelangten Bolschewiki schlossen am 15. 12. Waffenstillstand, aber erst nach erneutem dt. Vormarsch am 3. 3. 1918 den Frieden von Brest-Litowsk. Ein zur Entlastung der Isonzofront am 24. 10. 1917 bei Flitsch-Tolmein begonnener dt.-österr. Angriff warf die Italiener hinter den Piave zurück. Auf dem vorderasiat. Kriegsschauplatz gerieten die Türken immer stärker in Bedrängnis. Im März 1917 verloren sie Bagdad, am 9. 12. Jerusalem an die Briten. Der seit 1. 2. 1917 von Dtl. praktizierte uneingeschränkte U-Boot-Krieg führte zur Kriegserklärung der USA am 6. 4.

Die letzten großen dt. Offensiven im W im Frühjahr 1918 führten nicht zur Entscheidung. Die am 18. 7. 1918 an der ganzen Westfront einsetzende alliierte Gegenoffensive drängte das dt. Westheer bis Anfang Nov. in die Antwerpen-Maas-Stellung zurück. Inzwischen hatten Bulgarien in Makedonien, die Türkei in Palästina und Österreich-Ungarn am Piave schwere Niederlagen erlitten und am 29. 9., 31. 10. und 3. 11. Waffenstillstand mit der Entente geschlossen. Aus Meutereien bei der dt. Hochseeflotte entwickelte sich eine Revolution, die am 9. 11. in Berlin zur Ausrufung der Republik führte. Gemäß dem am 11. 11. im Wald von Compiègne geschlossenen Waffenstillstand wurden die besetzten Gebiete und Elsass-Lothringen binnen 14, das linke Rheinufer binnen 30 Tagen von den dt. Truppen geräumt, U-Boote und Waffen ausgeliefert, die Flotte in Scapa Flow interniert.

Das Ziel der dt. **Seekriegführung** in der Nordsee, den Gegner durch U-Boote und Minen zu schwächen und dann zur Schlacht zu stellen, wurde wegen der Fernblockade der brit. Flotte nicht erreicht. Ein Vorstoß der Hochseeflotte führte am 31. 5. 1916 vor dem Skagerrak zum unentschiedenen Kampf mit der brit. Flotte. Der am 4. 2. 1915 eröffnete, seit 1. 2. 1917 uneingeschränkte U-Boot-Krieg gegen die feindl. Handelsschifffahrt brachte Großbritannien in eine gefährl. Lage, wirkte aber nicht kriegsentscheidend.

Die **dt. Kolonien** (Schutzgebiete) erlagen rasch der feindl. Übermacht, nur die Schutztruppe von Dt.-Ostafrika unter v. Lettow-Vorbeck behauptete sich bis Kriegsende.

Seinen endgültigen Abschluss fand der 1. Weltkrieg durch die **Friedensschlüsse** von Versailles (mit dem Dt. Reich 28. 6. 1919), Saint-Germain (mit Österreich 10. 9. 1919), Trianon (mit Ungarn 4. 6. 1920), Neuilly (mit Bulgarien 27. 11. 1919) und Sèvres (mit der Türkei 10. 8. 1920). Die im Versailler Vertrag ausgesprochene dt. Alleinschuld am W. löste eine anhaltende Kriegsschulddiskussion aus. Weitgehende Übereinstimmung besteht in der wiss. Forschung darüber, dass 1914 kein verantwortl. Staatsmann den Ausbruch eines großen Krieges vorsätzlich herbeiführen wollte.

Der Zweite Weltkrieg 1939 bis 1945

Vorgeschichte. Seit die Weltwirtschaftskrise (1929 bis 1933) die Schwächen der Mächte USA, Großbritannien und Frankreich, die die 1919/20 errichtete Ordnung faktisch garantierten, offenkundig werden ließ, strebten die im Ersten Weltkrieg besiegten oder bei der Friedensregelung benachteiligten Großmächte Deutschland, Italien und Japan verstärkt eine Revision der Ordnung von 1919/20 an. Deutschland unter A. Hitler beabsichtigte nach Ausschöpfung aller »friedlichen« Möglichkeiten die militär. Ausschaltung Frankreichs und die Eroberung des europ. Russland (»Lebensraum im O«). Nach der Errichtung einer kontinentalimperialen Basis war hinsichtlich einer für später erwarteten Auseinandersetzung mit den USA der Ausbau zu einer Weltmachtstellung mit Kolonien in Afrika, einer starken Flotte und Stützpunkten im Atlantik vorgesehen. Das faschist. Italien strebte auf Kosten Großbritanniens und Frankreichs ein Mittelmeerimperium an. Japan suchte die Hegemonialmacht in einem China, Südostasien und die westpazif. Inseln umfassenden »Großraum« zu werden.

Mit der Zerschlagung der Tschechoslowakei verließ die dt. Politik den nat. Rahmen endgültig. Durch die Garantie der Unabhängigkeit Polens (31. 3. 1939) suchte Großbritannien das europ. Gleichgewicht zu erhalten. Die Bemühungen, die Garantieerklärung durch eine Einbeziehung der UdSSR wirksamer zu gestalten, scheiterten an den sowjet. Forderungen bezüglich der balt. Staaten. Nach parallel hierzu geführten dt.-sowjet. Geheimverhandlungen kam es am 23. 8. 1939 zum Abschluss des Hitler-Stalin-Pakts mit geheimem Zusatzabkommen. Großbritannien hatte sich am 25. 8. in einem Bündnis gegenüber Polen festgelegt, sodass es nach Hitlers Angriff auf Polen (1. 9. 1939) zus. mit Frankreich am 3. 9. 1939 Dtl. den Krieg erklärte.

Der Kriegsverlauf bis Mai 1941. In einem vierwöchigen Feldzug eroberte die dt. Wehrmacht W- und Zentralpolen, am 17. 9. 1939 rückte die sowjet. Armee in O-Polen ein. Die Absicht der Westmächte, in den Finnisch-Sowjet. Winterkrieg (30. 11. 1939 bis 12. 3. 1940) über Norwegen/N-Schweden einzugreifen, veranlasste dt. Planungen, dem durch eine Besetzung Norwegens zuvorzukommen. Trotz Abschluss des finnisch-sowjet. Friedens (12. 3. 1940), bei dem Finnland unter Gebietsverlusten seine Selbstständigkeit wahren konnte, wurde diese Absicht am 9. 4. 1940 mit der Besetzung Dänemarks und Norwegens verwirklicht.

Am 10. 5. 1940 begann unter Verletzung der Neutralität Belgiens, der Niederlande und Luxemburgs der Feldzug im W. Nach dem Vorstoß über die Maas bei Sedan zur Kanalküste und der Kapitulation des belg. Heers wurden das brit. Expeditionskorps und frz. Kräfte in Dünkirchen zusammengedrängt, konnten von dort aber evakuiert werden. Nach Fortsetzung der dt. Offensive nach Innerfrankreich hinein (Besetzung von Paris am 14. 6. 1940) und nach dem Kriegseintritt Italiens am 10. 6. 1940 fand sich die neue frz. Regierung (Marschall P. Pétain) zum Waffenstillstand bereit (22. 6. 1940 in Compiègne). Von London aus rief General C. de Gaulle (18. 6. 1940) zur Fortsetzung des Kriegs durch das »Freie Frankreich« auf. Der von Hitler angestrebte Ausgleich mit Großbritannien kam nicht zustande. Mit Hilfszusagen des amerikan. Präs. F. D. Roosevelt setzte Großbritannien den Kampf fort. Dt. Anstrengungen, durch Vorbereitungen einer Landung auf der brit. Insel und durch eine Luftoffensive (»Battle of Britain«, Höhepunkt Aug. bis Nov. 1940) Großbritannien zum Einlenken zu bewegen, scheiterten. Hitler entschloss sich nun, trotz Fortdauer des Kriegs im W den Eroberungszug nach O gegen die UdSSR zu führen und danach in den Nahen Osten sowie nach N-Afrika vorzudringen, während Japan nach Singapur vorstieß und Indien von O bedrohte, um die gesamte östl. Hemisphäre gegenüber den USA abzusichern.

Das Scheitern des ital. Angriffs auf Griechenland (ab 28. 10. 1940) zwang zur Vorbereitung einer dt. Entlastungsoperation auf dem Balkan. Schon im Sommer 1940 hatten das sowjet. Ultimatum an Rumänien zur Abtretung der N-Bukowina und Bessarabiens und die Revisionsansprüche Ungarns und Bulgariens gegenüber Rumänien zu einem dt. Engagement in SO-Europa geführt (2. Wiener Schiedsspruch 30. 8. 1940:

Abtretung N-Siebenbürgens an Ungarn; Garantie Rest-Rumäniens durch Dtl. und Italien). Die Niederlage der ital. Armee in N-Afrika im Dez. 1940 führte darüber hinaus Anfang 1941 zur Entsendung dt. Luftwaffen- und Heeresverbände nach Italien und Libyen (Afrikakorps unter E. Rommel). Vom 6. 4. 1941 an wurden Griechenland und Jugoslawien, das nach dem Putsch antidt. Kräfte in Belgrad (27. 3. 1941) in die Angriffsplanung einbezogen worden war, von dt. Truppen besetzt, vom 20. 5. bis 1. 6. 1941 auch die Insel Kreta. Dt. Truppen drangen in N-Afrika im April 1941 von der Großen Syrte bis zur libysch-ägypt. Grenze vor, konnten jedoch Tobruk nicht sofort einnehmen.

Japan, das am 13. 4. 1941 einen Neutralitätsvertrag mit der UdSSR geschlossen hatte, setzte die im Sept. 1940 mit der Besetzung N-Indochinas begonnene S-Expansion mit dem Vorstoß nach S-Indochina fort. Die USA vervielfachten mit dem »Leih-Pacht-Gesetz« vom 11. 3. 1941 ihre Unterstützung für Großbritannien.

Ausweitung zum Weltkrieg und Kriegswende (Juni 1941 bis Mai 1944). Dem dt. Angriff auf die UdSSR (22. 6. 1941) schlossen sich Rumänien, Italien, Finnland und Ungarn an. In Grenzschlachten sollte das Gros der Roten Armee rasch ausgeschaltet werden, ehe die sowjet. Führung die auf 10 bis 12 Mio. Mann geschätzten Reserven mobilisieren konnte. Danach sollten die dt. Truppen in die Tiefe des russ. Raums bis Archangelsk-Astrachan vorstoßen. Es gelang, in mehreren Kesseln, u. a. östl. von Kiew und im Raum Wjasma-Brjansk, rd. 3,5 Mio. sowjet. Soldaten gefangen zu nehmen, doch konnte die sowjet. Führung einen Zusammenbruch der Anfang Dez. 1941 bis auf die Linie Leningrad–Moskau–Rostow zurückgedrängten russ. Front verhindern. Am 6. 12. 1941 begann im Raum Moskau die sowjet. Gegenoffensive, die während der Wintermonate die ersten großen Rückschläge für die Wehrmacht mit sich brachte. Die brutale dt. Besatzungspolitik verschaffte der Partisanenbewegung im besetzten Teil der UdSSR seit Herbst 1941 wachsenden Zulauf. Auch im übrigen von dt. Truppen besetzten Europa gewannen Widerstandsbewegungen an Bedeutung (u. a. in Jugoslawien, Polen, Frankreich). Am 14. 8. 1941 verkündeten F. D. Roosevelt und W. Churchill die →Atlantikcharta, in der eine zukünftige Weltordnung skizziert wurde.

Japanisch-amerikan. Verhandlungen im Sommer 1941 erreichten am 26. 7. 1941 ihren toten Punkt, nachdem die amerikan. Reg. die jap. Besetzung S-Indochinas mit einem Öl-Embargo beantwortet hatte. Japan entschied sich zur Eroberung der südostasiat. Rohstoffgebiete, eingeleitet durch einen Überraschungsschlag gegen die amerikan. Pazifik-Flotte in Pearl Harbor (7. 12. 1941). Hitler und Mussolini erklärten am 11. 12. 1941 den USA den Krieg. Damit wuchsen der europ. und der ostasiat.-pazif. Krieg zusammen. Ziel der Japaner war es, nach der Eroberung Singapurs (15. 2. 1942), der Philippinen, Niederländ.-Indiens und Birmas sowie von Inselgruppen im W-Pazifik zur Defensive überzugehen und die erwarteten Gegenoffensiven der Amerikaner und Briten abzuwehren, um mit ihnen zu einem Remis-Frieden zu kommen. In der See-Luft-Schlacht bei den Midway-Inseln (3. bis 7. 6. 1942) zeigte sich aber, dass die USA trotz anfängl. Niederlagen ihre Überlegenheit gewahrt hatten. Mit der Landung auf Guadalcanal (7. 8. 1942) ergriffen sie die Initiative (Beginn des »Inselspringens«).

Als Ziel für 1942 hatte Hitler die Eroberung der Ölfördergebiete im Kaukasus festgelegt. Eine Offensive der Armee unter Rommel in N-Afrika in Richtung Suezkanal war als Nebenoperation gedacht. Der U-Boot-Krieg gegen die brit. Verbindungen im Atlantik erreichte seinen Höhepunkt. Die Offensive im S-Abschnitt der Ostfront begann Ende Juni 1942 und blieb Anfang Sept. in Stalingrad sowie am N-Rand des Kaukasus stecken. Die Offensive Rommels kam nach der Eroberung Tobruks am 30. 6. 1942 an der El-Alamein-Linie westl. von Alexandria zum Stehen.

Stalins Forderung nach Errichtung einer »Zweiten Front« 1942 wurde von den Westalliierten unter Hinweis auf das Transportproblem und das globale Ausmaß des Kriegs zunächst auf 1943 verwiesen. Stattdessen wurde als Vorbereitung für eine Invasion in W-Europa die Eroberung N-Afrikas und die Ausschaltung Italiens beschlossen. Der Beginn der brit. Offensive gegen die Armee Rommels bei El-Alamein (23. 10. 1942) und die amerikanisch-brit. Landung in Marokko und Algerien (7./8. 11. 1942) leiteten die Wende auf dem afrikan. Kriegsschauplatz ein. Die Errichtung eines dt. Brückenkopfes in Tunesien (ab Nov. 1942) hatte nur aufschiebende Wirkung. Die seit Frühjahr 1942 laufende brit. Bomberoffensive gegen dt. Städte wurde ab Jan. 1943 durch den Einsatz amerikan. Bomberverbände ergänzt. Am 24. 1. 1943 verkündeten Roosevelt und Churchill auf der Konferenz von Casablanca als Kriegsziel die »bedingungslose Kapitulation« Dtl.s, Italiens und Japans. Nach Vernichtung der 6. dt. Armee im Raum Stalingrad Anfang 1943 und Abwehr der letzten dt. Offensive im Raum Kursk (Juli 1943) trat die Rote Armee zur Gegenoffensive an und eroberte bis Frühjahr 1944 weite Gebiete zurück. Nach der Okkupation Tunesiens (Mai 1943) landeten die Alliierten auf Sizilien (10. 7. 1943) und besetzten nach der Kapitulation Italiens (Bekanntgabe am 8. 9. 1943) bis Okt. 1943 S-Italien.

Auf der Konferenz von Teheran (28. 11. bis 1. 12. 1943) einigten sich Roosevelt, Churchill und Stalin über die gemeinsame Niederwerfung Dtl.s, die Verschiebung Polens nach W auf Kosten Dtl.s bis zur Oder und die Anerkennung Titos als alliierten Partner in Jugoslawien.

Das Kriegsende in Europa. Von Mitte 1944 an engte sich der Raum der von Dtl. beherrschten improvisierten »Festung Europa« schnell ein. Am 4. 6. 1944 mussten die dt. Truppen Rom aufgeben. Am 6. 6. 1944 begann die alliierte Großinvasion in der Normandie; ab 22. 6. 1944 zerschlug die Rote Armee die dt. Heeresgruppe Mitte und drang bis an die ostpreuß. Grenze und an die Weichsel vor.

Der Versuch der dt. Widerstandsbewegung, durch ein Attentat auf Hitler das natsoz. Reg.-System zu beseitigen, scheiterte am 20. 7. 1944. Am 31. 7. 1944 durchbrachen die Alliierten die Front in der Normandie und drangen in wenigen Monaten bis zur dt. W-Grenze vor. Hitlers Versuch, durch die Ardennenoffensive (ab 16. 12. 1944) im W eine Wende herbeizuführen, scheiterte. Am 12. 1. 1945 begann die Rote Armee zw. der Ostsee und den Karpaten eine Großoffensive, die sie bis Febr. 1945 an die Oder brachte.

Auf der Konferenz von Jalta (4. bis 11. 2. 1945) einigten sich Roosevelt, Churchill und Stalin v. a. über ihre Dtl.- und Polen-Politik.

Zw. Anfang Febr. und Ende April 1945 besetzten die Westalliierten den W Dtl.s bis zur Elbe, am 16. 4. 1945 begann die Rote Armee ihre Schlussoffensive. Nachdem Hitler am 30. 4. 1945 in Berlin Selbstmord verübt hatte, übernahm Großadmiral K. Dönitz die Reg.-Verantwortung. Er ließ am 7. 5. in Reims und am 9. 5. in Berlin die Kapitulation der dt. Wehrmacht unterzeichnen. Seine Reg. wurde am 23. 5. 1945 in Flensburg verhaftet.

Am 17. 7. 1945 kamen die Siegerstaaten zur Dreimächtekonferenz in Potsdam zusammen und schlossen am 2. 8. das →Potsdamer Abkommen.

Der Krieg im Pazifik 1942 bis 1945. Die Amerikaner drangen im Zuge ihres »Inselspringens« von O nach W vor, die Briten von Indien aus nach Birma. Das jap. Heer eroberte in einer Sommeroffensive 1944 weite

Teile Chinas und suchte eine dauerhafte Landverbindung nach Indochina herzustellen. Am 4. 5. 1945 kündigte die UdSSR den Neutralitätspakt mit Japan. In Jalta hatte Stalin den Kriegseintritt spätestens 3 Monate nach Kriegsende in Europa zugesagt. Am 6. 8. wurde die erste amerikan. Atombombe auf Hiroshima geworfen, am 9. 8. 1945 die zweite auf Nagasaki. Am 8. 8. 1945 erklärte die UdSSR Japan den Krieg. Die sowjet. Fernostarmee drang in die Mandschurei und in N-Korea ein. Sie setzte ihren Vormarsch auch fort, als Kaiser Hirohito am 14. 8. 1945 die Kapitulation Japans verkündete (am 2. 9. 1945 unterzeichnet). Die Kolonialmächte kehrten nach SO-Asien zurück, gerieten jedoch in Konflikt mit den Unabhängigkeitsbewegungen in den Ländern, die im Augenblick der jap. Kapitulation ihre Selbstständigkeit proklamiert hatten. Große Teile N-Chinas wurden von den Truppen Mao Zedongs eingenommen.

Wendehals

Bilanz des Zweiten Weltkriegs. Dtl., Japan und Italien schieden aus dem System der polit. Großmächte aus, geschwächt waren aber auch die Positionen Großbritanniens und Frankreichs. Endgültig zur Weltmacht stiegen die USA auf, zu ihrem großen Konkurrenten wurde im Zeitalter des Kalten Kriegs die UdSSR. – Insgesamt forderte der 2. Weltkrieg mindestens 55 (nach anderen Schätzungen 62) Mio. Tote, Dtl. hatte etwa 5 Mio. Opfer zu beklagen.

Weltkultur|erbe → Welterbe.

Weltliteratur, Gesamtheit der Nationalliteraturen aller Völker und Zeiten; auch Bez. für Werke, die über ihren nat. Entstehungsbereich hinaus Geltung haben.

Weltpostverein, Zusammenschluss der Länder der Erde zur Regelung und Vereinheitlichung zwischenstaatl. Postbeziehungen (**Weltpostvertrag** 1878); auf Anregung H. v. Stephans 1874 gegr., seit 1948 Sonderorganisation der UNO, Sitz Bern.

Weltraumfahrt → Raumfahrt.

Weltraumrecht, Regeln und Grundsätze des Völkerrechts über die Rechte und Pflichten der Staaten bei der Raumfahrt und der Nutzung des Weltraums und der Himmelskörper. Der **Weltraumvertrag** von 1967 regelt zus. mit ergänzenden Verträgen die friedl. Nutzung des Weltraums.

Wim Wenders

Weltraumteleskope, Teleskope, die auf Satelliten installiert sind und außerhalb der irdischen Atmosphäre eingesetzt werden (→ Hubble-Weltraumteleskop, → ROSAT).

Weltrekord, sportl. Weltbestleistung, die von der obersten internat. Sportbehörde anerkannt ist.

Weltreligionen, Religionen, die eine universelle Geltung beanspruchen und über weite Räume verbreitet sind: Christentum, Judentum, Islam, Hinduismus, Buddhismus.

Welt|urheberrechtsabkommen, internat. Abkommen vom 6. 9. 1952 (am 24. 7. 1971 revidiert) zw. den meisten Kulturstaaten der Welt zum Schutz des → Urheberrechtes. Die → Berner Übereinkunft bleibt daneben für die europ. Staaten verbindlich.

Weltwährungsfonds → Internationaler Währungsfonds.

Weltwirtschaft, Gesamtheit der wirtschaftl. Beziehungen und Verflechtungen, die durch Außenhandel und die Bewegungen von Arbeitskräften und Kapital zw. Volkswirtschaften entstanden sind. Die Gesamtheit der zwischenstaatl. Handelsbeziehungen wird als **Welthandel** bezeichnet. Die W.-Ordnung wird durch Abkommen (z. B. GATT), Wirtschaftsgemeinschaften (z. B. EU) und internat. Organisationen geprägt (z. B. Internat. Währungsfonds).

Weltwirtschaftskrise, in seinen Ausmaßen und Auswirkungen umfassender wirtschaftl. Zusammenbruch großer Teile der Weltwirtschaft; bes. die W., die sich mit dem Kurssturz an der New Yorker Börse (Schwarzer Freitag: 25. 10. 1929) global ausweitete.

Weltwunder → sieben Weltwunder.

Weltzeit, Abk. **UT** [von engl. Universal Time], auf den Null-Meridian (denjenigen von Greenwich) bezogene Skala der mittleren Sonnenzeit. Es gibt versch. W.-Skalen (UT 0, UT 1, UT 2), die sich durch die Art der berücksichtigten Korrekturen unterscheiden. Die Koordinierte W. UTC ist eine Skala, die aus den Zeitmessungen versch. weltweit verteilter Institute ermittelt wird. Sie ist an die Internat. Atomzeit angeschlossen und Basis für die Berechnungen der Zonenzeiten.

Wemfall, Dativ, Ⓢ bezeichnet die Person oder Sache, der eine Handlung zugute kommt.

Wendegetriebe, ⚙ Rädergetriebe zur Umkehrung des Drehsinns des Abtriebsrads bei gleich bleibendem Drehsinn des Antriebsrads.

Wendehals, etwa 15 cm große Art der Spechte, rindenfarbig; Zugvogel.

Wendekreis, ☼ 1) Deklinationskreis an der Himmelssphäre, in dem die Sonne zum Zeitpunkt der Sommer- (um den 21. 6.; **W. des Krebses** mit ihrer größten nördl. Deklination von 23° 27′) oder Wintersonnenwende (um den 21. 12.; **W. des Steinbocks** mit ihrer größten südl. Deklination von −23° 27′) steht. 2) die beiden Parallelkreise auf der Erde, über denen die Sonne zu den Zeitpunkten der Sonnenwenden senkrecht steht (23° 27′ nördl. oder südl. Breite).

Wendel, Schraubenlinie, bes. ein schraubenförmig aufgewundener Draht (z. B. in Glühlampen).

Wendelin, fränk. Einsiedler oder Mönch in den Vogesen, † um 570; Heiliger (Tag: 20. 10.).

Wendelstein, Gipfel der Bayer. Alpen, zw. Inn und Schliersee, 1838 m hoch, Wetterwarte, Sonnenobservatorium mit Wind-Sonnen-Versuchskraftwerk, Funk- und Fernsehsender; Zahnradbahn, Großkabinenseilbahn.

Wenden, 1) alle nach der Völkerwanderung in Mittel- und Ost-Dtl. sowie in den Ostalpenländern ansässigen Slawen. – **2)** die → Sorben.

Wenders, Wim, dt. Filmregisseur, * 1945; »Alice in den Städten« (1973), »Paris, Texas« (1984), »Der Himmel über Berlin« (1987), »In weiter Ferne, so nah!« (1993).

Wenfall, Akkusativ, Ⓢ bezeichnet die Sache oder die Person, auf die sich eine Tätigkeit richtet.

Wenzel, Herrscher: **Hl. Röm. Reich. 1) W.,** König (1378 bis 1400), * 1361, † 1419; Sohn Kaiser Karls IV., seit 1363 König von Böhmen (als **W. IV.**), als Römischer König 1400 von den Kurfürsten abgesetzt. – **Böhmen. 2) W. I., der Heilige,** Herzog (seit 921), * um 903, † (ermordet) 929 oder 935; führte das Christentum in Böhmen ein.

Werbellinsee, See in der Mark Brandenburg, 8 km² groß, bis 51 m tief; Pfahlbaureste.

Werbung, planmäßige Information, die die angesprochene Personengruppe zu einem bestimmten Verhalten anregen will. W. für ideelle Zwecke (z. B. polit. Ideen) nennt man → Propaganda. Die **Wirtschafts-W.** (Reklame) umfasst alle Maßnahmen zur Absatzförderung: Anzeigen, Werbebriefe, Prospekte, Flugblätter, Kataloge, Plakate, Schaufenster, Licht-, Film-, Funk- und Fernseh-W., einprägsame Werbesprüche (Slogans) u. a. Ein Unternehmen kann die W. selbst durchführen oder sie einer **Werbeagentur** übertragen. Bei der **Gemeinschafts-W.** werben mehrere Anbieter gemeinsam.

Werbungskosten, Aufwendung des Steuerpflichtigen zur Erzielung und Sicherung seines Einkommens; vom steuerpflichtigen Einkommen abziehbar.

Werchojansk, Stadt in NO-Sibirien, Russland, an der Jana, rd. 2000 Ew.; einer der Kältepole der Erde (Januarmittel −48,9, absolutes Minimum −67,8, Junimittel 15,3 °C).

Werder *der,* **Werth, Wörth,** Flussinsel, z. B. Nonnenwerth im Rhein; auch Land zw. Flüssen oder trockengelegte, urbar gemachte Gegend, z. B. **Danziger W.**, zw. Weichsel und Mottlau.

Werefkin, Marianne (Wladimirowna) von, russ. Malerin, * 1860, † 1938; Mitbegründerin des »Blauen Reiters«, malte dekorative, von Kandinsky beeinflusste Bilder mit expressionistischen Elementen.

Werfall, Nominativ, Ⓢ Grundform der Substantive; bezeichnet eine Person und Sache als Gegenstand einer Aussage.

Werfel, Franz, österr. Schriftsteller, * 1890, † 1945 als Emigrant in den USA; ekstat.-visionäre Gedichte, in denen er sich zu mitleidender Liebe und Brüderlichkeit bekennt; später vom historisch-polit. Realismus geprägte Dramen und Romane.

Werft, ⚓ Industrieunternehmen für Bau, Ausrüstung und Reparatur von Schiffen.

Wergeld [ahdt. wer »Mann«], **Blutgeld,** im german. Altertum und im MA.: Sühnegeld für einen Totschlag an die Sippe des Erschlagenen.

Werkbund, Deutscher W., Abk. **DWB,** 1907 gegr., 1947 neu gegr., setzt sich für gute Form, eine materialgerechte Verarbeitung, Zweckmäßigkeit und Preiswürdigkeit aller Waren ein.

Werkschulen, von meist großen Ind.- und Handelsunternehmen betriebene Berufs- und Fachschulen.

Werkspionage [-ʒə], Auskundschaftung von Geschäfts- oder Betriebsgeheimnissen, als unlauterer Wettbewerb, Diebstahl oder Offenbarung von Geheimnissen strafbar.

Werkstoffprüfung, Materialprüfung, ⚙ dient der Feststellung der Eigenschaften von techn. nutzbaren Werkstoffen, untersucht z. B. Festigkeit, Härte, Dehnbarkeit, Verhalten bei versch. Belastungsarten (wie Stoß, Schwingungen und Dauerbeanspruchung), Zusammensetzung.

Werkvertrag, ⚖ Vertrag, durch den sich der Unternehmer zur Herstellung eines bestimmten Werks, der Besteller zur Entrichtung der vereinbarten Vergütung verpflichtet (§§ 631 ff. BGB). Soll der Unternehmer auch das Material liefern, so liegt ein **Werklieferungsvertrag** vor; dieser wird, wenn eine vertretbare Sache herzustellen ist, wie ein Kauf, sonst im Wesentlichen wie ein W. behandelt (§ 651 BGB).

Werkzeuge, ⚙ Geräte zur Bearbeitung und Formgebung, wie Hämmer, Meißel, Bohrer, Sägen, Schleifscheiben, Spaten, Hacken.

Werkzeugmaschinen, ⚙ Maschinen zur spanenden oder spanlosen Formung von Gegenständen wie Drehbank, Fräs-, Hobel-, Bohr-, Schleifmaschine, Presse, Maschinenhammer.

Werl, Stadt in NRW, am Hellweg, 30 000 Ew.; Wallfahrtskirche (14. Jh.); Industrie.

Wermelskirchen, Stadt in NRW, im Berg. Land, 36 600 Ew.; Metallverarbeitung.

Wermut, Absinth, Korbblütler mit gelben Blütenköpfen, Schwesterart des Beifuß, in ganz Europa, sehr bitter. **W.-Wein,** schwacher Auszug von W.-Kraut mit Wein. **W.-Öl,** ein Duftstoff.

Werne, Stadt in NRW, an der Lippe, 31 200 Ew.; elektrotechn. Ind., Brennerei; Großkraftwerk.

Werner, **1)** Alfred, schweizer. Chemiker, * 1866, † 1919; arbeitete über die Bindung von Atomen in Molekülen; Nobelpreis 1913. – **2)** Theodor, dt. Maler, * 1886, † 1969; abstrakte Bilder, lebhaft bewegt, in leuchtenden Farben.

Wernher der Gartenaere [-nɛrə], mhdt. satir. Dichter aus der 2. Hälfte des 13. Jh.; schrieb die satir. Versnovelle »Meier Helmbrecht« über den Verfall des Rittertums.

Wernigerode, Krst. in Sa.-Anh., Fremdenverkehrszentrum am N-Rand des Harzes, 39 100 Ew.; Rathaus (15. Jh.), zahlreiche Fachwerkbauten, Schloss der Fürsten zu Stolberg-W.; Herstellung von Elektromotoren, Schreibgeräten, Getrieben.

Werra *die,* rechter Quellfluss der Weser, 293 km lang, entspringt am Thüringer Wald, vereinigt sich bei Hann. Münden mit der Fulda zur Weser.

Werst *die,* altes russ. Längenmaß = 1066,8 m.

Wert, ✐ Bedeutung eines Gutes für die Bedürfnisbefriedigung, nach den Kosten **(objektiver W.)** oder dem Nutzen **(subjektiver W.)** bemessen. Man unterscheidet Gebrauchs- und Tauschwert.

Wertheim, Große Krst. im Main-Tauber-Kr., Bad.-Württ., 23 000 Ew.; Glasindustrie u. a.; maler. Stadtbild, über W. eine der größten Burgruinen Dtl.s (Stammsitz der Grafen von W.).

Wertigkeit, Valenz, ⚗ das gegenseitige Bindungsvermögen der chem. Elemente. Die **stöchiometr. W.** ist die Anzahl von Wasserstoffatomen, die von einem Atom gebunden oder in einer Verbindung ersetzt werden können; demgemäß spricht man von einwertigen, zweiwertigen usw. Elementen. **Ionen-W., Ionenladungszahl,** die Anzahl der mit einem Ion verbundenen freien elektr. Ladungen. **Oxidations-W., Oxidationszahl,** Oxidationsstufe von Elementen und Verbindungen; sie ergibt sich aus Redoxreaktionen. **Bindungs-W., Bindigkeit, Kovalenz,** die W. bei unpolarer Atombindung.

Wertmüller, Lina, ital. Filmregisseurin, * 1928; groteske, sozialkrit. Filme: »Liebe und Anarchie« (1973), »Camorra« (1985).

Wertpapier, ⚖ Urkunde, in der Vermögensrechte derart verbrieft sind, dass sie ohne Urkunde weder geltend gemacht noch auf andere übertragen werden können; man unterscheidet Namenspapiere, Orderpapiere, Inhaberpapiere.

Wertrationalität → Zweckrationalität.

Wertschöpfung, ✐ Summe der in einem Unternehmen oder einer Volkswirtschaft während einer Periode geschaffenen wirtschaftl. Werte; ergibt sich aus dem Nettoproduktionswert.

Wertsicherungsklausel, vertragl. Vereinbarung zum Schutz gegen Geldentwertung.

Werwolf [ahdt. Mannwolf], **1)** im Volksglauben: Mensch, der (v. a. nachts) Wolfgestalt annehmen kann. – **2)** im letzten Kriegsjahr vom natsoz. Regime proklamierte Untergrundarmee, die militärisch bedeutungslos blieb.

Wesel, Krst. in NRW, am Niederrhein, 60 700 Ew.; Häfen an Rhein und Lippe; got. Willibrordikirche; Glashütte u. a. Industrie.

Wesel-Datteln-Kanal, Binnenschifffahrtskanal entlang der Lippe, 85 km lang.

Wesen, lat. **Essentia,** Ⓟⓗ das Wesentliche, die Eigenart, das Sosein eines Dinges (im Ggs. zu seinem Dasein, der **Existentia**).

Wesendonck, Mathilde, geb. **Luckemeyer,** dt. Schriftstellerin, * 1828, † 1902; Freundin R. Wagners, der ihre »Fünf Gedichte« vertonte (1857/58, »W.-Lieder«).

Weser *die,* einer der Hauptflüsse Dtl.s, entsteht bei Hannoversch Münden aus Fulda und Werra, durchfließt das Weserbergland bis zur Westfäl. Pforte, dann das Norddt. Tiefland, mündet in die Nordsee; 440 km lang, schiffbar. Hauptnebenflüsse: rechts Aller; links Diemel, Werre, Hunte. Kanalverbindungen mit Ems, Rhein und Elbe.

Weserbergland, Bergzüge zu beiden Seiten der Weser von Hannoversch Münden bis Minden (Hessen, NRW und Ndsachs.): Bramwald, Solling, Hils, Ith, Süntel, Deister, Bückeberge, das Wesergebirge, das in der Westfäl. Pforte von der Weser durchbrochen wird und sich im W im Wiehengebirge fortsetzt, das Lipper Bergland, der Teutoburger Wald u. a.

Wesfall, Genitiv, Ⓢ bezeichnet allg. die Beziehung eines Begriffs auf einen andern.

Wesir [arab. »Stütze«] *der,* früher leitender Minister in islam. Staaten.

Franz Werfel

Wermut

Alfred Werner

Mathilde Wesendonck
Ausschnitt aus einem zeitgenössischen Ölgemälde

Wesker ['weskə], Arnold, brit. Schriftsteller, *1932; schreibt sozialkrit. Stücke: »Hühnersuppe mit Graupen« (1959), »Nächstes Jahr in Jerusalem« (1960), »Die Küche« (1960), »Die Alten« (1973), »Shylock« (1977), »Distinctions« (1985).

Wesley ['wezlı], John, brit. Theologe, *1703, †1791; Stifter der → Methodisten.

Wespen, Hautflügler mit faltbaren Flügeln. Ihr Körper ist schlank, unbehaart, meist gelbschwarz und hat einen Giftstachel am Hinterleib. Die W. leben räuberisch und nähren sich von Insekten, daneben auch von Früchten, Honig. Sie leben einzeln oder Staaten bildend in Erdhöhlen, Baumlöchern und an Dachbalken. Ihre kunstvollen Nester bestehen aus »Papier«, d. h. zernagtem Holz und Speichel.

Wesseling, Stadt in NRW, südlich von Köln, 32 000 Ew.; Rheinhafenanlagen für Braunkohlen- und Erdölumschlag, petrochem. Ind., Raffinerien.

Wessely, Paula, österr. Schauspielerin, *1907; ⚭ mit dem Schauspieler Attila Hörbiger.

Wessenberg, Ignaz Heinrich v., dt. kath. Theologe, *1774, †1860; reformierte den Gottesdienst durch Einführung der dt. Sprache und setzte sich für eine Verbesserung der Klerikerausbildung und eine Reform des Schulwesens ein.

Wessex ['wesıks »Westsachsen«], im 6. bis 9. Jh. eines der altangelsächs. Kgr. in England.

Wessobrunn, Gemeinde im Kr. Weilheim-Schongau, Oberbayern; vom ehem. Benediktinerkloster ist die barocke Dreiflügelanlage (1680 ff.) erhalten.

West [west], Rebecca, eigentl. Dame (seit 1956) Cecily Isabel **Andrews,** brit. Schriftstellerin, *1892, †1983; Essays, Biographien, psychoanalyt. Romane (»Die Zwielichtigen«, 1966, u. a.).

West Bank [west bæŋk], → Westjordanland.

West Bengal ['west beŋ'gɔ:l], Gliedstaat in NO-Indien, am Unterlauf des Ganges, 88 752 km², 68,1 Mio. Ew.; Hptst. Kalkutta. Fruchtbares, stark industrialisiertes und dicht besiedeltes Tiefland.

Westen, Zeichen **W,** die Himmelsgegend des Sonnenuntergangs.

Westerland, Stadt und Seebad auf der Insel Sylt (Schlesw.-Holst.), 9 500 Ew.; Spielkasino, ✈.

Westermann, Georg, dt. Verleger, *1810, †1879; verlegte T. Storm, W. Raabe. »W.s illustrierte dt. Monatshefte« (1856 bis 1987).

George Westinghouse

Western, 1) Wildwestroman, auf die Kolonisationszeit im W Nordamerikas bezogene Abenteuerromane. – **2)** früher auch **Wildwestfilm,** Filmgattung, die meist die Eroberung des amerikan. Westens durch die weißen Siedler verklärt sowie, z. T. kritisch, die damaligen Lebensbedingungen schildert.

Western Australia ['westən ɔ'streılјə], **Westaustralien,** Bundesland des Austral. Bundes, im W des Kontinents, 2 525 500 km², 1,586 Mio. Ew.; Hptst.: Perth.

Westerwald, Teil des rechtsrhein. Schiefergebirges in Rheinl.-Pf., wellige Hochfläche zw. Rhein, Lahn, Sieg, bis 656 m hoch.

Westeuropäische Union, Abk. **WEU,** durch die Pariser Verträge von 1954 gegr., aus dem Brüsseler Vertrag von 1948 hervorgegangene Gemeinschaft Großbritanniens, Frankreichs, Belgiens, der Niederlande, Luxemburgs, Dtl.s, Italiens, Spaniens, Portugals und Griechenlands; Sitz London. Die Teilnehmer bilden einen Rat der 10 Außenmin. mit einem Ständigen Rat als Unterorgan und sichern sich Beistand im Angriffsfall zu; ist in die NATO eingegliedert.

Westfalen, Teil des Landes NRW. Es umfasst die Westfäl. Bucht und die südl. und östl. anschließenden Gebirge (Sauerland, Rothaargebirge, Eggegebirge, Teutoburger Wald, Wiehengebirge, Weserkette); teils fruchtbar, teils von Moor- und Heideflächen bedeckt; Bergbau und Ind., bes. im Ruhrgebiet; Ackerbau und Viehzucht bes. in der Westfäl. Bucht, am Hellweg, in der Soester und Warburger Börde und um Minden. – Urspr. bildete W. den westl. Teil des altsächs. Stammesgebiets. 1180 zerfiel es in zahlreiche geistl. und weltl. Herrschaften. Das von Napoleon I. geschaffene **Kgr. W.** (1807 bis 1813) unter seinem Bruder Jérôme umfasste Kurhessen, Hannover, Braunschweig und die meisten bisher preuß. Besitzungen westl. der Elbe, mit der Hptst. Kassel. 1815 wurde der größte Teil W.s eine preuß. Provinz.

Westfälische Pforte, lat. **Porta Westfalica,** Durchbruchstal der Weser südl. von Minden zw. Wiehen- und Wesergebirge.

Westfälischer Frieden, beendete 1648 den Dreißigjährigen Krieg, wurde in Münster mit Frankreich, in Osnabrück mit Schweden geschlossen: Schweden erhielt Vorpommern mit der Odermündung und Stettin, die Inseln Rügen, Usedom und Wollin, Wismar, das Erzbistum Bremen und das Bistum Verden. Frankreich erhielt die habsburg. Besitzungen im Elsass; der Besitz von Metz, Toul und Verdun wurde bestätigt. Brandenburg erhielt Hinterpommern, die Bistümer Halberstadt und Minden und die Anwartschaft auf das Erzbistum Magdeburg. Die Niederlande und die Schweiz wurden endgültig als unabhängig vom Hl. Röm. Reich anerkannt. Die Reichsstände erhielten das Recht, Bündnisse zu schließen (die sich jedoch nicht gegen Kaiser und Reich richten durften). Der Augsburger Religionsfriede wurde auf die Reformierten ausgedehnt.

Westfriesische Inseln, niederländische Gruppe der Fries. Inseln: Texel, Vlieland, Terschelling, Ameland, Schiermonnikoog, Rottum.

Westindische Assoziierte Staaten, 1967 gegr. Föderation autonomer, mit Großbritannien verbundener Staaten im Bereich der Kleinen Antillen. Außer Anguilla erhielten ihre Mitglieder die Unabhängigkeit, 1974 Grenada, 1978 Dominica, 1979 Saint Lucia und Saint Vincent, 1981 Antigua als Antigua und Barbuda, 1983 Saint Christopher and Nevis.

Westindische Inseln, Karibische Inseln, Inselgruppen Mittelamerikas. Sie umfassen die Großen und Kleinen Antillen, die Bahama-Inseln mit Turks- und Caicos-Inseln, 234 478 km², 33 Mio. Ew. Sie sind der Rest eines alten Gebirges, das seine heutige Gestalt im Tertiär durch erneute Faltungen, Hebungen und Einbrüche erhielt, begleitet von vulkan. Ausbrüchen, die z. T. bis heute andauern. Vegetation: trop. Regenwälder, Savannen, Trockenwald.

Westinghouse ['westıŋhaʊs], George, amerikan. Ingenieur, *1846, †1914; erfand die Druckluft-Eisenbahnbremse.

Westjordanland, engl. **West Bank,** westl. des unteren Jordan und des Toten Meers gelegenes Gebiet, rd. 5 650 km², 955 000 Ew.; 1920 bis 1948 Teil des brit. Mandats Palästina, nach 1950 Teil Jordaniens, im Sechstagekrieg (1967) von Israel besetzt, 1988 von Jordanien an die PLO abgetreten. 1993 unterzeichneten Israel und die PLO eine Grundsatzerklärung über eine palästinens. Autonomie für die im W. gelegene Stadt Jericho (1995 ausgedehnt) und den Gazastreifen (»Gaza-Jericho-Abkommen«). Die Schaffung einer Selbstverwaltung sowie der Abzug der israel. Truppen erfolgte nach dem Autonomieabkommen von 1994; Januar 1996 Wahl eines Autonomierats (Parlament) sowie dessen Präs. (J. Arafat).

Westminster ['westmınstə], Stadtbezirk in London mit neugot. Parlamentsgebäude; **W. Abbey,** engl. Krönungskirche im frühgot. Stil.

Westpreußen, bis 1918 preuß. Prov. beiderseits der unteren Weichsel. W. war aus dem alten Deutschordensstaat (→ Deutscher Orden) hervorgegangen, bes. aus dem 1308/09 eroberten Teilherzogtum Pommerellen. Seit 1466 bildete es mit dem Ermland einen Ständestaat unter poln. Schutzherrschaft. 1569 wurde der größte Teil mit Polen vereinigt. 1772/73 kam W. an Preußen, 1919 fiel der größte Teil an Polen. Die westl. Kreise wurden mit der neuen Grenzmark Posen-W., die östl. mit Ostpreußen vereinigt, Danzig zur Freien Stadt erklärt; ab 1945 unter poln. Verw., 1991 völkerrechtl. verbindlich an Polen.

Weströmisches Reich, die W-Hälfte des Röm. Reichs seit der Teilung von 395 n. Chr. Es endete 476 mit Kaiser Romulus Augustulus.

Westsahara, Gebiet an der NW-Küste Afrikas zw. Marokko und Mauretanien, 252 120 km², etwa 250 000 Ew. (meist nomadisierende Berber), Hptst.: El-Aaiún. W., ein sehr regenarmes Randgebiet der Sahara, ist im Innern ein 300 bis 350 m hohes Plateau, z. T. von Wadis stark zerschnitten. Im N Dattelpalmenkulturen in den Oasen; bedeutender Phosphatabbau, Salzgewinnung, Fischfang. – Seit 1901 war dieses Gebiet als **Span.-Sahara** eine eigenständige span. Kolonie, die 1958 zur Prov. erklärt wurde; kam 1975 als W. unter gemeinsame Verw. von Marokko und Mauretanien. Die Befreiungsbewegung FPOLISARIO, unterstützt von Algerien, tritt dagegen für die Unabhängigkeit von W. ein (»Demokrat. Arab. Rep. Sahara«, DARS). Mauretanien trat 1979 unter marokkan. Protest seine Zone an die DARS ab; daraufhin besetzte Marokko auch dieses Gebiet; 1991 Waffenstillstand. Die geplante Volksabstimmung über die staatl. Zukunft der W. konnte noch nicht durchgeführt werden.

Westsamoa, englisch **Western Samoa** ['westən sə'məʊə], Staat auf den Samoa-Inseln, deren größeren Teil er umfasst (Savaii, Upolu u. a.), 2934 km², 164 000 Ew.; überwiegend Polynesier christl. Konfessionen. Hptst.: Apia. Verwaltungsgliederung: 24 Distrikte. – 1899 dt. Schutzgebiet, 1920 neuseeländ. Völkerbundsmandat, 1962 unabhängig im Rahmen des Commonwealth; 1991 erstmals Wahlen auf allg. Grundlage.

Westslawen, die Polen, Tschechen, Slowaken, Sorben, Kaschuben.

West Virginia ['west və'dʒɪnɪə], Abk. **W. Va.,** Staat im O der USA, durch das Alleghenygebirge von Virginia getrennt; 62 759 km², 1,79 Mio. Ew.; Hptst. Charleston. Gebirgsland; ⚒ (bes. auf Kohle), Erdöl- und Erdgasförderung, Eisen-, Stahl-, chem. Großind., Viehzucht.

Westwall, 1936 bis 1939 errichteter Befestigungsgürtel an der Westgrenze des Dt. Reiches von Aachen bis Basel.

Westwinddrift, kräftige, von W nach O gerichtete Luftströmung der gemäßigten Breiten.

Wettbewerb, Konkurrenz, ✐ Wetteifern der Wirtschaftssubjekte (v. a. Unternehmen) am Markt; W. steuert in der Marktwirtschaft den Wirtschaftsprozess. **W.-Beschränkungen,** z. B. durch Kartelle, wird durch Maßnahmen der W.-Politik zur Gewährleistung eines funktionsfähigen W. begegnet.

Wettbewerbsverbot, ✐ Verpflichtung des Arbeitnehmers, dem Arbeitgeber keine Konkurrenz zu machen (entsteht während der Dauer des Arbeitsverhältnisses aus der Treuepflicht, nach seinem Abschluss nur aufgrund besonderer Vereinbarung).

Wette, 1) allg.: Vertrag ohne klagbare Verbindlichkeit (§ 762 BGB), bei dem eine oder (meist) beide Parteien sich zur Bekräftigung widersprechender Behauptungen verpflichten, dass der, dessen Behauptung sich als unrichtig erweist, eine bestimmte Leistung bewirken soll. – **2)** Pferderennen: →Totalisator. – **3) Sport-W., Toto, Fußball-W.,** wird durch ausgefüllte und bei amtl. Wettstellen eingereichte Wettscheine abgeschlossen; Gewinnausschüttung gemäß der Anzahl richtiger Voraussagen für den Ausgang der auf dem Wettschein aufgedruckten Spiele. Gespielt wird Elfer-W., Auswahl-W. 6 aus 45.

Wetter, der jeweilige Zustand der Lufthülle am Beobachtungsort, mitbestimmt durch Tiefdruck- und Hochdruckgebiete (Zyklonen, Antizyklonen), Warm- und Kaltfronten. Die räuml. Zusammenfassung des W. ergibt die **W.-Lage.** Das W. bildet das Forschungsgebiet der **W.-Kunde** oder **Meteorologie.** Die Organe der prakt. W.-Kunde sind die **W.-Dienste:** Beratung der Luft- und Schifffahrt, der Landwirtschaft u. a. Wirtschaftszweige (Frost-, Glatteisgefahr, Sturmwarnungen u. Ä.), öffentl. **W.-Berichte** und W.-Vorhersagen. Die **W.-Vorhersage** ist auf rascheste Vereinigung der Beobachtungen in einem ausgedehnten Gebiet angewiesen (Funkwetterdienst). Aus den Meldungen zahlreicher Beobachtungsstationen geht die tägl. **W.-Karte** hervor. Die Genauigkeit der Vorhersagen wird durch **W.-Satelliten** mit Fernsehkameras und Strahlungsmessgeräten gefördert. **Langfristige W.-Vorhersagen** können nur den Witterungscharakter, aber keine einzelnen Wetterereignisse vorhersagen.

Wetter, Friedrich, dt. Kardinal (seit 1985), * 1928; 1968 bis 1982 Bischof von Speyer, seit 1982 Erzbischof von München und Freising.

Wetter|au, fruchtbare Landschaft (Lössboden) in Hessen, zw. Taunus und Vogelsberg.

Wetterleuchten →Gewitter.

Wetter (Ruhr), Stadt in NRW, im Sauerland, 30 000 Ew.; Maschinen-, Gussstahlindustrie.

Wetterscheide, Landschaftsteil (Gebirge, Fluss, See), der Gebiete mit verschieden ausgebildetem Wetter trennt.

Wettersteingebirge, Gruppe der Tirolisch-Bayer. Kalkalpen in Bayern und Österreich, mit der →Zugspitze.

Wettiner, dt. Fürstengeschlecht, nach der Burg **Wettin** bei Halle (Saale) genannt; erwarb 1089 die Mark Meißen, 1264 Thüringen und 1423 auch Sachsen-Wittenberg mit der Kurwürde. 1485 trennten sich die Brüder Ernst (Kurfürst) und Albrecht und bildeten die beiden sächs. Hauptlinien der **Ernestiner** und der **Albertiner.** Die Kurwürde ging 1547 auf die Albertiner über.

Wettingen, Gemeinde im Kt. Aargau, Schweiz, 17 700 Ew.; Metallverarbeitung; Limmatkraftwerk; got. Zisterzienserkloster.

Wetzlar, Krst. in Hessen, an der Lahn, 53 000 Ew.; Dom; Eisen-, feinmechan.-opt., Stahl- u. a. Ind. – W. wurde 1180 Reichsstadt. 1693 bis 1806 Sitz des Reichskammergerichts.

WEU, Abk. für →**W**est**e**uropäische **U**nion.

Weyden ['wɛjdə], Rogier van der, niederländ. Maler, * 1399 oder 1400, † 1464; Altäre; religiöse Einzeltafeln; Porträts.

Weyrauch, Wolfgang, dt. Schriftsteller, * 1904, † 1980; Erz., Lyrik, Hörspiele, Essays.

WEZ, Abk. für **W**est**e**uropäische **Z**eit.

Wheatstone-Brücke ['wi:tstən-], ⚡ von dem brit. Physiker Sir Charles Wheatstone (* 1802, † 1875) er-

Westsamoa

Staatswappen

Staatsflagge

Internationales Kfz-Kennzeichen

West Virginia
Flagge

Friedrich Wetter

Wetzlar
Stadtwappen

fundenes Gerät zur Messung elektr. Widerstände durch Vergleich mit einem bekannten Widerstand.

Whigs [wɪgz], in England/Großbritannien seit 1679 die Partei der Gegner der kath. Thronfolge, der Stuarts und der Tories; seit etwa 1832 entstand aus den W. die Liberale Partei.

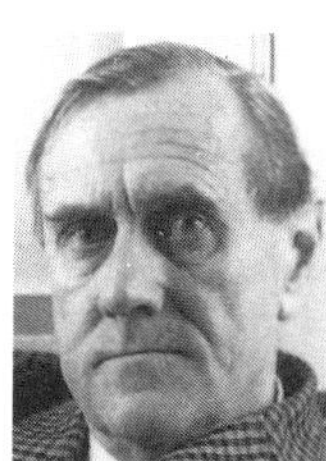

Patrick Victor Martindale White

Whip [wɪp], → Einpeitscher.

Whirlpool [ˈwɔ:lpu:l], Bassin, in dem vorgeheiztes Wasser (40 °C) bodennah angesaugt und unter hohem Druck mit Luftzusatz als Sprudelwasser mit Massageeffekt zurückgepumpt wird.

Whisker [ˈwɪskə, engl. »Barthaar«] *der,* sehr feine, nadelförmige Einkristalle mit großer mechan. Festigkeit; zur Verstärkung von Verbundwerkstoffen.

Whisky [ˈwɪskɪ, in Schottland und Kanada], **Whiskey** [in Irland und den USA], ein Getreidebranntwein: **Schott. W.** (Scotch), aus gedarrtem Gerstenmalz (Malt W.), meist mit Korn-W. (Grain W.) vermischt (Blended Scotch), amerikan. Rye-W. wird aus Roggen, Bourbon-W. vielfach aus Mais als Hauptausgangsprodukt destilliert.

Whist [wɪst] *das,* Kartenspiel für 4 Spieler, mit frz. Karte (52 Blatt).

Alfred North Whitehead

Whistler [ˈwɪslə], James A. McNeill, amerikan. Maler, Radierer, *1834, †1903; impressionist. gehaltene Bilder, Radierungen und Lithographien.

White [waɪt], Patrick Victor Martindale, austral. Schriftsteller, *1912, †1990; breit angelegte, gesellschaftskrit. Romane (»Zur Ruhe kam der Baum des Menschen nie«, 1955; »Voss«, 1957; »Im Auge des Sturms«, 1973). Nobelpreis 1973.

Whitehead [ˈwaɪthed], Alfred North, brit. Philosoph, Mathematiker, *1861, †1947; baute die math. Logik auf, schuf eine Kosmologie.

Whitman [ˈwɪtmən], Walt, amerikan. Dichter, *1819, †1892; »Grashalme« (1855), Gedichte in freien Rhythmen auf eine pantheistisch aufgefasste Natur, die amerikan. Demokratie und die mitmenschl. Brüderlichkeit.

WHO → Weltgesundheitsorganisation.

Who's who [ˈhu:z ˈhu: »Wer ist wer«], seit 1849 jährl. in London erscheinendes biograph. Lexikon über Personen des öffentl. Lebens in Großbritannien; wurde Vorbild ähnl. Verzeichnisse in aller Welt.

Wiborg → Wyborg.

Johann Hinrich Wichern

Wichern, Johann Hinrich, dt. ev. Theologe, *1808, †1881; »Vater der Inneren Mission«, gründete das → Rauhe Haus.

Wichita [ˈwɪtʃɪtɔ:], Stadt in Kansas, USA, 304 000 Ew.; 2 Univ.; Flugzeug- u. a. Industrie.

Wichte, früher **spezifisches Gewicht,** Gewichtskraft der Raumeinheit eines Stoffs, meist angegeben in N/cm^3.

Wicke, Vicia, Schmetterlingsblütler, Kletterpflanzen mit Blattranken: z. B. die rotviolette **Vogel-W.,** ein Zaun- und Getreideunkraut; die **Futter-W.,** eine purpurblauweiß blühende Futterpflanze.

Wickelbär, katzengroßer, klettertüchtiger Kleinbär Mittel- und Südamerikas mit Greifschwanz.

Bernhard Wicki

Wicki, Bernhard, schweizer. Schauspieler, Filmregisseur, *1919; inszenierte u. a. die Filme »Die Brücke« (1959), »Das Spinnennetz« (1989).

Wickler, Blattwickler, Familie der Schmetterlinge, deren Raupen zw. zusammengewickelten Blättern, in versponnenen Blüten und in Früchten leben; Schädlinge. Apfel-, Pflaumen-, Erbsen-, Trauben-, Eichenwickler.

Wicklung, Kombination elektrischer Leiter in Form von aus Windungen bestehenden Spulen oder eine Zusammenschaltung von Spulen in elektr. Maschinen, Transformatoren, Drosseln u. a. zur Fortleitung elektr. Ströme, zur Aufnahme einer Spannungsinduktion oder zum Aufbau eines Magnetfelds. W. bestehen aus isolierten Kupferdrähten.

Wickram, Jörg, dt. Dichter, *um 1505, †vor 1562; Begründer des dt. Prosaromans, Verfasser der Schwanksammlung »Das Rollwagenbüchlein« (1555).

Wiclif [ˈwɪklɪf], John, → Wycliffe, John.

Widder, 1) männl. Schaf. – **2)** Kriegsmaschine der Antike und des MA., eine Art Mauerbrecher, Sturmbock. – **3)** nördl. Sternbild; das erste Zeichen des Tierkreises.

Widderchen, eine Schmetterlingsfamilie.

Widerklage, Gegenklage, die der Beklagte im Zivilprozess oder der Beschuldigte in einem Privatklageverfahren gegen den Kläger erheben kann; sie muss mit der Privatklage in Verbindung stehen und wird mit dieser zus. verhandelt und entschieden.

Widerlager, Mauerkörper, der den Schub eines Bogens oder Gewölbes aufnimmt.

Widerrist, bei Säugetieren der meist etwas aufgewölbte vorderste Teil des Rückens.

Widerruf, Zurücknahme einer Willenserklärung; im BGB nur in Ausnahmefällen möglich (z. B. das Testament), ebenso im Prozessrecht (z. B. die Prozessvollmacht), im Verw.-Recht Rückgängigmachen eines Verw.-Aktes.

Widerspruch, 1) Vermerk im Grundbuch, durch den auf die Unrichtigkeit einer Eintragung hingewiesen wird (§ 899 BGB). 2) Rechtsbehelf im Mahnverfahren, gegen Arrestbefehle und einstweilige Verfügungen. 3) Verwaltungsrecht: Rechtsbehelf gegen einen Verwaltungsakt.

Widerspruchsklage, Drittwiderspruchsklage, Interventionsklage, Klage, mit der geltend gemacht wird, dass der Beklagte durch die von ihm gegen seinen Schuldner betriebene Zwangsvollstreckung in die Rechte des Klägers eingegriffen habe.

Widerstand, 1) Kraft, die einer Bewegung hindernd entgegenwirkt. Der W., den ruhende Luft- und Wassermassen ausüben, ist von der Bewegungsgeschwindigkeit des bewegten Körpers und dessen Form abhängig. Er wird bei stromlinienförmigen Körpern am geringsten (Tropfenform). – **2)** **elektr. W.,** W., den ein elektr. Leiter dem Durchgang des Stroms entgegensetzt, aber auch der Leiter selbst, der diesen W. hervorruft. Der W. eines Leiters wächst mit zunehmender Länge und abnehmendem Querschnitt, der W. der Metalle steigt, der aller anderen Leiter sinkt mit steigender Temperatur. Der **spezif. W.** ist der W. eines Drahts von 1 m Länge und 1 mm^2 Querschnitt. Die Einheit des W. ist das **Ohm.** W. werden verwendet 1) zum Messen, Stellen, Steuern, Regeln, Anlassen, Spannungsteilen, 2) zur Erwärmung in Heizgeräten, z. B. Heizleiter mit hohem spezif. W. und hoher Temperaturbeständigkeit.

Widerstand gegen die Staatsgewalt, Widerstand durch Gewalt oder Bedrohung mit Gewalt oder tätl. Angriff auf einen Amtsträger oder Soldaten der Bundeswehr, der Gesetze oder behördliche Anordnungen ordnungsgemäß vollstreckt; Freiheitsstrafe (in schweren Fällen bis zu 5 Jahren).

Widerstandsbewegung, aktive Auflehnung gegen ein unrechtmäßig, diktatorisch und menschenrechtsfeindlich handelndes Regime oder gegen eine Fremdherrschaft. Teilnahme an einer W. wird unter Berufung auf das → Widerstandsrecht gerechtfertigt. Eine bes. Form des Widerstands ist der gewaltfreie Widerstand. Die **dt. W.** entwickelte sich seit 1933 in versch. Gruppen, die nur z. T. untereinander Fühlung hatten, 1) in den beiden **christl. Kirchen:** auf ev. Seite bes. die Bekennende Kirche; auf kath. Seite sowohl einige Bischöfe (z. B. Kardinal C. A. Graf v. Galen) als auch Kreise der Arbeiterorganisationen (J. Kaiser). 2) in der **Wehrmacht** (L. Beck, W. Canaris u. a.). 3) Opposition des **Konservativismus** und der **bürgerl. Mitte,** führend C. Goerdeler, in der akadem. Jugend die Geschwister → Scholl und ihr Kreis. 4) in der **Sozial-**

demokratie waren führend T. Haubach, J. Leber, W. Leuschner, C. Mierendorff, K. Schumacher; die Gruppe war die wohl an Zahl und an Opfern stärkste, mit aktivem Anhang in der Jugend. 5) →Kreisauer Kreis (H. J. v. Moltke) mit Kräften aus allen genannten Gruppen. 6) **Solf-Kreis** (um W. H. Solf und seine Frau Hanna Solf). 7) **kommunist. Opposition** (→Rote Kapelle). 8) eine **Gruppe innerhalb der NSDAP** (W. Graf v. Helldorf, J. Wagner). Über den organisierten Widerstand hinaus gab es auch einzelne Widerstandskämpfer ohne Rückendeckung einer Organisation (u.a. G. Elser). Die Beseitigung A. Hitlers und seiner Umgebung, wie sie seit 1938 mehrfach vergeblich geplant und vorbereitet worden war, scheiterte im Attentat des Claus Schenk Graf v. Stauffenberg vom 20. 7. 1944. - Die Verfolgung der W. durch die Gestapo sowie die vom Volksgerichtshof verhängten Urteile waren unmenschlich hart. - Die W. im faschist. Italien hatte wesentl. Anteil am Sturz B. Mussolinis. - Gegen die dt. Besetzung gerichtete W. bestanden im 2. Weltkrieg in fast allen besetzten Gebieten als »Untergrundbewegung«, so in Belgien, Dänemark, Frankreich (»Résistance«), Jugoslawien, den Niederlanden, Norwegen, Polen und der UdSSR. Sie reichte vom passiven Widerstand bis zum Kampf bewaffneter Verbände.

Widerstandsrecht, Recht zur Auflehnung gegen eine rechtswidrig ausgeübte Staatsgewalt. Das W. wird aus übergesetzl. Grundnormen religiöser oder staatseth. Inhalte abgeleitet. Für das W. haben sich M. Luther (nach anfängl. Verwerfung), H. Grotius, J. Milton, J. Locke, J.-J. Rousseau, C. Wolff, J. G. Fichte u.a. eingesetzt, während I. Kant das W. ablehnte. Prakt. Bedeutung erlangte das W. zur Rechtfertigung der →Widerstandsbewegungen.

Widerstoß, Limonium, Gattung der Bleiwurzgewächse; an Nord- und Ostsee der geschützte **Strandflieder** (Strandnelke, Meerlavendel).

Widia, ⚙ fast Diamanthärte erreichende Wolframcarbid-Cobalt-Legierung mit Zusätzen, z.B. Titancarbid; für Werkzeuge.

Widmark, Richard, amerikan. Filmschauspieler, *1914; »Der Todeskuß« (1947), »Ein Aufstand alter Männer« (1987).

Widmer, Urs, schweizer. Schriftsteller, *1938; Erzählungen, Stücke und Hörspiele, z.T. fantastisch-surreal.

Widmung, Zueignung als Zeichen der Verehrung oder Freundschaft.

Widukind, 1) Wittekind, Heerführer der Sachsen gegen Karl d. Gr. (ab 778), unterwarf sich 785 und wurde Christ. - **2) W. von Corvey,** sächs. Geschichtsschreiber, *um 925, †nach 973; schrieb eine lat. Sachsengeschichte (967).

Wiechert, Ernst, dt. Schriftsteller, *1887, †1950; Romane u.a. »Die Majorin« (1934), »Das einfache Leben« (1939), »Missa sine nomine« (1950).

Wiedehopf [ahdt. »Waldhüpfer«], amselgroßer, langschnäbeliger Zugvogel mit Federschopf; lebt von Kleintieren.

Wieder|aufarbeitung, Kerntechnik: Teil des Brennstoffkreislaufs, die Zerlegung abgebrannter Brennelemente in ihre Bestandteile, um daraus noch spaltbares Material zurückzugewinnen. Die W.-Anlage Wackersdorf (Dtl.) wurde noch in der Bauphase aufgegeben. Die W. von Brennelementen aus dt. Kernreaktoren findet in Sellafield (Großbritannien) oder Cap de la Hague (Frankreich) statt. (→Endlagerung)

Wieder|aufnahme des Verfahrens, ⚖ außerordentlicher Rechtsbehelf gegenüber rechtskräftigen Urteilen. Die W. d. V. kann im Zivilprozess durch Nichtigkeitsklage und Restitutionsklage geltend gemacht werden (§§578ff. Zivilprozessordnung), im Strafprozess gemäß den §§359ff. Strafprozessordnung.

Wiederbelebung, Re|animation, ⚕ das Wiederingangbringen von Atmung und Kreislauf durch künstliche Atmung und **Herzmassage** (regelmäßige Stöße mit dem Daumenballen der geöffneten Hand in die Herzgegend; auch Massage am operativ freigelegten Herzen).

Wiedergeburt, 1) bibl. Ausdruck für die religiös-sittl. Erneuerung des Menschen. - **2)** W. im Sinne der →Seelenwanderung.

Wiedergutmachung, ein finanzieller Ausgleich für Schäden, die durch weltanschaulich, politisch, religiös oder rassisch begründete Verfolgungsmaßnahmen des Nationalsozialismus hervorgerufen wurden. Entzogenes Eigentum ist, soweit individualisierbar, durch Restitution zurückzuerstatten; sonstige Schäden (z.B. Amtsenthebung, Berufsverbot, Inhaftierung, Tötung, Gesundheitsschädigung) sind, soweit möglich, durch finanzielle Entschädigung (ggf. an die Hinterbliebenen), im Übrigen durch rechtl. oder andere W. auszugleichen. In der Bundesrep. Deutschland wurde die W. zunächst durch Landesgesetze, dann bes. nach dem Bundesentschädigungsgesetz in der Fassung vom 29. 6. 1956 geregelt. Im Zuge der dt. Wiedervereinigung (1990) wurden Gesetze zur W. von SED-Unrecht verabschiedet (bes. zugunsten früher polit. Verfolgter, Rehabilitierung, Ausgleich von Vermögensschäden).

Richard Widmark

Wiederkäuer, ♉ Paarhufer (z.B. Kamele, Giraffen), die ihre Nahrung zweimal kauen. Die grob gekaute Nahrung kommt durch die Speiseröhre zunächst in den **Pansen** und wird dort durch Gärungsvorgänge aufgeschlossen. Sie tritt dann in den **Netzmagen** ein und wird von da in kleinen Ballen in das Maul zurückbefördert. Die zum zweiten Mal gekaute, eingespeichelte Nahrung kommt dann in den mit Hautfalten ausgestatteten **Blättermagen,** der dem Nahrungsbrei das Wasser entzieht. Im **Labmagen** findet die Verdauung durch Einwirken der Verdauungssäfte statt.

Urs Widmer

Wiederkauf, Rückkauf einer verkauften Sache. Das Recht zum W. kann auf Vertrag oder Gesetz beruhen (§§497ff. BGB).

Wiedertäufer, Anabaptisten, Täufer, schwärmer. Bewegung der Reformationszeit, die die Erwachsenentaufe verfocht. Eine revolutionäre Strömung übte 1534 in Münster eine Schreckensherrschaft aus; durch staatl. Gewalt blutig unterdrückt. Die W. entwickelten sich dann mehr und mehr zu stillen Gemeinden, bes. durch die Tätigkeit von Menno Simons (→Mennoniten).

Christoph Martin Wieland
Ausschnitt aus einem zeitgenössischen Ölgemälde

Wiedervereinigung, Bezeichnung für die Bemühungen zw. 1949 und 1990, die unter den Folgen des 2. Weltkriegs im Zuge des Ost-West-Konflikts erfolgte Teilung Dtl.s im Sinn des GG zu überwinden.

Wiegendrucke, Inkunabeln, 📖 die ersten (vor 1500) mit metallenen Einzellettern hergestellten Druckerzeugnisse.

Wiehengebirge, Bergzug westlich der Westfäl. Pforte, in Ndsachs. und NRW, bis 320m hoch.

Wieland, germanisch-dt. Sage: Meisterschmied, befreit sich aus der Gefangenschaft mit selbst geschmiedeten Flügeln.

Wieland, 1) Christoph Martin, dt. Dichter, *1733, †1813; seit 1772 in Weimar, ist mit seinen von heiterer Sinnenfreude getragenen Dichtungen ein Wegbereiter der dt. Klassik. Romane »Geschichte des Agathon« (1766 bis 1767), »Die Abderiten« (1774 bis 1780), romant. Heldengedicht »Oberon« (1780); Prosaübersetzungen von 22 Stücken Shakespeares. - **2)** Heinrich, dt. Chemiker, *1877, †1957; erforschte die chem. Vorgänge im Organismus; Nobelpreis für Chemie 1927.

Wien, Hptst. Österreichs, an der Donau im Wiener Becken, 1,595 Mio. Ew.; Kultur-, ein Wirtschafts- und Verkehrsmittelpunkt des östl. Mitteleuropa. W. ist eine der histor. reichsten und schönsten europ. Hptst. Bauwerke: Stephansdom (14. bis 15. Jh., Wahrzeichen

Wien
Stadtwappen

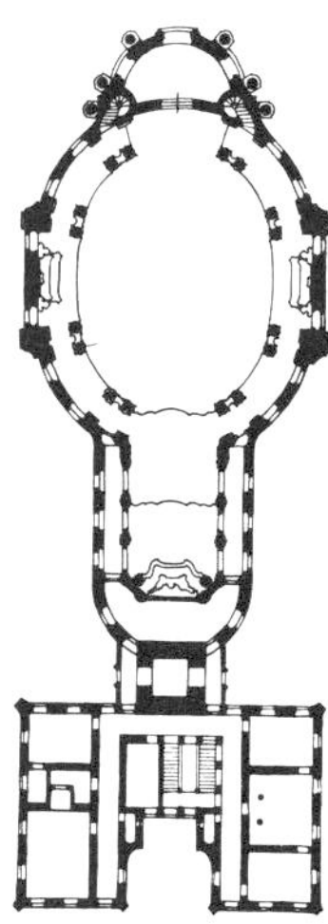

Wies
Grundriss von Kirche und Priesterhaus (unten)

Wiesbaden
Stadtwappen

Wilhelm Wien

Norbert Wiener

von W.), die Hofburg (Gotik bis Barock) und Neue Hofburg, Ballhausplatz mit Bundeskanzleramt; roman., got. und viele barocke Kirchen, alte Univ., barocke Adelspaläste; neuere Bauten: Rathaus, Sezessionsgebäude, Parlament, Univ., Burgtheater, TU, UNO-City u. a.; Belvedere des Prinzen Eugen, im SW das Lustschloss Schönbrunn; auf einer Donauinsel der Prater, Volkspark mit Riesenrad, Stadion, Rennplätzen. W. ist Sitz eines kath. Erzbischofs, altkath. Bischofs und ev. Bischofs, hat mehrere Hochschulen und Akademien, zahlreiche Bibliotheken, Museen, Theater; Rundfunksender. - Vielseitige Ind., Kunstgewerbe, wichtiger Handelsplatz (Wiener Messe), Fremdenverkehr; Donauschifffahrt, ✈ in Schwechat. - W. geht auf das röm. **Vindobona** zurück. Im 12. Jh. war es österr. Herzogssitz, seit dem 15. Jh. habsburg. Kaiserstadt. Zweimal wurde W. von den Türken belagert (1529 und 1683) und von Napoleon I. besetzt (1805 und 1809). 1814/15 tagte hier der → Wiener Kongress. Die letzten Jahrzehnte des 18. und die erste Hälfte des 19. Jh. bedeuteten eine hohe Blüte der Kunst und Kultur (→ Wiener Klassik; F. Schubert, J. Strauß; F. Grillparzer, J. N. Nestroy u. a.). In W. kam es 1848 zu revolutionären Erhebungen; der **Wiener Frieden** 1864 beendete den Dt.-Dän. Krieg. Dänemark musste auf die Herzogtümer Schleswig, Holstein und Lauenburg verzichten. A. Bruckner, J. Brahms, H. Wolf und G. Mahler machten W. erneut zu einem Zentrum musikal. Schaffens. Das literar. Leben wurde u. a. durch A. Schnitzler, H. v. Hofmannsthal, K. Kraus, R. Musil geprägt. 1922 wurde W. ein eigenes Bundesland Österreichs, 1945 bis 1955 war es von den 4 Alliierten besetzt und gemeinsam verwaltet.

Wien, Wilhelm, dt. Physiker, * 1864, † 1928; arbeitete über Wärmestrahlung; Nobelpreis 1911.

Wiener ['wi:nə], Norbert, amerikan. Mathematiker, * 1894, † 1964; entwickelte Grundlagen von Informationstheorie und Kybernetik.

Wiener Becken, Ebene in Österreich zw. den nordöstl. Alpenausläufern, von der Donau durchflossen, im S mit Kiefernwäldern, Heide bedeckt (Steinfeld).

Wiener Klassik, musikal. Stilperiode, umfasst das vorwiegend auf Wien konzentrierte Schaffen J. Haydns, W. A. Mozarts und L. van Beethovens zw. 1781 und 1827.

Wiener Kongress, Versammlung der europ. Fürsten und Staatsmänner unter Leitung Metternichs in Wien 1814/15, die nach dem Sturz Napoleons I. über die Neuordnung Europas entschied; die dt. Einzelstaaten wurden zum Dt. Bund vereinigt. Russland erhielt den größten Teil Polens, Preußen die Prov. Posen, das nördl. Sachsen, Neuvorpommern, Westfalen und die Rheinprovinz, Österreich behielt seine Vormachtstellung in Oberitalien und seine Position im SO (Kärnten, Krain, Istrien) und SW (Vorarlberg, Tirol), verzichtete jedoch auf den Breisgau und auf die Österr. Niederlande; der Kirchenstaat wurde wieder hergestellt und das Kgr. der Vereinigten Niederlande gebildet.

Wiener Neustadt, Stadt in NÖ, im Wiener Becken, 43 200 Ew.; Industrie.

Wiener Porzellan, Erzeugnisse der 1717 gegr., seit 1744 kaiserl. Manufaktur in Wien, der nach der Meißner ältesten in Europa; hervorragende Arbeiten bes. in klassizist. Zeit (Modellmeister: A. Grassi).

Wiener Sängerknaben, 1925 gegr. Knabenchor, der auf einen 1498 gegr. Knabenchor zurückgeht; dem Konvikt der W. S. gehörte u. a. F. Schubert an.

Wiener Schlussakte von 1820, eine Ergänzung zur Bundesakte des Dt. Bunds von 1815.

Wiener Schule, 1) 2. W. S., Wiener atonale Schule, 𝄞 Stilrichtung (innerhalb der neuen Musik) um A. Schönberg und dessen Schülerkreis (A. Berg, A. Webern, E. Krenek). → Zwölftonmusik. – **2)** Ⓟ Bez. für versch. Richtungen der Tiefenpsychologie: v. a. die Psychoanalyse von S. Freud, Individualpsychologie von A. Adler, Existenzanalyse von V. E. Frankl.

Wiener Schule des fantastischen Realismus, Gruppe von Malern, die nach 1945 aus dem Schülerkreis A. P. Güterslohs hervorging. Sie üben eine psychologisierend-dekorative, auch surreales Formengut aufnehmende Feinmalerei aus (A. Brauer, E. Fuchs, R. Hausner, W. Hutter, A. Lehmden).

Wienerwald, Ausläufer der O-Alpen, zw. Tullner Feld und Wiener Becken, Österreich, 893 m hoch.

Wies *die,* Wallfahrtskirche bei Steingaden (Oberbayern) von D. und J. B. Zimmermann, 1745 bis 1754; bayer. Rokoko; gehört zum Weltkulturerbe.

Wiesbaden, Hptst. des Landes Hessen, zw. Taunus und Rhein, 270 000 Ew., Heilbad mit warmen Kochsalzquellen; Sitz der Landesreg.; Bundeskriminalamt, Statist. Bundesamt; Rheinhafen; Ind.: Baustoffe, Chemie, Maschinen, Schaumwein u. a.; Verlage; Filmateliers, Spielbank. - W., schon in der Römerzeit ein beliebter Badeort (Aquae Mattiacae), kam im Spät-MA. an die Grafen von Nassau; 1806 bis 1866 Hptst. des Herzogtums Nassau; 1866 zu Preußen.

Wieschaus, Eric F., amerikan. Biologe, * 1947; erhielt für seine Arbeiten über genet. Steuerungsmechanismen der Embryonalentwicklung 1995 mit Christine Nüsslein-Volhard und E. B. Lewis den Nobelpreis für Medizin oder Physiologie.

Wiese und Kaiserswaldau, 1) Benno von, dt. Literarhistoriker, Sohn von 2), * 1903, † 1987; »Die dt. Tragödie von Lessing bis Hebbel« (1948), »Friedrich Schiller« (1959) u. a. – **2)** Leopold von, dt. Soziologe und Volkswirtschaftler, * 1876, † 1969; entwickelte die Soziologie zu einer Einzelwiss. von den zwischenmenschl. Beziehungen (Beziehungslehre).

Wiesel, Raubtier, zu den Mardern gehörig.

Wiesel, Élie, amerikan. Schriftsteller ungar. Herkunft, * 1928; nach Befreiung aus natsoz. Konzentrationslager in Paris, seit 1956 in den USA; Romane und Erz. in frz. Sprache über jüd. Schicksale; 1986 Friedensnobelpreis.

Wiesenchampignon [-ʃampiɲɔŋ], ein Speisepilz, → Champignon.

Wiesenschaumkraut → Schaumkraut.

Wiesenthal, Simon, österr. Publizist, * 1908; Überlebender des Holocaust, verfolgt die Verbrechen an Juden unter natsoz. Herrschaft in Europa (Dokumentationszentrum zunächst in Linz, später in Wien).

Wiessee, Bad W., Gemeinde in Oberbayern, am Tegernsee, 4 700 Ew.; Heilbad (Jod-Schwefel-Quellen).

Wight, Isle of W. [aɪl əv 'waɪt], Insel an der S-Küste Englands, 381 km², 124 600 Ew.; mildes Klima, Seebäder; Verw.-Sitz Newport.

Wigman, Mary, dt. Tänzerin und Choreographin, * 1886, † 1973; pflegte in ihrer Leipziger Schule v. a. den Ausdruckstanz.

Wigner ['wɪgnə], Eugene Paul, amerikan. Physiker ungar. Herkunft, * 1902, † 1995; Begründer der Symmetrietheorie in der Quantenmechanik; Nobelpreis für Physik 1963.

Wigwam *der,* Zelt der nordamerikan. Indianer.

Wikinger → Normannen.

Wilamowitz-Moellendorff [-'mœl-], Ulrich v., dt. Altphilologe, * 1848, † 1931; gab der Textkritik neue method. Gesichtspunkte.

Wild, Gesamtbezeichnung für Jagdtiere; die Säugetiere heißen **Haar-W.,** die Vögel **Feder-W. W.-Bahn,** Forst, in dem W. gehegt wird; **freie W.-Bahn,** nicht eingezäunter (umgatterter) Forst. **W.-Diebstahl,** das Erlegen von W. an Orten, wo der Täter **(Wilderer)** zu jagen nicht berechtigt ist; wird mit Freiheitsstrafe bestraft. **W.-Schaden,** ⚖ durch jagdbares W. an einem Grundstück angerichteter Schaden. Der Jagdberechtigte ist zum Ersatz verpflichtet.

Wildbad, Bad W., Stadt in Bad.-Württ., im nördl. Schwarzwald, im Enztal, 11 700 Ew.; Thermalheilbad (bei rheumat. Erkrankungen und Unfallbehandlung angewendet).

Wilde [waɪld], Oscar, irischer Schriftsteller, * 1854, † 1900; geistreiche Gesellschaftsstücke (»Lady Windermere's Fächer«, 1893; »Ein idealer Gatte«, 1899), Roman »Das Bildnis des Dorian Gray« (1890), Märchen, Gedichte; Tragödie »Salome« (1893), von R. Strauss vertont (1905).

Wilde Jagd, dt. Sage: nächtl. Geisterheer, das mit Tosen durch die Luft braust.

Wilde Männer, Wilde Frauen, dt. Volksglauben: Waldgeister mit Fell- oder Mooskleid.

Wilder ['waɪldə], **1)** Billy, amerikan. Filmregisseur österr. Herkunft, * 1906; »Frau ohne Gewissen« (1944), »Boulevard der Dämmerung« (1950), »Manche mögen's heiß« (1959), »Das Mädchen Irma La Douce« (1963). – **2)** Thornton, amerikan. Schriftsteller, * 1897, † 1975; Romane: »Die Brücke von San Luis Rey« (1927), »Die Iden des März« (1948), Drama: »Unsere kleine Stadt« (1938) u. a. Friedenspreis des Dt. Buchhandels (1957).

Wilder Wein, Jungfernrebe, Gattung der Weinrebengewächse mit blauen, ungenießbaren Beeren.

Wildgans, Anton, österr. Schriftsteller, * 1881, † 1932; Gedichte, Dramen (»Dies Irae«, 1918).

Wildleder, urspr. Leder von Rehen, Gämsen, Antilopen, auf der Fleischseite samtartig zugerichtet; heute auch gebräuchlich für samtartig zugerichtetes Kalb-, Schaf- u. a. Leder.

Wildschweine, Gattung der → Schweine.

Wildspitze, höchster Gipfel der Ötztaler Alpen, Tirol, Österreich, 3 768 m hoch.

Wildstrubel, Berggruppe im Berner Oberland, Schweiz, 3 244 m.

Wildungen, Bad W., Stadt im nördl. Hessen (Waldeck), 19 200 Ew.; Staatsbad.

Wilhelm, Herrscher: **Dt. Könige und Kaiser. 1) W. von Holland** (1247 bis 1256), * 1227, † 1256; trat als päpstl. Gegenkönig den Staufern entgegen, fiel im Kampf gegen die Friesen. – **2) W. I.,** Dt. Kaiser (1871 bis 1888) und König von Preußen (1861 bis 1888), * 1797, † 1888; wurde 1858 Regent. Um die von A. v. Roon geplante Heeresreform in Preußen gegen das liberale Abgeordnetenhaus durchzuführen, berief er 1862 O. v. Bismarck an die Spitze des Kabinetts. Am 18. 1. 1871 wurde W. in Versailles zum Kaiser ausgerufen. Politisch und kirchlich war er streng konservativ ausgerichtet. – **3) W. II.,** Dt. Kaiser und König von Preußen (1888 bis 1918), Enkel von 2), * 1859, † 1941; erzwang 1890 den Rücktritt O. v. Bismarcks. Die außenpolit. Gefahren für Dtl. erkannte W. nicht. Am 9. 11. 1918 wurde in Berlin seine Abdankung verkündet, er ging in die Niederlande und verzichtete am 28. 11. auf den Thron. Auch sein Sohn, **Kronprinz W.** (* 1882, † 1951), verzichtete auf alle Thronrechte. – **England. 4) W. I., der Eroberer,** König (1066 bis 1087), * 1028, † 1087; Herzog der Normandie; eroberte durch den Sieg bei Hastings England und schuf ein starkes Königtum. – **5) W. III. von Oranilen,** König (1689 bis 1702), * 1650, † 1702; seit 1674 Generalstatthalter der Niederlande, stürzte 1688/89 den kath. Stuartkönig Jakob II., dessen prot. Tochter Maria seine Gemahlin war; der entschiedenste Gegner Ludwigs XIV. und der frz. Vorherrschaft in Europa. – **Niederlande. 6) W. I., der Schweiger, W. von Oranilen,** * 1533, † (ermordet) 1584; aus dem Hause Nassau-Dillenburg, erbte das Fürstentum Oranien, wurde der bedeutendste Führer des niederländ. Freiheitskampfs gegen die span. Herrschaft; seit 1572 Statthalter von Holland und Seeland.

Wilhelmina, Königin der Niederlande (1890 bis 1948), * 1880, † 1962; während der dt. Besetzung der Niederlande 1940 bis 1945 in London im Exil, dankte 1948 zugunsten ihrer Tochter Juliana ab.

Wilhelmine, Markgräfin von Bayreuth, * 1709, † 1758; Lieblingsschwester Friedrichs d. Gr.; bekannt durch ihre »Denkwürdigkeiten«.

Wilhelmshaven, Stadt in Ndsachs., 92 000 Ew.; Fachhochschule, Dt. Windenergie-Institut, Forschungsanstalt für Meeresgeologie und Meeresbiologie Senckenberg, Institut für Vogelforschung und Hauptsitz der Vogelwarte Helgoland; Erdölhafen, Ind., Seebad.

Wilhelmshöhe, Schloss und Hochwaldpark bei Kassel, Hessen, mit dem Oktogon (über einer Kaskade), darauf die Statue des Herkules.

Wilhelmstraße, Straße in Berlin, in der bis 1945 die Reichskanzlei, das Auswärtige Amt u. a. Behörden lagen; Ü das Auswärtige Amt bis 1945.

Willaert ['wɪla:rt], Adrian, fläm. Komponist, * zw. 1480 und 1490, † 1562; venezian. Schule; Messen, Motetten, Madrigale.

Wille, bewusstes, auf ein bestimmtes Ziel gerichtetes Streben des Menschen. **W.-Kraft** beruht teils auf Anlage, teils auf Erziehung und Übung. **W.-Freiheit** → Indeterminismus.

Willemer, Marianne von, Freundin Goethes, * 1784, † 1860; Gattin eines Frankfurter Bankiers, lernte 1814 Goethe kennen; Vorbild der Suleika im »West-östl. Divan«.

Willenslerklärung, ⚖ Äußerung eines bestimmten rechtsgeschäftl. Willens. Die W. kann ausdrücklich oder stillschweigend (durch konkludente Handlung) abgegeben werden. Eine **empfangsbedürftige W.** wird erst dann wirksam, wenn sie dem Erklärungsempfänger zugegangen ist (z. B. Kündigung; §§ 130 ff. BGB).

Williams ['wɪljəmz], **1)** Betty, nordirische Friedenskämpferin, * 1943; organisierte die »Peace People« zur Beendigung des Bürgerkriegs in Nordirland; 1977 Friedensnobelpreis (zus. mit Mairead Corrigan). – **2)** Robin, amerikan. Schauspieler, * 1951; Filme: »Good Morning, Vietnam« (1987), »Der Club der Toten Dichter« (1989), »Mrs. Doubtfire« (1993), »Jumanji« (1995). – **3)** Tennessee, amerikan. Schriftsteller, * 1911, † 1983; Dramen: u. a. »Die Glasmenagerie« (1945), »Endstation Sehnsucht« (1947), »Die tätowierte Rose« (1951), »Die Katze auf dem heißen Blechdach« (1955).

Willibald, angelsächs. Benediktiner, * um 700, † 787 (?); schloss sich Bonifatius an; Heiliger (Tag: 7. 7.).

Willibrord, angelsächs. Apostel der Friesen, * 658, † 739 als Bischof von Utrecht; Heiliger (Tag: 7. 11.).

Willigis, Willegis, Erzbischof von Mainz (975 bis 1011); führte die Regentschaft für Otto III., begann den Neubau des Mainzer Doms; Heiliger (Tag: 23. 2.).

Willmann, Michael, dt. Maler, * 1630, † 1706; Altarbilder, Landschaften, Fresken.

Willstätter, Richard, dt. Chemiker, * 1872, † 1942; untersuchte Alkaloide, Enzyme, das Chlorophyll u. a.; Nobelpreis 1915.

Wilna, litauisch **Vilnius,** Hptst. Litauens, 597 000 Ew.; im Tal des Neris; Wirtschafts- und Kulturmittelpunkt. – Seit 1387 Hptst. des Großfürstentums Litauen und Bischofssitz, 1795 russ. Gouv.-Stadt. 1918 wurde in W. der unabhängige litauische Staat ausgerufen. W. kam 1920 an Polen und war 1940 bis 1991 Hptst. der Litauischen SSR.

Wilseder Berg, höchste Erhebung im Naturpark Lüneburger Heide, Ndsachs., 169 m hoch.

Wilson [wɪlsn], **1)** Charles Thomson Rees, brit. Physiker, * 1869, † 1959; Erfinder der Nebelkammer, Nobelpreis 1927 (zus. mit H. A. Compton). – **2)** Harold, Sir (seit 1976), brit. Politiker (Labour Party), * 1916, † 1995; 1947 bis 1951 Handelsmin., 1963 bis 1976 Parteiführer, 1964 bis 1970 und 1974 bis 1976 Premier-

Wilhelmshaven
Stadtwappen

Oscar Wilde

Billy Wilder

Thornton Wilder

Tennessee Williams

Wilna
Stadtwappen

min. – **3)** Kenneth, amerikan. Physiker, * 1936; theoret. Arbeiten über Phasenumwandlungen; Nobelpreis 1982. – **4)** Robert (Bob), amerikan. »Theatermacher«, * 1941; als Bühnenbildner, Regisseur und Autor origineller Erneuerer des Theaters. – **5)** Thomas Woodrow, 28. Präs. der USA (1913 bis 1921; Demokrat), * 1856, † 1924; veranlasste 1917 den Eintritt der USA in den Krieg gegen die Mittelmächte, stellte 1918 das Friedensprogramm der →Vierzehn Punkte auf, die zur Grundlage des Waffenstillstandsabkommens wurden. (→Versailler Vertrag, →Völkerbund)

Windkraftwerk
Gesamthöhe 6,5 m; Rotordurchmesser 5,5 m; Leistung 1 kW

Wimbledon ['wɪmbldən], Teil des London Borough Merton, Villenviertel; bekannt durch ein internat. Tennisturnier (»All England Championships«).

Wimpel, dreieckige, lange, schmale Signal- oder Kommandofahne.

Wimperg, ⌂ gotischer Ziergiebel über Portalen und Fenstern.

Wimpertierchen, Ziliaten, Klasse der Urtiere, Einzeller, deren äußere Plasmaschicht verdickt und mit rhythmisch schlagenden Wimpern besetzt ist. Die W. leben in Süß- und Meerwasser und sind in Heuaufgüssen zu beobachten (Aufgusstierchen). Zu den W. gehören Pantoffel-, Trompeten-, Glockentierchen.

Wimpfen, Bad W., Stadt in Bad.-Württ., am Neckar; 6400 Ew.; Solbad; chem. Ind.; alte Reichsstadt.

Wimschneider, Anna, dt. Schriftstellerin, * 1919, † 1993; Bäuerin, schrieb ihre Lebenserinnerungen (»Herbstmilch«, 1984).

Winchester ['wɪntʃɪstə], Stadt in England, 30600 Ew.; normann.-got. Kathedrale.

Winckelmann, Johann Joachim, dt. Archäologe, * 1717, † 1768; begründete die wiss. Archäologie und die neuere Kunstwiss., »Gesch. der Kunst des Alterthums« (1764).

Winckler, Josef, dt. Schriftsteller, * 1881, † 1966; »Der tolle Bomberg« (1923).

Wind, Luftströmung, hervorgerufen durch Luftdruckgegensätze und Temperaturunterschiede. Auf der Nordhalbkugel wird der W. durch die Erddrehung nach rechts, auf der Südhalbkugel nach links abgelenkt. Der W. weht aus dem barometr. Hoch ins Tief, d.h. vom Kalten ins Warme. Im Gebirge und an Küsten kommt es zur Ausbildung von W.-Systemen mit tägl. Periode **(Berg-** und **Tal-W., Land-** und **See-W.).** Viele lokale W. führen eigene Namen (Mistral, Bora). Große, länger anhaltende W.-Systeme sind die Monsune und die Passate. Die **W.-Stärke** wurde früher in Graden der Beaufort-Skala (1806 von dem brit. Admiral F. Beaufort aufgestellt) von 0 bis 12 angegeben, heute meist in m/s oder Knoten (1,852 km/h).

Windaus, Adolf, dt. Chemiker, * 1876, † 1959; arbeitete über Cholesterin, Gallensäuren und Vitamine; Nobelpreis für Chemie 1928.

Windblütler, Blütenpflanzen, die durch Wind bestäubt werden, z. B. Gräser.

Winde, 1) ⚘ Gattung der Windengewächse mit Trichterblüten, windende Kräuter und Sträucher: die **Acker-W.,** ein liegendes und kletterndes, weiß bis rosa blühendes, ausdauerndes Ackerunkraut; die weiß blühende **Zaun-W.;** die **Dreifarbige W.,** eine blauweißgelb blühende Zierpflanze aus Südeuropa. – **2)** ⚙ Vorrichtung zum senkrechten Heben und zum Heranziehen von Lasten. Die Last kann bewegt werden z. B. durch eine Zahnstange mit Ritzel **(Zahnstangen-W.),** einen Druckölzylinder mit Kolben **(hydraul. W.),** ein auf eine Trommel aufwindbares Seil **(Seilwinde).**

Wind|ei, ♡ Vogelei ohne Kalk in der Schale.

Windelband, Wilhelm, dt. Philosoph, * 1848, † 1915; Neukantianer; »Gesch. der Philosophie« (1892) wurde Standardwerk.

Wind|energie, Strömungsenergie des Windes.

Winder ['waɪndə] *der,* bei Fotoapparaten dem automat. Filmtransport dienender Elektromotor.

Windhose →Trombe.

Windhuk, Windhoek, Hptst. von Namibia, 200000 Ew.; 1656 m ü. M.; Gebäude aus der dt. Kolonialzeit.

Windhunde, schlanke, schnelle Hetz- und Jagdhunde, z. B. Barsoi, Greyhound, Whippet.

Windischgrätz, steir. Adelsgeschlecht, Reichsfürsten. **Alfred Fürst zu W.** (* 1787, † 1862) unterdrückte als österr. Feldmarschall 1848 die Aufstände in Prag und Wien, 1849 in Ungarn.

Windkanal, ⚙ Anlage zur Untersuchung der strömungstechn. Eigenschaften von Körpern (z. B. Flugzeug-, Schiffs-, Automodellen) in einem Luftstrom hoher Geschwindigkeit.

Windkraftwerk, Anlage zur Ausnutzung der Windströmung. Anstelle der **Windmühlen** werden bei Neuanlagen **Windturbinen** auf hohen Stahlgerüsten verwendet, z. B. beim **Windpark** an der unteren Jade bei Wilhelmshaven (Inbetriebnahme 1989).

Windmessung, Anemometrie, Messung und Aufzeichnung von Windrichtung (mit Windfahne oder Windsack) und -stärke. Die Windgeschwindigkeit wird meist gemessen mit dem **Schalenkreuzanemometer,** einem mit hohlen Halbkugeln besetzten Windrad, dessen Umdrehungen entweder direkt gezählt oder über elektr. Kontakte fernübertragen werden.

Windpocken, Spitzpocken, Wasserpocken, Varizellen, ⚕ i. d. R. gutartige Infektionskrankheit der Kinder; Erreger ist ein Virus. Bei mäßigem Fieber entstehen am Körper rote Flecke mit kleinen, hellen, später trüb werdenden Bläschen, die nach wenigen Tagen eintrocknen.

Windrose, 1) Scheibe, auf der die Himmelsrichtungen aufgezeichnet sind, bes. beim Kompass. – **2)** Meteorologie: Einteilung der Windrichtungen in 8, 16, 32 oder 64 Striche.

Windsor ['wɪnzə], seit 1917 Name des engl. Königshauses (nach W. Castle) Sachsen-Coburg und Gotha. **Herzog von W.,** Titel König Eduards VIII. nach seiner Abdankung 1936.

Windsor ['wɪnzə], **1)** amtl. **New W.** [nju:-], Stadt in SO-England, an der Themse, mit rd. 30000 Ew.; mit **Windsor Castle,** dem Residenzschloss der brit. Königsfamilie; 1992 z. T. durch Brand zerstört, Ende 1997 Restaurierung abgeschlossen. – **2)** Stadt in Kanada, 191400 Ew.; Ind.: Kraftwagen-, Maschinenbau u. a.

Windsurfing [-sə:fɪŋ], **Surfen,** Freizeit- und Wettkampfsport auf einem Brett (Surfbrett) mit bewegl. Segel, der aus Wellenreiten und Segeln entstanden ist.

Windward Islands ['wɪndwəd 'aɪləndz], ein Teil der Kleinen Antillen.

Winkel, $\sqrt{}$ Neigung zweier Geraden zueinander. Ihr Schnittpunkt heißt **Scheitel,** die Geraden **Schenkel.** Ein voller Kreis ist ein **Voll-W.** Man teilt ihn in 360° (Grad) zu je 60′ (Minuten) zu je 60″ (Sekunden) oder in 400 Gon ein. Ein halber Kreis heißt **gestreckter W.** (180°), ein Viertelkreis **rechter W.** (90°). Ein **spitzer W.** ist kleiner, ein **stumpfer W.** größer als 90°, ein **überstumpfer W.** größer als 180°. Wird ein Schenkel über den Scheitel hinaus verlängert, so entstehen **Neben-W.,** verlängert man beide Schenkel, so erhält man 2 Paare von **Scheitel-W.** Zum Messen von W. benutzt man den **W.-Messer** (→Goniometer). In math. Beziehungen galt der Voll-W. als Einheit des ebenen W.; SI-Einheit ist Radiant (rad). Ein Radiant ist gleich dem ebenen W., der als Zentri-W. eines Kreises vom Halbmesser 1 m aus dem Kreis einen Bogen der Länge 1 m herausschneidet. 1 Voll-W. = 2π rad = 360° = 400 gon.

Winkelfunktionen, trigonometrische Funktionen, Seitenverhältnisse im rechtwinkligen Dreieck in Abhängigkeit von der Größe eines spitzen Winkels:
Sinus = Gegenkathete : Hypotenuse,
Kosinus = Ankathete : Hypotenuse,
Tangens = Gegenkathete : Ankathete,
Kotangens = Ankathete : Gegenkathete.

Winkelgeschwindigkeit, ✻ der im Bogenmaß gemessene Kreisbogen, der von einem Punkt eines rotierenden Körpers in 1 s zurückgelegt wird.

Winkelried, Arnold v., sagenhafter Nationalheld der Schweiz aus Nidwalden, der nach der Überlieferung durch seinen Opfertod 1386 den Sieg bei Sempach entschied.

Winnipeg, Hptst. der Prov. Manitoba, Kanada, 616 800 Ew.; 2 Univ.; Getreidebörse, Nahrungsmittel- u. a. Ind. Der **Winnipegsee** ist 24 390 km² groß.

Winsen (Luhe), Krst. in Ndsachs., 28 800 Ew.; ehem. Schloss (14. Jh., 1600 umgebaut); Industrie.

Winter, auf der nördl. Erdhälfte die Zeit vom 22. 12. bis 21. 3., auf der südl. vom 22. 6. bis 23. 9.

Winter, Fritz, dt. Maler, * 1905, † 1976; studierte am Bauhaus, malte abstrakte Bilder.

Winterberg, Stadt im Hochsauerlandkr., NRW, 14 800 Ew.; Kurort und Wintersportplatz.

Winterling, südeurop. fettkrautiges Hahnenfußgewächs, das aus der Knolle im Vorfrühling weiße oder gelbe Blüten treibt.

Winterschlaf, viele Wochen anhaltender Ruhezustand bei manchen Säugetieren (z. B. Igeln, Murmeltieren), die zum Überdauern der ungünstigen Jahreszeit ein frostsicheres Versteck aufsuchen. Während des W. ist der Herzschlag verlangsamt, Atmung und Stoffwechsel stark herabgesetzt.

Wintersport, umfasst alpinen und nord. Skilauf, Skispringen, Biathlon, Bob- und Rennschlittensport, Skeleton, Skibob, Eisschnelllauf, Eishockey, Eiskunstlauf, Eistanz, Eisschießen, Eissegeln, Skikjöring, Curling u. a.

Winterthur, Bez.-Hptst. im Kt. Zürich, Schweiz, 88 800 Ew.; spätgot. Laurentiuskirche, bedeutende Museen; Technikum; Maschinen-, Fahrzeugbau.

Wirbel, 1) drehende Bewegung eines Gases oder einer Flüssigkeit. – **2)** ⚕ Teil der → Wirbelsäule. – **3)** bei Saiteninstrumenten: drehbarer Holz-, Metallstift, um den die Saite gewunden ist. – **4)** 𝄞 rasches Trommeln.

Wirbellose, Evertebrata, alle Tiere ohne Wirbelsäule; Ggs.: Wirbeltiere.

Wirbelsäule, Rückgrat, Knochensäule, die die Grundlage des Rumpfs und des Halses bildet. Sie ist beim Menschen leicht S-förmig gebogen, trägt den Schädel und besteht aus 34 **Wirbeln:** 7 Hals-, 12 Brust- und 5 Lendenwirbel, die durch Bänder und Gelenke miteinander verbunden sind, und je 5 Kreuzbein- und Steißbeinwirbel, die zum Kreuz- und Steißbein verwachsen sind. Die Wirbel bestehen aus einem walzenförmigen Wirbelkörper, einem spangenartigen Knochenbogen (Wirbelbogen), den zur Seite gelegenen Quer- und Gelenkfortsätzen und dem nach hinten zu liegenden Dornfortsatz. Zw. je 2 Wirbeln liegt eine polsterartige Zwischenwirbelscheibe (→ Bandscheibe). Die W. schließt in dem von den Wirbelkörpern und -bögen begrenzten Hohlraum, dem **Wirbelkanal,** das → Rückenmark ein.

W.-Verkrümmungen: nach der Seite **(Skoliose),** nach vorn **(hohler Rücken, Lordose)** und, gewöhnlich im oberen Teil der W., nach hinten **(Höcker, Buckel, Kyphose);** sie beruhen u. a. auf fehlerhafter Körperhaltung, Rachitis, tuberkulöser Entzündung der Wirbelknochen.

Wirbelschicht, durch ein strömendes Trägermedium (Gas, Flüssigkeit) aufgelockertes, fließfähiges Gemenge aus feinkörnigen Feststoffteilchen; sehr guter Stoff- und Wärmeaustausch. W.-Verfahren haben große Bedeutung in der (chem.) Verfahrenstechnik.

Wirbelsturm, heftige Luftwirbel, bes. im Gebiet der Wendekreise: die westind. W. (Hurrikan, Tornado) und die ostasiat. Taifune.

Wirbeltiere, Vertebraten, höchstentwickelter Stamm des Tierreichs. Der zweiseitig symmetrisch gebaute Körper wird durch eine Wirbelsäule gestützt. Die 4 paarigen Gliedmaßen der Vierfüßer (**Tetrapoda;** Lurche, Kriechtiere, Vögel, Säugetiere) zeigen einen grundsätzlich anderen Skelettbau als die Flossen der Fische; zumeist sind sie als Schreitbeine ausgebildet; sie können aber auch zu Greif- (z. B. Affen, Mensch), Grab- (Maulwurf), Flug- (Vogel, Fledermaus) oder Schwimmgliedmaßen (Wal) umgebildet sein. Nervensystem (Rückenmark, Gehirn) und Sinnesorgane sind hoch entwickelt. Zu den W. gehören die Klassen: → Fische, → Lurche (Amphibien), Kriechtiere (→ Reptilien), → Vögel, → Säugetiere.

Wirkerei, Herstellung von Maschenwaren (Unterwäsche, Strümpfe, Pullover), bei denen sich die Fäden in maschenförmigen Fadenschleifen verschlingen.

Wirklichkeitsform, Indikativ, Ⓢ Aussageform des Verbs.

Wirkungsgrad, Verhältnis der nutzbar gemachten Arbeit einer Maschine oder eines Geräts zur aufgewendeten Arbeit.

Wirkungsquantum, ✻ → plancksches Wirkungsquantum.

Wirkungsquerschnitt, ✻ scheinbarer Querschnitt, den ein Teilchen einem auftreffenden anderen Teilchen bietet; Maß für die Wahrscheinlichkeit bestimmter Reaktionen.

Wirkwiderstand, Resistanz, ⚡ elektr. Widerstand, in dem Wirkleistung umgesetzt, d. h. elektromagnetische Energie verbraucht wird; auch Bezeichnung für den entsprechenden Bestandteil einer Impedanz (eines Scheinwiderstands).

Wirsing, Wirsingkohl, Kopfkohl mit kraus gewellten, locker schließenden Blättern.

Wirtschaft, alle Einrichtungen und Tätigkeiten zur Befriedigung der Bedürfnisse des Menschen an wirtschaftl. Gütern. Den unbegrenzten Bedürfnissen steht die naturgegebene Knappheit der Mittel gegenüber, weshalb wirtschaftl. Handeln notwendig ist. Die Gesamtheit der laufenden Produktions- und Konsumvorgänge wird als **W.-Prozess** bezeichnet, der Mensch als Gestalter der W. als **W.-Subjekt.** Die W. erhält ihr histor. einmaliges Gepräge durch wirtschaftl. Rahmenbedingungen (→ Wirtschaftsordnung). Die moderne W., eine arbeitsteilige Tausch-W., hat sich über den engen nat. Rahmen hinaus zur Welt-W. entwickelt. Grundlegende W.-Systeme sind die Marktwirtschaft und die Planwirtschaft. Die wiss. Analyse der W. ist das Objekt der Wirtschaftswiss. – Die W. umfasst u. a. Urproduktion (Landwirtschaft, Bergbau), gewerbl. W. (Handwerk, Industrie), Handel, Verkehrswesen, Versicherungen, Banken.

Wirtschaftlichkeitsprinzip, ökonomisches Prinzip, Grundsatz optimalen wirtschaftl. Handelns, entweder mit gegebenen Mitteln (Gütern, Produktionsfaktoren) einen möglichst großen Erfolg (Gewinn, Nutzen) zu erzielen oder ein vorgegebenes Ziel (Gewinnhöhe, Wohlstandsniveau) mit einem möglichst geringen Aufwand zu erreichen.

Wirtschafts|abkommen, ⚖ Vereinbarung zw. 2 oder mehreren Staaten über wirtschaftl. Fragen. Die zweiseitigen **Handelsverträge** (Handelsabkommen) dienen v. a. dem Warenaustausch. Nach dem 2. Weltkrieg haben die mehrseitigen W. an Bedeutung gewonnen (z. B. → GATT, das → Europäische Währungssystem, die → Europäische Wirtschaftsgemeinschaft).

Wirtschaftskrieg, staatl. Zwangsmaßnahmen gegen die Wirtschaft eines anderen Staats, im Frieden durch Mittel der Handelspolitik (Zollerhöhungen, Ein- und Ausfuhrverbote usw.), im Kriege durch Beschlagnahme feindl. Eigentums, Sabotage.

Wirtschaftskriminalität, ⚖ Sammelbezeichnung für strafrechtlich zu verfolgende Handlungen im wirtschaftl. Bereich (u. a. Konkursdelikte, Steuerdelikte, Subventionserschleichung, betrügerische Firmengründung, Kreditbetrug).

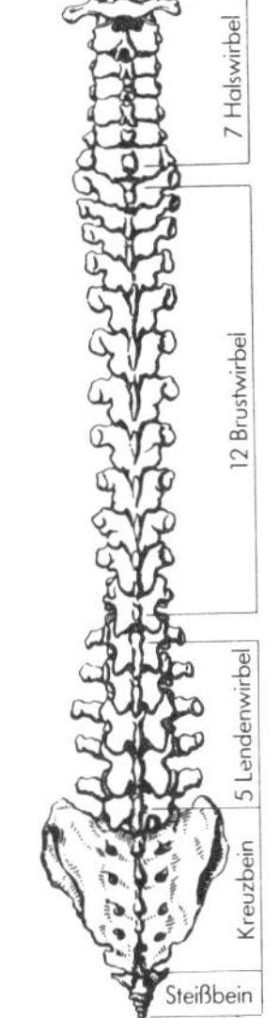

Rückenansicht der **Wirbelsäule** des erwachsenen Menschen

Hans-Jürgen Wischnewski

Wisconsin Flagge

Wismar Das Wassertor (Mitte 15 Jh.)

Wirtschafts|ordnung, Gesamtheit der Normen, Regeln und Institutionen, in deren Rahmen sich der Wirtschaftsablauf (Wirtschaftsprozess) vollzieht und die als Ordnungsgefüge das wirtschaftliche Handeln bestimmt. Die W. wird als Teil der Gesellschaftsordnung betrachtet. Zus. mit den sozioökonom. Umweltbedingungen (z. B. polit. und kulturelle Ordnung, Rechtsordnung, Produktionspotenzial) bestimmt die W. das **Wirtschaftssystem,** das Beziehungsgeflecht zw. Wirtschaftseinheiten, und das konkrete wirtschaftl. Handeln im Wirtschaftsprozess (Produktion, Verteilung und Verwendung wirtschaftl. Güter). Die konkreten rechtl. Normen und Institutionen einer Wirtschaft bilden die **Wirtschaftsverfassung.**

Wirtschaftsplan, jeder Plan über die beabsichtigte Erzeugung, die voraussichtl. Einnahmen und Ausgaben u. Ä. Die **betriebl. W.** gliedern sich in Produktions-, Finanz-, Absatzplan u. a.; **staatl. W.** enthalten meist Vorschriften über die Entwicklung einzelner Wirtschaftszweige.

Wirtschaftspolitik, alle Maßnahmen, die darauf gerichtet sind, die Wirtschaftsordnung zu gestalten (Ordnungspolitik), die Struktur (Strukturpolitik) und den Ablauf des Wirtschaftsprozesses zu beeinflussen (Prozesspolitik). Allg. Ziele: Steigerung der Leistungsfähigkeit und des Wohlstands, soziale Sicherheit und Gerechtigkeit u. a.; spezielle Ziele: Vollbeschäftigung, Preisniveaustabilität, Wirtschaftswachstum, Mitbestimmung, Wettbewerbssicherung u. a. Träger der W. sind v. a. Bund, Länder und Gemeinden, Zentralbank, Verbände (bes. Arbeitgeberverbände, Gewerkschaften) und internat. Organisationen (z. B. EU). Wirtschaftspolit. Bereiche u. a. Finanz-, Geld-, Konjunktur-, Sozial-, Wettbewerbspolitik.

Wirtschaftsprüfer, öffentlich bestellte und vereidigte Person; prüft Bilanzen, bes. der Aktiengesellschaften **(Abschlussprüfer).**

Wirtschaftsrecht, allg. das Recht des Wirtschaftslebens, also das Vermögensrecht des BGB, Handels-, Wertpapier-, Schifffahrts-, Versicherungsrecht, der gewerbliche Rechtsschutz und Teile des Verwaltungsrechts; i. e. S. das **Recht der Wirtschaftslenkung,** also der Sicherung, Beeinflussung und Steuerung des Wirtschaftsablaufs durch den Staat. – Das **Wirtschaftsstrafrecht** erfasst die →Wirtschaftskriminalität.

Wirtschafts|theorie →Volkswirtschaftslehre.

Wirtschafts|union, Form der wirtschaftl. und (polit.) Integration von Staaten, die neben der Freiheit des Warenverkehrs (Freihandelszone, Zollunion) und neben der Freiheit des Geld- und Kapitalverkehrs, der Niederlassungsfreiheit und der freien Wahl von Wohnung und Arbeitsplatz (gemeinsamer Markt) durch eine weitgehende Harmonisierung der nat. Wirtschaftspolitik und der Schaffung supranat. Institutionen gekennzeichnet ist. Wird die W. verknüpft mit einem gemeinsamen Währungssystem und einer einheitl. Währung (Währungsunion), spricht man von einer **Wirtschafts- und Währungsunion.** Beispiel für eine W. sind die Benelux-Länder, Beispiel für eine Wirtschafts- und Währungsunion der Vertrag über die Europ. Union der EU-Staaten. (→Währungsunion)

Wirtschaftswachstum, Zunahme des realen Sozialprodukts im Zeitablauf (kurzfristig) oder Zunahme des Produktionspotenzials einer Volkswirtschaft (längerfristig), meist ausgedrückt in Prozent **(Wachstumsrate).** Bestimmungsgründe sind u. a. Zunahme der Erwerbsbevölkerung, des Kapitaleinsatzes und des techn. Fortschritts. W. im Sinne wachsenden materiellen Wohlstands (bessere Güterversorgung, »quantitatives W.«) ist nicht gleichzusetzen mit einer Erhöhung der Lebensqualität, da diese z. B. auch von Arbeits-, Lebensbedingungen und Umweltsituation abhängig ist (»qualitatives Wirtschaftswachstum«).

Wirtschaftswissenschaften, →Volkswirtschaftslehre, →Betriebswirtschaftslehre, →Finanzwissenschaft.

Wirtschaftswunder, Schlagwort für den schnellen und nachhaltigen wirtschaftl. Aufstieg der Bundesrep. Deutschland nach dem 2. Weltkrieg.

Wischnewski, Hans-Jürgen, dt. Politiker (SPD), * 1922; 1966 bis 1968 Bundesmin. für wirtschaftl. Zusammenarbeit, 1976 bis 1979 und 1982 Staatsmin. im Bundeskanzleramt, 1979 bis 1982 stellvertretender Vors. der SPD, 1984 bis 1985 deren Schatzmeister.

Wischnu, ind. Gott, →Vishnu.

Wisconsin [wɪsˈkɔnsɪn], **1) W. River,** linker Nebenfluss des oberen Mississippi, 692 km lang. – **2)** Abk. **Wis.,** Staat im N der USA, zw. Michigansee und Mississippi, 145 436 km^2, 4,89 Mio. Ew.; Hptst. Madison, größte Stadt ist Milwaukee. Getreide- und Gemüseanbau, Milchwirtschaft, Maschinen- und Fahrzeugbau, Metall-, Nahrungsmittel- u. a. Industrie.

Wisent *der,* braunes Wildrind, urspr. v. a. in den Misch- und Laubwäldern Eurasiens und N-Afrikas; heute nur noch kleine geschützte Bestände.

Wismar, Hafenstadt in Meckl.-Vorp., an der Ostsee, 55 000 Ew.; Backsteinbauten aus dem MA., ehem. Hansestadt, Werft, Maschinenbau u. a. Ind. – 1648 bis 1803 schwedisch.

Wismut *das,* lat. **Bismutum,** Symbol **Bi,** chem. Element, rötlich weißes, sprödes Metall; OZ 83, D 9,747 g/cm^3. W. findet sich frei in Granit, Gneis, gebunden in W.-Erzen. Gewinnung durch Ausschmelzen des Gesteins, Reduktion des Oxids. Verwendung meist in Legierungen mit niedrigem Schmelzpunkt (für Weichlot, Schmelzsicherungen), W.-Oxid für opt. Gläser, W.-Nitrat als Röntgenkontrastmittel u. a.

Wissenschaft, Inbegriff dessen, was überlieferter Bestand des Wissens einer Zeit ist, sowie v. a. der Prozess methodisch betriebener Forschung und Lehre als Darstellung der Ergebnisse und Methoden der Forschung mit dem Ziel, fachl. Wissen zu vermitteln und zu wiss. Denken zu erziehen. Die W. beginnt mit dem Sammeln, Ordnen und Beschreiben ihres Materials. Weitere Schritte sind die Bildung von Hypothesen und Theorien. Sie müssen sich am Material bestätigen (Verifikation) oder bei Widerlegung (Falsifikation) durch neue ersetzt werden. Die Zusammenfassung wiss. Einzelergebnisse zu einer Ganzheit ist das System. Die W. ist dem Ziel nach entweder **theoret.** (»reine«) **W.** oder **angewandte** (»prakt.«) **W.** und wird traditionell in Natur- und Geistes-W. geschieden.

wissenschaftliche Gesellschaften, Vereinigungen von Forschern und wiss. Interessierten, z. B. die →Max-Planck-Gesellschaft zur Förderung der Wissenschaften e. V. (→Akademie)

Wissenschaftskolleg zu Berlin – Institute for Advanced Study [-ˈɪnstɪtjuːt fɔː ədˈvɑːnst ˈstʌdɪ], 1980 im Rahmen einer vom Land Berlin errichteten Stiftung unter Mitwirkung der Max-Planck-Gesellschaft und des Stifterverbands für die Dt. Wiss. gegr. Einrichtung zur Förderung internat. Spitzenforscher und des wiss. Nachwuchses; 1981 eröffnet.

Wissenschaftsrat, 1957 gebildetes Beratungsgremium für alle Wiss. und Hochschulen in Dtl. betreffenden Fragen.

Wissenschafts|theorie, engl. **Philosophy of science,** philosoph. Grundlagendisziplin, die die Methoden der Bildung, Bewährung und Anwendung wiss. Theorien und Begriffe beurteilt und begründet. Als allg. W. stellt sie bes. Kriterien dafür auf, wann ein (Natur-)Gesetz oder eine Theorie als widerspruchsfrei, als bewiesen (verifiziert), bewährt oder widerlegt (falsifiziert) gilt und worin ihr Erfahrensgehalt besteht; die spezielle W. beschäftigt sich mit den besonderen Bedingungen spezieller Wissenschaftsbereiche (z. B. Gesellschaftswiss., Geisteswiss.).

Der Marktplatz von **Wittenberg.** Auf der linken Seite das Rathaus (1522 bis 1540), davor die Denkmäler Luthers und Melanchthons, im Hintergrund die Stadtkirche Sankt Marien (um 1300)

Wissmann, 1) Hermann v., dt. Afrikaforscher, *1853, †1905; durchquerte Mittelafrika, erforschte das Kasaigebiet. – **2)** Matthias, dt. Politiker (CDU), *1949; Jan. bis Mai 1993 Bundesmin. für Forschung und Technologie, seither für Verkehr.

Wisteria, Glyzine, Schmetterlingsblütlergattung; Zierstrauch ist die bis 20 m lange **Chin. W.** mit hängenden Blütentrauben.

Witebsk, Gebietshptst. in Weißrussland, 369 200 Ew.; Maschinen- u. a. Industrie.

Witt, Johan (Jan) de, niederländ. Staatsmann, *1625, †1672; Gegner der Oranier; zwang durch ein Bündnis mit England und Schweden 1668 Ludwig XIV., auf die Eroberung der Span. Niederlande zu verzichten.

Witte, Emanuel de, niederländ. Maler, *1617, †1692; Bilder niederländ. Kirchenräume.

Wittekind → Widukind.

Wittelsbacher, dt. Herrschergeschlecht, nach der Burg **Wittelsbach** bei Aichach (Oberbayern). Die W. erhielten 1180 das Herzogtum Bayern, 1214 die Rheinpfalz; sie teilten sich in eine bayer. und eine pfälz. Hauptlinie. Die pfälz. W. erbten 1777 auch Bayern.

Witten, Stadt in NRW, an der Ruhr, 107 000 Ew.; Stahl-, Maschinenbau, chem. u. a. Industrie.

Wittenberg, Lutherstadt W., Krst. in Sa.-Anh., an der Elbe, 55 100 Ew.; Ind.; Lutherstätten: Augusteum mit Wohnung Martin Luthers, got. Stadtkirche Sankt Marien, kurfürstl. Schloss mit der Schlosskirche; Grabstätten Luthers und P. Melanchthons. – W. war Sitz der askan. Herzöge von Sachsen-W., deren Erben 1422 die Wettiner wurden, und kam 1815 an Preußen. Die 1502 gegr. Univ. wurde durch Luther und Melanchthon zum Zentrum der Reformation in Deutschland.

Wittenberge, Stadt in Bbg., 27 500 Ew.; Elbhafen, Bahnknoten; Holz-, Nahrungsmittel-, Bauindustrie.

Wittgenstein, Ludwig, österr.-brit. Philosoph, *1889, †1951; befasste sich mit Positivismus und Sprachphilosophie.

Wittig, Georg, dt. Chemiker, *1897, †1987; Forschungen u. a. auf dem Gebiet der metallorganischen und der Sauerstoffverbindungen (Wittig-Reaktion). Nobelpreis 1979.

Witwatersrand, Höhenzug in Transvaal, Südafrika, bis 1 748 m hoch; reiche Goldlager, Uranförderung.

Witwen, Unterfamilie afrikanischer Webervögel; Balzkleid der Männchen mit langen Schwanzfedern.

Witz, kurze Erzählung mit überraschender Wendung, deren Erkennen Lachen auslöst. Psychologisch hat der W. eine Entlastungsfunktion (z. B. der polit. **Flüster-W.** in diktator. regierten Staaten).

Witz, Konrad, dt. Maler, *um 1400, †1445/1446; »Heilsspiegelaltar« (um 1434), Genfer Petrusaltar mit der Tafel »Der wunderbare Fischzug« (1444; Genfer See als 1. identifizierbare Landschaftsdarstellung der mittelalterl. Malerei).

Witzleben, Erwin v., dt. Generalfeldmarschall, *1881, †(hingerichtet) 1944; war im 2. Weltkrieg Führer einer Heeresgruppe an der Westfront; beteiligt am Attentat auf Hitler (20. 7. 1944).

Wjatka, 1) *die,* Fluss in Russland, Nebenfluss der Kama, 1 314 km lang. – **2)** 1934 bis 1991 **Kirow,** Gebietshptst. in Russland, 441 000 Ew., chem. und Textilind., Maschinenbau.

w. L., 🌐 Abk. für westl. Länge.

Wladikawkas, 1954 bis 1990 **Ordschonikidse,** Hptst. der Nordosset. Rep. innerhalb Russlands, 300 000 Ew., am Terek; Metallindustrie.

Wladimir, Stadt in Russland, 376 000 Ew.; W. war im 12. bis 14. Jh. polit., religiöser und kultureller Mittelpunkt Russlands; alte Bauwerke; Industrie.

Wladimir, Fürsten von Kiew: **1) W. I., der Heilige** (978 bis 1015), führte das griechisch-orth. Christentum ein. – **2) W. II. Monomach** (1113 bis 1125), *1053; vereinigte den größten Teil Russlands.

Wladiwostok, Hptst. der Region Primorje in Russland, am Pazif. Ozean, 648 000 Ew.; Kultur-, Handels- und Ind.mittelpunkt; Endpunkt der Transsibir. Eisenbahn, Univ., Hauptstützpunkt der russ. Fernostflotte, war bis 1991 streng gesperrt.

Wlassow, Andrej, sowjet. General, *1901, †(hingerichtet) 1946; organisierte in dt. Kriegsgefangenschaft seit 1942 die antibolschewist. **W.-Armee** aus sowjet. Kriegsgefangenen; setzte 2 Divisionen 1945 im Prager Aufstand gegen die UdSSR ein; geriet in amerikan. Gefangenschaft; wurde an die UdSSR ausgeliefert.

Włocławek [vuɔˈtsuavɛk], Stadt in der poln. Wwschaft W., am linken Weichselufer, 120 800 Ew.; got. Dom; Industrie.

Wochenbett, Kindbett, Puerperium, ⚕ auf die Geburt folgende Zeit von etwa 6 bis 8 Wochen, in der sich die Gebärmutter wieder zu normaler Größe zurückbildet und das Stillen in Gang kommt. Zur Stärkung der Bauchdecke ist **W.-Gymnastik** wichtig.

Wochenbettfieber, Kindbettfieber, Puerperalfieber, ⚕ Infektion der Geburtswunden durch Bakterien, tritt bei guter **Wochenbetthygiene** nur noch selten auf, verlor durch Anwendung der Antibiotika an Gefährlichkeit.

Wodan, Wotan, Odin, german. Gott des Winds, der Toten, des Kriegs und Führer der Wilden Jagd.

Wodka [russ. »Wässerchen«] *der,* wasserheller Trinkbranntwein aus Kartoffeln oder Getreide.

Wodu, Voodoo [ˈvu:du:] *der,* magisch-religiöser Geheimkult der Nachfahren afrikan. Sklaven in Haiti, in dem sich afrikan. religiöse Vorstellungen mit christl. und westind. Elementen vermischt haben.

Wöhler, Friedrich, dt. Chemiker, *1800, †1882; entdeckte Aluminium, Yttrium; stellte den Harnstoff als erste organ. Verbindung synthetisch her.

Wohlfahrtsstaat, Staat, der die soziale Sicherung seiner Bürger in den Vordergrund stellt. Während der soziale Rechtsstaat versucht, Sicherheit und Freiheit gleichgeordnet zu verbinden, läuft der W. **(Versorgungsstaat)** Gefahr, die persönl. Verantwortung einzuschränken.

Wohmann, Gabriele, dt. Schriftstellerin, *1932; beschreibt kritisch das Alltagsleben. Romane: »Ernste Absicht« (1970), »Bitte nicht sterben« (1993); Erzählungen: »Ländl. Fest« (1968), »Das Salz, bitte!« (1992); Hör- und Fernsehspiele.

Wohngeld, staatl. Zuschuss zu den Aufwendungen für Wohnraum, um soziale Härten zu vermeiden und angemessenen Wohnraum zu sichern; gestaffelt nach Einkommen und Zahl der Familienmitglieder.

Matthias Wissmann

Ludwig Wittgenstein

Gabriele Wohmann

Christa Wolf

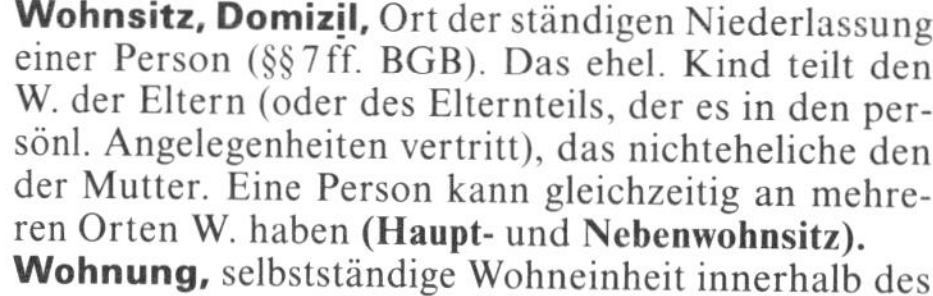

Wohnsitz, Domizil, Ort der ständigen Niederlassung einer Person (§§ 7 ff. BGB). Das ehel. Kind teilt den W. der Eltern (oder des Elternteils, der es in den persönl. Angelegenheiten vertritt), das nichteheliche den der Mutter. Eine Person kann gleichzeitig an mehreren Orten W. haben **(Haupt-** und **Nebenwohnsitz).**

Wohnung, selbstständige Wohneinheit innerhalb des Wohnhauses. Die **Wohnfläche** setzt sich zusammen aus den Flächen sämtlicher Räume hinter dem Wohnungsabschluss.

Wohnungs|amt, städt. Behörde zur Erfassung und Verteilung des Wohnraums.

Wohnungswirtschaft, der wirtschaftliche Sektor, der die Erstellung, Verwaltung, Vermietung und Betreuung von Wohnungen betreibt. Dies geschieht durch private Bauherren, Wohnungs- und Siedlungsunternehmen, durch Unternehmen und den Staat, ferner ehem. gemeinnützige oder privatwirtschaftlich organisierte Wohnungsbauträger- und Wohnungsbaufinanzierungsunternehmen (z. B. Bausparkassen).

Hugo Wolf

Wohnungszwangswirtschaft, die nach den beiden Weltkriegen in Dtl. zur Behebung des Wohnungsmangels durch die Wohnraumbewirtschaftung eingeführte Beschränkung der Vertragsfreiheit bei Begründung und Auflösung von Wohnraummietverträgen. Die W. ist aufgrund des Abbauges. im Wesentlichen aufgehoben worden. Generell bestehen aber in Dtl. Mieterschutzvorschriften im BGB sowie darüber hinaus im sozialen Wohnungsbau bes. Mietpreisbindungen (Kostenmiete) und Belegungsbindungen (Wohnberechtigungsschein).

Woiwode [slaw. »Heerführer«] *der,* in Polen früher der oberste Beamte einer **Woiwodschaft** (Provinz).

Wojtyła [vɔjˈtiu̯a], Karol, Papst, → Johannes Paul II.

Wojwodina [vɔjvoˈdiːna, vɔjˈvoːdina], Prov. in Serbien, an der Theiß, 21 506 km², 2,013 Mio. Ew.; Hptst. Novi Sad. – Gehörte im 18. Jh. zur ungar. Hälfte Österreichs, kam 1920 zu Jugoslawien.

Wolfsburg
Stadtwappen

Wolf, 1) ♘ graugelb gefärbtes Raubtier der Unterfamilie Hunde, in Wäldern, Steppen und Gebirgen Asiens und Nordamerikas. Der **Polar-W.** ist weiß. Der W. erlegt seine Beute durch eine Hetzjagd, vereinigt sich oft zu einer Meute. – **2)** ⚕ Wundsein der Haut. – **3)** ⚙ Maschine zum Reinigen, Reißen, Mischen, Auflockern von Wolle und Reißspinnstoffen; zum Zerkleinern u. a. von Fleisch.

Wolf, 1) Christa, dt. Schriftstellerin, * 1929; Romane (»Der geteilte Himmel«, 1963; »Kindheitsmuster«, 1976), Erz. (»Kassandra«, 1983; »Was bleibt«, 1990); »Auf dem Weg nach Tabou. Texte 1990 bis 1994« (1994). – **2)** Friedrich, dt. Schriftsteller, Vater von 5), * 1888, † 1953; emigrierte 1933; Erzählungen und Dramen. – **3)** Friedrich August, dt. Altphilologe, * 1759, † 1824; beschäftigte sich mit der Entstehung der homerischen Epen. – **4)** Hugo, österr. Komponist, * 1860, † 1903; Meister des Lieds (Gedichte von E. Mörike, J. v. Eichendorff, Goethe u. a.). Oper »Der Corregidor« (1895 bis 1896), Orchester-, Kammermusik. – **5)** Ror, dt. Schriftsteller, * 1932; schafft aus trivialen Stoffen eigenwillige Prosa (»Fortsetzung des Berichts«, 1964).

Wolfe [wʊlf], **1)** Thomas C., amerikan. Schriftsteller, * 1900, † 1938; Romane »Schau heimwärts, Engel!« (1929), »Von Zeit und Strom« (1935). – **2)** Tom, amerikan. Schriftsteller, * 1931; »Unter Strom« (1968), »Fegefeuer der Eitelkeiten« (1987).

Thomas Wolfe

Wolfegg, Luftkurort im südl. Oberschwaben, Bad.-Württ.; vierflügeliges Renaissanceschloss der Grafen von Waldburg-Wolfegg.

Wolfen, Stadt in Sa.-Anh. bei Bitterfeld, 43 000 Ew.; chem. Industrie.

Wolfenbüttel [ˈvɔlfənbytəl, vɔlfənˈbytəl], Krst. in Ndsachs., nördl. vom Harz, 53 300 Ew.; viele gut erhaltene Fachwerkhäuser aus dem 17. Jh., Schloss; Herzog August Bibliothek, an der G. W. Leibniz und G. E. Lessing tätig waren; Maschinen-, chem. u. a. Ind. – Bis 1753 Residenz der Herzöge von Braunschweig-Wolfenbüttel.

Wolff, Christian Freiherr v., dt. Philosoph, * 1679, † 1754; bildete ein System des Rationalismus aus; hielt als erster math. Fachvorlesungen in dt. Sprache.

Wolf-Ferrari, Ermanno, dt.-ital. Komponist, * 1876, † 1948; Opern (»Der Schmuck der Madonna«, 1911), Chor-, Kammermusik.

Wolfgang, Missionar und Bischof, * um 924, † 994; Benediktiner in Einsiedeln, 972 Bischof von Regensburg; volkstüml. Heiliger v. a. in Süd-Dtl. und Österreich (Tag: 31. 10.).

Wolfram *das,* Symbol **W,** chem. Element, sehr hartes, graues Schwermetall; OZ 74, D 19,3 g/cm³, Fp 3 410 °C. W. findet sich nur in Verbindungen; dient der Herstellung von Glühfäden, als Stahlveredler (Schnelldrehstahl); Kohlenstoffverbindungen, **W.-Carbide,** dienen als Ersatz für Diamanten an Bohrwerkzeugen (→ Widia).

Wolframs-Eschenbach, Stadt im Kreis Ansbach, Bayern, 2 400 Ew.; gut erhaltenes Stadtbild mit Befestigungen; gilt als Heimat Wolframs v. Eschenbach.

Wolfram von Eschenbach, mhdt. Dichter, * um 1170/80, † um 1220. Sein Epos »Parzival« gilt als der erste dt. Entwicklungsroman. In ihm durchdringen sich weltl. Rittertum und geistl. Streben. Das lyr. Epos »Titurel« und die Legendendichtung »Willehalm« blieben unvollendet.

Wolf-Rayet-Sterne [-raˈjɛː-, nach den frz. Astronomen C. J. E. Wolf, * 1827, † 1918, und G. A. P. Rayet, * 1839, † 1906], ✪ seltene Sterne sehr hoher Temperatur und Leuchtkraft.

Wolfsburg, Stadt in Ndsachs., am Mittellandkanal, 129 000 Ew.; Volkswagenwerk.

Wolfskehl, Karl, dt. Schriftsteller, * 1869, † 1948; zum George-Kreis gehörender Dichter und Übersetzer.

Wolfsmilch, Euphorbia, Gattung kraut- bis baumförmiger Pflanzen mit giftigem Milchsaft und Scheinblüten (Teilblütenständen) in doldigem Gesamtblütenstand. Zugehörig: **Zypressen-W.; Garten-W.** und **Sonnen-W.** Bes. verschiedene afrikan. Arten ähneln Kakteen. Bekannte Zierpflanzen: Christusdorn, Weihnachtsstern.

Wolfsmilchschwärmer, Nachtschmetterling, Raupe auf Wolfsmilcharten.

Wolfsrachen → Gaumen.

Wolfs|spinnen, weltweit verbreitete Spinnen, die ihre Beute im Lauf erjagen; so die Tarantel.

Wolga *die,* größter Strom Europas, entspringt in den Waldaihöhen, Russland, und mündet nach 3 530 km in einem 150 km breiten Delta in das Kasp. Meer; schiffbar, Kanalverbindungen mit Moskau, der Ostsee, dem Weißen und dem Schwarzen Meer. Die W. ist u. a. bei Rybinsk, Nischnij Nowgorod, Tscheboksary, Samara, Wolgograd gestaut.

Wolgadeutsche, die seit Katharina II. (1763) an der Wolga angesiedelten west- und süddt. Bauern, 1940 fast 400 000 W.; 1924 bis 1941 in der **Wolgadt. Rep.** (ASSR innerhalb der RSFSR, Hptst. Engels) bei Saratow zusammengefasst; im 2. Weltkrieg nach Sibirien und Mittelasien umgesiedelt.

Wolgemut, Michael, dt. Maler, Holzschnittzeichner, * 1434, † 1519; Lehrer A. Dürers.

Wolgograd, bis 1925 **Zarizyn,** bis 1961 **Stalingrad,** Stadt in Russland, rechts der Wolga, 1,01 Mio. Ew.; Eisen-, Stahl-, Erdölind., Aluminiumhütte, Maschinenbau, chem. Ind. Nach schweren Zerstörungen im 2. Weltkrieg moderner Wiederaufbau. Im N von W. Stausee (Großkraftwerk). – Im 2. Weltkrieg war Stalingrad schwer umkämpft. Die dt. 6. Armee eroberte weite Teile Stalingrads, wurde jedoch später von russ. Truppen eingeschlossen. Ein aussichtsreicher Ausbruch der rd. 330 000 Mann wurde von A. Hitler untersagt. Der größte Teil der Truppen wurde aufgerieben, der Rest (90 000 Mann) kapitulierte am 31. 1./2. 2. 1943.

Wolhynilen, histor. Landschaft in der nordwestl. Ukraine, vom Flussgebiet des oberen Pripjet bis zum Bug. Im S guter Getreideboden; Viehzucht; Kohlenbergbau. – 1569 kam W. mit Litauen an Polen, 1795 an Russland. 1921 bis 1939 war W. wieder polnisch.

Wolken, sichtbare, in der freien Atmosphäre schwebende Ansammlungen von Kondensationsprodukten des Wasserdampfs, entstehen durch Verdichtung der Luftfeuchtigkeit bei Abkühlung unter den Taupunkt. Hauptformen: Haufen- oder Quell-W. (**Kumulus,** meist in 600 bis 2 000 m Höhe), Schicht-W. (**Stratus,** meist unter 600 m Höhe; **Altostratus,** zw. 2 500 und 6 000 m Höhe), Haufenschicht-W. (**Stratokumulus,** unter 2 500 m Höhe; **Altokumulus,** 2 500 bis 6 000 m Höhe), Regen-W. (**Nimbus, Nimbostratus,** unter 600 bis über 6 000 m Höhe), Gewitter-W. (**Kumulonimbus),** Feder-W. (**Zirrus,** Eis-W. über 6 000 m Höhe), Schäfchen-W. (**Zirrokumulus,** hohe Eis-W.), Schleier-W. (**Zirrostratus,** Eis-W. in 8 bis 13 km Höhe).

Wollbaum, trop. Malvengewächs, → Kapokbaum.

Wolle, tier. Haare, die sich aufgrund ihrer Länge, Kräuselung und Feinheit zum Verspinnen eignen (Schaf, Ziege, Kamel, Lama, Kaninchen); bes. die **Schaf-W.** Bei der Schafschur bleibt die W. als ein zusammenhängendes Wollkleid **(Vlies)** erhalten. In den Spinnereien werden die Vliese auseinander gerissen, sortiert und gewaschen; aus dem Waschwasser wird das **Wollfett** gewonnen. Die saubere W. wird durch Krempeln, Strecken und Kämmen für die Spinnerei zubereitet. W. besteht aus Horn; beim Verbrennen entwickelt sich am Ende der Faser ein aufgeblähtes Kohlekügelchen (Probe gegenüber Baumwolle).

Wollgras, Gattung der Riedgräser, auf Moorboden; weiße, seidenhaarige Ährchen.

Wollhandkrabbe, taschenkrebsähnliches Krebstier, Männchen mit dicht behaarten Scheren, aus China eingeschleppt, seit 1910 auch in dt. Binnengewässern; sehr schädl. Fischräuber.

Wollin, poln. **Wolin,** Insel vor der Odermündung, 265 km², schließt mit Usedom das Stettiner Haff von der Ostsee ab; Seebad Misdroy und die Stadt Wollin.

Wollläuse, Schmierläuse, Familie der Schildläuse, mit mehligem oder fädigem Wachs bedeckt; zahlreiche Arten sind Pflanzenschädlinge.

Wologda, Stadt in Russland, 283 000 Ew.; Maschinen-, Holz- u. a. Industrie.

Wols, eigentl. Wolfgang **Schulze,** dt. abstrakter Maler, * 1913, † 1951; Hauptmeister des Tachismus.

Wolsey ['wʊlzɪ], Thomas, engl. Staatsmann, * um 1475, † 1530; Kardinal, Kanzler Heinrichs VIII., 1529 gestürzt.

Wölsungensaga, erzählt die Heldenlieder der Edda in Prosa (Island, um 1260).

Wolverhampton ['wʊlvəhæmptən], Stadt in Mittelengland, 239 800 Ew.; Univ.; Eisen-, Maschinen- u. a. Industrie.

Wolzogen, 1) Ernst Freiherr v., dt. Schriftsteller, * 1855, † 1934; humorist. Gesellschaftsromane, Gründer (1901) des »Überbrettl« (literar. Kabarett). – **2)** Karoline Freifrau v., geb. **v. Lengefeld,** dt. Schriftstellerin, * 1763, † 1847; Schwägerin Schillers, schrieb »Schillers Leben« (1830).

Wombats, Familie der Beuteltiere, in Australien, plumpe, etwa bibergroße Bodenbewohner, nachtaktiv, tagsüber in selbst gegrabenen Erdhöhlen.

Women's Lib ['wɪmɪnz-], Kurzwort für **Women's Liberation Movement,** in den USA Ende der 1960er-Jahre entstandene militante Frauenbewegung.

Wondratschek, Wolf, dt. Schriftsteller, * 1943; experimentelle, sozialkrit. Prosa.

woodsches Metall ['wʊd-], Metalllegierung aus 50 % Wismut, 25 % Blei, je 12,5 % Zinn und Cadmium, schmilzt bei etwa 60 °C.

Woodward ['wʊdwəd], Robert Burns, amerikan. Chemiker, * 1917, † 1979; Naturstoffsynthesen und Beiträge zur theoret. Chemie; Nobelpreis 1965.

Woolf [wʊlf], Virginia, brit. Erzählerin, * 1882, † (Freitod) 1941; Romane: »Mrs. Dalloway« (1925), »Orlando« (1928), »Die Jahre« (1937).

Worcester ['wʊstə], **1)** Stadt in England, am Severn, 81 000 Ew.; Kathedrale (1089 ff.), Fachwerkhäuser im Tudorstil; Ind.: **W.-Porzellan** (seit 1751), Handschuhe, Maschinen. – **2)** Stadt in Massachusetts, USA, 169 800 Ew.; Univ.; Industrie.

Worcestersoße ['wʊstə-], pikante Würzsoße, urspr. aus Worcester in England.

Wordsworth ['wə:dzwə:θ], William, brit. Dichter, * 1770, † 1850; führender brit. Romantiker.

Wörishofen, Bad W., Stadt im bayer. Reg.-Bez. Schwaben, 14 700 Ew.; Kneipp-Kurort.

Workuta, Stadt in der Rep. der Komi innerhalb Russlands, 117 400 Ew.; Bergwerke, Holz-, Nahrungsmittelind.; mithilfe von Kriegs- u. a. Gefangenen erbaut (ehem. sowjet. Zwangsarbeitslager).

Worldwide Fund for Nature ['wə:ldwaɪd fʌnd fɔ: 'neɪtʃə], Abk. **WWF,** bis 1987 **World Wildlife Fund,** internat. Organisation zur Erhaltung der natürl. Umwelt, gegr. 1961 (Sitz Gland, Schweiz).

World Wide Web, ['wə:ld 'waɪd 'web], Abk. **www,** einfach zu bedienender Dienst im → Internet, der mittels Hyperlinks den Zugriff auf multimediale Informationen entfernter Datenbanken ermöglicht, ohne an bestimmte Datenstrukturen gebunden zu sein.

Worms, Stadt in Rheinl.-Pf., am Rhein (Hafen), 81 100 Ew.; roman. Dom St. Peter, got. Liebfrauenkirche; Synagoge und jüd. Friedhof aus dem Hoch-MA.; Kunststoff verarbeitende und chem. Ind.; Weinbau. – W. war eine Römerstadt und alter Bischofssitz, im 5. Jh. Hptst. der Burgunder am Rhein (Nibelungensage); das **Wormser Konkordat** 1122 beendete den Investiturstreit; seit dem 13. Jh. war W. Reichsstadt; **Wormser Reichstage** 1495 (Ewiger Landfriede) und 1521 (Reichsacht über M. Luther).

Wörner, Manfred, dt. Politiker (CDU), * 1934, † 1994; 1982 bis 1988 Bundesverteidigungsmin., seither Gen.-Sekr. der NATO.

Woronesch, Stadt in Russland, an dem Fluss Woronesch, 900 000 Ew.; Univ.; chem. u. a. Industrie.

Woroschilow, Kliment Jefremowitsch, sowjetischer Politiker, Marschall der UdSSR, * 1881, † 1969; 1925 bis 1940 Volkskommissar für Verteidigung (führende Rolle bei der stalinist. Säuberung der Roten Armee); 1953 bis 1960 Staatsoberhaupt.

Woroschilowgrad → Lugansk.

Worpswede, Gemeinde in Ndsachs., 9 100 Ew., am Teufelsmoor, bei Bremen; seit 1889 Künstlerkolonie (F. Mackensen, O. Modersohn und Paula Modersohn-Becker, R. M. Rilke).

Wort, Ⓢ der kleinste selbstständige sprachl. Bedeutungsträger mit einer unterscheidbaren Lautform.

Wörterbuch, alphabet. Verzeichnis von Wörtern mit Worterklärungen und/oder sprachl. Angaben oder Übersetzungen.

Wörther See, der größte See Kärntens, Österreich, westlich von Klagenfurt, 18,8 km², bis 86 m tief.

Wortmann, Sönke, dt. Filmregisseur, * 1959; drehte u. a. »Allein unter Frauen« (1991), »Der bewegte Mann« (1994), »Das Superweib« (1996), »Der Campus« (1997).

Wosnessenskij, Andrej, russischer Lyriker, * 1933; einer der führenden Lyriker der Gegenwart.

Wotan → Wodan.

Wotjaken, finno-ugr. Volk an der unteren Wjatka (→ Udmurten).

Wolf Wondratschek

Virginia Woolf

Worms
Stadtwappen

Manfred Wörner

Monika Wulf-Mathies

Herman Wouk

Wuppertal Stadtwappen

Wotruba, Fritz, österr. Bildhauer, *1907, †1975; blockhafte Steinfiguren.
Wouk [waʊk], Herman, amerikan. Schriftsteller, *1915; Romane: »Der Krieg« und »Weltsturm« (1978), »Der Enkel des Rabbi« (1985).
Wounded Knee [ˈwuːndəd ˈniː], Weiler und Bach (Creek) in der Indianerreservation Pine Ridge in South Dakota, USA; 1890 Massaker amerikan. Truppen an 350 Dakota am W. K. Creek.
Wouwerman [ˈwɔuwərman], Philips, niederländ. Maler, *1619, †1668; Landschaften mit Reiterschlachten u. a. Staffage.
Wrangel, Wrangell, dt.-balt. Adelsgeschlecht, verzweigte sich auch nach Schweden, Russland, Preußen. **1)** Carl Gustaf, Graf **von Salmis,** schwed. Feldherr, *1613, †1676; Oberbefehlshaber im Dreißigjährigen Krieg, führte auch 1675 das schwed. Heer gegen Brandenburg. – **2)** Friedrich Heinrich Ernst Graf, volkstüml. preuß. Generalfeldmarschall, *1784, †1877; 1848 und 1864 Oberbefehlshaber gegen Dänemark. – **3)** Peter Nikolajewitsch Baron von, russ. General, *1878, †1928; befehligte im Bürgerkrieg 1920 die antibolschewist. »weiße« Südarmee.
Wrangelinsel, Insel vor N-Sibirien, Russland, 7300 km² groß; 1867 entdeckt.
Wren [ren], Sir Christopher, engl. Baumeister, *1632, †1723; Hauptmeister des engl. klassizist. Barocks: St.-Pauls-Kathedrale in London.
Wright [raɪt], **1)** Frank Lloyd, amerikan. Architekt, *1869, †1959; material- und zweckorientierte Bauten (Guggenheim-Museum, New York). – **2)** Wilbur, *1867, †1912, und Orville, *1871, †1948, amerikan. Flugtechniker, Brüder; erste Motorflüge 1903 und 1904 mit selbst gebautem Flugzeug.
Wucher, Ausbeutung anderer durch Fordern unverhältnismäßig hoher Vermögensvorteile: **Kredit-W.** (Zins-W.) und **Sach-W.** (Geschäfts-W.), daneben **Leistungs-W.** Wucherische Rechtsgeschäfte sind nichtig und strafbar.
Wucherblume → Chrysantheme.
Wucherung, ⚘ ♡ ⚕ vermehrtes Zellwachstum. Bei **krankhafter W.** entstehen z. B. Pflanzengallen, Geschwülste. (→ Krebs)
Wuchsstoffe, ⚘ ♡ chem. wirkende Stoffe, die das Wachstum beeinflussen, z. B. im Pflanzenreich **Auxin** u. a. Phytohormone.
Wuhan, Hptst. der chin. Prov. Hubei, 3,75 Mio. Ew.; Univ.; Schwer-, Textilind.; Jangtsekiangbrücke; eine der bedeutendsten Ind.- und Handelsstädte Chinas.
Wühlmäuse, Nager mit kurzem Schwanz: echte **Wasserratte,** schadet durch Zerwühlen der Dämme; **W., Schermaus,** schadet durch Wurzelbenagen; **Feldmaus,** schadet Feldfrüchten und Baumsaaten; **Lemming** und **Bisamratte.**
Wuhsi [-çi], → Wuxi.
Wulfila, Ulfilas, westgot. Missionar, *um 311, †383; 341 Bischof unter den Westgoten auf dem Balkan, übersetzte die Bibel ins Gotische, z. T. erhalten im **Codex argenteus.**
Wulf-Mathies, Monika, dt. Gewerkschafterin (SPD), *1942; 1982 bis 1994 Vors. der ÖTV, seit 1995 EU-Kommissarin.
Wullenwever, Jürgen, *um 1492, †(hingerichtet) 1537; war 1533 bis 1535 als entschiedener Protestant und Gegner der Patrizierherrschaft Bürgermeister von Lübeck, suchte vergeblich die Vormachtstellung Lübecks in der Ostsee wieder herzustellen.
Wulstlinge, Gattung der weißsporigen Blätterpilze; essbar sind Kaiserling und Perlpilz; giftig sind Fliegen- und Pantherpilz; tödlich giftig die Arten des Knollenblätterpilzes.
Wunde, ⚕ Verletzung, bei der Gewebe gewaltsam getrennt wurden; heilt durch Verklebung der Wundflächen oder durch Bildung von Fleischwärzchen und Narbe. **Wundfieber** entsteht durch Verunreinigung mit Bakterien **(Wundinfektion).**
Wunder, Vorgang, der dem naturgesetzl. Lauf der Dinge widerspricht; alle Religionen erleben im W. das Wirken Gottes.
Wunderbaum → Rizinus.
Wunderblume, Mirabilis, Gattung zweikeimblättriger Stauden in den wärmeren Gebieten Amerikas mit längl. Blättern und mehrfarbigen, z. T. nur eine Nacht blühenden Trichterblüten; gut zu Kreuzungsversuchen geeignet.
Wunderhorn, Des Knaben W., Sammlung alter dt. Volkslieder, herausgegeben von A. v. Arnim und C. Brentano (1806 bis 1808).
Wunderlich, 1) Fritz, dt. Opern- und Konzertsänger (lyr. Tenor), *1930, †1966. – **2)** Paul, dt. Maler und Grafiker, *1927; vom Surrealismus geprägte fantast. Farblithographien, v. a. von Gestalten aus Mythologie und erot. Dichtung, daneben auch Plastiken und Objekte (Schmuck, Leuchter).
Wundklee, weißfilziger Schmetterlingsblütler mit gelben Blütenköpfen; Futterpflanze; blutstillendes Volksheilmittel.
Wundrose, Erysipel, ⚕ durch Streptokokken erregte, beschränkt ansteckende Entzündung in den Lymphspalten der Haut; Fieber; örtlich (bes. **Gesichts-, Kopf-, Fuß-, Unterschenkelrose**) brennende, glänzende Hautrötungen, die Blasen bilden.
Wundstarrkrampf, Tetanus, ⚕ Wundinfektion, die oft zum Tod führt. Der Erreger, der **Tetanusbazillus,** findet sich in Erde, Heu usw.; er bildet das Gift **Tetanotoxin.** Verunreinigung auch kleinster Wunden führt zum W. (Anspannung der Muskulatur mit Rückwärtsbeugung des Kopfes; Krämpfe; Atembehinderung). Vorbeugung: Schutzimpfung; bei frisch Verletzten durch Einspritzen von **Tetanusschutzserum.**
Wundt, Wilhelm, dt. Philosoph, Psychologe, *1832, †1920; Begründer der experimentellen Psychologie; »Völkerpsychologie« (1900 bis 1920).
Wünschelrute, Instrument der Rutengänger, gegabelter Haselnusszweig oder gebogener Draht, mit beiden Händen in Spannung gehalten; soll an Stellen, wo Wasser oder Bodenschätze in der Erde sind, ausschlagen.
Wunsiedel, Krst. im Fichtelgebirge, Bayern, 10400 Ew.; Porzellan- und Steinind.; Geburtsort von Jean Paul.
Wunstorf, Stadt in Ndsachs., westl. von Hannover, 39500 Ew.; Zementfaserplattenproduktion, Kunststoffverarbeitung.
Wupper *die,* Nebenfluss des Rheins im Berg. Land, NRW, 114 km; viele Stauseen.
Wuppertal, Stadt in NRW, an der Wupper, 388000 Ew., 1929 aus Elberfeld, Barmen, Vohwinkel u. a. Gemeinden gebildet; Univ./Gesamthochschule; Maschinenbau, Metall- u. a. Ind.; Schwebebahn.
Wurf, 1) ✻ Bewegung eines Körpers, dem eine bestimmte Anfangsgeschwindigkeit erteilt wurde, unter dem Einfluss der Schwerkraft. – **2)** ♡ das Gebären und die Jungen der Säugetiere.
Würfel, Kubus, regelmäßiger Hexaeder: von 6 Quadraten begrenzter Körper.
Wurftaubenschießen, Wurfscheibenschießen, sportl. Schützenwettbewerbe mit Schrotgewehren auf tellerartige **Wurfscheiben,** die von **Wurfmaschinen** in die Luft geschleudert werden.
Würger, ♡ Singvögel, die ihre Beute bei Nahrungsüberfluss als Vorrat auf Dornen spießen; z. B. der langschwänzige, hellgrauweiße **Raub-W.,** der **Rotkopf-W.,** der **Neuntöter.**
Wurm, Theophil, dt. ev. Theologe, *1868, †1953; 1933 bis 1949 Landesbischof von Württemberg, Wortführer der Bekennenden Kirche im Kampf gegen den Nationalsozialismus.

Würmer, Vermes, artenreiche nichtsystemat. Gruppe des Tierreichs. Die W. sind wirbellose, zweiseitig symmetr. Tiere, meist von lang gestreckter Körperform, im Übrigen äußerst vielgestaltig; viele sind Schmarotzer.
Wurmfarn, Gattung der Schildfarngewächse mit rd. 240 Arten. Der in Eurasien vorkommende **Gewöhnl. W.** besitzt 0,5 bis 1,5 m lange, einfach gefiederte Blätter; aus seinem Wurzelstock wurde früher ein Bandwurmmittel hergestellt.
Wurmfortsatz, Appendix, → Blinddarm.
Wurmkrankheiten, Helminthiasen, ⚕ Erkrankungen durch schmarotzende Eingeweidewürmer, z. B. Bandwurm, Madenwurm, Spulwurm, Trichine. Übertragung durch Wurmeier meist bei der Nahrungsaufnahme.
Würmsee, Starnberger See, → Starnberg.
Würselen, Stadt in NRW, im N von Aachen, 35 500 Ew.; Maschinen- u. a. Industrie.
Wurt → Warft.
Württemberg, bis 1945 dt. Land zw. Schwäbisch-Fränkischem Schichtstufenland, Schwarzwald und Bodensee, 19 508 km² mit (1939) 2,9 Mio. Ew.; Hptst. war Stuttgart.
Die Grafen von W. (Stammburg Wirtenberg bei Untertürkheim) erscheinen im 12. Jh. im stauf. Herzogtum Schwaben. Sie erweiterten ihr Gebiet erheblich und wurden 1495 Herzöge. Ulrich wurde 1519 vom Schwäb. Bund vertrieben, und W. fiel an Österreich, bis Ulrich 1534 wieder eingesetzt wurde; darauf Einführung der Reformation. Herzog Friedrich II., seit 1806 König Friedrich I., konnte durch seinen Anschluss an Napoleon I. 1803 bis 1810 das württemberg. Territorium verdoppeln; er hob 1805 die alte landständ. Verfassung auf. Wilhelm I. erließ 1819 eine konstitutionelle Verfassung. 1918 wurde W. Freistaat, 1945 wurde der S W.s mit Hohenzollern, der N mit N-Baden vereinigt, und 1952 ging ganz W. im Bundesland → Baden-Württemberg auf.

Die Gartenfront der von Johann Balthasar Neumann erbauten **Würzburger** Residenz (1720 bis 1744)

Würzburg, Hptst. des Reg.-Bez. Unterfranken, Bayern, am Main, 128 800 Ew.; barockes Stadtbild; Dom St. Kilian (1045 ff.) u. a. Kirchen, Residenz (1720 bis 1744, J. B. Neumann; gehört zum Weltkulturerbe), Wallfahrtskirche »Käppele«; Festung Marienberg (mit Mainfränkischem Museum); Bischofssitz; Univ.; Weinbau. – Das Bistum W. wurde 741 von Bonifatius gegründet; die Bischöfe erwarben große Besitzungen im Mainland und nannten sich im 11./12. Jh. »Herzöge zu Franken«. Das Fürststift wurde 1802 mit Bayern vereinigt.
Wurzel, 1) ⚘ neben Sprossachse und Blatt eines der drei Grundorgane der Sprosspflanzen, das die Pflanze im Boden verankert und ihr Wasser mit Nährstoffen zuleitet, im Ggs. zum Spross stets ohne Blätter. An fortwachsenden Enden hat sie eine schützende **W.-Haube;** an feinsten Verästelungen **(W.-Fasern)** schlauchförmige Zellfortsätze **(W.-Haare),** die der Stoffaufnahme dienen. W. von oberird. Ursprung sind die **Luft-W. (Stütz-** und **Stelz-W., Kletter-** oder **Haft-W.),** W. zum Speichern von Nahrungsstoffen sind die **Rübe** und **W.-Knolle.** – **2)** $\sqrt{\ }$ *n*-te W. aus einer nichtnegativen reellen Zahl *a* ist diejenige nichtnegative reelle Zahl *w*; deren *n*-te Potenz gleich *a* ist; man schreibt $w = \sqrt[n]{a}$ oder $w = a^{1/n}$. Z. B. ist 5 die Quadrat-W. aus 25 und 4 die Kubikwurzel aus 64, denn $5^2 = 25$ $(5 = \sqrt{25})$ und $4^3 = 64$ $(4 = \sqrt[3]{64})$. Die Zahl *a* heißt **Radikand,** *n* ist der **W.-Exponent,** und die Reihenoperation heißt **Radizieren** oder **Wurzelziehen.** – **3)** Ⓢ der einer ganzen Wortfamilie gemeinsame Wortteil, an dem die Grundbedeutung haftet, z. B. **geb**-en, **Gab**-e, er-**gieb**-ig, **Gif**-t.
Wurzelfüßer, Rhizopoden, Klasse vorwiegend frei lebender Protozoen (Einzeller) mit zahlreichen Arten in Süß- und Meeresgewässern sowie in feuchten Lebensräumen an Land. W. bewegen sich mit veränderl. Fortsätzen (Scheinfüßchen, Pseudopodien) ihres Plasmas fort, die auch der Nahrungsaufnahme dienen. Man unterscheidet 4 Ordnungen: Wechseltierchen (→ Amöben), nackt oder beschalt; → Sonnentierchen (Heliozoen), kugelig mit fadenförmigen Pseudopodien; Strahlentierchen (→ Radiolarien) mit zierl. Kieselgerüst; → Foraminiferen.
Wurzelhaut → Zähne.
Wurzelstock, Rhizom, der ausdauernde, unter oder dicht über der Bodenoberfläche wachsende Sprossteil einer Staude.
Wüste, Landschaft mit geringem oder ganz fehlendem Pflanzenwuchs. Es gibt **Kälte-** (Eis- und Hochgebirgs-) und **Trocken-** oder **Heißwüsten.** Letztere sind die W. i. e. S., in denen die Verdunstung die Niederschläge überwiegt. Sie begleiten die Äquatorialzone in den Rossbreiten zw. 20° und 30° nördl. und südl. Breite, verschieben sich im Innern Asiens bis zu 45° Breite. Geringe Bewölkung, hohe Tagestemperaturen und starke nächtl. Ausstrahlung (große tägliche Temperaturschwankungen) kennzeichnen das Klima der W. Seltene Regenfälle (oft wolkenbruchartig) lassen reißende Gewässer entstehen, die tiefe Schluchten bilden und meist in abflusslosen Wannen enden. Nach der Bedeckung mit Verwitterungsstoffen unterscheidet man: **Sand-** (in der Sahara: Erg), **Kies-** oder **Geröll-W.** (Serir, Reg), **Fels-W.** (Hammada; **Gebirgs-W.**), **Mergel-** oder **Staub-W., Lehm-W.** (Takyr). Tier- und Pflanzenwelt sind artenarm und den extremen Bedingungen angepasst. Die W. sind verkehrsfeindlich und nur dünn besiedelt (Oasen); durch Bodenschätze (Erdöl, Uran u. a.) wirtschaftlich bedeutend. Die Randzonen sind Halb-W., Trockensavannen (Heimat von Viehzuchtnomaden). Das seit langem beobachtete Ausweiten der W. (Sahara 10 000 km² jährlich) wird v. a. durch menschl. Eingriffe in das ökolog. Gefüge der Randgebiete (z. B. Sahel) verursacht.
Wüstung, ganz oder teilweise verlassene Siedlung **(Orts-W.)** oder aufgegebene, einst landwirtschaftlich genutzte Fläche **(Flur-W.,** wüste Marken); Orts-W. entstanden in Europa v. a. durch Bev.-Verluste während des Spät-MA. (Pest und andere Seuchen) oder nach Kriegen.
Wutach *die,* rechter Nebenfluss des Rheins, Bad.-Württ., Ausfluss des Feldsees (Schwarzwald), mündet bei Waldshut.
Wuxi [wuçi], **Wuhsi,** Ind.stadt in der chin. Prov. Jiangsu, 840 000 Ew., Univ., Seidenraupenzucht.
Wyborg, finn. **Viipuri** [ˈviːpuri], schwed. **Viborg,** dt. **Wiborg,** russ. Hafenstadt am Finn. Meerbusen und Saimaakanal, 81 000 Ew.; Werft, Ind. – W. war zw. Russland und Finnland heftig umstritten; 1940 und erneut 1947 kam es zur UdSSR.
Wycliffe, Wiclif [ˈwɪklɪf], John, engl. Reformator, * vor 1330, † 1384; trat gegen die Verderbnis der Geist-

Rotkopf-**Würger**

Theophil Wurm

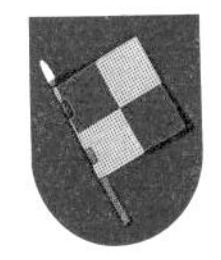

Würzburg
Stadtwappen

Wyoming
Flagge

lichkeit auf, forderte eine reine christl. Lehre und eine von Rom unabhängige Volkskirche; begann eine engl. Bibelübersetzung. Das Konzil von Konstanz erklärte ihn 1415 zum Ketzer.

Wyk auf Föhr ['vi:k-], Stadt auf der Insel Föhr, Schlesw.-Holst., 4500 Einwohner.

Wyler ['waılə], William, amerikan. Filmregisseur, *1902, †1981; »Die besten Jahre unseres Lebens« (1946), »Ben Hur« (1959), »Funny Girl« (1967), »Die Glut der Gewalt« (1969) u. a.

Wyoming [waı'əumıŋ], Abk. **Wyo.,** einer der Kordillerenstaaten der USA, 253 326 km², 453 600 Ew.; Hptst. Cheyenne. Im NW liegen der Yellowstone und Grand Teton National Park. Ackerbau ist nur bei künstl. Bewässerung möglich; Schafzucht; ⚒ auf Erdöl, Erdgas, Kohle, Uran u. a.; Fremdenverkehr.

Wyszyński [vi'ʃiĩski], Stefan, poln. kath. Theologe und Kardinal, Primas von Polen, *1901, †1981; 1953 amtsenthoben, in einem Kloster interniert, 1956 wieder eingesetzt.

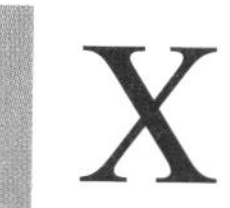

X

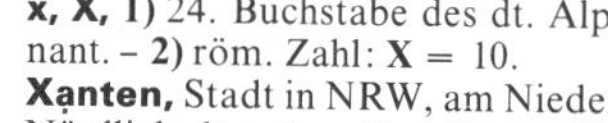

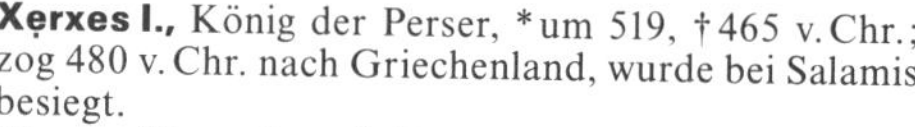

x, X, 1) 24. Buchstabe des dt. Alphabets, ein Konsonant. – **2)** röm. Zahl: **X** = 10.

Xanten, Stadt in NRW, am Niederrhein, 17 500 Ew. – Nördlich des röm. Standlagers **Vetera Castra** entwickelte sich die Siedlung **Colonia Ulpia Traiana** (mit Amphitheater). Ihr O-Teil wurde ausgegraben und ist ein »Archäolog. Park«. Der Name X. stammt von der Siedlung **Ad Sanctos** (»zu den Heiligen«; Märtyrergräber im Dom St. Viktor). Im Nibelungenlied Heimat Siegfrieds. Durch den **Vertrag von X.** (1614, Bestätigung 1666) fielen Kleve, Mark, Ravensberg an Brandenburg-Preußen.

Xanten
Stadtwappen

Xanthippe, Gattin des Sokrates, wurde zu Unrecht zum Inbegriff des zänk. Eheweibs.

Xanthogensäure, ⚗ Ester der Thiolthionkohlensäure. Ihr Salz **Natrium-Zellulose-Xanthogenat** ist für die Herstellung von Viskose-Reyon wichtig.

Xanthom *das,* ⚕ gutartige Hautveränderung in Form von gelbl. Knoten, in denen Lipoide abgelagert werden.

Xanthophyll *das,* ⚗ gelber Pflanzenfarbstoff; verursacht Blattgelbfärbung.

X-Beine, ⚕ Abknickung der Unterschenkel (gegenüber den Oberschenkeln) nach außen; infolge Rachitis oder zu starker Belastung der Knochen; auch angeboren.

X-Chromosom → Vererbung.

Xe, chem. Symbol für das Element Xenon.

Xenakis, Iannis (Yannis), frz. Komponist griech. Herkunft, *1922; komponierte der seriellen Musik nahe stehende Orchesterwerke, Kammermusik, elektron. Musik.

Iannis Xenakis

Xenilen *Pl.,* **1)** Titel des 13. Buchs der Epigramme Martials, das vorwiegend freundschaftl. Begleitverse zu Gastgeschenken enthält. – **2)** Titel der von Goethe und Schiller gemeinsam verfassten Sinnsprüche gegen zeitgenöss. Schriftsteller.

Xenon *das,* Symbol **Xe,** chem. Element, Edelgas, OZ 54, kommt mit 0,000008 Vol.-% in der Luft vor. Verwendung zur Füllung von Glühlampen und Leuchtröhren.

Xenonlampe, mit Xenon unter Hochdruck gefüllte Gasentladungslampe, gibt weitgehend tageslichtähnl. Licht für Färbereien, Farbfilmaufnahmen u. a.; **Xenon-Langbogenlampen** für Flutlichtbeleuchtung.

Xenophanes von Kolophon, griech. Philosoph, Dichter, *um 570, †um 470 v. Chr.; gründete um 540 v. Chr. die eleat. Schule.

Xenophon, griech. Geschichtsschreiber, *um 430, †nach 355 v. Chr.; Schüler des Sokrates; führte 401 v. Chr. den Rückzug der 10 000 griech. Söldner des Kyros nach Trapezunt; beschrieb ihn in der »Anabasis«. Geschichtl. und philosoph. Schriften.

Xerophyten, ⚘ an trockene Standorte angepasste Pflanzen: Steppen-, Wüsten-, Salzpflanzen und bes. die Sukkulenten.

Xerxes I., König der Perser, *um 519, †465 v. Chr.; zog 480 v. Chr. nach Griechenland, wurde bei Salamis besiegt.

Xhosa, Xosa ['ko:sa], Bantuvolk im S der Rep. Südafrika, 6,6 Mio. Menschen.

Xiamen [çia-], **Amoy,** südchin. Hafenstadt, gegenüber der Insel Taiwan, 530 000 Ew.; Univ.; Schiff- und Maschinenbau; seit 1980 Sonderwirtschaftszone; Fischverarbeitung.

Xi'an [çi-an], **Sian,** Hptst. der Prov. Shaanxi in N-China, 2,65 Mio. Ew.; wiss. Institute; Maschinenbau, Textil-, Metall-, chem., elektron. Ind., Porzellanherstellung; ✧. – Eine der ältesten Siedlungen Chinas (**Chang'an;** in der Han-, Sui- und Tangzeit Hauptstadt Chinas).

Xiang Jiang [çiaŋdziaŋ] *der,* **Siangkiang,** rechter Nebenfluss des unteren Jangtsekiang, China, rd. 800 km lang.

Xiangtan [çiaŋtan], **Siangtan,** chin. Stadt am Xiang Jiang, 575 000 Ew.; Stahlwerk, Elektro- und baumwollverarbeitende Ind.; Flusshafen.

Xi Jiang [çidziaŋ] *der,* **Sikiang,** Hauptzufluss des Perlflusses und größter Strom S-Chinas; 2 100 km lang, schiffbar über 550 km.

Xingu [ʃiŋ'gu] *der,* rechter Nebenfluss des Amazonas in Brasilien, 2 100 km lang.

Xining [çiniŋ], **Sining,** Hptst. der chin. Prov. Qinghai im Hochland von Tibet, 576 000 Ew.; an der Fernstraße Lanzhou–Lhasa; Industrie; ✧.

Xinjiang Uygur Ziziqu [çindziaŋ - dzidʒitʃy], **Sinkiang,** autonomes Gebiet der Uiguren in NW-China, 1 643 000 km², 15,16 Mio. Ew.; Hptst.: Ürümqi; umfasst die Dsungarei und das Tarimbecken, Wüste, Hochgebirge; Anbau in Oasen, Viehzucht; Leder- und Metallind.; ⚒ auf Kohle, Eisenerz, NE-Metalle, Uran.

Xochipilli [span. xotʃi'piji; aztek. »Blumenprinz«], aztekischer Gott der Blumen, des Wachstums und der Sinneslust.

XP [çi:ro:], das → Christusmonogramm.

X-Strahlen, die → Röntgenstrahlen.

Xylographie *die,* svw. Holzstich (→ Holzschnitt).

Xylole, ⚗ Dimethylbenzole, drei in Erdöl und Steinkohlenteer vorkommende isomere aromat. Verbindungen, Lösungsmittel und Ausgangssubstanzen zahlreicher Synthesen, z. B. Lösungsmittel für Lacke.

Xylophagen, Holzfresser, Gruppe von Pflanzenfressern, die an bzw. in Holz leben und sich von Holzsubstanz ernähren, u. a. einige Bockkäferlarven, Termiten und Blatthornkäferlarven.

Xylophon *das,* 𝄞 Instrument, dessen Ton durch Anschlagen von Holzstäben oder schmalen Holzplatten erzeugt wird.

Xylose *die,* ⚗ Holzzucker, ein Monosaccharid, das u. a. aus Holz gewonnen werden kann.

Y

y, Y, 1) Ypsilon, 25. Buchstabe des dt. Alphabets. – **2) Y,** chem. Symbol für das Element Yttrium.
Yacht → Jacht.
Yak, Jak, bis 2 m hohes Wildrind in den zentralasiat. Hochländern; aus ihm wurde der kleinere **Haus-Y.** (Grunzochse) gezüchtet.
Yakuza [-zə], Bezeichnung für der organisierten Kriminalität in Japan angehörige Gruppen.
Yale University [ˈjeɪl juːnɪˈvəːsɪtɪ], private Univ. in New Haven, Connecticut, gegr. 1701.
Yalu, Jalu *der,* koreanisch **Amnokkang,** Grenzfluss zw. Korea und der Mandschurei, 790 km lang.
Yamoussoukro [jamusuˈkro], seit 1984 Hptst. der Rep. Elfenbeinküste, etwa 40 000 Ew.; zahlreiche Neubauten, u. a. die zweitgrößte Kathedrale der Erde (1990 geweiht).
Yamswurzel, Dioscorea, Gattung der Y.-Gewächse mit etwa 600 in wärmeren Gebieten verbreiteten Arten; Kletterpflanzen mit meist wechselständigen Blättern, getrenntgeschlechtigen Blüten und Kapselfrüchten. Einige Arten sind wegen ihrer stärkereichen Wurzelknollen **(Jams)** wichtige Nutzpflanzen, z. B. Wasser-Y., Brotwurzel und Elefantenfuß, dessen Knollen auch als Hottentottenbrot bezeichnet werden.
Yamuna [ˈjæmʊnɑː] *die,* **Jumna,** rechter und wichtigster Nebenfluss des Ganges in N-Indien, 1 376 km lang, entspringt im Himalaya im Gliedstaat Uttar Pradesh, mündet bei Allahabad.
Yangon, seit 1989 amtl. Name von → Rangun.
Yankee [ˈjæŋkɪ] *der,* Spitzname für den Nordamerikaner, bes. den Neuengländer.
Yantai [iæntai], **Yentai,** früher **Zhifu,** Hafenstadt in der chin. Prov. Shandong, 452 100 Ew.; Werften, Stahl- und Eisenindustrie.
Yaoundé [jaunˈde], **Jaunde,** Hptst. von Kamerun, 730 m ü. M., in bewaldetem Hügelland im SW des Landes, 649 000 Ew.; Sitz eines kath. Erzbischofs; Univ., Nationalbibliothek; internat. ✈.
Yap Islands [ˈjɑːp ˈaɪləndz], Inselgruppe der Karolinen, 119 km², 9 200 Ew. (Mikronesier). Hauptort: Yap Town auf der Insel Yap. Die Y. I. gehören zur Rep. Mikronesien.
Yard [jɑːd] *das,* Abk. **yd,** Längenmaß in den USA und Großbritannien, 1 yd = 91,44 cm.
Yaşar Kemal [jaˈʃar kɛˈmal], eigentl. Kemal Sadık **Gökçeli,** türk. Schriftsteller, * 1922 oder 1923; Werke über den Lebenskampf südanatol. Bauern; Friedenspreisträger des Dt. Buchhandels 1997.
Yb, chem. Symbol für das Element Ytterbium.
Ybbs an der Donau [ɪps-], Stadt in NÖ, 6 300 Ew.; hat Donau-Großkraftwerk, Stahlwerk u. a. Ind.; barockes Schloss (17. Jh.).
Yeats [jeɪts], William Butler, irischer Dichter, * 1865, † 1939; Führer der »kelt. Renaissance«, deutete in seinen lyrisch-fantast. Dramen die irische Vorzeit symbolisch aus. Nobelpreis 1923.
Yellowstone National Park [ˈjeləʊstəʊn ˈnæʃnl ˈpɑːk], Naturschutzgebiet der USA, in NW-Wyoming, Montana und Idaho, 8 953 km², umfasst im Wesentl. ein aus basalt. Ergüssen bestehendes Plateau in 2 000 bis 2 500 m Höhe, mit heißen Quellen und Geysiren, in das sich der 1 080 km lange **Yellowstone River** (rechter Nebenfluss des Missouri) unterhalb von 2 Wasserfällen (Upper Fall 33 m, Lower Fall 94 m hoch) in einer über 20 km langen und etwa 300 m tiefen Schlucht (Grand Canyon) eingeschnitten hat. Der Y. N. P. gehört zum Welterbe.
Yeoman [ˈjəʊmən], im mittelalterl. England urspr. der Gemeinfreie, später Pächter, kleiner Grundbesitzer.
Yepes, Narciso, span. Gitarrist, * 1927, † 1997.
Yersin [jɛrˈsɛ̃], Alexandre John Emile, schweizer. Tropenarzt, * 1863, † 1943; entdeckte, gleichzeitig mit dem jap. Bakteriologen S. Kitasato (* 1853, † 1931), den Erreger der Pest **(Yersinia pestis),** entwickelte ein Serum zu ihrer Behandlung.
Yeti → Schneemensch.
Yggdrasil, german. Sage: die Weltesche, deren Zweige sich über die Welt erstrecken.
Yibin [ibin], **Ipin,** chin. Stadt in der Prov. Sichuan, 245 000 Ew.; an der Mündung des Min Jiang in den Jangtsekiang.
Yilmaz [-z], Mesut, türk. Politiker, * 1947; Unternehmer, Mitgl. der Mutterlandpartei; 1986/87 Min. für Kultur und Tourismus, 1987 bis 1990 Außenmin., seit 1991 Vors. seiner Partei, 1991 und 1996 sowie seit Juni 1997 Ministerpräsident.
Yinchuan [intʃuan], Hptst. des autonomen Gebiets Ningxia Huizu Zizhiqu, China, 576 000 Ew.; Univ.; Leder-, Gummi-, Nahrungsmittelind.; ✈.
Yin und Yang, Begriffe der chin. Philosophie; Yang ist das männl. Prinzip (Himmel), Yin das weibl. (Erde).

Yin und Yang
Symbolische Darstellung der beiden Urkräfte

Ylang-Ylang-Öl [ˈiːlaŋ-], **Ilang-Ilang-Öl,** ätherisches Blütenöl vom **Ylang-Ylang-Baum** (S- und SO-Asien), Rohstoff der Feinparfümerie.
YMCA, Abk. für **Y**oung **M**en's **C**hristian **A**ssociation, → Christlicher Verein Junger Menschen.
Ymir, in der german. Mythologie ein aus dem Eis der Urwelt hervorgetauter Riese.
Yocto, Vorsatzzeichen **Y,** Vorsatz vor Einheiten für 10^{-24} (Quadrillionstel).
Yoga → Joga.
Yogyakarta [dʒɔgdʒaˈkarta] früher **Jogjakarta,** Stadt im südl. Zentraljava, Indonesien, 430 000 Ew.; Verw.-Sitz der Region Y.; Univ., private islam. Univ., Kunstakademie; Museum, Theater; Textil-, Leichtind.; ✈.
Yohimbin *das,* Alkaloid aus der Rinde des westafrikan. Y.-Baums, gefäßerweiternd, blutdrucksenkend; gilt als Aphrodisiakum.
Yokohama, Jokohama, jap. Hafenstadt auf Honshū, 3,27 Mio. Ew.; zweitgrößte Stadt Japans und, da mit dem von Tokio zusammengelegt, dessen bedeutendster Handelshafen; Univ.; Werften, Maschinen- und Fahrzeugbau, petrochem. Industrie.
Yorck von Wartenburg, 1) Ludwig Graf, preuß. Feldmarschall, * 1759, † 1830; befehligte im russ. Feldzug 1812 das Hilfskorps für Napoleon I., schloss beim Rückzug am 30. 12. mit den Russen den Neutralitätsvertrag von Tauroggen, der die preuß. Erhebung gegen Napoleon einleitete. – **2)** Peter Graf, * 1904; Mitgründer des Kreisauer Kreises; am 8. 8. 1944 hingerichtet.
York [jɔːk], **1)** Stadt in O-England, 100 000 Ew.; normann.-got. Kathedrale, anglikan. Erzbischofssitz. – In röm. Zeit Legionslager **Eburacum** (etwa 71 bis 74 n. Chr. erbaut) war im 3. Jh. Hptst. der Prov. Britannia Inferior. – **2)** Halbinsel in NO-Australien (Queensland).
York [jɔːk], Herzogstitel einer Nebenlinie des engl. Königshauses Plantagenet (→ Rosenkriege); später meist Titel des 2. Sohnes des Königs.

Yukawa Hideki

Peter Zadek

Yorktown ['jɔ:ktaʊn], Ort im Staat Virginia, USA. 19. 10. 1781 Kapitulation der Briten vor G. Washington, entschied den amerikan. Unabhängigkeitskrieg.
Yoruba [jo'ru:ba, 'jo:ruba], v. a. in SW-Nigeria verbreitetes Volk, kleinere Gruppen leben in Ghana und Benin; 17,7 Mio. Angehörige. Das Reich der Y. bestand aus versch. Kgr. und Fürstentümern, 1893 wurde es brit. Protektorat.
Yosemite National Park [jəʊ'semɪtɪ 'næʃnl 'pɑ:k], Naturschutzgebiet (seit 1864) in der Sierra Nevada (Calif.), USA, 3072 km²; Zentrum bildet das **Yosemite Valley,** mit zahlreichen Wasserfällen. Seit 1890 Nationalpark; Welterbe.
Yotta, Vorsatzzeichen **Y,** Vorsatz vor Einheiten für 10^{24} (Quadrillion).
Young [jʌŋ], **1)** Edward, engl. Dichter, * 1683, † 1765; beeinflusste mit seinen »Nachtgedanken« die dt. Dichtung der Empfindsamkeit (18. Jh.). – **2)** Owen D., amerikan. Wirtschaftsführer, * 1874, † 1962. Als Präs. (1929) der internat. Kommission zur Regelung der Reparationen arbeitete er den Y.-Plan aus. – **3)** Thomas, brit. Physiker, * 1773, † 1829; Arzt, grundlegende Beiträge zur Entwicklung der Optik (Interferenz des Lichts, Farbempfindung).
Youngplan ['jʌŋ-], Plan des Amerikaners Owen D. Young zur Regelung der dt. Reparationen nach dem 1. Weltkrieg, löste 1930 den Dawesplan ab. Die dt. Zahlungen sollten bis 1988 andauern, bis 1965/66 ansteigen, dann fallen. Der Y. war nur bis 1931, formal bis 1932 in Kraft.
Yourcenar [jursə'na:r], Marguerite, frz. Schriftstellerin, * 1903, † 1987; geschichtl. Roman »Ich zähmte die Wölfin« (1951) u. a. Seit 1980 Mitglied der Académie française (als erste Frau).
Ypern ['y:pərn, 'i:pərn, 'aɪpərn], niederländ. **Ieper,** frz. **Ypres,** Stadt in W-Flandern, Belgien, 34000 Ew.; im späten MA. blühende Handelsstadt. Im 1. Weltkrieg schwer beschädigt, im alten Stil wieder aufgebaut; got. Tuchhalle, Renaissancerathaus, St.-Martins-Kathedrale; Textilindustrie.
Ypsilanti, Alexandros, griech. Freiheitskämpfer, * 1792, † 1828; eröffnete 1821 den griech. Freiheitskampf gegen das Osman. Reich.
Ypsilon-Teilchen, ⚛ ein 1977 entdecktes relativ langlebiges Elementarteilchen, das dem Bindungszustand eines fünften Quarks mit seinen Antiteilchen entspricht.
Ytterbium, Symbol **Yb,** chem. Element aus der Reihe der Lanthanoide, OZ 70, relative Atommasse 173,04, D 6,972 g/cm³, Fp 824 °C, Sp 1193 °C. Das silberweiße, weiche Metall tritt in zwei Modifikationen auf.
Yttrium, Symbol **Y,** metall. Element aus der III. Nebengruppe des Periodensystems, OZ 39, relative Atommasse 88,9059, D 4,47 g/cm³, Fp 1523 °C, Sp 3337 °C. Das graue, chemisch dem Aluminium ähnelnde Seltenerdmetall tritt in zwei Modifikationen auf. Mit Europium aktiviertes Y.-Vanadat oder Y.-Oxid wird als roter Leuchtstoff für Farbfernsehröhren verwendet.
Yuan, Yüan, 1271 bis 1368 Mongolendynastie in China.
Yucatán, Halbinsel in Zentralamerika, zw. dem Golf von Mexiko und dem Karib. Meer, von Kuba durch die **Y.-Straße** getrennt. Auf Y. liegen die mexikan. Gliedstaaten Y., Campeche und das Bundesterritorium Quintana Roo sowie der N-Teil von Guatemala und Belize. In der vorkolumb. Zeit Gebiet der Maya-Hochkultur.
Yucca *die,* **Palmlilie,** Gattung der Agavengewächse, bes. in Zentralamerika; spitze, starre Blätter (Verarbeitung der Fasern zu Tauen, Bürsten), weißl. Blütenrispe.
Yukawa, Hideki, jap. Physiker, * 1907, † 1981; sagte 1935 die π-Mesonen theoretisch voraus; Nobelpreis für Physik 1949.
Yukon ['ju:kɔn], **1)** *der,* **Y. River,** 3185 km langer Strom in NW-Kanada und Alaska, USA, mündet in das Beringmeer. – **2) Y. Territory** [-'terɪtrɪ], kanad. Territorium, im NW des Landes, 478970 km², 29200 Ew.; Hauptstadt ist Whitehorse. Y. besteht überwiegend aus Tundra. Bergbau (Blei-, Zink-, Silber- und Golderze); Pelztierfang.
Yun, Isang, dt. Komponist korean. Herkunft, * 1917, † 1995; verband westl. avantgardist. Techniken mit chinesisch-korean. Traditionen.
Yunnan, Yünnan, Prov. im SW Chinas, 394000 km², rd. 37 Mio. Ew.; Hptst.: Kunming; Ackerbau, Viehzucht, Metall- und Kohlebergbau.
Yverdon [ivɛr'dõ], dt. **Iferten,** Stadt im schweizer. Kt. Waadt, 21000 Ew.; feinmechan. Ind. Das ehem. Schloss war 1805 bis 1825 Wirkungsstätte Pestalozzis.

Z

Zagreb
Stadtwappen

z, Z, 26. und letzter Buchstabe des dt. Alphabets, ein Konsonant.
Zaanstad ['za:nstat], Stadt in der niederländ. Prov. Nordholland, 130000 Ew.; Mühlenmuseum; Ind., ⚓.
Zabern, frz. **Saverne** [sa'vɛrn], Stadt im Unterelsass, am Rand der Vogesen und Zaberner Senke, an der Zorn und am Rhein-Maas-Kanal, 11000 Ew.; Werkzeug-, Elektro-, Uhrenind. – 1913 kam es durch einen Konflikt zw. den dt. Militärbehörden und der Zivilbev. **(Zabernaffäre)** zu einer Verf.-Krise im Dt. Reich.
Zacharias, 1) Sacharja, israelit. Prophet, um 520 v. Chr., von ihm stammt das Buch Sacharja im A. T. – **2)** Vater Johannes' des Täufers.
Zacher, Gerd, dt. Organist und Komponist, * 1929; führender Interpret zeitgenöss. Orgelmusik.
Zadar ['zadar], Stadt in Kroatien, an der Adriaküste, Zentrum N-Dalmatiens, 116200 Ew.; antike Stadtanlage, roman. Dom, Paläste des 15./16. Jh. u. a. – Z. war 1409 bis 1797 venezian. Besitz **(Zara),** im 19. Jh. Hauptort des österr. Dalmatien, 1918/20 bis 1944/47 zu Italien, dann zu Jugoslawien.
Zadek, Peter, dt. Regisseur, * 1926; 1972 bis 1977 Intendant in Bochum, 1985 bis 1988 in Hamburg; seit 1992 Leitungsmitglied des Berliner Ensemble; zahlreiche Film- und Fernsehinszenierungen.
Zadkine [zad'kin], Ossip, frz. Bildhauer russ. Herkunft, * 1890, † 1967; kubist. Frühwerk.
Zagreb [z-], dt. **Agram,** Hptst. der Rep. Kroatien, 763300 Ew.; Univ., Hochschulen; neugotisch wiederhergestellter Dom, barocker Bischofspalast u. a. Bauten; Metall-, Textil-, Elektro-, Nahrungsmittel- und chem. Industrie; internat. ✈. – Röm. Gründung, seit Ende des 17. Jh. kultureller Mittelpunkt Kroatiens, 1718 bis 1918 Hptst. Kroatiens.
Zahl, ein Element der math. Zahlbereiche. Die **natürl. Z.** 0, 1, 2, ... ergeben sich durch fortlaufende Addition

der 1 zu 0. Die **ganzen Z.** enthalten zusätzlich die negativen natürl. Z. $-1, -2, -3, \ldots$; in ihnen ist die Subtraktion uneingeschränkt ausführbar. Die **rationalen Z.** umfassen die ganzen Z. und alle Brüche; in diesem Bereich ist auch die Division uneingeschränkt möglich. Zus. mit den **irrationalen Z.,** das sind alle nichtrationalen Grenzwerte von Folgen rationaler Z., deren Glieder bis auf endlich viele Ausnahmen beliebig nahe beieinander liegen, z. B. $\sqrt{2}$, die Kreiszahl π und die eulersche Z. e als Grenzwert der Folge $(1+1/n)^n$, bilden sie die (Menge der) **reellen Z.** Eine reelle Z. heißt **algebraisch,** falls sie Lösung einer algebraischen Gleichung $a_n x^n + \ldots + a_1 x + a_0 = 0$ mit ganzzahligen Koeffizienten ist, andernfalls **transzendent;** $\sqrt{2}$ ist als Lösung von $x^2 - 2 = 0$ algebraisch, π und e sind transzendent. Auf den Punkten (x, y) der Ebene existiert neben der punktweisen Addition auch eine Multiplikation; mit diesen Strukturen versehen, bilden sie den Bereich der **komplexen Z.,** in dem jedes nichtkonstante Polynom eine Nullstelle besitzt.

Zahl, Peter Paul, dt. Schriftsteller, * 1944; Lyrik, Erz., Romane und Theaterstücke.

Zahlensymbolik, bei fast allen Völkern verbreitete Anschauung, dass bestimmten Zahlen (z. B. 3, 7, 12, 13) tiefere sinnbildl. Bedeutung zukomme.

Zahlensystem, √ aus einer festgelegten Anzahl von Ziffern bestehendes System zur Darstellung von Zahlen, z. B. das Dezimalsystem (10 Ziffern), in der Datenverarbeitung das Dualsystem (2 Ziffern) oder das Hexadezimalsystem (16 Ziffern).

Zahlentheorie, √ ein Teilgebiet der Mathematik, untersucht v. a. Eigenschaften der natürl. Zahlen.

Zähler, 1) √ Zahl über dem Bruchstrich. – **2)** Vorrichtung zum automat. Zählen von Stückzahlen, Durchflussmengen, Längen u. a. Größen, z. B. Wasser- und Stromzähler.

Zählrohr, ⚛ Gerät zum Nachweis und zur Messung von ionisierenden Teilchen und Strahlen, wie Alpha-, Beta- und Gammastrahlen. Die ersten Z., z. B. der Geigerzähler und das Geiger-Müller-Z., wurden mit Beginn der Erforschung des Atoms entwickelt.

Zahlungsbilanz, ✐ systemat., wertmäßige Aufzeichnung aller wirtschaftl. Transaktionen zw. In- und Ausländern in einem bestimmten Zeitraum. Wichtige Teilbilanzen sind Handels-, Dienstleistungs-, Übertragungs- und als deren Zusammenfassung die Leistungsbilanz, weiterhin die Bilanz des kurz- und langfristigen Kapitalverkehrs (Kapitalbilanz) und die Devisenbilanz.

Zahlungs|unfähigkeit, Insolvenz, ✐ das Unvermögen, seine fälligen Geldverpflichtungen zu erfüllen. Z. ist ein Grund für Konkurs- und Vergleichsverfahren.

Zahlungsverkehr, ✐ Gesamtheit aller Zahlungsvorgänge in einer Volkswirtschaft. Der Z. erfolgt als Bargeld sparender bzw. bargeldloser Z. und als Bargeldumlauf.

Zahlwörter → Numeralia.

Zahn, Ernst, schweizer. Schriftsteller, * 1867, † 1952; volkstüml. Romane und Erz. über das Leben der Bauern seiner Heimat.

Zahn|arme, niedere Säugetiere mit rückgebildetem Gebiss, in Süd- bis Nordamerika lebend, z. B. Ameisenbär, Faultier, Gürteltier und Erdferkel.

Zahn|arzt, Facharzt für Zahnkrankheiten; Universitätsstudium, Approbation.

Zähne, in der Mundhöhle der meisten Wirbeltiere und des Menschen vorhandene modifizierte Teile des Hautskeletts, die in ihrer Gesamtheit das Gebiss bilden. Zahnähnliche Gebilde sind schon bei niederen Tieren vorhanden (Seeigel, Schnecken usw.). Bei Säugetieren, die das Jugendgebiss wechseln, erscheinen die ersten Z. (Milch-Z.) zw. dem 6. Monat und 3. Jahr, die bleibenden Z. ab dem 5. Lebensjahr. Äußerlich gliedern sich die Z. in die aus dem Zahnfleisch ragende **Zahnkrone** (Krone), den im Zahnfleisch sitzenden **Zahnhals** und die im **Zahnfach** (Alveole) des Kieferknochens verankerte **Zahnwurzel.** An der Wurzelspitze liegt die Öffnung zum Wurzelkanal, in dem Gefäße und Nerven zur **Zahnhöhle** verlaufen, die dort zus. mit lockerem Bindegewebe und Zahnbeinzellen die **Zahnpulpa** bilden. Der Kern des Zahns besteht aus knochenähnl. **Zahnbein.** Die Wurzel ist außen von einer dünnen Schicht geflechtartiger Knochensubstanz, dem **Zahnzement,** umgeben, von dem aus Kollagenfasern der Wurzelhaut zum **Zahnfach** des Kiefers ziehen und den **Zahnhalteapparat** bilden. Die Krone ist von **Zahnschmelz** dünn überzogen. Die Z. werden eingeteilt in die vorn in der Mitte des Kiefers sitzenden **Schneide-Z.** mit platter, meißelförmiger Krone und einfacher Wurzel, die **Eck-Z.,** zu beiden Seiten der Schneide-Z., mit spitzer Krone und einfacher Wurzel, die **Backen-Z.** (Prämolaren) mit zweihöckrigen Kronen und die **Mahl-Z.** (Molaren) mit 4- bis 5-höckriger Krone. Der erwachsene Mensch hat 32 Z.: jederseits oben und unten 2 Schneide-Z., 1 Eckzahn, 2 Backen-Z. und 3 Mahl-Z. Der hinterste Mahlzahn **(Weisheits-Z.)** bricht meist erst nach dem 16. Lebensjahr oder gar nicht durch.

Zahnkrankheiten: Am häufigsten ist die **Zahnfäule** oder **Zahnkaries,** eine allmähl. Zerstörung des Zahnbeins nach Zerstörung des Schmelzes. Gelangt die Fäulnis in die Nähe der Pulpa, so entstehen heftige Schmerzen **(Zahnweh, Zahnreißen).** Die meist vorhandene Eiterbildung **(Zahngeschwür, Zahnabszess)** und die damit verbundene Wurzelhautentzündung verursachen Schmerzen beim Zubeißen und führen zur Schwellung von Zahnfleisch und Gesicht; vielfach ist Ziehen des Z. erforderlich. Oft entsteht ein Eitergang von der Zahnwurzel nach außen **(Zahnfistel).** Die Ablagerung von Kalksalzen aus dem Speichel **(Zahnstein)** kann zu Parodontose führen und bewirkt Lockerung und schließlich Ausfallen auch sonst ganz gesunder Z. **Zahnersatz,** fabrikmäßig hergestellt aus Porzellan, Gold usw., wird meist an einer **Gaumenplatte** aus Gold, nicht rostendem Stahl oder vulkanisiertem Kautschuk im Mund befestigt oder einzeln als **Stiftzahn** in eine gesunde Wurzel eingesetzt; stehen neben den Lücken noch gesunde Z., so werden die Ersatz-Z. an einer **Brücke** (Zahnbrücke) befestigt.

Zahnkarpfen, v. a. in Süßgewässern der Tropen verbreitete artenreiche Unterordnung der Knochenfische.

Zahnrad, ⚙ Maschinenteil zur Übertragung von Drehbewegungen von einer Welle auf eine zweite, wobei stets 2 Räder mit ihren Zähnen ineinander greifen. Je nachdem, ob die Wellen parallel angeordnet sind, sich schneiden oder kreuzen, werden **Stirn-, Kegel-** oder **Schrauben-Z.** verwendet, für große Übersetzungen **Schneckengetriebe.**

Zahnradbahn, 🚃 Schienenfahrzeug mit formschlüssigem Antrieb durch Abwälzen eines oder mehrerer angetriebener Zahnräder auf einer in der Gleismitte angeordneten Zahnstange.

Zahntechniker, vollhandwerklicher Lehrberuf; Aufgabengebiet: Zahnersatztechnik.

Zähringer, südd. Fürstengeschlecht, nach Burg **Zähringen** bei Freiburg im Breisgau benannt. Die ältere Linie der Herzöge von Zähringen, die 1218 ausstarb, gründete die Städte Freiburg im Breisgau, Freiburg im Üechtland und Bern. Nebenlinien sind die Markgrafen von Baden und Hachberg und die Herzöge von Teck.

Zainer, Zeyner, Günther, Erstdrucker Augsburgs, † 1478; druckte um 1475 und 1477 u. a. dt. Bibeln; verwendete erstmals Antiquatypen, Holzschnittinitialen und Holzschnittrandleisten.

Zaire, 1971 bis 1997 Name des heutigen Staates »Demokratische Republik Kongo«. (→ Kongo)

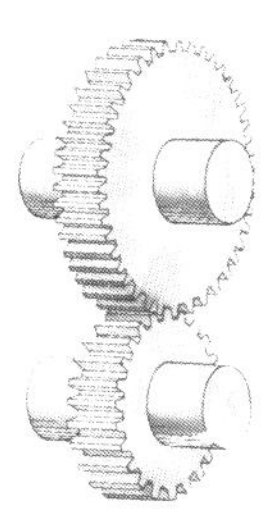

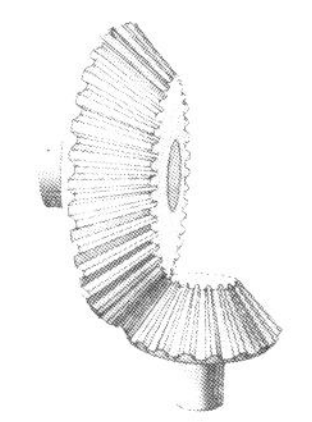

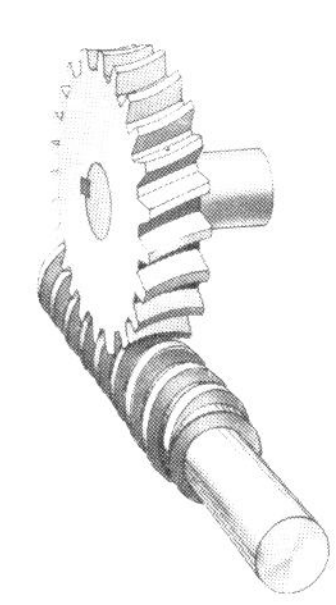

Zahnrad
Stirnräder, Kegelräder, Schneckenrad (von oben)

Zakopane [zakɔ'panɛ], Kurort und Wintersportplatz am N-Rand der Hohen Tatra, Polen, 30 000 Einwohner.
Zakynthos [z-], eine der griech. Ion. Inseln, 406 km², rd. 35 000 Ew.; Anbau von Wein, Korinthen, Oliven.
Zama, antiker Ort in N-Afrika; Schlacht bei Z. 202 v. Chr., entscheidender Sieg Scipios über Hannibal.
Zambo ['sambo], weibl. **Zamba,** Mischling mit negridem und indianidem Elternteil.
Zamboanga [θambo'aŋga], Hptst. der philippinischen Insel Mindanao, 449 000 Ew.; ⚓.
Zande, Gruppe sudansprachiger Stämme in Zentralafrika, über 2 Mio. Angehörige.
Zander, Hechtbarsch, bis 1,2 m langer, schlanker Barsch in Süß- und Brackgewässern Europas und W-Asiens, Speisefisch.
Zander, Heinz, dt. Maler und Grafiker, * 1939; gestaltet der Literatur, Historie und Mythologie entnommene Themen in expressiver Formsprache und altmeisterl. Technik, Grafik von diffiziler zeichner. Präzision.
Zandvoort [ˌzantfɔ:t], Nordseebad in den Niederlanden, 16 000 Ew.; bei Z. Grand-Prix-Automobilrennstrecke.

Darryl Francis Zanuck

Zange, Greifwerkzeug aus 2 gekreuzten Schenkeln, z. B. **Beiß-** oder **Kneif-Z.** mit gebogenen scharfkantigen Backen zum Ziehen von Nägeln und Trennen von Draht, **Rund-** bzw. **Flach-Z.** mit geraden Backen zum Festhalten oder Biegen von Draht, **Seitenschneider** zum Abschneiden von Draht, **Grip-Z.** mit verstellbarer Spannweite.
Zangs, Herbert, dt. Objektkünstler und Maler, * 1924; schuf bereits vor der Gruppe Zero weiße Reflexbilder aus Wellpappe, einer der Vorläufer der seriellen Kunst.
Zank|apfel → Eris.
Zanuck ['zænək], Darryl Francis, amerikan. Filmproduzent und Studioleiter, * 1902, † 1979; 1933 Mitbegründer der »20th Century Pictures«; produzierte u. a. »Früchte des Zorns« (1940).
Zanussi [za'nuçi], Krzysztof, poln. Theater- und Filmregisseur, * 1939; dreht seit 1966 v. a. Filme, die Kommunikationsschwierigkeiten des Menschen thematisieren.
Zäpfchen, 1) Teil des weichen Gaumens. – 2) **Stuhl-Z., Suppositorium,** zäpfchenförmige arzneihaltige Masse zur Einführung in den Mastdarm.
Zapfen, 1) ⚙ bei Achsen und Wellen die Teile, mit denen sie im Lager laufen. – 2) ⚘ Blüten- und Fruchtstand, dessen Achse und Blätter später verholzen; bes. bei Nadelhölzern. – 3) ⚕ Sinneszellen im Auge.
Zapfenstreich, ⚔ urspr. ein Signal zur Ruhe in militär. Quartieren, allg. Zeitpunkt, zu dem sich die Soldaten spätestens in den Quartieren befinden müssen.
Zapfwelle, vom Motor aus angetriebene Welle, an die, bes. bei Schleppern, Arbeitsmaschinen angeschlossen werden können.

Eurasiatischer **Zaunkönig**

Zapolska [z-], Gabriela, poln. Schriftstellerin, * 1857, † 1921; führende Vertreterin des poln. Naturalismus, schrieb Dramen (u. a. »Die Moral der Frau Dulski«, 1907), Romane, Erzählungen.
Zápolya [ˌza:pojɔ], **Johann I. Z.,** König von Ungarn, * 1487, † 1540; an 1511 König Woiwode von Siebenbürgen, 1526 gegen Ferdinand I. von Österreich zum König gewählt; brachte 1529 mit türk. Hilfe O-Ungarn in seinen Besitz.
Zaponlack, hochwertiger Nitrozelluloselack, bes. für Metalloberflächen.
Zapoteken, Indianervolk im mexikan. Staat Oaxaca; die Blütezeit ihrer Kultur lag im 3. bis 8. Jh.; sie lebten überwiegend vom Feldbau.
Zappa ['zæpə], Frank, amerikan. Rockmusiker (Gitarre), * 1940, † 1993; Vertreter des Rock-Underground; gründete 1964 die Gruppe »Mothers of Invention«.
Zar [von lat. Caesar] *der,* slaw. Herrschertitel, erstmals getragen 917 von dem bulgar. Fürsten Simeon, 1346 von dem serb. Fürsten Stefan Dušan, 1547 von dem russ. Großfürsten Iwan IV., 1908 von dem bulgar. Fürsten Ferdinand. **Zarewitsch,** Zarensohn; **Zarewna,** Zarentochter; **Zariza,** Zarin.
Zarathustra, griech. **Zoroaster,** pers. Prophet zw. 1000 und 600 v. Chr., Begründer des Parsismus. Wahrscheinlich wirkte er um 600 v. Chr. in O-Iran; entstammte der adligen Familie Spitama. Z. verkündete einen Dualismus, der in der Gegnerschaft des bösen Geistes Angra Manju gegen Ahura Masda, den guten Gott, begründet ist und den Menschen zur eth. Entscheidung herausfordert. Innerhalb des Awesta, der hl. Schrift des Parsismus, gehen wahrscheinlich die mit Gathas bezeichneten Texte direkt auf Z. zurück.
Zarge, 1) ⚙ Rahmenkonstruktion für Fenster, Türen u. a.; auch Seitenwände von Schachteln. – 2) 𝄞 bei Saiteninstrumenten und Trommeln die Seitenwand des Korpus, die Decke und Boden verbindet.
Zarlino, Gioseffo, ital. Musiktheoretiker und Komponist, * 1517, † 1590; begründete die Dur-Moll-Tonalität.
Zarzuela [θar'θuela] *die,* singspielartige Gattung des span. Musiktheaters, seit dem 17. Jh.; starke Einbeziehung span. Folklore.
Zäsur *die,* 1) allg. (gedankl.) Einschnitt. – 2) in der Metrik ein Sinneinschnitt im Vers, durch den ein Metrum getrennt, auf zwei Wörter verteilt oder eine Verszeile zergliedert werden kann. – 3) 𝄞 ein Einschnitt, der zur sprachanalogen Gliederung syntakt. und semant. Einheiten (Motiv, Thema, Periode, Abschnitt) dient.
Zátopek ['za:tɔpɛk], Emil, tschech. Langstreckenläufer, * 1922; gewann nach einem 1. Platz über 10 000 m und einem 2. über 5 000 m bei den Olymp. Spielen 1948 in London 1952 in Helsinki den Lauf über 5 000 m, über 10 000 m und den Marathonlauf. Stellte 18 Weltrekorde auf.
Zauber, geheimnisvolle Verfahren, die im Glauben der Naturvölker oder im Volksglauben Wirkungen auf Lebewesen, Naturvorgänge, Geister und Götter auszuüben vermögen, z. B. Wetter-Z., Fruchtbarkeitszauber.
Zauberbücher, noch in der neuzeitl. Literatur fassbare Schriften und Textkompilationen mit mag. Anweisungen, Orakeln, Gebeten, Bannsprüchen, Liebeszaubern u. a. fantastisch-zauber. Stoffen; z. T. aus vorantikem Gedankengut stammend.
Zaum, Vorrichtung zum Lenken und Führen von Zug- und Reitpferden, besteht aus dem aus Leder gefertigten Kopfgestell (Halfter) und dem Gebiss (Trense, Kandare).
Zauner, Franz Anton v., * 1746, † 1822; österr. Bildhauer des Klassizismus.
Zaunkönige, Familie etwa 10 bis 20 cm langer Singvögel mit rd. 60 Arten, verbreitet v. a. in Amerika. Der **Eurasiat. Z.** ist rd. 10 cm lang, mit einem steil aufrichtbaren Schwanz, er baut in Bodennähe ein Kugelnest.
Zaunrübe, Gattung der Kürbisgewächse mit 10 Arten in Europa und W-Asien; einheimisch sind an Wegrändern und Hecken die **Rotbeerige Z.** mit rankenden, 2 bis 3 m langen Sprossen und die **Weiße Z.,** eine bis 3 m hohe Kletterpflanze.
Zavattini, Cesare, ital. Schriftsteller, * 1902, † 1989; Journalist, sozial engagierter Erzähler, bekannt durch Drehbücher für neorealist. Filme, so für De Sricas »Fahrraddiebe« (1948) u. a.
Zawinul, Joe (Josef), österr. Jazzpianist und -komponist, * 1932; Vertreter des Jazzrock, gründete 1970 mit W. Shorter die Band »Weather Report«.
ZDF, Abk. für → Zweites Deutsches Fernsehen.
Z-Dioden, Halbleiterdioden, die zur Konstanthaltung von Gleichspannungen verwendet werden.

Zebaoth, Sabaoth [hebr. »Heerscharen«], im A.T. Bezeichnung der göttl. Mächte, die häufig in Verbindung mit dem Gottesnamen Jahwe und Elohim vorkommt.

Zebras, Tigerpferde, in Herden wild lebende, unpaarhufige, helldunkel gestreifte Pferde in den Savannen Afrikas. Es existieren noch drei Arten: das 1,2 bis 1,3 m schulterhohe **Berg-Z.** in gebirgigen Gebieten Südafrikas, das ebenso große **Steppen-Z.** mit breiten, braunschwarzen Haupt- und braunen Zwischenstreifen in SW-Afrika und in O-Afrika das **Grévy-Z.** mit 1,4 bis 1,6 m Schulterhöhe, sehr dichter Streifung und großen Ohren; Bestände rückläufig.

Grévy-**Zebra**

Zebu *der* oder *das,* **Buckelrind,** in S-Asien domestizierte Form des Auerochsen mit einem buckelartigen, muskulösen Schulterhöcker.

Zech, Paul, dt. Schriftsteller, * 1881, † 1946; expressionist. Lyriker, Erzähler und Dramatiker; Übersetzer und Nachdichter, u. a. F. Villon.

Zechstein, ⊕ obere Abteilung des Perm. (→Erdgeschichte, ÜBERSICHT)

Zecken, mit zahlreichen Arten weltweit verbreitete Gruppe von Milben, die Blut an Reptilien und Warmblütern saugen. Überträger von gefährl. Krankheiten, z. B. Rückfallfieber, Rickettsiosen. Man unterscheidet **Leder-Z.** und **Schild-Z.,** unter Letzteren die nur am Menschen saugende **Gemeine Steuer-Z.** und die **Wald-Z.** (**Holzbock,** Überträger der Z.-Enzephalitis).

Zeder *die,* Gattung immergrüner Kieferngewächse mit vier Arten in N-Afrika und Vorderasien. Die **Atlas-Z.** in den Gebirgen N-Afrikas, die **Libanon-Z.** im Libanon und östl. Kleinasien und die **Zypern-Z.** auf Zypern werden bis 40 m hoch, die **Himalaya-Z.** im Himalaya bis 50 m.

Zedrachgewächse, Familie der Zweikeimblättrigen mit rd. 550 Arten in rd. 50 Gattungen, v. a. in den Tropen; Bäume, Sträucher oder Halbsträucher mit einfach oder doppelt gefiederten Blättern. Zahlreiche Arten liefern wertvolle Nutzhölzer. Bekannte Gattungen: Surenbaum, Zedrachbaum, Zedrele.

Zeebrugge [ˈzeːbryxə], dt. **Seebrügge,** Seehafen und Seebad in W-Flandern, Belgien; Teil von Brügge, mit diesem durch einen Seekanal verbunden.

Zeeman [ˈzeː-], Pieter, niederländ. Physiker, * 1865, † 1943; entdeckte den **Z.-Effekt:** die Aufspaltung von Spektrallinien in 2 oder mehrere Linien durch ein Magnetfeld; Nobelpreis 1902.

Zeffirelli, Franco, ital. Regisseur, * 1923; bekannt v. a. als Opernregisseur.

Zehen, Endglieder des Fußes bei Mensch und Wirbeltieren. Einhufer (Pferde) haben eine hufumgebene Z., die meisten Wiederkäuer haben 2, die Vielhufer 3 bis 5 Z. Die Z. tragen Hufe, Nägel oder Krallen und sind bei manchen Tieren durch Flug- oder Schwimmhäute verbunden. Viele Säugetiere gehen nur auf Z. **(Z.-Gänger).**

Zehnergruppe, Zehnerclub, im Rahmen des Internat. Währungsfonds (IWF) 1962 gegr. Gremium von 10 Ind.staaten (USA, Dtl., Großbritannien, Frankreich, Italien, Japan, Kanada, Niederlande, Belgien, Schweden) zur gegenseitigen Unterstützung bei Zahlungsbilanzproblemen. Seit 1983 ist auch die Schweiz Vollmitglied.

Zehnersystem, √ das →Dezimalsystem.

Zehn Gebote, griech. **Dekalog,** nach 2. Mos. 20 die am Sinai von Gott dem Moses auf 2 steinernen Tafeln gegebenen Gebote.

Zehnkampf, ein Mehrkampf der Leichtathletik für Männer, der an 2 aufeinander folgenden Tagen bestritten wird. 1. Tag: 100-m-Lauf, Weitsprung, Kugelstoßen, Hochsprung, 400-m-Lauf. 2. Tag: 110-m-Hürdenlauf, Diskuswerfen, Stabhochsprung, Speerwerfen, 1 500-m-Lauf. Die Wertung erfolgt nach einer internat. Mehrkampftabelle, in der in jeder einzelnen Übung bis über 1 000 Punkte vergeben werden.

Zehnt [von zehn] *der,* früher Abgabe eines bestimmten Teils, urspr. des 10. Teils, des Ertrags (Getreide, Vieh usw.) an die Kirche oder an den Grundherrn.

Zeichen|erkennung, Zuordnung maschinell gelesener Zeichen zu einem der Maschine eingegebenen Zeichenvorrat.

Zeichenrolle, vom Patentamt geführtes, für jedermann frei einsehbares Register, in das →Marken eingetragen werden.

Zeichenschutz →Warenzeichen.

Zeichnung, eine Darstellung auf Papier, Holz, Pergament, Stein, Keramik u. a. Materialien, die im Unterschied zur Malerei v. a. an die Linie gebunden ist. Zeichenmittel sind Stifte (Bleistift, Silberstift, Pastellstift, Kohle, Kreiden, Rötel), Feder, Pinsel und Ritzwerkzeuge, die gebräuchlichsten Farbstoffe sind Tusche, Bister, Tinte und Sepia. Bis zum Aufkommen von getöntem Papier im 16. Jh. wurde weißes Papier häufig grundiert. Die Z. ist als Vorstudie (Skizze) zu anderen Werken (Gemälde, Skulpturen, architekton. Werke) gebräuchlich, aber schon seit Mitte des 15. Jh. als spontaner und komprimierter Ausdruck der künstler. Absicht auch von eigenständigem Wert.

Zeichnungsschein, Urkunde, in der sich der Zeichner (Erwerber) eines neu auszugebenden Wertpapiers zur Übernahme eines bestimmten Nominalbetrages der Emission verpflichtet.

Zeilensprungverfahren, Fernsehen: eine Bildzerlegung, bei der das zu übertragende Frequenzband des Senders auf eine wirtschaftl. Breite halbiert wird. Pro Sekunde werden 50 Bilder abgetastet, und zwar zuerst deren 1., 3., 5., ... Zeile, anschließend deren 2., 4., 6., ... Zeile, sodass zwei ineinander geschachtelte Zeilenraster entstehen, die auf der Empfangsseite wieder zusammengesetzt werden.

Zeisige, mehrere Arten der Finkenvögel aus unterschiedl. Gattungen in Eurasien, Nord- und Südamerika, von denen in Europa neben dem **Birken-Z.** v. a. der **Erlen-Z.** vorkommt: 11 cm lang, nährt sich bes. von Erlensamen, Männchen oberseits grünlich, unterseits gelb und weiß mit schwarzem Kehlfleck.

Zeiss, Carl, dt. Mechaniker und Unternehmer, * 1816, † 1888; gründete 1846 in Jena eine feinmechan.-opt. Werkstätte und mit E. Abbe und O. Schott 1882 das Jenaer Glaswerk Schott & Gen. (bes. Mikroskope), das 1889 von E. Abbe in die Z.-Stiftung eingebracht wurde.

Zeiss-Stiftung, Carl-Z.-S., Heidenheim, bis 1949 in Jena; seit 1992 an beiden Orten; 1889 von Ernst Abbe errichtet. 1919 brachte F. O. Schott seine Anteile am Jenaer Glaswerk Schott & Gen. ein. Unter dem Dach der Z.-S. finden sich Unternehmen der feinmechan. und opt. Ind., der Glasind. und der Elektronik, v. a. Carl Zeiss (Oberkochen), Jenaer Glaswerke Schott & Gen. (seit 1981 Schott Glaswerke Mainz). 1948 wurden die in der DDR gelegenen Vermögenswerte entschädigungslos enteignet; nach der Vereinigung

Erlen-**Zeisig**

Carl Zeiss

Pieter Zeeman

Franco Zeffirelli

wurde der **VEB Carl Zeiss** aufgegliedert zum einen in 2 Tochterunternehmen der westdt. Unternehmen (Beteiligung des Landes Thür.: 49%), zum anderen in die **Jenoptik GmbH** als Kern eines Technologiezentrums (100% Land Thüringen).

Zeit, Abfolge des Geschehens, die als Vergangenheit, Gegenwart und Zukunft, am Entstehen und Vergehen der Dinge erfahren wird. Die SI-Einheit der Z. ist die Sekunde (Einheitenzeichen: s). Im bürgerl. Leben wird die Z. nach dem scheinbaren Lauf der Sonne um die Erde **(Sonnen-Z.)** und dem Lauf der Erde um die Sonne (→Jahr) bestimmt. Zur **Z.-Messung** dienen Uhren, die durch astronom. Beobachtungen laufend kontrolliert und korrigiert werden. Wegen des etwas ungleichmäßigen Laufs der Sonne in der Ekliptik muss die **wahre Sonnen-Z.** durch die **Z.-Gleichung** zur **mittleren Sonnen-Z.** korrigiert werden. Für das prakt. Leben ist die Erde in durchschnittlich 15° breite **Z.-Zonen** eingeteilt, die einen Z.-Unterschied von jeweils 1 Stunde haben. Für Dtl. und die übrigen mitteleurop. Länder gilt die Z. des 15. Längengrads östlich von Greenwich, die **Mitteleurop. Z.** (MEZ); östlich und westlich davon gelten die **Osteurop.** (OEZ) und die **Westeurop. Z.** (WEZ). **Welt-Z.** ist die mittlere Sonnen-Z. von Greenwich. (→Sommerzeit)

Zeitz
Stadtwappen

Zeit|alter, größerer Zeitabschnitt (Ära, Epoche), der eine bestimmte Entwicklungsstufe der Menschheitsgeschichte darstellt.

Zeitdilatation, ⚛ Verzögerung des Zeitablaufs in einem physikal. System, das, verglichen mit dem System des Beobachters, rasch bewegt ist; Erscheinung, die erst bei Relativgeschwindigkeiten nahe der Lichtgeschwindigkeit merklich wird; beruht auf den Ges. der Relativitätstheorie.

zeitgenössische Kunst →moderne Kunst.

Zeitgeschichte, Teil der Gesch., den die gegenwärtig lebenden Generationen miterlebt haben, sowie seine wiss. Behandlung; in der dt. Zeitgeschichtsforschung die histor. Entwicklung seit 1917/18.

Zeitlose, Colchicum, Gattung der Liliengewächse mit etwa 65 vielfach giftigen Arten; einheim. Art: →Herbstzeitlose.

Zeitmaß, Tempo, 𝄞 Zeitdauer der Notenwerte; Geschwindigkeit, in der ein Musikstück vorzutragen ist.

Zeitnehmer, Kampfrichter, die die erzielten Zeiten messen.

Zeitrechnung, →Chronologie, →Kalender.

Zeitschrift, regelmäßig erscheinende Druckschrift unterhaltenden, allgemein bildenden, fachl. oder werbenden Inhalts; oft in Heftform. Unterschieden werden u.a. Publikums-Z. mit breit gefächerten Themen und Z. für einen bestimmten Leserkreis wie Fach-Z., wiss. Z., Kunden-Z., konfessionelle Z., Anzeigen- sowie politische Wochen- und Amtsblätter.

Zeitsinn, innere Uhr, angeborene Fähigkeit bei Mensch und Tier, Zeitintervalle ohne mechan. Zeitgeber zu erfassen.

Zeit|takt, im Fernsprechverkehr der Dt. Telekom die Einteilung der Sprechzeit für eine Gebühreneinheit (Zeiteinheit je Tarifeinheit), abhängig von Entfernungszone, Wochentag und Tageszeit. Seit Januar 1996 gelten die Entfernungszonen »City« (Ortsverbindung), »Region 50« (bis 50 km), »Region 200« (51 bis 200 km), »Fern« (ab 200 km) sowie die Tageszeittarife: 12 bis 18 Uhr (Nachmittag), 18 bis 21 Uhr (Freizeit), 21 bis 5 Uhr (Mondschein), 5 bis 9 Uhr (Freizeit) sowie 9 bis 12 Uhr (Vormittag).

Zeitung, regelmäßig, meist täglich erscheinende Druckschrift mit Nachrichten und Meinungen v.a. aus Politik, Wirtschaft, Kultur (Feuilleton) und Sport, Unterhaltungs- und Anzeigenteil. Unterschieden werden nach dem Verbreitungsgebiet Lokal-, Regional- und überregionale Z., nach der überwiegenden Vertriebsart Abonnement-Z. und Straßenverkaufs-Z. (Kauf-Z., Boulevard-Z.) sowie nach der Erscheinungsweise Morgen-, Abend-, Tages- und Wochen-Z. Die **Redaktion** (Schriftleitung) gestaltet den geistigen Inhalt (redaktioneller Teil) und das graf. Bild der Z. Die Nachricht in Wort und Bild aus allen Teilen des öffentl. Lebens wird durch Nachrichtenagenturen oder von eigenen Mitarbeitern **(Reporter, Berichterstatter, Korrespondenten)** geliefert. Die Nachrichten werden in Artikeln (**Leitartikel, Kommentare, Glossen** usw.) verarbeitet und verwertet. Der Anzeigenteil nimmt gegen Bezahlung Mitteilungen und Bekanntmachungen privater Art auf. Gedruckt wird die Z. meist auf schnell laufenden Rotationsmaschinen, die mit Apparaten zum Schneiden, Falzen und z.T. Heften ausgestattet sind. Der Z.-Verlag hat die wirtschaftl. und techn. Leitung.

Zeitwort →Verb.

Zeitz, Krst. in Sa.-Anh., 38400 Ew.; Burg, spätgot. Schlosskirche; Maschinenbau, Metall-, Elektro-, chem. u.a. Industrie.

Zeitzonen, Gebiete der Erde mit einer Breite von 7,5° geograph. Länge beiderseits von 24 Meridianen, die ausgehend vom Nullmeridian (Meridian von Greenwich), je 15° Länge Abstand voneinander haben und in denen jeweils die gleiche →Zonenzeit gilt. Das System der Z. wurde 1884 von 27 Nationen in Washington (D. C.) beschlossen. – In vielen Ländern weicht die bürgerl. Zeitskala (Standardzeit) allerdings von der Skale der lokalen Z. ab.

Zella-Mehlis, Stadt im Thüringer Wald, Thür.; 550 m ü.M.; 13400 Ew.; Metall-, feinmechan. Ind.; Fremdenverkehr.

Zell am See, Stadt in Salzburg, Österreich, 757 m ü.M.; 9000 Ew.; am W-Ufer des Zeller Sees; Fremdenverkehr.

Zelle, 1) kleiner Raum, z.B. Kloster-Z., Gefängnis-Z. – **2)** Element einer Akkumulatorenbatterie. – **3)** lebender Baubestandteil des Körpers der vielzelligen Lebewesen (»Z.-Staat«) oder selbstständig bei den einzelligen Bakterien, Tieren und Pflanzen. Die Z. ist die kleinste lebens- und vermehrungsfähige Einheit. Grundsätzlich unterscheidet man zwei Zelltypen: die Protozyte der Prokaryonten (Bakterien und Blaualgen) und die Euzyte der Eukaryonten (alle übrigen Zellen). Der Zellleib **(Zytoplasma)** der Protozyte ist von einer Zellmembran begrenzt, der eine Zellwand aufgelagert ist. Protozyten besitzen keinen Zellkern und keine membranumgrenzten Zellorganellen; das genet. Material, die Desoxyribonukleinsäure (DNS), befindet sich im Bereich des **Kernäquivalents** (Nukleoid). An Zelleinschlüssen finden sich u.a. **Ribosomen,** die Orte der Eiweißsynthese, Einschlüsse mit Reservestoffen sowie bei Photosynthese betreibenden Prokaryonten **Thylakoide,** das sind Membranstapel, auf denen die an der Photosynthese beteiligten Farbstoffe (u.a. Chlorophyll) und Enzymsysteme sitzen. Euzyten, die meist größer sind als Protozyten, sind ebenfalls von einer Zellmembran umgeben (eine Zellwand besitzen nur pflanzl. Zellen). In ihrem Zellplasma befindet sich ein membranumgrenzter **Zellkern,** der die DNS (in Form von Chromosomen) enthält; darüber hinaus finden sich neben anderen Einschlüssen membranumgrenzte Funktionseinheiten, die **Zellorganellen.** Die **Mitochondrien** sind die »Kraftwerke« der Z. **Golgi-Körper** (Dictyosomen, bes. in Drüsenzellen) bilden Sekrete. Die **Lysosomen** enthalten zahlreiche abbauende Enzyme, die bei der Zelldegeneration frei werden und für rasche Auflösung der Zellstrukturen sorgen. Pflanzl. Z. besitzen außerdem der Photosynthese dienende, Chlorophyll enthaltende **Chloroplasten** oder deren Abkömmlinge (nicht bei Pilzen) und eine der Zellmembran außen aufsitzende **Zellwand** (meist aus Zellulose). Der mittlere Querdurchmesser einer Z. beträgt 0,001 bis 0,1 mm; faserförmige Z. (pflanzl. Bastfasern, tier. Nervenfasern u.a.) können mehrere Meter lang werden. Die Z. vermehren sich durch **Zellteilung** (Zytokinese), verbunden mit einer Kernteilung.

Zeller, Carl, österr. Operettenkomponist, *1842, †1898; Jurist; »Der Vogelhändler« (1891) u.a.

Zellgewebs|entzündung, Bindegewebs|entzündung, ⚕ durch Eiterbakterien erregte, meist von kleinen Hautverletzungen ausgehende Entzündung des Bindegewebes, z.T. mit rascher Ausbreitung **(Phlegmone).** Behandlung: Antibiotika, Ruhigstellung.

Zellglas, ⚗ Folien aus Hydratzellulose. Die bekannteste Marke ist das **Cellophan**®.

Zellstoff, ⚗ lockerer Stoff aus chemisch reiner Zellulose, wird aus Holz **(Holz-Z.)** oder Stroh **(Stroh-Z.)** hergestellt, die zum großen Teil aus Zellulose bestehen. Beim **Natronverfahren** (Sulfatverfahren) werden Holzschnitzel oder klein geschnittenes Stroh mit Natronlauge, beim **Sulfitverfahren** mit einer Lösung von Calciumhydrogensulfit gekocht. Aus Z. werden Papier, Pappe, Kunstseide, Zellwolle, Zellglas, Nitrozellulose u.a. hergestellt.

Zelltherapie, ⚕ der Revitalisierung dienende Behandlungsmethode, bei der lebende Zellen aus tier. embryonalen Geweben, meist vom Kalb, in den menschl. Körper eingespritzt werden. Bei der **Frischzellentherapie** wird eine aus zerkleinertem Gewebe unmittelbar nach der Schlachtung hergestellte Zellaufschwemmung verwendet; umstritten wegen der Gefahr der Übertragung von Viren und der Gefahr allerg. Reaktionen.

Zellularpathologie, ⚕ von R. Virchow begründete Lehre, dass alles Krankhafte von Veränderungen der Zellen ausgeht.

Zellulitis, Cellulitis *die,* ⚕ konstitutionell bedingte Veränderung des Unterhautbindegewebes im Oberschenkel- und Gesäßbereich bei Frauen, gekennzeichnet durch das Eindringen von Fettzellen aus dem beim weibl. Körper in dieser Region stärker ausgeprägten Unterhautfettgewebe in die Lederhaut. Symptome sind Formveränderungen der Hautoberfläche (»Orangenhaut«).

Zelluloid, Celluloid *das,* **Zellhorn,** ⚗ ältester thermoplastisch verformbarer Kunststoff, erzeugt durch Auflösen von Kampfer und Nitrozellulose in Alkohol. Z. wird wegen seiner leichten Brennbarkeit heute nur noch für Spezialzwecke verwendet (fotograf. Filme werden heute z.B. aus Acetylzellulose hergestellt).

Zellulose, Cellulose *die,* Kohlenhydrat der Zusammensetzung $(C_6H_{10}O_5)_n$, Hauptbestandteil der pflanzl. Zellwände, z.B. Baumwollfaser, Holz. Z. ist eine feste, farb- und geruchlose Substanz, die sich z.B. in Wasser nicht löst; in Form von Zellstoff ein wichtiger Rohstoff der chem. Industrie.

Zelot [griech. »Eiferer«] *der,* Mitglied einer römerfeindl. Partei der Juden zur Zeit Jesu; Ü blinder Eiferer, bes. in Glaubensangelegenheiten.

Zelt, zerlegbare, transportable Behausung nichtsesshafter Völker; meist aus Tierhäuten, Stoffbahnen, Filzdecken oder auch aus Grasmatten und Rinden bestehend, die über ein Holzstangengerüst gelegt werden; z.B. das Tipi der nordamerikan. Indianer und die Jurte asiat. Hirtennomaden. Moderne Z. (z.B. Camping-, Fest-, Zirkus-Z.) bestehen meist aus Chemiefasergeweben, v.a. größere Z. aus Leinwand; sie werden durch Z.-Stangen (Metallrohre oder Stäbe aus glasfaserverstärkten Kunststoffen) gestützt sowie mit Schnüren und Heringen gespannt und befestigt.

Zelter, Carl Friedrich, dt. Komponist, *1758, †1832; Freund Goethes, Gründer der ersten Liedertafel (1809); Lieder und Männerchöre.

Zeltweg, Stadt in der Obersteiermark, Österreich, 657 m ü.M., 8200 Ew.; Maschinenbau, Elektroind., Papierfabrik; nahebei Rennstrecke Österreichring.

Zement *der,* pulverförmiger Stoff, der mit Wasser gemischt sowohl an der Luft wie auch unter Wasser erhärtet (abbindet). Die Rohstoffe Kalkstein und Ton oder auch Mergel werden fein gemahlen, gemischt und in Drehöfen bis zur Sinterung gebrannt. Der entstandene Klinker wird in Kugelmühlen staubfein gemahlen. Z. dient als Bindemittel zur Herstellung von **Z.-Mörtel** und → Beton.

Zen [zɛn], **Zen-Buddhismus,** von dem ind. Mönchsgelehrten Bodhidharma (jap. Daruma) begründeter Zweig des Buddhismus, kam im 13. Jh. nach Japan, nahm jap. Gepräge an und beeinflusste das jap. Geistesleben entscheidend. Wesentlich ist die Übung der Selbstversenkung und Meditation, die zu intuitiver Erleuchtung führen soll.

Zenit *der,* ☼ → Himmel.

Zenobia, Septimia, Fürstin von Palmyra, 267 bis 272 n.Chr.; röm. Gegenkaiserin (270/271 bis 272); von Kaiser Aurelian 272 besiegt.

Zenon, Name griech. Philosophen; **1) Z. d.Ä.,** aus Elea, Schüler des Parmenides, *490, †430 v.Chr. – **2) Z. d. J.,** Stifter der Stoa, aus Kition, Zypern, *um 333, †um 262 v.Chr.

Zensor *der,* **1)** Beamter im antiken Rom für die Schätzung des Vermögens der Bürger, sittenrichterl. Entscheidungen u.a. – **2)** in der Neuzeit Prüfer, der als Beamter Presse- und Buchveröffentlichungen überwacht.

Zensur *die,* **1)** Schule: Bewertung von Schülerleistungen (→ Zeugnis). – **2)** antikes Rom: Amt der Zensoren. – **3)** kath. Kirchenrecht: Kirchenstrafen zur Zurückführung zum kirchl. Gehorsam. – **4)** Überprüfung und Kontrolle von Druckwerken, Rundfunk- und Filmproduktionen u.Ä. auf ihre polit., gesetzl., sittl. und/oder religiöse Konformität durch eine i.d.R. staatl. Stelle, die u.U. auch unerwünschte Veröffentlichung unterdrücken bzw. verbieten kann. Z. ist bes. in autoritär regierten Staaten verbreitet; widerspricht der Presse- und Meinungsfreiheit.

Zensus *der,* **1)** Schätzung der Bürger nach dem Vermögen im antiken Rom. – **2)** → Volkszählung.

Zent *die,* **1) Centena** [spätlat. »Hundertschaft«], im Fränk. Reich ein Unterbezirk der Grafschaft für Rechtspflege und Heeresrekrutierung. – **2) Zentgericht,** im Hoch-MA. neben der gräfl. Gerichtsbarkeit entstehende Gerichte unter **Z.-Grafen,** zuständig für Blutgerichtsbarkeit.

Zentaur, Kentaur *der,* **1)** ☼ südl. Sternbild mit 2 Sternen 1. Größe. – **2)** in der griech. Sage mischgestaltiges Wesen: halb Pferd, halb Mensch.

zentesimal, hundertteilig. **Zentesimalwaage,** eine Brückenwaage.

zenti... [von lat. centum, »hundert«], bei Maßen und Gewichten: Hundertstel.

Zentifoli|e *die,* eine → Rose.

Zentimeterwellen, für Radar und Richtfunk verwendete elektromagnetische Wellen mit 1 bis 10 cm Wellenlänge.

Zentner *der,* nichtamtl. Gewichtseinheit. 1 Z. = 100 Pfund = 50 kg; 1 **Doppel-Z. (dz)** = 100 kg.

zentral, 1) innerste, mittelste, im Mittelpunkt liegend. – **2)** wichtigste, haupt...

Zentral|afrikanische Republik, Rep. in Äquatorialafrika, 622 984 km², rd. 3,17 Mio. Ew.; Hptst.: Bangui; Amtssprache: Französisch. Leicht gewelltes, etwa 650 m hohes Savannenland nördlich des Ubangi. Anbau von Hirse, Maniok, Erdnüssen, Baumwolle, Kaffee; Viehzucht, Holzgewinnung; ⚒ auf Diamanten. Ausfuhr: Diamanten, landwirtschaftl. Erzeugnisse. Haupthandelspartner: Frankreich. Internat. ✈: Bangui. – 1910 bis 1958 als **Ubangi-Schari** Teil von Frz.-Äquatorialafrika, dann autonome Rep., seit 1960 unabhängig. Präs. und Min.-Präs. J. B. Bokassa, der sich selbst 1977 zum Kaiser gekrönt hatte, wurde 1979

Carl Zeller

Carl Friedrich Zelter
Ausschnitt aus einer Lithographie nach einem zeitgenössischen Gemälde

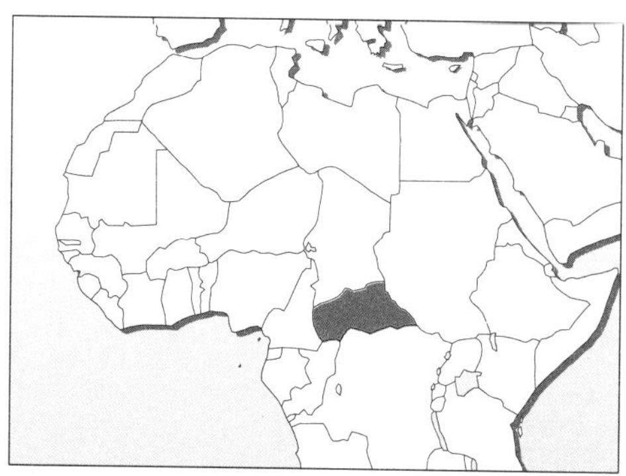

Zentralafrikanische Republik

Staatswappen

Staatsflagge

Internationales Kfz-Kennzeichen

gestürzt. 1981 bis 1993 war das Militär an der Macht. Präs. nach den Wahlen 1993 wurde A.-F. Patassé.

Zentral|afrikanischer Graben, tekton. Einbruch im W O-Afrikas.

Zentral|amerika, die zw. Nord- und Südamerika gelegenen Teile Amerikas, bestehend aus der schmalen Festlandbrücke zw. der Landenge von Tehuantepec und der kolumbian. N-Grenze. Zusammenfassende Bezeichnung für Mexiko, Z. und die Westind. Inseln ist →Mittelamerika.

Zentral|asi|en, die abflusslosen Hochländer in Innerasien, zw. Himalaya im S, den südl. Randgebirgen Sibiriens im N, Chingangebirge im O und Pamir im Westen.

Zentralbank, Zentralnotenbank, Notenbank, Bank, die das Recht zur Ausgabe von Banknoten hat und Träger der Geld-, Kredit- und Währungspolitik ist; in Dtl. die Dt. Bundesbank.

Zentralbewegung, ⚛ Bewegung eines Körpers unter dem Einfluss einer stets auf den gleichen Punkt gerichteten Kraft **(Zentralkraft),** z. B. die beschleunigte Kreisbewegung eines an einem Faden befestigten Steins. Dabei übt der Stein dauernd einen nach außen gerichteten Zug aus, die **Zentrifugal-** oder **Fliehkraft.** Diese ist um so größer, je größer die bewegte Masse oder ihre Geschwindigkeit ist. Ihr entgegen wirkt im Faden die **Zentripetalkraft,** die den Stein am Fortfliegen hindert. Beide Kräfte müssen einander gleich sein. Eine Z. ist die Bewegung der Planeten um die Sonne.

Zentrale *die,* **1)** Hauptgeschäftsstelle, Mittelpunkt. – **2)** ⚡ Sammelschalter, Vermittlung.

Zentral|einheit, 💻 aus Steuer-, Rechen- und Speicherwerk bestehende Baugruppe eines Computers.

Zentralheizung, Sammelheizung, Beheizung eines Gebäudes von einer zentralen Feuerstelle aus. Bei der **Warmwasserheizung** wird Wasser von 50 bis 90 °C durch die Heizkörper geleitet, bei der **Dampfheizung** Wasserdampf; bei der **Luftheizung** gefilterte, erwärmte Luft.

Ferdinand Graf von Zeppelin

Zentralismus *der,* Form der Staatsorganisation, bei der alle Reg.-Befugnisse bei einer obersten Zentralinstanz und ihren weisungsgebundenen Unterorganen konzentriert sind; Ggs.: Föderalismus.

Zentralkomitee, Abk. **ZK,** in den kommunist. Parteien die Führungsspitze, vom Parteitag gewählt; das ZK wählt aus seinen Reihen das Politbüro und das Sekretariat (die eigentl. Machtinstanz).

Zentralkraft, ⚛ →Zentralbewegung.

Zentralmassiv, Zentralplateau, frz. **Massif Central,** Landschaft in Mittel- und S-Frankreich, in der Mitte (Auvergne) von vulkan. Ergüssen überlagert (Puy de Sancy 1 886 m), im O (Cevennen) steil abfallend, nach W sich allmählich abdachend.

Zentralnervensystem →Nervensystem.

Zentralrat der Juden in Deutschland, Dachorganisation der jüd. Gemeinden und Einrichtungen in Dtl.; gegr. 1950; Sitz Düsseldorf.

Karl Ziegler

Zentralstelle für die Vergabe von Studi|enplätzen, Behörde zur Vergabe von Studienplätzen in zulassungsbeschränkten Studiengängen (»Numerus-clausus-Fächern«) nach bundesweit einheitlich geregelten Kriterien; Sitz Dortmund.

Zentralverwaltungswirtschaft →Planwirtschaft.

zentrieren, auf die Mitte einstellen, bes. eine Linse so fassen oder anschleifen, dass mechan. und opt. Achse zusammenfallen.

Zentrifugalkraft, ⚛ →Zentralbewegung.

Zentrifuge *die,* **Schleuder,** Maschine zum Trennen von Feststoffen und Flüssigkeiten sowie von Flüssigkeiten versch. Dichte durch Fliehkraft, z. B. Milchschleuder (trennt Rahm und Magermilch).

Zentripetalkraft, ⚛ →Zentralbewegung.

Zentrum *das,* **1)** Mitte, Mittelpunkt, z. B. beim Kreis. – **2) Zentrumspartei,** 1870 gegr. Partei des polit. Katholizismus, genannt nach ihren Plätzen in der Mitte des Sitzungssaals im Parlament, mit einer Wählerschaft, die den überwiegenden Teil des kath. Dtl. von weit rechts bis in die Arbeiterschaft hinein umfasste; im →Kulturkampf in starker Gegnerschaft zu Bismarck und den Liberalen. In der Weimarer Rep. war das Z. in allen Reichsreg. von entscheidendem Einfluss.

Zenturi|e *die,* →Centurio.

Zeolithe *Pl.,* ⚗ Natrium-Aluminium-Silikate, die wie Permutite ihre Natriumionen gegen Calcium- und Magnesiumionen austauschen können, z. B. als Ionenaustauscher bei der Wasserenthärtung.

Zephanja, israelit. Prophet im 7. Jh. v. Chr.; nach ihm ist das **Buch Z.** im A. T. benannt.

Zephir, Zephyr *der,* sanfter Wind, bes. Westwind.

Zeppelin, Ferdinand Graf von, * 1838, † 1917; gründete 1898 eine AG zur Förderung der Luftschifffahrt, baute das erste taugl. Luftschiff (Fertigstellung 1900).

Zepter *das,* Herrscherstab.

Zerberus, Cerberus *der,* griech. Sage: dreiköpfiger Wachhund vor dem Eingang zur Unterwelt.

Zerbst, Krst. in Sa.-Anh. zw. Fläming und Elbe; 17 800 Ew.; Metall-, Nahrungsmittelind. – 1603 bis 1793 bestand ein eigenes Fürstentum Anhalt-Zerbst.

Zereali|en, Cereali|en [eigentl. »Gaben der Ceres«], Feldfrüchte, Getreide.

zerebral, cerebral, ⚕ das Gehirn betreffend.

Zeremonie *die,* herkömml. Förmlichkeit, die bei geistl. und feierl. weltl. Handlungen beobachtet wird; Vorschriften für die Z. sind im **Zeremoniell** festgelegt, das der **Zeremonienmeister** überwacht.

Zeresin *das,* gereinigtes, gebleichtes Erdwachs für Kerzen, Bohnerwachs u. a.

Zerhacker, 1) ⚡ **Vibrator,** mechan. Polwechsler zum Erzeugen einer Wechselspannung aus einer Gleichspannung. – **2)** Gerät zum Zerhacken einer Strahlung in Strahlungsstöße, z. B. eine umlaufende Blende.

Zerka, Zarqa, Stadt in Jordanien, 515 000 Ew.; wichtigster jordan. Ind.standort mit Zementwerken, Erdölraffinerie.

Zermatt, Fremdenverkehrsgemeinde im schweizer. Kt. Wallis, am Matterhorn, 1 616 m ü. M.; 4 400 Ew.; Zahnradbahn, Seilbahnen, Skilifte.

zéro [ˈze:ro], Null; beim Roulett das Gewinnfeld des Bankhalters.

Zerrung, ⚕ durch Überdehnung hervorgerufene Schädigung des Bewegungsapparats (z. B. Muskel-Z., Sehnen-Z., Bänder-Z.).

Zerstäuber, Gerät zum feinen Verteilen von Flüssigkeiten, meist mithilfe einer Düse.

Zerstörer, ⚓ leichtes, schwach gepanzertes, schnelles Kriegsschiff mit 4 bis 8 Geschützen und 3 bis 10 Torpedorohren.

Zerstrahlung, ⚛ beim Zusammenstoßen eines Elementarteilchens mit seinem Antiteilchen auftretende, völlige Umwandlung der Masse in elektromagnet. Strahlungsenergie.

Zertifikat *das,* **1)** amtl. Bescheinigung, bes. Ursprungszeugnis. – **2)** Anteilscheine an Kapitalanlagegesellschaften (Investment-Z.).

Zession *die,* die Abtretung einer Forderung. Der Abtretende, der alte Gläubiger, ist der **Zedent,** der neue Gläubiger der **Zessionar.**

Zetkin, Clara, geb. **Eißner,** dt. Politikerin, Frauenrechtlerin, * 1857, † 1933; Lehrerin; 1878 bis 1917 bei der SPD, seit 1919 bei der KPD, 1920 bis 1933 MdR.

Zeugdruck, frühere Bezeichnung für den Textildruck, bes. für das Ätzbeizen.

Zeuge, **1)** Person, deren Hinzuziehung bei bestimmten Rechtshandlungen (Eheschließung, Errichtung eines öffentl. Testaments usw.) gesetzlich vorgeschrieben ist. – **2)** Person, die in einem Gerichtsverfahren über von ihr wahrgenommene tatsächl. Vorgänge aussagen soll. Der geladene Z. hat die Pflicht, vor Gericht zu erscheinen, auszusagen und die Aussage gegebenenfalls zu beschwören **(Zeugnispflicht);** Verletzung dieser Pflichten zieht Ordnungsstrafen (Geldstrafe oder Haft) nach sich. **Zeugnisverweigerungsrecht** haben nur bestimmte nahe Angehörige der Prozessparteien (Verlobte, Ehegatten, Verwandte in gerader Linie und in der Seitenlinie bis zum 3. Grad), daneben Geistliche, Ärzte, Journalisten und andere Personen mit Geheimhaltungspflicht.

Zeugen Jehovas, bis 1931 **Ernste Bibelforscher,** von Charles Taze Russell (* 1852, † 1916) gegr. religiöse Gemeinschaft; Hauptsitz: Brooklyn (N.Y.). Lehre: Berechnung von Weltende und Wiederkunft Jesu Christi, Errichtung des Königreichs Gottes, strenge Moralvorschriften, Ablehnung öffentl. oder polit. Betätigung, intensive Missionstätigkeit (Zeitschrift »Der Wachturm«).

Zeugnis, 1) Arbeitsrecht: schriftl. Bescheinigung des Arbeitgebers über Art und Dauer des Arbeitsverhältnisses und, auf Verlangen des Beschäftigten, auch über Führung und Leistungen. Für schuldhaft falsche Z. haftet der Aussteller. Das Z. kann erst bei Beendigung des Dienstverhältnisses oder nachträglich verlangt werden; Erteilung eines **Zwischen-Z.** ist schon vorher möglich. – **2)** Schulwesen: **Schul-Z.,** urkundl. Bescheinigung über die Leistungen in allen Schulfächern oder Kursen während eines bestimmten Zeitabschnitts, im oder nach Ablauf eines Schuljahrs (i. d. R. als **Versetzungs-Z.**) oder einer Schullaufbahn **(Abgangs-, Abschluss-Z.).** Die schul. Leistungen werden i. d. R. durch Zensuren (Noten) bewertet. Z. haben Berechtigungscharakter z. B. für die Aufnahme einer Berufsausbildung oder eines Studiums.

Zeugung → Fortpflanzung.

Zeus, höchster griech. Gott, Sohn des Kronos und der Rhea, Gemahl der Hera; sein Sitz ist der Olymp; der Blitz ist seine Waffe, der Adler das ihm zugeordnete Tier.

Zeyer [ˈzɛjɛr], Julius, tschech. Schriftsteller, * 1841, † 1901; führend in der tschech. Neuromantik.

z. H., Abk. für zu Händen.

Zhangjiakou [dʒaŋdʒja-], **Changchiakou, Tschangkiakou,** früher **Kalgan,** Stadt in der Prov. Hebei, China, an der Großen Mauer, 529 100 Ew.; Bau von Bergwerksausrüstungen, Nahrungsmittel- und Textilindustrie.

Zhengzhou [dʒɛŋdʒɔʊ], **Chengchow, Tschengtschou,** Hptst. der Prov. Henan, China, in der Großen Ebene nahe dem Hwangho (Brücke), 1,16 Mio. Ew.; Univ.; Bahnknotenpunkt; wichtiges Ind.zentrum (v. a. Textilind.).

Zhou Enlai [dʒɔʊ-], **Chou En-lai, Tschou Enlai,** chin. Politiker, * 1898, † 1976; Mitbegründer der KP Chinas; Min.-Präs. (1949 bis 1976) und Außenmin. (1949 bis 1958) der VR China.

Zhoukoudian [dʒɔʊkɔʊdiæn], **Chou K'outien,** 40 km südwestlich von Peking gelegener Ort, in dessen Nähe seit 1927 altsteinzeitl. Kulturschichten ausgegraben wurden, darunter Reste des Pekingmenschen; zählt zum Weltkulturerbe.

Ziborium [lat. »Speisebehälter«] *das,* **1)** Kelch zur Aufbewahrung der Hostien. – **2)** ein auf Säulen ruhender Aufbau über einem Altar u. a.

Zichorie, Wegwarte, 1) himmelblau blühende Korbblütlerstaude mit sparrigem, bis meterhohem Kraut und bitterer Pfahlwurzel, aus deren im Dunkeln getriebenen Blattsprossen Chicorée gewonnen wird. – **2)** geröstete Wurzel der Z.: Kaffee-Ersatz.

Zick, 1) Januarius, dt. Maler, * 1730, † 1797; Sohn von 2); kurtrier. Hofmaler in Ehrenbreitstein, Fresken in süddt. Klosterkirchen (Ulm-Wiblingen u. a.) und Schlössern. – **2)** Johann, dt. Maler, * 1702, † 1762; Hofmaler in München und Würzburg; Hauptwerk: Fresken im Schloss zu Bruchsal (1751 bis 1754).

Ziegel [von lat. tegula], **Backstein,** aus Lehm, Ton und Sand geformter und gebrannter künstl. Stein zum Mauern und zur Dachdeckung. Die Rohstoffe werden gemahlen, gepresst, zerschnitten, an der Luft vorgetrocknet und gebrannt. (→ Klinker)

Ziegen, wiederkäuende Paarzeher mit stark entwickelten Hörnern. Das männl. Tier **(Bock)** besitzt Kinnbart und unter dem Schwanz gelegene Duftdrüsen. Wild lebende Z. treten in Gebirgen in Rudeln auf; sie sind vorzügl. Springer und Kletterer. **Bezoar-Z.** (Westasien), **Schrauben-Z.** (Himalaya), **Tur** (Kaukasus); der **Alpensteinbock** (Mitteleuropa) ist braungrau. Die **Haus-Z.** wird wegen der Milch (fett- und eiweißreicher als Kuhmilch), des Fleischs und des Fells gehalten. Das weibl. Tier, die **Geiß** oder Ziege, wirft im Frühjahr 1 bis 4 Junge **(Zicklein, Kitzlein). Kaschmir-** und **Angora-Z.** liefern wertvolle Wolle.

Ziegenbart, Keulenpilz, jung essbare Ständerpilze von korallenartigem Aussehen.

Ziegenlippe, steinpilzähnl. Röhrenpilz, essbar.

Ziegenmelker → Nachtschwalben.

Ziegenpeter, → Mumps.

Ziegler, Karl, dt. Chemiker, * 1898, † 1973; 1963 Nobelpreis (mit G. Natta) für die Entwicklung katalyt. Verfahren zur Kunststoffherstellung.

Ziehen, spanloses Kaltumformungsverfahren (für Draht, Gefäße u. a.), Formgebung durch äußere Zugkräfte.

Ziehharmonika, Handharmonika, Harmonika-Instrument, bei dem im Ggs. zum → Akkordeon auf Druck und Zug des Faltenbalgs versch. Töne erklingen und die Knopftasten diatonisch angeordnet sind. Spezielle Z. sind Bandoneon und Konzertina.

Ziehrer, Carl Michael, österr. Operettenkomponist, * 1843, † 1922; u. a. »Donauwalzer«.

Ziehschleifen, Honen, Verfahren der spanenden Formung, bei dem das Werkzeug hin- und hergehende, das Werkstück Drehbewegungen ausführt; ermöglicht genaue Maßhaltigkeit und große Oberflächengüte.

Ziel, 1) Zahlungsfrist. – **2)** Marke, die zur Ermittlung des Siegers erreicht werden muss.

Zielfernrohr, Aufsatzfernrohr für Gewehre; ersetzt Kimme und Korn.

Zielfotografie, Zielfilm, techn. Einrichtung (Kameraaufnahmen), bes. zur Ermittlung der genauen Reihenfolge der eintreffenden Sportler, Pferde oder Fahrzeuge in sportl. Wettbewerben.

Ziemer, 1) Rücken von Hirsch, Reh, Wildschwein. – **2) Ochsenziemer,** männl. Glied des Rinds, getrocknet als Stock verwendet.

Zierfische, lebhaft gefärbte und zierlich gestaltete Fische, die in Aquarien gehalten werden.

Ziersträucher, Laub abwerfende, wintergrüne oder immergrüne Holzgewächse von besonderem Schmuckwert in Blüte, Frucht, Blatt, Bezweigung oder Wuchs.

Ziesel, den Hörnchen zugeordnete Nagetiergattung Eurasiens und Nordamerikas.

Spätbronzezeitliches **Zepter** aus einem Königsgrab in Kurion (11. Jh. v. Chr.)

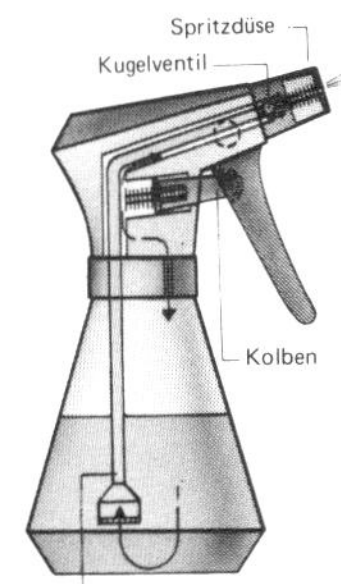

Zerstäuber
Schematische Darstellung des Aufbaus und des Funktionsprinzips

Ziesel

Ziest *der,* Lippenblütlergattung (einschließlich der früher als eigenständige Gattung betrachteten **Betonie**); Kräuter, Halbsträucher oder Sträucher mit gegenständigen, ganzrandigen oder gezähnten Blättern und kleinen rötl., gelben oder weißen Blüten.

Zieten, Ziethen, Hans Joachim v., Husarengeneral Friedrichs d. Gr., *1699, †1786; entschied mehrere Schlachten des Siebenjährigen Kriegs.

Ziffern, √ im 10. Jh. durch arab. Vermittlung aus Indien übernommene Zahlzeichen.

Zigarette *die,* Genussmittel zum Rauchen aus fein geschnittenem Tabak in Stangenform, umgeben mit einer Papierhülle (Z.-Papier), auch als Filter-Z. hergestellt.

Zigarillo *der* oder *das,* kleine Zigarre.

Zigarre *die,* Genussmittel zum Rauchen aus stabförmig gewickelten Tabakblättern, besteht aus Einlage, Umblatt und Deckblatt.

Zigeuner, im dt. Sprachraum verbreitete Benennung der →Roma, die diese Bezeichnung als diskriminierend ablehnen.

Zikaden, Zirpen, Schnabelkerfe mit sprungfähigen Hinterbeinen, als Pflanzensauger z.T. sehr schädlich. Die **Sing-Z.** lebt in den Mittelmeerländern; das Männchen erzeugt Schrilltöne.

Zikkurat *die,* in der sumer., babylon., assyr. Baukunst turmartiger Tempelbau, über einer Terrassenanlage in Stufen ansteigend.

Zilcher, Hermann, dt. Komponist, *1881, †1948; Chorwerke, Sinfonien, Lieder u.a.

Ziliaten →Wimpertierchen.

Zilien, Cilien, Wimpern, fadenförmige Organellen (z.B. von Geißeltierchen, Wimpertierchen), die der Fortbewegung oder dem Heranstrudeln von Nahrung dienen.

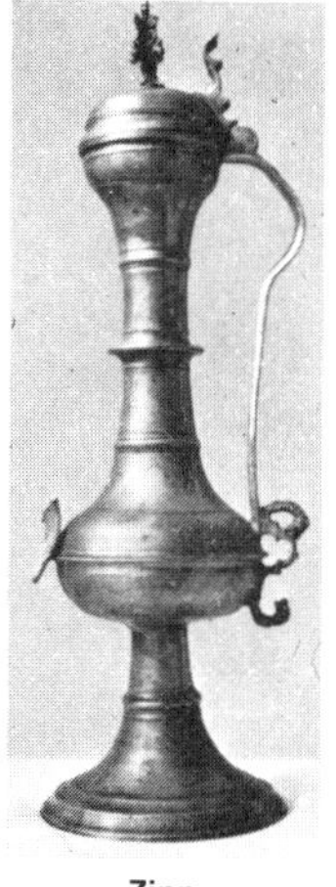

Zinn
Ratsherrenkanne aus Regensburg (1453)

Zille, Rudolf Heinrich, dt. Zeichner, *1858, †1929; humorist. und satirisch-anklagende Zeichnungen aus dem Milieu der Berliner Armutsviertel.

Zillertal, rechtes Seitental des Inntals, Tirol, Österreich, in den **Zillertaler Alpen,** dem W-Teil der Tauern; verzweigt sich u.a. in das **Tuxer Tal;** Viehzucht, Holzwirtschaft, Fremdenverkehr. Hauptort: Mayrhofen.

Zillis, Ortsteil der Gemeinde Z.-Reischen im schweizer. Kt. Graubünden mit roman. Kirche St. Martin (heutiger Bau 12. Jh.; älteste erhaltene figürlich bemalte Holzdecke des Abendlands).

Zilpzalp *der,* Singvogel, ein →Laubsänger.

Zimbabwe [zɪmˈbɑːbweɪ], →Simbabwe.

Zimier *das,* ✠ Helmschmuck.

Zimmerlinde, Sparmannie, südafrikan., lindenartiger Strauch mit großen, herzförmigen Blättern und weißen Blütendolden; Zimmerpflanze.

Zimmermann, 1) Bernd Alois, dt. Komponist, *1918, †1970; Opern (»Die Soldaten«, 1965), Orchesterwerke, Konzerte. – **2)** Dominikus, dt. Baumeister, *1685, †1766; führend im bayer. Spätbarock und Rokoko: Wallfahrtskirchen Steinhausen, Wies.

Zimmertanne, Topfpflanze, →Araukarie.

Zimt [malaiisch »süßes Holz«] *der,* als Gewürz für Süßspeisen, Backwaren u.a., in der Heilkunde als Magenmittel verwendete innere Rinde des 8 bis 9 m hohen **Ceylonzimtbaums,** bes. in O-Indien, Sri Lanka. Weniger guten Z. liefert die **Z.-Kassie** (Chin. Zimtbaum). Aus Rinde, Blättern und unreifen Früchten wird **Z.-Öl** bzw. **Kassiaöl** (Aromamittel) gewonnen.

Zinerarie →Cinerarie.

Zingst, Seebad auf dem Darß (Meckl.-Vorp.).

Zink *das,* Symbol **Zn,** chem. Element, bläulich weiß glänzendes, sprödes Metall; OZ 30, D 7,14 g/cm³, Fp 419,5°C, Sp 907°C. Z. ist ein unedles Metall, das sich in Säuren unter Wasserstoffentwicklung löst; an der Luft ist es ziemlich beständig, da es sich mit einer dünnen Schutzschicht aus Z.-Oxid oder bas. Z.-Carbonat überzieht. In der Natur findet es sich als **Z.-Blende, Z.-Spat** (Galmei) und **Kieselzinkerz.** Gewonnen wird

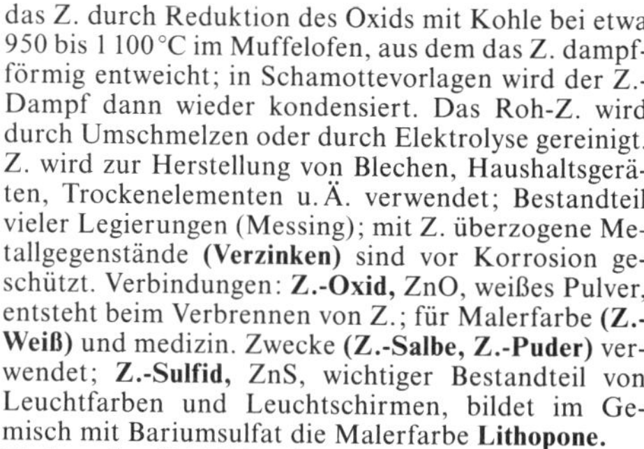

das Z. durch Reduktion des Oxids mit Kohle bei etwa 950 bis 1100°C im Muffelofen, aus dem das Z. dampfförmig entweicht; in Schamottevorlagen wird der Z.-Dampf dann wieder kondensiert. Das Roh-Z. wird durch Umschmelzen oder durch Elektrolyse gereinigt. Z. wird zur Herstellung von Blechen, Haushaltsgeräten, Trockenelementen u.Ä. verwendet; Bestandteil vieler Legierungen (Messing); mit Z. überzogene Metallgegenstände **(Verzinken)** sind vor Korrosion geschützt. Verbindungen: **Z.-Oxid,** ZnO, weißes Pulver, entsteht beim Verbrennen von Z.; für Malerfarbe **(Z.-Weiß)** und medizin. Zwecke **(Z.-Salbe, Z.-Puder)** verwendet; **Z.-Sulfid,** ZnS, wichtiger Bestandteil von Leuchtfarben und Leuchtschirmen, bildet im Gemisch mit Bariumsulfat die Malerfarbe **Lithopone.**

Zinken *der,* **1)** 𝄞 **Zink,** altes Blasinstrument aus Horn oder Holz; **Zinkenisten,** die Stadtpfeifer. – **2)** U Zeichen geheimer Verständigung; auch Zeichen an den von Falschspielern zurechtgemachten **(gezinkten)** Karten.

Zinn *das,* lat. **Stannum,** Symbol **Sn,** chem. Element, silberglänzendes, dehnbares Metall, das sich zu Stanniol auswalzen lässt; OZ 50, D 7,31 g/cm³, Fp 232,0°C, Sp 2270°C. Z. ist an der Luft und gegen verdünnte Säuren ziemlich beständig, bei Temperaturen unter 13°C verwandelt es sich allmählich in eine graue, pulvrige, nichtmetall. Modifikation **(Z.-Pest).** Z. findet sich hauptsächlich als **Z.-Stein** und wird daraus durch Reduktion mit Kohle gewonnen. Es dient zur Herstellung von Weißblech und anderen verzinnten Gebrauchsgegenständen. Die wichtigsten Z.-Legierungen sind Weichlot und Bronze. Vor Erfindung des Porzellans war Geschirr des gehobenen Bedarfs vielfach aus Zinn.

Zinne, Mauerkrönung mit Einschnitten; bes. auf der mittelalterl. Burg.

Zinnie *die,* mexikan. Korbblütler, sommerl. Gartenzierpflanzen.

Zinnober *der,* wichtigstes Quecksilbererz (HgS).

Zins [von lat. census »Abgabe«], **1)** früher: Abgabe an den Grundherrn. – **2)** Miete, Pacht. – **3)** Preis für leihweise Überlassung von Kapital, bes. für Inanspruchnahme eines Kredits (Geld-Z., Kredit-Z., Darlehens-Z.). Die Höhe des Z. hängt ab vom Kapital, dem **Z.-Fuß** (meist ausgedrückt in % des Kapitals, Z.-Satz) und den Z.-Tagen. Berechnung:

$$\text{Zinsen} = \frac{(\text{Kapital}) \times p\ (\text{Zinsfuß}) \times t\ (\text{Zinstage})}{100 \times 360}$$

oder (umgeformt zur **Zinsformel**) =

$$\frac{K \times t}{100}(\text{Zinszahl}) : \frac{360}{p}(\text{Zinsdivisor}).$$

Der **Zinseszins** entsteht, wenn die jährl. Z. eines Kapitals diesem zugeschlagen und mit ihm weiter verzinst werden. Zinseszinsformel: $K = c \times q^n$ mit c = Anfangskapital, n = Anzahl der Jahre,

$$q = 1 + \frac{p\ (\text{Zinsfuß})}{100}.$$

Hieraus folgt, dass eine in n Jahren fällige Schuld K den heutigen Wert (Barwert)

$$c = \frac{K}{q^n} = K\,\frac{1}{q^n}$$

hat. Diese Berechnung des Barwerts heißt **Diskontierung;** q ist der Aufzinsungsfaktor, 1/q der Abzinsungs- oder Diskontierungsfaktor.

In Dtl. beträgt der regelmäßige gesetzl. Z.-Satz 4% (§246 BGB), bei beiderseitigen Handelsgeschäften 5% (§352 HGB). Im Bankwesen ist **Soll-Z.** (Aktiv-Z.) das Entgelt, das der Kunde für die Krediteinräumung entrichten muss; **Haben-Z.** (Passiv-Z.) die Vergütung, die die Bank für Einlagen gewährt; **Nominal-Z.** der auf den Nennwert von Wertpapieren bezogene Z.-Satz und **Effektiv-Z.** (Rendite) Z.-Satz, der aus dem Verhältnis zw. Z.-Ertrag und Kaufpreis oder Kurswert eines Wertpapiers resultiert; als Effektiv-Z. wird auch die jährl. Gesamtbelastung durch einen Kredit bezeichnet.

Zins|abschlag, der 1993 eingeführte steuerl. Quellenabzug bei bestimmten, bisher nicht der Kapitalertragsteuer unterliegenden Einkünften aus Kapitalvermögen (v. a. Zinsen). Zinseinkünfte unterhalb des Sparerfreibetrags von 6000 DM (Verheiratete 12000 DM) werden bei Vorliegen eines schriftl. Freistellungsauftrags bei der jeweiligen Bank nicht besteuert.

Zinzendorf, Nikolaus Ludwig Graf v., Stifter der Herrnhuter Brüdergemeine, * 1700, † 1760; Vertreter des Pietismus.

Ziolkowski, Konstantin Eduardowitsch, russ. Physiker und Raketenforscher, * 1857, † 1935; entwarf die Flüssigkeitsrakete.

Zion *der,* in der Vulgata auch **Sion,** vorisraelit. Name des SO-Hügels von Jerusalem, später auch für die ganze Stadt Jerusalem zur Kennzeichnung ihrer endzeitl. Heilsbedeutung.

Zionismus *der,* jüd. national-religiöse Bewegung, von T. Herzl (»Der Judenstaat«, 1896) neu belebt. Der 1. Zionist. Weltkongress 1897 forderte »für das jüd. Volk die Schaffung einer gesicherten Heimstätte in Palästina«. Mit der Balfour-Erklärung von 1917 begann die Verwirklichung dieser Forderung, die 1948 mit dem Abzug der brit. Truppen nach Erlöschen des brit. Palästinamandats und durch die Proklamation des Staates Israel ihren Abschluss fand. Der Z. war auch um die Neubelebung der hebräischen Sprache und Kultur bemüht.

Zips *die,* slowak. **Spiš,** Landschaft und ehem. dt. Sprachinsel in der Slowakei, am SO-Fuß der Hohen Tatra. Die etwa 36000 Deutschen, Nachkommen der im 12./13. Jh. ins Land geholten **Zipser Sachsen,** wurden 1946 vertrieben.

Zirbeldrüse, Epiphyse, Drüse mit innerer Sekretion im Zwischenhirn, deren Hauptfunktionen über das Hormon Melatonin vermittelt werden. Neben bekannten Wirkungen (Hemmung der Geschlechtsorgane vor der Pubertät beim Menschen, Aufhellung der Haut bei Amphibien) nimmt man heute an, dass die Z. eine »innere Uhr« darstellt, die auf das Tageslicht abgestimmt ist und auf die der biolog. Tagesrhythmus (24-Stunden-Rhythmus) eingestellt ist.

Zirbelkiefer, Zirbe, Arve, Kiefer mit essbarem Samen **(Zirbelnuss);** in mittlerer Höhe in den Alpen, Karpaten und in Sibirien.

Zirkel, √ Gerät zum Zeichnen von Kreisen und zum Abtragen von Strecken.

Zirkelschluss → Circulus vitiosus.

Zirkon *der,* $ZrSiO_4$, Zirkoniumsilikat, gelbrotes bis braunes Mineral; Schmuckstein **(Hyazinth).**

Zirkonium *das,* Symbol **Zr,** chem. Element, seltenes, stahlgraues Metall; OZ 40, D 6,49 g/cm³, Fp 1852 °C. Findet sich in der Natur hauptsächlich als Silikat (Zirkon) und Oxid (**Z.-Dioxid,** ZrO_2), das wegen hohen Schmelzpunkts (2700 °C) und chem. Widerstandsfähigkeit u. a. zur Herstellung von Laborgeräten für hohe Temperaturen und als Hüllmaterial für Kernbrennstoffe dient.

Zirkulation *die,* Kreislauf, Umlauf.

Zirkumflex *der,* Lautzeichen, Akzent (ˆ, griech. ˜).

zirkumpolar, in der Umgebung eines Pols befindlich.
Zirkumpolarsterne, ☼ Sterne, die für einen Beobachtungsort nicht untergehen.

Zirkus [lat. »Kreis«] *der,* **1)** Schaustätte oder -zelt für Tiervorführungen usw. – **2)** Altertum: längl. Bahn für **zirzens. Spiele** mit Pferde- und Wagenrennen, Tier- und Gladiatorenkämpfen.

Zirpen, Lauterzeugung bei Grillen, Heuschrecken, Zikaden, zum Anlocken der Weibchen. Das Z. entsteht durch Aneinanderreiben von bes. ausgebildeten Teilen des Chitinpanzers.

Zirpen → Zikaden.

Zirrhose *die,* ⚕ Verhärtung, Schrumpfung oder Wucherung von Organen, am häufigsten als Leber-Z. (→ Leber).

Zirrus *der,* **1)** Locke, Ranke. – **2)** die Federwolke (→ Wolken).

zis..., cis..., diesseits.

Zis|alpinische Republik, 1797 von Napoleon Bonaparte in Oberitalien geschaffener frz. Vasallenstaat, Hptst. Mailand; seit 1802 **Ital. Rep.;** 1805 bis 1814 Teil des Kgr. Italien.

Zisleithani|en, 1867 bis 1918 Bezeichnung für den österr. Teil Österreich-Ungarns (diesseits des Leithagebirges, → Leitha).

Ziste, Ciste *die,* altitalisches Bronzegefäß, am bekanntesten die **Ficoronische Z.** (4. Jh. v. Chr.) mit figürl. Dekor; auch kleine etrusk. Aschenurnen.

Zisterne *die,* unterird. Sammelbehälter für Regenwasser.

Zisterzienser, nach dem frz. Kloster Cîteaux benannter Reformorden der Benediktiner, gegr. 1098; nach Bernhard von Clairvaux, durch den seit 1112 der Orden einen mächtigen Aufschwung erlebte, auch **Bernhardiner** genannt. Kleidung: weißer Talar, schwarzes Skapulier. – Die Baukunst der Z. war, entsprechend den Ordensregeln, streng rationalist. ausgerichtet und vom Verzicht auf Prunk gekennzeichnet; die Kirchen sind turmlos, allenfalls mit einem Dachreiter versehen.

Zweig mit Blüten und Frucht und aufgeschnittene Frucht der **Zitrone** (von oben)

Zist|rose, mit dem Sonnenröschen verwandte Strauchgattung am Mittelmeer (bes. in der Macchie) und in Vorderasien, mit wildrosenähnl. roten oder weißen Blüten. Einige Arten sondern ein seit dem Altertum als Heil- und Räuchermittel verwendetes Harz ab, das **La(b)danum.**

Zita, letzte Kaiserin von Österreich und Königin von Ungarn, * 1892, † 1989; ⚭ (1911) mit Kaiser (ab 1916) Karl I., lebte seit 1919 im Exil.

Zitadelle *die,* starke Befestigungsanlage am Rande älterer Festungen.

Zitat *das,* wörtlich angeführte Stelle aus einem Schriftwerk. **Zitation** *die,* Vorladung.

Zither [von griech. kithara] *die,* 𝄞 Saiteninstrument aus längl., flachem Resonanzkasten, Griffbrett mit 5 oder 7 Melodiesaiten, die mit einem Ring geschlagen **(Schlag-Z.),** und 24 bis 37 Begleitsaiten, die mit den Fingern gezupft werden.

Zitrin, Citrin *der,* gelber Bergkristall.

Zitronat *das,* **Sukkade,** Backgewürz: unreife, eingezuckerte Fruchtschale der Z.-Zitrone.

Zitrone *die,* Frucht des **Z.-Baums** (3 bis 7 m hoch, mit bedornten Zweigen), eine längl. Zitrusfrucht mit gelber Schale und saurem, Z.-Säure und viel Vitamin C enthaltendem Fruchtfleisch.

Zitronenfalter, zu den Weißlingen gehörender gelber Tagfalter.

Zitronen|öl, äther. Öl der Zitronenschalen, als Gewürz und zu Riechmitteln verwendet.

Zitronensäure, organ. Säure, die sich in allen lebenden Zellen, bes. reichlich in Zitronen, Orangen, Stachelbeeren, Johannisbeeren und Preiselbeeren, findet; wird zur Bereitung von Getränken, Bonbons u. a. verwendet. Die Salze der Z. heißen **Citrate.**

Zitrusfrüchte, Agrumen, Früchte der Pflanzengattung Zitrus (Citrus), botanisch gesehen Beerenfrüchte, gehen aus mindestens fünf miteinander verwachsenen Fruchtblättern hervor. Das Fruchtfleisch besteht aus keulenförmigen Saftschläuchen, die die Fruchtfächer ausfüllen; wichtige Arten: Apfelsine (Orange), Zitrone, Zitronatzitrone, Pampelmuse, Grapefruit, Pomeranze, Mandarine, Limette. Zitruspflanzen sind immergrüne kleine Bäume oder Sträucher mit weißen oder rötl., duftenden Blüten, zählen zu den Rautengewächsen und sind als Kulturpflanzen in allen subtrop. und trop. Gebieten verbreitet.

Zittau, Krst. in Sa., in der Lausitz, 31 900 Ew.; Mittelpunkt der Oberlausitzer Textilind.; ferner Maschinenbau, Umwelt- und Elektrotechnik.

Zitterfische →elektrische Fische.

Zittergras, zierl., ausdauerndes Gras trockener Wiesen, z. T. als Ziergras kultiviert.

Zittern, Tremor, ⚕ unwillkürl., rasch aufeinander folgende Bewegungen bes. der Finger, des Kopfs und Rumpfs; Folge von seel. Erregungen, Anstrengungen, Schwäche, auch bei Altersschwäche, Gehirnkrankheiten u. Ä.

Zitzen, haarlose, warzenartige bis fingerförmig lange Fortsätze der paarigen Milchdrüsenorgane im Bereich der Brust bzw. des Bauchs bei den höheren Säugetieren (entsprechen den menschl. Brustwarzen).

Zivil *das,* **1)** Bürgerstand. - **2)** bürgerl. Tracht. **Zivilist,** Bürger, Nichtsoldat.

Zivildienst, vor 1973 **ziviler Ersatzdienst,** der bei Kriegsdienstverweigerung anstelle des Wehrdiensts mit der Waffe zu leistende Dienst vorrangig im sozialen Bereich (z. B. in Krankenhäusern, Altersheimen); Dauer: 13 Monate.

Zivilehe, durch **Ziviltrauung** (vor dem Standesbeamten) geschlossene Ehe; in Dtl. seit 1875 gesetzl. vorgeschrieben; die kirchl. Eheschließung darf erst nach der standesamtl. erfolgen.

Zivilgesetzbuch, Abk. **ZGB,** Zusammenfassung des bürgerl. Rechts in Gesetzbüchern. In Dtl. gilt seit 1900 das Bürgerliche Gesetzbuch (BGB).

Zivilisation *die,* der Zustand der modernen bürgerl. Gesellschaft, ihrem Selbstverständnis nach gekennzeichnet durch einen hohen Stand gesellschaftl., wirtschaftl. und technisch-wiss. Entwicklungen sowie entsprechende Lebens- und Umgangsformen; Resultat eines histor. Prozesses.

Zivilisationskrankheiten, ⚕ Erkrankungen, die durch zivilisator. Einflüsse (z. B. einseitige oder übermäßige Ernährung, Bewegungsmangel, Nikotin-, Alkoholmissbrauch, i. w. S. auch schädigende Umwelteinflüsse) hervorgerufen oder gefördert werden, z. B. Übergewicht, erhöhter Blutfettgehalt, Zahnkaries, Verstopfung, Haltungsschäden.

Zivilprozess, ⚖ Gerichtsverfahren zur Feststellung und Durchsetzung privater Rechte; beruht auf dem Gerichtsverfassungsgesetz (GVG) vom 27. 1. 1877 und der Z.-Ordnung (ZPO) vom 30. 1. 1877 in der Fassung vom 12. 9. 1950. Wichtige Grundsätze des Z. sind die Mündlichkeit, Unmittelbarkeit, Öffentlichkeit des Verfahrens, die Verhandlungs- und Dispositionsmaxime (die Parteien bestimmen den Tatsachenstoff und verfügen über den Klageanspruch), freie Beweiswürdigung. Der Z. beginnt mit der Klageerhebung bei dem zuständigen Gericht 1. Instanz (Amts- oder Landgericht). Das Gericht beraumt daraufhin einen Verhandlungstermin an. Bei Ausbleiben einer Partei findet das Versäumnisverfahren statt. Sonst entscheidet das Gericht nach mündl. Verhandlung und nötigenfalls nach Beweiserhebung durch Urteil. Gegen das Urteil ist unter bestimmten Voraussetzungen Berufung oder Revision zulässig. Nicht mehr mit Rechtsmitteln angreifbare Urteile sind rechtskräftig. Aus diesen und aus den für vorläufig vollstreckbar erklärten Urteilen kann die Zwangsvollstreckung wegen des zuerkannten Anspruchs betrieben werden. Einer mittellosen Partei kann Prozesskostenhilfe bewilligt werden. Bes. Arten des Z. sind: Mahnverfahren, Ehe-, Wechselprozess u. a.

Zivilrecht, das →bürgerliche Recht.

Zivilschutz, früher **Luftschutz,** für den Verteidigungsfall vorgesehene Maßnahmen zum Schutz von Leben, Eigentum und Gesundheit der Zivilbev. gegen

Émile Zola auf einem Gemälde von Édouard Manet (1868)

Kriegseinwirkungen. In Dtl. ist der Z. Aufgabe des Bundes.

Zivilstand, 1) Gesamtheit der im bürgerl. Berufsleben stehenden Personen. - **2)** Rechtsfähigkeit im bürgerl. Recht. I. e. S. →Personenstand.

Ziviltrauung →Zivilehe.

Žižka z Trocnova [ˈʒiʃka zˌtrɔtsnɔf], Jan, dt. Johann **Ziska von Trocnov,** Führer der Hussiten, * um 1370, † 1424.

ZK, Abk. für →Zentralkomitee.

Zlín [zliːn], 1949 bis 1989 **Gottwaldov,** Stadt in der ČR, 86 000 Ew., Schuhfabrikation.

Zloty [ˈslɔti] *der,* poln. **Złoty,** poln. Währungseinheit; 1 Z. = 100 Groszy.

Zn, chem. Symbol für das Element Zink.

Zobel *der,* Marder mit wertvollem Pelz.

Zodiakallicht, Tierkreislicht, kegelförmiger Lichtschimmer, der z. Z. der Frühlings-Tagundnachtgleiche am westl. Himmel nach Sonnenuntergang, z. Z. der Herbst-Tagundnachtgleiche am östl. Himmel vor Sonnenaufgang sichtbar ist und nahezu in den Tierkreis fällt; entsteht durch kosm. Staubmassen, die sich etwa in der Erdbahnebene um die Sonne bewegen.

Zodiakus →Tierkreis.

Zola [zoˈla], Émile, frz. Schriftsteller, * 1840, † 1902; Hauptvertreter des frz. Naturalismus; schrieb dokumentar. und sozialreformer. Romane, die u. a. wiss. Theorien (z. B. Milieu- und Evolutionstheorie) untermauern sollten. Romanreihe »Die Rougon-Macquart« (20 Bände). In der Dreyfusaffäre (→Dreyfus, Alfred) setzte er sich in einem offenen Brief an den Staatspräs. (»J'accuse«, 1898) für den unschuldig Verurteilten ein.

Zölestin, Cölestin *der,* $SrSO_4$, Strontiumsulfat, rhomb. Mineral.

Zöliakie *die,* Darmerkrankung bei Kleinkindern, Überempfindlichkeitsreaktion auf den in Getreide enthaltenen Eiweißstoff Gliadin.

Zölibat *der* und *das,* die religiös begründete Ehelosigkeit. Nach kath. Kirchenrecht dürfen Geistliche nicht verheiratet sein und sind zu völliger geschlechtl. Enthaltsamkeit verpflichtet. Z.-Vorschriften gehen auf die Synode von Elvira (306) und das 2. Laterankonzil (1139) zurück, werden aber zunehmend kritisiert. In den Ostkirchen besteht Z.-Pflicht nur für Mönche und Bischöfe. Die ev. Kirchen und die Altkatholiken lehnen den Z. ab.

Zoll, öffentl. Abgabe auf Waren, die an der Staatsgrenze bzw. beim Eintritt in das Z.-Gebiet (Grenz-Z.) erhoben wird. Unterschieden werden: 1) nach der

Richtung der Warenbewegung Einfuhr-, Ausfuhr- und Durchfuhr-Z. Heute haben nur **Einfuhr-Z.** Bedeutung (z. B. die **Ausgleichs-Z.**, die die billigeren Gestehungskosten bestimmter Güter aus dem Ausland ausgleichen sollen), an die Stelle der Durchfuhr-Z. traten **Z.-Kontrollen** der unter Warenverschluss durch das Land transportierten Güter. 2) nach dem Zweck der Z.-Erhebung **Finanz-Z.** zur Erzielung öffentl. Einnahmen und **Schutz-Z.** zum Schutz einheim. Erzeugnisse; Finanz-Z. bei der Einfuhr haben den Charakter von Verbrauchsteuern, Retorsions-Z. (Kampf-, Vergeltungs-Z.) sind erhöhte Schutz-Z., denen die Erzeugnisse eines bestimmten Lands unterworfen werden, weil dort z. B. eigene Waren zoll- oder handelspolitisch diskriminiert werden. Wenden 2 Staaten gegeneinander Kampf-Z. an, so spricht man von einem **Z.-Krieg.** 3) nach der Bemessungsgrundlage **spezif. Z.** (Gewichts-, Stück-Z.) und heute vorherrschende **Wert-Z.**, die in einem bestimmten Prozentsatz vom Wert (ad valorem) der Waren erhoben werden. 4) nach der Anwendung **Einheits-Z.**, die allg. gelten, und **Differenzial-Z.** (nach Art und Herkunftsland der Waren abgestuft). – Z. waren urspr. Binnen-Z. (z. B. Wege-Z., Markt-Z.). Nach dem 2. Weltkrieg setzte sich die Tendenz zum weltweiten Z.-Abbau durch (→GATT). **Z.-Union** ist der Zusammenschluss von Ländern zu einem einheitl. Z.-Gebiet (keine Z. zw. den Mitgliedstaaten, gemeinsamer Außen-Z. gegenüber Drittländern).

Zoll, 1) früheres dt. Längenmaß, $^1/_{10}$ oder $^1/_{12}$ von einem Fuß, schwankte zw. 2,2 und 3 cm. – **2) engl. Z.,** Einheitenzeichen ″, nichtgesetzl. Längeneinheit, 1″ = 2,54 cm (entspricht 1 Inch).

Zollverein, Deutscher Z., Zusammenschluss dt. Einzelstaaten unter Führung Preußens mit dem Ziel einer wirtschaftl. Einigung; gegr. am 1. 1. 1834. Der Z. hat die spätere polit. Einigung von 1871 vorbereitet.

Zombie *der,* im Wodukult eine Schlangengottheit; auch die Kraft, die einen Toten wieder belebt, oder der wieder belebte Tote selbst; in Horrorfilmen ein eigentl. Toter, der ein willenloses Werkzeug dessen ist, der ihn zum Leben erweckt hat.

Zone [griech. »Gürtel«] *die,* **1)** 🌐 Erdgürtel, von 2 Parallelkreisen eingeschlossener Streifen der Erdoberfläche. – **2)** Entfernungsstufe für die Berechnung von Gebühren und Fahrpreisen (z. B. Post, Bahn).

Zonengrenze, urspr. Demarkationslinien zw. den 4 Besatzungszonen in Dtl. nach dem 2. Weltkrieg; während sie zw. den Westzonen 1949 aufgehoben wurden, blieb die Z. zw. ihnen und der sowjet. Besatzungszone bestehen und bildete bis Okt. 1990 die Grenze zw. der Bundesrep. Deutschland und der DDR. In der Bundesrep. Deutschland wurde die Z. als dt.-dt. Grenze oder innerdt. Grenze bezeichnet, in der DDR offiziell als Staatsgrenze West. Die DDR errichtete umfangreiche Sperranlagen; Überwachung von Grenze und Grenzgebiet oblag dem Kommando Grenze der Nat. Volksarmee, das illegale Grenzübertritte unter Einsatz der Schusswaffe verhindern sollte (»Schießbefehl«).

Zonenzeit, Einheitsuhrzeit, die jeweils in einer bestimmten, in der Nähe eines Bezugsmeridians liegenden geograph. Zone (Zeitzone) gilt, z. B. die Mitteleurop. Zeit (MEZ).

Zo|ologie *die,* die →Tierkunde.

zo|ologischer Garten, Zoo, Tiergarten, Tierpark, Anlage, in der lebende heim. und fremdländ. (exot.) Tierarten in Käfigen, Freigehegen oder klimatisierten Gebäuden (z. B. Exotarium) dauernd zur Schau gestellt und wiss. beobachtet, auch gezüchtet werden.

Zoom|objektiv ['zu:m-], →fotografische Objektive.

Zoon politikon [griech. »geselliges Lebewesen«] *das,* Bezeichnung des Menschen bei Aristoteles.

Zopf, geflochtenes Haupthaar, als Langhaartracht von Frauen, in manchen Kulturen auch von Männern getragen (in China 1645 bis 1929).

Zoppot, poln. **Sopot,** Stadt in der poln. Wwschaft Gdańsk, Ostseebad und Kurort an der W-Seite der Danziger Bucht, 47 200 Einwohner.

Zorn, Ⓟ Affekt mit unterschiedlich starker aggressiver Tendenz, z. T. mit vegetativen Begleiterscheinungen (z. B. Erblassen, Erröten).

Zorn [so:rn], Anders, schwed. Maler, Radierer, Bildhauer, * 1860, † 1920; Impressionist.

Zoroaster →Zarathustra.

Zoster, ⚕ →Herpes.

ZPO, Abk. für Zivilprozessordnung.

Zr, chem. Symbol für das Element Zirkonium.

Zschopau [tʃ-], Krst. in Sa., im Erzgebirge, 12 200 Ew.; Motorradwerk; Renaissancerathaus, Burgen Wildeck und Scharfenstein.

Zsigmondy ['ʃig-], Richard, österr. Chemiker, * 1865, † 1929; erfand ein Membran- und ein Ultrafeinfilter, konstruierte (mit H. F. W. Siedentopf) das Ultramikroskop; erhielt für seine kolloidchem. Arbeiten den Nobelpreis 1925.

Zuaven, 1) Berberstamm Algeriens. – **2)** seit 1831 Bezeichnung für eine von Frankreich aus nordafrikan. Söldnern rekrutierte Infanterietruppe; 1963 aufgelöst.

Zuccalli, Baumeisterfamilie aus Graubünden. Enrico Z., * 1642, † 1724, vollendete die Theatinerkirche in München, baute Schloss Nymphenburg aus, schuf u. a. die Schlossanlagen in →Schleißheim. Sein Neffe Gaspare Z., * 1667, † 1717, war seit 1689 Hofbaumeister in Salzburg.

Zucchini [tsʊ'ki:ni] *Pl.,* buschige, nicht rankende Kürbisvarietät mit grünen bis gelben, längl. Früchten.

Zuchthausstrafe, war in der Bundesrep. Deutschland die schwerste Strafart, 1969 aufgehoben.

Züchtigung, Anwendung körperl. Gewalt zur Bestrafung von Personen. Im Schulrecht ist die körperl. Z. von Schülern durch Lehrpersonal, im Familienrecht sind entwürdigende Erziehungsmaßnahmen verboten.

Zuchtmittel →Jugendstrafrecht.

Zuchtwahl, 1) natürl. Z., Begriff des →Darwinismus. – **2) künstl. Z., Züchtung,** bewusste Auswahl von Tieren und Pflanzen mit bestimmten Eigenschaften zur Zucht.

Zucker, kristalline, wasserlösl., meist süß schmeckende Kohlenhydrate, i. e. S. die **Saccharose,** die bes. aus dem Saft des Zuckerrohrs **(Rohr-Z.)** und der Zuckerrübe **(Rüben-Z.)** gewonnen wird. Die wichtigsten Z.-Sorten sind **Glucose** (→Traubenzucker) und **Fructose** (Frucht-Z.); beide haben die chem. Summenformel $C_6H_{12}O_6$. Z. bildet große, glasklare Kristalle, die bei 160 °C zu einer klaren Flüssigkeit schmelzen und bei etwa 200 °C den bräunl. →Karamell bilden. Z. zählt zu den Grundnahrungsmitteln des Menschen; so ist z. B. Trauben-Z. unentbehrlich für die Muskeltätigkeit und die Funktion des Gehirns. Reiner Z. enthält im Ggs. zu zuckerhaltigen Nahrungsmitteln keinerlei Wirkstoffe, ist somit reiner Energieträger, der bei übermäßiger Zufuhr in Fett umgewandelt wird. – Gesättigte Z.-Lösung wird von Hefen und anderen Mikroorganismen nicht verändert, daher wird Z. zum Haltbarmachen von Früchten verwendet; verdünnte Z.-Lösung wird von Hefe zu Alkohol vergoren. Z. dreht die Ebene des polarisierten Lichts (→Polarisation) nach rechts, hierauf beruht eine Methode der Z.-Gehaltsbestimmung einer Lösung; durch verdünnte Säuren wird Z. in ein Gemisch von Trauben- und Frucht-Z., den **Invert-Z.,** gespalten, der die Ebene des polarisierten Lichts nach links dreht (→Inversion). Natürl. Invert-Z. enthält der Honig. – Gewinnung: Der Z.-Saft aus Z.-Rüben (zerkleinerte Rüben werden mit Wasser ausgelaugt) oder Z.-Rohr (durch Pressung) wird von Fremdbestandteilen (Säuren, Eiweiß- und Farbstoffen) befreit und die Lösung eingedampft. Der auskristallisierende Roh-Z. ist durch nicht kristallisie-

Zuckerrohr

Zuckerrüben

renden Sirup braungelb gefärbt. Durch Reinigung mit Wasser (Affination) erhält man weißen Z. (Affinade). Der Restsirup wird raffiniert, d.h. nochmals gelöst, gewaschen und eingedampft, und zur Raffinade umkristallisiert. Der letzte Restsirup heißt Melasse.

Zuckerhut, kegelförmiger Felsberg bei Rio de Janeiro, Brasilien, 395 m hoch; Seilbahn.

Zuckerkrankheit, Diabetes mellitus, Stoffwechselkrankheit; der Körper ist teilweise unfähig, den mit der Nahrung aufgenommenen Zucker und die Stärke zu verwerten. Ursache: ungenügende Bildung von Insulin durch die Bauchspeicheldrüse oder mangelnde Insulinwirksamkeit. Z. ist gefährlich durch drohende Säurevergiftung infolge ungenügenden Abbaus der Fette. Der Zuckergehalt des Bluts ist erhöht; im Harn wird Zucker ausgeschieden. Anzeichen: Durst, reichl. Harnabsonderung, Heißhunger, dauernde Mattigkeit und Gewichtsabnahme. Behandlung: überwachte Einschränkung von Zucker, Mehl, Stärke, Fett in der Nahrung (Diätplan); in schweren Fällen Behandlung mit Insulin.

Zuckerpalme, Palmenart in O-Indien und Indonesien, liefert Fasern, Palmwein, Zucker und Sago.

Zuckerrohr, heute nur in Kultur bekanntes, schilfähnl. Sumpfgras in trop. und subtrop. Gebieten mit knotigen Stängeln, bis 7 m hoch, 2 bis 5 cm dick; das Stängelmark enthält 13 bis 20% wirtschaftlich wichtigen Rohrzucker sowie Z.-Melasse, aus der Rum und Arrak hergestellt werden.

Zuckerrübe, zweijährige, weißfleischige Runkelrübe; die Rüben enthalten 12 bis 21% Rübenzucker.

Zuckersäuren, ⚗ organ. Säuren, die durch Oxidation von Monosacchariden entstehen.

Zuckmayer, Carl, dt. Dramatiker, Schriftsteller, * 1896, † 1977; lebte von 1938 bis 1946 im Exil; seit 1958 in der Schweiz (1966 Schweizer Staatsbürger); verknüpfte in seinen z.T. verfilmten Werken lebendige Charakterzeichnung mit Natürlichkeit, Sinnenfreude, Humor und Satire; »Der fröhliche Weinberg« (1925), »Schinderhannes« (1927), »Der Hauptmann von Köpenick« (1930), »Des Teufels General« (1946) u.a.; Autobiographie »Als wär's ein Stück von mir« (1966).

Zufall, das, was ohne erkennbaren Grund und ohne Absicht geschieht; ein mögl. Ereignis, das eintritt, aber nicht eintreten muss.

Zug, 1) ⚙ Beanspruchung des Bauteils durch in entgegengesetzte Richtung wirkende Z.-Kräfte. – **2)** 🌐 Luftströmung. – **3)** militär. Teileinheit unter Leitung eines Z.-Führers (Leutnant oder Feldwebeldienstgrad); mehrere Z. bilden eine Einheit (Kompanie, Batterie). – **4)** mehrere miteinander verbundene Fahrzeuge, z.B. Lastzug.

Zugspitze mit Ehrwald in Tirol

Zug, 1) Kt. der Schweiz (seit 1352), im Schweizer Mittelland; fruchtbares Moränenhügelland; 239 km², 87 100 Ew.; Metallverarbeitung, Textil-, Nahrungsmittelind.; Tourismus; Anbau von Obst (v.a. Kirschen). – **2)** Hptst. des schweizer. Kt. Zug, 21 700 Ew., am Zuger See; maler. Altstadt, z.T. mit got. Bauten.

Zuger See, See am N-Rand der Schweizer Alpen, 38,3 km² groß, bis 198 m tief.

zugewandte Orte, die bis 1798 der Schweizer. Eidgenossenschaft nur in lockerer Form verbundenen Gebiete.

Zugewinngemeinschaft, der gesetzl. Güterstand in der Ehe (→ Eherecht).

Zugmaschine, Trecker, Traktor, Schlepper, motorgetriebenes Rad- oder Raupenfahrzeug, bes. zur Fortbewegung auf unwegsamem Gelände.

Zugpflaster, ⚕ entzündungshemmend wirkendes Pflaster mit hautreizenden Mitteln.

Zugspitze, höchster Gipfel der dt. Alpen, im Wettersteingebirge, 2962 m hoch; Wetterwarte, Richtfunkstelle, physikal. Messstation; Seilbahnen vom Eibsee (Bayern) und von Ehrwald (Tirol), Zahnradbahn von Garmisch aus mit anschließender Gletscherbahn.

Zugverband, ⚕ → Streckverband.

Zugvögel → Vogelzug.

Zuhälter, jemand, der eine Person, die der Prostitution nachgeht, eines Vermögensvorteils wegen überwacht und ausbeutet. Die Zuhälterei wird nach § 181a StGB mit Freiheitsstrafe von 6 Monaten bis zu 5 Jahren bestraft.

Zuidersee ['zɔjdər-], → Ijsselmeer.

Zukunft, Ⓢ das → Futur.

Zukunftsforschung, interdisziplinäre Forschungsrichtung, die sich mit Fragen zukünftiger Entwicklungen v.a. in den Bereichen Politik, Gesellschaft, Wirtschaft, Technik, Umwelt und Bevölkerung beschäftigt.

Zulassung, von bestimmten Voraussetzungen abhängige Eröffnung des Zugangs durch eine i.d.R. öffentlich-rechtl. Erlaubnis, z.B. Z. zu öffentl. Ämtern, zum Hochschulstudium, zu bestimmten Berufen (Rechtsanwalt, Arzt); Z. von Kraftfahrzeugen.

Zulu, Sulu, Bantuvolk in der Rep. Südafrika; betreiben traditionell Ackerbau und Viehhaltung; heute sind viele Z. Ind.-, Berg- oder Farmarbeiter. Im Zuge der Politik der Apartheid wurden die Z.-Gebiete in Natal zum Homeland KwaZulu zusammengefasst, seit 1994 südafrikan. Prov. KwaZulu/Natal.

Zündblättchen, ein Doppelblättchen aus Papier mit einer Mischung von Kaliumchlorat und rotem Phosphor, die auf Schlag zündet, z.B. für Spielzeugpistolen.

Zünder, Vorrichtung zur Einleitung der Zündung meist von Explosivstoffen mit Sicherheitsvorrichtungen, die ein vorzeitiges Zünden verhindern. Es gibt u.a. **Aufschlag-Z.,** die beim Auftreffen, und **Zeit-Z.,** die nach einer bestimmten Zeit zünden.

Zunderschwamm → Feuerschwamm.

Zündholz, Streichholz, Holz-, Wachs- oder Papierstäbchen, das an der Kuppe eine Zündmasse trägt, die sich beim Reiben an einer rauen Fläche entzündet. Die **Schwefelhölzer** hatten eine Kuppe aus weißem Phosphor, Kaliumchlorat und Schwefel. Die **Sicherheits-Z.** tragen eine ungiftige Zündmasse, die sich nur an einer Reibfläche, die roten Phosphor und Antimonsulfid enthält, entzünden lässt. – 1844 von dem schwed. Chemiker G. E. Pasch erfunden.

Zündkerze, ⚙ in den Zylinderkopf von Ottomotoren eingeschraubte Vorrichtung, die das im Verbrennungsraum verdichtete Kraftstoff-Luft-Gemisch zündet, indem zw. der Mittel- und Masseelektrode ein elektr. Zündfunke überspringt (Zündspannung bis über 20 kV).

Zündschnur, Schnur zur Zündung von Sprengladungen. **Schwarzpulver-Z.** werden durch Umspinnen und

Teeren eines Schwarzpulverstrangs hergestellt; detonierende **Spreng-Z.** für sehr hohe Zündgeschwindigkeiten bestehen aus umsponnenem und mit Kunstharz ummanteltem Nitropenta oder Hexogen.

Zündung, ⚙ bei Verbrennungsmotoren die Entzündung des Kraftstoff-Luft-Gemischs, auch Bezeichnung für die Zündanlage der Ottomotoren. Bei der heute üblichen **Hochspannungs-Z.** springt ein Zündfunke an den Elektroden einer Zündkerze über. Die Hochspannung wird mit einem Unterbrecher in der Sekundärwicklung einer Induktionsspule erzeugt und gelangt bei Mehrzylinder-Motoren über den Verteiler (umlaufender Kontakt) an die Zündkerzen. Bei der **Transistor-Z.** übernimmt ein Transistor die Aufgabe des Unterbrechers. Bei **Batterie-Z.** wird der Primärstrom einer Akkumulatorenbatterie entnommen, bei **Magnet-Z.** wird er in einem Generator mit Permanentmagneten erzeugt.

Zunft, Gilde, fachgenossenschaftl. Verband von Handwerkern, Gewerbetreibenden u. a. Berufsgruppen einer Stadt, meist mit Zwangsmitgliedschaft **(Z.-Zwang).** Die Z. entstanden im 12. Jh. Gegen den Widerstand der Patrizier erlangten sie die Beteiligung am Stadtregiment. Die Z. gewährten ihren Mitgliedern wirtschaftl. Schutz und überwachten ihre Leistungen. Ihr Recht war in den **Z.-Ordnungen** niedergelegt. Im Laufe der Zeit bildeten sich bes. **Z.-Bräuche** heraus. 1868 verloren die Z. im Norddt. Bund ihre Rechte durch Einführung der Gewerbefreiheit.

Zunge, 1) ♡ starkes, sehr bewegl., von Schleimhaut überzogenes, muskulöses Organ am Boden der Mundhöhle; dient zum Schmecken, Kauen, Schlucken und Sprechen. Am hinteren Teil der Z. sitzen die Geschmacksknospen. Bei vielen Krankheiten ist das Aussehen der Z. charakteristisch verändert, z. B. **belegte Z.** bei Verdauungsstörungen, **entzündete Z.** bei perniziöser Anämie, **Himbeer-Z.** bei Scharlach. – **2)** 𝄞 bei Blasinstrumenten biegsames Plättchen, das durch seine Schwingungen den Ton erzeugt.

Zupf|instrumente, Musikinstrumente, bei denen der Ton durch Anzupfen oder Anreißen von Saiten (z. B. Harfe, Mandoline, Laute, Gitarre, Zither) oder elast. Körpern (z. B. Maultrommel) mit den bloßen Fingern oder einem Plektron erzeugt wird.

Zurbarán [θurβaˈran], Francisco de, span. Maler, *1598, †1664; bedeutender Barockmeister, malte v. a. Andachtsbilder, Szenen aus dem Mönchsleben und Stillleben in Helldunkelmanier.

Zurechnungsfähigkeit, im Strafrecht früher Bezeichnung für die Schuldfähigkeit.

Zürich, 1) Kt. der Schweiz, 1729 km^2, 1,16 Mio. Ew.; hügeliges Alpenvorland beiderseits des Zürichsees; bevölkerungsreichster Kt. und Wirtschaftszentrum der Schweiz (Ind., Dienstleistungen). – **2)** Hptst. (seit 1803) des Kt. Z. und größte Stadt der Schweiz, 350 800 Ew. Z. hat alte Kirchen, zahlreiche Museen und Theater, Univ. (1832 gegr.), TH, Musikhochschule. Handels- und Finanzzentrum der Schweiz (z. B. Großbanken, Börse) sowie größter Ind.standort des Landes (u. a. Maschinenbau, Metallverarbeitung, Textil-, Nahrungsmittelind., Verlage); Fremdenverkehr; ✈ in Kloten. – Z. wurde 1218 Reichsstadt, schloss sich 1351 der Eidgenossenschaft an und erwarb ein größeres Landgebiet. Von hier ging 1519 die schweizer. Reformation aus (Zwingli). Z. hatte ab 1712 mit Bern die polit. Führung der Eidgenossenschaft inne, gehörte 1798 bis 1803 zur Helvet. Republik. Im **Zürcher Frieden** 1859 trat das von Napoleon III. und Piemont-Sardinien besiegte Österreich die Lombardei ab.

Zürichsee, schweizer. See in den Kt. Zürich, St. Gallen und Schwyz, 406 m ü. M., 90 km^2 groß, 40 km lang, bis 4 km breit, bis 143 m tief; wird durch die Limmat zur Aare entwässert.

Zürn, oberschwäb. Bildhauerfamilie. Jörg Z., *um 1585, † vor 1638; große Werkstatt in Überlingen. Schuf mit seinem Bruder Martin Z., *um 1590, † nach 1658, den Hochaltar des Überlinger Münsters, einen der bedeutendsten dt. Schnitzaltäre.

Zurückbehaltungsrecht, ⚖ Recht des Schuldners, mit der eigenen Leistung zurückzuhalten, solange sein aus demselben rechtl. Verhältnis erwachsener fälliger Gegenanspruch von dem Gläubiger nicht erfüllt wird.

zusammenziehende Mittel, Adstringentilen, ⚕ Mittel, die oberflächl. Verdichtung der Gewebe erzeugen und deren Absonderungen vermindern. Sie bilden unlösl. Eiweißverbindungen und wirken daher wie eine Art Schutzdecke gegen chem., bakterielle und mechan. Entzündungsreize.

Zusatzstoffe, alle Substanzen, die bestimmten Materialien zur Verbesserung ihrer Eigenschaften oder zur Vereinfachung ihrer Verarbeitung beigefügt werden. Im Lebensmittelrecht sind zulässige Z., die z. T. gekennzeichnet werden müssen (E-Nummern), u. a.: Farb-, Konservierungsstoffe, Antioxidantien, Emulgatoren, Gelier- und Verdickungsmittel, Aroma- und Süßstoffe, Geschmacksverstärker, Schmelzsalze und Säuerungsmittel.

Zusatzversicherung, 1) Krankenversicherung: freiwillige zusätzl. Versicherung zu einer Pflicht- oder freiwilligen Versicherung. – **2)** Rentenversicherung: zusätzl. pflichtgemäße Versicherung bes. von Angestellten und Arbeitern des öffentl. Dienstes (Versorgungsanstalt); auch freiwillige Höherversicherung.

Zuschlag, 1) Zusatz, bes. Preiserhöhung. – **2)** Annahme des Höchstgebots bei Versteigerungen. – **3)** Vergabe des Auftrags an den günstigsten Anbieter bei einer Ausschreibung.

Zuse, Konrad, dt. Ingenieur, *1910, †1995; entwickelte ab 1934 die Grundkonzeption für eine programmgesteuerte Rechenanlage, begann 1936 mit dem Bau von Versuchsmodellen.

Zuständigkeit, Kompetenz, ⚖ einem Verfassungsorgan, einer Verwaltungsbehörde oder einem Gericht zustehender Geschäftsbereich. Im Gerichtsverfahren ist die sachl. Z. von der örtl. Z., dem Gerichtsstand, zu unterscheiden.

Zustellung, ⚖ beurkundete Übergabe eines Schriftstücks in gesetzl. vorgeschriebener Form zur Erleichterung des Nachweises der Zeit und Art der Übergabe. Zugestellt wird i. d. R. durch Gerichtsvollzieher oder Postbeamte; allg. die Auslieferung von Postsendungen an die Empfänger.

Zutphen [ˈzytfə], niederländ. Stadt in der Prov. Gelderland, an IJssel und Twentekanal, 31 000 Ew.; alte Handelsstadt, bis ins 19. Jh. Festung; alte Giebelhäuser, got. Kirchen (Grote Kerk, Broederenkerk), Teile der Stadtmauer erhalten.

Zuverlässigkeit, ⚙ Eigenschaft eines Erzeugnisses oder Verfahrens, innerhalb vorgegebener Grenzen den durch den Verwendungszweck bestimmten Anforderungen zu genügen; Kenngrößen sind z. B. Lebensdauer, Ausfallrate.

Zuweisung, ✍ Geldübertragungen zw. Gebietskörperschaften eines Staats im Rahmen des Finanzausgleichs, bes. die Zahlungen einer oberen an eine untere Ebene **(Finanz-Z.).**

Zwang, 1) allg. Nötigung zu Handlungen oder Denkinhalten, die nicht mit der freien Entscheidung einer Person übereinstimmen. – **2)** Ⓟ → Zwangsvorstellung.

Zwangs|arbeit, »jede Art von Arbeit oder Dienstleistung, die von einer Person unter Androhung irgendeiner Strafe verlangt wird und für die sie sich nicht freiwillig zur Verfügung gestellt hat« (Definition der Internat. Arbeitsorganisation [IAO] von 1930); ausgenommen werden Militärdienstpflicht, die übl. Bürgerpflichten (z. B. Wegereinigung), Strafarbeit aufgrund gerichtl. Verurteilung, Notstandspflichten. In diktato-

Carl Zuckmayer

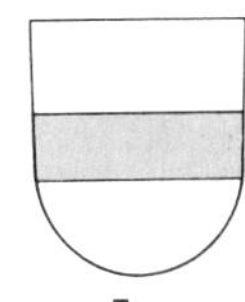
Zug
Kantonswappen

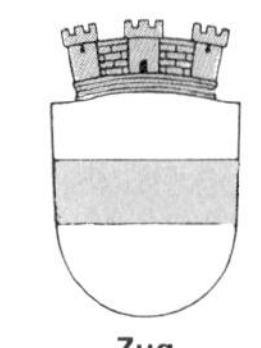
Zug
Stadtwappen

Zürich
Kantonswappen

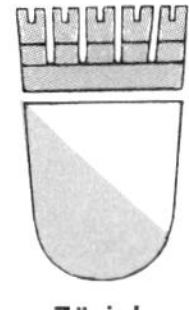
Zürich
Stadtwappen

risch regierten Staaten wurde und wird Z. als polit. Machtmittel missbraucht, um Menschen aus polit., ideolog. oder wirtschaftl. Gründen zu unterwerfen.

Zwangs|ernährung, ⚖ die gegen den Willen und u. U. gegen den Widerstand eines Gefangenen vorgenommene künstl. Ernährung.

Zwangsjacke, bis zur Einführung von Psychopharmaka übl. Mittel zur Bewegungseinschränkung von Patienten in Form einer vorn geschlossenen Jacke mit sehr langen Ärmeln ohne Öffnung, deren Enden auf dem Rücken zusammengebunden wurden; Ü Sinnbild der Unterdrückung.

Zwangsmittel, ⚖ Maßnahmen zur Durchsetzung von Verwaltungsakten, um die Herausgabe einer Sache, die Vornahme einer Handlung oder eine Duldung oder Unterlassung zu erzwingen. Z. sind die **Ersatzvornahme** einer geschuldeten Handlung durch einen Dritten auf Kosten des Pflichtigen, **Zwangsgeld** als Geldauflage, **Ersatzzwangshaft** (Beugehaft) oder **unmittelbarer Zwang** gegen den Widerstand des Betroffenen, um eine behördl. Anordnung durchzusetzen.

Zweibrücken
Stadtwappen

Zwangsvergleich, ⚖ im Konkurs- oder Vergleichsverfahren ein von der Mehrheit der nicht bevorrechtigten Gläubiger mit dem Schuldner abgeschlossener Vergleich, dem nach gerichtl. Bestätigung auch die übrigen nicht bevorrechtigten Gläubiger unterworfen sind.

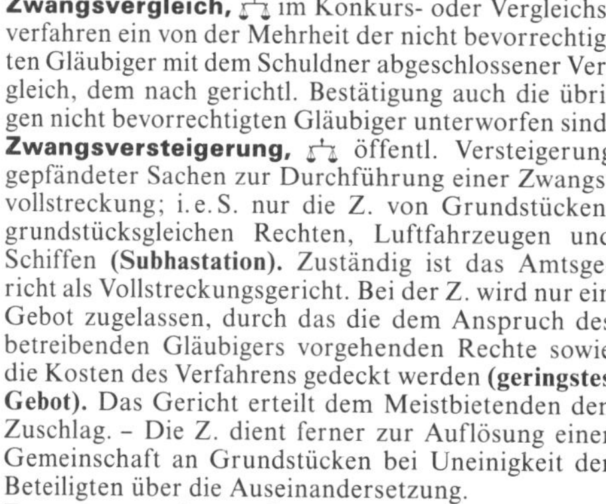

Zwangsversteigerung, ⚖ öffentl. Versteigerung gepfändeter Sachen zur Durchführung einer Zwangsvollstreckung; i. e. S. nur die Z. von Grundstücken, grundstücksgleichen Rechten, Luftfahrzeugen und Schiffen **(Subhastation).** Zuständig ist das Amtsgericht als Vollstreckungsgericht. Bei der Z. wird nur ein Gebot zugelassen, durch das die dem Anspruch des betreibenden Gläubigers vorgehenden Rechte sowie die Kosten des Verfahrens gedeckt werden **(geringstes Gebot).** Das Gericht erteilt dem Meistbietenden den Zuschlag. – Die Z. dient ferner zur Auflösung einer Gemeinschaft an Grundstücken bei Uneinigkeit der Beteiligten über die Auseinandersetzung.

Arnold Zweig

Zwangsverwaltung, Sequestration, ⚖ Form der Zwangsvollstreckung in das Vermögen (z. B. ein Grundstück): die Verw. und Nutzung des Grundstücks werden durch richterl. Anordnung dem Schuldner entzogen und einem **Zwangsverwalter** (Sequester) anvertraut, der den oder die Gläubiger aus den Grundstückserträgen zu befriedigen hat.

Zwangsvollstreckung, Exekution, ⚖ zwangsmäßige Durchsetzung eines privatrechtl. Anspruchs auf Antrag des Gläubigers durch staatl. Organe (Amtsgericht als Vollstreckungsgericht, Gerichtsvollzieher) aufgrund eines Vollstreckungstitels (→Vollstreckung). Die Z. in das **bewegl. Vermögen** erstreckt sich 1) auf **körperl. Sachen** des Schuldners, die durch den Gerichtsvollzieher gepfändet und durch öffentl. Versteigerung zur Befriedigung des Gläubigers verwertet werden; 2) auf **Forderungen** des Schuldners: das Vollstreckungsgericht pfändet sie durch Beschluss beim Drittschuldner und überweist sie dem Gläubiger zur Einziehung oder anstatt einer Zahlung (Pfändungs- und Überweisungsbeschluss, →Pfändung). In das **unbewegl. Vermögen** des Schuldners kann durch Eintragung einer Zwangshypothek auf ein Grundstück des Schuldners oder durch Zwangsverwaltung oder Zwangsversteigerung vollstreckt werden. Z. kann auch auf die Erwirkung der Herausgabe von Sachen oder die Erwirkung von Handlungen oder Unterlassungen zielen. Hat der Schuldner eine bewegl. Sache herauszugeben, so ist sie vom Gerichtsvollzieher wegzunehmen und dem Gläubiger zu übergeben.

Stefan Zweig

Zwangsvorstellung, Zwangs|idee, Obsession, (Ps) Gedanke, der, obwohl er im Widerspruch zum eigenen log. Denken steht, willentlich nicht zu unterdrücken ist; Teil einer **Zwangsneurose.** Z. können zu **Zwangshandlungen** führen.

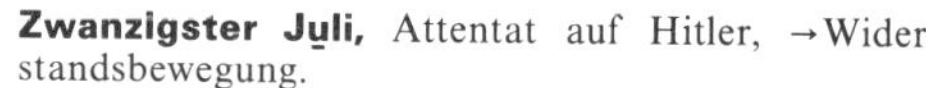

Zwanzigster Juli, Attentat auf Hitler, →Widerstandsbewegung.

Zweck, allg. Orientierung von Handlungen und Handlungsfolgen; i. e. S. das Ziel, das durch willentl. Einsatz bestimmter Mittel geplant und verfolgt wird, wodurch diese als zweckmäßig bestimmt werden.

Zweckbindung, die Festlegung öffentl. Einnahmen für bestimmte Aufgaben bzw. Ausgaben.

Zweckrationalität, Prinzip, wonach soziales Handeln daran orientiert ist, ein bestimmtes Ziel mit den wirksamsten Mitteln unter rationaler Abwägung mögl. Folgen und Nebenwirkungen zu erreichen. Dieses Zweck-Mittel-Prinzip unterscheidet sich von der **Wertrationalität,** nach der sich das Handeln an der eigenen Überzeugung oder dem Eigenwert einer »Sache« ausrichtet.

Zweckverband, Vereinigung von Gemeinden zur gemeinsamen Aufgabenerfüllung.

Zweiblatt, Orchideengattung mit rd. 25 geschützten Arten der nördl. gemäßigten Zone; Erdorchideen mit nur zwei Stängelblättern und in Trauben stehenden Blüten.

Zweibrücken, kreisfreie Stadt in Rheinl.-Pf., im Westrich, 35 400 Ew.; Museen; Oberlandesgericht; Maschinenbau, Schuhind.; Landgestüt, Rosenzucht; Bundeswehrstandort. – Spätbarockes ehem. Schloss (1720 bis 1725).

Zweibund, 1) 1879 abgeschlossenes, gegen Russland gerichtetes Verteidigungsbündnis zw. dem Dt. Reich und Österreich-Ungarn (1882 durch Beitritt Italiens zum →Dreibund erweitert). – **2) Zweiverband,** dem Dreibund entgegengestelltes frz.-russ. Bündnis von 1891/94.

Zweifelderwirtschaft, alte Form der Bodennutzung mit Einteilung der Ackerflur in 2 Teile (abwechselnd Getreide und Brache oder Sommer- und Wintergetreideanbau).

Zweiflügler, Insektenordnung mit den Unterordnungen →Fliegen und →Mücken, 85 000 Arten, mit zu Schwingkölbchen rückgebildeten Hinterflügeln und mit saugenden oder stechenden Mundteilen; Entwicklung mit vollkommener Verwandlung.

Zweig, 1) Arnold, dt. Schriftsteller, * 1887, † 1968; Zeit- und Sozialkritiker; 1933 Emigration nach Palästina, seit 1948 in Berlin (Ost), dort u. a. Abgeordneter der Volkskammer (1949 bis 1967); Kriegsroman »Der Streit um den Sergeanten Grischa« (1927). – **2)** Stefan, österr. Schriftsteller, * 1881, † (Freitod) 1942; 1934 Emigration, schrieb u. a. von der Psychoanalyse beeinflusste Novellen (»Schachnovelle«, 1942), groß angelegte Biographien und dichter. Essays (»Sternstunden der Menschheit«, 1927).

zweihäusig, ⚘ nennt man getrenntgeschlechtige Blütenpflanzen, bei denen männl. und weibl. Blüten nicht auf derselben Pflanze vorkommen, z. B. Weide, Brennnessel; Ggs.: einhäusig.

Zweikammersystem, Form des Parlamentarismus, bei der die Befugnisse des Parlaments, bes. die Gesetzgebung, von 2 Kammern (Häusern, Körperschaften) wahrgenommen werden (im Unterschied zum Einkammersystem), wobei in demokrat. Systemen i. d. R. die **Zweite Kammer** unmittelbar vom Volk gewählt wird. Zusammensetzung und Funktion der **Ersten Kammer** folgt unterschiedl. Typen: 1) Adelsvertretung (z. B. Oberhaus, Herrenhaus) zur Sicherung der überkommenen Ordnung und als Gegengewicht gegen die demokratisch gewählte Volkskammer: im Zuge der Demokratisierung i. d. R. entmachtet; 2) Länderkammer zur Vertretung der Gliedstaaten in einem Bundesstaat (z. B. Senat der USA, Bundesrat in Dtl.); 3) Ständekammer zur Vertretung des nach Berufsständen gegliederten Volks (z. B. bayer. Senat), die wegen der Problematik ihrer Zusammensetzung oft nur beratende Funktionen hat. Ein echtes Z. liegt vor, wenn die

Erste Kammer nicht nur beratend, sondern beschließend mit vollem oder suspensivem Veto an der Gesetzgebung beteiligt ist.

Zweikampf, kämpfer. oder sportlich-spieler. Auseinandersetzung zweier Personen, auch mit Waffen (z. B. Box-, Ring-, Fechtsport). Eine bes. Form des Z. mit tödl. Waffen ist das **Duell.**

Zweikeimblättrige, ⚘ Klasse der Bedecktsamigen mit rd. 190 000 Arten, die bis auf wenige Ausnahmen zwei Keimblätter aufweisen; zu den Z. zählt der größte Teil der Holzgewächse.

Zweikomponentenkleber, lösemittelfreie Klebstoffe, die durch Mischen des Klebharzes mit dem Härter sehr feste Verbindungen ergeben.

Zweikreisbremse, 🚗 Trennung von Bremsanlagen in Kraftwagen in 2 voneinander unabhängige Bremskreise, um die Sicherheit zu erhöhen.

Zwei-plus-Vier-Vertrag, im Zuge der dt. Einigung 1990 geschlossener völkerrechtl. Vertrag zw. den beiden dt. Staaten und den 4 Siegermächten des 2. Weltkriegs, durch den die volle Souveränität Dtl.s wiederhergestellt wurde.

Zweischwerterlehre, Zweigewaltenlehre, auf Lk. 22, 36 bis 38 beruhende mittelalterl. Anschauung über das Verhältnis zw. Staat und Kirche; danach besitzt die Kirche (v. a. der Papst) das geistl. wie das weltl. »Schwert« (d. h. Herrschaftsgewalt), überträgt aber das weltl. den Fürsten, die es nach ihrer Weisung führen sollen. Die Z. wurde von M. Luther zur **Zweireichelehre** weiterentwickelt: Gott regiert die Welt durch das geistl. Regiment (Wort und Sakrament) und die weltl. Ordnungen (die daher als unantastbar gelten).

Zweispitz, breiter Männerhut mit einer an 2 Seiten hochgeklappten Krempe (Napoleon-, Wellingtonhut); längs (engl. Art) und quer getragen; Ende des 18. Jh. aufgekommen.

Zweitaktverfahren, ⚙ Arbeitsweise der Zweitaktmotoren, bei der die 4 Takte des Viertaktverfahrens auf 2 Takte einer Kurbelwellenumdrehung reduziert sind. 1. Takt: Der Zylinder ist mit Gemisch gefüllt, das der nach oben gehende Kolben verdichtet. Zugleich saugt der Kolben Gemisch in das Kurbelgehäuse. 2. Takt: Kurz vor dem oberen Totpunkt wird das Gemisch entzündet, und die Verbrennungsgase treiben den Kolben arbeitsleistend abwärts; dabei wird gleichzeitig das im Kurbelgehäuse befindl. Gemisch vorverdichtet. Der abwärts gleitende Kolben gibt zunächst den Auslassschlitz frei, sodass die verbrannten Gase ins Freie entweichen können, und kurz danach den Überströmschlitz, durch den das vorverdichtete Gemisch aus dem Kurbelgehäuse in den Zylinder strömt. Dabei werden die Restgase ausgespült und der Zylinder mit Frischgas gefüllt.

zweiter Bildungsweg, Einrichtungen des berufl. Bildungswesens, die zur Fach- oder Hochschulreife führen (im Ggs. zum Bildungsweg über die höheren Schulen); bes. die Institute zur Erlangung der Hochschulreife (Kolleg), Berufsaufbauschulen, Abendschulen, Fernunterricht.

Zweites Deutsches Fernsehen, ZDF, Anstalt öffentl. Rechts, gegr. 1961, Sitz Mainz; strahlt seit 1963 ein Fernsehprogramm aus; ist an dem Kabel- und Satellitenprogramm 3sat, dem Fernsehkulturkanal Arte und dem Deutschlandradio beteiligt.

Zweiverband → Zweibund 2).

Zwerchfell, Diaphragma, kuppelförmig nach oben gewölbte muskulöse Scheidewand zw. Brust- und Bauchhöhle. Das Z. vergrößert durch seine Abflachung beim Einatmen die Brusthöhle.

Zwerchhaus, ein quer zum Giebel in einer Ebene mit der Fassade abschließender Gebäudeteil in Form eines Häuschens. Das Z., oft mit kunstvollem **Zwerchgiebel,** ist charakteristisch für die dt. Renaissancebaukunst.

Zwerenz, Gerhard, dt. Schriftsteller, * 1925; erfolgreich mit satirisch-erot. Romanen und autobiograph. Werken.

Zwerge, im Volksglauben Erdgeister von kleiner Gestalt; Wichtel-, Erd-, Heinzelmännchen, Kobolde.

Zwerghühner, Bezeichnung für sehr kleine, 500 bis 1 000 g schwere, oft schön gefärbte, als Ziergeflügel gehaltene Haushühner.

Zwergmäuse, eine Art sehr kleiner Echtmäuse in Eurasien, Länge rd. 5 bis 8 cm; der etwas kürzere Schwanz wird als Greiforgan benutzt.

Zwergpalme, in den Mittelmeerländern verbreitete Gattung der Palmen mit einer einzigen, formenreichen Art.

Zwergwuchs, Nanismus, unter der Norm liegende Körpergröße, eine Form des Minderwuchses (beim Erwachsenen zw. 80 und 130 cm, beim Kind 30 bis 40 % unter der Altersnorm). Z. ist meist genetisch bedingt, z. T. Folge endokriner Störungen. Auch andere Stoffwechselstörungen, Unterernährung oder Vitamin-D-Mangel können im Entwicklungsalter Z. zur Folge haben. Unterschieden werden u. a. der proportionierte Minderwuchs (z. B. aufgrund der mangelnden Produktion eines Wachstumshormons) und der disproportionierte Minderwuchs (z. B. aufgrund einer Entwicklungshemmung des Knorpels). – Zwergformen bei Tieren treten auf als Ergebnisse der Haustierzucht, im Pflanzenreich bes. bei Zierpflanzen.

Zwetsche, Zwetschge, eine → Pflaume.

Zwettl-Niederösterreich, Bezirkshptst. in NÖ, im oberen Waldviertel, 11 700 Ew.; außerhalb der großenteils erhaltenen Stadtmauer Propsteikirche (12. Jh.), Propsteigebäude (18. Jh.); in der Nähe das ehem. Zisterzienserkloster Zwettl (gotisch umgebaute Stiftskirche mit barocker W-Fassade, barocke Klostergebäude; Handschriftensammlung).

Zwickau
Stadtwappen

Zwickau, kreisfreie Stadt in Sa., an der Zwickauer Mulde; wirtschaftl. und kulturelles Zentrum im W des Ballungsgebiets Chemnitz, 110 600 Ew.; Univ. Chemnitz-Z., TH; Maschinen-, Werkzeugbau, Kraftfahrzeugzubehör, Textilindustrie.

Zwickel, ⌂ dreieckiges Flächenstück, bes. zw. einem Bogen und seiner rechteckigen Umrahmung.

Zwieback, aus dem Einback durch nochmaliges Rösten hergestellte, leicht verdaul. Dauerbackware aus Weizenmehl und Milch.

Zwiebel, 1) Speicherorgan, meist unterird. Kurzspross (Z.-Scheibe) versch. Pflanzen (z. B. der Liliengewächse), der abwärts Wurzeln treibt und nach oben fleischige, nährstoffreiche Blätter (Z.-Schuppen) trägt, die einander schalenförmig umschließen. Zw. den Blättern treiben neue Knospen aus. Z.-Gewächse sind bes. in trockeneren Gebieten heimisch. – **2) Z., Küchen-Z.,** Lauchart, die als Gewürz und Gemüse verwendet wird; mit grünlich weißen Blüten in kugeliger Trugdolde. (→ Schalotte)

Zwiebelhaube, ⌂ Turmbedachung in Gestalt einer Zwiebel.

Zwiebelmuster, zwiebelähnl. Pflanzenornament, bes. seit dem 18. Jh. in der Fayence- und Porzellanmalerei.

Zwiefalten, Gemeinde in Bad.-Württ., am S-Rand der Schwäb. Alb, 2 400 Ew. Die Klosterkirche der Benediktinerabtei ist ein Hauptwerk des Spätbarocks (1741 bis 1753 erbaut).

Zwiesel, Stadt in Niederbayern, Luftkur- und Wintersportort im Hinteren Bayer. Wald, 10 500 Ew.; barocke Bergkirche Mariä Namen (1682) mit Rokokoausstattung; Fachschule für Glas; Holzind., Glashütten.

Zwillich, Zwilch → Drell.

Zwillinge [althochdt. zwinal »doppelt«], lat. **Gemini, 1)** bei Mensch und Tieren 2 gleichzeitig im Mutterleib sich entwickelnde und kurz nacheinander geborene Mehrlinge. Beim Menschen kommt auf etwa 85 Geburten eine Z.-Geburt. Z. können aus 2 gleichzeitig befruchteten Eiern **(zweieiige Z.)** entstehen oder aus einer von einem Samenfaden befruchteten Eizelle, die sich später in 2 gleiche Keimlinge teilt **(eineiige Z.)**. Da die Letzteren erbgleich sind, untersucht die **Z.-Forschung** an ihnen u.a. die durch Umwelteinflüsse bedingten Ausprägungen der Erbanlagen, z.B. den Einfluss des sozialen Milieus. – **2)** ✡ nördl. Sternbild mit Kastor und Pollux. – **3)** Zeichen des Tierkreises.

Zwinger, 1) Umgang zw. der äußeren und inneren Ringmauer einer mittelalterl. Burg (freier Platz der Vorburg). Der Z. in Dresden hat seinen Namen vom ehem. Z.-Garten, in dem er erbaut wurde. – **2)** eingezäunter Auslauf für Hunde; auch Raubtierkäfig.

Zwingli, Ulrich, neben J. Calvin der Gründer der reformierten Kirche, * 1484, † (gefallen) 1531; trat unter dem Einfluss der Schriften von Erasmus und Luther in Zürich für die Reformation ein, die 1523 eingeführt wurde. Der Versuch, die Reformation in der gesamten Schweiz durchzusetzen, scheiterte (Kappeler Krieg). In vielen Punkten war Z. radikaler als Luther (Abschaffung von Orgel, Kirchengesang, Altären u.a.); er geriet mit diesem bes. wegen der Abendmahlslehre in Streit (Marburger Religionsgespräch 1529).

Zwirn, durch Zusammendrehen von Garnen hergestellter Faden mit hoher Reißfestigkeit.

Zwischen|ahn, Bad Z., Gemeinde in Ndsachs., Moorheilbad am **Zwischenahner Meer** (5,5 km²), 24300 Ew.; Aalräuchereien.

Zwischenfrucht, Nutzpflanzen, die zeitlich oder räumlich zw. den eigentl. Nutzpflanzen gezogen werden **(Zwischenkultur),** bes. Futterpflanzen (Winterraps, -rübsen, Futterroggen); auch Zweitfrucht nach überwinternden Futterpflanzen oder Stoppelsaat.

Zwischenhandel, Handel zw. Erzeugern und Weiterverarbeitern (Produktionsverbindungshandel), auch zw. versch. Ländern **(Transithandel).**

Zwischenkieferknochen, Knochenstück der Wirbeltiere zw. den beiden Oberkieferbeinen. Der Z. des Menschen, der früh mit den Oberkieferknochen verwächst, wurde von Goethe beschrieben.

Zwischenkredit, der Vorfinanzierung dienender kurzfristiger Überbrückungskredit, der durch einen bereits vereinbarten langfristigen Kredit abgelöst wird.

Zwischenlagerung, ⚙ Bereich der nuklearen Entsorgung. Die abgebrannten Brennelemente aus Kernkraftwerken werden in Abklingbecken zwischengelagert, bevor sie wieder aufbereitet werden können.

Zwischenstromland → Mesopotamien.

Zwitter, Lebewesen, das sowohl männl. als auch weibl. Geschlechtsorgane hat; nach dem androgynen Wesen der griech. Mythologie auch **Hermaphrodit** genannt. Z. befruchten sich selten selbst (Bandwurm); meist wechselseitig (Weinbergschnecke). Fast alle Blütenpflanzen sind Zwitter. Menschl. Z. sind i.d.R. unfruchtbar.

Zwölf|apostellehre, griech. **Didache,** älteste erhaltene christl. Kirchenordnung mit Bestimmungen zu Leben, Gottesdienst und Gemeindeleitung, aus der 1. Hälfte des 2. Jahrhunderts.

Zwölf|fingerdarm, Duodenum, Teil des Dünndarms. **Z.-Geschwür,** durch vermehrte Sekretion von Magensaft hervorgerufener Schleimhautdefekt.

Zwölf|flächner → Dodekaeder.

Zwölfkampf, Olympischer Z., Mehrkampf für Herren im Kunstturnen aus je 6 Pflicht- und Kürübungen am Barren, Reck, an den Ringen, im Pferdsprung, am Seitpferd und im Bodenturnen.

Zwölftonmusik, Dodekaphonie, 𝄞 eine Kompositionsweise, die, von der chromat. Tonleiter ausgehend, jeden der 12 Halbtöne als gleichwertig betrachtet. Die überkommene Ordnung des Tonstoffs durch die Dur- und Molltonarten (Tonalität) wird aufgegeben und eine Neuordnung auf der Grundlage der atonalen Musik erreicht. Z. schrieb erstmals A. Schönberg, der sie seit etwa 1923 verwendete. Weitere Vertreter waren u.a. A. Berg, A. Webern. (→ serielle Musik)

Ulrich Zwingli auf einem Gemälde von Hans Asper (1549)

Zwolle, Stadt in den Niederlanden, am Zwarte Water und der IJssel, 94100 Ew.; Verwaltungssitz der Prov. Overijssel; versch. Ind. (z.B. Metallverarbeitung, elektrotechn., Kunststoffind.); Viehmärkte, Obst- und Gemüseauktionen; Eisenbahnknotenpunkt.

Zyanose *die,* ⚕ → Blausucht.

Zygote *die,* Ursprungszelle eines Lebewesens, entsteht bei der Befruchtung aus der Verschmelzung der beiden Kerne der männl. und der weibl. Keimzelle.

zyklische Verbindungen, Ringverbindungen, ⚗ chem. Verbindungen, deren Atome ringförmig miteinander verbunden sind.

Zykloide *die,* **Radlini|e, Rollkurve,** Kurve, die ein Punkt eines Kreises beschreibt, wenn dieser Kreis auf einer Geraden rollt.

zyklometrische Funktionen, √ die Umkehrfunktionen der Winkelfunktionen.

Zyklon *der,* **1)** ⊕ Luftwirbel, i.e.S. trop. Wirbelsturm im Golf von Bengalen. – **2)** ⚙ **Fliehkraftabscheider,** Gerät zum Abscheiden fester Stoffe aus Gasen oder aus Flüssigkeiten unter Nutzung von Wirbelströmungen.

Zyklone *die,* ⊕ → Tief.

Zyklotron *das,* ⚛ Anlage zur Beschleunigung elektr. geladener Teilchen (Ionen). Sie werden durch ein starkes Magnetfeld gezwungen, sich auf kreisförmigen Bahnen in der Mittelebene zweier D-förmiger Elektroden (Duanten, D's) d_1 und d_2 in einer Vakuumkammer zu bewegen. Diese sind abwechselnd positiv-negativ und negativ-positiv in einem solchen Takt, dass ein Ion jeweils beim Übertritt von einer zur anderen Elektrode beschleunigt wird. Kommt das Ion schließlich in die Nähe des Rands, so wird es durch eine Ablenkelektrode abgelenkt und tritt tangential aus. Mit einem Z. können Protonen, Deuteronen und Alphateilchen bis zu etwa 22 Mio. Elektronenvolt beschleunigt werden; das **Synchro-Z.,** das nach einem ähnl. Prinzip arbeitet, vermag die Teilchen auf Energien bis zu etwa 1000 Mio. Elektronenvolt zu beschleunigen. (→ Synchrotron)

Zyklus *der,* **1)** Kreis, Folge; Reihe (z.B. von Schriften). – **2)** Wiederkehr regelmäßig ablaufender Ereignisse (z.B. Konjunktur-Z.). – **3)** rhythm. Schwankungen der Geschlechtshormone im Menstruationszyklus.

Zylinder *der,* **1)** √ Körper mit 2 ebenen, deckungsgleichen Endflächen und einer Mantelfläche. Beim

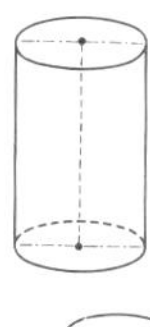

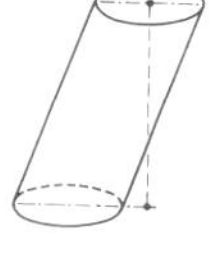

Zylinder
Gerader und schiefer Kreiszylinder (von oben)

Kreis-Z. sind die Endflächen Kreise. – **2)** ⚙ lang gestreckter Hohlkörper von kreisförmigem Querschnitt, in dem sich bei Kolbenmaschinen ein Kolben bewegt. – **3)** hoher Männerhut aus Filz, Plüsch oder Seide.

Zyniker [von griech. kyon »Hund«] *der,* Spötter ohne Scheu und Ehrfurcht; **zynisch,** verletzend, bissig; geht zurück auf die → Kyniker.

Zypergras, Gattung der Riedgräser, v. a. trop. und subtrop. Sumpf- und Uferpflanzen, z. B. **Papyrusstaude.**

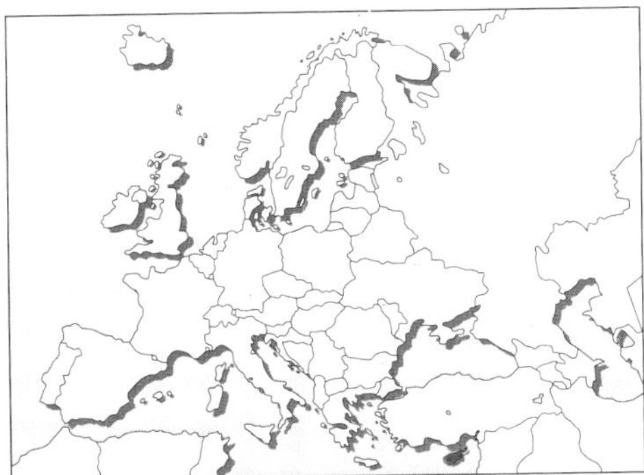

Zypern, Rep. auf der Insel Z., der nach Sizilien und Sardinien drittgrößten Insel des Mittelmeers, nahe der S-Küste Kleinasiens, 9 251 km^2, 762 000 Ew.; Hptst.: Nikosia; Amtssprachen: Griechisch und Türkisch. Z. ist eine Präsidialrep. mit 2 sich selbst verwaltenden Volksgruppen. Gebirgig, im Innern die Ebene Mesaoria.

Bevölkerung. Rd. 80% Griechen (Orthodoxe), 19% Türken (Muslime).

Wirtschaft. Agrarprodukte: Getreide, Wein, Oliven, Südfrüchte, Gemüse; Schaf- und Ziegenzucht; u. a. Textil-, Nahrungsmittel-, pharmazeut. Industrie.

Geschichte. Im Altertum wurde Z. von Griechen und Phönikern besiedelt und stand unter wechselnder Herrschaft; seit 58 v. Chr. in röm., später in byzantin. Besitz. 1192 wurde Z. Lehen eines frz. Adelsgeschlechts, kam 1489 an Venedig, 1571 an die Türken, 1878 unter brit. Kontrolle, wurde 1925 brit. Kronkolonie. 1960 wurde Z. unabhängige Rep. 1963 kam es wegen einer vom Staatspräs. (Erzbischof Makarios III.), einem Griechen, geplanten Verf.-Änderung zu Unruhen zw. den beiden Bevölkerungsteilen. 1974 wurde Makarios von der von griech. Offizieren geführten zypr. Nationalgarde vertrieben (Rückkehr 1975). Türk. Streitkräfte eroberten den nördl. Teil der Insel. Die militär. Ereignisse führten zur Teilung Z.s und Nikosias und lösten eine Fluchtbewegung aus. 1983 proklamierten die türk. Zyprer die »Türk. Rep. Nord-Z.«, einen eigenen Staat (Präs.: R. R. Denktasch), der nur von der Türkei anerkannt wird. 1988 wählte die griechisch-zypr. Bev. G. Vassiliu, 1993 G. Klerides zum Präs. der Rep. Z. Versuche zur Herstellung und Gestaltung der staatl. Einheit blieben bislang erfolglos.

Zypresse *die,* **1)** Nadelholzgattung, immergrüne Bäume und Sträucher mit schuppenförmigen Blättern und kleinen, fast kugeligen Zapfen. Die **Echte Z.,** 20 bis 50 m hoch, bildet in vorderasiat. und nordafrikan. Gebirgen stellenweise Wälder. – **2)** versch. andere Pflanzen ähnl. Gestalt: Sumpf-Z., ferner Kryptomerie und Lebensbaum.

zyprische Kunst, Kunst und kulturelle Zeugnisse Zyperns seit der Jungsteinzeit (ab dem 6. Jt. v. Chr.). Frühe Zeugnisse sind Tholosbauten, geschliffene Steinwerkzeuge, anthropomorphe Kultfigürchen. Später wurde auch kunstvolle Keramik hergestellt. Kulturgeschichtl. bedeutend war die Bronzezeit (Grabbeigaben, Keramik, Metallarbeiten). Aus der späten Bronzezeit sind u. a. hervorragende Goldschmiedearbeiten und Elfenbeinschnitzereien überliefert. Nach den »dunklen Jahrhunderten« (11. bis 9. Jh. v. Chr.) wurde Salamis neues Zentrum, die bildende Kunst stand unter ägypt. und griech. Einfluss. In hellenist. und röm. Zeit hatte die z. K. keine Bedeutung mehr. Wichtige Fundplätze sind Enkomi (»Hörnergott«), Kition (Astarte-Tempel) und Alt-Paphos.

Zypern

Staatswappen

Staatsflagge

Internationales Kfz-Kennzeichen

Zyste *die,* **Balggeschwulst,** ⚕ überwiegend gutartige Geschwulst, die aus einem geschlossenen Sack mit flüssigem, schleimigem oder breiigem Inhalt besteht.

Zystitis *die,* ⚕ der Blasenkatarrh.

Zystoskop *das,* **Blasenspiegel,** ⚕ ein Endoskop zur Untersuchung der Harnblase von innen; durch die Harnröhre eingeführt.

zyto... [griech. kytos »Hohlraum«], auf die Zelle bezüglich, zell...

Zytologie *die,* Zellenlehre, Zellbiologie.

Zytoplasma *das,* ❀ in den Zellen aller Lebewesen enthaltenes eiweißhaltiges Stoffgemisch, das sich in eine äußere gleichförmige Schicht (Ektoplasma) und eine innere, Körnchen (z. B. Mitochondrien, Chromatophoren, Fettkügelchen) aufweisende Schicht (Entoplasma) gliedert. Z. und Zellkern sind die Träger des Lebens.

Zytostatika, Mitosegifte, ⚕ Substanzen, die aufgrund ihrer hemmenden Wirkung auf Wachstum und Vermehrung von Zellen zur Chemotherapie von Tumoren verwendet werden.

Hinweise für den Benutzer

Reihenfolge und Schreibweise der Stichwörter

Die Stichwörter folgen einander nach dem Alphabet. Alphabetisiert werden alle fett gedruckten Buchstaben des Hauptstichworts, auch wenn es aus mehreren Wörtern besteht. Die Umlaute ä, ö, ü werden behandelt wie die einfachen Vokale a, o, u; z. B. folgen aufeinander: **Bockkäfer, Böcklin, Bocksbart.** Buchstaben mit diakritischen Zeichen (z. B. mit Akzent) werden behandelt wie die Buchstaben ohne diese Zeichen. Unterscheiden sich mehrere Stichwörter nur durch ein diakritisches Zeichen oder durch einen Umlaut, so wird das Stichwort mit Zusatzzeichen nachgestellt; so folgen z. B. aufeinander **Abbe, Abbé.** Getrennte Aussprache zusammenstehender Buchstaben wird in Zweifelsfällen durch senkrechten Strich | angezeigt, z. B. **Bi|ennale.** Wörter, die man unter **C** vermisst, suche man unter **K** oder **Tsch** oder **Z,** bei **Dsch** vermisste Wörter unter **Tsch,** bei **J** vermisste unter **Dsch** oder **I,** bei **Y** vermisste unter **J;** ebenso im umgekehrten Fall. Abgeleitete und zusammengesetzte Wörter werden oft beim Grundwort behandelt. – Bei Stichwörtern mit zwei Formen oder Schreibungen ist die erste die gebräuchlichere. – Zusammengesetzte geographische Namen werden so eingeordnet:
Zusammensetzungen
a) mit »Bad« unter dem Ortsnamen (z. B. Bad Schwalbach unter Schwalbach, Bad);
b) mit »Sankt« (und den fremdsprachigen Entsprechungen Saint, San, São) jeweils unter S ...;
c) mit fremdsprachlichen Artikeln gewöhnlich unter dem Anfangsbuchstaben des Artikels (z. B. El-Alamein, Los Angeles, Le Havre, Den Haag), sofern diese Zusammensetzung geläufig ist;
d) mit geographischen Begriffen (z. B. Kap, Mount, Rio, Sierra) unter dem Eigennamen (z. B. Everest, Mount). Ist ein solcher geographischer Begriff jedoch Bestandteil des Namens (z. B. Kap der Guten Hoffnung), so ist das Stichwort unter dem entsprechenden Begriff zu finden; das Gleiche gilt, wenn die Zusammensetzung sprachlich enger zusammengehört oder geläufiger ist (z. B. Sierra Nevada, Rio Grande, Monte Rosa).
Von dieser Regelung gibt es Ausnahmen. Grundsatz der redaktionellen Bearbeitung ist es, die Texte möglichst dort zu bringen, wo der Leser sie erfahrungsgemäß am ehesten sucht.

Betonung und Aussprache

Fremdwörtliche und fremdsprachliche Stichwörter erhalten als Betonungshilfe einen Punkt (Kürze) oder einen Strich (Länge) unter dem betonten Vokal. Weiterhin wird bei Personennamen sowie bei geographischen Namen die Betonung angegeben. Weicht die Aussprache eines Stichwortes von der deutschen ab, so wird sie in phonetischer Umschrift nach dem Internat. Lautschriftsystem angegeben. Die Zeichen bedeuten:

a = helles a, dt. Blatt, frz. patte
ɑ = dunkles a, dt. war, engl. rather
ã = nasales a, frz. blanc
ʌ = dumpfes a, engl. but
β = halb offener Reibelaut b, span. Habanera
ç = deutscher Ich-Laut, dt. mich
ɕ = sj-Laut (stimmlos), serbokroat. Andrić
ð = stimmhaftes engl. th, engl. the
æ = breites ä, engl. hat
ɛ = offenes e, dt. fett
e = geschlossenes e, dt. Beet
ə = dumpfes e, dt. alle
ɛ̃ = nasales e, frz. fin
ɣ = geriebenes g, span. Tarragona, niederländ. Gogh
i = geschlossenes i, dt. Wiese
ɪ = offenes i, dt. bin
ĩ = nasales i, portug. Infante
ʎ = lj, italien. egli
ŋ = deutscher ng-Laut, dt. lange
ɲ = nj-Laut, Champagner
ɔ = offenes o, dt. Kopf
o = geschlossenes o, dt. Tor
ɔ̃ = nasales o, frz. on
ø = geschlossenes ö, dt. Höhle
œ = offenes ö, dt. Hölle
œ̃ = nasales ö, frz. un
s = stimmloses s, dt. was
z = stimmhaftes s, dt. singen
ʑ = zj-Laut (stimmhaft), poln. Zielona Gora
ʃ = stimmloses sch, dt. Schuh
ʒ = stimmhaftes sch, frz. jour
θ = stimmloses th, engl. thing
u = geschlossenes u, dt. Kuh
ʊ = offenes u, dt. bunt, Haus
ũ = nasales u, portug. Atum
v = deutsches stimmhaftes w, dt. Wald
w = halbvokalisches w, engl. well
x = deutscher Ach-Laut, dt. Krach
y = deutsches ü
ɥ = konsonantisches ü, frz. Suisse
ː = bezeichnet Länge des vorhergehenden Vokals
ˈ = bezeichnet Betonung und steht vor der betonten Silbe, z. B. ˈætlɪ = Attlee
̯ = unter Vokalen, gibt an, dass der Vokal unsilbisch ist

b, d, f, g, h, j, k, l, m, n, p, r, t geben etwa den deutschen Lautwert wieder.

Zeichen für Sachgebiete

Bauwesen, Baukunst
Bergbau, Hüttenwesen
Chemie
Geowissenschaften
Militärwesen
Luftfahrt, Flugplatz
Schifffahrt, Hafen
Kraftfahrzeug/Kraftverkehr
Eisenbahn/Eisenbahntechnik
Physik
Mathematik
Wirtschaft, Handel
Rechtswesen
Nachrichtentechnik
Elektrotechnik, Elektronik
Psychologie
Astronomie
Pädagogik
Waidmannssprache
Technik
Computertechnik, Informatik
Kunst
allgemeine Biologie, Genetik, Biochemie
Zoologie, Viehzucht
Botanik, Ackerbau
Forstwesen, Holzwirtschaft
Sprachwissenschaft
Medizin
Sport
Philosophie
Geschichte
Wappenkunde
Buchherstellung, graf. Technik
Musik
B Bildungssprache
U Umgangssprache
Ü übertragene Bedeutung

* geboren, † gestorben, ⚭ verheiratet,
♂ männlich, Männchen,
♀ weiblich, Weibchen.

Der Verweispfeil (→) fordert auf, das dahinter stehende Wort nachzuschlagen.

Abkürzungen

Außer den im Abkürzungsverzeichnis aufgeführten Abkürzungen werden Endungen oder Wortteile abgekürzt, wo sie ohne Schwierigkeiten ergänzt werden können, sowie allgemein gebräuchliche Abkürzungen und bekannte Einheitenzeichen verwendet.

Abb.	Abbildung
Abk.	Abkürzung
allg.	allgemein
ASSR	Autonome Sozialistische Sowjetrepublik
A.T.	Altes Testament
Bad.-Württ.	Baden-Württemberg
bed.	bedeutend
bes.	besonders
Bev.	Bevölkerung
Bez.	Bezirk, Bezeichnung
BGB	Bürgerliches Gesetzbuch
BRD	Bundesrepublik Deutschland
Bbg.	Brandenburg
bzw.	beziehungsweise
chin.	chinesisch
ČR	Tschechische Republik
ČSFR	Tschechoslowakei (1990–1992)
ČSSR	Tschechoslowakei (bis 1990)
Cty.	County
D	Dichte
d.Ä.	der (die) Ältere
DDR	Deutsche Demokratische Republik
Dep.	Departamento
Dép.	Département
d.Gr.	der (die) Große
d.h.	das heißt
d.J.	der (die) Jüngere
DM	Deutsche Mark
dt.	deutsch
Dtl.	Deutschland
EG	Europäische Gemeinschaft
ehem.	ehemalig; ehemals
El.	Element
Erz.	Erzählung(en)
EU	Europäische Union
europ.	europäisch
ev.	evangelisch
e.V.	eingetragener Verein
Ew.	Einwohner
Fp	Fließpunkt, Schmelzpunkt
frz.	französisch
gegr.	gegründet
gen.	genannt
Gen.-Gouv.	Generalgouverneur, Generalgouvernement
Gen.-Sekr.	Generalsekretär
Ges.	Gesetz
...gesch.	...geschichte
Gesch.	Geschichte
GG	Grundgesetz
Ggs.	Gegensatz
Gouv.	Gouverneur, Gouvernement
griech.	griechisch
hebr.	hebräisch
hl., Hl.	heilig; Heilige(r)
Hptst.	Hauptstadt
i.d.R.	in der Regel
i.e.S.	im engeren Sinn
Ind.	Industrie
ital.	italienisch
i.w.S.	im weiteren Sinn
jap.	japanisch
Jh.	Jahrhundert
Jt.	Jahrtausend
Kap.	Kapitel
kath.	katholisch
Kfz	Kraftfahrzeug
Kgr.	Königreich
Kr.	Kreis
Krst.	Kreisstadt
Kt.	Kanton
lat.	lateinisch
LG	Landgericht
Lit.	Literatur
MA.	Mittelalter
math.	mathematisch
max.	maximal
MdB	Mitglied des Bundestags
MdEP	Mitglied des Europäischen Parlaments
MdL	Mitglied des Landtags
MdR	Mitglied des Reichstags
Meckl.-Vorp.	Mecklenburg-Vorpommern
mhd.	mittelhochdeutsch
min.	minimal
Min.	Minister
Min.-Präs.	Ministerpräsident
Mio.	Million(en)
Mrd.	Milliarde(n)
N	Nord(en)
nat.	national
natsoz.	nationalsozialistisch
n.Chr.	nach Christi Geburt
Ndsachs.	Niedersachsen
NO	Nordost(en)
NÖ	Niederösterreich
NRW	Nordrhein-Westfalen
N.T.	Neues Testament
NW	Nordwest(en)
O	Ost(en)
OÖ	Oberösterreich
orth.	orthodox
österr.	österreichisch
OZ	Ordnungszahl
PH	Pädagogische Hochschule
Pl.	Plural
port.	portugiesisch
Präs.	Präsident
Prof.	Professor
prot.	protestantisch
Prov.	Provinz
rd.	rund
ref.	reformiert
Reg.	Regierung
Reg.-Bez.	Regierungsbezirk
Rep.	Republik
Rheinl.-Pf.	Rheinland-Pfalz
RSFSR	Russische Sozialistische Föderative Sowjetrepublik
S	Süd(en)
Sa.	Sachsen
Sa.-Anh.	Sachsen-Anhalt
Schlesw.-Holst.	Schleswig-Holstein
Sg.	Singular
skand.	skandinavisch
SO	Südost(en)
Sp	Siedepunkt
SSR	Sozialistische Sowjetrepublik
St.	Sankt
Stellv.	Stellvertreter(in)
StGB	Strafgesetzbuch
svw.	soviel wie
SW	Südwest(en)
TH	Technische Hochschule
Thür.	Thüringen
TU	Technische Universität
u.a.	und andere, unter anderem
u.Ä.	und Ähnlich(e)
UdSSR	Union der Sozialistischen Sowjetrepubliken (Sowjetunion)
ü.M.	über dem Meeresspiegel
u.M.	unter dem Meeresspiegel
Univ.	Universität
urspr.	ursprünglich
USA	United States of America (Vereinigte Staaten von Amerika)
usw.	und so weiter
u.U.	unter Umständen
v.	von (nur bei Namen)
v.a.	vor allem
v.Chr.	vor Christi Geburt
Verf.	Verfassung
versch.	verschieden(e)
Verw.	Verwaltung
vgl.	vergleiche
VO	Verordnung
Vors.	Vorsitzende(r)
VR	Volksrepublik
W	West(en)
wiss.	wissenschaftlich
Wiss.	Wissenschaft
Wwschaft	Woiwodschaft
z.B.	zum Beispiel
ZGB	Zivilgesetzbuch
ZK	Zentralkomitee
z.T.	zum Teil
zus.	zusammen
zw.	zwischen
z.Z.	zur Zeit

Bildquellenverzeichnis

Abril Images, Saõ Paulo: 419. – M. Adelmann, Zürich: 83. – AEG-Telefunken, Mannheim: 42. – A.G.E. Foto Stock, Barcelona: 499, 831. – Ägyptisches Museum, Kairo: 19, 155, 930. – Ägyptisches Museum und Papyrussammlung, Berlin: 646. – Fratelli Alinari, Florenz: 531, 700. – Alte Pinakothek, München: 30, 215, 827, 875. – T. Angermayer, Holzkirchen: 675. – Animal Photography, London: 172, 834. – Antikensammlung, Berlin: 51, 512, 708. – Archäologisches Museum, Ankara: 382. – Archäologisches Nationalmuseum, Athen: 859. – Archiv Dr. Karkosch, Inh. M. Kube, Gilching: 277, 278, 518. – Archiv für Kunst und Geschichte, Berlin: 9, 73, 80, 91, 93, 101, 104, 111, 114, 126, 128, 138, 147, 160, 161, 177, 187, 195, 197, 200, 214, 221, 255, 280, 285, 289, 292, 300, 301, 314, 335, 336, 345, 362, 369, 373, 379, 384, 390, 396, 426, 430, 431, 434, 454, 459, 470, 471, 491, 516, 518, 520, 521, 524, 532, 538, 570, 589, 592, 596, 602, 613, 635, 640, 651, 664, 675, 680, 690, 722, 732, 733, 754, 755, 758, 765, 784, 799, 801, 805, 807, 811, 812, 814, 834, 836, 843, 881, 886, 906, 917, 918, 925, 935, 951, 957, 960, 964, 966, 976, 985, 988, 1007. – Arizona State Museum, University of Arizona, Tucson, Arizona: 827. – Kunstarchiv Arntz, Haag: 378, 567, 708. – Artothek, J. Hinrichs, Peißenberg: 30, 72, 205, 747, 827. – The Associated Press, Frankfurt am Main: 27, 72, 97, 116, 310, 370, 400, 464, 490, 592, 603, 627, 690, 769, 837, 913. – Atlas-Photo, Paris: 679. – K. Augenstein, Bonn: 518. – Autorengemeinschaft Dr. H. J. Aubert, U. E. Müller-Moewes, Königswinter: 865. – Bärenreiter-Verlag, Kassel: 116. – Bauhaus-Archiv, Berlin: 444. – PRESSE-FOTO baumann, Ludwigsburg: 874. – BAVARIA Bildagentur, Gauting: 86, 149, 168, 230, 243, 526, 578, 581, 593, 606, 637, 671, 688, 731, 766, 785, 786, 800, 806, 845, 862, 873, 906, 909, 915, 968, 990, 1002. – Bayer, Leverkusen: 213. – Foto-Bayer, Stuttgart: 999. – Bayerische Motorenwerke, München: 28. – H. Bechtel (†), Heimbach/Eifel: 513, 515. – H. Bechtner, München: 227. – Beeldbank & Uitgeefprojekten, International Picture Service, Amsterdam: 112. – H. Beer, Ansbach: 702. – Prof. Dr. W. Berdesinski (†), Heidelberg: 48. – Dr. G. Bergdolt, Mannheim: 347. – C. Bertelsmann Verlag, München: 281, 369. – Bibliothèque de l'Académie des Sciences, Paris: 35. – Bibliothèque Nationale et Universitaire, Straßburg: 857. – H. Bickon, Wiesbaden: 340. – Bildarchiv Foto Marburg, Marburg: 46, 63, 243, 498, 580, 683. – Bildarchiv Preußischer Kulturbesitz, Berlin: 45, 51, 103, 163, 170, 182, 203, 206, 222, 228, 282, 296, 316, 342, 366, 377, 379, 387, 389, 396, 400, 402, 408, 422, 445, 477, 512, 515, 516, 518, 523, 572, 598, 646, 691, 699, 708, 720, 733, 754, 807, 811, 832, 837, 868, 880, 893, 911, 921, 948, 960, 975, 976, 978, 989, 991, 1016. – T. Binz, Mannheim: 360. – K. Blüher, Hannover: 505. – BLV Verlagsgesellschaft, München: 940. – M. Bocian, Wiesbaden: 181. – Börsenverein des Deutschen Buchhandels, Frankfurt am Main: 107. – Branddirektion Frankfurt am Main: 275. – W. Braun, Jerusalem: 427. – Britisches Museum, London: 617. – The British Council, Köln: 659. – British Features, Bonn: 311, 461. – Brücke-Museum, Berlin: 804. – R. Brugger, Königswinter: 521. – S. Brügger, Lübeck: 704. – Büchergilde Gutenberg, Frankfurt am Main: 920. – A. Buhtz, Heidelberg: 109. – Bundesanstalt für Bodenforschung, Hannover: 446. – Bundesarchiv, Koblenz: 463. – Bundesbildstelle, Bonn: 14, 120, 795. – Bundesministerium der Verteidigung, Bonn: 331. – Camel, München: 405. – Camera Press Deutschland, Hamburg: 619. – CBS-Schallplattengesellschaft, Frankfurt am Main: 830. – The Chrysler Museum, Norfolk, Virginia: 889. – Cinepress, München: 44. – R. Clausen (†), Hamburg: 603. – Consolidated News Pictures, Washington D. C.: 642. – Conti-Press, Hamburg: 163. – T. Cugini, Zürich: 435. – Cyprus Museum, Nikosia: 1009. – A. M. Dauer, Göttingen: 680. – Deutsche Bahn, Bildarchiv, Berlin, München und Nürnberg: 185, 227. – Deutsche Forschungsanstalt für Luft- und Raumfahrt e.V., Köln: 845. – Deutsche Fotothek der Sächsischen Landesbibliothek, Dresden: 199. – Deutsche Luftbild, W. Seelmann & Co., Hamburg: 223, 361, 637, 734. – Deutsche Post, Bonn: 871. – Deutscher Verlag, Berlin: 100. – Deutsches Institut für Filmkunde, Frankfurt am Main: 57, 152, 277, 283, 288, 289, 309, 314, 315, 368, 694, 758. – Deutsches Museum, München: 94, 266, 292, 441, 465, 491, 564, 598, 669, 985, 1005. – Deutsches Spielkarten-Museum, Leinfelden-Echterdingen: 859. – Deutsche Verlags-Anstalt, Stuttgart: 835. – Diafrance, Paris: 165. – Die Weltwoche Bildarchiv, Zürich: 78. – Documenta, Mailand: 110. – Dommuseum, Mailand: 236. – Domschatzkammer des Aachener Domes, Aachen: 260. – H. Dossenbach, Oberschlatt, Schweiz: 28. – dpa Bildarchiv, Frankfurt am Main und Stuttgart: 14, 21, 34, 41, 48, 50, 53, 58, 61, 63, 64, 69, 75, 77, 80, 83, 84, 85, 90, 93, 97, 99, 107, 108, 110, 112, 113, 117, 119, 124, 128, 129, 130, 132, 140, 145, 147, 149, 152, 158, 160, 161, 163, 164, 165, 168, 172, 173, 178, 182, 183, 185, 196, 197, 200, 202, 210, 213, 216, 221, 234, 248, 267, 280, 283, 288, 289, 290, 296, 300, 304, 308, 313, 315, 323, 342, 343, 346, 348, 358, 359, 360, 363, 366, 368, 371, 373, 375, 378, 380, 382, 383, 384, 385, 392, 394, 397, 398, 413, 416, 424, 426, 428, 429, 435, 436, 445, 446, 448, 462, 463, 469, 470, 473, 474, 475, 476, 486, 488, 490, 495, 497, 501, 503, 514, 515, 516, 526, 529, 530, 538, 541, 543, 544, 571, 580, 585, 589, 590, 592, 596, 597, 602, 604, 605, 607, 612, 617, 619, 630, 636, 651, 652, 655, 659, 663, 664, 665, 674, 681, 684, 686, 687, 699, 701, 705, 710, 713, 723, 725, 731, 734, 746, 749, 750, 756, 758, 760, 765, 766, 768, 769, 772, 780, 781, 796, 800, 804, 806, 811, 812, 817, 821, 839, 840, 849, 856, 857, 858, 859, 867, 869, 871, 876, 880, 886, 888, 898, 900, 902, 904, 906, 910, 911, 913, 915, 916, 917, 921, 927, 935, 940, 942, 966, 969, 970, 977, 984, 985, 994, 995, 997, 998, 1005, 1007, 1015. – Prof. Dr. I. Eibl-Eibesfeldt, Pöcking: 222. – Dr. H. Eichler, Heidelberg: 52. – H. Eisenbeiss, München: 940. – Elsevier, Amsterdam: 789. – Engelhorn Verlag, Stuttgart: 760. – ENIT – Staatliches Italienisches Fremdenverkehrsbüro, Frankfurt am Main: 57. – Eremitage, St. Petersburg: 844. – Erzbischöfliches Ordinariat, München und Freising: 205, 987. – ESA Meteosat Bild – eumetsat, Darmstadt: 598. – F. und K. Eschen, Berlin: 130, 373, 452. – H. von Esebeck, Frankfurt am Main: 753. – ESOC – European Space Operations Centre, Darmstadt: 731, 854. – Europäische Gemeinschaften, Brüssel: 258. – Ev. Dekanatsamt, Geislingen an der Steige: 890. – Photo-Archiv Fellerer, Ascona: 435. – E. Fischer, Bad Bramstedt: 48, 402. – S. Fischer Verlag, Frankfurt am Main: 578, 682. – M. Fleitmann, Berlin: 367. – R. Forberg, Düsseldorf: 114. – Foundation Saint Thomas, Collegium Wilhelmitanum, Straßburg: 459. – Dr. E. Franck, Erlangen: 467, 725. – Frans-Hals-Museum, Haarlem: 362. – U. Freitag, Lübeck: 704. – B. Friedrich, Köln: 38, 97, 236, 272, 347, 458, 461, 467, 742, 829, 872. – R. Friedrich, Berlin: 601. – M. Fries, Wiesbaden: 156, 589. – Prof. W. Fritz, Köln: 871. – Prof. Dr. W. Fuhrmann, Gießen: 162. – Galleria Nazionale d'Arte Moderna, Rom: 668, 701. – Studio X, Gamma, Limours: 270, 305, 338, 437, 622, 731. – G. Gassen, Heidelberg: 284. – A. Gelberg, Weinheim: 651. – General Electric Technical Services, Bonn: 410. – Geopress, H. Kanus, München: 504. – Germanisches Nationalmuseum, Nürnberg: 328, 793. – Archiv Gerstenberg, Wietze: 784, 874. – Dr. G. Gerster, Zumikon, Schweiz: 11, 116, 146, 401, 569. – Gesamtverband des Deutschen Steinkohlenbergbaus, Essen: 90. – Photographie J. Giesel, Hannover: 365. – Photographie Giraudon, Paris: 61, 269, 433, 514, 523, 563, 606, 611, 636, 654, 729, 738. – G. Goedhart, Scheveningen, Niederlande: 122. – Goethe-Haus und Frankfurter Goethe-Museum, Freies Deutsches Hochstift, Frankfurt am Main: 53. – Goethe-Museum Anton-und-Katharina-Kippenberg-Stiftung, Düsseldorf: 41, 53. – Ing. N. Gradisch (†), Wien: 797. – C. Graf, Hildesheim: 519. – Gutenberg-Museum, Mainz: 356. – Haags

Gemeentemuseum, Den Haag: 860. – Prof. Dr. A. Hagen, Bergen, Norwegen: 271. – Hale Observatory, Pasadena, Kalifornien: 39. – Hamburger Kunsthalle: 375, 537, 577, 911. – Hamburgisches Museum für Völkerkunde: 577. – Bildarchiv C. und L. Hansmann, München: 180. – K. Hartmann, Sobernheim: 196. – Hegener & Glaser, München: 791. – K. Heinemann, Ottobrunn: 525. – Herrmann & Kraemer, Garmisch-Partenkirchen: 736. – V. Herzberg, Augsburg: 794. – Herzog Anton Ulrich-Museum und Burg Dankwarderode, Braunschweig: 528. – Hessische Landesbibliothek, Fulda: 408. – Hessisches Landesmuseum, Darmstadt: 270, 433. – Prof. Dr. W. Hinz, Göttingen: 688. – Hirmer Verlag, München: 350, 930. – E. von Horvath, Pressbaum: 394. – Dr. J. E. Howoldt, Mannheim: 729. – Bildarchiv H. Huber, Garmisch-Partenkirchen: 308. – IBM-Deutschland, Sindelfingen: 293. – IFA-Bilderteam, Taufkirchen: 67, 139, 219, 222, 364, 472, 480, 513, 681, 693, 727, 753. – Indische Gesandtschaft, Bern: 313. – Institut für Vor- und Frühgeschichte, Tübingen: 32. – Interfoto Friedrich Rauch, München: 260, 278, 324, 369, 697, 832, 933. – Irak-Museum, Bagdad: 68. – Johann-Sebastian-Bach-Museum, Leipzig: 69. – Jürgens, Ost + Europa Photo, Berlin: 221, 329, 628, 633, 707. – Institut für wissenschaftliche Fotografie, M. Kage, Weißenstein: 159. – Kapitolinische Museen, Rom: 163. – Dr. R. Kaschewsky, Sankt Augustin: 577. – A. Kasten, Dresden: 211. – Lichtbildarchiv Keil, Neckargemünd: 41. – Kensington Palace, London: 636. – Kester Lichtbildarchiv, München: 144. – Keystone Pressedienst, Hamburg und Zürich: 12, 50, 88, 90, 94, 102, 104, 110, 115, 120, 126, 144, 167, 173, 179, 197, 202, 207, 222, 235, 236, 292, 293, 304, 315, 321, 326, 360, 379, 387, 393, 395, 396, 422, 440, 456, 461, 469, 473, 507, 520, 525, 526, 527, 562, 584, 586, 587, 588, 594, 595, 602, 608, 614, 621, 630, 632, 637, 642, 652, 662, 665, 672, 682, 691, 699, 709, 718, 727, 728, 729, 732, 739, 741, 748, 755, 790, 791, 801, 804, 806, 808, 809, 825, 862, 881, 882, 900, 913, 924, 928, 940, 943, 952, 970, 974, 988, 989, 991, 995, 997, 1004. – J. Kinkelin, Worm: 818. – K.I.P.P.A., Amsterdam: 595, 597, 602. – Bildkunstverlag G. + W. Klammet, Ohlstadt: 538, 543. – KNA – Kath. Nachrichten Agentur, Frankfurt am Main: 304, 354, 429, 630, 683. – Albrecht Knaus Verlag, München: 475. – A. Koch Kunstverlag, München: 215, 270, 804, 875. – J. P. Koch, München: 39. – P. Koch, Zollikon, Schweiz: 27, 45, 673. – P. Kohlhaupt, Sonthofen: 503. – Dr. R. König, Kiel: 95, 248, 920. – H. Köster, Berlin: 184, 290, 341, 592, 796. – K.P.A., Düsseldorf: 658. – Kraftwerk Union, Frankfurt am Main: 99. – W. Krase, München: 876. – Kunsthalle Bremen: 476, 609. – Kunsthistorisches Museum, Wien: 51, 589, 668, 746, 871. – Kunstmuseum Basel: 244. – Kunstmuseum Bern: 394, 468. – Kunstsammlung Nordrhein-Westfalen, Düsseldorf: 10. – R. Kunze, Freiburg im Breisgau: 616. – Kupferstichkabinett, Berlin: 445. – Kupferstich-Kabinett, Dresden: 828. – E. Kusch (†), Schwarzenbruck: 439. – Kuultokuva, Helsinki: 8. – G. Kwiatkowski, Mannheim: 359. – Helga Lade Fotoagentur, Frankfurt am Main: 34, 226, 246, 344, 393, 453, 658, 679, 684, 719, 1014. – Landesbildstelle Berlin: 92. – Landesbildstelle Sachsen, Dresden: 107, 371, 921. – S. Lauterwasser, Überlingen: 838. – F. K. Frhr. von Linden, Waldsee, Pfalz: 78. – Linden-Museum – Staatliches Museum für Völkerkunde, Stuttgart: 723. – Lippmann & Rau, Frankfurt am Main: 280, 335. – Literarisches Colloquium; Fotos: R. von Mangoldt, Berlin: 335, 709. – Louvre, Paris: 183, 350, 625. – Dr. H. von Löwis of Menar, Rostock: 272. – Botschaft des Großherzogtums Luxemburg, Bonn: 426. – Manesse Verlag, Zürich: 181. – Märkisches Museum, Berlin: 289. – Gemeinnützige Stiftung Leonhard von Matt, Buochs, Schweiz: 708. – M. Matzerath, Karlsruhe: 744. – Bildagentur Mauritius, Mittenwald: 37, 132, 174, 214, 227, 231, 335, 444, 453, 463, 473, 530, 648, 693, 782. – M. Mehlig, Lauf/Ortenau: 652. – Messerschmitt-Bölkow-Blohm, Ottobrunn: 597. – The Metropolitan Museum of Art, New York: 507. – Bildverlag Gebr. Metz, Tübingen: 302. – Photo Meyer, Wien: 698. – G. Morawiec, Mainz: 651. – S. Moses, München: 48. – A. Münchow, Aachen: 260. – Musée Condé, Chantilly: 611. – Musée de l'Homme, Paris: 17. – Musée des Arts Décoratifs, Paris: 61. – Musée des Beaux-Arts de Nantes: 738. – Musée d'Orsay, Paris: 403, 613. – Musée du Jeu de Paume, Paris: 1012. – Musée Fabre, Montpellier: 394. – Musée National d'Art Moderne, Paris: 191, 269, 523. – Musée National des Châteaux de Versailles et de Trianon, Château de Versailles: 605. – Museen der Stadt Wien: 85, 496. – Museo Archeologico, Florenz: 254. – Museo Archeologico Nazionale, Neapel: 25. – Museo d'Arte Contemporanea, Mailand: 421. – Museo dell'Opera del Duomo, Siena: 421. – Museo del Prado, Madrid: 409. – Museo Nazionale d'Arte Orientale, Rom: 405. – Museo Nazionale del Bargello, Florenz: 379. – Museo Nazionale di Villa Giulia, Rom: 484. – Museum der Stadt Worms und Städtische Gemäldegalerie, Worms: 522. – Museum des Großen Rabbinats, Jerusalem: 433. – Museum für Völkerkunde, Basel: 590. – Museum für Völkerkunde, Berlin: 45, 408. – Museum für Vor- und Frühgeschichte, Berlin: 523. – Museum Ludwig, Köln: 609. – Museum of Fine Arts, Boston: 973. – Museum of Fine Arts; Stiftung Mr. und Mrs. Bernard J. Reis, Dallas: 13. – Museum Wiesbaden: 425. – Museu Nacional de Arte Antiga, Lissabon: 116. – Musikinstrumentenmuseum im Münchner Stadtmuseum: 489. – Muzeum Narodowe, Warschau: 707. – NASA, Washington D. C.: 735. – Nationalgalerie, Berlin: 387. – National Gallery of Art, Washington D. C.: 531. – Nationalmuseet, Kopenhagen: 127, 252, 435, 615. – Nationalmuseum, Lagos: 17. – National Museum of Pakistan, Karachi: 407. – National Portrait Gallery, London: 196, 431, 631, 765, 821, 874, 888. – Naturhistorisches Museum, Wien: 228. – Neue Pinakothek, München: 205. – W. Neumeister (†), München: 31, 190, 367, 587, 646, 746, 810. – Niederrheinisches Museum der Stadt Duisburg: 595. – Niedersächsisches Landesmuseum, Hannover: 592. – Nobelstiftelsen, The Nobel Foundation, Stockholm: 27, 33, 64, 102, 117, 165, 180, 251, 288, 292, 302, 324, 396, 449, 470, 496, 524, 526, 527, 572, 580, 591, 594, 596, 600, 603, 606, 608, 620, 630, 684, 705, 710, 758, 776, 814, 833, 868, 871, 875, 877, 898, 906, 911, 930, 936, 944, 969. – Norddeutscher Rundfunk, Hamburg: 272. – I. Ohlbaum, München: 33, 61, 130, 206, 216, 218, 221, 242, 304, 326, 364, 378, 429, 473, 483, 503, 532, 541, 578, 592, 618, 621, 671, 703, 742, 944, 971, 979, 997. – Tierbilder Okapia, Frankfurt am Main: 104, 422, 662. – Openluchtmuseum voor Beeldhouwkunst Middelheim, Antwerpen: 184. – Österreichische Galerie im Belvedere, Wien: 475, 797. – Österreichische Nationalbibliothek, Wien: 116, 127, 179, 274, 371, 924, 953. – Georg Ott Werkzeug- und Maschinenfabrik, Ulm: 386. – W. Otto, Oberhausen: 363. – Paul Klee-Stiftung, Kunstmuseum Bern: 468. – K. Paysan, Stuttgart: 286. – A. Perceval, Paris: 338. – F. Peyer, Hamburg: 73. – U. Pfistermeister, Fürnried: 217, 296, 754. – Pictor International, München: 438. – PICTURE PRESS Bild- und Textagentur, Hamburg: 126, 161, 188. – Popperfoto, London: 75, 621, 656, 676, 698, 704. – Prähistorische Staatssammlung, München: 522. – Publifoto G. Bergami, Genua: 324. – Prof. Dr. W. Rätzel, Oestrich-Winkel: 566. – Dr. B. Rau, Stuttgart: 438. – Prof. Dr. W. Rauh, Heidelberg: 17. – Reid and Lefevre, London: 180. – Reinhard Tierfoto, Heiligkreuzsteinach: 562, 563. – Dr. F. Rennau, Bonn: 105. – Rex Features, London: 753. – Rheinisches Bildarchiv, Köln: 609. – Rheinisches Landesmuseum, Trier: 337. – Rhode & Schwarz, München: 42. – Rijksmuseum Kröller-Müller, Ede-Otterlo, Niederlande: 341. – M. Rinderspacher, Mannheim: 104, 178. – R. Ritz, Aachen: 578. – Roemer- und Pelizaeus-Museum, Hildesheim: 444. – Roger-Viollet, Paris: 932. – Römisch-Germanisches Zentralmuseum, Mainz: 228. – Rowohlt Verlag, Reinbek: 73, 621. – rüdiger anatomie, Berlin: 842. – Botschaft der Republik Sambia, Bonn: 456. – SCALA, Florenz: 75, 379, 721, 762. – Atelier Scharowski, Heidelberg: 637. – Schiller-Nationalmuseum und Deutsches Literaturarchiv, Marbach am Neckar: 389, 799. – J. Schmidt, Ludwigshafen am Rhein: 859. – Bildarchiv Schneiders, Lindau am Bodensee: 125, 142, 202, 238, 253, 452, 484, 690, 700, 743, 750, 858, 1014. – K. Scholz, Haimhausen in Oberbayern: 714. – K. Schopp, Speyer: 94. – H. Schrempp, Breisach am Rhein: 14, 106, 218, 223, 245, 468, 693, 695, 843. – H. J. Schuffenhauer, Frankfurt am Main: 294. – H. Schwarz, Essen: 452. – Siemens, Erlangen und Mannheim: 167, 437, 535. – Sven Simon Fotoagentur, Essen: 57, 140, 148, 197, 310, 313, 338, 464, 573, 577, 596, 686, 795, 804, 809, 811, 826, 862, 915, 966, 979. – B. Singer, Köln: 438. – Botschaft des Königreichs Spanien, Bonn: 431. – Staatliche Antikensammlungen, München: 250. – Staatliche Kunstsammlungen, Dresden: 912. – Staatliche Museen zu Berlin Preußischer Kulturbesitz: 170, 342, 402, 699. – Staatliches Amt für Denkmalpflege, Stuttgart: 680. – Staatliches Russisches Museum, Sankt Petersburg: 772. – Staatsbibliothek zu Berlin, Preußischer Kulturbesitz: 389, 832. –

Staatsgalerie, Stuttgart: *176*. – Städelsches Kunstinstitut, Frankfurt am Main: *72, 389, 747, 870*. – Stadtarchiv Aachen: *837*. – Städtische Kunsthalle, Mannheim: *77, 367, 645*. – J. A. Stargardt, Marburg: *431*. – Dr. B. Stenger, Wiesbaden: *58*. – Sternwarte, Göttingen: *316*. – Stiftung Schlösser und Gärten Potsdam-Sanssouci, Park Sanssouci, Potsdam: *99*. – Studio Bergerhausen, Mannheim: *367*. – Studio Schlie, Wiesbaden: *264*. – Stvw. Nürnberg: *878*. – Süddeutscher Verlag Bilderdienst, München: *9, 15, 24, 27, 34, 68, 90, 91, 99, 104, 108, 111, 119, 131, 138, 150, 171, 179, 182, 187, 198, 218, 248, 256, 265, 283, 290, 299, 315, 343, 364, 376, 377, 382, 383, 384, 424, 456, 461, 501, 504, 523, 529, 565, 567, 579, 613, 614, 634, 661, 692, 693, 696, 697, 729, 757, 804, 807, 811, 828, 833, 834, 847, 881, 898, 924, 928, 931, 957, 988, 989, 1002, 1016*. – H. Tappe, Montreux: *772, 888, 1000*. – Tate Gallery, London: *239*. – Teldec, Bildarchiv, Hamburg: *683*. – TELENORMA, Frankfurt am Main: *273*. – Thermenmuseum, Rom: *905*. – K. Thiele, Warburg: *482*. – Foto Felicitas Timpe, München: *39, 170*. – Transglobe Agency, Hamburg: *358*. – Tretjakow-Galerie, Moskau: *724*. – Turkish Press, Ankara: *458*. – Uffizien, Florenz: *118*. – Ullstein Bilderdienst, Berlin: *7, 73, 81, 82, 88, 91, 101, 108, 115, 127, 128, 141, 143, 146, 148, 151, 171, 181, 216, 264, 280, 306, 310, 314, 320, 343, 384, 398, 469, 473, 523, 606, 624, 627, 700, 720, 822, 870, 872, 876, 880, 938, 988, 991, 1008*. – United Press UPI, Frankfurt am Main: *736*. – Univ. Hamburg: *972*. – Univ.-Bibliothek Heidelberg: *971*. – Univ.-Bibliothek Innsbruck: *669*. – University Museum, Oxford: *370*. – U. S. Information Service, Bonn: *164, 170, 214, 228, 286, 329, 377, 395, 458, 459, 467, 582, 661, 722, 723, 764, 789, 996*. – VAG-ARMATUREN, Mannheim: *398*. – Prof. Dr. W. H. Valentin, Berlin: *511*. – Vatikanische Sammlungen, Vatikanstadt: *63, 145, 730*. – Vereinigte Seidenwebereien, Krefeld: *826*. – J. M. Voith, Heidenheim: *676*. – Vorderasiatisches Museum, Berlin: *837*. – Internationale Pressebildagentur VOTAVA, Wien: *726*. – Wallace Collection, London: *760*. – Walt Disney Company Deutschland, Eschborn: *204*. – Walter-Verlag, Freiburg im Breisgau: *899*. – G. Wawra, Wiesbaden: *269*. – WEREK Pressebildagentur, Gröbenzell: *719*. – J. Winkler, Wolfratshausen: *624*. – Prof. Dr. E. Winter, Gusterath: *594*. – Prof. Dr. F. Winzinger, Regensburg: *807*. – WOSTOK Verlagsgesellschaft, Berlin: *21, 153, 530, 703, 749, 828*. – Württembergisches Landesmuseum, Stuttgart: *330*. – Xeniel-Dia, Neuhausen auf den Fildern und Stuttgart: *995, 999*. – ZEFA – Zentrale Farbbild Agentur, Düsseldorf: *52, 55, 166, 239, 252, 262, 398, 771, 894, 1014*. – Zentralbibliothek, Zürich: *1018*.

Weitere grafische Darstellungen, Karten und Zeichnungen Bibliographisches Institut & F. A. Brockhaus, Mannheim.

Stvw. = Stadtverwaltung